Auer-Reinsdorff / Conrad (Hrsg.)
Handbuch
IT- und Datenschutzrecht

Handbuch
IT- und Datenschutzrecht

Herausgegeben von

Dr. Astrid Auer-Reinsdorff

Rechtsanwältin und Fachanwältin für Informationstechnologierecht
in Berlin und Lissabon

und

Isabell Conrad

Rechtsanwältin in München

in Zusammenarbeit mit

2. Auflage 2016

Zitiervorschlag:
Auer-Reinsdorff/Conrad/*Bearbeiter* § ... Rn....

www.beck.de

ISBN 978 3 406 66295 9

© 2016 Verlag C. H. Beck oHG,
Wilhelmstraße 9, 80801 München
Druck und Bindung: Kösel GmbH & Co. KG
Am Buchweg 1, 87452 Altusried

Satz: Druckerei C. H. Beck, Nördlingen
Umschlaggestaltung: Druckerei C. H. Beck, Nördlingen

Gedruckt auf säurefreiem, alterungsbeständigem Papier
(hergestellt aus chlorfrei gebleichtem Zellstoff)

Vorwort

Grußwort der davit

Seit nunmehr neun Jahren können Anwältinnen und Anwälte den Titel Fachanwalt/Fachanwältin für Informationstechnologierecht (IT-Recht) erwerben. Seit vier Jahren war die 1. Auflage (zuvor als Mandatshandbuch IT-Recht) Grundlage des Fachanwaltslehrganges, den die Arbeitsgemeinschaft IT-Recht im DAV in Kooperation mit der Deutschen Anwaltakademie zweimal jährlich durchführt. Das Werk deckt alle Bereiche des § 14k Fachanwaltsordnung ab und nimmt dabei flexibel die Entwicklungen in der Branche und im Internet- und Telekommunikationsrecht (ITK-Recht) auf.

Die letzten Jahre haben eine Vielzahl von technischen Veränderungen, Anpassungen rechtlicher Rahmenbedingungen und neue Geschäftsmodelle gebracht, so dass die Vorauflage neben einer Aktualisierung ebenso der Erweiterung bedurfte. Insbesondere das Datenschutzrecht hat an Relevanz gewonnen und ihm wird in der vorliegenden Überarbeitung in neuer Reihe als Handbuch IT- und Datenschutzrecht entsprechend mehr Raum gegeben. Hierbei wird ein Ausblick auf die Datenschutzgrundverordnung gegeben, die das Datenschutzregime in der Europäischen Union harmonisieren wird. Zugleich haben mobile Geräte mit vielfältigen Anwendungsmöglichkeiten Einzug gehalten. Den damit verbundenen Herausforderungen zur Wahrung von Datenschutz und Persönlichkeitsrechtsschutz hat sich jeder Anwender zu stellen, sei es beim Einsatz von Smart Phones, Watches oder Glasses, Flugdrohnen oder Dash Cams.

Das Werk behält seine Besonderheit mit zahlreichen Beispielen, Checklisten und Mustern. Das Handbuch ist damit Arbeitsmittel für alle Fachanwälte für IT-Recht in Detailfragen gleichermaßen wie praktischer Ratgeber für den Einsteiger in das Gebiet des IT-Rechts. Die rechtlichen Darstellungen werden durch technische Einführungen sowie das umfangreiche bereichsspezifische Glossar ergänzt. So vereint das Handbuch die Darstellung der theoretischen Hintergründe mit dem Bedarf nach praktischer Handreichung im Rahmen der Beratung der Mandanten, deren gerichtlicher Vertretung sowie der Gestaltung von IT-Verträgen, -AGB und Rechtstexten im Zusammenhang mit dem digitalem Markt und der damit verbundenen Datenverarbeitung. Zahlreiche Querverweise sensibilisieren für die Verknüpfung der Branchengegebenheiten über die verschiedenen Rechtsgebiete, die auch § 14k FAO abdeckt.

IT-rechtliche Fragestellungen bestimmen die Agenda für den digitalen Binnenmarkt der Europäischen Kommission gleichermaßen wie die einzelne Anwaltskanzlei. Auch der mit der Transformation der Geschäftsprozesse, industriellen Produktion und der Kommunikation und des Datenaustausches in der Beratung in digitale Prozesse verbundenen Herausforderungen widmet sich das Werk.

Die Arbeitsgemeinschaft IT-Recht im Deutschen Anwalt Verein – davit – gab den Anstoß für die Fachanwaltschaft und engagiert sich in der Aus- und Fortbildung zu den Themen des IT-Rechts. Sie bietet Mitgliedern Vorzugskonditionen für den Bezug von Fachwissen über Publikationen, Online-Recherchetools sowie die bundesweiten IT-Rechtstage, regionale Netzwerke und Kooperationsveranstaltungen. Die Autoren des Werkes sind Mitglieder der davit und zum Teil auch Referenten der Fachlehrgänge IT-Recht. Ihnen allen danke ich für ihr Engagement und ihre Bereitschaft, ihre Kenntnisse und Erfahrungen in ihren Spezialgebieten weiterhin einer großen Leserschaft nahe zu bringen und mit Ihnen zu teilen. Der Kreis der Autoren ist gegenüber der Vorauflage nochmals gewachsen, um weitere wichtige Themenbereiche berücksichtigen zu können. Auch diese Auflage ist gekennzeichnet durch zahlreiche in Co-Autorenschaft entstandene Paragrafen und ein nahtloses Ineinandergreifen der miteinander verbundenen organisatorischen, technischen und rechtlichen Aspekte.

Die umfangreichen Arbeiten an den Manuskripten kamen im Juni 2015 zum Abschluss und die Autoren haben soweit drucktechnisch möglich bis zum Abgabeschluss die während

Vorwort

der Erstellung eintretenden gesetzlichen und fachlichen Änderungen sowie aktuelle Rechtsprechung ggf. in der gebotenen Kürze berücksichtigt.

davit wünscht Ihnen viel Erfolg im Fachanwaltslehrgang und der täglichen Fallbearbeitung. Wir freuen uns auf spannende Diskussionen zu allen Fragen des IT-Rechts.

Berlin, im Oktober 2015

Dr. Astrid Auer-Reinsdorff
Vorsitzende davit
Arbeitsgemeinschaft IT-Recht im DAV

„Gebrauchsanleitung" zum Handbuch IT- und Datenschutzrecht

Der Lehrplan für die Ausbildung Fachanwalt/Fachanwältin IT-Recht umfasst die gesamte Bandbreite der rechtlichen, technischen und ökonomischen Fragestellungen der digitalisierten Gesellschaft, Lebensweise und Wirtschaft. IT-Recht umfasst im Sinne der Konvergenz der Medien alle Themen des EDV-, Computer-, Internet-, Telekommunikations-, (Tele-) Medienrecht, Datenschutz- und Sicherheitsrechts. Dies reicht von Fragen der Mängelhaftung für Hard- und Software über die Verantwortlichkeit für Inhalte, Geräte und zunehmend automatisierte Prozesse und Alltagsanwendungen wie Smart Home, Connected Drive und Robotics. Besondere Herausforderungen ergeben sich aus der globalisierten Datenverarbeitung und weltweiten Nutzung von Angeboten. Hier ergeben sich neben den Fragen des zu gewährleistenden Datenschutzniveaus und der Sicherheit der verarbeiteten Daten bzw. der datenverarbeitenden Systeme vielfältige Fragen in Bezug auf den Schutz der Persönlichkeit sowie der Gefahrenabwehr gleichermaßen wie im Bereich der Cyber-Kriminalität.

Das Handbuch bietet ausführliche *technische Erläuterungen* durch EDV-Sachverständige mit dem technischen Glossar und § 1 zu den fachlichen Grundlagen klassischer IT-Projekte). Weitere technische Informationen und sich hieraus ergebende Besonderheiten bei der streitigen Auseinandersetzung sind thematisch zugeordnet etwa zu IT-Sicherheitstechnik und DIN-Normen (§ 33), zu Internettechnik (§ 3), zur elektronischen Signatur und Authentifizierung (§ 30) und E-Payment (§ 27), zu Kommunikationsdiensten und -netzen (§§ 4, 31, 32).

Die rechtlichen Beiträge sind in folgende übergreifende Teile gegliedert, wobei interne Querverweise dem Leser Hilfestellung geben, die Verzahnung und Komplexität der Rechtsfragen zu erfassen und die Aufbereitung durch die Autoren für sich in der Praxis nutzbar zu machen:
- technische und organisatorische Grundlagen,
- Immaterialgüterrecht (Urheber-, Marken- und Domainrecht),
- IT-Vertragsrecht (Software-, Hardware-, Provider-, Outsourcing- und Projektverträge),
- Vertrieb und elektronischer Geschäftsverkehr,
- Telemedien- und Telekommunikationsrecht,
- Datenschutz, IT-Compliance, IT-Sicherheit, Arbeitsrecht
- Vergabe- und Kartellrecht,
- Haftung und Strafrecht,
- gerichtliche und außergerichtliche Streitbeilegung.

Jeder Teil greift die jeweils relevanten internationalen Bezüge auf. Das IT-Recht ist europäisch und international geprägt, weshalb das themenbezogene Einbinden besonderer internationaler Fragestellungen in allen Bereichen erfolgte. Nur im Hinblick auf das anwendbare Schuldrecht (§ 23) bei grenzüberschreitenden Verträgen und bei den grundlegenden Fragestellungen das Internationale Immaterialgüterrecht (§ 8) betreffend, also insbesondere des Schutzlandprinzip und die internationale Angleichung der Schutzniveaus erfolgt eine gesonderte überblicksartige Darstellung und Heranführung. Dies schärft zugleich den Blick darauf, dass IT-Sachverhalte vielfältige international geprägte Herausforderungen in sich bergen, seien es die Rechte eines Offshore-Programmierers, die Verletzung von Open Source Lizenzen bei grenzüberschreitenden Entwickler-Communities oder Cloud-Service-Provider-Verträge nach ausländischem Recht oder mit Rechenzentrumsstandorten im (europäischen) Ausland.

Vorwort

Vertragsrechtliche Fragestellungen sind im Bereich des IT-Rechts oftmals nur unter Einbeziehung der Kenntnisse und Rahmenbedingungen des Immaterialgüterrechts zu beantworten. Entsprechend legen die §§ 5 bis 9 im Anschluss an die technischen und organisatorischen Grundlagen die Grundprinzipien zu typischen Vertragsinhalten im Bereich der digitalen Gesellschaft dar. Gegenstände von Austauschbeziehungen sind neben klassischer IT, also Hard- und Software, Daten, Datenbanken und eine Vielzahl und Bandbreite von Werken im Sinne des Urheberrechts als Inhalt (Content) von Angeboten sowie Marken und Domains zu deren Kennzeichnung.

Das „klassische" Vertragsrecht *(software- und hardwarebezogen)* ist ein Kernstück des Mandatshandbuchs beginnend mit einem Überblickskapitel zu den IT-Leistungsgegenständen und Vertragstypen (§ 10) und sodann vertragstypspezifisch zu Softwareerstellung und -anpassung (§ 11), Softwareüberlassung auf Dauer (§ 12) und Softwaremiete (§ 13 mit Leasing, Application Service Providing und Software as a Service), Softwarepflege (§ 14), Hardware-Verträge (§ 15) einschließlich Wartung sowie einem Überblick zu Standardvertragsklauseln (§ 16) und den Besonderheiten bei Verbraucherverträgen (§ 17), wobei eCommerce im Rahmen der besonderen Vertriebsformen in § 26 betrachtet wird, und internationalen Bezügen (§ 23).

Zu den besonderen Herausforderungen bei der vertraglichen Gestaltung und Begleitung im Mandant gehören die IT-Projekte (§ 17 mit Hinweisen zur fachlichen Projektorganisation) und das „klassische" IT-Outsourcing einschließlich spezieller Anforderungen an das Outsourcing in der Kredit-, Finanz- und Versicherungsbranche (§ 19) und dem Webshop-Outsourcing (§ 20). Die moderne Auslagerung in die Cloud (§ 22) sowie die Anforderungen an Providerverträge (§ 21) werden vertragsrechtlich und hinsichtlich der Sicherheits- und Datenschutzaspekte (§§ 33 ff.) und der Verantwortlichkeit (§ 42) einschließlich strafrechtlicher Aspekte (§ 43) erläutert.

Von § 24 bis § 30 behandelt das Handbuch verschiedene Ausprägungen besonderer Vertriebsformen, insbesondere des elektronischen und mobilen Geschäftsverkehrs einschließlich Webdesign, Online- und E-Mail-Marketing, Online-Auktionen, E-Payment, -Invoicing, Gaming und Social Media, Apps sowie berufspezifischer Besonderheiten mit Blick auf die digitale Anwaltskanzlei (§ 30). §§ 31 und 32 legen den Schwerpunkt auf das *Telekommunikationsvertragsrecht* sowie der diesbezüglichen Regulierung.

§ 39 behandelt das interessante Spannungsfeld zwischen Urheberrecht und Kartellrecht im Hinblick auf technische Schutzmechanismen (Digital Rights Management) sowie die kartellrechtlichen Besonderheiten des E-Commerce, der virtuellen Marktplätze und Ranking-Portale sowie des Suchmaschinenmarkts. Nicht allein wegen der Regelungen im GWB hat das Kartellrecht enge Verbindungen zum Vergaberecht, das seit Jahren ständiger Reformierung unterworfen ist. § 40 gibt den bis zum Druckschluss aktuellen Stand der Reformen wieder und stellt den Gang eines Vergabeverfahrens von der Vorbereitung und Durchführung (exemplarisch am Beispiel des Verhandlungsverfahrens) bis hin zum Rechtsschutz durch Nachprüfungsverfahren und der weiteren Rechtsschutzmöglichkeiten dar. § 41 umfasst die Darstellung der Handhabung der EVB-IT, Standardverträge der öffentlichen Hand bestehend aus Vertragsformularen und Ergänzenden Bedingungen für die verschiedenen Vertragstypen, welche seit der Vorauflage erheblichen Änderungen und Ergänzungen unterliegen.

Der datenschutzrechtliche Schwerpunkt ist im Vergleich zur 1. Auflage ausgeweitet worden und behandelt nach den Grundlagen der Compliance und der IT-Sicherheit (§ 33) sowie des Datenschutzes (§ 34) den besonderen Datenschutz im Bereich der Telemedien (§ 35) sowie die unvermeidbaren internationalen Bezüge der grenzüberschreitenden Datenverarbeitung (§ 36). Der Beschäftigtendatenschutz sowie weitere arbeitsrechtliche Besonderheiten sind in § 37 zusammengefasst und umfassen Aspekte wie § 613a BGB beim IT-Outsourcing, die Nutzung von Email, Internet, arbeitnehmereigenen Geräten und Social Media Diensten am Arbeitsplatz. Die aktuellen Bestrebungen und Entwicklungen der Europäischen Kommission zur Verabschiedung der das Datenschutzrecht in Europa vollharmonisierenden Datenschutzgrundverordnung sind mit Sachstand zum 15.6.2015 aufgenommen. Spezifische Fragen bestimmter Vertragsparteien oder Geschäftsmodelle sind im jeweiligen Kapitel

Vorwort

behandelt, insbesondere bei IT-Projekten (§ 18), bei Cloud Computing (§ 22), bei Apps und Social Media (§ 28 bzw., aus eher arbeitsrechtlicher Sicht, § 37), bei Gaming (§ 29) sowie TK-bereichsspezifischer Datenschutz (§ 31).

§ 38 fasst die Aspekte der Vorsorge zur Aufrechterhaltung der IT und der Verfügbarkeit der teilweise für die Fortführung eines Unternehmens unabdinglichen Standard- oder spezifischen Softwarelösungen, embedded systems etc. mit den Sicherungsmöglichkeiten durch Escrow-Vereinbarungen sowie die Risiken und Konsequenzen einer Insolvenz des Lizenzgebers, des Urhebers oder des Lizenznehmers zusammen.

Die Fallgestaltungen IT-rechtlicher Beratung gipfeln zuweilen in streitigen Auseinandersetzungen. So rundet die Darstellung der *Forensik* (§§ 43–46) einschließlich IT-spezifischem Strafrecht, gerichtlicher und außergerichtlicher Geltendmachung von Ansprüchen, Sachverständigenbeweis im Zivilprozess, Schlichtung und Mediation das Handbuch ab.

Die Herausgeberinnen danken allen Mitautoren der Vorauflage und neu gewonnen Mitautoren für Ihre Bereitschaft, das breite Spektrum des IT- und Datenschutzrechtes kompakt und praxisorientiert, dennoch umfassend mit zahlreichen Aktualisierungen und neuen Facetten, Checklisten, Formulierungsmustern und Handlungsempfehlungen sowie Rechtsprechungshinweisen abzubilden.

Eine große Unterstützung bei der Aktualisierung und redaktioneller Bearbeitung der 2. Auflage waren Frau Lucie Antoine, Frau Susanne Licht und Frau Sahra Bogedein.

Die Herausgeberinnen danken dem Verlag C. H. Beck, allen voran Herrn Dr. Thomas Schäfer, der das Projekt beim Verlag weiter begleitet hat, und Herrn Dr. Burkhard Schröder, der das Werk in neuer Ausstattung und mit erweitertem Sachgebiet als Handbuch IT- und Datenschutzrecht wiederum fürsorglich als Lektor betreut hat.

München und Berlin, im Oktober 2015

Isabell Conrad
Dr. Astrid Auer-Reinsdorff

Inhaltsübersicht

	Seite
Vorwort	V
Inhaltsverzeichnis	XI
Autorenverzeichnis	XLI
Abkürzungs- und Literaturverzeichnis	XLV
Technisches Glossar *(Pruß/Sarre)*	1

Teil A. Technische und organisatorische Grundlagen

§ 1	Programmierung, Dokumentation und Test von Software *(Sarre/Schmidt)*	23
§ 2	Spezifikation, Migration und Abnahme von Software *(Sarre)*	90
§ 3	Technische Grundlagen des Internets *(Schmidt)*	101
§ 4	Technische Grundlagen der Telekommunikation *(Förster)*	140

Teil B. Immaterialgüterrecht

§ 5	Rechtsschutz von Computerprogrammen und digitalen Inhalten *(Witte/Auer-Reinsdorf/Baldus)*	153
§ 6	Der Rechtsschutz von Datenbanken *(Witte)*	259
§ 7	Domainrecht und markenrechtliche Bezüge *(Witte/Auer-Reinsdorf/Luckhaus)*	273
§ 8	Internationales Immatierialgüterrecht *(Mayer/Auer-Reinsdorff/Luckhaus)*	308
§ 9	Open Source und Open Content *(Auer-Reinsdorff/Kast)*	349

Teil C. Software-, Hardware- und Providerverträge

§ 10	Vertragliche Grundlagen *(Conrad/Schneider)*	367
§ 11	Erstellung von Software *(Conrad/Schneider)*	415
§ 12	Überlassung von Software auf Dauer *(Kast)*	472
§ 13	Überlassung von Software auf Zeit *(Roth-Neuschild)*	512
§ 14	Softwarepflege-Verträge *(Conrad/Schneider)*	561
§ 15	Hardware-Verträge *(Stadler/Kast)*	609
§ 16	Standardklauseln *(Redeker)*	639
§ 17	Besonderheiten in Verbraucherverträgen bei Überlassung von Hard- und Software *(Fischl)*	684
§ 18	IT-Projektverträge *(Conrad/Witzel)*	721
§ 19	Outsourcing-Verträge *(Thalhofer)*	803
§ 20	Webshop-Outsourcing *(Conrad/Hertneck)*	864
§ 21	Providerverträge im Internet *(Auer-Reinsdorff)*	892
§ 22	Cloud Computing *(Conrad/Strittmatter)*	910
§ 23	Internationales Privatrecht *(Auer-Reinsdorff/Widmer)*	979

Teil D. Vertrieb und Elektronischer Geschäftsverkehr

§ 24	Vertrieb von Software und Hardware *(Wiesemann/Kast)*	1015
§ 25	Webdesign, Online- und E-Mail-Marketing, Online-Auktionen *(Schöttle/Eckhardt)*	1070

Inhaltsübersicht

		Seite
§ 26	E-Commerce und Fernabsatzrecht *(Bierekoven)*	1120
§ 27	E-Payment und E-Invoicing *(Kociok)*	1187
§ 28	Apps und Social Media *(Kremer)*	1217
§ 29	Gaming: Computer- und Online-Spiele *(Picot)*	1246
§ 30	Berufsspezifische Regelungen, Recht der elektronischen Signaturen, elektronischer Personalausweis, DE-Mail *(Lapp/Eckhard)*	1262

Teil E. Telekommunikationsrecht

§ 31	Das Recht der Kommunikationsnetze und -dienste *(Förster/Pohle)*	1327
§ 32	WAN- und VPN-Verträge *(Schuster)*	1406

Teil F. Datenschutz, Sicherheit und Insolvenz, Compliance und Sicherheitsrecht

§ 33	Compliance, IT-Sicherheit, Ordnungsmäßigkeit der Datenverarbeitung *(Conrad/Huppertz)*	1421
§ 34	Recht des Datenschutzes *(Conrad)*	1527
§ 35	Grenzüberschreitende Datenverarbeitung *(Grapentin)*	1753
§ 36	Datenschutz der Telemedien *(Conrad/Hausen)*	1781
§ 37	Arbeitsrechtliche Bezüge *(Conrad/Huppertz/Hausen/Maties/Schrader/Venetis)*	1854
§ 38	IT in der Insolvenz, Escrow *(Auer-Reinsdorff/Kast/Dressler)*	1951

Teil G. Kartellrecht und Vergaberecht

§ 39	Kartellrechtliche Bezüge *(Conrad)*	1985
§ 40	Öffentliche Vergabe von Leistungen der Informationstechnologien *(Bischof)*	2097
§ 41	Besondere und ergänzende Vertragsbedingungen der öffentlichen Hand – BVB und EVB-IT *(Bischof/Schneider)*	2206

Teil H. Haftungsrecht und Strafrecht

§ 42	Verantwortung und Haftung für Inhalte im Internet *(Sobola)*	2281
§ 43	Strafrecht im Bereich der Informationstechnologien *(Hassemer/Marberth-Kubicki)*	2321

Teil I. Verfahrens- und Prozessrecht

§ 44	Außergerichtliche Streitbeilegung und Prozessvorbereitung, Mediation *(Müller/Lapp)*	2407
§ 45	Gerichtliche Auseinandersetzungen *(Müller)*	2445
§ 46	Der Sachverständigenbeweis in Zivilprozessen *(Streitz)*	2498

Sachregister	2523

Inhaltsverzeichnis

	Seite
Vorwort	V
Inhaltsübersicht	IX
Autorenverzeichnis	XLI
Abkürzungs- und Literaturverzeichnis	XLV
Technisches Glossar	1

Teil A. Technische und organisatorische Grundlagen

§ 1 Programmierung, Dokumentation und Test von Software

	Seite
I. Softwareerstellung	25
1. Quellcode	25
2. Objektcode	26
3. Kompilierung	29
4. Dekompilierung	31
II. Customizing und Parametrisierung	32
III. Programmiertechniken	33
1. Programmierparadigmen	33
2. Programmierwerkzeuge	35
IV. Datenbankmodelle	37
1. Hierarchisches Datenbankmodell	37
2. Netzwerkdatenbankmodell	38
3. Relationales Datenbankmodell	39
4. Objektorientiertes Datenbankmodell	41
V. Dokumentation	42
1. Arten von Dokumentationen	42
2. Rechtliche Einordnung	44
VI. Hilfesysteme und Benutzerführung	45
1. Hilfesysteme	45
2. Benutzerführung	47
VII. Test von Software	48
1. Grundlagen des Softwaretestens	48
2. Testprozess	52
3. Testen im Softwarelebenszyklus	54
4. Teststufen	58
5. Testarten	64
6. Testmethoden	67
7. Testmanagement	76
8. Testwerkzeuge	85

§ 2 Spezifikation, Migration und Abnahme von Software

	Seite
I. Spezifikation von Softwaresystemen	90
1. Anforderungskatalog	90
2. Fachkonzept (grob/fein)	91
3. Inhalte eines Fachkonzepts	91
4. Verantwortlichkeiten beim Fachkonzept	92
5. Pflichtenheft	94

Inhaltsverzeichnis

	Seite
6. Mögliche Pannen beim Pflichtenheft	95
7. Pflichtenheft nicht fertig bei Vertragsabschluss	95
II. Abnahmeverfahren	96
1. Planung von Teilabnahmen und Gesamtabnahme	96
2. Zuständigkeiten beim Abnahmeprozess	96
3. Produktivsetzung und Zeitpunkt der Abnahme	97
4. Migration von Altdaten	98
5. Abnahme von Schnittstellen	99
6. Typische Probleme bei der Abnahme	99

§ 3 Technische Grundlagen des Internets

	Seite
I. Einführung	102
II. Grundprinzipien der Rechnervernetzung	102
1. PAN (Personal Area Network)	102
2. LAN (Local Area Network)	103
3. WAN (Wide Area Network)	103
4. MAN (Metropolitan Area Network)	103
III. Netzwerktopologien	104
1. Stern-, Ring- und Bustopologie	104
2. Ethernet	106
3. WLAN	107
IV. Die wichtigsten Protokolle im Internet	108
1. IP	108
2. ARP	110
3. UDP	110
4. TCP	111
5. ISO/OSI-Referenzmodell	112
V. Das Domain Name System	114
1. Das DNS-Konzept	114
2. Das DNS-Protokoll	115
3. Verwaltung der Domains	115
4. Arbeitsweise von DNS-Servern	117
VI. Das Web	118
1. Das HTTP-Protokoll	118
2. Dokumentformate und Dokumentsprachen	119
3. Dynamische Web-Seiten und Web-Programmierung	119
4. Das Web 2.0	120
5. Möglichkeiten zur Erfassung des Nutzungsverhaltens	121
VII. Internet-Anwendungen	123
1. TELNET	123
2. USENET	124
3. FTP	126
4. E-Mail	126
5. P2P/Filesharing, One-Click-Hoster, Streaming	127
VIII. Sicherheit im Internet	130
1. Bedrohungen	130
2. Schutzmaßnahmen	135

§ 4 Technische Grundlagen der Telekommunikation

	Seite
I. Die Telekommunikationsverbindung	140
1. Die physische Verbindung	140
2. Die logische Verbindung	141
3. Bandbreite	142

Inhaltsverzeichnis

	Seite
II. Festnetz	143
1. Telefonnetz	143
2. Kabelnetz	143
3. DSL/ADSL/VDSL/VDSL2	144
4. VDSL2-VECTORING	145
III. Mobilfunk	146
1. GSM	146
2. GPRS	147
3. UMTS	147
4. LTE (Long Term Evolution)	148
IV. Interconnection	148
V. Lokale und regionale Funknetze	149
1. WLL	149
2. W-LAN	149
3. WiMAX	150
VI. Internettelefonie/VoIP	150
VII. Next Generation Networks (NGN)	151
1. Netze der nächsten Generation	151
2. Bitstromzugang (engl. bitstream access – BSA)	151

Teil B. Immaterialgüterrecht

§ 5 Rechtsschutz von Computerprogrammen und digitalen Inhalten

	Seite
I. Einführung zu den urheberrechtlichen Bezügen des IT-Rechts	156
1. Werke im digitalen Kontext	157
2. Schutz des Urhebers und der Leistungsschutzberechtigten	158
3. Einräumung von Nutzungsrechten	161
4. Rechte der Presseverleger	165
II. Einführung in den Urheberrechtsschutz von Computerprogrammen	166
1. EU- und international konforme Auslegung	167
2. Weitere Entwicklungen bei digitaler Nutzung	168
3. Der sog 2. Korb	169
4. Vorbereitungen zum sog 3. Korb	169
5. Das Leistungsschutzrecht für Presseverlage	170
6. Die Bildungs- und Wissenschaftsschranke in § 52a UrhG	171
7. Kritik	171
III. Der Rechtsschutz von Computerprogrammen außerhalb des Urheberrechts	172
IV. Anspruchsvoraussetzungen	173
1. Die Schutzvoraussetzungen im Einzelnen	173
2. Das Softwareurheberrecht in Arbeits- und Dienstverhältnissen	178
3. Arbeitnehmererfindungsrecht	181
4. Patentrecht	181
V. Zustimmungsbedürftige Handlungen bei Software	188
1. Das Vervielfältigungsrecht, § 69c Nr. 1 UrhG	189
2. Das Bearbeitungsrecht, § 69c Nr. 2 UrhG	190
3. Das Verbreitungsrecht, § 69c Nr. 3 UrhG	190
4. Das Recht der öffentlichen Wiedergabe, § 69c Nr. 4 UrhG	200
5. Die Schranken des § 69d UrhG	202
6. § 69f UrhG Rechtsverletzungen – Vernichtungsanspruch	207
7. § 95a UrhG	209
8. § 69g UrhG Anwendung sonstiger Rechtsvorschriften	210
9. Schranken als Einwendungen im Prozess	211
10. Der Rückruf von Rechten nach § 41 UrhG	213

Inhaltsverzeichnis

	Seite
VI. Die Anspruchsdurchsetzung im Software-Urheberrecht	213
1. Der Beweis der Anspruchsvoraussetzungen	214
2. Vorbereitende Ansprüche auf Auskunft, Vorlage und Besichtigung	217
3. Eingriff in das geschützte Gut	219
4. Einwendungen des Beklagten	220
VII. Die Regeln der Störerhaftung	220
1. Der unmittelbare Störer	220
2. Zurechenbarkeit des Handelns Dritter	221
3. Unterschiedliche Haftungsregime	222
4. Der mittelbare Störer	223
5. Haftungsprivileg des § 10 TMG	223
VIII. Unterlassung, Beseitigung und Schadensersatz	225
1. Anspruchsgrundlagen	225
2. Verhältnis zu anderen Vorschriften	226
3. Die Arten der Schadensberechnung	228
4. Zuschläge	230
5. Der Bereicherungsausgleich	232
6. Ansprüche wegen der Verletzung von Urheberpersönlichkeitsrechten	232
7. Grenzbeschlagnahme	233
IX. Die außergerichtliche Durchsetzung von Ansprüchen	234
1. Die Berechtigungsanfrage	234
2. Die Abmahnung	235
3. Die Unterlassungs- und Verpflichtungserklärung	237
4. Die Folgen der Abmahnung	242
5. Die Kosten des außergerichtlichen Verfahrens	242
X. Die einstweilige Verfügung	245
1. Statthaftigkeit	245
2. Praktische Zuständigkeitsfragen	246
3. Die Schutzschrift	247
4. Die Begründetheit des Verfügungsantrags	248
5. Die richtige Formulierung des Antrags	250
6. Verhalten während des Verfahrens	251
7. Entscheidungsmöglichkeiten des Gerichts	251
8. Zustellung des Titels	251
XI. Die Abschlusserklärung	252
XII. Das Widerspruchsverfahren	253
1. Der Vollwiderspruch	253
2. Der Kostenwiderspruch	253
XIII. Besonderheiten des Berufungsverfahrens	254
XIV. Das Hauptsacheverfahren	254
1. Initiative des Schuldners	254
2. Initiative des Gläubigers	255
XV. Die Aufhebung der einstweiligen Verfügung wegen veränderter Umstände	255
XVI. Weitere Verfahrensfragen	256

§ 6 Der Rechtsschutz von Datenbanken

I. Einführung	259
II. Urheberrechtliche Bedeutung	260
1. Früheres Deutsches Recht	260
2. Internationales Recht	261
3. Datenbankrichtlinie	261
III. Der Inhalt der Datenbankrichtlinie	261
1. Duales Konzept	261

Inhaltsverzeichnis

	Seite
2. Unterteilung des Schutzumfangs	262
3. Die Abgrenzung zwischen Datenbank und -inhalt	263
4. Eigenständiger Informationsgehalt	264
5. Ordnungsprinzip	264
6. Gewichtung	265
IV. Voraussetzungen des § 87a Abs. 1 UrhG	266
1. Die Eingriffshandlung nach § 87b Abs. 1 Satz 1 UrhG	267
2. Der Einsatz von DRM-Systemen	270
3. Die Erschöpfung des Verbreitungsrechts bei einer Entnahme aus einer Datenbank	270
4. Schranken des Datenbankschutzes	272
5. Vertragsrecht	272
6. Rechte der Presseverleger	272

§ 7 Domainrecht und markenrechtliche Bezüge

	Seite
I. Registrierung einer Domain	274
1. Rolle und Funktion der DENIC e. G.	275
2. Inhalt und Rechtsnatur des Domainvertrages mit der DENIC	276
3. Die Haftung der DENIC	277
4. Die Stellung des ADMIN-C	278
II. Die Rechtsnatur einer Domain	279
1. Rechte aus dem Vertrag mit der DENIC	279
2. Namens- und Kennzeichenrechte	280
III. Grundlagen des Schutzes nach dem MarkenG	281
1. Entstehung des Schutzes nach § 4 MarkenG	281
2. Die Verletzung von Markenrechten nach den §§ 14, 4 MarkenG	282
3. Rechtsverletzende Benutzung	286
4. Rechtsfolgen	288
IV. Der markenrechtliche Schutz	289
1. Entstehung des Schutzes nach § 5 Abs. 1 und 2 MarkenG für Unternehmenskennzeichen	290
2. Entstehung des Schutzes nach § 5 Abs. 1 und 3 MarkenG für Werktitel	292
3. Geographische Herkunftsangaben	293
4. Entstehung des Markenschutzes durch Eintragung	293
5. Entstehung des Markenschutzes durch Erlangung der Verkehrsgeltung sowie notorische Bekanntheit	294
V. Bürgerlich-rechtlicher Namensschutz	295
1. Grundlagen	295
2. Verletzungsfälle	296
3. Namenanmaßung und Namensleugnung	297
4. Namensrecht und Pseudonyme	298
5. Besondere Fälle	298
6. Kein umfassender Freihalteanspruch	299
VI. Das Recht der Gleichnamigen	299
1. Anwendung des Prioritätsgrundsatzes	299
2. Kollision gleicher geschäftlicher Bezeichnungen	300
3. Kollision gleicher bürgerlicher Namen	301
VII. Wettbewerbsrechtliche Ansprüche	301
1. Grundsätzliches	301
2. Einzelfälle	302
VIII. Ergänzender Schutz nach § 823 Abs. 1 BGB	305
IX. Die Übertragung von Domainnamen	305

Inhaltsverzeichnis

	Seite
X. Die Lizenzierung von Domainnamen	305
XI. Außergerichtliche Rechtsverfolgung	306
1. Dispute-Eintrag bei der DENIC	306
2. Der Wait-Antrag bei NIC.AT	306
3. Außergerichtliche Rechtsverfolgung bei den übrigen Vergabestellen	307
XII. Prozessuale Besonderheiten bei Domainstreitigkeiten	307
1. Inlandsbezug	307
2. Richtige Antragstellung	307
3. Besonderheiten im einstweiligen Rechtsschutz	307

§ 8 Internationales Immaterialgüterrecht

I. Internationale Bezüge des deutschen Urheberrechts	309
1. Allgemeines	309
2. Internationales Urheberrecht	310
3. Gemeinschaftsrecht	312
4. Nationales Fremden- und Kollisionsrecht	315
5. Vertragsstatut und Verfügungsgeschäft	318
6. Die internationale Zuständigkeit deutscher Gerichte	319
7. Checkliste Schutzlandprinzip	320
II. Internationales Domainrecht	320
1. Allgemeines	320
2. .eu-Domains	320
3. Internationale Domains	338
4. Neue generische Top-Level-Domains (nTLDs)	345
III. Internationale Bezüge des Markenrechts	346
1. Allgemeines	346
2. EU-Gemeinschaftsmarke	348

§ 9 Open Source und Open Content

I. Einführung	350
II. Open Source Software	351
1. Copyleft-Prinzip	352
2. Urheberrecht	353
3. Lizenzen	354
4. Lizenzierung und Haftung	356
5. Kombination von OSS und proprietärer Software	360
6. OSS und Internationales Privatrecht	363
III. Open Content	365

Teil C. Software-, Hardware- und Providerverträge

§ 10 Vertragliche Grundlagen

I. Einleitung	369
1. Die Entwicklung des Informationstechnologierechts	369
2. Verhältnis zu verwandten Rechtsgebieten	370
II. IT-Vertragsgegenstände und Vertragstypologie	370
1. Überblick über typische Vertragsgegenstände des IT-Rechts	371
2. Grundsätze zur Vertragstypologie	371
3. Charakteristische Kennzeichen IT-relevanter BGB-Vertragstypen	373
4. § 651 BGB – Ist Software eine „neu herzustellende Sache"?	378
5. IT-Leistungen und ihre vertragstypologische Zuordnung	382

Inhaltsverzeichnis

Seite

III. Mängel und Nacherfüllung 389
   1. Hierarchie der Mängel 389
   2. Mangelbegriff und Bagatellgrenze 395
   3. Behandlung von Zusicherung, Garantie und Arglist 395
   4. Überblick über Nacherfüllung bei Kauf- und Werkvertrag 399
   5. Wahlrecht des Verkäufers bei Nacherfüllung 401
   6. Praktische Handhabung, Nachbesserungsversuche 402
   7. Rücktrittsrecht 405
IV. Vergütung, Fälligkeit 406
   1. Überblick 406
   2. Vergütung nach Zeitaufwand 407
   3. Vorauszahlungen, Abschlagszahlungen 408
   4. Preiserhöhungen 408
V. Nicht vereinbarte negative Eigenschaften, Aufklärungs-/Beratungspflichten, Betriebsstörungs-/Betriebsausfallschäden 409
   1. IT-typische cic- und pVV-Fallgruppen 409
   2. Betriebsstörungsschaden 410
VI. Sonstige typische Streitfragen bei IT-Verträgen 412
   1. Letter of Intent (LOI) 412
   2. Lizenz 413
   3. Änderungen an der Software 413
   4. Haftungsausschlüsse 414
   5. Weitergabeverbote 414
   6. Sonstiges 414

§ 11 Erstellung von Software

I. Einleitung 417
   1. Abgrenzung von Software-Erstellungsverträgen zu anderen IT-Verträgen 417
   2. Kernprobleme anwaltlicher Beratung bei Software-Erstellung 418
II. Erstellung von Software 419
   1. Vertragstypologie und Konsequenzen für Vertragsgestaltung und Vertragsdurchführung 419
   2. Grundlegender Aufbau von Software-Erstellungsverträgen ... 425
   3. Agile Programmierung 451
III. Einstellen, Anpassen und Modifizieren von Standardsoftware ... 459
   1. Grundlagen des Customizing 459
   2. Vertragstyp 459
   3. Urheberrechtliche Beurteilung 460
   4. Besonderheiten bei Anpassung 460
IV. Subunternehmervertrag bei der Software-Erstellung 465
   1. Ausgangslage 465
   2. Vertragstypologie 465
   3. Vertragsverhandlungen mit dem Auftraggeber 466
   4. Regelungen des Subunternehmervertrages 466
   5. Verhandlungen und Abschluss des Subunternehmervertrages ... 470
   6. Freie Mitarbeiter/Leiharbeitnehmer 471
   7. Konsortialverträge 471

§ 12 Überlassung von Software auf Dauer

I. Einführung 473
   1. „Historische Entwicklung" 473
   2. Betriebswirtschaftliche Überlegungen 474
   3. Wirtschaftlicher Schutz der Software 474

Inhaltsverzeichnis

	Seite
II. Überlassung von Standardsoftware	475
1. Begriffsbestimmungen	475
2. Überlassung auf Dauer	477
III. Dogmatische Einordnung	477
1. Abstraktionsprinzip	477
2. Vertragstypologische Einordnung	478
3. Zusammenfassung der Kriterien	481
4. Anwendung kaufrechtlicher Vorschriften	482
IV. Standard-Lizenzformen	483
1. Personen- und maschinenbezogene Lizenzformen	484
2. Nutzungsbezogene Lizenzformen	487
3. Verwendungszweck-bezogene Lizenzformen	489
V. Besondere Lizenzformen	491
1. Begriffe	491
2. Shareware	492
3. Freeware, Public Domain Software	494
4. Grundlagen der Open Source Software	495
5. Grenzbereich zum Mietrecht	495
VI. Vertragsgestaltung	497
1. Vertragsgegenstand	497
2. Nutzungsumfang	499
3. Lieferung	501
4. Kaufpreis, Zahlungsbedingungen	501
5. Zusatzleistungen	502
6. Maßnahmen zum Schutz der Software	503
7. Pflichten des Käufers	507
8. Sach- und Rechtsmängel; Leistungsstörungen	508
9. Haftung	509
10. Geheimhaltung und Datenschutz	510
11. Sonstige Regelungen, Schlussvorschriften	510
§ 13 Überlassung von Software auf Zeit	
I. Allgemeines	513
II. Vertragstypologische Einordnung	514
1. Erforderlichkeit der Einordnung	514
2. Überlassung auf Zeit gegen Vergütung	515
3. Überlassung auf Zeit ohne Vergütung	518
4. Besondere Geschäftsmodelle	519
III. Wesentliche Regelungspunkte eines Softwaremietvertrages	523
1. Vertragsmuster	523
2. Vertragsgegenstand	524
3. Miete	528
4. Nutzungsrechte, Nutzungsbeschränkungen	532
5. Rechte des Mieters bei Mängeln	542
6. Vertragliche Verfügbarkeitsvereinbarungen, Service Level Agreement	552
7. Datenschutz, Auftragsdatenverarbeitung	555
8. Vertragsdauer, Kündigung	557
9. Rückgabe, Herausgabe von Daten	559
§ 14 Softwarepflege-Verträge	
I. Einleitung	562
1. Überblick, Terminologie	562
2. Abgrenzung der Software-Pflege zu anderen Verträgen	564
3. Zielsetzung und Art der Darstellung	564

Seite

II. Pflege von Software 565
   1. Umschreibung des Vertragsgegenstandes 565
   2. Verhältnis des Pflegevertrages zum Beschaffungsvertrag 568
   3. Versuch der Systematisierung einzelner Leistungsbereiche 576
   4. Vertragstyp und Einordnung 582
   5. Typischer Vertragsaufbau 584
   6. Datenschutzregelungen bei Software-Pflege 586
   7. Pflegeleistungen und „Service Level Agreements" 598
   8. Mitwirkung des Kunden 601
   9. Zusammenfassung, Hinweis auf Musterverträge 604
III. Beispiele für Klauseln in Software-Pflegeverträgen 604
   1. Beispiel 604
   2. Beispiel 605
   3. Beispiel 606
   4. Beispiel 606
   5. Beispiel 607
   6. Beispiel 608

§ 15 Hardware-Verträge

I. Begriff der Hardware 610
II. Hardware-Kauf 611
   1. Vertragstypologie 611
   2. Vorvertragliche Beratungspflichten 612
   3. Vertragliche Besonderheiten 615
   4. Leistungsstörungen 619
III. Hardware-Miete 621
   1. Begriff und Bedeutung 621
   2. Vertragstypologische Einordnung 622
   3. Miete und Insolvenz 622
   4. Vertragliche Besonderheiten 622
   5. Mängelhaftung 626
IV. Hardware-Leasing 627
   1. Grundlagen 627
   2. Leasing-typisches Dreiecksverhältnis 627
   3. Typische Fallkonstellationen 628
V. Hardware-Wartung 631
   1. Begriff und Grundlagen 631
   2. Abgrenzung zur Mängelhaftung 634
   3. Vertragliche Besonderheiten 635

§ 16 Standardklauseln

I. Einführung 640
II. Grundregeln bei der Verwendung von Standardklauseln 640
   1. Einbeziehung 640
   2. Besondere Konstellationen 642
   3. Überraschende Klauseln 642
   4. Unwirksamkeit der Klausel wegen Intransparenz 642
   5. Lizenzbedingungen der Hersteller 643
   6. Grundsätze der Inhaltskontrolle 644
   7. Individualvereinbarungen 647
III. Wesentliche praxisrelevante Standardklauseln in IT-Verträgen ... 648
   1. Sachmängelregelungen 648

Inhaltsverzeichnis

	Seite
2. Rechtsmängel	653
3. Schadensersatzansprüche	656
4. Nutzungsrechte	659
5. Organisationsregeln	664
6. Change-Request-Regeln/Änderungsregeln	668
7. Abnahmeklauseln	671
8. Fälligkeitsregeln	672
9. Verzugsklauseln	673
10. Klauseln zu § 649 BGB	674
11. Einwilligung in die Verarbeitung personenbezogener Daten	675
12. Weitere übliche Klauseln	677
IV. Besonderheiten bei Softwaremiete und -pflege	679
1. Klauseln über die Vertragsdauer	679
2. Regelungen zur Zahlung	680
3. Preisanpassungsklauseln	681
4. Insbesondere: Gewährleistung im Mietrecht	682
5. Miete neuer Softwareversionen	683
6. Ausschluss der verschuldensunabhängigen Haftung	683

§ 17 Besonderheiten in Verbraucherverträgen bei Überlassung von Hard- und Software

I. Anwendungsbereich des Verbraucherrechts	685
1. Verbraucher- und Unternehmerbegriff	685
2. Nicht erkennbarer Vertragszweck	686
3. Gemischte Kaufzwecke: Dual Use	687
4. Beschränkung auf natürliche Personen; BGB-Gesellschaft	687
5. Existenzgründer als Verbraucher?	688
6. Abgrenzung zur gewerblichen Tätigkeit und die Bereichsausnahme des § 474 Abs. 2 S. 2 BGB (e-Bay-PowerSeller)	688
7. Beweislast	689
II. Besonderheiten des Verbrauchsgüterkaufs	689
1. Kauf- und Werklieferungsverträge über bewegliche Sachen	689
2. Software als bewegliche Sache; § 651 BGB; Download	690
3. Keine Herausgabe von Gebrauchsvorteilen	690
4. Unabdingbarkeit gemäß § 475 BGB	691
5. Garantien	693
6. Rückgriffsrecht des Unternehmers, §§ 478, 479 BGB	697
III. Besonderheiten bei Verbraucherverträgen im AGB-Recht mit Klauselbeispielen	699
1. Einbeziehung von AGB	700
2. Inhaltskontrolle von AGB bei Verbraucherverträgen	704
IV. Besonderheiten bei Finanzierungsgeschäften mit Verbrauchern	712
1. Anwendungsbereich	712
2. Anforderungen des Verbraucherkreditrechts	713
3. Verbundene Geschäfte	716
V. Prozessuale und internationale Bezüge	717
1. Verbrauchergerichtsstand	717
2. Anwendbares Recht bei Verbraucherverträgen mit Auslandsbezug	719

§ 18 IT-Projektverträge

I. Einführung	725
1. Überblick, Charakteristika eines Projekts	725
2. Scheitern vieler IT-Projekte	727

Inhaltsverzeichnis

	Seite
II. Typische „Projektsünden"	728
1. Überblick	728
2. Einzelne Projektsünden	729
3. Zusammenfassung der typischen Projektsünden	735
III. Leistungsbeschreibung, Pflichtenheft und Anforderungsmanagement	735
1. Einleitung	735
2. Leistungsbeschreibung und „Pflichtenheft"	736
3. Das „Pflichtenheft" in der Rechtsprechung des BGH	737
4. Rechtliche Risiken des fehlenden „Pflichtenhefts"	740
5. Fachliche Anforderungen im IT-Projekt, Ist-/Soll-Analyse	741
IV. Themenkomplexe eines IT-Projekt-Vertrages und typische Vertragsgegenstände	747
1. Denkbarer Aufbau (Grobdarstellung)	747
2. Allgemeines zum Vertragsgegenstand eines IT-Projekts	749
3. Themenkomplexe eines IT-Projektvertrages im Detail	752
V. Vorgehensmodelle und Projektphasen	754
1. Vorgehensmodelle	754
2. Projektphasen	755
VI. Projektverantwortung, Projektleitung und Projektmanagement sowie Projektorganisation	757
1. Bedeutung und Begrifflichkeiten und falsche Vorstellungen	757
2. Projektverantwortung	758
3. Projektleitung und Projektmanagement	760
4. Projektorganisation	761
VII. Leistungen des Auftraggebers (Mitwirkung und Beistellungen)	762
1. Erforderlichkeit der intensiven Mitwirkung zum Erreichen des Projekterfolgs	762
2. Gesetzliche Regelungen zur Mitwirkung	766
3. Formulierungsbeispiel für eine vertragliche Regelung der Mitwirkungsleistungen (auftragnehmerfreundlich)	767
VIII. Change Requests und Change Management	768
1. Kein IT-Projekt ohne Change Requests	768
2. Typische Änderungssituationen und Regelungsbedarf bei Change Requests	769
3. Gefahren- und Konfliktpotential bei Change Requests	771
4. Auswirkung von Änderungen auf Termine	771
5. Vergütung von Mehraufwand	772
6. Ungeeignete Ausführungsart	773
7. Formulierungsvorschlag	773
IX. Testverfahren und Abnahmeprüfungen	774
1. Einleitung	774
2. Notwendigkeit von Testverfahren und Abnahmeprüfungen	775
3. Gegenstand der Tests und/oder Abnahmeprüfung	778
4. Exkurs: Datenschutzanforderungen an Testverfahren	780
5. Beispiele für vertragliche Abnahmeregelungen	788
X. Dokumentation	791
1. Arten der Dokumentation	791
2. Rechtsprechung zur Anwenderdokumentation	791
3. Anwenderdokumentation im Verhältnis zur „Online-Hilfe"	793
4. Andere Arten der Dokumentation	793
5. Fehlende Anwenderdokumentation: Treuwidriges Berufen im Prozess	794
6. Besonderheiten bei einer Vergütung nach Aufwand	794
7. Umfang und Fälligkeit der Anwenderdokumentation	795
8. Formulierungsvorschlag	795

Inhaltsverzeichnis

	Seite
XI. Projektbeendigung	797
1. Vollendung, Abnahme	797
2. Rücktritt	797
3. Kündigung	799
4. Leistungen des Auftragnehmers nach Rücktritt/Kündigung durch den Auftraggeber	801
5. Beispiel für eine vertragliche Regelung zur Projektbeendigung	801

§ 19 Outsourcing-Verträge

I. Varianten des Outsourcings und Ablauf eines Outsourcing-Projektes	805
1. Einleitung	805
2. Outsourcing-Varianten	805
3. Ablauf eines IT-Outsourcing-Projekts	806
II. Die Vorphase des Vertragsschlusses im Outsourcing-Projekt	807
1. Die Vertraulichkeitsvereinbarung (NDA)	807
2. Request for Proposal (RFP)	809
III. Due Diligence	811
1. Due Diligence beim Kunden	811
2. Due Diligence beim Anbieter	811
3. Letter of Intent und Memorandum of Understanding	811
4. Hinterlegungsvereinbarung	812
IV. Modulare Vertragsstruktur als Grundlage des IT-Outsourcing-Projektes	813
1. Überblick	813
2. Juristische Grundlagen: Anwendung des Vertragsrechts des BGB auf den Outsourcing-Vertrag	813
3. Gestaltung des IT-Outsourcing-Vertrages durch modularen Vertragsaufbau	815
4. Allgemeine Hinweise zur Gestaltung des IT-Outsourcing-Vertrages	816
V. Die Regelungen der einzelnen Vertragsteile	817
1. Aufbauschema	817
2. Der Rahmenvertrag und seine Regelungen als Fundament des Projektes	818
3. Die Transition und Transformation	840
4. Das Asset Transfer Agreement	843
5. Der Vertrag zur Übernahme von Drittverträgen	844
6. Personalübertragungsvertrag und § 613a BGB	845
7. Leistungsscheine und Service Level Agreements	845
VI. Besonderheiten des Outsourcing in der Kredit- und Finanzbranche	849
1. Besondere organisatorische Anforderungen an Kreditinstitute und Finanzdienstleister	849
2. Outsourcing im Wertpapierhandel – Anwendbarkeit von § 33 Wertpapierhandelsgesetz	851
VII. Besonderheiten des Outsourcing von Patienten- und Mandantendaten	852
1. Rechtliche Grundlagen	852
2. Technische Lösungsmöglichkeiten	853
3. Lösung durch ein Modell der Arbeitnehmerüberlassung	854
4. Lösung durch Doppelarbeitsverhältnisse	854
VIII. Besonderheiten des Outsourcing bei Kapitalanlagegesellschaften	855
IX. Besonderheiten des Outsourcing in der Versicherungsbranche	856
1. Die MaRisk VA	856
2. Funktionsausgliederungen im Sinne des § 13 VAG, geltendes Recht zum 31.12.2015	857
X. Internationale Bezüge des Outsourcing, Offshoring-Projekte	857
1. Offshoring – Regionen und Besonderheiten	857
2. Scope eines Offshoring-Projekts	858

	Seite
3. Besondere Risiken im internationalen Umfeld	858
4. Besonderheiten bei der Vertragsgestaltung	859
5. Strukturmodelle	859
6. Regelungen zur Qualitätssicherung	859
7. Gestaltung von Service Level Agreements	860
8. Durchsetzung vertraglicher Ansprüche durch Garantien und Performance Bonds	860
9. IP-rechtliche Fragestellungen	860
10. Datenschutz	860
XI. Non-legal Outsourcing in Anwaltskanzleien	861
XII. Ausblick: „Solvency II" und das neue VAG mit Wirkung zum 1.1.2016	862

§ 20 Webshop-Outsourcing

I. Allgemeines	864
1. Verwendungsmöglichkeiten	864
2. Abgrenzung	865
3. Hintergrund und Ziel des Webshop-Outsourcing	867
II. Rechtsnatur	868
1. Stand der Literatur und Rechtsprechung	868
2. Ausgangspunkt: Vertragstypische Leistungspflichten des Internet-System-Vertrags	871
3. Anwendung der BGH-Rechtsprechung auf den Webshop-Outsourcing-Vertrag	871
4. Hauptleistungspflichten und vertraglicher Schwerpunkt	872
5. Webshop-Outsourcing als Gesamtsystem	874
III. Vertragsgestaltung	874
1. Vertragsaufbau	874
2. Einzelheiten zu einigen wesentlichen Regelungsbereichen	877

§ 21 Providerverträge im Internet

I. Allgemeines	893
II. Regulatorischer und rechtlicher Rahmen	894
1. Gesetzliche Definitionen	894
2. Vertragsrechtlicher Rahmen	895
III. Vertragstypen	895
1. Access-Provider (Zugangsprovider)	895
2. Host-Provider	900
3. Domain-Provider	903
4. Content-/Information-Provider	904
5. Email-Service-Provider	907
6. Web-Designer	908

§ 22 Cloud Computing

I. Grundsätze zu Cloud-Verträgen	912
1. Funktionsweise und wirtschaftliche Bedeutung	913
2. Rahmenbedingungen der Vertragsgestaltung	914
3. Vertragsstrukturen und Anforderungen an Cloud Verträge	917
4. Vertragstypologie	918
5. Unterschiede zu klassischen Überlassungsverträgen	921
6. Internationales Privat- und Zivilprozessrecht	921
7. Urheberrechtliche Einordnung	924
8. Regulatorische, Verbands- und sonstige Aktivitäten/Veröffentlichungen	927

Inhaltsverzeichnis

	Seite
II. Einzelne cloud-spezifische Regelungsgegenstände	930
1. IPR: Rechtswahlklausel	930
2. Leistungsbeschreibung	931
3. SLA und Verfügbarkeitszusagen	934
4. Haftungsbegrenzungen	938
5. Einräumung von Nutzungsrechten	940
6. Einseitige Vertragsänderungen	941
7. Vertragsbeendigung	946
8. Datensicherheit und Standards	947
III. Datenschutz	949
1. Aktuelle Entwicklungen	949
2. Datenschutzrechtliche Bewertung	956
3. Cloud-Computing und Drittlandskonstellationen	971
4. AGB-konformität der Datenschutzklauseln in Cloud-Verträgen	974

§ 23 Internationales Privatrecht

I. Allgemeine Grundsätze/Rechtsquellen des IPR	980
II. Vertragsstatut/Anwendbares Recht	982
1. Grundsätze	982
2. Vertragsstatut und Verbraucherschutz	984
3. Vertragsstatut und Lizenzverträge	985
4. Wiener UN-Kaufrecht (CISG)	991
III. Vertragsstatut und Elektronischer Geschäftsverkehr	993
1. Kaufmännischer Rechtsverkehr	993
2. Verbraucherverträge	994
IV. Möglichkeiten und Grenzen der Rechtswahl	996
1. Kaufmännischer Rechtsverkehr	996
2. Verbraucherverträge	999
3. Besonderheiten des elektronischen Geschäftsverkehrs	1000
V. Lokalisierung von Verträgen, „Policies" und Webseiten im Verhältnis Deutschland-Schweiz	1001
1. Lokalisierung auf der Ebene des Kollisionsrechts	1001
2. Lokalisierung auf der Ebene zwingender Rechtsnormen	1003
3. Lokalisierung auf Ebene des Vertragsrechts	1007

Teil D. Vertrieb und Elektronischer Geschäftsverkehr

§ 24 Vertrieb von Software und Hardware

I. Die verschiedenen Arten des Software- und Hardwarevertriebs	1017
1. Überblick	1017
2. Vertrieb über Handelsvertreter oder Vertragshändler – Abgrenzungsfragen	1018
3. Ausgestaltung der verschiedenen Arten des Soft- und Hardwarevertriebs	1020
II. Verträge zwischen Soft- oder Hardwareherstellern und Vertriebspartnern	1023
1. Anwendbare Vorschriften für Handelsvertreter- und Vertragshändlerverträge	1023
2. Rechte und Pflichten aus dem Vertriebsvertrag	1024
3. Anwendbares Recht und Gerichtsstandsvereinbarungen im internationalen Vertrieb	1030
4. Kartellrechtliche Fragen	1031
5. Vertragsbeendigung, insbesondere § 89a HGB	1031
6. Möglichkeiten zur Vertragsverlängerung	1033

Inhaltsverzeichnis

	Seite
7. Herausgabeansprüche	1034
8. Goodwill-Ausgleichsansprüche, insbesondere § 89b HGB	1034
III. Verträge zwischen Soft- oder Hardwareherstellern/ Vertriebspartnern und Endkunden	1042
1. Überblick	1042
2. Mängelrechte und Haftungsfragen	1042
IV. Besonderheiten des Softwarevertriebs	1044
1. Einbeziehung von Enduser License Agreements („EULA") des Vertragshändlers	1045
2. Vertragsschluss und Einbeziehung des EULA des Herstellers bei Shrinkwrap- und Clickwrap-Agreements	1045
3. Vertragsschluss bei Registrierkartenverträgen	1046
4. Auseinanderfallen der Vertragsparteien auf Lieferantenseite	1047
5. Besonderheiten der Nacherfüllung beim Softwarevertrieb	1051
6. Auswirkung der Unterbrechung der Lizenzkette auf den Endkundenvertrag	1052
7. Handel mit „gebrauchter" Software	1054
V. Besonderheiten des Hardware-Vertriebs	1063
1. Einführung	1063
2. Hardwarebezogene Besonderheiten	1066

§ 25 Webdesign, Online- und E-Mail-Marketing, Online-Auktionen

I. Webdesign-Verträge	1071
1. Typische Leistungskomponenten	1071
2. Urheberrechtliche Schutzfähigkeit von Websites	1072
3. Rechtseinräumung	1073
4. Pflichtenheft und Leistungsbeschreibungen	1075
5. Zeitplan	1076
6. Abnahme und Freigabe	1076
7. Leistungsänderungen/Change-Management	1077
8. Gewährleistung/Haftung	1077
II. Online- und E-Mail-Marketing	1078
1. Internet-Marketing, Meta-Tags und Ad-Words	1078
2. E-Mail-Marketing	1086
3. Besondere Leistungsgegenstände	1105
III. Online-Auktionen	1109
1. Grundlagen bei Onlineauktionen	1109
2. Bewertungssystem	1116

§ 26 E-Commerce und Fernabsatzrecht

I. Allgemeines	1122
II. Vertragsschluss	1122
1. Online-Vertragsschluss	1122
2. Anfechtung von Willenserklärungen im Internet	1122
3. Zugang von Willenserklärungen im Internet	1125
III. Einbeziehung von Allgemeinen Geschäftsbedingungen („AGB")	1127
1. Grundsatz	1127
2. Business-to-Business, B2B	1127
3. Business-to-Consumer, B2C	1128
IV. Pflichten im elektronischen Geschäftsverkehr, §§ 312i, j BGB	1130
1. Neukonzeption	1130
2. Allgemeine Pflichten nach § 312i BGB	1132
3. Besondere Pflichten, § 312j BGB	1139

Inhaltsverzeichnis

	Seite
V. Fernabsatzrecht, §§ 312b–312h BGB	1143
1. Grundsatz und Konzept der Neuregelung	1143
2. Anwendungsbereich, § 312c BGB	1144
3. Struktur	1145
4. Informationspflichten, § 312d Abs. 1 S. 1 BGB, Art. 246a EGBGB	1145
5. Liefertermin, Art. 246a § 1 Abs. 1 Nr. 7 EGBGB	1146
6. Vertragsbestätigung, § 312f Abs. 2 BGB	1147
VI. Widerrufsrecht, § 312g BGB, § 355 BGB	1150
1. Das neue Widerrufsrecht	1150
2. Die Bereichsausnahmen, § 312g Abs. 2 BGB	1159
3. Rechtsfolgen bei Widerruf, § 357 BGB	1167
4. Wertersatz, § 357 Abs. 7 – Abs. 9 BGB	1169
5. Hin- und Rücksendekosten	1170
VII. Allgemeine Pflichten und Zusatzkosten, § 312a Abs. 3–Abs. 6 BGB	1172
1. Vereinbarungen über Zusatzleistungen, § 312a Abs. 3 BGB	1172
2. Vereinbarungen zu Zahlungsmitteln, § 312a Abs. 4 BGB	1172
3. Kostenpflichtige Rufnummern, § 312a Abs. 5 BGB	1173
4. Rechtsfolge bei Verstoß, § 312a Abs. 6 BGB	1174
VIII. Umgehungsverbot, § 312k BGB	1174
IX. Digitale Inhalte	1175
1. Grundsatz	1175
2. Informationspflichten	1175
3. Widerrufsrecht	1176
4. Wertersatz	1177
5. Praktische Umsetzung	1177
X. Verträge über die Lieferung von Wasser, Gas, Strom oder Fernwärme	1179
1. Allgemein	1179
2. Vorvertragliche Informationspflichten	1179
3. Widerrufsrecht und Widerrufsfrist	1179
4. Wertersatzpflicht	1180
XI. Mobile-Commerce	1180
XII. Preisangabenverordnung (PAngV)	1181
1. Geltungsbereich allgemein	1181
2. Geltung der PAngV für Fernabsatzverträge	1182
3. Rechtsprechung zur Preisgestaltung im Internet	1182

§ 27 E-Payment und E-Invoicing

I. Einleitung	1188
II. E-Payment	1189
1. Überweisung/Online-Banking	1189
2. Kreditkartenzahlungen	1195
3. Elektronisches Lastschriftverfahren	1197
4. E-Geld-Konten basierte Zahlungssysteme	1199
5. Prepaid-Zahlungssysteme	1202
6. Direktüberweisungssysteme	1204
7. Bitcoins	1205
8. Zivilrechtliche Informations- und Unterrichtungspflichten	1208
III. E-Invoicing	1211
1. Einführung	1211
2. E-Invoicing in der Praxis	1212
3. Gesetzliche Anforderungen an das E-Invoicing	1213

Inhaltsverzeichnis

Seite

§ 28 Apps und Social Media

- I. Einleitung ... 1218
- II. Mobile Apps ... 1218
    1. Begriffsbestimmungen „App" und „Smart Device" ... 1218
    2. Wirtschaftliche Bedeutung und technische Grundlagen von Apps und App Stores ... 1219
    3. Anwendbares Recht und Vertragsverhältnisse beim Bezug von Apps ... 1220
    4. Vertrieb von Apps ... 1223
    5. Datenschutz und Datensicherheit bei Vertrieb und Nutzung von Apps ... 1229
    6. Apps im Enterprise-Umfeld ... 1234
    7. Besonderheiten bei der Erstellung von Apps ... 1235
- III. Social Media ... 1236
    1. Begriffsbestimmung und Funktionen ... 1236
    2. Anforderungen an Social Media Präsenzen ... 1237
    3. Datenschutz bei Social Media ... 1239
    4. Social Media Marketing ... 1242
    5. Betrieb einer Social Media Präsenz ... 1243
    6. Social Media im Unternehmen ... 1244

§ 29 Gaming: Computer- und Online-Spiele

- I. Einleitung ... 1246
- II. Geistiges Eigentum am Spiel ... 1247
    1. Urheberrechte ... 1247
    2. Markenrechte, Domainrechte und Patentrechte ... 1249
    3. Persönlichkeitsrechte Dritter ... 1249
- III. Entwicklung des Spiels ... 1250
- IV. Vertrieb des Spiels ... 1253
    1. Vertriebskooperationen ... 1254
    2. Vertragsbeziehung zu den Endkunden ... 1255
    3. In-Game-Advertising ... 1257
- V. Jugendschutz ... 1258
- VI. Unerlaubtes Glücksspiel ... 1258
- VII. Datenschutz ... 1259

§ 30 Berufsspezifische Regelungen, Recht der elektronischen Signaturen, elektronischer Personalausweis, DE-Mail

- I. Berufsspezifische Regelungen ... 1264
    1. Verhältnis zum Datenschutzrecht ... 1264
    2. Geheimhaltungspflichten ... 1266
    3. Grundregeln der Anwaltschaft in der Informationsgesellschaft ... 1268
    4. Spezifisches Werberecht für Freie Berufe ... 1269
    5. DL-InfoV ... 1272
- II. Recht der elektronischen Signaturen ... 1275
    1. Technische Grundlagen – Kryptographie ... 1275
    2. Technische Grundlagen – elektronische Signaturen ... 1279
    3. Recht der elektronischen Signaturen ... 1281
    4. Praxis elektronischer Signaturen ... 1292
- III. Elektronischer Personalausweis ... 1305
    1. Das Personalausweisgesetz vom 18.6.2009 ... 1305
    2. Verpflichtende und optionale Funktionen ... 1306
    3. Technik und Gestaltung ... 1306

Inhaltsverzeichnis

	Seite
4. Der nPA und das Internet	1307
5. Verlust des nPA	1309
IV. De-Mail	1310
1. Einleitung	1310
2. Zweck und Struktur des De-Mail-G	1310
3. De-Mail als Dienst im Sinne des TKG und des TMG	1311
4. Akkreditierung der Anbieter	1311
5. Ausgestaltung der E-Mail-Adresse	1312
6. Identitätsfeststellung des Nutzers und Anmeldeverfahren	1312
7. Sicherheit des Transports	1313
8. Exkurs: Einsatz eines Gateway (mandantenfähige Lösung)	1314
9. Zusatzdienste nach dem De-Mail-G	1315
10. Bestätigungen	1316
11. Zustellung und Zugang	1316
12. Beweis und Anscheinsbeweis und dessen Erschütterung, Schriftformerfordernis	1317
13. Haftung	1317
14. Exkurs: Zulassungsvoraussetzungen für einen Anbieter von De-Mail-Diensten	1318
V. E-Postbrief	1321
1. Einführung	1321
2. Zweck und Struktur	1321
3. E-Postbrief als Dienst iSd TMG und TKG bzw. des PostG	1321
4. Akkreditierung Anbieter	1322
5. Ausgestaltung der E-Postbrief-Adresse	1322
6. Identitätsfeststellung des Nutzers und Anmeldeverfahren	1323
7. Mitwirkungspflichten des Nutzers	1323
8. Sicherheit des Transports	1324
9. Zusatzdienste im Rahmen des E-Postdienstes	1324
10. Zustellung und Zugang, Beweiswirkung	1324
11. Haftung und Verantwortlichkeit	1325

Teil E. Telekommunikationsrecht

§ 31 Das Recht der Kommunikationsnetze und -dienste

I. Die sektorspezifische Regulierung der Telekommunikation – Grundlagen	1329
1. Die Liberalisierung und Harmonisierung der Telekommunikationsmärkte	1329
2. Die Regulierungsbehörden und deren Zuständigkeiten	1334
3. Das Telekommunikationsrecht als sektorspezifisches Kartellrecht	1336
II. Die Telekommunikationsregulierung nach dem TKG 2012	1337
1. Marktzutritt	1338
2. Marktregulierung	1338
3. Frequenzordnung	1351
4. Nummerierung	1356
5. Weitere relevante Bestimmungen des TKG 2012 im Überblick	1360
6. Rechtsschutz	1363
III. Vertragsrecht und besonderer Kundenschutz	1363
1. Rechtsnatur von Verträgen über Telekommunikationsdienstleistungen	1363
2. Zustandekommen	1366
3. Pflichten der Parteien von Telekommunikationsverträgen	1377

	Seite
4. Leistungsstörungen und Haftung im Rahmen von Telekommunikationsverträgen	1392
5. Beendigung von Telekommunikationsverträgen	1396
6. Sonderfall: Dauerschuldverhältnisse bei Kurzwahldiensten	1398
7. Besonderes Datenschutzrecht	1398

§ 32 WAN- und VPN-Verträge

I. Hintergrund und wirtschaftliche Bedeutung	1406
II. Begriffe, Typen der Datennetzverträge und Schwerpunkte der Leistungen	1407
1. Infrastruktur-Verträge und deren Technik	1407
2. Abgrenzung zu Internetzugang, LAN, Zusammenschaltung und Dark Fiber	1408
3. Leistungsmerkmale bei WAN- und VPN-Vertrag	1409
4. Vertragstypologie	1411
III. Regulatorische Vorgaben des TKG	1412
1. TK-Dienste und Kundenschutz	1412
2. Regulierung Markt mächtiger Anbieter	1413
IV. Vertragsaufbau eines WAN/VPN-Vertrags und ausgewählte Regelungen	1413
1. Aufbau	1413
2. Präambel	1413
3. Leistungsbeschreibung, Definitionen und Vertragsgegenstand	1413
4. „Abnahme" der Leistungen	1415
5. Gewährleistung (Service Level)	1415
6. Organisation der Zusammenarbeit	1418
7. Mitwirkung des Kunden	1418
8. Rechtseinräumung	1418
9. Change Management	1418
10. Schadensersatz	1418
11. Datenschutz	1419
12. Vertragslaufzeit und Beendigung	1419
13. Schlussbestimmungen, Exit	1419

Teil F. Datenschutz, Sicherheit und Insolvenz, Compliance und Sicherheitsrecht

§ 33 Compliance, IT-Sicherheit, Ordnungsmäßigkeit der Datenverarbeitung

I. Einleitung	1425
1. Entwicklungen und aktuelle Bedrohungen	1425
2. Überblick über das IT-Sicherheitsrecht	1427
II. Risikomanagement, Haftung der Geschäftsleitung, Compliance	1429
1. Begriffsbestimmung und Stand der Diskussion zum Spannungsfeld	1429
2. IKS, Compliance-Pflicht und Risikomanagementsystem	1432
3. Haftung der Geschäftsleitung	1439
4. Matrix-Strukturen in Konzernen	1444
5. Compliance-Pflichten des Vorstands im Konzern	1447
6. Verantwortlichkeit von betrieblichen Beauftragten (Compliance Officer, betrieblicher Datenschutzbeauftragter, Rechtsabteilungs- und Revisionsleiter uÄ)	1453
7. Risikobewertungskriterien bei unternehmenskritischen Anwendungen	1458
III. Weitere gesetzliche und vertragliche Grundlagen der IT-Sicherheit	1465
1. Technische und organisatorische Maßnahmen nach § 9 BDSG und Anlage zu § 9 BDSG	1466
2. Datensicherheitsvorschriften in TMG und TKG	1475

Inhaltsverzeichnis

	Seite
3. Privacy by Design / Privacy by Default	1476
4. Zugangskontrolldiensteschutz-Gesetz (ZKDSG)	1477
5. Insiderverzeichnisse unter § 15b WpHG	1478
6. IT-Sicherheit als Konsequenz der Vermeidung strafrechtlicher Haftung	1478
7. Öffentlich-rechtliche Regelungen zur IT-Sicherheit	1479
8. Orientierungshilfen der Datenschutzbehörden	1489
9. Vertragliche Verpflichtungen zur Etablierung von IT-Sicherheit	1492
IV. Beispiele ausländischer und internationaler Anforderungen an IT-Compliance und IT-Security	1493
1. Sarbanes-Oxley Act	1494
2. Weitere US-Regelungen zu IT Security	1499
3. Basel II und III	1499
4. MiFID/KWG	1501
5. Solvency II	1501
6. Auswirkungen auf den IT-Bereich und auf IT-Verträge	1502
V. Anerkannte Standards, Best practices, ISO- und DIN-Normen	1503
1. DIN-Normen	1503
2. Standards und Best Practices im Überblick	1504
VI. Ordnungsmäßigkeit der Datenverarbeitung, IT-Compliance-Anforderungen insbesondere an den betrieblichen E-Mail-Einsatz	1507
1. IT-Compliance-Anforderungen an betriebliche E-Mails	1507
2. Archivierungspflichten, insb. Anforderungen aus GoBD	1509
3. Schnittstelle zum technischen Datenschutzrecht	1512
4. Direktmarketing, Spam, Spamfilter	1513
5. Löschpflichten, Löschkonzepte	1514
VII. Spezielle Techniken, spezielle Gefährdungen, Einzelfragen	1519
1. Authentifizierungssysteme	1519
2. RFID, Big Data, Internet der Dinge, Industrie 4.0	1521
3. Anwendung sonstiger Vorschriften aus dem Bereich der Produkthaftung und -sicherheit	1525

§ 34 Recht des Datenschutzes

	Seite
I. Einleitung	1532
II. Persönlichkeitsrecht, Datenschutz und verfassungsrechtliche Grundlagen	1537
1. Schutzgüter und Abgrenzungen	1537
2. Entwicklung der Datenschutzgesetzgebung	1541
3. Querverbindungen zu anderen Rechtsgebieten	1555
III. Überblick über das Bundesdatenschutzgesetz	1564
1. Systematik des Datenschutzrechts	1564
2. Aufbau des BDSG	1569
3. Grundbegriffe des BDSG	1570
4. Grundprinzipien des BDSG	1575
IV. Zulässigkeit des Umgangs mit personenbezogenen Daten – Beispiel Beschäftigtendatenschutz	1581
1. Ausgangssituation zum Konzerndatenschutz	1582
2. Erlaubnisvorschriften außerhalb des BDSG	1583
3. „Normalfall" des § 32 Abs. 1 S. 1 BDSG bei der Erhebung, Verarbeitung und Nutzung von Beschäftigtendaten	1586
4. Kontrollen von Beschäftigtendaten und interne Ermittlungen	1593
5. Konzerndatenschutz, Auftragsdatenverarbeitung (§ 11 BDSG) und Funktionsübertragung	1623
6. Arbeitnehmereinwilligungen und Beteiligung des Betriebsrats	1630

Inhaltsverzeichnis

	Seite
V. Betrieblicher Beauftragter für den Datenschutz	1640
1. Europarechtliche Vorgaben und Entwicklung	1640
2. Pflichten bei der Bestellung eines Beauftragten für den Datenschutz	1642
3. Fachkunde und Zuverlässigkeit	1645
4. Aufgaben des Datenschutzbeauftragten	1647
5. Rechte des betrieblichen Datenschutzbeauftragten	1649
6. Externer Datenschutzbeauftragter als gewerbliche Tätigkeit	1655
VI. Datenschutzrechtliche Einwilligung	1658
1. Einwilligung nach BDSG	1658
2. Einwilligung nach TMG	1664
3. Einwilligung nach TKG	1664
4. Einwilligung im (Direkt-)Marketing	1666
5. Übertragbarkeit und Gültigkeitsdauer von Einwilligungen	1668
VII. Kundendatenschutz (Adresshandel, CRM, Scoring uÄ)	1670
1. Verbotsprinzip, Zweckbindung und Trennungsgebot	1670
2. Adresshandel und Werbung	1672
3. Profilbildung und Customer Relationship Management (CRM), Zentralisierung der IT, Datenbankpflege/Doublettenprüfung	1673
4. Bonitätsprüfung, Scoring, Geo-Scoring	1680
5. Datenschutz und Marketing	1690
6. Datenschutzanforderungen im CallCenter	1698
VIII. Weitere Datenschutz-Anwendungsfelder	1701
1. Mautdaten	1701
2. Vorratsdatenspeicherung und Anti-Terror-Datei	1702
3. Fluggastdaten	1705
4. Smart Metering	1707
5. Smart Cars – Datenschutz in Pkws und Nutzfahrzeugen	1708
6. Tests mit Echtdaten bei Systemeinführungen	1710
IX. Informationsfreiheitsgesetz	1712
1. Allgemeines	1712
2. Informationszugangsmöglichkeiten vor Inkrafttreten des IFG	1713
3. Aufbau des IFG und wesentliche Folgerungen	1713
Anhang: Ausgewählte Verfahren mit Rechtsprechungs- und Literaturbeispielen	1714
§ 35 Grenzüberschreitende Datenverarbeitung	
I. Die Harmonisierung des Datenschutzrechts innerhalb der EU	1754
1. Die EU-Datenschutzrichtlinie	1754
2. Bereichsspezifischer Datenschutz	1757
3. Aktuelle Reformbemühungen	1759
II. Der Internationale Anwendungsbereich des deutschen Datenschutzrechts	1760
1. Die Regelungen des BDSG	1760
2. Bereichsspezifischer Datenschutz	1762
3. Praktische Probleme	1762
III. Die Rechtmäßigkeit der Übermittlung personenbezogener Daten in das Ausland nach deutschem Datenschutzrecht	1763
1. Vorbemerkung	1763
2. Übermittlung personenbezogener Daten an Stellen in anderen Mitgliedsstaaten der EU und den Vertragsstaaten des EWR	1763
3. Übermittlung personenbezogener Daten an Stellen außerhalb der Mitgliedsstaaten der EU und der Vertragsstaaten des EWR	1764
4. Auftragsdatenverarbeitung	1772
IV. Spezialprobleme	1776
1. Cloud Computing	1776

Inhaltsverzeichnis

	Seite
2. E-Discovery	1777
3. SWIFT	1779

§ 36 Datenschutz der Telemedien

I. Allgemeines	1783
1. Historie und Entwicklung	1783
2. Anwendungsbereich und Abgrenzung	1790
3. Datenschutzregelungen im TMG	1793
II. Allgemeine Datenschutzanforderungen an die Ausgestaltung von Websites	1796
1. Überblick zur Erhebung personenbezogener Daten von Internet-Nutzern, insbesondere Zweckbindung	1796
2. Tracking und Profilbildung	1798
3. Datenschutzunterrichtung des Diensteanbieters	1821
4. Einwilligungserklärung und Kopplungsverbot	1825
5. Volljährigkeitserklärung, Altersverifikation, Schutz von Minderjährigen	1828
6. Privacy by Design und Privacy by Default	1830
7. Datenschutzkonforme Sicherungspflichten von WLAN-Betreibern	1831
III. Datenschutz bei ausgewählten Telemedien	1833
1. Webshops	1833
2. Suchmaschinen	1836
3. Messenger	1838
4. Social Scoring	1839
IV. User Generated Content	1841
1. Bewertung von Einzelpersonen in Internetportalen	1841
2. Blogs und soziale Netzwerke	1841
V. Checkliste: Wesentliche Anforderungen an die Gestaltung von Websites (v. a. nach TMG)	1844

§ 37 Arbeitsrechtliche Bezüge

I. Typische IT-bezogene AGB-Klauseln in Arbeitsverträgen	1856
1. Anwendbarkeit von AGB-Vorschriften im Arbeitsrecht	1856
2. Modifikationsvorgaben des § 310 Abs. 4 S. 2 BGB	1856
3. Wichtige Klauseln in Arbeitsverträgen	1856
II. Freelancer und (Schein-)Selbständige im IT-Bereich	1862
1. Freelancer	1862
2. Rechtliche Einordnung von Freelancern/Abgrenzung zu Arbeitnehmern	1862
3. Folgeprobleme bei Scheinselbstständigkeit von Freelancern	1863
III. Arbeitnehmerüberlassung bei Business Process Outsourcing	1864
1. Einleitung	1864
2. Das Arbeitnehmerüberlassungsgesetz (AÜG)	1865
IV. § 613a bei IT-Outsourcing	1880
1. Der Betriebsübergang	1881
2. Voraussetzungen des Betriebsübergangs	1885
3. Rechtsfolgen des Betriebsübergangs	1891
4. Betriebsverfassungsrechtliche Fragen	1893
5. Haftungsfragen	1894
6. Kündigungsschutz	1894
V. Arbeitsrechtliche Aspekte in Konzernen	1896
1. Versetzungsmöglichkeiten	1896
2. Konzerninterne Leiharbeitnehmer	1898
3. Matrixstrukturen	1898

Inhaltsverzeichnis

	Seite
VI. Kontrolle der betrieblichen E-Mail- und Internetnutzung – Möglichkeiten und Grenzen	1900
1. Betriebliche Praxis und Grundsatz des Verbots der Privatnutzung	1900
2. Maßgaben des TKG und TMG	1902
3. Regelungsmöglichkeiten im Rahmen einer „IT-Richtlinie", Mitarbeiter- oder Betriebsvereinbarung	1905
4. Datenschutzkonforme Protokollierung und kaskadenartiges Kontrollschema	1908
5. Überblick über ausgewählte Rechtsprechung des BAG seit 2005	1911
VII. Arbeitnehmererfindungsrecht	1913
1. Relevanz im IT-Sektor	1913
2. Sachlicher und persönlicher Anwendungsbereich	1915
3. Diensterfindung und freie Erfindung	1919
4. Folgen der Inanspruchnahme der Diensterfindung	1923
5. Besonderheiten im Streitfall	1925
VIII. BYOD und Social Media-Richtlinien	1926
1. Erscheinungsformen und Schnittmengen	1926
2. Rechtliche Fragen im Zusammenhang mit BYOD	1928
3. Social Media-Richtlinien am Arbeitsplatz	1939

§ 38 IT in der Insolvenz, Escrow

	Seite
I. IT in der Insolvenz	1952
II. Insolvenzrechtliche Vorüberlegungen	1953
1. Insolvenzgründe	1953
2. Vorsorge für den Insolvenzfall	1956
III. Erfüllung und Wahlrecht	1960
1. Der erfüllte Vertrag	1960
2. Anfechtung von Rechtsgeschäften	1960
3. Wahlrecht des Insolvenzverwalters	1960
IV. Einzelne Schuldverhältnisse	1961
1. Fixgeschäfte	1961
2. Verkauf unter Eigentumsvorbehalt	1961
3. Fortbestehen bestimmter Schuldverhältnisse	1962
4. Erlöschen bestimmter Schuldverhältnisse	1962
V. Sonderfall: Lizenzverträge in der Insolvenz	1962
1. Insolvenzrechtliche Erwägungen	1963
2. Entwicklung der Rechtsprechung	1964
3. Reformbestrebungen	1964
VI. Software Escrow – Grundlagen	1966
VII. Interessenlage bei Escrow	1968
1. Quellcode als Objekt des Escrow	1968
2. Bedeutung des Quellcodes für den Anwender	1968
3. Bedeutung des Quellcodes für den Hersteller	1969
4. Anspruch auf Herausgabe des Quellcodes	1970
5. Interessenausgleich durch Software-Escrow	1971
VIII. Escrow-Vertragstypen	1972
IX. Vertragsgestaltung	1973
1. Auswahl der Hinterlegungsstelle	1973
2. Synchronisierung	1973
3. Regelungspunkte im Escrow-Vertrag	1976
4. Hinterlegung	1978
5. Herausgabe und Insolvenz	1979
6. Gestaltungshinweise zur Herausgabe	1980

Inhaltsverzeichnis

	Seite
7. Nutzungsrechte	1983
8. Kosten der Hinterlegung	1984

Teil G. Kartellrecht und Vergaberecht

§ 39 Kartellrechtliche Bezüge

I. Einführung	1989
1. Kartellrecht im Wandel und aktuelle Herausforderungen	1989
2. Abgrenzung zu anderen kartellrechtlichen Regelungen und anderen Rechtsgebieten	1996
II. Überblick über wesentliche Regelungen des deutschen Kartellrechts	1999
1. Tatbestandsmerkmale des Kartellverbots (§ 1 GWB)	1999
2. Missbrauch einer marktbeherrschenden Stellung (§§ 18, 19 GWB)	2007
3. Verbotenes Verhalten von Unternehmen mit relativer oder überlegener Marktmacht (§ 20 GWB)	2012
4. Boykottverbot, Verbot sonstigen wettbewerbsbeschränkenden Verhaltens (§ 21 GWB)	2012
5. Wettbewerbsregeln und Sonderregeln	2013
6. Zusammenschlusskontrolle (§§ 35 ff. GWB)	2013
7. Monopolkommission und Kartellverfahren	2015
III. Überblick über wesentliche Regelungen des europäischen Kartellrechts	2017
1. Allgemeines	2017
2. Kartellverbot (Art. 101 AEUV)	2018
3. Freistellung (Art. 101 Abs. 3 AEUV und GVO)	2023
4. Missbrauch einer marktbeherrschenden Stellung (Art. 102 AEUV)	2029
5. Kartellverfahren gemäß EG-VO Nr. 1/2003	2031
6. Europäisches Fusionskontrollverfahren	2031
IV. Befugnisse der Kartellbehörden	2034
1. Befugnisse der EU-Kommission	2034
2. Befugnisse der deutschen Kartellbehörden (Bundeskartellamt, Landeskartellämter)	2039
3. Verhalten bei Maßnahmen der Kartellbehörden, im Vorfeld und zur Prävention	2043
V. Durchsetzung von kartellrechtlichen Ansprüchen durch Private	2050
1. Ansprüche der Verletzten/Geschädigten	2051
2. Verfahrensaspekte	2054
3. Weißbuch der Europäischen Kommission	2057
VI. Verhältnis zwischen Immaterialgüterrecht und Kartellrecht	2058
1. Kartellrechtliche Grenzen von Lizenzvereinbarungen	2059
2. Missbrauch durch Verweigerung der Offenlegung von Schnittstelleninformationen	2061
3. Kartellrechtliche Grenzen von Standards	2062
4. Kartellrechtliche Grenzen von Patentlizenzen	2062
5. Schutzmaßnahmen gemäß §§ 95a ff. UrhG	2065
VII. Anwendbarkeit der Gruppenfreistellungsverordnungen auf Softwareverträge	2067
1. Praktische Relevanz der GVO für IT-Unternehmen	2067
2. Kartellrechtliche Bedeutung der Vertragstypologie von Softwareverträgen	2068
3. Freistellung von Softwareverträgen nach TT-GVO	2069
4. Softwareverträge und Freistellung nach Vertikal-GVO	2073
5. Gruppenfreistellung von F&E-Vereinbarungen	2074
6. Gruppenfreistellung von Spezialisierungsvereinbarungen	2075

Inhaltsverzeichnis

Seite

VIII. Überblick über die kartellrechtliche Wirksamkeit von typischen wettbewerbsbeschränkenden Klauseln in Softwareverträgen	2075
1. Vorbemerkungen	2075
2. Fallgruppen nach GWB	2076
IX. Marktbeherrschende Stellung im IT-Bereich am Beispiel Microsoft	2078
1. Verweigerung der Offenlegung der notwendigen Schnittstellen	2078
2. Kopplung des Windows Media Player an das Betriebssystem Windows	2079
3. Bußgeld wegen Verstoßes gegen die Auflagen aus 2004	2080
X. Kartellrechtliche Probleme bei Online-Vertrieb und Online-Handel	2080
1. E-Commerce	2080
2. Virtuelle Marktplätze	2086
3. Rankingverfahren und Produkttests	2088
4. Kartellrechtliche Aspekte von Apps	2089
XI. Marktmacht von Google als kartellrechtliches Problem	2091
1. Charakteristika des Suchmaschinenmarkts	2091
2. Kartellrechtliche Beurteilung durch die EU-Kommission	2093
3. Kartellbeschwerde von VG Media und Presseverlagen in Deutschland	2094
XII. Kartellrechtlicher Anspruch auf Registrierung einer zweistelligen Domain	2096

§ 40 Öffentliche Vergabe von Leistungen der Informationstechnologien

I. Einleitung	2101
1. Begriff und Ziel des Vergaberechts	2101
2. Wirtschaftliche Bedeutung des Vergaberechts	2102
3. Einfluss des Europarechts	2102
4. Vertragsschluss im Vergaberecht	2103
II. Aufbau des Vergaberechts: Überblick über die rechtlichen Grundlagen	2104
1. Einschlägige Vorschriften	2104
2. EU-Richtlinien und deren Umsetzung (bis 2013)	2106
3. Neue EU-Richtlinien 2014 (Drittes großes Reformpaket)	2107
4. GWB: Vorschriften des 4. Teils: §§ 97–101 GWB	2110
5. Vergabeverordnung	2110
6. Die einzelnen Vergabe- und Vertragsordnungen	2111
III. Grundprinzipien der Auftragsvergabe	2113
1. Diskriminierungsverbot/Gleichbehandlungsgrundsatz	2113
2. Wettbewerbsgrundsatz	2114
3. Transparenz und Vertraulichkeit	2114
4. Berücksichtigung mittelständischer Interessen, Losaufteilung	2114
5. Prinzip der Wirtschaftlichkeit, Vergabe an geeignete Unternehmen	2116
IV. Ausschreibungspflicht bei der Vergabe von IT-Leistungen auf nationaler bzw. EU-Ebene	2116
1. Grundsätze	2116
2. Schwellenwerte	2117
3. Bereichsausnahmen	2123
4. Ausschreibungspflicht: Die Kriterien nach §§ 97–99 GWB (EU-Ebene)	2123
V. Zusammenarbeit im öffentlichen Bereich	2129
1. Organisationsprivatisierung/ÖPP oder PPP Überblick	2129
2. Kooperation mit anderen öffentlichen Auftraggebern (ÖÖP/PPP)	2130
VI. Zu vergebende Leistungen und maßgebliche Vergabe- und Vertragsordnung, Rahmenvereinbarung, Vertragsänderung/-verlängerung	2131
1. Lieferleistungen	2131
2. Sonstige Leistungen/Dienstleistungen VOF	2132
3. Gemischte Verträge	2132

Inhaltsverzeichnis

	Seite
4. Rahmenvereinbarungen	2133
5. Vertragsänderungen, Vertragsverlängerungen	2135
VII. Vergabeverfahren nach VOL/A	2140
1. Anwendung der VOL/A	2140
2. Vorbereitung eines Vergabeverfahrens	2140
3. Verfahrensarten auf EU-Ebene	2158
4. Vergabebekanntmachung	2160
5. De Facto Vergaben	2160
6. Das Offene Verfahren/Die öffentliche Ausschreibung	2161
7. Das Nichtoffene Verfahren (national: die beschränkte Ausschreibung)	2162
8. Das Verhandlungsverfahren/Die freihändige Vergabe	2163
9. Prüfung und Wertung der Angebote, Zuschlagserteilung, Informations- und Wartepflicht	2171
10. Aufhebung einer Ausschreibung	2177
11. Sonderthemen	2178
VIII. Rechtsschutzmöglichkeiten	2184
1. Überblick	2184
2. Rechtsschutz unterhalb der Schwellenwerte	2186
3. Rechtschutz oberhalb der Schwellenwerte	2187
Anhang	2203
§ 41 Besondere und ergänzende Vertragsbedingungen der öffentlichen Hand – BVB und EVB-IT	
I. Allgemeines	2208
1. Hintergrund	2208
2. Rechtscharakter der BVB und EVB-IT	2212
3. Aufbau der BVB	2215
4. Aufbau der EVB-IT	2215
II. Vertragsübergreifende Regelungsbereiche der EVB-IT	2218
1. Einleitung	2218
2. Die einzelnen Regelungsbereiche	2219
III. Besonderheiten einzelner Vertragstypen (ohne System, Systemlieferung, Erstellung und Service)	2232
1. EVB-IT Kauf	2232
2. EVB-IT Instandhaltung	2236
3. EVB-IT Dienstleistung	2239
4. EVB-IT Überlassung	2240
5. EVB-IT Pflege S	2241
IV. EVB-IT System	2244
1. Anwendungsbereich	2244
2. Vertragsgegenstand, Vertragstypologie	2245
3. Aufbau und Struktur	2246
4. Einzelne Regelungsbereiche	2247
V. EVB-IT Systemlieferung	2254
1. Anwendungsbereich	2254
2. Aufbau und Struktur	2255
3. Vertragsgegenstand	2255
4. Ausgewählte Regelungsinhalte	2256
VI. EVB-IT Erstellung	2263
1. Anwendungsbereich	2263
2. Aufbau und Struktur	2265
3. Vertragsgegenstand	2265
4. Maßgebliche Abweichungen gegenüber den EVB-IT System	2265
5. Ausgewählte Regelungsinhalte	2269

Inhaltsverzeichnis

	Seite
VII. EVB-IT Service	2271
1. Anwendungsbereich	2271
2. Aufbau und Struktur	2271
3. Vertragsgegenstand	2272
4. Unterschiede zu den Serviceregelungen in den EVB-IT System und Systemlieferung	2272
5. Ausgewählte Regelungsinhalte	2273

Teil H. Haftungsrecht und Strafrecht

§ 42 Verantwortung und Haftung für Inhalte im Internet

I. Einleitung	2282
1. Akteure im Internet	2282
2. Arten von Inhalten	2283
3. Gesetzliche Grundlagen	2283
II. Verantwortung für eigene Inhalte	2284
III. Verantwortung für zu eigen gemachte Inhalte	2284
1. Begriff der zu eigen gemachten Inhalte	2284
2. Entwicklung der Rechtsprechung	2285
IV. Verantwortung für fremde Inhalte	2287
1. Definition	2287
2. Grundsätze der mittelbaren Störerhaftung	2287
3. Haftung nach dem TMG	2292
V. Ansprüche	2299
1. Beseitigungsansprüche	2299
2. Unterlassungsansprüche	2299
3. Auskunftsansprüche	2301
4. Schadensersatzansprüche	2301
VI. Prozessuales	2302
1. Außergerichtliche Abmahnung	2302
2. Einstweiliges Verfügungsverfahren	2304
3. Klage	2304
4. Beweislast/Darlegungslast	2304
VII. Die Haftung einzelner Anbieter und privater Personen	2307
1. Plattformen allgemein	2307
2. Soziale Netzwerke	2308
3. Suchmaschinenbetreiber	2309
4. Admin-C	2312
5. Affiliates	2312
6. Verlinkte Inhalte	2313
7. Filesharing	2315
8. Share Hosting/Filehoster	2316
9. WLAN-Anbieter	2317
VIII. Ausblick auf die künftige Rechtsentwicklung	2320

§ 43 Strafrecht im Bereich der Informationstechnologien

I. Allgemeines	2325
1. Voraussetzungen der Strafbarkeit	2325
2. Strafzumessung § 46 StGB und Schadenswiedergutmachung § 46a StGB	2326
3. Differenzierung: Bundeszentralregisterauszug – Polizeiliches Führungszeugnis	2327
4. Verbrechen und Vergehen	2328
5. Strafantrag	2328

Inhaltsverzeichnis

	Seite
6. 41. Strafrechtsänderungsgesetz (StRÄndG)	2329
7. Die Ordnungswidrigkeit und das Ordnungswidrigkeitsgesetz (OWiG)	2329
II. Materieller Teil des Computer- und Internetstrafrechts	2330
1. Verbreiten von Propagandamitteln verfassungswidriger Organisationen § 86 StGB	2331
2. Anleitung zur Begehung einer schweren staatsgefährdenden Gewalttat § 91 StGB	2331
3. Öffentliche Aufforderung zu Straftaten § 111 StGB	2332
4. Volksverhetzung § 130 StGB	2333
5. Anleitung zu Straftaten § 130a StGB	2333
6. Gewaltdarstellung § 131 StGB	2334
7. Sexueller Missbrauch von Kindern über das Internet § 176 StGB (Auszug)	2334
8. Verbreitung und Besitz pornographischer Schriften §§ 184 ff. StGB	2336
9. Beleidigungsdelikte §§ 185 ff. StGB	2340
10. Ausspähen von Daten § 202a StGB	2341
11. Abfangen von Daten § 202b StGB	2343
12. Vorbereiten des Ausspähens oder Abfangens von Daten § 202c StGB	2346
13. Offenbarung und Verwertung fremder Geheimnisse §§ 203, 204 StGB	2349
14. Verletzung des Post- oder Fernmeldegeheimnisses § 206 StGB	2351
15. Strafbare Verwendung personenbezogener Daten §§ 44, 43 BDSG	2357
16. Computerbetrug § 263a StGB	2358
17. Betrug im Internet § 263 StGB und § 263a StGB	2362
18. Fälschung technischer Aufzeichnungen § 268 StGB	2365
19. Fälschung beweiserheblicher Daten § 269 StGB	2365
20. Täuschung im Rechtsverkehr bei der Datenverarbeitung § 270 StGB	2367
21. Mittelbare Falschbeurkundung § 271 StGB (Auszug)	2367
22. Urkundenunterdrückung § 274 StGB (Auszug))	2367
23. Datenveränderung, § 303a StGB	2367
24. Computersabotage, § 303b StGB	2370
25. Verrat von Geschäfts- und Betriebsgeheimnissen 17 UWG	2372
26. Urheberrechtsverletzungen, §§ 106 ff. UrhG (Auszug)	2374
III. Internationale Besonderheiten	2382
1. Cyber Crime Convention CCC	2382
2. Maßnahmen auf EU Ebene	2382
3. Internationale Beispielsfälle	2383
IV. Inanspruchnahme und Haftung von Providern	2384
1. Datenspeicherung	2385
2. Auskunftsverpflichtung	2387
3. Haftung für Inhalte/Privilegierung nach §§ 7–10 TMG	2388
V. Strafprozessrecht	2390
1. Überblick	2390
2. Besonderheiten	2390
3. Ermittlungsmethoden	2393

Teil I. Verfahrens- und Prozessrecht

§ 44 Außergerichtliche Streitbeilegung und Prozessvorbereitung, Mediation

	Seite
I. Schiedsverfahren und Schieds-/Privatgutachten	2408
1. Schiedsverfahren als mögliche Konfliktlösung	2408
2. Schiedsgutachten und Privatgutachten	2415
II. Das selbstständige Beweisverfahren	2419
1. Zulässigkeit des selbstständigen Beweisverfahrens	2420
2. Beweiserhebung	2424
3. Beendigung des selbstständigen Beweisverfahrens	2426

	Seite
4. Verwertung im Hauptsacheprozess	2429
5. Kosten des selbstständigen Beweisverfahrens	2429
III. Mediation	2433
1. Grundlagen der Mediation	2433
2. Grundsätze der Mediation	2437
3. Wirkungsweise der Mediation	2439
4. Ablauf einer Mediation	2440
5. Vor- und Nachteile der Mediation	2442
6. Anbahnung bzw. Vorbereitung der Mediation	2443

§ 45 Gerichtliche Auseinandersetzungen

I. Das Hauptsacheverfahren I. Instanz	2446
1. Zulässigkeit der Klage	2446
2. Begründetheit der Klage	2467
II. Das Berufungsverfahren	2476
1. Sinn der Regelung	2476
2. Zulässigkeit der Berufung	2476
3. Begründetheit der Berufung	2479
4. Gang des Berufungsverfahrens im Übrigen	2481
III. Das Revisionsverfahren	2482
1. Zulässigkeit der Revision	2482
2. Begründetheit der Revision	2483
3. Gang des Revisionsverfahrens im Übrigen	2483
IV. Vollstreckungsprobleme	2484
1. Herausgabe von Vollstreckung in Soft-/Hardware	2484
2. Zug-um-Zug-Verurteilung/Vollstreckung wegen Geldzahlung bei Erstellung oder Anpassung von Software	2484
V. Internationales Zivilverfahrensrecht/Internationales Zivilprozessrecht (IZPR)	2485
1. Einleitung	2485
2. Die Zuständigkeitsregelungen des IZPR	2486
3. Luganer Übereinkommen über die gerichtliche Zuständigkeit und die Vollstreckung gerichtlicher Entscheidungen in Zivil- und Handelssachen (Luganer Abkommen)	2488
4. Europäisches Übereinkommen über die gerichtliche Zuständigkeit und die Vollstreckung gerichtlicher Entscheidungen in Zivil- und Handelssachen (EuGVVO)	2489
5. Europäischer Vollstreckungstitel	2492
6. Mahnverfahren und Europäisches Mahnverfahren	2492
7. Selbstständiges Beweisverfahren	2495
8. Streitverkündung	2495

§ 46 Der Sachverständigenbeweis in Zivilprozessen

I. Einführung	2498
1. Fragestellungen aus technischer Sicht	2499
2. Ziele bei der Formulierung von Sachverständigenbeweisantritten	2500
II. Substantiierung	2501
1. Beschreibung des Ausgangssachverhalts	2501
2. Aufbereitung des Streitstoffs	2503
3. Beschreibung von Sachmängeln	2504
4. Rechtsmängel	2516
III. Anforderungen an den Sachverständigenbeweis	2518
IV. Selbständiges Beweisverfahren	2521
Sachregister	2523

Autorenverzeichnis

Dr. Astrid Auer-Reinsdorff, Rechtsanwältin und
Fachanwältin für Informationstechnologierecht
Kanzlei AUER
Berlin & Lissabon

Dr. Oliver Baldus, Patentanwalt,
Dipl.-Physiker, Dipl.-Kaufmann
SCHWARZ + BALDUS
European Patent – Trademark – Design Attorneys
München

Dr. Christiane Bierekoven, Rechtsanwältin und
Fachanwältin für Informationstechnologierecht
Rödl & Partner
Wirtschaftsprüfer – Steuerberater – Rechtsanwälte
Nürnberg

Elke Bischof, Rechtsanwältin und
Fachanwältin für Informationstechnologierecht
SSW – Schneider Schiffer Weihermüller
Rechtsanwälte – Steuerberater – Wirtschaftsprüfer
München

Isabell Conrad, Rechtsanwältin
SSW – Schneider Schiffer Weihermüller
Rechtsanwälte – Steuerberater – Wirtschaftsprüfer
München

Maximilian Dressler, Rechtsanwalt und Fachanwalt für Steuerrecht
PricewaterhouseCoopers AG
Wirtschaftsprüfungsgesellschaft
München

Dr. Jens Eckhardt, Rechtsanwalt
und Fachanwalt für Informationstechnologierecht
JUCONOMY Rechtsanwälte
Düsseldorf

Dr. Thomas Fischl, Rechtsanwalt
Reed Smith LLP
München

Romy Förster, Rechtsanwältin
Leiterin Recht & Regulierung
NetCologne Gesellschaft für Telekommunikation mbH
Köln

Dr. Sabine Grapentin LL.M., Rechtsanwältin und
Fachanwältin für Informationstechnologierecht
Siemens LLC – Healthcare
Dubai, Vereinigte Arabische Emirate

Autorenverzeichnis

Ines M. Hassemer, Rechtsanwältin und Fachanwältin für Strafrecht
*SSW – Schneider Schiffer Weihermüller
Rechtsanwälte – Steuerberater – Wirtschaftsprüfer*
München

Dominik Hausen, Rechtsanwalt
München

Danielle Hertneck, Rechtsanwältin,
Fachanwältin für Informationstechnologierecht und
Fachanwältin für Gewerblichen Rechtsschutz
*SSW – Schneider Schiffer Weihermüller
Rechtsanwälte – Steuerberater – Wirtschaftsprüfer*
München

Peter Huppertz LL.M., Rechtsanwalt und
Fachanwalt für Informationstechnologierecht
Hoffmann Liebs Fritsch & Partner Rechtsanwälte mbB
Düsseldorf

Christian R. Kast, Rechtsanwalt und
Fachanwalt für Informationstechnologierecht
Anwaltscontor
München

Carsten Kociok LL.M., Rechtsanwalt
Olswang Germany LLP
Berlin

Sascha Kremer, Rechtsanwalt und
Fachanwalt für Informationstechnologierecht
LOGIN Partners Rechtsanwälte PartG mbB
Pulheim

Dr. Thomas Lapp, Rechtsanwalt und Mediator
IT-Kanzlei dr-lapp.de GbR
Frankfurt a. M.

Prof. Dr. Ulrich Luckhaus, Rechtsanwalt und
Fachanwalt für Gewerblichen Rechtsschutz
Greyhills Rechtsanwälte
Köln

Annette Marberth-Kubicki, Rechtsanwältin und
Fachanwältin für Strafrecht
Kiel

Prof. Dr. Martin Maties
Universität Augsburg
Augsburg

Georg S. Mayer, Rechtsanwalt
Georg S. Mayer Rechtsanwalt GmbH
Wien

Autorenverzeichnis

Wolfgang Müller, Rechtsanwalt,
Fachanwalt für Informationstechnologierecht und
Fachanwalt für Bau- und Architektenrecht
Schlüter Graf Rechtsanwälte PartG mbB
Dortmund

Dr. Henriette Picot, Rechtsanwältin
Bird & Bird LLP
München

Jan Pohle, Rechtsanwalt
DLA Piper UK LLP
Köln

Michael Pruß, Dipl.-Informatiker,
öffentlich bestellter und vereidigter Sachverständiger für
Systeme und Anwendungen der Informationsverarbeitung
Dr. Wißner & Pruß
Augsburg

Dr. Helmut Redeker, Rechtsanwalt,
Fachanwalt für Verwaltungsrecht
und Fachanwalt für Informationstechnologierecht
Heinle Baden Redeker Rechtsanwälte mbB
Bonn

Birgit Roth-Neuschild, Rechtsanwältin und
Fachanwältin für Informationstechnologierecht
BENDER HARRER KREVET
Karlsruhe

Dr. Frank Sarre, Dipl.-Informatiker,
öffentlich bestellter und vereidigter Sachverständiger für Systeme und
Anwendungen der Informationsverarbeitung
Projective Expert Group GmbH
München

Markus Schmidt, Dipl.-Informatiker,
öffentlich bestellter und vereidigter Sachverständiger für Systeme und
Anwendungen der Informationsverarbeitung, insb. Softwareentwicklung
fast-detect GmbH
München

Prof. Dr. Jochen Schneider, Rechtsanwalt
SSW – Schneider Schiffer Weihermüller
Rechtsanwälte – Steuerberater – Wirtschaftsprüfer
München

Dr. Hendrik Schöttle, Rechtsanwalt und
Fachanwalt für Informationstechnologierecht
Osborne Clarke
München

Prof. Dr. Paul Tobias Schrader
Universität Augsburg
Augsburg

Autorenverzeichnis

Prof. Dr. Fabian Schuster, Rechtsanwalt und
Fachanwalt für Informationstechnologierecht
SBR Schuster & Partner
Rechtsanwälte
Düsseldorf

Sabine Sobola, Rechtsanwältin
Paluka Sobola Loibl & Partner
Regensburg

Dr. Andreas Stadler, Rechtsanwalt
TCI Rechtsanwälte München GbR
München

Dr. Siegfried Streitz, Dipl.-Informatiker,
öffentlich bestellter und vereidigter Sachverständiger für
Systeme der Informationsverarbeitung
Streitz Hoppen & Partner, IT-Sachverständige
Brühl

Prof. Dr. Marc Strittmatter
Hochschule für Technik, Wirtschaft und Gestaltung
Konstanz

Dr. Thomas Thalhofer, Rechtsanwalt
Noerr LLP
München

Frank Venetis, Rechtsanwalt
WMR Fiedler & Venetis Rechtsanwaltsgesellschaft mbH
Berlin

Dr. Ursula Widmer, Rechtsanwältin
Dr. Widmer & Partner
Bern

Dr. Hans Peter Wiesemann, Rechtsanwalt
ProSiebenSat.1 Media SE
München

Andreas Witte, Rechtsanwalt und
Fachanwalt für Informationstechnologierecht
WITTE
München

Michaela Witzel, Rechtsanwältin
SSW – Schneider Schiffer Weihermüller
Rechtsanwälte – Steuerberater – Wirtschaftsprüfer
München

Abkürzungs- und Literaturverzeichnis

Hinweis: Literatur, die nur Bezug zu speziellen Kapiteln des Werkes hat, wird dort aufgeführt (insbesondere Zeitschriftenaufsätze).

aA	andere(r) Ansicht
aaO	am angegebenen Ort
ABl.	Amtsblatt
ABl. EG C	Amtsblatt der Europäischen Gemeinschaften, Teil C: Mitteilungen und Bekanntmachungen
ABl. EG L	Amtsblatt der Europäischen Gemeinschaften, Teil L: Rechtsvorschriften
Abs.	Absatz
abw.	abweichend
AcP	Archiv für die civilistische Praxis (Zeitschrift)
ACTS	Advanced Communication Technologies
ADR	Alternative Dispute Resolution
ADS L	Asymetrische Digital Subscribet Line
aE	am Ende
ÄndG	Änderungsgesetz
ÄndVO	Änderungsverordnung
aF	alte Fassung
AfP	Archiv für Presserecht (Zeitschrift)
AfOD	Anschluss für Online-Dienstanbieter
AG	Amtsgericht, Aktiengesellschaft
AGB	Allgemeine Geschäftsbedingungen
AGF	Arbeitsgemeinschaft für Fernsehforschung
AktG	Aktiengesetz
ALM	Arbeitsgemeinschaft der Landesmedienanstalten in der Bundesrepublik Deutschland
allg.	allgemein
AllMBl.	Allgemeines Ministerialblatt (Zeitschrift)
Alt., Altern.	Alternative
aM	andere(r) Meinung
amtl.	amtlich
Anh.	Anhang
Anl.	Anlage
Anm.	Anmerkung(en)
AnwBl.	Anwaltsblatt (Zeitschrift)
Anz.	Anzeiger
AO	Anzeigenordnung
AOL	America Online
AöR	Archiv des öffentlichen Rechts (Zeitschrift)
ArbG	Arbeitsgericht
ArbGG	Arbeitsgerichtsgesetz
ARCHIE	Archiv-Server-Dienst
ArchPF	Archiv für Post- und Fernmeldewesen (Zeitschrift)
ArchPT	Archiv für Post- und Telekommunikation (Zeitschrift)
Art.	Artikel
AS CII	American Standard Code for Information Interchange
ASP	Application Service Providing
AT	Allgemeiner Teil
Auer-Reinsdorff/ Brandenburg	Urheberrecht und Multimedia, 1. Aufl. 2003
Aufl.	Auflage
ausf.	ausführlich
Ausg.	Ausgabe
B.	Beschluss
BAG	Bundesarbeitsgericht

XLV

Abkürzungs- und Literaturverzeichnis

BAGE	Entscheidungen des Bundesarbeitsgerichts
BAnz.	Bundesanzeiger
Bamberger/Roth	Kommentar zum Bürgerlichen Gesetzbuch: BGB, 3. Aufl. 2012
BAPT	Bundesamt für Post und Telekommunikation
Bartenbach	Patentlizenz- und Know-how-Vertrag, 7. Aufl. 2013
Baumbach/Lauterbach/ Albers/Hartmann	Zivilprozessordnung, 72. Aufl. 2014
BaWü., bawü.	Baden-Württemberg, baden-württembergisch
Bay., bay	Bayern, bayrisch
BayGVBl.	Bayerisches Gesetz und Verwaltungsblatt
BayOblG	Bayerisches Oberstes Landesgericht
BayVBl.	Bayerische Verwaltungsblätter (Zeitschrift)
BayVerfGH	Bayerische Verfassungsgerichtshof
BayVGH	Bayerischer Verwaltungsgerichtshof
BAWe.	Bundesaufsichtsamt für den Wertpapierhandel
BB	Betriebs-Berater (Zeitschrift)
BBankG	Bundesbankgesetz
BC	Zeitschrift für Bilanzierung, Rechnungswesen und Controlling
Bd., Bde.	Band, Bände
BDB	Bundesverband Deutscher Banken
BDI	Bundesverband der Deutschen Industrie
BDSG	Bundesdatenschutzgesetz
Bechtold	GWB, 7. Aufl. 2013
BeckFormB BHW	Beck'sches Formularbuch Bürgerliches, Handels- und Wirtschaftsrecht (Hrsg. *Hoffmann-Becking/Rawert*), 11. Aufl. 2013
BeckFormB IT-Recht	Beck'sches Formularbuch IT-Recht (Hrsg. *Weitnauer*), 3. Aufl. 2012
BeckOK BGB	Beck'scher Online-Kommentar BGB (Hrsg. *Bamberger/Roth*)
BeckOK Datenschutzrecht	Beck'scher Online-Kommentar Datenschutzrecht (Hrsg. *Wolff/Brink*)
BeckOK Informations- und Medienrecht	Beck'scher Online-Kommentar Informations- und Medienrecht (Hrsg. *Gersdorf/Paal*)
BeckOK StGB	Beck'scher Online-Kommentar StGB (Hrsg. *v. Heintschel-Heinegg*)
BeckOK Urheberrecht	Beck'scher Online-Kommentar Urheberrecht (Hrsg. *Ahlberg/Götting*)
Bearb.	Bearbeiter
Begr.	Begründung
Beil.	Beilage
bej.	bejahend
Bek.	Bekanntmachung
Bem.	Bemerkung
ber.	berichtigt
Bergmann/Möhrle/Herb	Datenschutzrecht (Loseblatt)
Berl., berl.	Berlin, berliner
bes.	besonders
betr.	betreffend
BetrVG	Betriebsverfassungsgesetz
BfD	Bundesbeauftragter für den Datenschutz
BFH	Bundesfinanzhof
BFHE	Sammlung der Entscheidungen und Gutachten des Bundesfinanzhofes
BGB	Bürgerliches Gesetzbuch
BGB-InfoV	BGB-Informationspflichtenverordnung
BGBl I (II, III)	Bundesgesetzblatt Teil I (II, III)
BGH	Bundesgerichtshof
BGHR	BGH-Rechtsprechung, hrsg. von den Richtern des Bundesgerichtshofs, Köln, 1987 ff. (Losebl.)
BGHSt.	Entscheidungen des Bundesgerichtshofs in Strafsachen
BGHZ	Entscheidungen des Bundesgerichtshofs in Zivilsachen
BITKOM	Bundesverband Informationswirtschaft, Telekommunikation und neue Medien e. V.
BKA	Bundeskriminalamt
BKartA	Bundeskartellamt
BKR	Zeitschrift für Bank- und Kapitalmarktrecht

Abkürzungs- und Literaturverzeichnis

Bl.	Blatt
Börner/Buhl/Hellmich/ Klett/Moos	Leitfaden IT-Recht, 1. Aufl. 2004
BORA	Berufsordnung für Rechtsanwälte
Borges	Verträge im elektronischen Geschäftsverkehr, 2003
BR.	Bundesrat
Bräutigam	IT-Outsourcing und Cloud Computing, 3. Aufl. 2013
Bräutigam/Leupold	Online-Handel, 2003
BRAGO	Bundesanwaltsgebührenordnung
Brandb., brand.	Brandenburg, brandenburgisch
BRAO	Bundesrechtsanwaltsordnung
BR-Drucks.	Bundesrats-Drucksache
BReg	Bundesregierung
Brem., brem.	Bremen, bremisch
BRFG	Gesetz über die Errichtung von Rundfunkanstalten (Bundesrundfunkgesetz) v. 29.11.1960
BSG	Bundessozialgericht
BSI	Bundesamt für Sicherheit in der Informationstechnologie
BStBl.	Bundessteuerblatt
BT	Besonderer Teil, British Telecom
BT-Drucks.	Bundestags-Drucksache
Btx	Bildschirmtext
Btx-StV	Btx-Staatsvertrag
BuB	Bankrecht und Bankpraxis (Zeitschrift)
Buchst.	Buchstabe
Bull.	Bulletin
BVerfG	Bundesverfassungsgericht
BVerfGE	Entscheidungen (Amtliche Sammlung) des Bundesverfassungsgerichts
BVerwG	Bundesverwaltungsgericht
BVerwGE	Entscheidungen (Amtliche Sammlung) des Bundesverwaltungsgerichts
BW, bw	Baden-Württemberg, baden-württembergisch
BWVPr.	Baden-Württembergische Verwaltungspraxis (Zeitschrift)
BZR	Bundeszentralregisterauszug
BZT	Bundesamt für Zulassung in der Telekommunikation (Saarbrücken)
bzw.	beziehungsweise
ca.	circa
CD-I	CD Interaktiv
CDP	Customer-driven Pricing
CD-ROM	Compact Disc-Read Only Memory
CEN	Comitté Européen de la Normalisation
CENELEC	Comitté Européen de la Normalisation Electrotechnique
CEPT	Conférence Européenne des Postes et Télécommunications
CERT	Computer Emergency Response Teams
CFV	Carrier Festverbindungen
Cichon	Internetverträge, 2. Aufl. 2004
CI	Common Interface
CIS	Common Information System
CM	Computer Magazin (Zeitschrift)
CMI	Copyright Management Information
CMMV	Clearing-Stelle Multimedia der Verwertungsgesellschaften für Urheber- und Leistungsschutzrechte
CPA	Certified Public Accountants
CPI	Code de la Propriété Intellectuelle
CPU	Central Processing Unit
CR	Computer und Recht (Zeitschrift)
c't	Magazin für Computertechnik (Zeitschrift)
CW	Computerwoche (Zeitschrift)
Däubler/Klebe/Wedde/ Weichert	Bundesdatenschutzgesetz, 4. Aufl. 2014

Abkürzungs- und Literaturverzeichnis

DAV	Deutscher Anwaltsverein
DB	Der Betrieb (Zeitschrift)
DBP	Deutsche Bundespost
Deister/Meyer-Spasche	Anwaltsstrategien im Software-Recht, 2010
DENIC	Deutsches Network Information Center e. G.
ders.	derselbe
DES	Data Encryption Standard
DFG	Deutsche Forschungsgemeinschaft
DFN	Deutsches Forschungsnetz
DFÜ	Datenfernübertragung
DGAP	Deutsche Gesellschaft für Ad hoc Publizität
DRGI	Deutsche Gesellschaft für Information und Rechte e. V.
dh	das heißt
dies.	dieselbe/n
DIG	Dienste der Informationsgesellschaft
DIHT	Deutscher Industrie- und Handelstag
DIN	Deutsches Institut für Normung
DIN-Mitt.	DIN-Mitteilungen (Zentralorgan der deutschen Normung)
Diss.	Dissertation
DIW-V	Vierteljahreshefte des Deutschen Instituts zur Wirtschaftsforschung (Zeitschrift)
DJT	Deutscher Juristentag
DLM	Direktorenkonferenz der Landesmedienanstalten
DMCA	Digital Millenium Copyright Act
DMMV	Deutscher Multimediaverband
DNotZ	Deutsche Notarzeitschrift (Zeitschrift)
DNS	Domain Name System
DÖV	Die öffentliche Verwaltung (Zeitschrift)
DOI	Digital Object Identifier
DPO	Direct Public Offering
DPMA	Deutsches Patent- und Markenamt
Dreier/Schulze	UrhG, 4. Aufl. 2013
DRiZ	Deutsche Richterzeitung (Zeitschrift)
DSB	Datenschutzberater (Zeitschrift)
DS L	Digital Subscriper Line
DStZ	Deutsche Steuer-Zeitung (Zeitschrift)
DtZ	Deutsch-Deutsche Rechts-Zeitschrift (Zeitschrift)
DuD	Datenschutz und Datensicherung (Zeitschrift)
DuR	Demokratie und Recht (Zeitschrift)
DVB	Digital Video Broadcasting
DVBl	Deutsches Verwaltungsblatt (Zeitschrift)
DVD	Digital Versatile Disk; Deutsche Vereinigung für den Datenschutz
DVO	Durchführungsverordnung
DVR	Datenverarbeitung im Recht (Zeitschrift)
DZWiR	Deutsche Zeitschrift für Wirtschaftsrecht (Zeitschrift)
E	Entscheidung, Entscheidungssammlung
Eberle/Rudolf/Wasserburg	Mainzer Rechtshandbuch der Neuen Medien, 1. Aufl. 2003
ECRL	E-Commerce-Richtlinie
EDV	Elektronische Datenverarbeitung
EFTA	European Free Trade Association
EG	Europäische Gemeinschaft(en)
EGBGB	Einführungsgesetz zum Bürgerlichen Gesetzbuch
EGG	Gesetz über den elektronischen Geschäftsverkehr
EGMR	Entscheidungen des Europäischen Gerichtshofs für Menschenrechte
Eichhorn	Internetrecht, 2007
Einf., einf.	Einführung, einführend
Einl.	Einleitung
EKM	Expertenkommission Neue Medien, Baden-Württemberg
EL	Ergänzungslieferung
endg.	endgültig

Abkürzungs- und Literaturverzeichnis

Entsch.	Entscheidung
Entw.	Entwurf
entspr.	entsprechend
EPA	Europäisches Patentamt
EP	Europäisches Parlament
EPO	European Patent Office
ErfK	Erfurter Kommentar zum Arbeitsrecht, 16. Aufl. 2016, 15. Aufl. 2015
erg.	ergänzend
Ergbd.	Ergänzungsband
Erl.	Erlass, Erläuterung
Erman	BGB, 14. Aufl. 2014
Ernst	Hacker, Cracker und Computerviren, 2004
ERVG	Gesetz über den elektronischen Rechtsverkehr
EStG	Einkommensteuergesetz
ETA	Electronics Transaction Act
et al.	und andere
etc	et cetera
ETS I	Europäisches Standardisierungsinstitut der Telekommunikation
EU	Europäische Union
EuG	Europäisches Gericht Erster Instanz
EUGH	Gerichtshof der Europäischen Gemeinschaften
EUGHE	Sammlung der Rechtsprechung des Gerichtshofes der Europäischen Gemeinschaften
EUGRZ	Europäische Grundrechte-Zeitschrift (Zeitschrift)
EuGVVO	Europäisches Gerichtsstands- und Vollstreckungsübereinkommen (früher EuGVÜ)
EuGVÜ	Europäisches Übereinkommen über die gerichtliche Zuständigkeit und die Vollstreckung gerichtlicher Entscheidungen in Zivil- und Handelssachen (nunmehr EuGVVO)
EuR	Europarecht (Zeitschrift)
EUV	Vertrag über die Europäische Union (Maastricht-Vertrag) v. 7.2.1992
EuZRP	Europäisches Zivilprozessrecht
EuZVR	Europäisches Zivilverfahrensrecht
EuZW	Europäische Zeitschrift für Wirtschaftsrecht (Zeitschrift)
eV	eingetragener Verein
evtl.	eventuell
EVZ	Europäische Verbraucherzentrale
EWR	Europäischer Wirtschaftsraum
EWS	Europäisches Wirtschafts- und Steuerrecht (Zeitschrift), Europäisches Währungssystem, Europäische Wissenschaftsstiftung
f., ff.	folgende
FCC	Federal Communications Commission
Fezer	Markenrecht, Kommentar zum MarkenG, zur Pariser Verbandsübereinkunft und zum Madrider Markenabkommen, 4. Aufl. 2009
Fezer	UWG, 2. Aufl. 2010
Fischer	Strafgesetzbuch und Nebengesetze, 61. Aufl. 2014
Fitting	*Fitting/Engels/Schmidt/Trebinger/Linsenmeier*, BetrVG, 27. Aufl. 2014
Fromm/Nordemann	Urheberrecht, 11. Aufl. 2014
FS	Festschrift
FS C	Foreign Sales Corporation
FSM	Freiwillige Selbstkontrolle der Multimedia-Diensteanbieter
FTC	Federal Trade Commission
FTEG	Gesetz über Funkanlagen und Telekommunikationssendeeinrichtungen
FÜV	Fernmeldeüberwachungs-Verordnung
FuR	Film und Recht (Zeitschrift)
Fn.	Fußnote
G	Gesetz
GABl.	Gemeinsames Amtsblatt
Gassen	Elektronische Marktplätze, 2006

XLIX

Abkürzungs- und Literaturverzeichnis

GATT	General Agreement on Tarifs and Trade; Allgemeines Zoll- und Handelsabkommen
GBDe	Global Business Dialogue on eCommerce
GBl.	Gesetzblatt, Gesetzblätter
GD	Generaldirektion
gem.	gemäß
GEMA	Gesellschaft für musikalische Aufführungsrechte und mechanische Vervielfältigungsrechte
GemO	Gemeindeordnung
Geppert/Schütz	Beck'scher TKG-Kommentar, 4. Aufl. 2013
GewArch	Gemeindearchiv (Zeitschrift)
GewO	Gewerbeordnung
GEZ	Gebühreneinzugszentrale
GG	Grundgesetz
ggf.	gegebenenfalls
GI	Gesellschaft für Informatik
GjSM	Gesetz über die Verbreitung jugendgefährdender Schriften und Medieninhalte
Gloy/Loschelder/Erdmann	Handbuch des Wettbewerbsrechts, 4. Aufl. 2010
GmbHG	Gesetz betreffend die Gesellschaft mit beschränkter Haftung
GMBl.	Gemeinsames Ministerialblatt
Gola/Schomerus	BDSG, 11. Aufl. 2012
Gola/Wronka	Handbuch Arbeitnehmerdatenschutz, 6. Aufl. 2013
Gounalakis	Rechtshandbuch Electronic Business, 2003
Götting/Schertz/Seitz	Handbuch des Persönlichkeitsrechts, 2008
Gramlich/Kröger/ Schreibauer	Rechtshandbuch B2B-Plattformen, 2003
grdl.	grundlegend
grds.	grundsätzlich
GRUR	Gewerblicher Rechtsschutz und Urheberrecht (Zeitschrift)
GRUR Int.	Gewerblicher Rechtsschutz und Urheberrecht, Internationaler Teil (Zeitschrift)
GS	Gesetzessammlung, Gedächtnisschrift
GSG	Gerätesicherheitsgesetz
gTLD	generic Top Level Domains
GVBl., GV	Gesetz und Verordnungsblatt
GVG	Gerichtsverfassungsgesetz
GVO	Gruppenfreistellungsverordnung
GWB	Gesetz gegen Wettbewerbsbeschränkungen (Kartellgesetz)
Härting	Internetrecht, 5. Aufl. 2014
Hauschka	Corporate Compliance, 2. Aufl. 2010
Hamb., hamb.	Hamburg, hamburgisch
Hasselblatt	Münchener Anwaltshandbuch Gewerblicher Rechtsschutz, 4. Aufl. 2012
Heckmann	juris-Praxiskommentar Internetrecht, 4. Aufl. 2014
Heun	Handbuch zum Telekommunikationsrecht, 2. Aufl. 2007 bzw. 3. Aufl. 2014
Henn	Patent- und Know-how-Lizenzvertrag, 5. Aufl. 2003
Heussen/Pischel	Handbuch Vertragsverhandlung und Vertragsmanagement, 4. Aufl. 2014
Hess., hess.	Hessen, hessisch
Herberger/Martinek/ Rüßmann/Weth (Hrsg.)	juris-PraxisKommentar BGB, 7. Aufl. 2014
hL	herrschende Lehre
hM	herrschende Meinung
Hoeren	Grundzüge des Internetrechts, 2. Aufl. 2002
ders.	Internet- und Kommunikationsrecht, 2. Aufl. 2012
ders.	IT-Vertragsrecht, 2. Aufl. 2012
Hoeren/Sieber/Holznagel	Handbuch Multimedia-Recht (Loseblatt)
Hrsg.	Herausgeber

Abkürzungs- und Literaturverzeichnis

Hs.	Halbsatz
HTML	Hypertext Markup Language
HTTP	Hypertext Transport Protocol
IAHC	International Ad Hoc Commitee
IANA	Internet Assigned Numbers Authority (nunmehr ICANN)
IC	Interconnection
ICANN	Internet Corporation for Assigned Names and Numbers
ICC	International Chamber of Commerce
ICRA	Internet Content Rating Association
idF	in der Fassung
IDNO	Individual Domain Name Holder
idR	in der Regel
iE	im Erscheinen, im Einzelnen
iErg	im Ergebnis
ieS	im engeren Sinne
IETF	Internet Engineering Task Force
IFV	Internationaler Fernmeldevertrag
iHv	in Höhe von
insbes.	insbesondere
InterNIC	Internet Network Information Center
IOSCO	International Organization of Securities Commissions
IP	Internet Protocol
IPR	Internationales Privatrecht, Intellectual Property Rights
iRd	im Rahmen des
iRv	im Rahmen von
IRC	Internet Relay Chat
iS	im Sinne
iSd	im Sinne des
iSv	im Sinne von
ISDN	Integrated Services Digital Network
ISOC	Internet Society
ISP	Internet Service Provider
IST	Informations Society Technology
IT	Informationstechnik
ITFA	Internet Tax Freedom Act
ITG	Informationstechnische Gesellschaft
ITSEC	Information Technology Security Evaluation Cviteria
it	Informationstechnik (Zeitschrift)
it + ti	Informationstechnik + technische Informatik (Zeitschrift)
iÜ	im Übrigen
IuK	Informations- und Kommunikationstechnik
IuKDG	Informations- und Kommunikationsdienstegesetz
iur	Information und Recht (Zeitschrift)
IV	Informationsverarbeitung
iVm	in Verbindung mit
IWA	International Webcasting Association
iwS	im weiteren Sinne
JA	Juristische Arbeitsblätter (Zeitschrift)
Jauernig	Bürgerliches Gesetzbuch: BGB, 15. Aufl. 2014
Jg.	Jahrgang
JMS	Jugend-Medien-Schutz-Report (Zeitschrift)
JÖSchG	Gesetz zum Schutze der Jugend in der Öffentlichkeit (Jugendschutzgesetz)
JR	Juristische Rundschau (Zeitschrift)
jur.	juristisch
Jura	Juristische Ausbildung (Zeitschrift)
JuS	Juristische Schulung (Zeitschrift)
JW	Juristische Wochenschrift (Zeitschrift)
JZ	Juristenzeitung (Zeitschrift)

Abkürzungs- und Literaturverzeichnis

Kap.	Kapitel
KB	Kilo-Byte
KES	Kommunikations- und EDV-Sicherheit (Zeitschrift)
KG	Kammergericht, Kommanditgesellschaft
Kilian/Heussen	Computerrechts-Handbuch (Loseblattausgabe)
KJ	Kritische Justiz (Zeitschrift)
Koch	Computer-Vertragsrecht, 7. Aufl. 2009
Kloepfer	Informationsrecht, 2002
Köhler/Bornkamm	Gesetz gegen den unlauteren Wettbewerb UWG, 32 Aufl. 2014
krit.	kritisch
Kröger/Gimmy	Handbuch zum Internetrecht, 2. Aufl. 2002
Kröger/Hanken	Casebook Internetrecht, 2. Aufl. 2003
KUG	Gesetz betreffend das Urheberrecht an Werken der bildenden Künste und der Photographie (Kunsturhebergesetz)
Kulartz/Steding	IT-Leistungen, 1. Aufl. 2002
K&R	Kommunikation und Recht (Zeitschrift)
LAN	Local Area Network
Lediger	Der Onlineauftritt in der rechtlichen Praxis, 1. Aufl. 2003
Lehmann	Electronic Business in Europa, 2002
Lehmann/Meents	Handbuch des Fachanwalts Informationstechnologierecht, 2. Aufl. 2011
Lfg.	Lieferung
LG	Landgericht
Lit./lit.	Buchstabe/littera
Loewenheim	Handbuch des Urheberrechts, 2. Aufl. 2010
Loewenheim/Meessen/ Riesenkampff	Kartellrecht, 2. Aufl. 2009
Lorenz	Die Anbieterkennzeichnung im Internet, 2007
LS/Ls.	Leitsatz
MAH IT-R	*Leupold/Glossner* (Hrsg.), Münchner Anwaltshandbuch IT-Recht, 3. Aufl. 2013
MAH UrheberR	*Raue/Hegemann* (Hrsg.), Münchener Anwaltshandbuch Urheber- und Medienrecht, 2011
Martinek	Handbuch des Vertriebsrechts, 3. Aufl. 2010
Marly	Praxishandbuch Softwarerecht, 6. Aufl. 2014
Mat.	Materialien
MarkG	Markengesetz
MB	Mega-Byte
MBl.	Ministerialblatt
MCPS	Mechanical Copyright Protection Society
MDR	Monatsschrift des Deutschen Rechts (Zeitschrift)
MedG	Mediengesetz
Meckl.-Vorp.	Mecklenburg-Vorpommern
Meyer-Goßner	Strafprozessordnung, 57. Aufl. 2014
MHB/MHP	Multimedia-Home-Standard Plattform (auch MHP)
MIME	Multipurpose Internet Mail Extensions
MinBl.	Ministerialblatt
Mio.	Million
MMR	MultiMedia und Recht (Zeitschrift)
mN	mit Nachweisen
MODEM	Modulator/Demodulator
Moritz/Dreier	Rechtshandbuch zum E-Commerce, 2. Aufl. 2005
MR	Medien und Recht (Zeitschrift)
Mot.	Motive
MP	Media Perspektiven (Zeitschrift)
Mrd.	Milliarde
MSN	Microsoft Network
MTA	Message Transfer Agent
MTS	Message Transfer System
Müller/Bohne	Providerverträge, 2005

Abkürzungs- und Literaturverzeichnis

MüKoBGB	Münchener Kommentar zum Bürgerlichen Gesetzbuch, 6. Aufl. 2012 ff.
MüKoZPO	Münchener Kommentar zur Zivilprozessordnung, 4. Aufl. 2012
mwN	mit weiteren Nachweisen
MWSt	Mehrwertsteuer
NCDNH	Non-Commercial Domain Name Holder
Nds., nds.	Niedersachsen, niedersächsisch
NdsGVBl.	Niedersächsisches Gesetz- und Verordnungsblatt
NE	Netzebene
nF	neue Fassung, neue Folge
NIC	Network Information Center
NJW	Neue Juristische Wochenschrift (Zeitschrift)
NJW-CoR	NJW-Computerreport (Zeitschrift)
NJW-RR	NJW-Rechtsprechungsreport (Zeitschrift)
nPA	neuer Personalausweis
Nr.	Nummer(n)
NW, nw.	Nordrhein-Westfalen, nordrhein-westfälisch
Nw.	Nachweis
nv	nicht veröffentlicht
NVwZ	Neue Zeitschrift für Verwaltungsrecht (Zeitschrift)
NVwZ-RR	NVwZ-Rechtsprechungsreport (Zeitschrift)
NWVBl.	Nordrhein-Westfälische Verwaltungsblätter (Zeitschrift)
NZA	Neue Zeitschrift für Arbeits- und Sozialrecht (Zeitschrift)
NZV	Netzzugangsverordnung
o.	oben, oder
oÄ	oder Ähnliche/s
ÖVD	Öffentliche Verwaltung und Datenverarbeitung (Zeitschrift)
OFV-N	Online-Vorleistungsflatrate für Netzbetreiber
og	oben genannte(r,s)
OHIM	Office for Harmonization of the International Market
OLG	Oberlandesgericht
OMC	s. WTO
OMPI	s. WTO
OVG	Oberverwaltungsgericht
OWiG	Gesetz über Ordnungswidrigkeiten
PAngV	Preisangabenverordnung
Palandt	Bürgerliches Gesetzbuch, 74. Aufl. 2015
PatG	Patentgesetz
PC	Personal Computer
PCMCIA	Personal-Computer Memory Card International Association
PDA	Personal Digital Assistent
PIN	Persönliche Identifikationsnummer
p. m. a.	post mortem auctoris
PDF	Portable Document Format
Pfaff/Osterrieth	Lizenzverträge, 3. Aufl. 2010
Plath	BDSG, 2013
Prütting/Wegen/Weinreich	BGB, 9. Aufl. 2014
PVÜ	revidiertes Pariser Verbandsübereinkommen
RAM	Random Access Memory
Rath	Das Recht der Internet-Suchmaschinen, 1. Aufl. 2005
RdErl.	Runderlass
Rn.	Randnummer
RDV	Recht der Datenverarbeitung (Zeitschrift)
Redeker	IT-Recht, 5. Aufl. 2012
Redeker	Handbuch der IT-Verträge (Loseblatt)
RefE	Referentenentwurf
RegE	Regierungsentwurf

Abkürzungs- und Literaturverzeichnis

Reinhard/Pohl/Capellaro	IT-Sicherheit und Recht, 2007
RGZ	Entscheidungen des Reichsgerichts in Zivilsachen
Rh.-Pf., rh.-pf.	Rheinland-Pfalz, rheinland-pfälzisch
RiA	Recht im Amt (Zeitschrift)
RL	Richtlinien
RLeS	Richtlinie für elektronische Signaturen
ROM	Read Only Memory
Roßnagel	Recht der Multimedia-Dienste (Loseblatt)
Rspr.	Rechtsprechung
RStV	Rundfunkstaatsvertrag
RuF	Rundfunk und Recht (Zeitschrift)
RuP	Recht und Politik (Zeitschrift)
S.	Satz, Seite
s.	siehe
Saarl., saarl.	Saarland, saarländisch
Sachs., sächs.	Sachsen, sächsisch
Sachs.-Anh., sachs.-anh.	Sachsen-Anhalt, sachsen-anhaltisch
Schl.-H., schl.-h.	Schleswig-Holstein, schleswig-holsteinisch
Schmidl	IT-Recht von A–Z, 2. Aufl. 2014
Schmidt	Computer und Recht international
Schneider	Handbuch des EDV-Rechts, 4. Aufl. 2009
Schneider/von Westphalen	Software-Erstellungsverträge, 2. Aufl. 2014
Schricker/Loewenheim	Urheberrecht, 4. Aufl. 2010
Schröder	Softwareverträge, 3. Aufl. 2008 bzw. 4. Aufl. 2015
Schulte/Schröder	Handbuch des Technikrechts, 2. Aufl. 2010
Schuster	Vertragshandbuch Telemedia, 2001
Schwartmann	Praxishandbuch Medien-, IT- und Urheberrecht, 3. Aufl. 2014
Schwarz/Peschel-Mehner	Recht im Internet (Loseblatt)
SET	Secure Electronic Transaction
SigG	Gesetz zur digitalen Signatur
SigV	Verordnung zur digitalen Signatur
SIIA	Software & Information Industry Association
Simitis	Bundesdatenschutzgesetz, 8. Aufl. 2014
Slg.	Sammlung
s. o.	siehe oben
Söbbing et. al.	Handbuch IT-Outsourcing, 3. Aufl. 2006 bzw. 4. Aufl. 2015
sog.	sogenannt
Sonntag	IT-Sicherheit kritischer Infrastrukturen, 2005
Spindler	Vertragsrecht der Internet-Provider, 2. Aufl. 2004
Spindler	Vertragsrecht der Telekommunikations-Anbieter, 2000
Spindler/Schmitz/Geis	TMG – Telemediengesetz, 2004 bzw. Spindler/Schmitz, 2. Aufl. 2015
Spindler/Schuster	Recht der elektronischen Medien, 2. Aufl. 2011 bzw. 3. Aufl. 2015
Spindler/Wiebe	Internet-Auktionen und Elektronische Marktplätze, 2. Aufl. 2005
SSL	Secure Sockets Layer
Steckler	Grundzüge des IT-Rechts, 3. Aufl. 2011
Steinmassl/Borck/Trautmann/Pohle	M-Business, 2004
SteuK	Steuerrecht kurzgefaßt (Zeitschrift)
StGB	Strafgesetzbuch
StGH	Strafgerichtshof
StPO	Strafprozessordnung
str.	streitig, strittig
StrÄndG	Strafrechtsänderungsgesetz
Strömer	Das ICANN-Schiedsverfahren, 2002
st. Rspr.	ständige Rechtsprechung
StV	Strafverteidiger (Zeitschrift), Staatsvertrag
su	siehe unten
SVDS	Spitzenverband der Deutschen Softwareindustrie
TA	Technikfolgenabschätzung, Technische Anleitung
TAB	Büro für Technikfolgenabschätzung

Abkürzungs- und Literaturverzeichnis

TAN	Transaktionsnummer
Taeger/Gabel	Kommentar zum BDSG und den einschlägigen Vorschriften des TMG und TKG, 2. Aufl. 2014
TC	Technical Committee
TCA	Telecommunikations Act
TCP	Tariffed Components Price
TCP/IP	Transmission Control Protocol/Internet Protocol
TDDSG	Teledienstedatenschutzgesetz
TDF	Transborder Data Flow
TDG	Teledienstegesetz
TDS V	Telekommunikations-Datenschutzverordnung
teilw.	teilweise
TEntgV	Telekommunikations-Entgeltregulierungsverordnung
Thomas/Putzo	Zivilprozessordnung, 35. Aufl. 2014
TICOC	T-Interconnerct Online Connect
TK	Telekommunikation
TKG	Telekommunikationsgesetz
TKLM	Technische Kommission der Landesmedienanstalten
TKO	Telekommunikationsordnung
TKÜV	Telekommunikationsüberwachungsverordnung
TKV	Telekommunikations-Kundenschutzverordnung
TKZulV	Telekommunikationszulassungsverordnung
TLD	Toplevel Domain Name
TNB	Teilnehmernetzbetreiber
TMG	Telemediengesetz
TRIPS	Trade-Related Aspects of Intellectual Property Rights (Agreement on –)
TR FÜV	Technische Richtlinie zur Beschreibung der Anforderungen an die Umsetzung gesetzlicher Maßnahmen zur Überwachung der Telekommunikation
TSP	Trusted Service Provider
Ulmer/Brander/Hensen	AGB-Recht, 11. Aufl. 2011
Ulbrich/Lejeune	Der internationale Softwarevertrag, 2. Aufl. 2006
Urt.	Urteil
ua	unter anderem
uÄ	und Ähnliches
UFITA	Archiv für Urheber-, Film, Funk- und Theaterrecht (Zeitschrift)
UNCITRAL	United Nation Commission on International Trade Law
UrhG	Gesetz über Urheberrechte und verwandte Schutzrechte (Urheberrechtsgesetz)
URL	Uniform Resource Locator
USIM	User Service Indentify Module
usw	und so weiter
uU	unter Umständen
UWG	Gesetz gegen den unlauteren Wettbewerb
v.	vom
va	vor allem
VA	Verwaltungsakt
Var.	Variante
Verf.	Verfasser
VerfGH	Verfassungsgerichtshof
Verh.	Verhandlungen
VerwA.	Verwaltungsarchiv (Zeitschrift)
VG	Verwaltungsgericht, Verwertungsgesellschaft
VGH	Verwaltungsgerichtshof
vgl.	vergleiche
VG WORT	Verwertungsgesellschaft Wort, vereinigt mit der Verwertungsgesellschaft Wissenschaft
VO	Verordnung

Abkürzungs- und Literaturverzeichnis

von Westphalen	Vertragsrecht und AGB-Klauselwerke, 35. Aufl. 2014
Vol.	Volume (Band)
Vorb.	Vorbemerkung
VoIP	Voice over Internet Protocol
VR	Verwaltungsrundschau (Zeitschrift), Virtual Reality
VuR	Verbraucher und Recht (Zeitschrift)
VwGO	Verwaltungsgerichtsordnung
VwV	Verwaltungsvorschrift
VwVfG	Verwaltungsverfahrensgesetz
Wandtke/Bullinger	Praxiskommentar zum Urheberrecht, 4. Aufl. 2014
WCT	WIPO Copyright Treaty
WiB	Wissenschaftliche Beratung (Zeitschrift)
Wiedemann	Handbuch des Kartellrechts, 2. Aufl. 2008
WID	Works Information Database
Wien	Internetrecht, 3. Aufl. 2012
WIN	Wissenschafts-Netz
WIPO	World Intellectual Property Organization (Weltorganisation für geistiges Eigentum, Genf, franz. Abk. L'OMPI)
WIPR	World Intellectual Property Report
WiR	Wirtschaftsrecht
wistra	Zeitschrift für Wirtschaft, Steuer, Strafrecht (Zeitschrift)
WiVerw.	Wirtschaft und Verwaltung, Vierteljahresbeilage zum Gewerbearchiv (Zeitschrift)
WM	Wertpapiermitteilungen (Zeitschrift)
WpHG	Wertpapierhandelsgesetz
WTO	World Trade Organization
Wülfing/Dieckert	Praxishandbuch Multimediarecht, 2002
WWW	World Wide Web
WZG	Warenzeichengesetz
z.	zum, zur
ZAP	Zeitschrift für die Anwaltspraxis
zB	zum Beispiel
Ziff.	Ziffer
ZIP	Zeitschrift für Wirtschaftsrecht (Zeitschrift)
Zit./zit.	Zitat, zitiert
ZKDSG	Zugangskontrolldiensteschutzgesetz
Zöller	Kommentar zur Zivilprozessordnung, 30. Aufl. 2014
ZPÜ	Zentralstelle für private Überspielungsrechte
ZPO	Zivilprozessordnung
ZRP	Zeitschrift für Rechtspolitik
zT	zum Teil
zugl.	zugleich
ZUM	Zeitschrift für Urheber- und Medienrecht (Zeitschrift), früher: Film und Recht
zust.	zustimmend
zutr.	zutreffend

Technisches Glossar

Begriff	Erläuterung
Access Provider	Ein „Access Provider" ist ein Dienstleister, der einen Zugang zum **Internet** zur Verfügung stellt.
ADSL	→ **DSL**
Antivirensoftware	Unter „Antivirensoftware" versteht man Softwareprogramme, die Computer vor **Schadprogrammen** schützen sollen. Antivirensoftware kann auf Arbeitsplatzcomputern, **Servern** und Infrastrukturkomponenten wie zB **Firewalls** installiert sein.
App	Eine „App" ist in der Regel eine kleine, übersichtliche Softwareanwendung (der Begriff ist eine Kurzform des englischen Begriffs „Application"). Apps wurden zunächst auf mobilen Endgeräten eingesetzt, weil den Benutzern auf diese Art und Weise einfach zu bedienende Anwendungen mit überschaubarer Funktionalität zur Verfügung gestellt werden konnten. Mittlerweile sind Apps jedoch auch auf kleinen Computern aller Art zu finden, sogar in Endgeräten wie Armbanduhren und Navigationsgeräten. Seit Windows 8 werden installierte Programme auf der Startseite des Windows-Betriebssystems ebenfalls als „Apps" bezeichnet. Bei den mobilen Apps unterscheidet man zwischen den nativen Apps und den Web-Apps. Die nativen Apps sind mit Entwicklungswerkzeugen der jeweiligen Betriebssystemumgebung auf die spezifischen Fähigkeiten der mobilen Endgeräte angepasst, so dass eine tiefgreifende Verwendung der technischen Funktionalitäten möglich ist (GPS, Kamera, Lagesensor, etc). Diese Sorte von Apps muss in der Regel über die App-Stores der jeweiligen Geräteplattform installiert werden (iTunes, Google-Playstore, Marketplace, etc). Web-Apps werden typischerweise auf Basis von HTML5 entwickelt und können per Browser direkt von den einschlägigen Internetseiten heruntergeladen werden. Aufgrund der auf allen mobilen Plattformen verfügbaren Webtechnologien sind sie typischerweise plattformunabhängig und damit auf allen mobilen Endgeräten lauffähig. Der Nachteil der Plattformunabhängigkeit ist häufig, dass nicht alle technischen Möglichkeiten eines mobilen Endgeräts ausgenutzt werden können.
Application Service Providing (ASP)	Unter „Application Service Providing" (ASP) versteht man die Bereitstellung eines Anwendungsprogramms über ein **Netzwerk** (hauptsächlich **Internet**), damit ein Kunde die Software für seine Zwecke nutzen kann. Ein typisches Merkmal von ASP ist auch, dass die Daten des genutzten Applikationsprogramms in aller Regel dem Kunden gehören und dass der Dienstanbieter daran keine Rechte hat. Für die Nutzung ist ein regelmäßiges (pauschales oder nutzungsabhängiges) Entgelt zu entrichten. Als Gegenleistung erhält der Kunde das Recht, die Software zu nutzen; des Weiteren verpflichtet sich der Dienstanbieter dazu, die Software immer in einem betriebsbereiten Zustand zu halten und typische Aufgaben im Bereich der **Softwarepflege** (regelmäßige Aktualisierungen, Weiterentwicklung aufgrund gesetzlicher Änderungen etc) sowie Datensicherungen zu übernehmen. Zum Leistungsumfang gehört in der Regel auch die Anwenderbetreuung in Form einer Hotline.
Backbone	Unter „Backbone" versteht man das Basisnetz bzw. den Kernbereich eines Telekommunikationsnetzes.

Technisches Glossar

Begriff	Erläuterung
	In aller Regel bietet ein Backbone sehr hohe Datenübertragungsraten, die meistens durch Verwendung eines Glasfasernetzes und Hochleistungskomponenten erreicht werden.
Backup	→ **Datensicherung**
Browser	Ein Browser ist ein spezielles Softwareprogramm, das in aller Regel dafür benutzt wird, Webseiten auf dem Computer, Tablet oder Smartphone eines Benutzers zur Anzeige zu bringen. Sehr häufig dient ein Browser auch dazu, um auf Webanwendungen zuzugreifen. Abhängig von dem konkret eingesetzten Produkt ist ein Browser üblicherweise auch in der Lage, Daten in verschiedenen Datenformaten einzulesen und anzuzeigen (zB auch Bilder und Videos). Abhängig von dem Gerät, auf dem ein Browser eingesetzt wird, wird die Darstellung der anzuzeigenden Informationen und Daten unterschiedlich ausfallen.
Bug	Fehler in einem Computerprogramm
Client	Unter „Client" versteht man ein elektronisches Gerät, das sich mit einem **Server** verbindet, damit es gewisse Dienste des **Servers** nutzen kann. Eine Software, die auch Dienste eines **Servers** nutzt, kann auch als Client bezeichnet werden.
Cloud Computing	Cloud Computing ist die zumeist kostenpflichtige Nutzung von IT-Ressourcen über das Internet. Üblicherweise teilen sich dabei mehrere Benutzer die von einem Dienstleister bereitgestellten Ressourcen (zB Server, Speichersysteme, Dienste oder Anwendungen). Die Nutzer können selbständig flexibel zusätzliche Ressourcen reservieren oder nicht mehr benötigte Ressourcen wieder freigegeben („Skalierung"). In einer „Public Cloud" werden die Ressourcen der Allgemeinheit zur Verfügung gestellt. Im Gegensatz dazu werden in einer „Private Cloud" die IT-Ressourcen lediglich einer kleinen, homogenen Benutzergruppe oder einem einzelnen Benutzer zur Verfügung gestellt.
Computernetzwerk	Unter einem „Computernetzwerk" versteht man den Zusammenschluss von mehreren Computern, damit die Computer Daten untereinander austauschen können.
Computervirus	→ **Virus**
Connectivity	„Connectivity" ist der allgemeine Begriff für die Fähigkeit eines Systems, sich mit anderen Systemen zu verbinden und mit diesen Systemen Daten auszutauschen.
Content Management System (CMS)	Ein „Content Management System" (CMS) ist ein Anwendungsprogramm, das die (einfache) Erstellung, Bearbeitung und Zusammenstellung von Text- und Multimedia-Dokumenten ermöglicht. Der Teil, in dem die Datenzusammenstellung erfolgt, wird auch als „Redaktionssystem" bezeichnet. Das Redaktionssystem bietet in aller Regel umfangreiche Funktionen zur Bearbeitung, Gruppierung, Klassifikation und Verschlagwortung von Dokumenten. In der Regel ist auch ein Berechtigungssystem hinterlegt, mit dessen Hilfe den Benutzern definierte Rechte zugeteilt werden können. Der andere Teil des CMS ist die Anwendungsoberfläche für die informationssuchenden Benutzer, die lediglich Daten aus dem System abfragen. Die Abfrage erfolgt entweder durch eine Freitextsuche oder über die im Redaktionssystem festgelegten Strukturen. Auch hier kann ein Berechtigungssystem den Zugriff auf die verwalteten Informationen regeln und zum Beispiel nicht angemeldeten Benutzern nur bestimmte Inhalte anzeigen.

Technisches Glossar

Begriff	Erläuterung
CPU	Unter „CPU" (engl. central processing unit) versteht man den Hauptprozessor eines Computers (oder eines anderweitigen technischen Geräts).
Cross Site Scripting	Beim „Cross Site Scripting" (kurz „XSS") werden aufgrund von Fehlern in einer Internet-Anwendung Programmcodes an den **Browser** des Benutzers geschickt, die dazu führen können, dass unerwünschte Funktionen beim Anwender ausgeführt werden, etwa das Laden anderer Internet-Seiten, der Download von Schadsoftware oder die Anzeige falscher Daten.
Cross Site Request Forgery	Bei einem Cross Site Request Forgery-Angriff (kurz „CSRF") wird versucht, bestimmte Internet-Seiten im Anwendungskontext eines Benutzers abzurufen, dh Daten unter Verwendung der Rechte des betroffenen Benutzers abzufragen, an die der Angreifer aufgrund fehlender Berechtigungen ansonsten nicht gelangen würde.
Customizing	Als „Customizing" bezeichnet man ganz allgemein die Anpassung eines Softwaresystems auf die Bedürfnisse und Anforderungen eines Kunden, ohne dass dabei der Quellcode des Softwareprodukts verändert wird. Beispielhafte Tätigkeiten im Rahmen des Customizings sind: • Setzen vorhandener Parameter (Parametrisierung), zB Sprache, Währung, etc • Anlegen von Daten für die Abbildung betrieblicher Organisationsstrukturen • Erstellen und Anpassen von Prozessabläufen • Anpassung von Druckvorlagen • Einrichten des Berechtigungssystems
Datenbankserver	Unter einem „Datenbankserver" versteht man einen **Server**, auf dem eine Datenbanksoftware (zB MySQL, ORACLE, MS SQL-Server) für die Nutzung durch andere **Server** oder Clients betrieben wird.
Datenmigration	Unter einer „Datenmigration" versteht man den Transfer von Daten von einem IT-System in ein (zumeist neueres) IT-System. Eine Datenmigration ist typischerweise Bestandteil einer **Migration**.
Datenmodell	Ein „Datenmodell" beschreibt alle Strukturen, Datentypen und die Zusammenhänge der Daten in einem Softwaresystem untereinander. Das Datenmodell ist in aller Regel Bestandteil des Fachkonzepts, wird aber in Softwareverträgen wegen der herausragenden Bedeutung oft auch separat erwähnt.
Datensicherung	Unter einer „Datensicherung" versteht man die Herstellung einer Kopie von Programmen und Daten zum Zweck der späteren Wiederherstellung im Falle einer Fehlfunktion oder einer Datenzerstörung. Datensicherungen können sowohl vollständig (Voll-Backup), inkrementell (nur die Änderungen seit der letzten Datensicherung) und differenziell (nur die Änderungen nach dem letzten Voll-Backup) durchgeführt werden. Eine Datensicherung kann auf unterschiedlichen Speichermedien erstellt werden, die vom operativen System getrennt aufbewahrt werden müssen, so dass bei einem Fehler des operativen Systems nicht auch die Datensicherung zerstört werden kann.
Darknet	Ein Darknet ist eine Variante eines **Peer-to-Peer**-Netzwerks in dem versucht wird, die Identität der Nutzer weitgehend zu verschleiern.
DENIC	Die DENIC eG (Deutsches Network Information Center) ist die zentrale Registrierungsstelle für Domains unterhalb der Top-Level-Domain.de.
DNS (Domain Name System)	Jegliche Kommunikation läuft im **Internet** über **IP-Adressen**. Dies ist jedoch nicht besonders komfortabel und hat auch diverse technische Nachteile.

Technisches Glossar

Begriff	Erläuterung
	Das DNS dient vorrangig dazu, **IP-Adressen** auf symbolische Netzwerknamen abzubilden. Unter Zuhilfenahme des DNS können Clients Kommunikationspartner im **Internet** über einen symbolischen Namen adressieren, ohne deren **IP-Adresse** kennen zu müssen. Weitere Aufgaben des DNS sind: • Vorhalten der Informationen über gültige Mail-Exchanger für eine Domain • Lastverteilung durch zyklische Adressrotation • Reverse-Lookup zur Feststellung der Authentizität einer **IP-Adresse** bzw. eines symbolischen Namens zB zur SPAM-Vermeidung. Das DNS ist hierarchisch aufgebaut. Ausgehend von einer sog Root Domain kann eine Domainhierarchie aufgebaut werden. Beispiel: www.google.de In diesem Beispiel ist „google.de" der Domain-Anteil und „www" der Host-Anteil. Eine solche Adresse wird auch als FQDN (Full Qualified Domain Name) bezeichnet. Für einen FQDN wird umgangssprachlich der Begriff „Internet-Adresse", „Web-Adresse" oder „URL" (Universal Resource Locator) verwendet. Die Internet-Adresse muss technisch also von rechts nach links betrachtet werden. Zunächst kommt also die sog **Top Level Domain** (TLD), im Beispiel „de". Dann folgt eine sog Second Level Domain, im Beispiel „google". Als letztes folgt ein Hostname. Das ist der Name des Zielcomputers für den Aufbau einer Kommunikation, im Beispiel „www" (siehe auch **„Domain"**).
Dokumentation	Im Rahmen von IT-Projekten können für unterschiedliche Zwecke spezifische Dokumentationen erforderlich sein. Die Dokumentationen unterscheiden sich im Wesentlichen in Anforderungsdokumentation (**Lastenhefte**, etc), Produktdokumentationen (**Feinspezifikation**, Bedienungsanleitungen, etc), Projektdokumentationen (Projektplan, Verlaufsdokumentation, etc), Betriebsdokumentationen (Netzwerktopologie, Geräteübersichten, ...). Umfang und Inhalt der diversen Dokumentationsarten sind bis auf wenige Ausnahmen (zB ISO/IEC 6592 „Leitfaden für die Dokumentation von computergestützten Anwendungssystemen") nicht standardisiert. Es gibt keine konkreten gesetzlichen Regelungen, welche Dokumentationen im Rahmen eines IT-Projekts zu liefern sind. Die geschuldete Dokumentation ergibt sich aufgrund aktueller Rechtsprechung oder vertraglicher Regelungen.
Domain	Eine Domain ist ein Teilbereich aus dem **Domain Name System**. Es gibt im Wesentlichen drei Ebenen: • Top-Level-Domains (TLD) • Second Level Domain • Weitere Subdomains. TLDs sind alle Länderdomains wie beispielsweise „.de", „.at", „.ch" etc, sowie generische Domains „.com", „.net" oder „.org". Die grundlegenden Richtlinien zur Verwaltung der TLDs werden von der Organisation **ICANN** (Internet Corporation for Assigned Names and Numbers) vorgegeben. Jede TLD wird von autorisierten Organisationen verwaltet (zB DENIC für die TLD „.de"), die in ihrem Bereich wiederum Second Level Domains vergeben. Diese werden in der Regel von Firmen, Organisationen oder Privatpersonen genutzt, zB „europa.eu". Üblicherweise werden innerhalb der Second Level Domain die sog Hosts betrieben, deren Adressen im DNS abgelegt werden, zB der Host „www" für „www.europa.eu". Der Inhaber einer Second Level Domain kann neben den Hosts innerhalb seiner Second Level Domain

Begriff	Erläuterung
	auch weitere Subdomains vergeben, zB „ec" für „ec.europa.eu" oder „consilium" für „consilium.europa.eu". In diesen Subdomains kann es wiederum einzelne Hosts geben, zB „blogs.ec.europa.eu" oder „www.consilium.europa.eu".
DoS	„DoS" steht für „Denial of Service" und bezeichnet in der Informationstechnologie die Nichtverfügbarkeit eines Dienstes, die durch eine Überlastung des Dienstes mit Hilfe automatisierter Angriffe verursacht werden.
DSL	Unter „DSL" (Digital Subscriber Line) versteht man im Allgemeinen einen Teilnehmeranschluss, der hohe Datenübertragungsraten ermöglicht (bis zu 500 Mbit/s). Unternehmen, Organisationen und Privatpersonen realisieren über DSL einen Breitbandzugang zum **Internet**. An der bestehenden Teilnehmeranschlussleitung muss für DSL meist nichts geändert werden, denn die für den Massenmarkt eingesetzten DSL-Verfahren nutzen auf der bereits verlegten Kupferdoppelader des Telefonnetzes ein Frequenzband, das oberhalb des für analoge Sprachtelefonie oder ISDN genutzten Frequenzbereiches liegt. In Bezug auf die Upload- und Download-Raten unterscheidet man zwischen SDSL (Symmetrisches DSL) und ADSL (Asymmetrisches DSL).
Dynamische/statische IP-Adressen	Dynamische **IP-Adressen** werden beim Verbinden eines Endgeräts mit dem Netzwerk vergeben. Dieses Verfahren ermöglicht es, eine größere Anzahl von Endgeräten in einem Netzwerk kommunizieren zu lassen, als IP-Adressen zur Verfügung stehen, wenn die Endgeräte nicht gleichzeitig aktiv sind. Zudem vereinfacht die dynamische Vergabe von IP-Adressen die Administration des Netzwerks. Das Standardverfahren zur Erlangung und Verteilung von IP-Adressen in lokalen Netzwerken ist DHCP (Dynamic Host Control Protocol). Bei **WAN**-Anschlüssen wird das PPPoE-Verfahren (PPP over Ethernet) verwendet. Im Gegensatz zu dynamischen Adressen werden statische **IP-Adressen** einem Endgerät oder einer Infrastruktur-Komponente dauerhaft fest zugewiesen. Dieses Verfahren kommt üblicherweise dann zum Einsatz, wenn die Endgeräte (zB Drucker) über einen längeren Zeitraum hinweg im Netzwerk über die gleiche Adresse erreichbar sein sollen.
E-Business	Im Allgemeinen versteht man unter „E-Business" die Abwicklung des Geschäftsverkehrs mithilfe von Internet-Applikationen.
E-Commerce	Unter „E-Commerce" versteht man den Handel von Waren und Dienstleistungen über elektronische Plattformen. E-Commerce ist ein Teilbereich des E-Business, wird aber häufig auch mit E-Business gleichgesetzt.
Feinspezifikation	Unter einer „Feinspezifikation" versteht man allgemein die abschließende Spezifikation eines Systems im Bereich der Informationstechnologie, zumeist eines Softwaresystems. Es wird zwischen einer fachlichen und einer technischen Feinspezifikation unterschieden. Die fachliche Feinspezifikation ist der Planungsphase zuzuordnen und enthält die abschließenden fachlichen Anforderungen an das zu implementierende IT-System. Das technische Feinkonzept ist der Realisierungsphase zuzurechnen und enthält die detaillierten Informationen über die Realisierung eines IT-Systems (siehe hierzu auch die Begriffe **„Pflichtenheft"** und **„Lastenheft"**).
Filehosting	Filehosting ist eine Dienstleistung, die einem Kunden ermöglicht, Dateien bei dem Dienstanbieter zu speichern und darauf zuzugreifen.

Technisches Glossar

Begriff	Erläuterung
Filesharing	Unter „Filesharing" versteht man den technischen Mechanismus, Dateien über ein Netzwerk (meist über das Internet) austauschen zu können. Der Speicherort der Dateien kann dabei unterschiedlich sein, je nachdem, welche Filesharing-Methode verwendet wird.
Filtersoftware	Mit Hilfe von „Filtersoftware" wird der Inhalt einer Datenkommunikation ausgewertet und unerwünschte Inhalte unterdrückt. So kann beispielsweise der Download bestimmter Dateien aus dem **Internet** verhindert werden, wenn die Dateien ein unzulässiges Format haben. Eingehende E-Mails können auf bestimmte Inhalte untersucht und entsprechend klassifiziert bzw. gelöscht oder gesperrt werden (zB SPAM-Filter). Eine Filterung kann sowohl bei eingehendem als auch ausgehendem Datenverkehr erfolgen. Es kann beispielsweise auch verhindert werden, dass E-Mails mit bestimmten Inhalten versendet werden können.
Firewall	Eine „Firewall" ist ein elektronisches System, das den Datenverkehr zwischen zwei oder mehreren Computern auf Basis vorgegebener definierter bestimmter Regeln überwachen und kontrollieren kann. Eine Firewall wird typischerweise dazu verwendet, um **Computernetzwerke** vor Angriffen aus dem **Internet** zu schützen. Firewalls bieten abhängig von Typ und Ausbaustufe verschiedenste Sicherheitsfunktionen an. Im Wesentlichen gibt es zwei Arten von Firewalls: 1. **Desktop-Firewalls bzw. Personal Firewalls** Desktop-Firewalls werden als Softwarelösung auf einem Client-Rechner installiert und sollen dann den Client vor Angriffen von außen schützen. Gelegentlich haben Desktop-Firewalls auch die Funktion, unerwünschte Kommunikationsverbindungen nach außen zu blockieren. Beispiele solcher Firewalls sind die Windows-Firewall (erstmalig im Betriebssystem Windows XP), Zone Alarm, Norton / Symantec sowie IPtables (unter LINUX). Das Problem von Desktop-Firewalls ist die Integration in das Client-System. Sollte dieses System einmal durch **Malware** infiziert sein, könnte auch die Firewall umgangen werden. 2. **Unabhängige Firewalls** Eigenständige Firewalls haben einen deutlich höheren Leistungsumfang. Wesentliche Funktionen sind beispielsweise: • Routing • Paketfilter (Filterung auf Transportebene) • Network Address Translation (NAT) • Proxy-Funktion für SMTP, HTTP und POP • Demilitarized Zone (DMZ). Derartige Firewalls werden als eigenständige Geräte in ein **Netzwerk** integriert und sind von den Clients und **Servern** unabhängig. Sie können effizient den Datenverkehr auf verschiedenen Ebenen überwachen und steuern. Sie stellen daneben weitere Sicherheitsfunktionen wie beispielsweise **VPN** zur Verfügung.
FTP (File Transfer Protocol)	FTP (File Transfer Protocol) ist ein Netzwerkprotokoll für die Übertragung von Dateien in **IP**-basierten Netzwerken. Das Protokoll wird dazu benutzt, um entweder Dateien von einem Client zu einem Server zu übertragen („Upload") oder umgekehrt von einem Server zu einem Client („Download"). Daneben ist es über FTP auch möglich, spezielle Befehle auf dem entfernten Computer ausführen zu lassen.
Gateway	Ein „Gateway" dient dazu, technisch unterschiedliche **Computernetzwerke** mithilfe einer Protokollumsetzung zu verbinden.

Begriff	Erläuterung
Hash-Code	Ein Hash-Code (kurz: Hash) ist das Ergebnis einer Abbildung von einer gegebenen Datenmenge auf eine zumeist recht kurze Byte-Folge. Die Berechnung der Byte-Folge erfolgt durch verschiedene mathematische Verfahren mit unterschiedlichen Eigenschaften. Liegt neben den Daten auch ein korrespondierender Hash vor, kann durch erneutes Anwenden der Hash-Berechnung auf die Daten geprüft werden, ob die Daten unverändert sind. Die verschiedenen Hash-Verfahren (MD5, SHA, etc) sollen sicherstellen, dass Manipulationen an den Originaldaten erkannt werden können.
Hash-Tag	Generell ist ein Hash-Tag eine Kombination aus einem „#" gefolgt von einer Buchstaben-Ziffern-Kombination (zB #WM2014). Hash-Tags werden in verschiedenen Internet-Diensten auf unterschiedliche Art und Weise genutzt. Wesentlicher Zweck ist die Kennzeichnung von Inhalten zu einem bestimmten Thema (Verschlagwortung), das mit dem Hash-Tag verbunden ist.
Homepage	Im technischen Sinn versteht man unter einer „Homepage" die Einstiegsseite zu einer **Website**. Umgangssprachlich wird der Begriff jedoch als Synonym für eine ganze **Website** verwendet.
Host	Unter dem Begriff „Host" versteht man einen (zumeist etwas älteren) Zentralrechner. In modernen EDV-Umgebungen bezeichnet man Zentralrechner nicht mehr als Host, sondern als **Server**.
Hosting Provider	Ein „Hosting Provider" stellt seinen Kunden eine technische Infrastruktur zur Verfügung, in der unterschiedliche Dienste installiert werden können. In der Regel werden die Gerätschaften **(Server)** und die benötigte Software vom Provider zur Verfügung gestellt. Übliche Dienste in diesem Zusammenhang sind Webserver, Fileserver, E-Mail-Server und **Datenbankserver.** → neu „Datenbankserver"
Hotfix	Ein „Hotfix" ist die Behebung eines oder mehrerer Softwarefehler, die sehr kurzfristig beseitigt werden müssen, da ansonsten ein großer (Folge-)Schaden droht. Dabei wird in der Regel nur ein kleiner Teil der Software ausgetauscht.
Hotline	Eine „Hotline" dient dazu, am Telefon technische Fragen von Anwendern zu beantworten. Der Anwender erwartet von einer Hotline, dass ein geschildertes Problem unmittelbar gelöst wird. Für den Fall, dass dies nicht möglich ist, ist die Hotline für die Weiterleitung an entsprechende Spezialisten verantwortlich. Eine Hotline kann sowohl innerbetrieblich organisiert sein als auch von externen Auftragnehmern betrieben werden.
HTML (Hypertext Markup Language)	HTML (Hypertext Markup Language) ist eine Sprache zur Formatierung und Verknüpfung von Webseiteninhalten. HTML wird vom **World Wide Web Consortium** (W3C) weiterentwickelt.
Http (Hypertext Transfer Protocol)	Http (Hypertext Transfer Protocol) ist ein Kommunikationsprotokoll, das auf dem TCP/IP-Protokoll aufsetzt. Http wird hauptsächlich für den Abruf von Webseiten eingesetzt, kann aber auch für andere Kommunikationsaufgaben genutzt werden. Mit Hilfe sog „http-Requests" können Clients Daten von einem **Server** abfragen (GET), zu einem **Server** übertragen (POST, PUT) oder auf einem **Server** löschen (DELETE).

Begriff	Erläuterung
IMAP (Internet Message Access Protocol)	IMAP (Internet Message Access Protocol) dient der Verwaltung von Postfächern auf einem Mail-Server. Im Gegensatz zum **POP3** (Post Office Protocol) verbleiben die E-Mails bei der Verwendung von IMAP auf dem Server.
Injection	Wenn von „Injection" gesprochen wird, ist gemeint, dass ein Angreifer Eingaben in Formulare auf Webseiten vornimmt, die zu einem unerwünschten Verhalten der Internet-Anwendung führt, etwa die Löschung von Daten oder die Preisgabe von ansonsten nicht sichtbaren Informationen (sog SQL-Injection). Alternativ können auch Parameter in **URLs** so verändert werden, dass es zu einer fehlerhaften Verarbeitung von Daten kommt. Ursache ist die mangelhafte Überprüfung der Daten, die an den **Webserver** geschickt werden im Programmcode des Webservers.
Inkompatibilität	Im Bereich der Informationstechnologie spricht man von einer „Inkompatibilität", wenn vorgegebene Hardwareteile oder Softwarekomponenten nicht in der geforderten Art und Weise zusammenwirken können.
Installation	Unter Installation versteht man die Einrichtung von Software und Hardware bis zur Betriebsfähigkeit. Der Komplexität einer Installation reicht von einfacher Ausführung eines vorgefertigten Installationsprogramms bis zur komplexen Einrichtung und Konfiguration zahlreicher Software- und Hardwarekomponenten.
Internet	Das Internet ist ein weltumspannendes Netzwerk, mit dessen Hilfe Computer und sonstige elektronische Geräte Daten aller Art untereinander austauschen können. Zu den bekanntesten Nutzungsarten des Internets dürften zweifellos E-Mail, Surfen auf Webseiten (www) und Dateiübertragungen (Uploads, Downloads) gehören; daneben haben sich aber auch weitere Nutzungsarten wie die internetbasierte Telefonie (**VoIP**) sowie die Übertragung von Radio- und Fernsehsendungen etabliert. Hinsichtlich der technischen Realisierung ist das Internet ein Zusammenschluss von sehr vielen **Computernetzwerken** weltweit. Der Datenaustausch zwischen einzelnen Computern, die am Internet angeschlossen sind, erfolgt über ein standardisiertes Protokoll (IP-„**Internet Protocol**"). Zahlreiche technische Standards bestimmen die Eigenschaften der technischen Infrastruktur und der unterschiedlichen Anwendungen im Internet. Die Standardisierung wird durch mehrere international organisierte Gremien betreut. Wesentliche Organisationen sind dabei die Internet Engineering Taskforce (IETF) und das **World Wide Web Consortium** (W3C). Die Standards sorgen für das möglichst reibungslose Funktionieren der Infrastruktur und der Anwendungen. Die Hersteller von Produkten und Anwendungen halten sich in aller Regel daran. Die Standards stellen jedoch i. A. keine juristisch verbindliche Grundlage dar. Die Entwicklung der Standards ist teilweise sehr dynamisch, was gelegentlich Versionsprobleme (Inkompatibilitäten) aufwirft.
Internet Access	Unter „Internet-Access" versteht man den physischen Zugang zum **Internet,** also einen Anschluss zum **Telekommunikationsnetz** mit Hilfe eines **Access Providers.**
Internet Service Provider (ISP)	Ein „Internet Service Provider" (ISP) ist ein Unternehmen, das unterschiedliche Dienstleistungen in Verbindung mit dem Internet zur Verfügung stellt (siehe auch **„Access-Provider", „Hosting-Provider".**)
IP (Internet Protocol)	IP („Internet Protocol") ist ein Kommunikationsprotokoll, das die Grundlage für die Kommunikation von Computern in **Computernetzwerken** bildet. Das Internet Protocol wird durchgängig im **Internet** verwendet.

Begriff	Erläuterung
IP-Adresse	Für den Datenaustausch in **Computernetzwerken** benötigen die Kommunikationspartner eindeutige Adressen. Im **Internet** und anderen auf dem **Internet Protocol (IP)** basierenden Computernetzwerken muss dementsprechend jeder Kommunikationspartner eine IP-Adresse haben. Ein Beispiel für eine IP-Adresse wäre: 172.1.128.255 Typischerweise werden die IP-Adressen von Computern im heimischen Netzwerk oder lokalen Firmennetzwerken nicht direkt im Internet sichtbar (sog private IP-Adressen). Die Verwaltung der Adressen obliegt hier dem Betreiber des lokalen Netzwerks. Für die Kommunikation im Internet werden öffentliche Adressen benötigt, die dem Inhaber eines Internetanschlusses von seinem **Access Provider** zugewiesen werden. Öffentliche Adressen werden entweder fest oder dynamisch vergeben. In der Regel werden die IP-Adressen privater Anschlüsse aus einem Adressenpool der Provider dynamisch vergeben. Dynamisch vergebene Adressen werden i. A. spätestens alle 24 Stunden neu zugeteilt. Die zeitliche Zuordnung einer IP-Adresse zum jeweiligen Anschluss bleibt aus Abrechnungsgründen beim Provider nur kurzzeitig erhalten. Firmenanschlüsse erhalten häufig feste Adressen zugeteilt. Diese bleiben dem Anschluss dauerhaft zugeordnet. Es können auch ganze Adressbereiche (sog Subnetze) zugeordnet werden, um zB firmeneigene Server direkt aus dem Internet adressieren zu können. Für den Zugriff aus lokalen Netzen heraus auf das Internet werden mit Hilfe von **Routern** private auf öffentliche IP-Adressen umgesetzt (sog „Network Address Translation").
IP-Netz	Unter „IP-Netz" versteht man ein **Computernetzwerk,** das auf dem **Internet-Protokoll (IP)** basiert.
IPv4	Für die Kommunikation in Netzwerken oder im Internet wird das sog **IP (Internet Protocol)** verwendet, um den Nutzern die Kommunikation und/oder das Versenden von Daten zu ermöglichen. Seit langem wird das IPv4 (Internet Protocol Version 4) verwendet. Es ist definiert in dem Standard **RFC** 791. Im IPv4-Protokoll werden IP-Adressen im Format xxx.xxx.xxx.xxx verwendet, wobei xxx eine Zahl zwischen 1 und 255 sein kann (255 ist die höchste Zahl, die sich durch ein Byte = 8 Bit darstellen lässt) Beispiel: 173.194.113.175 Die Adresse setzt sich stets zusammen aus einem Netzwerkanteil und einem Host-Anteil (hier ist Host gleich Kommunikationsteilnehmer). Welcher Teil der Adresse der Netzwerk-Anteil ist, wird durch die sog Netzwerkmaske (engl. Netmask) bestimmt. Beispiel: 255.255.255.0 Aufgrund der Netzwerkmaske wären im oben genannten Beispiel der Netzwerkanteil „173.194.113" und der Host-Anteil „175". Innerhalb eines IPv4-**Subnetzes** ist der Netzwerkanteil bei allen Hosts identisch und der Host-Anteil bei allen Hosts eindeutig, wobei zu unterschiedlichen Zeitpunkten verschiedene Hosts die gleiche IP-Adresse haben können (siehe auch **dynamische IP-Adressen**). Es gibt öffentliche und private Adressbereiche. Die öffentlichen Adressbereiche dürfen weltweit nur einmalig verwendet werden. Die privaten Adressbereiche dürfen nur in lokalen Netzwerken (**LAN**) und somit weltweit mehrfach verwendet werden.

Technisches Glossar

Begriff	Erläuterung
IPv6	Aufgrund der Adressenknappheit im **IPv4** wurde das IPv6 im **RFC** 2460 und weiteren ergänzenden RFCs definiert. Eine IPv6-Adresse wird aus 128 Bit gebildet (statt aus 32 Bit im **IPv4**). Damit sind 2128 einzelne Adressen möglich. Die Schreibweise der Adressen erfolgt in vierstelligen Blöcken, die durch Doppelpunkte getrennt werden. Jede Stelle beinhaltet einen Hexadezimalwert (0 bis 9, a bis f). Führende Nullen in einem Block werden nicht geschrieben. Beispiel: 2014:1af8:13b4:8d3:2426:2f:480:8545 Die Adresse ist wie folgt aufgebaut: • Präfix (64 Bit) • Interface-Identifier (64 Bit) Das Präfix bestimmt das Netzsegment und wird durch den Netzbetreiber festgelegt. Es unterliegt einer vordefinierten Struktur, die für ein beschleunigtes **Routing** von Datenpaketen durch das Netzwerk sorgen soll. Der Interface-Identifier ist der Adressanteil für den Kommunikationsteilnehmer. Dieser Identifier kann zB aus der **MAC-Adresse** der Netzwerkkarte eines Geräts gebildet werden, was datenschutzrechtliche Bedenken aufkommen ließ, da die Adresse dadurch einem bestimmten Gerät eindeutig zugeordnet werden kann. Durch alternative Verfahren kann der Interface-Identifier aber auch dynamisch ermittelt werden.
LAN	Mit „LAN" (local area network) wird ganz allgemein ein örtlich begrenztes (Computer-) Netzwerk bezeichnet, dass typischerweise über schnelle Ethernet-Leitungen vernetzt ist.
Lastenheft	Laut DIN 69901-5 (Stand: Januar 2009) ist ein Lastenheft die „vom Auftraggeber festgelegte Gesamtheit der Forderungen an die Lieferungen und Leistungen eines Auftragnehmers innerhalb eines Auftrages". Grob gesagt soll ein Lastenheft beschreiben, was geliefert werden muss. Ein darauf aufbauendes **Pflichtenheft** beschreibt, ob und wie die Anforderungen umgesetzt werden sollen. Juristen verwenden die beiden Begriffe Lastenheft und **Pflichtenheft** üblicherweise jedoch anders. (→ **Pflichtenheft**).
MAC-Adresse	Für die Kommunikation in Netzwerken benötigen alle Netzwerkkomponenten eine eindeutige Adresse, die an die jeweilige Hardware gebunden ist. Hierbei handelt es sich um die sog Media-Access-Control-Adresse (kurz: MAC-Adresse). Bei Ethernet-Komponenten wird die Adresse aus 48 Bit gebildet. Die Adresse ist dabei weltweit eindeutig, da die Hersteller von Hardwarekomponenten jeweils eigene MAC-Adressbereiche besitzen. Die Adresse wird häufig dazu verwendet, den Zugang zu einem **LAN** oder einem **WLAN** auf bestimmte MAC-Adressen zu beschränken. Allerdings ist die MAC-Adresse nicht unveränderlich und kann durch spezielle Softwarewerkzeuge modifiziert werden.
Malware	→ **Schadprogramm**
Mandantenfähigkeit	Hierbei handelt es sich um eine spezielle Eigenschaft eines Softwareprogramms, die dann gegeben ist, wenn folgende Merkmale gleichzeitig erfüllt sind: a) Eine und dieselbe Instanz der Software kann von mehreren Kunden (Mandanten) gleichzeitig genutzt werden. b) Die individuellen Daten jedes Mandanten bleiben jeweils strikt voneinander getrennt. Kein Mandant hat Zugriff auf die Daten eines anderen Mandanten.

Begriff	Erläuterung
	c) Die für die ordnungsmäßige Verwendung des Systems erforderlichen mandantenspezifischen Programmparameter können unabhängig voneinander konfiguriert werden (dabei gibt es auch fast immer Parameter, die mandantenübergreifend eingestellt werden können, also für alle Mandanten gelten).
Maschinencode	Unter „Maschinencode" versteht man ein Softwareprogramm, das auf einem Computer sofort ohne weitere Übersetzungsschritte ausgeführt werden kann.
Meilenstein	Laut DIN 69900-1 ist ein Meilenstein (engl. **Milestone**) „ein Ereignis von besonderer Bedeutung". Im Rahmen eines IT-Projekts versteht man darunter definierte Zeitpunkte, zu denen bestimmte Arbeitsergebnisse vorliegen oder definierte Ziele erreicht sein müssen (zB „Pflichtenheft ist fertiggestellt").
Meta-Tag	Der HTML-Standard definiert diverse „Meta-Tags". Diese speziellen Text-kennzeichner bzw. Steuerinformationen (engl. „Tags") werden von jedem **Webserver** als Teil einer **Webseite** an den Aufrufer der Seite übermittelt. Aufrufer können Internet-Browser, Suchmaschinen oder andere Server im Internet sein. Meta-Tags übermitteln definierte Informationen und können somit bestimmte Funktionen auslösen.
Migration	Unter einer „Migration" versteht man den Wechsel von einem bestehenden IT-System zu einem neuen IT-System. Bei dem neuen System kann es sich um ein gänzlich anderes IT-System (auch von einem anderen Hersteller) oder um eine neue Version des bestehenden IT-Systems handeln. Eine Migration beinhaltet die Übertragung des Datenbestands des bestehenden Systems (häufig auch „Altsystem" genannt) in das Format des neuen Systems (siehe **„Datenmigration"**). Dabei soll der semantische Inhalt der Daten stets soweit wie möglich erhalten bleiben.
Milestone	→ **Meilenstein**
Name Server	Ein „Name Server" ist ein Teil des **Domain Name Systems** (DNS). Er ist für die Umsetzung von Internet-Adressen (**URLs**) in **IP-Adressen** zuständig (Namensauflösung).
Pagerank	Die Suchmaschine „Google" ermittelt für **Websites** einen sogenannten „Pagerank", mit dem die Relevanz von Informationen aufgrund deren Popularität bewertet wird. Mit Hilfe eines komplexen Algorithmus wird der Pagerank unter anderem auf Basis der Verlinkung einer Website von anderen Websites beurteilt. Dabei hat deren Pagerank wiederum Einfluss auf den Pagerank der verlinkten Website. Bei der Suche in Google werden Suchergebnisse auf Seiten mit hohem Pagerank besser bewertet und damit nach oben sortiert.
Parametrisierung	Unter Parametrisierung versteht man die korrekte Implementierung eines Softwaresystems durch das Einstellen von Parametern gemäß den Anforderungen und Bedürfnissen des Kunden.
Patch	Ein Patch ist ein (vom Umfang her gesehen kleineres) **Update,** durch das Fehler behoben oder fehlende Funktionen nachgeliefert werden sollen.
Peer-to-Peer (P2P)	„Peer-to-Peer" bezeichnet die Kommunikation zwischen zwei gleichbe-rechtigten Computern in einem Rechnernetzwerk. In aller Regel ist damit gemeint, dass jeder Teilnehmer der Peer-to-Peer-Kommunikation sowohl Dienste in Anspruch nehmen kann als auch Dienste zur Verfügung stellt. Die Peer-to-Peer-Kommunikation spielt häufig in Tauschbörsen eine Rolle, wo es darum geht, dass die Teilnehmer der Tauschbörse Dateien unter-einander über das Internet austauschen.

Technisches Glossar

Begriff	Erläuterung
Pflichtenheft	Laut DIN 69901-5 (Stand: Januar 2009) ist ein Pflichtenheft „die vom Auftragnehmer erarbeitete Realisierungsvorgabe auf der Basis des vom Auftraggeber vorgegebenen Lastenheftes". Das Pflichtenheft hat also nach dieser Definition die Rolle einer abschließenden, fachlichen Feinspezifikation, die vor der Realisierung eines Softwaresystems erstellt wird bzw. erstellt werden sollte. Der Begriff „Pflichtenheft" wird im Rahmen der Rechtsprechung und der juristischen Literatur fast durchgängig anders verwendet. Juristen verstehen unter dem Pflichtenheft eine Beschreibung dessen, was sich der Auftraggeber wünscht. Der Begriff „Lastenheft" kommt bei Juristen nur sehr selten vor und wird im Falle des Falles so verwendet wie der Begriff „Pflichtenheft" gemäß DIN-Definition.
Phishing	Der Begriff ist eine Kombination aus den Begriffen „Password" und „Fishing". Beim Phishing wird unter Vorgabe einer falschen Identität versucht, den Besitzer eines Passworts für bestimmte Dienste dazu zu bringen, sein Passwort an unautorisierte Dritte preiszugeben. Dabei wird dem Besitzer vorgegaukelt, dass er das Passwort zu bestimmten Zwecken bestätigen oder erneuern muss. In aller Regel erfolgt das in Form einer E-Mail, in der ein Link auf speziell dafür vorbereitete („getürkte") Internet-Seiten enthalten ist, die nicht dem tatsächlichen Dienstanbieter (wie einer Bank) gehören, sondern dem „Fisher".
POP (Post Office Protocol)	POP (Post Office Protocol) ist ein häufig eingesetztes Protokoll, mit dessen Hilfe ein Client E-Mails von einem E-Mail-Server abholen kann. Die Verbindung zum Server wird bei Bedarf vom Client aufgebaut und danach wieder beendet. POP3 ist in der Funktionalität beschränkt und erlaubt nur das Auflisten, Abholen und Löschen von E-Mails am E-Mail-Server. Für weitere Funktionalitäten wie hierarchische Mailboxen direkt am Mailserver, Zugriff auf mehrere Mailboxen während einer Sitzung, Vorselektion der E-Mails, usw. müssen Protokolle wie **IMAP** verwendet werden.
Portal	Unter einem „Portal" versteht man i. A. eine **Website** in der verschiedene Anwendungen, Informationen und Services unter einer einheitlichen Oberfläche integriert und Benutzern zur Verfügung gestellt werden. In der Regel bieten Portale Funktionen zur individuellen Anpassung der Informationspräsentation an die Bedürfnisse bzw. Aufgaben der Benutzer.
Produktaktivierung	Verschiedene Softwaresysteme können ohne eine Aktivierung nicht oder nur kurze Zeit genutzt werden. Der Hersteller des Softwareprodukts muss in diesen Fällen über die Installation bzw. Inbetriebnahme informiert werden. Dies erfolgt in aller Regel mit Hilfe einer im Softwaresystem verfügbaren Funktion. Für die Aktivierung werden Lizenz- und Installationsdaten über eine direkte Onlineverbindung oder auf anderem Wege (zB E-Mail) an den Lieferanten bzw. Hersteller der Software verschickt. Dieser liefert eine Freischaltinformation zurück, mit der das System in einen betriebsfähigen Zustand versetzt werden kann.
Produktivbetrieb	Mit „Produktivbetrieb" ist der Betrieb eines Softwaresystems mit operativen Daten gemeint.
Produktivsystem	Das „Produktivsystem" verarbeitet die operativen Geschäftsdaten eines Unternehmens.
Projektverlaufs- dokumentation	Für die erfolgreiche Durchführung eines IT-Projekts sind zahlreiche Maßnahmen erforderlich, die in aller Regel auch entsprechend dokumentiert werden müssen. Der Umfang der erforderlichen Projektverlaufsdokumentation hängt von den vertraglichen Vereinbarungen ab.

Begriff	Erläuterung
	Typische Dokumentationen für den Verlauf sind in einem IT-Projekt: • Projekttagebuch • Projektplan • Projektstatusberichte • Arbeitsaufträge für Projektmitarbeiter • Besprechungsunterlagen und -protokolle • Liste der offenen Punkte, Klärungsbedarf • Risikoanalyse • Projektabschlussbericht
Provider	Die englische Bezeichnung „Provider" wird für einen IT-Dienstleister verwendet, der technische Dienste wie Hosting, Internet Access etc anbietet.
Prozessor	Ein Prozessor ist eine elektronische Verarbeitungseinheit, die Steuerbefehle ausführen kann und in aller Regel dabei Daten verarbeitet. Ein oder mehrere Prozessoren sind in jedem Computer enthalten und sind mittlerweile auch üblicher Bestandteil von anderen technischen Geräten wie Mobilfunktelefonen, Haushaltsgeräten, Autos und so weiter.
Quellcode	Unter Quellcode versteht man im Bereich der Informationstechnologie den für Menschen lesbaren, in einer Programmiersprache geschriebenen Text eines Computerprogramms.
Release	Unter einem „Release" versteht man eine komplette und zu jeder Zeit identifizierbare **Softwareversion** mit allen dazugehörigen Komponenten und Dokumentationen. Im Rahmen eines Softwareprojekts gibt es in der Regel mehrere Releases.
Remote Service	Unter einem „Remote Service" versteht man den Zugriff auf Computersysteme über ein **Telekommunikationsnetzwerk** (häufig **Internet**). Der Zugriff kann dabei folgenden Zwecken dienen: • Prüfung von Daten und Programmen • Behebung von Fehlern • Installation von Software • Schulung von Anwendern
RFC (Request für Comments)	In sog „RFCs" (Request For Comments) werden zahlreiche Standards im Umfeld des Internets definiert. Beispielsweise ist das **IP (Internet Protocol)** in RFC 791 definiert. Ein RFC hat eine eindeutige Nummer und eine definierten Status. Neue RFCs beginnen in der Regel im Status „Experimental", gehen dann in den Status „Proposed Standard" und schließlich in „Standard" über. Veraltete RFCs haben den Status „Historic".
RFID (Radio Frequency Identification)	RFID ist eine Technologie, die es ermöglicht, Gegenstände per Funk über eine gewisse Distanz berührungslos zu identifizieren. In einem Etikett oder einem anderen Trägerobjekt (zB Schlüsselanhänger) ist dazu ein Mikrochip integriert (Transponder). Der Informationsaustausch mit dem Transponder wird über ein Lesegerät auf Basis von Lang- oder Mikrowellen gesteuert. Die Energie für die Datenübertragung kann dabei entweder durch eine Batterie im Transponder selbst (aktive Transponder) oder durch die vom Lesegerät ausgestrahlten Funkwellen erzeugt werden (passive Transponder). Der Mikrochip beinhaltet einen Speicher, der entweder nur lesbar ist oder auch mit Daten beschreibbar sein kann. Die Speicherkapazität reicht von wenigen Bytes bis zu mehreren Kilobytes. Sobald der Transponder in die Reichweite eines Lesegeräts gelangt, kann er per Funk abgefragt werden und eine entsprechende Funktionalität auslösen. Die Reichweite der Datenübertragung ist dabei abhängig von der gewählten Technologie, die in verschiedenen ISO/IEC-Normen spezifiziert ist.

Begriff	Erläuterung
	Das Einsatzgebiet reicht von der einfachen Warenidentifikation bei Lagerbewegungen oder an Computerkassen über die Zugangskontrolle mit auf dem Transponder gespeicherten Identifikationsnummern bis hin zur Speicherung biometrischer Merkmale (zB Fingerabdrücke).
Internet Router	Üblicherweise wird der Begriff „Internet-Router" für Geräte verwendet, die lokale Netzwerke mit dem Internet verbinden (siehe auch **„Router"**).
Router	Ein „Router" ist eine technische Einrichtung zur Kopplung von Netzwerken auf Basis des **Internet Protocols** (IP).
Routing	Unter „Routing" versteht man die Festlegung eines Kommunikationspfads in einem Computernetzwerk.
Schadprogramm	Neben den Softwareprogrammen, die Computerbenutzer üblicherweise einsetzen, um ihre beruflichen Aufgaben zu erfüllen oder ihren Hobbys nachzugehen gibt es auch unerwünschte Programme, die den ordnungsgemäßen Betrieb der Computer stören oder vertrauliche Daten ausspionieren. Solche Programme werden als „Schadprogramme" (engl. Malware) bezeichnet. Die Funktionen eines Schadprogramms laufen auf einem Computer gewöhnlich im Hintergrund ab, so dass der Benutzer (zunächst) nichts davon bemerkt. Die Auswirkungen können jedoch beträchtlich sein. Zum Beispiel können Daten auf dem Computer modifiziert oder gelöscht werden oder bereits installierte, ordnungsgemäße Programme in Schadprogramme verwandelt werden. Auch können eingerichtete Sicherheitsfunktionen ausgeschaltet oder interne Daten des Benutzers über das **Internet** an fremde Computer übermittelt werden. Je nach Schadfunktion werden Schadprogramme unterschiedlich bezeichnet (siehe **Virus, Wurm, Spyware, Trojaner**). Schadprogramme gelangen über das Internet oder mobile Datenträger auf die Computersysteme, wenn diese nicht ausreichend geschützt sind oder der Anwender selbst die Schadprogramme unbewusst installiert. Ein wirkungsvoller Schutz vor solchen Bedrohungen kann nur durch den kombinierten Einsatz verschiedener Schutzmaßnahmen (zB **Antivirensoftware**) und der Einhaltung bestimmter Verhaltensregeln gewährleistet werden.
SDSL	„SDSL" (Symmetric Digital Subsciber Line) ist eine Variante von **DSL** bei der identische Übertragungsraten in Sende- und Empfangsrichtung verwendet werden.
Second-Level-Domain	→ **Domain**
Secure Shell (SSH)	Unter „Secure Shell" (SSH) versteht man ein Programm, mit dessen Hilfe man eine verschlüsselte Netzwerkverbindung mit einem entfernten Gerät herstellen kann. Eine Secure Shell wird dafür benutzt, auf einen entfernten Rechner Kommandos abzusetzen. Als Benutzer hat man dabei das Gefühl, direkt auf dem entfernten Rechner arbeiten zu können.
Secure Socket Layer (SSL)	„Secure Socket Layer" (SSL) ist ein Verschlüsselungsprotokoll für Datenübertragungen im **Internet** auf der Ebene des Transport Control Protocols (TCP). Bevor zwei Kommunikationspartner Nutzdaten austauschen, wird zunächst eine sichere Verbindung aufgebaut (auf Basis des SSL Handshake Protocols). Üblicherweise muss sich zumindest der Server mit einem Zertifikat gegenüber dem Client authentifizieren. Der Server kann optional auch vom Client eine Authentifizierung anfordern.

Technisches Glossar

Begriff	Erläuterung
	Mit Hilfe einer asymmetrischen Verschlüsselung wird ein Schlüssel ausgetauscht, aus dem beide Kommunikationspartner einen Session Key für die spätere Datenübertragung errechnen können. Nach dem Verbindungsaufbau wechseln beide Kommunikationspartner in den Datenübertragungsmodus (SSL Application Data Protocol), in dem Daten mit Hilfe des Session Keys symmetrisch verschlüsselt übertragen werden. Die Sicherheit von SSL wird immer wieder angezweifelt und es gab auch einzelne Fehler in der Implementierung alter SSL-Versionen, die mittlerweile behoben sind. Wird die Handshake-Phase ohne Zertifikate durchgeführt, besteht die Gefahr des Abhörens durch eine „Man-in-the-middle"-Attacke. Allerdings gibt es auch einzelne Hinweise darauf, dass auch zertifikatsbasierte Verbindungen abgehört werden können. SSL ist allerdings nur in der Phase des Verbindungsaufbaus anfällig gegen das Abhören der Schlüsselinformationen. Ohne Kenntnis des Session Keys ist das Abhören der Verbindung in der Datenübertragungsphase nicht möglich.
Server	Ein „Server" ist typischerweise ein Rechner, der zentrale Funktionen ausführt und von einem oder mehreren Clients genutzt wird. Beispiele: • Dateiserver (engl. Fileserver) für die zentrale Ablage von Dateien im Netzwerk • E-Mail-Server für den Versand und den Empfang von E-Mails • **Webserver** für die Bereitstellung von **Webseiten** im **Internet** bzw. Intranet • **Datenbankserver** für die zentrale Datenhaltung
Server-Farm	Eine Server-Farm ist ein Verbund von **Servern** mit bestimmten Aufgaben (zB Lastverteilung, hochverfügbarer Datenspeicher).
Service Pack	Ein „Service Pack" (SP) ist eine Sammlung von Fehlerbehebungen, Funktionsanpassungen und neuen Funktionen. Ein Service Pack ist kein Upgrade, da es keine höherwertige Version einer Software herstellt. Es kann bei der Neuinstallation einer Software bereits in die Lieferung integriert sein. Ein Service Pack stellt also auch einen bestimmten **Release**-Stand dar. Beispielsweise ist bei Auslieferung eines Computers mit aktueller Windows-Version (zB Vista) das Service Pack in der Regel bereits enthalten (zB Vista mit SP1).
Service-orientierte Architektur (SOA)	Unter einer „Service-orientierten Architektur" (SOA) versteht man einen neuartigen Softwarearchitekturansatz, der insbesondere für die Integration von Anwendungsprogrammen große Vorteile verspricht. Der wesentliche Ansatz einer service-orientierten Architektur ist die fachliche und technische Zerlegung von Anwendungen in einzelne sog Services. Anwendungen werden auf Basis verfügbarer Services flexibel zusammengestellt (sog Orchestrierung). Die Kommunikation zwischen den einzelnen Services wird durch Standardschnittstellen und -protokolle sichergestellt.
Shitstorm	Von einem Shitstorm spricht man, wenn Nutzer von sozialen Netzwerken auf (vermeintliches) Fehlverhalten von Personen, Unternehmen oder Organisationen mit negativen Kommentaren, Unmutsäußerungen bis hin zu Beleidigungen reagieren. Aufgrund der schnellen Verbreitung und der aktiven Teilnahme zahlreicher Nutzer an den sozialen Netzwerken kann das eine Lawine bzw. einen „Sturm" negativer Äußerungen nach sich ziehen.

Begriff	Erläuterung
Simple Mail Transfer Protocol (SMTP)	Das „Simple Mail Transfer Protocol" (SMTP) ist ein Protokoll, das zum Austausch von E-Mails in **Computernetzen** herangezogen wird. In erster Linie wird SMTP für den Versand von E-Mails eingesetzt (für das Abholen von E-Mails kommen andere Protokolle wie **POP3** oder **IMAP** zum Einsatz).
SLA (Service Level Agreement)	Ein „SLA" (Service Level Agreement) ist eine Vereinbarung zwischen zwei Vertragspartnern, um die Qualität einer Dienstleistung festzulegen, die vom Auftragnehmer für den Auftraggeber erbracht wird. Beispielsweise wird in einem SLA geregelt: • Reaktionszeiten auf Fehlermeldungen • Dauer für die Behebung von Fehlern • Verfügbarkeit eines Softwaresystems • Antwortzeitverhalten eines Softwaresystems (Performance). Die Über- bzw. Unterschreitung vereinbarter Parameter hat üblicherweise die Zahlung von Pönalen oder die Kürzung von Vergütungen zur Folge.
Software-Agenten	Software-Agenten sollen das Handeln echter Nutzer aufgrund vorgegebener Regeln ersetzen oder automatisierte Aktionen aufgrund bestimmter Ereignisse durchführen. Die Art der Aufgaben reicht von einfachen Biet-Agenten in Auktionsplattformen, die aufgrund von einstellbaren Höchstgeboten an der Auktion teilnehmen, bis hin zu hochkomplexen Softwarekomponenten, die eine Netzwerkkommunikation oder das Verhalten eines Nutzers überwachen und bei Eintreten bestimmter Bedingungen vorprogrammierte Aufgaben erfüllen. Bei komplexen Agenten ist das Handeln nicht zwingend fest vorgegeben. Der Agent könnte auch so programmiert sein, dass er zunächst Erfahrungen sammelt und lernt, bevor er selbst aktiv wird.
Software as a Service (SaaS)	„Software as a Service" (SaaS) ist eine moderne Form des **Application Service Providing** (ASP), die durch den technischen Fortschritt in der Softwaretechnologie ermöglicht wird. Insbesondere werden die technischen Eigenschaften einer **service-orientierten Softwarearchitektur** (SOA) genutzt. Dadurch ist im Vergleich zu **ASP** eine flexible Anpassung der Anwendung an die spezifischen Bedürfnisse des Kunden möglich. Es wird nicht mehr für jeden Kunden ein eigenes IT-System bereitgestellt, sondern eine zentrale Infrastruktur genutzt, auf der Softwarekomponenten in Form von **Web Services** betrieben werden. Auf Basis dieser Services werden Anwendungspakete kundenspezifisch konfiguriert (zB SAP Business by Design). Die Trennung der Daten verschiedener Anwender wird durch die **Mandantenfähigkeit** des Systems gewährleistet. Dadurch ist SaaS auch für eine sogenannte On-Demand-Nutzung geeignet, da neue Anwender einfach durch die Einrichtung eines neuen Mandanten angelegt werden können und nicht erst eine dedizierte IT-Umgebung installiert werden muss. Auch bei SaaS ist der Provider für die Administration des gesamten serverseitigen IT-Umfelds verantwortlich.
Softwareversion	Unter einer „Softwareversion" versteht man einen eindeutig definierten Stand einer Software (siehe auch **„Release"**).
Spyware	Als „Spyware" wird üblicherweise eine Software bezeichnet, die Daten eines PC-Benutzers ohne sein Wissen und ohne seine Zustimmung an den Hersteller der Software oder an Dritte sendet. Meistens dienen Spyware-Programme dazu, das Surfverhalten von Benutzern im **Internet** zu analysieren. Die gewonnenen Daten werden kommerziell durch das Einblenden gezielter Werbebanner oder Pop-ups

Technisches Glossar

Begriff	Erläuterung
	genutzt. Diejenigen Unternehmen, die Spyware nutzen, erhoffen sich durch den Einsatz der Programme eine Steigerung der Wirksamkeit ihrer Werbemethoden.
	Spyware wird sehr häufig im Auftrag von Unternehmen programmiert. Das technische Niveau von Spyware ist in aller Regel sehr hoch. Ein großes Problem entsteht dadurch, dass Spyware zusätzliche Sicherheitslöcher in einem System erzeugen kann, die dann sicherheitsrelevante Software-Updates verhindern. Diese Verfahren machen es selbst technisch versierten Benutzern schwer, sich der Spyware zu entledigen. Antiviren-Softwarehersteller haben Lösungen gegen Spyware entwickelt. Mittlerweile beinhalten zum Beispiel Microsoft-Betriebssysteme einen „Sicherheitscenter", der mit dem kostenlosen Anti-Spyware-Programm „Windows Defender" kombiniert werden kann. Ebenfalls zur Gattung der Spyware-Programme zählen sogenannte „Key Logger", die Tastatureingaben kontrollieren oder alle Aktivitäten des PC-Benutzers protokollieren. Die erfassten Daten (zB Passworteingaben, Kreditkartennummern) werden dann direkt online oder gesammelt an eine Adresse im **Internet** geschickt.
Subnetting	Eine **IP-Adresse** besitzt eine logische Struktur. Ein Teil der Adresse definiert das Teilnetzwerk (Subnet), in dem sich ein Kommunikationspartner befindet. Der andere Teil der Adresse identifiziert den konkreten Kommunikationspartner **Host-Anteil.** Aufgrund des Netzwerkanteils einer Adresse ist es den **Routern** möglich zu entscheiden, über welche Verbindungen die Daten geschickt werden müssen. Im Zielnetzwerk wird der Kommunikationspartner dann anhand des Host-Anteils adressiert.
Systemvoraussetzungen	Unter „Systemvoraussetzungen" versteht man die Anforderungen an ein IT-System, um eine Software darauf nutzen zu können. Typische Systemvoraussetzungen sind beispielsweise: • Betriebssystem • Arbeitsspeicher • Freier Speicherplatz • Angaben zu weiteren Softwareprodukten.
TCP **(Transmission Control Protocol)**	TCP (Transmission Control Protocol) sorgt für die zuverlässige Übermittlung von Datenpaketen bei Verwendung des **Internet Protokolls** (IP). Daten werden in lokalen Netzen oder über das **Internet** in Paketen fester Größe übertragen. Dabei können einzelne Datenpakete verloren gehen oder über verschiedene Wege übertragen werden, so dass die Pakete unter Umständen in abweichender Reihenfolge beim Empfänger eintreffen, als sie vom Sender abgeschickt wurden. Das TCP sorgt dafür, dass keines der Datenpakete unbemerkt verloren gehen kann und dass alle Pakete in der richtigen Reihenfolge verarbeitet werden. Der Empfang jedes Datenpakets wird vom Empfänger bestätigt. Geht ein Paket verloren, bleibt die Bestätigung aus und der Sender übermittelt das Paket erneut, bis es beim Empfänger angekommen ist und von diesem bestätigt wurde. Neben der Übertragungssicherung regelt TCP auch den Verbindungsaufbau zwischen den Kommunikationspartnern und nimmt im Falle einer Überlastung des Netzwerks eine Datenverkehrsregelung vor.
Telekommunikationsnetzwerk	Unter einem „Telekommunikationsnetzwerk" versteht man eine Netzwerkinfrastruktur, über die Sprache und/oder Daten zwischen Kommunikationspartnern ausgetauscht werden können. In modernen Telekommunikationsnetzen wird Sprache wie Daten digitalisiert übertragen.

Begriff	Erläuterung
Terminalserver	Ein Terminalserver ist ein **Server**, der in einem Netzwerk autorisierten **Clients** Terminaldienste zur Verfügung stellt. Typischerweise stellen Terminalserver Anwendungsoberflächen und Anwendungen bereit, die von den Clients genutzt werden können. Die bereitgestellten Anwendungen laufen im Speicher der Terminalserver und unter Verwendung der **CPU**-Leistung der Server. Clientseitig wird lediglich die Anwendungsoberfläche angezeigt, so dass diese nur eine geringe Leistungsfähigkeit aufweisen müssen. In Verbindung mit Terminalservern werden häufig **Thin Clients** eingesetzt. Ein weiterer wesentlicher Aspekt ist die zentralisierte Verwaltung von Anwendungen und Benutzern.
Testdaten	Testdaten sind mögliche Eingabe- und Zustandswerte für Testfälle und daraus resultierende Sollwerte Testdaten dienen dazu, für einen Softwaretest definierte Bedingungen zu schaffen, damit Testfälle wiederholt werden können.
Testfall	Im Kontext eines Softwaretests ist ein Testfall ein einzelner Ablauf, der dazu dient, einen bestimmten Geschäftsvorfall oder eine bestimmte Softwarefunktion zu prüfen. Ein Testfall beinhaltet mindestens folgende wesentliche Festlegungen: • Testfallnummer oder -name zur eindeutigen Identifikation • (Kurze) Beschreibung • Notwendige Voraussetzungen für die Durchführung • Handlungsschritte mit möglichen Eingabewerten • Erwartete Soll-Ergebnisse • Beschreibung der Nachbedingungen Darüber hinaus werden in der Praxis gelegentlich noch weitere Parameter wie Verantwortlichkeiten, Prioritäten oder Risikoeinschätzungen verwendet.
Testumgebung	Unter dem Begriff „Testumgebung" wird eine Systemumgebung verstanden, die ausschließlich für den Zweck geschaffen wurde, einen Softwaretest durchzuführen. Bestandteile einer Testumgebung sind üblicherweise: • Hardware und sonstige Infrastruktur • Zu testende Software (-Komponenten) • Nachbarsysteme, mit denen im Produktivbetrieb oder im Testbetrieb Daten ausgetauscht werden • Testdaten • Testfälle.
Thin Client/Fat Client	Unter einem „Thin Client" versteht man einen **Client**-Computer in einem Netzwerk, der lediglich über eine Minimalausstattung verfügt, aber dennoch die Nutzung von Diensten und Anwendungen eines **Servers** (zB einem **Terminalserver**) ermöglicht. In einem solchen Fall werden die Dienste und Anwendungen nur scheinbar auf dem Client ausgeführt, während die Dienste und Anwendungen tatsächlich auf einem Server „gerechnet" werden. Ein „Fat Client" steht im Gegensatz zu einem „Thin Client" und beschreibt das Konzept, das Anwendungen direkt auf dem Client zur Ausführung gebracht werden.
Top-Level-Domain (TLD)	→ **Domain**

Begriff	Erläuterung
Trojaner	Unter einem „Trojaner" versteht man ein Programm, das sich unbemerkt auf einem Computer einnistet, um anderen Programmen (überwiegend **Schadprogramme**) Zugang zum Computer und internen Daten zu verschaffen. Ein Trojaner tarnt sich hierzu als nützliche Anwendung und führt im Hintergrund ohne Wissen des Anwenders die entsprechende Schadfunktion aus. Die **Schadprogramme** laufen eigenständig auf dem Computer und sind in der Regel nur schwer zu deaktivieren. Typische Schadfunktionen eines Trojaner-Programms sind: • Überwachung des Datenverkehrs • Ausspähen von sensiblen Daten • Fernsteuerung des Rechners • Installation weiterer **Schadprogramme** • Benutzung der Speicherressourcen zur Ablage illegaler Dateien • Einblendung unerwünschter Werbung Im Gegensatz zum **Computervirus** fehlt dem Trojaner i. d. R. die Eigenschaft, sich selbstständig zu verbreiten. Viele **Antivirenprogramme** erkennen neben den klassischen **Computerviren** auch eine Vielzahl bekannter Trojaner. Ihre Erkennungsrate ist dabei jedoch stellenweise unbefriedigend. Wird ein Trojaner erkannt, bevor der Anwender das Programm startet, ist der Schutzmechanismus recht wirkungsvoll, wohingegen bereits ausgeführte Trojaner von der **Antivirensoftware** nur bedingt zuverlässig erkannt und aus dem System entfernt werden können. Gleiches gilt für die **Schadprogramme,** die eventuell durch einen Trojaner installiert wurden. Auch gelingt es zahlreichen Trojanern, die **Antivirensoftware** zu deaktivieren oder das System derart zu manipulieren, dass sie von der **Antivirensoftware** selbst nicht mehr entdeckt werden.
Update	Mit Hilfe eines „Updates" wird eine Software aktualisiert. Ein Update kann Fehlerkorrekturen, kleinere Funktionsänderungen bzw. -verbesserungen, Anpassungen an gesetzliche Vorschriften und aktualisierte Daten beinhalten.
Upgrade	Ein „Upgrade" ist ein Wechsel von einer Software- oder Hardwareversion zu einer höherwertigen bzw. aktuelleren Version.
URL (Uniform Resource Locator)	Eine URL ist eine Adressenangabe, mit deren Hilfe eine Ressource lokalisiert werden kann. In den meisten Fällen handelt es sich bei der zu lokalisierenden Ressource um eine **Website** oder einen Teil einer **Website**. Eine URL stellt also in den meisten Fällen eine Internetadresse dar.
Verfügbarkeit	Die „Verfügbarkeit" ist laut DIN 40.041 die Wahrscheinlichkeit, ein System zu einem bestimmten Zeitpunkt in einem funktionsfähigen Zustand anzutreffen. In der Praxis wird die Verfügbarkeit häufig auf Basis von Betriebsdauer und Ausfallzeit berechnet. Das Hochverfügbarkeitskompendium des Bundesamtes für Sicherheit in der Informationstechnik (BSI) definiert unterschiedliche Verfügbarkeitsklassen von undefinierter Verfügbarkeit bis zur Verfügbarkeit unter extremen Bedingungen.
Virenscanner	→ **Antivirensoftware**
Virtualisierung	Unter Virtualisierung versteht man die Emulation von Hardware mit Hilfe von spezieller Software. Dabei wird eine vorhandene Hardware nicht direkt, sondern über eine Virtualisierungsschicht für die Nutzer bereitgestellt.

Pruß/Sarre

Technisches Glossar

Begriff	Erläuterung
	Typische Ressourcen, die bei einer Virtualisierung Verwendung finden, sind: • CPU • Hauptspeicher • Massenspeicher (Storage) • Netzwerk Die typischen Anwendungen der Virtualisierung sind der Betrieb mehrerer Server auf einer Hardware (sog virtuelle Maschinen), die Aufteilung von Massenspeichern für mehrere Nutzer sowie die gleichzeitige Nutzung von Netzwerkressourcen durch verschiedene Nutzer. Typischerweise findet dabei eine strikte Trennung der Nutzer statt, so dass diese keinen Zugriff auf die Daten der jeweils anderen Nutzer haben.
Virus	Unter dem Begriff „Virus" wird ein **Schadprogramm** verstanden, das Daten zerstört und somit den infizierten Computer unbrauchbar machen kann. Viren beinhalten üblicherweise eine Replikationsfunktion, um sich selbst weiter zu verbreiten (daher auch der Name).
VoIP (Voice over IP)	Unter VoIP (Voice over IP) versteht man das Telefonieren über IP-basierte **Computernetzwerke**. Die Rufsignalisierung und die Übertragung der digitalisierten Sprache erfolgt über lokale Netzwerke oder über das **Internet.** Endgeräte für VoIP sind entweder Computer mit spezieller Software oder Telefone, die die VoIP-Protokolle unterstützen.
Vorgehensmodell	Um bei der Implementierung einer Software von den Anforderungen des Auftraggebers zum fertigen Softwaresystem zu gelangen, gibt es zahlreiche Vorgehensmodelle. Sie stammen im Wesentlichen aus dem Software Engineering und unterscheiden sich hauptsächlich in der Abfolge der Arbeitsschritte, der Form der Dokumentation und der Aufgabenverteilung der am Projekt beteiligten Personen. Die „klassische" Methode für die Durchführung eines IT-Projekts ist das Wasserfallmodell. In diesem Modell werden zunächst alle Anforderungen definiert. Darauf basierend werden die erforderlichen fachlichen und technischen Entwürfe erstellt. Schlussendlich wird die Lösung implementiert, getestet, integriert und live geschaltet. Dieses Modell ist nur für kleinere Projekte mit geringem Änderungsumfang tauglich. Wenn sich im Zuge der Implementierung herausstellt, dass bei den Anforderungen Fehler gemacht wurden, hat das starke Rückwirkungen über alle Phasen des Modells hinweg. Im V-Modell XT sind die einzelnen Phasen ähnlich gestaltet, jedoch ist das Modell deutlich flexibler und viel detaillierter. Auch hier gilt aber, dass möglichst viele Anforderungen zu Beginn des Projekts bekannt sein sollten. Wenn die Anforderungen noch unklar sind oder sich im Laufe des Projekts noch ändern können, haben sich alternative Vorgehensmodelle als effizienter erwiesen. Beispiele hierfür sind das Spiralmodell, Extreme Programming (XP) und Modelle, die unterschiedliche Formen des Prototypings einbeziehen. In diesen Modellen wird teilweise weniger formal bis überhaupt nicht dokumentiert. In aller Regel liegen sichtbare und prüfbare (Teil-)Ergebnisse schneller vor, als in den klassischen Modellen. Es kann flexibel auf geänderte Anforderungen reagiert werden. Allerdings unterliegen auch diese Modelle Limitierungen, zum Beispiel ist die Abgrenzung der Verantwortungsbereiche nicht immer leicht zu erreichen.

Begriff	Erläuterung
VPN (Virtual Private Network)	Unter einem „VPN" versteht man ein „virtuelles" IP-Subnetz, das über das öffentliche **Internet** gelegt wird. Der Datenaustausch zwischen den Kommunikationspartnern innerhalb eines VPNs erfolgt in der Regel verschlüsselt über öffentliche Telekommunikationsverbindungen. Das Internet übernimmt das **Routing** der Daten auf Basis öffentlicher **IP-Adressen.** Innerhalb des VPN werden private IP-Adressen für die Kommunikation verwendet, die zusammen mit den Nutzdaten in den öffentlich übertragenen Datenpaketen verschlüsselt enthalten sind (sog Tunneling). VPNs werden in der Regel für die Verbindung von Firmennetzwerken oder die Integration von mobilen Arbeitsplätzen oder Heimarbeitsplätzen in Firmennetzwerke über das Internet genutzt.
W3C (World Wide Web Consortium)	Das „W3C" (World Wide Web Consortium) ist ein Gremium, das Techniken des **World Wide Webs** (www) standardisiert. Ein Hauptziel des W3Cs ist, für die technischen Standards und Richtlinien einen hohen, allgemein akzeptierten Qualitätsstandard zu erreichen.
WAN	Mit „WAN" (wide area network) wird ein Netzwerk bezeichnet, das im Gegensatz zu einem **LAN** nicht örtlich begrenzt ist, sondern größere geografische Regionen umspannt. In WANs werden typischerweise mehrere Übertragungstechnologien mit unterschiedlichen Übertragungsbandbreiten eingesetzt.
Web Service	Ein „Web Service" ist ein Anwendungsprogramm ohne Benutzeroberfläche, das über das **Internet** oder über ein lokales **Netzwerk** aufrufbar ist. Für die Nutzung von Web Services werden standardisierte Protokolle sowie standardisierte Datenformate (zB XML) verwendet, um eine einfache Nutzung durch andere Anwendungsprogramme zu ermöglichen.
Web-Hosting	„Web-Hosting" ist der Betrieb einer **Website** auf einem oder mehreren **Servern** durch einen **Provider** im Auftrag eines Dritten oder eines Drittunternehmens.
Website	Unter einer „Website" versteht man eine oder mehrere Webseiten, die unter einer einheitlichen Adresse im **Internet** zugänglich sind. Eine Website besteht typischerweise aus Texten, Bildern, Videos und Dokumenten, kann aber auch aus einer oder mehreren Anwendungen bestehen (siehe hierzu auch **„Portal"**).
WLAN (Wireless Local Area Network)	Ein WLAN (Wireless Local Area Network) ist ein lokales Computernetzwerk auf Basis von Funkverbindungen nach dem IEE 802.11 Standard. Die Datenübertragung erfolgt in der Regel verschlüsselt, um gegen Abhören geschützt zu sein.
Workaround	Ein „Workaround" ist die Umgehung eines nicht unmittelbar behebbaren Hardware- oder Softwarefehlers mittels technischer oder organisatorischer Maßnahmen. Ein Workaround ist im Allgemeinen kein vollwertiger Ersatz für die Behebung eines Fehlers. In Einzelfällen kann ein Workaround jedoch aus wirtschaftlichen Gründen auch eine langfristige Lösung für ein Problem sein.
World Wide Web (www)	Als „World Wide Web" wurden ursprünglich die weltweit vernetzten Hypertextseiten bezeichnet, die über das **Internet** zugänglich sind. Mittlerweile werden die Begriffe „World Wide Web" und **„Internet"** im allgemeinen Sprachgebrauch gleichgesetzt.

Technisches Glossar

Begriff	Erläuterung
Wurm	Als „Wurm" wird im Bereich der Informationstechnologie ein **Schadprogramm** bezeichnet, das sich selbst vervielfältigen und verbreiten kann und durch die wiederholte Vervielfältigung die Kommunikationswege überlastet.
XSS	→ **Cross Site Scripting**

Teil A. Technische und organisatorische Grundlagen

§ 1 Programmierung, Dokumentation und Test von Software

Übersicht

	Rn.
I. Softwareerstellung *(Schmidt)*	1–55
1. Quellcode	2–10
a) Erstellen von Quelltexten	6–8
b) Lizenzierung	9/10
2. Objektcode	11–33
a) Maschinencode	12–18
b) Programmbibliotheken	19–26
c) Linker	27–33
3. Kompilierung	34–49
a) Phasen eines Compilers	40–45
b) Arten von Compilern	46–49
4. Dekompilierung	50–55
a) Funktionsweise	52/53
b) Einschränkungen	54/55
II. Customizing und Parametrisierung *(Sarre)*	56–60
III. Programmiertechniken *(Schmidt)*	61–84
1. Programmierparadigmen	61–69
a) Imperative Programmierparadigmen	63–67
b) Deklarative Programmierparadigmen	68/69
2. Programmierwerkzeuge	70–84
a) Editoren	71
b) Debugger	72
c) Versionsverwaltungssysteme	73–79
d) Integrierte Entwicklungsumgebungen	80–84
IV. Datenbankmodelle *(Schmidt)*	85–110
1. Hierarchisches Datenbankmodell	87–92
2. Netzwerkdatenbankmodell	93–97
3. Relationales Datenbankmodell	98–106
4. Objektorientiertes Datenbankmodell	107–110
V. Dokumentation *(Sarre)*	111–124
1. Arten von Dokumentationen	112–117
2. Rechtliche Einordnung	118–124
VI. Hilfesysteme und Benutzerführung *(Sarre)*	125–143
1. Hilfesysteme	125–134
a) Organisation eines Hilfesystems	127–130
b) Inhalt eines Hilfesystems	131–134
2. Benutzerführung	135–143
VII. Test von Software *(Schmidt)*	144–414
1. Grundlagen des Softwaretestens	144–165
a) Wichtige Begriffe	146–150
b) Ursachen für Softwarefehler	151–154
c) Allgemeine Prinzipien des Softwaretestens	155–159
d) Zielsetzungen beim Testen	160–162
e) Debuggen und Testen	163/164
f) Grundsätze des Testens	165
2. Testprozess	166–177
a) Testplanung und Steuerung	168–171
b) Testanalyse und Testdesign	172
c) Testrealisierung und Testdurchführung	173

d) Testauswertung und Bericht	174/175
e) Abschluss der Testaktivitäten	176/177
3. Testen im Softwarelebenszyklus	178–195
a) Klassisches Wasserfall-Modell	179–185
b) V-Modell	186–191
c) Iterative Entwicklungsmodelle	192–194
d) Integration von Entwicklung und Testen	195
4. Teststufen	196–246
a) Hierarchie der Testobjekte	196/197
b) Definition von Teststufen	198–201
c) Komponententest	202–207
d) Integrationstest	208–214
e) Systemtest	215–224
f) Testen von nicht-funktionalen Qualitätsmerkmalen	225–243
g) Abnahmetest	244–246
5. Testarten	247–267
a) Funktionaler Test/Blackbox-Test	249–251
b) Strukturorientierter Test/Whitebox-Test	252–255
c) Testen der Softwaremerkmale	256–259
d) Testen im Zusammenhang mit Änderungen	260–266
e) Andere Testarten	267
6. Testmethoden	268–338
a) Statische Testmethoden	269–278
b) Statische (werkzeuggestützte) Analyse	279–284
c) Dynamische Testmethoden	285–338
7. Testmanagement	339–387
a) Testorganisation	339–345
b) Testplanung und -überwachung	346–363
c) Testdokumentation	364–377
d) Konfigurationsmanagement	378–380
e) Fehlermanagement	381–387
8. Testwerkzeuge	388–414
a) Übersicht	388–391
b) Werkzeugunterstützung für das Testmanagement	392–397
c) Werkzeugunterstützung für den statischen Test	398–402
d) Werkzeugunterstützung für die Testspezifikation	403–405
e) Werkzeugunterstützung für die Testdurchführung	406–411
f) Werkzeugunterstützung für Performanzmessungen	412–414

Schrifttum: *Aho/Sethi/Ullman,* Compiler, 2008; *Atkinson,* The object-oriented database system Manifesto, Kyoto, 1989; *Bath/McKay,* Praxiswissen Softwaretest, 2. Aufl. 2011; *Bender,* Qualitätssicherung eingebetteter Software, 1. Aufl. 2001, TU München; *Booch,* Object-Oriented Analysis and Design with Applications, 3. Aufl. 2007; *Broy,* Informatik I – Programmierung und Rechnerstrukturen, 2. Aufl. 2009; *Broy,* Informatik-Eine grundlegende Einführung in Systemstrukturen und Theoretische Informatik, 2. Aufl. 1998; *Dijkstra,* Go To Statement Considered Harmful, 1968, Association for Computing Machinery, Inc; *Dittrich,* Objektorientierte Datenbanksysteme, 1989; *Elmasri,* Grundlagen von Datenbanksystemen, 3. Aufl. 2009; *Grabmüller,* Multiparadigmen-Programmiersprachen, 2003, ISSN 1436–9915; *Hildebrand,* IT-Integration und Migration, 2007; *Jamsa,* Microsoft C Programmierhandbuch, 2. Aufl. 1991; *Kemper/Eickler,* Datenbanksysteme. 8. Aufl. 2011; *Lippmann,* C++ Einführung und Leitfaden, 2. Aufl. 1991; *Morris,* Practical Data Migration, British Computer Society, Swidon 2006; *Osterhage,* Abnahme komplexer Softwaresysteme, 1. Aufl. 2009; *Petzold,* Windows-Programmierung, 5. Aufl. 2000; *Pitt,* Category Theory and Computer Programming, 1986; *Pöschek,* Objektorientierte Datenbanken, Wien 2000; *Schneider,* Grundsätze der Dialoggestaltung, Kommentar zu DIN EN ISO 9241-10, 1998; *Spillner/Linz,* Basiswissen Softwaretest, 5. Aufl. 2012; *Spillner/Roßner/Winter/Linz,* Praxiswissen Softwaretest – Testmanagement, 3. Aufl. 2011; *Spunde,* Functions as First Class Citizens, University of Southern Queensland, Australia, 2003; *Vossen,* Datenmodelle, Datenbanksprachen und Datenbankmanagementsysteme, 5. Aufl. 2008; *Thaller,* Software-Test. Verifikation und Validation. 2002; *Vossen,* Datenmodelle, Datenbanksprachen und Datenbankmanagementsysteme.

I. Softwareerstellung

Programmierung bezeichnet die Tätigkeit, Computerprogramme (Software) zu erstellen. 1
Im weiteren Sinne versteht man dabei alle Tätigkeiten, die mit dieser Softwareerstellung verbunden sind, insbesondere auch den konzeptionellen Entwurf. Im engeren Sinne bezeichnet Programmierung lediglich das Umsetzen dieses konzeptionellen, abstrakten Entwurfes in konkreten Quelltext.

1. Quellcode

Unter dem **Quelltext** oder auch **Quellcode** (engl. source code) oder Programmcode versteht man in der Informatik den für Menschen lesbaren, in einer Programmiersprache geschriebenen Text eines Computerprogrammes. Abstrakt betrachtet kann man den Quelltext eines Computerprogramms auch als Software-Dokument bezeichnen, welches das Programm so formal exakt und vollständig beschreibt, dass dieses aus ihm vollständig automatisch vom Computer generiert werden kann.[1] 2

Nach § 69a UrhG sind **alle Ausdrucksformen eines Computerprogramms geschützt.** Computerprogramme sind Programme in jeder Gestalt unter Einschluss des Entwurfsmaterials. Vom Schutz ausgenommen sind die dem Computerprogramm zugrundeliegenden Ideen und Grundsätze. Schutzvoraussetzung ist, dass das Computerprogramm ein individuelles Werk darstellt, das Ergebnis der eigenen geistigen Schöpfung seines Urhebers ist.[2] 3

Bevor das Programm, das der Programmierer schreibt, von einem Computer ausgeführt 4
werden kann, muss es in Maschinensprache, also in eine vom Computer verständliche Folge von Bits, umgesetzt werden. Dies kann entweder offline durch einen **Compiler** oder – zur Laufzeit – durch einen **Interpreter oder JIT-Compiler** geschehen. In vielen Fällen wird mittlerweile eine Kombination aus beiden Varianten gewählt, bei der zuerst – meist vom Programmierer – der Quelltext der eigentlichen Programmiersprache in einen abstrakten Zwischencode übersetzt wird, welcher dann zur Laufzeit von einer sogenannten Laufzeitumgebung durch einen Interpreter oder JIT-Compiler in den eigentlichen Maschinencode überführt wird. Dieses Prinzip hat den Vorteil, dass ein und der selbe Zwischencode auf sehr vielen verschiedenen Plattformen ausführbar ist und somit nicht für jedes auf dem Markt übliche System eine eigene Version der Software erscheinen muss. Typische Beispiele für einen solchen Zwischencode sind der Java-Bytecode sowie die Common Intermediate Language. Mittels eines Debuggers kann die Funktionsweise des Programms zur Laufzeit verfolgt werden.

Programmiersprachen wie C++, Java, Perl oder auch PHP arbeiten mit Begriffen, die 5
Menschen leichter zugänglich sind. Bei der Programmierung wird dann auf der Grundlage der Begrifflichkeit der jeweiligen Programmiersprache ein so genannter Quellcode erstellt. Dieser ist im Vergleich zum Maschinencode besser verständlich, muss aber im nächsten Schritt noch in die maschinen-lesbare binäre Form gebracht werden.

a) Erstellen von Quelltexten. Der Programmcode wird meist von Hand geschrieben, aber 6
es gibt auch Codegeneratoren, die aus Entwürfen, zB Struktogrammen oder UML-Entwürfen, Code automatisch generieren. Besonders interessant sind Entwicklungssysteme, die aus Entwürfen Code und umgekehrt auch aus Code wieder Entwürfe erzeugen können. Dabei werden manuelle Änderungen am Code nachträglich in den Entwurf wieder eingebaut. Auf diese Weise ist ein so genanntes „**round-trip-engineering**" möglich, bei dem an jeder Stelle manuelle Veränderungen in den gesamten Entwicklungsprozess eingebracht werden können.

Zum Erstellen des Quelltextes ist meist ein einfacher Texteditor ausreichend, jedoch ver- 7
einfachen spezielle integrierte Entwicklungsumgebungen einige Arbeitsschritte. Mittels der Syntaxhervorhebung sind die Teile des Quelltextes entsprechend ihrer Funktionalität farblich hervorgehoben, was die Lesbarkeit verbessert.

---

[1] Siehe ua *Lippmann*, C++ Einführung und Leitfaden, S. 37 ff., S. 90 f., S. 112 ff.
[2] Siehe ua *Schneider* C Rn. 525 ff.; oder auch *Dreier/Schulze* UrhG §§ 69 ff.

8   Bei größeren Programmen, die aus vielen einzelnen Quelltext-Dateien bestehen, können so genannte Makefiles eingesetzt werden, welche die Abhängigkeiten beim Kompilieren beachten und, mittels eines einzigen Aufrufes, alle Arbeitsschritte zur Erstellung des fertigen Programms steuern und ausführen. Zur besseren Dokumentation der Änderungen oder der gezielten Synchronisierung von mehreren parallel arbeitenden Programmierern wird der Quelltext häufig mit einer Software-Versionsverwaltung gespeichert, wodurch alle Änderungen später einsehbar sind.

9   **b) Lizenzierung.** Software, und der dazugehörige Quellcode, können typischerweise in **zwei Kategorien** unterteilt werden: Freie Software und Proprietäre Software.[3]
    Programme die unter einer Freie-Software-Lizenz (oder auch Open Source-Lizenz) stehen, werden in der Regel direkt mit ihrem Quelltext ausgeliefert.

10 Proprietäre Standardprogramme werden hingegen regelmäßig ohne Quelltext, oder nur mit Quelltext, der besonders restriktiven Lizenzen unterliegt, ausgeliefert. Dem Schutz eines Abnehmers dienen dann manchmal Vereinbarungen zur Quelltexthinterlegung (Source Code Escrow Agreements).[4]

2. Objektcode

11 Objektcode ist ein Zwischenergebnis eines Compiler- bzw. Übersetzungsvorgangs von einem Programm. Einfache Compiler[5] können diesen Schritt überspringen. Der Objektcode besteht hauptsächlich aus Maschinencode für die Architektur, für die das Programm übersetzt wurde. Er enthält üblicherweise kompakten und vorgeparsten Code und oft benutzte Programmbibliotheken, die dann mit anderen Objektdateien verlinkt werden. Das Format eines Objektcodes ist abhängig von Programmiersprache, Compiler und der Maschine. Nach dem Erstellen von Objektcode erfolgt normalerweise das Linken, welches als Ergebnis das fertige, ausführbare Programm liefert.[6]

12 **a) Maschinencode.** Unter **Maschinensprache** (auch **Maschinencode**) versteht man ein System von Instruktionen und Daten, die der Prozessor eines Computers direkt ausführen kann. Im Gegensatz zur Assemblersprache oder Hochsprachen handelt es sich um einen für den Menschen kaum lesbaren **Binärcode**, der nur von Experten für den jeweiligen Code gelesen wird und zum Beispiel mit speziellen Programmen, so genannten Maschinensprachemonitoren (abgekürzt auch einfach Monitor genannt), bearbeitet werden kann.

13 Der Maschinencode wird meist von einem Assembler oder Compiler erzeugt. Direkt in Maschinensprache muss nur programmiert werden, wenn kein Assembler für den Zielprozessor zur Verfügung steht. Wird von der Programmierung in Maschinensprache gesprochen, wird heute üblicherweise die Maschinenprogrammierung in **Assemblersprache** unter Verwendung eines Assemblers gemeint, der das als Textdatei vorliegende Assemblerprogramm in binäre Maschinenbefehle übersetzt.

14 Die Maschinensprache besteht aus einer Folge von Bits. Da dies praktisch unlesbar ist, wird jede zulässige Bitfolge mit einem Namen belegt, sogenannte **Mnemoniks**. Ein Assembler übersetzt nach der Programmerstellung die Mnemoniks 1:1 in die Maschinensprache.

Beispiel:
Befehl: *Lade Register A, Mnemonik: LDA, Maschinencode: 00110101*

15 Die Maschinensprache enthält die direkt vom Prozessor verstandenen Befehle. Damit ein Computer numerische Probleme lösen kann, muss ihm der Lösungsweg in einer ihm verständlichen Art und Weise mitgeteilt werden. Das Programmiermodell eines Prozessors beschreibt die für die Programmierung relevanten Hardware-Details. Typischerweise hat ein Prozessor eine zumeist kleine Zahl interner Register, die zur kurzzeitigen Zwischenspeiche-

---

[3] Im Einzelnen zu Open Source Software → § 7.
[4] Zu Quellcodehinterlegung → § 10.
[5] Zur Funktionsweise eines Compilers → Rn. 33.
[6] Siehe ua auch *Jamsa*, Microsoft C Programmierhandbuch, S. 518 f., 541 ff.

rung von Rechenoperanden und Ergebnissen benutzt werden. Der Prozessor kann über den Adressbus und Datenbus seinen angeschlossenen Hauptspeicher, sowie Schnittstellen zu externen Geräten ansprechen. Manche Architekturen verfügen nicht über Register, die Datenverarbeitung läuft in diesen Fällen in einem Stapel-, einem Variablen-Kontext und dem Hauptspeicher ab.

Grundlegende Maschinen-Befehle lassen sich in verschiedene Kategorien unterteilen.[7] In vielen modernen Prozessoren sind die Befehle der Maschinensprache, zumindest die komplexeren unter ihnen, intern durch Mikroprogramme realisiert. Das ist insbesondere bei der sogenannten **CISC-Architektur** der Fall.

Intern ist jeder Befehl der Maschinensprache durch ein oder mehrere Zahlenwerte codiert. Diese Zahlenwerte bestehen aus dem Opcode, der die Art des Befehls festlegt, eventuell gefolgt von einem oder mehreren Bytes an Daten zu diesem Befehl. Eine sinnvolle Folge von solchen Zahlencodes im Hauptspeicher bzw. als Datei gespeichert bildet demnach ein Programm. Es gibt verschiedene Arten, solche Programme zu erstellen.[8]

Ein Beispiel hierfür ist die Programmiersprache Java, dessen Zwischencode (auch Bytecode genannt) von einem Interpreter ausgeführt wird. Dies geschieht für den Benutzer transparent, wenn zB ein Applet im Internet Browser ausgeführt wird. Neben Java werden auch sämtliche .NET Sprachen, wie beispielsweise C# in einen Zwischencode (engl. Intermediate Language) übersetzt, welcher anschließend zur Laufzeit innerhalb der CLR von einem JIT-Compiler in die entsprechende Maschinensprache übersetzt wird.

b) Programmbibliotheken. Eine Programmbibliothek bezeichnet in der Programmierung eine Sammlung von Programmfunktionen für zusammengehörende Aufgaben. Bibliotheken sind im Unterschied zu Programmen **keine eigenständigen Einheiten,** sondern Hilfsmodule, die Programmen zur Verfügung stehen.

Quelltextbibliotheken enthalten Sammlungen von Wertedefinitionen, Deklarationen, Funktionen, Klassen, generischen Bestandteilen, usw. (siehe auch: API, C-Standardbibliothek, C++-Standardbibliothek). **Statische Bibliotheken** werden nach dem Kompiliervorgang durch einen so genannten Linker oder Binder in einem eigenen Schritt mit dem ausführbaren Programm verbunden.

Der **Linker** (Binder) sucht aus den Bibliotheksdateien Unterprogramme heraus, für die es im Programm keine Implementierung gibt. Diese werden dann aus den Dateien extrahiert und an das Programm gebunden, dh der Unterprogrammcode wird an den Programmcode angefügt und die Aufrufverweise werden auf die Unterprogrammadressen gerichtet.

Dynamische Bibliotheken werden erst bei Bedarf in den Arbeitsspeicher geladen und durch den sogenannten Lader mit dem ausführbaren Programm verbunden. Dadurch muss eine Bibliothek, die von mehreren Programmen genutzt wird, nur einmal im Speicher gehalten werden. Dies ist beispielsweise bei Multitasking-Systemen vorteilhaft, wenn die Bibliotheken insgesamt sehr groß sind und von vielen Prozessen gleichzeitig verwendet werden. Dort wird eine Bibliotheksdatei bei ihrer ersten Verwendung in den Speicher geladen. Trifft ein Programm auf den Verweis zu einem Unterprogramm, das noch nicht eingebunden wurde, dann wird ein Laufzeitbinder aktiviert. Dieser sucht das Unterprogramm in den im Speicher vorhandenen Bibliotheken, fügt die Adresse am Aufrufpunkt ein und führt das Unterprogramm erstmalig aus.

Bei jedem weiteren Aufruf des Unterprogramms ist dann die Adresse vorhanden, so dass das Unterprogramm direkt aufgerufen wird. Die Ausführungszeit, insbesondere die Startzeit eines Programms, ist hier geringfügig erhöht. Dies wird in Kauf genommen, da der Programmcode der Bibliotheksfunktionen von allen Prozessen geteilt wird. Der Speicherbedarf aller Programme zusammen ist daher in der Regel kleiner als beim statischen Linken.

---

[7] Zu den verschiedenen Kategorien der Maschinenbefehle siehe ua *Broy*, Informatik I – Programmierung und Rechnerstrukturen, S. 403 ff.

[8] Siehe ua *Broy*, Informatik – Eine grundlegende Einführung in Systemstrukturen und Theoretische Informatik, S. 77 ff.

24 Bei den Betriebssystemen Windows (und auch bei OS/2) wird eine Bibliotheksdatei, die dynamisch bindet, als **DLL** (für **Dynamic Link Library**) bezeichnet. Entsprechend haben diese Dateien meist die Dateiendung .dll. Ihr Dateiformat ist Portable Executable. Unter Windows kann noch zwischen zwei Arten von DLLs unterschieden werden: Einsprungs-DLLs und ActiveX-DLLs. Einsprungs-DLLs enthalten Funktionen, ActiveX-DLLs enthalten Klassen.

25 Problematisch ist bei Windows 95, Windows 98 und Windows Me, dass durch unzureichende Schutzmaßnahmen die DLLs nicht kontrolliert werden – jedes Programm darf sie austauschen und kann dem Betriebssystem damit möglicherweise Schaden zufügen. Windows 2000 und Windows XP hingegen verfügen über einen Systemschutz, der auch die DLLs einbezieht.[9]

26 Auf **Unix-artigen** Betriebssystemen (Unix, Linux, usw.) ist für dynamische Bibliotheken die Bezeichnung **shared library** (englisch shared, geteilt) gebräuchlich. Für diese Dateien hat sich die Endung .so (shared object) eingebürgert. In der Regel folgt dem Bibliotheksnamen noch eine Versionsnummer.

27 **c) Linker.** Unter einem **Linker** oder **Binder** (auch: „Bindelader") versteht man ein Programm, das einzelne Programmmodule zu einem ausführbaren Programm zusammenstellt (verbindet).[10]

28 Die meisten Programme enthalten Bestandteile oder Module, die auch in anderen Programmen Verwendung finden können. Mehrere kompilierte Module mit Funktionen (so genannte Objektdateien) können zu Funktionsbibliotheken (Programmbibliotheken) zusammengefasst werden. Der Code wird vom Linker zum Hauptprogramm hinzugefügt, falls die entsprechende Funktion benötigt wird.

29 Um ein Programm-Modul in einem anderen Programm verwenden zu können, müssen die symbolischen Adressen der Funktionen und Variablen des Moduls in Speicheradressen umgewandelt werden. Diese Aufgabe übernimmt der Linker. Der Linkvorgang erfolgt nach der Kompilation und ist meistens der letzte Arbeitsschritt zur Erstellung eines Programms. Man unterscheidet generell zwischen statischem und dynamischem Linken.

30 Das **statische Linken** ist ein Vorgang, der typischerweise während der Entwicklung des Programms erfolgt, so dass der Benutzer ein fertig zusammengesetztes Programm erhält. Dies besteht dann bei vollständig statisch gelinkten Programmen aus einer einzelnen Datei. Modernere Versionen aktueller C-Bibliotheken unter Unix-artigen Betriebssystemen unterstützen statisches Linken oft nicht mehr vollständig. So erzwingt beispielsweise die GNU/Linux-glibc ein dynamisches Linken bei Modulen, die die Authentifizierung von Benutzern betreffen. Obwohl ein derart gelinktes Programm fast alle Module bereits enthält, ist es so dennoch auf die Anwesenheit einer passenden „Laufzeitversion" der glibc angewiesen.

31 Es ist auch möglich, das Auflösen der Funktions- und Variablennamen zu verschieben, bis das Programm tatsächlich ausgeführt wird. In diesem Fall spricht man von „**dynamically linked library**" (DLL) oder „**shared library**". Dies hat den Vorteil, dass man die Bibliothek nachträglich leicht austauschen kann, die Programme kleiner werden, und dass der Speicher nur einmal benötigt wird, wenn mehrere Programme dieselbe Bibliothek verwenden. Der Nachteil besteht darin, dass man irgendwie sicherstellen muss, dass auch die richtige DLL in der richtigen Version installiert ist.

32 **Mischformen** der statischen und dynamischen Link-Art sind der Normalfall. Bei solchen Programmdateien findet der Linkvorgang praktisch zweimal statt: Einmal durch den Entwickler, und ein zweites Mal – unsichtbar – beim Anwender während der Ausführung. Im Regelfall werden die Namen der benötigten externen Bibliotheken beim ersten Linkvorgang fest einkodiert; es ist aber auch möglich, dass das Programm nach Überprüfung der vorhandenen Bibliotheken während der Laufzeit wahlweise einzelne nachlädt oder auch nicht. Solche nachgeladenen Bibliotheken werden oft als Plug-Ins bezeichnet. Auf IBM-Großrechnersystemen wird der Linker auch „linkage editor" (englisch) genannt.

---

[9] Siehe zu Vor- und Nachteilen von DLLs: *Petzold*, Windows-Programmierung, S. 108 ff.
[10] Zur Bedeutung der Art der Verlinkung bei Open Source Lizenzen, insbes. Copy Left Lizenzen, → siehe § 7.

Bei der von Unix über die Programmiersprache C verbreiteten Art und Weise des Linkens entsteht ein einziger großer, nicht-hierarchischer, gemeinsamer Namensraum. Dadurch kommt es bei großen oder sehr verzweigten Projekten in der Regel zu Namenskonflikten. Für diese Fälle gibt es die früher sehr verbreitete Möglichkeit von *weak links,* bei denen die Linkreihenfolge entscheidet, welches Modul wo verwendet wird; das ist heute nicht mehr üblich und zum Teil auch nicht mehr möglich. Einige Programmiersprachen, wie zB C++ lösen das Problem dadurch, dass Modulinhalte über hierarchisch aufgebaute Namen angesprochen werden. Ungelöst bleibt damit jedoch beispielsweise das Problem der Anwesenheit einer Bibliothek in verschiedenen Versionen; das Problem ist zum Zeitpunkt des Linkens nur dadurch lösbar, dass dem Linker je nach benötigter Bibliothek unterschiedliche Suchpfade mitgegeben werden; jede der in Frage kommenden Bibliotheken unterscheidet sich zwar von der Bezeichnung her, ist aber inhaltlich für einen Linker ununterscheidbar, da in ihr die gleichen Symbole vorhanden sind. Nach dem ersten, statischen Linken ist die Angelegenheit dagegen unproblematisch, da sich die verwendete Bibliothek von da an anhand ihres Namens aufrufen lässt.

3. Kompilierung

Ein **Compiler** (auch Kompilierer oder Übersetzer) ist ein Computerprogramm, das ein in einer Quellsprache geschriebenes Programm in ein semantisch äquivalentes Programm einer Zielsprache umwandelt. Üblicherweise handelt es sich dabei um die Übersetzung eines von einem Programmierer in einer Programmiersprache geschriebenen Quelltextes in Assemblersprache, Bytecode oder Maschinensprache. Die Anwendung eines Compilers wird als Kompilierung bezeichnet. Der Compilerbau, also die Programmierung eines Compilers, ist eine eigenständige Disziplin innerhalb der Informatik.

Die Bezeichnungen Compiler oder Kompilierer sind eigentlich irreführend, weil sie von der Zusammenstellung von Tabellen herrühren, die der Compiler für seine interne Datenverwaltung benötigt, was aber an der Kernaufgabe eines Compilers vorbeigeht.

Verwandt mit einem Compiler ist ein **Interpreter,** der ein Programm nicht in die Zielsprache übersetzt, sondern Schritt für Schritt direkt ausführt. Üblicherweise bietet ein Compiler Optionen für verschiedene Optimierungen mit dem Ziel, die Laufzeit der einzelnen Programmschritte oder den Speicherplatzbedarf des Zielprogramms zu minimieren.

Die Optimierung erfolgt teilweise in Abhängigkeit von den Eigenschaften der Hardware, zB wie viele und welche Register der Prozessor des Computers zur Verfügung stellt. Einige Optimierungen führen dazu, dass der Compiler Programmkonstrukte in semantisch äquivalente, aber günstigere Konstrukte umwandelt, die keine Entsprechung im Quellcode haben. Ein Nachteil ist allerdings, dass es bei Aktivierung entsprechender Optimierungen kaum noch möglich ist, den Programmablauf mit einem interaktiven Debugger zu verfolgen.

„**Optimierung**" bedeutet nicht, dass das Programm danach in irgendeiner Weise optimal wäre, lediglich besser. Es ist auch möglich, dass das Programm nachher „totoptimiert" ist, also die Optimierung über das Ziel so weit hinausgeschossen ist, dass das Programm effektiv langsamer ausgeführt wird. Das ist zB dadurch möglich, dass längerer Code erzeugt wird, der zwar an sich schneller ausgeführt wird, aber mehr Zeit benötigt, um erst einmal in den Cache geladen zu werden und damit erst bei häufigerer Benutzung vorteilhaft ist.

Viele Optimierungen moderner Compiler sind solche Abwägungen zwischen dem, was möglich ist, und dem, was sinnvoll ist. Die Grenze zwischen beiden ist meist nicht klar ersichtlich und muss durch Tests (s. Profiler) herausgefunden werden. Im folgenden betrachten wir einige Optimierungsmöglichkeiten eines Compilers. Es sollte aber nicht vergessen werden, dass das größte Optimierungspotenzial oft darin besteht, den Algorithmus selbst zu verändern bzw. durch einen besseren zu ersetzen. Dieser Vorgang kann meistens nicht automatisiert werden, sondern muss durch den Programmierer erfolgen. Einfachere Optimierungen kann er dagegen an den Compiler delegieren und so den Quelltext lesbarer halten.

40 a) **Phasen eines Compilers**

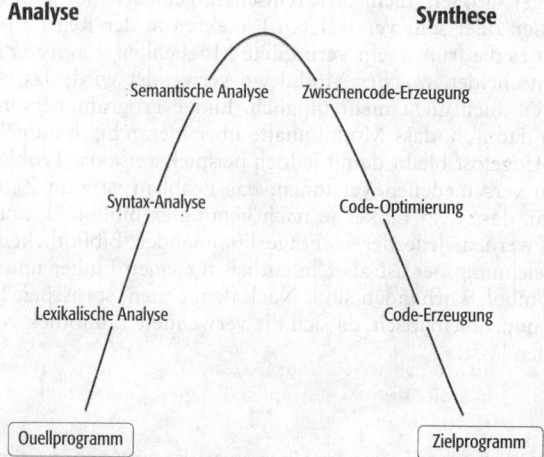

Es lassen sich im Wesentlichen zwei Phasen unterscheiden: eine Analysephase, die den Quelltext analysiert und daraus einen attributierten Syntaxbaum erzeugt, sowie die Synthesephase, die daraus das Zielprogramm erzeugt.

41 *aa) Analysephase (auch „Frontend")*. Die **lexikalische Analyse** zerteilt den eingelesenen Quelltext in zusammengehörende Token verschiedener Klassen, zB Schlüsselwörter, Bezeichner, Zahlen und Operatoren. Dieser Teil des Compilers heißt Scanner oder Lexer. Ein Scanner benutzt gelegentlich einen separaten Screener, um Whitespace (Leerraum, also Leerzeichen, Zeilenenden, usw.) und Kommentare zu überspringen.

42 Die **syntaktische Analyse** überprüft, ob der eingelesene Quellcode formal richtig ist, dh der Syntax (Grammatik) der Quellsprache entspricht. Dabei wird die Eingabe in einen Syntaxbaum umgewandelt. Dieser Teil wird auch als Parser bezeichnet.

43 Die **semantische Analyse** überprüft die statische Semantik, also „logische Rahmenbedingungen". Zum Beispiel muss eine Variable deklariert worden sein, bevor sie verwendet wird, und Zuweisungen müssen mit kompatiblen (verträglichen) Datentypen erfolgen. Dies kann mit Hilfe von Attributgrammatiken realisiert werden. Dabei werden die Knoten des vom Parser generierten Ableitungsbaums mit Attributen „versehen", die so Informationen enthalten. So kann zum Beispiel eine Liste aller deklarierten Variablen erstellt werden. Die Ausgabe der semantischen Analyse nennt man dann dekorierter oder attributierter Syntaxbaum.

44 *bb) Synthesephase (auch „Backend")*. Die **Synthesephase** erzeugt aus dem in der Analysephase erstellten Baum den Programmcode der Zielsprache.

Einige Compiler erzeugen einen **Zwischencode**, der schon relativ maschinennah ist, und führen auf diesem Zwischencode zB die Programmoptimierung durch. Das bietet sich besonders bei Compilern an, die mehrere verschiedene Zielplattformen unterstützen.

Die **Optimierungen** finden hier meist auf dem zuvor erstellten Objektcode statt. Siehe Programmoptimierung.

45 Bei der **Codegenerierung** wird endgültig aus dem Syntaxbaum der Programmcode in der Zielsprache erzeugt. Falls die Zielsprache die Maschinensprache ist, kann das Ergebnis direkt ein ausführbares Programm sein oder eine so genannte Objektdatei, die durch das Linken mit der Laufzeitbibliothek und evtl. weiteren Objektdateien zu einer Bibliothek oder einem ausführbaren Programm führt.

46 b) **Arten von Compilern.** Man kann grob folgende verschiedene Arten von Compilern unterscheiden:
- **Native Compiler:**
Compiler, der Programmcode für die Plattform erzeugt, auf der er selbst läuft.

- **Cross-Compiler:**
Compiler, der auf einer Plattform ausgeführt wird und Programmcode für eine andere Plattform, zB ein anderes Betriebssystem oder eine andere Prozessorarchitektur, erzeugt. Eine typische Anwendung ist die Erstellung von Programmen für ein eingebettetes System, das selbst keine oder keine guten Werkzeuge zur Softwareerstellung enthält, sowie die Erstellung oder Portierung eines Betriebssystems auf einer neuen Plattform.

- **Single-pass-Compiler:**
Compiler, der in einem einzigen Durchlauf aus dem Quellcode den Zielcode erzeugt (im Gegensatz zum Multi-pass-Compiler). Üblicherweise ist ein derartiger Compiler sehr schnell, aber kann nur einfache Optimierungen durchführen. Nur für bestimmte Programmiersprachen, zB Pascal, kann ein Single-Pass-Compiler erstellt werden.

- **Multi-pass-Compiler:**
Bei diesem Compilertyp wird der Quellcode in mehreren Schritten in den Zielcode übersetzt. Während in den Anfangszeiten des Compilerbaus der Übersetzungsprozess noch hauptsächlich deshalb meist in mehrere, oft viele Durchläufe zerlegt wurde, weil die Kapazität früherer Computer oft nicht ausreichte, um den vollständigen Compiler und das zu übersetzende Programm gleichzeitig im Hauptspeicher zu halten, dient ein Multi-pass-Compiler heutzutage vor allem dazu, Vorwärtsreferenzen aufzulösen (einige Programmiersprachen lassen die Deklaration eines Bezeichners nach dessen erster Verwendung zu) und aufwendige Optimierungsschritte auf dem vollständigen Syntaxbaum des Programms ausführen zu können.

Darüber hinaus gibt es noch einige **Sonderarten von Compilern** (zB Transcompiler, JIT-Compiler, Compreter, etc).[11]

4. Dekompilierung

Der Begriff **Dekompilierer** oder englisch **Decompiler** bezeichnet ein Computerprogramm, das aus den Datenbytes der Maschinensprache oder manchmal auch aus Daten im Objektcode wieder lesbaren Quellcode in einer Hochsprache erzeugt. Seine Arbeitsweise ist somit genau umgekehrt zu der eines Compilers. Dies ist nicht zu verwechseln mit einem Disassembler, der Maschinensprache in Assemblersprache rückübersetzt.

Ein **Disassembler** ist ein Computerprogramm, das die binär kodierte Maschinensprache eines ausführbaren Programmes in eine für Menschen lesbarere Assemblersprache oder Mnemonic umwandelt. Er ist also ein spezieller Übersetzer, der den umgekehrten Arbeitsvorgang eines Assemblers durchführt. Statt Assemblerbefehle in Maschinensprache umzusetzen wird genau das Gegenteil gemacht. Der Zweck eines Disassemblers liegt meistens darin, die Diagnose und das Auffinden von potenziellen Fehlern in einem Programm zu erleichtern oder die Ausgabe eines Compilers zu überprüfen. Gelegentlich wird er auch zum Reverse Engineering benutzt. Nahezu alle Debugger enthalten einen Disassembler. Auch Programme zur Inspektion von Binärdateien enthalten oftmals einen Disassembler. Ein bekannter und häufig eingesetzter Disassembler ist zum Beispiel IDA von Ilfak Guilfanov, da er Assemblercode strukturiert anzeigen kann.

Dekompilieren ist gem. § 69 e UrhG zwecks Herstellung der Interoperabilität als besonderes Recht des Anwenders unter engen Voraussetzungen zulässig.[12]

a) **Funktionsweise.** Dekompilierung ist eine **Reverse-Engineering-Technik** zum erneuten nachträglichen Erzeugen von Quellcode basierend auf einem ausführbaren Programm. Der gewonnene Quellcode hat in gewissen Grenzen Ähnlichkeit mit der Ursprungsfassung des Quellcodes, der zur Erzeugung des ausführbaren Programmes benutzt wurde. Wenn in diesem ausführbaren Programm zusätzlich noch Debuginformationen gespeichert sind, dann können oft sogar die vom ursprünglichen Autor verwendeten Variablennamen, Funktions-

---

[11] Zu den Sonderarten von Compilern: siehe *Aho/Sethi/Ullman* Compiler, S. 929 ff.
[12] In den Anbieter-AGB ist es zumeist untersagt, kommerzielle Software zu decompilieren, sei es auch nur zu Studienzwecken oder um die Software für den Eigengebrauch zu verändern. In den meisten Lizenzen für Softwareprodukte wird explizit darauf hingewiesen. Dieses pauschale Verbot ist unwirksam, Dekompilieren iSd § 69e UrhG bleibt also erlaubt, ebenso das reverse engineering iSd § 69d Abs. 3 UrhG; siehe *Dreier/Schulze* UrhG § 69e; siehe auch → § 4.

namen und Module wieder zurückgewonnen werden. Verloren gegangen sind üblicherweise Kommentare, sowie die ursprüngliche Formatierung, da beide Informationen typischerweise nicht mehr im Compilat enthalten ist.

53   Die Dekompilierung von Java- und .NET-Programmen ist in der Regel unkomplizierter als die Dekompilierung von normalen Binary-Programmen, da diese Systeme relativ viele Informationen des Originalquellcodes mit in die Objektdatei übernehmen, vergleichbar mit der Debug-Version eines C- oder C++-Programmes. Insbesondere die Typinformation und die Namen von öffentlichen Bezeichnern bleiben erhalten. Der dekompilierte Programmcode ist jedoch nur funktional identisch mit der ursprünglichen Quelldatei.

54   **b) Einschränkungen.** Wurde das Programm hingegen mit einer Optimierungsoption des Compilers übersetzt und es sind keine Debuginformationen enthalten, oder es wurde gar mit einem Obfuscator verschleiert, dann kann der zurückgewonnene Quelltext in Einzelfällen **bis zur Unbenutzbarkeit** entstellt sein.

55   Aufgrund der genannten Einschränkungen eignet sich Dekompilierung eigentlich nicht, um verloren gegangene Quelltexte zu restaurieren. Diese sollten als kostbarstes Gut der Softwarehersteller ohnehin immer in vielfachen Sicherungen vorhanden sein. Unter normalen Umständen wird ein Programmierer niemals einen Decompiler einsetzen müssen. Bei sehr alter Software kommt es jedoch hin und wieder vor, dass die Ursprungsquellen verloren wurden oder sich auf Datenträgern befinden, für die keine passenden Lesegeräte mehr verfügbar sind. In den Anfangszeiten der elektronischen Datenverarbeitung war es außerdem eine weit verbreitete Unart, kleine Fehler durch patchen der Objektdateien zu beheben. Diese Fälle sind neben dem Rückentwickeln fremder Software die einzigen Ausnahmen, für die Decompiler zum Einsatz kommen.

II. Customizing und Parametrisierung

56   Eine allgemein anerkannte Definition des „Customizing" gibt es nicht. Dennoch lässt sich „Customizing" (to customize = anpassen) als **Anpassung einer Software an Kundenwünsche bzw. an betriebliche Anforderungen** beschreiben. Im Regelfall betrifft die Anpassung die Auswahl zwischen bereits in den Programmen vorgegebenen Grundeinstellungen. Die Auswahl dieser Grundeinstellungen (uneinheitlich „parametrisieren" oder „konfigurieren" genannt) erfolgt ohne Veränderung der Programmstruktur. Der Programmcode bleibt also hierbei unangetastet. Zuweilen umfasst das Customizing aber auch eine ergänzende Programmierung. Dies ist insbesondere dann der Fall, wenn die im Programm vorgegebenen Grundeinstellungen den Anforderungen nicht genügen.

Jede Form von Parametrisierung oder Konfigurierung ist Customizing, während das Umgekehrte nicht gilt.

57   In der Praxis kann das Customizing folgende **Arten von Anpassungen** umfassen:
a) Änderungen im Programmcode der vorliegenden Software
b) Erweiterungen durch zusätzliche Programmierungen
c) Einstellen von (Konfigurations-)Parametern
d) Eingabe/Pflege von Stammdaten

58   Die Notwendigkeit für Anpassungen einer Software kann unterschiedlichste Gründe haben; in der Praxis sind Anpassungen unter anderem aus folgenden Gründen erforderlich:
- Der Kunde benötigt neue Funktionalitäten.
- Die Benutzeroberfläche stimmt bezüglich ihres Look & Feels nicht mit Konzernvorgaben überein.
- Gesetzliche Vorgaben sind im aktuellen Softwarestand nicht adäquat umgesetzt.
- Durch neue oder geänderte Geschäftsabläufe passt die vorhandene Software nicht mehr.
- Es ergeben sich zwingende Änderungen an der Organisation des Unternehmens.

59   Der Umfang von Anpassungen wird typischerweise durch wirtschaftliche Randbedingungen begrenzt; so geraten zum Beispiel Anpassungen von Standardsoftware rasch in den Bereich der Unwirtschaftlichkeit, wenn die Kompatibilität zu Folgeversionen der Standardsoftware teilweise aufgegeben wird oder ganz verloren geht.

In Softwareverträgen sollte auf die **strikte Trennung** von Parametrisierung (also dem Einstellen von Parametern ohne Programmcodeänderungen) einerseits und dem Ändern und Ergänzen von Programmcode andererseits, da die Rechte und Pflichten beider Vertragsparteien bei diesen beiden Arten von Anpassungen unterschieden werden müssen.[13] 60

III. Programmiertechniken

1. Programmierparadigmen

Ein Programmierparadigma ist das einer Programmiersprache oder Programmiertechnik **zugrundeliegende Prinzip**. Grundlegend für den Entwurf von Programmiersprachen sind die Paradigmen der imperativen und der deklarativen Programmierung. Beim letzteren sind als wichtige Ausprägungen die Paradigmen der funktionalen Programmierung und der logischen Programmierung zu nennen. Alle weiteren Programmierparadigmen sind Verfeinerungen dieser Prinzipien. 61

Neben den Programmierparadigmen gibt es noch eine Reihe weiterer **Kriterien für die Entwicklung einer möglichst fehlerfreien und wartbaren Software** wie zB Lesbarkeit des Programmcodes, Redundanzfreiheit, Modularität und Nebenwirkungsfreiheit. Diese sollten unter jedem Paradigma soweit wie möglich eingehalten werden. Die besondere Leistung der Programmierparadigmen besteht gerade darin, die Einhaltung dieser Basiskriterien zu vereinfachen, nahezulegen oder mehr oder weniger zu erzwingen – im günstigsten Fall automatisch zu realisieren.[14] 62

a) Imperative Programmierparadigmen. Bei allen imperativen Programmiersprachen versteht man ein Computerprogramm als lineare Folge von Befehlen, die der Rechner in einer definierten Reihenfolge abarbeitet. Imperative Programmiersprachen bilden die **Architektur des Von-Neumann-Rechners** auf die Programmierung ab: Durch den Mikrocode wird auf Prozessorebene angegeben, wie der Computer mit welchen Daten (die zu verarbeitenden Werte) zu verfahren hat. Dieses Konzept wird durch Befehle realisiert. Die Befehle manipulieren dabei den Zustand der Speicherbereiche oder Speichermedien, die die zu verarbeitenden und die auszugebenden Daten enthalten. Daten werden häufig in Variablen gespeichert. Die Werte in Variablen können sich im Programmablauf ändern. Daher kann man sie auch als zustandsorientierte Programmierung bezeichnen. Durch die Reihenfolge der Befehle ist die zeitliche Abfolge vorgegeben. Um reagierende Programme schreiben zu können, gibt es Sprungbefehle, die die Abfolge der Befehle dynamisch verändern. Die Unterscheidung zwischen Befehlen und Daten ist in der Von-Neumann-Architektur jedoch nicht vorgesehen. 63

Beispiel Quicksort:
Pascal ist eine typische imperative Programmiersprache. Der Programmierer beschreibt, wie der Algorithmus ablaufen muss. Es wird der Lösungsweg vorgegeben, also welche einzelnen Schritte nacheinander ablaufen und wie Variablen zu verändern sind, um schließlich zum Ergebnis zu kommen:

```
procedure quicksort(l,r : integer);
var x, i, j, tmp : integer;
begin
if r > l then
begin
x:=a[l]; i:=l; j:=r+1;
repeat
repeat i:=i+1 until a[i]>=x;
repeat j:=j-1 until a[j]<=x;
tmp:=a[j]; a[j]:=a[i]; a[i]:=tmp;
until j<=i;
a[i]:=a[j]; a[j]:=a[l]; a[l]:=tmp;
quicksort(l,j-1);
quicksort(j+1,r)
end
end.
```

---

[13] Siehe *Schneider* C Rn. 105 ff.
[14] Detaillierter ua zu „First Class Citizens": siehe *Spunde,* Functions as First Class Citizens.

64 *aa) Strukturierte Programmierung.* Eine Weiterentwicklung imperativer Sprachen markierte Edsger W. Dijkstra im Jahr 1968. Er fordert den Verzicht, oder zumindest die Einschränkung der absoluten Sprunganweisungen (Goto). Stattdessen sollen Kontrollstrukturen, wie zB „do ... while", „while", „repeat ... until" verwendet werden.[15]

65 *bb) Prozedurale Programmierung.* Den Ansatz, Programme in **kleinere Teilaufgaben** aufzuspalten, bezeichnet man als prozedurale Programmierung. Der Unterschied zu funktionaler Programmierung besteht hier darin, dass Prozeduren im Gegensatz zu Funktionen keinen Rückgabewert haben. Die entstehenden Teilprogramme werden Prozeduren genannt. Praktisch alle aktuellen imperativen Programmiersprachen beinhalten den prozeduralen Ansatz. Prozedurale Programmierung zielt darauf ab, Quelltexte wiederverwendbar zu machen. Universelle Prozeduren müssen nur einmal programmiert werden, die verkleinerten Probleme sind einfacher zu lösen. Die Entwicklung prozeduraler Programmiersprachen und -Techniken waren ein wesentlicher Schritt zwischen Assemblersprache und Hochsprachen, indem sie Abstraktion und Zerlegung von Algorithmen ermöglichen.

66 *cc) Modulare Programmierung.* Modulare Programmierung war der erste Versuch, der wachsenden Größe von Softwareprojekten Herr zu werden. In der modularen Programmierung wird der prozedurale Ansatz erweitert, indem Prozeduren zusammen mit Daten in **logischen Einheiten** zusammengefasst werden. Die Software wird so in größere funktionale Teilblöcke zerlegt, die einzeln geplant, programmiert und getestet werden können. Die entstehenden Unterprogramme werden als Module bezeichnet. Am Ende können die Einzelteile dann logisch miteinander verknüpft werden und die Software ist einsatzbereit. Die normierte Programmierung beschreibt dabei den Versuch diesen Ablauf zu standardisieren.

67 *dd) Objektorientierte Programmierung.* Klassen sind instanziierbare Module und Grundelemente in der objektorientierten Programmierung. Nach dem objektorientierten Programmierparadigma werden Objekte mit Daten und den darauf arbeitenden Routinen zu Einheiten zusammengefasst. Ein Computerprogramm ist realisiert als eine Menge interagierender Objekte. Im Unterschied dazu werden beim prozeduralen Paradigma die Daten von den darauf arbeitenden Routinen getrennt gehalten.

68 **b) Deklarative Programmierparadigmen.** Die Idee einer deklarativen Programmierung ist der historisch jüngere Ansatz. Im Gegensatz zu imperativen Programmierparadigmen, bei denen das Wie im Vordergrund steht, fragt man in der deklarativen Programmierung nach dem **Was, das berechnet werden soll.** Es wird also nicht mehr der Lösungsweg programmiert, sondern nur noch angegeben, welches Ergebnis gewünscht ist. Zu diesem Zweck beruhen deklarative Paradigmen auf mathematischen, rechnerunabhängigen Theorien. Aufgrund der referenziellen Transparenz gibt es keine Nebeneffekte. Programme sind damit teilweise auswertbar und ermöglichen so zB die Behandlung unendlicher Datenstrukturen. Beweise (zB Korrektheitsbeweis, Beweise über Programmeigenschaften) sind dank mathematischer Basis (ua Lambda-Kalkül) uneingeschränkt durchführbar.[16]

69 Zu den deklarativen Programmiersprachen gehören:
- funktionale Sprachen (ua LISP, ML, Miranda, GOFER, Haskell);
- logische Sprachen (ua Prolog);
- funktional-logische Sprachen (ua Babel, Escher, Curry, Oz).

Beispiel Quicksort:
Haskell ist eine typische deklarative Programmiersprache. Der Programmierer beschreibt, was das Programm mit einer Eingabe macht, also wie mit welcher Eingabe umzugehen ist, wobei der Berechnungsablauf nicht von Interesse ist. Die Berechnungen erfolgen dann durch Wertemanipulation. Hauptkontrollstruktur bildet die Rekursion, insbesondere aus Effektivitätsgründen die repetitive Rekursion:
quicksort [] = []
quicksort [x:xs] = quicksort [n | n<-xs, n<x] ++ [x] ++ quicksort [n | n<-xs, n>=x]

---

[15] *Dijkstra*, Go To Statement Considered Harmful.
[16] Zu den verschiedenen Arten der deklarativen Programmierung: siehe ua *Grabmüller*, Multiparadigmen-Programmiersprachen, S. 42 ff., S. 56 ff., S. 59 f.

2. Programmierwerkzeuge

Programmierwerkzeuge sind Programme die einem Programmierer bei der Entwicklung und Pflege, beim Testen oder der Fehlersuche in anderen Programmen helfen. Beispiele sind Editoren, Compiler, Debugger, Versionsverwaltungssysteme oder integrierte Entwicklungsumgebungen.

a) Editoren. Ein Texteditor (lat. editor: Herausgeber) ist ein Computerprogramm zum **Bearbeiten von Texten.** Der Editor lädt die zu bearbeitende Textdatei und zeigt ihren Inhalt auf dem Bildschirm an. Durch diverse Aktionen können die Daten dann bearbeitet werden. Zu diesen Aktionen kann das Einfügen, Löschen und Kopieren gehören. Gute Texteditoren erleichtern dem Benutzer durch Erweiterungen die Arbeit, zB zum Suchen von Textstellen oder für einfache Textformatierungen. So ist es zB oft möglich, eigene Tastaturkombinationen für bestimmte Aktionen vorzugeben („Makros"), um diese schnell mehrfach ausführen zu können. Weiterhin stehen für verschiedene Arten von Text (HTML, Java-Programme, LaTeX usw.) oft Möglichkeiten zur Hervorhebung von charakteristischen Textmustern (Syntaxhervorhebung) zur Verfügung, wodurch das „Zurechtfinden" im Text vereinfacht werden soll. Editoren, die Code-Faltung beherrschen, können auf Wunsch Teile des Textes (wie zB ganze Anweisungsblöcke in Programmtexten) „einklappen" und so die Übersichtlichkeit erhöhen. Leistungsfähige Texteditoren besitzen auch Befehle, um komplexe, strukturierte Veränderungen am Text vorzunehmen, oft mit der Flexibilität von regulären Ausdrücken.[17]

b) Debugger. Der Begriff Bug wurde ursprünglich von der Computerpionierin Grace Hopper geprägt. Im heutigen Deutsch ist es üblich, mit dem Begriff Bug einen Fehler in einem Computerprogramm zu bezeichnen. Als *debuggen* wird das Auffinden, Diagnostizieren und Eliminieren von Fehlern in Hardware und heutzutage vor allem auch in Software bezeichnet. Ein **Werkzeug zur Fehlerbereinigung von Software** nennt sich Debugger. Der Debugger ermöglicht in der Regel eine Ablaufverfolgung des zu untersuchenden Programmes in einzelnen Schritten oder zwischen definierten Haltepunkten. Ein Debugger ist oft Bestandteil einer Programm-Entwicklungsumgebung (auch integrierte Entwicklungsumgebung (bzw. IDE) genannt). Als *buggy* wird in der Regel eine Soft- oder Hardware bezeichnet, die Fehler enthält und somit nicht ausreichend debuggt wurde.

c) Versionsverwaltungssysteme. Unter einer Versionsverwaltung versteht man ein System, welches typischerweise in der Softwareentwicklung zur Versionierung und um den gemeinsamen Zugriff auf Quelltexte zu kontrollieren, eingesetzt wird. Hierzu werden alle laufenden Änderungen erfasst und alle Versionsstände der Dateien in einem Archiv mit Zeitstempel und Benutzerkennung gesichert. Die Versionsverwaltung ist eine Form des Variantenmanagements. Die übergreifende Disziplin ist das **Software Configuration Management** (kurz: SCM).

Es wird sichergestellt, dass jeder Benutzer mit dem aktuellen Stand arbeitet oder auf Wunsch auf die archivierten Stände zugreifen kann. Dadurch ist eine Versionsverwaltung nicht nur für professionelle Entwickler in großen Teams, sondern auch für einzelne Entwickler interessant. Es kann jederzeit eine ältere Version aufgerufen werden, falls eine Änderung nicht funktioniert und man sich nicht mehr sicher ist, was nun alles geändert wurde.

Ein Beispiel ist auch die Wikipedia. Hier erzeugt die Software nach jeder Änderung eines Artikels eine neue Version. Da zu jedem Versionswechsel die grundlegenden Angaben wie Verfasser und Uhrzeit festgehalten werden, kann jeder genau nachvollziehen, wer was wann geändert hat. Bei Bedarf – beispielsweise bei versehentlichen Änderungen – kann man zu einer früheren Version zurückkehren.

Auch in technischen Zeichnungen wird zum Beispiel durch einen Änderungsindex eine Versionsverwaltung angewandt.

Für Versionsverwaltungssysteme sind die Abkürzungen VCS (Version Control System) oder SCM (Source Code/Control Managementsystem) gebräuchlich.

---

[17] Beispiele für Editoren sind: für UNIX. vi, ed, emacs, xedit, Kate. Für Windows: Notepad, Textpad, UltraEdit, WinEdit, PSPad, Kuadz, etc.

77 aa) *Systemaufbau.* Das zentrale Archiv wird als **Repository** (engl. Behälter, Aufbewahrungsort) bezeichnet. Die meisten Systeme verwenden hierfür ein eigenes Dateiformat (oder eine Datenbank). Die Versionsverwaltungssoftware speichert dabei üblicherweise nur die Unterschiede zwischen zwei Versionen, um Speicherplatz zu sparen. Dadurch kann eine große Zahl von Versionen archiviert werden. Durch dieses Speicherformat kann jedoch nur mit der Software des Versionsverwaltungssystems auf die Daten zugegriffen werden, die die gewünschte Version bei einem Abruf unmittelbar aus den archivierten Versionen rekonstruiert. Solche Software ist häufig als Client-Server-System aufgebaut, sodass der Zugriff auf ein Repository auch über Netzwerk erfolgen kann.

78 Theoretisch lässt sich jedes Dokument versionieren. In der Praxis jedoch werden die komplizierten Verfahren der Versionskontrolle nur selten außerhalb der Softwareentwicklung eingesetzt. Damit die in der Softwareentwicklung eingesetzten Programme wie zB Compiler mit den im Repository abgelegten Dateien arbeiten können, ist es erforderlich, dass jeder Entwickler sich den aktuellen (oder einen älteren) Stand des Projektes in Form eines Verzeichnisbaumes aus herkömmlichen Dateien erzeugen kann. Ein solcher Verzeichnisbaum wird als Arbeitskopie bezeichnet. Ein wichtiger Teil des Versionsverwaltungssystems ist ein Programm, das in der Lage ist, diese Arbeitskopie mit den Daten des Repositorys zu synchronisieren. Das Übertragen einer Version aus dem Repository in die Arbeitskopie wird als **Checkout oder Aktualisieren** bezeichnet, während die umgekehrte Übertragung **Checkin oder Commit** genannt wird. Solche Programme sind entweder kommandozeilenorientiert, mit grafischer Benutzeroberfläche oder als Plugin für integrierte Softwareentwicklungsumgebungen ausgeführt. Häufig werden mehrere dieser verschiedenen Zugriffsmöglichkeiten wahlweise bereitgestellt.

79 *bb) Hauptaufgaben eines Versionsverwaltungssystems*
- Protokollierungen der Änderungen – Es kann jederzeit nachvollzogen werden, wer wann was geändert hat.
- Wiederherstellung von alten Ständen einzelner Dateien – Somit können versehentliche Änderungen jederzeit wieder rückgängig gemacht werden.
- Archivierung der einzelnen Release-Stände eines Projektes – Dadurch ist es jederzeit möglich auf alle ausgelieferten Versionen zuzugreifen.
- Koordinierung des gemeinsamen Zugriffs von mehreren Entwicklern auf die Dateien.
- Gleichzeitige Entwicklung mehrerer Entwicklungszweige (engl. Branches) eines Projektes (zB stabile Release-Version und Entwicklerversion mit größeren, nicht getesteten Änderungen) – Hier wird der Entwickler bei der Übernahme von einzelnen Änderungen zwischen den Zweigen und der Hauptversion unterstützt.

80 d) **Integrierte Entwicklungsumgebungen.** Eine **integrierte Entwicklungsumgebung** (Abkürzung IDE, von engl. integrated development environment, auch integrated design environment) ist ein Anwendungsprogramm zur Entwicklung von Software.

81 Integrierte Entwicklungsumgebungen können funktional zu einer Gruppe zusammengefasst werden und verfügen in der Regel über folgende Komponenten:
- Texteditor,[18]
- Compiler bzw. Interpreter,[19]
- Linker,[20]
- Debugger,[21]
- Quelltextformatierungsfunktion.

82 Umfangreichere integrierte Entwicklungsumgebungen enthalten oft weitere hilfreiche Komponenten wie Versionsverwaltung, Projektmanagement, UML-Modellierung oder die Möglichkeit der einfachen Erstellung von grafischen Benutzeroberflächen. Meist wird nur

---

[18] Siehe → Rn. 72.
[19] Siehe → Rn. 37 ff.
[20] Siehe → Rn. 26 ff.
[21] Siehe → Rn. 74 ff.

eine Programmiersprache unterstützt. Es gibt aber auch Anwendungen, die mehrere spezielle IDEs unter einer gemeinsamen Benutzeroberfläche zusammenfassen.

In erster Linie sind integrierte Entwicklungsumgebungen hilfreiche Werkzeuge, die dem Software-Entwickler häufig wiederkehrende Aufgaben abnehmen und einen schnellen Zugriff auf wichtige Funktionen bieten. Der Entwickler kann sich dadurch ganz auf seine eigentliche Aufgabe, die Programmierung, konzentrieren. Integrierte Entwicklungsumgebungen kamen in der ersten Hälfte der 80er Jahre auf und lösten die damals übliche Praxis ab, Editor, Compiler, Linker und Debugger als vier getrennte Produkte anzubieten, die vom Benutzer über die Kommandozeile ausgeführt wurden. Eine der ersten erfolgreichen IDEs war Turbo Pascal. Während die ersten IDEs noch Text-basiert arbeiteten, ging der Trend vor allem bei den großen Anbietern ab ca. 1990 zunehmend hin zu visuellen Programmierumgebungen. Vor allem für Spezialsprachen gibt es aber auch heute noch verschiedene Text-IDEs.

IDEs gibt es für nahezu alle Programmiersprachen und Plattformen. Selbstverständlich gibt es integrierte Entwicklungsumgebungen auch für solche Konzepte, die darauf zielen, mehr oder weniger programmierfrei Anwendungssoftware per Konfiguration zu erstellen (siehe zB Universal Application), und somit nicht auf eine Programmiersprache ausgerichtet sind.[22]

IV. Datenbankmodelle

Ein Datenbankmodell ist das Konzept, die theoretische Grundlage, für ein Datenbanksystem und bestimmt, auf welche Art und Weise Daten prinzipiell in einem Datenbanksystem gespeichert werden und wie man die Daten manipulieren (zugreifen und ändern) kann. Nach *Edgar F. Codd* definiert sich ein Datenbankmodell aus **drei Eigenschaften:**

1. einer Sammlung von Datenstrukturen,
2. einer Menge von Operatoren, die auf jede der Datenstrukturen unter 1. angewandt werden kann, um Daten abzufragen oder abzuleiten,
3. einer Menge von Integritäts Regeln, implizit oder explizit erlaubt, die Veränderungen der Daten festlegen.

Meist werden **vier Datenbankmodelle** unterschieden:

- Hierarchisches Datenbankmodell.
- Netzwerkdatenbankmodell.
- Relationales Datenbankmodell.
- Objektorientiertes Datenbankmodell.

1. Hierarchisches Datenbankmodell

Ein Hierarchisches Datenbankmodell ist das älteste Datenbankmodell, es bildet die Realwelt durch eine hierarchische Baumstruktur ab. Jeder Satz (Record) hat also genau einen Vorgänger und genau ein Satz bildet die Wurzel.

Das Modell ging aus den Informationsmanagementsystemen (IMS) in den 1950er und 1960er Jahren hervor und wurde von vielen Banken und Versicherungsunternehmen eingesetzt. Dort findet man hierarchische Datenbanken zT noch heute.

Die Daten werden in einer Reihe von Datensätzen gespeichert, mit denen verschiedene Felder verknüpft sind. Die Instanzen eines bestimmten Datensatzes werden als Datensatzabbild zusammengefasst. Diese Datensatzabbilder sind vergleichbar mit den Tabellen einer relationalen Datenbank.[23]

---

[22] Einige bekannte Entwicklungsumgebungen sind: Borland C++ Builder, Borland JBuilder, Borland Kylix, CodeWarrior, Eclipse, Forte for Java, IBM Visual Age, IntelliJ IDEA, KDevelop, Lazarus, Microsoft Visual Studio, Sun ONE NetBeans, Sybase Powerbuilder, Visual Objects.
[23] Details siehe hierzu: *Vossen,* Datenmodelle, Datenbanksprachen und Datenbankmanagementsysteme oder auch: *Elmasri,* Grundlagen von Datenbanksystemen, S. 43 f.

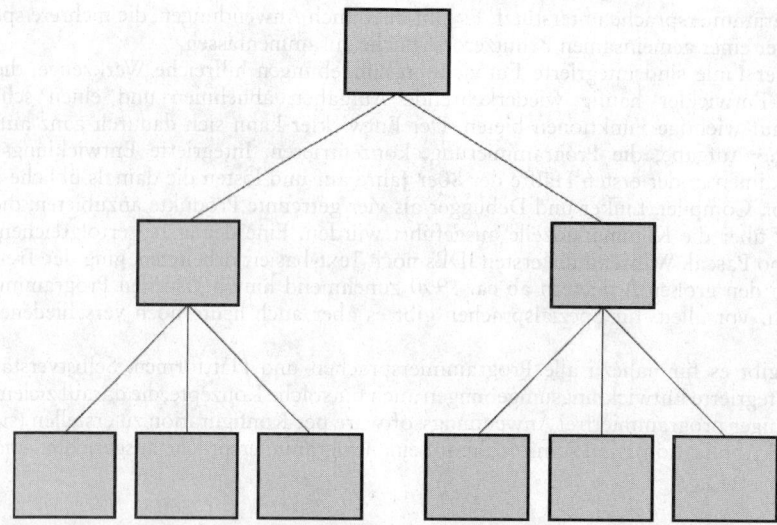

Abbildung 4.1a: Hierarchisches Datenbankmodell

90 Verknüpfungen zwischen den Datensatzabbildern werden in hierarchischen Datenbanken als Eltern-Kind-Beziehungen (**Parent-Child Relationships, PCR**) realisiert, die in einer Baumstruktur abgebildet werden. Der Nachteil von hierarchischen Datenbanken ist, dass sie nur mit einem solchen Baum umgehen können. Verknüpfungen zwischen verschiedenen Bäumen oder über mehrere Ebenen innerhalb eines Baumes sind nicht möglich.

91 Mit den beiden Strukturelementen (Record-Typen und PCR-Typen) lassen sich folgende **minimale Bedingungen** an ein hierarchisches Datenbankmodell stellen:
- Ein Record-Typ muss das Wurzelelement darstellen, und tritt somit nicht als „Child" in einer PCR-Beziehung auf.
- Jeder andere Record-Typ tritt genau einmal als „Child" auf.
- Ein Record-Typ, der nicht als „Parent" in einem PCR-Typen auftritt, wird „Blatt" genannt.

92 Durch diese Baumstruktur lassen sich nur 1:1 und 1:n-Beziehungen darstellen (vgl. Grafik). Die vielfach notwendigen n:m-Beziehungen können einerseits über Redundanzen erreicht werden, besser aber über virtuelle Parent-Child-Relationships (VPCR).

Das hierarchische Modell ist heute weitgehend von anderen Datenbankmodellen abgelöst worden. Eine Renaissance erlebt die hierarchische Datenspeicherung mit XML.

2. Netzwerkdatenbankmodell

93 Das Netzwerkdatenbankmodell wurde von der Data Base Task Group (DBTG) des Programming Language Commitee (später COBOL Commitee) der Conference on Data Systems Language (CODASYL) vorgeschlagen, der Organisation die auch für die Definition der Programmiersprache COBOL verantwortlich war. Es ist auch unter den Namen „CODASYL Datenbankmodell" oder „DBTG Datenbankmodell" bekannt und entsprechend stark von Cobol beeinflusst. Der fertige DBTG-Bericht wurde 1971 vorgestellt, etwa zur gleichen Zeit wie die ersten Veröffentlichungen über das **relationale Datenbankmodell**. Er enthielt Vorschläge für drei verschiedene Datenbanksprachen: Eine Schema Data Description Language oder Schema-Datenbeschreibungssprache, eine Subschema Data Description Language oder Subschema-Datenbeschreibungssprache und eine Data Manipulation Language oder Datenmanipulationssprache.

94 Das **Netzwerk-Modell** fordert keine strenge Hierarchie sondern kann auch m:n-Beziehungen abbilden, dh es kann ein Datensatz mehrere Vorgänger haben. Auch können mehrere Datensätze an oberster Stelle stehen. Es existieren meist unterschiedliche Suchwege, um

zu einem bestimmten Datensatz zu kommen. Man kann es als eine Verallgemeinerung des hierarchischen Datenbankmodells sehen.

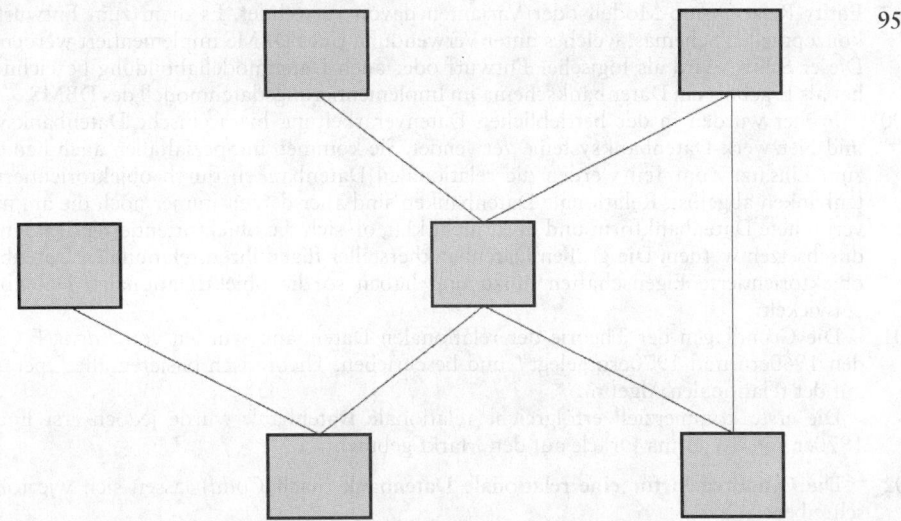

Abbildung 4.2a: Netzwerkdatenbankmodell

Nach der Vorstellung beider Datenbankmodelle (Relational vs. Netzwerk) anfangs der 1970er Jahre gab es schon zwanzig Jahre lang hocheffiziente Netzwerkdatenbanksysteme auf mittleren und großen Mainframes für höchste Transaktionsraten bis relationale Datenbanksysteme bezüglich der Performance einigermaßen gleichziehen konnten. Nicht ohne Grund ist das hierarchische Datenbanksystem von IBM von Ende der 1960er noch heute bei vielen IBM-Kunden im Einsatz. Auch Abfragesprachen für adhoc-Anfragen standen auf Netzwerksystemen zur Verfügung, beispielsweise QLP/1100 von Sperry Rand. Heute wird das Netzwerkdatenbankmodell hauptsächlich auf Großrechnern eingesetzt.

Bekannte Vertreter des Netzwerkdatenbankmodells sind UDS (Universal Datenbank System) von Siemens, DMS (Database Management System) von Sperry Univac. Mischformen zwischen Relationalen Datenbanken und Netzwerkdatenbanken wurden entwickelt zB von Sperry Univac (RDBMS Relational Database Managementsystem) und Siemens (UDS/SQL), mit der Absicht, die Vorteile beider Modelle zu verbinden. Seit den 1990er Jahren wird das Netzwerkdatenbankmodell vom relationalen Datenbankmodell mehr und mehr verdrängt. Mit der Idee des semantischen Webs gewinnt das Netzwerkdatenbankmodell wieder mehr an Bedeutung.[24]

3. Relationales Datenbankmodell

Eine relationale Datenbank ist eine Datenbank, die auf dem relationalen Datenbankmodell basiert, das von Edgar F. Codd 1970 erstmals vorgeschlagen wurde; darin ist Relation ein im streng mathematischen Sinn wohldefinierter Begriff (terminus technicus), der im Wesentlichen ein **mathematisches Modell für eine Tabelle** beschreibt (siehe dazu Relation (Datenbank)). Die Daten werden dabei in Form von zweidimensionalen Tabellen verwaltet, die über Schlüssel (Primärschlüssel, Fremdschlüssel) miteinander verknüpft werden können. Die meisten in der Praxis eingesetzten Datenbanksysteme sind für relationale Datenbanken konzipiert (relationale Datenbankmanagementsysteme, kurz RDBMS). Im allgemeinen Sprachgebrauch ist deshalb oft eine relationale Datenbank oder ein relationales Datenbanksystem gemeint, wenn von Datenbanken die Rede ist.

---

[24] Siehe ua *Trzaska*, The User as Navigator, Institute of Computer Science, Warsaw, Poland, 1973 oder auch *Subieta*, High-Level Navigational Facilities for Network and Relational Databases, 1983.

99 Für relationale Datenbanken gibt es mit SQL eine verbreitete und größtenteils standardisierte Abfragesprache.[25] Zur Modellierung von relationalen Datenbanken wird meist das Entity-Relationship-Modell oder Varianten davon verwendet. Es dient zum Entwurf eines konzeptuellen Schemas, welches unter Verwendung eines DBMS implementiert werden kann. Dieser Schritt wird als logischer Entwurf oder auch Datenmodellabbildung bezeichnet und hat als Ergebnis ein Datenbankschema im Implementierungsdatenmodell des DBMS.

100 Früher wurden in der betrieblichen Datenverarbeitung hierarchische Datenbanksysteme und Netzwerk-Datenbanksysteme verwendet. Sie kommen in Spezialfällen auch heute noch zum Einsatz. Zum Teil werden die relationalen Datenbanken durch objektorientierte Datenbanken abgelöst. Relationale Datenbanken sind aber derzeit immer noch die am meisten verbreitete Datenbankform und es ist nicht klar, ob sich die objektorientierten Datenbanken durchsetzen werden. Die großen Datenbankhersteller fügen ihren relationalen Datenbanken objektorientierte Eigenschaften hinzu und haben so die objektrelationalen Datenbanken entwickelt.

101 Die Grundlagen der Theorie der relationalen Datenbank wurden von *Edgar F. Codd* in den 1960ern und 1970ern gelegt[26] und beschrieben. Theoretisch basieren alle Operationen auf der relationalen Algebra.

Die erste kommerziell erfolgreiche relationale Datenbank wurde jedoch erst Ende der 1970er von der Firma Oracle auf den Markt gebracht.

102 Die **Grundregeln für eine relationale Datenbank** (nach *Codd*) lassen sich wie folgt beschreiben:

- Jede Relation ist eine zweidimensionale Tabelle und entspricht einem Relationstyp.
- Jede Zeile dieser Relation (Tabelle) wird Tupel genannt und beschreibt ein konkretes Tupel des Relationstyps, den die Relation (Tabelle) darstellt.
- Jede Spalte der Relation (Tabelle) entspricht einem Attribut des Relationstyps. Die konkreten Tupel werden somit durch die entsprechenden Attributwerte beschrieben.
- Der Grad einer Relation bezeichnet die Anzahl der Attribute.
- Die Kardinalität einer Relation entspricht der Anzahl der Tupel.
- Existiert für ein Attribut eine begrenzte Anzahl von Attributwerten, so wird die Zusammenfassung aller Attributwerte für dieses Attribut Domäne (Wertebereich) genannt.
- Es ist nicht relevant, in welcher Reihenfolge Zeilen bzw. Spalten der Tabelle angeordnet sind.
- Die Existenz zweier identischer Zeilen ist ungültig.
- Attributwerte sind atomar.

103 **Wichtige Begriffe relationaler Datenbankmodelle**

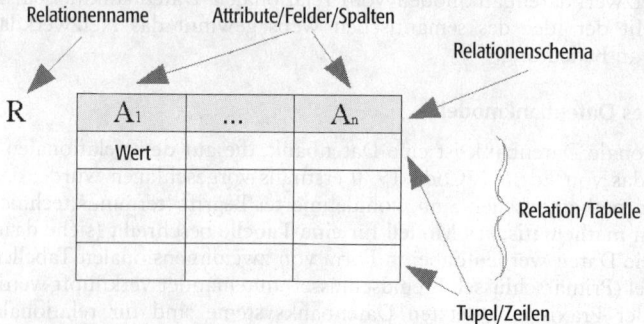

Abbildung 4.3a: Begriffe relationaler Datenbankmodelle

---

[25] Einige der wichtigsten bzw. bekanntesten relationalen Datenbanken sind: Oracle, MS SQL Server, MS Access, Informix, INGRES, TransBase, mySQL, postgres, IBM DB2.

[26] Codd, A relational model of data for large shared data banks, 1970, ISSN 0001-0782 oder auch: *Codd*, The relational model for database management, 1990, ISSN 0-201-14192-2.

- *Attribut.* Beschreibung einer bestimmten Eigenschaft einer Entität bzw. Aussage, die über eine bestimmte Entität (Objekt) der Miniwelt gemacht werden.
- *Entität.* Individuelles Exemplar von Dingen, Personen oder Begriffen der realen oder der Vorstellungswelt (Individuum der Miniwelt).
- *Kardinalität.* Anzahl der Zeilen einer Relation.
- *Integrität.* Die Erhaltung der Integrität umfasst die Aufrechterhaltung der Korrektheit und Konsistenz von Daten.
- *Primärschlüssel.* Ein Attribut oder die minimale Kombination von Attributen, die eine Entität eindeutig Identifizieren. Die Attributkombination wird Zusammengesetzter Schlüssel (compounded key) genannt.
- *Referentielle Integrität.* Korrektheit der Beziehungen zwischen Relationen und durch Aufrechterhaltung der Konsistenz zwischen den Tupel der beteiligten Relationen.
- *Tupel.* In der Informatik bezeichnet Tupel eine Funktion, die einer endlichen Menge von Feldnamen Werte zuordnet. Tupel treten beispielsweise als Datensätze in Datenbanktabellen auf. Ein Tupel entspricht also einem vollständigen Datensatz. Im Gegensatz zu den flexibleren Arrays und Listen besitzen Tupel grundsätzlich eine feste Anzahl Elemente. Ebenso müssen die Elemente eines Tupels nicht vom selben Typ sein. Der Begriff Tupel unterscheidet sich in der Informatik damit von dem des n-Tupels in der Mathematik, dem in der Informatik die Begriffe Array oder Liste eher entsprechen.
- *Fremdschlüssel.* Ist ein Attribut oder eine Kombination von Attributen (zusammengesetzter Fremdschlüssel), der in einer oder mehreren Relationen Primärschlüssel ist. Ein Fremdschlüssel kann selbst Teil einer Relation sein. In Kann-Beziehungen kann der Fremdschlüssel den NULL-Wert annehmen.

4. Objektorientiertes Datenbankmodell

Eine objektorientierte Datenbank ist eine Datenbank, deren Inhalt **Objekte im Sinn der objektorientierten Programmierung** sind. Als ein Objekt wird die Zusammenfassung von zugehörigen Attributen bezeichnet, also gehört zum Beispiel die Farbe und das Gewicht eines Autos zu dem Objekt Auto. Attribute beschreiben ein Objekt näher. Daten und Methoden werden nicht getrennt gespeichert. Der Vorteil einer objektorientierten Datenbank liegt in der Möglichkeit, Objekte ineinander zu schachteln, um Strukturen abbilden zu können, wie zum Beispiel Firma → Abteilung → Mitarbeiter. Im englischen und auch im deutschen Sprachgebrauch ist anstelle der Bezeichnung objektorientierte Datenbank auch die Bezeichnung **Objektdatenbank** (engl. **object database**) gebräuchlich. Diese Bezeichnung ist kürzer und genauer, denn die Datenbank selbst ist nicht objektorientiert, sondern speichert nur Objekte.

Im Gegensatz zu herkömmlichen Datenbanksystemen, welche **satzorientiert** (netzwerkartiges und hierarchisches Datenbankmodell) beziehungsweise **mengenorientiert** (relationales Datenbankmodell) sind, besteht die Datenbasis eines objektorientierten Datenbanksystems (OODBS) aus einer Sammlung von Objekten, wobei jedes Objekt einen physischen Gegenstand, ein Konzept, eine Idee usw. repräsentiert. In einem solchen System werden reale Gegenstände direkt durch Datenbankobjekte repräsentiert. Ihre Identifikation erfolgt über eindeutige und unveränderliche Objektidentifikatoren, welche vom System vergeben werden. Solche Datenbankobjekte können, außer den üblichen, meist numerischen oder alphanumerischen Attributen, Bestandteile haben, die ihrerseits selbst wieder Objekte sind. Sie werden deshalb auch als komplexe Objekte bezeichnet. Es existieren auch Operatoren, mit deren Hilfe mit solchen Objekten umgegangen werden kann.

Wird beispielsweise die Information über einen Angestellten im relationalen Datenbankensystem (DBS) über mehrere Relationen „verstreut", so wird sie in einem OODBS als Gesamteinheit in einem Datenbankobjekt „gehalten". Möchte man nun im Relationenmodell bestimmte Informationen abrufen, so müssen diese unter Umständen aus verschiedenen Relationen zusammengesetzt werden (mit Hilfe der vergleichsweise sehr aufwendigen Verbundoperationen). Im OODBS betrifft eine solche Anfrage nur ein Datenbankobjekt. Dadurch werden vor allem Konsistenzregeln vereinfacht, da bei einer Modifikation eines Umweltgegenstandes nicht die ganze Datenbasis nach eventuell betroffenen Tupeln (Sätzen) abgesucht werden muss. Bedenkt man, dass bei komplexen Umweltsituationen Informationen über bestimmte Gegenstände über sehr viele Relationen (Sätze) verteilt sein können, so können sich daraus erhebliche Leistungsvorteile für OODBS ergeben. Daneben werden auch die Anwenderprogramme von Aufgaben der Informationsverwaltung entlastet. Ganz abgesehen von solchen Leistungsüberlegungen liegt der große Vorteil von OODBS darin, dass mit seiner Hilfe wesentlich mehr an Semantik innerhalb der Datenbasis festgehalten werden kann, als dies mit traditionellen Datenmodellen möglich ist.

110 Als weitere Konzepte von OODBS sei hier noch die Definition neuer Objekttypen durch den Systembenutzer und die der Vererbung (von Eigenschaften eines „Oberobjekttyps" an einen „Unterobjekttyp") erwähnt. Objektdatenbanken haben seit 2004 eine Renaissance erlebt, seit sie als Opensource-Produkte verfügbar sind und sich speziell auf den Bereich der einbettbaren Datenbanken fokussiert haben.[27]

V. Dokumentation

111 Die Dokumentation bildet bei jedem IT-Vorhaben einen unverzichtbaren Bestandteil. Da zunächst hohe Aufwände erbracht werden müssen, um eine geeignete Dokumentation zu erstellen, wird dieses Thema häufig sträflich vernachlässigt.

1. Arten von Dokumentationen

112 Im Kontext von IT-Projekten und Softwareprodukten sind folgende Arten von Dokumentation häufig anzutreffen:

- Benutzerhandbuch/Bedienungshandbuch/Anwenderdokumentation,
- Installationsanleitung,
- Konfigurationsanleitung,
- Administratorhandbuch/Operator-Anweisungen,
- Programmdokumentation (siehe DIN 66230),
- Programmentwicklungsdokumentation (DIN 66231),[28]
- Wartungs-/Pflegedokumentation,
- Betriebsdokumentation,
- Schulungsunterlagen,
- Technische Feinspezifikation,
- Fachkonzept mit Datenmodell, evtl. auch mit Testfällen und Angaben zu Testdaten,
- Testkonzept,
- Testprotokolle,
- Beschreibung der Testtools (Installation, Konfiguration, Vorgehen, ...).

---

[27] Siehe weiterführende Literatur, ua: *Pöschek,* Objektorientierte Datenbanken oder auch insbes.: *Atkinson,* The object-oriented database system Manifesto bzw. *Dittrich,* Objektorientierte Datenbanksysteme.

[28] Die ISO hat 2008 den neuen Standard **ISO 26514** für die Software-Dokumentation herausgegeben. Das 154-seitige Dokument ist ein umfassendes Regelwerk für die Software-Dokumentation, für die es bisher nur wenige spezifische Richtlinien gab. Der Standard ist kostenpflichtig, und es gibt ihn bis heute nur in Englisch. Der Standard versteht sich va als Richtlinie für die Dokumentationserstellung. Die Richtlinie ISO 26514 fasst vorhandene Standards für die Software-Dokumentation zusammen und bringt sie mit folgenden Standards für die Software-Entwicklung in Zusammenhang:
- IEEE 1063-2001 Standard for the design and preparation of user documentation.
- ISO/IEC 18019:2004 Software and system engineering – Guidelines for the design and preparation of user documentation for application software.
- ISO/IEC 12207:2008 System and software engineering – Software life cycle processes.
- ISO/IEC 15288:2008 System and software engineering – System life cycle processes.

V. Dokumentation

Benutzer-handbuch	Das Benutzerhandbuch beschreibt alle möglichen Interaktionen eines Benutzers mit der Software (Menübeschreibungen, Dialogbeschreibungen, etc) vollständig und widerspruchsfrei.	113
Installations-anleitung	Die Installationsanleitung dient dazu, dass fachkundige Personen das Softwaresystem in einer gewünschten Zielumgebung installieren können. Üblicherweise ist die Installationsanleitung Teil der Betriebsdokumentation.	
Entwicklungs-dokumentation	Die Entwicklungsdokumentation beschreibt alle Details, die für die Fortentwicklung eines Softwaresystems notwendig sind, zum Beispiel die Entwicklungsumgebung, die Nutzung des Konfigurationssystems, das Zusammenwirken von mehreren Softwareentwicklern und so weiter.	
Konfigurations-anleitung	Dieses Dokument enthält alle Angaben, die für das Einstellen der Parameter, eines Softwaresystems notwendig sind. In IT-Projekten wird die Konfigurationsanleitung auch häufig kurz mit „Customizing-Doku" bezeichnet.	
Administrator-handbuch	Dieses Handbuch ist eine Anleitung für alle Administratoren des Softwaresystems. Es muss beschrieben sein, wie die einzelnen Parameter des Systems eingestellt werden können und was die jeweiligen Auswirkungen sind. Dem Administratorhandbuch muss insbesondere zu entnehmen sein, wie Benutzer und deren Berechtigungen einzurichten sind.	
Datenmodell	Das Datenmodell ist Bestandteil des Fachkonzepts, wird aber auch in Softwareverträgen wegen der herausragenden Bedeutung oft separat erwähnt. Das Datenmodell listet alle Datentypen auf und dokumentiert die Zusammenhänge der Daten untereinander.	
Fachkonzept	Das Fachkonzept dokumentiert unter anderem alle fachlichen Anforderungen und Randbedingungen. Dieses Dokument stellt den Abschluss der Projektphase „Fachliches Feindesign" dar.	
Technische Feinspezifikation	Die technische Feinspezifikation beschreibt alle technischen Details und Designüberlegungen eines Softwaresystems. Auf Basis dieser Feinspezifikation wird typischerweise die Implementierung durchgeführt.	
Testkonzept	Das Testkonzept legt dar, wie Tests durchgeführt werden, welche Voraussetzungen zu schaffen sind und wie sich die Verantwortlichkeiten auf die beteiligten Personen aufteilen.	
Testfälle	Testfälle sind Abläufe in einem IT-System, die für Testzwecke dokumentiert worden sind. Ein Testfall ist in diesem Sinne eine genaue Anweisung, wie ein Testablauf durchzuführen ist und wie das Ergebnis aussehen soll.	
Betriebs-dokumentation	Diese Dokumentation muss Aufschluss darüber geben, wie das Softwaresystem zu betreiben ist, dh was im alltäglichen Betrieb zu beachten ist und wie Wartungsmaßnahmen durchzuführen sind. Insbesondere werden dabei auch folgende Informationen beschrieben: • Fehler- und Systemmeldungen, • Eskalationsplan (Disaster and Recovery), • Datensicherungsverfahren (Backup and Recovery). Die Betriebsdokumentation muss auch eine komplette Installationsanweisung enthalten oder darauf verweisen.	
Schulungs-unterlagen	Schulungsunterlagen dienen dazu, einen bei einer Schulung oder Einweisung zu vermittelnden Stoff zu dokumentieren.	

Dokumentationen sind häufig sowohl in Papierform als auch elektronisch zum Beispiel in der Form eines Hilfesystems verfügbar. Generell dienen Dokumentationen dazu, die Gebrauchstauglichkeit sowie die Erweiterbarkeit und Änderbarkeit eines Produkts auch auf Dauer zu erhalten. 114

115 Zu den **formalen Anforderungen,** die an jede Dokumentation zu stellen sind, gehören unter anderem:
- Eindeutige Angaben über den Autor, den Titel und die aktuelle Dokumentenversion.
- Abschnitt „Änderungshistorie", der die durchgeführten Änderungen am Dokument in Kurzform beschreibt (Datum der Änderung, Autor, Kurzbeschreibung der Änderung).
- Alle Fachbegriffe, Abkürzungen, etc werden in der Dokumentation erklärt.

116 In Bezug auf die Dokumentation gilt:
- Software ohne Dokumentation ist in nahezu allen Fällen unbrauchbar.
- Die Erstellung und ständige Aktualisierung einer Dokumentation ist mit erheblichem Aufwand verbunden.
- Über Dokumentationen wird viel gestritten, weil die Qualität schwer beschreibbar und schwer prüfbar ist.

117 Dies führt zu folgendem (Zwischen-)Fazit:
- Der IT-Vertrag sollte die Lieferung von Software und Dokumentation(en) regeln. Dabei sollte möglichst genau ausgeführt, welche Dokumentation von welcher Beschaffenheit sein muss und wann die Dokumente übergeben werden müssen.
- Dokumentationen sind regelmäßig Gegenstand und Voraussetzung der Abnahme![29]

2. Rechtliche Einordnung

118 Gesetzlich ist die Frage hinsichtlich Handbücher bzw. Dokumentationen nicht geregelt. Die Bestimmung der Leistungspflicht im Hinblick auf die Dokumentationen ergibt sich daher ausschließlich aus Literatur und Rechtsprechung.[30]

119 Von der Rechtsprechung und Literatur anerkannt ist zwischenzeitlich, dass zur ordnungsgemäßen Vertragserfüllung im IT-Bereich auch die Übergabe entsprechender Dokumentationen an den Auftraggeber gehört. Wird die Dokumentation nicht mit geliefert, so liegt **vertragliche Nichterfüllung** vor. Bei modifizierten Programmen muss die Benutzerdokumentation auch die Modifikationen beschreiben.[31]

120 Strittig kann sein, in welchem **Umfang** entsprechende Dokumentationen zu liefern sind. Dabei kann im Wege der Leistungsbeschreibung von den Standards abgewichen werden, die die Rechtsprechung für den Fall vorschreibt, dass zur Frage der Dokumentation keine expliziten Vereinbarungen getroffen sind.

121 Häufig gehen die Vorstellungen im Hinblick auf die Dokumentation auch im Verhältnis zur sogenannten Online-Hilfe bei den Parteien auseinander. Aufgrund einer BGH-Entscheidung[32] wird strikt zwischen
- Bedienungsanleitung/dem Handbuch einerseits und
- Online-Hilfe andererseits

zu unterscheiden sein.

122 Im Hinblick auf die **Fälligkeit** der Dokumentation(en) gilt, zumindest soweit nichts anderes vereinbart ist:
- Änderungen an der Software müssen nicht sofort in der Dokumentation nachgezogen werden
- Nach Fertigstellung der Software muss ein angemessener Zeitraum verbleiben, in dem die Dokumentation fertig gestellt werden kann.

123 Im Regelfall sind alle Dokumentationen mit Bereitstellung zur Abnahme zu liefern bzw. bei Einweisung von Mitarbeitern.

Eine Programmbeschreibung ist idR nicht geschuldet, außer dies würde sich unmittelbar aus dem Vertrag ergeben. Es kann sich aber aus den Umständen ergeben, dass zB ein Da-

---

[29] Zur Abnahme siehe unten → Rn. 244 ff.
[30] Siehe ua BGH Urt. v. 4.11.1992 – VIII ZR 165/91, CR 1993, 203.
[31] LG Flensburg Urt. v. 21.5.1986 – 6 O 98/85 – und OLG Hamm Urt. v. 5.10.1984 – 25 U 177/83, CR 1986, 268.
[32] BGH Urt. v. 22.12.1999 – VIII ZR 299/98, CR 2000, 207.

tenmodell mitgeliefert werden müsste. Die Anforderungen an solche Dokumentationen sind umso größer, je mehr der Kunde vom Vertragszweck her selbst die Weiterentwicklung der Software vornehmen will und soll. Ist etwa vereinbart, dass der Kunde die Software selbst pflegen will, sind die entsprechenden Dokumentationen mit Vertragsbestandteil, auch wenn sie nicht explizit aufgeführt sind.[33]

Wahrscheinlich gehört auch eine Installationsanweisung dazu, die den Kunden zumindest in die Lage versetzt, die Software im Bedarfsfall auf einer anderen Anlage zu installieren, etwa auch in Notfällen.[34]

VI. Hilfesysteme und Benutzerführung

1. Hilfesysteme

Online-Hilfesysteme sind längst nicht mehr nur ein weiteres Zusatz-Feature einer Software, sondern ein wichtiger Bestandteil moderner Software-Applikationen. Bei der Umsetzung eines **Online-Hilfeprojekts** trägt der Autor nicht nur die Verantwortung für die Konzeption, den Inhalt und die Gestaltung des Hilfesystems, sondern auch für den Aufbau, die Struktur und die Zugriffs-, Navigations- und Orientierungsmöglichkeiten. Dieser Artikel gibt Ihnen einen Überblick, was Sie bereits bei der Konzeption und der späteren Umsetzung berücksichtigen müssen.

Die Funktionalität von Anwender-Software wird immer umfangreicher. Aber keine Software, sei sie noch so anwenderfreundlich entwickelt, wird ganz den Anforderungen der selbsterklärenden Oberfläche gerecht. Daher wachsen gleichzeitig auch die Probleme, die der Anwender mit einer Software hat. Der Wunsch des Anwenders nach schneller und effizienter Problemlösung wird immer größer. Im Idealfall sollten Online-Hilfesysteme genau darauf zugeschnitten sein und benutzerorientierte Unterstützung bieten.

a) **Organisation eines Hilfesystems.** Generell besitzt ein Hilfesystem denselben Aufbau wie ein **Hypertextsystem:** Es besteht aus Knoten, die bestimmte Informationen enthalten und ist durch Verknüpfungen zu einer Netzstruktur verbunden. Im Gegensatz zu vielen Hypertexten ist es aber aus zwei Gründen wichtig, das Hilfesystem **hierarchisch** und gleichzeitig **logisch** zu organisieren: Zum einen, da die einzelnen Informationseinheiten sinnvollerweise zu einem übergreifenden Topic zusammengefasst werden, wobei die Anzahl der Stufen nicht mehr als sieben betragen sollte. Zum anderen, da dem Anwender diese Art der Strukturierung bereits aus traditionellen Texten vertraut ist und somit dem „Lost in Hyperspace"-Syndrom entgegenwirkt.

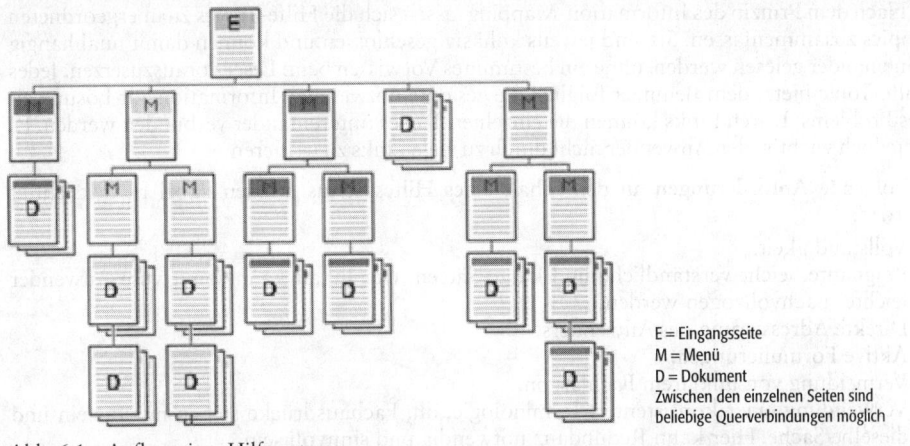

Abb. 6.1a: Aufbau eines Hilfesystems

E = Eingangsseite
M = Menü
D = Dokument
Zwischen den einzelnen Seiten sind beliebige Querverbindungen möglich

---

[33] Siehe *Schneider* Rn. D 777 ff.
[34] Siehe *Schneider* Rn. D 785.

129 Die **Zugangsmöglichkeiten** zu einem Hilfesystem müssen vielseitig und klar erkennbar sein. Prinzipiell wird zwischen einem kontextunabhängigen und einem kontextsensitiven Zugriff unterschieden. Es ist sinnvoll, dem Anwender ein **Hilfemenü** mit den wichtigsten Einträgen (Inhaltsverzeichnis, Index, Suche, Glossar) permanent zur Verfügung zu stellen, um einen schnellen Zugriff zu gewährleisten. Parallel muss der kontextsensitive Zugriff angeboten werden. Dieser erfolgt über den Hilfebutton im jeweiligen Fenster oder Dialogfeld. Es wird direkt das angeforderte Topic angezeigt.

130 Als Anhaltspunkt für den Zugriff können folgende Punkte dienen:
- Das Hilfesystem sollte in verschiedenen Benutzermodi jederzeit zugänglich sein.
- Mehrere kontextunabhängige Zugriffsmöglichkeiten sollten angeboten werden: Inhaltsverzeichnis, Glossar, Volltext- und Stichwortsuche, nichtlinearer Zugriff über Querverweise.
- Kontextsensitiver Zugriff in jeder Dialogbox und jedem Fenster der Applikation sollte verfügbar sein.
- Zugriffsmöglichkeiten sollten intuitiv gestaltet sein.
- Zugriffsmöglichkeiten selbst sollten erklärt sein (zB in der „Hilfe zur Hilfe").
- Intuitives Ausblenden bzw. Verlassen des Hilfesystems sollte angeboten werden.

131 b) **Inhalt eines Hilfesystems.** Der Inhalt eines Hilfesystems wird von der angebotenen Information bestimmt. Bereits vor dem Schreiben muss der Hauptzweck der Dokumentation (bei einer Online-Hilfe die **problemorientierte Unterstützung** des Anwenders während des Interagierens mit der Software) festgelegt sein und dazu die notwendigen Inhalte gesammelt werden. Dabei müssen auch die Entscheidungen getroffen werden, welche von den Informationen besser in einem Handbuch aufgehoben sind und welche besser in der Online-Hilfe beschrieben sein sollten. Generell werden allgemeine Informationen wie Installationsanweisungen nicht in einem Hilfesystem wiedergegeben, da sie auf Zusammenhängen und langen Erklärungen beruhen und oftmals bereits benötigt werden, bevor die Hilfeapplikation funktionsfähig ist. Um derartige Entscheidungen richtig treffen zu können, muss sich der verantwortliche Autor des Hilfesystems mit der zu beschreibenden Software sehr gut auskennen und in engem Kontakt mit der Entwicklungsabteilung stehen.

132 Anschließend werden die gesammelten Informationen nach ihrer Art (konzeptionell, prozedural, funktionell) sortiert und für die verschiedenen **Anwendergruppen** (Anfänger, Fortgeschrittener, Experte) aufbereitet. Die Anwendergruppen sollten bereits im Vorfeld, zB durch Usability-Tests, definiert worden sein. Nur so ist gewährleistet, dass das Hilfesystem die jeweiligen Probleme und Interessen der Anwender unterstützt.

133 Nach dem Prinzip des Information-Mapping lassen sich die Hilfe-Topics zu übergeordneten **Topics** zusammenfassen. Sie sind jeweils kohäsiv geschlossen und können damit unabhängig voneinander gelesen werden, ohne ein bestimmtes Vorwissen beim Leser vorauszusetzen. Jedes Hilfe-Topic bietet dem Benutzer folglich die gesamte notwendige Information zur Lösung eines Problems. Durch Links können die einzelnen Topics untereinander verbunden werden. Es ist jedoch wichtig, den Anwender nicht durch zu viele Links zu irritieren.

134 Folgende **Anforderungen an den Inhalt eines Hilfesystems** müssen dabei berücksichtigt werden:
- Vollständigkeit.
- Prägnante, leicht verständliche und kurze Sätzen. Der Inhalt kann somit vom Anwender leichter nachvollzogen werden.
- Direkte Adressierung des Anwenders.
- Aktive Formulierungen.
- Vermeidung von unklarem Fachjargon.
- Verwendung einer konsistenten Terminologie, dh, Fachausdrücke stehen nur für ein und dieselbe Sache. Hier kann Redundanz notwendig und sinnvoll sein.
- Präsens als Tempus.
- Überprüfung des Hilfesystems auf Rechtschreibung, Zeichensetzung und Grammatik (zB durch ein Rechtschreibprogramm oder einen Kollegen).

- Verwendung von „Schritt für Schritt"-Erklärungen, vor allem in prozeduralen Informationseinheiten.
- Verwendung (wo immer es sinnvoll ist) von Beispielen.
- Berücksichtigen von unterschiedlichen Bedürfnissen der unterschiedlichen Anwendergruppen (Problemorientierung).
- Zerlegung der Informationen in kleine, geschlossene Einheiten und Vermeidung von Ausdrücken wie „im Folgenden".
- Überprüfung der Texte auf sachliche Richtigkeit und Vollständigkeit durch einen Entwickler.

2. Benutzerführung

Die Norm DIN EN ISO 9241 definiert ergonomische Anforderungen für Bürotätigkeiten mit Bildschirmgeräten. Der Teil 13 dieser Norm definiert dabei speziell die Benutzerführung eines Systems. Die folgenden Empfehlungen lassen sich aus dieser Norm ableiten und stellen im Gesamtverbund eine gute Benutzerführung des Systems sicher: 135

- **Meldungen im Aufgabenkontext:** 136
  Meldungen sollten dem Benutzer spezifische Informationen im Aufgabenkontext geben und nicht zu allgemein formuliert sein. Der Vorteil der Meldung „Bitte geben Sie ein Tagesdatum zwischen 1 und 31 ein!" im Vergleich zu „Eingabefehler!" liegt auf der Hand: Im ersten Fall weiß der Anwender ziemlich genau, was zu tun ist, im zweiten Fall nicht!

- **Vorgabewerte bei Eingaben:** 137
  Wenn für die Eingabe, die das System vom Benutzer verlangt, ein Vorgabewert definiert ist, dann sollte dieser Wert angezeigt werden.

- **Rückmeldungen bei Zustandsänderungen:** 138
  Das System sollte seinen Zustand eindeutig rückmelden, sobald sich der Zustand ändert. Wenn die Ausführung der Benutzeranweisung nicht unmittelbar abgeschlossen werden kann, dann sollte das Dialogsystem mitteilen, dass die Anweisung verarbeitet wird. Die erfolgreiche Erledigung der Anweisung sollte dem Benutzer ebenfalls angezeigt werden.

- **Konsistente Anordnung der Statusinformation:** 139
  Jeder Typ von Statusinformation sollte an konsistenter Stelle auf dem Bildschirm, beziehungsweise im Fenster angeordnet werden. Der Benutzer muss zu jedem Zeitpunkt wissen, in welchem Status sich sein System befindet, das heißt, Informationen über Anwendungen, Prozesse oder Hardware sollten für den Benutzer einsehbar sein. Die Informationen sollten **immer an der gleichen Stelle** auf dem Bildschirm präsentiert werden, damit der Benutzer sie ohne Schwierigkeiten finden kann. Dies entspricht dem Prinzip der Erwartungskonformität (DIN EN ISO 9241 „Ergonomische Anforderungen für Bürotätigkeiten mit Bildschirmgeräten", Teil 10 „Grundsätze der Dialoggestaltung". Der Benutzer erwartet, Informationen dort vorzufinden, wo sie ihm zuvor präsentiert wurden. Wird dieses Prinzip nicht eingehalten, führt dies zu Verwirrung seitens des Benutzers.

- **Gezielte Fehlerkorrektur:** 140
  Nach der Entdeckung eines Fehlers sollte es dem Benutzer möglich sein, die fehlerhafte Eingabe zu korrigieren, anstatt die gesamte Eingabe wiederholen zu müssen.

- **Warnhinweise bei destruktiven Benutzeraktionen:** 141
  Wenn die Benutzeraktionen destruktive Auswirkungen haben können und sich nicht rückgängig machen lassen, sollte eine Warnung oder eine Aufforderung zur Bestätigung vorgesehen werden, um den Benutzer auf die Konsequenzen aufmerksam zu machen, ehe die verlangte Aktion ausgeführt wird.

- **Inhalt von Fehlermeldungen:** 142
  Fehlermeldungen sollten vermitteln, was falsch ist, welche Korrekturmaßnahmen ergriffen werden können und was die Ursache des Fehlers ist oder möglichst genau auf die Art des Fehlers hinweisen.

143 • **Aufruf von Online-Hilfe:**
Wenn benutzerinitiierte Online-Hilfe zur Verfügung gestellt wird, dann sollte der Benutzer die Online-Hilfe mittels einer einfachen und einheitlichen Aktion anfordern können, die immer verfügbar ist.

VII. Test von Software

1. Grundlagen des Softwaretestens

144 Nach EN ISO 9000:2000, Punkt 3.2.11 ist **Qualitätssicherung** definiert als „Teil des Qualitätsmanagements, der durch das Erzeugen von Vertrauen darauf gerichtet ist, dass Qualitätsanforderungen erfüllt werden". Das volkstümliche Verständnis von Qualitätssicherung weicht von der obigen Definition nach ISO 9000 erheblich ab und wird oft mit Qualitätsmanagement vermengt. Das **Qualitätsmanagement** legt die Verfahren fest, die zur Erreichung der erforderlichen Produktqualität notwendig sind. Dies umfasst die Festlegung der Prüfverfahren, der Stichprobengröße, der Kommunikationswege bei festgestellten Fehlern und Schulungsmaßnahmen des mit Prüfungen beauftragten Personals. Qualitätssicherung ist der unternehmensinterne Prozess, der sicherstellen soll, dass ein hergestelltes Produkt ein festgelegtes Qualitätsniveau erreicht. Dabei geht es nach ISO 9000 nicht etwa darum, die Qualität eines Produktes zu optimieren, sondern ein vorgegebenes – also gegebenenfalls auch ein niedriges – Niveau zu halten. Das Produkt kann dabei sowohl materiell sein, als auch eine erbrachte Leistung oder eine verwendete Verfahrensweise. Der Prozess der Qualitätssicherung wird heute vielfach in Unternehmen mit rechnergestützten Systemen abgebildet. Die Qualitätssicherung sorgt für die Einhaltung der vom Qualitätsmanagement festgelegten Maßnahmen. Für bestimmte Betriebe ist gesetzlich vorgeschrieben, dass das Personal der Qualitätssicherung direkt dem Qualitätsmanagement bzw. der Geschäftsleitung untersteht, damit es nicht an Weisungen zB der Fertigungsleitung gebunden ist.

145 Als **Software-Test** bezeichnet man in der Informatik ein mögliches Verfahren zur teilweisen Verifikation und Validierung eines Programms. Ein Software-Test dient der Qualitätssicherung einer neu erstellten oder geänderten Software. Dabei geht es prinzipiell darum, das tatsächliche Verhalten mittels Testfällen und gemäß eines Testplans zu untersuchen und die Ergebnisse mit den erwarteten Ergebnissen (Anforderungskatalog, Normen usw.) zu vergleichen und zu dokumentieren. Es handelt sich um eine Aktivität der Softwareentwicklung, in der das Computerprogramm auf seine Funktionalitäten hin getestet wird. Der Test kann verschiedene Ausprägungen haben: So gibt es den Code and Unit-Test (**Komponententest**), der vom Entwickler durchgeführt wird und bei dem das Programm auf Syntax- und Logikfehler überprüft wird. Beim **Integrationstest** testet die Softwareproduktion in einer Testumgebung die Einbindung der Software in die bereits vorhandene Softwarearchitektur. In der Praxis werden Tests eingesetzt, um Programmfehler (Bugs) aufzufinden oder deren Wiederauftreten (Regression) zu vermeiden. Bei immer komplexeren Produkten spielt das Testen der Produktqualität während und nach der Produktion eine immer größere Rolle. Die Qualitätssicherung ist in vielen Betrieben deshalb oft direkt dem Management untergeordnet. Aufgabe von Test-Ingenieuren ist es, den Testprozess zu optimieren, sodass Fehler mit geringstmöglichem Aufwand erkannt werden. Das Testen spielt besonders im Software-Engineering eine wichtige Rolle. Dort werden bis zu 40% der gesamten Projektdauer dem Testen gewidmet.

146 a) **Wichtige Begriffe. Fehler:** „Nichterfüllung einer Anforderung" (ISO 9000:2005 Nr. 3.1.2, Nichtkonformität), also eine Abweichung, wobei nicht feststeht, ob diese Abweichung Folgen hat. Für die Charakterisierung als Fehler kommt es auf „Verantwortung" oder gar „Verschulden" nicht an, das ist eine grundlegende Einsicht im Qualitätsmanagement.

147 **Mangel:** Ein Fehler mit Folgen: „Nichterfüllung einer Anforderung in Bezug auf einen beabsichtigten oder festgelegten Gebrauch." (ISO 9000:2005 Nr. 3.6.3, siehe auch unten zum

Mangelbegriff mit den Kategorien, ferner vertraglich vereinbarte Beschaffenheit, Zweck, gewöhnliche Verwendung etc).³⁵

148 Ein fehlerhaftes Verhalten kann folgenlos bleiben und stellt dann keinen Mangel dar. Das ist rechtlich wichtig. Andererseits kann die durch den Fehler ausgelöste Gefahr oder Möglichkeit eines Schadens bereits als Mangel im Rechtssinne zu beurteilen sein.

149 **Weitere Begriffe:**³⁶ Eine **Fehlerwirkung** (failure) oder ein äußerer Fehler bezeichnet das Sichtbarwerden eines Fehlers für den Anwender oder Tester.

Ein **Fehlerzustand** (fault, bug) – auch Defekt oder innerer Fehler – ist die Ursache für das Auftreten einer Fehlerwirkung, zB eine falsch programmierte oder vergessene Anweisung im Programm.

150 Eine **Fehlermaskierung** bedeutet, dass zwei oder mehr Fehlerzustände sich gegenseitig nach außen hin kompensieren, so dass eine Fehlerwirkung nicht auftritt, bis einer der maskierenden Fehler korrigiert ist

Eine **Fehlhandlung** (error) ist die Ursache für einen Fehlerzustand oder Defekt und stellt eine Fehlhandlung einer Person dar, etwa die fehlerhafte Programmierung eines Entwicklers.

151 **b) Ursachen für Softwarefehler.** Software wird immer noch von Menschen in Handarbeit hergestellt, und überall wo Menschen arbeiten, werden Fehler gemacht. Eine solche so genannte Fehlhandlung führt dann zu einem Defekt (**Fehlerzustand**) im Code einer Software oder eines Systems oder in einem Dokument. Wenn der fehlerhafte Code ausgeführt wird, wird das System nicht das tun, was es tun sollte und dabei eine Fehlerwirkung hervorrufen oder ausfallen. Defekte in Software, Systemen oder Dokumenten können so zu einer Fehlerwirkung oder einem Ausfall führen.

152 Fehler werden gemacht, weil die Entwicklung von Software gewöhnlich unter schwierigen Bedingungen stattfindet. So entstehen Fehler zB unter Zeitdruck, bei komplexem Code, durch Komplexität der Infrastruktur, bei neuen/geänderten Technologien und vielen Systemwechselbeziehungen.

153 Fehlerwirkungen können aber auch durch Umgebungsbedingungen hervorgerufen werden. So kann die Ausführung der Software zB durch das Ändern von Betriebssystem- oder Hardwarezuständen beeinflusst werden.

154 **Mögliche Ursachen von Softwarefehlern in der Entwicklung sind:**

- Fehlerhafte Anforderungen.
- Fehler in der Kommunikation zwischen Kunde und Entwickler.
- Abweichung von den Anforderungen.
- Schwächen des Entwicklungsprozesses.
- Logische Entwurfsfehler.
- Programmierfehler.
- Abweichungen von Programmier- und Dokumentationsrichtlinien.
- Schwächen des Testprozesses.
- Fehler in der Benutzerschnittstelle.
- Fehler in der Dokumentation.

155 **c) Allgemeine Prinzipien des Softwaretestens.** Unter dem Testen von Software wird jede (im Allgemeinen stichprobenartige) Ausführung eines Testobjekts verstanden, die der Überprüfung des Testobjekts dient. Die Randbedingungen für die Ausführung des Tests müssen festgelegt sein. Ein Vergleich zwischen Soll- und Ist-Verhalten des Testobjekts dient zur Bestimmung, ob das Testobjekt die geforderten Eigenschaften besitzt.

---

³⁵ Nach ISO ist demnach der Begriff „Fehler" der Oberbegriff für Mängel. Bei der Vertragsgestaltung empfiehlt es sich, auf eine einheitliche Terminologie zu achten. Soweit im Vertrag Kauf- oder Werkvertragsrecht gelten soll, empfiehlt sich – zumindest für die Auftraggeberseite – bei der Mangeldefinition auf § 434 bzw. § 633 BGB abzustellen. Weitere Einzelheiten siehe ua *Redeker*, Handbuch der IT-Verträge, oder auch *Schneider*, Handbuch des EDV-Rechts.

³⁶ Siehe weitere Ausführungen ua: *Spillner/Linz*, Basiswissen Softwaretest, S. 7 f., 34, 36 f.

156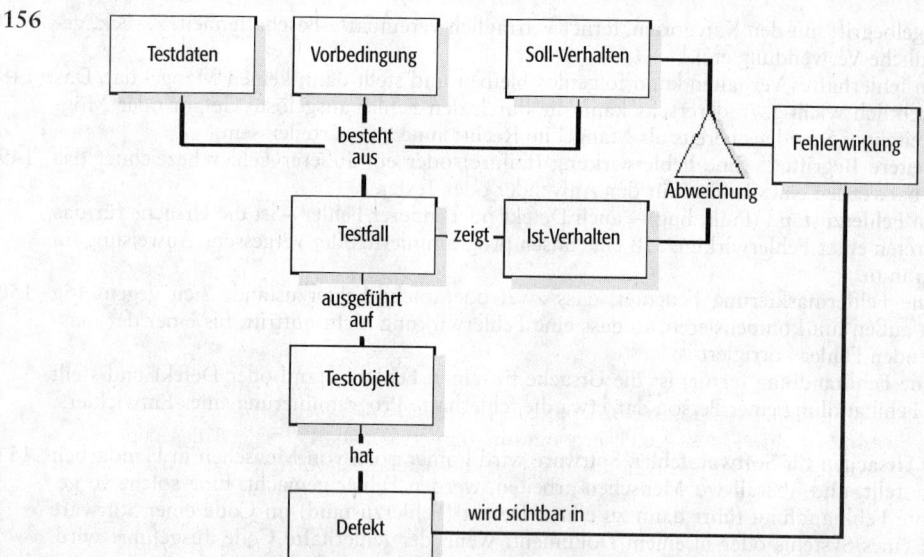

157 Zum Testen werden Testfälle verwendet. Ein **Testfall** besteht aus Testdaten (zB Eingabedaten), Vorbedingungen (zB bereits vorhandene Daten in einer Datenbasis oder ein Zustand in dem sich ein Objekt befindet), sowie ein definiertes Soll-Verhalten. Ein Testfall wird ausgeführt auf einem **Testobjekt**. Wenn das beobachtete Ist-Verhalten vom Soll-Verhalten abweicht, wenn also ein Fehlerwirkung beobachtet wird, dann hat das Testobjekt einen Defekt.

158 Testen besteht nicht nur aus dem Ausführen von Tests, dh dem Ausführen der Software. Weitere Testaktivitäten sind vor und nach der Testdurchführung angesiedelt. Dazu gehören:
- Planung und Steuerung des Tests.
- Auswahl der Testkriterien.
- Testfallspezifikation.
- Überprüfen der Resultate.
- Auswertung der Testendekriterien.
- Berichten über den Testprozess und das zu testende System.
- Abschlussarbeiten (zB nachdem eine Testphase abgeschlossen ist).

159 Zum Testen zählt ebenfalls das **Prüfen von Dokumenten** (Quellcode inbegriffen) und die **statische Analyse**. Sowohl das dynamische Testen als auch das statische Testen können als Mittel zur Erreichung ähnlicher Zielsetzungen eingesetzt werden. Dabei werden Informationen zur Verbesserung des zu testenden Systems, des Entwicklungs- und des Testprozesses geliefert.[37]

160 d) Zielsetzungen beim Testen. Testen verfolgt verschiedene Ziele:
- Aufdecken von Fehlern.
- Erzeugen von Vertrauen.
- Gewinnen von Informationen bezüglich des Qualitätsniveaus des Systems.
- Fehlerwirkungen vorbeugen.

161 Wenn Tests schon früh im Projektverlauf bzw. im Lebenszyklus einer Software spezifiziert werden, dann kann dies dazu beitragen, Fehler schon in der Spezifikation zu finden. Die Systemspezifikation (die Testbasis) wird so mittels der frühen Testspezifikation verifiziert. Auf diese Weise wird verhindert, dass Spezifikationsfehler in den Programmcode übernommen werden.

---

[37] Siehe auch *Spillner/Linz*, Basiswissen Softwaretest, S. 8 f., 36 ff.

Aus den Zielsetzungen beim Testen ergeben sich verschiedene Gesichtspunkte: 162
- Bei herstellerinternen **Tests im Testentwurf** (zB Komponententest, Integrationstest oder Systemtest) kann das Hauptziel sein, so viele Fehlerwirkungen wie möglich zu verursachen, so dass Fehlerzustände in der Software identifiziert und behoben werden können.
- Beim **Abnahmetest** kann das Hauptziel sein, zu bestätigen, dass das System wie erwartet funktioniert, um Vertrauen zu schaffen, dass es den Anforderungen entspricht.
- Es kann das Hauptziel des Testens sein, die Softwarequalität zu bewerten (ohne die Absicht Mängel zu beheben), um die Beteiligten über das Risiko einer Systemfreigabe zu einem bestimmten Zeitpunkt zu informieren.
- **Wartungstests** beinhalten oft Tests, die sicherstellen sollen, dass durch die Änderung der Software keine neuen Fehler eingebaut wurden (Regressionstests).
- Beim **operativen Test** kann das Hauptziel sein, ein System hinsichtlich Ausprägungen wie Zuverlässigkeit oder Verfügbarkeit zu bewerten.

e) **Debuggen und Testen.** Debugging und Testen sind verschiedene Dinge. 163
- Testen kann Fehlerwirkungen zeigen, die durch Fehler verursacht werden.
- Debugging ist eine Entwicklungsaktivität, die die Ursache eines Fehlers identifiziert, den Code korrigiert und überprüft, ob der Defekt korrekt behoben wurde. Anschließende Fehlernachtests durch einen Tester stellen sicher, dass die Lösung wirklich die Fehlerwirkung behoben hat.

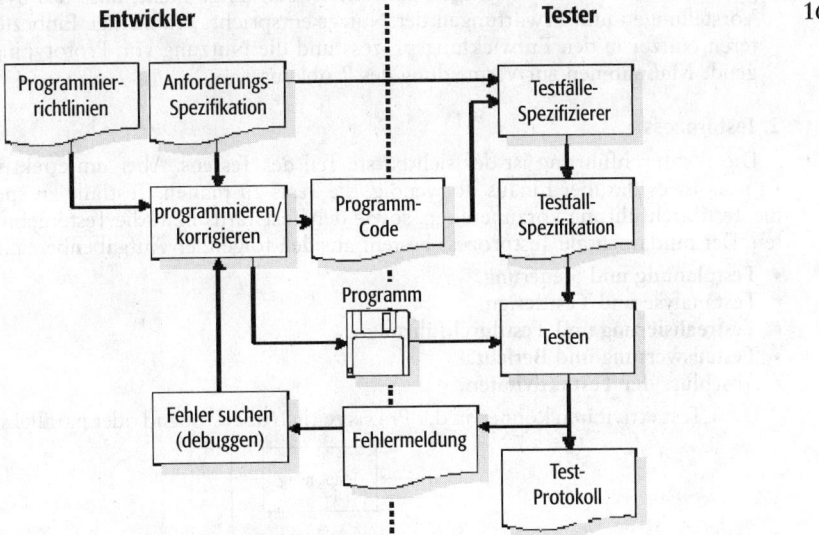

Die Verantwortung für jede der beiden Aktivität ist grundverschieden: Testen erfolgt durch den Tester und Debuggen durch den Entwickler.

f) **Grundsätze des Testens.** In den letzten 40 Jahren haben sich folgende Grundsätze zum 165 Testen herauskristallisiert, die als generelle Leitlinien beim Testen angesehen werden.
- **Grundsatz 1:** Testen zeigt die Anwesenheit von Fehlern. Mit Testen wird das Vorhandensein von Fehlerwirkungen nachgewiesen. Mit Testen lässt sich nicht beweisen, dass keine Fehlerzustände im Testobjekt vorhanden sind. Ausreichendes Testen verringert die Wahrscheinlichkeit, dass noch unentdeckte Fehlerzustände im Testobjekt vorhanden sind. Selbst wenn keine Fehlerwirkungen im Test aufgezeigt wurden, ist dies kein Nachweis für Fehlerfreiheit.
- **Grundsatz 2:** Vollständiges Testen ist nicht möglich. Ein vollständiger Test, bei dem alle möglichen Eingabewerte und deren Kombinationen unter Berücksichtigung aller unterschiedlichen Vorbedingungen ausgeführt werden, ist nicht durchführbar, mit Ausnahme bei sehr trivialen Testobjekten. Tests sind immer nur Stichproben, und der Testaufwand ist deshalb nach Risiko und Prioritäten zu steuern.

- **Grundsatz 3:** Mit dem Testen frühzeitig beginnen. Testaktivitäten sollen im System- oder Softwarelebenszyklus so früh wie möglich beginnen und definierte Ziele verfolgen. Durch frühzeitiges Prüfen werden Fehler frühzeitig erkannt.
- **Grundsatz 4:** Häufung von Fehlern. Oft finden sich in nur wenigen Teilen eines Testobjekts die meisten Fehlerursachen, eine Gleichverteilung der Fehlerzustände im Testobjekt ist nicht gegeben. Dort wo Fehlerwirkungen nachgewiesen wurden, finden sich meist noch weitere. Beim Testen muss flexibel auf diesen Umstand reagiert werden.
- **Grundsatz 5:** Wiederholungen haben keine Wirksamkeit. Wiederholungen der immer gleichen Testfälle führen zu keinen neuen Erkenntnissen. Damit die Effektivität der Tests nicht absinkt, sind die Testfälle regelmäßig zu prüfen und neue oder modifizierte Testfälle zu erstellen. Bisher nicht geprüfte Teile der Software oder unberücksichtigte Konstellationen bei der Eingabe werden dann ausgeführt und somit mögliche weitere Fehlerwirkungen nachgewiesen.
- **Grundsatz 6:** Testen ist abhängig vom Umfeld. Je nach Einsatzgebiet und Umfeld des zu prüfenden Systems ist das Testen anzupassen. Keine zwei Systeme sind auf die exakt gleiche Art und Weise zu testen. Intensität des Testens, Definition der Testendekriterien usw. sind bei jedem System entsprechend seines Einsatzumfeldes festzulegen. Sicherheitskritische Systeme verlangen andere Prüfungen als beispielsweise E-Commerce-Systeme.
- **Grundsatz 7:** Trugschluss: Keine Fehler bedeutet ein brauchbares System. Fehlerwirkungen zu finden und zu beseitigen garantiert noch lange nicht, dass das System auch den Vorstellungen und Erwartungen der Nutzer entspricht. Frühzeitige Einbeziehung der späteren Nutzer in den Entwicklungsprozess und die Nutzung von Prototyping sind vorbeugende Maßnahmen zur Vermeidung des Problems.

2. Testprozess

Die Testdurchführung ist der sichtbarste Teil des Testens. Aber um effektiv und effizient zu sein, ist es darüber hinaus notwendig, die Tests zu planen, Testfälle zu spezifizieren und die Testdurchführung vorzubereiten, sowie den Teststatus bzw. die Testergebnisse auszuwerten. Der fundamentale Testprozess besteht aus den folgenden Aufgabenbereichen:

- Testplanung und Steuerung.
- Testanalyse und Testdesign.
- Testrealisierung und Testdurchführung.
- Testauswertung und Bericht.
- Abschluss der Testaktivitäten.

Diese Testaktivitäten können in der Praxis zeitlich überlappend oder parallel stattfinden.[38]

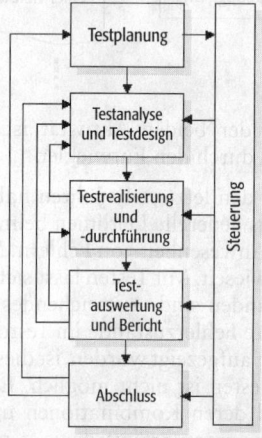

---

[38] Siehe ua *Spillner/Linz*, Basiswissen Softwaretest, S. 18 ff., 173 f. oder auch *Bath/McKay*, Praxiswissen Softwaretest.

a) **Testplanung und Steuerung.** Zur **Testplanung** gehören folgende Aktivitäten:
- Überprüfung und Festlegung des Aufgabenumfangs des Testens für das spezielle Projekt,
- die Definition der Testziele und die Festlegung der Testaktivitäten, die notwendig sind, um Aufgabenumfang und Testziele erreichen zu können.

Wichtig ist auch die **Teststeuerung.** Dazu gehört es, den aktuellen Testfortschritt gegen den Plan einschließlich eventueller Abweichungen vom Plan zu überprüfen und den Status aufzuzeigen, sowie ggf. das Einleiten von Korrekturmaßnahmen. Um Tests steuern zu können, ist es notwendig, projektbegleitend geeignete Fortschrittsdaten zu ermitteln. Die Testplanung muss Feedback aus solchen Überwachungs- und Steuerungsaktivitäten berücksichtigen und die Pläne entsprechend fortschreiben.

Die **Testplanung** umfasst die folgenden Hauptaufgaben:
- Bestimmen des Umfangs und der Risiken des Testens und Identifikation der Testziele.
- Bestimmen der Testvorgehensweise (Techniken, Testobjekte, Überdeckung, Teams, die am Test beteiligt sind, identifizieren und einbinden, Testmittel).
- Bestimmen der benötigten Testressourcen (zB Personal, Testumgebung, PCs).
- Festlegen der Testmethode und der Teststrategie.
- Terminieren der Testanalyse und der Testspezifikationsaufgaben.
- Terminieren der Testimplementierung, der Testdurchführung und Testauswertung.
- Bestimmen der Testendekriterien.

Die **Teststeuerung** umfasst die folgenden Hauptaufgaben:
- Messen und Analysieren der Resultate.
- Überwachen und Dokumentieren von Testfortschritt, erreichter Testabdeckung und der Testendekriterien.
- Anstoß von Korrekturmaßnahmen.
- Treffen von Entscheidungen.

b) **Testanalyse und Testdesign.** Bei Testanalyse und -entwurf werden die allgemeinen Testziele in **konkrete Testbedingungen und Kriterien** detailliert. Dies umfasst die folgenden Hauptaufgaben:
- Review der Testbasis (zB Anforderungen, Architektur, Design, Schnittstellen).
- Identifizierung der Testbedingungen/Testanforderungen und der benötigten Testdaten auf Grundlage der Testobjektanalyse, der Spezifikation, des Verhaltens und der Struktur des Testobjekts.
- Testentwurf (Design).
- Bewertung der Testbarkeit von Anforderungen und System.
- Entwurf der Testumgebungsorganisation und Identifikation der benötigten Infrastruktur und Werkzeuge.

c) **Testrealisierung und Testdurchführung.** Testrealisierung und -durchführung sind die Aktivitäten, bei denen die Testbedingungen und logische Testfälle in **konkrete Testfälle und Testmittel (Dokumente & Werkzeuge)** umgesetzt werden. Des Weiteren ist das Testsystem in dieser Phase entsprechend konfiguriert und steht zur Verfügung. Testrealisierung und -durchführung umfassen die folgenden Hauptaufgaben:
- Erstellung und Priorisierung der Testfälle, Erstellung der Testdaten, der Testszenarien und optional Vorbereitung der Testrahmen und Entwicklung von Skripten zur Testautomatisierung.
- Zusammenstellen von Testsuiten (logische Gruppierung von einzelnen Testfällen), um die Testdurchführung möglichst effizient zu gestalten.
- Kontrolle, ob das Testsystem korrekt aufgesetzt wurde und Sicherstellung der richtigen Konfigurationen.
- Ausführung der Testfälle (manuell oder automatisiert) unter Einhaltung des Testplans (Reihenfolge, Testsuiten etc).

- Protokollierung der Testergebnisse und Dokumentation der genauen Version des jeweiligen Testobjektes und der eingesetzten Testwerkzeugen und Testmittel.
- Vergleich der Ist-Ergebnisse mit den erwarteten Soll-Ergebnissen.
- Um den Grund eines Problems festzustellen (zB Fehler im Code, in spezifizierten Testdaten, im Testdokument oder ein Fehler bei der Eingabe des Testfalles) werden gefundene Fehlerwirkungen oder Abweichungen festgehalten und analysiert.
- Alle Testfälle, die eine Fehlerwirkung aufgedeckt haben, müssen nach der Behebung der jeweiligen Ursachen nochmals getestet werden (**Fehlernachtest**). Ein Fehlernachtest wird durchgeführt, um sicherzustellen, dass eine Fehlerbehebung in der Software den gewünschten Erfolg gebracht hat. Darüber hinaus sind weitere Testwiederholungen (**Regressionstest**) nötig, um sicherzustellen, dass die Fehlerbehebung bzw. Softwareänderung keinen negativen Einfluss auf bereits bestehende Funktionalität hatte oder dass nicht weitere (bisher maskierte) Fehler freigelegt wurden.

174 d) **Testauswertung und Bericht.** Testauswertung und -bericht sind die Aufgaben, durch die **Ergebnisse** der Testdurchführung und die **definierten Ziele der Tests verglichen** werden. Diese Phase sollte in jeder Teststufe abgehandelt werden.

175 Testauswertung und -bericht hat folgende Hauptaufgaben:
- Auswertung der Testprotokolle in Hinblick auf die im Testplan festgelegten Testendekriterien.
- Entscheidung, ob mehr Tests durchgeführt oder ob die festgelegten Testendekriterien angepasst werden müssen.
- Erstellung des Testberichts für die Stakeholders.

176 e) **Abschluss der Testaktivitäten.** Während des Abschlusses der Testaktivitäten werden Daten von abgeschlossenen Testphasen gesammelt und konsolidiert (**Erfahrungen, Testmittel, Fakten, Zahlen**); beispielsweise wenn eine Software in Betrieb genommen wird, ein Testprojekt abgeschlossen (oder abgebrochen) wird, ein Meilenstein erreicht wird oder ein Wartungs-Release (**Maintenance-Release**) abgeschlossen ist.

177 Der Abschluss der Testaktivitäten umfasst folgende Hauptaufgaben:
- Kontrolle, welche der geplanten Arbeitsergebnisse geliefert wurden, Schließung der Fehlermeldungen oder Erstellung von Änderungsanforderungen für weiter bestehende Fehler und die Dokumentation der Abnahme des Systems.
- Dokumentation und Archivierung der Testmittel, Testumgebung und der Infrastruktur für spätere Wiederverwendung.
- Übergabe der Testmittel an die Wartungsorganisation.
- Analyse und Dokumentation von „lessons learned" für spätere Projekte und Verbesserung der **Testreife**.

3. Testen im Softwarelebenszyklus

178 Testen existiert nicht isoliert, Testaktivitäten sind immer bezogen auf Softwareentwicklungsaktivitäten. Man spricht in diesem Zusammenhang auch vom Lifecycle eines Software-Systems (einer Applikation). Um die Erstellung und Pflege in geordneten Stufen abzuwickeln, wurden Vorgehensmodelle entwickelt. Verschiedene Entwicklungslebenszyklusmodelle erfordern verschiedene Testansätze.[39]

179 a) **Klassisches Wasserfall-Modell.** Beim klassischen Lifecycle-Modell werden folgende Aktivitäten ausgeführt:

---

[39] Siehe weitere Details ua *Spillner/Roßner/Winter/Linz*, Praxiswissen Softwaretest – Testmanagement, S. 23 ff.

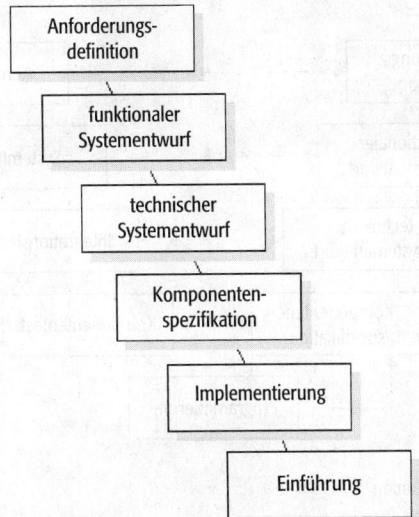

- **Systems Engineering:** Da Software-Systeme immer Teil von größeren Systemen sind, beginnt der Zyklus bei der Analyse der Systemanforderungen und einer Machbarkeitsstudie auf Systemebene. Von besonderer Bedeutung sind Schnittstellenaspekte der Software-Systeme zur Hardware (zB bei integrierten Systemen, aber auch bei Echtzeitsystemen), zur Organisation aus betriebswirtschaftlicher Sicht (zB bei großen kommerziellen interaktiven Informationssystemen) und zu Datenbasen. **180**

- **Software-Anforderungsanalyse und -Anforderungsdefinition:** Der eigentliche Zyklus für die Software-Entwicklung beginnt bei der Sammlung, der Analyse und der Definition der Anforderungen an das Software-System. Um die Ziele und den Zweck des Systems zu verstehen, benötigt der Entwickler genaue Kenntnisse der Anforderungen, die in Form von funktionalen und nicht funktionalen Anforderungen spezifiziert werden. Das Dokumentieren dieser Anforderungen und das Prüfen durch den Auftraggeber (Review) sind wichtige Voraussetzungen für die Sicherstellung einer qualitativ guten Software- und Systementwicklung. **181**

- **System-Entwurf:** Der Entwurf ist die Brücke zwischen Anforderungen und der implementierten Lösung. Wichtige Aufgaben sind der Entwurf der Datenstrukturen, der Software-Architektur und der Schnittstellen der Software-Bausteine (Module). Bei komplexeren Komponenten sind außerdem detaillierte Komponenten-Spezifikationen zu erstellen. Bei größeren Systemen ist es sinnvoll, zwischen funktionalem und technischem System-Entwurf zu unterscheiden. Die Nachvollziehbarkeit von Entwurfsentscheidungen erleichtert sowohl die Prüfung der Qualität als auch die Wartung der Software. **182**

- **Implementierung:** Der Entwurf muss in eine ausführbare Form gebracht werden. Dies ist die Aufgabe der Programmiertätigkeit. Die Implementierung beinhaltet neben der Erstellung von Programmen aber auch verschiedene weitere Aktivitäten wie zB die Parametrisierung und Einbindung von Standard-Software-Komponenten, die Einrichtung von Schnittstellen und die Spezifikation von Datenbanken. **183**

- **Testen:** Durch Testen wird geprüft, ob das implementierte Software-System die geforderten Anforderungen erfüllt und ausreichendes Vertrauen in das System gerechtfertigt ist, um es in der produktiven Umgebung einzuführen und zu betreiben. **184**

- **Einführung, Betrieb und Wartung:** Die Einführung markiert den Übergang in die produktive Umgebung. Dazu gehören die Installation des Software-Systems ebenso wie die Schulung der Benutzer. Die Wartungsphase ist geprägt von den Änderungen, die durch die Benutzer und die Betriebsumgebung, aber auch durch mangelnde Qualität hervorgerufen werden. **185**

b) V-Modell

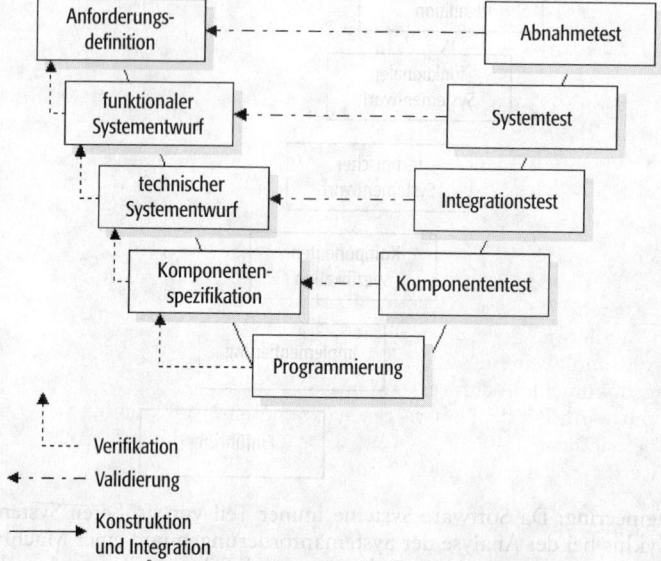

aa) Die vier Teststufen. Das allgemeine V-Modell[40] beinhaltet vier Teststufen, die zu den vier entsprechenden Entwicklungsstufen gehören:
- Komponententest (Unit Test).
- Integrationstest.
- Systemtest.
- Abnahmetest.

bb) Die Phasen des V-Modells. Die Phasen des allgemeinen V-Modells sind:
- **Anforderungsdefinition:** Wünsche und Anforderungen des Auftraggebers oder späterer Systemanwenders werden gesammelt, spezifiziert und verabschiedet. Zweck und gewünschte Leistungsmerkmale des zu erstellenden Softwaresystems liegen damit fest.
- **funktionaler Systementwurf:** Abbildung aller Anforderungen auf Funktionen und Dialogabläufe.
- **technischer Systementwurf:** Definition der Schnittstellen zur Systemumwelt und die Zerlegung des Systems in überschaubarere Teilsysteme (Systemarchitektur) die möglichst unabhängig voneinander entwickelt werden können.
- **Komponentenspezifikation:** Definition der Aufgabe, Verhalten, innerer Aufbau einer jeden Komponente und deren Schnittstellen zu anderen Komponenten bzw. Teilsystemen.
- **Programmierung:** Programmierung jedes spezifizierten Bausteins in einer Programmiersprache.
- **Komponententest:** Prüfung, ob jede Komponente für sich den Vorgaben seiner Spezifikation entspricht.
- **Integrationstest:** Prüfung, ob Gruppen von Komponenten, wie sie im technischen Systementwurf vorgesehen sind, zusammen spielen.
- **Systemtest:** Prüfung ob das implementierte System den spezifizierten Anforderungen entspricht.
- **Abnahmetest:** Prüfung, ob das System aus Kundensicht die vertraglich vereinbarten Leistungsmerkmale aufweist.

---

[40] Es existieren verschiedene Varianten des V-Modells. In der Praxis kann ein V-Modell auch weniger, mehr oder andere Stufen besitzen, je nach Projektvorgehen und Produkt. Beispielsweise kann es Komponentenintegrationstests nach Komponententests oder Systemintegrationstests nach Systemtests geben.

Die Grundidee des allgemeinen V-Modells ist, dass Entwicklungsarbeiten und Testarbeiten korrespondierende Tätigkeiten sind. Im linken Ast stehen (analog zum Wasserfall-Modell) die immer detaillierter werdenden Entwicklungsschritte, in deren Verlauf das Anwendungssystem konzipiert und programmiert wird. Der rechte Ast steht für Integrations- und Testarbeiten, in deren Verlauf elementare Programmbausteine schrittweise zu größeren Teilsystemen zusammengesetzt (integriert) und überprüft werden. Dabei sind dann die Entwicklungsdokumente (wie zB Geschäftsvorfälle, Anforderungsspezifikationen, Entwurfsdokumente und Code), die während der Entwicklung entstehen, die Basis für Tests in einer oder mehreren Stufen.

cc) Verifikation und Validierung. Die Begriffe Verifikation und Validierung lassen sich gut anhand des allgemeinen V-Modells erklären.

Verifikation: Unter Verifikation versteht man den Vergleich des Produktes einer Entwicklungsphase mit seinen Vorgaben (zB Baustein gegen seine Spezifikation). Verifikation ist im Gegensatz zur Validierung auf eine einzelne Entwicklungsphase bezogen und soll die Korrektheit und Vollständigkeit eines Phasenergebnisses relativ zu seiner direkten Spezifikation (Phaseneingangsdokumente) nachweisen. Durch Verifikation wird überprüft, ob das System richtig entwickelt wird. Bei der Softwareentwicklung ist es zB wichtig, sicherzustellen, dass der Programm-Code den Vorgaben aus Anforderung und Entwurf entspricht. Ebenso muss sichergestellt werden, dass durch den Entwurf des Systems die Anforderungen abgedeckt werden. Dies kann durch Entwurfsreviews überprüft werden.

Validierung: Unter Validierung versteht man die Prüfung der Anwendbarkeit und Einsatztauglichkeit einer Problemlösung, eines Produkts bzw. Systems in seiner Umwelt. Durch Validierung wird überprüft, ob das richtige System entwickelt wurde.

c) Iterative Entwicklungsmodelle. Bei iterativer Entwicklung werden Anforderungsdefinition, Entwurf, Entwicklung und Test in einer Reihe kleiner Entwicklungsschritte durchlaufen. Beispiele für iterative Entwicklungsmodelle sind
- Prototyping,
- Rapid Application Development (RAD),
- der Rational Unified Process (RUP) und
- Xtreme Programming.

Die Erweiterung einer Iteration kann auf verschiedenen Stufen als Teil der Entwicklung getestet werden. Eine Erweiterung, die zu den anderen vorangehenden Erweiterungen hinzugefügt wird, ergibt so ein wachsendes unvollständiges System, das ebenso getestet werden sollte.

Regressionstests haben daher bei allen Iterationen nach dem ersten Zyklus eine zunehmende Bedeutung. In iterativen Entwicklungsmodellen können Verifikation und Validierung für jede Erweiterung durchgeführt werden.

d) Integration von Entwicklung und Testen. Entwicklungsteam und Testteam arbeiten parallel, ihre Aktivitäten sind eng miteinander verzahnt. Insbesondere ist das Testteam schon früh in die Entwicklungsaktivitäten zu integrieren.

> **Praxistipp:**
> Es lassen sich für die Zusammenarbeit folgende Grundsätze feststellen:
> - Die Tester sollten so früh wie möglich einbezogen werden, dh sobald genügend Informationen vorhanden sind, um den nächsten Schritt im Testprozess durchführen zu können.
> - Die Tester sollten außerdem im Reviewprozess der Entwicklungsdokumente (Anforderungen, Analyse und Design) eingebunden werden, sobald eine Version der Dokumente verfügbar ist.
> - Zu jeder Entwicklungsaktivität gibt es eine zugehörige Aktivität im Testen (siehe auch allgemeines V-Modell).
> - Die Analyse und der Entwurf der Tests für eine Teststufe sollten während der zugehörigen Entwicklungsaktivität beginnen.
> - Jede Teststufe hat Testziele, die spezifisch für diese Stufe sind; die Ziele lassen sich aus den zugehörigen Entwicklungsdokumenten ableiten.

4. Teststufen

196 **a) Hierarchie der Testobjekte.** *aa) Aufbau von technischen Systemen.* Technische Systeme sind hierarchisch aufgebaut: sie bestehen aus Teilsystemen, die wiederum aus kleineren Teilen bzw. Komponenten bestehen. Diese Einteilung in Funktionsebenen dient dem Ziel, die **Komplexität durch Abstraktion zu reduzieren.** Dabei kommen die allgemein anwendbaren Grundsätze des Systemdenkens „Einteilung in Subsysteme", „Prinzip der minimalen Schnittstelle" und das „Blackbox-Prinzip" zur Anwendung. Auch Software-Systeme sind so aufgebaut. Die einzelnen Hierarchieebenen können sein: System, Teilsystem, Programm und Programmeinheit (Unit).

197 *bb) Testobjekte.* Testobjekte können auf allen Hierarchiestufen identifiziert werden. Typische Testobjekte im prozeduralen Umfeld sind: Unterprogramme, Programme, Schnittstellen und Schnittstellenprogramme, Teilsysteme, Systeme bzw. Applikationen, Schnittstellen zu anderen Applikationen. Typische Testobjekte im objektorientierten Umfeld sind: Methoden (Operationen), Klassen und ihre Schnittstellen, Komponenten (Klassenmengen), Teilsysteme, Systeme bzw. Applikationen, Schnittstellen zu anderen Applikationen.

198 **b) Definition von Teststufen.** Es ist generell sinnvoll, zuerst die Teile zu testen, bevor man das Ganze testet. Dies reduziert die Komplexität und Fehler lassen sich leichter lokalisieren. Wenn die Teile getestet worden sind, so muss auch deren Zusammenspiel geprüft werden, es müssen also die Schnittstellen getestet werden. Aus diesen grundsätzlichen Überlegungen leiten sich die folgenden Teststufen ab:[41]

- Komponententest (Unit-Test),
- Integrationstest (Schnittstellentest),
- Systemtest.

199 Zusätzlich wird der Abnahmetest als separate Teststufe betrachtet, welcher das System aus der Perspektive des Auftraggebers überprüft.

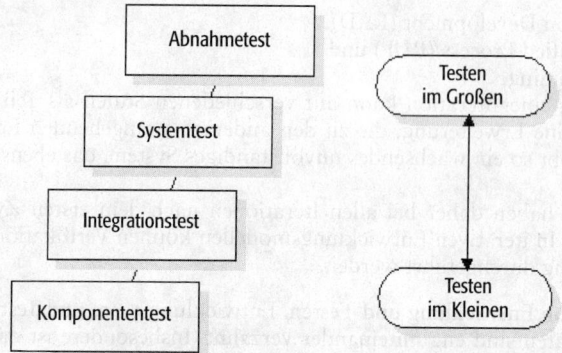

200 Es lassen sich mehrere Arten von Integrationstests unterscheiden:
- Der Komponentenintegrationstest (folgt nach dem Komponententest).
- Der Applikationsintegrationstest (folgt nach dem Systemtest).

201 Alle Teststufen können durch die folgenden Aspekte charakterisiert werden:
- allgemeine Ziele.
- die Arbeitsergebnisse, von denen die Testfälle abgeleitet werden (die Testbasis).
- das Testobjekt (also was getestet wird).
- typische Fehlerwirkungen und -zustände, die gefunden werden sollten.
- Anforderungen an den Testrahmen und Werkzeugunterstützung.
- spezifische Ansätze und Verantwortlichkeiten.

---

[41] Siehe auch ua *Spillner/Roßner/Winter/Linz*, Praxiswissen Softwaretest – Testmanagement und *Koomen*, TMap Next, 1. Aufl., 2008.

c) **Komponententest.** *aa) Zweck des Komponententests.* Der Komponententest hat zum 202 Ziel, das Funktionieren von Softwareteilen, die unabhängig von anderen getestet werden können (zB Module, Programme, Objekte, Klassen, etc), zu prüfen und darin vorhandene Fehler zu finden. Dies wird dadurch erreicht, dass das Testobjekt vom Rest des Systems isoliert wird.

bb) Testtreiber und Stubs. Um eine Softwarekomponente zu isolieren, muss ein entsprechender Testrahmen vorgesehen werden. Dabei gelangen Platzhalter, Treiber und Simulatoren zur Anwendung. Ähnliches gilt für den Integrationstest.

Anstelle der noch nicht eingebundenen Module auf einer höheren Ebene kommen **Treiber** (Hilfsprogramme zum Aufruf des zu testenden Moduls) zum Einsatz. Anstelle der noch nicht eingebundenen Module auf einer niedrigeren Ebene kommen so genannte **Stubs** oder **Dummies** zum Einsatz. Damit sind Hilfsprogramme gemeint, die eine noch nicht existierende Unterfunktion simulieren.

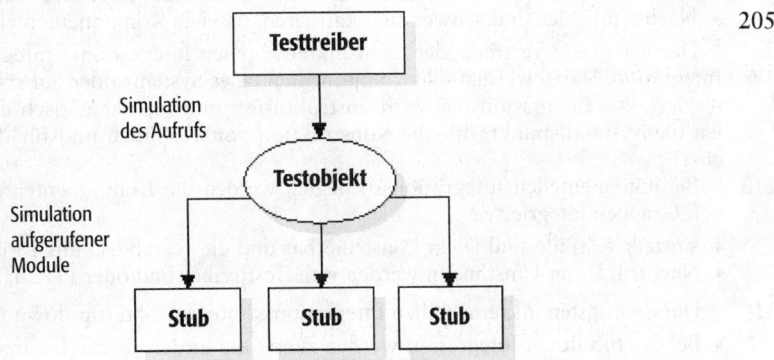

cc) Prüfziele des Komponententests. Beim Komponententest stehen die funktionalen Aspekte im Vordergrund. Er kann aber auch nichtfunktionale Aspekte beinhalten, so etwa das Testen des Umgangs mit den Ressourcen (zB Speicherengpässe), Robustheitstest oder auch struktureller Test (zB Zweigüberdeckung). Testfälle werden von Entwicklungsdokumenten, wie einer Komponentenspezifikation, dem Softwareentwurf oder dem Datenmodell abgeleitet. Meistens stehen beim Komponententest den Testern der Quellcode und Hilfsmittel aus der Entwicklungsumgebung zur Verfügung.

In der Praxis sind oft die für den Code verantwortlichen Entwickler an den Tests beteiligt. Dabei werden die gefundenen Fehler häufig sofort korrigiert und gar nicht erst formell erfasst.

d) **Integrationstest.** *aa) Zweck des Integrationstests.* Der Integrationstest prüft die Schnittstellen zwischen Komponenten, die Interaktionen zwischen verschiedenen Teilen eines Systems, wie zum Beispiel zum Betriebssystem, zum Dateisystem, zur Hardware oder den Schnittstellen zwischen Systemen. Es können mehrere Integrationsstufen zum Einsatz gelangen und diese können Testobjekte unterschiedlichster Größe betreffen.

Zum Beispiel:
- Ein Komponentenintegrationstest prüft das Zusammenspiel der Softwarekomponenten und wird nach dem Komponententest durchgeführt.
- Ein Systemintegrationstest prüft das Zusammenspiel zwischen verschiedenen Systemen und kann nach dem Systemtest durchgeführt werden.
- Je größer der Umfang einer Integration ist, desto schwieriger ist die Isolation von Fehlerwirkungen in einer spezifischen Komponente oder einem System. Dies führt unvermeidlich zur Risikoerhöhung.

bb) Integrationsstrategien. Beim Integrationstesten geht man davon aus, dass die einzelnen Module bereits gut getestet sind. Der Schwerpunkt eines Integrationstests liegt daher auf dem **Testen der Modulschnittstellen und der Modulkommunikation**. Ein wichtiger Aspekt hierbei ist die gewählte Integrationsstrategie, welche einen großen Einfluss auf die Zahl der benötigten Testtreiber und Platzhalter hat. Die Integrationsstrategie bestimmt dabei, wie und in welcher Reihenfolge die Komponenten zu größeren Komponenten zusammengesetzt werden.

210   Integrationsstrategien können in vorgehens- und testzielorientierte sowie in inkrementelle und nicht-inkrementelle Strategien eingeteilt werden. Systematische Integrationsstrategien können auf der Systemarchitektur (zB Top-Down und Bottom-Up), funktionalen Aufgaben, Transaktionsverarbeitungssequenzen oder anderen Aspekten des Systems oder seiner Komponenten basieren. Um die Fehlererkennung zu erleichtern, sind inkrementelle Integrationsstrategien normalerweise der Big-Bang-Strategie vorzuziehen.

211   Bei **nicht-inkrementellen Integrationsstrategien (Big-Bang)** werden alle oder eine größere Anzahl von Komponenten gleichzeitig integriert.
- **Vorteil:** Geringer Aufwand, denn es werden keine Testtreiber und Platzhalter benötigt.
- **Nachteil:** Fehler sind schwer zu lokalisieren, da viele Komponenten zusammenwirken.

212   Der wichtigste Vertreter der nicht-inkrementellen Integrationsstrategien ist die Big-Bang-Integration. Dabei werden alle Komponenten eines Systems oder Subsystems gleichzeitig integriert. Der Integrationstest wird unstrukturiert und unsystematisch durchgeführt. Es fehlen dann Anhaltspunkte für die Konstruktion von Testfällen und für die gezielte Fehlersuche.

213   Bei inkrementellen Integrationsstrategien werden die Komponenten einzeln oder in kleinen Gruppen integriert.
- **Vorteil:** Testfälle sind leicht konstruierbar und die Testabdeckung ist überprüfbar.
- **Nachteil:** Unter Umständen werden viele Testtreiber und/oder Platzhalter benötigt.

214   Die wichtigsten inkrementellen Integrationsstrategien sind top-down und bottom-up:
- Bei der **top-down-Integration** werden zuerst die in der Hierarchie bzw. Schichtenstruktur am weitesten oben stehenden Komponenten für sich überprüft. Dafür werden Platzhalter für die Simulation der darunter liegenden Komponenten benötigt.
- Bei der **bottom-up-Integration** werden zuerst die Komponenten getestet, die keine Dienste von anderen Komponenten benötigen. Dafür werden Testtreiber benötigt.

215   e) **Systemtest**. *aa) Zweck des Systemtests.* Der Systemtest beschäftigt sich mit dem Verhalten eines Gesamtsystems, wie es in einem Entwicklungsprojekt definiert ist. Der Systemtest ist der erste Test, der das **komplett zusammengefügte Gesamtsystem** betrifft. Er stellt die umfangreichste Teststufe dar, weil hier alle relevanten Qualitätskriterien getestet werden müssen.

216   Die Problematik beim Systemtest besteht darin, dass Fehler, die im Modul- oder Integrationstest gefunden werden, leicht auf einzelne Module zurückgeführt werden können. Dagegen Fehler, die im Systemtest gefunden werden, können einer großen Anzahl von Modulen entstammen und sind daher sehr schwierig zu finden und zu korrigieren. Aus diesem Grund sollte der Systemtest erst nach intensiven Low-Level-Tests durchgeführt werden.

217   *bb) Anforderungen an den Systemtest.* Beim Systemtest sollte die Testumgebung mit der Ziel- oder Produktionsumgebung so weit wie möglich übereinstimmen, um das Risiko umgebungsspezifischer Fehler zu minimieren. Es gibt zwei wesentliche Gründe, warum Tests in einer **separaten Testumgebung** (von der Produktionsumgebung verschieden) durchgeführt werden sollten:
- Im Test werden Fehlerwirkungen auftreten. Dabei besteht immer die Gefahr, dass die Produktionsumgebung beeinträchtigt wird. Teure Systemausfälle und Datenverluste im produktiven System können die Folge sein.
- Die Tester haben keine oder nur geringe Kontrolle über Parameter und Konfiguration der Produktionsumgebung. Durch den gleichzeitig zum Test weiter laufenden Betrieb der anderen Systeme werden die Testbedingungen unter Umständen unbemerkt verändert. Die durchgeführten Systemtests sind dann schwer oder gar nicht mehr reproduzierbar.

Die Auswahl und Spezifikation von Systemtestfällen können basieren auf: 218
- Anforderungsspezifikationen;
- Geschäftsprozessen;
- Anwendungsfällen;
- Risikobewertungen von Systemteilen;
- anderen abstrakten Beschreibungen des Systemverhaltens, der Interaktionen mit dem Betriebssystem und den Systemressourcen.

Systemtests untersuchen sowohl die funktionalen als auch sämtliche relevanten nicht- 219
funktionalen Anforderungen an das System. Dabei müssen sich Tester auch oft mit unvollständigen oder undokumentierten Anforderungen befassen.

cc) Prüfziele des Systemtests. Für den Systemtest sind umfangreiche Prüfziele zu berück- 220
sichtigen.
Funktionale Anforderungen: Es ist zu prüfen, ob das System alle funktionalen Anforderungen erfüllt. Funktionale Anforderungen werden im Systemtest zunächst mit spezifikationsbasierten Testentwurfsverfahren (**Blackbox**) getestet. Basis dafür ist die Spezifikation der funktionalen Anforderungen zB in Form von Geschäftsfällen sowie die Geschäftsprozessbeschreibungen.
Beispielsweise kann eine Entscheidungstabelle für die Kombination der Wirkungen in Geschäftsregeln erstellt werden.

Für die Bewertung der Vollständigkeit der Testfälle können verschiedene Metriken ver- 221
wendet werden:
- Anforderungsabdeckung,
- Geschäftsfallabdeckung,
- Prozessabdeckung, etc.

Strukturbasierte Techniken (**Whitebox**) können eingesetzt werden, um die Überdeckung 222
der Tests in Bezug auf strukturelle Elemente, wie die Menüstruktur oder eine Navigationsstruktur einer Web-Site, zu bewerten.

Nicht-funktionale Anforderungen: Sämtliche relevanten nicht-funktionalen Anforderun- 223
gen sind beim Systemtest zu überprüfen. Dazu gehören:
- Volumen,
- Last,
- Stress,
- Fehlertoleranz (Robustheit),
- Effizienz (Performance),
- Benutzbarkeit,
- Sicherheit,
- Konfiguration,
- Interoperabilität.

Bei allen aufgeführten Testverfahren ist darauf zu achten, dass die Durchführung von 224
Regressionstests möglich ist, damit die Testfälle beim Abnahmetest und nach Wartungsarbeiten wiederholt werden können. Bei einer evolutionären oder inkrementellen Softwareentwicklung werden die gespeicherten Testfälle der Vorversion mit Soll-/Ist-Ergebnisvergleich nochmals ausgeführt. Systemtests werden oftmals durch unabhängige Testteams durchgeführt.

f) Testen von nicht-funktionalen Qualitätsmerkmalen. Beim Testen von funktionalen 225
Qualitätsmerkmalen ist es anhand von Testfällen relativ einfach festzustellen, ob eine bestimmte Funktion vorhanden und korrekt ist. Bei nicht-funktionalen Merkmalen lässt sich die „Korrektheit" nicht so einfach feststellen. Deshalb müssen andere Wege gefunden werden, um Erfüllungskriterien zu definieren. Als Beispiel werden hier einige ausgewählte **dynamische Testmethoden** für nicht-funktionale Qualitätsanforderungen kurz erläutert.

Schmidt

226 aa) *Massentest*. Bei einem Massentest prüft der Tester das Systemverhalten bei der **Verarbeitung von großen Datenmengen** und **über lange Zeiträume** hinweg. Dadurch kann er Instabilitäten im System finden, die beim Test einer einzelnen Funktion nicht auftreten würden, wie beispielsweise Memory Leaks. Daher werden Massentests verwendet, um die Zuverlässigkeit und das Verbrauchsverhalten eines Systems zu testen.

227 In den meisten Fällen wird eine konstante oder langsam steigende Arbeitslast simuliert, doch manchmal ist auch eine dem Echtbetrieb möglichst ähnliche Last erwünscht. Für eine solche, szenariobasiert unterschiedliche Arbeitslast werden zufällig generierte Testfälle, oder solche, die aus einem Pool zufällig ausgewählt werden, herangezogen und en masse ausgeführt.

228 *bb) Lasttest/Stresstest*. Das Ziel von Last- oder Stress-Tests ist es, Fehler zu finden, die bei **paralleler Ausführung von mehreren Funktionen** auftreten. Das System wird unter Last gesetzt, das heißt es muss mit einer großen Zahl von gleichzeitigen Anfragen und Transaktionen zurechtkommen. Im Allgemeinen versucht ein Stress-Test, die maximale Zahl der Benutzer oder der parallelen Benutzeranforderungen für ein System zu ermitteln. Wenn Echtlasten für den Test gefordert werden, ist die Vorgehensweise gleich wie bei Massentests.

229 Zum Test der **Skalierbarkeit** wird meist eine steigende Last simuliert. Tests mit einer steigenden Last können systematische Fehler im Ressourcen-Zugriff und in der Ressourcen-Freigabe aufzeigen. Um das Verhalten des Systems bei gleichzeitigen Zugriffen zu testen, kann auch die gesamte Last auf einmal angelegt werden. Aus der Kurve der noch laufenden Prozesse nach einer gewissen Zeit können Rückschlüsse auf Konflikte im Ressourcen-Zugriff wie beispielsweise Deadlocks geschlossen werden.

230 Wenn das Antwortzeitverhalten nicht den Forderungen in der Spezifikation entspricht, muss die Komponente mit der höchsten Auslastung herausgesucht werden. Diese Komponente nennt man Engpass oder Flaschenhals. Um die Leistung eines Systems zu steigern, muss die Leistung seiner Engpasskomponenten verbessert werden.

231 Zur Unterscheidung von Last- und Stresstest findet sich in der Literatur folgende Definition:
- Lasttest: Testen bei steigender Last bis zur definierten Maximallast.
- Stresstest: Testen bei Überlast.

232 *cc) Leistungstest/Performance-Test*. Bei einem Leistungs- oder Performance-Test misst ein Tester die **Antwortzeit von zeitkritischen Funktionen.** Die Antwortzeit ist die Dauer vom Ende einer Benutzereingabe bis zur entsprechenden Reaktion des Systems. Unter zeitkritische Funktionen fallen solche, deren Ergebnis zu einem bestimmten Zeitpunkt vorliegen müssen, zum Beispiel in einer automatisierten Prozesssteuerung, und solche Funktionen, die ganz einfach so oft durchgeführt werden, dass sie nicht länger als eine bestimmte Zeit dauern dürfen, um einen gewünschten Durchsatz zu erreichen, beispielsweise der Druck einer Bahnkarte.

233 Zur Messung der Antwortzeit gibt es mehrere Möglichkeiten:
- Der Tester stoppt die Zeit manuell mit.
- Das Programm wird durch Code-Instrumentierung so erweitert, dass es selbst die Ausführungsdauer oder die Start- und Endzeiten am Bildschirm oder in eine Protokoll-Datei ausgibt.
- Der Tester verwendet ein Testwerkzeug, welches die Antwortzeiten in einem Log mitprotokolliert.

234 Performance-Tests werden zur Messung des Zeitverhaltens eines Systems unter normalen Bedingungen durchgeführt, dh eine durchschnittliche Anzahl Benutzer arbeitet zum Zeitpunkt des Tests mit dem System.

235 *dd) Usability-Test*. Usability-Tests werden ausgeführt, um zu gewährleisten, dass die voraussichtliche **Benutzergruppe ihre Aufgaben effizient, effektiv und zufrieden stellend durchführen kann.** Dies ist allerdings ein recht schwammiges Ziel, weshalb gerade hier die Verwendung einer gewissen Methodik angebracht ist.

Es stehen verschiedenste Möglichkeiten zur Durchführung eines Usability-Tests zur Verfügung:
- Repräsentanten der zukünftigen Benutzergruppe können die Bedienung des Produkts an einem Prototypen ausprobieren. Durch Messung der Zeit, die sie zur Bewältigung bestimmter Aufgaben benötigen, können Tests miteinander vergleichbar gemacht werden.
- Die Tester versetzen sich in die Lage des Endbenutzers und erstellen so genannte Szenarios, welche die Interaktion des Benutzers mit dem System beschreiben. Die Szenario-Erstellung geschieht am besten in einem Workshop, bei dem Entwickler, Tester und Benutzer zusammenarbeiten.
- Der Tester kann auch eine Checkliste verwenden, welche Aspekte beinhaltet, die die Benutzbarkeit eines Systems beeinflussen.

Im Allgemeinen wird ein Usability-Test sehr früh im Entwicklungsprozess durchgeführt (Prototyping). Der Grund dafür ist, dass die Benutzbarkeit sehr stark durch den System-Entwurf beeinflusst wird, und es sollte nach dem Test noch genug Zeit sein, den Entwurf anzupassen. Weiters empfiehlt es sich auch, **Richtlinien (Guidelines) und Standards** einzurichten, zB basierend auf internationalen Standards, und diese während der Entwicklung einzuhalten.

Große Softwareentwicklungsorganisationen wie Microsoft betreiben eigens zu diesem Zweck ein so genanntes „Usability Labor". Dabei handelt es sich um eine technische Infrastruktur, in der Anwendungen anhand typischer Aufgabenstellungen in realistischen Nutzungsumgebungen evaluiert werden können. Das Verhalten von Nutzern beim Umgang mit Prototypen oder existierenden Systemversionen wird mittels einer komplexen Video-Aufzeichnung dokumentiert und im Interview ausgewertet.

ee) Recovery-Test. Beim **Wiederinbetriebnahmetest (Recovery/Restart)** wird geprüft, ob das System nach einem Zusammenbruch anhand der vorliegenden Beschreibungen wieder in Betrieb genommen werden kann und ob danach noch alle Daten verfügbar sind. Das Ziel von Recovery-Tests ist es sicherzustellen dass:
- keine Daten verloren gehen,
- Daten nicht unwissentlich dupliziert werden,
- und dass Daten nicht korrumpiert werden.

ff) Installationstest. Der Installationstest hat zum Ziel, eine Applikation auf seine **Installierbarkeit** hin zu überprüfen. Dabei wird insbesondere auch die Installationsprozedur getestet. Weiter wird dabei geprüft, ob das System mit den **Installationsbeschreibungen,** die beispielsweise im Betriebshandbuch dokumentiert sind, installiert und in Betrieb genommen werden kann.

Die Installierbarkeit hat zwar während des Betriebs des Systems keinen Einfluss auf die Kundenzufriedenheit, stellt aber eine wichtige Voraussetzung für die Einführung in den Betrieb dar. Daher ist eine funktionierende und benutzerfreundliche Installation des Systems wichtig.

Tests der Installierbarkeit werden anhand von Probe-Installationen durchgeführt. Die am häufigsten auftretenden Fehler betreffen fehlende Installationsdateien, zB DLL-Dateien, weil Installationsroutinen nur auf Entwicklungsrechnern oder anderen Rechnern mit viel installierter Software ausgetestet wurden.

gg) Sicherheits-Test. **Dynamische** Sicherheitstests sind üblicherweise sehr teuer, und werden daher auch nur ausgeführt, wenn Sicherheit wirklich relevant ist. Um die Effektivität von Sicherheitsmechanismen zu bestätigen, werden oft **Penetrationstests** durchgeführt. Penetrationstests sind nach den funktionalen Tests durchzuführen, da sich aus diesen Tests Hinweise auf potentielle Schwachstellen ergeben können. Mit Penetrationstests soll das Produkt auf Konstruktionsschwachstellen untersucht werden, indem dieselben Methoden angewandt werden, die auch ein potentieller Angreifer zur Ausnutzung von Schwachstellen benutzen würde.

g) **Abnahmetest.** *aa) Zweck des Abnahmetests.* Das Ziel des Abnahmetests besteht darin, die **Vertragsgemäßheit festzustellen.** Die Strategie der Testart hängt von QS und Vertrauen in das System oder in spezifische nicht-funktionale Eigenschaften des Systems ab. Das Finden von Fehlern ist nicht das Hauptziel beim Abnahmetest. Abnahmetests sollen die Bereitschaft eines Systems für den Einsatz und die Nutzung bewerten.

245 Der Abnahmetest liegt meist im Verantwortungsbereich der Auftraggeber oder Benutzer des Systems. Andere Stakeholder können jedoch auch daran beteiligt sein. Es muss sich dabei nicht notwendigerweise um die letzte Teststufe handeln. So könnte beispielsweise ein umfangreicher Systemintegrationstest dem Abnahmetest eines der Systeme folgen. Die Durchführung von **Teil-Abnahmetests** in niedrigeren Teststufen kann sinnvoll sein:
- Eine Standardsoftware kann einem Abnahmetest unterzogen werden, wenn sie installiert oder integriert ist.
- Der Abnahmetest bezüglich der Benutzbarkeit einer Komponente kann während des Komponententests durchgeführt werden.
- Der Abnahmetest einer neuen funktionalen Erweiterung kann vor dem Systemtest erfolgen.

246 *bb) Aspekte des Abnahmetests.* Der Abnahmetest beinhaltet normalerweise folgende Aspekte:
- **Anwender-Abnahmetest:** prüft die Tauglichkeit eines Systems zum Gebrauch durch Anwender; dazu gehört sowohl die Funktionalität, als auch die Benutzbarkeit; Test-Basis sind zB die Geschäftsfallbeschreibungen.
- **Betrieblicher Abnahmetest:** die Abnahme des Systems durch den Systemadministrator; dazu gehört zB der Installationstest sowie die Überprüfung der Betriebsdokumentation.
- **Vertrags- und regulativer Abnahmetest:** beim vertraglichen Abnahmetest wird kundenindividuelle Software explizit gegen die vertraglichen Abnahmekriterien geprüft. Abnahmekriterien sollten schon zu dem Zeitpunkt definiert werden, wenn der Vertrag abgeschlossen wird. Regulative Abnahmetests werden gegen alle Regularien durchgeführt, denen das System entsprechen muss – wie zB staatliche, gesetzliche oder Sicherheitsbestimmungen.
- **Feldtest** (Alpha- und Beta-Test): Hersteller von kommerzieller oder Standardsoftware wollen oftmals Feedback von potentiellen oder existierenden Kunden erhalten, bevor ein Produkt kommerziell zum Kauf angeboten wird. Dafür werden Feldtests durchgeführt. Diese Tests werden durch potenzielle Kunden und nicht durch die Entwickler des Produktes durchgeführt.
- Der **Alpha-Test** wird am Herstellerstandort durchgeführt.
- Der **Beta-Test** wird an den Kundenstandorten durchgeführt.

5. Testarten

247 Testen ist meist auf ein spezielles Testziel ausgerichtet. Dazu kann gehören zB:
- das Testen einer spezifizierten Funktion,
- das Testen eines nicht funktionalen Qualitätsmerkmals wie Zuverlässigkeit oder Benutzbarkeit,
- das Testen der Struktur oder Architektur des Systems.

248 Es kann sich auch auf Änderungen beziehen, wie zB:
- Prüfen ob durch Änderungen ein Fehler erfolgreich beseitigt wurde (Fehlernachtest/Nachtest) oder
- Prüfen ob die Änderungen mit unbeabsichtigten Seiteneffekten verbunden waren (Regressionstest).

In Abhängigkeit von Zielen und Vorgehensweise lassen sich verschiedene Arten von Zielen unterscheiden.[42]

249 a) **Funktionaler Test/Blackbox-Test.** Ein funktionaler Test betrachtet das **von außen sichtbare Verhalten der Software** (Blackbox-Test). Die Funktionalität besagt „was" das System leistet, daher spricht man auch vom Testen der Funktionalität. Beim funktionalen Testverfahren werden die Testfälle aus Dokumenten wie Anforderungsspezifikation, Anwendungs-

---

[42] Siehe auch ua *Bath/McKay*, Praxiswissen Softwaretest – Test Analyst und Technical Test Analyst, S. 115 ff., 128 ff., 171 ff., 211 ff.

fällen oder einer funktionalen Spezifikation abgeleitet. Der funktionale Test wird auch spezifikationsbasierter Test genannt.

Funktionales Testen basiert auf Funktionen und Eigenschaften, wie sie in Basisdokumenten beschrieben sind oder gemäß dem Verständnis der Tester. Es kommt in allen Teststufen zur Anwendung, zB beim Komponententest basierend auf der Komponentenspezifikation.

Spezifikationsbasierte Testentwurfsverfahren werden auch verwendet, um Testendekriterien und Testfälle aus der Funktionalität der Software oder des Systems herzuleiten. Ein spezieller Typ des funktionalen Tests ist der Sicherheitstest. Er prüft sicherheitsrelevante Funktionen (zB Firewalls) bezüglich ihrer Fähigkeit externe Bedrohungen (zB Viren) zu erkennen.

b) Strukturorientierter Test/Whitebox-Test. Ein strukturorientierter Test betrachtet die innere Struktur der Software (Whitebox-Test). Die Struktur besagt „wie" das System arbeitet und wie es aufgebaut ist, daher spricht man auch vom Testen der Softwarestruktur. Beim strukturorientierten Testverfahren werden die Testfälle aus der Softwarestruktur abgeleitet. Die Spezifikation wird benötigt, um die erwarteten Ausgaben zu bestimmen.

Strukturelles Testen (Whitebox-Test) kann **in allen Teststufen** angewandt werden. Strukturelle Testentwurfsverfahren werden am besten nach den spezifikationsbasierten Testentwurfsverfahren eingesetzt um die Testintensität anhand der gemessenen Abdeckungen zu beurteilen.

Testüberdeckung ist hier ein Maß dafür, inwiefern eine Struktur durch eine Testsuite geprüft bzw. ausgeführt (überdeckt) wurde. Dabei wird jeweils der prozentuale Anteil der überdeckten Strukturelemente angegeben.

Werkzeuge zur Messung der Codeabdeckung, wie Anweisungs- oder Zweigüberdeckung, können in allen Teststufen, im speziellen aber im Komponenten- und Komponentenintegrationstest, eingesetzt werden. Strukturelles Testen kann auch auf der Systemarchitektur aufbauen, so zum Beispiel auf der Aufrufhierarchie. Der Ansatz des strukturorientierten Testens kann sinngemäß ebenso in den Teststufen System-, Systemintegration- oder Abnahmetest eingesetzt werden (zB auf Menüstrukturen).

c) Testen der Softwaremerkmale. Wenn beim Testen die Software- und Systemmerkmale im Vordergrund stehen, so spricht man vom nicht-funktionalen Test. Dies kann unter anderem beinhalten: **Performanztest, Lasttest, Stresstest, Benutzbarkeitstest.**

Nicht-funktionales Testen kann in allen Teststufen zur Anwendung kommen. Es ist jedoch charakteristisch für den Systemtest, dass alle in den nicht-funktionalen Anforderungen genannten Merkmale überprüft werden.

Zur Quantifizierung dieser Merkmale werden unterschiedliche Maßstäbe eingesetzt, so zum Beispiel Antwortzeiten beim Performanztest. Diese Testarten können sich auf ein Qualitätsmodell stützen, wie zum Beispiel auf die Softwarequalitätsmerkmale, die in der Norm ISO 9126 definiert sind.

Die folgende Tabelle zeigt beispielhaft, welche **Merkmale** nach ISO 9126 durch welche Tests überprüft werden:

Eigenschaft	Merkmale	Prüfmethode/Testarten
Funktionalität	Aufgabenangemessenheit Genauigkeit der Ergebnisse Verknüpfbarkeit Konformität zu Regelungen Sicherheit	Alle Arten von funktionalen Tests: Unit-Test, Integrationstest, Systemtest, Abnahmetest Use-case basierter Test Sicherheitstest
Zuverlässigkeit	Reife Fehlertoleranz Wiederherstellbarkeit	Robustheitstest Zuverlässigkeitstest Recoverytest
Benutzbarkeit	Verstehbarkeit Erlernbarkeit Betreibbarkeit	Benutzbarkeitstest (Usability Testing)

Eigenschaft	Merkmale	Prüfmethode/Testarten
Effizienz	Zeitverhalten Ressourcenverbrauch	Performance Test Volumen-/Massentest Lasttest/Stresstest
Wartbarkeit	Analysierbarkeit Änderbarkeit Stabilität Testbarkeit	Review/Code-Inspection Test auf Erweiterbarkeit Nachtest/Regressionstest
Portierbarkeit	Anpassbarkeit an unterschiedliche Umgebungen Installierbarkeit Konformität zu Portierungsanforderungen Ersetzbarkeit	Konfigurationstest Installationstest

260   d) **Testen im Zusammenhang mit Änderungen.** Wenn ein Fehler entdeckt und korrigiert wird, sollte die Software nachher erneut getestet werden, um zu bestätigen, dass der **Fehler erfolgreich entfernt** wurde. Zugleich sollte geprüft werden, ob neue Fehler eingebaut worden sind.

261   *aa) Fehlernachtest (Re-Test).* Die einfachste Form der Testwiederholung ist der Fehlernachtest, auch einfach Nachtest genannt. Dabei wird überprüft, ob Korrekturen erfolgreich waren. Beim Fehlernachtest werden nur diejenigen Testfälle wiederholt, die vor der Änderung Fehler aufgedeckt haben.

262   *bb) Regressionstest.* Wenn Fehler korrigiert werden, können neue Fehler ins System eingebracht werden. Der Zweck eines Regressionstests ist es, herauszufinden, ob die Änderung zu Regression (Rückschritt) an anderen Teilen oder Aspekten des Programms geführt hat. Er wird für gewöhnlich durch erneute Ausführung einer bestimmten Untermenge aller Testfälle des Systemtests durchgeführt.

263   Unter **Regressionstest** versteht man das wiederholte Testen eines bereits getesteten Programms nach dessen Modifikation. Ziel ist dabei, nachzuweisen, dass durch die vorgenommenen Modifikationen keine Fehler eingebaut oder bisher maskierte aufgedeckt wurden. Diese Fehler können entweder in der zu testenden Software selbst oder aber in einer anderen Softwarekomponente (Fernwirkung) liegen.

264   Ein Regressionstest wird ausgeführt, wenn sich die Software selbst oder ihre Umgebung ändert. Der Testumfang wird in Abhängigkeit von der Wahrscheinlichkeit bestimmt, dass neue Fehler gefunden werden. Man spricht in dem Zusammenhang vom partiellen bzw. vollständigen Regressionstest. Wenn viele Testwiederholungen geplant sind, dann ist eine Testautomatisierung in Betracht zu ziehen. In diesem Fall kann der Regressionstest ohne großen Mehraufwand vollständig durchgeführt werden.

265   *cc) Progressives Testen.* Im Zusammenhang mit der Softwarewartung werden aber nicht nur Modifikationen an bestehender Funktionalität durchgeführt. Es kann auch vorkommen, dass die Funktionalität um **neue Leistungsmerkmale** erweitert wird.

266   Man spricht von progressivem Testen bzw. Progressionstest, wenn in bestehende Software neue eingebaute Funktionalitäten einem Test unterzogen werden. Beim Progressionstest wird also geprüft, ob die Software der Spezifikation der zusätzlichen Funktionalität entspricht.

267   e) **Andere Testarten.** Hier sollen noch weitere spezielle Testarten genannt werden:
- **Positiv-Test:** Prüfung, ob ein Testobjekt die spezifizierten Ergebnisse liefert.
- **Negativ-Test:** Prüfung der Reaktion eines Testobjekts auf ungültige Eingaben oder unerwartete Rahmenbedingungen.
- **Smoke-Test/Shakedown-Test:** Eine Teilmenge der definierten Testfälle, die die Hauptfunktionalität einer Komponente oder eines Systems abdeckt, zur Sicherstellung, dass die kritischsten Funktionen eines Programms funktionieren, jedoch ohne Berücksichtigung

einzelner Details. Ein täglicher Build und ein Smoke Test gehört in der Industrie zu den „Best practices".
- **End-To-End-Test (E2E-Test):** Unter einem End-to-End-Test versteht man einen Test, der alle Komponenten eines Prozesses involviert. End-to-End-Tests kommen damit in der Projektchronologie erst nach entsprechender Reife der benötigten Komponenten.
- **Back-to-back-Test:** Ein Softwareprogramm wird mehrfach von unabhängigen Entwicklungsgruppen parallel erstellt. Jede Programmversion wird dann mit den gleichen Testdaten gegen eine andere getestet. Bei unterschiedlichen Ergebnissen der Programmversionen ist ein Fehlerzustand in einer Version vorhanden.
- **Diversifizierender Test:** Prüft verschiedene Versionen eines Programms oder einer Komponente gegeneinander.
- **Test-First** (Testgesteuerte Programmierung): Beim Extreme Programming (XP) werden erst die Unit-Tests geschrieben, bevor die eigentliche Funktionalität einer Unit programmiert wird. Die Tests werden nach jedem Programmierschritt ausgeführt und liefern Rückmeldung über den Entwicklungsstand. Man spricht auch von Greybox-Tests.

6. Testmethoden

Grundsätzlich teilen sich die Testmethoden in 2 Kategorien auf: **statische und dynamische Testmethoden,** wie folgende Abbildung veranschaulichen soll:

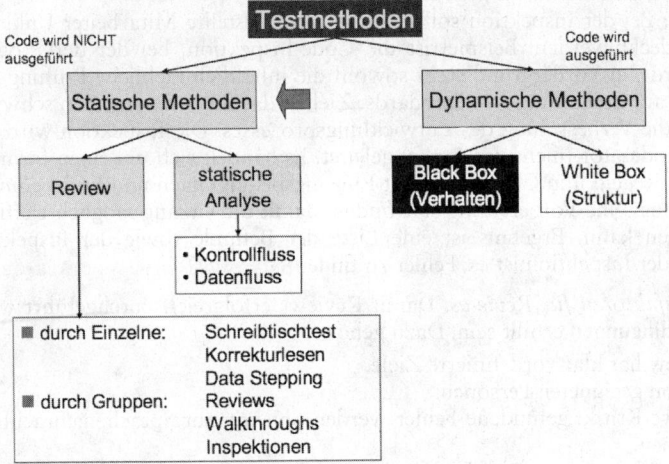

a) **Statische Testmethoden.** Durch statische Testmethoden werden die **Inhalte von Dokumenten, Softwarecodes und Spezifikationen** durch Experten auf Schwachstellen geprüft. Man unterscheidet bei Reviews gemäß der Norm IEEE 1028 zwischen folgenden Methoden:
- Informelles Review;
- Walkthrough;
- Technisches Review;
- Inspektion.

aa) Reviews. Informelles Review: Das informelle Review ist dem technischen Review ähnlich, es soll ihm gegenüber aber Zeit gespart werden. Daher wird es nicht als formaler Prozess durchgeführt. Wahlweise kann das Ergebnis dokumentiert werden. Das informelle Review kann im Pair Programming integriert sein oder ein technischer Leiter (Chefentwickler) unterzieht Entwurf und Quelltext einem Review. Hauptzweck ist es, auf kostengünstigem Weg technische Probleme zu lösen und zu prüfen, ob Übereinstimmung mit Spezifikationen und Standards gegeben ist.

271 *Walkthrough:* Ziel des **Walkthrough** ist es, das Produkt zu verbessern. Dazu werden im Kreis gleichgestellter Mitarbeiter Szenarien, Probeläufe, Alternativen diskutiert. Die Sitzung wird durch den Autor geleitet. Ein erwünschter Nebeneffekt ist der Knowhow-Transfer. Die Durchführung kann in der Praxis von informell bis sehr formal variieren, wahlweise kann der Sitzung eine Vorbereitung der Gutachter vorausgehen und ein Reviewbericht erstellt werden.

Der Hauptzweck des Walkthrough ist: Lernen, Verständnis erzielen, Fehler finden. Dabei soll der Aufwand niedrig gehalten werden.

272 *Technisches Review:* Ziel beim **technischen Review** ist die fachliche Prüfung eines wesentlichen Dokuments (zB Architekturentwurf) auf Übereinstimmung mit der Spezifikation. Es handelt sich um einen dokumentierten, definierten Fehlerfindungsprozess, der gleichgestellte Mitarbeiter und technische Experten einschließt. Es kann auch als Peer Review ohne Teilnahme des Managements ausgeführt werden und wird idealerweise durch einen geschulten Moderator geleitet, der nicht der Autor ist.

273 Da es sich um eher um größere, wichtige Dokumente handelt, gibt es eine Phase der Vorbereitung vor der Sitzung, in der die Gutachter den Prüfling alleine lesen und Befunde notieren. Die Durchführung kann in der Praxis ebenfalls von informell bis sehr formal variieren.

274 Hauptzweck des technischen Review ist: Diskussion, Entscheidungen treffen, Alternativen bewerten, Fehler finden, technische Probleme lösen und prüfen, ob Übereinstimmung mit Spezifikationen und Standards gegeben ist.

275 *Inspektion:* Bei der Inspektion sollen durch gleichgestellte Mitarbeiter Unklarheiten und Fehler aufgedeckt werden. Beispiel ist die Code-Inspektion, bei der der Programm-Code überprüft wird. Im Vordergrund steht sowohl die inhaltlich-fachliche Prüfung als auch die Überprüfung auf Einhaltung von Standards. Ziel ist das Identifizieren von schwerwiegenden Fehlern und die Verbesserung des Entwicklungsprozesses. Die Inspektion wird durch einen geschulten Moderator (nicht der Autor) geleitet. Es handelt sich um einen formalen Prozess basierend auf Regeln und Checklisten mit Eingangsbedingungen und Endebedingungen. Vor der Sitzung muss eine Vorbereitung stattfinden, damit die Sitzung möglichst effizient durchgeführt werden kann. Ergebnis ist eine Liste der Befunde sowie der Inspektionsbericht. Hauptzweck der Inspektion ist es, Fehler zu finden.

276 *bb) Erfolgsfaktoren für Reviews.* Damit Reviews erfolgreich durchgeführt werden, müssen einige **Bedingungen** erfüllt sein. Dazu gehört:
- Jedes Review hat klar vordefinierte Ziele.
- Auswahl von geeigneten Personen.
- Konstruktive Kritik: gefundene Fehler werden objektiv zur Sprache gebracht und positiv aufgenommen.
- Psychologische Aspekte; zB soll es für den Autor zu einer positiven Erfahrung werden.
- Es werden Reviewtechniken angewendet, die für Typen und Stufe von Arbeitsergebnissen der Softwareentwicklung und Gutachter geeignet sind.
- Es werden Checklisten verwendet.
- Es finden Schulungen in Reviewtechniken statt, besonders für die mehr formalen Methoden, wie Inspektionen (zB Moderatoren-Ausbildung).
- Das Management unterstützt einen guten Reviewprozess durch Einplanung angemessener Zeit für Reviewaktivitäten.
- Es existiert eine Kultur von Lernen und Prozessverbesserung.

277 *Typische Reviews:* Üblicherweise werden Reviews durch bestimmte Ereignisse ausgelöst, die schon bei der Planung festgelegt werden. Dadurch garantiert man, dass beim tatsächlichen Review die interessierenden Objekte auch wirklich vorhanden und bereit zur Überprüfung sind. Reviews können je nach Reviewgegenstand in technisch orientierte Reviews und Management-orientierte Reviews (so genannte Projektreviews) eingeteilt werden.

Bei technisch orientierten Reviews wird ein Software-Produkt nach Form und Inhalt geprüft und bewertet.

Bei den Management-orientierten Reviews wird die Einhaltung von Kosten- und Zeitplänen im Speziellen und der Projektfortschritt im Allgemeinen geprüft und bewertet.

Einige typische Reviewarten sind:
- Anforderungsreview,
- Modellreview,
- Entwurfsreview,
- Code-Inspektion,
- Test-Inspektion,
- Projektreview,
- Audit.

b) Statische (werkzeuggestützte) Analyse. Mittels der werkzeuggestützten statischen Analyse wird ein Dokument (zB Quellcode, Softwaremodelle) analysiert, um Fehler zu finden. Die statische Analyse wird durchgeführt, ohne dass die untersuchte Software tatsächlich ausgeführt wird.

Statische Analyse kann Fehlerzustände lokalisieren, die durch Testen schwer zu finden sind. Statische Analysewerkzeuge analysieren Programmcode (zB Kontrollfluss und Datenfluss), ebenso wie generierte Ausgaben wie HTML und XML.

Der **Nutzen der statischen Analyse** ist:
- Frühe Erkennung von Fehlern vor der Testdurchführung.
- Frühe Warnung vor verdächtigen Aspekten in Code oder Design, durch Berechnung von Metriken wie zB ein hohes Komplexitätsmaß.
- Identifizierung von Fehlern, die durch dynamischen Test nicht effektiv und effizient aufzudecken sind.
- Aufdecken von Abhängigkeiten und Inkonsistenzen in Softwaremodellen, wie Links.
- Verbesserte Wartbarkeit von Code und Design.

Ein Beispiel der statischen Analyse ist die **Datenflussanalyse.** Dabei werden drei Arten von Datenflussanomalien unterschieden:
- ur-Anomalie: Ein undefinierter Wert (u) einer Variablen wird auf einem Programmpfad gelesen (r).
- du-Anomalie: Die Variable erhält einen Wert (d) der allerdings ungültig (u) wird, ohne dass er zwischenzeitlich verwendet wurde.
- dd-Anomalie: Die Variable erhält auf einem Programmpfad ein zweites Mal einen Wert (d), ohne dass der erste Wert (d) verwendet wurde.

Typische Fehlerzustände, die durch eine werkzeuggestützte statische Analyse gefunden werden können, umfassen:
- Referenzierung einer Variablen mit nicht definiertem Wert.
- Inkonsistente Schnittstellen zwischen Modulen und Komponenten.
- Variablen, die nie verwendet werden.
- unerreichbarer (toter) Code.
- Verletzung von Programmierkonventionen.
- Sicherheitsschwachstellen.
- Syntax-Verletzungen von Code und Schnittstellen.

Werkzeuge für statische Analyse werden typischerweise von Entwicklern vor oder während Komponenten- und Integrationstests genutzt (prüfen gegen vordefinierte Regeln oder Programmierstandards), und durch Designer während der Softwaremodellierung. Compiler können auch eine gute Unterstützung für eine statische Analyse bieten, ua durch Berechnung von Metriken.

c) Dynamische Testmethoden. Dynamische Testmethoden prüfen durch Ausführen der entwickelten Programme. Die dynamischen Testmethoden werden in **Strukturtests (white box)** und **Funktionstests (black box)** unterteilt.

Bei den **Strukturtests** unterscheidet man kontrollflussorientierte Verfahren wie,
- Anweisungsüberdeckung,
- Zweigüberdeckung,

- Pfadüberdeckung und
- Bedingungsüberdeckung,

sowie datenflussorientierte Verfahren wie Defs/Uses-Verfahren und Datenkontext-Überdeckung.

287 Die **Funktionstests** werden unterteilt in
- Äquivalenzklassenbildung,
- Grenzwertanalyse,
- Prüfung spezieller Werte und
- Zufallsprüfungen.

288 Keine der oben genannten Testmethoden ist für sich ausreichend, um eine qualitativ hochwerte Fehlererkennung zu garantieren. In der Praxis hat sich ein Mix aus Funktions- und Strukturtest als erfolgreiche Kombination bewährt, wobei beim Strukturtest mindestens die Zweigüberdeckungsprüfung Anwendung finden sollte.

289 *aa) Whitebox-Verfahren (Strukturtests).* **Whitebox-Verfahren** (Synonyme: Strukturorientierte Testverfahren, Strukturtest, Glassbox-Test) setzen voraus, dass die **Struktur des Testlings bekannt** ist. Zur Ableitung der Testfälle werden strukturelle Informationen wie der Feinentwurf oder der Quellcode benutzt. Auf welchen Strukturinformationen der Whitebox-Test aufbaut, hängt ua von der Teststufe ab, wie aus folgenden Beispielen ersichtlich ist:
- **Komponentenebene:** Die Struktur ist die des Codes selbst, also Anweisungen, Entscheidungen oder Zweige.
- **Integrationsebene:** Die Struktur kann ein Aufruf-Baum sein (ein Diagramm, das zeigt, welche Module andere Module aufrufen).
- **Systemebene:** Die Struktur kann die Menüstruktur sein, Geschäftsprozesse oder die Struktur einer Webseite.

290 Auf Komponentenebene werden zudem zwei Arten von Whitebox-Verfahren unterschieden:
- kontrollflussorientierte Testverfahren,
- datenflussorientierte Testverfahren.

291 *(1) Kontrollflussorientierte Testverfahren.* Sie basieren auf der Kontrollstruktur des zu testenden Programms. Je nach dem, wie die Testziele definiert werden, kennt man folgende kontrollflussorientierte Testverfahren:
- Anweisungsüberdeckung,
- Zweigüberdeckung,
- Bedingungsüberdeckung,
- Pfadüberdeckung.

292 In diesem Abschnitt werden zwei codebezogene, strukturorientierte Verfahren für Codeabdeckung, bezogen auf Anweisungen und Entscheidungen, vorgestellt. Für Zweigüberdeckungstests kann ein Kontrollflussgraph zur Darstellung der Alternativen für jede Entscheidung herangezogen werden.

293 **Anweisungsüberdeckungstest.** Beim Komponententest werden Testfälle so konstruiert, dass möglichst alle Anweisungen des Programmcodes ausgeführt werden. **Anweisungsüberdeckung** steht dann für die Messung des prozentualen Anteils aller Anweisungen einer Komponente, die durch eine Testsuite ausgeführt wurden.

294 **Zweigüberdeckungstest.** Zusätzlich können Testfälle konstruiert werden, die bei Verzweigungen jeden Zweig durchlaufen. Zweige entstehen im Programmcode durch Entscheidungen, zB „wahr" und „falsch" bei einer IF-Anweisung. Die **Zweigüberdeckung** steht für die Messung des prozentualen Anteils von Zweigen, welche durch eine Testsuite ausgeführt wurden. Zweigüberdeckung ist stärker als Anweisungsüberdeckung: 100 % Zweigüberdeckung schließt 100 % Anweisungsüberdeckung ein, aber nicht umgekehrt. Es gibt aber noch stärkere strukturorientierte Überdeckungsgrade über Zweigüberdeckung hinaus, beispielsweise Bedingungsüberdeckung und Pfadüberdeckung.

295 **Bedingungsüberdeckung.** Beim **Bedingungsüberdeckungstest** müssen alle einzelnen Bedingungen mindestens einmal wahr oder falsch sein. Die Bedingungsüberdeckung steht für die Messung des prozentualen Anteils von atomaren Bedingungen, welche durch eine Testsuite ausgeführt wurden.

Hier existieren **verschiedene Varianten:**
- Einfache Bedingungsüberdeckung: Jede atomare Teilbedingung sowohl wahr als auch falsch.
- Minimale Mehrfachbedingungsüberdeckung: Alle Kombinationen von Wahrheitswerten, bei denen die Änderung eines Wahrheitswerts einer atomaren Teilbedingung den Wahrheitswert der logischen Verknüpfung ändert.
- Mehrfachbedingungsüberdeckung: Alle Kombinationen der Wahrheitswerte der atomaren Teilbedingungen werden berücksichtigt.

Pfadüberdeckung. Der **Pfadüberdeckungstest** fordert die Ausführung aller unterschiedlichen Pfade eines Programms. Ein Pfad ist dabei ein vollständiger durchlaufener Weg durch das Programm durch alle Anweisungen und Zweige hindurch. Da diese Bedingung bei Programmen, die Schleifen enthalten, praktisch nicht zu erfüllen ist, existieren als abgeschwächte Form der **boundary-interior-Pfadtest** sowie der **strukturierte Pfadtest**. Beide Varianten schränken die Ausführung der Wiederholungen von Schleifen nach bestimmten Kriterien ein, um durchführbare Pfadüberdeckungstests zu erhalten. Für eine weitere Erläuterung sei auf die Fachliteratur verwiesen (zB *Spillner*).

Die folgende Übersicht zeigt, in welchem Verhältnis die Überdeckungen zueinander stehen.

(2) Datenflussorientierte Testverfahren. Datenflussorientierte Testverfahren verwenden zur Erzeugung von Testfällen die **Zugriffe auf Variablen.** Zu diesen gehört das Defs/Uses-Verfahren. Die Defs/Uses-Kriterien ordnen jeden Variablenzugriff in eine von **drei Kategorien** ein. Sie dienen entweder
- Zur Wertzuweisung (define).
- Zur Berechnung von Werten innerhalb eines Ausdrucks (computational use).
- Zur Bildung von Wahrheitswerten in Bedingungen (predicate use).

Im Datenfluss werden alle mögliche define-use-(du-)Paare für jede Variable identifiziert und ein Satz von Testfällen gesucht, der alle du-Paare mindestens ein Mal abdeckt.

(3) Andere Teststufen. Das Konzept der Überdeckungsgrade von Strukturen kann auch auf andere Teststufen übertragen werden. Zum Beispiel kann auf Integrationsebene der prozentuale Anteil von Modulen, Komponenten oder Klassen, die durch eine Testsuite ausgeführt wurden, als Modul-, Komponenten- oder Klassen-Überdeckung bezeichnet werden. Auf Systemebene kann zB die Struktur einer Webseite für einen strukturorientierten Ansatz gewählt werden. Dabei kann der prozentuale Anteil der getesteten Verknüpfungen als Überdeckungsgrad definiert werden.

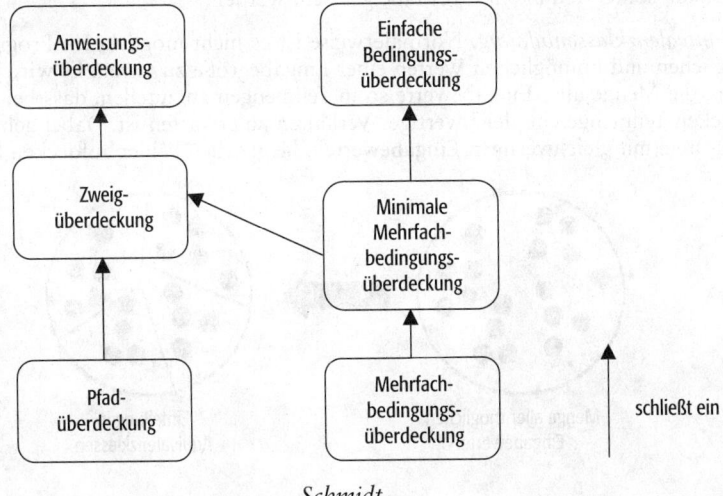

300 *bb) Blackbox-Verfahren (Funktionstests).* Bei Blackbox-Testverfahren, die auch spezifikationsorientierte Verfahren genannt werden, wird der Testling als schwarzer Kasten angesehen. Der Tester benutzt bei der Testfallerstellung keine Informationen über die innere Struktur (wie), sondern er bezieht sich dabei **nur auf die Leistungsbeschreibung** (was). Es kommen hierfür verschiedene Dokumente in Frage (Testbasis):
- die Produktbeschreibung (Anforderungsdefinition, Programm-Spezifikation, etc),
- die Benutzer- bzw. Betriebsdokumentation,
- die Installationsanweisungen.

301 **Ziel** des funktionalen Tests ist eine möglichst vollständige und dabei redundanzarme Prüfung der spezifizierten Funktionalität. Ein Problem besteht darin, dass die Spezifikation häufig nur in einer semiformalen oder informalen Form vorliegt, die noch einigen Interpretationsspielraum bietet. Dies erschwert die Beurteilung der Vollständigkeit eines Funktionstests und der Korrektheit der erzeugten Ausgaben sowie die Definition von Testfällen.

302 Die Hauptschwierigkeiten des Blackbox-Testens bestehen in der Auswahl geeigneter Testfälle. Da ein vollständiger Test im allgemeinen nicht durchführbar ist, muss das Ziel sein, bei der Auswahl der Testfälle die Wahrscheinlichkeit zu erhöhen, Fehler zu finden. Die **wichtigsten Blackbox-Verfahren** sind:
- die Methode der Funktionsabdeckung,
- die Äquivalenzklassenbildung,
- die Grenzwertanalyse,
- der Test spezieller Werte,
- der Zufallstest,
- der Entscheidungstabellentest,
- die Ursache-/Wirkungsgraphmethode,
- der Anwendungsfall basierte Test.

303 *(1) Funktionsabdeckung.* Bei der **Funktionsabdeckungsmethode** werden anhand der Anforderungsspezifikationen die Funktionen des Testobjekts identifiziert. Zu den Funktionen werden dann die Testfälle spezifiziert. Dabei wird sichergestellt, dass jede Funktion von mindestens einem Testfall geprüft wird.

304 Mit jedem dieser Testfälle werden Tests durchgeführt, um zu zeigen, dass die Funktionen vorhanden und durchführbar sind. Der Akzent liegt also auf **Normalverhalten des Testobjekts.** Die Testfälle werden in einer Testfallmatrix zusammengestellt und mit den Funktionen in Beziehung gesetzt. Die Zeilen geben die zu testenden Funktionen an, die Spalten die auszuführenden Testfälle.

305 Mit Hilfe der Testfallmatrix kann überprüft werden, ob alle Funktionen abgedeckt sind, bzw. ob Funktionen durch mehrere Testfälle abgedeckt sind. Zur Verbesserung der Testwirtschaftlichkeit sollten redundante Testfälle gelöscht werden.

306 *(2) Äquivalenzklassenbildung.* Normalerweise ist es nicht möglich, ein Programm mit allen möglichen und unmöglichen Werten einer Eingabegröße zu testen. Es wird daher vorgeschlagen, die Menge aller Eingabewerte so in Teilmengen aufzuteilen, dass bei allen Werten der gleichen Teilmenge ein gleichwertiges Verhalten zu erwarten ist. Dabei geht man davon aus, dass man mit **gleichwertigen Eingabewerten** die gleichen Fehler aufdecken kann.

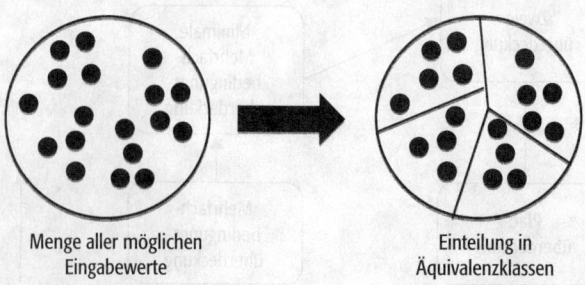

Menge aller möglichen Eingabewerte → Einteilung in Äquivalenzklassen

Eine **Äquivalenzklasse** ist eine Menge von Werten, die bei Ausführung eines Programms (bezüglich bestimmter Funktionen) ein gleichartiges Verhalten bewirken. Die Menge der Eingabewerte für ein Programm wird so in Gruppen (Klassen) eingeteilt, dass bei jedem Wert aus einer Gruppe ein „äquivalentes" Verhalten erwartet werden kann. Zum Testen der spezifizierten Programmfunktionen muss dann für jede Äquivalenzklasse ein konkreter Wert – ein Repräsentant der Äquivalenzklasse – ausgewählt werden. Dadurch wird eine Beschränkung der Anzahl der Testfälle erreicht.

Äquivalenzklassen können gleichermaßen für gültige wie für ungültige Daten – also Werte, die zurückgewiesen werden sollten – gefunden werden. Die Äquivalenzklassen können außerdem für Ausgabedaten, interne Werte, zeitbezogene Werte (zB vor oder nach einem Ereignis) und für Schnittstellenparameter (zB beim Integrationstest) gebildet werden. Tests können so entworfen werden, dass die Klassen abgedeckt werden, dh dass zu jeder Klasse mindestens ein Repräsentant vorhanden ist; man spricht dann von Äquivalenzklassenabdeckung.

Bei Kombination von mehreren Eingabewerten sind **zwei Schritte** zu unterscheiden:
- Gültige: Bilden von Testfällen durch beliebige Kombination von gültigen Äquivalenzklassen.
- Ungültige: Bilden von Testfällen durch Kombination von gültigen Äquivalenzklassen mit je genau einer ungültigen.

Äquivalenzklassenbildung kann in allen Teststufen angewandt werden. Das Ziel ist, bei minimaler Anzahl von Testfällen eine hohe Fehlerentdeckungswahrscheinlichkeit zu erreichen.

(3) Grenzwertanalyse. Die Erfahrung zeigt, dass Testfälle, welche die **Grenzen von Wertebereichen** genauer unter die Lupe nehmen, eher Fehler finden als solche, die das nicht tun. Der größte und der kleinste Wert einer Klasse sind solche Grenzwerte. Für Tests nutzt man den exakten Grenzwert und die benachbarten Werte.

Beispiel:
Die Anforderung besagt: 18 < Alter = 65 ganzzahlig. Für Alter gibt es dann vier Grenzwerte: 18, 19, 65, 66. Da die Grenzwerte auch Repräsentanten der Äquivalenzklassen sind, reicht es häufig die Grenzwerte zu prüfen: ein Grenzwert für eine gültige Klasse ist ein gültiger Grenzwert, die Grenze einer ungültigen Klasse ist ein ungültiger Grenzwert.

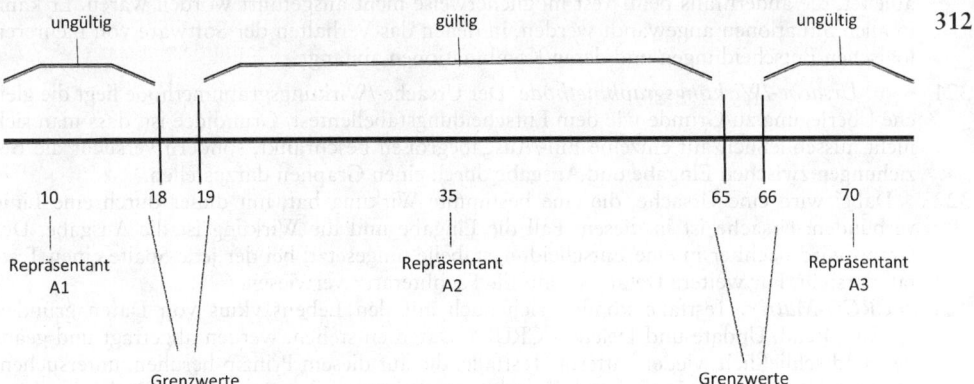

Grenzwertanalyse kann in allen Teststufen angewandt werden. Sie ist vergleichsweise einfach anzuwenden und hat ein hohes Potential, mit relativ wenig Aufwand viele Fehler aufzudecken.

(4) Test spezieller Werte. Eine Erweiterung der Grenzwertanalyse ist der „Test spezieller Werte". Dazu wählt der Programmierer bzw. Tester solche Werte, die nach seiner Erfahrung besonders häufig zu Fehlersituationen führen. Die Auswahl der Werte basiert auf der Erfahrung und Phantasie des Programmierers bzw. Testers und ist nicht systematisiert.

Beispiel:
Die Anforderung besagt: 18 < Alter = 65 ganzzahlig. Für Alter gibt es dann einige spezielle Werte: 0, 17.5, „A", leer, high-value, etc.

315 Die Testfälle können nicht unbedingt aus der Spezifikation abgeleitet werden. Dieses Verfahren wird jedoch oft in Kombination und als Ergänzung mit der Äquivalenzklassenanalyse und Grenzwertanalyse eingesetzt.

316 *(5) Entscheidungstabellentest.* **Entscheidungstabellen** sind eine gute Möglichkeit, um Systemanforderungen zu erfassen, die logische Bedingungen enthalten und um den internen Systementwurf bzw. die Programmlogik zu dokumentieren. Sie können auch zur Erfassung komplexer, von einem System umzusetzender Regeln in Geschäftsprozessen verwendet werden. Dazu wird die Spezifikation untersucht, und die Bedingungen und Aktionen des Systems werden systematisch ermittelt.

317 Die Eingabebedingungen und Aktionen werden meist so festgesetzt, dass sie entweder „wahr" oder „falsch" sein können (Boolsche Werte). Die Entscheidungstabelle enthält die auslösenden Bedingungen, oft Kombinationen von „wahr" und „falsch" für alle Eingabebedingungen und die daraus resultierenden Aktionen für jede Kombination der Bedingungen. Jede Spalte der Tabelle entspricht einer Regel im Geschäftsprozess, die eine eindeutige Kombination der Bedingungen definiert, die wiederum die Ausführung der mit dieser Regel verbundenen Aktionen nach sich zieht.

318 *Eine Entscheidungstabelle besteht aus 4 Grundelementen:*
- A. Die Bedingungen, die für die zu beschreibenden Entscheidungen relevant sind (Bedingungsteil).
- B. Die Bedingungsanzeiger, die durch Symbole anzeigen, welche Bedingungen erfüllt sein müssen oder ohne Einfluss auf die Entscheidung sind (Bedienungsanzeigerteil).
- C. Die Aktionen, die für die zu beschreibenden Aktionen relevant sind (Aktionsteil).
- D. Die Aktionsanzeiger, die durch Symbole anzeigen, ob die entsprechenden Aktionen ausgelöst werden sollen oder nicht (Aktionsanzeigerteil).

319 Der üblicherweise beim Entscheidungstabellentest verwendete Standardüberdeckungsgrad besagt, dass wenigstens ein Testfall pro Spalte benötigt wird, was in der Regel die Abdeckung aller Kombinationen der auslösenden Bedingungen beinhaltet.

320 Die Stärke des Entscheidungstabellentest ist, dass er **Kombinationen von Bedingungen** ableitet, die andernfalls beim Test möglicherweise nicht ausgeführt worden wären. Er kann in allen Situationen angewandt werden, in denen das Verhalten der Software von mehreren logischen Entscheidungen und deren Kombinationen abhängt.

321 *(6) Ursache-/Wirkungsgraphmethode.* Der Ursache-/Wirkungsgraphmethode liegt die gleiche Überlegung zu Grunde wie dem Entscheidungstabellentest. Grundidee ist, dass man sich nicht ausschließlich auf einzelne Ein-/Ausgabegrößen beschränkt, sondern versucht die **Beziehungen zwischen Eingabe und Ausgabe** durch einen Graphen darzustellen.

322 Dabei wird eine Ursache, die eine bestimmte Wirkung hat, mit dieser durch eine Linie verbunden. Ursache ist in diesem Fall die Eingabe und die Wirkung ist die Ausgabe. Der Graph wird nachher in eine Entscheidungstabelle umgesetzt, bei der jede Spalte einen Testfall darstellt. Für weitere Details sei auf die Fachliteratur verwiesen.

323 *CRUD-Matrix.* Testfälle können sich auch auf den Lebenszyklus von Daten gründen (Create, Read, Update und Delete – CRUD). Daten entstehen, werden abgefragt und geändert und schließlich wieder entfernt. Testfälle, die auf diesem Prinzip beruhen, untersuchen, ob die Daten von den Funktionen korrekt verarbeitet werden und ob den Beziehungskontrollen (Konsistenzprüfungen des Datenmodells) entsprochen wird. Auf diese Weise erhält man Einblick in den Lebenslauf (und dessen Vollständigkeit) der Daten bzw. Entitäten.

324 Zur Testfall-Ableitung wird eine Matrix mit den Funktionen als Zeilen und Entitäten (Klassen, Datenbank-Entitäten, etc) als Spalten angelegt. In die Schnittpunkte von Zeilen und Spalten wird eingetragen, was eine Funktion mit den Entitäten macht: C, R, U oder D.

325 Bemerkung: Eine CRUD-Matrix während der Design-Phase anzulegen ist vernünftig, selbst wenn sie nicht für die Testfallspezifikation verwendet wird. Eine CRUD-Matrix kann Fehler und Unklarheiten aufdecken, die anders nicht so früh gefunden werden könnten.

Zur Generierung der Testfälle wird eine Liste der Funktionen mit allen Operationen auf die Entitäten erstellt. Aufgrund dieser Liste werden Testfälle mit Funktionen für Create, Read, Update und Delete definiert, bis alle benötigten Kombinationen Funktion/Entität berücksichtigt sind.

(7) Zustandsbezogener Test. Ein System bzw. Objekt kann in Abhängigkeit von seiner Vorgeschichte (seinem Zustand) unterschiedliche Reaktionen zeigen. Dies kann in Form eines Zustandsdiagramms dargestellt werden. Ein **Zustandsdiagramm** stellt ein System dar in Bezug auf
- seine Zustände,
- die Übergänge zwischen den Zuständen,
- die Eingaben oder Ereignisse, die die Zustandsübergänge (Transitionen) auslösen und
- die Aktionen, die aus den Übergängen folgen können.

Das Zustandsdiagramm dient dem Entwickler als Vorgabe für die Realisierung. Zugleich ermöglicht das Zustandsdiagramm dem Tester, das Objekt und seine Zustände und Reaktionen systematisch zu überprüfen. Tests können zB so konzipiert werden, dass typische Sequenzen von Zuständen durchgespielt werden. Ziel dabei ist schlussendlich, dass jeder Zustand und jeder Zustandsübergang abgedeckt wird. Ebenso kann es von Interesse sein, Tests ungültiger Übergänge zu entwerfen.

Das Zustandsbezogene Testverfahren wird häufig im Bereich der eingebetteten Software („**embedded Software**") und generell in der Automatisierungstechnik eingesetzt. Davon abgesehen ist dieses Verfahren genauso gut für die Modellierung von Geschäftsobjekten, die verschiedene Zustände besitzen, oder zum Test von dialogbasierten Abläufen (zB für Internet-Anwendungen oder Geschäftsszenarien) einsetzbar.

(8) Anwendungsfallbasierter Test. Tests können auch auf der Basis von Anwendungsfällen (Use Cases) oder Geschäftsszenarien spezifiziert werden. Ein Anwendungsfall beschreibt die Interaktionen zwischen den Akteuren, einschließlich Anwender und System, die ein Ergebnis oder einen Wert für den Anwender des Systems zur Folge haben.

Jeder Anwendungsfall hat Vorbedingungen, die erfüllt sein müssen, damit der Anwendungsfall erfolgreich durchgeführt werden kann. Jeder Anwendungsfall endet mit Nachbedingungen, den beobachtbaren Ergebnissen und dem Endzustand des Systems, wenn der Anwendungsfall vollständig abgewickelt wurde. Ein Anwendungsfall hat üblicherweise ein Hauptszenario (der Normalfall bzw. das wahrscheinlichste Szenario) und manchmal mehrere Zweige (Varianten, Ausnahmeverarbeitungen).

Anwendungsfälle beinhalten eine Menge von typischen Szenarien, dh von „Prozessabläufen" durch das System auf Grundlage seiner voraussichtlichen Verwendung. Daher sind von Anwendungsfällen abgeleitete Szenarien bestens geeignet, Testfälle abzuleiten, um Fehler in den Abläufen während des Praxiseinsatzes des Systems aufzudecken.

Anwendungsfälle und deren Konkretisierung in Form von Szenarien, sind insbesondere für den Entwurf von Abnahmetests mit Kunden-/Anwenderbeteiligung sehr nützlich. Indem das Zusammenwirken und die gegenseitige Beeinflussung unterschiedlicher Komponenten betrachtet werden, können sie auch Fehler im Umfeld der Integration aufdecken, die durch den Test der einzelnen Komponenten nicht gefunden werden konnten.

cc) Vergleich White Box/Black-Box-Tests. White-Box-Tests werden eingesetzt, um Fehler in den Teilkomponenten aufzudecken und zu lokalisieren, sind aber aufgrund ihrer Methodik kein zuverlässiges Werkzeug, Fehler gegenüber der Spezifikation aufzudecken. Für letzteres benötigt man Black-Box-Tests. Zu bedenken ist auch, dass zwei Komponenten, die für sich genommen korrekt gemäß ihrer jeweiligen Teilspezifikation arbeiten, zusammen nicht zwangsläufig eine korrekte Einheit gemäß der Gesamtspezifikation bilden. Dies kann durch Black-Box-Tests leichter festgestellt werden als durch White-Box-Tests.

Im Vergleich zu Black-Box-Tests sind White-Box-Tests wesentlich einfacher in der Durchführung, da sie keine besondere organisatorische Infrastruktur benötigen.

Vorteile von White-Box-Tests gegenüber Black-Box-Tests:
- Testen von Teilkomponenten und der internen Funktionsweise.
- Geringerer organisatorischer Aufwand.
- Automatisierung durch gute Tool-Unterstützung.

336   Nachteile von White-Box-Tests gegenüber Black-Box-Tests:
- Erfüllung der Spezifikation nicht überprüft.
- Eventuell Testen „um Fehler herum".

337   **Grey-Box-Tests** sind ein Ansatz aus dem Extreme Programming, mit Hilfe testgetriebener Entwicklung die gewünschten Vorteile von Black-Box-Tests und White-Box-Tests weitgehend miteinander zu verbinden und gleichzeitig die unerwünschten Nachteile möglichst zu eliminieren.

338   Zudem sei genannt, dass die Unterscheidung zwischen Black-Box-Test und White-Box-Test teilweise von der Perspektive abhängt. Das Testen einer Teilkomponente ist aus Sicht des Gesamtsystems ein White-Box-Test, da für das Gesamtsystem aus der Außenperspektive keine Kenntnisse über den Systemaufbau und damit die vorhandenen Teilkomponenten vorliegen. Aus Sicht der Teilkomponente wiederum kann derselbe Test unter Umständen als Black-Box-Test betrachtet werden, wenn er ohne Kenntnisse über die Interna der Teilkomponente entwickelt und durchgeführt wird.

7. Testmanagement

339   a) **Testorganisation.** Testaufgaben können von Personen in einer spezifischen Testrolle oder von jemandem in einer anderen Rolle, beispielsweise Projektmanager, Qualitätsmanager, Entwickler, Fach- und Bereichsexperte, Mitarbeiter in Infrastruktur oder IT-Betrieb durchgeführt werden.[43] In einem Testteam sind die folgenden **Rollen** zu besetzen:
- Testmanager,
- Testdesigner,
- Testautomatisierer,
- Testadministrator,
- Tester.

340   *aa) Testmanager.* Experte für Testplanung und Teststeuerung mit Know-how/Erfahrung in den Bereichen Softwaretest, Qualitätsmanagement, Projektmanagement, Personalführung. Die Rolle des Testmanagers kann von einem Projektleiter, einem Entwicklungsmanager, einem Qualitätsmanager oder dem Manager einer Testgruppe ausgeübt werden. Synonyme sind: Testleiter, Testkoordinator. **Typische Aufgaben** eines Testmanagers sind:
- Erstellen oder prüfen der Teststrategie für das Projekt und einer Testrichtlinie für die Organisation.
- Planung der Tests – unter Berücksichtigung des Kontexts und mit Verständnis der Risiken – inklusive der Auswahl der Testvorgehensweise, Schätzung der Zeit, des Aufwands und der Kosten des Testens, Beschaffung der Ressourcen, Definition der Teststufen, Testdurchläufe, Vorgehensweisen und Ziele und Planung des Fehlermanagements.
- Initiierung der Spezifikation, Vorbereitung, Implementierung und Durchführung von Tests, Überwachung und Steuerung der Ausführung.
- Organisation sämtlicher Schulungen für den Werkzeugeinsatz für Tester.
- Das Schreiben von Testberichten auf der Grundlage der Informationen, die während des Testens gesammelt werden.

341   *bb) Testdesigner.* Experte für Testmethoden und Testspezifikation mit Know-how/Erfahrung in den Bereichen Softwaretest, Software Engineering und (formalen) Spezifikationsmethoden. **Typische Aufgaben** eines Testdesigners sind:
- Analyse, Prüfung und Bewertung von Benutzeranforderungen, Spezifikationen und Modellen im Hinblick auf Testbarkeit.
- Prüfen von Teststrategien und Testplänen.
- Erstellen von Testspezifikationen.

---

[43] Siehe insbes. auch ua *Spillner/Roßner/Winter/Linz*, Praxiswissen Softwaretest – Testmanagement, 3. Aufl. 2011, S. 83 ff.; sowie *Koomen*, TMap Next, 1. Aufl., 2008, und *Nook*, The Software Test Engineers's Handbook, 1. Aufl., 2008.

cc) Testautomatisierer. Experte für Testautomatisierung dh Testgrundlagenwissen, Programmiererfahrung und mit sehr guten Kenntnissen der eingesetzten Testwerkzeuge. **Typische Aufgaben** eines Testautomatisierers sind:
- Entscheidung, was, zu welchem Grad und wie automatisiert werden sollte, Auswahl der Werkzeuge zur Testunterstützung.
- Automatisierung von Tests (kann durch einen Entwickler oder Testautomatisierungsexperten unterstützt werden).

dd) Testadministrator. Experte für Installation und Betrieb der Testumgebung zB Systemadministrator-Know-how. **Typische Aufgaben** eines Testadministrators sind:
- Aufbau der Testumgebung (in Abstimmung mit System- und Netzwerkadministration).
- Aufbau eines Konfigurationsmanagements der Testmittel und Testfälle zwecks Rückverfolgbarkeit.

ee) Tester. Experte für Testdurchführung und Fehlerberichte (IT-Grundlagen, Testgrundlagenwissen, Bedienung der eingesetzten Testwerkzeuge, Verständnis des Testobjekts). **Typische Aufgaben** eines Testers sind:
- Prüfung der Tests, die von anderen entwickelt wurden.
- Vorbereitung oder Anforderung von Testdaten.
- Implementierung von Tests auf allen Stufen, Durchführung der Tests und ihre Protokollierung, Auswertung der Testergebnisse und Dokumentation der Abweichungen von erwarteten Ergebnissen.
- Das Einsetzen von Testadministrations-, Testmanagement- und Testüberwachungswerkzeugen.
- Messung der Leistungsfähigkeit/Performanz von Komponenten und Systemen.

Die Aktivitäten und Aufgaben, die von Personen mit diesen Rollen durchgeführt werden, können variieren und hängen vom Projektkontext, dem Know-How der Personen und der Organisation ab. Während Testautomatisierer und Testadministrator mehr unterstützende Aufgaben wahrnehmen, sind Testmanager, Testdesigner und Tester direkt am Testprozess beteiligt. Einen **Überblick über die Verantwortlichkeiten** dieser drei Rollen im Rahmen des Testprozesses gibt die folgende Abbildung:

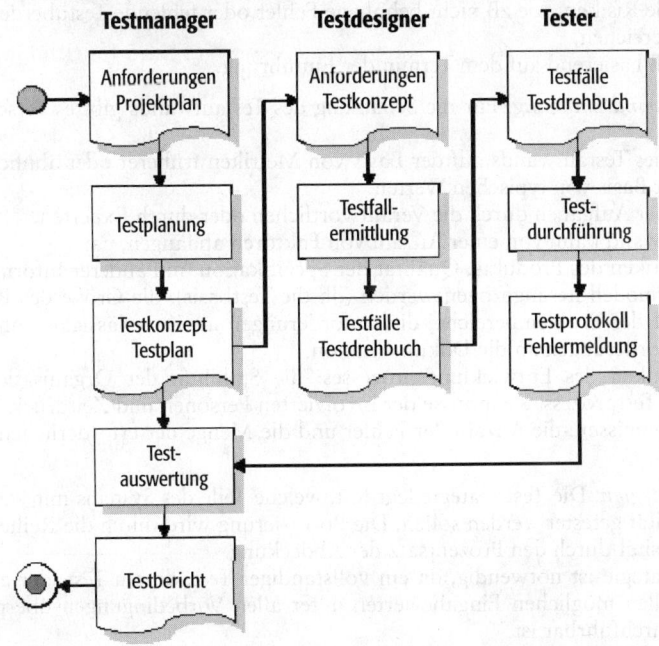

346 **b) Testplanung und -überwachung.** *aa) Testplanung.* Im Rahmen von Entwicklungs- und Implementierungsprojekten sind Tests zu planen. Die Planung kann in einem Projekt- oder Mastertestplan oder in separaten Testplänen für Teststufen, wie zB den Systemtest und den Abnahmetest, dokumentiert werden.

347 Entwürfe für Testplanungsdokumente werden im Standard IEEE 829 bereitgestellt. Die Planung wird durch die Testrichtlinie der Organisation, den Testumfang, die Ziele, Risiken, Einschränkungen, Risikoklassen, Kritikalität, Testbarkeit der Systemteile und Verfügbarkeit von Ressourcen beeinflusst.

348 Testplanung ist eine kontinuierliche Aktivität und wird in allen Lebenszyklusprozessen und -aktivitäten durchgeführt. Feedback aus den Testaktivitäten wird genutzt, um sich ändernde Risiken zu erkennen, so dass die Planungen angepasst werden können.

349 *(1) Testplanungsaktivitäten.* Testplanungsaktivitäten können sein:
- Definieren des allgemeinen Testansatzes (die Teststrategie), inklusive der Definition der Teststufen und der Eingangs- und Testendekriterien.
- Integrieren und koordinieren der Testaktivitäten in die Aktivitäten des Softwarelebenszyklus: Beschaffung, Bereitstellung, Entwicklung, Betrieb und Wartung.
- Entscheiden, was zu testen ist, welche Rollen die Testaktivitäten ausführen werden, wann und wie die Testaktivitäten auszuführen sind, wie die Testergebnisse bewertet werden und wann der Test beendet ist (Testendekriterien).
- Zuordnen der Ressourcen zu den verschiedenen definierten Aufgaben.
- Definieren des Umfangs, des Detaillierungsgrades, der Struktur und der Vorlagen für die Testdokumentation.
- Definieren der Metriken zur Überwachung und Steuerung der Testvorbereitung und -durchführung, Fehlerbehebung und Risikofaktoren.

350 *(2) Testendekriterien.* Das Ziel von Testendekriterien ist, zu definieren, wann mit dem Testen aufgehört wird, zB am Ende einer Teststufe oder wenn eine Reihe von Tests ein spezifisches Ergebnis erzielt hat. **Typische Testendekriterien** sind zB:
- Intensitätsmasse, wie zB Abdeckung von Code, Funktionalität oder Risiko.
- Schätzungen über Fehlerdichte oder Zuverlässigkeitsmasse.
- Kosten.
- Verbleibende Risiken, wie zB nicht behobene Fehler oder fehlende Testüberdeckung in bestimmten Bereichen.
- Zeitpläne zB basierend auf dem Termin der Einführung.

351 *(3) Testaufwandschätzung.* Für die Schätzung des Testaufwands gibt es verschiedene Ansätze wie zB:
- Schätzung des Testaufwands auf der Basis von Metriken früherer oder ähnlicher Projekte oder auf der Basis von typischen Werten.
- Schätzung der Aufgaben durch die Verantwortlichen oder durch Experten.

352 Der Testaufwand kann von einer Anzahl von **Faktoren** abhängen, ua:
- Charakteristiken des Produkts, Qualität der Spezifikation und anderer Informationen, die für das Testmodell herangezogen werden (dh die Testbasis), die Größe des Produkts, die Komplexität des Problembereichs, die Anforderungen an Zuverlässigkeit und Sicherheit und die Anforderungen an die Dokumentation.
- Charakteristiken des Entwicklungsprozesses: die Stabilität der Organisation, benutzte Werkzeuge, Testprozess, Kenntnisse der involvierten Personen und Zeitdruck.
- Den Testergebnissen: die Anzahl der Fehler und die Menge der erforderlichen Nacharbeiten.

353 *bb) Teststrategien.* Die Teststrategie legt fest, welche Teile des Systems mit **welcher Priorität und Intensität** getestet werden sollen. Die Priorisierung wird durch die Reihenfolge realisiert, die Intensität durch den Prozentsatz der Abdeckung.

354 Eine Teststrategie ist notwendig, da ein vollständiger Test, dh ein Test, der alle Teile des Systems mit allen möglichen Eingabewerten unter allen Vorbedingungen überprüft, in der Praxis nicht durchführbar ist.

Deswegen muss in der Testplanung anhand einer Risikoabschätzung festgelegt werden, wie hoch das Auftreten eines Fehlers in einem Systemteil einzuschätzen ist (zB nur finanzieller Verlust oder Gefahr für Menschenleben) und wie intensiv (definiert durch Überdeckungsmasse), unter Berücksichtigung der verfügbaren Ressourcen und des Budgets, ein Systemteil getestet werden muss oder kann. Typische **Ansätze oder Strategien** sind:

- Analytische Ansätze, wie das risikoorientierte Testen, in dem das Testen auf die Bereiche der größten Risiken ausgerichtet ist.
- Methodische Ansätze, wie das ausfallbasierte Testen, checklistenbasiertes und qualitätsmerkmalbasiertes Testen.
- Prozess- oder Standardkonforme Ansätze, wie durch Industriestandards oder die verschiedenen agilen Methoden spezifiziert.
- Dynamische und heuristische Ansätze, wie das explorative Testen, bei dem das Testen stärker auf Ereignisse reagiert, als vorgeplant und die Durchführung und Auswertung gleichzeitige Aufgaben sind.

Die Auswahl eines Testansatzes sollte den **Kontext berücksichtigen.** Dazu gehören:

- Risiko des Scheiterns des Projekts, Gefahren für das Produkt und Risiken von Produktausfällen für Personen, für die Umwelt und für das Unternehmen.
- Qualifikation und Erfahrung der Personen in den vorgeschlagenen Techniken, Werkzeugen und Methoden.
- Das Ziel der Testanstrengungen und der Auftrag des Testteams.
- Die Art des Produkts und des Geschäftsfelds.

cc) Testfortschrittsüberwachung. Das Ziel der Testfortschrittsüberwachung ist es, Feedback und Übersicht über die Testaktivitäten zu erhalten. Zu überwachende Informationen können manuell oder automatisiert gesammelt werden. Sie können herangezogen werden, um Testendekriterien wie Testüberdeckung zu messen, sowie den Fortschritt gegen den Zeitplan und gegen das Budget zu beurteilen.

Es lassen sich die folgenden Arten von **Metriken zur Überwachung des Testfortschritts** unterscheiden:

- Fehlerbasierte Metriken:
  Anzahl gefundener Fehlerzustände bzw. erstellter Fehlermeldungen (pro Testobjekt) im jeweiligen Release, in Abhängigkeit von Fehlerklasse und Fehlerstatus, ggf. bezogen auf Größe des Testobjekts (lines of code).
- Testfallbasierte Metriken:
  Anzahl spezifizierter oder geplanter Tests, Anzahl blockierter Tests (zB wegen nicht beseitigter Fehlerzustände), Anzahl gelaufener, nicht Fehler aufdeckender Testfälle, Anzahl gelaufener Fehler aufdeckender Testfälle.
- Testobjektbasierte Metriken:
  Codeabdeckung, Dialogabdeckung, abgedeckte Installationsvarianten, Plattformen usw.

Gebräuchliche Testmetriken sind ua:

- Prozentsatz der durchgeführten Arbeiten in der Testvorbereitung (oder Prozentsatz der vorbereiteten geplanten Testfälle).
- Prozentsatz der durchgeführten Arbeiten in der Vorbereitung der Testumgebung.
- Testfalldurchführung (zB die Anzahl der durchgeführten/nicht durchgeführten Testfälle und der bestandenen/fehlgeschlagenen Testfälle).
- Fehlerinformationen (zB Fehlerdichte, gefundene und behobene Fehler, Fehleraufdeckungsrate und Nachtestergebnisse).
- Testabdeckung der Anforderungen, Risiken oder des Codes.
- Subjektives Vertrauen der Tester in das Produkt.
- Daten der Testmeilensteine.
- Testkosten, inklusive der Kosten im Vergleich zum Nutzen durch das Auffinden des nächsten Fehlers oder für den nächsten Testdurchlauf.

360 dd) *Testberichterstattung.* Testberichterstattung beinhaltet die Zusammenfassung der Informationen über die Testaktivitäten. Dazu gehört:
- Welche Testaktivitäten sind während des betroffenen Testzeitraums durchgeführt worden.
- Welche Testabdeckung wurde erreicht.
- Wie viele Fehler von welcher Klasse sind noch offen.

361 **Ein Teststatusbericht sollte folgende Informationen enthalten:**
- Testobjekte,
- Teststufe,
- Testzyklus-Datum von–bis,
- Testfortschritt (geplante/gelaufene/blockierte Tests),
- Fehlerstatus (neue/offene/korrigierte Fehler),
- Risiken (neue/veränderte/bekannte Risiken),
- Ausblick (Planung des nächsten Testzyklus),
- Gesamtbewertung (Beurteilung der Freigabereife des Testobjekts).

362 *ee) Teststeuerung.* Teststeuerung beschreibt sämtliche Führungs- oder Korrekturmaßnahmen, die auf Grund gesammelter Informationen ergriffen werden. Maßnahmen können jede Testaktivität betreffen und können andere Entwicklungsaktivitäten beeinflussen.

363 Beispiele von **Maßnahmen** zur Teststeuerung sind:
- Neu-Priorisierung von Tests, wenn identifizierte Risiken auftreten (zB verspätete Lieferung der Software).
- Änderung des Testzeitplans aufgrund der Verfügbarkeit der Testumgebung.
- Anweisung dass behobene Fehler durch einen Entwickler nachzutesten sind, bevor die Software an die nächste Teststufe übergeben wird.

364 c) *Testdokumentation.* Im Rahmen der Aktivitäten des Testprozesses entstehen verschiedene Ergebnisse, insbesondere Testdokumente:

Aktivität	Ergebnis	Engl. Ausdruck
Testplanung	Testkonzept Testplan	Test Plan Test Schedule
Testanalyse und Testdesign	Testentwurfsspezifikation Testfallspezifikation Testvorgehensspezifikation	Test Design Specification Test Case Specification Test Procedure Specification
Übergabe des Testobjekts	Testobjektübergabebericht	Test Item Transmittal Report
Testrealisierung Testdurchführung	Testumgebung Testprotokoll Testvorfallbericht	Test Environment Test Log Test Incident Report
Testauswertung und Bericht	Testbericht	Test Status Report Test Summary Report

365 *aa) Dokumente zur Testvorbereitung.* **Testkonzept.** Im Testkonzept (test plan) werden die Zielsetzungen des Testens auf einer hohen Abstraktionsstufe beschrieben. Ferner wird die Teststrategie festgelegt. Das Testkonzept macht ua Aussagen über:
- die Testobjekte,
- die zu testenden Merkmale dieser Objekte,
- die Art der durchzuführenden Tests,
- die Vorgehensweise bei der Durchführung.

366 Im Testkonzept wird also festgelegt, welche Objekte mit welchen Tests zu überprüfen sind. Eine detaillierte Beschreibung der Testziele und des Vorgehens wird dann im Testentwurf vorgenommen. Außerdem enthält das Testkonzept eine Aufstellung der allgemeinen Anforderungen an die Hard- und Softwareumgebung und an die Dokumentation.

Die daraus resultierenden Aktivitäten werden in einem Testplan (test schedule) zusammengestellt und personellen und zeitlichen Ressourcen zugeordnet. Bei umfangreichen Projekten kann der Testplan zudem in einen Haupttestplan und mehrere Testpläne für die verschiedenen Testbereiche aufgeteilt werden. Der Testplan muss mit dem Projektplan abgestimmt bzw. in diesen integriert werden.

(1) Testentwurfsspezifikation. Das Testkonzept kann in einer Testentwurfsspezifikation detailliert werden. In diesem Dokument wird die Teststrategie für einzelne Testbereiche präzisiert und konkretisiert. Der Zweck und Umfang der konkreten Tests müssen darin dokumentiert werden.

(2) Testfallspezifikation. Ziel einer Testfallspezifikation ist, einen in einer Testentwurfsspezifikation bezeichneten Testfall zu definieren. Eine Testfallspezifikation enthält alle Angaben über die für die Ausführung notwendigen Vorbedingungen, die Menge der Eingabewerte und der Ausgabewerte. Sie enthält aber keine Angaben zur Ausführung eines Testfalles. Das wird in der dazugehörigen Testverfahrensspezifikation beschrieben.

(3) Testverfahrensspezifikation. Eine Testverfahrensspezifikation definiert, wie die Testfälle auszuführen sind (auch Testdrehbuch genannt). Es werden nicht die Eingabedaten selbst sondern die Einzelschritte für die Ausführung der Testfälle spezifiziert.

Hinweis: Testfallspezifikation und Testvorgehensspezifikation werden in der Literatur auch unter dem Oberbegriff „Testvorschrift" zusammengefasst (Frühauf). Sie beschreiben im Detail, wie Testfälle und Testsequenzen durchzuführen sind.

Ferner sollten diese Dokumente einen Abschnitt über die Testvoraussetzungen hinsichtlich Hard- und Software, Testdaten und Personalbedarf enthalten. Unerlässlich ist auch die Festlegung von **Abnahmekriterien**. Es sollten Kriterien für den Erfolg, den Abbruch, die Unterbrechung und die Wiederaufnahme eines Testlaufes festgehalten werden.

(4) Testobjektübergabebericht. Der Testobjektübergabebericht zählt im Detail die Testobjekte gemäß der Konfigurationsliste auf. Dieser Übergabebericht ist insbesondere dann wichtig, wenn das Entwicklungsteam nicht identisch ist mit dem Testteam und das Abnahmetesten vertraglich geregelt wird.

bb) Dokumente zur Testnachbereitung. *(1) Testprotokoll und Fehlermeldung.* Unmittelbares Ergebnis der Testdurchführung sind die Testprotokolle, in denen die Befunde der Tests dokumentiert werden. Das Testprotokoll beschreibt in chronologischer Reihenfolge alle relevanten Details der durchgeführten Tests. Gewöhnlich wird dafür das Testdrehbuch verwendet. Das Testprotokoll ist nur dann ein separates Dokument, wenn das Testdrehbuch nicht so gestaltet wurde, dass darin Platz für die Protokollierung vorhanden ist.

Fehler (Abweichungen) werden außerdem in **Fehlermeldungen** (Problemmeldung, Testvorfallbericht) erfasst, um ihre Korrektur zu veranlassen und zu überwachen.

(2) Testbericht. Die Ergebnisse der Aktivitäten einer Testsequenz werden dann im Testbericht zusammengefasst. Darin wird zudem bewertet, ob die gesetzten Ziele und Anforderungen erreicht wurden. Er bildet die Basis für die Testkontrolle und besteht aus der Liste der vom Test betroffenen Software-Einheiten, der Liste der Fehlermeldungen und der Testprotokolle.

Für die Testdokumentation gibt es mehrere ANSI/IEEE-Normen, insbesondere die IEEE-Norm 829 legt den Inhalt und die Struktur von Testdokumenten fest. Diese Normen sind meist zur Dokumentation von Software für kritische Anwendungen gedacht und sind dementsprechend umfangreich und teilweise kompliziert. Sie bieten jedoch einen guten Anhaltspunkt für selbst zu erstellende Dokumente.

cc) *Planung der Testdokumentation.* Es ist die Aufgabe des Testleiters festzulegen, für welche Testaktivitäten welche Dokumente zu erstellen sind. Dies wird gewöhnlich im Testkonzept festgelegt. Die folgende Abbildung zeigt den Zusammenhang zwischen den Testdokumenten nach IEEE 829 in einem Projekt:

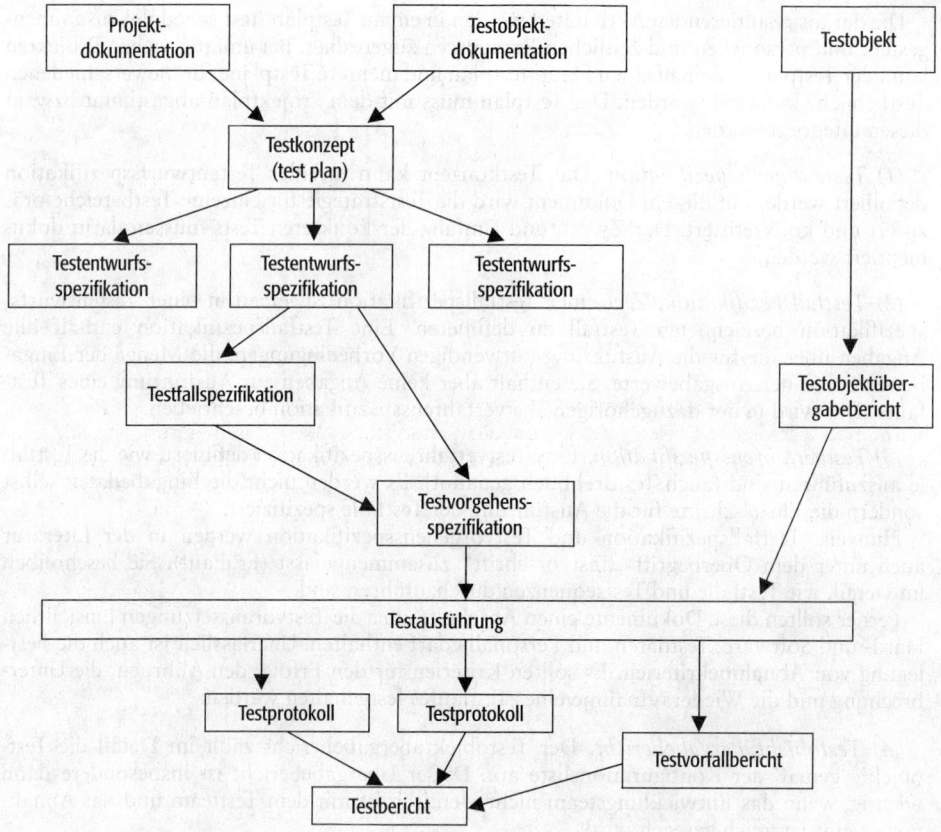

378 d) **Konfigurationsmanagement.** Ziel des Konfigurationsmanagements ist die **Etablierung und der Erhalt der Integrität** der Produkte (Komponenten, Daten und Dokumentation) des Software-Systems während des Projekt- und Produktlebenszyklus. Für das Testen kann das Konfigurationsmanagement sicherstellen, dass:

- Alle Teile der Testmittel identifiziert, einer Versionskontrolle unterworfen, Änderungen verfolgt und zueinander und zu den Entwicklungseinheiten (Testobjekten) in Beziehung gesetzt sind, so dass die Rückverfolgbarkeit während des gesamten Testprozesses oder auch des gesamten Produktlebenszyklus erhalten werden kann.
- Alle identifizierten Dokumente und Entwicklungsgegenstände eindeutig in der Testdokumentation referenziert werden.

379 Das Konfigurationsmanagement unterstützt den Tester dabei, die Testobjekte, Testdokumente, Tests und den Testrahmen eindeutig zu identifizieren. Die Konfigurationsmanagementprozeduren sollten im Rahmen der Testplanung festgelegt werden. Dazu sollte die passende Infrastruktur (KM-Werkzeuge) ausgewählt, dokumentiert und implementiert werden.

380 Aus Sicht des Tests stellen sich die folgenden **Anforderungen an das Konfigurationsmanagement:**

- **Versionenverwaltung.**
Katalogisieren, Speichern und Wiederabrufen von unterschiedlichen Versionen eines Konfigurationsobjekts (zB Version 1.0 und 1.1 einer Datei). Hierzu gehört auch das Mitführen von Kommentaren, aus denen der jeweilige Änderungsgrund hervorgeht.

- **Konfigurationsverwaltung.**
  Bestimmung und Verwaltung aller Dateien (Konfigurationsobjekte) in der jeweils passenden Version, die zusammen ein Teilsystem bilden (Konfiguration). Voraussetzung hierfür ist eine Versionenverwaltung.
- **Statusverfolgung von Fehlern und Änderungen.**
  Aufzeichnung von Problemberichten und Änderungsanforderungen und die Möglichkeit, deren Umsetzung an den Konfigurationsobjekten nachzuvollziehen.

e) **Fehlermanagement.** *aa) Aufgaben des Fehlermanagements.* Eines der Ziele des Testens ist es, Fehler (Abweichungen) zu finden, um sie zu beheben. Fehler können während Entwicklung, in Reviews und Test, sowie im Einsatz von Software festgestellt werden. Die Unterschiede zwischen aktuellen und erwarteten Ergebnissen müssen aufgezeichnet werden. Dies ist die Aufgabe des Fehlermanagements (auch Abweichungsmanagement genannt).

Aufgabe des Fehlermanagements ist es, Fehler aufzuzeichnen und ihre weitere Bearbeitung zu verfolgen. Fehler sollten von der Entdeckung und Klassifizierung bis hin zur Korrektur und Überprüfung der Lösung verfolgt werden. Um alle Fehler bis zum Abschluss zu verwalten, sollte die Organisation einen Prozess und die Regeln für die Klassifizierung etablieren.

bb) Fehlermeldungen. Die Erfassung von Fehlermeldungen ist mit den folgenden **Zielsetzungen** verbunden:
- Für die Entwickler liefern sie Hinweise zur Identifikation, Isolation und Korrektur von Fehlern.
- Für den Testleiter sind sie ein Hilfsmittel zur Verfolgung der aktuellen Systemqualität im Test und des Testfortschritts.
- Fehlermeldungen können auch Hinweise zur Testprozessverbesserung liefern.

Die folgende Tabelle zeigt einen **möglichen Aufbau** einer Fehlermeldung:

	Attribut	Bedeutung
Identifikation	Nummer	Eindeutige Meldungsnummer
	Testobjekt	Bezeichnung des Testobjekts
	Version	Version des Testobjekts
	Tester	Name des Testers
	Datum	Datum und evtl. Uhrzeit der Beobachtung
Klassifikation	Status	Bearbeitungsfortschritt des Fehlers
	Klasse	Klassifizierung der Schwere des Fehlers
	Priorität	Dringlichkeit der Korrektur
	Anforderung	Verweis auf nicht erfüllte Anforderungen
Beschreibung	Testfall	Beschreibung bzw. Referenzierung des Testfalls
	Problem	Problembeschreibung, erwartete und tatsächlich beobachtete Ergebnisse bzw. Verhalten
	Verweis	Querverweis auf andere zugehörige Fehlermeldungen
	Korrektur	Maßnahmen des zuständigen Entwicklers

cc) Klassifizierung von Fehlern. Zur Klassifizierung der Fehlerschwere kann die folgende Tabelle als Vorlage verwendet werden:

Schweregrad des Fehlers	Beschreibung
Severity A (= Severity 1)	Der Betrieb der Software ist gänzlich unterbrochen oder so schwer gestört, dass eine Fortsetzung des Betriebs der Software nicht sinnvoll ist. Die gestörte Funktionalität ist unternehmenskritisch und der Fehler ist dringend zu beheben. Fehler der Severity A haben eine oder mehrere folgender Eigenschaften: • Verlust von Daten. • Das System oder wesentliche (kritische) Teile/Funktionalitäten sind nicht nutzbar. • Das System oder wesentliche (kritische) Teile/Funktionalitäten bleiben ohne Ergebnis hängen oder verursachen inakzeptable Verzögerungen von Antwortzeiten. • Das System oder wesentliche (kritische) Teile/Funktionalitäten stürzen ab. Der Absturz lässt sich auch durch Neustart des Systems nicht beheben. Eine Umgehung dieser Fehler ist nicht möglich. Fehler der Severity A sind abnahmeverhindernd.
Severity B (= Severity 2)	Fehler der Severity B führen dazu, dass eine wesentliche Funktion oder ein wesentlicher Geschäftsprozess nicht ausgeführt werden kann, aber keine direkten Folgefehler auftreten. Es kommt nicht zum Versagen des Systems insgesamt, ein Arbeiten mit dem System ist mit Einschränkung in der Bedienung möglich, es sind zeitkritische Funktionen und Geschäftsprozesse betroffen. Eine Umgehung ist grundsätzlich möglich. Die Umgehung ist jedoch am System mit hohem Aufwand bzw. mit erheblichem manuellem Zusatzaufwand verbunden, der dem Auftraggeber nur kurzfristig zugemutet werden kann. Unzumutbarkeit ist weiter gegeben, wenn die Performance des Systems erheblich eingeschränkt ist und es sich um eine zeitsensible Anwendung handelt. Fehler der Severity B sind abnahmeverhindernd.
Severity C (= Severity 3)	Fehler der Severity C bedeuten den Ausfall einer weniger bedeutenden Funktionalität. Funktion oder Geschäftsprozess können aber trotz des Fehlers mit kleinen Einschränkungen genutzt werden bzw. sind nicht so fehlerhaft, dass der Ablauf unzumutbar beeinträchtigt ist. Eine Umgehung ist möglich, sofern der sich dadurch ergebende Aufwand für den Auftraggeber zumutbar ist. Auf Dauer ist der Umgehungsaufwand jedoch nicht akzeptabel. Fehler der Severity C sind nicht abnahmeverhindernd, müssen aber in für den Auftraggeber zumutbarer Zeit behoben sein.
Severity D (= Severity 4)	Fehler der Severity D sind auf die Anforderung von Informationen bzw. Softwareerweiterungen (Change Requests) oder Rückfragen zur Dokumentation zurückzuführen. Fehler der Severity D bewirken keine Einschränkungen der Funktionalität der Software. Fehler der Severity D sind nicht abnahmeverhindernd.

386 dd) *Fehlerstatusverfolgung.* Die kontinuierliche Verfolgung der Fehleranalyse und -korrektur kann mit einem Fehlerstatus nachgezeichnet werden. Ein Fehlerstatusmodell wird dazu verwendet, um die kontinuierliche Verfolgung des Fehleranalyse- und Korrekturprozesses über alle Stadien hinweg nachzuzeichnen. Dabei durchläuft jede Fehlermeldung eine Reihe festgelegter Stati, die alle Schritte von der erstmaligen Erfassung bis zur erfolgreichen Fehlerkorrektur beinhalten. Ein mögliches **Fehlerstatusmodell** zeigt die folgende Abbildung:

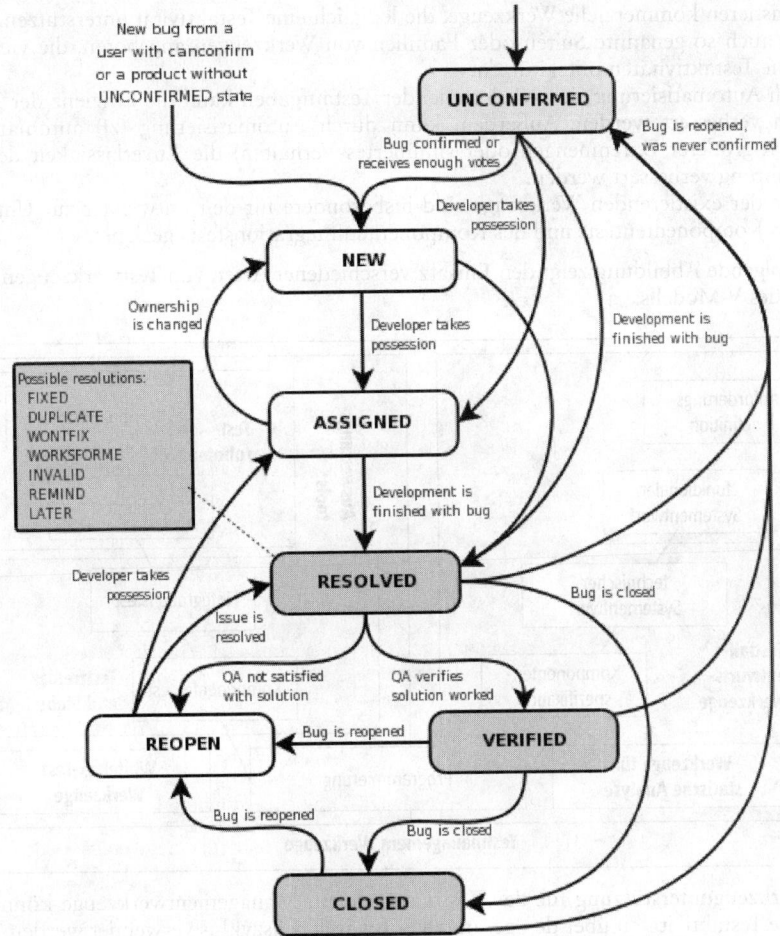

Die folgenden Schritte können dabei durchlaufen werden:
- Eine Fehlermeldung wird vom Tester neu erfasst und vom Testleiter gesichtet.
- Die Meldung wird vom Testleiter einem Entwickler zugewiesen und auf offen gesetzt.
- Falls es sich nicht um einen Fehler handelt, sondern zB um einen Änderungswunsch, wird die Meldung abgewiesen.
- Nach erfolgter Analyse durch den Entwickler wird die Korrektur durchgeführt.
- Sobald der Entwickler aus seiner Sicht die Korrektur abgeschlossen hat, setzt er die Meldung auf Test.
- Schließlich wird die Problemlösung vom Tester verifiziert und die Meldung auf erledigt gesetzt.

8. Testwerkzeuge

a) **Übersicht.** Es existieren unterschiedliche Testwerkzeuge, die verschiedene Aspekte des Testens unterstützen. In diesem Kapitel werden Testwerkzeuge danach klassifiziert, welche Aktivitäten des Testens sie unterstützen.[44]

---

[44] Siehe ua auch: *Bender,* Qualitätssicherung eingebetteter Software, S. 19 ff., und *Rosenstiel,* Test-Werkzeuge für Software, 2007, http://wiki.computerwoche.de/doku.php/programmierung/softare_testing_tools.

389 Es existieren kommerzielle Werkzeuge, die lediglich eine Testaktivität unterstützen, weiter werden auch so genannte Suiten oder Familien von Werkzeugen angeboten, die viele oder sämtliche Testaktivitäten unterstützen.

390 Durch Automatisierung sich wiederholender Testaufgaben kann die Effizienz der Testaktivitäten verbessert werden. Außerdem kann durch Automatisierung (zB automatisierter Vergleich größerer Datenmengen oder simuliertes Verhalten) die Zuverlässigkeit der Testdurchführung verbessert werden.

Einige der existierenden Werkzeuge sind insbesondere für den Entwickler zur Unterstützung des Komponententests und des Komponentenintegrationstests geeignet.

391 Die folgende Abbildung zeigt den Einsatz verschiedener Arten von Testwerkzeugen in den Phasen des V-Modells:

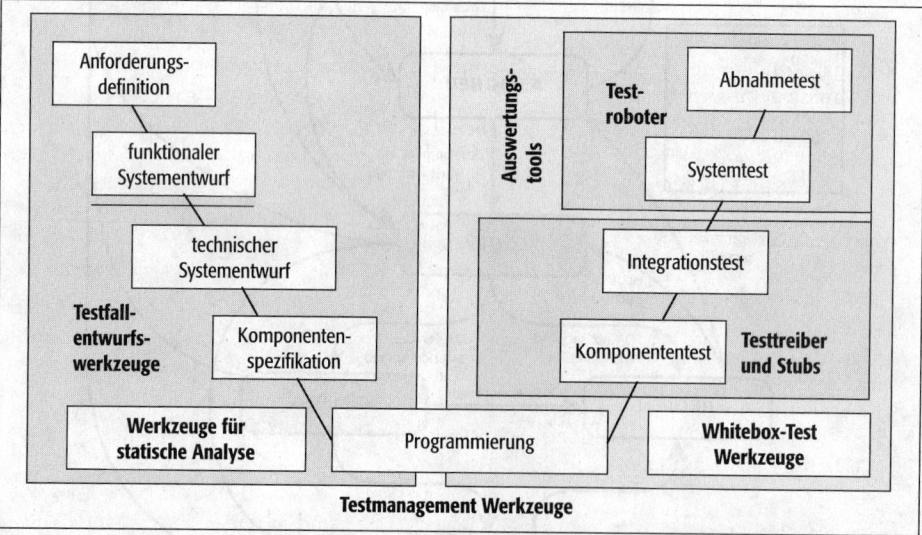

b) **Werkzeugunterstützung für das Testmanagement.** Managementwerkzeuge können für sämtliche Testaktivitäten über den gesamten Softwarelebenszyklus verwendet werden.

393 *aa) Testmanagementwerkzeuge.* Testmanagementwerkzeuge können wie folgt **charakterisiert** werden:
- Unterstützung des Testmanagements und der durchzuführenden Testaktivitäten.
- Schnittstellen zu Testausführungswerkzeugen, Abweichungsverfolgungs- und Anforderungsmanagementwerkzeugen.
- Unabhängige Versionskontrolle oder Schnittstelle zu einem externen Konfigurationsmanagementwerkzeug.
- Unterstützung der Rückverfolgbarkeit von Tests, Testergebnissen und Vorfällen zu den ursprünglichen Dokumenten (Basisdokumentation), wie den Anforderungsspezifikationen.
- Aufzeichnung von Testergebnissen und Generierung von Fortschrittberichten.

394 *bb) Anforderungsmanagementwerkzeuge.* Anforderungsmanagementwerkzeuge dienen der strukturierten Ablage von Anforderungen. Sie ermöglichen die Priorisierung von Anforderungen und die Rückverfolgbarkeit von einzelnen Tests zu Anforderungen und Funktionen. Die Rückverfolgbarkeit kann im Testfortschrittsbericht dokumentiert werden. Des Weiteren kann der Grad der Überdeckung von Anforderungen und Funktionen durch eine Menge von Tests im Fortschrittsbericht festgehalten werden.

395 *cc) Fehlermanagementwerkzeuge.* Fehlermanagementwerkzeuge ermöglichen die Ablage und Verfolgung von Fehlermeldungen. Dabei stehen folgende **Möglichkeiten** zur Verfügung:
- Priorisierung von Fehlermeldungen.

- Zuordnung von Aufgaben zu bestimmten Personen (zB Fehleranalyse, Fehlerbehebung, oder Nachtest).
- Zuordnung eines Status (zB neu, zurückgewiesen, bereit zum Test, zurückgestellt für das nächste Release).

Diese Werkzeuge ermöglichen die Verfolgung der Fehler über die Zeit, unterstützen statistische Analysen und liefern Berichte über Fehler.

dd) Konfigurationsmanagementwerkzeuge. Konfigurationsmanagementwerkzeuge sind im engeren Sinne keine Testwerkzeuge, werden aber typischerweise eingesetzt, um verschiedene Versionen und Builds, sowie die dazugehörigen Tests zu verwalten.

Konfigurationsmanagementwerkzeuge:
- Speichern die Informationen über Versionen und Konfigurationen der Software und der benötigten Testmittel.
- Erlauben die Rückverfolgung von Software-Produktkomponenten, Varianten und Testmitteln.
- Sind insbesondere für die Verwaltung von mehreren Konfigurationen von Hardware- und Softwareumgebungen geeignet.

c) Werkzeugunterstützung für den statischen Test. *aa) Unterstützende Werkzeuge für den Reviewprozess.* Unterstützende Werkzeuge für den Reviewprozess dienen der Ablage von Informationen über den Reviewprozess, speichern und verteilen von Reviewanmerkungen, berichten über gefundene Fehler sowie den geleisteten Aufwand und stellen Referenzen zu Reviewregeln und Checklisten bereit.

bb) Statische Analysewerkzeuge. Statische Analysewerkzeuge unterstützen Entwickler und Tester bei der Aufdeckung von Fehlern und potentiellen Fehlern (Anomalien) vor dem dynamischen Testen. Sie **bieten Unterstützung bei:**
- Überprüfung der Einhaltung von Programmierkonventionen.
- Analyse von Strukturen und Abhängigkeiten (zB verlinkte Webseiten).
- Unterstützung bei der Analyse des Programm-Codes.

Statische Analysewerkzeuge können Metriken (zB zyklomatische Komplexität) aus dem Code ermitteln und damit zusätzliche Informationen für die Planung und Risikoanalyse bereitstellen.

cc) Modellierungswerkzeuge. Modellierungswerkzeuge sind in der Lage ein Modell einer Software zu validieren. Zum Beispiel kann ein Datenbankmodellprüfer Fehlerzustände und Inkonsistenzen in einem Modell aufdecken; andere Modellierungswerkzeuge können Fehlerzustände in einem Zustands- oder Objektmodell aufdecken.

Diese Werkzeuge werden oft zur Unterstützung der Generierung von Testfällen, basierend auf dem Modell verwendet.

Der Hauptnutzen von statischen Analyse- und Modellierungswerkzeugen besteht in der frühzeitigen und Kosten sparenden Aufdeckung von Fehlerzuständen im Entwicklungsprozess.

d) Werkzeugunterstützung für die Testspezifikation. *aa) Testentwurfswerkzeuge.* Testentwurfswerkzeuge generieren Testeingaben oder leiten Tests aus den Anforderungen, der graphischen Benutzerschnittstelle, dem Entwurfsmodell (Zustands-, Daten- oder Objektmodell) oder aus dem Code ab. Diese Art von Werkzeugen kann auch das erwartete Verhalten (Sollwerte/Sollreaktionen) werkzeugunterstützt erzeugen (dh als Testorakel verwendet werden).

Die aus dem Zustands- oder Objektmodell generierten Tests sind nützlich für die Verifizierung der Implementierung des Modells. In den wenigsten Fällen sind diese Tests aber geeignet, um alle Aspekte der Software oder des Systems zu verifizieren. Durch diese Vorgehensweise kann aber wertvolle Zeit gespart werden und eine Vollständigkeit durch die mittels des Werkzeugs generierten Tests erzielt werden.

bb) Testdatengeneratoren und -editoren. Mit Hilfe von Testdatengeneratoren können aus Datenbanken, Dateien oder Datenströmen Testdaten ermittelt werden und dann sämtliche für einen Test benötigte Testdaten bearbeitet werden. Ein Nutzen dieser Werkzeuge besteht darin sicherzustellen, dass die auf diese Art und Weise in der Testumgebung verwendeten Produktionsdaten aus Gründen des Datenschutzes anonymisiert werden.

406 e) **Werkzeugunterstützung für die Testdurchführung.** *aa) Testausführungswerkzeuge.* Testausführungswerkzeuge ermöglichen eine automatische oder halbautomatische Ausführung von Tests unter Verwendung der aufgezeichneten Eingaben und der erwarteten Ausgaben, mittels einer skriptbasierten Sprache (Testroboter, Capture-Replay-Verfahren). Durch eine skriptbasierte Sprache ist es möglich, aufgezeichnete Tests mit geringem Aufwand zu modifizieren, um die Tests mit ähnlichen Daten zu wiederholen oder andere Teile des Systems mit ähnlichen Testschritten zu testen. In der Regel enthalten solche Werkzeuge Funktionen zum dynamischen Vergleich und liefern für jeden Testlauf ein Protokoll.

407 *bb) Testrahmen.* Ein Testrahmen ermöglicht den Test einer Komponente oder von Teilen eines Systems durch Simulation der Umgebung des Testobjekts. Dies wird entweder gemacht, weil einige Komponenten der Umgebung noch nicht zur Verfügung stehen und sie zwischenzeitlich durch Platzhalter oder Testtreiber ersetzt werden oder einfach um eine kontrollierte Umgebung für die Lokalisierung von Fehlern in den Testobjekten zur Verfügung zu haben.

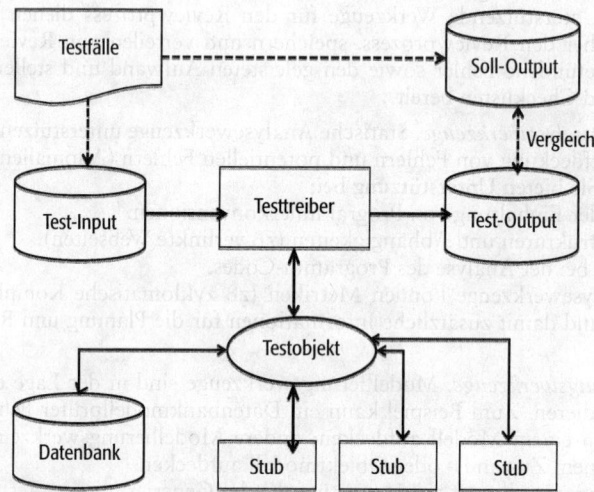

408 Ein Komponententestrahmen kann dort eingesetzt werden, wo Teile des Codes, des Objekts, der Methode oder Funktion ausgeführt werden sollen. Dieses geschieht durch Aufruf des zu testenden Objektes und durch Auswertung der Rückmeldung an das Objekt. Mit Hilfe eines Testrahmens kann auch die Testdurchführung in der Middleware hinsichtlich des Zusammenspiels von verschiedenen Sprachen, Betriebssystemen und Hardware getestet werden.

409 *cc) Vergleichswerkzeuge.* Vergleichswerkzeuge (Komparatoren) ermitteln die Unterschiede zwischen Dateien, Datenbanken oder Testergebnissen, zB zwischen Test-Output und Soll-Output. Testausführungswerkzeuge enthalten typischerweise dynamische Vergleichswerkzeuge. Es besteht auch die Möglichkeit, dass ein Vergleich durch ein separates Werkzeug erst nach der Testdurchführung ausgeführt wird. Ein Vergleichswerkzeug kann somit auch als Testorakel verwendet werden, insbesondere wenn der Vergleich automatisiert erfolgt.

410 *dd) Überdeckungsanalysatoren.* Überdeckungsanalysatoren messen den Grad der Überdeckung eines Strukturelements (zB Anweisungen, Zweige oder Entscheidungen), oder von spezifischen Typen von ausgeführten Programmstrukturen (zB Anweisungen, Zweige, oder Zweigen, Module oder Funktionsaufrufe). Diese Werkzeuge zeigen, wie umfassend ein Strukturelement durch eine Menge von Tests abgedeckt wurde.

ee) Sicherheitsprüfwerkzeuge. Sicherheitsprüfwerkzeuge prüfen die Absicherung des Rechners oder ganzen Netzwerks zB gegen Computerviren und sog Denial of Service Attacks. Eine „d. o. s. attack" ist ein Angriff eines Hackers auf einen Rechner, um den Computer oder Teile seiner Dienste zu blockieren. Sicherheitsprüfwerkzeuge versuchen Sicherheitslücken im System aufzudecken.

f) Werkzeugunterstützung für Performanzmessungen. *aa) Dynamische Analysewerkzeuge.* Dynamische Analysewerkzeuge decken Fehler auf, wie sie zur Laufzeit eines Programms sichtbar werden, also zB Zeitabhängigkeiten und Speicherengpässe. Diese werden typischerweise im Komponenten- und Komponentenintegrationstest sowie im Rahmen des Tests der Middleware verwendet.

bb) Performanztest-/Lasttest-/Stresstestwerkzeuge. Performanztestwerkzeuge überwachen und protokollieren, wie sich ein System unter verschiedenen simulierten Benutzungsbedingungen verhält. Sie simulieren die Last auf eine Applikation, eine Datenbank oder eine Systemumgebung wie zB ein Netzwerk oder Server. Diese Art der Werkzeuge werden oft nach dem Performanzkriterium benannt, das sie messen und sind auch als Lasttestwerkzeuge oder Stresstestwerkzeuge bekannt.

cc) Testmonitore. Testmonitore analysieren, verifizieren und zeichnen kontinuierlich die Verwendung von spezifischen Systemressourcen auf, und geben Warnungen bzgl. möglicher Probleme in der Verwendung von Diensten aus. Sie zeichnen darüber hinaus die Version der verwendeten Software und Testmittel auf und ermöglichen somit eine Rückverfolgbarkeit. Testmonitore sind keine Testwerkzeuge im engeren Sinne, aber sie stellen Informationen für Testzwecke zur Verfügung, die nicht auf anderem Wege bereitgestellt werden können.

§ 2 Spezifikation, Migration und Abnahme von Software

Übersicht

	Rn.
I. Spezifikation von Softwaresystemen	1–40
1. Anforderungskatalog	1–7
2. Fachkonzept (grob/fein)	8–10
3. Inhalte eines Fachkonzepts	11–15
4. Verantwortlichkeiten beim Fachkonzept	16–25
5. Pflichtenheft	26–33
6. Mögliche Pannen beim Pflichtenheft	34–36
7. Pflichtenheft nicht fertig bei Vertragsabschluss	37–40
II. Abnahmeverfahren	41–64
1. Planung von Teilabnahmen und Gesamtabnahme	41–43
2. Zuständigkeiten beim Abnahmeprozess	44–48
3. Produktivsetzung und Zeitpunkt der Abnahme	49–51
4. Migration von Altdaten	52–57
5. Abnahme von Schnittstellen	58–60
6. Typische Probleme bei der Abnahme	61–64

Schrifttum: *Ebert*, Systematisches Requirements Engineering, 4. Auflage 2012; *Pohl/Rupp*, Basiswissen Requirements Engineering, 3. Auflage 2011.

I. Spezifikation von Softwaresystemen

1. Anforderungskatalog

1 Ein Anforderungskatalog ist eine Zusammenstellung von Anforderungen, durch deren Erfüllung ein angestrebtes Projektziel erreicht werden soll.[1]

Generell beschreibt eine Anforderung, was ein Kunde bzw. Auftraggeber oder ein Benutzer von einem IT-System (Software und/oder Hardware) erwartet.

2 Einer gängigen **Definition** des IEEE-Standards folgend lassen sich einer Anforderung folgende Merkmale zuschreiben:[2]

(1) A condition or capability needed by a user to solve a problem or achieve an objective.
(2) A condition or capability that must be met or possessed by a system or system component to satisfy a contract, standard, specification, or other formally imposed documents.
(3) A documented representation of a condition or capability as in (1) or (2).

3 Das genaue Vorgehen, wie Anforderungen aufgenommen und strukturiert dokumentiert werden, wird typischerweise durch die Informatikdisziplin „**Requirements Engineering**" beschrieben. Zu diesem Thema existiert reichlich Fachliteratur, da bereits in den frühen Jahren der Softwareentwicklung die Notwendigkeit bestand, (fachliche) Anforderungen eines Kunden zu erfassen, dokumentieren und verarbeiten.[3]

4 In der Praxis wird ein Anforderungskatalog dafür eingesetzt, alle Anforderungen festzuhalten, die ein Kunde an ein zu realisierendes IT-System stellt. Die in dem Anforderungskatalog zusammengestellten Anforderungen beschreiben dabei zunächst nur **grob** aus fachlicher Sicht, was später realisiert werden soll. Eine **schrittweise Verfeinerung** der Anforderungen ist daher in den meisten Fällen während der Laufzeit des Projekts notwendig bzw. unerlässlich.

5 Bei der Erfassung und Zusammenstellung von Anforderungen geht es entgegen vereinzelter irrtümlicher Meinungen nicht nur um funktionale Anforderungen, sondern in nahezu al-

---

[1] Siehe hierzu DIN 69905 (Projektabwicklung – Begriffe).
[2] Siehe IEEE Std 610.12-1990 (Standard Glossary of Software Engineering Terminology), Sept. 1990.
[3] Siehe zum Beispiel die Standardwerke *Pohl/Rupp*, Basiswissen Requirements Engineering sowie *Ebert*, Systematisches Requirements Engineering.

len Fällen auch um Anforderungen, die die **qualitativen Eigenschaften** eines IT-Systems beschreiben.[4]

Eine abschließende Spezifikation stellt ein Anforderungskatalog in aller Regel nicht dar, dh auch wenn die Anforderungen sehr detailliert erfasst sind, ist eine abschließende Spezifikation stets eine noch genauere Beschreibung dessen, was sich der Kunde in Bezug auf die Realisierung seines zukünftigen IT-Systems aus fachlicher Sicht wünscht.

Es sei an dieser Stelle hervorgehoben, dass sich ein Anforderungskatalog auch sehr gut dafür eignet, die fachlichen Anforderungen produktneutral bzw. lösungsneutral zu formulieren. Daraus ergibt sich unter anderem auch der Vorteil, dass in dieser Phase des Projekts noch keine Entscheidung darüber getroffen werden muss, ob letztlich ein Standardprodukt oder ein Individualsystem zum Einsatz kommen soll.

2. Fachkonzept (grob/fein)

Mit „Fachkonzept" wird üblicherweise ein Dokument bezeichnet, das die fachlichen Anforderungen eines Kunden enthält. Synonym zu „Fachkonzept" werden in der IT-Branche die Begriffe
- „fachliches Feinkonzept" und
- „fachliche Feinspezifikation"

benutzt.

An dieser Stelle sei angemerkt, dass das Fachkonzept durchaus **auch technische Anforderungen** enthalten kann bzw. dies typischerweise auch tut; dabei sind technische Anforderungen nicht mit technischen Lösungsansätzen zu verwechseln, sondern als technikbezogene Vorgaben des Auftraggebers für den Auftragnehmer zu verstehen.

Aus juristischer Sicht sollte das Fachkonzept möglichst **bei Vertragsschluss vorliegen.** In der Praxis ist aber häufig der Fall anzutreffen, dass das Fachkonzept bei Vertragsschluss nicht oder nur rudimentär vorliegt (zum Beispiel nur als fachliches Grobkonzept oder als einfache Auftragsbeschreibung). In diesen Fällen ist das Fachkonzept dann während des IT-Projekts herzustellen bzw. zu vervollständigen.

3. Inhalte eines Fachkonzepts

In der englischsprachigen Welt dürfte einem Fachkonzept am ehesten die sog „System Requirements Specification" (SRS) gemäß IEEE 830 entsprechen.[5]

In Anlehnung an diese IEEE-Empfehlung sollte eine fachliche Spezifikation (bzw. ein Fachkonzept) folgende Inhalte aufweisen:
- Ziele und Nutzen des Projekts
- Projekthintergrund
- Systemarchitektur (heute)
- Infrastruktur (heute)
- Geschäftsprozesse
- Anwendungsfälle
- Testfälle
- Fachliches Datenmodell
- Berechtigungsmodell
- Wiederverwendbare Systemfunktionen
- Nicht-funktionale Anforderungen
- Schnittstellen
- Systemarchitektur (Soll)
- Infrastruktur (Soll)
- Fachliche und organisatorische Auswirkungen
- Ausblick auf nächste Stufen
- Offene Punkte

---

[4] Die qualitativen Eigenschaften eines Softwaresystems werden häufig auch als „nicht-funktionale" Eigenschaften bezeichnet.
[5] Siehe IEEE Std 830-1998 (Recommended Practice for Software Requirements Specifications).

12 Je nach Firmenkontext, in dem das Fachkonzept erstellt wird, könnte es auch sein, dass eine Wirtschaftlichkeitsbetrachtung Bestandteil des Fachkonzepts sein muss.[6]
Je nach Projektumfang können einzelne Themen weniger ausführlich dargestellt sein oder komplett entfallen.

13 In der Praxis hat es sich bewährt, eine **Unterscheidung zwischen Grobkonzept und Feinkonzept** zu treffen:
1. Fachliches Grobkonzept
Wenn es im Rahmen der Durchführung eines IT-Projekts um komplexe Sachverhalte geht, bietet es sich an, dass die vom Kunden gewünschten Funktionalitäten und sonstigen Anforderungen zunächst in einem fachlichen Grobkonzept beschrieben werden, um die wichtigsten Eckpfeiler der gewünschten Fachlichkeit abzustecken.
2. Fachliches Feinkonzept
Ein erstelltes Grobkonzept wird üblicherweise im Zuge weiterer Projektarbeiten zu einem fachlichen Feinkonzept verfeinert. Dabei kann es innerhalb des Feinkonzepts selbstverständlich mehrere Entwicklungsstufen geben.

14 Die getrennte Betrachtung von Grobkonzept und Feinkonzept – gemeint ist, die Erstellung des fachlichen Grobkonzepts im ersten Schritt und dann die Erstellung des fachlichen Feinkonzepts im zweiten Schritt – bietet den Vorteil, dass der Kunde die Inhalte des fachlichen Grobkonzepts quasi als Zwischenstand zunächst im eigenen Unternehmen abstimmen kann, bevor dann eine weitere Detaillierung der Anforderungen im Rahmen des fachlichen Feinkonzepts erfolgt.[7]

15 In aller Regel sind die Grenzen zwischen einem fachlichen Grobkonzept und einem fachlichen Feinkonzept fließend, dh es ist nicht genau definiert, wie grob ein fachliches Grobkonzept zu sein hat.

4. Verantwortlichkeiten beim Fachkonzept

16 In der Praxis stellt die Erstellung einer tauglichen Spezifikation die Vertragspartner vor eine Reihe schwieriger Fragen, ua welcher Vertragspartner welchen Beitrag zur Spezifikation leisten muss.

17 Obwohl der Auftraggeber die ursächliche Verantwortung für die Erstellung der Spezifikation der Leistungen hat,[8] wird es in der Praxis in sehr vielen Fällen auf die **Zusammenarbeit der beiden Vertragspartner** ankommen. Der tiefere Grund für die Notwendigkeit der Zusammenarbeit beider Vertragspartner liegt darin, dass der Auftraggeber einerseits in den meisten Fällen schwer abschätzen kann, wie und ob seine fachlichen Anforderungen umgesetzt werden können, andererseits aber möglicherweise auch von dem Branchen-Know-how des Auftragnehmers profitieren möchte. Häufig fehlt dem Auftraggeber also das Know-how, um einschätzen zu können, welche Anforderungen überhaupt mit Hilfe der zukünftigen Software abgebildet werden können und was dies im Einzelfall kostet. Der Auftraggeber weiß also in den meisten Fällen nicht, „was er sich wünschen darf" bzw. welche Implikationen seine Wünsche haben, auch in organisatorischer Hinsicht.

18 Für den Fall, dass der Auftraggeber seine fachlichen Anforderungen nicht in einer Spezifikation niedergelegt hat, ist schon gerichtlich entschieden worden, dass der Anbieter von sich aus die Anforderungen seines Kunden **zu ermitteln** hat und darauf drängen muss, dass er alle fachlichen Vorgaben **schriftlich** festhält.[9]

19 Nicht nur der Auftraggeber hat das Problem, die technischen Möglichkeiten des Auftragnehmers zu verstehen, umgekehrt hat auch der Auftragnehmer das Problem, die unterneh-

---

[6] In großen Konzernen wird zum Nachweis der Wirtschaftlichkeit eines Softwarevorhabens ein so genannter „Business Case" verlangt, also ein Nachweis, ob sich die geplante Software „rechnen" wird.
[7] Durch dieses Vorgehen wird vermieden, dass nicht benötigte Funktionalitäten, die im fachlichen Grobkonzept auffallen, wieder entfernt werden können, ohne dass der Aufwand für die Detaillierung dieser nicht benötigten Funktionalitäten im Rahmen des fachlichen Feinkonzepts anfallen würde.
[8] OLG Köln Urt. v. 29.7.2005 – 19 U 4/05 – Anforderungsprofil einer Individualsoftware.
[9] OLG Köln Urt. v. 6.3.1998 – 19 U 228/97, CR 1998, 459 – Mitwirkungspflicht bei Erstellung eines Pflichtenheftes.

menspezifischen Anforderungen seines Auftraggebers zu verstehen. Beiden Vertragspartnern ist daher zu empfehlen, zum frühestmöglichen Zeitpunkt geeignete Maßnahmen zu ergreifen, um die geschilderten Defizite zu beheben. Hieraus leiten sich auch Verantwortungsbereiche für Auftraggeber und Auftragnehmer ab.

Aus allen bereits diskutierten Punkten ergibt sich, dass die Vertragspartner tunlichst eng zusammenarbeiten sollten, um die Spezifikation der gewünschten Leistungen zu erstellen. Aber gerade dies erfordert auch konkrete Absprachen, welcher Vertragspartner genau was zu leisten hat, damit am Ende der Zusammenarbeit eine geeignete Vorgabe für die Realisierung vorliegt.

Typischerweise würde man dem Auftraggeber im Zusammenhang mit der Erstellung der Spezifikation folgende Beiträge bzw. Leistungen abverlangen, die letztlich im Rahmen der Mitwirkungsleistungen zu erbringen sind:

a) Definition der Ziele des Projekts
b) Angaben zur Projekthistorie und zum Projekthintergrund
c) Bereitstellung von Unterlagen über den Ist-Zustand
d) Erläuterungen der Geschäftsprozesse
e) Beschreibung der gewünschten Anwendungsfälle
f) Definition aller fachlichen Anforderungen
g) Klärung des Berechtigungsmodells
h) Definition wiederverwendbarer fachlicher Systemfunktionen
i) Klärung der nicht-funktionalen Anforderungen
j) Definition der gewünschten Schnittstellen
k) Angaben zur gewünschten Systemarchitektur
l) Klärung der gewünschten Infrastruktur
m) Angaben zu möglichen bzw. gewünschten organisatorischen Änderungen
n) Aussagen zur Einführbarkeit von Stufen
o) Klärung des Projektbudgets

In manchen Fällen bringt der Auftragnehmer bereits eine (Standard-)Software bei, die dann im Rahmen eines Projekts an die Bedürfnisse des Auftraggebers angepasst werden soll. Es ist dann umso wichtiger, dass der Auftragnehmer mittels der Vorgabe von fachlichen und technischen Themen dem Auftraggeber verdeutlicht, welche **Modifikationen** der Software möglich sind, so dass der Auftraggeber einschätzen kann, in welchem Rahmen sich seine Anpassungsforderungen bewegen können.

Da im Allgemeinen davon auszugehen ist, dass der Auftraggeber weniger Fachwissen bezüglich der Eigenschaften des Softwareprodukts besitzt als der Auftragnehmer, ist die Zuarbeit des Auftragnehmers ein wichtiger Faktor bei der Erstellung einer fachlichen Spezifikation. Dementsprechend bedingen sich die Aufgabenstellungen des Auftraggebers in der Spezifikation und die Angabe von Themen seitens des Auftragnehmers gegenseitig:[10]

„Tatsächlich lassen sich die Forderungen des Kunden mit Blick auf bestehende Software und deren Anpassungen einerseits nur schwer von der Aufgabe des Anbieters trennen, andererseits ist die Möglichkeit der Software und deren Einstellungen/Parameter im Hinblick auf die Belange des Kunden darzustellen. Die beiderseitigen Darlegungen und Hinweise sind miteinander verflochten bzw. bedingen sich."

Vor diesem Hintergrund lassen sich modellhaft folgende **Aufgaben des Auftragnehmers** bei der Erstellung einer Spezifikation definieren:

a) Klärung des methodischen Vorgehens
b) Unterstützung des Kunden bei der Artikulierung von dessen Anforderungen
c) Klärung der Machbarkeit von fachlichen Anforderungen und Abweisung unberechtigter bzw. nicht machbarer Anforderungen
d) Unterweisung des Auftraggebers im Hinblick auf die einzusetzende Standardsoftware
e) Mithilfe bei der Klärung fachlicher und organisatorischer Auswirkungen

---

[10] Siehe Schneider/v. Westphalen/*Schneider* C Rn. 62.

f) Hinweispflicht, falls die vom Auftraggeber vorgegebene Leistungsbeschreibung Lücken, Widersprüche oder Unklarheiten enthält
g) Schätzung der Realisierungskosten
h) Vorschläge zur Stufenplanung

25 Nicht verpflichtet ist der Auftragnehmer im Übrigen, die fachlichen Anforderungen des Kunden von sich aus ohne Beauftragung zu erforschen und in der Form einer Spezifikation zu dokumentieren. Sollte der Auftragnehmer aber feststellen, dass der Kunde bei der Erhebung seiner Anforderungen nicht erfolgreich ist, so sollte der Auftragnehmer seinem Kunden anbieten, dass er ihn bei der Erhebung und Dokumentation der fachlichen Anforderungen unterstützt.[11]

5. Pflichtenheft

26 In der (deutschsprachigen) Wikipedia ist unter „Pflichtenheft" folgende Definition zu finden:[12]

„Das Pflichtenheft beschreibt in konkreterer Form, wie der Auftragnehmer die Anforderungen im Lastenheft zu lösen gedenkt – das sogenannte „wie" und „womit"."

27 Diese Definition legt nahe, dass das Pflichtenheft vom Auftragnehmer bzw. Anbieter erstellt wird und nicht vom Auftraggeber.
Nahezu deckungsgleich mit der Definition in der Wikipedia ist die Definition des Begriffs „Pflichtenheft" in der einschlägigen DIN:[13]

„... vom Auftragnehmer erarbeiteten Realisierungsvorgaben aufgrund der Umsetzung des vom Auftraggeber vorgegebenen Lastenhefts."

28 Obigen Ausführungen in der Wikipedia und der DIN 69901-5 entsprechend wird also unter dem Begriff „Pflichtenheft" eine **genauere Beschreibung** dessen verstanden, wie die im Lastenheft niedergelegten Anforderungen (des Kunden) umgesetzt werden können, und zwar ganz konkret „wie" und „womit".

29 Beide Definitionen lassen auch hinsichtlich der Erstellung der beiden in Rede stehenden Dokumente eine klare Aufgabentrennung erkennen: Der Auftraggeber ist für die Erstellung des Lastenhefts verantwortlich, während der Auftragnehmer für die Erstellung des Pflichtenhefts Sorge zu tragen hat.

30 Interessanterweise sagt die Definition in der Wikipedia nichts darüber aus, ob die im Lastenheft vorgegebenen fachlichen Anforderungen vor der Beschreibung des Lösungsdesigns in irgendeiner Art und Weise zu detaillieren sind; die Definition lässt aber vermuten, dass dem Auftragnehmer nicht viele Wahlmöglichkeiten gelassen werden, dh das Pflichtenheft muss die gewünschte Fachlichkeit ausreichend genau festlegen.

31 Juristen und speziell die deutschen Gerichte verstehen unter einem Pflichtenheft jedoch etwas anderes und gebrauchen somit den Begriff „Pflichtenheft" auch anders. Unter Juristen und unter den Gerichten hat sich die Bezeichnung „Pflichtenheft" für ein Dokument eingebürgert, das eine vollständige Zusammenstellung aller Anforderungen des Kunden enthalten soll. Letztlich soll das Pflichtenheft nach breiter juristischer Auffassung also eine **vollständige Beschreibung aller vom Auftragnehmer zu erbringenden Leistungen aus Kundensicht** darstellen. Gemäß dieser Betrachtung ist das Pflichtenheft mit der (abschließenden) fachlichen Feinspezifikation vergleichbar bzw. gleichzusetzen.

32 Legt man die Definition der Juristen für den Begriff „Pflichtenheft" zugrunde, lässt sich feststellen, dass die Juristen unter „Pflichtenheft" genau dasselbe Dokument verstehen, das IT-Fachleute **„Lastenheft"** nennen. Somit ist das Lastenheft aus technischer Sicht also identisch mit dem Pflichtenheft aus juristischer Sicht.

33 In aller Regel wird in den vertraglichen Vereinbarungen zwischen zwei Projektpartnern auf das (juristische) Pflichtenheft als Vertragsanlage Bezug genommen, wobei ergänzend dazu in

---

[11] Erfahrungswert aus einem Großprojekt bei einer deutschen Bausparkasse im Jahr 2000.
[12] Siehe http://de.wikipedia.org/wiki/Pflichtenheft, Stand vom 8.6.2011.
[13] Siehe auch DIN 69901-5.

aller Regel auch Teile der zu erbringenden Leistungen in den Vertrag selbst aufgenommen werden.[14] Aus Sicht von Juristen ist es ideal, wenn das Pflichtenheft die **vereinbarte Beschaffenheit** darstellt.

6. Mögliche Pannen beim Pflichtenheft

In der Praxis ergeben sich im Hinblick auf die vollständige Erhebung von fachlichen Anforderungen und die Erstellung eines vollständigen, widerspruchsfreien Pflichtenhefts diverse Schwierigkeiten, die in sehr vielen Fällen der Auftraggeber zu vertreten hat.

In aller Regel wird der Auftraggeber höchstes Interesse daran haben, dass die Schwierigkeiten bezüglich der Erstellung der fachlichen Spezifikation bzw. des Pflichtenhefts minimiert werden, damit die Projektrisiken nicht unnötig steigen, sich keine unnötigen zeitlichen Verzögerungen ergeben und sich schließlich auch die Gesamtkosten des Projektvorhabens nicht unnötig erhöhen. In vielen Fällen ist der Auftraggeber aber gegen die nachfolgend genannten Schwierigkeiten nicht gefeit, weil er die Probleme zum Teil nicht kennt, unterschätzt oder schlicht aufgrund besonderer Umstände nicht in der Lage ist, das ihm obliegende Spezifikationsproblem adäquat zu lösen:

a) Zu geringe (personelle) Ressourcen
b) Unklares Vorgehen
c) Unvollständige fachliche Anforderungen
d) Noch nicht ausgewählte Standardprodukte
e) Unzureichende Kenntnis von den technischen Möglichkeiten der angestrebten Softwarelösung
f) Fehlerhafte auftraggeberseitige Vorgaben

In der Praxis ist häufig zu beobachten, dass eine Kombination dieser Widrigkeiten auftritt, sodass das angestrebte Pflichtenheft im Ergebnis unvollständig, ungenau oder in Teilen sogar falsch ist. Das hierdurch entstehende Problem wäre zwar während der Durchführung des Projekts noch zu heilen, in den meisten Fällen hinterfragt der beauftragte Dienstleister jedoch das vorgegebene Pflichtenheft zu wenig, was schließlich dazu führt, dass die implementierte Software weder das leistet, was der Auftraggeber braucht, noch das leistet, was der Auftraggeber erwartet hätte. Ein Streit über die Qualität der erbrachten Leistungen des Dienstleisters ist dann unausweichlich.

7. Pflichtenheft nicht fertig bei Vertragsabschluss

In der Praxis kommt der Fall sehr häufig vor, dass das Pflichtenheft noch nicht bei Vertragsabschluss vorliegt. Stattdessen existiert bei Vertragsabschluss ein Anforderungskatalog, also eine Zusammenstellung aller Anforderungen des Kunden auf grober Ebene. Das Pflichtenheft muss nun **während des IT-Projekts** erstellt werden, also quasi „unterwegs" (leider sehen einige Vorgehensmodelle der Informatiker nicht einmal vor, dass ein zu grobes Pflichtenheft während der Laufzeit des Projekts schriftlich detailliert wird).

In vielen Projekten kann es sinnvoll erscheinen, das Pflichtenheft bzw. die fachliche Feinspezifikation mit Testkriterien von dem Auftragnehmer realisieren zu lassen. Nach der Übergabe dieser Feinspezifikation an den Auftraggeber sollte seitens des Auftraggebers eine Freigabe erfolgen, damit sich die Realisierung des Softwaresystems daran anschließen kann.

Nach der Durchführung interner Tests wird das zu erstellende Softwaresystem an den Auftraggeber übergeben. Der Auftraggeber führt typischerweise weitere Tests durch und erteilt die Freigabe zur Produktivsetzung.

Wenn das System im Produktivbetrieb ausreichend stabil und fehlerfrei läuft, wird der Auftraggeber eine Abnahme oder Teilabnahme erklären. Mit der Erklärung der Abnahme oder Teilabnahme endet die Erfüllungspflicht des Auftragnehmers.

---

[14] In der Praxis wird dies ganz unterschiedlich gehandhabt, sinnvoll erscheint jedoch aus Gründen der Einheitlichkeit, **alle** zu erbringenden Leistungen (Software, Dokumentationen und weitere Leistungen) in das Pflichtenheft mit aufzunehmen und im Vertrag keine „fachlichen Pflichten" mehr festzulegen.

II. Abnahmeverfahren

1. Planung von Teilabnahmen und Gesamtabnahme

41 Aufgrund der Verpflichtung, die Abnahme oder eine Teilabnahme für das bestellte IT-System durchzuführen, wird sich der Auftraggeber in aller Regel auch mit der Planung der für die Abnahme oder für die Teilabnahmen notwendigen Aktivitäten befassen (müssen).

42 Viele Auftraggeber machen allerdings den Fehler, dass sie erst dann mit der Planung beginnen, wenn die Lieferung des Auftragnehmers kurz bevorsteht oder sogar bereits erfolgt ist. Eine so kurzfristige Planung ist in aller Regel im Hinblick auf die Abnahme eines komplexen IT-Systems zum Scheitern verurteilt. Die Planung muss daher rechtzeitig erstellt und mit allen Beteiligten abgestimmt werden.[15]

43 In der Praxis hat es sich bewährt, folgende Punkte bei der Erstellung und kontinuierlichen Pflege einer **Abnahmeplanung** zu beachten:

a) Die Planung muss tagesgenau sein.[16]
b) Es sind die zeitlichen Kapazitäten der beteiligten Mitarbeiter **beider** Vertragspartner zu berücksichtigen.
c) Im Hinblick auf die Durchführung der zuvor konzipierten Tests ist auf mögliche Konflikte bei paralleler Abarbeitung der Testfälle zu achten.
d) Die Abnahmeplanung muss berücksichtigen, dass die durchzuführenden Tests auch Fehler aufdecken können (und in der Regel werden). Gelegentlich kann die Analyse dieser Fehler auch komplex sein, denn es gilt zumindest herauszufinden, ob ein Bedienungsfehler vorliegt oder ob die Ursache des Problems dem IT-System selbst zuzuordnen ist. Aufgrund der Korrektur von fehlerhaften Komponenten des Gesamtsystems und falschen Daten sowie aufgrund von erforderlichen Nachtests ergibt sich daher zusätzlicher Bedarf an Zeit.

In der Praxis wird die Feinplanung für die Abnahme(n) entweder von dem Gesamtkoordinator des Auftraggebers oder von dessen Qualitätsbeauftragten erstellt.

2. Zuständigkeiten beim Abnahmeprozess

44 Dem Gesetz nach liegt die Zuständigkeit für die Abnahme ausschließlich bei dem Auftraggeber.[17]

In komplexen IT-Projekten ergeben sich daraus für den Auftraggeber zahlreiche **Einzelverantwortlichkeiten,** unter anderem:
- Gesamtkoordination des Test- und Abnahmeprozesses
- Erstellung des Abnahmekonzepts
- Spezifikationsdokumente (fachlich)
- Erstellen der Testfälle (mit anschließender Abstimmung mit dem Auftragnehmer)
- Bereitstellung von Testsystemen der Nachbarsysteme oder Test-Accounts der Live-Systeme
- Bereitstellung des Testsystems gemäß Vorgaben des Auftragnehmers (zumeist Hardware und Betriebssystemsoftware, oft auch die Datenbanksoftware)
- Betrieb der Testumgebung
- Alle Benutzer-Accounts und die erforderlichen Rechte
- Protokollierung und Nachverfolgung der Fehler

45 Üblicherweise lässt sich die Abnahme in komplexen IT-Projekten aber nicht ohne die **Mitwirkung des Auftragnehmers** durchführen. Sinnvollerweise drängt der Auftraggeber daher bei den Vertragsverhandlungen darauf, dass der Beitrag des Auftragnehmers als Bestandteil seiner Leistungen vereinbart wird, denn zu einem späteren Zeitpunkt ist eine Einigung in Bezug auf die notwendige Mitwirkung nur noch schwerlich zu erreichen. Der Auftraggeber

---

[15] Es hat sich bewährt, das Abnahmeverfahren zumindest in Grundzügen im Vertrag zu beschreiben.
[16] Da sich eine Abnahme im Regelfall ohnehin nur über einige Wochen erstreckt, würde eine gröbere Planung ihren Zweck verfehlen.
[17] Siehe § 640 BGB.

sollte also frühzeitig daran denken, wie er die Abnahme für die beauftragten Leistungen überhaupt durchführen kann und will, und daraus leitet sich dann der Beitrag des Auftragnehmers ab, der für die Abnahme unverzichtbar ist.

In diesem Sinne wären etwa **typische Aufgaben für den Auftragnehmer**: **46**
- Qualitätssicherung eigener Projektergebnisse samt Protokollierung/Dokumentation (Testprotokolle) im Vorfeld einer Lieferung
- Versionsverwaltung für alle eigenen Projektergebnisse inklusive Source Code
- Vorgaben für das Testsystem mit Angabe von Konfigurationseinstellungen
- Installation und Konfiguration des zu liefernden IT-Systems
- Technischer Support, ua Bereitstellung von Entwicklungsressourcen (Stand-by) während der Abnahme

Erfahrungsgemäß gibt es bei der Erarbeitung, Abstimmung und Durchführung der Testfälle sowie bei der **Protokollierung der Testergebnisse** in komplexen IT-Projekten die meisten Schwierigkeiten, da sich Softwarelieferanten bzw. Softwarehersteller nur ungern „in die Karten schauen" lassen wollen. Der Auftraggeber ist jedoch gut beraten, mit seinem Vertragspartner zu vereinbaren, dass bei der Lieferung des bestellten IT-Systems oder Teilen davon stets offen gelegt und schriftlich dokumentiert werden muss, was genau mit welchem Ergebnis getestet wurde. Üblicherweise verlangt der Auftraggeber in diesem Zusammenhang, dass der Auftragnehmer alle Testergebnisse in Form von Testprotokollen zusammen mit der Softwarelieferung (und den zu liefernden Dokumentationen) zur Verfügung stellt. Ohne eine konkrete vertragliche Vereinbarung besteht jedoch keine Verpflichtung des Auftragnehmers, dass die im eigenen Hause durchgeführten Tests anhand von Testprotokollen nachgewiesen werden. **47**

Aus alledem folgt, dass die Vertragspartner die Zuständigkeiten für die einzelnen Aufgaben und Tätigkeiten anhand eines zuvor geplanten Abnahmeprozesses genau vertraglich regeln sollten, um späteren Streitigkeiten vorzubeugen. **48**

3. Produktivsetzung und Zeitpunkt der Abnahme

Das Gesetz schreibt nicht vor, ob die Abnahme eines IT-Systems vor oder nach der Produktivsetzung des IT-Systems zu erfolgen hat. Die Vertragspartner sollten diesen Punkt daher explizit im Vertrag regeln (oder sich während der Durchführung des Projekts einigen). **49**

Im Normalfall ergeben sich zwei Möglichkeiten, die im Folgenden erörtert werden sollen: **50**
- **Abnahme vor der Produktivsetzung.** Die Durchführung der Abnahme vor der Produktivsetzung eines gelieferten IT-Systems ist als die „natürliche" Reihenfolge zu betrachten, da das bestellte Werk üblicherweise erst geprüft, dann abgenommen und erst dann in Gebrauch genommen wird. Sinnvoll ist die Einhaltung dieser Reihenfolge allerdings nur, wenn es tatsächlich gelingt, das gelieferte System unter möglichst realitätsnahen Bedingungen in vollem Umfang zu testen – nicht immer ist dies jedoch zu bewerkstelligen.
Für den Auftraggeber ergibt sich bei der Abnahme vor der Produktivsetzung der wesentliche Vorteil, dass das gewünschte System im Falle des Scheiterns der Abnahme noch nicht produktiv gesetzt ist bzw. gesetzt wurde und im Normalfall genügend Zeit vorhanden ist, die Situation mit allen möglichen Optionen zu prüfen. Als Konsequenz ergibt sich zumeist, dass das Altsystem entgegen früherer Pläne für eine gewisse Zeit noch weiter betrieben werden muss, was im Vorfeld natürlich abgeklärt werden sollte.
- **Abnahme nach der Produktivsetzung.** In manchen Fällen ist es unverzichtbar, die Abnahme erst dann zu erklären, wenn sich das gelieferte System im Produktivbetrieb bewähren konnte. Dabei geht es oft darum, das gelieferte System mit Echtdaten unter realistischen (Last-)Bedingungen abzuprüfen.
Der Auftraggeber muss sich jedoch auf den Fall vorbereiten, dass die Abnahme im **Live-Betrieb** auch scheitern kann. Der erste Gedanke, dass im Falle des Scheiterns der Abnahme die Rückabwicklung des gesamten Projekts durchgeführt werden muss, kann sich als problematisch erweisen, weil der Auftraggeber dann auch das gesamte System an den Auftragnehmer zurückzugeben hat. Ist das Altsystem dann bereits zwischenzeitlich abgeschaltet worden, kann die entstehende Situation für den Auftraggeber im Hinblick auf die

Aufrechterhaltung seines Geschäftsbetriebs höchst kritisch werden. Der Auftraggeber ist daher gut beraten, das Altsystem auch noch während der Abnahme des Neusystems parallel mitlaufen zu lassen, damit im bereits geschilderten Fall eine relativ reibungslose Rückkehr zum Altsystem möglich ist. Selbstverständlich bedeutet der parallele Betrieb des alten und des neuen Systems eine deutliche (Doppel-)Belastung für den Auftraggeber, die sehr gut überlegt und bewertet sein will.

Die Produktivsetzung eines Systems ohne ausreichende Prüfung kann für den Auftragnehmer auch aus **haftungsrechtlichen Gründen** brisant sein: Hat der Auftragnehmer nämlich zugesichert, dass das gelieferte System nicht nur abnahmereif, sondern auch reif für den produktiven Einsatz ist und hat er darüber hinaus auch die Empfehlung abgegeben, das System ohne weitere Tests einzusetzen, wird ihm auch ein erheblicher Teil der Verantwortung anzulasten sein, wenn das System wider Erwarten im produktiven Betrieb fehlschlägt.

51   Als Fazit bleibt festzuhalten, dass die als Punkt 1 diskutierte Variante als Standardvariante angesehen werden sollte. Nur in Ausnahmefällen sollte von diesem Schema abgewichen werden. Bei Variante 2 ist gut zu überlegen, wie die Folgen einer gescheiterten Abnahme abgefangen werden können.

4. Migration von Altdaten

52   Die Implementierung und Einführung eines neuen IT-Systems erfordert in nahezu allen Fällen, dass Daten aus einem oder mehreren Altsystemen in das Neusystem übernommen werden müssen. Da der Auftragnehmer typischerweise einen Großteil dieser Aufgabenstellung erledigen muss, unterliegen seine Leistungen im Falle eines Werkvertrags auch der Abnahme durch den Auftraggeber.

53   Im Hinblick auf die Durchführung der Abnahme für eine im Vertrag vereinbarte Datenmigration ist zunächst zu prüfen, was die Vertragspartner konkret vereinbart haben. Eine typische vertragliche Festlegung einer Datenmigration könnte zum Beispiel wie folgt lauten:

54   **Formulierungsvorschlag:**

Der Auftragnehmer ist für die Migration aller Daten vom Altsystem in das Neusystem verantwortlich. Insbesondere wird der Auftragnehmer dabei Programme entwickeln, die die Daten des Altsystems „auf Knopfdruck" in das Neusystem einspielen.
Der Auftraggeber ist in diesem Zusammenhang für die Durchführung folgender Aufgaben verantwortlich:
a) Bereitstellung der Daten des Altsystems im CSV-Format
b) Dokumentation der Datenformate im Einzelnen
c) Bereinigung der Altdaten, um die benötigte Qualität der Daten sicherzustellen

55   In der Praxis bereitet es einem Auftraggeber üblicherweise große Schwierigkeiten, eine ausreichende Qualität seiner Altdaten sicherzustellen, da die Altdaten in aller Regel unvollständig und fehlerhaft sind und im Normalfall auch zahlreiche Duplikate enthalten. Der Auftraggeber wird daher aufgrund dieser Situation nicht umhin kommen, seine Altdaten teilweise auch manuell zu prüfen oder entsprechende Prüfprogramme zu entwickeln oder entwickeln zu lassen.

56   Sobald eine ausreichende Qualität der Altdaten hergestellt ist, kann der Auftraggeber die Altdaten von den Datenmigrationsprogrammen, die der Auftragnehmer entwickelt hat, verarbeiten lassen. Die Endkontrolle der Datenmigration erfolgt dann in aller Regel im Neusystem.

57   Die Abnahme kann vom Auftraggeber erklärt werden, wenn die Altdaten ohne wesentliche Mängel in dem Neusystem „angekommen" sind und dort fehlerfrei weiterverarbeitet werden können.

5. Abnahme von Schnittstellen

Ein komplexes IT-System, das in einem Unternehmen eingeführt werden soll, besitzt in aller Regel mehrere Schnittstellen zu anderen Softwaresystemen, die bereits in dem Unternehmen existieren oder später noch im Rahmen von weiteren IT-Projekten hinzugefügt werden. Solche Fremdsysteme werden auch als **„Nachbarsysteme"** (des in Rede stehenden IT-Systems) bezeichnet.

Bei der Abnahme der entsprechenden Schnittstellen zwischen dem neu gelieferten/beauftragten IT-System und den bereits existierenden oder zukünftigen Nachbarsystemen muss der Auftraggeber im Hinblick auf die erforderliche Abnahmeprüfung folgende Vorkehrungen treffen:

a) Falls möglich, sollte jedes Nachbarsystem für die Abnahme als eigenes Testsystem zur Verfügung stehen.

Falls kein eigenes Testsystem zur Verfügung gestellt werden kann,[18] sollten in dem produktiven Nachbarsystem – sozusagen als zweitbeste Lösung – Test-Accounts mit entsprechenden Berechtigungen eingerichtet werden.[19]

b) In jedem Fall ist zu überlegen, welche Testdaten für den geplanten Abnahmetest geeignet sind. Diese Daten sind in den jeweiligen Nachbarsystemen anzulegen. Nach dem Abnahmetest sind diese Daten aus den Produktivversionen der Nachbarsysteme zu entfernen.

c) Abhängig von dem jeweiligen Nachbarsystem kann es erforderlich sein, spezielle Konfigurationen der Nachbarsysteme einzurichten, die sich von den Konfigurationen der Produktivsysteme unterscheiden.

d) Das eigentlich abzunehmende IT-System muss speziell konfiguriert sein, wenn es nicht die produktiven Nachbarsysteme ansprechen soll, sondern lediglich deren Testversionen.[20]

Für die Durchführung einer Abnahme von Schnittstellen ist die **exakte Festlegung der Verantwortlichkeiten** zwischen Auftraggeber und Auftragnehmer von grundlegender Bedeutung. Sowohl die Vorgehensweise als auch die genauen Verantwortlichkeiten sollten daher bei der Vertragsgestaltung Berücksichtigung finden.

6. Typische Probleme bei der Abnahme

Bei einer Abnahme treten in der Praxis zahlreiche Störungen auf, deren Ursachen in den meisten Fällen entweder dem Verantwortungsbereich des Auftraggebers oder dem Verantwortungsbereich des Auftragnehmers zugeordnet werden können.

Hierzu einige Beispiele für **auftraggeberseitige** Probleme:
- Die Mitarbeiter der Fachabteilungen des Auftraggebers haben für das Projektvorhaben zu wenig Zeit.
- Das Ausbildungsniveau der Kundenmitarbeiter ist zu gering.
- Es ist unklar, welche Funktionalitäten nach dem Auftreten von gravierenden Fehlern überhaupt noch getestet werden können oder sollen.
- Die Testdaten sind nicht vorhanden oder von schlechter Qualität.
- Es liegen keine geeigneten Testfälle vor.
- Die Testfälle sind zwischen den Vertragspartnern nicht abgestimmt.
- Der Fehlermeldeprozess ist nicht rechtzeitig eingerichtet worden.
- Der Auftragnehmer/Dienstleister will keine Testprotokolle vorlegen, dh es verbleibt unklar, was auftragnehmerseitig vor der Lieferung der Software überhaupt erfolgreich getestet wurde.

---

[18] Wenn ein Nachbarsystem zum Beispiel ein Hochregallager ist, wird man schon aus Kostengründen kein eigenes Testsystem aufbauen können, um die Schnittstelle zu einem neu einzuführenden ERP-System testen zu können.

[19] Dabei ergeben sich jedoch zwei grundlegende Einschränkungen: Einerseits muss strikt darauf geachtet werden, dass die eigentlichen produktiven Daten des Nachbarsystems nicht berührt werden, andererseits bringen die Test-Accounts auch mit sich, dass die Stammdaten des Nachbarsystems nur in sehr engen Grenzen verändert werden können/dürfen.

[20] Dies bedeutet letztlich, dass vor der Verwendung der produktiven Nachbarsysteme noch einmal eine Änderung der Konfiguration vorgenommen werden muss.

- Der Auftragnehmer hält angemessene Fehlerbehebungszeiten während der Abnahme nicht ein, so dass mangelhafte Funktionalitäten nicht termingerecht nachgetestet werden können.
- Der Testgegenstand wird unvorhergesehen durch Updates des Auftragnehmers geändert.
- Es gibt zahlreiche nicht reproduzierbare Fehler, die den Auftraggeber beim Testen unangemessen viel Zeit kosten.
- Es gibt hohen Bedarf an Änderungen (Changes) während der Abnahme.
- Die Produkte des Auftragnehmers haben eine zu schlechte Eingangsqualität, so dass sich sehr viele Fehler ergeben, die den Testprozess extrem verlangsamen.

63 Zu den häufigsten **auftragnehmerseitigen** Problemen gehören:
- Es ist keine geeignete Testumgebung vorhanden.
- Die Dokumentation kann nicht rechtzeitig ausgeliefert werden, da der Fokus auf die Fertigstellung der Software gelegt wurde.
- Die für einen Integrationstest benötigten Nachbarsysteme des Kunden stehen nicht rechtzeitig zur Verfügung.
- Der Kunde meldet zahlreiche Fehler, die zum Großteil auf Bedienungsfehler zurückzuführen sind.
- Der Kunde meldet Fehler nur sehr ungenau, was große Klärungsaufwände seitens des Auftragnehmers verursacht.
- Die Berechtigungen bzw. Systemzugänge sind nicht korrekt eingerichtet worden, was den Abnahmeprozess nennenswert verzögert.

64 In der Praxis treten noch viele weitere Detailprobleme auf, die sehr häufig dazu führen, dass eine vormals zwischen den Vertragspartnern abgestimmte Abnahmeplanung nicht mehr eingehalten werden kann. Vor diesem Hintergrund ist den Vertragspartnern dringend zu empfehlen, das genaue Vorgehen für den Abnahmetest vorab gedanklich genau durch zu spielen und exakte Verabredungen zu treffen, die dann auch im Vertrag fixiert werden sollten. Die blanke Festlegung, dass der Auftraggeber die Verantwortung für die Abnahme trägt, kann in einem komplexen IT-Projekt keinesfalls das gewünschte Ergebnis erzielen.

§ 3 Technische Grundlagen des Internets

Übersicht

	Rn.
I. Einführung	1–4
II. Grundprinzipien der Rechnervernetzung	5–15
1. PAN (Personal Area Network)	5
2. LAN (Local Area Network)	6/7
3. WAN (Wide Area Network)	8–10
4. MAN (Metropolitan Area Network)	11–15
III. Netzwerktopologien	16–49
1. Stern-, Ring- und Bustopologie	16–33
2. Ethernet	34–37
3. WLAN	38–49
IV. Die wichtigsten Protokolle im Internet	50–81
1. IP	50–60
2. ARP	61–63
3. UDP	64–71
4. TCP	72–78
5. ISO/OSI-Referenzmodell	79–81
V. Das Domain Name System	82–106
1. Das DNS-Konzept	83–91
2. Das DNS-Protokoll	92
3. Verwaltung der Domains	93–97
4. Arbeitsweise von DNS-Servern	98–106
a) Nameserver/DNS-Server	98/99
b) Resolver/DNS-Client	100
c) Ablauf von Namensauflösung mit DNS	101–106
VI. Das Web	107–147
1. Das HTTP-Protokoll	109–114
2. Dokumentformate und Dokumentsprachen	115–117
3. Dynamische Web-Seiten und Web-Programmierung	118–124
4. Das Web 2.0	125–132
5. Möglichkeiten zur Erfassung des Nutzungsverhaltens	133–147
VII. Internet-Anwendungen	148–208
1. Telnet	148–155
2. Usenet	156–171
3. FTP	172–175
4. E-Mail	176–187
5. P2P/Filesharing, One-Click-Hoster, Streaming	188–208
VIII. Sicherheit im Internet	209–282
1. Bedrohungen	209–248
a) Drive-by-Download	209
b) Trojaner	210–212
c) Würmer	213–215
d) Viren	216–219
e) Botnetze	220–227
f) Denial-of-Service-Attacken	228–236
g) Phishing	237–241
h) Rogueware/Scareware	242–244
i) Spam	245–248
2. Schutzmaßnahmen	249–282
a) Sichere Anbindung von lokalen Netzen an das Internet	249–257
b) Sicheres WLAN	258–265
c) Absicherung eines PC-Clients	266–276
d) Sichere Nutzung von E-Mail	277–282

Schrifttum: *Alby,* Web 2.0. Konzepte, Anwendungen, Technologien, 2008; *Aschoff,* Professionelles Direkt- und Dialogmarketing per E-Mail, 2005; *Bins/Piwinger,* Newsgroups: Weltweit diskutieren. Zugang zum Usenet,

Überblick der Hierarchien, effektive Nutzung der Diskussionsforen, Internat. Thomson Publ. 1997; *Fischer,* Website Boosting 2.0, 2008; *Harte,* Introduction to Data Networks, 2006; *Kral,* WLAN Wireless LAN, 2005; *Meinel,* WWW: Kommunikation, Internetworking, Web-Technologien, 2004; *Reese,* Web Analytics, 2009; *Schreiner,* Computer-Netzwerke, 2007; *Tanenbaum,* Computernetzwerke, 2012; *Tischer,* Internet, 1999; *Wiedmann ua:* Konsumentenverhalten im Internet, 2004.

I. Einführung

Das Internet ist der weltweit größte Netzverbund, der jedem Teilnehmer eine nahezu grenzenlose Informations- und Kommunikationsinfrastruktur zur Verfügung stellt.

1   Es handelt sich um ein dezentral organisiertes, globales Rechnernetz, das aus sehr vielen miteinander verbundenen lokalen und nationalen Netzen besteht. Der Informationsaustausch zwischen den einzelnen Rechnern erfolgt auf der Grundlage des TCP/IP-Protokolls.

2   Die Ursprünge dieses Netzverbundes gehen auf ein militärisches Forschungsprojekt zurück, das in den fünfziger Jahren die Forscher beschäftigte. Zu diesem Zweck wurde die Advanced Research Projects Agency, kurz ARPA, gegründet. Die Zielsetzung war damals, eine möglichst dezentrale Kommunikationsarchitektur als zuverlässigere Alternative zu der bis dahin genutzten leitungsorientierten Datenübertragung zu entwickeln. Für diese Kommunikationsarchitektur wurde Ende der 60er-Jahre das Kommunikationsprotokoll TCP/IP entwickelt.

3   Das Internet entstand vor ca. 20 Jahren als Nachfolger des *ARPA-Netzes.* ARPA ist die Abkürzung für *Advanced Research Projects Agency* und ist der Vorläufer der heutigen *DARPA,* der *Defense Advanced Research Projects Agency,* einem militärischem Forschungs- und Geheimdienst der Vereinigten Staaten Amerikas. Somit war das ARPAnet zunächst nur ein Netz zu Forschungszwecken. Eines der damaligen Hauptziele aus militärischer Sicht war es, ein Netzwerk zu schaffen, welches weltweit verteilte Rechner miteinander verbindet und auch dann noch funktioniert, wenn Teile des Netzes ausgefallen sind – zum Beispiel als Folge eines Bombardements durch den Feind/Gegner. Nach dem ARPAnet Modell geschieht Kommunikation immer zwischen einem Quell- und einem Ziel-Computer. Es wird dem Modell nach ferner angenommen, dass das Netzwerk selbst unzuverlässig ist; jeder Teil des Netzes kann in jedem Moment ausfallen. Daher wurde das Design so ausgelegt, dass von den Computern nur die absolut notwendigste Information abgerufen werden muss. Um eine Nachricht über das Netz zu verschicken muss der Computer die Daten lediglich in einen „Umschlag" – einem sogenannten Internet Protocol (IP) Paket – stecken und an den richtigen Ziel-Computer „adressieren".[1]

4   Das Kapitel zu den Grundlagen des Internets soll
 • den Lesern ein grundsätzliches Verständnis für die **technische Funktionsweise** des Internets ermöglichen,
 • ein grundsätzliches Verständnis für Regulierung im Internet und die wesentlichen **Akteure** ermöglichen,
 • helfen, IT-sicherheitsrechtliche **Bedrohungsszenarien** besser zu verstehen,
 • in die Lage versetzen, ua die Ausführungen in den Kapiteln über Datenschutz der Telemedien, elektronische Signaturen, DE-Mail, E-Mail-Marketing etc besser zu verstehen.

II. Grundprinzipien der Rechnervernetzung

1. PAN (Personal Area Network)

5   Unter einem **Personal Area Network** (Abkürzung: **PAN**) versteht man ein Netz, das von Kleingeräten wie PDAs oder Mobiltelefonen ad hoc auf- und abgebaut werden kann. PANs können daher mittels verschiedener drahtgebundener Übertragungstechniken wie USB oder FireWire oder auch mittels drahtloser Techniken, wie IrDA, Bluetooth oder WLAN aufgebaut werden (WPAN). Die Reichweite beträgt gewöhnlich nur wenige Meter. PANs können

---

[1] Siehe http://www.itwissen.info/uebersicht/lexikon/Internet.html?page=0.

genutzt werden, um mit den Geräten untereinander zu kommunizieren, sie können aber auch dazu dienen, mit einem größeren Netz zu kommunizieren (Uplink). Ein mittels Bluetooth erstelltes PAN nennt man *Piconet*.[2]

2. LAN (Local Area Network)

Ein **Local Area Network** (kurz **LAN**) ist ein Rechnernetz, das die Ausdehnung von *Personal Area Networks* übertrifft, die Ausdehnung von *Metropolitan Area Networks*, *Wide Area Networks* und *Global Area Networks* aber nicht erreicht. Ein LAN ist dabei in seiner Ausdehnung ohne Zusatzmaßnahmen auf 500 Meter beschränkt und wird in der Regel zB in Heimnetzen oder kleinen Unternehmen eingesetzt. 6

Ein lokales Netz kann technisch unterschiedlich aufgebaut werden. Typischerweise erfolgt die Verkabelung eines LANs heutzutage als strukturierte Verkabelung. *Ethernet* ist heute der am weitesten verbreitete Standard. Dabei erfolgt die Übertragung mittlerweile meist elektrisch über Twisted-Pair-Kabel (CAT5 oder höher) oder optisch über Plastikfaserkabel und Glasfaserkabel. Aktuelles Ethernet deckt Datenübertragungsraten von 10 Mbit/s bis 10 Gbit/s ab (entspricht maximal 1,25 GByte/s Datendurchsatz). Bei der heute am häufigsten verwendeten, Kupfer-basierten Twisted-Pair-Verkabelung (TP) beträgt die Netzausdehnung in der Regel maximal hundert Meter. Mit Glasfasern auf Multimodebasis dreihundert Meter und auf Monomodebasis bis zu vierzig Kilometer. Fast-Ethernet 100BaseTX ist innerhalb der Ethernet-Familie noch immer die am weitesten verbreitete Technik, wobei bei Neuverkabelungen das Gigabit-Ethernet immer häufiger verwendet wird. 100-Gigabit-Ethernet befindet sich in der Entwicklung und bringt zahlreiche Änderungen auch bei den Kabellängen und -typen. Welche Standards kommerziell erfolgreich sein werden, muss erst noch abgewartet werden. Arbeitsplätze werden bei vielen Installationen oft mit Fast-Ethernet (100BaseTX) oder Gigabit-Ethernet (1000BaseTX) angesteuert. 7

3. WAN (Wide Area Network)

Ein **Wide Area Network** (**WAN**, dt. *Weitverkehrsnetz*) ist ein Rechnernetz, das sich im Unterschied zu einem LAN oder MAN über einen sehr großen geografischen Bereich erstreckt. 8

Die Anzahl der angeschlossenen Rechner ist unbegrenzt. WANs erstrecken sich über Länder oder sogar Kontinente. WANs werden benutzt, um verschiedene LANs, aber auch einzelne Rechner miteinander zu vernetzen. Einige WANs gehören bestimmten Organisationen und werden ausschließlich von diesen genutzt. Andere WANs werden durch Internetdienstanbieter errichtet oder erweitert, um einen Zugang zum Internet anbieten zu können. 9

Ein WAN arbeitet auf der Bitübertragungsschicht und der Sicherungsschicht des OSI-Referenzmodells. Wegen der großen Anzahl der angeschlossenen Rechner ist das unadressierte Senden von Informationen *(Broadcasting)* an alle Rechner kaum effizient. Deshalb werden Daten nur an die Empfänger gesendet. Dafür ist ein einheitliches Adressierungsschema notwendig. Außerdem muss es Zwischensysteme geben, die gesendete Datenpakete an die richtige Adresse weiterleiten. Solche Zwischensysteme sind Switches, Paketvermittler, Bridges und Router. 10

4. MAN (Metropolitan Area Network)

Ein **Metropolitan Area Network** (kurz **MAN**) ist ein breitbandiges Telekommunikationsnetz.[3] Üblicherweise verbindet ein MAN zahlreiche *Local Area Networks* und verwendet dazu eine Backbone-Technologie, die meist in Glasfasertechnik realisiert ist. Ein MAN kann eine Ausdehnung bis zu 100 km haben. 11

MANs werden oft von international tätigen Telekommunikationsfirmen aufgebaut, die dann auf diese Weise verkabelte Metropolen wiederum in einem Wide Area Network 12

---

[2] Siehe *Harte*, Introduction to Data Networks, S. 23 f.
[3] Siehe *Harte*, Introduction to Data Networks, S. 45 ff.

(WAN) national oder in einem Global Area Network (GAN) sogar international wieder vernetzen.

13 In Deutschland wurde ein entsprechendes Netz unter dem Namen *Datex-M* von der *Deutschen Telekom* im Jahre 1992 in Betrieb genommen, das die so genannte SMDS-Technik benutzte *(Switched Multimegabit Data Service)*. Ende 2002 waren in Berlin, Düsseldorf, Frankfurt am Main, Hamburg, Hannover, Köln, München und Stuttgart Metropolitan Area Networks der Deutschen Telekom in Betrieb. Zu diesem Zeitpunkt waren bereits 26 deutsche Städte in paneuropäische *GANs* eingebunden.

14 Inzwischen existieren sogar in fast allen deutschen Großstädten Netzwerke auch in anderer Technik als der SMDS-Technik, die in verschiedensten Netztopologien die Stadtteile miteinander verbinden, die eine hohe Bürodichte aufweisen. Es gibt außer dem ehemaligen Monopolinhaber Deutsche Telekom etwa 20 weitere Netzbetreiber in Deutschland, die für diesen Zweck Glasfasernetze verlegt haben, inzwischen vorzugsweise in der Technik *Synchrone Digitale Hierarchie* (SDH).

15 Eine spezielle Technik für Glasfasernetze im Metrobereich ist *Metro Ethernet*. IEEE 802.16 hat einen Standard für **Wireless Metropolitan Area Networks** (kurz **WMAN**) entwickelt, der unter dem Namen *WiMAX (Worldwide Interoperability for Microwave Access)* etabliert ist und eingesetzt wird.

III. Netzwerktopologien

1. Stern-, Ring- und Bustopologie

Die **Topologie** bezeichnet bei einem Computernetz die Struktur der Verbindungen mehrerer Geräte untereinander, um einen gemeinsamen Datenaustausch zu gewährleisten.[4]

16 Die Topologie eines Netzes ist entscheidend für seine Ausfallsicherheit: Nur wenn alternative Wege zwischen den Knoten existieren, bleibt bei Ausfällen einzelner Verbindungen die Funktionsfähigkeit erhalten. Es gibt neben dem Arbeitsweg einen oder mehrere Ersatzwege (oder auch Umleitungen). Die Kenntnis der Topologie eines Netzes ist außerdem nützlich zur Bewertung seiner Performance sowie der Investitionen und für die Auswahl geeigneter Hardware.

17 Es wird zwischen physikalischer und logischer Topologie unterschieden. Die physikalische Topologie beschreibt den Aufbau der Netzverkabelung; die logische Topologie den Datenfluss zwischen den Endgeräten.

Topologien werden grafisch (nach der Graphentheorie) mit Knoten und Kanten dargestellt.

In großen Netzen findet man oftmals eine Struktur, die sich aus mehreren verschiedenen Topologien zusammensetzt.

18 Bei Netzen in **Stern-Topologie** sind an einen zentralen Teilnehmer alle anderen Teilnehmer mit einer Zweipunktverbindung angeschlossen (siehe auch Sterngraph). Der zentrale Teilnehmer muss nicht notwendigerweise über eine besondere Steuerungsintelligenz verfügen. In Transportnetzen ist das generell nicht der Fall. In Computernetzen kann es eine spezialisierte Einrichtung sein, zum Beispiel ein Hub oder Switch. Auch eine Nebenstellenanlage ist gewöhnlich als Sternnetz aufgebaut: Die Vermittlungsanlage ist der zentrale Knoten, an den die Teilnehmerapparate sternförmig angeschlossen sind. In jedem Fall bewirkt eine zentrale Komponente in einem Netz eine höhere Ausfallwahrscheinlichkeit für die einzelnen Verbindungen: ein Ausfall des zentralen Teilnehmers bewirkt unweigerlich den Ausfall aller Verbindungsmöglichkeiten zur gleichen Zeit. Eine geläufige Schutzmaßnahme bei Sternnetzen besteht darin, die zentrale Komponente zu doppeln (Redundanz).

19 Vorteile der Stern-Topologie:
- Der Ausfall eines Endgerätes hat keine Auswirkung auf den Rest des Netzes.
- Dieses Netz bietet hohe Übertragungsraten, wenn der Netzknoten ein Switch ist.
- Leicht erweiterbar

---

[4] Siehe ausführlich in: *Tanenbaum*, Computernetzwerke, S. 81 ff.

III. Netzwerktopologien

- Leicht verständlich
- Leichte Fehlersuche
- Kombinierte Telefon-/Rechnernetzverkabelung möglich
- Sehr gute Eignung für Multicast-/Broadcastanwendungen
- Kein Routing benötigt

Nachteile der Stern-Topologie: 20

- Durch Ausfall des Verteilers wird Netzverkehr unmöglich
- Hoher Kabelaufwand

Anwendungsbeispiele der Stern-Topologie: 21

- Telefonnetz
- Fast Ethernet (physisch)
- Token Ring (physisch)

Bei der Vernetzung in **Ring-Topologie** werden jeweils zwei Teilnehmer über Zweipunkt- 22
verbindungen miteinander verbunden, so dass ein geschlossener Ring entsteht. Die zu übertragende Information wird von Teilnehmer zu Teilnehmer weitergeleitet, bis sie ihren Bestimmungsort erreicht. Um Überschneidungen zu verhindern, sind bei dieser Art der Vernetzung besondere Adressierungsverfahren nötig. Da jeder Teilnehmer gleichzeitig als Repeater wirken kann (wenn keine Splitter eingesetzt werden), können auf diese Art große Entfernungen überbrückt werden (bei Verwendung von Lichtwellenleitern (LWL) im Kilometerbereich).

Bei einem Ausfall einer der Teilnehmer bricht das gesamte Netz zusammen, es sei denn, 23
die Teilnehmer beherrschen Protection-Umschaltung. In einem Ring mit Protection wird häufig der Arbeitsweg in einer bestimmten Drehrichtung um den Ring geführt (bspw. im Uhrzeigersinn), der Ersatzweg in der anderen Drehrichtung (im Beispiel gegen den Uhrzeigersinn). Verwendung findet dieses Verfahren unter anderem auch bei Feldbussystemen auf Lichtwellenleiter-Basis.

Wird ein Ringleitungsverteiler (deutsch: RLV, engl: MAU=Media Access Unit) eingesetzt, 24
wird damit der Ausfall des gesamten Netzes bei Ausfall eines Endgerätes verhindert. Jedes Gerät ist dabei nur mit einem Kabel mit dem RLV verbunden. Der RLV reicht die Daten dabei von einem Port zum nächsten weiter. Damit hat man technisch eine Stern-, logisch aber eine Ring-Topologie. Auch die Verbindung mehrerer RLV ist möglich, wobei die Ring-Topologie erhalten bleibt.

Eine Sonderform der Ringtopologie ist die Linientopologie, bei der es sich um einen „of- 25
fenen Ring" handelt, dh der erste und der letzte Rechner sind nicht miteinander verbunden. Dieses System ist sehr einfach aufzubauen, aber auch sehr anfällig, da der Ausfall eines Rechners die gesamte weitere Datenübertragung unmöglich macht.

Vorteile der Ring-Topologie: 26

- Deterministische Rechnernetzkommunikation ohne Paketkollisionen – Vorgänger und Nachfolger sind definiert
- Alle Stationen arbeiten als Verstärker
- Alle Rechner haben gleiche Zugriffsmöglichkeiten
- Garantierte Übertragungsbandbreite
- Skaliert sehr gut, Grad bleibt bei Erweiterung konstant
- Reguläre Topologie, daher leicht programmierbar

Nachteile der Ring-Topologie: 27

- Niedrige Bisektionsweite und Konnektivität, dh einerseits, dass der Ausfall eines Endgerätes dazu führt, dass die gesamte Netzkommunikation unterbrochen wird (Ausnahme bei Protection-Umschaltung – siehe: FDDI). Das stimmt bei neuen Karten allerdings nicht mehr, da jede Karte diese Protection-Umschaltung beherrscht. Andererseits gibt es wenig Alternativwege, was im Falle von hohen Lastzuständen auf einem Ringabschnitt zu Engpässen führen kann
- Teure Komponenten
- Darf/kann nicht für kombinierte Rechnernetz-/Telefonverkabelung eingesetzt werden
- Relativ hoher Durchmesser, dh hohe Latenzen zu entfernten Knoten
- Hoher Verkabelungsaufwand
- Datenübertragungen können leicht abgehört werden.

28 Anwendungsbeispiele der Ring-Topologie:
- Token Ring (logisch)
- FDDI (physisch)

29   Bei einer **Bus-Topologie** sind alle Geräte direkt mit demselben Übertragungsmedium, dem Bus verbunden. Es gibt keine aktiven Komponenten zwischen den Geräten und dem Medium. Das Übertragungsmedium ist dabei bei Systemen mit einer kleineren physikalischen Ausdehnung oft direkt auf einer Leiterplatte realisiert, und sonst als Kabel oder Kabelbündel. Ein Beispiel für ein Netzwerk mit Bus-Topologie ist 10 Mbit/s Ethernet. In der Variante Thin Ethernet gibt es ein einziges Kabel, welches in Segmente unterteilt ist. Der Anschluss zwischen den Geräten (also Netzkarten) und den Segmenten des Kabels erfolgt über T-Stücke. Abschlusswiderstände an den Enden des Kabels dienen der Verhinderung von Reflexionen.

30   Bei der Bus-Topologie muss sichergestellt werden, dass immer nur ein Gerät zum selben Zeitpunkt Signale auf das Übertragungsmedium sendet. Dies kann durch eine zentrale Einheit, den sogenannten Bus-Arbiter geregelt werden. Bevor ein Gerät senden darf, muss es über eine separate Leitung eine entsprechende Anfrage an den Bus-Arbiter stellen. Auch Zeitscheiben-Verfahren können eingesetzt werden. Eine zentrale Regelung ist aber gerade bei dynamischen Netzwerken wie Computernetzwerken oft unpraktikabel. Daher werden bei diesen Netzwerken gleichzeitige Zugriffe erkannt und die entstehenden Probleme aufgelöst. Ein oft benutztes Verfahren ist beispielsweise CSMA/CD.

31 Vorteile der Bus-Topologie:
- Der Ausfall eines Gerätes hat für die Funktionalität des Netzwerkes keine Konsequenzen
- Nur geringe Kosten, da nur geringe Kabelmengen erforderlich sind
- Einfache Verkabelung und Netzwerweiterung
- Es werden keine aktiven Netzwerkkomponenten benötigt

32 Nachteile der Bus-Topologie:
- Datenübertragungen können leicht abgehört (Stichwort: Sniffer) werden.
- Eine Störung des Übertragungsmediums an einer einzigen Stelle im Bus (defektes Kabel) blockiert den gesamten Netzstrang.
- Es kann zu jedem Zeitpunkt immer nur eine Station Daten senden. Währenddessen sind alle anderen Sender blockiert (müssen zu übertragende Daten intern zwischenpuffern).
- Bei Bussen, die Kollisionen zulassen und auf eine nachträgliche Behebung setzen, kann das Medium nur zu einem kleinen Teil ausgelastet werden, da bei höherem Datenverkehr überproportional viele Kollisionen auftreten.

33 Anwendungsbeispiele der Bus-Topologie:
- 10BASE5 (physisch)
- 10BASE2 (physisch)
- CANbus
- Profibus

2. Ethernet

34   **Ethernet** ist eine Technologie, die Software (Protokolle usw.) und Hardware (Kabel, Verteiler, Netzwerkkarten usw.) für kabelgebundene Datennetze spezifiziert, welche ursprünglich für lokale Datennetze (LANs) gedacht war und daher auch als LAN-Technik bezeichnet wird. Sie ermöglicht den Datenaustausch in Form von Datenframes zwischen den in einem lokalen Netz (LAN) angeschlossenen Geräten (Computer, Drucker und dergleichen).[5]

35   Derzeit sind Übertragungsraten von 10 Megabit/s, 100 Megabit/s (Fast Ethernet), 1000 Megabit/s (Gigabit-Ethernet), 10, 40 und 100 Gigabit/s spezifiziert. In seiner traditionellen Ausprägung erstreckt sich das LAN dabei nur über ein Gebäude; Ethernet über Glasfaser hat eine Reichweite von 10 km und mehr.

36   Die Ethernet-Protokolle umfassen Festlegungen für Kabeltypen und Stecker sowie für Übertragungsformen (Signale auf der Bitübertragungsschicht, Paketformate). Im OSI-

---

[5] Siehe ausführlich in *Schreiner*, Computer-Netzwerke, S. 38 ff.

Modell ist mit Ethernet sowohl die physische Schicht (OSI Layer 1) als auch die Data-Link-Schicht (OSI Layer 2) festgelegt. Ethernet entspricht weitestgehend der IEEE-Norm 802.3. Es wurde ab den 1990ern zur meistverwendeten LAN-Technik und hat andere LAN-Standards wie Token Ring verdrängt oder, wie im Falle von ARCNET in Industrie- und Fertigungsnetzen oder FDDI in hoch verfügbaren Netzwerken, zu Nischenprodukten für Spezialgebiete gemacht. Ethernet kann die Basis für Netzwerkprotokolle, zB AppleTalk, DECnet, IPX/SPX oder TCP/IP, bilden.

Ethernet basiert auf der Idee, dass die Teilnehmer eines LANs Nachrichten durch Hochfrequenz übertragen, allerdings nur innerhalb eines gemeinsamen Leitungsnetzes. Jede Netzwerkschnittstelle hat einen global eindeutigen 48-Bit-Schlüssel, der als MAC-Adresse bezeichnet wird. Das stellt sicher, dass alle Systeme in einem Ethernet unterschiedliche Adressen haben. Ethernet überträgt die Daten auf dem Übertragungsmedium dabei im sogenannten Basisbandverfahren, dh in digitalem Zeitmultiplex.

3. WLAN

Wireless Local Area Network (deutsch wörtlich „drahtloses lokales Netzwerk" – Wireless LAN, W-LAN, WLAN) bezeichnet ein lokales Funknetz, wobei meistens ein Standard der IEEE-802.11-Familie gemeint ist. Für diese engere Bedeutung wird in manchen Ländern (zB USA, Großbritannien, Kanada, Niederlande, Spanien, Frankreich, Italien) weitläufig beziehungsweise auch synonym der Begriff *Wi-Fi* verwendet. Der Begriff wird häufig auch irreführend als Synonym für WLAN-Hotspots bzw. kabellosen Internetzugriff verwendet.[6]

Im Gegensatz zum *Wireless Personal Area Network* (WPAN) haben WLANs größere Sendeleistungen und Reichweiten und bieten im Allgemeinen höhere Datenübertragungsraten. WLANs stellen Anpassungen der Schicht 1 und 2 des OSI-Referenzmodells dar, wohingegen in WPANs zB über eine im Netzwerkprotokoll vorgesehene Emulation der seriellen Schnittstelle und PPP beziehungsweise SLIP eine Netzverbindung aufgebaut wird. Bei WLAN wird heute meist das Modulationsverfahren OFDM verwendet.

Der Infrastruktur-Modus ähnelt im Aufbau dem Mobilfunknetz: Ein Wireless Access Point oder ein drahtloser Router übernimmt die Koordination aller Clients und sendet in einstellbaren Intervallen (üblicherweise zehnmal pro Sekunde) kleine Datenpakete, sogenannte „*Beacons*" (engl. „Leuchtfeuer"), an alle Stationen im Empfangsbereich. Die Beacons enthalten ua folgende Informationen:
- Netzwerkname („Service Set Identifier", SSID),
- Liste unterstützter Übertragungsraten,
- Art der Verschlüsselung.

Dieses „Leuchtfeuer" erleichtert den Verbindungsaufbau ganz erheblich, da die Clients lediglich den Netzwerknamen und optional einige Parameter für die Verschlüsselung kennen müssen. Gleichzeitig ermöglicht der ständige Versand der Beacon-Pakete die Überwachung der Empfangsqualität – auch dann, wenn keine Nutzdaten gesendet oder empfangen werden. Beacons werden immer mit der niedrigsten Übertragungsrate (1 MBit/s) gesendet, der erfolgreiche Empfang des „Leuchtfeuers" garantiert also noch keine stabile Verbindung mit dem Netzwerk.

Die SSID-Übermittlung (Broadcasting) lässt sich in der Regel deaktivieren, auch wenn das den eigentlichen Standard verletzt. Dadurch wird der Router selbst unsichtbar. Die Clients stellen in dieser Variante jedoch aktiv die Verbindung her, indem sie, falls keine Verbindung besteht, jederzeit aktiv nach allen gespeicherten Netzwerknamen „versteckter" Netze suchen. Problematisch ist dabei, dass diese Informationen leicht für einen Angriff auf die Endgeräte ausgenutzt werden können, indem durch den Angreifer die Anwesenheit des Access Point simuliert wird.

Da WLAN auf der Sicherungsschicht (Schicht 2 im OSI-Modell) dieselbe Adressierung wie Ethernet verwendet, kann über einen Wireless Access Point mit Ethernet-Anschluss leicht eine Verbindung zu kabelgebundenen Netzen (im WLAN-Jargon „Distribution

---

[6] Siehe *Kral*, WLAN Wireless LAN.

System", DS) hergestellt werden. Eine Ethernet-Netzwerkkarte kann folglich nicht unterscheiden, ob sie mit einer anderen Ethernet-Netzwerkkarte oder (über einen Access Point) mit einer WLAN-Karte kommuniziert. Allerdings muss zwischen 802.11 (WLAN) und 802.3 (Ethernet) konvertiert werden.

44   Ohne Maßnahmen zur Erhöhung der Informationssicherheit sind drahtlose lokale Netzwerke Angriffen ausgesetzt, wie zum Beispiel *Snarfing* oder *Man-In-The-Middle-Angriffen*. Es ist daher erforderlich, das mit entsprechenden Mitteln, insbesondere durch die Verwendung von Verschlüsselung und Kennwörtern (**Authentifizierung**) zu verhindern oder zumindest deutlich zu erschweren.

Verschlüsselung bei WLAN:

45   Teil des WLAN-Standards IEEE 802.11 ist *Wired Equivalent Privacy (WEP)*, ein Sicherheitsstandard, der den RC4-Algorithmus enthält. Die darin enthaltene Verschlüsselung mit einem nur 40 Bit (64 Bit genannt) beziehungsweise 104 Bit (128 Bit genannt), bei einigen Herstellern auch 232 Bit (256 Bit genannt) langen statischen Schlüssel reicht jedoch nicht aus, das WLAN ausreichend zu sichern. Durch das Sammeln von Schlüsselpaaren sind *Known-Plaintext*-Angriffe möglich. Es gibt frei erhältliche Programme, die sogar ohne vollständigen Paketdurchlauf, einen schnellen Rechner vorausgesetzt, das Passwort entschlüsseln können. Jeder Nutzer des Netzes kann zudem den gesamten Verkehr mitlesen. Die Kombination von RC4 und CRC wird als kryptografisch unsicher betrachtet.

46   Aus diesen Gründen sind technische Ergänzungen entwickelt worden, etwa *WEPplus*, *Wi-Fi Protected Access (WPA)* als Vorgriff und Teilmenge zu 802.11i, *Fast Packet Keying*, *Extensible Authentication Protocol (EAP)*, *Kerberos* oder *High Security Solution*, die alle mehr oder weniger gut das Sicherheitsproblem von WLAN verkleinern.

47   Der Nachfolger von WEP ist der neue Sicherheitsstandard 802.11i. Er bietet eine erhöhte Sicherheit durch Advanced Encryption Standard (AES) (bei *WPA2*) und gilt zur Zeit als nicht entschlüsselbar, solange keine trivialen Passwörter verwendet werden, die über eine Wörterbuch-Attacke geknackt werden können. Als Empfehlung kann gelten, mit einem Passwortgenerator Passwörter zu erzeugen, die Buchstaben in Groß- und Kleinschreibung, Zahlen und Sonderzeichen enthalten und nicht kürzer als 32 Zeichen sind.

48   *WPA2* ist das Äquivalent der Wi-Fi Alliance zu 802.11i, das mit dem Verschlüsselungsalgorithmus AES (Advanced Encryption Standard mit Schlüssellängen von 256 Bit) arbeitet und in neueren Geräten meist unterstützt wird. Einige Geräte lassen sich durch Austausch der Firmware mit WPA2-Unterstützung nachrüsten. Jedoch erfolgt hier die Verschlüsselung meist ohne Hardwarebeschleunigung, so dass der Zugewinn an Sicherheit durch eine starke Einbuße an Übertragungsrate erkauft wird.

49   Eine alternative Herangehensweise besteht darin, die gesamte Verschlüsselung auf die IP-Ebene zu verlagern. Dabei wird der Datenverkehr beispielsweise durch die Verwendung von *IPsec* oder durch einen VPN-Tunnel geschützt. Besonders in freien Funknetzen werden so die Inkompatibilitäten verschiedener Hardware umgangen, eine zentrale Benutzerverwaltung vermieden und der offene Charakter des Netzes gewahrt.

IV. Die wichtigsten Protokolle im Internet

1. IP

50   Das Internet Protocol (IP) ist ein in Computernetzen weit verbreitetes Netzwerkprotokoll und stellt die Grundlage des Internets dar. Es ist die Implementierung der Internetschicht des TCP/IP-Modells bzw. der Vermittlungsschicht (engl. Network Layer) des OSI-Modells. IP ist ein verbindungsloses Protokoll, dh bei den Kommunikationspartnern wird kein Zustand etabliert.[7]

51   Das IP bildet die erste vom Übertragungsmedium unabhängige Schicht der Internetprotokoll-Familie. Das bedeutet, dass mittels IP-Adresse und Subnetzmaske (subnet mask) für IPv4, bzw. Präfixlänge bei IPv6, Computer innerhalb eines Netzwerkes in logische Einheiten, so genannte Subnetze, gruppiert werden können. Auf dieser Basis ist es möglich, Com-

---

[7] Siehe *Schreiner*, Computer-Netzwerke, S. 107 ff.

puter in größeren Netzwerken zu adressieren und ihnen IP-Pakete zu senden, da logische Adressierung die Grundlage für Routing (Wegewahl und Weiterleitung von Netzwerkpaketen) ist.

Eine IP-Adresse ist eine Adresse in Computernetzen, die – wie das Internet – auf dem Internetprotokoll (IP) basiert. Sie wird Geräten zugewiesen, die an das Netz angebunden sind, und macht die Geräte so adressierbar und damit erreichbar. Die IP-Adresse kann einen einzelnen Empfänger oder eine Gruppe von Empfängern bezeichnen (Multicast, Broadcast). Umgekehrt können einem Computer mehrere IP-Adressen zugeordnet sein.

Die IP-Adresse wird verwendet, um Daten von ihrem Absender zum vorgesehenen Empfänger transportieren zu können. Ähnlich der Postanschrift auf einem Briefumschlag werden Datenpakete mit einer IP-Adresse versehen, die den Empfänger eindeutig identifiziert. Aufgrund dieser Adresse können die „Poststellen", die Router, entscheiden, in welche Richtung das Paket weitertransportiert werden soll. Im Gegensatz zu Postadressen sind IP-Adressen nicht an einen bestimmten Ort gebunden.

Die bekannteste Notation der heute geläufigen IPv4-Adressen besteht aus vier Zahlen, die Werte von 0 bis 255 annehmen können und mit einem Punkt getrennt werden, beispielsweise 192.0.2.42. Technisch gesehen ist die Adresse eine 32-stellige (IPv4) oder 128-stellige (IPv6) Binärzahl.

Die seit der Einführung der Version 4 des Internet Protocols überwiegend verwendeten **IPv4**-Adressen bestehen aus 32 Bits, also 4 Oktetten (Bytes). Damit sind 232, also 4.294.967.296 Adressen darstellbar. In der dotted decimal notation werden die 4 Oktetts als vier durch Punkte voneinander getrennte ganze Zahlen in Dezimaldarstellung im Bereich von 0 bis 255 geschrieben (siehe nachfolgendes Beispiel):

> 203.0.113.195

Durch den rasch steigenden Bedarf an IP-Adressen ist absehbar, dass der nutzbare Adressraum von IPv4 früher oder später erschöpft sein wird. Vor allem aus diesem Grund wurde **IPv6** entwickelt. Es verwendet 128 Bit zur Speicherung von Adressen, damit sind 2128 = 25616 (= 340.282.366.920.938.463.463.374.607.431.768.211.456 ≈ 3,4 · 1038) Adressen darstellbar.

Da die Dezimaldarstellung unübersichtlich und schlecht handhabbar wäre, stellt man IPv6-Adressen hexadezimal dar. Um diese Darstellung weiter zu vereinfachen, werden jeweils zwei Oktetts der Adresse zusammengefasst und in Gruppen durch Doppelpunkt getrennt dargestellt (siehe nachfolgendes Beispiel):

> 2001:0db8:85a3:0000:0000:8a2e:0370:7344

Wenn einem Host bei jeder neuen Verbindung mit einem Netz eine neue IP-Adresse zugewiesen wird, spricht man von dynamischer oder wechselnder Adressierung. Im LAN-Bereich ist die dynamische Adressierung per DHCP verbreitet, im Internetzugangsbereich wird dynamische Adressierung vor allem von Internet-Service-Providern (ISP) eingesetzt, die Internet-Zugänge über Wählleitungen anbieten. Sie nutzen die dynamische Adressierung via PPP oder PPPoE.

Vorteil der dynamischen Adressierung ist, dass im Durchschnitt deutlich weniger als eine IP-Adresse pro Kunde benötigt wird, da nie alle Kunden gleichzeitig online sind. Ein Verhältnis zwischen 1:10 und 1:20 ist üblich. Das RIPE NCC verlangt von seinen LIRs einen Nachweis über die Verwendung der ihnen zugewiesenen IP-Adressen. Eine feste Zuordnung von Adressen wird nur in begründeten Fällen akzeptiert, zum Beispiel für den Betrieb von Servern oder für Abrechnungszwecke.

Bei DSL-Anbindung des Kunden verwenden die Provider meist ebenfalls dynamisch vergebene IPs.

60 Statische Adressierung wird prinzipiell überall dort verwendet, wo eine dynamische Adressierung technisch nicht möglich oder nicht sinnvoll ist. So erhalten in LANs zum Beispiel Gateways, Server oder Netzwerk-Drucker in der Regel feste IP-Adressen. Im Internet-Zugangsbereich wird statische Adressierung vor allem für Router an Standleitungen verwendet. Auch für Machine-to-Machine-Kommunikation wird insbesondere im Mobilfunkbereich (GPRS) zunehmend statische Adressierung verwendet. Statische Adressen werden meist manuell konfiguriert, können aber auch über automatische Adressierung (siehe oben) zugewiesen werden.

2. ARP

61 Das **Address Resolution Protocol** (**ARP**) ist ein Netzwerkprotokoll, das zu einer Netzwerkadresse der Internetschicht die physikalische Adresse (Hardwareadresse) der Netzzugangsschicht ermittelt und diese Zuordnung gegebenenfalls in den so genannten ARP-Tabellen der beteiligten Rechner hinterlegt. Es wird fast ausschließlich im Zusammenhang mit IPv4-Adressierung auf Ethernet-Netzen, also zur Ermittlung von MAC-Adressen zu gegebenen IP-Adressen verwendet, obwohl es nicht darauf beschränkt ist. Für IPv6 wird diese Funktionalität nicht von ARP, sondern durch das Neighbor Discovery Protocol (NDP) bereitgestellt.[8]

62 MAC-Adressen (Hardwareadressen) werden vom Hersteller einer Ethernet-Netzwerkkarte oder eines Ethernet-fähigen Gerätes vergeben. Die Adresse jeder Schnittstelle ist dabei theoretisch weltweit eindeutig. Bei einigen Netzen, wie zum Beispiel Novell und DECnet, werden die Netzwerkadressen eindeutig auf die Ethernetadressen abgebildet, etwa, indem die MAC-Adresse um weitere Informationen ergänzt wird. Ein Sender kann dann die MAC-Adresse des Empfängers einfach aus der Netzwerkadresse ermitteln.

63 IP-Adressen werden von der IANA (Internet Assigned Numbers Authority) zugeteilt. Da IPv4-Adressen nur aus 32 Bits bestehen, sind sie nicht in der Lage, MAC-Adressen zu speichern. Aus diesem Grund besteht keine feste Beziehung zwischen MAC-Adressen und IP-Adressen. Bevor ein Rechner in einem Ethernet an einen Rechner im selben Subnetz ein IP-Paket sendet, muss er die Information in einen Ethernetframe verpacken. Dazu muss er die MAC-Adresse des Zielrechners kennen und im entsprechenden Feld des Ethernetframes einfügen. Ist ihm diese nicht bekannt, kann er das IP-Paket nicht zustellen. Stattdessen ermittelt er dann mit Hilfe des ARP zunächst die MAC-Adresse des Zielrechners.

3. UDP

64 Das **User Datagram Protocol**, kurz **UDP**, ist ein minimales, verbindungsloses Netzwerkprotokoll, das zur Transportschicht der Internetprotokollfamilie gehört. Aufgabe von UDP ist es, Daten, die über das Internet übertragen werden, der richtigen Anwendung zukommen zu lassen.

65 Die Entwicklung von UDP begann 1977, als man für die Übertragung von Sprache ein einfacheres Protokoll benötigte als das bisherige verbindungsorientierte TCP. Es wurde ein Protokoll benötigt, das nur für die Adressierung zuständig war, ohne die Datenübertragung zu sichern, da dies zu Verzögerungen bei der Sprachübertragung führen würde.

66 Um die Daten, die mit UDP versendet werden, dem richtigen Programm auf dem Zielrechner zukommen zu lassen, werden bei UDP sogenannte Ports verwendet. Dazu wird bei UDP die Portnummer des Dienstes mitgesendet, der die Daten erhalten soll. Diese Erweiterung der Host-zu-Host- auf eine Prozess-zu-Prozess-Übertragung wird als Anwendungsmultiplexen und -demultiplexen bezeichnet.

Zusätzlich bietet UDP die Möglichkeit einer Integritätsüberprüfung an, indem eine Prüfsumme mitgesendet wird. Dadurch kann eine fehlerhafte Übertragung erkannt werden.

67 UDP ist ein verbindungsloses, nicht-zuverlässiges und ungesichertes wie auch ungeschütztes Übertragungsprotokoll. Das bedeutet, es gibt keine Garantie, dass ein einmal gesendetes

---

[8] Siehe *Tischer,* Internet, S. 79 ff.

Paket auch ankommt, dass Pakete in der gleichen Reihenfolge ankommen, in der sie gesendet wurden, oder dass ein Paket nur einmal beim Empfänger eintrifft. Es gibt auch keine Gewähr dafür, dass die Daten unverfälscht oder unzugänglich für Dritte beim Empfänger eintreffen. Eine Anwendung, die UDP nutzt, muss daher gegenüber verlorengegangenen und unsortierten Paketen unempfindlich sein oder selbst entsprechende Korrekturmaßnahmen und ggfs. auch Sicherungsmaßnahmen vorsehen. Ein Datenschutz ist bei dieser offenen Kommunikation nicht möglich.

Da vor Übertragungsbeginn nicht erst eine Verbindung aufgebaut werden muss, kann ein Partner oder können beide Partner schneller mit dem Datenaustausch beginnen. Das fällt vor allem bei Anwendungen ins Gewicht, bei denen nur kleine Datenmengen ausgetauscht werden müssen. Einfache Frage-Antwort-Protokolle wie das Domain Name System verwenden UDP, um die Netzwerkbelastung gering zu halten und damit den Datendurchsatz zu erhöhen. Ein Drei-Wege-Handschlag wie bei dem Transmission Control Protocol für den Aufbau der Verbindung würde unnötigen Overhead erzeugen. 68

Daneben bietet die ungesicherte Übertragung auch den Vorteil von geringen Übertragungsverzögerungsschwankungen: Geht bei einer TCP-Verbindung ein Paket verloren, wird es automatisch neu angefordert. Das braucht Zeit, die Übertragungsdauer kann daher schwanken, was für Multimediaanwendungen schlecht ist. Bei VoIP zB käme es zu plötzlichen Aussetzern, bzw. die Wiedergabepuffer müssten größer angelegt werden. Bei verbindungslosen Kommunikationsdiensten bringen verlorengegangene Pakete dagegen nicht die gesamte Übertragung ins Stocken, sondern vermindern lediglich die Qualität. 69

Die maximale Größe eines UDP-Datagrammes beträgt 65.535 Bytes, da das Length-Feld des UDP-Headers 16 Bit lang ist und die größte mit 16 Bit darstellbare Zahl gerade 65.535 ist. Solch große Segmente werden jedoch von IP fragmentiert übertragen. 70

IP löscht Pakete etwa bei Übertragungsfehlern oder bei Überlast. Datagramme können daher fehlen. UDP bietet hierfür keine Erkennungs- oder Korrekturmechanismen, wie etwa TCP. Im Falle von mehreren möglichen Routen zum Ziel kann IP bei Bedarf neue Wege wählen. Dadurch ist es in seltenen Fällen möglich, dass später gesendete Daten früher gesendete überholen. Außerdem kann ein einmal abgesendetes Datenpaket mehrmals beim Empfänger eintreffen. 71

4. TCP

Das **Transmission Control Protocol (TCP)** ist ein Netzwerkprotokoll, das definiert auf welche Art und Weise Daten zwischen Computern ausgetauscht werden sollen. Nahezu sämtliche aktuellen Betriebssysteme moderner Computer beherrschen TCP und nutzen es für den Datenaustausch mit anderen Rechnern. Das Protokoll ist ein zuverlässiges, verbindungsorientiertes, paketvermitteltes Transportprotokoll in Computernetzwerken. Es ist Teil der Internetprotokollfamilie, der Grundlage des Internets.[9] 72

Im Unterschied zum verbindungslosen UDP (User Datagram Protocol) stellt TCP eine Verbindung zwischen zwei Endpunkten einer Netzverbindung (Sockets) her. Auf dieser Verbindung können in beide Richtungen Daten übertragen werden. TCP setzt in den meisten Fällen auf das IP (Internet-Protokoll) auf, weshalb häufig (und oft nicht ganz korrekt) auch vom „TCP/IP-Protokoll" die Rede ist. In Protokollstapeln wie dem OSI-Modell sind TCP und IP nicht auf derselben Schicht angesiedelt. TCP ist eine Implementierung der Transportschicht. 73

Aufgrund seiner vielen angenehmen Eigenschaften (Datenverluste werden erkannt und automatisch behoben, Datenübertragung ist in beiden Richtungen möglich, Netzüberlastung wird verhindert usw.) ist TCP ein sehr weit verbreitetes Protokoll zur Datenübertragung. Beispielsweise wird TCP als fast ausschließliches Transportmedium für das WWW, E-Mail und viele andere populäre Netzdienste verwendet. 74

TCP ist im Prinzip eine Ende-zu-Ende-Verbindung in Vollduplex, welche die Übertragung der Informationen in beide Richtungen zur selben Zeit zulässt, analog zu einem Telefon- 75

---

[9] Siehe ausführlich in *Schreiner*, Computer-Netzwerke, S. 83 ff.

gespräch. Diese Verbindung kann auch als zwei Halbduplexverbindungen, bei denen Informationen in beide Richtungen (allerdings nicht gleichzeitig) fließen können, betrachtet werden. Die Daten in Gegenrichtung können dabei zusätzliche Steuerungsinformationen enthalten. Die Verwaltung dieser Verbindung sowie die Datenübertragung werden von der TCP-Software übernommen. Die TCP-Software ist üblicherweise im Netz-Protokollstack des Betriebssystems angesiedelt. Anwendungsprogramme benutzen eine Schnittstelle dazu, meist Sockets, die sich (je nach Betriebssystem unterschiedlich) beispielsweise bei Microsoft Windows in extra einzubindenden Programmbibliotheken („Winsock.dll" bzw. „wsock32.dll") befinden. Linux und viele andere unixoide Betriebssysteme enthalten Socketlayer im Betriebssystemkern. Auf den Socketlayer wird über Systemrufe zugegriffen. Anwendungen, die TCP häufig nutzen, sind zum Beispiel Webbrowser und Webserver.

76 Jede TCP-Verbindung wird eindeutig durch zwei Endpunkte identifiziert. Ein Endpunkt stellt ein geordnetes Paar dar, bestehend aus IP-Adresse und Port. Ein solches Paar bildet eine bidirektionale Software-Schnittstelle und wird auch als Socket bezeichnet. Somit wird eine TCP-Verbindung durch vier Werte (einem Quadrupel) identifiziert: (Lokaler Rechner, Port x, Entfernter Rechner, Port y).

77 Es gibt zwei grundsätzliche Möglichkeiten, wie Internetdienstanbieter den Transport von großen Datenmengen im Internet bewältigen können: Entweder erhöhen sie die Kapazität ihrer Netze und transportieren alle Daten gleichberechtigt (**Best-Effort-Prinzip**) – dann bleiben diese Netze „*neutral*". Oder sie transportieren verschiedene Daten unterschiedlich schnell und in unterschiedlicher Qualität. Maßstab für diese Qualität sind hauptsächlich Datenrate (im Alltagsgebrauch oft als Bandbreite bezeichnet), Verzögerung *(delay)*, Varianz und Paketverlust.

78 Viele Betreiber von Telekommunikationsnetzen lehnen die neutrale Datenübertragung ab und wollen auf ihren Netzen Daten in unterschiedlicher Qualität übertragen. Sie machen geltend, die Netzwerkverwaltung sei eine effizientere Möglichkeit, um einen Datenstau zu verhindern und um wichtige Daten mit einer garantierten Übertragungsqualität zu übertragen. Außerdem weisen sie darauf hin, dass unterschiedliche Daten verschiedene Transportbedürfnisse haben: Bei einem Telefongespräch über das Internet ist eine geringe Verzögerung wichtiger als beim Herunterladen eines Videofilms, dafür ist beim Videofilm die Datenrate wichtiger. Gleichzeitig werden durch das weiter steigende Datenaufkommen große Investitionen in den Netzausbau nötig, weshalb auch neue Preismodelle für Kunden oder aber Gebühren von Anbietern erwogen werden.

5. ISO/OSI-Referenzmodell

79 Das **OSI-7-Schichtmodell** ist ein Referenzmodell für herstellerunabhängige Kommunikationssysteme bzw. eine Design-Grundlage für Kommunikationsprotokolle und Computernetze. OSI bedeutet Open System Interconnection (Offenes System für Kommunikationsverbindungen) und wurde von der ISO als Grundlage für die Bildung von Kommunikationsstandards entworfen und standardisiert.[10]

80 Das OSI-Schichtmodell besteht aus 7 Schichten. Jede Schicht hat innerhalb der Kommunikation zwischen zwei Systemen eine bestimmte Aufgabe zu erfüllen. Für jede Schicht werden Funktionen und Protokolle definiert, die bestimmte Aufgaben bei der Kommunikation zwischen zwei Systemen erfüllen müssen. Bei der Kommunikation zwischen zwei Systemen durchläuft die Kommunikation oder der Datenfluss alle 7 Schichten des OSI-Schichtenmodells zweimal. Einmal beim Sender und einmal bei Empfänger. Je nachdem, wie viele Zwischenstationen die Kommunikationsstrecke aufweist, durchläuft die Kommunikation auch mehrmals das Schichtenmodell.

---

[10] Siehe ausführlich in *Schreiner,* Computer-Netzwerke, S. 11 ff. und *Tanenbaum,* Computernetzwerke, S. 24 ff.

IV. Die wichtigsten Protokolle im Internet

	Bitübertragungsschicht
Schicht 1 **Physical**	Maßnahmen und Verfahren zur Übertragung von Bitfolgen
	Die Bitübertragungsschicht definiert die elektrische, mechanische und funktionale Schnittstelle zum Übertragungsmedium. Die Protokolle dieser Schicht unterscheiden sich nur nach dem eingesetzten Übertragungsmedium und -verfahren. Das Übertragungsmedium ist jedoch kein Bestandteil der Schicht 1.
	Sicherungsschicht
Schicht 2 **Data Link**	Logische Verbindungen mit Datenpaketen und elementaren Fehlererkennungsmechanismen
	Die Sicherungsschicht sorgt für eine zuverlässige und funktionierende Verbindung zwischen Endgerät und Übertragungsmedium. Zur Vermeidung von Übertragungsfehlern und Datenverlust enthält diese Schicht Funktionen zur Fehlererkennung, Fehlerbehebung und Datenflusskontrolle. Auf dieser Schicht findet auch die physikalische Adressierung von Datenpaketen statt.
	Vermittlungsschicht
Schicht 3 **Network**	Routing und Datenflusskontrolle
	Die Vermittlungsschicht steuert die zeitliche und logische getrennte Kommunikation zwischen den Endgeräten, unabhängig vom Übertragungsmedium und der Topologie. Auf dieser Schicht erfolgt erstmals die logische Adressierung der Endgeräte. Die Adressierung ist eng mit dem Routing (Wegfindung vom Sender zum Empfänger) verbunden.
	Transportschicht
Schicht 4 **Transport**	Logische Ende-zu-Ende-Verbindungen
	Die Transportschicht ist das Bindeglied zwischen den transportorientierten und anwendungsorientierten Schichten. Hier werden die Datenpakete einer Anwendung zugeordnet.
	Kommunikationsschicht
Schicht 5 **Session**	Prozess-zu-Prozess-Verbindungen
	Die Kommunikationsschicht organisiert die Verbindungen zwischen den Endsystemen. Dazu sind Steuerungs- und Kontrollmechanismen für die Verbindung und dem Datenaustausch implementiert.
	Darstellungsschicht
Schicht 6 **Präsentation**	Ausgabe von Daten in Standardformate
	Die Darstellungsschicht wandelt die Daten in verschiedene Codecs und Formate. Hier werden die Daten zu oder von der Anwendungsschicht in ein geeignetes Format umgewandelt.
	Anwendungsschicht
Schicht 7 **Application**	Dienste, Anwendungen und Netzmanagement
	Die Anwendungsschicht stellt Funktionen für die Anwendungen zur Verfügung. Diese Schicht stellt die Verbindung zu den unteren Schichten her. Auf dieser Ebene findet auch die Dateneingabe und -ausgabe statt.

In der folgenden Tabelle werden die verschiedensten Protokolle, Übertragungs- und Vermittlungstechniken den Schichten des OSI-Modells zugeordnet. Viele Protokolle und Übertragungsverfahren nutzen mehr als nur eine Schicht. Deshalb kann eine vollständige und korrekte Darstellung der Tabelle nicht gewährleistet werden.

Schicht 7	Anwendung	Telnet, FTP, HTTP, SMTP, NNTP
Schicht 6	Darstellung	Telnet, FTP, HTTP, SMTP, NNTP, NetBIOS
Schicht 5	Kommunikation	Telnet, FTP, HTTP, SMTP, NNTP, NetBIOS, TFTP
Schicht 4	Transport	TCP, UDP, SPX, NetBEUI
Schicht 3	Vermittlung	IP, IPX, ICMP, T.70, T.90, X.25, NetBEUI
Schicht 2	Sicherung	LLC/MAC, X.75, V.120, ARP, HDLC, PPP
Schicht 1	Übertragung	Ethemet, Token Ring, FDDI, V.110, X.25, Frame Relay, V.90, V.34, V.24

V. Das Domain Name System

82   Einen wichtigen, wenngleich nicht unmittelbar sichtbaren Teil des Internet bildet das „Domain Name System" (DNS). Dahinter verbirgt sich eine verteilte Datenbank, die sich über zahlreiche Internet-Hosts erstreckt und dem Netz als eine Art „überdimensionales Telefonbuch" dient. Darin sind verzeichnet: Die Namen und Adressen aller Internet-Hosts, wie man sie im Rahmen von Internet-Anwendungen, wie E-Mail, FTP und World Wide Web (WWW) anspricht.[11]

1. Das DNS-Konzept

83   Das DNS ist ein weltweit auf tausenden von Servern verteilter hierarchischer Verzeichnisdienst, der den Namensraum des Internets verwaltet. Dieser Namensraum ist in so genannte Zonen unterteilt, für die jeweils unabhängige Administratoren zuständig sind. Für lokale Anforderungen – etwa innerhalb eines Firmennetzes – ist es auch möglich, ein vom Internet unabhängiges DNS zu betreiben.[12]

84   Hauptsächlich wird das DNS zur Umsetzung von Domainnamen in IP-Adressen *("forward lookup")* benutzt. Dies ist vergleichbar mit einem Telefonbuch, das die Namen der Teilnehmer in ihre Telefonnummer auflöst. Das DNS bietet somit eine Vereinfachung, weil Menschen sich Namen weitaus besser merken können als Zahlenkolonnen. So kann man sich einen Domainnamen wie *example.org* in der Regel leichter merken als die dazugehörende IP-Adresse 192.0.32.10. Dieser Punkt gewinnt im Zuge der Einführung von IPv6 noch an Bedeutung, denn dann werden einem Namen jeweils IPv4- und IPv6-Adressen zugeordnet. So löst sich beispielsweise der Name *www.kame.net* in die IPv4-Adresse 203.178.141.194 und die IPv6-Adresse *2001:200:0:8002:203:47ff:fea5:3085* auf.

85   Ein weiterer Vorteil ist, dass IP-Adressen – etwa von Web-Servern – relativ risikolos geändert werden können. Da Internetteilnehmer nur den (unveränderten) DNS-Namen ansprechen, bleiben ihnen Änderungen der untergeordneten IP-Ebene weitestgehend verborgen. Da einem Namen auch mehrere IP-Adressen zugeordnet werden können, kann sogar eine einfache Lastverteilung per DNS *(Load Balancing)* realisiert werden.

86   Mit dem DNS ist auch eine umgekehrte Auflösung von IP-Adressen in Namen *("reverse lookup")* möglich. In Analogie zum Telefonbuch entspricht dies einer Suche nach dem Namen eines Teilnehmers zu einer bekannten Rufnummer, was innerhalb der Telekommunikationsbranche unter dem Namen **Inverssuche** bekannt ist.

87   Das DNS wurde 1983 von Paul Mockapetris entworfen und in RFC 882 und RFC 883 (RFC=Request for Comments) beschrieben. Beide wurden inzwischen von RFC 1034 und RFC 1035 abgelöst und durch zahlreiche weitere Standards ergänzt. Ursprüngliche Aufgabe war es, die lokalen *hosts*-Dateien abzulösen, die bis dahin für die Namensauflösung zuständig waren und die der enorm zunehmenden Zahl von Neueinträgen nicht mehr gewachsen waren. Aufgrund der erwiesenermaßen hohen Zuverlässigkeit und Flexibilität wurden nach

---

[11] Siehe ausführlich in *Tischer*, Internet, S. 139 ff.
[12] Siehe *Schreiner*, Computer-Netzwerke, S. 90 ff.

und nach weitere Datenbestände in das DNS integriert und so den Internetnutzern zur Verfügung gestellt.

DNS zeichnet sich aus durch:
- dezentrale Verwaltung,
- hierarchische Strukturierung des Namensraums in Baumform,
- Eindeutigkeit der Namen,
- Erweiterbarkeit.

Der Domain-Namensraum hat eine baumförmige Struktur. Die Blätter und Knoten des Baumes werden als **Labels** bezeichnet. Ein kompletter Domainname eines Objektes besteht aus der Verkettung aller Labels eines Pfades.

Labels sind Zeichenketten, die jeweils mindestens ein Zeichen und maximal 63 Zeichen lang sind. Einzelne Labels werden durch Punkte voneinander getrennt. Ein Domainname wird mit einem Punkt abgeschlossen (der letzte Punkt wird normalerweise weggelassen, gehört rein formal aber zu einem vollständigen Domainnamen dazu). Somit lautet ein korrekter, vollständiger Domainname (auch *Fully Qualified Domain-Name* (FQDN) genannt) zum Beispiel *www.example.com* und darf inklusive aller Punkte maximal 255 Zeichen lang sein.

Ein Domainname wird immer von rechts nach links delegiert und aufgelöst, das heißt je weiter rechts ein Label steht, umso höher steht es im Baum. Der Punkt am rechten Ende eines Domainnamens trennt das Label für die erste Hierarchieebene von der Wurzel (engl. *root*). Diese erste Ebene wird auch als **Top-Level-Domain** (TLD) bezeichnet. Die DNS-Objekte einer Domäne (zum Beispiel die Rechnernamen) werden als Satz von Resource Records meist in einer Zonendatei gehalten, die auf einem oder mehreren autoritativen Nameservern vorhanden ist. Anstelle von Zonendatei wird meist der etwas allgemeinere Ausdruck **Zone** verwendet.

2. Das DNS-Protokoll

DNS ist auf der Anwendungsschicht des OSI-Schichtenmodells angeordnet. Deshalb nutzt es zur Übertragung TCP und UDP auf dem Port 53. In der Regel verwendet der Resolver das UDP-Protokoll. Wenn die Antwort größer als 512 Byte ist, werden nur 512 Byte übertragen. Anschließend muss der Resolver seine Anfrage noch mal über TCP wiederholen, damit die Antwort in mehrere Segmente aufgeteilt werden kann. Der Datenaustausch zwischen dem Primary und Secondary DNS-Server wird ausschließlich mit TCP geregelt.

3. Verwaltung der Domains

Eine URL wird immer von hinten nach vorne gelesen. Dort beginnt die Adresse mit der **Top-Level-Domain** (TLD). Man unterscheidet zwischen zwei Typen von Top-Level-Domains. Geografische Top-Level-Domains, die Ländercodes die nach ISO 3166-1 definiert und in Englisch als Country-Code Top-Level-Domains (ccTLD) bekannt sind. Dann gibt es noch die organisatorischen oder generischen Top-Level-Domains (Generic Top-Level-Domain, gTLD).[13]

An letzter Stelle, jedoch nicht zwingend erforderlich, steht der Computername oder Hostname, der meistens auf einen Dienst hindeutet.

Die einzelnen Unterteilungen bzw. Ebenen werden durch Punkte voneinander getrennt. Zur Vervollständigung hat eine URL ein vorangestelltes Kürzel, das den verwendeten Dienst kennzeichnet (http://oder ftp://). Es handelt sich dabei um eine optionale Angabe, die auch nur für Anwendungsprogramme wichtig ist.

Organisatorische Top-Level-Domains (Auszug):

Domain (gTLD)	Organisationsform
.aero	Lufttransportindustrie
.arpa	Alte Arpanet Domäne

---

[13] Siehe http://www.denic.de.

Domain (gTLD)	Organisationsform
.biz	Business, für große und kleinere Unternehmen
.com	Kommerzielle Domain
.coop	Kooperationen, Genossenschaften
.edu	Schulen, Universitäten, Bildungseinrichtungen
.gov	Regierungsstellen der Vereinigten Staaten von Amerika
.info	Informationsdienste
.int	International tätige Institutionen
.mil	Militär der Vereinigten Staaten von Amerika
.museum	Museen
.name	Privatpersonen
.net	Netzspezifische Dienste und Angebote
.org	Nichtkommerzielle Unternehmungen und Projekte
.pro	Professionals, spezielle Berufsgruppen
...	

96 Geografische Top-Level-Domains (Auszug)

Domain (ccTLD)	Land
.at	Österreich
.au	Australien
.cc	Kokos-Inseln
.ch	Schweiz
.de	Deutschland
.fr	Frankreich
.gb	Großbritannien
.ie	Irland
.it	Italien
.li	Lichtenstein
.nl	Niederlande
.no	Norwegen
.ru	Russland
.to	Tonga
.uk	Vereinigtes Königreich
...	

97 Nach der Top-Level-Domain (TLD) folgt die Second-Level-Domain (SLD), die einen beliebigen, aber unter der Top-Level-Domain einzigartigen Namen haben kann. Das jeweilige, für die Top-Level-Domain verantwortliche NIC verwaltet die Second-Level-Domains. Für .de (Deutschland) ist das die Denic. Einige Länder bilden Second-Level-Domains unterhalb des Ländercodes ähnlich der generischen Top-Level-Domains (zB *.co.uk*). Unterhalb der Second-Level-Domain können weitere Sub-Level-Domains (Subdomains) vorhanden sein, für die der Inhaber der Second-Level-Domain verantwortlich ist.

4. Arbeitsweise von DNS-Servern

a) Nameserver/DNS-Server. Ein **DNS-Server** tritt selten alleine auf. Es gibt immer einen Primary und einen Secondary Nameserver. Sie sind voneinander unabhängig und redundant ausgelegt, so dass mindestens immer ein Server verfügbar ist. Der Secondary Nameserver gleicht in regelmäßigen Abständen seine Daten mit dem Primary Nameserver ab und dient so als Backup-Server. Damit nicht bei jeder DNS-Anfrage das Netzwerk belastet werden muss, hat jeder DNS-Server einen **Cache**, in dem er erfolgreiche DNS-Anfragen speichert. Bei wiederholtem Aufruf holt er die IP-Adressen bereits erfolgreich aufgelöste Domain-Namen aus dem Cache. Die gespeicherten Informationen haben eine Lebensdauer (Time-To-Live, TTL) von ca. 2 Tagen. Wird eine IP-Adresse durch den Umzug eines Domain-Namens geändert, ist die Domain nach spätestens 2 Tagen wieder im ganzen Internet erreichbar.

Neben den ganz normalen DNS-Servern gibt es auch die **Root-Server**, von denen es weltweit nur 13 Stück gibt. 10 davon stehen in den USA. Die 3 anderen befinden sich in London, Stockholm und Tokio.

b) Resolver/DNS-Client. Der DNS-Client (**Resolver**) ist direkt in TCP/IP integriert und steht dort als Software-Bibliothek für die DNS-Namensauflösung zur Verfügung. Der DNS-Client wird als Resolver bezeichnet und ist der Mittler zwischen DNS und dem Anwendungsprogramm. Der Resolver wird mit den Funktionen „*gethostbyname*" und „*gethostbyaddr*" angesprochen. Er liefert die IP-Adresse eines Domain-Namens bzw. dem Haupt-Domain-Namen einer IP-Adresse zurück. Damit der Resolver arbeiten kann benötigt er die IP-Adresse von einem, besser von zwei DNS-Server, die in den TCP/IP-Einstellungen eingetragen oder über DHCP angefordert werden müssen.

c) Ablauf der Namensauflösung mit DNS. Grundsätzlich unterscheidet man zwischen der rekursiven und der iterativen Namensauflösung. Einer der beiden Abfragetypen wird zusammen mit dem Domain-Namen an den Resolver übermittelt.

Damit ein beliebiger Server, über den nur der Domain-Name bekannt ist, kontaktiert werden kann, muss seine IP-Adresse bekannt sein. Dazu befragt der Resolver des TCP/IP-Clients den hinterlegten DNS-Server (1.).

Rekursion:

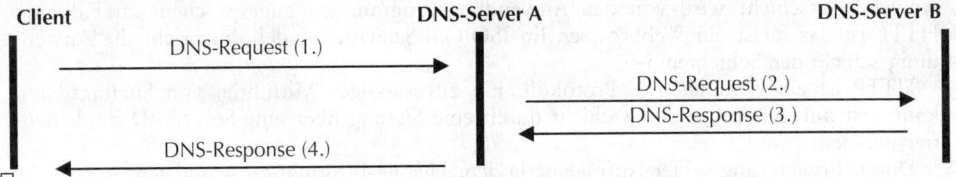

Bei der rekursiven Abfrage übergibt der Resolver (Client) die Namensauflösung an einen DNS-Server (1.). Wenn dieser den Domain-Namen nicht auflösen kann, fragt der DNS-Server bei weiteren DNS-Servern nach (2.), bis der Domain-Name aufgelöst ist (3.) und die Antwort vom DNS-Server an den Resolver zurückgeliefert werden kann (4.). Der Resolver übergibt die Antwort dann an das Anwendungsprogramm.

Iteration:

Client	DNS-Server A	DNS-Server B
DNS-Request (1.) →		
← Adresse von DNS-Server B (2.)		
	DNS-Request (3.) →	
← DNS-Response (4.)		

106 Bei der iterativen Abfrage liefert der DNS-Server nur die Adresse des nächsten abzufragenden DNS-Servers zurück (2.). Der Resolver muss sich dann um die weiteren Anfragen kümmern (3.), bis der Domain-Name vollständig aufgelöst ist (4.).

VI. Das Web

107 Das **World Wide Web** (kurz **Web**) ist ein über das Internet abrufbares System von elektronischen Hypertext-Dokumenten, sogenannten *Webseiten*. Sie sind durch Hyperlinks untereinander verknüpft und werden im Internet über die Protokolle *HTTP* bzw. *HTTPS* übertragen. Die Webseiten enthalten Informationen, die meist in Form von Text vorliegen, der oft mit Fotos und grafischen Elementen illustriert ist. Häufig sind auch Videos, Tondokumente oder Musikstücke in den Webseiten eingebettet.

108 Zur Nutzung des World Wide Web wird ein **Webbrowser** benötigt, der üblicherweise auf einem Computer oder Mobilgerät läuft. Mit ihm kann der Benutzer die auf einem Webserver bereitgestellten Webseiten-Daten herunterladen und sich auf dem Bildschirm anzeigen lassen. Der Benutzer kann den Hyperlinks auf einer Webseite folgen, die wiederum auf andere Webseiten verweisen, gleichgültig ob sie auf demselben Webserver oder einem anderen gespeichert sind. Dadurch ergibt sich ein weltweites Netz aus Webseiten. Das Verfolgen der Hyperlinks wird oft als Internetsurfen bezeichnet. Mit dem so genannten Web 2.0 wurden ab etwa den 2000er Jahren Webseiten populär, deren Inhalt der Nutzer nicht nur wie etwa bei Nachrichten-Seiten passiv ansehen, sondern selbst ändern und ergänzen kann, zB um eigene Inhalte zu veröffentlichen oder mit anderen Nutzern zu kommunizieren. Dazu zählen Blogs als private Meinungsseiten, von multiplen Autoren geschaffene Seiten nach dem Wiki-Prinzip und Soziale Netzwerke.[14]

1. Das HTTP-Protokoll

109 Das **Hypertext Transfer Protocol (HTTP)** ist ein Protokoll zur Übertragung von Daten über ein Netzwerk. Es wird hauptsächlich eingesetzt, um Webseiten aus dem World Wide Web (WWW) in einen Webbrowser zu laden.

110 HTTP gehört der sogenannten Anwendungsschicht etablierter Netzwerkmodelle an. Die Anwendungsschicht wird von den Anwendungsprogrammen angesprochen, im Fall von HTTP ist das meist ein Webbrowser. Im ISO/OSI-Schichtenmodell entspricht die Anwendungsschicht den Schichten 5–7.

111 HTTP ist ein zustandsloses Protokoll. Ein zuverlässiges Mitführen von Sitzungsdaten kann erst auf der Anwendungsschicht durch eine Sitzung über eine Session-ID implementiert werden.

112 Durch Erweiterung seiner Anfragemethoden, Header-Informationen und Statuscodes ist HTTP nicht auf Hypertext beschränkt, sondern wird zunehmend zum Austausch beliebiger Daten verwendet, außerdem ist es Grundlage des auf Dateiübertragung spezialisierten Protokolls *WebDAV*. Zur Kommunikation ist HTTP auf ein zuverlässiges Transportprotokoll angewiesen, wofür in nahezu allen Fällen TCP verwendet wird.

113 Die Kommunikationseinheiten in HTTP zwischen Client und Server werden als Nachrichten bezeichnet, von denen es zwei unterschiedliche Arten gibt: die Anfrage (engl. Request) vom Client an den Server und die Antwort (engl. Response) als Reaktion darauf vom Server zum Client.

114 Jede Nachricht besteht dabei aus zwei Teilen, dem Nachrichtenkopf (engl. Message Header, kurz: Header oder auch HTTP-Header genannt) und dem Nachrichtenkörper (engl. Message Body, kurz: Body). Der Nachrichtenkopf enthält Informationen über den Nachrichtenkörper wie etwa verwendete Kodierungen oder den Inhaltstyp, damit dieser vom Empfänger korrekt interpretiert werden kann. Der Nachrichtenkörper enthält schließlich die Nutzdaten.

---

[14] Siehe ausführlich in *Meinel*, WWW: Kommunikation, Internetworking, Web-Technologien.

2. Dokumentformate und Dokumentsprachen

Ein Dokumentenformat ist ein Dateiformat für elektronische Textdokumente und andere elektronische Dokumente. Durch die Vielzahl der Dokumentenformate gestaltet sich der Austausch von Dokumenten manchmal schwierig. Andererseits besitzt jedes Dokumentenformat gewisse Eigenschaften, die es für bestimmte Zwecke prädestinieren.

Die internationale Standardisierungsorganisation ISO hat mehrere Dokumentenformate mit unterschiedlichen Ausprägungen zertifiziert. Das am weitesten verbreitete Dokumentenformat für bearbeitbare Dokumente ist sicher *Office Open XML, ISO/IEC 29500*. Aber auch für das PDF Format gibt es ISO-Normen. Hier sind es sogar mehrere, eine allgemeine Norm und eine eingeschränkte Norm mit Spezialisierung auf Archivierung. Mit *dem OpenDocumentFormat (ODF)* gibt es ein weiteres, alternatives Dokumentenformat. Standardisierte Dokumentenformate werden im Allgemeinen von einer Vielzahl von Office-Paketen, darunter auch aktuelle Versionen von OpenOffice, KOffice und Microsoft Office, unterstützt.

Die **Hypertext Markup Language** (abgekürzt **HTML**), ist eine textbasierte Auszeichnungssprache zur Strukturierung von digitalen Inhalten, wie Texten, Bildern und Hyperlinks, in elektronischen Dokumenten. HTML-Dokumente sind die Grundlage des World Wide Web und werden von einem Webbrowser dargestellt. Neben den vom Browser angezeigten Inhalten einer Webseite enthält HTML zusätzliche Angaben in Form von Metainformationen, die zB über die im Text verwendete Sprache und/oder dessen Autor Auskunft geben oder die den Inhalt des Textes zusammenfassen.

3. Dynamische Web-Seiten und Web-Programmierung

Bei Websites spricht man von statischen Inhalten, wenn die Informationen fest in den HTML-Dateien verankert sind, die dem Besucher übermittelt werden. Bei **dynamischen Websites** hingegen werden die HTML-Seiten aus verschiedenen Quellen erzeugt. Dies kann regelmäßig erfolgen (zB täglich oder stündlich) oder individuell bei jeder Seitenanforderung. Mögliche Datenquellen sind Datenbanken, Warenwirtschaftssysteme, HTML-Schablonen, XML-Dateien usw.

Da dynamische Web-Seiten aus verschiedenen Informationsquellen erzeugt werden, ist eine Trennung von Layout und Inhalt möglich. Die bereitzustellenden Rohinformationen sind meist strukturiert in Form von Datenbanken hinterlegt und werden zum Beispiel mit HTML-Schablonen gemischt, um im Browser darstellbare Seiten zu erhalten. Der Aufwand der Pflege statischer Webseiten kann hoch sein, zum Beispiel wenn eine Site-weite Layoutänderung durchgeführt werden soll. Bei dynamischen Sites muss gegebenenfalls nur eine HTML-Schablone oder eine allgemeine Layout-Vorschrift geändert werden, und alle hiernach erzeugten Seiten spiegeln diese Änderung sofort wider.

Da die Seiten dynamischer Websites in kurzen Abständen oder gar just-in-time erzeugt werden, stellen diese immer den aktuellsten Stand der Rohinformationen dar. Ändert sich zum Beispiel ein Lagerbestand im angebundenen Warenwirtschaftssystem, so wird dem nächsten Online-Besucher automatisch der aktualisierte Bestand angezeigt. Die just-in-time Erzeugung der Seiten ermöglicht es, sie benutzerspezifisch zu gestalten. Hat sich zum Beispiel der Benutzer durch einen Login-Mechanismus identifiziert, werden ihm wichtige Informationen hervorgehoben, das Seitenlayout entspricht seinen optischen Vorlieben, usw.

Wie bereits erwähnt werden die rohen Daten getrennt von den Layout-Informationen gespeichert. Da es sich meist um strukturierte Daten handelt, eignen sich als Datenablage am besten Datenbanksysteme. Im Bereich der Open-Source-Software haben sich hier besonders die Datenbanksysteme PostgreSQL und MySQL einen Namen gemacht. Letzteres ist ein relationales Datenbanksystem, das Erstere fügt dem relationalen Modell sogar noch objektorientierte Features hinzu.

Der größte Aufwand beim Entwickeln einer dynamischen Websites entfällt oft auf die Erstellung eines geeigneten Datenmodells und der darauf basierenden Datenbank mit Tabellen, Views, Indizes usw.

123 Um letztlich HTML-Daten erzeugen zu können, die dann dem Benutzer respektive seinem Browser übermittelt werden, braucht es eine Software, die serverseitig die Datenquellen anzapft und die benötigten Informationen ins HTML-Format bringt, bevor diese an den Client übertragen werden.

124 Weite Verbreitung hat hier die Skriptsprache Perl gefunden. **Perl** lehnt sich an die Syntax gängiger Programmiersprachen wie C und C++ an, erbt aber auch wichtige Features der Textdatei-Verarbeitungs-Programme sed und awk. Letztere ermöglichten Perl den Einstieg ins Web, sind doch viele Informationen in Textdateien hinterlegt und HTML letztlich auch nur Text. Perl verfügt mit dem CPAN (Comprehensive Perl Archive Network) über eine riesige Bibliothek fertiger Perl-Module und -Anwendungen für jeden Zweck. Steigender Beliebtheit erfreut sich die Skriptsprache **PHP** („Professional Home Pages"), die inzwischen in der Version 3, kurz PHP3, verfügbar ist.

4. Das Web 2.0

125 Web 2.0 ist ein Schlagwort, das für eine Reihe interaktiver und kollaborativer Elemente des Internets, speziell des World Wide Webs, verwendet wird. Hierbei konsumiert der Nutzer nicht nur den Inhalt, er stellt als *Prosument* selbst Inhalt zur Verfügung. Der Begriff postuliert in Anlehnung an die Versionsnummern von Softwareprodukten eine neue Generation des Webs und grenzt diese von früheren Nutzungsarten ab. Die Verwendung des Begriffs nimmt jedoch zugunsten des Begriffs Social Media ab.[15]

126 Der Begriff Web 2.0 bezieht sich neben spezifischen Technologien oder Innovationen wie Cloud-Computing primär auf eine veränderte Nutzung und Wahrnehmung des Internets. Die Benutzer erstellen, bearbeiten und verteilen Inhalte in quantitativ und qualitativ entscheidendem Maße selbst, unterstützt von interaktiven Anwendungen. Die Inhalte werden nicht mehr nur zentralisiert von großen Medienunternehmen erstellt und über das Internet verbreitet, sondern auch von einer Vielzahl von Nutzern, die sich mit Hilfe sozialer Software zusätzlich untereinander vernetzen. Im Marketing wird versucht, vom *Push-Prinzip* (Stoßen: aktive Verteilung) zum *Pull-Prinzip* (Ziehen: aktive Sammlung) zu gelangen und Nutzer zu motivieren, Webseiten von sich aus mit zu gestalten.

127 Der Begriff grenzt die interaktiven Nutzungsarten von einem – nachträglich so genannten – Web 1.0 ab, in dem es nur wenige „Bearbeiter" (Personen und Organisationen, die Inhalte für das Web erstellten oder Informationen bereitstellten), aber zahlreiche „Benutzer" (Konsumenten, welche die bereitgestellten Inhalte passiv nutzten) gegeben habe.

128 Ebenfalls wird angeführt, dass das Web zu Beginn vor allem aus statischen HTML-Seiten bestanden habe, von denen viele für längere Zeit unverändert ins Netz gestellt und nur gelegentlich überarbeitet oder in größeren Zeitabständen ausgetauscht wurden. Damit sich Seiten auch von mehreren Menschen effizient bearbeiten und verwalten lassen, seien Content-Management-Systeme und aus Datenbanken gespeiste Systeme entwickelt worden, die während der Laufzeit die Inhalte von Seiten dynamisch (nicht zu verwechseln mit Dynamic HTML) austauschen oder neue Inhalte einzusetzen helfen.

129 Folgende Entwicklungen haben ab etwa 2005 aus Sicht der Befürworter des Begriffs zur veränderten Nutzung des Internets beigetragen:
- Die Trennung von lokal verteilter und zentraler Datenhaltung schwindet: Auch Anwender ohne überdurchschnittliche technische Kenntnis oder Anwendungserfahrung benutzen Datenspeicher im Internet (etwa für Fotos). Lokale Anwendungen greifen auf Anwendungen im Netz zu; Suchmaschinen greifen auf lokale Daten zu.
- Die Trennung lokaler und netzbasierter Anwendungen schwindet: Programme aktualisieren sich selbstständig über das Internet, laden Module bei Bedarf nach und immer mehr Anwendungen benutzen einen Internet-Browser als Benutzerschnittstelle.
- Es ist nicht mehr die Regel, die einzelnen Dienste getrennt zu nutzen, sondern die Webinhalte verschiedener Dienste werden über offene Programmierschnittstellen nahtlos zu neuen Diensten verbunden.

---

[15] Siehe ausführlich in *Alby*, Web 2.0. Konzepte, Anwendungen, Technologien.

Durch Neuerungen beim Programmieren browsergestützter Anwendungen kann ein Benutzer auch ohne Programmierkenntnisse viel leichter als bisher aktiv an der Informations- und Meinungsverbreitung teilnehmen. So sind beispielsweise Content-Management-Systeme für Weblogs nun mit verlässlicher Rechteverwaltung ausgestattet, die es Betreibern von Anwendungen erlauben nur Teile der Inhalte nachvollziehbar und in einem engen Rahmen durch Nutzer verändern zu lassen.

Typisch für das Web 2.0 ist die Einbindung („**Embedding**") aller Arten von Inhalten (Texte, Bilder, Präsentationen, Übersichten, Videos) auf eigenen Internetseiten, Blogs oder anderen Arten von Plattformen. Insbesondere das Einbetten von Videos aus Plattformen wie zB *Youtube* ist heute ohne große technische Hürden für private und professionelle Webseiten möglich und daher weit verbreitet. Durch einfaches Kopieren des jeweiligen „*Embedding Links*", einem einfachen HTML-Text, lassen sich die eigenen Webpräsenzen durch interessante Inhalte anreichern.

Dabei hat diese Einbindung von Inhalten naturgemäß auch rechtliche Implikationen. So stellen sich insbes. Fragen bzgl. der Haftung bzgl. der Verletzung von Rechten Dritter (zB Urheberrechtsverletzungen) durch derartige Einbindungen.

5. Möglichkeiten zur Erfassung des Nutzungsverhaltens

Traditionelle Methoden der Datensammlung über die Softwarebenutzer, wie Befragungen und Begutachten sind nicht geeignet, um die Websitekunden zu verstehen. Die Menge der potentiellen Kunden ist zu groß und variiert ständig, und Menschen besuchen lediglich die Website in der Regel nur kurzzeitig, bevor sie endlich zu regelmäßigen Nutzern werden. Die Alternative ist, Daten über ihre Besuche zu sammeln und zu analysieren, um zu verstehen, was die Kunden erwarten, und so die Website anzupassen und den gewünschten Inhalt auf eine einfache und leichtere, übersichtlichere Weise bereitzustellen.

Die Analyse des Benutzerverhaltens liefert wichtige Erkenntnisse, wie man Websites rekonstruieren kann, um eine effektivere Unternehmenspräsenz zu schaffen, bzw. welche Maßnahmen sinnvoll und/oder notwendig sind, um den Ansprüchen der Kunden gerecht zu werden.

Die Technologie des Internets bietet dabei diverse Möglichkeiten zur Gewinnung von Daten über Merkmale, Bedürfnisse und Präferenzen des einzelnen Nutzers, welche für die Segmentierung und Zielgruppenbildung Verwendung finden können. Dabei ist es Unternehmen möglich, jeden einzelnen *Mouseklick* des Nutzers aufzuzeichnen, zu protokollieren und mittels einer systematischen Sammlung und Analyse dieser Daten die Wege des Besuchers auf der Website nachzuvollziehen. Die gewonnenen Daten zeichnen sich dabei durch eine hohe Aktualität und Güte aus und erlauben es, zeitnah auf eventuelle Veränderungen im Kundenverhalten reagieren zu können. Zudem können Nutzungsdaten in Verbindung mit Informationen über die Identität und demographischen Merkmalen der Nutzer verwendet werden, um umfassende Kundenprofile zu erstellen. Diese Profile können dann für die personalisierte Anzeigenschaltung Verwendung finden.

Für die Analyse des Nutzerverhaltens stehen Unternehmen **reaktive** und **nicht-reaktive Verfahren der Datenerhebung** zur Verfügung.[16]

Bei der *reaktiven Datenerhebung* ist sich der Nutzer über die Aufzeichnung seines Verhaltens und ggf. anschließender Verwertung der Daten bewusst und kann reagieren. Dies kann über Login bzw. der Registrierung auf der Website erfolgen. Die Betreiber sind dabei auf die Auskunftsbereitschaft der Nutzer angewiesen. Die Nutzer registrieren sich hierfür selbst über eine Anmeldung auf der Website. In einem geschützten Bereich können Kunden dann persönlich angesprochen und mit individuell auf sie zugeschnittenen Informationen versorgt werden. In der Regel können bei der Anmeldung auf der Website über offene und geschlossene Formularfelder oder Wahlmenüs die Interessen der Nutzer abgefragt werden. Der Nutzer ist somit aktiv am Erhebungsprozess der Nutzerdaten beteiligt.

Bei der *nicht-reaktiven Datenerhebung* dagegen ist sich der Nutzer nicht oder nur teilweise darüber bewusst, dass sein Verhalten aufgezeichnet wird. Diese Verfahren können mitein-

---

[16] Siehe ua *Wiedmann* ua, Konsumentenverhalten im Internet, S. 300 ff.

ander verknüpft werden und ermöglichen es auf diese Weise ein umfassendes Bild der Konsumenten zu gewinnen.

Typische Methoden der nicht-reaktiven Datenerhebung sind die *Logfile-Analyse, Cookies, Website Tracking* und *spezielle Analysesoftware*.

139 Bei der **Logfile-Analyse** wertet man das durch den Webserver erstellte Logfile aus. Der Webserver protokolliert automatisch alle Abfragen in sog Logfiles und zeichnet Informationen über den Austausch von Dateien zwischen Server und Client auf. Dabei wird die IP-Adresse, eventuell der Name und/oder der Loginname des Nutzers gespeichert. Die Auswertung der IP-Adressen lässt dann Rückschlüsse auf die Herkunft des Abrufs zu. Unternehmen können so feststellen, aus welcher Region bzw. Stadt der Besucher kommt. Weiter wird der genaue Zeitpunkt der Abfrage aufgezeichnet. Über die Auswertung der Zugriffszeiten können Hinweise auf Hauptnutzungszeiten, Lebensrhythmus und Verweildauer der Besucher erschlossen werden. Die Verweildauer kann auch als Indikator für das einem Thema oder Angebot entgegengebrachte Interesse interpretiert werden. Zusätzlich lässt sich feststellen, wann und wie häufig ein Besucher auf die Website zugreift, welche Daten er abgefragt und in welchem Volumen dies geschieht. Dies lässt Rückschlüsse über die genauen Aktivitäten des Nutzers auf der Seite sowie seine Interessen zu. Zudem werden Daten über die Herkunft des Nutzers gespeichert. Diese zeigen dann, welche Seiten der Nutzer zuvor aufgerufen hat bzw. über welche Links er auf die Website gelangt ist. Der Zugriff kann zB über eine Suchmaschine oder einer Partnerseite erfolgt sein und liefert damit weitere Hinweise auf die Interessen des Nutzers.

140 Der Einsatz der Technologie der **Cookies** ermöglicht dagegen zusammenhängende Nutzungsvorgänge, sog Sessions o. a. Visits, über Besucher einer Website zu speichern, wiederkehrende Besucher zu erkennen und die gewonnenen Daten für die Analyse und personalisierte Ansprache zu verwenden.

141 *Cookies* stellen dabei kleine wenige Kilobyte große Textdateien dar, mit deren Hilfe ein Webserver beliebige Informationen lokal auf dem Endgerät des Nutzers speichert. Beinhalten können diese Dateien bspw. Informationen zu den aufgerufenen Seiten, den Einstellungen sowie den Eingaben, die der Nutzer vorgenommen hat.[17]

142 In der Regel wird über Cookies dem einzelnen Besucher eine User-ID zugeordnet, welche dann eine Identifizierung ermöglicht. Ruft ein Besucher eine Website auf, wird überprüft, ob bereits ein Cookie vorhanden ist. Ist dies der Fall, wird die dort gespeicherte ID ausgelesen und dem Besucher zugeordnet. Angebote können dann anhand des gespeicherten Nutzungsverhalten oder den kommunizierten Präferenzen an die Wünsche des jeweiligen Nutzers angepasst werden. Cookies ermöglichen es zudem, die Anzahl der Werbemittelkontakte pro Nutzer zu beschränken. So kann ermittelt werden, wie oft eine Anzeige einem Nutzer präsentiert worden ist und wann ein anderes Werbemittel eingespielt werden soll.

143 Aufgrund der gegebenen Möglichkeiten, Cookies zu unterdrücken oder zu löschen können Unternehmen des Weiteren auf **Trackingverfahren** im Internet zugreifen, um das Verhalten der Nutzer genauer zu analysieren. Diese Technik lässt sich auf Websites und innerhalb von E-Mails anwenden. Tracking von Websites kann pixelbasiert über *Webbugs* erfolgen: Auf der Website wird ein transparenter Pixel integriert, welcher bei Aufruf des Nutzers durch einen separaten Trackingserver gezählt und als Besuch vermerkt wird.

144 Beispielsweise werden mittels dieses Verfahrens die *Page Impressions* der werbetreibenden Unternehmen in Deutschland durch den *IVW* gezählt. Über *Link-Tracking* ist es sogar möglich, Hyperlinks im Inhalt der Website oder eines E-Mailing verfolgbar zu machen.[18]
Dabei verändert eine spezielle Software oder ein E-Mail Marketingsystem alle Links in einer Weise, dass diese auf einem Trackingserver umgeleitet werden. Die Links werden dafür mit einem speziellen Code versehen, welcher die Bezeichnung und die Nummer des Links enthält. Für eine personenbezogene Auswertung kann dieser Code um eine ID des Nutzers erweitert werden. Möglich ist es, exakt zu messen, ob zB die Empfänger einer E-Mail auf die Links klicken, und ggf. wer zu welchem Zeitpunkt auf welchen Link geklickt hat.

---

[17] Siehe ua *Reese*, Web Analytics, S. 208 ff.
[18] Siehe ua *Aschoff*, Professionelles Direkt- und Dialogmarketing per E-Mail, S. 136 ff.

Durch das Link-Tracking lassen sich somit viele Informationen sammeln, deren Analyse 145
Unternehmen eine verbesserte und optimierte Kundenansprache ermöglicht. So lassen sich
beispielsweise statistische Daten über Akzeptanz von Inhalten erfassen. Unternehmen können ermitteln, welche Inhalte die Nutzer interessieren und ihr Angebot dementsprechend
optimieren und anpassen. Auch kann festgestellt werden, ob es Links gibt, die besonders
häufig in Kombination verwendet werden, um Beziehungen von Einzelinteressen zueinander
zu ermitteln, die zB für das Erstellen von Angeboten nützlich sein können.

Zusätzlich haben sich in den letzten Jahren spezielle **Analyse-Software-Programme** etabliert, welche auf Basis der vorgestellten Verfahren das Nutzerverhalten aufzeichnen und 146
Website-Betreibern eine einfache Implementierung und Auswertung der Daten ermöglichen.
Dabei bekommt der Anbieter einer Website einen Trackingcode zur Verfügung gestellt, welcher in die Site integriert wird. Zu den bekanntesten und am häufigsten genutzten Analyseprogrammen gehört die kostenlose Analysesoftware *Google Analytics*, dessen Service etwa
zwei Drittel aller gut laufenden Angebote im Internet nutzen.[19]

Neben dem Angebot von Google existieren viele weitere Anbieter von Analysesoftware, 147
welche allerdings mit Kosten verbunden sind. *E-tracker*, einer der führenden deutschen Anbieter, bietet mit *Web Analytics* eine weitere sehr komplexe Analysesoftware an. Nutzer dieser Software haben hier die Möglichkeit, den einzelnen Besucher direkt und in Echtzeit
beim Surfvorgang auf der Website zu beobachten. Im Bereich der Onlinewerbung lassen sich
dort alle relevanten Zahlen in flexiblen Übersichten zusammenführen und geben übersichtlich Auskunft darüber welche Werbeformen den größten Traffic bringen. Des Weiteren ist
es möglich, über *Benchgroups* die eigenen Zahlen mit dem anonymisierten Branchendurchschnitt zu vergleichen. Auf der Homepage von E-tracker *(www.etracker.com)* lässt sich eine
Live Demo des Programms durchführen, welche einen sehr guten Einblick in die Analyse
von Internetseiten und der Messung des Besucherverhaltens liefert.

VII. Internet-Anwendungen

Im folgenden sollen einige (oft verwendete) Internet-Anwendungen näher vorgestellt werden.

1. TELNET

Telnet *(Telecommunication Network)* ist der Name eines im Internet weit verbreiteten 148
Netzwerkprotokolls. Dieses alte und bekannte Client/Server-Protokoll basiert auf einem zeichenorientierten Datenaustausch über eine TCP-Verbindung. Programme, die die Funktion
des Endgerätes implementieren, heißen häufig auch Telnet. Telnet besteht aus zwei Diensten:
Telnet-Client und Telnet-Server.

Das Telnetprotokoll besteht aus einem Satz von Kernfunktionen sowie einigen Erweite- 149
rungen. Das Kernprotokoll wird in den IETF-Dokumenten *RFC 854* und *RFC 855 (STD 8)*
beschrieben.[20] *STD 8* beschreibt einige grundsätzliche Arbeitsweisen des Protokolls und
Erweiterungsmöglichkeiten.

Telnet-Clients sind auf allen gängigen Betriebssystemen wie Linux, Unix, Mac OS und auf 150
allen netzwerkfähigen Versionen von Windows standardmäßig unter dem Namen *telnet*
aufrufbar. Ein bekannter freier Open-Source-Client ist *PuTTY*.

Telnet wird typischerweise zur Fernsteuerung von Computern in Form von textbasierten 151
Ein- und Ausgaben eingesetzt. Programme, die keine grafische Benutzeroberfläche verwenden, können mit Telnet verwendet werden.

Dabei kann die steuernde Einheit sowohl ein abgesetztes Gerät als auch ein auf einem 152
Computer installiertes Programm sein. Die Darstellung der übertragenen Informationen
kann je nach Endgerät variieren. Sobald die Verbindung zwischen dem Telnet-Client und

---

[19] Siehe ua *Fischer,* Website Boosting 2.0, S. 490 ff.
[20] Siehe Telnet Protocol Specification: http://tools.ietf.org/html/rfc854.

dem Telnet-Server hergestellt wurde, werden die Tastatureingaben vom steuernden Endgerät zum fernen Computer gesendet und von dort wiederum Texte an das Endgerät zurück übertragen. Der ferne Computer überträgt so zB die textbasierten Ausgaben eines Programmes, etwa eine Schnittstelle zur Eingabe von Befehlen an das Betriebssystem. Auf diese Weise lässt sich von einem Computer aus ein anderer Computer fernbedienen. Dieser Fernzugriff kann sogar über mehr als zwei Stufen erfolgen.

153   Da der Datenaustausch über Telnet unverschlüsselt erfolgt und über einen Netzwerk-Sniffer leicht mitgelesen werden kann, wird zum Fernzugriff auf andere Rechner heute im Regelfall der verschlüsselte Dienst **Secure Shell** *(SSH)* statt des Telnet-Dienstes verwendet, wobei es mit *SSH* möglich ist, einen vergleichbaren Zugriff auf ein entferntes System zu erlangen, mit dem sich gleichermaßen arbeiten lässt.

154   Der Telnet-Dienst selbst wird heute in erster Linie noch eingesetzt, um einen Zugriff auf netzwerkfähige Firmwares verschiedenster Geräte oder auf Kleinstcomputer zu erlangen, die aufgrund von technischen Beschränkungen Betriebssysteme mit minimalem Funktionsumfang nutzen, die den Betrieb eines *SSH*-Servers nicht ermöglichen.

155   Der Telnet-Dienst wird ua für folgende Einsatzgebiete verwendet:
- Zugang zu einer entfernten Konsole (zB UNIX- oder DOS-Shell) mit Möglichkeit zur Nutzung sämtlicher Kommandos und Programme, die im Textmodus laufen
- Zugang zu Text-basierten Anwendungen auf einem Applikationsserver
- Datenbank-Abfragen, so zum Beispiel die Suche in Bibliothekskatalogen
- Fern-Konfiguration von Geräten und Ausgabe von Betriebsdaten

2. USENET

156   Das **Usenet** ist ein weltweites, elektronisches Netzwerk, das einen eigenen selbstständigen Dienst des Internets neben dem World Wide Web darstellt. Es entstand lange vor dem World Wide Web.[21]

157   Es stellt fachliche Diskussionsforen aller Art in reiner Textform zur Verfügung, die Newsgroups, an denen grundsätzlich jeder teilnehmen kann. Der Teilnehmer verwendet dazu üblicherweise einen Newsreader. Es stellt eine bedeutende Wissenssammlung dar, die in die späten 1980er zurückreicht. Daneben gibt es auch die Parallelstruktur des Binary Usenet, das auch Binärdateien als Anhänge mitverteilen kann.

158   Die Funktionsweise des Usenet wird oft mit Schwarzen Brettern verglichen: Jemand schreibt eine Nachricht (das posting), und heftet diese an das Schwarze Brett, wo sie für jeden Interessierten sichtbar und abrufbar ist.

159   Ein passenderer Vergleich, von dem auch die Usenet-Sprache herrührt, ist das Zeitungswesen:
- Jemand schreibt einen Artikel (eine news bzw. einen article) für die Zeitung (newsgroup).
- Ein Leser nimmt auf diesen Artikel Bezug und schreibt einen Leserbrief (ein follow-up), den er an die Zeitung schickt.
- Durch die Veröffentlichung wird dieser Leserbrief seinerseits zu einem Artikel, auf den sich nun weitere Leser beziehen können, somit entsteht also eine Kommunikation in beide Richtungen.

160   Das Usenet unterscheidet sich jedoch darin, dass es keine Redaktion hat, die eine Vorauswahl der zu veröffentlichenden Artikel oder Leserbriefe trifft. Ausnahme sind die relativ wenigen moderierten Newsgroups.

161   Vorteile des Usenets sind die Geschwindigkeit und die hohe Teilnehmerzahl. Innerhalb weniger Stunden können zu kontroversen Themen riesige Diskussionsbäume (sogenannte **Threads**) entstehen. Durch seine vielfach redundante Verteilung auf tausende Newsserver in vielen verschiedenen Staaten ist das Usenet auch vergleichsweise unempfindlich gegen Zensur.

162   Der Zugang zum Usenet und den Newsgroups erfolgt über ein auf dem Rechner installiertes Programm, einen sogenannten *Newsreader*. Eingeschränkter Zugang ist auch mittels

---

[21] Siehe hierzu detailliert *Bins/Piwinger:* Newsgroups: Weltweit diskutieren. Zugang zum Usenet, Überblick der Hierarchien, effektive Nutzung der Diskussionsforen.

E-Mail *(Mail-To-News-Gateway)* oder über eine entsprechende Webseite *(Web-To-News-Gateway)* möglich.

Im Falle eines Newsreaders ist diesem normalerweise zuerst die Adresse des zu benutzenden Newsservers mitzuteilen. Das Programm kann von diesem dann alle dort vorhandenen Newsgroups auflisten. Der Benutzer wählt diejenigen aus, die er lesen möchte, und der Newsreader lädt die Beiträge dieser Newsgroups zur Anzeige herunter. Der Benutzer wählt eine bestimmte Newsgroup aus und kann sich eine Liste der anstehenden *Postings* ansehen, meist wahlweise entweder chronologisch oder nach Themen (Threads) sortiert. Er wählt daraus die ihn interessierenden Postings aus, liest sie und kann sie beantworten, um so ein neues Posting zu erzeugen. Selbstverständlich gibt es auch die Möglichkeit, ein Posting zu einem vollkommen neuen Thema zu erstellen.

Eine Newsgroup hat eine ähnliche Funktion wie eine Mailingliste. In der Regel ist sowohl eine Newsgroup als auch eine Mailingliste einem bestimmten Thema gewidmet. Es ist nicht erforderlich, dass Leser einer Nachricht genau dann online sind, wenn sie verschickt wird. Viele Teilnehmer schreiben ihre Nachrichten offline und übermitteln sie später an den Server. Weil die Benutzung von Mailinglisten und Newsgroups sehr ähnlich ist, gibt es in Einzelfällen sogar Gateways, die Nachrichten in einer bestimmten Mailingliste in eine bestimmte Newsgroup kopieren (und/oder umgekehrt).

Obschon die Benutzung von Mailingliste und Newsgroup relativ ähnlich ist, unterscheiden sich die beiden Systeme in technischer Hinsicht. Eine Mailingliste ist von einem bestimmten Server abhängig, der die Benutzer verwaltet und Mails entgegennimmt und an alle Abonnenten weiterschickt. Das Usenet dagegen ist dezentral organisiert, viele Gruppen sind auf dutzenden oder gar hunderten von Servern verfügbar, was das System unempfindlich gegen den Ausfall einzelner Server macht. Außerdem gibt es im Usenet in der Regel keine zentrale Benutzerverwaltung, es kann also niemand kontrollieren, wer Zugang zu einer bestimmten Newsgroup hat.

Der Inhalt von Mailinglisten kann durch den Internet-Service *gmane* in das Usenet gespiegelt werden. Auf diese Weise können Mailinglisten parallel zu Newsgroups mit einem Newsreader genutzt werden.

Um das Usenet übersichtlich zu gestalten, wird es in einzelne *Newsgroups* unterteilt. Das sind Gruppen, in denen nur über ein bestimmtes Thema diskutiert wird. Zum Beispiel über Festplatten, Kinofilme oder Politik. Newsgroups sind baumartig nach Themen geordnet, was sich auch in ihren Namen widerspiegelt. Gruppen mit gemeinsamem Namenspräfix gehören zur selben Hierarchie.

So existiert beispielsweise die deutschsprachige Usenet-Hierarchie *de.**. Freizeitthemen werden in dieser Hierarchie unter *de.rec* angesiedelt (*rec* als Kurzform von *recreation*, englisch für Erholung/Entspannung). Alle Gruppen, die Spiele als Thema haben, sind wiederum unter *de.rec.spiele* angeordnet. So existiert dann unter anderem die Newsgroup *de.rec.spiele.brett+karten*, die sich nur mit Brett- und Kartenspielen beschäftigt.

Viele Gruppen haben als letzten Namensteil *misc* (für englisch *miscellaneous*, Verschiedenes). Diese sind als Sammelgruppen für Themen gedacht, die keine eigene Gruppe innerhalb einer Subhierarchie haben. So werden in *de.rec.spiele.misc* alle Spiele behandelt, die nicht in einer der anderen Spielegruppen der Subhierarchie *de.rec.spiele* Thema sind.

Hierarchien haben meist eine Gemeinsamkeit, die für alle enthaltenen Gruppen gilt (Ausnahmen sind beispielsweise *alt* oder *free*). Bei *de* ist das die zu verwendende Sprache Deutsch. Außerdem existieren Hierarchien

- für bestimmte Länder, Regionen oder Städte (beispielsweise *ch* für die Schweiz, *nrw* für Nordrhein-Westfalen oder *muc* für München),
- zu einem Themenkomplex wie Wissenschaft *(sci)*,
- für eine Firma, Organisation oder ein Projekt *(microsoft, gnu, eclipse)* oder
- zu bestimmten Universitäten und Forschungseinrichtungen.

Manche Hierarchien sind auf vielen Servern weltweit auffindbar, andere sind eingeschränkt auf einen bestimmten Newsserver. Man spricht auch von öffentlichen und privaten Hierarchien, wobei auch bei privaten Hierarchien oft jeder teilnehmen kann, nur die Weiterverbreitung der Artikel auf andere Server ist eingeschränkt oder gänzlich unerwünscht.

Grund für die Beschränkung sind ua die Vermeidung von Spam oder der Wunsch, nicht in Archiven wie Google Groups aufgenommen zu werden.

3. FTP

172   Das **File Transfer Protocol (FTP)** ist ein im RFC 959 von 1985 spezifiziertes Netzwerkprotokoll zur Übertragung von Dateien über IP-Netzwerke. FTP ist in der Anwendungsschicht (Schicht 7) des OSI-Schichtenmodells angesiedelt. Es wird benutzt, um Dateien vom Server zum Client (Herunterladen), vom Client zum Server (Hochladen) oder clientgesteuert zwischen zwei FTP-Servern zu übertragen (File Exchange Protocol). Außerdem können mit FTP Verzeichnisse angelegt und ausgelesen sowie Verzeichnisse und Dateien umbenannt oder gelöscht werden.

173   Das FTP verwendet für die Steuerung und Datenübertragung jeweils separate Verbindungen: Eine FTP-Sitzung beginnt, indem vom Client zum Control Port des Servers (der Standard-Port dafür ist Port 21) eine TCP-Verbindung aufgebaut wird. Über diese Verbindung werden Befehle zum Server gesendet. Der Server antwortet auf jeden Befehl mit einem Statuscode, oft mit einem angehängten, erklärenden Text. Die meisten Befehle sind allerdings erst nach einer erfolgreichen Authentifizierung zulässig.

174   Um Verschlüsselung und Authentifizierung zu nutzen, kann *Transport Layer Security* eingesetzt werden (FTP über SSL, kurz **FTPS**). Nach der Authentifizierung des Hosts und der Verschlüsselung durch TLS kann FTP die Authentifizierung des Client mittels Benutzername und Kennwort durchführen, wenn der Client sich nicht bereits mit einem Zertifikat über TLS authentifiziert hat.

175   Außerdem existiert mit dem *SSH File Transfer Protocol (SFTP)* eine auf SSH aufbauende Alternative zu FTP für Dateiverwaltung und -übertragung, bei dem nur der schon laufende *sshd*-Daemon genutzt und somit keine weitere Software auf Serverseite benötigt wird.

4. E-Mail

Eine E-Mail *(electronic mail)* ist eine auf elektronischem Weg in Computernetzwerken übertragene, briefähnliche Nachricht.

176   E-Mail wird – noch vor dem World Wide Web – als wichtigster und meistgenutzter Dienst des Internets angesehen, nicht zuletzt, weil es durch E-Mails möglich ist, Textnachrichten ebenso wie digitale Dokumente (also zB Grafiken oder Office-Dokumente) typischerweise in wenigen Sekunden rund um die Erde zuzustellen.

177   Heute werden E-Mails meist per *SMTP* verschickt. Zum Abrufen der E-Mails vom Zielserver existieren verschiedene Verfahren, etwa das *POP3-* oder *IMAP-*Protokoll oder Webmail. *X.400* ist ein offener Standard, der hauptsächlich im LAN oder WAN benutzt wird.

178   Zur Nutzung von E-Mail kann ein E-Mail-Programm, auch E-Mail-Client oder Mail-User-Agent (MUA) genannt, verwendet werden. Ein solches Programm ist lokal auf dem Computer des Benutzers installiert und kommuniziert mit einem oder mehreren E-Mail-Postfächern.

179   Alternativ kann man via Webmail auf seine E-Mail zugreifen. Hierbei bearbeitet der Benutzer seine E-Mails in seinem Web-Browser. Ermöglicht wird dies durch eine Webanwendung auf dem Webserver des E-Mail-Providers, die ihrerseits auf das E-Mail-Postfach auf dem Webserver zugreift.

180   Eine E-Mail-Adresse bezeichnet eindeutig den Empfänger einer E-Mail und ermöglicht damit eine Zustellung an diesen Empfänger. So, wie sie für den Transport per SMTP im Internet verwendet wird, besteht sie aus zwei Teilen: In *info@wikipedia.org* ist *wikipedia.org* der domain-part, *info* der local-part. (Andere Transportmechanismen wie zum Beispiel *UUCP* oder *X.400* verwenden eine andere Adress-Syntax.) Der domain-part benennt den *MX Resource Record* (meist identisch der Domain) des Mailservers, dem die E-Mail zugestellt werden soll. Der *local-part* identifiziert eindeutig den Besitzer eines E-Mail-Postfachs auf diesem Mailserver.

181   Wo die Mails permanent gespeichert werden, hängt von der verwendeten Technik des Endanwenders statt. Benutzt er ein Webinterface, so werden die Mails grundsätzlich auf dem Mailserver gehalten. Wenn er ein Mailprogramm einsetzt, das die Mails mit dem Pro-

tokoll IMAP liest, dann werden die E-Mails ebenfalls auf einem Mailserver gehalten. Ursprünglich sah das alternative Protokoll POP vor, dass die Mails vom Server geholt und dort gleichzeitig gelöscht wird. Der Client ist also für das Speichern auf seinem lokalen Massenspeicher zuständig. Bei neueren POP-Versionen ist es aber auch möglich, die Mails auf dem Server zu belassen, das hängt auch von den Einstellungen des Servers ab.

E-Mails werden (lokal oder auf dem Mailserver) häufig nicht einzeln als separate Dateien, sondern zusammengefasst in Container-Dateien gespeichert. *mbox* ist eine unter Unix/Linux häufig verwendete Möglichkeit, eine Alternative ist *Maildir*. Für einzelne E-Mails ist unter anderem die Dateiendung *.eml* geläufig.

Wie jedes Kommunikationsmittel muss auch die E-Mail verschiedenen Anforderungen genügen, um als sicheres Kommunikationsmittel gelten zu dürfen. Hier sind als wichtigste Kriterien die Authentizität, der Datenschutz und die Integrität einer E-Mail zu nennen.

Mit der Authentizität einer E-Mail ist gemeint, dass sichergestellt ist, dass die E-Mail auch wirklich vom Absender stammt, also ein Original ist und keine betrügerische Fälschung. Datenschutz bezeichnet bei E-Mails im Wesentlichen den Schutz vor Mitlesen durch Dritte auf dem Übertragungsweg. Als Integrität bezeichnet man das Schutzziel, dass der E-Mail-Inhalt bei der Übertragung vollständig und unverändert bleibt.

Zur Erreichung der Authentizität, des Datenschutzes und der Integrität existieren bereits diverse Schutzmechanismen, wie an anderen Stellen bereits beschrieben (Verschlüsselung, Absenderauthentifizierung, Pretty Good Privacy, GNU Privacy Guard, S/MIME). Jedoch werden diese Schutzmechanismen beim Großteil des heutigen E-Mail-Verkehrs noch nicht angewendet. Ohne diese Schutzmechanismen besitzen herkömmliche E-Mails jedoch einen geringeren Schutz als eine normale Postkarte.

Auch mit einfachen E-Mails können rechtserhebliche Erklärungen abgegeben und Verbindlichkeiten begründet werden. E-Mails haben allerdings wenig Beweiskraft, da der Sender bei den herkömmlichen Protokollen und Log-Mechanismen nicht längerfristig die Möglichkeit hat, zu beweisen, wann er was an wen versendet, ob der Empfänger die E-Mail erhalten hat oder ob sie tatsächlich abgesendet wurde. Mit der Zeit werden die im sog Benutzerkonto gespeicherten Daten nämlich gelöscht.[22]

Durch eine digitale Signatur und vor allem durch eine qualifizierte elektronische Signatur können im Rechtsverkehr Verbindlichkeiten geschaffen werden, die gerichtlich leichter durchsetzbar sind. Umgangssprachlich wird dann von einer „digitalen Unterschrift" gesprochen. Das verbindliche Setzen eines Zeitstempels wird unter bestimmten Voraussetzungen ebenfalls anerkannt. Den Empfang der Nachricht kann eine Signatur allerdings nicht beweisen, hierzu ist beispielsweise eine – idealerweise ebenfalls signierte – Antwort notwendig. Einige Dienstleister bieten Lösungen an, die Signatur, Verschlüsselung und Antwort automatisieren *(„E-Mail-Einschreiben")*.

5. P2P/Filesharing, One-Click-Hoster, Streaming

Filesharing (englisch für *Dateien teilen*, sinngemäß Dateifreigabe oder gemeinsamer Dateizugriff) ist das direkte Weitergeben von Dateien zwischen Benutzern des Internets unter Verwendung eines *Filesharing-Netzwerks*. Dabei befinden sich die Dateien normalerweise auf den Computern der einzelnen Teilnehmer oder dedizierten Servern, von wo sie an interessierte Nutzer verteilt werden. Für den Zugriff auf Filesharing-Netzwerke sind spezielle Computerprogramme, Browser oder Browser-Add-ons erforderlich.

Parallel zu den Server-basierten Filesharing-Systemen gibt es seit geraumer Zeit *Peer-to-Peer-Netzwerke*, die von vornherein ohne zentrale(n) Server funktionieren. In diesem Fall liegt ein dezentral organisiertes Netzwerk vor, bei dem jeder Teilnehmer prinzipiell Client, Server, Nutzer und Anbieter zugleich ist. Damit wird eine völlige Dezentralisierung des Netzwerkes erreicht, was unter anderem die Ausfallsicherheit des Systems verbessert und das Lokalisieren eines rechtlich Verantwortlichen für eventuellen illegalen Datenverkehr verkompliziert. Beispiele für diese Technik sind unter anderem: *Kademlia* (Vuze, eMule),

---

[22] Vgl. hierzu SG Aachen Urt. v. 23.5.2006 – S 11 AL 13/06 – „E-Mails gehen verloren."

gnutella (LimeWire, gtk-gnutella, Phex), *Gnutella2* (Shareaza, Sharelin) und *FastTrack* (Kazaa Lite K++).

190 *BitTorrent* ist ein kollaboratives Filesharing-Protokoll, das sich besonders für die schnelle Verteilung großer Datenmengen eignet. Im Gegensatz zu anderen Filesharing-Techniken setzt BitTorrent nicht auf ein übergreifendes Filesharing-Netzwerk, sondern baut für jede Datei ein separates Verteilnetz auf.

191 Beim heute gebräuchlichem Filesharing kann jeder Teilnehmer Dateien auf seinem Computer freigeben und anderen zum Kopieren zur Verfügung stellen, vergleichbar mit der Datei-Freigabefunktion innerhalb eines lokalen Netzwerks. Unter anderem können dort Filme, Musik, Computerprogramme oder Dokumente auffindbar sein. Große Peer-to-Peer-Netzwerke haben mehrere Millionen Teilnehmer und bieten eine Vielfalt an Dateien. Etwa sind dort Filme zu finden, die in Deutschland (noch) nicht in Kinos oder Videotheken verfügbar sind. Andere bieten Mitschnitte von Fernsehsendungen an, die vor Jahrzehnten ausgestrahlt wurden.

192 Grundsätzlich kann jeder Internetanschluss, mit dem auf das Internet zugegriffen wird, über seine IP-Adresse eindeutig bestimmt werden. Über die IP-Adresse kann wiederum grundsätzlich der Vertragspartner des ISPs bestimmt werden. Kompliziert wird der Sachverhalt aber dadurch, dass die meisten IPs nur temporär vergeben werden. Eine nachträgliche Nutzung solcher IPs zu Ermittlungszwecken setzt also eine Speicherung der Verbindungsdaten durch den ISP voraus.

193 Per EU-Richtlinie 2006/24/EG aus dem Jahr 2006 wurden alle EU-Mitgliedsstaaten verpflichtet, **Vorratsdatenspeicherungen** einzuführen. In Deutschland trat ein entsprechendes Gesetz 2008 in Kraft. Das Bundesverfassungsgericht erklärte diese Regelung mit Urteil vom 2. März 2010 für verfassungswidrig. Das Urteil verpflichtete deutsche Telekommunikationsanbieter zur sofortigen Löschung der bis dahin gesammelten Daten. Zur Begründung gab das Gericht an, dass das Gesetz zur anlasslosen Speicherung umfangreicher Daten sämtlicher Nutzer elektronischer Kommunikationsdienste keine konkreten Maßnahmen zur Datensicherheit vorsehe und zudem die Hürden für staatliche Zugriffe auf die Daten zu niedrig seien. Die Regelung zur Vorratsdatenspeicherung verstoße damit laut Bundesverfassungsgericht gegen Art. 10 Abs. 1 Grundgesetz (GG).[23]

194 Am 8. April 2014 erklärte der Europäische Gerichtshof die EU-Richtlinie zur Vorratsdatenspeicherung für ungültig, da sie mit der Charta der Grundrechte der Europäischen Union nicht vereinbar sei.[24] Ein neues Gesetz zur Vorratsdatenspeicherung wurde in Deutschland am 16.10.2015 vom Bundestag verabschiedet. Von verschiedener Seite wurden Klagen gegen dieses Gesetz angekündigt.

195 Nichtsdestoweniger dürfen die Zugangsanbieter IP-Adressen weiterhin zu Zwecken der Abrechnung oder Missbrauchsbekämpfung speichern. Daher besteht wie auch vor Einführung der Vorratsdatenspeicherung die Möglichkeit, eine gewisse Zeit lang einer IP-Adresse samt Zeitstempel einen **Anschlussinhaber** zuzuordnen.

196 Nach eigenen Angaben ermitteln die Abmahner mit Hilfe einer Software zunächst die IP-Adressen derjenigen Anschlussinhaber, über deren Anschluss im Internet eine urheberrechtlich geschützte Datei bereitgehalten wird. Sodann wird der zu dieser IP-Adresse zugehörige Provider ermittelt. Kommt eine größere Zahl an IP-Adressen bei einem Provider zusammen, führen die Abmahnenden zunächst ein Auskunftsverfahren vor Gericht, mit dem der Provider verpflichtet wird, zu sämtlichen IP-Adressen den dazugehörigen Internet-Anschlussinhaber mit Namen und Anschrift zu benennen. Diese Auskunft bildet im Anschluss daran die Grundlage für zahlreiche Abmahnungen (die sogenannten Massenabmahnungen), bei denen im Textbausteinsystem tausendfach Anschlussinhaber angeschrieben werden und ihnen eine Urheberrechtsverletzung vorgeworfen wird.

---

[23] BVerfG Urt. v. 2.3.2010 – 1 BvR 256/08, 1 BvR 263/08, 1 BvR 586/08, NJW 2014, 2169 = MMR 2014, 412; → § 34 Rn. 557 ff. sowie → § 34 Rn. 557 ff.
[24] EuGH Urt. v. 8.4.2014 – C 293/12, C 594/12; → § 34 Rn. 563; → § 31 Rn. 557 ff. Ausführlich zur Speicherung von IP-Adressen durch Access und Internet Service Provider → § 36 Rn. 65, 72 ff. Siehe auch BGH Urt. v. 3.7.2014 – III ZR 391/13, NJW 2014, 2500.

VII. Internet-Anwendungen

Aus oben genannten Gründen bei der Ermittlung des Sachverhaltes landen alle Abmahnungen bei den Anschlussinhabern eines Internetzuganges, nicht jedoch zwingend bei dem Nutzer von Filesharing. Bei dem Anschlussinhaber kann es sich um einen Unternehmer handeln, bei dem mehrere internetfähige Computer genutzt werden. Der Anschlussinhaber kann aber auch ein Hotelier sein oder ein Caféhausbetreiber, der es seinen Gästen ermöglicht, das Internet zu nutzen. In den meisten Fällen ist der Anschlussinhaber eine Privatperson, die Mitglied eines Mehrpersonenhaushaltes ist. Einem Privathaushalt stehen häufig mehrere internetfähige Computer zur Verfügung und es kommen in Mehrpersonenhaushalte durchaus auch mehrere Nutzer in Betracht. In vielen dieser Fälle stellt sich deshalb die Frage, ob der Anschlussinhaber überhaupt als Störer für das Handeln anderer Personen haftet. Die Antwort auf diese Frage hängt vom konkreten Einzelfall ab.

Als **Sharehoster, One-Click-Hoster** oder **Filehoster** werden Internetdienstanbieter bezeichnet, bei denen der Anwender Dateien unmittelbar mit oder ohne vorherige Anmeldeprozedur speichern kann.

Das Hochladen geschieht in der Regel über die Website des Anbieters. So wird außer einem Webbrowser meist kein zusätzliches Programm zur Übertragung benötigt. Nach dem Hochladen erhält der Anwender eine URL, unter der die Datei angezeigt bzw. heruntergeladen werden kann. Oft besteht die Möglichkeit, die hochgeladene Datei mittels eines beim Upload erhaltenen Codes (Lösch-URL) wieder zu löschen. Bei Dateiaustauschdiensten besteht die Möglichkeit, hochgeladene Dateien mit anderen Anwendern zu tauschen.

Sharehoster eignen sich besonders zur Übertragung größerer Dateien an bestimmte Personen, da ein Versand per E-Mail häufig an den technischen Rahmenbedingungen scheitert. So begrenzen viele kostenlose E-Mail-Anbieter die maximale Größe von zu versendenden E-Mails auf einige wenige Megabyte, was beispielsweise nicht für den Versand eines mit einer modernen Digitalkamera erstellten Fotoalbums ausreicht.

Einige Sharehoster bieten hier spezielle Funktionen, wie zum Beispiel Fotogalerien und die Wiedergabe multimedialer Inhalte.

Oft werden die Links auch öffentlich verteilt, um die Datei einem größeren Publikum zur Verfügung zu stellen oder die eigenen Server zu entlasten. Durch die enorme technische Infrastruktur einiger Sharehoster werden diese auch zur illegalen Verbreitung urheberrechtlich geschützter Inhalte (Software, Musik, Filme) genutzt und stehen deshalb häufig in der Kritik der Rechteinhaber.

Streaming Media bezeichnet die gleichzeitige Übertragung und Wiedergabe von Video- und Audiodaten über ein Netzwerk. Den Vorgang der Datenübertragung selbst nennt man **Streaming**, und übertragene (*„gestreamte"*) Programme werden als *Livestream* oder kurz *Stream* bezeichnet. Im Gegensatz zum Download ist das Ziel beim Streaming nicht, eine Kopie der Medien beim Nutzer anzulegen, sondern die Medien direkt auszugeben, anschließend werden die Daten verworfen.

Um Streaming-Media-Angebote nutzen zu können, ist auf der Empfängerseite eine spezielle Software erforderlich. Dies kann ein Plug-in sein, das in einen Webbrowser integriert ist, aber auch ein eigenständiges Wiedergabeprogramm. Ersteres wird automatisch aufgerufen, sobald eine angeforderte Seite Streaming-Media-Daten enthält. Diese Plug-ins und Wiedergabeprogramme (engl. *Player*) werden in der Regel kostenlos angeboten, im Gegensatz zu den *Streaming-Servern*, die die Daten senden.

Da die Wiedergabe der Daten gleichzeitig mit dem Empfang stattfinden soll, muss eine ausreichende Datenübertragungsrate zur Verfügung stehen. Es ist notwendig, dass die Datenübertragungsrate, die für die Übertragung zur Verfügung steht, größer ist als die für das Streaming verwendete Datenübertragungsrate. Die zu sendenden Audio- und Videodaten müssen deshalb vor der Übertragung komprimiert werden. In den meisten Fällen geschieht dies verlustbehaftet, da nur so eine handhabbare Datenmenge pro Zeiteinheit erreicht werden kann.

Um unterschiedliche Laufzeiten der Datenpakete im Netz auszugleichen und damit verbundene Stockungen zu verhindern, wird im Mediaplayer ein Puffer verwendet. Deshalb erfolgt die Wiedergabe auch leicht verzögert, typischerweise um 2 bis 6 Sekunden. Reicht dieser Puffer nicht aus, wird er von manchen Mediaplayern dynamisch vergrößert.

206 Da Videodaten in aller Regel eine höhere Datenrate als Audiodaten haben, ist hier auch eine wesentlich stärkere Komprimierung erforderlich. Diese ist bezüglich der verwendeten Algorithmen ausgefeilter und bezüglich der benötigten Rechenleistung aufwendiger.

207 Bei gleicher Komprimierungsart sinkt dabei die Qualität mit der Datenübertragungsrate, auf die der Datenstrom verkleinert werden soll. Die sicht- und hörbare Qualität eines Streams hängt deshalb wesentlich von den folgenden Faktoren ab:
- der Art und Qualität des Ausgangsmaterials
- der verwendeten Komprimierungsmethode
- der für die Übertragung nutzbaren Datenübertragungsrate, welche meist durch den Internetzugang begrenzt wird.

208 Beim Streaming werden die Daten nicht dauerhaft auf dem Gerät des Endnutzers gespeichert, es wird also keine Kopie angelegt wie etwa beim Download. Nur so ist es überhaupt möglich auf Endgeräten gestreamte Medien zu betrachten, die Downloads beliebiger Dateien gar nicht unterstützen, wie zB einige Smartphones oder Tablets.

VIII. Sicherheit im Internet

1. Bedrohungen

209 a) **Drive-by-Download.** Ein *Drive-by-Download* bezeichnet das unbewusste (engl. *Drive-by*: im Vorbeifahren) und unbeabsichtigte Herunterladen (Download) von Software auf den Rechner eines Benutzers. Unter anderem wird damit das unerwünschte Herunterladen von Schadsoftware allein durch das Aufrufen einer dafür präparierten Webseite bezeichnet. Dabei werden Sicherheitslücken eines Browsers ausgenutzt, denn definitionsgemäß ist mit HTML-Inhalten oder Browser-Skriptsprachen ein Zugriff außerhalb der Browser-Umgebung nicht möglich.[25]

210 b) **Trojaner.** Als *Trojanisches Pferd*, im EDV-Jargon auch kurz *Trojaner* genannt, bezeichnet man ein Computerprogramm, das als nützliche Anwendung getarnt ist, im Hintergrund aber ohne Wissen des Anwenders eine andere Funktion erfüllt.

Ein Trojanisches Pferd zählt zur Familie unerwünschter bzw. schädlicher Programme, der so genannten *Malware*.

211 Trojanische Pferde sind Programme, die gezielt auf fremde Computer eingeschleust werden, aber auch zufällig dorthin gelangen können, und dem Anwender nicht genannte Funktionen ausführen. Sie sind als nützliche Programme getarnt, indem sie beispielsweise den Dateinamen einer nützlichen Datei benutzen, oder neben ihrer versteckten Funktion tatsächlich eine nützliche Funktionalität aufweisen.

212 Viele Trojanische Pferde installieren während ihrer Ausführung auf dem Computer heimlich ein Schadprogramm. Diese Schadprogramme laufen dann eigenständig auf dem Computer, was bedeutet, dass sie sich durch Beenden oder Löschen des Trojanerprogramms nicht deaktivieren lassen. So können ua eigenständige Spionageprogramme auf den Rechner gelangen (zB *Sniffer* oder Komponenten, die Tastatureingaben aufzeichnen, sogenannte *Keylogger*). Auch die heimliche Installation eines Backdoorprogramms ist möglich, die es gestattet, den Computer unbemerkt über ein Netzwerk (zB das Internet) fernzusteuern.[26]

213 c) **Würmer.** Ein *Computerwurm* (im Computerkontext kurz *Wurm*) ist ein Schadprogramm (Computerprogramm oder Skript) mit der Eigenschaft, sich selbst zu vervielfältigen, nachdem es einmal ausgeführt wurde. In Abgrenzung zum Computervirus verbreitet sich der Wurm, ohne fremde Dateien oder Bootsektoren mit seinem Code zu infizieren.

214 Würmer verbreiten sich über Netzwerke oder über Wechselmedien wie USB-Sticks. Dafür benötigen sie gewöhnlich (aber nicht zwingend) ein Hilfsprogramm wie einen Netzwerkdienst oder eine Anwendungssoftware als Schnittstelle zum Netz; für Wechselmedien benötigen sie meist einen Dienst, der nach dem Anschluss des belasteten Mediums den automati-

---

[25] Siehe ua http://www.heise.de/thema/Drive_by_Downloads.
[26] Siehe detaillierter http://www.kaspersky.com/de/internet-security-center/bedrohungen/trojaner.

schen Start des Wurms ermöglicht (wie *Autorun*, mitunter auch den aktiven Desktop von Windows).

Ein Hilfsprogramm könnte beispielsweise eine E-Mail-Anwendung sein, die der Wurm fernsteuert, um sich an alle dort eingetragenen E-Mail-Adressen zu verteilen. Je nach Art des Hilfsprogramms kann sich der Wurmcode auf den Zielsystemen manchmal sogar selbst ausführen, weshalb dann keine Interaktion mit dem Benutzer mehr notwendig ist, um sich von dort aus weiter zu verbreiten. Daher ist diese Methode im Vergleich zur Ausbreitungsgeschwindigkeit eines Virus sehr effizient. Auf Systemen, die dem Wurm keinen Zugriff auf das benötigte Hilfsprogramm ermöglichen, kann sich der Wurm allerdings nicht, oder zumindest nicht automatisiert, reproduzieren.[27]

d) **Viren.** Ein *Computervirus* ist ein sich selbst verbreitendes Computerprogramm, welches sich in andere Computerprogramme einschleust und sich damit reproduziert. Die Klassifizierung als Virus bezieht sich hierbei auf die Verbreitungs- und Infektionsfunktion.

Einmal gestartet, kann es vom Anwender nicht kontrollierbare Veränderungen am Status der Hardware, am Betriebssystem oder an weiterer Software vornehmen (Schadfunktion). Computerviren können durch vom Ersteller gewünschte oder nicht gewünschte Funktionen die Computersicherheit beeinträchtigen und zählen zur Malware.

Wie sein biologisches Vorbild benutzt ein Computervirus die Ressourcen seines Wirtcomputers und schadet ihm dabei häufig. Auch vermehrt es sich meist unkontrolliert. Durch vom Virenautor eingebaute Schadfunktionen oder durch Fehler im Virus kann das Virus das Wirtssystem oder dessen Programme auf verschiedene Weisen beeinträchtigen, von harmloseren Störungen oder Datenverlust bis zu Hardwareschäden.

Viren brauchen, im Gegensatz zu Computerwürmern, ein Wirtprogramm, um ihren Maschinencode auszuführen. Wird dieses Wirtsprogramm aufgerufen, wird – je nach Virentyp früher oder später – das Virus ausgeführt, das sich dann selbst in noch nicht infizierte Programme weiterverbreiten oder seine eventuell vorhandene Schadwirkung ausführen kann.[28]

e) **Botnetze.** Ein *Botnet* oder *Botnetz* ist eine Gruppe von automatisierten Computerprogrammen, sogenannten *Bots*. Die Bots (von englisch: *robot* „Roboter") laufen auf vernetzten Rechnern, deren Netzwerkanbindung sowie lokale Ressourcen und Daten ihnen zur Verfügung stehen. Betreiber illegaler Botnetze installieren die Bots ohne Wissen der Inhaber auf Computern und nutzen sie für ihre Zwecke. Die meisten Bots können von einem Botnetz-Operator (auch Bot-Master oder Bot-Herder genannt) über einen Kommunikationskanal überwacht werden und Befehle empfangen. Dieser wird in der Fachsprache als *Command-and-Control-Server* bezeichnet.[29]

Ein Bot stellt dem Betreiber eines Botnetzes je nach Funktionsumfang verschiedene Dienste zur Verfügung. Derweil mehren sich multifunktional einsetzbare Botnets. Der Botmaster kann so flexibel auf andere Einsatzmöglichkeiten umschwenken. Grundsätzlich lassen sich die verschiedenen Angriffsmöglichkeiten durch ein Bot-Netzwerk wie folgt unterscheiden:

- *Proxy:* Proxys bieten die Möglichkeit, eine Verbindung zu einem dritten Computer über den Zombie herzustellen und können damit die eigentliche Ursprungs-Adresse verbergen. Der so geschaffene Zwischenhost kann dann für weitere Angriffe auf andere Rechner genutzt werden. Aus Sicht des Ziel-Computers kommt der Angriff vom Proxy-Host.
- *Versand von Spam-Mails, insbesondere Phishing-Mails:* Einige Bots sind auf das Versenden von großen Mengen an E-Mails programmiert. Sie verfügen über Funktionen zum Laden von Mail-Templates, Senden von E-Mails an generierte oder von einem Server abgefragte Adressen und Abfragen von Listings der Zombie-IP in DNSBLs.
- *Ausführen von DDoS-Attacken und DRDoS-Attacken:* Viele Bots verfügen über die Möglichkeit, DoS-Attacken auszuführen. Meistens stehen dabei verschiedene Methoden wie SYN-Flood oder HTTP-Request-Flood zur Verfügung. Werden diese Attacken von al-

---

[27] Siehe detaillierter http://www.kaspersky.com/de/internet-security-center/bedrohungen/viren-wuermer.
[28] Siehe ausführlich ua http://www.computervirus.de.
[29] Siehe ua *Dunham/Melnick*, Malicious bots. An inside look into the cyber-criminal underground of the internet, CRC Press.

len Bots im Netz mit der gesamten ihnen zur Verfügung stehenden Netzwerk-Bandbreite gleichzeitig ausgeführt, so werden auf dem Ziel-Rechner der Attacke Netzwerk-Dienste außer Betrieb gesetzt oder die gesamte Bandbreite seiner Anbindung für Daten von den Zombies benötigt.

225
- *Ausführen von Klickbetrug:* Eine weitere Möglichkeit, ein betriebsbereites Botnetz zu monetarisieren, wird Klickbetrug genannt. Hierzu nutzt der Betrüger einen Account bei einem Onlinedienstleister, der seine Werbepartner für Klicks auf Werbebanner oder die Vermittlung von Besuchern vergütet. Der Betrüger nutzt die Bots dazu, die Banner anzuklicken oder die vergütete Website zu besuchen. Dies geschieht mit den rechnerspezifischen Informationen wie Betriebssystem, Browser und IP-Adresse der gekaperten Rechner und ist somit für den Werbeportalbetreiber nicht als Betrug zu erkennen.

226
- *Zugriff auf lokal gespeicherte Daten durch Einsatz von Sniffern und Password-Grabbern:* Die privaten Daten der mit Bots infizierten Rechnern (Zombies) sind lukrativ. Die meisten Bots bieten Möglichkeiten, auf lokal gespeicherte Zugangsdaten verschiedener Anwendungen (beispielsweise IE oder ICQ) zuzugreifen. Auf den Diebstahl von Daten spezialisierte Bots verfügen auch über Funktionen, um Daten aus Webformularen zu lesen, und können dadurch Informationen ausspionieren, die in SSL-gesicherten Webseiten eingegeben wurden, darunter beispielsweise auch Passwörter oder Kreditkartennummern. Viele IRC-Bots können den Netzwerkverkehr des Rechners loggen.

227
- *Einsatz als Ransomware*[30]
- *Speichermedium für die Verbreitung illegaler Inhalte* (zB Filesharing von geschütztem Material)

228
f) Denial-of-Service-Attacken. *Denial of Service* (kurz *DoS*; engl. für *„Dienstverweigerung"*) bezeichnet in der Informationstechnik die Nichtverfügbarkeit eines Dienstes, der eigentlich verfügbar sein sollte. Obwohl es verschiedene Gründe für die Nichtverfügbarkeit geben kann, spricht man von DoS in der Regel als Folge einer Überlastung von Infrastruktursystemen. Dies kann durch unbeabsichtigte Überlastungen verursacht werden oder durch einen mutwilligen Angriff auf einen Server, einen Rechner oder sonstige Komponenten in einem Datennetz.

229
Wird die Überlastung von einer größeren Anzahl anderer Systeme verursacht, so wird von einer Verteilten Dienstblockade oder englisch *Distributed Denial of Service (DDoS)* gesprochen.

230
DoS-Angriffe wie *SYN-Flooding* oder der *Smurf-Angriff* belasten den Internetzugang, das Betriebssystem oder die Dienste eines Hosts, beispielsweise HTTP, mit einer größeren Anzahl Anfragen als diese verarbeiten können, woraufhin reguläre Anfragen nicht oder nur sehr langsam beantwortet werden. Wenn möglich, ist es jedoch wesentlich effizienter, Programmfehler auszunutzen, um eine Fehlerfunktion (wie einen Absturz) der Serversoftware auszulösen, worauf diese auf Anfragen ebenfalls nicht mehr reagiert. Beispiele sind *WinNuke*, die *Land-Attacke*, die *Teardrop-Attacke* oder der *Ping of Death*.

231
Im Unterschied zu anderen Angriffen will der Angreifer beim DoS-Angriff normalerweise nicht in den Computer eindringen und benötigt deshalb keine Passwörter oder Ähnliches vom Zielrechner. Jedoch kann der Angriff Bestandteil eines anderen Angriffs auf ein System sein, zum Beispiel bei folgenden Szenarien:

232
- Um vom eigentlichen Angriff auf ein System abzulenken, wird ein anderes System durch einen DoS lahmgelegt. Dies soll dafür sorgen, dass das mit der Administration betraute Personal vom eigentlichen Ort des Geschehens abgelenkt ist oder die Angriffsversuche im durch den DoS erhöhten Datenaufkommen untergehen.

233
- Werden Antworten eines regulären Systems verzögert, können Anfragen an dieses durch eigene, gefälschte Antworten kompromittiert werden. Beispiel hierfür ist das Hijacking fremder Domains durch Liefern gefälschter DNS-Antworten.

---

[30] **Ransomware** sind Schadprogramme, mit deren Hilfe ein Eindringling eine Zugriffs- oder Nutzungsverhinderung der Daten sowie des gesamten Computersystems erwirkt. Dabei werden private Daten auf einem fremden Computer verschlüsselt oder der Zugriff auf sie wird verhindert, um für die Entschlüsselung oder Freigabe ein „Lösegeld" zu fordern.

Denial-of-Service-Attacken werden mittlerweile von Cyber-Kriminellen zum Verkauf angeboten, etwa um Konkurrenten zu schädigen.[31]

Eine besondere Form stellt der *Distributed-Reflected-Denial-of-Service-Angriff (DRDoS-Angriff)* dar. Hierbei adressiert der Angreifer seine Datenpakete nicht direkt an das Opfer, sondern an regulär arbeitende Internetdienste, trägt jedoch als Absenderadresse die des Opfers ein (IP-Spoofing). Die Antworten auf diese Anfragen stellen dann für das Opfer den eigentlichen DoS-Angriff dar. Durch diese Vorgehensweise ist der Ursprung des Angriffs für den Angegriffenen nicht mehr direkt ermittelbar. Ein Beispiel für einen solchen Angriff ist die *DNS Amplification Attack*, bei der das Domain Name System als Reflektor missbraucht wird.

Weitere bekannte Methoden sind der *Smurf-* und der *Fraggle-Angriff*, bei denen ein Paket mit der IP-Adresse des Opfers als Absender an die Broadcast-Adresse eines Netzwerks gesendet wird. Das bewirkt, dass das Paket um die Anzahl der Geräte im Netzwerk vervielfacht und an das Opfer zurück geschickt wird.

Mutwillige DDoS-Angriffe werden oft mit Hilfe von Backdoor-Programmen oder Ähnlichem durchgeführt. Diese Backdoor-Programme werden in der Regel von Computerwürmern auf nicht ausreichend geschützten Rechnern installiert und versuchen selbstständig, weitere Rechner im Netzwerk zu infizieren, um so ein Botnetz aufzubauen. Je größer das Botnetz, desto wahrscheinlicher ist, dass der Angriff selbst gegen gut geschützte Systeme durchdringt. Die Steuerung des Angriffs erfolgt über IRC, HTTP oder mittels eines Peer-to-Peer-Netzes.

g) Phishing. Unter *Phishing* versteht man Versuche, über gefälschte Webseiten, E-Mails oder Kurznachrichten an persönliche Daten eines Internet-Benutzers zu gelangen und damit Identitätsdiebstahl zu begehen. Ziel des Betrugs ist es, mit den erhaltenen Daten beispielsweise Kontoplünderung zu begehen und den entsprechenden Personen zu schaden.

Typisch ist dabei die Nachahmung des Internetauftritts einer vertrauenswürdigen Stelle, etwa der Internetseite einer Bank. Um keinen Verdacht zu erregen, wird das Corporate Design der betroffenen Stelle nachgeahmt, so werden etwa dieselben Firmenlogos, Schriftarten und Layouts verwendet. Der Benutzer wird dann auf einer solchen gefälschten Seite etwa dazu aufgefordert, in ein Formular die Login-Daten oder auch Transaktionsnummern für sein Onlinebanking einzugeben. Diese Daten werden dann an den Betrüger weitergeleitet und dazu missbraucht, das Konto zu plündern.

Es handelt sich meist um kriminelle Handlungen, die Techniken des Social Engineering verwenden. Phisher geben sich als vertrauenswürdige Personen aus und versuchen, durch gefälschte elektronische Nachrichten an sensible Daten wie Benutzernamen und Passwörter für Online-Banking oder Kreditkarteninformationen zu gelangen. Phishing-Nachrichten werden meist per E-Mail oder Instant-Messaging versandt und fordern den Empfänger auf, auf einer präparierten Webseite oder am Telefon geheime Zugangsdaten preiszugeben. Versuche, der wachsenden Anzahl an Phishing-Versuchen Herr zu werden, setzen unter anderem auf geänderte Rechtsprechung, Anwendertraining und technische Hilfsmittel.

In den gefährlicheren Angriffsformen befindet sich die Malware auf einer infizierten Webseite. Diese wird dann allein durch den Besuch der Website auf dem Computer des Internetnutzers installiert. Hierbei ist es möglich, dass auch eine seriöse Internetseite ohne Kenntnis des Betreibers infiziert wurde. In diesem Fall ist das Versenden einer E-Mail entbehrlich.

Eine andere Variante bindet ein Formular direkt innerhalb einer HTML-E-Mail ein, das zur Eingabe der vertraulichen Daten auffordert und diese an die Urheber sendet. Auf eine Phishing-Webseite wird hierbei verzichtet.[32]

h) Rogueware/Scareware. Der Begriff *Rogueware* setzt sich aus englischsprachigen Worten *Rogue* (Schurke, Schelm, Gauner) und Software zusammen. Eine Rogueware oder auch Rogue-Software präsentiert sich als ein Programm, das vorgibt Schadsoftware wie Viren, Trojaner, Malware usw. auf einem Computer zu entfernen. Dabei handelt es sich jedoch um eine Betrugsmasche, die sehr oft im Internet auf vermeintlichen Security-Webseiten anzutref-

---

[31] Ausführlich in: http://www.highgames.com/?set=hardwareview&view=8.
[32] Siehe ua auch *Schulte am Hülse/Klabunde*, Das Abgreifen von Bankzugangsdaten im Onlinebanking – Vorgehensweise der Täter und neue zivilrechtliche Haftungsfragen des BGB, MMR 2010, 84.

fen ist. Aber auch augenscheinlich kostenlose Download-Programme, die wie ein echtes Antiviren-Programm wirken und aussehen, können immer häufiger in die Kategorie Rogueware eingeordnet werden.

243   Häufiger trifft man auf den Begriff *Scareware*, was letztendlich auch nichts anderes ist als Rogueware. Scareware und Rogueware versuchen ihre Opfer durch die Vorgabe einer Bedrohung/einer Gefahr zu bestimmten Handlungen zu bewegen. In der Regel ist das eine Softwareinstallation, der Kauf einer Software oder ähnliches.

244   Verschiedene Rogueware-Varianten existieren in der digitalen Welt, so zum Beispiel Programme oder Webseiten-Scripte, die:
- Infektionen durch Computer-Viren nur vortäuschen, um auf diese Weise eine Nutzung der vermeintlichen Sicherheitssoftware zu forcieren, oder
- tatsächlich gefährliche Objekte auf einem Rechner finden, aber
- diese nur beim Kauf der Software infizierte Objekte löschen (können).

Weiterhin gibt es Versionen, die selbst Schadsoftware auf einen Computer installieren und diese durch den Kauf der vermeintlichen Sicherheitssoftware dann uU wieder entfernen.

245   **i) Spam.** Als *Spam* werden unerwünschte, in der Regel auf elektronischem Weg übertragene Nachrichten bezeichnet, die dem Empfänger unverlangt zugestellt werden und häufig werbenden Inhalt enthalten. Dieser Vorgang wird *Spamming* oder *Spammen* genannt, der Verursacher *Spammer*.

246   Es gibt folgende Arten von Spam:
- Unverlangte Massen-E-Mail (auch kurz *UBE*, von englisch „*Unsolicited Bulk E-Mail*", bezeichnet)
- Unverlangte kommerzielle E-Mail (auch kurz *UCE*, von englisch „*Unsolicited Commercial E-Mail*") ist eine E-Mail mit kommerziellen Inhalten, die an Empfänger (auch wenige oder einzelne) verschickt werden.
- *Kollateraler Spam, Backscatter:* Als kollateraler Spam oder Backscatter werden E-Mails bezeichnet, die als Antwort auf eine eingehende E-Mail erzeugt und einem unbeteiligten Dritten zugestellt werden. Auslöser von kollateralem Spam sind besonders häufig Malware- oder Spam-Mails, da hier in der Regel gefälschte Absender benutzt werden.
- *Suchmaschinen-Spamming:* Beim Suchmaschinen-Spamming wird versucht, über Einträge in eigenen oder fremden Webseiten die Bewertungs-Algorithmen von Suchmaschinen positiv zu beeinflussen.
- *Referrer-Spam:* Referrer-Spam ist eine Sonderform des Suchmaschinen-Spamming. Hierbei werden Webseiten massenhaft aufgerufen, damit diese als Referrer in den Logdateien von Webservern der angegriffenen Webseiten auftauchen.
- *Spam over Internet Telephony (SPIT):* Als Spam over Internet Telephony, kurz SPIT, werden unerwünschte und automatisch eingespielte Anrufe per VoIP bezeichnet. Dabei wird (bei Verwendung des SIP Protokolls mittels INVITE Nachrichten) versucht, automatisiert Telefonverbindungen aufzubauen. Sofern der angerufene Teilnehmer antwortet, werden die Audiodaten (zB eine aufgezeichnete Werbenachricht) über das RTP Protokoll eingespielt.
- *Spam over Mobile Phone (SPOM):* Auch die Kommunikation per Mobiltelefon wird von Spam beeinträchtigt. Unerwünschte Kurzmitteilungen oder Anrufe werden als (Mobile) Phone Spam, teils auch als Spam over Mobile Phone (SPOM) bezeichnet. Eine Variante sind sogenannte Spam- oder Ping-Anrufe, die nur Sekundenbruchteile dauern und den Angerufenen zum teuren Rückruf eines Mehrwertdienstes verleiten sollen.

247   Um unerwünschte E-Mail-Werbung zu versenden, wird lediglich ein E-Mail-Programm benötigt, das Spam-Mails mit den Empfängeradressen versieht, sowie ein SMTP-Relay-Server, der diese Mails dann an die Empfänger versendet. Da jede E-Mail viele Adressdaten enthalten kann, wird für die Übertragung an den Relay-Server nur eine vergleichsweise geringe Bandbreite benötigt, ein einfacher Internetzugang und ein durchschnittlicher Rechner reichen.

248   In der Vergangenheit wurden häufig offene Mail-Relays als Relay-Server verwendet, also schlecht konfigurierte Mailserver missbraucht. Dieses Vorgehen hat für den Spammer zwei wesentliche Vorteile: Der Absender wird verschleiert und die eigenen Ressourcen werden geschont. Dank *Realtime Blackhole Lists* hat die Zahl offener Mail-Relays inzwischen stark abgenommen. Einige Spammer weichen daher auf Bot-Netze aus, um ihren Spam zu versenden.

2. Schutzmaßnahmen

Der folgende Abschnitt fasst die wichtigsten Schutzmaßnahmen für die folgenden Bereiche zusammen.

a) Sichere Anbindung von lokalen Netzen an das Internet. Sollen in einem lokalen Netz (LAN) Web, E-Mail oder andere Internet-Dienste nicht nur intern genutzt werden, so muss dieses lokale Netz an ein nicht vertrauenswürdiges Netz (zB Internet) angeschlossen werden. Mit diesem Schritt setzt der Betreiber eines LANs sein bislang geschlossenes Netz jedoch erheblichen zusätzlichen Gefährdungen aus, noch bevor er die erste Anwendung auch nur installiert hätte. Angreifer aus dem Internet können Schwachstellen der grundlegenden Internet-Protokolle, -Dienste und -Komponenten ausnutzen und so Datenverkehr abhören *("Sniffing")*, Systeme mit gefälschten Absenderangaben zu unerwünschtem Verhalten bringen *("Spoofing")* oder einfach in das interne Netz eindringen *("Hacking")*.[33]

Den Empfehlungen des BSI für den Aufbau, die Konfiguration und den Betrieb eines internetfähigen lokalen Netzes liegen folgende Grundprinzipien zugrunde:

- **Funktionstrennung:** Unabhängige Funktionen sollten getrennt voneinander realisiert werden. Dies gilt insbesondere für sicherheitsrelevante Funktionen. Die Funktionstrennung reduziert die Komplexität der Gerätekonfiguration und minimiert so die Angriffsfläche und die Last der einzelnen Komponenten.
- **Minimalität:** Alle Systemkomponenten – insbesondere die Komponenten des Sicherheits-Gateways sowie die über das Internet erreichbaren Server – sollten minimal konfiguriert sein. Überflüssige Software sollte entfernt, nicht benötigte Gerätefunktionalität sollte deaktiviert werden.
- **Need-to-Know-Prinzip:** Systemkomponenten, Anwendungen und Dienste dürfen nur solche Informationen über das LAN und seine Benutzer preisgeben, die für den ordnungsgemäßen Betrieb und die Nutzung der IT-Infrastruktur unverzichtbar sind. Das zugängliche Informationsangebot sollte je nach Rolle und Zugriffsrechten des Benutzers individuell zugeschnitten werden.
- **Whitelisting:** Alle Filterregeln in Paketfiltern und Sicherheits-Proxys sollten so formuliert sein, dass Anfragen, die nicht ausdrücklich zugelassen sind, automatisch abgewiesen werden.
- **Beschränkung des Verbindungsaufbaus:** Verbindungen dürfen nicht aus dem Internet in das interne Netz aufgebaut werden, es sei denn, dass der Dienst sonst nicht funktioniert (zB E-Mail).
- **Aktualität:** Die eingesetzte Betriebssystem- und Anwendungs-Software sollte immer auf dem neuesten Stand gehalten werden. Verfügbare Patches sollten unverzüglich eingepflegt werden.

Auf der Basis dieser Prinzipien ergibt sich die in Abbildung 8.2.1a dargestellte Grundarchitektur, bestehend aus einem internen Netz, einem vorgelagerten *Sicherheits-Gateway*,[34] das jegliche Interaktion zwischen Internet und internem Netz auf das unverzichtbare Minimum beschränkt, und der eigentlichen Internet-Anbindung.

---

[33] Siehe ausführlich unter BSI-Leitlinie zur Internet-Sicherheit (ISi-L).

[34] Ein **Sicherheitsgateway** ist der vom Bundesamt für Sicherheit in der Informationstechnik (BSI) in den IT-Grundschutz-Katalogen geküster Name, der alle IT-Systeme umfasst, welche für IT-Sicherheit in einer Organisation Sorge tragen. Dazu gehören eine oder mehrere topologisch sinnvoll eingesetzte Firewalls, der Betrieb von Screened Subnets (Demilitarized Zones) und deren schützenswerten Serversystemen mit diversen Diensten, Proxyserver zur inhaltlichen Kontrolle des Datenflusses zwischen dem Internet und dem LAN, sowie die aktiven Netzwerkkomponenten wie Router und Switches, welche die IT-Systeme im Sicherheitsgateway miteinander via Ethernet verbinden.

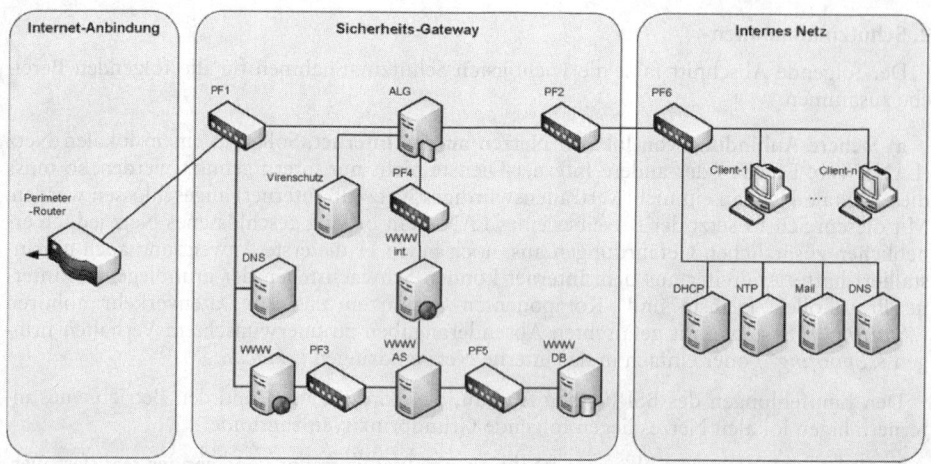

Abb. 8.2.1a: Grundarchitektur laut BSI[35]

257 Im Kern besteht das Lösungskonzept für eine sichere Anbindung eines lokalen Netzes an das Internet darin, den Datenaustausch zwischen Internet und lokalem Netz durch ein dreistufiges Sicherheits-Gateway zu kontrollieren. Dieses Sicherheits-Gateway besteht aus einem *äußeren Paketfilter,* einem *Application-Level Gateway* in der Mitte und einem *inneren Paketfilter* (PAP-Struktur). Weitere Details sind auf den Seiten des BSI zu finden.[36]

258 b) **Sicheres WLAN.** Beim Einsatz von WLAN besteht ein wesentliches Problem darin, dass die Kommunikation auch noch aus großer Distanz mitgehört werden kann. Dadurch wird die Vertraulichkeit der übermittelten Daten zB bei E-Mails bedroht, sofern die Kommunikation nicht verschlüsselt wird. Nach wie vor sind zahlreiche WLANs nicht oder nur unzureichend verschlüsselt.

259 Eine weitere Gefährdung für WLAN-Installationen ist deren Anfälligkeit für Störungen der Funkverbindungen. Störungen können durch andere Geräte oder Umwelteinflüsse bedingt oder auch mutwillig provoziert sein und im schlimmsten Fall zum Verlust der Verfügbarkeit führen.

260 Aufgrund der Vielzahl an Gefährdungen gibt es mehrere WLAN-Maßnahmen, um diesen Gefährdungen zu begegnen. Welche Maßnahmen geeignet sind, hängt dabei von dem jeweiligen Einsatzszenario ab. Für ein WLAN, das zur Erweiterung des eigenen LAN verwendet wird, sind insbesondere folgende Empfehlungen von Bedeutung:[37]

- Verschlüsselung der gesamten Kommunikation über WLAN nach Möglichkeit mittels *WPA2,* übergangsweise auch mit WPA, oder alternativ mittels eines VPN
- Gegenseitige Authentisierung zwischen den Clients und der WLAN-Infrastruktur (zB mittels *EAP-TLS),* um unberechtigte Mitbenutzung zu verhindern
- Maßnahmen für Access Points
- Absicherung mobiler Clients

261 Es wird daher empfohlen, die Kommunikation auf der Luftschnittstelle mit **WPA2 zu verschlüsseln** oder wenn dies technisch nicht möglich ist zumindest WPA zu verwenden. Insbesondere bei einer Verwendung von WPA ist darauf zu achten, dass die verwendeten Schlüssel in kurzen Abständen neu ausgehandelt werden *(Re-Keying).* Falls aufgrund mangelnder

---

[35] Siehe BSI, ISi-L — Sichere Anbindung von lokalen Netzen an das Internet, S. 12, abrufbar unter https://www.bsi.bund.de/SharedDocs/Downloads/DE/BSI/Internetsicherheit/isi_lana_leitlinie_pdf.pdf?__blob=publicationFile.

[36] Siehe https://www.bsi.bund.de/DE/Themen/Cyber-Sicherheit/ISi-Reihe/ISi-LANA/lana_node.html.

[37] Siehe BSI-Leitlinie zur Internet-Sicherheit (ISi-L), Sichere Nutzung von WLAN (ISi-WLAN), abrufbar unter https://www.bsi.bund.de/SharedDocs/Downloads/DE/BSI/Internetsicherheit/isi_wlan_leitlinie_pdf.pdf?__blob=publicationFile.

Unterstützung einige Geräte sogar auf WEP zurückgreifen müssen, so sollten diesen Geräten weniger Rechte bei der WLAN-Nutzung eingeräumt werden. Diese Trennung zwischen einzelnen Geräteklassen oder Benutzergruppen sollte nach Möglichkeit physisch durch mehrere Access Points umgesetzt werden. Auf diese Weise lässt sich der Zugriff auf das WLAN und auf vertrauliche Daten entsprechend des verwendeten Sicherheitsstandards regeln.

Die Authentisierung sollte gemäß *IEEE 802.1X* erfolgen. Besteht eine *Public-Key Infrastruktur (PKI)*, in der jeder WLAN-Client mit einem Zertifikat ausgestattet ist, so wird die Verwendung von *EAP-TLS*[38] empfohlen. Bei kleinen WLAN-Installationen ist auch der Einsatz von *Pre-Shared Keys* möglich, wobei das Passwort eine ausreichender Länge und Komplexität aufweisen muss. Das Passwort sollte dabei die maximale Schlüssellänge ausnutzen und neben Ziffern, Klein- und Großbuchstaben auch Sonderzeichen enthalten. 262

Voreingestellte Standard-Passwörter und SSIDs müssen bei der **Konfiguration von Access Points** geändert werden. Dabei ist zu beachten, dass neu gewählte SSIDs keinen Rückschluss auf die verwendete Hardware, das Netz oder den Betreiber zulassen. 263

Zum Schutz der Access Points sollten diese unzugänglich montiert werden (zB in Zwischendecken), um Manipulationen vorzubeugen. Ferner sind unsichere Administrationszugänge (über die Luftschnittstelle oder unsichere Protokolle) zu deaktivieren. Wenn andere Möglichkeiten zur Verfügung stehen, sollte von der Verwendung eines Web-Interfaces zur Konfiguration abgesehen werden. 264

Mobile Clients werden häufig in fremden Umgebungen eingesetzt und sind deshalb vermehrt Gefährdungen ausgesetzt. Aus diesem Grund sollten sie besonders abgesichert sein. Zu den üblichen Maßnahmen zählen unter anderem die Absicherung des Betriebssystems, Festplattenverschlüsselung, Einsatz einer Personal Firewall und eines Virenschutzprogramms und das Arbeiten mit eingeschränkten Benutzerrechten. 265

c) Absicherung eines PC-Clients. In der heutigen Zeit bildet der Arbeitsplatz-PC die technische Basis für die Nutzung von IT- gestützten Arbeitsabläufen. Anwender können mit Hilfe des Arbeitsplatz-PCs auf lokale oder im Netz vorhandene Informationen wie Dokumente und E-Mails sowie auf Dienste im Internet zugreifen. Insbesondere durch die Vernetzung ist der Arbeitsplatzrechner aber auch zahllosen Gefahren ausgesetzt. 266

Aufgrund der Abhängigkeit von einer funktionierenden IT-Landschaft ist es von größter Bedeutung, die Arbeitsplatzrechner als Schnittstelle zwischen Benutzern und IT-Infrastruktur vor Angriffen zu schützen, ohne dabei die Arbeitsfähigkeit der Anwender mit dem Arbeitsplatz-PC maßgeblich einzuschränken. 267

Im Regelfall sind Arbeitsplatzrechner (PCs) an ein lokales Netz angebunden, das wiederum an das Internet angeschlossen ist. Der Aufbau lokaler Netze sowie deren Internetanbindung über ein Sicherheits-Gateway wurde bereits oben näher betrachtet. Zusätzlich zu den zentralen Schutzkomponenten des Sicherheits-Gateways ist es notwendig, die PCs selbst gegen Angriffe und Schadprogramme zu schützen, um so eine weitere Verteidigungslinie aufzubauen. 268

Die Grundarchitektur basiert auf dem Prinzip der Minimalität, dh es werden nur solche Hard- und Software-Komponenten verwendet, die für den Einsatzzweck des PCs tatsächlich erforderlich sind oder dem Schutz des PC dienen. Der Verzicht auf weitere Komponenten verringert die Angriffsfläche und das Risiko von Software- bzw. Konfigurationsfehlern, Hintertüren oder falscher Bedienung. Ein PC, der nur aus den notwendigen Hard- und Software-Komponenten besteht, wird als *Minimalsystem* bezeichnet. 269

Um dem Ziel des Minimalsystems möglichst nahe zu kommen, muss bereits vor der Anschaffung und Installation des PCs definiert werden, für was er eingesetzt werden soll. Im Büroalltag sind typischerweise die folgenden Anwendungen erforderlich: 270
- eine grafische Benutzeroberfläche zur Interaktion mit dem PC
- ein Browser für den Zugriff auf Inhalte im internen Netz und dem Internet

---

[38] Das Extensible Authentication Protocol (EAP) ist ein von der Internet Engineering Task Force (IETF) entwickeltes, allgemeines Authentifizierungsprotokoll, das unterschiedliche Authentisierungsverfahren unterstützt wie zB Username/Password (RADIUS), Digitales Zertifikat, SIM-Karte. EAP wird oft für die Zugriffskontrolle in WLANs genutzt.

- ein E-Mail-Programm zum Austausch von Nachrichten
- ein Kalenderprogramm zur Verwaltung von Terminen und Besprechungen auf einem zentralen Kalender-Server (ggf. in das E-Mail-Programm integriert)
- ein Office-Paket mit den Komponenten Textverarbeitung, Tabellenkalkulation, Zeichen- und Präsentationsprogramm.

271 Um die Flexibilität und universelle Einsetzbarkeit heutiger Arbeitsplatzrechner nicht unnötig einzuschränken, ist die Erweiterung des PCs um zusätzliche Anwendungen möglich. Um dabei die Sicherheit der Grundarchitektur nicht zu verringern, müssen diese Anwendungen jedoch bestimmten Kriterien genügen.[39]

272 In der Regel geht man bei einem PC von einem nicht portablen PC aus, der in einem zugangsbeschränkten Bereich einer Institution steht. Der Einsatz von mobilen PCs (Notebooks, Laptops) ist möglich, setzt aber zusätzliche Schutzmaßnahmen voraus.[40]

Nachfolgend wird die Funktion von Sicherheitskomponenten anhand von Beispielszenarien kurz erläutert:

273 Schließt ein Anwender ein Gerät (zB einen USB-Stick) an eine externe Schnittstelle an, so prüft die *Gerätekontrolle* zunächst, ob und wie das Gerät benutzt werden darf. Wird dem Anwender die Nutzung erlaubt, so stellt die *Ausführungskontrolle* sicher, dass beispielsweise auf einem USB-Stick gespeicherte Programme nicht gestartet werden können. Außerdem werden alle gelesenen Daten vom *Virenschutzprogramm* untersucht. Der Anschluss eines Geräts an die externe Schnittstelle, die Entscheidung der Gerätekontrolle, der von der Ausführungskontrolle unterbundene Start eines Programms und eventuell gefundene Schadprogramme werden über das *Logging* protokolliert.

274 Alle über die Netzschnittstelle eingehenden Verbindungen werden von der *Personal Firewall* kontrolliert, bevor sie an Dienste des Betriebssystems oder an Anwendungen weitergereicht werden. Analog kontrolliert die Personal Firewall auch Verbindungen, die Anwendungen, Dienste oder das Betriebssystem über die Netzschnittstelle aufbauen wollen. Die Personal Firewall schützt so den PC vor Angriffen über das Netz und erschwert gleichzeitig die Ausbreitung von Schadprogrammen, falls der PC doch einmal infiziert sein sollte. Unzulässige, abgehende Kommunikation wird von der Personal Firewall über das Logging protokolliert.

275 Beim Lesen und Schreiben von Daten auf der lokalen Festplatte sorgt die für stationäre PCs optionale, für Laptops aber zwingend erforderliche, *Festplattenverschlüsselung* für die Chiffrierung bzw. Dechiffrierung der Daten. Handelt es sich bei den gelesenen Daten um eine Programmdatei, so stellt die Ausführungskontrolle sicher, dass Programme nur aus solchen Verzeichnissen gestartet werden können, auf die der Anwender keine Schreibrechte besitzt. Von der Ausführungskontrolle unterbundene Programmstarts werden protokolliert. Sowohl Programme als auch Daten werden beim Lesen von und beim Schreiben auf die Festplatte vom Virenschutzprogramm auf Schadcode kontrolliert. Das Virenschutzprogramm protokolliert gefundene Schadprogramme über das Logging.

276 Die *Benutzerverwaltung* sorgt dafür, dass sich der Benutzer zunächst am PC anmelden muss. Beim Zugriff auf Daten oder Ressourcen bilden die in der Benutzerverwaltung gespeicherten Informationen (zB Rechte und Gruppenzugehörigkeit eines Benutzers) die Basis für die Zugriffskontrolle. Erfolgreiche und fehlgeschlagene Anmeldungen sowie verweigerte Zugriffe auf Dateien werden protokolliert.

277 **d) Sichere Nutzung von E-Mail.** Die Nutzung von E-Mail wird auf verschiedene Weise gefährdet. So werden E-Mails zum Verbreiten von Schadprogrammen wie Viren, Würmer und Trojanische Pferde genutzt. Unerwünschte E-Mails (Spam) sind sowohl eine Belästigung für den Nutzer als auch eine Bedrohung für die Verfügbarkeit des E-Mail-Dienstes.

278 Das BSI beschreibt, wie bestehenden Gefährdungen bei normalem Schutzbedarf mit geeigneten Maßnahmen begegnet werden kann. Diese Maßnahmen beziehen sich dabei auf

---

[39] Siehe BSI-Studie zur Internet-Sicherheit (ISi-S), Absicherung eines PC-Clients (ISi-Client), Abschnitt 3.2.5, abrufbar unter: https://www.bsi.bund.de/SharedDocs/Downloads/DE/BSI/Internetsicherheit/isi_client_studie.pdf?__blob=publicationFile.

[40] Siehe https://www.bsi.bund.de/DE/Themen/Cyber-Sicherheit/ISi-Reihe/ISi-Fern/fern_node.html.

eine sichere Architektur des E-Mail-Clients, eine geschützte Anbindung an den E-Mail-Server und einen sicheren Austausch von Informationen zwischen den einzelnen Kommunikationspartnern.[41]

In der vom BSI vorgeschlagenen Architektur wird die eigentliche E-Mail-Client-Software durch weitere Komponenten für verschiedene Sicherheitsüberprüfungen ergänzt:
- Ein *Virenschutzprogramm*, das eingehende und ausgehende E-Mails auf Schadprogramme prüft,
- Eine *Anti-Spam-Software*, die unerwünschte E-Mails erkennt und aussortiert,
- Eine *Anti-Phishing-Software*, die Angriffe abwehrt, bei denen der Benutzer mittels gefälschter E-Mails dazu verführt wird, vertrauliche oder persönliche Daten preiszugeben, und
- Eine *Personal Firewall*, die alle eingehenden und ausgehenden Verbindungen filtert.

Darüber hinaus wird empfohlen eine *E-Mail-Richtlinie* zu erstellen, die beschreibt, wie sich Anwender bei der Nutzung von E-Mail zu verhalten haben. Beispielsweise sollten Dateianhänge nicht unbedacht geöffnet werden, um einer Infizierung mit Schadprogrammen vorzubeugen.

Die Anbindung der E-Mail-Clients an den E-Mail-Server sollte über standardisierte Protokolle erfolgen, die mittels SSL/TLS (Secure Socket Layer/Transport Layer Security) zusätzlich durch Authentisierung und Verschlüsselung gesichert werden sollten.

Schließlich sollten für den sicheren Austausch von Informationen zwischen den einzelnen Kommunikationspartnern Verfahren zur Verschlüsselung und zur Erstellung digitaler Signaturen von E-Mails verwendet werden.[42]

---

[41] Siehe https://www.bsi.bund.de/DE/Themen/Cyber-Sicherheit/ISi-Reihe/ISi-Mail-Client/isi-mail-client.html.
[42] Siehe ausführlich BSI-Studie zur Internet-Sicherheit (ISi-S), Sichere Nutzung von E-Mail (ISi-Mail-Client), Abschnitt 5, abrufbar unter: https://www.bsi.bund.de/SharedDocs/Downloads/DE/BSI/Internetsicherheit/isi_mail_client_studie_pdf.pdf?_blob=publicationFile.

§ 4 Technische Grundlagen der Telekommunikation

Übersicht

	Rn.
I. Die Telekommunikationsverbindung	2–10
1. Die physische Verbindung	2–7
2. Die logische Verbindung	8/9
3. Bandbreite	10
II. Festnetz	11–19
1. Telefonnetz	12/13
2. Kabelnetz	14
3. DSL/ADSL/VDSL/VDSL2	15–17
4. VDSL2-VECTORING	18/19
III. Mobilfunk	20–25
1. GSM	21
2. GPRS	22
3. UMTS	23/24
4. LTE	25
IV. Interconnection	26/27
V. Lokale und regionale Funknetze	28–31
1. WLL	29
2. W-LAN	30
VI. Internettelefonie/VoIP	32
VII. Next Generation Networks (NGN)	33–35
1. Netze der nächsten Generation (NGA)	34
2. Bitstromzugang	35

Schrifttum: *Kühling*, Legislative Handlungsbedürfnisse in der neuen Telekommunikationswelt der Next Generation Networks, K&R 2008, 351; *Helmes/Schoof/Geppert*, Herausforderungen der ALL-IP-Netzmigration: zur Balance zwischen Effizienzgewinnen und Migrationsnachteilen, CR 2008, 419; *Schmittmann*, Wem gehört das Inhouse-Telefonkabel? Die Rechtsstellung des Gebäudeeigentümers gegenüber TK-Unternehmen, MMR 2009, 520.

I. Die Telekommunikationsverbindung

1   Für eine erfolgreiche Bearbeitung telekommunikationsrechtlicher Mandate ist ein Verständnis der technisch-wirtschaftlichen Hintergründe unerlässlich. In kaum einem anderen Rechtsgebiet hängt die juristische Sachverhaltsbewertung so sehr von technischen Gegebenheiten ab wie im Telekommunikationsrecht. Daher soll das folgende Kapitel zunächst einen groben Überblick über die Funktionsweise von Telekommunikationsnetzen und ihre technologische Weiterentwicklung geben, bevor auf die Grundlagen der Regulierung des Telekommunikationsmarktes unter → § 31 näher eingegangen werden soll.

1. Die physische Verbindung

2   Als Telekommunikation bezeichnet man den technischen Vorgang des Aussendens, Übermittelns und Empfangens von Signalen mittels Telekommunikationsanlagen (§ 3 Nr. 22 TKG). Telekommunikation kann via Kabel- oder Funktechnik realisiert sein (feste oder mobile physische Verbindung[1]). Kabelgebundene Kommunikationsnetze bestehen aus dem Kabelnetzwerk einschließlich der zu dessen Betrieb erforderlichen **Linien-** und **Vermittlungstechnik**. Hierfür kommen abhängig von zu erzielender Datenrate und zu überbrückender Reichweite unterschiedliche Kabelsysteme zum Einsatz. Die klassischen **Kupferdoppeladern** finden heute noch überwiegend bei Teilnehmeranschlussleitungen Verwendung. Die Datendurchsatzrate bei Kupferdoppeladern hängt sehr stark von der Länge der Kupferleitungen

---

[1] Vgl. Erwägungsgrund (6) der ZugangsRichtlinie; (ABl. Nr. L 108 S. 7).

ab. Im Bereich der Übertragung von Fernsehfunk finden überwiegend **Koaxialkabel** Verwendung. Sie bestehen aus einem isolierten Innenleiter, der von einem in konstantem Abstand zu diesem angebrachten Außenleiter umgeben ist. Die neueste und schnellste Technik bilden **Glasfaserkabel** bzw. Lichtwellenleiter, die aus Mineralglas oder organischem Glas bestehen und im Gegensatz zur klassischen Leittechnik nicht elektrische Impulse sondern Lichtimpulse kontrolliert leiten. Kabelgebundene Verbindungswege können durch **Richtfunkstrecken** ersetzt werden. Hierzu werden über einen Richtfunkspiegel gebündelte Funksignale ausgesendet, die auf eine meist baugleiche Antenne abzielen.

Funkgestützte Kommunikationsnetze basieren auf der Aussendung oder Abstrahlung elektromagnetischer Wellen. Einzelne Funkanwendungen werden durch **Frequenzen** voneinander separiert. Die Frequenz gibt die Anzahl elektromagnetischer Schwingungen pro Zeiteinheit an. Sie wird in **Hertz** gemessen. Je optimaler die Frequenzselektion desto größer ist die Anzahl der Anwendungen, die am selben Ort betrieben werden können.

In der Praxis werden verschiedene Arten von **Funkdiensten** unterschieden, denen jeweils ein bestimmter Frequenzbereich zugeordnet ist. Die Vergabe der Frequenzen erfolgt durch die Bundesnetzagentur. Auf die rechtlichen Grundlagen der **Frequenzvergabe** wird an späterer Stelle noch näher eingegangen werden.

Für die Rechtspraxis von besonderer Bedeutung sind **Mobilfunkdienste**. Sie werden über **Mobilfunknetze** bereitgestellt. Letzteres besteht aus einem **Kernnetz** (Mobilvermittlungsnetz), in dem Signale zwischen ortsfesten Einrichtungen (zB Mobilfunkantennen), Legacy-Systemen und Mobilfunknetzplattformen übermittelt werden, sowie einem **Zugangsnetz** (letzte Meile), über welches die Verbindung zwischen Mobilfunkantenne und mobilem Endgerät realisiert wird. Die ortsfesten Einrichtungen des Zugangsnetzes können terrestrischer oder satellitengestützter Natur sein. Innerhalb von Mobilvermittlungsnetzen finden Übertragungsleistungen typischerweise drahtgebunden statt. Werden Nachrichten übermittelt, so erfolgt dies größtenteils im Mobilvermittlungsnetz. Erst auf der Strecke zwischen Mobilfunkantenne und Endgerät werden Nachrichten funkgestützt übersendet.

Im Bereich des konventionellen Mobilfunks wird das Zugangsnetz über ein dichtes Netz von **Basisstationen** (Sendemasten) bereitgestellt. Jede Basisstation deckt einen bestimmten Bereich des Netzes, eine sog **Funkzelle**, ab. Für gewöhnlich überlappen sich die Zellen mehrerer benachbarter Basisstationen. Im Überlappungsbereich wählt das Endgerät meist automatisch die Zelle mit dem stärksten Signal. Wechselt das Gerät von einer Funkzelle zur nächsten, wird dieser Vorgang als **Handover** bezeichnet.

Bietet ein Mobilfunknetzbetreiber in einem bestimmten Gebiet nur unzureichende Netzkapazitäten, hat der Teilnehmer unter bestimmten Voraussetzungen die Möglichkeit, auf das Netz eines anderen Teilnehmers auszuweichen. Diese als **Roaming** bezeichnete **Einwahl in ein fremdes Netz** setzt eine entsprechende Vereinbarung der Netzbetreibern, ein sog **Roaming-Abkommen**, voraus. Gleiches gilt, wenn sich der Teilnehmer mit seinem Endgerät im Ausland befindet und das Netz eines dortigen Anbieters nutzen will (**internationales Roaming**). Der Betreiber des fremden Netzes erhebt für die gastweise Nutzung seines Netzes regelmäßig eine Gebühr, die als Roaming-Gebühr bezeichnet wird. Technisch setzt Roaming den Zugriff der Mobilfunkvermittlungssysteme des besuchten Netzes auf das Teilnehmerregister des Heimatnetzes des Kunden voraus. Bucht sich der Nutzer in das Gastnetz ein, erfährt das Heimatnetz den Standort des Teilnehmers und kann ankommende Gespräche so in das Gastnetz vermitteln. Der Transfer der Teilnehmerdaten wird in der Regel über sog **Clearingstellen** gewährleistet.

2. Die logische Verbindung

Während in den Anfangszeiten der Telekommunikation für jede Telekommunikationsverbindung innerhalb des Vermittlungsnetzes eine physikalische Verbindung bestehen musste, ist es heute durch Multiplextechniken möglich, über ein physikalisches Kabel mehrere tausend Verbindungen gleichzeitig herzustellen. Die neben der physikalischen Verbindung bestehende logische Verbindung zwischen zwei Teilnehmern bezeichnet man als Kanal. Hierbei sind Nutz- und Signalisierungskanäle zu unterscheiden. **Nutzkanäle** dienen der Übertragung der eigentlichen Nutzinformationen und damit insbesondere von Sprache und Daten. In **Signalisierungskanälen** werden die zur Kommunikation erforderlichen Steuerinformationen übertragen (Signalisierung). Erst auf ihrer Grundlage ist es möglich, Verbindungen zwischen Teilnehmern aufzubauen, aufrecht zu erhalten und schließlich wieder abzubauen. Innerhalb eines Telefonnetzes werden unter Verwendung von Signalisierungsprotokollen Verbindungstests, Messungen und Netzsteuerungsmaßahmen durchgeführt. Signalisierungsinformationen können neben einfachen Steuersignalen (Klingeln, Besetzt, gewählte Rufnummer) auch komplexere Komfortinformationen, beispielsweise Call-Back-Funktionen, sein. In Mobilfunknetzen wird regelmäßig die Funkzelle übermittelt, in der sich der Teilnehmer gerade aufhält.

9 Bei analogen Telefonanschlüssen – oder (früher) analogen Telefonnetzen – existiert häufig kein eigener Signalisierungskanal. Hier werden Signalisierungsinformationen im Nutzkanal mit übertragen (sog **Innenband-Signalisierung**). In digitalen Netzen besteht ein eigener Signalisierungskanal (sog **Außenband-Signalisierung**). Da Signalisierungsinformationen meist sehr kurze Nachrichten sind, ist es möglich, für mehrere Nutzkanäle einen gemeinsamen Signalisierungskanal bereitzustellen. Hierzu werden Protokolle und Verfahren wie das Signalling System #7 (SS 7) bzw. E-DSS 1 eingesetzt. Die Vermittlung der Signalisierungsinformationen innerhalb des Signalisierungsnetzes wird über Vermittlungsstellen, sog **Switches**, realisiert. Hinsichtlich der Übertragung von Informationen in Kommunikationsnetzen wird zwischen leitungsvermittelter und paketvermittelter Übertragung unterschieden. **Leitungsvermittelte** Kommunikation (CSD – circuit switched data) bedeutet, dass einer Verbindung zeitweilig ein durchgeschalteter Übertragungskanal mit konstanter Bandbreite exklusiv zugeordnet ist. Diese Technik wird vor allem für die Übertragung von Sprache genutzt. Demgegenüber wird bei **paketvermittelter** Übertragung (PSD – packet switched data) ein Übertragungskanal für mehrere Nachrichtenverbindungen gleichzeitig verwendet. Hierzu wird die Nachricht in einzelne Datenpakete gestückelt und beim Empfänger wieder zusammengesetzt. Daher muss die logische Verbindung bei paketvermittelter Übertragung nur virtuell aufrechterhalten werden. Ein Sendevorgang findet nur statt, wenn Daten tatsächlich übertragen werden sollen. Hier liegt der Grund, warum paketvermittelte Übermittlungstechniken in besonderer Weise zur Übertragung von Daten geeignet sind. Ein weiterer Vorteil ist in der effizienten Auslastung des Netzwerkes und dessen hoher Ausfallsicherheit zu finden. Fällt eine Vermittlungsstation etwa aus, bricht die Verbindung in der Regel nicht ab, da es jederzeit möglich ist, den Datenstrom über eine andere Vermittlungsstation zu leiten, vorausgesetzt, es stehen Redundanzmöglichkeiten und ausreichende Kapazitäten zur Verfügung.

3. Bandbreite

10 Die Leistungsfähigkeit einer Telekommunikationsverbindung bestimmt sich nach der zur Verfügung stehenden Bandbreite. Technisch bezeichnet der Begriff die Differenz zweier Frequenzen, die einen bestimmten, kontinuierlich zusammenhängenden Frequenzbereich, ein so genanntes **Frequenzband**, bilden. Man unterscheidet die Bandbreite des Frequenzbandes (in Hz) und die Bandbreite, die zur Datenübertragung genutzt werden kann (in kbit/s oder mbit/s). Die für eine Verbindung zur Verfügung stehende Bandbreite ist entscheidend für die Datenmenge, die über ein bestimmtes Medium in einer bestimmten Zeit übertragen werden kann (**Datenübertragungsrate**). Sie ergibt sich aus Frequenzband und genutztem Übertragungsverfahren. In der Telekommunikationspraxis unterscheidet man zwischen **schmalbandigen** (zB dem analogen Telefonanschluss) und **breitbandigen** Verbindungen. Ab welcher Datenübertragungsrate man von einem **Breitbandanschluss** sprechen kann, wird unterschiedlich gesehen. Der Bedarf an Bandbreite in der Bevölkerung steigt stetig, damit unterliegt auch der Breitbandbegriff einem stetigen Wandel.

Die Bundesregierung geht zB in ihrer Breitbandstrategie vom Februar 2009 von einer „... mittlerweile angemessene Breitbanddefinition ..." von mindestens 1 Mbit/s aus.[2]

---

[2] http://www.bmwi.de/Dateien/BBA/PDF/breitbandstrategie-der-bundesregierung,property=pdf,bereich= bmwi,sprache=de,rwb=true.pdf (Stand: 30.7.2015) Seite 7.

II. Festnetz

In Deutschland existieren zwei flächendeckende kabelgebundene Kommunikationsnetze: 11
Das **Telefonnetz**, das vormals rein zur Abwicklung von Telefongesprächen konzipiert, und
das **Kabelnetz**, das in seiner Urgestalt der Übertragung von Rundfunk- und Fernsehsignalen
gewidmet war.

1. Telefonnetz

Der Begriff des „Telefonnetzes" bezeichnet ein Telekommunikationsnetz zur Abwicklung 12
von Telefongesprächen (Fernsprechdienst, Plain Old Telephone Service, POTS). Aufgrund
vormals manueller und heute automatisierter Vermittlungsfunktion, werden klassische Telefonnetze auch unter dem Begriff **PSTN** (Public Switched Telephone Network) geführt. Das
klassische Telefonnetz besteht aus einem Fernnetz aus Glasfaserkabeln (**Backbone**) mit sehr
hoher Bandbreite. Von deutschlandweit ca. 8.000 **Hauptverteilern** erfolgt die Vermittlung zu
den so genannten **Kabelverzweigern**, den „grauen Kästen am Straßenrand". Hauptverteiler
und Kabelverzweiger sind über ein Hauptkabel miteinander verbunden, das in der Regel
aus Kupferdoppeladern besteht. Vom Kabelverzweiger aus gehen Verzweigungskabel dann
zu den einzelnen Teilnehmeranschlüssen ab. Ausbau und Unterhaltung des Telefonnetzes erfolgte ursprünglich durch die **Deutsche Bundespost** (DBP) und der aus ihr hervorgegangenen **Deutschen Telekom AG** (DTAG) heute **Telekom Deutschland GmbH** (TDG). Infolge
der Liberalisierung der Telekommunikationsmärkte seit 1998 bieten heute jedoch unzählige
andere Anbieter, teils über das Netz der TDG, teils aber auch über eigene Netze, „Telekommunikationsdienstleistungen für die Öffentlichkeit" an. Der dieser Entwicklung zu Grunde
liegende regulatorische Rahmen ist Kernbereich des deutschen und europäischen Telekommunikationsrechtes. Der Abschnitt zwischen Hauptverteiler und Teilnehmeranschluss wird
regelmäßig als **Teilnehmeranschlussleitung** (TAL) bezeichnet und inkludiert damit formal
stets noch die Inhausleitungen, obwohl man zwischenzeitlich davon ausgehen kann, dass die
Inhausleitungen nicht zwingend zum Telefonnetz der Telekom Deutschland GmbH gehören.[3] Vielmehr bestimmt sich die Inhaberschaft der Inhausleitungen nach den zivilrechtlichen Regelungen zum Eigentum an Grundstücken und deren Bestandteilen. Die über eine
Teilnehmeranschlussleitung erzielbaren Datenübertragungsraten hängen in der Regel von
der Entfernung des Teilnehmeranschluss vom Hauptverteiler ab. Je länger der Kupferanteil,
dh die Teilnehmeranschlussleitung, desto geringer die erreichbare Datenübertragungsrate.

Ursprünglich war das deutsche Telefonnetz als analoges Fernsprechnetz (**AFeN**) ausge- 13
staltet. Sämtliche Teilnehmer waren über analoge Schmalbandanschlüsse mit dem Netz verbunden. Jenes wurde seit 1980 kontinuierlich zu einem digitalen, diensteintegrierten Universalnetz (Integrated Services Digital Network, **ISDN**) umgebaut, welches neben klassischen
Sprachtelefoniediensten recht bald auch die Übertragung anderer Informationen ermöglichte. Heute erfolgen Übertragung, Vermittlung und Signalisierung über das Telefonnetz überwiegend digital. Analoge Verbindungen bestehen allenfalls noch auf Ebene des Teilnehmeranschlusses, sofern der Teilnehmer nicht über einen ISDN-Anschluss verfügt. In diesem Fall
wird das analoge Signal des Teilnehmeranschlusses an der Vermittlungsstelle (Switch) in ein
digitales Signal übersetzt (sog **A/D-Wandlung**). Bei ISDN-Teilnehmern findet jener Umwandlungsprozess demgegenüber im Telefon bzw. der ISDN-Anlage selbst statt. Die Informationsübertragung erfolgt sodann vollständig digital.

2. Kabelnetz

Während das Telefonnetz von Anfang an auf die Bereitstellung bidirektionaler Verbin- 14
dungen ausgerichtet war, war das deutsche Kabelnetz ursprünglich lediglich zur Distribution von Fernseh- und Radioprogrammen gedacht. Letzteres ist ein wegegebundenes Breitbandverteilnetz, das physikalisch in aller Regel aus Koaxialkabeln besteht. Ursprünglich
wurde das Kabelnetz in vier Netzebenen unterteilt. **Netzebene 1** beinhaltete die Übermitt-

---

[3] Siehe näher unter *Schmittmann* MMR 2009, 520.

lung von TV- und Hörfunksendern bis hin zur Kabelkopfstation. Auf **Netzebene 2** wurden die Signale empfangen, aufbereitet und in die regionalen Netze verteilt. Als **Netzebene 3** bezeichnete man die Verteilung innerhalb der Stadtteile, angefangen von der örtlichen Verteilstation bis hin zum Hausanschluss. Auf **Netzebene 4** erfolgte sodann die Verteilung innerhalb der privaten Haushalte, was auch als „letzte Meile" zum Kunden bezeichnet wird. Während die Netzebenen 1–3 vormals im Eigentum der Deutschen Bundespost standen und mit öffentlichen Mitteln betrieben wurden, erfolgte der Ausbau von Netzebene 4 schon seither durch private Firmen. Im heutigen Sprachgebrauch umfasst der Begriff der Netzebene 3 die gesamte regionale Signalübermittlung von Kabelkopfstation bis zum Hausanschluss. Die Netzebenen 1 und 2 spielen als eigenständige technische Begriffe nur noch eine untergeordnete Rolle. Im Zuge der Liberalisierung der Telekommunikationsmärkte wurden weite Teile der seinerzeit von Deutsche Telekom AG errichteten Netzebene 3 an private Betreiber verkauft. Wie dargestellt, war das deutsche Kabelnetz ursprünglich als rein unidirektionales Distributionsmedium konzipiert. Über den Einsatz von Glasfaserkabeln und die Veränderung der Kabelkopfstationen ist es jedoch möglich geworden, das Kabelnetz **rückkanalfähig** zu machen. Glasfaserkabel reichen in aller Regel nahe an den Hausanschluss heran. An den Enden der Glasfasern werden übermittelte optische Signale in elektrische Impulse gewandelt, die sodann über Koaxialkabel in die einzelnen Haushalte übertragen werden. Man bezeichnet derartige Netze auch als **HFC-Netze** (Hybrid Fiber Coax). Daher können über Kabelanschlüsse neben Hör- und Rundfunk heute auch Telekommunikationsdienste einschließlich Internet- und Multimediadienste, beispielsweise Video on demand oder interaktive Fernsehinhalte, realisiert werden. Insofern sind HFC-Netze heute Trägermedium für so genannte **Triple-Play-Anwendungen**, eine Begrifflichkeit, die das Angebot von Fernsehen/Radio, (analoger, ISDN- und IP-) Telefonie und Internetleistungen über einen einzigen Anschluss beschreibt.

3. DSL/ADSL/VDSL/VDSL2

15   DSL steht für Digital Subscriber Line und beschreibt eine Technik, die es ermöglicht, Daten breitbandig unter Verwendung von Kupferdoppeladern zu übertragen. Die eigentliche DSL-Verbindung wird dabei nur auf der Teilnehmeranschlussleitung zwischen Teilnehmer und Vermittlungsstelle aufgebaut. Voraussetzung einer DSL-Verbindung ist ein DSL-Modem, das digitale Signale in analoge umwandelt und zur Vermittlungsstelle (DSLAM) sendet. Dort wird das analoge Signal durch sog DSL-Multiplexer redigitalisiert und sodann über ein breitbandiges Backbone-Netzwerk und einen Konzentrator an den Provider gesendet. Über Kupferdoppeladern werden Telefonie (analog oder ISDN) und Datenübertragung parallel realisiert, wobei Sprache und Daten an einem DSLAM – und damit auf der zentralen Seite noch vor dem DSL-Modem des Teilnehmers – durch Einsatz eines Splitters getrennt werden. Hierbei erfolgen Daten- und Gesprächsübertragung auf derart unterschiedlichen Frequenzen, dass gegenseitige Störeffekte auszuschließen sind. Auf beschriebene Weise lassen sich sodann selbst Sprach- und Datenübertragungsleistungen unterschiedlicher Anbieter über ein- und dieselbe Leitung übertragen. (sog **Line Sharing**). Die erforderliche Hardware der verschiedenen DSL-Anbieters wird in so genannten **Kollokationsräumen** innerhalb der Vermittlungsstellen untergebracht.

16   DSL-spezifisch hohe Datenübertragungsraten werden sowohl durch Nutzung größerer **Bandbreiten** als auch durch den Einsatz besonderer **Modulationsverfahren** erreicht. Aufgrund der Leitungsdämpfung darf eine Vermittlungsstelle jedoch nicht weiter als einige Kilometer vom Teilnehmer entfernt liegen, woraus sich erklärt, warum DSL in vielen ländlichen Regionen bis heute nicht zur Verfügung steht. Die meisten Teilnehmer-Breitbandanschlüsse im Endkundenbereich sind über **ADSL** (Assymetric Digital Subscriber Line) realisiert. Assymetric bedeutet in diesem Zusammenhang, dass in Empfangsrichtung (downlink) aus Teilnehmersicht deutlich höhere Übertragungsraten erreicht werden als in Sendrichtung (uplink). Der hierzu von seiten der Betreiber zumeist eingesetzte ADSL2+ Standard zeichnet sich dem einfachen DSL-Standard gegenüber dadurch aus, dass über einen ausgedehnten Frequenzbereich höhere Datenübertragungsraten erzielt werden können. Als ein weiterer

Standard wird seit einigen Jahren VDSL (Very High Speed Digital Subscriber Line-Technik) am Hauptverteiler eingesetzt. Diese DSL-Technik erlaubt unter Laborbedingungen Datenübertragungsraten von bis zu 52 mbit/s (Downstream), die in der Praxis, bedingt durch die Entfernung zwischen Teilnehmeranschlüssen und Hauptverteiler, allerdings deutlich abweichen.

Im Zuge des Ausbaus der DSL-Technik wurden Kabelverzweiger vielerorts über Glasfaserkabel angebunden (Fiber To The Curb – FTTC). Darüber hinaus werden in oder in unmittelbarer Nähe der Kabelverzweiger vielfach Multifunktionsgehäuse installiert. Bei diesen grauen Kästen handelt es sich um spezielle Kabelverzweiger, die die Telekom im Rahmen ihres Breitbandausbaus an öffentlichen Straßen und Wegen aufgestellt hat.[4] Wurde ein Kabelverzweiger mit Glasfaser erschlossen, besteht auch die Möglichkeit, die Nachfolgetechnik **VDSL2** einzusetzen. Diese erzielt zwischenzeitlich verglichen mit VDSL noch einmal deutlich gesteigerte Übertragungsraten. Anders als bei bisherigen DSL-Techniken findet bei VDSL2 die DSL-Vermittlung (DSLAM) nicht mehr an der Ortsvermittlungsstelle sondern direkt am Kabelverzweiger statt. Bei FTTC verkürzt sich damit die Teilnehmeranschlussleitung. Diese umfasst dann lediglich noch den Abschnitt vom Kabelverzweiger bis zum Teilnehmeranschluss (Kvz-TAL). Der besondere Anreiz von VDSL2 liegt insbesondere darin, dass es aufgrund hoher Bandbreiten einen hochqualitativen Empfang von Fernsehinhalten über das Telekommunikationsnetz ermöglicht (sog IPTV).

4. VDSL2-VECTORING

Die ITU definierte 2010 Vectoring als Übertragungsverfahren, das die Signale in einem Kabel koordiniert, um das Übersprechen zu reduzieren und die Leitungsqualität zu erhöhen.[5] Die Anbieter in Deutschland testen seit 2013 den Einsatz von VDSL2-Vectoring am Kabelverzweiger. Der Ausbau des Glasfasernetzes bis zum Kabelverzweiger ist Grundvoraussetzung. Durch Vectoring kann die Übertragungsrate nochmals deutlich gesteigert werden. Bandbreiten von bis zu 100 Mbit/s lassen sich über die herkömmliche Kupferleitung vom Kabelverzweiger bis in die Haushalte erzielen. Eine besondere Voraussetzung für den Einsatz von VDSL2-Vectoring am Kabelverzweiger ist aufgrund der Nutzung von Frequenzen oberhalb 2,2 MHz, dass dieses Übertragungsverfahren nur von einem Anbieter am Kabelverzweiger eingesetzt werden kann und der Einsatz von VDSL/VDSL2 parallel nicht möglich ist. Würde ein weiterer Anbieter VDSL am selben Kabelverzweiger einsetzen, gingen die Bandbreitengewinne des VDSL2-Vectoring verloren. Aus diesem Grund stellt der Einsatz von VDSL2-Vectoring eine große regulatorische Herausforderung dar.[6]

Künftig sollen jedoch auch Bandbreiten von bis zu 1 GigaBit/s über die Kupfer- TAL erreichbar sein. Möglich soll das durch die auf VDSL basierende G.fast-Technologie sein, die als Nachfolger von VDSL2-Vectoring gelten könnte. **G.fast** kann dort eingesetzt werden, wo die Kupferteilnehmeranschlussleitung nicht länger als 250 m ist[7] also im Bereich des FTTC- und des FTTB-Ausbaus. Die stetige Entwicklung schafft es somit, dass auf den „alten" Kupferleitungen (Teilnehmeranschlussleitungen) immer mehr Bandbreite für den Endkunden zur Verfügung steht. Nicht desto trotz, wird die Kupferleitung an ihre Grenzen kommen. Letztlich wird man in Deutschland nicht umhinkommen, den Glasfaserausbau noch näher zum Teilnehmeranschluss zu bringen. Über den FTTC-Ausbau hinaus gelten als zukunftssicher der Ausbau der Glasfasern bis in die Keller der Gebäude (**Fiber To The Building – FTTB**) und der Ausbau der Glasfaser bis in die Wohnung selbst, dh bis zum Teilnehmeranschluss (**Fiber To The Home – FTTH**). Grenzen hinsichtlich der erreichbaren Datenübertragungsrate, werden bei FTTB und FTTC derzeit überwiegend durch die zur Verfügung stehenden Endgeräte und DSLAM-Technik[8] gesetzt. Bei FTTB befindet sich der DSLAM im Keller des

---

[4] Auf Basis der Anordnung der Bundesnetzagentur erhalten Wettbewerber der Telekom Zugang zu diesen Multifunktionsgehäusen Beschluss vom 4.12.2009 BK3 09–051.
[5] ITU-T G.993.5 (4/2010) i.
[6] Näher unter → § 31 Rn. 5.
[7] http://www.itu.int/net/pressoffice/press_releases/2013/30.aspx#.UwDnKc41W7Q (Stand: 16.2.2014).
[8] → Rn. 17.

Gebäudes. Im FTTB und FTTH Ausbau bildet Deutschland derzeit im internationalen Vergleich das Schlusslicht.[9] Ein Grund hierfür dürften die hohen Ausbaukosten sein, denn zur Verlegung der Glasfasern bis in die Häuser bzw. Wohnungen sind umfängliche Tiefbauarbeiten erforderlich. Darüber hinaus lassen sich derzeit die Bandbreitenschwächen der Kupferdoppeladern durch Techniken wie VDSL2-Vectoring noch gut überbrücken. Der Ausbau mit Glasfasern bis zum Teilnehmer wird daher sehr stark von den Weichenstellungen der Politik und dem regulatorischen Rahmen abhängen. Insbesondere der künftige Einsatz von G.fast wird ebenfalls wie der Einsatz von VDSL2-Vectoring einen regulatorischen Rahmen benötigen. Denn aufgrund der hier verwandten noch höheren Frequenzen sind Störungen beim Einsatz unterschiedlicher Techniken vorprogrammiert. Unter Abwägung der unterschiedlichen Interessen, insbesondere dem Interesse des Schutzes von Investitionen und vor allem dem Interesse langfristig zukunftssichere Glasfasernetze zu errichten, werden hier Regeln zu finden sein.

III. Mobilfunk

20 Mobilfunknetze werden in verschiedene Generationen unterteilt. Die **erste Generation** bezeichnet analoge Netze. Das letzte Mobilfunknetz der ersten Generation, das sog C-Netz der DeTeMobil, wurde Ende 2000 abgeschaltet. Hintergrund war, dass sich in den 90er Jahren schon digitale Mobilfunknetze der **zweiten Generation** mehr und mehr etablierten. Wichtigster, da weltweit meist verbreiteter Standard ist hier GSM (Global System for Mobile Communication). Waren Netze der zweiten Generation hauptsächlich noch zur leitungsvermittelten Übertragung von Sprache konzipiert, sind Netze der **dritten Generation** (3 G) bereits auf die Vermittlung paketgebündelter Inhalte ausgerichtet. Hierzu zählt UMTS als wichtigster Standard. Zu verdanken ist der Übergang von leitungs- zu paketgebündelter Übertragung allerdings erst dem GPRS-Standard, der mitunter als **2,5te Generation** bezeichnet wird. LTE (Long Term Evolution) ist der Nachfolgestandard von UMTS. LTE wird dabei noch der dritten Generation zugeordnet.[10] Der Nachfolger von LTE, LTE Advanced, wird dann bereits als vierte Generation (4 G) bezeichnet.

1. GSM

21 Die weltweite Vermarktung des von sieben verschiedenen Mobilfunkbetreibern entwickelten Mobilfunkstandards GSM hat entscheidend zur Verbreitung des Mobilfunks als Massenprodukt beigetragen. GSM war von Anfang an auf die Übertragung von Sprache ausgerichtet – der Übermittlung anderer Informationen, insbesondere der Datenübertragung, wurde bei der Konzeption dieses Standards geringere Bedeutung beigemessen. Nichtsdestotrotz ist neben der Sprachtelefonie auch die Übertragung von SMS, Telefaxen und Daten via GSM möglich. Der **Rohdatenstrom** des GSM-Netzes beträgt 271 kbit/s, der über Multiplex-Technologien in acht Kanäle à 34 kbit/s aufgeteilt wird. Freilich kann nicht die gesamte zur Verfügung stehende Bandbreite zur Informationsübertragung genutzt werden, da über sie auch Verwaltungsprotokolle und Fehlerkorrekturen realisiert werden müssen. Für die Sprachübertragung verbleiben daher lediglich 13 kbit/s, für **Fax- und Datenübertragung** noch 9,6 kbit/s und für **SMS** 160 Zeichen. Um trotz der geringen Datenrate eine angemessene Sprachqualität sicherstellen zu können, werden Sprachinformationen im so genannten LPC-Verfahren (linear predictive coding) komprimiert. Abgesehen von reinen Text-Emails ist eine Nutzung von Internet-Anwendungen auf Basis des GSM-Standards daher kaum möglich. Hinzu kommt, dass die leitungsvermittelte Übertragungstechnik dem Endnutzer für den gesamten Verbindungszeitraum nur eine einzige – nämlich die gleiche (kleine) – Bandbreite zur Verfügung stellt. Für stark schwankende Datenraten, wie sie Internet-Anwendungen eigen sind, ist eine derart unflexible Zuteilung von Übertragungsressourcen letztlich ungeeignet. Ausgehend hiervon wurden in der Vergangenheit verschiedene Ansätze

---

[9] Im europäischen Ranking fehlt Deutschland, da nicht einmal 1 % der Haushalte mit FTTB/FTTH angeschlossen sind, http://www.ftthcouncil.eu/documents/Reports/2015/Market_Data_December_2014.pdf.
[10] Siehe dazu BNetzA: http://emf3.bundesnetzagentur.de/tech_lte.html (Stand: 16.2.2014).

III. Mobilfunk

entwickelt, die Datenübertragung via GSM zu verbessern. Unter **GSM Phase II** wurde die zur Datenübertragung zur Verfügung stehende Bandbreite von 9,6 kbit/s auf immerhin 14,4 kbit/s erhöht. Da der Rohdatenstrom jedoch unverändert blieb, ging die Erweiterung zu Lasten der Fehlerkorrektur. Unter **HSCSD** wurden zu späterer Zeit mehrere Kanäle zu je 14,4 kbit/s gebündelt. Jene netzbeanspruchungsintensive Technik verursachte jedoch Kosten, die für den Verbrauchermarkt nicht mehr attraktiv waren. Höhere Übertragungsraten bot ferner die **EDGE** (Enhanced Data Rates for GSM Evolution)-Technologie, die sowohl ECSD als auch eine Weiterentwicklung von HSCSD und EGPRS als einen Fortschritt des GPRS-Paketdienstes[11] beinhaltete.

2. GPRS

Angesichts der genannten Schwierigkeiten, auf Grundlage der leitungsvermittelten Übertragung des GSM-Standards eine effektive Datenübertragung zu gewährleisten, wurde jene unter dem Begriff GPRS (General Packet Radio Service) zu einem paketorientierten Übertragungsdienst weiterentwickelt. Auch bei GPRS werden mehrere GSM-Kanäle zu Zwecken der Datenübertragung gebündelt. Dank paketvermittelnder Übertragungstechnik führt dies jedoch nicht zur Blockade sämtlicher in Anspruch genommener Kanäle, so dass höhere Datenraten bei gleichzeitig geringerer Netzauslastung erreicht werden können. Gleichzeitig ermöglicht GPRS Abrechnungssysteme, die nicht mehr an Verbindungszeiten sondern Datenvolumina geknüpft sind. Je nach Anzahl genutzter Kanäle und verwendeter Coding Schemes lassen sich mit GPRS Datenraten von bis zu 171,2 kbit/s erzielen, dies jedoch allenfalls theoretisch. In der Praxis werden derzeit Werte bis zu 55,6 kbit/s erreicht. Wichtigstes Anwendungsgebiet für GPRS ist die Übertragung von **WAP**-Seiten und Multimedia Messaging Services (**MMS**). Auch ist es möglich, einen Computer oder Handheld mit einem GPRS-fähigen Endgerät zu verbinden und über die Nutzung des Mobiltelefons als Modem eine reguläre Internetverbindung herzustellen. Ein weiterer Anwendungsfall ist die Ortung von Fahrzeugen und Objekten, bei der GPRS zur Übertragung von Positions- und Telemetriedaten Verwendung finden kann.

3. UMTS

UMTS (Universal Mobile Telecommunication System) ist der wichtigste Standard der Mobilfunknetze der Dritten Generation. Gegenüber den bisher dargestellten Standards ermöglicht UMTS deutlich höhere Übertragungsraten von bis zu zwei mbit/s. Voraussetzung hierfür ist die Bereitstellung von UMTS im so genannten Time Division Duplex-Modus (TDD-Modus), der sich dadurch auszeichnet, dass Mobil- und Basisstation zwar im gleichen Frequenzband, allerdings zu unterschiedlichen Zeiten senden. In der Praxis werden so Geschwindigkeiten von durchschnittlich 384 kbit/s im so genannten Frequency Division Duplex-Modus (FDD-Modus) erzielt, in dessen Rahmen Mobil- und Basisstation in unterschiedlichen Frequenzbereichen senden. Die Datenübertragung als solche erfolgt bei UMTS grundsätzlich paketorientiert. Anders als im GSM-basierten Übertragungsstandard ist das UMTS-Netz nicht in fest definierte Funkzellen aufgeteilt, innerhalb derer jeweils eine begrenzte Anzahl von Kanälen zu Verfügung steht. Vielmehr wird die zur Verfügung stehende Bandbreite zwischen allen Nutzern aufgeteilt. Eine starke Netzauslastung macht sich daher lediglich durch eine langsamere Übertragungsgeschwindigkeit bemerkbar, eine Verbindung kommt gleichwohl zustande. Im Unterschied zu GSM- und GPRS-Anwendungen sind UMTS-fähige Endgeräte in aller Regel in der Lage, mehrere Datenströme gleichzeitig zu senden bzw. zu empfangen, wodurch es in DSL-vergleichbarer Weise auch möglich wird, zu telefonieren und gleichzeitig im Internet zu surfen. Auch unterscheidet sich UMTS im Vergleich zu GSM ferner in der verwendeten Funktechnologie. Insoweit wird es insbesondere durch den Einsatz von **Wideband-CMDA** möglich, zu sendende Signale stark zu spreizen, so dass diese eine größere Bandbreite einnehmen und weniger störanfällig gegen schmalbandige Störimpulse sind.

---

[11] Vgl. hierzu im folgenden Abschnitt.

24 Wesentlich höhere Übertragungsgeschwindigkeiten beim Datenempfang (sog „Downlink") sind dem High Speed Downlink Packet Access Übertragungsverfahren **HSDPA** – auch als UMTS-Broadband vermarktet – zu verdanken. Kern dieser Technik ist sowohl ein verbesserter Scheduler in der Basisstation, der die Datenlast effizienter verteilt, als auch weitere technische Finessen, die je nach Verbindungsqualität ferner Kanalkodierung und Modulationsverfahren umfassen. Unter Laborbedingungen wurden mit dieser Technik Downlinkraten von bis zu 14,6 mbit/s gemessen. Theoretisch wären damit sogar **Quadruple-Play**-Dienste (Telefonie, Internet, Fernsehen und Mobilfunk)[12] möglich. Gleichwohl werden in der praktischen Anwendung deutlich geringere Downloadraten erzielt. In Deutschland haben Mobilfunkprovider Mitte 2007 mit dem Ausbau von HSUPA-Netzen begonnen.

4. LTE (Long Term Evolution)

25 Um die Vorteile von LTE nutzen zu können, bauen die Mobilfunkanbieter ihr Mobilfunknetz aus. Es ist erforderlich, dass die Basisstationen (Mobilfunktürme) mit Glasfaserleitungen angebunden sind. Hierbei mieten sie zB Glasfaseranbindungen der Festnetzbetreiber, wenn ein eigener Ausbau nicht sinnvoll erscheint. LTE ermöglicht dann Bandbreiten von mehreren hundert MBit/s. Allerdings reduziert sich die dem Nutzer am Ende tatsächlich zur Verfügung stehende Bandbreite wie bei allen Mobilfunklösungen, wenn sich die Zahl der Nutzer in einer Funkzelle erhöht oder die Entfernung des Nutzers zur Basisstation zu groß wird. Mit LTE advanced soll im Vergleich zu LTE noch höhere Datenraten von bis zu 1 GBit/s erreicht werden.[13]

IV. Interconnection

26 Um eine Kommunikation zwischen Teilnehmern verschiedener Netzbetreiber zu ermöglichen, ist die Bereitstellung von **Zusammenschaltungsleistungen** erforderlich. Im Fachjargon spricht man insoweit von Interconnection. Grundlage sind Zusammenschaltungsverträge der Netzbetreiber untereinander. Auf ihrer Grundlage ist geregelt, welche Dienste Netzbetreiber zu jeweils welchen finanziellen Konditionen zur Verfügung stellen müssen oder dürfen.

27 Die Zusammenschaltung als solche erfolgt dann an mehreren sog „Orten der Zusammenschaltung" (OdZ) oder „Points of Interconnection" (**POIs**). An jeden POI werden mehrere Interconnection-Anschlüsse (**ICA**) geschaltet, die sich durch Nutz- und Signalisierungskanäle charakterisieren. Eine Zusammenschaltung kann aber auch dadurch zustande kommen, dass der Betreiber des Ausgangsnetzes sein Netz mit einem anderen Netzbetreiber und dieser wiederum das seinige mit dem Netz eines weiteren Betreibers, dem des Zielanschlusses, zusammenschaltet (**unmittelbares Transit**). Darüber hinaus ist es technisch möglich, dass der Betreiber des Ausgangsnetzes sein Netz mit einem Drittnetz, in welchem die Terminierung sodann im Wege der Weiterleitung an einen weiteren Netzbetreiber realisiert wird, der nun seinerseits eine Zusammenschaltung mit dem Zielnetz herbeiführt (**mittelbares Transit**). Auch Transitleistungen erfolgen regelmäßig auf Grundlage besonderer Vereinbarungen, wobei ein Netzbetreiber keineswegs nachweisen muss, dass mit ihm kooperierende Transitnetzbetreiber, dessen mittelbare Transitleistungen er in Anspruch nimmt, die Anrufzustellung auf Grundlage einer Zusammenschaltungsvereinbarung mit dem Betreiber des Zielnetzes erbringt. Ein Rechtsgrundsatz, wonach jemand ohne konkrete Anhaltspunkte verpflichtet sein soll, das Verhalten seiner Vertragspartner auf Lauterkeit zu überprüfen, ist dem deutschen Recht fremd.[14] Da Interconnectionsleistungen zu Mobilfunknetzen stets mit hohen Kosten verbunden sind, erfreut sich ihre Realisierung über sog GSM-Gateways (auch als SIM-Boxen oder Least-Cost-Router bezeichnet) zunehmender Beliebtheit. Sie sorgen dafür, dass Terminierungsleistungen an Interconnectionspunkten entbehrlich werden, so dass sie auch nicht in

---

[12] Hiervon zu unterscheiden sind die zum Teil am Markt bereits beworbenen Quadruple-Play-Angebote, bei denen Internet, (Analog-/ISDN- oder IP-)Telefonie und (IP-)Fernsehen via Festnetz angeboten werden und diese um einen Mobilfunkanschluss im Rahmen eines einheitlich vergüteten Paketangebotes ergänzt werden.
[13] Siehe BNetzA: http://emf3.bundesnetzagentur.de/tech_lte_anwendung.html (Stand: 30.7.2015).
[14] OLG Düsseldorf Urt. v. 27.11.2007 – I-20 U 22/07, MMR 2008, 336 (338).

Rechnung gestellt werden können. Hieraus erklärt sich das Bestreben betroffener Netzbetreiber, das Geschäft mit GSM-Gateways unterbinden und eine entsprechende Verwendung ihrer SIM-Karten in GSM-Gateway-Geräten ausschließen zu wollen. Einen solchen Fall beschäftigte bereits das OLG Düsseldorf, das entsprechende Vertragsbestimmungen als Verstoß gegen das kartellrechtliche Verbot des Art. 82 Abs. 1 EG beurteilte und argumentiert hat, rechtfertigende Gründe für ein pauschales Verbot seien nicht ersichtlich. Die Nutzung von SIM-Karten in GSM-Gateways müsse vielmehr grundsätzlich ermöglicht werden. Da eine entsprechende Verwendung von SIM-Karten allerdings Netzüberlastungen und Ausfälle nach sich ziehen könne, seien Provider hierzu nicht zu Endkundenbedingungen verpflichtet. In diesem Punkt dürfe der Netzbetreiber den Nutzungsumfang auf ein angemessenes Maß begrenzen. Auch sei ihm die Forderung angemessener Entgelte, die regelmäßig die Höhe allgemeiner Endkundenentgelte übersteigen dürfte, zuzugestehen.[15]

V. Lokale und regionale Funknetze

Zur Überbrückung der letzten Meile eines Telekommunikationsnetzwerks können anstelle drahtgebundener Teilnehmeranschlussleitungen auch Funktechniken eingesetzt werden, wie in neuerer Zeit zunehmend zu beobachten ist. Anders als Mobilfunknetze, die vornehmlich dem Betrieb mobiler Endgeräte dienen sollen, sind in diesem Zusammenhang angesprochene Funktechniken primär dafür gedacht, ortsfeste Telefon- und Datendienste unter Vermeidung der Installation aufwendiger Kabelinfrastrukturen zu ermöglichen. 28

1. WLL

Eine solche Möglichkeit bietet Wireless Local Loop (WLL). Ist – vor allem in ländlichen Räumen – eine Netzwerkanbindung von Haushalten über Kupferdoppeladern unter wirtschaftlich vertretbarem Aufwand nicht möglich, kann die letzte Meile via WLL überbrückt werden. Die angesprochene Technik wird insbesondere von Wettbewerbern der DTAG eingesetzt, die nicht über eigene Teilnehmeranschlussleitungen verfügen, und solche der DTAG oder alternativer Teilnehmernetzbetreiber nicht zu marktgerechten Konditionen nutzen können oder wollen. WLL wird in der Regel über Punkt-zu-Punkt oder Punkt-zu-Mehrpunkt **Richtfunkstrecken** realisiert. In letztgenannter Variante versorgt eine Basisstation mehrere Teilnehmer. Hier kommt ein Mehrfach-Zugriffsverfahren zum Einsatz, so dass alle Kanäle gleichzeitig zur Nutzung zur Verfügung stehen. Neben Anbindungszwecken von Teilnehmern an das Telefonnetz kommt WLL ferner bei DSL- und Kabel-TV-**Breitbanddiensten** zum Einsatz. 29

2. W-LAN

Der Begriff Wireless LAN (WLAN) bezeichnet ein funkgestütztes lokales Computernetzwerk auf Basis eines IEEE 802.11-Standards. Mit handelsüblichen WLAN-Antennen lassen sich auf freier Fläche 30 bis 100m Strecke überbrücken. In Gebäuden kann die Reichweite je nach Leistungsfähigkeit der eingesetzten Endgeräte bis zu 90m betragen. Mittels WLAN-Technik in Kombination mit Richtfunkantennen lassen sich sogar Reichweiten bis zu 100 km abdecken. Je nach eingesetztem IEEE 802.11-Standard sind Datenübertragungsraten von bis zu 50 MBit/s und mehr möglich. Technisch sind zwei Betriebsarten von WLAN zu unterscheiden: Infrastruktur- Modus und Ad-hoc-Modus. Im **Infrastruktur- Modus** wird eine Basisstation, ein so genannter Wireless Access Point, speziell ausgezeichnet. Dieser koordiniert alle im Netz befindlichen Endgeräte (Netzwerkknoten). Häufig ist ein solches Netzwerk gleichzeitig mit einem drahtgebundenen Computernetzwerk (LAN) per Ethernet verbunden. Demgegenüber kommunizieren im **Ad-hoc Modus** alle Netzwerkknoten gleichwertig miteinander. Eine Kommunikation findet in diesem Betriebsmodus logischerweise jedoch nur zwischen solchen Netzwerkknoten statt, zwischen denen eine aktive Funkverbindung besteht. Die Weiterleitung von Datenpaketen ist nicht angedacht. Neben dem 30

---

[15] OLG Düsseldorf Urt. v. 13.3.2008 – VI-U (Kart) 34/06, U (Kart) 34/06, MMR 2008, 779.

kabellosen Betrieb von Computernetzwerken innerhalb von Haushalten und Unternehmen kommt die WLAN-Technik zunehmend auch zur **Anbindung mobiler Endgeräte**, insbesondere Notebooks und Laptops an stark frequentierten Orten wie Flughäfen, Bahnhöfen, Restaurants oder Hotels an das Internet zum Einsatz. Als Wireless Access Points dienen so genannte **Hotspots**, an denen sich Nutzer, kostenfrei oder gegen Entgelt, spontan mit dem Netzwerk verbinden können. Auch unter Städten und Gemeinden zeichnet sich die Tendenz ab, flächendeckende WLAN's anzubieten.[16] Ebenso gibt es Bestrebungen, über die massenweise offene Konfiguration privater Funknetze flächendeckende WLANs als frei verfügbares Allgemeingut („Freie Funknetze") einzurichten.[17] Diese Idee nutzen zwischenzeitlich viele Diensteanbieter als Geschäftsmodell und bieten **WLAN-Sharing** an. Hierbei teilen Nutzer ihr heimisches WLAN mit anderen Nutzern und erhalten somit Zugang zum Internet mit Datenübertragungsraten, die im Festnetzbereich üblich sind.

3. WiMAX

31 Der Begriff WiMAX (Worldwide Interoperability for Microwave Access) bezeichnet eine Technik auf Basis eines IEEE 802.16-Standards für regionale Funknetze. Verglichen mit der herkömmlichen WLAN-Technik zeichnet sich WiMAX durch erheblich höhere Reichweiten aus. Unter Laborbedingungen lassen sich bei einer Datenrate von bis zu 108 mbit/s Reichweiten bis 50 km erzielen. Ausgehend von derartiger Leistungsfähigkeit wird die WiMAX-Technologie daher nicht minder als Konkurrenz zu drahtgebundenen DSL-Anschlüssen als zur UMTS-Technik betrachtet. Wie bei herkömmlichen Mobilfunknetzwerken erfordert auch WiMAX einen Mobilfunkturm als **Basisstation**. Bei bestimmten 802.16- Standards ist auch ein Wechsel der Funkzelle ohne Unterbrechung der Verbindung möglich (Handover). Gegenüber anderen Breitbandzugängen zeichnet sich WiMAX vor allem durch **geringe Latenzzeiten** bei der Paketvermittlung und hohe Quality of Service (**QoS**)-Standards aus. Daher ist diese Technik zur paketvermittelten Sprachübertragung, beispielsweise Internettelefondiensten, besonders geeignet. In Deutschland ist der Ausbau von WiMAX- Netzwerken seit Mitte 2005 im Gange. Im Dezember 2006 versteigerte die Bundesnetzagentur entsprechende Frequenzpakete an 6 Unternehmen für insgesamt 56 Mio. EUR, wobei die großen deutschen Festnetz- und Mobilfunkanbieter sich nicht beteiligten. Im Rahmen des durchgeführten Versteigerungsverfahrens gingen Frequenzpakete, die sich für den Ausbau eines bundesweiten WiMAX-Angebotes eignen, lediglich an drei Bieter. Weitere Anbieter erwarben Frequenzen für bestimmte Regionen.

VI. Internettelefonie/VoIP

32 Während in der Vergangenheit das Bemühen darauf gerichtet war, primär auf Sprachübertragung ausgerichtete Telekommunikationsnetze für die Datenübertragung nutzbar zu machen, ist bei der Voice over IP-Technik das genaue Gegenteil der Fall. Voice over IP (kurz VoIP) ist eine Anwendung, die auf dem **TCP/IP- Protokoll** aufsetzt und Sprachtelefonie über das Internet-Protokoll ermöglicht. Als Transportnetz können sowohl das Internet (Internettelefonie) als auch eigene Betreibernetze dienen. Anders als bei der klassischen Festnetztelefonie werden bei VoIP keine Leitungen über Vermittlungsstellen geschaltet. Die Übertragung der Sprache erfolgt **paketvermittelt** im Routing-Verfahren, welches Grundlage jeglicher IP-Kommunikation ist. Die analogen Sprachsignale werden bereits im Endgerät digitalisiert und dann mittels Codecs in Audio-Binärformate codiert bzw. komprimiert, um die zu übertragende Datenmenge zu reduzieren. Sprachübertragung wie Signalisierung erfolgen sodann protokollgestützt. Dabei ist über **Gateways** selbst der Verbindungsaufbau zu Teilnehmern klassischer Telefonnetze realisierbar. Manche VoIP-Anbieter stellen ihren Nutzern hierzu eigene Telefonnummern zur Verfügung, über die sie dann auch aus Fest- und Mobilfunknet-

---

[16] Die erste deutsche Stadt, die im Jahr 2006 ein flächendeckendes W-LAN probeweise in Betrieb genommen hatte, ist Heidelberg.
[17] Ausführlich hierzu http://de.wikipedia.org/wiki/Freies_Funknetz (Stand: 30.7.2015).

zen auf ihrem IP-Endgerät erreichbar sind. Zwar bildet, wie bei jeder IP-Kommunikation, auch bei VoIP die IP-Adresse die einzige Kennung, unter der ein Teilnehmer eindeutig adressierbar ist. Über das **Session Initiation Protokol** (SIP) ist es jedoch möglich, die dem Teilnehmer zugeordnete Telefonnummer auch auf einem Server zu hinterlegen und bei jedem Verbindungsaufbau sodann mit der (i. d. R. dynamischen) IP-Adresse abzugleichen.

VII. Next Generation Networks (NGN)

Im Zuge der Weiterentwicklung der Telekommunikationstechnik kristallisieren sich zunehmend neue Netzstrukturen heraus, welche sich in ihrer zugrunde liegenden Technik deutlich von derzeit vorherrschenden Netzstrukturen unterscheiden. Next Generation Network (NGN) bezeichnet Netzwerke, welche traditionelle leitungsvermittelnden Telekommunikationsnetze[18] durch eine einheitliche paketvermittelnde Netzinfrastruktur ersetzt. Ein Next Generation Network ist ein paketbasiertes Netz zur Bereitstellung von Telekommunikationsdiensten für Nutzer unter Verwendung vielfältiger breitbandiger, QoS-basierter Transporttechniken, in dem die dienstbezogenen Funktionen unabhängig von den darunterliegenden transportbezogenen Technologien sind. Es bietet den Nutzern den uneingeschränkten Zugang zu den Netzen, Dienstanbietern und Diensten ihrer Wahl. Es unterstützt die allgemeine Mobilität, indem es überall die einheitliche Bereitstellung von Diensten für den Nutzer erlauben wird.[19] Hintergrund ist der Umstand, dass die zunehmende Konvergenz der Medien auch eine Konvergenz der Netze und Dienste nach sich zieht. Insbesondere drängen vermehrt Kabelnetzbetreiber und Portalanbieter auf den Telekommunikationsmarkt. Umgekehrt drängen Anbieter über VDSL2+ Standards zunehmend in den Markt klassischer Rundfunkangebote. Gleichwohl gestaltet sich der Einstieg in fremde Märkte vor dem Hintergrund dienstespezifischer übertragungsmedialer Abhängigkeiten für beide Seiten als schwierig. Eine einheitliche Netzinfrastruktur als gemeinsame Plattform für sämtliche Dienste wäre daher eine echte Erleichterung und würde den Markt an Fahrt gewinnen lassen. Politische Umstrukturierungsprozesse sind insoweit nicht nur in Deutschland im Gange.[20]

1. Netze der nächsten Generation

Sie spielen im Telekommunikationsgesetz (TKG) eine große Rolle, da im Rahmen ihres Aufbaus zahlreiche Sonderregelungen gelten. Das TKG definiert „Netze der nächsten Generation" jedoch nicht. Die Bundesnetzagentur (BNetzA) verweist hier auf die Definition in der NGA-Empfehlung.[21] Im Sinne dieser Empfehlung gelten folgende Begriffsbestimmungen: „Zugangsnetze der nächsten Generation" („**Next Generation Access – NGA-Netze**") sind leitungsgebundene Zugangsnetze, die vollständig oder teilweise aus optischen Bauelementen bestehen und daher Breitbandzugangsdienste mit erweiterten Leistungsmerkmalen (zB mit einem höheren Datendurchsatz) ermöglichen, die über das hinaus gehen, was mit schon bestehenden Kupferkabelnetzen angeboten werden kann. In den meisten Fällen sind NGA-Netze das Ergebnis der Aufrüstung bereits bestehender Kupfer- oder Koaxialkabel-Zugangsnetze."

2. Bitstromzugang (engl. bitstream access – BSA)

Im Rahmen des Ausbaus der Netze der nächsten Generation (Glasfasernetze) kommt dem Bitstromzugang immer größere Bedeutung zu. Beim entbündelten Zugang zur Teilnehmer-

---

[18] Siehe Begrifflichkeiten unter → Rn. 7.
[19] Definition der ITU-T Y.2001 12/2004 SERIES Y: GLOBAL INFORMATION INFRASTRUCTURE, INTERNET PROTOCOL ASPECTS AND NEXT-GENERATION NETWORKS – Next Generation Networks – Frameworks and functionalarchitecture models.
[20] Einen guten Überblick bieten beispielsweise *Kühling* K&R 2008, 351 und *Helmes/Schoof/Geppert* CR 2008, 419.
[21] Empfehlung der Kommission vom 20.9.2010 über den Regulierten Zugang zu Zugangsnetzen der nächsten Generation (NGA) 2010/572/EU.

anschlussleitung wird das Kupferkabel an einen Dritten zur ausschließlichen Nutzung vermietet. Der Mieter übt die ungehinderte Kontrolle der Beziehungen zu seinen Kunden bei der Bereitstellung einer vollständigen Palette von Telekommunikationsdiensten über den Teilnehmeranschluss aus, einschließlich des Einsatzes digitaler Teilnehmeranschlusssysteme (digital subscriber line systems – DSL) für Datenanwendungen mit hoher Geschwindigkeit.[22] Im Gegensatz dazu bekommt der Dritte beim Bitstrom-Zugang keinen Zugriff auf die Leitung, sondern lediglich einen nichtphysischen, virtuellen Netzzugang an festen Standorten. Auf Basis dieses Vorleistungsproduktes kann der Anbieter Endkundenprodukte immer noch selbst gestalten.[23] Der Bitstrom-Zugang wird entsprechend den Festlegungen der Präsidentenkammer der Bundesnetzagentur[24] in den ATM-Bitstrom-Zugang und den IP-Bitstrom-Zugang unterteilt. Der ATM-Bitstrom-Zugang umfasst demnach den Bitstrom-Zugang mit Übergabe auf der ATM-Ebene (layer 2) an verschiedenen Übergabepunkten der Netzhierarchie.[25] Der IP-Bitstrom-Zugang umfasst hingegen den Bitstrom-Zugang mit Übergabe auf IP-Ebene (layer 3) an verschiedenen Übergabepunkten der Netzhierarchie sowie den HFC-Breitbandzugang mit Übergabe auf IP-Ebene.[26]

---

[22] Siehe: Mitteilung der Kommission zu Entbündelter Zugang zum Teilnehmeranschluss: Wettbewerbsorientierte Bereitstellung einer vollständigen Palette von elektronischen Kommunikationsdiensten einschließlich multimedialer Breitband- und schneller Internet-Dienste (2000/C 272/10), unter Ziff. 2.1.
[23] Siehe näher hierzu Geppert/Schütz/*Geppert/Attendorn* § 21 Rn. 93 ff.
[24] Siehe: Festlegung der Präsidentenkammer der Bundesnetzagentur für Elektrizität, Gas, Telekommunikation, Post und Eisenbahnen vom 16.9.2010 zu Breitbandzugang für Großkunden – Marktdefinition und Marktanalyse des Marktes Nr. 5 der Märkte-Empfehlung der EU-Kommission vom 17. Dezember 2007, dort G.1.2. Seite 27 – http://www.bundesnetzagentur.de/SharedDocs/Downloads/DE/Sachgebiete/Telekommunikation/Unternehmen_Institutionen/Marktanalysen/Festlegung_Markt5.pdf?_blob=publicationFile&v=1(Stand: 30.7.2015).
[25] Vgl. Fn. 24; s. a. *Geppert/Schütz*.
[26] Vgl. Fn. 24.

Teil B. Immaterialgüterrecht

§ 5 Rechtsschutz von Computerprogrammen und digitalen Inhalten

Übersicht

	Rn.
I. Einführung zu den urheberrechtlichen Bezügen des IT-Rechts *(Witte/Auer-Reinsdorff)*	1–35
1. Werke im digitalen Kontext	7–9
2. Schutz des Urhebers und der Leistungsschutzberechtigten	10–18
3. Einräumung von Nutzungsrechten	19–28
4. Rechte der Presseverleger	29–35
II. Einführung in den Urheberrechtsschutz von Computerprogrammen *(Witte/Auer-Reinsdorff)*	36–55
1. EU- und international konforme Auslegung	38–42
2. Weitere Entwicklungen bei digitaler Nutzung	43–45
3. Der sog 2. Korb	46/47
4. Vorbereitungen zum sog 3. Korb	48
5. Das Leistungsschutzrecht für Presseverlage	49/50
6. Die Bildungs- und Wissenschaftsschranke in § 52a UrhG	51
7. Kritik	52–55
III. Der Rechtsschutz von Computerprogrammen außerhalb des Urheberrechts *(Witte/Auer-Reinsdorff)*	56–62
IV. Anspruchsvoraussetzungen	63–140
1. Die Schutzvoraussetzungen im Einzelnen *(Witte/Auer-Reinsdorff)*	65–88
a) Schutzfähiges Werk	68
b) Was ist ein „Programm in jeder Gestalt" (§ 69 Abs. 1)	69–78
c) Was bedeuten „Form und Ausdrucksweise" (§ 69a Abs. 2 UrhG)	79–82
d) Was sind „individuelle Werke als Ergebnis geistiger Schöpfung (§ 69a Abs. 3 UrhG)	83–86
e) Die Verweisung auf die allgemeinen Vorschriften nach § 69a Abs. 4 UrhG	87/88
2. Das Softwareurheberrecht in Arbeits- und Dienstverhältnissen (§ 69b UrhG) *(Witte/Auer-Reinsdorff)*	89–100
a) Der Arbeitnehmerbegriff im Urheberrecht	91–97
b) Abgrenzung zum freien Mitarbeiter	98
c) Urheberpersönlichkeitsrechte im Arbeitsverhältnis	99/100
3. Arbeitnehmererfindungsrecht *(Witte/Auer-Reinsdorff)*	101/102
4. Patentrecht *(Baldus)*	103–140
a) Einleitung	103/104
b) Begriff des Computerprogramms	105/106
c) Patentschutz von Computerprogrammen nach dem deutschen Patentgesetz PatG	107–114
d) Deutsche Rechtsprechung zur Patentierbarkeit von Computerprogrammen	115–124
e) Patentschutz von Computerprogrammen nach dem europäischen Patentübereinkommen EPÜ	125/126
f) Rechtsprechung des Europäischen Patentamtes zu Computerprogrammen	127/128
g) Patentschutz für Computerprogramme in der Praxis	129–132
h) Vorgehensweise bei der Anmeldung von Computerprogrammen zum Patentschutz	133–140
V. Zustimmungsbedürftige Handlungen bei Software *(Witte/Auer-Reinsdorff)*	141–271
1. Das Vervielfältigungsrecht, § 69c Nr. 1 UrhG	145/146
2. Das Bearbeitungsrecht, § 69c Nr. 2 UrhG	147–149
3. Das Verbreitungsrecht, § 69c Nr. 3 UrhG	150–196
a) Positiver Inhalt des Verbreitungsrechts	150–152
b) Voraussetzungen einer Verbreitung	153–158
c) Die Erschöpfung des Verbreitungsrechts	159–181

	Rn.
d) Umgehung der Erschöpfung durch Einsatz technischer Schutzsysteme	182–191
e) Die Rechtsfolgen der Erschöpfung	192–196
4. Das Recht der öffentlichen Wiedergabe, § 69c Nr. 4 UrhG	197–203
5. Die Schranken des § 69d UrhG	204–235
a) Inhalt und Voraussetzungen des § 69d Abs. 1 UrhG	211–224
b) Inhalt und Voraussetzungen des § 69d Abs. 2 UrhG	225
c) § 69d Abs. 3 UrhG, Freiheit von Ideen und Grundsätzen	226
d) § 69e UrhG Dekompilierung	227–235
6. § 69f UrhG Rechtsverletzungen – Vernichtungsanspruch	236–249
7. § 95a UrhG	250
8. § 69g UrhG Anwendung sonstiger Rechtsvorschriften	251–256
9. Schranken als Einwendungen im Prozess	257–267
10. Der Rückruf von Rechten nach § 41 UrhG	268–271
VI. Die Anspruchsdurchsetzung im Software-Urheberrecht *(Witte/Auer-Reinsdorff)*	272–305
1. Der Beweis der Anspruchsvoraussetzungen	276–284
2. Vorbereitende Ansprüche auf Auskunft, Vorlage und Besichtigung	285–298
a) Der unselbständige Auskunftsanspruch	285
b) Der selbständige Auskunftsanspruch nach § 101 UrhG	286–290
c) Der selbständige Auskunftsanspruch nach § 101a UrhG	291–298
3. Eingriff in das geschützte Gut	299–303
4. Einwendungen des Beklagten	304/305
VII. Die Regeln der Störerhaftung *(Witte/Auer-Reinsdorff)*	306–323
1. Der unmittelbare Störer	306/307
2. Zurechenbarkeit des Handelns Dritter	308–310
3. Unterschiedliche Haftungsregime	311–313
4. Der mittelbare Störer	314–316
5. Haftungsprivileg des § 10 TMG	317–323
VIII. Unterlassung, Beseitigung und Schadensersatz *(Witte/Auer-Reinsdorff)*	324–357
1. Anspruchsgrundlagen	324–328
2. Verhältnis zu anderen Vorschriften	329–334
a) Die Spezialität zum bürgerlichen Recht	329
b) Die Parallelität der gewerblichen Schutzrechte	330
c) Das Verhältnis zum MarkenG	331
d) Das Verhältnis zum UWG	332/333
e) Das Verbot der Verquickung	334
3. Die Arten der Schadensberechnung	335–343
a) Die konkrete Schadensberechnung	335
b) Die abstrakte Schadensberechnung	336–342
c) Die Herausgabe des Verletzergewinns	343
4. Zuschläge	344–351
a) Nebenschäden	344
b) Pauschale Zuschläge	345–347
c) Zuschläge aufgrund konkreter Berechnung	348
d) Schäden mit paralleler Anspruchsgrundlage	349
e) Zinsen als Verletzervorteil	350
f) Zahlungen an Dritte von Dritten	351
5. Der Bereicherungsausgleich	353/353
6. Ansprüche wegen der Verletzung von Urheberpersönlichkeitsrechten	354–356
7. Grenzbeschlagnahme	357
IX. Die außergerichtliche Durchsetzung von Ansprüchen *(Witte/Auer-Reinsdorff)*	358–411
1. Die Berechtigungsanfrage	360/361
2. Die Abmahnung	362–373
3. Die Unterlassungs- und Verpflichtungserklärung	374–397
4. Die Folgen der Abmahnung	398/399
5. Die Kosten des außergerichtlichen Verfahrens	400–411
X. Die einstweilige Verfügung *(Witte/Auer-Reinsdorff)*	412–440
1. Statthaftigkeit	412/413
2. Praktische Zuständigkeitsfragen	414–419
3. Die Schutzschrift	420/421
4. Die Begründetheit des Verfügungsantrags	422–431
a) Die Dringlichkeit	422

	Rn.
b) Der Verfügungsanspruch	423/424
c) Besichtigungsansprüche im Eilverfahren	425–427
d) Die Auskunftsansprüche im Eilverfahren	428–431
5. Die richtige Formulierung des Antrags	432–436
6. Verhalten während des Verfahrens	437
7. Entscheidungsmöglichkeiten des Gerichts	438/439
8. Zustellung des Titels	440
XI. Die Abschlusserklärung *(Witte/Auer-Reinsdorff)*	441–446
XII. Das Widerspruchsverfahren *(Witte/Auer-Reinsdorff)*	447–450
1. Der Vollwiderspruch	448
2. Der Kostenwiderspruch	449/450
XIII. Besonderheiten des Berufungsverfahrens *(Witte/Auer-Reinsdorff)*	451
XIV. Das Hauptsacheverfahren *(Witte/Auer-Reinsdorff)*	452–456
1. Initiative des Schuldners	452–454
2. Initiative des Gläubigers	455/456
XV. Die Aufhebung der einstweiligen Verfügung wegen veränderter Umstände *(Witte/Auer-Reinsdorff)*	457–459
XVI. Weitere Verfahrensfragen *(Witte/Auer-Reinsdorff)*	460–465

Schrifttum: *Auer-Reinsdorff/Brandenburg,* Urheberrecht und Multimedia, 2003; *Bisges,* Urheberrechtsverstöße durch elektronisches Dokumentenmanagement, MMR 2014, 790; *Diekmann,* Beck'sche Formularsammlung zum gewerblichen Rechtsschutz, 4. Aufl. 2009; *Dreier,* TRIPS und die Durchsetzung von Rechten des geistigen Eigentums, GRUR Int. 1996, 205; *Fälsch,* Verträge über unbekannte Nutzungsarten nach dem Zweiten Korb: die neuen Vorschriften § 31a UrhG und § 137 I UrhG, Bibliotheksdienst 2008, 409; *Galetzka/Stamer,* Streaming – aktuelle Entwicklungen in Recht und Praxis, MMR 2014, 292; *Hartmann,* Kostengesetze, 44. Aufl. 2014; *Hendel,* Die urheberrechtliche Relevanz von Hyperlinks, ZUM 2014, 102; *Hilgert/Hilgert,* Nutzung von Streaming-Portalen, MMR 2014, 85; *Hoeren,* Der urheberrechtliche Erschöpfungsgrundsatz bei der Online-Übertragung von Computerprogrammen, CR 2006, 573; *Ingerl/Rohnke,* Markengesetz, 3. Aufl. 2010; *Jahn/Palzer,* Embedded Content und das Recht der öffentlichen Wiedergabe – Svensson ist die (neue) Realität, K&R 2015, 1; *Janisch/Lachenmann,* Konvertierung von Musikvideo-Streams in Audiodateien, MMR 2013, 213; *Kahl,* Wen betrifft das Leistungsschutzrecht für Presseverleger? – „Kleinste Textausschnitte" vor dem Hintergrund der BGH-Rechtsprechung, MMR 2013, 348; *Karger,* Rechtseinräumung bei Software-Erstellung, CR 2001, 357; *Kitz,* Urheberschutz im Internet und seine Einfügung in den Gesamtrechtsrahmen, ZUM 2005, 444; *Kreutzer,* Das Leistungsschutzrecht für Presseverleger im Lichte der BGH-Rechtsprechung zu Vorschaubildern, MMR 2014, 512; *Kuper,* § 101 UrhG: Glücksfall oder Reinfall für Rechteinhaber, ITRB 2009, 12; *Lent,* Elektronische Presse zwischen E-Zines, Blogs und Wikis, ZUM 2013, 914; *Loewenheim,* Handbuch des Urheberrechts, 2. Aufl. 2010; *Meller-Hannich,* Zu einigen rechtlichen Aspekten der „Share-Economy", WM 2014, 2337; *Mengden,* 3D-Druck – Droht eine „Urheberrechtskrise 2.0"?, MMR 2014, 79; *ders.,* 3D-Druck aus ordnungs- und strafrechtlicher Perspektive, MMR 2014, 150; *Möhring/Nicolini,* UrhG, 3. Aufl. 2014; *Peifer,* Selbstbestimmung im digitalen Netz – Privatkopie, Flatrate und Fair Use, ZUM 2014, 86; *Rauer,* Keine erneute öffentliche Wiedergabe durch Verlinkung auf andere Internetseiten, K&R 2014, 256; *Reinemann/Remmertz,* Urheberrechte an Usergenerated Content, ZUM 2012, 216; *Schack,* Urheberrechtliche Gestaltung von Webseiten unter Einsatz von Links und Frames, MMR 2001, 9; *Schmidt-Kessel,* Verträge über digitale Inhalte – Einordnung und Verbraucherschutz, K&R 2014, 475; *Schneider,* Software als handelbares verkehrsfähiges Gut – "Volumen-Lizenzen" nach BGH, CR 2015, 413; *Schneider/Spindler,* Der Kampf um die gebrauchte Software – Revolution im Urheberrecht, CR 2012, 489; *Schulte* (Hrsg.), Patentgesetz mit EPÜ. 9. Aufl. 2014; *Schwab,* Der Arbeitnehmer als Urheber, NZA-RR 2015, 5; *Schwarz/Kruspig,* Computerimplementierte Erfindungen Patentschutz von Software?, 2011; *Schwenke,* Google Glass – Eine Herausforderung für das Recht, K&R 2013, 685; *Senftleben,* Die Fortschreibung des urheberrechtlichen Erschöpfungsgrundsatzes im digitalen Umfeld, NJW 2012, 2924; *Solmecke/Kocatepe,* Der 3D-Druck – Ein neuer juristischer Zankapfel?, K&R 2014, 778; *Sprang,* Erwerb von unbekannten und Umgang mit neuen urheberrechtlichen Nutzungsarten, Börsenverein des Deutschen Buchhandels, 2011; *Stadler,* Anspruch auf Urhebernennung am Bild in allen Website-Darstellungsvarianten, K&R 2014, 211; *Talke,* Verwaiste und vergriffene Werke: Kommt das 20. Jahrhundert endlich in die Digitale Bibliothek, K&R 2014, 18; *Teplitzky,* Wettbewerbsrechtliche Ansprüche und Verfahren, 10. Aufl. 2011; *Ullrich,* Alles in einem – Die Einräumung eines Nutzungsrechts iSd § 31 Abs. 1 UrhG für ein On-Demand-Dienst im Internet, ZUM 12010, 311; *Ulmer/Hoppen,* Was ist das Werkstück des Software-Objektcodes? CR 2008, 681; *Verweyen,* Pauschale Geräteabgaben: Kein Ende in Sicht, MMR 2014, 718; *Wandtke/von Gerlach,* Die urheberrechtliche Rechtmäßigkeit der Nutzung von Audio-Video Streaminginhalten im Internet, GRUR 2013, 676; *Weisser/Färber,* Weiterverkauf gebrauchter Software – UsedSoft-Rechtsprechung und ihre Folgen, MMR 2014, 364; *Wirtz,* Die Digitalisierung des europäischen Kulturerbes – Big Data und Museen, DSRITB 2014, 55; *Witte,* Online-Vertrieb von Software, ITRB 2005, 86; *Witte,* Das Gesetz gegen unseriöse Geschäftspraktiken, ITRB 2014, 56.

I. Einführung zu den urheberrechtlichen Bezügen des IT-Rechts

1 Dieses Kapitel vermittelt Grundlagen zum Urheberschutz von Software und weiteren digitalen Werken wie elektronischen Büchern („eBooks"), Hörbüchern und Musik („mp3-files"). Es zeigt den Aufbau des UrhG aus der Sicht eines Praktikers, der einen Verletzungsstreit führen oder auch Ansprüche abwehren muss. Es wird beschrieben, wann ein schutzfähiges Werk vorliegt und welche Ausschließlichkeitsrechte bestehen. Systematisch erschließen sich daran die Schrankenbestimmungen und sonstigen Grenzen des Rechtsschutzes an, die entweder von Amts wegen zu berücksichtigen sind oder die der Anspruchsgegner in Form von Einwendungen geltend machen muß. Schwerpunkte liegen in der – vor allem im Prozess unbedingt vorausschauend zu beachtenden – Erläuterung der abgestuften Darlegungs- und Beweislast und auf der Erschöpfung des Verbreitungsrechts, die mittlerweile aufgrund der zunehmenden Distribution vormals verkörperter Werkstücke digitaler Güter mittels Online-Übermittlung heftig umstritten ist und die Gerichte beschäftigt. Der Rechtsprechung des EuGH kommt dabei immer größere Bedeutung zu. Es werden auch Nebenaspekte beschrieben wie Software im Arbeitsverhältnis, der Schutz vor Umgehungswerkzeugen und die Grenzen des Einsatzes von Digital Rights Management Systemen („DRM").

2 In der Informationsgesellschaft nehmen immaterielle Rechtsgüter einen immer größeren Anteil am Volksvermögen ein. Demzufolge ist es eine zwangsläufige Folge der grundrechtlichen Eigentumsgarantie in Art. 14 GG, dass der Staat durch geeignete Rechtsetzung die „Eigentümer" dieser immateriellen Rechtsgüter positiv hinsichtlich der wirtschaftlichen Verwertung und gegen den unberechtigten fremden Zugriff schützt, umgekehrt aber auch negativ zugunsten der Rechtserwerber gewisse Grenzen setzt, um eine Monopolisierung des Urheberrechts, eine Atomisierung einzelner Nutzungsarten und eine Störung des freien Warenverkehrs zu verhindern. Ein weiterer Aspekt ist die Internationalisierung durch einen zunehmend harmonisierten und gleichzeitig digitalisierten Warenverkehr. Unterschiedliche Entstehungsvoraussetzungen des Urheberrechts, verschiedene Schutzniveaus und auch die unterschiedlich konsequente Verfolgung von Rechtsverletzungen polarisieren: immaterielle Rechtsgüter werden zunehmend dort geschaffen, wo ein ausreichender Investitionsschutz gewährleistet ist, während die rechtswidrige Verwertung dort zunimmt, wo das Schutzniveau niedrig ist oder Verstöße nicht verfolgt werden.

3 Auch haben sich in der Anwaltsarbeit **typische Fallgruppen** herausgebildet, die gehäuft auftreten und immer wieder zu ähnlichen Rechtsfragen führen. Hauptgruppen sind einerseits die Welt der Vertragsgestaltung und der Bewältigung von Projektkrisen, also von Leistungsstörungen innerhalb bestehender Schuldverhältnisse. Diese Welt spaltet sich wiederum in zwei Lager, nämlich die außergerichtliche, mediative Fallbehandlung und andererseits die gerichtliche Durchsetzung bzw. Abwehr von Ansprüchen. In der anderen Welt geht es um die Verfolgung von Produktpiraterie, die im Bereich digitaler, leicht kopierbarer Rechtsgüter leider ein „Wachstumsmarkt" zu sein scheint.

4 Das **Urheberrechtsgesetz UrhG** enthält neben den materiell-rechtlichen Bestimmungen zur Begründung und zum Umfang des Urheberrechts und dem Rechtsverkehr mit Nutzungsrechten eigenständige Anspruchsgrundlagen bei Rechtsverletzungen, Straf- und Bußgeldvorschriften sowie Sondervorschriften zur Vollstreckung. Es ist ein privatrechtliches Sonderrechtsgebiet, das in seinem Regelungsbereich **Vorrang** gegenüber allen sonstigen Regelungen hat. Ähnlich wie im Schuld- und Sachenrecht des BGB kann zwischen der dinglichen Wirkung des eigentlichen Urheberrechts und der verkehrsfähigen Nutzungsrechte *erga omnes* im Gegensatz zu den nur schuldrechtlich, also *inter partes* wirkenden, unterschieden werden. Rechtstechnisch wird die Einräumung von Nutzungsrechten urheberrechtlicher Natur durch **Abtretung iSv §§ 398 ff. BGB** vollzogen. Da nichts abgetreten werden kann „wo nichts ist", scheidet ein gutgläubiger Erwerb iSv § 932 BGB urheberrechtlicher Nutzungsbefugnisse auch an Werkstücken aus. Soweit eine Rechtseinräumung dingliche Wirkung hat, ist parallel § 903 BGB zu beachten, der dem Eigentümer eines Werkstücks auch im bürgerlichen Sachenrecht keine unumschränkte Verfügungsgewalt über die Sache gibt, sondern Rechte Dritter, also auch entgegenstehende Urheberrechte, unberührt lässt. Es kann daher

gesagt werden, dass bürgerliches Zivilrecht und Urheberrecht einerseits voneinander unabhängig nebeneinander existieren (Trennungsprinzip), aber sowohl das BGB „Brücken" zum UrhG enthält, als auch das UrhG durch die – zum Teil EU-konform weit(er) auszulegenden – Begriffe wie beispielsweise „rechtmäßiger Erwerber" und „Werkstück" Bezug auf das BGB nimmt bzw. seinen Anwendungsbereich für das Urhebersachenrecht i. S. einer *lex specialis* modifiziert. Das allgemeine Deliktsrecht ist auf eine ergänzende Rolle beschränkt und hat die Grenzen und Schrankenbestimmungen des UrhG zu respektieren. Hingegen kommt dem bereicherungsrechtlichen Ausgleich im Rahmen der Eingriffskondiktion des § 812 BGB in Fällen, in denen eine Rechtsverletzung, aber kein Verschulden nachweisbar ist, eine besondere Rolle zu.

Computerprogramme genossen zunächst nur dann Schutz, wenn die schöpferische Leistung der Bedeutung eines **wissenschaftlichen Sprachwerkes** iSd § 2 Abs. 1 Nr. 1 UrhG zukam. Schematisch gilt für sie über § 69a Abs. 4 UrhG nunmehr das allgemeine Urheberrecht, wenn nicht die §§ 69a ff. UrhG Sonderregelungen vorsehen. Dies beruht darauf, dass die 1993 umgesetzte Richtlinie 91/250/EWG über den Schutz von Computerprogrammen weder Regelungen zum Urheberpersönlichkeitsrecht enthielt, noch ein Sanktionensystem für Rechtsverletzungen vorsah.[1] Entsprechend enthalten die §§ 87a ff. UrhG in Folge der Umsetzung der Richtlinie 96/9/EG des Europäischen Parlaments und des Rates vom 11. März 1996 über den rechtlichen Schutz von Datenbanken konkrete Regelungen zum verwandten Schutzrecht, dem Schutz des Datenbankherstellers.[2]

Für sonstige digitale Inhalte wie eBooks, die als allgemeine Sprachwerke geschützt werden, Musikwerke in Form von Mp3-Files oder digitale Filmwerke ebenso wie die Digitalisierung von urheberrechtlich geschützten Inhalten gibt es keine speziellen EU-Vorgaben. Für Rechtsverletzungen an solchen Inhalten gilt ebenfalls § 97 BGB als wichtigste Anspruchsgrundlage, während die Schutzvoraussetzungen im „allgemeinen Teil" des UrhG bzw. den für die jeweilige Werkkategorie geltenden Sonderbestimmungen zu suchen sind.

1. Werke im digitalen Kontext

Als Schutzgüter kommen in der Informationsgesellschaft unterschiedliche Werkkategorien in Betracht. Die **digitalen Inhalte** bzw. der **Content** sind Gegenstand von vertraglichen Vereinbarungen unter dem unionsrechtlichen Begriff der digitalen Güter[3] zugleich aber auch Schutzgut nach dem Urheberrechtsgesetz. Hier kommen insbesondere in Betracht:

- Texte[4]
- Lichtbilder
- Lichtbildwerke
- Portraits/Abbildungen von Personen
- Filme
- Musik
- Digitale Kunst
- Multimediawerke
- Sammelwerke
- Karten
- Technische Darstellungen
- Digitale Vervielfältigungen von Werken aus anderen Nutzungsarten (Digitalisierung)[5]
- 3-D-Drucke[6]

Die urheberrechtliche Schutzfähigkeit richtet sich nach § 2 UrhG, welcher als nicht abschließende Aufzählung der nach dem Urheberrechtsgesetz geschützten **Werkkategorien** der Literatur, Wissenschaft und Kunst sieben Kategorien auflistet (§ 2 Absatz 1 Nr. 1 bis 7

---

[1] Schricker/Loewenheim/*Loewenheim* § 69a Rn. 23.
[2] → § 6 Rn. 29; ABl. Nr. L 077 vom 27/03/1996 S. 0020–0028.
[3] → § 23; *Schmidt-Kessel*, K&R 2014, 475.
[4] *Lent* ZUM 2013, 914.
[5] *Bisges* MMR 2014, 790; EuGH Urt. v. 11.9.2014 – C-117/13, MMR 2014, 822; *Janisch/Lachenmann*, MMR 2013, 213; *Wirtz* DSRITB 2015, 55.
[6] *Mengden* MMR 2014, 79; *ders.*, MMR 2014, 150; *Solmecke/Kocatepe* K&R 2014, 778.

UrhG). Daneben sind eigene Werke im Sinne des Urheberrechts Bearbeitungen (§ 3 UrhG), Sammelwerke und Datenbankwerke (§ 4 UrhG), welche nicht deckungsgleich mit dem Schutz der Datenbanken bzw. besser der Datenbankhersteller nach den §§ 87a ff. UrhG sind,[7] sowie Amtliche Werke (§ 5 UrhG).

9   Zur Erlangung der Schutzfähigkeit eines Leistungsergebnisses bedarf es einer **persönlichen geistigen Schöpfung** im Sinne des § 2 Absatz 2 UrhG. Voraussetzung ist das (Mit-)Wirken eines Menschen am Entstehungsprozess, weshalb rein von einem Computerprogramm oder technischen Einrichtungen geschaffene Leistungsergebnisse einem Urheberrechtsschutz nicht zugänglich sind. Das Ergebnis menschlichen (Mit-)Schaffens muss eine gewisse Schöpfungshöhe erreichen und einen gewissen Grad an Individualität und Neuheit aufweisen.[8] Dabei ist die Bandbreite des Grads der Schöpfungshöhe weit und reicht von einer erheblichen individuellen Prägung bis zu herausragenden Werken, welche Ausdruck künstlerischer persönlicher Prägung sind. Dabei darf gerade in der Informationsgesellschaft mit einem veränderten Umgang und technischen Möglichkeiten aus Vorbestehendem Neues zu schaffen[9] keine zu geringe Anforderung an die Gewährung des urheberrechtlichen Schutzes gestellt werden, andererseits aber darf keine allzu enge Fassung erfolgen, was das Entstehen neuer Werkkategorien gleichermaßen verhindern wie den Schutz geistigen Eigentums vernachlässigen würde. Die Feststellung des Grads der erforderlichen **Schöpfungshöhe** unterliegt der gewandelten gesellschaftlichen Auffassung, an der sich die Rechtsprechung orientiert und wird je nach Werkkategorie unterschiedlich gefasst. Im Bereich der IT-Rechts und seines Anwendungsbereiches geben insbesondere die verwandten Schutzrechte mit dem Schutz der Lichtbilder (§ 72 UrhG), der Schutz der Computerprogramme (§§ 69a ff. UrhG) und dem Schutz der Datenbankhersteller (§§ 87a ff. UrhG) einen Rahmen, um das Erreichen der jeweiligen korrespondierenden Werkkategorien mit dem Erfordernis der geistigen Schöpfungshöhe (§ 2 Absatz 2 Nr. 5 UrhG Lichtbildwerke, § 2 Absatz 1 Nr. 1 UrhG Sprachwerke und § 4 UrhG Datenbankwerke) eindeutig abgrenzbar zu machen.

2. Schutz des Urhebers und der Leistungsschutzberechtigten

10   Der Urheber (§ 7 UrhG) bzw. die Miturheber (§§ 8, 9 UrhG) genießen nach § 1 UrhG Schutz nach dem Urheberrechtsgesetz, wobei dieser Schutz sich nach § 11 UrhG auf seine geistige und persönliche Beziehung zum Werk sowie dessen Nutzung erstreckt und zugleich der Sicherung einer angemessenen Vergütung für die Nutzung des Werkes durch Dritte dienen soll.[10] Die Stellung des Urhebers zu seinem Werk als dessen Schöpfer ist anders als nach dem US-amerikanischen Konzept weder übertragbar noch veräußerlich (§ 29 UrhG). Dem Urheber bleiben die **Urheberpersönlichkeitsrechte** (§§ 12 bis 14 UrhG) auch bei einer umfassenden Einräumung der Verwertungsrechte an einen Dritten erhalten. Kern des Urheberpersönlichkeitsrechts sind das Recht über die Veröffentlichung zu bestimmen (§ 12 UrhG), die Urhebernennung (§ 13 UrhG)[11] und das Recht Entstellungen des Werkes zu untersagen, welche geeignet sind, seine berechtigten geistigen und persönlichen Interessen am Werk zu beeinträchtigen (§ 14 UrhG).

11   § 10 Absatz 1 UrhG stellt bei Streitigkeiten über die Urheberschaft eine **widerlegbare Vermutung** auf, dass derjenige, welcher auf einem veröffentlichten[12] Vervielfältigungsstück oder dem Original eines Kunstwerkes in üblicher Art, Weise und Stelle als Urheber genannt ist, der Urheber ist. Im digitalen Bereich wird insbesondere das Zeichen © jeweils verbunden mit einem Datum, einer Jahreszahl oder eines Zeitraums der fortlaufenden Entstehung und

---

[7] → § 7 Rn. 7.
[8] Wandtke/Bullinger/*Bullinger* § 2 Rn. 15 ff.
[9] Siehe Lawrence Lessig, Lawy that choke creativity: http://www.ted.com/talks/larry_lessig_says_the_law_is_strangling_creativity?language=en.
[10] *Reinemann/Remmertz* ZUM 2012, 216.
[11] LG Köln Urt. v. 30.1.2014 – 14 O 427/13, K&R 2014, 211 mAnm *Stadler*.
[12] Str. ob mit der Umsetzung der Durchsetzungsrichtlinie (EURL 2004/48/EG) Artikel 5 das Tatbestandsmerkmal des erschienen Werkes hätte wegfallen müssen und die Veröffentlichung ausreichend sein müsste; vgl. Wandtke/Bullinger/*Bullinger* § 10 Rn. 17.

Weiterentwicklung zur Kennzeichnung des Urhebers genutzt. Die Etablierung rührt aus Artikel III Nr. 1 des Welturheberrechtsabkommens her.[13] Die Verwendung des **Copyright-Zeichens ©** sollte im globalen Austausch von urheberrechtlich geschützten Werken die Kennzeichnung von Werken ermöglichen, die in manchen Unterzeichnerstaaten zur Erlangung der Schutzfähigkeit eines förmlichen Verfahrens bedurften wie der Hinterlegung, der Registrierung, der notariellen Beglaubigung o. ä. Neben der Kennzeichnung des Vervielfältigungsstücks kann der Urheber technische Maßnahmen nach § 95a UrhG ergreifen, um seine Rechte zu schützen.[14]

Neben den unveräußerlichen Urheberpersönlichkeitsrechten, deren Wahrnehmung aber branchenabhängig ist und bei dem etwaig geringen Anteil eines Urhebers an einer Werkschöpfung von einer Vielzahl von Miturhebern weitgehend zurückgedrängt sind, stehen dem Urheber regelmäßig allein die **vermögensrechtlichen Auswertungsmöglichkeiten** seines Werkes zu. Hieran ändert sich zunächst auch nichts, wenn der Urheber das Werk im Rahmen eines Arbeitsverhältnisses (§ 43 UrhG)[15] oder als Auftragsarbeit in Form einer werk- oder dienstvertraglichen Beauftragung geschaffen hat. Die gesetzlichen Verwertungsrechte fasst § 15 UrhG zusammen, wobei für digitale Inhalte besonders hervorzuheben sind:

1. das Vervielfältigungsrecht (§ 16 UrhG),
2. das Verbreitungsrecht (§ 17 UrhG),
3. das Recht der öffentlichen Wiedergabe,[16] insbesondere das Vortrags- Aufführungs- und Vorführungsrecht (§ 19 UrhG) und das Recht der öffentlichen Zugänglichmachung (§ 19a UrhG),
4. das Bearbeitungsrecht (§ 23 UrhG).

Mit der Umsetzung der internationalen Verträge (Art. 8 World Copyright Treaty und Artikel 10 und 14 WIPO Performances and Phonograms Treaty) sowie der EU-Richtlinie zum Urheberrecht in der Informationsgesellschaft in deutsches Recht wurde entsprechend den Anforderungen an die Nutzung von urheberrechtlich geschützten Inhalten im Internet das **Recht des öffentlichen Zugänglichmachens** geschaffen (§§ 19a, 78, 85, 87, 94 UrhG). Dieses Recht beschreibt die Online-Nutzung als die elektronische Nutzung des Werkes durch Abruf aus einer öffentlich zugänglichen Datenbank sowie durch das Bereithalten zum Zwecke der Übertragung auf Einzelabruf einschließlich der technisch erforderlichen Vervielfältigungshandlungen im Sinne des § 44a UrhG, wie das **Caching**[17] und **Browsing**, nicht aber das Vervielfältigungsrecht an sich. Diese Abgrenzung ist im Zusammenhang mit der Durchsetzung von Urheberrechten bei **Streaming-Angeboten** relevant geworden.[18]

Eine echte Vervielfältigungshandlung iSd § 16 UrhG ist die **Digitalisierung** eines Werkes, das **Downloading** aus dem Internet als das Herunterladen eines Werkes oder eines Werkteiles, welches dem Urheberrechtsschutz zugänglich ist und das **Uploading**, also das Heraufladen einer Datei auf einen Webserver zur Darstellung von Inhalten einer Website,[19] eines Internetportals zB über ein Content-Management-System oder in eine Datenbank[20] wie zum Beispiel auch Social Media Angebote oder zum Versand via E-Mail oder anderer elektronischer Kommunikationswege wie DeMail, Cloud-Dienste zum Ablegen oder Sharing[21] von Inhalten. Auch das **Verlinken** durch die Anwendung verschiedener Hyperlinks zur Vernet-

---

[13] Welturheberrechtsabkommen vom 6.9.1952, BGBl. 1955 II S. 102, revidiert am 24.7.1971, BGBl. 1973 II S. 1111).
[14] → § 5 Rn. 250; EuGH Urt. v. 23.1.2014 – C-355/12, K&R 2014 180 mAnm *Schultz*.
[15] Anders für den angestellten Programmierer § 69b UrhG, vgl. → § 5 Rn. 89.
[16] *Jahn/Palzer* K&R 2015, 1.
[17] EuGH Urt. v. 5.6.2014 – C-360/13, MMR 2014, 541 mAnm *Solmecke/Dam*.
[18] *Müller/Rößner* K&R 2014, 136 (138 f.); LG Köln Beschl. v. 2.12.2013 – 228 O 173/13; AG Leipzig Urt. v. 21.12.2011 – 200 Ls 390 Js 184/11; EuGH Urt. v. 4.10.2011 – C-403/08, K&R 2011, 713; EuGH Urt. v. 27.3.2014 – C-314/12; *Galetzka/Stamer* MMR 2014, 292; LG Hamburg Urt. v. 19.12.2013 – 310 O 460/13, MMR 2014, 267 mAnm *Müller*; *Hilgert/Hilgert* MMR 2014, 85; *Wandtke/von Gerlach* ZUM 2013, 676.
[19] → § 25 I.
[20] → § 26.
[21] *Meller-Hannich* WM 2014, 2337.

zung von Angeboten und Informationen im Internet stellt je nach technischer Ausgestaltung eine Vervielfältigungshandlung oder eine Bearbeitung dar.[22]

15   Die Verwertung des Werks durch seinen Urheber erfährt in zweierlei Hinsicht Einschränkungen. Dem Urheber steht es frei, entgeltlich oder unentgeltlich Nutzungsrechte einzuräumen und somit sein Werk der wirtschaftlichen Verwertung zuzuführen und zugleich seine eigene weitere Nutzung auch einzuschränken. Daneben kennt das Urheberrechtsgesetz allgemeine Schrankenregelungen, welche im Sinne einer funktionierenden kulturellen Entwicklung der Gesellschaft, zur Handelbarkeit urheberrechtlich geschützter Werke und zur Ermöglichung der Auseinandersetzung mit dem Werk bestehen (§§ 44a ff. UrhG). Im Kontext digitaler Inhalte sind hier von besonderer Bedeutung:
- Vorübergehende Vervielfältigungshandlungen (§ 44a UrhG),
- Barrierefreiheit (§ 45a UrhG),
- Sammlungen für Kirchen-, Schul- und Unterrichtsgebrauch (§ 46 UrhG),
- Pressespiegel und Rundfunkkommentare (§ 49 UrhG),
- Berichterstattung über Tagesereignisse (§ 50 UrhG),
- Zitate (§ 51 UrhG),
- öffentliches Zugänglichmachen für Unterricht und Forschung (§ 52a UrhG),[23]
- Wiedergabe von Werken an elektronischen Leseplätzen in öffentlichen Bibliotheken, Museen und Archiven (§ 52b UrhG),
- Vervielfältigungen zum privaten und sonstigen eigenen Gebrauch (§ 53 UrhG)[24] mit der einhergehenden Vergütungspflicht der Hersteller von Geräten und Speichermedien (§§ 54 ff. UrhG),[25]
- Kopienversand auf Bestellung (§ 53a UrhG),
- Vervielfältigung durch Sendeunternehmen (§ 55 UrhG),
- Benutzung eines Datenbankwerkes (§ 55a UrhG iVm § 4 Abs. 2 UrhG),
- Vervielfältigung und öffentliche Wiedergabe in Geschäftsbetrieben zur Vorführung von Geräten oder deren Instandsetzung (§ 56 UrhG),
- Veröffentlichung als unwesentliches Beiwerk (§ 57 UrhG),
- Verwaiste Werke (§§ 61 ff. UrhG).[26]

16   Beim Einsatz von technischen Schutzmaßnahmen (§ 95a UrhG – Digital Rights Management DRM) sind Vorkehrungen zu treffen, die den Schrankenregelungen weiterhin gerecht werden (§ 95b UrhG).

17   Das Urheberrecht erlischt siebzig Jahre nach dem Schluss des Jahres (§ 69 UrhG) des Tods des Urhebers (§ 64 UrhG), bei Miturhebern des letztverstorbenen Miturhebers (§ 65 Abs. 1 UrhG). Mit dem Ablauf der **Schutzfrist** endet das Urheberrecht und die betroffenen Werke werden **gemeinfrei**.[27]

18   Neben dem Urheber bzw. den Miturhebern kommen als weitere nach dem Urheberrechtsgesetz und sonstigen gesetzlichen Bestimmungen Berechtigte diejenige in Betracht, auf deren Rechte teilweise die Regelungen zugunsten der Urheber entsprechende oder ergänzende Anwendung finden:
- die Programmierer (§§ 69a ff. UrhG),[28]
- die Verfasser wissenschaftlicher Ausgaben (§§ 70 f. UrhG),
- die Lichtbildner (§ 72 UrhG),
- die ausübenden Künstler (§§ 73 ff. UrhG),
- die Hersteller von Tonträgern (§§ 85 f. UrhG),
- die Sendeunternehmen (§ 87 UrhG),

---

[22] *Hendel* ZUM 2014, 102; *Schack* MMR 2001, 9; *Kreutzer* MMR 2014, 512; *Kahl* MMR 2013, 348; EuGH Urt. v. 13.2.2014 – C-466/12, K&R 2014, 256 = MMR 2014, 260 mAnm *Dietrich/Wiebe*.
[23] BGH Urt. v. 28.11.2013 – I ZR 76/12, MMR 2014, 616.
[24] *Peifer* ZUM 2014, 86.
[25] *Verweyen* MMR 2014, 718.
[26] §§ 61 ff. UrhG sind am 1.4.2014 in Kraft getreten durch das Gesetz zur Nutzung verwaister und vergriffener Werke vom 20.9.2013.
[27] *Talke* K&R 2014, 18.
[28] Anders für den angestellten Programmierer § 69b UrhG, → § 5 Rn. 89 ff.

- die Datenbankhersteller (§§ 87a ff. UrhG),[29]
- die Presseverleger (§§ 87f ff. UrhG),
- die Beteiligten an Filmwerken (§§ 88 ff. UrhG),
- die Verleger (Verlagsgesetz),
- die Abgebildeten (§§ 22 bis 24 Kunsturheberrechtsgesetz).

3. Einräumung von Nutzungsrechten

Der Urheber oder die sonstigen entsprechend nach dem Urheberrechtsgesetz Berechtigten sind berechtigt, nach den §§ 31 ff. UrhG Dritten **Nutzungsrechte** einzuräumen. Hierbei unterscheidet das Gesetz hinsichtlich des Umfangs, des Inhalts und der Art der Nutzungsrechtseinräumung (§ 31 Abs. 1 UrhG).[30] Dabei ist je nach beabsichtigter Nutzung und Verwertung ein einfaches oder das ausschließliche Nutzungsrecht einräumbar. Das **einfache Nutzungsrecht** berechtigt den Nutzer, das Werk auf die vereinbarte Art und Weise zu nutzen, wobei es dem Urheber unbenommen bleibt, das Werk selbst zu nutzen und/oder Dritten ebenfalls zur Nutzung zu überlassen (§ 31 Abs. 2 UrhG). Das **ausschließliche Nutzungsrecht** räumt dem Nutzer hingegen die Befugnis ein, das Werk wie vereinbart auszuwerten, ohne dass eine Nutzung durch Dritte möglich ist (§ 31 Abs. 3, Satz 1 UrhG). Hierbei muss sich der Urheber das eigene einfache Nutzungsrecht vorbehalten, wenn er selbst nicht von der Nutzung ausgeschlossen sein will (§ 31 Abs. 3, Satz 2 UrhG). Die Einräumung des ausschließlichen Nutzungsrechts berechtigt den Nutzer nicht ohne Weiteres zur Einräumung von weiteren Rechten an Dritte (§ 31 Abs. 3, Satz 3 iVm § 35 UrhG). Darüber soll eine vertragliche Regelung bestimmen, ob das jeweilige Nutzungsrecht **räumlich, zeitlich oder inhaltlich beschränkt** gewährt wird (§ 31 Abs. 2 UrhG) sowie auf welche Nutzungsarten sich das Nutzungsrecht erstrecken soll (§ 31 Abs. 1, Satz 1 UrhG).

> **Praxistipp:**
> Enthält der Vertrag über die Nutzung von digitalen Inhalten keine ausformulierte Regelung zur Nutzungsrechtseinräumung greift die **Zweckübertragungstheorie** nach § 31 Abs. 5 UrhG mit den Risiken für beide Vertragsparteien über die Auslegung der vertraglichen Regelung und der Geschäftsgrundlage zum Umfang der Nutzungsrechtseinräumung und der Erstreckung auf die verschiedenen Nutzungsarten.

Andere Nutzungsbeschränkungen als räumliche oder zeitliche sind auch bei digitalen Inhalten nach der UsedSoft-Entscheidung[31] nur noch eingeschränkt denkbar, da andernfalls die Verkehrsfähigkeit digitaler Güter nicht bestehen würde. Insbesondere mit den modernen technischen Einsatz- und Nutzungsmöglichkeiten bedarf es bei Einschränkungen der Nutzungsrechte der genauen Abgrenzung von klar trennbaren Nutzungsarten. In Verbraucherverträgen werden nach dinglichem Recht (Urheberrecht) unzulässige Weiterveräußerungsverbote für digitale Güter, an denen sich das Verbreitungsrecht erschöpft hat,[32] aufgrund der **AGB-Kontrolle** nach § 307 BGB nicht wirksam vereinbart werden können.

Gerade die digitale Entwicklung hat in kurzer zeitlicher Folge verschiedenste **offline- und online-Nutzungsarten** unter Einsatz digitaler Technologien hervorgebracht, weshalb es der Einführung einer gesetzlichen Regelung bedurfte, welche es den Vertragsparteien gestattet, Rechte auch an zukünftigen, bei Vertragsschluss noch **unbekannten Nutzungsarten** einzuräumen (§ 31a UrhG).[33] Als Nutzungsarten im Bereich der digitalen Nutzung kommen derzeit insbesondere in Betracht:

---

[29] → § 6 Rn. 14.
[30] *Ullrich* ZUM 2010, 311.
[31] Zur UsedSoft-Entscheidung → § 5 Rn. 169; *Schmidt-Kessel* K&R 2014, 778 (782 f.); BGH Urt. 17.7.2013 – I ZR 129/08, K&R 2014, 189 mAnm *Stögmüller*; *Weisser/Färber* MMR 2014, 364.
[32] Keine Erschöpfung des Verbreitungsrechts bei Download eines Hörbuches, OLG Hamm Urt. v. 15.5.2014 – I-22 U 60/13, MMR 2014, 689.
[33] Seit dem 1.1.2008 in Kraft durch das Zweite Gesetz zur Regelung des Urheberrechts in der Informationsgesellschaft; *Fälsch* Bibliotheksdienst 2008, 409.

- Online-Nutzung im Internet;
- Upload/Download;
- E-Mail-Versand;
- Print-on-Demand;
- eBooks;
- Online-Recherche/Online-Datenbank;
- Online-Publishing;
- RSS-Feed/Push-Dienste;
- Blogs;
- Tweets;
- Pins;
- Websites und Portale;
- Online-Archive;
- Digitalisierung aus anderen Nutzungsarten;
- Elektronische Pressespiegel;[34]
- Mobile Nutzung in Apps;
- Embedded Content und Embedded Software;
- Games/Gaming/Lan-Parties;
- Video-on-Demand;
- Streaming;
- Music-on-Demand;
- Sampling;
- Sharing/Filesharing;
- Filmwerke;
- Multimediawerke;
- Screen-Saver;
- Catch-up-TV/Internet-TV;
- Hybrid-Broadcasting/Broadband-Plattformen;
- Online-Videotaping;
- Konvertierung;
- Webcaming;
- Metatags/Suchwörter;
- Werbebanner/Werbeblocks;
- Browsing;
- Routing;
- Hyperlinks/Framing;
- Application-Service Providing;
- Smart Glass;[35]
- Smart Watch;
- Augmented Reality;
- Speichern auf Datenträgern;
- Speichern auf Festplatten/in Arbeitsspeichern (Caching);
- Bildschirmwiedergabe;
- Öffentliche Wiedergabe von zugänglich gemachtem Content/Surfen vor Publikum;
- Sampling;
- Ausdruck;
- 3D-Druck.

22 Laufend entwickeln sich neue Nutzungsarten, weshalb bei der Vertragsgestaltung insbesondere zu klären ist, ob die Rechteeinräumung sich auf neue, noch unbekannte Nutzungsarten in der Zukunft erstrecken soll. Hier ist zu beachten, dass eine Vereinbarung über die Einräumung von Rechten zur Nutzung als unbekannte Nutzungsart der **Schriftform** bedarf (§ 31a Abs. 1, Satz 1 iVm §§ 126, 126a BGB), es sei denn, die Rechteeinräumung erfolgt un-

---

[34] § 49 UrhG; Wandtke/Bullinger/*Lüft* § 49 Rn. 13 ff.
[35] *Schwenke* K&R 2013, 685.

ter einer **offenen Lizenz**.³⁶ Dem Urheber steht ein **Widerrufsrecht** hinsichtlich der Einräumung von Nutzungsrechten bei Aufnahme der Nutzung auf andere Art durch den Vertragspartner zu. Der Urheber hat von dem Widerrufsrecht binnen **drei Monaten ab Zugang** der Mitteilung des Vertragspartners über die beabsichtigte Nutzungsaufnahme (§ 31a Abs. 1, Sätze 1 und 2 UrhG) Gebrauch zu machen. Das Widerrufsrecht besteht nicht mehr, sobald die Parteien sich auf eine **Vergütung nach § 32c UrhG** geeinigt haben, wobei es sich um eine individuelle Vergütungsvereinbarung oder aber eine **gemeinsame Vergütungsregel** nach § 36 UrhG³⁷ handeln kann. Die Rechte des Urhebers im Hinblick auf neue, zum Zeitpunkt der Vertragsschlusses unbekannte Nutzungsrechte sind **im Voraus unverzichtbar** (§§ 31a Abs. 4, 32c Abs. 3 UrhG).

Mit der Einräumung von Nutzungsrechten ist zugleich die Entscheidung zu treffen, ob **23** der Vertragspartner mit oder ohne weitere Zustimmung des Urhebers im Einzelfall Nutzungsrechte übertragen darf (§ 35 UrhG). Auch die Einräumung eines ausschließlichen Nutzungsrechts trifft hierzu noch keine Aussage (§§ 31 Abs. 3, Satz 3 iVm § 35 UrhG) und ohne ausdrückliche Vereinbarung hierzu käme es auf die Auslegung des Vertrages zu einer etwaigen Einräumung des **Übertragungsrechts** an.

Ebenso wenig geht mit der Einräumung ausschließlicher Nutzungsrechte das Recht ein- **24** her, das Werk zu bearbeiten und weiterzuentwickeln (§ 39 UrhG).³⁸ Das **Bearbeitungsrecht** (§ 23 UrhG) kann ebenfalls eingeräumt werden. Hiervon abzugrenzen sind jeweils die unveränderte Vervielfältigung (§ 16 UrhG), die Doppelschöpfung,³⁹ das Zitat (§ 51 UrhG), die gesetzliche Änderungsbefugnis (§ 39 Abs. 2 UrhG) im Rahmen des branchenüblichen und die freie Benutzung (§ 24 UrhG). Die **freie Benutzung** ermöglicht die Schöpfung neuer Werke unter Nutzung von Elementen oder ganzen vorbestehenden Werken. Hierbei erfordert das Recht zur Nutzung eines Werkes zur Schaffung eines neuen Werkes einen umso höheren Grad der schöpferischen Leistung um so weniger das vorbestehende Werk in der Neuschöpfung aufgeht oder desto höher dessen Schöpfungshöhe ist. Ferner ist die freie Benutzung von Werken der Musik ausgeschlossen, sofern eine **Melodie** entnommen wird, die dem neuen Werk zugrundegelegt wird (§ 24 Abs. 2 UrhG). Die Bearbeitung ist anders als die Vervielfältigung/Kopie des Werkes oder die teilweise Hinzuziehung des Werkes als Zitat oder im Rahmen der Wahrnehmung anderer Schranken des Urheberrechts eine Abwandlung des Werkes, welche selbst wiederum eigene Schöpfungshöhe erreicht.⁴⁰ Ein **gesetzliches Änderungsrecht** im Sinne eines Rechts, verschiedene Werkkategorien zu verschmelzen, kann (noch) nicht als üblich betrachtet werden, die Vermittlung der Inhalte im Rahmen von technischen Prozessen unter Zerlegung des Werkes in einzelne Datenpakete (Routing) bei entsprechender Nutzungsrechtseinräumung zur Verbreitung, dem öffentlichen Zugänglichmachen, der öffentlichen Wiedergabe und dem Senderecht hingegen schon.

Oftmals entstehen digitale oder digitalisierte Werke als Auftragsarbeiten auf Basis von **25** Dienst- oder Werkverträgen oder Forschungs- und Entwicklungskooperationen. Inhalt der Verträge sind dann entweder die Fortentwicklung, Bearbeitung oder Anpassung von vorbestehenden Werken oder aber die völlige Neuentwicklung von digitalen Werken, Computerprogrammen oder Datenbanken. Über § 40 UrhG ist eine **Vorausverfügung** über die Rechte an neu entstehenden Werken, welche entweder gar nicht oder nur der Gattung nach beschrieben sind, mit schuldrechtlicher und dinglicher Wirkung möglich. Auch diese Vereinbarung bedarf wie die Einräumung von Rechten hinsichtlich zukünftig entstehender Nutzungsarten der **Schriftform**.⁴¹ § 40 Abs. 1, Sätze 2 und 3 UrhG enthält ein gesetzliches Kündigungsrecht in Bezug auf Verträge über die Schaffung von zukünftigen Werken, dh die

---

³⁶ → § 9.
³⁷ Wandtke/Bullinger/*Grunert* § 36 Rn. 31 ff.
³⁸ Sonderregelungen für Computerprogramme in den §§ 69d und e UrhG.
³⁹ Wandtke/Bullinger/*Bullinger* § 23 Rn. 19 ff.
⁴⁰ Für Computerprogramme oder Datenbanken, deren Schutz keine Schöpfungshöhe erfordert, sondern nur eine gewisse Neuheit und Individualität, umfasst die Einräumung des Bearbeitungsrechts eine Änderung, Anpassung oder Weiterentwicklung ohne wiederum das Erfordernis eines Schöpfungshöhe.
⁴¹ *Karger* CR 2001, 357 (364); § 40 UrhG entfaltet insbesondere im Rahmen von agiler Projektmethoden Bedeutung.

Parteien sind längstens fünf Jahre gebunden. Die Bindefrist kann vertraglich verkürzt, aber wegen der Unverzichtbarkeit hinsichtlich des Kündigungsrechts nicht verlängert werden. Bei unangemessenen Vertragsbedingungen kommt eine Anpassung nach § 313 BGB, die Nichtigkeit wegen Sittenwidrigkeit oder aber ein fristloses Kündigungsrecht aus wichtigem Grund bei Dauerschuldverhältnissen in Betracht. Die ordentliche Kündigung nach § 40 UrhG wirkt nur hinsichtlich der Werkteile, die noch nicht an den Besteller übergeben sind (§ 40 Abs. 3 UrhG).

26 Hat der Urheber dem Vertragspartner ausschließliche Nutzungsrechte eingeräumt und übt dieser diese nicht oder nur unzureichend aus und werden durch die nicht hinreichende Nutzung die Rechte des Urhebers beeinträchtigt, so steht ihm nach § 41 UrhG das **Rückrufsrecht wegen Nichtausübung** nach Ablauf von zwei Jahren, bei Zeitungen nach Ablauf von drei Monaten, bei Zeitschriften, die mindestens monatlichen erscheinen, nach sechs Monaten seit Ablieferung des Werkes zu, sofern der Urheber dem Berechtigten zuvor eine angemessene Nachfrist zur Aufnahme der vertrags- und interessengerechten Nutzung gesetzt hat. Die Interessen des Urhebers sind dann verletzt, wenn die Verwertung durch den Berechtigten nicht dem Branchenüblichen entspricht.[42] Daneben steht dem Urheber nach § 42 UrhG ein Recht zum Rückruf auch wegen gewandelter Überzeugung und damit **Distanzierung vom Werk** zu. Der berechtigte Rückruf hat jeweils zur Folge, dass die Nutzungsrechte erlöschen, der Urheber den Berechtigten zu entschädigen hat, wenn und soweit dies der Billigkeit entspricht im Sinne des § 41 Abs. 6 UrhG, wobei darüber hinaus gehende vertragliche Ansprüche nach §§ 320 ff. BGB, bei fristloser Kündigung nach § 314 BGB und im Verlagsrecht nach den §§ 32, 30, 17 und 45 VerlG bestehen bleiben.

27 Die Nutzungsrechtseinräumung ist auch dann wirksam, wenn die **vereinbarte Vergütung** unangemessen niedrig ist, aber dem Urheber steht unter Umständen eine Anpassung der Vergütung nach § 32 UrhG und bei Vorliegen der weiteren Voraussetzungen eine weitere Vergütung nach § 32a UrhG zu. Die Regelungen der §§ 32 und 32a UrhG finden nach § 32b UrhG im internationalen Kontext zwingend dann Anwendung, wenn deutsches Vertragsrecht auf den Nutzungsvertrag anzuwenden wäre, dh eine wirksame Rechtswahl[43] führt dann nicht zum Ausschluss der gesetzlichen Regelungen zur Vergütung. Auch wenn auf den Vertrag bei nicht getroffener Rechtswahl das Recht eines anderen Staates Anwendung finden würde, greifen die Regelungen der §§ 32, 32a UrhG dann durch, wenn es um bestimmungsgemäße Nutzungshandlungen in Deutschland geht.

28 **Checkliste – vertragliche Gestaltung der Nutzungsrechtseinräumung**

Zu den Regelungsinhalten einer Nutzungsrechtsvereinbarung gehören folgende Punkte, so dass nur verbliebene Lücken oder eine Veränderung in Vertragszweck, Anwendungsfällen und Geschäftsgrundlage zur Auslegung nach der Zweckübertragungstheorie (§ 31 V UrhG) führen:
- ☐ Vertragsgegenstand mit Zielsetzung und Geschäftsgrundlage;
- ☐ anwendbares Recht, Rechtswahl (schuldrechtliche Vereinbarung, ROM I VO);
- ☐ einfache Nutzungsrechte (§ 31 Abs. 2 UrhG);
- ☐ ausschließliche Nutzungsrechte (§ 31 Abs. 3 Satz 1 UrhG);
- ☐ weitere Nutzung durch den Urherber/Verwerter (§ 31 Abs. 3 Satz 2 UrhG);
- ☐ Bearbeitungs- und Weiterentwicklungsrechte (§§ 31 Abs. 3 Satz 1 iVm § 23 UrhG);
- ☐ Spezielle Lizenz wie zB General Public License (GPL), Creative Commens Licence;
- ☐ Bestimmte Nutzungsarten (§ 31 Abs. 5 UrhG);
- ☐ Rechteeinräumung auch für unbekannte Nutzungsarten (§ 31a UrhG);
- ☐ Einräumung von Nutzungsrechten an vorbestehenden Werken oder neu herzustellenden Werken (§ 40 UrhG);
- ☐ Umfang der Verwertungsrechte (§§ 15 ff. UrhG);
- ☐ Räumlicher Anwendungsbereich (§ 31 Abs. 1 Satz 1 UrhG);
- ☐ zeitliche Geltung wie aufschiebende Bedingungen, Befristung (§ 31 Abs. 1 Satz 1 UrhG);

---

[42] Wandtke/Bullinger/*Wandtke* § 41 Rn. 14 f.; Wandtke/Bullinger/*Grützmacher* § 69a Rn. 72.
[43] → § 23.

- verkehrsfähige inhaltliche Beschränkungen und Weitergabeverbote (§ 31 Abs. 1 Satz 1 UrhG);
- Übertragbarkeit der Nutzungsrechte (§§ 31 Abs. 3 Satz 3 iVm § 35 UrhG);
- Art und Weise der Urhebernennung (§ 13 UrhG);
- Entgeltlichkeit und Angemessenheit der Vergütung (§§ 32a ff. UrhG);
- Unentgeltlichkeit und OSS-Lizenz (§ 31a Abs. 3 UrhG);
- Lückenlose Rechtekette und mehrere Urheber;
- Schriftformerfordernis bei Verträgen über künftige Werke (§ 40 Abs. 1 Satz 1 UrhG);
- AGB-Kontrolle (§§ 307 ff. BGB) und Besonderheiten aus einem Anstellungsverhältnis (§§ 43, 69b UrhG)

4. Rechte der Presseverleger

Die §§ 87f–h UrhG wurden erst am 7.5.2013 als neues Leistungsschutzrecht geschaffen und systematisch hinter den Rechten des Datenbankherstellers eingeordnet. Der Gesetzgeber wollte hiermit die systematische Ausbeutung fremder verlegerischer Leistungen speziell durch **Suchmaschinen** unterbinden.[44]

Die Neuregelung ist bis heute höchst **umstritten**. Bereits im Gesetzgebungsverfahren sahen die Befürworter der Einführung eines Leistungsschutzrechts, vor allem Presseverleger, den Kern ihrer Tätigkeit als gefährdet an, während die Gegner Gefahren für die Kommunikations- und Informationsfreiheit entgegenhielten.[45] Ein erster Referentenentwurf des BMJ vom 13.6.2012 wurde mehrmals überarbeitet. Zunächst sollten Presseverlage generell das ausschließliche Recht erhalten, ihre Erzeugnisse zu gewerblichen Zwecken im Internet zugänglich zu machen. Damit hätte man neben den großen Anbietern von Suchmaschinen auch gewerblich tätige Blogger von der kostenlosen Nutzung ausgeschlossen. Im zweiten Entwurf wurden Blogger vom Verbot freigestellt und es sollten die ausschließlichen Rechte nur bei systematischer Ausnutzung durch Anbieter von Suchmaschinen durchgreifen. Die öffentliche Zugänglichmachung der Inhalte durch Privatpersonen für deren private oder gewerbliche Zwecke wäre dann möglich gewesen.

In der Gesetzesfassung wurde das Ausschließlichkeitsrecht dann zwar im Ganzen gegen jedermann gewährt, aber mit der Schrankenbestimmung versehen, dass **„einzelne Wörter"** oder **„kleinste Textausschnitte"** hiervon ausgenommen seien (§ 87f Abs. 1 Satz 1 UrhG). Das eigentliche Dilemma des Gesetzes offenbart sich darin, dass der Suchmaschinenanbieter Google Presseverlegern, die nach Inkrafttreten des Gesetzes keine (erforderlichen) Gratislizenzen erteilen wollten, mit einer Auslistung drohte. Trotz kartellrechtlicher Bedenken sollen sich die meisten Verleger dem Druck gebeugt haben,[46] weil sie sich von der Verlinkung doch überwiegende Vorteile versprechen

Inhalt des § 87f Abs. 1 UrhG ist das Recht zur öffentlichen Zugänglichmachung von Presseerzeugnissen zugunsten des Presseverlegers. Die Vorschrift betrifft nicht die Vervielfältigung oder Verbreitung eigenständig geschützter Werke, für die der – sofern einschlägig – die allgemeinen Vorschriften des Urheberrechts gelten. Damit ist der Regelungsbereich der Vorschrift von vornherein auf die **Verteidigung der verlegerischen Leistungen** im Bereich der digitalen Ausbeutung begrenzt. Es geht demnach nicht um den (gesondert möglichen) Schutz der einzelnen Beiträge, sondern um die zur Festlegung des Presseerzeugnisses erforderliche wirtschaftliche, organisatorische und technische Leistung.[47] Unter den Begriff **Presseerzeugnis** fallen gemäß der Definition in § 87f Abs. 2 UrhG typischerweise als redaktionelle Festlegungen journalistischer Tätigkeit anzusehende Beiträge aller Art, die nicht lediglich der Eigenwerbung[48] dienen, also etwa auch **Internet-Blogs**.

---

[44] Amtliche Begründung BT-Drs. 17/11470.
[45] Vgl. auch Möhring/Nicolini/*Graef* § 87f Rn. 25.
[46] So *Koenig/Meyer*, Die Aufnahme von Presseerzeugnissen auf Google-Oberflächen aufgrund von erzwungenen „Gratislizenzen" – ein Marktmachtmissbrauch?, K&R 2014, 765.
[47] Vgl. BT-Drs. 17/11470, 8.
[48] Etwa eine Pressemitteilung einer Kanzlei über einen juristischen Erfolg.

33 Bei der Ausfüllung der unbestimmten Rechtsbegriffe „einzelner Wörter" und „kleinster Textausschnitte" wird, anders als noch im ersten Referentenentwurf, nach dem Willen des Gesetzgebers auf die Rechtsprechung des BGH zu **Vorschaubildern** Bezug genommen.[49] Maßgeblich ist danach nicht der vom BGH[50] anderweitig aufgestellte Grundsatz, dass es für die Verletzung des Leistungsschutzrechts aus § 95 UrhG bereits ausreiche, kleinste „Tonfetzen" zu entnehmen. Der Streit, ab wann einzelne Wörter einen urheberrechtsfähigen Text ergeben, spielt demnach keine Rolle.[51] Vielmehr wird auf die **konkludente Einwilligung** des Betroffenen mit der entsprechenden Verwendung durch Dritte abgestellt. Als kleinste Textausschnitte wird nach der Gesetzesbegründung zu § 87f UrhG eine knappe, aber zweckdienliche Beschreibung des verlinkten Inhalts verstanden. In der Regel wird dies die Überschrift eines Artikels oder eine Schlagzeile sein. Die Obergrenze für die zulässige Entnahme liegt nach hM bei **5–8 Wörtern**.[52] Das LG München I hat insoweit in der nicht genehmigten Veröffentlichung von Rezensionsausschnitten längerer Art auf der Webseite eines Online-Buchhändlers eine Verletzung der Urheberrechte des Rezensionsautors gesehen.[53]

34 Nicht mehr erfasst werden aufgrund der Rechtsprechung zu den Vorschaubildern, die wie dargelegt von der Einwilligungslösung ausgeht, sogenannte **Snippets**, wie sie von Nachrichtenverwertern gern verwendet werden, solange sie aufgrund individueller Betrachtung des Einzelfalls einen Anteil von 5–10 % des Originalwerks nicht übersteigen.[54] Eine **Trefferanzeige**, die im Rahmen der Funktion der Internetsuche **mindestens erforderlich** ist, um ein für den Nutzer verständliches Ergebnis hervorzurufen, ist als zulässig zu betrachten. Umgekehrt dürfte die Höchstgrenze dort anzusiedeln sein, wo der Nutzer bereits so viele Informationen entnehmen kann, dass der Aufruf der Originalseite des Suchergebnisses für ihn nicht mehr attraktiv ist (Phänomen des „Überschriftenlesens").[55] Vom Leistungsschutzrecht ausgenommen ist auch die Verlinkung.[56]

35 Die Rechte aus § 87a UrhG sind nach § 87g UrhG auf **ein Jahr** nach der Veröffentlichung befristet. Gemäß § 87h UrhG sollen Urheber an der Vergütung angemessen beteiligt werden. Die Regelung dient als Interessenausgleich für die Duldung der erlaubten Nutzung, jedoch regelt das Gesetz weder Durchführung noch Höhe der Beteiligung. Auszuhandeln haben dies die Verlegerverbände bzw. beauftragte Verwertungsgesellschaften[57] mit den Gewerkschaften der journalistischen Urheber in Form von Tarifen.

II. Einführung in den Urheberrechtsschutz von Computerprogrammen

36 Vor 1985 gab es kaum belastbare deutsche Rechtsprechung zur Werkkategorie Computerprogramme und Software. Zeitgleich als „Programme für die Datenverarbeitung" 1985 in den Katalog geschützter Werkkategorien des § 2 UrhG aufgenommen wurden, verlangte der BGH in zwei nur noch historisch relevanten Entscheidungen eine „überragende Schöpfungshöhe", ähnlich wie sie beim Begriff einer Neuheit im Patentrecht bekannt ist.[58]

---

[49] BGH Urt. v. 29.4.2010 – I ZR 69/08, NJW 2010, 2731 – Vorschaubilder I; BGH Urt. v. 19.10.2011 – I ZR 140/10, MMR 2012, 383 – Vorschaubilder II; *Kreutzer*, Das Leistungsschutzrecht für Presseverleger im Lichte der BGH-Rechtsprechung zu Vorschaubildern, MMR 2014, 512.
[50] BGH Urt. v. 13.12.2012 – I ZR 182/11, NJW 2009, 770 – Metall auf Metall.
[51] kurze Wort Folgen können ausreichen, LG München I Urt. v. 8.9.2011, GRUR-RR 2011, 447 – Valentin-Zitat.
[52] Vgl. auch Möhring/Nicolini/*Graef* § 87f Rn. 17.
[53] LG München I Teilurt. v. 12.2.2014 – 21 O 7543/12.
[54] Vgl. auch Möhring/Nicolini/*Graef* § 87f Rn. 21.
[55] *Weiguny*, Der Powerpoint-Irrsinn, Frankfurter Allgemeine vom 16.7.2014.
[56] Insoweit gilt die Entscheidung „Paperboy" des BGH Urt. v. 17.7.2003 – I ZR 259/00, GRUR 2003, 958 weiter.
[57] VG Wort hat am 2.12.2013 angekündigt, die Rechte der Presseverleger und dem Beteiligungsanspruch des Urhebers gegenüber Suchmaschinen wahrzunehmen, wenn ihr diese übertragen werden.
[58] BGH Urt. v. 9.5.1985 – I ZR 52/83, GRUR 1985, 1041 – Inkassoprogramm; BGH Urt. v. 4.10.1990 – I ZR 139/89, GRUR 1991, 449 – Betriebssystem.

Dies wurde in Literatur, Wirtschaft und auch durch die Bundesregierung heftig kritisiert.[59]

Eine Kehrtwende brachten diverse Initiativen der EU, vor allem die Richtlinie 91/250/EWG über den Schutz von Computerprogrammen vom 17.5.1991.[60] Die Richtlinie wurde durch den 1993 neu eingefügten 8. Abschnitt des UrhG mittels *en bloc*-Transformation fast wortgleich umgesetzt, um ihren europäischen Charakter zu betonen und die (stets erforderliche) europäisch-autonome Auslegung der Vorschriften zu erleichtern.[61]

1. EU-und international konforme Auslegung

Aufgrund der Pflicht, auf EU-Initiative basierendes inländisches Recht stets nach Maßgabe der zu Grunde liegenden EU-Vorgabe autonom auszulegen, ist in der Beratungspraxis gelegentlich ein Rückgriff auf den Richtlinientext oder auch die Erwägungsgründe erforderlich.

Beispiel:

In einem Vorlageverfahren des BGH durch den EuGH entschieden, dass sich das Verbreitungsrecht an unkörperlich übertragenen Softwarekopien unter den gleichen Voraussetzungen erschöpft wie bei verkörperten Werkstücken.[62] Ungeklärt ist hingegen weiterhin die Frage, ob Erwägungsgrund 29 der Richtlinie zur Informationsgesellschaft (2001/29/GG) eine Erschöpfung des Verbreitungsrechts nach dem Online-Erwerb bei anderen Werkarten wie etwa eBooks ausschließt.[63] Der autonom auszulegende Begriff eines „Erwerbs" und des „Erwerbers" geht im europäischen Recht weiter als im deutschen Recht.[64] Der deutsche Gesetzgeber hat dies bei § 69c UrhG nicht angepasst, so dass ein Rückgriff auf den Richtlinientext erforderlich ist, um den erfassten Personenkreis zu bestimmen, während er bei § 69d Abs. 1 UrhG anstelle des in der Richtlinie gewählten Begriffs des „berechtigten Erwerbers" von jedem „zur Verwendung Berechtigten" spricht, um sprachliche Differenzen auszugleichen. Die Auslegung zur Bestimmung der Reichweite des „zwingenden Kerns" der Nutzungsrechte nach § 69d Abs. 1 UrhG haben sowohl der Richtliniengeber als auch der deutsche Gesetzgeber der Rechtsprechung überlassen.[65]

Die **europäisch-autonome Auslegung** von Begriffen, die im deutschen Recht möglicherweise eine ganz andere Bedeutung haben, ist auch außerhalb der softwarespezifischen Bereiche ein schwieriges Unterfangen. Dies verdeutlicht zB eine Entscheidung des OLG München[66] zur Frage des nach **Art. 7 EuGVVO** örtlich zuständigen Gerichts bei einem Streit aus einem länderübergreifenden Softwareentwicklungsvertrag.

Beispiel:

Ein Vertrag über die Entwicklung von Software, die im Ausland programmiert und dann nach Deutschland geliefert, hier installiert und in Betrieb genommen werden soll, wird hiernach unabhängig von der Frage, ob er sich materiell-rechtlich nach deutschem Werk- oder Werklieferungsrecht oder gar nach fremden Recht beurteilt, nach dem eher wirtschaftlich orientierten Begriff des Erfüllungsorts des Art. 7 Nr. 1a) EuGVVO und damit regelmäßig allein nach dem Ort der Programmierung bestimmt.

Auch die Begriffe der EuGVVO sind autonom auszulegen, so dass beispielsweise der „Erfüllungsort" nach § 29 ZPO von dem nach Art. 7 Nr. 1a) EuGVVO abweichen kann. Soweit es für die Bestimmung des Erfüllungsorts auf Vorschriften des materiellen Rechts ankommt, kann Art. 19 Rom-I-VO (EG) Nr. 593/2008 vom 17.6.2008 einschlägig sein. Die VO ist auf

---

[59] Schricker/Loewenheim/*Loewenheim* vor § 69a Rn. 2 mwN.
[60] ABl. L 122 vom 17.5.1991, S. 42–46, GRUR Int. 1991, 545, zwischenzeitlich ersetzt durch die inhaltsgleiche Richtlinie 2009/24.
[61] Loewenheim/*Lehmann* § 76 Rn. 1.
[62] EuGH Urt. v. 3.7.2012 – C-128/11, CR 2012, 498 – UsedSoft; vorrangig: BGH, Urt. v. 17.7.2013, I ZR 129/08 = GRUR 2014, 264 = WRP 2014, 308 – UsedSoft II: nachrangig BGH, Urt. v. 11.12.2014, Az. I ZR 8/13 – UsedSoft III mAnm *Witte*; ITRB 2015, 196. *Schneider*, Software als handelbares verfahrensfähiges Gut – "Volumen-Lizenzen" nach BGH, CR 2015, 413–423; anders noch Schricker/Loewenheim/*Loewenheim* § 69c Rn. 34.
[63] Vgl. OLG Hamm Urt. v. 15.5.2014 – I-22 U 60/13, 22 U 60/13 – Weitergabeverbot soll anders als bei Software wirksam sein, weil beim Abruf keine Verbreitung stattfinde.
[64] Schricker/Loewenheim/*Loewenheim* § 69c Rn. 35.
[65] Schricker/Loewenheim/*Loewenheim* § 69d Rn. 13.
[66] OLG München Urt. v. 23.12.2009 – 20 O 3515/09, CR 2010, 156 noch zu Art. 5 Nr. 3 EuGVVO aF.

Verträge anzuwenden, die ab dem 17.12.2009 geschlossen wurden und löst Art. 27–37 EGBGB ab.[67]

41 Infolge der Einführung des 8. Abschnitts des UrhG hat die Rechtsprechung ua die Anforderungen an die Schöpfungshöhe aufgrund der Vorgaben der Softwarerichtlinie fallen lassen.[68] Das deutsche Softwareurheberrecht ist damit weitgehend in das internationale Gefüge eingepasst, das ursprünglich durch Art. 4 WCT, aber auch durch Art. 10 Abs. 1 des **TRIPS** (engl. *Agreement on Trade-Related Aspects of Intellectual Property Rights*) vorgegeben wird. Das TRIPS-Abkommen wurde zum allgemeinen Zoll- und Handelsabkommen (GATT) am Ende der Uruguay-Runde 1994 hinzugefügt. Die Einbeziehung des TRIPS-Abkommens erfolgte vor allem auf Drängen der Vereinigten Staaten, gestützt durch die EU, Japan und andere Erste-Welt-Länder. Die Bestimmungen des TRIPS im Bereich des Urheberrechts verweisen auf die Berner Übereinkunft zum Schutz von Werken der Literatur und Kunst in der Fassung der Stockholmer Revisionskonferenz 1971, treffen aber Sonderregelungen für Computerprogramme und Datensammlungen (Art. 9–14 TRIPS, sog *Berne Plus Approach*).[69] Urheberpersönlichkeitsrechte, *moral rights* sind hingegen nicht erfasst.

42 Die Bestimmungen des TRIPS sind aufgrund des völkerrechtlichen Charakters der Vereinbarung nicht automatisch unmittelbar anwendbares, inländisches Recht. In der Praxis werden die im Urheberrecht besonders relevanten Bestimmungen des Art. 41 ff. TRIPS von den deutschen Gerichten aber zur Auslegung inländischer Bestimmungen herangezogen.[70] Eine Liste der Mitgliedsstaaten des TRIPS zum 5.8.2009 findet sich bei Schricker/*Katzenberger* vor §§ 120 ff. Rn. 16. Das Übereinkommen ist nach ständiger Rechtsprechung des EuGH integraler Bestandteil der Unionsrechtsordnung, in deren Rahmen der EuGH ebenso wie die deutschen Gerichte die Vorschriften des Übereinkommens regelmäßig zur Auslegung des Unionsrechts heranzieht.[71]

2. Weitere Entwicklungen bei digitaler Nutzung

43 Die Neuregelungen der 1993 umgesetzten Richtlinie werden zwischenzeitlich von der Vermiet- und Verleihrichtlinie,[72] der Satelliten-Richtlinie,[73] der Schutzdauer-Richtlinie[74] und der Datenbank-Richtlinie,[75] vor allem aber durch die Harmonisierungs-Richtlinie[76] flankiert. Das Rangverhältnis zu letzterer ist aufgrund gewisser Unterschiede in der Reichweite der Schrankenbestimmungen jedenfalls bei hybriden Werken (gemischte Werke wie beispielsweise Computerspielen, die aus Software, Musik und Filmbestandteilen bestehen) höchst umstritten, weil der Einsatz von Digital Right Management-Systemen (**DRM**) nach Auffassung des EuGH nur zum Schutz gegen Rechtsverletzungen, aber nicht darüber hinaus zulässig ist.[77] Dies könnte gravierende Auswirkungen auf die Frage der Zulässigkeit von Nutzungs- und Weitergabebeschränkungen bei in Onlineshops erworbenen Musikstücken, Hörbüchern und dergleichen haben, zu der noch keine höchstrichterliche Rechtsprechung vorliegt.[78]

---

[67] Möhring/Nicolini/*v. Welser* UrhG vor §§ 120 ff. Rn. 21 ff.
[68] BGH Urt. v. 14.7.1993 – I ZR 47/91, GRUR 1994, 39 = CR 1993, 725 – Buchhaltungsprogramm.
[69] Schricker/Loewenheim/*Loewenheim* vor §§ 120 ff. Rn. 21 ff.
[70] Vgl. OLG Frankfurt Urt. v. 3.2.2005 – 6 U 181/04 zur Frage der Ausländersicherheit nach § 110 ZPO, OLG Frankfurt Urt. v. 12.8.2003 – 11 U 15/03 zur Anordnung eines Arrests nach § 926 ZPO.
[71] Vgl. EuGH Urt. v. 15.11.2012 – C-180/11, Rn. 67; EuGH Urt. v. 11.9.2007 – C-431/05, Rn. 31; EuGH Urt. v. 15.3.2012 – C135/10; EuGH Urt. v. 14.12.2000 – C 300/98.
[72] Richtlinie 92/100/EWG v. 19.11.1992, ABl. L 346 v. 19.11.1992, S. 61–66, ersetzt durch Richtlinie 2006/115/EG v. 12.12.2006, ABl. L 376 v. 27.12.2006, S. 28–35.
[73] Richtlinie 93/83/EWG v. 27.9.1993, ABl. L 248 v. 6.10.1993, S. 15–21.
[74] Richtlinie 93/98/EWG v. 29.10.1993, ABl. L 290 v. 24.11.1996, S. 9–13, ersetzt durch Richtlinie 2006/116/EG v. 12.12.2006, ABl. L 372 v. 27.12.2006, S. 12–18, zuletzt geändert durch die Richtlinie 2011/77/EU vom 27.9.2011, ABl. L 265 v. 11.10.2011. S. 1–5.
[75] Richtlinie 96/9/EG v. 11.3.1996, ABl. L 77 v. 27.3.1996 S. 20–28.
[76] Richtlinie 2001/29/EG, ABl. L 167 vom 22.6.2001, S. 10–19.
[77] EuGH Urt. v. 3.7.2012 – C-128/11, CR 2012, 498 – UsedSoft; EuGH Urt. v. 23.1.2014 – C-355/12, GRUR 2014, 255 – Nintendo.
[78] Vgl. OLG Hamm Urt. v. 15.5.2014 – 22 U 60/13, CR 2014, 498, mangels „Verbreitung" keine Erschöpfung des Verbreitungsrechts bei eBooks; hierzu kritisch Anm. v. *Kubach/Schuster*, CR 2014, 504.

II. Einführung in den Urheberrechtsschutz von Computerprogrammen

Das 2. Urheberrechtsänderungsgesetz vom 9.6.1993 war nur ein erster Meilenstein auf 44
dem Weg ins neue europäische Urheberrecht. Als weiterer Meilenstein kann das „Gesetz zur Regelung der Rahmenbedingungen für Informations- und Kommunikationsdienste" (IuKDG)[79] genannt werden, mit welchem ua die §§ 87a ff. UrhG zum Schutz für Datenbanken neu aufgenommen wurden. Der Rechtschutz von Datenbanken wird gesondert in → § 6 behandelt.

Durch Gesetz vom 10.9.2003 wurde die **EU-Richtlinie zur Harmonisierung** bestimmter 45
Aspekte des Urheberrechts und der verwandten Schutzrechte in der Informationsgesellschaft[80] durch Schaffung der neuen §§ 95a–d UrhG transferiert. Insoweit ist zu betonen, dass die Regelungen zum Schutz technischer Maßnahmen zur Vermeidung von Rechtsverletzungen nach §§ 95a–d UrhG wegen § 69a Abs. 5 UrhG für Computerprogramme nicht gelten, obwohl die in § 69f UrhG normierten Schutzmechanismen inhaltlich deutlich hinter den §§ 95a ff. UrhG zurückbleiben. Auf beide Vorschriften wird nachfolgend noch eingegangen. Das Gesetz regelt zudem erstmals ausdrücklich das Recht auf **öffentliche Zugänglichmachung** (dh Ins-Netz-Stellen) urheberrechtlich geschützter Werke und dessen Schranken. Erstmals geregelt wurde auch das Verbot, den Kopierschutz digitaler Datenträger zu knacken – und dies auch dann, wenn die Vervielfältigung eigentlich nach der urheberrechtlichen „Kopierschranke" des § 53 UrhG erlaubt wäre. Es erweitert den Schutz des geistigen Eigentums durch die Einführung eines Umgehungsschutzes technischer Maßnahmen zur Vermeidung von Rechtsverletzungen, die zunehmend mit dem Oberbegriff des Digital Rights Management (DRM) umschrieben werden. Der Inhalt dieses Gesetzes wird auch als „1. Korb" bezeichnet, was der Tatsache Rechnung tragen sollte, dass die Bundesregierung die laufende Urheberrechtsreform vorsichtig in zwei Schritten durchführen wollte.

3. Der sog 2. Korb

Der „2. Korb" wurde durch das Gesetz zur Regelung des Urheberrechts in die Informa- 46
tionsgesellschaft,[81] welches zum 1.1.2008 in Kraft trat, umgesetzt. Im Kern ging es hier nicht um die Umsetzung einer Richtlinie, sondern um Anpassungen des Rechts im Zuge der zunehmenden Digitalisierung aus deutscher Sicht. Die wichtigsten Neuregelungen waren die Aufrechterhaltung des Rechts zur Privatkopie in eingeschränktem Umfang, die Einführung einer Pauschalvergütung als Ausgleich für die Privatkopie, Schranken für Wissenschaft und Forschung und die Möglichkeit, bereits heute an noch unbekannten Nutzungsarten Rechte einzuräumen.

Am 11.4.2008 hat der Bundestag ein weiteres Gesetz, diesmal zur Umsetzung der sog 47
Durchsetzungsrichtlinie,[82] verabschiedet. Das Gesetz ist am 1.9.2008 in Kraft getreten und sieht zahlreiche Erleichterungen für Rechtsinhaber vor, die gegen Rechtsverletzer vorgehen wollen. Im Wesentlichen geht es um eine Erweiterung der Urhebervermutung des § 10 UrhG auf bloße Rechtsinhaber. Ferner sind die §§ 97 ff. UrhG neu gefasst und neu nummeriert worden. Außerdem enthält das Gesetz in § 97a Abs. 2 UrhG die heftig umstrittene Begrenzung des Erstattungsanspruchs für Anwaltskosten im Rahmen von Abmahnungen.[83]

4. Vorbereitungen zum sog 3. Korb

In den Vorbereitungen für einen „3. Korb" untersucht das Bundesministerium der Justiz 48
(BMJ) seit 2009 mittels Anhörung der beteiligten Kreise erneute Modifikation des Urheberrechts. Vorausgegangen waren entsprechende Entschließungsanträge des Bundestages[84] und des Bundesrates[85] im Rahmen des Gesetzgebungsverfahrens zum „Zweiten Korb". Auf die

---

[79] Vom 22.7.1997, BGBl. I 1997, S. 1870.
[80] Richtlinie 2001/29/EG, ABl. L 167 vom 22.6.2001, S. 10–19.
[81] Gesetz zur Regelung des Urheberrechts in die Informationsgesellschaft vom 26.10.2007, BGBl. I v. 31.10.2007, S. 2513 f.
[82] Richtlinie 2004/48/EG, ABl. L 204 vom 4.8.2007, S. 27.
[83] Einzelheiten → Rn. 285 ff.
[84] BT-Drs. 16/5939.
[85] BR-Drs. 582/07.

Beratungen haben auch das Grünbuch der Europäischen Kommission[86] sowie die Ergebnisse der Enquête-Kommissionen „Kultur in Deutschland"[87] und „Internet und Digitale Gesellschaft"[88] Einfluss. In letzteren nehmen die Parteien aus ihrer jeweiligen verbraucher- bzw. industriefreundlichen Sicht zur Frage Stellung, wie zukünftig eine Ausgewogenheit zwischen Rechten der Rechtsinhaber und denen der Nutzer gefunden werden kann. Danach könnte es ua zu Neuregelungen in folgenden, zum Teil heftig umstrittenen, teilweise aber auch von der Rechtsprechung vorweggenommenen Bereichen kommen:

- Begrenzung der Privatkopie auf Kopien nur vom Original.
- Sicherung des Rechts zur Privatkopie bei § 53 Abs. 1 UrhG/Gebühr auch beim Einsatz von DRM-Systemen.
- Verbot der Herstellung einer Privatkopie durch Dritte.
- Gesetzliches Verbot sogenannter intelligenter Aufnahmesoftware.
- Zweitverwertungsrechte für Urheber von wissenschaftlichen Beiträgen (Open Access).
- Prüfung einer Regelung des Handels mit gebrauchter Software und mit anderen digitalen Werkkategorien, wobei hierzu die bereits erwähnte Rechtsprechung des EuGH vorliegt.

5. Das Leistungsschutzrecht für Presseverlage

49 Mit Wirkung zum 1.8.2013 hat der Gesetzgeber ein neues Leistungsschutzrecht für Presseverlage eingeführt.[89] In den §§ 87f bis 87h UrhG wird dem Verleger das ausschließliche Recht eingeräumt, Presseerzeugnisse zu gewerblichen Zwecken öffentlich zugänglich zu machen, es sei denn, es handelt sich um einzelne Wörter oder kleinste Textausschnitte. Adressat des Leistungsschutzrechts ist der Presseverleger. Zulässig ist die öffentliche Zugänglichmachung von Presseerzeugnissen oder Teilen hiervon, soweit sie nicht durch gewerbliche Anbieter von Suchmaschinen oder gewerbliche Anbieter von Diensten erfolgt, die Inhalte entsprechend aufbereiten. Für Printpublikationen läuft der Schutz ins Leere, da sie technisch in der Regel nicht indexiert werden können. Auf Bildersuchmaschinen ist das Leistungsschutzrecht ohne weiteres anwendbar. Ob jedoch auch Videosuchmaschinen hierunter fallen, ist dagegen fraglich, besonders wenn sie Teil eines Presseerzeugnisses sind.[90] Bisher waren für Suchmaschinen und ähnliche Dienste vor allem die Schwelle der Schöpfungshöhe und die Rechtsprechung des Bundesgerichtshofs zu Vorschaubildern (sog Thumbnails) relevant.[91] Den beiden BGH-Urteilen zufolge willigt ein Webseitenbetreiber stillschweigend ein, dass Suchmaschinen Vorschaubilder seiner Inhalte erzeugen. Wer dies unterbinden will, muss sich nach dieser Rechtsprechung technischer Mittel bedienen, die dafür sorgen, dass eine Aufbereitung durch die Suchmaschine ausgeschlossen wird.

50 Suchmaschinen und Aggregatoren nutzen urheberrechtlich geschützte Werke nur, um auf diese zu verweisen und sie auffindbar zu machen. Viele sahen dies als vorteilhaft für beide Seiten an, weil es die Auffindbarkeit von Inhalten erleichtere.[92] Der BGH begründete bereits im Jahre 2003 seine Paperboy-Entscheidung mit den Worten: *„Ohne die Inanspruchnahme von Suchdiensten und deren Einsatz von Hyperlinks (gerade in der Form von Deep-Links) wäre die sinnvolle Nutzung der unübersehbaren Informationsfülle im World Wide Web praktisch ausgeschlossen".*[93] Auch der EuGH hat inzwischen entschieden, dass eine reine Verlinkung kein neues Publikum schaffe und daher im Regelfall ohne Zustimmung zulässig sei.[94] Nachdem aber vermutlich Teile dieser Suchfunktionen nunmehr unter das Leistungsschutzrecht fallen, ist es nicht mehr rechtssicher möglich, das Internet automatisiert und

---

[86] Vgl. CR 2008, R 98 ff.
[87] Vgl. CR 2008, R 14; Abschlussbericht BT-Drs. 16/2007 vom 11.12.2007.
[88] BT-Drs. 17/7899 v. 23.11.2011.
[89] 8. Gesetz zur Änderung des Urheberrechtsgesetzes vom 7.3.2013.
[90] Vgl. *Kreutzer*, Das Leistungsschutzrecht für Presseverleger im Lichte der BGH-Rechtsprechung zu Vorschaubildern.
[91] BGH Urt. v. 29.4.2010 – I ZR 69/08, BGHZ 185, 291 – Vorschaubilder I; BGH Urt. v. 19.10.2011 – I ZR 140/10, GRUR 2012, 602, Rn. 23 = WRP 2012, 721 – Vorschaubilder II.
[92] Vgl. *Kreutzer* MMR 2014, 512.
[93] BGH Urt. v. 17.7.2003 – I ZR 259/00, BGHZ 156, 1 (14 f.) – Paperboy.
[94] EuGH Urt. v. 21.10.2014 – C-348/13, CR 2014, 732.

nicht-diskriminierend zu indexieren. Die Entscheidung zwischen geschützten – und damit lizenzpflichtigen – und ungeschützten Inhalten können Algorithmen angeblich nicht fällen.[95] Da die Neuregelungen zum Leistungsschutzrecht zudem eine Vielzahl unbestimmter Rechtsbegriffe mit großem Auslegungsspielraum enthalten, hat dies zu massiver Kritik geführt.[96]

6. Die Bildungs- und Wissenschaftsschranke in § 52a UrhG

Die jüngste Entwicklung betrifft die allgemeine Bildungs- und Wissenschaftsschranke in 51 § 52a UrhG, wonach Teile von urheberrechtlich geschützte Inhalten unter bestimmten Voraussetzungen für Unterrichts- und Forschungszwecke einem abgegrenzten Personenkreis öffentlich zugänglich gemacht werden dürfen, etwa indem sie in schulische oder universitäre Intranets eingestellt werden. Für die öffentliche Zugänglichmachung im Sinne der Vorschrift ist eine Vergütung zu zahlen, die durch eine Verwertungsgesellschaft geltend gemacht werden kann. Die Vorschrift war nur noch bis einschließlich 31.12.2014 anwendbar.[97] Bereits bei seiner Einführung im Jahre 2003 war jedoch ihre Geltung befristet und wurde dann mehrfach verlängert. Aus zwei mittlerweile ergangenen Urteilen des BGH[98] in den Rechtsstreiten für den Hochschulbereich zwischen den Ländern und der VG Wort ergaben sich keine Gründe, die gegen eine unbefristete Weitergeltung des § 52a UrhG sprechen. Der Bundesrat hat daher am 28.11.2014 für eine Gesetzesreform gestimmt, mit der die „Intranetklausel" im Urheberrecht durch Aufhebung des § 137k UrhG dauerhaft werden soll. Lehrern und Wissenschaftlern soll dauerhaft gestattet sein, „kleine Teile" urheberrechtlich geschützter Werke oder Zeitschriftenartikel einem „bestimmt abgegrenzten Bereich von Unterrichtsteilnehmern" für Bildungszwecke in einem abgeschlossenen Netzwerk zugänglich zu machen. Diese Schranke greift bei Software wegen des Vorrangs von § 69c Nr. 4 UrhG nicht, ist jedoch auf andere Werkkategorien wie eBooks oder Musikwerke anwendbar.

7. Kritik

Bei einem Fachgespräch im Ausschuss Digitale Agenda des Bundestags am 3.12.2014 wa- 52 ren sich Vertreter der Wissenschaft einig, dass das „Urheberrecht von Lobbyisten getrieben" und „aus den Fugen geraten" sei. Das habe zum einen damit zu tun, dass inzwischen „fast alles geschützt wird". Dazu kämen „weit überhöhte" Schutzdauern „bis 70 Jahre nach dem Tod".[99]

Der Schutz von Softwareprogrammen als wissenschaftliche Sprachwerke unter § 2 Abs. 1 53 Nr. 1 UrhG und die Schaffung der §§ 69a–g UrhG als *lex specialis* ist von Anfang an auf Kritik gestoßen. Bis heute besteht zumindest im Schrifttum keine Einigkeit über die Frage, ob Software eine Sache iSv § 90 BGB ist. Daran knüpfen wiederum Folgefragen an. Eine Ursache für diesen Streit dürfte sein, dass hier regelmäßig weder der schöngeistige Charakter des vollendeten Werks, die Identifikation des Urhebers mit seinem Werk noch die kreative Art der Programmierung oder der Programmiersprache im Vordergrund stehen, sondern Funktionalität und wirtschaftlicher Wert der Nutzungsrechte. Die Schutzdauer wird als zu lang empfunden, der Umfang je nach Interessenlage als zu weit oder zu eng.

Auch die Abgrenzung zum Patentrecht bereitet Schwierigkeiten. Innerhalb der EU sind 54 seit dem Inkrafttreten des Lissabonner Vertrages Ende 2009 die Bestrebungen zur Errichtung eines EU-Patentgerichts ausdrücklich im Vertrag über die Arbeitsweise der Europäischen Union verankert (Art. 118, 262 AEUV). Obwohl hiermit die Gewaltenteilung und Kompetenz der Gerichte der Mitgliedsstaaten nach Europa „verschoben" wird, treffen die EU-Verträge keine Vorkehrungen um etwa auf der europäischen Ebene Ausgleich zu schaf-

---

[95] Ein Webseitenbetreiber kann jedoch mithilfe des Befehls „noindex" festlegen, ob eine Seite indiziert werden soll.
[96] http://www.bundestag.de/bundestag/ausschuesse18/a23/kw49_pa_digitale_agenda/342306.
[97] Am 14.12.2012 (BGBl. I S. 2579) wurde die letzte Verlängerung der befristeten Anwendbarkeit von § 52a UrhG bis zum 31. 12 2014 beschlossen.
[98] BGH Urt. v. 20.3.2013 – I ZR 84/11, GRUR 2013, 1220 – Gesamtvertrag Hochschul-Intranet; BGH Urt. v. 28.11.2013 – I ZR 76/12, GRUR 2014, 549 – Meilensteine der Psychologie.
[99] http://www.bundestag.de/bundestag/ausschuesse18/a23/kw49_pa_digitale_agenda/342306.

fen. Vielmehr setzt gemäß diesem System das EU-Patentgericht die Regeln und kann nur auf Initiative der Kommission und des Ministerrats korrigiert werden.

55 Der EuGH wiederum entwickelt zunehmend eine Art Urheber-Wirtschaftsrecht eigener Art, das neben dem Ausgleich der Interessen der Urheber und der Nutzer die Förderung der Binnenmarktziele verfolgt und die Einschätzung des Ausgangs von Vorlageverfahren erschwert.[100] Ungeklärt ist beispielsweise auch, ob die Grundsätze der UsedSoft-Entscheidung nicht auch auf eBooks und andere digitale Werkarten übertragbar sind. Es ist insoweit absehbar, dass es hier zu weiteren Aktivitäten der Gesetzgeber kommt bzw. die Rechtsprechung rechtsfortbildend eingreift.

III. Der Rechtsschutz von Computerprogrammen außerhalb des Urheberrechts

56 Für Software gelten die §§ 69a ff. als *leges speciales* vorrangig. Über die Öffnungsklausel des § 69a Abs. 4 UrhG gelten im Übrigen, soweit also keine besondere Regelung existiert, zunächst die allgemeinen Vorschriften des Urheberrechts. Somit sind mit Ausnahme des § 98 UrhG, der durch § 69f UrhG erweitert wird, vor allem die zentralen Anspruchsgrundlagen des § 97 UrhG anwendbar, weil die §§ 69a ff. UrhG nur den Rahmen der zustimmungspflichtigen Handlungen definieren, aber nicht die Folgen einer Rechtsverletzung.

57 Über § 69g Abs. 1 UrhG bleiben sonstige Rechtsvorschriften unberührt. Daher gilt der **Grundsatz der Parallelität** sämtlicher Rechtsgebiete auch im Urheberrecht. In erster Linie sind daher die Vorschriften des bürgerlichen Rechts ergänzend anwendbar. Damit können auch schuldrechtliche Vereinbarungen, die beispielsweise urheberrechtlich nicht vorgesehene Nutzungsbeschränkungen beinhalten, im Rahmen der Sittenmäßigkeit, gegebenenfalls unter Beachtung der §§ 305 ff. BGB und vor allem in den Grenzen des § 69g Abs. 2 UrhG wirksam vereinbart werden. Deren Missachtung führt dann zu Ansprüchen aus den §§ 280, 281 BGB, während dinglich wirkende Gesetzesverletzungen zu Ansprüchen aus § 823 BGB führen.

58 Jedes Gesetz kann einen anderen Schutzzweck verfolgen, wobei sich die Zwecke überschneiden können, aber nicht müssen. Umgekehrt kann die gesetzliche Gestattung einer Nutzungshandlung nach dem UrhG eine andere, der Wertung widersprechende Regelung ausschließen. Beispielsweise kann eine urheberrechtlich gestattete Nutzung ohne Hinzutreten gesonderter, eine Unlauterkeit (aus anderen Gründen) begründender Umstände keine Wettbewerbswidrigkeit iSd § 3 UWG begründen. Wohl aber kann eine Urheberrechtsverletzung mit einer Markenrechtsverletzung einhergehen.

59 Die Parallelität verschiedener Anspruchsgrundlagen spielt auch bei der **Berechnung eines Schadensersatzanspruches** eine große Rolle. Soweit sich nämlich die Zwecke der Anspruchsgrundlagen nicht überschneiden, können die Ansprüche additiv geltend gemacht werden. Umgekehrt besteht das **Verquickungsverbot,** welches letztlich dem allgemeinen Prinzip der Schadensberechnung Rechnung trägt, dass ein und derselbe Schaden nicht mehrfach ersatzfähig ist, nur weil verschiedene Gesetze ihm eine Anspruchsgrundlage geben. Insoweit wird jeder Schaden dem Grunde nach gemäß §§ 249 ff. BGB berechnet, wobei die von der Rechtsprechung entwickelten Grundsätze der Lizenzanalogie als konkretisierende Regelung zu berücksichtigen sind. Diese gelten auch bei der bereicherungsrechtlichen Schadensberechnung nach § 812 ff. BGB. Der BGH geht davon aus, dass der Gebrauch des immateriellen Schutzgegenstandes im Sinne des § 812 BGB erlangt wird, da hierdurch der Verletzer in die ausschließliche Benutzungsbefugnis des Rechtsinhabers eingreift. Da diese Nutzung seiner Natur nach nicht herausgegeben werden kann, ist ihr Wert gemäß § 818 Abs. 2 BGB zu ersetzen. Im Rahmen des Anspruchs ist vor diesem Hintergrund ebenfalls die ersparte Lizenz nach den Grundsätzen der Lizenzanalogie zu entrichten.[101]

---

[100] So geschehen in EuGH Urt. v. 3.7.2012 – C-128/11, CR 2012, 498 – UsedSoft; vom BGH nachgängig übernommen, Urt. v. 11.12.2014 – I ZR 8/13, UsedSoft II mAnm *Witte*; ITRB 2015, 196; *Schneider* CR 2015, 413.

[101] Vgl. BGH Urt. v. 24.11.1981 – X ZR 7/80 – Kunststoffhohlprofil II; BGH Urt. v. 24.11.1981 – X ZR 36/80 – Fersenabstützvorrichtung; BGH Urt. v. 18.2.1992 – X ZR 8/90 – Teleskopzylinder; → Rn. 335 ff.

Patent- und Kennzeichenrecht sind neben dem Urheberrecht parallel anwendbar, haben 60 eine andere Schutzrichtung und andere Voraussetzungen hinsichtlich Entstehung, Reichweite, Dauer und der Berechtigten. Der wettbewerbsrechtliche Schutz wird auch hier lediglich als ergänzend angesehen. Im UWG kommen verschiedene Tatbestände in Betracht. Soweit es um eine unmittelbare Leistungsübernahme geht und das Verhalten urheberrechtlich nicht zu beanstanden ist, fehlt ihm ohne Hinzutreten besonderer Umstände die Unlauterkeit.[102]

Prinzipiell können **auch schuldrechtliche Vereinbarungen** als – begrenzt – schützend angesehen werden. Bei ihnen sind allerdings zwei Besonderheiten zu beachten: Zum einen 61 strahlen die urheberrechtlichen Auslegungsregeln[103] auf schuldrechtliche Vereinbarungen aus. Trotz des Trennungsprinzips stehen sich beide Rechtsgebiete aber nicht ohne „Brücken" gegenüber. Sofern eine schuldrechtliche Regelung keine dingliche Wirkung entfaltet, weil das Urheberrecht sie nicht zulässt, wirkt sie nur zwischen den Parteien. Dritten gegenüber, also beispielsweise Folgeerwerbern gegenüber entfaltet sie keine Bindung. Selbst bei Bestehen eines Wettbewerbsverhältnisses wäre nur eine systematische Ausnutzung eines Vertragsbruchs unter Hinzutreten besonderer Unlauterkeitsmerkmale wettbewerbswidrig.[104] Der Schaden wäre die dadurch entstandene Marktverwirrung.

Systematisch erfolgt die Übertragung urheberrechtlich geschützter Befugnisse stets über 62 eine Abtretung von Rechten iSd § 398 BGB. Die bloße Überlassung eines auf Datenträger gespeicherten Werkstücks würde dem Empfänger außerhalb der urheberrechtlichen Schranken nicht ohne weiteres Nutzungsbefugnisse gewähren, da sachenrechtlich über § 903 BGB Rechte Dritter – hier eben Urheberrechte – unberührt bleiben.[105]

IV. Anspruchsvoraussetzungen

Zentrale Anspruchsgrundlage im Urheberrecht für die Geltendmachung von Ansprüchen 63 wegen der Verletzung von Urheberrechten jeder Werkkategorie ist **§ 97 Abs. 1 UrhG für den Beseitigungs-/Unterlassungsanspruch** sowie **§ 97 Abs. 2 UrhG für den Schadensersatzanspruch**. Im Regelfall gruppieren sich alle anderen Ansprüche, insbesondere der unselbständige Besichtigungsanspruch nach § 242 BGB, aber auch die „neuen" selbständigen Auskunftsansprüche der §§ 101, 101a UrhG[106] als Nebenansprüche oder vorbereitende Ansprüche um diese Normen.

Die in den §§ 97–105 UrhG enthaltenen Vorschriften regeln die wesentlichen bürgerlich- 64 rechtlichen Ansprüche sowie den Rechtsweg. Die §§ 106–111a UrhG enthalten Straf- und Bußgeldvorschriften, die in → § 43 Rn. 257 ff. dieses Handbuchs erörtert werden. Die §§ 111b und c UrhG hingegen enthalten Regelungen der Maßnahmen der Zollbehörden im Wege der Grenzbeschlagnahme. Letztere sind eine Mischung aus materiell-rechtlicher Anspruchsgrundlage und Verfahrensvorschrift für Fälle systematischer Produktpiraterie und resultieren aus den sich aus den Art. 51–60 TRIPS ergebenden internationalen Verpflichtungen.[107]

1. Die Schutzvoraussetzungen im Einzelnen

Jeder Anspruch wegen einer Rechtsverletzung setzt zunächst voraus, dass überhaupt ein 65 **schutzfähiges Werk** vorhanden ist. Die Beweislast hierfür trägt der Anspruchsteller, weil es um eine ihm günstige Tatsache geht.[108]

---

[102] Einzelheiten → § 7 Rn. 36 ff.
[103] § 31 Abs. 5 UrhG und Schrankenbestimmungen (§§ 44 ff. UrhG).
[104] BGH Urt. v. 11.9.2008 – I ZR 74/06 – bundesligakarten.de; BGH Urt. v. 21.4.2005 – I ZR 1/02 – Marktstudien.
[105] Grundlegende Elemente dieses Prinzips → Rn. 102 ff.
[106] In Umsetzung der Art. 6 und 7 der Durchsetzungs-Richtlinie 2004/48 EG im Gesetz zur Verbesserung der Durchsetzung von Rechten des geistigen Eigentums v. 7.7.2008 (BGBl. I S. 1191).
[107] *Dreier*, TRIPS und die Durchsetzung von Rechten des geistigen Eigentums, GRUR Int. 1996, 205.
[108] Zur abgestuften Darlegungs- und Beweislast → Rn. 276 ff. sowie Schricker/Loewenheim/*Loewenheim* § 69a Rn. 22.

66 Es gilt systematisch zunächst der Grundsatz der Nachahmungsfreiheit. Verletzt also jemand durch seine Handlungen kein fremdes Urheberrecht, weil etwa die nachgeahmten Gegenstände oder Leistungen die erforderliche Schöpfungshöhe nicht erreichen oder der Anspruchssteller dies nicht darlegen und beweisen kann, weil die Schutzfrist nach §§ 64 ff. UrhG abgelaufen ist oder eine Schrankenbestimmung nach §§ 44a ff. UrhG, bei Software sie speziellen Schrankenbestimmungen in den §§ 69c Nr. 3 Satz 2 (Erschöpfung des Verbreitungsrechts) sowie die sich aus dem zwingenden Kern der Nutzerrechte (§ 69d Abs. 1 UrhG) ergebenden Schranken die Handlung rechtfertigt, ist die Nachahmung grundsätzlich frei.[109]

67 Dies gilt auch unter wettbewerbsrechtlichen Gesichtspunkten, soweit diese eine unmittelbare Leistungsübernahme betreffen.[110] Weil das UWG primär einen anderen Schutzzweck verfolgt, können nur außerhalb des Urheberrechts liegende Delikte, beispielsweise Geheimnisverrat, Bestechung, Herkunftstäuschung, Rufausbeutung oder Behinderung eigenständige wettbewerbsrechtliche Ansprüche auslösen. Für die Annahme eines wettbewerbsrechtlichen Tatbestands bedarf es dabei zusätzlicher, besonderer Umstände, die die Annahme zulassen, dass der Kläger in wettbewerbswidriger Weise in seinem Bemühen behindert wird, die Wertschätzung und die Exklusivität seiner Waren und somit ihre Absatzmöglichkeit aufrechtzuerhalten, oder dem Schöpfer des Originals sonst durch das Anbieten der Nachahmung die Möglichkeit genommen wird, sein Produkt in angemessener Zeit zu vermarkten.[111] Damit ist auch keineswegs gesagt, dass diese Ansprüche so weit gehen wie ein urheberrechtlicher Verbotsanspruch. Sie sind letztlich gesondert und isoliert zu prüfen.

68 **a) Schutzfähiges Werk.** § 69a UrhG ist im Ganzen zu lesen und zu prüfen. Er deklariert zunächst ein Computerprogramm als Schutzgegenstand (Abs. 1) unter Abgrenzung der geschützten Bestandteile von den ungeschützten Ideen und Grundsätzen (Abs. 2) sowie der ggf. gesondert schutzfähigen Dokumentation, welche schuldrechtlich integraler Bestandteil einer Software neben dem eigentlichen Programm ist. Anschließend werden die Schutzvoraussetzungen definiert (Abs. 3). Abs. 4 verweist auf die sonstigen Vorschriften für Sprachwerke, die ergänzend anwendbar sind. Dies eröffnet den Rückgriff auf die Vorschriften des allgemeinen Teils des UrhG sowie die hierzu ergangene Rechtsprechung, falls die §§ 69a ff. UrhG keine Sonderregelung bestimmen.

69 **b) Was ist ein „Programm in jeder Gestalt"** (§ 69 Abs. 1). In der Regel wird es um die Verletzung von Rechten an einem bereits **existenten Programm** gehen. Dies ist nach der Definition in § 69a Abs. 2 UrhG unproblematisch. Abgrenzungsfragen zu Vorstufen und Entwurfsmaterial stellen sich hier nicht. Hiernach nicht geschützt wären rein **wirtschaftliche, konzeptionelle Vorgaben**, die nicht als Vorstufe der Softwareentwicklung angesehen werden können.[112] In einem solchen **Ausnahmefall** muss sich der Anspruchsteller überlegen, ob er für diese Vorgaben Schutz nach einer anderen Werkkategorie, etwa nach § 2 Abs. 1 Nr. 7 UrhG (Darstellungen wissenschaftlicher oder technischer Art), begehren kann.

70 Weder die Funktionalität eines Computerprogramms noch die Programmiersprache oder das Dateiformat, die im Rahmen eines Computerprogramms verwendet werden, sind eine Ausdrucksform dieses Programms und fallen daher nicht unter den Schutz des Urheberrechts an Computerprogrammen.[113]

71 Auf die Art des Programms kommt es nicht an. Geschützt sind demnach auch **Suchmaschinen, Webseiten, Makros, Java-Applets, Hilfsprogramme** etc, soweit sie eine Abfolge von maschinenlesbarem Programmcode[114] enthalten.[115]

---

[109] Vgl. Dreier/Schulze/*Schulze* UrhG § 69a Rn. 29 ff.
[110] OLG Köln Urt. v. 20.6.2014 – I-6 U 176/11, 6 U 176/11 – Pippi Langstrumpf; Schleswig-Holsteinisches OLG Urt. v. 26.9.2013 – 16 U (Kart) 49/13 – Fortführung eines Fastfood-Restaurants.
[111] BGH Urt. v. 27.3.2013 – I ZR 9/12 – SUMO; BGH Urt. v. 11.1.2007 – I ZR 198/04, GRUR 2007, 795 Rn. 51 – Handtaschen; BGH Urt. v. 26.6.2008 – I ZR 170/05, GRUR 2008, 1115 Rn. 32 = WRP 2008, 1510 – ICON; Köhler/Bornkamm/*Köhler* UWG § 4 Rn. 9.64.
[112] Vgl. OLG Köln Urt. v. 8.4.2005 – 6 U 194/04, CR 2005, 624 – Entwurfsmaterial.
[113] EuGH Urt. v. 2.5.2012 – C-406/10 – SAS-Institute; Schricker/Loewenheim/*Loewenheim* § 69a Rn. 5.
[114] → Glossar; § 3.
[115] Wandtke/Bullinger/*Grützmacher* § 69a Rn. 18.

Problematisch hingegen ist „vermeintliche" Software, die nicht selbst lauffähig ist, weil **72** das Prüfungsobjekt in Wirklichkeit nur aus einer Vielzahl von **Dokumenten** besteht, die unter Einsatz einer gesonderten (tatsächlichen) Software „zum Laufen" gebracht werden. Hier fehlt es an der Abfolge eines maschinenlesbaren Codes. Ob die Dokumente ihrerseits geschützt sind, hängt davon ab, ob sie ein eigenständiges Werk, etwa wieder nach § 2 Abs. 1 Nr. 7 UrhG darstellen.[116]

Ebenso fällt die zur Schaffung oder Verwaltung eines **Datenbankwerks** iSd § 4 Abs. 2 **73** UrhG oder einer Datenbank iSd § 87a UrhG verwendete Software unter den Schutz nach § 69a UrhG und ist nicht Bestandteil des Datenbankwerks bzw. des Schutzes des Datenbankherstellers nach § 87b UrhG. Wenn von einem Schutz der Datenbank selbst die Rede ist, ist die Struktur des Inhalts gemeint, während der Inhalt, also jeder einzelne **Datensatz** nur dann schutzfähig ist, wenn er selbst in eine Werkkategorie fällt (beispielsweise eine Literaturdatenbank mit juristischen Aufsätzen, eine Datenbank mit Musikstücken oder Bildern etc[117]).

Keine Programme sind **reine Daten**, etwa Spielstände von Computerspielen, HTML- **74** Code, XML-Code, WML-Code und ähnliche rein der Formatierung dienende Ansammlungen von Befehlen.[118]

Auch Handbücher, Installationsanleitungen und Dokumentationen sind – im Unterschied **75** zu Datenflussplänen als Entwurfsmaterial – kein Bestandteil des Werks, können aber eigenständigen Schutz nach § 2 Abs. 1 Nr. 7 UrhG erlangen.[119]

Benutzeroberflächen sollen nach einer verbreiteten Auffassung ebenfalls nicht Bestandteil **76** des Programmes sein, selbst wenn sie dort integriert sind.[120] Für dieses Werk soll allerdings ein Schutz nach § 2 Abs. 1 Nr. 1, 4 und 7 UrhG in Betracht kommen, subsidiär auch ein Schutz nach dem UWG. Eine ähnliche Trennung wird auch bei Videospielen vollzogen. Hier ist die audiovisuelle Darstellung vom dahinter stehenden Programm zu unterscheiden. Sie ist nicht dessen Bestandteil, kann aber ebenfalls eigenen Schutz erreichen. Insgesamt wird auch bei Multimediawerken eine derartige Trennung vollzogen und die Schutzfähigkeit ist für jedes einzelne Element gesondert zu prüfen. Allerdings wird für ein Gesamtkunstwerk die Schutzfähigkeit ebenfalls bejaht.

Unerheblich ist wegen § 69a Abs. 1 UrhG auch, ob die Software im **Quell- oder Objekt- 77 code** vorliegt, ob es sich um eine Standardsoftware oder Individualsoftware handelt. Diese Begriffe werden in der Regel verwendet, um die im Massengeschäft unter Anwendung kaufvertraglicher oder mietvertraglicher Regeln angebotene Software zu beschreiben, während die individuell nach den Bedürfnissen des Kunden nach Werk- oder Werklieferungsrecht noch herzustellende Software in größeren Projekten gemeint ist.[121] Für die Frage der Schutzfähigkeit spielt die bürgerlich-rechtliche, vertragliche Einordnung bei der Überlassung jedoch keine Rolle. Ebenso wenig spielt es eine Rolle, ob die Software in einer Hardware integriert ist (Firmware, embedded software) oder nicht.

Für die Entstehung des gesetzlichen Schutzes kommt es auch nicht darauf an, ob und wie **78** der Urheber seine Software verwerten will. Erklärt er seine Software zur **Shareware** oder **Freeware** trifft er damit lediglich über Teile seiner Verwertungsrechte eine Entscheidung, ohne sich aber seiner Urheberrechtsstellung an sich zu begeben. Bei der Mitarbeit an einem **Open Source-Projekt** sind alle Programmierer Miturheber iSd § 8 UrhG und räumen sich gegenseitig Verwertungs- und Weiterentwicklungsrechte mit der Maßgabe ein, ihr Bearbeiterurheberrecht wiederum für Dritte „freizugeben".[122]

c) **Was bedeuten „Form und Ausdrucksweise" (§ 69a Abs. 2 UrhG)?** Geschützt ist allein **79** die Form und Ausdrucksweise des Werks, nicht jedoch der Werkinhalt als solcher, die zu-

---

[116] KG Berlin Urt. v. 11. 7 2000 – 5 U 3777/99 – Lernsoftware; → § 1.
[117] → § 6 Rn. 14 ff.
[118] Wandtke/Bullinger/*Grützmacher* § 69a Rn. 18.
[119] Wandtke/Bullinger/*Grützmacher* § 69a Rn. 13.
[120] Vgl. Dreier/*Dreier* § 69a Rn. 16; OLG Düsseldorf Urt. v. 29.6.1999 – 20 U 85/98, CR 2000, 184 – Frames; aA Schricker/Loewenheim/*Loewenheim* § 69a Rn. 7 und Wandtke/Bullinger/*Grützmacher* § 69a Rn. 14.
[121] → § 11.
[122] → § 9.

grunde liegenden Ideen und Grundsätze. Je mehr sich die inhaltlichen Elemente jedoch zu der konkreten Form des Werkes verdichten, desto mehr vermögen sie den Rechtsschutz des Werkes zu begründen. Die Grenzen sind fließend.

> **Praxistipp:**
>
> Nicht das, was dargestellt wird, sondern wie es dargestellt wird, ist schutzfähig. Beispielsweise ist die Idee, alte Blechdosen zu einem Kunstwerk zusammenzufügen, relativ abstrakt. Entsteht daraus jedoch eine individuell gestaltete Skulptur, ist diese schutzfähig, das eigentliche schutzfähige Element ist jedoch die Auswahl, Anordnung und Kombination.
>
> Bei Software ist die Idee, ein Textverarbeitungsprogramm zu schreiben, nicht schutzfähig, wohl aber der individuelle Programmcode, weil zahlreiche Gestaltungsvariationen zur Verfügung stehen.

80 Geschützt ist in erster Linie die Gesamtstruktur, gegen eine 1:1-Kopie. Dies ist der klassische Fall bei einer „Raubkopie" sowie die Übernahme des gesamten Codes nur mit unwesentlichen Abweichungen. Geschützt sind auch einzelne Programmteile, soweit sie für sich genommen urheberrechtsfähig sind. Bei der Verletzung von Rechten an Musikstücken, besonders im Rahmen des filesharing reichen schon einzelne Datenpakete, die Fragmente des Musikstücks enthalten ebenso wie Teile von Computerspielen. Letztere stellen hybride Werke dar, also solche, die aus mehreren Werkkategorien zusammengesetzt sind. Bei ihnen kann es auch zur Übernahme nur bestimmter Werkteile kommen, etwa der Musik oder der Filmsequenzen oder eben auch der Softwareanteile. Die Rechtsprechung zur Frage, ob hier das Recht des verletzten Elements, das Schwerpunktrecht oder eine Art „Rosinentheorie" anwendbar ist, ist noch nicht gesichert, der EuGH neigt jedoch zu letzterer Lösung und wendet das urheberfreundlichste Recht auf das Gesamtwerk an.[123]

81 In allen Fällen besteht der Schutz auch dann, wenn die Übernahme nicht 1:1, sondern in ähnlicher, wieder erkennbarer Form geschieht. Die Grenze zwischen einer freien Neuschöpfung und einer unfreien Bearbeitung liegt dort, wo das alte Werk im neuen nicht mehr wieder zu erkennen ist. Auch dabei ist nur auf die schutzfähigen Elemente abzustellen. Eine Verletzung urheberrechtlicher Normen kann nur hinsichtlich der entsprechend geschützten Programmteile gerügt werden.[124]

82 Bei der Beweisführung hat dies zumindest im Bereich der 1:1-Kopie den Vorteil, dass der Anspruchsteller den Beweis der Kopie, also einer Vervielfältigung bereits durch Vorlage markanter Auszüge des Programms, von denen er sicher ist, dass die erforderliche Schöpfungshöhe erreicht wird, führen kann. Bei Programmen, die lediglich ähnlich sind, kann die Beweisführung komplexer sein.

> **Praxistipp:**
>
> Zu beachten ist, dass der Anspruchsteller für den Beweis der Kopie oder Teilübernahme Zugriff auf das Verletzungsprogramm haben muss, was regelmäßig Schwierigkeiten bereitet.[125]

83 **d) Was sind „individuelle Werke als Ergebnis geistiger Schöpfung" (§ 69a Abs. 3 UrhG)?** Die Voraussetzungen für die Schutzfähigkeit von Computerprogrammen sind in § 69a Abs. 3 UrhG definiert. Die allgemeine Vorschrift des § 2 Abs. 2 UrhG zur erforderlichen Schöpfungshöhe zur Erlangung von Werkschutz wird hierdurch verdrängt. Die Vorschrift ist fast wortgleich der EU-Richtlinie zum Softwareschutz vom 12.5.1991 entnommen und setzt die Anforderungen gegenüber der bis 1985 vom BGH verlangten den „Durchschnitt überragende" Schöpfungshöhe deutlich herab. Heute kommt es nur noch auf die **einfache Indi-**

---

[123] EuGH Urt. v. 23.1.2014 – C-355/12, Tz. 22, 23 – Nintendo.
[124] Vgl. KG Urt. v. 17.3.2010 – 24 U 117/08, CR 2010, 424 mAnm *Redeker*.
[125] Zu Fragen der Beweislast und der prozessualen Taktik → § Rn. 276 ff.

vidualität i.S. einer dem Programmurheber zuzuordnenden eigenen geistigen Leistung an. Das Ergebnis einer geistigen Leistung ist die Verkörperung der **menschlichen Tätigkeit**, wenn sie nur schöpferisch ist, was bei Computerprogrammen in der Regel der Fall ist. Dies ergibt sich bereits aus § 7 UrhG. Tiere oder Maschinen können keine Urheber sein ebenso wenig wie juristische Personen. In solchen Fällen sind die Personen zu ermitteln, die hinter der Schöpfung stehen. Auch maschinell erstellte Programme dürften darunter fallen, wenn die Maschine von einem Menschen gesteuert wird. Sie ist dann Werkzeug.

Nach Auffassung des OLG Hamburg reicht eine statistische Einmaligkeit.[126] Nicht erforderlich ist, dass die Programmierleistung aus der Masse des Alltäglichen herausragt. Die Schutzfähigkeit ist jedenfalls gegeben, wenn die Schöpfungshöhe der kleinen Münze erreicht. Der Begriff der **kleinen Münze** stammt noch aus der Zeit, als es um die Frage der Schutzfähigkeit von „Drei-Groschen-Romanen" ging, die zu einem geringen Preis erhältlich waren. Gemeint ist das gegen wenig Geld erhältliche, aber dennoch schutzfähige Werkstück. Dieser Begriff ist bis heute auch für andere Werkkategorien gebräuchlich. 84

Im Ergebnis kann festgehalten werden, dass die Schutzfähigkeit heute der Normalfall ist. Gleichwohl besteht für die Schutzfähigkeit keine gesetzliche Vermutung. Im Streitfall hat derjenige, der sich auf die Schutzfähigkeit beruft, sie voll zu beweisen. Die Gerichte gehen zuweilen ungeprüft von der Schutzfähigkeit aus, wenn der Beklagte sie nicht bestreitet. Mag dies im Ergebnis regelmäßig richtig sein, gehört zu einem vollständigen Klagevortrag zumindest eine Kurzdarstellung der schutzfähigen Elemente, um einen **Anscheinsbeweis** oder eine **tatsächliche Vermutung** zu begründen.[127] Ein solcher spricht bei Programmen mit größerem Umfang für deren Schutzfähigkeit. 85

> **Praxistipp**
> Besonders in Eilverfahren ist an die Glaubhaftmachung der Schutzfähigkeit, etwa durch summarische Darlegung eines hohen zeitlichen, personellen und finanziellen Aufwands zur Erstellung des Werks zu denken, um den Erlass einer Beschlussverfügung nicht unnötig zu gefährden.[128] Hat der Anspruchsteller bisher keinen Zugriff auf das Verletzungsprogramm gehabt und deshalb lediglich Vermutungen, hilft möglicherweise ein vorbereitender Besichtigungsanspruch, der bei entsprechender Glaubhaftmachung der Dringlichkeit auch im Eilverfahren durchgesetzt werden kann[129] (→ Rn. 298 ff.).

Der Auskunftsanspruch nach § 101 Abs. 1 und Abs. 2 UrhG, der in Fällen offensichtlicher Rechtsverletzung nach § 101 Abs. 7 UrhG sogar im Wege der einstweiligen Verfügung durchgesetzt werden kann, ist zwar auch ein vorbereitender Anspruch, unterscheidet sich jedoch von dem Besichtigungsanspruch dadurch, dass die Anforderungen an den Beweis der Offenkundigkeit der Rechtsverletzung sehr hoch sind, weil hier die Hauptsache (Auskunftserteilung) unumkehrbar vorweggenommen wird. Folglich muss der Anspruchsteller einer solchen Antragstellung bereits im Besitz starker, liquider Beweismittel sein, etwa durch Besitz einer durch einen Kauf erlangten Kopie. 86

e) **Die Verweisung auf die allgemeinen Vorschriften nach § 69a Abs. 4 UrhG**. Die EU-Richtlinie zum Softwareschutz 250/91 regelte nicht alle Bereiche des Softwareurheberrechts, beispielsweise nicht das Urheberpersönlichkeitsrecht. Im deutschen Recht nahm der Gesetzgeber daher eine Verweisungsnorm auf, um das Entstehen von Lücken zu vermeiden. In anderen Bereichen etwa dem Recht der öffentlichen Wiedergabe wurde die durch die tatsächlichen Entwicklungen entstandene Regelungslücke durch eine Analogie zu § 15 Abs. 2 UrhG gefüllt, indem man dort ein **unbenanntes Recht** für die Veröffentlichung im Internet an- 87

---

[126] OLG Hamburg Urt. v. 12.3.1998 – 3 U 228/97, CR 1999, 298; OLG München Urt. v. 25.11.1999 – 29 U 2437/97, CR 2000, 429.
[127] Vgl. Dreier/*Dreier* § 69a Rn. 29.
[128] Eine Rechtsmeinung oder Rechtsfolge kann allerdings nie glaubhaft gemacht werden; Elemente der Glaubhaftmachung sind insoweit die tatsächlichen Voraussetzungen der Schöpfungshöhe, wie beschrieben.
[129] Früher nur nach den §§ 809, 810 BGB, seit 2004 erweitert durch die §§ 101, 101a UrhG, vgl. Dreier/*Dreier* § 101a Rn. 1.

nahm. Durch die Info-Richtlinie ist dieses Recht zwischenzeitlich als selbständige Nutzungsart in § 69c Nr. 4 UrhG für Software normiert. Für andere Werke, etwa eBooks, Musikstücke und Filme gilt § 19a UrhG.

88

Checkliste

Versicherungsvertrag

Die nachfolgende Liste enthält eine Übersicht aller Vorschriften, die vom Sonderrecht verdrängt werden und solcher, die parallel anwendbar bleiben. In einigen Bereichen wirkt die Verdrängung nur partiell.

Folgende Vorschriften werden verdrängt:

- ☐ § 69a Abs. 3 UrhG verdrängt § 2 Abs. 2 UrhG (einfache Schöpfungshöhe).
- ☐ § 69c UrhG verdrängt die §§ 15–23 UrhG (Verwertungs- und Bearbeitungsrechte; der Begriff der Öffentlichkeit in § 69c Nr. 3 UrhG orientiert sich jedoch an § 15 Abs. 3 UrhG).
- ☐ § 69b UrhG verdrängt § 43 UrhG und schränkt die Rechte nach §§ 14, 34 und 35 UrhG ein (Rechtezuweisung in Arbeits- und Dienstverhältnissen).
- ☐ § 69b UrhG verdrängt in Arbeitsverhältnissen auch § 31 Abs. 5 UrhG (in Arbeits- und Dienstverhältnissen wird auch die Zweckübertragungslehre verdrängt).
- ☐ § 69c Nr. 4 UrhG verdrängt § 19a UrhG (Recht der öffentlichen Zugänglichmachung).
- ☐ § 69g Abs. 2 UrhG verdrängt hinsichtlich der zwingenden Nutzerrechte gemäß den § 69d Abs. 2 und 3 die Vertragsfreiheit (keine Beschränkungen unter das Mindestniveau).
- ☐ §§ 69d und e UrhG wiederum verdrängen die §§ 53–54h UrhG (Sicherungskopie); es besteht kein Recht zur Privatkopie eines Computerprogramms nach § 53 UrhG.
- ☐ § 69f Satz 1 UrhG verdrängt § 98 Abs. 1 UrhG (Vernichtungsanspruch).
- ☐ § 69a Abs. 5 UrhG verdrängt zudem §§ 95 a–d UrhG. Gleichwohl ist die Umgehung technischer Schutzmaßnahmen nicht rechtsfrei, sondern in § 69f Abs. 2 UrhG speziell geregelt, der einen ähnlichen Schutz gewährt mit Ausnahme der Mindestrechte. Bei hybriden Werken wie Computerspielen ist das Rangverhältnis zwischen den §§ 69f und 95a UrhG aufgrund von Auslegungsfragen in den Erwägungsgründen der Richtlinien 2009/24 und 2001/29 noch umstritten.[130]

Neben den §§ 69a ff. UrhG anwendbar sind folgende Vorschriften:

- ☐ § 3 UrhG (Schutzfähigkeit von Bearbeitungen).
- ☐ § 6 UrhG (Regelung über die Veröffentlichung und das Erscheinen).
- ☐ §§ 7–10 und 12–14 UrhG (Urheberpersönlichkeitsrechte; anders in Arbeits- und Dienstverhältnissen).
- ☐ § 24 UrhG (freie Benutzung).
- ☐ §§ 28–30 UrhG (Vererbung, Übertragung und Rechtsnachfolge).
- ☐ §§ 31–41 UrhG (Urhebervertragsrecht, § 31 Abs. 5 modifiziert).
- ☐ Auf Computerprogramme sollen die Schrankenregelungen der §§ 44a, 45, 51 Nr. 1 und 2 anwendbar sein.
- ☐ §§ 64–69 UrhG (Schutzfristen).
- ☐ §§ 96–111 UrhG (Anspruchsgrundlagen bei Rechtsverletzungen mit Ausnahme des § 98 Abs. 1 UrhG, der durch § 69f Abs. 1 Satz 1 UrhG erweitert wird).
- ☐ weiter die §§ 115–119 UrhG (Zwangsvollstreckung) und die §§ 120–123 UrhG (Anwendungsbereich).

2. Das Softwareurheberrecht in Arbeits- und Dienstverhältnissen

89   Schafft der Arbeit- oder Dienstnehmer in Wahrnehmung seiner Aufgaben ein Computerprogramm, stehen die daran entstehenden Verwertungsrechte umfassend dem Arbeit- bzw. Dienstgeber zu.

---

[130] EuGH Urt. v. 3.7.2012 – C-128/11, CR 2012, 498 – UsedSoft; EuGH Urt. v. 23.1.2014 – C-355/12, GRUR 2014, 255 – Nintendo.

§ 69b UrhG ist *lex specialis* zu § 43 UrhG und dient der wirtschaftlichen Verwertbarkeit **90** der Programmierleistungen, welche typischerweise von geringer Schöpfungshöhe sind und an deren Erstellung mehrere Programmierer beteiligt sind oder die aus vorbestehenden Codeteilen nach dem Baukastenprinzip zusammengefügt und an die individuellen Anforderungen angepasst werden. Handelt es sich um eine programmbezogene Erfindung, die patentfähig ist, können zugleich das Patent- und Arbeitnehmererfindungsgesetz Anwendung finden. Keine Anwendung finden soll § 20 ArbNErfG auf bloße Verbesserungsvorschläge.[131]

a) Der Arbeitnehmerbegriff im Urheberrecht. Was ein Arbeitsverhältnis iSv § 69b UrhG **91** ist, richtet sich nach dem Arbeitsrecht. Ein Dienstverhältnis ist nach hM beschränkt auf öffentlich-rechtliche Dienstverhältnisse der Beamten, Richter, Soldaten und hauptberuflichen Notare.[132]

Auf arbeitnehmerähnliche Personen ist die Regelung nach hM nicht anzuwenden, erst **92** recht nicht auf freie Mitarbeiter, die bei der Programmierung von Software neben den Arbeitnehmern die zweite große Gruppe der Entwickler darstellen dürften. Letzteres gilt auch für Scheinselbständige, da ihre Position nicht verschlechtert werden soll.

Da das Urheberrecht im Ganzen nicht übertragbar ist, kann auch der Dienstherr eines **93** abhängig tätigen Programmierers nur Nutzungs-, Verwertungs- und Bearbeitungsrechte am Programm erwerben. Dabei ist die Rechtsnatur des § 69b UrhG umstritten. Man kann darunter eine gesetzliche Lizenz (originärer Rechtserwerb) verstehen ebenso wie eine **widerlegbare Vermutungsregel** (derivativer Rechtserwerb).[133]

Für letztere spricht, dass sich die Rechtsfolgen des § 69b UrhG bei Vorhandensein einer **94** vertraglichen Vereinbarung auch auf Sachverhalte mit Auslandsbezug erstrecken können.[134] Vermutet wird dann eine vollständige und umfassende Rechtsübertragung aller Nutzungsrechte vom Programmierer auf den Arbeitgeber bzw. Dienstherrn, also eine zeitlich, räumlich und inhaltlich uneingeschränkte Übertragung.

Sieht man in § 69b UrhG hingegen eine **gesetzliche Lizenz,** erstreckt sich diese zunächst **95** nur auf die nationalen Verwertungsrechte. Die objektive Anknüpfung des Arbeitsvertrages weicht von den Anknüpfungskriterien des Art. 28/Art. 4 Rom I für Schuldverträge ab. Weder der gewöhnliche Aufenthalt des AN noch die charakteristische Leistung sind maßgeblich, sondern es greift wegen der oft grenzüberschreitenden Tätigkeit wie etwa bei Flugbegleitern ein dreistufiges System mit einer zweistufigen Regelanknüpfung und einer Auffangklausel auf der dritten Stufe.[135] Danach unterliegen Arbeitsverträge primär dem **gewöhnlichen Arbeitsort**. Damit der Arbeitgeber bzw. Dienstherr auch im Ausland über die Rechte verfügen kann, muss man dem **Arbeitsstatut** (objektive Anknüpfung nach Art. 30 Abs. 2/Art. 8 Abs. 2 bis 4 ROM I) den **Vorrang vor dem Territorialitätsprinzip** geben.[136]

Nicht erfasst werden nach einer Meinung die Vergütungsansprüche, so dass dem Arbeit- **96** nehmer die gesetzlichen Vergütungen trotz Bezug des Arbeitsentgeltes weiterhin zustehen, weil dies die wirtschaftliche Verwertung durch den Arbeitgeber nicht einschränke.[137] Der Anspruch aus dem sog Bestsellerparagraphen[138] und auch der Anspruch auf weitere Beteiligung gem. § 32a UrhG sollen dem Urheber erhalten bleiben.[139] Der Arbeitgeber darf die so erworbenen Nutzungsrechte auch entgegen §§ 34 und 35 UrhG ohne Zustimmung des Arbeitnehmers weiter übertragen.

Auf Ort und Zeit der Schöpfung kommt es nicht an, etwa wenn Programmierer zuweilen **97** nachts zuhause, im Urlaub oder im Ausland auf dem Laptop programmieren, sondern es

---

[131] Vgl. Dreier/*Dreier* § 69b Rn. 1.
[132] Vgl. Dreier/*Dreier* § 43 UrhG Rn. 7.
[133] Vgl. zum Meinungsstand Schricker/Loewenheim/*Loewenheim* § 69b Rn. 11; Wandtke/Bullinger/*Grützmacher* § 69b Rn. 24.
[134] Schricker/Loewenheim/*Loewenheim* § 69b Rn. 11.
[135] Vgl. hierzu AnwaltKommentar Arbeitsrecht/*Mauer* Art. 27, 30/Art. 3, 8 Rom I-VO.
[136] Vgl. Dreier/*Dreier* § 69b Rn. 9; Wandtke/Bullinger/*Grützmacher* § 69b Rn. 29.
[137] Vgl. Dreier/*Dreier* § 69b Rn. 10; aA Möhring/Nicolini/*Hoeren* § 69b Rn. 16.
[138] § 36 UrhG aF bzw. § 32 UrhG.
[139] BGH Urt. v. 24.10.2000 – X ZR 72/98, GRUR 2001, 155 = CR 2001, 223 – Wetterführungspläne I und BGH Urt. v. 23.10.2001 – X ZR 72/98, GRUR 2002, 149 = CR 2002, 249 – Wetterführungspläne II.

geht nur um die Aufgabenzuweisung. Hier kann im Einzelfall die Abgrenzung zu einem nur **bei Gelegenheit**[140] geschaffenen Programm schwierig sein, etwa wenn der Programmierer – ggf. sogar weisungswidrig – ein sonstiges Programm, auch während der Arbeitszeit entwickelt. Ob der Programmierer dabei die Arbeitsmittel des Dienstherrn benutzt, ist nicht relevant.

> **Praxistipp:**
> Arbeits- und dienstvertragliche Abweichungen sind wegen des Meinungsstreits ratsam, müssen aber von den Parteien im Voraus, ggf. auch kollektivvertraglich oder im Nachhinein vereinbart werden. Der Arbeitgeber sollte sich auch für den Fall weisungswidrig während der Arbeitszeit entwickelter Programme alle Rechte ausdrücklich einräumen lassen.

98 **b) Abgrenzung zum freien Mitarbeiter.** Nicht erfasst sind Auftragsarbeiten **freier Programmierer** unabhängig von der schuldrechtlichen Ausgestaltung als Werk-, Werklieferungs- oder Dienstleistungsvertrag. Hier ist eine vertragliche Präzisierung der zu übertragenden Nutzungsrechte unabdingbar. Besonders wichtig wird dies vor allem für Auftraggeber, die sich der Dienste von Arbeitsvermittlern bzw. Arbeitskräfteüberlassern bedienen. Der freie Programmierer wird regelmäßig nur einen Vertrag mit einem Vermittler haben, für den er beim Auftraggeber im Wege des „body leasing" tätig wird. Unabhängig von, ob es sich überhaupt um Arbeitsvermittlung handelt oder der Programmierer Erfüllungsgehilfe des „Vermittlers" ist, muss der Auftraggeber vertraglich sicherstellen, dass die Lizenzkette in seinem Sinne vollständig vollzogen wird.

> **Praxistipp:**
> Selbständige Programmierer („Freelancer"), die üblicherweise über Vermittler in Großprojekten mitarbeiten, sind keine Arbeitnehmer und fallen nicht unter § 69b UrhG. Zum späteren Nachweis der Rechtsinhaberschaft und Rechtekette ist eine eindeutige Rechtseinräumungsklausel sowohl im Vertrag zwischen dem Auftraggeber und dem Vermittler als auch im Vertrag zwischen Vermittler und Programmierer zwingend erforderlich. Der Auftraggeber sollte sich auch ein Einsichtsrecht in die Verträge des Vermittlers mit den einzelnen Programmierern garantieren lassen, damit er im Zweifel später den Beweis der Rechtsinhaberschaft auch wirklich führen kann. Problematisch ist dabei, dass uU die Kalkulation des Auftragnehmers offenbart wird. Es ist daher ratsam, diese Klauseln vom Einsichtsrecht auszunehmen. Die Verträge sollten für den jederzeitigen Zugriff auch über die Dauer gesetzlicher Aufbewahrungsfristen geordnet katalogisiert und aufbewahrt werden.

99 **c) Urheberpersönlichkeitsrechte im Arbeitsverhältnis.** Die Urheberpersönlichkeitsrechte werden vom Rechtsübergang nicht erfasst und können auch nicht mit dinglicher Wirkung schuldrechtlich eingeräumt werden. Da diese Rechte jedoch zumindest einem Dritten zur Ausübung überlassen werden können, bleibt bei geeigneter schuldrechtlicher Gestaltung dem Urheber im Arbeitsverhältnis im Ergebnis nur das Recht auf Namensnennung.[141] Vertretbar ist jedoch auch hier, dass der Programmierer sich schuldrechtlich verpflichtet, dieses Recht nicht auszuüben.

100 Der Arbeitnehmer hat nach Ende des Arbeitsverhältnisses darauf zu achten, dass er kein identisches oder ähnliches Programm durch Übernahme von Programmcode für einen anderen Arbeitgeber entwickelt, welches die Rechte seines früheren Arbeitgebers verletzen könnte. Davon abzugrenzen ist das Recht des vormaligen Arbeitnehmers, sein erworbenes berufliches Wissen anderweitig zur Erstellung neuer Programme, auch ähnlicher Art einzusetzen. Ein Nachentwicklungsverbot kann im Einzelfall schuldrechtlich in den engen Grenzen als Wettbewerbsverbot oder im Rahmen von Geheimnisschutzklauseln vereinbart werden.[142]

---

[140] Schricker/Loewenheim/*Loewenheim* § 69b Rn. 9.
[141] § 13 UrhG.
[142] Fromm/Nordemann/*Hertin* UrhG vor § 31 Rn. 15; KG Berlin Urt. v. 11.7.2000 – 5 U 3777/99.

3. Arbeitnehmererfindungsrecht

Ferner können Ansprüche aus dem **Arbeitnehmererfindungsrecht** bestehen. Kernfrage ist 101 wie im Patentrecht die Technizität von Software.[143] Die Definition einer Erfindung erschließt sich über die Verweisung in § 2 ArbNErfG aus dem Patentrecht. Gemäß § 3 ArbNErfG sind „**technische Verbesserungsvorschläge**" Vorschläge für sonstige Neuerungen, die nicht patent- oder gebrauchsmusterfähig sind.

Bedeutsam ist auch die Wechselbeziehung der §§ 9, 10 ArbNErfG zu § 69b UrhG. § 4 102 Abs. 2 ArbNErfG unterscheidet zwar zwischen **Aufgabenerfindungen** (also urheberrechtliche Erfindungen in Wahrnehmung einer dienstlichen Aufgabe) und **Erfahrungserfindungen**, stellt aber hinsichtlich Letzterer ebenfalls eine Andienungspflicht des Arbeitnehmers fest. Letztere werden von § 69b UrhG nicht erfasst. Nach Auffassung von Schricker/*Loewenheim* ist ein Arbeitnehmer, der ein Softwareprogramm aufgrund dienstlicher Erfahrungen privat schafft, nicht verpflichtet, die Nutzung dem Arbeitgeber zu überlassen.[144] Vertretbar ist auch, eine Andienungspflicht analog den § 4 Abs. 2 Nr. 2, 6 ff. ArbNErfG anzunehmen.[145]

4. Patentrecht

a) Einleitung. Software kann auch patentfähig sein. Es besteht daher die Möglichkeit, 103 dass eine nach dem Urheberrecht zulässige zufällige Schöpfung aufgrund des Patentschutzes gegen Drittrechte verstößt.

Im Gegensatz zum Urheberrecht schützt das Patentrecht die der Erfindung zugrundelie- 104 gende technische Idee. Für Computerprogramme bedeutet dies, dass diese abstrakt und unabhängig von deren konkreter sprachlicher Umsetzung geschützt werden können. Dadurch ergibt sich ein breiterer Schutzumfang als durch das Urheberrecht.

b) Begriff des Computerprogramms. Ein Computerprogramm ist die Formulierung eines 105 Algorithmus und der dazugehörigen Datenstrukturen in einer bestimmten Programmiersprache.[146] Der Begriff des Algorithmus bezeichnet demgegenüber eine allgemeine Berechnungsvorschrift, die nicht zwingend in einer Programmiersprache vorliegen muss. Das Programm umfasst Anweisungen für den Computer, die dieser abarbeiten kann, um die Berechnungsvorschrift des Algorithmus auszuführen. Durch den Computer erfolgt durch Naturkräfte eine Umsetzung des Programms als solchem in elektrische Signale, die dieser dann verarbeiten kann.[147]

Ein Computerprogramm stellt zum einem ein Verfahren dar, wenn es auf einem Compu- 106 ter ausgeführt wird. Zum anderen ist es ein Erzeugnis, mit dem das Verfahren ausgeführt werden kann, wenn das Computerprogramm auf einem Medium gespeichert wird.[148]

c) Patentschutz von Computerprogrammen nach dem deutschen Patentgesetz PatG. Der Pa- 107 tentschutz von Erfindungen wird durch das Patentgesetz PatG geregelt, das nach § 1 Abs. 1 PatG Patente auf allen Gebieten der Technik vorsieht. Die zwei maßgeblichen Erteilungsvoraussetzungen für eine technische Erfindung sind nach § 1 Abs. 1 PatG die **Neuheit** und das Beruhen der Erfindung auf einer **erfinderischen Tätigkeit** gegenüber dem Stand der Technik.

Die Neuheit einer Erfindung gegenüber einem Dokument aus dem Stand der Technik ist 108 dann gegeben, wenn sich die Erfindung in nur einem einzigen technischen Merkmal gegenüber demjenigen Gegenstand unterscheidet, der in diesem Dokument gelehrt wird. Die Erfindung beruht dann auf einer erfinderischen Tätigkeit, wenn die Erfindung auch nicht durch eine Zusammenschau mehrerer Dokumente aus dem Stand der Technik nahegelegt wird. Die dritte genannte Voraussetzung der **gewerblichen Anwendbarkeit** für technische Er-

---

[143] BGH Urt. v. 24.10.2000 – X ZR 72/98 – Wetterführungspläne; vgl. Schricker/Loewenheim/*Loewenheim* § 69b Rn. 9.
[144] Vgl. Fn. 143 sowie OLG München Urt. v. 25.11.1999 – 29 U 2437/99, CR 2000, 429.
[145] Wandtke/Bullinger/*Grützmacher* nehmen eine Anbietungspflicht nach § 242 BGB an, § 69b Rn. 32 ff.
[146] Vgl. *Schwarz/Kruspig*, Computerimplementierte Erfindungen Patentschutz von Software?, Kap. 2 Rn. 51.
[147] Vgl. *Schulte* PatG § 1 Rn. 165.
[148] Vgl. *Schulte* PatG § 1 Rn. 166.

findungen wird in der Praxis regelmäßig als gegeben anerkannt. Insofern gelten für Computerprogramme prinzipiell keine anderen Kriterien als für andere Erfindungen.

109 Allerdings werden Computerprogramme, die im Patentgesetz als Programme für Datenverarbeitungsanlagen bezeichnet werden, nach § 1 Abs. 3 Nr. 3 PatG zunächst nicht als patentfähige Erfindungen angesehen. Durch die gemeinsame Nennung von Computerprogrammen in Verbindung mit nicht-technischen Gegenständen in § 1 Abs. 3 PatG – wie beispielsweise ästhetischen Formschöpfungen – geht hervor, dass bei der Schaffung des Gesetzes angenommen worden ist, dass Computerprogrammen in der Regel der technische Charakter fehle. Die in § 1 Abs. 3 PatG mit dem Wort „insbesondere" aufgeführten Gegenstände sind jedoch nicht abschließend aufgezählt. Daher können auch andere Gegenstände als Computerprogramme als Nicht-Erfindungen angesehen werden, obwohl diese nicht in § 1 Abs. 3 PatG genannt werden.[149]

110 Die Vorlage für die Formulierung des § 1 Abs. 3 Nr. 3 PatG bildete Art. 52 Abs. 2 EPÜ, um sicherzustellen, dass für die Erteilung von deutschen und europäischen Patenten die gleichen Voraussetzungen gelten.[150] Bei der vorangegangenen Ausarbeitung des Art. 52 Abs. 2 EPÜ wurde jedoch festgestellt, dass die weitere Auslegung der Rechtspraxis überlassen bleiben müsse, da bei den Verhandlungen zu diesem Artikel keine Einigung auf einen konkreteren Wortlaut erzielt werden konnte.[151]

111 Der oben genannte Ausschluss der Computerprogramme von der Patentierbarkeit gilt nach § 1 Abs. 4 PatG jedoch nur dann, wenn für ein **Computerprogramm als solches** Schutz begehrt wird. Dies spricht für eine enge Auslegung des Ausschlusstatbestandes nach § 1 Abs. 3 Nr. 3 PatG. Um ein **Computerprogramm als solches** handelt es sich allerdings nur dann, wenn das Computerprogramm nicht der Lösung eines konkreten technischen Problems mit technischen Mitteln dient.[152]

112 Im Gegensatz zu „klassischen" technischen Erfindungen müssen für die Patentierbarkeit von Computerprogrammen daher zwei weitere Voraussetzungen erfüllt sein. Zum einen muss nach § 1 Abs. 1 PatG das Computerprogramm auf einem Gebiet der Technik liegen, da sonst keine Patenterteilung vorgesehen ist. Zum anderen darf es sich nicht um ein **Computerprogramm als solches** handeln, das dem Ausschluss nach § 1 Abs. 3 Nr. 3 PatG unterliegt. Hinsichtlich der ersten Voraussetzung ist ausreichend, dass lediglich ein Teilaspekt der geschützten Lehre ein technisches Problem bewältigt.[153] Ist dies der Fall, ist für das Vorliegen der zweiten Voraussetzung weiter zu fragen, ob die beanspruchte Lehre Anweisungen enthält, die der Lösung eines konkreten technischen Problems mit technischen Mitteln dienen. Sofern das **Computerprogramm ein technisches Problem mit technischen Mitteln** löst, unterliegt dieses daher nicht dem Ausschlusstatbestand nach § 1 Abs. 3 Nr. 3 PatG und stellt kein Computerprogramm als solches dar. In diesem Fall ist das Computerprogramm dem Patentschutz mit seinen weiteren Erteilungsvoraussetzungen grundsätzlich zugänglich.

113 Die gesetzlichen Regelungen nach § 1 Abs. 1, § 1 Abs. 3 Nr. 3 und § 1 Abs. 4 PatG ergeben daher nach ihrem Wortlaut, dass Computerprogramme nicht schlechthin vom Patentschutz ausgenommen sind. Allerdings kann auch nicht für jedes Computerprogramm, das die Patentierungsvoraussetzungen der Neuheit und des Beruhens auf einer erfinderischen Tätigkeit erfüllt, Patentschutz erlangt werden.[154] Zusätzlich zu den herkömmlichen Voraussetzungen werden daher von Computerprogrammen die Erfordernisse der Technizität und

---

[149] Vgl. BPatG Beschl. v. 8.9.1988 – 17 W (pat) 137/86; BPatGE 30, 85 = BlPMZ 89, 164 – elektronisches Übersetzungsgerät.
[150] Vgl. Art. IV IntPatÜG.
[151] Dokument M/PR/I, S. 28 Tz. 18, in: Berichte der Münchner Diplomatischen Konferenz über die Einführung eines Europäischen Patenterteilungsverfahrens, herausgegeben von der Regierung der Bundesrepublik Deutschland; auch abgedruckt in: Materialien zum Europäischen Patentübereinkommen, herausgegeben vom Europäischen Patentamt, Anl. Bd. 3.
[152] Vgl. BGH Beschl. v. 20.1.2009 – X ZB 22/07, GRUR 2009, 479, Rn. 8, 11 – Steuerungseinrichtung für Untersuchungsmodalitäten; BGH Beschl. v. 22.4.2010 – Xa ZB 20/08, BGHZ 185, 214 = GRUR 2010, 613, Rn. 11 ff., 22 – dynamische Dokumentengenerierung.
[153] Vgl. BGH Urt. v. 26.10.2010 – X ZR 47/07, GRUR 2011, 125, Rn. 31 – Wiedergabe topografischer Informationen.
[154] Vgl. BGH Beschl. v. 17.10.2001 – X ZB 16/00 – Suche fehlerhafter Zeichenketten.

der Lösung eines konkreten technischen Problems mit technischen Mitteln verlangt. Sofern diese Voraussetzungen erfüllt sind, gelten für Computerprogramme die üblichen Erteilungsvoraussetzungen.

Rechtsdogmatisch ist der Ausschluss der Computerprogramme von der Patentierbarkeit wie auch der übrigen in § 1 Abs. 3 PatG genannten Gegenstände unnötig und hat in der Vergangenheit für viel Verwirrung gesorgt, da die genannten Gegenstände lediglich **als solche** ausgeschlossen werden sollen. Sofern ein konkretes technisches Problem mit technischen Mitteln gelöst wird, sind die in § 1 Abs. 3 PatG genannten Gegenstände wiederum einer Patentierung zugänglich. Allerdings ist es eine grundsätzliche Voraussetzung aller patentierbaren Erfindungen, dass technische Probleme mit technischen Mitteln gelöst werden.[155] Insofern bedarf es eines nochmaligen expliziten Ausschlusses einzelner Gegenstände durch § 1 Abs. 3 PatG eigentlich nicht. 114

d) Deutsche Rechtsprechung zur Patentierbarkeit von Computerprogrammen. Die Frage, wann es sich bei einem Computerprogramm um ein Computerprogramm als solches handelt, wird nicht durch das Gesetz geregelt, sondern ist Gegenstand zahlreicher kontroverser Entscheidungen, die einem kontinuierlichen Wandel unterliegen. Dabei muss stets die Frage beantwortet werden, inwiefern das Computerprogramm der Lösung eines konkreten technischen Problems mit technischen Mitteln dient. 115

In der Entscheidung „**Tauchcomputer**" des BGH aus dem Jahr 1992 umfasste die beanspruchte Erfindung sowohl technische als auch nichttechnische Merkmale in Form einer Rechenregel für Tauchzeiten.[156] In diesem Zusammenhang wurde erstmalig festgestellt, dass der Erfindungsgegenstand nicht zerlegt werden darf, um nur denjenigen Teil der Erfindung auf erfinderische Tätigkeit zu prüfen, der aus den technischen Merkmalen besteht. Daher ist auch die neuartige Rechenregel, die zuvor vom Bundespatentgericht als neue Interpretation an sich bekannter Tauchtabellen (Denkschema) bezeichnet worden ist, zusammen mit den technischen Merkmalen in die Prüfung auf erfinderische Tätigkeit einzubeziehen. Enthält eine Erfindung demnach technische und nichttechnische Merkmale, so ist bei deren Prüfung auf erfinderische Tätigkeit der gesamte Erfindungsgegenstand unter Einschluss einer etwaigen Rechenregel zu berücksichtigen. Insofern vertritt der BGH in dieser Entscheidung, dass statt der zuvor propagierten Kerntheorie nunmehr eine **Gesamtbetrachtungsweise** der Erfindung anzuwenden ist. 116

In der Entscheidung „**Logikverifikation**" des BGH aus dem Jahr 1999 war die Frage zu entscheiden, ob ein Verfahren zur hierarchischen Logik-Verifikation hochintegrierter Schaltungen die Voraussetzungen der Technizität erfüllt.[157] Die Logikverifikation war als Zwischenschritt bei der Produktion von Siliziumchips vorgesehen, um sicherzustellen, dass die Bauteile aus verifizierten Schaltungen bestehen. Die zugrundeliegende Idee dieser Logikverifikation wurde als ein aus technischer Erkenntnis gewonnenes technisches Konzept bezeichnet, das nicht allein auf Grund typischerweise bei der Entwicklung und Erstellung eines Programms für Datenverarbeitungsanlagen erforderlichen Überlegungen der Fachwelt zur Verfügung gestellt werden konnte. **Technische Überlegungen** können nach diesem Beschluss vom Patentschutz nicht deshalb ausgenommen sein, weil ein Lösungsvorschlag abgesehen von den in dem Computer bestimmungsgemäß ablaufenden Vorgängen auf den unmittelbaren Einsatz von beherrschbaren Naturkräften verzichtet und die Möglichkeit der Fertigung technisch tauglicher Bausteine anderweitig durch technisches Wissen voranzubringen versucht. Dies stellt eine neue offenere Sichtweise dar, da auch eine mittelbare Lösung eines technischen Problems in Form eines Zwischenschrittes als ausreichend angesehen wurde, bei dem **technische Überlegungen** eine Rolle spielen. Weiter wurde herausgestellt, dass der Technikbegriff des Patentrechts nicht statisch verstanden werden kann, sondern vielmehr 117

---

[155] Vgl. BGH Beschl. v. 21.3.1958 – I ZR 160/57 – Wettschein; BGH Urt. v. 23.3.1965 – I a Z B/64, GRUR 1965, 533 – Typensatz; BPatGE 10, 55 (57); BPatGE 11, 66 (67); BPatGE 13, 101 (102); BPatGE 18, 170 (172).

[156] Vgl. BGH Beschl. v. 4.2.1992 – X ZR 43/91 – Tauchcomputer.

[157] Vgl. BGH Beschl. v. 13.12.1999 – X ZB 11/98 – Logikverifikation.

Modifikationen zugänglich ist, sofern die technologische Entwicklung und ein daran angepasster effektiver Patentschutz dies erfordern.

118 Eine der am meisten zitierten Entscheidungen hinsichtlich der Patentierbarkeit von Computerprogrammen ist die Entscheidung „Suche fehlerhafter Zeichenketten" des BGH aus dem Jahr 2001.[158] In dieser Entscheidung sind vom BGH erstmals explizit die konkreten Voraussetzungen für die „als solche"-Klausel des § 1 Abs. 4 PatG dargestellt worden, ohne jedoch zunächst in der Sache selbst zu entscheiden. Die in Frage stehende Patentanmeldung betraf unter anderem ein Computerprogramm für die Suche oder Korrektur einer fehlerhaften Zeichenkette in einem Text. Der BGH stellte fest, dass es zwar das Patentierungsverbot für **Computerprogramme als solche** verbietet, jede beliebige, in computergerechte Anweisungen gekleidete Lehre als patentierbar zu erachten, wenn sie nur ansatzweise über die Bereitstellung der Mittel hinausgeht, die die Nutzung als Programm für Datenverarbeitungsanlagen erlauben. Sofern jedoch die prägenden Anweisungen der beanspruchten Lehre **der Lösung eines konkreten technischen Problems** dienen, ist das Computerprogramm dem Patentschutz zugänglich.

119 Bei der Bestimmung, was als Programm für Datenverarbeitungsanlagen vom Patentschutz ausgenommen ist, kann dabei nicht allein auf das Verständnis von Computerfachleuten zurückgegriffen werden. Die Bestimmung hat vielmehr wie auch sonst bei der Gesetzesauslegung ausgehend vom Wortlaut sachbezogen nach Sinn und Zweck der gesetzlichen Regelung zu erfolgen. Dazu ist der Umstand zu berücksichtigen, dass das Patentrecht geschaffen wurde, um durch Gewährung eines zeitlich beschränkten Ausschließlichkeitsschutzes neue, nicht nahegelegte und gewerblich anwendbare Problemlösungen auf dem Gebiet der Technik zu fördern. Wenn die prägenden Anweisungen der beanspruchten Lehre daher der **Lösung eines konkreten technischen Problems** dienen, ist die beanspruchte Lehre dem Patentschutz auch dann zugänglich, wenn sie als Computerprogramm oder in einer sonstigen Erscheinungsform geschützt werden soll, die eine Datenverarbeitungsanlage nutzt.

120 Die Entscheidung „Steuerungseinrichtung für Untersuchungsmodalitäten" des BGH aus dem Jahr 2009 betraf ein Verfahren zur Verarbeitung medizinisch relevanter Daten im Rahmen einer Untersuchung eines Patienten.[159] In dieser Entscheidung ist nochmals klargestellt worden, dass die grundsätzliche Technizität der Erfindung im Gegensatz zur Auffassung des Bundespatentgerichtes nach der Gesamtbetrachtungsweise zu beurteilen ist. Da das Verfahren nach Auswahl einer Untersuchungsmodalität und Untersuchungsprotokollen auch den Einsatz der jeweiligen Untersuchungsmodalität steuert, wie beispielsweise die Einstellung der Bildauflösung bei einem Computertomografen, löst dieses ein in diesem Sinne konkretes technisches Problem. Demnach entscheidet über die Patentierung nicht das Ergebnis einer Gewichtung technischer und nichttechnischer Elemente. Maßgebend ist vielmehr, ob die Lehre bei der gebotenen Gesamtbetrachtung der Lösung eines über die Datenverarbeitung hinausgehenden konkreten technischen Problems dient.

121 Die Entscheidung „Dynamische Dokumentengenerierung" des BGH aus dem Jahr 2010 betrifft Verfahren zur dynamischen Generierung strukturierter Dokumente.[160] Im Gegensatz zum Bundespatentgericht entschied der BGH, dass das beanspruchte System aus einem Leitrechner und einem Client insgesamt eine komplexe Datenverarbeitungsanlage darstelle, deren Funktionsfähigkeit durch die beschränkten Ressourcen des Leitrechners beeinträchtigt sein kann. Die Erfindung liege demnach auf einem Gebiet der Technik. Daneben stellte der BGH auch hier fest, dass die Lösung eines technischen Problems mit Hilfe eines programmierten Rechners vor dem Hintergrund des Patentierungsverbotes eine Patentfähigkeit zur Folge haben kann. Die Lösung bestehe gerade darin, ein Datenverarbeitungsprogramm so auszugestalten, dass es auf die technischen Gegebenheiten der Datenverarbeitungsanlage Rücksicht nimmt. In diesem Sinne liege ein technisches Mittel zur Lösung eines technischen Problems vor. Durch diese Entscheidung wurde die Schwelle für die Patentierung von Computerprogrammen deutlich gesenkt und an die Rechtspraxis der Beschwerdekammern des Europäischen Patentamtes angeglichen.

---

[158] Vgl. BGH Beschl. v. 17.10.2001 – X ZB 16/00 – Suche fehlerhafter Zeichenketten.
[159] Vgl. BGH Beschl. v. 20.1.2009 – X ZB 22/07 – Steuerungseinrichtung für Untersuchungsmodalitäten.
[160] Vgl. BGH Beschl. v. 22.4.2010 – Xa ZB 20/08 – Dynamische Dokumentengenerierung.

IV. Anspruchsvoraussetzungen

Die Entscheidung „**Wiedergabe topografischer Informationen**" des BGH aus dem Jahr 2010 betraf ein Verfahren zur visuellen Darstellung eines Teils einer topografischen Karte und eine Einrichtung zur Ausführung eines solchen Verfahrens.[161] Hierzu wurde zunächst festgestellt, dass das Verfahren, dessen Gegenstand die Abarbeitung von Verfahrensschritten mit Hilfe elektronischer Datenverarbeitung ist, dem Technizitätserfordernis bereits dann genügt, wenn es **der Verarbeitung, Speicherung oder Übermittlung von Daten mittels eines technischen Gerätes dient.** Daher liege die Erfindung auf einem technischen Gebiet, so dass diese dem Patentschutz grundsätzlich zugänglich ist. Da die topografischen Informationen in Abhängigkeit von der Bewegungsrichtung und der Position des Fahrzeugs ausgewählt und die Bildschirmausgabe in einem automatisierten Prozess in bestimmter Weise gestaltet werden, betrifft das Patent auch eine technische Lösung für ein konkretes technisches Problem. 122

Die Entscheidung „**Webseitenanzeige**" des BGH aus dem Jahr 2011 betraf ein Verfahren zur Erzeugung einer Darstellung für das Wiederfinden einer aufgerufenen und inzwischen verlassenen Internetseite.[162] Hierzu wurde eine anzeigbare Darstellung erzeugt, aus der eine Abfolge der von dem Benutzer aufgerufenen Internetseiten erkennbar ist. Vom BGH wurde bejaht, dass die Erfindung auf einem Gebiet der Technik liegt, da das Verfahren der datenverarbeitungsmäßigen Abarbeitung von Verfahrensschritten in netzwerkmäßig verbundenen technischen Geräten dient, **auch wenn diese nicht explizit im Anspruch genannt werden.** Dabei handelt es sich um typische technische Schritte zur Verarbeitung, Speicherung und Übermittlung von Daten mittels technischer Geräte. Allerdings ist in dieser Entscheidung verneint worden, dass ein konkretes technisches Problem mit technischen Mitteln gelöst wird. Die Erzeugung einer bestimmten, leicht auffassbaren grafischen Darstellung lasse keine technische Problemstellung erkennen, weil eine solche Darstellung sich nur an der Auffassungsgabe des menschlichen Benutzers orientiere. Die Überwindung einer konkreten technischen Problemstellung spiele dabei aber ebenso wenig eine Rolle, wie bei den irgendwie erfolgenden Registrierungsvorgängen, in denen lediglich der bestimmungsgemäße Gebrauch einer Datenverarbeitungsanlage zu erkennen sei. 123

Die neuere Entscheidung „**Routenplanung**" aus dem Jahr 2012 betraf ein Verfahren zur Leitung eines Fahrzeugführers von einem Start- zu einem Zielpunkt.[163] In diesem Zusammenhang können dem Fahrzeugführer Streckenabschnitte der Fahrtroute vorgelegt werden, die über eine zuvor bestimmte Eigenschaft verfügen. Der Fahrzeugführer kann die vorgelegten Streckenabschnitte individuell auswählen oder ablehnen, so dass diese von der Routenplanung ausgenommen werden. Hierzu führte der BGH aus, dass zwar das Vorlegen und das Auswählen von Streckenabschnitten im Stand der Technik nicht offenbart und somit neu seien, allerdings beschränke sich diese Maßnahme auf die Anweisung, dem Fahrer bestimmte Daten zur Anzeige zu bringen und ihm deren Bearbeitung zu ermöglichen. Der BGH entschied, dass dieser Gegenstand nicht auf einer erfinderischen Tätigkeit beruhe, da das Vorlegen und die Auswahl von Streckenabschnitten, die Lösung des technischen Problems mit technischen Mitteln weder bestimme noch beeinflusse. 124

e) Patentschutz von Computerprogrammen nach dem europäischen Patentübereinkommen EPÜ. Genauso wie § 1 Abs. 1 PatG sieht Art. 52 Abs. 1 EPÜ vor, dass europäische Patente für Erfindungen auf allen Gebieten der Technik erteilt werden. Die Auslegung der in Art. 52 Abs. 2 EPÜ wortgleich wiedergegebenen Ausnahmetatbestände ist jedoch enger als in der deutschen Rechtsprechung. Dabei wird angenommen, dass die in Art. 52 Abs. 2c) EPÜ genannten Tätigkeiten[164] als Gegenstände erwähnt sind, die eindeutig außerhalb des Bereichs der Technik liegen und daher als nichttechnisch anzusehen sind. Da Programme für Datenverarbeitungsanlagen ebenfalls in diesem Zusammenhang genannt sind, könne es sich 125

---

[161] Vgl. BGH Urt. v. 26.10.2010 – X ZR 47/07, GRUR 2011, 125 – Wiedergabe topografischer Informationen.
[162] Vgl. BGH Beschl. v. 24.2.2011 – X ZR 121/09 – Webseitenanzeige.
[163] Vgl. BGH Urt. v. 18.12.2012 – X ZR 3/12 – Routenplanung.
[164] Vgl. Art. 52 Abs. 2 EPÜ – dh „Pläne, Regeln und Verfahren für gedankliche Tätigkeiten, für Spiele oder für geschäftliche Tätigkeiten".

bei einem von der Patentfähigkeit ausgeschlossenen „Programm als solchem" folglich nur um ein Programm ohne technische Wirkung handeln. Sofern das Computerprogramm beim Ablauf auf einem Computer allerdings einen weiteren technischen Effekt bewirkt, der über die „normale" physikalische Wechselwirkung zwischen dem Programm und dem Computer hinausgeht, ist das Computerprogramm nicht von dem Ausschluss nach Art 52 Abs. 2c) EPÜ betroffen. Daraus ergibt sich, dass die erste Hürde für die grundsätzliche Zugänglichkeit des Patentschutzes für Computerprogramme nach dem europäischen Patentübereinkommen zunächst deutlich niedriger ausfällt als im deutschen Patentgesetz.

> **Praxistipp:**
> Während nach der deutschen Rechtsprechung in zwei Schritten geprüft wird, ob die Erfindung auf einem Gebiet der Technik liegt und eine technische Aufgabe mit technischen Mitteln gelöst wird, findet nach der Rechtsprechung des Europäischen Patentamtes lediglich eine einstufige Prüfung statt, in der gefragt wird, ob der Erfindung, dh dem Computerprogramm, ein technischer Charakter zukommt.[165]

126 Anschließend findet im europäischen Verfahren die relative Prüfung der Erfindung auf Neuheit und Beruhen auf einer erfinderischen Tätigkeit gegenüber dem Stand der Technik statt, bei dem nunmehr der Aufgabe-Lösungsansatz verwendet wird, der nur auf die Lösung einer technischen Aufgabe mit technischen Mitteln gestützt sein kann.[166] Im europäischen Verfahren verschiebt sich daher das Erfordernis der Lösung eines konkreten technischen Problems durch das Computerprogramm in den Bereich der Prüfung des Beruhens auf einer erfinderischen Tätigkeit.

127 **f) Rechtsprechung des Europäischen Patentamtes zu Computerprogrammen.** Die grundlegende Entscheidung **T1137/97 – IBM** der technischen Beschwerdekammer des europäischen Patentamtes aus dem Jahr 1998 verdeutlicht den Unterschied zwischen der deutschen Rechtsprechung und der Rechtsprechung des Europäischen Patentamtes.[167] In dieser Entscheidung wurde festgestellt, dass Art. 52 (2) c) EPÜ in einem nicht abschließenden Negativkatalog unter anderem Computerprogramme nenne. Da daneben auch Tätigkeiten erwähnt seien, die eindeutig außerhalb des Bereichs der Technik lägen, könne der Ausschluss von Computerprogrammen als solchen nur dahingehend verstanden werden, dass diese Programme im gleichen Maße wie die anderen allesamt auf einen nichttechnischen Gegenstand gerichteten Tätigkeiten ausgeschlossen werden sollten. Danach wäre ein von der Patentfähigkeit ausgeschlossenes „Programm als solches" ein nichttechnisches Programm. Ein Computerprogramm fällt demnach bereits dann nicht unter das Patentierungsverbot nach Artikel 52 (2) und (3) EPÜ, wenn es beim Ablauf auf einem Computer einen weiteren technischen Effekt bewirkt, der über die „normale" physikalische Wechselwirkung zwischen dem Programm (Software) und dem Computer (Hardware) hinausgeht. Dieser technische Effekt muss für sich genommen weder neu sein noch auf einer erfinderischen Tätigkeit beruhen. Dabei handelt es sich um eine absolute Prüfung, bei der ein direkter Vergleich mit dem Stand der Technik unberücksichtigt bleibt.

128 In der Entscheidung **T641/00 – COMVIK** der technischen Beschwerdekammer des europäischen Patentamtes aus dem Jahr 2002 wurde entschieden, dass bei einer Erfindung, die aus einer Mischung technischer und nichttechnischer Merkmale besteht und **als Ganzes** technischen Charakter aufweist, in Bezug auf die Beurteilung des Beruhens auf einer erfinderischen Tätigkeit alle Merkmale zu berücksichtigen sind, die zu diesem technischen Charakter beitragen, wohingegen Merkmale, die keinen solchen Beitrag leisten, das Vorliegen erfinderischer Tätigkeit nicht stützen können.[168]

---

[165] Vgl. Entscheidung der Technischen Beschwerdekammer 3.5.1 vom 15. November 2006 T 154/041 – 3.5.01.
[166] Vgl. Richtlinien für die Prüfung im Europäischen Patentamt G-IV, 5.
[167] Vgl. Entscheidung der Technischen Beschwerdekammer 3.5.1 vom 1. Juli 1998 T 1173/97 – 3.5.1.
[168] Vgl. Entscheidung der Technischen Beschwerdekammer 3.5.1 vom 26. September 2002, T 641/00 – 3.5.1.

IV. Anspruchsvoraussetzungen

g) Patentschutz für Computerprogramme in der Praxis. Obwohl die Rechtsnormen des deutschen Patentgesetzes und des Europäischen Patentübereinkommens EPÜ bewusst aneinander angeglichen worden sind, unterscheidet sich die Rechtsprechung in den Anwendungsbereichen deutlich. Während sowohl das BPatG als auch der BGH in der Vergangenheit häufig eine eher ablehnende Haltung gegenüber computerimplementierten Erfindungen eingenommen haben, vertrat das Europäische Patentamt seit je her eine offenere Haltung.

Wird die Entscheidungspraxis des deutschen und des europäischen Patentamtes detailliert analysiert, ergibt sich für die Patentierbarkeit von Computerprogrammen ein äußerst vielschichtiges und facettenreiches Bild, das nur bedingt Aussagen darüber zulässt, wann die oben genannten Anforderungen erfüllt sind. Dabei treten deutliche Unterschiede zwischen der Erteilungspraxis des deutschen und des europäischen Patentamtes, zwischen den technischen Gebieten, auf denen die computerimplementierte Erfindung angesiedelt ist und auch innerhalb der jeweiligen Anwendungsgebiete zutage.[169]

Checkliste

Als praktische Leitlinien lassen sich aus der Analyse zahlreicher Entscheidungen folgende Regeln ermitteln:
- Die Eintrittsbarrieren für einen Patentschutz von Computerprogrammen sind beim europäischen Patentamt geringer als beim deutschen Patentamt.
- Die Beurteilung der Patentfähigkeit von Computerprogrammen vor dem deutschen Patentamt ist tendenziell restriktiver als vor dem europäischen Patentamt.
- Die Prüfungspraxis ist auf dem Gebiet der angewandten Informatik liberaler als auf dem Gebiet der klassischen Informatik.

In der Praxis ergibt sich bei der Anmeldung von Computerprogrammen zum Patentschutz jedoch das Problem, dass die aktuelle Rechtsprechung von den Prüfungsstellen der Patentämter nicht immer einheitlich angewandt wird. Folglich besteht die Gefahr, dass von den Prüfungsstellen Patente auf Computerprogramme mit nicht-substantiierten Begründungen abgelehnt werden. Die Entscheidungen des BGH zeigen, dass dies selbst in den Rechtsmittelinstanzen der Fall sein kann. Daher besteht bei der Anmeldung von Computerprogrammen zum Patentschutz eine gewisse Rechtsunsicherheit.

h) Vorgehensweise bei der Anmeldung von Computerprogrammen zum Patentschutz. Soll ein Patenschutz für ein Computerprogramme in Deutschland erreicht werden, so ist zu fragen, ob das anzumeldende Computerprogramm auf einem Gebiet der Technik liegt. Dies ist nach der deutschen Rechtsprechung bereits dann der Fall, wenn das Computerprogramm beispielsweise der Verarbeitung, Speicherung oder Übermittlung von Daten mittels eines technischen Gerätes dient.[170] Insofern dürften die meisten Computerprogramme nach § 1 Abs. 1 PatG grundsätzlich problemlos dem Patentschutz zugänglich sein.

Im Europäischen Verfahren ist demgegenüber festzustellen, ob der Ablauf des Computerprogramms auf einem Computer einen weiteren technischen Effekt bewirkt, der über eine normale Wechselwirkung zwischen Computer und Programm hinausgeht. Sofern dies der Fall ist, unterliegt das Computerprogramm nicht dem Ausschluss von der Patentierbarkeit. Auch diese Eintrittsbarriere sollte von allen Computerprogrammen überwindbar sein, die zum Patentschutz angemeldet werden.

Anschließend ist zu prüfen, ob sich das Computerprogramm dadurch abhebt, dass dieses eine über andere Computerprogramme hinausgehende Eigenheit aufweist, indem die Lö-

---

[169] Vgl. *Schwarz/Kruspig*, Computerimplementierte Erfindungen Patentschutz von Software?, Kap 5.7 – Rn. 874.
[170] Vgl. BGH Urt. v. 26.10.2010 – X ZR 47/07, GRUR 2011, 125 – Wiedergabe topografischer Informationen.

sung einer technischen Aufgabe mit technischen Mitteln ermöglicht wird. Nur wenn dies der Fall ist, kann im deutschen Verfahren nach § 1 Abs. 4 PatG von einer Patentierbarkeit des Computerprogramms ausgegangen werden. Im europäischen Verfahren dient dieses Erfordernis zur erfolgreichen Durchführung des Aufgabe-Lösungsansatzes bei der Prüfung der erfinderischen Tätigkeit.

136 Bei der Ausarbeitung einer Patentanmeldung zu einem derartigen Computerprogramm sollten daher in ausführlicher Weise sowohl die technische Aufgabe als auch die technischen Mittel herausgearbeitet werden, mit denen diese Aufgabe gelöst wird. Im Allgemeinen bietet es sich an, eine Patentanmeldung zu einer computerimplementierten Erfindung derart zu formulieren, dass sowohl die deutschen als auch die europäischen Voraussetzungen erfüllt sind. Dadurch wird erreicht, dass eine beim Deutschen Patentamt eingereichte Patentanmeldung in identischer Weise beim europäischen Patentamt nachangemeldet werden kann.

137 Mögliche technische Aufgaben von Computerprogrammen können sein:[171]
- Speicherressourcen einsparen
- Verarbeitungsgeschwindigkeit eines Computers oder Prozessors erhöhen
- Schnittstellen vereinfachen
- Tastatur, Terminals oder andere mechanische Bauteile verbessern
- Ressourcenausnutzung verbessern (Datenübertragung, Verarbeitungsgeschwindigkeit und -genauigkeit)
- Datenübertragung beschleunigen, Echtzeitfähigkeit herstellen
- Sicherheit oder Zuverlässigkeit erhöhen
- Energie einsparen
- Anzahl der Rechenschritte verringern

138 Dabei empfiehlt es sich in der Beschreibung der Patenschrift und den Patentansprüchen die Erfindung derart darzustellen, dass die technischen Merkmale mit ihren technischen Wirkungen hervorgehoben werden. Zudem empfiehlt es sich eine möglichst technisch geprägte Sprache zur Beschreibung zu verwenden. In welcher Art die technischen Merkmale oder Wirkungen beschrieben werden, hängt jedoch stark von der zugrundeliegenden Erfindung ab, so dass weitergehende allgemeine Empfehlungen an dieser Stelle kaum möglich erscheinen.

139 Bei der Formulierung von Patentansprüchen für Computerprogramme sollte dem Umstand Rechnung getragen werden, dass Computerprogramme stets in Verbindung mit einem speziellen Computer zu sehen sind, auf dem diese ausgeführt werden können.

140 Eine **mögliche Formulierung** für einen Anspruch für ein Computerprogramm könnte sein:
„Computerprogramm, das Programmbefehle umfasst, die einen Computer dazu veranlassen, das Verfahren nach einem der Ansprüche .... auszuführen, wenn das Computerprogramm auf dem Computer ausgeführt wird."

Im Allgemeinen besteht aber Einigkeit darüber, dass hier eine Vielzahl anderer Formulierungen möglich ist.[172]

V. Zustimmungsbedürftige Handlungen bei Software

141 Eine Verletzung urheberrechtlicher Normen setzt stets voraus, dass ein **Ausschließlichkeitsrecht** des Rechtsinhabers durch einen Dritten widerrechtlich verletzt wurde. Welche Ausschließlichkeitsrechte der Gesetzgeber den Rechtsinhaber bei Software zubilligt, ist in § 69c UrhG normiert. Die Vorschrift ist *lex specialis* zu §§ 15 ff. UrhG, wenn auch beide Regelungen weitgehend gleichlaufen. Bei § 69c UrhG sind stets die speziellen **Schrankenbestimmungen** der §§ 69d und e UrhG zu beachten, die dessen Reichweite begrenzen. Eine

---

[171] Vgl. *Schwarz/Kruspig* – Computerimplementierte Erfindungen – Patentschutz von Software?, Kap. 7.3.
[172] Weitere Formulierungen nennt *Schwarz/Kruspig* Computerimplementierte Erfindungen – Patentschutz von Software?", Kap. 7.4.

wichtige und weiterhin trotz der UsedSoft-Entscheidung des EuGH[173] noch nicht in allen Facetten geklärte Schranke enthält auch § 69c Nr. 3 S. 2 UrhG hinsichtlich der Erschöpfung des Verbreitungsrechts.

Dadurch, dass der Anspruchsteller im Verletzungsprozess eine Verletzung seiner Ausschließlichkeitsrechte durch den Verletzer beweisen muss, wird deutlich, dass er nicht nur das eigene Programm, sondern gerade das Verletzungsprogramm kennen und zum Gegenstand seines Unterlassungsantrags machen muss.[174]

Gelingt dieser Beweis, muss anschließend der Beklagte als derjenige, der sich – etwa im Wege einer Einwendung im Verletzungsprozess – auf ein Nutzungsrecht beruft, den Gegenbeweis führen, dass er (regelmäßig vom Rechtsinhaber) Rechte in dem Umfang erhalten hat, in dem urheberrechtliche Ausschließlichkeitsrechte verletzt worden sein sollen. Bei mehreren Miturhebern, bei Rechteketten oder in Fällen mit Auslandsbezug kann diese Nachweisführung recht umfangreich werden.

Manche Rechtsverletzungen setzen zwangsläufig die sukzessive Verletzung mehrerer Ausschließlichkeitsrechte voraus. Bei einer zum Verkauf angebotenen Raubkopie wird zunächst das Vervielfältigungsrecht verletzt – nicht zwangsläufig durch den Anbieter – und dann das Verbreitungsrecht. Hier ist es gut vertretbar, auch bei der „bloßen" Verbreitung der durch einen Dritten angefertigten Raubkopie gegen den Verbreiter eine Erstbegehungsgefahr für eine Verletzung des Vervielfältigungsrechts anzunehmen, weil mit dem Vervielfältigungsstück dem Erwerber auch ein Vervielfältigungsrecht vermittelt werden soll. Denn für jede Nutzung ist eine Vervielfältigung erforderlich und regelmäßig soll auch ein Recht zur Nutzung übertragen werden. Der Empfänger kann aber kein berechtigter Nutzer werden.

1. Das Vervielfältigungsrecht, § 69c Nr. 1 UrhG

§ 69c Nr. 1 UrhG weist dem Rechtsinhaber das Vervielfältigungsrecht zu. Die Formulierung stellt klar, dass dieses Recht unabhängig davon besteht, ob die Vervielfältigung dauerhaft oder nur vorübergehend stattfindet, mit welchem Mittel und in welcher Form sie erfolgt, ob sie ganz oder teilweise erfolgt. Jede Vervielfältigung bedarf daher der Zustimmung des Rechtsinhabers. Trotz des weiten Vervielfältigungsbegriffs herrscht im Schrifttum noch keine Einigkeit hinsichtlich der Frage, ob auch das **Laden in den Arbeitsspeicher** eine juristisch relevante Vervielfältigung darstellt.[175] Der BGH hat die Frage in der Entscheidung *Holzhandelsprogramm* offen gelassen.[176] Richtigerweise dürfte hier eine wirtschaftliche Betrachtung angebracht sein, die den Partizipationsinteressen des Urhebers gerecht wird. Solange eine technische Vervielfältigung nicht zu einer **gesteigerten Nutzungsmöglichkeit** führt, dürfte sie juristisch unbeachtlich sein. Ähnlich hat dies der EuGH für das Recht der öffentlichen Wiedergabe in der Link-Entscheidung gesehen.[177] Danach liege keine öffentlichen Wiedergabe vor, wenn auf einer Internetseite anklickbare Links zu Werken bereitgestellt werden, die auf einer anderen Internetseite frei zugänglich sind, weil es an der Schaffung eines „neuen Publikums" fehle. (Zur Problematik des Streaming → Rn. 13 ff. und → § 42 Rn. 201 ff.).

Ferner ist ungeklärt, ob das in § 44a UrhG geregelte Recht zur Vornahme vorübergehender Vervielfältigungshandlungen auch für Computerprogramme gelten soll. Dies wird mit Rücksicht auf die gleiche Interessenlage von einem Teil der Literatur bejaht.[178] Der Unterschied zu den nach § 69c Nr. 1 UrhG geschützten vorübergehenden Vervielfältigungen dürfte in der Flüchtigkeit und dem Mangel eigenständiger wirtschaftlicher Bedeutung zu sehen

---

[173] EuGH Urt. v. 3.7.2012 – C-128/11 – UsedSoft; BGH Urt. v. 11.12.2014 – I ZR 8/13 – UsedSoft III mAnm *Witte* ITRB 2015, 196; *Schneider* CR 2015, 413.
[174] Die Formulierung derartiger Anträge wird unter → Rn. 305 ff. besonders beschrieben.
[175] Dafür: Schricker/Loewenheim/*Loewenheim* § 69c Rn. 7; Wandtke/Bullinger/*Grützmacher* § 69c Rn. 5; dagegen: Möhring/Nicolini/*Hoeren* § 69c Rn. 4 ff.; *Haberstumpf* CR 1987, 409.
[176] BGH Urt. v. 20.1.1994 – I ZR 267/91, CR 1994, 275.
[177] EuGH Urt. v. 13.2.2014 – C-466/12 – Links.
[178] Dreier/*Dreier* § 44a Rn. 3; für eine Analogie: Schricker/Loewenheim/*Loewenheim* § 44a Rn. 3; aA Wandtke/Bullinger/*v. Welser* § 44a Rn. 23.

sein. Nur wenn diese Merkmale erfüllt sind, fällt die Vervielfältigung ausnahmsweise nicht unter § 69c Nr. 1 UrhG oder – bei anderer Begründung – sie fallen zwar unter dessen Definition, werden aber durch § 44a UrhG (analog) legalisiert.

Das Vervielfältigungsrecht ist verletzt, wenn derjenige, der die Vervielfältigung vornimmt, kein Recht hierzu hat.

2. Das Bearbeitungsrecht, § 69c Nr. 2 UrhG

147 Dem Rechtsinhaber steht das alleinige Recht der Bearbeitung und der Umarbeitung zu. Auch hier sind wieder die Schranken des § 69 Abs. 1 UrhG und des § 69e UrhG hineinzulesen. Dem Bearbeiter steht ein eigenes Bearbeiterurheberrecht zu, was regelmäßig dazu führt, dass hinsichtlich des neuen Programms eine Rechtsgemeinschaft besteht, die sich im Streit über die Lizenzierung an Dritte gegenseitig blockieren kann.

148 Abzugrenzen ist die Bearbeitung einerseits zur „Noch"-Vervielfältigung bei nur marginalen Änderungen, andererseits zur freien Benutzung nach § 24 UrhG. Für die Unterscheidungsmerkmale gelten die allgemeinen Kriterien, nämlich dass das alte Werk im neuen nicht mehr wieder zu erkennen sein darf. Im Bereich der Computerprogramme und aller sonstigen digitaler Güter dürfte die Abgrenzung regelmäßig leicht fallen, da normalerweise ganz oder teilweise 1:1 kopiert wird. In den selteneren Fällen, in denen beispielsweise frühere Arbeitnehmer ein ähnliches Programm für einen neuen Arbeitgeber schreiben, wird die Beweisführung schwieriger und die Einschaltung eines Sachverständigen unabdingbar sein. Es geht dann darum, herauszufinden, welche Elemente identisch übernommen oder nur unwesentlich und damit unfrei bearbeitet wurden. Dabei ist schrittweise „Top Down" vorzugehen, dh von der (allerdings regelmäßig nicht schutzfähigen) Oberfläche[179] bis zum Source Code.

149 Auch die Fehlerberichtigung gemäß § 69d Abs. 1 UrhG ist eine Umarbeitung, die Übersetzung ebenfalls wegen § 69e Abs. 1 UrhG. Gleiches gilt für die Portierung und Migration eines Computerprogramms, ist aber unter den Voraussetzungen des § 69d Abs. 1 UrhG ohne Zustimmung des Rechteinhabers möglich.[180]

3. Das Verbreitungsrecht, § 69c Nr. 3 UrhG

150 a) *Positiver Inhalt des Verbreitungsrechts.* Die Vorschrift stimmt weitgehend mit § 17 UrhG überein. Auch wenn § 69c Nr. 3 UrhG vorrangig ist, sind die Begriffsbestimmungen des § 17 UrhG parallel anwendbar. Sowohl das Original als auch jedes Vervielfältigungsstück unterliegen dem Verbreitungsrecht, auch Umarbeitungen. Verbreitungshandlung ist bereits das Angebot an die Öffentlichkeit, Werkstücke zur Überlassung beschaffen zu können.[181]

151 Von einer Verbreitungshandlung zu unterscheiden ist das 2003 eingefügte selbständige Recht der öffentlichen Wiedergabe bei § 69c Nr. 4 UrhG.[182] Hier bedarf es keines Rückgriffs auf § 19a UrhG, der seine Wirkung im Bereich anderer Werkkategorien wie Musikstücke (vor allem beim Filesharing) entfaltet.

152 § 69c Nr. 3 UrhG weist dem Rechtsinhaber neben dem Verbreitungsrecht auch das Vermietrecht zu. Nicht erfasst ist der Verleih. Das UrhG versteht unter der Vermietung die zeitweise Überlassung zu Erwerbszwecken. Unter Vermietung dürften daher auch solche Konstruktionen fallen, bei denen der Verwerter eine Gebühr nur für Nebenleistungen wie etwa den Versand des Werkstücks verlangt.

---

[179] → Rn. 69 ff. [§ 69a].
[180] Vgl. Wandtke/Bullinger/*Grützmacher* § 69d Rn. 21; → Rn. 204 [§ 69d].
[181] Der frühzeitige Einsatz des Tatbestandes in Abgrenzung zu einer bloßen Vorbereitungshandlung macht den ggf. vorbeugenden Unterlassungsanspruch bei drohender Verbreitung zum „schnellsten" Recht.
[182] Vormals ein unbenanntes Recht nach § 15 Abs. 2 UrhG; die Einfügung beruht auf keiner EU-Vorgabe, sondern kodifizierte lediglich die von der Rechtsprechung bereits zuvor anerkannte Rechtslage, vgl. Dreier/ *Dreier* § 69c Rn. 27.

b) Voraussetzungen einer Verbreitung. Unter Verbreitung wird in weiter Auslegung jedes Anbieten von Werkstücken an die Öffentlichkeit erfasst, so dass das sich daran anknüpfende Inverkehrbringen letztlich nur eine Folge des Anbietens ist. Der Verbreitungsbegriff ist weit auszulegen, so dass beispielsweise auch ein interner Vertrieb an selbstständige Tochtergesellschaften ausreicht.

Ein Werkstück ist nur dann **rechtmäßig hergestellt,** wenn es der Rechtsinhaber oder ein von diesem ermächtigter Dritter hergestellt hat. Hier kommt es in erster Linie auf die Zustimmung zur Vervielfältigung an. Da die Verbreitung eine vorhergehende Vervielfältigung voraussetzt, ist bei Raubkopien meist schon das Vervielfältigungsrecht verletzt. Werden Werkstücke von einem berechtigten Lizenznehmer nicht so hergestellt, wie dies vertraglich vorgesehen ist, verletzt dies ebenfalls das Vervielfältigungsrecht. Solche Werkstücke dürfen nicht (weiter-)verbreitet werden. Den Herstellungsbegriff unterscheidet nicht danach, ob ein Werkstück von einem anderen Werkstück kopiert oder online zugespielt wird, nach der UsedSoft-Entscheidung des EuGH auch nicht bei der späteren Frage der Erschöpfung des Verbreitungsrechts.

Als **Angebot** reicht bereits jede Darbietung i.S.e. *invitatio ad offerendum* aus, jede werbliche Anpreisung und jeder Hinweis auf die Bestellbarkeit. Die Werkstücke müssen allerdings in diesem Zeitpunkt nach einer umstrittenen Auffassung bereits existieren.[183] Die herrschende Auffassung lässt aufgrund der Gefahren moderner Kopiertechniken ausreichen, dass Werkstücke auf Bestellung lieferbar sind.[184]

Praktische Auswirkungen hat dies bei der Verfolgung von Produktpiraterie. Der Rechtsinhaber kann bereits in dieser frühen Phase die ganze Palette möglicher Ansprüche geltend machen, weil entweder eine Rechtsverletzung bereits begonnen hat oder aber die Erstbegehungsgefahr für einen Besichtigungs- und Auskunftsanspruch sowie den nachgeschalteten Unterlassungsanspruch ausreicht. Wie immer ist dies eine Frage der Beweisbarkeit bzw. im Eilverfahren der Glaubhaftmachung. Ein urheberrechtlicher Schadensersatz- oder Bereicherungsanspruch ist jedoch erst dann gegeben, wenn der Anspruchsgegner tatsächlich ohne die erforderliche Zustimmung mit der Lieferung von Werkstücken begonnen hat. Da es besser ist, möglichst frühzeitig (weitere) Verletzungshandlungen zu vermeiden, ist die Geltendmachung von frühen Ansprüchen aus dem Verbreitungsrecht äußerst sinnvoll. Wer trotz anfänglicher Erkenntnisse hiermit zu lange wartet, riskiert den Ablauf der Dringlichkeitsfrist oder sogar der Verjährungsfrist. § 69c Nr. 3 UrhG ist dabei keine Anspruchsgrundlage, sondern weist dem Rechtsinhaber nur Rechte zu. Anspruchsgrundlage wäre in dem erwähnten Beispiel § 97 Abs. 1 iVm § 69c Nr. 3 S. 1 UrhG für den Unterlassungsanspruch, § 97 Abs. 2 UrhG für einen Schadensersatzanspruch.

Was **öffentlich** ist, richtet sich nach der Legaldefinition des § 15 Abs. 3 UrhG. Öffentlich ist jedes Angebot, das sich an Adressaten richtet, die mit dem Anbietenden nicht durch eine persönliche Beziehung verbunden sind. Dies ist Tatfrage. Es spielt keine Rolle, ob mehrere Adressaten oder nur einer angesprochen wird, solange der Adressat der Öffentlichkeit angehört. Es reicht bereits eine selektive Öffentlichkeit, beispielsweise über ein Intranet, Krankenhäuser, Altenheime, Schulen, auch eine Telefonwarteschleife.[185] Danach liegt Öffentlichkeit auch bei einem Ausschnitt der Allgemeinheit vor, wenn zwischen dem Anbieter und dessen Adressaten keine persönlichen Bindungen vorliegen. Dabei kommt es auch nicht auf die tatsächlich Anwesenden oder Erreichten, sondern auf alle an, an die sich die Werkwiedergabe bzw. das darauf gerichtete Angebot richtet.[186]

Inverkehrbringen ist jede Handlung, bei der das Werkstück aus der internen Sphäre an die Öffentlichkeit gebracht wird. Nicht ausreichend wäre die Überlassung an ein Familienmitglied innerhalb der Wohngemeinschaft. Es reicht jede Form der Besitzüberlassung, ob ent-

---

[183] Vgl. KG Urt. v. 1.12.1982 – Ss 169/82, GRUR 1983, 174 – Videokassetten; OLG Köln Urt. v. 2.12.1994 – 19 U 76/94, GRUR 1995, 265 – Infobank.
[184] Vgl. BGH Urt. v. 13.12.1990 – I ZR 21/89, BGHZ 113, 159 = GRUR 1991, 316 – Einzelangebot; BGH Urt. v. 25.2.1999 – I RZ 118/96, BGHZ 141, 13 = GRUR 1999, 701 – Kopienversanddienst; für die Literatur: Schricker/Loewenheim/*Loewenheim* § 17 Rn. 8; Wandtke/Bullinger/*Heerma* § 17 Rn. 8.
[185] Vgl. die Übersicht bei Schricker/Loewenheim/*v. Ungern-Sternberg* § 15 Rn. 79.
[186] Vgl. Schricker/Loewenheim/*Loewenheim* § 15 Rn. 68.

geltlich oder nicht oder auf Zeit bzw. auf Dauer.[187] Inverkehrbringen ist auch die Lieferung innerhalb selbstständiger Konzerngesellschaften. Letzteres kann Auswirkungen auf die Verletzung des Verbreitungsrechts haben, wenn beispielsweise ein amerikanisches Softwarehaus seine Produkte über eine europäische Tochtergesellschaft vermarktet, die zuvor selbst Werkstücke erhalten hat. Bei dem späteren Verkauf handelt es sich dann uU bereits um die Zweitverbreitung, bei der die Erschöpfungswirkung zu Gunsten des Erwerbers des Werkstücks eintritt. Aufgrund des Territorialitätsprinzips bezieht sich das Inverkehrbringen auf den Geltungsbereich des UrhG, wobei über die EU-Vorschriften das gesamte Gebiet der EU/EFTA zu verstehen ist. Nicht ausreichend wäre ein Inverkehrbringen in einem Drittstaat.

159 c) **Die Erschöpfung des Verbreitungsrechts.** § 69c Nr. 3 S. 2 UrhG enthält eine Schrankenbestimmung, die für den Fall der Veräußerung eines zuvor rechtmäßig innerhalb der EU/EFTA in Verkehr gebrachten **Werkstückes** die Erschöpfung bzw. das Erlöschen des Verbreitungsrechts bezogen auf dieses Werkstück anordnet. Beim Erwerber entsteht insoweit ein neues, eigenständiges (Weiter-)Verbreitungsrecht, welches ebenfalls auf dieses Werkstück begrenzt ist. Hintergrund dieser Regelung ist es, den Grundsatz des freien Warenverkehrs zu wahren.

160 Wesen des Verbreitungsrechts ist es jedoch wie bei den anderen Nutzungsrechten, dass es in zeitlicher, räumlicher und inhaltlicher Hinsicht beschränkt eingeräumt werden kann. Dies richtet sich nach den §§ 31, 32 UrhG. Derartige Beschränkungen haben, sofern sie wirksam sind, **dinglichen Charakter,** sie wirken *erga omnes* und sind von rein vertraglich *inter partes* wirkenden Beschränkungen abzugrenzen. Beide Arten von Beschränkungen können auch kombiniert auftauchen.

161 Während **schuldrechtliche Beschränkungen** aufgrund des Grundsatzes der Vertragsfreiheit im Rahmen der Sittenmäßigkeit, des Verbraucherschutzes und sonstiger gesetzlicher Verbote zulässig sind, werden an die weitergehenden dinglich wirkenden Beschränkungen höhere Anforderungen gestellt. Eine zeitlich, räumlich oder inhaltlich beschränkte Rechtseinräumung stellt im Umkehrschluss immer ein Zurückhalten von Teilrechten des Verbreitungsrechts durch den Rechtsinhaber dar. Es kommt daher zu einer aus seiner Sicht, möglicherweise aber nicht aus Sicht des Rechtsverkehrs, der klare, erkennbare Verhältnisse braucht, – gewünschten

162 *aa) Aufspaltung des Verbreitungsrechts.* Im Rechtsverkehr müssen vor allem dinglich wirkende Rechte klar erkennbar sein, weil sie in der gesamten Rechtekette durchgängig ohne Rücksicht auf Kenntnis oder Gutgläubigkeit gegen jedermann wirken. Daher ist nicht jede **Atomisierung von Nutzungsarten** und damit auch nicht jede Aufspaltung des Verbreitungsrechts in noch so kleine Einheiten erwünscht. Eine beschränkte Einräumung des Verbreitungsrechts ist daher nur für solche Verwertungsformen zulässig, die nach der Verkehrsauffassung klar von verwandten Verwertungsformen **abgrenzbar** sind und eine wirtschaftlich und technisch einheitliche sowie selbständige Nutzungsart darstellen.[188] Beschränkungen, die hingegen nur die Art und Weise der Nutzung innerhalb einer bestimmten Nutzungsart beschreiben, sind unselbständig und können allenfalls Gegenstand schuldrechtlicher Vereinbarungen sein.

163 *(1) Räumliche Beschränkungen.* Bei räumlichen Beschränkungen ist die Abgrenzbarkeit gegeben, denn sie sind leicht erkennbar. Dinglich wirkende Klauseln sind insoweit allerdings auf das Bundesgebiet als Ganzes beschränkt, bei weiteren Unterteilungen etwa auf Bundesländer oder gar einzelne Städte kommt nur noch eine schuldrechtliche Wirkung zwischen den Vertragsparteien in Betracht. Dies betrifft aber in erster Linie nur solche „Lizenzverträge", bei denen der Lizenznehmer neben dem Verbreitungsrecht auch das Vervielfältigungsrecht benötigt oder er der erste Importeur innerhalb der EU/EFTA ist. Denn nach dem ersten Inverkehrbringen erschöpft sich das Verbreitungsrecht gemeinschaftsweit, so dass es

---

[187] BGH Urt. v. 13.12.1990 – I ZR 21/89, GRUR 1991, 316 – Einzelangebot; BGH Urt. v. 10.7.1986 – I ZR 102/84, GRUR 1987, 37 – Videolizenzvertrag; BGH Urt. v. 6.3.1986 – I ZR 208/83, GRUR 1986, 736 – Schallplattenvermietung.
[188] Vgl. Schricker/Loewenheim/*Loewenheim* § 17 Rn. 17.

auf die etwa bestehende dingliche Bindung des ersten Herstellers oder Importeurs nicht mehr ankommt. Gegenüber dem Zweiterwerber hat der ursprüngliche Rechtsinhaber keinerlei (Verbreitungs-)Rechte, also keine Verbotsrechte im Hinblick auf die verbreiteten Werkstücke.

(2) Zeitliche Beschränkungen. Ähnliches gilt für **zeitliche Beschränkungen.** Sie sind leicht abgrenzbar und haben damit ebenfalls dinglichen Charakter. Sie betreffen aber wie oben nur denjenigen, der erstmals Werkstücke in Verkehr bringen soll. Hier kommt es darauf an, dass die Nutzungshandlung innerhalb des vereinbarten Zeitraums vorgenommen wird. Danach ist sie unzulässig. 164

Hat beispielsweise ein deutscher Händler von einem US-amerikanischen Rechtsinhaber das Recht erworben, auf dem deutschen Markt für ein Jahr eine Vielzahl von Kopien eines Computerprogramms herzustellen und zu vertreiben, handelt es sich um zwei Beschränkungen (zeitlich und geographisch), die problemlos wirksam sind. Eine Erschöpfung des Verbreitungsrechts tritt zu diesem Zeitpunkt noch nicht ein, weil noch keine Erstverbreitung von Werkstücken stattgefunden hat. Vertreibt der Händler die so hergestellten Kopien unmittelbar nach Österreich oder vertreibt er nach Ablauf der Vertragszeit noch auf Lager befindliche Reststücke in Deutschland, verletzt er das Verbreitungsrecht des Rechtsinhabers. Veräußert er die Stücke hingegen fristgerecht innerhalb Deutschlands, kann der Erwerber sie ungehindert innerhalb der EU, also auch nach Österreich, weiterveräußern, und zwar auch noch nach Ablauf der Vertragszeit. Davon unberührt bleibt allerdings die Frage, ob hier vertragliche Vereinbarungen getroffen wurden, die einen solchen Vertrieb schuldrechtlich verhindern sollten. Solche Vereinbarungen hindern jedoch nicht den ggf. vertragswidrigen Erwerb der Stücke einschließlich der Nutzungsrechte hieran. 165

(3) Inhaltliche Beschränkungen. Die weitaus spannendere Frage ist die Abgrenzung einzelner Nutzungsarten von bloß unselbständigen Verwertungsformen bei **inhaltlichen Beschränkungen.** Inhaltliche Beschränkungen grenzen die eingeräumte Nutzungsberechtigung auf bestimmte wirtschaftlich eigenständige Nutzungen ein. Grundüberlegung ist auch hier, dass der Urheber tunlichst an den Früchten seiner Arbeit zu beteiligen ist und insoweit weitgehend selbst bestimmen können muss, wer wann, wo und wie sein Werk nutzen darf. Da die Varianz der wirtschaftlich denkbaren Nutzungsformen jedenfalls in der Praxis weit größer ist als die Anzahl der urheberrechtlich anerkannten Nutzungsarten, fallen einige Vorgaben und Verwertungskonzepte der Rechteverwerter durch das Raster und haben allenfalls schuldrechtliche Wirkung. Hier sind zwei Hauptgruppen voneinander zu unterscheiden, nämlich die bereits an den Vertrieb anknüpfenden Beschränkungen und solche, die primär den Erwerber in seiner Nutzung betreffen. 166

Vertriebsbeschränkungen betreffen beispielsweise 167

- eine bestimmte Aufmachung der Werkstücke, zB Originalausgaben, Taschenbuchausgaben, Volksausgaben etc.,[189]
- einen bestimmten Vertriebsweg, zB nur über Buchclubs, nur über den autorisierten Fachhandel etc.,[190]
- ein Koppelungsgeschäft, zB Vertrieb nur mit einem neuen PC, nur mit Scannern, nur mit einem anderen Produkt,[191]
- subjektive Eigenschaften des Erwerbers, zB er muss die Vorversion erworben haben.[192]

Es ist denkbar, dinglich unwirksame Nutzungsbeschränkungen schuldrechtlich zu vereinbaren. Geschieht dies in Individualvereinbarungen, dürfte die Beschränkung im Rahmen der guten Sitten wirksam sein. Geschieht dies in AGB, was wohl der häufigste Fall ist, dürfte die 168

---

[189] Zulässig, da abgrenzbar und üblich, BGH Urt. v. 12.12.1991 – I ZR 165/89, GRUR 1992, 310 – Taschenbuchlizenz.
[190] Für Bücher zulässig, BGH Urt. v. 8.11.1989 – I ZR 14/88, GRUR 1990, 669 – Bibelreproduktion.
[191] Dinglich unwirksam, vgl. BGH Urt. v. 6.7.2000 – I ZR 244/97, BGHZ 145, 7 = GRUR 2001, 153 = CR 2000, 651 – OEM-Version.
[192] Unwirksam, vgl. OLG Frankfurt Urt. v. 3.11.1998 – 11 U 20/98, CR 1999, 7.

Beschränkung wegen ihrer negativen Abweichungen vom gesetzlichen Leitbild unwirksam sein.[193]

169 Der **BGH** hat seine Entscheidung im Fall **UsedSoft II** nach Abschluss des Vorlageverfahrens auf den zwingenden Kern in Art. 5 Abs. 1 der Richtlinie 2009/24/EG und des § 69d Abs. 1 UrhG gestützt, welcher es verbiete, dass urheberrechtlich relevante Nutzungen, die für die vertragsgemäße Verwendung des Programms unerlässlich sind, ohne weiteres ausgeschlossen werden können. Desgleichen könne das dem Nacherwerber der „erschöpften" Kopie eines Computerprogramms durch Art. 5 Abs. 1 der Richtlinie 2009/24/EG und § 69d Abs. 1 UrhG vermittelte Recht zu dessen bestimmungsgemäßer Benutzung nicht durch vertragliche Bestimmungen ausgeschlossen werden, die dieses Recht dem Ersterwerber vorbehalten.[194] Daraus lässt sich durchaus ablesen, dass der BGH auch entsprechenden Individualvereinbarungen gegenüber zurückhaltend begegnet. Dritten gegenüber sind sie ohnehin wegen ihrer begrenzten Wirkung *inter partes* unbeachtlich.

170 Unter die zweite Kategorie fallen die meist nach dem Erwerb anknüpfenden **Nutzungsbeschränkungen**, wenn sie letztlich die freie Verfügung über das zuvor erworbene Werkstück behindern, angefangen von Klauseln, die die Nutzung durch den Erwerber selbst reglementieren bis hin zu klassischen Weitergabeverboten. Die Klauseln gehören deshalb zur gleichen Familie, weil sie in ihrer Konsequenz stets die Eigentümerstellung des Erwerbers und damit dessen Verfügungsmacht über das Werkstück limitieren. Haben sie dingliche Wirkung *erga omnes*, betreffen sie den Erstverbreiter sowie jeden Nachfolgeerwerber. Haben Sie nur schuldrechtliche Wirkung *inter partes*, sind sie für den nachfolgenden Erwerber unverbindlich.

Im gewerblichen Bereich werden derartige Nutzungsbeschränkungen häufig mit englischsprachigen Bezeichnungen versehen.

171 Eine *Site-License* soll das Nutzungsrecht räumlich auf eine Betriebsstätte beschränken. Eine *CPU-license* soll das Nutzungsrecht auf einen bestimmten Rechenkern beschränken. *Named User Licenses* sind auf bestimmte Personen individualisierte Nutzungsrechte, während bei *concurrent users* eine Maximalzahl an nicht namentlich benannten Personen die Software nutzen darf.

Ob diese Beschränkungen dingliche, nur schuldrechtliche oder keine Wirkung haben, wird folgendermaßen geprüft:

172 **Checkliste**

Ist überhaupt ein urheberrechtlicher Tatbestand erfüllt? Die Nutzung iSd des bloßen Zugriffs durch *concurrent* oder *named* users auf ein einzelnes Programm wird im Regelfall keine Vervielfältigung voraussetzen. Hier sind gegebenenfalls technische Fragen zu beantworten.
- ☐ Geht es um ein Weitergabeverbot und damit um Belange des Verbreitungsrechts, ist zu prüfen, ob die erwünschte Abspaltung den Anforderungen an eine selbständige Nutzungsart genügt. Auch hier sind gegebenenfalls technische Fragen zu beantworten.
- ☐ Wurde die Software veräußert iSd weiten urheberrechtlichen Veräußerungsbegriffs der Schrankenbestimmung des § 69c Nr. 3 Satz 2, so dass Erschöpfung des Verbreitungsrechts eingetreten ist?
- ☐ Nur wenn ein urheberrechtlicher Tatbestand erfüllt und keine Erschöpfung eingetreten ist, entfaltet die Regelung dingliche Wirkung.
- ☐ Ansonsten ist weiter zu prüfen, ob die Regelung nach schuldrechtlichen Kriterien wirksam ist. In Individualvereinbarungen dürfte dies regelmäßig unproblematisch sein. Im Regelfall werden aber Standardbedingungen vorliegen, so dass eine AGB-rechtliche Prüfung erfolgen muss. Leitbild ist § 69c Nr. 3 Satz 2 UrhG in der Auslegung des EuGH.

---

[193] Vgl. zum – unbeachtlichen – vertraglichen Ausschluss der Beseitigung eines Programmfehlers durch Dritte BGH, Urt. v. 24.2.2000 – I ZR 141/97, GRUR 2000, 866 (868), WRP 2000, 1306 – Programmfehlerbeseitigung, mwN; vgl. auch Urt. v. 24.10.2002 – I ZR 3/00, BGHZ 152, 233 (243) – CPU-Klausel; vgl. auch *Redeker*, ITRB 2013, 68; Nutzungsrechtsregelungen in Softwarekaufverträgen; LG Hamburg Urt. v. 25.10.2013 – 315 O 449/12 (nicht rechtskräftig); für Hörbücher vgl. OLG Hamm Urt. v. 15.5.2014 – I-22 U 60/13, 22 U 60/13 – Weitergabeverbot soll anders als bei Software wirksam sein.

[194] BGH Urt. v. 17.7.2013 – I ZR 129/08 – UsedSoft II.

Ob die beschränkte Einräumung des Nutzungsrechts den Anforderungen des schuldrecht- 173
lichen Grundgeschäfts genügt, ist Frage der Vereinbarungen, also der Sollbeschaffenheit der
Software. Bei AGB ist insoweit immer danach zu differenzieren, ob die Regelungen zum
Nutzungsrecht noch inhaltsbeschreibend und damit kontrollfrei sind oder aber von einem
gesetzlichen Leitbild abweichen. Dabei wird § 69c Nr. 3 S. 2 als Leitbild betrachtet werden
können, während die Schranken aus § 69 Abs. 1 UrhG nur mangels anderweitiger vertraglicher Bestimmungen oder bei Eingriffen in den zwingenden Kern der Nutzungsrechte greifen,
was allerdings bei den genannten Beispielen häufig der Fall sein wird.

Hinsichtlich der Weitergabeverbote wird auf → § 16 zu AGB-Klauseln verwiesen.[195] 174
Gleiches gilt für die sonstigen Klauseln wie beispielsweise Site-Beschränkungen, Beschränkungen auf eine nicht-gewerbliche Nutzung, Beschränkungen auf die Nutzung auf einem
bestimmten Rechner, sog CPU-Klauseln und Prozessorlizenzen und personenbezogene Beschränkungen (named user-Lizenzen). Sie dürften lediglich schuldrechtliche Wirkung haben,
weil sie im Rechtsverkehr von anderen Nutzungsarten nicht ausreichend klar abgrenzbar
sind.

bb) Der Online-Bezug von Software. Die in § 69c Nr. 3 Satz 2 UrhG geregelte Erschöp- 175
fung des Verbreitungsrechts bei Software bezog sich nach vormals heftig umstrittener Meinung nur auf die Offline-Verbreitung, dh auf die Verbreitung körperlicher Werkstücke und
sollte bei der Online-Verbreitung, also der Überlassung unverkörperter Kopien nicht gelten.
Die Erschöpfung des Verbreitungsrechts bei online bezogenen Werkstücken sollte je nach
vertretener Meinung nie, nur bei berechtigter Anfertigung einer auf Datenträger gespeicherten körperlichen Kopie durch den Empfänger oder aber wegen wirtschaftlicher Vergleichbarkeit im Regelfall eintreten.[196]

(1) Aufspaltung unter „Vermehrung" der in Umlauf befindlichen Kopien. In der Used- 176
Soft-Entscheidung hat sich der EuGH für eine Gleichbehandlung der Erschöpfung des
Verbreitungsrechts beim Erstverkauf verkörperter und unkörperlicher Software entschieden, weil eine Ungleichbehandlung das Funktionieren des Binnenmarktes und des freien
Warenverkehrs beeinträchtigen würde.[197] Der EuGH möchte lediglich vermeiden, dass der
bisherige Nutzer durch den Verbleib einer Kopie bei ihm in die Lage versetzt wird, diese
neben dem Erwerber weiter zu nutzen. Daher muss sichergestellt werden, dass diese im
Zusammenhang mit der Transaktion gelöscht wird, zumal der Weitergabe technisch
der Löschung des Originals die Anfertigung einer weiteren Kopie vorangehen muss. Das
Argument, dass die Überprüfung der Unbrauchbarmachung für den Rechtsinhaber
sich technisch als schwierig erweist, ließ der EuGH deshalb nicht gelten, weil dies auch
bei verkörperten Kopien nicht anders sei.[198] Der EuGH sieht die Lösung darin, dass es
dem Rechtsinhaber freistehe, technische Schutzmaßnahmen, also DRM-Systeme einzusetzen.[199]

Der BGH hatte den Rechtsstreit nach der Entscheidung des EuGH zunächst an das OLG 177
zurückverwiesen, damit die (in die Tatsacheninstanz gehörende) Frage geprüft werde, ob der
Verkäufer die bei ihm verbliebenen Kopien des Programms anlässlich der Weitergabe unbrauchbar gemacht habe. Gleichzeitig reicherte er die Entscheidung des EuGH um zwei weitere Erkenntnisse an: der Nacherwerber muss seine Kopie nicht zwangsläufig vom Verkäufer erhalten; vielmehr reiche es aus, wenn er sie von der Internetseite des ursprünglichen
Rechtsinhabers herunterladen könne. Zum anderen betonte er die Beweislast desjenigen, der
sich auf das Recht zur Vervielfältigung nach § 69d Abs. 1 UrhG berufe und stellte klar, dass
das dem Nacherwerber durch § 69d Abs. 1 UrhG vermittelte Nutzungsrecht, dessen Um-

---

[195] Vgl. Fn. 199.
[196] Zum Meinungsstand vor UsedSoft: Schricker/Loewenheim/*Loewenheim* § 69c Rn. 34 mwN.
[197] EuGH Urt. v. 3.7.12 – C-128/11, CR 2012, 498 – UsedSoft, CR 2012, 498; anders noch Schricker/
Loewenheim/*Loewenheim* § 69c Rn. 34; nachfolgend: OLG Frankfurt Teilurt. v. 18.12.2012 – 11 U 68/11,
CR 2013, 148 – Volumenlizenz; BGH Urt. v. 17.7.2013 – I ZR 129/08 – UsedSoft II.
[198] Vgl. EuGH Urt. v. 3.7.12 – C-128/11, CR 2012, 498, Rn. 79.
[199] Vgl. EuGH Urt. v. 3.7.12 – C-128/11, CR 2012, 498, Rn. 79.

fang sich natürlich nach dem Inhalt des ursprünglichen Lizenzvertrages richte, vertraglich nicht eingeschränkt werden könne.[200]

178 Das **Aufspalten von Volumenlizenzen** ist demnach zumindest nach Auffassung des EuGH weiterhin verboten, wenn dabei kein Werkstück den Berechtigten wechselt, sondern nach der Transaktion Werkstücke bei beiden Akteuren vorhanden sind.[201] Dabei ist anzumerken, dass es in dem vom EuGH entschiedenen Fall um sogenannte **Client-Server-Lizenzen** ging, bei denen möglicherweise im Falle der Weitergabe nur eines Teils der Client-Zugriffsrechte die Serversoftware einerseits beim Veräußerer verbleibt und andererseits eine neue Kopie beim Erwerber erstellt wird, um die abgespalteten Zugriffsrechte technisch nutzen zu können. Dadurch entsteht das Problem, dass die veräußerte Software beim Veräußerer nicht vollständig gelöscht wird und eine unzulässige Vervielfältigung stattfindet.

179 *(2) Zulässige Aufspaltung ohne „Vermehrung" der in Umlauf befindlichen Kopien.* Von solchen Fällen zu unterscheiden sind diejenigen Aufspaltungen, bei denen beispielsweise aus einer **Volumenlizenz** für eine jeweils **komplette Anwendungssoftware** eine Teilmenge veräußert wird, ohne dass es hierbei zu einer Vermehrung der im Verkehr befindlichen Lizenzen kommt. Insoweit geht ein nachgängiges Urteil des OLG Frankfurt unter ausdrücklicher Berufung auf die EuGH-Rechtsprechung durchaus von der **Aufspaltbarkeit einer Volumenlizenz** aus, wenn denn nur sämtliche Altkopien gelöscht wurden.[202] Hier ist betonen, dass es sich in diesem Fall um eine eigenständige Anwendungssoftware handelte, die problemlos unter Löschung der Altkopie weitergegeben werden konnte. Da der Folgeerwerber als „berechtigter Erwerber" iSd § 69d S. 1 UrhG gelte, dürfe er auch eine Vervielfältigungshandlung iSd § 69c Nr. 1 UrhG vornehmen, dh **selbst einen Datenträger brennen** oder die Software **erneut** durch seine Kunden **herunterladen laden lassen,** sofern dies für den Weiterverkauf erforderlich war und die eigene Programmkopie nachfolgend gelöscht wurde.[203] Die für den Weiterverkauf selbst erstellte Programmkopie trete faktisch an die Stelle der im Rahmen des Erstverkaufs in den Verkehr gebrachten Kopie.[204] Folglich unterlägen hier die vom Veräußerer **selbst gebrannten „Media Kit"-Datenträger** der Erschöpfung, auch wenn sie formal auf einer Vervielfältigungshandlung des Veräußerers an dem zuvor per Download vom Hersteller erworbenen Vervielfältigungsstück beruhen, da sie an dessen Stelle getreten sind.[205]

Mit der Entscheidung UsedSoft III[206] hat der BGH in Fortführung seiner Rechtsprechung in den Fällen UsedSoft II und der inzwischen 14 Jahre alten OEM-Entscheidung klargestellt, dass außerhalb serverbasierter Linzenzmodelle jede Form des käuflichen Erwerbs eigenständiger Kopien eines Computerprogrammes zu einer Erschöpfung des Verbreitungsrechts an jeder einzelnen Kopie führt. Künstlich als „einheitliche Lizenzen mit mehreren Zugriffsrechten" bezeichnete Nutzungsrechte an eigenständigen, einzeln lauffähigen Programmen gibt es mit urheberrechtlicher Relevanz nicht (mehr), weshalb Volumenlizenzen an solchen Produkten zukünftig aufgespalten werden dürfen. Die eigentliche Sprengwirkung der Entscheidung liegt allerdings darin, dass vertragliche Nutzungsbeschränkungen nicht zur Definition der bestimmungsgemäßen Nutzung herangezogen werden dürfen, wenn sie die Verkehrsfähigkeit der Software beeinträchtigen. Voraussichtlich wird es demnächst ähnlich wie in der auf die Frage der Zulässigkeit von Kopierschutzmechanismen bei Computerspielen zugeschnittenen Nintendo-Entscheidung des EuGH auf eine Abwägung im Einzelfall ankommen, welche Wirkungen eine entsprechende Vertragsklausel auf die Veräußerbarkeit der Software hat.

---

[200] BGH Urt. v. 17.7.2013 – I ZR 129/08 – UsedSoft II.
[201] Vgl. EuGH Urt. v. 3.7.2012 – C-128/11, CR 2012, 498, Rn. 69.
[202] OLG Frankfurt Urt. v. 18.12.2012 – 11 U 68/11 – Adobe; der 11. Senat änderte hier im Hauptsacheverfahren ausdrücklich unter Hinweis auf die zwischenzeitlich ergangene EuGH-Rechtsprechung seine noch im Eilverfahren vertretene gegenläufige Ansicht zugunsten des Erwerbers, vgl. Rn. 32.
[203] OLG Frankfurt Urt. v. 18.12.2012 – 11 U 68/11, Rn. 47.
[204] OLG Frankfurt Urt. v. 18.12.2012 – 11 U 68/11, Rn. 47 unter Hinweise auf *Senftleben*, Die Fortschreibung des urheberrechtlichen Erschöpfungsgrundsatzes im digitalen Umfeld, NJW 2012, 2924, 225 f.; vgl. auch *Schneider/Spindler*, Der Kampf um die gebrauchte Software – Revolution im Urheberrecht, CR 2012, 489, 493.
[205] OLG Frankfurt Urt. v. 18.12.2012 – 11 U 68/11.
[206] BGH Urt. v. 11.12.2014 – I ZR 8/13 – UsedSoft III mAnm *Witte* ITRB 2015, 196 = MMR 2015, 530.

V. Zustimmungsbedürftige Handlungen bei Software

(3) Isolierter Verkauf von Lizenzurkunden. Eine **Trennung der Lizenz von der Programmkopie** des Ersterwerbers, etwa durch **Einzelverkauf von Lizenzurkunden** führt nach der Entscheidung des EuGH nicht zur Erschöpfung, weil die heruntergeladene Programmkopie und die Lizenz zur Nutzung dieser Kopie als ein „unteilbares Ganzes" angesehen werden kann.[207] Dies soll nach Auffassung des OLG Frankfurt auch für den isolierten Vertrieb von **Echtheitszertifikaten** gelten, wenn die Berechtigung zur Lizenzerteilung nicht nachgewiesen wird.[208] Die Urteilsbegründung beruht allerdings im Wesentlichen darauf, dass die beklagte Partei nicht nachweisen konnte, dass die Zertifikate, die individuelle Seriennummern zur Freischaltung von Vervielfältigungsstücken beinhalteten, eigenständige Lizenzen darstellten. Problematisch war auch, dass völlig offen war, woher die mittels dieser Seriennummern freizuhaltenden Vervielfältigungsstücke stammten.[209] Es erscheint denkbar, dass in einem geeigneten Fall der erforderliche Beweis gelingt, weil zwischen Echtheitszertifikaten mit individuellen Seriennummern und sonstigen Lizenzurkunden, wie sie auch bei Volumenlizenzen Anwendung finden, kein nennenswerter Unterschied besteht

Ungeklärt bleiben allerdings weiterhin **markenrechtliche Fragen,** die im Rahmen der Erstellung eines selbstgebrannten Datenträgers entstehen. Die Entscheidung des OLG Frankfurt zu den Echtheitszertifikaten gibt hierfür nichts her, weil es an entsprechenden Feststellungen fehlt. Kernfrage ist, ob die markenrechtliche Erschöpfung nach § 24 Abs. 1 MarkenG auch für Kopien in Anspruch genommen werden kann, die der Erwerber zum Zwecke des Weitervertriebs selbst angefertigt hat. Weiter fraglich könnte sein, ob die nur dem Markenrecht eigene Ausnahme von der Erschöpfung nach § 24 Abs. 2 Markengesetz aufgrund berechtigter Interessen einer an sich eintretenden Erschöpfung entgegensteht. Wenn man die Grundsätze des EuGH in der UsedSoft-Entscheidung heranzieht, die im Wesentlichen den Schutz des freien Binnenmarktes und nicht einem speziellen urheberrechtlichen Prinzip dienen sollen, sind diese auch auf andere Rechtsgebiete wie das Markenrecht anwendbar. Für selbst gebrannte Datenträger von zuvor mit der Marke versehenen verkörperten Werkstücken könnte ein entgegenstehendes, berechtigtes Interesse eher zu bejahen sein als für online bezogene Werkstücke, bei denen eine Marke technisch bedingt ohnehin nur innerhalb des Software-Codes angebracht sein kann und insoweit unverändert weitergegeben wird.

> **Praxistipp:**
>
> Der verkörperte Weitervertrieb gebrauchter Software, die ursprünglich ebenfalls verkörpert bezogen wurde, ist unproblematisch, soweit das Gesamtpaket unverändert und ohne Zurückhaltung von Kopien übertragen wird.
>
> Ob der Weitervertrieb gebrauchter Software, die ursprünglich verkörpert bezogen wurde, durch Gestattung des Downloads von der Webseite des Herstellers unter Vernichtung der Altkopie gestattet ist, war bis vor kurzem heftig umstritten, ist aber seit der Entscheidung des BGH zu UsedSoft III zugunsten der Nutzer geklärt.[210]
>
> Wer in Zukunft gebrauchte Software vertreiben will, die ursprünglich unverkörpert bezogen wurde, sollte die Tatsache, dass der Veräußerer seine Kopien unbrauchbar gemacht hat, beweissicher dokumentieren. Es kommt hierbei nicht darauf an, ob es sich um ein Eigengeschäft oder um eine gewerbliche Vermittlung handelt. Ebenso wenig kommt es darauf an, ob der Erwerber seine Kopie vom Veräußerer oder durch Download von der Website des Herstellers erlangt und dann, ebenfalls nach Auffassung des OLG Frankfurt einen selbst gebrannten Datenträger erstellt hat. Nach Auffassung des BGH reicht insoweit die Vorlage einer Vernichtungserklärung.[211]

---

[207] Vgl. EuGH aaO, Rn. 44; so auch *Heydn* MMR 2012, 558 (592); LG Frankfurt Urt. v. 27.9.2012 – 2–3 O 27/12.
[208] OLG Frankfurt Beschl. v. 30.1.2014 – 11 W 34/12 – COA.
[209] OLG Frankfurt Beschl. v. 30.1.2014 – 11 W 34/12 – COA.
[210] BGH Urt. v. 11.12.2014 – I ZR 8/13, MMR 2015, 530.
[211] OLG Frankfurt aaO.

182 d) **Umgehung der Erschöpfung durch Einsatz technischer Schutzsysteme.** Eine andere Frage ist es, welche **Verhinderungsmöglichkeiten** durch die Verwendung von DRM-Systemen sich dem Rechtsinhaber aufgrund der EuGH-Rechtsprechung zukünftig eröffnen. Wie dargelegt, hat der EuGH in der Entscheidung UsedSoft auf die Möglichkeit des Rechtsinhabers hingewiesen, die Unbrauchbarmachung der Altkopie bei der Weitergabe durch Schutzmechanismen zu **kontrollieren**.[212] Damit ist nicht gemeint, dass der Rechtsinhaber die Weitergabe durch einen Schutzmechanismus gänzlich **verhindern** darf. Dies deckt sich mit den Ausführungen der **Nintendo-Entscheidung**,[213] die zwar für ein Videospiel erging,[214] bei der jedoch die Pflicht zu einer Verhältnismäßigkeitsprüfung für die Beurteilung der Zulässigkeit eines DRM-Systems nach § 95a UrhG eingeführt wurde. Zulässig seien nur solche Maßnahmen, die die berechtigten Interessen des Rechtsinhabers gegen Piraterie schützten, nicht aber solche, die den freien Warenverkehr beeinträchtigten.[215] Hiernach hat das nationale Gericht jeweils in der Tatsacheninstanz zu prüfen, ob ein Umgehungswerkzeug **hauptsächlich** für **Piraterizwecke** oder aber für **nicht rechtsverletzende Zwecke** eingesetzt wird. **Zusätzlich** soll das nationale Gericht auch prüfen, ob andere, **mildere Schutzmaßnahmen** für die Zweckerreichung nicht ausreichend sind.[216] Diese zusätzliche Prüfungspflicht knüpft nicht an die Eigenschaften des inkriminierten Umgehungswerkzeuges an, sondern an die abstrakte Gefahr, dass ein Schutzmechanismus außerhalb des konkreten Falls auch legale Nutzungsmöglichkeiten beeinträchtigen könnte. Allein die Tatsache, dass ein Umgehungswerkzeug im konkreten Fall hauptsächlich Piraterizwecken diente, macht also den Schutzmechanismus, der dies verhindert, noch nicht schützenswert.

183 *aa) Verhältnis von § 69f Abs. 2 UrhG zu § 95a UrhG.* Bisher ungeklärt ist insoweit noch das Verhältnis des Schutzes von DRM-Systemen aufgrund von § 95a UrhG (sonstige Werke) und § 69f Abs. 2 UrhG (Computerprogramme), vor allem im Hinblick auf Videospiele als **hybride Werke,** für die nach Auffassung des EuGH in der **Nintendo-Entscheidung** die einzelnen Elemente am Schutz des Gesamtwerks, also am bestmöglichen Schutz teilnehmen. Nichts in der Richtlinie 2001/29 deute darauf hin, dass die Teile eines Werks einer anderen Regelung unterliegen als das Gesamtwerk.[217]

184 Bei der Beurteilung ist es unabdingbar, auf den Text und die Erwägungsgründe der Software-Richtlinie 2009/24 in Abgrenzung zur Harmonisierungsrichtlinie 2001/29 zurückzugreifen. Die gebotene autonome Auslegung deren Inhalts führt insbesondere bei den sachenrechtlichen Begriffen des deutschen Rechts wie Erwerb, Erstverkauf, Online-Dienst oder Werkstück zu anderen Bedeutungsinhalten, die nicht auf urheberrechtlichen Erwägungen, sondern auf den primärrechtlichen Rahmenbedingungen der EU beruhen.

185 In der UsedSoft-I-Entscheidung deutete der BGH selbst an, dass DRM-Systeme nur zum Schutz gegen Rechtsverletzungen verwendet werden dürfen. Dies führt zwangsläufig zu neuen Streitstoff, wenn man unterstellt, dass weder der begrenzte Unterlassungsschutz gegen die Beseitigung von DRM-Systemen noch das Erschöpfungsprinzip selbst eine Anspruchsgrundlage dafür hergibt, die Unterlassung der **Verwendung** eines DRM-Systems zu verlangen. Im Lichte der Nintendo-Entscheidung lässt sich ebenso vertreten, dass eine Verhältnismäßigkeitsprüfung zur Unzulässigkeit der Verwendung des DRM-Systems beispielsweise aus wettbewerbsrechtlichen oder kartellrechtlichen Gründen führt.

186 In einem weiteren Fall, der ähnlich wie die Nintendo-Entscheidung gelagert ist, hat der BGH zwischenzeitlich ebenfalls entschieden, dass selbst dann, wenn der **überwiegende Nutzungszweck** eines Umgehungswerkzeugs der Piraterie diene, das Berufungsgericht prüfen müsse, ob der Einsatz der konkreten Schutzmaßnahme noch den **Grundsatz der Verhältnismäßigkeit** wahre und legale Nutzungsmöglichkeiten nicht in übermäßiger Weise be-

---

[212] EuGH aaO, Rn. 79.
[213] EuGH Urt. v. 23.1.2014 – C-355/12, CR 2014, 224 – Nintendo.
[214] Rechtshängig war ein Unterlassungsanspruch in Hinblick auf den Vertrieb eines Umgehungswerkzeugs.
[215] EuGH aaO, Rn. 36.
[216] EuGH aaO, Rn. 38.
[217] EuGH aaO, Rn. 22, 23 unter Hinweis auf EuGH Urt. v. 16.7.2009 – C-5/08, Slg. 2009, I-6569, Rn. 35 – Infopaq International.

schränkt werden.[218] Sollte diese Rechtsprechung im Lichte der Bewertung durch den EuGH auf Software ausstrahlen, wären auch dort Schutzmechanismen, die unverhältnismäßig erscheinen, nicht mehr schutzwürdig. Es erscheint insoweit gut vertretbar, dass auf jeden Fall die Umgehung des Erschöpfungsgrundsatzes unverhältnismäßig sein wird.

bb) Faktische Verhinderungsmöglichkeiten. Eine **vertriebsbezogene Behinderung** der Weitergabe von Software kann allerdings auch außerhalb des Urheberrechts **durch vertragliche Regelungen** erreicht werden, etwa durch die Verknüpfung der Software mit der Nutzung eines Mehrwertdienstes, den aufgrund schuldrechtlicher Vereinbarungen nur der Ersterwerber in Anspruch nehmen kann. Dies wird eindrucksvoll durch die Entscheidung des BGH – *Half Life II*[219] bestätigt: der Käufer des Spiels sei weder rechtlich noch tatsächlich gehindert, dieses an einen Dritten weiter zu veräußern. Die beanstandete Vertragsklausel untersage lediglich die Übertragung des Benutzerkontos. Einschränkungen der rechtlichen oder tatsächlichen Verkehrsfähigkeit eines Werkstücks, die sich nicht aus dem Verbreitungsrecht des Urhebers ergäben, sondern auf anderen Umständen beruhten wie beispielsweise auf der **spezifischen Gestaltung** des betreffenden Werkes oder Werkstücks, berührten den Grundsatz der Erschöpfung des urheberrechtlichen Verbreitungsrechts nicht.[220] In dem Fall wurde die Eröffnung eines Nutzerkontos mittels einer mit der DVD vertriebenen Zugangsnummer nur einmalig ermöglicht. Dadurch wurde zwar nicht das Werkstück selbst, aber der Abschluss des Vertrages über den Mehrwertdienst individualisiert. Obwohl die Nutzung des Videospiels nur im Zusammenhang mit der Nutzung des Mehrwertdienstes wirtschaftlich sinnvoll war, wurde das Leitbild des § 69c Nr. 3 Satz 2 UrhG nach Auffassung des Gerichts, dass die Wirksamkeit eines vertragsrechtlichen Abtretungsverbotes bezogen auf das Nutzerkonto in AGB zu überprüfen hatte, hierdurch nicht verletzt.

Fraglich ist, ob sich diese Rechtsprechung unter dem Gesichtspunkt der **Verhältnismäßigkeitsprüfung** noch halten lässt, wenn man in der Koppelung des Werkstücks an ein Nutzerkonto zur bestimmungsgemäßen Nutzung eine technische Schutzmaßnahme sieht.

In einem weiteren Fall *World of Warcraft*[221] hatte das OLG Hamburg über einen wettbewerbsrechtlichen Unterlassungsanspruch zu entscheiden, der indirekt von der Wirksamkeit einer AGB-Klausel abhing, die die Automatisierung von nutzerbezogenen Spielaktionen bei einem Online-Spiel verbot. Wenn es zu den grundlegenden Voraussetzungen des wirtschaftlichen Erfolgs des Online-Spiels gehöre, dass die Spieler die Spielregeln, zu denen auch das Verbot der **Verwendung von Bots** gehört, einhalten, sei der Vertrieb eines Bots unter dem Aspekt der Absatz- und Vertriebsstörung eine unlautere vertriebsbezogene Behinderung nach §§ 3, 4 Nr. 10 UWG. Aus der Sicht des angesprochenen Verkehrs verliere ein auf Wettbewerb ausgerichtetes Spiel, bei dem ehrliche Spieler, die die Spielregeln einhalten, gegenüber unehrlichen Spielern benachteiligt werden, erheblich an Attraktivität und damit an wirtschaftlichem Erfolg.[222] Die Entscheidung betrifft zwar nicht direkt ein Weitergabeverbot, schränkt jedoch ebenfalls die Art und Weise der Nutzung und damit die Attraktivität des Spiels für Dritte Anbieter von Zusatzleistungen wirtschaftlich ein.

Es ist daher wünschenswert, dass der Gesetzgeber sich im Rahmen der Beratungen zur Schaffung eines „3. Korbs" dazu entschließt, die aufgeworfenen urheberrechtlichen Rechtsfragen gesetzlich zu regeln.

Wenn nach vorausgegangenem „Offline-Bezug" Updates aus dem Nicht-EU-Ausland per Online-Download hinzuerworben werden und dabei ein Vertrag nach fremden Recht geschlossen wird,[223] ist darauf zu achten, ob dieser Vertrag lediglich für die neu erworbenen Bestandteile oder für die gesamte Software gelten soll. Die Wirksamkeit solcher Verträge

---

[218] BGH Urt. v. 27.11.2014 – I ZR 124/11 – Nintendo-DS; Pressemitteilung vom gleichen Tage, die Begründung lag noch nicht vor.
[219] BGH Urt. v. 11.2.2010 – I ZR 178/08.
[220] BGH Urt. v. 11.2.2010 – I ZR 178/08, Rn. 20, 21.
[221] OLG Hamburg Urt. v. 6.11.2014 – 3 U 86/13 – Bots.
[222] OLG Hamburg Urt. v. 6.11.2014 – 3 U 86/13 – Bots, Rn. 217.
[223] Vgl. hierzu ausführlich: *Witte* ITRB 2007, 190; nach der UsedSoft-Entscheidung des EuGH ist der Erwerb von Updates innerhalb der EU unschädlich.

wird sich regelmäßig nach AGB-Recht beurteilen lassen. Bei der Wahl eines fremden Rechts sind die Vorschriften der ROM-I-VO bzw. für vor dem 17.12.2009 geschlossene Verträge des EGBGB zu beachten.[224]

192 **e) Die Rechtsfolgen der Erschöpfung.** Anders als das Vervielfältigungs- oder Bearbeitungsrecht des Rechtsinhabers, das bei der Veräußerung eines Werkstücks mit Ausnahme der zum sog zwingenden Kern gehörenden Nutzungshandlungen nicht erschöpft wird und deshalb auch mit Ausnahme der vom zwingenden Kern des § 69d erfassten Mindestrechte jedem Folgeerwerber entgegensteht, wirkt sich eine Beschränkung des Verbreitungsrechts nur auf der ersten Stufe aus. Dies ist eine urheberrechtliche Besonderheit, zumal bisher angenommen wurde, dass die Verwertungsrechte als dingliche Rechte in der gesamten Kette auf Dauer gegenüber jedermann, eben *erga omnes* gelten. Diese Wirkung bezieht sich hier jedoch nur auf das erste Inverkehrbringen. Dies muss, da noch keine Erschöpfung hinsichtlich einzelner Werkstücke eingetreten ist, so geschehen, wie sich der Rechtsinhaber dies vorbehalten hat.

193 So wirkt die Berechtigung, Vervielfältigungsstücke herzustellen, aber nur in Verbindung mit einem PC (erstmals) in Verkehr zu bringen, durchaus dinglich, so dass ein dieser Rechtseinräumung entgegenstehendes Inverkehrbringen ohne PC rechtswidrig wäre und zwar auch zu Lasten etwaiger Folgeerwerber. Nur und erst mit dem ersten (rechtmäßigen) Inverkehrbringen tritt die Erschöpfungswirkung ein. Sie wirkt sich demnach erst beim Erwerber aus. Auf der zweiten Stufe kann der frühere Rechtsinhaber die Weiterverbreitung nicht mehr kontrollieren, auch wenn diese mit dem zuvor dinglich wirkenden Gebot nicht mehr in Einklang steht.[225]

194 Eine beschränkte Einräumung des Verbreitungsrechts ist demnach möglich, wirkt sich aber nur bei demjenigen aus, der zum Vertrieb die Erlaubnis des Rechtsinhabers braucht. Das ist in der Regel nur der Hersteller der Werkstücke, während Händler auf den Folgestufen die Erlaubnis nicht mehr brauchen, weil sie im UrhG nicht vorgesehen ist. Hat der Hersteller dem Ersterwerber einmal erlaubt, sich die Kopie vom Server des Herstellers herunterzuladen, kann dessen Abnehmer auf zweiter Stufe sich dieses Recht nach der UsedSoft-Entscheidung des BGH durchaus abtreten lassen. Konzerninterne Verschiebungen, bei denen die Exemplare nicht auf den freien Markt kommen, sollen keine Verbreitung darstellen und keine Erschöpfung auslösen, soweit die Gesellschaften rechtlich unselbständig sind.[226]

195 Die Erschöpfung ist kein allgemeiner Grundsatz und lässt sich jedenfalls nach bisheriger Rechtsprechung nicht auf die anderen **Verwertungsrechte** ausdehnen.[227] Die Beschränkung der Erschöpfung auf das Verbreitungsrecht dient dem Zweck, die Verkehrsfähigkeit eines rechtmäßig in Verkehr gebrachten (körperlichen oder unkörperlichen) Werkstücks nicht zu gefährden, nicht aber dem Zweck, eine nicht vorhandene Verkehrsfähigkeit erst herzustellen.

196 Inhaltlich erlaubt die Erschöpfung die freie Weiterverbreitung des Werkstücks. Im Rahmen werblicher Ankündigungen dürfen diese Werkstücke auch in Prospekten etc abgebildet werden.[228] Aufgrund des Territorialitätsprinzips ist die Erschöpfung auf den Geltungsbereich des deutschen Urheberrechts beschränkt, das über die EU-Harmonisierung aber zu gleichen Ergebnissen in allen Mitgliedsstaaten führt. Eine weltweite Erschöpfung ist jedoch nicht vorgesehen. Für eine in einem Drittland in Verkehr gebrachte Software erschöpft sich das Verbreitungsrecht in Europa nicht und *vice versa*.

4. Das Recht der öffentlichen Wiedergabe, § 69c Nr. 4 UrhG

197 Der zum 10.9.2003 neu eingefügte § 69c Nr. 4 UrhG verdrängt bei Software die allgemeine Vorschrift des § 19a UrhG, die in der Praxis meist bei der unerlaubten Weitergabe

---

[224] Vgl. Fn. 136.
[225] Vgl. Schricker/Loewenheim/*Loewenheim* § 69c Rn. 30; BGH Urt. v. 7.6.2000 – I ZR 244/97, GRUR 2001, 153 – OEM-Version.
[226] Vgl. Schricker/Loewenheim/*Loewenheim* § 17 Rn. 46.
[227] Vgl. BGH Urt. v. 17.2.2000 – I ZR 194/97 – GRUR 2000, 699 – Kabelweitersendung.
[228] Vgl. BGH Urt. v. 4.5.2000 – I ZR 256/97 – ZUM 2000, 1085 – Parfumflakon.

V. Zustimmungsbedürftige Handlungen bei Software

von Musikstücken *(filesharing)* Anwendung findet. Er gehört wie § 19a UrhG zur „Gruppe" der vormals unbenannten Verwertungsrechte nach § 15 Abs. 2 UrhG im Zusammenhang mit dem dort geregelten Recht der öffentlichen Wiedergabe. Er dient der ausdrücklichen Erfassung dieser relativ neuen Nutzungsart durch die Verbreitung digitaler Güter in Netzwerken bzw. im Internet. Erfasst ist das Recht der Bereithaltung, während das Recht der Abrufübertragung immer noch nach § 15 Abs. 2 UrhG analog zu beurteilen sein soll.[229] Anders verhalten sich die Rechte aus den §§ 19 Abs. 4, 21 und 22 UrhG, die sich auf Vorgänge des Wahrnehmbarmachens beziehen und voraussetzen, dass der angesprochene Personenkreis an einem Ort versammelt ist. Der Unterschied zum Senderecht nach den §§ 20 und 20a UrhG ist, dass die Adressaten beim Zugänglichmachen den Abrufzeitpunkt selbst wählen können.

Der Begriff des Zugänglichmachens in § 19a UrhG bezieht sich nur auf die **Bereithaltung zum Abruf** gegenüber der Öffentlichkeit, nicht auf die eigentliche Übertragung. Der Begriff der Öffentlichkeit bestimmt sich nach § 15 Abs. 2 UrhG. Die verwendete Technik ist irrelevant. Da § 19a UrhG beispielsweise beim (unerlaubten) *filesharing* regelmäßig erfüllt ist, sind meist durch Abmahnungen angekündigte Ansprüche im privaten Bereich, speziell gegenüber Inhabern von Internet-Anschlüssen, über die unerlaubtes *filesharing* betrieben wurde, relativ häufig. Auch wenn noch keine Kopien der auf einem Rechner gelagerten Musikstücke gezogen wurden, stellt bereits die Bereithaltung zum Abruf eine Rechtsverletzung dar.[230]

Das Setzen eines **Hyperlinks** ist kein Zugänglichmachen iSv § 19a UrhG, sondern enthält lediglich eine elektronische Verknüpfung zu einem Speicherort der Datei, die das geschützte Werk darstellt. Das Werk wird bereits durch denjenigen, der es im Internet zum Abruf bereitgestellt hat, zugänglich gemacht.[231] Dies gilt nur dann nicht, wenn der Verlinkende die Kontrolle über das Werk ausübt, etwa wenn der Link auf seine eigenen Seiten verweist.

Bei der Überlassung von **Hörbüchern** („ebooks") aus Onlineshops soll es nach ersten, allerdings umstrittenen Ansätzen des OLG Hamm an einer Verbreitungshandlung fehlen, so dass sich das Verbreitungsrecht nicht erschöpfe und der Überlassungsvorgang bei § 19a UrhG angesiedelt sei.[232] Es ist absehbar, dass es in diesem Bereich zu weiteren EuGH-Vorlagen des BGH oder anderer nationaler Gerichte kommt, da derzeit hinsichtlich der Erschöpfung des Verbreitungsrechts durch Online-Bezug bei Werkarten außer Software und demgemäß auch bei hybriden Werken, etwa bei einer Software, die mit einem Hörbuch verknüpft ist, keine Rechtssicherheit besteht. Nach Auffassung des Autors sind die Grundsätze der UsedSoft III-Entscheidung des BGH auch auf andere Werkarten ebenso wie hybride Werke anwendbar, zumal der EuGH die Anordnung der Erschöpfung bei onlinebezogener Software bejaht hat. Die Entscheidung des OLG Hamm erscheint insoweit zweifelhaft.

Die Nutzungshandlung bei § 19a UrhG besteht nicht in der Zurverfügungstellung der Abruftechnik, sondern in deren Nutzung, um ein Werk der Öffentlichkeit zugänglich zu machen. Deshalb sind Zugangsprovider und **Hostprovider keine Werknutzer** iSv § 19a UrhG.

Interessant ist die Differenzierung zwischen einem Recht auf Bereithaltung und dem Recht zur Abrufübertragung, weil bislang etwa bei Schadensersatzansprüchen beispielsweise wegen unerlaubten *filesharing* von Musikstücken und Filmen schlichtweg übersehen oder übergangen wird, dass es einen Unterschied macht, welches Recht verletzt wurde. Zumindest nach der Auffassung von *v. Ungern-Sternberg*[233] ist nur die Übertragung anlässlich eines Abrufs des hierfür bereitgestellten Werks wirtschaftlich bedeutsam. Bei der Schadensberechnung ist der Umfang der Auswertung zu berücksichtigen. Die Rechtsprechung hierzu ist uneinheitlich, jedoch findet eine Fallgruppenbildung statt: Danach ist für die Bemessung des

---

[229] Vgl. Schricker/Loewenheim/*v. Ungern-Sternberg* § 19a Rn. 25.
[230] Diese Thematik wird bei der mittelbaren Störerhaftung gesondert behandelt, → Rn. 192 ff., 255 ff.
[231] Vgl. auch BGH Urt. v. 17.7.2003 – I ZR 259/00, BGHZ 156, 1 = GRUR 2003, 958 = CR 2003, 920 – Paperboy.
[232] Vgl. OLG Hamm Urt. v. 15.5.2014 – 22 U 60/13, CR 2014, 498–504, mangels „Verbreitung" keine Erschöpfung des Verbreitungsrechts bei eBooks; hierzu kritisch Anm. *Kubach/Schuster*, CR 2014, 504.
[233] Schricker/Loewenheim/*v. Ungern-Sternberg* § 19a Rn. 27.

zu erstattenden Schadens einmal auf das **Alter des Täters** abzustellen. Außerdem kann auf bestehende Tarifwerke und insbesondere **GEMA-Tarife nicht zurückgegriffen** werden. Es kommt lediglich eine **Schätzung nach § 287 ZPO** in Betracht, bei der die Gerichte zuweilen aber auf den GEMA-Tarifen aufbauen.[234]

203 Der Tatbestand des § 19a UrhG ist bereits erfüllt, wenn Fragmente von Dateien angeboten wurden. Selbst wenn diese für sich genommen nicht abspielbar sind, lässt dies den Schutz nicht entfallen, da Gegenstand des § 19a UrhG nicht die Wahrnehmbarkeit des Werkes, sondern die öffentliche Zugänglichmachung ist, ohne dass es darauf ankommt, ob Dritte das Werk tatsächlich ganz oder teilweise abrufen oder gar vollständig wahrnehmen. Die insoweit in der Literatur vertretene Auffassung, die einzelnen Dateifragmente müssten selbständig schutzfähig und/oder wahrnehmbar sein,[235] findet nach Auffassung des LG München I im Gesetz keine Stütze.[236] Ein Zugänglichmachen nach § 19a UrhG setzt nur voraus, dass Dritten der Zugriff auf das geschützte Werk eröffnet wird, was weder dessen anfängliche Vollständigkeit noch seine ungeteilte Übertragung oder die Abspielbarkeit der Einzelteile erfordert. Bei Peer-To-Peer-Netzwerken ist deren technische Funktionsweise zu beachten, die es gerade bedingt, dass ein und dasselbe Werk von mehreren Anbietern zeitgleich angeboten und aufgrund des parallelen Herunterladens unterschiedlicher, kleinster Teile in kürzester Zeit vollständig zusammengesetzt werden kann.

5. Die Schranken des § 69d UrhG

204 Eine Besonderheit ergibt sich aus dem **zwingenden, abredefesten Kern** des § 69d Abs. 1 UrhG, der gewisse Nutzerrechte aus § 69c Nr. 1 und 2 UrhG garantiert und dem in § 69d Abs. 2 UrhG normierten gesetzlichen Verbot von Vertragsklauseln, die das Recht auf Anfertigung einer erforderlichen Sicherungskopie einschränken. Hierbei handelt es sich zwar nicht um eine Erschöpfungsregel, jedoch um eine gesetzliche Limitierung der Rechte des Rechtsinhabers, die im Ergebnis ähnlich wirkt.[237]

205 Es wurde bereits beschrieben, dass die in § 69c UrhG normierten ausschließlichen Befugnisse nicht grenzenlos existieren. Der Kontrapunkt zu § 69c UrhG ist insoweit § 69d UrhG, der sowohl Ausnahmen als auch **Schranken** enthält. Dogmatisch handelt es sich eher um eine Mischform zwischen **gesetzlicher Lizenz** und **vertraglicher Auslegungsvorschrift**, die einen abredefesten, zwingenden Kern hat.

206 Abs. 1 betrifft Handlungen zur **bestimmungsgemäßen Nutzung,** während Abs. 2 die Voraussetzungen des Rechts zur Anfertigung einer **Sicherungskopie** regelt. Abs. 3 betrifft die Handlungen, die im Rahmen des Laufenlassens eines Computerprogramms auftreten und insoweit als Nebenerscheinungen erlaubnisfrei sind. Abs. 1 steht unter dem Vorbehalt abweichender vertraglicher Bestimmungen, während Abs. 2 und 3, sofern ihre Voraussetzungen, die eher technischer Natur sind, erfüllt sind, **zwingendes Recht** darstellen.

207 Dies entsprach dem Willen des deutschen Gesetzgebers[238] und ergibt sich auch aus dem 17. Erwägungsgrund der EU-Softwarerichtlinie selbst. Während der BGH bereits die Existenz solcher Kernrechte bestätigt hat,[239] ist ihre **Reichweite** noch nicht abschließend geklärt. Der Gesetzgeber wollte dies den Gerichten überlassen. Dabei spielen auch pragmatische Überlegungen eine Rolle. Der EU-Gesetzgeber wollte jedem befugten Benutzer garantieren, dass er mit dem Programm wirtschaftlich sinnvoll arbeiten kann.

208 Was noch bestimmungsgemäß ist, hängt primär von den vertraglichen Vereinbarungen und sekundär von Überlassungszweck und sonstigen vertraglichen Umständen ab. Wird der

---

[234] OLG Frankfurt Urt. v. 15.7.2014 – 11 U 115/13 und OLG Köln Beschl. v. 8.5.2013 – 6 W 256/12 (200,- Euro/Musiktitel bei Erwachsenen); OLG Hamburg Urt. v. 7.10.2013 – 5 U 222/10, MMR 2014, 127 und OLG Köln Urt. v. 23.3.2012 – I-6 U 67/11, MMR 2012, 387 (freie Schätzung nach § 278 ZPO).
[235] *Solmecke/Bärenfänger* MMR 2011, 567; vgl. auch *Heinemeyer/Kreitlow/Nordmeyer/Sabellek* MMR 2012, 279.
[236] LG München I Urt. v. 8.5.2013 – 21 S 8468/12, Rn. 8.
[237] Vgl. Schricker/Loewenheim/*Loewenheim* § 69d Rn. 1.
[238] Vgl. amtl. Begr. BT-Drs. IV/270 S. 12.
[239] Vgl. BGH Urt. v. 24.2.2000 – I ZR 141/97, GRUR 2000, 866 = CR 2000, 656 – Programmfehlerbeseitigung.

bestimmungsgemäße Gebrauch durch eine vertragliche Abrede über Gebühr beschränkt, soll der abredefeste Kern greifen und in AGB als Leitbild für eine Inhaltskontrolle dienen. Als abredefester Kern wird auf jeden Fall das Laden und Laufenlassen sowie das Speichern des Programms im Arbeitsspeicher und auf der Festplatte angesehen.[240]

Verstoßen vertragliche Vereinbarungen gegen diese Mindestvoraussetzungen, sind sie nach § 138 BGB nichtig. Die Wirksamkeit einer Vielzahl AGB-mäßiger Klauseln zur Rechtseinräumung scheitert an diesem zwingenden Kern.[241]

Streitig ist, ob im Rahmen der bestimmungsgemäßen Nutzung die Einräumung einer gesetzlichen Lizenz anzunehmen ist oder ob die Vorschrift des § 69d Abs. 1 UrhG insoweit doch als echte Schranke zu verstehen ist, so dass es einer solchen Rechtseinräumung nicht bedarf. Im Anschluss an die OEM-Entscheidung des BGH wurde gelegentlich angenommen, die zulässige Verbreitung nütze dem Erwerber deshalb nichts, weil er zusätzlich noch ein gesondertes Vervielfältigungsrecht benötigte, um die Software zu nutzen. Mangels Erschöpfung des Vervielfältigungsrechts sei dieses aber nicht eingeräumt worden, weshalb die spätere Nutzung rechtswidrig sei. Diese Auffassung ist aber nicht haltbar, weil es im Ergebnis keinen Unterschied macht, ob man § 69d Abs. 1 UrhG als Schranke oder gesetzliche Lizenz ansieht. In beiden Fällen darf der Erwerber das Programm nicht nur seinerseits weitergeben, sondern auch selbst nutzen.

a) **Inhalt und Voraussetzungen des § 69d Abs. 1 UrhG.** In den Genuss der Bestimmung kommen nur berechtigte Benutzer. Dies sind nicht nur Käufer, sondern alle, die einen wirksamen Lizenzvertrag geschlossen haben. In Unternehmen sind deren Mitarbeiter berechtigt. Im Einzelnen hängt dies von den vertraglichen Vereinbarungen ab, die ihre Grenzen jedoch im zwingenden Kern der Vorschrift haben. Der berechtigte Nutzer kann einen Dritten mit der Rechtsausübung beauftragen, die Befugnis aber nicht übertragbar.[242]

Was **bestimmungsgemäße Nutzung** ist, richtet sich nach dem Vertragszweck, wobei in der Praxis meist AGB vorliegen, die in der Regel kontrollfähig sind. Schränken diese AGB die Nutzerrechte zu stark ein, droht ihre Unwirksamkeit. In Ermangelung spezifischer Regelungen wird nach der üblichen Nutzung im Sinne der urheberrechtlichen Zweckübertragungslehre gemäß § 31 UrhG und die wirtschaftlichen und technischen Zwecke geprüft.[243]

Das Verbreitungsrecht wird hierbei nicht tangiert, umgekehrt wird das Vervielfältigungs- und Bearbeitungsrecht auch nicht erschöpft. § 69d UrhG ist keine Erschöpfungsregel, sondern eine Mischung zwischen Auslegungsregel und gesetzlicher Lizenz. Die Wirkungen sind jedoch ähnlich: Der Rechtsinhaber kann den im Falle einer Veräußerung greifenden Erschöpfungsgrundsatz nicht dadurch umgehen, dass er die zur bestimmungsgemäßen Nutzung erforderlichen Vervielfältigungshandlungen nicht genehmigt. Wohl aber kann er den Erwerber im Rahmen der gesetzlichen Möglichkeiten schuldrechtlich binden, was jedoch zumindest in AGB wegen des zwingenden Kerns von § 69d UrhG und dem damit verbundenen gesetzlichen Leitbild problematisch ist.

Im Zweifel ist mit der Überlassung eines einzelnen Werkstücks eine Einzelplatzlizenz verbunden. Es gibt keine Verkehrsübung, zur alternativen Nutzung einer Zweitkopie auf einem mobilen Laptop eine weitere Kopie anfertigen zu dürfen.[244] Die Neuinstallation auf demselben Rechner oder einem anderen Rechner, soweit keine Kopien zurückbleiben, ist nach einer Auffassung immer gestattet.[245] Soweit das Programm allein den Zweck hat, in einem Netzwerk so zu funktionieren, das immer nur eine Person gleichzeitig darauf zugreifen kann, könnte dies ebenfalls gelten und bedarf einer Bewertung im Einzelfall.

---

[240] Vgl. Dreier/Schulze/*Dreier* § 69d Rn. 12.
[241] Vgl. Fn. 199.
[242] Vgl. Schricker/Loewenheim/*Loewenheim* § 69d Rn. 5.
[243] Vgl. Wandtke/Bullinger/*Grützmacher* § 69d Rn. 6, Rn. 34 ff.
[244] Dies scheitert bereits an der mangelnden Anwendbarkeit des § 53 UrhG, aber auch am Fehlen der „bestimmungsgemäßen" Nutzung, aber auch an den Grenzen den zwingenden Kerns, vgl. Schricker/Lowenheim/*Loewenheim* § 69d Rn. 9.
[245] Dreier/Schulze/*Dreier* § 69d UrhG Rn. 8.

215 Ferner darf der berechtigte Nutzer Fehler beseitigen, auch wenn dadurch eine Umarbeitung des Programms stattfindet.[246] Ob zu diesem Zwecke auch dekompiliert werden darf, ist streitig.[247]

216 Ein Sonderfall ist gegeben, wenn das Programm wegen eines **Fehlers in einem Kopierschutzmechanismus** oder bei einem **Dongle** nicht mehr richtig läuft. Bei Dongles handelt es sich in der Regel nicht um einen Kopierschutzmechanismus. Das Programm lässt sich beliebig kopieren, läuft aber nur unter Verwendung des Dongles, den der Kunde nur einmal erhält.

217 Kopierschutzmechanismen haben ihre Rechtsgrundlage in § 69f UrhG. Ihre Beseitigung kollidiert daher mit dem Recht auf Fehlerbeseitigung bei § 69d UrhG. Die Beseitigung von Kopierschutzmechanismen (auch Dongles) gehört aus diesem Grunde nach einer Auffassung nicht mehr zur bestimmungsgemäßen Nutzung.[248]

218 Nach einer anderen Meinung ist dies der Fall.[249] Nach einer weiteren Auffassung ist zunächst zu fragen, ob zur Fehlerbeseitigung eine Entfernung des Dongles überhaupt notwendig ist.[250] Anschließend ist zu prüfen, ob der Lieferant bereit ist, den Mangel selbst zu beseitigen. Erst wenn dies scheitert, soll in eng begrenzten Ausnahmefällen ein Selbsthilferecht gegeben sein, dem eine erhebliche Missbrauchsgefahr gegenübersteht.[251] Die Beseitigung eines Dongles kann auch wettbewerbswidrig sein.[252]

219 In Fortschreibung der UsedSoft-Entscheidung des EuGH durch die Nintendo-Entscheidung könnte sich demnächst eine neue Rechtsprechung herausbilden, die sowohl im Geltungsbereich der Software-Richtlinie 2009/24 als auch im Rahmen der Harmonisierungsrichtlinie 2001/29 DRM-Systemen, die nicht ausschließlich dem Schutz vor (dinglich wirkenden) Urheberrechtsverletzungen dienen, ihre Berechtigung mit dem Argument der drohenden Beeinträchtigung des Binnenmarktes versagt. Dadurch könnte das bisherige Dogma, dem Kopierschutz den Vorrang vor dem Recht zur Fehlerbeseitigung einzuräumen, neu zu bewerten sein. Hierzu gibt es noch keine Rechtsprechung.[253]

220 In der **Half-Life II-Entscheidung**[254] bejahte der BGH die Frage, ob die Verknüpfung einer Softwarelizenz mit einem nicht übertragbaren Benutzerkonto, das den Eintritt in eine Online-Welt gestattete, eine Art eigenständigen Mehrwert generiert, so dass das Abtretungsverbot hinsichtlich der Rechte an diesem Konto in AGB wirksam vereinbart werden konnte.[255] Damit wurde die Ausübung des Verbreitungsrechts an der Software faktisch vereitelt. Das mag im Geltungsbereich der Richtlinie 2001/29 wegen Erwägungsgrund 29 für Onlinedienste durchaus vertretbar sein. Je weniger Gewicht der Mehrwertdienst jedoch hat, desto größer ist die Gefahr, dass eine Benutzerkontensteuerung allein den Zweck hat, die Ausübung des Verbreitungsrechts zu verhindern. Ein solches DRM-System dürfte der EuGH aufgrund seiner wirtschaftlich geprägten Sichtweise verwerfen. Wenn diese Annahme zutrifft, wird es möglicherweise im Einzelfall auf eine Abwägung der wechselseitigen Interessen und der Feststellung von Sinn und Zweck der Benutzerkontensteuerung ankommen.

221 Auch bürgerlich-rechtlich können Kopierschutzmechanismen nicht als kaufrechtlicher Sachmangel angesehen werden, solange sie nicht die wirksam vereinbarte bestimmungsgemäße Nutzung einschränken oder aber die übliche Nutzung zu der grundsätzlich auch das Recht auf Weitergabe nach Aufgabe der eigenen Nutzung gehört. Wenn der Lieferant beim Kauf darauf hinweist, dass seine Software diesen Mindestanforderungen

---

[246] Damit darf der Nutzer sogar einen Dritten beauftragen; BGH Urt. v. 24.10.2002 – I ZR 3/00, BGHZ 152, 233 = GRUR 2003, 416 = CR 2003, 323 – CPU-Klausel.
[247] Nur unter den Voraussetzungen des § 69e UrhG; Schricker/Loewenheim/*Loewenheim* § 69d Rn. 10; Dreier/Schulze/*Schulze* § 69d Rn. 10; Wandtke/Bullinger/*Grützmacher* § 69d Rn. 22.
[248] OLG Karlsruhe Urt. v. 10.1.1996 – 6 U 40/95, CR 1996, 341 – Dongleabfrage; LG Düsseldorf Urt. v. 20.3.1996 – 12 O 849/93, CR 1996, 737.
[249] LG Mannheim Urt. v. 20.1.1995 – 7 O 187/94, CR 1995, 542; Wandtke/Bullinger/*Grützmacher* § 69d Rn. 18.
[250] Vgl. Schricker/Loewenheim/*Loewenheim* § 69d Rn. 10.
[251] OLG Düsseldorf Urt. v. 27.3.1997 – 20 U 51/96, CR 1997, 337 – Dongleumgehung.
[252] BGH Urt. v. 9.11.1995 – I ZR 220/95, GRUR 1996, 78 – Umgehungsprogramm.
[253] Zu den grundsätzlichen Überlegungen → Rn. 204 ff.
[254] BGH Urt. v. 11.2.2010 – I ZR 178/08 – Half Life II.
[255] BGH Urt. v. 11.2.2010 – I ZR 178/08 – Half Life II.

nicht entspricht, kann dies bürgerlich-rechtlich zur kontrollfreien Leistungsbeschreibung gehören oder aber als Kenntnis des Mangels und damit zum Verlust etwaiger Ansprüche führen.

Kopierschutzmechanismen und Dongles sollen die aus der Sicht des Lieferanten bestimmungsgemäß beschränkte Nutzung technisch absichern und die diesbezügliche Kontrolle und Rechtsverfolgung unnötig machen. Hier kann Missbrauch in zweierlei Hinsicht begangen werden. Einerseits können Abnehmer, die den Mechanismus beseitigen oder umgehen, unerlaubte Vervielfältigungen vornehmen bzw. bei Dongles das frei kopierbare Programm ohne Dongle lauffähig machen. Andererseits können die Mechanismen auch im Rahmen eines DRM-Systems eingesetzt werden, so dass der Hersteller etwa nur die Nutzungstiefe freischaltet, für die der Kunde bezahlt hat. Dies begegnet den oben geschilderten Bedenken, wenn dadurch die vom EuGH aufgezeigten Grenzen der Zulässigkeit eines DRM-Systems überschritten werden.

Der Hersteller könnte auch Kaufsoftware an einen bestimmten PC koppeln, weil er diese Version vom Einzelverkauf fernhalten möchte. Es ist dann im letzteren Fall fraglich, ob er entgegen seinem ursprünglichen Ansinnen bereit ist, den Fehler der mangelnden Transferierbarkeit der Software zu beseitigen. In solchen Fällen sprechen gute Gründe dafür, dem Nutzer ein Recht auf Selbstvornahme zu geben, wenn er nur einen regelwidrigen Zustand beseitigt, den der Hersteller geschaffen hat. Da der einzelne Nutzer aber kaum beurteilen kann, ob hier ein Missbrauch des Herstellers vorliegt und dies ggf. beweisen müsste, ist auch hier vorsichtige Zurückhaltung angebracht.[256]

Keine Fehlerbeseitigung sind Verbesserungen und Erweiterungen. Dies soll auch für die Anpassung an neue gesetzliche Erfordernisse gelten. Hiergegen lässt sich jedoch einwenden, dass ein Programm beispielsweise zum Jahreswechsel mangelhaft werden kann, weil es nicht mehr den gesetzlichen Anforderungen entspricht.[257] Neuere Rechtsprechung hierzu ist nicht vorhanden, sodass sich das Thema offenbar in der Praxis nicht stellt.

b) Inhalt und Voraussetzungen des § 69d Abs. 2 UrhG. Die Vorschrift ist zwingendes Recht, vertragliche Untersagungen sind nichtig. Voraussetzung ist wie oben zunächst einmal die Berechtigung zur Programmnutzung, allerdings nicht in dem weiten Umfang wie bei § 69 Abs. 1 UrhG, sondern nur durch den Inhaber der Nutzungsrechte. Weitere Voraussetzung ist, dass eine Sicherungskopie erforderlich sein muss, um die künftige Nutzung abzusichern. Die Anzahl der zulässigen Kopien ist nicht gesetzlich geregelt, die hM geht aber im Regelfall von einem Exemplar aus. Kommt ein Kopierschutzmechanismus zum Einsatz, kommt es wieder zu einer Kollision zwischen § 69f UrhG und § 69d Abs. 2 UrhG, bei der sich § 69f UrhG durchsetzt. Dem betroffenen Nutzer soll jedoch ein Anspruch auf Entfernung des Kopierschutzes in dem Umfang zustehen, als sonst die Anfertigung einer an sich zulässigen Sicherungskopie verhindert wird.[258] Der Nutzer müsste hierzu den Anbieter zunächst zur Fehlerbeseitigung auffordern. Lehnt dieser sie ab oder kann sie nicht leisten, läge ein Gewährleistungsmangel vor.[259]

c) § 69d Abs. 3 UrhG, Freiheit von Ideen und Grundsätzen. Auch diese Vorschrift enthält zwingendes Recht, nämlich die Untersagung von Vertragsklauseln, die die Ermittlung von Ideen und Grundsätzen verbieten. Dies hat nichts mit dem Recht nach § 69e UrhG zu tun, zu dekompilieren. Vielmehr erweitert die Vorschrift nicht den Kreis der zulässigen Nutzungen, ihre Bedeutung ist daher eingeschränkt. Sie ergibt sich in Verbindung mit § 69d Abs. 2 UrhG, weil sie wie erwähnt entgegenstehende vertragliche Regelungen für nichtig erklärt. Im Rahmen dieser Vorschrift ist die Anwendung technischer Hilfsmittel und Softwarewerkzeuge zulässig.

d) § 69e UrhG Dekompilierung. Nachdem wegen § 69c Nr. 1 UrhG eine Vervielfältigung grundsätzlich der Zustimmung des Urhebers bedarf und der Zugang zu Schnittstellen

---

[256] Vgl. hierzu auch: *Koch* CR 2002, 629.
[257] Vgl. hierzu Wandtke/Bullinger/*Grützmacher* § 69d UrhG Rn. 21, der auf die regelmäßige Notwendigkeit hinweist, dass hierzu der Quellkode verfügbar sein muss; vgl. auch *Günter* CR 1994, 321.
[258] Vgl. Dreier/*Dreier* § 69d Rn. 19.
[259] Vgl. hierzu Wandtke/Bullinger/*Grützmacher* § 69d UrhG Rn. 19.

sowie die Möglichkeit der Herstellung der Interoperabilität nicht zu den in § 69d UrhG enthaltenen Ausnahmen gehört, bedurfte es einer weiteren Vorschrift, die den Zugang zu den nicht geschützten Ideen und Grundsätzen ermöglicht, die nur über eine Vervielfältigung und Übersetzung möglich sind. Damit wollte der EU-Gesetzgeber in einem genau definierten, begrenzten Umfang das Aufrechterhalten eines Wettbewerbs ermöglichen und verhindern, dass es zu einem urheberrechtlichen de facto-Schutz an sich nicht schutzfähiger Objekte kommt.[260] § 69e UrhG ist insoweit eine Schrankenbestimmung. Ein vertraglicher Ausschluss der hier normierten Rechte ist nichtig. Hinsichtlich der Grundlagen zur Dekompilierung wird auf die technischen Grundlagen verwiesen.

228 Zweck der Vorschrift ist jedenfalls die Überlegung, dass es bei Software ein für den Menschen lesbares Quellenprogramm (Sourcecode) gibt, während ein lauffähiges Computerprogramm in einem maschinenlesbaren Objektprogramm vorliegt, mit dem aber ein Mensch grundsätzlich nichts anfangen kann. Soweit die Software über Schnittstellen mit anderen Programmen oder mit dem Betriebssystem interagiert, ist beispielsweise für die Entwicklung von Zusatzprogrammen, bei Betriebssystemen für die Entwicklung jedweder Anwendungssoftware eine Kenntnis der Schnittstellen erforderlich. Da dieses Wissen offenbar nur durch die Offenlegung des Quellcodes bzw. einer Rückübersetzung in dieses Format gewonnen werden kann, war eine gesetzliche Regelung erforderlich. Hier war auch davon auszugehen, dass Programmhersteller derartiges Wissen gerne zurückhalten, um den Markt für kompatible Software zu kontrollieren.[261]

229 § 69e Abs. 1 UrhG enthält in den drei Unterziffern kumulative Voraussetzungen, die erfüllt sein müssen, um in den Genuss des Rechts zur Dekompilierung zu kommen. Gleichzeitig normiert die Vorschrift ihren Ausnahmecharakter („unerlässlich") und ihre Reichweite („zur Herstellung der Interoperabilität"), so dass andere Zwecke mit der Dekompilierung nicht verfolgt werden dürfen. Insbesondere fallen weder die Programmwartung, -anpassung oder -erweiterung noch die Fehlerberichtigung unter diese Vorschrift. Auch im Verletzungsprozess ist die Dekompilierung zum Nachweis der Identität zweier Programme nicht gestattet, jedoch wirft dies prozessual Probleme der Beweisvereitelung auf, wenn der Beweisgegner trotz bestehender Möglichkeiten den Sourcecode nicht offen legt.[262]

230 Die Vorschrift beschränkt sich auch auf Handlungen, die die Interoperabilität zwischen zwei Computerprogrammen fördern, nicht jedoch mit Hardware. Software, die in Hardware integriert ist, gilt allerdings noch als Software iSd § 69c UrhG. Zweck der Vorschrift ist über den rein technischen Charakter hinaus aber nicht die Schaffung der Möglichkeit, Wettbewerbsprogramme auf Basis der durch die Dekompilierung gewonnen Ideen und Erkenntnisse erstellen zu können.[263]

231 Im Rahmen Ihres Ausnahmecharakters sind die sich aus der Vorschrift ergebenen Rechte auch innerhalb des Gesetzestextes als *ultima ratio* ausgeprägt. Die Dekompilierung ist nach § 69e Abs. 1 Nr. 1 UrhG nur zulässig, wenn sie von einer berechtigten Person, also dem Lizenznehmer oder einem Ermächtigten vorgenommen wird. Die Informationen müssen für die Herstellung der Interoperabilität unerlässlich sein[264] und die hierzu erforderlichen Informationen dürfen nicht ohne weiteres zugänglich sein. Darunter wird verstanden, dass ein Hersteller die Informationen entweder anfänglich in der Begleitdokumentation veröffentlicht oder auf Nachfrage maximal gegen Erstattung des anfallenden Aufwands zur Verfügung stellt. Ist die Nachfrage umständlich, verzögert sie sich unangemessen oder macht der Hersteller die Erteilung von einer über die Erstattung der Unkosten hinausgehenden Gegenleistung abhängig, wird das Merkmal erfüllt.[265]

232 Das Recht zur Dekompilierung beschränkt sich nach Abs. 1 Nr. 3 auf diejenigen Teile, die zur Herstellung der Interoperabilität notwendig sind. Damit soll dem Missbrauch einer un-

---

[260] Vgl. Schricker/Loewenheim/*Loewenheim* § 69e Rn. 1.
[261] Zu den Begriffen der Dekompilierung, des Reverse Engineering, zur Interoperabilität, zu der Definition den Schnittstellen und zur Dekompilierung wird ebenfalls auf die technischen Grundlagen → § 1verwiesen.
[262] Weitere Hinweise → Rn. 272 ff.
[263] Vgl. Schricker/Loewenheim/*Loewenheim* § 69e Rn. 12; aA Moritz CR 1993, 257.
[264] § 69e Abs. 1 S. 1.
[265] Wandtke/Bullinger/*Grützmacher* § 69d UrhG Rn. 23.

fairen Übernahme fremden Programmaufwandes vorgebeugt werden. Gleichwohl ist zur Ermittlung der Relevanz einzelner Programmteile möglicherweise eine vollständige Dekompilierung erforderlich, die als *ultima ratio* hinzunehmen ist.[266]

Die Vorschrift gestattet in ihrem Anwendungsbereich Vervielfältigungen und anschließende Bearbeitungen, nämlich die Übertragung der freigewordenen Informationen in eine andere Codeform eines neuen Computerprogramms. Soweit die so gewonnenen Informationen urheberrechtlich schutzfähige Schnittstellenelemente darstellen, ist das ursprünglich dem Rechtsinhaber zustehende Vervielfältigungs- und Bearbeitungsrecht nach § 69c Nr. 1 UrhG beschränkt. Die Nutzung der so gewonnenen Schnittstellen wäre umgekehrt auch nicht rechtswidrig. Auch die Verbreitung eines aufgrund der Informationen entwickelten neuen Computerprogramms ist zulässig und verdrängt das Verbreitungsrecht des Urhebers hinsichtlich der konkret betroffenen Programmteile. **233**

§ 69e Abs. 2 UrhG betont ebenfalls den Ausnahmecharakter der Vorschrift und zwar durch eine enge Begrenzung des Verwendungszwecks der gewonnenen Informationen. So dürften diese insgesamt nur zur Herstellung der Interoperabilität verwendet werden, wobei sich dieses Gebot sogar auf urheberrechtlich nicht schutzfähige Informationen erstrecken soll.[267] Nach § 69e Abs. 2 Nr. 2 UrhG dürfen die Daten auch nicht an Dritte weitergegeben werden, es sei denn, es handelt sich um einen Beauftragten, der für den Berechtigten die erforderlichen Programmierungen vornimmt. Die Vorschrift will eine unkontrollierte Verbreitung dieser Informationen erschweren. **234**

§ 69e Abs. 3 UrhG enthält eine gesetzliche Auslegungsregel, die sich auf die Absätze 1 und 2 bezieht. Die Vorschrift regelt auf den ersten Blick etwas Selbstverständliches, weil Rechtsverletzungen ohnehin verboten sind. Hier geht es jedoch um eine andere Begriffswahl, nämlich „die normale Auswertung" und die „berechtigten Interessen". Es geht um einen Interessenausgleich zwischen den betroffenen Belangen, der über den sogenannten **Dreistufentest** des Art. 9 Abs. 2 RBÜ vorgenommen wird. **235**

> **Praxistipp:**
> Der Dreistufentest verlangt die Begrenzung einer Ausnahme auf bestimmte Sonderfälle. Der Sonderfall muss
>
> (1) konkret definiert werden und darf sich nicht generalisierend auf einzelne Nutzungsarten beziehen.
>
> (2) Es darf die normale Verwertung durch den Rechtsinhaber nicht verhindert werden, es darf also keine Marktverwirrung eintreten.
>
> (3) Der Urheber ist bei einer unverhältnismäßigen Verletzung seiner berechtigten Interessen durch eine angemessene Vergütung zu entschädigen. Das LG Düsseldorf hat die Vorschrift beispielsweise herangezogen, um die Unzulässigkeit der Beseitigung einer Dongle-Abfrage zu begründen.[268]

6. § 69f UrhG Rechtsverletzungen – Vernichtungsanspruch

Die Vorschrift hat ihren Ursprung im EU-Recht, nämlich in Art. 7 der Softwarerichtlinie. Der deutsche Gesetzgeber hat über den Wortlaut der Richtlinie hinaus einen generellen Vernichtungsanspruch gegen jeden Eigentümer oder Besitzer geschaffen, der nicht auf das Inverkehrbringen und den Besitz zu Erwerbszwecken beschränkt ist und auch nicht die Kenntnis oder die Vermutung der Illegalität zur Voraussetzung hat.[269] Es werden also auch **Vorbereitungshandlungen** und **mittelbare Urheberrechts**verletzungen erfasst. Insoweit stellt die Vorschrift eine Verschärfung gegenüber den §§ 98, 99 UrhG dar, weil sie weder an ein Verschulden noch an eine rechtsverletzende Handlung anknüpft. Es reicht vielmehr der bloße Besitz illegaler Werkstücke ohne subjektive Kenntnis der Rechtswidrigkeit. **236**

---

[266] Vgl. Schricker/Loewenheim/*Loewenheim* § 69e Rn. 16.
[267] HM, vgl. Schricker/Loewenheim/*Loewenheim* § 69e Rn. 19.
[268] LG Düsseldorf Urt. v. 20.3.1996 – 12 O 849/93, CR 1996, 737.
[269] Vgl. Schricker/Loewenheim/*Loewenheim* § 69f Rn. 2.

237 Für die Folgenbeseitigungsansprüche, also in erster Linie Unterlassung, Auskunft und Schadenersatz verbleibt es bei der allgemeinen Anspruchsgrundlage des § 97 UrhG; sie sind an die dort geregelten weiteren, deliktsrechtlichen Voraussetzungen geknüpft. § 69f Abs. 1 S. 1 UrhG wird insoweit von der hM als angemessen erachtet, weil der Besitzer an rechtswidrigen Werkstücken ohnehin keinerlei Nutzungsrechte erlangt.[270]

238 Gleichwohl wird die Anwendung von § 98 Abs. 2 und 3 UrhG erwogen, wonach der Vernichtungsanspruch dem **Verhältnismäßigkeitsgebot** unterliegt. Ist die Vernichtung unverhältnismäßig und kann der rechtsverletzende Zustand auf andere Weise beseitigt werden, soll der Rechtsinhaber nur den geringeren Eingriff vornehmen können. Beispielsweise kommt anstelle der Vernichtung eines Datenträgers die Löschung gespeicherter Daten in Betracht oder die Neuformatierung einer Festplatte.

239 Der schuldlose (und damit mittelbare) Störer, dem bei Durchsetzung der Ansprüche nach § 69f UrhG ein unverhältnismäßig hoher Schaden entstehen würde, kann unter Berufung auf § 101 Abs. 1 UrhG analog unter den dort genannten Voraussetzungen den Rechtsinhaber in Geld abfinden. Im Softwarebereich wäre bei § 101 UrhG zu prüfen, ob dem mittelbaren Störer ein unverhältnismäßig hoher Schaden entsteht und dem Verletzten eine Ablösung der Nutzungsrechte gegen Schadensersatzzahlung zumutbar ist. Unabhängig von der ersten Frage dürfte § 101 UrhG aber im Softwarebereich kaum eine Rolle spielen, weil die angemessene Vergütung der üblichen Vergütung entspricht und die Vorschrift somit kaum von den schadensrechtlichen Anspruchsgrundlagen abweicht.

240 § 69f Abs. 2 UrhG verdrängt § 69d Abs. 2 UrhG. Obwohl das Recht zur Anfertigung einer erforderlichen Sicherungskopie von den zustimmungsbedürftigen Handlungen ausgenommen ist und auch vertraglich nicht ausgeschlossen werden kann, gibt § 69d Abs. 2 in Fällen, in denen ein Programmschutzmechanismus die Anfertigung der Sicherungskopie verhindert, nach hM **kein Recht zur Selbsthilfe**, sondern nur einen vertraglichen Anspruch auf Lieferung einer Sicherungskopie.[271] Sollte der EuGH seine aktuelle Rechtsprechung zur Begrenzung der Zulässigkeit von DRM-Systemen konsequent fortsetzen, könnte hier eine Neubewertung erforderlich sein, die § 69f Abs. 2 in bestimmten Fällen verdrängt.[272]

241 § 69f Abs. 2 UrhG erweitert den Anwendungsbereich des Abs. 1 auf Mittel, die *alleine* den Zweck haben, die unerlaubte Beseitigung oder Umgehung technischer Schutzmaßnahmen zu erleichtern. Die Vorschrift schützt gegen jedes unerlaubte Mittel, sei es Hard- oder Software. Anspruchsinhaber ist unproblematisch der Rechtsinhaber, dessen Schutzmechanismen durch die Mittel des Abs. 2 ausgeschaltet werden sollen. Sind mehrere Rechtsinhaber betroffen, hat jeder einen eigenen Vernichtungsanspruch. Nach der erfolgten Vernichtung ist der Tatbestand des § 69f Abs. 2 UrhG nicht mehr erfüllt, so dass die übrigen Rechtsinhaber auch nicht mehr in ihren Rechten verletzt sind.

242 **Anspruchsgegner** ist jeder Besitzer oder Eigentümer, also auch derjenige, der die Mittel weder einsetzt noch zur gewerblichen Verwendung bevorratet. Damit unterscheidet sich der Anspruch wesentlich von den gewohnten wettbewerbsrechtlichen Anspruchsgrundlagen und geht in seinem Anwendungsbereich darüber weit hinaus.

243 Problematisch ist die Bestimmung des alleinigen Missbrauchszwecks. **Dual-use-Programme** werden nicht erfasst, wenn sie auch legalen Zwecken dienen und lediglich *auch* zur Ausschaltung von Schutzmechanismen geeignet sind. Die Abgrenzung wird auf den ersten Blick dadurch erschwert, dass beispielsweise die Hersteller von Kopierprogrammen durch das Anfügen nicht unbedingter erforderlicher Funktionen einen legalen Nutzungszweck vorspiegeln könnten. Daraus soll sich nach hM aber kein Schutz vor den Wirkungen des § 69f Abs. 2 UrhG ergeben. Vielmehr soll Berücksichtigung finden, in welcher Art und Weise die Programme vertrieben werden und wie sie zum Einsatz kommen.[273]

---

[270] Vgl. Schricker/Loewenheim/*Loewenheim* § 69f Rn. 2 ff.; Dreier/*Dreier* § 69f Rn. 1.
[271] Vgl. hierzu Schricker/Loewenheim/*Loewenheim* § 69d Rn. 19; § 69f Rn. 11.
[272] EuGH Urt. v. 3.7.12 – C-128/11, CR 2012, 498 – UsedSoft; EuGH Urt. v. 23.1.14 – C-355/12, GRUR 2014, 255 – Nintendo; → Rn. 182.
[273] Schricker/Loewenheim/*Loewenheim* § 69f Rn. 13.

Diesen Rechtsgedanken hat der EuGH neuerdings in der Nintendo-Entscheidung für hybride Werke wie Computerspiele aufgegriffen und den Rechtsstreit zur Prüfung der Einsatzzwecke an das vorlegende Gericht zurückverwiesen.[274] Hierdurch wird allerdings die Frage aufgeworfen, **welche Richtlinie** (Software-Richtlinie 2009/24 oder Harmonisierungs-Richtlinie 2001/29) auf die Beurteilung der Zulässigkeit von DRM-Systemen bei hybriden Werken anwendbar ist. 244

Die UsedSoft-Entscheidung ebenso wie die Nintendo-Entscheidung geben Anlass zur Annahme, dass der EuGH von einem zumindest teilweisen Gleichlauf beider Richtlinien ausgeht. Der EuGH schränkt nämlich die in der Richtlinie 2009/24 nicht näher geregelte Befugnis zum Einsatz von DRM-Systemen bei Software auf die Kontrolle der Unbrauchbarmachung der Altkopie bei der Weitergabe ein, was methodisch eher zu Art. 6 der Richtlinie 2001/29 passt als zu § 69a Abs. 5 UrhG, der in der Richtlinie 2009/24 keine Entsprechung findet. Der EuGH begründet seine Grenzziehung für die Zulässigkeit von durch DRM absicherbaren Nutzungsbeschränkungen mit der Gefahr der Abschottung der Märkte und einer Gefährdung der Binnenmarktziele. Diese Grenze werde überschritten, wenn die Maßnahmen über den spezifischen Gegenstand des betreffenden geistigen Eigentums hinausgehen. Dieser sei beim Erstverkauf einer Programmkopie auf die Möglichkeit, eine angemessene Vergütung zu erzielen, limitiert. 245

Die Nintendo-Entscheidung scheint dies zu bestätigen, indem sie die Zulässigkeit der Anwendung von DRM-Systemen nach Art. 6 der Richtlinie 2001/29 (§ 95a UrhG) bei Computerspielen auf solche, die Urheberrechtsverletzungen vermeiden sollen, beschränkt. In den Worten der UsedSoft-Entscheidung wäre nur eine verbotene Weitergabe eine Urheberrechtsverletzung. Durch die Erschöpfung wird aber die Weitergabe rechtmäßig, so dass ein DRM-System sie nicht mehr verhindern darf. 246

Ein Novum der Nintendo-Entscheidung ist die Einführung einer **Verhältnismäßigkeitsprüfung**. Die Maßnahmen müssen zur Verwirklichung dieses Ziels geeignet sein und dürfen nicht über das hierzu Erforderliche hinausgehen. 247

In der Nintendo-Entscheidung wird die Anwendung dieser Grundsätze auf Computerprogramme allerdings unter Hinweis auf die Spezialität der Richtlinie 2009/24 abgelehnt, weil dort die Art. 5 Abs. 3 (Beobachten des Programmlaufs) und Art. 6 (Dekompilierung) dem Schutz nach Art. 6 der Richtlinie 2001/29 als ausschließliche Ausnahmen entgegenstünden. Demnach betrachtet der EuGH die Zulässigkeit von DRM-Systemen in der Richtlinie 2009/24 enger gefasst als in der Richtlinie 2001/29, obwohl gerade letztere ihre besondere Berechtigung in den Vordergrund stellt. 248

Dabei ist nicht auf den subjektiven Verwendungswunsch des Rechtsinhabers, sondern allein auf die objektiven Kriterien aus Art. 6 Abs. 2 der Richtlinie 2001/29 abzustellen. Die Sprengwirkung der Entscheidung ergibt sich daraus, dass der EuGH die in der UsedSoft-Entscheidung betonte Exklusivität der Software-Richtlinie 2009/24 relativiert, damit letztlich Softwareelemente in hybriden Werken auch in den Genuss der Vorzüge des Art. 6 der Richtlinie 2001/29 kommen.[275] 249

7. § 95a UrhG

Die gleiche Problematik stellt sich mit umgekehrten Vorzeichen bei § 95a UrhG. Die Vorschrift gilt wegen § 69f UrhG zwar nicht für Computerprogramme, sondern für alle anderen Werkarten (wie etwa DVD-Filme, Musik-CD's), jedoch ist zumindest im Bereich hybrider Werke seit der Nintendo-Entscheidung des EuGH mit Überschneidungen beider Vorschriften zu rechnen. § 95a Abs. 1 UrhG verbietet die Umgehung wirksamer technischer Maßnahmen zum Schutz eines nach dem UrhG geschützten Werks ohne Zustimmung des Rechtsinhabers und erfasst in Abs. 3 dann bestimmte Vorbereitungshandlungen zur Umgehung der technischen Schutzmaßnahmen. Bei dem Umgehungsschutz nach § 95a UrhG handelt es sich nicht um ein neues Leistungsschutzrecht, sondern um ein die urheberrechtlichen Ausschließlich- 250

---

[274] Vgl. Fn. 272.
[275] → Rn. 245 ff.

keitsrechte flankierendes Recht.[276] **Brennersoftware**, die ohne Rücksicht auf bestehende Schutzmaßnahmen alles kopiert, ist gerade Anlass der Schaffung der gesetzlichen Regelung und ist daher unter § 95a Abs. 3 UrhG zu subsumieren.[277] § 95a UrhG erfasst seinem Wortlaut nach auch (sei es einmalige und unentgeltliche) private Handlungen und den privaten Besitz sowie die Werbung für einen einmaligen Verkauf bei eBay.[278] Eine Verbreitungshandlung nach § 95a UrhG ist anders als bei § 69c UrhG noch nicht in einem erfolglosen Angebot zum Verkauf etwa bei eBay im Internet zu sehen.[279] Zumindest besteht aber Erstbegehungsgefahr für einen Verkauf iSd § 95a Abs. 3 UrhG, so dass sich daraus ein entsprechender Unterlassungsanspruch aus § 97 UrhG bzw. §§ 1004, 823 Abs. 2 BGB ableiten lässt.[280] Da der Begriff der Info-Richtlinie (Art. 6 Abs. 2) entnommen wurde, spricht nichts für eine solche unmittelbare Anlehnung an die deutsche Terminologie in § 17 UrhG. Verbreitung nach Sinn und Zweck des § 95a UrhG und der zugrunde liegenden Richtlinie ist vielmehr als jede vorübergehende oder dauernde Weitergabe von **Umgehungsmitteln** zu verstehen, also etwa auch eine Leihe oder Schenkung.[281] § 95 Abs. 3 UrhG erfasst solche Fälle aber über die Tatbestandsvariante Werbung im Hinblick auf Verkauf. eBay-Angebote werden ab ihrer Einstellung als Angebote eingestuft, was einer Werbemaßnahme gleichzustellen ist.[282]

8. § 69g UrhG Anwendung sonstiger Rechtsvorschriften

251 Die Vorschrift beruht auf Art. 9 Abs. 1 S. 1 der EU-Richtlinie zum Softwareschutz. Sie bestimmt in Abs. 1, dass sonstige Vorschriften auf Computerprogramme von den urheberrechtlichen Sonderregelungen nicht berührt werden und damit **parallel anwendbar** sind. In erster Linie sind dies schutzrechtliche Vorschriften wie das Patent-, Marken- und Halbleiterschutzgesetz, aber auch der ergänzende Leistungsschutz nach dem UWG sowie das Kartellrecht. Unberührt bleiben auch schuldrechtliche Vereinbarungen, die sich allerdings an die Grenzen der urheberrechtlichen Mindestvorschriften halten müssen. § 69g Abs. 1 UrhG steht daher im Zusammenhang mit den zum zwingenden Kern gehörenden Nutzungsberechtigungen der §§ 69d Abs. 2 und 3, 69e UrhG sowie der Erschöpfung des Verbreitungsrechts gemäß § 69c Nr. 3 S. 2 UrhG. Letztere Vorschrift gehört zwar nicht zum abredefesten Kern, gibt für schuldrechtliche Verträge aber ebenfalls ein gesetzliches Leitbild vor, welches bei der AGB-Kontrolle zur Unwirksamkeit entgegenstehender Klauseln führt.

252 Urheberrechtliche Ansprüche bei Software werden daher zunächst nach den §§ 69a ff. UrhG geprüft. Nachrangig gelten aufgrund der Verweisung in § 69a Abs. 4 UrhG die allgemeinen, für Sprachwerke geltenden Bestimmungen. Über § 69g UrhG bleiben Ansprüche aus sonstigen Gesetzen sowie aus schuldrechtlichen Vereinbarungen unberührt. Lediglich § 69g Abs. 2 UrhG limitiert die Vertragsfreiheit in Bezug auf die Rechte zur Sicherungskopie und Programmbeobachtung sowie die Kompilierung und auch hinsichtlich des abredefesten Kerns. Solche Regelungen wären nach § 138 BGB nichtig. § 69g UrhG ist insoweit auch gesetzliches Leitbild für eine AGB-Kontrolle.

253 Neben den bereits als Schrankenbestimmungen beschriebenen Sondervorschriften in den §§ 69d–e UrhG gibt es weitere **schutzwürdige Belange** der Allgemeinheit, die in den §§ 44a ff. UrhG Berücksichtigung finden und bei deren Vorliegen die Verbietungsrechte des Urhebers eingeschränkt werden. Dies sind vor allem Nutzungen im Rahmen der Belange der Rechtspflege und der öffentlichen Sicherheit (§ 45), die Belange behinderter Menschen (§ 45a), die Erleichterung des Schulunterrichts und des liturgischen Gebrauchs (§§ 46, 47 und 53 Abs. 3), die Informationsfreiheit und die Erleichterung der Berichterstattung (§§ 48, 49 und 50), die Privilegierung des privaten und sonstigen eigenen Gebrauchs (§§ 53, 54 ff.) sowie die Wissenschaftsschranke (§ 52a UrhG).

---

[276] Wandtke/Bullinger/*Ohst* § 95a Rn. 4.
[277] OLG München Urt. v. 28.7.2005 – 29 U 2887/05, BeckRS 2005, 10116; Loewenheim/*Peukert* § 34 Rn. 19; Wandtke/Bullinger/*Ohst* § 95a Rn. 85.
[278] BGH Urt. v. 17.7.2008 – I ZR 219/05, CR 2008, 691 zu § 95a Abs. 3 UrhG.
[279] BGH Urt. v. 13.12.1990 – I ZR 21/89, BGHZ 113, 159 (163).
[280] Vgl. BGH Urt. v. 17.7.2008 – I ZR 219/05, CR 2008, 691.
[281] Vgl. *Peukert* § 34 Rn. 21 und ähnlich Dreyer/Kotthoff/Meckel/*Dreyer* § 95a Rn. 65 f.
[282] *Deutsch* MMR 2004, 586.

Durch den Einsatz von **DRM-Systemen** *(digital rights management)* lassen sich Nutzungsrechte technisch beliebig, weit über den gesetzlichen Rahmen hinaus zuschneiden. So kann beispielsweise durch die regelmäßige Abfrage von Schlüsseln/Codes die Nutzungstiefe und -dauer einer Software limitiert werden. Werden dadurch die Mindestrechte des Nutzers, also beispielsweise das Recht zur Weiterverbreitung nach eingetretener Erschöpfung oder die zum zwingenden Kern gehörenden Rechte nach § 69d UrhG beschnitten, kann dies eine Pflichtverletzung im Rahmen der Erfüllung des Überlassungsvertrages darstellen und daher Ansprüche aus den §§ 280, 281 BGB auslösen. Ist allerdings der Einsatz des DRM-Systems in der Beschreibung der Software, also bei der anfänglichen Festlegung der Sollbeschaffenheit schon enthalten, wird regelmäßig kein Mangel vorliegen. Inhaltsbestimmende Klauseln sind auch AGB-rechtlich kontrollfrei. Damit ist jedoch nicht die – soweit ersichtlich ungeklärte – Frage beantwortet, ob sich eine Nichtigkeit der Bestimmung nach § 69g Abs. 2 oder aus allgemeinen Gründen der Sittenwidrigkeit ergibt.

In der digitalen Welt besteht insoweit nicht nur die Gefahr grenzenloser Piraterie, sondern auch die Möglichkeit des Einsatzes technischer Schutzmechanismen, die es verhindern, dass berechtigte Nutzer die gesetzlich vorgesehenen Mindestrechte ausüben können. Vor allem hinsichtlich des Rechts zur Privatkopie kollidieren hier die wechselseitigen Interessen. Der Gesetzgeber hat sich einstweilen für die Beibehaltung der Privilegierung der digitalen Kopie (§ 53 UrhG) entschieden.

Möglicherweise ist der Einsatz von DRM-Systemen über das zulässige Maß hinaus nach der UsedSoft-Entscheidung und der Nintendo-Entscheidung des EuGH[283] zukünftig sogar wettbewerbswidrig und eine unerlaubte Handlung.

9. Schranken als Einwendungen im Prozess

Der praktische Nutzen einer Schrankenbestimmung besteht in der Rechtfertigung einer urheberrechtlich relevanten Nutzung. Bei jedem Verbotsanspruch ist im Rahmen der Beweisführung zu prüfen, ob nicht eine der Schranken greift. Insoweit wäre kein Rechtfertigungsgrund im deliktsrechtlichen Sinn gegeben, sondern das Verbotsrecht wäre bereits tatbestandlich nicht verwirklicht, weil die Schranken in das jeweilige Verbotsrecht hineingelesen werden. Es handelt sich auch nicht um Einwendungen, die zu einer Beweislast des Einwendenden führen, sondern um originäre Limitierungen des Verbotsrechts, die damit als Rechtsfrage von Amts wegen zu prüfen sind. Da sich die tatsächlichen Anknüpfungspunkte für die Limitierung aber normalerweise im alleinigen Wahrnehmungsbereich des Anspruchsgegners bewegen, dürfte dies in der Praxis nur selten einen Unterschied machen. Es besteht insoweit eine sekundäre Darlegungs- und Beweislast.

Beispielsweise kommt nach **§ 44a UrhG** die Limitierung in Betracht, es handele sich bei einer Vervielfältigung nur um einen flüchtigen oder begleitenden Bestandteil eines technischen Verfahrens ohne wirtschaftliche Bedeutung. Vorstellbar sind hier Speichervorgänge bei Service- und Access-Providern und das Caching in einem nur temporären Speicher. So wäre das bloße Ansehen von Stadtplan-Ausschnitten im Internet trotz der erforderlichen Vervielfältigung in den (flüchtigen) Arbeitsspeicher wohl noch keine dauerhafte Vervielfältigung.

Nach § 45 UrhG darf Software zur **Vorlage bei Gericht** (Streit- oder Schiedsgericht, Behörde) kopiert werden. Voraussetzung ist allerdings, dass bereits Rechtshängigkeit gegeben ist, vorprozessual sind allenfalls die §§ 809, 810 BGB anwendbar. Kopierberechtigt sind nur die Verfahrensbeteiligten. Die Vorschrift ergänzt § 69e UrhG (Dekompilierung), weil letztere nur zur Schaffung von Interoperabilität, aber nicht zum Nachweis einer Rechtsverletzung zulässig ist.

Bisher weitgehend unbeachtet ist die Vorschrift des § 45a UhrG, wonach die Vervielfältigung und Verbreitung zu Gunsten **Behinderter** zustimmungsfrei ist. Behindert im Sinne der Vorschrift ist ein Mensch aber nur dann, wenn ihm ohne die privilegierte Vervielfältigung der Zugang zum Werk in einer bereits verfügbaren Art der sinnlichen Wahrnehmung auf-

---

[283] Vgl. Fn. 272.

grund der Behinderung nicht möglich ist oder erschwert wird. So wurden die Aufnahme eines Werkes der Literatur auf Tonträger oder die Übertragung in Blindenschrift gestattet. Für Software ist dies allerdings nur schwer vorstellbar.

261 § 46 UrhG (Sammlungen für Kirchen-, Schul- oder Unterrichtsgebrauch) passt nicht auf Software, da lediglich die Vervielfältigung von Teilen eines Werks privilegiert wird. Die Übernahme darf das Originalwerk regelmäßig nicht ersetzen. Nach Abs. 2 dürfen zwar Sprachwerke von geringem Umfang vollständig kopiert werden. Bei Software dürfte dies aber allenfalls auf Algorithmen zutreffen, die ähnlich einer mathematischen Formelsammlung verwendet werden, ohne dass eine darüber hinausgehende wirtschaftliche Nutzung stattfindet. Lehrer oder Schüler dürfen also beispielsweise nicht eine komplette Anwendungssoftware zum Schulgebrauch kopieren.

262 Bedeutsamer ist die Vorschrift des § 53 UrhG auf Vervielfältigungen zum privaten und sonstigen eigenen Gebrauch. Hier geht es um das **Recht zur Privatkopie**. Die Vorschrift wird für Software durch die vorrangigen §§ 69d und e verdrängt. Nur im dort geregelten Umfang dürfen Kopien angefertigt werden. Im Übrigen ist festzuhalten, dass für Software § 69f UrhG vorbehaltlich der Entwicklung der Rechtsprechung des EuGH in den Fällen UsedSoft und Nintendo technische Schutzmechanismen privilegiert, also der Nutzer kein Selbsthilferecht hat, DRM-Systeme zur Anfertigung einer Privatkopie zu umgehen. Bei allen anderen Werkkategorien, etwa Musikstücken ist das Spannungsverhältnis des § 53 UrhG zu DRM-Systemen über die §§ 95a und b UrhG zu lösen. Dort wird ein Umgehungsverbot statuiert, jedoch ist der Rechtsinhaber zu Gunsten des durch die Schrankenbestimmungen Begünstigten durch § 95b UrhG verpflichtet, diesen die erforderlichen technischen Mittel zur Verfügung zu stellen, um von seinen durch die Schrankenbestimmungen definierten Rechten im erforderlichen Maß Gebrauch machen zu können. Anspruchsgrundlage ist hier § 95b Abs. 2 UrhG.

263 Es gibt auch kein gesetzliches Recht, Privatkopien zur Parallelnutzung von Computerprogrammen herzustellen. Nur das Recht zur Sicherungskopie ergibt sich aus § 69d Abs. 2 UrhG, wird jedoch beim Einsatz von Programmschutzmechanismen uU von § 69f Abs. 2 UrhG überlagert. Ein Recht zur Anfertigung einer (neben der ggf. notwendigen Installation auf der Festplatte und dem Laden in den Arbeitsspeicher) weiteren Kopie ist wegen des Vorrangs der §§ 69a ff. UrhG nur in den Fällen des § 69d Abs. 2 UrhG zu Sicherungszwecken zulässig.

264 Gleiches gilt nach § 95a UrhG auch für **andere Werkkategorien**. § 95a Abs. 2 UrhG wird Vorrang gegenüber den Ausnahmerechten nach den §§ 44a ff. UrhG eingeräumt. So ist auf Musikwerke – etwa auch in Form von „mp3-files" – zwar § 53 UrhG anwendbar, jedoch darf das Recht zur Privatkopie nicht zu Lasten eines bestehenden Kopierschutzes durchgesetzt werden.

265 Wer als Rechtsinhaber Schutzmaßnahmen benutzt, hat allerdings in gewissem Rahmen dafür sorgen, dass den berechtigten Nutzern die Wahrnehmung ihrer gesetzlichen Ausnahmerechte ermöglicht wird. Der Rahmen für digitale Privatkopien soll dabei jedoch wesentlich enger gezogen sein als für analoge Kopien.[284] Dies ist so zu verstehen, dass zwar eine Privatkopie nach wie vor sowohl mit analogen als auch mit digitalen Mitteln angefertigt werden darf. Nur bei der Herstellung durch Dritte ist zu beachten, dass diese unentgeltlich oder in einem reprografischen Verfahren erfolgen muss. Aber § 95b UrhG erfasst § 53 UrhG nur insoweit, als reprografische Vervielfältigungen hergestellt werden. Damit dürfen wirksam kopiergeschützte Medien nicht digital kopiert werden.[285]

266 § 53 Abs. 1 S. 1 UrhG wurde durch den 2. Korb insoweit geändert, als Privatkopien nicht mehr nur von offensichtlich rechtswidrig hergestellten Vorlagen verboten sind, sondern auch von offensichtlich rechtswidrig öffentlich zugänglich gemachten Vorlagen. Das dürfte beispielsweise im Regelfall auf den *Download* von Software aus unsicheren Quellen zutreffen. Das Recht der Privatkopie besteht sodann für einzelne Vervielfältigungen, sofern nicht eine offensichtlich rechtswidrige Vorlage verwendet wird. Der Begriff der Privatkopie impliziert zu-

---

[284] Vgl. Schricker/Loewenheim/*Loewenheim* § 53 Rn. 2a.
[285] Vgl. auch BVerfG Beschl. v. 25.7.2005 – 1 BvR 2182/04, CR 2005, 1032.

nächst, dass die Kopie keinen Erwerbszwecken dienen darf. Es spielt nun keine Rolle mehr, ob die Vorlage (offensichtlich) rechtswidrig hergestellt oder rechtswidrig **öffentlich zugänglich gemacht** wurde. Letzteres wurde mit Wirkung zum 1.1.2008 eingefügt, weil sonst der Download von Filesharing-Netzwerken häufig nicht als offensichtlich rechtswidrig erkennbar war. Allerdings kann die Offensichtlichkeit besonders bei Quellen auf einem ausländischen Server wegen des Territorialitätsprinzips nicht immer erkennbar sein. Offensichtlichkeit setzt voraus, dass die Möglichkeit einer Erlaubnis aller Wahrscheinlichkeit nach ausgeschlossen werden kann. Im Online-Bereich dürfte Offensichtlichkeit gegeben sein, wenn das Original mit einem DRM-System gegen Kopien geschützt ist oder wenn der Download im Rahmen einer öffentlichen Zugänglichmachung stattfindet. Dies ist bei Filesharing-Netzwerken wohl stets erkennbar. Das Recht nach § 19a UrhG wird von § 53 UrhG nicht privilegiert.

Wird eine zunächst zulässige Privatkopie anderen Teilnehmern eines Filesharing-Netzwerks zugänglich gemacht, liegt darin eine öffentliche Zugänglichmachung im Sinne des § 19a UrhG, die nicht unter die Privilegierung fällt und daher regelmäßig Rechtswidrigkeit begründet.

10. Der Rückruf von Rechten nach § 41 UrhG

Das Gesetz kennt zwei Arten des Rückrufrechts des Urhebers. Das Rückrufrecht nach § 42 UrhG setzt eine **gewandelte Überzeugung** voraus und dürfte auf die eher wirtschaftlich geprägten Interessen bei Software nur selten, etwa bei künstlerisch wertvollen Multimediawerken, anwendbar sein.

Praktische Bedeutung hat daher nur der Rückruf nach § 41 UrhG wegen Nichtausübung. Das Recht steht nur dem Urheber, nicht aber einem verwertenden Rechtsinhaber zu. Eine juristische Person, die Software vermarktet, könnte daher keine Rechte zurückrufen, auch wenn sie Arbeitgeber der Programmierer der Software ist. Allerdings dürfte auch der Arbeitnehmer als Urheber wegen der Wertungen des § 69b UrhG keinen Rückruf aufgrund vermögenswerter Interessen mehr ausüben. Es bleibt daher nur Raum für ideelle Interessen, falls diese im Einzelfall tatsächlich besonders ausgeprägt sind, denkbar zum Beispiel bei Einsatz des Programms zu betrügerischen Zwecken, die der Programmierer bei Auftragsausführung nicht kannte.

Das Rückrufrecht ist an verschiedene Voraussetzungen geknüpft, die sich unschwer aus dem Wortlaut der Vorschrift ergeben. Der Rückrufende hat den Beweis zu führen, dass der Verwerter das Verwertungsrecht unzureichend ausgeübt und dadurch die berechtigten Interessen des Urhebers verletzt hat, ohne dass dies überwiegend am Urheber liegt und durch diesen behebbar ist (Abs. 1). Es gilt eine Wartefrist von zwei Jahren ab Einräumung (Abs. 2) und der Urheber muss dem Verwerter, soweit zumutbar, zuvor vergeblich eine angemessene Nachfrist zur Nachholung gesetzt haben (Abs. 3). Der Urheber hat den Betroffenen nach Abs. 6 für den Rechtsverlust nach Billigkeit zu entschädigen und weitergehende Ansprüche aus anderen gesetzlichen Vorschriften bleiben unberührt (Abs. 7). Durch den Rückruf zuvor eingeräumter Nutzungsrechte kann ein Lizenzvertrag nachträglich aufgehoben werden, was durchaus zu Schadenersatzansprüchen nach den §§ 280ff. BGB führen kann.

Der Rückruf führt nach Auffassung des OLG Köln[286] nicht zum Erlöschen von sog „Enkelrechten". Räumt beispielsweise eine Gesellschaft als Inhaberin der ausschließlichen Nutzungsrechte an einem Computerprogramm einem Lizenznehmer das einfache Nutzungsrecht an diesem Programm ein, so erlischt dieses einfache Nutzungsrecht nicht durch wirksamen Rückruf der Nutzungsrechte durch den Urheber nach § 41 UrhG gegenüber der zwischenzeitlich insolventen Gesellschaft.

VI. Die Anspruchsdurchsetzung im Software-Urheberrecht

In der Regel geht der Anspruchsteller auf Basis seines Anspruchs nach § 97 UrhG vor, evtl. vorgeschaltet ist ein Auskunfts- und Besichtigungsanspruch.[287] Die Tatbestandsvoraus-

---

[286] Urt. v. 14.7.2006 – 6 U 224/05, CR 2007, 7; → § 38.
[287] §§ 101 ff. UrhG.

setzungen muss er sodann im Einzelnen darlegen und den Vollbeweis antreten. Da Ausgangspunkt immer eine Rechtsverletzung ist, besteht die Hauptaufgabe darin, (mindestens) eines der urheberrechtlichen Ausschließlichkeitsrechte für sich zu proklamieren (**Beweis der Rechtsinhaberschaft**) und anschließend den rechtswidrigen Gebrauch dieses Rechts durch den Beklagten darzustellen. Dabei ist **Rechtswidrigkeit indiziert,** wenn nicht eine der gesetzlichen Schranken greift. In seltenen Fällen kann sich auch ein Rechtfertigungsgrund aus den allgemeinen Vorschriften ergeben.

273 Wie in den meisten anderen Rechtsgebieten kennt auch das Urheberrecht **gesetzliche Vermutungen,** die sich die beweisbelastete Partei zu Nutze machen kann (beispielsweise die Rechtsvermutungen des § 10 UrhG). Ferner gibt es **gesetzliche Auslegungsregeln** für Verträge, vor allem durch die Zweckübertragungslehre in § 31 Abs. 5 UrhG.

274 Der BGH hat in der **Bärenfang-Entscheidung**[288] den allgemeinen Grundsatz zur **Beweiserleichterung** in Fällen der streitgegenständlichen Art aufgestellt, wonach von der Darlegungs- und Beweispflicht eines Beklagten hinsichtlich seiner entlastenden Behauptung auszugehen ist, wenn der Kläger allgemeine Anknüpfungspunkte für einen Schutz vorgebracht hat. Das OLG München begründet dies in einem Fall, bei dem die Unternehmensbezogenheit einer Urheberrechtsverletzung nach § 100 UrhG in Frage stand mit der Anwendung einer allgemeinen Regel. Steht der Darlegungspflichtige außerhalb des Geschehensablaufs und kann den Sachverhalt nicht selbst ermitteln, während die Gegenseite die erforderlichen Informationen hat oder sich leicht beschaffen kann, so genügt es nach Treu und Glauben nicht, dass die Gegenseite sich mit einfachem Bestreiten begnügt, sie muss vielmehr im Einzelnen darlegen (sekundäre Behauptungslast), dass die von ihr bestrittene Behauptung unrichtig ist, so dass die beweisbelastete Partei den Beweis für die Richtigkeit antreten kann. Die Gegenpartei hat in diesen Fällen die prozessuale Pflicht, sich in zumutbarer Weise an der Aufklärung des Sachverhaltes zu beteiligen, sie darf sich nicht auf bloßes Bestreiten zurückziehen.

275 Darüber hinaus lässt die Rechtsprechung für bestimmte Geschehensabläufe einen **Anscheinsbeweis** zu. Zuletzt gilt auch im Softwareurheberrecht der Grundsatz der **sekundären Darlegung- und Beweislast.** Als solche wird die Last einer Gegenpartei bezeichnet, sich im Rahmen der ihr nach § 138 Abs. 2 ZPO obliegenden Erklärungspflicht zu den Behauptungen der darlegungspflichtigen Partei zu äußern. Eine solche sekundäre Darlegungslast kann insbesondere dann angenommen werden, wenn sich die maßgeblichen Vorgänge im Wahrnehmungsbereich des Prozessgegners abgespielt haben.

1. Der Beweis der Anspruchsvoraussetzungen

276 Vor dem Hintergrund, dass bei der praktischen Arbeit häufig die eigentlichen Anspruchsgrundlagen und ein sauberer Prüfungsaufbau vergessen werden, wird bei den nachfolgenden Ausführungen stets darauf hingewiesen, an welcher Stelle die Prüfung des beschriebenen Merkmals/Problems im Rahmen des Aufbaus einer Klage erforderlich ist.

277 Der Schutzbereich des UrhG ist unabhängig von allen weiteren Fragen nur dann eröffnet, wenn die Verletzung von Rechten an einem **urheberrechtlich geschützten** Werk im Raum steht. Dies ergibt sich für Software primär aus der Definition in § 69a UrhG, bei anderen Werkkategorien aus § 2 UrhG. Im Verletzungsprozess geht es immer um den Vergleich zweier Programme. Das eine ist dasjenige, für das der Anspruchsteller Rechte für sich in Anspruch nimmt. Dieses Programm ist Gegenstand der Prüfung der Schutzfähigkeit. Der Rechtsinhaber muss also Elemente vortragen, aus denen sich einmal der Charakter des Werkes als Computerprogramm (Entwurfsmaterial, ablauffähiger Code) und andererseits die **einfache Schöpfungshöhe** ergeben. Auch wenn **keine gesetzliche Vermutung** für die Schutzfähigkeit spricht, gehen die Gerichte zumindest bei Programmen von nicht unerheblichem Umfang von einem **Anscheinsbeweis** oder auch einer **tatsächlichen Vermutung** für die Schutzfähigkeit aus.[289]

278 Nächstes Beweisziel ist die **Rechtsinhaberschaft.** Aktivlegitimiert ist zunächst der Urheber selbst. Hat er sich seiner Verwertungsrechte begeben etwa durch Rechtsgeschäft oder nach

---

[288] Vgl. BGH Urt. v. 13.7.1962 – I ZR 43/61, GRUR 1963, 270 (273) = WRP 1962, 404 – Bärenfang.
[289] Vgl. Dreier/Schulze/*Dreier* § 69a Rn. 29 mwN; BGH Urt. v. 3.3.2005 – I ZR 111/02, GRUR 2005, 860 – Fash 2000; BGH Urt. v. 6.7.2000 – I ZR 244/97, GRUR 2001, 153 – OEM-Version.

VI. Die Anspruchsdurchsetzung im Software-Urheberrecht

§ 69b UrhG, bleiben für ihn jedoch nur die Urheberpersönlichkeitsrechte etwa bei einer Entstellung eines Video-Kunstwerkes nach § 13 UrhG oder bei einer fehlerhaften Urheberbenennung nach § 14 UrhG. Auch ist denkbar, dass sich ein Arbeitnehmer-Urheber schuldrechtlich verpflichtet hat, solche Ansprüche nicht geltend zu machen. Klagt ein Unternehmen aus einem ausländischen Nicht-EU-Staat, in dessen Rechtsordnung das Urheberrecht im Ganzen übertragbar ist, kann ein dort vertraglich ausgeschlossener Urheber auch in Deutschland nicht mehr seine ihm ursprünglich zustehenden Rechte einklagen. Das Prinzip der Unübertragbarkeit des Urheberrechts gilt nur für den Schutzbereich des UrhG. Auch kann eine ausländische juristische Person im Inland keine Urheberpersönlichkeitsrechte geltend machen, weil diese im Inland nur natürlichen Personen zustehen können.

Dies hat Wechselwirkungen in Bezug auf die **Vermutungsregel** des § 10 Abs. 1 UrhG. Sie begründet eine widerlegliche Vermutung der **Urheberschaft** für diejenige **natürliche Person,** die auf einem Werkstück als Urheber angegeben ist. Wegen des Schöpferprinzips nach § 7 UrhG können nur natürliche Personen Urheber sein, da das Urheberrecht untrennbar mit dem Schöpfer des Werks verbunden ist. Wer als Urheber genannt ist, wird dann auch widerleglich als **erster Rechtsinhaber** betrachtet, weil der Beweis eines Rechtsverlusts (etwa durch Veräußerung und Abtretung aller Nutzungsrechte) nun dem Anspruch stellenden Dritten obliegt. Die Vermutung der Urheberschaft nach § 10 Abs. 1 UrhG gilt – als Konsequenz des Schöpferprinzips – nicht für juristische Personen. Die Nennung von Personen unter der Überschrift „Credits", die in irgendeiner Weise bei der Erstellung eines Computerspiels mitgewirkt haben, stellt im Regelfall keine Urheberbezeichnung gem. § 10 UrhG dar.[290]

Die Vermutung nach Abs. 2 betrifft **Herausgeber** eines Werks und erstreckt sich auf deren Ermächtigung zur Geltendmachung der Ansprüche des Urhebers. Der richtige Vermerk muss den Herausgeber als solchen nennen.[291] Mit einem „Copyright-Vermerk" wird diese Rechtsvermutung ebenfalls faktisch herbeigeführt, weil er auf eine eigene Rechtsinhaberschaft hinweist, sodass eine zusätzliche Ermächtigung zur Rechtsverfolgung gar nicht notwendig ist. Umgekehrt enthält ein bloßer Herausgebervermerk keine Ermächtigung zu Rechtseinräumungen, weil er den Rechtsinhabervermerk nicht ersetzt.

Juristische Personen kommen nunmehr nach **§ 10 Abs. 3 UrhG,** der im Jahre 2009 im Rahmen der Umsetzung der Durchsetzungsrichtlinie eingefügt wurde, in den Genuss der Vermutung ihrer Rechtsinhaberschaft. Die Kasuistik hierzu ist jedoch uneinheitlich, zumal die Vermutungswirkung daran anknüpft, dass der Vermerk gerade auf den Charakter der ausschließlichen Rechtseinräumung (im Gegensatz zur Einräumung einfacher Nutzungsrechte) hinweisen muss.[292] Er gilt wegen § 129 UrhG auch rückwirkend. Die hierdurch proklamierte **Vermutungsregel** gilt allerdings schon dem Wortlaut nach nur für Unterlassungsansprüche oder in Eilverfahren. In Eilverfahren sind neben Unterlassungsansprüchen nur Auskunftsansprüche denkbar, nicht aber ein Schadensersatzanspruch und somit wohl auch kein diesen vorbereitender Arrestanspruch. Die Bestimmungen des Art. III WUA hingegen begründen keine eigene Vermutungswirkung und sind neben § 10 Abs. 3. UrhG auch im internationalen Rechtsverkehr nicht notwendig.[293]

> **Praxistipp:**
> 1. Dies bedeutet, dass der Beklagte den wirtschaftlich bedeutenderen Schadensersatzanspruch regelmäßig zumindest mit Nichtwissen bestreiten kann, woraufhin der Kläger den Vollbeweis, etwa durch Nachweis seiner Vertriebsaktivitäten und Vorlage seiner Preislisten hierfür antreten muss. Das Nichtbestreiten wäre dann ein Anwaltsfehler auf Seiten des Beklagten.
> 2. Davon zu unterscheiden sind markenrechtliche Wirkungen solcher Bezeichnungen, die aber zum Urheberrecht nichts beitragen. Eine Marke allein ersetzt keinen Rechtsinhabervermerk.

---

[290] LG Düsseldorf Urt. v. 12.1.2007 – 12 O 345/02, ZUM 2007, 559; ähnlich OLG München Urt. v. 24.3.1994 – 6 U 6955/92, AfP 1995, 503 – Ron Hubbard.
[291] Wandtke/Bullinger/*Thum* § 10 Rn. 39.
[292] Vgl. Wandtke/Bullinger/*Thum* § 10 Rn. 51.
[293] Vgl. Wandtke/Bulliner/*Thum* § 10 Rn. 53.

3. Besonders bei US-amerikanischen Unternehmen klagt häufig die Muttergesellschaft. Man muss dann danach differenzieren, ob sich diese auf die Verletzung eines Markenrechts, eines Urheberrechts oder auf beides stützt. In der Regel vergeben solche Firmen aus steuerlichen Gründen alle Vertriebsrechte an Tochtergesellschaften in europäischen Niedrigsteuerländern wie Irland. Sie sind dann im Inland keine Marktteilnehmer iSd UWG. Bei Weggabe aller Rechte kann insoweit die Aktivlegitimation auch für urheberrechtliche Ansprüche entfallen.[294] Es bleibt die Möglichkeit einer Prozessstandschaft oder Rückabtretung, die allerdings aus steuerlichen Gründen offenbar nicht immer erwünscht ist. Mit dem Markenrecht können zwar Unterlassungs- und Vernichtungsansprüche durchgesetzt werden, aber nur geringere Schadensersatzansprüche.[295]

282 Klagt ein bloßer Rechtsinhaber, der nicht zugleich Urheber ist, ist weiter zu unterscheiden, ob er nicht weitere Unterlizenzen erteilt hat. Klagebefugt ist jeder, der ein eigenes **wirtschaftliches Interesse** an der Geltendmachung von Ansprüchen aus einer Verletzung von Verwertungsrechten hat. Hat der ursprüngliche Rechtsinhaber jedoch seine Rechte umfassend mit ausschließlicher Wirkung auf einen Dritten übertragen, beispielsweise auch auf selbständige Tochtergesellschaften, hat er nach Auffassung des BGH nur noch dann ein Interesse an einer eigenen Geltendmachung, wenn ihm noch wirtschaftliche Vorteile hieraus zufließen, etwa Stücklizenzen, was er wiederum voll zu beweisen hat.[296]

283 Nächster Beweispunkt ist die Urheberrechtsverletzung durch den Gegner. Dazu ist systematisch zunächst der **Gebrauch** eines solchen Rechts zu beweisen, da die Rechtswidrigkeit möglicherweise durch Schrankenbestimmungen ausgeschlossen ist. In der Praxis geht diese anwaltliche Prüfung allerdings Hand in Hand, da regelmäßig gut prognostiziert werden kann, ob die **Rechtswidrigkeit** indiziert ist (etwa in Fällen der Produktpiraterie) oder tatsächlich eine Ausnahme besteht.

284 **Checkliste Anspruchsvoraussetzungen:**

1. Welche Werkkategorie ist betroffen? Ist der Schutzbereich kraft Erreichens der (einfachen) Schöpfungshöhe des UrhG eröffnet?
2. Rechtsinhaberschaft? Originäre oder abgeleitete? Wenn abgeleitet, ist im Bestreitensfall die gesamte Rechtekette nachzuweisen. Die gesetzliche Vermutung des § 10 UrhG kann hierbei helfen.
3. Gebrauch eines dem Rechtsinhaber zugewiesenen Rechts durch den Verletzer.
4. Rechtswidrigkeit indiziert, wenn nicht eine gesetzliche Schranke greift (vom Gericht v. A. w. zu prüfen) oder der Gegner sich – als Einrede – auf eine vertragliche Gestattung berufen kann.

Merke: Unterlassungsanspruch ohne Verschulden möglich, für Schadensersatz Verschuldensnachweis notwendig, wegen strenger Anforderungen an die eigene Organisationspflicht regelmäßig von sekundärer „Entlastungspflicht" des Beklagten verdrängt, vgl. auch Störerhaftung.

Merke: Ohne Verschulden und auch nach Eintritt der kurzen Verjährung ist immer noch ein Bereicherungsanspruch aus § 812 BGB denkbar. Bei der persönlichen Inanspruchnahme von Organen juristischer Personen fehlt es jedoch im Regelfall an der Unmittelbarkeit der Vermögensverschiebung.

---

[294] BGH Urt. v. 17.6.1992 – I ZR 182/90 – Alf; bei der Vergabe ausschließlicher Unterlizenzen ist die Aktivlegitimation des ursprünglichen Rechtsinhabers nur noch anzunehmen, wenn er, etwa durch Stücklizenzen oder sonstige Erlösbeteiligung an den Früchten des Vertriebs durch den „Lizenznehmer" beteiligt ist.
[295] Vgl. Ausführungen zur Schadensberechnung in → § Rn. 335 ff.
[296] OLG Köln Beschl. v. 8.2.2010 – I-6 W 13/10, MMR 2010, 487; BGH Urt. 17.6.1992 – I ZR 182/90, BGHZ 118, 394 = GRUR 1992, 697 – Alf; BGH Urt. v. 29.4.1999 – I ZR 65/96, BGHZ 141, 267 = GRUR 1999, 984 – Laras Tochter; BGH Urt. v. 23.4.1998 – I ZR 205/95, GRUR 1999, 49 – Bruce Springsteen and his Band; OLG München Urt. v. 16.6.2005 – 6 U 5629/99, GRUR 2005, 1038 – Hundertwasserhaus II; Wandtke/Bullinger/*Wandtke/Grunert* § 31 UrhG Rn. 8, 35 mwN.

2. Vorbereitende Ansprüche auf Auskunft, Vorlage und Besichtigung

a) Der unselbstständige Auskunftsanspruch. Der unselbständige Auskunftsanspruch nach 285 § 242 BGB erschien dem Gesetzgeber zu eng, da nicht immer Informationen über die Herkunft der Ware gegeben werden mussten. Der Anspruch konnte nur der Durchsetzung eines dem Grunde nach bereits feststehenden Schadensersatzanspruches dienen.

b) Der selbstständige Auskunftsanspruch nach § 101 UrhG. Aus diesem Grunde wurde 286 mit § 101 UrhG ein **weitergehender,** selbständiger und nicht akzessorischer Anspruch auf Auskunft geschaffen, der sich in Abs. 2 **sogar gegen Dritte** richten kann, die selbst (noch) gar keine Rechtsverletzung begangen haben, sondern lediglich in Besitz von Verletzungswerkstücken sind.[297] Neu ist der **Begriff des gewerblichen Ausmaßes.** Auslegungshilfe ist hier § 101 Abs. 1 S. 2 UrhG. Der Auskunftsanspruch erstreckt sich auf Informationen zum Vertriebsweg und kann nach Abs. 7 bei **offenkundigen** Rechtsverletzungen auch im Eilverfahren geltend gemacht werden.

Der in § 101 Abs. 2 UrhG normierte **Drittauskunftsanspruch** besteht bei **offenkundigen** 287 Rechtsverletzungen oder, wenn der Verletzte gegen den Verletzer bereits Klage erhoben hat, auch gegenüber Dritten, die in gewerblichem Maße frühere Besitzer von Vervielfältigungsstücken der betroffenen Ware waren (Nr. 1), rechtsverletzende Dienstleistungen erbracht oder in Anspruch genommen haben (Nr. 2) oder in einer früheren Vertriebsstufe an der Herstellung oder dem Vertrieb solcher Erzeugnisse oder Dienstleistungen beteiligt waren (Nr. 3). Einschränkungen bestehen im Bereich von **Zeugnisverweigerungsrechten.**[298]

Der Rechtsstreit gegen den Verletzer kann während des Rechtsstreits gegen den Dritten 288 ausgesetzt werden. Der Dritte hat gegen den Verletzten Anspruch auf Aufwendungsersatz. Abs. 3 beschreibt den Umfang der Auskunftsverpflichtung, Abs. 4 enthält eine Zumutbarkeitsgrenze und Abs. 5 eine Anspruchsgrundlage für Schadensersatz wegen mindestens grob fahrlässig falscher Auskunft.

Abs. 6 enthält eine **Haftungserleichterung** für den Fall, dass jemand einem unberechtigten 289 Auskunftsverlangen nachkommt und sich deshalb Regressforderungen Dritter gegenübersieht. Die Beschränkung der Haftung auf Vorsatz, die nur für wahrheitsgemäße Angaben gilt, trägt dem Umstand Rechnung, dass insbesondere in Fällen des Absatzes 2 der Verpflichtete kaum beurteilen kann, ob überhaupt eine Rechtsverletzung vorliegt. Die Vorschrift ist keine eigene Anspruchsgrundlage für Forderungen Dritter. Vielmehr hat sie eine **Filterwirkung,** soweit ein Anspruch auf Schadensersatz aus anderen Bestimmungen folgt.[299] Wie sich diese Regelung mit schuldrechtlichen Vereinbarungen zur Geheimniswahrung verträgt, ist noch ungeklärt.[300] Als gesetzliches Leitbild könnte die Vorschrift jedoch zur Unwirksamkeit zahlreicher AGB-Klauseln führen. Dies kann sogar für alle allgemein gehaltenen AGB-Haftungsregelungen zu berücksichtigen sein, weil diese im Regelfall nicht an einen Verschuldensgrad bei der Auskunftserteilung anknüpft, sondern an die Auskunftserteilung schlechthin.

Der in Fällen offensichtlicher Rechtsverletzung bestehende Anspruch aus § 101 Abs. 2 Satz 1 290 Nr. 3 UrhG auf Auskunft gegen eine Person, so die in gewerblichem Ausmaß für rechtsverletzende Tätigkeiten genutzte Dienstleistungen erbrachte, oder der gegen einen Provider gerichtete Anspruch aus § 101 Abs. 9 Satz 1 UrhG setzen nicht voraus, dass die rechtsverletzenden Tätigkeiten das Urheberrecht ebenfalls in gewerblichem Ausmaß verletzt hat.[301]

c) Der selbständige Auskunftsanspruch nach § 101a UrhG. Die Vorschrift ist ein Kind des 291 TRIPS und der Enforcement-Richtlinie.[302] Sie gewährt dem Verletzten einen Anspruch auf **Vorlage von Urkunden** oder **Besichtigung einer Sache,** wobei letzteres der wohl häufigste Anwendungsfall ist. Sie richtet sich gegen einen potentiellen Verletzer und setzt lediglich die

---

[297] *Kuper* ITRB 2009, 12; Dreier/Schulze/*Dreier* §§ 101 ff.
[298] §§ 383–385 ZPO.
[299] BT-Drs. 16/5048, S. 39; *Kitz*, ZUM 2006, 444.
[300] Hierzu gibt es bislang keine Literatur: wenn man den Auskunftsanspruch als gesetzliche Verpflichtung ansieht, wären vertragliche Bestimmungen, die ihre Erfüllung behindern, unwirksam bzw. könnte die Verletzung der Geheimnispflicht im Rahmen des § 101 UrhG keine Schadenersatzpflicht auslösen.
[301] BGH Beschl. v. 16.5.2013 – I ZB 25/12.
[302] Richtlinie v. 29.4.2004, ABl. L 195/16.

hinreichende Wahrscheinlichkeit einer Rechtsverletzung voraus. Der Grad der Wahrscheinlichkeit ist in der EU-Vorgabe nicht geregelt und wird von den Gerichten aus einer Parallele zu Art. 50 Trips bzw. aus der Entscheidung des BGH „Faxkarte" als „gewisse Wahrscheinlichkeit" hergeleitet.[303]

292 Für den Gebrauch eines Nutzungsrechts durch den Gegner gibt es keine Beweiserleichterungen. Der Anspruchsteller muss die Anknüpfungstatsachen daher kennen, was bei Produktpiraterie regelmäßig durch den Besitz einer Raubkopie infolge eines Testkaufs geschieht, bei schwierigeren Auseinandersetzungen mit Konkurrenten und ehemaligen Arbeitnehmern, die lediglich ein ähnliches Programm anbieten, durch Vergleich der übereinstimmenden Bestandteile. Da hier ein Testkauf nicht immer möglich ist, weil das Programm entweder zu teuer oder aufgrund der ggf. fehlenden Massenverkehrsfähigkeit kein Erwerb ohne Angabe des Zwecks und Preisgabe der Identität des Erwerbers möglich ist, kann ein **vorbereitender** Besichtigungsanspruch gemäß § 101a Abs. 3 UrhG und den **§§ 809, 810 BGB** geltend gemacht werden. Dieser selbst setzt allerdings eine **hinreichende Wahrscheinlichkeit** einer Rechtsverletzung voraus, die schon vor der Besichtigung zur Begründung des Anspruchs glaubhaft gemacht werden muss. Auf keinen Fall handelt es sich um einen Durchsuchungsanspruch. Nach hM bedeutet dies, dass nur noch die Besichtigung erforderlich sein muss, um **letzte Klarheit über die Existenz des Anspruches** zu erhalten.[304] Umgekehrt geht die Darlegungslast nur soweit, als sie Umstände betrifft, die auch ohne die Besichtigung vorgetragen werden können, also etwa die Urheberrechtsfähigkeit an dem eigenen Programm und die Rechtekette.[305]

293 Der Besichtigungsanspruch nach BGB § 809 kann auch im einstweiligen Verfügungsverfahren durchgesetzt werden. In diesem Fall ist jedoch die Besichtigung durch einen unabhängigen Sachverständigen durchzuführen, der die Besichtigungsergebnisse zumindest nicht vor Abschluß des Verfügungsverfahrens an den Antragsteller herauszugeben hat.[306]

294 In der Praxis hängt es zumindest in Eilverfahren, in denen Beschlussverfügungen ohne rechtliches Gehör des Gegners beantragt werden, vom Ermessen des Richters ab, ob er die Glaubhaftmachungsmittel als ausreichend ansieht. Die Rechtsverletzung muss zur Bejahung eines Auskunftsanspruchs im einstweiligen Verfügungsverfahren so eindeutig sein, dass eine Fehlentscheidung kaum möglich ist.[307]

295 Für den Gegner ist die Besichtigung ein schwerer Eingriff in seine Grundrechte, der nicht wieder gutzumachen ist. Für nachträglich ungerechtfertigte Besichtigungen sieht Abs. 5 einen Schadensersatzanspruch vor. § 945 ZPO dürfte hier ausnahmsweise nicht anwendbar sein, wenn der Maßstab für die Rechtfertigung der einstweiligen Verfügung auf Besichtigung zutreffend die hinreichende Wahrscheinlichkeit war.

296 Die Sicherungsverfügung darf nur anordnen, dass der Antragsgegner die Besichtigung der Datenträger einem vom Gericht bestimmten, **zur völligen Verschwiegenheit verpflichteten Sachkundigen** zu ermöglichen hat. Normalerweise muss das Gericht dies zumindest in Eilverfahren, in denen der Gegner (noch) kein rechtliches Gehör erhält, von Amts wegen anordnen. Im Bereich der gewerblichen Schutzrechte hat sich hier die „Düsseldorfer Praxis" bewährt.[308] Danach hat der Sachverständige seinen Bericht bei Gericht zu hinterlegen. Ein Antrag auf sofortige Herausgabe der sachkundigen Feststellungen (an den Kläger) ist unbegründet, wenn nicht ausnahmsweise ein besonderes Interesse an einer Herausgabe vor Abschluss des Hauptsacheverfahrens dargelegt wird.[309]

---

[303] BGH Urt. v. 2.5.2002 – I ZR 45/01.
[304] Vgl. Dreier/Schulze/*Dreier* § 101a Rn. 3; BGH Urt. v. 2.5.2002 – I ZR 45/01, GRUR 2002, 1046 – Faxkarte.
[305] BGH Urt. v 20.9.2012 – I ZR 90/09, CR 2013, 284 – Unibasic; BGH Urt. v. 8.1.1985 – X ZR 18/84, BGHZ 93, 191 (205) – Druckbalken; BGH Urt. v. 2.5.2002 I ZR 45/01, GRUR-Int 2002, 1046 ff., BGHZ 150, 377 (385 f.) – Faxkarte.
[306] KG Berlin Urt. v. 11.8.2000 – 5 U 3069/00.
[307] OLG Hamburg Urt. v. 13.4.2012 – 5 U 11/11, Rn. 79; KG Berlin Urt. v. 31.5.1996 – 5 U 889/96, GRUR 1997, 129 (130) – Verhüllter Reichstag; OLG Hamburg Urt. v. 28.4.2005 – 5 U 156/04, GRUR-RR 2005, 209 – Rammstein.
[308] Vgl. Wandtke/Bullinger/*Ohst* § 101a UrhG Rn. 30.
[309] OLG Frankfurt Urt. v. 17.1.2006 – 11 W 21/05, MMR 2006, 820.

VI. Die Anspruchsdurchsetzung im Software-Urheberrecht

Nach Auffassung des OLG Hamm[310] setzt die Durchsetzung eines Anspruches auf Vorlage und Besichtigung nach § 101a UrhG im Wege der einstweiligen Verfügung voraus, dass auch der **Verfügungsgrund (Dringlichkeit)** glaubhaft gemacht ist. Wer zu lange vermeintliche Beweismittel sammelt, verhält sich dringlichkeitsschädlich, was im Einzelfall auch für den Anwalt schwierig sein kann, wenn es darum geht, abzuwägen, ob für den Verfügungsanspruch schon ausreichende Glaubhaftmachungsmittel vorliegen, zugleich aber die Zeitspanne seit Kenntniserlangung anwächst.

Glaubt der Berechtigte, dass die Auskunft falsch ist, bleibt ihm nur der Anspruch auf Abgabe der **eidesstattlichen Versicherung** (§§ 259, 260 BGB). Die Abgabe kann nach § 889 ZPO erzwungen werden. Da diese bei juristischen Personen vom gesetzlichen Vertreter abzugeben ist, wird zumindest bei größeren Firmen der Vorstand/Geschäftsführer tunlichst darauf achten, dass die Auskunft richtig ist oder versuchen, die Abgabe der eidesstattlichen Versicherung zu verhindern. Die Erfüllung der Auskunftspflicht muss dem Schuldner möglich sein. Dabei gelten gewisse **Zumutbarkeitsgrenzen**. Unschwer im Sinne der Voraussetzungen eines Auskunftsanspruchs ist eine Auskunft zu erteilen, wenn die damit verbundenen Belastungen für den Schuldner entweder nicht ins Gewicht fallen oder, obwohl sie beträchtlich sind, dem Schuldner in Anbetracht der Darlegungs- und Beweisnot des Gläubigers und der Bedeutung zumutbar sind, und wenn die verlangte Auskunft Bedeutung für die Darlegung der für Grund oder Höhe des Hauptanspruchs wesentlichen Umstände hat.[311]

3. Eingriff in das geschützte Gut

Es muss sich um einen urheberrechtlich relevanten Gebrauch handeln. Das Gegenstück sind bloß **schuldrechtliche Verstöße**, wobei die Abgrenzung dort problematisch wird, wo nicht feststeht, ob überhaupt eine eigenständige Nutzungsart betroffen ist oder nur die Art und Weise der Nutzung.[312] Bei Software galt dies vor allem bei der Frage der Erschöpfung des Verbreitungsrechts beim Online-Vertrieb bis vor kurzem als nicht abschließend geklärt.[313] In der OEM-Entscheidung hatte der BGH diese Frage offen gelassen, da es sich um eine ohnehin gestattete Verbreitung verkörperter Werkstücke auf zweiter Stufe handelte.[314]

Alle Eingriffe in ein geschütztes Gut sind grundsätzlich **zustimmungspflichtig**. Ausnahmen hiervon sind einerseits Nutzungsberechtigungen aller Art, also gesetzliche Lizenzen nach den §§ 45 ff. UrhG mit Einschluss solcher, die eine Vergütungspflicht auslösen, kollektiv gewährte und verwaltete Berechtigungen über die Verwertungsgesellschaften und Berechtigungen aufgrund schuldrechtlicher Verträge sowie die Erlöschensvorschrift, die die Erschöpfung des Verbreitungsrechts (§§ 17, 69c Nr. 3 S. 2 UrhG) betrifft, wobei dogmatisch auch argumentiert werden kann, es liege bereits kein Eingriff vor, weil das UrhG hier keinen Schutz (mehr) vorsieht. Von der Zustimmungspflicht ausgenommen sind auch die bereits in → Rn. 204 (Ziffer V 5) beschriebenen, zum zwingenden Kern der Nutzerrechte nach § 69d UrhG gehörenden Nutzungshandlungen.

Für die Durchsetzung des Unterlassungsanspruchs nach § 97 Abs. 1 ist **kein Verschulden erforderlich**. Gleiches gilt auch für die Auskunft nach § 101 Abs. 2 UrhG. Ein Verschuldensnachweis ist hingegen zur Durchsetzung eines Schadensersatzanspruches nach § 97 Abs. 2 UrhG notwendig und auch für den vorbereitenden Anspruch auf Auskunft nach § 101 UrhG sowie auf Vorlage und Besichtigung nach § 101a UrhG. Die Rechtsprechung stellt **strenge Anforderungen** an die urheberrechtliche Sorgfalt.[315] Dies bedeutet, dass derjenige, der ein Recht nutzen will, sich über dessen Bestand vorab unterrichten muss. Ein

---

[310] Urt. v. 20.8.2009 – I-4 W 107/09, ZUM-RD 2010, 27.
[311] BGH Urt. v. 6.2.2007 – X ZR 117/04, NJW 2007, 1806.
[312] Schricker/*Schricker* §§ 31/32 Rn. 38.
[313] Noch verneinend: Schricker/Loewenheim/*Loewenheim* § 69c Rn. 29; kritisch: Wandtke/Bullinger/*Grützmacher* § 59c Rn. 76; BGH Urt. v. 6.7.2000 – I ZR 244/97, BGHZ 145, 7, CR 2000, 651 – OEM; BGH Urt. v. 11.12.2014 – I ZR 8/13, UsedSoft III mAnm *Witte*, ITRB 2015, 196; *Schneider* CR 2015, 413.
[314] Vgl. hierzu ausführlich Ulmer/Hoppen CR 2008, 681; *Hoeren* CR 2006, 573 mwN; *Witte* ITRB 2005, 86; LG München I Urt. v. 19.1.2006 – 7 O 23237/05, K&R 2006, 92.
[315] Wandtke/Bullinger/*v. Wolff* § 97.

Rechtsirrtum ist nur dann entschuldigt, wenn der Irrende bei Anwendung der im Verkehr erforderlichen Sorgfalt mit einer anderen Beurteilung durch die Gerichte nicht zu rechnen brauchte.[316] In der Praxis führt dies zu einer **faktischen Beweislastumkehr**, indem sich der Betroffene dadurch entlasten muss, dass er die Einhaltung der erforderlichen Sorgfalt beweist.

302 Ein abgeschwächter Sorgfaltsmaßstab gilt im Internet für die Prüfpflichten von Zugangsprovidern gemäß § 10 TMG. Hier kommen die Grundsätze der sog mittelbaren **Störerhaftung** zur Geltung, die nachfolgend ausführlich behandelt werden.[317]

303 Daneben können Ansprüche nach § 812 BGB bestehen, die nicht an ein Verschulden geknüpft sind und nur mit einem unselbstständigen, allgemeinen Auskunftsanspruch nach § 242 BGB verknüpft werden können, weil die Anspruchsgrundlagen der §§ 101, 101a UrhG nicht greifen.

4. Einwendungen des Beklagten

304 Wie bereits dargelegt, sind hier die Schranken des Urheberrechts vorab zu prüfen, da sie keine Einwendungen i.e.S. darstellen, sondern **originäre Limitierungen des Verbotsrechts**. Falls sich aus einem sonstigen Rechtfertigungsgrund ein Nutzungsrecht des potentiellen Verletzers ergeben soll, so hat er dieses darzulegen und zu beweisen. Echte Einwendungen können sich aus einer **rechtsgeschäftlichen Einwilligung** ergeben, wenn beispielsweise der Umfang der Nutzungsrechtseinräumungen aufgrund eines Vertrages streitig ist. **Sonstige Rechtfertigungsgründe** sind das Schikaneverbot (§ 246 BGB), Notwehr (§ 227 BGB), Notstand (§ 228 BGB) und erlaubte Selbsthilfe (§ 229 BGB), **Verjährung** oder **Verwirkung**, eine Abwendungsbefugnis oder eine Aufbrauchfrist.[318] Während die Einrede der Verjährung aufgrund der langen Schutzfristen im Urheberrecht die Ausnahme bleiben dürfte, kann es sich im Rahmen eines Vergleichs durchaus vorteilhaft erweisen, eine aus dem Wettbewerbsrecht geläufige Aufbrauchfrist zu vereinbaren, um beispielsweise eine Umstellung oder Nachlizenzierung der Software zu ermöglichen.

305 Bei ausländischen Rechtsinhabern ist zudem das Fremdenrecht aus § 121 UrhG zu prüfen. Eine andere Frage ist es, wie weit ein Bestreiten des Beklagten zulässig und taktisch angebracht ist. Besonders US-Kläger können entgegen dem dortigen Rechtssystem hier nicht als Urheber, sondern nur als Rechtsinhaber auftreten (Schutzlandsprinzip). Ansprüche nach dem UrhG sind insoweit nur möglich, wenn die Rechtsinhaberschaft nachgewiesen wird. Ansprüche nach dem UWG sind für US-Gesellschaften nur möglich, wenn ein Wettbewerbsverhältnis im Verhältnis zum inländischen Beklagten nachgewiesen ist. Klagt ein nicht mit dem Urheber identischer Rechtsinhaber, bei Software in der Regel eine juristische Person, die eine Verwertungslizenz erworben hat, muss sie ihre Klagebefugnis aus der Rechtseinräumung im Wege des Nachweises der Rechtekette beweisen. Die widerlegliche Vermutung der Rechtsinhaberschaft nach § 10 Abs. 3 UrhG kommt ihr zwar seit dem 1.9.2008 zu Gute, jedoch nicht im Rahmen der Geltendmachung des Schadensersatzanspruches. Gerade wenn sich ein Konzern etwa aus steuerlichen Gründen hierzu nicht offenbaren will, kann auch ein vermeintlich aussichtsloser Prozess gewonnen werden.

VII. Die Regeln der Störerhaftung

1. Der unmittelbare Störer

306 Störer ist als **Oberbegriff im Deliktsrecht** zunächst jeder, der die Rechtsordnung durch eine unerlaubte Handlung stört. Der **unmittelbare Störer** ist stets der **Täter oder Teilnehmer** am Delikt, wobei diese Begriffe aus dem Strafrecht in die zivilrechtliche Definition über-

---

[316] BGH Urt. v. 24.9.2013 – I ZR 187/12, Rn. 19, Rn. 51 (st. Rspr.); vgl. BGH Urt. v. 24.9.2013 – I ZR 187/12, Rn. 19, GRUR 2014, 479; BGH Urt. v. 6.5.1999 – I ZR 199/96, BGHZ 141, 329 (345 f.) – Tele-Info-CD, mwN; BGH Urt. v. 29.10.2009 – I ZR 168/06, GRUR 2010, 57 – Scannertarif; BGH Urt. v. 29.4.2010 – I ZR 68/08, GRUR 2010, 623 Rn. 32 und 55 = WRP 2010, 927 – Restwertbörse I.
[317] → Rn. 314 ff.
[318] Vgl. hierzu die Übersicht bei Schricker/Wild § 97 Rn. 92.

nommen wurden. Wer die Rechtsverletzung als Täter entweder selbst adäquat-kausal begeht[319] oder daran als Teilnehmer (Anstifter, Gehilfe) beteiligt ist, ist stets unmittelbarer Störer. Täter ist darüber hinaus derjenige, der eine unbefugte Nutzungshandlung zwar nicht selbst vorgenommen hat, dem diese jedoch als eigene **zugerechnet** wird, weil er sie veranlasst hat.[320] Die Verletzung setzt tatbestandsmäßiges Verhalten und Rechtswidrigkeit voraus.[321]

Dabei kommt es für den Unterlassungsanspruch nicht darauf an, ob der Täter auch die Umstände kannte oder zumindest kennen musste, welche den Vorwurf der Rechtsverletzung begründen, also schuldhaft handelte.[322] Dies gilt auch für parallele Ansprüche aus dem Markengesetz, dem UWG oder sonstiger gewerblicher Schutzrechte und zwar deshalb, weil die gesetzlichen Regelungen einen **Unterlassungsanspruch** ohne weiteres **verschuldensunabhängig** gewähren, wenn der objektive Tatbestand der Rechtsverletzung erfüllt ist.

Merke: Anspruchsgrundlagen sind:
§ 97 Abs. 1 UrhG;
§ 14 Abs. 5 MarkenG;
§ 42 Abs. 1 GeschmMG;
§ 139 Abs. 1 PatG;
§ 24 Abs. 1 GebrMG;
§ 37 Abs. 1 SortSchG;
§ 8 UWG
und § 1004 BGB im „privaten" Bereich

Schadensersatzansprüche bestehen dagegen nur, wenn die Rechtsverletzung außerdem auch schuldhaft erfolgt ist.

Merke: Anspruchsgrundlagen sind
§ 97 Abs. 2 UrhG;
§ 14 Abs. 6 MarkenG;
§ 42 Abs. 2 GeschmMG;
§ 139 Abs. 2 PatG;
§ 24 Abs. 2 GebrMG;
§ 37 Abs. 2 SortSchG,
§ 9 UWG und
§ 823 BGB.
§ 1004 BGB hingegen gewährt keinen Schadensersatzanspruch.

2. Zurechenbarkeit des Handelns Dritter

Wenn der in Anspruch Genommene nicht selbst gehandelt hat, bedarf es eines zusätzlichen **Zurechnungsmerkmals** in Form zumindest bedingten Vorsatzes in Bezug auf die Haupttat, der das Bewusstsein der Rechtswidrigkeit einschließen muss, um die Haftung als Mittäter[323] oder Teilnehmer[324] zu begründen. Für denjenigen, dessen eigene Handlungen Rechte Dritter verletzen, kommt hingegen eine Beschränkung auf bewusst rechtswidriges Vorgehen schon deshalb nicht in Betracht, weil sonst der unbewusst fahrlässig Handelnde nicht auf Unterlassung haften würde, obwohl er – weil fahrlässig handelnd – zum Schadensersatz verpflichtet ist.[325]

---

[319] BGH Urt. v. 22.6.2011 – I ZR 159/10, GRUR 2011, 1018 – Online-Automobilbörse, Tz. 16; BGH Urt. v. 19.4.2007 – I ZR 35/04, GRUR 2007, 708 – Internetversteigerung II, Tz. 28.
[320] Dreier/Schulze/*Schulze* § 97 Rn. 23; vgl. auch BGH Urt. v. 12.5.2010 – I ZR 121/08, CR 2010, 458 – Sommer unseres Lebens; BGH Urt. v. 11.3.2009 – I ZR 314/06, CR 2009, 450 – Halzband.
[321] Loewenheim/*Vinck* § 81 Rn. 14; Dreier/Schulze/*Schulze* Rn. 6.
[322] Für das Kennzeichenrecht *Ingerl*/Rohnke Vorbem. zu §§ 14–19d Rn. 77; für das Lauterkeitsrecht *Teplitzky* Kap. 5 Rn. 40; vgl. auch für bürgerlich-rechtliche Ansprüche BGH Urt. v. 15.9.2003 – II ZR 367/02, NJW 2003, 3702; Palandt/*Bassenge* BGB § 1004 Rn. 13.
[323] Vgl. BGH Urt. v. 22.7.2010 – I ZR 139/08, GRUR 2011, 152 – Kinderhochstühle im Internet Tz. 31 mwN.
[324] Vgl. BGH Urt. v. 15.11.2012 – I ZR 74/12, GRUR 2013, 511 – Morpheus Tz. 35 mwN.
[325] OLG München Urt. v. 24.10.2013 – 29 U 885/13, Rn. 25.

309 Bei Rechtsverletzungen im Bereich der **Softwarepiraterie** erfolgt die Einordnung des Betroffenen als unmittelbarer Störer regelmäßig problemlos, wenn der Beweis geführt werden kann, dass dieser selbst mit einer Rechtsverletzung begonnen hat. So beginnt eine **Verbreitungshandlung** bereits mit dem öffentlichen Angebot, geschützte Ware liefern zu können. Umgekehrt stellt der bloße Empfang eines rechtsverletzenden digitalen Gutes keine Teilnahme an der vom Absender begonnenen Verbreitungshandlung dar.

310 Grenzfälle sind auch dort denkbar, wo im Ausland nicht schutzfähige Leistungen lediglich durch das Inland transportiert werden. Die gleiche Wertung liegt dem Urteil des EuGH v. 9.11.2006 zugrunde: Die **bloße Durchfuhr** lizenzloser Produkte in plombierten Lkws durch deutsches Gebiet in ein Gebiet, in welchem kein Rechtsschutz besteht, kann der deutsche Rechtsinhaber deshalb nicht verhindern, weil die Durchfuhr **kein Inverkehrbringen** in Deutschland darstellt.[326] Hat das Geschäft hingegen irgendeinen Inlandsbezug, liegt eine Rechtsverletzung aufgrund des Territorialitätsprinzips allerdings nahe.[327]

3. Unterschiedliche Haftungsregime

311 Die verschiedenen Arten der **unmittelbaren Störerhaftung** gründen auf unterschiedlichen Haftungsregimen. Für die wettbewerbsrechtliche Verkehrspflicht bei der Nutzung einer **Handelsplattform im Internet**[328] kommt es beispielsweise auf **lauterkeitsrechtliche Maßstäbe** an. Im konkreten Fall war dies die Eröffnung einer nicht hinreichend begrenzten Gefahr für die geschützten (verbraucherrechtlichen) Interessen anderer Marktteilnehmer. Darin kann ohne weiteres eine täterschaftliche, unlautere geschäftliche Handlung gesehen werden. Für eine täterschaftlich begangene Urheberrechtsverletzung hingegen müssen die Merkmale eines der **handlungsbezogenen Verletzungstatbestände** des Urheberrechts erfüllt sein. Wo dies nicht klar ist, löste der BGH das Problem über die Frage, ob ein **selbstständiger Zurechnungsgrund** gegeben ist:

312 In der **Halzband-Entscheidung**[329] behandelte der BGH den Inhaber eines Mitgliedskontos bei der Handelsplattform eBay im Rahmen eines Missbrauchs durch einen Dritten unwiderleglich (!) so, als habe er selbst gehandelt, sei also unmittelbarer Störer, weil er seine **Zugangsdaten** nicht ausreichend geschützt habe. Da die Zugangsdaten einer bestimmten Person (und nicht nur einem bestimmten Anschluss) zugeordnet seien, begründe deren schlampige Verwahrung einen selbständigen Zurechnungsgrund für die Urheberrechtsverletzung durch den Dritten und damit werde der Betroffene zum Teilnehmer.

313 In der **WLAN-Entscheidung**[330] nahm der BGH einen Umkehrschluss hieraus vor, weil nämlich die Zugangsdaten eines familiären Internet-Anschlusses nicht die gleiche Identifikationsfunktion hätten wie die Kontodaten bei eBay. Der Anschlussinhaber sei hier grundsätzlich dazu berechtigt, beliebigen Dritten (Familienmitgliedern, Freunden) Zugriff auf das Internet zu gestatten.[331] Der BGH hat inzwischen auch entscheiden, dass bei Erwachsenen keine Hinweis- oder gar anlaßlose Überwachungspflicht besteht, bei Minderjährigen hingegen eine Einweisungspflicht gegeben ist.[332] Die Prüfungspflicht im Hinblick auf die unbefugte Nutzung eines WLAN-Routers konkretisiert sich dahin, jedenfalls die im Kaufzeitpunkt des Routers für den privaten Bereich marktüblichen Sicherungen ihrem Zweck entsprechend wirksam einzusetzen.[333]

---

[326] EuGH Urt. v. 9.11.2006 – C-281/05 – Montex/Diesel für Jeans.
[327] BGH Urt. v. 15.2.2007 – I ZR 114/04, BGHZ 171, 151 – Wagenfeldleuchte.
[328] Vgl. BGH Urt. v. 12.7.2007 – I ZR 18/04, BGHZ 173, 188, Tz. 22 – Jugendgefährdende Schriften bei eBay.
[329] Angebot markenrechtsverletzender Ware bei eBay BGH Urt. v. 11.3.2009 – I ZR 114/06, BGHZ 180, 134; BGH Urt. v. 11.3.2009 – I ZR 314/06, CR 2009, 450.
[330] BGH Urt. v. 12.5.2010 – I ZR 121/08, CR 2010, 458 – Sommer unseres Lebens.
[331] → § 42 Rn. 201 ff.
[332] BGH Urt. v. 8.1.2014 – I ZR 169/12 – Bearshare; BGH Urt. v. 15.11.2012 – I ZR 74/12 – Morpheus.
[333] Vgl. dazu für den Bereich der Verkehrssicherungspflichten BGH Urt. v. 31.10.2006 – VI ZR 223/05, NJW 2007, 762, Tz. 11; BGH Urt. v. 2.3.2010 – VI ZR 223/09, Tz. 9 f., VersR 2010, 544.

> **Praxistipp:**
> Nach der WLAN-Entscheidung des BGH sollte der Anschlussinhaber,
> - die fabrikseitige Verschlüsselung des Routers verändern,
> - den Zugang zum Router regelmäßig durch ein (neues) hinreichend langes und komplexes Passwort (16 Zeichen, Groß- und Kleinbuchstaben, Zahlen, Sonderzeichen und ohne Wörter vorwärts oder rückwärts lesbar schützen,
> - den Router im Urlaub, ggf. nachts abzuschalten,
> - mindestens die WPA2-Verschlüsselung wählen,
> - die zugelassenen Rechner im Netz durch Vergabe sog MAC-Adressen limitieren.

4. Der mittelbare Störer

Davon abzugrenzen ist die **mittelbare Störerhaftung**. Sie findet ihre Grundlage nicht im Deliktsrecht, sondern in der Regelung über die Besitz- und die Eigentumsstörung in § 862 und § 1004 BGB und vermittelt daher **nur Abwehransprüche**. Für den gesetzlich geregelten Anspruch auf Drittauskunft[334] gilt nichts anderes.[335]

Hinweis: Nach ständiger Rechtsprechung des BGH wird der Begriff des **mittelbaren Störers** wie folgt definiert: Als mittelbarer Störer kann bei der Verletzung absoluter Rechte auf Unterlassung in Anspruch genommen werden, wer – ohne Täter oder Teilnehmer zu sein – in irgendeiner Weise willentlich und adäquat kausal zur Verletzung des geschützten Rechts beiträgt.[336]

Der mittelbaren Störerhaftung liegen insoweit Rechtsgedanken zu Grunde, wie sie auch aus der **Gefährdungshaftung** oder Haftung für eine Betriebsgefahr bekannt sind. In allen Fällen geht es darum, dass der Betroffene eine Gefahrenquelle geschaffen hat, über die sich dann später eine Gefahr realisiert.

Da die mittelbare Störerhaftung nicht über Gebühr auf Dritte erstreckt werden darf, die nicht selbst die rechtswidrige Beeinträchtigung vorgenommen haben, setzt eine Haftung nach der Rechtsprechung des BGH die **Verletzung von Prüf- und Sorgfaltspflichten** voraus. Deren Umfang bestimmt sich danach, ob und inwieweit dem als Störer in Anspruch Genommenen nach den Umständen eine Prüfung zuzumuten ist.[337] Dabei hat sich sowohl im privaten als auch im gewerblichen Bereich eine umfangreiche Kasuistik entwickelt.

Beispiel:
Haftung eines privaten Anschlussinhabers für Rechtsverletzungen, die über den Anschluss begangen wurden:
a) täterschaftliche Zurechnung bei eigenem Handeln oder Zurechenbarkeit des Handelns Dritter aufgrund der Verletzung eigener Sorgfaltspflichten (BGH – Halzband).
b) mittelbare Störerhaftung auf Unterlassung aufgrund der Verletzung von Sorgfaltspflichten ohne Zurechnung des Verhaltens Dritter (BGH – WLAN).
c) Keine Haftung nach b) aufgrund der Erfüllung sämtlicher Sorgfaltspflichten.

5. Haftungsprivileg des § 10 TMG

Bloße **Zugangsprovider** sind wegen der Haftungsprivilegierung in § 10 TMG und Art. 14 f. der Richtlinie 2000/31/EG über den elektronischen Geschäftsverkehr, die im Falle des Diensteanbieters nach § 10 S. 1 TMG (Host Provider) einen weitergehenden Unterlassungsanspruch ausschließen, für fremde Informationen, die sie lediglich für ihre Nutzer speichern, **nicht verantwortlich, solange sie keine Kenntnis** von der Rechtsverletzung eines

---

[334] §§ 19 Markengesetz, 101a UrhG.
[335] Vgl. auch OLG Frankfurt Beschl. v. 17.11.2009 – 11 W 53/09, MMR 2010, 109.
[336] BGH Urt. v. 17.5.2001 – I ZR 251/99, BGHZ 148, 13 (17) – Ambiente.de; BGH Urt. v. 18.10.2001 – I ZR 22/99, GRUR 2002, 618 (619) = WRP 2002, 532 – Meißner Dekor I; BGH Urt. v. 30.4.2008 – I ZR 73/05, GRUR 2008, 702, Tz. 50 = WRP 2008, 1104 – Internet-Versteigerung III.
[337] BGH Urt. v. 15.10.1998 – I ZR 120/96, GRUR 1999, 418 (419 f.) = WRP 1999, 211 – Möbelklassiker; BGH Urt. v. 1.4.2004 – I ZR 317/01, BGHZ 158, 343 (350) – Schöner Wetten; BGH Urt. v. 9.2.2006 – I ZR 124/03, GRUR 2006, 875, Tz. 32 = WRP 2006, 1109 – Rechtsanwalts-Ranglisten.

Dritten erlangt haben.[338] Beispielhaft können **Handelsplattformen** wie **eBay**, **Immoscout** oder **mobile.de** genannt werden, bei denen hauptsächlich Nutzer eigene Inhalte einspeisen. Soweit die Portale allerdings selbst Inhalte generieren, sind sie dafür auch selbst verantwortlich. Ansonsten entsteht erst durch die Kenntniserlangung eine Handlungspflicht zur Prüfung und ggf. Löschung eines beanstandeten Inhalts sowie eine Garantenstellung hinsichtlich der Vermeidung zukünftiger Verstöße. **Filehoster** haben keine vorbeugenden Prüfungspflichten, weil neben der Erstellung von Sicherungskopien legal erworbener Werke auch die Übermittlung von nicht inkriminierten oder selbst erstellten Dateien in Betracht kommt. Eine Haftung des **Sharehosters** wird hingegen dann bejaht, wenn die Urheberrechtsverletzung durch die Zurverfügungstellung von verlinkbarem Speicherplatz erst möglich gemacht wird und der Sharehoster trotz des Umstandes, dass er von einer Rechtsverletzung in Kenntnis gesetzt wurde, die einschlägigen Dateien nicht gelöscht hat.[339]

318 Die dem **privaten** WLAN-Anschlussinhaber obliegende Prüfungspflicht besteht hingegen schon bereits ab Inbetriebnahme des Anschlusses und ist daher eine **präventive Handlungspflicht**.[340] Das Privileg, vor Kenntniserlangung überhaupt nicht zu haften, wird hier durch einen gesteigerten sachlichen Umfang der Sorgfaltspflichten kompensiert. Für den privaten WLAN-Anschlussinhaber gelten die Haftungsprivilegien nach **§ 10 TMG nicht**. Dies liegt zum einen daran, dass der Anschlussinhaber nicht die Merkmale eines Providers erfüllt, zum anderen an dem Umstand, dass § 10 TMG ohnehin nicht für Unterlassungsansprüche gilt.

319 Bei der Beurteilung, ob eine präventive oder lediglich eine nachträgliche Handlungspflicht besteht, ist eine **Interessenabwägung** erforderlich. Das Interesse, den Zugang zum Internet mittels eines WLAN leicht und räumlich flexibel zu halten, wird hoch bewertet. Die Wahrnehmung der hieraus resultierenden (Grund-)Rechte wird aber nicht dadurch gefährdet, dass man vom Nutzer verlangt, dass er vorab die marktüblichen Sicherungen einsetzt. Sowohl der zeitliche Einsatz als auch der sachliche Umfang der Prüfungspflicht hängen besonders im familiären Bereich oder im Verhältnis von Vermieter/Mieter bei Wohngemeinschaften von weiteren grundrechtlichen Abwägungsüberlegungen ab.[341]

320 In diesem Zusammenhang ist auch zu prüfen, ob es dem Anschlussinhaber zumutbar ist, nähere Angaben zur Person des wahren Täters zu machen.[342] Auch im Rahmen der **sekundären Darlegungslast** des Anschlussinhabers besteht keine grenzenlose Ausforschungspflicht. Sie endet unabhängig von deren Ergebnis dort, wo der Beklagte seinen Wissens- und Kenntnisstand vollständig dargelegt hat.

321 So hat das OLG Köln[343] einerseits statuiert, dass hiermit weder eine Umkehr der Beweislast noch eine über seine prozessuale **Wahrheitspflicht** hinausgehende Verpflichtung des Anschlussinhabers, dem Gegner alle für seinen Prozesserfolg benötigten Informationen zu verschaffen, verbunden sei. Es reiche ein substantiiertes Bestreiten unter Darlegung der für das Gegenteil sprechenden Tatsachen und Umstände. Die sekundäre Darlegungslast gehe dabei nicht so weit, dass der Anschlussinhaber durch eigene Nachforschungen aufklären müsse, wer Täter der Rechtsverletzung sei.

322 In einem anderen Fall hat der gleiche Senat eine **Exkulpation** nur deshalb gelten lassen, weil der Beklagte seinen Stiefsohn als wahren Täter „hingehängt" hatte.[344] In einem weiteren Fall wurde der Beklagte verurteilt, weil er keine ausreichenden Angaben zum Zugriffsverhalten seiner Ehefrau gemacht hatte.[345]

---

[338] BGH Urt. v. 17.8.2011 – I ZR 57/09, GRUR 2011,1038, Rn. 22 – Stiftparfüm; BGH Urt. v. 11.3.2004 – I ZR 304/01, BGHZ 158, 236 – Internet-Versteigerung I; BGH Urt. v. 19.4.2007 – I ZR 35/04, BGHZ 172, 119 – Internet-Versteigerung II und BGH Urt. v. 12.7.2007 – I ZR 18/04, BGHZ 173, 188 – Jugendgefährdende Medien bei eBay.
[339] LG München I Urt. v. 11.7.2014 – 21 O 854/13; OLG Hamburg Beschl. v. 13.5.2013 – 5 W 41/13.
[340] Vgl. BGH Urt. v. 11.3.2004 – I ZR 304/01, BGHZ 158, 236 (251 f.) – Internet-Versteigerung I.
[341] → § 42 Rn. 201 ff.
[342] → Rn. 286 ff.
[343] OLG Köln Urt. v. 16.5.2012 – I-6 U 239/11.
[344] OLG Köln Urt. v. 17.8.2012 – I-6 U 208/10.
[345] OLG Köln Urt. v. 2.8.2013 – I-6 U 10/13.

Nach diesseitiger Auffassung beschränkt sich jede **Nachforschungspflicht** auf eine einmalige Befragung der Hausgenossen. Eine Pflicht, einen Angehörigen in diesem Rahmen „hinzuhängen", dürfte jedoch an den Rechtsgedanken des § 101 UrhG[346] und an den Grenzen des Ausforschungsverbots in § 138 ZPO scheitern. Außerdem bestehen grundrechtliche Bedenken im Hinblick auf Art. 2 GG (Recht auf informationelle Selbstbestimmung), Art. 6 GG (Schutz der Familie) und Art. 13 (Unverletzlichkeit der Wohnung), weil hier Konflikte geschaffen werden, die weit in den familiären und privaten Bereich hineingehen bzw. Hausgenossen zur „rettenden Lüge" verleiten.

> **Praxistipp:**
> In Fällen, in denen der Mandant den Verstoß gegenüber seinem Anwalt einräumt, obliegt dieser der Wahrheitspflicht nach § 138 ZPO.

VIII. Unterlassung, Beseitigung und Schadensersatz

1. Anspruchsgrundlagen

Der **Beseitigungsanspruch** setzt kein Verschulden voraus. Er ergänzt den Unterlassungsanspruch, wenn der Störungszustand auch nach der Unterlassung fortbesteht. Der Verpflichtete muss dann ein aktives Tun entfalten, hat also eine Pflicht zum Handeln. Derartige Beseitigungsansprüche sind im UrhG auch spezialgesetzlich geregelt, etwa durch **§ 98 UrhG** (Anspruch auf Vernichtung, Rückruf und Überlassung rechtswidriger Kopien sonstiger Werke), § 69f UrhG hinsichtlich der Herausgabe von Computerprogrammen und Vorrichtungen zur Umgehung von Schutzmechanismen und § 95a Abs. 3 UrhG für die Herausgabe von Mitteln zur Umgehung von Schutzmechanismen anderer Werkkategorien. Letztlich stellen auch die Zollbeschlagnahme gemäß §§ 111b und c UrhG und der Anspruch auf Veröffentlichung eines Urteils nach § 103 UrhG Beseitigungsansprüche dar. Der Beseitigungsanspruch muss entsprechend beantragt und formuliert werden. Er wird nach den §§ 887, 888 ZPO vollstreckt. Die Kosten der Beseitigung obliegen dem Verletzer, bei einer Ersatzvornahme besteht ein verschuldensabhängiger Schadensersatzanspruch einerseits und ein Anspruch aus Geschäftsführung ohne Auftrag andererseits.

Bei **§ 97 Abs. 1 UrhG** ist vor allem der **Unterlassungsanspruch** vom Beseitigungsanspruch zu unterscheiden. Der Unterlassungsanspruch ist ein in die Zukunft gerichtetes, verschuldensunabhängiges Gebot, bei Erstbegehungsgefahr etwas nicht zu tun oder bei Wiederholungsgefahr nicht zu wiederhole. Durch eine bereits begangene Rechtsverletzung wird die Wiederholungsgefahr auch im Urheberrecht indiziert und zwar durch eine **tatsächliche Vermutung**.[347] In seltenen Fällen ist diese Vermutung durch einen Gegenbeweis widerlegbar. Sie entfällt durch Abgabe einer ausreichenden, strafbewehrten Unterlassungserklärung,[348] selten auch durch faktischen Zeitablauf. Eine Haftungsfreistellung nach dem TMG kommt für Unterlassungsansprüche nicht in Betracht.

Bei **§ 97 Abs. 2 UrhG** gilt wie bei sonstigen Schutzgesetzen, etwa § 9 UWG, § 14 Abs. 6 und § 15 Abs. 5 MarkenG, § 139 Abs. 1 PatG, § 24 Abs. 1 GebrMG und § 42 Abs. 2 GeschmMG, für die eigentliche Schadensberechnung das bürgerliche Recht mit dem Grundsatz der **Naturalrestitution**. Da die Rechtsverletzung nicht rückgängig gemacht werden kann, ist neben der Schadensbeseitigung entsprechend Abs. 1 gemäß § 249 BGB Schadensersatz in Geld nach § 251 BGB zu leisten. Schadensersatzrecht ist und bleibt **Kompensationsrecht**, ist aber anders als in anderen Rechtsordnungen, beispielsweise den punitive damages im US-amerikanischen Recht **kein Strafrecht**.[349] Im Urheberrecht wird von diesem

---

[346] Die Vorschrift greift nicht bei mittelbaren Störern und Abs. 2 Satz 1 verweist auf die §§ 383 ff. ZPO.
[347] Vgl. BGH Urt. v. 6.7.1954 – I ZR 38/53, GRUR 1955, 97 – Constanze II.
[348] → Rn. 261 ff.
[349] Vgl. Wandtke/Bullinger/*Grützmacher* § 97 Rn. 60.

Grundsatz in engen Grenzen abgewichen. Zum einen führt die besondere Sichtweise des BGH[350] bei der Bewertung dessen, was sich der Rechtsverletzer auch nur kurzfristig angeeignet hat, nämlich den Gebrauch des Schutzrechts, zur Folge, dass ein Rechtsverletzer trotz Leistung von Schadensersatz nichts auf Dauer erhält, was er bei redlichem Erwerb erhalten hätte.[351]

327 Dafür stehen auch nach der Neufassung des § 97 UrhG die drei bekannten Berechnungsmethoden zur Wahl:
- konkrete Schadensberechnung: Ersatz des konkreten Schadens in Form der erlittenen Vermögenseinbuße einschließlich entgangenen Gewinns (§ 97 Abs. 2 S. 1 UrhG),
- Gewinnherausgabe: Herausgabe des Verletzergewinns (§ 97 Abs. 2 S. 2 UrhG),
- Lizenzanalogie: Zahlung einer angemessenen Lizenz (§ 97 Abs. 2 S. 3 UrhG).

328 Die drei Berechnungsarten stellen nur **Methoden** der Schadensberechnung dar, **keine Wahlschuld**.[352] Der Verletzte kann auch noch im Prozess seine Wahl ohne Klageänderung ändern.[353] Welche Methode dem Verletzten am günstigsten ist, hängt häufig von **Beweisfragen** ab. **Beweiserleichterungen** kommen dem Verletzten bei der Anwendung von Tarifwerken zugute,[354] jedoch nur der Höhe nach. Die Beweislast wird hier nicht modifiziert, so dass der Verletzte den ihm entstandenen Schaden voll beweisen muss. Das könnte sich noch ändern, weil Art. 13 der Enforcement-Richtlinie[355] bei großzügiger Auslegung eine Mischung aus konkreter und abstrakter Schadensberechnung ermöglicht.[356] Bisher sind die Gerichte von den alten Grundsätzen nicht abgerückt. § 97a UrhG, der in Abs. 2 eine Regelung zur Begrenzung des Erstattungsanspruchs wegen Anwaltskosten enthält, wird gesondert unter → Rn. 285 ff. (Ziffer 5) behandelt.

2. Verhältnis zu anderen Vorschriften

329 **a) Die Spezialität zum bürgerlichen Recht.** Das frühere LUG (1901) sowie das KUG (1907) sahen wegen der Verletzung von Urheberrechten bereits Schadenersatzansprüche vor, nicht aber den ebenso wichtigen negatorischen Unterlassungs- und Beseitigungsanspruch.[357] Die Rechtsprechung behalf sich durch eine Analogie zu § 1004 BGB und wandte auch im Übrigen die Vorschriften des bürgerlichen Deliktsrechts an. Seit 1965 kodifizieren die §§ 97–105 UrhG diesen zivilrechtlichen Schutz sowie seine Durchsetzung als *leges speciales*, soweit die Regelungen des UrhG reichen. Über die neu eingefügte Vorschrift des § 102a UrhG, der ua § 97 Abs. 3 UrhG aF ersetzt, bleiben Ansprüche aus anderen Vorschriften insbesondere § 812 BGB auch weiterhin unberührt. Urheberrechte gehören als absolute, ausschließliche Rechte zu den sonstigen Rechten des § 823 Abs. 1 BGB. Soweit die §§ 97 ff. UrhG nicht vorrangig sind, sind die bürgerlich-rechtlichen Vorschriften zur Folgebeseitigung, insb. die §§ 249 ff. BGB unmittelbar anwendbar. Dabei sind die **immanenten Schranken** des UrhG zu beachten. Ist beispielsweise das Verbreitungsrecht an einem Werkstück erschöpft, kann gegen seine weitere Verbreitung nicht nach § 823 BGB vorgegangen werden. Gleiches dürfte auch für Handlungen gelten, die zwar nicht der Erschöpfung unterliegen, aber zum zwingenden Kern der Mindestbefugnisse bei § 69d UrhG gehören.[358] Soweit es also nach den Regeln des UrhG an einer Verletzungshandlung fehlt, sind auch nach bürger-

---

[350] BGH Urt. v. 2.7.1971 – I ZR 58/70, BGHZ 56, 317 (322) – Gaspatrone II.
[351] Zu Aufschlägen und Nebenschäden → Rn. 216.
[352] Vgl. Schricker/Loewenheim/*Wild* § 97 Rn. 58.
[353] Zum Erlöschen des Wahlrechts vgl. Schricker/Loewenheim/*Wild* § 97 Rn. 58 mwN.
[354] Vgl. hierzu Schricker/Loewenheim/*Schricker* § 97 Rn. 59.
[355] 2004/48/EG ABl. EG L 157/45 vom 30.4.2004.
[356] Die Richtlinie spricht in Art. 13 Abs. 1 Satz 2 von einem Mindestbetrag, vgl. auch *v. Ungern-Sternberg* GRUR 2009, 460.
[357] Vgl. Schricker/Loewenheim/*Schricker* Einl. 31, 115; Anhang zu § 60, vor §§ 22–24 KUG; hinsichtlich des Rechts am eigenen Bild gelten diese Vorschriften bis heute fort.
[358] Schricker/Loewenheim/*Loewenheim* § 69d Rn. 12.

lichem Recht keinerlei Ansprüche gegeben. Insoweit ist das Urheberrecht ein privatrechtliches Sondergebiet.

b) Die Parallelität der gewerblichen Schutzrechte. Auch beim Patent-, Gebrauchs- und Geschmacksmuster- sowie bei Sortenschutzrecht steht der Schutz einer geistigen Leistung im Vordergrund, allerdings zielt der Schutz nicht auf den künstlerischen Aspekt, sondern auf den Bereich der Technik ab. Ein und dieselbe Schöpfung kann daher sowohl Urheberschutz als auch gewerblichen Rechtsschutz beanspruchen, so dass hier von einer Gleichrangigkeit ausgegangen werden kann. Gleiches gilt für den Markenschutz, der zwar auch zur Gruppe der Immaterialgüterrechte gehört, aber nicht die geistige Schöpfung selbst, sondern ihre Herkunftsfunktion schützt. Urheberrechte an Software können daher mit sonstigen Schutzrechten zusammentreffen. Folglich können auch Ersatzansprüche aus der Verletzung der einzelnen Rechtsnormen kumulativ auftreten.

c) Das Verhältnis zum MarkenG. Die geläufigste Kombination dürfte das Markenrecht sein, so dass sich die Frage stellt, wie sich dies im Falle einer Rechtsverletzung auf die Schadensberechnung auswirkt. UrhG und MarkenG verfolgen völlig unterschiedliche Schutzrichtungen und kollidieren somit nicht miteinander. Ansprüche können daher parallel bestehen. Ihre Voraussetzungen sind einzeln zu prüfen. In der Regel wird es um Unterlassung,[359] Schadensersatz und gelegentlich um Vernichtung (§ 18 MarkenG, § 98 UrhG) gehen. Der markenrechtliche **Schadensersatz** orientiert sich normalerweise an den Kosten, die ein rechtstreuer Mitbewerber für seine Markenlizenz bezahlt hätte und die regelmäßig **nur einen Bruchteil in %** des Verletzerumsatzes des eigentlichen Produktwertes betragen.[360]

d) Das Verhältnis zum UWG. In Betracht kommen auch zusätzliche wettbewerbsrechtliche Schäden durch eine Marktverwirrung. Nach wohl hM ist das Urheberrecht *lex specialis* gegenüber dem UWG.[361] Dennoch ist der ergänzende wettbewerbliche Leistungsschutz über § 102a UrhG anwendbar. Die Übernahme einer urheberrechtlich geschützten Leistung vermag insoweit *per se* noch keine Unlauterkeit iSd UWG zu begründen, weil das UWG vom Grundsatz der Nachahmungsfreiheit ausgeht. Dies gilt besonders bei der Beurteilung der sklavischen Nachahmung.[362] Selbstverständlich hindert das UrhG nicht die Anwendung des UWG im Hinblick auf allgemeine Wettbewerbsverstöße. Bei ausländischen Rechtsinhabern ist vorweg zu prüfen, ob diese im Inland überhaupt im Wettbewerb mit dem Verletzer stehen.

Erst wenn zusätzliche Unlauterkeitsmerkmale hinzutreten, vor allem die in § 4 Nr. 9 UWG genannten Merkmale, stellt die Rechtsverletzung auch einen Wettbewerbsverstoß dar. In der Regel verschafft sich der Verletzter durch seinen Rechtsbruch zugleich einen Wettbewerbsvorsprung, § 4 Nr. 11 UWG und behindert den Kontrahenten, § 4 Nr. 9 UWG. Ein etwaiger **wettbewerblicher Schadensersatzanspruch** orientiert sich dann jedoch nicht an der Urheberrechtsverletzung, sondern allein an deren wettbewerblichen Auswirkungen. Im Regelfall kommen in Betracht § 4 Nr. 9 UWG (das Anbieten von Nachahmungen), § 4 Nr. 10 UWG (Behinderung) und § 5 II Nr. 1 UWG (Irreführung über die rechtliche Beschaffenheit). Die Rechtsfolgen nach dem UWG sind § 8 Beseitigung und Unterlassung, § 9 UWG Schadensersatz und § 10 UWG Gewinnabschöpfung. Zu beachten ist die „kurze" Verjährung nach § 11 UWG.

e) Das Verbot der Verquickung. Der Rechtsinhaber kann seinen Anspruch parallel aus allen einschlägigen Anspruchsgrundlagen geltend machen und innerhalb dieser zwischen den verschiedenen Methoden der Schadensberechnung wählen. Er darf dabei jedoch keine Schadenspositionen doppelt berechnen, da dies dem Ausgleichsgedanken des Schadensersatzrechts widerspräche. Das insoweit geltende Verquickungsverbot hat jedoch dort seine

---

[359] § 14 Abs. 5 MarkenG; § 97 Abs. 1 UrhG nF.
[360] BGH Urt. v. 29.7.2009 – I ZR 169/07, GRUR 2010, 239 – BTK; BGH Urt. v. 3.7.1974 – I ZR 65/73, MDR 1975, 36 – Clarissa; LG Düsseldorf Teilurt. v. 27.2.2014 – 14c O 237/11.
[361] Vgl. Schricker/Loewenheim/*Schricker* Einl. 39.
[362] § 4 Nr. 9 UWG; die Grundsätze der Lizenzanalogie sind auch auf die wettbewerbswidrige Leistungsübernahme anwendbar, BGH Urt. v. 22.4.1993 – I ZR 52/91, GRUR 1993, 757 – Kollektion Holiday.

Grenze, wo neben dem von der Lizenzanalogie erfassten Schaden auch andere Posten abgegolten werden sollen, die vom Inhalt und Wesen einer fingierten Lizenz nicht erfasst werden.[363] Daher verstößt es nicht gegen den Ausgleichsgedanken, wenn neben dem eigentlichen Lizenzschaden auch ein Marktverwirrungsschaden oder ein Imageverlust geltend gemacht werden.

3. Die Arten der Schadensberechnung

335   a) **Die konkrete Schadensberechnung.** Hier muss der Verletzte konkrete Umsatzeinbußen oder nachprüfbare Feststellungen des verletzungsbedingt entgangenen Gewinns darlegen. Diese Zahlen werden sich zumeist nur schwer ermitteln lassen, hinsichtlich des Gewinns schon gar nicht ohne Offenlegung der internen Kalkulation. Im Bereich **fester Tarifwerke** kann die konkrete Berechnung durchaus dem nach der Lizenzanalogie berechneten abstrakten Schaden entsprechen.[364] Im Bereich von Software gibt es bisher allerdings keine solchen Tarifwerke.

336   b) **Die abstrakte Schadensberechnung.** Sie ist am leichtesten im Anwendungsbereich **fester Tarifsysteme** durchzuführen, etwa im Bereich von Tarifen, die durch die Verwertungsgesellschaften und durch Verbände festgelegt werden. Der vom Verletzten beanspruchte Tarif muss dabei **Verkehrsgeltung** haben. Branchenübliche Vergütungssätze und Tarife sind als Maßstab heranzuziehen, wenn sich in dem entsprechenden Zeitraum eine solche Übung herausgebildet hat.[365] Nur dann kann das Tarifwerk im Wege eines Anscheinsbeweises herangezogen werden, weil nach dem gewöhnlichen Lauf der Dinge ein Abschluss zu derartigen Konditionen mit Wahrscheinlichkeit erwartet werden konnte.[366]

337   Bei der Verletzung von Rechten an **Fotografien** werden gerne die Honorarübersichten der Mittelstandsgemeinschaft Foto-Marketing (MFM-Empfehlungen) als Tarifwerk herangezogen. Diese enthalten allerdings Honorarsätze, die sich auf dem freien Markt regelmäßig nicht durchsetzen lassen. Die Anwendbarkeit der Bedingungen ist daher auch in der Rechtsprechung umstritten.[367] Für Software gibt es, abgesehen von Verletzungen im Bereich von Multimedia-Werken, bei denen auch Bilder und Musikstücke betroffen sind, solche Tarifsysteme nicht, so dass das Gericht die Vergütung unter Würdigung der besonderen Umstände des Einzelfalls nach § 287 ZPO frei zu schätzen hat.[368] Es ergeben sich aber Revisionsgründe, wenn die tatrichterliche Schätzung auf grundsätzlich falschen oder offenbar **unsachlichen Erwägungen** beruht oder wenn wesentliche, die Entscheidung bedingende Tatsachen außer Acht gelassen worden sind, insbesondere wenn schätzungsbegründende Tatsachen, die von den Parteien vorgebracht worden sind oder sich aus der Natur der Sache ergeben, nicht gewürdigt worden sind.

338   Der Rechtsinhaber hat dabei die **Anknüpfungspunkte** für die **Schätzung nach § 287 ZPO** darzulegen. Problematisch ist hierbei auch der Nachweis der Kausalität zwischen Verletzungshandlung und entgangenem Auftrag sowie die Definition des eigenen entgangenen Gewinns. Will der Rechtsinhaber seine tatsächliche Vermögenseinbuße nicht offen legen, ist die Klage als unschlüssig abzuweisen.[369]

339   Nach Auffassung des BGH[370] muss der Tatrichter für die Überzeugung, die er sich bildet, gesicherte Grundlagen haben. Er darf sich nicht eine Sachkunde zutrauen, über die er nicht

---

[363] Vgl. *Teplitzky* Kap. 34 Rn. 24.
[364] Vgl. Wandtke/Bullinger/*Grützmacher* § 97 Rn. 75.
[365] Vgl. BGH Urt. v. 3.7.1986 – I ZR 159/84, GRUR 1987, 36 – Liedtextwiedergabe II; vgl. Schricker/Loewenheim/*Wild* § 97 Rn. 62; Möhring/Nicolini/*Lütje* § 97 Rn. 188 ff.; Dreier/Schulze/*Schulze* § 97 Rn. 65, jeweils mwN.
[366] Vgl. Schricker/Loewenheim/*Wild* § 97 Rn. 59.
[367] Wandtke/Bullinger/*v. Wolff* § 97 Rn. 77; LG Düsseldorf Urt. v. 24.10.2012 – 23 S 386/11.
[368] Vgl. BGH Urt. v. 6.10.2005 – I ZR 266/02, NJW 2006, 615 = JurPC Web-Dok. 6/2006, Abs. 1–31– Pressefotos; BGH Urt. v. 6.3.1980 – X ZR 49/78; BGHZ 77, 16, 24 – Tolbutamid.
[369] Zur Schätzung: BGH Urt. v. 9.12.2008 – VI ZR 173/07, CR 2009, 283; BGH Urt. v. 28.10.1997 – X ZR 31/96, CI 1998, 4; OLG Frankfurt Urt. v. 4.5.2004 – 11 U 11/03, CR 2004, 617; LG Köln Urt. v. 12.1.2000 – 28 O 133/97, CR 2000, 431.
[370] Urt. v. 6.10.2005 – I ZR 266/02, NJW 2006, 615 – Pressefotos.

VIII. Unterlassung, Beseitigung und Schadensersatz

verfügen kann. Die Vorschrift des § 287 ZPO zielt zwar auf eine Vereinfachung und Beschleunigung des Verfahrens ab und nimmt in Kauf, dass die richterliche Schätzung unter Umständen nicht mit der Wirklichkeit übereinstimmt. Sie rechtfertigt es aber nicht, in einer für die Streitentscheidung zentralen Frage auf nach Sachlage unerlässliche Erkenntnisse zu verzichten.[371]

Die Wahl der Entschädigungslizenz dürfte die häufigste Berechnungsmethode sein, weil sie am einfachsten darzulegen und unter Beweis zu stellen ist. Hier kommt es nicht auf die Frage an, ob und ggf. welchen Gewinn der Verletzte bei der Lizenzierung an einen rechtreuen Lizenznehmer hätte erzielen können, sondern es wird der Abschluss eines Lizenzvertrages zwischen den Parteien zu angemessenen Bedingungen fingiert. Dies sind solche, die redliche Parteien unter normalen Umständen für die konkret vorgenommenen Benutzungshandlungen im Zeitpunkt der Verletzungshandlung geschlossen hätten.[372] Zu ermitteln ist der **objektive Wert der Benutzungsberechtigung**.[373] Dies gilt selbst dann, wenn die Parteien nicht bereit oder in der Lage gewesen wären, einen solchen Vertrag miteinander zu schließen und auch dann, wenn unmittelbare Rechtsbeziehungen zwischen den Parteien nicht branchenüblich sind oder wenn der Rechtsinhaber solche Verträge im Inland überhaupt nicht abschließt. Bei der Verletzung von Softwarerechten hat dies kardinale Bedeutung, wie eine Entscheidung des OLG Düsseldorf zeigt:[374]

340

> **Praxisbeispiel:**
>
> Da die **Fiktion eines Lizenzvertrags** zwingend zwischen den Parteien und nicht etwa zwischen dem Verletzer und einem dem Rechtsinhaber nachgeschalteten Dritten, etwa einem Zwischenhändler erfolgt, gilt Folgendes: Wird die konkret betroffene Software vom Rechtsinhaber zu unterschiedlichen Preisen in verschiedenen Marktsegmenten nur an bestimmte Abnehmer lizenziert, kann er sich nicht darauf berufen, er hätte dem Verletzer die konkret betroffene günstigere Variante niemals angeboten, sondern ihn auf einen teureren Vertriebsweg verwiesen.[375]

Der Verletzer darf bei der Lizenzanalogie nicht besser, aber auch nicht schlechter als ein rechtstreuer Erwerber gestellt werden.[376] Ersetzt wird der fehlerhafte Gebrauch des immateriellen Schutzrechts, welches dem Rechtsinhaber, nicht aber einem Dritten zugewiesen ist. Der objektive Verkehrswert des Schutzrechts ist daher dort zu ermitteln, wo es sich rechtmäßig befindet – also beim Rechtsinhaber und nicht im Zwischenhandel. Da in einer Vertriebskette zwangsläufig Margen aufgeschlagen werden, die nicht dem Rechtsinhaber zugutekommen, würde ein Zuschlag dieser Margen dem Rechtsinhaber schadensrechtlich einen fiktiven Gewinn zuweisen, der ihm nicht entgangen und damit nicht von § 251 BGB gedeckt ist. Bereicherungsrechtlich würde ihn die Zuweisung ohne Rechtsgrund bereichern.

341

Problematisch und bisher kaum erörtert sind auch kurzfristige „temporäre" Rechtsverletzungen, wenn der Rechtsinhaber, etwa bei Computerprogrammen, Datenbankwerken oder Musikstücken nicht nur unbefristete Nutzungsrechte, sondern auch **befristete Modelle** anbietet. In solchen Fällen kann weder zugunsten des Rechtsinhabers eine teure Variante noch zugunsten des Verletzers die günstigste Variante herangezogen werden, sondern es ist – wie

342

---

[371] BGH Urt. v. 8.6.2004 – VI ZR 230/03, BGHZ 159, 254 (262); BGH Urt. v. 30.5.1995 – X ZR 54/93, GRUR 1995, 578; vgl. BGH Urt. v. 8.6.2004 – VI ZR 230/03, BGHZ 159, 254 (262); BGH Urt. v. 30.5.1995 – X ZR 54/93, GRUR 1995, 578 (579) – Steuereinrichtung II; BGH Urt. v. 17.10.2001 – IV ZR 205/00, VersR 2001, 1547 (1548); vgl. auch BVerfG Beschl. v. 25.10.2002 – 1 BVR 2116/01, NJW 2003, 1655; vgl. weiter Zöller/*Greger* § 287 Rn. 6; Thomas/Putzo/*Reichold* § 287 Rn. 10.

[372] Vgl. BGH Urt. v. 24.6.1993 – I ZR 148/91, GRUR 1993, 899 (900) – Dia-Duplikate, mwN.

[373] Vgl. BGH Urt. v. 6.3.1980 – X ZR 49/78, BGHZ 77, 16 (25 f.) – Tolbutamid; BGH Urt. v. 30.5.1995 – X ZR 54/93, GRUR 1995, 578 (580) – Steuereinrichtung II.

[374] Vgl. OLG Düsseldorf Urt. v. 15.2.2005 – CR 2006, 17 – OEM-Version; bisher bereits für andere Werkkategorien: BGH Urt. v. 12.1.66 – 16 ZR 5/64, GRUR 1966, 375 – Meßmer Tee II; BGH Urt. v. 17.6.92 – I ZR 107/90, GRUR 1993, 55 – Tchibo/Rolex II.

[375] Wie Fn. 374.

[376] Vgl. BGH Urt. v. 29.5.1962 – I ZR 132/60, GRUR 1962, 509 (513) – Diarähmchen II; BGH Urt. v. 22.3.1990 – I ZR 59/88, GRUR 1990, 1008 (1009) – Lizenzanalogie.

immer – **der objektive Wert der konkreten Nutzung** zu ermitteln. Ein etwaiges **Preisgefälle** im Zeitraum zwischen der Verletzungshandlung und der Schadensberechnung kommt dem Verletzer nicht zugute, da es auf den Wert im Zeitpunkt des Schlusses der Verletzungshandlung ankommt.[377] Reihen sich mehrere Verletzungshandlungen aneinander, kommen auch mehrere Zeitpunkte und damit unterschiedliche Preise für die Schadensberechnung in Betracht.[378] Der Verletzte hat dem Gericht die Anknüpfungspunkte für eine Schätzung nach § 287 ZPO zu liefern.

343   c) **Die Herausgabe des Verletzergewinns.** Der Rechtsinhaber kann auch die **Herausgabe des Verletzergewinns** verlangen. Vorgeschaltet ist ein Anspruch auf Rechnungslegung, der auf den §§ 687 Abs. 2, 666 BGB beruht. Nach § 97 Abs. 2 S. 2 UrhG kann bei der Berechnung des Schadensersatzanspruches auch der Gewinn des Verletzers berücksichtigt werden. Bei der Ermittlung des Verletzergewinns waren bisher nach hM sämtliche dort angefallenen **Selbstkosten abzuziehen**, weshalb nur der Reingewinn herausverlangt werden konnte. Daher wurde von dieser Möglichkeit kaum Gebrauch gemacht. In einem Fall der Geschmacksmusterverletzung[379] ließ der BGH Abzüge nur noch hinsichtlich der unmittelbar produktbezogenen Kosten zu, welche vom Verletzer nachzuweisen seien. Diese Rechtsprechung ist auf das Urheberrecht übertragbar, weil § 14a Abs. 1 GeschmMG und § 97 Abs. 2 S. 2 UrhG die Herausgabe des Verletzergewinns gleichlaufend regeln.[380] Ob dies in der Praxis bei Software eine Rolle spielen wird, bleibt abzuwarten. Immerhin hat der BGH diesen Rechtsgedanken zwischenzeitlich sogar auf rein wettbewerbsrechtliche Fälle ausgedehnt.[381] Es ist insoweit anzunehmen, dass er dies zukünftig auch im Bereich des Urheberrechts konsequent fortsetzen wird.[382] Der Erlös bei Verletzungsprodukten dürfte allerdings regelmäßig unter den Normalpreisen liegen, so dass der Rechtsinhaber weiterhin mit der Lizenzanalogie besser fährt.

4. Zuschläge

344   a) **Nebenschäden.** Von Zuschlägen abzugrenzen sind zunächst Nebenschäden, die als Kosten der Rechtsverfolgung im Rahmen eines gegen den Verletzer geführten Verfahrens entstanden sind. Ihre Erstattbarkeit richtet sich nach § 91 ZPO. Die Kosten des Verfahrens nach § 101 Abs. 2 Satz 1 Nr. 3 und Abs. 9 Satz 1 UrhG gegen einen Internet-Provider auf Auskunft über den Inhaber einer **einzelnen IP-Adresse** dienen nach Auffassung des BGH der Vorbereitung eines Rechtsstreits gegen die verantwortliche Person und sind daher, soweit – regelmäßig – notwendig, gemäß § 91 Abs. 1 Satz 1 ZPO zu erstatten.[383] Die Kosten des Verfahrens gegen einen Internet-Provider auf Auskunft über die Inhaber **mehrerer IP-Adressen** sind hiernach nur insoweit im Sinne von § 91 Abs. 1 Satz 1 ZPO notwendige Rechtsverfolgungskosten, als sie **anteilig** auf diese Person entfallen.

> **Praxistipp:**
>
> In Abmahnungen werden solche Kosten neuerdings häufig in Ansatz gebracht. Die **Providerauskunft** ist im Regelfall erforderlich, um die Person des Anschlussinhabers zu ermitteln. Entspricht die Aufschlüsselung der dadurch entstandenen Kosten den Anforderungen des § 97a UrhG, dürfte der Erstattungsanspruch bestehen. Ist die Aufschlüsselung fehlerhaft, weil das Verfahren auf Auskunft über die Inhaber mehrerer IP-Adressen gerichtet war und die anteiligen Kosten nicht herausgerechnet wurden, dürfte die Abmahnung unwirksam sein.[384]

---

[377] BGH Urt. v. 13.3.62 – I ZR 18/61, GRUR 1962, 401 (404) – Kreuzbodenventilsäcke III.
[378] Vgl. hierzu: Schricker/Loewenheim/*Wild* § 97 Rn. 61.
[379] BGH Urt. v. 2.11.2000 – II ZR 246/98, GRUR 2001, 239 – Gemeinkostenanteil.
[380] Vgl. hierzu Wandtke/Bullinger/*Grützmacher* § 97 Rn. 62.
[381] BGH Urt. vom 24.7.2012 – X ZR 51/11, GRUR 2007, 431 – Steckverbindergehäuse.
[382] So auch Wandtke/Bullinger/*Grützmacher* § 97 Rn. 68.
[383] BGH Beschl. v. 15.5.2014 – I ZB 71/13 – Ex Deus.
[384] → Rn. 362, zu § 97a UrhG.

b) Pauschale Zuschläge. Dem Grundsatz folgend, dass der Verletzer nicht besser, aber 345 auch nicht schlechter gestellt werden darf als ein rechtstreuer Lizenznehmer und auch aus der Überlegung heraus, dass weder das UrhG noch das bürgerliche Recht über den Ausgleichsgedanken beim Schadensersatz hinaus Strafcharakter haben,[385] verbieten sich auf den ersten Blick Zuschläge generell. Hiervon werden in engen Grenzen und nur für spezielle Rechtsverletzungen Ausnahmen gemacht, nämlich bei tariffähigen Werken, deren Rechtewahrnehmung gesetzlich den **Verwertungsgesellschaften** zugewiesen ist.[386] Der BGH lässt hier eine **doppelte Tarifgebühr** zu, weil die klar abgrenzbaren Aufwendungen für den Verwaltungsapparat einer Verwertungsgesellschaft für die Betreuung der rechtstreuen Werknutzer sonst niedriger wären und diesen der durch die Verletzer veranlasste höhere Aufwand nicht angelastet werden dürfe. In allen anderen Fällen, also vor allem außerhalb geltender Tarifsysteme und somit auch im Bereich von Software wird ein pauschaler Aufschlag abgelehnt. Hiervon abzugrenzen ist auch der übliche **Zuschlag von 100 % auf das Honorar eines Fotografen** wegen unterlassener Autorennennung (§ 13 UrhG).

Immer wieder werden Wege gesucht, den Ersatzanspruch durch Zuschläge auszudehnen.[387] 346 Dabei darf aber nicht übersehen werden, dass der Verletzer an dem Verletzungsgegenstand trotz Zahlung keinerlei Rechte erlangt, selbst nicht bei der verschuldensunabhängigen Bereicherungshaftung. Trotz Wegfalls der Nutzungsmöglichkeit tritt keine Entreicherung nach § 818 III BGB ein, weil bei der Eingriffskondiktion die stattgefundene Rechtsverletzung nicht nachträglich wegfällt, sondern die Nutzung für die Zeitdauer der Rechtsverletzungen erfolgte.[388]

Haftet er seinem Abnehmer selbst auf Schadenersatz, hat er neben dem Anspruch des 347 Rechtsinhabers auch diese Verpflichtung zu erfüllen. Für den Beklagten empfiehlt sich daher im Prozess ein Vergleich, der den Verbleib der angemaßten Rechte bei ihm gestattet. Vorteile des Verletzten gegenüber rechtstreuen Mitbewerbern können lizenzerhöhend berücksichtigt werden.[389] Ein Zuschlag wurde auch gewährt, wenn der verletzende Artikel den Absatz der Hauptware gefördert hat.[390]

c) Zuschläge aufgrund konkreter Berechnung. Grundsätzlich richtet sich der Umfang der 348 Ersatzpflicht nach den allgemeinen Regeln der §§ 249 ff. BGB. Insoweit handelt es sich nicht um Zuschläge, sondern ersatzfähige Nebenschäden, zu denen neben den notwendigen Rechtsverfolgungskosten in gewissen Grenzen auch Kosten für Testkäufe und Ermittlungssowie Bearbeitungskosten gehören können.[391]

d) Schäden mit paralleler Anspruchsgrundlage. Zuschläge im engeren Sinne sind solche 349 Aufschläge, die als Ausgleich für einen tatsächlichen Gegenwert beim Verletzer dienen. Der BGH hat eine Rufausbeutung, Imageschädigung, Marktverwirrung oder besondere Verletzervorteile als lizenzerhöhend berücksichtigt.[392] Diese Fälle rührten aus dem Patent- und Gebrauchsmusterrecht her, zuweilen ist der BGH auch verallgemeinernd von einem „allgemeinen Verletzervorteil" ausgegangen.[393]

e) Zinsen als Verletzervorteil. Ersparte Zinsen durch verspätete Lizenzzahlung können als 350 Verletzervorteil berücksichtigt werden, weil die übliche Fälligkeitsabrede, nämlich eine Zug-um-Zug-Zahlung bei der Fiktion des Lizenzvertrages berücksichtigt wird.

---

[385] Vgl. Wandtke/Bullinger/v. Wolff § 97 aF Rn. 73.
[386] Vgl. BGH Urt. v. 31.10.1985 – IX ZR 175/84, ZUM 1986, 199 (201) – GEMA-Vermutung III; vgl. BGH Urt. v. 10.3.1972 – I ZR 160/70, BGHZ 59, 186 (292) – Doppelte Tarifgebühr.
[387] Vgl. hierzu Schricker/Loewenheim/*Wild* § 97 aF Rn. 72 ff. mwN.
[388] Vgl. BGH Urt. v. 2.7.1971 – I ZR 58/70, BGHZ 56, 317 (322) – Gaspatrone II.
[389] BGH Urt. v. 6.3.1980 – X ZR 49/78, GRUR 1980, 841 –Tolbutamid.
[390] BGH Urt. v. 29.5.1962 – I ZR 132/60, GRUR 1962, 509 – DIA-Rähmchen II.
[391] Vgl. hierzu *Teplitzky* Kap. 46 Rn. 30 ff.
[392] Schricker/Loewenheim/*Wild* § 97 aF Rn. 71; BGH Urt. v. 17.6.1992 – I ZR 107/90, BGHZ 119, 20 – Tchibo/Rolex II; BGH Urt. v. 17.6.1992 – I ZR 107/90, BGHZ 77, 16 – Tolbutamid; BGH Urt. v. 6.3.1980 – X ZR 49/78, BGHZ 82, 310 (316) – Fersenabstützvorrichtung.
[393] Vgl. BGHZ 59, 286, 291 – Doppelte Tarifgebühr; BGHZ 97, 37, 49 ff. – Filmmusik.

351 f) **Zahlungen an Dritte von Dritten.** Ersatzzahlungen der Vertragspartner wegen deren Inanspruchnahme sind nicht abzuziehen.[394] Hingegen sind Zahlungen eines Dritten an den Verletzten wegen der gleichen Verletzung anrechenbar.

5. Der Bereicherungsausgleich

352 Außerhalb der Haftung für verschuldete Verstöße spielen die §§ 812 ff. BGB über § 102a UrhG eine zentrale Rolle. Der frühere Vorteil der dreißigjährigen Verjährung ist zwar seit der Schuldrechtsreform wegen Art. 229 § 6 EGBGB relativiert, für verschuldensabhängige Ansprüche gelten die §§ 195, 197, 199 BGB (Regelfrist 3 Jahre ab Kenntnis der anspruchsbegründenden Umstände). § 102 Satz 2 UrhG bestimmt hingegen, dass für bereicherungsrechtliche Ansprüche § 852 BGB nF weiterhin entsprechend anwendbar bleibt. Damit verjähren diese Ansprüche regelmäßig erst mit Ablauf von 10 Jahren seit Entstehung, allerdings unabhängig von der Kenntniserlangung.[395]

353 Für die **Definition des Erlangten bei § 812 BGB** ist die gesetzliche Güterzuweisung des UrhG Ausgangspunkt, nämlich die ausschließliche Nutzungsbefugnis. Erlangt ist nicht etwa die unberechtigte Werkkopie oder die ersparte Lizenz, nicht die konsumierte Marktchance des Rechtsinhabers oder Möglichkeit der Nutzung. **Erlangt ist vielmehr der Gebrauch** des immateriellen Schutzrechts im Rahmen der Eingriffskondiktion.[396] Die Bereicherungshaftung entspricht im Wesentlichen der Schadensersatzhaftung bei der Lizenzanalogie, wenn der Verletzte die Entschädigungslizenz wählt. Auf einen Wegfall der Bereicherung kann sich der Verletzer nicht berufen, da die Rechtsverletzung nicht mehr ungeschehen gemacht werden kann.[397] Der BGH lehnt allerdings eine bereicherungsrechtliche Schadensersatzhaftung ab,[398] ein über die angemessene Lizenz hinausgehender Gewinn ist nicht herauszugeben. Hat der Verletzer einen solchen Gewinn gezogen, kann dieser nach neuerer Rechtsprechung des BGH[399] möglicherweise beim allerdings verschuldensabhängigen Anspruch auf Gewinnherausgabe ohne Abzüge berücksichtigt werden. Praktische Bedeutung hat der Anspruch auch bei mehreren Haftungsschuldnern. Mangels einer mit § 840 BGB vergleichbaren Vorschrift haften diese nicht gesamtschuldnerisch. Ist eine **juristische Person** Haftungsschuldner, sind ihre **Organe** in der Regel nicht selbst bereichert, da es an der **Unmittelbarkeit der Vermögensverschiebung** fehlt.[400] Dies ist bei einer Klage unbedingt zu beachten und stellt beispielsweise für einen beklagten Geschäftsführer, den kein Verschulden trifft, eine liquide Einwendung dar.

6. Ansprüche wegen der Verletzung von Urheberpersönlichkeitsrechten

354 Anspruchsgrundlage ist hier § 97 Abs. 2 S. 4 UrhG. Die aus dem Urheberpersönlichkeitsrecht fließende Berechtigung gehört ebenfalls zu den absoluten Rechten, wenngleich derartige Ansprüche bei Computerprogrammen eher selten geltend gemacht werden.

355 Ein häufiger Anwendungsfall ist die Verletzung des **Rechts auf Autorennennung** gemäß § 13 UrhG, meist im Falle der unberechtigten Verwendung von **Fotografien im Internet**. Der hierdurch entstehende Schaden ist stets **immaterieller Schaden** wegen der Beeinträchtigung eines **Urheberpersönlichkeitsrechts** nach § 97 Abs. 2 Satz 4 UrhG und wird in der Rechtsprechung mit einem **pauschalen Aufschlag von 100 %** bewertet.[401] Was Bemessungsgrundlage des Grundhonorars ist, hängt allerdings von der Frage der Anwendbarkeit der **MFM-Honorare** ab.[402] Keinesfalls sind jedoch Preislisten gewerblicher Bilddatenbanken anzuwenden, weil letz-

---

[394] BGH Urt. v. 26.3.09 – I ZR 44/06, CR 2009, 447.
[395] Vgl. Wandtke/Bullinger/*Grützmacher* § 102, Rn. 1.
[396] Vgl. Schricker/Loewenheim/*Wild* § 97 aF Rn. 86; Wandtke/Bullinger/*v. Wolff* § 97 Rn. 82.
[397] BGH Urt. v. 2.7.1971 – I ZR 58/70, BGHZ 56, 317 (322) – Gaspatrone II.
[398] BGH Urt. v. 24.11.1981 – X ZR 7/80, BGHZ 82, 299 (308) – Kunststoffhohlprofil II.
[399] BGH Urt. v. 2.11.2000 – I ZR 246/98, CR 2001, 220 (221); BGH Urt. v. 2.11.2000 – I ZR 246/98 – Gemeinkostenanteil.
[400] Vgl. hierzu Palandt/*Sprau* § 812 Rn. 35 ff.; RGZ 109, 387.
[401] LG Düsseldorf Urt. v. 24.10.2012 – 23 S 386/11.
[402] Vgl. Rn. 337.

tere lediglich als Rechtsinhaber auftreten und Bilder im Regelfall zu deutlich höheren Preisen vermarkten als sie selbst den Urhebern zahlen. Da es sich um einen Anspruch aus dem Urheberpersönlichkeitsrecht handelt, kann es nur auf den Betrag ankommen, der dem Urheber tatsächlich zuvor zugeflossen ist. Wenn dieser unbekannt ist, darf das Gericht nicht nach § 278 ZPO schätzen. Wenn der Rechteverwerter den Betrag nennt, kann er ihn nur aufgrund abgetretenen Rechts oder in Prozessstandschaft für den Urheber geltend machen.

Ein anderer Anwendungsfall des § 97 Abs. 2 Satz 4 UrhG ist die Verletzung von Rechten an Musikwerken durch Entstellung (§ 14 UrhG) aufgrund deren Verwendung als Handy-Klingelton.[403] Die rechtswidrige Nutzung urheberrechtlich geschützter Musik **als Handy-Klingelton** verletzt auch das Urheberpersönlichkeitsrecht gemäß den §§ 14, 23 UrhG. Die Rechtsprechung geht hier neben den Fragen, die sich an eine ggf. unerlaubte Bearbeitung und Vervielfältigung knüpfen, von einer Entstellung des Originalwerks aus. Hierfür kann der Urheber ein Schmerzensgeld beanspruchen. Dies gilt gleichermaßen für monophone und polyphone Klingeltöne. Die Nutzung von Musik als Klingelton kommt eher einer Merchandising-Nutzung nahe als der herkömmlichen Nutzung in Konzerten, im Rundfunk oder auf Tonträgern. Auch durch die Änderung des GEMA-Berechtigungsvertrages im Jahre 2002 ist die GEMA nicht umfassend berechtigt worden, die Rechte zur Bearbeitung und Verwendung von Musik als Handy-Klingelton ohne Zustimmung der Urheber zu vergeben. Die Zustimmung der Urheber ist auch dann einzuholen, wenn der Urheber einem anderen Nutzer bereits eine identische oder unwesentlich abweichende Klingeltonversion lizenziert hat. Die Nutzung als Handyklingelton wird vom BGH auch als **eigenständige Nutzungsart** angesehen.[404] Die Musik bei der Nutzung als Handy-Klingelton diene als rein funktionales Erkennungszeichen, für das der künstlerische Gehalt, die dramaturgische Komposition usw. des Werks nur nebensächlich sind und ein vorhandener ästhetischer Spannungsbogen durch das „Annehmen" des Gesprächs gerade bewusst zerstört werde.[405] Betroffen ist demgemäß nicht nur § 14 1. Alt. UrhG (**Entstellung** des Werks), nach der der Urheber einen Eingriff in das Werk selbst als Urheberpersönlichkeitsrechtsverletzung verbieten kann, sondern auch § 14 2. Alt. UrhG (**andere Beeinträchtigung** des Werks). Die Nutzung eines Musikwerks als Klingelton ist eine **abgrenzbare, wirtschaftlich-technisch selbständige Nutzungsart,** weil sie von den bisherigen Nutzungsmöglichkeiten von Musikwerken abweicht und sich im Verlaufe des Jahres 1999 technisch verbreitet und eine eigene wirtschaftliche Bedeutung gewonnen hat.

7. Grenzbeschlagnahme

Die Änderungen in den bereits existenten §§ 111b und c UrhG beruhen maßgeblich auf EU-Recht. Die **novellierte EU-Grenzbeschlagnahmeverordnung,**[406] deren Vorschriften im Regelfall unmittelbar anzuwenden sind, sieht Maßnahmen zum Schutz des geistigen Eigentums unmittelbar an den Außengrenzen der EU vor. Damit soll verhindert werden, dass Waren, die im Verdacht stehen, Rechte des geistigen Eigentums zu verletzen, überhaupt in die EU eingeführt werden können. Diese Verordnung regelt auch die Vernichtung beschlagnahmter Piraterieware. Der Rechtsinhaber kann in einem Antrag an die Zollbehörde, in Deutschland der Zentralstelle für gewerblichen Rechtsschutz in München, seine geistigen Eigentumsrechte mitteilen. Kommt bei einer Einfuhrkontrolle der Verdacht auf, dass Waren diese Schutzrechte verletzen, hält der Zoll die Ware zurück und informiert den Rechtsinhaber und im Regelfall den Adressaten der Ware. Früher konnte die beschlagnahmte Ware nur vernichtet werden, nachdem die Verletzung des Rechts gerichtlich festgestellt wurde. Die aktuelle Grenzbeschlagnahmeverordnung sieht ein **vereinfachtes Verfahren** vor, wonach die **Vernichtung** auch dann möglich ist, wenn der Verfügungsberechtigte nicht innerhalb von 10 Arbeitstagen seit seiner Unterrichtung (§ 111c Abs. 4 UrhG) widerspricht. Sein Schweigen gilt dann als Zustimmung.

---

[403] BGH Urt. v. 18.12.2008 – I ZR 23/06, CR 2009, 233.
[404] Vgl. BGH GRUR-RR 2002, 249; OLG Hamburg Beschl. v. 4.2.2002 – 5 U 106/01.
[405] BGH GRUR-RR 2002, 249; OLG Hamburg Beschl. v. 4.2.2002 – 5 U 106/01.
[406] VO (EU) Nr. 608/2013 vom 12. Juni 2013 zur Durchsetzung der Rechte geistigen Eigentums durch die Zollbehörden und zur Aufhebung der Verordnung (EG) Nr. 1383/2003.

IX. Die außergerichtliche Durchsetzung von Ansprüchen

358 Bei der Verletzung von Urheberrechten kommen wie auch bei den gewerblichen Schutzrechten Ansprüche auf Unterlassung, auf Beseitigung, auf Auskunft und Schadensersatz in Betracht. Welche Instrumente zur Durchsetzung dieser Ansprüche am besten geeignet sind, hängt vor allem von der Vorfrage ab, ob es sich um einen Anspruch aus einer **offensichtlichen Rechtsverletzung** handelt, bei der zudem strafrechtliche Aspekte der Produktpiraterie hineinspielen und daher ein Überraschungseffekt zur Sicherstellung von Pirateriewaare oder zur Sicherung der erforderlichen Beweise erforderlich ist, oder ob es sich um einen Fall handelt, bei dem die **Rechtsverletzung** aus tatsächlichen oder aus rechtlichen Gründen **unklar oder streitig** ist.

359 Auch der Gesetzgeber und die Rechtsprechung differenzieren nach diesen Bereichen. So sehen das UrhG und MarkenG vor, dass in Fällen **offenkundiger Rechtsverletzung** der Auskunftsanspruch auch im Eilverfahren titulierbar ist, obwohl damit regelmäßig die Hauptsache vorweggenommen wird. Der Anspruch auf Vorlage und Besichtigung nach § 101a UrhG verlangt eine **hinreichende Wahrscheinlichkeit** für eine Rechtsverletzung, der erweiterte Anspruch auf Vorlage von Bankunterlagen nach § 101a UrhG verlangt ebenso wie § 101 UrhG ein **gewerbliches Ausmaß**. Umgekehrt ist nach hM das Eilverfahren in urheberechtlichen Streitigkeiten aus tatsächlichen oder aus rechtlichen Gründen ungeeignet, wenn beispielsweise erst die Einholung aufwändiger Gutachten zum Vergleich zweier Wettbewerbsprodukte erforderlich wäre oder die Beurteilung einer Verwertungshandlung als rechtswidrig von schwierigen Rechtsfragen abhängt.

1. Die Berechtigungsanfrage

360 Sie ist das mildeste Mittel, um mit einem potentiellen Gegner in Kontakt zu treten und muss sich ausdrücklich von einer Abmahnung abheben. Eine Berechtigungsanfrage wäre beispielsweise gegeben, wenn der potentielle Verletzer lediglich unter Fristsetzung aufgefordert wird, mitzuteilen, aus welchen Gründen er sich für berechtigt hält, das Schutzrecht nicht beachten zu müssen.[407]

> **Praxistipp:**
>
> Die Formulierung sollte jedoch sehr zurückhaltend ausfallen: Nach Auffassung des BGH liegt auch ohne die Aufforderung, eine strafbewehrte Unterlassungserklärung abzugeben und ohne Vorwurf an den Verwarnten, das Schutzrecht bereits verletzt zu haben, eine **Schutzrechtsverwarnung** vor, wenn der Schutzrechtsinhaber bestimmte Handlungen als Schutzrechtsverletzung bezeichnet und ankündigt, im Fall ihrer Begehung durch den Verwarnten gerichtlichen Rechtsschutz in Anspruch zu nehmen.[408]

361 Während in den einfachen UWG-Fällen eine unberechtigte Abmahnung wohl weiterhin keine negativen Folgen hat,[409] ist eine Abmahnung wegen einer Verletzung des Urheberrechts stets eine Schutzrechtsverwarnung. Ist sie **unbegründet**, stellt sie eine Eingriff ein den eingerichteten und ausgeübten Gewerbebetrieb des Schuldners dar und ist damit ihrerseits eine unerlaubte Handlung.[410] Die Berechtigungsanfrage begründet keine Antwortpflicht und hemmt auch nicht den Lauf etwaiger Verjährungs- und Dringlichkeitsfristen. Wer diesen kostenschonenden Weg einschlagen will, sollte daher berücksichtigen, dass der Gegner, sofern es in einem späteren Prozess auf den Zeitpunkt der Kenntniserlangung ankommt, die Einrede der Verfristung/Verjährung prüfen wird.

---

[407] Vgl. LG Mannheim Urt. v. 23.2.2007 – 7 O 276/06, jurisPR-WettbR 4/2007 – Einladung zum Gedankenaustausch.
[408] BGH Urt. v. 12.7.2011 – X ZR 56/09, GRUR 2011, 995.
[409] Vgl. die Entscheidung des großen Senats des BGH v. 15.7.2005 – GS Z 1/04, GRUR 2005, 882 – unberechtigte Schutzrechtsverwarnung.
[410] BGH Urt. v. 17.4.1997 – X ZR 2/96 – Chinaherde.

2. Die Abmahnung

Vorab ist anzumerken, dass für Abmahnungen wegen Urheberrechtsverletzungen eine recht neue **Spezialregelung** existiert, die in anderen Bereichen, etwa dem Markenrecht oder dem Wettbewerbsrecht unbekannt ist. § 97a UrhG, dessen aktuelle Fassung mit dem Gesetz gegen unseriöse Geschäftspraktiken vom 8.10.2013 eingeführt wurde, modifiziert den erstmals 2008 eingeführten § 97a UrhG erneut zugunsten von Abmahngegnern, vor allem um als **überhöht empfundene Kostenerstattungsansprüche** bei Massenabmahnungen im Bereich des Filesharings einzudämmen und den **Inhalt von Abmahnungen transparenter** zu machen.[411]

362

Die Neuregelung des § 97a UrhG geht im unveränderten Abs. 1 weiterhin davon aus, dass einer gerichtlichen Auseinandersetzung über einen Unterlassungsanspruch eine Abmahnung vorausgehen soll. Damit ist die Abmahnung weiterhin keine Prozessvoraussetzung und umgekehrt die nach Abs. 2 unwirksame Abmahnung kein Prozesshindernis.

363

§ 97a UrhG differenziert zwischen einer unberechtigten und unwirksamen Abmahnung. Unwirksam ist eine Abmahnung dann, wenn sie die näher bezeichneten formellen und inhaltlichen Mindestanforderungen nicht erfüllt. Der Verletzte kann dann in bestimmten Fällen selbst Erstattung seiner Abwehrkosten verlangen, während der Abmahner so behandelt wird, als hätte er nie abgemahnt. Im Prozess kann das dem Abgemahnten das Privileg des **sofortigen Anerkenntnisses** mit umgekehrter Kostenfolge nach **§ 93 ZPO** retten.

364

Die Abmahnung ist gegenüber der Berechtigungsanfrage das nächststärkere Mittel, um auf den Schuldner außergerichtlich einzuwirken. Die Abmahnung richtet sich stets auf ein zukünftiges Unterlassen. Sie wird regelmäßig mit dem Entwurf einer Unterlassungs- und Verpflichtungserklärung verbunden. Bei der anwaltlichen Beschreibung des zu unterlassenden Verhaltens ist besondere Sorgfalt geboten. Ändert nämlich der Gläubiger später im Prozess die Formulierung mit Auswirkung auf den Streitgegenstand, droht bei sofortigem Anerkenntnis des Schuldners die negative Kostenfolge des § 93 ZPO.

365

Beim Umgang mit Unterlassungs- und Verpflichtungserklärungen darf überdies nicht übersehen werden, dass es sich um ein Angebot zum **Abschluss eines Unterlassungs- und Verpflichtungsvertrages** handelt, also um einen zweiseitigen Vertrag mit allen Voraussetzungen und Rechtsfolgen, die für die Abgabe, den Zugang und die Annahme von Willenserklärungen gelten.

366

Die erste Schwierigkeit für den Gläubiger besteht darin, bei der Vorbereitung der Abmahnung zu prüfen, ob bereits ein Verletzungsfall oder lediglich eine Erstbegehungsgefahr vorliegt. Die Grenze zwischen einer bloßen Vorbereitungshandlung ist dort überschritten, wo der Schuldner mit der Verwirklichung des Verletzungstatbestandes begonnen hat.

367

Für die Frage der **Wiederholungsgefahr** kann folgende Regel aufgestellt werden: die Risikoeintrittswahrscheinlichkeit darf nicht so fern liegen, dass mit einer Wiederholung nicht zu rechnen ist, zB bei einmaligen Kurzereignissen wie einem Papstbesuch, bei Messen, bei Geschäftsaufgabe etc.[412]

368

Nach Auffassung des BGH begründet **Erstbegehungsgefahr,** wer sich des Rechts berühmt, bestimmte Handlungen vornehmen zu dürfen. Dies gelte auch dann, wenn eine solche Berührung im Rahmen der Rechtsverteidigung erfolgt, da die Lebenserfahrung dafür spreche, dass die Verteidigung einer bestimmten Handlungsweise jedenfalls auch den Weg zu ihrer beabsichtigten künftigen Fortsetzung eröffnen soll. Besteht eine solche Absicht nicht, ist es Sache des Verletzers, diese ausschließliche Zielsetzung zweifelsfrei deutlich zu machen.[413]

369

---

[411] Vgl. im einzelnen Witte ITRB 2014, 56; die kostenrechtlichen Aspekte des § 97a Abs. 2 UrhG werden unten in → Rn. 400, erörtert.

[412] Vgl. BGH Urt. v. 16.1.1992 – I ZR 84/90, GRUR 1992, 318 – Jubiläumsverkauf; BGH Urt. v. 26.10.2000 – I ZR 180/98, GRUR 2001, 453 – TCM-Center.

[413] Vgl. BGH Urt. v. 6.10.1994 – I ZR 155/90, GRUR Int. 1995, 503 (505); BGH Urt. v. 16.1.1992 – I ZR 20/90, GRUR 1992, 404 (405) – Systemunterschiede; BGH Urt. v. 19.3.1992 – I ZR 166/90, GRUR 1993, 53 (55) – Ausländischer Inserent; Urt. v. 7.5.1992 – I ZR 119/90, GRUR 1992, 618 (619) – Pressehaftung II; differenzierend: BGH Urt. v. 31.5.2001 – I ZR 106/99, GRUR 2001, 1174 = WRP 2001, 1076 – Berührungsaufgabe.

Der Gläubiger ist für das Vorliegen der Erstbegehungs- bzw. Wiederholungsgefahr beweispflichtig. Auf die Menge oder Anzahl einzelner Verletzungshandlungen kommt es nicht an. Ein Verletzungsfall, der durch einen Testkauf belegt wird, reicht für den Beweis einer Wiederholungsgefahr aus. Steht die Verletzung nicht fest, weil etwa ein technisches Gutachten über die Identität von Programmteilen eingeholt werden muss, ist der Gläubiger in einer schwierigen Beweislage. Solange er allerdings die anspruchsbegründenden Umstände auch ohne Verschulden und entsprechendes Bemühen nicht kennt, kann dies Auswirkungen auf den Lauf der Dringlichkeitsfrist und auch auf die Verjährungsfrist haben.

370 Die Abmahnung muss stets **das konkret beanstandete Verhalten** beschreiben, nicht aber das verlangte, möglicherweise richtige Verhalten. Während in der rechtlichen Würdigung des Verhaltens stets die Äußerung einer Rechtsmeinung zu sehen ist, muss der tatsächliche Teil den Tatsachen entsprechen, also beweisbar sein, um nicht die Gefahr einer unbegründeten Schutzrechtsverwarnung auszulösen. Das Beifügen von Rechtsprechungsnachweisen ist keine Pflicht, aber in der Regel hilfreich. Der Gläubiger muss dabei nicht angeben, wann er von dem behaupteten Verstoß Kenntnis erlangt hat. Der Schuldner, der vielleicht auf Zeit spielt, kann dann nicht erkennen, wie lange der Gläubiger noch die Dringlichkeit für sich in Anspruch nehmen kann. Zu langes Zuwarten des Gläubigers aufgrund von Unsicherheiten im Tatsachengewinn kann im Einzelfall dringlichkeitsschädlich sein.

371 Die Abmahnung enthält sodann die Aufforderung an den Schuldner, das beschriebene Fehlverhalten zukünftig zu unterlassen. Welcher Zeitpunkt in der Zukunft der richtige ist, hängt davon ab, wie schnell der Schuldner die Störung beenden und ggf. beseitigen kann. Verlangt werden darf nur, was der Schuldner noch tun kann. Die Beseitigung des begonnenen Streits ist mit dem Erlöschen eines Schuldverhältnisses vergleichbar. Mahnt etwa ein Gläubiger einen mit der Zahlung säumigen Schuldner, wird das Schuldverhältnis nicht durch Ankündigung der Zahlung, sondern erst durch deren Bewirkung beendet. Im Abmahnverfahren geht es um die Beseitigung der Erstbegehungs- oder Wiederholungsgefahr. Eine **Erstbegehungsgefahr** wird durch das Vorliegen ernsthafter und greifbarer tatsächlicher Anhaltspunkte begründet und durch eine **bloße Gegenerklärung** beseitigt.[414] Der Gläubiger muss sie voll beweisen, während im Verletzungsfall die **Wiederholungsgefahr** fast immer widerleglich vermutet wird. Diese Gefahr läßt sich nur durch Abgabe einer ausreichenden, strafbewehrten Unterlassungserklärung zum Erlöschen bringen.[415]

> **Praxistipp:**
> Bei der Formulierung der Abmahnung in Fällen der Störerhaftung ist unbedingt darauf zu achten, dass der Anschlussinhaber ohne gesicherte Beweislage nicht gleich als unmittelbarer Störer (Täter oder Teilnehmer) angesprochen und seine Haftung auf Schadensersatz auch als mittelbarer Störer nicht als **unumrückbare Tatsache** hingestellt wird. Dazu sind alle Forderungen als Rechtsauffassung des Abmahners zu kennzeichnen, andernfalls unterliegt im Extremfall der Unterlassungsvertrag wegen Vorspiegelung einer ausweglosen Rechtslage durch unerlaubte Handlung nach § 853 BGB der Arglisteinrede.[416]

372 Unlauter ist auch die **massenhafte Abmahnung** in Fällen, die bei ordnungsgemäßer anwaltlicher Vorprüfung von Anfang an aussichtslos erscheinen, wie etwa im Jahre 2014 im Fall „Redtube" beim bloßen Betrachten von Videos durch „Streaming" geschehen. Nach hM ist die hierbei erforderliche kurzzeitige technische Vervielfältigung bei richtlinienkonformer Auslegung des § 44a UrhG entlang Art. 5 Abs. 1 der Info-Richtlinie ohne Zustimmung des Rechtsinhabers zulässig, ersatzweise dürfte § 53 Absatz 1 UrhG eine Privatkopie gestatten.[417] Diese Auffassung teilt auch die Bundesregierung.[418]

---

[414] Vgl. BGH Urt. v. 31.5.2001 – I ZR 106/99, GRUR 2001, 1174 = WRP 2001, 1076 – Berührungsaufgabe.
[415] Vgl. BGH Urt. v. 24.2.1994 – I ZR 59/92, GRUR 1994, 516 – Auskunft über Notdienste.
[416] AG Düsseldorf Urt. v. 8.10.2013 – 57 C 6993/13.
[417] Schricker/Loewenheim/*Loewenheim* § 44a Rn. 5; Walter/*Walter* (Hrsg.), Europäisches Urheberrecht, Info-Richtlinie, Rn. 107; vgl. zu Art. 5 Abs. 1 RL 2001/29/EG; EuGH Urt. v. 4.10.2011 – C-403/08 und

IX. Die außergerichtliche Durchsetzung von Ansprüchen

Praxistipp:
1. Es kann auf den Klassiker des BGH „Ausschank unter Eichstrich II"[419] zurückgegriffen werden, wonach die **systematische Irreführung** Dritter wettbewerbswidrig sein kann. Im konkreten Fall kommen insoweit Ansprüche anwaltlicher Kollegen nach § 8 Abs. 1, Abs. 3 Nr. 1, § 3, § 4 Nr. 11 UWG bzw. im privaten Bereich Ansprüche des Betroffenen aus § 1004 BGB analog, jeweils iVm § 43a Abs. 3 BRAO oder § 263 StGB in Betracht.
2. In einem umgekehrten Einzelfall (systematisches wahrheitswidriges Bestreiten der Täterschaft der Mandanten zur Abwehr möglicherweise berechtigter Abmahnungen wegen Filesharing) hat allerdings das OLG Köln wettbewerbsrechtliche Ansprüche auch bei Vorliegen unsachlichen Verhaltens oder Betrugs mangels Vorliegens der Voraussetzungen einer geschäftlichen Handlung nach § 2 Abs. 1 Nr. 1 UWG verneint.[420]

Die Möglichkeit eines Vorgehens gegen Kollegen bleibt aus Sicht des UWG daher ein Ausnahmefall. Unterlassungsansprüche des Mandanten gegen eine weitere Inanspruchnahme durch den Abmahner sind hingegen in Fällen wie „Redtube" denkbar, allerdings wegen der erschwerten Vollstreckbarkeit im Ausland kaum durchsetzbar, wenn dieser dort seinen Sitz hat.

3. Die Unterlassungs- und Verpflichtungserklärung

Die Abmahnung soll mit einem Entwurf einer Unterlassungs- und Verpflichtungserklärung verbunden werden. Während die Abmahnung allein eine einseitige, empfangsbedürftige Willenserklärung ist, stellt die Unterlassungserklärung ein Angebot zum Abschluss eines Unterlassungsvertrages dar. Ein häufiger Fehler ist hier eine zu weit gehende Unterwerfung durch eine ausufernde Formulierung des zu unterlassenden Verhaltens. Als Faustregel kann gelten, dass eine Abmahnung immer dann zu weit geht, wenn sie einen **erlaubten Rest** mit abdeckt. Sie macht die Abmahnung nicht unwirksam, kann aber Gegenmaßnahmen des Schuldners auslösen. So hat der BGH in der WLAN-Entscheidung[421] ausgeführt, dass ein Unterlassungsanspruch der Klägerin nur insoweit zustand, als sie sich dagegen wandte, dass der Beklagte als mittelbarer Störer außenstehenden Dritten Rechtsverletzungen der genannten Art ermögliche, indem er den Zugang zu seinem WLAN-Anschluss unzureichend sichere. Der in dem Verfahren gestellte, immer noch bei vielen Abmahnungen verlangte weite Umfang der Unterlassung ohne Benennung der **konkreten Verletzungsform** ging dem BGH zu weit. In einem solchen Fall kann der überschießende Teil eine ungerechtfertigte Schutzrechtsverwarnung darstellen, wenn sich dies aus dem Begleitschreiben als Tatsachenbehauptung ergibt.

Formulierungsvorschläge:
1. **Bei täterschaftlicher Haftung:**
   Der Schuldner verpflichtet sich gegenüber dem Gläubiger, es ab sofort zu unterlassen, zugunsten des Gläubigers urheberrechtlich geschützte Werke im Internet in Tauschbörsen öffentlich zugänglich zu machen oder machen zu lassen.
2. **Bei mittelbarer Störerhaftung:**
   Der Schuldner verpflichtet sich gegenüber dem Gläubiger, es ab sofort zu unterlassen, es durch mangelnde Vorsorge zu ermöglichen, dass Dritte zugunsten des Gläubigers urheberrechtlich geschützte Werke im Internet in Tauschbörsen öffentlich zugänglich machen oder machen lassen.

C-429/08, GRUR 2012, 156 Rn. 175 = WRP 2012, 434 – Football Association Premier League und Murphy; EuGH Beschl. v. 17.1.2012 – C-302/10, GRUR-Int. 2012, 336, Rn. 50 – Infopaq II; BGH Urt. v. 11.4.2013 – I ZR 151/11 – Online-Videorecorder (mit anderem Ergebnis nur aufgrund abweichender Fallgestaltung).
[418] vgl. die Antwort des Bundesministeriums der Justiz und für Verbraucherschutz auf die kleine Anfrage einiger Abgeordneter vom 30.12.2013, BT-Drs.18/195.
[419] BGH Urt. v. 10.12.1986 – I ZR 136/84.
[420] AA OLG Köln Urt. v. 14.10.2011 – I-6 U 225/10, 6 U 225/10 – Falschvortrag durch Rechtsanwälte.
[421] Urt. v. 12.5.2010 – I ZR 121/08, CR 2010, 458 – Sommer unseres Lebens.

376 Diese gebräuchliche Formulierung geht sehr weit, da nicht absehbar ist, welche heute noch nicht existente Werke zugunsten des Gläubigers in Zukunft geschützt sind. Alternativ könnte man die Verpflichtung auf das konkret betroffene Werk beschränken. Ist der Schuldner nur mittelbarer Störer, haftet er auch nicht für eigenes Tun, sondern nur auf zukünftige Beachtung seiner Sorgfaltspflichten im Hinblick auf die Schadensvermeidung durch ein Handeln Dritter (Beispiel Nr. 2). Die auf Unterlassen der konkreten Verletzungsform gerichtete Formulierung beschränkt sich auf ein konkret bezeichnetes Werk, beispielsweise einem Film, ein Musikstück oder ein Album.

377 Zeitlich ist daran zu denken, dass eine Verpflichtung mit sofortiger Wirkung auch sofort einsetzt, die Folgenbeseitigung jedoch organisatorisch noch „nachglühen", also einen gewissen Zeitraum in Anspruch nehmen kann. Im Zweifel sollten solche Rechtsverletzungen, die aus der ursprünglichen Handlung resultieren wie etwa **Suchmaschineneinträge beseitigter Inhalte** von Internetseiten, ausdrücklich ganz oder für einen absehbaren Zeitraum ausgenommen werden, um jedes Risiko eines Wiederholungsfalls und damit Verstoß gegen den Unterlassungsvertrag auszuschießen.

378 Ein häufiger Fehler in Bezug auf die Erfüllung **von Löschungspflichten** bei rechtswidrigen Inhalten von Webseiten, etwa Fotografien ist der Umstand, dass **lediglich die Verlinkung** zu der rechtsverletzenden Datei aus dem html-Code entfernt wird, während die eigentliche Datei noch auf einem Server vorhanden ist. Ist diese Datei anschließend durch direkte **Eingabe der korrekten URL** auch außerhalb der eigentlichen Webseite immer noch aufrufbar, liegt ein Fall Wiederholungsfall vor, der die Vertragsstrafe auslöst.[422]

379 Nach der **Kerntheorie**[423] erstreckt sich eine Formulierung auch auf ähnliche Verstöße, solange sie kerngleich sind, dh eine ausufernde Formulierung ist nicht notwendig. Schränkt der Schuldner seine Formulierung aber zu stark ein, können Zweifel an deren Ernstlichkeit aufkommen. Ein Patentrezept gibt es nicht, so dass der sicherste Weg immer die Orientierung und Beschränkung auf die konkrete Verletzungsform ist.

380 Nicht selten wird versucht, eine Abmahnung unter Hinweis auf § 174 BGB zurückzuweisen, wenn keine **Vollmacht** beigefügt ist. Nach hM soll § 174 BGB aber nicht gelten, wenn der Abmahnung ein Entwurf für eine Unterlassungserklärung beigefügt ist, da es sich dann um ein Vertragsangebot und nicht mehr um ein bloß einseitiges Rechtsgeschäft handelt.[424]

381 Die Abmahnung muss mit einer **angemessenen Fristsetzung** verbunden werden. Der Schuldner muss ausreichend Gelegenheit haben, anwaltlichen Rat einzuholen. Die Länge der Frist hängt vom Einzelfall ab. Mahnt der Gläubiger erst kurz vor Ablauf der Dringlichkeitsfrist ab und reicht seinen Antrag auf Erlass einer einstweiligen Verfügung rechtzeitig ein, riskiert er, dass der Schuldner bei sofortigem Anerkenntnis die negative Kostenfolge des **§ 93 ZPO** herbeiführt. Dies kann im Einzelfall Vorteile bieten, jedoch ist der Mandant über die Kostenrisiken aufzuklären.

382 Umstritten ist auch, ob eine Abmahnung dem Schuldner **zugehen** muss[425] oder ob die Absendung genügt.[426] Der sicherste Weg ist ein Zugangsnachweis, weil die Gerichte dies offenbar vermehrt verlangen.[427]

383 Die **Vertragsstrafe** kann fest vereinbart werden oder nach dem **Hamburger Brauch** als Rahmen, nach dem **modifizierten Hamburger Brauch** auch mit einer **Obergrenze**. Der Rahmen sollte mindestens das Zweifache der angemessenen festen Vertragsstrafe betragen. Nicht richtig wäre eine Formulierung, die die Festsetzung dem Gericht überlässt. Aber auch

---

[422] Vgl. OLG Hamburg Urt. v. 10.12.2008 – 5 U 224/06, ZUM 2009, 642; LG Berlin Urt. v. 30.3.2010 – 15 O 341/09; AG Charlottenburg Urt. v. 28.2.2011 – 204 C 14/10.
[423] Vgl. BGH Beschl. v. 16.11.1995 – ZR 229/93, GRUR 1997, 379 – Wegfall der Wiederholungsgefahr; BGH Urt. v. 10.7.1997 – I ZR 62/95, GRUR 1998, 483 – Der M.-Markt packt aus; OLG Köln Urt. v. 11.11.2010 – 6 W 157/10, WRP 2011, 112.
[424] Vgl. Köhler/Bornkamm/*Köhler* § 12 Rn. 1.25 mN, Rn. 1.27a mit Hinweis auf BGH Urt. v. 19.5.2010 – I ZR 140/08, GRUR 2010, 1120; LG Schweinfurt Urt. v. 25.10.2013 – 5 HK O 57/12, Rn. 21.
[425] Vgl. Köhler/Bornkamm/*Bornkamm* § 12 Rn. 1, 29 ff.
[426] Vgl. *Teplitzky* Kap. 41 Rn. 6.
[427] Vgl. OLG Dresden WRP 1997, 2101; KG WRP 1994, 39; OLG Dresden Beschl. v. 10.9.1997 – 14 W 854/97; KG Beschl. v. 21.10.1993 – 25 W 5805/93.

eine fest vereinbarte Vertragsstrafe ist trotz der Regelung des § 348 HGB an den Grundsatz von Treu und Glauben gebunden und damit nach § 242 BGB von einem Gericht überprüfbar.[428] Es ist wohl auch vertretbar, § 348 HGB abzubedingen und auf § 343 BGB hinzuweisen. Der Hamburger Brauch hat gewisse Vorteile: Die Festlegung der Strafe im Wiederholungsfall kann die individuellen Umstände der Verletzungshandlung berücksichtigen. Auch aus der Sicht des Schuldners hat sie einen Vorteil: Der Gläubiger wird oft zur Vermeidung eines Teilunterliegens eher eine vorsichtig bemessene Strafe einklagen. Die Vertragsstrafe muss dem Gläubiger und nicht etwa einem gemeinnützigen Dritten versprochen werden.[429] Die **beliebte Höhe von EUR 5.001,–** hat allein den Zweck, im Wiederholungsfall die **Landgerichte** anrufen zu können (§§ 23 Ziffer 1, 71 Abs. 2 GVG) und hat nichts mit der Angemessenheit zu tun. Ob § 13 Abs. 1 UWG, der alle Streitigkeiten aus dem UWG den Landgerichten zuweist, auch für die Geltendmachung von Vertragsstrafenansprüchen gilt, ist noch nicht höchstrichterlich geklärt. Allerdings sollten Formulierungen wie „... eine vom Gläubiger festzusetzende, angemessene Vertragsstrafe, deren Billigkeit vom zuständigen *Land*gericht überprüft werden kann ..." vermieden werden, da manche Gerichte beim späteren Streit über die Verwirkung der Vertragsstrafe hinsichtlich des genannten Gerichts **nicht nur eine Gerichtsstandsvereinbarung** annehmen, sondern auch Rückschlüsse auf die **Mindesthöhe der Vertragsstrafe ziehen.[430]

Praxistipp:

Sitzt der Unterlassungsschuldner im Ausland und handelt es sich bei den Parteien um Kaufleute, empfiehlt es sich aus Sicht des inländischen Gläubigers, zu versuchen, in die Unterlassungserklärung eine Gerichtsstandsvereinbarung und Vereinbarung über den Erfüllungsort im Inland aufzunehmen. Denn die Pflicht zur Zahlung einer Vertragsstrafe, die aus einem Verstoß gegen eine Unterlassungsverpflichtungserklärung folgt, ist eine rein schuldrechtliche Verpflichtung. Deshalb finden auf sie die allgemeinen internationalprivatrechtlichen Regeln über das sog Vertragsstatut Anwendung, nicht aber das spezielle Schutzlandprinzip. Bei Wohnsitz des Verpflichteten im Ausland außerhalb des Vertragsgebiets der EuGVVO bzw. des Lugano-Übereinkommens ist die internationale und örtliche Zuständigkeit deutscher Gerichte nach dem (nach deutschem Recht zu ermittelnden) Erfüllungsort zu bestimmen (§ 269 BGB, § 29 ZPO). Daraus ergibt sich ein Erfüllungsort für die Vertragsstrafe am Auslandswohnsitz des Schuldners und damit einer Verneinung der internationalen und örtlichen Zuständigkeit des angerufenen deutschen Gerichts.[431]

Hiervon zu unterscheiden ist der im Wiederholungsfall neu entstehende Unterlassungsanspruch, für den ein deliktischer Gerichtsstand im Inland gegeben sein kann. Für Schuldner im Anwendungsbereich der EuGVVO ergibt sich nach Auffassung des BGH aus der Wendung „Ort, an dem das schädigende Ereignis eingetreten ist" in Art. 5 Nr. 3 EuGVVO aF[432] bzw. Art. 7 Nr. 2 EUGVVO n. F. sowohl eine örtliche Gerichtszuständigkeit am Ort des ursächlichen Geschehens als auch dem Ort der Verwirklichung des Schadenserfolgs.[433]

Dabei ist auch das Problem des **Fortsetzungszusammenhangs** zu berücksichtigen. Manche Gläubiger verlangen eine Formulierung, nach der diese Einrede ausgeschlossen wird. Davon

---

[428] Vgl. BGH Urt. v. 18.9.1997 – I ZR 71/95, GRUR 1998, 471 – Modenschau im Salvatorkeller; BGH Urt. v. 18.9.1997 – I ZR 71/95.
[429] Vgl. BGH Urt. v. 27.5.1987 – I ZR 153/85, GRUR 1987, 748 – Getarnte Werbung II; BGH Urt. v. 27.5.1987 – I ZR 153/85.
[430] LG Hamburg Urt. v. 2.10.2009 – 310 O 281/09, MMR 2010, 144 – Benennung des Amtsgerichts bedeutet Höchstgrenze EUR 5.000.
[431] Vgl. LG München I Urt. v. 21.2.2007 – 21 O 10626/06, ZUM-RD 2008, 310.
[432] Neufassung der VO (EU) Nr. 1215/2012 vom 12. Dezember 2012, gültig seit 15.1.2015 in Aufhebung der VO (EG) Nr. 44/2001.
[433] BGH Urt. v. 12.12.2013 – I ZR 131/12, Rn. 17; EuGH Urt. v. 7.3.1995 – C-68/93, Slg. 1995, I-415 = GRUR-Int. 1998, 298 Rn. 20 – Shevill; EuGH Urt. v. 25.10.2011 – C-509/09 und C-161/10, Slg. 2011, I-10269 = GRUR 2012, 300 Rn. 41 = WRP 2011, 1571 – eDate Advertising/X und Martinez/MGN; EuGH Urt. v. 19.4.2012 – C-523/10, GRUR 2012, 654 Rn. 19 – Wintersteiger/Products 4U; BGH Urt. v. 30.3.2006 – I ZR 24/03, BGHZ 167, 91 Rn. 21 – Arzneimittelwerbung im Internet.

hängt der Wegfall der Wiederholungsgefahr nicht ab, so dass die **Formulierung überflüssig** ist.[434] Der Begriff ist **veraltet** und wird durch die **natürliche Handlungseinheit** ersetzt. Der Begriff entstammt dem Strafrecht und stellt insoweit keine verzichtbare Einrede dar.[435] Stellt sich eine Verletzung mit einer Vielzahl von Einzelakten im rechtlichen Sinn als Handlungseinheit dar, handelt es sich auch nur um einen Verstoß. Die feste Vertragsstrafe wird danach nur einmal verwirkt, während die flexible Regelung eine Korrektur nach oben erlaubt.[436]

386 Häufig wird die Verpflichtung zur **Erteilung von Auskünften** in den Entwurf zur Unterlassungserklärung, dh in das Angebot zum Abschluss eines Unterlassungsvertrages mit aufgenommen. Zur Beseitigung der Wiederholungsgefahr ist aber nur die strafbewehrte Unterlassung erforderlich (die allerdings ein positives Tun, etwa innerbetriebliche Maßnahmen, zur Folge haben kann), nicht aber die Eingehung weitergehender Verpflichtungen. Der Schuldner muss hier zunächst abwägen, ob es sich um eine offensichtliche Rechtsverletzung handelt. Dann kann der Gläubiger vor allem in den Fällen des § 101 UrhG die Auskunft sogar im Eilverfahren durchsetzen, obwohl dadurch ausnahmsweise die Hauptsache vorweggenommen wird. Dann muss der Schuldner beachten, dass er sich nur im gesetzlichen Umfang verpflichtet und ein Anspruch etwa auf Rechnungslegung weitergeht als der einfache Auskunftsanspruch.

387 Häufig wird auch die Verpflichtung zur Zahlung von Schadensersatz dem Grunde nach in den Entwurf eines Unterlassungsvertrages mit aufgenommen. Der Unterschied zwischen einer rein verpflichtenden Formulierung und der Formulierung „… erkennt an, dem Grunde nach Schadensersatz zu schulden …" ist, dass ein Anerkenntnis über eine bloße Verpflichtung hinausgeht und letztlich über die Verletzungshandlung hinaus die Anspruchsberechtigung des Gläubigers bestätigt und damit spätere Einweisungen im Prozess abschneidet. Zur Beseitigung der Wiederholungsgefahr ist nur die strafbewehrte Unterlassung erforderlich. Der Schuldner muss sich nicht einlassen und riskiert auch keine einstweilige Verfügung, da dieser Anspruch nicht im Eilverfahren durchsetzbar ist. Allerdings kann der Gläubiger das Hauptsacheverfahren einleiten.

388 Bei der **Annahme der Unterwerfungserklärung** unterlaufen ebenfalls häufig Fehler. Wie jeder Vertrag ist der Unterlassungsvertrag annahmebedürftig. Nimmt der Schuldner die angebotene Erklärung unverändert an, ist der Vertrag zustande gekommen. Hat der Schuldner den Text des Entwurfs geändert, liegt eine Ablehnung des ursprünglichen Angebots gemäß § 150 Abs. 2 BGB unter Unterbreitung eines neuen Angebots nach § 150 Abs. 1 BGB vor. Dieses muss dem Gläubiger dann naturgemäß auch zugehen, um wirksam zu werden. Die Annahmebedürftigkeit hingegen darf nicht mit dem Erfordernis des Zugangs einer Bestätigung gleichgesetzt werden. Hierauf kann der Erklärende verzichten. Eine Unterlassungserklärung ist auch noch nach Jahren annahmefähig, was häufig in späteren Auseinandersetzungen über die Verwirkung der Vertragsstrafe vergeblich in Frage gestellt wird.

389 Die hM sieht in der strafbewehrten Unterlassungserklärung ein **abstraktes Schuldversprechen,** für das nach § 780 BGB Schriftform erforderlich ist. Nur bei Kaufleuten ist letztere entbehrlich wegen § 350 HGB. Auch die verspätet, also nach Ablauf der gesetzten Frist erklärte unveränderte Annahme, stellt – das Angebot war ja hinfällig – ein neues Angebot dar. Der Gläubiger muss dieses neue Angebot noch annehmen, am besten durch ein ausdrückliches Annahmeschreiben. Anders als bei der fristgerechten Rücksendung der unveränderten Erklärung gelten hier „umgekehrte Vorzeichen". Äußert sich der Gläubiger hierzu nicht, fehlt es an der erforderlichen Annahmeerklärung und der gewollte Vertrag kommt nicht zustande. Die Wiederholungsgefahr ist beseitigt, denn die (einseitig gebliebene) Erklärung des Schuldners reicht hierzu aus. Das Vertragsstrafenversprechen ist jedoch nicht zustande gekommen und der Gläubiger hat dennoch kein Rechtsschutzbedürfnis für eine Klage wegen des Erstverstoßes mehr. Im Wiederholungsfall hat der Gläubiger dann keinen Anspruch auf die Vertragsstrafe und muss erst erneut abmahnen bzw. die Gerichte anrufen. All dies vermag zuweilen den Gläubiger dazu zu verleiten, auf eine Abmahnung ganz zu verzichten. Dies ist aber nur empfehlenswert, wenn ein Überraschungseffekt erzielt werden soll, etwa

---

[434] Vgl. BGH Urt. v. 10.12.1992 – I ZR 186/90, WRP 1993, 240 – Fortsetzungszusammenhang.
[435] Vgl. BGH Urt. v. 25.1.2001 – I ZR 323/98, GRUR 2001, 758 – Trainingsvertrag.
[436] Vgl. OLG Köln Urt. v. 28.5.2003 – 6 U 17/03, WRP 2004, 387 – Werbung in Arztpraxen.

im Eilverfahren bei Pirateriefällen, wenn noch dazu ein Besichtigungsanspruch schnell durchgesetzt werden soll. Für manchen Schuldner stellt sich überdies die Frage, ob er sich überhaupt unterwerfen oder nicht besser verurteilen lässt. Denn dann ist die Motivation des Gläubigers, eine Vertragsstrafe im Widerholungsfall einzuklagen, nicht gegeben. Ein Ordnungsgeld hingegen fließt dem Staat zu.

Die neue Regelung des § 12 UWG und des § 97a Abs. 1 UrhG, wonach vor der Einleitung gerichtlicher Maßnahmen im Regelfall abgemahnt werden soll, gestaltet als Sollvorschrift die **Abmahnung als bloße Obliegenheit** des Gläubigers. Ob ein Verzicht auf eine Abmahnung ohne wichtigen Grund dazu führt, dass die Gerichte keine Beschlussverfügungen mehr ohne Anhörung des Gegners erlassen sollen, ist ungeklärt.[437] Wegen der Kostenrisiken bei sofortiger Anerkennung des Schuldners – dies gilt auch im Hauptsacheverfahren – und auch wegen der Tatsache, dass dem Gläubiger nur die Vertragsstrafe zufließt, nicht aber ein Ordnungsgeld, überwiegen die Vorteile der Abmahnung mit Ausnahme der Überraschungsfälle. Der sicherste Weg ist es – wenn man schon auf eine Abmahnung verzichtet – einen wichtigen Grund hierfür vorsorglich darzulegen. Sollte sich die oben beschriebene Auffassung durchsetzen, ist auch der Nachweis des Zugangs der Abmahnung unumgänglich.

Die Möglichkeit, dass der nicht unterwerfungswillige Schuldner eine **Schutzschrift** einreicht, dürfte keinen Nachteil darstellen, da er brauchbare Argumente im Widerspruchsverfahren bzw. im Hauptsacheverfahren ohnehin vorbringen wird. Außerdem ist der Erlass von einstweiligen Beschlussverfügungen im Urheberrecht zumindest dann, wenn es sich nicht um offenkundige Rechtsverletzungen handelt, für den Gläubiger wegen der möglichen Haftung nach § 945 ZPO nicht ungefährlich, weshalb die Anberaumung eines Termins zur mündlichen Verhandlung und damit ein Übergang ins Urteilsverfahren ohnehin die Praxis einiger Gerichte ist. Der Schuldner kann nach Erhalt der Abmahnung seinerseits negative Feststellungsklage erheben, auch nach Erlass einer einstweiligen Verfügung. Diese wiederum erledigt sich, wenn der Gläubiger seinerseits ins Hauptsacheverfahren übergeht.

Finden in der **Zwischenphase** während des Fristlaufs zur Annahme des vom Schuldner geänderten Angebots zum Abschluss eines Unterlassungsvertrages weitere Verletzungshandlungen statt (dh der Schuldner hat eine geänderte Unterwerfungserklärung abgegeben, die noch nicht angenommen wurde oder sogar vor Erhalt des Abmahnschreibens ein erstes Angebot unterbreitet), ist nach Auffassung des BGH zu unterscheiden: Die Vertragsstrafe wird erst verwirkt, wenn der Abmahner das **Angebot angenommen** hat.[438] Fraglich kann im Einzelfall allenfalls sein, ob der Abmahngegner gemäß § 151 BGB auf den **Zugang der Annahmeerklärung** verzichtet hat. Dann wäre ein nach außen hervortretendes Verhalten des Empfängers erforderlich, aus dem der Annahmewille unzweideutig hervorgeht.[439] Wird das Angebot zunächst durch einen **vollmachtlos handelnden Stellvertreter** des Gläubigers angenommen und erst später durch den Gläubiger genehmigt, führt die gemäß § 184 Abs. 1 BGB anzunehmende Rückwirkung der Genehmigung nicht dazu, dass eine Vertragsstrafe für in der Schwebezeit begangene Verstöße gegen den Unterlassungsvertrag verwirkt ist.[440]

Der Gläubiger kann aber – die Dringlichkeitsfrist im Auge behaltend – die Annahme der bisherigen Erklärung noch ablehnen und die Erklärung an die neuen Verhältnisse anpassen. Manche Gläubiger besorgen sich auch eine **Schubladenverfügung** und mahnen erst nachträglich ab. Unterwirft sich der Schuldner dann nicht, sind die Kosten der Abmahnung nicht erstattungsfähig, weil sie der Vermeidung eines Rechtsstreits dienen, welcher hier aber schon in Gang war. Da die Verfügung nicht eher zugestellt wird, hat der Gläubiger auch deren Kosten selbst zu tragen.

Hat sich der Schuldner wegen desselben Verstoßes bereits gegenüber einem **Dritten** unterworfen, schuldet er keine erneute Unterlassung.[441] Bei Urheberrechtsverletzungen dürfte dies jedoch praktisch nur selten vorkommen, weil in der Regel nur ein Rechtsinhaber betroffen ist.

---

[437] So neuerdings Köhler/Bornkamm/*Bornkamm* § 12 Rn. 1.59.
[438] BGH Urt. v. 18.5.2006 – I ZR 32/03.
[439] BGH Urt. v. 7.5.1979 – II ZR 210/78, BGHZ 74, 352 (356); BGH Urt. v. 28.3.1990 – VIII ZR 258/89, BGHZ 111, 97 (101); BGH Urt. v. 10.2.2000 – IX ZR 397/98, NJW 2000, 1563.
[440] BGH Urt. v. 17.11.2014 – I ZR 97/13 – Zuwiderhandlung während Schwebezeit.
[441] Vgl. BGH Urt. v. 22.6.1989 – I ZR 120/87, GRUR 1989, 758 – Gruppenprofil.

395 In seltenen Fällen kann eine einzige Verletzungshandlung die Rechte mehrerer Rechtsinhaber verletzen, beispielsweise beim öffentlichen Zugänglichmachen einer einzelnen Datei, die mehrere Musikstücke beinhaltet.

396 In einem solchen Fall ist fraglich, ob der **Einwand der Drittunterwerfung** auch dann greift, wenn der Schuldner sich gegenüber dem ersten von mehreren Abmahnern verpflichtet hat, die Datei im Ganzen nicht mehr öffentlich zur Verfügung zu stellen. Dagegen spricht, dass im Wiederholungsfall der erste Abmahner nur hinsichtlich des zu seinen Gunsten geschützten Liedguts Urheberrechte hat. Dafür spricht, dass nicht mehr die Gesetzesverletzung, sondern der Unterlassungsvertrag die Reichweite der Rechte des Gläubigers bestimmt und hier ganz im Sinne der Drittunterwerfung ausreichend weit reicht.[442]

397 Um hier einem Missbrauch vorzubeugen, obliegt dem Schuldner eine umfassende Aufklärungspflicht über die **Erstunterwerfung** durch Nennung des Erstabmahners, Bekanntgabe des Inhalts der Erstunterwerfung und damit auch der Höhe der vereinbarten Vertragsstrafe.[443] In dem vom BGH entschiedenen Fall hatte der Abgemahnte dies zunächst verschwiegen und dann erst vor Gericht eingewandt. Nach Auffassung des BGH waren dem Schuldner die Verfahrenskosten aufzuerlegen, weil zwischen ihm und dem Abmahner eine Sonderverbindung bestand, die durch den Erhalt der Abmahnung begründet wurde. Allerdings handelt es sich bei dem Kostenerstattungsanspruch um einen materiell-rechtlichen Schadensersatzanspruch, der gesondert eingeklagt werden muss.

4. Die Folgen der Abmahnung

398 Unterwirft sich der Schuldner, kommt zwischen den Parteien ein Vertrag zustande, für den die „normalen" Regeln wie etwa die Vorschriften zur Geschäftsfähigkeit, die Irrtumslehre, § 242 BGB und die Lehre der Geschäftsgrundlage gelten. Der Schuldner kann sich ohne Anerkennung einer Rechtspflicht unterwerfen, solange er dennoch klarstellt, dass er sich ernsthaft an das zukünftige Verbot halten will. Dies empfiehlt sich zur Klarstellung, damit die Unterwerfung nicht den Anschein eines Anerkenntnisses erweckt. Je nachdem welche Pflichten der Vertrag enthält, muss der Schuldner bereits jetzt aktiv werden, etwa wenn die Unterlassungsverpflichtung nur durch Tätigwerden erfüllt werden kann oder wenn eine Auskunftsverpflichtung besteht. Die Wiederholungsgefahr entfällt ebenso wie das Rechtsschutzbedürfnis für die Anrufung der Gerichte wegen des Erstverstoßes. Erfüllt der Schuldner seine Pflichten nicht, kann und muss der Gläubiger **aus Vertrag klagen**. Verstößt der Schuldner durch weitere Verletzungshandlungen gegen den Vertrag, kann der Gläubiger aber auch parallel erneut abmahnen, diesmal mit einer erheblich höheren Vertragsstrafe.

399 Unterwirft sich der Schuldner nicht und möchte der Gläubiger das Eilverfahren einleiten, muss er auf den Lauf der **Dringlichkeitsfrist** achten. Daneben hat der Gläubiger auch die zumindest im Anwendungsbereich des UWG kurzen **Verjährungsfristen** im Auge zu behalten. Ist die Schutzrechtsverwarnung nach Meinung des Schuldners ungerechtfertigt, kann er **negative Feststellungsklage** einreichen. Will er nur die Erstattung seiner Anwaltskosten für die Zurückweisung der Verwarnung ersetzt haben, kann er auch dies nach §§ 249ff. BGB versuchen, wird aber dann den ganzen Rechtsstreit inzidenter führen müssen. Handelt es sich um eine lediglich auf Vorschriften des UWG gestützte Abmahnung, hat der Schuldner keinen Anspruch auf Kostenerstattung. Die negative Feststellungsklage des Schuldners hemmt nicht die Verjährung der Ansprüche des Gläubigers.

5. Die Kosten des außergerichtlichen Verfahrens

400 Die **berechtigte Abmahnung** löste nach früherem Recht einen Kostenerstattungsanspruch entweder aus Geschäftsführung ohne Auftrag oder aus § 823 iVm §§ 249ff. BGB aus. Nunmehr ist der Anspruch auf Kostenerstattung in **§ 12 Abs. 1 S. 2 UWG** geregelt, der Rückgriff auf die Geschäftsführung ohne Auftrag ist jedenfalls in UWG-Fällen nicht mehr

---

[442] Vgl. auch: OLG Köln Urt. v. 11.11.2010 – 6 W 157/10, WRP 2011, 112.
[443] Vgl. BGH Urt. v. 19.6.1986 – I ZR 65/84, GRUR 1987, 54 – Aufklärungspflicht des Abgemahnten.

erforderlich. Im **Urheberrecht** ergibt er sich seit 1.9.2008 aus § 97a Abs. 1 UrhG in der Fassung vom 8.10.2013.[444] Es ist keine Analogie oder ein Rückgriff mehr auf andere Vorschriften erforderlich.[445]

§ 97a UrhG entspricht nun der gesetzlichen Sonderregelung in § 12 Abs. 1 S. 2 UWG, nur **401** eben außerhalb des Wettbewerbsrechts. Hinzu kommt die Kostenbeschränkung, wenn ein Verbraucher von der Abmahnung betroffen ist. Hinzu kommt die Kostenbeschränkung, wenn ein Verbraucher von der Abmahnung betroffen ist. Der Gesetzgeber hat wie in § 12 UWG nur die Grundsätze nochmals ausdrücklich anerkannt, die zuvor die Rechtsprechung zum Anspruch auf Erstattung der Abmahnkosten im Rahmen der Geltendmachung von Unterlassungsansprüchen bereits entwickelt hatte.[446] Die Kostenerstattung nach GoA ist nicht an einen Verschuldensnachweis geknüpft, was in UrhG-Fällen ganz entscheidend sein kann. Die nach § 8 Abs. 2 Nr. 2–4 UWG klagebefugten Institutionen haben bei einfachen bis mittelschweren Rechtsverletzungen nicht mehr ohne weiteres einen Erstattungsanspruch auf Anwaltskosten, weil sie nach Auffassung des Gesetzgebers regelmäßig über eine eigene Personalausstattung verfügen.[447] Bei Mitbewerbern ist die Einschaltung eines Anwalts regelmäßig erforderlich.[448] Die Erstattungsansprüche im UWG unterliegen der kurzen 6-monatigen Verjährung nach § 11 Abs. 1 UWG, die aus dem UrhR nicht.

Bei Erlass einer einstweiligen Verfügung verjährt der auf die Verfahrensgebühr anrechenbare Teil der Geschäftsgebühr (VV 2400 iVm der Vorb. zu Teil 3 Abs. 4) auch im Wettbewerbsrecht nicht kurz, weil diese Kosten in den Kosten des Rechtsstreits aufgehen und der prozessuale Kostenerstattungsanspruch erst mit Ende des Verfahrens zu verjähren beginnt. Der nicht anrechenbare Teil der Geschäftsgebühr ist sofort mit der Abmahnung fällig, Verjährungsbeginn sofort. Weil wohl die meisten Gerichte eine Festsetzung ablehnen (str.), sind diese Kosten im Wettbewerbsrecht unbedingt rechtzeitig gesondert geltend zu machen.[449] **402** Zuständig für die Abmahnkostenklage (str.) sind wohl nach §§ 13 Abs. 1, 12 Abs. 2 UWG die Landgerichte. Es besteht kein direkter Anspruch des Anwalts gegen den Abgemahnten, sondern er macht einen Erstattungsanspruch seines Mandanten geltend, daher keine Kostenberechnung nach § 10 RVG, keine Rechnung nach § 14 UStG, keine fortlaufende Nummer (§ 14 Abs. 4 Nr. 4 UStG).[450] Die Erstattungspflicht für Anwaltskosten setzt nach Auffassung des OLG Hamburg nicht zwingend voraus, dass der Rechtsanwalt des Verletzten die Rechnung in dieser Sache bereits gegenüber seinem Mandanten geltend gemacht und dieser die Gebührenforderungen beglichen hat. Der in diesem Fall zunächst bestehende **Befreiungsanspruch** nach § 249 BGB verwandelt sich in einen **Zahlungsanspruch,** wenn der Gegner eindeutig zu erkennen gibt, dass er die Erfüllung ablehnt.[451] Der Anwalt, der für den unterlassungspflichtigen Mandanten einen Ausgleich der gegnerischen Gebühren kategorisch ablehnt, riskiert somit stets eine Zahlungsklage des Gegners, ohne mit dem Einwand gehört zu werden, es handele sich nur um einen Befreiungsanspruch. Darauf sollte zumindest der Mandant hingewiesen werden. Geschickter ist es, eine Kostenerstattung dem Grunde nach anzukündigen, wenn der Gläubiger den Beweis führt, seinen Anwalt bezahlt zu haben. Dies kann zumindest in Einzelfällen bei **kollusivem Zusammenwirken** des abmahnenden Anwalts mit seinem Mandanten dazu führen, dass sich die Sache von selbst erledigt, weil dort von Anfang an vereinbart ist, dass intern keinerlei Zahlungen fließen sollen. Der Ansatz der Mehrwertsteuer ist nur bei nicht zum Abzug der Vorsteuer berechtigten Mandanten (zB Verbraucher, Ärzte) zulässig. Ansonsten ist die Mehrwertsteuer kein Schaden, sondern durchlaufender Posten. Vereine nach § 8 Abs. 3 Nr. 2 UWG können ihre Kostenpauschale mit Mehrwertsteuer versehen.[452]

---

[444] Im einzelnen *Witte* ITRB 2014, 56.
[445] Vgl. zur früheren Rechtslage BGH Urt. v. 4.10.1990 – I ZR 39/89, WRP 1991, 159 – Zaunlasur.
[446] Vgl. Köhler/Bornkamm//*Bornkamm* § 12 Rn 1.77 f., 1.85 ff.
[447] Vgl. BT-Drs. 15/1487, S. 25 und unten.
[448] BGH Urt. v. 6.5.2004 – I ZR 2/03, NJW 2004, 2448.
[449] Vgl. mwN Zöller/*Herget* § 91 Rn. 13.
[450] Vgl. *Diekmann* Beck'sche Formularsammlung zum gewerblichen Rechtsschutz, Kap. VII. 1, S. 384.
[451] OLG Hamburg Urt. v. 27.2.2007 – 7 U 93/05, OLGR Hamburg 2008, 383.
[452] Vgl. BGH Urt. v. 9.11.1995 – I ZR 212/93, GRUR 1996, 290.

403 Der **Gebührenrahmen** beträgt nach VV 2400 0,5–2,5. Hatte der Anwalt bereits einen unbedingten Prozessauftrag, wovon bei dem „Versuch" einer Abmahnung mit dem Ziel einer außergerichtlichen Einigung nicht auszugehen ist (bedingter Prozessauftrag), beträgt die Gebühr nur 0,8. Führt der Anwalt nach Erteilung des unbedingten Prozessauftrages Gespräche mit dem Gegner mit dem Ziel der außergerichtlichen Einigung, fällt die Terminsgebühr VV 3104 mit 1,2 an.[453] War noch kein unbedingter Prozessauftrag erteilt, ist es jedoch vertretbar, die nicht anfallende Terminsgebühr bei dem Rahmen nach VV 2400 erhöhend zu berücksichtigen. Der Gegenstandswert sollte im Gerichtsverfahren derselbe Wert sein wie im Abmahnverfahren, Teilansprüche sollten einzeln angegeben werden. Der Gläubiger kann, wenn er dies ausdrücklich so kennzeichnet, dem Schuldner bei der Abmahnung entgegenkommen, indem er den Erstattungsanspruch (in Absprache mit dem Mandanten) aus einem niedrigeren Wert berechnet oder seinen Gebührenrahmen nicht voll ausschöpft.

404 Das gesetzliche Verbot anwaltlicher **Erfolgshonorare** ist mit Art. 12 Abs. 1 GG nicht vereinbar, insoweit es selbst dann zu beachten ist, wenn der Rechtsanwalt mit der Vereinbarung einer erfolgsbasierten Vergütung besonderen Umständen in der Person des Auftraggebers Rechnung trägt, die diesen sonst davon abhielten, seine Rechte zu verfolgen. Der Gesetzgeber hat einer entsprechenden Entscheidung des Bundesverfassungsgerichts durch Schaffung des § 4a RVG ab 1.7.2008 Rechnung getragen.

405 Die Abmahnung löst für den Mandanten die Geschäftsgebühr nach VV 2300 aus, für den Gegner einst einmal gar nichts, weil die Beseitigung der Wiederholungsgefahr nicht von einer Verpflichtung zur Kostenübernahme abhängt. Unterwirft sich der Schuldner nicht und erhebt der Gläubiger Klage, kann und muss die nicht anrechenbare Hälfte der Geschäftsgebühr gesondert eingeklagt werden. Unterwirft sich der Schuldner ausreichend, aber unter Verwahrung gegen die Kostenlast, muss der Gläubiger seinen Erstattungsanspruch einzeln, in der Regel vor einem Amtsgericht einklagen. Davor schrecken einige Gläubiger zumindest in schwierigen Fällen zurück, weil der ganze Streitfall quasi inzidenter zu überprüfen ist, um festzustellen, ob ein Anspruch aus Geschäftsführung ohne Auftrag oder nach §§ 249 ff. BGB besteht.

406 § 8 Abs. 4 UWG regelt neuerdings die Voraussetzungen, unter denen ein **Missbrauch** anzunehmen ist. Daneben bleibt § 242 BGB für die nicht erfassten, aber aus sonstigen Gründen sittenwidrigen Fälle anwendbar. Kein Anspruch besteht danach in seltenen Ausnahmefällen, in denen standard- und routinemäßig immer nur ein und derselbe Verstoß für den einzigen Berechtigten mittels „Textbausteinen" abgemahnt wird.[454] Teilweise wird auch von einem Rechtsmissbrauch ausgegangen, wenn einem Anwalt die Überwachung des Markts und die Verfolgung von Verstößen weitgehend ohne Kontrolle durch den Auftraggeber überlassen bleibt, er also das Abmahngeschäft „in eigener Regie" betreibt.[455] Die Voraussetzungen einer Massenabmahnung hat der Betroffene nachzuweisen.

407 Werden Rechtsfragen mit einem hohen Schwierigkeitsgrad relevant, etwa angesichts einer (noch) unklaren gesetzlichen Grundlage, ist dem Rechtsinhaber eine Abmahnung ohne anwaltliche Hilfe nicht zuzumuten, selbst wenn es sich um eine Vielzahl ähnlicher Fälle handelt. Bei Unternehmen mit einer eigenen Rechtsabteilung, die damit (theoretisch) in der Lage sind, typische Verstöße ohne anwaltlichen Rat zu erkennen, soll ein Ersatz von Abmahnkosten ausscheiden.[456] Unter Berücksichtigung von § 254 Abs. 2 S. 1 BGB besteht jedoch wohl keine Pflicht, eine entsprechend geschulte Arbeitskraft vorzuhalten, nur um dem Verletzer die Kosten der Inanspruchnahme eines Rechtsanwalts zu ersparen. Es verbleibt

---

[453] Vgl. *Bischof* JurBüro 2004, 296.
[454] Vgl. etwa die routinemäßige Abmahnung des Vertriebs des „ftp-Explorers" in Serienabmahnungen OLG Düsseldorf Urt. v. 20.2.2001 – 20 U 194/00, NJW-RR 2002, 122; ähnlich AG Bad Kreuznach Urt. v. 15.4.1999 – 2 C 1586/98, NJWE-WettbR 1999, 207; restriktiver: OLG Hamm Urt. v. 15.5.2001 – 4 U 33/01, MMR 2001, 611; BGH Urt. v. 6.5.2004 – I ZR 2/03, NJW 2004, 2448 – Selbstbeauftragung eines Rechtsanwalts zur Verfolgung eines Verstoßes gegen die Berufsordnung der Rechtsanwälte.
[455] OLG Düsseldorf Urt. v. 20.2.2001 – 20 U 194/00, NJW-RR 2002, 122 (123) mwN; Köhler/Bornkamm/*Köhler* § 8 Rn. 4.12.
[456] Str., vgl. etwa Köhler/Bornkamm/*Köhler* § 9 Rn. 1.29 und ähnlich zuvor bereits AG Kaiserslautern Urt. v. 16.4.2004 – 3 C 2565/03, GRUR-RR 2005, 39.

auch bei Vorhandensein einer eigenen Rechtsabteilung die Ersatzfähigkeit von Anwaltsabmahnkosten.[457] Das Vorhandensein einer Rechtsabteilung rechtfertigt allenfalls den Verzicht auf die Ersatzfähigkeit von Mehrkosten, wenn und soweit ein nicht am Prozessgericht ansässiger Anwalt beauftragt wird.[458]

Zu beachten ist, dass § 97a UrhG, der mit dem Gesetz gegen unseriöse Geschäftspraktiken vom 8.10.2013 eingeführt wurde, den erstmals 2008 eingeführten § 97a UrhG erneut zugunsten von Abmahngegnern modifiziert, vor allem, um als überhöht empfundene Kostenerstattungsansprüche bei Massenabmahnungen im Bereich des Filesharings einzudämmen. Die Neuregelung des § 97a UrhG geht im unveränderten Abs. 1 weiterhin davon aus, dass einer gerichtlichen Auseinandersetzung über einen Unterlassungsanspruch eine Abmahnung vorausgehen soll. Damit ist die Abmahnung weiterhin keine Prozessvoraussetzung und umgekehrt die nach Abs. 2 unwirksame Abmahnung kein Prozesshindernis.

§ 97a UrhG differenziert zwischen einer unberechtigten und unwirksamen Abmahnung. Unwirksam ist eine Abmahnung dann, wenn sie die näher bezeichneten formellen und inhaltlichen Mindestanforderungen nicht erfüllt. Der Verletzte kann dann in bestimmten Fällen selbst Erstattung seiner Abwehrkosten verlangen, während der Abmahner so behandelt wird, als hätte er nie abgemahnt. Im Prozess kann das dem Abgemahnten das Privileg des sofortigen Anerkenntnisses mit umgekehrter Kostenfolge nach § 93 ZPO retten. Auf den Schadensersatzanspruch im Übrigen (§ 97 Abs. 2 UrhG) hat die Regelung keinen Einfluss. Es wird nur die Kostenerstattung für die anwaltliche Dienstleistung begrenzt.

Ferner hat das OLG München[459] zur früheren Fassung des § 97a UrhG entschieden, dass den Abmahnenden eine **Sorgfaltspflicht** bei der Prüfung treffe, ob der Abmahngegner tatsächlich im „geschäftlichen Verkehr" gehandelt hat. Wer dies missachte, habe keinen Anspruch auf Kostenersatz.[460] Dies dürfte auf die Begriffe „gewerbliche oder selbständige berufliche Tätigkeit" übertragbar sein.

Eine weitere „Stellschraube" ist der **Streitwert**, der vor allem im Bereich von Rechtsverletzungen durch das öffentliche Zugänglichmachen von Musikstücken häufig mit 10.000 EUR angenommen wird. Der BGH hat jüngst in der WLAN-Entscheidung[461] Zweifel geäußert, weil dort lediglich ein einzelnes Musikstück betroffen und der Zugang Dritter zum Musikstück einmalig eröffnet war. Das als streng angesehene LG Hamburg[462] hat festgehalten, dass selbst bei dem Betreiber eines Filesharing-Servers, dessen Verhalten einen höheren Angriffsfaktor mit grundsätzlich anderer Qualität als etwa bei „Störern", die sich als Anschlussinhaber nach den Grundsätzen der Störerhaftung das deliktische Verhalten ihrer Kinder zurechnen lassen müssten, ein Streitwert von 20.000 EUR pro Lied gerechtfertigt sei. In anderen Entscheidungen hat das LG Hamburg die Streitwerte absteigend gestaffelt, je nach Menge der angebotenen Lieder.[463] Streitwertbemessung dient nicht der Sanktionierung von Störern. Deshalb seien in solchen Fällen ein Streitwert von 6.000 EUR für den ersten Titel, von je 3.000 EUR für den zweiten bis fünften Titel, von je 1.500 EUR für den sechsten bis zehnten Titel und von je 600 EUR für jeden weiteren Titel ausreichend.

X. Die einstweilige Verfügung

1. Statthaftigkeit

Einigkeit besteht darüber, dass auf den Gebieten des Sonderrechtsschutzes (zB § 104 UrhG) und im Wettbewerbsrecht (§ 12 Abs. 2 UWG) einstweilige Verfügungen erlassen werden können. Sicherungsverfügung (§ 935 ZPO) und Regelungsverfügung (§ 940 ZPO) haben keine prozessualen Unterschiede. Statthaft ist der Antrag insoweit immer. Der Gläu-

---

[457] Vgl. Köhler/Bornkamm/*Bornkamm* § 12 Rn. 1.92.
[458] BGH Beschl. v. 18.12.2003 – I ZB 18/03, GRUR 2004, 448.
[459] Beschl. v. 8.1.2008 – 29 W 2738/07, WRP 2008, 1384.
[460] ITRB 2009, 34.
[461] Urt. v. 12.5.2010 – I ZR 121/08, BGHZ 185, 330.
[462] Urt. v. 9.8.2007 – 308 O 273/07, ZUM 2007, 869.
[463] LG Hamburg Beschl. v. 25.1.2006 – 308 O 58/06, MMR 2006, 700.

biger – anwaltliche Hinweispflicht – muss sich jedoch darüber im Klaren sein, dass er wegen einer zu Unrecht erlassenen einstweiligen Verfügung später dem Schuldner verschuldensunabhängig schadensersatzpflichtig wird (§ 945 ZPO). Der Gläubiger stellt seinen Antrag nach § 940 ZPO, in besonderen Fällen der Dringlichkeit durch den Vorsitzenden allein (§ 944 ZPO), was nicht unbedingt beantragt werden muss, weil die Vorschrift v. A. w. zu beachten ist. Die sachliche Zuständigkeit richtet sich nach dem Streitwert, selten wird aber auch das Amtsgericht nach § 942 Abs. 1 ZPO angerufen.

413   Der neue § 97a UrhG stellt in Abs. 1 Satz 1 klar, dass eine voraus geschaltete Abmahnung ausgesprochen werden „soll". Eine Sollvorschrift begründet zwar keine echte Rechtspflicht und ist auch keine Prozessvoraussetzung, jedoch wird vor allem im Wettbewerbsrecht[464] vertreten, dass einstweilige Verfügungen ohne Einhaltung dieser Vorschrift außer in Fällen offensichtlicher Rechtsverletzungen, wenn kein Überraschungseffekt erforderlich ist, „nicht erlassen werden sollen".

2. Praktische Zuständigkeitsfragen

414   Die **sachliche Zuständigkeit** für die Landgerichte dürfte normalerweise gegeben ein, da die Streitwertgrenze von 5.000,– EUR regelmäßig überschritten wird. Hier hat sich vor allem im gewerblichen Bereich eine Praxis herausgebildet, recht hohe Streitwerte sehr grob zu schätzen. Ob beim Gegenstandswert wegen des vorläufigen Charakters der Entscheidung Abzüge vorzunehmen sind, ist umstritten. Teilstreitwerte im Eilverfahren sind diejenigen für den Unterlassungsanspruch und ggf. für die Auskunft. Über Schadenersatz wird im Eilverfahren nicht entschieden. Hinsichtlich der Verfahrenskosten gilt § 91 ZPO. Zur Frage der Anrechenbarkeit der Hälfte der ggf. angefallenen Geschäftsgebühr vgl. oben die Ausführungen zu den Abmahnkosten.

415   Für die **örtliche Zuständigkeit** gelten die ZPO und die einschlägigen internationalen Abkommen wie folgt: Für rein **inländische Sachverhalte** sind örtlich zuständig die Gerichte, die nach den §§ 12, 17 ZPO oder der **Tatortregel des § 32 ZPO** in Betracht kommen. Allerdings sieht der **neu geschaffene § 104a** für Klagen seit dem 9.10.2013 bei Klagen gegen natürliche Personen, bei denen es um Rechtsverletzungen außerhalb deren gewerblicher oder selbstständiger beruflicher Tätigkeit geht, einen **ausschließlichen Gerichtsstand** an ihrem Wohnsitz vor. Damit soll übermäßiges forum shopping im Bereich von Massenabmahnungen, etwa wegen Filesharing vermieden werden.[465] Zu beachten sind dabei auch die Sonderzuweisung nach § 105 UrhG, nach der die Landesregierungen Urheberstreitsachen aus Bezirken mehrerer Landgerichte einem von ihnen zuzuweisen können.[466] Für Kennzeichenstreitsachen gilt nach § 140 MarkenG Ähnliches, in Bayern ist das LG München I in erster Instanz zuständig gemäß § 30 GZVJU.[467]

416   In Fällen mit **Auslandsberührung** ist das Gericht am allgemeinen Gerichtsstand des Verletzers zuständig, auch wenn Verletzungen im – aus dortiger Sicht – Ausland stattfanden. In Deutschland ist immer zwischen der internationalen Zuständigkeit und dem anwendbaren materiellen Recht zu unterscheiden. Während die internationale Zuständigkeit an die Regelungen des IZPR, hier vornehmlich an die EuGVVO nF,[468] anknüpft, richtet sich das anwendbare materielle Recht nach dem inländischen IPR, nämlich den Art. 27 ff. EGBGB[469] für Altfälle und seit dem 11.1.2009 nach der ROM-II-Verordnung.[470] Das nationale Gericht hat dann ggf. mehrere Rechtsordnungen anzuwenden.

---

[464] Vgl. BT-Drs. 15/1487, S. 25 zu § 12 Abs. 1 UWG.
[465] Vgl. Wandtke/Bullinger/*Kefferpütz* § 104a UrhG Rn. 2.
[466] Sog Konzentrationsverordnungen, vgl. hierzu Schricker/Loewenheim/*Wild* § 105 Rn. 1, vgl. auch die Übersicht auf der Webseite der GRUR.
[467] Vom 16.12.1994 in der Fassung vom 15.5.2007, BayGVBl. 2007, 357.
[468] Neufassung der VO (EU) Nr. 1215/2012 vom 12. Dezember 2012, gültig seit 15.1.2015 in Aufhebung der VO (EG) Nr. 44/2001.
[469] Vgl. speziell für das UrhG auch die Ausführungen zu den §§ 120 ff. UrhG; die allgemeine Tatortregel wird vom Schutzlandprinzip verdrängt.
[470] → Rn. 235 ff.

Beispiel:

Kläger ist Inländer, Beklagter hat Sitz im EU-Ausland: Grundsätzlich folgt die internationale der örtlichen Zuständigkeit nach der EuGVVO. Die Klage des deutschen Verletzten ist nach seiner Wahl nach Art. 4 Abs. 1 am Sitz des Beklagten oder nach Art. 7 Nr. 2 (wegen unerlaubter Handlung) am Gericht des Tatorts zulässig.

Kläger ist Inländer, Beklagter hat Sitz im Nicht-EU-Ausland: die EuGVVO ist nicht anwendbar und die örtliche Zuständigkeit bestimmt sich nach § 32 ZPO. Sie indiziert dann auch die internationale Zuständigkeit.

Auch hier gilt, dass das Wohnsitzgericht über alle Verletzungshandlungen entscheiden kann, während das Tatortgericht nur über Verletzungen in diesem Land entscheiden darf. Durch die Sperrwirkung, die Art. 29 EuGVVO für negative Feststellungsklagen vorsieht, lassen sich positive Feststellungsklagen verzögern. Im Patentrecht ist diese Taktik als **italienisches Torpedo** bekannt, weil negative Feststellungsklagen vor den offenbar langsamen italienischen Gerichten eine positive Hauptsacheklage in Deutschland blockieren, selbst dann, wenn sie offenkundig unzulässig sind, außer es liegt ein Missbrauch vor.[471] Auch diese Entscheidung braucht jedoch Zeit. Die Sperrwirkung gilt nicht für Eilverfahren, jedoch sind hier die Voraussetzungen der Dringlichkeit zu erfüllen.[472] Nach der EuGVVO entscheidet anders als im deutschen Recht allein die Klagepriorität, nicht die Klageart über die Sperrwirkung. Das Gegenmittel ist eine – zeitlich vorausgehende – überraschende Unterlassungsklage. Diese wird wegen Art. 32 EuGVVO schon mit Einreichung rechtshängig und nicht erst mit der Zustellung.

Nachdem die Internetseite eines ausländischen Anbieters praktisch überall aufgerufen werden kann, stellen sich alle Fragen des IZPR und IPR kumulativ. Der **Gerichtsstand der unerlaubten Handlung** ergibt sich aus § 32 ZPO oder Art. 7 Nr. 2 EuGVVO. Das materielle Recht ist wegen Art. 40 EGBGB für Fälle bis 10.1.2009 das Recht des Tatorts mit Besonderheiten des gewerblichen Rechtsschutzes: Ob der Aufrufort allein zuständigkeitsbegründend ist, ist in der Rechtsprechung umstritten. Manche Gerichte verlangen, dass der Aufrufort zum **bestimmungsgemäßen Verbreitungsgebiet** der der Webseite und ihres Inhalts gehört. Einige Entscheidungen nehmen zwar ihre Zuständigkeit aufgrund des Abrufortes an, stellen dann aber materiell-rechtlich auch die Frage der Marktausrichtung ab. Bei Verletzungen von Urheberrechten gilt seit dem 11.1.2009 Art. 4 ROM-II-VO. Im Wettbewerbsrecht gilt weiterhin als Sonderanknüpfung das Herkunftslandsprinzip ebenso wie im Anwendungsbereich der E-Commerce-Richtlinie.[473] Danach dürfen die Mitgliedsstaaten im koordinierten Bereich den freien Verkehr von Waren und Dienstleistungen aus einem anderen Mitgliedsstaat nicht einschränken. Davon ausgenommen sind jedoch die Prüfung von Urheberrecht und die gewerblichen Schutzrechte.

Reine Urhebersachen richten sich gewöhnlich **funktionell** an eine Zivilkammer, da sie keine Handelssachen sind; anders aber, wenn der Schwerpunkt des Streits nicht im UrhG, sondern im UWG liegt und der Gegner ebenfalls Kaufmann ist.[474] Da nicht alle Gerichte zentrale Einlaufstellen haben, kann die Einreichung bei der falschen Kammer zu Verzögerungen führen, die aber anders als bei der Anrufung des örtlich unzuständigen Gerichts wohl nicht dringlichkeitsschädlich sind. Dies sollte im Einzelfall telefonisch beim Gericht angefragt werden.

3. Die Schutzschrift

Die Hinterlegung von Schutzschriften ist **in der ZPO nicht geregelt**, ergibt sich jedoch nach g. hM aus Art. 103 GG. Der Antragsgegner, der eine Schutzschrift hinterlegen will, muss möglicherweise alle in Betracht kommenden Gerichte bedienen und dabei auch noch zwei Schutzschriften an das gleiche Gericht schicken, damit sowohl die Zivilkammern als

---

[471] Corte di Casazione GRUR Int. 2005, 264 – Verpackungsmaschine II.
[472] Der Einsatz des italienischen Torpedos allein reicht wohl nicht als Verfügungsgrund aus, vgl. LG Düsseldorf Urt. v. 8.7.1999 – 4 O 187/99, GRUR 2000, 692.
[473] 2000/31/EG, ABl. EG L 178 v. 17.7.2001 – GRUR 2000, 100.
[474] Vgl. §§ 95 Abs. 1 Nr. 4c und § 5 GVG, 13 Abs. 1 S. 2 UWG.

auch die Kammern für Handelssachen den Fall erfassen. Theoretisch kann sich auch ein Amtsgericht nach § 942 Abs. 1 ZPO für zuständig erklären, was eine lückenlose Einreichung von Schutzschriften bei allen in Betracht kommenden Gerichten fast unmöglich macht. Für Ansprüche aus dem MarkenG gelten die Beschränkungen des § 14 UWG wegen § 141 MarkenG nicht (Gerichtsstand bei der Geltendmachung von Ansprüchen durch Verbände etc). Die Hinterlegung einer Schutzschrift ist auch noch vor dem OLG möglich, wenn der Schuldner von der vom Erstgericht abgelehnten Beschlussverfügung erfährt. Nach allgemeiner Meinung muss das Gericht eine ihm vorliegende Schutzschrift beachten, obwohl das einseitige Verfahren nach § 922 Abs. 3 ZPO zulässig ist.

421 Hinsichtlich des Anfalls und der **Erstattung der Kosten** für die Hinterlegung einer Schutzschrift gelten einige Besonderheiten. Wird kein Verfügungsantrag gestellt, kommen prozessuale Ansprüche nicht in Betracht. Ein materieller Anspruch auf Schadensersatz hängt von der materiellen Rechtslage ab. Wird ein Verfügungsantrag gestellt, dann aber zurückgenommen, besteht bereits ein Prozessrechtsverhältnis, das Nährboden für eine Kostengrundentscheidung nach § 91 ZPO ist. In analoger Anwendung von § 269 Abs. 3 ZPO kann das Gericht dem Antragsteller die Verfahrenskosten auferlegen. Es empfiehlt sich, einen entsprechenden Antrag bereits vorsorglich in die Schutzschrift mit aufzunehmen. Wird ein Verfügungsantrag gestellt und das Verfahren fortgesetzt, kommt es entweder zu einer Entscheidung im Beschlusswege, regelmäßig jedoch zur Anordnung der mündlichen Verhandlung. In beiden Fällen erlässt das Gericht eine Kostenentscheidung. Im zweiten Fall berechnen sich die Kosten aus einer Gebühr von 0,8 nach RVG VV 3101, vertretbar ist auch eine Gebühr nach VV 2400, die für den Regelfall einen Rahmen von 0,5–2,5 vorsieht.[475] Wird das Verfahren durchgeführt, geht diese Gebühr in der Verfahrensgebühr von 1,3 gemäß VV 3100 auf (§ 15 Abs. 2, Abs. 5 RVG).

4. Die Begründetheit des Verfügungsantrags

422 a) **Die Dringlichkeit.** Die Frage der Dringlichkeit sei hier wegen ihrer besonderen Bedeutung vorweggenommen. Die Vermutung nach § 12 Abs. 2 UWG gilt – zumindest nach gesichertem Meinungsstand – nur in „reinen" UWG-Verfahren. In urheberrechtlichen Eilverfahren ist es der sicherste Weg, sie gesondert darzulegen und glaubhaft zu machen, auch wenn einige Gerichte eine analoge Anwendung des § 12 Abs. 2 UWG befürworten.[476] Die Glaubhaftmachung dürfte in Pirateriefällen nicht schwer fallen, wohl aber in Fällen, in denen der Sachverhalt oder auch die Rechtslage unklar oder mit guten Gründen außergerichtlich bestritten sind. Die Oberlandesgerichte handhaben die Frist **unterschiedlich**,[477] hier schadet ein Anruf beim Gericht nicht. Wer dem Streit entgehen will, ob es sich um eine **Monatsfrist** oder eine **Vier-Wochen-Frist** handelt, hält sich am besten an Letztere.[478] Die Dringlichkeitsfrist beginnt erst zu laufen, wenn der Gläubiger ohne eigene Versäumnisse über mindestens die Informationen verfügt, die für eine substantiierte Antragstellung erforderlich sind. Deshalb kann der Umstand, dass etwa ein Gutachten erforderlich ist, die Frist verlängern. Eine Marktbeobachtungspflicht besteht grundsätzlich nicht. Es kann aber dringlichkeitsschädlich sein, wenn der Rechtsinhaber beispielsweise ein entdecktes rechtswidriges Verhalten zunächst duldet, um später gegen ein ähnliches Verhalten vorzugehen. Wegen § 199 Abs. 1 Nr. 2 BGB kann sogar Verjährung bei grob fahrlässiger Unkenntnis des Gläubigers eintreten, so dass hieraus dann doch eine indirekte Marktbeobachtungspflicht hergeleitet werden kann. Dies gilt dann auch für § 102 UrhG und für § 20 MarkenG. Dringlichkeitsschädlich sind alle verzögernden Handlungen des Gläubigers im Verfahren, etwa die Zustimmung zu einer Vertagung oder die Verlängerung der Berufungsbegründungsfrist. Wird der Erlass einer Beschlussverfügung abgelehnt, ist hiergegen die sofortige Beschwerde,

---
[475] Vgl. *Hartmann* Kostengesetze RVG VV 3100 Rn. 40.
[476] Vgl. OLG Karlsruhe Urt. v. 13.6.1994 – 6 U 52/94, NJW-RR 1995, 176; aA OLG Hamburg Beschl. v. 5.9.2005 – 5 W 90/05, ZUM-RD 2006, 277.
[477] **1 Monat:** OLG Köln Urt. v. 25.7.2014 – I-6 U 197/13, 6 U 197/13; **5 Wochen** OLG Hamburg Urt. v. 9.4.2008 – 5 U 124/07; **6 Wochen:** OLG Frankfurt Beschl. v. 27.9.2012 – 6 W 94/12.
[478] Übersicht bei Köhler/Bornkamm/*Köhler* § 12 Rn. 3.159.

X. Die einstweilige Verfügung

also nicht etwa die Berufung, zulässig und innerhalb der 2-Wochen-Frist des § 569 Abs. 1 ZPO auch zu begründen.

b) Der Verfügungsanspruch. Die Begründetheit setzt die **Glaubhaftmachung** sämtlicher 423 anspruchsbegründenden Tatsachen, auch solcher, die vorprozessual unstreitig waren, voraus. Die Glaubhaftmachung erfolgt in der Regel durch Vorlage eidesstattlicher Versicherungen, die auch vom Antragsteller selbst stammen dürfen (§ 294 ZPO). Diese müssen eine Sachverhaltsdarstellung enthalten und dürfen nicht nur auf andere Schriftstücke verweisen. In urheberrechtlichen Fällen ergibt sich, wenn Falsifikate mit der Kennzeichnung des Markeninhabers angeboten werden, der Anspruch in der Regel aus den §§ 97 Abs. 1 UrhG, 23 UrhG sowie § 14 Abs. 2 MarkenG und auch den §§ 3, 5 iVm § 8 UWG.

Auch der präsente Zeuge ist ein geeignetes Beweismittel. Das Gericht sollte bei Beginn der 424 mündlichen Verhandlung auf dessen Anwesenheit hingewiesen werden, damit er belehrt werden kann. Er darf – wie sonst auch – nicht an dem seiner Vernehmung vorausgehenden Teil der mündlichen Verhandlung teilnehmen. Seine Aussage sollte zusätzlich in Form einer eidesstattlichen Versicherung mitgebracht werden für den Fall, dass das Gericht seine Einvernahme ablehnt.

c) Besichtigungsansprüche im Eilverfahren. Im Eilverfahren kann auch ein **Besichtigungs-** 425 **anspruch nach § 809 BGB** geltend gemacht werden.[479] Diese Ansprüche werden durch die speziellen Regelungen der §§ 101, 101a UrhG flankiert.[480] Damit wird den Anforderungen des Art. 43 TRIPS iVm Art. 50 Rechnung getragen. Während dafür nach der früheren Druckbalken-Entscheidung noch ein „erheblicher Grund an Wahrscheinlichkeit" glaubhaft gemacht werden musste, reicht heute eine „gewisse Wahrscheinlichkeit". Weiterhin sind die schützenswerten Interessen des Gegners zu berücksichtigen, etwa durch Einschieben eines zur Verschwiegenheit verpflichteten Dritten. Dieser Anspruch kann auch in einem **selbständigen Beweisverfahren** nach §§ 485 ff. ZPO, bei dem der Sachverständige zur Verschwiegenheit verpflichtet ist und nur über das Gericht korrespondieren darf, gekoppelt mit einer einstweiligen Verfügung auf Duldung der Anwesenheit der Antragstellervertreter unter Geheimhaltung der Erkenntnisse, der Untersagung der Vornahme von Änderungen während des Verfahrens und der Duldung der Inbetriebnahme der Sache geltend gemacht werden. Nach Abschluss des Verfahrens kann der Antragsgegner dem Gericht Geheimhaltungsbedenken mitteilen und erst dann entscheidet das Gericht über die Herausgabe der Informationen an den Antragsteller. Gegen den Willen des Antragsgegners ist die Herausgabe wohl erst nach Abschluss des Hauptsacheverfahrens zulässig. Der Besichtigungsanspruch begründet kein Durchsuchungsrecht des Antragstellers.[481]

§ 98 UrhG regelt nicht das „wie" der **Vernichtung**, daher hat der Verletzte grundsätzlich 426 **keinen Herausgabeanspruch** an sich selbst. Ist der Verletzer aber nicht (mehr) selbst unmittelbarer Besitzer, wäre es unbillig, ihm die Ware zur Vernichtung zu überlassen, daher besteht ein – so zu beantragender – Anspruch auf Herausgabe an den Gerichtsvollzieher.[482] In Pirateriefällen empfiehlt sich auch die Geltendmachung eines Anspruchs auf Sicherstellung durch Herausgabe an den Gerichtsvollzieher zur weiteren Verwahrung nach § 758 ZPO. Der Anspruch ergibt sich aus § 98 Abs. 1 UrhG und ggf. auch aus § 18 MarkenG, weil der Vernichtungsanspruch regelmäßig der **Sicherung im Eilverfahren** zugänglich ist. Der Vernichtungsanspruch selbst kann nicht im Eilverfahren geltend gemacht werden, da er die Hauptsache vorwegnehmen würde. Kommt es dort zu einer Verurteilung, hat der Gerichtsvollzieher die Gegenstände auf Kosten des Schuldners zu vernichten. Erst damit endet die Verwahrung.

Bei der Sicherstellung von Pirateriewaren ergeben sich dann Probleme der Vollstreckung, 427 wenn der Schuldner parallel auch echte Ware des gleichen Typs anbietet. Der Gerichtsvollzieher muss aufgrund des Titels in der Lage sein, die Plagiatsware genau zu unterscheiden.

---

[479] Vgl. BGH Urt. v. 2.5.2002 – I ZR 45/01, BGHZ 150, 377 – Faxkarte.
[480] → Rn. 286 ff., sowie → Rn. 428.
[481] BGH Urt. v. 13.11.2003 – I ZR 187/01, GRUR 2004, 420 – Kontrollbesuch; OLG München Beschl. v. 8.11.2004 – 29 W 2601/04, NJW 2005, 1130; OLG München Urt. v. 13.11.2003 – I ZR 187/01.
[482] BGH Urt. v. 10.4.1997 – I ZR 242/04, GRUR 1997, 899 – Vernichtungsanspruch; BGH Urt. v. 28.11.2002 – I ZR 168/00, GRUR 2003, 228 – P-Vermerk.

428 **d) Die Auskunftsansprüche im Eilverfahren.** Der **Auskunftsanspruch** ist für das Urheberrecht in §§ 97 Abs. 1 Satz 2 UrhG als selbständiger, nicht akzessorischen Anspruch geregelt, der nach § 101a UrhG auch im Eilverfahren durchgesetzt werden kann. Er ist nicht auf die Ermittlung des Anspruchsinhalts gegenüber dem auf Auskunft in Anspruch genommenen Verletzer gerichtet, sondern auf Erlangung von Informationen zur Vorbereitung des Vorgehens gegen Dritte. Der Anspruch soll dem Verletzten die Aufdeckung und damit letztlich die Trockenlegung der Quellen und Vertriebswege der bei einem Verletzer aufgefundenen schutzrechtsverletzenden Ware ermöglichen.[483]

429 Er unterscheidet sich von einem allgemeinen, auf § 242 BGB gestützten Auskunftsanspruch vor allem dadurch, dass es nicht auf ein Verschulden des Auskunftspflichtigen ankommt. Es handelt sich aber letztlich ungeachtet dieser Besonderheiten um die gesetzlich modifizierte Form des allgemeinen aus § 242 BGB herzuleitenden Auskunftsanspruchs. Das gilt insbesondere für den **Kreis der Auskunftspflichtigen.**

430 Der Auskunftsanspruch gem. § 101a Abs. 1 UrhG richtet sich ausdrücklich nur gegen den Verletzer, also denjenigen, der als Täter oder Teilnehmer am rechtswidrigen Eingriff in ein fremdes Urheberrecht beteiligt ist. Deshalb kommt auch ein Anspruch auf Drittauskunft gegenüber einem Störer nicht in Betracht, denn der Störer haftet (nur) auf Unterlassung, ohne selbst Verletzer zu sein.[484]

431 Gem. § 101a UrhG kann, wer durch die Herstellung oder Verbreitung von Vervielfältigungsstücken das Urheberrecht oder ein anderes nach diesem Gesetz geschütztes Recht verletzt, vom Verletzten auf unverzügliche Auskunft über die **Herkunft und den Vertriebsweg** dieser Vervielfältigungsstücke in Anspruch genommen werden. Ob § 101a UrhG bei der Herstellung unkörperlicher Vervielfältigungsstücke zumindest entsprechend anzuwenden ist, ist ungeklärt.[485]

5. Die richtige Formulierung des Antrags

432 Der Verfügungsantrag ist möglichst so zu formulieren, dass weder eine teilweise Zurückweisung droht noch später Vollstreckungsprobleme entstehen. Dies ist wohl das schwierigste Kapitel in Unterlassungsstreitigkeiten, weil der Gläubiger einerseits vor Folgeverstößen auch ähnlicher Art geschützt sein will, aber dem Schuldner nichts verboten werden darf, weswegen noch gar keine Erstbegehungsgefahr bestand. Nach der Kerntheorie[486] schützt der Unterlassungstenor auch gegen kerngleiche Verstöße, dh eine ausufernde Formulierung ist nicht notwendig. Es sollte immer die **konkrete Verletzungsform** beschrieben werden, nicht bloß die Wiedergabe von Gesetzestext. Nur insofern ist eine Wiederholungs- oder Erstbegehungsgefahr gegeben. Dies hat BGH kürzlich in der WLAN-Entscheidung eindrucksvoll bestätigt.

433 Bei Computerprogrammen ist es erfahrungsgemäß nicht erforderlich, Werkstücke der Verletzungsprodukte beizulegen, weil diese in einem streitigen Wiederholungsfall ohnehin miteinander verglichen werden müssen. „Insbesondere"-Formulierungen sind in Wirklichkeit Hilfsanträge, weil sie nur einen beispielhaften Ausschnitt des eigentlichen Hauptantrags darstellen.

434 Hat der Schuldner Urheberrechte des Gläubigers durch Vertrieb von Falsifikaten einer bestimmten Software verletzt, ist fraglich, ob der Gläubiger pauschal verlangen kann, dass dem Schuldner der Vertrieb
- jedweder Falsifikate,
- jedweder Falsifikate von Produkten des Rechtsinhabers,
- jedweder Falsifikate der Verletzungssoftware des Rechtsinhabers
- jedweder Falsifikate der Verletzungssoftware Version x des Rechtsinhabers

verboten werden kann.

---

[483] Dreier/Schulze/*Schulze* § 101a Rn. 1.
[484] Dreier/Schulze/*Schulze* § 97 Rn. 33; zum Auskunftsanspruch gem. § 19 MarkenG vgl. Ingerl/Rohnke/*Rohnke* Markengesetz § 19 Rn. 10 und vor §§ 14–19 Rn. 21 ff.
[485] Erstreckung auf Handlungen nach § 19a UrhG, vgl. Dreier/Schulze/*Schulze* § 101a Rn. 7 mwN.
[486] Vgl. BGH Beschl. v. 16.11.1995 – I ZR 229/93, GRUR 1997, 379 – Wegfall der Wiederholungsgefahr; BGH Urt. v. 10.7.1997 – I ZR 62/05, GRUR 1998, 483 – Der M.-Markt packt aus.

X. Die einstweilige Verfügung

Dies wird davon abhängen, ob der Schuldner in der Vergangenheit schon mehrere verschiedene Produkte des Rechtsinhabers in rechtsverletzender Weise vertrieben hat. Jedenfalls hat der BGH in der WLAN-Entscheidung ausgeführt, dass bei einer Verletzung des Rechts nach § 19a UrhG kein Unterlassungsanspruch im Umfang der gesetzlichen Formulierung besteht, sondern die konkrete Verletzung allein in der mangelhaften Sicherung des WLAN lag. Nur hiergegen richtete sich dann auch der Unterlassungsanspruch.

Der Verfügungsantrag sollte mit der Androhung von Ordnungsmitteln verknüpft werden. Verzichtet der Gläubiger hierauf, droht keine Gefahr aus § 945 ZPO. Der Rahmen von 5,– EUR bis 250.000,– EUR sollte immer ausgeschöpft werden. Das Gericht wird bei einem Verstoß normalerweise zunächst kein extrem hohes Ordnungsgeld verhängen. Ist die Verfügung ins **Ausland** zuzustellen, scheidet eine Ordnungsmittelandrohung regelmäßig aus, weil es sich um eine Strafandrohung handelt, die grundsätzlich im Ausland nicht anerkennungsfähig ist und daher auch nicht vollstreckbar wäre. Insofern sind einstweilige Verfügungen gegen ausländische Schuldner nur bedingt geeignet.

6. Verhalten während des Verfahrens

Damit bei Verstößen ein Verschulden des Schuldners nachgewiesen werden kann, soll mit der Beschlussverfügung auch die Antragsschrift zugestellt werden. Dadurch wird der Schuldner hinsichtlich der Antragsgründe „bösgläubig", da die Beschlussverfügung selbst nicht begründet wird. Dies gilt auch in der Berufung bzw. im Beschwerdeverfahren. Es gelten keine Einlassungsfristen, es können aber präsente Zeugen vernommen werden. So können beide Parteien Überraschungseffekte erzielen, besonders der Gegner, der sich erst in der mündlichen Verhandlung äußert. Verspätetes Vorbringen ist nach dem anwendbaren § 296 Abs. 1 und 2 ZPO zwar theoretisch möglich, aber schadlos, weil eine Verzögerung in der ersten Instanz nicht eintreten kann. In der zweiten Instanz stellt § 531 ZPO nicht auf eine Verzögerung ab, dort ist neues Vorbringen auch im Eilverfahren nur in den drei Fällen des § 531 ZPO zulässig. Ferner ist zu beachten, dass die Antragstellung im Eilverfahren zwar die Verjährung seit der ZPO-Reform (anders als früher nach § 209 BGB aF) hemmt, aber die Verjährung „ungebremst" alle nicht rechtshängig gemachten Ansprüche trifft. Die Hemmung endet gemäß § 194 Abs. 2 BGB (+Ablaufhemmung), dann läuft der Rest der Frist weiter.

7. Entscheidungsmöglichkeiten des Gerichts

Das Gericht hat die Möglichkeit,
- die Verfügung im Beschlusswege zu erlassen oder zurückzuweisen,
- den Schuldner nach § 937 ZPO anzuhören,
- mündliche Verhandlung anzuordnen, um dann durch Urteil zu entscheiden.

Soll der Schuldner von dem nicht erfolgreichen Beschlussantrag nichts erfahren, dh ist keine mündliche Verhandlung erwünscht, muss der Gläubiger dies in seinem Antrag ausdrücklich erklären. Das Gericht darf wegen § 308 ZPO nicht über den Antrag hinausgehen, kann jedoch den Tenor nach freiem Ermessen bestimmen (§ 938 Abs. 1 ZPO). Einige Gerichte begründen ihre Entscheidung kurz, andere nicht. Das Gericht kann eine **Beweisaufnahme** durchführen. Ist voraussehbar, dass es hierauf ankommt, etwa wenn eidesstattliche Versicherungen nicht ausreichen, sollten präsente Beweismittel mitgebracht werden. Auch „anonyme" belastende Unterlagen dürfen nach Auffassung des EuGH in wettbewerbsrechtlichen Streitigkeiten verwendet werden.[487]

8. Zustellung des Titels

Die erlassene einstweilige Verfügung ist innerhalb der Vollziehungsfrist von einem Monat (§ 929 Abs. 2 ZPO) im Parteiwege zuzustellen, auch wenn die Urteilsverfügung bereits von Amts wegen zugestellt wurde. Die Zustellung ist zu wiederholen, wenn das Verbot vom

---

[487] EuGH Urt. v. 25.1.2007 – C-411/04 P, Slg 2007, I-959–1015.

OLG abgeändert wurde oder die vom Landgericht im Widerspruchsverfahren aufgehobene Verfügung abermals „bestätigt" wird. Versäumnisse bei der Zustellung können zur Aufhebung gemäß § 927 ZPO führen. Die Heilung von Zustellungsmängeln ist im Rahmen von § 189 ZPO möglich. Die Frist beginnt bei einer Beschlussverfügung mit der Zustellung an den Antragsteller (§ 929 Abs. 2 iVm § 329 Abs. 2 S. 2 ZPO), bei einer Urteilsverfügung mit der Verkündung. Wenn das Gericht die Zustellung der Verfügung nebst Antragsschrift angeordnet hat, ist dies unbedingt zu berücksichtigen. Ist eine Schutzschrift hinterlegt, sollen nach hM Zustellungen an den darin bezeichneten Anwalt zur Wahrung der Vollziehungsfrist zulässig sein. Der sicherste Weg ist jedoch nach wie vor, den Titel an den den Schuldner selbst zuzustellen. Nach mündlicher Verhandlung ergibt sich die Notwendigkeit der Zustellung ohnehin aus § 172 Abs. 1 ZPO. Die einstweilige Verfügung erwächst nur in formeller Rechtskraft, etwa nach einer zweitinstanzlichen Entscheidung, nicht aber in materieller Rechtskraft. Deshalb ist immer ein Hauptsacheverfahren erforderlich, wenn nicht der Schuldner eine Abschlusserklärung abgibt.

XI. Die Abschlusserklärung

441   Die Abschlusserklärung ist die Erklärung des Schuldners, dass er die einstweilige Verfügung als einem rechtskräftigen Urteil in der Hauptsache gleiche, endgültige Regelung anerkennt. Sie beseitigt das Rechtsschutzbedürfnis für eine Hauptsacheklage. Enthält die Erklärung nicht alle erforderlichen Elemente, ist sie nicht ausreichend und bewirkt allenfalls den „Neubeginn der Verjährung". Vor allem der Gläubiger hat ein Interesse an dem Erhalt der Erklärung, weil er sich dann die ganze Hauptsache spart. Der Gläubiger geht so vor, dass er den Schuldner durch ein Abschlussschreiben schriftlich zur Abgabe der Abschlusserklärung auffordert.

442   Die Abschlusserklärung muss eine spätere Aufhebung oder Änderung des Verfügungstitels ausschließen. Deshalb wird in der Regel verlangt, dass sie einen Verzicht auf die Rechte aus § 924 ZPO (Widerspruch), § 926 ZPO (Erzwingung der Hauptsache), § 927 ZPO (Aufhebung wegen veränderter Umstände) und das Recht auf Berufung beinhaltet. Im Hinblick auf § 927 ZPO entsteht dadurch das Problem, dass der Verzicht auch solche Aufhebungsgründe erfasst, die später entstehen, etwa durch eine Änderung der Rechtslage oder eine höchstrichterliche Entscheidung, die das beanstandete Verhalten für zulässig erklärt (vgl. unten die Ausführungen zu § 927 ZPO). Deshalb sollte sich der Schuldner in der Abschlusserklärung wenigstens die Einwände vorbehalten, die auch nach Abschluss eines Hauptsacheverfahrens im Wege der Vollstreckungsgegenklage nach § 767 Abs. 2 ZPO zulässig sind. Es ist zwar nicht der sicherste Weg, aber wohl vertretbar, diesen Vorbehalt im Wege der erläuternden Auslegung kraft der beiderseitigen Interessenlage auch dann für vereinbart anzusehen, wenn er nicht ausdrücklich erklärt wurde. Es empfiehlt sich dann folgende Formulierung:

Formulierungsvorschlag:

443   Der Schuldner erkennt den Verfügungstitel als nach Bestandskraft und Wirkung einem rechtskräftigen Hauptsachetitel gleichwertig an und verzichtet auf alle Rechte des Vorgehens gegen den Titel und den zugrunde liegenden Anspruch, soweit auch ein Vorgehen gegen einen rechtskräftigen Hauptsachetitel ausgeschlossen wäre.

Da § 767 Abs. 2 ZPO darüber hinausgeht, sind darauf basierende Einwände dann nicht ausgeschlossen.

444   Die Abschlusserklärung ist eine einseitige, empfangsbedürftige Willenserklärung und damit, sofern sie über einen Anwalt erklärt wird, vollmachtspflichtig. Die für den Versand des Abschlussschreibens entstehenden Kosten sind bereits Teil des Hauptsacheverfahrens, weshalb bei schlechten Chancen ein gut beratener Schuldner nicht erst abwartet, bis der Gläubiger ihm die Aufforderung zur Abgabe der Erklärung mit einer Gebührennote zusendet, sondern die geeignete Erklärung alsbald von selber abgibt. Es soll Anwälte geben, die die

Erklärung mangels Vollmachtsvorlage zurückweisen, um dann nach Fristablauf eine kostenpflichtige (neue) Aufforderung zur Abgabe der Erklärung an den Schuldner zu senden.

Anwaltskosten für ein Abschlussschreiben außerhalb des Wettbewerbsrechts, etwa nach § 823 BGB wegen unerbetener E-Mail-Werbung sind nach Auffassung des BGH in einfach gelagerten Fällen und bei eigener Sachkenntnis des Geschädigten nicht zu erstatten. Als „Abschlussschreiben" im außerwettbewerbsrechtlichen Bereich genügt die formlose Anfrage, ob die vorangegangene einstweilige Verfügung nunmehr als endgültige Regelung anerkannt werde. Da ein solches Abschlussschreiben geringeren Anforderungen genügt als eine erste Abmahnung, ist wie auch bei Abmahnungen in eindeutigen Fällen die Einschaltung eines Rechtsanwaltes jedenfalls dann nicht erforderlich, wenn der Geschädigtenanwalt selbst das Verfügungsverfahren erfolgreich durchgeführt hat.[488] Sind Gegenstände nach § 758 ZPO sichergestellt worden, sollte der Schuldner aufgefordert werden, ihrer Vernichtung zuzustimmen, um auch diesbezüglich die Notwendigkeit eines Hauptverfahrens zu vermeiden.

Allgemein wird angenommen, dass dem Schuldner nach Zustellung der einstweiligen Verfügung eine **Frist von 3–4 Wochen** zusteht, um zu entscheiden, ob eine Abschlusserklärung abgegeben werden soll. Sendet der Gläubiger sein Abschlussschreiben vor Ablauf dieser Wartefrist, hat er keinen Anspruch auf Erstattung der dadurch entstehenden Anwaltskosten.

XII. Das Widerspruchsverfahren

Gegen Beschlussverfügungen ist der Rechtsbehelf des Widerspruchs nach den §§ 924, 936 ZPO statthaft (zur Aufhebung nach den §§ 926, 927 ZPO vgl. unten). Mit Ausnahme einer Verwirkung ist er unbefristet zulässig. Der Schuldner kann demnach in Ruhe Recherchen anstellen, wenn er glaubt, dadurch in eine bessere Position zu kommen. Das Gericht ordnet automatisch mündliche Verhandlung an, es findet ein Übergang ins Urteilsverfahren statt. Es wird zwischen einem Vollwiderspruch und einem Kostenwiderspruch unterschieden.

1. Der Vollwiderspruch

Die Verfügung ist im Rahmen eines **Vollwiderspruchs** aufzuheben, wenn der glaubhaft gemachte Verfügungsanspruch unter Berücksichtigung des Vorbringens des Schuldners nicht mehr glaubhaft erscheint. Es ist „alles" erlaubt, es gelten keine Einlassungsfristen, der Schuldner kann den Verfügungsanspruch einschließlich der Verfahrensführungsbefugnis[489] ebenso wie den Verfügungsgrund (die Dringlichkeit) mit den Mitteln der Glaubhaftmachung und mit präsenten Zeugen angreifen. Auch die veränderten Umstände nach den §§ 926, 927 ZPO können bereits hier vorgebracht werden. Mit dem Widerspruch kann zwar ein Antrag auf Einstellung der Zwangsvollstreckung nach den §§ 924 Abs. 3 S. 2, 707, 936 ZPO gestellt werden, jedoch liegen die Voraussetzungen fast nie vor. Praktischer ist der Antrag des Schuldners, die Verfügung nur gegen Sicherheitsleistung des Gläubigers gemäß §§ 925 Abs. 2, 936 ZPO zu bestätigen, vor allem, wenn dem Schuldner Schäden nach § 945 ZPO drohen. Die beiderseitige Erledigungserklärung im Widerspruchsverfahren macht die Verfügung überflüssig, für den Gläubiger ist sie wie eine Rücknahme mit der Kostenfolge des § 269 Abs. 3 ZPO zu bewerten, wenn nicht ein Vergleich oder eben ein Unterlassungsvertrag die Kostenfolge materiell regelt mit der Maßgabe, dass sich der Schuldner verpflichtet, keinen Kostenantrag zu stellen. Wenn noch ein Ordnungsmittelverfahren läuft, muss sich die Erledigungserklärung ausdrücklich auf die Zukunft beschränken, weil sonst der Ordnungsmittelantrag unbegründet wird.

2. Der Kostenwiderspruch

Hat der Schuldner keinen Anlass zum Erlass der einstweiligen Verfügung iSv § 93 ZPO gegeben, hat er die Möglichkeit, bei sofortigem Anerkenntnis die Kosten auf den Gläubiger

---

[488] BGH Urt. v. 12.12.2006 – VI ZR 188/05, CR 2007, 328.
[489] Vgl. zum UrhG besonders BGH Urt. v. 17.6.1992 – I ZR 182/90, BGHZ 118, 394 – Alf.

überzuwälzen. Das sofortige Anerkenntnis ist dabei wörtlich zu nehmen, denn ein Anerkenntnis nach vorausgegangenem Verteidigungsvorbringen reicht dazu nicht mehr aus. Auch der Kostenwiderspruch ist nicht fristgebunden. Die Beschränkung des Widerspruchs auf die Kosten beinhaltet ein konkludentes Anerkenntnis des Verfügungstitels und einen Verzicht auf die Rechte nach den §§ 926, 927 ZPO, was aber sicherheitshalber ausdrücklich erklärt werden sollte. Dieses kann nicht später durch Erweiterung des Widerspruchs „zurückgenommen" werden.

450 Alternativ kann der Schuldner zunächst Vollwiderspruch einlegen und dabei gleichzeitig eine Unterlassungserklärung abgeben. Dadurch wird die Hauptsache erledigt. Geben die Parteien eine übereinstimmende Erledigungserklärung ab, ist nach § 91a ZPO über die Kosten zu entscheiden. Dies kann den Vorteil haben, dass der Schuldner bei den Kosten obsiegt, wenn nach der Aktenlage im Zeitpunkt der Erledigung die Verfügung abweisungsreif war. Dasselbe Ergebnis erzielt der Schuldner aber auch mit dem Kostenwiderspruch. Das nach mündlicher Verhandlung auf den Kostenwiderspruch ergehende Urteil muss wegen § 99 Abs. 2 ZPO mit der sofortigen Beschwerde innerhalb von zwei Wochen angegriffen werden, also nicht mit der Berufung.[490]

XIII. Besonderheiten des Berufungsverfahrens

451 Mit Ausnahme der sofortigen Beschwerde gegen erstinstanzliche Kostenurteile findet immer die Berufung statt, auch nach einer Beschlussverfügung, die im Widerspruchsverfahren durch Bestätigung in ein Urteil „verwandelt" wurde. Es gelten die allgemeinen Vorschriften mit Ausnahme der Umstände, die durch die Eilbedürftigkeit begründet sind. Es ist daher dringlichkeitsschädlich, wenn der Gläubiger Anträge auf Fristverlängerung, Vertagung oder das Ruhen wegen Vergleichsverhandlungen stellt. Alle Beweismittel sind präsent zu halten, die Glaubhaftmachung durch die Partei selbst ist zulässig. Das Gericht entscheidet durch Urteil (Ausnahme: Beschlusszurückweisung nach § 522 Abs. 2 ZPO, Rücknahme der Berufung und § 91a ZPO). Wie bereits erwähnt, stellt § 531 ZPO anders als § 296 ZPO nicht auf eine Verzögerung ab, dort ist neues Vorbringen auch im Eilverfahren nur in den drei Fällen des § 531 ZPO zulässig. Nimmt der Berufungskläger sein Rechtsmittel nach einem Hinweis des Gerichts über eine bevorstehende Beschlusszurückweisung (§ 522 ZPO) zurück und hat der Berufungsbeklagte in diesem Stadium sich bereits zu Sache eingelassen, hat er Anspruch auf Erstattung der vollen Verfahrensgebühr.[491] Dies könnte im Eilverfahren öfter der Fall sein als in Hauptsacheverfahren, weil im Eilverfahren Berufungen regelmäßig zügig begründet werden.

XIV. Das Hauptsacheverfahren

Sowohl Gläubiger als auch Schuldner können hierzu die Initiative haben. Es gelten die §§ 253 ff. ZPO.

1. Initiative des Schuldners

452 Auch die negative Feststellungsklage des Schuldners ist eine Hauptsacheklage mit der Besonderheit, dass sie sich mit Erhebung der Hauptsacheklage durch den Gläubiger erledigt. Der Gläubiger kann sich aus Kostengründen dafür entscheiden, nur die negative Feststellungsklage abzuwehren, aber er hat auch im Obsiegensfall wegen der Form der Tenorierung (die Klage wird abgewiesen) dann keinen geeigneten Unterlassungstitel in den Händen, außerdem wird die Verjährung seiner Ansprüche (die nach Abschluss des Verfügungsverfahrens und der Ablaufhemmung wieder weiterläuft) nicht erneut gehemmt.

---

[490] Vgl. OLG München Beschl. v. 17.1.1990 – 29 W 3006/89, GRUR 1990, 482; OLG Frankfurt Beschl. v. 19.7.1995 – 6 W 61/95, WRP 1996, 769.
[491] Noch zu § 31 BRAGO: BGH Urt. v. 9.10.2003 – VII ZB 17/03, NJW 2004, 73.

Nicht nur der Gläubiger kann die Hauptsache einleiten, der Schuldner kann ihm nach 453
den §§ 926, 927 ZPO eine Frist zur Erhebung der Hauptsacheklage setzen lassen. Ist zwischen den Parteien eine Schiedsklausel vereinbart, ist die Klage trotz Fristsetzung des im Eilverfahren zuständigen Streitgerichts an das Schiedsgericht zu richten. Lässt der Gläubiger diese Frist verstreichen, ist die Verfügung auf Antrag des Schuldners gemäß den §§ 926 Abs. 2, 936 ZPO aufzuheben. Wenn der Gläubiger zwar Klage erhebt, diese aber eine andere Begründung enthält, weshalb die einstweilige Verfügung nicht in ihrer Gesamtheit auf ihre Rechtmäßigkeit geprüft werden kann, reicht dies nicht.[492] Das Fristversäumnis kann durch Nachholung bis zur tatsächlichen Aufhebung der einstweiligen Verfügung geheilt werden.

Der Antrag ist nicht fristgebunden und zulässig, egal ob das Gericht die Verfügung durch 454
Beschluss oder durch Urteil – auch nach Widerspruch – erlassen hat. Hat der Gläubiger etwa eine Beschlussverfügung mit einem Verfügungsanspruch auf „wackeligen" Beinen ohne Abmahnung erwirkt, kann der Schuldner diesen Weg gehen und sich den Widerspruch gegen die einstweilige Verfügung für später „aufheben" – für den Gläubiger ein kostenträchtiger Schritt ins Ungewisse.

2. Initiative des Gläubigers

Die Hauptsacheklage des Verletzten richtet sich in erster Linie auf Unterlassung und wird 455
regelmäßig mit der Feststellung der Ersatzpflicht gekoppelt. Die Möglichkeit der Stufenklage nimmt im gewerblichen Rechtsschutz der Feststellungsklage nicht das Rechtsschutzinteresse.[493]

Die **Stufenklage** hat folgende **Nachteile:** Die Kostenentscheidung bleibt dem Endurteil 456
vorbehalten und der Rechtsstreit entfaltet für die zweite Stufe – jedenfalls bis zur Rechtskraft – keine Rechtskraft, während die Schadensfeststellungsklage alles in „einem Aufwasch" erledigt (wenngleich auch hier drei Instanzen möglich sind). Außerdem hemmt der Feststellungsanspruch die Verjährung des ganzen Anspruchs, während die Stufenklage die Verjährung nur in dem Umfang hemmt, in dem nach der ersten Stufe der Zahlungsanspruch beziffert wird. Die Hemmung der Verjährung endet mit der Rechnungslegung. Die Hemmung tritt erst wieder erneut ein mit der Leistungsklage (zweite Stufe). Sind bei der Antragstellung in der Hauptsache aufgrund besserer Erkenntnis des Gläubigers Änderungen gegenüber der Abmahnung erforderlich oder wurde der Schuldner überhaupt nicht abgemahnt, droht bei sofortigem Anerkenntnis außerdem § 93 ZPO. Die Erhebung der Hauptsacheklage ist auch vor einem erfolglosen Versuch, eine Abschlusserklärung zu erhalten, mit dem Kostenrisiko des § 93 ZPO verbunden, es sei denn, dies ist zur Vermeidung des Verjährungseintritts unumgänglich oder der Schuldner hat ohnehin angekündigt, sich nicht zu unterwerfen. Die bloße Rechtsverteidigung ist uU Rechtsberühmung. Im Prozess sollte dies daher klargestellt werden.[494] Die Berührung kann einen eigenständigen Klagegrund schaffen, etwa dann, wenn die ursprüngliche Verletzungshandlung bereits verjährt ist oder ihr Nachweis nicht gelingen kann.[495]

XV. Die Aufhebung der einstweiligen Verfügung wegen veränderter Umstände

Hierfür gelten die §§ 927, 936 ZPO. Es handelt sich um einen Rechtsbehelf, der vor allem 457
dann Sinn macht, wenn das Widerspruchsverfahren oder eine Berufung bereits erfolglos waren. Gleichwohl ist der Antrag hiervon nicht abhängig, es besteht ein Wahlrecht des Schuld-

---

[492] BGH Urt. v. 1.4.1993 – I ZR 70/91, NJW 1993, 2685.
[493] Vgl. BGH Urt. v. 17.5.2001 – I ZR 189/99, GRUR 2001, 1177 – Feststellungsinteresse II; BGH Urt. v. 15.3.2003 – I ZR 277/00, GRUR 2003, 900 – Feststellungsinteresse III.
[494] Vgl. BGH Urt. v. 31.5.2001 – I ZR 106/99, GRUR 2001, 1174 – Berühmungsaufgabe; BGH Urt. v. 6.10. 1994 – I ZR 155/90, GRUR Int. 1995, 503 (505); BGH Urt. v. 16.1.1992 – I ZR 20/90, GRUR 1992, 404 (405) – Systemunterschiede; Urt. v. 19.3.1992 – I ZR 166/90, GRUR 1993, 53 (55) – Ausländischer Inserent; Urt. v. 7.5.1992 – I ZR 119/90, GRUR 1992, 618 (619) – Pressehaftung II.
[495] Vgl. BGH Urt. v. 9.10.1986 – I ZR 158/84, GRUR 1987, 125 – Berührung.

ners (nicht aber mehrere Rechtsbehelfe gleichzeitig). Da im **Aufhebungsverfahren** die einstweilige Verfügung nur ex nunc aufgehoben wird, ist ein **Widerspruch** bzw. eine **Berufung** i. d. R. besser, weil sie zur Aufhebung ex tunc führt. Dabei kann es passieren, dass die Verfahrenskosten des Anordnungsverfahrens rückwirkend der unterliegenden Partei aufgebürdet werden. Ist die Hauptsache bereits anhängig, ist das Gericht der Hauptsache zuständig (§ 927 Abs. 2 ZPO), während der Berufung das Berufungsgericht. Ist keine Hauptsache anhängig, ist das erstinstanzliche Gericht des Eilverfahrens zuständig. Das Aufhebungsverfahren kann nur auf solche Umstände gestützt werden, die gegenüber der Rechtslage bei Erlass oder Bestätigung der Verfügung neu sind oder dem Schuldner im Widerspruchs-/Berufungsverfahren unbekannt waren. Greifen die Argumente des Schuldners durch, hat der Gläubiger ohne Dringlichkeitsmängel das Recht, ebenfalls neue Argumente für seine Position vorzubringen.

Der erfolgreiche Antrag führt zur Aufhebung der Verfügung ex nunc, es drohen keine Ersatzansprüche nach § 945 ZPO.

458 **Typische Aufhebungsfälle sind:**
- Änderung des Sachverhalts (im Urheberecht, wenn neue Glaubhaftmachungsmittel, etwa Gutachten vorliegen).
- Änderung der Rechtslage durch Wegfall der gesetzlichen Grundlage (nicht aber gegen bestehenden rechtskräftigen Hauptsachetitel, vgl. BGH Urt. v. 21.4.1988 – I ZR 129/86, NJW 1989, 106).
- Änderung der höchstrichterlichen Rechtsprechung.
- Eintritt der Verjährung.
- Wegfall der Dringlichkeit (ist eigentlich ein anfängliches Merkmal, aber dies kann für den Schuldner erst später erkennbar werden).
- Versäumung der Vollziehungsfrist, etwa bei Zustellungsmängeln.
- Wegfall der Wiederholungsgefahr.
- Abgabe einer nachträglichen Unterlassungserklärung (streitig, zumindest wohl aber für Erklärungen gegenüber dem Gläubiger und nicht Dritten möglich).
- Rechtskräftiges Urteil im Hauptsacheprozess (auch die erfolgreiche negative Feststellungsklage) auch dann, wenn es die Verfügung „bestätigt", weil kein Bedürfnis für die Aufrechterhaltung eines zweiten Titels besteht.
- Nicht rechtskräftige Urteile nur dann, wenn Vollstreckung ohne Sicherheitsleistung droht (wenn der Beklagte die Abwendungssicherheit nach § 711 ZPO nicht leistet), denn die einstweilige Verfügung ist ohne Sicherheit vollstreckbar.

459 Das Gegenmittel für den Gläubiger in diesen Fällen ist die Erklärung eines Verzichts. Der Titel ist dem Schuldner dabei herauszugeben. Es ist für den Schuldner vor Einleitung des Aufhebungsverfahrens ratsam, dies einzufordern, weil sonst der Gläubiger § 93 ZPO einwenden kann. Die Kosten des Anordnungsverfahrens bleiben hiervon grundsätzlich unberührt (beim Schuldner). Das Aufhebungsverfahren ist ein eigenständiges Verfahren und löst neue Kosten aus, jedoch steht dem der Grundsatz der Einmalvergütung nach § 15 Abs. 2 RVG entgegen. Deshalb hat der unterliegende Antragsteller diese Kosten nach § 91 ZPO zu tragen. Hat der Gläubiger allerdings die Vollziehungsfrist versäumt, ist die Vermutung des § 12 Abs. 2 UWG (von Anfang an) widerlegt und die veränderten Umstände wirken ex tunc – dann sind auch die Kosten des Anordnungsverfahrens dem Gläubiger aufzuerlegen.

XVI. Weitere Verfahrensfragen

460 Bei einem Verstoß gegen den Unterlassungsvertrag handelt es sich um eine vertragliche Auseinandersetzung, für die keine Besonderheiten mit Ausnahme der sich ggf. im Rahmen von § 315 BGB oder § 242 BGB stellenden Fragen gelten. Stellt sich die Verletzung mit einer Vielzahl von Einzelakten im rechtlichen Sinn als natürliche Handlungseinheit dar, handelt es sich auch nur um einen Verstoß. Die feste Vertragsstrafe wird danach nur einmal verwirkt, während die flexible Regelung eine Korrektur nach oben erlaubt.[496] Der Gläubiger kann den

---

[496] Vgl. OLG Köln Urt. v. 28.5.2003 – 6 U 17/03, WRP 2004, 387 – Werbung in Arztpraxen.

Anspruch aus der Vertragsstrafe mit einem neuen Unterlassungsanspruch gleichzeitig einklagen, weil die Unterlassungsvollstreckung nach § 890 ZPO nicht das Gleiche ist wie die Geltendmachung der Vertragsstrafe.[497] Der Gläubiger kann den Schuldner jedoch zusätzlich erneut abmahnen und zu einer Unterlassung mit einer höheren Vertragsstrafe auffordern. Die Verwirkung der Vertragsstrafe ist keine unerlaubte Handlung, daher Klage am allgemeinen Gerichtsstand und kein Anspruch auf Erstattung der für die außergerichtliche Geltendmachung der Vertragsstrafe anfallenden Anwaltskosten. Macht der Mandant die Vertragsstrafe jedoch selbst geltend und zahlt der Schuldner trotz Mahnung nicht, können die Kosten des dann eingeschalteten Rechtsanwalts für sein Mahnschreiben erstattungsfähig sein.

Bei einem **Verstoß gegen den gerichtlichen Titel** ist der Gläubiger auf die Anordnung von Ordnungsmitteln nach § 890 ZPO angewiesen, wobei die einstweilige Verfügung keiner Vollstreckungsklausel bedarf, außer bei einem Gläubiger- oder Schuldnerwechsel.[498] Ordnungsmittel werden auf Antrag des Gläubigers im Beschlussverfahren festgesetzt. Bei Urteilen müssen die allgemeine Voraussetzungen (Titel, Klausel, Zustellung) gemäß § 750 Abs. 1 ZPO erfüllt sein. Bei § 890 ZPO ist eine vorherige Androhung notwendig, vgl. § 890 Abs. 2 ZPO. Diese ist aber üblicherweise bereits mit dem Antrag auf Erlass der einstweiligen Verfügung verbunden worden, ansonsten kein Erlass ohne Gewährung rechtlichen Gehörs (keine mündliche Verhandlung vorgeschrieben), vgl. § 891 ZPO. Häufige Fehlerquelle ist die Frage, ob ein neues Verhalten des Schuldners tatsächlich gegen den Titel verstößt. Wird dies zu spät erkannt, ist ein etwaiges Ordnungsmittelverfahren erfolglos und es wird ggf. eine neue Dringlichkeitsfrist versäumt. Gegen den Schuldner ist in einem solchen Fall neu vorzugehen. Hier geht es wiederum um die Reichweite des Titels nach der Kerntheorie.

Die zeitliche Grenze für Ordnungsmittel ist bei der einstweiligen Beschlussverfügung die Zustellung – erst für Folgeverstöße sind Ordnungsmittel möglich. Bei Urteilsverfügungen entsteht zwischen der Verkündung und der Zustellung, die zusätzlich durch den Gläubiger erfolgen muss, eine zeitliche Lücke. Es ist umstritten, ob Verstöße während dieser Zeit schon Ordnungsmittel rechtfertigen können, weil der Gläubiger nicht gezwungen ist, die Verfügung durch Zustellung zu vollziehen. Fraglich ist insoweit auch, ob der Schuldner während dieser Phase bei zu Unrecht erlassener Verfügung später Schadensersatz nach § 945 ZPO verlangen kann. Der sicherste Weg für den Gläubiger ist es, während dieser Phase keinen Ordnungsmittelantrag zu stellen. Der Schuldner sollte gegen einen solchen Antrag sofortige Beschwerde einlegen. Der Gläubiger muss keinen bezifferten Antrag stellen, sondern lediglich die Verhängung eines spürbaren Ordnungsmittels beantragen.

Setzt das Vollstreckungsgericht ein Ordnungsmittel fest, kann die beschwerte Partei Beschwerde einlegen, wobei auch eine Anschlussbeschwerde nach § 567 Abs. 3 ZPO möglich ist. Hat der Gläubiger einen Ordnungsmittelbeschluss erwirkt, kann er von der erforderlichen Zustellung absehen und dem gegnerischen Anwalt anbieten, beispielsweise einen Teilbetrag des Betrages an die Mandantschaft zu zahlen und im Gegenzug auf die Rechte aus dem Beschluss zu verzichten. Um Zeit für diese Vereinbarung zu gewinnen, kann der Beklagte sofortige Beschwerde einlegen, die dann zurückgenommen werden kann. Jedes Ordnungsmittel setzt ein Verschulden des Schuldners voraus, auch wenn dies in § 890 ZPO nicht ausdrücklich genannt wird. Ist dem Schuldner mit der Verfügung die Antragsschrift nicht zugestellt worden, kann er uU einwenden, die Grenzen des Verbotsbereichs nicht gekannt zu haben und damit nicht fahrlässig gehandelt zu haben. Der Schuldner haftet hier nur für eigenes Verschulden, die §§ 831, 278 BGB gelten nicht. Hat der Schuldner aber pflichtwidrig nicht dafür gesorgt, dass Dritte an weiteren Verletzungshandlungen gehindert werden, haftet er hierfür kraft eigenen Verschuldens. Im Vollstreckungsverfahren besteht Anwaltszwang. Die Voraussetzungen müssen bewiesen und nicht nur glaubhaft gemacht werden.

Für die Beantragung der Verhängung von Ordnungsmitteln gilt eine Verjährungsfrist von 2 Jahren, vgl. Art. 9 Abs. 1 S. 2 EGBGB. Erhebt der Gläubiger beispielsweise in einer Urhe-

---

[497] Vgl. OLG Köln Urt. v. 20.6.1986 – 6 U 56/86, NJW-RR 1987, 360 mwN.
[498] Vgl. §§ 929 Abs. 1, 936 ZPO.

berrechtssache nach erwirkter einstweiliger Verfügung keine Hauptsacheklage, verjähren die Ansprüche auf Unterlassung und Schadensersatz innerhalb der Regelfrist, während die Verhängung eines Ordnungsmittels nur innerhalb der kürzeren Frist beantragt werden kann. Die Verjährung wird insoweit nicht erst durch Unanfechtbarkeit des Ordnungsmittelbeschlusses, sondern bereits durch das laufende Verfahren gehemmt. Auch bei einem Prozessvergleich, beispielsweise in einem Unterlassungsvergleich können die Parteien eine Vertragsstrafe vereinbaren, obwohl das zur Beseitigung der Wiederholungsgefahr nicht mehr erforderlich ist. Zusätzlich kann jedoch jeder Prozessvergleich nachträglich gemäß § 890 Abs. 2 ZPO mit einer Ordnungsmittelandrohung versehen werden. Beide Androhungen stehen sich dann parallel und kumulativ gegenüber. Wenn der Beklagte diese Verdoppelung vermeiden will, vereinbart er mit dem Kläger zusätzlich, dass dieser auf sein Antragsrecht nach § 890 ZPO verzichtet.

465 Gegen die Entscheidungen des Landgerichts im Ordnungsmittelverfahren ist die sofortige **Beschwerde** zum Oberlandesgericht statthaft, vgl. §§ 793, 890, 891 ZPO. Die Einlegung ist bei beiden Gerichten zulässig, § 569 Abs. 1 ZPO, aber die Einlegung beim Landgericht ist wegen der dortigen Abhilfezuständigkeit sinnvoll. Es gilt die 2-Wochen-Frist des § 569 Abs. 1 ZPO.

§ 6 Der Rechtsschutz von Datenbanken

Übersicht

	Rn.
I. Einführung	1–6
II. Urheberrechtliche Bedeutung	7–13
1. Früheres Deutsches Recht	7–10
2. Internationales Recht	11
3. Datenbankrichtlinie	12/13
III. Der Inhalt der Datenbankrichtlinie	14–28
1. Duales Konzept	14
2. Unterteilung des Schutzumfangs	15
3. Die Abgrenzung zwischen Datenbank und -inhalt	16–19
4. Eigenständiger Informationsgehalt	20–23
5. Ordnungsprinzip	24
6. Gewichtung	25–28
IV. Voraussetzungen des § 87a Abs. 1 UrhG	29–50
1. Die Eingriffshandlung nach § 87b Abs. 1 Satz 1 UrhG	31–44
a) Quantitative Wesentlichkeit	35–39
b) Qualitative Wesentlichkeit	40–44
2. Der Einsatz von DRM-Systemen	45/46
3. Die Erschöpfung des Verbreitungsrechts bei einer Entnahme aus einer Datenbank	47–52
a) Vorgaben des WCT	48
b) Vorgaben der EU	49–52
4. Schranken des Datenbankschutzes	53
5. Vertragsrecht	54
6. Rechte der Presseverleger	55

Schrifttum: *Conrad/Grützmacher,* Recht der Daten und Datenbanken im Unternehmen, 1. Aufl. 2014; *Czychowski,* Wettbewerbsrechtliche Zulässigkeit des automatisierten Abrufs von Daten einer Internetseite, NJW 2014, 3277; *Ettig,* Nutzungsrecht; Bilddatenbank; Open Content, WRP 2015, 153; *Götz,* Big Data und der Schutz von Datenbanken – Überblick und Grenzen, ZD 2014, 563; *Kappes,* Die EG-Datenbank-Richtlinie und ihre Umsetzung in das deutsche Urheberrechtsgesetz, ZEuP 1997, 654; *Kianfar,* Die Wirkung einer virtuellen Hausordnung am Beispiel des Screen Scraping, DSRITB 2014, 821; *Kleinemenke,* Google Books und Fair Use – Lehren für eine flexible Ausgestaltung und Anwendung urheberrechtlicher Schrankenbestimmungen (auch) im deutschen und europäischen Recht, GRUR Int. 2014, 892; *Kreutzer,* Das Leistungsschutzrecht für Presseverleger im Lichte der BGH-Rechtsprechung zu Vorschaubildern – Was bleibt am Ende übrig?, MMR 2014, 512; *Leistner,* Der neue Rechtsschutz des Datenbankherstellers – Überlegungen zu Anwendungsbereich, Schutzvoraussetzungen, Schutzumfang sowie zur zeitlichen Dauer des Datenbankherstellerrechts gemäß §§ 87a ff. UrhG, GRUR Int. 1999, 819; *ders.,* Die Landkarte als Datenbank, GRUR 2014, 528; *Möhring/Nicolini,* Urheberrecht, 3. Aufl. 2014; *Peschel/Rockstroh,* Big Data in der Industrie – Chancen und Risiken neuer datenbasierter Dienste, MMR 2014, 571; *Raue,* Umsetzung des sui-generis-Rechts an Datenbanken in den §§ 87a ff. UrhG, MMR 1998, 507; *Rando Casermeiro/Hoeren,* Konturen des „Rechts auf Vergessenwerden", GRUR-Prax. 2014, 537; *Schricker/Loewenheim,* Urheberrecht, 4. Aufl. 2010; *Stavorinus,* Das Gesetz zur Einführung eines Datenbankgrundbuchs und die Änderung der Grundstücksverkehrsordnung, DNotZ 2014, 340; *Vogel,* Die Umsetzung der Richtlinie 96/9/EG über den rechtlichen Schutz von Datenbanken in Art. 7 des Regierungsentwurfs eines Informations- und Kommunikationsdienstegesetz, ZUM 1997, 592; *Wandtke/Bullinger,* Urheberrecht, 4. Aufl. 2014.

I. Einführung

Die Bedeutung von Informationen als Teil des Persönlichkeitsrechts, als handelbares Wirtschaftsgut und nicht zuletzt als Mittel zur Ausübung von Macht nimmt im digitalen Zeitalter immer mehr zu. Datenschutz ist daher ein vielschichtiger Begriff: 1

2   Daten selbst sind erst einmal „**sonstige Gegenstände**" iS von § 354 Abs. 1 Var. 2 BGB, deren Verkehrsfähigkeit aber nicht in Frage gestellt wird.[1] Auch das internationale Recht geht zwanglos davon aus, dass Daten in jeder Form Gegenstand von Überlassungsverträgen aller Art sein können. Im Verordnungsentwurf zum Gemeinsamen Europäischen Kaufrecht findet sich in Art. 2 lit. J GEKVO-E eine Definition „digitaler Inhalte"[2] und der Grundsatz in Art. 5 lit. B GEKVO-E, dass diese jeder anderen Kaufsache grundsätzlich gleichgestellt werden, gleich ob sie online oder offline geliefert wird. Die Kommission geht dabei ausdrücklich davon aus, dass es auf die Form der Übertragung (online oder offline) sowie die Art der Speicherung (materiell oder unkörperlich) nicht ankommt.[3]

3   In der Richtlinie über die Rechte der Verbraucher wird der Flüchtigkeit digitaler Inhalte dadurch Rechnung getragen, dass die Widerrufsmöglichkeiten des Verbrauchers bei Fernabsatz- und Haustürgeschäften gemäß Art. 9 und Art. 16 lit. m eingeschränkt werden.[4]

4   Obwohl Daten eine immer größere wirtschaftliche Bedeutung zukommt gibt es **keinen absoluten Eigentumsanspruch** an ihnen, der dem Eigentum an Sachen (§§ 90, 903 BGB) gleichkäme. Dies liegt einmal an der Exklusivität des Sacheigentums, welches naturgemäß gleichzeitig nur von einer oder wenigen Personen gleichzeitig genutzt werden kann. Immaterielle Güter sind hingegen mangels Körperlichkeit typischerweise unbegrenzt reproduzierbare und von vielen gleichzeitig nutzbare Informationen. Im Immaterialgüterrecht unterliegen Daten ebenfalls nur dem in diesem Kapitel beschriebenen, begrenzten Schutz, der an besondere zusätzliche Merkmale der Daten oder ihrer Sammlung anknüpft.

5   Im Rechtsverkehr mit Daten sind weitere Vorschriften, die als Drittrechte i. S. von § 903 BGB wirken, zu berücksichtigen. Sind Daten mit einer Person verknüpft, steht diese im Vordergrund des Rechtsschutzziels wie etwa im BDSG und TKG (§§ 96 ff. TKG), (→ § 31). Im Rahmen seines Verbotsbereichs nimmt das BDSG allerdings den Daten nach Auffassung des BGH nicht ihre zivilrechtliche Verkehrsfähigkeit. § 134 BGB ist hier nicht anwendbar.[5]

6   Weitere Sonderregelungen zum Schutz von Geschäfts- und Betriebsgeheimnissen bestehen auch durch das Straf- und Deliktsrecht sowie das UWG. Auch bei unbefugter Zerstörung von Daten kennt das Straf- und Deliktsrecht Abwehrrechte zugunsten des Verletzten. Außerhalb dieser Bereiche lässt sich jedoch eine Exklusivität an Daten nicht erreichen.

II. Urheberrechtliche Bedeutung

1. Früheres Deutsches Recht

7   Bisher wurden **Sammelwerke**, bei denen die Anordnung oder Auswahl der aufgenommenen Beiträge Ausdruck einer persönlich geistigen Schöpfung waren, auch schon in der ersten Fassung des UrhG von 1965 nach § 4 UrhG als **eigenständige Werkkategorie** geschützt. Die Schutzvoraussetzungen waren allerdings hoch.

8   Daneben kam auch ein **Schutz als Kunstwerk** nach § 2 Abs. 1 Nr. 4 UrhG in Betracht, wenn die Zusammenstellung von Objekten ohne geistigen Inhalt (wie Briefmarken, Münzen usw.) künstlerisch wertvoll war, etwa im Rahmen einer Ausstellung oder bei einem Bildband.

9   Im Übrigen kam nur selten ein **Schutz nach Wettbewerbsrecht** in Betracht, wenn die besonderen Unlauterkeitsmerkmale des UWG, namentlich der sklavischen Leistungsübernahme und der Rufausbeutung gegeben waren. Außerhalb dieser engen Grenzen waren nichtschöpferische Sammelwerke nicht weit verbreitet. Der Begriff einer Datenbank war noch nicht geschaffen und deren Schutzwürdigkeit noch nicht herausgebildet.

---

[1] Palandt/*Weidenkaff* § 453 Rn. 8.
[2] Als Daten, die – ggf. auch nach Kundenspezifikation – in digitaler Form hergestellt und bereitgestellt werden, darunter Video-, Audio-, Bild-oder schriftliche Inhalte, digitale Spiele, Software und sonstige digitale Inhalte, die eine Personalisierung bestehender Hardware oder Software ermöglichen, ...".
[3] Vgl. Mitteilungen v. 11.10.2011, KOM (2011) 636 end., S. 9.
[4] Richtlinie 2011/83/EU vom 25.10.2011, ABl. EG 3 L 304/64, ins deutsche Recht umgesetzt durch Gesetz vom 27.9.2013, in Kraft seit 13.6.2014.
[5] BGH Urt. v. 27.2.2007 – XI ZR 195/05; OLG Brandenburg Urt. v. 19.2.2010 – 4 U 149/08.

Der BGH[6] beschäftigte sich erstmals in den diversen Verfahren zum Schutz von Telefonbucheinträgen mit der Problematik, verneinte die Urheberrechtsfähigkeit, bejahte aber Ansprüche unter **wettbewerbsrechtlichen** Gesichtspunkten. Das UWG bot jedoch weder ein Ausschließlichkeitsrecht, verlangte es doch nach einem Wettbewerbsverhältnis und einer wettbewerblichen Eigenart der übernommenen Elemente, noch ein ausreichendes Sanktionsregime, etwa ein Verbot der Übernahme in wesentlichen Teilen oder als Ganzes, wie wir es heute kennen. Diese, durch die technologische Entwicklung entstandene **Schutzlücke** wurde wegen des daraus resultierenden Rechtsgefälles auch im internationalen Wirtschaftswettbewerb für unbefriedigend gehalten.[7]

2. Internationales Recht

Im internationalen Recht wurden Daten bemerkenswerterweise bereits von Anfang an vor allem in Hinblick auf die Möglichkeit ihrer unkörperlichen Verwertung behandelt. Die Definition von „Werken der Literatur und Kunst" in Art. 2 RBÜ stammt noch aus einer Zeit der analogen Welt, in der digitale Güter keine besondere Rolle spielten, jedoch trägt der WCT vom 20.12.1996[8] als Sonderabkommen im Sinne von Art. 20 Satz 1 RBÜ diesem Umstand Rechnung, indem Computerprogramme über Art. 4 WCT, Datensammlungen über Art. 5 WCT in den Schutzbereich der Übereinkunft aufgenommen wurden. Mit der Verbesserung des „Schutzes" für Inhaber von Daten und deren Sammlungen sollten allerdings weitere Rechtsprobleme entstehen, namentlich im Bereich der Nutzung solcher Daten durch Entnahme, der Erschöpfung des Verbreitungsrechts durch Verkauf, der Persönlichkeitsrechte und des Schutzes personenbezogener Daten.

3. Datenbankrichtlinie

Die Bemühungen der EU-Kommission, die Schutzdivergenzen zwischen den unterschiedlichen Rechtsordnungen der Mitgliedsstaaten der EU in dieser Frage zu beseitigen, begannen in den späten 80er-Jahren und führten letztlich zum Erlass der Datenbankrichtlinie im Jahre 1996,[9] die in Deutschland aufgrund des Art. 7 IuKDG fristgerecht zum 1.1.1998 in nationales Recht umgesetzt wurde.[10] Die §§ 87a bis 87e UrhG sind hiernach nach § 137g Abs. 2 Satz 1 UrhG auf Datenbanken anzuwenden, die zwischen dem 1. Januar 1983 und dem 31. Dezember 1997 hergestellt worden sind.[11]

Das neue Datenbankrecht erfüllt dabei gleich mehrere Bedürfnisse. Es vereint die früheren urheber- und wettbewerbsrechtlichen Ansätze zum Schutz von Datenbankherstellern durch einen **Schutz sui generis** und berücksichtigt die durch die Digitaltechnik veränderten Verhältnisse.

III. Der Inhalt der Datenbankrichtlinie

1. Duales Konzept

Die Richtlinie verfolgt ein **zweigliedriges Konzept:** Sie lässt einerseits den im deutschen Recht bereits traditionell verankerten urheberrechtlichen Schutz von Datenbank*werken* (also schöpferisch durch ihre Anordnung wertvollen Sammlungen) mit wenigen Modifikationen zugunsten der Rechtsinhaber unberührt (Art. 1 Abs. 1 DatenbankRL). Andererseits schafft sie einen neuen **Schutz *sui generis*** der **Investition** für Datenbanken, die die erforder-

---

[6] BGH Urt. v. 6.5.1999 – I ZR 5/97, I ZR 199/96, I ZR 210/96 und I ZR 211/96 zu diversen Telefonbuch-CD's.
[7] Vgl. Wandtke/Bullinger/*Thum/Hermes* vor §§ 87a Rn. 6.
[8] BGBl. II 2001, 755 ff.
[9] → Richtlinie 96/9/EG vom 11.3.1996, ABl. Nr. L 77 vom 27.3.1996, S. 20.
[10] Vgl. Schricker/Loewenheim/*Vogel* vor §§ 87 ff. UrhG Rn. 8.
[11] BGH Urt. vom 3.11.2005 – I ZR 311/02, Rn. 24.

liche Schöpfungshöhe nicht erreichen, aber die Voraussetzungen des Art. 7 Abs. 1 (§ 87a UrhG) erfüllen, als weiteres Leistungsschutzrecht oder Datenbankherstellerrecht. Der Schutz der Datenbankinhalte bleibt hiervon ebenso unberührt (Art. 3 Abs. 2, Art. 7 Abs. 4) wie der Schutz der bei der Erstellung und dem Betrieb der Datenbank zum Einsatz kommenden Software (Art. 1 Abs. 3, EG 23). Es handelt sich um ein Recht ohne Vorbild, das nicht unter Konventionsrecht fällt und Angehörigen von Drittstaaten keine Inländerbehandlung gewährt. Zugleich stellt es eine abschließende Regelung dar. Der Datenbankschutz hat anders als das klassische Urheberrecht auch keine persönlichkeitsrechtlichen Bezüge. Er ist daher als **rein wirtschaftlich anzusehendes** Recht dem Datenbankhersteller, etwa auch einer juristischen Person, voll zuzuordnen und im Ganzen übertragbar (§§ 398, 413 BGB) sowie vererblich (§ 1922 BGB).

2. Unterteilung des Schutzumfangs

15   Datenbanksoftware genießt im Rahmen der Richtlinie 2009/24/EG bzw. den §§ 69a ff. UrhG den auf Software zugeschnittenen speziellen Schutz bis zur Grenze der dort geregelten **Schrankenbestimmungen**. Schöpferisch wertvolle Elemente genießen ebenfalls Sonderschutz im Rahmen der für die jeweilige Werkart geltenden Bedingungen. Juristische Beiträge in der Datenbank juris wären beispielsweise als Schriftwerke im Rahmen von § 2 Abs. 1 Nr. 1 UrhG einem Schutz zugänglich. Auch die in einem digitalen Datenbestand verkörperte Vorstufe für einen Stadtplan kann ein urheberrechtlich schutzfähiges Werk im Sinne des § 2 Abs. 1 Nr. 7 UrhG sein, weil die Anforderungen an die schöpferische Eigentümlichkeit bei kartographischen Gestaltungen gering sind.[12] Ein Rückgriff auf den Datenbankschutz ist nicht erforderlich. Weist die Datenbank eine schöpferisch wertvolle Struktur auf, gilt sie als Datenbankwerk und es greift der Schutz nach § 4 Abs. 1 UrhG. Der Schutz nach den **§§ 87a ff.** UrhG stellt insofern eine **Auffanglösung** dar, mit der die **Investitionen in die Aufbereitung**[13] der übrigen, also nicht vorrangig geschützten, in der Datenbank abgelegten wertvollen Daten geschützt werden sollen.

Beispiele:
1. Ein **Börsenkurs** entsteht durch Preisfestsetzung und ist isoliert ungeschützt. Seine geordnete Sammlung lässt auch kein Datenbankwerk entstehen, da es an der schöpferischen Eigenart fehlt. Es kommt jedoch der Schutz *sui generis* in Betracht,[14] der Aufwand für Sammlung und Verarbeitung wäre berücksichtigungsfähig.
2. **Mautdaten** der Toll Collect GmbH werden ebenfalls nicht vom Datenbankhersteller erzeugt, aber gesammelt und aufbereitet. Sie sind dem Schutz *sui generis* zugänglich, während die errechnete Maut als vom Datenbankhersteller „erzeugtes Datum" gilt und nicht berücksichtigt wird.[15]
3. Die in **sozialen Netzwerken** (etwa Facebook, Twitter, Xing, LinkedIn) und **Bewertungsportalen** (etwa Tripadvisor, Jameda) von den Benutzern gesammelten Daten sind ebenfalls dem Schutz *sui generis* zugänglich, Bilder und schöpferisch wertvolle Texte zusätzlich einem eigenständigen Schutz.[16]
4. Die Gliederung einer **Printzeitschrift** wurde bisher als ungeeignet angesehen, weil es trotz gewisser Einteilung der Sparten an der erforderlichen Struktur und dem Merkmal der systematischen Auffindbarkeit einzelner Elemente fehle;[17] anders eine Sammlung von Schlagzeilen im Internet;[18] offen für **Online-Versionen** von Zeitschriften. Entscheidend dürfte sein, ob für die Strukturierung der Online-Datenbank eine wesentliche Investition erforderlich ist oder ob lediglich innerhalb eines ungeordneten Datenhaufens eine Volltextsuche ermöglicht wird.[19]
5. Wann **Print-Stellenzeigen** das Merkmal der systematisch-methodischen Anordnung erfüllen, ist umstritten. Über den Grad der erforderlichen Einteilung und Unterteilung bestehen unterschiedliche

---
[12] BGH Beschl. v. 26.2.2014 – I ZR 121/13; BGH Urt. vom 23.6.2005 – I ZR 227/02 – Karten-Grundsubstanz.
[13] Zur näheren Erläuterung dieses Begriffs → Rn. 20 [Ziffer 4].
[14] Anders noch OLG Hamburg Urt. v. 6.5.1999 – 3 U 246/98, GRUR 2000, 319 zu § 1 UWG aF.
[15] BGH Urt. v. 25.3.2010 – I ZR 47/08, GRUR 2010, 1004.
[16] Vgl. auch Wandtke/Bullinger/*Thum/Hermes* § 87a Rn. 95.
[17] Vgl. OLG München Urt. v. 10.5.2007 – 29 U 1638/06, MMR 2007, 525; KG Urt. v. 26.5.2007 – 5 U 1171/00, GRUR-RR 2001, 102 – FAZ-Stellenmarkt.
[18] LG München I Urt. v. 18.9.2001 – 7 O 6910/01, MMR 2002, 58.
[19] Vgl. auch Wandtke/Bullinger/*Thum/Hermes* § 87a Rn. 79, 90.

Auffassungen.[20] Bei **Online-Anzeigenmärkten** hingegen wird die individuelle Auswahlmöglichkeit zur gezielten Anzeige selektiver Angebote überwiegend bejaht.[21]

3. Die Abgrenzung zwischen Datenbank und -inhalt

Ohne technisch in die Tiefe zu gehen, kann eine Datenbank als Gesamtwerk einzelner geordneter Daten, ihrer übergeordneten Beschreibung sowie zusätzlicher Elemente, die zur Verarbeitung und Bereitstellung benötigt werden, beschrieben werden.[22] Sie ist also eine Art elektronischer Karteikasten. Für die Bestimmung des **betroffenen Schutzgutes** gilt das obige Schema zum Schutzumfang und bei potentiellen Rechtsverletzungen ist zu prüfen, welches Element „verletzt" wurde. Wer beispielsweise eine DVD kopiert, die ein komplettes, nutzbares Datenbankwerk einschließlich der Retrieval-Software enthält, wird sämtliche einschlägigen Normen verletzen. 16

Beispiel:
A kopiert eine komplette DVD, die eine Datenbank wertvoller, einzeln urheberrechtlich geschützter literarischer Beiträge, den daraus individuell entwickelten Index und eine Retrievalsoftware enthält. Auf eine vertragliche oder gesetzliche Gestattung kann er sich nicht berufen. Er verletzt demnach
- § 16 UrhG durch Vervielfältigung der literarischen Beiträge,
- § 87b Abs. 1 Satz 1 UrhG durch Vervielfältigung der Datenbank,
- § 69c Nr. 1 UrhG durch Vervielfältigung der Software.

Wenn A lediglich einen ungeordneten Haufen für sich genommen ungeschützter Daten (Big Data) kopiert hätte, ohne sonstige drittschützende Normen wie beispielsweise das BDSG zu verletzen, gälte dies nicht. In Betracht kämen allenfalls vertragliche Beschränkungen.

Auch innerhalb des Datenbankrechts gilt insoweit die Beschränkung des § 87b UrhG, wonach derjenige, der nur einzelne, für sich genommen ungeschützte Datensätze entnimmt – wie noch zu zeigen ist – in gewissen Grenzen rechtmäßig handelt.

Dabei war die Abgrenzung zwischen Sammlung und Inhalt schon nach alter Rechtslage nicht immer einfach. Der Schwerpunkt der schöpferischen Tätigkeit kann über die Betrachtung der einzelnen Elemente hinaus auch in den verbindenden Elementen der Sammlung liegen, etwa in übergreifenden Texten, so dass ein Schutz neben § 4 UrhG auch als Sprachwerk nach § 2 UrhG in Betracht kommt.[23] So kann beispielsweise die Ausgabe eines besonders aufwändig gestalteten Ausstellungskatalogs oder eine individuell gestaltete Zeitung urheberrechtlich geschützte Beiträge enthalten und gleichzeitig Sprach-, Sammel- und Kunstwerk sein. 17

Bei Datenbanken fällt diese Differenzierung noch schwerer. Datenbanken sind Unterfälle von Sammlungen. Eine Datenbank muss voneinander **unabhängige,** einzeln **erkennbare** Elemente gleich welcher Natur, Mischung und Anzahl enthalten, wenngleich eine gewisse Mindestanzahl[24] erforderlich ist. 18

Im Übrigen können **einzelne Elemente einer Sammlung** – sollten sie selbst einen Urheberschutz erreichen – unterschiedlichen Werkkategorien angehören, solange sie einander nur selbständig gegenüber stehen. Das Merkmal der Unabhängigkeit und Unterscheidbarkeit wird dabei durch den **Grundsatz der gesonderten Verwertbarkeit** bestimmt.[25] Dies ist wichtig, um Sammelwerk und Miturheberschaft voneinander zu trennen, vor allem aber um Unklarheiten bei ineinander verschmolzenen, ehemals eigenständigen Werken wie Filmen und Multimediawerken (hier sind Bild, Text und Ton zu einer Einheit geworden und können daher kein Sammelwerk mehr darstellen) zu vermeiden. Gleiches gilt für Webseiten, die keine 19

---

[20] Hohe Anforderungen: Schricker/Loewenheim/*Vogel* § 87a Rn. 19, 23; OLG München Urt. v. 9.11.2000 – 6 U 2812/00, ZUM 2001, 255 f.; KG Urt. v. 26.5.2000 – 5 U 1171/00, GRUR-RR 2001, 228; niedrige Anforderungen: Dreier/*Dreier* § 87a Rn. 8; Wandtke/Bullinger/*Thum/Hermes* § 87 Rn. 82.
[21] LG Berlin Urt. v. 27.10.2005 – 16 O 743/05, ZUM 2006, 343; LG Köln Urt. v. 2.12.1998 – 28 O 431/98, ZUM-RD 2000, 155.
[22] Vgl. Conrad/Grützmacher/*Hoppen*, Recht der Daten und Datenbanken im Unternehmen, § 2 Rn. 4 ff.
[23] Vgl. BGH Urt. v. 11.4.2002 – I ZR 231/99, GRUR 2002, 958 – technische Lieferbedingungen.
[24] Die Rechtsprechung spricht von einer Vielzahl, vgl. EuGH Urt. v. 9.11.2004 – C-444/02 (Fixtures Marketing Ltd/Organismos prognostikom agonon posdosfairou AE [OPAP], GRUR 2005, 244 – BHB-Pferdewetten; EuGH Urt. v. 9.11.2004 – C-444/02, GRUR 2005, 254 – Fußballspielpläne II.
[25] Vgl. Schricker/Loewenheim/*Vogel* § 87a UrhG Rn. 8.

Sammlung von Befehlen darstellen, sondern ein einheitliches Ganzes, es sei denn, sie enthalten Sammlungen von Links.[26]

4. Eigenständiger Informationsgehalt

20   Die „unterste Grenze" der Unterscheidbarkeit liegt indessen nicht bei einzelnen Bits, sondern bei der Frage, ob ein Element einen **eigenständigen, wertvollen Informationsgehalt** hat. So wird man einen Börsenkurs mit Bezug zu einem Wertpapier und einem Datum als eigenständig ansehen müssen, obwohl erst eine längere Zeitreihe solcher Kurse eine Aussage über die Entwicklung eines Wertpapiers zulässt.[27] Ähnliches dürfte für Wetterangaben mit Bezug zu einem Ort und Tag gelten. Der EuGH hat es insoweit ausreichen lassen, dass Ort, Datum, Uhrzeit und Identitäten der Mannschaften eines Fußballspiels selbständige Elemente eines daraus entwickelten Spielplans sind, auch wenn sich das subjektive Interesse der Öffentlichkeit erst auf den vollständigen Spielplan als Ganzes richte. Eine Sammlung von unabhängigen Elementen liege insoweit dann vor, wenn die Elemente sich **trennen** lassen, ohne dass der **Wert** ihres informativen, literarischen, künstlerischen, musikalischen oder sonstigen Inhalts dadurch beeinträchtigt werde.[28] Waren die einzelnen Elemente der Spielpläne nicht urheberrechtsfähig, konnte der „Ersteller" sich gleichwohl auf die Rechte der Richtlinie berufen, weil das Merkmal einer Datenbank erfüllt war.

21   Dem entsprechend hat der BGH angenommen, dass die Information, auf welchem Platz einer Chart-Liste sich ein Musikstück befindet, bereits einen für sich allein genommen werthaltigen Aussagegehalt hat, und es dazu nicht der Kenntnis der weiteren Elemente und Inhalte der Chart-Liste insgesamt bedarf.[29]

22   Derzeit streitig und Gegenstand einer BGH-Vorlage zum EuGH ist die Frage, ob bei Landkarten die zusammengefügten Informationen, im konkreten Fall Bezugspunkte aus dem deutschen geographischen Einheitsnetz, ineinander verschmolzen und hierdurch untrennbar aufeinander bezogen seien.[30] Ob hier die Definition einer Sammlung von unabhängigen Elementen iSv Art. 1 Abs. 2 der Datenbank-Richtlinie bzw. von § 87a Abs. 1 Satz 1 UrhG erfüllt ist, weil sich die Elemente voneinander trennen lassen, ohne dass der Wert ihres informativen Inhalts dadurch beeinträchtigt wird, hängt davon ab, ob als Prüfungsgegenstand hierfür jeder denkbare Informationswert des einzelnen Elements oder nur derjenige Wert maßgebend ist, welcher unter Zugrundelegung der **Zweckbestimmung** der jeweiligen Sammlung und der Berücksichtigung des sich daraus ergebenden **typischen Nutzerverhaltens** zu bestimmen ist.[31]

23   Nach Auffassung des BGH spricht EG 17 der Richtlinie 96/9/EG für die Berücksichtigung der auf eine Gesamtdarstellung, also auf den Zusammenhang der einzelnen Elemente bezogenen Zweckbestimmung des jeweiligen Mediums bei der Bestimmung des Werts eines Elements in inhaltlicher Hinsicht nach der Trennung. Hierdurch sollen solche Teile vom Schutz als Datenbank ausgenommen werden, bei denen die einzelnen Elemente ihre Aussage erst im Zusammenhang mit dem Ganzen erhalten.[32]

5. Ordnungsprinzip

24   Eine Datenbank setzt weiter voraus, dass die eigenständigen Daten so abgelegt sind, dass sie nach irgendeinem Ordnungsprinzip wiedergewonnen und einzeln **zugänglich** gemacht

---

[26] Str., vgl. Schricker/Loewenheim/*Vogel* § 87a UrhG Rn. 28, 39.
[27] Offen gelassen: OLG Hamburg Urt. v. 6.5.1999 – 3 U 246/98, ZUM 1999, 849.
[28] Vgl. EuGH Urt. v. 9.11.2004 – C-444/02, Slg. 2004, I – 10549 = GRUR 2005, 254 Rn. 29 – Fußballspielpläne II.
[29] Vgl. BGH Urt. v. 21.7.2005 – I ZR 290/02, BGHZ 164, 37 (42) – HIT BILANZ.
[30] BGH EuGH-Vorlage v. 18. 9. 2014 – I ZR 138/13; für eine Wertschöpfung erst durch Verschmelzung vgl. Schricker/Loewenheim/*Vogel* § 87a UrhG Rn. 17; in Fromm/Nordemann/*Czychowski* § 87a Rn. 10 UrhG; für Unabhängigkeit und eigenständigen Wert vgl. LG München Urt. v. 9.11.2005 – 21 O 7402/02, GRUR 2006, 225 (226 f.); LG Stuttgart Urt. v. 18.7.2006 – 17 O 633/05; LG Leipzig Urt. v. 13.11.2012 – 05 O 3937/10, BeckRS 2013, 2896.
[31] BGH EuGH-Vorlage v. 18.9.2014 – I ZR 138/13, Rn. 30.
[32] BGH EuGH-Vorlage v. 18.9.2014 – I ZR 138/13, Rn. 22; vgl. auch Dreyer/Kotthoff/Meckel/*Kotthoff* § 87a UrhG Rn. 17.

III. Der Inhalt der Datenbankrichtlinie

werden können. Das soll bereits der Fall sein, wenn die Einzeldaten nach Zeit, Ort, Zahl oder Alphabet angeordnet sind, etwa auch bei dem Index einer Internet-Suchmaschine oder der „Timeline" bei Einträgen in sozialen Netzwerken.[33] Daran wird freilich erkennbar, dass einerseits die Sachlogik vieler Datenbanken[34] für die Annahme eine schöpferische Tätigkeit bei der Auswahl vor allem aber bei der Anordnung der Daten im Sinne eines Datenbankwerkschutzes wenig Raum lässt, andererseits aber die Voraussetzungen des Schutzes *sui generis* recht schnell greifen. Denkbar ist insoweit auch, dass erst durch den Filterprozess, etwa mittels einer unabhängig hiervon geschützten Software aus einem ungeordneten Datenhaufen erstmals eine Datenbank geschaffen wird, für die dann die hier geschilderten Kriterien gelten.

6. Gewichtung

Während bei „analogen" Sammelwerken eine schöpferisch wertvolle Auswahl und Anordnung der Elemente noch eher die Regel war, liegt heute der Schwerpunkt bei Datenbanken einerseits in der digitalen Zurverfügungstellung bereits vorhandenen analogen Wissens, welches lediglich digitalisiert wurde, zB der Wechsel vom Printmedium zur Onlinezeitung einschließlich deren Archive mit dem Schwerpunkt der Volltextsuche, und andererseits in der Anhäufung großer, zunächst ungeordneter, nicht urheberrechtsfähiger Datenmengen (**Big Data**[35]), die erst später anhand einfacher Ordnungskriterien wieder gefunden und in eine sinnvolle Reihenfolge gebracht werden sollen. 25

Auch beim Schutz des **Datenbankinhalts** findet ein gewisser Wandel statt. Während frühere Sammlungen ihren Schwerpunkt eher noch in der kreativen Darbietung von Material hatten, das selbst dem Urheberschutz zugänglich war, handelt es sich bei **Datenhaufen** (Big Data) um ungeordnet gesammelte, zunächst nicht weiter aufbereitete und analysierte und damit nicht schutzfähige Einzeldaten, die ihren eigentlichen **Informationswert erst durch Filterung und Verknüpfung** mittels einer geeigneten Auswertungssoftware erhalten, sodass hier der Schwerpunkt im Softwareschutz und im Wert der informativ angereicherten Daten im Rahmen der neu geschaffenen Verknüpfungen liegt. Man wird bezweifeln dürfen, ob die vom EuGH vorgezeichneten Grundsätze zur Eigenständigkeit von Daten bei „Big Data" bereits erfüllt sind, weil es hier um ungeordnete Datenhaufen geht.[36] 26

Große Datenhaufen, selbst isolierte IP-Adressen könnten allerdings bei der datenschutz- und persönlichkeitsrechtlichen Beurteilung sowie der Gefahr der Manipulation und des Missbrauchs „gefährlich" werden: wenn man mit den obigen Ausführungen davon ausgeht, dass die ungeordneten Datenhaufen keinem Rechtsschutz zugänglich sind und ihnen gleichzeitig der für den Datenschutz relevante Personenbezug fehlt, aber die Verknüpfung der Daten bereits nach dem heutigen Stand der Technik den Personenbezug mit hoher Treffergenauigkeit herstellen kann, muss das „**Konzept des Schutzes der Daten**" mit dem „**System des Schutzes *vor* den Daten**" neu abgestimmt werden.[37] 27

Datenbankschutz wurde auch für die Parametrisierung von Software, beispielsweise **ERP-Systeme** diskutiert.[38] Dabei wird Software durch das Einstellen bestimmter Werte innerhalb vorgegebener Funktionen konfiguriert, ohne dass ein Eingriff in die Programmsubstanz stattfindet. Theoretisch käme ein Schutz als Datenbankwerk iSv § 4 Abs. 2 UrhG bzw. als Datenbank im Sinne von § 87a Abs. 1 UrhG in Betracht. Unabhängig von der Frage, ob ein 28

---

[33] Vgl. Möhring/Nicolini/*Koch* § 87a Rn. 17.
[34] Daher die Problematik, welche Anforderungen etwa an die Strukturierung von Anzeigenrubriken gestellt werden sollen.
[35] → § 34.
[36] Vgl. Schricker/Loewenheim/*Vogel* § 87a UrhG Rn. 15; KG Urt. v. 26.5.2000 – 5 U 1171/00, GRUR-RR 2001, 102 sowie OLG München ZUM 2001, 269 zur Übernahme von Stellenanzeigen durch Dritte; die Anordnung von Stellenanzeigen nur nach Größe und Branche reichte nach Auffassung des KG nicht für eine systematisierte Anordnung iSd § 87a UrhG aus.
[37] BGH, EuGH-Vorlage v. 28.10.2014 – VI ZR 135/1 – IP-Adresse; *Götz*, Big Data und der Schutz von Datenbanken-Überblick und Grenzen, ZD 2014, 563; *Zieger/Smirra*, Fallstricke bei Big Data-Anwendungen, MMR 2013, 418; *Lobe*, Big Data als Hellseher, FAZ-Online v. 22.1.2015; → § 34.
[38] Vgl. Conrad/Grützmacher/*Huppertz* § 12.

einzelnes Element, hier ein einzelner Parameter für sich genommen schöpferisch wertvoll sein kann, dürfte es aber in beiden Fällen in der Regel an der Möglichkeit fehlen, die Elemente später wieder voneinander zu trennen und einzelnen sichtbar zu machen.[39] Diskutiert wurde auch, ob die Parametrisierung von Software eine Umarbeitung iSv § 69c Nr. 2 UrhG darstellt.[40]

IV. Voraussetzungen des § 87a Abs. 1 UrhG

29 Schutzfähig sind nach § 87a Abs. 1 Satz 1 (Art. 7 Abs. 1 der Richtlinie) nur solche Datenbanken, bei denen für die Beschaffung, Überprüfung oder Darstellung eine in qualitativer oder quantitativer Hinsicht **wesentliche Investition** erforderlich ist. Bei der Auslegung des Begriffs ist der Zweck der Datenbankrichtlinie zu berücksichtigen, der gemäß ihren Erwägungsgründen 9, 10 und 12 darin liegt, Investitionen in „Datenspeicher- und Verarbeitungs"-Systeme zu fördern und zu schützen.[41] Im Prozess muss der Kläger insoweit vortragen, welche Ausgaben er für die Erstellung und den laufenden Betrieb der Datenbank, zB Kosten für Webserver, Kosten für die Kommunikation mit den Abrufterminals hat und diese von den Investitionen für die Erzeugung der einzelnen Daten abgrenzen.[42] Berücksichtigungsfähig sind nur solche Investitionen, die der Aufbereitung und Darstellung bereits vorhandener Daten dienen, aber nicht die Kosten der Erzeugung der Daten.[43] Der ÖOGH[44] hat unter Berufung auf die Fußballspielpläne-Entscheidung des EuGH in den Kosten, die der Republik Österreich im Zusammenhang mit den Aktualisierungsdaten für das Firmenbuch entstehen, Kosten der Datensichtung, -auswertung und -darstellung mit dem einzigen Ziel gesehen, die jeweils aktuellen Daten in der Datenbank Firmenbuch bereitzustellen. Die Aktualisierungsdaten seien folglich kein Nebenprodukt eines vorgelagerten eigenständigen Zwecks, sondern damit in Zusammenhang stehende Koste der Darstellung des Datenbankinhalts und sind somit als wesentliche Investition iSd §§ 76c, 76d österreichisches UrhG berücksichtigungsfähig.

Beispiele:
1. **Spielpläne** für Sportveranstaltungen, die vom Veranstalter selbst erzeugt werden, werden nicht berücksichtigt, weil sie den Kosten der Datenerzeugung zugerechnet werden;[45]
2. Daten, die **Spielstatistiken** zu Grunde liegen, werden zufällig während des Spiels erzeugt und von den Beobachtern lediglich gesammelt. Die Investitionen zählen daher nicht zu den Kosten der originären Erzeugung, sondern zur späteren Aufbereitung bereits existierender Daten und sind daher zu berücksichtigen.[46]
3. Wenn demnach aus freien, bereits vorhandenen Daten wie beispielsweise **Wetterdaten**, **Geodaten** oder **Marktstudien**, die allgemein verfügbar sind, mit finanziellem Aufwand durch Beobachtung und Messung weitere Daten generiert werden, werden zwar auch diese Daten erzeugt, jedoch aufgrund einer exklusiven Eigenleistung des Erzeugers, die dann berücksichtigungsfähig ist.[47]

30 Sofern bei einem Update der Datenbank deren Überarbeitung und nicht etwa die Kosten der Beschaffung der neuen Daten und auch nicht der Einsatz einer neuen Software wiederum einer wesentlichen Investition bedarf, gilt die neue Datenbank auch im Sinne von

---

[39] Vgl. Conrad/Grützmacher/*Huppertz* § 12.
[40] HM in der Lit., vgl. etwa Wandtke/Bullinger/*Grützmacher* § 69a Rn. 20; *Spindler* CR 2012, 417, aA OLG Hamburg Urt. v. 13.4.112 – 5 U 11/11, CR 2012, 503 – Replay PSP.
[41] OLG Hamburg Urt. v. 24.10.2012 – 5 U 38/10 Rn. 169 unter Berufung auf EuGH Urt. v. 9.11.2004 – C-444/02, GRUR 2005, 254 (256) – Fußballspielpläne II.
[42] Wandtke/Bullinger/*Thum/Hermes* § 87a Rn. 36, Beispiele unter 70 ff.
[43] Wandtke/Bullinger/*Thum/Hermes* § 87a Rn. 70ff mit zahlreichen Beispielen.
[44] Oberster Gerichtshof Wien Entscheidung vom 12.6.2007 – 4 Ob 11/07g.
[45] Vgl. EuGH Urt. v. 9.11.2004 – C 203/02, GRUR 2005, 244 – BHB-Pferdewetten; EuGH Urt. v. 9.11.2004 – C-444/02, GRUR 2005, 254 – Fußballspielpläne II.
[46] Vgl. Wandtke/Bullinger/*Thum/Hermes* § 87a Rn. 72a unter Berufung auf die bisher einzige deutsche Entscheidung des BGH in Ruhe 2005,87 – Hit Bilanz.
[47] So auch Wandtke/Bullinger/*Thum/Hermes* § 87a Rn. 49; Schricker/Loewenheim/*Vogel* Rn. 53 mwN.

§ 87 Abs. 1 Satz 2 Urhebergesetz als neu, sodass die Schutzdauer von 15 Jahren gemäß § 87d Urhebergesetz neu anläuft.

1. Die Eingriffshandlung nach § 87b Abs. 1 Satz 1 UrhG

„Verbreitung", „Vervielfältigung" und „öffentliche Wiedergabe" in § 87b Abs. 1 Satz 1 UrhG entsprechen den Begriffen „Entnahme" und „Weiterverwendung" in Art. 7 Abs. 1 der Datenbankrichtlinie.[48] Die „**Entnahme**" ist in Art. 7 Abs. 2 lit. a als „die ständige oder vorübergehende Übertragung der Gesamtheit oder eines wesentlichen Teils des Inhalts einer Datenbank auf einen anderen Datenträger definiert, ungeachtet der dafür verwendeten Mittel und der Form der Entnahme". 31

Eine „**Weiterverwendung**" bedeutet nach Art. 7 Abs. 2 lit. b „jede Form öffentlicher Verfügbarmachung der **Gesamtheit** oder **eines wesentlichen Teils** des Inhalts der Datenbank durch die Verbreitung von Vervielfältigungsstücken, durch Vermietung, durch Online-Übermittlung oder durch andere Formen der Übermittlung". 32

Die Begriffe „Entnahme" und „Weiterverwendung" sind richtlinienkonform weit auszulegen. Sie beziehen sich auf jede Handlung, die darauf abzielt, sich ohne Zustimmung des Rechtsinhabers die Ergebnisse dessen Investition anzueignen, wobei die Amortisierungschance allein nicht immer geschützt wird.[49] Als „Entnahme" im Sinne von Art. 7 Abs. 2 lit. a Datenbankrichtlinie und „Vervielfältigung" im Sinne von § 87b Abs. 1 Satz 1 UrhG ist deshalb auch das Speichern der Daten im Arbeitsspeicher eines Computers erfasst.[50] 33

Wichtig ist, dass die bei der Prüfung des **Merkmals der Wesentlichkeit** die in § 87b Abs. 1 Satz 2 UrhG angeordnete Interessenabwägung nicht nach Satz 1 vorverlagert wird. Scheitert der Anspruch schon hieran, kommt es auf Satz 2 nicht mehr an, der die wiederholte und systematische Entnahme unwesentlicher Teile der Datenbank, sofern diese der normalen Auswertung der Datenbank zuwiderläuft oder die berechtigten Interessen des Datenbankherstellers unzumutbar beeinträchtigt, der vollständigen oder im wesentlichen erfolgenden Kopie gleich stellt.[51] 34

a) **Quantitative Wesentlichkeit.** Der Begriff der quantitativen Wesentlichkeit bezieht sich auf das entnommene und/oder weiterverarbeitete **Datenvolumen** der Datenbank. Nach Auffassung des OLG Hamburg ist die Entnahme von Flugdaten im Wege des „**Screen Scraping**", also des Auslesens eines Bildschirminhalts nach einer konkreten Datenbankabfrage eine unter Art. 7 Abs. 2 lit. a und b Datenbankrichtlinie sowie § 87b Abs. 1 Satz 1 UrhG fallende Nutzungshandlung. Im konkreten Fall sah das OLG allerdings in Anwendung der Theorie der **quantitativen Wesentlichkeit**[52] keine wesentliche Entnahme.[53] 35

Die Terminologie in Art. 7 Abs. 1 Datenbankrichtlinie, § 87b Abs. 1 Satz 1 UrhG spricht insofern von einem nach „seinem Umfang" wesentlichen Teil. Der EuGH versteht hierunter ausschließlich das aus einer Datenbank entnommene Datenvolumen im Verhältnis zu ihrem Gesamtvolumen.[54] 36

---

[48] Für den Begriff der „Entnahme": BGH Urt. v. 22.6.2011 – I ZR 159/10, GRUR 2011, 1018 (1021) – Automobil-Onlinebörse.
[49] Vgl. EuGH, Urt. v. 9.11.2004 – C-203/02, (The British Horseracing Board Ltd ua/William Hill Organization Ltd.), GRUR 2005, 244 – (248) – BHB-Pferdewetten.
[50] Vgl. EuGH, Urt. v. 5.3.2009 – C-545/07 (Apis-Hristovich EOOD/Lakorda AD), GRUR 2009, 572, (575) – Apis/Lakorda sowie BGH Urt. v. 22.6.2011 – I ZR 159/10, GRUR 2011, 1018 (1021) – Automobil-Onlinebörse.
[51] OLG Hamburg Urt. v. 24.10.2012 – 5 U 38/10 Rn. 191.
[52] EuGH Urt. v. 9.11.2004 – C-203/02, GRUR 2005, 244 (250) – BHB-Pferdewetten; BGH Teilurt. v. 30.4.2009 – I ZR 191/05, GRUR 2009, 852 (855) – Elektronischer Zolltarif.
[53] Es wurden pro Anfrage immer nur einzelne Datensätze abgerufen, also im Verhältnis zum Gesamtbestand ein verschwindend geringes Volumen.
[54] EuGH, Urt. v. 9.11.2004 – C 203/02, GRUR 2005, 244-BHB-Pferdewetten; EuGH GRUR 2009, 572 – Apis/Lockhart da; BGH Urt. v. 25.3.2010 I ZR 47/08; GRUR 2010, 1004 – Autobahnmaut, BGH Urt. v. 1.12.2010 I ZR 196/08 = GRUR 2011, 724 – Zweite Zahnarztmeinung II; Damit soll der Einwand vermieden werden, dass innerhalb einer Datenbank kleinere Teile unterschiedlich wertvoll gewichtet werden.

37 Bei **sukzessiven Abrufen** lehnen die Gerichte eine Addition der Einzelabfragen ab, wenn die abgefragten Daten nur für die jeweilige konkrete Nutzer-Anfrage verwendet, hierzu nur temporär gespeichert und anschließend gelöscht werden.[55] Bei der Entnahme von Angeboten beispielsweise aus einer Automobil-Onlinebörse durch einen Dritten verneinte der BGH die quantitative Wesentlichkeit der verwendeten Daten mit der Begründung, dass die Beklagten-Software, also das „Meta-Angebot" den Nutzer zuvor zu einer Einschränkung seiner Suchanfrage insofern zwinge, da er eine bestimmte Suchauswahl wie zB Fahrzeugmarke und -modell treffen müsse. Es sei daher ausgeschlossen, dass auf Grund der Suchanfrage eines Nutzers sämtliche Fahrzeugdaten der Datenbank ausgelesen würden.

38 Der **Kumulationseffekt** ist nach der Rechtsprechung des EuGH[56] jedoch im Rahmen der Umgehungsklausel in Art. 7 Abs. 5 Datenbankrichtlinie bzw. § 87b Abs. 1 Satz 2 UrhG in Ansatz zu bringen. Das in § 87b Abs. 1 Satz 2 UrhG ausgesprochene Verbot erfasst hiernach unzulässige Entnahmen und/oder Weiterverwendungshandlungen unwesentlicher Teile der Datenbank, die aber durch ihre kumulative Wirkung dahin gehen, die Investition des Datenbankherstellers schwerwiegend zu beeinträchtigen.[57]

39 Da nach Auffassung des BGH[58] selbst die wiederholte und systematische Vervielfältigung unwesentlicher Teile einer Datenbank, die nicht darauf gerichtet sind, durch ihre **kumulative Wirkung** die Datenbank in ihrer Gesamtheit oder zu einem wesentlichen Teil wieder zu erstellen, einer normalen Auswertung der Datenbank nicht zuwiderläuft und die berechtigten Interessen des Datenbankherstellers nicht unzumutbar beeinträchtigt, stellt auch das Inverkehrbringen einer Software, mit der Inhalte von Internetseiten abgerufen werden können, die deren Betreiber ohne Einschränkungen öffentlich zugänglich gemacht hat, nicht allein deshalb eine gezielte Behinderung eines Mitbewerbers im Sinne des § 4 Nr. 10 UWG dar, weil die Software es Nutzern erspart, die Internetseite des Betreibers aufzusuchen und die zur Finanzierung der Internetseite eingestellte Werbung zur Kenntnis zu nehmen. Mit dieser Rechtsprechung lässt sich letztlich der Betrieb von **Vergleichsportalen** aller Art, die fremde Datenbanken in der oben beschriebenen Weise durchsuchen und auswerten, rechtfertigen.

40 **b) Qualitative Wesentlichkeit.** Der Begriff der **Wesentlichkeit in qualitativer Hinsicht** (§ 87b Abs. 1 Satz 1 UrhG: nach „seiner Art" wesentlicher Teil) bestimmt sich hingegen nach dem Umfang der mit der Beschaffung, der Überprüfung oder der Darstellung des Inhalts dieses Teils verbundenen **Investition** unabhängig von der oben beschriebenen quantitativen Betrachtung.[59] Auch ein quantitativ geringfügiger Teil des Inhalts einer Datenbank kann insoweit eine erhebliche menschliche, technische oder finanzielle Investition erfordern. Eine unterschiedliche Gewichtung ist bei im Wesentlichen gleichartigen Datensätzen wie Flugdaten oder Automobilangeboten kaum denkbar, da sie alle gleichartig aufgebaut sind. Der BGH ließ insoweit das Argument, der Fremdnutzer gefährde den **Amortisationsgedanken** der Datenbank, nicht gelten. In qualitativer Hinsicht sei ein Datenbankteil nur dann wesentlich, wenn sich gerade *in diesem Teil* der Datenbank auch der wesentliche Teil der Investition in die Datenbank verkörpere.

41 Für eine Entnahme kommt es hingegen nicht darauf an, ob eine ungeordnete Menge von Datenbankelementen oder ein strukturierter Anteil der Datenbank kopiert wird. Dies hat der EuGH aufgrund einer Vorlage des BGH bestätigt.[60]

---

[55] BGH Urt. v. 22.6.2011 – I ZR 159/10, GRUR 2011, 1018 (1021) – Automobil-Onlinebörse.
[56] EuGH Urt. v. 9.11.2004 – C 203/02, GRUR 2005, 244 (251) – BHB-Pferdewetten sowie EuGH Urt. v. 9.10.2008 – C-304/07, GRUR 2008, 1077 (1078 f.) – Gedichttitel; Wandtke/Bullinger/*Thum/Hermes* § 87b Rn. 16.
[57] EuGH Urt. v. 9.10.2008 – C-304/07, GRUR 2008, 659.
[58] BGH Urt. v. 22.6.2011 – I ZR 159/10, GRUR 2011, 1018 (1021) – Automobil-Onlinebörse.
[59] EuGH Urt. v. 9.11.2004 – C -203/02, GRUR 2005, 244 (250) – BHB Pferdewetten; BGH Urt. v. 22.6.2011 – I ZR 159/10, GRUR 2011, 1018 (1021) – Automobil-Onlinebörse.
[60] EuGH Urt. v. 9.10.2008 – C-304/07, GRUR 2008, 1077 – Gedichttitel.

IV. Voraussetzungen des § 87a Abs. 1 UrhG

> **Praxistipp:**
> Ein Teil einer Datenbank ist nach Art oder Umfang wesentlich, wenn er in qualitativer oder quantitativer Hinsicht wesentlich ist (Art. 7 Abs. 1 Datenbankrichtlinie). Ersteres richtet sich nach dem **Umfang der Investitionen** für die Beschaffung, Überprüfung oder Darstellung dieses Teils der Datenbank, letzteres nach dem **Verhältnis des Datenvolumens** dieses Teils der Datenbank zum Datenvolumen der gesamten Datenbank zu beurteilen.[61]
> Eine Entnahme von Elementen iSd Art. 7 der Datenbankrichtlinie kann auch ohne **physisches Kopieren** eine Vervielfältigung iSd § 87b Abs. 1 UrhG darstellen, wenn die Übertragung der Struktur durch weitgehende Orientierung an Überschriften erfolgt, im entschiedenen Fall an Gedichttiteln, die ein anderer zuvor unter Aufwendung erheblicher Mittel ausgesucht, geordnet und vereinheitlicht in eine Datenbank eingestellt hatte.[62] Die Gedichttexte selbst wurden aus eigenen Beständen übernommen bzw. waren gemeinfrei.

Mit dem Abruf fremder Datenbanken, meist im Wege des **Screen-Scraping**,[63] geht dem ursprünglichen Anbieter allerdings häufig ein Folgegeschäft verloren, beispielsweise wenn er auf die zusätzliche Möglichkeit der Buchung weiterer Leistungen (Flüge und Hotels, Autos und Versicherungen etc) hinweist. Auch der Effekt nebenher eingeblendeter Werbung geht verloren. Insoweit ist die Verletzung wettbewerblicher Normen umstritten.[64] **42**

Bei der Fremdnutzung von **Flugdaten** durch ein Preisvergleichsportal sah der BGH weder einen Verstoß gegen § 87b Abs. 1 Satz 2 UrhG noch einen Verstoß gegen das Verbot unlauterer Behinderung gemäß § 4 Nr. 10 UWG.[65] Das Angebot der Beklagten ziele nicht auf die Störung der wettbewerblichen Entfaltung der Klägerin ab, sondern baue gerade auf deren Angebot auf.[66] Bemerkenswert ist, dass der BGH in den Entscheidungsgründen vor allem die Verwendung entgegenstehender AGB missbilligte und letztlich auf die Möglichkeit des Einsatzes wirksamer technischer Schutzvorkehrungen verwies: Weder entgegenstehende AGB noch einfache technische Vorkehrungen wie hier zum Beispiel eine **Klickbox** zur Erklärung des **Einverständnisses mit den AGB** der Klägerin würden hieran etwas ändern. Die Missachtung fremder AGB allein würde zu einer Verdinglichung von Schuldrechten führen, die das Wettbewerbsrecht nicht hergebe.[67] Eine primär vertragsrechtliche Maßnahme, auch mit einer Klickbox, könne einer Begrenzung der Nutzung der Internetseite durch technische Maßnahmen gegen eine automatisierte Abfrage nicht gleichgesetzt werden. Dies legt den Schluss nahe, dass sich das gewünschte Verbot automatisierter Abrufe nur durch wirksame technische Maßnahmen realisieren lässt. **43**

Allerdings hat der EuGH[68] kürzlich entschieden, dass die Datenbankrichtlinie nicht auf eine Datenbank anwendbar sei, die weder durch das Urheberrecht noch durch das Schutzrecht sui generis nach der Richtlinie geschützt sei, so dass Art. 6 Abs. 1, Art. 8 und Art. 15 der Richtlinie es dem Hersteller einer solchen Datenbank unbeschadet des anwendbaren nationalen Rechts nicht verwehrten, vertragliche Beschränkungen für ihre Benutzung durch Dritte festzulegen. Während also die (automatisierte) Entnahme aus einer geschützten Datenbank im Rahmen der gesetzlichen Voraussetzungen zulässig ist, könnte die gleiche Nutzung von Daten, die aus einem ungeschützten Datenhaufen stammen, **durch AGB untersagt** werden, wenn das nationale Recht dies hergibt. Allerdings hat der BGH[69] seine Entscheidung nicht etwa auf ein gesetzliches Leitbild in der Datenbankrichtlinie gestützt, sondern **44**

---

[61] BGH Urt. v. 1.12.2010 – I ZR 196/08, Rn. 28.
[62] EuGH Urt. v. 9.10.2008 – C-304/07, GRUR-RR 2010, 232; BGH Urt. v. 13.8.2009 – I ZR 130/04 – Gedichttitel (Nachgang an EuGH aaO) – Directmedia.
[63] Zum Begriff: *Deutsch*, Die Zulässigkeit des so genannten „Screen-Scraping" im Bereich der Online-Flugvermittler, GRUR 2009, 1027.
[64] Wandtke/Bullinger/*Thum/Hermes* § 87b UrhG Rn. 83 mwN.
[65] BGH Urt. v. 30.4.2014 – I ZR 224/12 – Flugvermittlung im Internet, Rn. 22.
[66] BGH Urt. v. 30.4.2014 – I ZR 224/12, Rn. 25.
[67] BGH Urt. v. 30.4.2014 – I ZR 224/12 – Flugvermittlung im Internet, Rn. 35.
[68] EuGH Urt. v. 15.1.2015 – C-30/14 – Ryan Air.
[69] BGH Urt. v. 30.4.2014 – I ZR 224/12 – Flugvermittlung im Internet.

allein auf lauterkeitsrechtliche Elemente. Insoweit dürfte die EuGH-Entscheidung die bisherige Rechtsprechung nicht tangieren.

2. Der Einsatz von DRM-Systemen

45 Die Überwindung einer wirksamen technischen Schutzvorrichtung hingegen wäre wohl unlauter. Dem liegt die Erwägung des BGH zugrunde, dass sich ein Unternehmer, der sein Angebot im Internet „technisch ungeschützt" öffentlich zugänglich macht, im **Allgemeininteresse an der Funktionsfähigkeit des Internets** daran festhalten lassen muss, dass die von ihm eingestellten Informationen durch **übliche Suchdienste** in einem automatisierten Verfahren aufgefunden und aufbereitet werden. Er muss deshalb auch hinnehmen, dass ihm **Werbeeinnahmen verlorengehen,** weil die Nutzer seine Internetseite nicht aufsuchen.[70] Dagegen ist das Allgemeininteresse an der Funktionsfähigkeit des Internets nicht mehr betroffen, wenn der Unternehmer durch technische Maßnahmen verhindert, dass eine automatisierte Abfrage der Daten seines Internetangebots möglich ist.[71]

46 Daraus den Umkehrschluss zu ziehen, dass die Verhinderung der unerwünschten Fremdnutzung durch Einsatz eines beliebigen, wirksamen DRM-Systems automatisch gestattet sei, wäre allerdings verfehlt. Der EuGH schränkt seit der UsedSoft-Entscheidung die in der Computerrichtlinie 2009/24 nicht näher geregelte Befugnis zum Einsatz von DRM-Systemen jedenfalls bei Software auf die Kontrolle der Unbrauchbarmachung der Altkopie ein, während die Zulässigkeit von DRM-Systemen bei anderen Werkkategorien und hybriden Werken nach Art. 6 der Harmonisierungsrichtlinie 2001/29 bzw. § 95a UrhG auf Maßnahmen zur Vermeidung von Urheberrechtsverletzungen beschränkt sein soll. Der EuGH hat dies in der Nintendo-Entscheidung[72] erstmals mit der Einführung einer Verhältnismäßigkeitsprüfung unterfüttert, sodass DRM-Systeme zukünftig an ihrer Eignung zur Verwirklichung des Rechtsschutzziels (Zweckorientierung) und am (Übermaßverbot) gemessen werden. Maßstab dabei ist nicht der subjektive Verwendungswunsch des Rechtsinhabers zB wie bei Nintendo zur Verwendung nur mit „hauseigenen" Spielen sondern es kommt allein auf die **objektiven Kriterien** aus Art. 6 der Richtlinie an.[73] Dieser Rechtsgedanke könnte auch auf Datenbanken anwendbar sein. Denkbar wäre auch, in einem Umkehrschluss aus § 95a Abs. 1 UrhG zu argumentieren, dass die Umgehung einer technischen Schutzmaßnahme, die einen ungeschützten Gegenstand „faktisch erst geschützt" machen soll, nicht vom gesetzlichen Verbot gedeckt ist. Insoweit bleibt abzuwarten, ob beispielsweise der Betreiber eines Vergleichsportals sich gerichtlich mit einem Informationsanspruch gegen die technische Schutzmaßnahme durchsetzt.

3. Die Erschöpfung des Verbreitungsrechts bei einer Entnahme aus einer Datenbank

47 Die Frage der Erschöpfung stellt sich nicht bei der unwesentlichen Entnahme für sich genommen schutzunfähiger Elemente. Denn diese ist ohnehin vom Schutzbereich des § 87a ff. UrhG ausgenommen. Das Problem stellt sich hingegen bei der Verbreitung, also beispielsweise der Weitergabe einer nicht mehr benötigten Datenbank an einen Dritten. Die Weiterverbreitung eines durch Veräußerung in Verkehr gebrachten Vervielfältigungsstücks einer Datenbank kann jedoch vertraglich wegen § 87e UrhG nicht untersagt werden, wenn diese Handlungen weder der normalen Auswertung zuwiderlaufen noch die berechtigten Interessen des ursprünglichen Rechtsinhabers unzumutbar beeinträchtigen. Das Gesetz spricht hier von einem Vervielfältigungsstück, sodass abermals fraglich ist, ob die gleichen Grundsätze wie bei Computerprogrammen[74] auch auf die Online-Verbreitung einer Datenbank anwendbar sind. Nach der Entscheidung des BGH in Fall UsedSoft III ist dies zu erwarten.[75]

---

[70] Vgl. BGH Urt. vom 17.7.2003 – I ZR 259/00, BGHZ 156, 1 (18) – Paperboy; BGH Urt. v. 22.6.2011 – I ZR 159/10, GRUR 2011, 1018, Rn. 69 – Automobil-Onlinebörse.
[71] BGH Urt. v. 30.4.2014 – I ZR 224/12 – Flugvermittlung im Internet, Rn. 37.
[72] EuGH Urt. v. 23.1.2014 – C-355/12 – Nintendo.
[73] EuGH Urt. v. 23.1.2014 – C-355/12 – Nintendo, Rn. 34.
[74] → § 5.
[75] BGH Urt. v. 11.12.2014 – I ZR 8/13, GRUR 2015, 772.

a) Vorgaben des WCT. Art. 6 WCT definiert das dem Urheber zustehende Verbreitungs- 48
recht ausdrücklich als einen Vorgang, in welchem das Original oder Vervielfältigungsstücke des Werks – auf den ersten Blick also nur verkörperte Gegenstände – durch Verkauf oder sonstige Eigentumsübertragung der Öffentlichkeit zugänglich gemacht werden. Die öffentliche Wiedergabe einschließlich der öffentlichen Zugänglichmachung eines Werks – offenbar in allen anderen Fällen als denen in Art. 6 WCT – werden als gesondertes Recht in Art. 8 WCT definiert. Bei der Verabschiedung des WCT, die mit 1996 aus einer Zeit lange vor der Durchsetzung von „eBooks", „Streaming-Diensten" und „Cloud Computing" herrührt, war noch nicht absehbar, dass sich aufgrund der zunehmenden Digitalisierung vormals nur in körperlicher Form verwertbarer Werke neuartige Vertriebsmodelle für eine ähnliche Verwertung der gleichen Werke, diesmal allerdings in unkörperlicher Weise entwickeln würden. Auch Begriffe wie „data mining" und „big data" waren noch nicht geläufig.

b) Vorgaben der EU. Die maßgeblichen Vorschriften des WCT wurden erst im Jahre 49
2001, also 5 Jahre nach Erlass der Datenbankrichtlinie mit der Harmonisierungsrichtlinie 2001/29/EG ins Europarecht transformiert. Der Kommission ging es dabei in erster Linie um eine Angleichung der Marktbedingungen für neue Produkte und Dienstleistungen in Bezug auf das Urheberrecht. Sie betont in EG 20 ausdrücklich, dass die Richtlinie auf den Grundsätzen der bereits vorgängigen Richtlinien, insbesondere der Richtlinie zum Schutz von Computerprogrammen 91/250/EG (heute: Richtlinie 2009/24/EG) und der Datenbankrichtlinie 96/9/EG beruhe. Für den Rechtsschutz von Datenbanken spielt diese Richtlinie vor allem im Hinblick auf die Reichweite der Zulassung von DRM-Systemen und bei der Frage der Erschöpfung des Verbreitungsrechts eine Rolle.

aa) Öffentliche Wiedergabe. Nach EG 23 und 24 soll das Recht der öffentlichen Wieder- 50
gabe bzw. der öffentlichen Zugänglichmachung weiter harmonisiert werden. Es soll für jegliche Wiedergabe an die Öffentlichkeit gelten und jegliche drahtgebundene oder drahtlose öffentliche Übertragung oder Weiterverbreitung eines Werks und vor allem die interaktive Übertragung auf Abruf (EG 25) erfassen. Zwar enthält EG 28 den Grundsatz der Erschöpfung des Verbreitungsrechts im Rahmen eines Erstverkaufs innerhalb der Gemeinschaft, spricht jedoch ausdrücklich nur von Vervielfältigungsstücken, die „in einem Gegenstand verkörpert" sind. EG 29 stellt hierzu klar, dass sich die Frage der **Erschöpfung weder bei Dienstleistungen noch bei Online-Diensten** stelle.

bb) Online-Verbreitung als Dienstleistung. Die **Datenbankrichtlinie** stellt in EG 33 klar, 51
dass sich die Frage der Erschöpfung des Verbreitungsrechts bei Online-Datenbanken, die in den Dienstleistungsbereich fallen, nicht stelle. Dies gelte auch für ein Vervielfältigungsstück einer Datenbank, welches vom Nutzer der betreffenden Dienstleistung mit Zustimmung des Rechtsinhabers hergestellt worden sei. Anders als bei einem physischen Datenträger, bei dem das geistige Eigentum an diesem praktisch in der Ware gebunden sei, stelle jede Online-Leistung eine genehmigungspflichtige Handlung dar. Hier muss berücksichtigt werden, dass die Richtlinie keinen Aufschluss hinsichtlich der bürgerlich-rechtlichen Einordnung des Datenbanknutzungsvertrages gibt. Ob eine, sich ebenfalls im deutschen Recht dem Dienstvertrag oder Mietvertrag angenäherte Vereinbarung oder aber ein Warenaustauschgeschäft vorliegt, hängt nicht von der Wahl des Übermittlungsweges, sondern vom Parteiwillen hinsichtlich des dauerhaften Verbleibs der Ware beim Empfänger ab. Das gilt auch für das einzelne Werkstück eines beispielsweise von einer juristischen Datenbank bezogenen juristischen Aufsatzes.

cc) Parallelen zu Software. In der Argumentation gegen die Annahme der Erschöpfungs- 52
wirkung einer Online-Verbreitung wird stets mit den einschlägigen Erwägungsgründen der Datenbankrichtlinie und der Harmonisierungsrichtlinie gearbeitet, um im Ergebnis jede Form der Online-Übermittlung urheberrechtlich geschützter Werke aller Art einschließlich Software in den Bereich der öffentlichen Wiedergabe bzw. der öffentlichen Zugänglichmachung zu rücken. Für Software hat der EuGH diese Argumentation in der Entscheidung UsedSoft[76] abgelehnt (vgl. → § 4). Für andere Werkkategorien wie eBooks, Hörbücher und

---

[76] EuGH Urt. v. 23.1.2014 – C-355/12; so auch der BGH in der Sache UsedSoft III (vgl. Fn. 75).

online übertragene Filmwerke ist dies jedoch noch ungeklärt ebenso wie für Werkstücke von Datenbanken.

4. Schranken des Datenbankschutzes

53 § 87c UrhG schränkt die Rechte des Datenbankherstellers insoweit ein, als **Privatkopien** wesentlicher Anteile, nicht aber der ganzen Datenbank[77] zulässig sind, allerdings nicht von elektronisch abrufbaren Datenbanken. Für die digitale Welt gilt insoweit, dass es kein Recht zur Privatkopie einer Datenbank gibt. Ferner enthält § 87c Abs. 1 Nr. 2 und Nr. 3 weitere Ausnahmen für den wissenschaftlichen Gebrauch und zu Unterrichtszwecken, Abs. 2 im Rahmen der Verwendung vor Gericht.

5. Vertragsrecht

54 § 87e UrhG schränkt die Vertragsfreiheit in Bezug auf Vereinbarungen über Nutzungsbeschränkungen zwischen dem Eigentümer eines Vervielfältigungsstücks der Datenbank und dem Datenbankhersteller ein. Dem Wortlaut nach ist eine vorausgehende Veräußerung des Werkstücks mit Zustimmung des Rechtsinhabers wie bei der Erschöpfung des Verbreitungsrechts bei Software erforderlich. Eine Verbreitungswirkung ordnet die Vorschrift indessen nicht an, sondern gewährt vielmehr Mindestrechte ähnlich dem zwingenden Kern bei Computerprogrammen nach § 69d Abs. 1 UrhG.[78] Handlungen, die nach dem UrhG erlaubt sind, insbesondere die freie Entnahme unwesentlicher Teile einer Datenbank im Rahmen des § 87b Abs. 1 Satz 1 UrhG, sollen durch vertragliche Abreden nicht abbedungen werden dürfen. Derartige Regelungen wären sowohl in AGB als auch individualvertraglich unwirksam, weil sie gegen ein gesetzliches Verbot verstoßen.

6. Rechte der Presseverleger

55 Die §§ 87f–h UrhG wurden erst am 7.5.2013 als neues **Leistungsschutzrecht** geschaffen und systematisch hinter den Rechten des Datenbankherstellers eingeordnet. Der Gesetzgeber wollte hiermit die systematische Ausbeutung fremder verlegerischer Leistungen speziell durch **Suchmaschinen** unterbinden.[79] Zu den Einzelheiten → § 5 Rn. 29 ff.

---

[77] Wegen des abschließenden Charakters des § 87c UrhG (Art. 9 der Richtlinie) wird eine erweiternde Auslegung abgelehnt, es sei denn, von der Schrankenbestimmung kann nur durch Nutzung der Gesamtdatenbank Gebrauch gemacht werden, vgl. Wandtke/Bullinger/*Thum* § 87c Rn. 2; Möhring/Nicolini/*Koch* § 87c Rn. 1.
[78] Möhring/Nicolini/*Koch* § 87f Rn. 1.
[79] Amtliche Begründung BT-Drs. 17/11470.

§ 7 Domainrecht und markenrechtliche Bezüge

Übersicht

	Rn.
I. Registrierung einer Domain *(Auer-Reinsdorf)*	1–27
1. Rolle und Funktion der DENIC e. G.	3–8
2. Inhalt und Rechtsnatur des Domainvertrages mit der DENIC	9–16
3. Die Haftung der DENIC	17–23
4. Die Stellung des ADMIN-C	24–27
II. Die Rechtsnatur einer Domain *(Witte)*	28–35
1. Rechte aus dem Vertrag mit der DENIC	28–31
2. Namens- und Kennzeichenrechte	32–35
III. Grundlagen des Schutzes nach dem MarkenG *(Witte)*	36–83
1. Entstehung des Schutzes nach § 4 MarkenG	36–41
a) Abstrakte Schutzfähigkeit	36/37
b) Entstehung	38/39
c) Entstehung durch Benutzung § 4 Abs. 2 MarkenG	40
d) Entstehung aufgrund notorischer Bekanntheit, § 4 Abs. 3 MarkenG	41
2. Die Verletzung von Markenrechten nach den §§ 14, 4 MarkenG	42–64
a) Prioritätsgrundsatz	42–47
b) Vorrangwirkung durch abgeleitete Rechte	48
c) Zum Begriff des Nichtberechtigten	49
d) Kennzeichenmäßige Benutzung	50/51
e) Handeln im geschäftlichen Verkehr	52–59
f) Verletzung durch bloße Registrierung	60
g) Registrierung durch Treuhänder	61
h) Vornamen	62–64
3. Rechtsverletzende Benutzung	65–75
a) Schutz gegen identische Zeichen	66
b) Ähnlichkeitsschutz	67–72
c) Rechtsverletzung durch „Metatags"	73
d) Rechtsverletzungen durch „AdWords"	74
e) Schutz außerhalb der Identität und Ähnlichkeit	75
4. Rechtsfolgen	76–83
a) Übertragungsanspruch	76/77
b) Unterlassungsanspruch	78
c) Löschungsanspruch	79
d) Verbotsumfang: Erfassung der E-Mailadresse	80–83
IV. Der markenrechtliche Schutz *(Witte/Auer-Reinsdorff)*	84–114
1. Entstehung des Schutzes nach § 5 Abs. 1 und 2 MarkenG für Unternehmenskennzeichen	88–99
a) Begriff der Unternehmenskennzeichen	88–90
b) Benutzungsaufnahme im Ausland	91–97
c) Räumlicher Geltungsbereich	98/99
2. Entstehung des Schutzes nach § 5 Abs. 1 und 3 MarkenG für Werktitel	100–102
3. Geographische Herkunftsangaben	103
4. Entstehung des Markenschutzes durch Eintragung	104–110
5. Entstehung des Markenschutzes durch Erlangung der Verkehrsgeltung sowie notorische Bekanntheit	111–114
V. Bürgerlich-rechtlicher Namensschutz *(Witte)*	115–133
1. Grundlagen	115–120
a) Vorrang des Markenrechts	115
b) Der Schutzbereich des § 12 BGB und die „Funktionsbereichsgrenze"	117–119
c) Geltung der Prioritätsregel	120
2. Verletzungsfälle	121/122
3. Namenanmaßung und Namensleugnung	123–125
4. Namensrecht und Pseudonyme	126/127
5. Besondere Fälle	128/129
6. Kein umfassender Freihalteanspruch	130–133

	Rn.
VI. Das Recht der Gleichnamigen *(Witte)*	134–144
1. Anwendung des Prioritätsgrundsatzes	134–141
a) Regelfall	134–138
b) Ausnahmen bei berühmten Marken	139–141
2. Kollision gleicher geschäftlicher Bezeichnungen	142
3. Kollision gleicher bürgerlicher Namen	143/144
VII. Wettbewerbsrechtliche Ansprüche *(Witte)*	145–161
1. Grundsätzliches	145/146
2. Einzelfälle	147–161
a) Städtenamen	147
b) Umlaute (ä, ö, ü./.ae, oe, ue) und Plural ./. Singular	148–150
c) Generische Begriffe	151–153
d) Generische Begriffe aus der Sicht des UWG	154–157
e) Ausländische Top-Level-Domain	158
f) Gezielte Behinderung durch Registrierung	159–161
VIII. Ergänzender Schutz nach § 823 Abs. 1 BGB *(Witte)*	162/163
IX. Die Übertragung von Domainnamen *(Witte)*	164–166
X. Die Lizenzierung von Domainnamen *(Witte)*	167/168
XI. Außergerichtliche Rechtsverfolgung *(Luckhaus)*	169–174
1. Dispute-Eintrag bei der DENIC	169–171
2. Der Wait-Antrag bei NIC.AT	172/173
3. Außergerichtliche Rechtsverfolgung bei den übrigen Vergabestellen	174
XII. Prozessuale Besonderheiten bei Domainstreitigkeiten *(Luckhaus)*	175–177
1. Inlandsbezug	175
2. Richtige Antragstellung	176/177

Schrifttum: *Abel*, kein Anspruch auf Domainregistrierung, CR 1999, 788; *Berger*, Zwangsvollstreckung in Internet-Domains, RPfleger 2002, 181; *Ekey/Bender/Fuchs-Wissemann*, Markenrecht Band 1, 3. Aufl. 2015; *Feuerich/Braun*, Bundesrechtsanwaltsordnung (BRAO), 8. Aufl. 2006; *Fezer*, Markenrecht, 4. Aufl. 2009; *ders.*, Handbuch der Markenpraxis, 3. Aufl. 2015; *Ingerl/Rohnke*, MarkenG, 3. Aufl. 2010; *Kazemi/Leopold*, Die Internetdomain im Schutzbereich des Art. 14 Abs. 1 GG, MMR 2004, 287; *Kleespies*, Die Domain als selbstständiger Vermögensstand in der Zwangsvollstreckung, GRUR 2002, 764; *Koos*, Die Domain als Vermögensgegenstand zwischen Sache und Immaterialgut, MMR 2004, 359; *Kort*, Namens- und markenrechtliche Fragen bei der Verwendung von Domain-Namen, DB 2001, 249; *Lange*, Marken- und Kennzeichenrecht, 2. Aufl. 2012; *Möbius*, Domain-Registrierung für Dritte, JurPC Web-Dok. 231/2004; Münchener Kommentar zum BGB, 6. Aufl. 2012; Münchener Kommentar zur ZPO, 4. Aufl. 2012; *Nowrot*, Verfassungsrechtlicher Eigentumsschutz von Internet-Domains, 2002; *Plaß*, Die Zwangsvollstreckung in die Domain, WRP 2000, 1077; *Renck*, Kennzeichenrechte versus Domain-Names – Eine Analyse der Rechtsprechung, NJW 1999, 3587; *Stadler*, Domainregistrierung für Dritte – Anmerkung zum Urteil des OLG Celle vom 8.4.2004 – 13 U 213/03, JurPC Web-Dok. 232/2004; *Stein/Jonas*, Kommentar zur ZPO, 23 Aufl. 2014; *Strömer*, Domains in Treuhandverwaltung, K&R 2004, 384; *Teplitzky*, Wettbewerbsrechtliche Ansprüche, 10. Aufl. 2011; *Viefhues*, Zur Übertragbarkeit und Pfändbarkeit von Domainnamen, MMR 2000, 286; *Viefhues*, Anm. zum Urt. des BGH v. 2.12.2004 – I ZR 207/01, weltonline.de, MMR 2005, 76; *Wegner*, Der rechtliche Schutz von Internetdomains, CR 1999, 250; *Welzel*, Zur Mitstörerhaftung der DENIC bei der Vergabe von Second-Level-Domains, MMR 2000, 39; *Welzel*, Zwangsvollstreckung in Internet-Domains, MMR 2001, 131.

I. Registrierung einer Domain

1 Technisch ist eine Domain nichts anderes als die den Regeln des Unified Ressource Loader (URL) folgende **Übersetzung einer numerischen Rechneradresse**, also einer **Zahl** in ein **Pseudonym aus lateinischen Buchstaben**. Eine Domain ist damit einer Telefonnummer ähnlich.[1]

2 Jede Domain gibt es aus technischen Gründen weltweit nur einmal und sie ist für jedermann weltweit abrufbar. Domainnamen sind demnach **einzigartig** und **ubiquitär**. Durch eine Registrierung wird eine Domain unabhängig von ihrer tatsächlichen Nutzung für jeden

---

[1] Der Server ist der Name des Computers, auf dem sich das gesuchte Dokument befindet. http://www.server.de, wobei www für die Art des Servers steht (hier ein sog Web-Server) und .de die Landeskennung ist. Der Begriff http steht für HyperText Transfer Protocol. Dieses Protokoll wird im WWW (World Wide Web) verwendet, um HTML-Seiten zu übertragen und anzuzeigen. Daneben gibt es auch andere Begriff wie etwa ftp = File Transfer Protocoll, das verwendet wird, um Dateien zu übertragen. HTML steht für Hypertext Markup Language.

I. Registrierung einer Domain

Dritten gesperrt. Die Registrierung ist dabei rechtlicher Ausgangspunkt bei der Beurteilung der Rechte zur Nutzung, Verwertung, Konnektivität und Aufgabe der Domain bzw. des Inhabers als Berechtigtem.

1. Rolle und Funktion der DENIC e. G.

Die „DENIC Domain Verwaltungs- und Betriebsgesellschaft eG" versteht sich als „zentrale Registrierungsstelle für alle Domains unterhalb der Top Level Domain „.de". Sie stellt für die Domainverwaltung ein automatisches elektronisches Registrierungssystem zur Verfügung, betreibt ein Netz von über die ganze Welt verteilten Nameservern und hält für die deutsche „Internet-Community" eine ganze Reihe weiterer Dienstleistungen bereit. Die Verwaltung der Domains unter der Toplevel-Domain.de erfolgt rein genossenschaftlich organisiert durch die Privatwirtschaft. § 66 Abs. 1 S. 4 TKG nimmt die Verwaltung von Domainnamen oberster oder nachgeordneter Stufen vom Aufgabenbereich der Bundesnetzagentur ausdrücklich aus.

Die DENIC ist kein Internet Service Provider (ISP), bietet jedoch unter dem Namen DENICdirect zwischenzeitlich auch gegenüber Privatkunden einen unmittelbaren Registrierungsservice für Domainnamen an. Die Kosten hierfür sind jedoch höher als bei einer Registrierung über einen ISP. Sie darf sich als „Non-Profit-Organisation" bezeichnen.[2]

Als Monopolist hat die DENIC eine marktbeherrschende Stellung, so dass die **kartellrechtlichen Vorgaben** zu beachten sind. In einer Entscheidung zu §§ 19 Abs. 2 Nr. 1, 20, 33 GWB hat das OLG Frankfurt[3] im Jahre 2008 hinsichtlich der Marke „VW" entschieden, dass entgegen den damals geltenden Domainbedingungen auch **zweistellige Domains** registriert werden müssen, wenn gleichlautende Countrycode-Top-Level-Domains (ccTLD) nicht existieren. Das OLG nahm an, dass die **DENIC ein marktbeherrschendes Unternehmen** (§ 20 GWB) sei, über eine **marktbeherrschende Stellung** im Sinne von § 19 Abs. 2 Nr. 1 GWB verfüge, weil sie auf dem sachlich und räumlich relevanten Markt ohne Wettbewerber sei, und – im Rahmen einer Ermessensentscheidung – der Volkswagen AG ein überwiegendes Interesse an der Eintragung der Domain „vw.de" zuzubilligen sei. Umgekehrt entschied das LG Frankfurt in einem ähnlich gelagerten Fall, dass die Regelungen in den damaligen Domainrichtlinien, keine Second-Level-Domains zu registrieren, die der Abkürzung eines deutschen **Kfz-Zulassungsbezirks** entsprachen, nicht zu beanstanden sei.[4]

Mit der Einführung der zweistelligen Domains zum 23.10.2009 ließ die DENIC auch einstellige Varianten und Kfz-Kennzeichen zu. Insgesamt 93 Buchstaben und Zeichen einschließlich der Umlaute stehen heute für .de-Domains zur Verfügung. Die sich aktuell ergebenden möglichen Registrierungsvarianten sind in Ziffer V der **DENIC-Domain-Richtlinien** geregelt. Ungeachtet der TLD.de kann eine Domain hiernach nur bestehen aus

(1) den Ziffern (0 bis 9), den lateinischen Buchstaben A bis Z einschließlich der Umlaute (ä, ö, ü)[5] und den weiteren Buchstaben,[6] die im Anhang der Richtlinien aufgeführt sind;
(2) Bindestrichen, jedoch nicht am Anfang oder am Ende sowie nicht an der dritten und vierten Stelle;
(3) Groß- und Kleinschreibung werden nicht unterschieden;
(4) Die Mindestlänge einer Domain beträgt ein, die Höchstlänge 63 Zeichen;

Ein Antragsteller, der vergeblich die Eintragung einer einstelligen Domain noch vor Inkrafttreten der neuen Domainrichtlinien beantragte, scheiterte vor dem OLG Frankfurt, das in

---

[2] LG Frankfurt Urt. v. 24.10.2001 – 2/6 O 280/01.
[3] OLG Frankfurt Urt. v. 29.4.2008 – 11 U 32/04, CR 2008, 656.
[4] LG Frankfurt Urt. v. 7.1.2009 – 2–06 O 362/08 – KFZ-Kennzeichen-Domains.
[5] Umlautdomains sind Domainnamen mit Umlauten oder Sonderzeichen (zB: ä, ü, ö, ß, ?, ø). Diese Domains werden oftmals auch als IDN-Domains bezeichnet, IDN steht hierbei für Internationalizing Domain Names. Bei der Verwendung älterer Programmversionen von E-Mail-Clients, FTP-Programmen oder Webbrowsern kann es zu Fehlermeldungen kommen.
[6] Hauptsächlich Vokale mit Diakritika, beispielsweise „à"; sofern die Domain Buchstaben aus dem Anhang enthält, ist für die Höchstlänge die gemäß dem RFC 5890 in der sogenannten ACE-Form kodierte Fassung der Domain („A-Label") maßgebend.

Fortführung seiner Rechtsprechung aus dem Jahre 2008 entschied, es sei kartellrechtlich nicht zu beanstanden, dass die DENIC eG auf der Grundlage ihrer bis zum 23. Oktober 2009 geltenden Vergaberichtlinien einen Anspruch auf Registrierung der Second-Level-Domain „x.de" abgelehnt hat. Die hiervon abweichende Handhabung zugunsten einer im geschäftlichen Verkehr in Gebrauch befindlichen berühmten Marke sei mit Blick auf die höchstrichterliche Rechtsprechung zu kennzeichenverletzenden Domains sachlich gerechtfertigt.[7]

8 Das OLG Frankfurt lehnte ferner einen Antrag auf Erlass einer einstweiligen Verfügung über die Vorabregistrierung der Domain „tv.de" ab, obwohl der Antragsteller Markeninhaber war, die (allerdings nicht berühmte und bekannte) Marke benutzte und geltend machte, die damaligen Registrierungsbedingungen würden Mitglieder der DENIC bei der Anwendung des Prinzips „first come – first served" bevorzugen.[8]

2. Inhalt und Rechtsnatur des Domainvertrages mit der DENIC

9 Unter dem **Domainregistrierungs- und -verwaltungsvertrag** versteht man einen **typengemischten** Vertrag sui generis, der auf die Registrierung einer Domain und deren Aufrechterhaltung gerichtet ist, also ein **Dauerschuldverhältnis**.[9]

10 **Vertragspartner** des Registrierungsvertrages ist gemäß Ziffer II Satz 3, Ziffer IV Satz 1 und Ziffer VII der Domainrichtlinien sowie § 1 Abs. 1 Satz 1 der Domainbedingungen[10] der (künftige) **Domaininhaber.** Die Voraussetzungen der Registrierung sowie deren Beendigung sind in Ziffer III der Domainrichtlinien geregelt. Weitere Vorschriften regeln die Stellung des administrativen Ansprechpartners (Admin-C) und des technischen Ansprechpartners (Tech-C), meistens des vom Domaininhaber beauftragten ISP und des Zonenverwalters (Zone-C).

11 Sofern die Registrierung nicht unmittelbar über den Service DENICdirect zwischen den Kunden und der DENIC vereinbart wird, handelt der beauftragte **Internet-Service-Provider** (ISP) als **Vermittler** für den Anmelder, dessen Erklärungs- und Empfangsbote im Verhältnis zur DENIC. Im Verhältnis zum Kunden handelt der Provider im Rahmen einer entgeltlichen **Geschäftsbesorgung** (§ 675 BGB), meist im Rahmen eines umfassenden Web-Servicevertrages oder einer Paketlösung.[11]

12 Mit dem Abschluss des Vertrages über die Registrierung und Verwaltung einer Internet-Domain erhält der Anmelder der Domain zunächst einen **Anspruch auf Registrierung** nach Maßgabe der DENIC-**Domainbedingungen**, die einen Großteil der wechselseitigen Rechte und Pflichten regeln, und **Domainrichtlinien**, die diese rechtlich und technisch ergänzen.[12] Beide Regelwerke haben **AGB-Charakter**[13] und bestimmen letztlich gemeinsam und untrennbar die rechtliche Beziehung zwischen dem Anmelder und der DENIC.

13 Zwischen dem Anmelder (sofern er nicht unmittelbar mit der DENIC über DENICdirect kontrahiert), dem ISP und der DENIC besteht ein Dreiecksverhältnis, welches vor allem vom Inhalt der anwendbaren AGB, mithin der den DENIC-Domainbedingungen und Domainrichtlinien sowie den AGB des ISP geprägt ist. Da die AGB des ISP neben den Regelungen zu hier nicht relevanten Hostingleistungen, Webspace-Paketen, der Überlassung von Software etc üblicherweise hinsichtlich der Registrierung von Domainnamen, deren Konnektierung und Aufrechterhaltung der Konnektierung auf die Domainbedingungen und Domainrichtlinien der DENIC verweisen, beschränkt sich die Rolle des ISP in diesem Zusammenhang auf die bereits beschriebene Geschäftsbesorgung sowie die Boteneigenschaft für Abgabe und Empfang von Willenserklärungen. Die DENIC wiederum verweist in § 5 Abs. 2 der Domainbedingungen darauf, dass die DENIC-Mitglieder keine Erfüllungsgehilfen der DENIC seien.

---

[7] OLG Frankfurt Urt. v. 18.5.2010 – 11 U 36/09.
[8] OLG Frankfurt, Beschl. v. 5.8.2010 – 11 W 66/09 – first come first serve.
[9] Der Vertrag endet also nicht mit der erfolgreichen Registrierung.
[10] Jeweiliger Stand: 1.1.2015.
[11] → § 21 (Providerverträge).
[12] BGH Beschl. v. 5.7.2005 – VII ZB 5/05, CR 2006, 50.
[13] Dies wird vom BGH als selbstverständlich angenommen, vgl. etwa Urt. v. 13.12.2012 – I ZR 150/11 – dlg, Rn. 9.

14 Der Anspruch aus dem Domainregistrierungs- und -verwaltungsvertrag ist auf die Eintragung der Domain in das DENIC-Register und den Primary Nameserver gerichtet. Gegenüber dem ISP, der gegenüber der DENIC lediglich als Vermittler auftritt, hat der Anmeldende erst dann einen Anspruch auf Konnektierung, wenn die DENIC die Domain nach ihren Regeln zugeteilt hat.

15 Internet-Service-Verträge werden regelmäßig online, also per **Fernabsatz** mit den entsprechenden Konsequenzen nach § 312c BGB geschlossen. Hiernach besteht für solche Verträge bei Beteiligung von Verbrauchern ein Widerrufsrecht nach §§ 355 Abs. 1 BGB. Hosting-Provider versuchen zuweilen, sich auf die Regelung zum vorzeitigen Erlöschen des Widerrufsrechts durch Vertragserfüllung bei Dienstleistungen nach § 356 Abs. 4 Satz 1 BGB zu berufen. Da der BGH[14] in der Entscheidung zu „Internet-System-Verträgen" aber einen **Werkvertrag** sieht, greift diese Ausnahme nicht.[15]

16 Mit der Eintragung erlischt zwar der Anspruch auf Registrierung nach § 362 Abs. 1 BGB durch Erfüllung. Aus § 7 Abs. 1 der Domainbedingungen der DENIC ergibt sich aber, dass der Vertrag auf Dauer geschlossen ist. Aus diesem kündbaren, auf unbestimmte Zeit laufenden Dauerschuldverhältnis schuldet die DENIC dem Anmelder nach der erfolgten Konnektierung die **Aufrechterhaltung der Eintragung** im Primary Nameserver als Voraussetzung für den Fortbestand der Konnektierung. Daneben bestehen weitere Ansprüche des Domaininhabers wie die auf Anpassung des Registers an seine veränderten persönlichen Daten oder ihre Zuordnung zu einem anderen Rechner durch Änderung der IP-Nummer.[16]

3. Die Haftung der DENIC

17 Nachdem die Vorinstanzen durchaus kontrovers entschieden hatten, entschied der BGH in mehreren Verfahren, dass das **Registrieren** und **Verwalten** eines Domain-Namens **durch die DENIC nicht als Gebrauch** des Namens i.S. der §§ 5, 15 MarkenG oder § 12 Satz 1 BGB anzusehen sei. Da eine geschäftsmäßige oder sonstige wettbewerblich relevante Nutzung der Domainnamen durch die DENIC klar ausschied, befassten sich die Gerichte hauptsächlich mit der nur selten greifenden „Ausnahmevorschrift" des § 12 BGB. Die DENIC benutze aber mit der bloßen Registrierung und Verwaltung die Internet-Adresse auch **nicht namensmäßig** und stelle lediglich die technischen Voraussetzungen für die Verwendung der Internet-Adresse durch den Anmelder her.[17]

18 Die DENIC haftet grundsätzlich auch **nicht als mittelbarer Störer,** weil sie mit der Reservierung des Domain-Namens keine Ursache für eine Verletzung des Namensrechts des Anspruchstellers durch einen Dritten gesetzt hat.

19 Die mittelbare Störerhaftung setzt die Verletzung von Prüfungspflichten voraus. Die DENIC treffen jedoch bei der Erstregistrierung eines Domain-Namens grundsätzlich **keinerlei Prüfungspflichten.**[18] Der DENIC ist danach nur eine Prüfung auf – praktisch kaum vorkommende – **offenkundige,** aus ihrer Sicht eindeutige Rechtsverstöße zuzumuten. Dies gelte wiederum nicht für die technisch automatisierte Erstregistrierung.

20 Wenn jedoch Dritte die DENIC auf einen Verstoß hinweisen, sind die allgemeinen Grundsätze der Störerhaftung anzuwenden, nämlich eine Bewertung unter **Berücksichtigung der Funktion und Aufgabenstellung** des als Störer in Anspruch genommenen sowie eine Beurteilung mit Blick auf die Eigenverantwortung des unmittelbar handelnden Dritten.[19] Die DENIC muss eine Registrierung nur dann löschen, wenn die Verletzung der Rechte Dritter **offenkundig** und für die Beklagte **ohne weiteres feststellbar** ist. Die Verletzung von Kennzeichenrechten kann die DENIC aber nur dann unschwer erkennen, wenn ihr ein **rechtskräfti-**

---

[14] Zuletzt BGH Urt. v. 24.3.2011 – VII ZR 134/10.
[15] → § 21 (Providerverträge).
[16] BGH Beschl. v. 5.7.2005 – VII ZB 5/05, CR 2006, 50 = MMR 2001, 131 (132) mAnm *Welzel*; *Berger* RPfleger 2002, 181 (182 f.); *Kleespies* GRUR 2002, 764 (766).
[17] BGH Urt. v. 17.5.2001 – I ZR 216/99, BGHZ 148, 13 (16) – ambiente.de; ferner: BGH Urt. v. 19.2.2004 – I ZR 82/01, CR 2004, 531 – kurt-biedenkopf.de.
[18] BGH Urt. v. 17.5.2001 – I ZR 216/99, BGHZ 148, 13 (18) – ambiente.de mwN.
[19] BGH Urt. v. 18.10.1995 – I ZR 227/93, GRUR 1996, 71 (72 f.) = WRP 1996, 98 – Produktinformation III.

ger gerichtlicher Titel vorliegt oder wenn die Rechtsverletzung derart eindeutig ist, dass sie sich ihr aufdrängen muss.[20] Ein solcher Fall wurde bereits vom BGH entschieden.[21] Danach soll die DENIC bei Vorliegen einer eindeutigen, sich aufdrängenden Namensrechtsverletzung unter dem Gesichtspunkt der Störerhaftung zur Löschung der Domainregistrierung verpflichtet sein. Diese Voraussetzungen waren im Falle der Registrierung der Domainnamen „regierung-oberfranken.de" durch ein in Panama ansässiges Privatunternehmen gegeben. Nicht ausreichend zur Begründung der Störerhaftung der DENIC ist nach Auffassung des OLG Frankfurt[22] das Vorliegen eines rechtskräftigen Titels gegen den Admin-C. Eine Haftung der DENIC setze vielmehr voraus, dass sich der rechtskräftige Titel gegen den Domaininhaber selbst richte.

21 Die DENIC ist auch nicht als Normadressatin des kartellrechtlichen Behinderungsverbots[23] zur Prüfung verpflichtet, ob der angemeldete Domain-Name Rechte Dritter verletzt. Sie verfügt zwar auf dem deutschen Markt für die Vergabe von Second-Level-Domains über eine überragende Stellung. Die gebotene Interessenabwägung[24] fällt aber zu ihren Gunsten aus.[25]

22 Es wird immer wieder versucht, die DENIC aus dem Rechtsgedanken der aus den Pflichten des Domainvertrages folgenden Drittschuldnerstellung[26] (§ 840 ZPO) vor allem für Rechtsverfolgungskosten haftbar zu machen, die anlässlich der erfolglosen Inanspruchnahme des Domaininhabers oder ADMIN-C nicht beitreibungsfähig sind. Das BVerfG hat zwischenzeitlich Ersatzansprüche jedenfalls dann verneint, wenn die DENIC hinsichtlich der Domain zwischenzeitlich von dem ihr zustehenden Kündigungsrecht Gebrauch gemacht hat.[27]

23 Wurde der ursprüngliche Domaininhaber auf Grund eines gefälschten Auftrags über einen Providerwechsel unberechtigt aus der Registrierungsdatenbank gelöscht und ein Dritter als Inhaber der Domain eingetragen, kann die DENIC nach Auffassung des OLG Frankfurt gegen den Erfüllungsanspruch des ursprünglichen Inhabers aus dem Domain-Registrierungsvertrag keine subjektive Unmöglichkeit gemäß § 275 Abs. 1 BGB einwenden. Da es sich bei der Eintragung einer Domain in die Registrierungsdatenbank um einen rein technischen Vorgang handelt, kann er von der DENIC eG ohne Hindernisse tatsächlicher Natur ohne Weiteres und jederzeit wieder berichtigt werden.[28]

4. Die Stellung des ADMIN-C

24 Der Admin-C ist der nach § 3 Abs. 1 Satz 2 der Domainbedingungen bzw. Ziffer VIII Satz 4 der Domainrichtlinien vorgesehene technische Ansprechpartner einer .de-Domain der DENIC in Fällen, in denen der Domaininhaber seinen Sitz im Ausland hat. Er muss nach Ziffer VIII Satz 4 seinen **Sitz in Deutschland** haben und eine **Straßenanschrift** benennen. Bei privaten Registrierungen im Inland ist er hingegen mit dem Domaininhaber regelmäßig identisch, so dass häufig Personenidentität besteht und die nachfolgend geschilderte Problematik ausscheidet. In den anderen Fällen liegt bei Anwendbarkeit inländischen Rechts zwischen dem Domaininhaber und dem Admin-C – ein Auftragsverhältnis (§ 662 BGB) bzw. bei Entgeltlichkeit eine Geschäftsbesorgung (§ 675 BGB) vor. Soweit § 3 Abs. 1 Satz 3 der Domainbedingungen zugleich bestimmt, dass der **ADMIN-C Zustellungsadressat** für eine Vielzahl rechtlicher Belange sein muss, ist der Domaininhaber verpflichtet, diesen mit einer entsprechenden **Vollmacht** auszustatten.[29] Bei **Klagezustellungen an den ADMIN-C** ist nach

---

[20] BGH Urt. v. 17.5.2001 – I ZR 216/99, BGHZ 148, 13 (18) – ambiente.de = *Abel* CR 1999, 788; *Welzel* MMR 2000, 39 (40); *Renck* NJW 1999, 3587 (3593).
[21] BGH Urt. v. 27.10.2011 – I ZR 131/10 – regierung-oberfranken.de, Fortführung von BGH Urt. v. 17.5.2001 – I ZR 251/99, BGHZ 148, 13 – ambiente.de.
[22] OLG Frankfurt Urt. v. 17.6.2010 – 16 U 239/09, Rn. 28.
[23] Ansprüche aus den §§ 33, 20 Abs. 1 GWB aF.
[24] BGH Urt. v. 27.4.1999 – KZR 35/97, GRUR 2000, 95 (96) = WRP 1999, 1175 – Feuerwehrgeräte, mwN.
[25] BGH Urt. v. 17.5.2001 – I ZR 216/99, BGHZ 148, 13 (18) – ambiente.de mwN.
[26] BGH Beschl. v. 5.7.2005 – VII ZB 5/05, WM 2005, 1849.
[27] BVerfG Beschl. v. 11.7.2014 – 2 BvR 2116/11.
[28] OLG Frankfurt Urt. v. 9.6.2011 – 16 U 159/10.
[29] Anscheinsvollmacht lässt sich ebenfalls vertreten, da unterstellt werden kann, dass einem ADMIN-C die Satzung der DENIC eG bekannt ist.

der Neufassung der Domainrichtlinien[30] jedoch zu beachten, dass § 184 Abs. 1 ZPO voraussetzt, dass die Partei zuvor vom Gericht zur Benennung eines Zustellungsbevollmächtigten im Inland aufgefordert wurde.[31]

Domaininhaber und ADMIN-C sind auch nicht zwingend Diensteanbieter im Sinne von 25 § 2 Abs. 1 Nr. 1 TMG.[32] Der ADMIN-C wird auch nicht als Anbieter im Sinn des Jugendmedienschutzes und damit nicht als Zustellungsadressat einer medienrechtlichen Verfügung angesehen.[33] Wer auf der Homepage jedoch unter dem Punkt Zahlungsabwicklung und Kundenservice genannt wird, kommt im Einzelfall weiterhin als Anbieter des Internetangebots in Betracht.[34]

Domaininhaberschaft und Stellung als ADMIN-C allein lassen keinen Schluss darauf zu, 26 dass der ADMIN-C mit der registrierten Domain im Sinne der Störerhaftung am Rechtsverkehr teilnehme. Dem Admin-C wird keine anlasslose, sondern lediglich eine **anlassbezogene Überwachungspflicht** auferlegt, die einer bereits erfolgten Rechtsverletzung nachfolgt und – durch Erlangung von Bösgläubigkeit – erneuten Rechtsverletzungen vorbeugt. Es ist ihm nicht zuzumuten, jeden Inhalt, der unter einer Domain, bei der er die Stellung und Funktion eines Admin-C übernommen hat, auf urheberrechtsverletzende Inhalte zu untersuchen. Derartige Kontrollmaßnahmen würden sein Geschäftsmodell wirtschaftlich gefährden, das gerade nicht von vornherein auf Rechtsverletzungen durch Domaininhaber angelegt ist.[35]

Die bloße Bereitschaft, sich als ADMIN-C für einen ausländischen Anmelder eines Do- 27 mainnamens gegenüber der DENIC registrieren zu lassen, begründet keine Störerhaftung. Eine Prüfpflicht kann sich jedoch aus den besonderen Umständen des Einzelfalls ergeben, etwa wenn der im Ausland ansässige Anmelder freiwerdende Domainnamen jeweils in einem automatisierten Verfahren ermittelt und registriert und der Admin-C sich pauschal bereiterklärt hat, diese Funktion für eine große Zahl von Registrierungen zu übernehmen.[36] Auch wenn ein File-Hosting-Dienst durch sein konkretes Geschäftsmodell Urheber- oder Markenrechtsverletzungen in erheblichem Umfang Vorschub leistet, ist dem ADMIN-C eine umfassende regelmäßige Kontrolle der Linksammlungen zuzumuten, die auf seinen Dienst verweisen.[37] Der „rechtstreue" ADMIN-C sollte sich daher stets im Innenverhältnis vertraglich absichern, um eine Freistellung von etwaigen Ansprüchen Dritter, die sich primär gegen den Domaininhaber richten, zu erreichen.

II. Die Rechtsnatur einer Domain

1. Rechte aus dem Vertrag mit der DENIC

Die Inhaberschaft an einer Internet-Domain gründet auf der **Gesamtheit der schuldrecht-** 28 **lichen Ansprüche**, die dem Inhaber der Domain gegenüber der Vergabestelle aus dem Registrierungsvertrag zustehen. Das aus dem Vertragsschluss mit der DENIC folgende Nutzungsrecht an der Domain stellt dabei **eine eigentumsfähige, weil vermögenswerte Position**, aber **kein dingliches Recht** dar.[38]

Nach der ständigen Rechtsprechung des BVerfG gehören zum **Eigentum nach Art. 14 GG** 29 auch die auf dem Abschluss von Verträgen beruhenden, obligatorischen Forderungen.

---

[30] Die alte Fassung enthielt eine Verweisung auf die §§ 174 ff. ZPO aF. Dazu gehörte auch § 176 ZPO aF, der eine Zustellung an den Prozessbevollmächtigten erlaubte. Daraus konnte entnommen werden, dass dem Admin-C eine Prozessvollmacht eingeräumt worden war und deshalb an ihn die Klage nach § 176 ZPO aF wirksam zugestellt werden konnte.
[31] OLG Stuttgart Beschl. v. 14.5.2013 – 10 W 20/13 unter Hinweis auf MüKoZPO/*Häublein*, § 184 Rn. 2; Stein/Jonas/*Roth* ZPO § 184 Rn. 5.
[32] LG Wiesbaden Urt. v. 18.10.2013 – 1 O 159/13.
[33] VG Hamburg Urt. v. 22.4.2012 – 9 K 139/09.
[34] VG Hamburg Urt. v. 21.8.2013 – 9 K 507/11.
[35] OLG Frankfurt Beschl. v. 21.10.2013 – 11 W 39/13.
[36] BGH Urt. v. 9.11.2011 – I ZR 150/09.
[37] BGH Urt. v. 15.8.2013 – I ZR 80/12 – File-Hosting, in Fortführung von BGH Urt. v. 12.7.2012 – I ZR 18/11 – Alone in the Dark; sowie BGH Urt. v. 9.11.2011 – I ZR 150/09 – Basler Haar-Kosmetik.
[38] BVerfG Beschl. v. 24.11.2004 – 1 BvR 1306/02, NJW 2005, 589 = MMR 2005, 685 – ad-acta.de.

Schuldrechtliche Ansprüche sind zwar nur gegen den jeweiligen Vertragspartner gerichtet, jedoch dem Forderungsinhaber ebenso ausschließlich zugewiesen wie Eigentum an einer Sache.[39] Entgegen vereinzelten Literaturstimmen[40] erwirbt der Inhaber hingegen **weder das Eigentum** an der Internet-Adresse selbst **noch ein sonstiges absolutes Recht** an der Domain, welches ähnlich der Inhaberschaft an einem Immaterialgüterrecht verdinglicht wäre und damit kein sonstiges Recht im Sinne von § 823 Abs. 1 BGB. Derjenige, der bei einer sogenannten WHOIS-Abfrage bei der DENIC als Inhaber eines Domainnamens eingetragen ist, ohne gegenüber der DENIC materiell berechtigt zu sein, kann diese Stellung allerdings im Sinne von § 812 Abs. 1 Satz 1 Fall 2 BGB auf Kosten des Berechtigten erlangt haben, weil Domainnamen ebenso wie andere schuldrechtliche Rechtspositionen die Zuordnungsfunktion zu ihrem Inhaber darstellen.[41]

30 Vielmehr erhält er als Gegenleistung für die an die DENIC zu zahlende Vergütung das Recht, für seine IP-Adresse eine bestimmte Domain zu verwenden und damit ein relativ wirkendes, **vertragliches Nutzungsrecht,** wobei die **unbestimmte Vertragsdauer** verbunden mit den vorgesehenen Kündigungsmöglichkeiten auf den Charakter des Rechtsverhältnisses als Dauerschuldverhältnis hinweisen.[42] Dieses Nutzungsrecht stellt einen rechtlich geschützten Vermögenswert dar.[43] Es ist dem Inhaber der Domain ebenso ausschließlich zugewiesen wie Eigentum an einer Sache. Die Berechtigung der DENIC, den Vertrag aus wichtigem Grund zu kündigen, steht der Qualifizierung des vertraglichen Nutzungsanspruchs als verfassungsrechtlich geschütztes Eigentum nicht entgegen,[44] sondern begrenzt lediglich den Umfang des Rechts.[45] Das vertragliche Nutzungsrecht an dem Domainnamen besteht unabhängig von der nachfolgend behandelten Frage, ob dem Domaininhaber „zusätzlich" hieran ein Kennzeichen- oder Namensrecht zusteht.

31 **Steuerrechtlich** gilt nach einer Entscheidung des BFH, dass Aufwendungen, die für die Übertragung eines Domain-Namens an den bisherigen Domaininhaber geleistet werden, Anschaffungskosten für ein in der Regel **nicht abnutzbares immaterielles Wirtschaftsgut** und daher nicht als Betriebskosten ansetzbar sind.[46] Umsatzsteuerrechtlich handelt es sich um ein **ähnliches Recht i.S. des § 3a Abs. 4 Nr. 1 UStG**, infolgedessen der Umsatz infolge des Verkaufs einer Internet-Domain als sonstige Leistung an einen nicht im Inland ansässigen Unternehmer in Deutschland gemäß § 3a Abs. 3 UStG nicht steuerbar ist.[47]

2. Namens- und Kennzeichenrechte

32 Unabhängig von dem oben beschriebenen Nutzungsrecht, das einem **verfassungsrechtlichen Eigentumsschutz** nur bedingt zugänglich ist, kann dem Inhaber einer Internet-Domain eine **namens-, marken- oder kennzeichenrechtlich begründete Rechtsstellung** an der die Second Level Domain bildenden Zeichenfolge zukommen, die nach der Rechtsprechung des Bundesverfassungsgerichts ihrerseits grundsätzlich gleichfalls vom Schutzbereich des Art. 14 Abs. 1 Satz 1 GG erfasst ist.[48]

33 Inhalt und Schranken des Eigentums werden gemäß Art. 14 Abs. 1 Satz 2 GG durch die Gesetze bestimmt. Unter einer Inhalts- und Schrankenbestimmung versteht das Grundgesetz die generelle und abstrakte Festlegung von Rechten und Pflichten durch den Gesetzgeber für

---

[39] Vgl. zum Beispiel BVerfG Beschl. v. 8.6.1977 – 2 BvR 499/74; 2 BvR 1042/75, BVerfGE 45, 142 (179).
[40] *Koos* MMR 2004, 359 (360 f.).
[41] BGH Urt. v. 18.1.2012 – I ZR 187/10, BGHZ 192, 204.
[42] Vgl. *Viefhues* MMR 2000, 286 (287); *Kort* DB 2001, 249 (254); *Kazemi/Leopold* MMR 2004, 287 (290); *Nowrot*, Verfassungsrechtlicher Eigentumsschutz von Internet-Domains, S. 9.
[43] Vgl. *Plaß* WRP 2000, 1077 (1079); *Viefhues* MMR 2000, 286 (287); *Kazemi/Leopold* MMR 2004, 287 (290); *Nowrot*, Verfassungsrechtlicher Eigentumsschutz von Internet-Domains, S. 9.
[44] Vgl. BVerfG Beschl. v. 26.5.1993 – 1 BVR 208/93, BVerfGE 89, 17 zum Besitzrecht des Mieters.
[45] Vgl. BGH Urt. v. 8.7.1993 – III ZR 146/92, BGHZ 123, 166 (169).
[46] BFH Urt. v. 19.10.2006 – III R 6/05, MMR 2007, 310 – Steuerliche Absetzbarkeit.
[47] FG Rheinland-Pfalz Urt. v. 24.11.2011 – 6 K 2154/09.
[48] Vgl. BVerfG Beschl. v. 22.5.1979 – 1 BvL 9/75, BVerfGE 51, 193 (216 f.); BVerfG Beschl. v. 8.3.1988 – 1 BvR 1092/84, BVerfGE 78, 58 (71 f.) = *Kazemi/Leopold* MMR 2004, 289 f.; *Nowrot*, Verfassungsrechtlicher Eigentumsschutz von Internet-Domains, S. 11 f.

solche Rechtsgüter, die als Eigentum im Sinne der Verfassung zu verstehen sind.[49] Die Vorschriften des MarkenG, die einem Marken- bzw. Kennzeicheninhaber Unterlassungsansprüche gegen denjenigen einräumen, der durch Marken- beziehungsweise Kennzeichengebrauch seine Interessen verletzt, stellen eine solche verfassungsrechtlich unbedenkliche **Inhalts- und Schrankenbestimmung dar.** Gleiches gilt für § 12 BGB und die Rechte aus dem UWG und dem allgemeinen Deliktsrecht.

Ansprüche des in seinen Rechten durch die Nutzung eines Domainnamens Verletzten gründen, soweit der Schuldner unbefugt eine fremde Marke oder ein Unternehmenskennzeichen **im geschäftlichen Verkehr** verwendet, in der Regel auf § 4, § 14 Abs. 2 und 5 MarkenG bzw. § 5 Abs. 2, § 15 Abs. 2 und 4 MarkenG und parallel auch auf §§ 3, 4 Nr. 11, Nr. 10 und Nr. 9 UWG.

Soweit die Verwendung **außerhalb des geschäftlichen Verkehrs** erfolgte, rechtfertigt er sich aus § 12 Satz 2 BGB wegen unbefugter Anmaßung des dem Gläubiger zustehenden Domainnamens.[50]

In Betracht kommt daneben der Schutz des Gläubigers aus dem eingerichteten und ausgeübten **Gewerbebetrieb** als sonstiges Recht i. S. des § 823 Abs. 1 BGB.[51]

III. Grundlagen des Schutzes nach dem MarkenG

1. Entstehung des Schutzes nach § 4 MarkenG

a) **Abstrakte Schutzfähigkeit.** Die abstrakte Schutzfähigkeit von Zeichen ist durch § 3 MarkenG vorgezeichnet. Nach den engen Vorgaben des IP-Systems kommen vorliegend nur Zahlen- und Buchstabenkombinationen in Betracht, so dass sich Fragen hinsichtlich sonstiger Gestaltungen hier nicht stellen.

Die Kennzeichnungskraft wird unter Heranziehung des **Inhalts der Homepage** als von einem anderen Homepage-Inhalt unterscheidbar festgestellt. Wie in der „analogen" Welt durch Heranziehung der mit einer Marke gekennzeichneten Waren oder Dienstleistungen ist also nicht nur der Domainname isoliert für die Beurteilung der Kennzeichnungskraft maßgeblich, sondern der gesamte Inhalt des dahinterstehenden Internet-Auftritts. Die Frage der Schutzfähigkeit eines **Werktitels** (dann nach § 5 MarkenG) ist demnach **inhaltsbezogen;**[52] überdies hat sich der Verkehr an beschreibende Titel als Herkunftshinweis gewöhnt, so dass die Kennzeichnungskraft hauptsächlich am Inhalt des Internet-Auftritts zu beurteilen ist.[53] Dies erklärt beispielsweise, warum anders als in der „analogen Welt" schon geringfügige Unterschiede in der Schreibweise des Domainnamens eine Verwechslungsgefahr ausschließen können.

b) **Entstehung.** Gemäß § 4 MarkenG entsteht der Markenschutz durch Eintragung, durch Benutzung im geschäftlichen Verkehr mit Verkehrsgeltung oder durch notorische Bekanntheit.

Die Markenanmeldung allein sichert nur die Priorität, gibt aber noch keinen Anspruch gegen einen Dritten, der zwischendurch einen Domainnamen registriert. Das Markenamt prüft die Anmeldung gemäß § 8 Abs. 2 Nr. 1 und Nr. 2 MarkenG auf absolute Schutzhindernisse. Den Bestandteilen http://www und der Top-Level-Domain, etwa „.de" kommt keine eigene Unterscheidungskraft zu.[54] Die Marke wird dennoch nach dem Muster http://

---

[49] Vgl. BVerfG Beschl. v. 15.7.1981 – 1 BvL 77/78, BVerfGE 58, 300; BVerfG Beschl. v. 12.3.1986 – 1 BvL 81/79, BVerfGE 72, 66.
[50] Vgl. BGH Urt. v. 26.6.2003 – I ZR 296/00, GRUR 2003, 897 (898); WRP 2003, 1215 – maxem.de.
[51] OLG Köln Urt. v. 17.3.2006 – 6 U 163/05, CR 2006, 487.
[52] Ingerl/Rohnke/*Rohnke* MarkenG § 5 Rn. 71 unter Hinweis auf die Rechtsprechung des BGH zB BGH Urt. v. 6.6.2002 – I ZR 108/00, GRUR 2002, 1083 (1084) – 1,2,3 im Sauseschritt; BGH Urt. v. 22.9.1999 – I ZR 50/97, GRUR 2000, 504 (506) – FACTS; BGH Urt. v. 12.11.1998 – I ZR 84/96, GRUR 1999, 581 (582) – Max.
[53] Ingerl/Rohnke/*Rohnke* MarkenG nach § 15, Rn. 112.
[54] BPatG Beschl. v. 26.1.2000 – 29 W (pat) 160/99, K&R 2000, 296 f.

www.marke.de eingetragen. Ein absolutes Hindernis kann allerdings durch den Nachweis der Verkehrsdurchsetzung überwunden werden.[55]

Auch die **Gemeinschaftsmarke** begründet einen gleichwertigen Schutz, jedoch sind Schutzhindernisse in allen Mitgliedstaaten zu beachten.

Die dritte Möglichkeit bietet eine internationale Marke, für die nach dem Madrider Abkommen innerhalb von 6 Monaten ein Antrag auf Schutzerstreckung gestellt werden kann.

40 **c) Entstehung durch Benutzung § 4 Abs. 2 MarkenG.** Hier ist Verkehrsgeltung im Inland (nicht die noch strengere Verkehrsdurchsetzung gemäß § 8 Abs. 3 MarkenG) erforderlich und zwar genau für die betroffene Ware oder Dienstleistung. Der Bekanntheitsfaktor hängt von der Kennzeichnungskraft der Marke ab. Der Schutz erlischt durch nachlassende Bekanntheit. Für einen Domainnamen ist dies durchaus möglich, wenn der Inhaber darunter für seine Waren und Dienstleistungen so wirbt, dass der Domainname die erforderliche Bekanntheit erwirbt.

41 **d) Entstehung aufgrund notorischer Bekanntheit, § 4 Abs. 3 MarkenG.** Der Begriff stammt aus Art. 6 PVÜ und bedeutet „Allbekanntheit", was noch eine Stufe „höher" als der Schutz nach § 4 Abs. 2 MarkenG angesehen werden kann. Der Bekanntheitsfaktor dürfte bei 70 % der Allgemeinheit liegen.

2. Die Verletzung von Markenrechten nach den §§ 14, 4 MarkenG

42 **a) Prioritätsgrundsatz.** Ansprüche eines Markeninhabers nach den § 14 Abs. 2 Nr. 1–3 MarkenG setzen stets voraus, dass die Marke gegenüber den bestehenden Rechten des Domaininhabers Vorrang hat. Das bloße Benutzungsrecht des Domaininhabers aufgrund des mit der DENIC oder einem anderen ICANN-Registrar bestehenden Vertrages begründet kein geeignetes Gegenrecht, weil es Kennzeichenrecht ist.

43 In seinem Anwendungsbereich vermittelt der zeichenrechtliche Schutz dem Inhaber des älteren Zeichens eine stärkere Rechtsposition, weil das **prioritätsältere Zeichen** grundsätzlich ein prioritätsjüngeres Zeichen verdrängt, so dass der Inhaber des jüngeren Zeichens auch dessen Verwendung als Domainname unterlassen muss.[56]

44 Aus dem Namensrecht des § 12 BGB kann dagegen in der Regel nur gegen den Inhaber eines registrierten Domainnamens vorgegangen werden, dem an diesem Namen selbst keine eigenen Rechte zustehen.[57] Der Inhaber eines Namens hat insofern gegen einen „schnelleren" Gleichnamigen keinerlei Ansprüche.

45 Falls der Domaininhaber seinen Domainnamen vor dem Zeitrang der Klagemarke in Benutzung genommen hat, begründet dies nur dann ein prioritätsälteres Recht, wenn dadurch auch Kennzeichenrechte begründet wurden. Da die Voraussetzungen für eine Benutzungsmarke relativ hoch sind, ist dies eher selten.

Ob eine Namensrechtsverletzung vorliegt, ist im Übrigen durch eine **Abwägung** der wechselseitig bestehenden schutzwürdigen Interessen zu klären.

46 Grundsätzlich verletzt ein Nichtberechtigter, für den ein Zeichen als Domainname unter der in Deutschland üblichen Top-Level-Domain „.de" registriert ist, das Namens- oder Kennzeichenrecht desjenigen, der an einem identischen Zeichen bereits ein Namens- oder Kennzeichenrecht hat. Hier fällt die Abwägung leicht. Ausnahme hiervon gilt jedoch dann, wenn das Namens- oder Kennzeichenrecht des Berechtigten **erst nach der Registrierung** des Domainnamens durch den Nichtberechtigten **entstanden** ist, oder wenn die Registrierung des Domainnamens einer für sich genommen rechtlich **unbedenklichen Benutzungsaufnahme** als Unternehmenskennzeichen **in einer anderen Branche** unmittelbar vorausgeht.[58]

---

[55] OLG Köln Urt. v. 2.11.2001 – 6 U 48/01, WRP 2002, 249 – LOTTO.
[56] BGH Urt. v. 21.3.2002 – I ZR 230/99, GRUR 2002, 898 (900) = WRP 2002, 1066 – defacto; vgl. auch BGH Urt. v. 11.4.2002 – I ZR 317/99, GRUR 2002, 706 (707 f.) – vossius.de.
[57] LG Köln Urt. v. 26.8.2014 – 33 O 56/14 – BAG; vgl. auch BGH Urt. v. 6. 2003 – I ZR 296/00, BGHZ 155, 273 (275) – maxem.de.
[58] Im Anschluss an BGH Urt. v. 9.9.2004 – I ZR 65/02, GRUR 2005, 430 = WRP 2005, 488 – mho.de.

III. Grundlagen des Schutzes nach dem MarkenG

Der Prioritätsgrundsatz gilt auch dann nicht, wenn ein Domainname ohne jeglichen Bezug **bewusst nur zum späteren Verkauf** registriert wird.[59] Der Inhaber des Domain-Namens muss diesen gegenüber dem Inhaber des erst später entstandenen Namensrechts freigeben.[60] Hier führt die Abwägung zur Bevorzugung des Inhabers des später entstandenen Kennzeichenrechts: Zugunsten des Domaininhabers sei im Rahmen der Abwägung zu berücksichtigen, dass die Registrierung immerhin ein relativ wirkendes vertragliches Nutzungsrecht begründe, das dem Domaininhaber ebenso ausschließlich zugewiesen sei wie das Eigentum an einer Sache.[61] Die Registrierung eines im Registrierungszeitpunkt in keinerlei Rechte eingreifenden Domainnamens dürfe als eigentumsfähige, nach Art. 14 GG geschützte Position nicht ohne Weiteres wegen später entstandener Namensrechte als unrechtmäßige Namensanmaßung angesehen werden. Hinsichtlich des (späteren) Anspruchstellers sei auch zu berücksichtigen, dass er vor der Wahl seiner Unternehmensbezeichnung auch prüfen konnte, ob der entsprechende Domainname noch verfügbar ist. Sei der Name bereits vergeben, so sei oftmals ein Ausweichen auf andere Bezeichnungen möglich und zumutbar.[62] All das gelte jedoch nicht, wenn die Domain allein zum späteren Verkauf registriert wurde.

b) Vorrangwirkung durch abgeleitete Rechte. Der wegen Markenverletzung in Anspruch genommene Verletzer kann dem Kläger ältere Rechte anderer Inhaber grundsätzlich nicht entgegenhalten, denn diese entfalten ihre Vorrangwirkung nur zugunsten ihrer Inhaber. Die BGH-Rechtsprechung lässt jedoch in entsprechender Anwendung des Rechtsgedankens aus § 986 Abs. 1 BGB die Einrede aus einem prioritätsälteren Recht eines Dritten dann zu, wenn der Beklagte aufgrund schuldrechtlicher, insbesondere vertraglicher Gestattung zur Benutzung des älteren Rechts des Dritten berechtigt ist und das Recht des Dritten gegenüber dem Kläger durchsetzbar ist, dh der Dritte seinerseits vom Kläger Unterlassung verlangen kann.[63] Dies gilt auch innerhalb der Holdinggesellschaften, wenn die Domains zentral bei der „Mutter" oder „Tochter" verwaltet werden.[64]

c) Zum Begriff des Nichtberechtigten. Innerhalb eines Konzerns kann die Registrierung der Domainnamen für die Konzernunternehmen zentral durch eine Holding oder durch eine Verwaltungsgesellschaft erfolgen.[65] Das die Registrierung vornehmende Unternehmen ist in diesem Fall wie der Inhaber des Kennzeichenrechts zu behandeln.[66] Ob dies für jede Gestattung gilt, ist umstritten.[67]

d) Kennzeichenmäßige Benutzung. Eine Verletzungshandlung setzt in beiden Fällen voraus, dass die Nutzung im Rahmen des Produkt- oder Leistungsabsatzes auch der Unterscheidung von Waren oder Dienstleistungen eines Unternehmens von denen anderer dient.[68] Nur wenn ein Domainname, der an sich geeignet ist, auf die betriebliche Herkunft hinzuweisen, ausschließlich als Adressbezeichnung verwendet wird, wird der Verkehr annehmen, es handele sich dabei um eine Angabe, die ähnlich wie eine Telefonnummer den Adressaten zwar identifiziert, nicht aber als Hinweis auf die betriebliche Herkunft gedacht ist.

Eine kennzeichenmäßige Benutzung scheidet aber auch dann aus, wenn der Dominname aus einer Gattungsbezeichnung besteht oder nach allgemeinem Sprachgebrauch nur beschreibenden Charakter hat, weil dies vom Verkehr nur als Sachhinweis auf die

---

[59] BGH Urt. v. 24.4.2008 – I ZR 159/05 – afilias.
[60] OLG Hamburg Urt. v. 24.9.2009 – 3 U 43/09, GRUR-RR 2010, 208.
[61] BVerfG Urt. v. 24.11.2004 – 1 BVR 1306/02, GRUR 2005, 261 – ad-acta.de.
[62] BGH Urt. v. 24.4.2008 – I ZR 159/05 – afilias.
[63] BGH Urt. v. 21.4.1994 – I ZR 22/92, GRUR 1994, 652 – Virion; *Decker* GRUR 1993, 574; Ingerl/Rohnke/*Rohnke* MarkenG § 14 Rn. 26.
[64] BGH Urt. v. 9.6.2005 – I ZR 231/01, NJW 2006, 146 – segnitz.de.
[65] Vgl. auch § 26 Abs. 2 MarkenG.
[66] BGH Urt. v. 9.6.2005 – I ZR 231/01, NJW 2006, 146 – segnitz.de.
[67] Verneinend OLG Celle Urt. v. 8.4.2004 – 13 U 213/03, MMR 2004, 486; dazu *Viefhues* MMR 2005, 76; *Strömer* K&R 2004, 384; *Möbius* JurPC Web-Dok. 231/2004; *Stadler* JurPC Web-Dok. 232/2004; vgl. auch OLG Hamm Urt. v. 19.6.2001 – 4 U 32/01, MMR 2001, 749.
[68] BGH Urt. v. 30.1.2003 – I ZR 136/99, MarkenR 2002, 253 – Festspielhaus; vgl. Ingerl/Rohnke/*Rohnke* MarkenG § 14 Rn. 70 f.

dem Gattungsbegriff entsprechenden Inhalte, nicht aber als Herkunftshinweis verstanden wird.[69]

52 **e) Handeln im geschäftlichen Verkehr.** Hierunter wird jede selbständige, wirtschaftliche Zwecke verfolgende Tätigkeit verstanden, die in der Teilnahme am Erwerbsleben zum Ausdruck kommt.[70] Nicht erforderlich sind Gewinnerzielungsabsicht oder ein Wettbewerbsverhältnis. Nicht darunter fallen beispielsweise rein private, ideelle, wissenschaftliche, religiöse, politische und kulturelle Internetauftritte. In shell.de reichte nach Auffassung des BGH die bloße Möglichkeit, über die an sich private Homepage den Seiteninhaber auch geschäftlich zu erreichen, nicht aus.[71]

53 **Werbebanner** auf einer ansonsten privaten Homepage machen diese zu einer kommerziellen Homepage, es sei denn, es handelt sich allein um Providerwerbung zur Kostenminimierung.[72]

54 **Links** zu kommerziellen Seiten auf einer Privatseite machen diese dann zu einer kommerziellen Seite, wenn sich der Betreiber den Inhalt der verlinkten Seiten zu Eigen macht.[73] Ist dies nicht der Fall, ermöglicht er zumindest die Werbung Dritter und kommt als Störer in Betracht.

55 **Kritische Foren** können uU – sehr zurückhaltend – als Förderung fremden Wettbewerbs verstanden werden.[74] So entschied das OLG Köln[75] beispielsweise, dass der Fernsehsender „RTL" nicht berechtigt sei, den Betreiber der Domain dsds-news.de zur Aufgabe der Registrierung der Domain zu zwingen.

56 Bei Gewerbetreibenden wird nicht unbedingt vermutet, dass sie ein Kennzeichen im geschäftlichen Verkehr benutzen. Das Halten eines Domain-Namens durch eine juristische Person des Handelsrechts stellt **nicht** schon deshalb eine Zeichenbenutzung dar, weil die juristische Person stets im geschäftlichen Verkehr handelt.[76] Der zuletzt genannte Umstand ändert nichts daran, dass eine Verwendung der Domain-Namen nur dann unzulässig ist, wenn die Beklagte dabei zwingend auch die weiteren Voraussetzungen des § 15 MarkenG erfüllt.[77] Davon kann nur ausgegangen werden, wenn jede Verwendung auch dann, wenn sie im Bereich anderer Branchen als der betroffenen Branche erfolgt, zumindest eine nach § 15 Abs. 3 MarkenG unlautere Ausnutzung oder Beeinträchtigung der Unterscheidungskraft oder Wertschätzung des Kennzeichens der Klägerin darstellt. Dies aber kann nach der Lebenserfahrung nicht angenommen werden.

57 Die Registrierung eines Domainnamens, um sie **Dritten zum Kauf** anzubieten, ist auf jeden Fall ein Handeln im geschäftlichen Verkehr. Diese Absicht wird zwar im Regelfall bestritten, denn das bloße Registrieren ohne erkennbare Motive löst auch bei Verwendung eines Kennzeichens Dritter keine Ansprüche aus, es sei denn, die private Nutzung erscheint unter keinem denkbaren Gesichtspunkt denkbar oder rechtmäßig. Genau dies ist jedoch die zentrale Fragestellung, die in der Entscheidung *shell.de* deutlich wird. Grundsätzlich geht die zuerst registrierte **private** Nutzung einer Domain dem Freigabewunsch des Inhabers einer älteren Marke vor, da es an der geschäftlichen Nutzung fehlt, solange kein allgemeines Freihaltebedürfnis besteht.

58 Nach einer Entscheidung des EuGH[78] gibt es vier Kriterien, die auf Bösgläubigkeit hindeuten:

---

[69] Vgl. etwa OLG Hamburg Urt. v. 20.12.2001 – 3 U 260/01, GRUR-RR 2002, 256 – 24translate für Übersetzungsdienst kein kennzeichnender Gebrauch; OLG Hamburg Urt. v. 6.11.2003 – 5 U 64/03, GRUR-RR 2004, 178 – schufakredit.de, ebenfalls verneint OLG Düsseldorf Urt. v. 28.11.2006 – I-20 U 73/06, 20 U 73/06, MMR 2007, 187 – professional-nails.de, ebenfalls verneint.
[70] Vgl. BGH Urt. v. 22.4.1993 – I ZR 75/91, GRUR 1993, 761 – Makler-Privatangebot.
[71] BGH Urt. v. 22.11.2001 – I ZR 138/99, MMR 2002, 382 – shell.de.
[72] LG München I Urt. v. 8.3.2001 – 4 HKO 200/01, CR 2001, 555 – saeugling.de.
[73] → §§ 33–36.
[74] LG Düsseldorf Urt. v. 30.1.2002 – 2a O 245/01, JurPC Web-Dok. 267/2002, 4 – scheiss-t-online.de.
[75] OLG Köln Urt. v. 19.3.2010 – 6 U 180/09.
[76] So nach Ströbele/Hacker/*Hacker* Markengesetz § 15 Rn. 106; aA nun BGH Urt. v. 19.7.2007 – I ZR 137/04, CR 2007, 726 – Euro Telekom.
[77] BGH Urt. v. 11.4.2002 – I ZR 317/99, GRUR 2002, 706 (708) = WRP 2002, 691 – vossius.de.
[78] EuGH Urt. v. 3.6.2010 – C-569/08 – reifen.eu.

(1) die Absicht, die ursprüngliche Marke, dort „reifen.eu", gar nicht zu nutzen,
(2) eine unübliche oder gar sprachlich widersinnige Gestaltung mit Sonderzeichen,
(3) Massenanträge auf EU-Domains sowie
(4) die Eintragung der ursprünglichen Marke erst kurz vor Beginn der ersten Registrierungsphase.

Hinweis: Kann der Inhaber eines Unternehmenskennzeichens einem Dritten die Verwendung des Zeichens als Domain-Name im geschäftlichen Verkehr verbieten, kommt ein auf **Löschung** der Registrierung gerichteter Beseitigungsanspruch nur in Betracht, wenn der Dritte kein berechtigtes Interesse vorweisen kann, diesen Domain-Namen **außerhalb des sachlichen oder räumlichen Wirkungsfelds** des kennzeichenrechtlichen Anspruchs – etwa für private Zwecke oder für ein Unternehmen in einer anderen Branche – zu verwenden.[79] Gibt es also einen „erlaubten" Rest, besteht kein ein allumfassender Unterlassungsanspruch und damit auch kein Löschungsanspruch.

f) Verletzung durch bloße Registrierung. Die den Berechtigten ausschließende Wirkung beginnt bereits mit der Registrierung und nicht erst mit der Benutzung der Domain.[80] Demgegenüber kann ein Nichtberechtigter nur ausnahmsweise auf schützenswerte Belange verweisen, die im Rahmen der Interessenabwägung zu seinen Gunsten zu berücksichtigen wären. Dies ist etwa der Fall, wenn die Registrierung des Domainnamens nur der erste Schritt im Zuge der für sich genommen rechtlich unbedenklichen Aufnahme einer entsprechenden Benutzung als Unternehmenskennzeichen ist oder wenn das Kennzeichen- oder Namensrecht des Berechtigten erst nach der Registrierung des Domainnamens durch den Domaininhaber entstanden ist.[81]

g) Registrierung durch Treuhänder. Gelegentlich beauftragt ein Unternehmer beispielsweise einen freiberuflichen Web-Programmierer, für ihn einen kompletten „Internet-Auftritt" zu schaffen. Wenn der Auftragnehmer den Domainnamen auf **sich** registrieren lässt, war teilweise umstritten, ob sich in einem späteren Streit der Auftraggeber auf die Priorität berufen kann. Der BGH hat dies in der Sache grundke.de bejaht.[82] Wird danach ein Domainname aufgrund des Auftrags eines Namensträgers auf den Namen eines **Treuhänders** (= Programmierer, Werbeagentur etc) registriert, kommt dieser Registrierung im Verhältnis zu Dritten (nur) dann die **Priorität** der Registrierung zugute, wenn für sie eine einfache und zuverlässige Möglichkeit besteht zu überprüfen, ob die Registrierung im Auftrag eines Namensträgers erfolgt ist. Eine Holdinggesellschaft, welche die Unternehmensbezeichnung einer Tochtergesellschaft mit deren Zustimmung als Domainnamen registrieren lässt, im Streit um den Domainnamen so zu behandeln, als sei sie selbst berechtigt, die fragliche Bezeichnung zu benutzen.[83]

h) Vornamen. Im Jahr 2008 stärkte der BGH die treuhänderische Verwaltung von Domains und stellte zugleich die Beurteilung von Namensrechten insbesondere im Verhältnis von **Vornamen** zu Nachnamen klar.[84] Solange ein Vorname nur ausgefallen oder die damit verbundene Person überragend bekannt ist, steht der Vornamen einem Nachnamen in nichts nach.

Die Parteien stritten um den Domain-Namen raule.de. Der Kläger hieß mit bürgerlichem Namen Raule und sah im Verhalten des Beklagten einen unbefugten Gebrauch seines Namens, da er als Inhaber der Domain eingetragen war. Der Beklagte verwaltete die Domain raule.de treuhänderisch und war im WHOIS-Verzeichnis der DENIC als Inhaber der Domain genannt. Unter der Domain fand man die Seiten der Tänzerin Raule H. Der Treuhän-

---

[79] Vgl. auch BGH Urt. v. 19.7.2007 – I ZR 137/04, CR 2007, 726 – Euro-Telekom.
[80] BGH Urt. v. 26.6.2003 – I ZR 296/00, BGHZ 155, 273 (276 f.) – maxem.de; BGH Urt. v. 8.2.2007 – I ZR 59/04, BGHZ 171, 104 Rn. 11 – grundke.de; BGH Urt. v. 9.11.2011 – I ZR 150/09, GRUR 2012, 304 Rn. 29 – Basler Haar-Kosmetik; BGH Urt. v. 13.12.2012 – I ZR 150/11, GRUR 2013, 294 Rn. 14 = WRP 2013, 338 – dlg.de.
[81] BGH Urt. v. 6.11.2013 – I ZR 153/12; BGH Urt. v. 24.4.2008 – I ZR 159/05, GRUR 2008, 1099, Rn. 27 ff. – afilias.de; BGH Urt. v. 9.11.2011 – I ZR 150/09, GRUR 2012, 304, Rn. 40 – Basler Haar-Kosmetik.
[82] BGH Urt. v. 8.2.2007 – I ZR 59/04 – grundke.de.
[83] BGH Urt. v. 9.6.2005 – I ZR 231/01, Rn. 16, GRUR 2006, 158 = WRP 2006, 90 – segnitz.de.
[84] BGH Urt. v. 23.10.2008 – I ZR 11/06, CR 2009, 679.

der erklärte, er habe die Domain registriert, die Seiten gestaltet und **danach** Frau Raule H. **geschenkt**.

64 Sowohl das erstinstanzlich tätige LG Hannover als auch das OLG Celle gingen davon aus, dass seitens des Beklagten ein unbefugter Gebrauch des Namens Raule vorliege. Es habe keine Eigentumsübertragung auf Frau Raule H. stattgefunden, da eine solche Übertragung ausschließlich nach den DENIC-Domainbedingungen erfolgen könne. Der BGH hingegen wies die Klage ab. Er ging davon aus, dass der Vorname Raule eine **eigenständige namensrechtliche Berechtigung** begründe, auf die sich der Beklagte aufgrund der Zustimmung von Frau H. berufen könne, zumal die Klägerin erst nach der Zustimmung von Frau H. auf die Domain aufmerksam geworden sei. Der BGH stützte sich dabei auf seine Entscheidung zum Domain-Namen **grundke.de**.[85] Dort ging es jedoch um konkurrierende Nachnamen und die Registrierung der entsprechenden Domain erfolgte im Auftrag und wurde nicht bloß im Nachhinein genehmigt.

3. Rechtsverletzende Benutzung

65 Merke: In der Benutzung eines Domainnamens liegt nur dann eine **kennzeichenmäßige Verwendung**, wenn der Verkehr darin keine **bloße Adressbezeichnung**, sondern den **Hinweis auf das Unternehmen** oder auf die betriebliche Herkunft von Waren oder Dienstleistungen sieht. Domainnamen, die zu einer aktiven, im geschäftlichen Verkehr verwendeten Homepage führen, kommt in der Regel neben der Adressfunktion eine kennzeichnende Funktion zu.[86]

a) Schutz gegen identische Zeichen. Im Anwendungsbereich des § 14 Abs. 2 Nr. 1 MarkenG ist für die Prüfung einer Verwechslungsgefahr kein Raum.

66 Darunter fallen nach § 14 Abs. 2 Nr. 1 MarkenG identische Domainnamen, wobei die technisch bedingten Elemente unberücksichtigt bleiben, also: http://www. Ob man aufgrund der Tatsache, dass technisch bedingt jede minimale Abweichung bereits einen neuen Domainnamen begründet, den Identitätsschutz auf „gleiche" Kombinationen beschränkt, ist nicht entscheidend, weil jede Abweichung in die Kategorie Ähnlichkeit zu prüfen ist. Die TLD hat keine Auswirkungen auf den Vergleich (www.domain.de ist also markenrechtlich identisch mit www.domain.com).

67 **b) Ähnlichkeitsschutz.** Die Frage einer markenrechtlichen Verwechslungsgefahr nach § 14 Abs. 2 Nr. 2 MarkenG ist unter **Berücksichtigung aller Umstände** des Einzelfalls umfassend zu beurteilen.

68 Bei Gesamtzeichen, auch im Internet, ist Voraussetzung jedoch, dass der Verkehr die in Rede stehende Gestaltung überhaupt wie bei einem Gesamtzeichen im Zusammenhang wahrnimmt und nicht von mehreren selbstständigen Kennzeichen ausgeht oder bestimmte Elemente nur als Aufmachungsbestandteile außerhalb der Kennzeichnung ansieht. Klarstellende oder aufklärende Angaben, die auf die tatsächliche Herkunft hinweisen, gehören grundsätzlich nicht zum Zeichen.[87]

69 Im Wesentlichen sind dabei **drei Faktoren** zu berücksichtigen, nämlich die **Kennzeichnungskraft** der geschützten Bezeichnung, die **Zeichenähnlichkeit** und die **Werk- oder Produktähnlichkeit**, wobei diese zueinander dergestalt in **Wechselwirkung** stehen, dass das hochgradigere Vorliegen eines Faktors dazu führen kann, dass Verwechslungsgefahr auch bei einem geringerem Grad der Verwirklichung eines anderen Faktors zu bejahen ist.[88]

70 Die Frage der **Ähnlichkeit der Waren/Dienstleistungen** sowie der Marken und die Kennzeichnungskraft der Klagemarke ist derart in Zusammenhang zu bringen, dass ein hoher

---

[85] → Fn. 82.
[86] BGH Urt. v. 2.10.2012 – I ZR 82/11, GRUR 2013, 638 – Völkl, OLG Hamm Beschl. v. 25.7.2013 – I-4 W 33/12, 4 W 33/12, Rn. 15.
[87] BGH Urt. v. 10.6.2009 – I ZR 34/07, GRUR-RR 2010, 205.
[88] BGH Urt. v. 6.6.2002 – I ZR 108/00, GRUR 2002, 1083 (1084) – 1,2,3 im Sauseschritt; BGH Urt. v. 21.6.2001 – I ZR 27/99, GRUR 2002, 176 – Auto Magazin; BGH Urt. v. 1.3.2001 – I ZR 211/98, GRUR 2001, 1050 (1051/1052) – Tagesschau; BGH Urt. v. 1.3.2001 – I ZR 205/98, GRUR 2001, 1054 (1056) – Tagesreport, im Sinne der Rechtsprechung des EuGH aller maßgeblichen Umstände des Einzelfalls EuGH Urt. v. 22.6.2000 – GRUR Int. 2000, 899 – Marca/Adidas; EuGH Urt. v. 22.6.1999 – C-342/97, WRP 1999, 806 – Lloyd; EuGH Urt. v. 29.9.1998 – C-39/97 GRUR 1998, 922 – Canon.

Grad der Warenähnlichkeit ebenso einen geringeren Grad der Ähnlichkeit der Marken auszugleichen vermag wie eine hohe Kennzeichnungskraft oder umgekehrt.[89] In der Sache AIDA/AIDU verneinte der BGH eine Verwechslungsgefahr trotz Ähnlichkeit der sich gegenüberstehenden Zeichen wegen eines ohne weiteres erkennbaren eindeutigen Begriffsinhalts des einen Zeichens, der hier in Richtung der Oper „Aida" von Verdi ging, bei dem angegriffenen Zeichen aber ins „Leere" ging.[90] Solche Fragen sind jedoch nicht speziell im Recht der Domainnamen angesiedelt, sondern es handelt sich um allgemeine markenrechtliche Probleme.

Eine **intensive Benutzung** begründet eine erhöhte Kennzeichnungskraft. Die gesteigerte Kennzeichnungskraft ist bei der Beurteilung der Verwechslungsgefahr für den Produkt- oder Dienstleistungsbereich zu berücksichtigen, in dem sie kraft Benutzung der Marke vorliegt.[91] Die kraft Benutzung gesteigerte Kennzeichnungskraft beschränkt sich bei der Beurteilung der Verwechslungsgefahr grundsätzlich auf den Geschäftsbereich, in dem sie begründet wurde.[92] Unterscheidet sich der Inhalt der Homepage vom Leistungsangebot des Gegners erheblich, kann trotz erheblicher Zeichenähnlichkeit von keiner Verwechslungsgefahr im Sinne von § 15 Abs. 2 MarkenG mehr ausgegangen werden.[93]

71

Bei Unternehmen, die im Bereich der Datenverarbeitung tätig sind, kann schon lange nicht mehr generell von einer Branchennähe ausgegangen werden. Denn im Hinblick auf die Vielfalt und Differenziertheit des Angebotes in diesem Bereich kann nicht ohne weiteres angenommen werden, dass sich die Parteien allein wegen des Bezugs zur Datenverarbeitung am Markt begegnen.[94] Soweit **stark beschreibende Begriffe** als Domainname gewählt werden, reichen schon geringe Unterschiede in der Schreibweise, um eine Verwechselungsgefahr auszuschließen.[95]

72

c) Rechtsverletzung durch „Metatags". Der BGH bejaht[96] eine markenmäßige Benutzung, wenn ein beispielsweise als Suchwort im HTML-Text verwendetes Zeichen dazu benutzt wird, das Ergebnis des Auswahlverfahrens in der Trefferliste einer Internetsuchmaschine zu beeinflussen, um den Nutzer auf diese Weise zu einer Internetseite des Verwenders zu führen.[97] Dem steht – wie der Senat inzwischen entschieden hat – nicht entgegen, dass die Verwendung des Suchworts als Metatag im Quelltext der Internetseite oder in „Weiß-auf-Weiß-Schrift" für den durchschnittlichen Internetnutzer nicht wahrnehmbar ist. Metatags und vergleichbare Zeichenverwendungsformen suggerieren nach Auffassung des BGH irreführend, dass zwischen dem Nutzer als Dritten und dem Markeninhaber wirtschaftliche Beziehungen bestünden.[98]

73

d) Rechtsverletzungen durch „AdWords". Die Feststellungen zur rechtsverletzenden Nutzung von Metatags kann nicht direkt auf den Einsatz von „Ad-Words" übertragen werden.[99]

74

---

[89] BGH Urt. v. 27.11.2003 – I ZR 148/01 – Donline ./. T-Online – n. v.; vgl. auch BGH Urt. v. 28.8.2003 – I ZR 9/01, GRUR 2003, 1044 (1045) = WRP 2003, 1436 – Kelly, mwN.

[90] Urt. v. 29.7.2009 – I ZR 102/07 – n. v.

[91] BGH Urt. v. 10.10.1991 – I ZR 136/89, GRUR 1992, 130 (131) = WRP 1992, 96 – Bally/BALL.

[92] BGH Urt. v. 10.10.1991 – I ZR 136/89, GRUR 1992, 130 (131) – Bally/BALL.

[93] OLG München Urt. v. 20.10.2005 – 29 U 2129/05, MMR 2006, 234 – österreich.de ./. Oesterreich.de.

[94] BGH Urt. v. 7.6.1990 – I ZR 298/88, GRUR 1990, 1042 (1044 f.) = WRP 1991, 83 – Datacolor; BGH Urt. v. 21.11.1996 – I ZR 149/94, GRUR 1997, 468 (470) – NetCom.

[95] OLG Hamm Urt. v. 28.5.1998 – 4 U 243/97, NJW-RR 1999, 631 – Pizza-Direct und Pizza-Direkt; OLG Köln Urt. v. 23.7.2004 – 6 U 171/03, GRUR-RR 2005, 16 – Marke „Seetours" für Kreuzfahrten und Domain „seetour.de" nicht verwechselungsfähig.

[96] BGH, zuletzt durch Urt. v. 7.10.2009 – I ZR 109/06, MMR 2009, 827 – roseversand.de.

[97] BGH Urt. v. 13.1.2011 – I ZR 46/08 – Impuls; BGH Urt. v. 8.2.2007 – I ZR 77/04, GRUR 2007, 784 Tz. 18; = WRP 2007, 1095 – AIDOL; zur Abgrenzung von Ergebnissen der Trefferliste zu einer als solche gekennzeichneten Anzeige, die das geschützte Markenwort nicht enthält BGH Urt. v. 22.1.2009 – I ZR 30/07, GRUR 2009, 500 Tz. 16 f. = WRP 2009, 435 – Beta Layout [zur geschäftlichen Bezeichnung]; BGH Vorlagebeschl. v. 22.1.2009 – I ZR 125/07, GRUR 2009, 498 Tz. 12 ff. = WRP 2009, 451 – Bananabay [zur Marke].

[98] Zum Metatag BGH Urt. v. 18.5.2006 – I ZR 183/03, BGHZ 168, 28 Tz. 17 – Impuls; zur „Weiß-auf-Weiß-Schrift" BGH Urt. v. 8.2.2007 – I ZR 77/04, GRUR 2007, 784, Tz. 18 – AIDOL.

[99] „Ad-Words" steht für ein Werbesystem von Suchmaschinen, bei dem der Werbekunde durch die Vorauswahl von Begriffen die Zielorientierung seiner Anzeigen, die neben den eigentlichen Suchergebnissen erscheinen, erhöhen kann.

Der EuGH hielt eine Markenrechtsverletzung nur in engen Grenzen für möglich, wenn nämlich die fremde Marke in der Anzeige verwendet wurde.[100] Der BGH stellte im Jahre 2011 im sogenannten zweiten Bananabay-Urteil klar, dass es keine Verletzung des Markenrechts in AdWords darstelle, wenn die Marke des Wettbewerbers **nur als Schlüsselwort** genutzt werde, die Anzeige selbst aber weder das Zeichen noch sonst einen Hinweis auf den Markeninhaber oder auf die von diesem angebotenen Produkte enthalte.[101] Diese Rechtsprechung wurde zwischenzeitlich in zwei weiteren Verfahren fortgeführt.[102] In der Beratung ist den Mandanten insoweit zu empfehlen, darüber hinaus im Text der Homepage einen Hinweis darauf aufzunehmen, dass eben keine Verbindung zu dem Wettbewerber bestehen.

75 e) **Schutz außerhalb der Identität und Ähnlichkeit.** Nach § 14 Abs. 2 Nr. 3 MarkenG kommt es auf die Identität oder Ähnlichkeit der Waren-/Dienstleistungen nicht an, wenn die Marke im Inland **bekannt** ist und deren Wertschätzung beeinträchtigt wird. Die Identität und Ähnlichkeit wird nach den allgemeinen Kriterien geprüft. In der Rechtsprechung haben sich für das Merkmal der Unlauterkeit Fallgruppen gebildet, in erster Linie die Rufausbeutung,[103] die Aufmerksamkeitsausbeutung,[104] die Beeinträchtigung der Unterscheidungskraft,[105] die Rufschädigung durch Markenverunglimpfung[106] und die Verwässerung.[107]

4. Rechtsfolgen

76 a) **Übertragungsanspruch.** Ein Übertragungsanspruch besteht **nicht**, weder nach marken-, wettbewerbs- noch nach bürgerlich-rechtlicher Anspruchsgrundlage.[108] In dem Verfahren „shell.de" vertrat das OLG München[109] noch die Auffassung, in Ermangelung einer gesetzlichen Regelung sei es sinnvoll, auf vergleichbare Fallgestaltungen zurückzugreifen, so etwa auf die patentrechtliche Vindikation (§ 8 Satz 2 PatG) oder auf den Grundbuchberichtigungsanspruch nach § 894 BGB. So wie der Grundbuchstand im Falle des § 894 BGB nicht mit der Rechtslage im Einklang stehe, verhalte es sich mit der Registrierung des Domain-Namens zugunsten des Beklagten. Der BGH sah zwar schon in der Registrierung des fremden Kennzeichens einen unbefugten Namensgebrauch außerhalb des geschäftlichen Verkehrs nach § 12 BGB, innerhalb des geschäftlichen Verkehrs eine Beeinträchtigung der Kennzeichnungskraft des bekannten Zeichens nach § 14 Abs. 2 Nr. 3 bzw. § 15 Abs. 3 MarkenG, lehnte aber einen Anspruch auf Umschreibung ebenfalls ab, weil es noch andere Prätendenten geben könne, die Anspruch auf den Domainnamen haben könnten. Der BGH erwähnte allerdings auch die Möglichkeit des sogenannten **Dispute-Eintrags** bei der DENIC.[110]

77 Das trifft zu. Weil das Gericht nicht prüfen kann, ob auch Dritte berechtigt wären oder sind, kann es lediglich die unzulässige Nutzung untersagen. Eine Nutzung gegenüber unbekannten Dritten, die ggf. bessere Rechte innehaben könnten, kann es jedoch nicht gestatten. Bei der Beantragung einer „Umschreibung" ist demnach darauf zu achten, dass ein solcher Anspruch nur dann in Betracht kommt, wenn nicht eine bloße Freigabe ausreicht. Faktisch kann die Übertragung durch einen Dispute-Eintrag bei der DENIC gesichert werden.[111]

78 b) **Unterlassungsanspruch.** Dieser richtet sich (wie immer) nur gegen die konkrete Verletzungsform. Es gilt die Kerntheorie. Im Anwendungsbereich des § 14 Abs. 2 Nr. 1–3 Mar-

---

[100] EuGH Urt. v. 23.3.2010 – C-236/08 bis C-238/08, GRUR 2010, 445, Rn. 83 f. – Google France; EuGH Beschl. v. 26.3.2010 – C-91/09, GRUR 2010, 641, Rn. 24 – Eis.de.
[101] BGH Urt. v. 13.1.2011 – I ZR 125/07, GRUR 2011, 828 = CR 2011, 664 – Bananabay II.
[102] BGH Urt. v. 13.12.2012 – I ZR 217/10, GRUR 2013, 290 = WRP 2013, 505 – MOST-Pralinen; BGH Urt. v. 27.6.2013, – I ZR 53/12 – Fleurop.
[103] LG Mannheim Urt. v. 26.6.1998 – 7 O 529/97, K&R 1998, 558 f. – brockhaus.de.
[104] *Wegner* CR 1999, 250.
[105] BGH Urt. v. 22.11.2001 – I ZR 138/99, MMR 2002, 382 – shell.de, wobei streitig ist, ob das schon dann gilt, wenn der Markeninhaber den anderweitige Verwendung an der eigenen Registrierung gehindert ist.
[106] LG Frankfurt a M Urt. v. 21.3.2001 – 2/6 O 687/00, ZUM-RD 2002, 299 – viagratip.de.
[107] OLG Hamm Urt. v. 19.6.2001 – 4 U 32/01, MMR 2001, 749 – veltins.com.
[108] Vgl. auch BGH Urt. v. 22.11.2001 – I ZR 138/99, GRUR 2002, 622 – shell.de.
[109] OLG München, Urteil vom 25. März 1999 – 6 U 4557/98.
[110] BGH Urt. v. 22.11.2001 – I ZR 138/99 – shell.de.
[111] § 2 Abs. 3 der Domainbedingungen der DENIC.

c) Löschungsanspruch. Vorläufige Sicherungsmaßnahmen sind im einstweiligen Rechtsschutz nach § 938 ZPO möglich. Ansonsten ist die Geltendmachung nur im Hauptsacheverfahren möglich, außer bei offensichtlicher, liquide beweisbarer sittenwidriger Schädigung.[112] Neben dem Unterlassungsanspruch besteht ein Löschungsanspruch nur in Fällen, in denen bereits die Registrierung eine Rechtsverletzung darstellt oder jede andere Benutzung schlechthin rechtswidrig ist.[113]

d) Verbotsumfang: Erfassung der E-Mailadresse. Ist dem Beklagten die Verwendung eines Domainnamens im geschäftlichen Verkehr zu untersagen, wäre davon die Benutzung einer abgeleiteten E-Mail-Adresse ebenfalls erfasst. In der Regel kommt dies aber nur in Betracht, wenn sich bei Verwendung der beanstandeten E-Mail-Adresse eine **selbständige Verwechslungsgefahr** ergibt. Der Inhaber einer E-Mail-Adresse weist auf sie im Allgemeinen nicht isoliert, sondern – wie auf dem Briefkopf oder auf einer Visitenkarte – im Zusammenhang mit weiteren Namens- und Adressenangaben hin. Für eine theoretisch denkbare isolierte Verwendung bestehen nur dann Anhaltspunkte, wenn der Betroffene beispielsweise in einer Werbeanzeige nicht selbst genannt wird, sondern allein seine E-Mail-Adresse zur Kontaktaufnahme angegeben ist.

Es ist daher einerseits darauf zu achten, dass der Verbotsantrag so umfassend formuliert wird, dass der Beklagte diesen durch Verwendung von E-Mailadressen etc nicht umgehen kann, andererseits nichts verlangt wird, was noch zum „erlaubten Rest" gehört.

Hat der Beklagte als Träger des bürgerlichen Namens ein berechtigtes Interesse an der Verwendung des entsprechenden Domainnamens für private Zwecke, sind keine kennzeichenrechtlichen Ansprüche aus §§ 5, 15 MarkenG gegeben, weil sich diese immer nur auf eine Verwendung der Domainnamen **im geschäftlichen Verkehr** beziehen können.

Im Streitfall Vossius konnten die Kläger keine Rechte an einer Verwendung des Namens Vossius in Alleinstellung beanspruchen. Ihre namensrechtlichen Ansprüche bezogen sich auf die vollständige Bezeichnung einer Anwaltskanzlei. Dagegen handelte es sich bei der als Internet-Adresse angemeldeten Bezeichnung um den bürgerlichen Namen der Beklagten. Da die Kläger dem Beklagten die Verwendung dieses Domain-Namens für private Zwecke nicht untersagen konnten, konnten sie auch nicht den Verzicht auf die Registrierung beanspruchen.[114]

IV. Der markenrechtliche Schutz

Nach dem Markenrechtsgesetz werden geschützt Marken, geschäftliche Bezeichnungen und geografische Herkunftsangaben (§ 1 MarkenG). Der Markenschutz nach § 3 MarkenG umfasst dabei Marken nach § 4 Nr. 1 MarkenG, welche als eingetragene Zeichen beim Deutschen Patent- und Markenamt (DPMA)[115] geführt werden. Darüber hinaus sind Rechte von Inhabern Europäischer Marken zu berücksichtigen, welche beim Harmonisierungsamt für den Binnenmarkt (HABM),[116] als internationale Marken über die World Property Organisation (WIPO)[117] oder bei anderen nationalen Markenämtern registriert sind. Auch nicht eingetragene Kennzeichen erlangen Markenschutz nach § 4 Nr. 2 MarkenG, wenn sie durch Benutzung Verkehrsgeltung erlangt oder iSd § 4 Nr. 3 MarkenG notorisch bekannt sind.

---

[112] OLG Frankfurt aM Urt. v. 27.7.2000 – 6 U 50/00, CR 2001, 412 – mediafacts.de.
[113] BGH Urt. v. 19.7.2007 – I ZR 137/04, WRP 2007, 1193 – Euro Telekom.
[114] Vgl. zur Suchgewohnheit bei Gattungsbegriffen BGH Urt. v. 17.5.2001 – I ZR 216/99, BGHZ 148, 1 (6) – Mitwohnzentrale.de.
[115] www.dpma.de.
[116] www.oami.eu.
[117] www.wipo.org.

85 Die am 1.1.1995 in Kraft getretenen Regelungen der §§ 5, 15 MarkenG entsprechen dem früheren § 16 UWG und bilden im Recht der Domainnamen wohl zahlenmäßig den häufigsten Anwendungsfall. Nach § 5 MarkenG werden primär **Unternehmenskennzeichen** und **Werktitel** unterschieden. Erstere lassen sich weiter in die Untergruppen der Namen, Firmen und besonderen Geschäftsbezeichnungen untergliedern.

86 Der **zeichenrechtliche Schutz aus den §§ 5, 15 MarkenG geht** in seinem Anwendungsbereich grundsätzlich **dem Namensschutz des § 12 BGB vor.**[118] Er schützt aber nur die **Kennzeichnungsfunktion**, während § 12 BGB die **Namensfunktion** schützt.

87 Prinzipiell ist hier auch **§ 37 HGB** zu nennen, weil diese Vorschrift eine Anspruchsgrundlage gegen den Benutzer gleicher oder ähnlicher Firmen gewährt. Der Schutzumfang ist jedoch nicht mit dem der §§ 5, 15 MarkenG vergleichbar und wird daher in der Praxis von den stärkeren Rechten überlagert.

1. Entstehung des Schutzes nach § 5 Abs. 1 und 2 MarkenG für Unternehmenskennzeichen

88 a) **Begriff der Unternehmenskennzeichen.** Anders als bei Werktiteln setzt der markenrechtliche Schutz als Unternehmenskennzeichen **hinreichende Unterscheidungskraft** in dem Sinne voraus, dass die Bezeichnung als Hinweis auf einen bestimmten **Inhaber** verstanden wird, was insbesondere bei beschreibenden Angaben nicht der Fall ist.[119] Hiervon abzugrenzen sin die **besondere Geschäftsbezeichnung** und **Geschäftsabzeichen**. Erstere weist nicht auf den Träger, sondern auf den Gegenstand des Unternehmens hin und muss in Abgrenzung zu den Geschäftsabzeichen eine Namensfunktion haben. Wie bei Firmen ist sie nur dann schutzfähig, wenn sie unterscheidungskräftig ist oder Verkehrsgeltung erlangt hat. Ansonsten gelten die nachfolgenden Ausführungen zu den Unternehmenskennzeichen. Bei Geschäftsabzeichen fehlt es an dem Merkmal des Namenscharakters. Es kommen alle Mittel in Betracht, die auf das äußere Erscheinungsbild eines Unternehmens hinweisen (Logos, Slogans, Farben, Telefonnummern). Der Schutz entsteht durch Benutzungsaufnahme, auch mittels eines Domainnamens, setzt aber zwingend Verkehrsgeltung voraus. Der Name „stadtinfo.de" ist beispielsweise mangels Namensfunktion ein Geschäftsabzeichen und hatte im konkreten Fall keine Verkehrsgeltung.[120]

89 Es reicht **schwache Kennzeichnungskraft**, ansonsten **Verkehrsgeltung** ab ca. 80%.[121] Auch Abkürzungen und Schlagworte können Verkehrsgeltung erlangen, selbst dann, wenn die Buchstaben einzeln ausgesprochen werden.[122]

90 Der Schutz im Sinne der Priorität beginnt mit der **Benutzungsaufnahme**, für die auch konkrete Vorbereitungshandlungen reichen können. Er erlischt mit der Nutzungsaufgabe. Es ist nicht erforderlich, dass die erste Benutzung außerhalb des Internet stattfindet, etwa bei der Eröffnung eines reinen Onlineshops. Eine firmenmäßige Nutzung eines Domainnamens liegt vor, wenn die Domain die Firma enthält, registriert **und** konnektiert **und** darüber eine Internetseite erreichbar ist. Offline reicht es aus, wenn etwa Werbeprospekte mit dem Domainnamen verteilt werden.[123]

91 b) **Benutzungsaufnahme im Ausland.** Eine reine Benutzungsaufnahme im Ausland kann auch für den inländischen Markt prioritätsbegründend sein. Dies ist für inländische Domaininteressenten besonders problematisch, weil nur schwer überschaubar ist, ob und welche verwechselungsfähigen Domainnamen im Ausland benutzt werden.

---

[118] Vgl. BGH Urt. v. 22.11.2001 – I ZR 138/99, BGHZ 149, 191 (196) – shell.de; BGH Urt. v. 11.4.2002 – I ZR 317/99, GRUR 2002, 706 (707) = WRP 2002, 691 – vossius.de.

[119] BGH Urt. v. 16.12.2004 – I ZR 69/02, GRUR 2005, 517 – Literaturhaus; Ingerl/Rohnke/*Rohnke* nach § 15 Rn. 54 und Rn. 123, jeweils mwN.

[120] LG Braunschweig Urt. v. 26.1.2000 – 9 O 2705/99, K&R 1999, 573 f. – stadtinfo.de.

[121] KG Urt. v. 31.3.2000 – 5 U 9777/98, ZUM 2001, 74 – berlin-online.de, 67% aller Berliner Internetnutzer nicht ausreichend.

[122] BGH Urt. v. 21.2.2002 – I ZR 230/99, WRP 2002, 1066 – defacto.de; LG Frankfurt aM Urt. v. 26.2.1997 – 2/6 O 633/96, 2–06 O 633/96, CR 1997, 287 – DAS.

[123] So auch *Kleespies* GRUR 2002, 764.

IV. Der markenrechtliche Schutz

92 In einem Verfahren des OLG Hamburg[124] stütze die deutsche Klägerin ihren Unterlassungsanspruch auf ihre Klagemarke „abibooks" sowie auf ihre Unternehmenskennzeichen „abi-books.de" bzw. „abi-books.com". Die Klagemarke wurde 1998 angemeldet, die Firma der Klägerin 1998 im Handelsregister eingetragen. Der kanadischen Muttergesellschaft der Beklagten (GmbH nach deutschem Recht) stand an der Geschäftsbezeichnung „www.abebooks.com" bei entsprechender Inlandsbenutzung ein Kennzeichenrecht zu. Mit der Benutzung dieser Bezeichnung als Geschäftsbezeichnung entstanden mit dem Recht an dem Unternehmenskennzeichen (§ 5 Abs. 1 MarkenG) auch die Verbietungsrechte nach § 15 MarkenG.

93 Die Bezeichnung „www.abebooks.com" hatte nach Meinung des Gerichts normale Kennzeichnungskraft. Für den Verkehr war mit „www.abebooks.com" das Unternehmen „abebooks" zu erreichen. Zwischen der Bezeichnung „www.abebooks.com" und der Unternehmensbezeichnung der Klägerin „abi-books.com" bestand daher nach Auffassung des Gerichts Verwechslungsgefahr.

94 Voraussetzung ist entsprechend den allgemeinen Grundsätzen eine **Ingebrauchnahme im Inland**, die über eine **bloße Abrufbarkeit** hinausgeht und auf eine dauerhafte wirtschaftliche Tätigkeit im Inland schließen lässt; ferner kommt es auf alle weiteren Umstände des Einzelfalls an.[125] Dafür reicht eine internationale Ausrichtung des Angebots.

95 Unschädlich ist es dann nach Auffassung des OLG, wenn die Webseiten in englischer Sprache gehalten sind. Die Inanspruchnahme einer Priorität durch Ingebrauchnahme erfordert aber nicht, dass die Geschäftstätigkeit schon zu Anfang von großem Umfang gewesen wäre. Vielmehr sind auch nach außen in Erscheinung tretende Aktivitäten ausreichend, wenn sie aus der Rückschau den Beginn einer stetigen Geschäftstätigkeit zeigen.

96 In der Entscheidung *afilias* des BGH[126] hatte der Beklagte die Domain vor der inländischen Ingebrauchnahme des gleichen Zeichens durch den Kläger registrieren lassen. Dieser war mit dem seinerzeit auch nicht eingetragenen Zeichen zunächst nur im Ausland tätig. Nach Auffassung des BGH bestanden daher keinerlei Ansprüche, denn das im Inland wirkende Namens- oder Kennzeichenrecht des Berechtigten war erst nach der Registrierung des Domainnamens durch den Nichtberechtigten entstanden.

97 Für einen **rechtserhaltenden Gebrauch** reicht es nicht aus, eine Homepage nur als Adressnachweis zu verwenden. Nach einem Urteil des OLG Düsseldorf[127] hat der Zappa-Trust daher keine markenrechtlichen Ansprüche gegen Fanaktionen wie die „Zappanade". Für eine **rechtserhaltende Benutzung** einer Gemeinschaftswortmarke „Zappa" im Sinne von Art. 15 Abs. 1 GMVO reiche es nicht aus, unter der Adresse zappa.com eine Internetseite zu betreiben. Zwar komme nach der Rechtsprechung des BGH Domainnamen, die zu einer aktiven, im geschäftlichen Verkehr verwendeten Homepage führen, in der Regel **neben der Adressfunktion eine kennzeichnende Funktion** zu.[128] Etwas anderes gelte jedoch dann, wenn dem Domainnamen ausnahmsweise eine reine Adressfunktion zukommt oder wenn er vom Verkehr nur als beschreibende Angabe verstanden wird. Der Verkehr verstehe eine mit „Zappa" bezeichnete Internet-Seite als eine solche, die sich mit der Person des berühmten Musikers Frank Zappa befasst.

98 c) **Räumlicher Geltungsbereich.** Zwar sind Unternehmenskennzeichen in der Regel im gesamten Geltungsbereich des Gesetzes geschützt. Dies gilt jedoch nicht für die Bezeichnungen von Unternehmen, die nach Zweck und Zuschnitt nur lokal oder regional tätig und auch nicht auf Expansion ausgelegt sind.[129] Wenn es eine Reihe weiterer Unternehmen der gleichen oder nahen Branche gibt, die ebenfalls das gleiche Kennzeichen verwenden, spricht dieser Umstand für einen territorial beschränkten Schutzbereich.

---

[124] Urt. v. 25.11.2005 – 3 U 33/03 – n. v. – abebooks.com.
[125] OLG Hamburg Urt. v. 2.5.2002 – 3 U 312/01, MMR 2002, 822 (823); Ingerl/Rohnke/*Rohnke* MarkenG § 5 Rn. 59 mwN, nach § 15 Rn. 122.
[126] Urt. v. 24.4.2008 – I ZR 159/05 – n. v.
[127] Urt. v. 15.6.2010 – I-20 U 48/09 – n. v.
[128] BGH Urt. v. 14.5.2009 – I ZR 231/06, GRUR 2009, 1055 – airdsl.
[129] BGH Urt. v. 29.6.1995 – I ZR 24/93, BGHZ 130, 134 (141 f.) – Altenburger Spielkartenfabrik, mwN; Ingerl/Rohnke/*Rohnke* MarkenG § 5 Rn. 13 f.; Ströbele/Hacker/*Hacker* MarkenG § 5 Rn. 75 f.

99 Trotz des ubiquitären Charakters des Internets bleiben stationäre Betriebe, die sich und ihr Angebot im Internet darstellen, grundsätzlich auf ihren räumlichen Tätigkeitsbereich beschränkt. Auch sonst weisen Unternehmen wie zB ein Handwerksbetrieb, ein Restaurant oder ein Hotel, die sich aus welchen Gründen auch immer auf einen bestimmten Wirkungskreis beschränkt haben, mit ihrer Präsenz im Internet nicht per se darauf hin, dass diese Beschränkung in Zukunft wegfallen solle. Allein der Internetauftritt eines solchen Unternehmens reicht nicht aus, um auf einen räumlich unbeschränkten Wirkungsbereich schließen zu können.[130]

2. Entstehung des Schutzes nach § 5 Abs. 1 und 3 MarkenG für Werktitel

100 Als Werktitel werden nach § 5 Abs. 3 MarkenG vor allem Namen oder besondere Bezeichnungen von Druckschriften, Film- und Musikwerken etc geschützt, sofern es sich um das Ergebnis einer geistigen Leistung handelt, die einen eigenen Bezeichnungsschutz benötigt.[131] Wichtig ist, dass der Titel auf ein bestimmtes Werk und nicht nur auf eine Werkkategorie hinweist. Es reicht die geringe **Unterscheidungskraft** oder eine Verkehrsgeltung, wobei ein Mindestmaß an geistigem Gehalt Voraussetzung ist.[132] Der Domainname muss als Werktitel für ein titelschutzfähiges Werk verwendet werden. Daran fehlt es, wenn innerhalb der Website zur Kennzeichnung des Werkes ein von dem Domainnamen abweichender Titel verwendet wird.[133]

Beispiele:
Die Bezeichnungen „Bautip.de", „Uhren-magazin.de", „Motorradmarkt" wurden als unterscheidungskräftig eingestuft.[134] Nicht unterscheidungskräftig waren etwa „berlin-online.de"[135] und „Apotheke online".[136]

101 Dies bedeutet aber auch, dass gegen einen Werktitel nur vorgegangen werden kann, wenn er vom Verkehr als Hinweis auf ein Unternehmen verstanden wird und deshalb eine Verwechselungsgefahr besteht. Die gängige Praxis, die Priorität durch eine Titelschutzanzeige zu erreichen, wenn die Benutzungsaufnahme dann innerhalb angemessener Zeit erfolgt, ist für Handlungen im Internet zwischenzeitlich höchstrichterlich geklärt. Nach Auffassung des BGH kann der Schutz eines Domainnamens als Werktitel nach § 5 Abs. 1 und 3 MarkenG grundsätzlich erst einsetzen, wenn das über den Domainnamen erreichbare titelschutzfähige Werk weitgehend fertiggestellt ist. Für die Vorverlagerung des Schutzes eines Werktitels durch eine Titelschutzanzeige reicht die bloße Titelankündigung auf der eigenen Internetseite der Werktitelschutz beanspruchenden Partei nicht aus. Eine markenmäßige Benutzung eines Domainnamens kommt jedoch auch dann in Betracht, wenn bei Aufruf des Domainnamens eine automatische Weiterleitung zu einer (mit titelfähigem Inhalt versehenen) unter einem anderen Domainnamen abrufbaren Internetseite erfolgt.[137]

102 **Schutzobjekt** ist das hinter dem Werktitel stehende Werk, also die **Homepage** mit ihrem gesamten Inhalt. Eine Homepage hat regelmäßig Werkqualität im Sinne eines überwiegend geistigen Charakters ihres Inhalts zum Zwecke der Kommunikation mit dem Internetnutzer.[138] Meist geht es um Internet-Zeitschriften, Newsletter, Branchendienste, aber auch Datenbanken. Daher dürfte die bloße Abrufbarkeit des Domainnamens nicht reichen, wenn die dahinter stehende Homepage „**under construction**" ist. Es fehlt dann an einem titelfähigen Werk.

---

[130] BGH Urt. v. 9.9.2004 – I ZR 65/02, MMR 2005, 313 – Domain mho.de.
[131] BGH Urt. v. 24.4.1997 – I ZR 233/94, GRUR 1997, 902 – FTOS.
[132] OLG Hamburg Urt. v. 5.11.1998 – 3 – U 130/98, MMR 1999, 159 – emergency.de.
[133] Zuletzt BGH Urt. v. 18.6.2009 – I ZR 47/07, NJW-RR 2010, 462.
[134] LG Mannheim Urt. v. 18.12.1998 – 7 O 196/98, CR 1999, 528 – bautip.de; LG Frankfurt aM Urt. v. 10.11.2000 – 3/12 O 112/00, GRUR-RR 2002, 68 – uhren-magazin.de; OLG Hamburg Urt. v. 2.5.2002 – 3 U 269/01, MMR 2002, 825 – Motorradmarkt.de.
[135] KG Urt. v. 31.3.2000 – 5 U 9777/98, ZUM 2001, 74.
[136] OLG Düsseldorf Urt. v. 12.12.2000 – 20 U 122/00, ZUM-RD 2001, 797.
[137] BGH Urt. v. 14.5.2009 – I ZR 231/06, MMR 2009, 1402.
[138] Vgl. hierzu Ingerl/Rohnke/*Rohnke* MarkenG § 5 Rn. 77 und nach § 15 Rn. 124 unter Hinweis auf OLG Dresden Urt. v. 29.9.1998 – 14 U 433/98, CR 1999, 102.

3. Geographische Herkunftsangaben

Unmittelbare geographische Herkunftsangaben weisen direkt auf Orte, Länder usw. hin, während mittelbare geographische Herkunftsangaben die Herkunft von Produkten kennzeichnen. Nicht schutzfähig sind reine Gattungsbezeichnungen, die zwar eine Herkunftsangabe enthalten, aber ihren Bezug zu einem bestimmten Produkt verloren haben („Wiener Schnitzel"). Die Bedeutungslage kann sich jederzeit wandeln. Anspruchsgrundlage sind die §§ 127, 128 MarkenG. Die Benutzung des Domainnamens „champagner.de" durch einen Betreiber eines Informationsportals war nach Auffassung des OLG München nicht irreführend, da die Verbraucher nicht erwarteten, dass die Seite von Champagnerherstellern betrieben werde.[139]

4. Entstehung des Markenschutzes durch Eintragung

Der Markenschutz durch Eintragung beim DPMA begründet für die Dauer von mindestens fünf Jahren ab Eintragung oder bei Widerspruch gegen die Eintragung ab Abschluss des Widerspruchsverfahren (§ 26 Abs. 5 MarkenG iVm §§ 25, 26 MarkenG) für den eingetragenen Inhaber Ausschließlichkeitsschutz (§ 14 Abs. 1 MarkenG). Dieser begründet Unterlassungs-, Schadensersatzansprüche (§ 14 MarkenG) sowie das Recht, Widerspruch (§ 42 MarkenG) gegen eine neueingetragene Marke zu beantragen oder soweit weder Verjährung (§ 30 MarkenG) noch Verwirkung (§ 21 MarkenG) eingeredet werden können, deren Löschung zu verlangen.

Zur Erlangung des Markenschutzes ist die **Anmeldung** mittels des vom DPMA bereit gestellten Formulars oder über das elektronische Registrierungsverfahren über **DPMAdirekt** erforderlich (§ 32 MarkenG iVm der Markenverordnung). Das Markengesetz kennt verschiedene **Arten von Marken** (§ 3 Abs. 1 MarkenG), wobei im Zusammenhang mit Domainstreitigkeiten Wort-, Buchstaben- und Zahlenmarken sowie Wort-/Bildmarken relevant werden. Im Zusammenhang mit sonstigen digitalen Leistungen und Angeboten können auch Kollisionen hinsichtlich der anderen Markenformen, der reinen Bildmarke, der Farbmarke, der Hörmarke sowie der dreidimensionalen Gestaltung, Form und Verpackung sowie Aufmachung in Betracht kommen unter deren Verwendung Waren und Dienstleistungen präsentiert und vertrieben werden.

Vor der Anmeldung einer Marke ist insbesondere eine **Markenrecherche** einschließlich der Firmenrecherche und einer Domainrecherche durchzuführen, um dem Risiko vorzubeugen prioritätsältere Rechte anderer Markeninhaber zu verletzen (§§ 6, 9 MarkenG). Hierbei ist bereits eine Grundauswahl zu treffen, für welche Klassen die spätere Anmeldung und Benutzung umgehend oder auch mittelfristig erfolgen soll. Das **Nizza Klassenverzeichnis** unterscheidet insgesamt **45 Waren- und Dienstleistungsklassen**, was dazu führt, dass gleiche Zeichen nebeneinander allerdings für jeweils andere Waren und/oder Dienstleistungen genutzt werden können. Die Rechte anderer Markeninhaber sind dabei **relative Schutzhindernisse**, dh das Markenamt prüft entgegenstehende Rechte im Rahmen der Markenanmeldung nicht, sondern die ggf. in ihren Rechten beeinträchtigten Inhaber haben selbst eine laufende **Markenüberwachung** Vorsorge treffen, zeitnah von kollidierenden Anmeldung Kenntnis zu erlangen. Neben der Auswahl der Klassen und der Klassenbeschreibungen sollte der Inhaber vor der Anmeldung abschätzen, ob der Eintragung **absolute Schutzhindernisse** (§ 8 MarkenG) entgegenstehen (§ 37 MarkenG).

Mit der Anmeldung hat der Anmelder die nach den Formularanforderung erforderlichen Angaben zu machen, die Wiedergabe der Marke, das Klassenverzeichnis in nach Klassen geordneter Struktur einzureichen und die **Anmeldegebühr**[140] binnen eines Monats nach Anmeldetag (§ 33 MarkenG) zu zahlen.[141] Das Markenamt prüft die Vollständigkeit der

---

[139] OLG München Urt. v. 20.9.2001 – 29 U 5906/00, WRP 2002, 111.
[140] Bei Druckschluss März 2015: Grundgebühr für bis zu drei Klassen, EUR 500,– und für jede weitere Klasse EUR 100,– sowie optional eine Beschleunigungsgebühr in Höhe von EUR 280,–.
[141] Beachte: Diese Frist hat der Anmelder selbstständig einzuhalten und darf sich nicht auf die fristgerechte Anforderung seitens des DPMA verlassen. Bei Anmeldungen vorab per Fax ist Anmeldetag der Tag des Zu-

Anmelderdaten und die rechtzeitige Gebührenzahlung bevor es bewertet, ob mangels Unterscheidungs- und Kennzeichenkraft bzw. wegen Freihaltebedürftigkeit oder anderer absoluter Schutzhindernisse gemäß § 8 MarkenG oder entgegenstehender Rechte eines Inhabers einer notorisch bekannten Marke iSd § 10 MarkenG keine Eintragungsfähigkeit gegeben ist. Liegen keine absoluten Schutzhindernisse vor, wird die Marke eingetragen und veröffentlicht (§ 41 MarkenG).

108 Binnen einer Frist von drei Monaten ab der **Veröffentlichung** können Inhaber von prioritätsälteren Marken oder einer geschäftlichen Bezeichnung gegen die Eintragung **Widerspruch** einlegen. Vor der Entscheidung über die Eintragung einer Marke ist die laufende Anmeldung bereits über die Markendatenbank des DPMA abrufbar. In ihren Rechten hierdurch Betroffene können sich bereits im Vorfeld zur Durchsetzung ihrer Rechte an den Anmelder bzw. deren Vertreter wenden, das Widerspruchsverfahren ist aber erst mit Veröffentlichung der Marke eröffnet.

109 Wird kein Widerspruch erhoben, wird der Widerspruch zurückgewiesen oder zurückgenommen, erlangt der Anmelder den beabsichtigten Markenschutz mit Wirkung auf den Anmeldetag für die eingetragene Klassenbeschreibung für die Dauer von zunächst zehn Jahren. Der Markenschutz kann durch rechtzeitige Zahlung einer **Verlängerungsgebühr** jeweils um weitere **zehn Jahre** verlängert werden. Oftmals schließen die beteiligten Markeninhaber eine **Abgrenzungsvereinbarung**, welche den Einsatzbereich der ansonsten konkurrierenden Marken beschreibt, ggf. die Anpassung des veröffentlichten Klassenverzeichnisses, Informationspflichten sowie die Abstandnahme von zukünftigen weiterreichenden Markenanmeldungen sowie ggf. nach teilweiser Löschung des Klassenverzeichnisses die Rücknahme des Widerspruchs umfasst.

110 Im Umfang der eingetragenen Klassenbeschreibung kann der Markeninhaber seine Marke gegen Löschungsanträge wegen Nichtbenutzung in den ersten fünf Jahren verteidigen, ohne dass er einen Benutzungsnachweis erbringen müsste. Aus diesem Grund bietet es sich an, die Klassenbeschreibung bei Anmeldung auf zukünftig beabsichtigte und bereits konkret fassbare Einsatz- und Kennzeichenbereiche auszudehnen.

5. Entstehung des Markenschutzes durch Erlangung der Verkehrsgeltung sowie notorische Bekanntheit

111 Markenschutz erlangt der Inhaber eines Zeichens auch durch Benutzung im geschäftlichen Verkehr, soweit das Zeichen hierdurch in den angesprochenen Verkehrskreisen **Verkehrsgeltung** erlangt hat (§ 4 Nr. 2 MarkenG – **Benutzungsmarke**). Wie bei der eingetragenen Marke setzt die Erlangung des Markenschutzes durch Benutzung zunächst voraus, dass das Zeichen schutzfähig ist, dh es muss zur Unterscheidung geeignet, unterscheidungskräftig sein und es darf kein Freihaltebedürfnis bestehen, also keine absoluten Schutzhindernisse vorliegen. Zur Unterscheidung geeignet ist das Zeichen, wenn es mit der Ware oder den zu kennzeichnenden Dienstleistungen nicht identisch ist und hinreichend selbstständig von weiteren Kennzeichen, ggf. auch Unternehmenskennzeichen, verwandt wird. Das Kennzeichen wirkt als Unterscheidungskennzeichen von Waren und Dienstleistungen anderer Marktteilnehmer ggf. bereits durch die ihm innewohnende Originalität oder erlangt diese Kraft durch fortlaufende Nutzung im geschäftlichen Verkehr insbesondere der Werbung. Insoweit erfordert der Schutz der Benutzungsmarke weder Neuheit noch eine besondere Eigenart im Sinne des Ausdrucks schöpferischer Leistung, da die Kennzeichnungskraft Grundlage des Markenschutzes ist.

112 Den Schutz erlangt der Inhaber des Kennzeichens nicht unmittelbar mit Beginn der Nutzung, sondern erst wenn es innerhalb der beteiligten Verkehrskreise **Verkehrsgeltung** erlangt hat. Von der Verkehrsgeltung ist die strengere Anforderung der Verkehrsdurchsetzung nach

---

gangs des Faxes und nicht etwa dem nachfolgend versandten Originalformulars. Bei farbigen Marken ist der Versand vorab per Fax nicht zu empfehlen, da dann die Faxanmeldung nur Schutz für eine schwarz/weiß Wort-/Bildmarke oder Bildmarke begründet und die farbliche Darstellung per Postnachversand als weitere prioritätsältere Anmeldung zu qualifizieren ist. Über das elektronische Anmeldeverfahren DPMAdirekt ist ein taggleicher Anmeldetag auch bei farblichen Darstellungen erreichbar.

§ 8 Abs. 3 MarkenG zu unterscheiden, welche geeignet ist, an sich bestehende absolute Schutzhindernisse zur Erlangung des Markenschutzes zu überwinden. Verkehrsgeltung ist gegeben, wenn das Zeichen in den beteiligten Verkehrskreisen als identifizierendes Unterscheidungszeichen Geltung erlangt hat. Dabei bestimmen sich sowohl Grad der erforderlichen Verkehrsgeltung als auch der Kreis der Marktteilnehmer in Abhängigkeit zur Stärke der Identifizierungsfunktion, also der Art, der Eigenart, der Selbstständigkeit und aller weiteren Umstände des Einzelfalls. Dabei kann die Verkehrsgeltung grundsätzlich auch nur lokal, regional, inländisch beschränkt erlangt werden und ist meist branchen- oder zielgruppenbezogen.

Im Fall der möglichen Kollision von Kennzeichen hat der Inhaber einer Benutzungsmarke 113 neben der Markenfähigkeit, deren Nutzung mit Verkehrsgeltung in denselben auch örtlich geprägten Verkehrskreisen und deren zeitliche Priorität gegenüber dem anderen ggf. auch eingetragenen Zeichen darzulegen und zu beweisen. Hiervon zu unterscheiden sind die **Unternehmenskennzeichen** und Werktitel, welche im Sinne des § 5 MarkenG als geschäftliche Bezeichnungen einen anderen Verkehrsteilnehmer für die zu kennzeichnenden Tätigkeiten des Unternehmens oder die Werkkategorie ausschließen.

Ferner erlangen Kennzeichen, welche **Allbekanntheit** erlangt haben, also unbeschränkt 114 und nicht zugeschnitten auf beteiligte Verkehrskreise, Markenschutz als notorisch bekannte Marken. Zur Ermittlung der Notorietät können die Gemeinsamen Empfehlungen der WIPO aus dem Jahr 1999[142] herangezogen werden, ohne dass diesen aber Verbindlichkeit zukäme.

V. Bürgerlich-rechtlicher Namensschutz

1. Grundlagen

a) **Vorrang des Markenrechts.** Der bürgerlich-rechtliche Namensschutz dient zunächst 115 dem Schutz der Identität natürlicher Personen (Namens- oder Identifizierungsfunktion), ist aber auf Einzelfirmen und später auch auf juristische Personen ausgedehnt worden. Heute wird die Vorschrift zumindest bei der Nutzung im geschäftlichen Verkehr weitgehend **von den §§ 5, 15 MarkenG überlagert,** deren Schutzbereich auch Unternehmensbezeichnungen und Werktitel erfasst und dabei auch Schlagworte und Abkürzungen schützt (Kennzeichnungsfunktion), sowie die deutsche Schreibweise ausländischer Staaten.[143] Für § 12 BGB bleibt daher nur Raum, wenn der Inhaber eines Unternehmenskennzeichens durch die Benutzung eines identischen Namens außerhalb der kennzeichenrechtlichen Verwechslungsgefahr durch einen Nichtberechtigten an der Registrierung gehindert ist, in den Fällen der bloßen Registrierung ohne Benutzungsaufnahme und generell bei der Benutzung der Domain außerhalb des geschäftlichen Verkehrs.

Kraft Gesetz[144] haftet der Zwangsname dem Namensträger an. Für eine Handelsfirma gilt 116 § 18 HGB. Insoweit besteht eine **Pflicht zur Namensführung** für den bürgerlichen Namen bzw. für den Handelsnamen nach §§ 17, 29 HGB, § 15a und b GewO. Der Wahlname (Pseudonym, Unternehmensbezeichnung), der willkürlich gewählt und jederzeit ablegbar ist, ist ebenso geschützt. Inhaber des Namensrechts ist derjenige, der sich den Namen gegeben hat. Grundsätzlich kann niemandem verwehrt werden, sich in redlicher Weise im Geschäftsleben unter seinem bürgerlichen Namen zu betätigen,[145] und dies gilt erst recht im nichtgeschäftlichen Bereich.

b) **Der Schutzbereich des § 12 BGB und die „Funktionsbereichsgrenze".** Grundsätzlich 117 begründet eine Unternehmensbezeichnung mit Namensfunktion auch ein Namensrecht nach § 12 BGB. Allerdings geht der Schutzbereich des Namensrechts in der Regel nicht über den

---

[142] *Bettinger* WRP 2001, 792.
[143] LG Berlin Beschl. v. 26.9.2006 – 9 O 355/06, MMR 2007, 60 – Ceska Republika.
[144] § 111 OWiG, § 11 Nr. 2 iVm § 21 Nr. 5 PersonenstandsG.
[145] BGH Urt. v. 10.11.1965 – Ib ZR 101/63, GRUR 1966, 623 (625) = WRP 1966, 30 – Kupferberg; BGH Urt. v. 22.11.1984 – I ZR 101/82, GRUR 1985, 389 (390) = WRP 1985, 210 – Familienname; BGH Urt. v. 29.6.1995 – I ZR 24/93, BGHZ 130, 134 (148) – Altenburger Spielkartenfabrik.

Schutzbereich des Unternehmenskennzeichens hinaus. Denn der aus § 12 BGB abgeleitete namensrechtliche Schutz einer Unternehmensbezeichnung ist auf den Funktionsbereich des betreffenden Unternehmens beschränkt und reicht nur so weit, wie geschäftliche Beeinträchtigungen zu befürchten sind.[146] Eine Anwendung des § 12 BGB scheidet daher meist aus, weil sich der **Funktionsbereich des Unternehmens** in der Regel mit dem Anwendungsbereich des – das Namensrecht verdrängenden – Kennzeichenschutzes aus §§ 5, 15 MarkenG deckt.

118 Ausnahmsweise kann jedoch der Funktionsbereich des Unternehmens auch durch eine Verwendung der Unternehmensbezeichnung außerhalb des Anwendungsbereichs des Kennzeichenrechts berührt werden. In diesen Fällen kann der **Namensschutz ergänzend gegen Beeinträchtigungen der Unternehmensbezeichnung** herangezogen werden, die – weil **außerhalb des geschäftlichen Verkehrs** oder außerhalb der Branche und damit außerhalb der kennzeichenrechtlichen Verwechslungsgefahr – nicht mehr im Schutzbereich des Unternehmenskennzeichens liegen. Außerhalb des Anwendungsbereichs der §§ 5, 15 MarkenG kann die Anwendbarkeit des § 12 BGB oder des § 823 Abs. 1 BGB demnach nicht von vornherein ausgeschlossen werden.[147]

119 Allerdings werden die Voraussetzungen des § 12 BGB bei einer Verwendung des Namens außerhalb des geschäftlichen Verkehrs häufig nicht vorliegen. Zwar ist nach § 12 BGB auch die Firma oder ein unterscheidungskräftiger Firmenbestandteil einer Gesellschaft oder eines einzelkaufmännischen Unternehmens geschützt.[148] Der aus § 12 BGB abgeleitete namensrechtliche Schutz einer Firma oder eines Firmenbestandteils ist jedoch stets auf den Funktionsbereich des betreffenden Unternehmens beschränkt und reicht nur so weit, wie geschäftliche Beeinträchtigungen zu befürchten sind.[149]

120 c) **Geltung der Prioritätsregel.** Kann sich der Inhaber des Domainnamens auf ein eigenes Namensrecht nach § 12 BGB stützen, kommt das Recht der Gleichnamigen zum Zuge. Dies bedeutet, dass sich im Streit um den registrierten Namen grundsätzlich derjenige durchsetzt, der als erster diesen Namen für sich hat registrieren lassen.[150] Auf einen Zeitrang wie bei § 6 Abs. 3 MarkenG kommt es nicht an. Es gilt insoweit das Gerechtigkeitsprinzip der Priorität, das nur unter besonderen Umständen hinter das allgemeine Freihaltebedürfnis zurücktritt.[151] Im Streitfall können die Interessen der Parteien jedoch ausnahmsweise von derart unterschiedlichem Gewicht sein, dass es nicht bei der Anwendung der Prioritätsregel bleiben kann.[152]

2. Verletzungsfälle

121 § 12 BGB ist verletzt, wenn eine **Zuordnungsverwirrung** entsteht. Eine Beeinträchtigung berechtigter geschäftlicher Interessen ist im Regelfall bereits gegeben, wenn ein Nichtberechtigter einen fremden Namen als Domainnamen unter der in **Deutschland** üblichen Top-Level-Domain „.de" benutzt und sich damit unbefugt ein Recht an diesem Namen anmaßt. Ein solcher unbefugter Namensgebrauch liegt grundsätzlich schon in der Registrierung, weil bereits damit die den berechtigten Namensträger ausschließende Wirkung einsetzt.[153] Besonders bei bösgläubigen Registrierungen für den Handel mit Domainnamen kommt dies in Betracht.

---

[146] BGH Urt. v. 12.2.1998 – I ZR 241/95, GRUR 1998, 696 (697) = WRP 1998, 604 – Rolex-Uhr mit Diamanten; BGH Urt. v. 22.11.2001 – I ZR 138/99, BGHZ 149, 191 (197 f.) – shell.de, mwN.

[147] Vgl. zu § 12 BGB BGH Urt. v. 12.2.1998 – I ZR 241/95, GRUR 1998, 696 (697) – Rolex-Uhr mit Diamanten.

[148] Zum Firmenbestandteil BGH Urt. v. 14.5.1957 – I ZR 94/55, BGHZ 24, 238 (240 f.) – Tabu I; *Teplitzky*, Wettbewerbsrechtliche Ansprüche, § 16 Rn. 15.

[149] BGH Urt. v. 12.2.1998 – I ZR 241/95, GRUR 1998, 696 (697) – Rolex-Uhr mit Diamanten; MüKoBGB/*Schwerdtner* § 12 Rn. 246.

[150] BGH Urt. v. 22.11.2001 – I ZR 138/99, BGHZ 149, 191 (200) – shell.de; BGH Urt. v. 21.2.2002 – I ZR 230/99, GRUR 2002, 898 (900) – defacto.

[151] Vgl. BGH Urt. v. 22.11.2001 – I ZR 138/99, BGHZ 149, 191 (201 f.) – shell.de.

[152] Vgl. BGH Urt. v. 17.5.2001 – I ZR 216/99, BGHZ 148, 1 (10) – Mitwohnzentrale.de.

[153] BGH Urt. v. 22.11.2001 – I ZR 138/99, BGHZ 149, 191 (199) – shell.de.

Daher kann derjenige, dem an dieser Bezeichnung ein eigenes Namensrecht zusteht, im **122** Allgemeinen bereits gegen die Registrierung eines Domainnamens durch einen Nichtberechtigten vorgehen.[154] Eine Ausnahme muss allerdings für den Fall gemacht werden, dass die Registrierung der erste Schritt im Zuge der – für sich genommen rechtlich unbedenklichen – Aufnahme einer entsprechenden Benutzung als Unternehmenskennzeichen ist. Dem liegt die Erwägung zugrunde, dass es der Inhaber eines identischen Unternehmenskennzeichens nicht verhindern kann, dass in einer anderen Branche durch Benutzungsaufnahme ein Kennzeichenrecht an dem gleichen Zeichen entsteht. Ist ein solches Recht erst einmal entstanden, muss auch die Registrierung des entsprechenden Domainnamens hingenommen werden.[155] Wenn der Gegner also einwenden kann, vor oder alsbald nach der Registrierung des Domainnamens mit der Nutzung der angegriffenen Bezeichnung (für eine branchenfremde Ware) in der Weise begonnen zu haben, dass ihm an diesem Zeichen ein eigenes Recht nach § 5 Abs. 2 Satz 1 MarkenG zusteht, stehen sich die Bezeichnungen unabhängig voneinander gegenüber.[156]

3. Namenanmaßung und Namensleugnung

Verwendet ein Nichtberechtigter einen fremden Namen als Domainnamen, ist darin eine **123** **Namensanmaßung, nicht dagegen eine Namensleugnung** zu sehen.[157] Eine Namensleugnung würde voraussetzen, dass das Recht des Namensträgers zur Führung seines Namens bestritten würde.[158] Auch wenn jeder Domain-Name aus technischen Gründen nur einmal vergeben werden kann, fehlt es bei der Registrierung als Domain-Name an einem solchen Bestreiten der Berechtigung des Namensträgers.[159] Die Namensanmaßung liegt nur dann vor, wenn ein Dritter unbefugt den gleichen Namen gebraucht, dadurch eine Zuordnungsverwirrung auslöst und schutzwürdige Interessen des Namensträgers verletzt.[160] Diese Voraussetzungen sind im Falle der Verwendung eines fremden Namens als Internet-Adresse im Allgemeinen gegeben.[161] Es reicht schon aus, dass der unrichtige Eindruck hervorgerufen wird, der Namensträger habe dem Gebrauch seines Namens zugestimmt. Eine Verletzung des Namensrechts kann in der Verwendung des Namens in jeder Form als Marke, als Unternehmenskennzeichen, als Werktitel und eben auch als Domainname bestehen.

Doch auch dieser Grundsatz unterliegt Einschränkungen. Wird durch den Gebrauch des **124** Namens die Gefahr der Verwechslung mit einem anderen Namensträger hervorgerufen, kann ausnahmsweise auch im privaten Verkehr die Pflicht bestehen, den Namen nur in einer Art und Weise zu verwenden, dass diese Gefahr nach Möglichkeit ausgeschlossen ist.[162] Ein derartiges Gebot zur Rücksichtnahme trifft den Namensträger jedoch nur, wenn sein Interesse an der uneingeschränkten Verwendung seines Namens gegenüber dem Interesse des Gleichnamigen, eine Verwechslung der beiden Namensträger zu vermeiden, klar zurücktritt.[163]

Fälle mit Auslandsberührung werfen die Frage auf, ob sich der mutmaßliche ausländische **125** Rechtsverletzer für die Erlangung eines eigenen Namensrechts auf das für ihn möglicherweise günstige Herkunftslandsprinzip berufen kann oder nur Anspruch auf Inländergleichbehandlung hat.

---

[154] BGH Urt. v. 26.6.2003 – I ZR 296/00, BGHZ 155, 273 (276 f.) – maxem.de.
[155] BGH Urt. v. 26.6.2003 – I ZR 296/00, BGHZ 155, 273 (276 f.) – maxem.de.
[156] BGH Urt. v. 26.6.2003 – I ZR 296/00, BGHZ 155, 273 (276 f.) – maxem.de.
[157] BGH Urt. v. 22.11.2001 – I ZR 138/99, BGHZ 149, 191 (198 f.) – shell.de; OLG Hamm Urt. v. 13.1. 1998 – 4 U 135/97, NJW-RR 1998, 909 (910) – Krupp; OLG Köln Urt. v. 18 U 34/00 – 6.7.2000, CR 2000, 696 – maxem.de; OLG Köln Beschl. v. 18.1.1999 – 13 W 1/99, GRUR 2000, 798 (799) – alsdorf.de; OLG Köln Beschl. v. 18.12.1998 – 13 W 48/98, NJW-RR 1999, 622 (623) – herzogenrath.de; OLG Brandenburg Urt. v. 12.4.2000 – 1 U 25/99, K&R 2000, 496 (497) – luckau.de.
[158] MüKoBGB/*Schwerdtner* § 12 Rn. 167 u. 170; Staudinger/Weick/*Habermann* § 12 Rn. 248.
[159] Vgl. BGH Urt. v. 22.11.2001 – I ZR 138/99, BGHZ 149, 191 (197 f.) – shell.de, mwN.
[160] BGH Urt. v. 23.9.1992 – I ZR 251/90, BGHZ 119, 237 (245) – Universitätsemblem, mwN.
[161] BGH Urt. v. 22.11.2001 – I ZR 138/99, BGHZ 149, 191 (199) – shell.de.
[162] Vgl. BGH Urt. v. 4.2.1959 – IV ZR 151/58, BGHZ 29, 256 (263 f.) – ten Doornkaat Koolman; MüKoBGB/*Schwerdtner* § 12 Rn. 229.
[163] Vgl. BGH Urt. v. 22.11.2001 – I ZR 138/99, BGHZ 149, 191 (197 f.) – shell.de, mwN.

Beispiel:

Namensanmaßung seitens eines in den USA ansässigen Domaininhabers durch Domain-Grabbing: Das in Art. XXV Abs. 5 Satz 2 des deutsch-amerikanischen Freundschafts-, Handels- und Schifffahrtsvertrags statuierte Herkunftslandprinzip (Prinzip der gegenseitigen Anerkennung) gilt für die Partei- und Prozessfähigkeit der im jeweils anderen Vertragsstaat gegründeten Gesellschaften, gewährt im Übrigen aber nur Anspruch auf Inländerbehandlung. Für die Frage, ob ein vom inländischen Namensträger auf Löschung in Anspruch genommener Domaininhaber in den USA selbst über ein entsprechendes Namens- oder Kennzeichnungsrecht verfügt und somit gegenüber dem Namensträger als Gleichnamiger zu behandeln ist, können grundsätzlich auch im Ausland bestehende Namens- und Kennzeichnungsrechte herangezogen werden. Bei einem Domainnamen, der mit einer länderspezifischen Top-Level-Domain wie „.de" gebildet ist, gilt dies aber nur, wenn der Domaininhaber für die Registrierung des (länderspezifischen) Domainnamens ein berechtigtes Interesse vorweisen kann.[164]

4. Namensrecht und Pseudonyme

126 Im Schrifttum war umstritten, ob dem Decknamen oder Pseudonym schon mit der Aufnahme der Benutzung ein eigenständiger Namensschutz zukommt oder ob ein solcher Schutz voraussetzt, dass der Namensträger unter diesem Namen im Verkehr bekannt ist, also mit diesem Namen Verkehrsgeltung erlangt hat. Diese Frage ist mit einem Teil des Schrifttums im letzteren Sinne zu beantworten.[165] Auch in der Rechtsprechung des Bundesgerichtshofs ist ein umfassender Namensschutz für einen Künstlernamen nur in Fällen gewährt worden, in denen sich dieser Name im Verkehr durchgesetzt hatte.[166] Der BGH sah allerdings schon in der Registrierung des fremden (berühmten) Namens als Domainname eine Namensanmaßung.

127 Schon jeder private Gebrauch des fremden Namens durch einen Nichtberechtigten führt zu einer Zuordnungsverwirrung.[167] Hierfür reicht aus, dass der Dritte, der diesen Namen verwendet, als Namensträger identifiziert wird. Nicht erforderlich ist dagegen, dass es zu Verwechslungen mit dem Namensträger kommt.[168] Eine derartige Identifizierung tritt auch dann ein, wenn ein Dritter den fremden Namen namensmäßig im Rahmen einer Domainadresse verwendet. Zwar muss jeder Namensträger hinnehmen, dass ein anderer Träger dieses Namens ihm zuvorkommt und den Namen als Internet-Adresse für sich registrieren lässt. Er braucht aber nicht zu dulden, dass er aufgrund der Registrierung durch einen Nichtberechtigten von der Nutzung seines eigenen Namens ausgeschlossen wird.

5. Besondere Fälle

128 Der Eigentümer einer **Liegenschaft**, die im allgemeinen Sprachgebrauch des maßgeblichen Verkehrs mit dem bürgerlichen Namen einer (anderen) Familie bezeichnet wird, kann diese Bezeichnung ungeachtet der Zustimmung der Namensträger für die Liegenschaft (weiter-) verwenden, wenn hierfür ein **berechtigtes Interesse** besteht. Im vom BGH entschiedenen Fall *Landgut Borsig* kam dieser zu der Feststellung, dass sich im Zeitpunkt der Benutzungsaufnahme durch die Beklagten der Name des Landgutes derart verselbständigt hatte, dass der Rechtsverkehr mit der Bezeichnung eher das Landgut als eine andere natürliche Person assoziiert.[169] In den engen, vom BGH gezeichneten Voraussetzungen können daher neben juristischen Personen auch Gebäude oder ganze Liegenschaften Namensschutz nach § 12 BGB erhalten.

129 Fremdsprachlich wirkende und für Inländer häufig **schwierig auszusprechende Namen**, vor allem Staatsnamen werden im Deutschen anders ausgesprochen oder in die Inlandsspra-

---

[164] BGH Urt. v. 13.12.2012 – I ZR 150/11.
[165] Vgl. Staudinger/*Weick/Habermann* § 12 Rn. 22; MüKoBGB/*Schwerdtner* § 12 Rn. 47; Palandt/*Heinrichs* § 12 Rn. 28; aA RGRK/*Krüger-Nieland* § 12 Rn. 31; anders wohl auch Bamberger/*Roth/Bamberger* § 12 Rn. 21.
[166] RG Urt. v. 21.1.1921 – II 344/20, RGZ 101, 226 (228 f.) – 4 Uessems; BGH Urt. v. 18.3.1959 – IV ZR 182/58, BGHZ 30, 7 (8 f.) – Caterina Valente; BGH Urt. v. 26.7.2003 – I ZR 296/00, BGHZ 155, 273.
[167] Vgl. Staudinger/*Weick/Habermann* § 12 Rn. 262.
[168] Vgl. BGH Urt. v. 24.11.1993 – XII ZR 51/92, BGHZ 124, 173 (181) – röm.-kath.
[169] BGH Urt. v. 28.9.2011 – I ZR 188/09 – Landgut Borsig.

che „übersetzt". Für den Schutzbereich des § 12 BGB ist der im Inland herrschende Sprachgebrauch entscheidend.[170] Es gibt beispielsweise kaum einen europäischen Staat, der im Deutschen genauso bezeichnet wird wie in der jeweiligen – nichtdeutschen – eigenen Landessprache. Die deutsche Übersetzung des Staatsnamens ist dann Gegenstand des Namensschutzes nach § 12 BGB.

6. Kein umfassender Freihalteanspruch

In dem Verfahren des BGH, Urteil vom 19.2.2004 – I ZR 82/01 (kurt-biedenkopf.de)), wollte der gleichnamige Politiker, der diesen Namen auch nicht registrieren wollte, der DENIC untersagen lassen, den Namen überhaupt, also auch für Dritte zu registrieren. Ein umfassender Anspruch auf Unterlassung der Benutzung des Domain-Namens „kurt-biedenkopf.de" durch beliebige andere stand dem Kläger nach Auffassung des BGH schon unter dem Gesichtspunkt der mangelnden Wiederholungsgefahr nicht zu.

Der BGH hat einen solchen Anspruch aber auch mit der Begründung verneint, eine solche Blockierung sei nur gerechtfertigt, wenn jede Eintragung eines Dritten einen für den Anspruchsteller erkennbar offensichtlichen Rechtsverstoß darstelle. Dies sei nicht der Fall, weil die Anmeldung durch einen anderen „Kurt Biedenkopf" jederzeit zulässig sei. Der Namensvetter könne sich dann auf das Prioritätsprinzip berufen, weil der Kläger bislang weder seinen Namen habe registrieren noch sich seinen Rang durch einen Dispute-Eintrag habe absichern lassen.

Ausnahme: Von der Anwendung der Prioritätsregel ist abzusehen, wenn das Interesse des Namensträgers, dem die Priorität zukommt, an der uneingeschränkten Verwendung seines Namens gegenüber dem Interesse des anderen Namensträgers so klar aufgrund des allgemeinen Freihaltebedürfnisses zurücktritt, dass ihm die zwischen Gleichnamigen geschuldete Rücksichtnahme die Verwendung eines Zusatzes für seinen Domain-Namen gebietet.[171]

So hat der BGH im Fall „**shell.de**" der dort klagenden Deutschen Shell GmbH aus der berühmten Marke und dem berühmten Firmenschlagwort „Shell" ausnahmsweise einen auch auf den privaten Verkehr bezogenen Unterlassungsanspruch sowie einen Anspruch auf Löschung (Verzicht auf die Registrierung) gegenüber einem Beklagten zugebilligt, dessen bürgerlicher Name ebenfalls Shell lautet. Die berechtigten Interessen der Shell GmbH an diesem Domain-Namen überwogen dort deutlich das Interesse des Trägers des bürgerlichen Namens[172] und werden als allgemeines Freihaltebedürfnis bezeichnet. Die Allgemeinheit erwartet bei Aufruf einer solchen Domain Informationen zu den Waren unter der berühmten Marke oder des berühmten Firmenschlagworts zu finden.

VI. Das Recht der Gleichnamigen

1. Anwendung des Prioritätsgrundsatzes

a) **Regelfall.** In der Regel sind Gleichnamige, die als berechtigte Namensträger für einen Domain-Namen in Betracht kommen, hinsichtlich der Registrierung ihres Kennzeichens als Domain-Name dem Gerechtigkeitsprinzip der **Priorität** unterworfen. Dem muss sich grundsätzlich sogar derjenige unterwerfen, der über ein stärkeres Recht in der „analogen Welt" verfügt als der Inhaber des Domain-Namens.[173] Kommen mehrere **gleichberechtigte Namensträger** für einen Domainnamen in Betracht, muss zwar eine Abwägung der sich gegenüberstehenden Interessen im Allgemeinen stattfinden, führt jedoch in der Regel dazu, dass es mit der Priorität der Registrierung sein Bewenden hat.

---

[170] KG Berlin Urt. v. 7.6.2013 – 5 U 110/12 – aserbaidschan.de; KG Beschl. v. 29.5.2007 – 5 U 153/06, teilw. abgedruckt in MMR 2007, 600 – tschechische-republik.at/.ch/.com; Abgrenzung zu OLG Brandenburg Urt. v. 12.6.2007, 6 U 123/06, GRUR-RR 2008, 105 – schlaubetal.de.
[171] BGH Urt. v. 22.11.2001 – I ZR 138/99, BGHZ 149, 191 (200 f.) – shell.de.
[172] BGH Urt. v. 22.11.2001 – I ZR 138/99, CR 2002, 525 – shell.de.
[173] BGH Urt. v. 17.5.2001 – I ZR 216/99, BGHZ 148, 1 (10) – Mitwohnzentrale.de; BGH Urt. v. 22.11.2001 – I ZR 138/99, CR 2002, 525 – shell.de.

135 **Prüfungsschema:** Zuerst wird die Namenslage außerhalb des Internet geprüft. Hier sind die jeweilige Kennzeichnungskraft und Verwechselungsgefahr usw. zu untersuchen. Wer hat wann mit der Nutzung welcher Bezeichnung in welchem Wirtschaftsraum begonnen? Besteht danach ein Gleichrang und auch nur dann, „gewinnt" grundsätzlich derjenige, der zuerst registriert hat. Ein Ungleichgewicht hingegen führt grundsätzlich dazu, dass der Prioritätsältere gewinnt. Ausnahme: Das Gebot der Rücksichtnahme oder nachträgliche Störungen der Gleichgewichtslage können eine andere Bewertung veranlassen.

136 Der Inhaber eines an sich älteren eingetragenen Kennzeichens muss die Nutzung eines jüngeren **Domainnamens** als **Familiennamen** (Kollision von §§ 4, 14 MarkenG oder der §§ 5, 15 MarkenG mit § 12 BGB) auch im Geschäftsverkehr hinnehmen, wenn der „jüngere" Namensträger ein redliches Interesse an der Benutzung hat. Dieser hat jedoch die Pflicht, alles Zumutbare zu tun, um Verwechslungen auszuschließen.

137 Dieser Grundsatz findet jedoch auf **Vornamen** keine Anwendung (zB derrick.de). Das Recht der Gleichnamigen rechtfertigt auch nicht die Verwendung eines mit einer **bekannten Marke** identischen Vornamens des Nutzers als Internetdomain.

138 Im Regelfall muss sich der ältere Namensrechtsinhaber damit begnügen, dass der jüngere Verwender eines bürgerlichen Namens ein berechtigtes Interesse an der Verwendung auch im geschäftlichen Verkehr hat, aber einen klarstellenden Zusatz aufnimmt. Bei einer rein privaten Verwendung bedarf es keiner Zusätze.

139 **b) Ausnahmen bei berühmten Marken.** Zwischen einer berühmten und bekannten Marke und einem Vornamen kann allerdings ein **unzulässiger Imagetransfer** nach § 14 Abs. 2 Nr. 3 MarkenG stattfinden.

140 Wenn einer der beiden Namensträger eine **überragende Bekanntheit** genießt und der Verkehr seinen Internet-Auftritt unter diesem Namen erwartet und der Inhaber des Domainnamens dagegen kein besonderes Interesse gerade an dieser Internet-Adresse dartun kann, kann der Inhaber des Domainnamens ausnahmsweise verpflichtet sein, seinem Namen in der Internetadresse einen unterscheidenden Zusatz beizufügen.[174]

Beispiel:
Im Fall „Peek & Cloppenburg" standen zwei unabhängig voneinander existierende Filialunternehmen der Unternehmensgruppe im Streit, weil die eine Partei in ihrem Internetauftritt nicht deutlich gekennzeichnet hatte, dass es sich bei ihr um ein von der anderen Partei unterschiedliches Unternehmen handelte. Dadurch wurde nach Ansicht des BGH trotz des anwendbaren Rechts der „Gleichnamigen" eine Verwechselungsgefahr begründet. Der BGH verwies in seiner Begründung auch auf die frühere Entscheidung „vossius.de".[175]

141 Wenn dem Domaininhaber selbst ein Namensrecht an dem Zeichen, das als Domainname verwendet wird, zusteht, scheiden ergänzende namensrechtliche Ansprüche aus § 12 BGB aus. Auf den Zeitrang der sich gegenüberstehenden Zeichenrechte im Sinne des **§ 6 Abs. 3 MarkenG** oder darauf, ob das Kennzeichen- oder Namensrecht des Domaininhabers vor oder nach der Registrierung des Domainnamens erworben wurde, kommt es dabei nicht an. Vielmehr gilt unabhängig davon, wer über ein prioritätsälteres Namensrecht an dem Zeichen verfügt und ob dieses nach der Registrierung des Domainnamens erworben wurde, das Gerechtigkeitsprinzip der Priorität.

2. Kollision gleicher geschäftlicher Bezeichnungen

142 Der BGH hat entschieden, dass eine Markenrechtsverletzung vorliegen kann, wenn eines von zwei Unternehmen, die an unterschiedlichen Standorten den gleichen Namen führen, eine gleichnamige Internetadresse nutzt, ohne dabei auf die Existenz des anderen Unternehmens hinzuweisen.[176] Der BGH nahm damit eine Abgrenzung zur Entscheidung „hufeland.de" vor.[177] Im Einzelfall ist der Mandant stets darauf hinzuweisen, dass eine bestehen-

---

[174] Siehe BGH Urt. v. 22.11.2001 – I ZR 138/99, BGHZ 149, 191 (196) – shell.de auch BGH Urt. v. 30.1.2008 – I ZR 134/05, NJW 2008, 2923 – Hansen-Bau; BGH Urt. v. 31.3.2010 – I ZR 174/07, CR 2010, 519 – Peek & Cloppenburg.
[175] Urt. v. 11.4.2002 – I ZR 317/99, MMR 2002, 456.
[176] BGH Urt. v. 31.3.2010 – I ZR 174/07, CR 2010, 519 – Peek & Cloppenburg.
[177] BGH Urt. v. 23.6.2005 – I ZR 288/02, GRUR 2006, 159 – hufeland.de.

de **Gleichgewichtslage** durch eine **Ausdehnung des Wirkungsbereichs** des jüngeren Zeichens oder anderweitig, etwa aufgrund einer wettbewerbsrechtlich veränderten Situation nicht gestört werden darf, andernfalls auch später Ansprüche erstmals entstehen können. Besteht zwischen Gleichnamigen eine Gleichgewichtslage, ist in die Prüfung, ob eine Partei trotz Störung der Gleichgewichtslage ein schutzwürdiges Interesse an der Ausweitung ihres Tätigkeitsbereichs hat, eine **Änderung der Marktverhältnisse** einzubeziehen, aufgrund derer der Verkehr erwartet, dass die in der Branche tätigen Unternehmen ein bestimmtes Produktsortiment anbieten.[178]

3. Kollision gleicher bürgerlicher Namen

„**Vossius.de**":[179] Der Streitfall zeichnet sich durch die Besonderheit aus, dass der übereinstimmende, jeweils prägende Bestandteil der sich gegenüberstehenden Bezeichnungen der **Familienname** beider Parteien ist. Der Beklagte ist nach dem Recht der Gleichnamigen verpflichtet, einen hinreichenden Abstand zur Bezeichnung des Klägers zu halten. Dieser Pflicht zur Rücksichtnahme kann dadurch genügt werden, dass der Beklagte seinem Namen in der Internetadresse einen **unterscheidenden Zusatz** beifügen (zB „vornamenachname.de").

Der Gefahr einer Verwechslung, die bei Verwendung der Domain-Namen besteht, kann aber auch auf andere Weise begegnet werden. Die in Fällen der Gleichnamigkeit vorzunehmende Abwägung der Interessen der Beteiligten gebietet es vielmehr, auch mildere Mittel als ein Verbot in Erwägung zu ziehen.[180] So kann der Beklagte das Gebot der Rücksichtnahme auch auf andere Weise unter Beibehaltung des Domain-Namens „name.de" oder „name.com" erfüllen, indem er **auf der ersten Internetseite**, die sich für den Besucher öffnet, deutlich macht, dass es sich nicht um das Angebot des Klägers handelt, und zweckmäßigerweise – wenn der Kläger an einem solchen Hinweis interessiert sind – zusätzlich durch **Verlinkung** angeben, wo dieses Angebot im Internet zu finden ist.[181]

VII. Wettbewerbsrechtliche Ansprüche

1. Grundsätzliches

Ein Unterlassungsanspruch nach §§ 3, 4 Nr. 10 UWG wegen Behinderung kann sich ergeben, wenn mit der Registrierung gezielt der Zweck verfolgt wird, den Mitbewerber an seiner Entfaltung zu hindern und ihn dadurch vom Markt zu verdrängen. Ist eine solche Zweckrichtung nicht festzustellen, muss die Behinderung doch derart sein, dass der beeinträchtigte Mitbewerber seine Leistung am Markt **durch eigene Anstrengung nicht mehr in angemessener Weise zur Geltung bringen kann**. Dies lässt sich nur auf Grund einer Gesamtwürdigung der Einzelumstände unter Abwägung der widerstreitenden Interessen des Wettbewerbs beurteilen.[182] Soweit eine Verwechslungsgefahr zu verneinen ist, kann dennoch über den wettbewerbsrechtlichen Schutz eine Beeinträchtigung oder Ausnutzung der Wertschätzung der Klagemarke gemäß § 14 Abs. 2 Nr. 3 MarkenG gegeben sein.[183]

Besonders bei bösgläubigen Registrierungen für den Handel mit Domainnamen kommt dies – flankierend zu ggf. bestehenden kennzeichen- und namensrechtlichen Ansprüchen in Betracht. An die gezielte Behinderung ist zwar der Nachweis der Kenntnis (der verletzten Bezeichnung) angeknüpft, dürfte jedoch regelmäßig nicht schwer fallen.[184] Darunter fallen auch die **Tippfehlerfälle**, bei denen der Domaininhaber die Bekanntheit einer fremden Kennzeichnung und den Umstand, dass Nutzer Eingabefehler vornehmen, bewusst ausnutzt,

---

[178] BGH Urt. v. 2.10.2012 – I ZR 82/11.
[179] BGH Urt. v. 11.4.2002 – I ZR 327/99, NJW 2002, 2096.
[180] BGH Urt. v. 22.11.2001 – I ZR 138/99, CR 2002, 525 – shell.de, mwN.
[181] Vgl. zur Vermeidung einer Irreführung BGH Urt. v. 17.5.2001 – I ZR 216/99, BGHZ 148, 1 (7 u. 13) – Mitwohnzentrale.de.
[182] BGH Urt. v. 21.2.2002 – I ZR 281/99, GRUR 2002, 902 (905) – Vanity-Nummern; OLG Hamburg Urt. v. 24.7.2003 – 3 U 154/01, GRUR-RR 2004, 77 – schuhmarkt.de.
[183] Vgl. hierzu BGH Urt. v. 30.10.2003 – I ZR 236/97, Umdruck S. 15 f. – Davidoff II – n. v.
[184] LG Düsseldorf Urt. v. 4.4.1997 – 34 O 191/96, GRUR 1998, 159 – epson.de.

um Nutzer auf seine „fremden" Inhalte umzulenken. Der BGH sah beispielsweise in der Verwendung der Domain „wetteronlin.de" anstelle der richtigen Domain „wetteronline.de" einen Verstoß unter dem Gesichtspunkt des Abfangens von Kunden gegen das **Verbot unlauterer Behinderung gemäß § 4 Nr. 10 UWG**, wenn der Internetnutzer auf eine fremde Werbeseite geleitet werde. Werde der Nutzer allerdings dort sogleich und unübersehbar auf den Umstand aufmerksam gemacht, dass er sich nicht auf der Internetseite befinde, die er aufrufen wollte, sei eine unlautere Behinderung regelmäßig zu verneinen.[185] Andererseits stellt die Registrierung beschreibender Domainnamen auch dann keine unlautere Behinderung im Sinne des § 4 Nr. 10 UWG dar, wenn ein identischer Domainname bereits durch einen Mitbewerber unter einer anderen Top-Level-Domain benutzt wird oder der Domainname in geringfügig abweichender Schreibweise unter derselben Top-level-Domain registriert ist (zB Schreibweise mit Bindestrich oder Umlauten. Verwendung im Plural statt im Singular ua).

2. Einzelfälle

147 **a) Städtenamen.** In der Regel handelt es sich um Fälle, in denen Dritte einen Städtenamen für sich registrieren lassen, um die Bekanntheit des Begriffs und die Häufigkeit der Suche auszunutzen.

Beispiel:

Der Ort **Segnitz** mit 800 Einwohnern ist 1142 erstmals urkundlich erwähnt. Bei der Beklagten handelt es sich um eines der ältesten deutschen Weinhandelshäuser (seit 1859), dass seit 1954 den Begriff „Segnitz" als Wortmarke für Getränke inne hält. Die Gemeinde Segnitz sieht in der Registrierung durch die Beklagte eine Namensverletzung. Der Klägerin steht an der Bezeichnung „Segnitz" ein Namensrecht nach § 12 BGB. Dieser Anspruch scheitert indessen, wenn dem Dritten an der Bezeichnung „Segnitz" ein eigenes Kennzeichen- oder Namensrecht zusteht, das dem Namensrecht der Klägerin nicht weichen muss. Da die Beklagte ein solches Recht nachweisen konnte, standen sich beide Rechte gleichwertig gegenüber. Nachdem die Interessenabwägung keinen Ausnahmetatbestand feststellen ließ, gilt der Prioritätsgrundsatz. Das Verfahren endete allerdings nach der Zurückverweisung ohne weiteres Urteil.[186]

148 **b) Umlaute (ä, ö, ü./.ae, oe, ue) und Plural ./. Singular.** In dem Verfahren des OLG Köln[187] waren die Parteien Wettbewerber bei der Herstellung und dem Vertrieb von Schlüsselbändern über das Internet. Die Klägerin warb im Internet zunächst unter der Domain „schluesselbaender.de", während die Beklagte unter der Domain „schluesselband.de" auftrat. Die Klägerin meint, die Registrierung und Benutzung der Domain „schlüsselbänder.de" durch die Beklagte sei unter dem Gesichtspunkt des Behinderungswettbewerbs wettbewerbswidrig. Da die Parteien bisher durch die Verwendung von Singular und Plural auf dem Markt unterscheidbar gewesen seien, stelle es ein Abfangen von Kunden dar, wenn sich die Beklagte nunmehr den bisher von der Klägerin verwandten Plural sichere. Nach der Rechtsprechung des BGH stellt allein die Registrierung und Benutzung eines **Gattungsbegriffs** – wie im Streitfall „Schlüsselbänder" – als Internet-Domain grundsätzlich noch keine unzulässige Behinderung der Entfaltungsmöglichkeiten der Mitbewerber dar.[188]

149 Der Vorwurf der Unlauterkeit kann hier also nur daran anknüpfen, dass die Beklagte sich den Gattungsbegriff „schlüsselbänder.de" mit Umlauten als Domain hat registrieren lassen, obwohl die Klägerin bereits zuvor den gleichen Gattungsbegriff ohne Umlaute als Domain nutzte.

150 Das Verhalten der Beklagten ist aber nach der Entscheidung des OLG Köln weder geeignet, die Klägerin vom Markt zu verdrängen, noch sie so zu beeinträchtigen, dass sie ihre Leistung durch eigene Anstrengungen nicht mehr angemessen zur Geltung bringen kann. Das OLG ist dabei davon ausgegangen, dass die Parteien durch ihr Sortiment zumindest

---

[185] BGH Urt. v. 22.1.2014 – I ZR 164/12.
[186] BGH Urt. v. 9.6.2005 – I ZR 231/01, NJW 2006, 146 – segnitz.de.
[187] Urt. v. 2.9.2005 – 6 U 39/05, CR 2005, 880 – schlüsselbänder.de.
[188] BGH Urt. v. 17.5.2001 – I ZR 216/99, BGHZ 148, 1 (5) – Mitwohnzentrale.de; BGH Urt. v. 16.12.2004 – I ZR 69/02, GRUR 2005, 517 (518) = WRP 2004, 614 – Literaturhaus.

beide ein berechtigtes Interesse an einem geeigneten Internetauftritt hatten, also nicht willkürlich gehandelt haben. Argument war jedoch, die Klägerin könne weiterhin unter anderen generischen Domains im Internet auftreten, sei es unter ihrer bisherigen Domain, sei es unter den Domains „schlüsselbaender.de" und „schluesselbänder.de".

c) Generische Begriffe. In dem Verfahren „weltonline.de" des BGH[189] hatte die Beklagte 151 nach eigenen Angaben eine Vielzahl von Domainnamen registriert, darunter zahlreiche generische Begriffe, um sie später zu verkaufen. Unter den von der Beklagten registrierten Domainnamen befanden sich ua auch die Domainnamen „welt-online.de, „weltonline.de". Der Herausgeber der Zeitung „Die Welt" hatte auch unter dem Namen „Welt.de" eine Online-Ausgabe, für die er aber den Begriff „Welt-Online" nicht in jeder beliebigen Schreibweise hatte registrieren lassen.

Das Berufungsgericht hat in dem Verhalten der Beklagten eine gegen die guten Sitten verstoßende 152 vorsätzliche Schädigung der Klägerin gesehen (§§ 826, 226 BGB) und der Klägerin daher einen Unterlassungsanspruch aus § 1004 BGB zugebilligt. Nach Auffassung des BGH kommt im Falle der bloßen Registrierung eines Gattungsbegriffs ein solcher Sittenverstoß jedoch in der Regel nicht in Betracht.

Die Registrierung generischer Begriffe als Domainnamen ist im Grundsatz keinen rechtlichen 153 Schranken unterworfen. Der BGH hat entschieden, dass es nicht wettbewerbswidrig ist, wenn ein Anbieter einen Gattungsbegriff, an dessen Verwendung als Domainnamen auch Mitbewerber ein Interesse haben können, als Domainnamen registrieren lässt und sich damit einen Vorteil gegenüber seinen Mitbewerbern verschafft.[190] Die Registrierung generischer Begriffe als Domainnamen ist vielmehr weitgehend dem Gerechtigkeitsprinzip der Priorität unterworfen. Der Vorteil, der demjenigen zukommt, der als erster die Registrierung eines beschreibenden Domainnamens erwirkt, kann nicht als sittenwidrig angesehen werden.[191] Auch wenn an einem Gattungsbegriff gleichzeitig Namens- oder Kennzeichenrechte bestehen, verbleibt es in der Regel beim Prinzip der Priorität der Registrierung, so dass der Inhaber eines Namens- oder Kennzeichenrechts gegen die Verwendung dieser Bezeichnung als Domainname nicht mit Erfolg vorgehen kann, auch wenn der Dritte, der sich diese Bezeichnung hat registrieren lassen und den Domainnamen als Sachhinweis nutzt, über kein eigenes Namens- oder Kennzeichenrecht verfügt.[192]

d) Generische Begriffe aus der Sicht des UWG. Bei der Verwendung berufsbezogener oder 154 tätigkeitsbeschreibender sowie allgemein generischer Begriffe als Domainnamen im Internet-Verkehr sind die Grenzen, die das allgemeine Wettbewerbsrecht (§§ 1, 3 UWG) und das Berufsrecht dem werblichen Verhalten eines Rechtsanwalts setzen, zwar nicht deckungsgleich, sie sind jedoch im Wesentlichen nach denselben Kriterien zu bestimmen. In dem Verfahren des BGH[193] ging es um die Frage, ob die Verwendung des Domainnamens presserecht.de durch eine Anwaltskanzlei wettbewerbs- und berufsrechtswidrig ist.

Von einer Irreführungsgefahr kann nach Meinung des BGH nur gesprochen werden, 155 wenn der verständige Internet-Nutzer mit dem Gattungsbegriff die Vorstellung verbinden würde, der hinter diesem Begriff stehende Anbieter würde mit seiner Homepage ausschließlich das Informationsinteresse der Nutzer befriedigen wollen, ohne dabei eigene, geschäftliche Werbeinteressen zu verfolgen. Die in der Verwendung des von der Antragsgegnerin beanstandeten Domain-Namens liegende Werbung ist nach Auffassung des BGH auch nicht als irreführend unter dem Aspekt einer unzutreffenden Alleinstellungsbehauptung anzusehen, weil der verständige Internet-Nutzer dadurch nicht annehme, das einzige oder beste Informationsangebot zu diesem Thema aufgerufen zu haben.[194]

Die Form und der Inhalt der Werbung sowie die Darstellung einer Anwaltskanzlei auf der 156 einschlägigen Unterseite waren nach Meinung des BGH auch nicht als sensationelle oder

---

[189] Urt. v. 2.12.2004 – I ZR 207/01, MMR 2005, 534 – weltonline.de.
[190] BGH Urt. v. 17.5.2001 – I ZR 216/99, BGHZ 148, 1 (5 f.) – Mitwohnzentrale.de.
[191] BGH Urt. v. 17.5.2001 – I ZR 216/99, BGHZ 148, 1 (5 f.) – Mitwohnzentrale.de.
[192] OLG Köln Urt. v. 4.9.2001 – 15 U 47/01.
[193] BGH Beschl. v. 25.11.2002 – AnwZ (B) 41/02, CR 2003, 355 – presserecht.de.
[194] AA *Feuerich/Braun* Bundesrechtsanwaltsordnung (BRAO) 4. Aufl. § 6 BO Rn. 39.

reklamehafte Selbstanpreisung[195] zu bewerten. Ein etwaiger Wettbewerbsvorteil ergibt sich daraus, dass das Prioritätsprinzip gilt und jeder Domain-Name nur einmal vergeben werden kann. Dies ist weder unlauter noch sonst generell zu missbilligen im Sinne der §§ 1, 3 UWG.[196] Auch ein Verstoß gegen das Gebot der Sachlichkeit im Sinne des § 43b BRAO, § 6 BORA lässt sich daraus nicht herleiten.[197]

157 Soweit in der Literatur die Auffassung vertreten wird, die Verwendung eines Domain-Namens, der ein bestimmtes Rechtsgebiet zum Gegenstand hat durch eine Anwaltskanzlei sei mit Blick auf § 7 BORA als wettbewerbswidrig einzustufen,[198] wird verkannt, dass diese Bestimmung nach der Rechtsprechung des Senats nur Angaben erfasst, die an die Person des einzelnen Rechtsanwalts gebunden sind.[199]

158 e) **Ausländische Top-Level-Domain.** Die Abkürzung „*FC Bayern*" für den Bundesligisten „*FC Bayern München AG*" ist namensrechtlich geschützt. Daher verletzt die Registrierung der spanischen Domain „*fc-bayern.es*" das Namensrecht des Vereins.[200] Auch die Kurzform „*FC Bayern*" genieße namensrechtlichen Schutz und sei eindeutig der Klägerin zuzuordnen. Etwas anderes ergebe sich auch nicht daraus, dass der Fußball-Club in Spanien unter dem Namen „*Bayern de Munich*" oder einfach nur unter „*Bayern*" bekannt sei. Denn es komme nicht darauf an, ob ein spanischer Fußballfan „*FC Bayern*" kenne, sondern ob derjenige, der auf die Webseite stoße, annehme, diese werde von der Klägerin selbst betrieben. Die FC Bayern München AG habe daher ein berechtigtes Interesse daran, dass derjenige, der die spanische Webseite des Beklagten aufrufe, nicht davon ausgehe, sie stamme von ihr.

159 f) **Gezielte Behinderung durch Registrierung.** Wer auf eine Anfrage, einen Internet-Auftritt unter einem bestimmten Domain-Namen zu erstellen, diesen für sich registrieren lässt, kann unter dem Gesichtspunkt einer gezielten Behinderung eines Mitbewerbers nach §§ 3, 4 Nr. 10 UWG und eines Verschuldens bei Vertragsverhandlungen zur Unterlassung der Verwendung der Domain-Namen und zur Einwilligung in die Löschung der Registrierungen verpflichtet sein.[201] In dem Verfahren des BGH[202] ging es um einen Vereinsnamen im Zusammenhang mit dem Münchener „*Literaturhaus*".[203]

160 Literaturhäuser und entsprechend tätige Vereine gibt es bundesweit. Sie hatten sich wegen der Bezeichnung abgesprochen und regionale Zusätze verwendet. Das beklagte Marketingunternehmen sollte einen gemeinsam Internet-Auftritt verschiedener Vereine konzipieren, hatte sich den Domain-Namen „www.literaturhaus.de" registrieren lassen und den Aufbau eines eigenen Literaturforums unter dieser Internet-Adresse begonnen. Der Kläger scheiterte erst vor dem BGH mit seiner Ansicht, sein Recht an dem Namen „Literaturhaus e. V." werde durch die Internet-Adressen des Beklagten verletzt. Das OLG meinte, der Begriff Literaturhaus sei zusammengesetzt (Literatur und Haus) und impliziere, dass es an jedem Ort nur ein solches Haus gebe. Da der Kläger den Namen zuerst gewählt habe, habe er ein besseres Recht. Durch die die Verwendung der Internet-Adressen bestehe eine Verwechslungsgefahr.

161 Der BGH verwies die Sache zur Klärung der Frage, ob §§ 3, 4 Nr. 10, § 8 Abs. 1 UWG oder aus c.i.c. erfüllt seien zurück. Das beauftragte Unternehmen war im Interesse des Namensinhabers tätig geworden und habe daher möglicherweise gegen seine Treuepflicht verstoßen. Im Übrigen könne dahinstehen, ob sich der vom Kläger geltend gemachte Schutz gegen die Verwendung der Domain-Namen des Beklagten nach §§ 5, 15 Abs. 2, Abs. 4 MarkenG oder nach § 12 BGB richte. Beide Voraussetzungen seien nicht erfüllt. Ein Unterlassungsanspruch nach § 5 Abs. 2, § 15 Abs. 2 und Abs. 4 MarkenG stehe dem Kläger je-

---

[195] BVerfG Beschl. v. 17.2.1992 – 1 BvR 899/90, NJW 1992, 1613.
[196] BGH Urt. v. 17.5.2001 – I ZR 216/99, BGHZ 148, 1, (5 f.) – Mitwohnzentrale.
[197] BGH Urt. v. 21.2.2002 – I ZR 281/99, NJW 2002, 2642 (2643 f.) – Vanity-Nummer.
[198] In diesem Sinne *Feuerich/Braun* Bundesrechtsanwaltsordnung (BRAO), wie hier Hartung/*Römermann* Anwaltliche Berufsordnung BerufsO Vor § 6 Rn. 228.
[199] BGH Beschl. v. 12.2.2001 – AnwZ (B) 11/00, NJW 2001, 1573 (1574).
[200] OLG Köln Urt. v. 30.4.2010 – 6 U 208/09, MMR 2006, 616.
[201] BGH Urt. v. 16.12.2004 – I ZR 69/02 – literaturhaus.
[202] Urt. v. 16.12.2004 – I ZR 69/02 – literaturhaus.
[203] Anders noch: OLG München 15.11.2001 – 29 U 3769/01, GRUR-RR 2002, 109.

denfalls deshalb nicht zu, weil die Bezeichnung „Literaturhaus e. V." von Hause aus nicht unterscheidungskräftig sei und auch keine Verkehrsgeltung[204] erlangt habe.

VIII. Ergänzender Schutz nach § 823 Abs. 1 BGB

Die Registrierung generischer Begriffe als Domainnamen ist rechtlich nicht zu beanstanden, sondern allein dem Prioritätsprinzip unterworfen. Dieser Vorteil begründet kein sittenwidriges Handeln, selbst wenn das Zeichen oder ein Teil des Zeichens, aus dem der Domainnamen gebildet ist, Kennzeichenschutz genießt und der Domaininhaber nachweislich eine Vielzahl von Domainnamen registriert hat.

In einem Fall enthielt die klägerische Homepage Informationen über das Land Österreich, während die Webseite des Beklagten sich darin erschöpfte, außer auf die Webseiten der Republik Österreich und der österreichischen Botschaft per Link auf Angebote diverser Reiseveranstalter hinzuführen, die keinen oder jedenfalls keinen speziellen Bezug zu Österreich haben. Angesichts dieser Umstände ist weder von einer die Verwechslungsgefahr begründenden Nutzung noch von Werk- bzw. Produktähnlichkeit auszugehen. Das OLG München entschied, dass es für den vom Landgericht zuerkannten Anspruch wegen Verletzung eines Werktitels[205] an einer Verwechslungsgefahr fehle.

IX. Die Übertragung von Domainnamen

Der durch den Registrierungsvertrag mit der DENIC bzw. einem Registrar erworbene schuldrechtliche Anspruch auf Nutzung des Domainnamens kann rechtsgeschäftlich auf Dritte übertragen werden. Dabei ist wie immer zwischen dem schuldrechtlichen Kausalgeschäft und dem auf die Übertragung des schuldrechtlichen Anspruchs gerichteten dinglichen Verfügungsgeschäft zu unterscheiden.

Rechtsgrund für die dauerhafte Übertragung des Domainnamens kann ein Rechtskauf des Domainnamens gemäß den §§ 433, 453 BGB sein, auch im Rahmen eines Vergleichsvertrages (§ 779 BGB), Erfüllung durch Abtretung gemäß den §§ 398, 414 BGB. Bei einer nur zeitlich begrenzten Übertragung oder Übertragung zur Sicherung kann als schuldrechtliches Kausalgeschäft ein Treuhand- oder Sicherungsvertrag zugrunde liegen.

Zu beachten ist, dass der Erwerber möglicherweise später von Dritten wegen eines älteren Rechts angegriffen werden kann. Aus Erwerbersicht empfehlen sich daher Klauseln zur Haftung wegen Rechtsmängeln, aus Sicht des Verkäufers ein Haftungsausschluss.

> **Formulierungsvorschlag:**
> Der Verkäufer haftet für einen Zeitraum x für die Freiheit des Domainnamens von Rechtsmängeln, insbesondere Namens- und Kennzeichenrechten Dritter.

Außerdem ist eine Übergangsregelung ratsam, wenn der Bestand von email-Adressen vom Besitz der domain abhängig ist, etwa durch eine Verpflichtung des Erwerbers zur temporären Weiterleitung.

X. Die Lizenzierung von Domainnamen

Will der Domaininhaber seinen Domainnamen wirtschaftlich verwerten, ohne sein Ansprüche gegenüber der DENIC oder einem anderen Registrar aufzugeben, kann er Dritten

---

[204] Vgl. BGH Urt. v. 30.1.2003 – I ZR 136/99; BGH-Rep 2003, 1091 (1092) – Festspielhaus II; BGH Urt. v. 27.11.2003 – I ZR 79/01, GRUR 2004, 514 (515) – Telekom.
[205] § 15 Abs. 2, Abs. 4 MarkenG iVm § 5 Abs. 1, Abs. 3 MarkenG.

die Nutzung des Domainnamens auf Zeit gestatten. Vertragstypologisch ist die Lizenz an einem Domainnamen als **Rechtspacht im Sinne des § 581 Abs. 2 BGB** einzuordnen, so dass insoweit lückenfüllend auf die Vorschriften des Pachtrechts (§§ 581 ff. BGB) und über § 581 Abs. 2 BGB des Mietrechts (§§ 535 ff. BGB) zurückgegriffen werden kann.

168 Regelungsbedürftig sind dann auch Fragen zur Entstehung von Schutzrechten durch die Benutzung des Domainnamens während der Vertragslaufzeit sowie Rückgriffsmöglichkeiten des Domaininhabers im Falle der Inanspruchnahme als Störer für Rechtsverletzungen, die durch die Benutzung des Domainnamens begründet werden. Denkbar sind auch Verträge, durch die sich mehrere Beteiligte die Nutzungsmöglichkeiten eines Domainnamen teilen, in dem sie ihn auf einem gemeinsamen Portal nutzen.

XI. Außergerichtliche Rechtsverfolgung

1. Dispute-Eintrag bei der DENIC

169 Die DENIC stellt ein Verfahren zur Verfügung, mit dem die Weiterübertragung eines Domainnamens auf einen Dritten zeitweise verhindert werden kann. Dadurch soll verhindert werden, dass der Domaininhaber nach Erhalt der Abmahnung die Domain auf einen Dritten überträgt. Für die Einrichtung des Disputes wird verlangt, dass ein „Antrag auf Einrichtung eines Dispute-Eintrags" mittels eines von DENIC vorgegebenen Formulares gestellt wird. Der Antragsteller muss formal seine besseren Rechte glaubhaft machen, etwa durch Vorlage von Urkunden, und zudem versichern, dass er bereits mit dem aktuellen Rechtsinhaber eine Auseinandersetzung führt oder unverzüglich mit dieser beginnen wird. Der „Dispute-Eintrag" ist auf ein Jahr befristet und kann verlängert werden.

170 Gegen den Dispute-Antrag kann sich jedoch der angegriffene Domaininhaber zur Wehr setzen. Das OLG Köln[206] und das OLG Düsseldorf[207] haben einen unberechtigten Dispute-Antrag als Eingriff in den eingerichteten und ausgeübtem Gewerbebetrieb nach § 823 I BGB angesehen. Aus diesem Grund verbieten sich leichtfertig Dispute-Anträge.

171 Der BGH qualifiziert den Eingriff aber wohl anders. In seinem Urteil vom 18.1.2012[208] stellt der BGH klar, dass ein Domaininhaber durch die Registrierung kein absolutes Recht an dem Domainnamen erwirbt. Es besteht somit auch kein sonstiges Recht nach § 823 I BGB. Der Inhaber erwerbe lediglich ein relativ wirkendes vertragliches Nutzungsrecht. Dieses ist regelmäßig von unbestimmter Dauer. Ist bei einer WHOIS-Abfrage jemand als Domaininhaber eingetragen, der nicht gegenüber der DENIC materiell berechtigt ist, kann er diese Stellung i.S.v. § 812 Abs. 1 S. 1, 2. Alt. BGB erlangt haben. Diese vorteilhafte Rechtsstellung geschieht auf Kosten des Berechtigten. Die Eintragung des Nichtberechtigten bewirkt eine tatsächliche Sperrfunktion, die den berechtigten Inhaber des Domainnamens bei einer Verwertung über sein Recht zumindest behindert. Soll nun gegen einen unberechtigten Dispute-Antrag vorgegangen werden, so ist dieser Anspruch nach dem BGH wohl auch auf § 812 Abs. 1 BGB zu stützen.

2. Der Wait-Antrag bei NIC.AT

172 In Österreich erfolgt die Registrierung der ccTLD „at" bei der sog. „NIC.AT". Diese wurde 1998 als eine Gesellschaft des privaten Rechts als GmbH gegründet. Vergeben werden Domains an jede natürliche oder juristische Person, die ihren Wohnsitz oder einen Sitz in Österreich hat. Bei der NIC.AT wird ebenfalls das Windhundprinzip anwendet.

173 Kommt es zu Streitfällen über Domainnamen, so kann die Weiterübertragung des Namens während des Konfliktes verhindert werden. Dies geschieht über den „Wartestatus". Einen Wait-Antrag hierfür kann jedermann schriftlich oder per Telefax bei der NIC.AT stellen. Voraussetzung hiefür ist aber, dass die rechtlichen Ansprüche am streitgegenständlichen Domainnamen glaubhaft gemacht werden. Dies ist bspw. mit der Vorlage der Markenur-

---

[206] Urt. v. 17.3.2006 – 6 U 163/05, MMR 2006, 469.
[207] Urt. v. 20.11.2012 – I 20 U 202/11, BeckRS 2013, 11230.
[208] BGH Urt. v. 18.1.2012 – I ZR 187/10, gewinn.de = GRUR 2012, 417.

kunde möglich. Es existieren zwei unterschiedliche Arten des Wartestatus. So gilt Wartestatus 1 nur begrenzt für einen Monat und kann sodann um einen weiteren Monat verlängert werden. Hingegen führt Wartestatus 2 zu einer Blockierung während der gesamten Dauer des Rechtsstreits. Im Unterschied zum Dispute-Eintrag durch die DENIC beendet die NIC.AT den Wartestatus 2 mit der gerichtlich angeordneten Löschung des Domainnamens. Ungeachtet des ergangenen Gerichtsurteils kann der Domainname nach etwa vier Wochen, nachdem Wartestatus 2 beendet wurde, wieder durch Dritte registriert werden. Für den Kläger kann dies bedeuten, dass er in immer wiederkehrender Abfolge Löschungsansprüche geltend machen muss.

3. Außergerichtliche Rechtsverfolgung bei den übrigen Vergabestellen

Die skizzierten Möglichkeiten zur Verhinderung der Übertragung einer streitgegenständlichen Domain beschränken sich auf die DENIC und die NIC.AT. Andere Vergabestellen verfügen nicht über solche Verfahren. Die außergerichtliche Rechtsverfolgung erfolgt hier zumeist über ein Verfahren, welches an die UDRP (Uniform Domain Name Dispute Resolution Policy) angelehnt ist (→ § 8 Rn. 102). In Frankreich besteht bspw. die Möglichkeit, eine Domainstreitigkeit über die „procédure alternative de la résolution des litiges du.fr et.re par décision technique" zu lösen. Hierbei handelt es sich ebenfalls um ein administratives Streitbeilegungsverfahren, welches wie bei der UDRP verbindlich von hierfür festgelegten Experten entschieden wird.[209] Auch das die sog. „usTLD Dispute Resolution Policy (usDRP)", wie das Verfahren in den USA genannt wird, entspricht der UDRP weitestgehend. Abweichend ist lediglich, dass eine bösgläubige Registrierung und eine bösgläubige Benutzung kumulativ vorliegen müssen.[210] Ist kein Verfahren vorhanden, so bleibt den Streitparteien das UDRP-Verfahren.

XII. Prozessuale Besonderheiten bei Domainstreitigkeiten

1. Inlandsbezug

Egal welche Anspruchsgrundlage gegen den Domaininhaber herangezogen wird – bei Auslandsdomains ist zu prüfen, ob die mit der Domain konnektierte Webseite einen ausreichenden Inlandsbezug aufweist (prioritätsbegründende Benutzungsaufnahme im Inland, kollidierende Nutzung im inländischen geschäftlichen Verkehr).

2. Richtige Antragstellung

Ein **Anspruch auf Freigabe** der Domain besteht nur, wenn der beklagte Domaininhaber den Namen im Verhältnis zum Kläger unter keinem denkbaren Gesichtspunkt nutzen darf. Auch dieser Anspruch enthält nicht den Anspruch auf Übertragung der Domain auf den Kläger. Gegen die anschließende Registrierung eines so frei gewordenen Namens durch einen Dritten schützt aber ein Dispute-Eintrag bei der DENIC. Wie bei der Markenlöschung wird die Einwilligung nach § 894 ZPO mit der Rechtskraft bzw. vorläufigen Vollstreckbarkeit des Freigabeurteils angenommen.

3. Besonderheiten im einstweiligen Rechtsschutz

Zu beachten ist hier das Verbot der Vorwegnahme der Hauptsache. Im einstweiligen Rechtsschutz kann daher nur der vorläufige Antrag auf Unterlassung Erfolg haben, nicht aber der Antrag auf Domainfreigabe.

---

[209] Bettinger/Brüning, Handbuch des Domainrechts, S. 548, Rn. FR 73.
[210] Bettinger/Abel, Handbuch des Domainrechts, S. 1062, Rn. US 21 ff.

§ 8 Internationales Immaterialgüterrecht

Übersicht

	Rn.
I. Internationale Bezüge des deutschen Urheberrechts *(Mayer/Auer-Reinsdorff)* ...	1–42
1. Allgemeines	1–3
2. Internationales Urheberrecht	4–16
a) Revidierte Berner Übereinkunft (RBÜ)	6–10
b) TRIPS-Übereinkommen	11/12
c) Welturheberrechtsabkommen (WUA) von 1952	13/14
d) WIPO-World Copyright Treats (WCT) von 1996	15/16
3. Gemeinschaftsrecht	17–28
a) ROM II-Verordnung	18–23
b) Das Diskriminierungsverbot	24–26
c) Sui-generis-Schutz	27/28
4. Nationales Fremden- und Kollisionsrecht	29–38
a) Schutzlandprinzip	29–31
b) Problematik bei Urheberrechtsverletzungen im Internet	32–36
c) Fremdenrechtliche Behandlung nach dem UrhG	37/38
5. Vertragsstatut und Verfügungsgeschäft	39/40
6. Die internationale Zuständigkeit deutscher Gerichte	41
7. Checkliste Schutzlandprinzip	42
II. Internationales Domainrecht *(Luckhaus)*	43–135
1. Allgemeines	43
2. .eu-Domains	44–97
a) Das anwendbare Recht (VO (EG) 874/2004)	45
b) Die Vergabe einer eu.-Domain	46–51
c) Der Status einer eu-Domain	52
d) Die Durchsetzung von Rechten gegen eine eu-Domain	53–97
3. Internationale Domains	98–132
a) Die Anmeldung einer internationalen Domain	99/100
b) Die Durchsetzung der Rechte gegen eine internationale Domain	101–132
4. Neue generische Top-Level-Domains (nTLDs)	133–135
III. Internationale Bezüge des Markenrechts *(Auer-Reinsdorff/Luckhaus)*	136–145
1. Allgemeines	136–142
a) Die Pariser Verbandsübereinkunft (PVÜ)	138
b) Das Madrider Abkommen über die internationale Registrierung von Marken	139
c) Revidiertes Abkommen von Nizza über die Internationale Klassifikation von Waren und Dienstleistungen für die Eintragung von Marken vom 15.6.1957 (Nizza Klassifizierung)	140
d) Das TRIPS Abkommen (1994)	141
e) Markenrechtsvertrag/Trademark Law Treaty (TLT)	142
2. EU-Gemeinschaftsmarke	143–145

Schrifttum: Urheberrecht: *Auer-Reinsdorff/Brandenburg,* Urheberrecht und Multimedia – eine praxisorientierte Einführung, 2003; *Kucsko,* Systematischer Kommentar zum Urheberrechtsgesetz, 2008; *Loewenheim,* Handbuch des Urheberrechts, 2007; *ders.,* Handbuch des Urheberrechts, 2003; *Möhring/Nicolini,* UrhG, 2. Aufl. 2000; *Ofner,* Die Rom II-Verordnung – Neues Internationales Privatrecht für außervertragliche Schuldverhältnisse in der Europäischen Union, ZfRV 2008, 13; *Schack,* Internationales Urheber-, Marken- und Wettbewerbsverletzungen im Internet, MMR 2000, 59; *Schricker,* Urheberrecht, 4. Aufl. 2010; *Wandtke,* Urheberrecht, 2012; *Wandtke/Bullinger,* UrhG 2003; *Wille,* Gewerblicher Rechtsschutz und Urheberrecht – Internationaler Teil (Zeitschrift), 2008.

Domainrecht: *Bettinger,* Handbuch des Domainrechts, München 2008; *ders.,* Alternative Streitbeilegung für „.eu", WRP 2006, 548; *Eichelberger,* Das Verhältnis von alternativen Streitbeilegungsverfahren zum Zivilprozess bei Streitigkeiten über .eu-Domains, K&R 2008, 410; *Geimer,* Internationales Zivilprozessrecht, 6. Auflage 2009; *Goldberg,* Anmerkungen zum Urteil des OLG Düsseldorf „lastminute.eu", MMR 2008, 107; *Ingerl/Rohnke,* Markengesetz, 3. Auflage 2010; *Kipping,* Das Recht der .eu-Domains, Diss. 2008; *Jaeger-Lenz,* Die Einführung der .eu-Domains – Rechtliche Rahmenbedingungen für Registrierung und Streitigkeiten, WRP 2005, 1234; *Johannes*, Markenpiraterie im Internet – Kennzeichenrecht im Spannungsfeld zwischen Territorialität und grenzenlosem Internet, GRUR Int. 2004, 928; *Lindacher*, Internationales Wettbewerbsverfahrensrecht, 2009; *Müller*, „.eu"-Domains: Erkenntnisse aus dem ersten Jahr Spruchpraxis, GRUR Int. 2007, 990; *Pellens/Peitsch*, Anm. zu LG Hamburg, GRUR Int 2003, 163 ff. – hotel-maritime.dk, GRUR Int 2002, 165; *Pothmann/Guhn*, Erste Analyse der Rechtsprechung zu .eu-Domains in ADR-Verfahren; K&R 2007, 69; *Schack*, Internationales Zivilverfahrensrecht, 3. Auflage 2002; *Schafft*, Streitigkeiten über „.eu-Domains", GRUR 2004, 986; *Teplitzky*, Wettbewerbsrechtliche Ansprüche und Verfahren, 10. Auflage 2011.

I. Internationale Bezüge des deutschen Urheberrechts

1. Allgemeines

Die Bedeutung der Kommunikation und des Datenaustauschs über das Internet nimmt ständig zu. Laut Statistik nutzen das Internet aktuell 42,4 % der Weltbevölkerung.[1] Gegenüber Sommer 2011 ist dies ein Anstieg um 12,4 Prozentpunkte. Die zunehmende Verwendung führt nicht nur zur Erleichterung des weltweiten Informations- und Datenaustauschs, sondern erhöht auch die Anzahl der Urheberrechtsverletzungen, etwa den Austausch illegaler Musik- oder Videodateien, die verletzende Verwendung von Comic-Charakteren als Facebook-Profilbilder[2] oder – moderner – die Zur-Verfügung-Stellung raubkopierter Apps.[3] 1

Aufgrund des grenzüberschreitenden Charakters der Datenströme sowie vor allem auch ihrer technischen Besonderheiten erweist sich die Rechtsdurchsetzung angesichts zahlreicher berührter und unterschiedlicher nationaler Rechtsordnungen als schwierig. Im Gegensatz etwa zu Filmrollen sind digitalisierte Filme, Bilddateien und Softwarefiles körperlos, immateriell im engeren Sinne. Zwar ist Urheberrecht traditionell eine jener Rechtsmaterien, die seit langem internationalen Harmonisierungsbestrebungen unterliegt. Die technischen Möglichkeiten des elektronischen Datenaustauschs erfordern allerdings verstärkt entsprechende Anstrengungen. Während die Etablierung von urheberrechtlichen internationalen Mindestschutzstandards im Wesentlichen durch völkerrechtliche Verträge erfolgt, ist die Europäische Union einen Schritt weiter gegangen, indem sie Teile der nationalen Urheberrechtsordnungen der EU- bzw. EWR-Mitgliedstaaten zur Absicherung des freien, Grenzen überschreitenden Waren- und Dienstleistungsverkehrs durch Richtlinien harmonisiert und mittels direkt in allen Mitgliedstaaten anwendbarer Verordnungen auch vereinheitlicht hat. Diesen schrittweisen Prozess verstärkt bzw. sichert die Rechtsprechung des EuGH zum nationalen Urheberrecht.[4] In der EU bestehen im Bereich des Urheberrechts und der verwandten Schutzrechte zwölf Richtlinien, welche die Mitgliedstaaten bereits umzusetzen hatten. Gemeinsam mit den existierenden völkerrechtlichen Verträgen ist der internationale Einfluss auf nationale Urheberrechtsordnungen, so auch der deutschen, bedeutend. 2

Ausgangsfrage der Beurteilung grenzüberschreitender Urheberrechtsverletzungen ist jene nach dem anwendbaren Recht. Erst in einem zweiten Schritt lässt sich beurteilen, ob der Urheber bzw. Inhaber der urheberrechtlichen Verwertungsrechte nach dem anzuwendenden nationalen Recht überhaupt Schutz genießt und ein Eingriff in schutzwürdige Rechte vorliegt. Daneben stellt sich die Frage nach der vertraglichen Gestaltung bei der Einräumung von Nutzungs- und Verwertungsrechten an urheberrechtlich geschützten Inhalten bzw. einer Vollrechtsübertragung wie sie teilweise nach ausländischen Rechtsordnungen auch vorgesehen ist. 3

---

[1] http://www.internetworldstats.com/stats.htm, 28.8.2015.
[2] Vgl. im Jahr 2010 *Lerg*, Abmahnung für Comic-Bildchen?, http://www.t-online.de/computer/internet/facebook/id_43504340/facebook-droht-fuer-comic-profilbilder-eine-abmahnung-.html, 28.8.2015; aktuell *Grauvogl*, Vorsicht! Disney-Trend auf Facebook gefährlich, http://www.merkur-online.de/multimedia/facebook-trend-disney-charaktere-urheberrechtsverletzung-meta-3506335.html, 28.8.2015.
[3] *Tsai*, Pirated App Stores on iOS?, blog.trendmicro.com/trendlabs-security-intelligence/pirated-app-stores-on-ios/, 28.8.2015.
[4] *Kucsko/Gamerith* Vor § 1 S. 1, Die aktuellen Ankündigungen der Europäischen Kommission zum digitalen Binnenmarkt stellen weitere Reformen und Harmonisierungsbestrebungen nicht nur beim grenzüberschreitenden Warenverkehr mit digitalen Gütern in Aussicht, sondern auch im Urheberrecht selbst.

2. Internationales Urheberrecht

4   Ausgehend von der 1886 geschlossenen Berner Übereinkunft zum Schutze von Werken der Literatur und Kunst, die am 5.12.1887 zunächst in acht Staaten in Kraft getreten ist und heute 168 Mitglieder aufweist,[5] hat die nahezu globale Einführung von Mindestschutzstandards und deren stets fortschreitende Erweiterung in zahlreichen völkerrechtlichen Abkommen die Verwertung urheberrechtlich geschützter Werke im großen Stil (etwa Holly- und mittlerweile auch Bollywoodfilme, Musik und [Welt-]Literatur) ermöglicht. Sie sind wichtige Quellen für die Weiterentwicklung des nationalen Urheberrechts. Die bedeutendsten davon sind:
- die Revidierte Berner Übereinkunft zum Schutz von Werken der Literatur und Kunst von 1886 (RBÜ);
- das Rom-Abkommen über den Schutz der ausübenden Künstler, Hersteller von Tonträgern und der Sendeunternehmungen von 1961 (Rom-Abkommen);
- das Übereinkommen über handelsbezogenen Aspekte der Rechte am geistigen Eigentums (TRIPS-Abkommen) von 1993;
- der Welturheberrechtsvertrag (WCT) im Rahmen der WIPO (Weltorganisation für Geistiges Eigentum) von 1996;
- der Vertrag über Darbietungen und Tonträger (WPPT) von 1996: und als neuester Zugang
- der noch nicht in Kraft getretene Vertrag von Peking zu audiovisuellen Darbietungen.[6]

5   All diese Verträge sind voneinander unabhängig, sind von jeweils unterschiedlichen, daher nicht deckungsgleichen Vertragsstaaten unterzeichnet und regeln teilweise selbst ihr Verhältnis zu anderen Abkommen. Die Anwendbarkeit dieser Staatsverträge wird in § 121 Abs. 4 UrhG ausdrücklich bestimmt. Die nachfolgende Darstellung beschränkt sich auf die bedeutendsten Verträge.

6   **a) Revidierte Berner Übereinkunft (RBÜ).** Die am 9.9.1886 in Bern abgeschlossene Berner Übereinkunft, welche bis heute fünf Revisionen erfahren hat und heute in der 1979 adaptierten Fassung von Paris 1971 gilt,[7] ist nach wie vor der bedeutendste einschlägige völkerrechtliche Vertrag. Deutschland ist der RBÜ bereits 1887 beigetreten. Die derzeit 168 Mitgliedstaaten bilden einen Verband zum Schutz der Rechte der Urheber. Das auch von der Europäischen Union unterzeichnete TRIPS-Abkommen hat die RBÜ massiv aufgewertet, weil dessen Art. 2 Z 1 normiert, dass auch die Mitgliedstaaten der Welthandelsorganisation (WTO) die Artikel 1 bis 21 RBÜ und deren Anhang zu befolgen haben. Damit erfährt die RBÜ eine Erstreckung auch auf Staaten, die wie die EU, nicht Vertragsstaaten der RBÜ selbst sind. Insgesamt hat die RBÜ nach Beitritt der USA 1989 an Bedeutung gewonnen und dient als Abkommen, auf dessen Definitionen aus neueren Abkommen zur Vereinheitlichung Bezug genommen wird.

7   *aa) Der Anwendungsbereich.* Art. 1 RBÜ schützt Werke der Literatur und Kunst. Darüber hinaus sind alle Erzeugnisse auf den Gebieten der Literatur, Wissenschaft und Kunst geschützt. Obwohl die Aufzählung der geschützten Werke nicht abschließend ist, war lange Zeit umstritten, ob sich der Anwendungsbereich auch auf Computerprogramme erstreckt. Erst der World Copyright Treaty (WCT) stellt für dessen Unterzeichnerstaaten als ein Sonderabkommen iSd Art. 20 RBÜ klar, dass Computerprogramme als Werke der Literatur iSd Art. 2 RBÜ gelten.[8] Darüber hinaus sind unter bestimmten Voraussetzungen gemäß Art. 5 WCT auch Sammlungen von Daten und anderem Material geschützt. Eine vergleichbare Bestimmung findet sich auch im TRIPS-Abkommen, so dass sich diese Klarstellung auch im Verhältnis zu Staaten auswirkt, welche dem TRIPS beigetreten sind, aber den WCT nicht

---

[5] http://www.wipo.int/treaties/en/StatsResults.jsp?treaty_id=15&lang=en, 5.12.2014.
[6] Vgl. dazu *von Lewinski*, Ein Happy End nach vielen Anläufen: Der Vertrag von Peking zum Schutz von audiovisuellen Darbietungen, GRUR Int 2013, 12.
[7] Bei der Anwendung der RBÜ ist jeweils zu prüfen, welche der Fassungen für die am Sachverhalt beteiligten Staaten gilt.
[8] Art. 4 WCT.

I. Internationale Bezüge des deutschen Urheberrechts

unterzeichneten.[9] Auf Leistungsschutzrechte findet die RBÜ keine Anwendung.[10] Der persönliche Anwendungsbereich erstreckt sich gemäß Art. 3 und 4 RBÜ nicht nur auf die Staatsangehörigen der einzelnen Verbandsstaaten für ihre veröffentlichten und unveröffentlichten Werke, sondern auch auf jene, die ihren gewöhnlichen Aufenthalt in einem **Verbandsland** oder das Werk in einem solchen erstmals veröffentlicht haben.

bb) Grundsatz der Inländerbehandlung. Danach sind Ausländer, die Staatsangehörige eines Verbandsstaates sind, ihren gewöhnlichen Aufenthalt in einem solchen haben oder deren Erstveröffentlichung in einem Verbandsland erfolgt ist, mit einem Inländer gleichgestellt. Demnach genießen etwa auch Werke eines senegalesischen Künstlers Schutz in Deutschland. Die Gleichstellung der Ausländer mit Inländern in der RBÜ erstreckt sich auch auf die Verfahrensvorschriften. Demnach darf zB in einem Urheberrechtsprozess, an dem ein Senegalese beteiligt ist, diesem keine Verpflichtung zur Leistung einer Prozesskostensicherheit auferlegt werden.[11]

Eine Ausnahme vom Grundsatz der Inländergleichbehandlung ist der sogenannte **Schutzfristenvergleich** gemäß Art. 7 Abs. 8 RBÜ. Demnach steht es den Verbandsländern frei, den Werken aus anderen Verbandsländern nur jene Schutzdauer zu gewähren, die im Ursprungsland gewährt wird. Das deutsche Bundesverfassungsgericht beurteilt den Schutzfristenvergleich als eine gezielte Benachteiligung Angehöriger „unentschlossener" Staaten, um diese dazu zu motivieren, internationalen Verträgen beizutreten.[12] Auch die Gewährung einer längeren als der in Art. 7 RBÜ normierten Schutzdauer von 50 Jahren nach dem Tod des Urhebers ist zulässig.[13] Eine grundlegende Änderung im Hinblick auf den gemäß RBÜ zulässigen Schutzfristenvergleich brachte die **Phil-Collins-Entscheidung** des EuGH zur damaligen Fassung des § 120 UrhG aF. Er stellt darin klar, dass der Schutzfristenvergleich im Verhältnis zu Angehörigen der Mitgliedstaaten der EU nicht mehr durchgeführt werden darf, auch wenn es sich wie im entschiedenen Fall um eine Rechtsverletzungshandlung außerhalb der EU handelt, gegen die Rechtsschutz in der EU nachgesucht wird, wodurch Art. 7 Abs. 8 RBÜ innerhalb der EU obsolet ist.[14] Auch in Deutschland sind alle letztinstanzlichen Gerichte an diese Auslegung des Gemeinschaftsrechts gebunden.[15] Mit der Änderung des § 120 Abs. 1 Nr. 2 UrhG seit dem 30.6.1995 ist diese Problematik für EU- und EWR-Ausländer entfallen.

cc) Mindestschutzrechte. Die RBÜ enthält eine Vielzahl von Mindestrechten, auf die sich Ausländer jedenfalls berufen können, selbst wenn sie Inländern im jeweiligen Land nicht gewährt werden. Das betrifft das Vervielfältigungs-, das Bearbeitungs-, das Übersetzungsrecht, das Aufführungs- und Vortragsrecht sowie das Sende-, Verfilm- und das Urheberpersönlichkeitsrecht. Diese Rechte sind in allen Verbandsländern auf Ausländer unmittelbar anwendbar und somit auch einklagbar. Inländerdiskriminierung ist somit nach den Grundsätzen der RBÜ möglich. Da jedoch die meisten Verbandsländer eine Benachteiligung eigener Urheber vermeiden wollen, weil Politik fast überall auf der Welt vergleichbaren Mustern folgt, haben die Mindestschutzrechte harmonisierende Wirkung.

b) TRIPS-Übereinkommen. Das TRIPS-Abkommen baut auf die Schutzstandards der RBÜ auf und erweitert den Grundsatz der Mindestrechte um das Meistbegünstigungsprinzip. Man spricht daher auch von einem Bern-Plus-Ansatz.[16] Das **Meistbegünstigungsprinzip** besagt, dass Handelsvorteile, die einem Vertragspartner des TRIPS-Abkommens gewährt werden, im Zuge der Gleichberechtigung allen anderen Vertragspartnern ebenfalls zu gewähren sind. Die darüber hinaus wichtigste Neuerung im Bereich des Urheberrechts ist, dass das Abkommen klar stellt, dass unter den Mitgliedern der Welthandelsorganisation

---

[9] Art. 10 TRIPS.
[10] öOGH Urt. v. 17.12.1991 – 4 Ob 3/92, GRURInt 1992, 677.
[11] öOGH Urt. v. 18.5.1999 – 4 Ob 130/99t, GRURInt 2000, 447.
[12] BVerfG Urt. v. 23.1.1990 – 1 BvR 306/86, BVerfGE 81, 208.
[13] Art. 7 Abs. 6 RBÜ.
[14] EuGH Urt. v. 20.10.93 – C-92/92, GRUR 1994, 280.
[15] BGH Urt. v. 16.6.1994 – I ZR 24/92, GRURInt 1994, 794.
[16] Loewenheim/*Lewinski* § 1 Rn. 20.

Computerprogramme als Werke der Literatur iSd RBÜ zu schützen sind. Nach dem TRIPS-Abkommen genießen auch Sammlungen von Daten urheberrechtlichen Schutz.

12 Der EuGH verneint zwar die unmittelbare Anwendbarkeit dieses Übereinkommens,[17] lässt aber den Mitgliedstaaten die Möglichkeit, zu regeln, dass sich die Gerichte an die Vorschriften halten müssen.

13 c) **Welturheberrechtsabkommen (WUA) von 1952.** Bis zum Beitritt der USA in 1989 zur RBÜ war das WUA in Beziehung auf die USA ausschlaggebend. Hierunter sind Werke der Literatur, Wissenschaft und Kunst geschützt, ohne dass erhöhte Anforderungen an den Grad der Schöpfungshöhe gestellt würden. Das WUA postuliert ebenfalls den Grundsatz der Inländergleichbehandlung mit Ausnahme der Mindestschutzfrist von 25 Jahren post mortem auctoris. Ferner finden sich **Mindestrechte**, nämlich das Vervielfältigungs-, Aufführungs- und Senderecht, wobei hieraus dem Einzelnen keine Rechte erwachsen, sondern für die Unterzeichnerstaaten die Verpflichtung besteht, diese Rechte zu schaffen.

14 Das WUA hat das © Zeichen eingeführt, dh unter Verwendung des Copyright-Zeichens unter Angabe des/der Namen/s des/der Urhebers und dem Jahr des Erschaffens fallen im Anwendungsbereich die ggf. für Inländer geltenden Formalitäten und Registrierungspflichten zur Erlangung des Urheberschutzes weg. Die Verwendung des © hat international an Bedeutung durch den weitreichenden Beitritt von Ländern zur RBÜ, die ein solches Erfordernis nicht kennt verloren, aber trotzdem hat sich die Verwendung des ©-Zeichens auch national etabliert. Es entfaltet so auch Wirkung bei den nach § 10 UrhG gepflegten Usancen zur Kennzeichnung der Werkstücke und der damit verbundenen Vermutung für die Rechtsinhaberschaft.

15 d) **WIPO-World Copyright Treaty (WCT) von 1996.** Der WCT hatte in Vergleich zum nationalen deutschen Recht insbesondere dahingehend Bedeutung, dass hier bereits Computerprogramme (Artikel 4 WCT) und Datenbanken (Artikel 5 WCT) in den Schutzbereich einbezogen, sowie das für das Internet relevante neue Recht der öffentlichen Zugänglichmachung (Artikel 8 WCT) und ein spezifisches Vermietrecht an Computerprogrammen (Artikel 7 WCT) geschaffen wurden. Auch dieses Abkommen beruht auf dem Grundsatz der Inländergleichbehandlung.

16 **Checkliste: Prüfungsfolge Internationales Urheberrecht**

- ☐ Für welches Land begehrt der Urheber Schutz (unabhängig davon wo er geklagt hat und ob die internationale Zuständigkeit am angerufenen Gericht gegeben ist)?
  Beachte: Die ROM II-VO und damit das Schutzlandprinzip wenden alle EU-Mitgliedstaaten mit universaler Wirkung im Wege der Interessenabwägung zugunsten des Urhebers an.
- ☐ Bei Anwendbarkeit deutschen Rechts ergeben sich die Rechte des ausländischen Urhebers nach §§ 120 ff. UrhG für EU- und EWR-Ausländer wie für deutsche Staatsangehörige, für andere Ausländer nur dann wenn die Veröffentlichung außerhalb Deutschlands nicht mehr als 30 Tage vor der hiesigen Veröffentlichung zurück liegt.
- ☐ Das deutsche nationale Recht wird ergänzt durch harmonisiertes EU-Recht sowie die internationalen Abkommen soweit dort gewährte Mindestrechte nicht in deutsches Recht umgesetzt sein sollten.
- ☐ Das anderweitige nationale Recht wird bei außerhalb der EU liegenden Staaten ebenso um die jeweils ratifizierten internationalen Abkommen ergänzt.

3. Gemeinschaftsrecht

17 Viel mehr als die völkerrechtlichen Abkommen haben innerhalb der EU gemeinschaftsrechtliche Rechtsakte, die von den Mitgliedstaaten umzusetzenden Richtlinien, sowie vor allem auch die Rechtsprechung des EuGH zu außervertraglichen Schuldverhältnissen also

---

[17] EuGH Urt. v. 14.12.2000 – C-300/98, GRURInt 2001, 327.

beispielsweise zum Deliktsrecht Einfluss auf das nationale Urheberrecht. Da es sich bei den Umsetzungsakten um nationales Recht handelt,[18] beschränken sich die folgenden Ausführungen auf unmittelbar anwendbares Gemeinschaftsrecht.

a) ROM II-Verordnung. *aa) Allgemeines.* Lange Zeit gab es kein umfassendes europäisches Kollisionsrecht. Erst am 11.7.2007 haben das Europäische Parlament und der Rat die Verordnung (EG) Nr. 864/2007 über das auf **außervertragliche Schuldverhältnisse** anzuwendende Recht (**Rom II**)[19] erlassen. Diese ist mit Ausnahme Dänemarks in den Mitgliedstaaten unmittelbar anwendbar und daher ein einheitlicher Rahmen im Hinblick auf das davor nur spärlich vereinheitlichte Internationale Kollisionsrecht für fast die gesamte EU.[20] Am 11.1.2009 ist Rom II in Kraft getreten. Im Kernbereich enthält die Verordnung allgemeine Kollisionsnormen für außervertragliche Schadenersatzansprüche, und betrifft damit auch solche aufgrund von Urheberrechtsverletzungen. Darüber hinaus enthält sie Spezialregeln für das IPR der Produkthaftung, des unlauteren Wettbewerbs und Wettbewerbsbeschränkungen, der Umweltdelikte, des Immaterialgüterschutzes und der Arbeitskämpfe.

bb) Verhältnis zu anderen Vorschriften des Gemeinschaftsrechts. Gemäß Art. 27 ROM II haben spezielle Vorschriften des Gemeinschaftsrechts, die für besondere Gegenstände Kollisionsnormen für außervertragliche Schuldverhältnisse enthalten, Vorrang gegenüber ROM II. Dies sind im Urheberrecht insbesondere die folgenden **Grundgedanken des harmonisierten Rechts:**
- Erschöpfungsgrundsatz
- Diskriminierungsverbot
- Herkunftslandprinzip

Besondere Bedeutung hat dabei die europaweite Erschöpfung nach Art. 28 und 30 EG-Vertrag, wonach sich mit Inverkehrbringen einer Ware in einem anderen Staat der EG oder des EWR das Verbreitungsrecht auch im Inland erschöpft, wenn das Inverkehrbringen durch den Rechtsinhaber selbst oder mit dessen Zustimmung erfolgt (siehe § 17 Abs. 2 UrhG, § 69c Nr. 3 UrhG und § 24 Abs. 1 MarkenG (vgl. aber auch §§ 9, 9a PatG).

cc) Verhältnis zu internationalen Übereinkommen. Art. 28 ROM II regelt das Verhältnis zu bereits bestehenden internationalen Übereinkommen. Demnach haben internationale Übereinkommen, denen ein oder mehrere Mitgliedstaaten zum Zeitpunkt der Annahme dieser Verordnung angehören und die Kollisionsnormen für außervertragliche Schuldverhältnisse enthalten, Vorrang gegenüber der ROM II-Verordnung. In Abs. 2 wird diese **Vorrangregel** dadurch beschränkt, wonach sie dann nicht gilt, wenn ausschließlich Mitgliedstaaten der Europäischen Union an einem solchen völkerrechtlichen Vertrag beteiligt sind.

dd) Kollisionsnormen. Die allgemeine Kollisionsnorm für unerlaubte Handlungen findet sich in Art. 4 Abs. 1 ROM II, die zum einen Grundsatz- und zum anderen Auffangregel ist. Sie kommt immer dann zur Anwendung, wenn es keine Sonderanknüpfung gibt. Demnach stellt die Verordnung grundsätzlich auf den Ort als **Anknüpfungspunkt** ab, an dem der Schaden eingetreten ist. Unabhängig in welchem Staat die Handlung begangen wurde, kommt somit jenes Recht zur Anwendung, an dem der Erfolg eingetreten ist.

Für das Immaterialgüterrecht sieht die Verordnung in Art. 8 ROM II jedoch eine spezielle Regelung vor. Danach sind Verletzungen von Rechten des geistigen Eigentums grundsätzlich nach dem Recht jenes Staates zu beurteilen, in dem der Schutz beansprucht wird (**lex loci protectionis**). Gleich wie im nationalen Kollisionsrecht stellt daher die Verordnung auf das **Schutzlandprinzip** ab und bringt grundsätzlich das dortige nationale Recht zur Anwendung.[21] Betrifft die Verletzung jedoch Rechte des geistigen Eigentums, die gemeinschaftsweit einheitlich geregelt sind, ist das einschlägige Gemeinschaftsrecht anzuwenden, soweit dieses unmittelbar gilt oder die nationale Umsetzung abweicht.[22] Eine Vereinbarung über das

---

[18] → §§ 5, 6.
[19] Verordnung (EG) Nr. 864/2007 des Europäischen Parlaments und des Rates vom 11.7.2007, ABl. 2007 L 199/40.
[20] *Ofner* ZfRV 2008, 13.
[21] Auf dessen Bedeutung und Problematik geht → Rn. 29 ff. näher ein.
[22] Vgl. Art. 8 Abs. 2 ROM II.

anwendbare Recht ist für die Frage der Verletzung der Rechte an geistigem Eigentum nicht möglich, wohl aber im Rahmen der Rechteeinräumung im Anwendungsbereich der ROM I-VO der Einheitstheorie folgend auch für das dingliche Verfügungsgeschäft.[23] Eine Vereinfachung der praktischen Rechtsanwendung bedeutet Art. 24 ROM II. Danach hat der Rechtsanwender im Anwendungsbereich der Verordnung Rück- und Weiterverweisungen in andere Rechtsordnungen nicht mehr zu prüfen, wobei allerdings die in Art. 28 ROM II normierten Vorrangregeln zu beachten sind.

24 **b) Das Diskriminierungsverbot.** Nicht nur die unmittelbar anwendbare Verordnung wirkt sich auf das nationale Recht aus, sondern auch das in Art. 12 EGV normierte Diskriminierungsverbot. Es überlagert sowohl die nationalen fremdenrechtlichen Vorschriften im UrhG als auch die internationalen Abkommen. Das Diskriminierungsverbot ist Grundlage zahlreicher Entscheidungen des EuGH,[24] die unmittelbaren Einfluss auf das nationale Recht genommen haben.

25 So ging es in der bereits erwähnten Phil Collins-Entscheidung[25] darum, dass der britische Sänger in den USA ein Konzert gegeben hatte, das ohne seine Einwilligung mitgeschnitten und in weiterer Folge in Deutschland vervielfältigt und vertrieben wurde. Der Versuch, dagegen vor einem deutschen Gericht eine einstweilige Verfügung zu erwirken, scheiterte zunächst mit Verweis auf die nationalen fremdenrechtlichen Bestimmungen. § 125 UrhG in der damals geltenden Fassung sah nämlich vor, dass Aufnahmen von Konzerten im Ausland nur dann geschützt wurden, wenn der Künstler deutscher Staatsangehöriger war. Darüber hinaus wurde ausländischen Staatsangehörigen nur für ihre Auftritte im Inland Schutz gewährt. Der EuGH sah darin einen Verstoß gegen das Diskriminierungsverbot, weil die nationale Bestimmung deutsche Staatsangehörige gegenüber anderen EU-Staatsangehörigen privilegierte. Auch wenn aufgrund der unmittelbaren Anwendbarkeit von Gemeinschaftsrecht nicht erforderlich, änderte der nationale Gesetzgeber daraufhin die fremdenrechtlichen Bestimmungen ab. Nunmehr genießen daher schon nach dem Gesetzeswortlaut auch EU-Staatsangehörige und Angehörige aus EWR-Vertragsstaaten den Schutz des deutschen UrhG.

26 Art. 12 EGV schützt nicht nur natürliche Personen, sondern ist auch auf juristische Personen anwendbar. Die betreffenden Organisationen müssen nach den Vorschriften eines Mitgliedstaates gegründet sein und ihren satzungsmäßigen Sitz, ihre Hauptverwaltung oder ihre Hauptniederlassung innerhalb der Gemeinschaft haben.[26] Organisationen im Sinne des Art. 48 EGV sind Gesellschaften des bürgerlichen Rechts und des Handelsrechts, einschließlich Genossenschaften und sonstige juristische Personen des öffentlichen und des Privatrechts. Darüber hinaus erstreckt sich das Diskriminierungsverbot auch auf jene Personen, die Rechte von Urhebern und ausübenden Künstler ableiten. Auf die Staatsangehörigkeit dieser Personen kommt es nicht an.[27]

27 **c) Sui-generis-Schutz.** Die EU-Richtlinien zum Schutz von Computerprogrammen und Datenbanken enthalten Regeln zum materiellen Recht, welches zur Anwendung kommt, wenn die Harmonisierungsregelungen nicht hinreichend umgesetzt sind. Allerdings enthält die Datenbank-Richtlinie neben dem einmaligen Schutz der Investition in eine Datenbankerrichtung in Art. 11 einen besonderen Anknüpfungspunkt für das IPR. Da hier anders als bei den in den internationalen Abkommen geschützten Werkkategorien keine geistige schöpferische Leistung sondern die Investition des Herstellers im Sinne des europäischen Binnenmarktes umfasst ist, wird auch an die Niederlassung angeknüpft. Es ist also erforderlich, dass sich die Hauptniederlassung oder alternativ ein Sitz in einem der Staaten der EU befindet. Im letzteren Fall muss aber darüber hinaus ein besonderer Bezug zum betreffenden Wirtschaftraum hergestellt sein. Hierfür reicht ein bloßes Auswirken nicht aus.[28]

---

[23] Art. 8 Abs. 3 ROM II.
[24] EuGH Urt. v. 20.10.1993 – C-92/92 u. C-326/92; EuGH Urt. v. 6.6.2002 – C-360/00; *Metzger* GRUR 2012, 118; *Flechsig* ZUM 2002, 732; *Koch* GRURInt 2013, 1003; *Loewenheim* NJW 1994, 1046.
[25] EuGH Urt. v. 20.10.1993 – verb. Rechtssachen C-92/92 und C-326/92, GRURInt 1994, 53.
[26] Art. 48 EGV.
[27] EuGH Urt. v. 20.10.1993 – verb. Rechtssachen C-92/92 und C-326/92, GRURInt 1994, 53.
[28] Spindler/Schuster/*Wiebe* UrhG § 4 Rn. 1–18; *Kappes* ZEuP 1997, 654; GRURInt 1999, 819; *Leistner* GRUR 2014, 1145.

Beim Investitionsschutz für den Datenbankhersteller geht es anders als hinsichtlich der immateriellen Rechte nicht um das Erreichen eines Mindeststandards, sondern um eine Bevorzugung der Unternehmen mit Sitz und wirtschaftlich wirksamer Betätigung in der EU. Datenbankherstellern aus Drittländern (gemäß Art. 11 Abs. 3 der Richtlinie bzw. § 127a Abs. 3 UrhG) wird Schutz nur dann gewährt, wenn in den entsprechenden Drittländern auch ein vergleichbarer Schutz geschaffen wurde (Reziprozität). Dies widerspricht auch nicht den Regelungen zum Schutz der Datenbanken nach WCT und TRIPS, da dort wiederum nur der Schutz der Datenbank erfolgt, deren Zusammenstellung und Auswertbarkeit auf einem Prinzip gewisser Schöpfungshöhe beruht. 28

4. Nationales Fremden- und Kollisionsrecht

a) **Schutzlandprinzip.** Anders als etwa in Österreich[29] oder in der Schweiz[30] gibt es außerhalb des zeitlichen und inhaltlichen Anwendungsbereiches der ROM II-VO in Deutschland keine ausdrücklich festgeschriebene Kollisionsregel für außervertragliche Schuldverhältnisse. Nach Art. 3 EGBGB haben die unmittelbaren Regelungen der EU und somit die ROM II-VO seit deren Inkrafttreten sowie die Bestimmungen in völkerrechtlichen Vereinbarungen, soweit sie unmittelbar anwendbares innerstaatliches Recht geworden sind, bei der Frage nach dem anwendbaren Recht Vorrang gegenüber dem nationalen Recht. Auch wenn das Kollisionsrecht in Teilbereichen durch Staatsverträge international vereinheitlicht worden ist, handelt es sich um von Staat zu Staat verschiedenes nationales Recht.[31] Wie bereits erwähnt, galt in Deutschland nach herrschender Rechtsprechung[32] auch vor Inkrafttreten der ROM I-VO im Bereich des Immaterialgüterrechts das **Schutzlandprinzip (lex loci protectionis)**. Demnach ist das Recht jenes Staates anwendbar, für dessen Gebiet und nicht in dessen Gebiet iSd Gerichtsstandes Schutz hinsichtlich der Entstehung, der ersten Inhaberschaft, der Übertragbarkeit, dem Inhalt und dem Umfang, der Schutzdauer eines Urheberrechts oder gegen Urheberrechtsverletzungen begehrt wird. So erwirbt beispielsweise ein deutscher Urheber für sein Werk zunächst Urheberrechtsschutz nach dem deutschen Urheberrechtsgesetz im Territorium von Deutschland. Ob das Werk auch Rechtsschutz in Staaten hat, für deren Gebiet Schutz beansprucht wird, richtet sich nach den dortigen nationalen Bestimmungen oder hängt von der Anwendbarkeit internationaler Abkommen in diesen Ländern ab.[33] 29

In Ermangelung einer konkreten Norm wurde das Schutzlandprinzip zumeist auf das Prinzip der Territorialität[34] von Urheberrechten sowie den staatsvertraglich gewährleisteten Grundsatz der Inländergleichbehandlung[35] gestützt.[36] Daneben kommt zum Beispiel nach dem Abkommen nach Montevideo[37] für die dortigen Unterzeichnerstaaten das Universalitätsprinzip zur Anwendung, wonach sich alle urheberrechtlichen Fragestellungen nach dem Recht der Staatsangehörigkeit oder dem Ort der Erstveröffentlichung beantworten. 30

Inhalt des Schutzlandprinzips[38] 31
Das Recht des Schutzlandes ist anzuwenden auf

1. Entstehung eines Urheberrechts
2. Urheberschaft und erste Inhaberschaft
3. Übertragbarkeit
4. Inhalt und Umfangs des Schutzes
5. Schutzdauer

---

[29] §§ 34 und 43 IPRG.
[30] Art. 110 Abs. 1 IPRG.
[31] *Schack* MMR 2000, 59.
[32] Vgl. BGH Urt. v. 17.6.1992 – I ZR 182/90, GRUR 1992, 697; BGH Urt. v. 2.10.1997 – I ZR 88/95, GRURInt 1998, 427; BGH Urt. v. 7.11.2002 – I ZR 175/00, ZUM 2003, 225.
[33] *Auer-Reinsdorff/Brandenburg* Urheberrecht und Multimedia, S. 238.
[34] Kritisch dazu *Schack* MMR 2000, 59.
[35] Vgl. Art. 5 Abs. 2 RBÜ.
[36] *Wille* GRURInt 2008, 389.
[37] Loewenheim/*Lewinski*, Handbuch des Urheberrechts, § 57 Grundlagen Rn. 42–43.
[38] BGH Urt. v. 2.10.1997 – I ZR 88/95, MMR 1998, 35 – Spielbankaffäre.

soweit nicht aufgrund Schutzfristenvergleichs eine kollisionsrechtliche Teilverweisung auf das Recht des Ursprungslandes greift
1. Ansprüche bei Rechtsverletzungen
2. Strafrechtliche Rechtsfolgen

> **Praxistipp:**
> Seit dem 11.1.2009 ergibt sich das Schutzlandprinzip über Artikel 3 Nr. 1a) EGBGBG aus Artikel 6 ROM II-VO, wobei der Anwendungsbereich sich nach Artikel 1 der ROM II-VO auf alle Sachverhalte erstreckt, die eine Verbindung zum Recht verschiedener Staaten aufweisen und zwar unabhängig davon, ob die betreffenden Staaten die ROM II-VO ratifiziert haben. Dabei ist zu berücksichtigen, dass der Anwendungsbereich sich nicht auf die Haftung des Staates für Handlungen oder Unterlassungen im Rahmen der Ausübung hoheitlicher Rechte („acta iure imperii") bezieht.

32 **b) Problematik bei Urheberrechtsverletzungen im Internet.** Die Frage nach dem anwendbaren Recht bleibt bei Urheberrechtsverletzungen im Internet unter Anwendung des Schutzlandprinzips trotzdem schwierig, weil durch die **Ubiquität des Internets** eine eindeutige Zuordnung der Verletzungshandlung zu einem bestimmten Schutzterritorium kaum möglich ist. Die Rechtsgüter, um deren Schutz vor deliktischen Eingriffen es im Internet geht, können nur schwer lokalisiert werden.[39] Nach der früher geltenden Tatortregel gem. Art. 40 Abs. 1 EGBGB kommen die Rechtsordnungen jener Staaten in Betracht, auf deren Territorium die Rechtsverletzung begangen wurde. Tatort ist demzufolge sowohl der Erfolgs- als auch der Handlungsort. Gerade bei Rechtsverletzungen im Internet können diese auseinanderfallen. Man spricht von sogenannten **Distanzdelikten.** Für sie ist typisch, dass die Handlung etwa in Italien gesetzt wurde, der Erfolg jedoch in Deutschland, Österreich, der Schweiz usw. eingetreten ist. Vorweggenommen sei, dass das in Art. 40 EGBGB zum Ausdruck kommende Ubiquitätsprinzip seit Inkrafttreten des ROM II Abkommens aufgegeben wurde. Auf Schadensereignisse nach dem 10.1.2009 ist nur noch Art. 4 I ROM II-VO anzuwenden. Abzustellen ist seitdem auf den **Erfolgsort** des unmittelbaren Schadens bzw. auf den gewöhnlichen Aufenthalt der Parteien (Art. 4 II ROM II-VO).

> **Praxistipp:**
> Die Problematik der Feststellung des Handlungs- bzw. Erfolgsort bei Internetdelikten wird anhand der folgenden praxisrelevanten Beispiele kurz skizziert:
> - Schon beim Vervielfältigen durch Speichern von Daten auf einem Server (dem sog. Upload) ist unklar, welcher Ort als Erfolgsort gilt. So vertritt ein Teil der Lehre die Meinung, dass nur der Ort, wo die Handlung gesetzt wurde, am Standort des Servers liegt.[40] Andere sehen im Handlungsort beim Upload jenen, an dem der Urheberrechtsverletzer physisch anwesend ist, also jener, an dem er die Daten eingibt.[41] Bei vertragskonformer Auslegung des Art. 4 ROM II-VO sind diese Orte möglicherweise auch als Erfolgsort anzusehen, weil bereits hier für den unmittelbaren, direkte Schaden, etwa eine unerlaubte Vervielfältigung eintritt.
> - Beim Zugänglichmachen urheberrechtlich geschützter Daten erweist sich die Bestimmung als noch schwieriger. Auch hier wurde bisher zum Teil die Meinung vertreten, dass der Handlungsort der Standort des Servers sei bzw. der Ort an dem die Daten hochgeladen werden.[42] Dagegen wird aber auch, durchaus nachvollziehbar, die Meinung vertreten, dass es sich beim Zugänglichmachen um ein Erfolgsdelikt handelt, bei welchem neben dem Handlungsort auch der Erfolgsort der Tatort sein kann. Das wäre jener Ort, an dem der Abruf der Dateien erfolgt.[43] Die Abrufbarkeit dieser Dateien wäre jedoch an nahezu jedem Ort denkbar.[44]

---

[39] *Schack* MMR 2000, 59.
[40] Vgl. *Auer-Reinsdorff/Brandenburg* Urheberrecht und Multimedia, S. 239; *Cornils* JZ 1999, 396; *Bechthold* GRUR 1998, 18.
[41] *Sieber* NJW 1999, 2067.
[42] *Auer-Reinsdorff/Brandenburg* Urheberrecht und Multimedia, S. 239; *Cornils* JZ 1999, 396; *Sieber* NJW 1999, 2067.
[43] BGH Urt. v. 12.12.2000 – 1 StR 184/00; *Schwarzenegger* sic! 2001, 240.
[44] *Schack* MMR 2000, 59.

Stellt man zur Ermittlung des neuen Erfolgsorts wegen der Unmittelbarkeit der Schadens- 33
entstehung lediglich auf den vormals ausschlaggebenden Handlungsort ab, ist zunächst zu
klären, wo dieser liegt. Als Handlungsort kann jener Ort in Frage kommen, an dem der Urheberrechtsverletzer die Daten in seinen Rechner eingibt. Schon allein das Lokalisieren dieses Ortes kann große Schwierigkeiten bereiten. Tritt der Täter unter einem Phantasie-Usernamen auf, ist er jedenfalls vorläufig unbekannt. Der Einspeisungsort für die Daten kann praktisch überall auf der Welt liegen. Ein Lösungsvorschlag dafür war, den Standort des Servers als Handlungsort anzunehmen.[45] Der Vorteil läge sicherlich darin, dass nur eine einzige Rechtsordnung zur Anwendung käme. Offensichtlicher Nachteil ist jedoch, dass sich Urheberrechtsverletzer das für sie rechtlich günstigste Land, also jenes mit dem geringstmöglichen Schutzniveau, aussuchen könnten, um dort unsanktioniert ihren Verletzungshandlungen nachzugehen. Praktisch hieße das, ein Urheberrechtsverletzer könnte sanktionslos in Deutschland sein Unwesen treiben, wenn nur der genutzte Server in einem urheberrechtlich gesehen außerhalb eines Mindestschutzniveaus stehenden Staates befindet, der Urheberrechtsverstöße duldet oder in dem die Rechtsverfolgung mangels internationaler Verträge oder aus praktischen Gründen nahezu unmöglich ist.

Stellt man auf den Erfolgsort nach herkömmlichem Verständnis ab, etwa jenen, an dem 34
die Dateien abgerufen werden können, so steht man vor dem Problem, dass dies bei Internethandlungen nahezu jeder Ort auf der Welt sein kann. Das hätte zur Folge, dass sämtliche Rechtsordnungen anwendbar wären. Damit könnte der Verletzte jene Rechtsordnung wählen, die für ihn am vorteilhaftesten wäre, nämlich jene mit dem strengsten Urheberrechtsschutz und den umfangreichsten sowie leicht durchzusetzenden Ansprüchen[46] oder aber den Ort des Anschlusses oder des Aufenthaltes des Verletzers zum Zeitpunkt der Tat. Aufgrund einer Interessensabwägung zugunsten des Schutzrechtsinhabers verdient aber dennoch die Anknüpfung an den Erfolgsort den Vorzug gegenüber dem Handlungsort.

Beispiel:
Ein Beispiel aus der Praxis soll das Problem außerhalb des Anwendungsbereichs der ROM II-VO veranschaulichen: Ein Internet-Nutzer bietet unter einem Pseudonym gecrackte und modifizierte Versionen einer von einem deutschen Unternehmen entwickelten Software an. Weder der Aufenthaltsort noch die Staatsangehörigkeit des Verletzers noch der Standort des Servers sind bekannt. Ein Handlungsort ist daher nicht lokalisierbar. Einziger Anknüpfungspunkt ist der Standort des Providers, der den Speicherplatz für die Raubkopien zur Verfügung stellte. Dieser befindet sich in der Schweiz. Das Verhalten des Nutzers ist sowohl in Deutschland als auch der Schweiz ein Straftatbestand. Um den Täter auszuforschen und in weiterer Folge seine Rechte geltend zu machen, erstattet der Geschädigte Anzeige in der Schweiz. Er stützt sich dabei auf das Territorialitätsprinzip. Das Schweizer Strafgesetzbuch stellt für die Anwendbarkeit des schweizerischen Strafrechts nicht nur auf den Handlungs-, sondern auch auf den Erfolgsort ab.[47]

Demnach legt das Schutzlandprinzip zwar allgemein fest, welches Recht zur Anwendung 35
kommt. Die praktischen Probleme ergeben sich jedoch erst, wenn man versucht, den Tatort bei Urheberrechtsverletzungen im Internet zu ermitteln. Dazu gesellt sich die Relevanz der Frage, ob es sich bei dem Eingriff um ein schlichtes Tätigkeitsdelikt, das mit der Handlung abgeschlossen ist, oder um ein Erfolgsdelikt, welches den Eintritt eines bestimmten Erfolgs fordert, handelt. Einen Nachweis, dass der Handlungsort in der Schweiz liegt, kann der Geschädigte nicht erbringen und argumentiert daher dahingehend, dass das Zugänglichmachen von Raubkopien jedenfalls ein Erfolgsdelikt ist und der Erfolg – nämlich das Anbieten zum Download der Raubkopien, jedenfalls auch – neben zahlreichen anderen Ländern – in der Schweiz eingetreten ist. Die Schweizer Strafverfolgungsbehörden erklären sich jedoch für unzuständig, weil der Handlungsort nicht in der Schweiz liege. Stellt man somit lediglich auf den Handlungsort ab und beurteilt die Urheberrechtsverletzungen als reine Handlungsdelikte, bei denen es keinen Erfolgseintritt gibt, und ist der Handlungsort nicht lokalisierbar, so wäre es für den in seinen Rechten Verletzten unmöglich, einen Nachweis für die An-

---

[45] *Bechthold* GRUR 1998, 18; *Auer-Reinsdorff/Brandenburg* Urheberrecht und Multimedia, S. 238.
[46] *Schack* MMR 2000, 59.
[47] Art. 8 SchwStGB.

wendbarkeit einer nationalen Rechtsordnung zu erbringen, wenn ihm der Verletzer nicht bekannt ist.

36 Eine Lösung des Problems wird teilweise im **Ursprungslandprinzip** erblickt. Demnach solle das anwendbare Recht bis zur ersten Veröffentlichung von der Staatsangehörigkeit und danach vom Ort der ersten Veröffentlichung abhängig gemacht werden. Einen Vorteil würde dieses Prinzip jedenfalls im Hinblick auf die Urheberrechtsverletzungen im Internet mit sich bringen. Das Problem, dass unzählige Rechtsordnungen zur Anwendung kommen würden, gäbe es dann jedenfalls nicht mehr. Das dahinter stehende Universalitätsprinzip steht aber im Widerspruch zu den Grundgedanken der internationalen Abkommen zur Etablierung von Mindestschutzstandards und nach Inkrafttreten der ROM II-VO in unmittelbarem Widerspruch zu der in der EU anwendbaren Kollisionsregel nach dem Schutzlandprinzip.

37 **c) Fremdenrechtliche Behandlung nach dem UrhG.** Erst wenn das Kollisionsrecht zum Ergebnis kommt, dass deutsches Recht zur Anwendung kommt, ist in einem weiteren Schritt nach den jeweiligen Regeln im UrhG zu bestimmen, ob ein Schutzrecht nach Maßgabe des UrhG gewährt wird. Man muss daher zuerst anhand des Tatorts bestimmen, welches nationale Recht zur Anwendung kommt, um im Anschluss daran zu überprüfen, ob dieses überhaupt ein entsprechendes Urheberrecht gewährt und die Eingriffshandlung verbietet. Diese nationalen Bestimmungen finden sich in den §§ 120 ff. UrhG, die den Anwendungsbereich des UrhG regeln. Gemäß § 120 UrhG genießen deutsche Staatsangehörige den urheberrechtlichen Schutz für alle ihre Werke, unabhängig davon, ob und wann die Werke erschienen sind. Wurde ein Werk von mehreren Urhebern geschaffen, genügt es, wenn einer davon deutscher Staatsangehöriger ist.[48] Den Staatsangehörigen gleichgestellt sind Deutsche im Sinne des Art. 116 GG und Staatsangehörige eines Mitgliedstaates der Europäischen Union oder eines anderen Vertragsstaates des EWR-Abkommens.[49] Erschafft daher ein Deutscher während seines Urlaubs in Australien ein urheberrechtlich geschütztes Werk, so ist es in Deutschland nach deutschem Recht geschützt. Dasselbe gilt, wenn es von einem EU-Angehörigen geschaffen wird. Dieselben Prinzipien gelten für die verwandten Schutzrechte.[50]

38 § 121 UrhG regelt den Schutz ausländischer Staatsangehöriger. Das sind Staatsangehörige aus Drittstaaten. Diesen sind wiederum Staatenlose und ausländische Flüchtlinge gleichgestellt.[51] § 121 UrhG legt fest, unter welchen Bedingungen diese Personen keinen deutschen Urheberrechtsschutz genießen. Im Umkehrschluss besteht Urheberrechtsschutz nach nationalem Recht dann, wenn ein Werk im Original oder in Übersetzung erstmals oder innerhalb von **30 Tagen nach dem Erscheinen** im Ausland in Deutschland erschienen[52] ist. In diesem Fall richtet sich der urheberrechtliche Schutz gemäß § 121 Abs. 4 UrhG nach dem Inhalt der für Deutschland verbindlichen internationalen Abkommen. Hierbei kommt dem TRIPS-Abkommen besondere Bedeutung zu, welches den Grundsatz der Inländergleichbehandlung festlegt. Eine fremdenrechtliche Diskriminierung soll § 121 Abs. 6 UrhG verhindern, auch wenn die Voraussetzungen des Abs. 1 nicht gegeben sind.

5. Vertragsstatut und Verfügungsgeschäft

39 Die Frage des anwendbaren Rechts stellt sich ja gerade nicht nur im Verletzungsfall, sondern auch bei der Gestaltung von Verträgen. Für schuldrechtliche Verträge ist zunächst die ROM I-VO einschlägig, die neben den Möglichkeiten der Rechtswahl, Katalogvertragstypen sowie weitere Anknüpfungspunkte für die Bestimmung des anwendbaren Rechts mangels Rechtswahl[53] vorsieht. Nach der sog. Einheitstheorie[54] folgt das Verfügungsgeschäft dem für den Vertrag gewählten oder bestimmten Recht, lediglich Art und Umfang der Rechtein-

---

[48] § 120 Abs. 1 Satz 2 UrhG.
[49] Loewenheim/*Katzenberger* § 57 Rn. 124.
[50] §§ 125 ff. UrhG.
[51] §§ 122 f. UrhG.
[52] Vgl. § 6 Abs. 2 UrhG.
[53] → § 23.
[54] Wandtke/*Dietz*, Urheberrecht, S. 447 f.

räumung an den urheberrechtlich geschützten Inhalten, Programmen, Datenbanken und sonstigen Werken sind nach dem Schutzlandprinzip zu bestimmen.

> **Praxistipp:**
>
> Das Vertragsstatut wird aber durch zwingende Regelungen des nationalen Rechts durchbrochen:
> – gemäß § 32b UrhG die Bestimmungen über die angemessene Vergütung des Urhebers;
> – gemäß den Regelungen in §§ 32 und 32a UrhG über die angemessene und die weitere Beteiligung des Urhebers;
> – durch die Zweckübertragungstheorie gemäß § 31 Abs. 5 UrhG;
> – durch die Regelungen der §§ 40 bis 42 UrhG über künftige Werke und Rückrufrechte.

Die sonst im Internationalen Privatrecht zur Anwendung kommende Spaltungstheorie wird für Verträge über Schutzgegenstände nach dem Urheberrecht kaum vertreten. Hiernach würde das Verfügungsgeschäft insgesamt nach dem nach dem Schutzlandprinzip anwendbaren Recht beurteilt, so dass dies vollständig vom auf das vertragliche Schuldverhältnis anwendbare oder des für dieses gewählten Rechts getrennt beurteilt wird.

6. Die internationale Zuständigkeit deutscher Gerichte

Das ROM I-Abkommen verdrängt Vorschriften des EGBGB zu vertraglichen Schuldverhältnissen, das ROM II-Abkommen regelt das anwendbare materielle Recht im Hinblick auf außervertragliche Schuldverhältnisse. In der **EuGVVO** hingegen wird das anwendbare Verfahrensrecht bestimmt.[55] Die EuGVVO hat am 1.3.2002 die frühere EuGVÜ abgelöst. Die internationale Zuständigkeit innerhalb der EU ergibt sich aus Art. 5 Nr. 3 EuGVVO bzw. für Dänemark,[56] das sich als einziges Land nicht der EuGVVO unterworfen hat, aus Art. 5 Nr. 3 EuGVÜ. Demnach kann jede Person, die ihren Wohnsitz im Hoheitsgebiet eines Vertragsstaates hat, in einem anderen Vertragsstaat vor dem Gericht des Ortes verklagt werden, an dem das schädigende Ereignis eingetreten ist. In Deutschland richtet sich die internationale Zuständigkeit insbesondere nach § 32 ZPO, wobei aber die Bestimmungen der EU vorrangig sind. Bei der Beurteilung, ob ein inländisches Gericht örtlich zuständig ist, genügt es, dass der Erfolg dort eintritt. So ließ es beispielsweise das Amtsgericht Frankfurt für die Zuständigkeit genügen, dass die über das Internet angebotene Musikaufnahme auch in Frankfurt abgerufen werden kann.[57] Eine weite Auslegung der Bestimmungen ist in diesem Zusammenhang grundsätzlich wünschenswert, erleichtert sie doch im Interesse der Rechteinhaber die Rechtsverfolgung, was aufgrund einer Interessenabwägung, die zugunsten der Inhaber ausfällt, jedenfalls gerechtfertigt ist. Andernfalls könnten nämlich in unklaren Fällen sämtliche Gerichte weltweit bei einem unbekannten Täter ihre Zuständigkeit verneinen, wodurch die Rechtsverfolgung unmöglich wäre. In einem aktuellen Urteil ist der EuGH erneut einer weiteren Auslegung gefolgt und hat klargestellt, dass Urheberrechtsverletzungen von jedem zuständigen Gericht eines Mitgliedstaats geltend gemacht werden können, in dem eine betreffende Webseite zugänglich ist.[58] Da aber nach dem genannten Urteil das jeweilige nationale Gericht nur für die Entscheidung über den Schaden zuständig ist, der im Hoheitsgebiet des Mitgliedstaats verursacht worden ist, bleibt eine für den Urheber unbefriedigende Situation: Um den tatsächlich eingetretenen Schaden geltend zu machen, ist es jedenfalls erforderlich, am (Wohn-)Sitz des Verletzers Klage zu erheben.

---

[55] Die EuGVVO wird teilweise auch EuGVO abgekürzt: Verordnung Nr. 44/2001 des Rates vom 22.12.2000, ABl Nr. L 12 vom 16.1.2001, S. 1, ber. ABl. L 307 vom 24.11.2001 S. 28), zuletzt geändert durch Verordnung (EU) Nr. 517/2013 vom 13.5.2013.

[56] In Dänemark gelten allerdings seit dem 1.7.2007 die gleichen Regeln über ein gesondertes Abkommen (ABl. Nr. 299 vom 16.14.2005).

[57] AG Frankfurt Urt. v. 4.2.2009 – 29 C 549/08 – 81.

[58] EuGH Urt. v. 22.1.2015 – C-441/13.

7. Checkliste Schutzlandprinzip

42

Checkliste: Prüfungsfolge Schutzlandprinzip

☐ Für welches Land begehrt der Urheber Schutz (unabhängig davon, wo er geklagt hat und ob die internationale Zuständigkeit am angerufenen Gericht gegeben ist)?
Beachte: Die ROM II-VO und damit das Schutzlandprinzip wenden alle EU-Mitgliedstaaten mit universaler Wirkung im Wege der Interessenabwägung zugunsten des Urhebers an.

☐ Bei Anwendbarkeit deutschen Rechts ergeben sich die Rechte des ausländischen Urhebers nach §§ 120 ff. UrhG für EU- und EWR-Ausländer wie für deutsche Staatsangehörige, für andere Ausländer nur dann, wenn die Veröffentlichung außerhalb Deutschlands nicht mehr als 30 Tage vor der hiesigen Veröffentlichung zurückliegt.

☐ Das deutsche nationale Recht wird ergänzt durch harmonisiertes EU-Recht sowie die internationalen Abkommen, soweit dort gewährte Mindestrechte nicht in deutsches Recht umgesetzt sein sollten.

☐ Das anderweitige nationale Recht wird ebenso ergänzt, bei außerhalb der EU-liegenden Staaten um die jeweils ratifizierten internationalen Abkommen.

II. Internationales Domainrecht

1. Allgemeines

43 Internationales Domainrecht ist stark geprägt von der Frage, welches Recht zur Anwendung kommt, ob und wenn ja welche außergerichtlichen besonderen Verfahrensordnungen einschlägig sind und wie ggf. eine Vollstreckung erfolgen kann. Nach der Beratung ergibt sich dann oftmals, dass dem Rechtsverletzer doch zunächst eine „kaufmännische Einigung" vorgeschlagen wird, da die Rechtsverfolgung kostspielig und langwierig sein kann.

2. .eu-Domains

44 Das Ziel bei der Einführung der .eu – Domain im Jahr 2005 war es, den Domaininhabern eine Eintragung ihres Zeichens möglich zu machen, die ihre europäische Identität deutlich macht. Für die Verwaltung der Top-Level-Domain .eu ist die belgische Non-Profit-Gesellschaft EURid[59] zuständig. Zu ihren Hauptaufgaben zählt die Akkreditierung der Registrierungsstellen. Außerdem verwaltet die EURid eine öffentlich zugängliche WHOIS-Datenbank.[60]

45 **a) Das anwendbare Recht (VO (EG) 874/2004).** Die Verordnung Nr. 874/2004 wurde am 28. April 2004 zur Festlegung von allgemeinen Regeln für die Durchführung und die Funktionen der Domain oberster Stufe .eu und der allgemeinen Grundregeln für die Registrierung erlassen.[61] Im Mai 2005 wurde .eu schließlich in den ICANN[62] Root-Server aufgenommen. Für die darauf folgenden erstmaligen Domainregistrierungen war ein gestaffeltes Verfahren vorgesehen. Im Dezember 2005 begann die **Sunrise-Period**, die wiederum in zwei Phasen aufgeteilt war. In ihrem ersten Teil konnten öffentliche Einrichtungen und Inhaber von Marken bevorrechtigt Domainnamen registrieren. Während der im Februar 2006 begonnenen zweiten Phase bekamen Inhaber von Kennzeichnungsrechten anderer Art, wie bspw. eines Unternehmensnamens, die Möglichkeit zur Registrierung. Im April 2006 wurde

---

[59] The European Registry of Internet Domain Names, www.eurid.eu.
[60] www.whois.eu.
[61] Verordnung (EG) Nr. 874/2004 der Kommission vom 28.4.2004 zur Festlegung von allgemeinen Regeln für die Durchführung und die Funktionen der Domäne oberster Stufe „.eu" und der allgemeinen Grundregeln für die Registrierung.
[62] Internet Corporation for Assigned Names and Numbers (ICANN), https://www.icann.org/.

die Registrierung schließlich geöffnet (**Landrush-Period**). Jeder, der die Registrierungsvoraussetzungen erfüllte, konnte ab diesem Zeitpunkt eine .eu-Domain registrieren.

b) Die Vergabe einer eu.-Domain. Eine Vergabe einer eu-Domain kann nach Art. 4 Verordnung (EG) Nr. 874/2004 nur über eine zugelassen Registerstelle und nicht bei EURid erfolgen. Die Vergabe der Domains erfolgt nach Art. 2 der Verordnung (EG) Nr. 874/2004 nach dem Windhundprinzip. Der Antragsteller, dessen Antrag zuerst eingeht, erhält die Domain, also **first come, first serve.**

Die Voraussetzungen zur Registrierung einer .eu-Domain ergeben sich aus Art. 4 II lit b der Verordnung (EG) Nr. 733/2002. Es ist ein territorialer Bezug des Antragstellers zu der Europäischen Union erforderlich. Eine .eu-Domain kann nur von einem Unternehmen, das seinen satzungsmäßigen Sitz, seine Hauptverwaltung oder seine Hauptniederlassung innerhalb der Gemeinschaft hat, einer in der Gemeinschaft niedergelassenen Organisation unbeschadet der Anwendung nationaler Rechtsvorschriften oder von einer natürlichen Person mit Wohnsitz innerhalb der Gemeinschaft beantragt werden. Nach einer Entscheidung des Schiedsgerichtes bei der Wirtschaftskammer der Tschechischen Republik und der Agrarkammer der Tschechischen Republik ist eine Registrierung auch zulässig, wenn das Unternehmen, das die Domain registriert hat, innerhalb, der eigentliche Nutznießer der Domain aber außerhalb, der EU seinen Sitz hat.[63] In einem solchen Fall ist auch einzig das Unternehmen, das die Domain registriert hat, zulässiger Gegner im ADR-Verfahren.[64] Das Register wäre auch kaum in der Lage, in angemessener Zeit zu prüfen, wer die Domain nach der Registrierung tatsächlich nutzt. Der Prüfungsaufwand würde hierdurch übermäßig erhöht.

Weitere Registrierungsvoraussetzungen ergeben sich aus der Verordnung (EG) Nr. 874/2004 iVm den Verordnungen (EG) Nr. 1654/2005[65] und Nr. 1255/2007.[66] Nach diesen Verordnungen darf nicht jede Domain eingetragen werden. Ausgeschlossen sind nach Art. 17 Verordnung (EG) Nr. 874/2004 zunächst Domainnamen wie bspw. eurid.eu und nic.eu, die für das Register reserviert sind. Weiterhin sind einige **geographische und geopolitische Namen** reserviert, Art. 7 Verordnung (EG) Nr. 874/2004. Diese Namen wurden in einem Vorverfahren durch die Mitgliedstaaten vorgeschlagen. Sie dürfen nicht als Second-Level-Domain registriert werden und nur im Ausnahmefall ist eine Registrierung unterhalb einer Second-Level-Domain möglich. Nach Art. 8 Verordnung (EG) Nr. 874/2004 kann die Registrierung von Ländernamen durch die Regierung des entsprechenden Landes untersagt werden. **Alpha-2 Codes**, die Länder bezeichnen (bspw. DE oder AT), können nach dieser Vorschrift unter keinen Umständen als Second-Level-Domain registriert werden.

Auch sind Namen für eine zukünftige Registrierung gesperrt, bei denen ein Gericht eines Mitgliedstaates im Rahmen eines Verfahrens festgestellt hat, dass sie **verleumderisch oder rassistisch sind oder gegen die öffentliche Ordnung verstoßen**, Art. 18 Verordnung (EG) Nr. 874/2004. Die einzelnen Merkmale werden nicht definiert. Aus dieser Regelung ergibt sich daher Konfliktpotential. Ein Urteil eines Gerichts kann dazu führen, dass eine Domain auch nicht mehr in anderen Mitgliedstaaten betrieben oder registriert werden kann, in denen dies eigentlich rechtlich zulässig wäre.

Ein solcher Konflikt ist noch nicht bekannt geworden. Bisher wurden nur Domainnamen gesperrt, die offensichtlich gegen den Artikel 18 verstoßen (zB ostmark.eu oder fuehrerdeutschland.eu). Ausführliche Listen mit gesperrten und reservierten Domainnamen sind bei

---

[63] CAC Fall-Nummer: 01012 (50PLUS); alle Entscheidungen des Schiedsgerichts sind unter http://eu.adr.eu/adr/decisions/index.php verfügbar.
[64] CAC Fall-Nummer: 00616 (FERNER).
[65] Verordnung (EG) Nr. 1654/2005 der Kommission vom 10.10.2005 zur Änderung der Verordnung (EG) Nr. 874/2004 zur Festlegung von allgemeinen Regeln für die Durchführung und die Funktionen der Domäne oberster Stufe „.eu" und der allgemeinen Grundregeln für die Registrierung (abrufbar unter http://eu.adr.eu/adr/adr_rules/index.php).
[66] Verordnung (EG) Nr. 1255/2007 der Kommission vom 25.10.2007 zur Änderung der Verordnung (EG) Nr. 874/2004 zur Festlegung von allgemeinen Regeln für die Durchführung und die Funktionen der Domäne oberster Stufe „.eu" und der allgemeinen Grundregeln für die Registrierung (abrufbar unter: http://eu.adr.eu/adr/adr_rules/index.php).

der EUrid abrufbar.[67] Am 10.12.2009 wurden .eu-IDN's eingeführt, Domains wie österreich.eu oder köln.eu sind damit registrierbar.[68]

51 EU-Domains müssen zudem aus mindestens zwei (2) Zeichen (ohne die Endung .eu) bestehen. Es gelten die allgemeinen **Geschäftsbedingungen von EURid** für die Registrierung von .eu Domainnamen,[69] die der Anmelder bei der Domainregistrierung zu akzeptieren hat.

52 **c) Der Status einer eu-Domain.**

> **Praxistipp:**
> Die über das WHOIS-Protokoll unter http://www.eurid.eu/en/whois-search abgefragten eu-Domainnamen können folgenden Status haben:
> *Registriert:* Dieser Domainname wurde bereits von einer anderen Partei registriert und steht nicht zur Verfügung.
> *Frei:* Dieser Domainname kann von einer Organisation oder einer Person innerhalb der Europäischen Union registriert werden.
> *Nicht zur Registrierung verfügbar:* Dieser Domainname steht nicht für eine Registrierung zur Verfügung.
> *Zurückgezogen:* Der Domainname ist registriert, wurde jedoch „zurückgezogen". Das heißt, er ist zeitweilig nicht aktiv und darf, bis zum Ergebnis der juristischen Maßnahmen, weder einen Inhaber- noch einem Registerstellenwechsel unterzogen werden.
> *Nicht zugelassen:* Der Name steht nicht zur Verfügung, da unzulässig. Er enthält eine der technischen Einschränkungen für .eu-Domainnamen.
> *Gesperrt:* Der Name steht nicht zur Verfügung, da er von der Europäischen Kommission oder einem der EU-Mitgliedstaaten gesperrt wurde.
> *Reserviert:* Der Name steht nicht zur Verfügung, da er von der Europäischen Kommission oder einem der EU-Mitgliedstaaten reserviert wurde.
> *Quarantäne:* Dieser Name steht derzeit nicht zur Verfügung, da er gelöscht wurde. Gelöschte Domainnamen werden aus Sicherheitsgründen für eine Periode von 40 Tagen in Quarantäne gestellt, bevor sie wieder zur Registrierung freigegeben werden.
> *Antrag anhängig:* Der Name steht nicht zur Verfügung, weil bezüglich des Sunrise-Antrags noch keine endgültige Entscheidung in Kraft getreten ist. Mindestens eine Person hat für diesen Domainnamen während der Sunrise-Periode einen Antrag gestellt, der derzeit noch geprüft wird.
> *Außer Betrieb:* Dieser Domainname wurde über eine Registrierstelle registriert, die nicht länger .eu Registrierungsdienste anbietet. Der Inhaber des Domainnamens wurde dazu aufgefordert, den Domänennamen zu einer zugelassenen .eu Registrierstelle zu übertragen.

53 **d) Die Durchsetzung von Rechten gegen eine .eu-Domain.** Bevor mit der Rechtsverfolgung durch außergerichtliche Abmahnung, einstweilige Verfügung und Gerichtsverfahren begonnen wird, ist zu untersuchen, ob alternative Streitbeilegungsverfahren zur Verfügung stehen.

54 *aa) Das alternative Streitbeilegungsverfahren.* Mit der Einführung der .eu-Domain wurde in Art. 4 II lit.d der Verordnung (EG) NR. 733/2002 die Grundlage für ein Verfahren zur alternativen Beilegung von Streitigkeiten geschaffen (**Alternative Dispute Resolution,** kurz ADR). Regelungen für das alternative Streitbeilegungsverfahren finden sich in Art. 22 der Verordnung (EG) Nr. 874/2004. Danach kann ein Streitbeilegungsverfahren mit der Begründung eingeleitet werden, eine Domainregistrierung sei spekulativ oder missbräuchlich.

---

[67] http://www.eurid.eu/de/registrieren-sie-eine-eu-domain/tips-registering-your-eu/gesperrte-reservierte-namen.
[68] http://www.eurid.eu/de/registrieren-sie-eine-eu-domain/warum-eu-gut-fur-ihr-unternehmen-ist/domain-names-special-characte-0.
[69] http://www.eurid.eu/files/docs/trm_con_DE.pdf.

Auch kann im ADR-Verfahren gegen eine Entscheidung der EURid vorgegangen werden, sofern diese gegen die Verordnung (EG) Nr. 874/2004 oder Nr. 733/2002 verstößt.

Außergerichtliche, institutionalisierte Streitbeilegungsverfahren sind dort sinnvoll, wo zwischen den Parteien große räumliche Entfernungen bestehen und wo zu erwarten ist, dass der Domaininhaber sich dem Angriff nicht erwehren wird. Dann kann schnell eine relativ kostengünstige Lösung im Wege des Streitbeilegungsverfahrens erreicht werden. So beträgt die Verfahrensdauer im Rahmen der alternativen Streitbeilegung zumeist nur wenige Monate.

Zuständig für die Durchführung des Verfahrens ist das **Schiedsgericht bei der Wirtschaftskammer der Tschechischen Republik und der Agrarkammer der Tschechischen Republik**.[70] Eine andere Streitbeilegungsstelle existiert zurzeit noch nicht. Der Streit wird dort mit Hilfe einer Schiedskommission beigelegt. Nach Art. 23 der Verordnung (EG) Nr. 874/2004 müssen die Mitglieder dieser Kommission unbefangen und unabhängig sein sowie über geeignete Sachkenntnis verfügen. Ausgewählt werden sie nach objektiven, transparenten und nicht diskriminierenden Kriterien durch das Schiedsgericht. Das Tschechische Schiedsgericht kann somit in zwei verschiedenen Konstellationen angerufen werden. Zur Streitschlichtung über eine TLD, deren Registry sich der Uniform Domain-Name Dispute-Resolution Policy (UDRP) der ICANN unterworfen hat und zur institutionalisierten Streitbeilegung über eine .eu-Domain.

Das Schiedsgericht hat den durch Art. 22 der Verordnung (EG) Nr. 874/2004 nur grob vorgezeichneten **Verfahrensablauf** durch die Veröffentlichung von Regeln für die Alternative Streitbeilegung in .eu-Domainnamenstreitigkeiten (im Folgenden: **ADR-Regeln**) und diese Verfahrensregeln wiederum ergänzende ADR-Regeln (im Folgenden: **Ergänzende-ADR-Regeln**) genau ausgestaltet.[71]

Das Verfahren beginnt nach Art. B1 Ergänzende-ADR-Regeln mit Einreichung der **Beschwerde**. Eingereicht werden kann die Beschwerde von jeder natürlichen oder juristischen Person, wobei ein besonderes Rechtsschutzinteresse oder der Nachweis einer individuellen Betroffenheit nicht erforderlich ist.[72] Sie richtet sich entweder gegen den Inhaber einer .eu-Domain oder gegen das Register, Art. B1 (a) ADR-Regeln. Sowohl der Inhaber als auch das Register sind zur Teilnahme am ADR-Verfahren verpflichtet, Art. 22 II Verordnung (EG) Nr. 874/2004. Die Beschwerde kann entweder in schriftlicher oder in elektronischer Form eingereicht werden. Es muss in jedem Fall aber das **Beschwerdeformular** verwendet werden, das auf der Webseite des Schiedsgerichts bereitgestellt wird, Art. B1 (b) Ergänzende-ADR-Regeln. Nach Art. A3 (a) ADR-Regeln muss die Beschwerde in einer der offiziellen Sprachen der EU formuliert sein. Die **Verfahrenssprache** ist die Sprache des Registrierungsvertrags für den strittigen Domainnamen. Eine abweichende Parteivereinbarung oder Regelungen im Registrierungsvertrag sind aber zulässig. Eine Vertretung durch Dritte also zB durch einen Rechts- oder Patentanwalt ist möglich. Der Beschwerde muss dann aber eine wirksame Vollmacht beigefügt werden, aus der ausdrücklich hervorgeht, dass der Vertreter im Namen und im Auftrag des Beschwerdeführers handelt.[73] Die **nicht erstattungsfähigen Kosten** für das Verfahren richten sich nach der Anzahl der Domains und der Schiedsrichter.[74]

Nach Eingang der Beschwerde lässt das Schiedsgericht die Domain bei der EURid sperren, Art. 22 VI Verordnung (EG) Nr. 874/2004 iVm Art. B1 (e) ADR-Regeln. Die **Sperrung** durch die EURid erfolgt gemäß Abschnitt 9 Nr. 3b) der Allgemeinen Geschäftsbedingungen des Registers.[75] Demnach kann die Domain während der Sperrung nicht an Dritte übertragen werden. Auch kann der Registrant seine Kontaktinformationen und seine Registrier-

---

[70] http://eu. adr.eu/index.php.
[71] http://eu. adr.eu/adr/adr_rules/index.php.
[72] EUGH Urt. v. 3.6.2010 – C-569/08, Rn. 29 – reifen.eu.
[73] Vgl. CAC Fall-Nummer: 02928 (PRADA), in dem die Beschwerde aufgrund einer unzureichenden Vollmacht abgewiesen wurde; Prada konnte im CAC Fall 04316 den Transfer der Domain prada.eu letztlich doch erreichen.
[74] http://eu. adr.eu/adr/fees/index.php.
[75] http://www.eurid.eu/files/docs/trm_con_DE. pdf.

stelle nicht mehr ändern. Die Erreichbarkeit konnektierter Dienste, wie beispielsweise eines Web- oder E-Mail-Servers ist durch die Sperrung nicht eingeschränkt. So ist beispielsweise eine Webseite trotz Sperrung der Domain weiter abrufbar.

60 Nachdem die **Verfahrensgebühr** vom Beschwerdeführer entrichtet worden ist, prüft das Gericht die Zulässigkeit der Beschwerde. Die Höhe der Verfahrensgebühr richtet sich nach der Anzahl der angegriffenen Domains und danach, ob eine einköpfige oder eine dreiköpfige Schiedskommission den Fall entscheiden soll.[76] Wenn die formalen Verfahrensanforderungen erfüllt sind, leitet das Gericht die Beschwerde an den Beschwerdegegner weiter, Art. 22 VII Verordnung (EG) Nr. 874/2004. Ansonsten informiert es den Beschwerdeführer, der dann Gelegenheit bekommt, innerhalb von sieben Tagen eine korrigierte Beschwerde einzureichen. Schafft er nicht Abhilfe, so gilt die Beschwerde aufgrund von verfahrensrechtlichen Mängeln als zurückgenommen. Diese Entscheidung kann durch den Beschwerdeführer nach Art. B2 (c) ADR-Regeln angefochten werden.

61 Das Streitbeilegungsverfahren ist **kontradiktorisch**.[77] Der Beschwerdegegner kann innerhalb einer dreißigtägigen Frist eine Erwiderung beim Schiedsgericht einreichen, in der er zu den Beschwerdevorwürfen Stellung nehmen kann, Art. B3 ADR-Regeln. Obwohl die Teilnahme am Verfahren für den Beschwerdegegner Pflicht ist, kann er auf das Einreichen einer Erwiderung auch verzichten.[78]

62 Im nächsten Schritt wird die **Schiedskommission** ernannt, ein Entscheidungstermin festgesetzt und die Akte an die Schiedskommission weitergeleitet, Art. B4 ff. ADRRegeln. Im Verfahren gilt nach Art. B7 (a) ADR-Regeln ein **beschränkter Untersuchungsgrundsatz**.[79] Die Kommission kann sich auf den Vortrag der Parteien stützen, sie kann aber auch nach eigenem Ermessen selbst Ermittlungen zum Sachverhalt anstellen. Bei der Würdigung erhobener Beweise ist die Kommission frei, Art. B7 (d) ADR-Regeln. Eine persönliche Anhörung der Parteien ist aber nicht vorgesehen, Art. B9 ADR-Regeln.

63 Die Entscheidung der Schiedskommission ist **abschließend, nicht anfechtbar und für die Parteien verbindlich**, Art. B12 (a) ADR-Regeln. Der Beschwerdeführer kann aber dennoch nach einer vorausgegangenen für ihn möglicherweise negativen ADR-Entscheidung ein ordentliches Gericht in derselben Sache anrufen. Die Anrufung eines deutschen Gerichtes ist zumindest dann möglich, wenn die Klage innerhalb einer **30-Tage-Frist** erhoben wird.[80] Art. 22 XIII der Verordnung (EG) Nr. 874/2004 sieht diesen Fall ausdrücklich vor. Die genaue Rechtsnatur des ADR-Verfahrens ist noch nicht eindeutig geklärt. Die Zulässigkeit einer Klageerhebung innerhalb der 30-tägigen Frist ist aber nicht strittig. Eine Ansicht geht davon aus, dass Art. 22 XIII Verordnung (EG) Nr. 874/2004 als lex specialis zu Vorschriften der nationalen Zivilprozessordnungen vorrangig zu beachten ist, wobei die Frage nach einer Zulässigkeit außerhalb dieser Frist ausgeklammert wird.[81] Eine andere Ansicht geht dagegen davon aus, dass eine Klageerhebung auch außerhalb dieser Frist möglich sei.[82] Letztere Ansicht erscheint überzeugender. Schon aufgrund Art. 101 I 2 GG kann der Entscheidung der Schiedskommission **lediglich Bindungswirkung hinsichtlich zukünftiger ADR-Verfahren** zukommen.

64 Eine anschließende Klage vor deutschen Gerichten ist zulässig. Es stellt sich aber die Frage, wie es mit dem Vollzug der ADR-Entscheidung in Deutschland aussieht. Das ADR ordnet in nahezu allen Fällen die **Übertragung der streitgegenständlichen Domain** auf den Beschwerdeführer an. Einen solchen Übertragungsanspruch sieht das deutsche Recht jedoch nicht vor.

---

[76] *Bettinger* Teil 3 Rn. 77 ff.
[77] *Bettinger* Teil 3 Rn. 60.
[78] Insbesondere in Fällen eindeutigen Domaingrabbings wird häufig auf eine Erwiderung verzichtet, bspw. In CAC Fall-Nummer: 04477 (WALTHER-PRAEZISION).
[79] *Bettinger* Teil 3 Rn. 46.
[80] OLG Düsseldorf Urt. v. 11.9.2007 – 20 U 21/07, GRUR-RR 2008, 58 (59) – lastminute.eu.
[81] *Goldberg* MMR 2008, 107 (111).
[82] *Eichelberger* K&R 2008, 410 (412).

II. Internationales Domainrecht

> **Praxistipp:**
> In seiner Entscheidung vom 28.5.2014 hat das OLG Stuttgart[83] die ADR-Entscheidung, unter Verweis auf die BGH-Entscheidung zu „shell.de"[84] als unbeachtlich befunden. Im deutschen Recht gäbe es keinen Übertragungsanspruch für Domains. Lediglich ein Löschungsanspruch sei gegeben. Der Beschwerdeführer wird sich daher fragen, wo für ihn der Vorteil der alternativen Streitbeilegung liegt, wenn er sich danach dennoch vor einem ordentlichen Gericht behaupten muss, welches ggf. der ADR-Entscheidung nicht folgt. Wird vom Domaininhaber fristgerecht eine Feststellungsklage eingereicht, so entfaltet das ADR-Urteil keine Wirkung.

Für zukünftige ADR-Verfahren entfaltet die Entscheidung keine Präzedenzwirkung. Sie ist allerdings nach dem **Grundsatz der Gleichbehandlung** und, um eine konsistente Entscheidungspraxis zu gewährleisten, bei der Entscheidungsfindung von der Kommission zu berücksichtigen.[85] Ein weiteres ADR-Verfahren in derselben Sache kann nicht durchgeführt werden.[86]

Maßgebliche materielle Rechtsvorschrift für die **Anspruchsgrundlage** im ADR-Verfahren ist der Art. 21 Verordnung (EG) Nr. 874/2004. In ihm wird geregelt, in welchem Fall eine **spekulative und missbräuchliche Registrierung** vorliegt. Der angegriffene Domainname muss mit einem anderen Namen identisch sein oder diesem verwirrend ähneln. Dabei muss der andere Name kennzeichenrechtlich geschützt sein. Schließlich darf der Domaininhaber entweder keinerlei Rechte oder berechtigte Interessen an diesem Namen geltend machen oder er muss die Domain in böser Absicht registriert haben oder benutzen. Ausreichend ist, dass die Elemente „Recht oder berechtigtes Interesse" und „böse Absicht" alternativ vorliegen.[87] In den Erwägungsgründen 16 und 17 der Verordnung (EG) Nr. 874/2004 wird auf die Uniform Domain Name Dispute Resolution Policy[88] (UDRP) der ICANN Bezug genommen. Laut ihnen soll sich das ADR-Verfahren an die UDRP anlehnen. Die Verordnung verwendet dann auch der UDRP ähnliche Begrifflichkeiten und Strukturen, insbesondere solche aus Art. 4 der UDRP.[89]

Erste Voraussetzung ist, dass der Domainname mit dem vom Beschwerdeführer beanspruchten Namen entweder identisch ist oder dass sich die Namen verwirrend ähneln. Das Merkmal **Identität** wirft dabei keine besonderen Probleme auf, es richtet sich vor allem gegen **Domainsquatting**.[90] Gegenstand des Vergleichs mit dem beanspruchten Namen ist der Domainname ohne die ccTld .eu.[91] Komplizierter ist die Situation bei der **verwirrenden Ähnlichkeit**. Dieses Merkmal war dem europäischen Kennzeichnungsrecht bisher nicht bekannt und wurde aus der UDRP übernommen.[92] Gemeint ist, dass der geschützte Name und die Domain aufgrund einer phonetischen, schriftbildlichen oder begrifflichen Ähnlichkeit der Zeichen verwechselbar sind.[93]

Der Beschwerdeführer muss ein **Recht an dem strittigen Namen** haben, das nach nationalem Recht oder nach dem Gemeinschaftsrecht anerkannt oder festgelegt ist. Ein solches Recht kann sich beispielsweise aus einer nationalen Marke oder einer Gemeinschaftsmarke ergeben. Die Anmeldung einer Marke reicht aber im Regelfall nicht aus, die Marke muss eingetragen sein.[94]

---

[83] OLG Stuttgart Urt. v. 28.5.2014 – 2 U 147/13, BeckRS 2014, 15137; LG Stuttgart Urt. v. 26.9.2013 – 17 O 1069/12, K & R 2013, 751.
[84] BGH Urt. v. 22.11.2001 – I ZR 138/99, GRUR 2002, 622 – shell.de.
[85] *Bettinger* Teil 3 Rn. 44.
[86] *Eichelberger* K&R 2008, 410 (412).
[87] *Müller* GRUR Int 2007, 990 (991); *Schafft* GRUR 2004, 986 (987).
[88] https://www.icann.org/resources/pages/udrp-2012-02-25-en
[89] Vgl. *Schafft* K&R 2008, 410 (412).
[90] Das Vorliegen dieses Tatbestandsmerkmal wurde zB im CAC Fall-Nummer: 04410 (4711) angenommen.
[91] CAC Fall-Nummer: 01959 (LOT).
[92] *Pothmann/Guhn* K&R 2007, 69 (73).
[93] *Bettinger* WRP 2006, 548 (558); *Pothmann/Guhn* K&R 2007, 69 (73).
[94] Vgl. *Müller* GRUR Int 2007, 990 (991), der als Ausnahme die griechische doctrine of expectation of rights anführt.

69 Rechte oder berechtigte Interessen des derzeitigen Domaininhabers dürfen nicht bestehen. Ein entgegenstehendes Recht kann jedes nach nationalem Recht oder Gemeinschaftsrecht anerkannte Recht sein.[95]

70 Für das **Vorliegen eines berechtigten Interesses** nennt Absatz 2 des Artikels **drei Regelbeispiele:**

a) Ein berechtigtes Interesse besteht, wenn der Domaininhaber vor dem ADR-Verfahren die Domain oder einen Namen, der diesem Domainnamen entspricht, im Zusammenhang mit dem Angebot von Waren oder Dienstleistungen verwendet hat oder nachweislich solche Vorbereitungen getroffen hat. So konnte die Beschwerdegegnerin im Fall „Packservice" geltend machen, dass sie an einer Internetplattform beteiligt sei, die sich mit Umzugsdienstleistungen befasst und dass sie auch schon Vorbereitungen zur Benutzung des strittigen Domainnamens packservice.eu aufgenommen habe.[96] Die Beschwerde wurde dann als unbegründet zurückgewiesen. Nicht ausreichend wäre dagegen, unter der Domain bloß eine Webseite anzubieten, die lediglich aus dem Hinweis „Under Construction" besteht.[97] Eine derartige Seite wird regelmäßig von einem Domainregistrar als Teil des Registrierungsprozesses bereitgestellt und zeigt nicht, dass sich der Inhaber auf eine angemessene Benutzung der Domain vorbereitet.

b) Ein berechtigtes Interesse liegt vor, wenn der Domaininhaber unter dem Domainnamen allgemein bekannt ist, ohne dass sein Name rechtlich geschützt ist.

c) Ein berechtigtes Interesse ist gegeben, wenn die Domain vom Inhaber in rechtmäßiger und nichtkommerzieller oder fairer Weise genutzt wird.

71 Bei der Nutzung dürfen allerdings Verbraucher nicht in die Irre geführt oder das Ansehen des geschützten Namens beeinträchtigt werden. Problematisch ist bei diesem Regelbeispiel insbesondere der unbestimmte Rechtsbegriff **Nutzung in fairer Weise.** Bei der Prüfung dieses Begriffs sind unter anderem Art und Umfang der Nutzung, der Zeitpunkt der Aufnahme der Nutzung, und die Nutzungsdauer zu berücksichtigen.[98] Es reicht dabei nicht aus, wenn mit der Nutzung der Domain erst nach der Einreichung der Beschwerde begonnen wird, da zu diesem Zeitpunkt kein schutzwürdiges Vertrauen des Domaininhabers in die Fortsetzung der Benutzung der Domain besteht.[99]

72 Trotz bestehender Rechte oder berechtigter Interessen kann gegen eine Domain vorgegangen werden, die **in böser Absicht registriert oder benutzt** wird. Zur Bösgläubigkeit werden in Absatz 3 des Artikels Fälle aufgezählt. Das OLG Düsseldorf geht in seinem **lastminute.eu** Urteil wie der EUGH[100] davon aus, dass die Aufzählung nur Beispielcharakter hat, die keinen abschließenden Katalog bildet.[101] Gemeinsames Kriterium, das auch für alle **unbenannten Fälle** gelten müsse, sei, dass das Handeln auf den Inhaber des Namens, für den die Rechte bestehen, abzielen muss.[102]

73 Zu den einzelnen **Regelbeispielen:**

a) Eine böse Absicht liegt vor, wenn aus den Umständen ersichtlich wird, dass die Domain registriert oder erworben wurde, um sie an den Inhaber des geschützten Namens oder an eine öffentliche Einrichtung zu verkaufen, zu vermieten oder anderweitig zu übertragen. Dies kann auch der Fall sein, wenn der Inhaber die Domain bei einer Domainbörse parkt und dort mit einem sich an jedermann richtenden Angebot **zum Verkauf anbietet.**[103] Das Regelbeispiel setzt somit kein direktes Angebot vom Domaininhaber an den Inhaber des geschützten Namens voraus. Auch kann ein Domaininhaber die Verwirklichung des Regelbeispiels nicht durch das Anbringen eines Disclaimers ausschließen, nach dem die

---

[95] Pothmann/Guhn K&R 2007, 69 (73).
[96] CAC Fall-Nummer: 03848 (PACKSERVICE).
[97] CAC Fall-Nummer: 01375 (RABBIN).
[98] CAC Fall-Nummer: 02035 (WAREMA).
[99] CAC Fall-Nummer: 02035 (WAREMA).
[100] EUGH Urt. v. 3.6.2010 – C-569/08 – reifen.eu.
[101] OLG Düsseldorf Urt. v. 11.9.2007 – 20 U 21/07, GRUR-RR 2008, 58 (59) – lastminute.eu.
[102] OLG Düsseldorf Urt. v. 11.9.2007 – 20 U 21/07, GRUR-RR 2008, 58 (59) – lastminute.eu.
[103] CAC Fall-Nummer: 02733 (HOTEL-ADLON).

Domain nicht zum Verkauf steht, wenn sich aus der übrigen Webseite aber ergibt, dass ein Verkauf doch beabsichtigt ist.[104]

b) Es erfolgt eine Domainregistrierung mit böser Absicht, wenn die Domain nur registriert wurde, damit der Inhaber des geschützten Namens oder eine öffentliche Einrichtung die Domain nicht selbst verwenden kann. Dem Domaininhaber muss dann aber eine solche **Absicht** nachgewiesen werden, was in der Praxis kaum möglich sein wird. Eine entsprechende Absicht kann aber auch angenommen werden, wenn die Domain mindestens zwei Jahre lang ab der Registrierung nicht in einschlägiger Weise durch den Inhaber genutzt wurde oder wenn der Inhaber zu Beginn eines ADR-Verfahrens erklärt, die Domain zu nutzen, dann aber nicht innerhalb von sechs Monaten mit der **Nutzung** beginnt.

c) Böse Absicht ist bei einer Domainregistrierung gegeben, wenn der Hauptzweck der Registrierung darin liegt, die berufliche oder geschäftliche **Tätigkeit eines Wettbewerbers zu stören.**

d) Böse Absicht liegt ferner vor, wenn die Domain absichtlich und aus Gewinnstreben dazu genutzt wird, um Internetnutzer auf eine dem Domaininhaber gehörende Webseite zu locken, indem eine **Verwechslungsgefahr** mit einem geschützten Namen herbeigeführt wird. Diese Verwechslungsmöglichkeit kann sich auf den Ursprung, ein Sponsoring, die Zugehörigkeit oder die Billigung der Webseite oder eines dort angebotenen Produkts oder Dienstes beziehen. Eine derartige Verwechslungsgefahr wurde bspw. in dem Fall 4711 angenommen.[105] In diesem Fall lockte ein Domainhändler über die Domain **4711.eu** Besucher auf seine Webseite, auf der er eine Suchmaschine betrieb und dort mit Sponsored listings Geld verdiente. Im Fall **Bundesliga** wurde auch böse Absicht mit der Begründung angenommen, der Beschwerdegegner führe absichtliche eine Verwechslungsgefahr mit der Marke Bundesliga herbei, um Besucher für seine Webseite anzuziehen.[106] An dem Gewinnstreben des Beschwerdeführers ändere sich dabei nichts dadurch, dass dieser einige kostenfrei abrufbare Textfragmente und Bilder zum Thema Fußball auf seiner Seite platziert habe.

e) Böse Absicht ist anzunehmen, wenn es sich bei dem registrierten Domainnamen um den **Namen einer Person** handelt und keine Verbindung zwischen dem Inhaber der Domain und dem Namen nachgewiesen werden kann. Dieses Regelbeispiel wurde bisher in ADR-Verfahren nur beiläufig geprüft, ihm kommt keine große Bedeutung zu.[107]

Art. 18 Verordnung (EG) Nr. 874/2004 setzt für die Annahme einer **unsittlichen Registrierung** ein Urteil eines mitgliedstaatlichen Gerichts voraus und kann daher ohne ein solches Urteil nicht im ADR Verfahren geltend gemacht werden.

bb) Die Geltendmachung von Ansprüchen vor den ordentlichen deutschen Gerichten. Die Feststellung der **internationalen Zuständigkeit** als erster Schritt zur Ermittlung des für einen konkreten Rechtsstreit zuständigen Gerichts[108] ist bei kennzeichen- und lauterkeitsrechtlichen Streitigkeiten, bei denen die Verletzungshandlung im Internet stattfindet, wie bei Urheberrechtsstreitigkeiten mit großen Schwierigkeiten verbunden. Der Grund liegt dabei in erster Linie in dem Spannungsverhältnis zwischen der Globalität des Mediums Internet einerseits und der rein territorialen Orientierung des Kennzeichen- und Lauterkeitsrechts andererseits. Das Medium Internet macht anders als die meisten klassischen Medien keinen Halt vor territorialen Grenzen, vielmehr ist jede konnektierte Internetdomain grundsätzlich **weltweit abrufbar.** Diese Globalität des Internets kollidiert zwangsläufig mit dem im Immaterialgüterrecht maßgeblichen **Territorialitätsprinzip.** Beispielsweise untersteht eine deut-

---

[104] CAC Fall-Nummer: 04154 (GLOBETCASINO, GLOBETVIP).
[105] CAC Fall-Nummer: 04410 (4711).
[106] CAC Fall-Nummer: 04340 (BUNDESLIGA).
[107] *Pothmann/Guhn* K&R 2007, 69 (77); erwähnt in CAC Fällen 01827 (MUELLER) und 02727 (STAEDLER).
[108] Der Begriff „Internationale Zuständigkeit" bestimmt, ob die Gerichte eines Staates in ihrer Gesamtheit zur Entscheidung eines Rechtsstreites berufen sind. Es handelt sich um eine selbständig zu prüfende Prozessvoraussetzung. Davon abzugrenzen ist die sog. örtliche Zuständigkeit, welche innerhalb eines Staates die Zuständigkeitsverteilung festlegt. Das „Internationale Privatrecht" schließlich bestimmt, welches materielle Recht die Gerichte auf einen Sachverhalt mit Auslandsberührung anzuwenden haben.

sche Marke nur dem Schutz des deutschen Markenrechts und kann auch nur in Deutschland verletzt werden. Ansprüche des Kennzeicheninhabers gegen einen mutmaßlichen Verletzer setzen also stets eine das Kennzeichenrecht verletzende **Benutzungshandlung im Inland** voraus. Wann eine solche Handlung aber in Internet- Sachverhalten angenommen werden kann, ist in der Lehre umstritten und soll nachfolgend eingehend beurteilt werden.

Praxistipp:
So kommt etwa bei nationalen Top-Level-Domains wie .de und .at neben der nationalen Jurisdiktion in Deutschland und Österreich auch die Möglichkeit in Betracht, dass Gerichte in anderen Ländern zuständig sind. Registriert zB ein Pole aus Warschau eine .at-Domain und konnektiert diese mit französischsprachigen Inhalten, so ist auch ein Gerichtsverfahren in Warschau am Wohnsitz des Verletzers, oder in Paris oder Wien am möglichen Tatort der Verletzungshandlung denkbar.

76 Zunächst ist also die Frage zu klären, ob für den konkreten Rechtsstreit überhaupt eine internationale Zuständigkeit für ein Gericht des jeweiligen Staates gegeben ist, in dem die Klage erhoben wird. Maßgeblich hierfür ist das Internationale Zivilverfahrensrecht. Dieses bestimmt, ob ein Domainstreit einen Inlandsbezug hat. Wenn dabei mehrere Gerichtsstände in Betracht kommen, kann der Kläger zwischen mehreren Gerichtsständen wählen. Diese Vorgehensweise wird auch als **Forum Shopping** bezeichnet. Hierbei muss er sorgsam auswählen, da im Falle der internationalen Unzuständigkeit im Gegensatz zum nationalen Verfahren kein Verweisungsantrag an das zuständige Gericht gestellt werden kann. Wird die internationale Zuständigkeit durch ein Gericht verneint, so muss die Klage zurückgenommen werden oder sie wird abgewiesen. Es erfolgt ebenso eine Zurückweisung wenn eine alternative Streitschlichtung zwingend voranzugehen hat.[109]

77 Wenn der beklagte Domaininhaber seinen Wohnsitz in der EU hat, bestimmt sich die Zuständigkeit in Zivil- und Handelssachen nach der **EuGVVO**. Die Klage kann gem. Art. 2 EuGVVO am Wohnsitz des Beklagten oder gem. Art. 5 Nr. 3 EuGVVO am **Tatort** (Erfolgsort) der Verletzungshandlung erhoben werden. Von Art. 5 Nr. 3 EuGVVO anknüpfend an den Begriff der unerlaubten Handlung werden insbesondere auch die quasidelitktischen Tatbestände des Kennzeichen- und Wettbewerbsrechts erfasst.[110] Die Vorschrift ist dabei **vertragsautonom** dahin auszulegen, dass diese sowohl den Ort, an dem der Schaden eingetreten ist (Erfolgsort), als auch den Ort des ursächlichen Geschehens (Handlungsort) erfasst. Als Handlungsort kommt dabei der Ort in Betracht, an dem der Beklagte die Informationen in das Netz einspeichert, nicht der Ort, an dem sich lediglich der Server befindet.[111]

78 Umstritten ist, nach welchen Voraussetzungen im Falle des Internetauftrittes der Erfolgsort zu bestimmen ist. Nach einer Ansicht begründet die **bloße Abrufbarkeit** eines als rechtsverletzend angegriffenen Internetauftritts im Inland bereits die internationale Zuständigkeit der nationalen Gerichte.[112]

Beispiel:
So hat etwa der OGH[113] das Bewerben eines Energy Drinks auf einer .com-Website als eine Markenverletzung in Österreich angesehen, obwohl der in Rede stehende Energy Drink gar nicht für den österreichischen Markt bestimmt war. Er war in seiner Aufmachung dem bekannten Red Bull Drink ähnlich. Gerichtet war die Klage von Red Bull gegen den Getränkeabfüller. Dieser füllte die entsprechenden für Venezuela bestimmten Dosen des Energy Drinks ab. In dem Bewerben des Drinks auf einer .com-Website (Ciclon.com), also ohne dass tatsächlich Getränke in Österreich je in den Verkehr gebracht wurden, sah der OGH jedoch eine Markenrechtsverletzung und bejahte eine Haftung des Abfüllers als Mittäter. Den Inlandsbezug der Website stellte der OGH dadurch her, dass die Seite im Inland technisch

---

[109] → Rn. 54 ff.
[110] BGH Urt. v. 13.10.2004 – I ZR 163/02, GRUR 2005, 431 – HOTEL MARITIME.
[111] *Johannes* GRUR 2004, 928.
[112] *Ingerl/Rohnke* Einl. Rn. 48.
[113] OGH Urt. v. 24.4.2001 – 4 Ob 81/01, GRURInt 2002, 265 – Red Bull.

II. Internationales Domainrecht

abrufbar sei. In dem bloßen Abfüllen und Ausführen der Dosen für Venezuela verneinte der OGH hingegen eine Verletzung des österreichischen Markenrechts. Eine derart weite Auslegung des Begriffes des Verletzungserfolges erscheint jedoch fraglich.

So soll nach der Gegenansicht auch bei Rechtsverletzungen im Internet ein Erfolgsort im Inland erst dann zu bejahen sein, wenn sich der Internetauftritt auch **bestimmungsgemäß im Inland auswirken** soll.[114] Richtigerweise ist dieser Auffassung der Vorzug zu geben. Trotz des ubiquitären Charakters des Internets kann nicht allein daraus, dass ein regional tätiges Unternehmen sich und sein Angebot im Internet darstellt, darauf geschlossen werden, der räumliche Tätigkeitsbereich des Unternehmens werde entsprechend auf das gesamte Gebiet seines Staates und darüber hinaus ausgedehnt. Es ist weithin üblich, dass sich Unternehmen, die sich aus welchen Gründen auch immer auf einen bestimmten räumlichen Wirkungskreis beschränkt haben, im Internet darstellen, ohne dass damit eine räumliche Ausweitung des Tätigkeitsbereichs verbunden ist. Wer Süßspeisen in Wien verkauft und sein Angebot als Visitenkarte im Internet präsentiert, bietet nicht automatisch einen Versandhandel nach Deutschland an. Unternehmen mit einem lokalen oder regionalen Wirkungskreis weisen mit ihrer Präsenz im Internet nicht unbedingt darauf hin, dass sie ihre Waren oder Leistungen nunmehr jedem bundesweit oder europaweit anbieten wollen.[115] In derartigen Fällen, wenn also de facto in dem betreffenden intendierten Forumsstaat gar nicht von der Aufnahme einer geschäftlichen Tätigkeit gesprochen werden kann, und im Einzelfall etwa auch noch die Sprache von der betreffenden Landessprache abweicht, erscheint eine Bejahung der internationalen Zuständigkeit (offensichtlich) als verfehlt. Sinn und Zweck des Gerichtsstandes der unerlaubten Handlung iSv Art. 5 Nr. 3 EUGVVO als Ausnahmevorschrift ist es gerade, eine **enge Beziehung zwischen dem Gericht und der jeweiligen Streitigkeit** herzustellen, wovon aber beispielsweise im oben geschilderten Fall kaum ausgegangen werden kann, also wenn etwa der einfache Bäcker aus Wien nun in Hamburg verklagt werden würde. Ein Abstellen zur Zuständigkeitsbegründung auf die bloß technische Möglichkeit der Abrufbarkeit eines Internetinhaltes würde somit vielmehr zu einer ausufernden Gerichtspflichtigkeit führen. Insbesondere ist dem Internet auch das Einstellen einer nur auf eine oder mehrere Nationen beschränkten Website fremd.[116] Ein Weg zur Begrenzung einer allseitigen Zuständigkeit wäre daher bei dieser weiten Auslegung gar nicht möglich. Ein derartig ausgeweiteter Gerichtsstand läuft auch den zuständigkeitsrechtlichen Leitprinzipien der EuGVVO, der Vermeidung beziehungsarmer Gerichtsstände, der Reduzierung konkurrierender Zuständigkeiten und der Vorhersehbarkeit und präventiven Steuerbarkeit der Gerichtspflichtigkeit,[117] vollkommen entgegen. Auch bei einem entsprechenden Vergleich zu den bisher zu Massenmedien entwickelten Grundsätzen erscheint die Einschränkung über das Merkmal der **bestimmungsgemäßen Abrufbarkeit** nur folgerichtig. So wird etwa auch im Verlags- und Presserecht allgemein auf das Erfordernis der bestimmungsgemäßen Verbreitung abgestellt.[118] Unbeachtlich ist es dabei, wenn im Einzelfall auf irgendeinem Wege, kaum vermeidbar dennoch ein paar Exemplare des Druckerzeugnisses in ein anderes Einzugsgebiet gelangen, soweit dies nur nicht bestimmungsgemäß durch den Verleger veranlasst wurde.[119] Gerade mit diesem Ausnahmefall ist etwa auch im oben geschilderten Beispiel des Süßwarenhändlers der Fall vergleichbar, dass vereinzelt dennoch einmal ein Einwohner aus Hamburg auf der Internetseite des Süßwarenverkäufers aus Wien landet, sei es nun zufällig oder weil er etwa seinen nächsten Urlaub dort plant, solange ein bestimmungsgemäßer Bezug über einen Versandhandel dort nicht möglich ist.

---

[114] BGH Urt. v. 30.3.2006 – I ZR 24/03, GRUR 2006, 513 Tz. 20 – Arzneimittelwerbung im Internet (in einem wettbewerbsrechtlichen Verfahren zum insoweit gleichlautenden EuGVÜ); BGH Urt. v. 28.6.2007 – I ZR 49/04, GRUR 2007, 884, Tz. 23 – Cambridge Institute (in einem kennzeichenrechtlichen Verfahren gegen eine schweizerische Gesellschaft zum insoweit gleichlautenden Art. 5 Nr. 3 LugÜ).
[115] BGH Urt. v. 22.7.2004 – I ZR 135/01, MMR 2005, 171 – soco.de.
[116] Auch wenn entsprechende Vorschläge zT in der Lehre diskutiert werden.
[117] Vgl. Anm. *Klinger* zu BGH, Vorlagebeschluss an den EUGH v. 10.11.2009 – VI ZR 217/08, jurisPR-ITR 4/2010.
[118] BGH Urt. v. 23.10.1970 – I ZR 86/69, GRUR 1971, 153 – Tampax.
[119] BGH Urt. v. 3.5.1977 – VI ZR 24/75, GRUR 1978, 194 – profil.

80 Für Online-Sachverhalte ist das herkömmliche **Merkmal des Verbreitens** aus dem Verlagsrecht nicht ganz passend, da hier keine Inhalte verbreitet, sondern nur zum Abruf bereitgehalten werden.[120] Infolgedessen erscheint es nur angemessen, stattdessen auf eine inhaltliche Betrachtungsweise abzustellen.[121] Es ist zu ermitteln, ob sich die auf einer Website präsentierten streitgegenständlichen Informationen bei einer objektiven Würdigung erkennbar bestimmungsgemäß auch an Nutzer im Forum richten. Durch diese sinngemäß aus dem Verlagsrecht bekannte Definition lässt sich auch eine sachgerechte und hinreichend bestimmbare Abgrenzung bzgl. der Zuständigkeitsbegründung vornehmen.

81

Checkliste

Die konkrete Beurteilung, ob sich ein Internetauftritt bestimmungsgemäß in einem anderen Land auswirken soll, ist folglich anhand von einzelnen objektiven Anhaltspunkten vorzunehmen.

1. Art und Aufmachung der Webseite

Die Art und Aufmachung der Webseite, die vermittelten Inhalte sowie das Impressum können grundlegend für die Ermittlung des objektiv erkennbaren Adressatenkreises und damit die bestimmungsgemäße Ausrichtung sein. Eine geschäftliche Website wird eine größere und weitere Ausrichtung haben als eine private Webseite. Den Inhalten über typisch lokale Dienstleistungen (Kino, Restaurant, Taxiunternehmen) kommt eine andere Indizwirkung zu als Inhalten über Waren, die typischerweise im Versandhandel erworben werden können (Bücher, DVDs).

2. country code Top Level Domain

Die country code Top Level Domain (ccTLD) einer Website kann ein Indiz für die geographische Ausrichtung dieser Website sein. Eine Website unter einer bestimmten country code TLD wird in der Regel auch auf den entsprechenden Staat,[122] dessen TLD verwendet wird, ausgerichtet sein. Überwiegend wird die positive Indizwirkung einer ccTLD jedoch für stärker gehalten, als die negative Indizwirkung, dh umgekehrt lässt sich allein aus der Verwendung einer bestimmten country code TLD noch nicht schließen, dass die Website lediglich auf diesen Staat alleine ausgerichtet ist. Eine ggf. negative Indizwirkung sollte jedoch auch nicht per se verneint werden. Auch lässt sich durch die Verwendung einer generischen .com-Domain, die von einem Registrar in den USA vergeben wurde, nicht ausschließen, dass damit Rechte in Deutschland oder Österreich verletzt werden.

3. Sprache

Die Sprache eines Internetangebots wird überwiegend als für die Ermittlung der geographischen Ausrichtung des entsprechenden Angebots relevantes Indiz angesehen,[123] insbesondere wenn der Nutzer auf einer allg. Einstiegsseite aufgefordert wird, zB über Landesflaggen ein bestimmtes Land auszuwählen oder eine Sprache auszuwählen. Insoweit wird darauf abzustellen sein, welche Sprache in dem Land typischerweise gesprochen wird. Unschädlich ist es dann wiederum, wenn in einem anderen Land auch einige Leute leben mögen, die diese Sprache sprechen. Jedenfalls wird eine bestimmungsgemäße Auswirkung mit wirtschaftlich relevantem Bezug regelmäßig nicht festzustellen sein. Eine werbende englische Website ist dann nicht auf Deutschland ausgerichtet, wenn in der durch Flaggen gekennzeichneten Auswahl Deutschland fehlt, keine deutsche Kontaktadresse angegeben ist und mit Personen geworben wird, die in Deutschland nicht bekannt sind und unübliche inhaltliche Gestaltungen verwendet werden, zB Abfrage des Alters auf der Eingangsseite.[124]

4. Währung

Der Währung, in der Waren und Dienstleistungen bezahlt werden können, kann eine Indizwirkung zukommen. So sah das OLG München in einem Webauftritt eines Schweizer Unterneh-

---

[120] *Engel* AfP 1996, 220 (225).
[121] BGH Urt. v. 13.10.2004 – I ZR 163/02, GRUR 2005, 431 – HOTEL MARITIME.
[122] Wenn auch nicht unbedingt auf das gesamte Staatsgebiet.
[123] BGH Urt. v. 13.10.2004 – I ZR 163/02, GRUR 2005, 431 – HOTEL MARITIME.
[124] LG Köln Urt. v. 20.4.2001 – 81 O 160/99, MMR 2002, 60 – budweiser.com.

mens, in dem alle Produkte in Schweizer Franken ausgewiesen waren, einen Hinweis, dass sich der Webauftritt lediglich an schweizerische Verkehrskreise wendete und wies die Klage des deutschen Markeninhabers ab.[125]

5. Anzahl der Abrufe aus einem Land

Eine Indizwirkung durch die Anzahl der Abrufe einer Webseite aus einem bestimmten Forum erscheint problematisch. Wie bereits dargestellt, kommt es gerade nicht auf die tatsächliche Kenntnisnahme, sondern vielmehr auf die inhaltliche Ausrichtung einer Website an. Insbesondere spricht daher der Umstand, dass sie in einem bestimmten Land gar nicht abgerufen wurde, nicht dafür, dass sie inhaltlich nicht dennoch auf dieses Forum ausgerichtet war. Ggf. ist bisher nur ein entsprechender Werbeerfolg (noch) nicht eingetreten. Zudem ist es ohnehin ausreichend, dass eine Verletzungshandlung droht. Allerdings kann dem Merkmal eine gewisse Indizwirkung dann wohl nicht abgesprochen werden, wenn eine Seite massenhaft in einem bestimmten Staat abgerufen wurde. Dies spricht möglicherweise dafür, dass der Inhalt auch auf diesen Staat ausgerichtet war. Jedenfalls ist in einem solchen Fall dringend eine Klarstellung, etwa durch einen Disclaimer,[126] anzuraten.

6. Disclaimer/Beweislast

Es obliegt dem Rechteinhaber zB dem Markeninhaber zu beweisen, dass bereits die Domain mit der damit konnektierten Webseite eine Rechtsverletzung im Forum darstellt. Im Zweifel sollte der Rechteinhaber verschiedene Testbestellungen über das Internet vornehmen und sich auf den Webseitenauftritt beziehen. Der Werbende kann jedoch das Verbreitungsgebiet seiner Werbung im Internet und seines Liefergebietes durch einen so genannten Disclaimer einschränken, in dem er ankündigt, Adressaten in einem bestimmten Land nicht zu beliefern.[127] Ein Disclaimer muss zu dessen Wirksamkeit eindeutig gestaltet, auf Grund seiner Aufmachung als ernst gemeint aufzufassen sein[128] und der Ausschluss inhaltlich auch umgesetzt werden.

Das angerufene Gericht hat sowohl in Deutschland als auch in Österreich das Vorliegen der internationalen Zuständigkeit nach der EuGVVO nur rügebedingt zu prüfen. Denn nach Art. 24 EuGVVO wird das angerufene Gericht eines Mitgliedstaates ohnehin zuständig, wenn sich der Beklagte **rügelos** auf das Verfahren einlässt, also den Mangel der Zuständigkeit nicht sogleich geltend macht und kein anderweitiger ausschließlicher Gerichtsstand vorliegt. Daher wird die Klage auch in beiden Ländern ohne Rücksicht auf mögliche Bedenken des Gerichts an seiner Zuständigkeit dem Beklagten zunächst einmal zugestellt, um diesem die Möglichkeit zu geben, sich zur Sache einzulassen.[129] Hält der Beklagte das angerufene Gericht für unzuständig, so hat er dies also sogleich zu rügen. Verteidigt sich der Beklagte hingegen erst gar nicht gegen die Klage, so hat das Gericht jedoch vor Erlass eines Versäumnisurteils seine örtliche und internationale Zuständigkeit zunächst zu prüfen. Sollte diese nicht gegeben sein, wird es die Klage durch unechtes Versäumnisurteil gem. § 331 II ZPO im Beschlusswege zurückweisen. In Deutschland stellt die Prüfung der Internationalen Zuständigkeit aufgrund unerlaubter Handlung zudem eine sog. **qualifizierte Prozessvoraussetzung** dar, dh zur Bejahung der Zuständigkeit braucht das Vorliegen einer unerlaubten Handlung nicht bewiesen zu werden. Ausreichend ist es, dass eine Verletzung behauptet wird und diese nicht von vornherein ausgeschlossen werden kann.[130]

Die Anwendung der Grundsätze der rügelosen Einlassung, sowie zusätzlich in Deutschland der qualifizierten Prozessvoraussetzung, sind in der Lehre zum Teil kritisiert worden. Das Rechtsinstitut der rügelosen Einlassung, welches eigentlich dem Schutz des Beklagten

---

[125] OLG München Urt. v. 8.10.2009 – 29 U 2636/09, GRUR-Prax 2009, 35 – REFODERM.
[126] Zur Unterscheidung von anderen Disclaimern sogleich.
[127] BGH Urt. v. 30.3.2006 – I ZR 24/03, GRUR 2006, 513 – Arzneimittelwerbung im Internet.
[128] BGH Urt. v. 30.3.2006 – I ZR 24/03, GRUR 2006, 513 – Arzneimittelwerbung im Internet.
[129] OGH Beschl. v. 20.3.2007 – 17 Ob 2/07d – Palettenbörse I.
[130] BGH Urt. v. 15.2.2007 – I ZR 114/04, GRUR 2007, 871, Tz. 17 – Wagenfeldleuchte (zum insoweit gleichlautenden EuGVÜ); BGH Urt. v. 13.10.2004 – I ZR 163/02, GRUR 2005, 431 – HOTEL MARITIME.

dienen solle,[131] würde sich auf europäischer Ebene hauptsächlich zu Lasten des Beklagten auswirken. Hierdurch werde der Beklagte genötigt, im Falle der Unzuständigkeit unnötigerweise vor einem Gericht eines anderen Mitgliedstaates erscheinen zu müssen.[132] Würde jemand in einem anderen Mitgliedstaat verklagt, so sei es im Falle der Unzuständigkeit des Gerichts vielmehr sachgerechter, wenn das Gericht zunächst von sich aus seine Zuständigkeit positiv feststellen müsse. Denn im Regelfall wird es aus Sicht des Beklagten auch wenn er das angerufene Gericht für international unzuständig hält kaum zumutbar sein, sich nach einer Klagezustellung nicht anwaltlich vertreten zu lassen und zur ggf. fehlenden Zuständigkeit und hilfsweise zur Sache zu äußern. Tut er dies nicht, so riskiert er ein Versäumnisurteil gegen sich, da die Zuständigkeit in diesem Fall vor deutschen und österreichischen Gerichten nur schlüssig behauptet werden muss.

Beispiel:

In dem Fall Palettenbörse[133] etwa ging ein österreichischer Kläger gegen die Registrierung der Domain palettenbörse.com vor. Er trat seit mehreren Jahren mit verschiedenen Domains unter dem Schlagwort Palettenbörse in Österreich auf und ist auch Inhaber der Wortmarke. Der in Deutschland wohnende Beklagte hatte die Domain registriert, ohne diese jedoch im geschäftlichen Verkehr genutzt zu haben. Das Erstgericht verneinte seine internationale Zuständigkeit und wies die Klage zurück. Auf die nach bestätigendem Rekurs eingelegte Revision hin hob der OGH die Entscheidung auf und wies das Erstgericht an, zunächst das Zustellverfahren einzuleiten. Das angerufene Gericht dürfe seine Unzuständigkeit nicht von Amts wegen a limine annehmen, sondern habe dem Beklagten zunächst die Möglichkeit zu geben, sich einzulassen. Der Beklagte hielt jedoch das angerufene österreichische Gericht für international unzuständig und ließ sich nicht zur Klage ein. Das Erst- und Rekursgericht verneinten auch entsprechend ihre Zuständigkeit. Der OGH bejahte jedoch später die internationale Zuständigkeit und erließ ein Versäumnisurteil gegen den Beklagten. Hätte sich der Beklagte hier anwaltlich vertreten lassen, wäre der Fall möglicherweise anders ausgegangen.

84 Eine entsprechende Verfahrensweise, also der sofortigen Klagezustellung und im Falle der Säumnis des Zugestehens der behaupteten Tatsachen, wurde teilweise auch als nicht vertragsautonom kritisiert.[134] Denn hierbei handele es sich um nationale Verfahrensgrundsätze, die nicht auf das höherrangige europäische Recht übertragen werden dürfen. Gem. Art. 26 I EUGVVO sei den Gerichten vielmehr auferlegt, ihre internationale Zuständigkeit von Amts wegen zu ermitteln. Dies beinhalte auch, dass selbst bei Säumnis des Beklagten der Kläger das Vorliegen der Internationalen Zuständigkeit positiv beweisen müsse. Gleichermaßen sei dem Gemeinschaftsrecht auch das Rechtsinstitut der qualifizierten Prozessvoraussetzungen fremd.[135] Für eine sofortige Zustellung der Klage spricht, dass aufgrund der Möglichkeit der rügelosen Einlassung zwingend eine sofortige Zustellung zu erfolgen hat. Auch spricht der Wortlaut des Art. 26 I EUGVVO nicht per sé gegen das Verfahren einer sofortigen Klagezustellung. Eine Lösung, die beidseitigen Interessen gerecht wird, wäre es, wenn die internationale Zuständigkeit zunächst in einem vorgeschalteten selbstständigen Zuständigkeitsverfahren festgestellt werden müsste, zu welchem sich der Beklagte optional einlassen kann. Wird danach etwa per Beschluss die Zuständigkeit bejaht, so ist dem Beklagten erneut die Möglichkeit der (nunmehrigen) Bestellung eines Anwaltes und einer Einlassung zur Sache zu geben. Ein solches Verfahren findet jedoch keine konkrete Stütze im Gesetz. Auch wurde es teilweise dahingehend kritisiert, dass es zu „amerikanischen Zuständen" führe. Denn bei komplexen Streitigkeiten könne sich ein vorgeschaltetes Zuständigkeitsverfahren sehr lange hinziehen, womit ebenfalls niemanden gedient wäre.[136]

85 Für den in einem fremden Staat Beklagten würde eine entsprechende Verfahrensweise jedoch Entlastung bringen. Er kann zunächst, ohne einen Verlust seiner Rechte durch Säumnis oder Präklusion fürchten zu müssen, den Ausgang des Zuständigkeitsverfahrens abwar-

---

[131] Dies trägt dem Gedanken Rechnung, dass der Bekl. im Falle des abweisenden Urteils an einem Sachurteil ein größeres Interesse als an einem Prozessurteil haben werde.
[132] Vgl. *Schack* Rn. 384; *Geimer* Rn. 1821 ff.
[133] OGH Beschl. v. 20.3.2007 – 17 Ob 2/07d – Palettenbörse II.
[134] *Schack* Rn. 384 ff.; *Geimer* Rn. 1821 f.
[135] *Bettinger/Leistner/Bettinger*, Werbung und Vertrieb im Internet, Rn. 189.
[136] *Geimer* Rn. 1132; *Schack* Rn. 203.

II. Internationales Domainrecht

ten. Erst bei ungünstigem Ausgang müsste er sich dann anwaltlich vertreten lassen und vor Ort in dem fremden Staat erscheinen. Eine weitergehende Regelung durch den europäischen Gesetzgeber ist in jedem Falle sicherlich wünschenswert.

Von der Internationalen Zuständigkeit ist das **Internationale Privatrecht** abzugrenzen. Danach wird bei einem Lebenssachverhalt mit Auslandsbezug die Bestimmung vorgenommen, welches Recht im konkreten Streitfall anwendbar ist. Seit dem 11.1.2009 ist in den Mitgliedstaaten der EU – mit Ausnahme von Dänemark – die Rom II-Verordnung als unmittelbar geltendes Recht in Kraft getreten. Sie gilt gem. Art. 1 I 1 Rom II-VO für außervertragliche zivil- und handelsrechtliche Schuldverhältnisse, wenn sie eine Verbindung zum **Recht verschiedener Staaten** aufweisen, wobei es genügt, dass nur ein betroffener Staat Mitglied der Europäischen Union ist. Die bisherigen nationalen Regelungen zum Internationalen Privatrecht in den Art. 40 ff. EGBGB und § 48 IPRG sind demnach durch die Verordnung vollständig ersetzt worden.[137] Insofern korrespondiert Art. 1 I 1 mit Art. 3 Rom II-VO, wonach das Recht, auf dass die Verordnung verweist, auch dann anzuwenden ist, wenn es sich nicht um das Recht eines Mitgliedstaates handelt. Die Verordnung ist mithin vertragsautonom und abschließend anzuwenden. Art. 24 Rom II-VO stellt nochmals klar, dass auch kein Rückgriff auf nationale IPR-Vorschriften erfolgen soll, also Rück- und Weiterverweisungen durch nationale Vorschriften grundsätzlich ausgeschlossen sind.[138]

Die Verordnung enthält als Grundsatz in Art. 4 I Rom II-VO eine allgemeine Kollisionsnorm, die in den Absätzen 2 und 3 ähnlich wie bisher in den §§ 48 I S. 2 IPRG und 40 ff. EGBGB eine **Bereinigung im Sinne der stärksten Beziehung** enthält. Art. 4 I Rom II-VO knüpft dabei zunächst an den Erfolgsort der unerlaubten Handlung an. Haben der Geschädigte und der Ersatzpflichtige zum Zeitpunkt des Schadenseintritts ihren gewöhnlichen Aufenthalt in demselben Staat, findet nach Art. 4 II Rom II-VO das Recht dieses Staates Anwendung. Wenn sich aus der Gesamtheit der Umstände eine **offensichtlich engere Verbindung** mit dem Recht eines anderen Staates ergibt, so erklärt die Ausweichklausel des Art. 4 III Rom II-VO das Recht dieses Staates für anwendbar. Zudem befinden sich in der VO noch einige **Sonderregeln für einzelne Deliktstypen.** Art. 6 Rom II-VO bildet besondere Anknüpfungsregeln für außervertragliche Schuldverhältnisse, die aus unlauterem Wettbewerb entstanden sind. Insoweit knüpft Art. 6 I an das **Recht des Marktortes** an. In Art. 8 Rom II-VO enthält die VO Spezialregelungen für das IPR der Rechte des geistigen Eigentums. Der Begriff **Rechte des geistigen Eigentums** umfasst dabei Urheberrechte und verwandte Schutzrechte, das Schutzrecht eigener Art für Datenbanken und gewerbliche Schutzrechte. Hierzu gehören auch die Kennzeichenrechte des gewerblichen Rechtsschutzes, dh Marken- und Unternehmenskennzeichen.[139]

> **Praxistipp:**
> Von dem danach für Rechte des geistigen Eigentums anzuwendenden Recht kann nicht durch eine Vereinbarung der Parteien abgewichen werden, und die Verweisung auf das Recht des gemeinsamen Aufenthaltsortes der Parteien findet ebenfalls hierauf keine Anwendung.

Art. 8 I Rom II knüpft dabei an das **Schutzlandprinzip** an. Dieses besagt, dass sich die Frage, ob und in welchem Umfang zeichenrechtlicher Schutz gegen bestimmte grenzüberschreitende Handlungen gewährt wird, nach dem Recht desjenigen Landes richtet, für das der Zeichenschutz in Anspruch genommen wird. Da aufgrund des Territorialitätsprinzips im jeweiligen Schutzland ausschließlich inländische Zeichenrechte Wirkung entfalten können, beurteilt sich die Frage, ob etwa ein deutsches Zeichenrecht verletzt ist, damit ausschließlich nach deutschem Recht. Die Frage, ob etwa österreichisches Zeichenrecht verletzt ist, beurteilt sich allein nach dem jeweiligen österreichischen Recht. Die entscheidende Frage ange-

---

[137] *Junker* NJW 2007, 3675 (3677); *Ofner* ZfRV 2008/03 S. 15.
[138] *Ofner* ZfRV 2008/03 S. 15.
[139] *Sack* WRP 2008, 1405 (1406).

sichts der Globalität des Internets lautet daher nicht, ob deutsches oder österreichisches Zeichenrecht anwendbar ist, sondern ob deutsches oder österreichisches Zeichenrecht verletzt ist.[140] Im Falle einer grenzüberschreitenden Verletzungshandlung ist demnach um dem Territorialitätsprinzip Rechnung zu tragen, für jeden Staat das ihn betreffende Recht jeweilig anzuwenden. Das gilt auch bei unteilbaren grenzüberschreitenden Verletzungshandlungen, insbesondere im Internet. Das kann zur Folge haben, dass ein Internetangebot nach den **anzuwendenden nationalen Rechtsordnungen** unterschiedlich zu bewerten ist und unterschiedliche Rechtsfolgen auslöst.

Beispiel:
So war zB die Internetwerbung für Leuchten des Designers Wilhelm Wagenfeld in Deutschland nach § 17 UrhG rechtswidrig, in Italien hingegen zulässig, weil diese Leuchten dort keinen urheberrechtlichen Schutz genießen.[141]

89 Mit dem Recht des Schutzlandes kann rechtlich nur derjenige Teil der Benutzungshandlung untersagt werden, der in dem betreffenden Schutzland stattgefunden hat. Faktisch bedeutet dies bisher jedoch bei Unterlassungs- und Beseitigungsansprüchen gegen Internetauftritte, dass mit dem Recht eines einzigen Landes Internetangebote insgesamt unterbunden werden können. Folglich können bisher Schutzrechtsinhaber mit Hilfe des jeweils strengsten Schutzlandrechts die gesamte unteilbare Benutzungshandlung auch mit Wirkung für solche Staaten untersagen, nach deren Recht sie an sich zulässig sind. Es kann jedoch durch den Einsatz eines Disclaimers der Bezug zu einem Forumsstaat mit entsprechend strengem Schutzlandrecht unterbunden werden, indem das entsprechende Angebot erkennbar und ausdrücklich nicht auf diesen Staat ausgerichtet wird und zB Kunden auch gar nicht beliefert werden.[142] Zwar gibt es unterdessen sog. **Zoning** und **Geolocation Technologies**,[143] mit denen die IP-Adresse ermittelt werden, ein Rückschluss auf den Abrufort gegeben und damit nach geografischen Kriterien der Informationszugang und -inhalt gesteuert werden kann. Technisch verlässlich sind diese Technologien aber bisher noch nicht, da derzeit zum einen mit dem Gebrauch von Anonymisierungstechnologien die Lokalisierung einer IP-Adresse verschleiert werden kann, zum anderen ein zentrales Register für IP-Adressen nicht existiert, so dass keine in jedem Fall verlässliche Lokalisierung gewährleistet ist, an die zB die Bestimmung einer zuständigen Jurisdiktion oder die Bestimmung des anwendbaren Rechtes geknüpft werden könnte.[144] Gleichwohl ist denkbar, dass hier bei entsprechender technischer Fortentwicklung nach der Umstellung von IPv4 (Internet Protocol Version 4) auf **IPv6** künftig verlässliche Bestimmungen möglich sein werden, die dann die gesamte bisherige Dogmatik zu Unterlassungsansprüchen und zur Bestimmung von internationaler Gerichtszuständigkeit verändern würden. Bei Schadensersatzansprüchen ist nach der sog. **Mosaiktheorie**[145] ohnehin eine nationale Parzellierung vorzunehmen.

90 Teilweise wird der Kläger bereits in der **bloßen Registrierung einer Domain** also auch ohne Benutzungsaufnahme bzw. Konnektierung der Website eine Verletzung seiner Rechte sehen. Er wird den Domaininhaber daher auf Löschung in Anspruch nehmen wollen. Es stellt sich in derartigen Fällen die Frage, ob dann auch ein deliktischer Gerichtsstand als Erfolgsort der unerlaubten Handlung besteht bzw. unter welchen Voraussetzungen er angenommen werden sollte. So könnte etwa jemand mit Sitz in Warschau, der eine .at-Domain

---

[140] *Bettinger* Teil 2 DE 1219.
[141] BGH Urt. v. 15.2.2007 – I ZR 114/04, GRUR 2007, 871 – Wagenfeld-Leuchte.
[142] Vgl. OGH Beschl. v. 23.3.1999 – 4 Ob 26/99, GRUR Int. 1999, 1062 (1065) – TV-Movie: Dort ging es um die Vermarktung von Fernsehzeitschriften in Österreich, auf deren Titelblatt mit einem Gewinnspiel geworben wurde. Das Gewinnspiel war nach Deutschem Recht als dem Recht des Erscheinungsortes zulässig, nach österreichischem Recht hingegen verboten. Der OGH nahm an, dass die Werbung als solche nicht verboten werden könne. Es genüge, „wenn die Bekl. klarstellt, dass österreichische Leser an ihren Gewinnspielen nicht teilnehmen können".
[143] Vertiefend: *Hoeren*, Zoning und Geolocation – Technische Ansätze zu einer Reterritorialisierung des Internet, MMR 2007, 3.
[144] *Hoeren*, Zoning und Geolocation – Technische Ansätze zu einer Reterritorialisierung des Internet, MMR 2007, 3.
[145] *Sack* WRP 2008, 845 (852).

registriert hat, möglicherweise auch in Deutschland zB am Wohnort der Klägerin verklagt werden. Entsprechende Klagen hat es bereits gegeben, so nahm etwa das KG Berlin in seiner **concert-concept** Entscheidung in einem entsprechenden Fall seine internationale Zuständigkeit gem. § 32 ZPO an. Bei dieser aus dem Jahre 1997 stammenden Entscheidung klagte der deutsche Inhaber der Domain concept-concert.de[146] auf Unterlassung der Benutzung des Domainnamens concert-concept.com gegen einen in den USA ansässigen Registrar. Das KG Berlin nahm damals seine internationale Zuständigkeit gem. § 32 ZPO mit der Begründung an, der Domainname sei auch in Deutschland bestimmungsgemäß technisch abrufbar. Eine solch schrankenlose Annahme eines Erfolgsortes für Internetfälle im Inland geht nach heutigem Verständnis sicherlich zu weit, da dies insbesondere zu einer exorbitanten internationalen Gerichtpflichtigkeit führen würde. Richtig ist es jedoch, den Gerichtsstand der unerlaubten Handlung grundsätzlich für Klagen auf Unterlassung der Benutzung einer Domain zu eröffnen, zumeist wird es sich hierbei auch um das sachnähere Gericht handeln. Es ist also insofern zu klären, welche Kriterien an die Annahme eines Erfolgsortes gestellt werden sollten.

Ein **deliktischer Erfolgsort** sollte danach beurteilt werden, ob durch die Registrierung der Domain eine Kollision mit den Namens- oder Wettbewerbsinteressen des Verletzten gerade auch in dem entsprechenden Land als möglich erscheint. Bei einer Prüfung lediglich auf Zuständigkeitsebene sollten die Voraussetzungen daher nicht überspannt werden, jedoch sollte auch ein Interesse eines evtl. Beklagten nicht außer Acht gelassen werden, ihm ein Gerichtsverfahren in einem fremden Staat nicht ohne Weiteres zuzumuten, insbesondere wenn der Streitfall gar keinen engeren inneren Bezug zu dem gewählten Forum Delicti[147] aufweist.

Checkliste

1. Markenrecht

Ein Vorgehen aus Markenrecht scheidet regelmäßig aus, da in der bloßen Registrierung einer Domain als Verletzungshandlung (ohne Erstbegehungsgefahr) insofern keine Benutzung des Titels im geschäftlichen Verkehr liegt.[148] Somit bleibt als mögliche Anspruchgrundlage üblicherweise nur noch ein Vorgehen aus Wettbewerbsrecht bzw. sittenwidriger Schädigung (Domain-Grabbing) einerseits oder aus Namensrecht andererseits.

2. Wettbewerbsrecht

Eine notwendige Kollision der Interessen der Parteien kann im Falle des Vorgehens aus Wettbewerbsrecht dann angenommen werden, wenn (auch) in dem entsprechenden Forum die wettbewerblichen Interessen der Mitbewerber aufeinander treffen, wenn also ein **Konkurrenzverhältnis** bzw. ein **gemeinsamer Marktort im Forumsstaat** besteht.[149] In dem Fall Palettenbörse.com[150] nahm der OGH einen sog. **Behinderungswettbewerb durch Domain-Grabbing** an. Der Erfolgsort der unerlaubten Handlung sei dort, wo der Schaden der Behinderung eintrete. Da die Klägerin die Domain nicht selbst zum Wettbewerb in Österreich nutzen könne, sei der Erfolgsort in diesem Fall Österreich. Insofern war es unerheblich, dass es sich um eine .com und nicht um eine .at ccTLD gehandelt habe. Der Bezug zu Österreich konnte jedenfalls durch den eröffneten Behinderungswettbewerb angenommen werden. Dieser Argumentation folgend wäre damit durch den eröffneten Behinderungswettbewerb auch ein Konkurrenzverhältnis und damit ein Bezug zu Österreich gegeben. Es erscheint jedoch fraglich, an den Begriff der geschäftlichen Handlung iSd UWG nur derart geringe Anforderungen zu stellen, dass in der bloßen Registrierung der Domain (ohne Verwendung) bereits ein **Handeln im geschäftlichen Verkehr** zu sehen ist. Jedenfalls erscheint hier aber die Bejahung einer unzulässigen Beeinträchtigung schon per sé als problematisch, da es sich bei dem Begriff Palettenbörse lediglich

---

[146] KG Urt. v. 25.3.1997 – 5 U 659/97, NJW 1997, 3321 – concert-concept.com.
[147] Gerichtsstand der unerlaubten Handlung.
[148] BGH Urt. v. 2.12.2004 – I ZR 207/01, GRUR 2005, 687 – weltonline.de.
[149] *Lindacher* § 9 Rn. 7, 12 f.
[150] OGH Beschl. v. 20.3.2007 – 17 Ob 2/07d – Palettenbörse II.

um eine Gattungsbezeichnung handelt. Die Registrierung von **Gattungsbezeichnungen** unterliegt unter wettbewerbsrechtlichen Gesichtspunkten regelmäßig nur dem Prioritätsprinzip.[151] Würde man diesen Grundsatz hier nicht anwenden, so hielte man ohne nachvollziehbaren Grund einen bestimmten Gattungsbegriff nur für einen einzigen Marktteilnehmer frei. Dies liefe aber einem gerechten und fairen Wettbewerb entgegen, welcher sich gerade in dem first come, first serve Prinzip als oberstem Grundsatz niederschlägt.

3. Namensrecht

Im Falle des Vorgehens aus Namensrecht sollte eine Interessenkollision angenommen werden, wenn der Name der Domain einen gewissen Bezug zu dem jeweiligen Staat aufweist. Es sollte also durch die Registrierung oder den Gebrauch eine **Namensanmaßung** und eine daraus folgende **Zuordnungsverwirrung** (von nicht nur geringem bzw. theoretischem Ausmaß) angenommen werden können. Eine derartige Einschränkung, die an den Inhalt bzw. die Ausrichtung des Domainnamens angelehnt wird, stellt richtigerweise eine sinnvolle Begrenzung der anderenfalls wiederum ausufernden internationalen Gerichtspflichtigkeit dar. Ein entsprechender Bezug zu einem jeweiligen Forumsstaat könnte zum einen aus der benutzten Sprache, zB der Übersetzung eines ausländischen Namens ins Deutsche, der entsprechenden ccTLD oder der Bekanntheit des verletzten Namensträgers im Forum hergestellt werden.

Beispiel:

Eine entsprechende Fallgestaltung hatte 2006 wiederum das LG Berlin in dem Fall „Tschechische-Republik"[152] zu entscheiden. Die Tschechische Republik ging damals erfolgreich gegen die Registrierung der Domain tschechische-republik.at, .ch und .com vor. Der Beklagte hatte die Domains registrieren lassen und zur Werbung (Domainparking) benutzt, sowie auf einer Domainhandelsplattform zum Verkauf angeboten. Die Zuständigkeit des angerufenen Gerichtes folgte hier zwar aus Art. 2 I EUGVVO, also dem Sitz des Beklagten. Zu der Frage, nach welchen Kriterien ein deliktischer Gerichtsstand anzunehmen ist, können die Ausführungen jedoch gleichfalls herangezogen werden.

93   Das LG Berlin bejahte zunächst ein Namensrecht der Klägerin. Dieses setze sich nach der Übersetzung des originären Namens **Česká republika** ins deutsche auch an den übersetzten Worten „Tschechische Republik" fort. Zudem entschied es, dass sich der Beklagte durch die (drohende) Benutzung als Domain diesen Namen angemaßt habe. Der Verkehr geht im Allgemeinen davon aus, dass es sich bei (entsprechenden) identischen Domains um die des Namensinhabers handelt und somit trete auch eine Zuordnungsverwirrung ein.[153] Dieser Rechtsprechung ist insoweit zuzustimmen, als sie auch auf materieller Ebene durch den Hinweis auf die Übersetzung des Namens ins Deutsche einen Bezug zum deutschen Forum herstellt. Danach ist eine Namensanmaßung auch für den Fall zu bejahen, dass etwa die Domain Česká republika registriert würde. Zumindest bei einer Registrierung als .de-Domain entsteht in gleicher Weise eine Zuordnungsverwirrung in Deutschland. Durch die ccTLD sollte insofern ein hinreichender Bezug zum deutschen Forum hergestellt werden, da hierdurch gerade der Verkehr in Deutschland besonders adressiert wird. Fraglich ist hingegen, ob eine (aus deutscher Sicht) relevante Namensanmaßung auch für eine Registrierung als .at oder .ch Domain noch angenommen werden kann. Eine Zuordnungsverwirrung hat etwa das OLG Düsseldorf[154] für die Gemeinde **Solingen** in einem entsprechenden Fall für ausländische ccTLDs als zweifelhaft angesehen.[155] Hierbei stellt sich jedoch die Frage, ob die Registrierung eines Gemeindenamens noch mit der eines Staatsnamens hinreichend vergleichbar ist. Einen Staatsnamen wird der Verkehr wohl immer nur dem jeweiligen einmalig bestehenden Staat zuordnen. Die Stadt Solingen mag hingegen in Österreich oder der

---

[151] BGH Urt. v. 2.12.2014 – I ZR 207/01, MMR 2005, 534 – weltonline.de; BGH Urt. v. 17.5.2001 – I ZR 216/99, GRUR 2001, 1061 – mitwohnzentrale.de; Entscheidungen des OGH hierzu gibt es hierzu bislang nicht, vgl. *Bettinger/Schanda* Teil 2 AT99.
[152] LG Berlin Urt. v. 26.9.2006 – 9 O 355/06, MMR 2007, 60 – Tschechische Republik.
[153] OLG Düsseldorf Urt. v. 15.7.2003 – 20 U 43/03, MMR 2003, 748 – solingen.info.
[154] OLG Düsseldorf Urt. v. 15.7.2003 – 20 U 43/03, MMR 2003, 748 – solingen.info.
[155] Für die TLD .info hat es jedoch eine Zuordnungsverwirrung bejaht, da diese nicht auf bestimmte Staaten oder Branchen begrenzt sei.

II. Internationales Domainrecht

Schweiz auch nochmals bestehen.[156] Der Rechtsverkehr wird jedenfalls in Abgrenzung hierzu weltweit unabhängig von der ccTLD immer davon ausgehen, dass es sich bei dem Domainnamen Ceska-Republika um die Domain des Namensgebers handelt.

In einem firmenrechtlichen Fall hat der OGH entschieden, dass eine aus einer Second-Level-Domain (SLD) und der Beifügung einer ccTLD gebildeten Firma **karriere.at**[157] ihre firmenrechtliche Unterscheidungskraft regelmäßig nur aus der Eigenschaft der Second-Level-Domain bezieht. Dem Toplevel .at könne keine Prägung für den Gesamtnamen beigemessen werden. Diese pauschale Wertung des OGH ist sehr sorgsam zur Kenntnis zu nehmen. Die nach § 18 Abs. 1 UGB geforderte Unterscheidungskraft der Firma bezieht sich nur auf die Eintragungsfähigkeit im Firmenbuch.[158] Diese rechtliche Wertung darf allerdings nicht pauschal auf die namensrechtliche Problematik bei Domains übertragen werden. Der Verkehr wird eine entsprechende ccTLD im Regelfall zumindest als einen Hinweis auf das entsprechende Land ansehen. Für die Frage nach einem Inlandsbezug ist es daher vielmehr sachgerechter, der verwendeten TLD eine mitprägende Wirkung für den Gesamteindruck beizumessen. Eine deutsche internationale Zuständigkeit etwa für die Domain ceska-republika.at besteht folglich nicht mehr, da insoweit gar kein innerer Bezug mehr zum deutschen Forum besteht. Anders mag dies wiederum dann gesehen werden, wenn ein solcher Bezug durch die Sprache hergestellt wird. So sollte richtigerweise für ein Vorgehen gegen die Domain tschechische-Republik.es oder auch .at die deutsche internationale Zuständigkeit wiederum anzunehmen sein. Dogmatisch ließe sich dieser Ansatz etwa damit rechtfertigen, dass zB im Fall ceska-republika.es gar keine Zuordnungsverwirrung in Deutschland eintreten kann, da der deutsche Verkehr gar nicht von einer entsprechenden spanischen ccTLD Domain unter ausländischen Domainnamen angesprochen wird. Zumindest ist jedoch in diesem Fall eine Interessenkollision im engeren Sinne aus der Namensanmaßung mit dem Interesse aus dem Namensrecht des Namensinhabers in Deutschland regelmäßig fern liegend, zumindest solange nicht auch ein hinreichender wirtschaftlicher Bezug besteht. So sollte, wenn auch ein materieller Löschungsanspruch dem Grunde nach bestehen mag, zumindest die Bejahung eines deliktischen Erfolgsortes in Deutschland ausscheiden. Ansonsten würde dies wiederum zu einer weltweit ausufernden Gerichtspflichtigkeit für Domainstreitigkeiten führen. Bei der Domain tschechische-Republik.at wird der deutsche Verkehr hingegen wiederum durch den Bezug zur deutschen Sprache angesprochen. Anzumerken ist aber, dass es sich hierbei durchaus um einen Grenzfall handelt, da andererseits auch damit argumentiert werden kann, durch die ccTLD .at werde vorwiegend der österreichische Verkehr angesprochen. Im Ergebnis scheint jedoch auch hier die Annahme eines deutschen deliktischen Erfolgsortes als vertretbar.

cc) *Geltendmachung der Ansprüche vor dem EUGH.* Der EuGH ist zwar für die **Auslegung** der Verordnung (EG) Nr. 874/2004 zuständig, nicht jedoch für eine Entscheidung über Ansprüche aus der Verordnung selbst.[159] Dennoch können das EuG und der EuGH in Ausnahmefällen auch abseits von einer Verordnungsauslegung über Rechtsfragen zur .eu-Domain entscheiden. So wurde in der Rechtssache T 46/06 die Europäische Kommission verklagt. Die Klägerin[160] wollte eine Kommissionsentscheidung durch das Gericht für nichtig erklären lassen. Nach dieser Entscheidung ist der Domainname **galileo.eu** nach Art. 9 der Verordnung (EG) Nr. 874/2004 für die Nutzung durch die Organe und Einrichtungen der Gemeinschaft reserviert. Geplant ist, den Domainnamen für das europäische Satellitennavigationssystem Galileo zu verwenden, einer Initiative der EU und der Europäischen Weltraumorganisation (ESA). Zum jetzigen Zeitpunkt ist mit der Domain keine Webseite konnektiert. Die Klage wurde vom EuG abgewiesen.[161] Begründet wurde dies damit, dass das Gericht zum einen nicht befugt sei, den Gemeinschaftsorganen Anweisungen zu erteilen,

---

[156] LG Berlin Urt. v. 26.9.2006 – 9 O 355/06, MMR 2007, 60 – Tschechische Republik.
[157] OGH Beschl. v. 18.12.2009 – 6 Ob 133/09 – Karriere.at GmbH.
[158] In Deutschland: Handelsregister.
[159] *Kipping* Rn. 303.
[160] Galileo Lebensmittel GmbH & Co. KG.
[161] EuG Urt. v. 28.8.2007 – T 46/06 – Galileo Lebensmittel GmbH & Co/Kommission der Europäischen Gemeinschaften.

zum andern fehle es der Klägerin an der Klagebefugnis. Der EuGH hat die Entscheidung des EuG bestätigt und das Rechtsmittel gegen die Entscheidung zurückgewiesen.[162]

96 In der Rechtssache T-107/06 liegt der Fall ähnlich.[163] Die griechische Klägerin möchte den Domainnamen co.eu registrieren, der jedoch als zweibuchstabige Domain gesperrt ist. Auch hier ist Ursache für die Sperrung eine Entscheidung der Kommission. Nach Ansicht der Klägerin spricht aber nichts gegen eine Registrierung der Domain. Das Gericht soll daher das entsprechende Dokument, auf dem die Sperrung beruht, für nichtig erklären. Die Klage wurde als unzulässig abgewiesen.

97 Nach Art. 267 des Vertrages über die Arbeitsweise der Europäischen Union (AEUV) entscheidet der Europäische Gerichtshof (EuGH) auf Vorlage des Gerichtes eines Mitgliedstaates im Wege der **Vorabentscheidung** über die Auslegung des Vertrags über die Europäische Union. Die Entscheidungen sind für die Gerichte der Mitgliedstaaten bindend, es soll die Einheitlichkeit der Rechtsprechung in den Mitgliedstaaten gewährleistet werden. Kommt es im Rahmen eines Gerichtsverfahrens vor einem nationalen Gericht zu einer entsprechenden Auslegungsfrage, so kann dieses Gericht die Frage dem EuGH zur Entscheidung vorlegen. Stellt sich eine derartige Frage vor einem Höchstgericht, so muss dieses Gericht den EuGH anrufen.

3. Internationale Domains

98 Für die weltweite Verwaltung und Koordinierung von Domainnamen ist die **Internet Corporation für Assigned Names and Numbers (ICANN)** zuständig. Dabei handelt es sich um eine Non-Profit-Organisation, die ihren Sitz in den USA hat.

99 **a) Die Anmeldung einer internationalen Domain.** Die Vergabe von Domainnamen obliegt den sog. **Network Information Center (NIC)**. Diese wurden für diese Aufgabe von der ICANN ausgewählt und existieren in jedem Land, bspw. die DENIC in Deutschland. Für die Registrierung der generischen Top-Level-Domains .com, .net und .org wurden im Jahr 1994 erstmals Regelungen und Voraussetzungen vorgegeben. Die Registrierung einer Domain ist danach jeder natürlichen und juristischen Person weltweit und unabhängig von ihrer Staatsangehörigkeit und ihrer Niederlassung möglich. Die Domainvergabe verläuft dann nach dem Windhundprinzip. Eine Prüfung entgegenstehender Rechte Dritter ist der Vergabe nicht vorgeschaltet.[164] Mit der Domainvergabe werden sämtliche Kontakte für administrative und technische Angelegenheiten des Anmelders in der WHOIS-Datenbank hinterlegt und gespeichert. Diese Datenbank kann dann über das Internet von der Öffentlichkeit eingesehen werden.

100 Die Registrierung der Top-Level-Domain .int erfolgt abweichend hiervon. Die Anmeldung ist direkt an die **Internet Assigned Numbers Authority (IANA)**[165] zu richten. Anders als bei den anderen TLD steht eine Registrierung jedoch nur einem begrenzten Kreis von Inhabern zu. Dieser umfasst Organisationen, die basierend auf internationalen Abkommen zwischen nationalen Regierungen gegründet wurden. Bei der gebührenfreien Registrierung wird jeder dieser Organisationen ein Domainnamen zugestanden. Die Anmeldung weiterer Namen ist nicht erlaubt.

> **Praxistipp:**
> Gemäß der aktuellen Registration Policy sind folgende **Registrierungsvoraussetzungen** zu erfüllen:
> - Ein Staatsvertrag zwischen den nationalen Regierungen muss vorgelegt werden.
> - Die Organisation, die die Registrierung eines Domainnamens beantragt, muss durch den Staatsvertrag gegründet worden sein. Ein Ratsbeschluss oder Ähnliches reichen nicht aus.
> - Die Organisation muss eine eigene Rechtspersönlichkeit besitzen. Daneben muss sie dem internationalen Recht unterstehen.

---

[162] EuGH Urt. v. 17.2.2009 – C-483/07, MMR 2009, 388.
[163] Klageerhebung am 5.4.2006, Slg. 2006, C 190/22, Rs. T-107/06 – Inet Ellas – Elektroniki Ipiresia Pliroforion E. P. E./Kommission der Europäischen Gemeinschaften.
[164] Kazemi/Leopold MMR 2004, 287 (288); Ernst MMR 2002, 714 (718).
[165] http://www.iana.org.

b) Die Durchsetzung der Rechte gegen eine internationale Domain. Auch bei der Durchsetzung der Rechte gegen eine internationale Domain sind außergerichtliche Durchsetzung und die gerichtliche Durchsetzung zu unterscheiden.

aa) Die außergerichtliche Durchsetzung (UDRP). Die Internet Corporation for Assigned Names and Numbers (ICANN) hat am 24.10.1999 die **Uniform Domainname Dispute Resolution Policy (UDRP)**[166] eingeführt. Im Rahmen eines außergerichtlichen Streitbeilegungsverfahrens für Domainstreitigkeiten soll damit die Durchsetzung kennzeichenrechtlicher Ansprüche gegen missbräuchliche Domainregistrierungen vereinfacht werden. Die UDRP ist jedoch keine internationale Regelung in Form eines völkerrechtlichen Vertrages. Vielmehr handelt es sich um eine neue Form der **internationalen Selbstregulierung,** die durch die US-Regierung initiiert und legitimiert ist. Sie wurde als summarisches Konfliktlösungsinstrument ausgestaltet, das schnell eine Vielzahl von Domainstreitigkeiten zu lösen vermag. Die Schiedsordnung gilt weltweit für alle Registrierungen, die nach ihrem Inkrafttreten vorgenommen wurden. Das Verfahren wurde speziell für Domainstreitigkeiten entwickelt. In einem quasi-administrativen Verfahren unterwerfen sich die Domaininhaber diesem mit Anerkennung der Domainregistrierungsordnung ihres Registrars, sofern dieser das UDRP darin aufgenommen hat.[167] Dem Verfahren wurde bewusst ein, sich vom gerichtlichen Verfahren aber auch vom normalen Schiedsverfahren, unterscheidender Ablauf gegeben. So entfallen die Durchführung mündlicher Verhandlungen und die eigenständige Beweisermittlung. Um eine **effiziente Verfahrensabwicklung** zu gewährleisten, wird auch der Grundsatz des rechtlichen Gehörs durch bedeutende Präklusionsvorschriften eingeschränkt. Diese Charakteristika der UDRP zeigen deutlich die Unterschiede zu den ordentlichen Verfahren, aber auch zu klassischen Schiedsgerichtsverfahren.

Diese verfahrensmäßigen Unterschiede bewirken, dass die UDRP schon konzeptionell auf eine **kürzere Verfahrensdauer** ausgelegt ist. Diese beträgt i. d. R. nicht länger als zwei Monate. Daneben sind auch die Kosten geringer, als bei den anderen internationalen Streitbeilegungsverfahren. Für 1–5 Domainnamen fallen ca. 1.500 US-Dollar an Kosten an. Materiellrechtlich erfasst die UDRP nur die bösgläubige Domainregistrierung. Die weiteren kennzeichenrechtlichen Ansprüche können nicht Gegenstand des UDRP-Verfahrens sein. Als entscheidender Vorteil der UDRP ist die **Durchsetzung der Entscheidung** anzusehen. Diese gelingt viel einfacher als im Rahmen der ordentlichen Gerichtsbarkeit. Im Gegensatz zu dieser wird die Übertragung der streitgegenständlichen Domain in der UDRP mit dem sog. **Lock-Status** behindert. Mit diesem wird die Domain durch die Einleitung des UDRP-Verfahrens belegt. Die Registrare sind darüber hinaus zur Umsetzung der Panel-Entscheidung verpflichtet.

> **Praxistipp:**
> Eine zusätzliche Anerkennung und Vollstreckung der Entscheidung ist nicht nötig. Nur mit einem fristgerecht, dh innerhalb von zehn Tagen, eingeleiteten Verfahren vor den ordentlichen Gerichten durch den Beschwerdegegner kann die Umsetzung der Entscheidung verhindert werden.

Der **sachliche Anwendungsbereich** des UDRP-Verfahrens ist auf den Bereich der sog. generischen Top-Level-Domains beschränkt. Ausgenommen sind somit sog. country code Domains. Eine Geltung für diese kann nur dann erreicht werden, wenn die nationalen Vergabestellen sich der UDRP unterwerfen und damit diese in ihrer Registrierungsordnung für die Domaininhaber verbindlich machen.[168] Eine weitere Einschränkung ist in § 4 (a) der UDRP festgelegt.

Ein Domaininhaber ist nur dann der Panel-Entscheidung unterworfen, wenn der beschwerdeführende Dritte behauptet, dass

---

[166] http://www.icann.org/dndr/udrp/policy.htm.
[167] *Krug/Keim/Rector* MMR-Beil. 2001, 13 (15).
[168] http://www.wipo.int/amc/en/domains/gtld/.

1. sein Domainname mit einer Marke, aus welcher der Beschwerdeführer Rechte herleitet, identisch oder verwechslungsfähig ähnlich ist,
2. der Domaininhaber kein Recht oder berechtigtes Interesse an dem Domainnamen hat, und
3. der Domainname bösgläubig registriert wurde und verwendet wird.

106 Das UDRP-Verfahren ist somit für die Fälle nicht anwendbar, bei denen kennzeichenrechtliche Verletzungstatbestände eingreifen. Gültigkeit hat es hingegen für Fälle von **missbräuchlichen Domainregistrierungen**. Die materiell-rechtliche Anspruchsvoraussetzung ist dann der Nachweis einer Marke, § 4 (a) (i) UDRP, die durch den streitgegenständlichen Domainnamen verletzt wird. Marken können Registermarken, aber auch Marken kraft Verkehrsgeltung sein. Ausgeschlossen sind aber Namensrechte, geschäftliche Bezeichnungen, geographische Angaben und Werktitelrechte.[169]

107 Zur Aufsicht und Durchführung des Verfahrens akkreditiert die ICANN die **Dispute Resolution Provider**. Dies sind derzeit vier Schiedsgerichte. Das Bekannteste ist die World Intellectual Property Organization (WIPO). Deren Aufgabe ist die administrative Abwicklung des Verfahrens und die Überprüfung der Einhaltung der vorgeschriebenen Förmlichkeiten, wie sie in der UDRP, den UDRP-Rules[170] sowie in den Supplemental Rules festgelegt sind. Letztere werden von dem jeweiligen Dispute Resolution Provider bestimmt.

Der Ablauf des jeweiligen UDRP-Verfahrens ist vom zuständigen Dispute Resolution Provider und dessen **Supplemental Rules** abhängig. Diese unterscheiden sich teilweise.

108 Durch das Einreichen der Beschwerde setzt der Beschwerdeführer das Verfahren in Gang. Hierfür kann er sich einen Dispute Resolution Provider auswählen. Um den Anforderungen zu genügen, muss die Beschwerde nach § 5 UDRP-Rules **schriftlich und in elektronischer Form** bei einem der Provider eingereicht werden. Von diesem Formerfordernis darf nur abgewichen werden, wenn bspw. Anlagen in dieser Form nicht verfügbar sind. Weitere formale Anforderungen sind den jeweiligen Supplemental Rules der Dispute Resolution Provider zu entnehmen. Auch diese müssen vom Beschwerdeführer eingehalten werden. Hier sind insbesondere die Begrenzungen hinsichtlich der zulässigen Wort- und Seitenzahlen zu beachten. Hilfreich sind daher die Leitlinien zum Erstellen der Beschwerde (**filing guidlines**) und die Musterbeschwerden (**model complaints**), welche die Dispute Resolution Provider auf ihren Webseiten veröffentlicht haben.

109 Folgende Inhalte müssen nach § 3 (b) UDRP-Rules in der Beschwerdeschrift enthalten sein:
1) die Namen und Kontaktdaten (postalische Adresse, E-Mail, Telefon und Telefax) des Beschwerdeführers und der von ihm zu seiner Vertretung im Verfahren bevollmächtigten Personen (§ 3 (b) (ii) UDRP-Rules)
2) die Benennung einer bevorzugten Übermittlungsart für Mitteilungen an den Beschwerdeführer im Rahmen des Verfahrens, sowohl für körperliche als auch ausschließlich elektronische Dokumente (§ 3 (b) (iii) UDRP-Rules)
3) die Angabe über die Größe des Entscheidungspanels (Einer- oder Dreier-Panel) und bei einem Dreier-Panel die Benennung dreier Panel-Kandidaten[171]
4) die Benennung der Marke, auf welcher die Beschwerde basiert, sowie gegebenenfalls die Waren und Dienstleistungen, die von der Marke erfasst sind (§ 3 (b) (viii) UDRP-Rules)
5) Informationen über andere gerichtliche Verfahren, die neben dem Beschwerdeverfahren hinsichtlich des/der streitgegenständlichen Domainnamen eingeleitet oder beendet wurden (§ 3 (b) (xi) UDRP-Rules)
6) die Bestätigung, dass der Beschwerdeführer dem Beschwerdegegner, dh dem Domainameninhaber, gemäß § 2 (b) UDRP-Rules eine Abschrift der Beschwerdeschrift einschließlich eines anhand der Supplemental Rules erstellten Deckblatts übermittelt hat (§ 3 (b) (xii) UDRP-Rules)

---

[169] Vgl. WIPO Case No. D2004-0439 – enmersan.com, allgemeine Ansicht.
[170] https://www.icann.org/resources/pages/rules-be-2012-02-25-en.
[171] Diese können den Listen von Panelmitgliedern aller von der ICANN akkreditierten Dispute Resolution Providern entnommen werden.

7) die Erklärung, dass sich der Beschwerdeführer hinsichtlich der Rechtsbehelfe gegen eine den Domainnamen löschende oder übertragende Panelentscheidung der Zuständigkeit eines bezeichneten wechselseitigen Gerichtsstand unterwirft (§ 3 (b) (xiii) UDRP-Rules).

Neben diesen zwingenden Angaben muss der Beschwerdeführer in der Beschwerdeschrift außerdem begründen, welche Verletzung durch den Domainnamen seiner Marke entsteht. Hierfür muss er darlegen, inwiefern der Domainname und die Marke identisch sind oder Ähnlichkeit besteht, die eine Verwechslungsgefahr begründet. Auch muss er begründen, warum dem Domaininhaber keine Rechte an dem Domainnamen zustehen sollen und warum der Domainname als bösgläubig registriert und benutzt anzusehen ist.

Nach dem Einreichen der Beschwerdeschrift obliegt es dem Dispute Resolution Provider die Beschwerde anhand der formellen Zulässigkeitskriterien zu überprüfen. Stellt er deren Einhaltung fest, so muss der Provider die Beschwerdeschrift innerhalb von drei Kalendertagen nach dem Eingang der vom Beschwerdeführer gezahlten Gebühr an den Beschwerdegegner weiterleiten. Die **Gebühr** ergibt sich aus § 19 UDRP-Rules. Ist die Beschwerde jedoch in formeller Hinsicht mangelhaft, so weist der Dispute Resolution Provider den Beschwerdeführer darauf hin. Dieser hat dann innerhalb von 5 Tagen die Möglichkeit Korrekturen vorzunehmen. Geschieht dies nicht, wird die Beschwerde als zurückgenommen angesehen. Der Beschwerdegegner kann innerhalb von 20 Tagen nach der Übermittlung auf die Beschwerde erwidern. Dabei kann er sich auf die Behauptungen und Angaben aus der Beschwerdeschrift beziehen und darlegen, warum ihm die Registrierung des streitgegenständlichen Domainnamens zusteht und zu belassen ist. Eine Verlängerung der Frist ist auf Antrag des Beschwerdegegners oder basierend auf einer schriftlichen Vereinbarung der Parteien ausnahmsweise möglich. Auch die Beschwerdeerwiderung muss formalen Anforderungen genügen. Diese sind wiederum den UDRP-Rules und den Supplemental Rules zu entnehmen. Auch für die Beschwerdegegner halten die Dispute Resolution Provider Richtlinien und Musterformulare auf ihren Webseiten bereit.

Ähnlich wie beim Einreichen der Beschwerde, muss der Beschwerdegegner bei der **Beschwerdeerwiderung zwingende Inhalte** beachten, § 5 UDRP-Rules:

1) die Namen und Kontaktdaten (postalische Adresse, E-Mail, Telefon und Telefax) des Beschwerdegegners und der zu seiner Vertretung im Verfahren bevollmächtigten Personen (§ 5 (b) (ii) UDRP-Rules)
2) die Angabe der bevorzugten Übermittlungsart für Mitteilungen an den Beschwerdegegner, sowohl für ausschließlich elektronische als auch für körperliche Dokumente (§ 5 (b) (iii) UDRP-Rules)
3) Angabe, ob der Beschwerdegegner ein Dreier-Panel wünscht – nur in dem Fall, wenn der Beschwerdeführer ein Einer-Panel bestimmt hat (§ 5 (b) (iv) UDRP-Rules); Angabe der drei Panelkandidaten (§ 5 (b) (v) UDRP-Rules)
4) Informationen über die gerichtlichen Verfahren, die den streitgegenständlichen Domainnamen betreffend eingeleitet oder beendet wurden (§ 5 (b) (vi) UDRP-Rules)

Nach fristgerechtem Eingang der Beschwerdeerwiderung benennt der Dispute Resolution Provider das **Panel**. Die gelisteten Panelkandidaten sind für diese Aufgabe akkreditiert. Vertreten sind neben im internationalen Markenrecht spezialisierten Rechtsanwälten auch Richter und Professoren.

Bei der **Benennung des Panels** muss der Provider die folgenden Kriterien aus § 6 UDRP-Rules beachten:

1) Beantragt keiner der Verfahrensbeteiligten ein Dreier-Panel, so ist innerhalb einer Frist von fünf Tagen nach dem Eingang der Beschwerdeerwiderung ein Einzel-Panel zu bestimmen (§ 6 (b) UDRP-Rules).
2) Wurde ein Dreier-Panel beantragt, so soll der Provider nach Möglichkeit innerhalb von fünf Tagen je ein Panelmitglied von den Kandidatenlisten des Beschwerdeführers und des Beschwerdegegners bestimmen. Ist dies nicht möglich, so wählt der Dispute Resolution Provider Kandidaten aus seiner Panelmitgliederliste aus. Zudem muss der dritte, sog. Presiding Panelist bestimmt werden. Hierfür sind die Präferenzen der Verfahrensbeteiligten zu beachten, (§ 6 (e) UDRP-Rules).

3) Reicht der Beschwerdegegner keine Erwiderung ein, so muss das erste Mitglied des Panels anhand der Kandidatenbenennung des Beschwerdeführers benannt werden. Bei einem Dreier-Panel hat der Dispute Resolution Provider zwei weitere Mitglieder von seiner Liste zu bestimmen.

115 Bei der Benennung des Panels sollen die Präferenzen und Gegebenheiten der Verfahrensteilnehmer berücksichtigt und in einen fairen Ausgleich gestellt werden. Hierbei spielen vor allen Dingen die Verfahrenssprache, die Nationalität der Parteien, die Erfahrung der Panelmitglieder und deren Beteiligung an früheren Verfahren mit einem oder beiden Verfahrensteilnehmer eine Rolle. Mit der Benennung muss der Dispute Resolution Provider seine Panelists zur Abgabe einer **Unparteilichkeits- und Unabhängigkeitserklärung** verpflichten.

116 Sodann trifft das Panel die Entscheidung über die Domainstreitigkeit. Hierbei gilt der **Beibringungsgrundsatz**. Dieser besagt, dass nur die beiden Parteien den streitgegenständlichen Sachverhalt in das Verfahren einbringen dürfen. Das Panel soll grundsätzlich nicht die Sachverhaltsaufklärung übernehmen. Es kann die Parteien aber auffordern, weitere Sachvorträge einzureichen, um eine Entscheidung zu ermöglichen. Die **Verfahrenssprache** bestimmt sich gem. § 11 UDRP-Rules nach der Sprache der Domainregistrierungsordnung. Davon wird abgewichen, wenn sich die Parteien auf eine andere Sprache einigen oder für das Panel besondere Umstände für die Anwendung einer anderen Sprache vorliegen.[172]

117 Für das Verfahren ist eine anwaltliche Vertretung nicht zwingend vorgeschrieben. Sie ist aber anzuraten, um die komplexen Verfahrensregelungen und die kurzen Einlassungsfristen korrekt zu handhaben. Die Panelentscheidung ergeht schriftlich. Zwingende Inhalte sind dabei die Entscheidungsgründe, der Tag der Entscheidungsverkündung und die Namen der beteiligten Panelmitglieder. Bei einem Dreierpanel bestimmt sich das Ergebnis anhand der Mehrheit der Stimmen.

118 Die Entscheidungskompetenz des Panels umfasst **vier Rechtsfolgen:**

1) Liegt eine missbräuchliche Domainregistrierung und -Benutzung iSd § 4(a) UDRP vor, so wird entweder die Übertragung des Domainnamens an den Beschwerdeführer oder die Löschung des Domainnamens angeordnet.
2) Ist keine missbräuchliche Registrierung oder Benutzung gegeben, so wird die Beschwerde abgewiesen.
3) Die Domainvergabestelle muss die Panelentscheidung vollziehen. Eine Anerkennung und Vollstreckung durch ein ordentliches Gericht ist nicht nötig.
4) Sieht das Panel das Einreichen der Beschwerde als bösgläubig oder als Schikane des Beschwerdegegners an, so gesteht es dem Domaininhaber nach § 15 UDRP zu, in der Entscheidung feststellen zu lassen, dass ein Versuch des *„Reverse Domain Name Hijackings"* vorliegt. Das kann dann der Fall sein, wenn der Beschwerdeführer die Übertragung der streitgegenständlichen Domain anstrebt, welche aber schon lange Zeit auf den Beschwerdegegner registriert ist. Der Beschwerdeführer, der den eigentlichen Kaufpreis für die Domain nicht bezahlen möchte, beantragt nun die gleichlautende Marke. Mit dieser versucht er im Rahmen der UDRP seine Rechte geltend zu machen. So möchte er kostengünstiger, lediglich die Verfahrenskosten, an die Domain gelangen. Tatsächlich sind die notwendigen Tatbestandsvoraussetzungen des UDRP-Verfahrens aber gar nicht gegeben.

Reverse Domain Name Hijacking liegt grundsätzlich bei einer Schikane und klaren Schädigungsabsicht seitens des Beschwerdeführers vor.

Das Panel kann das Beschwerdeverfahren auch dann vor einer Entscheidung beenden, wenn die Parteien einen **Vergleich** abschließen.[173]

119 Die Entscheidungen des Panels entfalten keine Präzedenzwirkung für spätere Verfahren und Entscheidungen. Dies ist mit einem Schiedsspruch zu vergleichen. Dennoch orientieren sich die Panels bei ihrer Entscheidungsfindung an früheren Streitfällen und müssen eine abweichende Entscheidung begründen. Anders als ein Schiedsspruch soll das UDRP jedoch nicht die Zuständigkeit der ordentlichen Gerichte einschränken. Den Streitparteien steht es

---

[172] WIPO Case No, D2002-0153 – studienkreis.net; WIPO Case No. 2000-0540 – 50x15.com.
[173] WIPO Case No. D2000-0058 – torraspapel.com.

daher offen, zeitgleich zum UDRP-Verfahren oder danach in der gleichen Angelegenheit ein **Verfahren vor einem ordentlichen Gericht** zu betreiben. Die Einleitung des Verfahrens ist dem Panel aber umgehend mitzuteilen. Das Panel kann dann darüber entscheiden, ob es das Verfahren weiterführen, aussetzen oder beenden wird. Eine nachgelagerte Klage vor den ordentlichen Gerichten kann den Vollzug der Panelentscheidung verhindern. Dies muss dem Panel aber innerhalb von zehn Tagen nach der Entscheidung angezeigt werden. Die Panelentscheidung entfaltet keine Bindungswirkung gegenüber den ordentlichen Gerichten.

> **Praxistipp:**
> Hinsichtlich des Vollzugs einer UDRP-Entscheidung bzgl. einer .de-Domain würde es zu Schwierigkeiten kommen. So hat der BGH entschieden, dass ein Übertragungsanspruch nicht mit dem deutschen Recht vereinbar sei.[174] Dies führt dazu, dass das UDRP-Verfahren für .de-Domains nicht anwendbar ist. Ein deutscher Kennzeicheninhaber kann daher nur die Löschung bzw. Freigabe einer Domain verlangen oder die Benutzung untersagen.[175]

Gegen die Panelentscheidung ist **kein Rechtsmittel** vorgesehen. Lediglich die Klageerhebung vor einem ordentlichen Gericht ist möglich. Erfolgt die Klage innerhalb der **Frist von zehn Tagen** nach der Panelentscheidung, kann in Deutschland eine **Feststellungsklage nach § 256 ZPO** erhoben werden. Dabei wird beantragt, festzustellen, dass der Anspruch auf Übertragung oder Löschung des Domainnamens nicht besteht. Das erforderliche Feststellungsinteresse ist hier in der drohenden Umsetzung der Panelentscheidung begründet. Auch hinsichtlich der Zulässigkeit der Feststellungsklage werden in Deutschland unterschiedliche Ansichten vertreten.

In seinem Urteil vom 16.6.2009 hält das LG Köln[176] die Klage des im UDRP Unterlegenen in Form einer negativen Feststellungsklage für zulässig. Dass sich die Parteien der alternativen Streitbeilegung im Rahmen der UDRP unterworfen haben, ist hierfür nicht als entgegenstehend anzusehen. So sieht § 4 (k) UDRP selbst die Einleitung eines Verfahrens vor den ordentlichen Gerichten als zulässig an. Eine andere Auffassung vertrat hingegen das LG Berlin in seiner Entscheidung vom 2.3.2010.[177] Das Gericht wies die Klage ab, da sie unbegründet sei. Nach Ansicht der Kammer liege in einer nach einer UDRP-Entscheidung geltend gemachten Feststellungsklage auf Feststellung des Nichtbestehens eines Übertragungsanspruches eine unzulässige Rechtsausübung vor. Diese sei treuwidrig im Sinne des § 242 BGB. Im deutschen Recht findet sich ein Übertragungsanspruch weder im Kennzeichenrecht noch im Zivilrecht. Mit der Erhebung der negativen Feststellungsklage möchte der Kläger daher eine gerichtliche Feststellung erreichen, die nach inländischem Recht stets zu treffen wäre, ohne dass eine Prüfung, ob der Domaininhaber Rechte der Gegenseite verletzt, vorgenommen würde. Der Kläger soll daher seine Klage nicht nur auf die formale Rechtsposition, dass das deutsche Recht keinen Übertragungsanspruch vorsieht, stützen und damit die Vollziehung des Streitschlichtungsverfahrens verhindern können. Beide Urteile erkennen an, dass die in § 4 (k) UDRP niedergeschriebene Zulässigkeit der gerichtlichen Feststellung sich aber auf die Frage beschränkt, ob die Registrierung oder Benutzung der streitgegenständlichen Domain gegen kennzeichenrechtliche, wettbewerbsrechtliche oder deliktsrechtliche Regelungen des zur Anwendung kommenden nationalen Rechts verstößt.

Kam es schon zum Vollzug der Panelentscheidung, ist eine Feststellungsklage auf jeden Fall ausgeschlossen, da hier das notwendige Feststellungsinteresse fehlt. Es bleibt aber die Erhebung einer Leistungsklage. Diese wird auf § 812 BGB gestützt und dient der **Rückübertragung des Domainnamens**.

Oftmals kam es auch zu der Frage, ob ein **Re-Filing** einer Beschwerde möglich ist und wie ein Rechtsbehelf eingesetzt werden kann. Ein Re-Filing ist das Erheben einer Beschwerde,

---

[174] BGH Urt. v. 22.11.2001 – I ZR 138/99, NJW 2002, 2031 – shell.de.
[175] Härting Internetrecht Rn. 1415.
[176] LG Köln Urt. v. 16.6.2009 – 33 O 45/08, BeckRS 2009, 27626.
[177] LG Berlin Urt. v. 2.3.2010 – 15 O 79/09, BeckRS 2011, 00581.

deren Streitgegenstand in identischer Weise bereits in Form einer Beschwerde abgewiesen wurde.

124 Die Panelists stützen die Beantwortung dieser Frage auf das common law und sehen ein Re-Filing in den folgenden Fällen als **zulässig** an:

1) Nach der Panelentscheidung wurden substantiell neue Tatsachen bekannt, die im ersten Beschwerdeverfahren nicht ermittelt werden konnten.[178]
2) Eine Partei hat die erste Entscheidung durch Täuschung oder andere unlautere Mittel herbeigeführt.[179]
3) Die ursprüngliche Beschwerde wurde ohne Präjudiz entschieden.[180]

125 Diese Fälle zeigen, dass eine erneute Beschwerde nur in besonderen Ausnahmefällen zulässig ist. Die Beweisanforderungen für eine erneute Beschwerde sind außerdem höher. Ein bloßes Wiederholen des Vortrags aus dem ersten Beschwerdeverfahren reicht in der Regel nicht aus.

126 Die Verfahrenskosten legt der jeweilige Dispute Resolution Provider fest. Sie können daher variieren. Daneben hängt die Kostenhöhe auch von der Anzahl der Domainnamen ab, gegen die die Beschwerde gerichtet ist. Auch die Anzahl der Panelmitglieder wirkt sich auf die Verfahrenskosten aus. Der Beschwerdeführer soll gemäß § 19 UDRP-Rules die gesamten Kosten zahlen und den Gesamtbetrag bei Einreichung der Beschwerde an den ausgewählten Provider entrichten. Beantragt der Beschwerdegegner aber abweichend von der Beschwerdeschrift ein Dreier-Panel, soll dieser die Hälfte der Panel-Gebühr übernehmen. Die **Zahlungsfrist** für die Gebühr beträgt zehn Tage. Das Versäumen dieser Frist führt zur Beendung des Verfahrens, § 19 (c) UDRP-Rules.

127 Wird eine Beschwerde nach Verfahrensbeginn, aber vor der Benennung des Panels, zurückgenommen, so wird in den Fällen, in denen die Beschwerde gegen weniger als zehn Domainnamen gerichtet ist, die Hälfte der Verfahrenskosten zurückerstattet. Bei Beschwerden gegen mehr als zehn Domainnamen liegen eine Rückerstattung und deren Höhe im Ermessen des Providers. Gleiches gilt bei Rücknahmen nach der Benennung des Panels. In den Verfahrenskosten ist keine Erstattung der Kosten des Markeninhabers vorgesehen, die durch das UDRP-Verfahren entstehen. Wurde deutsches Markenrecht verletzt, so kann aber eine auf § 823 BGB gestützte Schadensersatzklage bei den ordentlichen Gerichten eingereicht werden.

128 *bb) Anspruchsdurchsetzung vor den ordentlichen Gerichten.* Eine Verletzung durch eine streitgegenständliche Domain kann nicht nur Gegenstand von außergerichtlichen Entscheidungsverfahren sein. Vielmehr können die Ansprüche auch durch eine Klageerhebung vor den ordentlichen Gerichten geltend gemacht werden. Bei welchem Gericht die Klageerhebung zu erfolgen hat, ergibt sich zunächst aus der **sachlichen Zuständigkeit.** Sollen Ansprüche aus der Verletzung von Kennzeichenrechten geltend gemacht werden, so bestimmt sich das zuständige Gericht in Deutschland gemäß § 140 MarkenG. Dieser regelt, dass unabhängig von der Höhe des Streitwertes, die Zuständigkeit bei den Landgerichten liegt. Aufgrund der Spezialzuständigkeiten, der es für solche Streitfälle bedarf, wurden mehrere bestimmte Gerichte in den Landgerichtsbezirken ausgewählt, denen die Zuständigkeit obliegt. Für die Einordnung als Kennzeichenstreitsache genügt es, dass das Rechtsverhältnis, aus dem der geltend gemachte Anspruch abgeleitet wird, den Regelungen des MarkenG unterworfen ist. Unerheblich ist dabei aber, ob die Klage neben den markengesetzlichen auch auf andere namensrechtliche, wettbewerbsrechtliche oder deliktsrechtliche Ansprüche gestützt wird.

129 Welches Gericht **örtlich zuständig** ist, regeln die §§ 12 ff. ZPO. Klagen und einstweilige Verfügungen, die die kennzeichenverletzende Registrierung und Benutzung von Domainnamen zum Gegenstand haben, sind bei dem Landgericht einzureichen, in dessen Bezirk der beklagte Domaininhaber seinen Gerichtsstand hat, § 12 ZPO. Dieser richtet sich bei natürli-

---

[178] WIPO Case No. D2000-1490 – creo-scitex.com.
[179] WIPO Case No. 2000-0703 – iriefm.com.
[180] WIPO Case No. D 2000-0160 – creo-scitex.com.

chen Personen nach ihrem Wohnsitz oder gewöhnlichen Aufenthaltsort. Bei juristischen Personen ist deren Sitz hierfür maßgebend, §§ 13, 16, 17 ZPO. Es kann neben den allgemeinen Gerichtsständen auch der besondere Gerichtsstand der unerlaubten Handlung in Betracht kommen, § 32 ZPO.

Ist der Sachverhalt der Kennzeichenrechtsverletzung eines deutschen Kennzeicheninhabers so ausgestaltet, dass die Verletzungshandlung durch eine Benutzung im Internet erfolgte und der Verletzer ein ausländischer Domaininhaber ist, so wird hier wiederum die Frage der **internationalen Zuständigkeit** der deutschen Gerichte aufgeworfen.[181] Aufgrund der Ubiquität des Internets kommt es zu Konstellationen, in denen eine Webseite auch in Deutschland abrufbar ist, deren Domaininhaber aber im Ausland ansässig ist. Sieht sich aber nun ein inländischer Kennzeicheninhaber in seinen Rechten verletzt, so kann er hiergegen vor einem deutschen Gericht klagen. Um diese weite Zuständigkeit etwas einzuschränken, wird, noch nicht einheitlich, gefordert, dass sich die verletzende Webseite bestimmungsgemäß auch auf Deutschland richtet.[182] 130

Aktivlegitimiert und daher klageberechtigt ist der materiell-rechtlich berechtigte Inhaber des Kennzeichens. Der Lizenznehmer hingegen darf, selbst bei einer ausschließlichen Lizenz, keinen Unterlassungsanspruch geltend machen, wenn ihm hierzu nicht die Zustimmung des Kennzeicheninhabers erteilt wurde. **Passivlegitimiert** und daher Anspruchsschuldner ist der Inhaber der streitgegenständlichen Domain. Dies ist stets die in der WHOIS-Datenbank hierfür eingetragene natürliche oder juristische Person.[183] Klagegegner als Täter oder Störer kann aber auch eine mit dem Inhaber nicht identische Person sein, die die Domain benutzt.[184] Dies gilt jedoch nur bei einem Anspruch auf Unterlassung der Benutzung. Bei einer Löschungsklage ist nur der Inhaber des Domainnamens passivlegitimiert. 131

Ist die Zuständigkeit des Gerichts bestimmt, so stellt sich die Frage nach dem **anwendbaren Recht**. Die Bestimmung erfolgt nach dem **Schutzlandprinzip (lex loci protectionis)**.[185] Der Grundsatz besagt, dass das anwendbare Recht sich nach dem Land bestimmt, in welchem auch der Zeichenschutz in Anspruch genommen wurde. Im jeweiligen Schutzland schreibt das Territorialitätsprinzip vor, dass nur inländische Zeichenrechte Wirkung entfalten können. Die Frage, ob ein deutsches Zeichenrecht verletzt wird, kann daher nur anhand des inländischen Rechts untersucht und entschieden werden. Die dahinterstehende materiell-rechtliche Frage ist immer: „Wurde deutsches Kennzeichenrecht verletzt?".[186] Eine kollisionsrechtliche Entscheidungsfindung kommt daher nicht in Betracht. Für Deutschland bedeutet dies, dass sich die Verletzung bspw. anhand des Markenrechtes (§§ 14, 15 MarkenG) oder des Gesetzes gegen unlauteren Wettbewerb bestimmt. 132

4. Neue generische Top-Level-Domains (nTLDs)

Am 20.6.2011 beschloss die ICANN ein neues Programm für **neue generische Top-Level-Domains (nTLD)**. Die nTLDs erstrecken sich auf die Gesamtheit aller generischen Domains, die seit März 2013 nach und nach eingeführt werden. Für die Domaininhaber bietet sich nun die Möglichkeit, eine TLD selbst anzumelden, zu verwalten und vor allen Dingen die Buchstabenkombination selbst zu wählen,[187] sofern diese nicht gegen die Grundsätze der ICANN verstößt. Beispielsweise wurden Anträge für die Anmeldung von .shop oder .berlin- 133

---

[181] Vertieft dargestellt unter → Rn. 75 ff.
[182] Bejahend: *Ohly*, Kennzeichenkonflikte im Internet, in: Leible (Hrsg.), Die Bedeutung des internationalen Privatrechts im Zeitalter der neuen Medien, S. 135, 147; verneinend: OLG Karlsruhe Urt. v. 10.7.2002 – 6 U 9/02, MMR 2002, 814 (815) – Intel; OLG Hamburg Urt. v. 2.5.2002 – 3 U 312/01, MMR 2002, 822 (823) – Hotel Maritime.
[183] BGH Urt. v. 8.2.2007 – I ZR 59/04, GRUR 2007, 811 (812) – grundke.de.
[184] BGH Urt. v. 11.4.2002 – I ZR 317/99, GRUR 2002, 706 (707 f.) – vossius.de, LG Frankfurt aM Urt. v. 16.9.1999 – 6 U 6228/98, MMR 2000, 102 (104) – Arvis.
[185] BGH Urt. v. 28.6.2007 – I ZR 49/04, GRUR 2007, 884 (886) – Cambridge Institute; BGH Urt. v. 2.5.2002 – I ZR 300/99, GRUR 2002, 972 (973) – FROMMIA.
[186] *Bettinger/Thum* GRUR Int. 1999, 659 (669).
[187] gTLD Applicant Guidebook abrufbar unter http://newgtlds.icann.org/en/applicants/agb/, *Schulte-Braucks* GRURInt 2013, 322 (322).

Domains gestellt. Damit bieten sich neue Marketingmöglichkeiten, da der Domainname nun auch das eigene Unternehmen, die eigene Marke oder eigene Stadt beinhalten kann.[188] Diese neuen TLD sollen das Suchverhalten der Internetnutzer verändern und neue Möglichkeiten zur Planung von Online-Auftritten und deren Struktur eröffnen.

134   Die erste Bewerbungsrunde fand im Jahr 2012 statt. In dem Zeitraum ab dem 12.1.2012 bis 12.4.2012 konnten Bewerbungen eingereicht werden. Für jede neue Domain, die eingeführt werden soll, waren bereits bei Antragsstellung Gebühren in Höhe von 185.000 US-Dollar zu entrichten. Bei der Vergabe wurde wieder das first come, first serve-Prinzip angewendet. 2014 wurden über 700 neue Top-Level-Domains zugelassen, 2015 werden weitere 500 folgen. Die Registrierungszahlen sind jedoch deutlich hinter den Markterwartungen zurückgeblieben.

135   Auch das von der Markenlobby initiierte sog. **Trademark Clearinghouse**, welches die ICANN am 26.3.2013 einführte, blieb hinter den Erwartungen zurück. Das Trademark Clearinghouse ist ein zentrales Register, in dem Marken eingetragen werden können. Begehrt ein Antragssteller einen Domainnamen, der mit einer der hinterlegten Marken kollidiert, so wird der Kennzeicheninhaber darüber informiert und ihm wird die Möglichkeit gewährt, eigene Rechte an einer TLD geltend zu machen. Ist eine Domain einer eingetragenen Marke nachweislich ähnlich und wurde daher missbräuchlich registriert, so hat der Markeninhaber das Recht, die Domain suspendieren zu lassen. Dies ermöglicht die **Uniform Rapid Suspension (URS)**. Die Domain kann dann nicht mehr verkauft werden, bis der Streit, eventuell auch gerichtlich, beigelegt ist. Auch ein Wechsel zu einem anderen Registrar ist dann nicht möglich. Das URS-Verfahren wurde in das Programm für nTLDs zum Schutz vor Cybersquatting implementiert und ist kostenpflichtig. Das Verfahren ist im Vergleich zum UDRP-Verfahren nochmals beschleunigt. Dies erfordert eine besonders genaue Antragsstellung, da schon der kleinste Fehler in der Beschwerde zu deren Ablehnung führen kann. Die Anforderungen des URS sind als höher zu bewerten, als die der UDRP. Ein URS-Verfahren greift nur bei eindeutiger und klarer Sachlage. Entstehen Zweifel an dem Anspruch des Markeninhabers, so ist sein Antrag zurückzuweisen. Das URS führt dann zu einer Sperrung der Domain für diese eine Registrierungsphase. Ein Löschung oder Übertragung kann nicht erreicht werden. Ist die Registrierungsphase abgelaufen, so kann auch der Domainname wieder verwendet werden.

III. Internationale Bezüge des Markenrechts

1. Allgemeines

136   Wie zu urheberrechtlich geschützten Werken bestehen internationale Abkommen zur Vereinheitlichung des Markenrechts. Dies ermöglicht Markenschutz über die Registrierung bzw. die Erlangung von Markenschutz für Kennzeichen durch Benutzung über die nationalen Grenzen hinaus. So besteht in der EU die Möglichkeit, eine nationale Marke auf das Gebiet der EU zu erstrecken oder aber unmittelbar eine europäische Marke beim **Harmonisierungsamt für den Binnenmarkt (HABM/OAMI)**[189] für das gesamte Gebiet der EU anzumelden. Sowohl nationale als auch EU-Marken können über die **World Intellectual Property Organisation (WIPO)**[190] grundsätzlich auf die Unterzeichnerstaaten erstreckt werden. Ausgehend von territorialen Ansatz einer Markenregistrierung erreicht der Inhaber der Marke durch die Erstreckung eine Ausweitung des Territoriums,[191] für welches er den Markenschutz sowie die damit verbundenen Rechte insbesondere das grundlegende Ausschließlichkeitsrecht erlangt.

---

[188] *Schulte-Braucks* GRURInt 2013, 322 (322).
[189] www.oami.org.
[190] www.wipo.org.
[191] Die Länder Belgien, Niederlande und Luxemburg haben sich insofern vom nationalen Ansatz gelöst als sie sich zu einem Markenterritorium zusammengeschlossen, so dass sich die dort angemeldeten Marken jeweils auf BeNeLux erstrecken.

III. Internationale Bezüge des Markenrechts   137–139   § 8

Praxistipp:
Im WIPO-Verband haben sich Unterzeichnerstaaten teilweise den Vorbehalt der Prüfung einräumen lassen, so dass bei Erstreckung zum Beispiel auf die USA das Klassenverzeichnis nochmals geprüft und ggf. abgeändert werden muss und je nach Unterscheidungskraft Nutzungsnachweise vor Eintragung in die dortigen Register zu erbringen sind. Hier gilt es bei den Anträgen die weiteren Anforderungen genau zu prüfen und mit den Mandanten abzustimmen.

Maßgebliche **internationale Abkommen** mit jeweils unterschiedlichen Gruppen von Unterzeichnern sind: 137
1. Pariser Verbandsübereinkunft zum Schutz gewerblichen Eigentums vom 20.3.1883 (PVÜ)
2. Madrider Abkommen über die internationale Registrierung von Marken vom 14.4.1891 (MMA)
3. Abkommen von Nizza über die Internationale Klassifikation[192] (1957)
4. TRIPS/Übereinkommen über handelsbezogene Aspekte der Rechte des geistigen Eigentums (1994)
5. Markenrechtsvertrag/Trademark Law Treaty (TLT) vom 27.10.1994
6. Verordnung (EG) Nr. 207/2009 über die Gemeinschaftsmarke (GMV) (2009)

a) **Die Pariser Verbandsübereinkunft (PVÜ)** begründet wie die Berner Übereinkunft 138 (RBÜ) für urheberrechtlich geschützte Werke für Marken den Grundsatz der **Inländergleichbehandlung** (Artikel 2 und 3 PVÜ), fremdenrechtliche Mindestrechte im Sinne eines **Mindestschutzes** sowie die sogenannte Unionspriorität (Artikel 4 PVÜ).

Praxistipp:
Der Grundsatz der Unionspriorität ermöglicht international die Erstreckung einer nationalen oder EU-Marke mit Wirkung auf den Anmeldetag der Ausgangsmarke, sofern der Erstreckungsantrag form- und fristgerecht unter entsprechender Gebührenzahlung binnen sechs Monaten nach Erstanmeldung beim Erstreckungsmarkenamt eingeht.

b) **Das Madrider Abkommen über die internationale Registrierung von Marken** vom 139 14.4.1891 (MMA) mit Protokoll (Protokoll zum Madrider Abkommen über die internationale Registrierung von Marken (PMMA) vom 27.6.1989) ist ein Nebenabkommen zum PVÜ und begründet den Verband für die internationale Registrierung von Marken, **IR-Marken** (Artikel 1 Abs. 1 des MMA), wobei die Registrierung durch Vermittlung des Markenamtes des Ursprungslandes beim Internationalen Büro der WIPO in Genf erfolgt. Die **Erstreckung** ist für in Verbandsländern angemeldete bzw. eingetragene Marken als dem jeweiligen Ursprungsland gemäß Artikel 1 Abs. 3 des MMA möglich. Dabei gewährt die internationale Registrierung markenrechtlichen Schutz als wäre die Marke unmittelbar bei der nationalen Stelle angemeldet (Artikel 4 MMA) worden, wobei dies allerdings die weitere Aufrechterhaltung der Basismarke für einen Mindestzeitraum von **fünf Jahren** erfordert. Trotzdem ist die Registrierung über die WIPO-Geschäftsstelle schon wegen der dortigen Arbeitssprachen Englisch und Französisch sowie wegen der Bündelung der Informationen zu den nationalen weiteren Anforderungen, die Koordinierung der Kommunikation sowie die zentrale Gebührenzahlung eine deutliche Erleichterung für die Anmeldung von Marken in anderen Staaten.

---

[192] Am 1. Januar 2015 ist die „Version 2015" der 10. Ausgabe der Nizza-Klassifikation (NCL 10–2015) in Kraft getreten. Diese ersetzt die seit dem 1. Januar 2014 gültige „Version 2014" der 10. Ausgabe der Nizza-Klassifikation (NCL 10–2014).

> **Praxistipp:**
> Die Anmeldung einer Marke über die WIPO begründet **keinen gebündelten Schutz** für die Territorien der Unterzeichnerstaaten, sondern jeweils nur territorial begrenzt auf die ausgewählten Staaten. Hiervon unterscheidet sich die Möglichkeit der Eintragung einer Marke über das HABM. Mit der Anmeldung einer EU-Gemeinschaftsmarke erreicht der Inhaber alle EU-Mitgliedstaaten auch im Falle einer Erweiterung der EU.

140 c) **Revidiertes Abkommen von Nizza über die Internationale Klassifikation von Waren und Dienstleistungen für die Eintragung von Marken vom 15.6.1957 (Nizza Klassifizierung).** Dieses Abkommen ermöglicht die international einheitliche Zuordnung der Marken entsprechend der zu kennzeichnenden Waren und Dienstleistungen. In Deutschland ist dies in jeweils aktualisierter Form Anlage zur Markenverordnung (§ 15 MarkenVO).

141 d) **Das TRIPS Abkommen (1994)**[193] enthält über das PVÜ hinaus materielle Regelungen:
- Inländerbehandlung (Artikel 3 TRIPS)
- Meistbegünstigung (Artikel 4 TRIPS).
- Zeichen und Kombinationen, die Unterscheidungskraft besitzen, müssen als Marken in den Mitgliedstaaten geschützt werden können (Artikel 15 TRIPS)
- exklusive Rechte des Inhabers (Artikel 16 TRIPS)
- Schranken und Ausnahmen des Markenrechts (17 TRIPS)
- Schutzdauer von mindestens sieben Jahren (Artikel 18 TRIPS)
- Markenrechte müssen lizenzierbar und übertragbar (Artikel 21 TRIPS) sein und zwar zusammen oder losgelöst von einem zugrunde liegenden Geschäftsbetrieb.

142 e) Der **Markenrechtsvertrag/Trademark Law Treaty (TLT)** vom 27.10.1994 ist in seinem Anwendungsbereich beschränkt auf visuell wahrnehmbare Marken und verweist zu den grundlegenden Begrifflichkeiten sowie Prinzipien auf das PVÜ.

2. EU-Gemeinschaftsmarke

143 Die Verordnung über die Gemeinschaftsmarke (1997, 2004, 2009)[194] etabliert die Möglichkeit, gemeinschaftsweit über die Anmeldung beim Harmonisierungsamt für den Binnenmarkt (HABM/OAMI) eine Marke anzumelden bzw. Rechte aus diesen gegen potentielle Verletzter abzuwehren (Art. 16 I GMV, Verhältnis zum nationalen Markenrecht, siehe §§ 125a–125h MarkenG). Auch die Gemeinschaftsmarke gewährt ausschließliche Rechte sowie nationale Marken jeweils im Territorium. Im Falle einer Kollision gilt der Prioritätsgrundsatz.

144 Gemeinschaftsmarken haben eine einheitliche Wirkung für die gesamte Gemeinschaft (Art. 1 GMV). Die Anmeldung ist direkt beim HABM möglich oder als Erstreckung einer nationalen Marke. Die nationalen Markensysteme bleiben neben der Gemeinschaftsmarke bestehen und prioritätsältere Markenrechte stellen ein relatives Eintragungshindernis dar (Art. 8 GMV). Hierzu erfolgt durch das Markenamt im Anmeldeprozess eine Information und Übermittlung von Rechercheergebnissen, die aber die eigene vorausgehende Klärung von entgegenstehenden Rechten nicht ersetzen kann.

145 Nach Artikel 8 Absatz 2 ROM II-VO gilt wie für das Urheberrecht das Schutzlandprinzip. Für die Frage des anwendbaren Rechts, dh soweit die GMV keine inhaltlichen Regelungen bietet, ist das nationale Recht anzuwenden.[195] Die GMV enthält auch spezielle Normen über die Zuständigkeit und Verfahren für Klagen, die Gemeinschaftsmarken betreffend (Art. 94 ff. GMV) sowie die besondere Zuständigkeit der Landgerichte als Gemeinschaftsmarkengerichte erster Instanz (§ 125e I MarkenG, 95 GMV) und die Zulässigkeit der Revision zum BGH (Art. 105 III GMV).

---

[193] *Heim* GRURInt 2005, 545.
[194] BeckOKMarkenR/*Bomhard*, VO (EG) 207/2009 Art. 1 (2. Edition, Stand: 1.5.2015); Fezer/*Fezer* MarkenG § 24 Rn. 5.
[195] *Fezer* MarkenG Einl. H.

§ 9 Open Source und Open Content

Übersicht

	Rn.
I. Einführung	1–8
II. Open Source Software	9–62
1. Copyleft-Prinzip	12–14
2. Urheberrecht	15–18
3. Lizenzen	19–26
4. Lizenzierung und Haftung	27–43
a) Dingliches Verfügungsgeschäft	29–34
b) Vertragstypologische Einordnung	35–37
c) Mängelhaftung und Verantwortlichkeit	38–43
5. Kombination von OSS und proprietärer Software	44–54
a) Integration bei Copyleft-Lizenzen	46–49
b) Integration bei Permissive-Lizenzen	50
c) Integration in proprietäre Software und Hardware	51–53
d) OSS und Escrow	54
6. OSS und Internationales Privatrecht	55–62
III. Open Content	63–66

Schrifttum: *Auer-Reinsdorff*, Escrow-Lizenzen und Open Source Software, ITRB 2009, 69; *Backu*, Open Source Software und Interoperabilität, ITRB 2003, 180; *Boyle*, The Public Domain, Yale University Press; *Deike*, Open Source Software: IPR-Fragen und Einordnung ins deutsche Rechtssystem, CR 2003, 9; *Determann*, Softwarekombination unter der GPL, GRUR Int. 2006, 645; *Ernst*, Die Verfügbarkeit des Source Codes, MMR 2001, 208; *Fitzner*, CAFC: Urteil zur Durchsetzbarkeit von Open-Source-Lizenzen, MMR 2008, XV; *Gennen*, „Auseinandersetzung" von Miturhebergemeinschaften, ITRB 2008, 13; *Gerlach*, Praxisprobleme der Open-Source-Lizenzierung, CR 2006, 649; *ders.*, Vergaberechtsprobleme bei der Verwendung von Open Source Fremdkomponenten, CR 2013, 691; *Grützmacher*, Open-Source-Software – die GNU General Public License, ITRB 2002, 84; *ders.*, Open Source Software – BSD Copyright und Apache Software License – Copyright statt Copyleft, ITRB 2006, 108; *ders.*, Open Source und Embedded Systems, ITRB 2009, 184; *Hartmann*, Trends für einen wissenschafts- und medienfreundlichen Urheberschutz, DSRITB 2012, 245; *Heckmann*, IT-Vergabe, Open Source Software und Vergaberecht, CR 2004, 401; *Heussen*, Rechtliche Verantwortungsebenen und dingliche Verfügungen bei der Überlassung von Open Source Software, MMR 2004, 445; *Hoppen/Thalhofer*, Der Einbezug von Open Source-Komponenten bei der Erstellung kommerzieller Software, CR 2010, 275; *Jaeger*, Die GPL kommentiert und erklärt, 1. Aufl. 2005; *ders./Metzger*, Open Source Software, 3. Aufl. 2011; *dies.*, Open Content-Lizenzen nach deutschem Recht, MMR 2003, 431; *dies.*, Die neue Version 3 der GNU General Public License, GRUR 2008, 130; *Koch*, Probleme beim Wechsel zur Neuen Version der GPL, ITRB 2007, 261 und 285; *Koglin*, Die Nutzung von Open Source Software unter neuen GPL Versionen nach der „any later version" Klausel, CR 2008, 137; *Kreuzer* Firmware, Urheberrecht und GPL, CR 2012, 146; *Lapp*, Übertragung von Nutzungsrechten an einer Kombination von Open Source Software und proprietärer Software, ITRB 2007, 95; *Lejeune*, Rechtsprobleme bei der Lizenzierung von Open Source Software nach der GNU GPL, ITRB 2003, 10; *Leistner/Metzger*, Urheberrechtsschranken in der Wissensgesellschaft: „Fair Use" oder enge Einzeltatbestände, Tübingen 2010; *Mantz*, Creative Commons-Lizenzen im Spiegel internationaler Gerichtsverfahren, GRUG Int. 2008, 20; *Metzger*, Open Content-Lizenzen und Verlagsverträge – Die Reichweite des § 33 UrhG, MMR 2006, 784; *ders.*, Europäische Perspektiven Geistigen Eigentums, 2010; *ders./Barudi*, Open Source in der Insolvenz, CR 2009, 557; *ders./Jaeger*, Open Source Software und deutsches Urheberrecht, GRUR Int. 1999, 839; *Nguyen*, Firmware als Sammelwerk und Auswirkungen des viralen Effekts bei Nutzung einzelner Bestandteile, DSRITB 2012, 193; *Plaß*, Open Contents im deutschen Urheberrecht, GRUR 2002, 670; *Redeker*, FS Bartsch, Der „virale Effekt" der GPL – Vermeidung durch Leistungssplit; *Schäfer*, Der virale Effekt, 2007; *Siepmann*, Lizenz- und haftungsrechtliche Fragen bei der kommerziellen Nutzung Freier Software, JurPC Web-Dok. 163/1999, Abs. 1–289; *Spindler*, Open-Source-Software auf dem gerichtlichen Prüfstand – Dingliche Qualifikation und Inhaltskontrolle, K&R 2004, 528; *ders./Wiebe*, Open-Source-Vertrieb, CR 2003, 873; *Stauch*, UK: South Lanarkshire Council vs The Scottish Information Commissioner, ZD Aktuell Heft 1 2014; *Stickelbrock*, Linux & Co. – Gewährleistung und Haftung bei kommerziell vertriebener Open Source Software (OSS), ZGS 2003, 368; *Strobel*, So content with Open Content – Zufriedenheit dank Open-Content-Lizenz?, MMR 2003, 778; *Sujecki*, Vertrags- und urheberrechtliche Aspekte von Open Source Software im deutschen Recht, JurPC Web-Dok. 145/2005, Abs. 1–52; *Tauchert*, Nochmals: Anforderungen an einen Patentschutz für Computerprogramme, GRUR 2004, 922; *Wiebe*, Softwarepatente und Open Source, CR 2004, 881; *Witzel*, AGB-Recht und Open Source Lizenzmodelle, ITRB 2003, 175; *Wuermeling/Deike*, Open Source Software, eine juristische Risikoanalyse, CR 2003, 87.

I. Einführung

1   Der Begriff *Open Source Software* (deutsch: „freie Software") steht für Computerprogramme, die unter solchen Lizenzbedingungen zur Nutzung bereit stehen, bei denen der Quellcode offen zur Verfügung steht. Das wesentliche Kriterium der Open Source Software (OSS) ist der **offene Quellcode** und nicht unbedingt die kostenlose Verfügbarkeit. OSS wird zwar häufig auch kostenlos abgegeben, aber es hat sich ein Zweig von Anbietern herausgebildet, welche sinnvoll zusammengestellte Sammlungen von OSS-Modulen als sogenannte *Distribution* entgeltlich anbieten oder welche zwar kostenlos angeboten werden, deren Nutzung aber gewissen lizenzbedingten Einschränkungen unterliegt.

2   Der Begriff „Freie Software" wird zunächst unter folgenden Gesichtspunkten definiert: „Freie Software ist Software, deren Lizenz es ausdrücklich erlaubt, sie für jeden Zweck zu benutzen, sie zu studieren, zu verändern und in ursprünglicher oder geänderter Form weiter zu verbreiten. Der Quelltext muss hierzu vom Urheber zur Verfügung gestellt werden. Lizenzen, die diese Freiheiten nicht gewähren, werden im Gegenzug als proprietär oder unfrei bezeichnet. Der Begriff „frei" bezieht sich also nicht auf den Kostenaspekt, wie das englische *free* in der Bedeutung gratis oder unentgeltlich vermuten lässt, sondern auf die gewährten **Freiheiten**, die Nutzer und Programmierer im Umgang mit der Software haben. Richard Stallman, der Begründer der Freie-Software-Bewegung, prägte den Ausspruch: *Free as in freedom, not as in free beer* (Frei wie Freiheit, nicht wie Freibier).[1] Dagegen beschreibt der Begriff „proprietär" den Zustand einer Software, bei dem ein Individuum oder eine Firma die exklusiven Rechte an einer Software hält und anderen deshalb Zugang zum Quelltext, das Recht die Software zu kopieren, zu verändern, weiterzugeben oder zu studieren verbietet.

3   Einer Definition der *Free Software Foundation* folgend lassen sich folgende **Vier Freiheiten** freier Software festhalten:
- die Freiheit, die Software – egal zu welchem Zweck – einsetzen zu dürfen;
- die Freiheit, die Software unter Verwendung des Quellcodes den eigenen Bedürfnissen anzupassen;
- die Freiheit, Kopien gratis oder gegen Gebühr weiterzugeben und schließlich
- die Freiheit, bearbeitete Versionen zu verbreiten, so dass Dritte von den Bearbeitungen und Weiterentwicklungen profitieren können.

4   Diese Prinzipien finden sich auch im Vorwort der **GNU General Public License**[2] wieder: „Die meisten Lizenzen für Software und andere nutzbaren Werke sind daraufhin entworfen worden, Ihnen die Freiheit zu nehmen, die Werke mit anderen zu teilen und zu verändern. Im Gegensatz dazu soll Ihnen die GNU General Public License die Freiheit garantieren, alle Versionen eines Programms zu teilen und zu verändern. Sie soll sicherstellen, dass die Software für alle ihre Benutzer frei bleibt. Wir, die Free Software Foundation, nutzen die GNU General Public License für den größten Teil unserer Software; sie gilt außerdem für jedes andere Werk, dessen Autoren es auf diese Weise freigegeben haben. Auch Sie können diese Lizenz auf Ihre Programme anwenden."[3] Open Source Software ist demnach keine Freeware,[4] weil neben der Kostenfreiheit auch die Verfügbarkeit und Weiterverwendbarkeit des Quellcodes gewährleistet wird. Erst recht handelt es sich nicht um Shareware,[5] weil man unter letzterem nichts anderes als kommerzielle Software versteht, die allerdings vor dem Erwerb kostenlos getestet werden kann.

5   Open Source Software kann heutzutage auch nicht mehr zwingend mit der Ideologie in Verbindung gebracht werden, dass Computerprogramme nicht mit Gewinnerzielungsabsicht vertrieben werden sollten. Neben Hobbyisten und Idealisten machen zunehmend und erfolgreich auch Unternehmen von dem **Open Source Vertriebsmodell** Gebrauch. Mit diesem

---

[1] http://de.wikipedia.org/wiki/Freie_Software.
[2] GPL Version 3.
[3] http://www.gnu.org; http://www.gnu.de.
[4] → § 12 Rn. 140 ff.
[5] GPL Version 3.

Modell lassen sich leicht und mit geringem finanziellen Aufwand neue Märkte erschließen. Profite können über den Verkauf von Zusatzfeatures, Supportleistungen und insbesondere auch von Freistellungen von bestimmten Pflichten aus den Lizenzbedingungen erwirtschaftet werden. Diese steigende Akzeptanz von Open Source Software liegt darin begründet, dass die mittlerweile verfügbare Open Source Software und das zugrunde liegende Modell der Lizenzierung „erwachsen", also marktfähig und verlässlich, geworden sind.

Denn Open Source Software ist von der „Technikfreak-Software" zu einer ernst zu nehmenden Alternative zu proprietären, entgeltpflichtigen Softwareprogrammen geworden. So hat sich zum Beispiel die Landeshauptstadt München entschlossen, Open Source Software in ihrer Verwaltung einzusetzen. Doch nicht nur in lokalen **Verwaltungen** steht Open Source Software im Focus des Interesses.[6] Die Schweizer Bundesregierung hat beispielsweise eine interne Richtlinie zur Verwendung von Open Source Software in Bundeseinrichtungen beschlossen. Auch auf Ebene der Europäischen Union gibt es verschiedene Programme und Initiativen zur Verwendung und Vereinheitlichung von Open Source Software, was zur Abfassung einer eigenen *European Public License*[7] führte.

Auch aus Unternehmen ist die Open Source Software in vielen Fällen nicht mehr wegzudenken. So ist der erfolgreichste und am meisten verbreitete Webserver **Apache** Open Source Software. Viele Unternehmen sind sogar dazu übergegangen, eigene zunächst proprietäre Software unter Open Source Lizenzen frei zu geben. Beispielhaft ist Sun Microsystems zu nennen. Die Freistellung unter einer Open Source Lizenz erfolgt teilweise, wenn Produktsparten nicht mehr fortgeführt werden, aber der Hersteller auf einen größeren Kreis von Nutzern zurückgreifen kann, welche im eigenen Interesse die Lösung weiterentwickeln und pflegen.

In der GNU ist die Ausweitung des offenen Ansatzes des Umgangs mit urheberrechtlich geschützten Werken weit über Computerprogramme und deren Dokumentation (Software) hinaus auf Werke anderer Werkkategorien angelegt. Hinter diesen neuen Möglichkeiten des Umgangs, der Verwertung, Verbreitung und Bearbeitung von Werken liegt zunächst eine grundlegend andere Priorität des Sinn und Zwecks geistigen Schaffens. Es geht um die Freiheit der Weitergabe, Weiterverbreitung und Veröffentlichung von Werkbearbeitungen. Die Beziehung des Urhebers zu seinem Werk und seine Nennung gewinnen an Bedeutung, die kommerzielle Verwertung tritt in den Hintergrund. In Deutschland gewinnt der Ansatz der **Open Content Lizenzen** vornehmlich im wissenschaftlichen Umfeld in den letzten Jahren an Bedeutung. Die geläufigsten Lizenzen sind dabei die **Creative Commons License (CCPL)**[8] und die **Digital Peer Publishing License (DPPL)**.[9]

II. Open Source Software

Open Source Software ist weder gesetzlich noch sonst verbindlich definiert. Eine gewisse begriffliche Vereinheitlichung wird aber durch eine Reihe von bekannten und anerkannten Definitionen erreicht. Die berühmteste ist die von der Open Source Initiative[10] herausgegebene *Open Source Definition* (OSD). Die OSD enthält eine Reihe von Anforderungen, die ein Lizenztext erfüllen muss, um als Open Source Lizenz gelten zu können. Kernpunkte sind:
- Jeder Lizenznehmer darf die Software kostenlos oder kostenpflichtig an jede beliebige weitere Person weitergeben.
- Der Quellcode der Software muss kostenlos oder zum Vertriebskostenpreis verfügbar sein.
- Jedermann darf (unter Nutzung des Quellcodes) die Software verändern und diese Veränderungen unter derselben Lizenz weitergeben.

---

[6] Dokumentation unter www.bundestux.de; Kritisch im Sinne einer Risikoanalyse: *Wuermeling/Deike* CR 2003, 87; *Heckmann* CR 2004, 401; su → § 30.
[7] http://ec.europa.eu/idabc/eupl.
[8] http://www.creativecommons.org.
[9] http://www.dipp.nrw.de.
[10] OSI, www.opensource.org.

- Alle potentiellen Lizenznehmer müssen gleichbehandelt werden. Es dürfen nicht bestimmte Personen oder Anwendungsbereiche ausgeschlossen oder benachteiligt werden.

In Erläuterung dieser Definitionen werden weitere Kernbestandteile einer Open Source Software deutlich:

- Die Software (dh der Programmcode) muss in einer für den Menschen lesbaren und verständlichen Form vorliegen.
- Normalerweise handelt es sich bei dieser Form um die Quelltexte der jeweiligen Software in einer abstrakten Programmiersprache. Vor dem eigentlichen Programmablauf ist es in der Regel notwendig, diesen Text durch einen Compiler in eine binäre Form zu bringen, damit das Computerprogramm vom Rechner ausgeführt werden kann.
- Die Software darf beliebig kopiert, verbreitet und genutzt werden.
- Die Software darf verändert und in der veränderten Form weitergegeben werden.

10 Für Open-Source-Software gibt es **keine inhaltlichen Nutzungsbeschränkungen.** Weder bezüglich der Anzahl der Benutzer, noch bezüglich der Anzahl der Installationen. Mit der Vervielfältigung und der Verbreitung von Open-Source-Software sind auch keine Zahlungsverpflichtungen in Form von Lizenzgebühren gegenüber einem Lizenzgeber verbunden oder gestattet. Es darf lediglich ein Entgelt für den Datenträger oder mit der Software verbundene Dienstleistung oder sonstige Leistungen, welche nicht die Software selbst betreffen, berechnet werden.

11 Durch den offen gelegten Quelltext[11] ist **Verändern** für jeden möglich, ohne dass zusätzlich Rechte vom Urheber oder der Gemeinschaft der Urheber erworben werden müssen, da diese durch die jeweilige Open-Source-Lizenz eingeräumt werden.[12] Weitergabe auch der bearbeiteten Software soll ohne Lizenzgebühren möglich sein. Open-Source-Software „lebt" daher förmlich von der **aktiven Beteiligung** der Anwender an der Entwicklung. Je nach geltender Open-Source-Lizenz muss teilweise sogar eine **Offenlegung des Quellcodes** bei Weitergabe des Programms in binärer Form erfolgen.

1. Copyleft-Prinzip

12 Einige OSS-Lizenzen[13] verpflichten den Lizenznehmer, wenn er die Software verändert und die Veränderungen veröffentlicht, dazu den Quellcode der Veränderungen oder Ergänzungen unter der ursprünglichen Lizenz zugänglich zu machen („**Copyleft**"). Die bekannteste Lizenz mit dieser Regelung ist die **GNU General Public License.**[14] Grundlage der Lizenzierung ist gemäß der Copyleft-Klausel, dass alle unter der GPL gewährten Rechte auf Grundlage des Urheberrechts an dem Programm gewährt werden, wobei diese unwiderruflich sind, solange die festgelegten Bedingungen der GPL eingehalten werden.

13 Copyleft-Bedingungen nach der **GPLv3 – Paragraf 1:**

„Sie dürfen auf beliebigen Medien unveränderte Kopien des Quelltextes des Programms, wie sie ihn erhalten haben, anfertigen und verbreiten. Voraussetzung hierfür ist:
1. dass Sie mit jeder Kopie einen entsprechenden Copyright-Vermerk sowie
2. einen Haftungsausschluss veröffentlichen,
3. alle Vermerke, die sich auf diese Lizenzen und das Fehlen einer Garantie beziehen, unverändert lassen und
4. des Weiteren allen anderen Empfängern des Programms zusammen mit dem Programm eine Kopie dieser Lizenz zukommen lassen.

(Sie dürfen für den eigentlichen Kopiervorgang eine Gebühr verlangen. Wenn Sie es wünschen, dürfen Sie auch gegen Entgelt eine Garantie für das Programm anbieten.)".

14 Dem Nutzer wird in der GPL gestattet, ein auf dem Programm basierendes Werk zu erstellen oder die nötigen Modifikationen vorzunehmen, um es aus dem Programm zu generieren, zu kopieren und zu übertragen und zwar in Form von Quelltext, wenn das Gesamt-

---

[11] *Backu* ITRB 2003, 180.
[12] Zu der Frage der Unterbrechung der Lizenzkette bei Insolvenz eines Rechteinhabers → § 24 Rn. 164 ff.
[13] Zu den Unterschieden zu den anderen Open Source Lizenzen *Jaeger* S. 2 ff.
[14] http://www.gnu.org/licenses/gpl.html.

werk als Ganzes gemäß dieser Lizenz an jeden lizenziert wird, der in den Besitz einer Kopie gelangt. Diese Lizenz des Ursprungsprogramms wird daher – gegebenenfalls einschließlich zusätzlicher Bedingungen– für **das Werk als Ganzes** und alle seine Teile gelten, unabhängig davon, wie diese zusammengepackt werden.[15] Dieses Prinzip des Copyleft führt dazu, dass der Bearbeiter einer unter der GPL stehenden Software – wenn er sich für die Weitergabe entscheidet – die bearbeitete Software nur zusammen mit dem Quellcode der neuen Software weitergeben darf.[16]

2. Urheberrecht

Open Source Software ist wie jede andere Software, die vom schöpferischen Gehalt her eine eigene geistige Schöpfung (§ 69a Absatz 3 S. 1 UrhG) darstellt, als **Computerprogramm** (§ 2 Absatz 1 Nr. 1 UrhG) urheberrechtlich geschützt, deren Dokumentation als **Sprachwerk** (§ 2 Absatz 1 Nr. 1 UrhG). Anders als unter Umständen bei Freeware wollen die Entwickler nicht auf die Anerkennung ihrer Urheberschaft und die daraus folgenden Urheberrechte verzichten.[17] Dies gilt unabhängig davon, dass ein solcher Verzicht im deutschen, dem Prinzip des Monismus folgenden Recht, unwirksam wäre (§ 8 Abs. 4 UrhG).

An der Entwicklung von Open Source Software können tausende Personen beteiligt sein. Die daraus resultierende, höchst komplizierte Rechtslage verdeutlicht am besten eine Unterscheidung zwischen Erstversionen und Bearbeitungen. Die Entwickler einer **Erstversion** sind je nach Grad der Zusammenarbeit Miturheber iSd § 8 Abs. 1 UrhG oder Urheber an einzelnen an sich eigenständig nutzbaren zusammengefügten Werken.[18] **Miturheberschaft** hat neben der schöpferischen Tätigkeit jedes an der Werkerstellung Beteiligten zwei weitere Voraussetzungen:

- Das entstandene Werk muss ein einheitliches sein, dh seine Teile dürfen wirtschaftlich nicht gesondert verwertbar sein,[19] wobei eine theoretische Trennungsmöglichkeit unschädlich ist.[20]
- Die Zusammenarbeit der Entwickler muss eine gemeinschaftliche sein.[21] Darunter versteht man das Vorliegen eines gemeinsamen Plans und die wechselseitige Unterordnung unter diesen Plan.

Die Erstversion erlangt spätestens dann als Computerprogramm urheberrechtlichen Schutz, wenn sie von den Entwicklern zur Nutzung freigegeben wird, in der Regel durch Bereitstellung zum Herunterladen im Internet. Sämtliche Open Source Lizenzen erlauben die Veränderung der Software. Urheberrechtlich handelt es sich dabei um Bearbeitungen, an denen die Bearbeiter selbständige Urheberrechte erwerben (§ 3 S. 1 UrhG). Zu beachten ist dabei jedoch, dass nicht jede geringfügige Bearbeitung auch den Bereich einer persönlichen geistigen Schöpfung erreicht für das Entstehen einer geschützten Bearbeitung.[22] Das soeben zur Miturheberschaft Gesagte gilt entsprechend. Das erforderliche Bearbeitungsrecht (§ 23 S. 1 UrhG) erhalten die Bearbeiter aufgrund des OSS-Lizenzvertrags. Mit zunehmender Reife und Verfügbarkeit im Netz oder am Markt der Software und steigender Zahl der früheren und aktuellen Bearbeiter entsteht ein regelrechtes Geflecht voneinander abhängiger Urheberrechte – so genannte **Bearbeitungsketten**. Es bietet sich für private wie kommerzielle Entwickler an, den Entwicklungsprozess der Software möglichst detailliert zu protokollieren, um im Streitfall die eigenen Anteile und damit die eigene Rechtsposition darlegen zu können. Von besonderer Bedeutung bleibt bei OSS der Urheberrechts- oder **Copyright-Vermerk**.

---

[15] §§ 2 und 5 GPL v3.
[16] *Jaeger* S. 63 f.
[17] Zum Konfliktpotential zum Patentschutz für softwarebezogene Erfindungen: *Wiebe* CR 2004, 881; *Tauchert* GRUR 2004, 922.
[18] *Gennen,* ITRB 2008, 13.
[19] *Spindler/Schuster/Wiebe* § 8 Rn. 4.
[20] BGH Urt. v. 3.3.1959 – I ZR 17/58, GRUR 1959, 335.
[21] BGH Urt. v. 14.7.1993 – I ZR 47/91, GRUR 1994, 39.
[22] OLG Hamburg Urt. v. 29.2.2012 – 5 U 10/10, MMR 2012, 832.

18 Wichtig war im Rahmen des 2. Korbs der Urheberrechtsreform die Einführung des § 32 Absatz 3 S. 3 UrhG: „Der Urheber kann aber unentgeltlich ein einfaches Nutzungsrecht für jedermann einräumen.". Mit dieser sogenannten **Linux-Klausel** ist klargestellt, dass Urheber für die Nutzung ihrer schöpferischen Leistungen durch Dritte keine Vergütung verlangen müssen. Hat der Urheber ein einfaches Nutzungsrecht für jedermann bereit gestellt, kann er sich nicht zu einem späteren Zeitpunkt darauf berufen, ihm stünden für die hierunter erfolgten Nutzungen ein angemessenes und/oder weiteres Entgelt nach §§ 32 und 32a UrhG zu. Damit wird dem Lizenznehmer die wirtschaftliche Unsicherheit genommen, nach dem Grundsatz der angemessenen Vergütung bei späterer Geltendmachung eine Lizenzvergütung zahlen zu müssen. Die OSS-Lizenzen sehen zudem vor, dass der Nutzer jeweils direkt von den Urhebern der Vorversionen oder der einzelnen OSS-Komponenten Nutzungsrechte ableitet und nicht etwa Unterlizenznehmer des letztbearbeitenden Urhebers wird.

3. Lizenzen

19 Da Open Source Software urheberrechtlich geschützt ist, bedürfen Nutzer einer Lizenz. Diese erhalten sie aufgrund von Lizenzverträgen, die sich von jenen beim Vertrieb kommerzieller Software verwendeten doch grundlegend unterscheiden. Die Entwickler von OSS entscheiden über die Auswahl der Open Source Lizenz, unter welcher sie das Programm zur Verfügung stellen. Meist verwenden sie standardisierte Lizenzen,[23] welche öffentlich zugänglich sind. Im Wesentlichen zur Anwendung kommen aktuell:
- GNU General Public License Version 2 (GPLv2) vom 2.6.1991;[24]
- GNU General Public License Version 3 (GPLv3);[25]
- Affero General Public License (AGPL);[26]
- Lesser General Public License Version 3 (LGPLv3);[27]
- Berkeley Software Distribution Copyright License (BSD),[28] mit Unterlizenzen NetBSD, FreeBSD, OpenBSD, DragonFlyBSD, Darwin;
- Apache Software License;[29]
- Mozilla Public License;[30]
- Pearl Artistic License;[31]
- Apple Public License.[32]

20 Die verschiedenen Open Source Lizenzen unterscheiden sich in Lizenzen mit zwingendem **Copyleft**, ohne Copyleft (**Permissive Lizenzen**) oder mit Wahlmöglichkeit oder Lizenz mit einer eingeschränkten Copyleft-Klausel. Die **GPL-Lizenzen** sind solche mit Copyleft-Prinzip und bringen daher folgende Verpflichtungen für den Lizenznehmer im weiteren **einfachen unveränderten Vertrieb**:
- Mitlieferung des Lizenztextes – GPLv3 Vorwort;
- Zugänglichmachen des Sourcecodes – GPLv3 – Vorwort;
- Unveränderbarkeit der Urhebervermerke (GPLv3 – Paragraf 4);
- Haftungsausschluss (Disclaimer) – GPLv3 – Paragrafen 15 und 16;
- Lizenzgebührenverbot bis zur GPLv2;
- Verbot von zusätzlichen Bedingungen bis zur GPLv2, anderen Bedingungen als die zulässigen nach der GPLv3 – Paragraf 7;

---

[23] http://www.ifross.org/ifross_html/lizenzcenter.html.
[24] http://www.gnu.org/licenses/old-licenses/gpl-2.0.html; www.gnu.de/documents/gpl-2.0.de.html; *Grützmacher* ITRB 2002, 84.
[25] www.gnu.de/documents/gpl-3.0.de.html. Die GPL kommentiert und erklärt: http://www.ifross.org/ifross_html/ gpl-seite.html.
[26] http://www.affero.org/oagpl.html.
[27] GPL-Lizenzen in englischer verbindlicher Fassung: http://gplv3.fsf.org, in deutscher Lesefassung: http://www.ifross.de; LGPL in Deutsch: http://www.gnu.de/documents/lgpl.de.html.
[28] http://www.openbsd.org/policy.html.
[29] http://www.apache.org/licenses/LICENSE-2.0.
[30] http://www.mozilla.org/MPL/.
[31] http://www.opensource.org/licenses/artistic-license-2.0.php.
[32] http://www.opensource.apple.com/license/apsl/.

und **bei Vertrieb mit Weiterbearbeitungen** ferner:
- Änderungsvermerk (GPLv3 – Paragraf 5a));
- Beibehaltung der interaktiven Benutzerschnittstelle mit Urheber-Vermerk und Disclaimer (GPLv3 – Paragraf 5b) iVm Paragraf 4 und Paragraf 5d);
- Beachtung der Pflichten nach dem Copyleft-Prinzip (GPLv3 – Paragraf 5c).

Die **GNU Lesser General Public License** (LGPL)[33] entspricht im Wesentlichen der GPL, sieht nur für Bibliotheken eine Ausnahmeregelung vor. **Bibliotheken** aus dem OSS-Gesamtbetriebssystem GNU/LINUX können mit vertrieben werden, auch wenn diese mit proprietären Anwendungen kombiniert werden. Damit sollte die Marktfähigkeit und Akzeptanz des OSS-Betriebssystems erhöht sowie die Bereitschaft gesteigert werden, Anwendungsprogramme für dieses Betriebssystem zu entwickeln bzw. hierauf anzupassen.

Die **Mozilla Public License** (MPL – aktuelle Version 1.1.)[34] sieht den Umständen der Freigabe des damaligen Netscape Navigators an die Netzgemeinde geschuldet eine Lockerung des Copyleft-Prinzips vor. Als der auf proprietärer Basis entwickelte Netscape Navigator unter eine freie Lizenz gestellt werden sollte, war Netscape selbst nicht Inhaber aller Rechte und konnte daher nur die eigenen Module als Open Source bereit stellen. Die Übrigen erforderlichen Module mussten auf herkömmliche proprietäre Lizenzart erworben werden. Inzwischen hat die Netzgemeinde im Projekt **mozilla.org** die fehlenden Module als OSS in der Mozilla Suite entwickelt und ist mit den reinen OSS-Nachfolgeprodukten dem Browser Firefox, dem Mailclient Mozilla Thunderbird und der Terminverwaltung Sunbird erfolgreich geworden.

Die **Berkeley Software Distribution** (BSD)[35] ist eine Lizenz mit reiner Nutzungsrechtseinräumung. Da die rechtlichen Besonderheiten des Copyleft-Prinzips entfallen, ergeben sich als Pflichten für den Lizenznehmer im Vertrieb lediglich die Beibehaltung des Copyright-Vermerks sowie der (Mängel-)Haftungshinweise und die Übergabe der Dokumentation. Beim Vertrieb angepasster Versionen ist hingegen sogar der Hinweis auf den ursprünglichen Urheber zu entfernen. Auch der originär verpflichtend beizubehaltende Hinweis auf die University of California, Berkeley als Herausgeberin der Lizenz ist in den späteren Versionen nicht mehr vorgesehen.[36]

Die **Apache Software License** entspricht im Ansatz der BSD. Die aktuelle Version ist die Apache License 2.0. Diese erlaubt die Weitergabe von weiterentwickeltem Code auch unter anderen Lizenzen, sofern diese der Apache License nicht widersprechen. Apache schließt ferner die Verwendung der Bezeichnung Apache für abgeänderte Versionen aus und hat entsprechende Markenrechte erworben. Mit der Überarbeitung der GPL bestand die Chance die Affero General Public License in die GPL aufzunehmen, so dass auch eine **Kombination** mit ursprünglich der Apache License unterstellter Software möglich ist. Hierauf ist verzichtet worden, woraus zu schließen bleibt, dass die Kombination von Ausgangscode auf Basis Apache mit der GPL nicht möglich ist.

Beispielhaft sieht die **Pearl Artistic License** (aktuelle Version 2.0)[37] aus der Gruppe der Artistic Licenses differenzierte Rechtsfolgen sowie Wahlmöglichkeiten hinsichtlich der weiteren Lizenzierung vor. Unter dieser Lizenz wird die Programmiersprache Perl angeboten. Sie steht proprietären Lizenzformen nahe und ermöglicht den Vertrieb von Weiterentwicklungen als proprietäre Software, sofern das entstandene Programm nicht als völlige Eigenentwicklung beworben wird. Entsprechendes gilt für die Einbindung von Bibliotheken in proprietäre Produkte. Die PAL wird von der FSF insbesondere daher nicht als Open Source betrachtet, da die Bedingungen für den Vertrieb veränderter Versionen unklar formuliert seien. So sei die Bestimmung des Grads der Abweichung nicht eindeutig möglich, aber nötig um die weiteren Lizenzierungsmöglichkeiten bestimmen zu können.

---

[33] http://www.apache.org/licenses/LICENSE-2.0.
[34] http://www.mozilla.org/MPL/.
[35] http://www.opensource.org/licenses/bsd-license.php.
[36] BSD Original-Lizenz: 4-clause BSD license; nach Aufgabe der advertising clause (Werbeklausel) in 1999 3-clause BSD license, ab 2008 FreeBSD/Simplified BSD License verfügbar.
[37] http://www.opensource.org/licenses/artistic-license-2.0.php.

26 Praktischen Bedarf gibt es OSS-Lizenzen mit Lizenzierungen für proprietäre Anwendungskomponenten oder Bibliotheken zu kombinieren oder aber auch Programme zugleich unter mehrere freie Lizenzen zu stellen (**Dual Licensing**).[38] Dies dient sowohl der Ansprache eines größeren Nutzerkreises, der Steigerung der Aktivitäten hinsichtlich Weiterentwicklungen und Anpassungen sowie der Verringerung der Verwerfungen, welches es zwischen verschiedenen freien Lizenzen gibt. So hat zum Beispiel die mozilla.org ihre Programme parallel unter den Bedingungen der MPL/LGPL/GPL im Wege des tri-licensing frei gegeben.[39] Die mySQL-Datenbank ist im Wege des Dual Licensing als Version unter der GPL und als proprietäre Version verfügbar.[40]

4. Lizenzierung und Haftung

27 Ungewöhnlich an der Lizenzierung unter den OSS-Bedingungen ist im Vergleich zu Standardsoftware unter proprietärer Lizenz die Konstruktion der Vertragsbeziehungen. Insbesondere nach dem Wortlaut der GPL und auch nach der herrschenden Meinung kommen vertragliche Beziehungen stets unmittelbar zwischen den Urhebern und dem Nutzer zustande, unabhängig davon, auf welchem Wege der Nutzer die Software selbst erhalten hat (**unmittelbare Rechtseinräumung**).

28 Die Entwickler von Open Source Software verfügen regelmäßig nicht über die zur Abfassung von Lizenztexten erforderlichen Rechtskenntnisse und können oder wollen auch nicht das für einen passenden Vertrag nötige Anwaltshonorar aufbringen. Mit den beschriebenen Standard Open Source Lizenzen existiert aber eine ganze Reihe von Lizenztexten, die für eigene Softwareprojekte genutzt werden können. Größte Verbreitung haben die GPL und die BSD Lizenzen gefunden.[41] Erhebliche rechtliche Schwierigkeiten für Bearbeiter und Nutzer ergeben sich, wenn innerhalb desselben Entwicklungsprojekts mehrere inkompatible Lizenztexte verwendet werden. Haftungsrechtlich komplex ist die Frage nach der Verantwortlichkeit für die von mehreren Urhebern in einem Geflecht der Zusammenarbeit entwickelten Lösungen.[42] Schließlich ist als Besonderheit zu beachten, wenn Open Source Software im Rahmen von Softwareerstellungsprojekten neben proprietärer Software eingesetzt wird, insbesondere in Vergabeverfahren.[43]

29 a) **Dingliches Verfügungsgeschäft.** Grundlegend für die Beantwortung von Haftungsfragen und Verantwortlichkeit ist die Darlegung der rechtlichen Beziehungen. OSS wird unter der GPL Entwicklern zur Weiterentwicklung, Unternehmen zum auch unveränderten Vertrieb, Endkunden direkt oder über eine Distribution mit teilweise unterschiedlichen Voraussetzungen zur Verfügung gestellt. Dabei werden die Programme regelmäßig ohne jegliche Registrierung zum Download bereit gestellt, dem Anbieter ist es also weder möglich festzustellen, wer die Programme nutzt oder wer sie sogar weiterentwickelt und weitervertreibt. *Heussen* schlägt wegen der unüberblickbaren Nutzungsbeziehungen vor, die Frage nach der Lizenzierung nach dem **dinglichen Verfügungsgeschäft** und der schuldrechtlichen Grundlage hierfür zu trennen und für die verschiedenen Anwendungsfelder und Abnehmer differenziert zu beantworten.[44] Im Hinblick auf Entwickler oder auf der Ebene des unveränderten Vertriebs findet eine rein dingliche Verfügung statt,[45] da die Lizenz nicht unbedingt eine schuldrechtliche Qualifizierung erfordert. Unter diesem Blickwinkel beschreiben die Bedingungen des Copyleft lediglich die Rahmenbedingungen der dinglichen Verfügung und die Regelungen zu Haftung und Gewährleistung (§§ 15 und 16 GPLv3) sind dann als reine Klarstellung auszulegen, dass **ohne vertragliche Beziehung** auch keine Haftung und Gewährleistung geschuldet sind.

---

[38] *Gerlach* CR 2006, 649 (651).
[39] http://www.mozilla.org/MPL/MPL_1.1html, http://www.gnu.org/licenses/glp.html, http://wwwgnu.org/ircenses/gpl.html.
[40] http://www.mysql.de/about/legal/.
[41] *Jaeger* S. 2 ff.
[42] Anschaulich *Heussen* MMR 2004, 445.
[43] *Gerlach* CR 2013, 691.
[44] *Heussen* MMR 2004, 445 (447 ff.).
[45] *Spindler/Wiebe* CR 2003, 873.

Diese Annahmen lassen sich mit den Grundgedanken deutschen Urheberrechts vereinbaren. Weder der Zweckübertragungsgrundsatz (§ 31 Abs. 5 UrhG) noch der Erschöpfungsgrundsatz (§ 17 iVm § 69c Nr. 3 S. 1 UrhG) stehen dem entgegen. Mangels schuldrechtlicher Vereinbarung zum Zweck der dinglichen Verfügung zugunsten des Nutzers ist entsprechend des **Zweckübertragungsgrundsatzes** der Umfang der eingeräumten Rechte zu ermitteln. Hier ergibt sich beispielhaft aus der GPL, dass dem Nutzer alle erdenklichen Nutzungs- und Verwertungsrechte eingeräumt werden sollen, im Falle der GPL unter der Bedingung der Einhaltung des Prinzips des Copyleft. Nach dem **Erschöpfungsgrundsatz** verliert der Urheber oder Vertreibende mit dem ersten In-Verkehr-Bringen eines Werkstückes die Möglichkeit der Einflussnahme über den weiteren Verbleib eines Werkstückes. Im Rahmen des OSS-Konzeptes ist dies gerade gewollt. Der Erschöpfungsgrundsatz findet unter dieser Annahme von vornherein keine Anwendung. Unter Open Source Lizenzen vertriebene Software ist aber auch als technisch und wirtschaftlich hinreichend klar abgrenzbare Verwendungsform anzusehen, da die jeweilige Software ausschließlich in Verbindung mit den besonderen Bedingungen der Lizenz genutzt und vertrieben werden darf. Hat der Urheber das Programm mit der Lizenz seiner Wahl in den Markt gegeben, tritt Erschöpfungswirkung ein.[46] Betrachtet man, dass OSS regelmäßig im Wege des Downloads bereit gehalten wird, so geht es nur um die Verbreitung und den Vertrieb des Originals, welche vom Urheber durch Bereitstellen unter der Lizenz initiiert wird. AGB-rechtlich unterliegen die Open Source Licenses dann nur hinsichtlich der die dingliche Verfügung regelnden Klauseln der Transparenzkontrolle. 30

Da Abnehmer in weitem Umfang **Entwickler oder Vertriebsunternehmen**, also IT-Spezialisten, sind, die von der Offenheit des Codes profitieren, sind diese in der Lage, mit den Risiken fehlerhafter Programme umzugehen bzw. Fehlfunktionen zu beheben. **Endabnehmer** nutzen OSS meist im Rahmen einer IT-Gesamtleistung zum Beispiel als Nebenleistung zu einem Hardwareerwerb oder bei Umsetzung eines IT-Projektes oder aber erwerben OSS über eine Distribution. Hier kommt selbstverständlich mit dem Anbieter bzw. Projektpartner ein schuldrechtlich zu qualifizierender Vertrag zustande, dessen Teilbestandteil die kostenlose OSS unter den Bedingungen der jeweiligen Lizenz ist. 31

Nutzer von Open Source Software haften den Urhebern gegenüber für **Rechtsverstöße** gegen die GPL aufgrund von § 97 UrhG vor allem in zwei Fällen: 32
- die Nutzung bewegt sich außerhalb einer etwaig eingreifenden Erschöpfungswirkung (§ 17 iVm § 69c Nr. 3 S. 1 UrhG);
- die Nutzung bewegt sich außerhalb des Umfangs der dinglichen Rechtseinräumung.

Damit haften Nutzer von Open Source Software als Lizenznehmer dann, wenn sie die Software außerhalb des ihnen eingeräumten dinglichen Rahmens nutzen, weiterentwickeln oder vertreiben.[47] Die Haftung kann Unterlassung,[48] Beseitigung oder Schadensersatz[49] zum Inhalt haben. Dementsprechend hat besonders die Regelung in **Paragraf 4 GPLv2** (Paragraf 2 Grundlegende Genehmigung) in der Rechtsprechung Beachtung gefunden: „Sie dürfen das Programm nicht vervielfältigen, verändern, weiter lizenzieren oder verbreiten, sofern es nicht durch diese Lizenz ausdrücklich gestattet ist. Jeder anderweitige Versuch der Vervielfältigung, Modifizierung, Weiterlizenzierung und Verbreitung ist nichtig und beendet automatisch Ihre Rechte unter dieser Lizenz. Jedoch werden die Lizenzen Dritter, die von Ihnen Kopien oder Rechte unter dieser Lizenz erhalten haben, nicht beendet, solange diese die Lizenz voll anerkennen und befolgen.". Die Entscheidung des **LG München I**[50] stellt für eine Verletzung dieser Regelung der GPL fest, dass diese Ziffer keine nach § 31 Abs. 1 S. 2 UrhG zulässige Beschränkung des Nutzungsrechts darstellt, sondern auf Basis der Annahme 33

---

[46] *Heussen* MMR 2004, 445 (449 f.).
[47] *Fitzner* MMR 2008, XV.
[48] So beispielsweise für den Fall eines Verstoßes gegen die Quellcodeoffenlegungspflicht nach erfolgter Abmahnung: LG Hamburg Urt. v. 14.6.2013 – 308 O 10/13, CR 2013, 498.
[49] LG Bochum Teilurteil v. 20.1.2011 – I-8 O 293/09, MMR 2011, 474.
[50] LG München I Urt. v. 19.5.2004 – 21 O 6123/04, K&R 2004, 451 = ZUM 2004, 861; mAnm *Hoeren* und *Metzger* CR 2004, 774; mAnm *Kreutzer* MMR 2004, 693; mAnm *Schulz* ITRB 2004, 193; Anmerkungen *Spindler* K&R 2004, 528.

einer lediglich auflösend bedingten dinglichen Einigung die Rechtseinräumung den automatischen **Rückfall** vorsieht, wenn der Nutzer die Bedingungen nicht einhält.

34   Damit hat eine Verletzung der Bestimmungen der GPL im Bereich der Nutzungsrechte zur Folge, dass die ursprünglich eingeräumten Rechte an den/die Urheber zurückfallen und der Nutzer, der die Rechtsverletzung begangen hat, keine Nutzungs- und Bearbeitungsrechte an der Open Source Software mehr hat. Hat der Nutzer dabei durch eine von ihm vorgenommene Bearbeitung, insbesondere zum Beispiel dadurch, dass er den Quellcode der Bearbeitung nicht offen legt, obwohl er nach der GPL dazu verpflichtet ist, eine Rechtsverletzung begangen, so ist er weder berechtigt, die Bearbeitung zu nutzen, noch diese an Dritte weiterzugeben.

35   b) **Vertragstypologische Einordnung.** Das Modell des reinen dinglichen Verfügungsgeschäftes erleichtert die vertragstypologische Einordnung ungemein. Zu denken ist an folgende Vertragstypen:[51]
- Kauf, Miete – dagegen spricht, dass keine Lizenzgebühr verlangt wird;
- Leihe – dagegen spricht, dass keine Rückgabe gefordert ist;
- **Schenkung** – dagegen spricht auf den ersten Blick, dass unter bestimmten Bedingungen eigene Leistungen preisgegeben werden müssen und die Bereitstellung unter den Bedingungen des Copyleft steht. Dieser Einwand wird aber mit dem Modell der rein dinglichen Verfügung obsolet, da die dingliche Verfügung unter den Bedingungen des Copyleft erfolgt.

36   Die Bereitstellung erfolgt vergütungsfrei als Schenkung oder als schenkweiser Teil einer Gesamtleistung nach deren vertraglicher Einordnung.[52] Die dann grundsätzliche Einordnung als Schenkung hat den Vorteil, dass vergleichsweise weitgehende Haftungsausschlüsse möglich sind (vgl. §§ 521, 523 Abs. 1 BGB). Die fehlende Einhaltung der Form wird regelmäßig durch die Handschenkung im Sinne von § 518 Abs. 2 BGB geheilt. Ohne den „Umweg" über die Schenkung gelangt man zur Einbeziehung der Open Source Lizenzbedingungen, sofern die jeweilige OSS eindeutig erkennbar nur unter diesen Bedingungen angeboten wird. Es handelt sich dann um ein Angebot an jedermann, wobei der Anbieter auf den Zugang der Annahmeerklärung konkludent im Sinne des § 151 BGB verzichtet.[53] Die Haftungsausschlüsse zum Beispiel der GPL verlieren bei Bereitstellung im Rahmen eines Gesamtprojektes oder über eine Distribution oder bei Erbringung von Installations- und Supportleistungen an Bedeutung, da hierfür die allgemeinen Maßstäbe anzusetzen sind. Insbesondere würden Haftungsbegrenzungen und -beschränkungen der **AGB-Kontrolle** nach wie vor unterliegen.[54]

37   Das LG München I hat die GPL in einem Verfahren des einstweiligen Rechtsschutzes als wirksamen Vertrag, allerdings auch als allgemeine Geschäftsbedingungen angesehen,[55] mit der Folge, dass die GPL als allgemeine Geschäftsbedingungen einer Prüfung nach §§ 305 ff. BGB zu unterziehen ist.[56] Eng hiermit verbunden ist dann die Frage, ob die einzig verbindliche Sprachfassung der GPL in Englisch in einen deutschen Vertrag einbezogen werden kann. Zweifel bestehen zunächst bei der Einbeziehung gegenüber Verbrauchern.[57] Sollte eine wirksame Einbeziehung verneint werden, so hat dies zur Folge, dass dem Nutzer Nutzungsrechte über das bloße Nutzen hinaus nicht eingeräumt werden. Dem Nutzer wären sowohl die Weiterentwicklung als auch der Weitervertrieb nicht gestattet.

38   c) **Mängelhaftung und Verantwortlichkeit.** Folgt man dem Modell ohne schuldrechtlichen Vertrag mit dem Urheber, der nicht zugleich das Produkt kommerziell anbietet, sind die Ur-

---

[51] *Witzel* ITRB 2003, 175 (177 f.); *Schneider* J Rn. 24; *Spindler* K&R 2004, 528; *Grützmacher* ITRB 2006, 108.
[52] Hoeren/Sieber/Holznagel/*Koch* 26.1 Rn. 40 ff.
[53] LG Frankfurt Urt. v. 6.9.2006 – 2 – 6 O 224/06, CR 2006, 729 ff. mAnm *Grützmacher*.
[54] *Stickelbrock* ZGS 2003, 368.
[55] LG München I Urt. v. 19.5.2004 – 21 O 6123/04, CR 2004, 774 = MMR 2004, 693 = K&R 2004, 451 = ITRB 2004, 193 = ZUM 2004, 861.
[56] → § 16 Standardklauseln Rn. 39 ff.
[57] LG München I Urt. v. 19.5.2004 – 21 O 6123/04, CR 2004, 774 = MMR 2004, 693 = K&R 2004, 451 = ITRB 2004, 193 = ZUM 2004, 861.

heber stets auch die Vertragspartner hinsichtlich der **schuldrechtlichen Lizenz**. Hier wären sie den Nutzern aufgrund von **Mängelhaftungsvorschriften** je nach Wirksamkeit haftbar. Dies hängt vornehmlich von zwei Faktoren ab, nämlich der vertragstypologischen Einordnung der Open Source Lizenzen und der Zulässigkeit der jeweils verwendeten Haftungsausschlussklauseln. Entsprechend US-amerikanischer Ausprägung trifft man in den gängigen Lizenztexten Klauseln an, die jegliche Haftung ausschließen. Dies dürfte an § 309 Nr. 7, 8 BGB, jedenfalls aber an § 307 Abs. 1 BGB scheitern, da es sich um AGB handelt. Abgesehen davon sind noch §§ 276 Abs. 3, 475 BGB zu beachten. Vorstehendes gilt insbesondere für die **Gewährleistungs- und Haftungsausschlussklauseln** in der **GPLv2**:

„§ 11. Da das Programm ohne jegliche Kosten lizenziert wird, besteht keinerlei Gewährleistung für das Programm, soweit dies gesetzlich zulässig ist. Sofern nicht anderweitig schriftlich bestätigt, stellen die Copyright-Inhaber und/oder Dritte das Programm so zur Verfügung, „wie es ist", ohne irgendeine Gewährleistung, weder ausdrücklich noch implizit, einschließlich – aber nicht begrenzt auf – Marktreife oder Verwendbarkeit für einen bestimmten Zweck. Das volle Risiko bezüglich Qualität und Leistungsfähigkeit des Programms liegt bei Ihnen. Sollte sich das Programm als fehlerhaft herausstellen, liegen die Kosten für notwendigen Service, Reparatur oder Korrektur bei Ihnen.

§ 12. In keinem Fall, außer wenn durch geltendes Recht gefordert oder schriftlich zugesichert, ist irgendein Copyright-Inhaber oder irgendein Dritter, der das Programm wie oben erlaubt modifiziert oder verbreitet hat, Ihnen gegenüber für irgendwelche Schäden haftbar, einschließlich jeglicher allgemeiner oder spezieller Schäden, Schäden durch Seiteneffekte (Nebenwirkungen) oder Folgeschäden, die aus der Benutzung des Programms oder der Unbenutzbarkeit des Programms folgen (einschließlich – aber nicht beschränkt auf – Datenverluste, fehlerhafte Verarbeitung von Daten, Verluste, die von Ihnen oder anderen getragen werden müssen, oder dem Unvermögen des Programms, mit irgendeinem anderen Programm zusammenzuarbeiten), selbst wenn ein Copyright-Inhaber oder Dritter über die Möglichkeit solcher Schäden unterrichtet worden war."

Im Rahmen der Entwicklung der **GPLv3** wurde die Kritik an den entsprechenden Regelungen in die Neuformulierung der Gewährleistungs- und Haftungsausschlussklauseln in der GPL v3 aufgenommen und insbesondere ein Vorbehalt der gesetzlichen Zulässigkeit aufgenommen:

„§ 15. Gewährleistungsausschluss: Es besteht keinerlei Gewährleistung für das Programm, soweit dies gesetzlich zulässig ist. Sofern nicht anderweitig schriftlich bestätigt, stellen die Urheberrechtsinhaber und/oder Dritte das Programm so zur Verfügung, „wie es ist", ohne irgendeine Gewährleistung, weder ausdrücklich noch implizit, einschließlich – aber nicht begrenzt auf – die implizite Gewährleistung der Marktreife oder der Verwendbarkeit für einen bestimmten Zweck. Das volle Risiko bezüglich Qualität und Leistungsfähigkeit des Programms liegt bei Ihnen. Sollte sich das Programm als fehlerhaft herausstellen, liegen die Kosten für notwendigen Service, Reparatur oder Korrektur bei Ihnen.

§ 16. Haftungsbegrenzung: In keinem Fall, außer wenn durch geltendes Recht gefordert oder schriftlich zugesichert, ist irgendein Urheberrechtsinhaber oder irgendein Dritter, der das Programm wie oben erlaubt modifiziert oder übertragen hat, Ihnen gegenüber für irgendwelche Schäden haftbar, einschließlich jeglicher allgemeiner oder spezieller Schäden, Schäden durch Seiteneffekte (Nebenwirkungen) oder Folgeschäden, die aus der Benutzung des Programms oder der Unbenutzbarkeit des Programms folgen (einschließlich – aber nicht beschränkt auf – Datenverluste, fehlerhafte Verarbeitung von Daten, Verluste, die von Ihnen oder anderen getragen werden müssen, oder dem Unvermögen des Programms, mit irgendeinem anderen Programm zusammenzuarbeiten), selbst wenn ein Urheberrechtsinhaber oder Dritter über die Möglichkeit solcher Schäden unterrichtet worden war."

Den Bedenken in Literatur und Rechtsprechung zu den Ausschlüssen der GPL v2[58] trägt nunmehr die GPLv3 Rechnung, die zwar in den § 15 und § 16 erneut umfangreiche Ausschlüsse für Haftung und Gewährleistung kennt, jedoch – anders als die GPLv2 – in § 17 folgende **Modifizierung der Haftungsregelung** zulässt:

„§ 17 Sollten der o. a. Gewährleistungsausschluss und die o. a. Haftungsbegrenzung aufgrund ihrer Bedingungen gemäß lokalem Recht unwirksam sein, sollen Bewertungsgerichte dasjenige lokale Recht anwenden, das einer absoluten Aufhebung jeglicher zivilen Haftung in Zusammenhang mit dem Programm am nächsten kommt, es sei denn, dem Programm lag eine entgeltliche Garantieerklärung oder Haftungsübernahme bei."

---

[58] Jaeger/*Metzger* S. 138 ff.

41 Neben jeglicher vertraglicher Haftungsfragen bleibt die Verantwortlichkeit nach allgemeinen Haftungsregelungen, insbesondere dem **Produkthaftungsgesetz** und deliktisch. Das Produkthaftungsgesetz begründet für die Hersteller, den oder die ursprünglichen Urheber sowie die Urheber von Weiterentwicklungen und Verbesserungen die Haftung für **Sach- und Personenschäden**, wenn es entweder von vornherein bei der Annahme der Sacheigenschaft von Software bleibt oder aber die OSS Teil eines Produktes ist (§ 2 ProduktHaftG). Die Verantwortlichkeit ist immer dann gegeben, wenn das Produkt **in Verkehr gebracht** wurde (§ 1 Abs. 2 Nr. 1 ProduktHaftG), unabhängig davon ob entgeltlich oder unentgeltlich vertrieben wurde, solange die Herstellung im Rahmen der **beruflichen Tätigkeit** erfolgt (Anwendbarkeit des Produkthaftungsgesetzes ist nach § 1 Abs. 2 Nr. 3 ProduktHaftG nicht eröffnet, wenn „... er das Produkt weder für den Verkauf oder eine andere Form des Vertriebs mit wirtschaftlichem Zweck hergestellt noch im Rahmen seiner beruflichen Tätigkeit hergestellt oder vertrieben hat, ..."). Auch die weiteren **Anwendungsausschlüsse des § 1 Abs. 2 ProduktHaftG** fangen einige Herausforderungen im Rahmen der Klärung der Verantwortlichkeit ab. Nr. 1 setzt das In-Verkehr-Bringen voraus. Nr. 2 schließt die Haftung für den ursprünglichen Urheber aus, wenn die OSS den Fehler noch nicht aufwies, als er sie in den Verkehr brachte und macht ihn nicht für Weiterentwicklungen verantwortlich, sofern er sich diese nicht im Rahmen eigener Fortentwicklungen wiederum zu eigen gemacht und in den Verkehr gebracht hat. Nr. 4 stellt auf den **Stand der Technik** des Produktes bei In-Verkehr-Bringen ab.

42 Die deliktsrechtliche Haftung nach den §§ 823 ff. BGB eröffnet zwar keine Verantwortlichkeit für die OSS per se, aber bei Fahrlässigkeit ein strenges Haftungsregime. Die Frage der Verantwortlichkeit und eines etwaigen Mitverschuldens beantwortet sich auch nach der eigenen Kompetenz des Nutzers sowie dem oben beschriebenen immanenten Risiko des Einsatzes nicht proprietärer Software. Die Urheber können insbesondere auch dann Dritten gegenüber **deliktisch** verantwortlich sein, wenn sie ohne die erforderliche Gestattung in fremde Urheberrechte, Patentrechte oder Geschäftsgeheimnisse eingreifen. Gefährlich ist insbesondere die Übernahme fremden Quellcodes, der – auch wenn er öffentlich zugänglich ist – nicht unter einer kompatiblen Lizenz vertrieben wird.

43 Das Landgericht München I hat die **Störerhaftung**[59] für einen Websitebetreiber bejaht, auf dessen Website ein Dritter ein VoIP-Telefon in seinem Internetshop anbot, ohne dass die Copyleft-Bedingungen der integrierten Firmware eingehalten wurden.[60] Diese Entscheidung setzt erneut die Anforderungen sowie die Pflichten des Internetproviders hoch. In weiter Auslegung der BGH-Rechtsprechung zur Störerhaftung[61] in Folge der Entscheidungen Internetversteigerung I und II postuliert das Gericht eine Prüfpflicht für den Webseitenbetreiber, welche er weder durch die Aufnahme von Zusicherungen seitens seiner Kunden und der eigentlichen Webshopanbieter ausschließen könne, noch mit der reinen Prüfung des betreffenden Shop-Angebotes erfülle, es bedürfe vielmehr einer Prüfung der angebotenen Waren selbst, was Testkäufe nach sich ziehen müsste.

5. Kombination von OSS und proprietärer Software

44 Besondere Fragen ergeben sich, wenn Software kombiniert unter verschiedene Open Source Licenses – nicht als alternative Bedingungen wie beim Dual Licensing[62] – gestellt oder aber OSS Bestandteil von ansonsten proprietärer Software wird.

> **Praxistipp:**
> Bei der Auswahl und Entscheidung, unter welcher Open Source License der Urheber sein Programm zur Verfügung stellen will, sollte er insbesondere die Frage der späteren Kompatibilität beachten und dual licensing entweder rein im Bereich der offenen Lizenz oder aber auch mit einer eigenen proprietären Lizenz erwägen.

---

[59] → § 18 Verantwortlichkeit für Inhalte.
[60] LG München I Urt. v. 12.7.2007 – 7 O 5245/07, CR 2008, 57 mAnm *Wimmers*.
[61] → § 25 Webdesign.
[62] → Rn. 26.

Die Frage der Kombinationsfähigkeit und Wahl der Lizenz sollte im Entwicklungsprozess 45 und nicht erst – wie oftmals typisch bei Vertragsverhandlungen hinsichtlich der Rechtswahl – am Ende geklärt werden. Gerade bei der Entwicklung von Software mit der Perspektive der Bereitstellung unter einer offenen Lizenz liegt es nahe, vorbestehende Komponenten zu nutzen. Diese Wahl der Vorkomponenten legt den Entwickler möglicherweise schon auf eine bestimmte Lizenz fest oder gibt ihm nur noch einen eingeschränkten Entscheidungsraum. Im Einzelfall kann abzuwägen sein, ob die Komponenten verwendet werden oder ob andere unter einer bestimmten Lizenz verwendet werden sollen oder aber ob auf die Komponenten wegen der lizenzrechtlichen Vorgaben verzichtet wird. Bei Open Source Licenses macht sich hierbei die Unterscheidung nach solchen mit oder ohne Copyleft-Klauseln bemerkbar.

a) **Integration bei Copyleft-Lizenzen.** Bei Lizenzen mit Copyleft-Klauseln ist der Weiter- 46 entwickler eines Programms grundsätzlich verpflichtet, die entstandene Software unter dieselben Bedingungen zu stellen wie die Ausgangssoftware. Die Lizenzierung unter GPL als der wohl bekanntesten Open Source Licence bedingt also bei der Verwendung auch nur einer GPL-Komponente, regelmäßig dass das gesamte Produkt unter dieser konkreten Lizenz bereitgestellt werden muss (**viraler Effekt**).[63] Dabei ist eine Tendenz erkennbar, dass in neuere Fassungen der Copyleft-Lizenzen zugunsten einer größeren Kompatibilität mit im Ansatz ähnlichen Lizenzen Ausnahmen vom strengen Copyleft-Prinzip aufgenommen werden.

Für die **GPLv3** ergibt sich aus Paragraf 13 eine **Kombinationsmöglichkeit** mit der GNU 47 Affero General Public License. Ferner enthalten die Bedingungen, wie die GPLv3 auf die neuen eigenen Programme angewendet werden können, im Anhang den Hinweis auf die LGPL für die Anwendung auf Bibliotheken, um die Kombinierbarkeit mit proprietärer Software zu ermöglichen. Paragraf 14 der GPLv3 enthält ferner den Hinweis auf die Frage der jeweils geltenden Version der GPL. Findet sich bei der Unterwerfung unter die GPL kein Versionshinweis, wird Weiterentwicklern die Wahl frei gestellt, unter welcher Version der GPL das weiterentwickelte Produkt zukünftig steht. Dem Entwickler steht es frei, eine bestimmte Version zu wählen oder aber mit dem Hinweis *or any later* die Anwendung jüngerer oder zukünftiger Versionen zu gestatten.[64]

> **Praxistipp GPLv2 oder GPLv3 *or any later:***
>
> Der virale Effekt besteht auch zwischen verschiedenen GPL-Versionen, wenn der Verwender eine konkrete Versionsnummer ohne den weiteren Hinweis *or any later* herangezogen hat. Jüngere Versionen sind jeweils nicht abwärtskompatibel, dh bei einem Austausch der Bedingungen der GPLv3 gegen die der GPLv2 tritt der Rechterückfall automatisch ein.

Das Copyleft-Prinzip greift immer dann, wenn ein abgeleitetes Werk hergestellt wird.[65] 48 Die GPLv3 gibt in Paragraf 0 folgende Definition: „Ein Werk zu „modifizieren" bedeutet, aus einem Werk zu kopieren oder es ganz oder teilweise auf eine Weise umzuarbeiten, die eine urheberrechtliche Erlaubnis erfordert und kein Eins-zu-Eins-Kopieren darstellt. Das daraus hervorgehende Werk wird als **„modifizierte Version"** des früheren Werks oder als auf dem früheren Werk **„basierendes" Werk** bezeichnet.". Aus dieser Definition ergibt sich direkt, dass weder die Abtrennung von Teilen des bestehenden Werkes zur Durchbrechung des Copyleft-Prinzips führt, noch irgendeine Umarbeitung.

Daneben ist in Paragraf 5 der GPLv3 die Zusammenstellung, das Aggregat, dem viralen 49 Effekt entzogen: „Die Zusammenstellung eines betroffenen Werkes mit anderen gesonderten und unabhängigen Werken, die nicht ihrer Natur nach Erweiterungen des betroffenen Werkes sind und die nicht mit ihm in einer Weise kombiniert sind, um ein größeres Programm

---

[63] *Hoppen/Thalhofer* CR 2010, 275; *Schäfer*, Der virale Effekt.
[64] Musterformulierungen für Entwickler zur Bestimmung als Open Source Software finden sich im Anhang der GPLv3; vgl. *Koglin* CR 2008, 137; *Koch* ITRB 2007, 285.
[65] *Wuermeling/Deiske* CR 2003, 87 (87 f.).

zu bilden, in oder auf einem Speicher- oder Verbreitungsmedium wird als „**Aggregat**" bezeichnet, wenn die Zusammenstellung und das sich für sie ergebende Urheberrecht nicht dazu verwendet werden, den Zugriff oder die Rechte der Benutzer der Zusammenstellung weiter einzuschränken, als dies die einzelnen Werke erlauben ...". Bei einer bloß funktionalen Koppelung hat die Bewertung differenzierter zu erfolgen.[66] Dabei ist zu unterscheiden, ob der Betriebssystemkern modifiziert wird oder gesonderte Kernelmodule oder sonstige Softwarekomponenten im Zusammenwirken mit der Open Source Software eingesetzt werden. In ersterem Fall ist das Copyleft-Prinzip sicher anwendbar, in den letzteren beiden Fällen ist häufig die notwendige Unabhängigkeit gegeben,[67] auch wenn dies jeweils im Einzelfall zu prüfen ist.

50   **b) Integration bei Permissive-Lizenzen.** Permissive Lizenzen verzichten auf das Copyleft-Prinzip und ermöglichen daher die Kombination mit und die Weiterentwicklungen zu proprietären Produkten. Meist ziehen Anbieter von proprietären Angeboten die BSD-Lizenz vor,[68] wenn die Netzgemeinde zur Entwicklung von ergänzenden Anwendungen oder Schnittstellen ermuntert werden soll.

51   **c) Integration in proprietäre Software und Hardware.** Die Integration[69] von unter dem Copyleft-Prinzip bereit gestellten Programmen mit proprietären Produkten führt zwingend dazu, dass der Quellcode auch der proprietären Anwendung offen zu legen ist. Die Aufnahme des betroffenen Werks in ein Aggregat sorgt dagegen nicht dafür, dass diese Lizenz auf die anderen Teile des Aggregats wirkt.[70] Dagegen ergibt sich für die statische Verlinkung von proprietärer Software auf OSS-Bibliotheken keine Freistellung von den Copyleft-Bedingungen.[71] Lediglich wenn die OSS-Bibliotheken auf Basis der LGPL bereit gestellt sind, führt deren Verbindung nicht zu einer Infizierung der Proprietären Software.

> **Praxistipp – Vertragsgestaltung:**
> Im Rahmen der Vertragsgestaltung ergeben sich aus dem Copyleft-Prinzip Anforderungen. Im Rahmen von Verträgen mit freien Mitarbeitern und Subunternehmern sollte klar gestellt werden, dass OSS-Komponenten entweder gar nicht oder wenn unter Beachtung welcher Dokumentations- und Offenlegungspflichten zum Einsatz kommen dürfen sowie ggf. das Erfordernis der vorherigen dokumentierten Zustimmung. In Projektverträgen ist es ratsam die Beschaffung und Installation der zu integrierenden OSS-Komponenten dem Besteller im Rahmen der Beistellungspflichten aufzuerlegen. In jedem Fall sollte in einem Lizenzvertrag, dessen Komponenten teilweise oder ganz OSS-Bestimmungen unterliegen, detailliert aufgeführt werden, welche Komponente sich nach welchen Lizenzbestimmungen regelt. Dies ist auch im Hinblick auf eine etwaige Escrow-Vereinbarung nötig, da andernfalls die regelmäßig im Agentenvertrag abzugebenden Zusicherungen zur Rechteinhaberschaft unrichtig sind.

52   Software unter Lizenzen ohne Copyleft-Klausel kann weiterentwickelt oder in eine proprietäre Lösung integriert werden. In diesem Rahmen kann das OSS von einem Dritten kommerzialisiert werden, ohne dass dem Urheber eine Vergütung zusteht, oder der Quellcode offen zu legen wäre. Will der Urheber eine **kommerzielle Verwertung** durch einen anderen verhindern, muss er entsprechende Bedingungen in seine Permissive-Lizenz aufnehmen.

53   Mit der Weiterentwicklung der **Embedded Systems**,[72] auf denen zwischenzeitlich vollständige Betriebssysteme zum Einsatz kommen können, treten auch die Fragen der Integra-

---

[66] *Wuermeling/Deiske* CR 2003, 87 (89 f.); *Jaeger* S. 64.
[67] *Nguyen* DSRITB 2012, 193 (198/199).
[68] *Gerlach* CR 2006, 649 (650 f.).
[69] *Determann* GRURInt 2006, 645.
[70] *Gerlach* CR 2006, 649; *Hoppen/Thalhofer* CR 2010, 275; *Wuermeling/Deike* CR 2003, 87; *Lejeune* ITRB 2003, 10.
[71] LG Berlin Urt. v. 8.11.2011 – 16 O 255/10, GRUR-RR 2012, 107 (109 1b) – Surfsitter; kritisch dazu: *Kreuzer* CR 2012, 146.
[72] http://de.wikipedia.org/wiki/Eingebettetes_System.

tion von OSS auf.[73] Neben den allgemeinen Effekten des Copyleft ergeben sich zusätzliche Fragen hinsichtlich der Art und Weise der Überlassung des Lizenztextes, der Aufrechterhaltung von interaktiven Benutzerschnittstellen und des Zur-Verfügung-Stellens des Quellcodes. Dies bedingt auf jeden Fall, dass in Handbüchern zu den Geräten, Fahrzeugen etc die Open Source Lizenzbedingungen abzudrucken sind. Der virale Effekt erstreckt sich wohl auch auf die Software, mit der die Hardware vor Integration der OSS ausgestattet war. Da Embedded Systems integrierte Systeme sind, bedarf die nach dem Open Source Prinzip erforderliche Unentgeltlichkeit der Lizenzierung besonderen Augenmerks. An sich wird das Gerät entgeltlich abgegeben und die OSS ist integraler Bestandteil. Da nicht praktikabel, sind die getrennte Auslieferung der Hardware und das unentgeltliche Aufspielen der Software via Download oder im Push-Verfahren vertraglich eher nicht gestaltbar. Ob sich die Mitlieferung der Software als Teil einer entgeltlichen Garantie im Sinne von § 4 Abs. 3 GPLv3 qualifizieren lässt, erscheint ebenfalls fraglich. Es bleibt an sich die rein vertragliche Gestaltung, welche klarstellt, dass die OSS unentgeltlich überlassen wird und das zu zahlende Entgelt sich nur auf die Hardware bezieht.

d) **OSS und Escrow.** Der virale Effekt erfordert bei der Hinterlegung von Software unter Hinzuziehung eines Escrow-Agenten[74] die konkrete Behandlung etwaig erforderlicher Open Source Komponenten. Je nach OSS-Lizenz ist die Kombination von proprietären und offenen Elementen möglich. Der Agent sollte darauf Wert legen, dass der Lizenzgeber offen legt, welche Open Source Elemente unter welchen Lizenzen mit hinterlegt werden. Dabei ist durchaus wegen der Versionierung und Veränderlichkeit der Downloadmöglichkeiten zu empfehlen, den Quellcode der OSS-Komponenten sowie die dazugehörigen Lizenzbestimmungen zu hinterlegen. Erfolgt die Hinterlegung ohne diese Komponenten und schuldet der Agent die Verifikation im Umfang des Tests der Lauffähigkeit und/oder eines Back-up-Systems, benötigt er jedenfalls die Informationen über die einbezogenen OSS-Komponenten sowie deren Bezugsquellen, um die geschuldete Leistung erbringen zu können. Dies gilt auch für die Hinterlegung mit reiner Vollständigkeitsprüfung, da der Lizenznehmer den Quellcode im Zweifel ohne die OSS-Komponenten nicht nutzen kann. Im Rahmen seiner **Beratungspflichten** kann es Aufgabe des Agenten sein, den Lizenznehmer auf die „Flüchtigkeit" von Bezugsquellen und Vorversionen der OSS hinzuweisen und die ergänzende Sicherung von Anfang an zu empfehlen.[75]

6. OSS und Internationales Privatrecht

Die Annahmen zur rechtlichen Qualifikation der Open Source Licenses erfolgten oben ausschließlich unter Heranziehung deutschen Rechts. Dies geschieht generell mit der Besonderheit, dass die **verbindlichen Wortfassungen** der Licenses nur in Englisch vorliegen. Deutsche Versionen sind lediglich unverbindliche Lesefassungen. Damit sind folgende Fragen aufgeworfen:
- Ist die Wertung nach dem Abstraktionsprinzip international vertretbar?
- Welches Recht findet auf Nutzungsrechtsübertragungen unter einer Open Source License Anwendung.
- Ist eine Rechtswahl möglich?
- Ist die Wahl einer Sprachfassung als verbindlich möglich?

Das für das deutsche Recht typische Abstraktionsprinzip ist in anderen Rechtsordnungen unbekannt. Beispielhaft für das US-amerikanische Rechtssystem zitiert *Heussen* „*In order for a contract to be valid and binding, each party must be bound to give some legal consideration to the other by conferring a benefit upon him or suffering a legal detriment at this request.*".[76] Da die Open Source Licenses keine Gegenleistungspflicht für den Nutzer kennen, ergibt sich nach dem US-amerikanischen Recht ebenfalls keine schuldrechtliche Ver-

---

[73] *Grützmacher* ITRB 2009, 184.
[74] → § 38 Rn. 108 f. Escrow; *Auer-Reinsdorff* ITRB 2009, 69.
[75] *Metzger/Barudi* CR 2009, 557.
[76] *Heussen* MMR 2004, 445 (450).

pflichtung. Die generelle Anerkennung der Zugangsrechte der Allgemeinheit zu urheberrechtlich geschützten Werken unterstützt mit der Doktrin über den Missbrauch von Urheberrechten die Motive der OS-Bewegung.[77]

57 Die Frage nach dem anwendbaren Recht ist weitgehend unabhängig von der Tatsache zu beantworten, dass die vorliegenden Open Source Licenses in verbindlicher Fassung nur in Englisch vorliegen. Die Sprache, in welcher eine dingliche Verfügung abgefasst ist, kann nur je nach Gestaltung des Falls als Indiz für eine Rechtswahl dienen. Das jeweils **anwendbare Recht** bestimmt sich nach den Regelungen des Internationalen Privatrechts.[78] Dies bedeutet erstens, dass es im Rahmen der etwaig begleitenden schuldrechtlichen Installations-, Support- oder Projektverträge möglich ist, eine **Rechtswahlklausel** aufzunehmen, welche die Lieferung einer Open Source Komponente mit umfasst. Dies gilt nur dann nicht im Hinblick auf das dingliche Verfügungsgeschäft, wenn die Licenses wie zum Beispiel die Mozilla Public License (MPL)[79] oder die Apple Public License[80] eine eigene Rechtswahlklausel schon enthalten.

58 **Musterklausel Rechtswahl:**
Für alle Streitigkeiten aus und im Zusammenhang mit dem IT-Projektvertrag einschließlich der in Anlage OSS näher bestimmten Open Source Anwendungen vereinbaren die Parteien deutsches Recht.

59 Die GPL Versionen enthalten keine **Rechtswahlklausel,** weisen vielmehr gerade im Rahmen der Haftungs- und Gewährleistungsausschlüsse auf entgegenstehende Rechtsordnungen hin.[81] Es ergeben sich aus der GPL und aus ihrer Entstehungsgeschichte in den USA keine Anhaltspunkte, dass US-amerikanisches Recht für Streitigkeiten oder zur Auslegung generell heranzuziehen wäre, vielmehr kommt es auf das Recht der Staaten einschließlich deren Kollisionsregeln an, in denen die möglichen Prozessgegner aber auch Vertragspartner ihren Sitz haben.[82]

60 Mangels Rechtswahl kommen die allgemeinen **Grundsätze des Internationalen Privatrechts** zum Tragen, dh in der Europäischen Union die Rom I-VO für schuldrechtliche Verträge und die Rom II-VO für die Fragen der außervertraglichen Schuldverhältnisse,[83] sonst Artikel 28 ff. EGBGB[84] und die Grundsätze des Internationalen Urheberprivatrechts.

61 Auch wenn die Abfassung der GPL in englischer **Sprache** an sich nicht allzu große Bedeutung hat und vor allem kaum ein Risiko für den Urheber birgt, kann es sinnvoll sein, Lizenzbedingungen heranzuziehen, welche in Deutsch oder mehreren Sprachen zur Verfügung stehen. Dies gilt besonders auch gegenüber der Verwaltung, da die Verwaltungssprache Deutsch ist. Hier kann der Entwickler zum Beispiel die GPL in der deutschen Übersetzung als für sein Werk allein maßgeblich bestimmen.

---

[77] *Determann* GRURInt 2006, 645 (647, 651).
[78] Dazu → § 23 IPR.
[79] „11. Miscellaneous – ... With respect to disputes in which at least one party is a citizen of, or an entity chartered or registered to do business in the United States of America, any litigation relating to this License shall be subject to the jurisdiction of the Federal Courts of the Northern District of California, with venue lying in Santa Clara County, California, with the losing party responsible for costs, including without limitation, court costs and reasonable attorneys' fees and expenses. The application of the United Nations Convention on Contracts for the International Sale of Goods is expressly excluded ...."
[80] „13.6 Dispute Resolution. Any litigation or other dispute resolution between You and Apple relating to this License shall take place in the Northern District of California, and You and Apple hereby consent to the personal jurisdiction of, and venue in, the state and federal courts within that District with respect to this License. The application of the United Nations Convention on Contracts for the International Sale of Goods is expressly excluded."
[81] GPLv3 § 17.
[82] *Deike* CR 2003, 9 (11 ff.).
[83] *Spindler* K&R 2004, 528.
[84] *Stickelbrock* ZGS 2003, 368 (369 f.).

Musterklausel Sprachfassung:

Dieses Programm ist freie Software. Sie können es unter den Bedingungen der GNU General Public License Version 3.0 in der deutschen Übersetzung von Peter Gerwinski, abrufbar unter http://www.gnu.de/documents/gpl-3.0.de.html, veröffentlichen weitergeben und/oder modifizieren. [Sollte die Free Software Foundation eine spätere Version der GNU GPL veröffentlichen und hierzu unter http://www.gnu.org/licenses/translations.html auf eine deutsche Übersetzung hinweisen, können Sie (nach Ihrer Option) die Version 3.0 oder jede spätere Version wählen.]

III. Open Content

Der Veröffentlichung und Verbreitung von urheberrechtlich geschützten Werken, insbesondere (wissenschaftlichen) Sprachwerken, liegt der Gedanke zugrunde, die eigene Meinung und die Aufarbeitung von Themenkomplexen der Allgemeinheit zur Diskussion zu stellen. Der Urheber verzichtet dabei auf die Einhaltung der Schrankenregelungen nach deutschem Urheberrecht, sondern wünscht, in großem Umfange zitiert zu werden. Das Werk wird der Allgemeinheit freigegeben, wobei dies nicht bedingungslos erfolgt, sondern unter Lizenzen zu Open Content.[85] Die Open Knowledge Foundation hat im Oktober 2014 die Version 2 ihrer Open Definition veröffentlicht. Sie definiert Grundprinzipien für Open Data und Open Content.[86] In der Open Definition werden dabei Maßstäbe festgelegt, welche Voraussetzungen eine Open Content/Open Data Lizenz erfüllen muss, die der Open Definition entsprechen will. Dieser Definition entsprechen unter anderem die **Creative-Commons-Lizenzen**,[87] die in der Praxis auch weit verbreitet sind und die für Deutschland in fünf Fassungen aktuell in der Version 3.0 vorliegen.[88] Die *Attribution-License* 3.0/Namensnennung 3.0 erlegt dem Nutzer keine Beschränkungen hinsichtlich der Nutzung auf und verpflichtet ihn lediglich zur Nennung des Urhebers und Beibehaltung der Lizenz. Die Attribution-Noncommercial/Namensnennung – Keine kommerzielle Nutzung 3.0 verbietet die kommerzielle Nutzung und Verwertung (Verwendung). Die Attribution-Noncommercial-No Derivative Works/Namensnennung-Keine kommerzielle Nutzung-Keine Bearbeitung 3.0 verbietet darüber hinaus die Bearbeitung des Werkes. Wie bei Open Source Licenses erlaubt die Attribution-Noncommercial-Share Alike/Namensnennung-Keine kommerzielle Nutzung-Weitergabe unter gleichen Bedingungen die Weiterbearbeitung oder Weiterentwicklung nur bei gleichzeitiger Unterstellung des neuen Werkes unter dieselben Lizenzbedingungen. Die Creative Commons Lizenzen haben gegenüber den Open Source Lizenzen den Praxisvorteil, dass sie in 53 sprachlich verbindlichen Fassungen, angepasst auf lokale rechtliche Vorgaben, vorliegen.

Für den deutschen Bereich ist die daneben verfügbare **Public Domain**[89] Lizenz nicht anwendbar, da diese dem Grundprinzip des deutschen Urheberrechts der Unveräußerlichkeit der Urhebereigenschaft widerspricht. Die Public Domain Lizenz entlässt mit Willen des Urhebers das jeweilige Werk in die Gemeinfreiheit. Dem § 107 *Copyright Act* des US-amerikanischen Rechts folgend findet sich in der Praxis auch der Lizenzvermerk *fair use*.[90] Diese Lizenzierung soll dem Nutzer die Auseinandersetzung mit dem Werk primär im nichtkommerziellen Bereich ermöglichen. Nutzungen, welche sich schon im Rahmen der Schrankenregelungen des deutschen Urheberrechts bewegen, sind hiervon von vornherein umfasst. Für den Bereich des IT-Rechts besonders relevant ist, dass damit wohl die Erstreckung der

---

[85] http://www.opencontent.org/; *Jaeger/Metzger* MMR 2003, 431; *Plaß* GRUR 2002, 670; *Strobel* MMR 2003, 778.
[86] http://opendefinition.org/od/.
[87] http://www.creativecommons.org; *Mantz* GRURInt 2008, 20.
[88] http://creativecommons.org/international/de/.
[89] *Plaß* GRUR 2002, 670 (674).
[90] Der Ansatz des fair use wird aktuell als Möglichkeit der generalklauselartigen Fassung der Schrankenregelungen im deutschen Urheberrecht diskutiert. Vgl. *Metzger*, Europäische Perspektiven Geistigen Eigentums, 2010; *Lessing* http://www.lessig.org/blog/; http://www.youtube.com/watch?v=S-gCBrEZ99I.

allgemeinen Schrankenregelungen des § 53 UrhG auf die Nutzung von Computerprogrammen und Datenbankwerken über deren spezifische Schranken nach den §§ 55 Absatz 1, 69d und e UrhG beabsichtigt ist.

65   Um im wissenschaftlichen Bereich eine breite Nutzung bestehenden Wissens und von Forschungsergebnissen zu ermöglichen,[91] wurde im Jahre 2003 die „Berlin Declaration on Open Access to Knowledge in the Sciences and Humanities" (**Berliner Erklärung**[92]) verfasst. Diese hat zum Ziel, auch die neuen Möglichkeiten der Wissensverbreitung über das Internet nach dem Prinzip des offenen Zugangs (Open Access-Paradigma) zu fördern. Die Berliner Erklärung ist mittlerweile von 476 Signatoren[93] unterzeichnet, die sich verpflichten, die Ziele zu unterstützen und Open Access zu ermöglichen. Die unter der Berliner Erklärung niedergelegten Open Access Prinzipien umfassen dabei nicht nur den Zugang zu Wissen und Forschungsergebnissen, sondern auch vielfältige Benutzungs- und Bearbeitungsrechte.[94]

66   In den deutschen Bundesländern sind bisher noch keine Regelungen zu Open Access erlassen worden, auch wenn sich verschiedene Bundesländer mit dieser Frage im Rahmen des Erlasses oder der Modernisierung von Informationsfreiheits- und Transparenzgesetzen mit diesem Thema beschäftigen. Einzig in Niedersachsen sieht die aktuelle Koalitionsvereinbarung die Schaffung einer umfassenden Open-Data-Strategie mit einem modernen Informationsfreiheits- und Transparenzgesetz vor.[95] Dabei ist im öffentlichen Bereich zu beachten, dass bei Open Access zu Dokumenten der öffentlichen Verwaltung, die individuelle Bürger betreffen, ein Konflikt mit den Bestimmungen des Datenschutzes oder den Prinzipien des Persönlichkeitsschutzes entstehen kann.[96]

---

[91] Genauer umfasst die Berliner Erklärung Open Access-Veröffentlichungen im Bereich originärer wissenschaftlicher Forschungsergebnisse ebenso wie Ursprungsdaten, Metadaten, Quellenmaterial, digitale Darstellungen von Bild- und Graphik-Material und wissenschaftliches Material in multimedialer Form.
[92] http://openaccess.mpg.de/3515/Berliner_Erklaerung.
[93] Stand 11.03.2014, http://openaccess.mpg.de/3883/Signatories.
[94] *Hartmann* DSRITB 2012, 245 (257).
[95] Gersdorf/Paal/*Debus*, Beck OK Informations- und Medienrecht, § 1 Rn. 59 ff., 68.
[96] *Stauch*, UK: South Lanarkshire Council vs The Scottish Information Commissioner, ZD Aktuell Heft 1 2014.

Teil C. Software-, Hardware- und Providerverträge

§ 10 Vertragliche Grundlagen

Übersicht

	Rn.
I. Einleitung	1–4
1. Die Entwicklung des Informationstechnologierechts	1/2
2. Verhältnis zu verwandten Rechtsgebieten	3–7
II. IT-Vertragsgegenstände und Vertragstypologie	8–67
1. Überblick über typische Vertragsgegenstände des IT-Rechts	9
2. Grundsätze zur Vertragstypologie	10–19
a) Relevanz der BGB-Vertragstypen	10–16
b) Typenmuster und AGB-rechtliche Anforderungen	17–19
3. Charakteristische Kennzeichen IT-relevanter BGB-Vertragstypen	20–30
a) Überblick	21–23
b) Vertragstypologisch abgestufte Risiken	24–27
c) Leistungsstörungsrecht beim Vertragstyp Dienstvertrag	28–30
4. § 651 BGB – Ist Software eine „neu herzustellende Sache"?	31–45
a) Überblick	31–34
b) Meinungsstand	35–38
c) Ausgewählte Rechtsprechung	39–45
5. IT-Leistungen und ihre vertragstypologische Zuordnung	46–67
a) Beratung/Konzeption/Planung	48
b) Hardware/Gerätelieferung	49
c) Software	50–55
d) Software-Pflege	56–59
e) Systemvertrag	60–62
f) IT- bzw. Software-Projektvertrag	63
g) Zusatzauftrag während eines Projekts	64
h) Zusatzleistungen	65
i) Internet-Verträge	66/67
III. Mängel und Nacherfüllung	68–131
1. Hierarchie der Mängel	68–85
a) Vereinbarte Beschaffenheit	70–72
b) Eignung zur im Vertrag vorausgesetzten Verwendung	73
c) Eignung zur gewöhnlichen Verwendung und Beschaffenheit	74–78
d) Einbeziehung der Herstellerangaben und -werbung in die gewöhnliche Beschaffenheit	79–82
e) Installationsanleitung mit Mangel	83–85
2. Mangelbegriff und Bagatellgrenze	86–90
a) Allgemein	86/87
b) Summierung kleiner Fehler	88
c) Umgehung	89/90
3. Behandlung von Zusicherung, Garantie und Arglist	91–106
a) Zusicherung	91/92
b) Garantie	93–98
c) Arglistiges Verschweigen	99–106
4. Überblick über Nacherfüllung bei Kauf- und Werkvertrag	107–116
5. Wahlrecht des Verkäufers bei Nacherfüllung	117–119
6. Praktische Handhabung, Nachbesserungsversuche	120–129
a) Überblick	120, 121
b) Fristsetzungen, Anzahl und Ausgestaltung der Nachbesserungsversuche	122–128
7. Rücktrittsrecht	129–131
IV. Vergütung, Fälligkeit	132–140
1. Überblick	132–134
2. Vergütung nach Zeitaufwand	135–138

		Rn.
3. Vorauszahlungen, Abschlagszahlungen		139
4. Preiserhöhungen		140
V. Nicht vereinbarte negative Eigenschaften, Aufklärungs-/Beratungspflichten, Betriebsstörung-/Betriebsausfallschäden		141–153
1. IT-typische cic- und pVV-Fallgruppen		141–147
2. Betriebsstörungsschaden		148–153
VI. Sonstige typische Streitfragen bei IT-Verträgen		154–164
1. Letter of Intent (LOI)		154–156
2. Lizenz		157/158
3. Änderungen an der Software		159–161
4. Haftungsausschlüsse		162
5. Weitergabeverbote		163
6. Sonstiges		164

Schrifttum: *Bartsch,* Das neue Schuldrecht, Auswirkungen auf das EDV-Vertragsrecht, CR 2001, 649; *ders.,* Software als Rechtsgut, CR 2010, 553; *Bauer/Witzel,* Nacherfüllung beim Kauf von Standardsoftware, ITRB 2003, 109; *Baumgartner/Ewald,* Apps und Recht, 2013; *Bechtold,* Vom Urheber- zum Informationsrecht, München 2002; *Bräutigam/Rücker,* Softwareerstellung und § 651 BGB – Diskussion ohne Ende oder Ende der Diskussion?, CR 2006, 361; *Dauner-Lieb/Dötsch,* Schuldrechtsreform: Haftungsgefahren für Zwischenhändler nach neuem Recht?, DB 2001, 2535; *Dietrich,* Typisierung von Softwareverträgen nach der Schuldrechtsreform. Lösungsansätze für neue Abgrenzungsfragen, CR 2002, 473; *Druschel/Oehmichen,* Digitaler Wandel 3.0? Anregungen aus Verbrauchersicht – Teil II, CR 2015, 233; *Emmerich,* Das Recht der Leistungsstörungen, 6. Aufl. 2005; *Fritzemeyer,* Die rechtliche Einordnung von IT-Verträgen und deren Folgen, NJW 2011, 2918; *ders./Splittgerber,* Verpflichtung zum Abschluss von Softwarepflege- und Hardwarewartungsverträgen, CR 2007, 209; *Goldmann-Redecke,* Gewährleistung bei Softwarelizenzverträgen nach dem Schuldrechtsmodernisierungsgesetz, MMR 2002, 3; *Heussen,* Letter of Intent, 2. Auflage 2014; *Hecheltjen,* IT-Vertragsrecht, in: Hoeren/Neubauer (Hrsg), Entwicklung des Internet- und Multimediarechts im Jahr 2011, MMR-Beilage 5/2012, 3; *Hilty,* Der Softwarevertrag – ein Blick in die Zukunft. Konsequenzen der trägerlosen Nutzung und des patentrechtlichen Schutzes von Software, MMR 2003, 3; *Hörl,* Beweislastverteilung in IT-Haftungsklauseln, ITRB 2007, 237; *Intveen,* Software-Pflegeverträge im Lichte der AGB-rechtlichen Inhaltskontrolle nach § 307 BGB, ITRB 2004, 138; *Kaufmann,* Kündigung langfristiger Softwarepflegeverträge oder Abschlusszwang? – Eine Analyse der Rechtsprechung und ihrer Auswirkungen auf die Vertragsgestaltung, CR 2005, 841; *Koch,* Nacherfüllung – Hat der Kunde eine Wahl?, ITRB, 2003, 87; *ders.,* Schlechtleistung bei softwarebezogener Nacherfüllung. Fehler in neuen Softwareversionen oder -updates, ITRB 2008, 131; *ders.,* Schuldrechtsmodernisierung – Auswirkungen auf das Gewährleistungsrecht bei IT-Verträgen, CR 2001, 569; *Kosmides,* Providing-Verträge, München 2010 (Diss. 2009); *Kotthoff,* Softwareerstellungsverträge nach der Schuldrechtsmodernisierung, K&R 2002, 105; *Lorenz,* Schuldrechtsreform 2002: Problemschwerpunkte drei Jahre danach, NJW 2005, 1889; *ders.,* Arglist und Sachmangel – Zum Begriff der Pflichtverletzung in § 323 V 2 BGB, NJW 2006, 1925; *Müller-Hengstenberg,* Vertragstypologie der Computersoftwareverträge, CR 2004, 161; *ders.,* Vertragstypologische Einordnung von ASP-Verträgen (Anmerkung), NJW 2007, 2370; *Neubauer,* IT-Vertragsrecht, in: Hoeren/Buchmüller (Hrsg), Entwicklung des Internet- und Multimediarechts im Jahr 2012, MMR-Beilage 5/2013, 1; *Oechsler,* Praktische Anwendungsprobleme des Nacherfüllungsanspruchs, NJW 2004, 1825; *Pesch,* IT-Vertragsrecht, in: Hoeren/Buchmüller (Hrsg), Entwicklung des Internet- und Multimediarechts im Jahr 2013, MMR-Beilage 5/2014, 1; *Redeker,* Softwareerstellung im neuen Schuldrecht. Gestaltungsmöglichkeiten in Formularverträgen und AGB, ITRB 2002, 19; *ders.,* Softwareerstellung und § 651 BGB – Die typischen Vertragsgestaltungen verlangen differenzierte Ergebnisse, CR 2004, 88; *ders.,* IT-Recht, 5. Aufl. 2012; *Röttgen,* Klauseln zur Vervollständigung der Leistungsbeschreibung in IT-Verträgen (Vollständigkeitsklauseln), CR 2013, 628; *Schneider,* Software als handelbares verkehrsfähiges Gut – "Volumen-Lizenzen" nach BGH CR 2015, 413; *ders.,* Nacherfüllung bei IT-Verträgen, ITRB 2007, 24; *ders./Bischof,* Das neue Recht für Softwareerstellung/-anpassung, ITRB 2002, 273; *Schuster/Hunzinger,* Vor- und nachvertragliche Pflichten beim IT-Vertrag – Teil 1: vorvertragliche Beratungspflichten, CR 2015, 209; *Schweinoch/Roas,* Paradigmenwechsel für Projekte: Vertragstypologie der Neuerstellung von Individualsoftware – Welcher Vertragstyp ist das Softwareprojekt wirklich?, CR 2004, 326; *Söbbing,* Der Letter of Intent (LoI) – Risikoabsicherung im Vorfeld des IT-Hauptvertrags, ITRB 2005, 240; *Solmecke/Taeger/Feldmann,* Mobile Apps, 2013; *Stadler,* Garantien in IT-Verträgen nach der Schuldrechtsmodernisierung, CR 2006, 77; *Stichtenoth,* Softwareüberlassungsverträge nach dem Schuldrechtsmodernisierungsgesetz, K&R 2003, 105; *Stögmüller,* Teilbarkeit, Teilerfüllung und Teilrücktritt bei IT-Projekten, CR 2015, 424; *Taeger,* Die Entwicklung des IT-Rechts im Jahr 2012, NJW 2013, 19; *ders.,* Die Entwicklung des IT-Rechts im Jahr 2013, NJW 2013, 3698; *ders.,* Die Entwicklung des IT-Rechts im Jahr 2014, NJW 2014, 3759; *Thewalt,* Softwareerstellung als Kaufvertrag mit werkvertraglichem Einschlag. § 651 BGB nach der Schuldrechtsreform, CR 2002, 1; *ders.,* Der Softwareerstellungsvertrag nach der Schuldrechtsreform, Berlin 2004; *Wenzel,* Kaufrechtliche Probleme in der Unternehmenspraxis und Lösungsvorschläge, DB 2003, 1887; *Westerholt/Berger,* Der Application Service Provider und das neue Schuldrecht, CR 2002, 81; *von Westphalen,* Nach der Schuldrechtsreform: Neue Grenzen für Haftungsfreizeichnungs- und Haftungsbegrenzungsklauseln, BB 2002, 209; *Witzel/Stern,* Mitwirkungspflichten des Auftraggebers im Softwareprojekt, ITRB 2007, 167; *Zech*, Daten als Wirtschaftgut – Überlegungen zu einem Recht des Datenerzeugers, CR 2015, 137.

I. Einleitung

1. Die Entwicklung des Informationstechnologierechts

Der Begriff des „Informationstechnologierechts" (kurz IT-Recht)[1] hat die – nicht mehr so recht passenden – Begriffe „Computerrecht" und „EDV-Recht" weitgehend abgelöst.[2] In der Praxis werden die Begriffe IT-Recht, Computerrecht und EDV-Recht meist synonym verwendet. Das Informationstechnologierecht ist im Kern Vertragsrecht. Im Mittelpunkt stehen „IT-Verträge". Die Entwicklung dieses Kernbereichs verlief in groben Zügen wie folgt:[3] 1

- Ab den sechziger Jahren erschienen erste Publikationen, die sich mit „Computerprogrammen" bzw. mit „Computern", zum Teil mit „Datenverarbeitung" und zwar Datenverarbeitungsanlagen und Datenverarbeitungsprogrammen als Vertragsgegenstand befassten, teilweise bereits mit Bezug zum Patentschutz.[4]
- In den siebziger Jahren kamen EDV-Systeme als Vertragsgegenstand ins Blickfeld. Der Schwerpunkt lag bei der Hardware.[5]
- Mit dem Vormarsch des PC in den achtziger Jahren rückte die Software, insbesondere die Standardsoftware, als Vertragsgegenstand in den Mittelpunkt. Erstmals wurde sie auch losgelöst vom Computer betrachtet.[6]
- Mit dem wachsenden Kundeninteresse an der Abänderung von Software verlagerte sich in den neunziger Jahren der Schwerpunkt des IT-Rechts. Nach Hardware in den 60er und 70er Jahren und Software in den 90er Jahren rückte **„Information"** als solche und mit ihr zB der Rechtsschutz für Datenbanken stärker in den Vordergrund. 1993 wurde die EG-Richtlinie über den Rechtsschutz von Computerprogrammen vom 14.5.1991 in das deutsche UrhG implementiert. 1997 wurde im Rahmen des IuKDG die Richtlinie über den Rechtsschutz von Datenbanken vom 11.3.1996 umgesetzt und der Rechtsschutz für Datenbanken und Datenbankwerke im UrhG kodifiziert.
- Erhebliche Auswirkungen auf das IT-Recht hatte im weiteren Verlauf die **Schuldrechtsmodernisierung**. Diese Wirkungen hängen va mit der Interpretation von § 651 BGB bei der Software-Erstellung zusammen, betreffen aber auch die Mängelrechte und zahlreiche weitere Details bei der Handhabung des neuen Schuldrechts.[7]
- Zeitweise entwickelten sich seit den 90er Jahren die Internet-„Provider-Verträge" relativ eigenständig.[8] Inzwischen wachsen diese Vertragsarten aus dem Bereich der Telemedien mit Verträgen aus dem TK-Bereich und mit den „klassischen" Verträgen zu Erstellung von Software uÄ zusammen (Medienkonvergenz).[9]

---

[1] S. etwa *Redeker*, IT-Recht; *ders.*, Handbuch der IT-Verträge LBl.
[2] Siehe aber gleichwohl *Koch*, Computervertragsrecht, sowie den Titel der Zeitschrift „Computer und Recht" (CR); *J. Schneider*, Handbuch des EDV-Rechts.
[3] S. zur „Evolution" von klassischen IT-Verträgen zu Providing-Verträgen *Kosmides*, Providing-Verträge, S. 163 ff.
[4] S. zB *Kolle* GRUR 1977, 58.
[5] S. zB va BGH Urt. v. 24.6.1986 – X ZR 16/85, CR 1986, 799.
[6] Siehe dazu va BGH Urt. v. 4.11.1987 – VIII ZR 314/86, CR 1988, 124 – Compiler-Interpreter; in der Folge dann: BGH Urt. v. 7.3.1990 – VIII ZR 56, 89, CR 1990, 707 – Geräteverwaltung; BGH Urt. v. 4.11.1992 – VIII ZR 165/91, CR 1993, 203 – Dachdeckerbetrieb, wichtig im Hinblick auf die Anwendung des § 377 HGB ebenso wie: BGH Urt. v. 14.7.1993 – VIII ZR 147/92, CR 1993, 681 – Verkaufsabrechnung [wonach Standardsoftware eine *bewegliche Sache* ist]; BGH Urt. v. 22.12.1999 – VIII ZR 299/98, CR 2000, 207 – Lohnprogramm). Ebenfalls wegweisend: BGH Urt. v. 18.10.1989 – VIII ZR 325/88, CR 1990, 24 – Lohnabrechnung –, va indem sie klarstellte, dass es hinsichtlich der Sacheigenschaft und der „Ablieferung" nicht auf die unkörperliche Übertragung ankommt.
[7] → Rn. 10 ff. sowie zB *Bartsch* CR 2001, 649; *Bartsch* NJW 2002, 1526; *Dietrich* CR 2002, 473; *Goldmann-Redecke* MMR 2002, 3; *Koch* CR 2001, 569; *Thewalt* CR 2002, 1; *Westerholt-Berger* CR 2002, 81.
[8] S. etwa *Spindler*, Vertragsrecht der Internetprovider; zu Providerverträgen → § 21 und zu Webshop-Outsourcing-Verträgen → § 20.
[9] S. etwa *Kosmides*, Providing-Verträge; BGH Urt. v. 4.3.2010 – III ZR 79/09, CR 2010, 327 – Internetsystemvertrag; *Härting*, Internetrecht.

- Entsprechendes gilt wohl auch für „Apps" und sogar für Computerspiele, deren vertragliche Grundlagen einerseits analog gesehen, andererseits in Details verstärkt untersucht werden.[10]

2   Dieser Abschnitt „Vertragliche Grundlagen" behandelt als Basis für die nachfolgenden Abschnitte Grundprobleme des Besonderen Schuldrechts im Zusammenhang mit IT-Verträgen. Neben einem Überblick über klassische Vertragsgegenstände des IT-Rechts liegt der Schwerpunkt auf einer detaillierten Betrachtung und einem Vergleich der besonders IT-relevanten Vertragstypen Kauf, Werkvertrag, Dienstvertrag und Miete. Obgleich die Schuldrechtsreform bereits einige Jahre zurückliegt, erfolgt die Rezeption langsam, wie sich an den BGH-Entscheidungen erst aus jüngerer Zeit zeigt.[11] Viele AGB-Verwender haben zudem ihre Texte nicht wirklich angepasst. Zur Veranschaulichung und für die Beurteilung von Altverträgen wird teilweise die alte Rechtslage vergleichend dargestellt.

2. Verhältnis zu verwandten Rechtsgebieten

3   Typische Gegenstände von IT-Verträgen sind Hard- und Software, Infrastrukturen (Netze), neue Dienste va im Bereich des E-Commerce. Daher umfasst das IT-Recht – zumindest großteils – auch den Bereich des **Multimediarechts** bzw. des Rechts der **Telemedien**.[12]

Das **Telekommunikationsrecht** wird besonders zu datenschutzrechtlichen und ähnlichen nutzerorientierten Fragestellungen dem IT-Recht zugeordnet.[13]

4   Die Haftung für fremde Inhalte, für Links und das Recht der Domain-Names im Konflikt mit Markenrecht und Titelschutz zeigen ebenso wie Fragen der Nutzung urheberrechtlich geschützter Software bzw. Werke (Content) im Internet die enge Verbindung des IT-Rechts mit dem **gewerblichen Rechtsschutz**.[14]

5   Gerade im Bereich E-Commerce spielen **Verbraucherschutzaspekte** und die Sicherheit des Rechtsverkehrs eine erhebliche Rolle. Damit hängen zahlreiche Informationspflichten für die Anbieter zusammen. Vor allem das **Datenschutzrecht** – an sich eine öffentlich-rechtliche Materie – stellt eine wesentliche Säule des Betroffenenschutzes im IT-Recht dar. Klauseln zur Rechtseinräumung sind in IT-Verträgen ebenso typischer Bestandteil wie Datenschutzklauseln bzw. datenschutzrechtliche Einwilligungen.[15]

6   Ferner umfasst das IT-Recht die **strafrechtliche Verantwortlichkeit** sowie die Besonderheiten der Ermittlungsmethoden. Es betrachtet die Schnittstelle zwischen Bürger und Staat im Bereich des **eGovernment** und bei der Auftragsvergabe, der **eVergabe**.

7   Im Übrigen ist – gerade bei internetbasierten Vorgängen, die regelmäßig nicht auf nationale Sachverhalte begrenzt sind – der internationale Rechtsrahmen, insbesondere das **Internationale Privatrecht** zu beachten.

II. IT-Vertragsgegenstände und Vertragstypologie

8   Der Übersichtlichkeit halber folgt vorab unter 1. eine kurze Zusammenstellung wesentlicher IT-typischer Vertragsgegenstände mit der üblicherweise (in der Rechtsprechung) erfolgenden Zuordnung zu den BGB-Vertragstypen. Unter 4. wird die vertragstypologische Zuordnung detaillierter erläutert. Zur Vertiefung und zur Beurteilung von Altverträgen folgen

---

[10] S. zB im Zusammenhang mit UrhR zur Erschöpfung bei Computerspielen BGH Urt. 10.2.2010 – I ZR 178/08 – Half Life 2 (→ § 5 Rechtsschutz von Computerprogrammen und digitalen Inhalten); *Baumgartner/Ewald*, Apps und Recht; *Solmecke/Taeger/Feldmann*, Mobile Apps.

[11] ZB BGH Urt. v. 23.7.2009 – VII ZR 151/08, CR 2009, 637; s. zu Mängeln und Nacherfüllung → Rn. 59 ff., zu § 651 → Rn. 24 ff.

[12] S. dazu etwa *Hoeren/Sieber/Holznagel*; *Spindler/Schuster*, Recht der elektronischen Medien; *Schuster*, Vertragshandbuch Telemedia; *Roßnagel*, Recht der Multimedia-Dienste; *Spindler*, Vertragsrecht der Internet-Provider und schon mit Nähe zum nächsten Thema *Spindler*, Vertragsrecht der Telekommunikations-Provider.

[13] S. va *Geppert/Schütz*, Beck'scher TKG-Kommentar, 4. Aufl. 2013.

[14] Zum Digital Rights Management (DRM) siehe *Bechtold*, Vom Urheber- zum Informationsrecht, München 2002. Zur Technik der Schutzmechanismen s. *Hoppen* CR 2013, 9.

[15] → § 34 „Recht des Datenschutzes".

unter 3. b) Ausführungen zur Vertragstypologie bei IT-Verträgen, die vor dem 1.1.2002 geschlossen wurden.

1. Überblick über typische Vertragsgegenstände des IT-Rechts

Die wesentlichen, für typische IT-Verträge (im Wesentlichen ohne E-Commerce- und TK-Bereich) in Betracht kommenden Gegenstände sind wie folgt:[16]

Checkliste IT-Vertragsgegenstände

- ☐ Erwerb von Hardware
- ☐ Zusatzleistung für die Hardware, insbesondere Installation und Montage
- ☐ Wartung (Instandhaltung und Wiederherstellung der Funktionsfähigkeit) der Hardware/Netze/Systeme
- ☐ Planung von EDV-Systemen, Erstellung von fachlich/technischen Beschreibungen/„Pflichtenheften"
- ☐ Unterstützung bei der Planung, bei der Erstellung von Pflichtenheft uÄ
- ☐ Überlassung von Standardsoftware auf Dauer (gegen Einmal-Entgelt)
- ☐ Überlassung von Standardsoftware auf bestimmte oder unbestimmte Zeit
- ☐ Erstellung von Software
- ☐ Anpassung, Portierung uÄ beim Kunden bereits vorhandener Software
- ☐ Anpassung von vom Lieferanten beigestellter Software
- ☐ Zusatzleistungen etwa:
  - Schulung und Einweisung
  - Installation/Implementierung
  - Support
- ☐ Pflege (Wiederherstellung der Funktionsfähigkeit) der Software
- ☐ Sonstige Verträge
  - Datenaustausch
  - Webdesign
  - Provider:
    – reiner Zugangs-/Accessprovider
    – Hostprovider
    – Contentverträge/Lizenzverträge/Nutzungsverträge
  - Internet-Systemvertrag

---

2. Grundsätze zur Vertragstypologie

a) Relevanz der BGB-Vertragstypen. Die wesentliche Grundlage für die Beurteilung und Gestaltung von IT-Verträgen ist das BGB. Das BGB stellt einen nicht abschließenden Katalog an Vertragstypen (Kaufvertrag, Werkvertrag, Dienstvertrag, Mietvertrag etc) zur Verfügung. Diese unterscheiden sich teils erheblich in ihren Rechtsfolgen, etwa darin, welche Ansprüche die eine Partei hat, wenn die andere den Vertrag nicht ordnungsgemäß erfüllt.

Bekanntlich herrscht vom – theoretischen – Grundsatz her kein Typenzwang im Schuldrecht. Aufgrund der Vertragsfreiheit sind die Vertragspartner also nicht verpflichtet, sich an die vom BGB „angebotenen" Vertragstypen zu halten. Bei AGB bilden die gesetzlichen Regelungen die Referenz für die Prüfung der Wirksamkeit. Ob ein konkreter Vertrag dem einen oder anderen Vertragstyp entspricht, richtet sich im Wesentlichen nach den Vertragspflichten. Typische Vertragspflichten sind, zB
- bei *Kauf* beim Verkäufer: Übergabe und Übereignung einer Sache;
- bei *Miete* dagegen beim Vermieter: Überlassung einer Sache zum Gebrauch für eine bestimmte Zeit.

---

[16] Zur vertragtypologischen Zuordnung → Rn. 38 ff.

12 Neben den im BGB ausgearbeiteten Vertragstypen gibt es eine Reihe weiterer normierter Vertragstypen (etwa aus den Bereichen von Versicherung, Spedition uÄ) die für den IT-Bereich im Einzelfall einschlägig sein können (etwa Lagerhaltung und Logistik beim Webshop-Outsourcing).[17] Relevant für den IT-Bereich ist – zumindest als gedankliches Modell – der Verlagsvertrag, also das **Verlagsgesetz**. Zu den gesetzlichen, auch in AGB abdingbaren Grundlagen gehören die **Regelungen des UN-Kaufrechts (CISG)**.[18]

13 Eine der wichtigsten gesetzlichen Regelungen für IT-bezogene Verträge außerhalb des BGB findet sich im **Urheberrecht**. §§ 69a ff. und §§ 87a ff. UrhG (zB iVm § 34 UrhG)[19] enthalten für Software und Datenbanken Ansätze und Maßgaben für das Vertragsrecht. Für die öffentliche Hand enthalten die vergaberechtlichen Vorschriften iVm BVB und EVB-IT wichtige Regeln. Die BVB/EVB-IT sind Einkaufs-AGB der öffentlichen Hand.[20]

14 Einige der für den IT-Bereich typischen Verträge sind „**gemischte Verträge**" in der Ausprägung, dass sie mehrere, verschiedenen Vertragstypen zurechenbare Vertragsgegenstände enthalten, etwa ein Systemvertrag Kauf von Hardware, Kauf und Miete von Software,[21] Werkvertrag bei Erstellung, Anpassung und Installation, oder etwa Pflege mit den Leistungsbereichen Mängelbeseitigung, Aktualisierung und Hotline.

15 In der Praxis haben sich weit über die „gesetzlichen Typen" hinaus sogenannte **verkehrstypische Verträge** entwickelt. Diese sind zum Teil klaren rechtlichen Einordnungen und Beurteilungen zugeführt worden. Allerdings ist die Literatur keineswegs immer mit den Beurteilungen der Rechtsprechung zufrieden. Zum Beispiel wird seitens des BGH stets der Leasingvertrag in seiner typischen Ausprägung als Mietvertrag mit einer besonderen Ausprägung im Rahmen des „Gewährleistungsrechts" (Abtretungskonstruktion) qualifiziert.[22]

16 Ein ähnliches Schicksal hat der Lizenzvertrag in der Rechtssprechung. Die Lizenz als „Vertrag sui generis" konnte sich vor Gericht nicht durchsetzen.[23] Dies liegt auch daran, dass der Lizenzvertrag bisher keine eindeutige Ausprägung erhalten hat. Er hat weder eine klare Zuordnung zu Kauf- oder Mietrecht, noch eine völlig eigenständige Charakteristik erlangt. Im Ergebnis hat die Rechtsprechung bislang stets die neuen, „modernen" Verträge[24] auf das Grundraster des BGB zurückgeführt. Dies allerdings nicht immer aufgrund eines Bedürfnisses nach Beurteilungs- und Auslegungskriterien.

17 **b) Typenmuster und AGB-rechtliche Anforderungen.**[25] Trotz der Vertragsfreiheit gibt es einige Maßgaben, die praktisch dazu zwingen, vorhandene Verträge nach dem Typenmuster des BGB zu beurteilen und zu versuchen, sie danach einzuordnen und zu interpretieren. Die wichtigste Maßgabe ist wohl § 307 BGB. Nach § 307 Abs. 2 BGB ist eine unangemessene Benachteiligung im Zweifel anzunehmen,

„wenn eine Bestimmung
1. mit wesentlichen Grundgedanken der gesetzlichen Regelung, von der abgewichen wird, nicht zu vereinbaren ist oder
2. wesentliche Rechte oder Pflichten, die sich aus der Natur des Vertrages ergeben, so einschränkt, dass die Erreichung des Vertragszweckes gefährdet ist."

---

[17] Zum Webshop-Outsourcing → § 20.
[18] S. zum Anwendungsbereich *Schmitt* CR 2001, 145.
[19] Wichtig für „Gebrauchtsoftware" (Weitergabeverbote) → § 12 sowie § 24.
[20] S. BGH Urt. v. 27.11.1990 – X ZR 26/90, CR 1991, 273 und va BGH Urt. v. 4.3.1997 – X ZR 141/95, CR 1997, 470; nicht berücksichtigt in OLG Koblenz Urt. v. 27.5.1993 – 5 U 1938/96, CR 1994, 95. → § 14 „Softwarepflege" sowie → § 41 BVB und EVB-IT.
[21] Software kann Gegenstand von Miet- und Leasingverträgen sein. So etwa BGH Urt. v. 6.6.1984 – VIII ZR 83/83, CR 1986, 79 – EDV-Anlage.
[22] Für das IT-Recht ist diese Einordnung des Leasings durchaus interessant. Zu Leasing s. *von Westphalen*, Der Leasingvertrag, 7. Aufl. 2014.
[23] S. schon BGH Urt. v. 3.6.1981 – VIII ZR 153/80, NJW 1981, 2684 – Programmsperre I; BGH Urt. v. 17.11.2005 – IX ZR 162/04, CR 2006, 151; s. a. im Kontext UrhR BGH Urt. v. 17.7.2013 – I 129/08 – Oracle/UsedSoft II.
[24] *Martinek*, Moderne Vertragstypen I und II, 1992.
[25] Einzelheiten zu AGB-Problemen bei Standardverträgen → § 16 Standardklausel.

Beispiele Inhaltskontrolle:[26]
Typische Kriterien bei der Inhaltskontrolle der vertragstypologischen Einordnung in IT-AGB sind etwa:
- Für die rechtliche Einordnung bestimmend ist der objektive Gehalt des gesamten jeweiligen Vertragsverhältnisses.[27]
- Eine künstliche Aufteilung eines einheitlichen Rechtsverhältnisses (zB in einen getrennten dienstvertraglichen Teil und einen werkvertraglichen Teil), um hierdurch den Kunden den jeweiligen AGB-rechtlichen Schutz der dienstvertraglichen (oder werkvertraglichen) Rechte des (einheitlich betrachtet, einem bestimmten Vertragsrecht unterfallenden Gesamtrechtsverhältnis) zu entziehen, ist unzulässig.[28]
- Evtl. zur Überprüfung stehende AGB-Klauseln dürfen nicht für die vertragstypologische Einordnung herangezogen werden.
- Im „vorauseilenden Gehorsam" seitens des Anbieters zugrunde gelegte Einkaufs-AGB (der öffentlichen Hand) sind dem Einkäufer als Verwender zuzurechnen.[29]
- Eine auf subjektive Zufriedenheit abstellende Abnahmeklausel in Einkaufs-AGB ist unwirksam.[30]

In der Praxis führt die Regelung in § 307 BGB über „wesentliche Grundgedanken" dazu, dass bei der Inhaltskontrolle von AGB den – an sich dispositiven (!) – BGB-Vorschriften zum Vertragstyp eine Leitbildfunktion zukommt.[31] Bei der AGB-rechtlichen Beurteilung von Softwareverträgen spielen insbesondere die Mindestrechte, die sich aus den §§ 69d und 69e UrhG ergeben (iVm § 69g Abs. 2 UrhG), eine wichtige Rolle. Sie sind im Hinblick auf den Gebrauchtsoftwaremarkt und das Weitergaberecht sowie zumindest bei Datenträger-basierter Software – im Hinblick auf § 69c Ziff. 3 UrhG – zu beachten.[32]

Obwohl die Privatautonomie grundsätzlich zulässt, Verträge inhaltlich so zu gestalten, dass sie nicht genau einem gesetzlich vorgegebenen Vertragstyp entsprechen, empfiehlt sich ein Blick auf die Grundgedanken der gesetzlichen Regelung, weil die Gerichte bei der Beurteilung von Verträgen (insbesondere von AGB)[33] den jeweils einschlägigen Vertragstyp heranziehen. Zudem sollten Vertragsgestaltungen entlang bzw. projiziert auf die gesetzlichen Leitbilder vorgenommen werden, weil ansonsten die Rechtsunsicherheit im Streitfall noch zunimmt. Das Typenmuster des BGB wirkt also bisweilen als vertragliche Auslegungshilfe und Lückenfüller.

Beispiel:
Der Pflegevertrag wird mit sehr großer Streubreite interpretiert und ist trotz seiner weiten Verbreitung dogmatisch weniger durchdrungen.[34] Infolgedessen ist die Beurteilung von Pflegeverträgen und Leistungsstörungen hierbei im Detail durchaus sehr unterschiedlich vorgenommen worden.[35] Besonders bekannt geworden ist die Entscheidung des LG Köln zur praktischen Unkündbarkeit des Pflegevertrages für den Auftragnehmer vor Ablauf von 5 Jahren nach „end of life".[36]

3. Charakteristische Kennzeichen IT-relevanter BGB-Vertragstypen

Um die Bedeutung der Unterschiede bei den Ansprüchen zu erläutern, die mit den verschiedenen BGB-Vertragstypen für den Anbieter/Lieferanten von IT-Leistungen einerseits und für den Kunden andererseits verbunden sind, wird im Folgenden zunächst ein kurzer allgemeiner Überblick über wichtige Merkmale der einzelnen BGB-Vertragstypen gegeben.

---

[26] Einzelheiten zu AGB-Problemen bei Standardverträgen → § 16.
[27] BGH Urt. v. 8.10.2009 – III ZR 93/09, NJW 2010, 150 ff.
[28] S. zB zur einheitlichen Betrachtung des Internetsystemvertrags BGH Urt. v. 4.3.2010 – III ZR 79/09.
[29] BGH Urt. v. 4.3.1997 – X ZR 141/95, CR 1997, 470 – BVB-Überlassung.
[30] BGH Urt. v. 4.3.1997 – X ZR 141/95, CR 1997, 470 – BVB-Überlassung.
[31] S. a. Palandt/Heinrichs § 307 BGB Rn. 29 mwN. Zur Indizwirkung der Klauselverbote (§ 309 BGB) auch B2C s. BGH Urt. v. 19.9.2007 – VIII ZR 141/06.
[32] Einzelheiten → § 5 Rechtsschutz von Software.
[33] → § 16.
[34] S. Bartsch NJW 2002, 1526; Intveen ITRB 2004, 138; Redeker, IT-Recht, Rn. 648 ff.; Kaufmann CR 2005, 841; neuerdings s. aber Servais, Der Softwarepflegevertrag 2014. Einzelheiten zur Software-Pflege → § 14.
[35] S. zB zu Rücktritt v. Pflegevertrag LG Bonn Urt. v. 19.12.2003 – 10 O 387/01, CR 2004, 414. Zu Betreuungsvertrag als Werkvertrag LG Bonn Urt. v. 15.1.2008 – 10 O 383/06, CR 2008, 767. Zu den Risikobereichen des Pflegevertrages s. zB Schneider CR 2004, 241, sowie → § 14.
[36] LG Köln Urt. v. 16.10.1997 – 83 O 26/97, CR 1999, 218 und dazu Jaeger CR 1999, 209; Moritz CR 1999, 209; s. a. Kaufmann CR 2005, 841; Fritzemeyer/Splittgerber CR 2007, 209.

Der Fokus liegt dabei vor allem auf der Abgrenzung von Kauf- und Werkvertrag, die bei IT-Verträgen sehr relevant ist, in der Praxis aber oft vernachlässigt wird.

21 a) Überblick. *aa) Kauf, §§ 433 ff. BGB*

Checkliste Vertragstyp Kauf

Wesentliche Kennzeichen des Vertragstyps:

☐ Schwerpunkt der „Gewährleistung" liegt im allgemeinen Leistungsstörungsrecht. Die Gewährleistung von Kauf- und Werkvertrag ist einander weitgehend angenähert.
☐ Mangelfreiheit ist (auch) bei Kauf Inhalt der Leistungspflicht.
☐ Der Begriff des Mangels ist erheblich ausgedehnt und gleichzeitig vereinheitlicht; Haftung des Verkäufers auch für *„öffentliche Äußerungen"* zB des Herstellers (etwa in der Werbung) gem. § 434 Abs. 1 Satz 3 BGB.
☐ Ansprüche des Käufers bei Vorliegen eines Mangels:
  • Vorrangig Nacherfüllung nach § 439 BGB, dh der Käufer muss dem Lieferanten Gelegenheit zur Nacherfüllung geben. Die Nacherfüllung umfasst Nachbesserung oder Neulieferung. Die Wahl erfolgt bei Kauf nach der gesetzlichen Konzeption durch den Kunden (Käufer).
  • Rücktritt vom Vertrag nach §§ 440, 323 und 326 Abs. 5 BGB (grundsätzlich erst nach einer Fristsetzung des Käufers) *oder*
  • Minderung des Kaufpreises nach § 441 BGB
  und
  • Schadensersatz nach §§ 440, 280, 281, 283 und 311a BGB (grundsätzlich erst nach einer Fristsetzung des Käufers) oder
  • Ersatz vergeblicher Aufwendungen nach § 284 BGB.
☐ Zahl der Nachbesserungsversuche grundsätzlich auf zwei beschränkt (§ 440 Satz 2 BGB).[37]
☐ Kumulation bei den Folgeansprüchen (Minderung oder Rücktritt kombiniert mit Schadensersatz oder Aufwendungsersatz möglich);
☐ Schadensersatz, evtl. sogar verschuldensunabhängig, auch ohne ausdrückliche Eigenschaftszusicherung;[38]
☐ Abweichende Vereinbarungen von den eben genannten Rechten des Kunden sind bei einem Verbrauchsgüterkauf (Kaufvertrag zwischen einem Unternehmer und einem „Privatkunden", s. §§ 474 ff., 13, 14 BGB) unwirksam.
☐ „Verjährungsfrist für Mängelansprüche" bei Kauf regelmäßig zwei Jahre; kann gegenüber Nichtverbrauchern grundsätzlich auf ein Jahr verkürzt werden; auch bei Verbrauchern Verkürzung auf ein Jahr möglich bei Gebrauchtkauf.

22 *bb) Werkvertrag, §§ 631 ff. BGB*

Checkliste Vertragstyp Werkvertrag

Wesentliche Kennzeichen des Vertragstyps:

☐ Ausdrückliche Erwähnung von Herstellung[39] einer Sache in § 631 Abs. 2 BGB;
☐ Wartung oder Veränderung einer Sache sowie Planungs- oder Überwachungsleistungen sind mit umfasst;[40]

---

[37] S. a. BGH Urt. v. 5.11.2008 – VIII ZR 166/07, NJW 2009, 508, Rn. 17.
[38] Einzelheiten → Rn. 82.
[39] Verpflichtet sich ein Unternehmer, einen Gegenstand zu liefern und zu montieren, so kommt es für die rechtliche Einordnung des Vertragsverhältnisses als Kaufvertrag (mit Montageverpflichtung) oder als Werkvertrag darauf an, auf welcher der beiden Leistungen bei der gebotenen Gesamtbetrachtung der Schwerpunkt liegt. Dabei ist vor allem auf die Art des zu liefernden Gegenstandes, das Wertverhältnis von Lieferung und Montage sowie auf die Besonderheiten des geschuldeten Ergebnisses abzustellen, BGH Urt. v. 3.3.2004 – VIII ZR 76/03, DB 2004, 1421 – Solaranlage.
[40] Anpassung von Software als Werkvertrag ist erst mit Übergabe der Dokumentation vollendet, BGH Urt. v. 14.7.1993 – VIII ZR 147/92, CR 1993, 681 – Verkaufsabrechnung; Bei arbeitsteiliger Herstellung muss der Werkunternehmer die organisatorischen Voraussetzungen bei arbeitsteiliger Herstellung schaffen, um sachge-

II. IT-Vertragsgegenstände und Vertragstypologie

- ☐ Regelung der Rechts- und Sachmängel ähnlich wie bei Kauf, jedoch keine Haftung für „öffentliche Äußerungen";[41]
- ☐ Vorrangig Nacherfüllungsanspruch; Wahl zwischen Nachbesserung und Neulieferung bei Werkvertrag durch den Auftragnehmer/Anbieter;
- ☐ Selbstvornahme
- ☐ Kumulation bei den Folgeansprüchen (wie bei Kauf s. o.);
- ☐ Bei Ablehnung von § 651 BGB bzw. Verneinung der Sachqualität von Software wäre die Konsequenz, dass die regelmäßige Verjährungsfrist gem. § 634a Abs. 1 Nr. 3 BGB (3 Jahre) nicht ab Abnahme beginnt, sondern ab Ende des Jahres der Anspruchsentstehung und Kenntnis oder grob fahrlässiger Unkenntnis des Mangels (§§ 195, 199 BGB).[42]

cc) Vertrag über die Lieferung herzustellender oder zu erzeugender beweglicher Sachen, 23
§ 651 BGB (ehemals Werklieferungsvertrag)

Checkliste Vertragstyp § 651 BGB

Wesentliche Kennzeichen des Vertragstyps:[43]
- ☐ Differenzierung nach der Herkunft des Materials erforderlich.[44]
- ☐ Unterscheidung vertretbare/nicht vertretbare Sache (dh grob gesagt Serienanfertigung/Spezialanfertigung).
- ☐ Lieferung neu herzustellender oder zu erzeugender beweglicher Sachen insgesamt nach Kaufrecht zu beurteilen.
- ☐ Ausnahme: bei nicht vertretbaren Sachen (dh Spezialanfertigung) finden einige werkvertragliche Vorschriften Anwendung, so etwa Mitwirkungspflicht, Verantwortlichkeit und Kündigungsmöglichkeit des Bestellers.

b) Vertragstypologisch abgestufte Risiken. Die Mängelrechte im Kauf- und Werkvertrag 24 wurden durch die Schuldrechtsmodernisierung[45] stark angenähert, so dass beide nun der mietvertraglichen Regelung ähneln. Dies gilt insbesondere für die Kumulation der Mängelansprüche. Gleichwohl gibt es zwischen den einzelnen Vertragstypen eine Art **gewährleistungsrechtliche Risikoeinschätzung,** wonach das **Dienstvertragsrecht** dem **Kunden** die **schwächste,** das **Mietrecht** die **stärkste Rechtsposition** einräumt. Es gibt also ein vertragstypisches „Risikogefälle" bei den Leistungsstörungsrechten.

Aus **Anbietersicht** ist das **Kaufrecht** im Vergleich zum Werkvertragsrecht an einigen Stel- 25 len **empfindlich strenger.** § 377 HGB (Untersuchungs- und Rügepflicht des Kunden) schützt

---

recht beurteilen zu können, ob das Werk bei Ablieferung mangelfrei ist, BGH Urt. v. 30.11.2004 – X ZR 43/03, NJW 2005, 893.

[41] Zusicherung einer Eigenschaft im Werkvertragsrecht: Ernsthaftes Versprechen, das Werk mit einer bestimmten Eigenschaft herzustellen. Nicht erforderlich: Auftragnehmer bringt zum Ausdruck, er werde für alle Folgen einstehen, wenn die Eigenschaft nicht erreicht werde. BGH Urt. v. 5.12.1995 – X ZR 14/93, DB 1996, 1276.

[42] → Rn. 27.

[43] Ausführlich zu § 651 BGB bei Softwareverträgen → Rn. 24 ff.

[44] Anders als noch in § 651 vor Schuldrechtsmodernisierung.

[45] Die Schuldrechtsreform hat diese Vertragstypen zwar einander sehr angeglichen. Im Detail können die Unterschiede jedoch erheblich sein. Die Schuldrechtsmodernisierung diente auch der Umsetzung der Verbrauchsgüterkaufrichtlinie (Palandt/*Heinrichs* Einl. Rn. 10a). Diese Umsetzung ist teils ungenau und überschießend erfolgt. Die Folge ist eine Reihe von „Korrekturen" über Vorlagen bzw. Entscheidungen des BGH (zB BGH Urt. v. 26.11.2008 – VIII ZR 200/05, CR 2009, 75 zu Nutzungsersatz). Die Gewährleistungsrisiken für den Auftraggeber fielen nach altem Schuldrecht in folgender Reihenfolge deutlich ab und steigerten sich entsprechend für den Auftragnehmer: Dienstvertrag/Geschäftsbesorgung; Kaufvertrag (BGH Urt. v. 22.12.1999 – VIII ZR 299/98, CR 2000, 207 – Lohnprogramm); Werkvertrag (BGH Urt. v. 9.10.2001 – X ZR 58/00, CR 2002, 93); Werklieferungsvertrag (etwa BGH Urt. v. 14.7.1993 – VIII ZR 147/92, CR 1993, 681); Mietvertrag (zB BGH Urt. v. 23.10.2002 – I ZR 3/00, GRUR 2003, 416 – CPU-Klausel; BGH Urt. v. 15.11.2006 – XII ZR 120/04, CR 2007, 75 – ASP).

den Anbieter nur bei einem beiderseitigen Handelskauf (dh vereinfacht Kaufvertrag zwischen Unternehmern). Im Werkvertragsrecht ist die Vorschrift nicht anwendbar.[46]

26 Tabellarischer Vergleich[47] von Kauf, Miete, Werkvertrag unter dem Aspekt der Mängelrechte:

I. Mängeldefinition	Kaufvertrag Mangelfreiheit	Mietvertrag Mangel	Werkvertrag Mangelfreiheit
1.	liegt vor, wenn vereinbarte Beschaffenheit gegeben, ansonsten nichts vereinbart	der bei Übergabe besteht oder später besteht	(wie Kauf)
2.	Eignung für nach dem Vertrag vorausgesetzte Verwendung, ansonsten	Tauglichkeit zum vertragsgemäßen Gebrauch	(wie Kauf)
3.	Eignung für die gewöhnliche Verwendung und	aufgehoben oder gemindert	(wie Kauf)
	Beschaffenheit:		(wie Kauf)
a)	wie bei Sachen der gleichen Art üblich		(wie Kauf)
b)	die der Käufer nach Art der Sache erwarten kann		(wie Kauf)
c)	inkl. öffentliche Äußerungen des Verkäufers oder des Herstellers bzw. dessen Gehilfen		(öffentliche Äußerung entfällt)
4.	Garantie (verschuldensunabhängiges Einstehenmüssen auch für Schadensersatz)		
5.	Kein aliud, keine zu geringe Menge		Kein aliud – wie Kauf
II. Rechtsfolgen			
1.	Nacherfüllung nach Wahl des Käufers	Anzeige	Nacherfüllung nach Wahl des Unternehmers
a)	Nachbesserung oder	Nachbesserung/ Ersatzvornahme	Nachbesserung oder
b)	Neulieferung innerhalb angemessener Frist nach Fehlschlagen oder Weigerung	Minderung der Mietzahlung	Neues Werk herstellen
c)			Selbstvornahme, Aufwendungsersatz
2.	Minderung oder Rücktritt **und**	Minderung	Minderung oder Rücktritt **und**
3.	Schadensersatz oder Aufwendungsersatz		Schadensersatz oder Aufwendungsersatz

---

[46] BGH Urt. v. 9.10.2001 – X ZR 58/00, CR 2002, 93. Zum Vergleich der unterschiedlichen Risiken der genannten Vertragstypen siehe unten Tabelle.
[47] Entstanden aus diversen Vortragsskripten, ua *Schneider/Bischof*, ebenso → Rn. 20.

II. IT-Vertragsgegenstände und Vertragstypologie

Tabellarischer gewährleistungsrechtlicher Vergleich für Altfälle (vor Schuldrechtsmodernisierung):[48]

27

	Kaufvertrag	Mietvertrag	Werkvertrag
I. Fehler	Fehler bei Übergabe	Fehler bei Übergabe oder entsteht später	Fehler bei Abnahme
	wirkt sich aus: • mindert oder • hebt auf	wirkt sich aus: • mindert oder • hebt auf	wirkt sich aus: • mindert oder • hebt auf
	Wert oder Tauglichkeit	Tauglichkeit	Wert oder Tauglichkeit
	• zum üblichen oder • vertraglich vorausgesetzten Gebrauch	zum vertragsgemäßen Gebrauch	• zum üblichen oder • vertraglich vorausgesetzten Gebrauch
	unerhebliche Minderung: bleibt außer Betracht	unerhebliche Minderung: bleibt außer Betracht	unerhebliche Minderung: keine Wandelung
II. Fehlen zugesicherter Eigenschaft	zugesicherte Eigenschaft • fehlt • Schadensersatz	zugesicherte Eigenschaft • fehlt • fällt weg	zugesicherte Eigenschaft • fehlt • Mangel
Rechtsfolge von I.	Nachbesserung nur wenn vereinbart	Nachbesserung	Nachbesserung
	Minderung (evtl. erst nach Scheitern der Nachbesserung)	Minderung auch während Nachbesserung, außerordentliche Kündigung	Minderung bei Scheitern der Nachbesserung
	oder Wandelung		oder Wandelung
	oder Schadensersatz nur bei Arglist	und Schadensersatz	oder Schadensersatz bei Vertreten müssen
Rechtsfolgen von II.	Schadensersatz	sämtliche Rechte	sämtliche Rechte

c) Leistungsstörungsrecht beim Vertragstyp Dienstvertrag. Der Dienstvertrag hat im BGB keine gewährleistungsrechtliche Regelung erfahren. Typisch für einen Dienstvertrag ist, dass es zwar eine Vertragsverletzung bzw. Schlecht- und Nichterfüllung des Vertrages geben kann, nicht jedoch verschuldensunabhängige Mängelansprüche. Für den Auftragnehmer stellt sich der Dienstvertrag deshalb als eine nahezu ideale Alternative zu dem weitreichenden Pflichtenkatalog des Werkvertrages mit dessen Erfolgsdruck bzw. Versagensrisiko dar. Zur Unterscheidung Dienst- oder Werkvertrag kann nämlich nicht die Art der Tätigkeit als solche herangezogen werden. Vielmehr ist das relevante Unterscheidungsmerkmal, ob ein **Erfolg** geschuldet ist. Wenn Standardsoftware mit Anpassung an die betrieblichen Besonderheiten geschuldet ist, ist der Vertrag in der Regel als Werkvertrag zu qualifizieren. Dies gilt auch, wenn zusätzlich die Lieferung von Hardware sowie die Einarbeitung des Personals und die Erfassung betrieblicher Daten übernommen wird.[49] Dienstvertragsrecht kommt für Rah-

28

---

[48] Verträge, die vor Inkrafttreten der Schuldrechtmodernisierung (also bis zum 31.12.2001) abgeschlossen wurden, richten sich grundsätzlich nach der alten Gesetzeslage, Art. 229 § 5 Abs. 1 S. 1 EGBGB. Bei Dauerschuldverhältnissen, das sind va Softwarepflegeverträge, evtl. auch Rahmenverträge und Software-Mietverträge (Softwareüberlassung auf Zeit), ist eine Besonderheit zu beachten. Seit 1.1.2003 gilt für diese Verträge das „neue" Schuldrecht, auch wenn sie vor dem 1.1.2002 geschlossen worden sind, s. Art. 229 § 5 Abs. 1 S. 2 EGBGB.

[49] OLG Karlsruhe Urt. v. 16.8.2002 – 1 U 250/01 – CR 2003, 95 (siehe auch Palandt/*Sprau* vor § 631 BGB Rn. 23 mwN).

menverträge, va mit freien Mitarbeitern „auf Zuruf" (Zurufprojekte) und für Subunternehmer-Vertragsverhältnisse in Betracht.[50]

29 Die Schlecht- bzw. Nichtleistung stellt bereits eine **Pflichtverletzung**[51] im Sinne der §§ 280 ff. BGB dar und kann bei Vorliegen der jeweiligen weiteren Voraussetzungen die entsprechenden Ansprüche auslösen. Nach *Bartsch*[52] kommt es auf eine vertragstypologische Einordnung nicht mehr an, da das allgemeine Leistungsstörungsrecht entweder direkt oder über Verweisungsvorschriften zur Anwendung gelangt und der Anbieter – unabhängig von der vertraglichen Einordnung – leistungspflichtig bleibt.

30 Sofern alle Voraussetzungen vorliegen ist eine der möglichen Rechtsfolgen, dass der Dienstvertrag fristlos gekündigt werden kann (§ 626 BGB). Wesentlich interessanter für den Kunden ist allerdings der Schadensersatzanspruch, zu dessen Ausfüllung auf die allgemeinen Regelungen der §§ 249 ff. BGB zurückgegriffen wird. Das Problem besteht darin, dem Auftragnehmer dessen **Verschulden** nachzuweisen. Dazu muss auf vertragliche Regelungen, gegen die bewusst verstoßen wurde, ggf. auch auf technische Regelungen (zB DIN-Normen, übliche Vorkehrungen wie etwa Datensicherung oder deren Prüfung vor Pflegearbeiten uÄ) zurückgegriffen werden. Hinsichtlich der typischen Mängel, also der Fehler, die etwa bei Software als unvermeidbar angesehen werden, wird diese Fahrlässigkeit kaum zu beweisen sein. Denkbar wäre es, dass ein Dienstnehmer Software übergibt, die nicht oder nicht ausreichend getestet worden ist, sodass insoweit gegen Sorgfaltspflichten verstoßen wurde. Denkbar wäre auch, dass Fahrlässigkeit vorliegt, wenn die Software nicht vor Übergabe auf Viren geprüft worden ist.[53]

4. § 651 BGB – Ist Software eine „neu herzustellende Sache"?

31 **a) Überblick.** Nach § 651 BGB ist auf einen Vertrag über neu herzustellende Sachen nicht Werk-, sondern **Kauf**vertragsrecht anzuwenden. Das Kaufrecht wird, wenn es sich um eine nicht vertretbare Sache (**Spezialanfertigung**) handelt, um einige werkvertragliche Vorschriften, zB die **Mitwirkungspflichten des Bestellers**, ergänzt. Die Unterschiede zwischen den beiden Vertragstypen sind zwar nicht mehr so groß wie nach altem Schuldrecht, für die Praxis und im Detail aber durchaus gravierend. Wäre etwa Kaufrecht für die Softwareerstellung anwendbar, müssten **öffentliche Äußerungen** im Sinne von § 434 Abs. 1 Satz 3 BGB (zB Werbeangaben, Produktkennzeichnung) bei der Beurteilung eines Mangels der Software berücksichtigt werden. Besonders gravierend kann sich die Verjährungsdauer der Mängelansprüche auswirken.

32 Es ist wohl nach wie vor unklar, ob Software-Erstellung und -Anpassung von den Gerichten als neu „herzustellende Sache" beurteilt und § 651 BGB hierauf angewandt wird.[54] Im Rahmen dieser Diskussion wird die **Sacheigenschaft von Software** problematisiert.[55] Es war eine der Errungenschaften der Rechtsprechung nach altem Schuldrecht, dass Software insgesamt als eine „bewegliche Sache" qualifiziert wurde.[56] Standardsoftware war relativ unstrittig eine „vertretbare Sache".

---

[50] → § 11 „Erstellung von Software", dort → Rn. 174 ff.
[51] Bereits das alte Recht kannte beim Dienstvertrag eine schuldhafte Schlechtleistung durch den Dienstleister und fasste diese unter den Begriff „positive Vertragsverletzung" (pVV). Heute ist die pVV in § 280 BGB gesetzlich normiert. Zur Pflichtverletzung durch Mangel bzw. fehlende Nacherfüllung bei Kauf BGH Urt. v. 29.6.2011 – VIII ZR 202/10.
[52] *Bartsch* NJW 2002, 1526 ff.
[53] In Erwägung zu ziehen, s. Redeker/*Bischof*/Witzel, Handbuch der IT-Verträge, Kap. 2.3 Rn. 173.
[54] Längere Zeit war es lediglich das OLG Düsseldorf, das in seiner Entscheidung v. 30.7.2004 – I-23 U 186/03, K&R 2005, 41, die Frage ansprach und in einem Nebensatz durchblicken ließ, dass es § 651 BGB wohl nicht angewendet hätte. Auf die Fragestellung kam es laut Urteil aber nicht an.
[55] BGH Urt. v. 17.11.2005 – IX ZR 162/04, WM 2006, 144: „Lizenz"/Pacht eher nicht Sache; BGH Urt. v. 15.11.2006 – XII ZR 120/04, NJW 2007, 2394 (explizit: Sachqualität (+)); BGH Urt. v. 22.12.1999 – VIII 299/(implizit (+)); BGH Urt. v. 24.10.2002 – I ZR 3/00, GRUR 2003, 416 – CPU-Klausel. Siehe auch *Bartsch* CR 2010, 553.
[56] S. va BGH Urt. v. 15.11.2006 – XII ZR 120/04, CR 2007, 75 mwN; BGH Urt. v. 18.10.1989 – VIII ZR 325, 88, CR 1990, 24 – Lohnabrechnung – hinsichtlich der Sacheigenschaft und der „Ablieferung" kommt es

Schematisch gesehen stellten sich nach der Schuldrechtsreform zwei Alternativen: 33

1. **Alternative:** § 651 BGB findet **keine** Anwendung, wenn nicht die Erstellung der Sache **im Vordergrund** steht, sondern ein **über die Erstellung hinausgehender Erfolg.** Bei Konstruktion einer neuen Maschine wäre dies etwa die geistige Planungsleistung. **Bei Software** wäre der im Vordergrund stehende Erfolg die „**Problemlösung**". Zumindest bei der Herstellung von Individualsoftware käme dann nicht § 651 BGB, sondern reines Werkvertragsrecht zum Zuge.[57]
2. **Alternative:** § 651 BGB ist bei Software **nicht** anwendbar, weil **Software keine bewegliche Sache** ist. Damit lebt die Diskussion zur Sachqualität von Software wieder auf, das Problem der Verjährung bleibt ungelöst.[58]

Insofern ist ungewiss, wie mit der Anwendung des § 651 BGB umzugehen ist. Die „richtige" Anwendung des § 651 BGB auf Software-Erstellungs- und Anpassungsverträge ist kaum möglich. Jede denkbare Argumentationslinie führt, wenn auch jeweils an anderer Stelle, zu erheblichen dogmatischen bzw. praktischen Problemen. 34

b) Meinungsstand. Der Meinungsstand wird im Folgenden zusammenfassend und abstrahierend dargestellt. Das Spannungsverhältnis zwischen diesen verschiedenen Meinungen bzw. jeweiligen Folgen ergeben etwa folgendes Bild: 35

(1) Wenn man, wofür wohl viele Autoren[59] sind, Software prinzipiell nicht als Sache qualifiziert (und nicht etwa zwischen Standardsoftware und individueller Software, zwischen Datenträger-basierter und nicht Datenträger-basierter Software unterscheidet), führt dies zu einer „glatten" Anwendung des Werkvertragsrechts auf Erstellung und Anpassung von Software. Insofern müsste sich an der bisherigen Rechtsprechung nichts ändern. Die Folge ist allerdings, dass zumindest AGB-rechtlich die übliche Regelung, dass die Verjährung ab „Abnahme" beginnt, höchst problematisch würde. Die Anwendung von § 634a Abs. 1 Nr. 1 BGB wäre wohl verwehrt.[60] 36
Eine saubere Handhabung für die Softwareüberlassung im Rahmen der Miete erscheint nicht mehr möglich. Der BGH hatte noch überzeugend ausgeführt, dass selbst als ASP-Modell Software vermietet wird und dazu ua auch Ausführungen gemacht, dass Software immer auf einem Datenträger, letztlich auch über den Computer als Datenträger repräsentiert ist und insofern als Sache angesehen werden kann bzw. muss.[61]
(2) Eine andere Meinung will wegen des überwiegenden **Planungsanteils** § 651 nicht anwenden.[62]
(3) Urheberrechtlich scheint sich eine sehr starke Trennung zwischen dem Datenträger, der Software als solchem und den Rechten daran anzubahnen, was va im Zusammenhang mit der Gebrauchtsoftware diskutiert wird.[63] Danach würde sich die Anwendbarkeit des § 651 BGB in Abhängigkeit von der Art des Bereitstellens der Software – datenträgerbasiert oder nicht – ergeben. Diese Unterscheidung wie auch die Ablehnung der Sachqualität lässt sich allerdings seit EuGH zu Gebrauchtsoftware nicht mehr halten.[64] Damit 37

nicht auf die unkörperliche Übertragung an; Zweifel ergaben sich aus BGH Urt. v. 17.11.2005 – IX ZR 162/05, CR 2006, 151 (Anwendung Pachtrecht).

[57] Palandt/*Sprau* § 651 BGB Rn. 4 und Einf. § 631 Rn. 22 BGB; OLG Köln Urt. v. 10.3.2006 – 19 U 160/05, CR 2006, 440 (zu §§ 326, 636 BGB aF) und OLG Hamm Urt. v. 14.2.2000 – 13 U 196/99, NJW-RR 2000, 1224; Palandt/*Weidenkaff* § 433 Rn. 9.
[58] S. zB *Diedrich* CR 2002, 473; *Hilty* MMR 2003, 3; *Stichtenoth* K&R 2003, 105; *Thewalt* CR 2002, 1; *Thewalt*, Der Softwareerstellungsvertrag nach der Schuldrechtsreform, 2004; *Redeker* CR 2004, 88; *Schweinoch/Roas* CR 2004, 326; *Bräutigam/Rücker* CR 2006, 361; s. a. zur Verjährung ungelöstes Problem *Maume/Wilser* CR 2010, 209.
[59] *Bartsch* CR 2010, 553; *Heydn* CR 2010, 765.
[60] Zur Verneinung der Sachqualität s. im Übrigen auch OLG München Urt. v. 23.12.2009 – 20 U 3515/09, CR 2010, 156.
[61] BGH Urt. v. 15.11.2006 – XII ZR 120/04, CR 2007, 75 – ASP; dazu s. a. *Hengstenberg* NJW 2007, 2370.
[62] S. etwa *Maume/Wilser* CR 2010, 209.
[63] S. zu Gebrauchtsoftware → § 24 „Vertrieb von Software und Hardware".
[64] S. zu der Konsequenz von EuGH Urt. v. 3.7.2012 – OLG Hamm Urt. v. 28.11.2012 – 12 U 115/12 („Eigentum" an Software).

gibt es neue Auslegungsprobleme zu § 651 BGB. Die bisherigen Entscheidungen des BGH zu § 651 sind für Software weniger hilfreich. Die Entscheidungen, die sehr klar dessen Anwendung gebieten, sind nicht zu Software ergangen.[65] Eine Entscheidung geht auf Software ein, erwähnt das Thema und hält die Anwendung von § 651 auf Softwareerstellung für in Ausnahmefällen möglich.[66] Eine Weitere scheint das Thema erst gar nicht zu behandeln.[67]

38 (4) Unabhängig von § 651 bahnt sich von der Methodik bei Softwareerstellung an, dass immer mehr Teams dazu übergehen, moderne **Programmiermethoden**[68] anzuwenden und dies selbst dann, wenn dies nicht explizit im Vertrag vorgesehen ist. Diese modernen Projektmethoden verlagern die Gewichtung sehr stark weg von der Dokumentation hin zu möglichst schnellem Fertigstellen des Produkts, basierend auf stark kooperativen Handlungen von Auftraggeber und Auftragnehmer. Ein Schwerpunkt liegt also auf der intensiven und fortlaufenden Mitwirkung des Auftraggebers, evtl. gekoppelt mit gemeinsamen Teams/Gremien von Auftraggeber und Auftragnehmer. Damit rückt aber das Vorgehen stark in die Richtung einer Kooperation i. S. einer Arbeitsgemeinschaft, zumindest eines Dienstvertrages. Demnach stellt sich naturgemäß das Problem des § 651 nicht. Tatsächlich entfällt aber zugleich auch ein erheblicher Teil dessen, was bei Zweiteilung des Projekts sehr viel deutlicher würde, nämlich der Planungsanteil. Die Planung wird sehr stark verkürzt bzw. durch **Iterationsschritte** ersetzt (der Kunde bekommt etwas vorgeführt, ähnlich einem Prototyp, schaut, ob es ihm „gefällt" und macht dann noch Änderungsvorschläge).

(5) Mangels eines (relevant hohen) Planungsanteils entfällt ein gewichtiges Argument für viele Stimmen aus der Literatur, weshalb § 651 nicht anzuwenden sei.[69]

39 c) **Ausgewählte Rechtsprechung.** Etwas Licht in die Hauptargumente der Anwendbarkeit des § 651 BGB bringt eine Reihe von Gerichtsentscheidungen, die zumindest in der Literatur weitgehend akzeptiert sind:

40 (1) Mit einer Art Grundsatzentscheidung hat der BGH das Thema § 651 BGB mit der Frage des Gewichts des Planungsanteils behandelt: BGH v. 23.7.2009 – VII ZR 151/08, CR 2009, 637 mAnm *Schweinoch* (Bauteile für eine Silo-Anlage). Der BGH hat in dieser Entscheidung (die allerdings nicht zu Software sondern Bau- und Anlagenteile ergangen ist) klargestellt, dass auf sämtliche Verträge – auch zwischen Unternehmern – mit einer Verpflichtung zur Lieferung herzustellender oder zu erzeugender beweglicher Sachen **Kaufrecht** anzuwenden ist. Der BGH führt aus, dass ein Werkvertrag vorliegt, wenn derjenige, der das Bauwerk errichtet, auch die Bauteile liefert. Wenn aber ein Zulieferer lediglich die Bauteile herstellt und liefert, soll ein Kaufvertrag vorliegen. Der BGH stellt bzgl. der Anwendbarkeit von Werkvertragsrecht darauf ab, ob die Lieferung der beweglichen Sache mit **Planungs-, Konstruktions-, Integrations- und Anpassungsleistungen** zusammenhängt und ob diese Leistungen für den **Gesamterfolg** des Vertrages von wesentlicher Bedeutung sind.

41 Zumindest ein Teil der Literatur geht davon aus, dass dieses BGH-Urteil wohl auch auf Individualsoftware übertragen werden kann.[70] Nach *Müller-Hengstenberg*[71] ist die Entscheidung nicht uneingeschränkt auf IT-Projekte anwendbar. Es müsse vielmehr nach Projektsituation, Ziel und Art des IT-Projekts im Einzelfall unterschieden werden. Die Anforderungen eines IT-Projekts im Vergleich zum Bauprojekt seien erheblich komplizierter und von Projekt zu Projekt unterschiedlich ausgestaltet und daher mit den An-

---

[65] Va BGH Urt. v. 9.2.2010 – X ZR 82/07.
[66] BGH Urt. v. 4.3.2010 – III ZR 79/09, CR 2010, 327, Rn. 21.
[67] BGH Urt. v. 25.3.2010 – VII ZR 224/08, NJW 2010, 2200; s.a. Schneider/von Westphalen/*Schneider* Kap. K Rn. 92 ff., 102 und → Rn. 32 ff.
[68] Zu modernen Projektmethoden (agiles Programmieren) → § 11 mwN.
[69] S. zu Darstellung der Probleme und Argumentationen *Schweinoch* CR 2010, 1; *Maume/Wilser* CR 2010, 209; zur Vorgehensweise *Witte* ITRB 2010, 44 (zum Spannungsverhältnis von agilem Programmieren und § 651 BGB); *Redeker*, IT-Recht, Rn. 296 ff.
[70] S. *Taeger* NJW 2010, 25 (29); s. insbes. *Schweinoch* CR 2010, 1.
[71] S. *Müller-Hengstenberg* NJW 2010, 1181 (1183).

forderungen eines Bauprojekts nicht vergleichbar. Bei IT-Projekten, bei denen eine Anwendungslösung auf netzwerk-basierenden Systemen von Diensteanbietern erfolgt, soll Kaufrecht keine Anwendung finden. Die Anwendung von Werkvertragsrecht sei anzunehmen, wenn IT-basierende Anwendungslösungen in Form von Phasen oder Vorgehensmodellen entwickelt werden, bei denen Methoden wie das „Prototyping" angewandt werden.[72]

(2) Das OLG München[73] hat am 23.12.2009 – noch in voller Kenntnis der BGH-Entscheidung vom 23.7.2009 – diese BGH-Entscheidung gerade als nicht einschlägig qualifiziert. Grund dafür sei – so das OLG –, dass es sich im konkreten Fall **nicht um einen Kaufvertrag** handele und dass die **Individualsoftware per Datenfernübertragung** übertragen worden sei, so dass auch von einer **beweglichen Sache nicht** ausgegangen werden könne. **42**

(3) In einer weiteren Entscheidung, die auch nicht zum IT-Bereich erging, hat der BGH noch wesentlich strikter die Anwendung des § 651 BGB auf die Herstellung neuer Sachen angewandt: BGH v. 9.2.2010 – X ZR 82/07 – Tiefladesattelauflieger. **43**

(4) Etwa einen Monat später hat sich ein anderer Senat des BGH am 4.3.2010 mit einem Internet-System-Vertrag befasst und in dem Zusammenhang die vertragstypologische Einordnung sehr ausführlich behandelt. Dort ging es um einen Vertrag zur Erstellung (Webdesign) und Aufrechterhaltung einer Internetpräsenz, zu dem der BGH hier eine relevante Einordnung vorgenommen hat. Der BGH sah diese „regelmäßig" als Werkvertrag, jedoch „unter Umständen auch als Werklieferungsvertrag iSv § 651 BGB" an.[74] Somit lässt sich an einer Software-bezogenen Entscheidung festhalten, dass bei Herstellung von Software **besondere Umstände** vorliegen müssten, damit § 651 BGB angewandt wird. Damit ist insoweit die Anwendung von **§ 651 BGB** jedenfalls **nicht ausgeschlossen**. **44**

(5) In einer zentral für den IT-Bereich relevanten Entscheidung hat sich ein wiederum anderer Senat des BGH am 25.3.2010 mit Software-Anpassung befasst. Das Thema der Software-Beschaffung war bei dem fraglichen Vertrag nicht mehr zu behandeln. Das Interessante an dieser Entscheidung ist, dass der BGH sein Ergebnis hinsichtlich der Leistungsaufforderung gefunden hat, ohne überhaupt den Vertragstyp zu beachten, also ohne überhaupt ein Wort über § 651 BGB und dessen Einschlägigkeit zu verlieren.[75] Allerdings lässt der BGH die Beurteilung der Variante des Systemvertrages offen, *„weil die Klägerin auf dessen Grundlage keine Ansprüche geltend macht"*.[76] **45**

> **Praxistipp:**
> Zwar ergeben die eben dargestellten Urteile nicht eine einfache gerade Linie. Jedoch lässt sich in etwa folgende **Schlussfolgerung** treffen:
> - Der BGH sieht mit leicht unterschiedlichen Gewichtungen der verschiedenen Senate zum einen § 651 BGB sehr wohl im Hinblick auf Verträge zwischen Unternehmern für anwendbar. Er stellt auf die Frage ab, ob es sich um die Herstellung einer neuen Sache handelt.
> - Auch für Software kommt die Anwendung in Betracht, allerdings zum einen unter besonderen Umständen und zum anderen nur bei Neuerstellung von Software und evtl. bei Anpassung von Software, die im Rahmen des einheitlichen Vertrages mitzuliefern ist.[77]
> - Dagegen würde die Anpassung beim Kunden vorhandener bzw. separat beschaffter Software nach wie vor als reiner Werkvertrag beurteilt, was im Hinblick auf die BGH-Entscheidung v. 9.10.2001[78] auch plausibel ist.

---

[72] S. *Müller-Hengstenberg* NJW 2010, 1181 (1184).
[73] OLG München Urt. v. 23.12.2009 – 20 U 3515/09, CR 2010, 156 (157); zum Thema Anlagen-Übertragung und Sache s. schon mit anderem Ergebnis BGH Urt. v. 18.10.1989 – VIII ZR 325/88, CR 1990, 24.
[74] BGH Urt. v. 4.3.2010 – III ZR 79/09. Zum Internet-Systemvertrag siehe auch BGH Urt. v. 27.1.2011 – VII ZR 133/10, IR 2011, Dok. 016. Ausführlich → § 20 „Webshop-Outsourcing".
[75] S. BGH Urt. v. 25.3.2010 – VII ZR 224/08, CR 2010, 422 (Anforderungen an die Leistungsaufforderung bei Softwarevertrag).
[76] BGH Urt. v. 25.3.2010 – VII ZR 224/08, CR 2010, 422, Rn. 14. Ebenfalls § 651 BGB nicht erwähnend: BGB Urt. v. 5.6.2014 – VII ZR 276/13.
[77] Umkehrschluss aus BGH Urt. v. 25.3.2010 – VII ZR 224/08, ITRB 2010, 204.
[78] BGH Urt. v. 9.10.2001 – X ZR 58/00, CR 2002, 93 („reiner Werkvertrag"); s.a. BGH v. 25.3.2010 – VII ZR 224/08, CR 2010, 422.

- Weiter könnte man aus der BGH-Entscheidung insbesondere vom 23.7.2009 folgern, dass bei starkem Planungsanteil, wenn dieser also erheblich ins Gewicht fällt, die Anwendung von Werkvertragsrecht nach wie vor richtig ist.
- Sicher ist dieses Ergebnis allerdings noch nicht. Für die Vertragsgestaltung stellt sich deshalb nach wie vor die Aufgabe, der noch zu erwartenden zukünftigen Entwicklung durch eine gewisse **Neutralisierung** Rechnung zu tragen. Dabei ist va auch der Verjährungsbeginn für die Mängelhaftung kompatibel zu regeln (insbesondere in AGB).[79]
- Für die Organisation von Projekten und die Frage nach dem Vertragstyp bei Software-Erstellung/-Anpassung können Unsicherheiten der Rechtslage va im Rahmen der Mängelrechte weitgehend durch Folgendes beseitigt werden: Die Vertragspartner handeln das Projektergebnis (Spezifikation in verschiedenen Ausprägungen je nach Stufe des Projekts) und die Vorgehensweise (Aktivitäten- und Fristenplan einschließlich Mitwirkung) bei der Vertragsdurchführung im einzelnen – möglichst vertragstypneutral – aus und legen diese Punkte konkret fest.[80]

5. IT-Leistungen und ihre vertragstypologische Zuordnung

46 Aus der Rechtsprechung im IT-Bereich ergibt sich eine gewisse – wenn auch nicht unstrittige – Grobeinteilung der Vertragsgegenstände im Hinblick auf die Hauptleistungen von IT-Anbietern:
- Beratung/Planung
- Hardware und hardwarebezogene Leistungen (Wartung, Service)
- Software
  - Softwareerstellung
  - Softwareüberlassung
  - Softwareanpassung und -parametrisierung
  - Softwarepflege
- Services (zB Installation, Einweisung, Schulung, Datenübernahme)
- Provider-Verträge.

47 Dieses sehr grobe Schema wurde in der Rechtsprechung zunehmend verfeinert.[81] Die IT-Branche hat sich ohnehin kaum an diese Bezeichnungen gehalten und vielfach nur von Projektvertrag oder Servicevertrag gesprochen. In der Praxis wurden und werden häufig Verträge über Hardware oder hardwarebezogene Leistungen zusammen mit Standardsoftware, so genannte **Systemverträge**, oder Verträge zum Kontext/Lebenszyklus von Software abgeschlossen. Dabei spielt nach wie vor die Software-Erstellung und -Anpassung als eigenständiger Projektvertrag eine große Rolle. Die Begriffe Systemvertrag oder Projektvertrag kennt das BGB bekanntlich nicht.

> **Praxistipp:**
> Das folgende Schema der IT-Vertragstypen geht von folgenden Annahmen aus:
> - Zwar wird Software nach hM wie eine bewegliche Sache behandelt, „ist" jedoch – nach wie vor – nach evtl. noch hM keine solche[82] (Problem bei Miete und für § 651 BGB relevant).[83]
> - Standardsoftware = vertretbare Sache, dh für eine Vielzahl von Anwendern ohne Berücksichtigung individueller Anforderungen; Serienanfertigung.
> - Individualsoftware = unvertretbare Sache (erstellt unter Berücksichtigung individueller Bedürfnisse; Spezialanfertigung).

---

[79] → § 16 „Standardklauseln".
[80] Die wohl hM kommt im Ergebnis zu der Ansicht, dass § 651 BGB nicht oder nur in bestimmten Fällen anzuwenden sei; s. a. Schneider/*Schneider* D Rn. 509.
[81] S. a. Übersicht und Vergleiche von klassischen IT-Verträgen und Internet-bezogenen Leistungen BGH Urt. v. 4.3.2010.
[82] S. aber **vor** EuGH schon BGH v. 15.11.2006 – XII ZR 120/04 – ASP, **nach** EuGH OLG Hamm Urt. v. 28.11.2012 – 12 U 105/12 (zu Eigentum an Software).
[83] → Rn. 24 ff.

II. IT-Vertragsgegenstände und Vertragstypologie

Schematisch kann eine Darstellung – im Ergebnis **nicht unstreitig** – wie folgt aussehen:

a) Beratung/Konzeption/Planung eines Systems/einer Anwendung/der Software-Erstellung (bis hin zum Pflichtenheft)

- Unterstützung durch den Auftragnehmer bei der Planung, bei der Erstellung des Pflichtenhefts: Dienstvertrag;
- Planung von EDV-Systemen, Erstellung von fachlich/technischen Beschreibungen/ „Pflichtenheften" durch den Auftragnehmer: Werkvertrag (wie die Erstellung eines Gutachtens).

b) Hardware/Gerätelieferung

- Dauerhaft und gegen Einmalentgelt: Kaufvertrag;
- Leasing von Hardware: Miete;
- Zusatzleistung für die Hardware;
- Insbesondere Installation: Werkvertrag, §§ 631 ff. BGB, Montage ist Bestandteil des Kaufvertrages (§ 434 Abs. 2 BGB), wenn sie nicht besonderes Gewicht hat.[84]

c) Software. *aa) Lieferung von Standardsoftware*

- Bei Überlassung gegen Einmalentgelt **und** auf Dauer:
Kauf einer (vertretbaren) Sache §§ 433 ff. BGB; keine Analogie, notfalls wenn Sachqualität abgelehnt wird § 453 BGB.[85] Inzwischen erscheint die Einmalvergütung nicht mehr so zentral wie die die Dauer der Überlassung, kann also gegenüber der Frage nach der Dauer vernachlässigt werden.[86]
- Fehlt es entweder an der Überlassung auf Dauer oder an der Einmalvergütung:
Entweder unmittelbar **Mietrecht**[87] (verbietet sich, wenn Software keine Sache ist) oder (evtl. auf dem Umweg über den „Vertrag eigener Art") **Pachtrecht**,[88] worauf im Wesentlichen wiederum Mietrecht Anwendung findet.

bb) Application Service Providing (ASP)-Vertrag. Im Rahmen des „Application Service Providing (ASP)"-Vertrages ist die Bereithaltung von Softwareanwendungen zur Online-Nutzung über das Internet oder andere Netze gegen Entgelt Vertragsgegenstand. Hier ist Mietrecht anwendbar.[89]

cc) Parametrisierung von mitgelieferter Standardsoftware. Gemischter Vertrag: Reines Kauf- bzw. Mietrecht je nach genauer Ausgestaltung der Rechtseinräumung und der Vergütung des Softwareüberlassungsvertrages (wie oben a), und Werkvertrag, evtl. Dienstvertrag für die Anpassung; die Rspr. macht daraus einheitlich Werkvertrag.[90]

---

[84] BGH Urt. v. 7.3.2013 – VII ZR 162/12.
[85] So etwa BGH Urt. v. 4.11.1987 – VIII ZR 314/86, CR 1988, 124 – Compiler-Interpreter; BGH Urt. v. 24.4.1990 – VIII ZR 22/89, CR 1990, 384, nach altem Schuldrecht wurde auch bei Überlassung von Standardsoftware häufig Werkvertragsrecht angewandt, um die Möglichkeit der Nachbesserung zu haben, die im alten Kaufvertragsrecht nicht vorgesehen war. Diese Folgenorientierung kann als überholt gelten, weil durch die Schuldrechtsmodernisierung die Verjährungsfristen erheblich verlängert worden sind und die Nachbesserung sowie der kumulative Schadensersatzanspruch auch bei Kauf gelten, s. oben Schema → Rn. 19 f.
[86] EuGH v. 3.7.2012 – C-128/11, CR 2012, 498; BGH Urt. v. 17.7.2013 – I ZR 129/08 – Oracle/UsedSoft II.
[87] So BGH Urt. v. 15.11.2006 – XII ZR 120/04, CR 2007, 75 – ASP.
[88] So BGH Urt. v. 17.11.2005 – IX ZR 162/04, CR 2006, 151; s. schon BGH Urt. v. 3.6.1981 – VIII ZR 153/80, NJW 1981, 2684 – Programmsperre I.
[89] BGH Urt. v. 4.3.2010 – III ZR 79/09, CR 2010, 327; BGH Urt. v. 15.11.2006 – XII ZR 120/04, NJW 2007, 2394; aA *Redeker*, IT-Recht, Rn. 1128 ff.
[90] Als Beispiel dient oft BGH Urt. v. 9.10.2001 – X ZR 58/00, CR 2002, 93, wobei übersehen wird, dass die Entsch. vor der SRM erging und nur den Fall erfasst, dass der Kunde die Software bestellt. Nun aber entsprechend BGH 25.3.2010 – VII ZR 224/08, CR 2010, 422.

53 dd) *Erstellung und Überlassung von Standardsoftware*
- Mindermeinung: *Reines Kaufvertrags*recht über § 651 BGB (sofern keine Mitwirkung uÄ werkvertragsnahe Regelungen vereinbart wurden).[91]
- HM: Werkvertragsrecht.[92]

54 ee) *Erstellung von Individualsoftware* (als nicht vertretbare bewegliche Sache), strittig:[93]
- Mindermeinung: *Kaufvertrags*recht über § 651 BGB mit werkvertragsnahen Regelungen, zB zur Mitwirkung, weil eine nicht vertretbare Sache hergestellt wird.
- herrschende Meinung:
  – *Werkvertrags*recht,[94] wenn der Erfolg im Vordergrund steht, insbesondere die Problemlösung,
  – oder Kaufvertrag.

55 ff) *Änderung/Anpassung/Portierung/Customizing*
- der vom **Lieferanten gestellten Standardsoftware:** wie Erstellung, dh Anwendung von *Kaufrecht gem. § 651 BGB* und zusätzlich einige *werkvertragliche* Vorschriften (weil aus der vertretbaren beweglichen Sache eine nicht vertretbare wird, wenn der Code geändert wird), sowie Geltung des § 377 HGB (Untersuchungs- und Rügepflicht).[95]
- der vom **Kunden selbst gestellten Software:** *Reiner Werkvertrag*, ohne dass § 377 HGB (Untersuchungs- und Rügepflicht des Kunden) Anwendung findet.[96]
- der vom Kunden selbst von **dritter Seite** beschafften Software: (Customizing, zB **SAP-Modell**) unklar, möglicherweise, insbesondere wegen der direkten Vertragsbeziehung des Kunden zum Dritten, *Werkvertrag*.[97]

56 d) **Software-Pflege.**[98] Die vertragstypologische Einordnung des Pflegevertrages wird dadurch erschwert, dass dieser typischerweise eine Reihe verschiedener Leistungsbereiche enthält, die unterschiedlichen BGB-Vertragstypen zuzuordnen sind (siehe sogleich). Inzwischen wird der Pflegevertrag wegen der mängelbezogenen Leistungen und va wegen der typischen SLA (Service Level Agreement) wohl insgesamt als Werkvertrag eingestuft.[99] Die Pflege-Anbieter streben jedoch regelmäßig einen Dienstvertrag an, da Dienstverträge als „gewährleistungsfreier Raum" angesehen werden.

Abgegrenzt nach Leistungsbereichen wird folgende, nicht unstreitige Einordnung vorgeschlagen:

57 aa) *Mängelbezogene Leistungen* (evtl. auch Leistungen bezogen auf „Störungen" oder „Fehler")
- Mängelbeseitigung als erfolgsorientierte Pflicht im Rahmen eines eigenständigen Pflegevertrages (zB Wiederherstellung der Funktionsfähigkeit, Beseitigung von Störungen): Werkvertrag,[100]

---

[91] *Schweinoch* CR 2010, 1; Abl. zB *Maume/Wilser* CR 2010, 209. S. zur Disk. auch *Diedrich* CR 2002, 473; *Kotthoff* K&R 2002, 105; *Redeker* ITRB 2002, 19; *ders.* CR 2004, 88; *Schneider/Bischof* ITRB 2002, 273; *Thewalt* CR 2002, 1; *Müller-Hengstenberg* CR 2004, 161; *Bräutigam/Rücker* CR 2006, 361; bei BGH Urt. v. 25.3.2010 – VII ZR 224/08, CR 2010, 422 – war Qualifizierung der Beschaffung nicht relevant.
[92] → Rn. 24–37 und → § 11 „Erstellung von Software", Kap. II.1.
[93] Vgl. Palandt/*Sprau* § 631 Rn. 22 anders bei besonderen Umständen BGH Urt. v. 4.3.2010 – III ZR 79/09, CR 2010, 327.
[94] So etwa BGH Urt. v. 11.2.1971 – VII ZR 170/69, WM 1971, 650 – Testauswertung (Werkvertrag); BGH Urt. v. 15.5.1990 – X ZR 128/88, CR 1991, 680 – Holzhandlung; BGH Urt. v. 4.3.2010 – III ZR 79/09 – Internet-Systemvertrag (in einem Obiter Dictum fasst der BGH die Vertragstypologie diverser IT-Verträge zusammen, ua stellt er insoweit Webdesign-Verträge und Verträge zur Erstellung von Individualsoftware gleich.
[95] BGH Urt. v. 14.7.1993 – VIII ZR 147/92, CR 1993, 681 – Verkaufsabrechnung.
[96] BGH Urt. v. 9.10.2001 – X ZR 58/00, CR 2002, 93; s.a. BGH Urt. v. 25.3.2010 – VII ZR 224, 08, CR 2010, 422 – § 651 BGB nicht mal erwähnt.
[97] Behandlung wie BGH Urt. v. 9.10.2001 – X ZR 58/00, CR 2002, 93.
[98] S. auch *Bartsch* NJW 2002, 1526; *Hartmann/Thier* CR 1998, 582; *Redeker,* IT-Recht, Rn. 634 ff. Einzelheiten in → § 14 „Software-Pflege".
[99] Einzelheiten → § 14 „Software-Pflegeverträge".
[100] BGH Urt. v. 4.3.2010 – III ZR 79/09, CR 2010, 327.

- Unterstützung des Kunden bei der Mängelbeseitigung, bei Störungen, Bedienungsproblemen uÄ bzw. Versuch oder „bestes Bemühen", Mängel ggf. beseitigen zu helfen: Dienstvertrag (oft mit unwirksamen AGB), wobei auch hier das allgemeine Leistungsstörungsrecht gilt; wegen der Pauschalvergütung evtl. insgesamt Werkvertrag (mit allen Leistungsbereichen).[101]

bb) Updates/Upgrades 58
- Aktualisierung der Software in der Form, dass freigegebene neue Versionen des Anbieters dem Kunden überlassen werden mit gleichzeitiger Pflicht des Kunden, diese einzuspielen und zu nutzen: trotz Mitwirkungspflicht des Kunden Kauf (der Ergänzungslieferung), wie der zugrunde liegende Überlassungsvertrag,
- Pflicht zur Aktualisierung bei sich ändernden Anforderungen, insbesondere bei Änderungen von gesetzlichen Vorgaben: Werkvertrag.

cc) Unterstützungsleistungen (Hotline, telefonische Unterstützung mit Abgrenzung und 59 evtl. Einbeziehung von Support):[102]
- wohl Dienstvertrag.
- Pflegevertrag, der die oben genannten Momente beinhaltet: Unklar, wahrscheinlich aber Werkvertragsrecht. § 634a Nr. 1 BGB liefert insofern ein Indiz, als dort die Verjährung für ein Werk, dessen Erfolg in der Herstellung, Wartung oder Veränderung einer Sache liegt, ausdrücklich erwähnt ist. Allerdings betrifft diese Regelung nur die Verjährung und nicht zwingend die vertragstypologische Einordnung.

e) Systemvertrag. In der Industrie findet man als Vertragsgegenstand eines Systemvertra- 60 ges in der einen oder anderen Kombination:
- Lieferung und Wartung der Hardware einschließlich des Netzes/der Vernetzung;
- Lieferung und Implementierung von Standardsoftware, auch Implementierung in die Organisation, evtl. mit Migration bzw. Übernahme der Altdaten und Umstellung auf das neue System;
- Anpassung und Ergänzung der Standardsoftware, evtl. auch individueller Anteil;
- Pflege der Gesamtsoftware einschließlich Betriebssystem und Datenbank;
- Wartung/Planung des Systems, Unterstützung bei der Anwendung/Einführung.

Für die Einordnung in Vertragstypen bedeutet das: 61
- Lieferung von Hardware kombiniert mit Überlassung von Standardsoftware: Kaufvertrag. Hierbei spielt va die einheitliche Rückabwicklung des ganzen Vertrags eine Rolle. Diese wurde zu Gunsten des Kunden durch die Schuldrechtsmodernisierung eher noch erleichtert, weil der nicht von einem Mangel betroffene Teil des Systemvertrages vom Kunden wahrscheinlich als Schaden geltend gemacht werden kann.
- Lieferung eines (kompletten) Systems, bestehend aus Hard- und Software, ggf. auch Erstellung von Software und zusätzlichen Leistungen: Herstellung und Lieferung einer nicht vertretbaren Sache, demnach über § 651 Satz 3 BGB Kaufvertrag mit werkvertragsnahen Regelungen, aber keine Abnahme erforderlich.

Bei Hinzutreten weiterer Leistungen kommen immer stärkere werkvertragliche Züge zum 62 Tragen, so insbesondere bei Installation, Wartung und Pflege, zugleich auch der Charakter als Dauerschuldverhältnis.

Wie auch bereits erwähnt, ist – va in AGB – eine künstliche Aufteilung eines einheitlichen Rechtsverhältnisses (zB in einen getrennten dienstvertraglichen Teil und einen werkvertraglichen Teil) regelmäßig unwirksam. Denn Zweck oder zumindest Wirkung einer solchen künstlichen Aufteilung ist häufig, hierdurch den Kunden den jeweiligen AGB-rechtlichen Schutz der dienstvertraglichen (oder werkvertraglichen) Rechte des (einheitlich betrachtet) einem bestimmten Vertragsrecht unterfallenden Gesamtrechtsverhältnisses zu entziehen. Für die rechtliche Einordnung bestimmend ist der objektive Gehalt des gesamten jeweiligen Vertragsverhältnisses.[103]

---

[101] So wohl *Bartsch* NJW 2002, 1526.
[102] Tendenz: Dienstvertrag, s. aber Werkvertrag für Betreuungsvertrag: LG Bonn Urt. v. 15.1.2008 – 10 O 383/06, CR 2008, 767.
[103] BGH Urt. v. 8.10.2009 – III ZR 93/09, NJW 2010, 150 ff.

63 **f) IT-(bzw. Software-)Projektvertrag.** Als Ergebnis der vertragstypologischen Einordnung lässt sich schematisch feststellen, dass sich – zumindest wenn man § 651 BGB nach seinem Wortlaut anwendet – die bisherige Rechtssituation verdreht: Früher war die Planung eines Projekts als Beratungsleistung eher dienstvertraglich einzuordnen und dessen Realisierung werkvertraglich. Nunmehr wird die **Realisierung** bei Software-Erstellung **kaufvertraglich** beurteilbar (wenn auch die Literaturstimmen in eine andere Richtung gehen), die **Beratung** dagegen – va wenn es um die Erstellung des Pflichtenhefts geht – als **Werkvertrag**.

64 **g) Zusatzauftrag während eines Projekts.** Abhängig von Erfolgsorientierung der Leistungspflicht, entweder Werk- oder Dienstvertrag.

65 **h) Zusatzleistungen**
- Datenübernahme/Migration: Werkvertrag
- Installation/Implementierung: Je nach konkreter Ausgestaltung: Dienstvertrag, §§ 611 ff. BGB oder Werkvertrag, §§ 631 ff. BGB, evtl. Gleichsetzung mit Montage (als Teil des Kaufs).[104]
- Schulung und Einweisung: Dienstvertrag, §§ 611 ff. BGB.

66 **i) Internet-Verträge**
- Webdesign-Vertrag:
  Anbieter erstellt für Kunden eine individuelle Website: wie Software-Erstellung[105]
  Der BGH sah diese „regelmäßig" als Werkvertrag, jedoch „unter Umständen auch als „Werklieferungsvertrag" iSv § 651 BGB" an.[106]
- Internet-Provider-Verträge:[107]
  – reiner Zugangs-/Accessprovider:
  Dienstvertrag, da Vertragsgegenstand „nur" in der Bereithaltung des Anschlusses und das Bemühen um die Herstellung des Zugangs zum Internet ist.[108]
  – Hostprovider:
  Beim „Web-Hosting"-Vertrag bzw. „Website-Hosting"-Vertrag stellt der Anbieter dem Kunden Speicherplatz und einen entsprechenden Internet-Zugang zur Verfügung, wobei es Sache des Kunden ist, den Speicherplatz zu nutzen. Vertrag enthält dienst-, miet- und werkvertragliche Elemente. Wenn Vertragszweck Schwerpunkt in der Gewährleistung der Abrufbarkeit der Website des Kunden im Internet hat, so ist insgesamt von einem Werkvertrag auszugehen.[109]
  – Vertrag über Beschaffung und Registrierung einer Internet-Domain:
  Werkvertrag, der entgeltlich Geschäftsbesorgung zum Gegenstand hat.[110]
  – Content-/Lizenzverträge/Portal-Nutzungsverträge uÄ.[111]
- Internet-Systemvertrag:
  Werkvertrag, da Vertragsgegenstand die auf einen bestimmten Zeitraum festgelegte Gewährleistung der Abrufbarkeit einer von dem Auftragnehmer für den Kunden erstellten und betreuten Website im Internet ist. Damit ist Erfolg und nicht schlichtes Tätigwerden geschuldet.[112]

---

[104] → Rn. 76.
[105] BGH Urt. v. 4.3.2010 – III ZR 79/09, CR 2010, 327.
[106] BGH Urt. v. 4.3.2010 – III ZR 79/09, CR 2010, 327 mwN.
[107] Dazu im Einzelnen → § 21 „Providerverträge im Internet".
[108] S. BGH Urt. v. 4.3.2010 – III ZR 79/09, CR 2010, 327; BGH Urt. v. 23.3.2005 – III ZR 338/04, ITRB 2005, 9.
[109] BGH Urt. v. 4.3.2010 – III ZR 79/09, CR 2010, 327.
[110] BGH Urt. v. 4.3.2010 – III ZR 79/09, CR 2010, 327.
[111] Einzelheiten → § 21 „Providerverträge im Internet".
[112] BGH Urt. v. 4.3.2010 – III ZR 79/09, CR 2010, 327; BGH Urt. v. 27.1.2011 – VII ZR 133/10, MIR 2011, Dok. 016. Dazu ausführlich → § 20 „Webshop-Outsourcing".

II. IT-Vertragsgegenstände und Vertragstypologie § 10

Tabelle: Typisierte Software-Verträge

Zusammenfassend lässt sich das eben ausgeführte Schema folgendermaßen darstellen (siehe auch nachfolgende Tabelle):

- Soweit der Werkvertrag den Charakter eines Dauerschuldverhältnisses annimmt, also mietvertragliche Vorschriften heranzuziehen sind: Werkvertrag (W), Mietrecht (M), Dienstvertrag (D);
- Bei § 651 BGB entweder reines Kaufrecht (K) oder Kaufrecht mit einigen werkvertraglichen Vorschriften (K+W).

Schematische Zuordnung von IT-Leistungsbereichen zu den Vertragstypen des BGB[113]

Leistungsbereiche		DienstV (D)	KaufV (K)	WerkV (W)/ (W+M)	§ 651 BGB (K)/(K+W)	MietV (M) oder PachtV (P)
1.	Projektberatung					
1.1	Planung, Unterstützung durch Auftragnehmer	D				
1.2	Pflichtenhefterstellung			W		
1.3	Projektleitung	D (zB bei Unterstützung Projektsteuerung)		W		
2.	Hardware		K			
2.1	Gerätelieferung					
2.1.1	dauerhaft und gegen Einmalentgelt		K			
2.1.2	Leasing					M
2.2	Assembling, Konfiguration		K			
2.3	Wartung	D (zB hins. Hotline)		W		
3.	Software					
3.1	Überlassung					
3.1.1	dauerhaft und Einmalentgelt		K			
3.1.2	auf Zeit und/oder Mehrfachentgelt					M oder P
3.2	Erstellung					
3.2.1	Standardsoftware			W (hM)	K (m. M.)	
3.2.2	Individualsoftware					
3.2.2.1	mit Erfolgsrisiko			W (hM)	K + W (m. M.)	
3.2.2.2	ansonsten				K+W	
3.3	Anpassung					
3.3.1	der vom Auftragnehmer gestellten Standardsoftware				K+W	

[113] In Abwandlung und Aktualisierung von Vortragsskript Richterakademie von *J. Schneider*, sowie Schneider/*Schneider*. A. Rn. 46.

Leistungsbereiche		DienstV (D)	KaufV (K)	WerkV (W)/ (W+M)	§ 651 BGB (K)/(K+W)	MietV (M) oder PachtV (P)
3.3.2	der vom Auftraggeber gestellten Standardsoftware			W		
3.3.3	Customizing, SAP-Modell	D		W (Rspr.)		
4.	Softwarepflege insgesamt	colspan: mit allen Leistungsbereichen wohl häufig W				
4.1	Fehler/Störungen					
4.1.1	Beseitigung			W		
4.1.2	Bearbeitung/Unterstützung	D				
4.2	Update					
4.2.1	Lieferung		K			
4.2.2	Aktualisierungspflicht bei sich ändernder Anforderung			W		
4.3	Hotline					
4.3.1	Beratung	D				
4.3.2	Fehlerbeseitigung (sofern selbständige Leistung oder keine Mängel, während der Dauer der Gewährleistungszeit Mängelbeseitigung ggf. kostenlos im Rahmen von K oder W; bei M während gesamter Mietzeit)			W		
4.3.3	Lieferung (DFÜ)		K			
5.	Systemvertrag					
5.1	Lieferung Hardware und Software		K			
5.2	Lieferung Hard- und Software und zusätzliche Leistungen				K+W	
6.	Rechenzentrumvertrag			W+M?		
7.	„Services"					
7.1	Installation			W		
7.2	Einweisung	D				
7.3	Schulung	D				
7.4	Konvertierung			W		
7.5	Portierung			W		
8.	Provider-(online-)Verträge					
8.1	Reiner Zugangs-/Accessprovider-Vertrag	D				
8.2	Hostprovider-Vertrag			W		
8.3	Webdesign-Vertrag			W	K+W	
8.4	Vertrag über Beschaffung und Registrierung einer Internet-Domain			W		
8.5	Internet-Systemvertrag			W		

III. Mängel und Nacherfüllung

1. Hierarchie der Mängel

Im Folgenden wird die Hierarchie der Mängel im Wesentlichen am Beispiel Kauf dargestellt. Aus § 434 BGB ergibt sich eine Staffelung der Arten von Mängeln bei den Sachmängeln. Sie ist nicht EU-Richtlinien-konform und muss deshalb möglicherweise für Deutschland nachgebessert werden:[114] 68
- Vereinbarte Beschaffenheit;
- soweit nicht vereinbart,
  - Eignung für die nach dem Vertrag vorausgesetzte Verwendung,
  sonst
  - Eignung für die gewöhnliche Verwendung und Beschaffenheit, die bei Sachen der gleichen Art üblich ist und die der Käufer nach der Art der Sache erwarten kann, einschließlich der öffentlichen Äußerungen/Werbeaussagen des Herstellers und des Händlers, wenn diese nicht „widerrufen wurden".

Das Rangverhältnis dieser verschiedenen Ebenen zueinander ist unklar. Für den Bereich der Gebrauchsgüter wird es selten eine vereinbarte Beschaffenheit geben. Insofern macht es Sinn, die Prüfung mit der üblichen Beschaffenheit oder mit der berechtigten Erwartungshaltung des Kunden beginnen zu lassen. Dies würde mit der EU-Richtlinie übereinstimmen. Diese erfordert vier kumulative Voraussetzungen, um die Vermutung der Mangelfreiheit zu bewirken. Den Wortlaut „sonst" und „soweit" in der deutschen Umsetzung enthält die EU-Richtlinie hierfür allerdings nicht. 69

a) **Vereinbarte Beschaffenheit.** Parteivereinbarungen sind – falls vorhanden – ausschlaggebend für die Beurteilung der Sollbeschaffenheit der Sache.[115] Ein **Konflikt** könnte sich im IT-Bereich aus folgender Situation ergeben: 70

> **Praxistipp:**
> Primär wird der (anwaltliche) Berater einem IT-Unternehmen empfehlen, im Hinblick auf die Schuldrechtsmodernisierung und deren Auswirkungen das Leistungsprogramm mit seinem Vertragspartner auszuhandeln und möglichst explizit festzulegen. Aufgrund der besonderen Stellung der **„vereinbarten Beschaffenheit"** in der Mängelhierarchie wird man dem Lieferanten raten, das Leistungsprogramm möglichst umfassend zu formulieren.[116] Eine umfassende und im Sinne von **abschließend** getroffene Regelung des Leistungsprogramms ist auch aufgrund der Mangeldefinition in § 434 BGB geboten. Dies deshalb, weil zumindest nach der deutschen Regelung eine Art Absorption/Verdrängung erfolgen könnte, wenn eine Beschaffenheit ausdrücklich vereinbart ist (§ 434 Abs. 1 Satz 1 BGB). Dies würde allerdings Raum für die übliche Beschaffenheit lassen, laut BGH auch für „Funktionsmängel",[117] auch hinsichtlich cic (§ 311 Abs. 2 in Verbindung mit § 280 Abs. 1 in Verbindung mit § 241 Abs. 2 BGB).

Auch Leistungsbestimmungen, va, wenn sie einseitig gestellt werden, müssen klar und verständlich sein (Transparenzgebot). 71

---

[114] Zum Ansatz über BGH bei Funktionsmängel (werden nicht durch die Leistungsbeschreibung verdrängt): BGH Urt. v. 8.11.2007 – VII ZR 183/05, NJW 2008, 511 und dazu Anm. v. Weise NJW-Spezial 2008, 77; zur Kostenlosigkeit der Nacherfüllung: BGH v. 14.1.2009 – VIII ZR 70/08, NJW 2009, 1660 (Vorlage zum EuGH, EuGH-Urteil vom 16.6.2011 – C-65/09 und C-87/09); BGH Urt. v. 16.4.2013 – VIII ZR 67/12 unter Festhaltung BGH Urt. v. 17.10.2012 – VIII ZR 226/11, NJW 2013, 220, gilt also **nicht** B:B.
[115] S. a. Marly Rn. 1443 ff.
[116] Bei Werkvertrag das „Pflichtenheft" entsprechend auszugestalten.
[117] BGH Urt. v. 8.11.2007 – VII ZR 183/05, NJW 2008, 511; BGH Urt. v. 29.9.2011 – VII ZR 87/11, NJW 2011, 3780.

Praxistipp:

Um den Leistungsgegenstand transparent zu machen bzw. zu lassen, werden **sehr klare, einfache und strikt erscheinende Formulierungen** zu wählen sein. Damit nähert sich die Beschreibung, ohne dass dies beabsichtigt wäre, der „**Garantie**" oder sogar der Erklärung, der Anbieter wolle verschuldensunabhängig für das Vorliegen der Eigenschaften einstehen. Einschränkungen dem gegenüber sind sowohl in AGB, als auch in Leistungsbeschreibungen problematisch. Dies nicht nur im Hinblick auf BGH vom 12.12.2000 – XI ZR 138/00, CR 2001, 181 – Onlineservice –, sondern auch und gerade im Hinblick auf § 444 und § 276 Abs. 1 Satz 1 BGB.[118]

Das Risiko für den Anbieter ist also, dass gerade besonders strikt formulierte Leistungsbeschreibungen in die Nähe einer „**Garantie**" oder dessen rutschen, was früher als „**zugesicherte Eigenschaft**" interpretiert wurde. Insofern ist mutmaßlich die vor der Schuldrechtsmodernisierung ergangene Rechtsprechung unmittelbar heranzuziehen, nur dass es jetzt nicht mehr „zugesicherte Eigenschaft", sondern verschuldensunabhängige Schadensersatzverpflichtung heißt.

Die Leistungsbeschreibungen kreieren zudem die Gefahr erweiterter Aufklärungspflichten hinsichtlich der Folgen, evtl. auch des Fehlens bestimmter Merkmale, zB nach „Abspecken des Angebots".[119] Unklar ist, ob ausführlichere Leistungsbeschreibungen, auch wenn sie nicht vollständig sind, die anderen Ebenen, etwa die „Selbstverständlichkeiten", völlig **verdrängen**. Man wird dies zu verneinen haben, wenn nicht ausdrücklich etwas anderes vereinbart wird. Dies ergibt sich aus dem Wortlaut bzw. den Stufen („soweit", „sonst").

Beispiel:

Bei einem **Service Level Agreement** (SLA) in Verbindung mit den dortigen Leistungsbestimmungen zu Verfügbarkeit, Performance und Beseitigungszeiten[120] kann eine Erklärung vorliegen, für dieses Leistungsspektrum verschuldensunabhängig einstehen zu wollen. Anbieter möchten die üblichen Folgen einer verschuldensunabhängigen Haftung durch Schadenersatzbegrenzung auf Fälle grober Fahrlässigkeit und Ausschluss leichter Fahrlässigkeit (*„Wir haften in keinem Falle verschuldensunabhängig und für leichte Fahrlässigkeit"*) wieder zu ihren Gunsten aushebeln. Dies ist regelmäßig unwirksam.[121]

72 Besonders problematisch erscheinen Klauseln, die leichte Fahrlässigkeit ausschließen, was pauschal in AGB ohnehin nicht wirksam ist, und zugleich die verschuldensunabhängige Haftung abbedingen sollen. Dies ist, selbst wenn ein solcher Ausschluss möglich wäre, nicht transparent.

73 **b) Eignung zur im Vertrag vorausgesetzten Verwendung.** Haben die Parteien keine Vereinbarung über die Beschaffenheit der Sache getroffen, orientiert sich der Mangelbegriff als nächstes an der Eignung für die nach dem Vertrag vorausgesetzten Verwendungen (§ 434 Abs. 1 Satz 2 Nr. 1 BGB). Bei Software könnte eines der erheblichen Probleme mit dieser Mangelkategorie werden, dass sie nicht von etwaigen Spezifikationen in der Leistungsbeschreibung verdrängt wird. Sie könnte, was auch die Verbrauchsgüterkaufrichtlinie nahe legen würde, zusätzlich, also kumulativ wirken. Dies würde bedeuten, dass sich bei einer Software, die für spezifische Zwecke gedacht ist, selbst dann bestimmte Anforderungen ergeben, wenn die Leistungsbeschreibung diesen Punkt anders, sei dies direkt oder indirekt, regelt.

Praxistipp:

So könnte sich die Angabe in der Leistungsbeschreibung, dass eine **abteilungsweise** Betrachtung in einer Statistik bzw. Auswertung möglich ist, so verstehen lassen, dass keine arbeitsplatzweise Betrachtung geschuldet ist. Dennoch könnte es zum Leistungsumfang der vorgesehenen Art des Einsatzes gehören, dass (auch) eine **arbeitsplatzbezogene** Betrachtung möglich ist.

---

[118] Zu den Anforderungen an die Transparenz einer Garantie s. BGH Urt. v. 26.10.2005 – VIII ZR 48/05, NJW 2006, 996 – bei Franchisevertrag, § 8 AGBG.
[119] S. BGH Urt. v. 15.5.1990 – X ZR 128/88, CR 1991, 86 – Holzhandlung; s. a. *Lapp* ITRB 2003, 42; s. a. zur Garantie in IT-Verträgen *Stadler* CR 2006, 77. Siehe → Rn. 84 ff.
[120] → § 14 „Softwarepflege" und → § 19 „Outsourcing".
[121] S. zu § 444 BGB → Rn. 82 ff., 120.

III. Mängel und Nacherfüllung

Bei Begriffen wie **„integriert", „konsolidiert", „voll kompatibel"** wäre erhebliche Vorsicht für Anbieter geboten.
Aus **„Altdatenübernahme"** wird sich ergeben, dass die neue Software in der Lage ist, diese Altdaten aufzunehmen, zu verwalten und zu verarbeiten.
Abrechnungen nach Zeit hätten unter Umständen der Tatsache Rechnung zu tragen, dass branchenspezifisch nicht nur Industrie- und Zeitminuten gerechnet werden, sondern (auch) spezifische Einheiten, so etwa ein „Takt" oÄ.
Zahlungsweisen/Abrechnungsmethoden bestimmter Branchen werden durch eine bestimmte Angabe, wie etwa „Rabatt" uÄ nicht verdrängt. Dies könnte zB bei Verlagen das sogenannte Partie-Exemplar sein.
Die Angabe, dass die Gestaltungsmöglichkeiten **saisonbezogen** erfolgen, kann zumindest missverständlich sein, wenn für die Branche nicht berücksichtigt ist, dass etwa Weihnachten/Ostern/Schlussverkäufe uÄ auch jeweils eine „Saison" darstellen.

c) **Eignung zur gewöhnlichen Verwendung und Beschaffenheit.** Bei „Eignung zur gewöhnlichen Verwendung und Beschaffenheit wie bei Sachen der gleichen Art üblich und wie sie der Käufer nach der Art der Sache erwarten kann" ist dem Wortlaut nach abzustellen auf: 74
- gewöhnliche Verwendung;
- übliche Beschaffenheit;
- zu erwartende Beschaffenheit.

Die ersten beiden Kategorien stellen auf den Erwartungshorizont eines vernünftigen Durchschnittskäufers und auf die Verkehrsauffassung ab. In der letzten Kategorie kann es auf Grund spezieller Umstände statt auf den Durchschnittskäufer auch auf die Erwartungen des konkreten Kunden an die Beschaffenheit ankommen. Allerdings wird dies dadurch eingeschränkt, dass es nicht auf außerhalb der Art der Sache liegende Umstände ankommen kann. 75

Der gewöhnliche Gebrauch ist meist relativ klar beschreibbar oder umrissen. Schon bisher galt eine entsprechende Regelung. Allerdings wurde dabei auf den *„gewöhnlichen oder nach dem Vertrag vorausgesetzten Gebrauch"* abgestellt. Die Eignung für die gewöhnliche Verwendung muss nicht, könnte aber leicht etwas anderes bedeuten. Dies hängt damit zusammen, dass es nicht mehr darum geht, ob diese Tauglichkeit nicht unerheblich beeinträchtigt ist (§ 459 Abs. 1 Satz 1 iVm Satz 2 BGB aF), sondern es darauf ankommt, dass positiv die Sache die entsprechende Eignung aufweist. 76

Hier stellt sich besonders die Frage des **Verhältnisses der verschiedenen Kategorien** zueinander. Gemäß Palandt/*Weidenkaff* ist die Kategorie der Eignung zur gewöhnlichen Verwendung **nur** anwendbar, *„wenn weder eine Beschaffenheitsvereinbarung noch eine vertraglich vorausgesetzte Verwendung vorliegt"*.[122] Damit wird die Staffelung als wesentliches Merkmal des Aufbaus des § 434 BGB herausgestellt.[123] Dementsprechend heißt es zu „Eignung zur vorausgesetzten Verwendung": *„Anwendbar nur dann, wenn die vertragswidrige Beschaffenheit der gekauften Sache, die den Sachmangel ausmacht, nicht vereinbart wurde"*.[124] 77

Praxistipp:
Bezeichnungen als „Warenwirtschaftssystem" oder „Textprogramm" können in der Folge bewirken, dass eine Standardsoftware, die eigentlich eher als Nischenprodukt gedacht ist, hinsichtlich der Erfüllung mit dem Produkt des Marktführers verglichen wird und, soweit die dort gegebenen Funktionen nicht vorhanden sind, Nichterfüllung anzunehmen ist.

Allerdings scheint diese Gefahr nicht generell so gesehen zu werden. ZB ist Palandt/*Weidenkaff* der Auffassung, dass im Grunde die alte Rechtsprechung zur Fehlerhaftigkeit 78

---
[122] Palandt/*Weidenkaff* § 434 Rn. 25.
[123] So auch BGH Urt. v. 8.11.2007 – VII ZR 183/05, NJW 2008, 511 – Blockheizkraftwerk.
[124] Palandt/*Weidenkaff* § 434 Rn. 20.

aufgrund der Übereinstimmung mit § 459 Abs. 1 BGB aF herangezogen werden könne.[125] Möglicherweise ergeben sich aber insofern Divergenzen, als der *gewöhnliche Gebrauch* enger als die Eignung zur gewöhnlichen Verwendung und als die Beschaffenheit bei Sachen der gleichen Art zu fassen ist.[126] Dies betrifft va die Kompatibilität bzw. die Fremdprodukte, die von dem System „unterstützt" und bedient werden. Während im Automobilbereich die Leistungsbeschreibung entsprechend ausgefeilt sein dürfte, um hierdurch und auch durch Aufpreistabellen eine ganz bestimmte Eignung zu dokumentieren, gibt es va im Software-Bereich, zum Teil aber auch im Hardwarebereich, keine entsprechende Standardisierung der Funktionen.

> **Praxistipp für den Anbieter:**
> Der Anbieter sollte im Rahmen der Leistungsbeschreibung möglichst festlegen, dass sich die Anforderungen des Auftraggebers auf das „Pflichtenheft"[127] beschränken. Formulierungsbeispiel:
> *„Das Pflichtenheft [der Software-Erstellung/Software-Lieferung/Anpassungen] ist vom Auftraggeber beizustellen. Diese [vom Auftraggeber beizustellende bzw. beigestellte] Leistungsbeschreibung ist vollständig und abschließend und stellt die Anforderungen des Auftraggebers richtig dar."*[128]
> Terminologisch sauberer wäre klare Zuweisung der fachlichen Anforderungen zu Lastenheft, technische Umsetzung/Spezifikation zu Pflichtenheft.[129]
> Dies ist jedenfalls dann interessengerecht, wenn – was bei IT-Projekten zunehmend häufig vorkommt – eine Beschreibung der fachlichen Anforderungen (eigentlich: Lastenheft) fehlt.
> Hat jedoch der Auftraggeber vor Beginn des Projekts umfangreiche Vorarbeiten erbracht und ein Lastenheft (in Form einer fachlichen Feinspezifikation) vorgelegt, dann will der Auftraggeber regelmäßig erreichen, dass zumindest bei Mängeln des Pflichtenhefts (unvollständige, unrichtige oder widersprüchliche Umsetzung der fachlichen Anforderungen im Pflichtenheft) die Beschreibung der fachlichen Anforderungen als Teil der Leistungsbeschreibung heranzuziehen sind. Aus Auftraggebersicht sollte daher nicht nur das Pflichtenheft, sondern auch die Beschreibung der fachlichen Anforderungen (va das Lastenheft, evtl. auch Protokolle aus Workshops mit dem Anbieter uÄ) Anlagen zum Vertrag werden.
> Entscheidende Bedeutung erlangt dieser Punkt ua beim Change Request. Der Auftraggeber wird daran interessiert sein, festzulegen, dass er Mehraufwand, der durch eine Umsetzung von Aufgaben entsteht, die zwar nicht im Pflichtenheft enthalten sind, aber in der Beschreibung der fachlichen Anforderungen, dem Anbieter nicht vergüten muss.

79 **d) Einbeziehung der Herstellerangaben und -werbung in die gewöhnliche Beschaffenheit.**
Die Einbeziehung öffentlicher Äußerungen[130] ist eine Besonderheit beim Kauf. Sie gilt nicht nur gegenüber Verbrauchern sondern auch zwischen Unternehmern. Die **Üblichkeit und die Erwartungshaltung** werden maßgeblich davon beeinflusst, welche **öffentlichen Äußerungen** (Werbeaussagen) über die Sache verbreitet werden. Nach § 434 Abs. 1 Satz 3 BGB gehören zu dieser Beschaffenheit auch diejenigen Eigenschaften, die der Käufer nach den öffentlichen Äußerungen des Verkäufers, des Herstellers (Definition wie im Produkthaftungsgesetz) oder

---

[125] Palandt/*Weidenkaff* § 434 Rn. 2.
[126] Wohl unbegründet, s. BGH Urt. v. 4.3.2009 – VIII ZR 160/08, NJW 2009, 2056 – Regenerationsfahrten, zum objektiv Erwartbaren: Die Erforderlichkeit von Fahrten zur Regeneration (Reinigung) eines Partikelfilters bei Dieselfahrzeugen zur Vermeidung von Funktionsstörungen beim überwiegenden Einsatz im Kurzstreckenbetrieb stellt keinen Mangel dar.
[127] Im Sinne der BGH-Rspr., also als Darstellung und Spezifikation der fachlichen Anforderungen des Kunden; s.a. → § 18.
[128] Bei Werkvertrag ist die Beistellung der Auftraggeberanforderung zwar eine wesentliche Mitwirkungspflicht. Allerdings kann das Formulierungsbeispiel – zumindest in AGB – evtl. problematisch sein, wenn es eine reine Fiktion ist, etwa wenn die Pflichtenhefterstellung eine eigens beauftragte Leistung des Auftragnehmers ist. Auch wird es kein Schutz vor dem sog Funktionsmangel sein, s. → Rn. 61.
[129] Schneider/von Westphalen/*Schneider* Kap. C. Rn. 13ff., 69ff.
[130] *Lehmann* DB 2002, 1090 (*ders.* JZ 2000, 193 ff.); *Bernreuther* WRP 2002, 368; OLG München Urt. v. 15.9.2004 – 18 U 2176/04, NJW-RR 2005, 494 (Angaben im Herstellerprospekt zu VW Polo).

III. Mängel und Nacherfüllung

seines Gehilfen, der Werbung oder der Kennzeichnung bestimmter Eigenschaften der Sache erwarten kann.[131]

Praxistipp:
Die Äußerungen müssen vom Verkäufer, seinen Gehilfen oder vom Hersteller der Sache ausgehen,[132] wobei es auf die **Art des Vertriebs** (direkt oder über Zwischenhändler) nicht ankommt.[133] Diese **Einbeziehung** der öffentlichen Äußerung (va Werbeaussage) gilt dann **nicht,** wenn
- der Verkäufer die Äußerung nicht kannte und auch nicht kennen musste oder
- sie im Zeitpunkt des Vertragsschlusses in gleichwertiger Weise berichtigt war oder
- sie die Kaufentscheidung nicht beeinflussen konnte.

Das bedeutet, dass in die letzte Kategorie des oben angedeuteten Stufenverhältnisses die Werbeaussagen unmittelbar einfließen und nicht als bloße **Anpreisungen** gelten. Wahrscheinlich wird es auch weiterhin immer noch Anpreisungen geben, die nicht unmittelbar über die Üblichkeit oder die Erwartungshaltung Eingang in den **Mangelbegriff** finden. Ihre Bandbreite dürfte jedoch wesentlich schmäler werden.

Die **Art oder Form der öffentlichen Äußerung** ist wahrscheinlich nicht relevant. Entscheidend ist, dass die Äußerung „öffentlich" abgegeben wurde (über jedes beliebige Medium bei jeder beliebigen Gelegenheit). Dies könnte zu einer merkwürdigen Einschränkung führen, die bei Vertragsverhandlungen bzw. Vertragsgestaltungen Relevanz entfalten könnte: Präsentationen vor einem geschlossenen Teilnehmerkreis sind keine „öffentlichen Äußerungen". Fließen die bei der Präsentation genannten Eigenschaften nicht in die Vertragsgestaltung bzw. die Leistungsbeschreibung ein, könnten sie irrelevant bleiben. Allerdings besteht natürlich die Gefahr für den Anbieter, dass bei einem Zurückbleiben hinter diesen Anpreisungen eine Haftung aus „cic" vorliegt.

Der **Auftraggeber** (Kunde) kann Äußerungen des Anbieters (zB in Prospekten, Unternehmenspräsentationen oder bei Referenzbesuchen) etwa dadurch für sich nutzbar machen, indem er diese Aussagen/Unterlagen zB in der Präambel des Vertrages zitiert oder als Anlage des Vertrages in Bezug nimmt und die (wichtige) Bedeutung für die Kaufentscheidung konkret auftraggeber-individuell beschreibt.

Allerdings wird der Kreis der Angaben, die von Seiten eines Herstellers in ein Anpassungsprojekt einfließen können und dann evtl. nach Kauf zu beurteilen sind, relativ klein sein. Es scheint erst allmählich eine Tendenz zu geben, bestimmte Äußerungen seitens des Herstellers nicht nur als „Anpreisungen" zu verstehen.[134] Relevant könnten Angaben im Hinblick auf Kompatibilität, Qualität, Einsparungen uÄ sein.

Praxistipp:
Der eigentliche Platz für die Herstellerangaben wird derjenige sein, wo der Lieferant/Vertragspartner des Kunden der Händler ist und es um Standardsoftware geht. Angefangen von „alles wird leichter" (also muss alles einfacher werden als bei der Vorgängerversion) bis hin zu den erwähnten Aussagen zu Kompatibilität, Performance und Verfügbarkeit können hier die entsprechenden Angaben durchschlagen.
Auch Angaben dazu, dass keine weiteren Aufwendungen für die Installation erforderlich seien, können relevant sein.
Ebenso können sich aus Herstellerangaben Leistungsaussagen ergeben, die ohne zusätzliche Produkte gelten, selbst wenn sich später herausstellt, dass für die Erreichung dieser Leistungsaussagen der Erwerb weiterer oder zusätzlicher Produkte erforderlich ist. In diesem Falle könnte die Entscheidung des OLG München[135] im Hinblick auf den Betrieb mit Normalbenzin von Bedeutung sein.

---

[131] S. zB OLG München Urt. v. 15.9.2004 – 18 U 2176/04, NJW-RR 2005, 494.
[132] S. Palandt/*Weidenkaff* § 434 Rn. 31; s. a. Legaldefinition in § 4 Abs. 1, 2 ProdHG.
[133] Palandt/*Weidenkaff* § 434 Rn. 36.
[134] S. etwa BGH Urt. v. 8.5.2007 – VIII ZR 19/05, NJW 2007, 2111.
[135] OLG München Urt. v. 15.9.2004 – 18 U 2176/04, NJW-RR 2005, 494.

81 Nicht gerichtlich entschieden sind die Fälle, in denen die Aussagen im Hinblick auf Kosten und Bedienbarkeit/Einfachheit getätigt werden und sich später herausstellt, dass erheblicher Folgeaufwand erforderlich ist.

> **Praxistipp für den Auftraggeber:**
>
> Zum Beispiel gibt es Software, die in regelmäßigen, nicht genau vorher bestimmten Abständen aktualisiert werden muss. Dies kann mit so großem Grad an Änderungen verbunden sein, dass der Kunde einen erheblichen **Nachführungsaufwand** hat. Er kann sich dann zwar noch das Recht ausbedingen oder ein Recht nutzen, die Software nicht „mitzuziehen" – also ältere Versionen der Software zu nutzen und nicht die jeweils aktuelle Version. Irgendwann jedoch beseitigt der Hersteller diese Möglichkeit, indem er eine alte Version nicht mehr „freigbt". Er zwingt den Kunden, der die Software weiter nutzen will, diese mit erheblichem Aufwand upzudaten oder upzugraden. Dieser Aufwand wird immer größer je länger man damit zuwartet. Der Umstellungsaufwand kann sowohl monetär als auch zeitlich/personell erheblich sein. Die Folgen im Hinblick auf das Auftreten von Programmausfällen, „Abstürzen" uÄ ebenfalls. Insoweit können Herstellerangaben zur sicheren Investition uÄ von Belang sein.

82 Hinsichtlich des fehlenden Einflusses der öffentlichen Äußerung wird es wohl darauf ankommen, welche Vorstellungsbildung sich beim Käufer einstellte. Negativ formuliert wird es erforderlich sein, dass kein Einfluss auf die Kaufentscheidung vorliegt. Wie dies beweisbar sein soll, ist kaum ersichtlich.[136]

> **Praxistipp:**
>
> In der Praxis könnte der Ausschluss von Herstellerangaben für die dritte Stufe der Art der Mängel relevant sein. Dies wäre im Werkvertragsrecht unproblematisch, würde aber im Kaufrecht nicht funktionieren.

83 **e) Installationsanleitung mit Mangel.** Das Gesetz stellt klar, dass eine Montageanleitung insofern Bestandteil der Sache ist, als Mängel der Montageanleitung Mängel der Sache sind. Für den IT-Bereich stellt sich deshalb die Frage, ob eine Installationsanleitung für Software mit der Montageanleitung gleichzusetzen ist. Hierfür spricht vieles. Der Unterschied ist aber unter Umständen doch beachtlich, da mit einer Installationsanweisung nicht die Software „aufgebaut", sondern diese in ein stehendes System eingebaut wird.

84 Ein weiterer Unterschied ist, dass die gesetzliche Regelung vorsieht, dass wenn die Montage trotz Mängel der Montageanleitung gelingt, dies keinen Fehler mehr darstellt. Bei Software dürfte der Fehler der Installationsanleitung verbleiben, da die Software ggf. neu installiert bzw. auf einen neuen Rechner eingerichtet werden muss (etwa bei einem schweren Systemabsturz oder im Rahmen von Updates/Upgrades).

85 Lange Zeit war auch bei Kauf klar, dass die Gewährleistungsfrist insoweit gehemmt ist, als sich der Unternehmer im Einvernehmen mit dem Kunden der Nachbesserung unterzieht. Dies galt sogar, wenn keine Nachbesserung vereinbart war. Die Installation anhand einer mangelhaften Installationsbeschreibung stellt bei deren Gleichsetzung mit der Aufbauanleitung quasi eine Nachbesserung durch den Kunden dar. Um so mehr stellt sich die Frage nach der Hemmung der Verjährung. Ein Hemmungstatbestand ist nicht mehr im Gesetz geregelt, kann also auch nicht analog Werkvertragsrecht herangezogen werden. Es wird jedoch angenommen, dass insofern § 203 BGB einschlägig ist, was allerdings Verhandeln voraussetzt.

---

[136] S. a. Palandt/*Weidenkaff* § 434 Rn. 39.

III. Mängel und Nacherfüllung

2. Mangelbegriff und Bagatellgrenze

a) Allgemein.[137] Die Regelung zur Bagatellgrenze wurde mit der Schuldrechtsmodernisierung in den allgemeinen Teil verlagert:[138]
Wenn eine „unerhebliche Pflichtverletzung" mit einem „unerheblichen Mangel" gleichgesetzt werden kann,[139] gilt:
- § 437 Nr. 2 iVm § 323 Abs. 5 Satz 2 BGB für Kauf- und
- § 634 Nr. 3 iVm § 323 Abs. 5 Satz 2 BGB für Werkvertragsrecht,

Nach § 323 Abs. 5 Satz 2 BGB kann der Gläubiger somit vom Vertrag nicht zurücktreten, wenn die Pflichtverletzung unerheblich ist.[140]

Nach § 281 Abs. 1 Satz 3 BGB kann der Gläubiger **Schadensersatz statt der ganzen Leistung** nicht verlangen, wenn die Pflichtverletzung **unerheblich** ist. Dies ergibt sich
- für Kauf aus § 437 Nr. 3 iVm § 281 Abs. 1 Satz 3 BGB und
- für Werkvertrag aus § 634 Nr. 4 iVm § 281 Abs. 1 Satz 3 BGB.

b) Summierung kleiner Fehler. Besonders relevant wird diese Fragestellung dann, wenn nicht ein einzelner, kleiner Fehler vorliegt, sondern eine Vielzahl von kleinen Fehlern. Hier wird häufig der bereits erwähnte Satz „Software ist nie fehlerfrei" zitiert und relevant.

> **Praxistipp:**
> Wenn die Auswirkungen einer Vielzahl kleiner Fehler insgesamt erheblich sind, hilft dem Anbieter auch die Bagatellgrenze im Rahmen der Regelung zu Rücktritt und Schadensersatz, § 323 Abs. 5 Satz 2 und § 281 Abs. 1 Satz 3 BGB nicht mehr. Hinsichtlich der Bedeutung des Fehlers kommt es auf die Auswirkungen an. Grundsätzlich ist nicht relevant, welcher Behebungsaufwand entsteht oder besteht.[141]

c) Umgehung. Möglicherweise ist die Bagatellgrenze auch relevant, wenn sich der Anbieter erfolgreich um die Umgehung bemüht hat. In diesem Falle ist zwar der Mangel nicht beseitigt und der Fehler nicht behoben. Jedoch wirkt er sich dank der Umgehung praktisch nicht mehr aus.

Für die Annahme eines Mangels kommt es nur darauf an, ob die Eignung in den verschiedenen Schattierungen „im Wesentlichen" noch besteht oder erhalten geblieben ist. Dies gilt va wenn es um das Rücktrittsrecht und/oder Schadensersatzansprüche geht.

3. Behandlung von Zusicherung, Garantie und Arglist

a) Zusicherung. Das Institut der **zugesicherten Eigenschaft** ist im Schuldrecht – ausgenommen im Mietrecht – entfallen. Dies heißt aber nicht, dass es diese Gefahr **verschuldensunabhängigen Einstehenmüssens** für den Auftragnehmer/Lieferanten nicht gäbe. An Stelle der zugesicherten Eigenschaft tritt im geltenden Kauf- und Werkvertragsrecht ganz allge-

---

[137] Palandt/*Weidenkaff* § 434 Rn. 2, 9, 13, 20, 25; BGH Urt. v. 5.11.2008 – VIII ZR 166/07, NJW 2009, 508.

[138] Unerheblichkeit der Pflichtverletzung § 323 Abs. 5 S. 2 BGB, in Abwägung der Interessen: BGH Urt. v. 6.2.2013 – VIII ZR 374/11, NJW 2013, 1365. Lediglich im Mietrecht enthält § 536 Abs. 1 S. 3 BGB noch eine entsprechende Einschränkung für den Fall unerheblicher Minderung der Gebrauchstauglichkeit. Auf die Geringfügigkeit des Mangels kommt es im Rahmen des Mängelrechts bei den einzelnen Vertragstypen nicht mehr an.

[139] So etwa *Marly* Rn. 1465; zum Verhältnis bzw. Unanwendbarkeit bei Arglist: BGH Urt. v. 24.3.2006 – V ZR 173/05, NJW 2006, 1960.

[140] Ein Sachmangel stellt eine unerhebliche Pflichtverletzung dar, die den Käufer gem. § 323 Abs. 5 S. 2 BGB nicht zum Rücktritt berechtigt, wenn er iS von § 459 BGB aF den Wert oder die Tauglichkeit der Kaufsache nur unerheblich mindert. Bei einer Abweichung des Kraftstoffverbrauchs eines verkauften Neufahrzeugs von den Herstellerangaben um weniger als 10 % ist ein Rücktritt vom Kaufvertrag daher ausgeschlossen, BGH 8.5.2007 – VIII ZR 19/05, NJW 2007, 2111.

[141] S. a. *Marly* Rn. 1466.

mein der Fall, dass der Lieferant für eine bestimmte Beschaffenheit der Sache verschuldensunabhängig für Schadenersatz einstehen will: Dies kann einer Garantie nahe kommen oder eine solche darstellen. Diese Erklärung kann der Lieferant *ausdrücklich* oder *stillschweigend* abgeben.[142] Wichtig zur Beantwortung der Frage, ob der Kunde verschuldensunabhängig Schadenersatz verlangen kann, sind die Umstände, unter denen der Lieferant die Beschaffenheitszusicherung abgegeben hat. Fraglich kann etwa sein, ob die Erklärung Vertragsinhalt wurde und wie sie der Kunde verstehen durfte.[143]

92 Zusammenfassend lässt sich festhalten, dass der Maßstab für die Rechtsfolgen einer **Zusicherung** abgesenkt worden ist. Infolgedessen kann und muss seit der Schuldrechtsmodernisierung unter **erleichterten** Bedingungen angenommen werden, dass der Anbieter verschuldensunabhängig für seine Leistungsangabe und für seine Leistung einstehen will. Er muss dies nicht ausdrücklich als „Garantie" bezeichnen. Insofern kann die Rechtsprechung zur zugesicherten Eigenschaft zumindest als Interpretationshilfe für bestimmte Aussagen herangezogen werden.[144]

93 **b) Garantie.** Der Begriff der Garantie[145] ist erst mit der Schuldrechtsmodernisierung ins BGB aufgenommen worden. Dabei ist nicht genau geklärt, was unter Garantie zu verstehen ist. In der Zusicherung einer bestimmten Eigenschaft nach altem Recht wird regelmäßig eine Garantie liegen.[146] Die Garantie hat also funktionell weitgehend die Zusicherung ersetzt und ist im Ergebnis eine verschuldensunabhängige Einstandspflicht.[147]

94 In § 276 BGB heißt es, dass der Schuldner Vorsatz und Fahrlässigkeit zu vertreten hat, *„wenn eine strengere oder mildere Haftung weder bestimmt noch aus dem sonstigen Inhalt des Schuldverhältnisses, insbesondere aus der Übernahme einer Garantie oder eines Beschaffungsrisikos zu entnehmen ist"*. Dies ist keine Besserstellung des Verkäufers. Vielmehr war die Regelung der Zusicherung deswegen entbehrlich, weil dem Kunden unter wesentlich erleichterten Umständen nunmehr Schadensersatz (oder Aufwendungsersatz) zusteht.

95 Vom Risikopotential ähnlich sind Regelungen, die als Einstehenwollen ohne Verschulden auch für den evtl. Schaden zu verstehen sind. Auch ohne den Begriff der „Garantie" kann eine entsprechende Beschaffenheitsangabe so verstanden werden, dass der Verkäufer/Schuldner auch für Schadensersatz verschuldensunabhängig einstehen will.[148]

96 Der Begriff der Garantie wird vermutlich weit ausgelegt dergestalt, dass es auf eine bestimmte Eigenschaft oder Beschaffenheit der Sache besonders ankommt oder auf diese von Seiten des Kunden in dem Vertrag besonderer Wert gelegt wurde.

Beispiel:
Präsentationen, Aussagen wie „bestens geeignet", „zukunftssicher" bzw. „investitionssicher" uÄ können in diesem Sinne einer Eigenschaft und nicht bloß als einfache Anpreisungen verstanden werden.[149] Dabei kommt es nicht darauf an, ob diese Äußerung vom Vertragspartner, dem Händler/Verkäufer stammen.

97 Bei allen Gewährleistungsregelungen ist zu prüfen, ob und inwieweit nicht durch Qualifikation als Garantie und Arglist eine Abgrenzung und Aufwertung einer Eigenschaftsaussage gegenüber der sonstigen Haftung vorgenommen werden muss. Bei der Gestaltung von Mängelregelungen ist zu beachten, dass in § 442 BGB sowohl der Fall des arglistigen Verschweigens als auch der Garantie zu Gunsten des Kunden privilegiert wird. Normalerweise wären

---

[142] S. Palandt/*Heinrichs* § 276 Rn. 29; OLG Koblenz Urt. v. 1.4.2004 – 5 U 1385/03, NJW 2004, 1670.
[143] Zu den Voraussetzungen einer Garantie unter Verwendung der Rspr. zu BGB aF BGH Urt. v. 29.11.2006 – VIII ZR 92/06, CR 2007, 473.
[144] BGH Urt. v. 5.12.1995 – X ZR 14/93, DB 1996, 1276 – **Zusicherung** einer Eigenschaft im Werkvertragsrecht: Ernsthaftes Versprechen, das Werk mit einer bestimmten Eigenschaft herzustellen. Nicht erforderlich: Auftragnehmer bringt zum Ausdruck, er werde für alle Folgen einstehen, wenn die Eigenschaft nicht erreicht wird. Zu den Voraussetzungen bei Kaufrecht s. BGH Urt. v. 12.3.2008 – VIII ZR 253/05, NJW 2008, 1517.
[145] S. a. *Stadler* CR 2006, 77.
[146] Vgl. Palandt/*Weidenkaff* § 444 Rn. 12 m. Verweis ua auf OLG Koblenz Urt. v. 1.4.2004 – 5 U 1385/03, NJW 2004, 1670.
[147] S. *von Westphalen* DB 2002, 209.
[148] Siehe → Rn. 62.
[149] Siehe zur Abgrenzung von öffentlichen Äußerungen und Anpreisungen → Rn. 71 ff.

III. Mängel und Nacherfüllung

bei Kenntnis des Käufers von einem Mangel bei Vertragsschluss die Rechte des Käufers ausgeschlossen. Zudem ist der Käufer, wenn er Unternehmer ist, beim Handelskauf zur Untersuchung und Rüge verpflichtet (gemäß § 377 HGB). Ist dem Käufer der Mangel infolge grober Fahrlässigkeit unbekannt geblieben, kann er seine Rechte nur geltend machen, wenn der Verkäufer den Mangel arglistig verschwiegen oder eine Garantie für die Beschaffenheit übernommen hat.

> **Praxistipp:**
> Da im Falle arglistigen Verschweigens hinsichtlich der Verjährung der Sachmängelansprüche (§ 438 Abs. 3 BGB) andere Fristen laufen, muss eine AGB-Klausel, die sich mit der Verjährung befasst, Arglist und Garantie sehr sorgfältig behandeln und va Arglist ausklammern. Aufgrund der Regelung in § 442 iVm § 444 BGB wird es nicht möglich sein, in einer Klausel wirksam Regelungen zu schaffen, die einheitlich für Mängel gelten und zugleich die Fälle von Arglist oder die der Garantie umfassen.

„Organisationsmängel" bei getrennter Herstellung verschiedener Komponenten können zur Verjährungsregelung wie bei Arglist führen.[150]

Zwar kennt das Werkvertragsrecht keine dem § 442 BGB entsprechende Regelung hinsichtlich der „Mangelkenntnis" bei Vertragsschluss. Auch gilt § 377 HGB im Werkvertragsrecht nicht. Aber auch das Werkvertragsrecht sieht bei Arglist eine andere Verjährungsfrist vor (§ 634 Abs. 3 iVm Abs. 1 Nr. 1 und Nr. 2 und Abs. 2 BGB). Entsprechend § 442 BGB sieht § 639 BGB vor, dass Haftungsausschlüsse und -beschränkungen bei Arglist oder Garantie, unabhängig von der Problematik inwiefern diese wirksam in AGB durchsetzbar sind, nicht gelten.

c) **Arglistiges Verschweigen.** Dem Käufer stehen nach § 442 BGB bei Übernahme einer Beschaffenheitsgarantie oder arglistigem Verschweigen von Mängeln seitens des Anbieters trotz grob fahrlässiger Unkenntnis seitens des Käufers bei Vertragsschluss die Mängelrechte weiterhin zu. Arglistiges Verschweigen ist gegeben, wenn der Anbieter in Kenntnis der einen Mangel begründenden Tatsachen den Käufer nicht aufklärt. Dies setzt regelmäßig eine Aufklärungspflicht gegenüber dem Käufer voraus. Diese ist zu bejahen, wenn der Käufer nach § 242 BGB auf Grund der Verkehrsanschauung eine Aufklärung erwarten durfte.[151]

Im Falle einer arglistigen Täuschung ist es dem Käufer grds. nicht zumutbar, eine Frist zur Nacherfüllung zu setzen. Der BGH hat dazu wie folgt ausgeführt: *„Ein die sofortige Rückabwicklung des Kaufvertrages rechtfertigendes Interesse des Käufers bzw. ein entsprechendes Interesse, ohne vorherige Fristsetzung Schadensersatz statt der Leistung verlangen zu können, ist im Regelfall anzunehmen, wenn der Verkäufer dem Käufer einen Mangel bei Abschluss des Kaufvertrages arglistig verschwiegen hat."*[152] Hat der Verkäufer beim Abschluss eines Kaufvertrages eine Täuschungshandlung begangen, so hat er grds. selbst die für eine Nacherfüllung erforderliche Vertrauensgrundlage zerstört. In solchen Fällen hat der Käufer ein berechtigtes Interesse daran, von einer weiteren Zusammenarbeit mit dem Verkäufer Abstand zu nehmen, um sich vor evtl. neuerlichen Täuschungsversuchen zu schützen.[153]

Zudem ist bei arglistiger Täuschung die Rückabwicklung des gesamten Vertrages auch bei geringfügigen Mängeln möglich. Es liegt in der Regel keine Unerheblichkeit[154] der Pflicht-

---

[150] S. BGH Urt. v. 30.11.2004 – X ZR 43/03, NJW 2005, 893.
[151] Die Aufklärungspflicht des Verkäufers beschränkt sich auch im Fachhandel auf diejenigen für den ihm bekannten Verwendungszweck bedeutsamen Eigenschaften des Kaufgegenstandes, die er kennt oder kennen muss. Eine Pflicht zur Erkundigung beim Hersteller besteht nur dann, wenn aufgrund konkreter Anhaltspunkte an der Eignung der Ware zur beabsichtigten Verwendung gezweifelt werden muss, BGH Urt. v. 16.6.2004 – VIII ZR 303/03, NJW 2004, 2301; siehe auch: Palandt/*Ellenberger* § 123 Rn. 5 ff.
[152] BGH Urt. v. 8.12.2006 – V ZR 249/05, NJW 2007, 835.
[153] BGH Urt. v. 8.12.2006 – V ZR 249/05, NJW 2007, 835.
[154] → Rn. 79.

verletzung vor.[155] Zum Vorliegen arglistigen Verschweigens kann die bisherige Rechtsprechung herangezogen werden. Im IT-Bereich ist von besonderer Bedeutung, dass Arglist von der Rechtsprechung, insbesondere vom BGH bereits in den Fällen angenommen wurde wo schlicht Verschweigen vorliegt, dieses aber im konkreten Fall den Charakter der Arglist hat.[156]

> **Praxistipp:**
> Eine Funktion von § 442 BGB ist in der juristischen Argumentation, dass man in einer Art Umkehrschluss daraus folgert, dass ansonsten der Ausschluss der Mängelgewährleistung des Verkäufers sehr wohl zulässig ist.

102 Die **Relevanz** der Regelung im Softwarebereich ist, gemessen an der Zahl der entsprechenden Urteile, eher gering. Tatsächlich böte sich zahlreich Gelegenheit, einerseits Schadensersatz wegen eines vorsätzlich eingebauten Mangels geltend zu machen, andererseits den Ausschluss von Mängeln im Hinblick auf § 442 BGB als unwirksam anzusehen, weil sie arglistig verschwiegen worden sind.

> **Beispiel:**
> Dies betrifft va Sperren, Aktivierungserfordernisse, Registrierungsnotwendigkeiten uÄ. Hierzu gibt es nur wenige Urteile, die zum Teil sehr vorsichtig sind.[157] „Alles wird einfacher", ggf. noch in Verbindung mit einer vertraglich nicht vereinbarten Sperre oder einem Verfalldatum, dürfte zumindest zu einer Qualifizierung der Sperre/des Verfalldatums als Mangel führen[158] und stellt möglicherweise Arglist dar.

103 Die Bedeutung der Arglisteinrede liegt weiter besonders darin, dass sich der Unternehmer nicht auf die kurze Verjährung für Mängelhaftung berufen kann. Arglist wirkt sich auf die Dauer der Verjährungsfrist aus (§ 438 Abs. 3 BGB).

104 Die Regelung bereitet allerdings nach wie vor erhebliche Schwierigkeiten iVm so genannten Haftungsausschlüssen bzw. Schadensersatzregelungen. Grundsätzlich und losgelöst von § 442 BGB, stellt sich das Problem, ob man die „klassische" Themenwahl und Klauselfolge und -benennung beibehalten soll:

Früher und weitgehend heute noch ist es üblich eine Staffelung vorzunehmen, die innerhalb des Vertrages etwa wie folgt läuft:
- Ablieferung/Prüfung durch den Kunden;
- Gewährleistung;
- Haftung/sonstige Haftung.

105 Bei dieser Abfolge wäre es schlüssig, dass man innerhalb des Themas „Mängel" sowohl das Wahlrecht zur Beseitigung als auch den Schadensersatz bzw. dessen Begrenzungen und Beschränkungen regelt. Hierher würde auch die mögliche Ausdehnung der Nachbesserungsversuche gemäß § 440 BGB gehören.

> **Praxistipp:**
> Im Hinblick auf § 442 BGB ist darauf zu achten, dass Haftungsbegrenzungen oder -ausschlüsse nicht die dortigen Einstandspflichten des Anbieters für eine Beschaffenheitsgarantie oder arglistiges Verschweigen aushöhlen.[159]

---

[155] BGH Urt. v. 24.3.2006 – V ZR 173/05, VIII ZR 303/03.
[156] ZB zur „Ablieferungskontrolle" BGH Urt. v. 12.3.1992 – VII ZR 5/91, NJW 1992, 1754; bei arbeitsteiliger Herstellung ist besonders einschlägig BGH Urt. v. 30.11.2004 – X ZR 43/03, NJW 2005, 893, wonach der Werkunternehmer die organisatorischen Voraussetzungen bei arbeitsteiliger Herstellung schaffen muss, um sachgerecht beurteilen zu können, ob das Werk bei Ablieferung mangelfrei ist.
[157] S. (nicht zu IT) BGH Urt. v. 7.6.2006 – VIII ZR 209/05, NJW 2006, 2839 wegen der Aussagen „ins Blaue".
[158] S. aber AG Aachen Urt. v. 28.11.2003 – 84 C 210/03, NJW-RR 2004, 311.
[159] Zum Gewährleistungsausschluss bei arglistigem Verschweigen und Garantieübernahme s. OLG Düsseldorf Urt. v. 2.4.2004 – 14 U 213/03, NJOZ 2004, 1935. Zum Organisationsverschulden bei getrennter Herstellung verschiedener Komponenten mit Verjährung wie bei Arglist, s. BGH Urt. v. 30.11.2004 – X ZR 43/03, NJW 2005, 893.

III. Mängel und Nacherfüllung

Andererseits gibt es eine Reihe von möglichen Schadensersatzansprüchen des Kunden, die der Anbieter möglichst weitreichend regeln und ausschließen will. Dies geschieht häufig mit so genannten Fallschirm- oder Regenschirmklauseln („ansonsten haftet der Lieferant aus keinem rechtlichen Grund, es sei denn, ..."). Diese Schadensersatzregelungen bieten sich deshalb an, weil die Ausnahmen wie Arglist und Garantie theoretisch einbeziehbar wären, dann aber die Verknüpfung mit der Mängelhaftung nicht mehr gegeben wäre. Eine allseits befriedigende Lösung ist nicht in Sicht. Anbieter kommen nicht umhin, Haftungsfragen teilweise parallel oder sich ergänzend in ihren AGB zu thematisieren.[160]

4. Überblick über Nacherfüllung bei Kauf- und Werkvertrag[161]

Die Mängelansprüche bei **Kauf** sind ohne Rangverhältnis in § 437 BGB aufgeführt. Danach hat der Kunde die Ansprüche:

1. nach § 439 BGB Nacherfüllung[162] zu verlangen
2. • nach §§ 440, 323 und 326 Abs. 5 BGB von dem Vertrag zurückzutreten *oder*
   • nach § 441 BGB den Kaufpreis zu mindern
   und
3. • nach den §§ 440, 280, 281, 283 und 311a BGB Schadensersatz *oder*
   • nach § 284 BGB Ersatz vergeblicher Aufwendungen zu verlangen.

Aus den in Bezug genommenen Regelungen ergibt sich jedoch der **Vorrang der Nacherfüllung** (Nr. 1) vor den Sekundärrechten (Nr. 2 und 3).

Beim **Werkvertrag** sind die Mängelansprüche teils ohne Rangverhältnis in § 634 BGB aufgeführt. Danach hat der Besteller die Ansprüche:

1. nach § 635 BGB Nacherfüllung zu verlangen
2. nach § 637 den Mangel selbst zu beseitigen und Ersatz der erforderlichen Aufwendungen zu verlangen,
3. • nach §§ 636, 323 und 326 Abs. 5 BGB von dem Vertrag zurückzutreten oder
   • nach § 638 BGB den Kaufpreis zu mindern
   und
4. • nach den §§ 636, 280, 281, 283 und 311a BGB Schadensersatz *oder*
   • nach § 284 BGB Ersatz vergeblicher Aufwendungen zu verlangen.

Auch bei Werkvertrag gilt der Vorrang der Nacherfüllung.

§ 439 Abs. 1 BGB sieht vor, dass der Käufer als Nacherfüllung **nach seiner Wahl**
• die Beseitigung des Mangels oder
• die Lieferung einer mangelfreien Sache
verlangen kann.

§ 439 Abs. 2 BGB bestimmt, dass der Verkäufer die zum Zwecke der Nacherfüllung erforderlichen Aufwendungen trägt, so insbesondere die Transport-, Wege-, Arbeits- und Materialkosten. Nacherfüllung ist kostenlos zu erbringen. Dies bedeutet auch, dass die Nacherfüllung nicht indirekt, etwa über den Pflegevertrag, kostenpflichtig gemacht werden darf.[163]

Grundsätzlich hat der Käufer dem Verkäufer eine **angemessene Nachfrist** zur Nacherfüllung zu setzen. Dies ist zwar nicht für die Nacherfüllung selbst erforderlich, jedoch können

---

[160] Zu Verhältnis bzw. Unanwendbarkeit bei Arglist (dann ist Pflichtverletzung nicht mehr geringfügig) s. BGH Urt. v. 24.3.2006 – V ZR 173/05, NJW 2006, 1960.
[161] S. a. *Bauer/Witzel* ITRB 2003, 109; *Frank A. Koch* ITRB 2003, 87; *Oechsler* NJW 2004, 1825; *Wenzel* DB 2003, 1887; BGH Urt. v. 21.12.2005 – VII ZR 49/05, NJW 2006, 1195; *Lorenz* NJW 2006, 1175; *Schneider* ITRB 2007, 24.
[162] Erfüllungsort für den Nacherfüllungsanspruch ist der Ort, an welchem sich die Sache nach dem Vertragszweck befindet, in der Regel also der Wohnort des Käufers, OLG München Urt. v. 12.10.2005 – 15 U 2190/05, NJW 2006, 449.
[163] Einzelheiten zur Frage, welche Leistungsbestandteile der Pflege einer – während der „Gewährleistungszeit" kostenlosen – Mängelbeseitigung entsprechen und inwieweit die Pflege über Mängelbeseitigung hinausgeht (etwa hins. Hotline, Anwenderunterstützung, sehr kurze Reaktions- und Beseitigungszeiten in SLA) → § 14 „Software-Pflege".

die Sekundärrechte auf Rücktritt, Minderung und Schadenersatz prinzipiell erst nach fruchtlosem Ablauf einer angemessenen Frist geltend gemacht werden. Bei zu kurzer Fristsetzung wird eine angemessene Frist in Lauf gesetzt.

> **Praxistipp:**
> Für eine **Leistungsaufforderung** im Sinne des **§ 281 Abs. 1 S. 1 BGB** reicht grds. die Aufforderung, die vertragliche Leistung zu bewirken, wenn der Vertrag noch im Erfüllungsstadium ist, also bei Aufforderung zur Fertigstellung **vor** Abnahme.[164]
> Für die Aufforderung zur **Nacherfüllung** nach Abnahme ist dagegen der Mangel näher zu spezifizieren.

111 **Checkliste Entbehrlichkeit der Fristsetzung**

Eine Fristsetzung ist entbehrlich, wenn:[165]
- ☐ einer der Fälle des § 281 Abs. 2 oder § 323 Abs. 2 BGB vorliegt (dh ernsthafte, endgültige Erfüllungsverweigerung, besondere Umstände/Abwägung, Terminversäumung bei Abhängigkeit Leistungsinteresse von Rechtzeitigkeit)

oder
- ☐ der Verkäufer beide Arten der Nacherfüllung gem. § 439 Abs. 3 BGB verweigert [166]

oder
- ☐ die dem Käufer zustehende Art der Nacherfüllung fehlgeschlagen oder
- ☐ die dem Käufer zustehende Art der Nacherfüllung unzumutbar geworden ist.

Im Falle von arglistiger Täuschung ist die Fristsetzung grds. entbehrlich.[167]

112 Die Nachbesserung gilt – im Kaufrecht – grundsätzlich nach dem **erfolglosen zweiten Nachbesserungsversuch** als **fehlgeschlagen,** es sei denn es würde sich aus der Art der Sache oder des Mangels oder dem Verhalten als Verkäufer etwas anderes ergeben, § 440 Satz 2 BGB.[168] Gem. § 439 Abs. 3 BGB kann der Verkäufer die vom Käufer gewählte Art der Nacherfüllung verweigern, wenn sie nur mit unverhältnismäßig Kosten möglich ist oder wenn § 275 Abs. 2 oder 3 BGB ein Leistungsverweigerungsrecht vorsehen. Der Anspruch des Käufers beschränkt sich dann zunächst auf die andere Art der Nacherfüllung, § 439 Abs. 3 Satz 3 BGB. Sollte auch diese unmöglich, unzumutbar oder unverhältnismäßig teuer sein, kann die Nacherfüllung insgesamt nicht verlangt werden. Dies ist aber eine Entscheidung des Verkäufers, die der Käufer nicht vorwegnehmen kann.

113 Der Käufer kann nicht wegen unverhältnismäßiger Kosten der Nacherfüllung sogleich die Minderung erklären, ohne dem Verkäufer Gelegenheit zur Nacherfüllung gegeben zu

---

[164] BGH Urt. v. 25.3.2010 – VII ZR 224/08, NJW 2010, 2200, LS. S. a. BGH Urt. v. 12.8.2009 – VIII ZR 254/08, NJW 2009, 3153 zur Entbehrlichkeit einer exakt bemessenen Frist oder eines genauen Datums/Endtermins.
[165] Siehe zu Fundstellen in der Rechtsprechung zB: OLG Naumburg Urt. v. 24.2.2004 – 11 U 94/03, NJW 2004, 2022: Keine Nachfristsetzung bei fehlender Erfüllungsbereitschaft erforderlich; BGH Urt. v. 21.12.2005 – VIII ZR 49/05, NJW 2006, 1195: Der Käufer kann nicht wegen unverhältnismäßiger Kosten der Nacherfüllung sogleich die Minderung erklären, ohne dem Verkäufer Gelegenheit zur Nacherfüllung gegeben zu haben, mit Verweis auf BGH Urt. v. 23.2.2005 – VIII ZR 100/04, NJW 2005, 1348; BGH Urt. v. 22.6.2005 – VIII ZR 1/05, ZGS 2005, 433 = NJW 2005, 3211 und v. 7.12.2005 – VIII ZR 126/05, NJW 2006, 988. Zur (Un-) Möglichkeit der Ersatzlieferung und dem Erfordernis der Prüfung der Vorstellung der Parteien, BGH Urt. v. 7.6.2006 – VIII ZR 209/05, NJW 2006, 2839.
[166] Keine Nachfristsetzung bei fehlender Erfüllungsbereitschaft erforderlich, OLG Naumburg Urt. v. 24.2.2004 – 11 U 94/03, NJW 2004, 2022.
[167] BGH Urt. v. 9.1.2008 – VIII ZR 210/06, NJW 2008, 1371; BGH Urt. v. 8.12.2006 – V ZR 249/05, NJW 2007, 835, s. auch → Rn. 91 ff.
[168] Siehe ausführlich → Rn. 110 ff.

haben.[169] Die Rechte des Käufers beschränken sich dann nach seiner Wahl auf Rücktritt oder Minderung (§ 437 Nr. 2 BGB) und – falls dessen Voraussetzungen erfüllt sind – auf Schadensersatz, § 437 Nr. 3 BGB.[170]

Unzumutbar könnte ein weiterer Nachbesserungsversuch etwa sein, wenn der Kunde in erheblichem Umfang mitwirken muss und dies erhebliche Aufwendungen bis hin zum Stillstand etwa der Produktion erfordert.

Die Formulierung allein, dass statt der Beseitigung der Anbieter berechtigt sei, den Mangel zu umgehen (workaround), ist nicht hilfreich. Die Umgehung eines Mangels ist weder Neulieferung noch Nachbesserung. Die Umgehung kann aber so verstanden werden, dass sie die Zumutbarkeit weiterer Versuche bzw. der weiteren Arbeiten innerhalb einer ausgedehnten angemessenen Frist ermöglicht.

> **Praxistipp „workaround"/Umgehung:**[171]
> In vielen AGB ist vorgesehen, dass der Lieferant statt Beseitigung auch einen workaround (eine Umgehung) als Nacherfüllung vornehmen darf. Dies wird als AGB unwirksam sein, weil damit evtl. die Wirkung gemindert oder aufgehoben wird, der Mangel jedoch weiter besteht. Die Relevanz des workaround liegt aber darin, dass
> - bei SLA beispielsweise die Vertragsstrafe/Pönale bei erfolgreichem workaround nicht oder geringer anfällt,
> - bei Mängelbeseitigung die Unzumutbarkeit des Zuwartens hinsichtlich einer Nacherfüllung, entfällt, nachdem der Notfall durch den workaround abgewendet oder beendet ist.[172]

Diese oben dargestellten gesetzlichen Regelungen können vertraglich abgebildet und abgeändert werden, in AGB nur unter Beachtung der sich aus §§ 305 ff. BGB ergebenden Einschränkungen. Zu praktischen Beispielen siehe die nachfolgenden Ziffern.

5. Wahlrecht des Verkäufers bei Nacherfüllung

Als wirksam angesehen wird vereinzelt eine Klausel, wonach der Verkäufer sich gegenüber Unternehmer-Kunden das **Wahlrecht** ausbedingt, im Falle der Nacherfüllung über Nachbesserung oder Neulieferung zu entscheiden. Gerade bei Software, die der Verkäufer nicht selbst hergestellt hat, oder bei sehr aufwendig zu beseitigenden Mängeln (die aber noch nicht die Zumutbarkeitsschwelle überschreiten) kann die Möglichkeit des Verkäufers, selbst entscheiden zu können, die Chancen der Nacherfüllung verbessern helfen.

Auf dem Umweg über die Verweigerung der jeweils vom Käufer gewählten Art der Nacherfüllung lässt sich dies indirekt auch erreichen.[173] Jedoch erscheint dieser Weg sehr umständlich. Besondere Konstellationen, wie etwa der Bezug der Software aus dem Ausland, weltweite Fehlerbearbeitungssysteme/Informationssysteme seitens des Herstellers, in die man sich einklinken muss uÄ, können es rechtfertigen, je nach Situation entweder auf der Neuherstellung oder auf der Fehlerbeseitigung zu bestehen. Das Wahlrecht wäre deshalb für den Lieferanten günstig. Eine **pauschale** Ausbedingung des Wahlrechts in Kauf-AGB dürfte eher unwirksam sein.

---

[169] BGH Urt. v. 21.12.2005 – VIII ZR 49/05, NJW 2006, 1195 mit Verweis auf BGH Urt. v. 23.2.2005 – VIII ZR 100/04, NJW 2005, 1348; BGH Urt. v. 22.6.2005 – VIII ZR 1/05, NJW 2005, 3211 und Urt. v. 7.12.2005 – VIII ZR 126/05, NJW 2006, 988.

[170] S. a. BGH Urt. v. 10.11.2005 – VII ZR 64/04, NJW-RR 2006, 304: Verweigerung der Nacherfüllung durch den Unternehmer im Werkvertragsrecht (§ 633 Abs. 2 S. 3 BGB aF = § 635 Abs. 2, 275 Abs. 2 BGB nF); Maßstab für die Unverhältnismäßigkeit der Nacherfüllungsaufwendungen: *Ein Nachbesserungsverlangen ist auch bei erheblichem Aufwand für die Mängelbeseitigung nicht unverhältnismäßig, wenn ein objektiv berechtigtes Interesse des Auftraggebers an einer mangelfreien Vertragsleistung besteht* (LS).

[171] Zum Workaround → § 14 „Software-Pflege".

[172] Bedeutet Splitten der Beurteilung ähnlich wie bei BGH Urt. v. 22.6.2005 – VIII ZR 1/05, NJW 2005, 3211.

[173] → Rn. 111.

119 Eine entsprechende Klausel wird Chancen haben, wenn sie Software-Erstellung betrifft, auch wenn diese nach Kaufrecht beurteilt würde (über § 651 BGB).[174] Durch eine unglückliche Formulierung im Gesetz ist allerdings unklar, ob dies auch im Verhältnis zu Schadensersatzansprüchen gilt. Ist die Klausel unwirksam, gilt die gesetzliche Regelung. Infolge dessen kommt es auf diese Frage unter Umständen sehr an.

6. Praktische Handhabung, Nachbesserungsversuche

120 a) Überblick. Um die Nacherfüllung vom Verkäufer zu verlangen, genügt es, dass der Käufer einen Mangel rügt.[175] Der Käufer wird dies jedoch bereits mit der Setzung einer angemessenen Frist verbinden, da die Sekundäransprüche grds. eine solche Fristsetzung voraussetzen.[176] Nach früher hM hat die Nacherfüllungsregelung Vorrang vor der unmittelbaren Anwendung der §§ 280 ff. BGB, wichtig va bei Betriebsausfallschäden.[177] Aus Sicht des Käufers sind die von § 440 BGB grundsätzlich vorgesehenen zwei Nachbesserungsversuche innerhalb dieser angemessenen Frist abzuwickeln. „*Eine Nachbesserung gilt nach dem erfolglosen zweiten Versuch als fehlgeschlagen, wenn sich nicht insbesondere aus der Art der Sache oder des Mangels oder den sonstigen Umständen etwas anderes ergibt.*" (§ 440 Satz 2 BGB).

> **Praxistipp zum Fehlschlagen der Nachbesserung:**
> Diese Aufzählung in (§ 440 Satz 2 BGB), nämlich
> - der Art der Sache,
> - der Art des Mangels oder
> - sonstige Umstände,
>
> ist nicht vollständig.[178] Die Beweislast für das Fehlschlagen der Nachbesserung trägt der Käufer, der die Kaufsache nach einer Nachbesserung des Verkäufers wieder entgegengenommen hat. Bleibt nach zweimaliger Nachbesserung ungeklärt, ob das erneute Auftreten des Mangels auf der erfolglosen Nachbesserung des Verkäufers oder auf einer unsachgemäßen Behandlung der Kaufsache nach erneuter Übernahme durch den Käufer beruht, so geht das zu Lasten des Käufers.[179]

121 Gleichzeitig mit dem Begehren nach Nacherfüllung wird der Käufer erklären, welche Art der Nacherfüllung er wünscht, also Neulieferung oder Nachbesserung (Ausübung des dem Käufer zustehenden Wahlrechts). Hier ist die Chance für den Anbieter im unternehmerischen Verkehr, durch AGB das Wahlrecht auf ihn zu verlagern.[180]

> **Praxistipp:**
> Bleibt das **Wahlrecht** beim Kunden, ist zu beachten, dass unter bestimmten Voraussetzungen der Verkäufer berechtigt sein kann, die eine Art der Nacherfüllung zu verweigern, wenn dies mit unverhältnismäßigen Kosten verbunden ist (§ 439 Abs. 3 Satz 2 BGB). Bei Individualsoftware wird die Neulieferung oft chancenlos sein bzw. der Verweis auf das Update ins Leere gehen.
> Es kann auch sein, dass die Art der Nacherfüllung, die der Lieferant leisten will, für den Kunden **unzumutbar** ist. Es kann zB mit erheblichem Aufwand beim **Einpflegen** bzw. Installieren für ihn verbunden sein, wenn er eine neue Software und nicht eine Nachbesserung erhält. Insofern wird sich eine pauschale Aussage hinsichtlich der richtigen Handhabung wohl nicht empfehlen.
> Daraus ergibt sich sinngemäß folgende **Einteilung** hinsichtlich des Vorgehens:

---

[174] Ausführlich zu § 651 BGB → Rn. 24 ff.
[175] S. a. *Marly* Rn. 1308.
[176] BGH Urt. v. 23.2.2005 – VIII ZR 100/04, NJW 2005, 1348.
[177] → Rn. 140 ff.
[178] Zur Gestaltung → Rn. 108, 109 sowie → 112 f.
[179] BGH Urt. v. 11.2.2009 – VIII ZR 274/07, NJW 2009, 1341.
[180] → Rn. 107.

III. Mängel und Nacherfüllung

- Zunächst wird der Kunde grundsätzlich Nacherfüllung verlangen. Die Nacherfüllung ist spezifisch in § 439 BGB geregelt. Nach Kauf hat grundsätzlich der Kunde das Wahlrecht, ob er Nachbesserung oder Neulieferung verlangt.
- Da der Lieferant die Nacherfüllung in der Art, die der Kunde wählt, nach § 439 Abs. 3 BGB bzw. unter den dortigen Voraussetzungen verweigern kann,[181] läuft es praktisch darauf hinaus, dass der Lieferant wiederum seinerseits eine Art zweite Chance für ein Andienungsrecht erhält.
- Verlangt etwa der Kunde bei einer Standardsoftware Nachbesserung, die dem Lieferanten gar nicht möglich ist, so besteht für den Lieferanten die Chance, eine neue, mangelfreie Softwareversion im Rahmen der Nacherfüllung als Neulieferung zu liefern.
- Ebenso könnte es sein, dass der Lieferant zwar nicht in der Lage ist, eine neue Version, aber ein Patch, der den Fehler beseitigt, zu liefern. In diesem Falle wird er die Neulieferung verweigern, wenn diese für ihn nur mit unverhältnismäßigem Aufwand verbunden (oder in vielen Fällen gar nicht möglich) ist.[182]

b) Fristsetzungen, Anzahl und Ausgestaltung der Nachbesserungsversuche. Im Detail gibt 122 es einen erheblichen **Unterschied** zwischen Kauf- und Werkvertrag im Bereich der Nachbesserungsversuche[183] und insofern der Ansprüche seitens des Kunden. Bei Kauf und Werkvertrag hat der Kunde bei einem Mangel einen Nacherfüllungsanspruch, aber auch der Unternehmer ein Nacherfüllungsrecht. **Nur im Kaufrecht** ist (in § 440 Satz 2 BGB) eine gesetzliche **Fiktion** vorgesehen, wonach die Nachbesserung nach dem erfolglosen zweiten Versuch als fehlgeschlagen gilt.[184] Eine dem § 440 BGB entsprechende Regelung fehlt im **Werkvertragsrecht**.

Praxistipp für den Lieferanten:

Soll in AGB von § 440 BGB abgewichen werden, empfiehlt es sich hinsichtlich der Angemessenheit der Frist weniger auf die Anzahl der Nachbesserungsversuche, als vielmehr auf die Versuche **innerhalb angemessener Frist** abzustellen.[185]
Des Weiteren wäre es aussichtsreich, Software unter die Sonderbedingungen zu subsumieren, die als Ausnahme in § 440 S. 2, 2. Halbsatz, vorgesehen sind. Das bedeutet, dass der Lieferant nach Kaufrecht gut daran tut, zB
- die Komplexität von Software,
- die Notwendigkeit, den Hersteller oder dessen internationales System zur Mängelbeseitigung zu kontaktieren und in Anspruch zu nehmen usw.

---

[181] BGH Urt. v. 14.1.2009 – VIII ZR 70/08, NJW 2009, 1660: Vorlage an EuGH: Darf ein Verkäufer die Nacherfüllung wegen relativer Unverhältnismäßigkeit der erforderlichen Kosten verweigern? BGH Urt. v. 21.12.2011 – VIII ZR 70/08, NJW 2012, 1073.
[182] Zum Erfüllungsort der Nacherfüllung s. AG Menden Urt. v. 3.3.2004 – 4 C 26/03, NJW 2004, 2171 (wohin der Kunde die Sache verbracht hat).
Das Verlangen nach Nacherfüllung ist nicht erforderlich bei ausdrücklicher Erfüllungsverweigerung des Lieferanten (s. OLG Naumburg Urt. v. 24.2.2004 – 11 U 94/03, NJW 2004, 2022). Die Ansprüche hieran sind allerdings hoch bzw. streng (BGH Urt. v. 21.12.2005 – VIII ZR 49/04, NJW 2006, 1195 iVm BGH Urt. v. 15.12.1998 – X ZR 90/96, NJW-RR 1999, 560 und v. 12.3.1993 – X ZR 63/91, NJW-RR 1993, 882): Im Bestreiten von Mängeln liegt nicht ohne weiteres eine endgültige Nacherfüllungsverweigerung. Erfüllungsort der Nacherfüllung: OLG München Urt. v. 12.10.2005 – 15 U 2190/05, NJW 2006, 449: „Erfüllungsort für den Nacherfüllungsanspruch ist der Ort, an welchem sich die Sache nach dem Vertragszweck befindet, in der Regel also der Wohnort des Käufers" (*Lorenz*, www.stephan-lorenz.de).
[183] S. a. *Bischof* ITRB 2004, 66.
[184] S. a. OLG Karlsruhe Urt. v. 30.6.2004 – 12 U 112/04, DAR 2005, 31.
[185] Siehe zur Fristsetzung im Zusammenhang mit § 281 (Schadensersatz statt der Leistung): BGH Urt. v. 12.8.2009 – VIII ZR 254/08, NJW 2009, 3153 – BGB § 281 Abs. 1: *„Für eine Fristsetzung gemäß § 281 Abs. 1 BGB genügt es, wenn der Gläubiger durch das Verlangen nach sofortiger, unverzüglicher oder umgehender Leistung oder vergleichbare Formulierungen deutlich macht, dass dem Schuldner für die Erfüllung nur ein begrenzter (bestimmbarer) Zeitraum zur Verfügung steht; des Angabe eines bestimmten Zeitraums oder eines bestimmten (End-)Termins bedarf es nicht."* BGH Urt. v. 25.3.2010 – VII ZR 224/08, CR 2010, 422 – zu § 281 Abs. 1 BGB bei Softwareanpassung: Für eine Leistungsaufforderung im Sinne des § 281 Abs. 1 S. 1 BGB reicht grundsätzlich die Aufforderung, die vertragliche Leistung zu bewirken (im Anschluss an BGH Urt. v. 7.7.1987 – X ZR 23/86, NJW-RR 1988, 310).

ausdrücklich in den Vertrag mit einzubeziehen und so gesehen im Zusammenhang mit der Zahl der Nachbesserungsversuche als Ausnahme im Sinne von § 440 S. 2, HS. 2, ins Feld zu führen. Auch könnte sich aus der Art des Mangels ergeben, dass der Kunde zunächst versuchen muss, ob die Beseitigung erfolgreich war (was allerdings oft für den Kunden sehr aufwendig ist). Trotz der Belastung für den Kunden kann dies die einzige Möglichkeit sein, den Fehler „einzukreisen".

123 Andererseits hat der Kunde bei Scheitern der Nacherfüllung nicht nur die Ansprüche, wie sie nach Kaufrecht gewährt werden, sondern auch explizit den Anspruch auf **Selbstvornahme** (§ 637 BGB iVm dem Ersatz der erforderlichen Aufwendungen).[186]

> **Praxistipp für den Lieferanten:**
>
> Insbesondere wenn der Lieferant bei sich die Software für den Kunden anpasst und vorkonfiguriert und bereits auf einem Rechner installiert an den Kunden ausliefert, kann erhebliche Unklarheit bestehen, ob Kauf- oder Werkvertragsrecht zur Anwendung kommt.
> Im Hinblick auf die **Unterschiede Ablieferung/Abnahme** wird es sich empfehlen, bei Unklarheiten hinsichtlich der Anwendung von Kauf- oder Werkvertragsrecht die Regelung auf Handlungen und Kriterien i. S. von „vereinbarter Beschaffenheit" zu verlagern und ein Verfahren zu deren (aus Lieferanten-Sicht günstig möglichst **gemeinsamen**) **Tests** zu vereinbaren.
> In diesem Falle empfiehlt es sich für den Lieferanten, **nicht zusätzlich und explizit eine Abnahme** aufzunehmen. Nach **§ 377 HGB** wäre der Kunde ohnehin verpflichtet, die Ware sofort zu untersuchen und zu rügen. Dazu wird er nicht verpflichtet sein, wenn der Lieferant in seinen AGB die Abnahme vorsieht. Stattdessen werden ihm Prüfkriterien gegeben. Es wäre also für Anbieter den Versuch wert, sowohl im Leistungsprogramm als auch in den AGB herauszustellen, dass bei Software eine erfolgreiche Nachbesserung jeweils erst im Einsatz festgestellt werden kann und insofern **mehr Versuche erforderlich sind als zwei.**
> Auch könnte sich aus der Art des Mangels, etwa bei **unkontrollierten Abstürzen,** eine entsprechende Argumentation ergeben.

124 Pauschal wird man diese Möglichkeit nicht vorsehen können. Man wird auf die Art des Mangels bzw. dessen Erscheinungsbild abzustellen haben. Wenn eine Funktion der Software falsch arbeitet und dies zu erheblichen Nacharbeiten beim Anwender führt, wird man dies anders zu beurteilen haben, als wenn durch sorgfältige Beobachtung der Software, sorgfältige Reorganisation uÄ bis zur Mangelbeseitigung wenigstens grobe Schäden vermieden und vielleicht sogar Ausfälle verhindert werden.[187]

125 Wie erwähnt, bedarf es nach § 440 BGB in bestimmten Fällen der Fristsetzung seitens des Kunden nicht. Im Verbrauchsgüterkauf wäre eine Klausel, die diese Regel abbedingt, unwirksam (§ 475 Satz 1 BGB). Es soll aber (strittig) möglich sein, dem Kunden eine Pflicht zur Fristsetzung statt deren Entbehrlichkeit aufzuerlegen. Dem soll § 309 Nr. 8 BGB nicht entgegenstehen.[188] Auch soll es wirksam möglich sein, das Erfordernis einer Fristsetzung zur Nacherfüllung als Voraussetzung für Rücktritt und Schadensersatz zu vereinbaren.[189] Ob dies aber tatsächlich so ist und va in AGB möglich ist, darf bezweifelt werden. Ansonsten wäre es wohl so, dass es im unternehmerischen Verkehr ausreichend erschiene, wenn dem Unternehmer für den Fall des Fehlschlagens der Nacherfüllung das Rücktrittsrecht verbliebe (§ 307 Abs. 1 Nr. 1 BGB könnte zur Unwirksamkeit führen).[190]

---

[186] Zur Mangelhaftigkeit der Nacherfüllung s. *Koch* ITRB 2008, 131.
[187] Zur Umgehung von Mängeln/workaround → Rn. 98 ff.
[188] So wohl im Ergebnis auch Palandt/*Weidenkaff* § 440 Rn. 4 jedoch unter fehlerhafter Bezugnahme auf § 309 Nr. 8c) BGB. S. a. BGH Urt. v. 5.11.2008 – VIII ZR 166/07, NJW 2009, 508 Rn. 17.
[189] Palandt/*Weidenkaff* aaO.
[190] Zum Rücktrittsrecht bei zurückgewiesener Teilleistung: LG Rottweil Urt. v. 26.5.2003 – 3 O 24/03, NJW 2003, 3139; Rücktrittsrecht bei qualitativer Minderleistung: OLG Celle Urt. v. 5.11.2003 – 7 U 50/03, ZGS 2004, 74; zur Frage des Nutzungsersatzes bei Nacherfüllung s. BGH Vorlagebeschluss an den EuGH Urt. v. 16.8.2006 – VIII ZR 200/05, NJW 2006, 3200.

III. Mängel und Nacherfüllung

Eine **Beschränkung der Nacherfüllungsansprüche** des Kunden im Übrigen erscheint auch zwischen Unternehmern problematisch. Zwar stammt das gesetzliche Leitbild aus der Verbrauchsgüterkaufrichtlinie. Dieses Leitbild wurde jedoch in den §§ 434 ff. BGB verallgemeinert übernommen und gilt nach wohl überwiegender Meinung auch zwischen Unternehmern. Dies gilt auch für die Folgeansprüche, va für § 437 BGB zusammen mit den Vorschriften auf die in § 437 BGB verwiesen wird. Die Nacherfüllung in AGB auszuschließen, ist (§ 309 Ziffer 8b) dd) BGB) ebenso wie die Beschränkung auf Nachbesserung (§ 309 Ziffer 8b) bb)) unwirksam. 126

Der pauschale Verweis auf den Hersteller oder die Erschöpfung eines Prozesses gegen den Hersteller wird ebenfalls unwirksam sein. Lediglich im Leasingvertragverhältnis ist der Ausschluss der mietrechtlichen Gewährleistung bei gleichzeitiger bedingungsloser Abtretung der kaufrechtlichen Gewährleistungsansprüche wirksam.[191] 127

Die **Vergütungspflicht** für die Mängelbeseitigung wird nicht – auch nicht indirekt – wirksam vereinbart werden können.[192] Hiervon kann über den Umweg des Transparenzgebotes, auch die Vergütungspflicht für den Pflegevertrag[193] erfasst werden. Bei Anbieter-AGB ist darauf zu achten, dass kein irgendwie gearteter Ausschluss der Mängelrechte des Kunden erfolgt, der ohnehin unwirksam wäre (§ 309 Nr. 8b) aa) BGB). Dies kann zB in der Form einer Verpflichtung geschehen, zur Erhaltung der Mängelansprüche einen Pflegevertrag abzuschließen. Ebenso wäre eine Begrenzung nur auf Nachbesserung oder eine grundsätzliche Beschränkung auf Nacherfüllung unwirksam. 128

7. Rücktrittsrecht

Der Anspruch auf Rücktritt ist im Rahmen eines Verbrauchsgüterkaufs nicht abdingbar (§ 475 BGB). Explizit ist im Rahmen eines Verbrauchervertrags gemäß § 309 Nr. 8b), bb) BGB das Minderungsrecht nicht ausschließbar. Jedoch könnte die Minderung in dem Rahmen beschränkt oder befristet werden, in dem auch ein Haftungsausschluss möglich wäre. 129

Hier stellt sich das besondere Problem, dass in § 444 BGB, der diesen Rahmen bilden würde, zwei Ausnahmen parallel genannt sind. Danach kann sich der Verkäufer auf einen entsprechenden Ausschluss oder eine Beschränkung nicht berufen, *„wenn er den Mangel arglistig verschwiegen oder eine Garantie für die Beschaffenheit der Sache übernommen hat".* Es ist aber oft unklar, ob er nun einer Garantie übernommen hat oder nicht. 130

Die Rücktrittsregelung erfolgt über § 323 BGB. Das Rücktrittsrecht[194] bedarf keiner besonderen Voraussetzungen hinsichtlich des Vertretenmüssens.[195] Die Voraussetzungen für den Rücktritt ergeben sich aus §§ 434, 435, 440 BGB. Die Frage der Abdingbarkeit betrifft aber § 323 BGB generell. Dieser ist dispositiv. Der Ausschluss des Rücktrittsrechts in AGB würde eine Beschränkung auf Nacherfüllung ergeben. Nach § 309 Nr. 8b), bb) BGB wäre eine entsprechende Klausel in AGB gegenüber einem Verbraucher unwirksam. 131

Praxistipp:

Eine Beschränkung des Rücktrittsrechts im Unternehmerverkehr begegnet folgenden Bedenken: Das gesetzliche Leitbild hat eine Art Viererkombination eröffnet. Minderung oder Rücktritt stehen dem Kunden alternativ zu. Das gleiche gilt für Schadensersatz oder Aufwendungsersatz. Beide lassen sich kombinieren, so dass der Kunde geltend machen könnte:

- Minderung und Schadensersatz oder
- Minderung und Aufwendungsersatz oder

---

[191] S. a. BGH Urt. v. 16.6.2010 – VIII ZR 317/09, NJW 2010, 2798.
[192] Zur Erstattungspflicht des Kunden bei erkennbar unberechtigten Rügen s. BGH Urt. v. 23.1.2008 – VIII ZR 246/06, CR 2008, 278 – Lichtrufanlage.
[193] Einzelheiten → § 14 „Software-Pflege".
[194] ZB Rücktrittsrecht des Kunden einer „EDV-Anlage" wegen Verzuges mit der Herstellung einer Spezialsoftware, BGH Urt. v. 7.3.1990 – VIII ZR 56/89, CR 1990, 707 – Geräteverwaltung.
[195] S. a. *Marly* Rn. 1312.

- Rücktritt und Schadensersatz oder
- Rücktritt und Aufwendungsersatz.

Ob sich eine Beschränkung dieser gerade in den allgemeinen Teil verlagerten (nicht speziell zur Verbrauchsgüterregelung bezogenen) Ausdehnung wiederum gegenüber Unternehmern einschränken lässt, erscheint zweifelhaft.

Für ein Rücktrittsrecht aus § 323 BGB ist unbeschadet der Regelung des § 323 Abs. 4 grundsätzlich eigene Vertragstreue erforderlich.[196]

IV. Vergütung, Fälligkeit

1. Überblick

132 Das grobe Schema der gesetzlichen Regelung zu Vergütungsanspruch und Fälligkeit ergibt sich aus der folgenden Übersicht:

Vertragstyp	DienstV	KaufV	WerkV	§ 651 BGB	Miete
Vergütungsanspruch	§ 612 BGB Wenn Dienstleistung den Umständen nach nur gegen eine Vergütung zu erwarten ist, gilt die „übliche" Vergütung als vereinbart, soweit keine gesonderte Vereinbarung besteht	§ 433 Abs. 2 BGB „vereinbarter Kaufpreis"	§ 632 BGB Wenn Werkleistung den Umständen nach nur gegen eine Vergütung zu erwarten ist, gilt die „übliche" Vergütung als vereinbart, soweit keine gesonderte Vereinbarung besteht[197] § 650 BGB Grds. keine Verbindlichkeit des Kostenanschlags § 649 BGB Bei Kündigung vor Abnahme grds. volle Vergütung abzgl. ersparter Aufwendungen Ausnahme zB § 645 BGB (evtl. analog)	§ 651 Abs. 1 iVm § 433 Abs. 2 BGB „vereinbarter Kaufpreis"	§ 535 Abs. 2 BGB „vereinbarter Miete"

---

[196] OLG Celle Urt. v. 5.11.2003 – 7 U 50/03, ZGS 2004, 74 (zum Rücktrittsrecht bei qualitativer Minderleistung).

[197] Sofern die Vergütung „stillschweigend" vereinbart ist s. BGH Urt. v. 26.10.2000 – VII ZR 239/98, NJW 2001, 151 sowie wg. Mehraufwand BGH Urt. v. 8.1.2002 – X ZR 6/00, DB 2002, 1710. Bei „ernsthaften Zweifeln" ist allerdings § 632 BGB bzw. § 612 BGB nicht anzuwenden: BGH Urt. v. 8.6.2004 – X ZR 211/02, NJW-RR 2005, 1 zu ernsthaften Zweifeln bei „Vorarbeiten" für einen Auftrag, ua für ein Konzept.

IV. Vergütung, Fälligkeit

Vertragstyp	DienstV	KaufV	WerkV	§ 651 BGB	Miete
Fälligkeit	§ 614 BGB: Grds. **nach Leistung** der Dienste, soweit keine abweichende Vereinbarung	§ 271 BGB Fälligkeit tritt mit Entstehung der Forderung, also **mit Vertragsschluss** ein, soweit nichts anderes vereinbart	§ 641 BGB Grds. „bei Abnahme" also **nach Leistung**. Soweit Teilzahlungen vereinbart wurden „für jeden Teil bei dessen Abnahme"	§ 651 Abs. 1 iVm § 271 BGB Fälligkeit tritt mit Entstehung der Forderung, also **mit Vertragsschluss** ein, soweit nichts anderes vereinbart	§ 579 BGB **Am Ende** der vereinbarten Mietzeit bzw. der einzelnen Zeitabschnitte, soweit nichts anderes vereinbart

Im IT-Bereich treten häufig die folgenden Vergütungsformen bzw. Zahlungsbedingungen, evtl. als Mischformen auf:
- periodisch nach Zeitaufwand (regelmäßig bei Beratungsleistungen und dienstvertraglichen Unterstützungsleistungen wie etwa im Rahmen von Wartungs-/Pflegeverträgen Beseitigung von Fehlern, die keine Mängel sind);
- grds. nach Aufwand aber Zahlung erst nach Projektfortschritt/Meilensteinen (bei werkvertraglichen Leistungen in IT-Projekten; allerdings wird nicht selten auch bei Werkvertrag eine monatliche Fälligkeit vereinbart);
- zumindest teilweise Festpreis, ggf. mit Anzahlungen/Abschlagszahlungen (etwa bei werkvertraglichen Standardleistungen);
- nutzungsabhängig/on-demand (typisch für IT-Outsourcing und ASP/SaaS,[198] zunehmend auch bei der Online-Zurverfügungstellung von IT-Infrastrukturleistungen etwa Cloud und anderen Online/E-Commerce-Verträgen).

Beim Werkvertrag ist der Auftraggeber regelmäßig daran interessiert, einen **Festpreis** zu vereinbaren. Für den Anbieter ist dies riskant, weshalb die Strategie vieler Anbieter dahin geht, zwar einen Festpreis zu vereinbaren, aber den Umfang der Leistungen, die vom Festpreis umfasst sind, möglichst zu begrenzen oder zumindest sehr vage zu regeln. Manche Anbieter-AGB sprechen insoweit von „Basis"-Leistungen, wobei dem Auftraggeber klar sein muss, dass er mit großer Wahrscheinlichkeit „Premium"-Leistungen benötigt, die nicht im Festpreis inkludiert sind.

2. Vergütung nach Zeitaufwand

Bei der Vereinbarung einer Vergütung nach Zeitaufwand wird regelmäßig differenziert zwischen
- unterschiedlichen Personalstundensätzen (differenziert nach Qualifikation und Einarbeitungsgrad des Personals),
- geringeren Stundensätzen für Reisezeiten (meist zzgl. Spesen),
- ggf. zusätzlich Tagessätzen (üblicherweise auf Basis eines 8-Stunden-Tages, wobei dies eine häufige Quelle von Streit zwischen den Vertragsparteien ist, wenn eine vertragliche Regelung dazu fehlt),
- evtl. höhere Stundensätze für Mehr-/Feiertags-/Nachtarbeit.

Erhält der Anbieter bei Werkvertrag seine Vergütung erst nach Abnahme, so muss er das gesamte Projekt vorfinanzieren. Häufig wird daher auch bei Werkvertrag eine Vergütung nach Zeitaufwand und eine periodische Rechnungsstellung/Zahlung vereinbart. Die Vereinbarung einer Vergütung nach Zeitaufwand steht dem werkvertraglichen Charakter eines Vertrages nicht entgegen.[199]

---

[198] Einzelheiten → § 19 „Outsourcing". Zu den Vergütungsformen bei IT-Outsourcing siehe auch *Bräutigam*, IT-Outsourcing.
[199] Siehe etwa bei einem Projekt zur Software-Anpassung: BGH Urt. v. 25.3.1993 – X ZR 17/92, CR 1993, 759 – Bauherrenmodell.

> **Praxistipp:**
> Eine häufige Quelle von Streit zwischen den Vertragspartnern bei Vergütung nach Zeitaufwand sind die Anforderungen, die an den Zeitnachweis zu stellen sind. Es empfiehlt sich daher, als Anlage zum Vertrag ein **Muster für Stundennachweis und ggf. Rechnungen** zu vereinbaren, anhand dessen beide Vertragspartner ihre Vorstellungen von aussagekräftigen Stundennachweisen bzw. Rechnungen festlegen können.[200]
> Regelmäßig tritt für den Auftraggeber das Problem auf, dass er Stundenzettel gegenzeichnen soll, aber befürchtet, durch die **Gegenzeichnung** eine (Teil-)Abnahme der Leistung zu bewirken.[201] Dies ist besonders misslich, wenn der Auftraggeber nicht kontrollieren kann, was er unterzeichnen soll. Es empfiehlt sich daher für den Auftraggeber im Rahmen der Zahlungsbedingungen des Vertrages zu regeln, dass ihm die Stundennachweise (erst) dann vorgelegt werden, wenn er tatsächlich eine Möglichkeit hat, den Aufwand und das Ergebnis zumindest in groben Zügen zu kontrollieren.

137 Regelmäßig geht einer Vergütung nach Zeitaufwand ein **Kostenvoranschlag** oder eine Kostenschätzung des Anbieters voraus. Dann stellt sich die Frage nach der Verbindlichkeit der Schätzung. Gemäß § 650 BGB ist der Kostenanschlag grds. nicht verbindlich. Er kann zwar **Geschäftsgrundlage** sein, ist aber meist nicht Vertragsinhalt. Davon zu unterscheiden ist jedoch die Garantie der Preisansätze des Kostenvoranschlags, die im Regelfall verbindlich sind. Wird der Kostenvoranschlag auf Basis eines Vorprojekts, also nach Prüfungen/Besichtigungen des Anbieters von den Gegebenheiten beim Auftraggeber, erstellt und zB als Anlage zum Vertrag in Bezug genommen, spricht das für seine Verbindlichkeit.

138 Allerdings hat der Auftragnehmer trotz grundsätzlicher Unverbindlichkeit des Kostenanschlags eine Informationspflicht, wenn mit der **Überschreitung der Schätzung** zu rechnen ist (§ 650 Abs. 2 BGB). Der Auftraggeber hat bei erheblicher Überschreitung ein Kündigungsrecht, wobei dem Auftragnehmer bei Kündigung nicht die volle Vergütung nach § 649 BGB zusteht, sondern nur ein Teil der Vergütung analog § 645 BGB.[202]

3. Vorauszahlungen, Abschlagszahlungen

139 Bei Dienstverträgen regelt § 628 Abs. 1 S. 3 BGB die Rückzahlung einer im Voraus entrichteten Vergütung. Folglich sind bei dienstvertraglichen Leistungen Vorauszahlungsklauseln unproblematisch wirksam. Da § 641 Abs. 1 S. 1 BGB bei Werkvertrag als Grundsatz die Fälligkeit der Vergütung nach Abnahme vorsieht, ist fraglich, inwieweit bei Werkvertrag Vorfälligkeiten und Abschlagszahlungen in AGB vereinbar sind. Gemäß § 641 Abs. 1 S. 2 BGB hat bei Teilabnahmen die Vergütung bei Abnahme der einzelnen Teile zu erfolgen. Daraus folgert die hM, dass Abschlagszahlungen in AGB vereinbar sind, die Abschlagszahlungen auf eine erst später fällige Vergütung sind.[203]

4. Preiserhöhungen

140 Da sich IT-Projekte, Pflege-/Wartungsverträge uÄ einen längeren Zeitraum hinziehen, sind die Anbieter an Preiserhöhungsmöglichkeiten, etwa im Hinblick auf die vereinbarten Stundensätze, interessiert. Nach § 309 Nr. 1 BGB sind Bestimmungen zu kurzfristigen Preiserhöhungen (innerhalb von 4 Monaten nach Vertragsschluss) in AGB unwirksam. Diese Vorschrift gilt jedoch nicht für Dauerschuldverhältnisse. Allerdings sind bei Dauerschuldverhältnissen willkürliche Preiserhöhungen (ohne dass ein sachlicher Grund angegeben ist) oder völlige freie Preisgestaltungsrechte für den Anbieter gemäß der Generalklausel § 307 BGB unwirksam. Zulässig sind dagegen **Preiserhöhungsklauseln,** die sich auf die Verände-

---

[200] Ein Beispiel für ein solches Muster ist im EVB IT Systemvertrag enthalten.
[201] Im Grundsatz verneinend: BGH Urt. v. 13.5.2004 – VII ZR 301/02, NJW-RR 2004, 1265.
[202] Schneider/*Schneider* E. Rn. 127.
[203] OLG München Urt. v. 8.11.1990 – 29 U 3410/90, CR 1992, 401 mAnm *Zahrnt*.

rung von maßgeblichen Kostenfaktoren beziehen, also auch Wertsicherungsklauseln. Andere Faktoren sind gem. § 8 PrklG unwirksam.

V. Nicht vereinbarte negative Eigenschaften, Aufklärungs-/Beratungspflichten, Betriebsstörungs-/Betriebsausfallschäden

1. IT-typische cic- und pVV-Fallgruppen

Vor der Schuldrechtsreform war die Rechtsprechung wesentlich häufiger damit befasst, 141 Verschulden bei Vertragsabschluss (cic) zu beurteilen. Dabei gab es ein klares Gefälle in der – vermuteten – Kompetenz: Der Kunde ist EDV-Laie, der Anbieter EDV-Fachmann. Zum einen ist dieses Gefälle im Laufe der Zeit stark verändert worden. Große Anwender haben eigene IT-Abteilungen und sogar die Fachabteilungen haben häufig gute EDV-Kenntnisse (nicht zuletzt aufgrund zahlreicher „miterlittener" Projekte).

Grundsätzlich baut die Rechtsfigur des Verschuldens bei Vertragsschluss, die mit der 142 Schuldrechtsmodernisierung in das BGB übernommen wurde, auf einer konkreten Handlung/Beratung auf, in den seltensten Fällen auf einem Unterlassen. Unrichtige Angaben bzw. Informationen über die Beschaffenheit des Gegenstandes insbesondere beim Kauf sind nicht über cic zu beurteilen, sondern beurteilen sich nach Mangelrecht (§§ 434 ff. BGB).[204]

„cic" ist im Rahmen von § 311 Abs. 2 und 3 BGB kodifiziert. Die Rspr. hatte eine Fülle 143 von Facetten entwickelt, wann eine Aufklärungs- und Beratungspflicht bis hin zu Erkundungspflichten entsteht bzw. besteht.[205] Wenn der Unternehmer den Kunden berät, muss diese Beratung „richtig" sein. **Ob** aber der Kunde beraten werden muss, hängt sehr vom Einzelfall ab. Auch ist nicht immer klar, wie weit die Aufklärung gehen, wie konkret sie sein muss.[206]

Beispiel:
Fehlende **Aufklärung** über negative, nicht vereinbarte Eigenschaften (zB **Produktaktivierungserfordernisse**) könnte als Arglist qualifiziert werden.[207]
Schon vor der Kodifizierung der cic galt nach Rspr. des BGH, dass dann, wenn der Anbieter vorvertraglich, etwa mit einem Organisationskonzept oder Mengengerüst berät, diese **Beratung** richtig sein muss.[208]
Dabei ist zu beachten, dass diese BGH-Entscheidung nicht ohne weiteres auf den Fall übertragen werden kann, bei dem der Kunde schlecht informiert ist und vom Lieferanten überhaupt nicht informiert wird. Im konkreten Fall hatte nämlich der Auftragnehmer die ausdrückliche Verpflichtung übernommen, ein Organisationskonzept zu erstellen, wobei sich dieses über ca. 35 Seiten lange Konzept als unrichtig (**Unterdimensionierung** der Anlage) erwiesen hat.[209]

Eine genuine **Erkundigungspflicht** (ohne besondere Umstände) besteht nicht.[210] 144
Im IT-Bereich gibt es eine Art Verwerfung in der Beurteilung der **cic** im Verhältnis zum eigentlichen Planungsvertrag. Die vorvertragliche Nicht- bzw. Falschberatung soll im Rahmen eines unentgeltlichen **Anbahnungsverhältnisses** entstehen, für die der Auftragnehmer keine

---

[204] S. a. Palandt/*Grüneberg* § 311 Rn. 41.
[205] S. va *Hörl*, Aufklärung und Beratung beim Computer-„Kauf", 1999; s. a. *Schneider* D. Rn. 226 ff.; Aufklärung und Beratung kann beispielsweise notwendig werden, bzgl. notwendiger Rechenkapazitäten. So etwa BGH Urt. v. 24.6.1986 – X ZR 16/85, CR 1986, 799.
[206] Interessant immer noch zB BGH Urt. v. 15.5.1990 – X ZR 128/88, CR 1991, 86: nicht erfüllte Zusatzwünsche bei abgespecktem Angebot evtl. als cic-bedingter Schaden.
[207] Zum wettbewerbsrechtlichen Aspekt OLG München Urt. v. 12.10.2000 – 29 U 3680/00, CR 2001, 11 und dazu *Runte* CR 2001, 657; s. aber a. BGH Urt. v. 10.2.2010 – I ZR 178/08, NJW 2010, 2661 – half life.
[208] Die Grundentscheidung hierzu ist – nach wie vor – BGH Urt. v. 6.6.1984 – VIII ZR 83/83, CR 1986, 79; s. speziell. zu vorvertraglichen Pflichten für eine Fachfirma einer Datenaustauschsoftware OLG Hamm Urt. v. 20.6.2007 – 28 O 798/04, CR 2008, 61 – Feststellung der Kompatibilität. Zu falschem Mengengerüst/mangelnder Kapazität als Mangel s. OLG München Urt. v. 25.9.1988 – 24 U 775/85, CR 1987, 675.
[209] Siehe BGH Urt. v. 6.6.1984 – VIII ZR 83/83, CR 1986, 79.
[210] S. a. BGH Urt. v. 3.3.2004 – VIII ZR 76/03, NJW-Spezial 2004, 71 – Solaranlage; s. a. ablehnend zu einer Pflicht des Händlers zu Erkundigung beim Hersteller BGH Urt. v. 16.6.2004 – VIII ZR 303/03, NJW 2004, 2301.

Vergütung erhält (sich lediglich über den eigentlichen Geschäftsabschluss eine Vergütung der dann zu erfolgenden Leistungen erwartet).

145 Dagegen gibt es typischerweise einen Vertrag, der vor größeren Beschaffungen sinnvoll und wichtig ist, nämlich den **Planungsvertrag** zum jeweiligen Vorhaben. Ein solcher Planungsauftrag könnte, wie oben angedeutet,[211] werkvertraglich beurteilt werden, enthält also durchaus eine Erfolgshaftung. Hier würde sich der Auftragnehmer dementsprechend die Leistungen vergüten lassen. Die Auftraggeber/Kunden wollen häufig genau diesen Vertrag einsparen. Wenn der Kunde nicht deutlich macht, dass er dieses Risiko der unrichtigen Planung auf den Auftragnehmer abwälzen will, ist schwer erkennbar, warum für die Defizite der unrichtigen Planung der Auftragnehmer selbstverständlich aufkommen soll. Dies hatten jedoch, zumindest tendenziell, früher die Untergerichte angenommen.[212]

146 Relevant ist der Aspekt Aufklärung auch bei so genannten **abgespeckten Leistungsverzeichnissen**. Hintergrund ist, dass der Anbieter zunächst als eine relativ komfortable Lösung mit sehr großzügiger Ausstattung und eventuell sehr hochwertigen Teilen des Systems anbietet, die dem Auftraggeber dann zu teuer ist. Daraufhin wird das Leistungsspektrum bzw. der Leistungsgegenstand „abgespeckt". Oftmals gefällt der verminderte Leistungsumfang dem Kunden nicht, weil Einbußen an Performance, vielleicht sogar Verfügbarkeit oder Ähnliches damit verbunden sind. Die Frage ist dann, ob und inwieweit der Lieferant auf die Folgen solchen „Abspeckens" hätte hinweisen müssen.

147 Das entsprechende Problem stellt sich auch in Verbindung mit den Verhandlungen, wenn insoweit seitens des Kunden zwar „Wünsche" bzw. „Zusatzwünsche" geäußert werden, diese aber in einem ausgearbeiteten Vertrag nicht ihren Niederschlag gefunden haben. Dies soll sogar so weit gehen, dass sie auch dann nicht Vertragsinhalt sind, wenn sie als „**selbstverständlich**" besprochen worden sind.[213] Dieser Fall ließe sich über cic (nun § 311 Abs. 2 in Verbindung mit § 280 Abs. 1 in Verbindung mit § 241 Abs. 2 BGB) abwickeln. Dies erscheint allerdings problematisch, wenn der Vertrag ausdrücklich eine Regelung enthält, wonach nur der schriftliche Vertrag für die Rechtsbeziehung maßgebend sein soll. Wenn es sich hierbei um AGB des Auftraggebers handelt, hat er die Schwierigkeit die tatsächliche Einbeziehung des entsprechenden Zusatzwunsches nachzuweisen. Auch der BGH hat in diesem Fall gesehen, dass bei einem Sachverhalt, bei dem bei den Vertragsverhandlungen bestimmte für den Vertragsschluss wesentliche Leistungen als „selbstverständlich" bezeichnet worden sind, dies bei späterer Nichtausweisung vom System nach der BGH-Entscheidung vom 6.6.1984 zu beurteilen ist.[214]

Die pVV stellt in gewissem Sinne den Grundfall der Vertragsverletzung im Rahmen des § 280 BGB dar.

Beispiele:

Erfasst werden etwa die Fälle des Datenverlustes bzw. der Zerstörung des Datenbestandes bei den Wartungs-/Pflegearbeiten etc. Auch eine Zerstörung der Software selbst ließe sich über § 280 BGB beurteilen und abwickeln. Typische Fälle für solche Pflichtverletzungen im IT-Bereich könnten **nicht vereinbarte Sperren**, sonstige Nutzungshindernisse wie Anbindung der Software an den Rechner oder nicht vereinbarte Online-Meldungen an den Hersteller (die auch zugleich Datenschutzverstöße darstellen) sein.

2. Betriebsstörungsschaden

148 Die Nichterfüllung einer Leistungspflicht stellt für sich allein bereits eine Pflichtverletzung dar. Wenn die weiteren Voraussetzungen erfüllt sind, führt dies auch zum Schadensersatzanspruch, ohne dass zunächst der Erfüllungsanspruch verloren gehen würde.

---

[211] → Rn. 32, 33.
[212] Zum Projektrisiko und der Figur des Kunden als Laie s. *Schneider* CR 2000, 27 ua im Hinblick auf mittleren Ausführungsstandard bei fehlendem Pflichtenheft; dazu → § 18 „IT-Projekte"; zum Pflichtenheft s.a. *Intveen* ITRB 2010, 238; zur gewöhnlichen Verwendung bei fehlendem Pflichtenheft s. *Schneider* ITRB 2010, 241.
[213] Grundsatzentscheidung: BGH Urt. v. 15.5.1990 – X ZR 128/88, CR 1991, 86 – Zahlungsverweigerung wegen nicht erfüllter Zusatzwünsche.
[214] BGH Urt. v. 15.5.1990 – X ZR 128/88, CR 1991, 86 unter Verweis auf BGH Urt. v. 6.6.1984 – VIII ZR 83/83, CR 1986, 79.

V. Nicht vereinbarte negative Eigenschaften, Aufklärungs-/Beratungspflichten 149–151 § 10

Beispiele:

Von besonderer Bedeutung ist dies wohl va beim evtl. Ersatz des Schadens wegen Betriebsstörung. Auf IT angewandt, könnte dies bedeuten, dass eine nicht vollständige Lieferung der Software, auch iVm Sperren, die Nichtlieferung der Dokumentation uÄ nicht nur den Erfüllungsanspruch weiter bestehen lässt, sondern mangels Nutzbarkeit der Software zum Schadensersatz verpflichtet. Dies gilt va dann, wenn diese unvollkommene Leistung vorsätzlich/grob fahrlässig erfolgt. Software-typische Fälle sind hierbei:
- Fehlen der Dokumentation, (besonders wenn absichtlich keine mitgeliefert wird),
- Fehlen von Modulen/Funktionalitäten,
- Sperren, Abstürze, mangelnde Stabilität.

Strittig ist, ob die Ersatzpflicht hinsichtlich des Betriebsausfallschadens, der durch mängelbedingte Nichteinsetzbarkeit der Maschine bzw. Software entsteht, nur unter den Voraussetzungen des Verzuges besteht.[215] Die früher hM ist für dieses Erfordernis. Gerade weil die Mangelhaftigkeit der Sache den Vorwurf begründet, spricht jedoch mehr für die isolierte Anwendung des § 280 Abs. 1 BGB ohne das Erfordernis der Fristsetzung bzw. des fruchtlosen Nacherfüllungsverlangens.[216] 149

Dennoch: Die wohl (noch) überwiegende Ansicht orientiert sich für Kauf und Miete an folgender Rechtsprechung zum mangelbedingten **Betriebsausfalls-/störungsschaden:** 150

(1) BGH Urt. v. 23.2.2005 – VIII ZR 100/04, NJW 2005, 1348: Vorrang der Nacherfüllung und somit Erforderlichkeit zusätzlicher Fristsetzung

(2) OLG Hamm Urt. v. 23.2.2006 – 28 U 164/05, BeckRS 2006, 07007 – Zitat der LS sogleich – andererseits[217]
1. Der aus der Lieferung einer mangelhaften Sache resultierende Nutzungsausfall ist verzugsunabhängig als einfacher Schadensersatz neben der Leistung nach § 280 I BGB ersetzbar.
2. Der auf einer Verzögerung der Nacherfüllung beruhende Folgeschaden ist Verspätungsschaden iSv § 280 II BGB und damit nur unter den weiteren Voraussetzungen des § 286 BGB zu ersetzen.
Stefan Lorenz zu OLG Hamm:
„*Die besseren dogmatischen wie teleologischen Gründe sprechen hier für eine Qualifikation als „einfacher" Schadensersatz neben der Leistung. Dem folgt auch das OLG.*"
Auf das OLG Hamm bezieht sich wiederum LG Krefeld.

(3) Das LG Krefeld folgte dieser Meinung:[218]
Sofern der Verkäufer bereits die Lieferung einer mangelhaften Sache iSv § 276 BGB zu vertreten hat (Verletzung der Pflicht aus § 433 Abs. 1 S. 2 BGB) ist der Anspruch auf Ersatz des Nutzungsausfallschadens aus §§ 437 Nr. 3, 280 Abs. 1 BGB verzugsunabhängig zu ersetzen.

(4) BGH vom 19.6.2009 – V ZR 93/08, NJW 2009, 2674 zu mangelbedingtem Nutzungsausfall als „einfacher" Schadensersatz „neben der Leistung" nach §§ 437 Nr. 3 280 I BGB; Abgrenzung zum Schadensersatz wegen Verspätung der Leistung sowie zum Schadensersatz statt der Leistung:
Leitsatz: „*Den infolge der Lieferung einer mangelbehafteten Sache entstandenen Nutzungsausfallschaden kann der am Vertrag festhaltende Käufer nach §§ 437 Nr. 3, 280 Abs. 1 BGB ersetzt verlangen.*"

Diese Meinung, dass die Nacherfüllung Vorrang auch vor unmittelbarer Geltendmachung des Betriebsausfallschadens hat, hat sich gewandelt. *Emmerich* war bereits früher folgender Auffassung: 151

---

[215] Zum Anspruch des Kunden wegen Schadensersatzes bei Betriebsstörungen s. *Dauner-Lieb/Dötsch* DB 2001, 2535.
[216] Vgl. *Schneider* D. Rn. 664 ff.
[217] OLG Hamm v. 23.2.2006 – 28 U 164/05; dazu auch *Lorenz* (www.stephan-lorenz.de) mit eigenem Leitsatz und BGH Urt. v. 19.6.2009 – V ZR 93/09, NJW 2009, 2674 zum mangelbedingten Nutzungsausfall als einfacher Schadensersatz.
[218] LG Krefeld Urt. v. 24.9.2007 – 1 S 21/07, DAR 2008, 90 – (Eigener) Leitsatz *Stephan Lorenz*.

„In dieser Frage ... ist der mittlerweile wohl schon überwiegenden Meinung zu folgen, dass der Betriebsausfallschaden unmittelbar unter Abs. 1 des § 280 fällt.".[219] *Medicus/ Lorenz* zB qualifizieren ebenfalls den *„mangelbedingten Betriebsausfall"* nicht als Verzögerungsschaden, sondern als *„einfachen"* Schadensersatz *„neben"* der Leistung gem. § 280 Abs. 1 BGB.[220]

152 Möglicherweise ist inzwischen hM die direkte Anwendbarkeit des Schadensersatzanspruchs parallel zu Nacherfüllung und Verzug. Abzugrenzen davon ist dann der Schaden bzw. die Störung, die darauf beruht, dass es sich um Leistungsverzögerung handelt, wobei evtl. Schaden auch durch rechtzeitige Mahnung hätte vermieden werden können. Hierfür gelten §§ 280 Abs. 2, 286 BGB.

153 Eine Restfunktion bleibt dem **Verzögerungsschaden** vorbehalten: Hat der Verkäufer die Lieferung der mangelhaften Sache nicht zu vertreten, kann Betriebsausfallschaden als weitere Anspruchsgrundlage auf die Verzögerung der nach § 439 I BGB geschuldeten Nacherfüllung gestützt werden. Dieser Schaden ist eindeutig Verzögerungsschaden und damit nach § 280 I, II mit § 286 BGB nur unter der weiteren Voraussetzung des Verzugs ersatzfähig, weil er nicht auf einer Schlechtleistung, sondern auf einem vollständigen Ausbleiben der geschuldeten Nacherfüllung beruht. Der mangelbedingte Betriebsausfall stellt auch bei längerem Abwarten des Käufers keinen Verzögerungsschaden dar, jedoch verstößt dieser durch das Abwarten gegen seine **Schadensminderungsobliegenheit** aus § 254 II BGB, wenn es ihm zumutbar gewesen wäre, vom Verkäufer rechtzeitig Nacherfüllung zu verlangen.[221]

VI. Sonstige typische Streitfragen bei IT-Verträgen

1. Letter of Intent (LOI)

154 In der Praxis herrscht weitgehend die Meinung vor, dass es sich bei einem LOI[222] noch nicht um einen bindenden Vertrag handelt, sondern dass eine Art Vorvertrag geschlossen wird. Tatsächlich handelt es sich meist um eine wichtige Vereinbarung, die regelmäßig den Zeitraum bis zum endgültigen Hauptvertragsschluss überbrücken soll und dabei erhebliche Verpflichtungen der LoI-Parteien begründet. Bei Verletzung dieser Verpflichtungen können sich die Parteien schadensersatzpflichtig machen.[223] Die ggf. durch Auslegung zu ermittelnde Frage bzw. das Risiko ist, welchen *Rechtsbindungswillen* die Parteien hatten.[224] Insoweit herrscht wohl in Deutschland eher Zurückhaltung als etwa in USA.

155 Ein LOI enthält zudem vielfach Regeln etwa zur Projektdurchführung, die Vergütungstatbestände auslösen können.[225] Lediglich die ausgefeilte Textversion des Vertrages fehlt noch. Eventuell sind auch besondere Beendigungsrechte gegeben (nämlich wenn es nicht zum endgültigen, voll ausgeführten Vertragstext kommt). Evtl. vereinbart man eine Anrechnung eines Teils der nach Aufwand zu zahlenden Vergütung, wenn später ein Festpreis im Hauptvertrag greift.

> **Praxistipp:**
> Der Kunde hat zu beachten, dass ein Fehlen des formalen Vertragstextes nicht bedeutet, dass die Leistungen des Anbieters, die in der Zwischenzeit erbracht worden sind, in keinem Fall zu vergüten sind. Der Anbieter wird darauf zu achten haben, dass seine Leistungen nicht etwa als Angebotsorientierte Leistungen gelten.[226]

---

[219] *Emmerich* § 17 Rn. 5; aM damals wohl *Lorenz* NJW 2005, 1889 (1891) mit zahlreichen Nachweisen in Fn. 23.
[220] *Medicus/Lorenz*, Schuldrecht I, 20. Aufl. 2012, Rn. 469 mwN.
[221] S. dazu *Köhler/Lorenz* PdW SchuldR II, 19. Aufl. 2011, Fall 42.
[222] S. *Söbbing* ITRB 2005, 240; *Redeker* ITRB 2007, 208; Schneider/von Westphalen/*Witzel* G. Rn. 23 ff.
[223] *Heussen*, Letter of Intent, Rn. 8 f. schildert einen Fall mit gigantischem Schadensersatz, bei dem der LoI die Bindungswirkung eines wirksamen Vorvertrages entfaltete.
[224] S. a. Schneider/von Westphalen/*Redeker* D. Rn. 34 f.
[225] Vgl. etwa *Heussen*, Letter of Intent, Rn. 44 ff.
[226] Zur „Ausnahme" der Vergütungspflicht bei sehr umfangreichen Vorarbeiten s. OLG Nürnberg Urt. v. 18.2.1993 – 12 U 1663/92, CR 1993, 553.

VI. Sonstige typische Streitfragen bei IT-Verträgen

Eine Reihe von Schwierigkeiten im Umgang mit IT-Verträgen resultiert daraus, dass viele IT-Anbieter nicht aus dem deutschen bzw. europäischen Rechtsraum stammen und Regeln durchsetzen wollen, die nicht mit dem deutschen Recht „kompatibel" sind. Im Folgenden werden nur kurz die häufigsten Beispiele genannt.[227]

2. Lizenz

Typisch ist im Rahmen der Software-Überlassung der Begriff der „Lizenz", die sich weder nach Kauf noch nach Miete richten bzw. beurteilen soll, sondern sich eher einer Art „Gestattungsvertrag" nähert, meist jenseits der urheberrechtlichen und vertragsrechtlichen Grundlagen. AGB-Recht ist dabei in der Regel nicht berücksichtigt. Die Rspr. nimmt für Software völlig unabhängig von der Bezeichnung, aber auch unter Verwendung des Begriffs „Lizenz" die Vertragstypik nahezu ausschließlich anhand der Regelung zur Dauer der Nutzungsrechtseinräumung vor.[228] Dh, dass AGB sich möglichst am jeweils vorliegenden Vertragstyp orientieren sollten. Dem entsprechen die AGB oft nicht.

Beispiel:
Zum Beispiel hat ein großer Anbieter über Jahre in seine Lizenz Folgendes hineingeschrieben: *„Dieser Vertrag ist ein Lizenzvertrag und kein Kaufvertrag."*

Vertragstypologisch bzw. AGB-rechtlich ist es nicht zulässig, eine Klausel, die später in der AGB-rechtlichen Prüfung stehen soll, für die vertragstypologische Einordnung heranzuziehen.[229] Das bedeutet, dass eine Klausel wie die Vorstehende nicht für die vertragstypologische Einordnung verwendet werden darf. Ist der Vertragstyp entschieden (etwa weil Überlassung auf Dauer vorliegt und damit Kauf), ist ggf. zu prüfen, ob diese Klausel wirksam ist. Dies kann dazu führen, dass ganze Abschnitte aus einem solchen „Lizenzvertrag" unwirksam sind, wenn sie nicht für den Kunden günstige Regelungen enthalten.

3. Änderungen an der Software

Häufig finden sich in AGB amerikanischer Anbieter einseitige Änderungsrechte, wonach es in dem Belieben des Anbieters/Lieferanten steht, wie er die Software oder den IT-Service gestaltet. Derartige Klauseln enthalten ein einseitiges Leistungsbestimmungsrecht des Klauselverwenders und sind daher in der Regel unwirksam.

Ähnlich könnte es zu beurteilen sein, wenn sich in Verträgen Referenzen auf andere Dokumente des Anbieters/Lieferanten finden, wonach die Soll-Beschaffenheit sich aus der jeweiligen Dokumentation ergibt. Dies kommt einem einseitigen Leistungsbestimmungsrecht gleich.

Praxistipp:
Typisch ist, dass für den Kunden das „Gewährleistungsrecht" entfällt, wenn er Änderungen an der Software vornimmt. Dies kann AGB-rechtlich als ausdrückliches Änderungsrecht des Kunden verstanden werden.[230] Zugleich ist der Wegfall der Mängelrechte AGB-rechtlich unwirksam, weil dem Kunden der Entlastungsbeweis nicht eröffnet wird.

Beim „Gewährleistungsrecht" ist zwar eine Verkürzung der Verjährungsfrist auf ein Jahr im Verhältnis zwischen Unternehmern möglich. Dabei muss aber dafür Sorge getragen werden, dass die Besonderheiten, bei denen diese kurze Verjährungsfrist nicht gelten kann, berücksichtigt werden. Auch hieran fehlt es bei vielen AGB (also zB die Nichtgeltung bei Garantie, Arglist, Verletzung von Leben, Körper, Gesundheit uÄ).

---

[227] Eine detaillierte Darstellung erfolgt in → § 16 „Standardklauseln".
[228] EuGH Urt. v. 3.7.2012 – C-128/11, und BGH Urt. v. 17.7.2013 – I ZR 129/08 – Oracle/UsedSoft II.
[229] BGH Urt. v. 4.3.1997 – X ZR 141/95, CR 1997, 470.
[230] S. schon OLG München Urt. v. 27.10.1987 – 13 U 2458/86, CR 1988, 378.

4. Haftungsausschlüsse

162 Typisch für diese amerikanischen Verträge ist, dass die Haftung praktisch ausgeschlossen wird. Dem steht entgegen, dass nach deutschem Recht, insbesondere nach AGB-Recht, ein pauschaler Haftungsausschluss allenfalls für den Bereich der Verletzung unwesentlicher Vertragspflichten im Rahmen leichter Fahrlässigkeit möglich ist. Enthält die Klausel – wie in der Praxis üblich – weitere Ausschlüsse, ist sie insgesamt unwirksam. Daran ändert auch der praxistypische Großdruck nichts.

5. Weitergabeverbote

163 Oftmals enthalten Verträge Weitergabeverbote/Abtretungsverbote[231] hinsichtlich der Software. Diese finden ihre Grenze, wo der Grundsatz der Erschöpfung (§ 69c Nr. 3 Satz 2 UrhG) tangiert ist. Die Rspr. zu Download mit Erschöpfungswirkung und zu Gebrauchtsoftware[232] akzeptiert inzwischen, dass Weitergabeverbote bei Kauf der Software unwirksam sind.[233]

6. Sonstiges

164 Weitere regelungsbedürftige oder oftmals streitrelevante Fragestellungen ergeben sich zu folgenden Punkten:
- Kündigung gemäß § 314 BGB im Verhältnis zu §§ 643, 649, 626 BGB und Rücktritt insbesondere bei Pflegeverträgen: → § 9 „Software-Pflege", evtl. in Kombination mit
- Anspruch auf Erhaltung oder Abschluss eines Pflegevertrages,[234] → § 14 „Software-Pflege".
- Umfang und Güte der Dokumentationen und der Online-Hilfe: → § 18 „IT-Projekte".
- Quellcode-Verfügbarkeit und Hinterlegungsvereinbarungen: → § 38 „IT in der Insolvenz, Escrow".
- Online-Übertragung von Software; Downloadsoftware insbesondere der Erschöpfungsgrundsatz und Weitergabeverbote: → § 5 „Rechtsschutz von Computerprogrammen und digitalen Inhalten", → § 12 „Softwareüberlassung auf Dauer" und → § 16 „Standardklauseln".
- Software aus Zweiter Hand: → § 12 „Softwareüberlassung auf Dauer".

---

[231] Abtretungsverbot wirksam: LG München Urt. v. 15.3.2007 – 7 O 7061/06, CR 2007, 356, bestätigt durch OLG München, s.a. → § 5 „Rechtsschutz von Computerprogrammen und digitalen Inhalten", → § 12 „Softwareüberlassung auf Dauer", → § 11 „Standardklauseln".

[232] S. ausgehend von BGH Urt. v. 3.2.2011 – I ZR 129/08, CR 2011, 223 – UsedSoft, Vorlage zum EuGH (sehr restriktiv) EuGH Urt. v. 3.7.2012 – C-128/11, und BGH Urt. v. 17.7.2013 – I ZR 129/08 – Oracle/UsedSoft II; s.a. LG Hamburg Urt. v. 25.10.2013 – 315 O 449/12, CR 2014, 15 zu Unwirksamkeit des Weitergabeverbots und der Zukaufklausel bei SAP.

[233] S. zB LG Mannheim Urt. v. 22.12.2009 – 2037/09, CR 2010, 159 – und dazu *Grützmacher* CR 2010, 141; s.a. → § 12.

[234] S. zB zu Abschlusszwang bzw. zur Kündbarkeit *Kaufmann* CR 2005, 841, und *Fritzemeyer/Splittgerber* CR 2007, 209; zu evtl. Updatepflichten für Hersteller hardwarenaher Software *Orthwein/Obst* CR 2009, 1 mwN.

§ 11 Erstellung von Software

Übersicht

	Rn.
I. Einleitung	1–9
1. Abgrenzung von Software-Erstellungsverträgen anderen IT-Verträgen	1/2
2. Kernprobleme anwaltlicher Beratung bei Software-Erstellung	3–9
II. Erstellung von Software	10–163
1. Vertragstypologie und Konsequenzen für Vertragsgestaltung und Vertragsdurchführung	10–32
a) Werkvertrag	10/11
b) Dienstvertrag	12–14
c) § 651 BGB als Problem speziell für den Software-Erstellungsvertrag	15–24
d) Dauerschuldverhältnis, Kündigung	25–27
e) Einfluss der personellen Besetzung von Projektleitung bzw. Gremien auf den Vertragstyp	28/29
f) Änderung des Vertragstyps im Projektverlauf	30/31
g) Einfluss der Vergütungsart auf den Vertragstyp	32
2. Grundlegender Aufbau von Software-Erstellungsverträgen	33–139
a) Allgemeines	33
b) Vertragsgegenstand	34
c) Leistungsbeschreibung/Fachliche Feinspezifikation/Pflichtenheft	35–47
d) Rechtseinräumung	48–50
e) Zusammenarbeit der Parteien/Projektverantwortung/Mitwirkung	51–54
f) Fristen- und Aktivitätenplan	55–59
g) Change Management/Change Request (CR)	60–84
h) Abnahme	85–99
i) Mängel	100–105
j) Haftung	106/107
k) Einweisung, Schulung	108–113
l) Geheimhaltung, Datenschutz	114–126
m) Vergütung, Reisekosten etc	127/128
n) Absicherungen (Quellcode, evtl. Versicherung etc)	129–138
o) Schlussbestimmungen	139
3. Agile Programmierung	140–163
a) Charakteristika moderner Projektmethoden	140–149
b) Herausforderungen der modernen Projektmethoden für die Vertragsgestaltung	150–163
III. Einstellen, Anpassen und Modifizieren von Standardsoftware	164–200
1. Grundlagen des Customizing	164/165
2. Vertragstyp	166–168
3. Urheberrechtliche Beurteilung	169/170
4. Besonderheiten bei Anpassung	171–200
a) Bestimmung des Vertragsgegenstands, „Pflichtenheft"	171–173
b) Einheitlichkeit der Gegenstände	174
c) Dokumentation	175/176
d) Mitwirkung	177–191
e) Abnahme, Vorbereitung	192–194
f) Modulweise Abnahme und Pflegevergütung	195–200
IV. Subunternehmervertrag bei der Software-Erstellung	201–247
1. Ausgangslage	201–204
2. Vertragstypologie	205
3. Vertragsverhandlungen mit dem Auftraggeber	206–209
4. Regelungen des Subunternehmervertrages	210–240
a) Leistungsbeschreibung	214
b) Verfahren zur Konkretisierung und Änderung der Leistungsbeschreibung (Change Management/Change Request)	215–218
c) Leistungszeiten	219
d) Mitwirkungsleistungen des Hauptauftragnehmers	220

	Rn.
e) Einräumung von Nutzungsrechten	221–225
f) Abnahme der Subunternehmerleistung	226/227
g) Mitwirkung bei der Abnahme beim Auftraggeber	228
h) Vergütung/Zeitpunkt der Vergütung	229–231
i) Verfahren der Mangelbeseitigung/Verjährungsfristen	232–234
j) Beendigung Hauptvertrag/Subunternehmervertrag	235/236
k) Pflege der Subunternehmerleistungen/Weiterentwicklungen	237/238
l) Wettbewerbsklauseln	239
m) Zurechnung	240
5. Verhandlungen und Abschluss des Subunternehmervertrages	241/242
6. Freie Mitarbeiter/Leiharbeitnehmer	243–245
7. Konsortialverträge	246/247

Schrifttum: *Auer-Reinsdorff,* Haftungsregelung für Folgeschäden in IT-Projekten, ITRB 2006, 181; *Bartsch,* Musterbeispiel „Vertrag über ein Softwareprojekt", in: *Hoffmann-Becking/Rawert* (Hrsg.), Bürgerliches, Handels- und Wirtschaftsrecht, 11. Aufl. 2013, III. G.4; *ders.,* Softwarepflege nach neuem Schuldrecht, NJW 2002, 1526; *ders.,* Das neue Schuldrecht, Auswirkungen auf das EDV-Vertragsrecht, CR 2001, 649; *ders.,* Themenfelder einer umfassenden Regelung der Abnahme, CR 2006, 7; *Bauer/Witzel,* Auswirkungen der Gewährleistungsverlängerung im IT-Bereich. Welche Veränderungen bringt das neue Recht für Softwareanbieter?, ITRB 2002, 112; *dies.,* Individualsoftwareerstellung. § 651 BGB und die Neugestaltung des „Abnahmeverfahrens", ITRB 2003, 62; *Bischof,* Die Gestaltung von Präambeln in IT-Projektverträgen unter Einbeziehung von Presales-Präsentationen der IT-Unternehmen, ITRB 2006, 289; *dies.,* Vereinbarungen zu Test – und Abnahmeverfahren, ITRB 2006, 95; *dies.,* Der EVB-IT Erstellungsvertrag, CR 2013, 553; *Bräutigam/Rücker,* Softwareerstellung und § 651 BGB – Diskussion ohne Ende oder Ende der Diskussion?, CR 2006, 361; *Deckers,* AGB im Web-Design-Vertrag, CR 2002, 900; *Derleder/Zänker,* Der ungeduldige Gläubiger und das neue Leistungsstörungsrecht, NJW 2003, 2777; *Diedrich,* Typisierung von Softwareverträgen nach der Schuldrechtsreform. Lösungsansätze für neue Abgrenzungsfragen, CR 2002, 473; *Ernst,* Die Verfügbarkeit des Source Codes, MMR 2001, 208; *Feil/Leitzen,* Die EVB-IT nach der Schuldrechtsreform, CR 2002, 407; *Gennen/Völkel,* Recht der IT-Verträge, 2009; *Goldmann/Redecke,* Gewährleistung bei Softwarelizenzverträgen nach dem Schuldrechtsmodernisierungsgesetz, MMR 2002, 3; *Grundmann/Bianca,* EU-Kaufrechtsrichtlinie, 2002; *Habel/Rauch,* Technologieverträge, 2. Aufl. 2005; *Härting,* Webdesignvertrag, Formulierungshilfe für die drei wesentlichen Konfliktpunkte, ITRB 2001, 20; *ders.,* Webdesign- und Provider-Verträge, ITRB 2002, 218; *Härting/Kuon,* Vertraglicher Designschutz, ITRB 2006, 206; *Hengstler,* Gestaltung der Leistungs- und Vertragsbeziehungen bei Scrum-Projekten, ITRB 2012, 113; *Heppner,* Softwareerstellungsvertrag, 1997; *Heutz,* Freiwild Internetdesign?, MMR 2005, 267; *Hilty,* Der Softwarevertrag – ein Blick in die Zukunft, MMR 2003, 3; *Hoene,* Der Projektlenkungsausschuss. Welche Verantwortung braucht der Projektlenkungsausschuss als Steuerungselement bei IT-Projekten?, ITRB 2002, 276; *Hoppen/Thalhofer,* Der Einbezug von Open Source-Komponenten bei der Erstellung kommerzieller Software, CR 2010, 275; *Intveen,* Der EDV-Systemvertrag. Die wesentlichen Anforderungen an rahmenvertragliche Regelungen für EDV-Systeme, ITRB 2001, 131; *ders.,* Vereinbarungen über die kundenspezifische Anpassung von Standard-Software, ITRB 2006, 239; *Karger,* Rechtseinräumung bei Softwareerstellung, CR 2001, 357; *ders.,* Softwareentwicklung. Rechtseinräumung bei fehlender ausdrücklicher Vereinbarung, ITRB 2001, 67; *ders.,* Vergütung bei Software-Erstellung, ITRB 2006, 255; *ders.,* Weitere Beteiligung des Urhebers bei Software-Erstellung, ITRB 2006, 279; *Kilian/Heussen* (Hrsg.), Computerrechtshandbuch, 32. Ergänzungslieferung, Stand: 08/2013; *Kirn/Müller-Hengstenberg,* Die EVB-IT System – ein Mustervertrag mit hohen Risiken?, CR 2009, 69; *Koch,* Schuldrechtsmodernisierung – Auswirkungen auf das Gewährleistungsrecht bei IT-Verträgen, CR 2001, 569; *ders.,* Kaufrechtliche Vorgaben für Verträge zur Softwareerstellung, ITRB 2002, 297; *ders.,* Vertragsgestaltung für die Werklieferung eines Webdesigns, ITRB 2003, 281; *ders.,* Macht Parametrisierung Standardsoftware zur unvertretbaren Sache?, ITRB 2004, 13; *ders.,* Agile Software-Entwicklung – Dokumentation, Qualitätssicherung und Kundenmitwirkung, ITRB 2010, 114; *Kremer,* Gestaltung von Verträgen für die agile Softwareerstellung, ITRB 2010, 283; *Lapp,* Vertragsgestaltung zwischen Leistungsbeschreibung, Garantie und sinnvoller Beschränkung der Gewährleistung, ITRB 2003, 42; *ders.,* Projektvertrag als Werkvertrag gestalten, ITRB 2006, 166; *Müglich/Lapp,* Mitwirkungspflichten des Auftraggebers beim IT-Systemvertrag, CR 2004, 801; *Müller-Hengstenberg,* Anmerkung zu OLG Düsseldorf Urt. v. 10.6.1992, CR 1993, 689; *ders.,* Vertragstypologie der Computersoftwareverträge, CR 2004, 161; *Müller-Hengstenberg/Kirn,* Die technologischen und rechtlichen Zusammenhänge der Test- und Abnahmeverfahren bei IT-Projekten, CR 2008, 755; *dies.,* Welche Bedeutung haben Prototyp und Pilot sowie Prototyping- und Pilotierungsphase bei IT-Projekten?, CR 2010, 8; *Plath,* Abnahme bei Individualsoftwareverträgen. Auswirkungen des neuen Schuldrechts: Was bleibt gleich, was ändert sich, wie ist zu reagieren?, ITRB 2002, 98; *Polenz,* Neues zum Subunternehmervertrag, CR 2008, 685; *Redeker,* Abgrenzung zwischen Werk- und Dienstvertrag. Die Lösungen eines klassischen Problems für den Bereich der Softwareerstellung, ITRB 2001, 109; *ders.,* Change Request. Vorsorge im Vertrag und Projektmanagement für Änderungen des Softwareprojekts, ITRB 2002, 190; *ders.,* Softwareerstellung im neuen Schuldrecht. Gestaltungsmöglichkeiten in Formularverträgen und AGB, ITRB 2002, 119; *ders.,* Vertragsrechtliche Einordnung von Softwarelieferverträgen: Einzelprobleme, ITRB 2013, 165; *ders.,* Softwareerstellung und § 651, CR 2004, 88;

ders., Gestaltung von Subunternehmerverträgen, CR 1999, 137; *ders.*, Allgemeine Geschäftsbedingungen und das neue Schuldrecht. Erste Entscheidungen des BGH und ihre Bedeutung für Softwareverträge, CR 2006, 433; *ders.*, Verträge und Anlagen, ITRB 2006, 242; *ders.* (Hrsg.), Handbuch der IT-Verträge, 25. Ergänzungslieferung, Stand: 07/2013; *Roth*, Mitwirkungspflichten in EDV-Projekten, ITRB 2001, 194; *ders.*, Verzug nach neuem Recht, ITRB 2002, 46; *Schmeißer/Zirkel*, Forschungs- und Entwicklungsverträge – Rechtliche Einordnung und vertragliche Gestaltung, MDR 2003, 849; *Schmidl*, Softwareerstellung und § 651 BGB – ein Versöhnungsversuch, MMR 2004, 590; *Schmidt*, Web-Design-Vertrag, in: *Spindler* (Hrsg.), Vertragsrecht der Internet-Provider, 2. Aufl. 2004, S. 659 ff.; *Schneider*, Softwareerstellung und Softwareanpassung – Wo bleibt der Dienstvertrag?, CR 2003, 317; *Schneider/Bischof*, Das neue Recht für Softwareerstellung/-anpassung, ITRB 2002, 273; *Schweinoch*, Geänderte Vertragstypen in Software-Projekten – Auswirkungen des BGH-Urteils vom 23.7.2009 auf die vertragstypologische Einordnung üblicher Leistungen, CR 2010, 1; *ders.*, Zur Frage der Anwendbarkeit von Kaufrecht auf Verträge über die Erstellung und Anpassung von Software, CR 2009, 640; *Schweinoch/Roas*, Paradigmenwechsel für Projekte?, CR 2004, 326; *Stichtenoth*, Softwareüberlassungsverträge nach dem Schuldrechtsmodernisierungsgesetz, K&R 2003, 105; *Thewalt*, Softwareerstellung als Kaufvertrag mit werkvertraglichem Einschlag. § 651 nach der Schuldrechtsreform, CR 2002, 1; *ders.*, Der Softwareerstellungsvertrag nach der Schuldrechtsmodernisierung, 2004; *Ulmer*, Der BGH und der Vertragstyp „Softwareüberlassung", CR 2000, 493; *ders.*, Elektronischer Ersatz für Handbücher, ITRB 2001, 64; *ders.* Verjährung der Mängelansprüche beim Werkvertrag, ITRB 2003, 162; *Warnke*, Rechtsmangelhafte Software und Nacherfüllungsanspruch aus § 639 BGB, 2005; *Witte*, Agiles Programmieren und § 651 BGB, ITRB 2010, 44; *von Westphalen*, Der Softwareentwicklungsvertrag – Vertragstyp/Risikobegrenzung, CR 2002, 73; *ders.*, Nach der Schuldrechtsreform: Neue Grenzen für Haftungsfreizeichnungs- und Haftungsbegrenzungsklauseln, DB 2002, 209; *Zahrnt*, Entgegnung auf Anmerkung von Müller-Hengstenberg zum Urteil des OLG Düsseldorf vom 10.6.1992, CR 1994, 404; *ders.*, Probleme bei DV-Projekten und Gegenmaßnahmen, CR 2000, 402.

I. Einleitung

1. Abgrenzung von Software-Erstellungsverträgen zu anderen IT-Verträgen

Software-Erstellungsverträge bilden einen Themenkomplex, bei dem Ausgangspunkt die Neu-Erstellung von (Individual-)Software ist. In früheren Zeiten wurde tatsächlich für den Auftraggeber/Kunden (der seinerseits ein Softwarehaus sein kann) Software **neu** hergestellt. In der Zwischenzeit ist dies eher selten geworden. Heutzutage haben Softwareanbieter Bibliotheken aufgebaut bzw. arbeiten mit Programmtechniken, die es erlauben, auf kleine vorhandene, mehrfach verwendbare Versatzstücke zurück zu greifen, aus diesen einen erheblichen Teil der zu erstellenden Software zusammen zu setzen und nur noch den „Rest" individuell zu erstellen. Infolge dessen handelt es sich in vielen Fällen bei der „Erstellung" von Software tatsächlich um Zusammenstellung, Verknüpfung und Weiterentwicklungen vorhandener Bausteine. Eine entsprechende Situation ergibt sich, wenn für den Kunden vorhandene Software angepasst werden soll und dabei die Software verändert bzw. bearbeitet und weiterentwickelt wird. Diese Anpassungsprojekte sind daher thematisch der Software-Erstellung zuzurechnen. 1

Abzugrenzen sind Software-Erstellungsverträge einerseits von der **Software-Überlassung** (Überlassung von Standardsoftware) mit evtl. Zusatzleistungen wie Installation, andererseits von den (noch) komplexeren **Projekt- bzw. Systemverträgen**, bei denen auch Beratung, Hardware, Wartung sowie Pflege eine wesentliche Rolle spielen (können).[1] Teilweise parallel zu den Erstellungsverträgen hatte sich über die Internet-Entwicklung auch eine eigene Behandlung und Gestaltung der Web-Design-Verträge entwickelt.[2] Das Schrifttum behandelt den Software-Erstellungsvertrag und den Webdesign-Vertrag teils einheitlich, teils ob ihrer Unterschiede aber auch getrennt. Im Prinzip ergeben sich hier keine großen Unterschiede,[3] wohl aber im Detail, gerade in technischer Hinsicht, was Quellcode, Dokumentation uä be- 2

---

[1] → § 12 „Überlassung von Software auf Dauer", → § 13 „Überlassung von Software auf Zeit" und → § 18 „IT-Projektverträge".
[2] *Deckers* CR 2002, 900; *Ernst* MMR 2001, 208; *Härting* ITRB 2001, 20; *ders.* ITRB 2002, 218; *Härting/Kuon* ITRB 2006, 206 (zum vertraglichen Designschutz); *Koch* ITRB 2003, 281; *Härting*, Internetrecht, Rn. 637 ff. S. a. BGH Urt. v. 4.3.2010 – III ZR 79/08, CR 2010, 327, Rn. 21 mwN.
[3] S. a. BGH Urt. v. 4.3.2010 – III ZR 79/09, CR 2010, 327, Rn. 21.

trifft.[4] Auch urheberrechtlich werden Unterschiede gemacht.[5] Diese resultieren aus den einzelnen, zu differenzierenden Komponenten: Inhalte, Programm, Oberfläche.[6]

2. Kernprobleme anwaltlicher Beratung bei Software-Erstellung

3 Vom Prinzip her hat der Erstellungsvertrag eine praktikable **gesetzliche Grundlage** im **Werkvertragsrecht** des BGB.[7] Die Probleme bestehen im Detail. So halten sich etwa die Parteien häufig schon bei der Vertragsgestaltung nicht an das Mindestmaß dessen, was man vereinbaren sollte. Es fehlen zB Leistungsbeschreibung und Leistungskriterien bzw. es mangelt an einer (ausreichenden) Dokumentation der beidseitigen Leistungen.[8] In anderen Fällen liegt zwar ein guter Vertrag vor, die Parteien halten sich aber bei der Durchführung nicht an dessen Vorgaben zB in puncto Verantwortungsverteilung.

4 Der Prozentsatz der Software-Erstellungs- und -Anpassungsverträge, die scheitern, dürfte relativ hoch sein.[9] Die wenigsten gehen allerdings zu Gericht. Dies könnte dafür sprechen, dass in vielen Fällen beide Seiten „schuldig" sind. Gerade bei Software-Erstellung ist es für den vertragsgestaltenden Anwalt wichtig, ein ausgewogenes Verhältnis zwischen verschiedenen Interessenlagen herbeizuführen. Ein „Zuviel" zugunsten des eigenen Mandanten kann an anderer Stelle durchaus ein „Zu-wenig" im Sinne eines Nachteils für die Mandantschaft bedeuten. Typisch ist etwa, dass der Kunde (Auftraggeber) wünscht, maßgeblichen Einfluss auf das Projekt nehmen zu können (durch Ausschüsse, Committees uä). Häufig übersieht der Kunde, dass damit zumindest Teile der **Projektherrschaft**/-verantwortlichkeit auf ihn, den Auftraggeber, übergehen. Je stärker der Kooperationscharakter hervortritt, umso mehr tritt die Erfolgsverantwortung des Auftragnehmers zurück.[10] Dies ist ein strukturelles Problem der modernen Projekttechniken, etwa Agile Programming und dessen Ausprägungen.[11] Häufig vergessen werden Regelungen zur **Mitwirkung** bzw. zu deren genauem Umfang. Dies kann zu Streit führen, etwa wegen Testdaten, Testsystem und anderen „Beistellungen".[12]

5 Für den in anderen Rechtsgebieten als IT-Recht beratenden Anwalt ist es eher weniger üblich, sich (intensiver) mit technischen Fragen zu befassen. IT-Recht lässt sich nicht ohne vertiefte Erkenntnis von Technik und Organisation bewältigen. Beim Erstellungsvertrag wird der Rechtsanwalt nicht darum herumkommen, sich mit dem „Pflichtenheft"[13] und dessen Qualitäten ebenso zu befassen, wie mit Projektorganisation hinsichtlich Änderungs-

---

[4] S. *Ernst*, aaO.
[5] S.a. *Heut* MMR 2005, 267 zum relativ geringen Schutz, sowie → § 5 „Rechtsschutz von Computerprogrammen".
[6] S. zB *Härting* Rn. 638 ff.
[7] Die Vertragsgestaltung und va Handhabung mancher Projekte legt eher **Dienstvertrag** nahe, etwa dann wenn der Auftraggeber sich letztlich die Projektverantwortung verschafft. Die Rechtsprechung des BGH, aber auch der OLG, ist weitgehend einheitlich im Hinblick auf vertragstypologische Einordnung (als Werkvertrag) und eine Vielzahl von Details beim Erstellungsvertrag und bietet derzeit eine gesicherte Plattform („hM") für die Vertragsgestaltung. Allerdings ergeben sich über die Diskussion zur Auslegung des § 651 BGB Zweifel daran, ob man, wie vor der Schuldrechtsmodernisierung, auf Software-Erstellung Werkvertragsrecht anwendet und nicht Kaufrecht. (Dies hängt mit der überschießenden Umsetzung der Verbrauchsgüterkaufrichtlinie zusammen, → § 3 Vertragliche Grundlagen Rn. 24 ff.). Der BGH hat (Urt. v. 23.7.2009 – VII ZR 151/08, CR 2009, 637) entschieden, dass § 651 BGB auf sämtliche Verträge mit einer Verpflichtung zur Lieferung herzustellender oder zu erzeugender beweglicher Sachen, also auch auf Verträge zwischen Unternehmen, anzuwenden ist, → § 10 Vertragliche Grundlagen). Verbunden damit ist eine Diskussion um eine Neuorientierung hinsichtlich der Sachqualität von Software. S. zB *Thewalt*, Der Softwareerstellungsvertrag nach Schuldrechtsreform; *Maume/Wilser* CR 2010, 209; *Bartsch* CR 2010, 553; *Heydn* CR 2010, 756, siehe Rn. 17 ff. zur Frage, wie die bisherige Entwicklung in der BGH-Rechtsprechung weiterhin auf Software-Erstellungsverträge angewandt werden kann, insbesondere betreffend Pflichtenheft/Feinspezifikation, Mitwirkung uä.
[8] → § 18 „IT-Projektverträge".
[9] Zu den typischen „Projektsünden" → § 18 „IT-Projektverträge" Rn. 13 ff.
[10] S. etwa insofern kritisch das Beispiel das Vertragsmuster von Hoffmann-Becking/Rawert/*Bartsch* III. G. 4.
[11] S. etwa *Lapp* ITRB 2010, 69 zur Kooperation, und *Auer-Reinsdorff* ITRB 2010, 93 zum Problem der Feststellung der Leistungsinhalte.
[12] S.a. *Müglich/Lapp* CR 2004, 801 am Beispiel des Systemvertrags.
[13] Zum Unterschied im juristischen und technischen Verständnis dieses Begriffs s. Schneider/von Westphalen/*Schneider* Kap. C Rn. 66 ff. Bei neuen (agilen) Projektmethoden gibt es häufig kein Pflichtenheft im klassischen Sinne, siehe ebenda Rn. 74; → Rn. 40, 157.

verfahren („CR"), Gremien und Aktivitäten- und Fristenplan, der Ausgestaltung der Mitwirkungsleistungen, den Leistungskriterien und ähnlichen Details der Vertragsdurchführung bis hin zu Fragen der Kompatibilität.[14] Das fehlende Pflichtenheft ist eine häufige Ursache für das Scheitern eines Software-Erstellungsprojekts.

Im Hinblick auf die Gestaltung und Risikobewertung von Software-Erstellungsverträgen ist entscheidend, wie die einzelnen Vertragsklauseln ineinander verzahnt sind bzw. welche Implikationen bestimmte Regelungen haben (so etwa Zeitabschnitte/Leistungsabschnitte im Hinblick auf Teilabnahmen, Verpflichtungen des Auftraggebers zu Freigaben uä).

Dabei werden auch die *BVB-Planung* und *BVB-Erstellung* berücksichtigt, zudem die *EVB-IT System*, die die *BVB-Erstellung* weitgehend ablösen.[15] Dort sind Regelungen enthalten, die sich im Laufe der Zeit (wenn auch nicht als Gesamtwerk) im Einzelnen bewährt haben.[16]

Neben den juristischen Grundlagen gibt es eine ganze Reihe von – zum Teil allerdings auch wieder etwas technischen Regelwerken – die das „richtige" Vorgehen beim Erstellen von Software betreffen. Eines der bekanntesten Phasenmodelle ist etwa das der BVB-Erstellung, das eine Art Fortsetzung im so genannten V-Modell – präferiert in den EVB-IT System – erfahren hat.[17]

> **Praxistipp:**
> Bewährt haben sich die BVB[18] insbesondere für die Strukturierung einer Software-Erstellung in mindestens zwei Phasen:
> • Planung und
> • Realisierung.
> Die Notwendigkeit dessen wird in der Praxis häufig übersehen.

Neben dem fehlenden Pflichtenheft ist die fehlende Strukturierung eine der häufigsten Gründe für das Scheitern von Erstellungsverträgen. Deshalb will dieses Kapitel versuchen, die juristische und die „technische" Seite miteinander zu verzahnen, und deutlich machen, welche Instrumente in den Erstellungsvertrag eingebaut werden können, um den Erstellungsprozess auch unter juristischen Aspekten zu steuern.

II. Erstellung von Software

1. Vertragstypologie und Konsequenzen für Vertragsgestaltung und Vertragsdurchführung

a) **Werkvertrag.**[19] Vertragstypologisch ist der Software-Erstellungsvertrag über ca. 30 Jahre sehr konstant typischerweise als Werkvertrag eingeordnet worden.[20] Dabei können einige Ähnlichkeiten zum Baurecht und dort zu den VOB festgestellt und in Verträgen auch berücksichtigt werden. In einer ungebrochenen Kette von Entscheidungen hatte der BGH seit 1971 im wesentlichen Werkvertragsrecht angewandt.[21] Fraglich wurde dies zum einen

---

[14] Zu den typischen Themenfeldern des Vertrags → Rn. 33 ff.
[15] Zum Schema, welche BVB noch und welche EVB-IT wann eingesetzt werden sollen, → § 30 „Öffentliche Vergabe von Leistungen der Informationstechnologien"; Ersatz für BVB-Planung ist in Vorbereitung.
[16] → § 40 „Öffentliche Vergabe von Leistungen der Informationstechnologien" und → § 41 „Besondere und ergänzende Vertragsbedingungen der öffentlichen Hand".
[17] → § 18 „IT-Projektverträge".
[18] Neue (agile) Projektmethoden haben sich von dem klassischen V-Modell/Wasserfallmodell der Softwareentwicklung entfernt, → Rn. 140 ff.
[19] Zu allgemeinen Grundsätzen der Vertragstypologie → § 10 „Vertragliche Grundlagen", Ziffer II.1.
[20] BGH Urt. v. 11.2.1971 – VII ZR 170/69, WM 1971, 615 – Testauswertung (Werkvertrag); auch Werkvertrag, wenn nur einzelne Leistungen Herstellung oder Anpassung betreffen: BGH v. 5.6.2014 – VII ZR 276/23.
[21] BGH Urt. v. 11.2.1971 – VII ZR 170/69, WM 1971, 615 – Testauswertung; aus jüngerer Zeit s. BGH Urt. v. 16.12.2003 – X ZR 129/01, CR 2004, 490; BGH Urt. v. 25.3.2010 – VII ZR 224/08, CR 2010, 422; ausführlich → § 10 „Vertragliche Grundlagen".

durch § 651 BGB.[22] Zum anderen können bei Anwendung moderner Projekt- und Programmiertechniken (zur agilen Programmierung → Rn. 140 ff.) begründete Zweifel an der Erfolgszuweisung an den Auftragnehmer entstehen, selbst wenn der Vertragstext evtl. ausdrücklich Werkvertrag behauptet.

Für Werkvertrag gilt die ex- oder implizite Voraussetzung, dass mit der Erstellung ein **Erfolg des Auftragnehmers** geschuldet ist, der in der Herstellung der Software besteht.

> **Praxistipp für den Auftraggeber:**
> Eine werkvertragliche Erfolgsorientierung setzt nicht voraus, dass der Erfolg bereits sehr detailliert beschrieben ist. Vielmehr würde grundsätzlich auch genügen, etwa zu vereinbaren: *„eine an den Belangen des Kunden orientierte oder an diesen ausgerichtete Branchenlösung der XY-Branche".*

11 Das Entscheidende ist also nicht, ob der Auftragnehmer Dienstleistungen vorzunehmen hat, weil auch beim Werkvertrag Gegenstand des Vertrages eine Dienstleistung sein kann.[23] Das Besondere am Werkvertrag ist, dass der „Werkunternehmer" durch seine Dienstleistung(en) einen **Erfolg** herbeizuführen hat.

„Der Einordnung [...] als Werkvertrag steht auch nicht entgegen, dass der Auftraggeber ein pauschales, nach Zeitabschnitten bemessenes Entgelt zu entrichten hat (vgl. Peters, LMK 2011, 316557). Ebenso wenig ist entscheidend, dass der Vertrag auf eine bestimmte Zeitdauer angelegt ist und somit Züge eines Dauerschuldverhältnisses aufweist. Angesichts des auf einen Erfolg bezogenen Vertragszwecks kommt diesen Umständen kein entscheidendes Gewicht zu (OLG Brandenburg, GE 2012, 1558)."[24]

12 **b) Dienstvertrag.** Beim so genannten **Zuruf-Projekt**[25] könnte es an dieser Erfolgsorientierung fehlen: Die Mitarbeiter des Auftraggebers (Kunden) dürfen und sollen ihre „Wünsche" (fachlichen Anforderungen) hinsichtlich der Gestaltung der Software äußern und der Auftragnehmer versucht, diese, etwa zunächst als annäherungsweisen Iterationsschritt, ähnlich einem Prototyp,[26] zu realisieren. Die Ergebnisse dessen führt der Auftragnehmer vor, ändert sie entsprechend den geäußerten Wünschen und lässt so allmählich die Software nach den Vorstellungen der Kunden-Mitarbeiter entstehen. Evtl. bestehen die Teams dabei aus Tandems, je ein Mitarbeiter des Auftraggebers und des Auftragnehmers.[27] Dies wäre grundsätzlich Dienstvertrag, da eine Erfolgsverantwortung bzw. Erfolgsorientierung hierbei nicht erkennbar ist. Vielmehr erfolgt eine Art Beratung (Dienstleistung) im Dialog bzw. im Team mit dem Auftraggeber.[28]

13 Die Abgrenzung zum Dienstvertrag hat der BGH[29] im Zusammenhang mit einem **Forschungs- und Entwicklungsvertrag** behandelt. Der BGH kam zu dem Ergebnis, dass insoweit der Parteiwille maßgeblich ist.

---

[22] Ausführlich zu § 651 BGB → § 10 „Vertragliche Grundlagen"; s. auch BGH Urt. v. 23.7.2009 – VII ZR 151/08, CR 2009, 637; BGH Urt. v. 4.3.2010 – III ZR 79/09, CR 2010, 327.
[23] BGH Urt. v. 6.6.2013 – VII ZR 355/12 Rn. 9 – Winterdienst.
[24] BGH Urt. v. 6.6.2013 – VII ZR 355/12 Rn. 12 – Winterdienst.
[25] Zu neuen Vorgehensformen in IT-Projekten sowie der Auswirkungen auf die Rechtsnatur des zugrunde liegenden Vertrages s. *Witte* ITRB 2010, 44.
[26] S. zur Bedeutung von Prototypen bei IT-Projekten auch im Hinblick auf die vertragstypologische Einordnung, *Müller-Hengstenberg/Kirn* CR 2010, 8.
[27] Zu den Merkmalen s. *Schneider* ITRB 2010, 18 (19); *Witte* ITRB 2010, 44; *Lapp*, ITRB 2010, 69.
[28] OLG München Urt. v. 23.4.1996 – 5 U 5708/95, CR 1997, 27; anderer Ansicht, nämlich Werkvertrag, für den konkreten Fall einer entsprechenden Vorgehensweise in Bezug auf die Einstellung einer fertigen Software: OLG Karlsruhe Urt. v. 16.8.2002 – 1 U 250/01, CR 2003, 95; kritisch dazu: *Schneider* CR 2003, 317.
[29] BGH Urt. v. 16.7.2002 – X ZR 27/01, NJW 2002, 3323.

II. Erstellung von Software

Praxistipp:
Dementsprechend wird es sich empfehlen, in der Praxis auf den Parteiwillen abzustellen. Jedenfalls dann, wenn der Kunde bewusst das Projekt durch seine fachlichen und sonstigen strukturellen Anweisungen mitgestaltet und mitsteuert, wird regelmäßig **kein** Werkvertrag vorliegen. Ob dann eine BGB-Gesellschaft oder nur ein Dienstvertrag anzunehmen ist, wird Frage des Einzelfalls sein. Der Auftraggeber tut sich von den Folgen her, was Rechtseinräumung uä betrifft, keinen Gefallen mit einer ARGE-/BGB-Gesellschaft.

Die Divergenz zwischen Dienstvertrag und Werkvertrag – insbesondere hinsichtlich der Erfolgshaftung auch der Mängelhaftung – wird va für den Auftragnehmer (Anbieter) relevant, der mit seinem Kunden zwar Werkvertragsrecht vereinbart hat, der aber seinerseits mit den eigenen „freien Mitarbeitern" (Programmierern) dienstvertraglich verbunden ist. Divergenzen liegen etwa bei der Beurteilung des Aufwands bei CR, Dokumentation und Mängelbeseitigung nahe, wenn die freien Mitarbeiter laufend bzw. auf Zuruf für den Anbieter als Hauptauftragnehmer tätig werden.[30] Hier empfiehlt sich für den (Haupt-)Auftragnehmer, eine Synchronisierung herbeizuführen.[31]

c) § 651 BGB als Problem speziell für den Software-Erstellungsvertrag. Trotz der Schuldrechtsmodernisierung wird nach wohl herrschender Meinung Software-Erstellung als Werkvertrag qualifiziert und **nicht über § 651 BGB nach Kaufrecht bzw. Kaufrecht mit werkvertraglichen Regelungen** beurteilt.[32] Die Literatur[33] (Rechtsprechung gibt es zu dieser Problematik va seit Mitte 2009)[34] beurteilt die Herstellung von Software überwiegend weiterhin als Werkvertrag, ohne § 651 BGB anwenden zu wollen.

Für die Vertragsgestaltung und die Beurteilung von Verträgen, insbesondere von AGB empfiehlt sich aber, die Möglichkeit in Betracht zu ziehen, dass § 651 BGB evtl. doch greift und Kaufrecht Anwendung findet. Dabei soll differenziert werden zwischen der Neuerstellung von Software (von der hier grundsätzlich ausgegangen wird) und der Anpassung von Software sowie zwischen dem Umfang der Rechtseinräumung bzw. deren Exklusivität.[35]

Dem ersten Anschein nach wäre es kein Problem, Software-Erstellungsverträge nach Kaufrecht zu beurteilen. Das Mängelrecht von Kauf und Werkvertrag ist durch die Schuldrechtsreform angeglichen worden.[36] Man könnte meinen, gewisse Unterschiede in der Handhabung sollten entweder durch die Vertragsgestaltung aufhebbar oder kompensierbar sein oder jedenfalls nicht allzu gravierend zu Buche schlagen. Dass im Ergebnis dieser Eindruck täuscht, hängt va damit zusammen, dass bei korrekter Anwendung des § 651 BGB eine Differenzierung vorzunehmen ist. Danach wäre die Herstellung von Standardsoftware die Herstellung einer vertretbaren Sache, die sich mithin nach „reinem" Kaufrecht beurtei-

---

[30] S. etwa OLG München Urt. v. 23.4.1996 – 5 U 5708/95, CR 1997, 27.
[31] Zu Subunternehmerverträgen → Rn. 201 ff.
[32] Ausführlich → § 10 „Vertragliche Grundlagen".
[33] Eher die Mindermeinung, Anwendung des § 651 BGB: *Schweinoch/Roas* CR 2004, 326; Schneider/von Westphalen/*Schneider* B.; *Schweinoch* CR 2010, 1; s. andererseits zB *Redeker* CR 2004, 88; *Bräutigam/Rücker* CR 2006, 361; *Thewalt*, Der Softwareerstellungsvertrag nach der Schuldrechtsmodernisierung, 2004; s. *Marly* Rn. 680 ff.; *Koch*, Computer-Vertragsrecht, S. 465 ff.
[34] S. aber schon obiter dictum (keine Anwendung) des OLG Düsseldorf Urt. v. 30.7.2004 – I 23 U 186/03, K&R 2004, 591; ohne direkten IT-Bezug, nunmehr grundlegend: BGH Urt. v. 23.7.2009 – VII ZR 151/08, CR 2009, 637 – Siloanlage, Verträge mit einer Verpflichtung zur Lieferung herzustellender oder zu erzeugender beweglicher Sachen sind nach § 651 BGB und damit Kaufrecht zu beurteilen; LG Bonn Urt. v. 15.1.2008 – 10 O 383/06, CR 2008, 767 – Überlassung von Software plus Anpassung hinsichtlich Alternativen Kauf oder Werkvertrag ohne Berücksichtigung des § 651 BGB in Erwägung gezogen und offen gelassen; OLG München v. 23.12.2009 – 20 U 3515/09, CR 2010, 156: keine Anwendung des § 651 BGB; BGH Urt. v. 9.2.2010 – X ZR 82/07, CR 2010, 580; BGH Urt. v. 4.3.2010 – III ZR 79/09, CR 2010, 327 und 25.3.2010 – VII ZR 224/08, CR 2010, 422 – keine Erwähnung bei Anpassung; bestätigt durch BGH v. 5.6.2014 – VII ZR 276/13; s.a. OLG Düsseldorf vom 14.3.2014 – I-22 U 134/13. Substrat: in besonderen Fällen bei Erstellung. Im Einzelnen → § 10 „Vertragliche Grundlagen".
[35] *Redeker* CR 2004, 88; *Bräutigam/Rücker* CR 2006, 361.
[36] → § 10.

len würde, ohne dass die Regelung nach § 651 S. 3 BGB greifen würden (wonach zB auch die Mitwirkung aus dem Werkvertragsrecht zu berücksichtigen wäre).[37]

18   Nur wenn eine Herstellung der Software zu einer nicht vertretbaren Sache führt (weil sie nur für einen individuellen Kunden hergestellt wird), greift § 651 S. 3 BGB. Aber auch dieser enthält keine Regelung zur Abnahme. Soweit der Vertrag in AGB geregelt wird, stehen also folgende Regelungen auf dem Prüfstand bzw. ist kaum eine wirksame Regelung für folgende Regelungsgegenstände denkbar:
- Einführung einer Abnahmepflicht hinsichtlich der Prüfung und Erklärung seitens des Kunden, evtl. statt dessen Demonstration der Vertragsgemäßheit durch AN, ggf. anhand vereinbarter Testfälle und -Kriterien (zum Ansatz s. EVB-IT Systemlieferung, § 31),
- Mitwirkungen des Kunden bei Herstellung von Standardsoftware,
- Wahlrecht des Auftragnehmers bei Nacherfüllung,
- Aufwendungsersatz nach Selbstvornahme als Recht des Kunden.

19   Der **Mangelbegriff** wäre noch genauer festzulegen. Insbesondere könnte es sein, dass bei Anwendung von Kaufrecht auch Herstellerangaben bzw. öffentliche Anpreisungen einzubeziehen sind bzw. einbezogen sind (gemäß § 434 Abs. 1 S. 3 BGB).

20   Im Rahmen eines Werkvertrags bietet sich dem Unternehmer über §§ 642 f. die Möglichkeit, den Besteller dazu aufzufordern, die nötigen Anforderungen zu geben. Die Nicht-Lieferung solcher Angaben wäre eine Verletzung von Mitwirkungsleistungen des Bestellers, §§ 642, 643 BGB, die allerdings nicht als „Hauptpflichten" gelten und insofern auch nicht den Unternehmer zum Schadensersatz berechtigten.

Praxistipp für den Auftragnehmer:

Wenn der **Planungsanteil** wesentlich, vielleicht sogar überwiegend ist, wäre dies im Vertrag herauszustellen, um hinsichtlich der Nichtanwendung des § 651 BGB sicherer zu sein.[38] Die Lit. ist zwar zT der Auffassung, die Planungsleistung sei der Software-Erstellung immer eigen.[39] Da aber gerade viele Auftraggeber die Planungsleistung entweder selbst vornehmen oder entfallen lassen wollen, wäre die klare und betonte Regelung empfehlenswert.[40]

21   Bei einer am **Wortlaut orientierten Auslegung** des § 651 BGB ergibt sich grob folgende Situation:[41]

(1) **Herstellung von Standardsoftware:**[42] „Reines Kaufrecht", da eine vertretbare Sache hergestellt wird. Im Gesetz (§ 651 BGB iVm §§ 433 ff. BGB) sind keine Mitwirkungsleistungen vorgesehen. Ist keine besondere Beschaffenheit durch Pflichtenheft vereinbart, insbesondere also nicht das vom Besteller erarbeitete Pflichtenheft Vertragsbestandteil geworden, greifen die weiteren Definitionen der mangelfreien Leistung. Das bedeutet aber auch, dass dann „Üblichkeit" (wie schon bisher) und insbesondere auch das, was

---

[37] → § 10.
[38] Zur Frage des „Gewichts" der Planungsleistung und deren Relevanz s. BGH Urt. v. 23.7.2009 – VII ZR 151/08 (Rn. 25), CR 2009, 637 (640) – Siloanlage – mAnm *Schweinoch*; zu den diversen, durch die BGH-Entsch. betroffenen Meinungen s. *ders.* CR 2010, 1 (6). Zum gemischten Vertrag, dort mit geringem Gewicht des werkvertraglichen Anteils s. a. BGH Urt. v. 8.10.2009 – III ZR 93/09, CR 2010, 109 – Video-Partnerportal.
[39] S. etwa *Maume/Wilser* CR 2010, 209.
[40] Auch im Hinblick auf BGH Urt. v. 4.3.2010 – III ZR 79/09, CR 2010, 327; → § 10 „Vertragliche Grundlagen".
[41] EU-rechtlich geboten, in der Lit. aber die Mindermeinung, Einzelheiten → § 10 „Vertragliche Grundlagen". Der BGH bestätigt die am Wortlaut orientierte Auslegung in seiner Entsch. v. 23.7.2009, die allerdings nicht zu Software erging, in Rn. 16 (VII ZR 151/08, CR 2009, 637 (638 f.)): Der Wille des Gesetzgebers, diejenigen Werklieferungsverträge, die nach altem Recht noch dem Werkvertragsrecht unterstellt waren, nunmehr als Kaufverträge einzuordnen, ist durch die unmissverständliche Formulierung des Gesetzes ausreichend zum Ausdruck gekommen. Das Gesetz kann nicht unter Hinweis darauf umgangen werden, dass die alte Rechtslage vermeintlich zu angemessenen Ergebnissen geführt hat. Weitere Einzelheiten → § 10.
[42] S. a. *Schweinoch* CR 2010, 1, 4; Schneider/von Westphalen/*Schneider* B. Rn. 106 ff.

der Auftraggeber erwarten kann, nach der Art des Leistungsgegenstandes, Einfluss hat bzw. maßgeblich ist.
(2) Die **Herstellung von Individualsoftware** ist die Herstellung einer nicht vertretbaren Sache (§ 651 S. 3 BGB) mit der Folge, dass die Mitwirkungsleistungen des Werkvertragsrechts auch bei Anwendung von Kaufrecht gelten.
(3) Dies gilt dann aber auch für die **Anpassung von vom Lieferanten „beigestellter" bzw. mitgelieferter Standardsoftware,** bei der hinsichtlich der Mitwirkungsleistungen der Unternehmer wie nach bb) vorgehen kann.
(4) Die Bearbeitung/Anpassung von **vom Kunden beigestellter Software** wird als „reiner" Werkvertrag zu qualifizieren sein.[43]
(5) Auf Planungsleistungen ist Werkvertragsrecht nach BGH nur ausnahmsweise anzuwenden, wenn „die **Planungsleistung** so **dominiert,** dass sie den Schwerpunkt des Vertrages bildet und deshalb die Anwendung des Werkvertragsrechts erfordert". „Planungsleistungen, die als Vorstufe zu der im Mittelpunkt des Vertrages stehenden Lieferung herzustellender [Software] anzusehen sind", sollen dagegen der Beurteilung des Vertrages nach § 651 BGB nicht entgegenstehen.

Die Vertragsgestaltung und **Verfahrensweise** des Auftragnehmers sollte in den Fällen (2) und (3) sein, den Aktivitäten- und Fristenplan aus dem „Pflichtenheft" (fachliche Anforderungen) zu entwickeln, festzulegen und zu vereinbaren, ggf. sollte der Besteller aufgefordert werden, seine (fachlichen) Anforderungen beizubringen. Unterbleibt dies, kann sich der Auftragnehmer als behindert darstellen und nach § 643 BGB ggf. auch nach Nachfrist kündigen, wobei dies unter Umständen nicht sehr „schlau" ist. Ökonomisch besser wird sein, dem Besteller Unterstützung – ggf. als zusätzliche Leistung – anzubieten und dann die Vergütung fällig zu stellen.[44] Für (1) muss die „Mitwirkung" explizit und detailliert im Vertrag geregelt sein, um zu greifen. Hierfür ist das Verfahren zur Gewinnung der Anforderungen, deren Formulierung und ggf. Freigabe detailliert zu regeln. 22

Die Besonderheit in den Fällen (1) und (2) ist, dass aufgrund des Mangelbegriffs des Kaufrechts auch die öffentlichen Äußerungen des Herstellers im Rahmen dessen, was übliche Beschaffenheit und Erwartungshaltung betrifft, gem. § 434 Abs. 1 S. 1 BGB einbezogen bzw. als Beschreibung der Sollbeschaffenheit zu berücksichtigen sind. Relevant wird dies va, wenn sich die Äußerungen auf die anzupassende Standardsoftware beziehen und deren Lieferung und Anpassung eine Einheit bilden (3)). Zudem greift § 377 HGB. 23

Der Auftraggeber ist bei (4) und (5) nicht über die Verweisungskette in § 651 S. 3 BGB zur Mitwirkung verpflichtet, sondern unmittelbar nach Werkvertragsrecht, was aber qualitativ keinen Unterschied macht. Jedoch ist in diesem Falle eine **Abnahme** vom Gesetz her vorgesehen. Das heißt, dass hier auch der praktische Abgleich zwischen Referenz (Pflichtenheft als „SOLL") und Software sowie Dokumentation („IST") erfolgt. Anders als bei der **Ablieferung,** die eine Art punktueller Akt der Übergabe in den Bereich des Auftraggebers ist, kann sich diese Aktion über eine längere Zeit hinziehen. Möglicherweise muss hierbei wiederum der Unternehmer den Besteller unterstützen. 24

> **Praxistipp:**
>
> Im Hinblick auf die **Unsicherheiten,** was genau gilt, ob etwa der Palandt-Meinung der Vorzug in der Praxis gegeben wird und auch die Herstellung von Standard- und Individualsoftware dem Werkvertragsrecht zugerechnet wird,[45] wird es sich empfehlen, in das Pflichtenprogramm – anders als bisher beim „Pflichtenheft" – nicht nur die **fachlichen Anforderungen,** sondern va das projektmäßige **Vorgehen** (Organisation, Zusammenarbeit, Mitwirkung) aufzunehmen. Das bedeutet, dass eine **Kombination** von Pflichtenheft und Aktivitäten- und Terminplan sinnvollerweise erstellt wird, was nicht zuletzt auch im Hinblick auf das Change Management Vorteile hat.

---

[43] S. schon BGH Urt. v. 9.10.2001 – X ZR 58/00, CR 2002, 93 zu Portierung; Argument auch: BGH Urt. v. 25.3.2010 – VII ZR 224/08, CR 2010, 422; → § 10 „Vertragliche Grundlagen".
[44] S. BGH Urt. v. 13.7.1988 – VIII ZR 292/87, CR 1989, 102 – Registrierkasse.
[45] S. nur BGH Urt. v. 23.7.2009 – VII ZR 151/08, CR 2009, 637 – Siloanlage – einerseits, OLG München Urt. v. 23.12.2009 – 20 U 3515/09, CR 2010, 156, andererseits.

25 **d) Dauerschuldverhältnis, Kündigung.** Eine gewisse Durchbrechung bei den für Erstellungsverträgen maßgeblichen Vorschriften liegt darin, dass Software-Erstellungsverträge auch als Dauerschuldverhältnis betrachtet werden können und somit eine Kündigung in Betracht kommt (explizit in § 314 BGB geregelt). Schon nach altem Schuldrecht war anerkannt, dass Software-Erstellungsverträge außerordentlich kündbar sind, sogar vom Unternehmer außerhalb § 643 BGB.[46] Diese Kündigungsmöglichkeit wird auch bei der Anwendung von Kaufrecht aufgrund § 651 BGB gelten.

26 Ansonsten, insbesondere bei einfacher Kündigung im Werkvertrag, kommt § 649 BGB für den Auftraggeber in Betracht, eine Regelung, die den Auftraggeber in vielen Fällen relativ ungünstig stellt.

27 Die Besonderheit des Projektabbruchs aus wichtigem Grund – wenn also nicht § 649 BGB angewandt wird – liegt in den Beweisproblemen, **inwieweit Leistungen für den Kunden brauchbar** sind. Schematisch kann man sagen, dass die Leistungen, die der Auftragnehmer bereits erbracht hat, die abgerechnet sind und der Kunde bereits bezahlt hat, vom Kunden als nicht verwertbar dargelegt werden müssen, wenn der Kunde sein bereits bezahltes Geld zurückverlangen will. Dagegen muss der Auftragnehmer, wenn er weitere Vergütung haben will, darlegen und beweisen, dass die erbrachten Leistungen bis dahin für den Kunden verwendbar sind.[47]

28 **e) Einfluss der personellen Besetzung von Projektleitung bzw. Gremien auf den Vertragstyp.** Das BGB verwendet die Begriffe „Verantwortung", „Projektverantwortung" oder „Projektleitung" im Werkvertragsrecht nicht für den Unternehmer und dessen Pflichten, wohl aber für den Besteller (§ 645 BGB). § 631 Abs. 1 BGB besagt, dass der Unternehmer durch den Werkvertrag zur Herstellung des versprochenen Werkes verpflichtet wird. § 631 Abs. 2 BGB präzisiert, dass der Gegenstand des Werkvertrages sowohl die Herstellung oder Veränderung einer Sache sein kann und zwar *„als ein anderer durch Arbeit oder Dienstleistung herbeizuführender Erfolg"*. Aus dieser Erfolgsorientierung des Werkvertrages (im Gegensatz zum Dienstvertrag iSv § 611 BGB) und der Pflichtenteilung (Besteller/Kunde hat die Vergütung zu zahlen, § 631 Abs. 1 BGB, und Mitwirkungsleistungen zu erbringen, § 642 BGB) ergibt sich, dass grundsätzlich der Auftragnehmer im Verhältnis zum Auftraggeber allein die Verantwortung für diesen Erfolg bzw. das Gelingen des Werkes trägt. Die **Risikoverteilung** des Werkvertrages geht davon aus, dass allein der Auftragnehmer das Risiko der Fertigstellung übernimmt.

29 Im Falle einer werkvertraglichen Charakterisierung eines Software-Erstellungsvertrages erscheint es folgerichtig, den Begriff der Projektverantwortung einzuführen und den Auftragnehmer in der Situation zu sehen, dass er grundsätzlich die Projektverantwortung allein zu tragen hat und dass ihm grundsätzlich auch die alleinige Projekt**leitung** obliegt. Um nämlich seine alleinige Projektverantwortung auszuführen, hat der Auftragnehmer gewissermaßen sowohl das Recht als auch die Pflicht zur Projektleitung.

> **Praxistipp:**
> Einige Meinungen, die die Projektverantwortung bei Software-Erstellung nicht (allein) beim Auftragnehmer sehen,[48] kann man als praxisbezogen bezeichnen.[49] Der klaren Zuordnung von Aufgaben und Risikosphären ist dies nicht zuträglich. Besser wäre bei gemeinsamer Verantwortung auch ein anderes Vertragsmodell zu unterlegen, etwa Dienstvertrag oder Gesellschaft, was aber meist nicht erwünscht ist bzw. nicht erfolgt.

---

[46] S. OLG Frankfurt Urt. v. 15.12.2000 – 24 U 240/98, CR 2001, 503; BGH Urt. v. 13.6.2006 – X ZR 167/04, DB 2006, 1953.
[47] BGH Urt. v. 25.3.1993 – X ZR 17/92, CR 1993, 759 – Bauherrenmodell.
[48] S. zB Hoffmann-Becking/Rawert/*Bartsch* III. G. 4.; *Müller-Hengstenberg/Kirn* CR 2008, 755 (760).
[49] Zum Sprachgebrauch s.a. das Beispiel OLG München Urt. v. 22.11.1988 – 1 U 5606/87, CR 1989, 803, wo „Projektleitung", „Ansprechpartner" uä durcheinander gehen; aber auch LG Saarbrücken Urt. v. 28.4.1998 – 6 O 434/96, CR 1999, 362 zur „Leitung der Projektsteuerung" und BGH Urt. v. 10.6.1999 – VII ZR 215/98, DB 1999, 1900 zur „Projektsteuerung" beim Bau; zur Gestaltung als Werkvertrag s.a. *Lapp* ITRB 2006, 166; zur Vertragstypologie bei **Subunternehmerverträgen** → Rn. 201 ff.

f) Änderung des Vertragstyps im Projektverlauf. Strebt der Kunde einen Werkvertrag 30 (bzw. einen Leistungserfolg als Vertragsgegenstand) an, behält der Kunde aber alle möglichen Kompetenzen, das Projekt zu steuern, Einfluss zu nehmen, Änderungen vorzunehmen uä, koordiniert der Kunde evtl. sogar mehrere Teams, an die Einzelverträge vergeben worden sind, kann sich der vom Kunden angestrebte **Vertragstyp Werkvertrag in einen Dienstvertrag zurückverwandeln.**[50] Spiegelbildlich versuchen naturgemäß viele – va große – Auftragnehmer, die **Verträge so auszugestalten,** dass genau dieser Effekt eintritt, dass nämlich der Kunde das Projekt steuert und somit der Vertrag als Dienstvertrag einzuordnen ist.

Wenn es jedoch bei dem Risiko-Schema des Werkvertrags verbleibt, muss der Auftrag- 31 nehmer bei der **Vertragsdurchführung** dafür sorgen, dass er insbesondere die Schnittstellen zwischen der eigenen Verantwortung und der (im Werkvertragsrecht grundsätzlich untergeordneten) Verantwortung des Kunden so handhabt, dass der Auftragnehmer seiner Erfolgsverantwortung tatsächlich nachkommen kann. Dies betrifft vor allem die Bereitstellung des Pflichtenhefts und die späteren Mitwirkungsleistungen des Auftraggebers, bei Letzterem vor allem die Bereitstellung von Testdaten und evtl. notwendige Konkretisierungen des Pflichtenhefts.

> **Praxistipp für den Auftraggeber:**
> Der Kunde wiederum muss bei der Vertragsdurchführung beachten, dass er nicht während der Vertragsdurchführung quasi schleichend die Erfolgsverantwortung erhält, indem der Kunde zB typische Pflichten des Werkunternehmers bei der Projektsteuerung – etwa Leitung von Teams/Ausschüssen/Committees, Erteilung von Weisungen etc – nicht einfordert, sondern selbst vor(weg)nimmt.

g) Einfluss der Vergütungsart auf den Vertragstyp. Ein – auch unter Anwälten – **weit ver-** 32 **breiteter Irrtum** ist, dass eine Art feste Zuordnung von Vergütung und Vertragstyp bestünde (nämlich Erstellung nach Zeitaufwand ist Dienstvertrag; Erstellung zum Festpreis hingegen Werkvertrag). **Richtig ist,** dass sich beide Vergütungsarten sowohl mit Dienst- als auch mit Werkvertrag kombinieren lassen.[51]

Die Vergütungsart ist also für die vertragstypologische Einordnung **nicht maßgeblich.**

2. Grundlegender Aufbau von Software-Erstellungsverträgen

a) Allgemeines. Häufig sind die Vertragsparteien der Ansicht, sobald die Tinte unter den 33 Verträgen trocken ist, verschwinden die Verträge in der Schublade und werden allenfalls bei Streitigkeiten der Parteien wieder hervor geholt. Richtigerweise dürften gerade Software-Erstellungsverträge zu den Verträgen gehören, in die die Vertragspartner sinnvoller Weise auch während der Vertragsdurchführung des Öfteren hineinschauen sollten. Vielleicht sollten sogar Auszüge daraus (etwa die Anlagen) oder „Übersetzungen/Drehbücher" des juristischen Textes in für das Projektteam leichter verständlicher Sprache an alle Beteiligten ausgehändigt werden. Dies gilt nicht nur hinsichtlich der Termine bzw. Terminpläne, sondern auch für die Leistungen und für das Pflichtengefüge. Insbesondere, wenn die Leistungen von Auftraggeber und Auftragnehmer eng verzahnt werden, macht es Sinn, diese Verzahnung für beide Parteien transparent zu machen, damit jeder der beiden Vertragspartner seinen Pflichten[52] inhaltlich richtig und termingerecht nachkommt. Wichtige Instrumente dabei sind „Pflichtenheft"[53] sowie Aktivitäten- und Fristenplan.[54] Ein transparenter Vertragsaufbau

---

[50] S. a. BGH Urt. v. 10.3.1998 – X ZR 70/96, CR 1998, 393 – Warentermingeschäft; LG Saarbrücken Urt. v. 28.4.1998 – 6 O 434/96, CR 1999, 362.
[51] S. zB zu Anpassung nach Zeitaufwand (Stundensätzen) als Werkvertrag BGH Urt. v. 25.3.1993 – X ZR 17/93, CR 1993, 759.
[52] Zu neuen Vorgehensformen in IT-Projekten, die zT ohne Pflichtenheft sowie Aktivitäten- und Fristenplan auskommen s. *Witte* ITRB 2010, 44 aE.
[53] → Rn. 35 ff.
[54] → Rn. 55 ff.

mit klarem Schema der Anlagen kann sehr dazu beigetragen, dass der Vertrag später auch tatsächlich mit Leben gefüllt wird.[55]

34   b) **Vertragsgegenstand.** Eine mögliche Methode zur transparenten Gestaltung des Vertragsgegenstandes ist, zunächst einmal in einem Überblick zum Vertragsgegenstand die Leistungen des Auftragnehmers, insbesondere auch den gewünschten Erfolg, grob zu beschreiben. Soweit dazu bereits bekannte Einzelhandlungen erforderlich sind, sollten auch diese beschrieben werden. Dies gilt etwa, wenn zB weitere Leistungen zur eigentlichen Software-Erstellung hinzutreten, mittels derer erst getestet oder in Produktivbetrieb gegangen werden kann (insbesondere Datenübernahme).[56]

35   c) **Leistungsbeschreibung/Fachliche Feinspezifikation/Pflichtenheft.** Zur Klarstellung: Wenn im folgenden von „Pflichtenheft" die Rede ist, ist damit entsprechend der Rspr. des BGH die fachliche Feinspezifikation gemeint. Im Bereich der Informatik wird dafür der Begriff „Lastenheft" verwendet.

36   Es empfiehlt sich, in einem evtl. gesonderten Abschnitt/Paragraph des Vertrages die Leistungsbeschreibung („Pflichtenheft") genau zu bezeichnen und in Bezug zu nehmen, dh, dass der geschuldete Erfolg des Auftragnehmers in der Realisierung (Umsetzung) der im Pflichtenheft beschriebenen fachlichen Spezifikationen bestehen soll.[57]

Strittig bzw. offen könnte sein,
- ob und inwieweit diese Beschreibung abschließend ist,[58]
- wer ihre Richtigkeit schuldet bzw. die Unrichtigkeit zu verantworten hat und
- wie bei evtl. Mängeln der Leistungsbeschreibung zu verfahren ist, insbesondere ob der Auftragnehmer eine genuine Prüfungspflicht hat.

37   Die In-Bezugnahme von Dokumenten/Anlagen sollte über eine **klare Bezeichnung/Identifizierung nach Datum, Version, Autor(en)** erfolgen, wobei umfangreiche Anlagen ungern gesehen werden. Dem kann abgeholfen werden, wenn nur die ersten Seiten mit Gliederungen aufgenommen werden. Wichtig ist, dass die Leistungsbeschreibung das „Soll" der Leistung **fachlich** beschreibt. Weder ein Wunschkatalog noch eine technische Beschreibung sind geeignet. Die Bezeichnung als **„fachliche Feinspezifikation"** legt schon nahe, dass es daneben eine **technische** Feinspezifikation gibt, ebenso aber auch, dass es eine sowohl fachliche als auch technische **Grobspezifikation** als Vorstufe gibt. In der Praxis insbesondere der Gerichte ist immer noch der Begriff des **„Pflichtenhefts"** üblich. Da dieser im Bereich der Sachverständigen/Informatik anders belegt ist, wird es sich empfehlen, vertraglich klarzustellen, wer für was verantwortlich ist bzw. um was es sich genau handelt.[59]

Einzelfragen:

38   *aa) Prüfungspflichten des Auftragnehmers.* Wenn der Auftraggeber das Pflichtenheft beistellt, ist häufig unklar, ob insoweit der Auftragnehmer eine Pflicht hat, diese Vorgaben des Auftraggebers zu prüfen, etwa auch dann, wenn sie ihm erst nach Vertragsschluss übergeben werden. Das Problem stellt sich bei vorvertraglicher Übergabe des Pflichtenhefts und Einbeziehung in den Vertrag regelmäßig nicht so stark. In einer solchen Konstellation wird im Regelfall die Kalkulation des Auftragnehmers auf diesem Pflichtenheft beruhen und der Auftragnehmer es insoweit geprüft haben. Erschwerungen und Hindernisse, die sich dann ggf. im Laufe des Projekts ergeben, werden eher zu seinen Lasten gehen, nicht zuletzt, wenn es um die Änderung der Ausführungsart und deren Erschwernisse geht.

---

[55] Zum Verhältnis Vertrag und Anlagen und dessen Gestaltung s. *Redeker* ITRB 2006, 242.
[56] → § 18 „IT-Projektverträge".
[57] Das „Pflichtenheft" wird hier iSd BGH-Rspr. bzw. des juristischen Verständnisses verstanden, also als „fachliche (Fein-)Spezifikation" mit den fachlichen Vorgaben des Kunden. Zur Terminologie sogleich und → § 18 „IT-Projektverträge", Ziffer III.
[58] Evtl. auch Abgrenzung zu cic; s. zu Funktionsmangel BGH Urt. v. 8.11.2007 – VII ZR 183/05, NJW 2008, 511; BGH v. 29.9.2011 – VII ZR 87/11, NJW 2011, 3780 – Elektrodüker.
[59] S. a. Schneider/von Westphalen/*Schneider* Kap. C; ausführlich zu Spezifikationen und Pflichtenheft → § 18 „IT-Projektverträge", Ziffer III.; s.a. BGH Urt. v. 13.6.2006 – X ZR 167/04, DB 2006, 1953 – keine Pflicht des Bestellers zur Überprüfung des „Konstruktionsansatzes" des Auftragnehmers. Zum Pflichtenheft → § 10 und → § 18.

> **Praxistipp:**
> Als vertragliche Regelung ist zu empfehlen, den **Reifegrad des „Pflichtenhefts"** (fachliche Anforderungen) **deutlich zu machen** und ggf. bestehende Pflichten, etwa Verfeinerung oder Prüfung genau zu beschreiben.

> **Praxistipp für den Auftragnehmer:**
> Aus Auftragnehmer-Sicht günstig ist es, wenn vertraglich festgelegt ist, „dass der Auftraggeber mit dem Pflichtenheft seine **fachlichen Vorgaben vollständig** und **richtig** eingebracht hat und **für Änderungen und Mängel bzw. den mit deren Beseitigung und deren Folgen verbundenen Aufwand einsteht.**"

bb) Fehlendes Pflichtenheft. Was ist, wenn das Pflichtenheft nicht vorvertraglich vorlag oder dieses Pflichtenheft lückenhaft und/oder mangelhaft ist? Man wird davon auszugehen haben, dass ein nicht richtiges „Pflichtenheft" (fachliche Anforderungen des Auftraggebers) eine Pflichtverletzung des Auftraggebers darstellt, die den Katalog der Rechte auslöst, wie dies allgemein bei einer Pflichtverletzung der Fall ist. Bleibt es dabei, dass der Auftraggeber das Pflichtenheft zu stellen hat, trägt der Auftraggeber die Verantwortung für dessen Richtigkeit. Dennoch kann es dann eine Pflicht des Auftragnehmers geben, den Auftraggeber bei der Abfassung zu unterstützen und das Pflichtenheft auf seine Richtigkeit hin zu prüfen, etwa im Sinne einer Schadensminderungsobliegenheit. 39

cc) Übersicht Prüfungspflichten des Auftragnehmers. Schematisch lassen sich wohl eine Reihe von Situationen abschichten, die unterschiedliche Pflichten bzw. Konsequenzen bei deren Verletzung nach sich ziehen: 40

Der Auftragnehmer wird verpflichtet sein, die Vorgaben des Auftraggebers einer Art Sichtprüfung im Hinblick auf **offensichtliche** *Fehler* zu unterziehen. Verletzt der Auftragnehmer diese Pflicht, kann er sich einerseits selbst schadensersatzpflichtig machen, andererseits daran gehindert sein, den evtl. Mehraufwand, der aus den Mängeln resultiert, erfolgreich geltend machen zu können. 41

Ist der Mangel der Vorgabe derart, dass er erst im Laufe der Realisierung erkennbar wird bzw. ist er nicht bei einer Grobdurchsicht erkennbar, wird der Auftragnehmer verpflichtet sein, **unverzüglich** nach Kenntnis entsprechende Mitteilung zu machen, den Auftraggeber zur Beseitigung bzw. Klarstellung aufzufordern. Etwaige Erschwernisse bzw. Mehraufwand hieraus werden zu Lasten des Auftraggebers gehen. 42

Was gilt, wenn die Anforderungen des Auftraggebers zwar nicht falsch sind, aber der **Konkretisierung bedürfen?** Der Auftraggeber wird verpflichtet sein, diese Konkretisierung nachzuholen (Mitwirkung). Probleme bereitet dies, wo § 642 BGB nicht explizit über § 651 BGB anzuwenden ist bzw. dies nicht individualvertraglich vereinbart ist. Den Mehraufwand auf Seiten des Unternehmers wird wahrscheinlich der Auftraggeber zu tragen haben, etwa im Sinne eines Zusatzauftrages auf Unterstützung, also nach § 612 BGB.[60] 43

Bei der Konkretisierung wurden, evtl. mangels spezifischer Vorgaben des Auftraggebers, die Mängelkategorien **„gewöhnliche Verwendung"** bzw. „berechtigte **Erwartungshaltung"** eine Rolle spielen. Vielleicht wäre es richtiger, statt eines „mittleren" einen **„üblichen"** Ausführungsstandard, der der Aufgabenstellung entspricht („was der Kunde nach der Art der Sache erwarten kann", § 434 Abs. 1 S. 1 aEBGB), zu fordern.[61] 44

Auch sind die sog **Funktionsmängel** zu berücksichtigen: dem Auftragnehmer wird als Mangel zugerechnet, wenn er nicht auf die Mängel der **Vorleistung** (des Drittunternehmers) 45

---

[60] Zu einem Verfahren im Rahmen der Zusammenarbeit und deren Regelung → Rn. 51 ff. und → § 18 „IT-Projektverträge".
[61] BGH Urt. v. 16.12.2003 – X ZR 129/01, CR 2004, 490, „mittlerer Ausführungsstandard" etwas spezifischer auf den konkreten Vertrag und dessen Zweck hin zu fassen.

hinweist, etwa denkbar als Problem der Interaktion, des Zeitverhaltens uä beim Zusammenwirken von Datenbank-Software und Warenwirtschaft.[62]

46

**Checkliste
Prüfungspflichten**

Im Hinblick auf die Vertragsgestaltung wird es sich empfehlen, explizit zu regeln:
☐ Prüfung etwaiger Vorgaben des Auftraggebers,
☐ evtl. Vergütung dieser Prüfung,
☐ die Verantwortung für die Vorgaben des Auftraggebers bzw. für das Prüfungsergebnis des Auftragsnehmers,
☐ die damit verbundene „Ausführungsart".

47 *dd) Keine Prüfungspflicht des Auftraggebers.* Es liegt nahe, den Auftraggeber in der Pflicht zu sehen, seinerseits die Planungsleistung zu prüfen, va das ggf. vom Auftragnehmer in der ersten Phase auf Grund expliziter Beauftragung erstellte Pflichtenheft. Soweit es um **die Richtigkeit der fachlichen Angaben** in dem Sinne geht, dass der Auftraggeber diese Anforderungen stellt, wird man dies wirksam regeln und seitens des Auftragnehmers als Mitwirkung vom Auftraggeber verlangen können.[63] Was nicht ohne abweichende Individualvereinbarung verlangt werden kann, ist eine Prüfung der Ausführungsplanung, also des technischen Konzepts.[64]

48 *d) Rechtseinräumung.* Viele Auftraggeber haben die Vorstellung, ihnen **„gehöre"** alles, was für sie hergestellt wird. Manche Verträge regeln zwar die „Eigentums"-Verhältnisse, nicht jedoch die Nutzungsrechtseinräumung.[65] Eine ähnliche Spezifikation wie die Leistungsbeschreibung bringt hinsichtlich des Vertragsumfangs die „Rechtseinräumung" mit sich. Hier wird klargestellt, welche Rechte der Kunde an der Software erhält, ggf. auch unter welchen Bedingungen (Zahlung, Bestehen des Pflegevertrages uä). Eigentum iVm Software zu regeln, erscheint aber nur für die Materialien sinnvoll, die die Entwürfe, Abläufe, Schemata und Codes enthalten.[66]

49 Wird ein Herausgabeanspruch am Quellcode vereinbart,[67] ist über Nutzungsrechte allenfalls etwas im Hinblick auf die Mindestrechte nach §§ 69a ff. UrhG gesagt und über evtl.

---

[62] S. zu unzureichender Leistung des Blockheizkraftwerks für die vom Auftragnehmer gemäß Leistungsbeschreibung erstellte Heizungsanlage BGH Urt. v. 8.11.2007 – VII ZR 183/05, NJW 2008, 511; s. a. zur Hinweispflicht BGH v. 29.9.2011 – VII ZR 87/11, NJW 2011, 3780 – Elektrodüker.
[63] Zur „Freigabe" → Rn. 154 ff.
[64] So hinsichtlich *„Konstruktionsansatz"* BGH Urt. v. 13.6.2006 – X ZR 167/04, DB 2006, 1953 und → Rn. 154 ff.
[65] Einzelheiten und Erläuterungen zu Rechten an der Software → § 5 Rechtsschutz von Computerprogrammen und digitalen Inhalten.
[66] S. schon BGH Urt. v. 20.1.1994 – I ZR 267/91, CR 1994, 275 – Holzhandelsprogramm.
[67] Sogar aufschiebend bedingt für zukünftige Versionen insolvenzfest gemäß BGH Urt. v. 17.11.2005 – IX ZR 162/04, CR 2006, 151 (iVm Vergütungsregelung).
LG Köln Urt. v. 3.5.2000 – 20 S 21/99, CR 2000, 505: Grundsätzlich ist bei Erstellung von Individualsoftware nach der Rechtsprechung jedenfalls dann, wenn nicht zugleich ein Wartungsvertrag abgeschlossen wird, (die einjährige kostenlose Wartung gemäß Vertrag der Parteien steht dem nicht gleich) anzunehmen, dass auch die Herausgabe des Quellcodes geschuldet ist.
OLG Karlsruhe Urt. v. 16.8.2002 – 1 U 250/01, CR 2003, 95: Auch ohne besondere Vereinbarung ist bei einem Vertrag zur Einstellung von Fremdsoftware eines Dritt-Herstellers der Quellcode vom Auftragnehmer mitzuliefern. AA OLG München Urt. v. 16.7.1991 – 25 U 2586/91, CR 1992, 208 – Ohne besondere Vereinbarung kein Anspruch auf Herausgabe des Quellcodes.
ÖOGH Urt. v. 3.8.2005 – 9 Ob 81/04h, MMR 2006, 152: Kein Anspruch auf Herausgabe des Sourcecodes bei Softwareerstellungsverträgen – öABGB § 914: Die Frage, ob aus einem Softwareerstellungsvertrag die Überlassung des Quellcodes geschuldet wird, hängt primär von den getroffenen Vereinbarungen ab, wobei auch bei Fehlen einer ausdrücklichen Vereinbarung eine am Zweck des Vertrags orientierte Auslegung zu einer Herausgabeverpflichtung des Hersteller führen kann. Bei Fehlen einer ausdrücklichen Vereinbarung ist aber Zurückhaltung bei der Bejahung der Herausgabepflicht angebracht, weil es nicht sachgerecht wäre, dem Hersteller einen Vertragsinhalt aufzuzwingen, den er nicht oder nur gegen höheres Entgelt akzeptiert hätte.

Rechte darüber hinaus im Rahmen der Ermittlung des Umfangs im Sinne der **Zweckübertragungstheorie**. Soll es um **Bearbeitung**, **Vertrieb** und **Ausschließlichkeit** gehen, ist eine explizite Vereinbarung zu empfehlen.

Ebenso sollte explizit geregelt werden, **wann** die Rechtseinräumung greift. Für den Auftragnehmer würde es wie ein Eigentumsvorbehalt wirken, falls die Rechte erst voll auf den Kunden übergehen, wenn voll bezahlt ist. Der Kunde will erst voll zahlen, wenn die Software bei ihm funktioniert und stabil sowie performant gemäß Service Level Agreement läuft.

Für Tests, ggf. Echtbetrieb braucht der Besteller Nutzungsrechte. Die Abnahme bzw. Vertragsgemäßheit erklärt er erst, wenn er alles erhalten hat.

> **Praxistipp:**
>
> Die Spannung zwischen diesen Haltungen lässt sich auftragnehmergünstig durch die explizite Regelung des **stufenweisen Übergangs der Rechte** ausgleichen.[68] Für den Auftraggeber wäre wichtig klarzustellen, dass die stufenweise Rechtseinräumung (gestuft nach seinen Zahlungen) allenfalls für die ausschließlichen Rechte gilt. Andernfalls muss er befürchten, dass bei Änderung der Vergütung (zB aufgrund von Mängeln, die der Auftragnehmer nicht als solche anerkennt) Streit entsteht, ob der Auftraggeber überhaupt ein Nutzungsrecht hat.

e) Zusammenarbeit der Parteien/Projektverantwortung/Mitwirkung.[69] Vertragsgegenstand, Leistungsbeschreibung und Rechtseinräumung bilden in gewissem Sinne eine Einheit, indem nämlich der Leistungsumfang bzw. die Pflichten des Auftragnehmers zusammengefasst sind. Insofern wird es sich anbieten, in einem weiteren Abschnitt/Paragraph die Zusammenarbeit der Parteien und die Mitwirkung des Auftraggebers/Kunden detailliert zu regeln.

Es ist eine weitverbreitete und in Notsituationen gern geäußerte Vorstellung, insbesondere bei Software-Erstellungsprojekten würden Auftragnehmer und Auftraggeber „in einem Boot sitzen", beide Vertragspartner seien verantwortlich,[70] mit der Folge, dass man sich bei Störungen (wieder) zusammensetzt, um gemeinsam nach Lösungen zu suchen. Dabei übersieht der Kunde häufig, dass Voraussetzung für die Einordnung eines Software-Erstellungsvertrages als Werkvertrag grundsätzlich ist, dass die alleinige bzw. die Gesamt-Verantwortung beim Auftragnehmer liegt.

Die werkvertragliche Risikoverteilung sieht vor, dass **allein der Auftragnehmer das Risiko der Fertigstellung** übernimmt. Aus der Erfolgsverantwortung des Werkunternehmers/Auftragnehmers resultiert also dessen Projektverantwortung und daraus wiederum dessen Projektleitungsfunktion. Das bedeutet im Ergebnis, dass die Projektleitung werkvertraglich auch dann dem Auftragnehmer obliegt, wenn im Vertrag eine Projektleitung **nicht ausdrücklich** ausgewiesen ist.

Bei Zusammenarbeit der Parteien müssen also auf beiden Seiten Ansprechpartner – insbesondere auch auf Seiten des Auftraggebers der „Projektleiter" – zu nennen sein und die Art und Weise, wie diese zusammenarbeiten.

> **Praxistipp:**
>
> Es kann sinnvoll sein, dass auch bei größeren Projekten die primären Ansprechstellen nur bestimmte Personen sind bzw. deren Stellvertreter, die also die gesamte Kommunikation kanalisieren. Nicht zu verkennen ist dann aber, dass diese Personen in gewissem Sinne das Nadelöhr bilden, also etwa bei Ausfall oder personellen Engpässen der Grund für Defizite werden könnten.

---

[68] S. *Karger* CR 2001, 357; *ders*. ITRB 2001, 67.
[69] Detailliert zu Projektverantwortung, Projektmanagement und Projektorganisation → § 18 „IT-Projektverträge".
[70] S. etwa zu Muster von Hoffmann-Becking/Rawert/*Bartsch* III. G. 4.; s. a. *Müller-Hengstenberg/Kirn* CR 2008, 755 im Zusammenhang mit Abnahme.

55 f) **Fristen- und Aktivitätenplan.** Generell bei Erstellungsverträgen, insbes. aber wegen der Unsicherheit, was hinsichtlich § 651 BGB gilt,[71] empfiehlt es sich, neben der inhaltlichen Leistungsbestimmung (Fachliches Feinkonzept, „Pflichtenheft") das – evtl. gemeinsame – Vorgehen in einem „Aktivitäten- und Fristenplan", „Vorgehensplan", manchmal auch Masterplan genannt, festzulegen. **Rang, Änderungsverfahren** und **Folgen der Nichteinhaltung** sollten im Vertrag selbst geregelt werden, wobei der Vertrag (ua) zwei große „Anlagen" haben sollte:

- Fachliches Feinkonzept,
- Aktivitäten- und Fristenplan.

56 Im Aktivitäten- und Fristenplan wird festgelegt, wer wann **welchen Schritt, evtl. federführend mit dem Vertragspartner gemeinsam bis wann ausführt.** Die Abhängigkeiten der Schritte von der Ausführung der jeweils vorausgehenden Schritte sind transparent darzustellen, ebenso die Folgen der Nicht- oder Schlechterbringung. Der Aktivitäten- und Fristenplan wird nicht für die gesamte Projektlaufzeit mit gleichbleibender Detailliertheit bereits bei Vertragsschluss vorliegen (können). Infolge dessen muss der Vertrag regeln, **wie** und *wann* die weitere Verfeinerung – etwa hinsichtlich späterer Phasen – erfolgen soll. Bei Erfolgsverantwortung auf Seiten des Auftragnehmers wird man grundsätzlich auch dessen Zuständigkeit für diese Aufgabe vorzusehen haben. Allerdings wird sich der Auftraggeber im Hinblick auf seine Ressourcen ausbedingen, dass er hinsichtlich der Mitwirkungsleistungen gefragt wird und die Festlegungen in Abstimmung mit ihm erfolgen.

57
**Checkliste
Grundelemente Aktivitäten- und Fristenplan**

Gestaltungsvorschläge iVm Stufen-/Schrittfolge (wie üblicherweise bei komplexeren Test- und Abnahmeverfahren):

1. Bezeichnung der Aktivität einschl. laufender Nr.,
2. Inhalt, Ergebnis mit Bezug zum „Pflichtenheft", Bezüge zu anderen Aktivitäten im Sinne netzplanmäßiger Abhängigkeiten (kritische Pfade),
3. Frist, Termin (Start, Ende),
4. Spalten mit den Parteien (AG/AN/Beide) zur Angabe, wer die Aktivität ausführt (sind „Beide" genannt, ist der Federführende zuerst anzugeben),
5. Angaben zur Ausführung, Erfüllung, Kontrolle, Referenzierung von Protokollen,
6. Bemerkungen, va Revisionen.

58 Bei einem stufenweisen Projekt – etwa Leistungsbereiche nach Funktionsblöcken gegliedert – kann ein spezielles Vorgehensmodell die jeweilige Gewinnung der Nutzeranforderungen mit Erstellung der Spezifikation bis zu den Tests je Phase/Block so verteilen helfen, dass die diversen Teams zeitlich versetzt kontinuierlich mit den gleichen Tätigkeiten (zB ... Test für A, dann für B usw.) für die verschiedenen Blöcke/Module beaufschlagt werden.

59 Ein entsprechendes Vorgehensmodell kann sich auch speziell für modulweise Tests – je nach Aufgliederung – empfehlen:[72]

---

[71] → Rn. 15 ff.
[72] Beispiel aus *Schneider*, Handbuch des EDV-Rechts, L. Rn. 38a.

Zeit	Modul A	Modul B	Modul C
↓	Modultest bei Auftragnehmer zu A		
	Übergabe A an Auftraggeber	Modultest bei Auftragnehmer zu B	
	gemeinsamer Test A	Übergabe B an Auftraggeber	Modultest bei Auftragnehmer zu C
	Integrationstest A	gemeinsamer Test E	Übergabe C an Auftraggeber
	Freigabe für Test im Echtbetrieb A	Integrationstest E	gemeinsamer Test C
	Tests im Echtbetrieb A	...	Integrationstest C
	Freigabe für Produktivbetrieb A		...

g) Change Management/Change Request (CR).[73] Im Rahmen von IT-Verträgen sind mit „Changes" nicht Änderungen des Vertragswortlauts gemeint, sondern **Änderungen der Leistung**. Solche Änderungen können aufgrund von Änderungswünschen des Kunden, aber ggf. auch durch Anregungen des Auftragnehmers angestoßen werden. Es empfiehlt sich im Rahmen der Vertragsgestaltung, das Thema der Änderungen (Changes) und das Verfahren bei Änderungen in engem Zusammenhang und synchronisiert mit den Regelungen einerseits des Pflichtenhefts und andererseits der Mitwirkung zu behandeln. Eine vertragliche Regelung von Änderungsverlangen („CR", Change Request) ist zu wenig. Es ist erforderlich, ein Änderungsverfahren zu beschreiben, wonach beide Vertragspartner vorzugehen haben und bei dem die Rechte und Pflichten der beiden Vertragspartner ebenso geregelt sind, wie der Fall der Nichteinigung (zB Vergütung von Mehraufwand, wenn der Kunde einen zusätzlichen Wunsch äußert). Ansatzweise kann § 5 BVB-Erstellung eine Hilfe für die Formulierung bieten. Dort waren bereits die Grundelemente geregelt.

**Checkliste
Grundelemente des CR**

- ☐ Schriftliches Verlangen,
- ☐ Reaktionsfrist für Unternehmer,
- ☐ Unzumutbarkeit für Unternehmer,
- ☐ Prüfungsverfahren,
- ☐ Anpassung der vertraglichen Regelungen,
- ☐ Unterbrechung,
- ☐ Mitteilungspflicht, falls ohne Unterbrechung Leistungen durch Änderung nicht mehr verwendbar sind,
- ☐ Verlängerung der Fristen.

---

[73] → § 18 „IT-Projektverträge".

62 *aa) Vertraglich zu regelnde Punkte*

> **Checkliste**
> **Regelungspunkte beim CR-Verfahren**
>
> Für eine klare Regelung hinsichtlich des Verfahrens bei möglichen Änderungen/Änderungswünschen des Auftraggebers sollten folgende Punkte besonders beachtet werden:
> - ☐ Differenzierungen bei der Dringlichkeit/Priorisierung:
> - ☐ unabweisbare Änderungsforderungen des Auftraggebers
>   - weniger dringende, gleichwohl vom Auftraggeber geäußerte Änderungsforderungen, die aber evtl. entweder geschoben oder auch aus guten Gründen abgelehnt werden könnten;
>   - Änderungen, die sich im Projektverlauf aus Gründen ergeben, dass der alte Ausführungsplan nicht tauglich ist, wobei es dann sehr darauf ankommt, wer diesen Ausführungsplan und die damit verbundene Kalkulation geschaffen hat. War dies allein der Auftragnehmer, gehen die Ausführungsrisiken zu seinen Lasten.[74]
> - ☐ Entsprechende Differenzierung bei der Reaktion des Auftragnehmers.
> - ☐ Prüfungsverfahren:
>   - Häufig wird übersehen, dass Änderungsforderungen einer Überprüfung bedürfen und zwar hinsichtlich Aufwand, Terminen sowie Verträglichkeit mit den übrigen Leistungen. Evtl. können Änderungen bisher schon erbrachte Leistungen obsolet machen.
>   - Insofern bedarf es einer ausgeklügelten Regelung, wonach auch der Prüfungsaufwand für die Änderungsforderungen zu erstatten ist und auch ein Verfahren, was in der Zwischenzeit mit dem Projekt zu geschehen hat (Weiterarbeit, Stillstand?). Einen Ansatz in diese Richtung bot etwa § 5 BVB-Erstellung.[75]
> - ☐ Einstellen der laufenden Arbeiten je nach Art des Änderungsverlangens:
>   - Evtl. schon während der Prüfung;
>   - Wer entscheidet?
> - ☐ Vergütungspflicht für umfangreichere Prüfung.
> - ☐ Wegfall/entsprechende Verschiebung von Fristen/Terminen.
> - ☐ Klare Regelung, was bei Nicht-Einigung passieren soll (Fortführung, Beendigung).
> - ☐ Vorbereitung für diese Entscheidung: klares Angebot des Auftragnehmers.
> - ☐ Klare Dokumentation der einzelnen Änderungen und deren Behandlung, einschließlich Fortschreibung des „Pflichtenhefts", des Termin- und Aktivitätenplans und ggf. der Dokumentationen (zB Anwenderhandbuch).
> - ☐ Einbettung in das Eskalationsverfahren.

63 *bb) Umfang der Änderungsforderungen.* Der Umgang mit Änderungsforderungen ist häufig sehr leichtfertig, weil übersehen wird, dass die Vielzahl von Anforderungen ein Projekt sehr schnell ins Trudeln bringen kann. Dass man mit einer Vielzahl solcher Anforderungen den Auftragnehmer praktisch Schachmatt setzen kann, sei am Rand bemerkt. In diese Richtung geht auch folgender Formulierungsvorschlag:

> **Formulierungsvorschlag:**
> **64** § 22 Leistungsänderungen
> (1) Der AG kann jederzeit Leistungsänderungen und -ergänzungen verlangen, die im Rahmen des Projektes liegen, es sei denn, sie wären für den AN unzumutbar. Für kleine Änderungen (vorausgeschätzter Aufwand bis 5 Arbeitstage) genügt die Festlegung durch das Teilprojektteam nach § 14 Abs. 2, wenn die Festlegung in dem durch § 13 Abs. 3 gesteckten Rahmen bleibt.

---

[74] S. a. BGH Urt. v. 16.7.1998 – VII ZR 350/96, NJW 1998, 3707; zum Problem der Entwicklung neuer Lösungen und evtl. nicht gangbarer Lösungswege BGH Urt. v. 13.6.2006 – X ZR 167/04, DB 2006, 1953 und dazu → Rn. 154 ff.

[75] Ähnlich Ziffer 16 der EVB-IT System, Änderungen nach Vertragsschluss.

(2) Der AN schätzt sofort ab, ob der Mehraufwand mehr als neun Arbeitstage beträgt. In diesem Falle verlangt er vom AG eine schriftliche Darstellung der Vorgaben und erstellt auf dieser Grundlage ein schriftliches Angebot. Hierbei ist er an die Anlage Kalkulation gebunden. Wenn der AG nicht anderes entscheidet, setzt der AN zunächst die Tätigkeiten nach den bisherigen Vorgaben fort.

(3) Falls sich die Vertragspartner nicht über die Vergütung und eine Änderung des Terminplans einigen, entscheidet in Bezug auf den Terminplan die Schlichtung verbindlich. In Bezug auf die Vergütung bleibt der Streit offen; ein Zurückbehaltungsrecht besteht nicht. Vorläufig ist der Mittelwert der seitens der beiden Vertragspartner genannten Vergütungsansätze anzusetzen.

(4) Alle Vorgänge in diesem Zusammenhang sind zu beschleunigen, um eine Projektverzögerung zu vermeiden.[76]

Der im Formulierungsvorschlag vorstehend zitierte § 13 Abs. 3[77] besagt im Übrigen sinngemäß, dass ein Teilprojektteam sein Budget unter dem Vorbehalt der Zustimmung der Projektleitung höchstens 20 % erhöhen kann.

Gerade die Beschleunigung bei der Beantwortung des Änderungsaufwands führt dazu, dass der Auftragnehmer in ein nahezu unübersehbares Risiko kommt, was die Durchführbarkeit der Änderungen bzw. deren Ausführbarkeit betrifft.

Praxistipp:
Es kann deshalb empfehlenswert sein,
- ein Projekt in möglichst kleine, handhabbare, zeitlich überschaubare und fachlich tragfähige Einheiten zu zerlegen,
- Änderungswünsche auf die Zeit nach Fertigstellung eines solchen Abschnitts zu verlegen und vor den Beginn mit dem nächsten Abschnitt die Entscheidung darüber herbeizuführen, ob diese Änderungen ausgeführt werden sollen oder nicht.

Wenn allerdings durch die Änderung bisherige Leistungen oder noch zu erbringende Leistungen obsolet werden, dann sollte – bevor das Projekt insgesamt schief liegt – die Reißleine gezogen werden und eine umfangreiche Prüfung erfolgen, ob insbesondere der Leistungsumfang selbst neu gefasst werden muss.

Wenn es sich bei der Änderung dagegen va um einen Zusatzwunsch handelt, so würde eine Vertagung bzw. Verlegung nach Fertigstellung des bereits vereinbarten Leistungsteils ratsam sein.

cc) Vergütung von Mehraufwand. Nicht jede Änderung muss Mehraufwand implizieren. Denkbar wären auch Minderungen des Aufwands. Aber es stellt wohl jede Änderung die Frage nach den Folgen hinsichtlich der Fristen und der Synchronisation der verschiedenen Tätigkeiten, also der Projektleitung, aber auch der rechtzeitigen Vertragserfüllung.

Grundsätzlich gilt, dass **zusätzliche Leistungen auch zusätzliche Vergütung** auslösen. Dies wird häufig übersehen, obwohl es jeweils gesondert für Dienst- und Werkvertrag im Gesetz geregelt ist (§ 612 BGB für Dienst-, § 632 BGB für Werkvertrag).[78] Evtl. kommt es auch darauf an, ob es sich um eine Zusatzleistung innerhalb des Vertrages oder um einen abgrenzbaren selbständigen Auftrag handelt.[79]

Auch bei Pauschalpreis-Werkverträgen können nicht vorgesehene zusätzliche Werkleistungen ohne Abschluss eines sie betreffenden zusätzlichen Werkvertrages vergütungspflichtig sein. Voraussetzung ist, dass es sich um erhebliche, zunächst nicht vorgesehene Leistungen auf Veranlassung des Bestellers handelt, wobei es nicht darauf ankommt, ob die Parteien über die neue Preisgestaltung eine Einigung erzielt haben.[80]

---

[76] Hoffmann-Becking/Rawert/*Bartsch* III. G. 4.
[77] Aus dem Muster von Hoffmann-Becking/Rawert/*Bartsch* III.G.4.
[78] Wichtig für über Angebot hinausgehende Vorarbeiten, s. OLG Nürnberg Urt. v. 18.2.1993 – 12 U 1663/92, CR 1993, 553 mAnm *Bartsch* 557.
[79] Zur Abgrenzung BGH Urt. v. 13.12.2001 – VII ZR 28/00, NJW 2002, 1492.
[80] BGH Urt. v. 8.1.2002 – X ZR 6/00, DB 2002, 1710.

70 Das große **Problem** bei **Festpreis**verträgen ist dann, ob der Auftragnehmer im Nachhinein nachweisen kann, dass ihm entweder eine verbindliche Änderung oder ein verbindlicher Zusatzauftrag erteilt worden ist und dass dieser Mehraufwand erforderlich war.

71 Nicht jede Änderung heißt sofort **Mehr**aufwand, da ja in vielen Fällen statt der einen Leistung eine andere zu erbringen ist. Auch vergessen viele Auftragnehmer, sofort einen **Vorbehalt** anzubringen, dass sie den Mehraufwand geltend machen werden. Hinzu kommt, dass, wie bereits erwähnt, Sachverständige der Auffassung sind, der Auftragnehmer hätte das Pflichtenheft[81] zu erstellen. Fehlt ein solches, sind sie der Auffassung, dass alle Veränderungen, die dann stattfinden, mangels Nachweisbarkeit der Abweichung vom Pflichtenheft sozusagen zu Lasten des Auftragnehmers gehen.[82]

72 Diese Auffassung ist durch die Entscheidungen des BGH zum (fehlenden) Pflichtenheft[83] **überholt**. In der Praxis bedeutet dies, dass der Auftragnehmer darauf achten kann, dass der Auftraggeber keine Änderungen wünscht, die entweder vom Pflichtenheft oder einem gewöhnlichen Ausführungsstandard abweichen. Tut der Auftraggeber dies, kann sich der Auftragnehmer mit dem Vorbehalt darauf einlassen, dass er den Mehraufwand später geltend macht.

> **Praxistipp für den Auftraggeber:**
> Möglicherweise ist dies einer der großen, wichtigen Ansatzpunkte für eine permanente kaufmännische, letztlich aber auch juristische **Projektbegleitung:** Wenn sich der Auftraggeber in jedem Falle, also gleich ob Festpreis- oder Zeitaufwandsprojekt, zunächst eine **Vorkalkulation** geben lässt, auf der entweder der Festpreis oder die Aufwandsschätzung beruht, hat er eine Referenz sowohl in fachlicher als auch in preislicher Hinsicht, um Änderungen als Mehrungen oder Minderungen qualifizieren zu können.[84]

73 Ob überhaupt Änderungen durchzuführen sind, ist dann eine Frage, der sogleich nachgegangen werden soll. Jedenfalls lässt sich der Projektverlauf im Hinblick auf solche Mehrungen und Minderungen nur dann beurteilen, wenn eine nach Projektschritten und Modulen spezifizierte Vorkalkulation vorliegt.

74 *dd) Praktische Handhabung von Änderungsverlangen.* Grundsätzlich könnte der Auftragnehmer bei Festpreisaufträgen mit gutem Grund die Erbringung von weiteren Leistungen, also **Ergänzungen vor Abnahme ablehnen,** va im Hinblick auf Termine, Risiken der Ausführung, Prüfungsaufwand, oder auf einer Änderung des Vertrags, nämlich zu Dienstvertrag als „Zurufprojekt" nach Aufwand.

75 Er könnte gegenüber Änderungen der Leistungen, wie sie im Pflichtenheft festgelegt sind, geltend machen, dass eine etwaige Änderung zumindest nicht vor Abnahme erfolgen soll, **um nicht die Abnahmefähigkeit zu gefährden,** weil das Pflichtenheft die Referenz hierfür ist. Man wird jedoch zum einen aus dem **Charakter des komplexen Langzeitvertrages** ebenso wie auch aus der inzwischen mehrfach von den Gerichten festgestellten naturhaften **Zwangsläufigkeit der Änderungen im Projektverlauf** schließen müssen, dass sich der Auftragnehmer nur bei Unzumutbarkeit gegen Änderungen wehren kann.[85]

76 Es empfiehlt sich schon deshalb, in den Vertrag ein **Änderungsverfahren** einzubauen. Soweit der Auftragnehmer noch während des Projektverlaufs zunächst die Vorgabe, also das

---

[81] Und zwar im Sinne der fachlichen Vorgabe (also „Lastenheft", wie die IT-Fachleute sagen). Zur Terminologie → § 18 Rn. 52 ff.
[82] So etwa typisch: OLG München Urt. v. 22.12.1988 – 1 U 5606/87, CR 1989, 803.
[83] BGH Urt. v. 24.9.1991 – X ZR 85/90, CR 1992, 543 – Zugangskontrollsystem; BGH Urt. v. 16.12.2003 – X ZR 129/01, CR 2004, 490 – weil bei fehlendem Pflichtenheft ein mittlerer Ausführungsstandard geschuldet ist.
[84] → Rn. 84 f.
[85] S. va BGH Urt. v. 24.6.1986 – X ZR 16/85, CR 1986, 799 zu Reservekapazitäten im Hardwaremengengerüst wegen der im Projektverlauf immer üblichen Änderungen.

Pflichtenheft erstellen soll, wird man auch hinsichtlich der Erstellung dieses Pflichtenhefts ein solches Änderungsverfahren sinnvollerweise einbauen.

Ansonsten drohen Probleme, wie sie etwa das OLG Köln zu beurteilen hatte.[86] Dort hatte gem. Vertrag der Auftragnehmer dem Auftraggeber *„ein Pflichtenheft mit Realisierungsplan"* zu übergeben. Der Auftragnehmer sah sich hierzu nicht nur in der Pflicht, nachdem der Auftraggeber in der ersten Programmbesprechung weit über die ursprüngliche Besprechung (die der Auftragnehmer im Pflichtenheft dann wiedergeben wollte) hinausgehende Anforderungen geäußert hatte. Nach Ansicht des OLG Köln hätte der Auftragnehmer sich darauf einlassen müssen, das Pflichtenheft völlig umzuschreiben (und damit den gesamten Auftrag).

Fehlt ein **formelles Änderungsverfahren** – wie häufig – wird sich der Auftragnehmer üblichen Änderungen nicht widersetzen können. Dies ergibt sich aus einer Reihe von Urteilen, die allerdings dann die Frage aufwerfen, was eigentlich an Änderungsverfahren bzw. Änderungsverlangen noch „normal" ist:

- BGH – S-Projekt I;[87]
- KG Berlin:[88] Mit gewissen Änderungen und Ergänzungen der Programme im Laufe der Programmierarbeiten und dadurch bedingten Verzögerungen hat der Auftragnehmer zu rechnen und sie von vornherein zu berücksichtigen, wenn eine Betriebsanalyse nicht erstellt und ein Pflichtenheft nicht erarbeitet worden war." (LS 3);
- BGH – Geräteverwaltung:[89] Herausnahme einer Spezialsoftware aus einem Gesamtprojekt;
- BGH – Holzhandlung:[90] **nicht erfüllte Zusatzwünsche**, *„Selbstverständlichkeiten"* trotz neuer Vertragsgestaltung;
- BGH – S-Projekt II:[91] Wirksame AGB- Klauseln, wonach sich der Auftraggeber bei Änderungs- oder Ergänzungsarbeiten, die auf seinen Wunsch hin an den Programmen vorgenommen werden, nicht mehr auf früher vereinbarte Fertigstellungsfristen berufen kann;
- BGH:[92] Hat der Auftragnehmer im Nachtragsangebot für zusätzliche Leistungen selbst bereits Abzüge bei der Vergütung wegen Wegfalls anderer Leistungen, trägt er Beweislast für spätere Behauptung, der Abzug sei unberechtigt;
- BGH – Warentermingeschäft II:[93] Fälligkeit der Dokumentation mit angemessener Frist nach Abschluss der Arbeiten am Programm insbesondere bei zahlreichen Änderungsverlangen.

Wenn im Vertrag verbindliche Termine bzw. wenn Fristen vorgesehen sind, lässt sich oft schwer feststellen, was im Falle einer erheblichen Änderung gelten soll: Hätte der Auftragnehmer eine solche Änderung einplanen müssen, hätte er sie ebenso auch bei der Fristenplanung berücksichtigen müssen. Geht es nur darum, dass immer Änderungen vorkommen, wäre die Folge, dass immer auch **Fristen geschoben** werden müssten.

Vorschlag: Soweit die Verschiebungen als solche vorher hätten eingeplant werden können, weil sie vorhersehbar oder üblich waren, kommen Nachfristen gegenüber dem Auftragnehmer in Betracht. Soweit sie nicht vorhersehbar waren, entfallen Termine mangels anderweitiger Regelungen.[94]

Wenn solche Verschiebungen **aufgrund vereinbarter bzw. vom Auftraggeber gewünschter Erweiterungen** erkennbar werden, ist eine wichtige Aufgabe der **Projektbegleitung** (Controlling), den Terminplan/-rahmen (Aktivitäten- und Fristenplan) angemessen anzupassen. Auch kann es sinnvoll sein, sich sogleich, noch während des Projektlaufs über die **Ursachen und**

---

[86] OLG Köln Urt. v. 3.12.1993 – 19 U 157/93, CR 1994, 229.
[87] BGH Urt. v. 24.6.1986 – X ZR 16/85, CR 1986, 799.
[88] KG Berlin Urt. v. 1.6.1990 – 14 U 4238/86, CR 1990, 768.
[89] BGH Urt. v. 7.3.1990 – VIII ZR 56/89, CR 1990, 707.
[90] BGH Urt. v. 15.5.1990 – X ZR 128/88, CR 1991, 86.
[91] BGH Urt. v. 23.6.1992 – X ZR 92/90, CR 1993, 424.
[92] BGH Urt. v. 15.4.1999 – VII ZR 211/98, DB 1999, 1949, LS.
[93] BGH Urt. v. 20.2.2001 – X ZR 9/99, NJW 2001, 1718.
[94] BGH Urt. v. 24.11.1998 – X ZR 21/96, CI 3/99, 48 – Vereinbarung von Zusatzleistungen, Erweiterungen lässt ursprünglich vorgesehenen Termin entfallen.

finanziellen Aspekte der Verschiebung (auch im Hinblick auf Pönalen, Prämien, Fälligkeit) zu verständigen, so dass hierüber späterer Streit vermieden werden kann. Bei diesem Streit stehen ansonsten evtl. Zahlungsverlangen des Auftragnehmers verbunden mit Leistungsverweigerung den angeblichen Erfüllungsansprüchen des Auftraggebers gegenüber. Diese Blockade wäre zu vermeiden.

82 Ist die Änderung veranlasst durch **ursprüngliche Fehler im Pflichtenheft**, bleibt wohl kein anderer Weg, als auch dann, wenn das förmliche Verfahren nicht eingehalten wird, eine **Anpassung** vorzunehmen. Dies gilt insbesondere dann, wenn der Auftragnehmer auf solche Änderungen drängt. Das **Hauptproblem** in diesem Zusammenhang stellt die **Vergütung iVm der Einhaltung der Frist** dar. Evtl. sollte diese Alternative gesondert außerhalb dieses formellen Änderungsverfahrens geregelt werden. Dies hängt auch davon ab, ob der Auftragnehmer bereits nach dem Vertrag das Pflichtenheft zu prüfen hat (und insofern dann das erst spätere Erkennen einen Mangel seiner Leistung darstellen kann), oder ob er nur verpflichtet ist, dann, wenn er die unzureichende Ausführung des Pflichtenhefts erkennt, hierauf aufmerksam zu machen und ein entsprechendes Verfahren einzuleiten. In diesem Falle wäre es dann so, dass der Anstoß vom Auftragnehmer ausgeht und dieser den Auftraggeber veranlasst, ein förmliches Änderungsverlangen durchzuführen, das in diesem Falle der Auftragnehmer initiiert, zu dem dann der Auftraggeber den zweiten Schritt, nämlich die entsprechende Vorgabe, wie das Pflichtenheft beschaffen sein soll, nachholt.

83 Unter dem Aspekt des Änderungsverfahrens (gleich ob förmlich oder mehr informativ) lohnt es, dass Projekte im Vorhinein **kalkuliert** werden, dass für einzelne Arbeitsschritte bzw. Bereiche (Module) die Arbeiten, die hierzu erbracht werden sollen, festgelegt und auch zeitlich bewertet werden.[95] Diese Kalkulation muss nicht, könnte aber theoretisch auch **Geschäftsgrundlage** werden. Bei Abweichungen lässt sich dann ermitteln,
- welcher Aufwand entfallen ist,
- welcher Aufwand hinzugekommen ist und
- wie sich dieser Aufwand zum Gesamtvertrag verhält.

An der Möglichkeit eines solchen Soll-Ist-Vergleich fehlt es bei vielen Projekten.[96]

84 Wichtig und entscheidend ist bei **Änderung der Ausführungsart** für die Kostentragung, **von wem** die ursprüngliche **Kalkulation** stammt: Wenn sie auch auf Angaben des Auftraggebers, und nicht allein des Auftragnehmers, beruht, ist nicht allein der Auftragnehmer verantwortlich.[97]

85 h) **Abnahme**.[98] Einen eigenen Komplex im Vertrag bilden die Regelungen im Zusammenhang mit der Abnahme, wobei es dazu Vorläufer in Form von Tests beim Auftragnehmer, Test beim Kunden, Übergaben, unterschiedliche Arten von Tests, Abnahmekriterien uä gibt. Auch bei Anwendung von Kaufrecht lassen sich dem Abnahmeverfahren entsprechende Kriterien und Tests zur Ermittlung der Vertragsgemäßheit formulieren und vereinbaren. Im Folgenden wird weiter die werkvertragliche Terminologie benutzt.

86 Als grundsätzliche Frage ist zu entscheiden,
- ob die Parteien nach Fertigstellung noch längere Zeit die Möglichkeit haben, die Software mit Echtdaten zu testen, ohne dass es sich um einen die Abnahmefiktion auslösenden „Produktivbetrieb" handelt oder
- ob es eine Art Stichtag gibt, an dem die Umstellung bewirkt wird und ab dem dann mit der neuen Software ausschließlich ohne Parallelbetrieb bearbeitet wird, was mit erheblichen Risiken und Schwierigkeiten der Verantwortungsverteilung verbunden ist.

87 Eine **Abnahmeprüfung** im Rahmen des **Produktivbetriebs** berechtigt möglicherweise den Auftragnehmer als typische Notwendigkeit in einem solchen Stadium dazu, dass bei Auftre-

---

[95] → Rn. 74.
[96] S.a. Probleme der Rückrechnung auf erforderlichen Aufwand trotz vorliegender Stundenzettel, OLG München Urt. v. 22.12.1988 – 1 U 5606/87, CR 1989, 803.
[97] BGH Urt. v. 16.7.1998 – VII ZR 350/96, NJW 1998, 3707.
[98] Zu Themenfeldern einer umfassenden Regelung s. *Bartsch* CR 2006, 7; zu Vereinbarungen zu Test- und Abnahmeverfahren s. *Bischof/Witzel* ITRB 2006, 95; zu technologischen und rechtlichen Zusammenhängen der Test- und Abnahmeverfahren s. *Müller-Hengstenberg/Kirn* CR 2008, 755. Einzelheiten unter → § 18.

ten von Mängeln zB SLA noch nicht greifen bzw. die üblichen Arsenale des Kunden, was Nacherfüllung betrifft. Dies könnte auch evtl. Folgeschäden wie „Dateninkonsistenzen", „Datenverlust" oä betreffen, jedenfalls **die Schadensersatzposition des Kunden schwächen**. Entsprechend wichtig sind Regeln im Vertrag zu **der Verteilung der Verantwortung, wenn sich Fertigstellung, Prüfung und Nutzung überschneiden**.

Die Abnahmekriterien sind am besten ähnlich wie die Mängelkriterien zu gestalten, wenn sich die Parteien hierüber auslassen wollen. Das maßgebliche Kriterium für die Differenzierung ist die **Auswirkung, die Schwere des Mangels**. 88

Bei der Abnahme/Feststellung, ob die Leistung vertragsgemäß ist, spielt die Spezifikation[99] als Referenz eine zentrale Rolle. Begrifflich ist kaum eine „Abnahme" im Sinn von § 640 BGB ohne eine solche Spezifikation vorstellbar. Weiter erforderlich ist die **Dokumentation**,[100] genauer: **Bedienungsanleitung mit Installationsanweisung**. Onlinehilfen sind kein Ersatz. Ohne Bedienungsanleitung (und Installationsanleitung) ist nicht erfüllt, **keine Abnahmereife** hergestellt.[101] 89

aa) Mängelkategorien. Es ist üblich, sog Mängelkategorien zu vereinbaren. Im Hinblick auf SLA und die Folgen deren Nichteinhaltung erscheint dies besonders wichtig.[102] Auch die Formulierung in § 640 BGB legt dies nahe: *„Wegen unwesentlicher Mängel kann die Abnahme nicht verweigert werden."* (Abs. 1 S. 2). Obwohl das Mangelrecht keine solche Stufung vorsieht, kann sie sich im Hinblick auf SLA, Tests und „Abnahmefähigkeit" empfehlen. 90

Das Verfahren zur Analyse und Qualifizierung/Bewertung (in Anlehnung an DIN 66.217) sollte genauer festgelegt werden. Siehe etwa folgende typische Einteilung) der Mängelkategorien in tabellarischer Form:[103] 91

Bezeichnung	Stufe/Priorität	Kennzeichnung/ Beschreibung	Wirkung/ Einvernehmliche Feststellung	**R**eaktions-, **B**eseitigungs- und evtl. **P**ufferzeit
A – Systemausfall	1, Extrem hoch	Die Anwendung steht. Die Software ist im wesentlichen nicht anwendbar.	Abnahmeprüfungshindernd	R:1, B:2 P:0
B – Funktionsausfall	2, Hoch	Wesentliche Funktion steht oder ist praktisch nicht nutzbar.	Abnahmeprüfungshindernd	R.1 B:4 P:0
C – Funktionsstörung	3, Mittel	Es treten Mängel und dadurch Beeinträchtigungen bei der Nutzung auf.	Erhebliche Störung, Inkonsistenz, Nacharbeiten	R:2 B:6 P:1
D	4, Niedrig		Nicht wesentliche Störung	

---

[99] → Rn. 41 ff.
[100] Anpassung von Software als Werkvertrag ist erst mit Übergabe der Dokumentation vollendet, s. BGH Urt. v. 14.7.1993 – VIII ZR 147/92, CR 1993, 681 – Verkaufsabrechnung: Der Anspruch des Bestellers einer Individualsoftware auf Lieferung der Dokumentation wird grundsätzlich erst mit dem Abschluss der Arbeiten am Programm fällig. Vor allem bei den möglichen häufigen Erweiterungen und Änderungen muss der Auftragnehmer nicht ohne weiteres in jedem Stadium eine entsprechend gestaltete Dokumentation fertig gestaltet haben; BGH Urt. v. 20.2.2001 – X ZR 9/99, CR 2001, 367 – Warentermingeschäft II; a. M. OLG Düsseldorf Urt. v. 8.12.1998 – 21 U 152/95, CI 1999, 162.
[101] Zu Dokumentation ausführlich → § 18 „IT-Projektverträge".
[102] Zu SLA → § 14 „Softwarepflegeverträge".
[103] Aus Vortragsunterlagen *Schneider* und *Bischof*.

92 *bb) Abnahmekritierien.* Es fehlen häufig Regelungen, nach welchen Kriterien und welchem Verfahren die Abnahme durchzuführen ist. In vielen Verträgen mangelt es an Regelungen zu Testsystem, parallelem Betrieb, Inbetriebnahme als Abnahmevoraussetzung (und nicht als konkludente Abnahmeerklärung), unterbrechungsfreier Erprobung ohne die Abnahme-Prüfung hindernde Mängel und ohne Nachbesserungen. Stattdessen enthalten viele Verträge eine Klausel, wonach sich die Parteien noch im Laufe des Projekts auf Abnahmekriterien einigen (sollen). Dies ist äußerst riskant. Die Performance und andere Kriterien (zB Fehlerklassen) gehören zum Pflichtenheft bzw. den Anlagen zum Vertrag, anhand derer die Leistung und somit die Abnahmefähigkeit ermittelt werden kann.[104]

93 **Vorschlag:** Test- und Abnahmekriterien, Verfahren zur Gewinnung iVm Abnahmeverfahren sollten rechtzeitig vor Vertragsschluss festlegt werden, dabei auch Fehlerklassen iVm SLA, Schadenspauschalierungen uä.

94 *cc) Abnahmeverfahren*

Checkliste
Abnahme (Schrittfolgen bzw. Regelungspunkte)

Bei „echtem" Werkvertrag würde bei ausgearbeiteten Verträgen unterschieden:
- ☐ Fertigstellung der Software bei Anpassung und Erstellung von Software, Bereitschaft zur Übergabe
- ☐ betriebsbereite, abnahmefähige Übergabe iVm Einspielen und wohl auch Einweisung,
- ☐ gemeinsame Besichtigung mit Testläufen, gestaffelt nach Art der Tests, also etwa
  - Schreibtischtest/modulweise
  - Modultest praktisch
  - Wiederholung für die weiteren Module
- ☐ Integrationstest auf dem Testsystem/der Entwicklungsumgebung beim Auftragnehmer
- ☐ Installation auf dem Testsystem (?) beim Auftraggeber
- ☐ Abnahmetests, evtl. mit fester Frist, während derer keine Abnahme verhindernden und die Abnahmeprüfung behindernden Mängel auftreten dürfen
- ☐ Abnahmeerklärung, evtl. sogar noch – vorgeschaltet – endgültiger Test im Produktivsystem mit anschließender Abnahmeerklärung.

Zur Neutralisierung, falls doch **Kauf**recht anzuwenden wäre, wird es sich empfehlen, trotz „Wegfalls" des Instituts der Abnahme, zwischen
- ☐ Tests,
- ☐ Probebetrieb und
- ☐ Erprobung im Echtbetrieb
zu unterscheiden.

Regelmäßig geregelt werden sollten im Zusammenhang mit der Abnahme bzw. den Tests folgende Punkte bzw. Fragen:
- ☐ **Testdaten,** deren Struktur und Umfang,
- ☐ wer stellt das **Testsystem** bzw. die Testsysteme,
- ☐ wer bewirkt die **Migration,** also dass tatsächlich auf dem Produktivsystem mit Echtdaten gearbeitet werden kann,
- ☐ wer ist für die **Sicherheit** auf dem **Produktivsystem** bis wann bzw. ab wann verantwortlich,
- ☐ was ist mit den **Ausfallschäden,** wenn ein Test auf dem Produktivsystem vereinbart ist und dieser fehl schlägt und erhebliche Nacharbeiten hinsichtlich der Daten erforderlich werden?

---

[104] BGH Urt. v. 3.11.1992 – X ZR 83/90, CR 1993, 352 – Voraussetzungen stillschweigender Werkabnahme trotz expliziter Abnahmeregelung; BGH Urt. v. 12.3.1992 – VII ZR 5/91, NJW 1992, 1754 – Ablieferungskontrolle; BGH Urt. v. 12.10.2006 – VII ZR 272/05, NJW 2007, 366 (zum Subunternehmer → Ziffer IV); BGH Urt. v. 2.11.1995 – X ZR 93/93, CR 1996, 667 – Keine Abnahme, wenn Funktionsfähigkeit erst im Laufe der Benutzung feststellbar und AG Mängel sofort gerügt hat; BGH Urt. v. 13.3.1996 – VIII ZR 333/94, DB 1996, 1275; BGH Urt. v. 2.7.1996 – X ZR 64/94, NJW 1996, 2924 – Befundsicherungspflicht/Beweislast bei Nichtfunktion der Datensicherung (s. a. OLG Hamm Urt. v. 10.5.1999 – 13 U 95/98, CR 2000, 289).

II. Erstellung von Software

> **Praxistipp für den Auftraggeber:**
> Es empfiehlt sich, diese Fragen in dem **Vorgehensplan** dadurch genauer zu klären, dass jeweils feststeht, was bis zu welchem Zeitpunkt bzw. bis zu welchem relativen Zeitpunkt im Raster des Gesamtplans geleistet sein muss und wer dafür verantwortlich ist. Es wird also durchaus möglich sein, trotz des Vorliegens des Vertragstyps Kauf, die Projektverantwortung beim „Lieferanten" bei Software-Erstellung zu belassen.

Ein oft vernachlässigtes Thema, das sich spätestens bei der Abnahme stellt, ist die Altdatenübernahme bzw. **Migration**. Ohne explizite Regelung im Vertrag oder implizit durch die Ausgestaltung der **Testszenarien** (zB Test mit aktuellen Echtdaten durch den Auftragnehmer, s. a. sogleich) wird die Datenübernahme Sache des Auftraggebers sein. Im Vertrag sollte die Migration auf das neue System genau geregelt sein. Bei Phasen der Entwicklung mit jeweils „Teilabnahme" wird zwischen der ersten **Altdatenübernahme** einerseits und dem endgültigen **Umstieg** auf das neue System andererseits nicht nur längere Zeit liegen, sondern sich auch eine erhebliche **Änderungsrate** der Daten ergeben. Dazu kann die Eigenschaft der neuen Software gehören, auch die Altdaten aktiv verwalten zu können, da diese ggf. Änderungen unterliegen (zB aus Abrechnungen oder im Zusammenhang mit Renten-/Pensionsverwaltungen).

Die **Qualität** der Altdaten wird für die Erfolgsrate der Übernahme entscheidend sein. Der Auftraggeber hat hier wesentliche Vorleistungen zu erbringen bzw. das Risiko schlechter Qualität grundsätzlich auf seiner Seite:[105]

„1. Unter den Begriff der „Installation" fällt die Aufstellung der Hardware und das Aufspielen der bestellten (neuen) Software; er umfasst jedenfalls dann nicht auch die Übernahme der Altdaten, wenn hierzu weitere Programmierarbeiten erforderlich sind.
2. Schuldet der Auftragnehmer die Übernahme vorhandener Adressdaten in das von ihm gelieferte Programm, so bedeutet dies nicht, dass die Adressfelder des alten mit denen des neuen Programms identisch sein müssen.
3. Der Auftragnehmer kommt so lange mit der Übernahme der Daten nicht in Verzug, als der Auftraggeber die von ihm angeforderten Informationen, in welche Felder des neuen Programms bestimmte Daten übernommen werden sollen, nicht erteilt hat, auch wenn der Auftraggeber derartige Angaben nicht für erforderlich hält."

Dennoch kann das Problem schlecht gepflegter, nicht dokumentierter Altdaten den Auftragnehmer treffen, etwa wenn er **vorbehaltlos die Übernahme durch ein spezielles Programm** angeboten hat:[106]

„… 3. Ein Konvertierungsprogramm, das eine beim Kunden vorbestehende Adressdatei übernehmen soll, ist auch dann mangelhaft, wenn die reibungslose Übernahme deshalb nicht funktioniert, weil die Adressdatei nicht im Industriestandard abgespeichert ist, es sei denn, letzteres wäre vertraglich vereinbart gewesen."

Zur **Neutralisierung** gegenüber § 651 BGB können Regelungen gemäß folgender Schemata dienen: Eine Klausel in AGB, die erklärt „dieser Vertrag ist ein Werkvertrag" oder „auf diesen Vertrag findet Werkvertragsrecht Anwendung", dürfte wegen Intransparenz unwirksam sein, wenn § 651 BGB greift, da § 651 BGB auf Kaufrecht verweist.[107] Was aber wirksam sein müsste und daher ein gangbarer Weg wäre, sind Regelungen, Kriterien und Verfahren für die Feststellung, ob die Leistung des Auftragnehmers vertragsgemäß ist. Das Relevante ist also die Bestimmung der Leistung und der Abnahme(-kriterien).

---

[105] OLG Köln Urt. v. 21.1.1994 – 19 U 100/93, CR 1994, 538 (Leitsätze der Redaktion).
[106] Zum Problem s. OLG München Urt. v. 15.2.1989 – 27 U 386/88, CR 1990, 646.
[107] S. Palandt/*Sprau* § 651 Rn. 1 aE (Abweichungen nur im Rahmen des Kaufrechts). In einem Individualvertrag kommt jedoch, soweit kein Verbrauchervertrag vorliegt, auch eine Unterstellung unter Werkvertragsrecht in Betracht (Palandt/*Sprau* Übbl 15v § 311, str.).

99

**Checkliste
Grobschema Test-Regelung**

Das folgende **Grob-Schema** muss entsprechend auf Module, Funktionalitäten usw. erweitert werden:

1. Test des Auftragnehmers anhand der vereinbarten Kriterien, wobei näher zu regeln wäre:
   - Testplan, evtl. Anlage zum Vertrag,
   - Testsystem (wer stellt dieses?, in dieser Phase der Auftragnehmer),
   - Testdaten (stellt der Auftraggeber, der dabei evtl. vom Auftragnehmer unterstützt werden muss),
   - Testfälle (stellt der Auftraggeber, der dabei evtl. vom Auftragnehmer unterstützt werden muss).
2. Übergabe der Software und der Testergebnisse an den Auftraggeber mit Freigabe für Tests durch den Auftraggeber.
3. Test des Auftraggebers, evtl. modulweise, evtl. mit Unterstützung des Auftragnehmers:
   - Funktional,
   - Integration,
   - Performance.
4. Bearbeitung eingehender Meldungen, Mängelbeseitigung.
5. Test im Rahmen eine Erprobung mit vereinbartem Zeitfenster ohne Störungen und Mängelbeseitigungen (frozen zone) möglichst unter Last.
6. Freigabe für den Produktivbetrieb, evtl. noch Tests im Produktivbetrieb mit Regelungen zu Verantwortlichkeiten. Regelung im Vertrag, wie oft Ziffer 5. wiederholt werden kann bzw. soll.
7. Der Beginn des Produktivbetriebs ohne Testcharakter wird einvernehmlich festgestellt.

Ziffer 7. stellt zugleich den Beginn der Verjährungsfrist für Mängel dar. Von diesem Zeitpunkt errechnet sich auch die Frist herabgesetzter Pflege-Vergütung.[108]

100 i) **Mängel.** Mit „Abnahme" beginnt die Verjährungsfrist für Mängelansprüche nach § 634a Abs. 1 Nr. 1, Abs. 2 BGB. Allerdings käme es nicht zur Einordnung nach § 634a Abs. 1 Nr. 1 BGB, wenn man zwar § 651 BGB „umgeht", jedoch mit der Begründung, Software sei keine Sache bzw. es gehe nicht um die Herstellung einer neuen Sache. Durch die Unsicherheiten, wie § 651 BGB umgangen wird, ist auch die Verjährung sowohl hinsichtlich Dauer als auch Beginn unklar. Eine Einordnung der Verjährung bei Software-Erstellung nach § 634a Abs. 1 Nr. 1 BGB bereitet systematische Schwierigkeiten.[109]

101 Allenfalls kommt eine Beurteilung nach § 634a Abs. 1 Nr. 3 BGB in Frage. Auch diese Frist kann, sogar in ABG, auf ein Jahr verkürzt werden, § 309 Nr. 8b) ff. BGB. Jedoch beginnt der Fristlauf nicht mit Abnahme(-erklärung), sondern gemäß den Voraussetzungen der regelmäßigen Verjährungsfrist, § 199 BGB (Kenntnis oder grob fahrlässige Unkenntnis). In AGB des Unternehmers wird der Beginn nicht wirksam auf Abnahme vorverlagert werden können.

102 In **Einkaufsbedingungen** könnte auch die 2-Jahresfrist bei Anwendung von Kaufrecht auf 3 Jahre **ausgedehnt** werden.[110] Erst recht wird der Besteller die 3-Jahresfrist in seine AGB wirksam aufnehmen können.

---

[108] Zum Problem der Vergütungspflicht des Pflegevertrags während der Verjährungsfrist für Mängel aus dem Beschaffungsvertrag → § 14 „Softwarepflegeverträge".
[109] S. *Ulmer* ITRB 2003, 162; → Rn. 15 ff. und 100 f.
[110] BGH Urt. v. 5.10.2005 – VIII ZR 16/05, NJW 2006, 47; s. dazu *Redeker* CR 2006, 433 (435).

II. Erstellung von Software

> **Praxistipp für den Auftragnehmer:**
> Mängelkategorien iVm Beseitigungszeiten, Wahl der Nacherfüllungsart und Zahl der Nachbesserungsversuche und deren Wirkung (Hemmung) sollten vorsorglich genau geregelt werden.[111] Der Anbieter wird bestrebt sein, die Feinspezifikation möglichst zur alleinigen Referenz für Mängel iSv § 633 Abs. 2 S. 1 BGB („vereinbarte Beschaffenheit"), zu machen so dass für die anderen Mängelebenen kein Raum bliebe.

AGB von Auftragnehmern sehen bisweilen vor, dass der Auftraggeber bei allen seinen Mängelrechten stets Nacherfüllungsfristen setzen muss. Eine solche Klausel ist unwirksam, wenn sie nicht berücksichtigt, in welchen Fällen Nachfristsetzung entbehrlich ist:

„Eine Formularbestimmung, wonach der Vertragspartner des Verwenders diesem eine Frist zur Nacherfüllung setzen muss, auch wenn eine Fristsetzung gemäß § 323 Abs. 2, § 326 Abs. 5, § 636 BGB entbehrlich ist, benachteiligt den Vertragspartner des Verwenders entgegen den Geboten von Treu und Glauben unangemessen, weil sie von wesentlichen Grundgedanken der gesetzlichen Regelung abweicht."[112]

Sofern Software-Erstellungsverträge Gegenstand von Gerichtsentscheidung sind, ist eine häufige Unklarheit, wie der Auftraggeber Mängel darzulegen hat.[113] Der BGH hat im Zusammenhang mit einem Online-Shop-Portal entschieden:

„Der Besteller genügt seiner Darlegungslast, wenn er Mangelerscheinungen, die er der fehlerhaften Leistung des Unternehmers zuordnet, genau bezeichnet. Zu den Ursachen der Mangelerscheinung muss der Besteller nicht vortragen. Ob die Ursachen der Mangelerscheinung tatsächlich in einer vertragswidrigen Beschaffenheit der Leistung des Unternehmers zu suchen sind, ist Gegenstand des Beweises und nicht des Sachvortrags (BGH, Urteil vom 17. Januar 2002 – VII ZR 488/00, BauR 2002, 784, 785 = NZBau 2002, 335 mwN)."[114]

Im konkreten Fall hatte der Auftraggeber vorgetragen, dass die Schnittstelle eines Warenwirtschaftssystems zu einem Online-Shop-Portal, die der Auftragnehmer herzustellen hatte, nicht funktioniere (dh ein automatischer Datenaustausch nicht stattfinde) und das System nicht durchgängig funktionsfähig sei.

j) **Haftung.** Eng mit der Abnahme hängt das Thema Mängel zusammen, mit diesem wiederum das Thema Schadensersatz/Haftung. Häufig wird das Thema Schadensersatz behandelt unter dem Stichwort „Sonstige Haftung", was nur dann sinnvoll ist, wenn diese Regelung mit den möglichen Haftungsbegrenzungen/-einschränkungen bei den einzelnen Fallgruppen der Schlechtleistung bzw. Nichterfüllung abgestimmt ist. Möglicherweise kann eine Auffangklausel zur „Sonstigen Haftung" entfallen, wenn keine Begrenzungsmöglichkeiten bei diesem Abgleich und aus den übernommenen Leistungsverpflichtungen verbleiben.

> **Praxistipp für den Auftraggeber:**
> Bei Software-Erstellung sollte besonderes Augenmerk auf die Rechtsmängel und deren Verjährung gerichtet werden, insbesondere dann, wenn der Auftragnehmer teilweise „fertige" Bausteine einbringt bzw. Fremd-Software insofern in Bezug nimmt, als er diese portiert uä.[115]

---

[111] Unberechtigte Mängelrügen, die Probleme aus der Sphäre des Kunden betreffen und die dieser hätte erkennen können, führen zu einem Erstattungsanspruch des Auftragnehmers, BGH Urt. v. 23.1.2008 – VIII ZR 246/06, CR 2008, 278. Dabei hat der Kunde nur die Mangelerscheinung mitzuteilen (zB Software stürzt regelmäßig ab), nicht aber die Mangelursache, BGH Urt. v. 30.10.2007 – X ZR 101/06, CR 2008, 145. Das bedeutet auch, dass AGB, wonach der Auftraggeber besondere technische Umstände hinsichtlich der Ursachen beschreiben soll, unwirksam sein dürften.
[112] BGH Urt. v. 6.6.2013 – VII ZR 355/12 – Winterdienst (Leitsatz).
[113] Einzelheiten zu prozessualen Aspekten → § 45 und 46.
[114] BGH Urt. v. 5.6.2014 – VII ZR 276/13 (Rn. 16), MIR 2014, Dok. 083.
[115] Weitere Hinweise zur Haftungsbegrenzung → § 16 „Standardklauseln (AGB-Recht)".

107 Zu Haftungsregelungen hinsichtlich „Folgeschäden" s. *Auer-Reinsdorff*,[116] mit folgenden Beraterhinweisen und **Musterformulierungen** für Haftungsbegrenzungen hinsichtlich Folgeschäden:

> **Praxistipp für den Auftragnehmer:**
>
> Der Ausschluss einzelner Arten von Folgeschäden (zB entgangener Gewinn) ist ausdrücklich im Vertrag aufzunehmen.
>
> **Beispielsformulierung:**
> „Eine Haftung über den pauschalierten Schadensersatz hinaus wird nicht übernommen. Dem Anbieter steht es frei, den Eintritt eines geringeren Schadens nachzuweisen. Bei Feststellung des entstandenen Schadens bleiben mittelbare Vermögensschäden außer Betracht. Dies sind insbesondere, aber nicht abschließend, Schadensersatzforderungen wegen entgangenen Gewinns, personeller Mehraufwand beim Auftraggeber, Nutzungsausfall und Umsatzeinbußen."
>
> Des Weiteren ist ua zu berücksichtigen:
> „Der Ausschluss der Haftung für einzelne Arten von Folgeschäden ist nur dann wirksam, wenn es durch eine klarstellende Formulierung nicht zu [......] unwirksamen Haftungsausschlüssen [etwa für Vorsatz] kommt.
> Der Haftungsausschluss für mittelbare Vermögensschäden gilt nicht bei Vorsatz, grober Fahrlässigkeit, bei der Verletzung des Lebens oder des Körpers, der Gesundheit oder soweit gesonderte Beschaffenheitsgarantien übernommen werden. Für Verzug, Mängelhaftung und die übernommenen Garantien sind die jeweiligen Vereinbarungen abschließend."

108 **k) Einweisung, Schulung.** In vielen Software-Erstellungsverträgen findet sich ein relativ großes Paket von Regelungen, die nicht unmittelbar den Vertragsgegenstand, wohl aber die Abwicklung des Vertrages und das Verhalten dabei betreffen. Typischerweise gehören dazu
- Mitarbeiter beider Vertragspartner und deren Verhalten bzw. Wohlverhalten,[117]
- Ausbildung von Mitarbeitern beim Auftragnehmer, etwa während des Entwicklungsprozesses, Einweisung der Mitarbeiter des Kunden in zeitlicher Nähe zur Abnahme, Schulung,[118]
- Geheimhaltung[119], Schutz des Know-how und Datenschutz (dazu sogleich → l).

109 In Software-Erstellungsverträgen und IT-Projektverträgen werden die Begriffe Einweisung[120] und Schulung uneinheitlich und teilweise synonym verwendet.[121] Einweisung orientiert sich eher am arbeitsrechtlichen Begriff der Unterweisung. Folgt man diesem Verständnis, ist die Einweisung gerichtet auf eine konkret anstehende Handhabung oder Tätigkeit von Mitarbeitern des Kunden, zB im Hinblick auf ihre Mitwirkung im Rahmen der Software-Einführung. Häufig ist nämlich für Mitwirkungsleistungen des Kunden, etwa im Rahmen der Erstellung der technischen Feinspezifikationen oder im Rahmen der Datenübernahme, aber auch für die Abnahmeprüfung, erforderlich, dass die entsprechenden Mit-

---

[116] *Auer-Reinsdorff* ITRB 2006, 181.
[117] Im Einzelnen zu Regelungen zur Qualifikation der Mitarbeiter des Auftragnehmers (und ggf. des Auftraggebers im Hinblick auf seine Mitwirkung) sowie zur Zusammenarbeit der Vertragspartner, Projektorganisation uä → Rn. 2 ff. sowie → § 18 „IT-Projektverträge", ua Rn. 145 ff.
[118] Zu Schulung → Rn. 108.
[119] Zu Geheimhaltung → Rn. 114 ff. sowie → § 12 „Überlassung von Software auf Dauer" Rn. 274 ff.; → § 19 „Outsourcing-Verträge" Rn. 12; → § 24 „Vertrieb von Software und Hardware" Rn. 31 und 118 ff.; → § 10 „Allgemeine vertragliche Grundlagen" Rn. 32 ff.; → § 30 „Elektronische Kommunikation und berufsspezifische Besonderheiten" Rn. 10; → § 15 „Hardware-Verträge" inkl. Wartung Rn. 108 und → § 34 „Recht des Datenschutzes" Rn. 66; zu Geheimhaltungsprozess → § 45 „Gerichtliche Auseinandersetzungen" Rn. 22 ff.
[120] Einweisung ist in diesem Zusammenhang nicht zu verwechseln mit der Unterbringung in eine psychiatrische Klinik.
[121] OLG Stuttgart Urt. v. 23.6.1986 – 2 U 252/85, CR 1988, 24; OLG München Urt. 22.3.2000 – 7 U 5021/99, CR 2000, 731.

arbeiter des Kunden über grundlegende Kenntnisse hinsichtlich (einiger) Funktionen und Handhabungen der neuen Software verfügen. Dementsprechend findet die Einweisung regelmäßig in einer relativ frühen Phase der Software-Einführung statt und ist im Vergleich zur Schulung weniger umfangreich. Manche Anbieter bezeichnen eine solche Einweisung als Grundschulung oder Basis-Schulung, was den Begriff der Einweisung verwässert. Üblicherweise werden bei der Einweisung keine gesonderten Schulungs- bzw. Einweisungsunterlagen übergeben. Dabei ist jedoch zu berücksichtigen, dass nach Ansicht des BGH[122] die Einweisung keine Kompensation für eine ordnungsgemäße Dokumentation/Bedienungsanweisung ist. Die Dokumentation/Bedienungsanweisung konserviert – so der BGH – das aufgrund der Einweisung vorhandene Wissen der Benutzer über den Gebrauch der Software und verleiht der Einweisung Dauerhaftigkeit – zB auch im Hinblick auf neue Mitarbeiter des Auftraggebers, die bei der Einweisung nicht dabei waren. Die Einweisung hat „Annexcharakter"[123] zur Lieferung und Übergabe der Software und deren Installation.[124] Die umfangreichere Schulung muss dagegen regelmäßig ausdrücklich vereinbart und zusätzlich vergütet werden.

Im Gegensatz dazu ist Gegenstand der Schulung die Anwendung der Software im Ganzen. Im Regelfall sind die Schulung bzw. das Schulungskonzept und die Schulungsunterlagen weitgehend standardisierte Leistungen des Anbieters. Teilweise differenziert die Literatur daher nach der Art der Software: Zu Individualsoftware bzw. individuellen Anpassungen soll eher die Einweisung gehören, zu Standardsoftware die Schulung.[125] Bei Standardsoftware hat der BGH[126] die Einweisung (ebenso wie die Installation) – als zusätzlich vereinbar und nicht als automatisch mitgeschuldet angesehen. Anders als bei Software-Kauf wird bei Software-Erstellung nach wohl überwiegender Ansicht die Einweisung, wenn nicht Besonderes vereinbart ist, mitgeschuldet.[127] Aus einer älteren BGH-Entscheidung[128] lässt sich möglicherweise entnehmen, dass der Auftragnehmer bei Werkvertrag verpflichtet ist, die Einweisung unentgeltlich zu erbringen (es sei denn, dies ist ausdrücklich anders vereinbart). In dem zugrundeliegenden Fall sah der BGH den Auftragnehmer als verpflichtet an, Mitwirkungsleistungen des Auftraggebers nicht nur rechtzeitig und qualifiziert abzurufen, sondern auch seine Unterstützung hierbei anzubieten. Die Einweisung kann mit einer solchen Unterstützung vergleichbar sein.

Schulungen sind, wenn nichts anderes vereinbart ist, zusätzlich zu vergüten. Die Vergütung bezieht sich üblicherweise auf eine Lehrkraft mit Kosten pro Tag (zB 4 × 1,5 h Vortrag zzgl. Pausen), Spesen und Auslagen. Die Schulungen sind im Regelfall dienstvertragliche Leistungen, weil das erforderliche Erfolgsmoment fehlt. Anders kann es evtl. bei einer Einweisung sein, deren Zweck es ist, dass die Mitarbeiter des Auftraggebers die Abnahmeprüfung durchführen können. Schulung ist weiter abzugrenzen von der Hotline/Anwenderunterstützung und sonstigen Beratungsleistungen.[129]

Gerade bei großen Kunden bzw. zahlreichen Nutzern werden nicht alle Nutzer des Kunden geschult, sondern nur sogenannte (vom Kunden bestimmte) Key-User, die wiederum die übrigen Nutzer schulen (sog Train-the-Trainer-Konzept).

Formulierungsbeispiel:[130]

„Train-the-trainer"-Schulungen und Einweisung

(1) Der Auftragnehmer führt „Train-the-trainer"-Schulungen durch, in denen umfassend und systematisch die Kenntnis von der Handhabung und Anwendung der ...-Software vermittelt wird.

---

[122] BGH Urt. v. 5.7.1989 – VIII ZR 334/88, CR 1990, 189, 209 – Personal-Computer.
[123] *Schneider*, Handbuch des EDV-Rechts, E. Rn. 359, D. Rn. 108 ff.
[124] *Witzel* ITRB 2002, 22; Schneider/v. Westphalen/*Redeker* D. Rn. 99 f.
[125] *Witzel* ITRB 2002, 22 (23).
[126] BGH Urt. v. 22.12.1999 – VIII ZR 299/98, CR 2000, 207.
[127] *Witzel* ITRB 2002, 22 (23).
[128] BGH Urt. v. 13.7.1988 – VIII ZR 292/87, CR 1989, 102 – Registrierkasse.
[129] *Schneider*, Handbuch des EDV-Rechts, E. Rn. 360.
[130] Auftraggeberfreundliches Beispiel.

> Train-the-Trainer bedeutet, dass der Auftragnehmer die vom Auftraggeber bestimmten ... [zB 5] Key-User schult; der Auftraggeber lässt sodann durch diese geschulten Key-User die übrigen Nutzer schulen. Der Auftraggeber sorgt dafür, dass die zu schulenden Key-User über die erforderlichen allgemeinen PC-Kenntnisse und MS-Windows Grundlagenkenntnisse verfügen.
> (2) ... Schulungskonzept und ... Schulungsdokumentation ... Anforderungen an das Schulungsmaterial ...
> Aktualisierung ...
> (3) Der Auftragnehmer schult durch qualifizierte Fachleute ...
> (4) Neben der Schulung übernimmt der Auftragnehmer die Einweisung der für die Mitwirkung (siehe Ziff. ...) vorgesehenen Key-User sowie der EDV-Mitarbeiter des Auftraggebers. Mit der Schulung stellt der Auftragnehmer sicher, dass die EDV-Mitarbeiter in die Lage versetzt werden, selbstständig Installations- und Administrationsaufgaben bezüglich der ...-Software auszuführen.
> (5) Ort der Schulungen ... Termine ... Dauer ... Vergütung ...

114 l) **Geheimhaltung, Datenschutz.** aa) *Know-how-Schutz, Geheimnisschutz.* Standardverträge von Software-Herstellern sehen häufig zweiseitige, sehr umfassende und pauschale Geheimhaltungsvereinbarungen vor, die auch nachvertraglich gelten sollen.[131] Dabei wird übersehen, dass das Schutzbedürfnis von Auftraggeber und Auftragnehmer nicht gleich gelagert ist. Häufig besteht ein größeres Geheimhaltungsbedürfnis des Auftraggebers (dazu sogleich). Zudem fehlt in vielen Geheimhaltungsvereinbarungen eine hinreichend klare Abgrenzung zwischen Geheimnis-, Urheberrechts- und Wettbewerbsschutz. Gerade bei Individualsoftware erfolgt regelmäßig eine falsche Zuordnung, wem eigentlich speziell das Geheimnis berechtigterweise zusteht (dazu sogleich). Diese Differenzierungen sind auch unter AGB-Gesichtspunkten relevant, va wenn ein Geheimhaltungsverstoß eine Vertragsstrafe auslöst.[132] Auch unter kartellrechtlichen Gesichtspunkten können unangemessene Geheimhaltungsvereinbarungen relevant sein.

115 Der Anbieter will regelmäßig sein Know-how, zB Quellcode, (Entwicklungs-)Dokumentation, evtl. Algorithmen, Konzepten, Einführungsmethodik uä, schützen.[133] Nicht alle diese Gegenstände genießen Urheberrechtsschutz.[134] Nicht urheberrechtsfähig sind regelmäßig Algorithmen, Erfahrungen/Ideen/Erkenntnisse oder theoretische Modelle (jedenfalls soweit sie nicht verkörpert sind). Es ist nicht selbstverständlich, dass Anbieter-Präsentationen (etwa in PowerPoint) uä eine ausreichende Schöpfungshöhe besitzen, um schutzfähig zu sein. Vielmehr kommt es darauf an, dass nicht nur eine geistige sondern auch eine schöpferische Leistung des Verfassers vorliegt (str.).[135] Im Zusammenhang mit der Frage der Urheberrechtsfähigkeit eines Anwaltsschriftsatzes hat der BGH betont, dass es für die Frage der Schutzfähigkeit auf die gewerbliche Verwertbarkeit nicht ankommt.[136] Weiter führte der BGH[137] aus:

> „Anwaltsschriftsätze sind grundsätzlich dem (rechts-) wissenschaftlichen und nicht dem literarischen Bereich zuzuordnen. Bei wissenschaftlichen Werken findet der erforderliche geistig-schöpferische Gehalt seinen Niederschlag und Ausdruck in erster Linie in der Form und Art der Sammlung, Einteilung und Anordnung des dargebotenen Stoffs und nicht ohne weiteres auch – wie meist bei literarischen Werken – in der Gedankenformung und -führung

---

[131] Typische Klauseln siehe *Marly* S. 860.
[132] Speziell zu Vertragsstrafe s. *Marly* S. 862 ff.
[133] Zur Abgrenzung der Schutzgüter im Zusammenhang mit Daten und Datenbanken siehe Conrad/Grützmacher/*Lehmann*, Recht der Daten und Datenbanken im Unternehmen, S. 133; zu den Rechten an Geschäftsprozessdaten und an der darauf basierenden Parametrisierung von ERP-Software: Conrad/Grützmacher/*Huppertz*, Recht der Daten und Datenbanken im Unternehmen, S. 143.
[134] S. etwa zum Schutz des Entwurfsmaterials nach SW-Schutz-RL EuGH Urt. v. 2.5.2012 – C-406/10 und v. 22.12.2010 – C 393/09. Zum Rechtsschutz von Computerprogrammen und Datenbanken → § 5 und 6.
[135] Zur Frage der Urheberrechtsfähigkeit eines Anwaltsschriftsatzes siehe: BGH Urt. v. 17.4.1986 – I ZR 213/83 – Anwaltsschriftsatz, Vorinstanz LG Düsseldorf GRUR 1983, 758. Abrufbar unter www.lexetius.com.
[136] BGH Urt. v. 17.4.1986 – I ZR 213/83, Rn. 14.
[137] BGH Urt. v. 17.4.1986 – I ZR 213/83, Rn. 12.

des dargebotenen Inhalts (vgl. BGH, Urt. v. 21.11.1980 – I ZR 106/78, GRUR 1981, 352, 353 – Staatsexamensarbeit; Urt. v. 27.2.1981 – I ZR 29/79, GRUR 1981, 520, 521 – Fragensammlung; Urt. v. 29.3.1984 – I ZR 32/82, GRUR 1984, 659, 660 – Ausschreibungsunterlagen; BGHZ 94, 276, 285 – Inkasso-Programm). Die Frage, ob ein Schriftwerk einen hinreichenden schöpferischen Eigentümlichkeitsgrad besitzt, bemißt sich dabei nach dem geistig-schöpferischen Gesamteindruck der konkreten Gestaltung, und zwar im Gesamtvergleich gegenüber vorbestehenden Gestaltungen. Lassen sich nach Maßgabe des Gesamtvergleichs mit dem Vorbekannten schöpferische Eigenheiten feststellen, so sind diese der durchschnittlichen Gestaltertätigkeit gegenüberzustellen. Die Urheberrechtsschutzfähigkeit erfordert ein deutliches Überragen des Alltäglichen, des Handwerksmäßigen, der mechanisch-technischen Aneinanderreihung des Materials (vgl. BGHZ 94, 276, 285 – Inkasso-Programm)."

Der Schwerpunkt des Interesses des Anbieters dürfte weniger in der eigentlichen Geheimhaltung liegen, sondern im Schutz vor unlauterer Nachahmung und Leistungsübernahme sowie vor Behinderung durch Vereitelung der Amortisation seines Entwicklungsaufwands, evtl. auch Schutz vor unerlaubter Beseitigung und Umgehung von Schutzmechanismen (insbes. Programmsperren).[138] Dieser Schutz erfolgt zu einem wesentlichen Teil über das UWG und über das Urheberrecht, ua DRM (Digital Rights Management).[139] Auch ein Eingriff in den eingerichteten und ausgeübten Gewerbebetrieb (§§ 1004, 823 BGB analog) ist im Einzelfall denkbar. Nach wohl hM ist jedoch § 823 BGB subsidiär gegenüber dem wettbewerbsrechtlichen Leistungsschutz.[140]

Zu beachten ist, dass das Wettbewerbsrecht **kein umfassender Leistungsschutz** ist. Damit die Grenzen des Immaterialgüterrechts nicht unterlaufen werden, muss insbesondere mit den Nachahmungstatbeständen des § 4 Nr. 9 UWG zurückhaltend umgegangen werden (Prinzip der Nachahmungsfreiheit[141]). Sonderschutzrechte (wie das Urheberrecht) stehen nach neuerer Auffassung gleichrangig neben dem Nachahmungsschutz des Lauterkeitsrechts.[142] Die Schutzzwecke unterscheiden sich ebenso wie die Tatbestände bzw. deren Anknüpfungsmerkmale und die Rechtsfolgen.[143] Urheberrecht etwa schützt und setzt voraus die *persönliche, individuell geprägte geistige Schöpfung*[144] Allerdings ist je nach Art des Sonderrechtsschutzes das Verhältnis zum Nachahmungsschutz spezifisch zu prüfen.[145] In der Entscheidung *Hartplatzhelden* stellt der BGH[146] klar (LS 1): *„Die unmittelbare Übernahme des Leistungsergebnisses eines Dritten ist keine Nachahmung im Sinne von § 4 Nr. 9 UWG"*. Nach Ansicht des BGH bedürfe die vom Kläger (der Württembergische Fußballverband e. V.) erbrachte Leistung der Organisation und Durchführung der Fußballspiele keines Nachahmungsschutzes nach § Nr. 9 UWG.

Gemeinsam haben der urheberrechtliche Schutz und der lauterkeitsrechtliche Nachahmungsschutz gemeinsam, dass sie sich *„immer nur auf die konkrete Gestaltung eines Erzeugnisses, nicht auf die dahinter stehende abstrakte Idee (wie zB Werbe-, Geschäfts-, Konstruktions-, Gestaltungsideen) beziehen. [...]Entsprechendes gilt für sonstige allgemeine Gedanken oder Lehren, wie zB einen bestimmten Stil, eine bestimmte Technik oder Methode [...], sei es auch eine geschäftliche Methode (dazu Jänich GRUR 2003, 483, 487). Sie sollen im Interesse der Allgemeinheit und der Freiheit des Wettbewerbs frei zugänglich blei-*

---

[138] Ausführlich zu Wettbewerbsschutz bei Software-Erstellung siehe Schneider/v.Westphalen/*Karger* A. Rn. 248–295.; siehe auch *Marly* S. 233 ff.; zu Konkurrenzverbot speziell bei „freien" Software-Entwicklern (Freelancer) und Subunternehmern siehe v.Westphalen/*Gennen* E. Rn. 274.
[139] Zu § 69f und § 95a UrhG → § 5 „Rechtsschutz von Computerprogrammen und digitalen Inhalten".
[140] MüKo/*Wagner* BGB § 823 Rn. 197 mwN.
[141] S. a. Köhler/Bornkamm/*Köhler* UWG § 4 Rn. 9.3 mwN.
[142] Vgl. etwa Köhler/Bornkamm/*Köhler* UWG § 4 Rn. 9.6a.
[143] Vgl. Köhler/Bornkamm/*Köhler* UWG § 4 Rn. 9.6a.
[144] Vgl. Köhler/Bornkamm/*Köhler* UWG § 4 Rn. 9.7.
[145] S. jeweils für UrhR, Geschmacksmuster und Markenrecht Köhler/Bornkamm/*Köhler* UWG § 4 Rn. 9.7 ff.
[146] BGH Urt. v. 18.10.2010 – I ZR 60/09, MMR 2011, 379 mAnm *Hoeren/Schroeder*; Berufungsinstanz OLG Stuttgart Urt. v. 19.3.2009 – 2 U 47/08, MMR 2009, 395 mAnm *Maume*; auch abrufbar unter www.telemedicus.info mit Anm. *Möller*. Zum Verhältnis von unmittelbarer Übernahme und Nachahmung siehe auch BGH Urt. v. 24.5.1963 – Ib ZR 62/62, BGHZ 39, 352 (356) – Vortragsabend.

ben und nicht für einen Wettbewerber monopolisiert werden [...]."[147] Ggf. können Ideen als Geschäfts- oder Betriebsgeheimnisse geschützt sein, die Anforderungen daran sind jedoch relativ hoch (dazu sogleich).

119 Was zu der vom grundrechtlichen Schutz der Berufsfreiheit umfassten wirtschaftlichen Verwertung der beruflich erbrachten Leistung gehört und was nicht, ist insbesondere dann schwierig zu beurteilen, wenn das Produkt eines anderen nur teilweise nachgeahmt wird. „Wird das Produkt eines Wettbewerbers nicht mit allen Gestaltungsmerkmalen, sondern nur teilweise übernommen, muss sich die wettbewerbliche Eigenart gerade aus dem übernommenen Teil ergeben, dh gerade die übernommenen Gestaltungsmerkmale müssen geeignet sein, im Verkehr auf eine bestimmte betriebliche Herkunft oder – ganz allgemein – auf die Besonderheit des jeweiligen Produkts hinzuweisen (BGHZ 141, 329, 340 – [Tele-Info-CD]). [...] (vgl. zu dessen Verhältnis zur Nachahmung schon BGHZ 39, 352, 356 – [Vortragsabend])."[148]

120 Inwieweit das Know-how des Anbieters als (Betriebs- und Geschäfts-)Geheimnis Schutz genießt (va §§ 17–19 UWG), ist fraglich.[149] Der Begriff ist zu vage bzw. nicht eindeutig und deshalb nicht als (pauschale) Bezeichnung in Geheimhaltungsvereinbarungen geeignet.[150] Gerade bei sehr umfassenden und pauschalen Geheimhaltungsvereinbarungen können in Software-Erstellungs- und Überlassungsverträgen Widersprüche zwischen der Geheimhaltungsvereinbarung und der Rechtseinräumung (den Nutzungsrechten) bestehen.[151]

121 Nur Tatsachen, die nicht offenkundig sind, können ein Geheimnis sein. Strafbewehrte Geheimhaltungsvereinbarungen in AGB, die auch offenkundige Tatschen umfassen, stellen regelmäßig eine unangemessene Benachteiligung dar.[152] Individualvertraglich sind die Anforderungen zwar weniger streng. Allerdings kann eine individualvertraglich vereinbarte, unverhältnismäßig hohe Vertragsstrafe, die sich (auch) auf den Schutz offenkundiger Tatsachen bezieht, uU gegen § 138 BGB verstoßen und aus diesem Grund unwirksam sein.[153] Diese Wertung lässt sich wohl aus einem Urteil des LG München[154] entnehmen, das zwar nicht zu offenkundigen Tatsachen sondern zu einem nachvertraglichen Wettbewerbsverbot ergangen ist. Allerdings wirkt eine Geheimhaltungspflicht bei offenkundigen Tatsachen wie ein Wettbewerbsverbot, zumal häufig vereinbart wird, dass die Geheimhaltungspflicht für einige Jahre nach Abschluss der Arbeiten fortbestehen soll. In der Entscheidung des LG München I hatte ein Münchner IT-Unternehmen regelmäßig die Dienste eines selbständigen Programmierers in Anspruch genommen. Für den Fall der Abwerbung von Firmenkunden verpflichtete sich der Programmierer zur Zahlung einer Vertragsstrafe von mindestens 50.000 Mark. Eine Karenzentschädigung war aber nicht vereinbart. Als der Programmierer Angebote eines anderen Auftraggebers annahm und dem IT-Unternehmen kündigte, verklagte das IT-Unternehmen den Programmierer auf Zahlung der Vertragsstrafe wegen Verletzung des Wettbewerbsverbots. In der Begründung wurde ua angeführt, der Programmierer habe für den neuen Auftraggeber eine Firmenkundin des IT-Unternehmens abgeworben.

---

[147] Köhler/Bornkamm/*Köhler* UWG § 4 Rn. 9.23 mwN.
[148] OLG Stuttgart Urt. v. 19.3.2009 – 2 U 47/08 – Hartplatzhelden.
[149] Zum Schutz des Betriebs- und Geschäftsgeheimnisses (mit Schwerpunkt auf Daten und Datenbanken): Conrad/Grützmacher/*Gennen*, Recht der Daten und Datenbanken im Unternehmen, S. 155.
[150] Vgl. Köhler/Bornkamm/*Köhler* UWG § 17 Rn. 4.b, mit dem Hinweis darauf, dass die TT-VO 772/2004 Know-how so definiert, dass zwar jedes Know-how zugleich Betriebsgeheimnis ist, aber nicht umgekehrt.
[151] Zur Kollision von Geheimnisschutz und Urheberrecht siehe *Fischl* ITRB 2005, 265; zu Geheimnisschutz bei Software-Erstellung siehe auch Schneider/v.Westphalen/*Karger* A. Rn. 296–329.
[152] Zur Reichweite und Wirksamkeit von vertraglichen Regelungen zu Geheimnisschutz, Kundenschutz und Wettbewerbsverbot beim Einsatz freier Mitarbeiter siehe *Hörl* ITRB 2003, 182; zu Geheimhaltungspflichten und -vereinbarungen (auch nachvertraglichen) bei Arbeitnehmern des Software-Anbieters unter Berücksichtigung von §§ 17, 18 UWG, § 203 StGB, § 309 Nr. 6 BGB, § 24 ArbEG und § 60 HGB: Schneider/v. Westphalen/*Gennen* E. Rn. 119–157; zur Geheimhaltung bei „freien" Software-Entwicklern siehe Schneider/v. Westphalen/*Gennen* E. 273.
[153] Dies gilt auch, wenn die Vertragsstrafe zB mit freien Softwareentwicklern vereinbart wird und sich auf ein nachvertragliches Wettbewerbsverbot ohne Karenzentschädigung bezieht. Insoweit ist die grundrechtlich geschützte Berufsfreiheit der Entwickler betroffen.
[154] LG München I Urt. v. 5.12.2003 – 6 O 12 790/03 – Zusammenfassung abrufbar in der beck-online Datenbank.

Diese Kundin werde nun durch den Programmierer beim neuen Auftraggeber betreut. Nach Ansicht des LG München I beschränkte das Wettbewerbsverbot den Programmierer unverhältnismäßig in seiner Berufsfreiheit, weil das Verbot auch nach Beendigung der Tätigkeit bei IT-Unternehmen galt. Das Verbot war daher sittenwidrig und nichtig.

Der Begriff Geschäftsgeheimnis bezieht sich auf kaufmännische Aspekte, Betriebsgeheimnis eher auf technische.[155] Ggf. können Kunden- und Lieferantenlisten des Anbieters Geschäftsgeheimnisse darstellen. Das gilt jedoch zB insoweit nicht, als der Anbieter seine (Referenz-)Kunden in Anbieterpräsentationen, Werbebroschüren oder auf seiner Homepage veröffentlicht. Der Geheimnisschutz hat drei Tatbestandsmerkmale: Tatsache, keine Offenkundigkeit und Geheimhaltungswille. Indizien für den Geheimhaltungswillen sind zB der Abschluss einer Geheimhaltungsvereinbarung oder Kennzeichnung von Unterlagen mit dem Vermerk „Vertraulich". Streitig ist regelmäßig die Offenkundigkeit. Offenkundig sind Tatsachen, wenn sie allgemein bekannt oder von jedem Interessierten ohne größere Schwierigkeiten erlangt werden können.[156] Offenkundigkeit ist (noch) nicht gegeben, wenn Tatsachen nur einem eng begrenzten Personenkreis bekannt sind oder bekanntgemacht werden. Wie groß dieser sein darf, hängt von den Umständen des Einzelfalls ab, insbesondere davon, ob die Mitwisser Betriebsangehörige oder Außenstehende und ob sie vertraglich oder zB aufgrund Berufsgeheimnisses zu Verschwiegenheit verpflichtet sind. Sind Tatsachen in einem Konzern-Intranet abrufbar, auf das viele tausend freie und angestellte Mitarbeiter und (zumindest partiell) auch Lieferanten/Partner Zugriff haben, dürfte die Grenze zur Offenkundigkeit wohl überschritten sein (str.).[157]

Inwieweit Arbeitsergebnisse einer Software-Erstellung Geheimnisse sein können und, wenn ja, von wem (Anbieter oder Kunde), lässt sich nicht pauschal beantworten, insbesondere wenn der Anbieter den Quellcode (regelmäßig!) mitliefert. Software bzw. der Quellcode wird nicht schon dadurch offenkundig, dass eine Hinterlegung bei einem Escrow-Agent erfolgt.[158] Software ist auch nicht bereits dann offenkundig, wenn ein Konkurrent sie zwar durch eigene Anstrengung gleichfalls hätte herstellen können, diese eigene Anstrengung aber unterlässt, um Zeit und Kosten zu sparen.[159] Software kann durch häufiges Raubkopieren offenkundig werden.[160] Ein an sich entschlüsseltes Computerprogramm, dessen illegales Auswertungsprogramm noch nicht weit verbreitet ist, sei (noch) geheim.[161] Teilweise wird in der Literatur nach Individualsoftware und Standardsoftware differenziert. **Individualsoftware** soll regelmäßig ein **Geschäftsgeheimnis des anwendenden Unternehmens** (also der Kunden!) darstellen können.[162] Dagegen soll Standardsoftware allenfalls ein Geschäftsgeheimnis des Herstellers sein, aber nicht des Kunden.[163] Dies ist jedenfalls bei sehr verbreiteter Standardsoftware einleuchtend (etwa Windows-Betriebssystem oder bei Microsoft-Office). Evtl. müsste man hinsichtlich der Verbreitung der Software differenzieren sowie hinsichtlich individueller Anpassungen von Standardsoftware. Individuelle Anpassungen im

---

[155] Vgl. Schneider/von Westphalen/*Karger* A. Rn. 302 mwN.
[156] *Köhler*/Bornkamm/*Köhler* UWG § 17 Rn. 6: „.... *allgemein bekannt oder doch leicht zugänglich ist (wird)*".
[157] So wohl auch Fezer/*Rengier* UWG § 17 Rn. 14 (mwN. ua BGH St. 41, 140, 143). Nach *Rengier* bleibt eine Tatsache nur solange geheim, als sie nur einem *„eng begrenzten"* Personenkreis bekannt ist. Es komme darauf an, ob der Geheimnisträger den Kreis der Mitwisser unter Kontrolle hält. Dies sei bei einem *„kleinen Kreis von Mitarbeitern"* zu bejahen. AA evtl. *Köhler*/Bornkamm/*Köhler* UWG § 17 Rn. 7a: *Köhler* differenziert danach, ob die Mitwisser Mitarbeiter oder andere gesetzlich oder vertraglich zur Verschwiegenheit verpflichteten Personen sind. Dann soll es auf die Anzahl nicht ankommen. Bei sonstigen Dritten sei die Anzahl dagegen mitentscheidend.
[158] So auch Schneider/v.Westphalen/*Karger* A. Rn. 311. Zu Software Escrow → § 38 „IT in der Insolvenz, Escrow".
[159] *Köhler*/Bornkamm UWG § 17 Rn. 8 mit Verweis ua auf BayObLG Urt. v. 28.8.1990 – RReg. 4 St 250/89, GRUR 1991, 694; *Harte-Bavendamm* GRUR 1990, 657; BGH Urt. v. 7.11.2002 – I ZR 64/00, GRUR 2003, 356 (358) – Präzisionsmessgeräte.
[160] *Meier* JZ 1992, 663.
[161] Fezer/*Rengier* UWG § 17 Rn. 15 mwN. BayObLG Urt. v. 28.8.1990 – RReg. 4 St 250/89, GRUR 1991, 694 (696) – Geldspielautomat.
[162] Schneider/v.Westphalen/*Karger* A. Rn. 310 mwN.
[163] Schneider/v.Westphalen/*Karger* A. Rn. 310 mwN.

Code und evtl. auch das **Ensemble der Parameter-Einstellungen** für den Kunden, können ein Geschäftsgeheimnis des Kunden sein.[164] Zumindest bei Standardsoftware soll der Objektcode regelmäßig kein Betriebsgeheimnis sein können, wohingegen der Quellcode – sofern nicht offenkundig – ein Betriebsgeheimnis des Herstellers sein kann, wenn er dem Kunden nicht überlassen wird.[165] Ob Schnittstellen Geschäfts- oder Betriebsgeheimnisse darstellen können, ist streitig. Jedenfalls scheidet eine Anwendung des § 17 UWG aus, wenn die Ermittlung einer Schnittstelle im Wege einer nach § 69e UrhG erlaubten Dekompilierung erfolgt.[166]

124 Gerade bei Software-Erstellung liegt also im Ergebnis viel eher ein Geheimnis des Kunden vor als ein Geheimnis des Herstellers. Das gilt nicht nur im Hinblick auf die Individualsoftware bzw. die individuellen Anpassungen und deren Quellcode, sondern auch im Hinblick auf sonstige interne Unterlagen und Daten des Auftraggebers, mit denen der Anbieter während der Einführung in Berührung kommt (etwa im Rahmen der Migration). Häufig fließen in das Lastenheft, evtl. auch in die technischen Feinspezifikationen, vertrauliche Informationen zu den betrieblichen Abläufen des Auftraggebers ein. Befindet sich der Auftragnehmer beim Auftraggeber vor Ort, so kommt er uU mit vielen vertraulichen Unterlagen und Daten in Berührung (evtl. auch zu Kunden/Lieferanten des Auftraggebers). Die Vereinbarung einer Kennzeichnungspflicht für vertrauliche Unterlagen/Informationen dürfte für den Anbieter noch praktikabel sein, für den Auftraggeber dagegen kaum.

125 Zumindest bis 2009 wurde die Geheimhaltung häufig verknüpft mit dem Datenschutz in einer gemeinsamen Klausel (*„Die Vertragspartner werden die Geschäfts- und Betriebsgeheimnisse und personenbezogenen Daten der jeweils anderen Partei vertraulich behandeln und ... . Diese Geheimhaltungsvereinbarung besteht nach Abschluss der Arbeiten des Auftragnehmers für ... Jahre fort."*). Dies ist einerseits intransparent, weil bei personenbezogenen Daten auf die Offenkundigkeit und das Geheimhaltungsinteresse gerade nicht ankommt und weil es grds. nachvertraglich keine zeitliche Begrenzung für den Datenschutz gibt. Zum anderen sind solche Datenschutzregelungen aus Sicht des § 11 BDSG bei Weitem nicht ausreichend.[167]

126 *bb) Auftragsdatenverarbeitung bei Software-Erstellung.*[168] § 11 BDSG wurde zum 1.9. 2009 geändert. Die Anforderungen an die unter Datenschutz- und Sicherheitsgesichtspunkten sorgfältige Auswahl des Anbieters und an die schriftlichen Festlegungen in einem Auftragsdatenverarbeitungsvertrag (sog 10-Punkte-Katalog, siehe § 11 Abs. 2 S. 2 BDSG) bestanden jedoch nach herrschender Ansicht schon zuvor.[169] Nach wohl überwiegender Ansicht liegt bei einem IT-Vertrag, bei dem der Anbieter die personenbezogenen Daten des Kunden nur „beiläufig" zur Kenntnis nimmt (zB im Rahmen von Tests, Migration, Pflege/Wartung) bzw. bei dem die Kenntnisnahmemöglichkeit nicht ausgeschlossen werden kann, keine Auftragsdatenverarbeitung im eigentlichen Sinne vor.[170] Allerdings sind die Anforderungen der Auftragsdatenverarbeitung analog anzuwenden. Ausdrücklich ergibt sich dies für *„Wartung und Prüfung ... von Datenverarbeitungsanlagen"*[171] aus § 11 Abs. 5 BDSG. Eine Legaldefinition, welche IT-Leistungen von „Wartung und Prüfung" umfasst sind, ent-

---

[164] Zur Frage, ob „das Ensemble" der Parameter-Einstellungen – neben und evtl. sogar selbständig von Software Urheberrechtsschutz genießen kann, möglicherweise als Datenbankwerk, siehe etwa *Briner u.a.* Urheberrecht – Schutz von Parametrisierungen und Software-Komponentenentwicklung, Vortrag beim 18. Drei-Länder-Treffen der DGRI am 17.6.2011.
[165] *Redeker*, IT-Recht, Rn. 199.
[166] Im Einzelnen → § 5 „Rechtsschutz von Computerprogrammen".
[167] Sind Auftraggeber der Software-Einführung öffentliche Stellen der Länder, dann gelten statt § 11 BDSG regelmäßig die entsprechenden Vorschriften des jeweiligen Landesdatenschutzgesetzes. Dazu im Einzelnen → § 14 „Softwarepflegeverträge", Rn. 99a ff.
[168] Weitere Einzelheiten zum Datenschutz bei IT-Projekten → § 18 Rn. 243 ff.
[169] Einzelheiten zu den vertraglichen Regelungen und den Kontrollpflichten des Auftraggebers → § 34 „Recht des Datenschutzes". Speziell zu den Sicherheitsmaßnahmen bei Tests von Software → § 18 „IT-Projektverträge" Rn. 225–255.
[170] *Gola/Schomerus* BDSG § 11 Rn. 14.
[171] Im Detail zur Auftragsdatenverarbeitung bei Software-Pflege und zu den erforderlichen Sicherheitsmaßnahmen zB bei Remote-Service → § 14 „Softwarepflegeverträge" Rn. 99a.

hält das BDSG nicht. Nach wohl herrschender Ansicht gehören bei Software-Erstellung auch zB Installation, Tests und Pflege zu den Leistungen, für die die Anforderungen der Auftragsdatenverarbeitung analog gelten.[172] Im Berliner Landesdatenschutzgesetz wird der Begriff „Wartung" wie folgt definiert: *„Wartung ist die Summe aller Maßnahmen zur Sicherstellung der Verfügbarkeit und Integrität von Hard- und Software von Datenverarbeitungsanlagen; dazu gehören Installation, Pflege, Überprüfung/Korrektur von Software, Überprüfung/Reparatur/Austausch von Hardware."* (§ 3a Abs. 4 lit. a BlnDSG). Ob bei Datenmigration die Auftragsdatenverarbeitung direkt Anwendung findet oder analog über § 11 Abs. 5 BDSG spielt im Ergebnis kaum keine Rolle. Für eine Software-Einführung ist also regelmäßig ein Auftragsdatenverarbeitungsvertrag mit dem Anbieter erforderlich. Wird der Auftragsdatenverarbeitungsauftrag nicht, nicht richtig, nicht vollständig oder nicht in der vorgeschriebenen Form erteilt, kann gem. § 43 Abs. 1 Nr. 2b BDSG ein Bußgeldtatbestand erfüllt sein (mit Geldbuße bis zu 50.000,– EUR). Gleiches gilt, wenn sich der Auftraggeber entgegen § 11 Abs. 2 S. 4 BDSG nicht vor Beginn der Datenverarbeitung von der Einhaltung der im Einzelnen schriftlich festzulegenden und beim Auftragnehmer zu treffenden technischen und organisatorischen Maßnahmen (§ 9 BDSG mit Anlage dazu) überzeugt.

m) **Vergütung, Reisekosten etc.** Ebenfalls einen eigenen Komplex bilden die Vergütungsregelungen, die thematisch näher an die Leistung gerückt werden. Bei der Vergütung ist zunächst einmal zwischen der Abrechnung nach **Zeitaufwand** oder **Festpreis** zu unterscheiden. Für den Auftraggeber empfiehlt sich auch bei Festpreis, für **zusätzliche Leistungen,** etwa nach Aufwand zu zahlende Änderungswünsche oder Zusatzaufträge, die entsprechenden Beträge festzuhalten und dabei auch die Geltungsdauer.

Im Zusammenhang mit dem **Erfüllungsort** ist zu regeln, ob die Leistungen des Auftragnehmers „vor Ort" beim Kunden erbracht werden, was dann mit Reisekosten, Reisespesen, Unterkunft, Verpflegung uä verbunden ist. Wenn Mitarbeiter des Auftragnehmers relativ viel beim Kunden arbeiten, sollten Vorkehrungen gegenüber einer Verwässerung der Trennung zwischen beiden Mitarbeitergruppen getroffen werden, insbesondere im Hinblick auf **Arbeitnehmerüberlassung** bzw. deren Vermeidung.

n) **Absicherungen (Quellcode, evtl. Versicherung etc).** Einen eigenen Komplex im Vertrag kann die gesamte Absicherung der Zahlungen iVm dem Quellcode und evtl. Versicherung darstellen. Wenn der Auftragnehmer eine monatliche oder eine projektfortschrittsabhängige Zahlung wünscht, dann wird er akzeptieren müssen, dass der Auftraggeber eine Sicherung hierfür verlangt. Insofern könnte sich das Thema ähnlich wie bei Baurecht mit **Bankbürgschaften** erledigen lassen.

Gleichzeitig stellt sich aber die praktische Frage, wer die **Fertigstellungsgrade beurteilt,** was im Falle der Nichteinigung geschehen soll uä. Dies führt zu der Gesamtthematik **Mediation** bzw. **Schlichtung** auch schon während des Projekts, aber auch zur Frage, wie offen der Auftragnehmer mit dem **Quellcode** umgeht.

Die Quellcodeproblematik zieht sich also von dem Leistungsgegenstand bis hin zur „Sicherheit", etwa in der Form, dass dem Kunden der Quellcode stets schon in dem Stadium, in dem er gerade fertig gestellt ist, zur Sicherung übergeben wird. Dabei kann die Mechanik nicht wie bei „Sicherungseigentum" sein. Infolge dessen müssen andere Verabredungen getroffen werden. Im Hinblick darauf, dass auch aufschiebend bedingte Verfügungen hinsichtlich des Quellcodes insolvenzfest sein können,[173] eröffnet sich hier ein relativ breiter Spielraum.

Die Pflicht zur Quellcode-Herausgabe seitens des Auftragnehmers bedarf sorgfältiger Regelung, da ohne Regelung im Vertrag große Unsicherheit über diese Pflicht besteht.[174]

Aufgrund einer BGH-Entscheidung v. 1986 ging die Rechtsprechung davon aus, – einzige Ausnahme war für längere Zeit LG München I –, dass eine **Mitlieferung** des Quellcodes auch bei voller Bezahlung und auch dann, wenn der Auftraggeber eigentlich Anspruch auf

---

[172] Taeger/*Gabel* BDSG § 11 Rn. 66.
[173] S. BGH Urt. v. 17.11.2005 – IX ZR 162/04, CR 2006, 151 mAnm *Plath/Scherenberg.*
[174] → § 38 „IT in der Insolvenz, Escrow".

die Unterlagen hat, **nicht geschuldet ist, wenn der Quellcode nicht ausdrücklich als dem Auftraggeber herauszugeben geregelt ist.**[175]

133   Ein Anspruch auf den Quellcode musste **ausdrücklich** zu Gunsten des Auftraggebers geregelt sein. Ansonsten bestand die Herausgabepflicht nicht. Diese Meinung ist im Wandel begriffen, wie die Beispiele sogleich zeigen. Es können sich Umstände aus dem Vertrag ergeben, die auf einen Anspruch des Kunden auf Herausgabe des Quellcodes als Vertragsgegenstand (ohne zusätzliche Vergütung) schließen lassen.[176]

134   Um den **Umfang eventueller Quellcodeleistung** zu erfassen, sollte man den **Gebrauch**, den man davon machen will, beschreiben. Dies hat eine **Doppelfunktion**. Zum einen erstrecken sich dann bestimmte Nutzungsrechte auch auf den Quellcode, zum anderen wird der Umfang dessen, was herauszugeben ist, klar.

> **Praxistipp für den Auftraggeber:**
> Man kann also zusätzlich zu den **Beschaffenheitsanforderungen an die Unterlagen** in den Vertrag aufnehmen, dass der Quellcode mit Beschreibung dazu in einer Art der Ausgestaltung herauszugeben ist, die den Auftraggeber in die Lage versetzt, selbst die Software zu pflegen, weiter zu entwickeln, zu verbessern und mit anderer Software zu verbinden sowie solche Leistungen gegenüber dem Auftraggeber durch Dritte erbringen zu lassen, wobei diese Verwendbarkeit der Abnahmeprüfung unterliegt.

135   Damit ist noch nicht genau geregelt, **was** herauszugeben ist. Es wäre jedoch innerhalb eines relativ breiten Spektrums Fachleuten klar, was erforderlich ist. Notfalls ist dies mit einem Sachverständigengutachten festzustellen.

136

**Checkliste für den Auftraggeber
Quellcode-Regelung**

> Im Rahmen der Regelung der Quellcode-Übergabe wäre festzulegen bzw. zu konkretisieren:
> ☐ Umfang und Version(en) des Quellcodes,
> ☐ seine Ausgestaltung (Muster) und
> ☐ Grad an Kommentierung sowie
> ☐ gegenständlichen Repräsentationen (Datenträger, Listen)
> ☐ zwecks Bestimmtheit auch für evtl. Titel genau zu beschreiben bzw. dazu zu verpflichten,
> ☐ Testergebnissen, va Verifikation der Compilierbarkeit.

137   Die Rechtsprechung im Überblick zeigt in der Tendenz eher keine Pflicht zur Herausgabe, wenn nicht besondere Umstände vorliegen:
- OLG München[177] (ablehnend);
- OLG Frankfurt[178] mit falscher Anmerkung/Überschrift (es ging um Schadensersatzansprüche bei abgebrochenem Projekt);
- OLG Saarbrücken[179] mit Randüberlegung, ob bei voller Vergütung und Nicht-Übernahme einer Pflegeverpflichtung eine Herausgabepflicht besteht, die aber im konkreten Fall nicht entschieden wurde.

---

[175] S. BGH Urt. v. 30.1.1986 – I ZR 242/83, CR 1986, 377; a. M. LG München I Urt. v. 18.11.1988 – 21 O 130/88, DB 1989, 973.
[176] S. BGH Urt. v. 16.12.2003 – X ZR 129/01, CR 2004, 490; dazu auch sogleich.
[177] OLG München Urt. v. 16.7.1991 – 25 U 2586/91, CR 1992, 208.
[178] OLG Frankfurt Urt. v. 4.5.1995 – 6 U 29/88, ECR OLG 195.
[179] OLG Saarbrücken Urt. v. 22.9.1994 – 8 U 64/91, ECR OLG 173.

- LG Aschaffenburg:[180] Die Herausgabe des Quellcodes ist bei Software-Erstellung bzw. individuell für den Auftraggeber erstellter Software zwecks weiteren Absatzes „der Regelfall" (sehr problematisch), s. aber BGH.[181]
- OLG Karlsruhe:[182] Quellcode ist als Teil der vereinbarten Wartungs-Dokumentation mitgeschuldet (problematisch).
- LG Köln:[183] „*Grundsätzlich wird bei Erstellung von Individualsoftware nach der Rechtsprechung jedenfalls dann, wenn wie nicht zugleich ein Wartungsvertrag abgeschlossen wird, (die einjährige kostenlose Wartung gemäß Vertrag der Parteien steht dem nicht gleich) angenommen, dass auch die Herausgabe des Quellcode geschuldet ist.*"[184]
- OLG Karlsruhe:[185] Auch ohne besondere Vereinbarung ist bei einem Vertrag zur Einstellung von Fremdsoftware eines Dritt-Herstellers der Quellcode vom Auftragnehmer mitzuliefern.[186]
- LG Köln:[187] Der Ausschluss einer Herausgabepflicht hinsichtlich des Quellcodes in AGB ist wirksam.
- Nach Meinung des BGH kommt es auf die Umstände des Einzelfalles an:[188] etwa ist die Software für Vermarktung durch Besteller zu erstellen, der für Weiterentwicklung und Wartung den Quellcode braucht.

Soll zwar eine vertragliche Regelung erfolgen, will aber der Auftragnehmer den Quellcode nicht schon an den Auftraggeber übergeben, wird häufig als Mittelweg „Hinterlegung" bei einem Dritten (Escrow-Agent) vereinbart. Die Vertragsparteien regeln die Fälle, bei denen der Auftraggeber berechtigt ist, den Quellcode herauszuverlangen.[189]

o) **Schlussbestimmungen.** Am Schluss des Vertrages stehen regelmäßig Klauseln zu
- Verträgen, die zB im Anschluss an die Software-Erstellung weitere Leistungen im Bezug auf die Software regeln, etwa Optionen im Hinblick auf die **Pflege** der Software,
- Gerichtsstand und Erfüllungsort,
- Schriftform,
- Schlichtung,
- die Nicht-Geltung von AGB und
- die so genannte salvatorische Klausel (die als AGB meist unwirksam ist).

3. Agile Programmierung

a) **Charakteristika moderner Projektmethoden.** Im Hinblick auf die Erfolgsverantwortung bei der Softwareerstellung wird grundsätzlich die Zweiteilung in Planung und Realisierung empfohlen. Dies ist die Miniform des „**Wasserfall-Modells**" des Vorgehens. Dessen Nachteile sind bekannt. So müsste zB gerade bei IT-unerfahrenen Auftraggebern vor Projektstart zunächst ein Vorprojekt zur Pflichtenhefterstellung durchgeführt werden, was die Kosten erhöht und den Projektstart verzögert. Zudem wird die klassische Zweiteilung in Planungs- und Realisierungsphase meist nicht eingehalten.

Im Bereich der öffentlichen Hand wird seit einigen Jahren das V-Modell als Weiterentwicklung behandelt.[190] Die EVB-IT System gehen grundsätzlich davon aus, dass das V-Modell als Methodik zugrunde gelegt wird, lassen aber auch andere Methodiken zu. Die EVB-IT Erstellung gehen nicht auf die Vorgehensmethodik ein.[191]

---

[180] LG Aschaffenburg Urt. v. 16.12.1997 – 1 O 354/93, CR 1998, 203.
[181] BGH Urt. v. 16.12.2003 – X ZR 129/01, CR 2004, 490.
[182] OLG Karlsruhe Urt. v. 14.5.1998 – 11 U 39/96, CR 1999, 11.
[183] LG Köln Urt. v. 3.5.2000 – 20 S 21/99, CR 2000, 505.
[184] LG Köln Urt. v. 3.5.2000 – 20 S 21/99, CR 2000, 505 zitiert insoweit *Marly* Rn. 58 ff. mwN.
[185] OLG Karlsruhe Urt. v. 16.8.2002 – 1 U 250/01, CR 2003, 95.
[186] S. kritisch *Schneider* CR 2003, 317.
[187] LG Köln Urt. v. 15.4.2003 – 85 O 15/03, CR 2003, 484.
[188] BGH Urt. v. 16.12.2003 – X ZR 129/01, CR 2004, 490.
[189] → § 38 „IT in der Insolvenz, Escrow".
[190] → § 18 „IT-Projektverträge".
[191] Zu EVB-IT → § 41.

142 Beispiele für agile Projektmethoden sind eXtreme Programming, Industrial XP, Feature Driven Development, Crystal oder Scrum.[192] Der Ansatz bzw. das Ziel der agilen Programmierung lässt sich mit folgendem Zitat aus dem sogenannten **Agile Manifesto**[193] zusammenfassen [Formatierung von den Verfassern geändert]:

„*We are uncovering better ways of developing software by doing it and helping others to do it. Through this work we have come to value:*

Individuals and interactions	*over*	*processes and tools*
Working software	*over*	*comprehensive documentation*
Customer collaboration	*over*	*contract negotiation*
Responding to change	*over*	*following a plan.*

That is, while there is value in the items on the right, we value the items on the left more.
...
We follow these principles:

1. *Our highest priority is to satisfy the customer through early and continuous delivery of valuable software.*
2. *Welcome* **changing requirements**, *even late in development. Agile processes harness change for the customer's competitive advantage.*
3. *Deliver working software frequently, from a couple of weeks to a couple of months, with a preference to the shorter timescale.*
4. *Business people and developers must* **work together** *daily throughout the project.*
5. *Build projects around motivated individuals. Give them the environment and support they need, and* **trust** *them to get the job done.*
6. *The most efficient and effective method of conveying information to and within a development team is* **face-to-face conversation**.
7. *Working software is the primary measure of progress.*
8. *Agile processes promote sustainable development. The sponsors, developers, and users should be able to maintain a constant pace indefinitely.*
9. *Continuous attention to technical excellence and good design enhances agility.*
10. **Simplicity** – *the art of maximizing the amount of work not done* – *is essential.*
11. *The best architectures, requirements, and designs emerge from* **self-organizing** *teams.*
12. *At regular intervals, the team reflects on how to become more effective, then tunes and adjusts its behavior accordingly.*"

143 Es wird also zugunsten einer möglichst schnell lauffähigen Software, die möglichst gut den Anwenderbedürfnissen entspricht, bewusst auf umfangreichere Planungen und – untechnisch gesprochen – Dokumentationen (sei es im Rahmen der Pflichtenhefterstellung oder im Rahmen der Vertragsgestaltung oder Software-/Entwicklungsdokumentation) verzichtet. Auf nice-to-have Features wird grundsätzlich stringent verzichtet. Gleichzeitig wird vom Auftraggeber eine sehr häufige (tägliche) intensive und kooperative Mitwirkung gefordert.

144 Ein Beispiel für eine agile Programmiermethode ist **Scrum**[194] (engl. Gedränge). Bei Scrum (und verwandten Techniken) wird eine Projektstruktur eingeführt, bei der lose und ggf. unkoordinierte Anforderungen des Auftraggebers zu relativ überschaubaren Teilschritten und deren Realisierungen zusammengefasst werden. Der Prozess ist – anders als beim klassischen V-/Wasserfallmodell – nicht linear, sondern iterativ, tendenziell spiralförmig. Die Konsequenz davon ist, dass an die Stelle der inhaltlichen Ausgestaltung eines Pflichtenhefts (= technisch-funktionelle Vorgabe) die Einrichtung von bestimmten Gremien/Prozessen und

---

[192] Siehe Zusammenstellung bei *Koch* ITRB 2010, 114; *Beck/Wolf*, Agile Softwareentwicklung, 2008; zu Auswahlkriterien s. Schneider/von Westphalen/*Witzel* H. Rn. 48 ff., 72 ff. mwN.
[193] http://agilemanifesto.org/; s. a. *Auer-Reinsdorff* ITRB 2010, 93.
[194] Die nachfolgende Darstellung von Scrum folgt im Wesentlichen der bei Wikipedia.de wiedergegebenen Beschreibung.

Aufgaben (= nicht-hierarchische organisatorische Vorgaben) treten und zu vereinbaren sind, insbesondere
- Steuerungsausschuss,
- Projektleiter,
- Zuteilung von Rollen und Aufgaben auf die einzelnen Personen und auf Auftraggeber und Auftragnehmerseite und schließlich
- die Organisation.

Das Vorgehensmodell Scrum besagt hinsichtlich der Entwicklungsmethodik, dass es auf dem agilen Manifest[195] aufbaut, also den eben zitierten vier Grundkategorien des Manifestes. 145
Hinzu kommt die klare Zuweisung bestimmter Rollen, nämlich der
- Product Owner, der das Ziel definiert, das ein Team erreichen muss und auch das Budget „zur Verfügung stellt".
- Das Team selbst, das die Aufwände für die einzelnen „Backlog-Elemente abschätzt.
- Der Scrum Master, der die Aufgabe hat, Prozesse der Entwicklung und Planung durchzuführen und die Aufteilung der Rolle und Rechte zu implementieren und zu überwachen. Er behält sozusagen die Transparenz über das gesamte Vorgehen. Er ist aber nicht dafür verantwortlich, dass Team und Product Owner miteinander kommunizieren. Dies geschieht vielmehr direkt (was dann auch eine der größeren Gefahren ist).

Der Ausdruck Scrum erklärt sich va daraus, dass an jedem Tag ein vom Scrum Master 146 moderiertes Team-Meeting stattfinden soll, bei dem bestimmte Fragen, die der Arbeit im Wege stehen könnten, diese fördern uä besprochen werden sollen, um so möglichst allen Hindernissen frühzeitig aus dem Wege zu gehen.

Die wesentliche Grundlage von Scrum bilden die sogenannte Artefacte, darunter das er- 147 wähnte Product Sprint Backlog als die Funktionalitäten bzw. Anforderungen für das zu entwickelnde Programm mit den Funktionalitäten, die der Kunde wünscht, wo er aber nicht verpflichtet ist, eine Art Systematik bereits einzubauen.

Die Merkmale Detail-Genauigkeit der Anforderungen könnte also relativ unterschiedlich 148 sein.
- Sprint Backlog enthält die Aufgaben, die notwendig sind, um das Ziel des Sprints zu erfüllen. Man geht davon aus, dass der Sprint Backlog nicht länger als wenige Tage dauern soll, weil ansonsten eine Zerlegung erfolgen müsste. Die häufig (auch in Wikipedia) angegebene Zahl von 16 Stunden als Maximum resultiert daraus, dass zwei Tage daran gearbeitet wird. Die acht Stunden sind bezüglich eines Puffers von einer Stunde.
- Burn down Chart ist eine grafische, pro Tag zu erfassende Darstellung des noch zu erbringenden Restaufwands.

Das wesentliche Element des gesamten Vorgehens ist dann der Sprint, der in einem Ent- 149 wicklungszyklus durchlaufen wird. Dieser Sprint hat ebenfalls eine begrenzte Zeit, die mit maximal 30 Tagen angenommen wird. Hierfür wird aus dem Product Backlog die Aufgabe für den jeweiligen Sprint gesammelt. Es wird dann für den Sprint ein spezielles Backlog zusammengestellt. Dann erfolgt der Sprint und realisiert sozusagen diese für ihn speziell zusammengestellten Anforderungen, die dann anschließend in ein funktionsfähiges Produkt mit eingebaut werden.

b) Herausforderungen der modernen Projektmethoden für die Vertragsgestaltung. Was 150 zunächst chaotisch klingt, könnte bei stringenter Durchführung ein relativ geordnetes Verfahren sein, dessen Aufwand sich evtl. früher abschätzen lässt und das sich in gewissem Sinne dem Prototyping annähert, weil im Laufe der Zeit immer deutlicher erkennbar wird, was aus den (ursprünglichen) Anforderungen an die Software geworden ist. Es findet also eine sehr frühzeitige **Ingebrauchnahme** der Software (oder jedenfalls von Teilen davon) statt. Allerdings darf nicht übersehen werden, dass bei agilen Methoden im Regelfall
- auch Iterationsschritte möglich sind, die bisher Verarbeitetes wieder ganz oder teilweise zunichte machen, man sich also spiralförmig bewegen könnte, und

---

[195] Sowohl zu agilem Manifest als auch zu agilen Vorgehensweisen insgesamt siehe etwa die Aufsatzreihe: *Schneider* ITRB 2010, 18; *Witte* ITRB 2010, 44; *Lapp* ITRB 2010, 69, *Auer-Reinsdorff* ITRB 2010, 93; *Koch* ITRB 2010, 114; *Kremer* ITRB 2010, 283.

- es eine Art Rückverlagerung und Verteilung der Projektleitung in die einzelnen Teams gibt.

151 In der Praxis wird Wasserfall in Reinform sehr selten angewendet. Deshalb erscheint es folgerichtig, für die ohnehin intendierte eher spiralförmige Vorgehensweise ein entsprechendes formelles Regelwerk zu schaffen. Eine Eigenheit agiler Methoden ist, dass der Kunde über ausreichende Fachkenntnisse, Erfahrungen und Kapazitäten bzgl. der Leitung von IT-Projekten/Software-Erstellung verfügen muss, was viele Kunden überfordert. Die folgende Tabelle fasst schematische einige Unterschiede hins. der Anwendungsbedingungen von agilen Methoden im Vergleich zu klassischem (Wasserfall-mäßigem) Vorgehen zusammen. Dabei wird unterstellt, dass Agiles Vorgehen tendenziell zu Dienstvertrag führt. Es wäre aber durchaus denkbar, dass einzelne Schritte als eigener Einzelauftrag Werkvertraglich zu beurteilen wären (S. a. sogleich Rn. 152).

152

Prioritäten/ Anwendungs- bedingungen	Typische Ausprägung zu Wasserfall-Modell/Werkvertrag	Typische Ausprägung zu Agiles Vorgehen oder Hybridformen als Dienstvertrag
Vergütung	Fest/Price Cap denkbar (Spezifikation als Referenz)	Offen/Schätzung/Budgets; daher Agil eher geeignet für relativ kleine Projekte
Termin	Fest (zB Meilensteine, Endtermin); detaillierter Projektplan als Referenz	„Fastest time to market" (zumindestens hinsichtlich eines lauffähigen Minimalergebnisses)
Leistungs- beschreibung/ Spezifikation	Grundlage für das Angebot und den Vertrag; allerdings ist denkbar – falls beim Kunden ein Lastenheft fehlt – ein Vorprojekt zur Lastenhefterstellung oder zumindest zur Grobkonzepterstellung durchzuführen	Dokumentation von Rollen/ Drehbüchern für das Vorgehen
Inhalt/Vorgabe der fachlichen Anforderungen	• Fest (Spezifikation als Referenz) • zumindest teilweise individuell und von den internen Prozessen beim Kunden abhängig	• Vage, evtl. kreativ/neuartig oder • wenig komplex, überschaubar, unkritisch hins. Zeit/Budget oder • Das Endergebnis steht im Prinzip und evtl. hinsichtlich wichtiger einzelner Parameter fest (zB „Erstellung eines Web-Shops für rezeptpflichtige Medikamente, im Prinzip wie …." oder „Chaotisches, fahrerloses Lager für … Zulieferer-Produkte/Ersatzteileversorgung") • BG; • daher Agil eher ungeeignet für unternehmenskritische Projekt wie ERP-Einführung
Fertigstellung/ Ausführungsart	Risiko des Auftragnehmers	Risiko des Kunden
Bestimmte Ausführungser- gebnisse (hohe Qualität)	Fest (Spezifikation als Referenz), wichtig va bei festen Anforderungen wie ISO-/DIN-Normen etc	Vage, evtl. kreativ/neuartig

II. Erstellung von Software

Prioritäten/ Anwendungs- bedingungen	Typische Ausprägung zu Wasserfall-Modell/Werkvertrag	Typische Ausprägung zu Agiles Vorgehen oder Hybridformen als Dienstvertrag
Change Requests; hohe Änderungs- rate bei Anforderungen zB aus Umfeld	Formalisiertes Change Management (Spezifikation als Referenz)	Flexibler, va bei langem Projekt; allerdings schwierig hinsichtlich Referenz für Mehraufwand/Mehr- vergütung (in scope/out of scope)
Statische Anforderungen (relevant va für Festpreis und Festtermin)	Fest	Vage
Kontroll- möglichkeit	Fest (Spezifikation und Projektplan sowie Aktivitätenplan als Referenz der Vergütungspflicht bei vorzeitigem Projektabbruch; § 649 BGB)	Vage
Leitung und Steuerung des Projekts	Durch den Auftragnehmer; der Kunde wirkt mit und der Auftragnehmer steuert/koordiniert auch das Zusammenspiel mit der Mitwirkung	Durch den Kunden (muss über entsprechende Erfahrungen, Kenntnisse und Kapazitäten verfügen!); Agil daher va geeignet, wenn der Kunde über größeres Know-How und größere Kapazi- täten als der Anbieter verfügt
Mitwirkung des Kunden	Festgelegt/planbar nach Phasen; ggf. anderweitige Ressourcen-Bindung beim Kunden;	Vage und wenig planbar; jeden- falls sehr intensive und umfang- reiche Kooperation und ent- sprechende Kapazitäten des Kunden (auch für Qualitäts- management und Backup bei Personalausfällen) während gesamter Laufzeit erforderlich
Auch für Mängelrechte, Haftung	Risiko des Auftragnehmers während Gewährleistungszeit; Spezifikation als Referenz; Abnahme im Laufenden Betrieb denkbar	Bei Dienstvertrag keine Mängelrechte

Für den Kunden stellt sich zudem die Frage, ob oder wann durch Ingebrauchnahme eine (Teil-)**Abnahme** eingetreten ist und wann die **Verjährungsfrist** der Mängelrechte beginnt.[196] „Gefällt" dem Auftraggeber das Programmierergebnis eines Programmierschritts nicht, kann er insoweit noch Änderungen auf einfache Weise erreichen.

> **Praxistipp:**
> Bei modernen Projektmethoden sind Änderungen Teil des Konzepts. Dies erschwert jedoch ein geordnetes **Change Request (CR)**-Verfahren, insbesondere die Feststellung von Minderungen (Mängeln bei vertraglich vereinbarten Leistungen, „in scope") und Mehrungen (vom Vertragsinhalt nicht erfasster Mehraufwand des Auftragnehmers, „out scope"). Ohne Pflichtenheft fehlt mög- licherweise jede Referenz, was in scope oder out scope ist.

---

[196] Siehe *Schneider*, Probleme bei Projektverträgen, Vortrag Kölner CR-Tage am 11.3.2010.

154 Mit Blick auf die Eigenheiten agiler Projektverfahren hat *Koch* eine vertragsrechtliche Differenzierung zwischen
- der Phase bis zur Herstellung einer ersten Fassung einer lauffähigen und demonstrierbaren Grundfunktionalität und
- der darauffolgenden Phase der Anpassungen und Weiterentwicklungen

vorgeschlagen.[197] Während die erste Phase im fast ausschließlichen Verantwortungsbereich des Auftragnehmers liegt und dieser einen Erfolg schuldet, mithin klar Werkvertragsrecht anzunehmen ist, sind die nächsten Etappen von einer besonders starken Mitwirkung und Mitgestaltung des Auftraggebers geprägt, sodass die Annahme dienstvertraglicher Elemente jedenfalls diskussionswürdig erscheint. Eine durchgehende Einordnung als Dienstvertrag wäre hingegen oft wohl nicht sachgerecht.[198]

155 Im klassischen werkvertraglichen IT-Projekt[199] gilt bzw. galt, dass der Kunde nur insoweit auch ohne ausdrückliche Regelung *„aus in der Natur der Sache liegenden Gründen"* zur Mitwirkung verpflichtet ist, wenn *„... der Softwarehersteller die Verpflichtung zur Programmierung nur sinnvoll unter Mitwirkung des Kunden erfüllen"* kann.[200] Nachdem die Grundfunktionalität seitens des Auftragnehmers hergestellt worden ist, geben die Mitwirkung und Interaktion den agilen Programmiermethoden ein besonderes Gepräge. Die sehr intensive, reflektierte[201] und kompromissbereite **Mitwirkung** kann gerade IT-unerfahrene Auftraggeber überfordern. Zwar trägt der Kunde – anders als bei vielen klassischen Projekten – nicht das Verwendungsrisiko, also das Risiko, die vertraglich vereinbarte Software zu erhalten, die aber für die Anwender nur eingeschränkt nutzbar ist. Allerdings erschwert eine Entwicklung „Feature by Feature" möglicherweise das einheitliche Design der Software.[202] *Koch* weist darauf hin, dass der Kunde evtl. nicht vorab feststellen kann, mit wie vielen (für ihn möglicherweise in doppelter Hinsicht[203] kostenauslösenden) Iterationen er rechnen muss.

156 Eine weitere, nämlich **urheberrechtliche Unklarheit** der vertraglichen Situation bei agiler Programmierung kann sich aus der **„paarweisen" Programmierung** ergeben (Tandems von Mitarbeitern des Auftraggebers und des Auftragnehmers).

157 Zudem fehlt eine **Referenz für** die **Abnahme** in Form eines anfänglichen „Pflichtenhefts",[204] was für den Auftraggeber ua bei Vereinbarung eines **Festpreises** „tödlich" sein dürfte. Allerdings könnte diese Referenz parallel als Dokumentation während des Projekts entstehen, was aber genauer zu regeln wäre. In gewissem Sinne kann auch über die Inline-Kommentierung eine ähnliche Referenz entstehen. Häufig bleibt jedoch unklar, was während der Projektdauer im Einzelnen geleistet werden könnte oder sollte. Für IT-Anwälte spielt die **Dokumentation** seit jeher eine große Rolle im Zusammenhang mit den Rechten der Kunden, sei es als Benutzerdokumentation zur Bedienerführung und Selbsthilfe für den Kunden oder als Entwicklungsdokumentation zur Weiterentwicklung/Fehlerbehebung durch den Kunden selbst (sofern er über eigene Softwareentwickler verfügt) oder durch einen Drittanbieter.[205] In Scrum-Projekten wird häufig, um eine gewisse Ordnung hineinzubringen, vereinbart, dass der Auftragnehmer dennoch verpflichtet sei (durch bestimmte Personen) das Pflichtenheft als eine Art Dokumentation der Ergebnisse mitzuführen. Das heißt also, es werden unter Umständen vertragliche Vereinbarungen getroffen, die den iterativen bis zirkulären Prozess bewusst konterkarieren oder linearisieren sollen. Würde man für diese Projektphasen Dienstvertragsrecht annehmen, hätte man eine klarere vertragliche Einbet-

---

[197] Siehe *Koch* ITRB 2010, 114 (119).
[198] Vgl. *Redeker* ITRB 2013, 165 (167).
[199] Allgemein zur Vertragstypologie → Rn. 10 ff.
[200] BGH Urt. v. 13.7.1988 – X ZR 292/87, CR 1989, 102 (104), LS 2 – Registrierkassen – und Bestätigung durch BGH Urt. v. 10.3.1998 – X ZR 70/96, CR 1998, 393, 395 – Warentermingeschäft.
[201] Speziell zu Interaktion, Kooperation und Mitwirkung bei modernen Projektmethoden siehe *Lapp* ITRB 2010, 69.
[202] Ebenfalls teilweise kritisch: *Koch*, ITRB 2010, 116 (117).
[203] Zum einen bezahlt der Kunde den Iterationsschritt des Anbieters, zum anderen bezahlt er die Mitwirkung seiner eigenen Mitarbeiter.
[204] Dazu: *Kremer* ITRB 2010, 283 (286).
[205] Ausführlich zur Dokumentation → § 18 „IT-Projektverträge".

II. Erstellung von Software

tung und könnte den Eigenheiten der agilen Projektmethoden mit größerer Transparenz und Klarheit gerecht werden. Denn bei agilem Vorgehen ist naturgemäß nicht alles bis ins kleinste Detail planbar, wie es ein Werkvertrag jedoch mit seiner Erfolgshaftung und einseitigen Zuordnung des Ausführungsrisikos voraussetzt bzw. unterstellt.

Richtig an der Idee des Pflichtenhefts auch bei agil/Scrum ist, dass dann bei der Abnahme eine Referenz zur Verfügung steht. Allerdings wird kaum ein Auftraggeber es dem Auftragnehmer überlassen, das (fachliche) Pflichtenheft zu erstellen. Außerdem ist der Auftragnehmer, wenn der Auftraggeber den Scrum-Master stellt, kaum in der Lage, die Scrums bzw. die Backlogs so zu beeinflussen, dass einfach zu dokumentierende Ergebnisse entstehen. Das heißt also, dass alle Festlegungen, die der Vertrag insoweit nicht zuletzt auch im Hinblick auf Termine und Festpreis vorsieht, eigentlich mit Scrum nicht vereinbar sind und das Werkvertragsrecht hier fehl am Platze ist. 158

> **Praxistipp für den Auftraggeber:**
> Ein völliger Verzicht auf **Dokumentation** ist für den Kunden nicht ratsam. Das gilt va bei unternehmenskritischer und/oder aktualisierungsbedürftiger Software. Allerdings schließen agile Projektmethoden nicht zwingend Dokumentationspflichten aus. Denkbar ist etwa, zumindest für bestimmte Teile der Software eine Dokumentation durch den Anbieter zu vereinbaren.
> Je weniger dokumentiert wird, umso wichtiger sind **Iterations-, Aktivitäten- und Fristenpläne**. Unabhängig von der Projektmethodik, gerade aber bei agilen Methoden, empfiehlt sich eine vertragliche, hinreichend detaillierte Regelung von **Reports/Statusberichten** einschließlich
> - Häufigkeit (nicht zu selten, in einem auf den Projektfortschritt abgestimmten Rhythmus),
> - Inhalte der Reports/Statusberichte (unter Berücksichtigung sonstiger Dokumentationspflichten des Anbieters),
> - Berichtswege sowie
> - Eskalationsroutinen.

Die Einbindung der agilen Programmiermethodik in die Vertragsgestaltung ist eine Herausforderung für den Anwalt. Denn viele Mandanten und ihre Vertragspartner haben auf der Fach-Ebene längst intern beschlossen, eine moderne Programmiermethodik und damit Vorgehensweise einzuschlagen, ohne dass deren Voraussetzungen und Implikationen (nicht zuletzt für den Vertragstyp) auch nur berücksichtigt, geschweige denn ausdrücklich festgehalten werden. Das bedeutet in der Folge, dass die Realisierung des Projekts und der oft zugrundeliegende Werkvertrag nicht synchronisiert sind. Das Projekt verläuft nach völlig anderen (für den Auftraggeber bzw. für die gestaltenden Anwälte evtl. unbekannten) Regeln, die sich in einem Werkvertrag nicht widerspiegeln können. Aus diesen Gründen erscheint die von *Koch*[206] vorgeschlagene Differenzierung von Projektphasen und deren unterschiedliche Einordnung in Werkvertrag (bis zum Herstellen der Grundfunktionalität) und Dienstvertrag (Weiterentwicklungen und Anpassungen nach Herstellung der Grundfunktionalität) sinnvoll. 159

> **Praxistipp:**
> Haben die Parteien im Rahmen der Vertragsverhandlungen ausdrücklich über das geplante agile/moderne Projektvorgehen gesprochen (etwa anhand von graphischen Darstellungen/Vorgehensplänen des Auftragnehmers) und wurde die Vereinbarung einer solchen modernen Methodik evtl. sogar schriftlich (zB in Verhandlungsprotokollen) dokumentiert, dann besteht insoweit ggf. eine individuelle Vereinbarung.
> Passen die **Einkaufs-AGB** des Auftraggebers nicht dazu, etwa weil sie die klassische Zweiteilung von Planungs- und Realisierungsphase vorschreiben oder weil die Mitwirkung des Auftraggebers während des Projekts abschließend beschrieben ist und die intensive Kooperation fehlt, dann sind die AGB ggf. (teilweise) mangels Transparenz unwirksam (etwa was den Vertragstyp betrifft) oder zumindest nachrangig hinter den individuellen Absprachen zur Projektmethodik.

---

[206] *Koch* ITRB 2010, 114 (119); → Rn. 154.

160 Unklar ist jedoch, wie sich dies zu der **Rechtsprechung zum „vergessenen Pflichtenheft"** verhält.[207] Zunehmend versuchen daher die Vertragspartner (bzw. ihre Anwälte) die „moderne Projekt-Methodik" in den Vertrag mit aufzunehmen, indem etwa ein Rahmenvertrag vereinbart wird und die jeweiligen einzelnen Leistungsgegenstände bzw. Projektteile in Scheinen, „Statements of Work" uä von der Fachabteilung bzw. dem Projektteam beschrieben werden.[208]

161 Schon allein die gemeinsame Bearbeitung der Software durch Auftragnehmer und Auftraggeber, die typisch für viele moderne Projektmethoden ist, aber auch die starke Rückverlagerung der Erfolgsverantwortung auf den Auftraggeber, die gemeinsame Besetzung der (Projektsteuerungs-)Gremien uä stehen einem Werkvertrag regelmäßig entgegen. Wenn der Vertrag zusätzlich noch die Beteiligung des Auftraggebers mit seinen Mitarbeitern als „Mitwirkungen" im Rahmen werkvertraglicher Durchführung qualifiziert, also als bloße Obliegenheiten, ist eigentlich das Scheitern des Projekts schon weitgehend angelegt, es sei denn, man sieht es wie ein Forschungs- und Entwicklungsprojekt an. Auch unter diesem Blickwinkel sollte die uneingeschränkte Anwendung des Werkvertragsrechts hinterfragt werden. Das Dienstvertragsrecht könnte wie dargelegt einen für alle Seiten gangbaren Ausweg darstellen.

162 Eine im Wesentlichen **zu ungenaue** Formulierung für agile Programmierung lautet etwa wie folgt:

> *„......*
> *2. Umfang der Dienstleistungen:*
> *Der Auftragnehmer erbringt für den Auftraggeber Dienstleistungen gemeinsam mit den Mitarbeitern des Auftraggebers gem. den in einzelnen Projektscheinen (Statements of Work) festgehaltenen Aufgaben.*
> *...... Die Vertragspartner vereinbaren, dass der Auftragnehmer für die Zeit jeweils eines Projektscheins, die dort näher geregelt ist, das dort ebenfalls näher bestimmte Team zur Verfügung stellt.*
> *Der Auftraggeber zahlt für diese zur Verfügung gestellte Kapazität pro Monat den sich aus der Preisliste ergebenden Betrag (je nach Qualifikation der Mitarbeiter des Auftragnehmers). Diese Vergütung ist jeweils pro Monat am Ende des Monats fällig.*
> *Der Vertrag läuft auf unbestimmte Zeit. Er endet, wenn die Vertragspartner keinen Projektschein mehr unterzeichnen und die bisherigen Projektscheine abgearbeitet sind."*

163 Auszug aus dem Projektschein:

> *Dem Auftraggeber werden folgende Kapazitäten/Ressourcen in folgender Qualifikation für die in Ziff. ...... genannte Zeit vom Auftragnehmer zur Verfügung gestellt:*
> *1. Agile Program Manager*
> *2. Agile Program Technology ......*
> *3. ......*
> *4. Designer für Programm und Oberfläche*
> *Evtl. Durchschnitts-Verfügbarkeit der einzelnen Personen ......*
> *Im gemeinsamen Team, gebildet aus ...... sogenannte Planungs-Meetings (Iterationsplanungs-Meetings durchführen).*
> *In diesen Meetings wird der bisher erarbeitete Stand kurz betrachtet, des Weiteren wird vereinbart, welche Schritte die nächsten sein werden bzw. aus welchen Anforderungen der Mitarbeiter des Auftraggebers diese Schritte gebildet werden, welche Anforderungen mit den nächsten Schritten zu erfüllen sind. Die Ergebnisse der Meetings werden in einem Protokoll festgehalten und von den*

---

[207] BGH Urt. v. 24.9.1991 – X ZR 85/90, CR 1992, 543; siehe auch *Schneider*, Probleme bei Projektverträgen, Vortrag Kölner CR-Tage am 11.3.2010.
[208] Siehe etwa *Schneider* ITRB 2010, 18; *Witte* ITRB 2010, 44; *Lapp* ITRB 2010, 69, *Auer-Reinsdorff* ITRB 2010, 93; *Koch* ITRB 2010, 114; s. aber *Frank* CR 2011, 138 zu „flexibler Vertragsstruktur" in Kombination mit Werkvertrag.

> *Projektleitern beider Vertragspartner unterschrieben. Diese Protokolle werden Bestandteile des Projektscheins.*
> *...... Für die Laufzeit dieses Projektscheins, ... bis ...... mit dem in ...... beschriebenen Team zahlt der Auftraggeber einen Festpreis von ...... pro Monat, insgesamt also ......, fällig jeweils am Monatsende, s. a. oben ....*
> *Voraussichtlicher Zeitplan ....*

III. Einstellen, Anpassen und Modifizieren von Standardsoftware

1. Grundlagen des Customizing

Der Begriff des Customizing ist zwar weit verbreitet, aber nicht sehr scharf. Er signalisiert, dass es um das Zurichten und Zuschneiden der Software hin auf die (individuellen) Belange des Kunden geht.[209] Unklar ist, ob dies geschieht mittels 164

- **Änderungen am Code**
- **Parametrieren** (Einstellen der dafür vorgesehenen Parameter) ohne Code-Änderungen oder
- zusätzlicher Programmteile (Software-Erstellung).

Vielleicht ist es hilfreich, auf die deutschen Begriffe zurückzugreifen und diese spezifisch zu belegen, etwa:

- **Einstellen** ist das Zurichten der Software, ohne den Code zu verändern, also das **Parametrieren**,
- **Anpassen** ist wie Ändern (Modifizieren) zu verstehen, beinhaltet also **auch** Änderungen am Code, aber auch Parametrieren.
- **Ergänzung** wäre eine spezielle Form des Änderns, bei der der Code erweitert wird (ua Add-ons).

Relevant sind die Unterschiede dieser drei Arten des Customizing zum einen, wenn es um 165 die vertragstypologische Einordnung geht, sodann bei Fragen der urheberrechtlichen Beurteilung und schließlich ganz praktisch bei Pflege und Release-Festigkeit bzw. -Fähigkeit.

2. Vertragstyp

Der Anpassungsvertrag, bei dem Software und Organisation des Kunden aufeinander hin 166 entwickelt werden, ist eigentlich kein typischer Werkvertrag, da das Erfolgsmoment auf beiden Seiten liegt. Insofern liegt va bei Zurufprojekten (ohne Spezifikation) Dienstvertrag nahe. Dem folgt die Rspr. nicht. Nach altem BGB war fast immer auch das Anpassungsprojekt als Werkvertrag qualifiziert worden.[210]

Unter Aspekten der Anwendung des § 651 BGB bietet sich an, darauf abzustellen, wer die 167 Standardsoftware beistellt, um deren Anpassung es geht. Verfügt der Kunde bereits über die Standardsoftware, liegt es nahe, den Vertrag, bei dem ein Erfolg hinsichtlich der Parametrierung geschuldet ist, nicht nach § 651 BGB zu beurteilen, also weiterhin Werkvertragsrecht anzuwenden.[211]

Würde man § 651 BGB anwenden, so würde sich durch die Parametrierung die Software 168 nicht ändern, bliebe also eine vertretbare Sache. Bei Änderungen am Code, würde § 651 S. 3 BGB greifen, so dass zusätzlich zu Kaufrecht die §§ 642, 643, 645, 649 und 650 BGB gelten würden und an die Stelle der Abnahme der nach §§ 446, 447 BGB maßgebliche Zeitpunkt

---

[209] S. mit Formulierungsvorschlag zu Parametrisierung Schneider/von Westphalen/*Witzel* G. Rn. 139 ff.
[210] S. zB LG Landshut Urt. v. 20.8.2003 – 2 HK O 2392/02, CR 2004, 19; OLG Karlsruhe Urt. v. 16.8.2002 – 1 U 250/01, CR 2003, 95; BGH Urt. v. 9.10.2001 – X ZR 58/00, CR 2002, 93; OLG Celle Urt. v. 10.7.1996 – 13 U 11/96, CR 1997, 150; OLG Karlsruhe Urt. v. 30.9.1994 – 15 U 89/94, CR 1995, 397; Werklieferungsvertrag, wenn Unternehmer die Software beistellt: OLG Celle Urt. v. 5.10.1994 – 13 U 17/94, CR 1995, 152; BGH Urt. v. 14.7.1993 – VIII ZR 147/92, CR 1993, 681.
[211] S. zu Portierung BGH Urt. v. 9.10.2001 – X ZR 58/00, CR 2002, 93; ebenso nach SRM: BGH Urt. v. 25.3.2010 – VII ZR 224/08 und BGH Urt. v. 5.6.2014 – VII ZR 276/13; s.a. OLG Düsseldorf Urt. v. 14.3.2014 – I-22 U 134/13.

tritt. Wie erwähnt (→ Rn. 21 ff., 24), ist aber die überwiegende Meinung gegen eine Anwendung des § 651 BGB auf Software-Erstellung und -Änderung, gleich wer die Standardsoftware beistellt.[212]

3. Urheberrechtliche Beurteilung

169 Die Änderung am Code erfordert eine Rechtseinräumung, die über das Recht zur Fehlerbeseitigung und zur Herstellung der Interoperabilität hinausgeht. Insoweit ist eine besondere Rechtseinräumung zugunsten des Bestellers erforderlich, der die Änderungen durchführen (lassen) will.[213]

170 Evtl. räumt der Hersteller der Standardsoftware dieses Bearbeitungs- und Änderungsrecht nicht dem Endkunden, sondern seinen Partnern ein, die diese Änderungen beim Kunden bzw. für diesen ausführen dürfen, was dem Endkunden nur die Mindestrechte und dabei das Nutzungsrecht an den Änderungen lassen würde.[214] Denkbar wäre evtl., dass die Tickets der User (Anforderungen) im System zu deren Bearbeitung, etwa als „Backlog", zusammen mit diesem eine Datenbank bilden, die nach §§ 87a ff. UrhG geschützt wäre.[215]

4. Besonderheiten bei Anpassung

171 a) **Bestimmung des Vertragsgegenstands, „Pflichtenheft".**[216] Häufig lässt sich die Feinplanung nicht ohne die Projektion auf eine konkrete Software, für die die Erwerbsentscheidung schon gefallen ist, durchführen. Die Mitarbeiter des Kunden wissen evtl. nicht, *„was sie wollen dürfen".* Der Auftragnehmer wünscht sich ein Verfahren, bei dem das Feinkonzept von Kunden **abgenommen** wird. Der AG weiß gar nicht, im Hinblick auf was er die Vertragsgemäßheit prüfen soll, außer evtl. im Hinblick auf ein Grobkonzept. Ob das Feinkonzept die Vorgaben der Leistungsbeschreibung richtig konkretisiert und bestmöglich auf die Standardsoftware projiziert, kann der Auftragnehmer, kaum der AG beurteilen. Evtl. „hilft" ein Verfahren mit **Freigabe** wie folgt:[217]

> **Praxistipp:**
> Das Problem der **Kosten** und deren Zuordnung bei späteren Änderungen lässt sich evtl. weitgehend dadurch auffangen, dass der AG zwar nicht formell „abnimmt", nach Freigabe jedoch Änderungen dem normalen CR Verfahren unterliegen, der AG Mehraufwand (nach Verrechnung der Minderungen mit Mehrungen) zu zahlen hat, wenn sich erweist, dass das Feinkonzept die Leistungsbeschreibung bzw. das Grobkonzept richtig übersetzt hat und die Anforderungen des Kunden richtig übernommen worden waren.

172 Das Hauptproblem ist, häufig etwas versteckt, die mangelnde Regelung der **Anpassung seitens des Kunden.** Eine solche Regelung müsste sowohl die grundsätzliche Pflicht des

---

[212] Vgl. zur rechtlichen Einordnung von Verträgen über die Anpassung und Einführung von Standardsoftware auch Schneider/von Westphalen/*Witzel* G. Rn. 71 ff.
[213] Zu den urheberrechtlichen Mindestbefugnissen des Kunden → § 5 „Rechtsschutz von Computerprogrammen und digitalen Inhalten". Zum Schutzumfang s. a. EuGH Urt. v. 22.10.2010 – C-393/09, CR 2011, 221 zum Schutz der Oberfläche nicht durch die Richtlinie 91/250/EWG v. 14.5.1991, wohl aber Richtlinie 2001/29/EG v. 22.5.2001 („Harmonisierungsrichtlinie"); s. a. EuGH Urt. v. 2.5.2012 – C-406/10, CR 2012, 428 – SAS Institute, wonach *„weder die Funktionalität eines Computerprogramms noch die Programmiersprache oder das Dateiformat, die im Rahmen eines Computerprogramms verwendet werden, um bestimmte Funktionen des Programms zu nutzen, eine Ausdrucksform dieses Programms sind".*
[214] Zum Verhältnis kundenspezifische Änderungen und Pflegeleistungen → Rn. 200 sowie → § 14 „Softwarepflegeverträge".
[215] Einzelheiten siehe Conrad/Grützmacher/*Huppertz,* Recht der Daten und Datenbanken im Unternehmen, S. 155 ff.
[216] S. zur Anwendersicht *Intveen* ITRB 2006, 239.
[217] Hintergrund, warum nicht „Abnahme": BGH Urt. v. 13.6.2006 – X ZR 167/04, DB 2006, 1953, keine Pflicht des Bestellers zur Überprüfung des „Konstruktionsansatzes" des Auftragnehmers.

III. Einstellen, Anpassen und Modifizieren von Standardsoftware 173–177 § 11

Kunden zur Anpassung seiner Organisation an die Software als auch deren genauen Umfang beschreiben. Die Spezifikationen sind oft Delta-Konzepte,[218] die nur die über den Ist-Zustand der vorhandenen Software bzw. über den Standard hinausgehende (noch zu bewerkstelligende) Funktionalität der Software beschreiben, ohne deutlich zu machen, dass im Übrigen sich die Organisation des Kunden der Software bzw. den Festlegungen anzupassen hat. Ändert der Kunde seine Organisation oder schränkt er die Bereitschaft zur Anpassung an die Software ein (wie es die Fachabteilung will), bleibt dem Auftragnehmer nur, die Lücke durch Änderungen bzw. seine Leistungen zu füllen, wenn er nicht aufgrund klarer Vereinbarungen die fehlende Mitwirkung des Kunden darlegen und beweisen kann.

Dass die Leistungen des Unternehmers im Pflichtenheft **abschließend** beschrieben seien, infolgedessen nicht mehr geschuldet sei, lassen Gerichte oft nicht gelten. Vielmehr schulde der Unternehmer eine auf die Belange des Kunden zugeschnittene Lösung.[219] **173**

b) Einheitlichkeit der Gegenstände. Bei Leistungsstörungen bzw. deren Rechtsfolgen, va bei Rücktritt, würde es nahe liegen, zwischen dem Vertrag über die Standardsoftware und dem über die Anpassung zu unterscheiden. Zugunsten des Kunden empfehlen sich insoweit Regelungen, die eine einheitliche Handhabung, zB Rückabwicklung der Standardsoftware bei Scheitern der Anpassung, erlauben. Relativ leicht ist die Differenzierung der Gegenstände bei zwei verschiedenen Lieferanten/Vertragspartnern. Bei Identität des Vertragspartners neigen Gerichte dazu, beide Leistungen zu einem einheitlichen Werkvertrag zu verbinden.[220] **174**

c) Dokumentation.[221] Auch bei Anpassung ist die Bedienungsanleitung selbstverständlich mitgeschuldete Leistung.[222] Ein Streitpunkt ist, insbes. bei Vergütung nach **Zeitaufwand**, häufig die **Dokumentation**. Grundsätzlich muss der Auftragnehmer zu seinen softwarebezogenen Leistungen auch die Bedienungsanleitung liefern, also bei Anpassung die entsprechenden Änderungen der Dokumentation. Dazu sind die Auftragnehmer bereit, häufig aber nicht ohne entsprechende Vergütung. **175**

> **Praxistipp:**
> Es empfiehlt sich wegen der unterschiedlichen Probleme, im Vertrag zu regeln, ob die Änderungen synchron bzw. sofort im Anschluss jeweils dokumentiert werden sollen oder am Ende, wenn die Softwareanpassung fertig ist. Ohne besondere Vereinbarung würde der Unternehmer va nach hoher Frequenz der Änderungswünsche des Auftraggebers dann noch eine angemessene Frist zur Erstellung der Dokumentation haben.[223]

Die nachträgliche Erstellung dürfte allerdings, wenn der Kunde nicht häufig Änderungen der Spezifikation fordert, aufwändiger sein. Man wird aber die BGH-Entscheidung so verstehen können, dass jedenfalls eine nachträgliche Erstellung der Dokumentation nicht zu beanstanden ist, wenn nichts Besonderes insofern vereinbart wurde. **176**

d) Mitwirkung.[224] Wie bei Software-Erstellung schuldet der Kunde Mitwirkung, auch wenn im Vertrag nichts Besonderes bestimmt ist. Schon hier wirkt sich das Fehlen einer vertraglichen Regelung uU ungünstig für den Auftragnehmer aus. Bei Anpassung wirkt sich aber das Fehlen von expliziten Mitwirkungspflichten und deren konkreter Beschreibung **177**

---

[218] S. zB OLG Düsseldorf Urt. v. 10.6.1992 – 19 U 23/91, CR 1993, 361; dazu a. *Müller-Hengstenberg* CR 1993, 689; dagegen *Zahrnt* CR 1994, 404.
[219] S. etwa OLG Köln Urt. v. 4.11.2002 – 19 U 27/02, CR 2003, 246 – „Gesamtlösung" durch die angebotene Anwendersoftware auch ohne zusätzliche Leistungen; OLG Köln Urt. v. 14.2.2001 – 19 U 176/95, CR 2001, 506.
[220] S. etwa OLG Karlsruhe Urt. v. 16.8.2002 – 1 U 250/01, CR 2003, 95.
[221] Im Einzelnen zu Dokumentation → § 18 „IT-Projektverträge" Rn. 258 ff.
[222] S. BGH Urt. v. 14.7.1993 – VIII ZR 147/92, CR 1993, 681.
[223] S. BGH Urt. v. 20.2.2001 – X ZR 9/99, CR 2001, 367; OLG Karlsruhe Urt. v. 16.8.2002 – 1 U 250/01, CR 2003, 95.
[224] → § 18 „IT-Projektverträge".

noch fataler aus. Der Erfolg lautet etwa: Anpassung an die Belange und Gegebenheiten des Kunden. Praktisch gelingt dies nie, wenn diese Belange und die Prozesse beim Kunden nicht klar beschrieben sind. Im Hinblick auf die Verzahnung der Leistungspflichten des Unternehmers und der Mitwirkung des Kunden empfiehlt sich ein einheitlicher, verbindlicher (im Vertrag verankerter) **Aktivitäten- und Fristenplan,** der auch die Mitwirkung detailliert enthält.

178 Hilfreich wäre etwa folgende Klausel:

> **Formulierungsvorschlag:**
>
> *„Die Mitwirkungspflichten des Auftraggebers sind Hauptpflichten."* (und nicht nur Nebenpflichten mit eingeschränkten Folgen der Nichteinhaltung, § 643 BGB). Solche Regelungen sollen laut *Redeker* zumindest in AGB unwirksam sein.[225]
>
> Eine **Formulierung**, die die Mitwirkungsleistung des Auftraggebers durchaus anstrengt:
>
> „§ 18 Mitwirkung des AG
>
> (1) Der AG wird den AN in dem Projekt umfassend, fachkundig und rechtzeitig unterstützen, womit nicht eine Übernahme von Verpflichtungen des AN gemeint ist. Er stellt zu Gunsten des Projekts qualifizierte Mitarbeiter in angemessenem Umfang von anderen Tätigkeiten frei. Rechtzeitig erbringt er die Beistellungen (§ 5), gibt Informationen und gewährt dem AN im notwendigen Umfang Zugang zu Räumen, Hard- und Software und Telekommunikationseinrichtungen.
>
> (2) Der AG schlägt rechtzeitig Testfälle und Testverfahren vor und übergibt Testdaten.
>
> (3) Der AN fordert alle Mitwirkungsleistungen des AG rechtzeitig und spezifiziert an."[226]

179 Zu ergänzen wäre, dass der Auftraggeber spezielle Testsysteme beizustellen hat, dass er dort evtl. spezielle Hardware und Software zur Verfügung zu stellen hat und evtl. einen Parallelbetrieb sicherstellen muss. Insofern empfiehlt sich die Aufnahme sämtlicher Mitwirkungsleistungen des Auftraggebers in den Aktivitäten- und Fristenplan.

180 Häufig wird übersehen, dass der Kunde Mitwirkung hinsichtlich **Anpassung seiner Organisation,** insbesondere **Geschäftsabläufe** erbringen muss, um den Erfolg herbeizuführen. Diese Leistungen sind aber oft nicht beschrieben. Das **Risiko** für den Anbieter besteht darin, dass die Anpreisungen – wenn es diese Qualifizierung noch geben sollte – aus der Präsentation und die Angaben aus dem Angebot so zu verstehen sind, dass

- der Kunde keine Anpassung seiner Organisation erbringen muss,
- der Anbieter die Leistung der Anpassung evtl. ohne Mehraufwand zu erbringen hat.[227]

181 Auch solche Auftragnehmer, die die Kooperation in ihren Anpreisungen besonders herausstellen, wollen diese Abhängigkeit der Leistungen meiden und nur die Standardsoftware als solche „verkaufen" und im übrigen evtl. selbst oder über Dritte nach Weisungen des Auftraggebers noch gewisse Einstellungen/Änderungen (nicht am Code) tätigen. Hierbei soll aufs Engste zusammengearbeitet werden.

182 So eng diese Zusammenarbeit auch ist, so ist nicht zu verkennen, dass evtl. trotzdem die einzelnen Vertragsgegenstände isoliert zu sehen sind und der **Systemcharakter aufgegeben** wird. Falls später das Projekt „scheitert", ist nicht klar, welche Vorstufen davon ebenfalls einbezogen werden dürfen, wenn es um Schadensersatz oder Rückabwicklung geht.

183 Bei einem **Kooperationsvertrag** hinsichtlich eines neuartigen technischen Geräts kann der Vertrag evtl. auch einfach durch Ablauf der vereinbarten Zeit enden, der Entwickler aber auch schon vorher erkennen, dass er das Gerät nicht zu einem vermarktungsfähigen Zustand bringen wird. In diesem Fall soll er verpflichtet sein, bei Vertragsende die jeweils erzielte Entwicklungsstufe zu übergeben, die bei pflichtgemäßem Einsatz bis zu diesem Zeitpunkt zu erreichen sei.[228]

---

[225] Schneider/von Westphalen/*Redeker* Kap. D. Rn. 241.
[226] Aus Hoffmann-Becking/Rawert/*Bartsch* III.G.4.
[227] S. va OLG Köln Urt. v. 4.11.2002 – 19 U 27/02, CR 2003, 246; zur Bedeutung und Gestaltung von Präambeln im Hinblick auf Präsentationen s. *Bischof* ITRB 2006, 289.
[228] OLG München Urt. v. 3.2.1999 – 7 U 1892/98, DB 1999, 1057.

III. Einstellen, Anpassen und Modifizieren von Standardsoftware

Es wäre deshalb jeweils zu prüfen, ob nicht zugunsten von Kooperationsvorstellungen (die sich ebenfalls nachteilig für den Auftraggeber auswirken können) gleichzeitig eine Auflösung des Systemgedankens erfolgt. So gesehen wäre „Projekt" Anlass, diese Zusammenhänge jeweils zu überprüfen und, wo notwendig, auch zum Vertragsgegenstand zu machen. 184

Die **Mitwirkungsleistungen** des Auftraggebers sind lediglich im Bereich des Werkvertrages – und nur abstrakt – im BGB geregelt. Bei Dienstvertrag erübrigt sich diese Regelung aufgrund des **Weisungsrechts** des Dienstherrn. Zur Steuerung komplexer, langfristiger Verträge sagt das BGB nichts. 185

Im Hinblick auf die **Risikoverteilung** (Projektverantwortung) ist es evtl. problematisch, für den Auftraggeber sogar schädlich, wenn er zu viele Möglichkeiten der Projektsteuerung in seiner Kompetenz behalten will.[229] Diese ist nicht zu verwechseln mit der als Mitwirkung erforderlichen **internen Projektorganisation** beim Auftraggeber. Diese muss natürlich mit der Organisation des externen Projekts, also der Zusammenarbeit der Vertragspartner, synchronisiert werden. 186

Die **Kombination** des Pflichtenhefts (der Spezifikation) mit 187
- **Zeitplan**,
- **Vergütungsregelung** und
- **Mitwirkung** (evtl. als Hauptpflicht zu vereinbaren)

bildet **das Kernstück der Vertragsverhandlungen**. Dieses zentrale „Pflichtenprogramm" ergibt sich im Regelfall aus den Anlagen des Vertrages, nämlich aus
- den fachlichen Spezifikationen („Pflichtenheft"),
- dem „Aktivitäten- und Termin- bzw. Fristenplan", der auch die Mitwirkungsleistungen enthält,
- den Preislisten und Kalkulationen.

Hier hat es auch der Auftragnehmer noch in der Hand (ohne dass man über vertragliche Definitionsformulierungen sprechen müsste), den eigentlichen Vertragsgegenstand und in der Folge damit auch den Projektverlauf zu prägen. Etwa würden sich aus einem ausgefeilten **Zeitplan** auch die Zeitpunkte ergeben, zu denen der Auftraggeber Mitwirkungsleistungen zu erbringen hätte, würde sich mithin deren Einfordern erübrigen. 188

Die **rechtzeitige Einforderung** von Mitwirkungsleistungen wird als Aufgabe desjenigen zu verstehen sein, der die Projektverantwortung innehat. Diese Maßnahme wird wiederum von vielen Auftragnehmern vernachlässigt oder sogar gar nicht gesehen, was wiederum eine Vertragsverletzung darstellen kann bzw. verzugsbegründend wirken kann. 189

Die Verzahnung der wechselseitigen Rechte und Pflichten bzw. der Beteiligungen im Rahmen der Projektarbeit war zB bei den BVB deutlich.[230] Inzwischen hat sich bewährt, dass die Vertragspartner ihre Leistungen über den Aktivitäten- und Fristenplan synchronisieren.[231] Die Mitwirkungsleistungen des Auftraggebers sind meist in den Verträgen explizit erwähnt, werden dennoch aber in der Praxis der Projektarbeit häufig vernachlässigt. Extrem stark wirkt die Mitwirkungsleistung und nähert sich der Kooperation, wenn vereinbart wird, dass das Realisierungsteam (auch) aus Mitarbeitern des Auftraggebers besteht. Im Hinblick auf den nach altem Schuldrecht minderen Rang von Mitwirkungsleistungen hat es sich bisher empfohlen, dass der Auftragnehmer zu seinen Gunsten aushandelt, dass es sich bei den Mitwirkungsleistungen um Hauptpflichten handelt. Es ist zu erwarten, dass diese Unterscheidung, die durch die Schuldrechtsmodernisierung eigentlich entfallen ist, dennoch von den Gerichten weiter so gehandhabt wird. Infolge dessen bleibt die Empfehlung bestehen. 190

Kommt der Auftraggeber mit seinem **Mitwirkungsleistungen in Verzug**, kommt bei kausaler Wirkung auf den Projektverlauf nicht nur kein Verzug mehr des Auftragnehmers in Betracht, sondern begeht der Auftraggeber zugleich eine Pflichtverletzung nach § 280 BGB, was häufig übersehen wird.[232] 191

---

[229] → oben Rn. 51 ff.
[230] S. Schema in *Schneider* L. Rn. 38 ff.
[231] S. Schema in *Schneider* L. Rn. 38g ff.
[232] Bei nicht rechtzeitiger Erfüllung einer Nebenpflicht, kann jedenfalls dann, wenn auf deren Erfüllung weitere Leistungen aufbauen und infolge dessen der Eintritt des geschuldeten Erfolgs gefährdet ist, ein Rücktritt nach § 636 Abs. 1 S. 1 BGB erfolgen, s. BGH Urt. v. 20.3.2001 – X ZR 180/98, NJW 2001, 2024.

192 **e) Abnahme, Vorbereitung.** Nicht empfehlenswert ist, die Abnahmekriterien oder auch die Testkriterien erst während des Projektverlaufs zu erstellen, schon gar nicht durch den Auftraggeber. Wenn der Auftraggeber nicht weiß, worauf es ihm maßgeblich ankommt, dann muss er insoweit eine zusätzliche Beratung einholen oder aber tolerieren, dass es eben keine solchen Regelungen gibt.

193 Was sich in diesem Zusammenhang i. V. auch mit dem Aktivitätenplan als hilfreich herausgestellt hat, ist eine Art ausgearbeitetes Konzept von – erweiterten – **Meilensteinen**. Danach wird ein bestimmtes Vorgehen in Schritten pro Zeiteinheit, aber auch pro überschaubaren Arbeitsabschnitt vorgenommen. Danach wäre jeder Arbeitsabschnitt am Ende so zu prüfen, dass dies einer Abnahme gleichkommt, aber nicht die Wirkung einer Abnahme hat. Die Wirkung ist lediglich, dass nunmehr der nächste Arbeitsschritt im Detail in Angriff genommen werden kann. Auf die Weise wird es möglich, in verschiedenen Teams verschiedene Leistungen parallel vorzunehmen.

194 Im Vertrag oder in der Leistungsbeschreibung sollten also geregelt sein:
- Abnahmekriterien, etwa Performance,
- Abnahmeverfahren, mit Tests, Testfällen und Testdaten (wer stellt diese bei),
- Fristen, Termine, Rückrechnung vom Endtermin, Erklärung der Gesamtabnahme, evtl. nach 2. Versuch.

195 **f) Modulweise Abnahme und Pflegevergütung.** Die **Vergütungspflicht für die Pflege** soll nach AGB der Softwarelieferanten bei Ablieferung der Software beginnen. Zu diesem Zeitpunkt kann der Anwender mit der Software, die noch angepasst werden soll, nichts anfangen. Die Mängelansprüche des Kunden können bereits zu verjähren beginnen – besser wäre für den Anwender eine **Synchronisierung mit der Anpassung**. Immerhin überschneiden sich dann aber für ein Jahr, bei schlechten AGB des Lieferanten für zwei Jahre, Mängelansprüche und Pflegeleistungen.

196 Der „normale" Pflegevertrag enthält in der Regel Leistungen, die sich auf Mängel beziehen. Die genaue Ausgestaltung ist unterschiedlich. Eine der üblichen Varianten ist, dass sich im Pflegevertrag der Auftragnehmer verpflichtet, ihm gemeldete „Fehler" zu beseitigen. Der Begriff des Fehlers wird in manchen Fällen im Einzelnen definiert. Grundsätzlich würde er sich wohl weitgehend mit dem des „Mangels" decken. Insofern sind die Leistungen aus dem Pflegevertrag dann deckungsgleich mit der so genannten „Gewährleistung", also der Mängelhaftung. Dies macht die Vergütungspflichtigkeit aus dem Pflegevertrag für die Laufzeit der Verjährung aus dem Beschaffungsvertrag problematisch. Zumindest erscheint in vielen Fällen diese **Doppelvergütung „intransparent"**.[233]

197 Des Weiteren wird oft übersehen, dass der Pflegevertrag – was die Intransparenz eher erhöht – seinerseits ein Mängelregime hat, also dem Kunden für den Fall der **nicht ordnungsgemäßen Ausführung der Pflegeleistungen** Ansprüche gewährt.

198 Bei Anpassungsprojekten spielt eine noch größere Rolle, **ab wann** die Pflegevergütung einmal ganz unabhängig von der Gewährleistung schlicht im Hinblick auf die Frage zu zahlen ist, wann der Kunde mit der Software etwas anfangen kann. Viele große Anbieter fordern, dass die Pflegevergütung bereits ab **Ablieferung** zu zahlen ist, auch wenn der **Anpassungsprozess** und auch die **Abnahme** dieser Anpassungen noch Jahre beim Kunden dauern könnte. Wenn der Kunde den Pflegevertrag nicht abschließt bzw. nicht vergütet, am Ende dann die Pflege (für die Standardsoftware) abschließen will, nachdem die Software angepasst ist, muss er eine entsprechende Nachzahlung vornehmen („**Upgrade**").

199 Im Vertrag wird es sich zu Gunsten des Kunden deshalb empfehlen, diese Frage der Vergütungspflicht sowohl im Hinblick auf den Anteil der Mängelbearbeitung als auch im Hinblick auf die produktive Nutzbarkeit individualvertraglich genau zu regeln bzw. zu staffeln. Dies kann auch **modulweise bzw. phasenweise** geschehen, etwa besonders dann, wenn bestimmte Funktionen der Software schon in Nutzung genommen werden können, während die weiteren Funktionen noch angepasst werden.

200 Üblicherweise hat der Pflegevertrag als Gegenstand die Standardsoftware, zumindest bezogen auf Updates und sonstige Aktualisierungen (Releases) und meist auch bei den män-

---

[233] Zu dieser Problematik ausführlich → § 14 „Softwarepflegeverträge".

gelbezogenen Leistungen. Die Frage ist dann, wie sich die kundenspezifischen Änderungen zu den Pflegeleistungen verhalten. Sind diese nicht „releasefest", müssen sie **nachgeführt** werden. Der Begriff „realeasefest" sollte im Vertrag definiert werden, weil einige Anbieter realeasefest mit realeasefähig (= Änderungen sind geeignet, nachgeführt zu werden; das erfordert aber Mehraufwand) gleichsetzen. Diese Leistung des Nachführens ist (sofern nicht ausdrücklich vereinbart) nicht vom Pflegevertrag erfasst, zumindest nicht durch die Pauschalvergütung der Pflege abgegolten. Es empfiehlt sich deshalb aus Auftraggebersicht, zumindest (wenn nicht schon die Releasefestigkeit) die Releasefähigkeit und dazu die **„leichte" Pflegbarkeit der Änderungen als Forderung in die Spezifikation** aufzunehmen. Denkbar ist auch, bereits den Preis für die Nachführung im Rahmen der Pflege zu „deckeln", wenn über die Anpassung verhandelt wird.

IV. Subunternehmervertrag bei der Software-Erstellung

1. Ausgangslage

Der Auftragnehmer (nachfolgend: Hauptauftragnehmer), der die Erstellung von Software anbietet und erbringen will, wird sich bereits in einer frühen Phase der Angebotserstellung oder der Vorgespräche mit dem Auftraggeber überlegen müssen, ob er alle potentiellen Aufgaben selbst und in den vorgegebenen Fristen erfüllen kann. Aufgrund des sich abzeichnenden Bedarfs an Personal und an Know-How wird er zu entscheiden haben, ob er weitere Partner (**quantitative Unterstützung**) oder externes Know-How (**qualitative Unterstützung**) für die Software-Erstellung einbeziehen will. 201

Entscheidet sich der Hauptauftragnehmer zusätzlich Unterstützung durch Dritte bei der Realisierung der Software-Erstellung einzubinden, kann er dies neben zusätzlichen eigenen Mitarbeitern über 202
- freie Mitarbeiter,
- Entleihe von Arbeitnehmern,
- Konsortialpartner, oder
- Subunternehmer

bewerkstelligen.

Der Hauptauftragnehmer wird weiter zu entscheiden haben, ob er die externen Kräfte in seine eigenen Teams einbinden will oder ob er ihnen Teilaufgaben (eigenverantwortliche Erstellung) übertragen will. Bei komplexeren Aufgabenstellungen wird er abzuwägen haben, ob er mit seinen potentiellen Partnern die Verantwortung für den Erfolg der Software-Erstellung gemeinschaftlich tragen will (zB Konsortium, Anbietergemeinschaft). 203

Die nachfolgenden Ausführungen konzentrieren sich auf die Fallkonstellation, in der der Hauptauftragnehmer, der im Vertrag mit einem Auftraggeber die Software-Erstellung übernommen hat (nachfolgend: Hauptvertrag), einen **Subunternehmer mit der Erstellung einer Teilleistung** beauftragt. Der Fokus wird dabei auf der komplexen Aufgabenstellung und Interessenlage des Hauptauftragnehmers liegen, da dieser durch die Einbindung des Subunternehmers nicht nur die Software-Erstellung mit und gegenüber dem Auftraggeber zu steuern und zu managen hat, sondern zusätzlich die Leistungserbringung des Subunternehmers koordinieren und die Erfüllung und Erfüllbarkeit des Hauptvertrages gerade auch hinsichtlich der Leistungsanteile des Subunternehmers sicherstellen muss. 204

2. Vertragstypologie

Bei Subunternehmerverträgen (besonders bei sog *Rahmenverträgen,* die Beratung, Erstellung, Änderung und sonstige Services als Vertragsgegenstand auflisten) ist die Rechtsprechung – anders als sonst bei Software-Erstellungsverträgen[234] – stärker geneigt, **Dienstvertragsrecht** anzuwenden. Als ausschlaggebend dafür wird angesehen, dass der Subunternehmer bzw. dessen Mitarbeiter beim Hauptauftraggeber tätig werden und somit die Gefahr 205

---

[234] → Rn. 12 ff.

besteht, dass ihr Leistungsanteil nicht mehr deutlich erkennbar ist. Für den Generalunternehmer/Hauptauftragnehmer führt das zu einer verheerenden „Sandwich"-Position: Er selbst haftet gegenüber seinem Besteller im Rahmen eines Werkvertrages, während ihm gegenüber sein Sub-Unternehmer nur die dienstvertraglichen Pflichten zu erfüllen hat.[235]

3. Vertragsverhandlungen mit dem Auftraggeber

206 Die Grundkonstellation ist aus dem Baurecht bekannt. Es gibt insoweit Rspr. Diese sollte allerdings nur mit Vorsicht auf den IT-Bereich übertragen werden, in dem es zudem einige Besonderheiten, va über das Urheberrecht gibt.[236] Der Hauptauftragnehmer wird (zB vor der Angebotsabgabe) die **Einbindung des Subunternehmers mit dem Auftraggeber bereits im Vorfeld vereinbaren.** Der Hauptauftragnehmer muss sicherstellen, dass er den (die) Subunternehmer bei der Erstellung der Software einbinden darf. In einer Vielzahl von Verträgen schließt der Auftraggeber die Einbindung von Subunternehmern aus oder macht sie zumindest von seiner Zustimmung abhängig.

207 Der Auftraggeber wird mit seiner Zustimmung bereits in der vorbereitenden Phase auch unmittelbar mit dem Subunternehmer eine **Geheimhaltungsvereinbarung** abschließen wollen, wenn vertrauliche Informationen des Auftraggebers offen gelegt und dem Subunternehmer zugängig gemacht werden sollen. Der Hauptauftraggeber sollte den **Subunternehmer in die Vorgespräche und in die Verhandlungen des Hauptvertrages einbinden.** Insbesondere sollte der Subunternehmer bereits in die
- Vorbereitung des Angebotes,
- Ermittlung der fachlichen Anforderungen an die zu erstellende Software,
- System- und Einsatzbedingungen,
- Konkretisierung der Leistungen und der Beschaffenheit der Software und in die
- Vertragsverhandlungen

vom Hauptauftragnehmer unterstützend eingebunden werden. Der Hauptauftragnehmer kann nur durch eine geeignete Einbindung des Subunternehmers sicherstellen, dass dessen Know-how[237] in die Ermittlung der Anforderungen und in die Verhandlungen mit dem Auftraggeber einfließen. Durch die Unterstützung des Subunternehmers wird dessen Teilleistung, mit der er später beauftragt wird, im Hauptvertrag so beschrieben, wie sie dann vom Subunternehmer erbracht werden kann.

208 Ob der Subunternehmer persönlich an den Gesprächen und Verhandlungen mit dem Auftraggeber oder „nur" an Gesprächen mit dem Hauptauftragnehmer teilnimmt, muss im Einzelfall entschieden werden. Die Entscheidung wird dabei von der Rolle und vom Umfang der potentiellen Aufgabe des Subunternehmers, von dessen speziellem Know-How und vom Interesse des Hauptauftragnehmers abhängen, ob er den direkten Kontakt des Subunternehmers mit dem Auftraggeber wünscht.[238]

209 Wesentliche Bedeutung hat im Rahmen der Vertragsverhandlungen des Hauptvertrages und des Subunternehmervertrages die Leistungsbeschreibung oder – falls diese im Zeitpunkt des Vertragsschlusses noch nicht abschließend festgelegt ist – die Beschreibung des Verfahrens, in welchem die Leistungen und deren Beschaffung verbindlich für den Hauptauftragnehmer und für den Subunternehmer festgelegt werden.[239]

4. Regelungen des Subunternehmervertrages

210 Das zentrale Anliegen des Hauptauftragnehmers gegenüber seinem Subunternehmer wird sein, dass der Subunternehmer die übertragenen Aufgaben und Teilleistungen so erbringt,

---

[235] S. etwa OLG München Urt. v. 23.4.1996 – 5 U 5708/95, CR 1997, 27 iVm LG München I Urt. v. 28.9.1995 – 7 O 534/95, CR 1996, 232; s.a. LG München I Urt. v. 21.7.1994 – 7 O 9748/92, CR 1995, 33 zu einem „Aufwandsprojekt", bei dem ein bestimmtes Programmergebnis geschuldet war; trotzdem Werkvertrag, obwohl Mitarbeiter des Auftraggebers die Realisierung vornehmen sollten: BGH Urt. v. 23.1.1996 – X ZR 105/93, CR 1996, 467 – Service-RZ II.
[236] Zum Subunternehmervertrag im IT-Recht auch im Vergleich zum Baurecht s. *Polenz* CR 2008, 685.
[237] Zum Know-how-Schutz → Rn. 110 ff.
[238] Weiterführend: *Redeker* CR 1999, 137; *Schneider* E Rn. 207 ff.
[239] → Rn. 35–47 und Rn. 171 ff. und unten Rn. 215 ff.

dass sie zur Vertragserfüllung gegenüber dem Auftraggeber verwendet oder unmittelbar „durchgereicht" werden können. Die vom Subunternehmer zu erbringende Leistung muss zumindest die Vorgaben des Hauptvertrages erfüllen. Hierzu bedarf es einer engen Planung und Koordinierung zwischen den Pflichten und Regelungen des Haupt- und des Subunternehmervertrages.[240]

Werden im Subunternehmervertrag Teilaufgaben des Hauptvertrages auf den Subunternehmer übertragen, kommt der Hauptauftragnehmer im Verhältnis zum Subunternehmer in die Rolle des Auftraggebers. Die vorstehenden Überlegungen zum Aufbau des Software-Erstellungsvertrages,[241] können daher grundsätzlich auch zum Aufbau des Subunternehmervertrages herangezogen werden.

Der Hauptauftragnehmer sollte sich jedoch nicht darauf beschränken, einen eigenständigen und vom Hauptvertrag unabhängigen Software-Erstellungsvertrag mit dem Subunternehmer über eine Teilleistung zu vereinbaren. Um die Erfüllung des Hauptvertrages zu gewährleisten, muss er die selbständig neben einander stehenden Vertragsverhältnisse (Hauptvertrag und Subunternehmervertrag) inhaltlich über entsprechende Regelungen im Subunternehmervertrag und ggf. im Hauptvertrag verzahnen.

Der Wunsch des Hauptauftragnehmers wird dahin gehen, dass die Regelungen des Hauptvertrages, insbesondere die Beschreibung der Leistung und der Beschaffenheit möglichst identisch im Subunternehmervertrag für die zu erbringende Teilaufgabe enthalten sind. Ein einfacher Verweis im Subunternehmervertrag auf die Leistungsbeschreibung und die Regelungen des Hauptvertrages wird dabei unter mehreren Gesichtspunkten nicht ausreichend sein.

Im Subunternehmervertrag müssen insbesondere für die folgenden Bereiche Konkretisierungen und eine Koordination mit dem Hauptvertrag erfolgen (beispielhafte Aufzählung):

a) **Leistungsbeschreibung.** Im Subunternehmervertrag muss die konkret zu erbringende Leistung beschrieben werden; ein Verweis auf den Hauptvertrag wird sich nur dort anbieten, wo die Leistungen des Subunternehmers abschließend und – möglichst – als Teilleistung beschrieben sind. Ein Verweis auf den Hauptvertrag setzt zudem voraus, dass der Subunternehmer diesen kennt.

b) **Verfahren zur Konkretisierung und Änderung der Leistungsbeschreibung (Change Management/Change Request).** Soweit im Hauptvertrag die Leistungen zum Zeitpunkt des Vertragsschlusses noch nicht abschließend festgelegt sind oder wenn spätere Änderungen und Erweiterungen der Leistungen des Hauptvertrages möglich sind (Regelungen über Change Management und Change Request Verfahren), muss das Verfahren zur Konkretisierung und ggf. Änderung der Leistungsbeschreibung in den Subunternehmervertrag übernommen und hinsichtlich möglicher Informationspflichten abgepasst werden.

Die im Hauptvertrag im Zusammenhang mit einem Change Management/Change Request Verfahren vereinbarten Fristen müssen im Subunternehmervertrag angepasst werden (zB: Verlängerung der Angebotsbindefristen; Verkürzung der Antwortzeiten auf einen Change Request). Dem Hauptauftragnehmer muss es durch die im Subunternehmervertrag angepassten Fristen möglich sein, die Fristen im Hauptvertrag einzuhalten.

Besonders wichtig ist, dass ein Verfahren vereinbart wird, das es zwar dem Hauptauftragnehmer (Generalunternehmer) ermöglicht, die sich aus dem Hauptvertragsverhältnis ergebenden Änderungen einzubringen, aber nicht als einseitige Leistungsbestimmung. ZB wäre zu regeln, dass der Generalunternehmer ein Änderungsangebot gegenüber seinem Auftraggeber vom Subunternehmer freigeben, wenn nicht sogar erstellen lässt.[242] Die Annahme- bzw. Geltungs- und Reaktionsfristen der verschiedenen Vertragsverhältnisse müssen aufeinander abgestimmt sein.

---

[240] Zum Folgenden s. va *Polenz* CR 2008, 685.
[241] → Rn. 33 ff.
[242] S. a. *Polenz* CR 2008, 685 (686) zur Einholung der Zustimmung unter Verweis auf *Redeker* CR 1999, 137 (139).

218 Wichtig ist, dass die Referenz zur Beurteilung von Änderungen (Spezifikation) in beiden Vertragsverhältnissen gleich ist, zumindest Deckungsgleichheit hinsichtlich der Beurteilung, wann eine Änderung vorliegt, besteht.[243]

219 **c) Leistungszeiten.** Die Leistungszeiten aus dem Hauptvertrag müssen im Subunternehmervertrag ggf. verkürzt werden. Insbesondere wenn die Leistungen des Subunternehmers für die weitere Leistungserbringung des Hauptauftragnehmers benötigt werden, sind die Leistungszeiten im Subunternehmervertrag unter Berücksichtigung der Fristen des Hauptvertrages festzulegen. Ebenso wird der Hauptauftragnehmer bei der Festlegung der Leistungsfristen des Subunternehmers eigene Integrationsleistungen und mögliche Testphasen berücksichtigen.

220 **d) Mitwirkungsleistungen des Hauptauftragnehmers.** Die Mitwirkungsleistungen, insbesondere die Beschaffung von Informationen vom Auftraggeber sind im Subunternehmervertrag zu konkretisieren. Hierbei wird der Hauptauftragnehmer hinsichtlich der Zeiträume für die Bereitstellung von Mitwirkungsleistungen berücksichtigen, dass er selbst solche Leistungen und Informationen beim Auftraggeber anfordern muss. Ähnlich wie die Änderungsverfahren müssen also die Informationspflichten und deren Ausübung auf einander abgestimmt sein. Dies ist im Hinblick auf Verzug über die Entschädigungsregel in § 642 Abs. 1 BGB und das Risiko der Kündigung nach § 643 BGB erforderlich.

221 **e) Einräumung von Nutzungsrechten.** Besonders sorgfältig wird der Hauptauftragnehmer im Subunternehmervertrag die Einräumung von Nutzungsrechten an der vom Subunternehmer erstellten Teilleistung regeln.

222 Fehlt eine Regelung, erhält der Hauptauftragnehmer nur in dem Umfang Nutzungsrechte an den Teilleistungen, wie diese zur Erfüllung des Subunternehmervertrages notwendig sind (**Zweckübertragungslehre**). Der Hauptauftragnehmer wird sich deshalb vom Subunternehmer mindestens in dem Umfang **übertragbare** Nutzungsrechte an der Teilleistung einräumen lassen, wie er sie selbst auf den Auftragnehmer übertragen muss.

223 Soweit der Hauptauftragnehmer die zu erstellende Software nicht nur zur Erfüllung des Hauptvertrages nutzen, sondern diese zum Standardprodukt weiterentwickeln oder als solches vertreiben will, wird er sich die ausschließlichen, unbeschränkten Nutzungsrechte vom Subunternehmer einräumen lassen.

224 Setzt der Subunternehmer eigene oder fremde Tools zur Software-Erstellung ein und werden diese für eine Nutzung der Software benötigt, muss auch insoweit ein übertragbares Nutzungsrecht eingeräumt oder für den Auftraggeber beschafft werden.

225 Besonderes Augenmerk sollte auf mögliche „computer-implementierte" Erfindungen (Software-Patente) gelegt werden. Soweit solche Erfindungen grundsätzlich denkbar sind, müssen hierzu Regelungen gerade auch im Hinblick auf das Arbeitnehmererfindergesetz in den Subunternehmervertrag aufgenommen werden. So muss dann die Inanspruchnahme einer Diensterfindung eines Mitarbeiters des Subunternehmers durch den Subunternehmer verpflichtend vorgegeben werden.

226 **f) Abnahme der Subunternehmerleistung.** Der Hauptauftragnehmer wird ein Interesse daran haben, dass die vom Subunternehmer erstellte Teilleistung im Rahmen der Gesamtleistung vom Auftraggeber abgenommen wird, soweit eine Abnahme vereinbart oder nach dem Werkvertragsrecht vorgesehen ist.[244] Eine Regelung in Standardbedingungen des Hauptauftragnehmers dergestalt, dass die Teilleistung des Subunternehmers immer mit der Gesamtleistung durch den Kunden abgenommen wird, dürfte im Regelfall unwirksam sein.

227 Der Subunternehmer wird dagegen anstreben, dass seine Leistung nach Fertigstellung vom Hauptauftragnehmer und nicht vom Auftraggeber abgenommen und die vereinbarte

---

[243] S. *Polenz* CR 2008, 685 (686).
[244] Beruht der Mangel der Funktionstauglichkeit auf einer unzureichenden Vorleistung eines anderen Unternehmers, wird der Unternehmer auch nach dem durch das Gesetz zur Modernisierung des Schuldrechts geänderten Werkvertragsrecht von der Mängelhaftung frei, wenn er seine Prüfungs- und Hinweispflicht erfüllt hat, s. BGH Urt. v. 8.11.2007 – VII ZR 183/05 – NJW 2008, 511.

Vergütung bezahlt wird.²⁴⁵ Es empfiehlt sich deshalb, im Subunternehmervertrag individuell die Abnahme der Subunternehmerleistung zu regeln. Grundlage dazu kann ein individuell mit dem Auftraggeber vereinbartes Abnahmeverfahren sein.

g) Mitwirkung bei der Abnahme beim Auftraggeber. Selbst wenn die Subunternehmerleistung im Verhältnis zwischen Hauptauftragnehmer und Subunternehmer abgenommen ist oder keiner Abnahme bedarf, kann die Teilnahme des Subunternehmers bei einer Gesamtabnahme der erstellten Software durch den Auftraggeber notwendig sein. Diese Mitwirkung an einer Gesamtabnahme muss dann im Subunternehmervertrag ausdrücklich geregelt sein. Der Subunternehmer wird diese Leistung bei der Bestimmung der von ihm geforderten Vergütung entsprechend berücksichtigen wollen. 228

h) Vergütung/Zeitpunkt der Vergütung. Die Vergütung für die Leistungen des Subunternehmers und deren Fälligkeit sollten explizit im Subunternehmervertrag geregelt werden. Ein einfacher Verweis auf den Hauptvertrag wird im Regelfall nicht interessensgerecht und auch nicht bestimmt genug sein. 229

Gerade dort, wo die Subunternehmerleistung als Dienstleistungen im Sinne des § 611 BGB erbracht werden, wird der Subunternehmer eine pro rata temporis Vergütung fordern. Aber auch bei einer Teilleistung, mit der ein Erfolg erreicht werden muss, wird der Subunternehmer eine zeitnahe Vergütung nach deren vereinbarungsgemäßer Fertigstellung fordern. 230

Hier wird der Hauptauftragnehmer gefordert sein, Teilvergütungen oder Abschlagszahlungen im Hauptvertrag zu vereinbaren, um eine Finanzierung der Vergütungen des Subunternehmers über den Hauptvertrag zu erreichen. 231

i) Verfahren der Mangelbeseitigung/Verjährungsfristen. Die Koordinierung von Ansprüchen und Rechten bei Mängeln und deren Verjährung bedarf einer sorgfältigen Planung und Vereinbarung im Subunternehmervertrag. Dies insbesondere dann, wenn die vertragstypologische Einordnung des Hauptvertrages zu einem anderen Ergebnis führt als beim Subunternehmervertrag. Selbst bei gleichem Vertragstyp kann durch einen unterschiedlichen Beginn der Verjährungsfrist Regelungsbedarf entstehen. Wird beispielsweise die Subunternehmerleistung (Modul) vom Hauptauftragnehmer früher als die Gesamtleistung (erstellte Software einschließlich des Moduls) abgenommen, endet die Verjährung der Mängelansprüche gegenüber dem Subunternehmer früher. Der Hauptunternehmer wird versuchen, dieses Delta durch entsprechende Vereinbarungen zu verhindern. 232

Zu beachten ist, dass ein Mangel in der Gesamtleistung, der nicht die vom Subunternehmer erstellte Teilleistung betrifft, im Hauptvertrag zu einer Hemmung der Verjährungsfrist führt. Die Verjährungsfrist nach dem Subunternehmervertrag läuft dessen ungeachtet „ungehemmt" weiter. Der Hauptauftragnehmer wird deshalb – zumindest vorsorglich – mit dem Subunternehmer eine Mangelbeseitigung auch nach dem Ende der Verjährungsfrist von Mängelansprüchen vereinbaren. 233

Der Generalunternehmer möchte die ihn evtl. treffende Last der Vertragsstrafen, etwa aus SLA, „durchreichen". Die Frage ist, ob der Subunternehmer als Erfüllungsgehilfe auch dann voll einzustehen hat, wenn sehr straffe Zeiten und sehr hohe Strafen im Hauptvertragsverhältnis vereinbart sind.²⁴⁶ Zumindest eine **Hinweispflicht** wird seitens des Generalunternehmers zu erfüllen sein. 234

j) Beendigung Hauptvertrag/Subunternehmervertrag. Neben einer Kündigung des Hauptvertrages nach § 649 BGB (im Werkvertragsrecht) kann der Hauptvertrag aus unterschiedlichen Gründen gekündigt oder rückabgewickelt werden. Der Hauptauftragnehmer wird in 235

---

²⁴⁵ Der Werkunternehmer, der das Werk arbeitsteilig herstellen lässt, muss die organisatorischen Voraussetzungen schaffen, um sachgerecht beurteilen zu können, ob das Werk bei Ablieferung mangelfrei ist. Unterlässt er dies und wäre der Mangel sonst erkannt worden, gilt die Verjährungsfrist wie bei arglistigem Verschweigen, gleichermaßen bei Bauwerken und anderen Werken, § 638 I BGB aF, s. BGH Urt. v. 30.11.2004 – X ZR 43/03, NJW 2005, 893.
²⁴⁶ S. a. *Polenz* CR 2008, 685 (689 f.), auch zur Rolle des Subunternehmers als *Erfüllungsgehilfe* iVm BGH Urt. v. 18.12.1997 – VII ZR 342/96, NJW 1998, 1493 (1494) und Urt. v. 25.1.2000 – X ZR 197/97, NJW-RR 2000, 684 (685).

diesen Fällen das Interesse haben, den Subunternehmervertrag und seine Pflichten daraus ebenfalls beenden zu können. Üblich aber unwirksam sind AGB, *„wonach nur die erbrachten Leistungen des Auftragnehmers vergütet werden und weitergehende Ansprüche ausgeschlossen werden, wenn der Auftraggeber ohne besonderen Grund kündigt, benachteiligt den Auftragnehmer entgegen Treu und Glauben unangemessen und ist unwirksam, § 307 Abs. 1 Satz 1, Abs. 2 Nr. 1 BGB (im Anschluss an BGH, Urt. v. 4.10.1984 – VII ZR 65/83, BGHZ 92, 244 = MDR 1985, 222)".*[247]

236 Der Subunternehmer wird demgegenüber auf die Erfüllung insbesondere der Vergütungspflichten bestehen, wenn der Hauptvertrag aus nicht von ihm zu vertretenden Gründen beendet wird.

237 **k) Pflege der Subunternehmerleistungen/Weiterentwicklungen.** Der Auftraggeber wird schon zur Sicherung seiner Investition die Pflege der erstellten Software und ggf. deren Weiterentwicklung durch den Hauptauftragnehmer erwarten und den Hauptauftragnehmer entsprechend im Hauptvertrag oder in einem gesonderten Pflegevertrag dazu verpflichten. Der Hauptauftragnehmer wird dann im Regelfall dem Subunternehmer im Subunternehmervertrag oder zumindest in einem zusätzlichen Vertrag korrespondierende Pflichten auferlegen wollen. Auch insoweit müssen die Pflege- und Weiterentwicklungsverpflichtungen, einschließlich der Leistungszeiten (zB: Reaktionszeiten auf Fehlermeldungen) mit dem jeweiligen Haupt- oder Pflegevertrag koordiniert werden.

238 Die Fassung der vorstehenden Regelungsbereiche in Standardvertragsklauseln kann zu unwirksamen Regelungen führen, wenn dadurch entgegen dem Gebot von Treu und Glauben der Subunternehmer unangemessen benachteiligt wird.[248] Es empfiehlt sich deshalb, zumindest zentrale Regelungen des Subunternehmervertrages im Einzelnen mit dem Subunternehmer auszuhandeln und zu vereinbaren.

239 **l) Wettbewerbsklauseln.** Ein Wettbewerbsverbot für 1 Jahr wird als wirksam vereinbar angesehen.[249] Jedoch ist zu beachten, dass dieses Verbot bei typischen free lancern uä nicht entschädigungslos sein darf: *Die für kaufmännische Angestellte geltenden Wettbewerbsregelungen der §§ 74 ff. HGB sind wegen des vergleichbaren Schutzbedürfnisses auch auf wirtschaftlich abhängige freie Mitarbeiter (Subunternehmer) anzuwenden.*[250]

240 **m) Zurechnung.** Im Rahmen von § 638 BGB aF gilt gem. BGH:

„*a) Dem Unternehmer kann die Kenntnis eines mit der Prüfung des Werkes beauftragten Mitarbeiters eines Subunternehmers auch dann zuzurechnen sein, wenn er einen Bauleiter zur Überwachung eingesetzt hat.*
b) Das ist der Fall, wenn der Mangel auch bei ordnungsgemäßer Bauüberwachung vom Bauleiter nicht wahrgenommen werden kann, weil er bei der Kontrolle der Leistung vom Bauleiter infolge weiter geführter Arbeiten nicht zu bemerken war."[251]

5. Verhandlungen und Abschluss des Subunternehmervertrages

241 Der Zeitpunkt für die Verhandlungen und den Abschluss des Subunternehmervertrages erfordert vom Hauptauftragnehmer eine über das Zwei-Parteien-Verhältnis hinausgehende sorgfältige Planung bzw. Koordination. Der Hauptauftragnehmer wird sicher stellen, dass

- der potentielle Subunternehmer ihn bei der **Vorbereitung und Verhandlung des Hauptvertrages** mit seinem Know How unterstützt, und dass
- der Subunternehmer nach **Abschluss des Hauptvertrages** mit ihm einen entsprechenden Subunternehmervertrag abschließt und die Ergebnisse hinsichtlich des vom Subunternehmer zu übernehmenden Teils der Leistungen akzeptiert und realisiert werden können.

---

[247] BGH Urt. v. 12.7.2007 – I ZR 18/04, CR 2007, 728.
[248] Zu einzelnen Regelungsansätzen s. *Redeker* CR 1999, 137 (noch zum „alten" Schuldrecht).
[249] S. *Polenz* CR 2008, 685 (691) mwN.
[250] BGH Urt. v. 10.4.2003 – III ZR 196/02, CR 2005, 254, LS.
[251] BGH Urt. v. 12.10.2006 – VII ZR 272/05, NJW 2007, 366.

IV. Subunternehmervertrag bei der Software-Erstellung

Es kann sich in der Phase der Vertragsverhandlungen mit dem Auftraggeber empfehlen, den Subunternehmer schon vertraglich an den Hauptauftragnehmer zu binden. Dann müssen jedoch Verfahrens- und Ausstiegsregelungen im Subunternehmervertrag vorgesehen werden, die es zum einen erlauben, die Leistungen und Gegenleistungen zu konkretisieren, und die es zum anderen erlauben, in definierten Fällen den Subunternehmervertrag zu beenden (zB Hauptvertrag kommt nicht zu Stande).

6. Freie Mitarbeiter/Leiharbeitnehmer

In vielen Fällen bedienen sich Auftragnehmer zur Software-Erstellung freier Mitarbeiter, die temporär die eigenen personellen Ressourcen zahlenmäßig oder hinsichtlich besonderer Kenntnisse ergänzen. Die vorstehend aufgeführten Regelungsbereiche sind auch mit den freien Mitarbeitern zu regeln, sofern diesen Teilleistungen vollständig übertragen werden (geschuldeter Erfolg). Sofern die freien Mitarbeiter aufgrund ihrer Aufgabenstellung Dienstleistungen im Sinne des § 611 BGB erbringen, müssen insbesondere die Rechtsübertragung (§ 69b UrhG greift nicht) sowie die Verfügbarkeit zur Mängelbeseitigung, Pflege und Weiterentwicklung der Software besonders sorgfältig geregelt werden.

In der Praxis kommt häufig vor, dass Auftragnehmer freie Mitarbeiter nicht als Subunternehmer behandeln, sondern vergleichbar wie eigene Mitarbeiter. Dabei wird dann nicht berücksichtigt, dass die Regelungen, die im Arbeitsverhältnis greifen – wie etwa § 69b UrhG – nicht gelten und einer gesonderten Vereinbarung bedürfen.

Auf die arbeitsrechtliche Problematik, gerade bei einer Einbindung von freien Mitarbeitern in lange laufende Erstellungsverträge kann im Rahmen dieses Buches nur pauschal hingewiesen werden. Insbesondere wird die faktische Eingliederung der freien Mitarbeiter in das Projektteam und damit in den Betrieb des Auftragnehmers mit Vorsicht beobachtet werden müssen. Daran knüpfen sich die Fragen um eine arbeitnehmerähnliche Stellung und der **Scheinselbständigkeit** an.

Bei Arbeitnehmern, die von ihrem Dienstherren an den Auftragnehmer entliehen werden, sind zudem die Regelungen des **Arbeitnehmerüberlassungsgesetzes** zu beachten.

7. Konsortialverträge

Soweit mehrere Vertragsparteien auf Seiten des Auftragnehmers die Verpflichtungen aus dem Hauptvertrag über die Erstellung von Software gemeinschaftlich übernehmen, sind im Verhältnis der Auftragnehmer untereinander ggf. **gesellschaftsrechtliche** Bestimmungen (zB: Regelung der Gesellschaft bürgerlichen Rechts oder der offenen Handelsgesellschaft) zu berücksichtigen.

Bei einer Gemeinschaft von Auftragnehmern müssen die jeweiligen Leistungsteile und das Zusammenwirken (einschließlich interner Zeitplanung und Fristen) sowie das interne und das externe Projektmanagement sowie die Kommunikation gegenüber dem Auftraggeber geplant und verbindlich (explizit) vereinbart werden. Das interne Projekt zwischen den Auftragnehmern muss dabei mindestens mit der gleichen Aufmerksamkeit und Sorgfalt durchgeführt werden, wie die Vertragserfüllung gegenüber dem Auftraggeber, um die Software-Erstellung erfolgreich zu erfüllen.

§ 12 Überlassung von Software auf Dauer

Übersicht

	Rn.
I. Einführung	1–18
1. „Historische Entwicklung"	4–8
2. Betriebswirtschaftliche Überlegungen	9–14
3. Wirtschaftlicher Schutz der Software	15–18
II. Überlassung von Standardsoftware	19–35
1. Begriffsbestimmungen	20–30
a) Überlassung von Software	20/21
b) Begriff der Standardsoftware	22–28
c) Abgrenzung	29/30
2. Überlassung auf Dauer	31–35
III. Dogmatische Einordnung	36–72
1. Abstraktionsprinzip	37–41
2. Vertragstypologische Einordnung	42–58
3. Zusammenfassung der Kriterien	59–68
4. Anwendung kaufrechtlicher Vorschriften	69–72
IV. Standard-Lizenzformen	73–126
1. Personen- und maschinenbezogene Lizenzformen	78–103
a) Einfachlizenz	78/79
b) Mehrfachlizenz	80–87
c) Named User	88–92
d) CPU Lizenz	93–97
e) Lizenzen für Computernetze	98–103
2. Nutzungsbezogene Lizenzformen	103–111
3. Verwendungszweck-bezogene Lizenzformen	112–124
a) Konzernlizenz	113–118
b) OEM Lizenz	119–121
c) Update Versionen	122
d) Funktionsbezogene Lizenzen	123/124
V. Besondere Lizenzformen	125–162
1. Begriffe	126–129
2. Shareware	130–139
3. Freeware, Public Domain Software	140–145
4. Grundlagen der Open Source Software	146–150
5. Grenzbereich zum Mietrecht	151–162
VI. Vertragsgestaltung	163–242
1. Vertragsgegenstand	164–175
2. Nutzungsumfang	176–180
3. Lieferung	181–183
4. Kaufpreis, Zahlungsbedingungen	184–191
5. Zusatzleistungen	192–199
6. Maßnahmen zum Schutz der Software	200–216
7. Pflichten des Käufers	217–222
8. Sach- und Rechtsmängel; Leistungsstörungen	223–228
9. Haftung	229/230
10. Geheimhaltung und Datenschutz	231–235
11. Sonstige Regelungen, Schlussvorschriften	236–242

Schrifttum: *Bartsch,* Anmerkung zu LG Mannheim, CR 1999, 360; *Bierekoven,* Lizenzierung in der Cloud, ITRB 2010, 42; *ders.,* Lizenzmanagement und Lizenzaudits, ITRB 2008, 84; *Boyle,* The Public Domain, Yale University Press; *Brandi-Dohrn,* Die gewährleistungsrechtliche Einordnung des Software-Überlassungsvertrages, CR 1986, 63; *Bräutigam/Rücker,* Softwareerstellung und § 651 BGB – Diskussion ohne Ende oder Ende der Diskussion?, CR 2006, 361; *Cepl,* Lizenzen in der Insolvenz des Lizenznehmers, NZI 2000, 357; *Chrocziel,* OEM Entscheidung, CR 2000, 738; *Dieselhorst,* Zur Dinglichkeit und Insolvenzfestigkeit einfacher Lizenzen, CR 2010, 69; *Georges,* Lateinisch-Deutsches Handwörterbuch, 1855; *Gennen,* Auseinandersetzung von Miturbergemeinschaften, ITRB 2008, 13; *Gerlach,* Praxisprobleme der Open-Source-Lizenzierung, CR

2006, 649; *Grützmacher,* Application Service Providing – Urhebervertragsrechtliche Aspekte, ITRB 2001, 59; *ders.*, Open Source Software – BSD Copyright und Apache Software License – Copyright statt Copyleft, ITRB 2006, 108; *Gruner/Jost/Spiegel,* Controlling von Softwareprojekten, 2003; *Heussen,* Unvermeidbare Softwarefehler, CR 2004, 1; *Hoeren,* Softwareüberlassung als Sachkauf, 1. Aufl. 1989; *ders.*, Softwareüberlassung als Sachkauf, CR 1988, 908; *ders.*, Sofwareauditierung, CR 2008, 409; *ders.*, Der Erschöpfungsgrundsatz bei Software – Körperliche Übertragung und Folgeprobleme, GRUR 2010, 665; *ders./Schuhmacher,* Verwendungsbeschränkungen im Softwarevertrag, CR 2000, 137; *Hoffmann,* Software-Qualität, 2008; *Hoppen,* Die technische Seite der Softwarelizenzierung, CR 2007, 129; *Jaeger,* Die GPL kommentiert und erklärt, 1. Aufl. 2005; *ders./Metzger,* Die neue Version 3 der GNU General Public License, GRUR 2008, 130; *Koch,* Probleme beim Wechsel zur Neuen Version der GPL, ITRB 2007, 285; *ders.*, Schlechtleistung bei softwarebezogener Nacherfüllung, ITRB 2008, 131; *Koglin,* Die Nutzung von Open Source Software unter neuen GPL Versionen nach der „any later version" Klausel, CR 2008, 137; *Moritz,* Überlassung von Programmkopien – Sachkauf oder Realakt in Vertrag sui generis?, CR 1994, 257; *Müller-Hengstenberg/Kirn,* Die technologischen und rechtlichen Zusammenhänge der Test- und Abnahmeverfahren bei IT Projekten, CR 2008, 755; *Paulus,* Software in Vollstreckung und Insolvenz, ZIP 1996, 2; *Pohle/Ammann,* Über den Wolken – Chancen und Risiken des CloudComputing, CR 2009, 273; *Pres,* Gestaltungsformen urheberrechtlicher Softwarelizenzverträge, 1994; *Plath,* Pfandrechte an Software, CR 2006, 217; *Redeker,* Von Dauerbrennern und neuen Entwicklungen im Recht der Leistungsstörungen, CR 2005, 700; *Schuster/Reichl,* CloudComputing & SaaS: Was sind die wirklich neuen Fragen, CR 2010, 38; *Schweinoch,* Geänderte Vertragstypen in Softwareprojekten, CR 2010, 1; *Söbbing,* Backuplizenz vs. Sicherungskopie, ITRB 2007, 50; *Spindler,* Open-Source-Software auf dem gerichtlichen Prüfstand – Dingliche Qualifikation und Inhaltskontrolle, K&R 2004, 528; *Strittmatter/Harnos,* Softwareaudits, CR 2013, 621; *Ulmer/Hoppen,* Was ist das Werkstück des Software-Objectcodes, CR 2008, 681; *Wandtke/von Gerlach,* Die urheberrechtliche Rechtmäßigkeit der Nutzung von Audio-Video Streaminginhalten im Internet, GRUR 2013, 676; *Witte,* Agiles Programmieren und § 651 BGB, ITRB 2010, 44; *Wuermeling/Deiske,* Open Source Software, eine juristische Risikoanalyse, CR 2003, 87.

I. Einführung

Die Softwareüberlassung wird im alltäglichen Sprachgebrauch oft auch als Softwarelizenzierung bezeichnet. Die Begriffe „Lizenz" und „Lizenzierung" sind (hier) nicht technisch, sondern neutral zu verstehen. Sie werden verwendet, weil Software in den allermeisten Fällen eine urheberrechtlich geschützte Leistung darstellt, an der im Rahmen unterschiedlicher Vertragstypen Nutzungsrechte eingeräumt werden. 1

Der Begriff „Softwareüberlassung" steht im Gegensatz insbesondere zur Erstellung oder Anpassung von Software. Obwohl Softwareüberlassung gewissermaßen den Grundfall der Softwarelizenzierung darstellt, weist sie trotzdem auch die, bei jeder Verfügung über geistiges Eigentum gegebene, rechtskonstruktivistische Komplexität auf. Gleichzeitig aber ist die Softwareüberlassung einigen im besonderen Schuldrecht geregelten Vertragstypen noch sehr ähnlich, was das Verständnis maßgeblich erleichtert. 2

Grundlegend für das Verständnis der dogmatischen Einordnung der Softwareüberlassung in die Vertragstypologie des BGB sind die **wirtschaftlichen Überlegungen,** die sowohl der Softwarehersteller als auch der Erwerber von Software im Rahmen der Softwareüberlassung anstellen. 3

1. „Historische Entwicklung"

Die Vermarktung von Software als ein eigenständiges Wirtschaftsgut nahm ihren Anfang circa im Jahre 1970. Davor war Software üblicherweise nur in Verbindung mit Hardware ausgeliefert worden und stellte damals meist auch im Verhältnis zum Wert der Hardware einen relativ geringen Anteil am Gesamtpreis dar. Erst mit der, ursprünglich durch kartellrechtliche Anforderungen ausgelösten, Trennung von Hard- und Software begannen sich eigenständige Softwareanbieter zu etablieren. 4

Durch den anhaltenden Preisverfall für die zum Betrieb der Software erforderliche Hardware und den gegenläufigen Anstieg der Komplexität der Softwareanwendungen ist die Entwicklung nunmehr an einem Punkt angelangt, an dem der Wert der auf einem Computer eingesetzten Software den Wert der Hardware meist um ein Vielfaches übersteigt. 5

Der mit den gestiegenen Anforderungen an den Funktionsumfang von Software einhergehende immer höhere Aufwand bei der Entwicklung und Erstellung einer Software bedingen 6 die Wertsteigerung. Der Hersteller einer Software hat innerhalb des Produktlebenszyklusses[1] für die jeweilige Software nicht nur seine Investitionskosten durch Softwareverkäufe zu decken, sondern auch darüber hinaus eine wirtschaftlich angemessene Vergütung für das von ihm zu tragende unternehmerische Risiko zu erlangen.

7 Diesen gestiegenen Aufwendungen zur Erstellung einer Software steht sogar noch ein immer kürzer werdender Produktlebenszyklus gegenüber. Ging *Pres*[2] im Jahre **1994** noch davon aus, dass der Produktlebenszyklus bei Standardsoftware etwa sieben bis acht Jahre betrage, kann nunmehr davon ausgegangen werden, dass ohne laufende Weiterentwicklung eine Software nur noch einen Produktlebenszyklus von zwei bis vier Jahren hat. Dies schlägt sich auch in den Festlegungen der Steuerverwaltung zu den Abschreibungsvorschriften bei Hard- und Software (die insoweit gleich behandelt wird) nieder; für Großrechner beträgt diese immer noch 7 Jahre, für Desktop- und Notebook-Computer nur noch 3 Jahre.[3]

8 Bei Software, die auch von Endanwendern genutzt wird, dürfte dieser Produktlebenszyklus noch kürzer sein. Gleiches gilt auch, wenn die jeweilige Software durch Einsatz moderner, beispielsweise noch nicht vollständig erprobter Programmiertechniken für den Angriff von Viren oder andere Schadprogrammen anfällig ist, so dass der jeweilige Softwarehersteller neben der funktionellen auch für die stete Weiterentwicklung der Software an sich wandelnde Sicherheitsanforderungen sorgen muss.[4]

2. Betriebswirtschaftliche Überlegungen

9 Dem gegenüber spielen bei den wirtschaftlichen Erwägungen des Erwerbers einer Software nicht nur finanzielle Faktoren, wie zum Beispiel der **Erwerbspreis**, für die jeweilige Software und die Einführungs- und Installationskosten eine Rolle, sondern – gerade im gewerblichen Bereich – immer mehr auch **betriebswirtschaftliche Überlegungen**.

10 Denn Software dient heute nicht mehr nur dazu, einfache Abläufe mittels technischer Hilfe von Computern schneller zu gestalten, sondern bildet ganze betriebswirtschaftliche Abläufe ab, ohne die das Funktionieren eines Unternehmens nicht mehr möglich ist.

11 Das Beispiel für eine so genannte „Just in Time-Fertigung" zeigt die Abhängigkeiten der einzelnen Prozesse sehr deutlich. Ein Unternehmen benötigt Waren, die für dieses Beispiel von mehreren Anbietern geliefert werden können. Das Unternehmen teilt den Anbietern über eine Software mit, wann welche Waren an welche Produktionsstätte beziehungsweise welches Lager des Unternehmens zu liefern sind.

12 Dabei müssen aber auch das Lager, die Produktionsstätten und sämtliche Transporteinrichtungen (zB Speditionen) über Art, Bestand und Standort der georderten Waren Bescheid wissen. Weitere Komponenten können eine bedarfsabhängige Bestellung des Marktes beim Unternehmen, zwischengeschaltete Distributoren sowie Abrechnungs- und Buchhaltungssysteme sein, die wiederum softwaretechnisch einzubinden sind.

13 So steigen mit mehreren Beteiligten die Datenströme, die zu bearbeiten, zu speichern und zu sichern sind, exponentiell. Ohne die jeweils aktuelle Datenkommunikation ist der Betrieb des Unternehmens nicht mehr möglich.

14 Für den Erwerber einer Software ist es daher von vitalem Interesse, dass er eine funktionsfähige und zuverlässige Software erwirbt, mit der er die an die jeweilige Software gestellten Anforderungen möglichst unterbrechungsfrei abbilden kann.

3. Wirtschaftlicher Schutz der Software

15 Ein weiterer softwaretypischer wirtschaftlicher Aspekt liegt darin, dass die Entwicklung und Herstellung von Computersoftware einerseits mit einem hohen finanziellen Aufwand für den Hersteller verbunden ist, die spätere Herstellung von Vervielfältigungsstücken der Software jedoch mittlerweile nur noch einen sehr geringen Aufwand erfordert bzw. im Fall

---

[1] *Gruner/Jost/Spiegel* S. 25 ff.
[2] *Pres* S. 5.
[3] *Kilian/Heussen/v. Freeden* Teil 9 V Rn. 85 f., 79 f.
[4] *Hoffmann* S. 271 ff.

des Downloads von Software gar keiner Herstellung eines Vervielfältigungsstückes mehr bedarf.

Gegenstand der wirtschaftlichen Überlegungen des Softwareherstellers ist daher regelmäßig der **Schutz der Software gegen unberechtigte Nutzung**. Neben technischen Vorkehrungen wird dies insbesondere durch entsprechende vertragliche Regelung in Softwareüberlassungsverträgen erreicht.

Softwareüberlassung bzw. die diesbezüglichen Softwareüberlassungsverträge sind unabhängig von der von den Vertragsparteien gewählten **Vertragsbezeichnung** nach dem tatsächlichen wirtschaftlichen Sachverhalt, der der Vertragsbeziehung zugrunde liegt, auszulegen. Die vertragsrechtliche Qualifikation kann also nicht allein von einem in der Praxis verwendeten Begriff ausgehen, sondern muss andere Anknüpfungen suchen, insbesondere die tatsächlich gewollten technisch-wirtschaftlichen Leistungsinhalte.[5]

Dieses Erfordernis ist in der Praxis anerkannt. So kommt es nicht darauf an, was als „Überschrift" über einem Softwareüberlassungsvertrag gewählt ist, sondern allein darauf, welcher technisch-wirtschaftliche Leistungsinhalt mit dem Vertrag umgesetzt werden soll. Die in der Praxis gelegentlich vertretene Auffassung, die **Typeneinordnung** folge dem „durch die Bezeichnung des Vertrages ausgedrückten Wunsch der Parteien" ist falsch. Darüber hinaus hat die anwaltliche Beratung den tatsächlichen Vertragstyp zu ermitteln, um bei der Erstellung und dem Verhandeln des Vertrages die typengerechten und ergänzenden oder im Rahmen der Vertragsfreiheit zulässigen vom gesetzlichen Leitbild abweichenden Regelungen aufnehmen zu können.

II. Überlassung von Standardsoftware

Gemeinsame Grundlage sowohl der Softwareüberlassung auf Dauer als auch der Überlassung von Software auf Zeit sind zunächst die verwendeten Begriffe der „Überlassung" und „Standardsoftware". Wesentliches Unterscheidungskriterium ist dann die Zeit, für die die Nutzung gestattet wird, unbeschränkt oder zeitlich beschränkt.

1. Begriffsbestimmungen

a) **Überlassung von Software.** „Software-Überlassung" ist kein juristischer Begriff, sondern eine recht unscharfe Bezeichnung für einen tatsächlichen Vorgang. „Lizenz" wird als Begriff zwar in Art. 27 Abs. 5 Welturheberrechtsabkommen (WUA), in Anhang Art. II der Revidierten Berner Übereinkunft (RBÜ) sowie in deutschen Gesetzen etwa in § 17 GWB aF, § 31 DesignG und § 15 Abs. 2 PatG verwandt, hingegen aber nicht im deutschen Urhebergesetz, auch nicht bei den Regelungen zum Schutz von Computerprogrammen. Beide Begriffe machen insbesondere keine Aussage dazu, wie diese Sachverhalte in dem durch die Rechtsordnung vorgegebenen Rahmen abgebildet sind.

Durch die BVB-Überlassung und dieser nachfolgenden EVB-IT Überlassung Typ A und B hat der Begriff der Softwareüberlassung im Bereich der Beschaffung von Standardsoftware durch die öffentliche Verwaltung weite Verbreitung gefunden. Softwareüberlassung setzt sich danach aus **drei Bestandteilen** zusammen:
- ausdrücklicher oder konkludenter Abschluss eines Softwareüberlassungsvertrags.
- Überlassung einer Programmkopie in körperlicher oder unkörperlicher Form (die Form hat Bedeutung insbesondere für die Frage der Erschöpfung des Verbreitungsrechts).
- Einräumung von Nutzungsrechten an der Programmkopie (regelmäßig schon im Softwareüberlassungsvertrag).

b) **Begriff der Standardsoftware.** Die Abgrenzung zwischen Standardsoftware und Individualsoftware kann anhand zweier Ansätze betrachtet werden, dem überwiegend technischen und dem wirtschaftlichen Ansatz.

---
[5] *Koch* Rn. 796.

23 Der erste Ansatz für die Begriffsbestimmung von Standardsoftware ist der rein **technische Ansatz**: Standardsoftware ist eine Software, die vom Nutzer selbst installiert und nur mit kleineren Einstellungen sofort eingesetzt werden kann.

Dieser Ansatz führt dazu, dass alle so genannten „Out of the Box" Softwareprodukte als Standardsoftware definiert werden können.

24 Eine weitere Begriffsbestimmung von Standardsoftware bringt folgende Definition, der die weiteren **technisch wirtschaftlichen Aspekte** des Begriffs zu Grunde gelegt sind: „Der Begriff Standardsoftware wird für solche Software verwendet, die für eine große Zahl von Anwendern entwickelt wurde. Die Vorteile von Standardsoftware sind vor allem der Bekanntheitsgrad und der Verbreitungsgrad (auch Einsatzhäufigkeit). Nicht zu vergessen ist die Kompetenz der Anwender und Entwickler, da sich viele Personen mit der Software auseinandersetzen. Weitere Vorteile sind Kostenersparnisse bei der Anschaffung, die Orientierung an „offenen Standards", die schnellere Verfügbarkeit und die Unabhängigkeit von Individualprogrammierern."[6]

25 Diese Begriffsdefinition geht also weiter als der bloße technische Ansatz und führt dazu, dass auch ein Softwareprodukt, das **nicht vom Nutzer selbst angepasst werden kann**, als Standardsoftware definiert werden kann. Hier steht vielmehr die Einteilung nach dem Adressaten- bzw. Anwenderkreis im Vordergrund, für den die entsprechende Software entwickelt wurde.

26 Einen ähnlichen Ansatz verfolgt auch die Definition in den EVB-IT Überlassung Typ A „Standardsoftware": „Software (Programme, Programm-Module, Tools, etc) die für die Bedürfnisse einer Mehrzahl von Kunden am Markt und nicht speziell vom Auftragnehmer für den Auftraggeber entwickelt wurde, einschließlich der dazugehörenden Dokumentation".

27 Ein letzter möglicher Ansatz der Begriffsbestimmung ist, dass die mit der Standardsoftware abgebildeten technischen oder betriebswirtschaftlichen Vorgänge bei der Nutzung durch alle möglichen Nutzer unverändert abgebildet und gesteuert werden können, also **in der Software selbst** keine Veränderungen vorgenommen werden müssen, um diese beim Nutzer einsetzen zu können.

28 Wichtige gemeinsame Grundlage aller dieser Begriffsbestimmungen ist dabei, dass der Softwarehersteller dem Erwerber bei Abschluss des Überlassungsvertrages eine bereits vorhandene Software überlassen kann und nicht erst auf Veranlassung des Nutzers eine Software herstellt.

29 **c) Abgrenzung.** Die Abgrenzung zwischen **Standardsoftware und Individualsoftware** ist nicht immer eindeutig. Denn in der Praxis ist es nicht selten so, dass eine Software zunächst für einen Einzelfall programmiert wird, dann aber vom Softwarehersteller standardisiert und als Standardsoftware vertrieben wird. An Hand von zwei Beispielen, in denen keine Überlassung von Standardsoftware[7] vorliegt, kann eine weitere Abgrenzung vorgenommen werden:

- Erstellung von Individualsoftware nach Vorgaben des Kunden, erst dann gefolgt von der Überlassung der erstellten Software an denselben Kunden;[8]
- Anpassung oder Pflege von beim Kunden bereits vorhandener Software mit Änderung oder Anpassung des Quellcodes.[9]

30 In diesen Fällen tritt jeweils zur Überlassung eines vorgefertigten Softwareprodukts ein **weiterer tatsächlicher Vorgang** hinzu. Daher ist in diesen Fällen auch rechtlich zu beachten, dass entweder eine Einordnung des Gesamtvertrages in eine andere Vertragstypologie erfolgen oder aber – soweit tatsächlich getrennte Vorgänge vorliegen – diese Trennung auch rechtlich abgebildet werden muss.

---

[6] http://de.wikipedia.org/wiki/Standardsoftware.
[7] Hier kann jedoch je nach Auslegung von § 651 BGB in rechtlicher Hinsicht ein Kauf vorliegen, → § 11 Rn. 15 ff. (Software-Erstellung); § 10 Rn. 31 ff.
[8] Schneider/v. Westphalen/*Redeker* D Rn. 43.
[9] Schneider/v. Westphalen/*Redeker* D Rn. 46.

2. Überlassung auf Dauer

Vorstehende Kriterien sind zunächst sehr abstrakt gefasst, beschreiben jedoch den jeder Überlassung von Software zugrunde liegenden Sachverhalt zutreffend. In dieser Begriffsbestimmung fehlt noch die Abgrenzung zwischen der Softwareüberlassung auf Dauer und der Softwareüberlassung auf Zeit.

Bei der Softwareüberlassung auf Dauer ist zwischen den Parteien **kein Zeitpunkt der Beendigung** der Softwarenutzung durch den Anwender vereinbart. Vielmehr soll der Anwender tatsächlich und rechtlich in der Lage sein, die Software dauerhaft zu nutzen.

Zur Veranschaulichung sei daher zunächst ein typischer Fall einer Softwareüberlassung auf Dauer genannt: Die Überlassung von Standardsoftware im Ladengeschäft zur dauerhaften Nutzung.

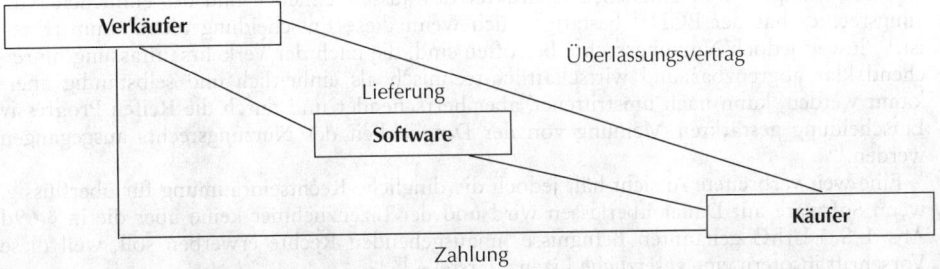

Vorstehendes Beispiel zeigt dabei alle Elemente eines Softwarekaufvertrages. Der Käufer zahlt das geforderte Entgelt und nimmt die Softwarekopie nunmehr als ihm gehörend mit. In diesem „Ladentischfall" wird die Ähnlichkeit dieses Vorganges mit anderen Geschäften des Alltags, die als Kauf bezeichnet werden, deutlich, da insbesondere alle tatsächlichen Austauschhandlungen mit Verlassen des Ladens durch den Käufer abgeschlossen sind.

Dagegen abzugrenzen ist eine Überlassung von Software, bei der die Nutzung der Software an eine zeitliche Begrenzung gekoppelt ist. Eine solche Begrenzung liegt zum Beispiel vor, wenn die Vertragsparteien vereinbaren, dass der Anwender die Software ab einem gewissen **Zeitpunkt** oder dem Eintritt eines bestimmten **Ereignisses** nicht mehr nutzen darf. Eine zeitliche Begrenzung kann aber beispielsweise auch dann vorliegen, wenn die Software anfänglich „auf unbestimmte Zeit" überlassen wird, denn hier wird regelmäßig nur der genaue Zeitpunkt der Nutzungsbeendigung offen gelassen, wie es ja auch im Bereich der Raummiete häufig anzutreffen ist.[10]

III. Dogmatische Einordnung

Die Einordnung des Vertrages über die Softwareüberlassung in die Vertragstypologie des BGB ist für die Praxis von unmittelbarer Bedeutung.

Denn der Vertragstypus bildet die Grundlage dafür, welche rechtlichen Regelungen für die Vertragserfüllung gelten, sowie welche Rechte der Erwerber der Software im Falle von Leistungsstörungen hat. Darüber hinaus spielt die vertragstypologische Einordnung insbesondere bei solchen Softwareüberlassungsverträgen eine Rolle, die als allgemeine Geschäftsbedingungen anzusehen sind. Denn hier ist der tatsächliche Vertragstyp das gesetzliche Leitbild, an der die Wirksamkeit der jeweiligen Regelung gemessen werden wird.[11]

1. Abstraktionsprinzip

Dem Abstraktionsprinzip des allgemeinen Zivilrechts folgend, unterscheidet man auch bei der Softwareüberlassung die schuldrechtlichen und dinglichen Übertragungsgeschäfte.

---

[10] → § 13 Rn. 216 ff. (Softwareüberlassung auf Zeit).
[11] *Schneider* J Rn. 76 ff., 83.

Das **schuldrechtliche Geschäft** enthält mindestens die Verpflichtung des Lieferanten (Lizenzgeber) zur Überlassung einer Programmkopie an den Kunden (Lizenznehmer) sowie zur Einräumung derjenigen Nutzungsrechte, die zu der im Vertrag ausdrücklich festgeschriebenen oder konkludent vorausgesetzten Nutzung erforderlich sind.[12]

38 Das **dingliche Geschäft** umfasst die Einräumung der Nutzungsrechte sowie – bei Überlassung einer körperlichen Softwarekopie – die Übereignung eines Datenträgers beziehungsweise nach neuerer Rechtsprechung die Gestattung, eine Softwarekopie durch Herunterladen von einem Server (Download) zu erstellen.[13] Nutzungsrechte müssen deshalb eingeräumt werden, weil Computerprogramme gemäß § 2 Abs. 1 Nr. 1 UrhG urheberrechtlichen Schutz genießen und dem Inhaber des Urheberrechts grundsätzlich im Rahmen seiner Verwertungsrechte auch Verbotsrechte zustehen. Nach überwiegender Ansicht handelt es sich auch bei einfachen Nutzungsrechten um dingliche Rechte und nicht um bloß schuldrechtliche Gestattungen. Den dinglichen Charakter des ausschließlichen und des einfachen Nutzungsrechtes hat der BGH[14] bestätigt, auch wenn diese Entscheidung nicht unumstritten ist.[15] Soweit jedoch Nutzungsrechte betroffen sind, die nach der Verkehrsauffassung hinreichend klar abgrenzbar und wirtschaftlich-technisch als einheitlich und selbständig anerkannt werden, kann nach umstrittener, aber herrschender und durch die **Reifen Progressiv** Entscheidung gestärkten Meinung von der Dinglichkeit des Nutzungsrechts ausgegangen werden.[16]

39 Eine weit verbreitete Ansicht hält jedoch die dingliche Rechtseinräumung für überflüssig, wenn Software auf Dauer überlassen wird und der Lizenznehmer keine über die in § 69d Abs. 1 S. 1 UrhG genannten Befugnisse hinausgehenden Rechte erwerben soll, weil diese Vorschrift insofern eine gesetzliche Lizenz darstelle.[17]

40 Nach anderer Auffassung ist eine gesetzliche Lizenz nicht gegeben, sondern es besteht nur ein eingeschränkter, zwingender Kern dieser Regelung.[18] Jedenfalls handelt es sich bei § 69d Abs. 1 S. 1 UrhG in allen Fällen um eine Auslegungsregel, welche den in § 31 Abs. 5 UrhG enthaltenen Zweckübertragungsgrundsatz für die Einräumung von Nutzungsrechten an Computerprogrammen konkretisiert.[19]

2. Vertragstypologische Einordnung

41 Die vertragstypologische Einordnung des schuldrechtlichen Geschäfts hängt vom Einzelfall, insbesondere von der konkreten und tatsächlichen Ausgestaltung der Überlassungsbedingungen, ab.

42 In den meisten Fällen der dauerhaften Überlassung wird Kauf (§ 433 BGB) vorliegen, bei anderen Lizenzmodellen kommt aber auch Schenkung (§ 516 BGB) in Betracht. Bei einer Überlassung auf Zeit handelt es sich regelmäßig um Miete (§ 535 BGB, in analoger Anwendung soweit man Software nicht als Sache ansieht bzw. nach teilweise vertretener Meinung um Rechtspacht)[20] oder Leihe (§ 598 BGB).

43 Da das besondere Schuldrecht eine Anzahl zwingender Vorschriften enthält und bei der Vertragsgestaltung ohnehin Regelungslücken bleiben, empfiehlt es sich, dadurch Rechtssicherheit zu schaffen, dass der Vertrag auch dann eindeutig mit Blick auf einen bestimmten Vertragstyp gestaltet wird. Dies sollte unabhängig von der Frage erfolgen, ob der jeweils abzuschließende Vertrag als Vertragsmuster oder durch ein Bedingungswerk AGB-Regelungen darstellt und damit der Kontrolle nach den §§ 307ff. BGB unterliegt.

44 Die höchstrichterliche Rechtsprechung spielt im Bereich der Softwareüberlassung bei der vertragstypologischen Einordnung eine große Rolle und hat gerade hinsichtlich der Frage

---

[12] *Schneider* J Rn. 94.; *Redecker*, IT Recht, Rn. 280.
[13] EuGH Urt. v. 3.7.2012 – C-128/11, MMR 2012, 586, Rn. 44 f.
[14] BGH Urt. v. 26.3.2009, I ZR 153/06, CR 2009, 767 (770) – Reifen Progressiv.
[15] *Dieselhorst* CR 2010, 69 (72 f.); → § 24 Rn. 155 ff. sowie → § 38 Rn. 50 ff.
[16] *Dieselhorst* CR 2010, 69 (73).
[17] → § 5 Rn. 28 ff. (Schutz des geistigen Eigentums).
[18] *Wandtke/Bullinger/Grützmacher* § 69d Rn. 34 ff.
[19] *Wandtke/Bullinger/Grützmacher* § 69d Rn. 2; Kilian/Heussen/*Harte-Bavendamm/Wiebe* IV Rn. 85 f.
[20] *Paulus* ZIP 1996, 2 (6); *Cepl* NZI 2000, 357 (359).

III. Dogmatische Einordnung

des **anwendbaren Mängelhaftungsrechts,** insbesondere zu Verjährungsfristen und Abnahmeerfordernissen grundlegende Weichenstellungen vorgenommen.

Diese nachfolgende schrittweise Darstellung der Grundüberlegungen[21] ist auch deshalb von großer Bedeutung, da zwar bei der Softwareüberlassung auf Dauer viele der nachstehenden Grundsätze in der Praxis akzeptiert sind, in Einzelfällen aber immer noch und immer wieder erhebliche Meinungsunterschiede bei besonderen Vertragsgestaltungen bestehen und diskutiert werden.

In der Entscheidung **Programmsperre I**[22] wertet der BGH einen Softwareüberlassungsvertrag noch als Know-how-Vertrag und ordnet ihn vertragstypologisch als Pacht ein: „Computerprogramme die Produktionsvorgänge steuern oder, wie hier, innerbetriebliche Organisationsaufgaben ausführen, stellen eine geistige Leistung dar, die, wie eine Erfindung, einem Dritten zur Ausnutzung überlassen werden kann. Mehr als einem Patent, dass herkömmlich Gegenstand von Lizenzverträgen ist, gleicht das Computerprogramm einem Fertigungsverfahren. Deshalb kommt in Betracht, die Vereinbarung als einen Know-how-Vertrag zu werten. Die entgeltliche Gebrauchsüberlassung des Know-how wird grundsätzlich als Pacht angesehen."

In **Programmsperre II**[23] fasst der BGH den Meinungsstand kurz zusammen, entscheidet sich aber nicht für eine der vorgetragenen Auffassungen (Kauf oder Vertrag eigener Art).

Wenig später formuliert der BGH in **Compiler/Interpreter,**[24] dass die Annahme eines Kaufvertrags „zumindest nahe liegt," wenn Standardsoftware gegen einmaliges Entgelt zur freien Verfügung erworben wird. Die Haftung für Softwarefehler habe mit urheberrechtlichen Fragen nichts zu tun. Der BGH gab über den konkret entschiedenen Fall hinaus die Leitlinien vor, wonach es für die rechtliche Einordnung von Softwareleistungen mithin einerseits darauf ankommt, ob es sich um die (werkvertragliche) Herstellung spezieller Individualsoftware oder um die Überlassung vorgefertigter Standardsoftware handelt, andererseits, ob die Überlassung im Rahmen eines Dauerschuldverhältnisses oder im Wege eines einmaligen Erwerbsaktes gegen Einmalentgelt erfolgt.

Besonders interessant an der BGH-Entscheidung Compiler/Interpreter[25] ist, dass der BGH in seinen Erwägungen, ob Kaufrecht oder ein anderes Vertragsrecht anzuwenden ist, mit der Frage auseinandersetzt, ob ein Computerprogramm als **Sache** zu sehen ist oder nicht: „Voraussetzung für ein Wandelungsrecht der Beklagten wegen Mängel der gelieferten Software ist, dass die unmittelbar nur für den Sachkauf geltenden Vorschriften der §§ 459 ff. BGB (aF) im Fall der Veräußerung mangelhafter Software anwendbar sind. Das wird deshalb bezweifelt, weil das Computerprogramm, die Software, zwar auf einem körperlichen Träger festgelegt ist, sein eigentlicher wirtschaftlicher Wert sich aber aus den gespeicherten Informationen und Befehlsfolgen ergibt, die als solche eine geistige Leistung oder doch ein informationelles Gut, jedenfalls ein immaterielles Gut darstellen. Fehlfunktionen von Programmen beruhen regelmäßig nicht auf Mängeln des Datenträgers sondern auf inhaltlichen Programmmängeln betreffen also insofern den immateriellen Aspekt der Software."

Trotz dieser recht offen formulierten Abwägung zwischen der Verkörperung der Software und den immateriellen Aspekten weist der BGH die Annahme eines gesetzlich nicht näher geregelten Vertrags eigener Art für die Softwareüberlassung zurück und entscheidet sich für die Sacheigenschaft der Software: „Kaufgegenstand ist hier ein Datenträger mit dem darin verkörperten Programm, insofern also eine **körperliche Sache,** die – entsprechend dem vertraglich vorausgesetzten Gebrauch – als Instrument zur Datenverarbeitung dienen soll. Ein Fehler des so verkörperten Programms ähnelt dem Konstruktionsfehler eines (massenhaft hergestellten) technischen Werkzeugs eher als dem Mangel einer Erfindung."

Auch wenn die Einordnung von Software als bewegliche Sache[26] in neuerer Zeit immer noch und immer wieder umstritten ist,[27] ist dies doch spätestens durch die Begründungen

---

[21] *Brandi-Dohrn* CR 1986, 63 (66 f.).
[22] BGH Urt. v. 3.6.1981 – VIII ZR 153/80, NJW 1981, 2684.
[23] BGH Urt. v. 25.3.1987 – VIII ZR 43/86, NJW 1987, 2004.
[24] BGH Urt. v. 4.11.1987 – VIII ZR 314/86, NJW 1988, 406.
[25] BGH Urt. v. 4.11.1987 – VIII ZR 314/86, NJW 1988, 406.
[26] *Hoeren* CR 1988, 908.
[27] *Plath* CR 2006, 217 (218 f.); *Bräutigam/Rücker* CR 2006, 361 (363); *Redecker,* IT Recht, Rn. 278 ff.

des BGH im **ASP Urteil**[28] als ständige Rechtsprechung anzusehen.[29] Aus Sicht des BGH sind Softwareprogramme immer zu irgendeinem Zeitpunkt auf einem Datenträger verkörpert, denn die der Steuerung des Computers dienenden Programme müssen, um ihre Funktion erfüllen zu können, dh um überhaupt nutzbar zu sein, in verkörperter Form vorhanden sein, sei es auf einem Wechselspeichermedium (zB auf Diskette, CD, USB-Stick), oder auf einer Festplatte oder auch nur auf einem flüchtigen (stromabhängigen) Speichermedium. Gegenstand des Softwareüberlassungsvertrages ist somit stets die verkörperte geistige Leistung. Dabei ist es ohne Bedeutung, auf welchem Informationsträger das Computerprogramm verkörpert ist. Entscheidend ist nur, dass es verkörpert und damit nutzbar ist.[30]

51 Der EuGH hat in seiner Entscheidung **Oracle vs. UsedSoft**[31] über die bisherigen Erwägungen der Rechtsprechung hinaus klargestellt, dass die Veräußerung eines Computerprogramms auf Datenträger und die Veräußerung eines Computerprogramms durch Herunterladen aus dem Internet wirtschaftlich gesehen vergleichbar sind[32] und die Onlineübertragung funktionell der Aushändigung eines materiellen Datenträgers entspricht.[33] Auch der BGH hat dies in seiner Entscheidung **UsedSoft II** so aufgenommen.[34]

52 In der Entscheidung **Dachdeckerbetrieb**[35] ging es um einen Leasingvertrag über eine EDV-Anlage, bestehend aus Hardware und verschiedenen Softwareprogrammen. Der BGH ordnet das zwischen Leasinggeber und Lieferant abgeschlossene Geschäft ohne weitere Erörterung als „**Handelskauf**" bzw. als „**Kauf**" ein.

53 In seiner Entscheidung **Lohnprogramm**[36] hat der BGH unter anderem zur Frage der „Ablieferung" bei Standardsoftware Stellung genommen und damit eindeutig den Erwerb der Standardsoftware als Kauf qualifiziert.

54 „Ohne Rechtsfehler hat das Berufungsgericht die Rechtsbeziehungen der Parteien nach Kaufrecht beurteilt. [... Es] war Gegenstand des Vertrages die Lieferung einer von der Beklagten bereits fertig entwickelten **Standard-Software** nebst den zugehörigen Quellcodes zur dauerhaften Benutzung durch die Beklagte gegen ein einmaliges, wenn auch in vier Raten zu zahlendes Entgelt. Auf einen derartigen Vertrag sind nach der Rechtsprechung des Senates die Vorschriften sowohl der §§ 433 ff., 459 ff. BGB als auch § 377 HGB zumindest entsprechend anwendbar."

55 Interessant ist diese Entscheidung auch unter dem Gesichtspunkt, dass der BHG die Rechtsprechung vieler Oberlandesgerichte zur „Erweiterung" der abgeschlossenen Ablieferung um **weitere Erfordernisse**, wie Erprobung, Überwindung der Anlaufschwierigkeiten und ähnlichen zusätzlichen Erfordernissen als zu weit gehend **zurückweist**.

56 Vielmehr genügt es, die Software in Erfüllungsabsicht in den Machtbereich des Kunden zu verbringen, denn auch beim Kauf von Standard-Software ist die Kaufsache mangels anderweitiger Vereinbarung dann „**abgeliefert**", wenn sie vom Verkäufer in Erfüllungsabsicht derart in den Machtbereich des Käufers gebracht wird, dass dieser sie auf das Vorhandensein von Mängeln untersuchen kann.

57 Andererseits trifft den Unternehmenskunden die kaufmännische **Rügeobliegenheit** gemäß § 377 HGB. Hinsichtlich des Beginns der Rügefrist und auch der – damals noch kurzen – Gewährleistungsfrist kann es auf die Vereinbarung zusätzlicher Leistungen und den Zeitpunkt deren Erbringung (vor allem der Installation) ankommen. Denn soweit die Installation der Software durch den Verkäufer geschuldet ist, wird der Käufer die Software erst dann untersuchen können, wenn die Software auch installiert ist.

58 Die Schuldrechtsmodernisierung hat die vertragstypologische Einordnung der Überlassung von Software nicht verändert. Die in § 453 Abs. 1 BGB angeordnete, entsprechende

---

[28] BGH Urt. v. 15.11.2006, XII ZR 120/04, CR 2007, 75 (76).
[29] *Schweinoch* CR 2010, 1 (2).
[30] BGH Urt. v. 15.11.2006, XII ZR 120/04, CR 2007, 75 (76).
[31] EuGH Urt. v. 3.7.2012 – C-128/11, MMR 2012, 586.
[32] EuGH Urt. v. 3.7.2012 – C-128/11, MMR 2012, 586, Rn. 47.
[33] EuGH Urt. v. 3.7.2012 – C-128/11, MMR 2012, 586, Rn. 61.
[34] BGH Urt. v. 17.7.2013 – I ZR 129/08, MMR 2014, 232, Rn. 45 f. – UsedSoft II.
[35] BGH Urt. v. 4.11.1992 – VIII ZR 165/91, NJW 1993, 461.
[36] BGH Urt. v. 22.12.1999 – VIII ZR 299/98, CR 2000, 207.

III. Dogmatische Einordnung

Anwendung der Vorschriften über den Sachkauf auf den Rechtskauf erleichtert die Typisierung der Softwareüberlassung auf Dauer als Kauf.

Nur bei der Softwaremiete bedarf es im Falle der Verneinung der Sacheigenschaft von Software wie bisher der analogen Anwendung der §§ 535 ff. BGB.

3. Zusammenfassung der Kriterien

Wie aus der oben vorgestellten BGH-Rechtsprechung ersichtlich müssen jedenfalls folgende beiden Kriterien kumulativ erfüllt sein: 59
- Überlassung von Standard-Software auf Dauer;
- gegen Einmalentgelt.

Weiteres Merkmal ist auch, dass die Software zusätzlich noch
- ohne wesentliche Einschränkung zur freien Verfügung überlassen

werden muss.[37] Dafür spricht, dass die Möglichkeit der freien Verfügung des Käufers über den Kaufgegenstand dem Wesen des Kaufvertrags entspricht.[38] Zwar kann der Eigentumsübergang unter den Vorbehalt der Kaufpreiszahlung gestellt werden.[39] Dieser Vorbehalt ist aber – die Vertragstreue des Käufers vorausgesetzt – stets nur ein zeitlich begrenzter.

Das Kriterium der Überlassung **auf Dauer** liegt beim Softwarekauf nur dann vor, wenn 60 das Recht **endgültig** übergehen soll. Indiz hierfür ist, wenn die Software an Dritte mit übertragen oder zur Benutzung überlassen werden darf.[40] Dieses Kriterium der dauerhaften Überlassung steht dabei einer inhaltlichen Eingrenzung des Vertragsgegenstands nicht entgegen, denn (dinglich) im Sinne des Vorbehalts bestimmter Nutzungsarten oder (schuldrechtlich) im Sinne einer Höchst-Nutzungsintensität können Einschränkungen getroffen werden, soweit diese Einschränkungen der Nutzung den Nutzungsumfang der Software im Kern im Wesentlichen unberührt lässt.[41]

Im Hinblick auf das Kriterium der Überlassung der Software gegen **Einmalentgelt** kommt 61 die Rechtsprechung im Ergebnis zu dem Schluss, dass immer dann ein Einmalentgelt vorliegt, wenn die Vergütung nicht an eine zeitliche Begrenzung der Nutzung gekoppelt ist.[42] Nach dieser kontinuierlichen Rechtsprechung ist davon auszugehen, dass das Einmalentgelt auch in Teilzahlungen oder sonstige Vereinbarungen Finanzierungsformen des Einmalentgeltes darstellen.

Dies stellt der BGH in seiner Entscheidung **Lohnprogramm**[43] ausdrücklich fest, denn die 62 dort entschiedene Rechtsbeziehung sei nach Kaufrecht zu beurteilen, da Gegenstand des Vertrages die Lieferung einer von der Beklagten bereits fertig entwickelten Standard-Software nebst den zugehörigen Quellcodes zur dauerhaften Benutzung durch die Beklagte gegen ein einmaliges, wenn auch in vier Raten zu zahlendes Entgelt war.

Dies gilt jedoch nur dann und insoweit, als in diesen Fällen die Zahlung des Entgeltes – 63 mit Ausnahme eines Eigentumsvorbehaltes bis zur vollständigen Zahlung des Einmalentgeltes – nicht im Zusammenhang mit einer **zeitlich begrenzten** Überlassung der Software vereinbart ist. Denn auch ein Mietentgelt, zum Beispiel bei kurzen Mietzeiträumen, kann als Einmalzahlung vereinbart werden, ohne dass damit auch eine dauerhafte Nutzung der Software vereinbart würde. In diesem Fall wäre das Kriterium „Überlassung auf Dauer" nicht erfüllt.

Der Bestand an Rechten, den die Parteien zum Inhalt des Vertragsgegenstands machen, 64 muss dem Käufer grundsätzlich ohne weitere Einwirkungsbefugnisse des Verkäufers und ohne wesentliche Einschränkung zur **freien Disposition** zur Verfügung stehen.[44] Insbeson-

---

[37] So die Compiler/Interpreter-Entscheidung BGH Urt. v. 4.11.1987 – VIII ZR 314/86, NJW 1988, 406.
[38] *Schneider* J Rn. 84 f.
[39] § 449 BGB.
[40] Palandt/*Weidenkaff* vor § 433 Rn. 22.
[41] Palandt/*Weidenkaff* vor § 433 Rn. 22.
[42] BGH Urt. v. 4.11.1987 – VIII ZR 314/86, NJW 1988, 406; BGH Urt. v. 7.3.1990 – VIII ZR 56/89, NJW 1990, 3011; BGH Urt. v. 14.7.1993 – VIII ZR 147/92, NJW 1993, 2436; BGH Urt. v. 4.3.1997 – X ZR 141/95, CR 1997, 470.
[43] BGH Urt. v. 22.12.1999 – VIII ZR 299/98, CR 2000, 207.
[44] *Moritz* CR 1994, 257 (260 f.).

re können urheberrechtlich relevante Nutzungen, die für die vertragsgemäße Verwendung des Programms unerlässlich sind, nicht ohne weiteres ausgeschlossen werden.[45]

65 Als Argument für eine Gegenauffassung lässt sich anführen, dass Einschränkungen hinsichtlich der Verfügungsbefugnis aus Praktikabilitätsgründen zugelassen werden sollen, da sie bei einer Vielzahl von Softwareüberlassungen vereinbart werden und sonst viele Vertragsverhältnisse aus dem Kaufrecht herausfallen würden. Eine solche Haltung, die vom Ergebnis her argumentiert, würde aber dazu führen, dass die vom Gesetzgeber vorgenommene Abwägung ausgehebelt wird. Andererseits kann nicht jede geringe Einschränkung dazu führen, dass kein Kaufrecht mehr angewendet wird, da sich die Interessenlage beider Vertragsparteien trotz eventueller mietvertraglicher Komponenten eher auf Kauf als auf ein Dauerschuldverhältnis richtet.[46]

66 Besonderheiten der Lizenzform, also des Vertragsgegenstandes, soweit sie nicht grundlegend die freie Disposition des Lizenznehmers über die Software einschränken, können daher als wirksam gesehen werden. Als Beispiel kann eine Klausel in einem Softwarelizenzvertrag genannt werden, die die Verwendung einer auf begrenzte Zeit überlassenen Software auf einem im Vergleich zum vertraglich vereinbarten leistungsstärkeren Rechner oder auf weiteren Rechnern von (der Vereinbarung) einer Zahlung einer zusätzlichen Vergütung abhängig macht. Nach Auffassung des BGH beschränkt dies den Vertragspartner nicht unangemessen in seiner ansonsten freien Disposition.[47]

67 Weiteres Argument für das Kriterium, dass die Software beim Kauf ohne wesentliche Einschränkung zur **freien Disposition** zur Verfügung stehen muss ist, dass der Käufer für die Endgültigkeit der Überlassung des Kaufgegenstands im Gegenzug eine Einbuße in seinen Mängelrechten hinnimmt. Bei der Miete, bei der der Vermieter unter bestimmten Umständen das Rechtsverhältnis kündigen und den Mietgegenstand zurückfordern kann, genießt der Mieter demgegenüber einen dauerhaften Anspruch auf Erhaltung des ordnungsgemäßen Zustands. Der Lizenzgeber kann nicht beide Vorteile genießen, eine dauerhafte Kontrolle und ein nur vorübergehendes Einstehen Müssen für Sachmängel.

Im Ergebnis könnte das dritte Kriterium also wie folgt präzisiert werden:
- im Rahmen des vereinbarten Vertragsgegenstands zur freien Verfügung überlassen.

68
Checkliste
Kriterien Softwareüberlassung auf Dauer

- ☐ Überlassung von **Standard-Software**
- ☐ auf **Dauer**
- ☐ gegen Einmalentgelt
- ☐ im Rahmen **des** vereinbarten **Vertragsgegenstands**
- ☐ zur **freien Verfügung**.

4. Anwendung kaufrechtlicher Vorschriften[48]

69 Der in § 651 BGB enthaltene Verweis auf die Anwendung kaufrechtlicher Vorschriften führt grundsätzlich dazu, dass vorstehende Erwägungen zur Vertragstypologie und zum Kriterium der Überlassung auf Dauer auch auf solche Software Anwendung finden, für die der Anwendungsbereich des § 651 BGB eröffnet ist.[49] Dabei gelten ergänzend zu den kaufrechtlichen Vorschriften bei nicht vertretbaren Sachen auch die werkvertraglichen Vorschriften der §§ 642, 643, 645, 649 und 650 BGB, die mit der Maßgabe anzuwenden sind, dass an die Stelle der Abnahme der nach den §§ 446 und 447 BGB maßgebliche Zeitpunkt der Ablieferung tritt.

---

[45] BGH Urt. v. 17.7.2013 – I ZR 129/08, MMR 2014, 232, Rn. 32.
[46] *Schneider* J Rn. 147; *Moritz* CR 1994, 257 (260 f.).
[47] BGH Urt. v. 24.10.2002 – I ZR 3/00, CR 2003, 323.
[48] Siehe auch → § 11 Rn. 15 ff.; § 10 Rn. 31 ff. (Softwareerstellung, § 651).
[49] *Schweinoch* CR 2010, 1 (7 f.).

Dabei ist nach einer Entscheidung des BGH[50] im Anwendungsbereich des § 651 BGB Kaufrecht auf sämtliche Verträge mit einer Verpflichtung zur Lieferung herzustellender oder zu erzeugender beweglicher Sachen anzuwenden, also auch auf Verträge zwischen Unternehmern. Daran ändert sich nichts, wenn Gegenstand des Vertrags auch Planungsleistungen sind, die der Herstellung vorauszugehen haben und nicht den Schwerpunkt des Vertrags bilden.

Ausgenommen vom Anwendungsbereich des § 651 BGB sind also solche Softwareerstellungsverträge, bei welchen die Planungsleistung den Schwerpunkt des Vertrages bildet.[51]

Für einen Vertrag über die **serienmäßige Erstellung einer Standardsoftware** ist dabei zu beachten, dass Standardsoftware als vertretbare Sache im Sinne von § 91 BGB gesehen wird und daher die Anwendung der in § 651 BGB genannten werkvertraglichen Vorschriften ausgeschlossen ist.[52]

Bei Eröffnung des Anwendungsbereiches des § 651 BGB ist eine Einordnung des Gesamtvertrages in die kaufrechtliche Vertragstypologie vorzunehmen. Dies gilt für alle Neuverträge ab dem 1.1.2002 und für damals bereits abgeschlossene Verträge ab dem 1.1.2003.[53]

IV. Standard-Lizenzformen

Auch wenn es im Gesetz über Urheberrecht und verwandte Schutzrechte, also dem UrhG, keine Definition des Wortes „Lizenz" gibt, hat sich der Begriff im Bereich der Softwareüberlassung sowohl für die Nutzungsform als auch für den Überlassungsvertrag selbst eingebürgert. Von der Wortbedeutung selbst ist eine Lizenz eine Erlaubnis, Dinge zu tun, die ohne diese verboten sind,[54] aber auch die Freiheit, die jemand sich selbst nimmt, Dinge zu tun.[55]

Diese beiden Bedeutungen beschreiben dabei gut den **Interessenswiderspruch** zwischen Hersteller und Anwender. Ersterer möchte möglichst wenig gestatten, Letzterer möglichst weitgehende und unbeschränkte Rechte und Ungebundenheit in der Einsatz- und Auswertungsmöglichkeit.[56]

Bei den Standard-Lizenzformen geht es darum, unmittelbar mit der Überlassung der Software selbst ein einmaliges Entgelt für die Nutzung zu erhalten.[57] Einfachstes Lizenzmodell wäre die pauschale Abgeltung sämtlicher zukünftiger Nutzungshandlungen durch die Entrichtung eines Einmalentgelts. Die gängigen Lizenzmodelle schränken diesen Grundsatz in Gestaltung des nachvollziehbaren Interesses des Herstellers mehr oder weniger stark ein.

Grundlegend gilt dabei für die Zulässigkeit der **dinglichen Beschränkungen** und Aufspaltung der Nutzungsrechte im Sinne des § 69c UrhG, insbesondere im Hinblick auf das Verbreitungsrecht und die Auswirkungen auf die Erschöpfung, dass diese nur dann wirksam sein können, wenn sie einer selbständigen Nutzungsart[58] entsprechen. Dies ist dann der Fall, wenn die Nutzungsform üblich sowie wirtschaftlich und technisch gegenüber anderen Nutzungsformen eigenständig und klar abgrenzbar ist.[59] Diese Wertung findet als Leitbild über § 307 BGB auch Eingang in die AGB-rechtliche Bewertung der Wirksamkeit der schuldrechtlichen Vereinbarungen.[60] Denn was urheberrechtlich nicht zulässig ist, unterliegt in der Regel auch AGB-rechtlich Einschränkungen.[61]

---

[50] BGH Urt. v. 23.7.2009 – VII ZR 151/08, MMR 2010, 23 (25) = CR 2009, 637.
[51] *Witte* ITRB 2010, 44 (45); *Schweinoch* CR 2010, 1 (3).
[52] *Schweinoch* CR 2010, 1 (4); *Schneider/v. Westphalen* B Rn. 73, 81.
[53] BGH Urt. v. 23.7.2009 – VII ZR 151/08, MMR 2010, 23 (24), Anmerkung *Hoffmann* 25; *Schweinoch* CR 2010, 1 (7).
[54] *Georges* „licet = es ist erlaubt".
[55] *Georges* „licentia = Erlaubnis zu thun, was man will, Ungebundenheit".
[56] → Rn. 15 (I. 3).
[57] Grundlegend für übliche Industrielizenzmodelle *Hoppen* CR 2007, 129.
[58] Wandtke/Bullinger/*Grützmacher* § 69c Rn. 84, Leupold/Glossner/*Wiebe* IV Rn. 75.
[59] BGH Urt. v. 6.7.2000 – I ZR 244/97, CR 2000, 651; BGH Urt v. 12.12.1991 – I ZR 165/89, GRUR 1992, 310 (311) – Taschenbuchlizenz.
[60] *Chrocziel* CR 2000, 738 (739 f.); OLG Hamm Urt. v. 28.11.2012 – 12 U 115/12, MMR 2013, 438.
[61] LG Hamburg Urt. v. 25.10.2013 – 315 O 449/12, BeckRS 2013, 18592, Rn. 36.

77 Für die Zulässigkeit der schuldrechtlichen Beschränkungen[62] ist dabei jeweils auf die Vereinbarkeit mit dem Leitbild der Vertragstypologie des Kaufes sowie die AGB-rechtlichen Rahmenbedingungen der §§ 305–310 BGB zu achten.[63] Ergänzend dazu sind die Grundprinzipien des Urheberechtsgesetzes insoweit zu beachten, dass urheberrechtlich relevante Nutzungen die für die vertragsgemäße Verwendung des Programms unerlässlich sind, nicht vertraglich ausgeschlossen werden können.[64] Dies gilt sowohl für den Ersterwerber einer Software als auch für den berechtigten Zweiterwerber.[65]

1. Personen- und maschinenbezogene Lizenzformen

a) Einfachlizenz. Die Einfachlizenz erlaubt die Nutzung nur auf einem Computer und nur durch eine einzige natürliche Person.[66]

Formulierungsvorschlag:

78 Der Verkäufer räumt dem Käufer ein einfaches, zeitlich unbeschränktes Nutzungsrecht an den Vertragsgegenständen zur Einzelplatznutzung an einem Computer ein. Dieses Nutzungsrecht darf gleichzeitig nur von maximal einer Person ausgeübt werden.

Alternativ kann auch die Anbindung an einen Computer, Prozessor oder Prozessorkern erfolgen.

Formulierungsvorschlag:[67]

79 Wenn in diesem EULA nicht ausdrücklich etwas anderes bestimmt wird, sind Sie nur berechtigt, eine (1) Kopie der SOFTWARE auf dem COMPUTER zu installieren, zu verwenden, darauf zuzugreifen, anzuzeigen und auszuführen. Die SOFTWARE darf nicht von mehr als einem (1) Prozessor gleichzeitig auf dem COMPUTER verwendet werden.

80 **b) Mehrfachlizenz.** Die Mehrfachlizenz erweitert die Nutzungsbefugnis dadurch, dass die Software auf mehreren Rechnern installiert bzw. gleichzeitig durch mehrere Personen (**Concurrent User**) genutzt werden darf.

Formulierungsvorschlag:

81 Der Verkäufer räumt dem Käufer ein einfaches, zeitlich unbeschränktes Nutzungsrecht an den Vertragsgegenständen zur Mehrplatznutzung ein. Dieses Nutzungsrecht darf gleichzeitig nur von maximal …… Personen ausgeübt werden.

82 Je nachdem, ob die Nutzung durch die Anzahl der Nutzer oder der Rechner eingeschränkt ist, spricht man von **nutzerbezogenen** bzw. **maschinenbezogenen** Lizenzen. Bei letzteren ist zu klären, was unter einem Rechner bzw. einer Maschine zu verstehen ist. In Betracht kommen folgende Auslegungsvarianten:
- ein Computer, also ein Gehäuse mit der darin befindlichen Hardware,
- ein Prozessor oder Prozessorkern,
- eine virtuelle Maschine,
- eine Terminalsitzung.

---

[62] *Schneider* J III. Standardsoftware Überlassung nach Kaufrecht und AGB.
[63] → § 16 Rn. 22 (Standardklauseln).
[64] BGH Urt. v. 17.7.2013 – I ZR 129/08, MMR 2014, 232 Rn. 32.
[65] BGH Urt. v. 17.7.2013 – I ZR 129/08, MMR 2014, 232 Rn. 31 f.
[66] *Pres* S. 155 f.
[67] Auszug aus den EULA Microsoft Windows XP Home.

IV. Standard-Lizenzformen

Der Übergang von der Begrenzung der Mehrfachnutzung der Software hin zu einer Beschränkung der Nutzungsintensität ist teilweise fließend.

Eine Unterform der Mehrfachlizenz ist die so genannte **Volumenlizenz**. Diese Lizenz wird von verschiedenen Softwareherstellern für bestimmte Zielgruppen angeboten. Besonderheit solcher Volumenlizenzen sind neben Preisvorteilen üblicherweise besondere Leistungen des Herstellers, wie beispielsweise Update-Services, besondere Zahlungsoptionen und Erwerbsoptionen. Dabei ist jedoch zu beachten, dass die Aufspaltung solcher Volumenlizenzen in Einzellizenzen als unzulässig anzusehen ist.[68]

Bei den Erwerbsoptionen ist als Beispiel das „**Deployment**" anzuführen; hierbei werden dem Lizenznehmer besondere organisatorische und/oder technische Möglichkeiten eingeräumt, innerhalb seines Unternehmens die Verteilung der von ihm erworbenen Lizenzen zu steuern und zu gestatten. Dabei wird teilweise das Modell des so genannten „**Reporting**" verwendet, nach dem es dem Lizenznehmer zunächst gestattet ist, die Software auf beliebig vielen Rechnern zu installieren und innerhalb eines relativ knapp bemessenen Zeitfensters (meist einige Wochen) auch zu nutzen. Auf diese Weise lässt sich der Bedarf in der Praxis ohne großen Arbeits- und Investitionsaufwand konkret ermitteln. Sodann führt der Lizenznehmer eventuell unter Mitarbeit bzw. Kontrolle des Lizenzgebers ein Audit durch und vergütet nur die Nutzung der tatsächlich eingesetzten Programmkopien.[69]

Als **virtuelle Maschine** wird ein Programm bezeichnet, das mittels Software einen kompletten Rechner simuliert, also die Ausführung einer weiteren Betriebssysteminstanz ermöglicht. In Abhängigkeit von der Leistung der verwendeten Hardware können so Hunderte von Betriebssystemen nebeneinander völlig unabhängig voneinander ablaufen, ohne sich gegenseitig im Betrieb zu beeinträchtigen.

Bei Einfach- und Mehrfachlizenzen wird dem Lizenznehmer mitunter der Einsatz der Software nur auf einer bestimmten Höchstzahl von Rechnern gestattet. Mit dem Fortschritt der Informationstechnologie ist aber insbesondere bei Altverträgen im Hinblick auf den Einsatz virtueller Maschinen die Frage aufgeworfen, wie eine solche Recheneinheit definiert wird. In Betracht kommt dabei in der Tat die Auslegungsmöglichkeit, dass ein physikalischer Computer, auf dem innerhalb mehrerer logischer Rechner jeweils eine Kopie der Software ausgeführt wird, tatsächlich als mehrere Rechner im Vertragssinne aufzufassen ist.[70]

In der Praxis spielt die Technik der virtuellen Maschinen insbesondere im Bereich des Cloud Computing eine große Rolle,[71] da die Technik hier beispielsweise für die Erstellung so genannter „Private Clouds" genutzt werden kann.[72]

c) Named User. Bei Mehrfachlizenzen wird zuweilen eine Nutzungsbefugnis nur bestimmten, namentlich benannten natürlichen Personen, so genannten „Named Usern" zugestanden. Ein solches Vorgehen macht für den Lizenzgeber wirtschaftlich Sinn, weil der Lizenznehmer tendenziell eine höhere Anzahl an Lizenzen erwerben wird.

Formulierungsvorschlag:
Der Erwerb dieser Software berechtigt zur gleichzeitigen Nutzung der Software ausschließlich durch die im Anhang namentlich aufgeführten Personen.[73]

---

[68] EuGH Urt. v. 3.7.2012 – C-128/11, MMR 2012, 586, Rn. 86; OLG Karlsruhe Urt. v. 27.7.2011 – 6 U 18/10, GRUR-RR 2012, 98.
[69] → Rn. 207 ff.; § 16 Rn. 131 ff.
[70] *Pohle/Ammann* CR 2009, 273 (274).
[71] Zu den technischen Aspekten zusammenfassend: *Schuster/Reichl* CR 2010, 38 (38 f.); *Pohle/Ammann* CR 2009, 273 (274).
[72] *Schuster/Reichl* CR 2010, 38 (38 f.); *Pohle/Ammann* CR 2009, 273 (274).
[73] *Redeker/Brandi-Dohrn*, Handbuch der IT-Verträge, Teil 1.2 Rn. 56.

90 Soweit durch eine Named User-Klausel die **Weitergabe** der Software durch den Lizenznehmer an einen Zweiterwerber unterbunden oder eingeschränkt wird, gelten die Ausführungen zu Weitergabeverboten entsprechend.[74]

91 Darüber hinaus handelt es sich bei einer Named User-Klausel aber auch um ein – zugespitzt gesagt – Weitergabeverbot innerhalb der Organisation bzw. des Konzerns des Lizenznehmers. Insoweit liegt zwar kein Konflikt mit dem urheberrechtlichen Erschöpfungsgrundsatz vor. Allerdings nimmt die Überlassung damit eher mietrechtlichen Charakter an, da der Lizenzgeber dem Lizenznehmer auch nach Einräumung des Nutzungsrechts Beschränkungen auferlegt und Vorgaben macht, wie er die ihm zugeteilte Nutzungsintensität innerhalb seiner Organisation zuzuordnen oder zu verteilen hat.

92 Lässt der Lizenzgeber hingegen die „Umschreibung" der Nutzungsbefugnis von einem Named User auf eine andere Person ohne Einschränkungen zu, so kann diese Klausel in einem Kaufvertrag wirksam sein. Der Lizenznehmer trägt dann nur noch einen erhöhten Verwaltungsaufwand, ist ansonsten aber wie bei einer Mehrfachlizenz mit einer Benutzerhöchstzahl gestellt.

93 **d) CPU Lizenz.**[75] Eine **echte CPU-Klausel** bindet das Nutzungsrecht unabänderlich an einen bestimmten Rechner. Sie verträgt sich nach herrschender Meinung nicht mit einer kaufrechtlichen Einordnung des Überlassungsvertrags.[76]

94 **Unechte CPU-Klauseln** lassen dem Lizenznehmer einen gewissen Spielraum. Soweit aber dem Lizenznehmer bei einem Wechsel der Hardware unabhängig von der Leistung der neuen Hardware eine zusätzliche Lizenzgebühr auferlegt ist, handelt es sich gegenüber der echten CPU-Klausel nur um ein Minus, so dass die soeben angesprochene Problematik unverändert bestehen bleibt. Der Lizenznehmer muss eine weitere Vergütung entrichten, ohne dafür im Gegenzug einen wirtschaftlichen Mehrwert zu erhalten. Dabei kommt es auch genau darauf an, wie die Anknüpfung an die CPU im Vertrag erfolgt; so hat das Landgericht Frankfurt aM für einen Fall, in dem im Vertrag die Anknüpfung an die Anzahl der CPU erfolgt war eine vom Lizenzgeber aufgrund der höheren Leistungsfähigkeit der tatsächlich eingesetzten CPU (Mehrkern-CPU) verlangte weitere Lizenzgebühr für unberechtigt gehalten, da es bei Anknüpfung an eine CPU nicht auf die Zahl der Kerne dieser CPU ankomme.[77]

95 Bei einer **Upgrade-Klausel** wird dagegen eine weitere Lizenzgebühr nur fällig, wenn die Nutzungsbefugnis des Lizenznehmers schon bisher auf eine bestimmte Höchstleistung der Hardware beschränkt war und die neue Hardware eine höhere Ablaufgeschwindigkeit ermöglicht. Es handelt sich um eine AGB- und urheberrechtlich unbedenkliche Option auf eine Vertragsänderung hinsichtlich der erlaubten Nutzungsintensität.

Formulierungsvorschlag:

96 Die Verwendung anderer Rechner mit größerer Leistungskapazität ist dem Käufer nur gestattet nach vorherigem Abschluss einer Zusatzvereinbarung mit dem Verkäufer und Entrichtung der nach den jeweils aktuellen Listenpreisen des Verkäufers für diese Leistungskapazität vorgesehenen Lizenzgebühr, wobei die bereits gezahlte Lizenzgebühr in vollem Umfang angerechnet wird.[78]

97 Muss schließlich der Rechnerwechsel dem Lizenzgeber nur mitgeteilt werden, um einen neuen Lizenzschlüssel zu erhalten, ohne den die Software nicht weitergenutzt werden kann, so handelt es sich im Grunde nur um einen unproblematischen Kopierschutz.

98 **e) Lizenzen für Computernetze.** Eine weitere Kategorie von Lizenzen bezieht sich auf Lizenzen, die im Rahmen von Computernetzen eingesetzt werden, wobei es grundsätzlich kein

---

[74] → Rn. 216 ff.
[75] *Schneider* J Rn. 57.
[76] BGH Urt. v. 24.10.2002 – I ZR 3/00, CR 2003, 323.
[77] LG Frankfurt a. M. Urt. v. 30.3.2012 – 3–128 24/11 (nicht rechtskräftig), CR 2013, 768.
[78] Redeker/*Brandi-Dohrn*, Handbuch der IT-Verträge, Teil 1.2 Rn. 54.

spezielles Verwertungsrecht für den Netzwerkbetrieb im Allgemeinen gibt.[79] Eine eigenständige Nutzungsart liegt nur dann vor, wenn die Lizenz an urheberrechtlich geschützte Rechte anknüpft, die technisch und wirtschaftlich als eigenständige Nutzungshandlung abgrenzbar sind. Dies ist beispielsweise gegeben, wenn die Lizenz an die Vervielfältigung der Software anknüpft, also an die Installation auf einem oder mehreren Computern oder das einfache oder mehrfache Ablaufen der Software im Arbeitsspeicher.[80]

Bei der **Client/Server Lizenz** erfolgt die Einräumung des Nutzungsrechts üblicherweise anhand der technischen Definition und Auslegung der im Netzwerk beteiligten Computer, der Server, auf dem die zentrale Softwareinstallation liegt, der Clients, auf welchen der Nutzer die Software – üblicherweise gleichfalls mit einer ganz oder teilweisen Installation von Software – nutzt. Eine solche Unterscheidung ist für Server und Client Lizenzen anerkannt, wenn an den Vorgang des Ladens in den Arbeitsspeicher angeknüpft wird.[81] 99

Ebenso verhält es sich mit dem **Terminalbetrieb** im engeren Sinne, da dort technisch wegen der so genannten Smart Clients („dumme Terminals") die im Arbeitsspeicher eines Großrechners vorhandene Kopie mehrfach abgearbeitet wird. Hiermit wird aufgrund der technischen Unterschiede eine klar abgrenzbare, wirtschaftlich bedeutsame eigene Nutzungsart geschaffen.[82] 100

Bei **Cluster-Lizenzen** erhält der Lizenzgeber das Recht, die Software auf einer bestimmten Vielzahl von Computern einzusetzen, die in einem Cluster verbunden sind. Diese Lizenzen verschaffen im Gegensatz zu bloßen Mehrfachlizenzen ein Mehr an Flexibilität, indem sie die Nutzung auf einen Zusammenschluss von Rechnern erweitern, wobei die Computer untereinander einen Kapazitätsaustausch vornehmen können.[83] Interessant ist diese Lizenzform insbesondere auch für Rechenzentren oder Serverfarmen, in welchen verschiedene Computer zu einer Recheneinheit zusammengefasst werden oder auch für eine Vielzahl von Virtuellen Maschinen, die je nach Lastanfall aktiviert werden. Somit kann für die Gesamtheit dieser physikalischen oder virtuellen Computer eine Lizenz erworben werden.[84] 101

Bei **Floating Lizenzen**[85] umfasst die Lizenz eine Zahl von Nutzern, die gleichzeitig auf allen Servern und Clients beziehungsweise Terminals die Software nutzen dürfen. Diese Lizenzform überwacht dabei häufig die Einhaltung der Maximalzahl an parallelen Nutzungen durch technische Beschränkungen. Beim Erreichen der maximalen Nutzerzahl wird beispielsweise die Anmeldung für weitere Nutzer gesperrt, bis wieder ein freier Nutzerplatz zur Verfügung steht. 102

> **Praxistipp:**
> Bei allen maschinenbezogenen Lizenzformen ist bei der Formulierung entsprechender Vertragsklauseln auf die **technische Anknüpfung** der Nutzungshandlung zu achten. Denn einerseits liegt eine eigene Nutzungsart nur vor, wenn sie klar abgrenzbar und wirtschaftlich bedeutsam ist, andererseits kann die technische Weiterentwicklung schnell dazu führen, dass im Vertrag Unklarheiten auftreten. So waren lange CPU-bezogene Klauseln üblich, die aber nicht nach der Zahl der Prozessorkerne unterschieden haben, da es damals keine Mehrprozessorkerne gab.

2. Nutzungsbezogene Lizenzformen

Vorbehaltlich der Regeln des allgemeinen Vertragsrechts (AGB, Verbraucherschutz) werden dem Lizenzgeber keine Vorgaben hinsichtlich eines bestimmten Mindestumfangs an 103

---

[79] *Hoeren/Schuhmacher* CR 2000, 137 (141 f.); Wandtke/Bullinger/*Grützmacher* § 69c Rn. 63.
[80] *Grützmacher* ITRB 2001, 59; Wandtke/Bullinger/*Grützmacher* § 69c Rn. 63; *Hoeren/Schuhmacher* CR 2000, 137 (141 f.).
[81] *Bartsch* CR 1999, 360 (362 f.).
[82] Wandtke/Bullinger/*Grützmacher* § 69c Rn. 64.
[83] *Schneider* J Rn. 63.
[84] *Bourke* Server Load Balancing, 2001.
[85] *Schneider* C Rn. 216.

einzuräumenden Nutzungsrechten gemacht. § 69d Abs. 1 S. 1 UrhG stellt zwar grundsätzlich die in § 69c Nr. 1 und 2 UrhG genannten Handlungen gestattungsfrei, macht aber gleichzeitig zwei wesentliche Einschränkungen: Die Handlungen müssen zur bestimmungsgemäßen Nutzung des Computerprogramms notwendig sein und es dürfen keine speziellen vertraglichen Bestimmungen vorliegen. Dies eröffnet im Umkehrschluss die Möglichkeit, durch spezielle vertragliche Regelungen eine Einschränkung der Intensität der Softwarenutzung zu vereinbaren.

104 Auch der Vergleich mit anderen urheberrechtlichen Werkarten führt nicht zur urheberrechtlichen Unzulässigkeit von Einschränkungen der **Nutzungsintensität**. Zwar trifft es zu, dass etwa das Lesen eines Buches nicht auf bestimmte Zeiten oder auf eine bestimmte maximale Anzahl von Lesern eingeschränkt ist. Dies liegt aber nicht etwa daran, dass der Gesetzgeber hier eine klare Entscheidung gegen eine Einschränkung der Nutzungsintensität getroffen hätte, die im Wege des Analogieschlusses auf die Lizenzierung von Computerprogrammen übertragen werden könnte.

105 Vielmehr fehlt es in Bezug auf den bloßen so genannten Werkgenuss bei Schriftwerken an einem **Verbotsrecht** des Urhebers.[86] Der Leser bedarf auf urheberrechtlicher Ebene keiner Gestattung, die eingeschränkt werden könnte. Darüber hinaus wird von den Vertretern der Buchanalogie übersehen, dass auf schuldrechtlicher Ebene die Einschränkung des bloßen Werkgenusses auch beim Kauf von Büchern sehr wohl möglich, jedenfalls denkbar ist, wenn auch am Markt unüblich und kaum durchsetzbar ist.

106 Die grundsätzliche Zulässigkeit vertraglicher Regelungen zur Nutzungsintensität darf aber nicht darüber hinwegtäuschen, dass eine **dingliche Wirkung** dieser Regelungen nur dann eintreten kann, wenn eine eigenständige Nutzungsart vorliegt, also nur dann, wenn die Lizenz an urheberrechtlich geschützte Rechte anknüpft, die technisch und wirtschaftlich als eigenständige Nutzungshandlung abgrenzbar sind. Eine solche liegt dann und insoweit nicht vor, wenn die Nutzung nur flüchtig oder begleitend ist und einen integralen und wesentlichen Teil eines technischen Verfahrens darstellt.[87] Anders ist dies zu sehen, wenn die Nutzungsart an einen eigenständigen, urheberrechtlichen Gestattungstatbestand anknüpft; hier liegt in der Regel eine eigenständige Nutzungsart vor.[88] Im Vorlagebeschluss BGH[89] wird die Frage aufgeworfen, ob es eine technisch andere Nutzungshandlung darstellt, wenn ein fremdes Werk (hier durch Framing) für ein neues Publikum wiedergegeben wird, die Wiedergabe jedoch nicht nach einem spezifischen anderen technischen Verfahren erfolgt, als das der ursprünglichen Wiedergabe. Wirtschaftlich eigenständige Nutzungshandlungen können dann vorliegen, wenn sie über den durch den urheberrechtlichen Gestattungstatbestand im Rahmen der rechtmäßigen Nutzung gewährten und damit ohnehin mit ihr verbundenen wirtschaftlichen Vorteil hinausgeht.[90]

107 Bei der Lizenzierung professioneller Softwarepakete wird häufig vereinbart, dass die Software nur mit einer bestimmten Höchstgeschwindigkeit ausgeführt werden darf. Verbreitet dient die Einheit **MIPS** („Millionen Instruktionen pro Sekunde") zur näheren Bestimmung der zulässigen Ablaufgeschwindigkeit. Entweder enthält die Software selbst eine Geschwindigkeitsbeschränkung oder – was technisch einfacher zu realisieren ist – es wird die Vorgabe gemacht, dass der die Software ausführende Rechner ein bestimmtes Geschwindigkeitspotential nicht überschreiten darf.[91]

108 Unabhängig von der standardisierten Berechnung der Lizenzgebühr anhand der tatsächlichen oder erlaubten Nutzung können sich noch Variationen bei der Ermittlung der für die Berechnung erforderlichen Tatsachenlage ergeben. Im Fall der Vereinbarung **individueller**

---

[86] *Schneider* J Rn. 66 f.
[87] Kilian/Heussen/*Harte-Bavendamm/Wiebe* Teil 5 A V Rn. 54/56 nennen hierzu als Beispiel kurze Zwischenspeicherungen wie Caching.
[88] BGH Urt. v. 29.4.2010 – I ZR 69/08, GRUR 2010, 628 (629 f.) – Vorschaubilder.
[89] BGH Beschl. v. 16.5.2013 – I ZR 46/12, GRUR Int 2013, 826 (829) – Framing; *Wandtke/von Gerlach*, GRUR 2013, 676.
[90] Leupold/Glossner/*Leupold/Wiebe* Teil 3 Rn. 217; EuGH Urt. v. 4.10.2011 – verb. Rs. C-403/08 Football Association Premier League Ltd. ua und C-429/08 – Murphy, MMR 2011, 817 (823), → Rn. 174.
[91] *Schneider* J Rn. 67.

IV. Standard-Lizenzformen

Abrechnungsmodi ermittelt ein Lizenznehmer zunächst genau, auf wie vielen Rechnern, für wie lange und mit welcher Intensität er die Software nutzen möchte. Dann präsentiert er dem Lizenzgeber dieses Anforderungsprofil und verhandelt über Struktur und Höhe der Lizenzgebühr. Dabei sind individualvertraglich und schuldrechtlich fast alle technisch greifbaren Abrechnungsmodi denkbar, allerdings erneut mit der Einschränkung, dass diese nur dann dingliche Wirkung entfalten, wenn eine **eigenständige Nutzungsart** vorliegt. Die fehlende dingliche Wirkung der Vereinbarung solcher Abrechnungsmodi wird jedoch in der Praxis durch Anbieter hingenommen, wenn beispielsweise zwar Standardsoftware geliefert wird, diese aber so angepasst und in ein Gesamtsystem integriert wird, dass eigentlich eine Weiterveräußerung durch den Lizenznehmer kaum in Betracht kommt.

Im Hinblick auf die vertragstypologische Einordnung sind jedoch die meisten der im Markt verfügbaren Modelle nicht kaufrechtlich zu bewerten,[92] da in der Regel weder eine dauerhafte Überlassung noch eine Einmalvergütung vereinbart wird. So erfolgt beispielsweise für Software, die bei Managed Print Services eingesetzt wird, eine Abrechnung der Lizenzgebühr pro Druckseite.[93] Ähnlich sind die Abrechnungsmodelle bei echten ASP Anwendungen, SAAS (Software as a Service) und CloudComputing[94] einzuordnen, nämlich als mietrechtliche Überlassung.[95]

Ein Modell der Abrechnung nach **Durchschnittswerten** sieht vor, dass der Lizenznehmer die Software nach Belieben auf seinen Rechnern installiert und deinstalliert. Zur Vereinfachung der Verwaltung muss er nicht jeden solchen Vorgang an den Lizenzgeber melden und gegebenenfalls Zusatzlizenzen erwerben. Stattdessen überwacht ein voll automatisiertes Programm über das Netzwerk ständig, welche Software auf wie vielen Rechnern installiert ist und speichert diese Information für jeden Überwachungszeitpunkt. Auf diese Weise kann für jeden Zeitraum ein Durchschnittswert der Softwareinstallationen errechnet werden, der dann der Berechnung der Lizenzgebühren zugrunde liegt. Hier liegt jedoch nur so lange ein Kauf der Software vor, solange die so ermittelten Lizenzen jeweils auch dauerhaft erworben werden.

Denn die Ermittlung von Durchschnittswerten in der Form des **Software Metering**[96] ist für die Berechnung der Vergütung in Abhängigkeit von der tatsächlich erfolgten Nutzung des Programms gebräuchlich, wobei üblicherweise keine dauerhafte Lizenzierung erfolgt. Das Modell eines bei Ablieferung der Software zu entrichtenden Einmalentgelts kommt hier nicht zur Anwendung, sondern üblicherweise eine nach Zeiträumen berechnete Vergütung, so dass kein Kauf vorliegt. Gleiches gilt für so genannte **On-Demand Lizenzen,** bei welchen zeitlich befristet Lizenzen zur Nutzung erworben werden.

3. Verwendungszweck-bezogene Lizenzformen

Die Einschränkung nach dem **Verwendungszweck** erfolgt üblicherweise mit dem Ziel, den Betrieb der Software für einen Dritten, der nicht der Käufer oder ein verbundenes Unternehmen ist, zu verhindern. Damit soll der Betrieb zum Beispiel als ASP Lizenz verhindert werden, oder die entgeltliche[97] oder unentgeltliche Gebrauchsüberlassung an Dritte. Wäre dem Erwerber dies gestattet würde der Verkäufer die kaufmännische Möglichkeit verlieren, dem jeweiligen Dritten seinerseits ein Vervielfältigungsstück der Software zu verkaufen.

a) Konzernlizenz. Die Konzernlizenz oder auch die **Standortlizenz** ist eine Lizenz, deren Einsatzmöglichkeit auf einen Konzern oder Standort beschränkt wird. Dies kann beispielsweise dadurch erfolgen, dass die Lizenz gestattet, dass alle Mitarbeiter eines Konzerns oder lokalen Standortes die Software nutzen können, egal wie sich diese Zahl entwickelt. Bei dieser Ausprägung handelt es sich um eine Form der Mehrfachlizenz.

---

[92] *Schneider* C Rn. 219 f.
[93] Eine kaufrechtliche Einordnung dürfte jedoch möglich sein, wenn die Zahl der durchschnittlichen Druckseiten nur die Höhe der zu zahlenden Einmalgebühr bestimmt und die Software dauerhaft überlassen wird.
[94] *Bierekoven* ITRB 2010, 42 (43).
[95] → § 13 Softwareüberlassung auf Zeit Rn. 30 ff.
[96] *Schneider* C Rn. 212.
[97] Hier tritt nach § 69c Nr. 3 UrhG schon keine Erschöpfungswirkung ein.

Formulierungsvorschlag:

114 Der Lizenznehmer kann die Software in allen Unternehmen einsetzen, die mit ihm im Sinne der §§ 15 ff. AktG verbunden sind („Konzernunternehmen'). Dies schließt das Recht ein, dass alle Mitarbeiter der Konzernunternehmen ohne Beschränkung ihrer Zahl, die Software nutzen können. Erhöht sich diese Zahl aber um x % / Anzahl Mitarbeiter eines nach Einräumung der Nutzungsrechte in den Konzern aufgenommenen Unternehmens, so hat der Lizenznehmer für jedes dieser Unternehmen eine weitere Standortlizenz zu erwerben.

115 Darüber hinaus gibt es solche Konzernklauseln, die den Verwendungszweck der Software auf konzerninterne Nutzungshandlungen beschränken. Bei diesen Regelungen tritt neben die Zahl der eventuellen Nutzer noch eine **Zweckbeschränkung**, die die Verwendbarkeit der Software einschränkt bzw. zum Beispiel für das Outsourcing ausschließt.

Formulierungsvorschlag:

116 Der Käufer darf die Software nur zu dem Zweck einsetzen, seine internen Geschäftsvorfälle und die von solchen Unternehmen abzuwickeln, die mit ihm im Sinne des § 15 AktG verbunden sind („Konzernunternehmen'). Insbesondere [......] die Nutzung der Software zur Schulung von Personen, die nicht Mitarbeiter des Käufers oder seiner Konzernunternehmen sind, ist nur nach vorheriger schriftlicher Zustimmung des Verkäufers erlaubt. Die gewerbliche Weitervermietung ist generell untersagt.[98]

117 Bei einer solchen Zweckbestimmung der Nutzung ist für die Frage der dinglichen Wirksamkeit erneut darauf abzustellen, ob eine eigene Nutzungsart vorliegt, was für die Bestandteile der vorstehenden Klausel strittig ist.[99]

118 Etwas anderes kann sich ergeben, schränkt man mit einer solchen Klausel nur das Recht zur öffentlichen Wiedergabe/öffentlichen Zugänglichmachung[100] der Software ein, denn eine solche Einschränkung kann grundsätzlich wirksam vereinbart werden.[101]

119 b) **OEM Lizenz.** Die als OEM[102] Lizenz bezeichneten Lizenzen haben eine Verbindung von Hardware und Software als Grundlage und verbieten üblicherweise die **Weitergabe der Software ohne die Hardware.** Solche Regelungen wirken jedoch nur schuldrechtlich zwischen den Parteien eines solchen OEM Vertrages und die schuldrechtliche Wirkung verliert sich, sobald die Vervielfältigungsstücke der Software an einen Dritten weitervertrieben werden.[103] Der BGH[104] hält solche OEM Klauseln dinglich für unwirksam, da sich die nach § 32 UrhG zulässige dingliche Beschränkung des Nutzungsrechts nicht in der Weise auswirkt, dass der Berechtigte nach dem mit seiner Zustimmung erfolgten Inverkehrbringen auch alle weiteren Verbreitungsakte daraufhin überprüfen könnte, ob sie mit der ursprünglichen Begrenzung des Nutzungsrechts im Einklang stehen oder nicht.

120 Nach dem Erschöpfungsgrundsatz hängt der urheberrechtliche Verbrauch des Verbreitungsrechts allein davon ab, ob der Rechtsinhaber dem ersten Inverkehrbringen durch Veräußerung zugestimmt hat, wobei sich die Zustimmung nicht auf die **Art und Weise** der weiteren Nutzung erstrecken muss. Denn bereits mit der (ersten) durch ihn oder mit seiner Zustimmung erfolgten Veräußerung gibt der Rechtsinhaber die Herrschaft über das Verviel-

---

[98] Redeker/*Brandi-Dohrn*, Handbuch der IT-Verträge, Teil 1.2 § 2 Ziffer 2.
[99] Redeker/*Brandi-Dohrn*, Handbuch der IT-Verträge, Teil 1.2 Rn. 63 ff.; *Schneider* C Rn. 225 ff.
[100] §§ 69a Abs. 4, 15 Abs. 2 und 3 UrhG.
[101] Wandtke/Bullinger/*Grützmacher* § 69c Rn. 65 f.
[102] Original-Equipment-Manufacturer (abgekürzt OEM, englisch für Originalausrüstungshersteller).
[103] *Schneider* C Rn. 264.
[104] BGH Urt. v. 6.7.2000 – I ZR 244/97, BGHZ 145, 7 = NJW 2000, 3571 = MDR 2001, 465 = GRUR 2001, 153 = WM 2001, 323.

fältigungsstück auf. Es wird damit für jede Weiterverbreitung frei.[105] Könnte der Rechtsinhaber, wenn er das Vervielfältigungsstück verkauft oder seine Zustimmung zur Veräußerung gegeben hat, noch in den weiteren Vertrieb des Vervielfältigungsstücks eingreifen, ihn untersagen oder von Bedingungen abhängig machen, so wäre dadurch der freie Warenverkehr in unerträglicher Weise behindert.[106]

Die Möglichkeit, ein Nutzungsrecht nach § 32 UrhG räumlich, zeitlich oder inhaltlich beschränkt einzuräumen, führt jedoch nicht zu einer entsprechenden Einschränkung der Erschöpfung in der Weise, dass der Berechtigte – ist das Werkstück erst einmal durch ihn oder mit seiner Zustimmung durch Veräußerung in Verkehr gesetzt worden – auf den weiteren Absatzweg Einfluss nehmen könnte.

c) **Update-Versionen.** Diese Erwägungen gelten auch für so genannte **Update Versionen**,[107] wenn und soweit sich die Update Version technisch nicht von der Normalversion unterscheidet, sondern sich nur in Verpackung oder Vertriebsweg unterscheidet. Anders wäre dies zu sehen, wenn sich Vollversion und Update-Version auch technisch unterscheiden.

d) **Funktionsbezogene Lizenzen.** Gleiche Maßstäbe sind auch an die so genannten **Run-Time Lizenzen**[108] oder **Entwickler Lizenzen** anzulegen. Hier ist aber – anders als bei den OEM Lizenzen – davon auszugehen, dass technische Unterschiede zu den Standardlizenzen bestehen. Beide Lizenzformen implizieren auch technische Abweichungen, denn das Systemhaus und der Entwickler sollen ja gerade in die Lage versetzt werden, die Software in andere Softwareumgebungen zu integrieren und somit sind technisch andere Voraussetzungen nötig, als zum Beispiel bei Endbenutzerversionen.

Bei Lizenzen mit besonderem **funktionsbezogenem Umfang** der Lizenz, wie zum Beispiel bei Demo- und Testversionen,[109] ist dann von einer eigenständigen Nutzungsart auszugehen, wenn sie sich technisch von der Standardsoftware unterscheiden. Dies ist beispielsweise bei Testversionen mit in der Software codierten Zeit- und/oder Funktionsbeschränkungen in der Regel der Fall. Bei anderen Lizenzformen, die funktionsbezogene Bezeichnungen[110] tragen, sind jeweils der technische Prüfansatz im Rahmen der Frage des Vorliegens einer eigenständigen Nutzungsart anzulegen sowie individuelle Besonderheiten zu berücksichtigen.

V. Besondere Lizenzformen

Anders als bei den soeben vorgestellten Standard-Lizenzformen sind die hier aufgeführten Sonderformen der Softwareüberlassung dadurch gekennzeichnet, dass die Überlassung einer Softwarekopie **unmittelbar kostenlos** geschieht (Shareware, Freeware, Open Source) bzw. **überhaupt keine Überlassung** stattfindet (echtes ASP) und im Rahmen der Überlassung dem Anwender weitere Rechte, wie zum Beispiel Bearbeitungsrechte eingeräumt werden.

1. Begriffe

Im Zusammenhang mit den besonderen Lizenzformen der Softwareüberlassung sind zunächst die jeweils Begriffe zu erläutern, die von den Anwendern verwendet werden und nicht immer auch eine juristische Begriffsentsprechung haben.

Der Begriff „**proprietäre Software**" wird üblicherweise als Gegensatz zu dem Begriff „freie Software", Open Source Software, OSS (nicht zu verwechseln mit „Freeware"!) verwendet, wobei der Begriff „proprietär" den Zustand der Software beschreibt, bei dem ein Individuum oder eine Firma die exklusiven Rechte an einer Software hält und anderen

---

[105] BGH Urt. v. 27.2.1981 – I ZR 186/78, BGHZ 80, 101 (106) – Schallplattenimport I; BGH Urt. v. 6.3.1986 – I ZR 208/83, GRUR 1986, 736 f. – Schallplattenvermietung.
[106] RG Urt. v. 16.6.1906 – I 5/06, RGZ 63, 394 (397) – Koenigs Kursbuch.
[107] Wandtke/Bullinger/*Grützmacher* § 69c Rn. 87.
[108] *Schneider* J Rn. 53.
[109] Wandtke/Bullinger/*Grützmacher* § 69c Rn. 88.
[110] ZB Schulversionen, Business/Professional Versionen.

gleichzeitig Zugang zum Quellcode, das Recht die Software zu kopieren, zu verändern, weiterzugeben oder zu studieren verbietet.[111]

128 Unter **Quellcode** oder auch Source-Code versteht man den für Menschen lesbaren Text eines Computerprogramms, der in einer Programmiersprache geschrieben ist. Abstrakt betrachtet kann man den Quellcode oder Quelltext eines Computerprogramms auch als Software-Dokument bezeichnen, welches das Programm so formal exakt und umfassend beschreibt, dass dieses aus ihm vollständig automatisch vom Computer generiert werden kann.[112]

129 *Marly*[113] gibt folgende Übersicht über Sonderformen der Softwareüberlassung:

	Freeware	Public Domain Software	Shareware	Open Source Software (GPL)
Unentgeltlichkeit	ja	ja	nur in der Testphase	nicht zwingend
Proprietäre Software	ja	nein	ja	nein
Quellcode verfügbar	nein	nicht zwingend	nein	ja
Weiterverbreitung der unveränderten Software	ja	ja	ja	ja
Programmänderungen[114] erlaubt	grundsätzlich nicht	ja	nein	ja
Weiterverbreitung der geänderten Software	nein	ja	nein	ja
Einschränkungen der Nutzung[115]	ja, teilweise	nein	ja	nein
Verbindung mit proprietärer Software	nein	ja	nein	nein

2. Shareware

130 Dem herkömmlichen Softwarevertrieb am nächsten kommt Shareware. Hier wird eine besondere Softwareversion, die meist nur über einen eingeschränkten Funktionsumfang verfügt oder die Arbeit des Benutzers durch Zahlungsaufforderungen behindert, zunächst kostenlos verfügbar gemacht. Diese Testversion darf auch beliebig weiterverbreitet werden (daher: „Share"). Gegen die Entrichtung einer Lizenzgebühr erhält man dann die „Vollversion", die uneingeschränkt benutzbar ist, sowie häufig zusätzlich ein gedrucktes Handbuch.

131 Dieses Prinzip beruht auf der Überlegung, dass dem jeweiligen Softwareanwender zunächst ein angemessener Zeitraum zum **kostenlosen Test der Software** zur Verfügung gestellt werden soll, damit dieser endgültig entscheiden kann, ob die Software für den von ihm vorgesehenen Zweck tatsächlich auch nutzbar ist. Ist dies der Fall, wird davon ausgegangen, dass der Nutzer freiwillig die für den Erwerb der Vollversion notwendige Zahlung leistet, um in den Genuss des vollen Funktionsumfanges zu kommen.

132 Das Sharewaremodell war zunächst hauptsächlich über den Versandhandel mit Disketten ausgerichtet. In der Zwischenzeit ist Shareware einerseits häufig über so genannte „Shareware CD-ROMs" bzw. durch Downloads aus dem Internet zu erhalten. Gerade der Download aus dem Internet hat dem Sharewareprinzip eine Renaissance beschert, denn Softwarehersteller können über diesen Weg Software vertreiben ohne ein großes, eigenes Vertriebsnetz zu unterhalten. Für Softwareanwender ist dies wiederum eine gute und häufig auch günstige Möglichkeit, Software zunächst zu testen und dann nach Zahlung des Ent-

---

[111] http://de.wikipedia.org/wiki/Proprietäre_Software.
[112] → § 1 (Technische Grundlagen) Rn. 2 ff., 34 ff.; *Ulmer/Hoppen* CR 2008, 681.
[113] *Marly* Rn. 402.
[114] Änderung der Software selbst unter Verwendung des Quellcodes.
[115] Nur beschränkte Nutzung der Software, also beispielsweise das Verbot der kommerziellen Nutzung.

geltes für die Vollversion meistens durch die einfache Eingabe eines Lizenzschlüssels als Vollversion frei zu schalten.

Marly[116] beschreibt das Sharewarekonzept wie folgt: „User supported Software (Shareware) ist ein Mittel für die computerbenutzende Gemeinschaft, Qualitätssoftware zu erhalten und die Softwarehersteller direkt zu unterstützen. Das Konzept beruht auf folgenden Überlegungen:

- „Der Wert und die Nützlichkeit von Software kann am besten vom Anwender auf seinem eigenen System beurteilt werden. Nur wenn man ein Programm benutzt hat, kann man wirklich entscheiden, ob es den persönlichen Anwendungen, Notwendigkeiten und Vorlieben entspricht.
- Die Entwicklung von Software für Personalcomputer, die unabhängig von dem Marketingüberlegungen der großen Softwarehäuser ist, kann und sollte von der computerbenutzenden Gemeinschaft unterstützt werden.
- Zum Kopieren der Programme sollte ermutigt werden, anstatt es zu verbieten. Die Leichtigkeit, mit der Software außerhalb traditioneller, kommerzieller Kanäle verbreitet werden kann, zeigt eher die Stärke als die Schwäche elektronischer Information."[117]

Streitig ist bei dem Vertriebskonzept der Shareware jedoch die vertragstypologische Einordnung. *Hoeren*[118] vertritt die Auffassung, dass der Erwerb von Shareware **Kauf auf Probe zu Gunsten Dritter** gemäß § 454 Abs. 1 S. 1 iVm § 328 Abs. 1 BGB sei. Grundlage dieser Auffassung ist, dass sich der Anwender erst registrieren lasse und ein Entgelt zahle, wenn ihm das Programm nach entsprechendem Test gefällt. Damit ist nach *Hoeren* dem Erwerber eine ungebundene Entscheidung über die Billigung des Vertragsobjekts eingeräumt, was dem Typus eines Kaufes auf Probe entspreche.

Soweit der Erwerb einer Sharewaresoftware zunächst von einem Händler, beispielsweise im Rahmen des Kaufes einer Shareware-CD, erfolgt, fallen Vertragsverhältnisse zwischen Anwender und Händler sowie die spätere Zahlungspflicht gegenüber dem Programmautor auseinander. Das Vertragsverhältnis zwischen Anwender und Händler sei daher ein Vertrag zu Gunsten Dritter. Den Vertragsparteien ginge es darum, den Zahlungsweg zu Gunsten des Programmautors zu verkürzen, weshalb diesem der für den Fall der Billigung festgelegte Zahlungsanspruch direkt eingeräumt werde.[119]

Problematisch sei nach *Hoeren* jedoch der Fall, bei dem der Händler den Anwender nicht auf die Sharewareeigenschaft der Software hinweist und der Anwender daher davon ausgeht, Freeware zu erhalten. In diesen Fällen läge ein einfacher Kaufvertrag vor.

Problemtisch ist diese Rechtsauffassung aus Sicht von *Marly*[120] deshalb, weil dadurch unnötige juristische Hürden aufgestellt werden, die die Effizienz des Sharewaresystems einschränken. Bei der bei Shareware ja ausdrücklich erwünschten Weitergabe im Bekannten-, Freundes- oder Kollegenkreis liegt kein entsprechender Rechtsbindungswille der Parteien vor und damit führt die Einordnung nach Hoeren dazu, dass der Programmautor in diesen Fällen mangels vertraglichem Anknüpfungspunkt nie einen Vergütungsanspruch gegenüber den Anwendern erwerben würde.

Marly[121] schlägt dagegen vor, die jeweiligen rechtlichen und tatsächlichen **Vorgänge** beim Vertrieb von Shareware **zu trennen**. Dazu sieht er zunächst einen Vertrag zwischen dem Verkäufer der Shareware CD-Rom und dem Erwerber, der als Kaufvertrag zu qualifizieren ist, da der Sharewarehändler neben anderen Leistungen die Übergabe einer Programmkopie schulde.[122] Das zwischen Programmautor und Anwender bestehende Rechtsverhältnis ordnet *Marly* dagegen nicht als Kaufvertrag ein, sondern als Vertrag über die Einräumung eines urheberrechtlichen Nutzungsrechtes. Nach *Marly* benötigt der Erwerber ein Vervielfältigungsrecht gemäß § 69c Nr. 1 UrhG, da jedes Laden des Programmes in den Arbeitsspeicher

---

[116] Marly Rn. 370.
[117] So auch OLG Köln Urt. v. 12.7.1996 – 6 U 136/95, CR 1996, 723 (725 f.).
[118] Hoeren Rn. 454.
[119] Marly Rn. 377.
[120] Marly Rn. 379.
[121] Marly Rn. 88.
[122] Im Ergebnis so auch BGH Urt. v. 24.6.1999 – I ZR 51/97, CR 1999, 687.

nach seiner Auffassung eine urheberrechtsrelevante Vervielfältigung darstelle. Entscheidet sich der Anwender, die Shareware als Vollversion zu nutzen, nimmt er das vom Programmautor an die Allgemeinheit gerichtete Angebot an, ein über reine Testläufe hinausgehendes Nutzungsrecht zu erwerben.

139 Damit sich der Programmautor nicht einer übermäßig langen „Testphase", die bei Shareware an sich ja zunächst gewünscht ist, ausgesetzt wird und damit eventuell jede Möglichkeit verliert, ein angemessenes Entgelt vom Softwarenutzer zu erhalten, ist es nach *Marly*[123] angemessen, softwaretechnische Einschränkungen vorzunehmen, die einen solchen Missbrauch verhindern helfen. Als Beispiel für solche Einschränkungen sind Wartezeiten beim Programmstart bzw. Einschränkungen, die nur eine begrenzte Zahl von Programmaufrufungen zulassen. Nach *Marly* seien derartige Einschränkungen weder urheberechtlich noch vertragsrechtlich zu beanstanden, denn es obliegt dem Programmautor, die Reichweite seiner gegenüber der Allgemeinheit erklärten Einräumung eines Nutzungsrechts zu bestimmen und vor der Registrierung schulde der Programmautor schuldrechtlich diese Nutzungsrechtseinräumung mangels Vertrages noch nicht.

3. Freeware, Public Domain Software

140 Im Gegensatz zur Shareware handelt es sich bei **Freeware** um Software, die grundsätzlich von jedermann unentgeltlich genutzt und unverändert weitergegeben werden darf. Darf die Software nicht nur unentgeltlich verwendet werden, sondern stellt diese auch noch eine nicht proprietäre Software dar, wird diese als „**Public Domain Software**"[124] bezeichnet.

141 Die Gründe, eine Software als Freeware zu vertreiben, sind unterschiedlich. Ein Aspekt ist, dass beim Freewaremodell die Weitergabe der unveränderten Software zulässig ist. Dadurch wird dem Softwareurheber eine einfache Möglichkeit des Softwarevertriebs eröffnet, die durch die Unentgeltlichkeit der Nutzugsmöglichkeit noch verstärkt wird. Häufig wurde die Freigabe als Freeware gewählt, um mittels dieses Marketinginstruments für ein Unternehmen zu zeigen, wie gut die eigenen Programme sind.

142 Ausgangspunkt für den Vertrieb von Software als „Public Domain" war die Entwicklung von Computersoftware, die mittels US-Amerikanischer Steuergelder finanziert wurden und bei denen die Auflage bestand, die Software unentgeltlich und offen für jedermann zugänglich zu machen.[125]

143 Da der Freeware-Hersteller im Gegensatz zur Situation bei Shareware kein Entgelt für die Überlassung der Software an den Anwender erwartet, entfällt hier insoweit die oben geschilderte Problematik und Grundlage für die Entgeltzahlung vom Anwender an den Programmautor. Da auch Freeware häufig auf CD-ROM Sammlungen enthalten ist, für die der jeweilige Hersteller der Sammlung ein Entgelt fordert, ist davon auszugehen, dass diese Verträge über den Erwerb des Datenträgers als Kaufverträge einzuordnen sind. Erfolgt die Übertragung der Freeware/Public Domain Software sowie des Datenträgers unentgeltlich, ist dagegen insgesamt von einer **Schenkung** auszugehen.

144 Diese Frage ist insoweit von Bedeutung, als Freeware in dem Ruf steht, häufig durch Viren verseucht zu sein. Da der Anwender das Interesse hat, möglichst virenfreie Software zu erhalten,[126] ist sowohl bei Kauf (bei Entgelt für den Datenträger) wie auch Schenkung davon auszugehen,[127] dass eine Prüfungspflicht des Händlers bzw. Vertreibers der Freeware besteht, ob die Freeware Viren enthält. Diese Auffassung leuchtet insbesondere deshalb ein, da es mit den heutigen technischen Möglichkeiten relativ einfach ist, zumindest grundlegende Virentests durchzuführen, bevor Freeware betrieben wird.

145 Auch wenn Freeware eine kostenlose Software darstellt, die von den Nutzern weitergegeben werden darf, unterscheidet sich diese jedoch dadurch von Open Source Software, dass üblicherweise der Quellcode der Freeware nicht frei verfügbar ist.

---

[123] *Marly* Rn. 392.
[124] OLG Stuttgart Urt. v. 22.12.1993 – 4 U 223/93, CR 1994, 743.
[125] *Boyle* 46 ff.
[126] *Schneider* J Rn. 23.
[127] *Marly* Rn. 252.

4. Grundlagen der Open Source Software[128]

Der Begriff Open Source Software (deutsch: „freie Software") steht für Computerprogramme, die zumindest auch kostenlos erworben werden können, deren Nutzung aber gewissen lizenzbedingten Einschränkungen unterliegt. Open Source Software ist insoweit keine Freeware, weil neben der Kostenfreiheit bei Open Source Software auch die Verfügbarkeit und Weiterverwendbarkeit des Quellcodes gewährleistet wird. Es handelt sich aus diesem Grund auch nicht um Shareware, weil man unter letzterem kommerzielle, nicht quelloffene Software versteht, die allerdings vor dem Erwerb kostenlos getestet werden kann.

Open Source Software ist dabei wie jede andere Software, die vom schöpferischen Gehalt her „eigene geistige Schöpfungen" (§ 69a Abs. 3 S. 1 UrhG) darstellt, als Computerprogramm (§ 2 Abs. 1 Nr. 1 UrhG) urheberrechtlich geschützt. Anders als unter Umständen bei Freeware wollen die Entwickler keinen Verzicht auf ihre Urheberrechte. Dies gilt unabhängig davon, dass ein solcher Verzicht im deutschen, dem Prinzip des Monismus folgenden Recht grundsätzlich nicht zulässig ist (vergleiche § 8 Abs. 4 UrhG).

Da Open Source Software urheberrechtlich geschützt ist, bedürfen Nutzer eines Nutzungsrechtes, das bei Open Source Software normaler Weise als Lizenz bezeichnet wird. Diese Lizenz erhält der Nutzer aufgrund von Lizenzverträgen, die sich von jenen beim Vertrieb kommerzieller Software verwendeten nicht Grundlegend unterscheiden.

Für die vertragstypologische Einordnung werden folgende Erwägungen herangezogen:[129]
- Es wird keine Lizenzgebühr verlangt (spricht gegen Kauf, Miete).
- Es ist keine Rückgabe gefordert (spricht gegen Leihe).
- Unter bestimmten Bedingungen müssen eigene Leistungen preisgegeben werden (wird als Auflage einer Schenkung angesehen).

Es wird daher eine Einordnung als Schenkung vorgenommen.[130] Diese lässt zum Beispiel vergleichsweise weit gehende Haftungsausschlüsse zu (vgl. §§ 521, 523 Abs. 1 BGB), wie sie ja auch in vielen Open Source Lizenzbedingungen enthalten sind. Die fehlende Einhaltung der Form wird regelmäßig durch die Handschenkung im Sinne von § 518 Abs. 2 BGB geheilt.

5. Grenzbereich zum Mietrecht

Beim Application Service Providing (**Rechenzentrumsbetrieb**) ist die Software ausschließlich auf den Rechnern des Anbieters installiert. Der oder die Anwender nutzen die Software an entfernten Orten über Terminals oder über so genannte Web-Oberflächen. Wirtschaftlicher Hintergrund ist die Ersparnis von Kosten für Betrieb, Wartung, Pflege, Support und für die Installation von Upgrades. Außerdem genügen für den Terminalbetrieb vergleichsweise leistungsschwache Rechner am Arbeitsplatz bzw. die Anwendung kann von jedem beliebigen Computer aus genutzt werden.

Beim „**echten ASP" aus Sicht des Anwenders,** bei dem der Anwender die Software an entfernten Orten über Terminals oder über Web-Oberflächen nutzt, erwirbt der Anwender kein Nutzungsrecht an einem Vervielfältigungsstück der Software und es wird ihm die Software weder in körperlicher noch in unkörperlicher Form übergeben.[131]

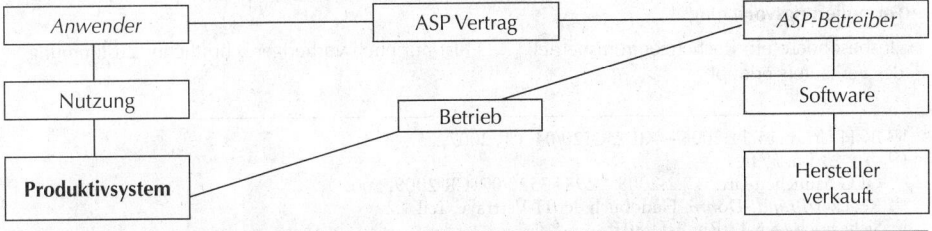

---
[128] Weitergehende Ausführungen zu Open Source Software in → § 9 Open Source und Open Content.
[129] *Schneider* J Rn. 24; *Spindler* K&R 2004, 528; *Grützmacher* ITRB 2006, 108.
[130] Hoeren/Sieber/Holznagel/*Koch* 26.1, Rn. 40 ff.
[131] *Grützmacher* ITRB 2001, 59.

153 Häufig wird bei dieser Form des ASP die Nutzung der Software durch den Anwender zeitlich beschränkt und gegen Entgelt auf Grundlage von Nutzungsdauer/Laufzeit überlassen. Es liegt deshalb kein Fall einer Softwareüberlassung vor. Vielmehr kommt aufgrund der zeitlichen Beschränkung der Nutzung und des laufenden Entgeltes Miete in Betracht. So formuliert der BGH[132] für das „echte ASP": „Auf den ASP-Vertrag, bei dem als typische Leistung die Gewährung der Online-Nutzung von Software für eine begrenzte Zeit im Mittelpunkt der vertraglichen Pflichten steht, ist **Mietvertragsrecht** anzuwenden."[133] Der Betreiber des Rechenzentrums hingegen muss, will er einem Anwender Software als „**echtes ASP**" **aus Sicht des Anbieters** anbieten, die Software selbst erwerben, um sie auf seinen Servern einsetzen und damit seinen Kunden die Fernnutzung anbieten zu können.[134] Weil den Softwareherstellern durch den Rechenzentrumsbetrieb damit mögliche, direkte Einnahmen aus einer Lizenzierung an die Anwender entgehen, schließen sie diese Nutzungsform in den Überlassungsverträgen regelmäßig aus,

> **Formulierungsvorschlag:**
>
> 154 Insbesondere [......] das vorübergehende [oder dauerhafte] Zur-Verfügung-Stellen der Software (zB als Application Software Providing) für andere als Konzernunternehmen [......] ist nur nach vorheriger Zustimmung des Verkäufers erlaubt.[135]

bzw. lassen sich den Wegfall eines Ausschlusses angemessen vergüten:

> **Formulierungsvorschlag:**
>
> 155 Das Zur-Verfügung-Stellen der Software zB als Application Software Providing zur Nutzung durch Dritte ist dem Lizenznehmer ausdrücklich gestattet. Für diese Nutzung zahlt der Lizenznehmer ein erhöhtes Einmalentgelt in Höhe von ....

156 Ist dagegen in einem solchen Lizenzvertrag, in der die Nutzungsüberlassung an Dritte ausdrücklich gestattet wird, ein **laufendes Entgelt** vereinbart, liegt keine Überlassung gegen Einmalentgelt vor und es muss bei der Vertragstypeneinordnung geprüft werden, ob noch ein Kauf der Software vorliegt.[136]

157 Ähnlich wie das echte ASP ist grundsätzlich auch die Dienstleistung des **Software as a Service „SaaS"** einzuordnen.[137] Auch hier wird dem Nutzer die Software über Datenleitungen[138] zur Verfügung gestellt und der Anbieter muss die Software mit ausreichenden Rechten erwerben, um diese Nutzungsart für den Nutzer anbieten zu können.[139]

158 „**Unechtes ASP**" liegt vor, wenn der Anwender selbst die Software zunächst erwirbt und im Anschluss daran sie dem Rechenzentrumsbetreiber überlässt, um sie schließlich im Rechenzentrumsbetrieb für sich selbst nutzen zu können.

> **Formulierungsvorschlag:**
>
> 159 „Insbesondere ein Rechenzentrumsbetrieb [......] ist nur nach vorheriger schriftlicher Zustimmung des Verkäufers erlaubt."[140]

---

[132] BGH Urt. v. 15.11.2006 – XII ZR 120/04, CR 2007, 75.
[133] → § 13 Rn. 57 ff.
[134] OLG München Urt. v. 7.2.2008 – 29 U 3520/07, CR 2009, 500.
[135] Redeker/*Brandi-Dohrn*, Handbuch der IT-Verträge, Teil 1.2.
[136] Siehe auch → § 13 Rn. 9 ff., 80 ff.
[137] *Bierekoven* ITRB 2010, 42 (43).
[138] Ob über LAN, also lokal, oder über Internet spielt für die Bewertung keine Rolle.
[139] *Bierekoven* ITRB 2010, 42 (44).
[140] Redeker/*Brandi-Dohrn*, Handbuch der IT-Verträge, Teil 1.2.

160 In diesem Falle spricht man von **unechtem ASP**, da der Anwender ja zunächst die Software selbst erwirbt und sie dann nur durch einen Dritten ablaufen lässt. Diese Fälle entsprechen den klassischen Rechenzentrumsbetriebsfällen, wie sie zum Beispiel im SAP Umfeld im Rahmen des Betriebs von Backup Systemen durchaus häufig vorkommen. In diesem Beispiel erwirbt der Anwender die Software einerseits zum Betrieb des Produktivsystems, andererseits zur Einrichtung des Backupsystems. Das Backupsystem hält der Anwender aber nicht selbst vor, sondern lässt den Betrieb durch einen Rechenzentrumsbetreiber vornehmen.

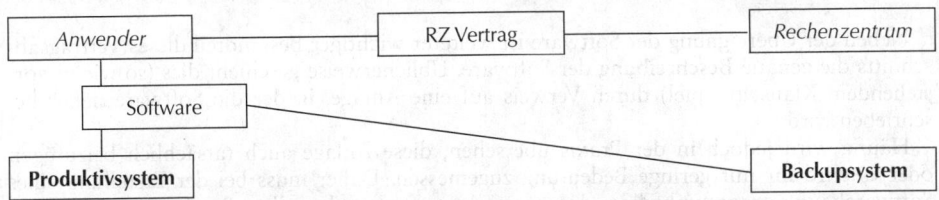

161 Bei diesem Fall liegt – soweit der Erwerb der Software für den Backupbetrieb durch den Anwender auf Dauer und gegen **Einmalentgelt** erfolgt – Kauf der Software vor, die dann an den Rechenzentrumsbetreiber überlassen wird. Dieser Vertrag zwischen Anwender und Rechenzentrumsbetreiber ist unabhängig vom ersten Erwerbsvertrag über die Software.

162 Eine „Weiterentwicklung" des ASP und des SaaS wird im **Cloud Computing** gesehen, das sich vom Grundprinzip her als Kombination von Grid Computing und Software as a Service darstellt.[141] In einer weitergehenden technischen Betrachtung werden im Cloud Computing bestehende und neue IT Konzepte wie Service Oriented Architecture, verteilte Datenverarbeitung, Grid Computing und Virtualisierung unter Nutzung von TK Netzen sowie ASP und SaaS Services vereint.[142] Aufgrund dieser Vielzahl von Leistungen, die jeweils im einzelnen Cloud Computing Angebot stark variieren, ist davon auszugehen, dass es sich vertragstypologisch bei der entgeltlichen Bereitstellung von Cloud-Diensten um typengemischte Verträge mit im Wesentlichem mietvertraglichem Charakter handelt.[143]

VI. Vertragsgestaltung

163 Dieser Abschnitt zeigt beispielhaft die **Struktur eines üblichen Softwarekaufvertrages** und erläutert jeweils aus vertragstypologischer Sicht[144] ergänzend die wichtigsten Abschnitte. Manche der häufig verwendeten Klauseln sind dabei nicht so sehr oder nicht allein deswegen problematisch, weil sie den Vertragspartner im Sinne des rechten Verhältnisses von Leistung und Gegenleistung benachteiligen. Vielmehr widersprechen sie in gewisser Weise der Auffassung, die der Gesetzgeber charakteristisch für einen Kaufvertrag ansah.

1. Vertragsgegenstand

164 Hauptleistungspflicht des Softwarelieferanten ist es, die vereinbarte Software so zu liefern, dass der Käufer in die Lage versetzt wird, die Software vertragsgemäß einzusetzen. Dabei lässt sich der Vertragsgegenstand – wie oben grundlegend dargestellt – in zwei Teile aufspalten. In die Einräumung der urheberrechtlichen **Nutzungsrechte und** in den BGB-orientierten Erwerb, der die **Übereignung einer Sache** zum Gegenstand hat.[145] Daher folgen viele Vertragsmuster dieser Aufspaltung und regeln zunächst den Erwerb der Software als „Sache" im Vertragsgegenstand und dann gesondert, die Übertragung der jeweils erforderlichen Nutzungsrechte unter „Nutzungsumfang" oder „Nutzungsrechte".

---

[141] *Schneider* C Rn. 208.
[142] *Schuster/Reichl* CR 2010, 38 (39 f.).
[143] *Pohle/Ammann* CR 2009, 273 (274 f.).
[144] Siehe zu den AGB-rechtlichen Fragen → § 16 Rn. 39 ff.
[145] *Schneider* J Rn. 115 f.

Formulierungsvorschlag:

165 Der Lizenznehmer erwirbt vom Lizenzgeber die in Anlage A näher bezeichnete Software einschließlich der hierin enthaltenen Datenbestände (nachfolgend die „Software"), sowie die zugehörige Anwendungsdokumentation (in gedruckter Form) gemäß Anlage A (nachfolgend „Dokumentation" genannt) in der dort bezeichneten Sprache (zusammen die „Software" genannt) unter den nachstehend vereinbarten Nutzungsbedingungen.

166 Neben der Übereignung der Software ist weiterer wichtiger Bestandteil dieses Vertragsabschnitts die genaue **Beschreibung** der Software. Üblicherweise geschieht dies (so wie in vorstehendem Klauselbeispiel) durch Verweis auf eine Anlage, in der die Software näher beschrieben wird.

167 Häufig wird jedoch in der Praxis übersehen, diese Anlage auch tatsächlich beizufügen oder es wird ihr nur geringe Bedeutung zugemessen. Daher muss bei der Erstellung eines Softwarekaufvertrages unbedingt darauf geachtet werden, dass diese Beschreibung der Software im nachfolgenden Vertrieb auch tatsächlich Bestandteil des Vertrages wird. An dieser Beschreibung des Vertragsgegenstandes muss sich die gelieferte Software messen lassen,[146] das heißt, die Beschreibung ist Maßstab für die Prüfung, ob die Software die **„vereinbarte Beschaffenheit"** im Sinne von § 434 Abs. 1 S. 1 BGB hat.

168 Wird eine solche **Beschreibung** der Software „vergessen" oder ist sie nicht als Beschreibung einer Beschaffenheit ausreichend, so kann dies im Rahmen der „Mängel-Hierarchie" des § 434 BGB[147] zur Folge haben, dass nicht mehr die vereinbarte Beschaffenheit, sondern die gesetzliche Regelung in § 434 Abs. 1 S. 2 BGB Maßstab für das Vorliegen eines Sachmangels ist. Danach ist die Software dann frei von Sachmängeln, wenn sie sich für die nach dem Vertrag vorausgesetzte Verwendung eignet, sonst wenn sie sich für die gewöhnliche Verwendung eignet und eine Beschaffenheit aufweist, die bei Sachen der gleichen Art üblich ist und die der Käufer nach der Art der Sache erwarten kann.

169 Dabei kann diese **„Erwartungshaltung** des Käufers" auch durch öffentliche Aussagen des Verkäufers oder des Herstellers in der Werbung oder bei der Kennzeichnung über bestimmte Eigenschaften der Sache bestimmt werden (§ 434 Abs. 1 Satz 3 BGB). Wird daher die Beschreibung der Software im Vertrag „vergessen" oder die Beschaffenheitsbeschreibung unzureichend vorgenommen, kann dies zur Folge haben, dass die häufig anzutreffenden Marketingaussagen von Softwareherstellern auf deren Websites als ergänzender Maßstab für das Vorliegen eines Softwaremangels verwendet werden.[148] Dies ist schon deshalb zu vermeiden, da normalerweise diese Marketingaussagen weit über das hinausgehen, was ein Hersteller als Beschaffenheitsangabe oder sogar zugesicherte Eigenschaft seiner Software sehen möchte. Dies gilt umso mehr, als dort häufig auch schon Funktionen beschrieben sind, die noch nicht oder nicht so in der Software umgesetzt sind.

170 Im Zusammenhang mit Beschreibungen der Beschaffenheit des Vertragsgegenstandes ist ergänzend darauf hinzuweisen, dass bei der Formulierung darauf geachtet werden muss, dass die jeweiligen vertraglichen Regelungen nicht als selbständige oder unselbständige **Garantie** ausgelegt werden können. Eine solche Auslegung kann immer dann zur Annahme einer Garantieerklärung führen, wenn die Regelung dafür spricht, dass der Verkäufer über die Sachmängelhaftung hinaus für einen bestimmten Erfolg einzutreten verspricht.[149]

171 Mindestumfang der Lieferung der Software ist dabei nicht nur die Software selbst, sondern auch die Überlassung der **Anwendungsdokumentation.** Sie ist vertragliche Hauptpflicht.[150] Diese Anwendungsdokumentation wird bei vielen Programmen elektronisch auf dem Datenträger selbst mit ausgeliefert. In diesen Fällen ist zB bei Verbrauchern als Erwer-

---

[146] *Redeker* CR 2005, 700 (702 f.).
[147] → § 10 Rn. 68 ff.
[148] → § 10 Rn. 68 ff.
[149] *Heussen* CR 2004, 1 (4 f.).
[150] BGH Urt. v. 20.2.2001 – X ZR 9/99, NJW 2001, 1718; OLG Karlsruhe Urt. v. 16.8.2002 – 1 U 250/01, CR 2003, 95.

VI. Vertragsgestaltung

ber oder bei besonders komplexer Software davon auszugehen, dass eine gedruckte Anwendungsdokumentation mitzuliefern ist, die jedenfalls die notwendigen Schritte der Installation und des Aufrufens der elektronischen Anwendungsdokumentation erläutert.

Bei der Lieferung von Standardsoftware besteht ein Anspruch auf Lieferung des **Quellcodes** der Software grundsätzlich nicht.[151] Insoweit wird allgemein davon ausgegangen, dass die Lieferung des Quellcodes in diesen Fällen nicht verkehrs- oder handelsüblich ist und im Zweifel nicht zum Leistungsumfang gehört.[152] Dies wird überwiegend damit begründet, dass gerade bei Standardsoftware der erhebliche wirtschaftliche Wert des Quellcodes mit der Bezahlung der Lizenzgebühr nicht abgegolten ist. Nach einer Ansicht des LG Köln[153] soll dagegen die Herausgabe des Quellcodes auch bei der Überlassung von Standardsoftware geschuldet sein, wenn ein Softwareüberlassungsvertrag ohne einen Pflegevertrag abgeschlossen wird, unabhängig davon, ob der Abschluss eines Pflegevertrags angeboten wurde. Es wird daher empfohlen, klarstellend eine Regelung zum Quellcode in den Softwarekaufvertrag aufzunehmen. Regelmäßig wird es im Interesse des Anbieters und marktüblich sein, die Herausgabe des Quellcodes ohne gesonderte Vergütung oder ESCROW-Vereinbarung auszuschließen.[154]

> **Formulierungsvorschlag:**
> Der Lizenznehmer hat keinen Anspruch auf Übergabe und Nutzung des Quellcodes der Software.

Mit ausdrücklicher Vereinbarung kann jedoch auch ein Anspruch auf Herausgabe des Quellcodes begründet werden.

> **Formulierungsvorschlag:**
> Der Lizenznehmer hat bei Abnahme der Software im Objekt-Code darüber hinaus Anspruch auf Übergabe des Quellcodes der Software.

Entsprechende Klauseln sind in AGB zulässig vereinbar, wobei auch ein formularmäßiger Ausschluss eines Herausgabeanspruchs bei Individualsoftware der Inhaltskontrolle standhält.[155]

> **Praxistipp:**
> Falls beim Kauf von Standardsoftware vereinbart wird, dass der Quellcode herauszugeben ist, ist stets auch zu regeln, welche Rechte der Anwender am Quellcode erwirbt. Zwar findet grundsätzlich § 31 Abs. 5 UrhG Anwendung, doch eröffnet dieser weiteres Streitpotential.

2. Nutzungsumfang

Dieser Abschnitt regelt sowohl Einräumung wie auch Beschränkung der urheberrechtlichen Nutzungsrechte. Die verschiedenen, üblichen Möglichkeiten dieser Nutzungsrechtseinräumung sind bereits oben im Einzelnen dargestellt worden.[156] Es ist in jedem Falle

---

[151] OLG München Urt. v. 16.7.1991 – 25 U 2586/91, CR 1992, 208; → § 10 Rn. 21.
[152] LG Köln Urt. v. 15.4.2003 – 85 O 15/03, CR 2003, 484.
[153] LG Köln Urt. v. 3.5.2000 – 20 S 21/99, CR 2000, 505.
[154] Siehe auch → § 38 IT in der Insolvenz/Escrow Rn. 84 ff.
[155] LG Köln Urt. v. 15.4.2003 – 85 O 15/03, CR 2003, 484.
[156] → Siehe Rn. 73 ff.

jedoch darauf zu achten, dass im Rahmen der Nutzungsrechtseinräumung im Vertrag die dem Nutzer zwingend[157] zustehenden **Mindestrechte**[158] eingeräumt werden:
- das Recht, die Software zu installieren;
- das Laden und Laufenlassen der Software (Es ist daher unzulässig, den Ablauf der Software durch Sperren einzuschränken, wenn dies nicht durch den beschränkt eingeräumten Nutzungsumfang gerechtfertigt ist wie zum Beispiel die zeitliche Beschränkung einer als Testversion verkauften Software);
- der bestimmungsgemäße Gebrauch gemäß dem vereinbarten Vertragszweck;[159]
- Koppelung der Vergütung an die tatsächlich erfolgte Nutzung der Software beim Kauf gegen Einmalvergütung;
- das Recht auf Erstellung von Sicherungskopien (§ 69d Abs. 2 UrhG);
- Dekompilierung unter den Voraussetzungen des § 69e UrhG;[160]
- Testläufe sowie die Beobachtung der Software (§ 69d Abs. 3 UrhG);[161]
- nach hM auch das Recht zur Fehlerbeseitigung und zu Änderungen der Software, um diese an neue gesetzliche Bestimmungen oder an andere Hardware anzupassen.[162]

177 Weiter wird empfohlen, Regelungen dazu in den Vertrag aufzunehmen, ob und in wie weit künftige Lieferungen von Software, wie zum Beispiel Updates oder Patches unter die Bestimmungen des Softwarekaufvertrages fallen sollen. Dies ist insbesondere dann wichtig, wenn nicht zeitgleich mit dem Kaufvertrag auch ein Pflegevertrag[163] abgeschlossen wird.

178 Schließlich ist auch noch aufzunehmen, welche Nutzungsrechte der Käufer an der **Dokumentation** haben soll. Hier ist insbesondere daran zu denken, dass bei Lieferung einer nur elektronischen Fassung des Anwenderhandbuches dem Käufer das Recht eingeräumt werden kann, einen oder mehrere Ausdrucke dieses Handbuchs herzustellen. Es gibt aber auch Softwarehersteller, die dies nicht gestatten, sondern den Käufer, wünscht er zusätzliche Exemplare des Anwenderhandbuches, verpflichten, zusätzliche gedruckte Exemplare beim Hersteller entgeltlich zu bestellen.

179 Da in der Praxis immer seltener jede einzelne Lizenz einer Software an einen entsprechenden Datenträger „gekoppelt" ist, sondern häufig eine Vielzahl von Installationen von einem Datenträger vorgenommen werden darf, ändert sich auch die Relevanz von Sicherungskopien des jeweils überlassenen Datenträgers. Auch wenn hier im Rahmen des Nutzungsumfanges immer noch eine Regelung aufgenommen werden sollte, wird in der Praxis immer häufiger über eine so genannte **Backuplizenz** verhandelt, die auf einem Zweitsystem installiert bei Ausfall des Erstsystems zum Einsatz kommt. Hier ist eine klare Abgrenzung in der Vertragsgestaltung erforderlich.[164]

180 Regelungen zur **Beendigung des Nutzungsrechts** an den Vertragsgegenständen, die in Ergänzung zB der Regelungen zur Mängelhaftung festlegen, wie sich der Käufer der Software bei Beendigung des Nutzungsrechts an der Software verhalten muss, können im Zusammenhang mit der Einräumung der Nutzungsrechte oder in einem gesonderten Paragraphen aufgenommen werden.[165] Solche Fälle können beispielsweise bei Rücktritt des Käufers vom Vertrag oder einer sonstigen Vertragsbeendigung aufgrund einer Pflichtverletzung des Käufers eintreten. Es ist aber darauf zu achten, an dieser Stelle keine Regelungen aufzunehmen die die Nutzungszeit einschränken, da beim Kauf die Überlassung dauerhaft ausgerichtet ist und somit keine begrenzte Vertragslaufzeit, wie zum Beispiel bei Miete besteht.

---

[157] §§ 69g Abs. 2, 69d Abs. 2 und 3, 69e UrhG.
[158] Wandtke/Bullinger/*Grützmacher* § 69d Rn. 34 ff.
[159] Wandtke/Bullinger/*Grützmacher* § 69d Rn. 6 f.
[160] Wandtke/Bullinger/*Grützmacher* § 69e Rn. 4.
[161] Wandtke/Bullinger/*Grützmacher* § 69d Rn. 17 f.
[162] Redeker/*Brandi-Dohrn*, Handbuch der IT-Verträge, Teil 1.2 Rn. 40.
[163] → § 14 Softwarepflegeverträge.
[164] *Söbbing* ITRB 2007, 50.
[165] Redeker/*Brandi-Dohrn*, Handbuch der IT-Verträge, Teil 1.2 § 13.

3. Lieferung

In diesem Vertragsabschnitt ist zunächst zu regeln, **wann und in welcher Form** die Software zu liefern ist. Neben der Lieferung eines körperlichen Vervielfältigungsstücks der Software kommt beispielsweise auch die Vereinbarung in Betracht, dass der Käufer die Software von einem Server des Verkäufers herunterlädt. Bei Software, die häufig aktualisiert wird, kann an dieser Stelle auch vereinbart werden, welche Version der Software als vereinbarter Vertragsgegenstand gelten soll. Dies kann zum Beispiel die jeweils letzte, auf dem Server des Verkäufers verfügbare Version sein. AGB-rechtlich ist jedoch zu beachten, dass eine solche Klausel einen **einseitigen Änderungsvorbehalt** des Leistungsgegenstandes darstellt und damit nur dann wirksam vereinbart werden kann, wenn ein berechtigtes Interesse des Verwenders an dieser Änderung besteht und die weiteren Voraussetzungen erfüllt sind.[166]

Schließlich empfiehlt es sich auch noch eine Klausel für die Fälle aufzunehmen, in welchen der Verkäufer an der Erfüllung seiner Verpflichtung durch Umstände gehindert ist, die nicht von ihm verschuldet sind (**Fälle höherer Gewalt**). Ergänzend kann auch als unverschuldetes Leistungshindernis eine nicht oder nicht rechtzeitige Erfüllung der Mitwirkungspflichten des Käufers aufgenommen werden.

> **Formulierungsvorschlag:**
> Es besteht keine Haftung des Lizenzgebers gegenüber dem Lizenznehmer hinsichtlich Leistungsverzögerungen, die sich aus höherer Gewalt ergeben, namentlich solcher Umstände, die außerhalb des Einflusses des Lizenzgebers liegen. Dies sind insbesondere: Naturgewalten, Gefahren der See und der Luft, Feuer, Flut, Dürre, Explosionen, Sabotage, Unfälle, Embargos, Aufruhr, innere Unruhen, einschließlich Handlungen örtlicher Regierungen und parlamentarischer Behörden; das Unvermögen die Software oder Materialien zu liefern, Störfälle an der Ausrüstung und Arbeitskämpfe jeglicher Art und aus jeglichem Anlass, insbesondere Streiks und Aussperrungen. Gleiches gilt, wenn der leistungsbereite Lizenzgeber aufgrund einer fehlenden Information oder Mitwirkung des Lizenznehmers seine Leistungen nach diesem Vertrag nicht erbringen kann.

4. Kaufpreis, Zahlungsbedingungen

Grundsätzlich ist bei der Gestaltung der Kaufpreiszahlung darauf zu achten, dass die Voraussetzung des Vertragstyp des Kaufs, die Vereinbarung eines „Einmalentgeltes" beachtet wird. Wie ausgeführt ist es dabei unschädlich, wenn die Zahlung des Einmalentgeltes in Raten oder in einer sonstigen **Teilzahlungsform** vereinbart wird. Wichtig ist nur, dass keine zeit- oder nutzungsabhängige Vergütung vereinbart wird oder sich durch Auslegung der vertraglichen Regelungen ergeben kann.

Bei den Zahlungsbedingungen werden üblicherweise feste bzw. nach dem Kalender bestimmbare Zahlungsziele vereinbart. Dabei kann auch, soweit neben der Lieferung der Software Installation und Schulung vereinbart wird, eine Zahlung nach so genannten „Milestones" vereinbart werden. Dabei wird die Zahlung des Entgelts in Schritten und jeweils ein Prozentsatz der Zahlung des Gesamtentgeltes pro Schritt vereinbart.

> **Formulierungsvorschlag:**
> Die Zahlung des Kaufpreises wird gemäß folgenden Milestones vereinbart:
> - ......% des Kaufpreises bei Lieferung der Software
> - ......% des Kaufpreises nach Abschluss der Installation
> - ......% des Kaufpreises nach Abschluss der Mitarbeiterschulung.

---

[166] → § 16 Rn. 22 ff.

187 Weiter ist hier zu vereinbaren, ob und in welcher Höhe **Umsatzsteuer** auf den Kaufpreis zu zahlen ist und wer und in welcher Höhe die Transport- und Verpackungskosten für die Lieferung der Software trägt. Wichtig ist bei internationalen Verträgen auch die Regelung, wer eventuell anfallende Einfuhrzölle oder sonstige Zölle und Steuern im Rahmen der Lieferung der Software in ein Drittland trägt.

> **Formulierungsvorschlag:**
>
> 188 Der Lizenznehmer trägt alle Zölle und Steuern, die von einer National-, Bundes-, Staats- oder Ortsbehörde im Zusammenhang mit diesem Vertrag (insbesondere bei einer Ausfuhr der Software oder deren ganz oder teilweisen Nutzung außerhalb des ursprünglichen Erwerbslandes) erhoben werden, ausgenommen alle Steuern für Umsätze, Einkünfte oder Gewinne des Lizenzgebers.

189 Schließlich wird empfohlen, schon im Kaufvertrag eine Regelung über die Berechnung der Entgelte aufzunehmen, die der Käufer im Falle einer übermäßigen Nutzung der Software an den Verkäufer entrichten muss, also wenn der Käufer die Software **über** den vertraglich eingeräumten **Nutzungsumfang** hinaus nutzt.

> **Formulierungsvorschlag:**
>
> 190 Wird dauerhaft der im Programmschein vereinbarte Lizenzumfang überschritten, hat der Lizenznehmer dies dem Lizenzgeber unverzüglich, spätestens jedoch vier Wochen nach Kenntniserlangung mitzuteilen. Im vorstehenden Fall wird dann eine einmalige Upgrade-Gebühr, die sich aus der Differenz zwischen der gezahlten Lizenzgebühr für den nach dem Lizenzvertrag vorgesehenen Lizenzumfang und der aktuellen Lizenzgebühr für den neuen Lizenzumfang berechnet, fällig. Mit dem Datum der Fälligkeit der Upgrade-Gebühr wird ein angepasstes Pflegeentgelt, das sich entsprechend den Regelungen eines abgeschlossenen Softwareservicevertrages berechnet fällig.

191 Bei solchen Klauseln wird für das Entgelt häufig auf die allgemeinen Preislisten des Verkäufers verwiesen, aus welchen sich dann das geschuldete Entgelt ergeben soll.

> **Praxistipp:**
>
> Im Rahmen der Beratung ist darauf zu achten, dass ein solcher Verweis für den Käufer auch bestimmt genug ist und eine **Preisliste**, auf die verwiesen wird, auch tatsächlich existiert. Es wird empfohlen, eine erste Preisliste dem Vertrag unmittelbar beizufügen, damit klar ist, worauf sich der Verweis bezieht.

5. Zusatzleistungen

192 Unter Zusatzleistungen versteht man Leistungen, die mit der Überlassung der Software nicht in einem untrennbaren Zusammenhang stehen, aber Teil desselben Lebenssachverhalts sind und häufig in derselben Vertragsurkunde geregelt sind. Als Beispiele kommen in Betracht:
- Installation der Software (das bloße Einspielen auf dem EDV-System),
- Einrichten der Software (das Ermöglichen des Programmablaufs),
- Anpassung der Software (Modifikationen an der Software selbst),
- Einweisung der Nutzer,
- Datenübernahme von einer früheren Installation,
- Supportleistungen.

VI. Vertragsgestaltung

Problematisch ist nun die vertragstypologische Einordnungen zunächst dieser Zusatzleistungen selbst, sodann, ob ihre Vereinbarung die Einordnung der Softwareüberlassung verändert. Außerdem ist fraglich, wie sich Mängel der Zusatzleistungen auf den rechtlichen Bestand der Softwareüberlassung auswirken. Schließlich kann man bestimmte Supportleistungen aus einem Pflegevertrag als Bestandteil der ohnehin kraft Gesetzes geschuldeten Sachmängelhaftung ansehen und eine Vergütungspflicht insofern verneinen.[167]

> **Formulierungsvorschlag:**
> Mängelansprüche aufgrund des vorliegenden Vertrages werden durch den Pflegevertrag nicht berührt. Sie können bis zur Verjährung der Mängelansprüche kostenfrei nach den Bestimmungen dieses Vertrages geltend gemacht werden."[168]

Die Empfehlung muss lauten, das Vorliegen oder Fehlen von Pflichten zur Erbringung von Zusatzleistungen und gegebenenfalls deren Verhältnis zur zugrunde liegenden Softwareüberlassung möglichst klar zu regeln.

> **Formulierungsvorschlag:**
> Nicht Gegenstand dieser Vereinbarung ist die Installation und damit verbundene Hilfestellung mit Ausnahme einer in dem Sinne angemessenen und ausreichenden Installationsanweisung, die dem Nutzer allgemein die Installation ermöglicht und/oder eine Anpassung der Software. Solche Leistungen können gesondert mit dem Lizenzgeber vereinbart werden und werden in der Regel durch unabhängige Partner des Lizenzgebers erbracht.

Grundsätzlich schuldet der Verkäufer einer Software nur die Lieferung der Software selbst, nicht aber deren **Installation**. Bei komplexer oder hochpreisiger Software gibt es jedoch einzelne Rechtsprechung, die zu dem Schluss kommt, es sei in diesen Fällen auch die Installation der Software geschuldet. Es ist daher im Vertrag zu regeln, ob und in welchem Umfang die Installation der Software durch den Verkäufer geschuldet ist und ob im Zusammenhang mit der Installation auch weitere Leistungen des Verkäufers geschuldet sind (zB Konfiguration, Parametrisierung, Customizing). Sollen solche Leistungen geschuldet sein, ist darauf zu achten, ob sich durch die Aufnahme dieser Leistungen in den Vertrag eine Veränderung des Vertragstypus ergibt.

Obwohl der BGH in der „Lohnprogramm" Entscheidung[169] ausdrücklich festgestellt hat, dass jedenfalls bei Standardsoftware der Verkäufer ohne besondere Vereinbarung keine Einweisung oder Schulung zur Software schuldet, wird empfohlen eine Vereinbarung über Leistung und Umfang der Schulung in den Vertrag aufzunehmen oder diese auszuschließen.

Schließlich ist an dieser Stelle im Vertrag eine Regelung über die **Pflege der Software** aufzunehmen. Üblicherweise wird hier vereinbart ob und ab wann (insbesondere in Abgrenzung zur Mängelbeseitigungspflicht) ein Pflegevertrag abgeschlossen wird und gegebenenfalls auch auf die wesentlichen Inhalte eines solchen Vertrages verwiesen.[170]

6. Maßnahmen zum Schutz der Software

Der Lizenznehmer verletzt den Softwareüberlassungsvertrag insbesondere dann, wenn er die Software abredewidrig vervielfältigt, ohne Aufgabe der eigenen Nutzung weitergibt oder die ihm zugestandene Nutzungsintensität überschreitet. In tatsächlicher Hinsicht stehen dem

---

[167] Siehe auch → § 14 Softwarepflegeverträge Rn. 36 ff.
[168] Redeker/*Brandi-Dohrn*, Handbuch der IT-Verträge, Teil 1.2.
[169] BGH Urt. v. 22.12.1999 – VIII ZR 299/98, CR 2000, 207.
[170] Siehe auch → § 14 Rn. 16 ff.

Lizenzgeber einige Möglichkeiten offen, um ein solches Verhalten entweder von vornherein zu verhindern oder es jedenfalls zu entdecken, nämlich:
- Kopierschutz,
- Bindung der Software an einen bestimmten Rechner,
- Vor-Ort-Überprüfung des Nutzungsumfangs,
- Information über Weitergabe der Software an einen Zweiterwerber.

201 Der Lizenzgeber darf diese Instrumente jedoch nicht ohne die entsprechende rechtliche Gestattung anwenden. Insbesondere ein **Kopierschutz** oder eine **Systembindung** können sonst Sachmängel der Software darstellen. Die Maßnahmen müssen im Softwareüberlassungsvertrag explizit gestattet sein. Dies gilt auch für ein Auditrecht, wobei neben dem Auditrecht selbst auch dessen Rechtsfolgen geregelt werden können (zB Kostentragungspflicht, Nachlizenzierung).[171]

> **Formulierungsvorschlag:**
>
> **202** Der Lizenzgeber ist berechtigt, beim Lizenznehmer ein Audit über die tatsächliche Nutzung der Software vorzunehmen. Er ist insbesondere berechtigt, in der für ihn geeigneten Weise Nachweise über die Einhaltung des Lizenzumfangs nach dieser Vereinbarung zu erheben oder vom Lizenznehmer anzufordern. Der Lizenznehmer verpflichtet sich zur angemessenen Mitwirkung bei einem Audit im vorstehenden Sinne.

203 Darüber hinaus ist jedoch sicherzustellen, dass die Vereinbarung einer solchen rechtlichen Gestattung unter Berücksichtigung der Gesichtspunkte des Erschöpfungsgrundsatzes und des AGB-Rechts wirksam ist[172] und außerdem sich nicht zum Nachteil des Lizenzgebers auf die vertragstypologische Einordnung des gesamten Softwareüberlassungsvertrags auswirkt. Letzteres kommt etwa dann in Betracht, wenn ein Zustimmungsvorbehalt vereinbart wird, welcher den Lizenznehmer nicht bloß geringfügig in seiner freien Verfügung über die überlassene Software stört, sondern ihn nachhaltig wirtschaftlich beeinträchtigt und das vertragliche Gleichgewicht substantiell beeinträchtigt. Die programmtechnische Bindung der Nutzung eines Computerprogrammes an ein Nutzer-Konto und das damit entstehende tatsächlich wirkende Übertragungsverbot hat der BGH in der **Half-Life 2** Entscheidung jedoch für grundsätzlich wirksam erachtet.[173]

204 Wie ausgeführt hat der Softwarehersteller und/oder -verkäufer ein hohes Interesse daran, dass der Käufer oder Dritte keine unberechtigten Vervielfältigungsstücke der Software herstellen oder solche außerhalb des Einflussbereichs des Käufers gelangen. In diesem Klauselabschnitt werden daher üblicherweise entsprechende **Schutzvorschriften** zugunsten des Verkäufers/Herstellers der Software aufgenommen, beginnend mit der klarstellenden Zuweisung der nicht eingeräumten urheberrechtlichen Nutzungsrechte.

> **Formulierungsvorschlag:**
>
> **205** Soweit nicht dem Käufer nach diesem Vertrag ausdrücklich Rechte eingeräumt sind, stehen alle Rechte an den Vertragsgegenständen (und aller vom Käufer angefertigter Kopien) – insbesondere das Urheberrecht, die Rechte auf oder an Erfindungen sowie technische Schutzrechte – ausschließlich dem Verkäufer zu. Das gilt auch für Bearbeitungen der Vertragsgegenstände durch den Verkäufer. Das Eigentum des Käufers an den jeweiligen Datenträgern solcher Kopien bleibt unberührt.

---

[171] *Strittmatter/Harnos* CR 2013, 621.
[172] Bedenken hat *Hoeren* CR 2008, 409.
[173] BGH Urt. v. 11.2.2010 – I ZR 178/08, GRUR 2010, 822 – Half-Life 2; kritisch dazu: *Völtz*, Softwaregestützte Veräußerungsverbote, DSRI-Tagungsband 2011, 337.

VI. Vertragsgestaltung

Ergänzend werden bestimmte **Sorgfaltspflichten** des Käufers hinsichtlich der gelieferten oder von ihm hergestellten Vervielfältigungsstücken der Software vereinbart. Hintergrund dieses Regelungsvorschlages ist, dass ohne ausdrückliche Vereinbarung der Käufer möglicherweise nur als Störer haften würde, wenn er willentlich und adäquat-kausal an einer Schutzrechtsverletzung mitwirkt. Obwohl § 13 UrhG bestimmt, dass der Urheber Stelle und Umfang seiner Nennung als Urheber festlegen kann, sollte im Softwarekaufvertrag eine entsprechende Regelung aufgenommen werden, die den Schutz solcher Urheberrechtsvermerke, sonstigen Kennzeichen sowie von Seriennummern umfasst. Dies alles dient dem Schutz des Herstellers/Verkäufers der Software. Insbesondere die Anbringung von Seriennummern kann bei Missbrauchsfällen von Vervielfältigungsstücken von Software dazu führen, die Kette der Erwerber zurückzuverfolgen und damit Grundlage für eventuelle Schadensersatzansprüche zu legen. Ferner steht das Nennungsrecht nach § 13 UrhG dem Urheber an sich zu, nicht aber dem Anbieter/Hersteller des Programms.

Unterstützend zur Sicherung der Rechte und die Verfolgung von Verstößen kann in den Vertrag auch eine **Aufzeichnungspflicht** über die vorhandenen Vervielfältigungsstücke der Software sowie eine Löschungspflicht für nicht mehr verwendete Kopien der Software aufgenommen werden. Letztere ist insbesondere von Interesse, wenn nicht mehr genutzte Hardware vom Käufer an einen Dritten veräußert wird. Ist in diesem Falle die installierte Softwarekopie nicht gelöscht, besteht die Gefahr, dass der Erwerber der Hardware die Software unberechtigterweise nutzt. In der Praxis werden hier ergänzend zur Vereinfachung des Lizenzmanagements häufig **Regelungen zur Verteilung der Software im Unternehmen** des Käufers (so genanntes „deployment") **und zur vereinfachten (Nach-)Lizenzierung** installierter Software in die Überlassungsverträge sowie zur Überprüfung der tatsächlichen Nutzung/Installation der Software (so genannte „Lizenzaudit-Klauseln") aufgenommen.[174]

Die **Weitergabe** einer Software kann auf verschiedene Arten erfolgen. Dies kann durch endgültige Weitergabe des Vervielfältigungsstücks der Software an einen Dritten oder durch (zeitweise) Überlassung der Nutzung an einen Dritten geschehen. Da der Käufer einer (körperlich übertragenen) Software bei eingetretener Erschöpfung des Verbreitungsrechtes an der dauerhaften und endgültigen Weitergabe des Vervielfältigungsstücks der Software nicht gehindert werden kann,[175] kann versucht werden, durch schuldrechtliche Regelungen die im Softwarekaufvertrag vorgenommenen Einschränkungen der Softwarenutzung auch an den weiteren Erwerber wirksam weiterzugeben. Individualvertraglich kann aber jedenfalls die Weitergabe an gewisse Erfordernisse geknüpft und in Einzelfällen sogar ein Zustimmungserfordernis des Verkäufers zur Weitergabe vereinbart werden. Ob eine Regelung oder ein Zustimmungserfordernis den Käufer unbillig an der aufgrund des Eintrittes der Erschöpfung zulässigen Weitergabe der Software hindert, kann mit folgenden Abwägungen ermittelt werden:
- Handelt es sich um eine hochpreisige Software bei der dem Käufer die Einholung der Zustimmung eher als bei Massensoftware zugemutet werden kann?
- Kann das Kontrollinteresse des Verkäufers auch auf anderem Wege als durch ein Zustimmungserfordernis erreicht werden (zB Informationspflicht, Registrierungspflicht)?
- Hat der Verkäufer ein schützenswertes Interesse daran, die (nur) schuldrechtlich wirksamen Nutzungsrechtsbeschränkungen an Dritte weiterzugeben, auf deren Auswahl er anders als beim Erstverkauf keinen Einfluss hat?

Der weitere Regelungskomplex bezieht sich auf die zeitweise bzw. vorübergehende Überlassung der Software an Dritte, insbesondere durch entgeltliche oder unentgeltliche Gebrauchsüberlassung (Miete, Leihe). Diese Reglungen sind deshalb so wichtig, weil zwar die Vermietung der Software in § 69c Nr. 3 S. 2 UrhG unter Zustimmungsvorbehalt des Rechtsinhabers gestellt wird, nicht aber die unentgeltliche Gebrauchsüberlassung an Dritte im Wege der Leihe. Auch ist in der Praxis streitig, ob und bei welchen Erscheinungsformen die entgeltliche Gebrauchsüberlassung an Dritte auch Miete darstellt. Zu denken ist hier an das Ermöglichen von Fernzugang im Rahmen von Outsourcing, dem Betrieb von Rechenzent-

---

[174] *Bierekoven* ITRB 2008, 84; *Strittmatter/Harnos* CR 2013, 621.
[175] Zusammenfassend dazu: *Hoeren* GRUR 2010, 665.

ren, echtem ASP oder sonstiger Mietmodelle, die eine unkörperliche Übertragung der Software zum Gegenstand haben.

210 Das Gesetz formuliert den Erschöpfungsgrundsatz in § 69c Nr. 3 S. 2 UrhG so: „Wird ein Vervielfältigungsstück eines Computerprogramms mit Zustimmung des Rechtsinhabers im Gebiet der Europäischen Union oder eines anderen Vertragsstaates des Abkommens über den Europäischen Wirtschaftsraum im Wege der Veräußerung in Verkehr gebracht, so erschöpft sich das Verbreitungsrecht in Bezug auf dieses Vervielfältigungsstück mit Ausnahme des Vermietrechts." Hier interessieren die Auswirkungen des Erschöpfungsgrundsatzes[176] auf die Wirksamkeit von Weitergabeverboten. Ein dinglicher Vorbehalt des Verbreitungsrechts entfaltet schon nach dem Wortlaut der Urheberrechtsnorm keine Wirkung.

> **Formulierungsvorschlag:**
>
> 211 Der Käufer darf die Software nicht an Dritte weitergeben.[177]

212 Bei **schuldrechtlichen Weitergabeverboten in AGB** muss man zunächst fragen, ob diese nicht schon unabhängig von der Erschöpfung deshalb gemäß § 307 BGB unangemessen und unwirksam sind, weil zu sehr vom Leitbild des Sachkaufs, bei dem der Käufer eine uneingeschränkte Verfügungsbefugnis erhält, abgewichen wird (§ 307 Abs. 2 Nr. 1 BGB).[178] Die herrschende Meinung jedenfalls lehnt die Zulässigkeit von Weitergabeverboten in AGB ab.[179] Ein schuldrechtliches Verbot der Übereignung eventuell überlassener Vervielfältigungsstücke der Software ist gemäß § 134 iVm § 137 S. 1 BGB nichtig. Dieses Verbot rechtsgeschäftlicher Verfügungsverbote gilt dagegen nicht für urheberrechtliche Nutzungsrechte.

213 Die Zulässigkeit eines schuldrechtlichen Verbots der Weiterübertragung von Nutzungsrechten in individuell ausgehandelten Überlassungsverträgen ist nicht eindeutig geklärt. Handelt es sich definitiv um einen Kaufvertrag, so folgt aus dem Anwendungsvorrang des Gemeinschaftsrechts und dem dortigen Prinzip des effet utile wohl die Unwirksamkeit der Klausel. *Schneider* zieht jedoch auch eine mietrechtsähnliche Einordnung in Betracht.[180] Dies leuchtet ein, wenn man sich vergegenwärtigt, dass auch ein Mieter grundsätzlich nicht zur Weiterübertragung seines Besitzrechts berechtigt ist.

214 Weitergabeverbote treten auch in Gestalt von Vernichtungs- oder Rückgabepflichten und besonderen Kündigungsrechten des Lizenzgebers auf. Hier wird die Annäherung an das Mietrecht ganz klar offenbart. Abgesehen davon ist der Erschöpfungsgrundsatz nicht nur bei einem völligen Verbot der Weitergabe relevant, sondern auch schon bei Klauseln, welche eine Weitergabe nur einschränken und erschweren, zum Beispiel folgende Regelungen::

- Pflicht des Lizenznehmers, dem Zweiterwerber identische Vertragsbedingungen aufzuerlegen;
- Zustimmungsvorbehalt des Lizenzgebers, ggf. in der Ausübung beschränkt durch Treu und Glauben;
- Pflicht des Lizenznehmers, den Lizenzgeber von der Weitergabe und der Identität des Zweiterwerbers in Kenntnis zu setzen.

> **Formulierungsvorschlag:**
>
> 215 Der Käufer darf die Software nur unter der Voraussetzung Dritten überlassen, dass sich der jeweilige Dritte schriftlich mit der Geltung der Bedingungen dieser Vereinbarung einverstanden erklärt und der Käufer die Anschrift des Dritten dem Verkäufer mitteilt.[181]

---

[176] Siehe grundlegend → § 5 Rechtsschutz von Computerprogrammen.
[177] Redeker/*Brandi-Dohrn*, Handbuch der IT-Verträge, Teil 1.2 Rn. 51.
[178] LG Hamburg Urt. v. 25.10.2013 – 315 O 449/12, BeckRS 2013, 18592, Rn. 36.
[179] OLG Frankfurt Urt. v. 25.6.1996 – 11 U 4/96, NJW-RR 1997, 494.
[180] *Schneider* C Rn. 574.
[181] Redeker/*Brandi-Dohrn*, Handbuch der IT-Verträge, Teil 1.2 Rn. 51.

VI. Vertragsgestaltung

> Der Lizenznehmer darf die Software nur vollständig, so wie sie ihm übergeben wurde, dh die Originaldatenträger und die Benutzerdokumentation und nur bei gleichzeitiger Mit-Übertragung des Nutzungsrechts weitergeben. Voraussetzung ist, dass der Übernehmer sich mit diesen Vertragsbedingungen einverstanden erklärt und der Lizenznehmer den Lizenzgeber unverzüglich, schriftlich von der Übertragung unter Angabe der genauen Daten des Erwerbers informiert.

Interessant sind noch Klauseln, welche eine Weitergabe nicht verbieten oder deren Zulässigkeit an eine bestimmte Interaktion mit dem Lizenzgeber anknüpfen, sondern eine außerhalb des Vertragsverhältnisses zu erfüllende Bedingung formulieren. Bei einer **OEM-Klausel**[182] etwa darf der Lizenznehmer die Software nur in Verbindung mit einem neuen Computer weitergeben. Der Vertrieb von **Upgrade-Versionen** wird nur gegenüber Endkunden zugelassen, die bereits rechtmäßige Inhaber der letzten oder einer Vorversion sind.

7. Pflichten des Käufers

Anders als im Werkvertrag kennt der Kaufvertrag grundsätzlich keine Mitwirkungspflichten des Käufers bei der Abwicklung des Kaufes. Die besondere Interessenlage beim Softwarekauf kann es jedoch erforderlich machen, gewisse **Mitwirkungs- und Informationspflichten** des Käufers festzulegen. Zu beachten ist dabei, dass bei der Vereinbarung solcher Pflichten des Käufers stets die Grenzen des Vertragstyps Kauf und bei Vorliegen von allgemeinen Geschäftsbedingungen auch die des AGB-Rechts zu beachten sind.

Häufig werden insbesondere die Informationspflichten des Käufers so formuliert, dass sie als vorvertragliche Pflichten des Käufers verstanden werden können und ein Verstoß gegen diese Pflichten im Rahmen des Mitverschuldens des Käufers zu beachten sein dürften. Dies kann jedoch in keinem Fall dazu führen, dass wesentliche Vertragspflichten so eingeschränkt oder ausgehöhlt werden, dass der Vertragszweck gefährdet wird.[183]

Darüber hinaus können Hinweise darauf vereinbart werden, was der Käufer bei der Verwendung der Software zu beachten hat, wie zum Beispiel die Beachtung der Bedingungsanleitung für die Software oder die Durchführung bestimmter Datensicherungen im laufenden Betrieb. Es kann aber auch – wenn beispielsweise der Verkäufer die Installation der Software übernommen hat – eine Verpflichtung des Verkäufers bestehen, den Käufer auf die Einrichtung einer Datensicherung hinzuweisen.

Wichtig ist weiter insbesondere die Vereinbarung von Mitwirkungspflichten des Käufers, wenn der Verkäufer im Kaufvertrag übernommene Verpflichtungen ohne die Mitwirkung des Käufers gar nicht erfüllen kann. Dies gilt insbesondere im Hinblick auf die **Fehlerbeseitigung** gerade im Rahmen der Mängelbeseitigung. Häufig benötigt der Verkäufer bei der Mängelbeseitigung gewisse Informationen über den auftretenden Fehler, um diesen beseitigen zu können. Auch wenn das Kaufrecht grundsätzlich Mitwirkungspflichten des Käufers nicht kennt, können solche Regelungen dann wirksam und ohne Verstoß gegen die Vertragstypologie vereinbart werden, wenn ein **besonderes Interesse des Verkäufers** an der Mitwirkung des Käufers besteht, was immer dann gegeben ist, wenn diese Mitwirkungshandlungen deshalb erforderlich sind, da die Ursachen dafür allein oder überwiegend in der Sphäre des Käufers liegen. Die Zulässigkeit einer solchen Regelung kann auch aus einer Entscheidung des BGH[184] abgeleitet werden, die folgenden Maßstab für eine Vorbereitung eines Mangelbeseitigungsverlangens auf Käuferseite aufstellt:

> **Formulierungsvorschlag:**
> Ein unberechtigtes Mangelbeseitigungsverlangen des Käufers nach § 439 Abs. 1 BGB stellt eine zum Schadensersatz verpflichtende schuldhafte Vertragsverletzung dar, wenn der Käufer erkannt oder fahrlässig nicht erkannt hat, dass ein Mangel der Kaufsache nicht vorliegt, sondern die Ursache für das Symptom, hinter dem er einen Mangel vermutet, in seinem eigenen Verantwortungsbereich liegt.

---

[182] → Rn. 119 f. (OEM Klausel).
[183] *Schneider* J Rn. 105 ff.
[184] BGH Urt. v. 23.1.2008 – VIII ZR 246/06, CR 2008, 278.

222 In seiner Entscheidung **Lohnprogramm**[185] hat der BGH unter anderem zur Frage der „Ablieferung" und zur Untersuchungspflicht bei Standardsoftware wie folgt Stellung genommen: „Auf einen derartigen Vertrag sind nach der Rechtsprechung des Senates die Vorschriften sowohl der §§ 433 ff., 459 ff. BGB als auch § 377 HGB zumindest entsprechend anwendbar." Es reicht auch aus, die Software in Erfüllungsabsicht in den Machtbereich des Kunden zu verbringen. Den Unternehmenskunden trifft folgerichtig die kaufmännische Rügeobliegenheit (§ 377 HGB). Ergänzend zur grundsätzlichen Pflicht zur Untersuchung kann daher eine Regelung dazu aufgenommen werden, wann die Frist für die Untersuchung beginnen soll und ob gegebenenfalls der Verkäufer Unterstützungsleistungen bei der Untersuchung der Software erbringen muss.[186]

8. Sach- und Rechtsmängel; Leistungsstörungen

223 Bei der Vereinbarung von Regelungen zur Mängelhaftung sind zunächst die folgenden Grundsätze zu beachten:
- Der häufig anzutreffende Hinweis „Software ist nie fehlerfrei" ist juristisch bedeutungslos, im schlimmsten Falle sogar schädlich sein, denn die Rechtsprechung hat einen von § 437 BGB abweichenden, großzügigeren Fehlerbegriff für Software nicht anerkannt. Der Hinweis könnte als Eingeständnis des Verkäufers gesehen werden, dass die Software fehlerhaft ist und damit zu einer Beweislastumkehr von Anfang an zu Lasten des Verkäufers[187] oder sogar zur Pflicht zur Herausgabe des Quellcodes[188] führen.
- Im Rahmen der Gewährleistung erfolgt die Feststellung des Vorliegens eines Fehlers[189] im Vergleich zwischen der Ist-Beschaffenheit der Software und der vertraglich vereinbarten Soll-Beschaffenheit und ist eine solche nicht vereinbart entsprechend der gesetzlichen Regelung.[190]
- Seit der Schuldrechtsreform sind Sach- und Rechtsmängel gleichgestellt, so dass der Verkäufer für beide gleich einzustehen hat.
- Eine Verkürzung der Verjährungsfrist für die Mängelhaftung ist zulässig, aber bei Vorliegen von Allgemeinen Geschäftsbedingungen nur maximal auf ein Jahr.

224 Bei der Erstellung und Verwendung von Klauseln im Bereich der Mängelrechte ist üblicherweise das Ziel, die Mängelrechte des Käufers so weit wie möglich einzuschränken, insbesondere um den Käufer auf die entgeltpflichtige Pflege zu verweisen. AGB-rechtlich sind dieser Beschränkung jedoch enge Grenzen gesetzt.[191]

225 Eine der üblichen Klauseln zielt darauf ab, dem Verkäufer das Recht einzuräumen, die Nacherfüllung zu wählen, bevor dem Käufer die anderen Mängelrechte zustehen. Hierbei wird meist auch eine höhere Anzahl zulässiger Nachbesserungsversuche vereinbart (§ 440 BGB sieht zwei vor).[192] Auch wird häufig ein Nachfristerfordernis als Voraussetzung für die Ausübung der Mängelrechte des Käufers vereinbart, was jedoch so nur in Individualverträgen zulässig ist.

Formulierungsvorschlag:[193]

226 1) Der Lizenzgeber gewährleistet, dass die Vertragsgegenstände die vereinbarte Beschaffenheit aufweisen und dass der Nutzung der Vertragsgegenstände im vertraglichen Umfang durch den Lizenznehmer in dem Land, in dem der Ersterwerb der Software vom Lizenzgeber stattgefunden hat, keine Rechte Dritter entgegenstehen.

---

[185] BGH Urt. v. 22.12.1999 – VIII ZR 299/98, CR 2000, 207; → Rn. 57, 67.
[186] Grundlegend zu Testverfahren: *Müller-Hengstenberg/Kirn* CR 2008, 755.
[187] *Redeker* CR 2005, 700 (702).
[188] LG München I Urt. v. 18.11.1988 – 21 O 11130/88, NJW 1989, 2625 f.
[189] Zur Entwicklung des Fehlerbegriffs: *Redeker* CR 2005, 700 (702 f.).
[190] → § 10 Rn. 68 ff.
[191] Siehe auch → § 16 Standardklauseln.
[192] Zusammenfassend: *Koch* ITRB 2008, 131.
[193] Siehe Muster bei Redeker/*Brandi-Dohrn,* Handbuch der IT-Verträge, Teil 1.2 § 10.

2) Im Rahmen der Mängelhaftung wird der Lizenzgeber selbst oder über von ihm beauftragte Dritte zunächst versuchen, den Fehler zu beheben bzw. beheben zu lassen. Hierzu überlässt er nach seiner Wahl dem Lizenznehmer einen neuen, mangelfreien Softwarestand oder beseitigt den Mangel. Als Mangelbeseitigung gilt auch, wenn der Lizenzgeber dem Lizenznehmer vorübergehende Lösungen, egal ob softwarebasiert oder durch Anleitung, zur Verfügung stellt, die den Mangel beheben.
3) Schlagen zwei Nacherfüllungsversuche fehl, ist der Lizenznehmer berechtigt, angemessene Nachfrist zur Mängelbeseitigung zu setzen. Er hat dabei ausdrücklich und schriftlich darauf hinzuweisen, dass sofern die Nachbesserung binnen angemessener Frist nicht erfolgreich durchgeführt wird, der Lizenznehmer vom Vertrag zurücktreten oder Minderung (Herabsetzung der Lizenzgebühr) sowie Schadensersatz nach den gesetzlichen Vorschriften geltend machen wird.

Auch im Hinblick auf das Auftreten von Rechtsmängeln kann vereinbart werden, wie Nachbesserungen oder Mängelbeseitigung zu erfolgen haben.

Formulierungsvorschlag:
Jedoch kann der Lizenzgeber für den Fall von Rechtsmängeln der Software auf seine eigenen Kosten und nach seiner Wahl:
a) dem Lizenznehmer das Recht verschaffen, die Software oder den Bestandteil, welcher die Verletzung begründet, zu nutzen;
b) die Software oder den Bestandteil, welcher die Verletzung begründet, abändern und abwandeln um die Verletzung zu beseitigen; oder
c) die Software oder den Bestandteil, welcher die Verletzung begründet, durch eine andere Software von vergleichbarer Leistungsfähigkeit ersetzen.

Im Hinblick auf den auch ohne Verschulden gegebenen Nacherfüllungsanspruch hat der BGH entschieden, dass dieser nicht den Ersatz von Schäden des Käufers umfasst, sondern nur die Nacherfüllung des ursprünglichen Geschuldeten und damit letztendlich in der Substanz die ordnungsgemäße Erfüllung des ursprünglichen Kaufvertrages.[194] Dies bedeutet, dass in diesem Falle beispielsweise Kosten der Neuinstallation und/oder Parametrisierung der nacherfüllten Software nicht vom Verkäufer zu tragen sind.

9. Haftung

Bei der Erstellung von Haftungsklauseln ist zu beachten, dass gewisse Haftungsbeschränkungen sowohl in AGB als auch in Individualverträgen stets unwirksam sind:
- Haftungsbeschränkung oder -ausschluss für Vorsatz (§ 276 Abs. 3 BGB),
- Haftungsbeschränkung oder -ausschluss für vom Verkäufer gegebene Garantien (§§ 443, 444 BGB).
- Haftungsbeschränkung oder -ausschluss für arglistig verschwiegene Mängel.

Im Übrigen empfiehlt es sich, auch in Individualverträgen auf ein Haftungssystem zu achten, dass ein **ausgeglichenes Verhältnis** zwischen Käufer und Verkäufer erreicht, um in der Kundenbeziehung nicht den Eindruck zu erwecken, der Verkäufer würde für die Qualität seiner Leistungen nicht einstehen wollen. Eine AGB-rechtlich bedenkliche, aber in Individualverträgen mögliche Klausel wäre, die Haftung des Verkäufers auf die Leistungen einer für die typischen vertraglichen Risiken ausreichenden Haftpflichtversicherung zu beschränken, wobei die oben genannten nicht beschränkbaren Haftungstatbestände in jedem Falle von dieser Haftungsbeschränkung auszunehmen wären.

---

[194] BGH Urt. v. 15.7.2008 – VIII ZR 211/07, CR 2008, 617 ff., mit Anmerkung *Redeker*.

10. Geheimhaltung und Datenschutz

231 Da gerade bei Kauf komplexerer Software von den Parteien des Kaufvertrages vertrauliche Daten und Betriebs- und Geschäftsgeheimnisse ausgetauscht werden, empfiehlt sich die Aufnahme einer entsprechenden Geheimhaltungsklausel.

> **Formulierungsvorschlag:**
>
> 232 Die Vertragsparteien verpflichten sich im Hinblick auf vertrauliche Informationen, die im Rahmen dieses Vertrages ausgetauscht werden, diese vertraulichen Informationen unbefristet geheim zu halten und weder im eigenen Unternehmen einschließlich aller verbundenen Unternehmen, Tochterunternehmen, Niederlassungen, Beratern, Mitarbeitern und allen ähnlichen Personen, Unternehmen oder sonstigen natürlichen oder juristischen Personen zu verwerten/verwerten zu lassen oder selbst oder durch Dritte in sonstiger Weise zu nutzen/nutzen zu lassen.
> Im Rahmen dieses Vertrages gilt als vertrauliche Information – beispielhaft aber nicht abschließend aufgezählt – insbesondere jede Software einschließlich des Quellcodes, jedes Betriebsgeheimnis, jede Information und alle Daten oder sonstigen, nicht öffentlich zugänglichen oder vertraulichen Informationen bezüglich Produkten, Prozessen, Know-how, Design, Formeln, Algorithmen, Entwürfen, Entwicklungen, Forschungen, Computerprogrammen oder Teilen von Computerprogrammen (einschließlich des Quellcodes), Schnittstellen, Datenbanken sowie anderen urheberrechtlich geschützte Werken oder jede andere Information im Hinblick auf die Geschäftstätigkeit der Parteien und deren Mitarbeiter, Berater, Lizenznehmer oder anderer dieser Partei zuzuordnenden Personen, die im Rahmen dieser Vereinbarung bekannt gegeben werden oder in sonstiger Weise als vertraulich gekennzeichnet in schriftlicher, elektronischer, verkörperter oder mündlicher Form mitgeteilt werden.

233 Eine solche Geheimhaltungsklausel nimmt dabei solche Informationen üblicherweise von der Geheimhaltung aus, die allgemein bekannt oder ohne Verletzung der Geheimhaltung öffentlich bekannt werden oder deren Bekanntgabe von einem Gericht oder einer Behörde angeordnet wird. Letztere Offenlegungsmöglichkeit ist insbesondere im Rahmen von Steuerverfahren wichtig. Daneben kann klargestellt werden, dass Dritte nicht zur Berufsverschwiegenheit verpflichtete Berater sind.

> **Formulierungsvorschlag:**
>
> 234 Vorstehende Geheimhaltungsverpflichtung gilt nicht, wenn eine Partei gesetzlich, aufgrund eines rechtskräftigen Urteils eines Gerichtes oder behördlich verpflichtet ist, Informationen zu offenbaren.

235 Weiterhin sollten die Vertragsparteien die Einhaltung der notwendigen Datenschutzgrundsätze vereinbaren. Dies ist insbesondere bei grenzüberschreitenden Datenübermittlungen notwendig.[195]

11. Sonstige Regelungen, Schlussvorschriften

236 Bei den sonstigen Regelungen kommt die Aufnahme einer **Schiedsvereinbarung** in Betracht, mit der entweder der Vorrang des Schiedsverfahrens vor dem gerichtlichen Verfahren oder der Ersatz des gerichtlichen Verfahrens durch das Schiedsverfahren vereinbart wird.

---

[195] Siehe auch → § 34 (Datenschutz).

VI. Vertragsgestaltung

Formulierungsvorschlag:[196]
Die Parteien vereinbaren, bei allen Meinungsverschiedenheiten aus oder im Zusammenhang mit diesem Vertrag, Vertragserweiterungen oder -ergänzungen, die sie nicht untereinander bereinigen können, die folgende Schlichtungsstelle ...... anzurufen, um den Streit nach deren Schlichtungsordnung in der zum Zeitpunkt der Einleitung eines Schlichtungsverfahrens gültigen Fassung ganz oder teilweise, vorläufig oder endgültig zu bereinigen.
Die Verjährung für alle Ansprüche aus dem schlichtungsgegenständlichen Lebenssachverhalt ist ab dem Schlichtungsantrag bis zum Ende des Schlichtungsverfahrens gehemmt. § 203 BGB gilt entsprechend.

237

Gegebenenfalls müssen bei Verträgen mit Auslandsberührung **Exportkontrollklauseln** vereinbart werden, falls die Software solchen Beschränkungen unterliegt, die durch den Verkäufer einer Software zu beachten sind. (wie zum Beispiel die deutschen,[197] europäischen[198] oder US-amerikanischen[199] Exportbeschränkungen). Beispielsweise unterliegt solche Software den deutschen Exportbeschränkungen, die „symmetrische Algorithmen" mit einer Schlüssellänge größer 56 Bit oder „asymmetrische Algorithmen", deren Sicherheit auf dem Verfahren der Faktorisierung ganzer Zahlen, die größer als 2^{512} sind (zB RSA-Verfahren) beruht.[200]

238

Formulierungsvorschlag:
Diese Software unterliegt Exportbeschränkungen, die durch den Lizenznehmer zu beachten sind. Der Lizenznehmer ist insbesondere nicht berechtigt, diese Software in Länder, die nach deutschem Recht oder EU-Recht sowie nach sonstigem, anwendbaren nationalem Recht auf einer Embargoliste genannt sind, zu exportieren.

239

Bei den Schlussvorschriften ist – neben den üblichen Klauseln – besonderes Augenmerk auf die **Rechtswahlklausel** zu richten. Bei Verträgen mit Auslandsberührung ist zu beachten, dass Software stets als „Ware" im Sinne des CISG (Übereinkommen der Vereinten Nationen über Verträge über den internationalen Warenkauf vom 11.4.1980) anzusehen ist und daher dessen Geltung, ist sie nicht erwünscht, – unbedingt abzubedingen ist. Dabei muss eine ausdrückliche Abbedingung erfolgen, nur die Vereinbarung „Deutschen Rechts" oder der Ausschluss der deutschen internationalen Kollisionsnormen recht nicht aus.

240

Formulierungsvorschlag:
Auf diese Vereinbarung (einschließlich ihrer Anlagen) sowie deren Durchführung findet das Recht der Bundesrepublik Deutschland, mit Ausnahme des UN-Kaufrechtes und des internationalen Vertragsrechts, Anwendung.

241

Im Hinblick auf die üblicher Weise verwendete Schriftformklausel kann, insbesondere bei Softwarekaufverträgen, die als Rahmenvertrag über einen längeren Zeitraum den Erwerb von Softwarekopien vorsehen, angeraten sein, für bestimmte Geschäftsabläufe eine abweichende Form der Kommunikation als verbindlich zu erklären. Dies könnte beispielsweise bei Abrufverträgen, die per E-Mail abgewickelt werden, durch die Vereinbarung der **Textform**[201] für solche Abrufe geschehen.

242

---

[196] Musterklausel für Schiedsvereinbarungen der DGRI e. V.
[197] Siehe dazu die Webseite des Bundesamtes für Ausfuhrkontrolle http://www.ausfuhrkontrolle.info.
[198] COUNCIL REGULATION (EC) No 428/2009 of 5 May 2009 setting up a Community regime for the control of exports, transfer, brokering and transit of dual-use.
[199] Siehe dazu die Website Export Administrations Regulations https://bxa.ntis.gov/.
[200] Auszug aus Kategorie 5 Teil 2 der 108 VO zur Ausfuhrliste.
[201] *Schneider* B Rn. 849 ff.

§ 13 Überlassung von Software auf Zeit

Übersicht

	Rn.
I. Allgemeines	1–3
II. Vertragstypologische Einordnung	4–54
1. Erforderlichkeit der Einordnung	4/5
2. Überlassung auf Zeit gegen Vergütung	6–27
a) Mietvertrag, § 535 BGB	9–19
b) Pachtvertrag, § 581 BGB	20–23
c) Lizenzvertrag	24–27
3. Überlassung auf Zeit ohne Vergütung	28/29
4. Besondere Geschäftsmodelle	30–54
a) Leasing	30–36
b) Application Service Providing, Software as a Service	37–47
c) Grid Computing	48–53
d) Cloud Computing	54
III. Wesentliche Regelungspunkte eines Softwaremietvertrages	55–234
1. Vertragsmuster	55/56
2. Vertragsgegenstand	57–75
a) Pflichten des Vermieters	57–69
b) Erhaltungspflicht vs. Pflegevertrag	70–75
3. Miete	76–99
a) Pflicht zur Mietzahlung	76–79
b) Gestaltungsmöglichkeiten	80–82
c) Fälligkeit	83/84
d) Preisanpassung	85–95
e) Sanktionen bei Zahlungsverzug	96–99
4. Nutzungsrechte, Nutzungsbeschränkungen	100–145
a) Allgemeines	100/101
b) Vertragsgemäßer Gebrauch	102/103
c) Nutzungsrechte und Beschränkungen beim klassischen Mietmodell	104–123
d) Nutzungsrechte bei ASP	124–136
e) Softwaremietvertrag in der Insolvenz des Vermieters	137–145
5. Rechte des Mieters bei Mängeln	146–194
a) Der Mangelbegriff	146–152
b) Mängelrechte des Mieters	153–181
c) Beschränkung der Ansprüche wegen Sach- und Rechtsmängeln	182–195
6. Vertragliche Verfügbarkeitsvereinbarungen, Service Level Agreement	196–209
a) Allgemeines	196–198
b) Leistungsbeschreibung vs. Leistungsbeschränkung	199–202
c) Inhaltskontrolle	203–209
7. Datenschutz, Auftragsdatenverarbeitung	210–215
a) Allgemeines	210/211
b) Auftragsdatenverarbeitungsvertrag	212
c) Verteilte Datenverarbeitungsstandorte, Cloud Computing	213–215
8. Vertragsdauer, Kündigung	216–222
a) Vertragsdauer	216–218
b) Kündigung des Vertrages	219–222
9. Rückgabe, Herausgabe von Daten	223–234
a) Rückgabe	223–230
b) Herausgabe von Daten	231–234

Schrifttum: *Alpert,* Kommerzielle Online-Nutzung von Computerprogrammen, CR 2000, 345; *Bartsch,* Urheberrechtlicher Softwareschutz, CR 1999, 361; *Baus,* Verwendungsbeschränkungen in Software-Überlassungsverträgen, 2004; *Becker/Hecht,* Auswirkungen des Preisklauselgesetzes auf die IT-Vertragsgestaltung, ITRB 2008, 251; *Beckmann,* Finanzierungsleasing, 3. Aufl. 2006; *Berger,* Softwarelizenzen in der Insolvenz des Softwarehauses, CR 2006, 505; *ders.,* Lizenzen in der Insolvenz des Lizenzgebers, GRUR 2013, 321; *Bierekoven,* Lizenzmanagement und Lizenzaudits, ITRB 2008, 84; *ders.,* Lizenzierung in der Cloud, ITRB 2010, 42; *Bitkom,* Leitfaden für SaaS-Anbieter; *Braun,* Die Zulässigkeit von Service-Level-Agreements am Beispiel

I. Allgemeines

der Verfügbarkeitsklausel, 2006; *Conrad/Grützmacher*, Recht der Daten und Datenbanken im Unternehmen, Jochen Schneider zum 70. Geburtstag, 2014; *Disput*, „Change of Control"-Klauseln im gewerblichen Mietvertrag, NZM 2008, 305; *Feil/Leitzen*, EVB-IT, 2003; *Grützmacher*, Application Service Providing – Urhebervertragsrechtliche Aspekte, ITRB 2001, 59; *ders.*, Vertragliche Ansprüche auf Herausgabe von Daten gegenüber dem Outsourcing-Anbieter, ITRB 2004, 216; *ders.*, Datenschutz und Outsourcing – Auftragsverarbeitung oder Funktionsübertragung?, ITRB 2007, 183; *Hecht*, Wertsicherungsklauseln in IT-Verträgen, ITRB 2006, 118; *Herrmann*, Cloud Computing – Das Buzzword des Jahres?, www.computerwoche.de/management/cloud-computing/1860108/; *Hilber*, Handbuch Cloud Computing, 2014; *Hoeren*, Softwareauditierung, 2008, 409; *ders.*, IT-Recht-Skript, Stand: Februar 2014; *Intveen*, Fernwartung von IT-Systemen, ITRB 2001, 251; *ders.*, Verträge über die Vermietung und Pflege von Software, ITRB 2012, 93; jurisPK-BGB, 7. Aufl. 2014; *ders./Karger*, Erfolgreiche Durchführung von Software-Audits, ITRB 2014, 39; *ders./Lohmann*, Die Haftung des Providers bei ASP-Verträgen, ITRB 2002, 210; *Junker*, Verfügbarkeitsbeschränkungen in Provider-Verträgen als verhüllte Haftungsbeschränkung, jurisPR-ITR 22/2008 Anm. 5; *Kessel/Schwedler*, Preisanpassungsklauseln in AGB und ihre Bewertung durch die Rechtsprechung, BB 2010, 585; *Koch*, Weltweit verteiltes Rechnen im Grid Computing, CR 2006, 42; *Kremer*, Anpassungspflicht für Software bei Änderungen der Rechtslage, ITRB 2013, 116; *ders.*, Vertragsgestaltung bei Anpassung von Software wegen Änderungen der Rechtslage, ITRB 2013, 143; *Lehmann* (Hrsg.), Rechtsschutz und Verwertung von Computerprogrammen, 2. Aufl. 1993; *Lenhard*, Vertragstypologie von Software-Überlassungsverträgen, 2005; *Lutz*, Softwarelizenzen und die Natur der Sache, 2009; *von Merveldt*, Zulässigkeit langfristiger Laufzeiten für Softwareüberlassungsverträge, CR 2006, 721; *Meyer*, Aktuelle vertrags- und urheberrechtliche Aspekte der Erstellung, des Vertriebs und der Nutzung der Software, 2008; *Moos*, Wirksamkeit und Umfang gesetzlicher und vertraglicher Pflichten zur Lizenzüberprüfung, CR 2006, 797; *Nerlich/Römermann*, Insolvenzordnung, 18. Aufl. 2010; *Peter*, Verfügbarkeitsvereinbarungen beim ASP-Vertrag, CR 2005, 404; *Pohle/Ammann*, Über den Wolken – Chancen und Risiken des Cloud Computing, CR 2009, 273; *dies*, Software as a Service – Auch rechtlich eine Evolution?, K&R 2009, 625; *Redeker*, Vertragliche Einordnung von Softwarelieferverträgen: Einzelprobleme, ITRB 2013, 165; *Röhrborn/Sinhart*, Application Service Providing – Juristische Einordnung und Vertragsgestaltung, CR 2001, 69; *Roth-Neuschild*, Vertragliche Absicherung der Verfügbarkeit bei Software as a Service, ITRB 2012, 67; *Karsten Schmidt*, Insolvenzordnung, 18. Aufl. 2013; *Schneider/Spindler*, Der Erschöpfungsgrundsatz bei „gebrauchter" Software im Praxistext, CR 2014, 213; *Schoengarth*, Applikation Service Providing-Vertragsgestaltung und Risiken, insbesondere Betriebsausfallschäden, Köln 2005; *Scholz*, Zum Fortbestand abgeleiteter Nutzungsrechte nach Wegfall der Hauptlizenz – zugleich Anmerkung zu BGH „Reifen Progressiv", GRUR 2009, 1107; *ders.*, Sind Lizenzen kündbar?, ITRB 2012, 162; *Schulz*, Cloud Computing in der öffentlichen Verwaltung – Chancen – Risiken – Modelle, MMR 2010, 75; *Schuster/Reichl*, Cloud Computing & SaaS: Was sind die wirklich neuen Fragen?, CR 2010, 38; *Selk*, Das Schicksal von ASP- und SaaS-Services in der Insolvenz des Anbieters, ITRB 2012, 201; *Söbbing*, Cloud und Grid Computing: IT-Strategien der Zukunft rechtlich betrachtet, MMR 2008, Nr. 5, XII.; *ders.*, Auswirkungen der BDSG Novelle auf Outsourcing-Projekte, ITRB 2010, 36; *ders.*, IT-Miete, ITRB 2012, 260; *Stiemerling/Hirschmeier*, Software as a Service in der Praxis, ITRB 2010, 146; *Uhlenbruck*, Insolvenzordnung, 13. Aufl. 2010; *Witzel*, Gewährleistung und Haftung in Application Service Providing-Verträgen, ITRB 2002, 183.

I. Allgemeines

Die Softwareüberlassung auf Zeit ist – bedingt durch die neuen Geschäftsmodelle Application Service Providing und Cloud Computing in Form von Software as a Service – in aller Munde und liegt voll im Trend. Die **Vorteile des Kunden** sind vielschichtig. Die Art der Vergütung, seien es monatliche Mieten oder rein nutzungsintensitätsabhängige Zahlungen (Stichwort „pay as you earn") verschont den Kunden vor hohen Erwerbsinvestitionen und erhält damit seine Liquidität. Hinzu kommt der steuerliche Vorteil. Die Mieten sind als Betriebsausgaben voll absetzbar, der Kaufpreis für die Software muss dagegen langjährig abgeschrieben werden. Darüber hinaus verschafft Softwareüberlassung auf Zeit dem Kunden Flexibilität in Bezug auf die Softwareauswahl und den Nutzungsumfang. So können Spitzenzeiten bedarfsgerecht versorgt werden, außerdem fällt mangels Erwerbskosten ein Wechsel auf eine andere Software leichter. Ein wesentlicher Vorteil für den Kunden liegt darin, dass er sich um Mängel der Software keine Gedanken mehr machen muss, wenn der Überlassungsvertrag mietvertraglich eingeordnet wird, denn der Vermieter ist während der gesamten Mietdauer verpflichtet, die Software gebrauchstauglich und somit mangelfrei zu halten. 1

Softwareüberlassung auf Zeit hat jedoch auch **Nachteile**. Zunächst besteht mangels Erwerb einer dauerhaften Rechtsposition die systemimmanente Gefahr, dass der Vermieter den Vertrag kündigt. Dieses Risiko muss, insbesondere wenn dem Mieter hoher Aufwand für die 2

Einführung der Software entstanden ist, durch eine an der Amortisierung der Einführungsinvestition orientierten langen Vertragsdauer abgefedert werden. Allerdings geht dies dann zu Lasten der Flexibilität bezüglich eines Softwarewechsels. Insbesondere bei den Geschäftsmodellen Software as a Service („SaaS") und Application Service Providing („ASP") ist zu bedenken, dass die Software in der Regel nicht unbedingt im gleichen Maße an die Anforderungen des Kunden angepasst werden kann, wie dies bei einer gekauften Software der Fall ist. Der Kunde muss sich also weitestgehend mit dem angebotenen Standard begnügen. Nachteilig für den Kunden bei ASP und SaaS ist, dass die von der Anwendung zu bearbeitenden Unternehmensdaten nicht auf der eigenen IT-Anlage, sondern extern im Rechenzentrum des Anbieters verarbeitet und in der Regel auch dort gespeichert werden. Die damit einhergehende Gefahr von Datenverlusten sowie Geheimnisschutz- und Datenschutzverletzungen, letzteres sofern personenbezogene Daten außer Haus verarbeitet werden, besteht allerdings auch dann, wenn gekaufte Software von einem externen Hoster für den Kunden betrieben wird, was nicht selten vorkommt.

3   Für das **Softwarehaus** liegt ein **Vorteil** der Nutzungsüberlassung auf Zeit darin, dass es den Kunden stärker an Nutzungsbeschränkungen binden kann, als beim Verkauf der Software, denn die rechtliche Position des Mieters ist nicht vergleichbar mit der starken Position des Eigentümers, der eine Sache erwirbt, um sie nach Belieben – natürlich unter Beachtung der urheberrechtlichen und wirksamen vertraglichen Grenzen – zu verwenden. Insbesondere aufgrund der nun höchstrichterlich bestätigten Möglichkeit des Gebrauchtsoftwarehandels wird das Geschäftsmodell der befristeten Softwareüberlassung an Bedeutung für die Softwarehersteller gewinnen.[1] Der **Nachteil** eines Mietvertrages für das Softwarehaus liegt im mietrechtlichen Gewährleistungskonzept, insbesondere der Verpflichtung des Vermieters, die vertragsgemäße Nutzung der Software während der gesamten Mietdauer ohne zusätzliche Vergütung aufrechtzuerhalten und der damit verbundenen finanziellen Folge, dass dieser Leistungsteil nicht Gegenstand eines zusätzlich vergütungspflichtigen Pflegevertrages sein kann. Wird die Software verkauft, zahlt der Kunde in der Regel dafür zusätzlich jährlich einen Betrag von 16 % bis 22 % des Kaufpreises für den ebenfalls abgeschlossenen Softwarepflegevertrag. Wird die Software vermietet, bleibt lediglich Raum für solche zusätzlich vergütungspflichtigen Leistungen, die nicht zur Aufrechterhaltung der vertragsgemäßen Nutzung erforderlich sind (zB Schulung, Beratung, Anpassung etc) (vgl. dazu → II. Rn. 70).

II. Vertragstypologische Einordnung

1. Erforderlichkeit der Einordnung

4   Um die rechtliche Beurteilung eines Sachverhaltes vornehmen zu können, insbesondere um festzustellen, **ob und welche Rechte** einem Softwareanwender bei Leistungsdefiziten zustehen oder ob verwendete Vertragsbedingungen wirksam sind, ist eine vertragstypologische Einordnung des betroffenen Lebenssachverhaltes unabwendbar. Gelingt die vertragliche Typisierung, dann kann für die jeweiligen Rechtsfragen auf das vom Gesetzgeber dafür vorgesehene Reglement zurückgegriffen und es können die für die Inhaltskontrolle von Verträgen gemäß §§ 307 ff. BGB wesentlichen Grundgedanken der gesetzlichen Regeln ermittelt werden.[2] Der vertragstypologischen Einordnung und ihrer Bedeutung für das rechtliche „Handling" sind natürlich bei solchen Sachverhalten Grenzen gesetzt, die nicht eindeutig einem Vertrag zuordenbar sind.[3] Gerade Verträge aus dem modernen Wirtschaftsleben lassen sich nicht immer einem Vertrag zuordnen. Für diesen Fall empfiehlt *Fuchs* eine sorgfältige, objektivierte Analyse des konkreten Regelungsgegenstandes unter Berücksichtigung der speziellen Natur des neuartigen Vertragstyps sowie seiner besonderen Geschäftszwecke.[4]

---

[1] Vgl. → Rn. 11.
[2] *Meyer* S. 127 ff.; Ulmer/Brandner/Hensen/*Fuchs* § 307 Rn. 203.
[3] Ulmer/Brandner/Hensen/*Fuchs* § 307 Rn. 200.
[4] Ulmer/Brandner/Hensen/*Fuchs* § 307 Rn. 200.

II. Vertragstypologische Einordnung

Für die Einordnung eines Lebenssachverhalts unter einen Vertragstyp ist jedenfalls auf den Vertragsinhalt und den von den Parteien gewollten Vertragszweck abzustellen, nicht jedoch auf die von den Vertragsparteien verwendete Bezeichnung.[5]

2. Überlassung auf Zeit gegen Vergütung

Der BGH hat entschieden, dass eine auf einem Datenträger verkörperte Standardsoftware als **bewegliche Sache** anzusehen ist, für deren Überlassung je nach der vereinbarten Nutzungsdauer Miet- oder Kaufrecht anzuwenden ist.[6, 7]

Wird Software dauerhaft, also endgültig gegen eine einmalige Vergütung überlassen, wird das Vertragsverhältnis – soweit nicht planerische Leistungen den Schwerpunkt bilden[8] – nach hM kaufrechtlich beurteilt.[9] Der BGH spricht im UsedSoft-Urteil vom 17.7.2013 vom Recht, die Software „ohne zeitliche Begrenzung zu nutzen".[10]

Wird Software auf Zeit, also befristet, überlassen, wird neben der Einordnung des Rechtsgeschäfts als Miete, auch das Vorliegen einer Rechtspacht oder eines Lizenzvertrages diskutiert. Der Bundesgerichtshof ist der hM in der Literatur gefolgt und hat bestätigt, dass ein auf Zeit geschlossener Softwareüberlassungsvertrag als **Mietvertrag** einzuordnen ist.[11, 12]

a) **Mietvertrag, § 535 BGB.** Gegenstand des Mietvertrages ist die beendbare Gebrauchsgewährung einer Sache gegen Entrichtung der vereinbarten Miete.

aa) Sachqualität. Vermietet werden kann nur eine Sache gemäß § 90 BGB, also ein körperlicher, abgrenzbarer Gegenstand. Es ist jedoch seit jeher umstritten, ob Software eine Sache ist. Spricht man Software die Sachqualität ab, ist Mietrecht nicht anwendbar, es müsste Pachtrecht herangezogen werden, da dieses die zeitweise Überlassung von „Gegenständen" erfasst.[13] Streitpunkt ist, ob die Software ein von der körperlichen Fixierung losgelöstes immaterielles Gut ist oder ob die Software wesensbedingt verkörpert sein muss, um überhaupt nutzbar zu sein.[14]

Die alte Diskussion um den Sachbegriff wurde zunächst neu entfacht durch die im Rahmen der Schuldrechtsreform geänderte Vorschrift zum Werklieferungsvertrag (§ 651 BGB) und der daraus folgenden Einordnung von Softwareerstellungs- und Softwareprojektverträgen. § 651 BGB unterstellt die Lieferung einer herzustellenden oder zu erzeugenden beweglichen „Sache" dem Kaufrecht. Bejaht man die Sachqualität der Software, ist die Überlassung einer an individuelle Anforderungen angepasste oder individuell erstellte Software kaufrechtlich zu beurteilen. Verneint man die Sachqualität, bleibt es bei der Rechtslage vor der Schuldrechtsreform, nach der Werkvertragsrecht für solche Konstellationen Anwendung fand, soweit die Anpassungsleistung nicht marginal war.[15] Um die Körperlichkeit von Software ging es später mittelbar auch bei der Diskussion um die Möglichkeit der Veräußerung von Gebrauchtsoftware. Streitig war, ob sich der **urheberrechtliche Erschöpfungsgrundsatz**

---

[5] BGH Urt. v. 17.9.1987 – VII ZR 153/86, NJW 1988, 135.
[6] BGH Urt. v. 4.11.1987 – VIII ZR 314/86, NJW 1988, 406; BGH Urt. v. 18.10.1989 – VIII ZR 365/88, CR 1990, 24; BGH Urt. v. 6.7.2000 – I ZR 244/97, CR 2000, 261.
[7] BGH Urt. v. 14.7.1993 – VIII ZR 147/92, CR 1993, 681; BGH Urt. v. 17.7.2013 – I ZR 129/08, CR 2014, 168 – UsedSoft II.
[8] BGH Urt. v. 23.7.2009 – VII ZR 151/08, CR 2009, 637 – Siloanlage.
[9] → Kapitel 5; *Redeker,* IT-Recht, Rn. 523 f. mwN; zu Streitstand auch: *Marly* Rn. 697 ff. mwN.
[10] BGH Urt. v. 17.7.2013 – I ZR 129/08, Rn. 61, CR 2014, 168 – UsedSoft II; zu dieser Terminologie vgl. *Schneider/Spindler* CR 2014, 213 (216).
[11] BGH Urt. v. 15.11.2006 – VII ZR 120/04, CR 2007, 75 – ASP; OLG Hamburg Urt. v. 15.12.2011 – 4 U 85/11, MMR 2012, 740; LG Köln Urt. v. 25.10.1995 – 20 S 9/95, CR 1996, 154; *Schneider* Teil J Rn. 368; *Marly* Rn. 752, 1088, 1133; *Redeker,* IT-Recht, Rn. 596; *Redeker/Karger* Kap. 1.9 Rn. 3; *Marly* Rn. 752 ff.
[12] Vertragstyp im Falle der Vereinbarung von Leistungsbündeln vgl. → Rn. 41.
[13] Vgl. dazu → Rn. 20.
[14] *Meyer* S. 139 mwN; *Marly* Rn. 696 ff.; Schneider/von Westphalen/*Schneider* B. Rn. 32 ff.
[15] BGH Urt. v. 22.7.1998 – VIII ZR 220/97, NJW 1998, 3197.

auch auf „unkörperliche" Programmkopien erstrecke oder nur auf ein körperliches Werkstück. Der EuGH sowie der BGH haben sich für Ersteres entschieden.[16]

12 Der BGH hat zur Sachqualität der Software festgestellt, dass die der Steuerung eines Computers dienenden Programme, um ihre Funktion zu erfüllen, in körperlicher Form vorhanden sein müssen. Das kann sowohl auf einem Wechselspeichermedium (CD, Diskette, USB-Stick) oder auf einer Festplatte oder einem anderen – auch flüchtigen – Speichermedium sein.[17] Klargestellt hat der BGH ebenfalls, dass das Urheberrecht sowie die Einräumung von Nutzungsrechten für die Rechtsnatur des Softwareüberlassungsvertrages nicht maßgebend sind. Im Vordergrund stehe – so der BGH – der mit dem Softwareüberlassungsvertrag verfolgte Zweck, nämlich die Nutzung der Software.[18]

13 *bb) Überlassung auf Zeit.* Der Mietvertrag ist ein von beiden Vertragspartnern beendbares Dauerschuldverhältnis.[19] Wesentliches Indiz für das Vorliegen eines Mietvertrages ist die Festlegung einer **konkreten Vertragsdauer** oder die Vereinbarung von Beendigungsmöglichkeiten. Dies kann entweder durch die Befristung des Vertrages oder dadurch erfolgen, dass ein Kündigungsrecht vertraglich vereinbart wird. Fehlt zu Letzterem eine Regelung im Vertrag, gelten die gesetzlichen Kündigungsregeln. Allerdings setzt dies voraus, dass sich aus dem Vertrag im Übrigen klar ergibt, dass die Vertragspartner einen Mietvertrag abschließen wollten. Kein Zweifel daran besteht bei Vereinbarung eines nur zeitlich beschränkten Nutzungsrechts oder der Verpflichtung zur **Rückgabe der Software** oder zur Einstellung der Nutzung nach Beendigung des Vertrages. Ein Hinweis auf das Vorliegen eines Mietvertrages kann auch die fehlende Übereignung des Datenträgers sein. Alleine die Verpflichtung zur regelmäßig wiederkehrenden Zahlung begründet in Anbetracht kaufmännischer Gestaltungsmöglichkeiten (zB Zahlung nach Nutzungsintensität) keine eindeutige Zuordnung zum Mietrecht.

14 Auch die Vereinbarung eines **außerordentlichen Kündigungsrechts** im Falle eines Vertragsverstoßes führt dann nicht zur mietrechtlichen Einordnung, wenn im Übrigen die dauerhafte, zeitlich unbeschränkte Nutzung der Software gegen Einmalvergütung vereinbart ist.[20] Dies gilt ebenso für den als Kaufvertrag einzuordnenden Vertrag EVB IT-Überlassung Typ A,[21] der in Ziff. 4 der Ergänzenden Vertragsbedingungen ein – mE unwirksames – außerordentliches Kündigungsrecht des Auftragnehmers für den Fall enthält, dass der Auftraggeber die vereinbarten Nutzungsrechte schwerwiegend verletzt oder gegen US-amerikanische Kontrollvorschriften verstößt.[22]

15 Einschränkungen in Allgemeinen Geschäftsbedingungen spielen für die vertragstypologische Einordnung keine Rolle, da sie der Inhaltskontrolle unterliegen. Maßgebend sind die individuellen Abreden.[23] Ergeben sich hieraus jedoch keine Anhaltspunkte für eine Überlassung auf Zeit, liegt eine kaufrechtliche Einordnung nahe.

16 *cc) Gebrauchsgewährung.* Die Gebrauchsgewährung setzt das Verschaffen des Mietgebrauchs sowie dessen Erhaltung voraus.[24] Wird die Software zur Nutzung auf einem Datenträger überlassen, dann ist die Gebrauchsgewährungspflicht erfüllt. Mittlerweile ist die Auslieferung eines **Datenträgers** jedoch eine Ausnahme. Software wird überwiegend zum **Download** bereitgestellt oder per Datenfernübertragung überlassen.

---

[16] BGH Urt. v. 17.7.2013 – I ZR 129/08, CR 2014, 168 – UsedSoft II; EuGH Urt. v. 3.7.2012 – C-128/11, CR 2012, 498 – UsedSoft.
[17] BGH Urt. v. 15.11.2006 – VII ZR 120/04, Rn. 16, CR 2007, 75 – ASP; offen ist jedoch nach wie vor der Streitstand um § 651 BGB.
[18] BGH Urt. v. 15.11.2006 – VII ZR 120/04, Rn. 17, CR 2007, 75 – ASP, abweichend *Redeker*, IT-Recht, Rn. 1129.
[19] Palandt/*Weidenkaff* Einl. vor § 535 Rn. 1.
[20] *Redeker*, IT-Recht, Rn. 599; *Schneider* Kap. J Rn. 382.
[21] Vertragsgegenstand: zeitlich unbefristete Überlassung von Standardsoftware gegen Einmalvergütung.
[22] *Leitzen/Feil* kommentieren den Vertrag auf der Grundlage von Kaufrecht; vgl. *Scholz* ITRB 2012, 162 (164); problematisch LG Köln Urt. v. 14.9.2011 – 28 O 482/05 (hielt außerordentliche Kündigung eines kaufrechtlich einzuordnenden Lizenzvertrages für wirksam); Wandtke/Bullinger/*Grützmacher* § 69c Rn. 43.
[23] *Schneider* Kap. J Rn. 373; ausführlich *Lutz* S. 18.
[24] Dazu s. auch → Rn. 59 ff.; MüKoBGB/*Häublein* § 535 Rn. 65.

II. Vertragstypologische Einordnung

Im Zusammenhang mit der Frage, ob auf einen Softwarekaufvertrag das damalige Abzahlungsgesetz angewendet werden kann, entschied der BGH im Jahre 1989, dass es für die Übergabe einer beweglichen Sache, ausreichend sei, wenn ein „direktes Überspielen der Software" auf die Festplatte „ohne Übergabe eines Datenträgers" erfolge.[25] Maßgeblich sei – so der BGH – der wirtschaftliche Endzweck, nämlich die Nutzbarmachung der Software, der bei beiden Arten der Bezugsform, also der datenträgerbasierten und der datenträgerlosen Übermittlung, identisch erreicht werde. Die Wahl des Transportmittels war für die Entscheidung des BGH nicht relevant.[26] Nicht anders kann das Ergebnis für die mietrechtliche Gebrauchsüberlassung ausfallen. Auch hierfür reicht es aus, dass der Vermieter die Software zum Download oder per Datenübertragung zur Nutzung bereitstellt.

Softwareüberlassung auf Zeit kann jedoch auch in der den Geschäftsmodellen Application Service Providing oder Software as a Service zugrundeliegenden Weise erfolgen, nämlich dass die Software **auf dem Rechner des Anbieters** abläuft und der Anwender per Internet oder einer anderen Datenleitung auf die Software zugreift.[27] Für einen Mietvertrag reicht es aus, den Mieter in die Lage zu versetzen, die Sache vertragsgemäß zu gebrauchen. Dafür ist die Besitzverschaffung dann nicht notwendig, wenn dem Mieter auf andere geeignete Weise Zugang zum Mietobjekt verschafft wird.[28] Der BGH hat dies im Zusammenhang mit der Beurteilung der Rechtsnatur eines Application Service Providing-Vertrages bestätigt. Nur dann, wenn der Gebrauch der Mietsache notwendig deren Besitz voraussetzt, gehört zur Gebrauchsgewährung auch die Verschaffung des unmittelbaren Besitzes.[29]

dd) Zahlung von Miete. Üblicherweise wird die Miete als in regelmäßig zu zahlenden Beträgen vereinbart.[30] Da die Miete jedoch nicht zwingend als wiederkehrender, nach Zeitabschnitten oder Nutzungsintensität zu bemessender Betrag vereinbart sein muss,[31] kann auch dann ein Mietvertrag vorliegen, wenn eine einmalige Zahlung vereinbart ist. Allerdings spricht Letzteres für das Vorliegen eines Mietvertrages nur dann, wenn sich aus dem Vertrag eindeutig die Befristung oder Beendbarkeit der Nutzung ergibt.[32]

b) Pachtvertrag, § 581 BGB. Der Pachtvertrag, der ebenso wie der Mietvertrag, ein zeitlich befristetes Dauerschuldverhältnis ist, unterscheidet sich vom Mietvertrag zunächst dadurch, dass das Pachtobjekt ein „Gegenstand" und nicht nur eine „Sache" bzw. ein „beweglicher Gegenstand" sein kann.

Für den Begriff des Gegenstandes existiert keine Legaldefinition, obgleich er vielfach im BGB verwendet wird.[33] Ein **Gegenstand** ist alles, was Objekt von Rechten sein kann. Darunter fallen also nicht nur Sachen und Forderungen, sondern auch Immaterialgüterrechte und sonstige unkörperliche Gegenstände (zB Wasserkraft, Elektrizität, Wärme).[34] Für diejenigen, die Software nicht als Sache, sondern als Immaterialgut und damit als Gegenstand einordnen, ist der Pachtvertrag der geeignete Vertragstyp für die Überlassung auf Zeit.[35]

Die vertragstypische Pflicht des Verpächters besteht darin, dem Pächter das Recht zur Fruchtziehung am verpachteten Gegenstand einzuräumen. Das Recht zur Fruchtziehung geht über die bloße mietrechtliche Gebrauchsgestattung hinaus. Ziel des Pachtvertrages ist es, dem Pächter die Ertragserzielung mittels des verpachteten Gegenstandes zu ermöglichen.[36] Sicherlich ist die Einführung einer neuen Software in einem Unternehmen auch mit

---

[25] BGH Urt. v. 18.10.1989 – VIII ZR 325/88, Rn. 22, NJW 1990, 320; aA jurisPK-BGB/*Alpmann-Pieper* § 453 Rn. 17.
[26] *Schneider* Kap. J Rn. 74; *Lutz* S. 30.
[27] Dazu s. auch → Rn. 37 ff.
[28] Palandt/*Weidenkaff* § 535 Rn. 35.
[29] BGH Urt. v. 15.11.2006 – VII ZR 120/04, Rn. 19, CR 2007, 75 – ASP.
[30] *von Merveldt* CR 2006, 722.
[31] Palandt/*Weidenkaff* § 535 Rn. 71.
[32] Dazu s. auch → Rn. 13.
[33] Palandt/*Ellenberger* Überbl. vor § 90 Rn. 2.
[34] jurisPK-BGB/*Vieweg* § 90 Rn. 6.
[35] *Lenhard* S. 220 ff.; so auch BGH Urt. v. 25.3.1987 – VIII ZR 43/86, CR 1987, 358; BGH Urt. v. 17.11.2005 – IX ZR 162/04, Rn. 21, CR 2006, 151.
[36] jurisPK-BGB/*Grühn* § 581 Rn. 7.

dem Ziel verbunden, effizienter und damit ertragsreicher zu arbeiten. Hauptzweck des Softwareüberlassungsvertrages ist jedoch nicht die Generierung von Erträgen mittels der Software, sondern die Unterstützung der Geschäftsprozesse des Anwenders.[37] Etwas anderes gilt, wenn der Vertragspartner neben oder anstelle des Rechts zur eigenen Nutzung Vertriebsrechte an der Software erhält und auf diese Weise Erträge erzielen kann.[38]

23 Im Hinblick darauf, dass gemäß § 581 Abs. 2 BGB auf den Pachtvertrag im Wesentlichen das Mietrecht entsprechend anwendbar ist, ist eine Abgrenzung in der Regel nicht notwendig.[39]

24 c) **Lizenzvertrag.** In vielen Nutzungsbedingungen für Software, insbesondere amerikanischer Provenienz, sowie gerne umgangssprachlich werden Softwareüberlassungsverträge häufig als Lizenzverträge bezeichnet. Jedenfalls im letzteren Fall erfolgt dies jedoch häufig, ohne dass eine konkrete Vorstellung über die rechtliche Bedeutung dieses Begriffs besteht.

25 Der Begriff „Lizenz" geht zurück auf das lateinische Wort „licet" und ist zu übersetzen mit „das ist erlaubt". Der Lizenzvertrag ist zwar in vielen Gesetzen (zB UrhG, GeschmMG, PatentG, GWB, HGB, BierStG etc) als Begriff erwähnt, eine gesetzliche Definition fehlt jedoch.

26 Grundsätzlich besteht Einigkeit darüber, dass im Wege des Lizenzvertrages das Recht zur Benutzung eines immateriellen Gutes eingeräumt werden soll.[40] Ist ein Vertrag als Lizenzvertrag bezeichnet, ergibt sich daraus für die rechtliche Beurteilung des Vertrages zunächst nichts.[41] Die juristischen Einordnungsversuche sind vielfältig. Sie erstrecken sich von der Annahme gesellschaftsvertragsähnlicher über kauf-, miet- sowie pachtähnlicher Vertragsstrukturen bis hin zur Einordnung des Lizenzvertrages als Vertrag sui generis.[42]

27 Um die Zuordnung eines als Lizenzvertrag bezeichneten Vertrages zu einem kodifizierten Vertragstyp des BGB vornehmen zu können, muss der konkrete Inhalt der zwischen den Vertragspartnern vereinbarten Leistungen betrachtet werden. Nicht relevant ist jedoch der Inhalt der ggf. verwendeten Allgemeinen Geschäftsbedingungen.[43] Ein Satz wie „Das Softwareprodukt wird lizenziert und nicht verkauft" in Allgemeinen Geschäftsbedingungen ist insoweit **für die vertragstypologische Einordnung irrelevant.**[44] Unter dem Begriff des Lizenzvertrages können sich sowohl kaufrechtlich einzuordnende als auch mietrechtlich einzuordnende Softwareüberlassungsverträge verstecken.

> **Praxistipp:**
> Will man auf die griffigen Bezeichnungen „Lizenz" und „Lizenzvertrag" nicht verzichten, sollte sich aus der konkreten Beschreibung der beiderseitigen Leistungspflichten eindeutig ergeben, ob der Vertrag im Ergebnis ein Kauf-, ein Miet- oder ein Pachtvertrag oder gar ein eigenständiges rechtliches Gebilde sein soll. Dies gilt natürlich ebenso, wenn man den Begriff des „Softwareüberlassungsvertrages" wählt.

3. Überlassung auf Zeit ohne Vergütung

28 Wird Software unentgeltlich für einen bestimmten Zeitraum überlassen, muss geprüft werden, ob der Überlassung ein nicht rechtsgeschäftliches Gefälligkeitsverhältnis oder ein von einem **Rechtsbindungswillen** getragener **rechtsverbindlicher Vertrag** zugrunde liegt. Die Einordnung hat Konsequenzen. Während ein Gefälligkeitsverhältnis lediglich ein delikti-

---

[37] *Lenhard* S. 221 wendet bei der fehlenden Fruchtziehungsmöglichkeit das Pachtrecht aufgrund vergleichbarer Interessenlage analog an.
[38] BGH Urt. v. 17.11.2005 – IX ZR 162/04, Rn. 21, CR 2006, 151.
[39] Redeker/*Karger*, Handbuch der IT-Verträge, Kap. 1.9 Rn. 14.
[40] *Marly* Rn. 703 ff.
[41] *Redeker*, IT-Recht, Rn. 597.
[42] Sehr ausführlich dazu *Lenhard* S. 131 ff.
[43] BGH Urt. v. 4.3.1997 – X ZR 141/95, CR 1997, 470.
[44] *Schneider* Kap. J Rn. 54.

sches Haftungsrisiko birgt, ergeben sich aus einem unentgeltlichen Vertrag auch vertragliche Erfüllungs- und Haftungsansprüche.

Maßgeblich dafür, ob ein Rechtsbindungswille besteht, ist primär nicht der innere Wille des Leistenden. Vielmehr kommt es darauf an, ob der Leistungsempfänger oder ein objektiver Betrachter aus dem Handeln des Leistenden nach Treu und Glauben mit Rücksicht auf die Verkehrssitte auf einen Bindungswillen schließen durfte.[45] Die wirtschaftliche und rechtliche Bedeutung der Leistung, der Grund und der Zweck der Leistung sowie die durch fehlerhafte Leistung drohenden Schäden und Risiken können einen Rechtsbindungswillen begründen.[46] Insbesondere wenn das Softwarehaus mit kostenloser Software wirbt, um eine Kundenbindung aufzubauen, spricht dies für das Bestehen eines Rechtsbindungswillens. Gleiches gilt, wenn Testsoftware zur Verfügung gestellt wird, um den Kunden zum späteren vergütungspflichtigen Vertragsschluss zu animieren oder wenn die „kostenlose Software" Gegenleistung für das Überlassen von Daten oder das Abonnement eines (kostenlosen) Newsletters ist. Besteht ein Rechtsbindungswille, dann ist die kostenlose Überlassung von Software für eine bestimmte Zeit als **Leihvertrag** gemäß § 598 BGB einzuordnen.[47] Auch für die Leihe gilt, dass eine Besitzverschaffung an der zu verleihenden Sache nicht erforderlich ist, wenn dem Entleiher der Gebrauch der Sache zur Erreichung des Vertragszwecks auch ohne körperliche Zugriffsmöglichkeit zur Verfügung gestellt werden kann.[48]

4. Besondere Geschäftsmodelle

a) Leasing. aa) *Allgemeines.* Software kann Gegenstand eines Leasingvertrages sein.[49] Die betriebswirtschaftlichen und steuerlichen Vorteile, die das Leasen von Wirtschaftsgütern mit sich bringt, insbesondere die Absetzbarkeit von Leasingraten als Betriebsaufwand und die Bilanzneutralität der Leasinggegenstände sowie die Schonung des Eigenkapitals sind Gründe für das Erfolgsmodell Leasing.[50] Hinzu kommt, dass Softwarehäuser noch nicht allzu lange eigene Mietmodelle auf dem Markt anbieten, so dass Leasing bisher diesen Raum ausfüllte.

Leasingverträge werden vorwiegend in zwei unterschiedlichen Formen angeboten. **Operating Leasing** kommt zum Einsatz, um einen kurzfristigen, zeitlich beschränkten Bedarf zu decken. Solche Leasing-Verträge sind kurzfristig kündbar. Der Leasinggeber muss die Vollamortisation des Leasinggutes also durch mehrfache Vermietung erreichen. Wesentlich bedeutender ist das **Finanzierungsleasing**. Die darunter fallenden Verträge zeichnen sich durch eine lange, unkündbare Vertragsdauer aus. In dieser festen Grundlaufzeit müssen sich die Kosten der Investition des Leasinggebers amortisieren.[51]

Dem Leasinggeschäft liegt ein Dreiecksverhältnis zugrunde. Der Leasingnehmer wählt die zu leasende Software aus. Die Software wird jedoch nicht vom Leasingnehmer erworben, sondern vom Leasinggeber. Letzterer überlässt die Software nach der Beschaffung auf Grundlage des Leasingvertrages seinem Kunden, dem Leasingnehmer. Der Leasinggeber muss beim Erwerb der Software darauf achten, dass er vom Lieferanten der Software die für die Vermietung der Software **notwendigen Nutzungsrechte** erhält, denn Softwareüberlassungsbedingungen sehen in der Regel den zulässigen Ausschluss des Vermietrechts (§ 69c Nr. 3 UrhG) vor. Wird das Recht zur Vermietung der Leasinggesellschaft nicht eingeräumt, kann sie dem Leasingnehmer nicht wirksam Nutzungsrechte einräumen![52] Das OLG Hamm hat jedoch entschieden, dass der Softwarelieferant, dem der Erwerbszweck, nämlich der Erwerb zum Zwecke des Leasings, bekannt ist, dem Leasinggeber zumindest stillschweigend entsprechend dem Gedanken der Zweckübertragung (§ 31 Abs. 5 UrhG) auch das Vermiet-

---

[45] BGH Urt. v. 29.2.1996 – VII ZR 90/94, NJW 1996, 1889.
[46] jurisPK-BGB/*Toussaint* § 241 Rn. 24.
[47] jurisPK-BGB/*Hager* § 241 Rn. 18.
[48] BGH Urt. v. 28.7.2004 – VII ZR 153/03, NJW-RR 2004, 1566.
[49] Ausführlich zum Softwareleasing: *Marly* Rn. 758 ff.; *Redeker,* IT-Recht, Rn. 618 ff.; *Beckmann* Kap. 12, BGH Urt. v. 30.9.1987 – VIII ZR 226/86, CR 1987, 1151.
[50] *Beckmann* § 1 Rn. 27 ff.
[51] Palandt/*Weidenkaff* Einl. vor § 535 Rn. 39.
[52] *Vander* CR 2011, 77.

recht einräumt. Die diesem Ergebnis entgegenstehenden Nutzungsklauseln in den Lizenzbedingungen hat das Gericht als unbeachtlich beurteilt, da der Softwarehersteller in dem konkreten Fall mit der Weitergabe zum Zwecke des Leasings einverstanden war.[53] In dem entschiedenen Fall wurde der ursprünglich mit dem Anwender geschlossene Kaufvertrag gemäß § 414 BGB von dem Leasinggeber übernommen. Das urheberrechtliche Problem des fehlenden Vermietrechts bleibt jedoch in den Fällen bestehen, in denen der Softwarehersteller kein Einverständnis mit der Einräumung des Vermietrechts erklärt oder er schlicht keine Kenntnis vom Leasinggeschäft hat sowie generell bei Sale-and-Lease-Back-Leasing-Verträgen. Bei diesen Verträgen erwirbt der Leasingnehmer das Objekt direkt vom Lieferanten oder nutzt es schon seit einiger Zeit bevor er es im Anschluss an den Leasinggeber veräußert, der es danach wiederum an den Leasingnehmer verleast.[54]

33   bb) Vertragstyp. Der Operation Leasing-Vertrag ist ein Mietvertrag.[55] Der Finanzierungsleasingvertrag ist ein entgeltlicher Gebrauchsüberlassungsvertrag, der als atypischer Mietvertrag eingeordnet wird.[56] Neben der Gebrauchsüberlassung schuldet der Lizenzgeber die Finanzierungspflicht.[57] Der Leasingvertrag unterscheidet sich dadurch von einem normalen Mietvertrag, dass die **mietrechtlichen Gewährleistungsrechte** des Leasingnehmers ausgeschlossen werden dürfen, wenn der Leasinggeber die ihm zustehenden Gewährleistungsansprüche aus dem Beschaffungsvertrag an den Leasingnehmer abtritt oder den Leasingnehmer gemäß § 185 BGB ermächtigt, die Gewährleistungsansprüche gegen den Lieferanten in eigenem Namen geltend zu machen.[58] Allerdings muss die Abtretung endgültig, vorbehaltlos und unbedingt erfolgt sein.[59] Ist das nicht der Fall, bleibt es gemäß § 306 Abs. 2 BGB bei der mietrechtlichen Gewährleistungspflicht des Leasinggebers.[60] Sind die Gewährleistungsansprüche abgetreten, ist der Leasingnehmer bei Mängeln der Leasingsache nur und erst dann berechtigt die Zahlung der Leasingraten vorläufig einzustellen, wenn er die ihm übertragenen Ansprüche und Rechte gegen den Lieferanten bei dessen Weigerung klageweise geltend macht. Ist der Lieferant **insolvent,** setzt die Zahlungseinstellung voraus, dass der Leasingnehmer seine Gewährleistungsansprüche durch Anmeldung zur Insolvenztabelle und bei einem Bestreiten des Insolvenzverwalters durch Klage auf Feststellung zur Tabelle geltend macht.[61]

34   Probleme bereitet das Abtretungskonstrukt seit der Schuldrechtsreform allerdings dann, wenn der Leasingnehmer **Verbraucher** ist. Da der Beschaffungsvertrag zwischen dem Lieferanten und dem Leasinggeber nicht den strengen Regeln des Verbrauchsgüterkaufs unterliegt und deshalb beispielsweise die Verjährungsfrist für Gewährleistungsansprüche auf 12 Monate reduziert oder die Nacherfüllungsansprüche zu Gunsten des Lieferanten modifiziert werden können, ist die Frage, ob es für eine wirksame Freizeichnung ausreicht, dass der Leasinggeber die ihm als Unternehmer gewährten Gewährleistungsrechte abtritt, deren Einschränkungen in der Regel im Verhältnis zum Verbraucher an den §§ 474, 475 BGB scheitern.[62]

35   Der BGH hat in seinem Urteil vom 21.12.2005 festgestellt, dass jedenfalls die Freizeichnung in einem Verbraucherleasinggeschäft unwirksam ist und die mietrechtliche Gewährleistungshaftung des Leasinggebers wieder auflebt, wenn die Ansprüche des Leasinggebers im Kaufvertrag mit dem Lieferanten gemäß § 444 BGB wirksam ausgeschlossen sind und damit die Abtretung leer läuft. Offengelassen hat der BGH ausdrücklich, wie der Fall zu

---

[53] OLG Hamm Urt. v. 28.11.2012 – I-12 U 115/12, 12 U 115/12 – Finanzierungsleasing; *Marly* Rn. 768.
[54] *Beckmann* § 1 Rn. 12.
[55] Palandt/*Weidenkaff* Einl. vor § 535 Rn. 40.
[56] Palandt/*Weidenkaff* Einl. vor § 535 Rn. 37.
[57] Redeker/*Karger*, Handbuch der IT-Verträge, Kap. 1.9 Rn. 31.
[58] BGH Urt. v. 23.2.1977 – VIII ZR 124/75, NJW 1977, 848; BGH Urt. v. 16.9.1981 – VIII ZR 265/80, NJW 1982, 105.
[59] BGH Urt. v. 21.12.2005 – VIII ZR 85/05, Rn. 17, NJW 2006, 1066 mwN.
[60] BGH Urt. v. 17.12.1986 – VIII ZR 279/85, NJW 1987, 1072.
[61] BGH Urt. v. 13.11.2013 – VIII ZR 257/12.
[62] Ausführlich dazu *Hoeren*, IT-Recht-Skript, 299 ff., Stand: Februar 2014 (www.uni-muenster.de/jura.itm/hoeren/itm/wp-content/uploads/Skriptum-IT-Vertragsrecht2.pdf).

bewerten ist, wenn der Verbraucher-Leasingnehmer nicht sämtliche Gewährleistungsrechte, die ihm bei einem Verbrauchsgüterkauf zustehen, erhält.[63]

Ein weiterer wesentlicher Unterschied zum Mietvertrag besteht darin, dass der Leasinggeber berechtigt ist, die **Sach- und Gegenleistungsgefahr** abweichend vom Mietrecht auf den Leasingnehmer abzuwälzen.[64] Das bedeutet, der Leasingnehmer schuldet auch dann die Leasingraten, wenn die Leasingsache ohne sein Zutun verschlechtert oder vernichtet wird. Der Leasingnehmer wird insoweit wie ein Käufer behandelt.[65]

b) Application Service Providing, Software as a Service. *aa) Application Service Providing.* Application Service Providing (im folgenden „ASP") zeichnet sich dadurch aus, dass die Software nicht im Unternehmen des Anwenders installiert ist, sondern der Anwender im Wege der Fernnutzung auf die im fremden Rechenzentrum installierte Software zugreift und dort die Softwareprozesse durchführt. Anders als bei einem Betriebs- oder Hosting-Vertrag, bei dem der Anwender seine eigene Software im fremden Rechenzentrum betreiben lässt, erwirbt der ASP-Kunde die Software nicht, sondern nutzt diese lediglich im erforderlichen Umfang.

bb) Software as a Service. Eine „innovative Weiterentwicklung" des ASP-Modells stellt nach Meinung der Branchenkenner das Geschäftsmodell Software as a Service (im folgenden „SaaS) dar.[66] SaaS wird von Marktforschern als besonders wachstumsträchtiges Marktsegment in Deutschland beurteilt.

Ebenso wie bei ASP wird auch bei SaaS Software online inhaltlich und zeitlich bedarfsabhängig zur Verfügung gestellt. Der wesentliche Unterschied zwischen den beiden Geschäftsmodellen besteht darin, dass bei ASP eine strenge Zuordnung von Hard- und Software für jeden einzelnen Kunden erfolgt, während bei SaaS als Cloud-Dienst eine solche Festzuordnung nicht stattfindet. Mit Hilfe von Virtualisierungstechnik werden virtuelle Servereinheiten gebildet, die je nach Kapazität auch zwischen mehreren Rechenzentren verteilt werden können.[67] Anders als das klassische ASP ist SaaS mehrmandantenfähig. SaaS stellt eine Lösung „one to many" dar, die für alle Kunden nur einmal abläuft und die Kundendaten logisch separiert.[68] SaaS-Lösungen sind daher hochstandardisiert und werden anders als ASP-Lösungen in der Regel weniger an individuelle Bedürfnisse des Kunden angepasst.

Das „as a Service-Geschäftsmodell" beschränkt sich nicht auf die Bereitstellung von Software, auch andere Bereiche wie Infrastruktur-, Plattform-, Service-, Speicher-, Kommunikationsleistungen etc werden in dieser Weise angeboten.[69] Zusammengefasst werden diese Dienste auch als Cloud Computing-Dienste bezeichnet.[70]

cc) Gemeinsamer Leistungsinhalt. Gemeinsam ist ASP und SaaS die netzbasierte Bereitstellung von Software durch externe Provider sowie die flexible bedarfsabhängige Nutzungsmöglichkeit der Software (Stichwort: „on demand").[71]

dd) Vertragstyp Onlinenutzung. Wird dem Anwender die entgeltliche Onlinenutzung von Software für begrenzte Zeit gewährt, so ist dieser Vertrag sowohl nach der Rechtsprechung des BGH als auch nach der hM in der Literatur als Mietvertrag einzuordnen.[72] Vereinzelt gibt es davon abweichende Ansichten in der Literatur. Da kein Datenträger übergeben werde und der Nutzung ein immaterielles Recht zugrunde liege, wird die Einord-

---

[63] BGH Urt. v. 21.12.2005 – VIII ZR 85/05, NJW 2006, 1066.
[64] BGH Urt. v. 30.9.1987 – VII ZR 226/86, CR 1987, 1151.
[65] *Redeker,* IT-Recht, Rn. 619, *Marly* Rn. 778 ff.
[66] Bitkom (abrufbar unter www.bitkom.org).
[67] *Hilber/Intveen/Rabus* Teil 2 Rn. 150.
[68] *Hilber/Intveen/Rabus* Teil 2 Rn. 150.
[69] *Schuster/Reichl* CR 2010, 38, Rn. 51.
[70] Ausführlich zu Cloud Computing-Verträgen → s. § 22.
[71] *Meyer* S. 207, 212; *Röhrborn/Sinhart* CR 2001, 69; *Schneider* Teil M Rn. 28 f.; *Marly* Rn. 1121; *Peter* CR 2005, 404; Redeker/*Gennen,* Handbuch der IT-Verträge, Teil 1.17 Rn. 37; *Schoengarth* ASP 10; zu den technischen Unterschieden: *Pohle/Ammann* K&R 2009, 625.
[72] BGH Urt. v. 15.11.2006 – VII ZR 120/04, CR 2007, 75 – ASP; BGH Urt. v. 4.3.2010 – III ZR 79/09, Rn. 18, CR 2010, 327 – Internet-System-Vertrag; *Marly* Rn. 1133; *Schneider* Teil M Rn. 27; *Meyer* S. 228 mwN; Redeker/*Gennen,* Handbuch der IT-Verträge, Teil 1.17 Rn. 55; *Pohle/Ammann* K&R 2009, 625.

nung als Pachtvertrag bevorzugt.[73] Ebenso als Vertragstypen werden diskutiert Dienstvertrag und Werkvertrag sowie ein Vertrag sui generis, der als Verfügbarkeitsvertrag bezeichnet wird.[74]

43   *ee) Vertragstyp bei Leistungsbündeln.* Soweit neben der bloßen Funktionsbereitstellung weitere Leistungen wie zB Speicherplatz, Anpassungen, Programmupdates, Datensicherung, Hotlineservice und Einweisung in die Software vereinbart sind, ist zu prüfen, ob die jeweilige Leistung als bloße Nebenleistung zum Mietvertrag den Vertragstyp nicht ändert oder ob die vereinbarten Dienstleistungen selbständiges Gewicht haben und gegebenenfalls ein zusammengesetzter oder gemischter Vertrag vorliegt.

44   In dem der ASP-Entscheidung des BGH zugrundeliegenden Sachverhalt waren neben der Bereitstellung der Software auch weitere Leistungen wie Softwarepflege, Datensicherung, Einweisung und Hotlineleistungen geschuldet. Der BGH hat dazu ausgeführt, dass es sich bei dem ASP-Vertrag um einen **zusammengesetzten Vertrag** handele, bei dem jede Einzelleistung nach dem Recht des auf sie zutreffenden Vertragstypus zu beurteilen sei, soweit dies nicht im Widerspruch zum Gesamtvertrag stehe.[75] Da im betroffenen Fall die Software mangelhaft war, musste sich der BGH mit diesem Thema nicht weiter beschäftigen.

45   Je nach Inhalt des ASP-Vertrages kann jedoch auch ein **gemischter Vertrag** gegeben sein.[76] Der gemischte Vertrag zeichnet sich im Gegensatz zum zusammengesetzten Vertrag dadurch aus, dass die Leistungsbestandteile verschiedener Vertragstypen derart miteinander verbunden sind, dass sie nur insgesamt ein sinnvolles Ganzes bilden.[77] Beim gemischten Vertrag in Form des Typenkombinationsvertrages (zB Bauträgervertrag) sind die einzelnen Bestandteile wirtschaftlich verbunden, gedanklich und sachlich jedoch trennbar.[78] Bei Typenverschmelzungsverträgen (zB gemischte Schenkung) fehlt eine solche Trennbarkeit.

46   Verarbeitet der Anwender seine Daten auf dem System des Anbieters in dessen Rechenzentrum, wird es für ihn von wesentlicher Bedeutung sein, dass der Anbieter auch die Datensicherung übernimmt. Insofern könnte man hier zumindest von einem Typenkombinationsvertrag und nicht nur von einem zusammengesetzten Vertrag ausgehen.

47   Die rechtliche Beurteilung von gemischten Verträgen ist nicht einheitlich.[79] Die praktische Lösung besteht darin, die einzelnen Leistungen des Leistungsbündels zunächst separat einem Vertragstyp zuzuordnen, um die für jede Leistung maßgeblichen Gesetzesregeln feststellen zu können. Kollidieren beispielsweise Gewährleistungsvorschriften des Mietrechts mit denen des Werkvertragsrechts, ist die Norm anzuwenden, die für die Leistung gilt, die den **Schwerpunkt** der Gesamtleistung bildet.[80] Da beim ASP-Vertrag der rechtliche und wirtschaftliche Schwerpunkt in der Bereitstellung der Software liegt, wird im Kollisionsfall Mietrecht anzuwenden sein.[81]

48   **c) Grid Computing.** *aa) Inhalt.* Unter Grid-Computing versteht man die flexible, koordinierte und gemeinsame Nutzung von geographisch verteilten, unausgelasteten Hard- und Softwareressourcen über das Internet bzw. über standardisierte Protokolle und Schnittstellen, um die verteilte Lösung von Rechenaufgaben zu bewerkstelligen.[82] Der Zusammenschluss erfolgt softwaregesteuert über das Internet oder andere Netze (zB Wissenschaftsnetze), daher auch der Name „Grid" (engl. „Gitter").[83] Der Begriff entstammt wohl aus einem Vergleich mit dem „power grid", dem Stromnetz. In gleicher Weise soll es den Nutzern auf einfache Art ermöglicht werden, Rechenressourcen zu nutzen.

---

[73] *Alpert* CR 2000, 345; vgl. dazu → Rn. 20.
[74] Zum Streitstand ausführlich *Meyer* S. 239 ff.
[75] BGH Urt. v. 15.11.2006 – VII ZR 120/04, CR 2007, 75 – ASP.
[76] *Meyer* S. 287; *Redeker/Gennen,* Handbuch der IT-Verträge, Rn. 41 ff.
[77] *Palandt/Grüneberg* Überbl. vor § 311 BGB Rn. 19.
[78] *Palandt/Grüneberg* Überbl. vor § 311 BGB Rn. 20.
[79] *Palandt/Grüneberg* Überbl. vor § 311 BGB Rn. 24.
[80] *Palandt/Grüneberg* Überbl. vor § 311 BGB Rn. 25; BGH NJW 1981, 371; BGH NJW 1983, 49; *Redeker/Gennen,* Handbuch der IT-Verträge, Rn. 42; *Meyer* S. 262 ff.
[81] *Meyer* S. 265; *Redeker/Gennen,* Handbuch der IT-Verträge, Rn. 42.
[82] *Koch* CR 2006, 42; *Meyer* S. 34 ff.
[83] *Koch* CR 2006, 42.

Ebenso wie beim ASP-, SaaS- oder Rechenzentrums- Vertrag ist die Kernleistung des 49 Grid-Computings die **Nutzung von IT-Ressourcen durch Fernzugriff**.[84] Anders als bei ASP stehen einem Anwender jedoch in der Regel eine Reihe von Kapazitätsanbietern gegenüber.

Es gibt zwei Varianten, wie derjenige, der eine Ressource benötigt, also der Auftraggeber, 50 zu der angebotenen Ressource gelangt. Zunächst kann der Auftraggeber unmittelbar mit dem Rechnerbetreiber einen Vertrag abschließen (sog einstufiges Vertragsverhältnis).[85] Stattdessen kann er die Ressourcen auch bei einem zwischengeschalteten Grid-Provider oder „Grid-Reseller" beschaffen (sog mehrstufiges Vertragsverhältnis).

bb) Vertragstyp. Vereinbart der Auftraggeber mit dem Rechnerbetreiber die Zurverfü- 51 gungstellung von Rechnerleistungen, also bestimmter Zykluszeiten des Prozessors sowie die Nutzung bestimmter Speicherkapazitäten, und steuert der Auftraggeber den Bearbeitungsprozess selbst, dann kann der Vertrag entsprechend der Rechtsprechung des BGH zur Rechenzentrumsnutzung als **Mietvertrag** eingeordnet werden.[86]

Werden über die reine Zugänglichmachung von Rechnerleistungen Leistungspflichten 52 vom Rechnerbetreiber übernommen, sind diese rechtlich separat zu beurteilen, wenn sie nicht nur Nebenleistungen zum Mietvertrag sind (zB Installieren der Grid-Software). Erarbeitet der Rechnerbetreiber die Lösung oder führt er andere spezifizierte Rechenoperationen für den Auftraggeber durch, kommt im Falle der Vergütungspflicht ein **Geschäftsbesorgungsvertrag** gemäß § 675 BGB, entweder in der Ausgestaltung eines Werk- oder eines Dienstvertrages in Betracht.[87]

Der **Inhalt** eines mit einem Grid-Reseller zu schließenden Vertrags kann ebenso vielfältig 53 sein. Der Grid-Reseller kann Ressourcen, die er zuvor „eingekauft" hat, weitervermieten. Er kann ebenso darüber hinausgehende Leistungen wie die Durchführung von Rechenoperationen oder die Lösung der Rechenaufgabe versprechen. Je nach Erfolgsverantwortung liegt ebenfalls ein Geschäftsbesorgungsvertrag in Form eines Werk- oder Dienstvertrages vor.[88]

d) Cloud Computing. Cloud Computing kann im Wesentlichen als übergeordneter Begriff 54 für alle Arten rechnerbasierter Leistungen, die zur Nutzung über das Internet angeboten werden können, verstanden werden. Der Anwender nutzt beim Cloud Computing über seinen Internetbrowser in der Regel nicht nur die Software, sondern speichert die Arbeitsergebnisse der Software auch auf dem vom Rechenzentrum zur Verfügung gestellten Speicherplatz ab.[89] Ausführlich ist Cloud Computing in → § 22 behandelt.

III. Wesentliche Regelungspunkte eines Softwaremietvertrages

1. Vertragsmuster

Es gibt bereits eine ganze Reihe von Vertragsmustern für Software-Miete, so dass sich 55 dieser Beitrag im Folgenden auf wesentliche Regelungspunkte beschränkt.

Folgende Musterverträge geben Anregungen für die Vertragsgestaltung
- *Bartsch* in Hoffmann-Becking/Rawert (Hrsg.), Beck'sches Formularbuch Bürgerliches, Handels- und Wirtschaftsrecht, 10. Aufl. 2010, G.6,
- Bitkom, ASP-Vertrag, abrufbar unter www.bitkom.de,
- EVB IT-Überlassung Typ B (Überlassungsvertrag und Ergänzende Vertragsbedingungen), abrufbar unter www.cio.bund.de/ (siehe dort „IT-Angebot").
- *Gennen* in Redeker, IT-Verträge, Kap. 1.17 (Application Service Providing-Vertrag),
- *Karger* in Redeker, IT-Verträge, Kap. 1.8, 1.9 (Hardware- und Systemmiete, Softwaremiete),

---

[84] *Redeker* sieht daher im Grid-Computing eine Weiterentwicklung von ASP, IT-Recht, Rn. 1127.
[85] *Koch* CR 2006, 45.
[86] BGH Urt. v. 28.10.1992 – VII ZR 92/91, NJW-RR 1993, 178; *Koch* CR 2006, 46; *Meyer* S. 321.
[87] *Meyer* S. 321; *Koch* CR 2006, 46.
[88] *Meyer* S. 322; *Koch* CR 2006, 48.
[89] *Biereköven* ITRB 2010, 42; *Pohle/Ammann* CR 2009, 237; *Schuster/Reichl* CR 2010, 38; *Schulz* MMR 2010, 75; *Söbbing* MMR 2008 Nr. 5 VII.

- *Marly*, Praxishandbuch Softwarerecht, 6. Aufl. 2014, Teil 8, Muster VII, VIII, X, XII,
- *Schneider*, Handbuch des EDV-Rechts, 4. Aufl. 2009, Anhang VIII (Rechenzentrumsvertrag),
- *Schoengarth*, Application Service Providing (ASP Vertragsmuster, Allgemeine Geschäftsbedingungen für Application Service Providing),
- *Weitnauer/Imhof*, Beck'sches Formularbuch, IT-Recht, 3. Aufl. 2012, B.4,
- *Zahn/Steinmetz* in Redeker, IT-Verträge, Kap. 1.15 (Software-Leasing).

56 Neben dem oben genannten EVB IT-Vertragsmuster gibt es noch eine ganze Reihe anderer EVB IT-Muster. Diese „Ergänzenden Vertragsbedingungen für die Beschaffung von IT-Leistungen" sind Einkaufsbedingungen der öffentlichen Hand zur Beschaffung von IT-Leistungen und ersetzen die aus den 70er-Jahren stammenden sogenannten „BVB-Verträge" (Besondere Vertragsbedingungen für die Beschaffung von DV-Leistungen).

> **Praxistipp:**
> Beim Umgang mit den EVB-Verträgen ist zu beachten, dass es sich hierbei um Allgemeine Geschäftsbedingungen handelt, die der Inhaltskontrolle gemäß §§ 307 ff. BGB unterliegen.[90] Einige Regelungen in den Mustern sind unwirksam, wenn nicht der Kunde „Verwender" im Sinne von § 305 BGB ist, sondern der Leistungserbringer. So ist beispielsweise die Haftung für Verzug und Sachmängel bei einfacher Fahrlässigkeit auf 8 % der Gesamtvergütung beschränkt (s. Ziff. 6.2, 6.4 und 7.5.2, 7.7 EVB IT-Überlassung Typ B). Eine solche Haftungsbeschränkung kann der Kunde ohne weiteres in seine Vertragsbedingungen aufnehmen. In den Bedingungen des Lieferanten oder Vermieters ist eine solche Beschränkung gemäß § 309 Nr. 7b BGB unwirksam.

2. Vertragsgegenstand

57 a) **Pflichten des Vermieters.** Vertragsgegenstand des Mietvertrages ist die Verpflichtung des Vermieters gemäß § 535 Abs. 1 BGB, dem Mieter den Gebrauch an der Mietsache zu gewähren. Die Mietsache ist zu diesem Zweck dem Mieter in einem zum **vertragsgemäßen Gebrauch** geeigneten Zustand zu überlassen (**Überlassungspflicht**) und vom Vermieter in einem solchen Zustand während der Mietdauer zu erhalten (**Erhaltungspflicht**).[91] Die daraus resultierenden Erfüllungsansprüche des Mieters bestehen während der gesamten Vertragslaufzeit.

58 aa) *Vertragsgemäßer Gebrauch.* Die Bestimmung des vertragsgemäßen Gebrauchs ist von erheblicher Bedeutung für den Inhalt der geschuldeten Überlassungs- und Erhaltungspflicht sowie für die daraus resultierende Beurteilung, ob die gewährte Leistung mangelhaft ist.[92] Fehlt in der Vereinbarung die zumindest konkludente Bestimmung des vertragsgemäßen Gebrauchs, wird dieser durch den Nutzungszweck bestimmt. Es ist dafür der übliche oder gewöhnliche Gebrauch maßgebend.[93] Die Vertragspartner sind bei der Bestimmung des vertragsgemäßen Gebrauchs frei, eine über oder unter der gewöhnlichen Beschaffenheit liegende Vereinbarung zu treffen. Liegt keine individuelle Vereinbarung vor, sondern legt der Vermieter Allgemeine Geschäftsbedingungen vor, ist eine Vereinbarung unterhalb der gewöhnlichen Beschaffenheit an §§ 307 ff. BGB zu messen.[94]

59 Für die Vertragsgestaltung gilt es, zunächst das Softwareprogramm, das **Gegenstand** des Mietvertrages ist, konkret zu bezeichnen sowie die Funktionen der Software oder falls der Mieter den Vertrag gestaltet, die Funktionen, die von ihm erwarteten Funktionen sowie die Qualität der Software (auch im Hinblick auf Performance und Antwortzeitverhalten) zu beschreiben. Im Vertrag sollte auch bestimmt werden, zu welchem Verwendungszweck der Mieter die Software einsetzen will und welche Arbeitsergebnisse mit der Software erreicht werden sollen.

---

[90] BGH Urt. v. 27.11.1990 – X ZR 26/90, CR 1991, 273.
[91] *Marly* Rn. 1345.
[92] → Rn. 146 ff.
[93] *MüKoBGB/Häublein* § 536 Rn. 4; BGH Urt. v. 23.9.2009 – VIII ZR 300/08, NJW 2010, 1133.
[94] *Karger* Kap. 1.9 Rn. 88; *MüKoBGB/Häublein* § 536 Rn. 4.

Eine konkrete Leistungsbeschreibung hat für das Softwarehaus einen positiven Effekt, denn auf diese Weise kann eine sinnvolle Beschränkung des Gewährleistungs- und Haftungsrisikos erreicht werden.[95] Zu beachten ist jedoch, dass, während reine **Leistungsbeschreibungen** in AGB-Form lediglich dem Transparenzgebot gemäß § 307 Abs. 3 Satz 2 BGB genügen müssen, Klauseln, die nicht der unmittelbaren Bestimmung der Hauptleistungspflicht dienen, sondern diese modifizieren, der Inhaltskontrolle gemäß § 307 Abs. 1 und Abs. 2 BGB unterliegen.[96] Die konkrete Abgrenzung dieser beiden Klauseltypen bereitet oft große Schwierigkeiten. Nicht relevant hierfür sind formale Aspekte oder die Darstellungsweise. Die Abgrenzung erfolgt auf Basis sachlicher Kriterien, die die essentialia negotii sowie die Leistungsausprägungen, die typischerweise für die Abschlussentscheidung des Durchschnittskunden von erheblicher Bedeutung sind, im Blick haben.[97] Service Level-Agreements, die häufig bei solchen Verträgen eingesetzt werden, müssen im Einzelnen darauf geprüft werden, ob es sich um kontrollfreie Leistungsbeschreibungen handelt oder um der Inhaltskontrolle unterliegende Leistungsnebenabreden.[98]

bb) Überlassungspflicht. Die Überlassungspflicht verlangt, den Mieter in die Lage zu versetzen, die Sache vertragsgemäß zu gebrauchen.[99] Dies kann dadurch erfolgen, dass die Software auf einem geeigneten Datenträger übergeben oder zum Download angeboten wird. Eine **Besitzverschaffung** an der Mietsache ist dann nicht erforderlich, wenn der vertragsgemäße Gebrauch auf andere Weise gewährt wird. Es liegt deshalb auch dann eine mietrechtliche Überlassung vor, wenn der Anwender die auf dem Rechner eines externen Rechenzentrums installierte Software per Datenfernleitung oder Internet, also online nutzt.[100] Entsprechend besteht die Überlassungspflicht in der **Ermöglichung des Onlinezugangs** zu der betriebsbereiten Anwendung. Dazu gehört neben der Bereitstellung der Software auch deren Betrieb auf einer Hardwareumgebung sowie die Unterhaltung einer funktionsbereiten Schnittstelle des Vermieters zum Internet bzw. der vereinbarten Datenleitung. Die Verantwortlichkeit des Vermieters für die Datenübertragung besteht jedoch nur bei entsprechender Vereinbarung.[101]

Die Überlassungspflicht endet nicht mit der Gebrauchsverschaffung, sondern umfasst auch die Verpflichtung, dem Mieter den Gebrauch zu belassen und ihn an der Nutzung nicht zu hindern. Das OLG Brandenburg hat festgestellt, dass der Vermieter seinen Mietzinsanspruch verliert, wenn er seine Überlassungspflicht durch unberechtigte Gebrauchsentziehung verletzt.[102]

Die vertragsgemäße Nutzung erfordert, soweit die Vertragspartner nichts anderes vereinbart haben, die Überlassung einer **Benutzerdokumentation**.[103] Solange die Benutzerdokumentation nicht übergeben ist, ist die Überlassungspflicht nicht vollständig erfüllt, so dass der Mieter die Zahlung der Miete zurückbehalten kann.[104]

Ob die Installation der Software beim Mieter zur Überlassungspflicht gehört und damit auch dann geschuldet ist, wenn dies vertraglich nicht ausdrücklich vereinbart ist, ist umstritten. Sicherlich muss zumindest eine Installationsdokumentation überlassen werden, wenn der Kunde die Software selbst installieren muss. Für komplexe Software sollen zumindest Unterstützungsleistungen angeboten werden.[105] Die Installation ist selbstverständlich geschuldet, wenn die Softwareüberlassung in Form eines Application Service Providings oder als Software as a Service geschuldet ist.

---

[95] *Karger* Kap. 1.9 Rn. 88.
[96] BGH Urt. v. 12.6.2001 – XI ZR 274/00.
[97] Ulmer/Brandner/Hensen/*Fuchs* § 307 Rn. 37 ff., 53.
[98] *Marly* Rn. 1136 mwN.
[99] Palandt/*Weidenkaff* § 535 Rn. 35.
[100] BGH Urt. v. 15.11.2006 – VII ZR 120/04, CR 2007, 75 – ASP; s. oben → Rn. 18.
[101] *Schoengarth* S. 86.
[102] OLG Brandenburg Urt. v. 4.6.2008 – 4 U 167/07, CR 2008, 763.
[103] OLG Stuttgart Urt. v. 24.2.1998 – 6 U 123/97, CR 1999, 74; *Schneider* Kap. J Rn. 445.
[104] *Schneider* Kap. J Rn. 446.
[105] Dafür *Schneider* Kap. J Rn. 386; differenzierend *Karger* Rn. 76.

Praxistipp:

Es sollte vertraglich nicht nur die Art und Weise der Gebrauchsüberlassung vereinbart, sondern auch festgelegt werden, welche zusätzlichen Leistungen der Vermieter zu erbringen hat, zB Installation, Einweisung, Einrichtung, ggf. Bereithaltung von Speicherplatz etc.

64 Wann die Überlassungspflicht erfüllt ist, ist abhängig von den vertraglichen Vereinbarungen. Sind Installation und Einweisung geschuldet, so sind diese Leistungen zur Erfüllung der Überlassungspflicht zu erbringen. Förmliche Erklärungen oder eine Abnahme der überlassenen Software oder der eingeräumten Nutzungsmöglichkeiten sind im Mietrecht nicht vorgesehen. Auf Seiten des Mieters reicht die tatsächliche Entgegennahme oder Nutzung der Mietsache aus. Eine Annahme als Erfüllung ist gegeben, wenn der Mieter durch sein Verhalten zum Ausdruck bringt, dass er die Mietsache im Wesentlichen als vertragsgemäße Leistung ansieht.[106]

65 Da der Vermieter die Beweislast dafür trägt, die Mietsache in vertragsgemäßem Zustand überlassen zu haben,[107] empfiehlt es sich bei komplexer Software dennoch, eine gemeinsame **Funktionsprüfung** sowie eine anschließende **Abnahme oder Freigabe** der Mietsache zu vereinbaren. Bedenken gegen ein solches Verfahren in Allgemeinen Geschäftsbedingungen des Vermieters werden nicht gesehen.[108] Begründen lässt sich dies mit den Pflichten des Mieters gemäß § 536b BGB und § 536c BGB. Nimmt der Mieter die Mietsache vorbehaltlos entgegen, verliert er gemäß § 536b BGB seine Minderungs- und Schadensersatzansprüche für solche Mängel, die ihm bei Vertragsabschluss bekannt sind oder ihm solche infolge grober Fahrlässigkeit unbekannt geblieben sind, es sei denn, der Vermieter hat die Mängel arglistig verschwiegen. Der Mieter handelt grob fahrlässig, wenn er die verkehrsübliche Sorgfalt in besonders hohem Maße außer Acht lässt. Dies ist dann der Fall, wenn der Mieter Umstände übersieht oder Maßnahmen unterlässt, die jeder andere unternommen hätte, um Schaden von sich abzuwenden. Allerdings wird eine grundsätzliche Untersuchungspflicht des Mieters daraus nicht entnommen.[109] Gemäß § 536c BGB ist der Mieter verpflichtet, auftretende Mängel unverzüglich anzuzeigen. Diese Nebenpflicht beginnt unabhängig von der vereinbarten Mietzeit mit der tatsächlichen Überlassung der Mietsache.[110] Eine Verletzung dieser Pflicht führt bezogen auf den betroffenen Sachverhalt ua zum Ausschluss von Minderungs- und Schadensersatzansprüchen.

66 In Allgemeinen Geschäftsbedingungen sollte man jedoch von Tatsachenbestätigungen wie zB „Der Mieter bestätigt mit Übernahme der Mietsache deren Mangelfreiheit", die zu Beweislastverschiebungen führen, absehen. Auch im kaufmännischen Verkehr sind Klauseln, nach denen der Mieter die Mangelfreiheit der Mietsache bestätigt, gemäß § 307 BGB unwirksam.[111]

67 *cc) Erhaltungspflicht.* Der Vermieter ist verpflichtet, die Maßnahmen zu treffen, die erforderlich sind, um dem Mieter während der Mietzeit den vertragsgemäßen Gebrauch zu ermöglichen. Dazu zählen insbesondere die **Verpflichtung zur Instandhaltung und Instandsetzung.**

68 Zur Instandhaltung gehören alle Maßnahmen, die die Mietsache vor Abnutzung schützen und den vertragsgemäßen Zustand erhalten.[112] Software nutzt sich nicht ab.[113] Allenfalls besteht die Pflicht des Vermieters, einen abgenutzten Datenträger zu ersetzen.[114] Denkbar wäre jedoch, dass die Software nach einiger Zeit des Einsatzes – ohne dass konkrete Mängel

---

[106] BGH Urt. v. 15.11.2006 – VII ZR 120/04, CR 2007, 75 – ASP.
[107] BGH Urt. v. 15.11.2006 – VII ZR 120/04, CR 2007, 75 – ASP; *Schneider* Kap. J Rn. 431.
[108] *Redeker*, IT-Recht, Rn. 600.
[109] jurisPK-BGB/*Münch* § 536b BGB Rn. 19.
[110] jurisPK-BGB/*Münch* § 536c BGB Rn. 5.
[111] Redeker/*Karger*, Handbuch der IT-Verträge, Kap. 1.9 Rn. 108.
[112] Palandt/*Weidenkaff* § 535 Rn. 36, 38.
[113] *Marly* Rn. 1345.
[114] *Marly* Rn. 1345.

gegeben sind – nicht mehr den jeweils aktuellen Komfort- und Funktionalitätsanforderungen neuerer Produkte entspricht. Aus der Gebrauchserhaltungspflicht ergibt sich für den Vermieter keine Modernisierungs- oder Aktualisierungspflicht. Die Software darf technisch auf dem Stand zum Zeitpunkt des Vertragsabschlusses gehalten werden.[115] Dies gilt nicht, wenn Gegenstand des Vertrages die jeweils aktuellste Softwareversion ist.

> **Praxistipp:**
> Um das „Veralten" einer gemieteten Software zu verhindern, empfiehlt es sich, die Aktualisierungspflicht, nämlich die Verpflichtung des Vermieters, stets die aktuellste Softwareversion zu überlassen bzw. einzusetzen, zu vereinbaren.

Aus der Erhaltungspflicht bleibt der Vermieter während der gesamten Vertragsdauer jedoch verpflichtet, den vertragsgemäßen Zustand zu erhalten und Mängel zu beheben.[116] Für die ASP-Anbieter gilt diese Verpflichtung selbstverständlich nicht nur für die Software, sondern für die gesamte Infrastruktur, die erforderlich ist, um den Anwender die Nutzung der Software zu ermöglichen. 69

b) Erhaltungspflicht vs. Pflegevertrag. Üblich im Falle kaufrechtlich einzuordnender Softwareüberlassungsverträge ist der Abschluss eines Softwarepflegevertrages, der in der Regel die Verpflichtung erhält, Softwaremängel (eigentlich nur solche, die nach Ablauf der Gewährleistungsfrist auftreten) zu beseitigen, die Software fortzuentwickeln und die aktuellen Softwarestände zu überlassen sowie eine Hotline für Bedienerfragen und zur Entgegennahme von Störungsmeldungen vorzuhalten. 70

Während ein solcher Pflegevertrag für gekaufte Software jedenfalls nach Ablauf der Gewährleistungsfrist notwendig und sinnvoll ist, muss die mietvertragliche Situation differenzierter betrachtet werden. Bestandteil der mietrechtlichen Gebrauchserhaltungspflicht ist die Verpflichtung zur Behebung von Softwaremängeln während der gesamten Vertragsdauer. Eine entsprechende Mangelbeseitigungspflicht in dem Pflegevertrag würde also für den Mietvertrag leerlaufen.[117] 71

Das Argument, ein Pflegevertrag sei notwendig, um sicherzustellen, dass die Software an sich ändernde Gesetze oder ähnliche Vorschriften angepasst werde, greift ebenfalls nicht. Ein Mangel im Sinne des Mietrechts kann sich auch aus einer während der Vertragsdauer im Zusammenhang mit der Softwarenutzung stehenden, veränderten Umgebungsbedingung ergeben. Ändern sich die für die Vertragsgemäßheit des Gebrauchs relevanten – außerhalb der Software liegenden – Parameter (zB **Gesetzesänderungen,** Währungsumstellungen, Umsatzsteueränderungen), dann ist der Vermieter aufgrund der ihn treffenden Erhaltungspflicht verpflichtet, die für die weitere vertragsgemäße Nutzung erforderlichen Anpassungen durchzuführen, ohne dass er hierfür zusätzliche Vergütung in Rechnung stellen darf.[118] 72

Wie oben ausgeführt, schuldet der Vermieter **keine Aktualisierungen und Weiterentwicklungen** außerhalb der sich aus der Erhaltungspflicht ergebenden Maßnahmen. Solche Leistungen können im Rahmen eines kostenpflichtigen Pflegevertrages auch gegenüber einem Softwaremieter angeboten werden. 73

Ausgehend vom gesetzlichen Pflichtenrahmen beim Mietvertrag ist für einen Pflegevertrag kein Raum, soweit dieser die Aufrechterhaltung der vertragsgemäßen Nutzung zum Ziel hat. Würde ein Vermieter vom Mieter für solche Leistungen zusätzlich eine Vergütung verlangen, würde dies den Mieter unangemessen benachteiligen, da er für die bereits mit der Miete abgegoltene Leistung noch einmal zahlen müsste. Eine entsprechende Klausel in AGB 74

---

[115] Redeker/*Karger,* Handbuch der TT-Verträge, Kap. 1.9 Rn. 81; *Meyer* S. 257; Palandt/*Weidenkaff* § 535 BGB Rn. 39.
[116] S. hierzu unten → Rn. 71; *Kremer* ITRB 2013, 116 (117).
[117] *Intveen* ITRB 2012, 93 (94); *Kremer,* ITRB 2013, 143 (144).
[118] *Marly* Rn. 1345; *Redeker* IT-Recht Rn. 603; *Kremer* ITRB 2013, 116 (117); aA OLG Hamm Urt. v. 22.2.1989 – 31 U 197/87, CR 1990, 37.

wäre aus diesem Grund gemäß § 307 BGB unwirksam.[119] Sind die Leistungen jedoch ausgehandelt, dürften sie wirksam sein.

75 Für eine **zusätzlich vergütungspflichtige Leistung** wäre nur dann Raum, wenn die Vertragspartner die gesetzliche Erhaltungspflicht des Vermieters in den Grenzen von § 536d BGB wirksam ausgeschlossen hätten. Dies ist durch Individualvereinbarung möglich.[120] Bei der Gewerberaummiete ist nach hM auch formularmäßig zulässig, die Verpflichtung zur Instandhaltung und Instandsetzung auf den Mieter zu übertragen, soweit sie sich auf Schäden erstreckt, die dem Mietgebrauch oder der Risikosphäre des Mieters zuzuordnen sind.[121] Solche Fälle liegen bei Software typischerweise nicht vor. Weder ein Programmierfehler noch die Änderung eines Gesetzes oder von außerhalb mieterseitig beeinflussbarer Umstände, die im Zusammenhang mit der Gebrauchstauglichkeit stehen, liegen in der Risikosphäre des Mieters, so dass ein Ausschluss der Erhaltungspflicht in AGB gemäß § 307 Abs. 2 BGB unwirksam sein wird. Dies insbesondere dann, wenn dieser Gewährleistungsausschluss nur zu dem Zweck erfolgt, dem Mieter die Leistungen vergütungspflichtig anzubieten.[122]

> **Praxistipp:**
>
> *Redeker* empfiehlt, die Leistungselemente, die nicht von der Gebrauchsgewährungspflicht erfasst sind, also beispielsweise die Überlassung von Aktualisierungen und die Bereitstellung einer Hotline für Bedienerfragen, in den Mietvertrag zu integrieren und entsprechend in die Miete einzukalkulieren.[123] Alternativ können solche Leistungen im Mietvertrag zusätzlich angeboten und bepreist werden.

3. Miete

76 a) **Pflicht zur Mietzahlung.** Gemäß § 535 Abs. 2 BGB ist der Mieter verpflichtet, die vereinbarte Miete zu entrichten. Die Zahlungspflicht ist die vertragliche **Hauptpflicht** des Mieters.

77 Wenn die ausgewiesene Miete nicht die Bruttomiete darstellt, ist dies vertraglich zu vereinbaren. Zu beachten ist, dass gemäß § 1 Abs. 1 PreisangabenVO gegenüber Letztverbrauchern stets der berechnete Bruttomietpreis anzugeben ist. Im kaufmännischen Geschäftsverkehr reicht der Hinweis im Vertrag, dass die Umsatzsteuer zusätzlich zu zahlen ist, aus. Haben die Vertragspartner zur Zahlung der Umsatzsteuer nichts vereinbart, ist der vereinbarte Preis, soweit sich aus den Umständen nichts anderes ergibt, als Bruttopreis zu verstehen. Es hat sich bisher kein Handelsbrauch herausgebildet, dass Preisangaben im Verkehr zwischen vorsteuerabzugsberechtigten Unternehmen im Zweifel als „netto" zu verstehen sind.[124]

78 Der Mieter wird gemäß § 537 BGB nicht dadurch von der Mietzahlungspflicht befreit, dass er aus Gründen, die in seinen Risikobereich fallen, an der Ausübung des Gebrauchs der Mietsache gehindert wird. Die Mietzahlungspflicht besteht daher auch dann, wenn zB die vom Mieter beizustellende Hardware oder die von ihm zu unterhaltende Datenleitung nicht funktionsfähig ist; es kommt dabei nicht auf ein Verschulden des Mieters an. Da keine Pflicht zum Gebrauch besteht, gilt die Zahlungspflicht auch dann, wenn der Mieter die Mietsache „freiwillig" nicht nutzt, die Nutzung vor Vertragsende einstellt oder die Hardware ersetzt und die gemietete Software auf der neuen Hardware nicht mehr lauffähig ist.[125]

79 Das dem Mieter damit auferlegte Verwendungsrisiko wird jedoch durch die in § 537 Abs. 1 S. 2 BGB enthaltene **Verrechnungspflicht des Vermieters** gelindert. Der Vermieter muss sich den Wert der ersparten Aufwendungen (zB durch Wegfall der Instandhaltungs-

---

[119] *Schneider* Kap. K Rn. 89.
[120] *Meyer* S. 278.
[121] BGH Urt. v. 6.4.2005 – XII ZR 158/01, NJW-RR 2006, 84; MüKoBGB/*Häublein* § 535 Rn. 112.
[122] *Meyer* S. 277; s. unten → Rn. 173.
[123] *Redeker*, IT-Recht, Rn. 647.
[124] Palandt/*Ellenberger* § 157 Rn. 13.
[125] *Marly* Rn. 1367.

und Instandsetzungspflicht) sowie diejenigen Vorteile anrechnen lassen, die er aus einer anderweitigen Verwendung der Mietsache erlangt. Allerdings ist der Vermieter nicht verpflichtet, die Mietsache bei vorzeitiger, unberechtigter Beendigung durch den Mieter anderweitig zu vermieten, denn dem Erfüllungsanspruch des Vermieters kann die Schadensminderungspflicht gemäß § 254 BGB nicht entgegengehalten werden.[126]

b) Gestaltungsmöglichkeiten. Die Miete kann – wie üblich in einem Mietvertrag – in **periodisch** bestimmten, wiederkehrenden Zahlungen bestehen. Dies können monatliche, quartalsweise, halbjährliche oder jährliche Zahlungen sein. 80

Statt dieser nach Zeitabschnitten berechneten Vergütung kann die Miete **abhängig von der Nutzungsintensität und dem Nutzungsumfang**, zB Anzahl der User, der Arbeitsplätze, der Rechnergröße, von durchgeführten Transaktionen oder abhängig davon berechnet werden, in welchem Umfang Datensätze verwaltet werden (Beispiel: Personalverwaltungssoftware). 81

Erbringt der Vermieter neben der Gebrauchsgewährung einmalig oder dauerhaft noch **andere Leistungen,** ist das bei der Gestaltung der Vergütungsabrede zu berücksichtigen. Denkbar ist deshalb neben periodisch wiederkehrenden Zahlungspflichten die Vereinbarung einmaliger Kosten wie zB einer „Einrichtungsgebühr" für Installation, Einweisung und Anpassung oder die Festlegung eines Stundensatzes für erbrachte oder zukünftig zu erbringende Dienstleistungen, die nicht von der mietrechtlichen Gebrauchsgewährung erfasst sind (Bedienungsberatung, Anpassung von Formularen, Erstellung von Berechtigungskonzepten etc). Zu achten ist dabei auf die transparente Darstellung dieser Zusatzleistungen sowie der dafür zu zahlenden Vergütung. 82

c) Fälligkeit. Aus der in § 579 Abs. 1 BGB verankerten **Vorleistungspflicht** des Vermieters ergibt sich, dass die Miete erstmals fällig werden kann, wenn dem Mieter der vertragsgemäße Gebrauch ermöglicht wird.[127] Für die nach Gebrauchsüberlassung zu zahlenden regelmäßigen Mieten ist es auch in Allgemeinen Geschäftsbedingungen zulässig, von der Vorleistungspflicht des Vermieters abzuweichen und die Vergütung für längere Zeitabschnitte im Voraus zu vereinbaren.[128] 83

Häufig findet sich auch die Verpflichtung, die Miete jährlich im Voraus zu zahlen. Ebenso wie bei Pflege- und Wartungsverträgen stellt sich auch hier die Frage, in welchem Maß dem Mieter die Vorleistungspflicht in Allgemeinen Geschäftsbedingungen auferlegt werden kann. Als unzulässig im Kontext von Pflegeverträgen wird die Vorauszahlung für ein ganzes Jahr erachtet.[129] Damit werde dem Kunden die Möglichkeit genommen, bei nicht vertragsgemäßer Leistung, sein Zurückbehaltungsrecht auszuüben. Häufig ist die Geltendmachung oder Androhung dieses Rechts die einzig wirksame Möglichkeit des Kunden, um den Vertragspartner zur Leistung zu bewegen. Ob zumindest eine quartalsweise Zahlung im Voraus wirksam ist, ist umstritten.[130] Unter Hinweis auf ein Urteil des OLG München geht *Redeker* davon aus, dass die quartalsweise Vorauszahlungspflicht für einen Wartungsvertrag zulässig sein dürfte.[131] *Karger* empfiehlt im Hinblick auf fehlende Insolvenzfestigkeit der Softwaremietverträge keine Vorauszahlungen für allzu lange Zeiträume.[132] Kurze Zahlungsperioden sind im Hinblick auf die Kündigungsmöglichkeiten im Falle des Zahlungsverzuges gemäß § 543 Abs. 2 Nr. 3 BGB auch für das Softwarehaus empfehlenswert.[133] Da die Zahlungsbedingungen jedoch häufig ausgehandelt sind, ist die Frage der Wirksamkeit einer Vorauszahlungspflicht selten relevant. 84

d) Preisanpassung. Preisanpassungsklauseln sind dann empfehlenswert, wenn **Mietverträge langfristig fest abgeschlossen** werden. Ist der Vertrag unbefristet geschlossen, lässt sich 85

---

[126] BGH Urt. v. 18.4.2007 – VII ZR 182/06, NJW 2007, 2177; Palandt/*Weidenkaff* § 537 Rn. 6.
[127] *Redeker*, IT-Recht, Rn. 600; zur „Abnahme" s. → Rn. 65 ff.
[128] Palandt/*Weidenkaff* § 579 Rn. 3.
[129] *Redeker*, IT-Recht, Rn. 669.
[130] *Schneider* Kap. G Rn. 118; *ders.* Kap. K Rn. 2309.
[131] OLG München Urt. v. 22.11.1988 – 25 U 5810/86, CR 1989, 283 f.; *Redeker* Rn. 669.
[132] Redeker/*Karger*, Handbuch der IT-Verträge, Kap. 1.9 Rn. 124, 127 ff.
[133] → Rn. 96.

die Preisanpassung auch durch Kündigung des Vertrages bei gleichzeitigem Angebot eines neuen Vertrages mit geänderten Preisen umsetzen. Dieses Vorgehen ist bei Softwarehäusern jedoch unbeliebt, da die Befürchtung besteht, der Kunde könne ganz „abspringen", so dass solche Preisanpassungsklauseln auch in unbefristeten Mietverträgen, die eigentlich mit angemessener Frist kündbar sind, häufig Eingang finden.

86 Die rechtlich einfachste Möglichkeit der Preisanpassung ist die vertragliche Vereinbarung einer „**Staffelmiete**", bei der für jedes Vertragsjahr die Mieterhöhung konkret vereinbart wird.[134] Eine solche Vereinbarung ist als Preisvereinbarung, anders als eine Preisnebenvereinbarung, der Inhaltskontrolle gemäß § 307 Abs. 3 S. 1 BGB entzogen. Leistungs- und preisbeschreibende Klauseln müssen nur dem Transparenzgebot gemäß § 307 Abs. 3 S. 3 BGB genügen.

87 Eine ähnlich kalkulierbare, verbreitete Preisanpassungsklausel gewährt dem Vermieter das Recht, nach Ablauf einer bestimmten Mindestvertragslaufzeit (zB frühestens 12 Monate nach Vertragsschluss) eine definierte Erhöhung (zB 5 %) zu verlangen und dem Kunden gleichzeitig ein Kündigungsrecht zum Erhöhungszeitpunkt einzuräumen.

88 Ob eine **Preiserhöhungsklausel in AGB** wirksam ist, beurteilt sich nach der Generalklausel in § 307 Abs. 1 BGB, also insbesondere danach, ob die Klausel den Kunden entgegen Treu und Glauben unangemessen benachteiligt.[135] Die Rechtsprechung, die in Zusammenhang mit Preiserhöhungsklauseln im nicht kaufmännischen Verkehr ergangen ist, stellt darauf ab, ob der Kunde bereits bei Vertragsabschluss aus der Formulierung der Klausel erkennen kann, in welchem Umfang Preiserhöhungen auf ihn zukommen werden. Klauseln, die das Preisanpassungsrecht des Verwenders auf die Erhöhung bestimmter Kostenelemente (erhöhte Personalkosten, Höhe der Bereitstellungskosten) stützen, sind unwirksam, wenn die einzelnen Kostenelemente nicht konkretisiert sind und weder die Voraussetzungen noch der Umfang einer möglichen Preiserhöhung näher geregelt sind oder wenn die Gewichtung einzelner Kostenelemente nicht dargelegt ist.[136] Außerdem darf die Klausel nicht dazu führen, dem Verwender die Erzielung von zusätzlichem Gewinn zu ermöglichen.[137]

89 Als angemessenen Ausgleich für die Preiserhöhung wird verlangt, dem Kunden ein Lösungsrecht zu gewähren. Dem Kunden soll zum Zeitpunkt der Erhöhung die Möglichkeit verschafft werden, den Vertrag zu kündigen.[138] Zu beachten ist allerdings, dass nicht in jedem Fall ein solches Kündigungsrecht eine unwirksame Preisanpassungsklausel kompensiert. Der BGH sieht diese Möglichkeit nur in solchen Fällen, in denen es aufgrund der Besonderheit der Vertragsbeziehung unüberwindliche Schwierigkeiten gibt, die Preisanpassungsmaßstäbe zu konkretisieren.[139]

Da der Gestaltungsspielraum im unternehmerischen Verkehr weiter ist als im Verbrauchergeschäftsverkehr,[140] dürfte folgende Klausel zulässig sein:

Formulierungsvorschlag:

90 Der Vermieter ist berechtigt, die vertraglich vereinbarte Vergütung zu ändern. Der Änderungszeitpunkt und die Höhe der Anpassung ist dem Kunden drei Monate vorher schriftlich mitzuteilen. Die Änderung darf jedoch frühestens 12 Monate nach Vertragsabschluss oder nach der letzten Vergütungserhöhung erfolgen. Der Mieter hat das Recht, den vorliegenden Vertrag vorzeitig unter Einhaltung der vereinbarten Form auf den Zeitpunkt der Vergütungsänderung zu kündigen, wenn die Preisänderung zu einer Erhöhung der Vergütung um mehr als 3 % führt.

91 Beliebt sind auch Preisanpassungsklauseln, die sich an der Veränderung des Verbraucherpreisindex orientieren. Der „Verbraucherpreisindex für die Lebenshaltung aller privaten

---

[134] § 557a BGB, der die Staffelmieten regelt, gilt nur für Wohnraummietverhältnisse.
[135] BGH Urt. v. 16.3.1988 – IV a ZR 247/84, NJW-RR 1991, 252; *Kessel/Schwedler* BB 2010, 585.
[136] BGH Urt. v. 15.11.2007 – III ZR 247/06, NJW 2008, 360.
[137] BGH Urt. v. 21.9.2005 – VIII ZR 38/05, NJW-RR 2005, 1717.
[138] BGH Urt. v. 11.6.1980 – VII RZ 174/79, NJW 1980, 2518 f.
[139] BGH Urt. v. 15.11.2007 – III ZR 247/06, NJW 2008, 360.
[140] Ulmer/Brandner/*Ulmer* § 310 Rn. 28.

III. Wesentliche Regelungspunkte eines Softwaremietvertrages

Haushalte für Deutschland" wird seit 2003 vom Statistischen Bundesamt ermittelt. Daneben gibt es auch entsprechende Indizes der Bundesländer. Frühere Indizes (zB Index für den Vier-Personen-Haushalt von Arbeitern und Angestellten mit mittlerem Einkommen) sind entfallen.

> **Formulierungsvorschlag:**
> Erhöht oder vermindert sich zukünftig der vom Statistischen Bundesamt amtlich festgestellte Verbraucherpreisindex für Deutschland (auf der Basis 2005 = 100) gegenüber dem für den Monat des Vertragsschlusses veröffentlichten Index um mindestens 10%-Punkte, ändert sich der Mietzins automatisch im gleichen prozentualen Verhältnis nach unten oder oben zu dem diesem Zeitpunkt folgenden Beginn des nächsten Kalenderquartals.

92

Diese Preisgleitklausel oder Indexklausel unterfällt jedoch dem **Preisklauselgesetz (PrKG)**, das das Preisangaben- und Preisklauselgesetz seit dem 14.9.2007 ersetzt. Gemäß § 1 PrKG sind solche Klauseln verboten, die die Höhe der Geldschuld an einen mit den vereinbarten Gütern oder Leistungen nicht vergleichbaren Maßstab binden und die bei Änderungen der Bezugsgröße eine unmittelbare und automatische Anpassung vorsehen.[141] Ausgenommen von dem Verbot sind gemäß § 1 Abs. 2 PrKG Leistungsvorbehaltsklauseln, Spannungsklauseln, Kostenelementeklauseln und Klauseln, die zur Ermäßigung der Geldschuld führen.[142] Preisklauseln, bei denen eine Partei den neuen Preis in einem bestimmten Rahmen neu festsetzen darf oder sich beide Parteien auf einen neuen Preis einigen müssen und damit eine automatische Preiserhöhung nicht ermöglicht wird, sind nicht verboten.[143] *Hecht* empfiehlt als zulässige Leistungsvorbehaltsklausel nachfolgende Formulierung.[144]

93

> **Formulierungsvorschlag:**
> Jede Vertragspartei ist berechtigt, mit Wirkung zum Beginn eines Vertragsjahres eine Anpassung der Vergütung zu verlangen. Kommt eine Einigung zwischen den Parteien über die Anpassung nicht innerhalb von drei Monaten nach Beginn des Vertragsjahres zustande, ist die Vergütung für dieses Vertragsjahr von einem öffentlich bestellten und vereidigten Sachverständigen festzulegen, der auf Verlangen einer Partei von der Industrie- und Handelskammer benannt wird. Bei Festlegung hat sich der Sachverständige am ...... [Maßstab] zu orientieren.

94

Im Gegensatz zur alten Rechtslage ist eine an sich verbotene Preisklausel gemäß § 8 PrKG erst dann unwirksam, wenn dies **rechtskräftig festgestellt** ist. Die Rechtswirkung der Preisklausel bleibt bis zu diesem Zeitpunkt also unberührt. Im Falle der Unwirksamkeit einer Preisklausel steht dem Kunden daher kein Bereicherungsanspruch wegen zu Unrecht erhöhter und bezahlter Geldbeträge zu.[145] Hinzu kommt, dass es ebenfalls nicht mehr erforderlich ist, eine Genehmigung des Bundesamtes für Wirtschaft und Ausfuhrkontrolle (BAFA) einzuholen. Allerdings besteht auch nicht mehr die Möglichkeit, im Vorfeld vom BAFA entweder im Genehmigungsverfahren oder im Wege einer sogenannten Negativauskunft klären zu lassen, ob die Preisklausel wirksam ist.[146] Im Ergebnis ist festzuhalten, dass das Risiko, eine unwirksame Preisklausel zu vereinbaren, aufgrund der Regelung in § 8 PrKG überschaubar

95

---

[141] Palandt/*Grüneberg* Anh. zu § 245 BGB, § 1 Rn. 1 PrKG; die einzige Ausnahme für eine zulässige Indexklausel gibt § 557b BGB zu Wohnungsmietverträge.
[142] Palandt/*Grüneberg* Anh. zu § 245 BGB, § 1 Rn. 3 bis 6 PrKG; die einzige Ausnahme für eine zulässige Indexklausel gibt § 557b BGB zu Wohnungsmietverträge; *Hecht* ITRB 2006, 118.
[143] ITRB 2006, 118; *Becker/Hecht* ITRB 2008, 251.
[144] *Hecht* ITRB 2006, 118 bis 120.
[145] *Becker/Hecht* ITRB 2008, 251.
[146] *Becker/Hecht* ITRB 2008, 251.

bleibt. Das Risiko, dass die Klausel gemäß § 307 BGB unwirksam ist, bleibt jedoch bestehen.[147]

96 e) **Sanktionen bei Zahlungsverzug.** Gemäß § 543 Abs. 2 S. 1 Nr. 3 BGB kann der Vermieter den Mietvertrag außerordentlich fristlos kündigen, wenn der Mieter an zwei aufeinander folgenden Zahlungsterminen mit der Entrichtung der Miete oder eines nicht unerheblichen Teils der Miete in Verzug ist oder wenn der Mieter in einem Zeitraum, der sich über mehr als zwei Termine erstreckt, mit der Entrichtung der Miete in Höhe eines Betrages in Verzug ist, der die Miete für zwei Monate erreicht. Abwenden kann der Mieter die Kündigung gemäß § 543 Abs. 1 S. 2 BGB nur dann, wenn er den Vermieter rechtzeitig befriedigt oder wenn er unverzüglich nach der Kündigung die Aufrechnung erklärt.

97 Eine Abweichung von dem beschriebenen Kündigungsgrund in einem Formularvertrag oder in Allgemeinen Geschäftsbedingungen zu Ungunsten des Mieters verstößt gegen § 307 BGB und ist unwirksam.[148] Unwirksam ist auch eine Regelung, die die Kündigung bei unverschuldeter Zahlungsverzögerung oder bei Verzug mit lediglich einer Monatsmiete vorsieht.[149]

98 Individualvertraglich kann die Regelung in § 543 Abs. 2 S. 1 Nr. 3 BGB geändert werden. Lediglich § 543 Abs. 1 BGB, der das allgemeine Recht zur außerordentlichen fristlosen Kündigung aus wichtigem Grund enthält, ist zulasten des Mieters unabdingbar.[150]

> **Praxistipp:**
> Im Hinblick auf die strenge Kündigungsregel bei Zahlungsverzug empfiehlt es sich, die Miete lediglich monatlich im Voraus zu verlangen, denn bei einer quartalsweisen Zahlung im Voraus, müsste der Vermieter zwei Quartale oder länger zuwarten, bis eine Kündigung gemäß § 543 Abs. 2 S. 1 Nr. 3 BGB erfolgen könnte.

99 Kommt der Mieter mit der Zahlung der Miete in Verzug, steht dem Vermieter ein Anspruch auf **Verzugsschaden** gemäß § 280 Abs. 2 BGB iVm § 286 BGB sowie der gesetzliche Verzugszins nach § 288 BGB zu. Der gesetzliche Verzugszins nach § 288 Abs. 2 BGB beträgt im unternehmerischen Geschäftsverkehr für Verträge, die ab dem 29.7.2014 geschlossen wurden, neun Prozentpunkte über dem jeweiligen Basiszinssatz. Letzterer kann über die Internetadresse der Bundesbank (www.bundesbank.de) abgerufen werden. Für Altverträge gilt die neue Regelung erst für solche Mieten, die ab dem 1.7.2016 fällig werden, bis dahin beträgt der Verzugszinssatz 8 Prozentpunkte über dem jeweiligen Basiszinssatz.

4. Nutzungsrechte, Nutzungsbeschränkungen

100 a) **Allgemeines.** Der Vorteil von Mietverträgen für den Vermieter besteht in der Möglichkeit, dem Mieter in größerem Umfang Nutzungsbeschränkungen aufzuerlegen als beim Softwarekauf, da die Miete als beendbares Nutzungsverhältnis nicht im gleichen Maße verkehrsfähig ist. Im Gegenzug sind dem Vermieter weitergehende gesetzliche Pflichten, insbesondere im Bereich der Mangelgewährleistung, auferlegt.

101 Dass der Vermieter Rechtsinhaber ist und, sofern er nicht Hersteller und damit gemäß § 69b UrhG zur Ausübung aller vermögensrechtlichen Befugnisse berechtigt ist, auch über das Vermieterrecht gemäß § 69c Nr. 3, § 17 UrhG verfügt, wird unterstellt. Vermietung im Sinne des Urheberrechtsgesetzes ist gemäß § 17 Abs. 3 UrhG die zeitlich begrenzte, unmittelbar oder mittelbar Erwerbszwecken dienende Gebrauchsüberlassung.

102 b) **Vertragsgemäßer Gebrauch.** Neben den in → III. 2. a) aa) dargestellten Aspekten bestimmt sich der vertragsgemäße Gebrauch auch danach, in welchem Umfang und auf welche Art und Weise die Software genutzt werden darf. Maßgeblich dafür sind die von den

---

[147] BGH Urt. v. 14.5.2014 – VIII ZR 114/13.
[148] BGH Urt. v. 25.3.1987 – VIII ZR 71/86, NJW 1987, 2506 f.
[149] MüKoBGB/*Bieber* § 543 Rn. 75; Redeker/*Karger*, Handbuch der IT-Verträge, Kap. 1.9 Rn. 312.
[150] Palandt/*Weidenkaff* § 543 Rn. 3.

III. Wesentliche Regelungspunkte eines Softwaremietvertrages

Vertragspartnern getroffenen Vereinbarungen sowie die **urheberrechtlichen Regelungen gemäß §§ 69a ff. UrhG**. Der Umfang des vertragsgemäßen Gebrauchs stellt gleichzeitig eine Nutzungsgrenze dar. Überschreitet der Mieter diese schuldhaft, steht dem Vermieter ein Schadensersatzanspruch zu. Das Mietrecht gewährt dem Vermieter gemäß § 541 BGB einen verschuldensunabhängigen Unterlassungsanspruch, wenn der Mieter trotz Abmahnung des Vermieters den vertragswidrigen Gebrauch nicht einstellt.[151] Außerdem gewährt § 543 Abs. 2 S. 1 Nr. 2 BGB dem Vermieter bei erheblicher Pflichtverletzung das Recht zur fristlosen Kündigung. Urheberrechtliche Unterlassungsansprüche gemäß §§ 97ff. UrhG stehen dem Vermieter zu, wenn dinglich eingeräumte Nutzungsrechte verletzt werden.

Dem Nutzer des urheberrechtlich geschützten Werkes können **dinglich wirkende Nutzungsrechte** eingeräumt werden. Es handelt sich dabei um solche Nutzungsrechte und Nutzungsarten, die technisch und wirtschaftlich eigenständig und klar abgrenzbar sind und deren Verletzung eine Urheberrechtsverletzung gemäß §§ 97ff. UrhG darstellt. Ein Beispiel für ein dinglich wirkendes urheberrechtliches Nutzungsrecht ist die Berechtigung, die Software auf einem Netzwerk zu nutzen oder die Beschränkung dahingehend, eine Software lediglich als Testsoftware zu nutzen.[152] Häufiger zu finden sind jedoch **schuldrechtliche Vereinbarungen** über die Nutzung der Software, deren Verletzung nicht zu einem Urheberrechtsverstoß, sondern lediglich zu einer Vertragsverletzung führt. Eine schuldrechtliche Nutzungsvereinbarung liegt beispielsweise in der Beschränkung der Softwarenutzung für eine bestimmte Anzahl von Nutzer oder auf einer definierten Hardware.[153] Schuldrechtliche Nutzungsbeschränkungen sind zunächst auf ihre Vereinbarkeit mit dem Urheberrecht zu prüfen und unterliegen, sofern sie nicht individualvertraglich vereinbart werden, darüber hinaus der Inhaltskontrolle gemäß §§ 307ff. BGB, denn es handelt sich dabei um Klauseln, die das Leistungsversprechen, nämlich die Nutzung der Software in der Regel beschränken.[154]

c) **Nutzungsrechte und Beschränkungen beim klassischen Mietmodell.** Überlässt der Vermieter die Software zur Installation auf der Hardware des Mieters, wird ein einfaches, zeitlich für die Dauer des Vertrages befristetes Nutzungsrecht eingeräumt, das in der Regel im Hinblick auf die Nutzungsintensität weiter definiert ist, zB durch die Festlegung der zulässigen Anzahl von (individualisierten) Benutzern (**Named Usern**) oder der Anzahl von Arbeitsplätzen, die zur gleichen Zeit auf die Software zugreifen dürfen („**Concurrent User**"), durch Bestimmung von Rechnergrößen (zB Cores, CPU) oder der Anzahl der Installationen. Da der Anwender, also der Mieter, im Hinblick auf die von ihm benötigten Nutzungsrechte die Spezifizierungslast trägt, sollte die Beschreibung der erforderlichen Nutzungsrechte sorgfältig erfolgen.[155]

Liegt keine ausdrückliche Vereinbarung über die einzuräumenden Nutzungsrechte vor, hilft § 69d UrhG, der einen zwingenden, abredefesten Kern von Nutzungsrechten für den Anwender bereithält und der grundsätzlich auch für mietweise überlassene Software gilt.[156] Es soll damit sichergestellt werden, dass derjenige, der zur Nutzung des Computerprogramms berechtigt ist, weil er es gekauft oder gemietet hat, dieses ohne zusätzliche Zustimmung des Rechtsinhabers bestimmungsgemäß nutzen sowie Fehler beheben darf.[157] Die bestimmungsgemäße Benutzung richtet sich nach dem Inhalt des zwischen den Parteien geschlossenen Vertrages und dem Überlassungs- bzw. dem Gebrauchszweck.[158] Fehlen vertragliche Bestimmungen, ist auf den Vertragszweck und die danach vorausgesetzten Bedürfnisse der Vertragspartner abzustellen. Nach *Marly* beinhaltet die bestimmungsgemäße Benutzung eines Computerprogramms seine Verwendung als Hilfsmittel zur Lösung einer Aufgabe des Anwenders.[159]

---

[151] *Marly* Rn. 1370.
[152] Wandtke/Bullinger/*Grützmacher* § 69c Rn. 63, 88; *Marly* Rn. 1682.
[153] BGH Urt. v. 24.10.2002 – I ZR 3/00 Rn. 34, CR 2003, 323 – CPU-Klausel; *Marly* Rn. 1706.
[154] *Dreier/Vogel* S. 123.
[155] Wandtke/Bullinger/*Grützmacher* § 69a Rn. 62.
[156] *Schneider* Kap. J Rn. 461.
[157] Dreier/Schulze/*Dreier* § 69d Rn. 5.
[158] *Marly* Rn. 233; Wandtke/Bullinger/*Grützmacher* § 69d Rn. 24.
[159] *Marly* Rn. 1749.

106 Ergänzend herangezogen für die Bestimmung der Nutzungsrechte wird die urheberrechtliche **Zweckübertragungslehre gemäß § 31 Abs. 5 UrhG**, die für das gesamte Urheberrecht gilt.[160] Danach soll der Nutzungsrechtserwerber – falls die Vertragspartner nichts anderes vereinbart haben – im Zweifel (nur) die Nutzungsrechte erhalten, die er benötigt, um den von den Parteien dem Vertrag zugrunde gelegten Zweck zu erfüllen. Ziel der Zweckübertragungslehre ist es, die Nutzungsrechte so weit wie möglich beim Urheber zu belassen und ihn an deren Verwertung angemessen zu beteiligen.[161] In der Rechtsprechung und in der Literatur wird die Zweckübertragungslehre regelmäßig auch angewendet, um die Rechtmäßigkeit von Verwendungsbeschränkungen für Computerprogramme zu beurteilen.[162]

107 *aa) Vervielfältigungsrecht.* Damit die Software genutzt werden kann, bedarf es einer Vervielfältigung. Das Vervielfältigungsrecht ist ein **Ausschließlichkeitsrecht des Rechtsinhabers** gemäß § 69c Nr. 1 UrhG.[163] Ein Verbot oder eine Beschränkung des Vervielfältigungsrechts des Mieters ist jedoch nur dann wirksam, wenn die in § 69d Abs. 1 UrhG gewährte bestimmungsgemäße Benutzung der Software einschließlich Fehlerbehebung nicht beeinträchtigt wird. Der Vorbehalt, dass die Erlaubnis gemäß § 69d Abs. 1 UrhG nur gelte, soweit keine besonderen vertraglichen Bestimmungen vorliegen, bezieht sich nur auf das Recht des Rechtsinhabers, die Verwendung der Programmkopie in bestimmter Weise zu beschränken, nicht jedoch die bestimmungsgemäße Benutzung auszuschließen.[164] Danach darf dem berechtigten Nutzer – unabhängig davon, ob er die Software mietet oder kauft – nicht verboten werden, die Vervielfältigungen herzustellen, die zum Laden des Programms auf den Arbeitsspeicher, zum Ablaufenlassen oder zur Datensicherung erfolgen.[165]

> **Praxistipp:**
> Ob bei Softwaremiete die Vervielfältigung der Software zur Erfüllung der handels- und abgaberechtlichen Aufbewahrungspflichten zur bestimmungsgemäßen Nutzung auch für die Zeit nach dem Mietvertrag gehört, ist unklar.[166] Dies gilt auch für die Frage, ob eine Softwarekopie auf einem Back-up-System nur eine zulässige Sicherungskopie bzw. Ausdruck bestimmungsgemäßer Nutzung ist oder eine zustimmungsbedürftige Handlung. Diese Themen sollten daher im Vertrag behandelt werden.

108 Ebenfalls nicht untersagt werden darf dem Mieter die **Herstellung einer Sicherungskopie** gemäß § 69d Abs. 3 UrhG, wenn sie für die Sicherung zukünftiger Benutzung erforderlich ist. Ein solches Verbot wäre gemäß § 69g Abs. 2 UrhG sogar bei individueller Vereinbarung unwirksam. Eine Sicherungskopie ist eine 1 : 1-Kopie des Programms, die dessen Neuinstallation ermöglichen soll.[167] An der Erforderlichkeit einer Sicherungskopie fehlt es jedoch dann, wenn der Programmhersteller neben dem Originaldatenträger eine weitere Kopie der Software mitliefert.[168] Die bloße Zusage, eine neue Programmkopie zu überlassen, reicht nicht aus, um dem Mieter die Erstellung einer eigenen Sicherungskopie zu verbieten, denn wann eine solche Programmkopie nachgeliefert wird, bleibt letztlich für den Mieter unsicher.[169] Wer Software lediglich zum Download angeboten erhält oder wer die Software vorinstalliert erhält, bleibt ebenso berechtigt, eine Sicherungskopie zu erstellen. Wird die Erstellung einer Sicherungskopie durch technische Schutzmechanismen verhindert, steht dem Mieter nach wohl hM ein Anspruch auf Entfernung des Kopierschutzes in dem Umfang zu,

---

[160] *Marly* Rn. 233; Wandtke/Bullinger/*Grützmacher* § 69d Rn. 7.
[161] *Dreier/Vogel* S. 125.
[162] *Dreier/Vogel* S. 125.
[163] Dreier/Schulze/*Dreier* § 69c Rn. 1.
[164] Lehmann/*Haberstumpf* Kap. II Rn. 159.
[165] Wandtke/Bullinger/*Grützmacher* § 69d Rn. 35; *Marly* Rn. 1591 ff.
[166] *Schneider* Kap. J Rn. 468.
[167] Dreier/Schulze/*Dreier* § 69d Rn. 15.
[168] Dreier/Schulze/*Dreier* § 69d Rn. 16.
[169] Wandtke/Bullinger/*Grützmacher* § 69d Rn. 54.

in dem die technische Sperre die Anfertigung einer zusätzlichen Sicherungskopie verhindert.[170] Wenn die **Software ständig online bereitsteht** – wie bei ASP – und nur der Zugriff auf die Software geschuldet ist, dürfte die Erforderlichkeit einer Sicherungskopie jedoch fraglich sein.

Um dem Vermieter eine Kontrolle über die Anzahl der vorhandenen Programmkopien zu ermöglichen, wird empfohlen, dem Mieter die Pflicht aufzuerlegen, den Vermieter über die Anzahl der Kopien, deren Speicher- bzw. Aufbewahrungsort informiert zu halten.[171] **Audit-Klauseln**, die dem Lizenzgeber Zugang zu dem System des Lizenznehmers gewähren sollen, werden in der Literatur kritisch erachtet und stehen in der Gefahr gemäß § 307 Abs. 2 Nr. 1 BGB unwirksam zu sein.[172] Im Mietrecht besteht die aus § 242 BGB herzuleitende Nebenpflicht des Mieters, dem Vermieter – nach entsprechender Vorankündigung – den Zutritt zu seiner Wohnung zu gewähren, wenn es hierfür einen konkreten sachlichen Grund gibt, der sich zB aus der ordnungsgemäßen Bewirtschaftung des Objekts ergeben kann.[173] Dies hat der BGH in seinem Urteil vom 4.6.2014 bestätigt und eine Formularbestimmung, die dem Vermieter von Wohnraum ein Recht zum Betreten der Mietsache anlasslos, ganz allgemein „zur Überprüfung des Wohnungszustandes" einräumt, wegen unangemessener Benachteiligung des Mieters gemäß § 307 Abs. 1 Satz 1 BGB für unwirksam erklärt.[174] Auch der sich aus § 101a UrhG ergebende Anspruch auf Vorlage und Besichtigung setzt die hinreichende Wahrscheinlichkeit einer Urheberrechtsverletzung voraus. Da streitig ist, ob eine Softwarekopie auf einem Backup-System nur eine Sicherungskopie bzw. Ausdruck bestimmungsgemäßer Nutzung ist oder eine zustimmungsbedürftige Handlung, empfiehlt es sich, diese Frage ebenfalls vertraglich zu klären.[175]

bb) Umarbeitungsrecht. Ebenso wie das Vervielfältigungsrecht ist das Umarbeitungsrecht ein Ausschließlichkeitsrecht des Rechtsinhabers, das allerdings wegen § 69d Abs. 1 UrhG dem Mieter auch ohne Zustimmung des Rechtsinhabers gewährt werden muss, um die bestimmungsgemäße Nutzung einschließlich der Fehlerbehebung zu ermöglichen. Die Umarbeitung insbesondere in den Formen der Übersetzung, der Bearbeitung und des Arrangements umfasst alle Änderungen an einem Computerprogramm, sowohl im Objekt- wie auch im Quellcode. Nicht erfasst hiervon ist jedoch das Recht zur Dekompilierung, das in § 69e UrhG abschließend geregelt ist.[176]

Pauschale Umarbeitungsverbote sind schon wegen § 69g Abs. 2 UrhG unwirksam, weil sie auch das Recht zur Dekompilierung gemäß § 69e UrhG ausschließen würden. Darüber hinaus sind sie als AGB-Klausel gemäß § 307 BGB unwirksam, da damit das Recht zur Fehlerbeseitigung ausgeschlossen würde. Auch Fehlerbeseitigungsverbote sind deshalb unwirksam.[177]

Anders als der Käufer, der nach Ablauf der Gewährleistungsfrist schlimmstenfalls ohne weiteren Support auskommen muss, ist für den Mieter einer Software über die gesamte Vertragsdauer die Gebrauchstauglichkeit rechtlich sichergestellt. Dieser Unterschied rechtfertigt in Bezug auf das Umarbeitungsrecht, insbesondere in Bezug auf die Fehlerbeseitigung, jedoch **gewisse Nutzungsrechtseinschränkungen des Mieters**.[178] Als zulässig wird daher erachtet, die Umarbeitung, insbesondere zur Fehlerbehebung durch den Mieter, nur dann zu erlauben, wenn der Vermieter die Leistung nicht anbietet oder mit seinen Leistungspflichten ausfällt, sei es, dass er sich in Verzug befindet oder dass er aus anderen Gründen seinen Pflichten nicht ordnungsgemäß nachkommt.[179] Begründen kann man dies damit, dass § 69d

---

[170] Dreier/Schulze/*Dreier* § 69d Rn. 19; Lehmann/*Haberstumpf* Kap. II Rn. 161; Wandtke/Bullinger/*Grützmacher* § 69d Rn. 57.
[171] Redeker/*Karger*, Handbuch der IT-Verträge, Kap. 1.9 Rn. 173.
[172] Intveen/*Karger*, ITRB 2014, 39 ff.
[173] MüKoBGB/*Häublein* § 535 Rn. 134 ff.
[174] BGH Urt. v. 4.6.2014 – VIII ZR 289/13.
[175] Wandtke/Bullinger/*Grützmacher* § 69d Rn. 16.
[176] Dreier/Schulze/*Dreier*, § 69d Rn. 10.
[177] Redeker/*Karger*, Handbuch der IT-Verträge, Kap. 1.9 Rn. 176.
[178] *Schneider* Kap. J Rn. 395.
[179] Redeker/*Karger*, Handbuch der IT-Verträge, Kap. 1. 9 Rn. 174.

UrhG nur notwendige Handlungen erlaubt. Eine solche Notwendigkeit ist bei gleichzeitigem Bestehen eines schuldrechtlichen Anspruches nur dann gegeben, wenn der Anspruch nicht erfüllt wird.

113 Der Mieter ist berechtigt, für zulässige Umarbeitungen Dritte zu beauftragen.[180] Allerdings wird man eine Regelung zum Schutz des Vermieters als zulässig erachten müssen, die verlangt, dass der Mieter den Dritten, bevor er Zugang zur Software erlangt, schriftlich zur Geheimhaltung verpflichtet.

114 *cc) Dekompilierung.* § 69e UrhG regelt, unter welchen Voraussetzungen und in welchem Umfang der Anwender ohne Zustimmung des Rechtsinhabers Vervielfältigungs- und Umarbeitungshandlungen gemäß § 69c Nr. 1 und Nr. 2 UrhG an dem Softwareprodukt vornehmen darf, um die erforderlichen Informationen für die Herstellung der Interoperabilität mit einem fremden Programm, also die Möglichkeit der Datenkommunikation zwischen den Programmen, zu erhalten. § 69e UrhG ist gemäß § 69g Abs. 2 UrhG zwingend und kann daher vertraglich nicht abbedungen werden.[181]

115 Dekompilieren ist der Vorgang, mittels dessen der in der Regel ausgelieferte maschinenlesbare Objektcode in den menschenlesbaren Quellcode rückübersetzt wird. Viele Handlungen, wie zB die Fehlerbehebung oder die Schaffung neuer Schnittstellen zu anderen Programmen, können nur auf Quellcodeebene durchgeführt werden. Da die Herstellung der **Interoperabilität** in der Regel jedoch nicht zu den Handlungen zu zählen ist, die für die Aufrechterhaltung der bestimmungsgemäßen Nutzung erforderlich sind, ersetzt § 69e UrhG die in § 69c UrhG dafür verlangte Zustimmung.[182]

116 Eine wesentliche Voraussetzung für das Dekompilieren gemäß § 69e Abs. 1 Nr. 2 UrhG ist, dass dem berechtigten Nutzer die Informationen zur Herstellung der Interoperabilität „nicht ohne Weiteres" zugänglich gemacht werden. Daraus wird geschlossen, dass eine Klausel, die die Überlassung von Schnittstelleninformationen zwecks Ausschluss des Rechts zur Dekompilierung nur gegen Vergütung anbietet, gemäß § 69g Abs. 2 UrhG unwirksam ist.[183] Allerdings wird man den berechtigten Nutzer verpflichten dürfen, vor der Dekompilation die erforderlichen Schnittstelleninformationen beim Rechtsinhaber zu erfragen.[184]

117 *dd) Weitergabeverbot.* Der urheberrechtliche **Erschöpfungsgrundsatz gemäß § 69c Nr. 3 Satz 2 UrhG,** nach dem sich das Verbreitungsrecht des Rechtsinhabers erschöpft, wenn das Vervielfältigungsstück eines Computerprogramms mit Zustimmung des Rechtsinhabers im Wege der Veräußerung im Gebiet der EU/EWR zum Verkauf gebracht wurde, ist auf einen Mietvertrag nicht anwendbar, da Miete keine Veräußerung im Sinne des Erschöpfungsgrundsatzes ist.[185] Das bedeutet, dass der Vermieter berechtigt ist, dem Mieter die Verbreitung der Software in Form der Weiterveräußerung zu untersagen. Nichts anderes ergibt sich aus dem Mietrecht, denn die Mietsache muss nach Vertragsende zurückgegeben bzw. es muss die Nutzung eingestellt werden.[186]

118 Das Mietrecht sieht in § 540 Abs. 1 BGB vor, dass der Mieter die Sache mit Erlaubnis des Vermieters untervermieten oder einem Dritten überlassen darf. Ein Anspruch auf die Erteilung der Erlaubnis besteht nicht.[187] Allerdings steht dem Mieter bei Verweigerung der Genehmigung, ohne dass der Vermieter einen berechtigten Grund dafür geltend machen kann, das Recht zur außerordentlichen Kündigung zu. Dass das Softwarehaus, das die Software vermietet, weder eine Untervermietung der Software noch ein Kündigungsrecht zulassen will, dürfte auf der Hand liegen. Ein solches **Untervermietungsverbot** ist urheberrechtlich unproblematisch, denn das Urheberrecht erlaubt eine Weitervermietung nicht.[188] Ob ein

---

[180] BGH Urt. v. 24.4.2000 – I ZR 141/97, NJW 2000, 3212 – Programmfehlerbeseitigung.
[181] Dreier/Schulze/*Dreier* § 69e Rn. 4.
[182] Dreier/Schulze/*Dreier* § 69e Rn. 1.
[183] Lehmann/*Haberstumpf* Kap. II Rn. 174; Wandtke/Bullinger/*Grützmacher* § 69e Rn. 14.
[184] Streitig Wandtke/Bullinger/*Grützmacher* § 69e Rn. 15.
[185] Dreier/Schulze/*Dreier* § 69c Rn. 24; *Schneider* Kap. J Rn. 388.
[186] Redeker/*Karger,* Handbuch der IT-Verträge, Kap. 1.9 Rn. 188.
[187] Palandt/*Weidenkaff* § 540 Rn. 8.
[188] Redeker/*Karger,* Handbuch der IT-Verträge, Kap. 1.9 Rn. 189.

solches Verbot jedoch mit dem Mietrecht vereinbar ist, ist offen. Der BGH hat die Wirksamkeit eines Untervermietungsausschlusses bei einem Finanzierungsleasingvertrag anerkannt.[189] In einem späteren Urteil hat er die Beantwortung dieser Frage ausdrücklich offen gelassen.[190] In der ersten Entscheidung stellte der BGH darauf ab, dass das „Eigengepräge" des Leasingvertrages unter sachgerechter Bewertung der von den Parteien typischerweise verfolgten Interessen zu berücksichtigen sei. Da Gegenstand bei der Softwaremiete nicht Geschäftsräume sind, sondern ein urheberrechtlich geschütztes Werk und das Urheberrecht ein Untervermietungsverbot für zulässig erachtet, könnte dies einen Ansatz für eine Entscheidung zugunsten eines Untervermietungsverbotes bieten.[191]

Zulässig und nicht verbietbar ist der **unselbständige Gebrauch** der Software durch solche Personen, die die Mietsache für den Mieter nutzen (zB Mitarbeiter des Mieters, Familienangehörige, Freunde).[192] Für Mitarbeiter des Mieters ergibt sich dies aus § 17 Abs. 3 Satz 2 Nr. 2 UrhG.

ee) CPU-Klausel. Ziel einer CPU-Klausel ist es, die Softwarenutzung nur auf einem **vorgegebenen Rechner (Central Processing Unit) bestimmter Größe** zuzulassen. Will der Anwender die Software, die er auf einer vereinbarten Rechnergröße nutzt, auf einem leistungsstärkeren Rechner ablaufen lassen, soll er dafür zusätzlich bezahlen (sogenannte Upgrade-Klausel).[193] CPU- und Upgrade-Klauseln sind schuldrechtliche Verwendungsbeschränkungen, die, wenn sie nicht individuell ausgehandelt und damit zulässig sind, der Inhaltskontrolle gemäß §§ 307ff. BGB unterfallen. Während bei einem Kaufvertrag eine solche CPU-Klausel gemäß § 307 BGB in der Regel unwirksam ist, weil sie mit dem wesentlichen Grundgedanken des Kaufvertrags und des Eigentums, nämlich der Freiheit der beliebigen Nutzung des Programms, nicht vereinbar ist,[194] ist eine CPU-Klausel bei Mietverträgen unter bestimmten Voraussetzungen zulässig.

Der BGH hat entschieden, dass eine Klausel in einem auf begrenzte Zeit geschlossenen Softwareüberlassungsvertrag, die den Einsatz der Software auf einem leistungsstärkeren oder weiteren Rechner von der Vereinbarung einer zusätzlichen Vergütung abhängig macht, nicht unwirksam ist.[195] Allerdings muss der kostenlose Einsatz der Programme auf einem vergleichbaren Ersatzrechner zulässig sein, denn nur dann ist die Aufrechterhaltung der bestimmungsgemäßen Nutzung gewährleistet. Würde die CPU-Klausel also jeglichen Einsatz auf einem anderen Rechner verbieten, wäre sie auch im Mietrecht unwirksam. Nur dann, wenn der neue Rechner leistungsstärker ist, besteht das Recht zur Anpassung der Lizenzgebühren.[196]

Nach Auffassung des BGH kommt es für die Wirksamkeit der Klausel im Falle des Wechsels auf eine leistungsstärkere Hardware nicht darauf an, dass die Software tatsächlich intensiver genutzt wird. Maßgebend allein sei die **technische Möglichkeit der intensiveren Nutzung** auf dem stärkeren Rechner.[197]

In der Literatur werden CPU-Klauseln auch bei Mietverträgen kritisch gesehen, weil sie die wesentliche Hauptleistungspflicht des Vermieters, nämlich die Gebrauchsgewährungspflicht zu Lasten des Mieters beschränken. Gegen die Rechtsprechung des BGH wird – zu Recht – eingewandt, dass die Vergütungspflicht nicht die tatsächliche, sondern auch eine nur theoretisch mögliche Nutzungserweiterung erfasst.[198] Damit entfällt die Möglichkeit ei-

---

[189] BGH Urt. v. 4.7.1990 – VIII ZR 288/89, NJW 1990, 2061.
[190] BGH Urt. v. 24.5.1995 – VII ZR 172/94, NJW 1995, 2034.
[191] Dafür: Lehmann/*Schmidt* Kap. 15 Rn. 69; *Marly* Rn. 1687; Palandt/*Weidenkaff* § 540 Rn. 2; *Baus* S. 143, 233.
[192] *Marly* Rn. 1694.
[193] *Dreier*/*Vogel* S. 127.
[194] OLG Frankfurt Urt. v. 10.3.1994 – 6 U 18/93, CR 1994, 398; Wandtke/Bullinger/*Grützmacher* § 69d Rn. 37; *Marly* Rn. 1708, 1714.
[195] BGH Urt. v. 24.10.2002 – I ZR 3/00, CR 2003, 323 – CPU-Klausel.
[196] BGH Urt. v. 24.10.2002 – I ZR 3/00, CR 2003, 323 – CPU-Klausel.
[197] Redeker/*Karger*, Handbuch der IT-Verträge, Kap. 1.9 Rn. 158.
[198] *Marly* Rn. 1716; Wandtke/Bullinger/*Grützmacher* § 69d UrhG Rn. 43; *Grützmacher* ITRB 2003, 279 f.

ner Partitionierung eines leistungsfähigeren Rechners, also die technische Beschränkung der Nutzung der Software auf die vereinbarte CPU-/Core-Größe. Problematisch ist das insoweit, als es durch die rasante technische Entwicklung im Rechnerbereich ggf. keinen Rechner mehr gibt, der „nur" in der vereinbarten Größe beschaffbar ist.

d) Nutzungsrechte bei ASP. Die Besonderheit bei ASP liegt darin, dass die Software nicht beim Mieter installiert und gespeichert wird, sondern bei dem ASP-Anbieter, dem Vermieter.[199] Ob und gegebenenfalls welche Nutzungsrechte dem Mieter eingeräumt werden müssen, hängt davon ab, ob der Mieter **urheberrechtlich relevante Handlungen** im Zusammenhang mit der Software vornimmt. Denkbar sind Vervielfältigungshandlungen entweder auf dem Rechner (Client) des Mieters oder auf dem Server des Anbieters.[200]

aa) Laden des Programms in den Arbeitsspeicher. Das Laden des Programms in den Arbeitsspeicher stellt eine Vervielfältigungshandlung dar.[201] Bei ASP kommt es jedoch gerade nicht zu einer Übertragung des zur Nutzung bereitgestellten Programms auf den Rechner des Mieters.[202] In den Arbeitsspeicher des Mieters kopiert werden lediglich vom Anwendungsprogramm unabhängige Steuerungssoftware sowie gegebenenfalls JAVA-Applets, die die Ausführung der Anwenderprogramme unterstützen.[203] Im Hinblick auf diese Software benötigt der Mieter ein Nutzungsrecht.[204] Da der Mieter durch seinen Aufruf in aller Regel nicht erst den Ladevorgang beim ASP-Anbieter startet, sondern die Software sich zur Verkürzung der Zugriffszeit permanent im Arbeitsspeicher des Servers des ASP-Anbieters befindet, liegt auch in der Initiierung der Anwendung durch den Mieter keine Vervielfältigung.[205]

Eine dem Mieter gemäß §§ 97, 69c S. 1 Nr. 1 UrhG zurechenbare Vervielfältigung der Software liegt nur dann vor, wenn der Mieter tatsächlich das Laden auf den Arbeitsspeicher des Servers durch seinen Programmaufruf initiiert.[206] In diesem Fall benötigt der Mieter ein Vervielfältigungsrecht.

bb) Übertragung und Sichtbarmachung der Bildschirminformationen. Die Benutzeroberfläche des Anwendungsprogramms wird durch den Abruf entweder mittels der zuvor genannten Steuerungssoftware (**Clientsoftware**) oder mithilfe eines **Internetbrowsers** für die Dauer der Nutzung in den Arbeitsspeicher des Kunden kopiert und damit vervielfältigt.[207] Ein Nutzungsrecht ist für diesen Vorgang jedoch nur dann erforderlich, wenn die übertragene Benutzeroberfläche eigenständig urheberrechtlich geschützt ist. Geklärt sein dürfte mittlerweile, dass die Benutzeroberfläche als Interaktionsschnittstelle zum Benutzer kein Computerprogramm darstellt und sie daher nicht gemäß § 69a UrhG geschützt ist. Die Bildschirmoberfläche kann auch nicht als dessen Ausdrucksform gemäß § 69 Abs. 2 S. 1 UrhG angesehen werden.[208] Grund dafür ist, dass eine identische Ausdrucksform technisch durch unterschiedliche Programmierungen erzeugt werden kann.[209] Eine Ausdrucksform im Sinne von § 69 Abs. 2 S. 1 UrhG ist beispielsweise der Quell- oder der Objektcode eines Programms.

Die Bildschirmoberfläche kann jedoch ausnahmsweise als Sprachwerk iSd § 2 Abs. 1 Nr. 1 UrhG, als wissenschaftliche Darstellung iSd § 2 Abs. 1 Nr. 7 UrhG oder als Werk der Bildenden Kunst iSd § 2 Abs. 1 Nr. 4 UrhG geschützt sein, wenn die dafür notwendige ur-

---

[199] Spindler/*Bettinger*/*Scheffelt* Teil XI Rn. 12.
[200] *Meyer* S. 292.
[201] BGH Urt. v. 3.2.2011 – I ZR 129/08; EuGH Urt. v. 4.10.2011 – C-403, C-429/08; *Marly* Rn. 157.
[202] *Grützmacher* ITRB 2001, 59.
[203] *Grützmacher* ITRB 2001, 59.
[204] *Meyer* S. 203; *Marly* Rn. 1082.
[205] *Meyer* S. 294; *Marly* Rn. 1082; *Grützmacher* ITRB 2001, 59.
[206] Spindler/*Bettinger*/*Scheffelt* Teil XI Rn. 121.
[207] *Meyer* S. 295; *Grützmacher* ITRB 2001, 59; *Schoengarth* S. 93.
[208] EuGH Urt. v. 22.12.2010 – C-393/09 – BSA/Kulturministerium; OLG Karlsruhe Urt. v. 14.4.2010 – 6 U 46/09, CR 2010, 427 (unter Aufgabe der gegenteiligen Auffassung in OLG Karlsruhe Urt. v. 13.6.1994 – 6 U 52/94, NJW 1995, 892) mwN; Wandtke/Bullinger/*Grützmacher* § 69a Rn. 14; *Meyer* S. 296; *Marly* Rn. 91 ff.; *Grützmacher* ITRB 2001, 59; dagegen *Härting/Kuon* CR 2004, 527.
[209] OLG Karlsruhe Urt. v. 14.4.2010 – 6 U 46/09, CR 2010, 427 ff.

heberrechtliche **Schöpfungshöhe** gegeben ist.[210] Diese fehlt jedoch, wenn die Bildschirmmaske lediglich funktional und zweckmäßig gestaltet ist.[211]

Genießt die Bildschirmmaske ausnahmsweise urheberrechtlichen Schutz und fehlt die ausdrückliche Einräumung eines Vervielfältigungsrechtes, ist der Anwender nach der Zweckübertragungslehre gemäß § 31 Abs. 5 UrhG dennoch berechtigt, die Bildschirmmaske aufzurufen, also zu vervielfältigen, um den mit dem ASP-Vertrag verfolgten Vertragszweck zu erreichen.[212]

cc) Reiner Programmablauf. Die Nutzungshandlung des ASP-Anwenders bleibt ebenfalls urheberrechtsneutral, denn nach überwiegender Auffassung ist der bloße Programmablauf, also das Abarbeiten der Daten im Prozessor keine urheberrechtlich relevante Handlung.[213]

dd) Programmverwertung durch den ASP-Anbieter. Der ASP-Anbieter ist in der Regel nicht der Softwarehersteller, so dass er sich für die Umsetzung des Geschäftsmodells die erforderlichen Nutzungsrechte an der Software beschaffen muss. In der Literatur ist mittlerweile ASP als eigenständige Nutzungsart gemäß § 31 Abs. 4 UrhG anerkannt, da die Online-Nutzung von Software sowohl in technischer Hinsicht eine grundlegend neue Nutzungsform darstellt als auch wirtschaftlich neue Vertriebs- und Vermarktungsformen bietet.[214] Aus der Einordnung der ASP-Nutzung als eigenständige Nutzungsart folgt, dass eine solche Nutzung nicht schon möglich ist, wenn der ASP-Anbieter lediglich über eine Mehrplatzlizenz oder das Recht zum Vertrieb der Software in Form von Verkauf oder klassischer Vermietung verfügt.[215] Notwendig ist vielmehr, dass die **Zustimmung des Rechtsinhabers zur Nutzung in dieser Form** erteilt wird oder sich der geplante Einsatz der Software aus dem Vertragszweck eindeutig ergibt.

- *Vervielfältigungsrecht.* Dass der Anbieter Vervielfältigungsrechte benötigt, liegt auf der Hand. Ist es technisch vorgesehen, dass der Anwender per Fernzugriff ebenfalls Vervielfältigungen initiiert, dann muss der Anbieter auch berechtigt sein, dem Anwender entsprechende Nutzungsrechte einzuräumen.[216]
- *Vermietrecht.* Obgleich der BGH den ASP-Vertrag als Mietvertrag qualifiziert hat, benötigt der ASP-Anbieter, anders als der Anbieter der klassischen Softwaremiete, bei der die Software bei dem Mieter installiert wird, nach hM kein Vermietrecht gemäß § 69c Nr. 3 UrhG, denn das urheberrechtliche Vermietrecht, das ein Unterfall des Verbreitungsrechts ist, setzt die **körperliche Überlassung** eines Werkstücks an den Nutzer voraus.[217] Eine solche körperliche Überlassung der Software erfolgt bei ASP nicht. Dies gilt unabhängig von der zivilrechtlichen Einordnung des ASP-Vertrages als Mietvertrag, denn die vertragstypologische Einordnung eines Vertrages ist nicht zwingend für dessen urheberrechtliche Typisierung.[218]
- *Recht zur öffentlichen Wiedergabe einschließlich der öffentlichen Zugänglichmachung.* Insbesondere um online abzuwickelnde On-Demand-Dienste urheberrechtlich qualifizieren zu können, wurde im Zuge der Umsetzung der Multimedia-Richtlinie (Richtlinie 2011/29/EG v. 22.5.2001) im Urhebergesetz das Recht der öffentlichen Zugänglichmachung in §§ 15 Abs. 2, 19a und 69c Nr. 4 UrhG kodifiziert.[219] Zustimmungsbedürftig ist danach die **drahtlose öffentliche Wiedergabe** eines Computerprogramms einschließlich

---

[210] Wandtke/Bullinger/*Grützmacher* § 2 Rn. 60; Dreier/Schulze/*Dreier* § 69a Nr. 16.
[211] Wandtke/Bullinger/*Grützmacher* § 2 Rn. 60; LG Frankfurt Urt. v. 23.8.2006 – 2 – 06 O 272/06, CR 2007, 424; aA OLG Rostock Urt. v. 27.6.2007 – 2 W 12/07, CR 2007, 737; für die erforderliche Schöpfungshöhe *Schoengarth* S. 93.
[212] *Meyer* S. 297; *Schoengarth* S. 93.
[213] LG Mannheim Urt. v. 11.9.1998 – 7 O 142/98, CR 1999, 360; *Bartsch* CR 1999, 361; Wandtke/Bullinger/*Grützmacher* § 69c Rn. 7; Spindler/Bettinger/*Scheffelt* Teil XI Rn. 122.
[214] Wandtke/Bullinger/*Grützmacher* § 69d Rn. 13; Spindler/Bettinger/*Scheffelt* Teil XI Rn. 131; Redeker/*Gennen* Kap. 1.17 Rn. 201.
[215] Redeker/*Gennen*, Handbuch der IT-Verträge, Kap. 1.17 Rn. 201; Dreier/Schulze/*Dreier* § 69c Rn. 36.
[216] *Grützmacher* ITRB 2001, 59 Rn. 116; *Marly* Rn. 1127.
[217] Wandtke/Bullinger/*Grützmacher* § 69c Rn. 43, 44 mwN; *Marly* Rn. 1128.
[218] Wandtke/Bullinger/*Grützmacher* § 69c Rn. 43.
[219] *Meyer* S. 301.

135 Ob die Bereitstellung der Software im Rahmen von ASP ein Fall der öffentlichen Wiedergabe oder Zugänglichmachung gemäß § 64c Nr. 4 UrhG ist, ist streitig. Uneinigkeit besteht darüber, ob ein solches Zugänglichmachen zwingend die **Übertragung von Programmteilen** erfordert[220] oder nicht.[221] Zwingend sei die Programmübertragung deshalb, weil die Systematik der urheberrechtlichen Verwertungsrechte dies erfordere.[222] Das bloße Zugänglichmachen im Wege des ASP, ohne dass die Möglichkeit des Downloads des Anwendungsprogramms besteht, wäre damit kein öffentliches Zugänglichmachen. Die wohl herrschende Gegenauffassung wendet ein, dass das Zugänglichmachen bereits die zeitlich vorgelagerte Bereithaltung des Werkes zum interaktiven Abruf in einem Netzwerk umfasse. Außerdem erfordere das Zugänglichmachen begrifflich keineswegs zwingend den Download der Software.[223] Dieser Auffassung hat sich das OLG München in seiner Entscheidung vom 7.2.2008 angeschlossen.[224] Auch der BGH fordert in seiner Entscheidung zur Abbildung von sogenannten Thumbnails, also kleinen Bildchen in der Trefferliste einer Suchmaschine, lediglich die Eröffnung der Möglichkeit des Zugriffs auf das sich in der Zugriffssphäre des Vorhaltenden befindliche geschützte Werk.[225]

der öffentlichen Zugänglichmachung, wenn dies in der Weise erfolgt, dass das Computerprogramm Mitgliedern der Öffentlichkeit an Orten und zu Zeiten ihrer Wahl zugänglich ist.

136 Die Anforderung des Zugänglichmachens für die Öffentlichkeit ist im Falle des „**one to many-ASP**" gegeben.[226] Zur Öffentlichkeit gehört jeder, der nicht mit demjenigen, der das Werk verwertet, durch persönliche Beziehungen verbunden ist.[227] Voraussetzung für das Fehlen der Öffentlichkeit ist das Vorhandensein einer gewissen Vertrauensbeziehung. Selbst die Beschäftigten eines Betriebes sind nicht persönlich mit dem Arbeitgeber verbunden.[228] Eine vertragliche Verbindung durch den ASP-Vertrag reicht nicht aus, um die Öffentlichkeit zu verneinen. Nach *Marly* könnte eine solche Vertrauensbeziehung jedoch dann gegeben sein, wenn spezielle Programme nur einem einzigen Anwender zur Verfügung gestellt werden (**one to one-ASP**).[229]

> **Praxistipp:**
> Um eine Urheberrechtsverletzung sowie die Haftung wegen Rechtsmängeln zu vermeiden, muss der ASP-Anbieter die Nutzungsrechte, die er für die Umsetzung seines Geschäftsmodells benötigt, sorgfältig spezifizieren. Nicht ausreichend hierfür ist die bloße Beschaffung einer Netzwerklizenz. Der ASP-Anbieter sollte sich alle Rechte einräumen lassen, die erforderlich sind, um das von ihm geplante, genau beschriebene Geschäftsmodell verwirklichen zu können und die einzelnen Rechte, wie beispielsweise das Recht zur öffentlichen Wiedergabe und der öffentlichen Zugänglichmachung nur beispielhaft benennen.

137 **e) Softwaremietvertrag in der Insolvenz des Vermieters.** Der Softwaremietvertrag ist ein Dauerschuldverhältnis mit regelmäßig wiederkehrenden Pflichten auf beiden Vertragsseiten. Wird das Insolvenzverfahren auf Seiten des Vermieters eröffnet, bleibt dies zunächst ohne Einfluss auf den Bestand des Vertrages. Entgegen der früheren Rechtsprechung des BGH führt die Eröffnung des Insolvenzverfahrens nicht automatisch dazu, dass alle gegenseitigen

---

[220] Wandtke/Bullinger/*Grützmacher* § 69c Rn. 66.
[221] *Schoengarth* S. 323; Redeker/*Gennen* Kap. 1.17 Rn. 200; Dreier/Schulze/*Dreier* § 69c Rn. 28; *Marly* Rn. 1131.
[222] Wandtke/Bullinger/*Grützmacher* § 69c Rn. 66.
[223] Dreier/Schulze/*Dreier* § 19a Rn. 6; *Meyer* S. 302.
[224] OLG München Urt. v. 7.2.2008 – 29 U 3520/07, CR 2009, 500 f.
[225] BGH Urt. v. 29.4.2010 – I ZR 69/08, Rn. 19, CR 2010, 463 – Vorschaubilder.
[226] Redeker/*Gennen*, Handbuch der IT-Verträge, Kap. 1.17 Rn. 201.
[227] Dreier/Schulze/*Dreier* § 19a Rn. 7.
[228] Wandtke/Bullinger/*Grützmacher* § 69c Rn. 54.
[229] *Marly* Rn. 1132.

Ansprüche erlöschen. Die noch offenen Ansprüche bestehen fort, sie sind lediglich nicht mehr durchsetzbar.[230]

Allerdings unterliegt ein gegenseitiger Vertrag, der bei der Insolvenzeröffnung von beiden Vertragspartnern noch nicht vollständig erfüllt ist, soweit keine Ausnahmeregelung greift, dem **Wahlrecht des Insolvenzverwalters gemäß § 103 InsO**. Eine solche Ausnahmeregelung, die den Vertrag dem Wahlrecht des Insolvenzverwalters entzieht, sieht § 108 InsO ua für Miet- und Pachtverhältnisse vor. Die Regelung in § 108 InsO betrifft neben unbeweglichen Gegenständen nur solche beweglichen Gegenstände – und damit auch Software – in der Insolvenz des Vermieters (oder Leasinggebers) deren Beschaffung der Vermieter durch einen Dritten finanziert hat und dem der Vermieter die Software zur Sicherheit übertragen hat.[231] Hat der Vermieter die vermietete Software also finanziert, besteht der Mietvertrag mit dem Mieter trotz Insolvenz des Vermieters unverändert fort und muss erfüllt werden.

138

Liegt dem Mietvertrag kein Leasing- oder Finanzierungsgeschäft des Vermieters zugrunde, dann ist der Mietvertrag typischerweise beiderseits nicht vollständig erfüllt, so dass der Vertrag dem Wahlrecht des Insolvenzverwalters unterliegt.[232] Wählt der Insolvenzverwalter die Erfüllung des Vertrages, werden die Ansprüche des Vertragspartners zu Masseverbindlichkeiten mit der Folge, dass der Verwalter sie erfüllen muss, andererseits aber auch den aus dem Vertrag zustehenden Anspruch durchsetzen kann. Die beiderseitigen Pflichten aus dem Mietvertrag sind also zu erbringen. Lehnt der Insolvenzverwalter die Erfüllung jedoch ab, ist der Gläubiger gemäß § 103 Abs. 2 InsO auf die Geltendmachung seiner Forderung wegen Nichterfüllung als Insolvenzgläubiger verwiesen. Folge ist, dass die gegenseitigen Ansprüche nach wie vor fortbestehen, jedoch undurchsetzbar sind.[233]

139

Umstritten ist, ob das Besitz- bzw. Gebrauchsrecht durch die **Erfüllungsablehnung** automatisch erlischt oder ob der Insolvenzverwalter dieses zurückverlangen muss.[234] Die wohl hM geht davon aus, dass das obligatorische Besitzrecht des Mieters mit der Erfüllungsablehnung entfalle und dem Insolvenzverwalter ein Herausgabeanspruch gemäß §§ 80, 148 InsO iVm § 985 BGB zustehe. Gleichzeitig könne er die Rückgabe der Sache in entsprechender Anwendung der §§ 546, 581 BGB verlangen, ohne dass er zuvor den Mietvertrag kündigen müsse.[235] Die Gegenmeinung widerspricht dem. Die Umgestaltung des Vertrages trete erst infolge der Ausübung des Gestaltungsrechts durch eine der Vertragsparteien ein, nicht jedoch bereits durch die Erfüllungsablehnung des Verwalters.[236] Danach sollen die beiderseitigen vertraglichen Forderungen erst erlöschen, wenn der Gläubiger seinen Schadensersatzanspruch nach § 103 Abs. 2 InsO als Insolvenzforderung geltend macht.[237] Legt man dies zugrunde, bedeutet das, dass der Mieter jedenfalls – wenn er in Besitz der Mietsache ist – diese weiter nutzen kann. Das mietrechtliche Nutzungsrecht ist nicht erloschen. Diese Hilfslösung des nicht erloschenen Besitz- und Gebrauchsrechts hilft natürlich nicht, wenn sich die Mietsache nicht im Besitz des Mieters befindet. Wenn der Mieter im Wege von ASP oder SaaS Software gemietet hat, wird der Insolvenzverwalter durch Abschalten des Systems die Nichterfüllung durchsetzen.

140

Die Lösung des Problems wäre die **Insolvenzfestigkeit des Softwarenutzungsrechts**. Ob eine Softwarelizenz insolvenzfest ist und daher trotz der Erfüllungsablehnung des Insolvenzverwalters das Recht zur Weiterbenutzung der Software besteht, ist umstritten. Als unbefriedigend empfunden wird das Recht des Insolvenzverwalters, das Nutzungsrecht im Wege von § 103 InsO zum Erlöschen zu bringen, obwohl die Software gekauft wurde. Auch

141

---

[230] BGH Urt. v. 25.4.2002 – IX 313/99, NJW 2002, 2783; *Karsten Schmidt/Ringstmeier* § 103 Rn. 7; *Selk* ITRB 2012, 201.
[231] BGH Urt. v. 17.11.2005 – IX ZR 162/04, Rn. 21, CR 2006, 151; *Berger* CR 2006, 505; *Karsten Schmidt* § 108 Rn. 3.
[232] Die Bemühungen, Lizenzverträge dem Wahlrecht des Insolvenzverwalters zu entziehen und insolvenzfest zu machen, sind bisher gescheitert; vgl. dazu *Karsten Schmidt* § 108 Rn. 5.
[233] *Karsten Schmidt* § 103 Rn. 51.
[234] Zum Streitstand s. *Berger* CR 2006, 505; *Redeker/Karger* Kap. 1.9 Rn. 47.
[235] *Uhlenbruck/Wegener* § 103 Rn. 188.
[236] *Karsten Schmidt/Ringstmeier* § 103 Rn. 51, 52.
[237] *Berger* GRUR 2013, 312 ff.

im Zusammenhang mit Dauerschuldverhältnissen wird die insolvenzfeste Einräumung von Nutzungsrechten diskutiert.[238]

142 Hier zeichnet sich mittlerweile durch die Rechtsprechung des BGH ab, dass auch einfache Nutzungsrechte an Software insolvenzfest gestaltet und nicht durch das Wahlrecht des Insolvenzverwalters zum Erlöschen gebracht werden können.[239] Für den Softwaremietvertrag liegt der Sachverhalt jedoch anders. Es handelt sich dabei von vorne herein um ein beendbares Nutzungsrecht, so dass allenfalls die Frage gestellt werden könnte, ob ein insolvenzfestes Nutzungsrecht gegeben sein könnte bis zum Zeitpunkt der erstmals möglichen ordentlichen Kündigung.[240]

143 *Grützmacher* empfiehlt die Vereinbarung dinglich wirkender Nutzungsrechte im Sinne von § 31 UrhG, denn nur solche Vereinbarungen können insolvenzfest sein. Darüber hinaus sollte als Vertragslaufzeit eine lange Grundlaufzeit mit automatischen Verlängerungsmöglichkeiten vereinbart werden.[241]

Bartsch empfiehlt in seinem Mustervertrag für Softwaremiete die Vereinbarung eines aufschiebend bedingten dauerhaften Nutzungsrechtes:

Formulierungsvorschlag:[242]

144 1. Das Softwarehaus räumt hiermit dem Mieter am jeweils neuesten, ihm überlassenen Stand der Software die Rechte nach § 5 *(Anmerkung Verfasserin: einfaches Nutzungsrecht mit Bindung an eine bestimmte Anzahl von Arbeitsplätzen)* als dauerhafte, nicht kündbare Rechte ein. Insofern schließen die Vertragspartner hiermit einen dementsprechenden Kaufvertrag über die Software. Die Rechtseinräumung ist aufschiebend bedingt auf eine Kündigung des Vertrages seitens des Softwarehauses oder eine Kündigung des Vertrages aus wichtigem Grund seitens des Mieters; die Bedingung tritt mit Wirksamkeit der Kündigung ein.
2. Der Mieter ist berechtigt, vom Kauf und der Übertragung mit einer Frist von drei Monaten nach Eintritt der in Abs. 1 genannten Bedingung durch schriftliche Erklärung zurückzutreten.
3. Als Kaufpreis zahlt der Mieter die dreifache der zu diesem Zeitpunkt geltenden Jahresvergütung nach § 2. Der Kaufpreis ist in einem Monat nach Eintritt der in Abs. 1 genannten Bedingung gegen Rechnungsstellung fällig.

145 In vielen Verträgen anzutreffen sind Klauseln, die ein Kündigungsrecht aus wichtigem Grund im Falle der Insolvenz des Vertragspartners vorsehen. Zu beachten ist, dass gemäß § 119 InsO Vereinbarungen, durch die im Voraus die Anwendung von § 103 InsO ausgeschlossen oder beschränkt wird, unwirksam sind. Davon erfasst sind auch Lösungsrechte bei der Insolvenz des Vertragspartners.[243] Wichtige Gründe im Rahmen von Kündigungsregelungen sind deshalb so zu beschreiben, dass sie allenfalls indirekt die Insolvenzsituation als solche widerspiegeln (zB Unzumutbarkeit der Leistungserbringung).

5. Rechte des Mieters bei Mängeln

146 a) *Der Mangelbegriff.* Die Mietsache ist gemäß § 536 BGB mangelhaft, wenn ihre Tauglichkeit zum vertragsgemäßen Gebrauch aufgehoben oder gemindert ist oder dieser durch Rechte Dritter ganz oder teilweise entzogen ist oder wenn der Mietsache eine zugesicherte Eigenschaft fehlt.

---

[238] Redeker/*Karger*, Handbuch der IT-Verträge, Kap. 1.9 Rn. 50 f.; *Grützmacher* CR 2006, 289; *Berger* GRUR 2013, 321.
[239] BGH Urt. v. 17.11.2005 – IX ZR 162/04, CR 2006, 151; BGH Urt. v. 26.3.2009 – I ZR 153/06, NJW-RR 2010, 186 – Reifen Progressiv; *Berger* CR 2006, 505; *Scholz* GRUR 2009, 1107.
[240] *Selk* ITRB 2012, 203.
[241] *Grützmacher* CR 2006, 289; Redeker/*Karger*, Handbuch der IT-Verträge, Kap. 1.9 Rn. 53; *Selk* ITRB 2012, 201 mit weiteren Gestaltungsvorschlägen.
[242] BeckFormB BHW/*Bartsch* G 6 § 6.
[243] BGH Urt. v. 15.11.2012 – IX ZR 169/11.

aa) Sachmangel. Ein Sachmangel i. S. des § 536 BGB liegt vor, wenn eine Sache nachteilig **147** von der vereinbarten Beschaffenheit abweicht und die Tauglichkeit zu dem von den Vertragsparteien vereinbarten Gebrauch aufgehoben oder gemindert ist, wobei unerhebliche Minderungen gemäß § 536 Abs. 1 S. 3 BGB außer Betracht bleiben.[244] Maßgeblich für die Beurteilung, ob eine Mietsache mangelhaft ist, sind damit zunächst die **vertraglichen Vereinbarungen über deren Beschaffenheit.** Neben dem Inhalt des eigentlichen Vertrages können hierfür auch solche Dokumente herangezogen werden, die im Zuge der Vertragsverhandlungen ausgetauscht wurden, um die Mietsache zu beschreiben (zB Programmbeschreibung, Werbeprospekte, PowerPoints etc).[245] Fehlt eine Beschaffenheitsvereinbarung, ist hierfür auf die nach dem Vertrag vorausgesetzte Verwendung abzustellen. Soweit auch damit der Mietgebrauch nicht beschreibbar ist, hat sich die Beschaffenheit der Mietsache nach dem üblichen (= gewöhnlichen) Gebrauch auszurichten.[246]

> **Praxistipp:**
> Um bei der Beurteilung der Software einen Rückgriff auf die gewöhnliche Beschaffenheit zu verhindern, empfiehlt sich eine sorgfältige Beschreibung der Mietsache. Je detaillierter diese ist, desto abgrenzbarer ist auch der Verantwortungsbereich des Vermieters.[247] Die funktionale, ergebnisorientierte Beschreibung der Mietsache bringt dem Mieter den Vorteil, nicht nur die Software XY zu mieten, sondern zugleich die vertragsgemäße Verwendung zu konkretisieren.

bb) Fehlen oder Wegfall einer zugesicherten Eigenschaft. Gemäß § 536 Abs. 2 BGB ste- **148** hen dem Mieter auch dann Mängelrechte zu, wenn eine zugesicherte Eigenschaft fehlt oder später wegfällt. Mangels Verweis auf § 536 Abs. 1 S. 3 BGB sind **auch unerhebliche Abweichungen** von der Zusicherung relevant und können die Rechtsfolgen von § 536 Abs. 1 S. 1 und 2 BGB auslösen. Eine Eigenschaft ist jede Beschaffenheit der Sache selbst und jedes tatsächliche und rechtliche Verhältnis, das für die Brauchbarkeit oder den Wert der Sache von Bedeutung ist und seinen Grund in der Beschaffenheit der Mietsache selbst hat, von ihr ausgeht, ihr für gewisse Dauer anhaftet und nicht nur durch Umstände außerhalb der Mietsache in Erscheinung tritt.[248] Eine Eigenschaft ist zugesichert, wenn der Vermieter durch eine ausdrückliche oder stillschweigende Erklärung, die Vertragsinhalt geworden ist, dem Mieter zu erkennen gibt, dass er für den Bestand der betreffenden Eigenschaft und alle Folgen ihres Fehlers einstehen will. Die dafür erforderliche Willensübereinstimmung der Parteien muss nicht notwendigerweise ausdrücklich bestätigt worden sein.[249] Maßgeblich ist, wie der Mieter das Verhalten des Vermieters unter Berücksichtigung der Umstände des Vertragsabschlusses nach Treu und Glauben verstehen durfte. Auch Kriterien wie Verkehrssitte, Handelsgebrauch sowie ggf. vorhandenes besonderes Vertrauen des Mieters in die Sachkunde des Vermieters oder die besondere Bedeutung der betreffenden Eigenschaft der Sache und deren Eignung für den Verwendungszweck sind zu berücksichtigen.[250]

Im Einzelfall schwierig ist die Abgrenzung zur **reinen Beschaffenheitsangabe.** *Marly* emp- **149** fiehlt, die Abgrenzung danach vorzunehmen, ob es sich bei der Äußerung des Vermieters lediglich um eine Wissenserklärung handelt (zB allgemeine Leistungsbeschreibung) oder ob das Willenselement, nämlich das Bewusstsein einer Einstandspflicht oder der besonderen Bedeutung der Zusage, dominiert.[251] Letzteres ist dann gegeben, wenn der Vermieter erkennt, dass der Mieter auf das Vorhandensein bestimmter vom Vermieter hervorgehobener

---

[244] Palandt/*Weidenkaff* § 536 Rn. 16; *Marly* Rn. 1455 ff., 1472 ff.
[245] Redeker/*Karger*, Handbuch der IT-Verträge, Kap. 1.9 Rn. 212.
[246] *Marly* Rn. 1456; MüKoBGB/*Häublein* § 536 Rn. 4.
[247] → Rn. 58; *Kremer* ITRB 2013, 143.
[248] Palandt/*Weidenkaff* § 536 Rn. 26.
[249] Palandt/*Weidenkaff* § 536 Rn. 24.
[250] *Marly* Rn. 1458.
[251] *Marly* Rn. 1460.

Eigenschaften des Programms vertraut und im Falle ihres Nichtvorliegens ein wirtschaftlicher Schaden beim Mieter entstehen kann.[252]

150 Beschreibungen in Prospekten, Gebrauchsanweisungen oder mündliche Aussagen im Rahmen der Verkaufsgespräche sind in aller Regel keine Zusicherungen. Dies gilt ebenso für Güte- und sonstige qualitätsbezogenen Kennzeichen.[253] Ein Lasten- oder Pflichtenheft, das der Anwender dem Softwarehaus im Rahmen des Auswahlverfahrens überlässt, dürfte ohne ein weiteres **subjektives Element,** sei es dem Hinweis des Anwenders auf die besondere Bedeutung der Anforderung oder ein bekräftigendes Angebot des Softwarehauses keine Garantie- oder Eigenschaftszusicherung enthalten. Da eine nachweislich vereinbarte Eigenschaft des Produktes auch ohne eine Zusicherung des Vermieters eine Beschaffenheitsangabe iSd Gewährleistungsrechts ist, ist der Mieter auch bei Fehlen einer Zusicherung geschützt.[254]

151 cc) *Rechtsmangel.* Ein Rechtsmangel liegt vor, wenn dem Mieter der vertragsgemäße Gebrauch der Mietsache durch das Recht eines Dritten ganz oder teilweise entzogen wird. Daraus ergibt sich, dass die Geltendmachung eines bloß behaupteten Rechts für das Bestehen eines Rechtsmangels nicht ausreicht. Maßgeblich ist, dass das Recht des Dritten besteht, nicht notwendig ist jedoch, dass der Inhaber sein Recht auch geltend macht.[255] Zu den Rechten Dritter zählen – wie im Kauf- und Werkvertragsrecht – insbesondere Urheberrechte, Patente sowie Marken- und Titelschutzrechte.[256]

152 Bei der Softwaremiete ist ein Rechtsmangel dann denkbar, wenn dem Vermieter nicht die notwendigen Nutzungsrechte zur Vermietung der Software oder zur Bereitstellung zur Onlinenutzung zur Verfügung stehen oder er bei Einsatz von Open Source-Produkten die dazugehörigen Lizenzbedingungen nicht einhält. Allein der Erwerb der Software berechtigt nicht, die Software zu vermieten oder in Form von ASP Dritten zur Verfügung zu stellen.[257] Ist der Vermieter nicht im Besitz der notwendigen Nutzungsrechte, kann der Rechtsinhaber auch von dem Mieter die Unterlassung der weiteren Nutzung gemäß § 97 Abs. 1 UrhG verlangen. Einen gutgläubigen Erwerb von Nutzungsrechten gibt es im Urheberrecht nicht.[258] Dem Mieter bleibt nur, die Nutzung der Software einzustellen und den Vermieter wegen Rechtsmängeln in Anspruch zu nehmen.

153 **b) Mängelrechte des Mieters.** *aa) Allgemeines.* Zu der mietvertraglichen Hauptpflicht des Vermieters, die Mietsache in einem vertragsgemäßen Zustand zu erhalten, gehört die Beseitigung von Mängeln. Der Anspruch des Mieters auf Mangelbeseitigung ist Ausdruck seines Erfüllungsanspruches. Die Gewährleistungsansprüche ergeben sich aus §§ 536–536d BGB. Kraft Gesetzes steht dem Mieter bei Vorliegen eines Mangels das Recht zu, die Miete gemäß § 536 Abs. 1 S. 2 BGB zu mindern. Hat der Vermieter den Mangel zu vertreten, kann der Mieter gemäß § 536a Abs. 1 BGB Schadensersatz verlangen; war der Mangel schon zum Zeitpunkt des Vertragsschlusses vorhanden, dann haftet der Vermieter sogar ohne Verschulden. Schadensersatz steht dem Mieter gemäß § 536 Abs. 1 BGB auch dann zu, wenn der Vermieter mit der Mangelbeseitigung in Verzug ist. Im Verzugsfall ist der Mieter berechtigt, die Mangelbeseitigung selbst vorzunehmen und die hierfür erforderlichen Aufwendungen gemäß § 536a Abs. 2 BGB vom Vermieter ersetzt zu verlangen. Dies gilt auch, wenn die umgehende Beseitigung des Mangels zur Erhaltung oder Wiederherstellung des Bestandes der Mietsache notwendig war. Schließlich ist der Mieter im Falle von Mängeln berechtigt, den Vertrag gemäß § 543 Abs. 2 S. 1 Nr. 1 BGB fristlos zu kündigen.

154 Die Gewährleistungsrechte kann der Mieter teilweise **nebeneinander geltend machen.** Dem Mieter steht neben dem gesetzlichen Minderungsanspruch der Anspruch auf Erfüllung,

---

[252] OLG Frankfurt Urt. v. 26.1.1996 – 24 U 110/94, NJW-RR 1997, 555 f.
[253] *Marly* Rn. 1461 f.
[254] Palandt/*Weidenkaff* § 536 Rn. 26; Beispiele für zugesicherte Eigenschaften *Marly* Rn. 1459; Redeker/*Karger,* Handbuch IT-Verträge, Rn. 222.
[255] *Marly* Rn. 1463.
[256] *Marly* Rn. 1464.
[257] Rn. 124 ff.
[258] Wandtke/Bullinger/*Wandtke/Grunert* vor § 31 Rn. 47 f.

also Mangelbeseitigung, zu; ist ihm durch den Mangel ein Schaden entstanden, kann er diesen selbstverständlich ebenfalls geltend machen. Der Schadensersatzanspruch wegen Verzugs mit der Mangelbeseitigung kann selbstredend erst dann geltend gemacht werden, wenn die Voraussetzungen vorliegen. Mangelbeseitigung kann jedoch dann nicht mehr verlangt werden, wenn der Vertrag fristlos gekündigt wird; der Minderungsanspruch bleibt bestehen, so lange noch Miete zu zahlen ist.

Die Besonderheit des Mietrechts ist, dass die §§ 536 bis 536d und § 543 Abs. 2 S. 1 Nr. 1 BGB ein in sich **geschlossenes Gewährleistungssystem** bilden, das nicht wie die Kauf- oder Werkvertragsregeln mit den Regeln des allgemeinen Schuldrechts verzahnt worden ist.[259] Obgleich die Überlassung einer mangelhaften Mietsache eine teilweise Nichterfüllung und damit eine Pflichtverletzung im Sinne der §§ 280, 281 BGB ist, ist ein Schadensersatzanspruch daraus durch die für die Mängel geltenden Spezialregeln in § 536a BGB verdrängt.[260] Nur für Störungen, die nicht in Mängeln der Mietsache bestehen, zB bei Verletzung von Nebenpflichten kann ein Anspruch aus § 280 BGB gegeben sein.[261] 155

Entschieden ist nun der Streit, ob ein Mangelbeseitigungsanspruch verjährt. Entgegen einer verbreiteten Auffassung hat der BGH festgestellt, dass der Anspruch nicht gemäß §§ 195, 199 BGB ab Entstehungszeitpunkt verjährt, sondern während der Dauer des Mietvertrages unverjährbar ist.[262] Schadensersatzansprüche des Mieters verjähren gemäß §§ 195, 199 BGB.[263] 156

bb) Mangelbeseitigung. Gemäß § 535 BGB kann der Mieter bei Vorliegen eines Mangels die Mangelbeseitigung verlangen. Liegt ein Rechtsmangel vor, kann er die Beseitigung der dem vertragsgemäßen Gebrauch entgegenstehenden Rechte fordern.[264] 157

Anders als im Kaufrecht, das lediglich die zum Zeitpunkt des Gefahrübergangs vorhandenen Mängeln unter die Gewährleistung stellt, kann im Mietrecht ein relevanter Mangel auch erst **im Laufe des Mietvertrages** entstehen. So kann die Software beispielsweise durch Gesetzesänderungen während der Vertragsdauer unbrauchbar und damit mangelhaft werden.[265] 158

Das Mietrecht sieht – anders als das Kaufrecht – nicht die Möglichkeit vor, eine **mangelfreie Ersatzsache** zu liefern. In der Regel werden zur Fehlerbehebung bei Software jedoch neue Programmstände geliefert. Der BGH hat in einem Fall, bei dem es um einen (geleasten) Telefoncomputer ging, entschieden, dass der Mieter keine Verpflichtung habe, eine Ersatzsache als Mangelbeseitigung anzunehmen.[266] Da ein entsprechendes Recht zur Lieferung einer Ersatzsache in Allgemeinen Geschäftsbedingungen des Lieferanten fehlte, hatte der BGH in der damaligen Entscheidung keinen Anlass, eine entsprechende Regelung nach § 9 Abs. 2 Nr. 1 AGBG (§ 307 Abs. 2 Nr. 1 BGB) und nach § 3 AGBG (§ 305c BGB) zu prüfen.[267] Im Hinblick auf die technische Situation bei Software, bei der niemand vor Ort an der Mietsache „eine Schraube" wechselt und im Hinblick darauf, dass im Kaufrecht Ersatzlieferungen zulässig sind, wird man davon ausgehen dürfen, dass das Recht des Vermieters zur Ersatzlieferung auch in Allgemeinen Geschäftsbedingungen zulässig ist, wenn dadurch der vertragsgemäße Gebrauch sichergestellt werden kann und die für den Mieter damit verbundenen Aufwendungen (zB die Neueinrichtung etc) überschaubar bleiben. 159

Die Ergänzenden Vertragsbedingungen des EVB-IT-Vertrages Überlassung Typ B (zeitlich befristete Überlassung von Standardsoftware) sehen in Ziff. 7.5.1 vor, dass der Auftragnehmer, also der Vermieter, nach seiner Wahl den Mangel auch durch Neulieferung beheben kann. Der Auftraggeber kann die Neulieferung wegen Unzumutbarkeit ablehnen, wenn die neue Fassung der Software wesentlich von der vereinbarten Fassung abweicht. Allerdings 160

---

[259] MüKoBGB/*Häublein* vor § 536 Nr. 6.
[260] MüKoBGB/*Häublein* vor § 536 Rn. 17.
[261] MüKoBGB/*Häublein* vor § 536 Rn. 7.
[262] BGH Urt. v. 17.2.2010 – VIII ZR 104/09, NJW 2010, 103.
[263] Palandt/*Weidenkaff* § 536a Rn. 8.
[264] *Marly* Rn. 1360.
[265] LG Wuppertal Urt. v. 28.9.2001 – 11 O 94/01, CR 2002, 7 – Euroumstellung; *Marly* Rn. 1345.
[266] BGH Urt. v. 2.12.1981 – VIII ZR 273/80, NJW 1982, 873.
[267] BGH Urt. v. 2.12.1981 – VIII ZR 273/80, NJW 1982, 873.

verliert er dann seinen Mangelbeseitigungsanspruch und ist auf die sonstigen Rechtsbehelfe verwiesen. Eine so weitgehende Beschränkung des Erfüllungsanspruchs des Mieters dürfte in den AGB des Vermieters unzulässig sein.[268] Im Hinblick darauf, dass der Mieter die Mangelfreiheit der Mietsache verlangen kann und der Vermieter auf seine Kosten die dafür notwendigen Maßnahmen treffen muss, wird man dem Mieter keine allzu kostenintensiven Pflichten bei Übernahme einer Ersatzsoftware auferlegen können. Die Mitwirkungspflicht des Mieters darf jedenfalls nicht seinen Instandsetzungsanspruch entwerten.[269]

161 Da der Vermieter die Aufrechterhaltung des vertragsgemäßen Gebrauchs permanent schuldet, ist er auch verpflichtet, Mängel unverzüglich zu beheben.[270] Um beiden Vertragspartnern Klarheit und Rechtssicherheit zu verschaffen, empfiehlt es sich, für die Mangelbeseitigung **Reaktions- und Bearbeitungsfristen** zu vereinbaren. Die Dauer dieser Fristen sollte abhängig sein von der Schwere des jeweiligen Mangels. Im Rahmen dessen kann vereinbart werden, dass der Vermieter bei schweren Mängeln auch außerhalb seiner üblichen Geschäftszeiten – also quasi rund um die Uhr – daran arbeiten muss, den Mangel zu beheben. Es können kürzere Fristen für die Überlassung von Umgehungslösungen vor der endgültigen Behebung vereinbart werden.[271]

162 Im Vertrag empfiehlt es sich, auch die Mitwirkungspflichten des Mieters bei der Mängelbehebung ausführlich zu regeln. Neben der Pflicht zur Überlassung entsprechender Mangelinformationen sollte ein qualifizierter Ansprechpartner (nicht nur der Pförtner) in dem Maße verfügbar sein, wie der Vermieter verpflichtet ist, an der Mangelbeseitigung zu arbeiten. Muss der Vermieter also auch am Wochenende an der Mangelbeseitigung arbeiten, sollte ein Ansprechpartner des Vermieters auch in dieser Zeit verfügbar sein.

163 Von erheblicher Bedeutung im Zusammenhang mit der Mangelbeseitigung ist die Vereinbarung der Fernwartung. Ohne Einverständnis des Mieters ist der Vermieter nicht berechtigt, auf dessen System zuzugreifen. Zur Absicherung der Interessen des Mieters insbesondere im Hinblick auf Geheimnisschutz und Datenschutz sollten die Voraussetzungen für die Fernwartung vertraglich geregelt werden.[272]

164 *cc) Mietminderung.* Für die Dauer, in der aufgrund eines Mangels oder des Fehlens einer zugesicherten Eigenschaft die Tauglichkeit der Mietsache aufgehoben oder nicht nur unerheblich gemindert ist, steht dem Mieter gemäß § 536 BGB kraft Gesetzes das Recht zu, die Miete zu mindern oder ggf. die Zahlung ganz einzustellen.[273]

165 Der Mieter schuldet nur die geminderte Miete. Zahlt der Mieter die Miete ungekürzt dennoch über einen längeren Zeitraum ohne jeden Vorbehalt, kann er – soweit ihm sein Recht zur Herabsetzung der Miete bekannt ist – die „Überzahlung" wegen § 814 BGB nicht zurückfordern. Allerdings bleibt er berechtigt, aufgrund desselben Mangels für die Dauer des Mangels die Miete für die Zukunft zu mindern. Zahlt der Mieter unter Vorbehalt, entsteht ein Rückforderungsanspruch gemäß § 812 BGB. Zahlt der Mieter vorbehaltlos bei einem anfänglichen Mangel, verliert er gemäß § 536b BGB ua sein Minderungsrecht, wenn er den Mangel kannte und nicht rechtzeitig rügte.[274]

166 Für das Minderungsrecht bleibt es ohne Bedeutung, ob der Vermieter den Mangel zu vertreten hat oder ob er mit der Behebung des Mangels in Verzug ist. Es kommt auch nicht darauf an, ob der Mieter die Sache überhaupt in Gebrauch genommen hätte, wäre sie mangelfrei gewesen.[275]

167 Die vorgenommene Minderung der Miete muss angemessen sein. Die Angemessenheit richtet sich vor allem nach der Schwere des Mangels sowie dem Grad und der Dauer der Beeinträchtigung der Gebrauchstauglichkeit.[276] Behält der Mieter einen **unangemessenen**

---

[268] Vgl. zu Verwendereigenschaft bei den EVB IT-Verträgen → Rn. 56.
[269] *Schoengarth* S. 178.
[270] MüKoBGB/*Häublein* § 536a Rn. 10.
[271] Zu Verfügbarkeitsklauseln und Sanktionen Rn. 196 ff.
[272] Intveen ITRB 2001, 251.
[273] *Marly* Rn. 1361.
[274] BGH Urt. v. 16.7.2003 – VIII ZR 274/02, NJW 2003, 2601.
[275] MüKoBGB/*Häublein* § 536 Rn. 27.
[276] MüKoBGB/*Häublein* § 536 Rn. 30.

hohen Betrag ein, ist zu prüfen, ob dies schuldhaft erfolgt ist. Das Risiko des Irrtums über das Bestehen eines Minderungsrechtes sowie dessen Höhe weist der BGH dem Mieter zu. Nur dann, wenn der Mieter bei der Prüfung des Sachverhalts die im Verkehr erforderliche Sorgfalt walten ließ, liegt ein unverschuldeter Rechtsirrtum vor. Bei zweifelhafter Rechtslage handelt der Mieter fahrlässig, wenn er sich erkennbar in einem Grenzbereich des rechtlich Zulässigen bewegt und er eine von der eigenen Einschätzung abweichende Beurteilung der rechtlichen Zulässigkeit des fraglichen Verhaltens in Betracht ziehen muss, dies allerdings nicht tut.[277]

Neben dem Minderungsrecht kann der Mieter für die Dauer der Mangelbeseitigung sein **Zurückbehaltungsrecht** gemäß § 320 BGB in Bezug auf die restliche Miete geltend machen. § 320 BGB wird durch die mietrechtlichen Spezialvorschriften nicht verdrängt.[278] Der Umfang des zurückhaltbaren Betrages muss im jeweiligen Einzelfall beurteilt werden und kann sich durchaus auf den mehrfachen Wert der Mangelbeseitigungskosten oder des Minderungsbetrages erstrecken.[279]

dd) Schadensersatz. (1) Schadensersatz für anfängliche Mängel. § 536a Abs. 1 (1. Fall) BGB gewährt dem Mieter eine **verschuldensunabhängige Garantiehaftung** des Vermieters für solche Mängel, die zum Zeitpunkt des Vertragsschlusses bereits bestanden.[280]

Ausreichend für die Haftung ist, dass die Ursache des Mangels bei Vertragsabschluss bereits angelegt war. Dies kann den Parteien jedoch verborgen geblieben sein.[281] Da Mängel der Software in der Regel schon zu Beginn des Vertrages zumindest im Quellcode angelegt waren, sich aber meistens erst später beim Betrieb der Software zeigen, ist das Haftungsrisiko für den Vermieter erheblich.

Da die verschuldensunabhängige Haftung für anfängliche Mängel von der Rechtsprechung und weiten Teilen der Literatur als eine im gesetzlichen Haftungssystem, das auf Verschulden basiert, untypische Regelung erachtet wird, kann diese auch in allgemeinen Geschäftsbedingungen abbedungen werden.[282] Der Vermieter hat also unbedingt darauf zu achten, die Garantiehaftung auszuschließen. Für anfängliche Mängel bleibt es dann bei der normalen Verschuldenshaftung.

Formulierungsvorschlag:
Die verschuldensunabhängige Haftung für anfängliche Mängel gemäß § 536a Abs. 1 BGB wird ausgeschlossen. Die Haftung des Vermieters für Verschulden bleibt unberührt.

Zu beachten ist jedoch, dass die Haftung wegen Fehlens zugesicherter Eigenschaften, welche in der Regel ebenfalls von Anfang an nicht vorliegen, davon selbstverständlich nicht tangiert ist.

(2) Schadensersatz für nachträgliche Mängel und fehlende zugesicherte Eigenschaften. Für einen Mangel, der nach Abschluss des Mietvertrages entsteht, haftet der Vermieter gemäß § 536a Abs. 1 (2. Fall) BGB, wenn er den Mangel zu vertreten hat. Fehlt eine zugesicherte Eigenschaft oder fällt sie später weg oder ist eine erteilte Garantie nicht eingetreten, haftet der Vermieter ohne Verschulden.[283] Nachträgliche Mängel sind denkbar, wenn diese in neuen Softwareversionen enthalten sind, die der Vermieter während der Vertragsdauer überlässt.[284]

---

[277] BGH Urt. v. 25.10.2006 – VIII ZR 102/06, NJW 2007, 428.
[278] Vgl. → Rn. 182; Palandt/*Weidenkaff* § 536 Rn. 6.
[279] MüKoBGB/*Häublein* vor § 535 Rn. 15.
[280] Palandt/*Weidenkaff* § 536 Rn. 9.
[281] MüKoBGB/*Häublein* § 536a Rn. 7.
[282] BGH Urt. v. 4.10.1990 – VII ZR 46/90, NJW-RR 1991, 74; Ulmer/Brandner/Hensen/*Schmidt* Anh. § 310 Rn. 782, 599; *Schneider* Kap. J Rn. 458; *Witzel* ITRB 2002, 183; *Intveen/Lohmann* ITRB 2002, 210.
[283] MüKoBGB/*Häublein* § 536a Rn. 9.
[284] *Redeker*, IT-Recht, Rn. 613.

175 Zu beachten ist, dass der Mieter die **Darlegungs- und Beweislast** für sämtliche anspruchsbegründenden Voraussetzungen trägt und damit insbesondere für das Verschulden des Vermieters oder dessen Erfüllungsgehilfen. Nur dann, wenn die Schadensursache in den Herrschafts- und Einflussbereich des Vermieters fällt, erfährt der Mieter eine Beweiserleichterung. In diesem Fall muss der Vermieter beweisen, dass er den Mangel nicht zu vertreten hat.[285] Während bei ASP die Schadensursache in der Regel dem Herrschafts- und Einflussbereich des Vermieters zuordenbar ist, dürfte dies in Fällen, in denen die Software beim Mieter installiert ist und der Mieter für die gesamte Umgebung verantwortlich ist, nicht immer eindeutig sein.

176 *(3) Schadensersatz bei Verzug des Vermieters mit der Mangelbeseitigung.* Gemäß § 536a Abs. 1 (3. Fall) BGB steht dem Mieter Schadensersatz zu, wenn der Vermieter mit der Mangelbeseitigung in Verzug gerät. Da der Vermieter gemäß § 536a Abs. 1 (2. Fall) BGB für nachträgliche Mängel, die er zu vertreten hat, bereits haftet, könnte sich die Frage stellen, warum es einer weiteren Anspruchsgrundlage überhaupt bedarf. Der Vorteil dieser Anspruchsgrundlage besteht für den Mieter darin, dass er das Verschulden des Vermieters nicht beweisen muss, denn Voraussetzung für den Schadensersatzanspruch ist Verzug mit der Mangelbeseitigung. Bei Verzug ist es die Verpflichtung des Vermieters, nachzuweisen, dass ihn kein Verschulden trifft.[286]

177 Die Verzugsvoraussetzungen ergeben sich aus § 286 BGB. Ob die Mängelanzeige gemäß § 536c BGB zugleich eine **Mahnung** darstellt, ist streitig.[287] Allerdings wird man dies anhand des konkreten Einzelfalls prüfen müssen. Die Qualität einer Mahnung hat eine Anzeige dann, wenn sie eine ernsthafte und bestimmte Aufforderung zur Mangelbeseitigung enthält.[288]

178 *ee) Umfang des Schadensersatzanspruchs.* Der Schadensersatzanspruch gemäß § 536a Abs. 1 (1. und 2. Fall) BGB umfasst **sämtliche Vermögenseinbußen, die dem Mieter infolge der mangelhaften Leistung entstanden sind.** Das sind sowohl Schäden, die unmittelbare Folge des Mangels sind, als auch Mangelfolge- und Begleitschäden, die dem Mieter durch den Mangel an seinen sonstigen Rechtsgütern, insbesondere seinem Vermögen entstehen.[289] Dazu gehören der Minderwert der Gebrauchstauglichkeit der Mietsache, die Vertragskosten, die Kosten zur Feststellung des Mangels und zur Rechtsverteidigung sowie entgangener Gewinn.[290] Hat der Mieter im Vertrauen auf die ordnungsgemäße Leistung Investitionen vorgenommen, beispielsweise für die Installation, die Schulung oder das Customizing, und sind diese Investitionen infolge der Mangelhaftigkeit nutzlos geworden (sogenannte frustrierte Aufwendungen), kann er sie nach den Voraussetzungen der Rentabilitätsvermutung oder gemäß § 284 BGB, der neben § 536a BGB Anwendung findet, ersetzt verlangen. Danach sind dem Mieter diejenigen Aufwendungen zu ersetzen, die er im Vertrauen auf den Erhalt der Leistung billigerweise machen durfte.[291]

179 Die Kosten, die dem Mieter für die Mangelbeseitigung entstehen, kann der Mieter jedoch nur dann verlangen, wenn der Vermieter mit der Beseitigung des Mangels in Verzug ist (§ 536a Abs. 1 (3. Fall) BGB) oder wenn die Voraussetzungen des Beseitigungsrechts gemäß § 536a Abs. 2 BGB vorliegen.[292]

180 *ff) Beseitigungsrecht des Mieters und Aufwendungsersatz.* Ist der Vermieter in Verzug mit der Mangelbeseitigung oder ist die umgehende Beseitigung des Mangels für den Erhalt der Mietsache objektiv notwendig, ist der Mieter berechtigt, den Mangel gemäß § 536a Abs. 2

---

[285] BGH Urt. v. 25.1.2006 – VIII ZR 223/04, NJW 2006, 1061; MüKoBGB/*Häublein* § 536a Rn. 32; Palandt/*Weidenkaff* § 536a Rn. 11.
[286] MüKoBGB/*Häublein* § 536a Rn. 10.
[287] Nicht ausreichend: Palandt/*Weidenkaff* § 536a Rn. 12.
[288] MüKoBGB/*Häublein* § 536a Rn. 11.
[289] *Marly* Rn. 1363.
[290] MüKoBGB/*Häublein* § 536a Rn. 14; *Marly* Rn. 1363; LG Freiburg Urt. v. 29.1.1987 – 12 O 46/85, CR 1988, 382.
[291] MüKoBGB/*Häublein* § 536a Rn. 17; BGH Urt. v. 15.3.2000 – XII ZR 81/97.
[292] Palandt/*Weidenkaff* § 536a Rn. 14.

BGB selbst zu beseitigen und den dafür erforderlichen Aufwand auch in Form eines Vorschusses zu verlangen.[293] Soweit der Mieter für die Mangelbehebung nicht auf den **Quellcode** angewiesen ist, kann das Selbstvornahmerecht sinnvoll genutzt werden. Schwierig wird es, wenn die Mangelbeseitigung einen Eingriff in den Quellcode erfordert, denn in der Regel steht dem Mieter der Quellcode nicht zur Verfügung und nur dann, wenn der Vermieter selbst Hersteller der Software ist, hat dieser sicheren Zugriff auf den Quellcode. Zwar ist der Mieter berechtigt, die Software auch mit Unterstützung eines Dritten gemäß § 69d Nr. 1 und 2 UrhG zu vervielfältigen und zu bearbeiten, um einen Fehler zu beheben, allerdings dürfte sich die Umsetzung in der Praxis, insbesondere die Übertragung des Objektcodes in den Quellcode, als äußerst schwierig erweisen.[294] Nach einer Entscheidung des LG Wuppertal soll das Selbstbeseitigungsrecht auch den Anspruch auf Herausgabe des Quellcodes und der Entwicklungsdokumentation umfassen.[295] Dagegen wird argumentiert, dass sich eine solche Pflicht nicht aus dem Wortlaut des Gesetzes ergebe.[296] Auf den bloßen Wortlaut abzustellen dürfte nicht ausreichend sein. Aus der Leistungstreuepflicht kann durchaus entnommen werden, dass der Vermieter alle Handlungen zu unternehmen hat, um dem Mieter den Rechtsbehelf zu ermöglichen.

> **Praxistipp:**
> In Anbetracht der nicht sicheren Rechtslage in Bezug auf den Herausgabeanspruch des Quellcodes sowie aller für die Fehlerbehebung sonst erforderlicher Programme und Informationen (Entwicklungsdokumentation, Compiler etc) empfiehlt es sich, einen vertraglichen Anspruch darauf zu vereinbaren. Ist das nicht möglich, sollte eine entsprechende Quellcodehinterlegungsvereinbarung geschlossen werden.

gg) Kündigungsrecht. Gemäß § 543 Abs. 2 S. 1 Nr. 1 BGB steht dem Mieter das Recht **181** zur außerordentlichen fristlosen Kündigung zu, wenn ihm der Gebrauch der Mietsache nicht gewährt oder entzogen wird. Von der **Nichtgewährung** ist auch auszugehen, wenn die Mietsache nicht nur unerhebliche Mängel aufweist oder wenn eine zugesicherte Eigenschaft fehlt.[297] Ein Verschulden des Vermieters ist nicht erforderlich. Gemäß § 543 Abs. 3 S. 1 BGB ist die Kündigung jedoch grundsätzlich erst zulässig, wenn eine **Frist zur Mangelbeseitigung** erfolglos verstrichen ist.[298] Wann eine Abhilfefrist entbehrlich ist, ergibt sich aus § 543 Abs. 3 S. 2 BGB. Dies ist insbesondere dann der Fall, wenn der Vermieter die Mangelbeseitigung endgültig und ernsthaft verweigert oder wenn ein Mangel objektiv nicht oder nur mit unzumutbarer Beeinträchtigung für den Mieter oder mittels unzumutbarem wirtschaftlichen Aufwand behoben werden könnte.[299]

c) Beschränkung der Ansprüche wegen Sach- und Rechtsmängeln. aa) Gesetzlicher Aus- **182** *schluss.* Seine Gewährleistungsansprüche, mit Ausnahme des Kündigungsrechts, verliert der Mieter gemäß § 536b BGB bei **Kenntnis des Mangels** bei Vertragsabschluss oder bei **Übernahme der Mietsache**. Sind ihm die Mängel grob fahrlässig verborgen geblieben, verliert er die Rechte ebenfalls, es sei denn der Vermieter hat die Mängel arglistig verschwiegen. Verletzt der Mieter die Mangelanzeigepflicht gemäß § 536c Abs. 2 BGB, wird er nicht nur gegenüber dem Vermieter schadensersatzpflichtig, sondern verliert auch seine Rechte aus § 536 BGB und § 536a Abs. 1 BGB. Ihm bleibt § 536a Abs. 2 BGB sowie die Möglichkeit der Kündigung nach Fristsetzung zur Abhilfe. Allerdings bleiben in allen Fällen der mietrechtliche Erfüllungsanspruch und damit auch die Einrede des § 320 BGB bestehen.[300]

---

[293] MüKoBGB/*Häublein* § 536a Rn. 24, 26.
[294] BGH Urt. v. 24.2.2000 – I ZR 141/97, NJW 2000, 3212 – Programmfehlerbeseitigung.
[295] LG Wuppertal Urt. v. 28.9.2001 – 11 O 94/01, CR 2002, 7; *Marly* Rn. 1272.
[296] *Kremer* ITRB 2013, 118 Rn. 25.
[297] MüKoBGB/*Bieber* § 543 Rn. 18.
[298] MüKoBGB/*Bieber* § 543 Rn. 68.
[299] MüKoBGB/*Bieber* § 543 Rn. 65.
[300] MüKoBGB/*Häublein* § 536b Rn. 12 mwN; *Kremer* ITRB 2013, 116.

183 **bb) Individualvertragliche Beschränkung.** Da für Softwaremiete das Wohnraummietrecht nicht anwendbar ist, können in den Grenzen von § 536d BGB (Arglist) sowie den §§ 276 Abs. 3, 242 und 138 BGB Ansprüche des Mieters ausgeschlossen oder abweichend von den gesetzlichen Vorgaben gestaltet werden. Eine individuelle Vereinbarung des Mietvertrages ermöglicht vielfältige Gestaltungsmöglichkeiten. So können dem Mieter die Erhaltungs- und Mängelbeseitigungspflichten übertragen werden.[301] Das Minderungsrecht kann ausgeschlossen werden.[302] Schadensersatzansprüche können außerhalb von Vorsatz und der Sittenwidrigkeit beschränkt werden, die Kündigungsmöglichkeit kann auf wichtige Gründe reduziert werden. Die Anforderungen für das Vorliegen einer individuellen Vereinbarung sind bekanntermaßen hoch, so dass diese Fälle eher die Ausnahme bilden dürften.

184 **cc) Formularvertragliche Beschränkungen.** Beschränkungen der Rechte des Mieters sind im Wesentlichen nach § 307 und § 309 Ziff. 7 BGB zu beurteilen. § 309 Ziff. 8 BGB gilt nicht für Mietverträge.[303] Die Haftung für das Fehlen zugesicherter Eigenschaften kann wegen § 307 Abs. 2 Nr. 1 BGB nicht im Wege von AGB beschränkt werden, da die Zusicherung damit entwertet wäre.

185 **(1) Erhaltungspflicht.** Die mietrechtliche Erhaltungspflicht ist eine **Kardinalpflicht** des Mieters und kann auch im kaufmännischen Geschäftsverkehr nur in engen Grenzen zu Lasten des Mieters beschränkt werden. Während bei der Wohnraummiete der Mieter allenfalls mit den Kosten von Kleinreparaturen belastet werden darf, ist der Belastungsgrad im Falle der Geschäftsraummiete selbst in AGB deutlich höher. Ob allerdings dies auch für Softwaremiete gilt, erscheint fraglich, da die Software nicht abnutzungsbedingt repariert werden muss, wie dies bei Räumen der Fall ist. Außerdem wird der Mieter mangels Quellcode regelmäßig gar nicht in der Lage sein, einen Mangel zu beheben oder von irgendeinem Dritten beheben zu lassen. Maßgeblich ist, ob die Belange des Mieters bei der Überbürdung von Erhaltungspflichten hinreichend berücksichtigt sind. Unwirksam ist jedenfalls eine Klausel, die dem Mieter alle Kosten der Instandhaltung und Instandsetzung uneingeschränkt auferlegt. Gewisse Beteiligungen hieran sind jedenfalls wirksam.[304] Die Verpflichtung des Mieters, neben dem Mietvertrag noch einen kostenpflichtigen **Pflegevertrag** abzuschließen, wird man als unwirksam einstufen können.[305] Die Erhaltungspflicht kann auch nicht für den Fall unvorhersehbarer Ereignisse ausgeschlossen werden, wie beispielsweise Gesetzesänderungen.[306] Erst dann, wenn der für die Aufrechterhaltung der Nutzung erforderliche Aufwand die „Opfergrenze" überschreitet, endet die Erhaltungspflicht.[307]

186 **(2) Minderungsrecht.** Das Minderungsrecht gemäß § 536 Abs. 1 BGB kann auch im unternehmerischen Geschäftsverkehr nicht ausgeschlossen oder derart beschränkt werden, dass dieses nur für Mängel gilt, die der Vermieter zu vertreten hat.[308] Ebenfalls unwirksam wird sein, das Minderungsrecht erst nach Ablauf einer Beseitigungsfrist zu gewähren.[309] Allerdings ist der Vermieter berechtigt, soweit die Minderungsforderung nicht unstreitig oder rechtskräftig ist, dem Mieter die Ausübung des Rechts durch „Kürzung der Miete" zu untersagen, sofern dem Mieter das Recht vorbehalten bleibt, die überzahlten Beträge gemäß § 812 BGB zurückzufordern. Die damit für den Mieter verbundene Klagelast wird im kaufmännischen Verkehr, in dem auch das Aufrechnungsrecht entsprechend beschränkbar ist, nicht als unangemessen betrachtet.[310]

---

[301] BGH Urt. v. 18.3.2009 – XII ZR 200/06, NJW-RR 2009, 947; BGH Urt. v. 5.6.2002 – XII ZR 220/99, NJW 2002, 2383; MüKoBGB/*Häublein* § 535 Rn. 108; § 536 Rn. 32; *Intveen*, ITRB 2012, 93, 94.
[302] *Redeker*, IT-Recht, Rn. 606.
[303] Redeker/*Karger*, Handbuch der IT-Verträge, Rn. 357.
[304] MüKoBGB/*Häublein* § 535 Rn. 112.
[305] → Rn. 70 ff.; *Intveen* ITRB 2012, 93.
[306] Urteilsanmerkung Andreas Witte zu LG Wuppertal: Währungsumstellung vermieteter Software, CR 2002, 8.
[307] BGH Urt. v. 22.1.2014 – VIII ZR 135/13.
[308] BGH Urt. v. 12.3.2008 – VII ZR 147/05, NJW 2008, 2254.
[309] Redeker/*Karger*, Handbuch der IT-Verträge, Kap. 1.9 Rn. 261.
[310] MüKoBGB/*Häublein* § 536 Rn. 34.

III. Wesentliche Regelungspunkte eines Softwaremietvertrages

(3) Schadensersatz. Der Anspruch auf Schadensersatz wegen anfänglicher Mängel kann auch in Formularverträgen abhängig davon gemacht werden, dass der Vermieter diesen Mangel zu vertreten hat. Denn die in § 536a Abs. 1 (1. Fall) BGB vorgesehene verschuldensunabhängige Haftung kann ausgeschlossen werden.[311] Zu beachten ist jedoch, dass ein Anspruch auf Schadensersatz wegen von Anfang an fehlender zugesicherter Eigenschaften nicht ausgeschlossen werden kann.[312]

(4) Haftungsbeschränkung. Für die Beschränkung eines Schadensersatzanspruchs des Mieters bei Mängeln, die der Vermieter zu vertreten hat, oder wegen Verzuges mit der Beseitigungspflicht ist der Spielraum in Formularverträgen – nicht anders als bei Kauf- oder Werkverträgen – deutlich begrenzt. Zu messen sind Haftungsbeschränkungen zunächst an **§ 309 Nr. 7b BGB,** der eine Beschränkung der Haftung bei grober Fahrlässigkeit verbietet. Dies ist auch im unternehmerischen Geschäftsverkehr zu beachten.[313]

Haftungsbeschränkungen unterhalb grober Fahrlässigkeit sind im unternehmerischen Geschäftsverkehr nach Maßgabe von § 307 BGB, insbesondere § 307 Abs. 2 Nr. 2 BGB zu prüfen. Unwirksam ist ein Haftungsausschluss jedenfalls bei einfach fahrlässiger Verletzung einer für die Erreichung des Vertragszwecks wesentlichen Leistungspflicht (auch Kardinalpflicht genannt).[314] In Formularverträgen bleibt daher lediglich die Möglichkeit
- eines Haftungsausschlusses bei einfach fahrlässiger Verletzung von nicht wesentlichen Leistungspflichten und
- die Haftungsbegrenzung bei einfach fahrlässiger Verletzung wesentlicher Pflichten auf den vertragstypischen vorhersehbaren Schaden.[315]

Wegen eines drohenden Verstoßes gegen das in § 307 Abs. 1 S. 2 BGB enthaltene Transparenzgebot sollte der Begriff „Kardinalpflicht" in AGB nicht verwendet werden. Der BGH hielt die Benutzung dieses Begriffs in einer Haftungsbeschränkung für intransparent und verlangt, wenn schon die konkrete Darstellung der wesentlichen Leistungspflichten nicht möglich sei, so doch zumindest eine abstrakte Erläuterung des Begriffs als eine Pflicht, deren Erfüllung die ordnungsgemäße Durchführung eines Vertrages überhaupt erst ermögliche und auf deren Einhaltung der Vertragspartner regelmäßig vertrauen dürfe.[316]

Mangels Transparenz sind auch Klauseln, die für die Haftung auf den „Umfang der Betriebshaftpflichtversicherung" verweisen oder die eine Haftung nur vorsehen, wenn die Haftpflichtversicherung eintritt, unwirksam, denn der Kunde weiß in der Regel nicht, ob und in welchem Umfang eine Haftpflichtversicherung einen Schaden abdeckt. Darüber hinaus ist es dem Vertragspartner auch nicht zumutbar, den Inhalt der Versicherungspolice zu prüfen.[317]

Beliebt, aber unwirksam sind auch Haftungsklauseln, die zunächst auf die gesetzliche Haftung abstellen, aber in einem der Folgeabsätze regeln, dass in jedem Einzelfall die Haftung auf einen bestimmten pauschalen Betrag begrenzt ist. Dies gilt auch für den „unausrottbaren" Ausschluss der Haftung für mittelbare Schäden oder Folgeschäden.[318]

Summenmäßige Beschränkungen der Haftung insbesondere im Bereich der einfachen Fahrlässigkeit auf die vertraglich vereinbarte jährliche Vergütung oder ein Mehrfaches davon sind problematisch. Grundsätzlich ist eine summenmäßige Haftungsbegrenzung bei einfacher Fahrlässigkeit zulässig. Voraussetzung ist jedoch, dass die gewählte Haftungssumme den typischerweise vorhersehbaren Schaden übersteigt oder zumindest sicher abdeckt.[319] Da Formularverträge für eine Vielzahl unterschiedlicher Fälle erstellt werden, ist eine ausreichende summenmäßige Beschränkung für den konkreten Einzelfall kaum sicher bestimmbar, es sei denn, die summenmäßige Begrenzung liegt bei einem extrem hohen Betrag. Der Voll-

---

[311] → Rn. 171 ff.
[312] Redeker/*Karger*, Handbuch der IT-Verträge, Rn. 278.
[313] Ulmer/Brandner/Hensen/*Christensen* § 309 Nr. 7 Rn. 43.
[314] Ulmer/Brandner/Hensen/*Christensen* § 309 Nr. 7 Rn. 43.
[315] Ulmer/Brandner/Hensen/*Christensen* § 309 Nr. 7 Rn. 46.
[316] BGH Urt. v. 20.7.2005 – VIII ZR 121/04, Rn. 85, NJW-RR 2005, 1496.
[317] Ulmer/Brandner/Hensen/*Christensen* § 309 Nr. 7 Rn. 46.
[318] BGH Urt. v. 30.11.2004 – X ZR 133/03, NJW 2005, 422.
[319] Ulmer/Brandner/Hensen/*Christensen* § 309 Nr. 7 Rn. 39.

ständigkeit halber sei darauf hingewiesen, dass Haftungsbegrenzungen bei Vorsatz, Arglist, für Körperschäden und bei Verletzung nach dem Produkthaftungsgesetz nicht möglich sind.

194 *(5) Selbstbeseitigungsrecht.* Das Selbstbeseitigungsrecht des Mieters kann auch im unternehmerischen Geschäftsverkehr wegen § 307 Abs. 2 Nr. 1 BGB nicht wirksam durch einen Formularvertrag ausgeschlossen werden, da dieses Recht des Vermieters zum gesetzlichen **Leitbild des Mietvertrages** gehört.[320]

195 *(6) Kündigungsrecht.* Das Kündigungsrecht gemäß § 543 Abs. 1 BGB ist nicht abdingbar. Von den übrigen Kündigungsgründen sind Abweichungen im unternehmerischen Verkehr möglich. Es darf dabei jedoch wegen § 307 BGB nicht von den **wesentlichen Grundgedanken** der Kündigungsregeln abgewichen werden.[321] Denkbar wäre, das Kündigungsrecht des Mieters, sofern keine Ausnahmesituation gemäß § 543 Abs. 3 S. 2 BGB vorliegt, davon abhängig zu machen, dem Vermieter ein zweimaliges Nachbesserungsrecht zu gewähren, bevor eine Kündigung zulässig ist.

6. Vertragliche Verfügbarkeitsvereinbarungen, Service Level Agreement

196 a) **Allgemeines.** Wie oben ausgeführt, schuldet der Vermieter permanent den Gebrauch und die Verfügbarkeit der Software. Da Software fehleranfällig ist, und es daher durchaus zu Ausfällen kommen kann, werden in der Praxis häufig Verfügbarkeitsvereinbarungen oder Service Level Agreements zwischen den Vertragspartnern vereinbart oder solche sind in Allgemeinen Geschäftsbedingungen enthalten. Dies gilt insbesondere im Falle von ASP, da dort zusätzlich zu der Software die gesamte Infrastruktur betriebsbereit erhalten werden muss und dies natürlich Einfluss auf die Verfügbarkeit der Software haben kann.

197 Der Inhalt eines Service Level Agreement, das üblicherweise Bestandteil eines Vertrages ist, bei dem Leistungen auf Dauer erbracht werden (zB Softwaremiete, ASP, Outsourcing, Internet Access, Webhosting, Rechenzentrumsleistungen, Telekommunikationsleistungen etc), ist nicht fest definiert. Ein **SLA im weiteren Sinne** enthält die gesamte Leistungsbeschreibung einschließlich Qualitäts- und Quantitätsanforderungen sowie Sanktionen bei Nichteinhaltung (zB pauschalierter Schadensersatz, Vertragsstrafen). Bei einem **SLA im engeren Sinne** werden nur die qualitativen und quantitativen Leistungsstandards festgelegt.[322] Regelmäßig in Service Level Agreements zu finden sind Vereinbarungen über die Übertragungskapazität und -geschwindigkeit (zB Anzahl bestimmter Transaktionen pro Zeiteinheit für ASP-Leistungen), über die Hotline-Erreichbarkeit, die Festlegung von Reaktions- und Beseitigungsfristen einschließlich Mangelklassifizierungen, von Downtimes sowie der Systemverfügbarkeit insgesamt.[323] Diesen Qualitätsparametern wird in der Regel ein zu erreichender Erfüllungsgrad für einen definierten Zeitraum zugeordnet. Flankiert werden die Regelungen durch die Vereinbarung von Messmethoden und Kontrollmechanismen, mittels derer der Qualitätsstandard überprüft werden soll, Reportpflichten sowie Sanktionen für den Fall des Nichterreichens der Qualität.[324]

198 In der Praxis häufig sind Klauseln, die eine **prozentuale Verfügbarkeitsquote** vorsehen, wie zB die Erreichbarkeit des Servers von 99 % im Jahresmittel.[325] Stattdessen oder mit einer solchen Verfügbarkeitsquote gekoppelt, gibt es Vereinbarungen, die für bestimmte Zeiträume (zB Hauptgeschäftszeit) den **maximal zulässigen Ausfall** des Systems festlegen. Ebenso können feste Wartungszeiten vereinbart werden.[326] Neben solchen mehr oder weniger transparent formulierten Service Level Agreements gibt es auch Leistungsbeschränkungen in Form von Leistungsvorbehalten, die die Leistung unter den Vorbehalt des technisch oder be-

---

[320] → Rn. 180; MüKoBGB/*Häublein* § 536 Rn. 31; Palandt/*Weidenkaff* § 536a Rn. 7.
[321] MüKoBGB/*Bieber* § 543 Rn. 75.
[322] *Braun* S. 3.
[323] *Schoengarth* S. 273.
[324] *Braun* S. 3; *Meyer* S. 279; *Berger* ITRB 2000, 287.
[325] Unwirksam nach LG Karlsruhe Urt. v. 12.1.2007 – 13 O 180/04, CR 2007, 396; s. (immer noch!) AGB von 1&1 für Hosting, abrufbar unter www.1und1.agb (gesichtet Oktober 2014).
[326] *Meyer* S. 280; *Schoengarth* S. 274.

trieblich Möglichen stellen.³²⁷ So behält sich DATEV in den Allgemeinen Geschäftsbedingungen (eingesehen im Oktober 2014) die in diesem Fall unwirksame zeitweilige Beschränkung der vertraglichen Leistungen aus Wartungs- und Kapazitätsgründen (Ziff. 18 AGB) vor.³²⁸

b) Leistungsbeschreibung vs. Leistungsbeschränkung. Während Verfügbarkeitsbeschränkungen in individuell ausgehandelten Verträgen wirksam sind, stellt sich bei vorformulierten Regelungen die Frage, ob es sich um kontrollfreie Leistungsbeschreibungen handelt oder um solche Klauseln, die den Leistungsinhalt modifizieren oder einschränken und daher der Inhaltskontrolle gemäß §§ 307 ff. BGB unterfallen.³²⁹ Die Abgrenzung erweist sich im Einzelfall durchaus als schwierig. Maßgeblich ist, ob die Klausel zu einer **inhaltlich unangemessenen Verkürzung der vollwertigen Leistung,** wie sie der Kunde nach dem Gegenstand des Vertrages erwarten durfte, führt.³³⁰ Eine kontrollfreie Leistungsbeschreibung umfasst lediglich den engen Bereich der Leistungsbezeichnung, ohne deren Vorliegen ein wirksamer Vertragsabschluss mangels Bestimmtheit oder Bestimmbarkeit des wesentlichen Inhalts nicht mehr angenommen werden kann.³³¹ Danach verbleiben kontrollfrei lediglich solche Regelungen, die die *Essentialia negotii* erfassen.³³² Solche Klauseln unterliegen nur dem Transparenzgebot.³³³

Verfügbarkeitsbeschränkungen, die eine zugesagte Leistung begrenzen, unterliegen der Inhaltskontrolle.³³⁴ Ob Verfügungsbeschränkungen, die positiv formuliert sind – die also von vornherein nicht 100 % Verfügbarkeit der Leistung anbieten, sondern nur 97 % – eine Leistungsbeschreibung darstellen oder ebenfalls der Inhaltskontrolle unterliegen, ist streitig.

So ist streitig, ob bei Softwaremiete oder bei ASP der Gebrauch der Software „rund um die Uhr" geschuldet ist, ohne dass dem Leistenden die Möglichkeit gegeben wird, den Leistungsinhalt zu gestalten. Die zentrale **Entscheidung des BGH zum Online-Banking**³³⁵ wird von beiden Lagern für die Richtigkeit der jeweiligen Auffassung herangezogen.³³⁶ Nach der Ansicht eines Teils der Literatur habe der BGH bestätigt, dass allgemein gehaltene Zugangsbeschränkungen im Sinne von Leistungsvorbehalten stets als unwirksame Haftungsfreizeichnungen aufzufassen seien. Die Gegenansicht stützt sich auf folgende Formulierung des BGH: *„... setzt die Teilnahme am Online-Banking eine regelmäßig in Ergänzung zum Girovertrag getroffene Nebenabrede voraus, die den Kunden berechtigt, Erklärungen gegenüber dem Kreditinstitut online abzugeben ... Ergeben sich aus dieser Vereinbarung ... keine zeitlichen Nutzungsbeschränkungen, steht dem Kunden der Onlinezugriff auf den Rechner der Bank grundsätzlich unbeschränkt zu."*³³⁷

Ausgehend davon stehe es den Vertragspartnern offen, auch eine Vereinbarung zu treffen, die die Verfügbarkeit rund um die Uhr beschränke.³³⁸ Damit kommt dieser Teil der Literatur zu dem Ergebnis, dass vertragliche Vereinbarungen über Verfügbarkeitszeiten der Inhaltskontrolle entzogen sein müssen. Voraussetzung dafür sei jedoch, die klare und verständliche Beschreibung der Verfügbarkeitszeiten.³³⁹ Allerdings führt der BGH in der oben zitierten Entscheidung auch aus, dass, wenn für eine Einrichtung die unbeschränkte Nutzbarkeit vertraglich vereinbart ist, eine klauselmäßige Zugangsbeschränkung eine nach den §§ 307 ff. BGB kontrollfähige Modifikation des grundsätzlich umfassenden Zugangs- bzw. Nutzungsrechts des Kunden darstellt.

---

[327] BGH Urt. v. 12.12.2000 – XI ZR 138/00, NJW 2001, 751.
[328] AGB abrufbar unter www.datev.de.
[329] Palandt/*Grüneberg* § 307 Rn. 57.
[330] JurisPK-BGB/*Lapp* § 307 Rn. 103.
[331] BGH Urt. v. 13.7.1994 – IV ZR 107/93, NJW 1994, 2693.
[332] Ulmer/Brandner/Hensen/*Fuchs* § 307 Rn. 40; *Meyer* S. 282.
[333] *Kremer* ITRB 2013, 143.
[334] *Redeker*, IT-Recht, Rn. 609; *Braun* S. 99.
[335] BGH Urt. v. 12.12.2000 – XI ZR 138/00, NJW 2001, 751.
[336] Eine Leistungsbeschreibung bejahen *Marly* Rn. 1136; von Westphalen/*Hoeren*, e-Commerce-Verträge, Rn. 11; *Peter* CR 2005, 404; verneinend *Braun* S 99; Spindler/*Fuchs* Teil IV Rn. 63.
[337] BGH Urt. v. 12.12.2000 – XI ZR 138/00, → Rn. 1, NJW 2001, 751.
[338] *Marly* Rn. 1136; *Meyer* S. 285; *Schoengarth* S. 259.
[339] *Meyer* S. 286; Ulmer/Brandner/Hensen/*Fuchs* § 307 Rn. 51.

203   c) **Inhaltskontrolle.** *aa) Garantieklausel.* Softwareüberlassung auf Zeit oder ASP unterfallen dem Mietrecht. Fällt die Software aus, ist die Leistung mangelhaft. Dies führt zunächst zur Vergütungsminderung. Unterstellt man, dass der Mieter die anfängliche Garantiehaftung ausgeschlossen hat, steht dem Mieter ein Anspruch auf Schadensersatz zu, wenn der Vermieter den Mangel zu vertreten hat oder wenn er in Verzug mit der Mangelbeseitigung ist.

204   Ist eine Verfügbarkeitsklausel als verschuldensunabhängige Garantie ausgestaltet und gewährt sie damit dem Mieter Rechte, die über seine gesetzlichen Ansprüche hinausgehen, dann ist die Wirksamkeit – soweit es sich nicht um Einkaufsbedingungen des Mieters handelt – gegeben.[340]

205   *bb) Leistungsvorbehaltsklauseln.* Bei Leistungsvorbehaltsklauseln stellt der Anbieter die Verfügbarkeit der Leistung unter den **Vorbehalt des technisch und organisatorisch Möglichen**. Solche Klauseln sind nach Maßgabe von §§ 308 Nr. 4, 309 Nr. 7b BGB sowie nach dem Transparenzgebot zu prüfen. Nach § 308 Nr. 4 BGB sind Änderungsvorbehalte auch im unternehmerischen Verkehr nur zulässig, wenn sie unter Berücksichtigung der Interessen des Verwenders für den anderen Vertragsteil zumutbar sind. Das ist dann nicht der Fall, wenn der Anwender aufgrund der Klauselgestaltung nicht beurteilen kann, in welchem Ausmaß eine Leistungsbeeinträchtigung droht.[341] Ebenso verstößt eine solche pauschale Leistungsbeschränkung nach dem Urteil des BGH zum Online-Banking gegen § 309 Nr. 7b BGB, denn in aller Regel erfasst die Klausel damit auch einen Haftungsausschluss für das schuldhafte Verhalten des Anbieters.[342]

Für ASP-Anbieter ist nachfolgende Klausel denkbar:

Formulierungsvorschlag:

206   Die Anwendung steht dem Kunden von Montag bis Samstag, jeweils von 06.00 Uhr bis 22.00 Uhr, zur Verfügung. In der übrigen Zeit ist der Anbieter berechtigt, Pflege- und Wartungsarbeiten durchzuführen und die Bereitstellung der Anwendung aus diesem Grund einzustellen oder zu beschränken (sog Downtime). Der Anbieter wird den Kunden hiervon unterrichten. Die Downtime darf jedoch pro Monat X Stunden nicht überschreiten.

207   Für klassische Softwaremiete passt die Klausel nicht, denn der Mieter will die bei sich installierte Software permanent nutzen. Für diese Konstellation besser passend sind die nachfolgend beschriebenen Klauseln, die Verfügbarkeitsquoten vorsehen.

208   *cc) Verfügbarkeitsquote.* Das Landgericht Karlsruhe hat eine Klausel eines Webhostinganbieters, nach der die Mindesterreichbarkeit von 99 % im Jahresmittel geschuldet war, als „verhüllte Haftungsbeschränkung" für unwirksam erklärt. Die Klausel beschränke die Haftung für die schuldhafte Verletzung von Kardinalpflichten des Webhostinganbieters.[343] Nach anderer Auffassung in der Literatur ist eine handelsübliche Abweichung von der 100 %-igen Verfügbarkeit, zB im Umfang von 2 % pro Kalendermonat, für den Anwender zumutbar und deshalb nicht nach § 308 Nr. 4 BGB unwirksam.[344]

209   Für die Formulierung von Verfügbarkeitsregeln sind folgende Eckpunkte zu beachten:[345]
- Wegen § 309 Nr. 7b BGB muss klargestellt sein, dass unabhängig von der Verfügbarkeitsquote der Anbieter dann haftet, wenn er den Ausfall **vorsätzlich** oder **grob fahrlässig** herbeigeführt hat. Da auch die Haftung für leicht fahrlässige Verletzung von wesentlichen Leistungspflichten gemäß § 307 Abs. 2 Nr. 2 BGB nicht ausgeschlossen werden kann, muss es auch hierfür bei der Haftung bleiben.

---

[340] *Junker* jurisPR-ITR 22/2008 Anm. 5.
[341] *Meyer* S. 288; *Schoengarth* S. 368.
[342] BGH Urt. v. 12.12.2000 – XI ZR 138/00, NJW 2001, 751.
[343] LG Karlsruhe Urt. v. 12.1.2007 – 13 O 180/04, CR 2007, 396.
[344] *Braun* S. 119.
[345] *Roth-Neuschild* ITRB 2012, 67 mwN; *Stiemerling/Hirschmeier* ITRB 2010, 146.

- Die Abweichung von der 100 %-igen oder handelsüblichen Verfügbarkeit muss für den Anwender **zumutbar** sein (§ 308 Nr. 4 BGB) und ihn **nicht unangemessen benachteiligen** (§ 307 Abs. 2 Nr. 2 BGB). Zulässig sind daher allenfalls geringfügige Abweichungen. Die Grenze dürfte bei 2 % liegen. Empfohlen wird darüber hinaus, nicht auf das Jahr als Bezugszeitraum abzustellen, sondern auf den Kalendermonat, denn 2 % berechnet auf die Jahresverfügbarkeit führt zu der Möglichkeit eines deutlich höheren einmaligen Ausfalls als bei monatlicher Berechnung.[346]
- Das Transparenzgebot verlangt schließlich **klare und verständliche Regeln**. Der Kunde soll durch die Formulierung keine falschen Vorstellungen vom Leistungsinhalt erhalten und soll vor undurchschaubaren Regelungen geschützt werden.[347]

7. Datenschutz, Auftragsdatenverarbeitung

a) Allgemeines.[348] Ist die Software beim Mieter installiert und ist nicht auszuschließen, dass der Vermieter im Rahmen der Fehlerbehebung oder der Wartung der Software Zugriff auf personenbezogene Daten des Mieters und dessen Mitarbeiter erhält, liegt gemäß § 11 Abs. 5 BDSG ein Fall der Auftragsdatenverarbeitung vor.[349] § 11 BDSG privilegiert die Nutzung personenbezogener Daten durch einen dritten Dienstleister insofern, als es einer Rechtsgrundlage, wie sie § 4 BDSG für die Verarbeitung verlangt, für die Nutzung der Daten zur Auftragsdatenverarbeitung oder Wartung nicht bedarf.

Ist die Software nicht im Unternehmen des Mieters installiert, sondern verarbeitet er die personenbezogenen Daten im Rechenzentrum und mit der Software des Anbieters oder mit seiner dort gehosteten eigenen Software, liegt, je nachdem welche Leistungen der Anbieter neben der reinen Zurverfügungstellung und dem Betrieb von Hard- und Software noch erbringt, eine Auftragsdatenverarbeitung oder eine Funktionsübertragung vor. Letzteres hat datenschutzrechtlich Konsequenzen. Die **Auftragsdatenverarbeitung** zeichnet sich dadurch aus, dass der Auftragsdatenverarbeiter hinsichtlich Art und Umfang der Datenverarbeitung in völliger Abhängigkeit zum Auftraggeber steht und weisungsabhängig ist. Der Auftraggeber als auslagerndes Unternehmen bleibt Herr der Daten und setzt den Dienstleister als bloßes Werkzeug ein. Bei der **Funktionsübertragung** übernimmt der Dienstleister Leistungen, die über die bloße praktisch-technische Bearbeitung der Daten hinausgehen. Er übernimmt Funktionen der speichernden Stelle. Der Dienstleister hat eigene Ermessensspielräume und entscheidet eigenständig über den Umfang und die Art und Weise der Durchführung der Leistung.[350] Ein solcher Fall kann vorliegen, wenn der Dienstleister neben dem Betrieb der Software auch einzelne *Geschäftsprozesse* verantwortlich durchführt (zB Reisekostenabrechnung der Mitarbeiter). Liegt eine Funktionsübertragung vor, ist die Weitergabe personenbezogener Daten an einen solchen Dienstleister nicht mehr privilegiert, sondern bedarf gemäß § 4 BDSG einer gesetzlichen Grundlage. Soweit sich aus § 28 BDSG eine solche Ermächtigungsnorm nicht ergibt, muss eine **Einwilligung** des jeweiligen Inhabers der personenbezogenen Daten gemäß § 4a BDSG eingeholt werden. Streitig ist, ob im Falle der Funktionsübertragung zum Schutze der personenbezogenen Daten ein Vertrag entsprechend dem Auftragsdatenverarbeitungsvertrag zu vereinbaren ist.[351] Wäre das nicht der Fall, würde eine Funktionsübertragung dadurch privilegiert, dass die in § 11 BDSG bestimmten Anforderungen zum Schutze personenbezogener Daten nicht gelten würden, was letztlich dem Zweck des Datenschutzes widerspräche.

b) Auftragsdatenverarbeitungsvertrag. Der am 1.9.2010 in Kraft getretene II. Teil der Datenschutznovelle[352] hat die Anforderungen an die Auftragsdatenverarbeitung konkretisiert.

---
[346] *Braun* S. 115, 121.
[347] *Braun* S. 114.
[348] Vgl. ausführlich → Kap. 34 Recht des Datenschutzes.
[349] Ausführlich dazu *Conrad/Grützmacher/Roth-Neuschild* Auftragsdatenverarbeitung vs. Datenübermittlung, 695 ff.; *Plath*, § 11 Rn. 121 ff.
[350] *Grützmacher* ITRB 2007, 183.
[351] *Conrad/Grützmacher/Roth-Neuschild* S. 712 Rn. 80.
[352] BGBl. I 2009, 2814.

Neben der **sorgfältigen Auswahl** des Dienstleisters sind die **Kontrolle der technischen und organisatorischen Maßnahmen** zum Schutze personenbezogener Daten entsprechend der Anlage zu § 9 BDSG bei dem Dienstleister nun regelmäßig durchzuführen und deren Ergebnisse zu dokumentieren. Für den Mindestinhalt des schriftlich abzuschließenden Auftragsdatenverarbeitungsvertrages hat das Gesetz in § 11 Abs. 2 S. 2 BDSG einen Katalog von 10 Regelungspunkten festgelegt.[353] Ein Verstoß gegen die Vorgaben des § 11 BDSG führt bei beiden Vertragspartnern gemäß § 43 Abs. 2 BDSG zu einer bußgeldbewehrten Ordnungswidrigkeit. Mangels eines wirksamen Auftragsdatenverarbeitungsvertrages übermittelt der Auftraggeber personenbezogene Daten ohne Rechtsgrundlage und verarbeitet damit nicht allgemein zugängliche Daten unbefugt. Dem Auftragnehmer steht für die anschließende Verarbeitung keine Rechtsgrundlage zur Verfügung, so dass auch dieser Daten unbefugt verarbeitet.

213 c) **Verteilte Datenverarbeitungsstandorte, Cloud Computing.**[354] Typisch für Cloud Computing ist, dass die Verarbeitungsprozesse einschließlich der Speicherung von Nutzerdaten auf Servern erfolgen können, die **weltweit** verteilt sein können. Aufgrund der Virtualisierungstechnik weiß der Anwender nicht, wo sich seine Daten befinden.[355] Die von § 11 BDSG verlangte Kontrolle der technischen und organisatorischen Maßnahmen gemäß Anlage zu § 9 BDSG ist schwierig, wenn dem Auftraggeber nicht bekannt ist, wo sich der Server, auf dem die personenbezogenen Daten gespeichert sind, befindet.[356] Zwar ist gemäß § 11 Abs. 2 S. 2 Nr. 6 BDSG die Vereinbarung von Unterauftragsverhältnissen mit dem Auftragsdatenverarbeiter vereinbar, dies entlastet den Auftraggeber jedoch nicht von seinen Prüfpflichten. Der Auftraggeber muss die Einhaltung der in Anlage zu § 9 BDSG statuierten Sicherungsmaßnahmen auch bei Unterauftragnehmern kontrollieren.[357] Wie die Kontrolle konkret erfolgen soll, ist bisher nicht geklärt. Hierzu werden verschiedene Varianten diskutiert, die sich von der Vor-Ort-Kontrolle über Selbstauskünfte bis hin zu Zertifizierungen und Prüfung Externer erstrecken.[358] Jedenfalls sollte sich der Auftraggeber im Auftragsdatenverarbeitungsvertrag soweit wie möglich absichern und jedenfalls ein Prüfrecht vor Ort durch einen sachverständigen Dritten, der zur Geheimhaltung verpflichtet ist, vertraglich vereinbaren.

214 Da Cloud Computing nicht mehr wegdenkbar ist, und auch auf politischer Ebene, sowohl in Deutschland als auch in der EU, Maßnahmen zur Förderung des Cloud Computing getroffen sind (zB BMWi „Aktionsprogramm Cloud Computing", Mitteilung der Europäischen Kommission COM (2012), 529 v. 27.9.2012, „Freisetzung des Cloud Computing-Potentials in Europa"), sind die Datenschützer gefragt, datenschutzrechtliche Lösungen zu entwickeln. Die auf EU-Ebene agierende **Art. 29-Datenschutzgruppe** hat in ihrer Stellungnahme 05/2012 zum Cloud Computing vom 1.7.2012 (010307/12/DE-WP196) Empfehlungen zur Nutzung von Cloud Computing erteilt. Auf Bundesebene hat der Arbeitskreis Technik und Medien der Konferenz der Datenschutzbeauftragten des Bundes und der Länder sowie der Arbeitsgruppe Internationaler Datenverkehr des Düsseldorfer Kreises am 9.10.2014 eine „**Orientierungshilfe – Cloud Computing**" veröffentlicht. Die Verfasser fordern insbesondere transparente, detaillierte und eindeutige vertragliche Regelungen der cloud-gestützten Anwendungsverarbeitung, insbesondere zum Ort der Datenverarbeitung und zur Benachrichtigung über eventuelle Ortswechsel, zur Portabilität und Interoperabilität für den Fall, dass zB wegen einer Insolvenz des Anbieters die Datenverarbeitung zu einem anderen Anbieter umzieht. Darüber hinaus wird zur Gewährleistung der Informationssicherheit und der Portabilität und Interoperabilität die Vorlage aktueller Zertifikate, für die Infrastruktur, die bei der Auftragserfüllung in Anspruch genommen wird, durch anerkannte und unabhängige Prüforganisationen verlangt.

---

[353] Dazu im Detail *Söbbing* ITRB 2010, 36.
[354] Vgl. dazu → § 22 Cloud Computing-Verträge.
[355] → Rn. 39.
[356] *Schuster/Reichl* CR 2010, 38; *Plath* § 11 Rn. 55 ff.
[357] *Hilber/Hartung/Storm* Teil 4 Rn. 88 f.
[358] *Hilber/Hartung/Storm* Teil 4 Rn. 105 mwN.

Zu beachten ist, dass die Übermittlung von personenbezogenen Daten in **Staaten außer-** 215
halb der EU oder EWG gemäß § 4b Abs. 2 S. 2 BDSG zu unterbleiben hat, wenn das Drittland nicht über ein angemessenes Datenschutzniveau verfügt (§ 4b Abs. 3 BDSG).[359] Fehlt ein angemessenes Datenschutzniveau, ist die Übermittlung in ein solches Land nur zulässig, wenn bestimmte Garantien hinsichtlich des Datenschutzniveaus vereinbart werden. Eine solche Garantie ist gegeben, wenn der Datenverarbeitungsvertrag auf der Grundlage der sogenannten „Standardvertragsklauseln" der Europäischen Kommission geschlossen wird.[360] Auch die USA erfüllen die Vorgaben eines angemessenen Schutzniveaus nicht. Statt der Vereinbarung der Standardvertragsklauseln bestand bisher – vor dem NSA-Überwachungsskandal – für US-Unternehmen die Möglichkeit, das angemessene Schutzniveau dadurch zu erreichen, dass sie sich den nicht unumstrittenen **Safe Harbor**-Bedingungen unterwerfen. Für personenbezogene Daten, die Unternehmen in Deutschland an Stellen in die USA übermitteln, verlangt die Orientierungshilfe eine Neubewertung:

„Bevor nicht der uneingeschränkte Zugriff ausländischer Nachrichtendienste auf personenbezogene Daten der Menschen in Deutschland effektiv im Sinne der genannten Grundsätze begrenzt wird, behalten sich die Aufsichtsbehörden für den Datenschutz vor, keine neuen Genehmigungen für die Datenübermittlung in Drittstaaten zur Nutzung von Cloud-Diensten zu erteilen und prüfen, ob solche Datenübermittlung auf Grundlage des Safe Harbor-Abkommens und der Standardvertragsklauseln auszusetzen sind."[361]

8. Vertragsdauer, Kündigung

a) **Vertragsdauer.** Für die Festlegung der Vertragsdauer können die Parteien zwischen ei- 216
ner unbestimmten Vertragsdauer oder einer festen Laufzeit wählen, wobei letztere auch als Mindestlaufzeit ausgestaltet sein kann, die sich jeweils um einen bestimmten Zeitabschnitt verlängert, wenn nicht eine Partei den Vertrag zum Ablauf der jeweiligen Laufzeit kündigt.

Vom Anbieter vorgegebene Mindestvertragslaufzeiten sind, wenn sie in AGB enthalten 217
sind, gemäß **§ 307 BGB** zu prüfen. § 309 Nr. 9 BGB ist auf Mietverträge nicht anwendbar.[362] Zu der Frage der zulässigen Vertragsdauer sind für Telefonanlagen eine Reihe von Entscheidungen ergangen, die Vertragslaufzeiten zwischen 10 und 20 Jahren für zulässig erachtet haben.[363] Die Zulässigkeit solcher langen Laufzeiten wurde im Wesentlichen damit begründet, dass der Anbieter die Möglichkeit haben soll, hohe Vorhalte-, Investitions- und Entwicklungskosten in der festen Vertragsdauer zu amortisieren. Gleiches gilt für Leasingverträge, die ebenfalls Laufzeiten von bis zu 60 Monaten aufweisen.

Für Softwareüberlassungsverträge im **kaufmännischen Geschäftsverkehr** sind kaum Urtei- 218
le bekannt, die sich mit der Wirksamkeit von Mindestvertragslaufzeiten befassen. Das OLG Köln hat in einem Urteil aus dem Jahre 2003, in dem es um die Beendigung eines Softwareüberlassungsvertrages wegen Mängeln gemäß § 326 aF BGB ging, ausgeführt, dass die in dem betroffenen Vertrag festgelegte Mindestvertragslaufzeit von 60 Monaten sowie die anschließende 12-monatige Kündigungsfrist nach der Rechtsprechung des Senats bei Vollkaufleuten nicht zu beanstanden sei.[364] Nicht beanstandet hat der BGH eine Regelung, die in einem unbefristeten Leasingvertrag eine Mindestlaufzeit von 60 Monaten vorsah.[365] Bewegt sich die Vertragsdauer im Rahmen der steuerlichen Abschreibungsdauer von vier bis fünf Jahren, wird man für Softwaremietverträge eine feste Vertragsdauer von fünf Jahren für

---

[359] *Pohle/Ammann* CR 2009, 273; vgl. dazu → § 35 Grenzüberschreitender Datenverkehr.
[360] EU-Amtsblatt Nr. L039 v. 12.2.2010, 5 mit Vertragsmustern; vgl. dazu ausführlich → Kap. 35 Grenzüberschreitender Datenverkehr.
[361] Orientierungshilfe Cloud Computing der Arbeitskreise Technik und Medien, der Konferenz der Datenschutzbeauftragten des Bundes und der Länder sowie der Arbeitsgruppe Internationaler Datenverkehr des Düsseldorfer Kreises Version 2.0, Stand 9.10.2014, S. 40 f.
[362] *Von Merveldt* CR 2006, 721 f.; Palandt/*Grüneberg* § 309 Rn. 79.
[363] BGH Urt. v. 13.2.1985 – VIII ZR 154/84, NJW 1985, 2328; OLG Jena Urt. v. 21.7.2005 – 1 U 114/05, NJW-RR 2006, 809.
[364] OLG Köln Urt. v. 25.7.2003 – 19 U 22/03, CR 2004, 173.
[365] BGH Urt. v. 8.11.1989 – VII ZR 1/89, NJW-RR 1990, 182.

wirksam erachten dürfen.³⁶⁶ Überraschend gemäß § 305c Abs. 1 BGB kann eine solche Bindung in AGB jedoch dann sein, wenn der Softwareanbieter mit einer für den Kunden flexiblen Softwarenutzung wirbt.³⁶⁷ Verstößt eine Laufzeitklausel gegen § 307 BGB, gilt der Mietvertrag als unbefristet. Für die Kündigung gelten dann die gesetzlichen Fristen gemäß § 580a Abs. 3 BGB.³⁶⁸

219   b) **Kündigung des Vertrages.** *aa) Außerordentliche fristlose Kündigung aus wichtigem Grund, § 543 BGB.* Wie jedes Dauerschuldverhältnis ist auch der Mietvertrag aus wichtigem Grund fristlos kündbar. § 543 BGB stellt insofern eine Sonderregelung gegenüber § 314 BGB dar.³⁶⁹ Während § 543 Abs. 1 BGB die allgemeinen Voraussetzungen für die Kündigung aus wichtigem Grund darstellt, enthält **§ 543 Abs. 2 BGB** gesetzlich definierte Beispiele wichtiger Gründe. § 543 Abs. 2 BGB und § 543 Abs. 1 BGB sind nebeneinander anwendbar. Liegen die Tatbestandsmerkmale eines gesetzlich definieren Kündigungsgrundes gemäß § 543 Abs. 2 BGB nicht vor, dann kann durchaus die Kündigung aus § 543 Abs. 1 BGB gegeben sein.³⁷⁰

220   Grundsätzlich steht es den Vertragspartnern offen, **vertraglich weitere Kündigungsgründe** festzulegen. Beliebt ist die Einräumung eines Kündigungsrechts aus wichtigem Grund im Falle der Insolvenz oder der Ablehnung des Insolvenzverfahrens mangels Masse. Handelt es sich dabei um AGB-Klauseln, ist eine solche Kündigung gemäß § 307 BGB unwirksam, da damit das Wahlrecht des Insolvenzverwalters gemäß § 103 InsO für nichterfüllte Verträge ausgehebelt wird.³⁷¹ Ob eine in AGB enthaltene sogenannte „Change of Control"-Klausel, die eine Kündigung bei Änderung der gesellschaftsrechtlichen Verhältnisse beim Vertragspartner erlaubt, in Softwaremietverträgen wirksam ist, erscheint höchst bedenklich.³⁷² Der BGH hat in einer Entscheidung im Zusammenhang mit einem Vertragshändlervertrag in der Kfz-Branche entschieden, dass ein einschränkungsloses Kündigungsrecht des Vertragspartners bei personellen Veränderungen im Unternehmen des anderen Vertragspartners unwirksam ist, wenn es ohne Rücksicht darauf eingreifen soll, ob und inwieweit die Interessen des kündigenden Vertragspartners betroffen sind.³⁷³

221   *bb) Ordentliche Kündigung.* § 580a Abs. 3 BGB sieht für die Kündigung von Mietverhältnissen über bewegliche Sachen eine **Kündigungsfrist** vor, die **abhängig von der Gestaltung der Mietzahlung** ist. Ist die Miete nach längeren Zeitabschnitten als einen Tag bemessen, kann der Vertrag zu jedem Zeitpunkt, spätestens jedoch am dritten Tag vor dem Tag, mit dessen Ablauf das Mietverhältnis beendet sein soll, gekündigt werden. § 580a BGB ist abdingbar. Längere oder unterschiedlich lange Kündigungsfristen für den Mieter und den Vermieter sind zulässig. Unwirksam sind jedoch eine Kürzung der Kündigungsfristen zu Lasten des Mieters sowie der Ausschluss einer ordentlichen Kündigung für den Mieter.³⁷⁴ Dass die gesetzliche Regel für Softwaremietverträge nicht passt, ist offensichtlich. Die Beendigung eines Softwaremietvertrages oder eine ASP-Vertrags hat in der Regel erhebliche Auswirkungen. Der Anwender muss einen neuen Dienstleister suchen oder sich neue Software beschaffen und die erforderlichen Vorbereitungen treffen, um einen reibungslosen Übergang zu ermöglichen. Solche Auswahl- und Beschaffungsprozesse sowie die Transitionsphase sind zeitlich aufwendig. Aus diesem Grund sollten Kündigungsfristen **mindestens drei Monate** betragen. Für den Vermieter empfiehlt sich meines Erachtens sogar eine Frist von sechs Monaten.

---

³⁶⁶ Redeker IT-Recht Rn. 601; Redeker/*Karger*, Handbuch der IT-Verträge, Kap. 1.9 Rn. 305; aA *von Merveldt* CR 2006, 722.
³⁶⁷ Redeker IT-Recht Rn. 601.
³⁶⁸ Von Merveldt CR 2006, 722.
³⁶⁹ Palandt/*Weidenkaff* § 543 Rn. 1.
³⁷⁰ Palandt/*Weidenkaff* § 543 Rn. 7.
³⁷¹ BGH Urt. v. 15.11.2012 – IX ZR 169/11; BGH Urt. v. 8.10.1990 – VIII ZR 247/89, NJW 1991, 102; BGH Urt. v. 23.1.2002 – VII ZR 5/00, NJW-RR 2002, 946; *Karsten Schmidt* § 119 Rn. 11.
³⁷² Disput NZM 2008, 305.
³⁷³ BGH Urt. v. 26.11.1984 – VIII ZR 214/83, NJW 1985, 623.
³⁷⁴ BGH Urt. v. 30.5.2001 – VII ZR 273/98, NJW 2001, 3480; Palandt/*Weidenkaff* § 580a Rn. 3.

cc) Kündigungsform. Das Gesetz schreibt für Kündigungserklärungen keine Form vor. Dennoch wird die Kündigungsform aus Beweissicherungsgründen in aller Regel vertraglich vereinbart.[375] Die Kündigung kann im unternehmerischen Verkehr auch an besondere Formerfordernisse gebunden werden (zB per Einschreiben mit Rückschein). Allerdings wäre eine Anforderung im Verkehr mit Verbrauchern, die strengere Formen als die Schriftform oder besondere Zugangserfordernisse für Erklärungen vorsieht, wegen § 309 Nr. 13 BGB unwirksam.[376]

9. Rückgabe, Herausgabe von Daten

a) **Rückgabe.** Hat der Mieter im Rahmen des Softwaremietvertrages Software auf Datenträgern, Dokumentationen und sonstige Unterlagen erhalten, so hat er diese gemäß § 546 BGB nach Beendigung des Vertrages dem Vermieter zurück zu gewähren. Allerdings sind hier die Besonderheiten der Softwaremiete zu beachten. Mit der Rückgabe des Datenträgers alleine ist es nicht getan, denn in der Regel ist das gemietete Programm auch auf Rechnern gespeichert, die im Besitz des Mieters bleiben. Maßgebliches Interesse des Vermieters bei Beendigung des Mietvertrages ist die Einstellung der Nutzung der Software durch den Mieter. Dementsprechend ist der Mieter verpflichtet, die vorhandenen **Kopien der Software unwiederbringlich zu löschen**, so dass die weitere Nutzungsmöglichkeit ausgeschlossen ist. Technisch kann dies auch mit einer Programmsperre erreicht werden.[377]

Ein Zurückbehaltungsrecht des gewerblichen Mieters gegen den Rückgabeanspruch des Vermieters kann in Formularverträgen wirksam nur ausgeschlossen werden, wenn das Zurückbehaltungsrecht für Gegenforderungen, die unstreitig oder rechtskräftig festgestellt sind, unberührt bleibt.

Erfolgt die Rückgabe der Mietsache nicht zum Beendigungstermin, hat der Vermieter gemäß § 546a BGB für die Dauer der Vorenthaltung einen **Entschädigungsanspruch** in Höhe der Miete. Gemäß § 546a Abs. 2 iVm § 286 BGB steht ihm ein Anspruch auf Ersatz des weitergehenden Schadens zu, wenn ein Verschulden des Mieters vorliegt, denn die nicht erfolgte Rückgabe stellt eine Pflichtverletzung des Mieters dar. Allerdings führt die nicht rechtzeitige Rückgabe einer Softwarekopie nicht zwingend zu einem Schaden beim Vermieter, denn diesem wird es in der Regel möglich sein, mit wenig Aufwand eine neue Kopie der Software zu erstellen.[378]

§ 546a BGB stößt dann auf Schwierigkeiten, wenn dem Mieter kein Datenträger, sondern das Programm **elektronisch überlassen** wurde. *Marly* wendet in diesem Fall § 546a BGB entsprechend an.[379] Das Problem kann auch durch entsprechende Vertragsgestaltung gelöst werden. Denkbar ist, eine Löschungsbestätigung des Mieters zu verlangen und dem Mieter im Falle einer Nichterteilung eine Vertragsstrafe aufzuerlegen.

Eine **Vertragsstrafe** kann selbstverständlich auch für den Fall der Nichtrückgabe von Datenträgern vorgesehen werden.[380] Das LG Lüneburg hat in einem Urteil aus dem Jahre 1988 festgestellt, dass eine Vertragsstrafe für die nicht unverzügliche Rückgabe von Computerprogrammen nach Beendigung eines Lizenzvertrages in Höhe der 12-fachen monatlichen Lizenzgebühr nicht gegen § 9 AGBG verstößt.[381]

Unproblematisch ist ebenfalls die vertragliche Verpflichtung des Kunden, die Software auf gesichertem Postweg zurückzusenden. Die Rücksendung der Programmträger mittels einfachen Briefs kann eine objektive Pflichtverletzung in Bezug auf die Erfüllung der Rückgabeverpflichtung darstellen.[382]

Die **Weiternutzung** der Software nach Beendigung des Mietvertrages stellt jedenfalls eine vertragliche Pflichtverletzung dar und, wenn die Nutzung eine urheberrechtlich relevante

---

[375] Palandt/*Weidenkaff* § 542 Rn. 15.
[376] Palandt/*Grüneberg* § 309 Rn. 106, 107.
[377] *Marly* Rn. 755.
[378] Palandt/*Weidenkaff* § 546a Rn. 16.
[379] *Marly* Rn. 1354.
[380] *Redeker* IT-Recht Rn. 615.
[381] LG Lüneburg Urt. v. 3.6.1988 – 4 S 25/88, NJW 1988, 2476.
[382] *Marly* Rn. 1373.

Vervielfältigung voraussetzt, eine Urheberrechtsverletzung, denn mit Beendigung des Mietvertrages verliert der Mieter das Recht, die Software weiter zu nutzen.[383] Im Falle der Nutzung im Wege von ASP besteht dieses Risiko nicht, da der Vermieter die Nutzung und deren Beendigung steuert.

230 Problematisch kann sich die Rückgabe der Software in Bezug auf die **steuerlichen Archivierungspflichten,** die sich vor allem aus den §§ 146, 147 AO und den Grundsätze zum Datenzugriff und zur Prüfung digitaler Unterlagen (GDPdU) ergeben, gestalten. Der Mieter hat deshalb darauf zu achten, dass die jederzeitige elektronische Verfügbarkeit und Auswertbarkeit der Daten auch nach einem Systemwechsel nach den steuerrechtlichen Anforderungen gewährleistet ist. Der Mieter hat deshalb zu klären, inwieweit er dafür eine Softwarekopie benötigt. Ist dies der Fall, muss dies vertraglich vereinbart werden. Ohne entsprechende vertragliche Vereinbarung wird ein solcher Anspruch des Mieters nicht bestehen.

231 **b) Herausgabe von Daten.** Verarbeitet der Mieter seine Daten auf der beim Vermieter installierten Software und Hardware, ist wesentliche Beendigungsfolge die Herausgabe der Daten des Mieters. Das Mietrecht sieht in § 539 Abs. 2 BGB ein Wegnahmerecht des Mieters für solche Einrichtungen vor, mit denen er die Mietsache versehen hat. Die Literatur entnimmt aus der **analogen Anwendung von § 539 Abs. 2 BGB** einen Anspruch des Mieters auf Entnahme seiner Daten aus dem System des Vermieters.[384] Allerdings stößt das Wegnahmerecht dann auf Grenzen, wenn der Mieter technisch nicht in der Lage ist, seine Daten zu übernehmen.

232 Liegt der Datenverarbeitung ein Geschäftsbesorgungsvertrag zugrunde, ergibt sich ein **Herausgabeanspruch aus den §§ 667, 675 BGB.**[385] In einer Entscheidung des BGH zu der Frage, ob ein Mandant nach beendetem Steuerberatervertrag einen Anspruch auf Übertragung der bei der DATEV gespeicherten Daten auf einen anderen Steuerberater hat, hat dieser ausgeführt, dass für solche Daten, die Arbeitsergebnisse des Steuerberaters sind, kein Herausgabeanspruch aus §§ 667, 675 Abs. 1 BGB bestehe, da sie nicht erlangt seien. Der Herausgabeanspruch beziehe sich lediglich auf solche Daten, die dem Steuerberater zur weiteren Verarbeitung zur Verfügung gestellt wurden.[386]

233 Ein Anspruch auf Herausgabe ergibt sich aus der Tatsache, dass der Vermieter der Software Auftragsdatenverarbeiter im Sinne von § 11 BDSG sein kann. Gemäß § 35 Abs. 2 Nr. 1 BDSG sind personenbezogene Daten zu löschen, wenn die Speicherung unzulässig ist, was ohne weiteres nach **Beendigung eines Auftragsdatenverarbeitungsvertrages** der Fall ist. Allerdings ist die Löschung nicht unbedingt das Ziel des Mieters.

234 Das OLG München entschied im Jahre 1999, dass der Leitungs- und Rechnerbetreiber eines EDV-gesteuerten Ticketverkaufssystems seinen Kunden nach Vertragsbeendigung in der Weiterarbeit nicht behindern darf. Er sei nach Treu und Glauben verpflichtet, den reibungslosen Übergang auf ein Fremdsystem zu ermöglichen und seinem Kunden die Kunden-, Auftrags- und Eigendaten herauszugeben.[387]

> **Praxistipp:**
> Aufgrund der bestehenden Unsicherheit im Hinblick auf die dogmatische Herleitung des Herausgabeanspruchs und dessen Inhalt (Stichwort „Arbeitsergebnis"), ist dringend zu empfehlen, das Thema der Datenherausgabe, insbesondere Inhalt und Umfang, ausführlich zu regeln. Darüber hinaus, sollte der Vermieter verpflichtet werden, alle erforderlichen Leistungen anzubieten und zu erbringen, die für einen reibungslosen Übergang auf ein Nachfolgeunternehmen erforderlich sind. Hier bietet sich ebenfalls an, das Thema der Kostenerstattung im Vorfeld zu regeln. Für den Mieter von immenser Bedeutung ist der Ausschluss des Zurückbehaltungsrechts seines Vertragspartners an den Daten.

---

[383] Redeker/*Karger*, Handbuch der IT-Verträge, Kap. 1.9 Rn. 333.
[384] Spindler/*Schuppert* Teil V Rn. 76; *Schoengarth* S. 195; Redeker/*Gennen*, Handbuch der IT-Verträge, Kap. 1.17 Rn. 301.
[385] *Grützmacher* ITRB 2004, 260.
[386] BGH Urt. v. 11.3.2004 – IX ZR 178/03, CR 2004, 889; *Grützmacher* ITRB 2004, 260.
[387] OLG München Urt. v. 22.4.1999 – 6 U 1657/99, CR 1999, 484.

§ 14 Softwarepflege-Verträge

Übersicht

	Rn.
I. Einleitung	1–15
1. Überblick, Terminologie	1–9
2. Abgrenzung der Software-Pflege zu anderen Verträgen	10–12
3. Zielsetzung und Art der Darstellung	13–15
II. Pflege von Software	16–160
1. Umschreibung des Vertragsgegenstandes	16–27
a) „Pflege" im Sprachgebrauch	16–20
b) Abgrenzung von Version, Release, Upgrade, Update	21–24
c) Mängel, Fehler, Störungen	25–27
2. Verhältnis des Pflegevertrages zum Beschaffungsvertrag	28–64
a) Vertragstyp der Software-„Lizenz"	29/30
b) Der Beschaffungsvertrag als Miete	31
c) Intransparenz der Vergütungsregelung	32–34
d) Zusammenfassung zum Verhältnis von Software-Miete und Pflege	35
e) Verhältnis von Software-Kauf und Pflege	36–40
f) „Anerkenntnis" durch vorbehaltslose Zahlung und Rückforderung von Pflegevergütung	41–44
g) Pflicht des Kunden zum Abschluss eines Pflegevertrages	45–47
h) Anspruch auf Abschluss eines Pflegevertrages/Unkündbarkeit der Pflege durch den Auftragnehmer	48–56
i) Beginn, Laufzeit und (Teil-)Kündigung der Pflege	57–61
j) Relevanz von Vertragsverletzungen der Lizenz	62–64
3. Versuch der Systematisierung einzelner Leistungsbereiche	65–89
a) Pflicht zur Mängelbeseitigung	70
b) Dienstorientierte Leistungen ohne Erfolgsmoment	71–75
c) Aktualisierung	76–81
d) Nachführen/Einpflegen	82
e) Tele/Remote Services	83/84
f) Hotline/Beratung	85
g) Zusatzleistungen	86
h) „Vollpflege"	87/88
i) Vorläufige zusammenfassende Typisierung der Leistungsbereiche	89
4. Vertragstyp und Einordnung	90–105
a) Das Problem des Gesamt-Vertragstyps	90–96
b) Der Pflegevertrag als Dienstvertrag	97
c) Kombination von Werkvertrag und Dauerschuldverhältnis	98–104
d) Zusammenfassung	105
5. Typischer Vertragsaufbau	106–109
a) Beispiel für einen typischen Aufbau eines Pflegevertrages	106
b) Typische Probleme bei Verwendung von Pflege-AGB und Leistungs-/Pflegeschein	107–109
6. Datenschutzregelungen bei Software-Pflege	110–125
a) § 11 BDSG, Anforderungen	110–120
b) Spezielle Anforderungen bei kommunalen Auftraggebern und Landesverwaltungen und anderen öffentlichen Stellen der Länder	121–125
7. Pflegeleistungen und „Service Level Agreements"	126–144
a) Reaktionszeit (time to respond)	130/131
b) Beseitigungszeiten (time to repair)	132–134
c) Leistungszeit (Service-Zeit)	135–138
d) Ausnahmen von den Service Levels/Wartungsfenster, etc	139–141
e) Weitere Regelungen	142–144
8. Mitwirkung des Kunden	145–157
a) Installations-, Datensicherungs- und Mängelrügepflicht des Kunden	146–149
b) Pflicht des Kunden zum Einsatz der neuesten Version und Abnahme neuer Versionen	150–157
9. Zusammenfassung, Hinweis auf Musterverträge	158–160

	Rn.
III. Beispiele für Klauseln in Software-Pflegeverträgen	161–166
1. Beispiel	161
2. Beispiel	162
3. Beispiel	163
4. Beispiel	164
5. Beispiel	165
6. Beispiel	166

Schrifttum: *Bartsch,* Softwarepflege nach neuem Schuldrecht, NJW 2002, 1526; *ders.,* Softwarerechte bei Projekt- und Pflegeverträgen, CR 2012, 141; *Bartsch,* Software und das Jahr 2000, 1998; *Baum,* Gestaltung von Software-Maintenance-Verträgen in der internationalen Praxis, CR 2002, 705; *Bischof/Witzel,* Softwarepflegeverträge, ITRB 2003, 31; *Bräutigam,* SLA: In der Praxis alles klar?, CR 2004, 248; *Dreier/Schulze,* Urheberrechtsgesetz, 4. Aufl. 2013; *Feil/Leitzen,* EVB-IT Pflege S, CR 2003, 161; *Fritzemeyer/Splittgerber,* Verpflichtung zum Abschluss von Softwarepflege- und Hardwarewartungsverträgen?, CR 2007, 209; *Grapentin/Ströbl,* Third Party Maintenance: Abschlusszwang und Kopplungsverlangen, CR 2009, 137; *Grützmacher,* Teilkündigungen bei Softwarepflege- und Softwarelizenzverträgen, ITRB 2011, 133; *Hartung/Stiemerling,* Effektive Service-Level-Kriterien, CR 2011, 617; *Heymann,* Gesetzliches Leitbild des Wartungsvertrages, CR 1991, 525; *Hilty,* Der Softwarevertrag – ein Blick in die Zukunft, MMR 2003, 3; *Hörl/Häuser,* SLA in Outsourcingverträgen, CR 2003, 713; *Intveen,* Fernwartung von IT-Systemen, ITRB 2001, 251; *ders.* Die neuen EVB-IT Pflege S aus Auftraggebersicht ITRB 2003, 128; *ders.,* Software-Pflegeverträge im Lichte der AGB-rechtlichen Inhaltskontrolle nach § 307 BGB, ITRB 2004, 138; *ders.,* Vertragsrechtliche Details zu Softwarepflegeverträgen, ITRB 2010, 90; *ders.,* Verträge über die Vermietung und Pflege von Software, ITRB 2012, 93; *Jaeger,* Grenzen der Kündigung von Softwarepflegeverträgen über langlebige Industrie-Software, CR 1999, 209; *Karger,* Die neuen EVB-IT Pflege S aus Auftragnehmersicht, ITRB 2003, 107; *Kaufmann,* Kündigung langfristiger Softwarepflegeverträge oder Abschlusszwang?, CR 2005, 841; *Koch,* Computer-Vertragsrecht, 7. Aufl. 2009; *Koch,* Kundenrechte bei Online-Erwerb von Software-Vollversionen, ITRB 2008, 209; *Marly,* Praxishandbuch Softwarerecht, 6. Aufl. 2014; *Moos* (Hrsg.), Datennutzungs- und Datenschutzverträge, 2014; *Moritz,* Der Softwarepflegevertrag – Abschlußzwang und Schutz vor Kündigung zur Unzeit, CR 1999, 541; *Orthwein/Bernhard,* Mangelhaftigkeit von Software aufgrund Gesetzesänderung?, CR 2009, 354; *Peter,* Softwarepflege inklusive Service-Level-Agreements, in: Schneider/Graf von Westphalen (Hrsg.), Softwareerstellungsverträge, 2. Aufl. 2014, 849 ff.; *Peter,* Verfügbarkeitsvereinbarungen beim ASP-Vertrag, CR 2005, 404; *Redeker,* IT-Recht, 5. Aufl. 2012; *ders.,* Die Ausübung des Zurückbehaltungsrechts im Wartungs- und Pflegevertrag, CR 1995, 385; *ders.,* Softwareerstellung und § 651 BGB, CR 2004, 88; *Runte,* Vergütung für Softwarepflegeleistung bei laufender „Gewährleistung", ITRB 2003, 253; *Schneider,* Handbuch des EDV-Rechts, 4. Aufl. 2009; *ders.,* Synchronisierung von Pflege- und Beschaffungsvertrag, ITRB 2005, 191; *ders.,* Risikobereiche des Pflege-Vertrags, CR 2004, 241; *ders.,* Schuldrechtsmodernisierung und Vergütung bei Pflegeverträgen, ITRB 2001, 242; *Schreibauer/Taraschka,* SLA für Softwarepflegeverträge, CR 2003, 57; *Schricker/Loewenheim* (Hrsg.), Urheberrecht, 4. Aufl. 2010; *Schuster,* Rechtsnatur der Service Level bei IT-Verträgen, CR 2009, 205; *Schweinoch/Roas,* Paradigmenwechsel für Projekte: Vertragstypologie der Neuerstellung von Individualsoftware, CR 2004, 326; *Simitis* (Hrsg.), Bundesdatenschutzgesetz, 8. Aufl. 2014; *Ulmer,* Verjährung der Mängelansprüche beim Werkvertrag, ITRB 2003, 162; *Welker/Schmidt,* Kündigung von Softwarepflegeverträgen durch sog End-of-Life-Schreiben, CR 2002, 873; *Wohlgemuth,* Computerwartung, 1999; *Zahrnt,* Abschlußzwang und Laufzeit beim Softwarepflegevertrag, CR 2000, 205; *Zahrnt,* Vollpflege von Standardsoftware, CR 2004, 408.

Zum Pflegevertrag und dessen Hauptleistungspflichten s. zB *Bartsch,* NJW 2002, 1526; *Bischof/Witzel,* ITRB 2003, 31; *Runte,* ITRB 2003, 2053; *Schneider,* Handbuch des EDV-Rechts, 4. Aufl. 2009, 1698 ff.

Zu den EVB-IT Pflege S s. *Karger,* ITRB 2003, 107; *Kaufmann,* CR 2005, 841; *Feil/Leitzen,* CR 2003, 161.

Zur Synchronisierung der Vergütungspflichtigkeit der Pflege im Verhältnis zu Mängelansprüchen des Kunden s. a. *Bartsch,* CR 2012, 141; *Schneider,* ITRB 2005, 191; *ders.,* CR 2004, 241; *ders.,* CR 2011, 626.

I. Einleitung*

1. Überblick, Terminologie

1   Software-Pflegevertrag und Hardware-Wartungsvertrag haben für den **Kunden** (im Folgenden synonym gebraucht mit „Auftraggeber") eine **Sicherungsfunktion**. Die Leistungen aus diesen Verträgen sollen für den Kunden sichern, dass erworbene Software bzw. Hardware gebrauchstauglich bleiben und somit der Nutzen der Investitionen des Kunden auch in Zukunft nicht verloren geht.

---

* Der Beitrag wurde in der 1. Auflage auch bearbeitet von *Martin Schweinoch,* Rechtsanwalt in München.

I. Einleitung

Aus der Sicht des **Auftragnehmers** (im Folgenden synonym mit „Anbieter") ist der Pflegevertrag eine „stete Einnahmequelle"[1] in Form einer zusätzlichen Vergütung, weil die Zahlungsverpflichtungen des Kunden in der Regel auch dann bestehen, wenn keine oder nur geringe Leistungen des Auftragnehmers erforderlich sind und erbracht werden. Bei vielen Lizenzen übersteigt die Pflegegebühr schon nach relativ kurzer Laufzeit die Lizenzanschaffungskosten bei weitem. Das kann für den Kunden zur großen Belastung werden, etwa wenn er die ursprünglich angeschafften Lizenzen und somit die Pflege in dem zuvor vereinbarten Umfang nicht mehr benötigt (zB weil der Kunde Personal abgebaut oder einen Unternehmensteil verkauft hat).[2]

In der Praxis werden häufig einige bereits in der Vertragskonstruktion angelegte *typische Probleme* des Pflegevertrages nicht beachtet. Dazu gehört ua die Doppelvergütungsproblematik[3] hins. Mängelbezogener Leistungen, der Abschlusszwang[4] bzw. die Unkündbarkeit[5] der Pflege oder der Anspruch des (Zweit-)Erwerbers auf Abschluss eines Pflegevertrags[6]. Wenn die Zusammenarbeit der Vertragsparteien kritisch wird, kann es durchaus sein, dass va der Kunde, dem in der Regel die Pflege-AGB gestellt werden, deren Lücken/Unwirksamkeit zu nutzen sucht. Dies kann unter Umständen für den Auftragnehmer sehr unangenehm werden. Individualvertragliche Lösungen können hier Vorteile bieten.

Die geläufigen **Begriffe** „Pflege" (für Software) und „Wartung" (für Hardware) haben ihren Ursprung in den Besonderen Vertragsbedingungen der Öffentlichen Hand (BVB), die je einen Standard-Vertrag „BVB Pflege" und „BVB Wartung" vorsahen. Die Begriffe haben sich im IT-Recht zu einem gewissen Maß durchgesetzt, sind aber weder zwingend noch werden sie in der IT-Branche oder von der Rechtsprechung durchgängig verwendet. So finden sich in der Praxis durchaus auch Vertragsbezeichnungen wie „Software-Wartung", etc.

Die folgende Darstellung orientiert sich – wie die überwiegende IT-rechtliche Literatur – an der vorbezeichneten Terminologie. Die **Software-Pflege** ist ein wesentlicher Teilbereich der gesamten IT-Leistungen von Softwarehäusern. Allerdings gibt es einen großen Softwaremarkt, für den die Hersteller/Anbieter **keine** Pflege anbieten. Dies gilt insbesondere für Software im Massengeschäft, so etwa für Textverarbeitungsprogramme oä.

Der Pflegevertrag ist – va gemessen an der wirtschaftlichen Bedeutung – dogmatisch wenig bearbeitet.[7] Die Urteile dazu sind nicht sehr zahlreich. Die Handhabung in der Praxis und das Gefühl der Beteiligten hinsichtlich der Beurteilung des Vertrages stimmen oft mit der juristischen Einordnung/Beurteilung nicht überein. Dies hängt auch damit zusammen, dass sehr viele Pflegeverträge von Firmen angeboten werden, die anglo-amerikanischem Einfluss unterliegen und die deshalb hinsichtlich AGB-Recht und Vertragstypologie den Ansprüchen des BGB nicht ausreichend Rechnung tragen. Ähnlich wie bei den „Lizenzen" wird deshalb in der Praxis häufig kein Wert auf eine klare Vertragskonturierung gelegt. Auch gehen manche Anbieter davon aus, dass man Leistungen versprechen kann, die man über die Haftung wieder aushebeln könnte (was auch dann nicht funktioniert, wenn keine AGB vorliegen).

Im Folgenden wird nach einer allgemeinen Charakterisierung des Pflegevertrages – vor allem im Hinblick auf die vertragstypologische Einordnung – und nach Darstellung des Aufbaus des Vertrages kurz skizziert, welche Probleme bei Pflegeverträgen bestehen. Im Anschluss daran werden typische Ausprägungen von Pflegeverträgen im Einzelnen teils anhand von Klauseln behandelt.

---

[1] *Grützmacher*, Teilkündigungen bei Softwarepflege- und Softwarelizenzverträgen, ITRB 2011, 133.
[2] Zur Möglichkeit der Teilkündigung von Pflegeleistungen → Rn. 57.
[3] → Rn. 22 ff.
[4] → Rn. 49 ff.
[5] → Rn. 49 ff.
[6] → Rn. 48 ff.
[7] *Wohlgemuth* Computerwartung 1999, hatte wichtige Arbeit geleistet, die jedoch Pflege und Wartung zusammen behandelt (was zB auch für *Koch* Computer-Vertragsrecht, S. 520 ff., gilt) und durch das modernisierte Schuldrecht etwas überholt ist. Insofern ist aber etwa auf *Koch*, aaO, und *Redeker*, IT-Recht S. 193 ff. zu verweisen.

8 Nach wie vor finden sich bei Herstellern „Service-Verträge", die sowohl **Software-Pflege als auch Hardware-Wartung**[8] **umfassen**. Bei der betreffenden Software handelt es sich dabei im Regelfall um „hardwarenahe" Software (insbesondere Betriebssysteme) und nicht um spezielle Anwendungssoftware (wie zB ERP-Systeme). Die Spezialitäten dieser Verträge werden hier nicht behandelt.

9 Von der Software-Pflege zu unterscheiden ist die sogenannte **Daten- oder Datenbankpflege**. Dabei geht es regelmäßig um Aktualisierung von Datenbeständen etwa Kundenadressen.[9] Dazu werden nicht die bei Software-Pflege üblichen Mittel eingesetzt (wie etwa Hotline/Helpdesk oder Remote Services). Zu Datenbankpflege werden Tools verwendet, die ua Doubletten erkennen und bereinigen können. Durch moderne vollintegrierte Datenhaltungssysteme, bei denen Daten möglichst zentralisiert gespeichert und gepflegt werden (zB im ERP-System, auf das dann die umliegenden Systeme zugreifen), hat sich der Aufwand bei der Datenpflege reduziert. Allerdings bestehen Probleme va mit dem datenschutzrechtlichen Gebot der Zweckbindung und dem Trennungsgebot (Nr. 8 der Anlage zu § 9 BDSG), wenn zB in Konzernen zentrale, gemeinsame sogenannte mandantenfähige Datenbanksysteme mit unternehmensübergreifenden Zugriffsberechtigungen eingerichtet werden sollen, in denen möglichst ein Datum nur einmal (und nicht pro Mandant, also mehrfach) abgespeichert werden sollen.[10]

2. Abgrenzung der Software-Pflege zu anderen Verträgen

10 Die Leistungen aus Pflegeverträgen sind nicht nur abzugrenzen von denjenigen der vorausgegangenen Software-/Lizenz-Beschaffungsverträge,[11] sondern auch von Leistungen auf Grundlage gesonderter Verträge, die **parallel** zur Pflege angeboten werden.

11 Verallgemeinernd gesagt beziehen sich Pflegeleistungen auf die Aufrechterhaltung der Einsetzbarkeit der zu pflegenden Software selbst, typischerweise aber nicht auf darüber hinausgehende Leistungen. Diese weiteren Leistungen sind typischerweise nicht in den Pflegeverträgen als Leistungsgegenstände vereinbart und beinhaltet, teilweise dort sogar ausdrücklich vom Leistungsumfang ausgenommen. Nicht selten wird im Pflegevertrag festgehalten, dass solche weiteren Leistungen Gegenstand gesonderter Verträge sein sollen.

12 Solche parallelen Leistungsangebote auch während der Laufzeit eines Pflegevertrages sind vielgestaltig. Sie reichen von der Beratung des Kunden durch den Auftragnehmer über Fragen der zukünftigen IT-Strategie bis hin zu Beistellung von Personal des Auftragnehmers für Arbeiten, die der Kunde im Zusammenhang mit der zu pflegenden Software selbst leitet und durchführt.

3. Zielsetzung und Art der Darstellung

13 Die Darstellung soll einerseits in die **Dogmatik** des Pflegevertrags einführen und andererseits in die **Bewertung** dieser Verträge sowie in mögliche **Gestaltungs- und Verhandlungsspielräume**. Dafür sind auch die vertragstypologische Einordnung des konkreten Pflegevertrages und etwaige Auswirkungen des Beschaffungsvertrages auf den Pflegevertrag und seine Leistungen zu beachten.

14 Im Folgenden werden dogmatische Beurteilung und konkrete Beispiele kombiniert, weil in der Literatur sehr häufig der Ansatz verfolgt wird, man könne nicht das Eigenleben, wie der Markt den Pflegevertrag und auch den Wartungsvertrag ausprägt und betreibt, mit der „Leiste" des AGB-Rechts und der Rechtsprechung „verbiegen".

---

[8] Zur Hardware-Wartung → § 15.
[9] Zur Haftung bei Datenlieferung und –pflege: Conrad/Grützmacher/*Redeker*, Recht der Daten und Datenbanken im Unternehmen, § 55 Rn. 27 f.
[10] Einzelheiten → § 33 und 34 sowie *Arbeitskreis Technische und organisatorische Datenschutzfragen der Konferenz der Datenschutzbeauftragten des Bundes und der Länder*, Orientierungshilfe Mandantenfähigkeit, Version 1.0, Stand Oktober 2012, abrufbar unter (letzter Abruf 15.12.2014): https://www.datenschutz-bayern.de/technik/orient/oh_mandantenfaehigkeit.pdf.
[11] Im Einzelnen → Rn. 28 ff.

Es gibt auf dem Markt – ebenso wie bei Projektverträgen – keine allgemein üblichen 15
Standard-Pflege-AGB. Die Pflegebedingungen sind von Hersteller zu Hersteller unterschiedlich. Dies betrifft nicht nur die Wortwahl, sondern auch den Leistungsumfang. Typisch ist allerdings, dass – anders als bei sehr vielen anderen IT-Verträgen – die eigentliche Leistung in AGB beschrieben wird. Umso mehr ist darauf hinzuweisen, wie diese AGB bzw. Klauseln rechtlich zu beurteilen sind.

II. Pflege von Software

1. Umschreibung des Vertragsgegenstandes

a) „Pflege" im Sprachgebrauch. Der Sprachgebrauch des Begriffs „Pflege" von Software 16
ist nicht einheitlich. Zur Uneinheitlichkeit des Sprachgebrauchs kurz einige Beispiele mit zT auch unterschiedlichen Leistungen:
- Zum einen gibt es – immer noch – die Kombination in der Form von „Lizenz- und Wartungsvertrag", richtigerweise wohl „Lizenz- und Pflegevertrag".[12] Hier ist schon der Vertragsgegenstand schwer erkennbar, aber zumindest die Einheitlichkeit der Urkunde zu Gunsten des Kunden festzuhalten;[13]
- „Softwarewartungsvertrag";[14]
- „so genannter Supportvertrag für Service-Leistungen und Onlineunterstützung sowie einen Softwarepflegevertrag (Update-Vertrag)";[15]
- „Wartungs-/Pflegevertrag"[16] oder Softwarepflege und Wartungsvertrag;[17]
- „Softwareservice-Vertrag", der eigentlich Pflege zum Gegenstand hatte;[18]
- „Wartungsvertrag" für Software (Vertrag aus dem Jahr 1972);[19]
- „Wartungsvertrag" für Softwarepakete mit „Wartungsgebühren".[20] EuGH macht aus Services mit „Patch" und „Update" „Wartung",[21] aber offensichtlich synonym mit „Pflege".[22]
- In der Praxis ist es üblich, als Anlagen zu IT-Verträgen Leistungsscheine zu erstellen, die in Zusammenhang mit Pflege bisweilen als Pflegeschein bezeichnet werden.

Zu einer gewissen Vereinheitlichung des Begriffs hat über die Jahre beigetragen, dass die 17
BVB (Besondere Vertragsbedingungen der Öffentlichen Hand)[23] konsequent den Typ Pflege aufgebracht haben, der sich deutlich von der **Hardware-Wartung** absetzt. Dadurch ist auch vermieden worden, dass allein schon vom Begriff her „Wartung" als Begriff und Leistungsbezeichnung für Pflege übernommen wurde. Mit Wartung verbinden sich DIN-mäßige Einordnungen und Pflichten, die der Pflegevertrag nicht erfüllen und auf die er sich gar nicht beziehen will.[24] Die **EVB-IT Pflege S** (EVB-IT steht für „Ergänzende Vertragsbedingungen

---

[12] S. a. zu „Wartung" als Teil des Lizenzvertrags bei Oracle BGH Urt. v. 17.7.2013 – I ZR 129/08.
[13] S. etwa zu „Lizenz- und Wartungsvertrag" LG Düsseldorf Urt. v. 28.11.2001 – 2a O 316/01, CR 2002, 326.
[14] LG Cottbus Urt. v. 28.8.2003 – 4 O 367/02, CR 2004, 260; zu „Softwarewartung" in den Überschriften zum Urteil s. OLG Koblenz Urt. v. 12.1.2005 – 8 U 1009/04, CR 2005, 482 und dazu sogleich.
[15] LG Heilbronn Urt. v. 9.5.2003 – 21 O 8/01 KH (nicht veröffentlicht); ähnlich wohl LG Dortmund Urt. v. 2.6.2014 – 10 O 14/14 „Softwarebetreuungsvertrag" mit regelmäßigen Updates der Software und Betreuung bei akuten Anwendungs- oder Organisationsfragen (Dienstvertrag), s. zu LG Dortmund → Rn. 35.
[16] AG Wiesloch Urt. v. 23.4.2003 – 3 C 68/02 (nicht veröffentlicht).
[17] OLG Koblenz Urt. v. 12.1.2005 – 1 U 1009/04, CR 2005, 482.
[18] LG Bonn Urt. v. 19.12.2003 – 10 O 387/01, CR 2004, 414 (wichtige Entscheidung im Hinblick auf Zusammenhang von Überlassungs- und Pflegevertrag).
[19] OLG Nürnberg Urt. v. 5.12.2003 – 5 U 2546/02, CR 2005, 260 (zur Jahrtausendfähigkeit von Software).
[20] LG Köln Urt. v. 16.10.1997 – 83 O 26/97, CR 1999, 218 (wichtig im Hinblick auf Lebenszyklus und Unkündbarkeit).
[21] EuGH Urt. v. 3.7.2012 – C-128/11, CR 2012, 498, Rn. 25 und 64 ff.; s. a. BGH Urt. v. 17.7.2013 – I ZR 129/08.
[22] EuGH Urt. v. 3.7.2012 – C-128/11, CR 2012, 498, Rn. 21.
[23] → § 31 (EVB-IT, IT-Standardverträge); zu den Nachfolge-Bedingungen „EVB-IT"; *Feil/Leitzen* CR 2003, 161; *Müller-Hengstenberg*, BVB/BVB-IT-Computersoftware, 2003, auch zu BVB.
[24] DIN 31051; zu Wartung iVm DIN → § 3 Compliance, IT-Sicherheit, Ordnungsmäßigkeit der Datenverarbeitung.

für die Beschaffung von IT-Leistungen" durch die Öffentliche Hand)[25] setzen die Tradition der BVB-Pflege hinsichtlich des Sprachgebrauchs fort und können auch in gewissem Sinne, was den Vertragsgegenstand selbst betrifft, als Vorbild dienen (wenn auch der Vertrag selbst aus anderen Gründen problematisch ist[26]).

18 Die Pflegeleistungen unterschieden sich nach **Leistungsbereichen:**[27]
- Leistungen zur Mangelbehebung,
- Aktualisierung: Lieferung neuer Stände/Versionen der Software,
- ggf. Installationsleistungen und Nachführen kundenindividuellen Softwareanpassungen bei Lieferung neuen Version,
- weitere Pflegeleistungen, zu denen auch die Hotline und v.a in diesem Zusammenhang die Anwenderunterstützung (bei Problemen die keine Mängel sind) gehört.

19 Bei Standardsoftware sehen die Pflegeregelungen häufig eine Installationspflicht des Kunden für neue Stände der Software vor, ohne ein Angebot solcher Leistungen durch den Auftragnehmer. Daneben wird üblicherweise ein Kontakt des Kunden für etwaige Störungen und Mängel angeboten, die beim Einsatz der Software auftreten.

20 Als ersten Überblick für typische Begriffe im Zusammenhang mit Pflegeverträgen werden im Folgenden ausgewählte Begriffsbestimmungen aus den Ergänzenden Vertragsbedingungen der EVB-IT Pflege S (Fassung: 27.3.2003) wiedergegeben.[28] Dabei ist zu beachten, dass viele der dort beschriebenen Begriffe in der Praxis außerhalb der EVB-IT Pflege S auch mit anderem Sinngehalt oder nur unscharf definiert verwendet werden. Die folgenden Begriffsbestimmungen haben daher keine allgemeine Gültigkeit. Die mit * gekennzeichneten Begriffe sind am Ende der EVB-IT Pflege S definiert.[29]

Datensicherung, ordnungsgemäße: Datensicherung umfasst alle technischen und/oder organisatorischen Maßnahmen zur Sicherstellung der Verfügbarkeit, Integrität und Konsistenz der IT-Systeme einschließlich der auf diesen IT–Systemen gespeicherten und für Verarbeitungszwecke genutzten Daten, Programme und Prozeduren. Ordnungsgemäße Datensicherung bedeutet, dass die getroffenen Maßnahmen in Abhängigkeit von der Datensensitivität eine sofortige oder kurzfristige Wiederherstellung des Zustandes von Systemen, Daten, Programmen oder Prozeduren nach erkannter Beeinträchtigung der Verfügbarkeit, Integrität oder Konsistenz aufgrund eines schadenswirkenden Ereignisses ermöglichen; die Maßnahmen umfassen dabei mindestens die Herstellung und Erprobung der Rekonstruktionsfähigkeit von Kopien der Standardsoftware, Daten und Prozeduren in definierten Zyklen und Generationen.
Datenverlust: Verlust (Löschung) oder Verlust der Integrität und Konsistenz von Daten.
Einsatzumgebung: Hardware und Systemsoftware (einschließlich Kommunikationsdiensten), auf denen die Standardsoftware* beim Auftraggeber eingesetzt wird, sowie deren Standorte.
Patch: Temporäre Behebung eines Mangels in der Standardsoftware ohne Eingriff in den Quellcode.
Programmkorrektur: Oberbegriff für Umgehung, Patch, Update, Upgrade und Release/Version einschließlich zugehöriger Dokumentation.
Reaktionszeit: Zeitraum, innerhalb dessen der Auftragnehmer mit den Pflegeleistungen zu beginnen hat.[30] Er beginnt mit dem Zugang der Störungsmeldung innerhalb der vereinbarten Servicezeiten und läuft ausschließlich während der vereinbarten Servicezeiten ab.
Release/Version: Zusätzliche und/oder geänderte Funktionen und sonstige Anpassungen/Korrekturen (siehe Update/Upgrade) (zB 4.5.7 → 5.0.0).

---

[25] → § 31 (EVB-IT, IT-Standardverträge).
[26] S. zB *Intveen* ITRB 2003, 128; *Karger* ITRB 2003, 107.
[27] Einzelheiten zu den Leistungsbereichen der Pflege und deren Qualifizierung → Rn. 65 ff.
[28] Einzelheiten zu den EVB IT Pflege S sowie zu den neueren EVB IT System Services → § 41.
[29] Zu der Verwendung der Definitionen in den EVB-IT Pflege S s. a. *Peter*, Softwarepflege inklusive Service-Level-Agreements, in: Schneider/Graf von Westphalen Rn. 38 ff.
[30] Die Reaktionszeit sagt grds. wenig über die Beseitigungs- oder Wiederherstellungszeit aus. In manchen SLA werden sogenannte „Aktive Reaktionszeiten" angeboten. Gemeint ist damit ein Monitoring mit aktiver Fehlermeldung durch den Anbieter – möglichst noch bevor der Kunde den Fehler bemerkt.

Schadensfunktion: Ungewünschte Funktion, die die Verfügbarkeit von Daten, Ressourcen oder Dienstleistungen, die Vertraulichkeit von Daten oder die Integrität von Daten unbeabsichtigt oder bewusst gesteuert gefährden kann.

Servicezeiten:[31] Zeiten, innerhalb derer der Auftraggeber Anspruch auf Leistungen durch den Auftragnehmer hat.

Störungstag: Jeder auf den Ablauf des Reaktionszeitraumes folgende Kalendertag innerhalb der vereinbarten Servicezeiten, an dem die Standardsoftware nicht bestimmungsgemäß genutzt werden kann.

Systemumgebung: Vom Hersteller vorgegebene Hardware und Systemsoftware (einschließlich Kommunikationsdiensten), die zur Ablauffähigkeit der Standardsoftware* erforderlich sind.

Teleservice, Teleserviceleistung (üblicherweise **Fernwartung** oder **Remote Service** genannt[32]): Pflegeleistungen, die mittels vereinbarter Kommunikationseinrichtungen und geeigneter Kommunikationsdienste von einem entfernten Ort aus erbracht werden und für die der Auftraggeber die notwendigen Infrastruktureinrichtungen (Leitungen, Modems) vorhält.

Teleservicevereinbarung: Die Teleservicevereinbarung beschreibt die technischen und organisatorischen Regelungen für die Durchführung von Pflegearbeiten mittels Telekommunikationsdiensten über Netzwerke.

Umgehung (üblicherweise **Workaround**[33] genannt): Temporäre Überbrückung eines Mangels in der Standardsoftware ohne Eingriff in den Code (Quellcode oder ausführbarer Code).

Update: Bündelung mehrerer Mängelbehebungen in der Standardsoftware in einer einzigen Lieferung (zB 4.1.3 → 4.1.4).

Upgrade: Bündelung mehrerer Mängelbehebungen und geringfügige funktionale Verbesserungen und/oder Anpassungen (zB an geänderte Einsatzbedingungen) der Standardsoftware (zB 4.1.3 → 4.2.0).

Vor-Ort-Service: Pflegeleistung, die am Einsatzort der Standardsoftware erbracht wird, soweit nicht ein anderer Ort der Leistungserbringung vereinbart wurde.

b) **Abgrenzung von Version, Release, Upgrade, Update.** Häufig werden in Pflegeverträgen für Software und den entsprechenden Allgemeinen Geschäftsbedingungen unterschiedliche Bezeichnungen für ältere, aktuelle und zukünftige Stände der zu pflegenden Software verwendet. Dies erfolgt etwa zur Bezeichnung des Standes der zu pflegenden Software – also des Vertragsgegenstandes selbst – oder im Rahmen der Pflege zu überlassender neuerer Stände oder im Rahmen der Störungsbeseitigung, etwa einer Verpflichtung des Kunden zur Übernahme neuerer Stände zur Mängelbeseitigung. Nicht selten sind im Rahmen der Pflege bestimmte neuere Stände der Software vom Auftragnehmer zu überlassen und mit der Pflegevergütung abgegolten, andere hingegen nicht.

Es bereitet in der Praxis Auslegungsschwierigkeiten, dass die Begriffe Software-**Version**, **Release**, **Update** sowie **Upgrade** je nach Software-Hersteller teils synonym und teils mit unterschiedlicher Bedeutung verwendet werden. Release (englische Bezeichnung für „Freigabe") meint in diesem Zusammenhang einen bestimmten vom Hersteller für den Markt freigegebenen neuen Entwicklungsstand der Software.

Die EVB-IT setzen in ihrer Begriffsbestimmung Release und Version gleich und definieren „Release/Version" als „zusätzliche und/oder geänderte Funktionen und sonstige Anpassungen/Korrekturen (siehe Update/Upgrade)".[34] Ein Update ist nach Begriffsbestimmung der EVB-IT Pflege eine „Bündelung mehrerer Mängelbehebungen in der Standardsoftware in einer einzigen Lieferung", ein Upgrade dagegen eine „Bündelung mehrerer Mängelbehebungen und geringfügige funktionale Verbesserungen und/oder Anpassungen (zB an geänderte Einsatzbedingungen der Software)".

---

[31] In manchen SLA werden statt Servicezeiten (teilweise auch zusätzlich) sogenannte Wartungsfester definiert, in denen Ausfälle keinen Einfluss auf die Verfügbarkeitszusage des Anbieters haben sollen.
[32] → Rn. 83 f.
[33] → Rn. 71, 74.
[34] → Rn. 13 ff.

24 Als Faustregel gilt zumindest für einige Hersteller: In der Reihenfolge Update, Upgrade, Release und Version nehmen die Änderungen/Korrekturen – va im Funktionsumfang der Software – zu. Bezeichnet der Hersteller einen Softwarestand mit einem mehrstelligen Zifferncode (zB Version 3.4.1), so steht die erste Stelle von links für die Versions- bzw. Release-Nummer, die mittlere für die Upgrade- und letzte Stelle für die Update-Nummer. Diese Nummern werden durch den Hersteller häufig – aber nicht zwingend – fortlaufend vergeben.

25 **c) Mängel, Fehler, Störungen.** Je nach Ausgestaltung des Vertrags gehört zum Pflichtenprogramm, dass die Software für den Kunden auch in der Hinsicht gebrauchstauglich erhalten wird, dass – möglicherweise auch im Rahmen der neuen Versionen – **Mängel** beseitigt werden. Diese Mängel resultieren aus dem Beschaffungsvertrag, werden aber in Pflegeverträgen häufig als „**Fehler**" bezeichnet, was weitergehend als *Mangel* ist. Des Weiteren wird gerade im Zusammenhang mit den Mängeln oder Fehlern häufig auch von „**Störungen**" gesprochen. Bei Störungen verpflichtet sich der Auftragnehmer zwar im Regelfall nicht zu deren Beseitigung, wohl aber wird dem Kunden eine Hilfe zur Störungsbeseitigung angeboten. Dieser Komplex wird häufig als **Hotline** (Beratung des Kunden per Telefon im Hinblick auf software- bzw. anwendungsbezogene Fragen, evtl. im Rahmen eines Ticket-Systems, evtl. auch Online und/oder per E-Mail) bezeichnet.

26 Ebenfalls als relativ typisch darf angenommen werden, dass bei Software für mittlere und große Unternehmen außerhalb des Massengeschäfts die Softwarepflege **unmittelbar mit der Softwareüberlassung** angeboten und vertraglich vereinbart wird.[35]

27 Aber auch diese genannten Bereiche werden in den Verträgen nicht einheitlich gehandhabt. Darum soll im Anschluss an die Betrachtung der Beziehung zwischen dem Beschaffungsvertrag und dem Pflegevertrag der Versuch einer Systematik unternommen werden.

2. Verhältnis des Pflegevertrages zum Beschaffungsvertrag

28 Bislang hatten sich Gerichte nicht häufig mit der Wirkung der „Klammer" zwischen Pflege und Software-Beschaffung zu befassen.[36] Durch die EuGH-Entscheidung zur Gebrauchtsoftware könnte sich das evtl. ändern, da dort ein sehr enger Zusammenhang zwischen Beschaffungsvertrag und Pflege – genauer: Updates und Patches – hergestellt wurde.[37]

Maßgeblich für die Bewertung ist zunächst die rechtliche Einordnung der Beschaffung der Software, die Gegenstand der Pflege ist oder werden soll.

29 **a) Vertragstyp der Software-„Lizenz".** Häufig ist den Vertragsparteien nicht klar, um welche Art von Vertragstyp es sich bei der Beschaffung handelt. Wird die Software weder auf Dauer noch gegen Einmalentgelt überlassen, oder ist sie per Download beschafft worden, war die Anwendung kaufrechtlicher Vorschriften zumindest sehr strittig. Die herrschende Meinung legte bis zur EuGH-Entscheidung zu *UsedSoft* nahe, dass keine Erschöpfung an einem durch Download erstellten Vervielfältigungsstück der Software eintritt.[38] Einen Kaufvertrag anzunehmen wäre dann inkongruent und inkonsequent. Die Problematik betrifft auch die Lieferung von Updates bei Pflege per Download. Die Erschöpfungswirkung bei Erwerb der Software mit Datenträger wäre durch Update per Download praktisch zu-

---

[35] Unter Verwendung gemeinsamer AGB für Überlassung und Pflege, s. etwa SAP.
[36] Ausnahmen etwa: LG Köln Urt. v. 16.10.1997 – 83 O 26/97, CR 1999, 218 (zum sogen. **life cycle** bei der Standardsoftware mit der Folge Unkündbarkeit); OLG Koblenz Urt. v. 12.1.2005 – 1 U 1009/04, ITRB 2005, 7 (Kündbarkeit) und OLG Koblenz Urt. v. 27.5.1993 – 5 U 1938/92, CR 1993, 626 (Unkündbarkeit bei BVB); LG Bonn Urt. v. 19.12.2003 – 10 O 387/01, CR 2004, 177, 414 (zur Rückwirkung der Leistungsstörungen im Pflegevertrag auf den Lizenzvertrag); *Kaufmann* CR 2005, 841; zum Zusammenhang bei Nicht-/Herausgabe-Pflicht betr. Quellcode s. LG München I Urt. v. 18.11.1988 – 21 O 11130/88, CR 1989, 990.
[37] EuGH Urt. v. 3.7.2012 – C-128/11, CR 2012, 498; s.a. BGH Urt. v. 17.7.2013 – I ZR 129/08, CR 2014, 168 – Oracle/UsedSoft.
[38] S. aber mwN Schricker/Loewenheim/*Ungern-Sternberg* Rn. 6 zu § 19a bei „elektronischem Versand"; s. im Einzelnen § 5 Rechtsschutz von Computerprogrammen und digitalen Inhalten, Rn. 101 ff.

II. Pflege von Software

nichte gemacht.[39] Nach EuGH Oracle/UsedSoft kommt es aber auf die Unterscheidung, ob die Software per Download oder datenträgerbasiert erworben wurde, nicht an.[40]

Die typischen Überlassungs-Verträge, die nicht deutlich machen, um welchen Vertragstyp es sich eigentlich handelt, dürften im Ergebnis – bei richtiger Anwendung der BGH-Rspr. – als Miete zu qualifizieren sein.[41] Dies wird von den Anbietern oft missachtet, was auch mit der unterschiedlichen Betrachtungsweise der „Lizenz" zusammenhängt.[42]

b) Der Beschaffungsvertrag als Miete. Es wird sich in der Regel ausschließen, einen Komplett-Pflegevertrag mit einem mietähnlichen Software-Überlassungsvertrag zu kombinieren.[43] Bei Miete ist die **Erhaltung der Gebrauchstauglichkeit** ein Hauptleistungsgegenstand. Diese Hauptleistung in einem weiteren Vertrag (also im Pflegevertrag) vergütungspflichtig zu machen und evtl. diese Leistung sogar einzugrenzen, wird in Pflege-AGB – auch gegenüber Unternehmern – grundsätzlich nicht wirksam gestaltet werden können.

> **Praxistipp für den Auftraggeber:**
> Bereits die **Doppelvergütung** der Pflicht zur Erhaltung der Gebrauchstauglichkeit kann eine unangemessene Benachteiligung des Kunden darstellen.

> **Praxistipp:**
> Auch bei getrennten Verträgen wird dieser Einwand der Doppelvergütung greifen.[44] Schon die Behauptung, es handle sich bei Software-Überlassung und Pflege um zwei gesonderte Verträge, greift bei den Anbietern nicht, die gemeinsame AGB für Überlassung und Pflege verwenden oder mit dem Angebot zur Überlassung der Software auch gleich den Pflegevertrag mit übermitteln und bei den Preisen bereits die Pflegevergütung mit ausweisen. Der Haupteinwand des Kunden wird sein, dass die Vergütungsregelung zumindest nicht transparent ist.

c) Intransparenz der Vergütungsregelung. Der Pflegevertrag „versteckt" sich zumindest manchmal hinsichtlich eines Teils der Leistungsbereiche in einem **mietvertragsähnlichen Software-Überlassungsvertrag.** In einem konkreten Fall des OLG Köln[45] war bei einer Laufzeit von 60 Monaten und einer 12-monatigen Kündigungsfrist als Bestandteil „Wartungsleistung" vereinbart. Dies hätte sich eigentlich von selbst verstanden, da zur Miete auch die Erhaltung der Gebrauchstauglichkeit durch den Vermieter gehört. Aus verschiedenen Gründen bzw. mit Hinweis auf verschiedene Mängel und Nichtleistungen war der Vertrag fristlos gekündigt worden. Bereits geleistete „Leasingraten" wurden vom Mieter zurückverlangt. Dies war nicht erfolgreich. Dabei ging es auch um das Problem zu ungenauer Leistungsaufforderung.[46]

Manche Formulierungen lassen nicht erkennen, ob und inwieweit **Änderungen der Anforderungen an die Software im Rahmen des Mietvertrags** und dessen Erhaltungspflichten

---

[39] S.a. *Koch* ITRB 2008, 209.
[40] EuGH Urt. v. 3.7.2012 – C-128/11, CR 2012, 498; ebenso BGH Urt. v. 17.7.2013 – I ZR 129/08, CR 2014, 168 – Oracle/UsedSoft.
[41] S. va BGH Urt. v. 15.11.2006 – XII ZR 120/04 – asp mwN; BGH v. 17.7.2013 – I ZR 129/08, CR 2014, 168 – Oracle/UsedSoft ist weiter, es genügt Nutzungsrechtseinräumung „ohne zeitliche Begrenzung".
[42] Zur Vertragstypologie allgemein → § 10 Vertragliche Grundlagen, speziell zur AGB-Problematik → § 16 Standardklauseln. Zur Rechtseinräumung beim Pflegevertrag → Rn. 80 ff. sowie *Bartsch*, Softwarerechte bei Projekt- und Pflegeverträgen, CR 2012, 141; *Intveen*, Verträge über die Vermietung und Pflege von Software, ITRB 2012, 93.
[43] S. aber LG Dortmund Urt. v. 2.6.2014 – 10 O 14/14 („Softwarebetreuungsvertrag").
[44] BGH Urt. v. 11.11.2008 – VIII ZR 265/07, CR 2009, 210; dazu → Rn. 41 ff.
[45] OLG Köln Urt. v. 25.7.2003 – 19 U 22/03, CR 2004, 173.
[46] S. zu Präzisierung für Mängel. BGH Urt. v. 25.3.2010 – VII ZR 224/08, CR 2010, 422.

als (kostenloses) Update geschuldet sind.[47] Im Fall des OLG Köln war formuliert:[48] *„Für das Lizenzmaterial in der dem Lizenznehmer überlassenen Fassung gewährleistet der Lizenzgeber den vertragsgemäßen Gebrauch in Übereinstimmung mit der bei Versand gültigen und dem Lizenznehmer vor Vertragsabschluss zur Verfügung stehenden Leistungsbeschreibung".* Danach war eine spätere Änderung der Leistungsanforderungen nicht von der Pflicht zur Erhaltung der Gebrauchstauglichkeit erfasst.

34 Für die Frage, ob eine „Doppelvergütung" für Mängelbeseitigung vorliegt, ist neben der geschuldeten Leistung zur Mängelbeseitigung selbst auch zu berücksichtigen, ob eine Pflicht zur Aktualisierung oder Verbesserung einer mietvertraglich zur Verfügung gestellten Software nach dem Mietvertrag überhaupt besteht.

35 **d) Zusammenfassung zum Verhältnis von Software-Miete und Pflege.** Ein praxisrelevantes Problem ist, dass sich ein Beschaffungsvertrag auf den ersten Blick als Kaufvertrag darstellt, es in Wahrheit aber nicht ist. Infolge dessen wird die Problematik der „Doppelvergütung" erst spät erkennbar und lässt sich auch über eine *salvatorische* Klausel nicht lösen.[49]

> **Praxistipp:**
> Erfolgt die Software-Beschaffung im Wege der Miete, dann wäre deutlich zu machen, welcher Leistungsanteil der Pflege bereits als typische Hauptleistungspflichten im Mietvertrag enthalten ist und welche Pflegeleistungen zusätzlich gelten und deshalb auch vergütungspflichtig sein sollen.

36 **e) Verhältnis von Software-Kauf und Pflege.** Auch bei einem gekauften Software-Exemplar – genauer gesagt, bei einem Erwerb, der als Kauf zu qualifizieren ist – stellt sich das Problem der Doppelvergütung. Da nach Kaufrecht der Kunde seine Mängelrechte – etwa das Nachbesserungsrecht – kostenlos ausüben kann, besteht die Gefahr, dass der Anteil der Pflege, der sich auf Mängel der Software erstreckt, doppelt vergütet wird.

37 Darüber hinaus sehen viele AGB vor, dass die Leistungsbereiche Hotline und Update/Aktualisierung auch zur Mängelbeseitigung dienen können. In diesem Falle wäre die Gesamtvergütung des Pflegevertrages aus Gründen der Intransparenz für die Zeit gefährdet, in der die Verjährung für die Mängelansprüche aus dem Beschaffungsvertrag läuft (oft Gewährleistungszeit genannt).[50]

> **Praxistipp:**
> Eine mögliche Lösung des Problems wäre, dass die Vergütung des Pflegevertrages für den Zeitraum der Überschneidung mit den Mängelansprüchen („Gewährleistungszeit") aus dem Beschaffungsvertrag angemessen abgesenkt wird. Zur Bemessung dieses Zeitraums empfiehlt es sich bei Beschaffungsverträgen in Form von Projekt-, Anpassungs- oder Erstellungsverträgen mit dort (wirksam) vorgesehenen Abnahmeerklärungen, für die Vergütungsregelung auf die Zeitpunkte der Abnahme, bei modulweisen Teilabnahmen eben auf diese Teilabnahmen, abzustellen.

---

[47] Zur Frage der Mangelhaftigkeit auf Grund von Gesetzesänderungen s. *Orthwein/Bernhard* CR 2009, 354; zur Relevanz der Wesentlichkeit der Änderung s. OLG Nürnberg Urt. v. 5.12.2003 – 5 U 2546/02, CR 2005, 260 (Jahr 2000-Fähigkeit).
[48] OLG Köln Urt. v. 25.7.2003 – 19 U 22/03, CR 2004, 173.
[49] Allg. zu salvatorischer Klausel BGH Urt. v. 15.3.2010 – II ZR 84/09, NJW 2010, 1660 – mwN.
[50] Zum Problem s. va *Ulmer* ITRB 2003, 162; *Bischof/Witzel* ITRB 2003, 31; *Bartsch* NJW 2002, 1526; *Schneider* ITRB 2005, 191; *ders.* CR 2004, 241.

> **Formulierungsvorschlag bei Überlassung der Software als Kauf:**[51] **38**
> 1. Die pauschale Pflegevergütung beläuft sich für die in Ziffern xxx. vereinbarten Pflegeleistungen auf xxx EUR.
> 2. Die unter Ziffer 1 vereinbarte Pflegevergütung vermindert sich während der Verjährungsfrist für Sach- und Rechtsmängel aus dem Beschaffungsvertrag (siehe Ziffer xxx des Beschaffungsvertrags) pauschal um xxx %, beläuft sich also für diesen Zeitraum auf xxx EUR. Diese Frist verlängert sich entsprechend, soweit mehr als unwesentliche Mängel während der Verjährungsfrist nacherfüllt werden.
> 3. Diese Pauschalvergütung gemäß Ziff. 1 ist kalendervierteljährlich jeweils im voraus zum 1. des Kalendervierteljahres zur Zahlung fällig.
> …….

Je enger der Anbieter die Lizenz und die Pflege miteinander verknüpft, umso klarer stellt sich die Pflegevergütung während der Verjährungsfrist für Mängel aus dem Lizenzvertrag als Mehrfachvergütung bzw. als Vergütung für an sich kostenlos zu erbringende Leistungen dar. Gemeinsame, einheitliche AGB und Regelungen, die aufeinander verweisen (etwa weiterer Lizenzerwerb und „automatische" Erhöhung der Pflegevergütung) sind deutliche Klammern, die es schwierig machen, diese Mehrfachvergütung zu rechtfertigen. Dies gilt erst wenn die AGB die Pflegevergütung regeln und an die Ablieferung der Software knüpfen. **39**

Es bleibt dann noch immer das Problem des Beginns und der Laufzeit der Verjährungsfrist, wenn man im Hinblick auf die Vermeidung der Anwendung des § 651 BGB Software nicht als Sache qualifiziert. In AGB des Auftragnehmers wäre bei Anwendung von Werkvertragsrecht ein Beginn der Verjährungsfrist mit Ablieferung der Software kaum wirksam.[52] Anhand der konkreten Konstellation genau zu prüfen wäre auch die Kombination mehrerer Leistungen für die Beschaffung der Software (etwa Überlassung von Standardsoftware mit „Customizing" auch durch Anpassungsprogrammierung) mit einer pauschalen Pflegevergütung in AGB, was das Problem nochmals verschärft. **40**

f) „Anerkenntnis" durch vorbehaltslose Zahlung und Rückforderung von Pflegevergütung. Der Anbieter könnte im Hinblick auf evtl. Rückforderungen des Kunden einwenden, der Kunde habe durch die Zahlung der Pflegevergütung sowohl die Vertragsgemäßheit im Rahmen des Beschaffungsvertrages als auch seine Pflicht zu Zahlungen im Rahmen der Pflegevergütung anerkannt. Mit hoher Wahrscheinlichkeit kann jedoch angesichts einer BGH-Entscheidung davon ausgegangen werden, dass diese Anerkenntniswirkung im Rahmen der üblichen Pflegeverträge nicht eintritt:[53] **41**

Der Fall, den der BGH zu entscheiden hatte, betraf zwar einen Gebrauchtwagenkauf als Verbrauchsgüterkauf. Dennoch lassen sich wichtige Anhaltspunkte für die Bedeutung einer zusätzlichen Vereinbarung, die unmittelbar auch das Thema Mängelhaftung aus dem Beschaffungsvertrag betrifft, daraus entnehmen, ebenso auch die Qualifizierung vorbehaltsloser Zahlungen im Rahmen der Frage eines deklaratorischen oder tatsächlichen Schuldanerkenntnisses. Danach rechtfertigt die vorbehaltlose Bezahlung einer Rechnung für sich genommen weder die Annahme eines deklaratorischen noch eines „tatsächlichen" Anerkenntnisses der beglichenen Forderung.[54] **42**

Die Nutzanwendung dieser Entscheidung ist demnach wie folgt: **43**
Hat der Kunde einen zusätzlichen Vertrag geschlossen, hier den Pflegevertrag, der evtl. Mängelansprüche aus dem Beschaffungsvertrag tangiert, bedeutet die vorbehaltlose Zahlung der Pflegevergütung, noch dazu in vielen Fällen für ein Jahr oder ein Quartal im Voraus, keinen etwaigen Verzicht auf die Möglichkeit zur Rückforderung. „Der Umstand, dass eine Rechnung vorbehaltlos beglichen wird, enthält über seinen Charakter als Erfüllungs-

---

[51] *Bischof*, Vortrag Sommerlehrgang IT-Recht der Beck-Akademie 2013.
[52] Zum Problem → § 3 Vertragliche Grundlagen und → § 11 Erstellung von Software.
[53] BGH Urt. v. 11.11.2008 – VIII ZR 265/07, CR 2009, 210 mAnm *Bischof/Schneider*.
[54] BGH Urt. v. 11.11.2008 – VIII ZR 265/07, CR 2009, 210 LS a) sinngemäß, wobei dort noch darauf hingewiesen wird: „Im Anschluss an BGH Urt. v. 11.1.2007 – VII ZR 265/05, NJW-RR 2007, 530".

handlung (§ 363 BGB) hinaus keine Aussage des Schuldners, zugleich den Bestand der erfüllten Forderungen insgesamt oder in einzelnen Bezügen außer Streit stellen zu wollen."[55]

44 Das Argument für die Heranziehung dieser BGH-Entscheidung vom 11.11.2008 und evtl. sogar der noch stärkeren Wirkung im Verhältnis von Pflegevertrag und Pflegevergütung zum Beschaffungsvertrag könnte daraus resultieren, dass im BGH-Fall der Kunde eine Zusatzvereinbarung getroffen hatte, die sich letztlich nur auf mängelbezogene Leistung bezog (Gebrauchtwagengarantie), wobei er ganz spezielle Leistungen trotzdem zu bezahlen hatte (Materialkosten anteilig). Solche Zuordnungen, welcher Anteil zu bezahlen ist, welche Folgen überhaupt Materialkosten haben uä, fehlen in der Regel im Verhältnis Beschaffungs- zum Pflegevertrag. Umso pauschaler könnte die Wirkung des Abschlusses des Pflegevertrages sein und umso weniger ist bei der Begleichung der Pflegevergütung anzunehmen, dass irgendein Anerkenntniswille besteht.[56]

45 **g) Pflicht des Kunden zum Abschluss eines Pflegevertrages.** Große Anbieter von Standardsoftware, die häufig diese nicht selbst liefern, bestehen darauf, dass erstens mit der Lieferung der Software (teilweise bereits mit Abschluss des Überlassungs-/Beschaffungsvertrages) immer schon ein Pflegevertrag abgeschlossen wird und zweitens, dass die Pflegevergütung sofort bei Lieferung fällig ist. Dies passt oft nicht zu den Beschaffungsverträgen. Wird der Pflegevertrag erst später abgeschlossen, soll eine erhebliche nachzuzahlende Vergütung anfallen (oft „Upgrade" auf die aktuelle Version oder auch – nach früherer Kündigung – „Reaktivierungsgebühr"[57] genannt). Auch diese Regelung droht im Hinblick auf die Doppelvergütungsproblematik bzw. deren Intransparenz unwirksam zu sein. Dies gilt erst recht, wenn unklar ist, was wann zu zahlen ist.[58]

46 Andererseits signalisiert der Auftragnehmer damit eindeutig, dass die beiden Verträge auch aus seiner Sicht zusammen gehören, vielleicht sogar, dass sie miteinander stehen oder fallen. Insofern kann eine Leistungsstörung im Pflegevertrag, die zu dessen Beendigung und/oder zu Schadensersatz seitens des Auftraggebers führt, auch den Beschaffungsvertrag erfassen.[59]

47 Verstärkt wird die Zusammengehörigkeit durch Klauseln, wonach später hinzuerworbene Nutzungsrechte automatisch unter die Pflegeleistung fallen und somit auch automatisch die Pflegevergütung erhöhen (gesamthafte Pflege).[60] Zweifel an der Wirksamkeit ergeben sich va aus dem Widerspruch, wenn die AGB die jeweils hinzukommende Pflege als „gesonderten Vertrag" bezeichnen[61] und bei Überschreitung des bisherigen Nutzungsumfangs *Zukauf* mit jeweils „gesondertem" Vertrag erforderlich ist.

48 **h) Anspruch auf Abschluss eines Pflegevertrages/Unkündbarkeit der Pflege durch den Auftragnehmer.** Über längere Zeit wurde immer wieder diskutiert, ob seitens des Kunden (nicht des Anbieters) Anspruch auf Abschluss eines Pflegevertrages besteht.[62] Ein solcher Anspruch wird sich grundsätzlich nicht aus Kartellrecht ableiten lassen. Anderes kann für den Händler/Vertragshändler oder sonstige Drittunternehmen gelten, die die Leistung der Pflege erbringen wollen, dafür aber der „Third-Line" Unterstützung und Belieferung durch den Hersteller bedürfen.[63]

---

[55] BGH Urt. v. 11.11.2008 – VIII ZR 265/07, CR 2009, 210 Rn. 12, so auch schon BGH Urt. v. 11.1.2007 – VII ZR 165/05, NJW-RR 2007, 530.
[56] Zur Synchronisierung der Vergütungspflichtigkeit der Pflege im Verhältnis zu Mängelansprüchen des Kunden s. a. *Schneider* ITRB 2005, 191, und *ders.* CR 2004, 241.
[57] S. etwa SAP-AGB 8.2013 Ziff. 10.9; zur Unwirksamkeit s. OLG Düsseldorf v. 25.11.2014 – I-20 U 154/14, (letzter Abruf: 15.1.2015), http://www.susensoftware.de/aktuell/presse/mitteilung/75/olg-duesseldorf-verbietet-klausel-zur-sap-reaktivierungsgebuehr/.
[58] SAP stellt die Reaktivierungsgebühr in Rechnung und teilt deren Höhe auf Anfrage mit, Ziff. 10.9 s. a. sogleich → Rn. 56.
[59] Siehe zum Durchgriff der Leistungsstörung ohne die vorgenannte Problematik der Doppelvergütung, LG Bonn Urt. v. 19.12.2003 – 10 O 387/01, CR 2004, 177, 414.
[60] So etwa die Klausel bei SAP, wirksam lt. LG Hamburg Urt. v. 15.10.2013 – 315 O 449/12, ITRB 2014, 9.
[61] S. etwa SAP-AGB 8.2013, Ziff. 10.1
[62] S. *Fritzemeyer/Splittgerber* CR 2007, 209 mwN.
[63] → § 15 Hardwarewartung; s. a. *Grapentin/Ströbl* CR 2009, 137.

II. Pflege von Software

Spiegelbildlich gilt das Thema und die Diskussion auch für die Frage, ob der Auftragnehmer von sich aus den Pflegevertrag kündigen kann bzw. ob entsprechende AGB (Frist für ordentliche Kündigung drei Monate zum Jahresende/zum Kalenderjahresende/Vertragsjahresende) wirksam sind.

Die Idee der „Unkündbarkeit" des Pflegevertrages entstand va über eine – sehr angreifbare und speziell BVB betreffende – Entscheidung des OLG Koblenz.[64]

Das LG Köln hatte in einer Entscheidung vom 16.10.1997 eine solche Kündigungsmöglichkeit als unwirksam angesehen. Unter Hinweis auf *Palandt*, 56. Aufl., § 242 Rn. 24/29 und § 433 Rn. 24 sowie *Zahrnt*, CVR, Kap. 14.2 (3) (ua) und auch auf die Entscheidung des OLG Koblenz hatte das Gericht also die praktische Unkündbarkeit vor Ablauf des sogenannten Lebenszyklus der Software angenommen.[65]

Zunächst ist festzuhalten, dass in vielen Fällen ein ganz einfacher Umstand übersehen wird, der sich für den Auftragnehmer als erhebliches Problem darstellt:
Der Pflegevertrag hat, soweit er als Kauf- oder Werkvertrag qualifiziert wird,[66] sein **eigenes Mängelregime**. Dann löst eine mangelhafte Leistung des Pflegevertrages Ansprüche des Kunden aus, die einer gesonderten Verjährung unterliegen. Dessen ungeachtet würde der Kunde aber seine Pauschalvergütung zahlen oder hätte diese meist bereits im Voraus bezahlt. Es gilt zwar als allgemein anerkannt, dass eine Pauschalvergütung für den Pflegevertrag, auch vielleicht nur für bestimmte Leistungsbereiche, wirksam vereinbart werden kann. Streitig im Einzelnen kann sein, inwieweit Vorauszahlungen, etwa für ein ganzes Jahr, wirksam vereinbart werden können.[67]

Klar müsste sein, dass dem Kunden, der Mängel geltend machen kann, insoweit entsprechende Zurückbehaltungs- oder Aufrechnungsansprüche zustehen.[68] Diese werden auch von einer wirksam vereinbarten Vorauszahlungspflicht des Kunden nicht berührt.

Losgelöst aber vom Vergütungsproblem läuft ab mangelhafter Leistung ein Anspruch des Kunden zunächst auf Nacherfüllung, die er in der Regel dulden muss, bei deren Scheitern greifen die Folgeansprüche. Wenn in einem Pflegevertrag die Erhaltung der Gebrauchstauglichkeit geschuldet ist, dann würde zB die fehlende „Jahrtausendfähigkeit" der Software (also die Berücksichtigung, dass bei Jahrtausendwechsel das Jahr 00 an das Jahr 99 anschließt) oä als Mangel erscheinen. Für die Euro-Fähigkeit der Software musste dies nicht generell gelten.[69]

Die Kündigung nutzt dem Auftragnehmer in diesen Fällen nichts, da die Software in der Regel bereits zu dem Zeitpunkt, in dem der Auftragnehmer kündigen will, den Mangel aufweist. Diesen Mangel zu beseitigen, bliebe der Auftragnehmer dann zumindest bei solchen Verträgen verpflichtet, in denen er sich zur Mängelbeseitigung verpflichtet hat. Diese Pflicht besteht auch noch über das Ende des Pflegevertrags hinaus, wenn es sich um einen Mangel der Pflege handelt. Evtl. würde auch eine vertragliche Pflicht zur Aktualisierung greifen.

Die Mängelansprüche des Kunden können dabei weit über das Ende des Vertrages hinausreichen und zwar **grundsätzlich zwei Jahre**. Dies ist in AGB auf ein Jahr verkürzbar, soweit nicht arglistiges Verschweigen eines Mangels oder Garantie vorliegen. Häufig sind entsprechende Klauseln jedoch unwirksam mit der Folge einer Verjährungsfrist von mindestens zwei Jahren.[70]

---

[64] OLG Koblenz Urt. v. 27.5.1993 – 5 U 1938/92, CR 1993, 626.
[65] LG Köln Urt. v. 16.10.1997 – 83 O 26/97, CR 1999, 218 (zur Diskussion s. *Zahrnt* CR 2000, 205; *Jaeger* CR 1999, 209; *Moritz* CR 1999, 541; *Kaufmann* CR 2005, 841; s. a. *Peter*, Softwarepflege inklusive Service-Level-Agreements, in: Schneider/Graf von Westphalen Rn. 54 ff.).
[66] Einzelheiten → Rn. 90 ff.
[67] Insoweit zwar nicht direkt vergleichbar, aber instruktiv: BGH Urt. v 4.3.2010 – III ZR 79/09, CR 2010, 327 – für die Wirksamkeit einer jährlichen Vorauszahlungspflicht in den AGB eines „Internet-System-Vertrags".
[68] Zum Problem bzw. zur Lösung des Problems s. va *Redeker* Rn. 673; *ders.* CR 1995, 385.
[69] Zum Jahrtausendproblem s. insbesondere *Bartsch*, Software und das Jahr 2000; *Orthwein/Bernhard* CR 2009, 354.
[70] Zur Kündbarkeit von Softwarepflegeverträgen im Hinblick auf End-of-Life s.a. *Welker/Schmidt* CR 2002, 873.

56 Erwerber von Gebrauchtsoftware[71] haben zwar Bedarf an Pflege, aber nicht auch den Pflegevertrag – ggf. anteilig – übernommen und nach bislang überwiegender Ansicht keinen Anspruch auf Abschluss eines Pflegevertrags, was die wirtschaftlichen Vorteile relativiert und rechtzeitige Vereinbarung mit dem Hersteller besonders wichtig erscheinen lässt. Wenn aber der Anbieter mit dem Zweiterwerber einen Pflegevertrag abschließt, dürfte die Bemessung der Vergütung nicht zu einer „Reaktivierungsgebühr" führen.[72] Andererseits könnte eine solche Klausel gerade die Pflicht zum Abschluss eines Vertrages verstärken.[73]

57 **i) Beginn, Laufzeit und (Teil-)Kündigung der Pflege.** Ein weiteres typische Problem von Pflegeverträgen – die mit der Natur des Beschaffungsvertrags zusammenhängen – ist der Anknüpfungspunkt (Zeitpunkt) des Vertragsbeginns des Pflegevertrags und in der Folge auch der Zeitpunkt der Beendbarkeit durch ordentliche Kündigung. Häufig ist der Anknüpfungspunkt des Beginns der „Pflege" an den Lizenzvertrag gekoppelt. Gesteigert wird das Problem, wenn es an einer genauen oder widerspruchsfreien Benennung von Mindestlaufzeiten fehlt und Unklarheiten über deren Verhältnis zu nachfolgenden Kündigungsterminen und -fristen auftreten. Hierbei handelt es sich um eine in der Praxis wenig beachtete Thematik. In diesem Zusammenhang hatte das LG Dortmund über eine unklare und deshalb intransparente Klausel zu einem sogenannten „Softwarebetreuungsvertrag" zu entscheiden:

> **Praxistipp:**
> AGB-rechtlich unwirksam wegen unangemessener Benachteiligung des Vertragspartners und Verstoßes gegen das Transparenzgebot des § 307 Abs. 1 Satz 2 BGB ist folgende Klausel in einem Pflegevertrag:
> „Die Vereinbarung wird auf unbestimmte Dauer geschlossen und richtet sich nach dem Nutzungszeitraum der Q-Softwarelizenz. Die Mindestlaufzeit beträgt zwei Jahre und ist im Anschluss mit einer Frist von sechs Monaten zum Ende eines Kalenderjahres mit eingeschriebenem Brief zu kündigen. (…)"[74]

Eher kundenfreundlicher **Formulierungsvorschlag:**

58 1. Vertragsbeginn
Dieser Pflegevertrag beginnt mit der Unterzeichnung durch beide Vertragspartner.
2. Laufzeit, Ordentliche Kündigung
Dieser Pflegevertrag hat eine feste Laufzeit von 3 Kalenderjahren ab Unterzeichnung. Während der Festlaufzeit ist eine ordentliche Kündigung des Auftragnehmers ausgeschlossen. Der Auftraggeber ist berechtigt, diesen Pflegevertrag mit einer Frist von 6 Monaten zum Ende des Kalenderjahres ordentlich zu kündigen. § 649 BGB ist abbedungen. [Alternative: zusätzlich zur Abbedingung des § 649 BGB individuelle Vergütungsregelung bei vorzeitiger Beendigung durch den Auftraggeber während der Festlaufzeit.]
Nach Ablauf der Festlaufzeit verlängert sich der Pflegevertrag jeweils automatisch um ein weiteres Jahr, es sei denn, er wird von einem der Vertragspartner mit einer Frist von 6 Monaten zum Ende eines Kalenderjahres ordentlich gekündigt.
3. Kündigung aus wichtigem Grund
4. Übergabe von Arbeitsergebnissen bei Kündigung
5. Schriftform der Kündigung

---

[71] Zum Erwerb von Gebrauchtsoftware → § 12 und 16.
[72] Bei SAP Ziff. 10.9 „…. Zusätzlich kann SAP eine Reaktivierung in Rechnung stellen, deren Höhe SAP auf Anfrage mitteilt." Zur Unwirksamkeit s. OLG Düsseldorf Urt. v. 25.11.2014 – I-20 U 154/14, derzeit über http://www.susensoftware.de/aktuell/presse/mitteilung/75/olg-duesseldorf-verbietet-klausel-zur-sap-reaktivierungsgebuehr/.
[73] S. a. sogleich → Rn. 59 f. zur Schwierigkeit der Teilkündigung.
[74] LG Dortmund v. 2.7.2014 – 10 O 14/14.

II. Pflege von Software

Teilkündigungsverbote von Lizenz- und Pflegeverträgen haben in der Praxis eine erhebliche Bedeutung und einen wettbewerbsbeschränkenden Effekt,[75] was aber – va hinsichtlich der kartellrechtlichen Dimension – bislang nur wenig in der Rechtsprechung berücksichtigt wird.[76] Bei vielen Lizenzen übersteigt die Pflegegebühr schon nach relativ kurzer Laufzeit der Pflege die Lizenzanschaffungskosten bei weitem, was für den Kunden besonders belastend ist, wenn er zB wegen Verkauf von Betriebsteilen oder Personalabbau oder (teilweiser) Einführung neuer Software Lizenzen der (Alt-)Software „abstoßen" und die Pflege dafür reduzieren möchte. Viele Pflegeverträge nehmen auf den Lizenzbestand (auch Lizenzbasis genannt) Bezug. 59

Bildet die Pflege eine Einheit mit dem Beschaffungsvertrag,[77] wäre zu überlegen, ob der **Lizenzvertrag teilweise gekündigt** werden kann und welche Auswirkung das (bzw. eine Verkleinerung der Lizenzbasis) auf die Pflege hat. Ist die Software kaufrechtlich überlassen, kommt eine (Teil-)Kündigung nicht in Betracht. Bei mietrechtlicher Überlassung ist zwar Kündigung grds. möglich – aber nach überwiegender Auffassung nur insgesamt und nicht auch in Teilen.[78] 60

Hinsichtlich einer Teilkündigung des Pflegevertrags ist ebenfalls nach dem Vertragstyp zu differenzieren. Pflegeverträge, die insgesamt kaufrechtlich zu beurteilen sind, sind selten. In der Praxis überwiegt je nach Ausgestaltung die Einordnung als Werk- oder – seltener – Dienstvertrag.[79] Bei Werkvertrag kann eine Kündigung durch den Auftraggeber jederzeit erfolgen, muss jedoch – va hins. der für den Auftraggeber durchaus gravierenden Restlohnforderung[80] – an § 649 BGB gemessen werden. § 649 BGB kann abbedungen werden, was aber nach der Rechtsprechung grds. ausdrücklich erfolgen muss. Allein die Vereinbarung einer Mindestlaufzeit des Pflegevertrags impliziert noch nicht einen Ausschluss der Kündigung nach § 649 BGB. Nicht abschließend geklärt ist, ob der Auftraggeber nach § 649 BGB auch eine Teilkündigung aussprechen kann, wenn dazu nichts geregelt ist. Bei abtrennbaren Leistungsteilen wird dies weitgehend bejaht, wobei § 649 BGB zu beachten wäre.[81] Daran schließt sich die Frage an, ob eine abweichende Gestaltung in Pflege-AGB des Auftragnehmers AGB-rechtlich wirksam wäre. Zwar sind formularmäßige Laufzeitregelungen in Pflegeverträgen nicht per se unwirksam. Zumindest Klauseln, die undifferenziert zB auch bei völlig unabhängigen Lizenz-Nachkäufen eine Teilkündigung ausschließen, sind wohl bei Werkvertragscharakter der Pflege unwirksam.[82] 61

j) Relevanz von Vertragsverletzungen der Lizenz. Gerichtlich entschieden ist, dass sich eine Vertragsverletzung im Bereich der Lizenz auch auf die Pflege auswirken kann, etwa bei schweren Verstößen hinsichtlich der Restriktionen des Lizenzumfangs.[83] 62

Insbesondere bei IT-Projekten[84] (Einführung inkl. Anpassungen von Standardsoftware) kann es von erheblicher Bedeutung für den **Kunden** sein, dass zwischen Lizenz-, Projekt- und Pflegevertrag eine Einheit besteht, da der Kunde uU nur bei erfolgreicher Durchführung des Projekts auch dauerhaft Interesse an der Softwarepflege hat. Bei Schwierigkeiten im Projekt verzögert sich regelmäßig der Go-Life. Viele AGB von Softwareanbietern (etwa SAP AGB für Überlassung und Pflege von Standard-Software) sehen vor, dass die Pflegevergütung bereits bei Lizenzerwerb zu laufen beginnt – regelmäßig also 12 Monate oder länger (je nach Dauer des Einführungsprojekts) bevor der Kunde die Software produktiv nutzen kann. Aus **Sicht des Kunden** kann es also sinnvoll sein, zwischen Beschaffungs- und Pflege- 63

---

[75] *Grützmacher* ITRB 2011, 133 (136).
[76] LG Hamburg v. 25.10.2013 – 315 O 449/12 zu den SAP AGB Überlassung und Pflege von Standard-Software.
[77] Zu den Vorteilen und Nachteilen → Rn. 12, 14, 28, 77; siehe auch → § 12.
[78] *Grützmacher* ITRB 2011, 133 mwN.
[79] Einzelheiten → Rn. 90 ff.
[80] Allerdings wird die vom Gesetzgeber vorgesehene 5 %-Vermutungsregelung von vielen Autoren bei IT-Leistungen als zu niedrig (und somit ungünstig für den Auftragnehmer) angesehen. Siehe etwa *Redeker*, IT RB 2012, 42.
[81] Schneider/*Schneider* G Rn. 91; *Grützmacher* ITRB 2011, 133 (134) mwN.
[82] *Grützmacher* ITRB 2011, 133 (134), der jedoch bei Dienstvertragscharakter der Pflege eine Teilkündigungsmöglichkeit ausschließt.
[83] LG Köln v. 14.9.2011 – 28 O 482/05, CR 2012, 77.
[84] Im Einzelnen zu IT-Projekten → § 18.

vertrag eine Einheit herzustellen, damit Probleme des einen Vertrags auf den anderen Vertrag „durchschlagen können", wenn diese eklatant sind (etwa bei Rücktritt vom Projektvertrag).[85]

> **Praxistipp für den Auftraggeber:**
>
> Eine typische Formulierung in Pflegeverträgen, die bewirken soll, dass Leistungsstörungen im Rahmen des Lizenz- oder Projektvertrags auf die Pflege durchschlagen sollen, lautet:
>
> *„Der Lizenzvertrag vom ..., der IT-Projektvertrag vom ... und dieser Pflegevertrag bilden nicht nur sachlich und wirtschaftlich, sondern auch rechtlich eine Einheit. Diese drei Verträge stehen und fallen miteinander."*

64 Sehen Einkaufs-AGB des Kunden (Standardbedingungen für Pflege) oder ein individuell ausgehandelter Pflegevertrag vor, dass der Auftragnehmer verpflichtet ist, dem Kunden bei Programmkorrekturen dieselben Nutzungsrechte einzuräumen, wie sie gemäß Beschaffungsvertrag für die Standardsoftware bestehen, lässt sich daraus noch nicht auf eine Einheit des Pflegevertrags mit dem Beschaffungsvertrag schließen – eher auf das Gegenteil. Zum einen kann der Pflegevertrag mit einem anderen Vertragspartner abgeschlossen sein als die Beschaffungsvereinbarung (etwa bei Erwerb direkt vom Hersteller und Pflege durch einen Anbieter vor Ort beim Kunden). Zum anderen soll die Regelung – gerade wenn die Anbieter von Beschaffungs- und Pflegevertrag auseinanderfallen – vermeiden, dass auf urheberrechtlicher Ebene eine Einschränkung der dem Kunden eingeräumten Nutzungsrechte erfolgt, indem an Nachlieferungen im Rahmen der Pflege nur demgegenüber eingeschränkte Nutzungsrechte eingeräumt werden (etwa bei Download per Internet unter Akzeptanz von „Lizenzbedingungen" durch den Kunden). Eine rechtliche Einheit zwischen Beschaffungs- und Pflegevereinbarung muss regelmäßig mit anderen Aspekten begründet werden.

Aus **Sicht des Anbieters** ist es daher ggf. günstiger, diese Einheit zu vermeiden, gerade die AGB zB von Oracle und SAP gehen jedoch von der Einheit aus.

> **Praxistipp für den Auftragnehmer:**
>
> Soll die Einheit vermieden werden, empfehlen sich getrennte Vertragsurkunden für Beschaffungs- und Pflegevertrag. Das allein reicht regelmäßig nicht. Die Gestaltung der Regelungen zu Leistungsstörungen im Pflegevertrag müsste in einer Weise erfolgen, dass Leistungsstörungen der Pflege nicht auf den Überlassungsvertrag durchgreifen können. Ein Beispiel dafür ist, dass der Kunde Zugriff auf den Quellcode erhält und sich damit „zur Not" selbst helfen kann. Zudem sollte bei der Pflegevergütung klargestellt sein, dass sie während der „Gewährleistungsfrist" um den Anteil reduziert ist, der speziell auf die Mangelbeseitigung entfällt.

3. Versuch der Systematisierung einzelner Leistungsbereiche

65 Für Pflegeverträge ist am Markt kein bestimmter Umfang eines allgemein üblichen Leistungsumfangs festzustellen. Leistungsumfang und etwaige Zusatzleistungen werden vielmehr oft in den AGB des jeweiligen Anbieters, teilweise für verschiedene Software mit unterschiedlichen Inhalten, beschrieben. Unter AGB-Risiko Aspekten wäre es empfehlenswert, die Leistungen im Pflegeschein als solche separat und deutlich aufzuführen. Durch die übliche Einbettung der Leistungsbeschreibung in die Pflege-AGB entfällt der Vorteil, dass Leistungsbeschreibungen als solche nur im Rahmen von § 307 Abs. 3 BGB geprüft werden. Umso wichtiger wird die Widerspruchsfreiheit, dass also nicht einzelne AGB das Leistungsversprechen (intransparent) aushöhlen oder sich widersprechen. Nach einem Überblick über

---

[85] LG Bonn Urt. v. 19.12.2003 – 10 O 387/01, CR 2004, 177; s. a. *Zahrnt* CR 2004, 417; *Dieselhorst* ITRB 2004, 173.

II. Pflege von Software

typische Elemente von Pflege- und Zusatzleistungen soll eine vertragliche Typisierung dieser Leistungen dargestellt werden.

Bei der Systematisierung von Verträgen steht für Kunden und Auftragnehmer regelmäßig die Frage der **Vergütung** der vertraglich geschuldeten Leistungen im Vordergrund und somit eine Differenzierung der Leistungen des Auftragnehmers nach

- von der Pauschalvergütung erfassten Leistungen,
- nach Zeitaufwand zu vergütenden Leistungen und
- zusätzlichen Leistungen, die – bzw. deren Vergütungsfrage – bei Vertragsschluss noch nicht geregelt wurden oder die aus dem Geltungsbereich ausgeklammert werden (sollen).

Neben diesem Vergütungsaspekt ist insbesondere zur Beurteilung der Wirksamkeit von AGB von Interesse, welchem **BGB-Vertragstyp** die einzelnen vertraglichen Leistungen zuzuordnen sind. Erst daraus ergeben sich wichtige Erkenntnisse etwa über Mängelrechte des Kunden. Zur Systematisierung im Hinblick auf den Vertragstyp empfiehlt es sich, drei oder vier Leistungsbereiche von Pflegeverträgen als Komplexe zu betrachten. Es handelt sich dabei um folgende **Leistungsbereiche bzw. Hauptleistungen des Pflegevertrages:**

- Mängelbezogene Leistungen;
- Aktualisierung;
- Beratung (va per Telefon), Hotline;
- Tele-/Remote (englische Bezeichnung für „Fern-")Services.

Diese Leistungsbereiche tauchen nicht in jedem Pflegevertrag auf und können jeweils unterschiedlich ausgeprägt sein. Tele-/Remote-Services sind in der Regel kein eigener Leistungsgegenstand, sondern ein Modus, wie die anderen drei Leistungsbereiche erbracht werden können. In vielen Pflegebedingungen werden die Leistungsbereiche nicht sauber getrennt. Häufig will sich der Auftragnehmer etwa vorbehalten, dass er mängelbezogene Leistungen auch durch Aktualisierung, Lieferung eines Updates bzw. Patches oder per Hotline erbringt. In diesen Fällen ist der Leistungsbereich „mängelbezogene Leistungen" von Aktualisierung und von Beratung sowie von Tele-/Remote-Services nicht abgrenzbar. Zur Doppelvergütungsproblematik und Intransparenz in den AGB des Pflegeanbieters → Rn. 22 ff.

Die Unterschiede in der Ausprägung der Leistungsbereiche hängen nicht nur von der Art der Software ab (für Großrechner, PC usw.), sondern auch von der Branche der Anwendung. Etwa wird es kaum Lohn- und Gehaltsabrechnungsprogramme geben, bei denen nicht automatisch eine Pflege mit angeboten wird und diese auch so ausgeprägt ist, dass sich der Auftragnehmer verpflichtet, die Software stets an die gesetzlichen Regelungen aktuell anzupassen. Ähnliches gilt für Steuerberater, Wirtschaftsprüfer, Rechtsanwälte, Ärzte, also für Berufsgruppen, die gesetzlichen Vergütungsregelungen unterliegen bzw. bei denen sich die Vergütung an behördlichen Tabellen zu orientieren hat usw.

Es gibt also eine weitere Notwendigkeit für Differenzierungen, etwa wie folgt:

a) Pflicht zur Mängelbeseitigung. Der Auftragnehmer kann die Pflicht zur Mängelbeseitigung übernehmen. Dies klingt dann wie eine Art Fortsetzung der „Gewährleistung" (also der Bedienung der Mängelansprüche des Kunden). Die Pflicht zur Mängelbeseitigung enthält die Erfolgskomponente, dass der Mangel innerhalb einer angemessenen Frist erfolgreich beseitigt wird. Dem Kunden obliegt insoweit, dass er die Mängel rügen muss. Ein solcher Leistungsbereich wäre aufgrund der **Erfolgsorientierung** typischerweise als **Werkvertrag** zu qualifizieren.[86] Zum Verhältnis zwischen Mangelfreiheit und Lieferung neuer Version bzw. der Pflicht des Kunden, stets nicht aktuellste Version einzusetzen → Rn. 145, 150.

b) Dienstorientierte Leistungen ohne Erfolgsmoment. Vor allem amerikanisch basierte Auftragnehmer wollen genau diese Erfolgsorientierung der mängelbezogenen Leistungen nicht. Infolge dessen ziehen sie es vor, dass zwar mängelbezogene Leistungen erbracht werden, jedoch ohne Erfolgshaftung. Danach verpflichtet sich der Auftragnehmer, ihm gemeldete Mängel zu untersuchen, sie in eine Mängelliste aufzunehmen, darüber zu berichten, wie der Mangel evtl. beseitigt werden kann und wenn die Mangelbeseitigung gefunden ist –

---

[86] Zur Abgrenzung s. *Orthwein/Bernhard* CR 2009, 354.

(etwa als Patch), ggf. auch als „Umgehung" (Workaround) – diese dem Kunden zur Verfügung zu stellen.

72 Patch (englische Bezeichnung für „Flicken", manchmal auch „Bug fix" genannt) meint in diesem Zusammenhang ein kleines Computerprogramm, das zB **Bugs** (Fehler) von in der Regel großen Anwendungsprogrammen repariert. Auch der in der Windows-Welt bekannte Begriff „ServicePack" stellt einen solchen Patch dar. Häufig werden Patches von den Software-Herstellern auf ihren Web-Sites kostenlos zum Download angeboten. Da Patch-Programme nur in einen kleinen Teil des fehlerhaften Programmcodes eingreifen und kein komplettes Update sind, sind sie in der Regel nicht sehr umfangreich und somit auch in sehr kurzer Zeit downzuloaden. Der Patch dient dazu, dass der Fehler der Software für den Kunden nicht mehr spürbar ist. Der Fehler bleibt jedoch häufig in der Software vorhanden. Daher muss der Hersteller darauf achten, dass alle Patches in die nächst höheren Versionen der Software eingebaut werden oder dass alle „Fehler" beseitigt und deren Umgehungen in höheren Versionen durch den Standard abgelöst sind.

73 Im Rahmen etwa von Unix werden Patches häufig als Quellcode geliefert, die dann Teile des Original-Quellcodes ersetzen. Nach dem anschließenden Kompilieren ist das gepatchte Programm nicht nur „geflickt", sondern der Fehler ist beseitigt.

74 Soweit ein Patch einen Fehler nur umgeht aber nicht beseitigt, ist ein Patch eine Art eines „**Workaround**".[87] Ein Workaround beschreibt das nötige Handeln, um einen bestehenden Mangel/Fehler so zu umgehen, dass er sich nicht – zumindest nicht in vollem Umfang – auswirkt. Oft werden von Software-Herstellern bei neu entdeckten Bugs zunächst Workarounds vorgeschlagen, damit die Nutzer die betroffene Software bis zur Beseitigung des Fehlers (wenn auch evtl. eingeschränkt) weiter verwenden können.

> **Praxistipp für den Auftragnehmer:**
> Workaround ist ein wichtiger Terminus auch in Verbindung mit **Service Level Agreements** (SLA). Nicht selten reicht zur Vermeidung der Sanktion für die Unterschreitung eines vereinbarten Service Levels (Minderung, Vertragsstrafe, pauschaler Schadensersatz) eine Umgehung, da der Kunde weiterarbeiten kann.

75 Wenn sich mittels Workaround ein Mangel nicht mehr auswirkt, wäre damit nach **altem** Schuldrecht möglicherweise die Gewährleistung bzw. die Pflicht des Herstellers zur Mängelbeseitigung erledigt, wobei jedoch bei einem **Release**-Wechsel die Auswirkungen des Fehlers wieder aufleben können. Nach **neuem** Schuldrecht kommt es auf die 2-stufige Relation – ein Mangel ist ein Fehler, der sich auswirkt – nicht mehr an. Eine Fehlerumgehung mildert zwar die Probleme – und damit ggf. die Schäden – des Kunden, ist aber keine Mängelbeseitigung. Insofern kann eine Berücksichtigung bei der Angemessenheit der Frist erfolgen: Wirkt sich der Mangel nicht akut oder kaum aus, darf der Auftragnehmer eine längere Frist für dessen Beseitigung beanspruchen.

76 c) **Aktualisierung.** *aa) Pflicht zur Aktualisierung.* Wie oben unter → Rn. 40 angedeutet, kann ein Vertrag den Auftragnehmer verpflichten, die Software an bestimmten Änderungen anzupassen, sie „aktuell" zu halten. Dies können etwa Änderungen sein für
- gesetzliche Vorgaben, soweit sie unmittelbar für den Auftraggeber einschlägig sind,
- technische Anforderungen, die sich zB aus der Änderung des Betriebssystems, der Datenbankumgebung uä ergeben,
- allgemeine Technik-Trends, die „unabweisbar" in die Software eingebaut werden müssen.

77 Bei der Bewertung und Gestaltung eines Pflegevertrages ist zu beachten, dass die Maßgaben, an welche Änderungen der Anforderungen oder der Umgebung eine Anpassung einerseits erforderlich ist und andererseits in der Folge vom Auftragnehmer geschuldet wird, sehr

---

[87] Zur Pflicht evtl. Umgehung eines Mangels Redeker/*Heymann/Lensdorf*, Handbuch der IT-Verträge, 1.12 Rn. 49; zum Begriff. Work-Arounds in Softwareverträgen s. *Carsten Schulz*, Vortrag Kölner Tage zum IT-Recht 2013.

unterschiedlich sein können. Häufig wird im Vertrag nicht ausreichend klargestellt, was anzupassen ist, auch nicht, innerhalb welcher Zeit.

bb) Überlassung freigegebener Versionen. Sehr weit verbreitet ist ein Vertragstyp, wonach 78
der Kunde einen neuen Stand der Software erhält, wenn er vom Auftragnehmer generell freigegeben ist. Der Gedanke ist etwa folgender: Der Markt verlangt, dass sich die Software weiterentwickelt. Häufig wird dies in bestimmten Bezeichnungen für neue Stände der Software ausgedrückt (zum Verhältnis Version/Releases/Upgrade/Update → Rn. 21 ff.). Manche Verträge enthalten die Einschränkung, dass nur Weiterentwicklungen der ursprünglichen Software, nicht aber deren evtl. Ergänzungen (die sich in anderer Bezeichnung/Nummerierung des Softwarestandes äußern soll, häufig mit einer Änderung der ersten Stelle des Nummerncodes charakterisiert, → Rn. 21 ff.) enthalten sein sollen.

> **Praxistipp:**
> Solche vertraglichen Einschränkungen sind – insbesondere als AGB – höchst problematisch, weil sie auf eine Art einseitiges Leistungsbestimmungsrecht des Lieferanten/Auftragnehmers hinauslaufen, der durch eine Nummerierungs-/Kennzeichnungswillkür festlegen kann, ob eine Lieferung zum Pflegevertrag gehört oder nicht.

Die Leistungen des Auftragnehmers sind **mangelfrei** zu erbringen. Aus einer nicht unübli- 79
chen Formulierung, dass der Kunde immer nur die neueste, ihm überlassene Version einsetzen darf, entsteht ein zusätzlicher Druck auf diese Mangelfreiheit, da ansonsten der Kunde theoretisch verpflichtet wäre, auch mangelbehaftete Software bei sich einzusetzen. Das Interesse des Anbieters daran, möglichst den gleichen Stand der zu pflegenden Software bei allen Kunden im Einsatz zu haben, nicht zuletzt auch im Hinblick auf die Hotline, ist berechtigt und sogar vom Kunden im Hinblick auf die Kosten zu teilen. Allerdings bringt eine Pflicht, wonach der Kunde stets die neueste Version einsetzen muss, ggf. erhebliche Risiken und Belastungen für den Kunden.[88] Schon aus Gründen der Schadensminderung muss der Kunde zudem berechtigt sein, bei einer mangelhaften neuen Version auf einer älteren Version aufzusetzen.

cc) Nutzungsrechte an aktualisierter Software. Sofern vom Auftragnehmer Aktualisierun- 80
gen der Software geliefert werden, sollten neben der physischen Überlassung der Software auch diesbezügliche Nutzungsrechte geregelt werden.[89]

> **Praxistipp für den Auftraggeber:**
> Zur Absicherung des Auftraggebers empfiehlt es sich, im Pflegevertrag eine Regelung über
> - die Übergabe der aktualisierten Versionen (zur Absicherung im Falle einer Insolvenz des Auftragnehmers möglichst auf Datenträgern),
> - das Überspielen der neuen Version („Bereitstellung" aktualisierter Version bedeutet nicht, dass der Auftragnehmer die neuen Versionen einspielt),
> - die Rechtseinräumung durch den Auftragnehmer zu treffen.
> In aller Regel wird die Rechtseinräumung an den aktualisierten Versionen von Inhalt und Umfang her der Rechtseinräumung bei Erstbeschaffung der zu pflegenden Software entsprechen.
> Will der **Auftragnehmer** eine Einheit des Pflegevertrags mit dem Beschaffungsvertrag vermeiden, sollte er hinsichtlich der Rechtseinräumung nicht auf den Beschaffungsvertrag verweisen, sondern die Rechtseinräumung im Pflegevertrag explizit regeln, wobei jedoch auf Synchronität mit dem Beschaffungsvertrag zu achten ist.

---

[88] Einzelheiten zur entsprechenden Mitwirkungspflicht des Kunden → Rn. 150.
[89] Die Brisanz hat dank der Entscheidungen EuGH und BGH zu Oracle/UsedSoft abgenommen, da danach die Pflegeleistungen nicht zu einer Vermehrung der Nutzungsrechte führen, vielmehr eine Einheit mit dem ursprünglichen Rechtebestand bilden, EuGH Urt. v. 3.7.2012 – C-128/11, CR 2012, 498; BGH v. 17.7.2013 – I ZR 129/08, CR 2014, 168.

> Die Nutzungsrechte im Pflegevertrag müssen jedoch nicht immer identisch mit den Nutzungsrechten des Beschaffungsvertrags sein. Insbesondere wenn es im Rahmen des Beschaffungsprojekts oder auch im Rahmen des Pflegevertrags Leistungsänderungen gegeben hat, sind die Nutzungsrechtsklauseln an den geänderten Leistungsumfang anzupassen. Bei Aktualisierungen/Weiterentwicklungen kann ggf. die Anpassung der Rechtseinräumung (zB Erweiterung des ursprünglich vereinbarten Nutzungsumfangs) erforderlich sein.
>
> Aus **Auftraggeber-Sicht** sollten Regelungen vermieden werden, die bei Nutzung der gelieferten aktualisierten Version den Wegfall der Nutzungsrechte für die Vorgängerversionen vorsehen, da meist nicht ausgeschlossen ist, dass der Auftraggeber sein System wegen technischer Probleme etwa der neuen Version auf die vorangehende Version zurücksetzen muss. Dieses Recht sollte sich der Auftraggeber ausbedingen. Leistungserschwerungen – etwa ab zwei „ausgelassenen" Versionen – könnten zu Lasten des Auftraggebers gehen, wenn das Zurücksetzen nicht auf Leistungsstörungen oder Umständen beruht, die dem Auftragnehmer zuzurechnen sind.

81 Unabhängig davon kann die Überlassung aktualisierter Software auf Datenträgern zur (erstmaligen) Erschöpfung des Verbreitungsrechts am überlassenen Vervielfältigungsstück, also dem konkreten Datenträger, führen (§ 69c Nr. 3 UrhG). Dies gilt auch, wenn vorherige Versionen der Software nicht auf Datenträgern überlassen wurden, sondern online.[90]

82 **d) Nachführen/Einpflegen.** Wichtig bei Software-Anpassungsprojekten ist das sog Nachführen oder Einpflegen der Änderungen des Standards durch die Pflege (va Aktualisierungen) in die beim Kunden konkret eingesetzten Anpassungs- bzw. Individualanteile. Der Aufwand dafür kann erheblich sein.

> **Praxistipp für den Auftraggeber:**
> Der Kunde muss beachten, dass zumindest das Nachführen nicht durch die Pauschalvergütung abgedeckt ist, evtl. sogar keine Verpflichtung des Auftragnehmers zum Nachführen bestehen soll. Diese wäre dann gesondert zu beauftragen bzw. zu vereinbaren. Viele Auftragnehmer verstehen unter „Release-Festigkeit" der Anpassungen, dass die individuellen Anpassungen grds. mit Aktualisierungen des Standards nachgeführt werden können. Wer dies übernimmt und wer den Aufwand dafür trägt, müsste im Pflegevertrag gesondert geregelt werden.

83 **e) Tele/Remote Services.** Insbesondere bei Systemen, bei denen eine möglichst unterbrechungsfreie Verfügbarkeit der Software erforderlich ist, ist eine reine Vor-Ort-Betreuung nicht ausreichend. Hierfür wird häufig vereinbart, dass der Auftragnehmer auf das System bzw. auf die darauf laufende Software „remote" (dh von Außen – zB seinem Service-Center – mittels Datenfernübertragung) zugreifen kann. Auf diese Weise wird eine rasche Analyse der Störungsursache und ggf. eine Störungsbehebung durch die Überspielung von Patches ermöglicht. Teilweise wird vereinbart, dass der Auftragnehmer über den einzelfallbezogenen Zugriff bei Störungen hinaus das System bzw. die Software remote überwacht (sog **„Monitoring"**).

84 Ein Remote-Zugang des Auftragnehmers setzt voraus, dass der Auftraggeber im Rahmen seiner Mitwirkung die entsprechenden Zugangsmöglichkeiten schafft. Aus Auftraggebersicht ist hierbei zu beachten, dass ein unbeschränkter und unkontrollierter Zugriff des Auftragnehmers aus datenschutzrechtlichen Gründen und aus Gründen der IT-Sicherheit regelmäßig problematisch sein wird. Aus diesem Grund gilt es zu beachten, dass die Details der Remote-Services so geregelt werden, dass nur ein kontrollierter und dokumentierter Zugriff erfolgen kann, bei dem insbesondere die Anforderungen der Datenschutzgesetze eingehalten werden. Dem muss auch der Vertrag entsprechen, indem er die Anforderungen des § 11 BDSG erfüllt.[91]

---

[90] Zur Rechtseinräumung bei Software-Pflegevertrag: *Bartsch*, Softwarerechte bei Projekt- und Pflegeverträgen, CR 2012, 141; *Intveen*, Verträge über die Vermietung und Pflege von Software, ITRB 2012, 93.
[91] → Rn. 110 ff. und → § 15 Hardware-Verträge.

f) Hotline/Beratung. Der dritte Komplex ist die sogenannte Hotline/Beratung. Der Kunde 85 erhält hier das Recht, sich an ein sogenanntes Helpdesk zu wenden, wo er sein Problem niederlegt. Es kann sich dabei um einen Mangel, aber auch ein Anwendungsproblem handeln. Üblich ist, dass zwischen verschiedenen Lines oder Levels des sog Helpdesk unterschieden wird (meist First und Second, teilweise auch Third Line bzw. Level). Ein First Line Helpdesk des Auftragnehmers besteht regelmäßig aus einem Callcenter, das eingehende Mängelmeldungen und Anfragen von Nutzern des Auftraggebers in einem sog Ticket-System dokumentiert und die Tickets – sofern nicht bei einfachen Anfragen sofort lösbar an die Second Line weiterreicht. Hier differenzieren die Verträge sehr stark. Denkbar sind ua folgende Einschränkungen/Gestaltungen:

- Ausübung nur durch bestimmte, geschulte Mitarbeiter des Auftraggebers (dann nur Second Line durch den Auftragnehmer, die First Line – erste Ansprechstelle des Nutzers – wird durch den Auftraggeber selbst, bzw. durch dessen IT-Abteilung gewährleistet);
- Ausübung nur zu bestimmten Zeiten (Betriebszeiten);
- Ausübung nur per Mail/mit „Ticket";
- Ausübung nur in der Pauschale enthalten bis zu einer bestimmten Zahl von Beaufschlagungen/Anzahl von Anfragen;
- Beratung auch zu Anwendungsfragen;
- Übermittlung von Patches/Workarounds (→ Rn. 71–75) sowie neuen Informationen;
- Behandlung von Störungen.

g) Zusatzleistungen. Ergänzend zu den vorstehend genannten Leistungen werden teilweise 86 – je nach Bedarf des Auftraggebers – diverse Zusatzleistungen vereinbart. Hierzu können ua zählen:

- Remote-Überwachung der Software auf Störungen;
- Kooperation mit Anbietern von Drittsoftware bei der Störungsbehebung oder bei Erweiterungen des Systems;
- Verpflichtung zur Erstellung und Aktualisierung von Schnittstellen zu Drittsoftware;
- umfassende Übernahme von Beratungspflichten, die über die reine Hotline-Beratung hinaus gehen; zB im Hinblick auf Möglichkeiten der Erweiterung oder Verbesserung der Software;
- umfassende Dokumentationspflichten zu allen Pflegeleistungen (Reporting);
- periodische Besprechungen mit dem Kunden (sog Jour Fixe);
- Zugangsmöglichkeit für den Kunden zu elektronischen Informationsplattformen bzw. Kundenforen des Auftragnehmers (teilweise mit der Möglichkeit zum Software-Download);
- Sonderkonditionen für die Beschaffung anderer Produkte des Auftragnehmers.

h) „Vollpflege". Angeregt durch *Zahrnt*[92] ist manchmal der Begriff „Vollpflege" anzutref- 87 fen. Eine solche Vollpflege kann man sich in etwa so vorstellen, dass dort die drei Leistungsbereiche mängelbezogene Leistungspflichten, Aktualisierung, Beratung/Hotline zusammengefasst werden, ohne dass deshalb – zB bei der Aktualisierungspflicht – eine Entscheidung etwa über eine werkvertragliche Orientierung der Leistungspflicht getroffen ist.

Schließlich ist auf die bisweilen vom Auftragnehmer angebotene Möglichkeit hinzuwei- 88 sen, den Quellcode der zu pflegenden Software bei einer dritten Stelle zu hinterlegen, etwa zur Absicherung des Kunden gegen eine denkbare Insolvenz des Auftragnehmers (zur Hinterlegung → § 38 Software-Escrow).

i) Vorläufige zusammenfassende Typisierung der Leistungsbereiche. Man wird im Hin- 89 blick auf die vorgenannte Typisierung sinngemäß folgende Vertragstypologie im Einzelnen (also noch nicht hinsichtlich des gesamten Pflegevertrages) als Zuordnung einer Leistung oder Leistungsart zu einem bestimmten Vertragstyp vornehmen können:

- Mängelbezogene Leistungen mit der Pflicht zur Beseitigung: **Werkvertrag;**
- Mängelbezogene Leistungen ohne Erfolgsverpflichtung: **Dienstvertrag;**

---

[92] *Zahrnt* CR 2004, 408.

- Updateverpflichtung im Sinne von Überlassung freigegebener Versionen: **Kauf** der Software wie Kauf der Ergänzungslieferungen (zur Frage, ob Software eine Sache ist, was im Hinblick auf Softwareüberlassung auf Dauer wegen § 453 BGB unproblematisch, im Hinblick auf Miete und Werkvertrag jedoch durchaus problematisch ist, → § 10 Vertragliche Grundlagen);
- Verpflichtung zur Erstellung neuer Versionen, wenn sich bestimmte Anforderungen ändern: **Werklieferungsvertrag** (§ 651 BGB, der Erfolg liegt in der Lieferung einer an die sich ändernden Anforderungen angepassten Version, streitig, sonst Werkvertrag);[93]
- Beratung/Hotline: Grundsätzlich **Dienstvertrag**, erhält über die Mängelbeseitigung evtl. eine Erfolgskomponente.

Wenn Bereitschaften, Reaktions- und Beseitigungszeiten geregelt werden, insbesondere bei SLA, kann auch Beratung erfolgsorientiert und damit werkvertraglich werden.

Unklar ist, wie die Kombination der genannten Leistungsbereiche in einem Pflegevertrag insgesamt zu bewerten bzw. zu typologisieren ist.

4. Vertragstyp und Einordnung

90 a) **Das Problem des Gesamt-Vertragstyps.** Üblicherweise ist die Bezeichnung eines Vertrages (zB als „Pflege") für den Vertragsinhalt und dessen Interpretation kaum maßgeblich. Dies kann anders sein, wenn der Vertrag im Wesentlichen durch Klauseln charakterisiert wird, die sich später als unwirksame AGB herausstellen. Dann muss uU zur Ermittlung der Art und des Umfangs der Vertragspflichten auf die Bezeichnung des Vertrages zurückgegriffen werden. Das kann nicht nur bei ursprünglich englischsprachigen und ins Deutsche übersetzten Vertragstexten zu Verwirrungen führen (zB „Full Service" übersetzt mit „Vollwartung"). Entscheidender ist, dass die Vertragsbezeichnung eine **Indizwirkung für den Vertragsinhalt** haben kann, anders ausgedrückt, dass durch die Vertragsbezeichnung eine Einordnung und Festlegung des Vertragsinhalts erfolgen kann. Vertragsklauseln, die sich mit dieser Einordnung und Festlegung nicht vertragen, würden dann als **überraschend**, wahrscheinlich auch als **nicht transparent** und somit als unwirksam angesehen werden.

91 Pflegeverträge passen wegen der Kombination teils sehr unterschiedlicher Leistungsbereiche nicht in das typische Vertragsraster des BGB. Schwierigkeiten ergeben sich dann, wenn die vertragliche Gestaltung nicht klar oder umfassend genug ist, so dass die Vertragspartner während der Vertragsdurchführung in Streit geraten, was im Einzelfall zu leisten ist, ob dies zusätzlich zu vergüten oder von der Pauschale erfasst ist etc. Dann hilft meist nicht mehr der einfache Blick ins Gesetz, um die Chancen vor Gericht auszuloten.

92 Im Falle einer gerichtlichen Streitentscheidung nimmt der Richter für die einzelnen Vertragsgegenstände jeweils die gesetzliche Regelung als Interpretationsmuster, die für diesen Vertragsgegenstand typisch ist. Auf diese Weise entstehen **„gemischte Verträge"**, bei denen die Gerichte – soweit sich einzelne Vertragsbereiche abschichten lassen – die Vertragstypen des BGB und deren Rechtsfolgen heranziehen, die sie für einschlägig erachten.

93 Die juristische Lehre hat eine Reihe von Modellen entwickelt, wie man den „gemischten Vertrag" dogmatisch in den Griff bekommen kann und unterscheidet zwischen:
- typischer Vertrag mit andersartiger Nebenleistung,
- Typen-Kombinationsvertrag (mehrere, verschiedene Vertragstypen werden vereinbart bzw. sind vom Auftragnehmer geschuldet und bilden die Hauptleistungen),
- gekoppelter Vertrag,
- Typenverschmelzungsvertrag.

94 In der Praxis hilft dieses Raster nicht recht weiter. Ein Vertrag kann auch alle Vertragselemente so miteinander verbinden, dass man nicht verschiedene Vertragsgegenstände unterscheidet, sondern den **Gesamtschwerpunkt der vertraglichen Regelung** sucht und zum **einheitlichen Vertragstyp** macht. Evtl. sind jedoch einzelne Vertragsgegenstände isoliert zu sehen und der einheitliche Gesamtvertragstyp diesbezüglich aufzugeben.

---

[93] BGH Urt. v. 23.7.2009 – VII ZR 151/08, CR 2009, 637; s. a. BGH Urt. v. 4.3.2010 – III ZR 79/09, CR 2010, 327 = NJW 2010, 1449; zum Problem der Anwendung des § 651 BGB → § 10 Vertragliche Grundlagen und → § 11 Erstellung von Software.

II. Pflege von Software

Unstimmigkeiten über den einschlägigen Vertragstyp treten in der Praxis häufig auf, wenn im Vertragstext neben erfolgsorientierten Gestaltungen des Vertragsgegenstandes auch Regelungen über die Kontrolle und Steuerung durch den Auftraggeber enthalten sind. Die Erfolgsorientierung deutet auf Werkvertragsrecht, also ua auf die **Erfolgsverantwortung des Auftragnehmers**, hin, während ein **Weisungsrecht des Auftraggebers** typisch für ein Dienstverhältnis ist. 95

Häufig schließen Gerichte aus einer **Festpreisabrede** auf den Vertragstyp Werkvertrag. Eine klare Zuordnung, dass aus Festpreis automatisch ein Werkvertrag, aus Vergütung nach Zeitaufwand ein Dienstvertrag folgt, lässt sich jedoch nicht vornehmen. Man kann allerdings mit gewisser Vorsicht bei einem Vertrag mit Vergütung nach Zeitaufwand als einem von mehreren notwendigen Indizien auf Dienstvertrag schließen. Jedoch ist dieser Schluss nicht zwingend. In einem Werkvertrag lässt sich durchaus eine Vergütung nach Zeitaufwand vereinbaren. 96

b) Der Pflegevertrag als Dienstvertrag. Ob sich die Anbieter einen Vorteil verschaffen, die ihre Verträge insgesamt und insbesondere den Hauptleistungsbereich der Mängelbeseitigung eher am Dienstvertrag orientieren wollen, ist die Frage. Dass dies eher zu verneinen ist, hat *Bartsch* eindrucksvoll gezeigt.[94] 97

> **Praxistipp:**
> Das gesetzliche „Druckinstrumentarium" bei Leistungsstörungen greift im Dienstvertragsrecht nicht nur unmittelbar, sondern ist auch ganz erheblich. Daher erscheint der Dienstvertrag keineswegs als allein erstrebenswerter Vertragstyp – ein Thema, das viele Anbieter immer noch nicht verstehen und angemessen berücksichtigen.

Es lässt sich **nicht** sagen, dass der Dienstvertrag ohne zusätzliche Vertragsregelungen der empfehlenswerte Vertragstyp sei.

c) Kombination von Werkvertrag und Dauerschuldverhältnis. Unstreitig ist wohl insgesamt, dass der Pflegevertrag ein Langzeitvertrag bzw. ein Dauerschuldverhältnis ist. Strittig ist nur, ob evtl. eine Art **Unkündbarkeit für den Lebenszyklus** oä besteht (→ Rn. 121–130).[95] 98

Dem Charakter als Dauerschuldverhältnis entsprechend ist zu berücksichtigen, dass bei den Themen **Rücktritt** und **Vertragsbeendigung** – evtl. viel deutlicher als dies häufig geschieht – unterschieden werden muss. Bekannt geworden ist insofern die Entscheidung des LG Bonn, die den Rücktritt vom Pflegevertrag mit dem Rücktritt von dem **Lizenzvertrag** kombiniert hat.[96] 99

Möglicherweise wird noch zu unterscheiden sein, wie etwa LG Köln, zwischen dem Rücktrittsrecht des Kunden (das in der genannten Entscheidung nicht zur Debatte stand) und dem des Anbieters.[97] Anlass für Kündigungen des Auftraggebers könnte sein, dass der Auftragnehmer die anstehenden Neuerungen nicht mehr schafft oder insgesamt die Weiterentwicklung des Produkts einstellt. Dies steht natürlich dem Interesse des Kunden an Investitionssicherheit bzw. Zukunftssicherheit diametral entgegen.[98] 100

Grundsätzlich wird man davon auszugehen haben, dass bei Leistungsstörungen im Pflegevertrag selbst (wobei noch unklar ist, wonach diese sich primär beurteilen), auch bei werkvertraglicher Einordnung ein Rücktritt nicht das adäquate Mittel ist, sondern die außerordentliche Kündigung. Das würde bedeuten, dass grundsätzlich während der Laufzeit 101

---

[94] *Bartsch* NJW 2002, 1526.
[95] Vor allem zur Diskussion: LG Köln Urt. v. 16.10.1997 – 83 O 26/97, CR 1999, 218.
[96] LG Bonn Urt. v. 19.12.2003 – 2 O 472/03, CR 2004, 218.
[97] LG Köln Urt. v. 16.10.1997 – 83 O 26/97, CR 1999, 218.
[98] Siehe in diesem Zusammenhang etwa OLG Nürnberg Urt. v. 5.12.2003 – 5 U 2546/02, CR 2005, 260; LG Coburg Urt. v. 1.2.2002 – 32 S 193/01, CR 2002, 325; zur Eurofähigkeit und zur Zukunftssicherheit LG Stuttgart Urt. v. 26.2.2001 – 14 O 232/00, CR 2002, 255.

des Pflegevertrages bis zu dieser außerordentlichen Kündigung eine **Vergütungspflicht** des Kunden besteht. Daneben bleibt nach drei aktuellen BGH-Entscheidungen zum „Internet-System-Vertrag" dem Kunden bei einem als Dauerschuldverhältnis vereinbarten Werkvertrag selbst innerhalb einer vereinbarten Mindestlaufzeit die Möglichkeit zur freien Kündigung nach § 649 BGB offen.[99]

102 Der Kunde wird bei einer noch offenen Pflege-Rechnung ggf. den Einwand der Verrechnung mit einem bestehenden Schadensersatzanspruch gegen den Auftragnehmer oder den Einwand der Minderung anbringen können. Zu beachten dabei, dass sich Minderung und Rücktritt ausschließen. Möglicherweise gilt dies auch für Minderung und fristlose Kündigung. Bis zur Wirksamkeit der Kündigung wird die Minderung greifen. Dies zeigt, dass das Thema gerade der Leistungsstörungen und der Beendigung des Vertrages eher unklar ist. Die genaue Ausgestaltung und die Voraussetzungen der fristlosen Kündigung als Ersatz gegenüber Rücktritt sind wichtige Regelungsbestandteile. Sie können sich an § 314 BGB orientieren.

103 Aufgrund der Annäherung bei **Kauf-** und **Werkvertrag** in den Mängelregelungen stellen sich für diese keine allzu großen Abgrenzungsschwierigkeiten zwischen kauf- und werkvertraglich einzuordnenden Leistungsbereichen.

104 Eher selten finden sich in der Praxis Pflegeverträge, nach denen nur bzw. im Schwerpunkt nur die Lieferung neuer Software-Stände geschuldet ist. Insoweit kommt ein **Sukzessivlieferungsvertrag** in Betracht, der **kaufrechtlich** zu beurteilen ist.[100]

105 d) **Zusammenfassung.** Die Rechtsprechung scheint weit überwiegend den Pflegevertrag analog dem Wartungsvertrag als Werkvertrag einzuordnen. Sie akzeptiert, wie dargelegt, den Dauerschuldcharakter. Dies bedeutet,
- das Leistungsstörungsrecht wird im Wesentlichen dem Mängelrecht des Werkvertrages angepasst, wobei
- eine Besonderheit im Hinblick auf die außerordentliche Kündigung nach § 314 BGB evtl. beachtlich wäre, wenn es zu einer außerordentlichen Kündigung kommen soll. Die unterschiedlichen Gegenstände und deren unterschiedliche vertragstypologische Einordnung schlagen also in der Regel nicht durch.

5. Typischer Vertragsaufbau

106 a) **Beispiel für einen typischen Aufbau eines Pflegevertrags**

Beispiel 1[101]
1. Vertragsgegenstand
  1.1 Leistungen gegen Pflegepauschale
  1.2 Zusatzleistungen
  1.3 Soft- und Hardware-Umgebung
2. Lieferung neuer Versionen
  2.1 Leistungsgegenstand
  2.2 Inhalt neuer Versionen
  2.3 Ausschlüsse
  2.4 Lieferung
  2.5 Funktionsumfang
  2.6 Rechtseinräumung
  2.7 Quellcodehinterlegung
  2.8 Anpassung der Softwareumgebung
  2.9 Untersuchungs- und Rügepflicht
3. Individuelle Beseitigung von Mängeln in der Software
  3.1 Leistungsgegenstand
  3.2 Leistungsvoraussetzungen
  3.3 Sachmangel

---

[99] S. BGH Urt. v. 4.3.2010 – III ZR 79/09, CR 2010, 327; BGH Urt. v. 27.10.2010 – VII 133/10, CR 2011, 176; BGH Urt. v. 24.3.2011 – VII ZR 164/10.
[100] *Bartsch* NJW 2002, 1526 (1527); *Bischof/Witzel* ITRB 2003, 31 (35).
[101] Schneider/*Schneider* Anhang VII.

3.4 Mängeldokumentation und Mitteilung durch Kunden
3.5 Reaktionszeiten
3.6 Ermöglichung der Mangelanalyse und Beseitigung Vor-Ort durch Kunden
3.7 Form der Mängelbeseitigung
3.8 Berechnung von Aufwand wegen unberechtigter Mangelmeldungen
4. Anwendungsunterstützung
5. Hotline
5.1 Standard-Hotline
5.2 Erweiterte Hotline
6. Zugang zu Pflegekundeninformationen
7. First-Level-Support durch Kunden
7.1 Zentrale Kontaktstelle beim Kunden
7.2 Aufgaben der zentralen Kontaktstelle
7.3 Anforderung von Pflegeleistungen
7.4 Zusammenarbeit zentrale Kontaktstelle und Auftragnehmer
8. Remote-Zugriff
9. Vergütung
9.1 Preise
9.2 Fälligkeit
9.3 Rumpfberechnungszeitraum
9.4 Preisanpassungen
10. Sach- und Rechtsmängel
10.1 Sachmängel
10.2 Rechtsmängel
10.3 Minderung oder Kündigung mit Schadensersatz
10.4 Vertragsende
10.5 Arglist/Garantie
11. Haftungsbeschränkung
11.1 Anwendungsbereich der Regelung
11.2 Vorsatz und grobe Fahrlässigkeit
11.3 Personenschäden
11.4 Organisationsverschulden und Garantie
11.5 Verletzung wesentlicher Vertragspflichten
11.6 Haftungsausschluss
11.7 Produkthaftungsgesetz
11.8 Mitverschulden
11.9 Datensicherung
12. Laufzeit des Vertrages
12.1 Beginn
12.2 Kündigung
13. Sonstiges
13.1 Aufrechnung
13.2 Rechtswahl
13.3 Gerichtsstand und Erfüllungsort
13.4 Änderungen
13.5 Unwirksame Klauseln, Vertragslücken
13.6 Anlagen

b) Typische Probleme bei Verwendung von Pflege-AGB und Leistungs-/Pflegeschein. 107
aa) Qualifizierung als vorformulierte Vertragsbedingungen. Bisweilen wird übersehen, dass nicht nur die Pflege-AGB (oder AGB für Überlassung und Pflege von Software) als vorformulierte Vertragsbedingungen im Sinne des § 305 Abs. 1 S. 1 BGB zu qualifizieren sind. Auch zB Leistungsscheine mit Ausfüllfeldern und die Eintragungen darin können als solche zu qualifizieren sein, soweit sie nicht im Einzelnen ausgehandelt sind.

Dabei ist zu unterscheiden zwischen Feldern, in denen Einträge vorgesehen sind und dem 108 übrigen Text. Für diesen übrigen Text dürfte ebenfalls schon der äußeren Aufmachung nach ein Indiz dafür vorliegen, dass es sich um vorformulierte Vertragsbedingungen handelt. Bei den Eintragungen in den dafür vorgesehenen Feldern lässt sich eine solche Indizwirkung jedenfalls nicht der äußeren Aufmachung entnehmen. Hier wird der Verwendungsgegner zumindest ergänzende Tatsachen dafür darlegen müssen, dass eine mehrfache identische „Befüllung" eines Feldes durch den Verwender bei Vertragsabschluss zumindest beabsichtigt war.

> **Praxistipp für den Auftragnehmer:**
> Teilweise verwenden öffentliche (und auch private) Auftraggeber die EVB-IT Pflege S, ohne dazu verpflichtet zu sein. Denkbar ist, dass das Formular des Pflegevertrages nicht nur in den dafür vorgesehenen Feldern ausgefüllt wird, sondern dass (auch) der Formulartext geändert wird. Dies kann jedoch eine AGB-Klausel zur Individualvereinbarung machen. Grds. empfiehlt sich weder für Auftraggeber noch für Auftragnehmer, sich darauf zu verlassen, dass ein Gericht die Unwirksamkeit einer AGB-Klausel feststellt. Sind jedoch die Verhandlungsspielräume des Auftragnehmers sehr gering, kann es im Einzelfall günstiger für ihn sein, zu dokumentieren (zB durch entsprechende Korrespondenz mit dem Auftraggeber), dass der Auftraggeber nicht bereit ist, von den für die konkrete Pflegesituation ggf. unpassenden Vertrags-/Einkaufsbedingungen abzuweichen.

109   bb) *Risiko „ungewollter" Änderung der allgemeinen Pflege-AGB*. Dieses Risiko für den Kunden kann bestehen, wenn zB die Fachabteilung des Kunden während (etwa bei Veränderungen der zu pflegenden Software) ohne Einbindung der Rechtsabteilung einen weiteren (oder neuen) Leistungsschein vereinbart, der mit dem ursprünglichen (nahezu) identisch ist, aber auf andere AGB verweist. Möglicherweise werden dann diese anderen AGB zur Vertragsgrundlage, ohne dass dies vom Kunden aktiv wahrgenommen wird. Die notwendige Prüfung der anderen Vertragsgrundlage und der Laufzeit der Pflege, ggf. Ablehnung der geänderten Bedingungen durch den Kunden unterbleibt dann nahezu zwingend.

6. Datenschutzregelungen bei Software-Pflege

110   a) **§ 11 BDSG, Anforderungen.** Häufig wird übersehen, dass Wartungs- und Pflegeverträge, bei denen der Auftragnehmer mit personenbezogenen Daten in Berührung kommt bzw. kommen kann (was ähnlich wie bei IT-Einführungsprojekten regelmäßig der Fall ist), § 11 Abs. 5 BDSG[102] unterliegen. Das gilt nicht nur bei der Pflege von Textverarbeitungsprogrammen, CRM-Systemen, HR-Systemen uä Nahezu jede Software, die von einem Nutzer bedient wird, speichert zumindest die Log-Files der Nutzer-Zugriffe. Bereits dies sind regelmäßig personenbezogene bzw. personenbeziehbare Daten. Einwilligungen der betroffenen Nutzer und sonstigen Betroffenen in Datenübermittlungen an den Pflege-Anbieter dürften praktisch kaum möglich sein, zumal die betroffenen Auftraggeber-Mitarbeiter, -Kunden etc einem ständigen Wechsel unterliegen. Das bedeutet im Ergebnis, dass die Software-Pflege durch einen (externen) Anbieter nur dann datenschutzrechtlich zulässig ist, wenn Auftraggeber und Pflege-Anbieter die Anforderungen des § 11 BDSG erfüllen und einen Vertrag über die Auftragsdatenverarbeitung schließen.[103]

111   Vermeiden lässt sich dies allenfalls dadurch, dass vertraglich und tatsächlich sichergestellt ist, dass der Pflege-Anbieter nicht mit personenbezogenen Daten in Berührung kommt. Dem entsprechen aber die meisten Vertragstexte insbesondere bei Pflege nicht. Gerade bei Remote-Service mit entsprechenden Mitwirkungsleistungen des Kunden müssen wohl stets die strengen Anforderungen des § 11 BDSG eingehalten werden.

112   Kriterium dafür, ob ein Vertrag nach § 11 BDSG abzuschließen ist, ist die Zugriffsmöglichkeit des Pflege-Anbieters auf personenbezogene Daten des Kunden bzw. beim Kunden. Entscheidend ist, ob die Möglichkeit eines solchen Zugriffs auf personenbezogene Daten ausgeschlossen werden kann oder nicht. Es ist also ein Vertrag entsprechend § 11 BDSG abzuschließen, wenn die Möglichkeit des Zugriffs nicht vollständig ausgeschlossen ist.

---

[102] § 11 BDSG gilt.
[103] Zu den datenschutzrechtlichen Anforderungen im Einzelnen und auch zu den Konsequenzen bei Datenschutzverstößen (etwa Bußgelder) → § 33 Compliance, IT-Sicherheit, Ordnungsmäßigkeit der Datenverarbeitung und → § 34 Recht des Datenschutzes.

Bei der Handhabung mancher Pflegeverträge ist es zudem üblich, dass der Auftraggeber 113
dem Auftragnehmer auf Anforderung „die ganze Datenbank" schickt, damit dieser evtl.
Mängel und Mängelursachen über die Dateninkonsistenzen analysieren kann, evtl. aber
auch bei der Beseitigung der Inkonsistenzen unterstützt. Eine solche Datenübermittlung ist
per se unzulässig, wenn kein Auftragsdatenverarbeitungsvertrag nach § 11 BDSG besteht, es
sei denn alle Betroffenen haben eingewilligt. Letzteres dürfte in der Praxis kaum handhabbar sein.

Die Eckpunkte eines Auftragsdatenverarbeitungsvertrages, der eine Anlage zum Pflegevertrag 114
oder inkorporierter Bestandteil des Pflegevertrages oder gesondert vereinbart sein
kann, ergeben sich aus § 11 Abs. 2 BDSG. Der Vertrag muss schriftlich vorliegen und insbesondere
zehn Punkte enthalten.[104] Für Pflege relevant ist va § 11 Abs. 2 S. 2 Nr. 1 BDSG,
wonach Gegenstand und Dauer des Auftrags festzulegen sind und zudem der Auftragnehmer
nach § 11 Abs. 2 S. 1 BDSG unter besonderer Berücksichtigung der Eignung der vom
Auftragnehmer getroffenen technischen und organisatorischen Maßnahmen sorgfältig auszuwählen ist.

Nach § 11 Abs. 2 Nr. 2 BDSG ist außerdem der Umfang, die Art und der Zweck der vorgesehenen 115
Erhebung, Verarbeitung oder Nutzung von Daten, die Art der Daten und der
Kreis der Betroffenen festzulegen.[105] Das bedeutet, dass die verschiedenen Leistungen nach
dem Pflegevertrag genauer daraufhin zu überprüfen sind, inwieweit sie zum Umgang mit
personenbezogenen Daten führen (können). Das Beispiel der Überprüfung von Inkonsistenzen
(wie erwähnt) wäre etwa ein solcher Fall. Je nach Art und Umfang der Zugriffsmöglichkeit,
die der Pflege-Anbieter auf die personenbezogenen Daten des Auftraggebers hat,
sind dann im Auftragsdatenverarbeitungsvertrag die zu treffenden technischen und organisatorischen
Maßnahmen festzulegen (siehe § 11 Abs. 2 Nr. 3 iVm § 9 BDSG). Etwa können
(und müssen) für einen Vor-Ort-Service va auch seitens des Auftraggebers Sicherheitsmaßnahmen
getroffen werden, dass die Auftraggeber-Daten ua passwortgeschützt sind und
der Anbieter (bzw. sein Personal) nur in Anwesenheit eines Auftraggeber-Mitarbeiters
Zugriff zu personenbezogenen Daten des Auftraggebers erhält. Bei Remote-Service sind
gänzlich andere Sicherheitsmaßnahmen erforderlich. Besonders hohe Anforderungen an die
Sicherheitsmaßnahmen sind bei **besonderen Arten personenbezogener Daten** im Sinne von
§ 3 Abs. 9 BDSG zu stellen (etwa bei Pflege von Software in Arztpraxen, Krankenhäusern
uä).[106]

116

Formulierungsvorschlag:[107]

Sicherheitsmaßnahmen speziell bei Remote-Zugriff (Fernzugriff)

(1) Der Auftraggeber räumt dem Auftragnehmer und seinen Subunternehmern (speziell zu Subunternehmern siehe ……, zur Liste der Subunternehmer siehe Anlage 2) nur die Remote-/Fernzugriffsrechte ein, die der Auftragnehmer zur Durchführung des Pflegevertrages benötigt. Der Auftragnehmer darf von diesen Zugriffsrechten nur in dem für die Durchführung des Pflegevertrages tatsächlich erforderlichen Umfang Gebrauch machen.

(2) Der Auftragnehmer kündigt dem Auftraggeber jeweils den Beginn des Fernzugriffs per E-Mail oder telefonisch mit Bestätigung per E-Mail an, um dem Auftraggeber die Möglichkeit zu geben,

---

[104] → § 33 Compliance, IT-Sicherheit, Ordnungsmäßigkeit der Datenverarbeitung.
[105] Zu Auftragsdatenverarbeitungsverträgen siehe auch Moos (Hrsg.), Datennutzungs- und Datenschutzverträge, Teil 2.
[106] Siehe dazu im Einzelnen: Arbeitskreise Gesundheit und Soziales sowie Technische und organisatorische Datenschutzfragen der Konferenz der Datenschutzbeauftragten des Bundes und der Länder, Orientierungshilfe Krankenhausinformationssystem (Teil II), Stand März 2014, abrufbar unter:
http://www.lfd.niedersachsen.de/portal/live.php?navigation_id=13016&article_id=95681&_psmand=48 (letzter Abruf 15.12.2014).
[107] Eher auftraggeberfreundliches, aber nicht zu einseitiges Formulierungsbeispiel für Sicherheitsmaßnahmen in Anlehnung an ein älteres, öffentlich zugängliches Muster des Landesbeauftragten für den Datenschutz Baden-Württemberg (Stand 1998), abrufbar unter http://www.baden-wuerttemberg.datenschutz.de/service/lfd-merkblaetter/fernwartung.htm.

die Maßnahmen des Auftragnehmers während des Fernzugriffs zu dokumentieren,[108] zu verfolgen und eventuell erforderliche technisch-organisatorische Maßnahmen (etwa zur Sicherung) zu ergreifen und den Vorgang zu kontrollieren.[109]

(3) Der Auftragnehmer darf personenbezogene Daten im Wege eines Filetransfers oder Downloads für Zwecke der Fehleranalyse und -behebung nur dann von den Datenverarbeitungssystemen des Auftraggebers abziehen und auf sein eigenes kopieren, wenn er dafür jeweils zuvor und für den Einzelfall die Einwilligung des Auftraggebers eingeholt hat.

(4) Der Auftraggeber ist berechtigt, den Fernzugriff von einem Kontrollbildschirm aus zu verfolgen und jederzeit abzubrechen. Der Auftragnehmer wirkt insoweit mit und unterstützt den Auftraggeber.

(5) Personenbezogene Daten, die der Auftragnehmer beim Fernzugriff erhalten hat, wird der Auftragnehmer dem Auftraggeber unverzüglich zurückgeben, wenn diese Daten für die Durchführung der Leistungen des Auftragnehmers nach dem Pflegevertrag nicht mehr erforderlich sind, oder mit Einwilligung des Auftraggebers löschen. Etwaige dem Auftragnehmer übergebene Papierausdrucke mit personenbezogenen Daten muss der Auftragnehmer nach Abschluss der Wartungs-/Pflegearbeiten gemäß dem Pflegevertrag unverzüglich zurückgeben oder mit Zustimmung des Auftraggebers datenschutzgerecht vernichten. Zur Datenrückgabe siehe auch ....

117 Der Auftragnehmer kann unter Umständen die Pflichten des Pflegevertrages nicht allein erfüllen und bedingt sich infolge dessen aus, dass er evtl. Dritte einschalten kann. Haben auch diese Dritten (etwa Freelancer des Pflege-Anbieters oder die Mitarbeiter des Herstellers, der nicht Partner des Pflegevertrags ist) eine – und sei es auch nur potentielle – Zugriffsmöglichkeit auf personenbezogene Daten des Auftraggebers, ist § 11 BDSG zu beachten. Um den Anforderungen des § 11 BDSG zu genügen, ist es am einfachsten, wenn diese Dritten von Anfang feststehen und – mit Einverständnis des Auftraggebers – in einer Anlage zum Auftragsdatenverarbeitungsvertrag festgelegt werden. Stehen die Dritten nicht von Anfang an fest oder ändern sie sich während des Laufs des Pflegevertrages, muss jeweils die ausdrückliche Zustimmung des Auftraggebers eingeholt werden. Dies ergibt sich aus § 11 Abs. 2 Nr. 6 BDSG. In beiden Fällen müssen die Dritten entsprechend den Regelungen des Auftragsdatenverarbeitungsvertrages, wie er zwischen dem Auftraggeber und dem Pflege-Anbieter besteht, verpflichtet werden.

118 Häufig bedingt sich zwar der Auftragnehmer aus, dass er vor Ort beim Auftraggeber Betretungsrechte uä hat. Im Hinblick auf die Kontrollrechte des Auftraggebers muss aber ebenfalls Vorsorge getroffen werden, dass der Auftraggeber seinerseits überprüfen kann, wie der Auftragnehmer seinen datenschutzrechtlichen Pflichten nachkommt und seine technischen und organisatorischen Sicherheitsmaßnahmen einhält (§ 11 Abs. 2 S. 2 Nr. 7, S. 3–4 BDSG).

Praxistipp:
Werden etwa Betretungs- und Kontrollrechte seitens des Auftraggebers (bzw. eines von ihm beauftragten Dritten) für das Rechenzentrum des Auftragnehmers vereinbart, dann ist der Auftragnehmer regelmäßig daran interessiert, die Kontrollbefugnisse auf die gesetzlich erforderlichen Kontrollen (ausgeführt etwa durch den betrieblichen Datenschutzbeauftragten des Auftraggebers) zu beschränken. Der Auftraggeber will häufig sein datenschutzrechtliches Kontrollrecht zu einem umfassenden Auditrecht erweitern (Qualitätskontrolle auch im Übrigen) und dafür zB auch externe Unternehmens-, IT-Berater uä einsetzen dürfen.

---

[108] Auftraggeberfreundlicher wäre es, die Dokumentationspflicht dem Auftragnehmer aufzuerlegen und dem Auftraggeber das Recht einzuräumen, die Dokumentationen des Auftragnehmers regelmäßig und anlassabhängig im Einzelfall zu überprüfen.
[109] Wird der Fernzugriff für jeden Einzelfall von einer ausdrücklichen vorherigen Zustimmung des Auftraggebers (zB per E-Mail) abhängig gemacht, erhöht dies die Kontrollmöglichkeit für den Auftraggeber und somit grds. das datenschutzrechtliche Sicherheitsniveau. Allerdings wird dadurch möglicherweise die Auftragsdurchführung für den Anbieter unzumutbar erschwert, da Fernwartungsarbeiten häufig abends bzw. feiertags oder am Wochenende ausgeführt werden. Die in der Beispielsformulierung vorgeschlagene Ankündigungspflicht scheint daher zumindest dann interessengerechter, wenn nicht besonders schützenswerte/sensible Daten betroffen sind. Im letzteren Fall kann ein Remote-Service wegen des regelmäßig höheren Sicherheitsrisikos möglicherweise insgesamt zu unsicher und somit unzulässig nach § 11 Abs. 2 iVm § 9 BDSG sein.

II. Pflege von Software

Der Vertrag muss auch festhalten, in welchem Umfang der Auftraggeber sich Weisungsbefugnisse gegenüber dem Auftragnehmer vorbehält. Das gilt insbesondere für Remote-Service. Eine Regelung insoweit kann darin bestehen, dass der Auftraggeber sich vorbehält, die Freischaltung für den Auftragnehmer nach entsprechender Anforderung durch den Auftragnehmer davon abhängig zu machen, dass seitens des Auftragnehmers genügend Vorsichtsmaßnahmen getroffen sind. Das bedeutet, dass der Auftragnehmer nicht jederzeit die Remote-Services durchführen kann.[110] Die Informations- und Freigabe-„Wege" (welche Personen beim Auftraggeber welchen Personen beim Auftragnehmer entsprechende Informationen geben, Freigaben erteilen dürfen uä), sollten im Einzelnen genau festgelegt werden.

Falls der Auftragsdatenverarbeitungsvertrag und die Sicherheitsmaßnahmen (evtl. auch die Liste der Subunternehmer und deren Leistungsbeiträge) in einer oder mehreren Anlagen zum Pflegevertrag geregelt werden, ist die entsprechende textliche Abfassung und verbindliche Unterzeichnung empfehlenswert. Das gilt insbesondere falls später Änderungen oder Ergänzungen am Pflegevertrag vorgenommen werden und ggf. unklar ist, welche Fassung des Vertrages gilt. Denn die Anlage(n) zur Auftragsdatenverarbeitung bzw. die schriftliche Festlegung darin haben auch die Funktion, im Falle von behördlichen Prüfungen den notwendigen Nachweis gegenüber der Datenschutzaufsichtsbehörde zu erbringen.

b) Spezielle Anforderungen bei kommunalen Auftraggebern, Landesverwaltungen und anderen öffentlichen Stellen der Länder. Nicht nur IT-Systeme von Unternehmen der Privatwirtschaft müssen gepflegt werden. Auch öffentliche Stellen setzen für Pflege- und Wartungsarbeiten regelmäßig externe Anbieter ein.

> **Praxistipp für den Auftragnehmer:**
> Pflegeanbieter, die für öffentliche Stellen tätig werden und Standard-Auftragsdatenverarbeitungsverträge einsetzen, müssen beachten, dass § 11 BDSG auf öffentliche Stellen der Länder[111] im Regelfall nicht anwendbar ist (zu den Ausnahmen siehe § 1 Abs. 2 Nr. 2 BDSG). In allen 16 Bundesländern existiert je ein eigenes Landesdatenschutzgesetz.[112] Im Detail gibt es – jedenfalls was den Wortlaut der landesgesetzlichen Vorschriften betrifft – deutliche Unterschiede im Vergleich der Bundesländer untereinander und im Vergleich zum BDSG (su Tabelle → Rn. 125).

Im Berliner Landesdatenschutzgesetz (§ 3 Abs. 1) ist zB ein 10-Punkte-Katalog als Anforderung an den schriftlichen Auftrag eingeführt worden (vergleichbar mit § 11 Abs. 2 BDSG). In den meisten Bundesländern ähnelt die Regelung der Auftragsdatenverarbeitung eher der alten Fassung des § 11 BDSG vor der Änderung zum 1.9.2009. Insoweit ist möglicherweise die praktische Auswirkung der unterschiedlichen Regelungen eher gering, wenn man zum Vergleich die Regelung des § 11 Abs. 2 BDSG (in Kraft seit 1.9.2009) und die herrschende Ansicht[113] zu § 11 BDSG aF heranzieht.

Deutliche Unterschiede scheint es bei den Regelungen zu den technischen und organisatorischen Maßnahmen zu geben (su Tabelle). In manchen Bundesländern (etwa in Berlin und Hamburg, su Tabelle) werden die Zielvorgaben der Kontroll- und Organisationsmaßnahmen benannt (Vertraulichkeit, Integrität, Verfügbarkeit, Authentizität, Revisionsfähigkeit, Transparenz). Andere Bundesländer sehen Kontrollgebote ähnlich der Anlage zu § 9 BDSG vor, teilweise mit etwas anderen Geboten.

---

[110] → Rn. 116 Formulierungsbeispiel.
[111] Die Abgrenzung zwischen einer öffentlichen und einer nichtöffentlichen Stelle und die Frage der Anwendbarkeit des BDSG können im Einzelfall schwierig sein. So ist für öffentliche Stellen der Länder, die Leistungen nach dem Sozialgesetzbuch erbringen, das BDSG anwendbar, siehe Simitis/*Simitis* BDSG § 1 Rn. 129.
[112] Siehe Übersicht unter www.datenschutz.de/recht/gesetze.
[113] Nach herrschender Ansicht in der datenschutzrechtlichen Literatur waren auch schon vor dem 1.9.2009 schriftliche Festlegungen in einem Auftragsdatenverarbeitungsvertrag erforderlich, die dem 10-Punkte-Katalog entsprechen, Simitis/*Walz* BDSG § 11 Rn. 49 ff.

124 Weitere **inhaltliche Unterschiede** gibt es etwa
- bei den Hinweis- und Meldepflichten (Müssen Aufsichtsbehörden informiert werden? Wenn ja, wann und worüber? Wer muss informieren – Auftraggeber oder Auftragnehmer?),
- bei der Pflicht zur Unterwerfung des AN unter Kontrollen durch den jeweiligen Landesbeauftragten für Datenschutz (in manchen Bundesländern „für Datenschutz und Informationsfreiheit"),
- bei speziellen Regelungen zur Wartung/Pflege,
- bei Risikoanalyse/Sicherheitskonzept/Vorabuntersuchung durch die verantwortliche Stelle und bei der Vorabkontrolle durch den behördlichen Datenschutzbeauftragten, soweit dies speziell die Pflege bzw. den Pflegeauftrag betrifft.

Praxistipp für den Auftragnehmer:
Will der Pflegeanbieter für alle seine Kunden (auch zB Kommunen in unterschiedlichen Bundesländern) möglichst einen einheitlichen Auftragsdatenverarbeitungsvertrag verwenden, so kann Folgendes helfen:
- Soweit ersichtlich verlangt kein Datenschutzgesetz, dass in der schriftlichen Beauftragung Gesetzesvorschriften zu zitieren sind. Ein Zitat von Vorschriften erschwert die einheitliche Verwendung des Mustervertrages gerade im Hinblick auf öffentliche Auftraggeber.
- Im Hinblick auf die erforderlichen Festlegungen im schriftlichen Auftrag scheint im Wesentlichen eine Orientierung an den Vorgaben des § 11 BDSG möglich.
- Ausdrücklich im Auftrag geregelt werden sollten regelmäßig (soweit für den Auftrag relevant, weil ein IT-System mit nachstehenden Daten zu pflegen ist) Zugriffsmöglichkeiten auf:
  – besondere Arten von personenbezogenen Daten,
  – Daten die einem Berufs- oder Amtsgeheimnis unterliegen,
  – Daten, die zur Verfolgung von Straftaten oder Ordnungswidrigkeiten erhoben werden,
  – personenbezogene Kredit- und Bankkontendaten (siehe auch § 42a S. 1 Nr. 4 BDSG).
- Auch wenn bei den technischen und organisatorischen Maßnahmen die Kontrollziele bzw. Kontrollgebote der einzelnen Bundesländer sehr unterschiedlich erscheinen, verlangt – soweit ersichtlich – kein Datenschutzgesetz, dass die tatsächlichen Maßnahmen (zB Passwortschutz) unter die einzelnen Kontrollziele/-gebote subsumiert werden. Die Maßnahmen könnten also in Form eines Pflichtenhefts festgelegt werden. Es kann sich allerdings etwa für den Fall einer behördlichen Überprüfung empfehlen, im Auftragsdatenverarbeitungsvertrag eine Zuordnung der Kontrollgebote nach Anlage zu § 9 BDSG zu den landesspezifischen Kontrollgeboten/-zielen durchzuführen (etwa Verfügbarkeit: wird gewährleistet durch Zugangs-, Zutritts-, Zugriffs-, Weitergabekontrolle ....) und eine Zuordnung der tatsächlichen Maßnahmen vorzunehmen.
- Im Regelfall keine bundesländerübergreifende einheitliche Regelung scheint möglich etwa bei den Melde-/Kontroll-/Unterwerfungspflichten gegenüber Fachaufsichtsbehörden, Landesdatenschutzbeauftragten und sonstigen Datenschutzkontrollbehörden. Insoweit könnte zB eine Anlage mit diesen und weiteren bundeslandspezifischen Besonderheiten vorgesehen werden.

II. Pflege von Software § 14

Tabellarischer Vergleich[114] ausgewählter landesdatenschutzgesetzlicher Anforderungen an die Auftragsdatenverarbeitung bei Wartung/Pflege

Legende: AG = Auftraggeber, AN = Auftragnehmer, LBfD[115] = Landesbeauftragter für Datenschutz (in manchen Bundesländern: für Datenschutz und Informationsfreiheit), DSB = (behördlicher) Beauftragter für den Datenschutz, DV = Datenverarbeitung, ADV = Auftragsdatenverarbeitung

	Baden-Württemberg	Berlin	Hamburg	Hessen	NRW
Stand des jeweiligen Landesdatenschutzgesetzes	Zuletzt geändert durch Gesetz v. 3.12.2013	Zuletzt geändert durch Gesetz v. 16.5.2012	Zuletzt geändert durch Gesetz v. 5.4.2013	Zuletzt geändert durch Gesetz v. 20.5.2011	Zuletzt geändert durch Gesetz vom 5.7.2011
Vorschrift über die „Verarbeitung personenbezogener Daten im Auftrag" (gekürzt und zusammengefasst)	§ 7 Abs. 1 LDSG BW (ähnlich § 11 Abs. 1 BDSG) § 7 Abs. 2 BDSG • Sorgfältige Auswahl des AN unter Berücksichtigung der techn./organ. Maßnahmen. • Schriftliche Beauftragung. • Festlegung von Gegenstand und Umfang der Datenverarbeitung + techn./ organ. Maßnahmen. • Festlegung Unterauftragsverhältnisse. • Befolgung Weisungen des AG.	§ 3 Abs. 1 BlnDSG: • Sorgfältige Auswahl des AN durch AG unter Berücksichtigung der technischen und organisatorischen Maßnahmen. • Schriftliche Erteilung des Auftrags mit Festlegungen gemäß 10-Punkte-Katalog (entspricht § 11 Abs. 2 S. 2 BDSG). • AG hat sich von der Einhaltung des 10-Punkte-Katalogs zu überzeugen. § 3 Abs. 2 BlnDSG: • Verarbeitung durch AN nur im Rahmen der Weisungen des AG. • Weisungen, die zu einem Verstoß gegen das BlnDSG führen würden, dürfen von AN nicht ausgeführt werden.	§ 3 Abs. 1 HmbDSG • Sorgfältige Auswahl des AN unter Berücksichtigung der techn./organ. Maßnahmen. • Bei Erteilung des Auftrags erforderlichenfalls ergänzende Maßnahmen festlegen. • Festlegung Unterauftragsverhältnis • AG hat AN zu verpflichten, Daten nur zu den überlassenen Zwecken zu verarbeiten.	§ 4 Abs. 1 HDSG • AG bleibt verantwortl. Stelle • AN darf nur im Rahmen Weisungen des AG verarbeiten § 4 Abs. 2 HDSG • **Anforderungen an schriftliche Festlegungen gelten entsprechend für ergänzende Weisungen.** • AG muss prüfen, ob AN erhöhte Anforderungen an die Verarbeitung von **Daten, die Amts- oder Berufsgeheim-**	§ 11 Abs. 1 S. 1 und S. 2 DSG NRW (ähnlich § 11 Abs. 1 BDSG) • Sorgfältige Auswahl des AN unter Ber. ... • Schriftliche Beauftragung. • Festlegung von Weisungen zu techn./organ. Maßnahmen. • Festlegung Unterauftragsverhältnisse. • Befolgung Weisungen des AG.

[114] Die Tabelle ist angelehnt an eine ursprüngliche Fassung von *Hausen/Conrad*. Der Vergleich erhebt keinen Anspruch auf Vollständigkeit. Insb. die landesgesetzlichen Anforderungen an eine Auftragsdatenverarbeitung und an die Vorabkontrolle wurden nur punktuell, verkürzt und zusammengefasst wiedergegeben. Die Übersicht soll lediglich eine erste Orientierungshilfe hinsichtlich der unterschiedlichen Anforderungen in den ausgewählten Bundesländern bieten. Für den Entwurf von Auftragsdatenverarbeitungsverträgen müssten die jeweiligen Regelungen im Wortlaut herangezogen werden. Das älteste Datenschutzgesetz stammt aus Hessen. Die anderen Bundesländer haben sich teilweise daran orientiert. In der Tabelle sind jedoch die Spalten in alphabetischer Reihenfolge angegeben.

[115] Der Landesbeauftragte ist – ebenso wie der Bundesbeauftragte – eine Datenschutzaufsichtsbehörde und nicht zu verwechseln mit dem (betrieblich/behördlichen) Beauftragten für den Datenschutz (DSB) gem. §§ 4f, 4g BDSG bzw. gem. der entsprechenden landesrechtlichen Vorschrift, der lediglich eine interne Kontrollinstanz der verantwortlichen Stelle ist.

§ 14 Softwarepflege-Verträge

	Baden-Württemberg	Berlin	Hamburg	Hessen	NRW
		• Daten, die unter Verstoß gegen eine Rechtsvorschrift erlangt wurden, dürfen durch AN nicht verarbeitet werden.	• AG hat AN zur Rückgabe/Löschung von Daten/ Datenträgern zu verpflichten.	nis unterliegen, sowie von **bes. Arten personenbezogener Daten**, erfüllt. • **Nicht-öffentliche AN dürfen nur beauftragt werden, wenn weder Vorschriften zu Amts-/Berufsgeheimnis noch schutzwürdige Belange entgegenstehen.**	
Hinweis-/Melde-/ Unterwerfungspflichten	§ 7 Abs. 2 LDSG BW: • Unterrichtung der **Fachaufsichtsbehörde** über Auftragserteilung. § 7 Abs. 3 LDSG BW: • Unverzüglicher Hinweis des AN an **AG**, falls eine Bestimmung des LDSG BW oder gegen andere Datenschutzvorschrift verstößt.	§ 3 Abs. 2 BlnDSG: • AN muss den **AG und** dessen **Aufsichtsbehörde** unverzüglich berichten, wenn Weisungen des AG gegen BlnDSG verstoßen soll oder wenn AN Daten verarbeiten soll, die unrechtmäßig erlangt wurden. § 3 Abs. 4 BlnDSG: • AG muss Unterwerfung des AN unter die Kontrolle des **Berliner LBfDI** vertraglich sicherstellen, sofern die Datenverarbeitung im Geltungsbereich des BlnDSG durchgeführt wird. • AG muss **Berliner LBfDI** über Beauftragung informieren, soweit Datenverarbeitung in anderem Bundesland oder EU-Land.	§ 3 Abs. 3 HmbDSG: • Unterwerfung AN unter Kontrolle des **Hamburgischen LBfD** soweit HmbDSG auf AN keine Anwendung findet und Verarbeitung im Geltungsbereich des HmbDSG durchgeführt wird.	§ 4 Abs. 1 S. 3 HDSG: • AN muss AG unverzüglich hinweisen, wenn nach seiner Ansicht Weisung gegen HDSG oder andere Rechtsvorschrift verstößt. § 4 Abs. 3 HDSG: • Sofern die Vorschriften des HDSG auf AN keine Anwendung finden, hat AG vertraglich sicherzustellen, dass AN die Vorschriften des HDSG befolgt und sich der Kontrolle	§ 11 Abs. 3: • AG vertraglich sicherstellen, dass AN die Bestimmungen des DSG NW befolgt und sich der Kontrolle des **LBfDI NW** unterwirft. • Bei Auftragsdurchführung außerhalb des Geltungsbereichs des DSG NW ist die **zuständige Datenschutzkontrollbehörde** zu unterrichten.

II. Pflege von Software

	Baden-Württemberg	Berlin	Hamburg	Hessen	NRW
Technische und organisatorische Maßnahmen allgemein (vergleichbar mit § 9 BDSG) sowie den Kontrollgeboten nach Anlage zu § 9 BDSG	§ 9 Abs. 1–2 LDSG BW: • Datenvermeidung und Datensparsamkeit • Erforderlich sind Maßnahmen, wenn Aufwand im Vergleich zu Art der Daten und Art der Verarbeitung angemessen. § 9 Abs. 3 LDSG BW Kontrollmaßnahmen unter Berücksichtigung Stand der Technik: 1. Zutrittskontrolle 2. Datenträgerkontrolle 3. Speicherkontrolle 4. Benutzerkontrolle 5. Zugriffskontrolle 6. Übermittlungskontrolle 7. Eingabekontrolle 8. Auftragskontrolle 9. Transportkontrolle 10. Verfügbarkeitskontrolle 11. Organisationskontrolle **Ermächtigung Landesregierung** zur Fortschreibung der Anforderungen	§ 5 Abs. 1 S. 2 BlnDSG: • Art und Weise der Maßnahmen hat für den Schutzzweck angemessen zu sein und richtet sich nach dem jeweiligen Stand der Technik § 5 Abs. 2 BlnDSG: 1. Vertraulichkeit 2. Integrität 3. Verfügbarkeit 4. Authentizität 5. Revisionsfähigkeit 6. Transparenz § 5 Abs. 3–5 BlnDSG: • Falls (trotz Sicherheitsmaßnahmen und Modifizierung des DV-Verfahrens) untragbare Risiken verbleiben, **darf DV-Verfahren nicht eingesetzt werden.** • Bei nicht-automatisierter DV gilt § 5 Abs. 2 Nr. 1–4. entsprechend. • Trennung der Daten nach jeweils verfolgten Zwecken und unterschiedlichen Betroffenen (Trennungsgebot)	§ 8 Abs. 1 S. 2 HmbDSG: • Angemessenes Verhältnis von Aufwand zu Schutzwürdigkeit der Daten § 8 Abs. 2 HmbDSG: Nr. 1.–5. wie Berlin § 8 Abs. 3 HmbDSG: • Bei **nicht-automatisierter** DV insbes. Zugriffskontrolle bei Bearbeitung, Aufbewahrung, Transport und Vernichtung. § 8 Abs. 4 HmbDSG: • **Automatisierte DV nur zulässig, wenn** Gefahren durch techn./organ. Maßnahmen wirksam beherrscht werden können, es sei denn,	des **Hessischen LfD** unterwirft. • AG muss **Hessischen LBfD** über Beauftragung unterrichten. § 10 Abs. 1 HDSG: • Erforderlich sind Maßnahmen, wenn Aufwand im Vergleich zu Art der Daten und Art der Verarbeitung angemessen. § 10 Abs. 2 HDSG: • **Datensparsamkeit.** • **Schriftliche Anordnungen von Maßnahmen** (allgemein bei der verantwortlichen Stelle, nicht nur bei ADV.) Kontrollgebote: 1. Zutrittskontrolle 2. Benutzerkontrolle 3. Zugriffskontrolle 4. Datenverarbeitungskontrolle 5. Verantwortlichkeitskontrolle 6. Auftragskontrolle 7. Dokumentationskontrolle	§ 10 Abs. 2 DSG NRW: Nr. 1.–6. wie Berlin § 10 Abs. 3 DSG NW • Zu dokumentierendes **Sicherheitskonzept.** • Überprüfung und Anpassung der Maßnahmen hins. Rahmenbedingungen und Entwicklungen der Technik § 10 Abs. 4 DSG NW • **Landesrechnungshof** kann verlangen, dass Maßnahmen nach § 10 Abs. 1–3 zeitnah geschaffen werden.

	Baden-Württemberg	Berlin	Hamburg	Hessen	NRW
			solche Maßnahmen sind wegen Unverhältnismäßigkeit nicht erforderlich.	8. Organisationskontrolle § 10 Abs. 3 HDSG: • Nicht-automatisierter DV: wie Hamburg.	
Risikoanalyse, Sicherheitskonzept, Vorabkontrolle (Vorabkontrolle teilw. vergleichbar mit § 4d Abs. 5 BDSG) *Hinweis: Regelungen zur Vorabkontrolle sind an diversen weiteren Stellen in den LDSG und anderen landesrechtlichen Vorschriften vorhanden*	§ 12 LDSG BW • **Bei besonderen Gefahren** für das Persönlichkeitsrecht, insb. auf Grund der Art oder der Zweckbestimmung der Verarbeitung, darf das Verfahren erst einsetzen, wenn sichergestellt ist, dass diese Gefahren nicht bestehen oder durch techn./organ. Maßnahmen verhindert werden. • Gilt insb. für **automatisierte Abrufverfahren,** Verarbeitung **bes. Arten von pers. Daten** und Herausgabe von Datenträgern nach § 5 Abs. 2 LDSG BW. • Vorabkontrolle durch DSB (sofern bestellt, sonst LfD BW); **DSB hat sich in Zweifelsfällen an LfD BW zu wenden.**	§ 5 Abs. 3 BlnDSG: • Risikoanalyse und Sicherheitskonzept. • **Vorabkontrolle** (durch DSB) bei Daten, die **Berufs- oder besonderen Amtsgeheimnis** unterliegen oder die zur **Verfolgung von Straftaten und Ordnungswidrigkeiten** erhoben werden. • Wiederholung in regelmäßigen Abständen	§ 8 Abs. 4 HmbDSG: • **Vorabuntersuchung der Risiken** durch die verantwortliche Stelle. • Bei **besonderen Gefährdungen für Rechte der Betroffenen Vorabkontrolle** durch den DSB (falls nicht bestellt durch HmbLfDI)	§ 5 Abs. • Bei Vorabkontrolle hat DSB **im Zweifelsfall den Hess. LfD zu hören.** § 7 Abs. 6 HDSG: • Vor Einsatz oder wesentlicher Änderung eines autom. DV-Verfahrens hat verantwortl. Stelle zu untersuchen, ob damit Gefahren für Persönlichkeitsrecht bestehen. • Gilt bes. für bes. Arten von pers. Daten. DV-Verfahren nur zulässig, wenn Gefahren nicht bestehen oder durch techn./organ. Maßnahmen verhindert. • Vorlage zur Vorabkontrolle durch DSB	§ 10 Abs. 3 DSG NW • **Vorabkontrolle** (als Bestandteil des Sicherheitskonzepts) **hins. Gefahren** vor Einsatz oder wesentlicher Änderung eines DV-Verfahren. § 10 Abs. 4 DSG NW • **Landesrechnungshof** kann verlangen, dass Maßnahmen nach § 10 Abs. 1–3 zeitnah geschaffen werden.

II. Pflege von Software

	Baden-Württemberg	Berlin	Hamburg	Hessen	NRW
Sonderregelungen Wartung/Pflege (auch für Installation und Überprüfung von Software/Hardware)	§ 7 Abs. 5 LDSG BW Bei Wartungsarbeiten und vergleichbare Hilfstätigkeiten durch Dritte *„gilt dies als Datenverarbeitung im Auftrag"*. Hinweis des LBfD BW zur Systematik der Auftragsdatenverarbeitung speziell bei Wartung/Pflege	§ 3a BlnDSG Definition (§ 3a Abs. 4 lit. a): Wartung ist die Summe der Maßnahmen zur Sicherstellung der Verfügbarkeit und Integrität der Hard- und Software von Datenverarbeitungsanlagen; dazu gehören Installation, Pflege, Überprüfung, Korrektur von Software, Überprüfung/Reparatur/Austausch von Hardware Grundsatz (§ 3a Abs. 1 S. 1): Datenverarbeitungssysteme sind so zu gestalten, dass bei ihrer Wartung möglichst nicht auf personenbezogene Daten zugegriffen werden kann. (§ 3a Abs. 1 S. 2 und 3): Sofern dies nicht sichergestellt ist, hat die datenverarbeitende Stelle durch technische und organisatorische Maßnahmen sicherzustellen, dass nur auf die für die Wartung unbedingt erforderlichen personenbezogenen Daten zugegriffen werden kann. Dabei sind insbesondere folgende Anforderungen zu erfüllen: Es ist 1. sicherzustellen, dass nur dafür autorisiertes Personal die Wartung vornimmt, 2. sicherzustellen, dass jeder Wartungsvorgang nur mit Wissen und Wollen der speichernden Stelle erfolgen kann, 3. zu verhindern, dass personenbezogene Daten im Rahmen der Wartung unbefugt entfernt oder übertragen werden,	§ 3 Abs. 4 HmbDSG Entsprechende Anwendung der allgemeinen Vorschriften zur Auftragsdatenverarbeitung bei 1. beratenden, begutachtenden oder vergleichbaren unterstützenden Tätigkeiten, 2. Wartungsarbeiten oder Hilfstätigkeiten bei der DV.	§ 4 Abs. 4 HDSG Bei *„Wartungsarbeiten und vergleichbaren Hilfstätigkeiten"* lediglich Verweis auf die allgemeinen Vorschriften zur Auftragsdatenverarbeitung.	§ 11 Abs. 4 DSG NRW: Speziell bei *„Wartung und Systembetreuung"*: • Unterliegen Regelungen der ADV. • Fachliche Qualifikation und Zuverlässigkeit des AN. • **AG hat sicherzustellen, dass Kenntnisnahme von Daten durch AN nur, soweit unvermeidlich.** • Gilt auch für Daten, die Amts-/Berufsgeheimnis unterliegen. • Unverzügliche Datenlöschung nach Erledigung. • **Dokumentation der Maßnahmen zur Datenschutzkontrolle für 3 Jahre aufzubewahren.**

Baden-Württemberg	Berlin	Hamburg	Hessen	NRW
	4. sicherzustellen, dass alle Wartungsvorgänge während der Durchführung kontrolliert werden können, 5. sicherzustellen, dass alle Wartungsvorgänge nach der Durchführung nachvollzogen werden können, 6. zu verhindern, dass bei der Wartung Programme unbefugt aufgerufen werden können, die für die Wartung nicht benötigt werden, 7. zu verhindern, dass bei der Wartung Datenverarbeitungsprogramme unbefugt verändert werden können, und 8. die Wartung so zu organisieren und zu gestalten, dass sie den besonderen Anforderungen des Datenschutzes gerecht wird. (§ 3a Abs. 2) Darüber hinaus ist eine schriftliche Vereinbarung erforderlich mit Regelungen zu: 1. Art und Umfang der Wartung, 2. Abgrenzung der Rechte und Pflichten zwischen Auftraggeber und Auftragnehmer, 3. eine Protokollierungspflicht beim Auftraggeber und die Verpflichtung des Auftragnehmers, Weisungen des Auftraggebers zum Umgang mit den Daten auszuführen und sich an dessen Weisungen zu halten, 4. die Daten dürfen ausschließlich für den Zweck der Wartung verwendet werden,			

II. Pflege von Software

Baden-Württemberg	Berlin	Hamburg	Hessen	NRW
	5. Sicherstellung, dass keine Datenübermittlung an andere Stellen durch den Auftragnehmer erfolgt, 6. Löschung der Daten nach Abschluss der Wartungsarbeiten, 7. die technische Verbindung muss vom Auftraggeber hergestellt werden, sofern dies nicht möglich ist, ein Rückrufverfahren verbindlich festzulegen, 8. Anwesenheit des Systemverwalters ist möglichst sicherzustellen, 9. Verschlüsselung von personenbezogenen Daten auf dem Übertragungsweg nach dem jeweiligen Stand der Technik und 10. für den Fall, dass ein Auftragnehmer außerhalb der Mitgliedstaaten der Europäischen Union aus tätig wird, sind stets die jeweiligen Regelungen über die Übermittlung personenbezogener Daten an ausländische und internationale Stellen anzuwenden.			

7. Pflegeleistungen und „Service Level Agreements"

126 Sofern dem Kunden die Standardpflegeleistungen des Auftraggebers nicht ausreichen, werden häufig sog „Service Level Agreements" (SLA) – oft auch Service-Scheine, Dienstleistungsscheine oä genannt – vereinbart, die entweder in das Vertragsdokument integriert oder diesem als mit geltende Anlage beigefügt werden.

127 Zweck solcher SLA im Rahmen von Pflegeverträgen ist es, bei auftretenden Störungen die Einhaltung von definierten **Reaktions- bzw. Beseitigungszeiten** sicherzustellen.[116] Dazu ist jeweils festzulegen, worauf sich die Zeiten beziehen (Betriebszeit, festgelegte Zeitfenster, ohne Wochenenden, ohne Feiertage usw. oder 24/7, also rund um die Uhr. Diese Zeiten wiederum variieren ggf. in Abhängigkeit vom Service Level.[117] Des Weiteren wird geregelt, in welchen sog „Service-Zeiten" entsprechende Leistungen zu erbringen sind. Für den Fall der Nichteinhaltung der definierten Zeiten werden häufig **Sanktionen**, in der Regel in Gestalt einer pauschalierten Minderung, von pauschaliertem Schadensersatz oder von Vertragsstrafen, vereinbart.[118]

128 Service Level Agreements bewirken häufig eine Konkretisierung von Umfang und Qualität geschuldeter Leistungen. Außer im Bereich der Software-Pflege finden sich SLA primär im Bereich des IT-Outsourcings.[119]

129 Bei den Reaktions- bzw. Beseitigungszeiten wird für die vereinbarten Fristen häufig danach differenziert, welcher Art die Störung ist. Bei betriebsverhindernden Störungen oder solchen Störungen, die wesentliche Beeinträchtigungen der Nutzung begründen, werden regelmäßig kürzere Fristen vereinbart, als bei Störungen, die auf die Nutzung der Software nur unwesentliche Auswirkung haben.

130 a) **Reaktionszeit (time to respond).** Häufig ist in Verträgen zwar eine „Reaktionszeit" („time to respond") vereinbart, nicht aber, welche Maßnahmen der Auftragnehmer im Rahmen der Reaktionszeit konkret zu leisten hat.

Beispiel:
„Im Falle des Auftretens einer Störung gilt eine Reaktionszeit von 5 Stunden".

131 Zur Vermeidung von Unklarheiten empfiehlt sich eine präzise Beschreibung der Leistungen. Üblicherweise hat der Auftragnehmer im Rahmen der Reaktionszeiten Störungsmeldungen entgegenzunehmen und mit der Störungsanalyse bzw. mit der Störungsbeseitigung zu beginnen. Sofern die Behebung von Störungen in einem sog Trouble-Ticket-System zu dokumentieren ist, muss der Auftragnehmer in das System eine Störungsmeldung (sog „Ticket" oder „Call") aufnehmen. Des Weiteren sollte zu den Standardleistungen gehören, dass der Auftragnehmer dem Auftraggeber innerhalb der Reaktionszeit ein erstes Feedback zur vermuteten Störungsursache und zur voraussichtlichen Störungsbeseitigung und deren Dauer gibt. Der Beginn der Frist – Meldung, Registrierung oder Rückmeldung – sollte genau definiert und jeweils registriert werden (Ticket-, Reporting-System), s. a. e) → Rn. 143.

132 b) **Beseitigungszeiten (time to repair).** Die vertraglich vereinbarte Beseitigungszeit ist der Zeitraum, innerhalb dessen die Störung vom Auftragnehmer spätestens behoben sein muss. Insbesondere bei komplexer Software in einer komplexen Systemumgebung ist es für den Auftragnehmer problematisch, hier feste Zeiten zuzusagen, da nicht alle Problemgestaltungen vorhersehbar und schnell lösbar sind. Aus diesem Grund werden von der Auftragnehmerseite häufig nur Regelungen angeboten, die ein bloßes „Bemühen" des Anbieters vorsehen, die Störung innerhalb einer bestimmten Zeit zu beseitigen. Für den Auftraggeber bringen solche Klauseln keine wirkliche Sicherheit, da hierdurch keine echte Verpflichtung übernommen wird, die Leistung innerhalb eines konkreten Zeitraums mit Erfolg zu erbringen.

---

[116] Zu in Teilaspekten vergleichbaren Fragestellungen bei ASP, insbesondere zur Verfügbarkeitsvereinbarungen beim ASP-Vertrag, siehe *Peter* CR 2005, 404.
[117] Zu effektiven SL-Kriterien s. *Hartung/Stiemerling* CR 2011, 617.
[118] Siehe zur Rechtsnatur der Service Level in IT-Verträgen: *Schuster* CR 2009, 205.
[119] Siehe hierzu: *Redeker*, Handbuch der IT-Verträge, Rn. 641a ff.; *Bräutigam* CR 2004, 248; *Schuster* CR 2009, 205; → § 19 Outsourcing.

II. Pflege von Software

In der Regel setzt die Zusage einer Beseitigungszeit voraus, dass der Auftragnehmer entweder kontinuierlich Mitarbeiter vor Ort beim Auftraggeber einsetzt oder entsprechende Leistungen remote, also mittels Datenfernübertragung durch Zugriff auf die Systeme des Auftraggebers vornehmen kann. Deshalb muss sich der Auftragnehmer hier die umfassende Mitwirkung des Kunden bei der Störungsanalyse und Störungsbeseitigung vertraglich sichern. Dazu gehört auch die Vereinbarung der gemäß § 11 BDSG vorgeschriebenen Regelungen, → Rn. 110 ff.). 133

Vielfach können feste Beseitigungszeiten aus den vorgenannten Gründen nicht uneingeschränkt zugesagt werden. Der Kunde ist aber darauf angewiesen, dass die Software weitestgehend verfügbar bleibt. Daher wird häufig vereinbart, dass der Auftragnehmer – sofern er die Störung innerhalb der Wiederherstellungszeit nicht beseitigen kann – innerhalb dieser Wiederherstellungszeit zumindest eine Umgehungslösung („Workaround") zur Verfügung stellt. Dies ermöglicht dem Kunden die Nutzung der Software, wenn auch ggf. mit Einschränkungen, wenn der Auftragnehmer die Störung nicht innerhalb des von der Schwere der Auswirkung abhängigen Zeitfensters gänzlich beseitigen kann. Dennoch ist die endgültige Behebung der Störung und deren Ursache schnellstmöglich nachzuholen. 134

c) **Leistungszeit (Service-Zeit).** Im SLA ist zumeist auch geregelt, innerhalb welcher Zeiten die Reaktions- bzw. Beseitigungsfristen laufen. Diese Zeiten, in denen der Auftragnehmer zur Leistung verpflichtet ist, werden zumeist als „Service-Zeiten" bezeichnet. Je nach Anforderung des Kunden werden unterschiedliche Zeiten vereinbart: 135

Handelt es sich um Software bzw. Systeme von geringerer Bedeutung, so werden häufig Service-Zeiten innerhalb der üblichen Geschäftszeiten (etwa zwischen 8:00 und 18:00 Uhr unter Ausnahme von Samstagen, Sonntagen und – lokal unterschiedlichen, genau zu bestimmenden – Feiertagen) vereinbart. Die entsprechenden Fristen laufen in diesem Fall nur innerhalb dieser Service-Zeiten. 136

Formulierungsvorschlag für Reaktionszeiten:[120] 137

	Leistungs-kriterium	Geplante Verfügbarkeit	Einhaltung in %	Maximale Zeitspanne im Einzelfall
Support	Erreichbarkeit der Hotline	7.00 bis 18.00 Uhr	99,30 %	10 Minuten pro Tag
	Längste Rückrufzeit	7.00 bis 18.00 Uhr	80 %	4 Stunden
Störungs-management	Bestätigung der eingegangenen Störungs-meldung per Fax oder E-Mail	7.00 bis 18.00 Uhr	80 %	20 Minuten

......
Die Einhaltung bezieht sich auf jedes einzelne Leistungskriterium gesondert.
Die maximale Zeitspanne im Einzelfall definiert das jeweilige Leistungskriterium näher, indem sie eine Zeit bis zur Vornahme einer Handlung oder bei der Erreichbarkeit eine maximale Ausfallzeit regelt. Diese Zeitspannen laufen nur innerhalb der geplanten Verfügbarkeitszeiten.
Für die Einhaltung gilt bezogen auf ein Kalenderjahr die vereinbarte durchschnittliche monatliche Einhaltung. Von den geplanten Verfügbarkeitszeiten sind ausgenommen: eine geplante Nichtver-

---

[120] Dieses Formulierungsbeispiel stellt auf reine Reaktionszeiten ab und beinhaltet keine Zusage für die Fehler-/Störungsbeseitigung innerhalb einer bestimmten Zeitspanne. Die vereinbarten Fristen laufen nur während der geplanten Verfügbarkeitszeiten. Ihre durchschnittliche Einhaltung wird in einem bestimmten Prozentsatz zugesagt. Gleichzeitig wird eine maximale Zeitspanne für jeden Einzelfall vereinbart. Es werden Zeitspannen für die einzelnen Aktivitäten in ihrer Reihenfolge definiert: Erreichbarkeit, Bestätigung des Meldungseingangs, Rückruf.

fügbarkeit, vereinbarte Stillstandszeiten sowie Zeiten, in denen die Hotline aufgrund technischer oder sonstiger Probleme, die nicht im Einflussbereich des Auftragnehmers liegen, nicht zur Verfügung steht.

138 Bei Systemen, die für den Auftraggeber von hoher Bedeutung sind, werden teilweise Service-Zeiten von 24 Stunden pro Tag, 7 Tage die Woche, alle Tage im Jahr ohne Ausnahme (oft „7 × 24 × 365" genannt) vereinbart. **Wiederherstellung** ist evtl. noch eine gesonderte Kategorie, wenn zwar die Störung beseitigt ist, jedoch deshalb noch nicht die geforderte Funktion wieder zur Verfügung steht, etwa wenn dazu eine erneute Durchführung eines unterbrochenen Laufs (etwa bei batch-Routinen) erforderlich ist. Evtl. gehört dazu, von zurückgesetzten Versionen wieder auf die aktuelle (nun störungsfreie) Version überzugehen.

139 **d) Ausnahmen von den Service Levels/Wartungsfenster, etc.** Insbesondere im Hinblick auf Wiederherstellungs- oder Beseitigungszeiten werden häufig Ausnahmen geregelt: So gelten zB entsprechende Wiederherstellungszeiten nicht in vorher vereinbarten „Wartungsfenstern". Wartungsfenster sind solche Zeiträume, in denen vom Auftragnehmer seine Pflegemaßnahmen, zB die Einspielung von Aktualisierungen etc vorgenommen werden. Des Weiteren wird häufig vereinbart, dass Wiederherstellungszeiten dann nicht gelten, wenn die Störung vom Kunden oder von Faktoren verursacht wurde, die außerhalb des Einflussbereiches des Auftragnehmers liegen. Diese Ausnahmen sollten transparent geregelt sein, sonst droht Unwirksamkeit, weil das Leistungsversprechen ausgehöhlt wird.[121]

140 Im Urteil des BGH vom 12.12.2000 war für die Verfügbarkeit von Online-Banking dessen Anbieter die Verwendung einer Klausel gegenüber Verbrauchern untersagt worden, wonach „aus technischen und betrieblichen Gründen ...... zeitweilige Beschränkungen und Unterbrechungen des Zugangs zum ...... Online-Service möglich" sind. Der BGH sah darin eine unzulässige Einschränkung der vertraglich zunächst uneingeschränkt zugesagten Verfügbarkeit, die zum einen intransparent vorgenommen wurde und zum anderen auch die Haftung des Anbieters für grobes Verschulden ausschließt.

141 Wenn sich nicht schon im Vertrag selbst bestimmte Einschränkungen oder Ausnahmen von einer zugesagten Verfügbarkeit hinreichend transparent ergeben, können diese Beschränkungen einer vertraglich uneingeschränkt zugesagten Verfügbarkeit in AGB wohl nicht mehr wirksam „nachgeschoben" werden.[122]

142 **e) Weitere Regelungen.** Zur Vermeidung von Unsicherheiten empfiehlt es sich zu regeln, wann die Reaktions- bzw. Wiederherstellungszeiten exakt **beginnen,** zB mit Eingang der Störungsmeldung des Kunden per Telefon beim Auftragnehmer. Des Weiteren muss geregelt werden, wann im Falle der Vereinbarung einer Wiederherstellungszeit die Störung als behoben gilt. Hier kommt es insbesondere auf eine exakte und für beide Seiten nachvollziehbare Dokumentation der Vorgänge, zB in einem Trouble-Ticket-System an.

Empfehlenswert ist die Regelung der Beweislast dafür, ob eine Reaktions- oder Wiederherstellungszeit eingehalten wurde oder nicht.

Formulierungsvorschlag für Dokumentation der Aktivitäten und Zeiten:[123]

143 Der Auftragnehmer erfasst Supportanfragen in einem elektronischen Ticketingsystem. Die Ticket-Nummer wird dem Anfragenden mitgeteilt und dient der Weiterverfolgung des Supportvorgangs bei dem Auftragnehmer und bei dem Auftraggeber. Sie dient weiterhin der Dokumentation aller Aktivitäten innerhalb des jeweiligen Supportvorganges und ist Grundlage für die Authentifizierung.

---

[121] S. etwa Klausel zu Online-Banking BGH Urt. v. 12.12.2000 – XI ZR 138/00, CR 2001, 181 mAnm *Stögmüller*.
[122] S. BGH Urt. v. 12.12.2000 – XI ZR 138/00, CR 2001, 181 mAnm *Stögmüller*.
[123] Dieses Formulierungsbeispiel definiert die Dokumentationspflicht des Auftragnehmers für Supportvorgänge. Mit dieser Dokumentation lässt sich üblicherweise auch die Einhaltung oder Verfehlung vereinbarter Service-Level feststellen. Wenn im Vertrag kein ausdrücklicher Auskunftsanspruch des Auftraggebers hinsichtlich dieser Dokumentation vereinbart ist, dürfte sich ein entsprechender Informationsanspruch als vertragliche Nebenpflicht des Auftragnehmers ergeben.

II. Pflege von Software

Unabhängig davon, ob die Darlegungs- und Beweislast für Beginn und Einhaltung einer Beseitigungsfrist vertraglich geregelt ist, kommen bei Verzug mit einer geschuldeten Mängel- oder Fehlerbeseitigung die gesetzlichen Ansprüche des § 280 Abs. 1 und 2 BGB in Betracht. Wenn die vereinbarten Kriterien eines SLA allerdings die vertraglichen Leistungspflichten konkretisieren, sind insoweit dessen Maßgaben einschließlich etwaiger Einschränkungen heranzuziehen.

8. Mitwirkung des Kunden

Gerade bei vertragstypologischer Einordnung des Pflegevertrags als Werkvertrag[124] wird der Auftragnehmer einen Fokus der Vertragsgestaltung auf die Mitwirkung des Kunden legen. Typische Mitwirkungspflichten bei Pflege sind:
- Zur-Verfügung-Stellung eines Remote-Zugangs zur zu pflegenden Software,
- Zur-Verfügung-Stellung eines Ansprechpartners, ggf. als First-Level-Support,
- Verpflichtung zur Meldung von Mängeln/Fehlern/Störungen auf bestimmte Art und Weise, zB das Fehlermeldesystem/Ticket-Tool des Anbieters,
- Kontakt nur durch bestimmte Mitarbeiter des Kunden,
- Installation neuer Releases/Versionen durch den Kunden,
- Datensicherungen durch den Kunden,
- Verpflichtung des Kunden jeden Release-/Versionswechsel „mitzumachen", also stets die neueste Version einzusetzen.[125] Alternativ sehen manche Anbieter vor, dass nur eine bestimmte (kleine) Anzahl von Releases/Versionen übersprungen werden kann.

a) Installations-, Datensicherungs- und Mängelrügepflicht des Kunden. Unter anderem machen viele AGB die **Installation** neuer Versionen und die **Datensicherung** zur Pflicht des Auftraggebers. Im Prinzip ist dies nicht zu beanstanden. Probleme bereiten Details und spezifische Situationen, nämlich
- das zu installierende Update ist nicht selbstinstallierend, die Erstversion wurde vom Auftragnehmer eingespielt, der Auftraggeber nicht eingewiesen, (s. a. die „Korrektur" unten in Klauselbeispiel 2, *Marly*).
- das Update dient der Mängelbeseitigung, die dem Auftragnehmer obliegt.
- die Frequenz der Updates/Patches ist sehr/zu hoch.

Grundsätzlich wird den Auftraggeber die Pflicht zur regelmäßigen Datensicherung treffen, ebenso zur fallweisen Datensicherung, etwa wenn neue Versionen eingespielt werden. Die Frage ist, ob den Auftragnehmer evtl. ein (Mit-)Verschulden trifft, wenn die Datensicherung unterbleibt und trotzdem die Installation erfolgt.

Im Zweifel trifft den Auftragnehmer bei Beweisfragen die **Befundsicherungspflicht**.[126]
Dies steht der Datensicherungspflicht des Auftraggebers (und dessen evtl. Prüfungspflicht) entgegen. Von den Gerichten wird kontrovers behandelt, wie viel Vorsorge der Auftragnehmer übernehmen muss:
- LG Stuttgart:[127]
  Schon nach allg. Grundsätzen obliegt die Datensicherung dem Auftraggeber, erst recht bei expliziter Zuweisung im Vertrag, sodass Datenverlust nach Wartungsarbeiten so weit überwiegend dem Auftraggeber zuzurechnen sind, dass eine Inanspruchnahme des Auftragnehmers wegen Schadensersatz ausscheidet. Zur ordnungsgemäßen Datensicherung

---

[124] → Rn. 90 ff., 105.
[125] Versionswechsel sind für den Kunden uU mit großem Aufwand verbunden. Anpassungen und Schnittstellen müssen nachgeführt werden, die Endanwender müssen ggf. im Umgang mit der neuen Version geschult werden – was häufig zu Widerstand bei den Endanwendern führt. Der Kunde muss auch zwecks Schadensminderung, auf die Vor-Version zurück setzen, wenn auf anderem Wege größerer Schaden nicht vermieden werden kann. Dies gilt insbesondere, wenn die neueste Version mit Mängeln behaftet ist. Wenn die AGB den Auftraggeber verpflichten, neue Versionen sogleich „abzunehmen" und zudem ausnahmslos vorsehen, immer die neueste überlassene Version einzusetzen, würde sich dies widersprechen. Einzelheiten zu, Verhältnis zwischen Mangelfreiheit und neuen Versionen → 150 ff.
[126] BGH Urt. v. 2.7.1996 – X ZR 64/94, CR 1996, 663 – Optikfachgeschäft.
[127] LG Stuttgart Urt. v. 30.1.2002 – 38 O 149/88 KfH, CR 2003, 487.

gehört auch die Prüfung der gesicherten Daten auf Vollständigkeit und Wiederherstellbarkeit insbesondere nach jeder wesentlichen Hardware- und Softwareänderung.[128]
- OLG Oldenburg:[129]
Der Lieferant von Hardwarekomponenten, der diese beim Anwender betriebsfertig unter Installation von Computerprogrammen einrichtet, hat „zuvor im Rahmen des zumutbaren hinreichende Sorge zu tragen, dass Datenverlust durch Bedienfehler des Anwenders vermieden wird", zB durch Vorschaltung eines Befehls („abort").
- LG Köln:[130]
Zur Risikozuordnung hier: keine Beweisvereitelung, wenn Anwender Software löscht, und Werkunternehmer „eine Dokumentation der Installation bzw. des Installationsablaufes nicht durchführte."[131]

149 Auch in anderen Konstellationen können sich Mitwirkungen des Kunden als problematisch erweisen. Bislang von der Rechtsprechung zumindest nicht ausdrücklich geklärt ist die Frage, wie und mit welchen Angaben der Kunde etwaige Mängel der Software zu melden hat, um eine – je nach Vertrag unterschiedlich gestaltete – Bearbeitungs- oder Mangelbeseitigungspflicht auszulösen. Ob darauf Rechtsprechung zur *Mängelrüge* bei Kauf von Software unverändert angewendet werden kann, ist offen.[132] Wenn zugleich eine vergütungspflichtige Hotline besteht, dürften die Anforderungen an den Kunden geringer sein.[133]

150 **b) Pflicht des Kunden zum Einsatz der neuesten Version und Abnahme neuer Versionen.**
Ebenfalls als problematisch erweisen können sich im Pflegevertrag vorgesehene Mitwirkungen des Kunden, stets die neueste Version der Software einzusetzen und die dafür notwendige Systemumgebung auf eigene Kosten rechtzeitig bereitzuhalten. Bei geänderten Anforderungen an die Systemumgebung für neue Stände der Software (zB Wechsel der Betriebssystemversion) kann dies für den Kunden nicht nur erhebliche Investitionen bedeuten, sondern auch Umstellungsbedarf für andere Anwendungen. Dieser Umstellungsaufwand ist möglicherweise aber entweder schon technisch nicht realisierbar oder der Kunde kann diesen nicht leisten. Zudem lösen neue Versionen evtl. Schulungsaufwand bei den Endanwendern aus, was häufig auf Widerstand stößt. Ggf. muss der Kunde bei neuen Releases größer dimensionierte neue Hardware beschaffen, anderer Systemumgebungen einsetzen uä, was mit Kosten für den Kunden verbunden ist.

> **Praxistipp für den Auftraggeber:**
> Vereinbarung von Übergangsfristen hins. des Einsatzes neuer Versionen und Verpflichtung des Anbieters, alte Versionen zumindest für einen bestimmten Zeitraum weiter zu pflegen (ggf. gestaffelt nach Versionen und mit entsprechender Vergütung).

151 Noch verschärft wird die Problematik dann, wenn nur der jeweils neueste Stand der Software der Gegenstand der Pflegeleistungen sein soll (→ Rn. 130) und keine Übergangsfrist oder fortdauernde Pflege auch eines früheren Standes vorgesehen ist. Soweit ersichtlich, hat sich die Rechtsprechung mit dieser Thematik in der Zusammenschau der einzelnen, nicht unüblichen Regelungen nicht befasst. Umso mehr besteht Bedarf nach präventiven vertraglichen Regelungen, etwa für eine längere Pflege eines früheren Standes der Software, ggf. gegen Vergütung des dafür beim Auftragnehmer anfallenden Zusatzaufwandes. Mit einem Sonderkündigungsrecht des Kunden für den Pflegevertrag wird in diesen Fällen der Be-

---

[128] Siehe aber BGH Urt. v. 2.7.1996 – X ZR 64/94, CR 1996, 663 – Optikfachgeschäft.
[129] OLG Oldenburg Urt. v. 3.6.2003 – 1 O 830/01, CR 2004, 175.
[130] LG Köln Urt. v. 21.9.2000 – 88 O 52/99, CR 2000, 815.
[131] AM LG Köln Urt. v. 27.10.1993 – 23 O 99/90, CR 1994, 284.
[132] → § 10 Vertragliche Grundlagen; zur Mängelrüge im Kaufrecht: OLG Düsseldorf Urt. v. 25.9.1998 – 22 U 62/98, CR 1999, 145; zur Spezifizierung der Leistungsaufforderung BGH Urt. v. 25.3.2010 – VII ZR 224/08, CR 2010, 422 zu BGB § 281 Abs. 1.
[133] Zum „Mängeldialog" allgemein s. BGH Urt. v. 30.10.2007 – X ZR 101/06, CR 2008, 145.

II. Pflege von Software

darf des Kunden nach Absicherung des Einsatzes der gepflegten Software indes nicht umgesetzt.

> **Praxistipp für Auftraggeber:**
> In Pflegeverträgen häufig nicht ausdrücklich geregelt sind Fragen der Aktualisierung der zur Software gehörenden Dokumentation(en), etwa bei der Überlassung neuer Stände oder bei Änderungsbedarf durch Mängelbeseitigungsarbeiten. Der Anbieter wird im Regelfall eher bereit sein, seine Standarddokumentation(en), va die Anwenderdokumentation, zu aktualisieren, als die Dokumentation individueller Anpassungen. Wird die Dokumentation nicht durch den Auftragnehmer aktualisiert, ist der Kunden oft faktisch zu entsprechenden Ergänzungen gezwungen.

152 Bei kaufrechtlich einzuordnender Überlassung neuer Stände im Rahmen der Pflege wird für die Dokumentation grundsätzlich auf die Verpflichtungen eines entsprechenden – isolierten – Kaufvertrags abzustellen sein. Dort gehört die Überlassung einer Anwenderdokumentation der Software, die deren Nutzung beschreibt, auch ohne ausdrückliche Vereinbarung im Vertrag zum Pflichtenprogramm.[134] Gleiches gilt nach dem BGH zwar auch für die Erstellung von Software.[135] Ob daraus geschlossen werden kann, für eine Änderung der Software zur Bereinigung von Störungen im Rahmen der Pflege würde sich eine Pflicht zur Aktualisierung der Anwenderdokumentation auch ohne vertragliche Regelung ergeben, erscheint in dieser Pauschalität zweifelhaft. Die Pflichten im Zusammenhang mit Störungen sind – soweit sie erfolgsorientiert vereinbart sind – je nach Pflegevertrag durchaus unterschiedlich gestaltet. Es handelt sich dabei gerade nicht zwingend um eine Art der Verlängerung einer gesetzlichen Gewährleistung, sondern typischerweise um Leistungspflichten mit den im Vertrag vereinbarten Inhalten – mögen diese auch teilweise kongruent zu Gewährleistungspflichten sein. Im Zweifel wird es für die Verpflichtung zur Aktualisierung der Anwenderdokumentation bei Arbeiten im Zusammenhang mit Störungen also auf den Inhalt der vertraglichen Vereinbarungen ankommen.

153 Das Interesse des Anbieters daran, möglichst den gleichen Stand der zu pflegenden Software bei allen Kunden im Einsatz zu haben, nicht zuletzt auch im Hinblick auf die Hotline, ist berechtigt und sogar vom Kunden im Hinblick auf die Kosten zu teilen.

154 Jedoch muss dem Auftraggeber die Möglichkeit verbleiben, auch zwecks Schadensminderung, auf die Vor-Version zurück zu setzen, wenn auf anderem Wege größerer Schaden nicht vermieden werden kann. Dies gilt insbesondere, wenn die neueste Version mit Mängeln behaftet ist. Wenn die AGB den Auftraggeber verpflichten, neue Versionen sogleich „abzunehmen" und zudem ausnahmslos vorsehen, immer die neueste überlassene Version einzusetzen, würde sich dies widersprechen.

155 Häufig soll – prinzipiell aus guten Gründen – zum einen nur der Funktionsumfang der Pflege unterliegen, wie er mit dem zugrunde liegenden Softwareüberlassungsvertrag erworben wird, zum anderen immer nur die neueste Version. Was ist aber, wenn diese neueste Version vom Funktionsumfang erweitert wurde und sich diese Erweiterung nicht sauber vom bisherigen Umfang der beim Kunden vorhandenen Software abtrennen lässt? Ist dieser verpflichtet, evtl. Hardware und sonstige IT-Infrastruktur aufzustocken, also „mitzuziehen"? Oder überwiegt der Widerspruch zu der Äußerung, dass nur der Umfang gepflegt wird, wie er zu einem bestimmten Zeitpunkt aufgrund des Überlassungsvertrages übergeben war? Unter Gesichtspunkten der Transparenz des Leistungsversprechens wird man wohl letztere Variante bevorzugen können.

156 Die Verpflichtung des Kunden, stets die neueste Version einzusetzen, kann aber auch noch in Widerspruch zu anderen Regeln stehen. Das gilt insbesondere für AGB, die Überlassung und Pflege zusammen in einem Dokument regeln. Viele Anbieter machen im Vertrag deutlich, dass ein *Abnahmeerfordernis* besteht. Das Abnahmeerfordernis würde sich auf die

---

[134] BGH Urt. v. 5.7.1989 – III ZR 334/88, CR 1989, 189.
[135] BGH Urt. v. 20.2.2001 – X ZR 9/99, CR 2001, 367.

neuen Versionen erstrecken. Zur Abnahme wird gehören, die Software zu erproben. Dies würde bedeuten, dass der Kunde nicht jede Software-Version einfach in den Echtbetrieb übernehmen muss. Infolgedessen wird es eine zeitliche Verzögerung zwischen der Auslieferung der neuen Version und deren Echtbetrieb geben. Solange müsste sich die Hotline-Leistung und ggf. die Mängelbeseitigung auf die alte Version erstrecken, die im Echtbetrieb ist. Stellt sich heraus, dass die neue Version mit starken Mängeln behaftet ist, wird ohnehin keine Verpflichtung zum Einsatz dieser mangelhaften Software-Version bestehen. Stellt sich dies nach der Abnahme heraus, kann es sein, dass es auf die Frage, ob der Kunde die Mängel schon bei Abnahme gekannt hat oder nicht, nicht ankommt, denn:

157 Die Mängelbeseitigung schuldet der Auftragnehmer – wenn nicht schon aus Mangelansprüchen für die aktualisierte Software – zumindest aus einem ggf. im Pflegevertrag enthaltenen Leistungsversprechen, die Software von Mängeln zu befreien. Will der Kunde dann vorsorglich, um weiteren Schaden zu vermeiden, zurücksetzen, so wird ihm dies nicht zu verwehren sein. Infolgedessen ist die entsprechende AGB-Klausel, dass der Kunde immer die neueste Version bei sich einsetzen muss, problematisch.

9. Zusammenfassung, Hinweis auf Musterverträge

158 Der Pflegevertrag dient zur Sicherung der vom Kunden bei der Beschaffung der Software getätigten Investition durch **Erhaltung der Gebrauchstauglichkeit** der Software. Kern des Pflegevertrages sind im Regelfall Leistungen zur Beseitigung von Mängeln sowie die Lieferung von Aktualisierungen der Software, was die vertragstypologische Zuordnung zum Werkvertragsrecht nahe legt. Je nach Leistungsspektrum – das bei Pflegeverträgen in der Praxis stark variiert – kann aber auch ein anderer Vertragstyp einschlägig sein.

159 Typische Probleme ergeben sich ua bei der Überschneidung von Beschaffungsvertrag und Pflegevertrag, insbesondere was die Frage der Doppelvergütung von Leistungen anbelangt. Weitere Fragen ergeben sich zB im Hinblick auf die Pflicht des Kunden zum Abschluss eines Pflegevertrags, den Anspruch des Kunden auf Abschluss eines Pflegevertrags sowie auf die Frage, ob der Kunde zur Beseitigung von Mängeln eine im Rahmen der Pflege gelieferte aktualisierte Version einspielen muss.

160 Für die Praxis können folgende Vertragsmuster hilfreich sein:
- EVB-IT Pflege S; online abrufbar unter www.cio.bund.de.
- Ergänzende Vertragsbedingungen für IT-Service EVB-IT Service, online abrufbar unter www.cio.bund.de.
- Vertrag über die Pflege von Software (Muster von *Harte-Bavendamm/Metzger/Grützmacher*), in: Münchener Vertragshandbuch Band 3, Wirtschaftsrecht II, 6. Auflage 2009.
- Softwarepflegeverträge mit Unternehmern, in: *Marly*, Praxishandbuch Softwarerecht, 6. Aufl. 2014, Teil 8 IX.
- Softwarepflegevertrag; Vertragsmuster von *Bartsch*, in: Hoffmann-Becking/Rawert (Hrsg.), Beck'sches Formularhandbuch Bürgerliches Recht, Handels- und Wirtschaftsrecht, 11. Aufl. 2013, S. 988 ff.
- Software-Pflege, Vertragsmuster von *Heymann/Lensdorf*, in: Redeker (Hrsg.), Handbuch der IT-Verträge, 1.12 (Stand: November 2012).

III. Beispiele für Klauseln in Software-Pflegeverträgen

1. Beispiel

161 „§ 2 Vertragsgegenstand
Der Vertrag bezieht sich auf das in Anlage 1 aufgeführte, nach diesem Vertrag zu pflegende Programm ...... und spezifiziert (a) in den §§ 3, 4, 5, 6 und 7 die von dem Auftragnehmer zu erbringenden Pflegeleistungen, die mit der gemäß § 10 Abs. 1 (vorbehaltlich § 10 Abs. 2 und § 10 Abs. 8) zu zahlenden Pauschalvergütung abgegolten sind sowie (b) in § 8 sonstige vom Auftragnehmer zu erbringende und vom Auftraggeber gemäß § 10 Abs. 2 jeweils gesondert zu vergütende Pflegeleistungen."

III. Beispiele für Klauseln in Software-Pflegeverträgen

> Die Leistungen sind wie folgt gegliedert: § 3 Mangelbeseitigung mit
> - Reaktionszeit
> - Wiederherstellungszeit (jeweils einzufügen)
>
> § 4 Anpassung an geänderte Normen
>
> § 5 Unterstützungsleistungen
>
> § 6 Lieferung neuer Programmteile
>
> „§ 11 Sach- und Rechtsmängel
> (1) Der Auftragnehmer gewährleistet, dass die Leistungen nicht mit Sach- und/oder Rechtsmängeln behaftet sind.
> ......"

Quelle: Heymann/Lensdorf, in: Redeker (Hrsg.), Handbuch der IT-Verträge, Kap. 1.12 (Lfg. 24, Nov. 2012)

2. Beispiel

> „§ 2 Pflegeleistungen – iVm einem SLA
> (1) Die Pflegedienste des Unternehmers umfassen folgende Leistungen:
> a) Die Überlassung der jeweils neusten Programmversionen der unter § 1 Abs. 1 genannten Software. Zur Überlassung zählt auch die Installation der Software, sofern sich diese schwieriger gestaltet als das bloße menügesteuerte Übertragen des Programmcodes auf dem Massenspeicher des Kundencomputers.
> b) Die Aktualisierung der Softwaredokumentationen. Soweit eine erhebliche Änderung des Funktionsumfangs oder der Bedienung der Software erfolgt, wird eine vollständig neue Dokumentation überlassen.
> c) Nach Ablauf der aus dem Softwareüberlassungsvertrag folgenden Mängelhaftungsfrist die Mängelbeseitigung sowohl innerhalb des Programmcodes als auch innerhalb der Dokumentation. Die Reaktionszeit der Mängelbeseitigung beträgt maximal ...... Werktage.
> [Anm.: erscheint zu pauschal und im Einzelfall. evtl. zu großzügig]
> d) Sowohl die schriftliche (auch per Telefax oder E-Mail) als auch telefonische Beratung des Kunden bei Problemen hinsichtlich der Anwendung der Software sowie bei ggf. zu verzeichnenden Programmfehlern.
> e) Der telefonische Beratungsdienst (Hotline) steht dem Kunden werktags zwischen 9.00 Uhr und 17.00 Uhr zur Verfügung.
> f) [Beantwortung von gemeldeten Fehlern bzw. geäußerten Beratungswünschen, Antwortzeit.]
> (2) Nicht zu den vertraglichen Pflegediensten ......"

Marly, Praxishandbuch Softwarerecht, 6. Aufl. 2014, Teil 8 IX.

Kommentar:

Besonders interessant sind die Zusätze bei (1) a) S. 2 hinsichtlich der Installation und b) hinsichtlich der evtl. vollständig neuen Dokumentation im Hinblick auf die Handhabbarkeit für den Kunden. Andererseits fällt auf, dass die Reaktionszeit zur Mängelbeseitigung einheitlich ist und nicht etwa abgestuft wird nach der Schwere der Auswirkung. Dies könnte dann aber durch das ergänzende SLA abgefangen werden.[136]

---

[136] So etwa auch *Marly,* 5. Aufl. 2009, Anmerkung 133 auf S. 934 unten (das SLA passt die ansonsten pauschal schwer generalisierbaren Zeiten an die konkreten Bedingungen an). Anmerkung in 6. Auflag 2014 entfallen.

3. Beispiel

163 „§ 2 Leistungen
(1) Das Softwarehaus erbringt folgende Leistungen:
a) Fortentwicklung
Das Softwarehaus entwickelt die Software in Bezug auf Qualität und Modernität fort, passt sie an geänderte Anforderungen an, bearbeitet Fehler, um die nach dem Softwareüberlassungsvertrag geschuldete Qualität aufrechtzuerhalten, und überlässt dem Auftraggeber hieraus entstehende neue Versionen der Software. Miterfasst sind kleinere Funktionserweiterungen.
b) Störungshilfe durch Hinweise zur Fehlervermeidung, Fehlerbeseitigung und Fehlerumgehung
c) Informationen
über geplante neue Programmstände und über Programmerweiterungen
(2) ...

§ 3 Leistungszeit
(1) ...
(2) Die Zeiten für die Fehlerbeseitigung beginnen mit der Fehlermeldung (§ ...) und richten sich nach den Fehlerklassen des [Beschaffungsvertrages]."

Bartsch, Softwarepflegevertrag in: Beck'sches Formularbuch Bürgerliches, Handels- und Wirtschaftsrecht, 11. Aufl. 2013, III.G. 3.

4. Beispiel

164 „Vertrag zur Softwarepflege – Übersicht über Vertragsgegenstände"[137]

Es ist für Pflegeverträge typisch, dass diese auch die eigentliche Leistung in AGB beschreiben. Durch die fehlende Trennung von Leistungsbeschreibung und vertraglichen Regelungen unterliegen sie der Gefahr voller AGB-rechtlicher Kontrolle (nicht nur nach § 307 III BGB).[138]

1. Leistungen gegen Pflegepauschale
Der Auftragnehmer wird während der Laufzeit dieses Vertrages für die im Softwarepflegeschein aufgeführte Software (Vertragssoftware) die folgenden Pflegeleistungen gegen die im Pflegeschein (...) genannte Pauschalvergütung zu den Bedingungen dieses Vertrages erbringen:

1.1 Lieferung neuer, weiterentwickelter Versionen
1.1.1 Leistungsgegenstand
1.1.2 Inhalt neuer Versionen
1.1.3 Ausschlüsse
1.1.4 Lieferung
1.1.5 Funktionsumfang
1.1.6 Rechtseinräumung
1.1.7 Quellcodehinterlegung
1.1.8 Anpassung der Softwareumgebung
1.1.9 Untersuchungs- und Rügepflicht

1.2 Individuelle Beseitigung von Mängeln in der Software
1.2.1 Leistungsgegenstand
1.2.2 Leistungsvoraussetzungen
1.2.3 Mangel
1.2.4 Mängeldokumentation und Mitteilung durch den Auftraggeber
1.2.5 Reaktionszeiten
1.2.6 Ermöglichung der Mangelanalyse und Beseitigung vor Ort durch den Auftraggeber
1.2.7 Form der Mängelbeseitigung

---

[137] Angelehnt an *Schneider*, Handbuch des EDV-Rechts, Anhang VII. – Vertrag zur Softwarepflege.
[138] S. allgemein *Graf von Westphalen*, Vertragsrecht und AGB-Klauselwerke, 35. EL 2014, A II.3.c) Rn. 20. Zur Leistungsabgrenzung in IT-Verträgen s. *Schuster* CR 2013, 690.

III. Beispiele für Klauseln in Software-Pflegeverträgen

1.2.8 Beseitigungszeiten
1.2.9 Berechnung von Aufwand wegen unberechtigter Mangelmeldungen
1.3   Anwendungsunterstützung
      (näher zu beschreiben, ob Störungen, Benutzerfragen und/oder ... umfasst sind, wobei die Erbringung über 1.4 erfolgen kann)
1.4   Standard-Hotline, wahlweise erweiterte Hotline
1.4.1 Standard-Hotline (Geschäftszeit)
1.4.2 Erweiterte Hotline, Bereitschaftsdienst
1.5   Zugang zu Pflegekundeninformationen
2.   Zusatzleistungen
      Darüber hinaus erbringt der Auftragnehmer für den Auftraggeber zusätzlich folgende, über die in Ziff. 1 hinausgehenden Leistungen bei gesondertem Auftrag (Einzelauftrag) und gegen gesonderte Vergütung entsprechend der Preisleiste (...) an:
2.1   Installation, Implementierung
2.2   Überwachungsmaßnahmen
2.3   Einweisungen und Schulungen von Mitarbeitern
2.4   Anpassungen der Software

3.   Nicht vom Vertrag umfasste Leistungen[139]

Beispiel Rechtseinräumung – nach EuGH – s.a. *Bartsch* zur Problematik der Rechtseinräumung bei Pflegevertrag → Rn. 81.

5. Beispiel

Einbindung eines – individuell ausgehandelten – Pflegevertrages in einen Projektvertrag mit Stufen

„X. Beginn der Pflegeleistungen
Ab der jeweiligen Teil-Abnahme, definiert im Projektvertrag, ist die Pflege gem. diesem Vertrag für die in dieser Phase freigegebene und bereits im produktiven Einsatz befindliche Vertragssoftware durch den Auftragnehmer für den Auftraggeber zu leisten.
Bis zur jeweiligen Teil-Abnahme gehört die Pflege der Vertragssoftware im Umfang der jeweiligen Phase bzw. gehören die damit zusammenhängenden Leistungen – insbesondere die laufende Aktualisierung der Vertragssoftware – zum Gegenstand des Projektvertrages und sind durch dessen Vergütung abgegolten."
......
Abstufung und Umfang der Pflegeleistungen
...... 1. Mängel und Störungen
...... 2. Aktualisierung der Vertragssoftware
...... 3. Nachführung/Anpassung Auftraggeber-spezifischer Funktionalitäten/Programmteile/Ergänzungen
Die Aktualisierung und Nachführung bzw. Anpassung evtl. Auftraggeber-spezifischer Funktionalitäten/Programmteile/Erweiterungen erfolgt im Zuge der Implementierung neuer Versionen gem. ...... beim Auftraggeber durch den Auftragnehmer. Auch diese Leistungen, insbesondere das Nachführen und die evtl. notwendigen Anpassungen sind durch die Pflegevergütung nach ...... abgegolten.

Ausgehandelter Vertrag mit Kompromiss-Lösungen. Dazu bei

Vergütung, Beginn der Vergütung
Die Anpassung der Pflegevergütung erfolgt entsprechend den angedeuteten Stufen, wird also nach Projektfortschritt erweitert. Deshalb beginnt die Vergütungspflicht mit dem jeweiligen Beginn der

---

[139] Vorsicht in AGB, dass nicht das Hauptleistungsversprechen intransparent eingeschränkt wird, → § 16.

Pflegeleistungen anteilig bezogen auf die jeweilige „Phase" bzw. Stufe. Da die Verjährungsfrist für Sach- und Rechtsmängel ebenfalls stufenweise zu laufen beginnt bzw. je Stufe läuft, regelt der Pflegevertrag, dass während der jeweiligen Verjährungsfrist für Sach- und Rechtsmängel aus dem Projektvertrag die Pflegevergütung pauschal um ......% gekürzt wird. Die Frist verlängert sich, wenn mehr als unwesentliche Mängel während der Verjährungsfrist für Ansprüche wegen Sach- und Rechtsmängel bearbeitet bzw. nacherfüllt werden.

6. Beispiel

166 Die AGB des Herstellers umfassen die Überlassung **und Pflege** von Standard-Software. Ein gesonderter Paragraph enthält *„Zusatzregeln für Softwarepflege"*. Dabei wird zunächst festgehalten, dass bei Mietverträgen die Softwarepflege Teil des Leistungsangebotes ist. Dann heißt es:

> *„Für nach dem Vertragstyp Kauf erworbene Software erbringt der Hersteller Softwarepflege auf der Grundlage eines getrennten Pflegevertrages.*
> *...... Der Hersteller erbringt als Softwarepflege die in den jeweils gültigen ...... genannten Leistungen."*

Es erfolgt also ein Verweis auf gesonderte Bedingungen. Diese gesonderten Bedingungen regeln Preise und sonstige Konditionen und werden in anderen Abständen geändert als die AGB. In dem gesonderten Bedingungswerk sind ua auch die sogenannten Standardsoftwarepflegeleistungen geregelt (und zudem die Pflegegebühr).

Die Leistungsbeschreibung erfolgt also in AGB. Danach umfasst die Softwarepflege („derzeit"):
- Globale Störungshilfe
- Fortentwicklung und Korrektur der Software
- Proaktive Services
- Werkzeuge und Methoden zur Implementierung, Betrieb und Software Change Management
- Zugriff auf eine spezielle Einrichtung des Herstellers mit verschiedenen Services

Die Störungshilfe ist dann im Einzelnen geregelt. Sie staffelt sich je nach betriebs**ver**hinderndem oder erheblich betriebs**be**hinderndem Fehler und sonstigen Fehlern.
In den AGB selbst, die auf dieses Zusatzdokument verweisen, heißt es wiederum zum Umfang der Pflege: [140]

> *„Die Softwarepflege bezieht sich stets auf den gesamten Bestand des Auftraggebers an der Software. Der Auftraggeber muss stets alle Installationen der Software vollständig in Pflege halten oder die Softwarepflege insgesamt kündigen. Zukäufe führen zu einer Erweiterung der Softwarepflege auf Basis eines gesonderten Verfahrens. ...... Wenn der Auftraggeber die Softwarepflege nicht sofort ab Auslieferung der Software bestellt, hat er, um bei späterem Beginn der Softwarepflege auf den aktuellen Softwarestand zu kommen, die Softwarepflegegebühren nachzuzahlen, die er bei Vereinbarung der Softwarepflege ab Lieferung nach den gesonderten ...... Bedingungen zu bezahlen gehabt hätte. Die Nachzahlung ist sofort und ungekürzt fällig. Dies gilt entsprechend bei einer Kündigung und anschließenden Reaktivierung der Softwarepflege."*

Nach Ansicht des LG Hamburg ist diese Klausel zulässig, die die Fortführung der Pflege davon abhängig macht, dass diese den gesamten lizenzierten Bestand des Auftraggebers betrifft (gesamthafte Pflege) – und nicht einzelne zugekaufte Software von Dritten durch diese gepflegt werden.[141] Dies begegnet erheblichen Bedenken, da die AGB selbst vorsehen, dass gesonderte Pflegeverträge abzuschließen sind. Gesonderte Pflegeverträge vorzusehen, ist für sich genommen nicht per se unwirksam. Das steht aber im Widerspruch zu „gesamthaft" und wäre somit unwirksam wegen Intransparenz.

---

[140] LG Hamburg Urt. v. 25.10.2013 – 315 O 449/12, CR 2014, 15 mAnm *Huppertz* zu SAP-AGB Ziff. 10.6.
[141] LG Hamburg v. 25.10.2013 – 315 O 449/12, CR 2014, 15 mAnm *Huppertz*.

§ 15 Hardware-Verträge

Übersicht

	Rn.
I. Begriff der Hardware	1–8
II. Hardware-Kauf	9–53
1. Vertragstypologie	9–14
a) Grundsätze	9/10
b) Systemkauf	11/12
c) Zusätzliche Leistungen	13
2. Vorvertragliche Beratungspflichten	14–22
3. Vertragliche Besonderheiten	23–43
a) Leistungsbeschreibung und Mangelbegriff	23–29
b) Modelländerungen	30/31
c) Garantie	32–39
d) Betriebssystem Software	40
e) Gebrauchte Hardware	41
f) Zusätzliche Leistungen	42
g) Mitwirkung des Kunden	43
4. Leistungsstörungen	44–53
a) Dokumentation	44–46
b) Fehlerhafte Montage oder Montageanleitung	47
c) Neuheit und aktueller Stand der Technik	48–53
III. Hardware-Miete	54–84
1. Begriff und Bedeutung	54–56
2. Vertragstypologische Einordnung	57/58
3. Miete und Insolvenz	59
4. Vertragliche Besonderheiten	60–79
a) Leistungsbeschreibung	60–64
b) Preisanpassungsklauseln	65–68
c) Obhuts- und Duldungspflichten	69–71
d) Gebrauchsüberlassung an Dritte	72–75
e) Änderungen an der Mietsache	76/77
f) Aufstellungsort	78/79
5. Mängelhaftung	80–84
IV. Hardware-Leasing	85–101
1. Grundlagen	85–87
2. Leasing-typisches Dreiecksverhältnis	88–91
3. Typische Fallsituationen	92–101
a) Übernahmebestätigung	92–95
b) Beratungsverschulden	96–98
c) Leasing-Übernahme Klauseln	99–101
V. Hardware-Wartung	102–142
1. Begriff und Grundlagen	102–118
a) Typischer Vertragsumfang	105–112
b) Vertragstypologie	113–115
c) Kontrahierungszwang	116–118
2. Abgrenzung zur Mängelhaftung	119–122
3. Vertragliche Besonderheiten	123–142
a) Leistungsbeschreibung	124–131
b) Service Level Agreements	132–135
c) Vertragslaufzeit	136–139
d) Vergütung	140–142

Schrifttum: *Andréewitch/Arbesser*, Rügeobliegenheit nach deutschem und österreichischem Recht, CR 2014, 478; *Backu*, Wiederholte Nachbesserung beim Kauf, ITRB 2001, 43; *Baumbach/Hopt*, Kommentar zum HGB, 36. Auflage, München 2014; *Beckmann*, Computerleasing, Köln 1993; *ders.*, Aktuelle Rechtsfragen bei Finanzierungsleasinggeschäften, DStR 2006, 1329; *Braun/Jöckel/Schade*, Computer Kaufverträge, Berlin 1989; *Braun/Schwab*, Besondere Vertragsbedingungen für die Mieter von EDV-Anlagen und Geräten, 2. Auflage,

Berlin 1990; *Emmerich,* Anmerkung zu OLG Hamm, JuS 2004, 163; *Fehl,* Gewährleistungsprobleme beim Finanzierungsleasing, CR 1988, 198; *Feil/Leitzen,* EVB-IT, 1. Auflage, Köln 2003; *Fritzemeyer/Splittgerber,* Verpflichtung zum Abschluss von Softwarepflege- und Hardwarewartungsverträgen?, CR 2007, 209; *Grapentin/Stöbl,* Third party Maintenance: Abschlusszwang und Kopplungsverlangen, CR 2009, 137; *Grigoleit/Herresthal,* Grundlagen der Sachmängelhaftung im Kaufrecht, JZ 2003, 122; *Gruber,* Mietrecht und Schuldrechtsreform, WM 2002, 252; *Hecht,* Wertsicherungsklauseln in IT-Verträgen, ITRB 2006, 118; *Häublein,* Der Beschaffenheitsbegriff und seine Bedeutung für das Verhältnis der Haftung aus culpa in contrahendo zum Kaufrecht, NJW 2003, 388; *Hörl,* Beratungshaftung im IT-Bereich nach neuem Schuldrecht, ITRB 2004, 39 (Teil 1) und 87 (Teil 2); *ders.,* Aufklärung und Beratung beim Computerkauf, München 1999; *Karger,* Hardware-Miete/System-Miete, in: Redeker (Hrsg.), Handbuch der IT-Verträge, Köln; *Keller-Stoltenhoff/Müller/Spitzer,* Die neuen EVB IT Systemlieferung, CR 2010, 147; *Klett/Ammann,* Gesetzliche Initiativen zur Cybersicherheit, CR 2014, 93; *Kluth/Böckmann/Grün,* Beratungshaftung – Bewertungskriterien für rechtsverbindliche Aussagen beim Sachkauf, MDR 2003, 241; *Koch,* Schuldrechtsmodernisierung – Auswirkungen auf das Gewährleistungsrecht bei IT-Verträgen CR 2001, 569; *Lapp,* Vertragsgestaltung zwischen Leistungsbeschreibung, Garantie und sinnvoller Beschränkung der Gewährleistung, ITRB 2003, 42; *Lehmann,* Die Haftung für Werbeangaben nach dem neuen Schuldrecht, DB 2002, 1090; *Lutz/Weigel,* Second Generation IT-Outsourcing, CR 2014, 629; *Mann,* Vertragsgestaltung beim IT-Outsourcing – Besonderheiten und Fallstricke, MMR 2012, 499; *Moos/Gallenkemper/Volpers,* Rechtliche Aspekte der Abgabe von gebrauchter Hardware, CR 2008, 477; *Musielak,* Die Falschlieferung beim Stückkauf nach dem neuen Schuldrecht, NJW 2003, 89; *Polley,* Verwendungsbeschränkung in Softwareüberlassungsverträgen, CR 1999, 345; *Redeker,* Die Ausübung des Zurückbehaltungsrechts im Wartungs- und Pflegevertrag, CR 1995, 385; *Schneider,* Verschuldensunabhängige Einstandspflicht bei IT-Leistungen, ITRB 2006, 42; *ders.,* Nacherfüllung bei IT-Verträgen, ITRB 2007, 24; *Schumacher,* Wirksamkeit von typischen Klauseln in Softwareüberlassungsverträgen, CR 2000, 641; *Schweinoch,* Geänderte Vertragstypen in Softwareprojekten, CR 2010, 1; *Stadler,* Haftungsrisiken bei Übernahme von Beschaffenheitsgarantien in IT-Verträgen nach neuem Recht, ITRB 2004, 233; *ders.,* Garantien in IT-Verträgen nach der Schuldrechtsmodernisierung, CR 2008, 77; *von Westphalen,* Computer-Leasing in: ders., Vertragsrecht und AGB-Klauselwerke, Loseblatt, München; *ders.,* Das Schuldrechtmodernisierungsgesetz und Leasing, DB 2001, 1291; *Zahn,* Der kaufrechtliche Nacherfüllungsanspruch – ein Trojanisches Pferd im Leasingvertrag?, DB 2002, 985.

I. Begriff der Hardware

1   Die **Abgrenzung** von **Hardware und Software** ist zumindest auf Anhieb einfach. Hardware ist alles, was man sehen und anfassen kann, dh alle physischen Komponenten eines Computer-Systems oder -Netzes. Typischerweise wird unter Hardware der Computer selbst (Server, Desktop-PC, Notebook, Workstation) verstanden, dann aber auch dessen Peripherie, wie Monitore, Lautsprecher, Eingabegeräte (Tastatur, Maus, Stift, Grafiktablett), Brenner, Scanner, Drucker, wobei bei manchen Geräten sehr viele Komponenten eingebaut sind.

2   Hardware ist dabei der Oberbegriff für die mechanische und elektronische Ausrüstung eines Systems, zB eines Computersystems. Er muss sich aber nicht ausschließlich auf Systeme mit einem Prozessor beziehen. Es können auch rein elektromechanische Geräte wie beispielsweise Steuer- oder Messgeräte oder elektrotechnische Geräte wie Telefonanlangen oder Smart-Meter[1] sein. Ursprünglich ist das englische *hardware* ungefähr bedeutungsgleich mit Eisenwaren und wird heute im englischsprachigen Raum noch in diesem Sinne verwendet – also nicht nur für Computer-Hardware.[2]

3   Der **Hardware-Markt** im Bereich der eigentlichen Computer-Hardware teilte sich ganz grob über längere Zeit auf in
- Mainframe (große Universalrechner),
- mittlere Datentechnik (größere Personal Computer, Server),
- Personal Computer,
- Laptop/Notebook,
- Tablets, Netbooks, Smartphones.

4   Im Laufe der Zeit bildete sich ein Markt für **SOHO-Produkte**,[3] dh Software und Hardware, Netzwerkanbindungen und Access-Technologien für Heimarbeitsplätze und kleine

---
[1] Die Smart-Meter ersetzen in der Zukunft die bisher rein elektromechanischen Stromablesegeräte und verfügen nunmehr über eigene Mess- und Steuerfunktionen.
[2] Definition aus: http://de.wikipedia.org.
[3] SoHo steht für small office & home.

Büros, die preislich und in Bezug auf ihre Leistungsfähigkeit speziell auf die Bedürfnisse von Freiberuflern und Selbstständigen ausgerichtet sind. Heute existiert eine große **Produktvielfalt** im Hardwarebereich. Zahlreiche Hardwaregeräte werden als **Konsumgüter** Business to Consumer (B2C) gehandelt, nicht zuletzt auch über Internet- oder Online-Auktionen.[4]

Hardware umfasst auch sehr einfache Systeme, die direkt in unveränderlicher Hardware implementiert werden können (**Embedded Systems**). Die Funktion dieser Systeme ist dann fest durch die Struktur der Hardware vorgegeben. Dabei hat der Rechner entweder die Aufgabe, das System, in das er eingebettet ist, zu steuern, zu regeln oder zu überwachen, oder der Rechner ist für eine Form der Daten- bzw. Signalverarbeitung zuständig, beispielsweise beim Ver- bzw. Entschlüsseln, Codieren bzw. Decodieren oder Filtern. Komplexere Hardwaresysteme enthalten aber meist auch programmierbare Elemente, zB Prozessoren. Diese in ihrer Struktur ebenfalls festgelegten Bauelemente führen eine Abfolge von Instruktionen aus, die über das *Graphical User Interface* (GUI) gesteuert werden können. Somit kann die Funktion des Gesamtsystems leicht angepasst werden. Die Konfigurations- und Instruktionsdaten werden allgemein als Software bezeichnet – bei weniger komplexen Geräten, bei denen lediglich Strukturen und einfache Abläufe festgelegt werden, wird sie meist **Firmware** genannt.

Zur Hardware zählen weiter Baugruppen (Komponenten: Prozessor, Arbeitsspeicher etc) und Peripheriegeräte. Vereinfacht gesagt gehört alles, woraus ein Computer oder sonstige computernahe Geräte körperlich bestehen, zur Hardware. Sehr viele verschiedene aktive Hardwarekomponenten sind in den internen und externen **Netzen** verbaut, und zwar sowohl Vermittlungsrechner als auch Knoten und Endgeräte (Hubs, Switches, Firewalls, Router, Bridges, Session Border Controller und Netzwerkkarten). Im Zusammenhang mit Netzwerken ist die Beschaffung und Installation von Hardware oft nur als einzelnes Bestandteil oder Element von Systemverträgen zu sehen.

Die **EVB-IT** definieren den **Begriff der Hardware** als „Geräte bzw. Maschinen einschließlich deren optionaler Zusatzeinrichtungen, gemäß Herstellerspezifikation, die im Vertrag aufgeführt sind; solche Geräte bzw. Maschinen werden von ihren Herstellern im Allgemeinen über Bestellnummern (Typbezeichnung gegebenenfalls ergänzt um Modellbezeichnung) näher spezifiziert".

Schließlich können zur computernahen Hardware auch sonstige Datenverarbeitungseinheiten gezählt werden. Ein Begriff, der seit langem allgemein für Hardware, die Daten verarbeitet, insbesondere im Patentrecht gewählt wird, da sie eigentlich alle mechanischen, elektrotechnischen und elektronischen Datenverarbeitungsgeräte umfasst. Hierzu gehören insbesondere Mobiltelefone, die gerade in der Bauform der *SmartPhones* kleine Computer darstellen, sowie sonstige mobile Kleincomputer, wie Netbooks oder Tablet-PCs.

II. Hardware-Kauf

1. Vertragstypologie

a) **Grundsätze.** Vertragstypologisch ist der Erwerb von Hardware bei endgültiger Übertragung im Wege eines einmaligen Erwerbsvorgangs gegen Einmalvergütung, ggf. mit Teilzahlungen, nach **Kaufrecht** zu beurteilen.[5] Bei der Beschaffung von Hardware werden die Geräte üblicherweise nach Typ-Nummern SKU's *(Stock Keeping Units)* oder sonstigen Gruppenbezeichnungen spezifiziert. In diesem Fall wird regelmäßig ein Gattungskauf vorliegen, während bei spezifischer Hardware-Konfiguration Stückschuld gegeben sein kann.

Diese Unterscheidung wird im Hinblick auf die **Übernahme eines Beschaffungsrisikos** gem. § 276 Abs. 1 Satz 1 BGB relevant. Ferner spielt sie hinsichtlich der Frage der Zumutbarkeit der gewählten Art der Nacherfüllung eine Rolle, da beim Stückkauf lediglich die Variante der Nachbesserung möglich ist bzw. eine Ersatzlieferung einer Rückabwicklung des

---

[4] → § 25 zum Webdesign, Online- und E-Mail-Marketing, Online-Auktionen.
[5] OLG München Urt. v. 13.2.1992 – 24 U 577/91, CR 1992, 469; OLG Düsseldorf Urt. v. 21.1.2000 – 22 U 122/99, CR 2000, 350.

Kaufvertrages mit gleichzeitigem Abschluss eines neuen Kaufvertrages über eine andere konkret bestimmte Hardware gleich kommt.[6] Im Einzelfall kann es sich beim Erwerb von aus mehreren Komponenten individuell zusammengestellter Hardware auch um einen Werklieferungsvertrag nach § 651 BGB handeln, auf welchen die Regelungen des Kaufrechtes Anwendung finden.

11 **b) Systemkauf.** Zuweilen wird bei der Hardware-Beschaffung auch der Begriff System verwendet. Beim Systemkauf werden aufeinander abgestimmte, vorkonfigurierte Komponenten und Geräte, häufig ausgestattet mit Betriebs- und Anwendersoftware, als **einheitliche Anwendungslösung** geliefert. Hinzu kommen regelmäßig noch zusätzliche Leistungen wie Installation und Einweisung, die der Herstellung der Einsatzfähigkeit der Hardware dienen. Den Systemkauf haben auch die EVB- IT Systemlieferung im Fokus. Dort werden der Erwerb von Hard- und Software, Instandhaltung, Pflege und Installation zusammengefasst. Besonderheit der EVB-IT Systemlieferung ist, dass sie zwar auf individuelle Systeme zugeschnitten sind, die jedoch nicht so komplex sind, dass die Anwendbarkeit von Werkvertragsrecht in Betracht käme.[7]

12 Bei einem **einheitlichen Geschäft** hat der Kunde im Fall der Mangelhaftigkeit des einen Teils ein erhebliches Interesse daran, auch den anderen Teil der Systemlieferung wieder rückabwickeln zu können. Über längere Zeit hatte der BGH diesbezüglich eine relativ restriktive Rechtsprechung gepflegt, diese aber im Laufe der Zeit aufgegeben. So ließ es der BGH für die Annahme eines einheitlichen Geschäfts genügen, wenn der Kunde neben dem bestellten Programm beim Hersteller zugleich spezielle Hardware trotz Vorliegens günstiger Alternativangebote in Auftrag gibt, „weil **Lieferung von Soft- und Hardware in einer Hand** liegen sollen".[8] Durch die Zusammenführung von Hardware- und Softwarekomponenten (Konfiguration) kann eine **Sachgesamtheit** entstehen. Werden wesentliche Teile davon nicht geliefert, so ist der Ablieferungsvorgang nicht beendet, bevor die noch ausstehende Leistung nachgeholt wird, mit der Folge, dass weder die Frist für die Untersuchungs- und Rügepflicht nach § 377 HGB, noch die kaufrechtliche Verjährungsfrist in Lauf gesetzt wird.[9]

13 **c) Zusätzliche Leistungen.** Es ist jeweils zu prüfen, wie das Hinzutreten weiterer Leistungen, insbesondere in Form von **Installationsleistungen** und der **Herstellung der technischen Betriebsbereitschaft,** sich auf die vertragstypologische Qualifizierung des Hardware-Kaufvertrages auswirkt. Da diese Leistungen auf das **Erreichen eines bestimmten Erfolgs** gerichtet und damit werkvertraglich zu qualifizieren sind, kann der Hardware-Kauf, wenn diesen zusätzlichen Leistungen wesentliche Bedeutung zukommt, als **Werkvertrag** einzuordnen sein. Wenn auch die Unterschiede zwischen Kauf- und Werkvertragsrecht nach der Schuldrechtsmodernisierung nicht mehr so deutlich sind, so bleibt die Einordnung des Vertrages im Einzelfall, insbesondere im Hinblick auf die **AGB-rechtliche Beurteilung der Zulässigkeit bestimmter Klauseln,** erforderlich. Werden diese zusätzlichen Leistungen angeboten, die im Vertrag bzw. im Angebot gesondert ausgewiesen und ausgepreist werden, kann insofern auch ein **typengemischter Vertrag** vorliegen.

2. Vorvertragliche Beratungspflichten

14 In der Praxis der Hardware-Beschaffung kommt der **Beratung** durch den Anbieter hinsichtlich Auswahl, Zusammenstellung und Dimensionierung der Hardware eine **große Bedeutung** zu. Grundsätzlich trifft zwar den Kunden die Verantwortung für die Auswahl der zu beschaffenden Hardware. Es gibt jedoch – bis dato vorwiegend noch zum alten Schuldrecht[10] – eine ganze Reihe von Entscheidungen im IT-Recht, in denen die Rechtsprechung

---

[6] Vgl. *Schneider,* Handbuch des EDV-Rechts, F Rn. 7 mwN; *ders.* ITRB 2007, 24 (25) zur Problematik der Ersatzlieferung im Hinblick auf BGH Urt. v. 7.6.2006 – VIII ZR 209/05, NJW 2006, 2839 – nicht IT.
[7] *Keller-Stoltenhoff/Müller/Spitzer,* Die neuen EVB IT Systemlieferung, CR 2010, 147; → § 41 V.
[8] BGH Urt. v. 23.1.1996 – X ZR 105/93, CR 1996, 467 = NJW 1996, 1745.
[9] BGH Urt. v. 27.4.1994 – VIII ZR 154/93, CR 1994, 460; zur Prüfung der Voraussetzungen des Vorliegens eines einheitlichen Vertrages s. ausführlich *Marly,* Praxishandbuch Softwarerecht, Rn. 834 ff.
[10] Siehe zB BGH Urt. v. 12.3.1997 – VIII ZR 15/96, NJW 1997, 1914; OLG Celle Urt. v. 21.2.1996 – 13 U 255/95, BeckRS 1996, 31011356; LG Stuttgart Urt. v. 25.3.1997 – 3 KfH O 56–96, NJW-RR 1998, 1276.

II. Hardware-Kauf

diesen Grundsatz stark aufgeweicht hat, indem sie dem Anbieter umfangreiche **vorvertragliche Aufklärungs-, Beratungs- und Hinweispflichten**, vereinzelt sogar **Erkundigungspflichten**, aufgebürdet hat.

Eine typische Konstellation unter dem Rechtsinstitut der **c.i.c.-Haftung** ist der Fall, dass die verkaufte **Hardware an sich mangelfrei** ist, da sie der vereinbarten Spezifikation entspricht, und somit kein Gewährleistungsfall vorliegt. Der Kunde kann die Hardware jedoch nicht wie gewünscht einsetzen, da es zB an der Kompatibilität mit und der Integrationsfähigkeit in die vorbestehende IT-Infrastruktur fehlt oder eine bestimmte Performance beim Betrieb mit bestimmter Anwendungssoftware nicht erreicht wird, und der Anbieter hat ihn hierüber schuldhaft nicht aufgeklärt bzw. falsch beraten. Häufig werden bestimmte Produkteigenschaften der Hardware für den Kunden erst im Zusammenhang mit der zum Einsatz kommenden Software erkennbar. Nach st. Rspr. des BGH war der **Anwendungsbereich** des Rechtsinstituts der c.i.c. in **Abgrenzung zur Gewährleistung** nach Übergabe der Kaufsache nur bei Verletzung von Aufklärungs-, Beratungs- und Hinweispflichten eröffnet, die keinen **Bezug zu mängelbegründenden oder zusicherungsfähigen Eigenschaften** der Kaufsache aufweisen. Das galt unabhängig davon, ob tatsächlich eine entsprechende Beschaffenheitsvereinbarung oder Zusicherung vorlag oder nicht. Eine Ausnahme machte der BGH bei Arglist des Verkäufers. Hintergrund dieser Unterscheidung war, dass § 477 BGB aF und § 463 S. 1 BGB aF nicht umgangen werden sollten. 15

Nicht von der Gewährleistung verdrängt war die Haftung wegen fahrlässiger Verletzung einer Beratungspflicht, die als **selbstständige Nebenpflicht** aus dem Kaufvertrag bestand, auch wenn sich die verletzte Beratungspflicht auf mängelbegründende Eigenschaften der Kaufsache bezog; in diesem Fall wurde jedoch die kaufrechtliche Verjährung des **§ 477 BGB aF analog** angewendet. Ebenso wenig verdrängt war die Haftung aus einem **besonderen Beratungsvertrag**, für den die regelmäßige Verjährung des § 195 BGB aF galt.[11] Die überwiegende Meinung in der **Literatur** folgte dem BGH. Vereinzelt wurde jedoch die c.i.c. generell oder zumindest bei Nichtvorliegen eines Sachmangels neben dem Gewährleistungsrecht für anwendbar gehalten.[12] 16

Nach **neuem Recht** ist die **Diskrepanz im Verjährungsrecht** unter Umständen nach wie vor **eklatant**: Für Sachmängelansprüche gilt die kurze kaufrechtliche zweijährige Verjährungsfrist des § 438 Abs. 1 S. 1 Nr. 3 BGB, die in Anbieter-AGB i.d.R. auf ein Jahr verkürzt wird, und die mit der Ablieferung beginnt. Demgegenüber gilt für Ansprüche wegen Verschuldens bei Vertragsschluss gem. §§ 280 ff. BGB iVm §§ 311 Abs. 2, 241 Abs. 2 BGB die regelmäßige Verjährung von drei Jahren gem. § 195 BGB, deren Beginn kenntnisabhängig ist und die maximal bis zu einer Obergrenze von 10 Jahren ab Anspruchsentstehung bzw. von 30 Jahren ab Begehung der Pflichtverletzung dauern kann (§ 199 BGB). Die überwiegende Meinung[13] hält auch nach der Schuldrechtsreform an der **prinzipiellen Sperrwirkung des Sachmängelrechts** fest, sofern sich die Verletzung der Beratungspflicht auf die Beschaffenheit des Kaufgegenstands bezieht. Gleiches gilt hinsichtlich der bisher von der Rechtsprechung zugelassenen Ausnahmen. Insbes. wird dies damit begründet, dass nach wie vor erhebliche Unterschiede bezüglich der Verjährung bestehen und der grundsätzliche **Vorrang der Nacherfüllung** nicht umgangen werden darf.[14] 17

Nach der Schuldrechtsreform hatten sich die Gerichte im IT-Bereich bislang mit Fällen der Verletzung von vorvertraglichen Aufklärungs- und Beratungspflichten nicht zu befassen, so dass abzuwarten bleibt, wie die Rechtsprechung künftig diese Fälle im Einzelnen handhaben wird und ob sie auf die zum alten Schuldrecht ergangene Kasuistik zurückgreift. Es ist davon auszugehen, dass sie hinsichtlich der Fragen, ob bzw. inwieweit derartige vorvertragliche Beratungs- bzw. Aufklärungspflichten gegeben sind, sowie hinsichtlich der Frage der Abgrenzung zur Sachmängelhaftung grundsätzlich an der bisherigen Rechtsprechungsli- 18

---

[11] BGH Urt. v. 6.6.1984 – VIII ZR 83/83, NJW 1984, 2938.
[12] Bamberger/Roth/*Faust* § 437 Rn. 186 ff.
[13] Bamberger/Roth/*Faust* § 437 Rn. 181 mwN.
[14] BGH Urt. v. 27.3.2009 – V ZR 30/08, NJW 2009, 2120 (nicht IT); OLG Hamm Urt. v. 13.5.2003 – 28 U 150/02, NJW-RR 2003, 1360 (Sachmängelhaftung und c.i.c. beim Autokauf); Anmerkung hierzu von *Emmerich* JuS 2004, 163.

nie festhalten und auf die bisher herausgebildeten Einzelfallkriterien zurückgreifen wird. Möglicherweise wird aufgrund der nach neuem Recht deutlichen Erweiterung des gesetzlichen Mangelbegriffs und der Mängelrechte (Schadensersatz nach § 437 Nr. 3 iVm §§ 280 ff. BGB auch ohne Vorliegen einer Zusicherung) sowie der Annäherung zwischen der kurzen kaufrechtlichen Verjährung und der regelmäßigen Verjährung die Haftung für fehlerhafte Beratung nach den Grundsätzen des Verschuldens bei Vertragsverhandlungen in der Praxis eher selten durchgreifen.

19 Als mögliche Bereiche, auf die sich die Beratung hinsichtlich der **Hardware-Dimensionierung** beziehen kann, kommen vor allem folgende in Betracht:
- Leistungsfähigkeit der Hardware, ua Kapazität, Geschwindigkeit, Kompatibilität;
- Eignung für eine bestimmte, bereits vorgesehene Software oder Einsatzbedingungen;
- vorbestehende IT-Infrastruktur, in der die Hardware integriert und eingesetzt werden soll.

20 Die Frage, **unter welchen Voraussetzungen** und **in welchem Umfang** den Auftragnehmer vorvertragliche Beratungs- und Aufklärungspflichten gegenüber dem Kunden treffen, ist stets von den Umständen des Einzelfalls abhängig.[15] Die **Rechtsprechung** hat in diesen Entscheidungen zahlreiche **Einzelfallkriterien** herausgebildet, bei deren Vorliegen entsprechende Beratungspflichten bestehen sollen. Folgende Kriterien spielen hier zB eine Rolle:
- Kompetenz-, Know-how-Gefälle,
- tatsächliche Beratung,[16]
- Nachfrage, Betonung einer Eigenschaft/Verwendung.[17]

21 Der Anbieter wird sich in seinen AGB nicht grundsätzlich von seiner Haftung für Beratungsverschulden freizeichnen können. Denn da die Hardware-Empfehlung bzw. Beratung durch den Auftragnehmer bereits im Vorfeld des Vertragsschlusses erfolgt, kann eine etwaige diesbezügliche Haftung nicht durch Abschluss des Kaufvertrages bzw. Verkaufs-AGB im Nachhinein ausgeschlossen werden.[18]

> **Praxistipp:**
> Bei größeren Projekten, in denen zunächst eine umfangreiche Analyse vor Ort durchgeführt werden soll, empfiehlt es sich aus Anbietersicht, einen **gesonderten entgeltlichen Beratungsvertrag** abzuschließen und in diesem **individuelle Haftungsbegrenzungen** zu vereinbaren.

22 Denn trotz **formaler Abtrennung** der **Beratungsleistungen** von dem Beschaffungsvorgang durch Abschluss von zwei voneinander getrennten Verträgen wird ein etwaiges Beratungsverschulden oftmals **auf den Beschaffungsvertrag durchschlagen,** welcher dann im Rahmen der Schadensersatzhaftung ggf. rückabgewickelt werden kann.

> **Praxistipp:**
> Oftmals wird der Anbieter die Gefahr eines etwaigen vorvertraglichen Beratungsverschuldens nur dadurch sicher ausschließen können, dass er den Kunden explizit darauf hinweist, dass beispielsweise im Hinblick auf den beabsichtigten Einsatz bestimmter Software nicht zugesagt werden kann, dass mit der zugrunde gelegten Hardware-Dimensionierung bestimmte Performance-Werte erreicht werden. Aus Beweisgründen sollte der Anbieter entsprechende **ausdrückliche Hinweise** gegenüber dem Kunden dokumentieren, ggf. sogar im Angebot. Dies scheint zwar häufig eine Gratwanderung für den Anbieter zu sein, da er in diesem Fall riskiert, den Auftrag nicht zu erhalten, zeugt aber von hochgradiger Professionalität und Kundenorientierung.

---

[15] *Schneider,* Handbuch des EDV-Rechts, F Rn. 13 ff.
[16] BGH Urt. v. 6.6.1984 – VIII ZR 83/83, NJW 1984, 2938.
[17] *Hörl* ITRB 2004, 39.
[18] Redeker/*Bauer*/*Schneider,* Handbuch der IT-Verträge, 1.1 Rn. 27 u. 41; *Schneider,* Handbuch des EDV-Rechts, F Rn. 20 und 175 ff.

3. Vertragliche Besonderheiten

a) Leistungsbeschreibung und Mangelbegriff. Im Hinblick auf den nach der Schuldrechts- 23
modernisierung erweiterten gesetzlichen Mangelbegriff des § 434 BGB sowie die aus Anbietersicht deutliche Verschärfung der Sachmängelrechte hat die genaue Spezifizierung des Vertragsgegenstandes eine neue, noch wichtigere Bedeutung erhalten. Der Kaufgegenstand sowie die zu zahlende Vergütung werden regelmäßig in einem **Kaufschein** oder der Bestellung bzw. Auftragsbestätigung spezifiziert. In aller Regel wird zusätzlich Betriebssystem-Software, ggf. bereits vorinstalliert, mitgeliefert. In Bezug auf die Ausgestaltung der **Leistungsbeschreibung** gilt gem. § 307 Abs. 3 Satz 2 BGB das **Transparenzgebot**. Gerade **beim Hardwarekauf** kommt dabei den öffentlichen Äußerungen des Herstellers oder Verkäufers in der **Werbung** eine besonders große praktische Bedeutung zu. Hier werden häufig Leistungsaussagen im Hinblick auf einzelne Hardwareprodukte, etwa zur Zuverlässigkeit, Leistungsfähigkeit oder Kompatibilität, gemacht, die bei Fehlen einer Beschaffenheitsvereinbarung über § 434 Abs. 1 Satz 3 iVm Satz 2 Nr. 2 BGB **gewährleistungsrelevant** werden können, sofern nicht eine der dort erwähnten Entlastungsmöglichkeiten wie etwa eine rechtzeitige Berichtigung der Angaben eingreift.

Ferner wurde mit der Schuldrechtsreform erstmals die Garantie gesetzlich geregelt. Die 24
Garantieformen der **Beschaffenheits- und der Haltbarkeitsgarantie** wurden im Kaufrecht in § 443 BGB und der ergänzenden Regelung des § 477 BGB beim Verbrauchsgüterkauf kodifiziert. In § 443 Abs. 1 BGB ist geregelt, dass dem Kunden die Rechte aus der Garantie zu den in der **Garantieerklärung und** der einschlägigen **Werbung** angegebenen Bedingungen zustehen.

Der Anbieter ist daher gehalten, die von ihm zu erbringenden **Leistungen möglichst kon-** 25
kret und abschließend in einem Kaufschein bzw. einer sonstigen Vertragsanlage, die ausdrücklich zum Vertragsbestandteil gemacht wird, **festzulegen**, will er vermeiden, dass die sehr weit formulierte zweite oder dritte Stufe des neuen Mangelbegriffs zur Anwendung gelangt.

Die Frage, ob die gelieferte Hardware mangelhaft ist, ist anhand des **neuen Mangelbe-** 26
griffs gemäß § 434 BGB in folgender **Stufenfolge** zu prüfen:
- Vereinbarte Beschaffenheit,
  soweit nicht vereinbart,
- Eignung für die nach dem Vertrag vorausgesetzte Verwendung,
  sonst
- Eignung für die gewöhnliche Verwendung und Beschaffenheit, die bei Sachen der gleichen Art üblich ist und die der Käufer nach der Art der Sache erwarten kann, einschließlich der öffentlichen Äußerungen und/oder Werbeaussagen des Herstellers und des Händlers, wenn diese nicht widerrufen wurden.[19]

Das Rangverhältnis dieser verschiedenen Ebenen zueinander ist unklar. Für den Bereich 27
der Gebrauchsgüter wird es wohl selten eine vereinbarte Beschaffenheit geben. Insofern macht es Sinn, die Prüfung etwa mit der üblichen Beschaffenheit bzw. mit der berechtigten Erwartungshaltung des Kunden beginnen zu lassen. Dies würde zwar mit der EU-Richtlinie übereinstimmen, wonach die vier Voraussetzungen kumulativ erforderlich sein sollten, um die Vermutung der Mangelfreiheit zu bewirken, nicht aber mit dem Wortlaut von „soweit" und „sonst" in der deutschen Umsetzung der EU-Richtlinie. Man wird angesichts dieses Wortlauts von vorstehender Stufenfolge ausgehen müssen, solange keine hiervon abweichende Rechtsprechungsentscheidung ergeht. Fraglich ist allerdings, ob sich die Mangelhaftigkeit durch **Rückgriff** auf die Kriterien der Stufen zwei und drei des neuen Mangelbegriffs ergeben könnte, wenn zwar eine Beschaffenheitsvereinbarung vorliegt, jedoch die vom Kunden gewünschten Produkteigenschaften hierin nicht aufgeführt sind, und der Kunde etwa auf einen bestimmten Verwendungszweck hingewiesen hat. In der **Literatur** wird die Frage, inwieweit das Vorliegen einer Beschaffenheitsvereinbarung einen Rückgriff auf die

---

[19] Zur Haftung für Werbeangaben, insbes. auch zu Garantien in der Werbung, *Lehmann* DB 2002, 1090; Bamberger/Roth/*Faust* BGB § 443 Rn. 17 ff.

zweite oder dritte Stufe ausschließt, unterschiedlich beurteilt.[20] Nach Auffassung des **BGH** wird in der Regel eine vereinbarte Beschaffenheit der Kaufsache i. S. des § 434 Abs. 1 Satz 1 BGB anzunehmen sein, wenn die Parteien übereinstimmend einen bestimmten Zweck der Kaufsache voraussetzen. Dann komme es für die Frage der Mangelfreiheit nicht allein auf den Inhalt der Leistungsbeschreibung an, sondern auch auf die von den Parteien im Vorfeld nach dem Vertrag vorausgesetzte Verwendung der Kaufsache. Im Ergebnis ist danach trotz vertraglicher Beschaffenheitsvereinbarung i. S. von § 434 Abs. 1 Satz 1 BGB daneben ein Rückgriff auf die zweite Stufe des Mangelbegriffs des § 434 Abs. 1 Satz 2 Nr. 1 BGB möglich.[21]

> **Praxistipp:**
> Generell sollte der Anbieter daher nicht nur **positiv** in der Leistungsbeschreibung angeben, was das Produkt kann, sondern möglichst auch **negativ**, was es nicht kann. Letzteres vor allem dann, wenn der Kunde bereits bestimmte Erwartungen oder Wünsche hinsichtlich gewisser, für ihn besonders wichtiger Produkteigenschaften oder Leistungsanforderungen geäußert hat. Anderenfalls läuft der Anbieter ggf. Gefahr, sich zudem wegen Verletzung vorvertraglicher Aufklärungs- und Hinweispflichten schadensersatzpflichtig zu machen, wenn das Produkt diese bekannt gemachten Anforderungen nicht erfüllt.

28 Auf der anderen Seite sollte der Anbieter hierbei nicht außer Acht lassen, dass er bei **Spezifizierungen mit hohem Detaillierungsgrad** und **besonderer Betonung** bestimmter Leistungszusagen riskiert, dass dies als **Garantie** im Sinne einer verschuldensunabhängigen Haftung ausgelegt wird.[22]

29 Aus Sicht des Kunden stellt die Einbeziehung öffentlicher Angaben des Herstellers und des Händlers in der Werbung eine deutliche Verbesserung seiner Position dar. Sind jedoch **bestimmte** Leistungsanforderungen in Bezug auf die zu beschaffende Hardware für ihn besonders unternehmenswichtig, ist er gehalten, diese explizit als geschuldete Beschaffenheit zu vereinbaren, sofern sie sich nicht bereits aus den Stufen 2 und 3 des Mangelbegriffs ergeben.

30 **b) Modelländerungen.** Hardware-Hersteller kündigen Modellwechsel gegenüber ihren Händlern längere Zeit vor Auslieferung an. Dies soll den Verkäufern ermöglichen, bereits vorzeitig Geschäftsabschlüsse für diese an sich noch zu entwickelnde Hardware zu tätigen.[23] Dies kann dazu führen, dass die auf diese Weise angekündigten Geräte später eine andere Beschaffenheit bzw. andere Spezifikationen aufweisen als ursprünglich angeboten. Vor diesem Hintergrund versuchen **Kunden** nicht selten, vertragliche **Optionen** zu vereinbaren, wonach sie im Falle zwischenzeitlich eingetretener Modellwechsel die leistungsfähigeren neuen Hardware-Produkte anstelle der ursprünglich bestellten erwerben können. Auf der anderen Seite versuchen **Anbieter** oftmals, sich **Änderungen** hinsichtlich der zu liefernden Hardware **vorzubehalten**.

31 Bei Klauseln, die einen **zu weit gehenden Änderungs- bzw. Abweichungsvorbehalt** enthalten, wird generell **Unwirksamkeit vermutet**.[24] Dem Anbieter bleibt dann allenfalls die Möglichkeit, im Einzelfall diese Vermutung zu entkräften, indem er darlegt, dass die konkrete Änderung für den Kunden **zumutbar** ist, da sie beispielsweise aufgrund verbesserter Leistungsdaten für ihn einen Vorteil darstellt. Die AGB-rechtliche Zulässigkeit solcher Klauseln ist dabei jedoch äußerst problematisch.[25]

---

[20] Jauernig/*Berger* BGB § 434 Rn. 12: Rückgriff auf zweite Stufe möglich, Sperrwirkung hinsichtlich dritter Stufe Frage der Auslegung; Staudinger/*Matusche-Beckmann* BGB § 434 Rn. 58 und MüKo/*Westermann* § 434 Rn. 8: kein Rückgriff.
[21] BGH Urt. v. 8.11.2007 – VII ZR 183/05, NJW 2008, 511 (512 f.) – „Blockheizkraftwerk".
[22] Redeker/*Bauer/Schneider*, Handbuch der IT-Verträge, 1.1 Rn. 28 ff.
[23] In der Regel führt dies zu einem Preisverfall hinsichtlich der Vorgänger- bzw. Auslaufmodelle.
[24] *Ulmer/Brandner/Hensen*, AGB-Recht, § 308 Nr. 4 BGB Rn. 9.
[25] *Schneider*, Handbuch des EDV-Rechts, F Rn. 87 ff.

c) **Garantie.** Bei der Überlassung von Hardware ist die Einräumung von **Garantien** üblich. Die vom Händler zusätzlich angebotene Herstellergarantie stellt ein **wichtiges Verkaufsargument** dar, vor allem wenn dabei eine über die gesetzliche Gewährleistungsfrist von 2 Jahren hinausgehende Frist (etwa von 3 Jahren) eingeräumt wird. Diese Zusatzvereinbarungen werden meist mit einem Vor-Ort-Service kombiniert, was zu einer deutlichen Verkürzung der Ausfallzeit führt. **32**

Hierbei ist zwischen **Hersteller- und Verkäufergarantien**[26] zu **unterscheiden**. Bei der Garantie, die durch einen Dritten, etwa durch den Hersteller, eingeräumt wird, und die der Anbieter dem Kunden neben der Gewährleistung vermittelt, handelt es sich um eine **selbstständige Garantie iSd § 443 BGB**. Diese begründet einen neben den Kaufvertrag tretenden eigenständigen Haftungsgrund i. S. von § 311 BGB, der grundsätzlich dem Verjährungsregime des § 195 BGB unterfällt. Die Herstellergarantien beschränken sich zumeist auf die Einräumung eines Anspruchs auf Nachbesserung bzw. Austausch des Geräts bei Vorliegen von Mängeln innerhalb einer bestimmten Garantiezeit. Die jeweiligen Garantiebedingungen des Herstellers werden häufig in Form einer den Produkten beigefügten Garantiekarte durch den Händler an den Kunden weitergegeben.[27] **33**

Räumt demgegenüber der **Verkäufer** eine **Garantie** ein, so kann es sich sowohl um eine **selbstständige** als auch um eine **unselbstständige Garantie** handeln, was im Einzelfall im Wege der **Auslegung** zu ermitteln ist. Übernimmt der Verkäufer lediglich eine Garantie für das Vorliegen bestimmter, für den Kunden unternehmenswichtiger Leistungszusagen, wie etwa Kapazität oder Kompatibilität der Hardware, oder auch für die generelle Mangelfreiheit, ohne zugleich besondere Rechtsfolgen bei deren Nichteinhaltung zu regeln, wird dies in der Regel dahin auszulegen sein, dass damit primär nur eine **Verschuldensunabhängigkeit** der Schadensersatzhaftung wegen Übernahme einer **Garantie** im Sinne von **§ 276 Abs. 1 S. 1 BGB** und nicht eine darüber hinausgehende Erweiterung der sonstigen Mängelrechte des Kunden gewollt ist. Insofern wird die **gesetzliche Mängelhaftung nur modifiziert**, ohne dass eine hiervon abgelöste selbstständige Garantie als ein neben den Kaufvertrag tretender eigenständiger Haftungsgrund begründet wird. Bei dieser Sachlage kommt trotz Garantieübernahme die kurze 2-jährige Verjährungsfrist des § 438 Abs. 1 Nr. 3 BGB zur Anwendung und es werden die haftungsrechtlichen Folgen der §§ 442 Abs. 1 S. 2 Alt. 2 und 444 Alt. 2 BGB ausgelöst.[28] **34**

Ob und mit welchem Inhalt eine Garantie abgegeben wurde, ist mangels ausdrücklicher vertraglicher Regelung durch **Auslegung gem. §§ 133, 157 BGB** zu ermitteln. Das Wort Garantie muss hierbei nicht verwendet werden. Es können auch Formulierungen wie etwa „voll einstehen" oder „zusichern" genügen. Bereits eine besondere Betonung bestimmter Eigenschaften kann im Einzelfall für eine Garantieübernahme sprechen.[29] **35**

Der Anbieter befindet sich häufig in dem Dilemma, dass er auf der einen Seite möglichst eine präzise und ausführliche Leistungsbeschreibung erstellen soll, um einen Rückgriff auf Stufe 2 oder 3 des neuen, erweiterten Mangelbegriffs gem. § 434 Abs. 1 S. 2 BGB zu vermeiden, während er auf der anderen Seite riskiert, dass dies später zu seinem Nachteil als Garantiezusage ausgelegt wird. **36**

> **Praxistipp:**
> Um dem entgegenzuwirken, sollte der Anbieter darauf achten, dass im Vertrag klar zwischen Beschaffenheitsvereinbarungen und Garantien unterschieden wird.[30]
> Ferner empfiehlt es sich, **individualvertraglich** zu vereinbaren, dass Garantien im Rechtssinne nur dann vorliegen, wenn diese ausdrücklich als solche bezeichnet sind.

---

[26] Zu den Hersteller-Garantien → § 17.
[27] Vgl. hierzu Musterklausel bei Redeker/*Bauer/Schneider*, Handbuch der IT-Verträge, 1.1 Rn. 89, die den Fall einer vom Verkäufer an den Kunden weitergegebenen Herstellergarantie regelt und insbesondere Regelungen zum Verhältnis zwischen Garantie und Verkäufergewährleistung trifft.
[28] *Stadler* CR 2006, 77 (84 f.).
[29] Palandt/*Grüneberg* § 276 Rn. 29; Palandt/*Weidenkaff* § 443 Rn. 11; vgl. a. *Schneider*, Handbuch des EDV-Rechts, F Rn. 130.
[30] *Lapp* ITRB 2003, 42 (43).

Formulierungsvorschlag:[31]

37
1. In diesem Vertrag nebst seinen Anlagen enthaltene technische Daten, Spezifikationen, Leistungsbeschreibungen und Leistungszusagen verstehen sich ausschließlich als Beschaffenheitsangaben i. S. des § 434 Abs. 1 S. 1 BGB und nicht als selbstständige Garantie, Beschaffenheits- oder Haltbarkeitsgarantie.
2. Selbstständige Garantieversprechen, Beschaffenheits- oder Haltbarkeitsgarantien im Rechtssinne liegen nur vor, wenn diese ausdrücklich und schriftlich als ‚selbstständige Garantie', ‚Beschaffenheitsgarantie' oder ‚Haltbarkeitsgarantie' gekennzeichnet sind.

38 Mit der Änderung des §§ 444 BGB (das vormals enthaltene Wort „wenn" wurde durch das Wort „soweit" ersetzt) wurde klargestellt, dass trotz Garantieübernahme daneben die Vereinbarung einer **Haftungsbeschränkung** möglich ist, sofern dies **nicht in überraschender oder intransparenter Weise,** eventuell an anderer Stelle im Vertragswerk, erfolgt. Daher sollte eine Haftungsbeschränkung und insbesondere auch eine Verkürzung der Verjährung unmittelbar in der Garantieklausel selbst individualvertraglich geregelt werden.[32] Gewährt daher der Anbieter selbst eine Garantie, so sollte er in der Garantieklausel den Inhalt der Garantie genau formulieren und begrenzen.

Formulierungsvorschlag:[33]

39 Der Lieferant übernimmt für die angebotene Hardware eine Garantie von xx Monaten ab dem Zeitpunkt der rügefreien Ablieferung beim Kunden. Die Garantie ist ausgeschlossen, wenn und soweit der Kunde die Hardware durch Ein-, Aus- und Umbauten verändert, ohne dass diese Maßnahmen mit Zustimmung des Herstellers oder durch einen von diesem autorisierten Dritten erfolgten. Die Garantie gilt nicht für die in Anlage xx aufgeführten Komponenten. Garantieansprüche sind über die Garantiehotline geltend zu machen.

40 **d) Betriebssystem-Software.** In aller Regel wird beim Hardware-Kauf auch **Betriebssystem-Software mitgeliefert** bzw. ist diese bereits vorinstalliert. Vor allem beim Erwerb eines Einzel-PC wird die Betriebssoftware zumeist nur zusammen mit einem neuen Computer vertrieben (sog **OEM-Geschäft**).[34] Diesbezüglich ist auch in den Hardware-Kaufvertrag eine Bestimmung zu Inhalt und Umfang der Rechtseinräumung hinsichtlich der gleichzeitig überlassenen Software aufzunehmen, die sich in der Regel im Rahmen der entsprechenden Lizenzbedingungen des Software-Anbieters hält beziehungsweise auf diese verweist.

41 **e) Gebrauchte Hardware.** Bei der entgeltlichen oder unentgeltlichen Überlassung ausrangierter, gebrauchter Hardware an Mitarbeiter bzw. Dritte haben Unternehmen verschiedene rechtliche Problemstellungen zu berücksichtigen,[35] insbesondere:
- Einhaltung der Lizenzbestimmungen, die für die auf dem gebrauchten Computern ggf. noch befindliche Betriebssystem- oder Anwendungssoftware gelten;
- Beachtung von Bestimmungen zum Datenschutz und zur Datensicherheit im Hinblick auf die auf den Festplatten der Computer noch befindlichen Daten früherer Nutzer;
- Beachtung handelsrechtlicher Aufbewahrungspflichten in Bezug auf Handels- und Geschäftsbriefe;
- Mängelhaftung, insbesondere wenn es sich bei Abgabe an Privatpersonen um einen Verbrauchsgüterkauf handelt;
- umsatzsteuerliche und lohnsteuerliche Risiken.

---

[31] *Stadler* ITRB 2004, 233. Als AGB-Klausel wäre die hier zitierte Musterformulierung wegen des Vorrangs der Individualabrede gem. § 305b BGB nicht geeignet, das Vorliegen einer Garantie auszuschließen.
[32] *Stadler* ITRB 2004, 233 (236).
[33] Formulierungsvorschlag: *Dr. Astrid Auer-Reinsdorff*.
[34] *Moos/Gallenkemper/Volpers* CR 2008, 477. → § 24 Vertrieb von Hardware.
[35] *Moos/Gallenkemper/Volpers* CR 2008, 477.

f) Zusätzliche Leistungen. Das Interesse des Kunden ist i. d. R. auf Überlassung der Hardware **im betriebsbereiten Zustand** gerichtet. Im Einzelfall ist daher zu prüfen, ob auch Einweisung, Installation und Herbeiführung der technischen Betriebsbereitschaft geschuldet sind und es sich hierbei möglicherweise sogar um eine Hauptleistungspflicht handelt.[36] Wünscht der Kunde, dass solche **zusätzlichen Leistungen** erbracht werden, so hat dies rechtliche **Konsequenzen bei der Abwicklung des Kaufvertrages.** Beispielsweise ist keine wirksame Ablieferung erfolgt, bevor nicht die geschuldete Einweisung durchgeführt wurde. Vorher beginnt die kaufrechtliche Verjährungsfrist nicht zu laufen und die Untersuchungs- und Rügepflicht gem. § 377 HGB greift nicht ein. Bei Installationsleistungen ist regelmäßig eine Abnahme erforderlich. Angesichts dieser rechtlichen Konsequenzen ist eine **klare Regelung des Leistungsumfangs** unverzichtbar. Der Anbieter wird häufig versuchen, die eigentliche Kaufleistung von diesen **zusätzlichen Leistungen abzutrennen** und in **getrennten Verträgen** gegen gesonderte Vergütung zu übernehmen, damit die Abwicklung des Kaufvertrags zunächst hiervon nicht berührt wird und Leistungsstörungen im Hinblick auf diese zusätzlichen Leistungen nicht auf diesen durchschlagen.

g) Mitwirkung des Kunden. Sofern eine Installationspflicht des Auftragnehmers besteht, hat der Kunde die Aufstellungs- und Installationsvoraussetzungen, wie etwa den Anschluss an das Stromnetz, zu schaffen. Die Mitwirkungsleistungen des Kunden werden üblicherweise in technischen Datenblättern und Installationsanweisungen spezifiziert, die i. d. R. dem Hardware-Kaufvertrag als Anlagen beigefügt werden.

4. Leistungsstörungen

a) Dokumentation. Eine Besonderheit des IT-Rechts ist, dass auch beim Hardwareerwerb die Lieferung einer Dokumentation (Benutzerhandbuch bzw. Bedienungsanleitung), insbesondere auch für das Betriebssystem, nach bisheriger Rechtsprechung eine **Hauptleistungspflicht** darstellt. Danach lag bei Nichtlieferung der Dokumentation ein Fall der (teilweisen) Nichterfüllung vor, bei dem die allgemeinen Regeln der §§ 320 ff. BGB aF zur Anwendung gelangten.[37]

Solange die Bedienungsanleitung nicht mitgeliefert wurde, war noch nicht erfüllt. In diesem Fall galt gem. § 195 BGB aF die 30-jährige Verjährung und die Pflicht zur Rüge und Untersuchung nach § 377 HGB griff nicht ein. Im Hinblick auf die ansonsten geltende kurze Verjährung gem. § 477 BGB aF war dies in vielen Fällen prozessual gesehen eine Art Rettung.

Nach neuem Recht ist streitig, ob bei Nichtlieferung einer Dokumentation ein Fall teilweiser Nichterfüllung gegeben ist, der nach den §§ 280 ff., 320 ff. BGB als Verzug (mit der Geltung des § 195 BGB) zu behandeln ist, oder ein Mangel nach § 434 Abs. 3 BGB wegen Minderlieferung vorliegt, bei dem die Sachmängelrechte der §§ 437 ff. BGB geltend gemacht werden können.[38]

b) Fehlerhafte Montage oder Montageanleitung. Gemäß § 434 Abs. 2 BGB liegt ein Sachmangel auch dann vor, wenn der Verkäufer die vereinbarte **Montage** fehlerhaft durchführt oder die **Montageanleitung mangelhaft**[39] ist und der Kunde daher die Kaufsache fehlerhaft zusammensetzt. Die sog **IKEA-Klausel** gewinnt auch bei der Überlassung von Hardware praktische Bedeutung, wenn etwa der Händler den PC mit weiteren Komponenten, evtl. auch mit Software, individuell zusammenstellt oder solche Komponenten Einbauhinweise erfordern. Ein fehlerhafter Zusammenbau kann insbesondere **Kompatibilitätsprobleme** zur Folge haben.

---

[36] OLG Düsseldorf Urt. v. 9.6.1989 – 16 U 209/88, NJW 1989, 2627, das auf den Vertrag in diesem Fall werkvertragliches Gewährleistungsrecht anwendet.
[37] BGH Urt. v. 5.7.1989 – VIII ZR 334/88, CR 1990, 194; BGH Urt. v. 22.12.1999 – VIII ZR 299/98, CR 2000, 207.
[38] Zum Meinungsstreit *Hoeren*, IT-Vertragsrecht, 2007, Rn. 177 f.
[39] OLG München Urt. v. 9.3.2006 – 6 U 4082/05, CR 2006, 582 (nicht IT): lückenhafte Bedienungsanleitung als Mangel.

48 **c) Neuheit und aktueller Stand der Technik.** Bei der Überlassung von Hardware ist angesichts der **rasanten Innovationsgeschwindigkeit auf dem Hardware-Markt** oftmals die Frage relevant, ob die Geräte dem aktuellen Stand der Technik entsprechen, ob sie fabrikneu sind oder auch ggf. mittlerweile veraltete Teile enthalten. Dabei kann auch eine Rolle spielen, ob das Gerät insgesamt oder Teile hiervon original sind, dh von einem bestimmten Hersteller stammen. Im unternehmerischen Verkehr kommt es auch vor, dass Hardware ohne bestimmte Herstellerbezeichnung allein unter Angabe etwa von Kapazität und abstrakter Beschreibung bestimmter Leistungswerte geliefert werden soll. Die **Original-Eigenschaft** kann für den Anwender vor allem im Hinblick auf Zubehör-, Ersatz- und Verbrauchsteile wichtig sein, deren Verwendung der Hersteller in Bezug auf die Sachmängelhaftung oder auch im Hinblick auf eine daneben eingeräumte Garantie zur Bedingung macht.[40] Wird die Hardware im Vertrag bzw. der beiliegenden Produktbeschreibung mit einer bestimmten Typ-Nummer bezeichnet, so wird man ohne Weiteres davon ausgehen können, dass die Lieferung eines Original-Rechners eines bestimmten Herstellers geschuldet ist und es sich hierbei auch um ein neues Gerät handeln muss.

49 Sofern der Händler darüber hinaus „... bei Werbung und Vertragsanbahnung **deutlich hervorhebt**, es werde ein Original-Gerät geliefert, dann darf der Kunde die Herstellerbezeichnung in Auftrag und Auftragsbestätigung als **Zusicherung** eines unveränderten Gerätes dieses Herstellers auffassen",[41] wobei die „Garantie" iSv § 276 Abs. 1 Satz 1 BGB die „Zusicherung" gem. §§ 463 Satz 1, 459 Abs. 2 BGB aF abgelöst hat.

50 Nach der Rechtsprechung fehlt es an der Original-Beschaffenheit, wenn eine zusätzliche Komponente, wie im entschiedenen Fall ein zweites Laufwerk, eingebaut bzw. das Gerät verändert wird.[42] Vor der Schuldrechtsmodernisierung stellte sich insofern die Frage, ob in diesem Fall eine Aliud-Lieferung vorliegt, mit der Folge, dass, falls dieses nach § 378 HGB aF nicht genehmigungsfähig war, die Frist des § 377 HGB nicht zu laufen begann und ein Fall der Nichterfüllung vorlag. Im neuen Recht wird gem. § 434 Abs. 3 BGB das Aliud dem Sachmangel gleichgestellt und es ist § 378 HGB weggefallen, so dass nach § 377 BGB auf jeden Fall gerügt werden muss, auch wenn es sich offensichtlich um eine völlig andere Ware handelt.[43]

51 Hinsichtlich des Beschaffenheitsmerkmals der „**Neuheit" der Hardware** wird man nach wie vor auf die Rechtsprechung zum alten Schuldrecht zurückgreifen können.[44] Dabei ist auf den Zeitpunkt des Vertragsschlusses abzustellen, wenn zwischenzeitlich Änderungen eingetreten sind.[45]

52 Ist die Hardware gebraucht bzw. enthält sie überholte oder veraltete Teile, wird dies i.d.R. mängelbegründend sein, wenn in der Beschaffenheitsvereinbarung das Gerät nicht explizit als gebraucht oder generalüberholt bezeichnet wird.[46] Nach der zum alten Recht ergangenen Rechtsprechung bedeutet die Formulierung **aktuellster Stand der Technik** nicht unbedingt, dass nur neueste Produkte geliefert werden dürfen, solange bewährte, lange in der Anwendung erprobte Geräte allein eine zuverlässige Gewähr für einen ungestörten und zuverlässigen Geschäftsbetrieb bieten.[47] Generell wird eine Pflicht zur Lieferung von **fabrikneuen** Geräten auch ohne entsprechende explizite Vereinbarung angenommen.[48]

53 Demgegenüber verlangte der BGH[49] für die Annahme einer stillschweigenden Zusicherung „neuester technischer Stand" das Vorliegen besonderer Umstände. **Auslaufmodelle** sind je nach Verkehrserwartung in wettbewerbsrechtlicher Hinsicht als solche zu kenn-

---

[40] *Schneider*, Handbuch des EDV-Rechts, F Rn. 32.
[41] OLG Oldenburg Urt. v. 16.11.1987 – 9 U 59/87, CR 1989, 107 mAnm *Ruppelt*.
[42] OLG Oldenburg Urt. v. 16.11.1987 – 9 U 59/87, CR 1989, 107 mAnm *Ruppelt*.
[43] *Baumbach/Hopt* § 377 Rn. 16; für Extremabweichungen aA *Musielak* NJW 2003, 89 (92).
[44] *Schneider*, Handbuch des EDV-Rechts, F Rn. 33.
[45] Vgl. LG Coburg Urt. v. 1.2.2002 – 32 S 193/01, CR 2002, 325 zu mangelnder Eurofähigkeit.
[46] *Schneider*, Handbuch des EDV-Rechts, F Rn. 38.
[47] OLG Brandenburg Urt. v. 1.12.1998 – 6 U 301/97, CR 1999, 748; vgl. auch OLG Düsseldorf Urt. v. 25.3.1993 – 6 U 119/92, NJW 1993, 3142.
[48] LG München I Urt. v. 30.3.1995 – 7 O 2189/94, CR 1995, 736 – Festplatten.
[49] BGH Urt. v. 14.2.1996 – VIII ZR 89/95, CR 1996, 402.

zeichnen.⁵⁰ Werden jedenfalls hochpreisige EDV-Anlagen als fabrikneu angeboten, in denen neben neuen auch gebrauchte Teile enthalten sind, hat die Rechtsprechung wettbewerbsrechtlich Irreführung angenommen.⁵¹ Die neuwertigen Teile (**Equivalent To New**) beschränkten sich dabei auf angeblich verschleißfreie.⁵²

III. Hardware-Miete

1. Begriff und Bedeutung

Ursprünglich hatte das Beschaffungsmodell der **Hardware-Miete** eine sehr große **praktische Bedeutung**, da der Kauf von Großrechnern (Mainframe-Lösungen) für den Anwender teuer war. Seit Einführung der Personalcomputer und der Client-Server-Systeme und dem damit einhergehenden rapiden Preisverfall ist die Hardware-Miete im Verhältnis zum Hardware-Kauf oder zum Hardware-Leasing **in den Hintergrund getreten.** Vor allem das Finanzierungs-Leasing hat sich im Hinblick auf die damit verbundenen wirtschaftlichen und steuerlichen Vorteile immer mehr durchgesetzt.⁵³ Wenngleich die praktische Bedeutung der Hardware-Miete zurückgegangen ist, kann sie für den Anwender nicht selten eine **wirtschaftlich sinnvolle Alternative** bei der Hardware-Beschaffung darstellen, die gegenüber dem Hardware-Kauf auch **rechtliche Vorteile** mit sich bringt. Generell ist die mietrechtliche Mängelhaftung für den Anwender günstiger als die kaufrechtliche. Nachteilig sind demgegenüber vor allem die aus seiner Nichteigentümerstellung resultierenden Beschränkungen in der Gebrauchsausübung.

Vorteile der Hardware-Miete für den Anwender:
- Gebrauchsüberlassungs- und -erhaltungspflicht als Hauptleistungspflichten während der gesamten Mietzeit, § 535 Abs. 1 Satz 2 BGB.
- Wegen Gebrauchserhaltungspflicht grundsätzlich kein gesonderter Wartungs- bzw. Pflegevertrag erforderlich; wohl aber darüber hinausgehender Support.
- Beseitigung auch nachträglicher Mängel, die bei Gefahrübergang noch nicht vorhanden waren.
- Keine Verjährungsprobleme.
- Im Hinblick auf die hohe Innovationsgeschwindigkeit auf dem Hardware-Markt oftmals Mietkonzepte, bei denen die Hardware in bestimmten Zeit- bzw. Nutzungsintervallen kostengünstig ausgewechselt wird.
- Verwertung und Entsorgung der Altgeräte durch den Vermieter.
- Flexibilität, wenn der Anwender für eine gewisse Übergangszeit nur eine provisorische Lösung bis zur Einführung einer umfassenderen EDV-Lösung benötigt, weil die derzeitigen Ressourcen nicht mehr seinen Anforderungen entsprechen.
- Günstigeres Mängelhaftungsrecht, insbes. auch Selbstvornahmerecht gem. § 536a Abs. 2 BGB.
- Problematik hinsichtlich der Verletzung von Beratungs- und Aufklärungspflichten im Bereich der Miete weniger kritisch (daher auch weniger Rechtsprechungsmaterial).

Dem stehen jedoch auch **Nachteile** gegenüber:
- Kein Erwerb des Eigentums sowie Rückgabeverpflichtung am Ende der Mietzeit.
- Keine Insolvenzfestigkeit.
- Einschränkungen bzw. Vorgaben hinsichtlich der Gebrauchsausübung.
- Ggf. besondere Sorgfaltspflichten gegenüber der Mietsache.
- Engerer Mangelbegriff im Mietrecht, da eine dem § 434 Abs. 1 S. 3 BGB entsprechende Regelung fehlt⁵⁴ und „Bagatellmängel" gemäß § 536 Abs. 1 S. 3 BGB nach wie vor ausgenommen sind; aber auch im Kaufrecht existiert eine „Erheblichkeitsschwelle" bei Rücktritt und „großem Schadensersatz" gemäß §§ 323 Abs. 5 S. 2, 281 Abs. 1 S. 3 BGB.

---

⁵⁰ BGH Urt. v. 3.12.1998 – I ZR 63/96, CR 1999, 553.
⁵¹ BGH Urt. v. 5.4.1995 – I ZR 59/93, CR 1995, 594.
⁵² BGH Urt. v. 5.4.1995 – I ZR 59/93, CR 1995, 594.
⁵³ → Rn. 86.
⁵⁴ *Redeker* IT-Recht Rn. 602, zu Werbung des Herstellers als Sachbeschreibung, Rn. 564.

2. Vertragstypologische Einordnung

57 Im Gegensatz zur Software-Überlassung, bei der die Frage der **vertragstypologischen Einordnung** beispielsweise eines Lizenzvertrages als Software-Miete oder Software-Kauf der Feststellung der vertraglichen Regelungen im Detail bedarf, sind Verträge über die Überlassung von Hardware zur Nutzung auf Zeit grundsätzlich unproblematisch als **Miete** zu qualifizieren. Dabei wird im Übrigen nicht vorausgesetzt, dass die Zahlung des Mietzinses in regelmäßigen Raten erfolgt; im Einzelfall kann auch für die gesamte Mietdauer eine Bezahlung in einem Betrag erfolgen.[55]

58 Bei der Hardware-Miete wird dem Mieter häufig ein **Ankaufsrecht** eingeräumt. Übt der Mieter dieses aus, so wird die bis zu diesem Zeitpunkt gezahlte Miete auf den Kaufpreis angerechnet. Das Interesse des Vermieters ist beim **Mietkauf** daher im Gegensatz zum normalen Mietvertrag weniger auf die nur vorübergehende Überlassung als vielmehr auf den Verkauf der Hardware gerichtet. Vertragstypologisch handelt es sich hierbei um einen Mietvertrag, der mit einem Kaufoptionsvertrag verbunden ist. **Bis** zur Ausübung der **Kaufoption** wird der Vertrag nach **Mietrecht** behandelt, **ab Ausübung** der Option kommt **Kaufrecht** zur Anwendung. Die Ausübung der Kaufoption bedeutet i. d. R. zugleich die fristlose Kündigung des Mietverhältnisses.[56] Vor allem in IT-Projekten der Öffentlichen Hand ist dies ein beliebtes Beschaffungsmodell. Die BVB-Miete sehen in § 22 eine solche Kaufoption des Mieters vor, wonach der Mieter jederzeit die Umwandlung des Mietvertrages in einen Kaufvertrag verlangen kann. Die wesentlichen Bedingungen für diese Umwandlung, insbesondere der Kaufpreis sowie die auf den Kaufpreis anzurechnende Miete, werden bereits im Mietvertrag festgelegt. Im Unterschied zum Hardware-Leasing wird beim Mietkauf die Gefahrtragung nicht auf den Mieter übergewälzt, sondern diese verbleibt gem. § 538 BGB während der Mietdauer beim Vermieter.

3. Miete und Insolvenz

59 Ein wesentliches Risiko der Hardware-Miete liegt für den Kunden darin, dass der **Mietvertrag bei Insolvenz des Anbieters nicht insolvenzfest** ist. Deshalb ist dem Anwender bei der Beschaffung unternehmenswichtiger IT-Infrastruktur von der Hardware-Miete abzuraten.[57] Der Hardware-Mietvertrag unterliegt dem **Wahlrecht** des Insolvenzverwalters **gem. § 103 InsO**. Nur Mietverträge über unbewegliche Gegenstände unterliegen gem. §§ 108ff. InsO nicht diesem Wahlrecht. Daher liegt beim Insolvenzverwalter die Entscheidung, ob er den Mietvertrag weiterführt oder nicht. Lehnt der Insolvenzverwalter die Erfüllung ab, erlischt das Besitz- und Nutzungsrecht des Mieters und die Hardware ist zurückzugeben. In der Zeit zwischen Insolvenzeröffnung und Ausübung des Wahlrechts besteht eine Schwebelage; in dieser Zeit nutzt der Anwender die vermietete Hardware ohne gesicherte Rechtsgrundlage. Ein vertraglicher Ausschluss dieses Wahlrechts des Insolvenzverwalters ist unzulässig (§ 119 InsO).

4. Vertragliche Besonderheiten

60 a) **Leistungsbeschreibung.** Bei der Hardwaremiete ist eine möglichst **genaue Beschreibung** der überlassenen Gegenstände im Hinblick auf die Eigentumsverhältnisse und einen ggf. während der Mietdauer erfolgten Austausch von noch größerer Bedeutung als beim Hardwarekauf. I. d. R. wird die Spezifizierung der Mietsache genauso wie beim Kauf in eine Anlage zum Vertrag (Mietschein) ausgegliedert. Neben der Hardware wird i. d. R. auch Betriebssystem-Software überlassen. Ferner gehören zu den vertraglichen Leistungen grundsätzlich auch die erforderlichen Installations- und Aufstellungsarbeiten zur **Herstellung der technischen Betriebsbereitschaft** sowie die Überlassung der für den Betrieb erforderlichen **Bedienungshandbücher.** Der Vermieter muss daher insbesondere die Betriebssystem-Soft-

---

[55] Redeker IT-Recht Rn. 598.
[56] Palandt/*Weidenkaff* Einf. vor § 535 Rn. 30.
[57] Redeker/*Karger*, Handbuch der IT-Verträge, 1.8 Rn. 31.

III. Hardware-Miete

ware installieren sowie alle weiteren erforderlichen technischen Maßnahmen treffen, die für eine **vertragsgemäße Ingebrauchnahme** der Mietsache erforderlich sind.

In Anlehnung an § 8 BVB-Miete ist häufig eine **Abnahme** seitens des Mieters nach Durchführung einer Funktionsprüfung vorgesehen. Mit der Erklärung der Abnahme beginnt sodann die Pflicht des Mieters zur Mietzahlung. In der Praxis sind häufig AGB-Klauseln anzutreffen, wonach der Mieter dem Vermieter die **Übernahme** der Mietsache in ordnungsgemäßem und funktionsfähigem Zustand **bestätigen** muss. 61

> **Formulierungsvorschlag:**[58]
> Mit Abnahme der Miethardware bestätigt der Mieter, dass diese vertragsgemäß und ohne Mängel übergeben wurde. 62

Hierdurch soll die **Beweislast,** dass sich die Mietsache im Zeitpunkt der Überlassung in vertragsgemäßem Zustand befand, **auf den Mieter verlagert** werden. Dies ist in Verbraucherverträgen wie auch in Verträgen mit Unternehmern AGB-rechtlich unwirksam (§§ 309 Nr. 12b, 307 BGB). Die Regelung müsste daher individualvertraglich vereinbart werden. 63

Der Mieter hat im Rahmen seiner **Mitwirkungspflichten** grundsätzlich die erforderliche technische Infrastruktur bereit zu stellen, auch wenn dies nicht ausdrücklich vereinbart ist.

Die Mietzahlungspflicht beginnt grundsätzlich mit der **Überlassung der Mietsache in betriebsbereitem Zustand.**[59] Formularvertraglich kann der Beginn der Vergütungspflicht nicht lediglich an die Erklärung der Funktionsfähigkeit durch den Vermieter geknüpft werden, dies verstieße gegen § 307 BGB.[60] 64

b) **Preisanpassungsklauseln.**[61] Das Gesetz über das Verbot der Verwendung von Preisklauseln bei der Bestimmung von Geldschulden[62] normiert als Grundsatz ein Indexierungsverbot mit einem festen Ausnahmekatalog. Als Grundsatz darf der Betrag von Geldschulden nicht unmittelbar und selbsttätig durch den Preis oder Wert von anderen Gütern oder Leistungen bestimmt werden, wenn diese mit den vereinbarten Gütern oder Leistungen nicht vergleichbar sind. Im Ausnahmenkatalog sind dann abschließend die genehmigungsfreien Ausnahmen geregelt; für sonstige, nicht im Katalog enthaltene Preisanpassungsklauseln besteht Genehmigungspflicht.[63] 65

Zulässig sind grundsätzlich folgende Klauselgestaltungen:[64] 66
- Klauseln, die hinsichtlich des Ausmaßes der Änderung des geschuldeten Betrages einen Ermessensspielraum lassen, der es ermöglicht, die neue Höhe der Geldschuld nach Billigkeitsgrundsätzen zu bestimmen (so genannte **Leistungsvorbehaltsklauseln** oder **Loyalitätsklauseln**, § 1 Abs. 2 Ziffer 1 PRKG),
- Klauseln, bei denen die in ein Verhältnis zueinander gesetzten Güter oder Leistungen im Wesentlichen gleichartig oder zumindest vergleichbar sind (so genannte **Spannungsklauseln**, § 1 Abs. 2 Ziffer 2 PRKG),
- Klauseln, nach denen der geschuldete Betrag insoweit von der Entwicklung der Preise oder Werte für Güter oder Leistungen abhängig gemacht wird, als diese die Selbstkosten des Gläubigers bei der Erbringung der Gegenleistung unmittelbar beeinflussen (so genannte **Kostenelemente-Klauseln**, § 1 Abs. 2 Ziffer 3 PRKG),

---

[58] Formulierungsvorschlag: *Dr. Astrid Auer-Reinsdorff.*
[59] *Redeker* IT-Recht Rn. 600.
[60] *Schneider,* Handbuch des EDV-Rechts, F Rn. 262 f.
[61] Zu Preisanpassungsklauseln sowie Vorauszahlungsklauseln → § 16 Standardklauseln (AGB-Recht); www.destatis.de.
[62] Preisangaben- und Preisklauselgesetze (PaPkG; BGBl., Teil 1, 1998, S. 1242/1253) und die zu seiner Durchführung erlassene Preisklauselverordnung (PrKVO; BGBl., Teil 1, 1998, S. 3043).
[63] *Hecht,* Wertsicherungsklauseln in IT-Verträgen, ITRB 2006, 118.
[64] Redeker/*Karger,* Handbuch der IT-Verträge, 1.8 Rn. 96 ff.

- Klauseln, die lediglich zu einer Ermäßigung der Geldschuld führen können (§ 1 Abs. 2 Ziffer 4 PRKG),
- Sondervorschrift für die Indexmiete nach § 557b BGB (nur Raummiete).

Formulierungsvorschlag (Gleitklausel im Sinne von § 3 PrKG):[65]

67 Erhöht oder vermindert sich künftig der vom Statistischen Bundesamt amtlich festgestellte Verbraucherpreisindex (auf der Basis 2005 = 100) aller privaten Haushalte in Deutschland gegenüber dem für den Monat des Vertragsschlusses veröffentlichten Index um mindestens 10 %, so ändert sich der Mietzins für die vertragsgegenständliche Hardware automatisch im gleichen prozentualen Verhältnis zum jeweils ersten Tag des Folgemonats, ohne dass es einer gesonderten Vereinbarung zwischen den Parteien bedarf.

Formulierungsvorschlag (Kostenelementeklausel):[66]

68 Verändert sich der Preis eines einzelnen Kostenelements (zB eines oder mehrerer Vorprodukte oder Vorleistungen), so verändert sich auch der Preis des Endproduktes, jedoch nur insoweit als sich die bei dem jeweiligen Vorprodukt eingetretene Preisänderung anteilig auf den Preis des Endprodukts auswirkt.

69 c) **Obhuts- und Duldungspflichten.** Insbesondere bei technisch anspruchsvoller, hochpreisiger Hardware hat der Vermieter ein großes Interesse daran, dass der Mieter im Rahmen seiner **Obhutspflicht** die Vorgaben in Bedienungsanleitungen und Handbüchern beachtet.

Formulierungsvorschlag:[67]

70 1. Der Mieter hat die Aufstell- und Einsatzbedingungen, wie sie sich aus den Bedienungsanleitungen und Hinweisen ergeben, zu beachten. Er hat die Hardware mit der üblichen Sorgfalt zu behandeln und mit angemessenen Maßnahmen vor vermeidbaren Schädigungen zu schützen.
2. Der Mieter nimmt keine Veränderungen an der Hardware ohne vorherige Zustimmung des Vermieters vor, weder äußerlich noch in technischer Hinsicht.
3. Der Mieter hat dem Vermieter bzw. von diesem beauftragten Dritten die Wartung der Hardware in seinen Räumen zu gestatten, wobei der Vermieter auf die (Sicherheits-) Belange des Mieters Rücksicht nimmt und den Betriebsablauf beim Mieter so gering wie möglich beeinträchtigt.

71 Verletzt der Mieter schuldhaft seine Obhutspflicht, haftet er nach § 280 BGB auf **Schadensersatz**. Dabei trägt er die **Beweislast** dafür, dass er den Schaden **nicht zu vertreten** hat, sofern feststeht, dass die Schadensursache allein in seinem Obhutsbereich liegt.[68]

72 d) **Gebrauchsüberlassung an Dritte.** Gem. § 540 Abs. 1 Satz 1 BGB ist dem Mieter eine **Gebrauchüberlassung der Mietsache an Dritte** ohne Erlaubnis des Vermieters **nicht** gestattet. Verstößt der Mieter hiergegen, so steht dem Vermieter das Recht zur außerordentlichen Kündigung gem. § 543 Abs. 2 Satz 1 Nr. 2 BGB zu. Bei grundloser Verweigerung der Erlaubnis kann der Mieter gem. § 540 Abs. 1 Satz 2 BGB außerordentlich kündigen. Eine Gebrauchsüberlassung im Sinne von § 540 BGB ist nicht nur bei physischer Übergabe der Anlage bzw. Gebrauchsgewährung an Dritte gegeben, sondern auch bei Ermöglichung eines **Online-Zugriffs auf das System** mittels Datenfernübertragung.

---

[65] Formulierungsvorschlag: *Christian Kast.*
[66] Formulierungsvorschlag: *Christian Kast.*
[67] Formulierungsvorschlag: *Dr. Astrid Auer-Reinsdorff.*
[68] BGH Urt. v. 3.11.2004 – VIII ZR 28/04, NJW-RR 2005, 381 (382) (nicht IT).

III. Hardware-Miete

In der Praxis untersagt der Vermieter regelmäßig eine solche Gebrauchsüberlassung an Dritte, da ein erweiterter Nutzerkreis auch das Risiko von Bedienungsfehlern erhöht und Kapazitätsprobleme mit sich bringen kann. Zudem können erhebliche Sicherheitsprobleme bei Online-Zugriffen auf das System durch Dritte entstehen. Die Wirksamkeit einer generellen Klausel mit dem Inhalt „*Untervermietung ist nicht gestattet*" wird von der Rechtsprechung unterschiedlich beurteilt. Der BGH[69] hat diese Frage bislang offen gelassen. Zwar hat er eine solche Klausel in einem EDV-Leasingvertrag für zulässig gehalten, jedoch ausdrücklich darauf hingewiesen, dass ein solcher Ausschluss gerade im Hinblick auf die typische Interessenlage beim Finanzierungsleasing gerechtfertigt sei. Im Gegensatz zur Überlassung der Hardware im Rahmen eines Kaufs wird es bei der Hardware-Miete **formularvertraglich zulässig** sein, jede Gebrauchsüberlassung an Dritte, insbesondere auch in Form der Untervermietung, zu untersagen.[70]

73

> **Formulierungsvorschlag:**[71]
> Dem Mieter ist die Gebrauchsüberlassung an Dritte weder vorrübergehend, noch dauerhaft gestattet, es sei denn der Vermieter hat zugestimmt. Dritter in diesem Sinne sind nicht die Tochtergesellschaften des Mieters, solange der Mieter einen Anteil von mindestens 50 % an diesen hält.

74

Dabei kann sich das vorgenannte Weitergabeverbot auch auf die mit der Hardware verbundene Software erstrecken, da bei Miete von Software ein solches Weitergabeverbot auch für Software wirksam vereinbart werden kann. Formularvertragliche Klauseln, die einen Vorbehalt vorsehen, wonach die Zustimmung zur Gebrauchsüberlassung an Dritte **uneingeschränkt widerrufen** werden kann, verstoßen gegen § 307 BGB.[72]

75

e) **Änderungen an der Mietsache.** Zur Sicherstellung der Funktionsfähigkeit der vermieteten Hardware hat der **Vermieter** häufig **Änderungen während der Mietzeit** vorzunehmen. Hierzu gehören Maßnahmen wie etwa die Erweiterung des Arbeitsspeichers, der Wechsel von Speicherplatten, der Austausch von Grafikkarten oder das Auswechseln sonstiger Hardware-Komponenten. Im Hinblick auf gegebenenfalls mit vermietete Betriebssystem-Software werden Patches oder Updates installiert. Insbesondere Änderungen bei Betriebssystem und Software können **negative Auswirkungen** auf die Funktionalität oder das Zusammenwirken mit anderen Systemkomponenten mit sich bringen. Klauseln, die entsprechende **Änderungsrechte des Vermieters** vorsehen, sind nur wirksam, wenn sie für den Mieter zumutbar sind. AGB-Klauseln, die diese **Zumutbarkeitsgrenze** nicht enthalten, sind unwirksam (§ 308 Nr. 4 BGB bzw. § 307 Abs. 2 Nr. 1 BGB).[73]

76

Umgekehrt kann der **Mieter** im Einzelfall ein **berechtigtes Interesse** haben, **Änderungen vorzunehmen** oder etwa andere Geräte anzuschließen. Insofern ist es AGB-rechtlich zulässig, wegen möglicher negativer technischer Auswirkungen auf die vermietete Hardware etwa den Anschluss anderer Geräte, die Einbindung der Hardware in ein Netzwerk oder die Verwendung mit anderer Software unter einen **Erlaubnisvorbehalt** zu stellen, damit der Anbieter entsprechende Risiken vorher überprüfen kann. Ferner können dem Mieter hieraus resultierende Schadensrisiken auferlegt werden. Eine **pauschale Untersagung** der Vornahme von Änderungen zu Lasten des Mieters wäre wegen Verstoßes gegen § 307 Abs. 1 BGB **unwirksam**.[74]

77

f) **Aufstellungsort.** Eine Änderung des Aufstellungsortes der vermieteten Hardware wird i.d.R. formularvertraglich von der Zustimmung des Vermieters abhängig gemacht. Ein sol-

78

---

[69] BGH Urt. v. 4.7.1990 – VII ZR 288/89, CR 1991, 407 = NJW 1990, 3016.
[70] *Schneider*, Handbuch des EDV-Rechts, F Rn. 273.
[71] Formulierungsvorschlag: *Dr. Astrid Auer-Reinsdorff*.
[72] BGH Urt. v. 24.5.1995 – XII ZR 172/94, NJW 1995, 2034 (2035) (Geschäftsraummiete); → § 16 Standardklauseln (AGB-Recht).
[73] *Redeker* IT-Recht Rn. 600 ff.
[74] *Schneider*, Handbuch des EDV-Rechts, J Rn. 439.

cher **Zustimmungsvorbehalt** ist grundsätzlich zulässig, da der **Vermieter** ein **berechtigtes Interesse** daran hat, dass die Hardware nur an dem vertraglich festgelegten Ort eingesetzt wird. Der Aufstellungsort muss nämlich regelmäßig bestimmten Anforderungen, etwa im Hinblick auf Klimatisierung, Brandschutz oder Staubfreiheit, genügen. Ferner entsteht dem Anbieter bei einem Standortwechsel möglicherweise ein erhöhter Wartungsaufwand in Form von längeren Anfahrtswegen. Etwas anderes gilt, wenn die vermietete Hardware nach dem Vertragszweck mobil eingesetzt werden soll, beispielsweise bei Vermietung von Notebooks oder IT-Equipment, das für den Einsatz an mehreren Orten vorgesehen ist.

> **Formulierungsvorschlag:**[75]
>
> 79 Der Mieter hat jede Veränderung des Einsatz- oder Aufstellungsortes einzelner Hardwarekomponenten dem Vermieter anzuzeigen sowie dies im Betriebshandbuch zu dokumentieren. Der Mieter ist befugt, den Einsatz- oder Aufstellungsort der vertragsgegenständlichen Hardware selbst zu bestimmten, soweit dies die in der Anlage X benannten Einsatz-/Standorte des Mieters betrifft. Wünscht der Mieter eine Erweiterung der Anlage X, so ist dies über das Änderungsverfahren abzuwickeln.

5. Mängelhaftung

80 Generell ist die mietrechtliche Mängelhaftung für den Anwender günstiger als die kaufrechtliche. Im Zusammenhang mit der Sachmängelhaftung bei der Hardware-Miete treten die nachfolgenden Fallgestaltungen typischerweise auf.[76]

81 In der Praxis wird es aus Sicht des Vermieters oftmals wirtschaftlicher sein, das Gerät auszuwechseln, anstatt es zu reparieren. Bei einem solchen **Austausch der Hardware** können wichtige Interessen des Mieters tangiert sein, wie etwa die Sicherung der auf dem System gespeicherten Daten bzw. die Löschung derselben aus datenschutzrechtlichen Gründen. Nach der Rechtsprechung des BGH darf der Vermieter jedoch **ohne Zustimmung des Mieters** grundsätzlich **keinen Austausch der Mietsache** vornehmen. Dies gilt auch bei Hardware, die nur der Gattung nach vermietet wurde, da mit Überlassung des Geräts gem. § 243 Abs. 2 BGB Konkretisierung eingetreten ist.[77] Es empfiehlt sich daher die Verwendung einer Formularklausel, in der die Ersatzlieferung unter den Vorbehalt der Zustimmung des Mieters gestellt wird.

82 Hinsichtlich des Minderungsrechts gem. § 536 BGB ist festzustellen, dass die **Minderungsquote** im IT-Bereich im Vergleich zum sonstigen Mietrecht tendenziell großzügiger berechnet wird. Ist die vermietete Hardware Teil eines IT-Systems, so kann ein Hardwaremangel zur Gebrauchsunfähigkeit des gesamten Systems führen. Fällt beispielsweise ein Drucker aus und kann deshalb die Gesamtanlage nicht mehr genutzt werden, reduziert sich die Miete auf null.[78] Die **Mängelanzeige** gem. § 536c BGB muss nach der Rechtsprechung, sofern es sich jedenfalls bei dem Anwender um einen EDV-Laien handelt, nicht notwendig technisch präzise sein. So genügt zB bei Mangelhaftigkeit eines Druckers die Meldung, *der Drucker ist nicht zu gebrauchen.*[79]

83 Die Rechtsprechung zur Geschäftsraummiete, wonach die **formularmäßige Überwälzung der Instandhaltungs- oder Instandsetzungspflichten** zum Teil auch im Formularvertrag für zulässig gehalten wird, ist auf die Hardware-Miete auch im unternehmerischen Verkehr nicht ohne Weiteres übertragbar.[80] Gerade bei komplexen IT-Systemen ist der Anwender oftmals nicht in der Lage, selbst oder durch Einschaltung von Dritten Reparaturen vorzunehmen. Unzulässig ist auch eine formularvertragliche Regelung, wonach der Mieter verpflichtet ist, einen

---

[75] Formulierungsvorschlag: *Dr. Astrid Auer-Reinsdorff.*
[76] Überblick über die Mängelrechte im Mietrecht, Redeker/*Karger*, Handbuch der IT-Verträge, 1.8, Rn. 187.
[77] BGH Urt. v. 2.12.1981 – VIII ZR 273/80, NJW 1982, 873.
[78] OLG Hamm Urt. v. 11.1.1993 – 31 U 107/92, CR 1994, 290.
[79] OLG Hamm Urt. v. 11.1.1993 – 31 U 107/92, CR 1994, 290.
[80] *Marly*, Softwareüberlassungsverträge, Rn. 1291, 1295.

gesonderten vergütungspflichtigen **Wartungsvertrag mit einem Dritten** abzuschließen.[81] Etwas anderes kann jedoch gelten, wenn in einem solchen Vertrag **zusätzliche**, über die mietvertraglichen Leistungspflichten des Vermieters hinausgehende **Leistungen**, wie etwa besondere Beseitigungszeiten oder Verfügbarkeitsgarantien, übernommen werden.[82]

Ein **Ausschluss der Garantiehaftung** nach § 536a Abs. 1 Alt. 1 BGB wird AGB-rechtlich allgemein für zulässig erachtet, sofern er sich auf Mängel der Mietsache beschränkt.[83] Soweit der Anbieter jedoch **Eigenschaftszusicherungen** übernommen hat, kann bezüglich dieser die Garantiehaftung formularvertraglich nicht wirksam ausgeschlossen oder beschränkt werden.[84]

84

IV. Hardware-Leasing

1. Grundlagen

Das **Leasing** ist neben dem Kauf die wohl am häufigsten vorkommende Vertragsform bei der Hardware-Beschaffung.[85] Als eine **Sonderform der Miete** hat sich das Leasing inzwischen verselbstständigt, so dass von einem **eigenständigen Vertragstyp** gesprochen werden kann. Leasing ist vor allem für mittlere und große Anlagen typisch. Die Diskussion, wie sie bei Software geführt wurde, ob eine vertreibbare/handelbare Sache vorliegt, stellt sich beim Hardware-Leasing nicht.

85

Von den verschiedenen Formen des Leasings[86] hat sich vor allem das **Finanzierungsleasing** durchgesetzt. Die Rechtsprechung ordnet Finanzierungsleasingverträge in erster Linie dem Mietrecht zu.[87] Der Leasingvertrag ist danach ein atypischer Mietvertrag: Zusätzlich zur Gebrauchsüberlassungspflicht des Vermieters hat der Leasinggeber eine **Finanzierungspflicht**. In der Finanzierungsfunktion wurzelt das **Amortisationsprinzip**, das den entscheidenden Unterschied des Leasings zum reinen Mietvertrag ausmacht.[88] Beim Leasing sind dabei auch steuerrechtliche Besonderheiten zu beachten, wie beispielsweise die Zurechnung des Wirtschaftsgutes zu Leasinggeber oder Leasingnehmer, die Ansetzbarkeit der Leasingraten als unmittelbare Betriebsausgabe, die Behandlung der Leasingraten in gewerbesteuerlicher Sicht und vergleichbare Besonderheiten.[89]

86

Wird ein Leasingvertrag mit einem Verbraucher abgeschlossen, ist darauf zu achten, dass ein solcher Leasingvertrag als Finanzierungsgeschäft gelten wird und daher besonderen Anforderungen und Formalien unterliegt.[90]

87

2. Leasing-typisches Dreiecksverhältnis

Der Leasinggeber erwirbt die Leasingsache vom Lieferanten, entweder durch neu abzuschließenden Kaufvertrag oder durch Eintritt in die Rechte und Pflichte des zuvor vom Leasinginteressenten abgeschlossenen Kaufvertrags. Zwischen Leasinggeber und Leasingnehmer wird zugleich der mietrechtlich einzuordnende Leasingvertrag geschlossen. Die Sachmängelhaftung des Leasinggebers gegenüber dem Leasingnehmer bestimmt sich daher nach Mietrecht. Die mietrechtliche Eigenhaftung des Leasinggebers für Sachmängel bildet in der Praxis jedoch die Ausnahme. Im Regelfall schließt der Leasinggeber seine mietrechtliche Mängelhaftung aus und tritt dem Leasingnehmer an dessen Stelle seine gegenüber dem Lieferanten bestehenden kaufrechtlichen Mängelansprüche ab (**Leasing-typische Abtretungskonstruktion**).

88

---

[81] *Redeker* IT-Recht Rn. 646.
[82] → Rn. 110.
[83] → § 16 Standardklauseln (AGB-Recht).
[84] *Stadler* CR 2006, 77 (80).
[85] *Beckmann*, Computerleasing, Rn. 7.
[86] Palandt/*Weidenkaff* Einf. vor § 535 Rn. 37 ff.
[87] BGH Urt. v. 2.11.1988 – VIII ZR 121/88, NJW 1989, 460 (461).
[88] BGH Urt. v. 24.5.1995 – XII ZR 172/94, NJW 1995, 2034 (2035); BGH Urt. v. 4.7.1990 – VIII ZR 288/89, CR 1991, 407.
[89] *Beckmann* DStR 2006, 1329.
[90] → § 17 Besonderheiten in Verbraucherverträgen bei Überlassung von Hardware und Software.

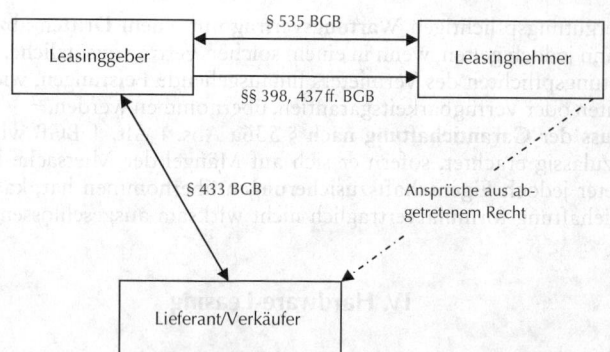

89 Diese vertragliche Regelung ist in allgemeinen Geschäftsbedingungen sowohl im unternehmerischen Verkehr als auch gegenüber Verbrauchern grundsätzlich zulässig.[91] § 309 Nr. 8b BGB ist auf den Leasingvertrag nicht anwendbar.[92]

90 Der Ausschluss der mietrechtlichen Gewährleistung ist nur wirksam, wenn die **Abtretung vorbehaltlos, unmittelbar und unbedingt** erfolgt. Beispielsweise wäre eine Klausel unwirksam, wonach der Leasinggeber die Ermächtigung des Leasingnehmers zur Geltendmachung der kaufrechtlichen Sachmängelansprüche jederzeit widerrufen kann.[93] Bei **Unwirksamkeit** der Abtretungsklausel kommt im Verhältnis zwischen Leasinggeber und Leasingnehmer dann wieder das **mietrechtliche Mängelhaftungskonzept** zur Anwendung.

91 Nach der Rechtsprechung des BGH zum alten Recht fällt mit Vollzug der Wandelung die Geschäftsgrundlage des Leasingvertrages ex tunc weg. Sobald ein Prozess hinsichtlich der Wandelung bzw. Rückabwicklung anhängig ist, kann der Leasingnehmer gegenüber dem Leasinggeber die Einrede des **Wegfalls der Geschäftsgrundlage** geltend machen. Die Rückabwicklung des Kaufvertrages erfolgt im Verhältnis zwischen Leasinggeber und Lieferanten. Anknüpfend an diese Rechtssprechung hat der BGH mit Urteil vom 16.6.2010[94] zum neuen Recht entschieden, dass der Leasingnehmer, der wegen eines Mangels der Leasingsache gegenüber dem Lieferanten den Rücktritt vom Kaufvertrag erklärt hat, erst dann zur vorläufigen Einstellung der Zahlung der Leasingraten berechtigt ist, wenn er aus dem erklärten Rücktritt klageweise gegen den Lieferanten vorgeht, falls der Lieferant den Rücktritt vom Kaufvertrag nicht akzeptiert.

3. Typische Fallkonstellationen

92 a) **Übernahmebestätigung.** Üblicherweise ist in Leasingverträgen vorgesehen, dass der Leasingnehmer die Übernahme des Leasingobjektes bestätigt und verschiedene Untersuchungs- und Rügepflichten übernimmt.

> **Formulierungsvorschlag:**
>
> 93 Der Leasingnehmer verpflichtet sich, bei Erhalt des Leasingobjekts dieses unverzüglich zu untersuchen und die Funktionsfähigkeit zu testen. Ist der Leasingnehmer Kaufmann, gilt § 377 HGB als Maßstab für die Untersuchungs- und Rügepflicht.

---

[91] BGH Urt. v. 21.12.2005 – VIII ZR 85/05, NJW 2006, 1066.
[92] Jedoch BGH Urt. v. 29.10.2008 – VIII ZR 258/07, CR 2009, 79 zur AGB-rechtlichen Unwirksamkeit einer Klausel über einen Rücktritt in einem Leasingvertrag über Branchensoftware für den Fall nicht fristgemäßer Fertigstellung, Abnahme oder vorherigen Scheiterns.
[93] BGH Urt. v. 17.12.1986 – VIII ZR 279/85, CR 1987, 423; BGH Urt. v. 24.4.1985 – VIII ZR 65/84 (Frankfurt) BGHZ 94, 180 (186 f.); *Fehl* CR 1988, 198 (199); *Redeker* IT-Recht Rn. 620; *Schneider*, Handbuch des EDV-Rechts, Kap. F Rn. 295 und 364 ff.; s. zu typischen AGB: BGH Urt. v. 17.2.1993 – VIII ZR 37/92, NJW 1993, 1381.
[94] BGH Urt. v. 16.6.2010 – VIII ZR 317/09, NJW 2010, 2798 im Anschluss an BGH Urt. v. 19.2.1986 – VIII ZR 91/85 (Hamburg), BGHZ 97, 135 = NJW 1986, 1744; OLG Frankfurt aM Urt. v. 27.6.2012 – 17 U 13/12, BeckRS 2012, 16592.

IV. Hardware-Leasing

Nach Abschluss der Untersuchung ist der Leasingnehmer verpflichtet, die Übernahmebestätigung unverzüglich zu unterzeichnen und an den Leasinggeber zu übermitteln, wenn er das Leasingobjekt erhalten, es auf seine Funktionsfähigkeit überprüft und die vertragsgemäße Beschaffenheit festgestellt hat. Gibt der Leasingnehmer eine falsche oder unvollständige Übernahmebestätigung ab, so ist er dem Leasinggeber zum Ersatz des daraus entstehenden Schadens verpflichtet, da der Leasinggeber auf Grundlage der Übernahmebestätigung die Zahlung ggf. vorbehaltlos an den Lieferanten leistet.

Die Leasingfirmen verlangen jedoch oftmals Vertragsgestaltungen vom Leasingnehmer, dass dieser bestätigt, die Leasingsache vollständig erhalten zu haben, bevor sie gegenüber dem Lieferanten die Kaufpreiszahlung leisten. Häufig ist in Leasing-AGB sogar eine Abnahme vorgesehen, auch wenn keine werkvertraglichen Elemente, wie etwa die Installation durch den Lieferanten, Gegenstand des Kaufvertrages sind. Im IT-Bereich kommt es dabei öfter vor, dass die **Übernahmebestätigung** seitens des Leasingnehmers **vorzeitig ausgestellt** wird bzw. insofern **unrichtig** ist, als der Lieferant **noch nicht vollständig geliefert hat**. Dies hat zur Konsequenz, dass der Leasingnehmer zwar nicht seiner Rechte verlustig geht, er jedoch in diesem Fall die **Darlegungs- und Beweislast** für Mängel sowie für die behauptete Unrichtigkeit der Übernahmebestätigung gegenüber dem Leasinggeber trägt.[95] Nach der Rechtsprechung des BGH kommt der Übernahmebestätigung jedoch **nicht die Bedeutung eines Schuldanerkenntnisses** zu.[96] Zahlt der Leasinggeber daraufhin den Kaufpreis an den Lieferanten und wird über dessen Vermögen zwischenzeitlich ein Insolvenzverfahren eingeleitet, kommen daneben **Schadensersatzansprüche** gegen den Leasingnehmer in Betracht, wobei ein **Mitverschulden** durch das Verhalten des **Lieferanten** möglich ist, das je nach Qualität des Näheverhältnisses zwischen Lieferant und Leasinggeber auch zum Ausschluss der Haftung des Leasingnehmers führen kann. Unwirksam sind AGB-Klauseln, durch welche der Leasingnehmer bei Abgabe einer falschen Übernahmebestätigung zur **unbedingten** Zahlung der Leasingraten verpflichtet werden soll.

Praxistipp:[97]
Eine vom BGH für unzulässig erklärte Klausel lautet:
Ab dem Zugang der Übernahmebestätigung beim Vermieter besteht die unbedingte und uneingeschränkte Verpflichtung des Mieters zur Zahlung der vereinbarten Miete. Änderungen dieser Verpflichtung ergeben sich nur, sofern der Mieter erfolgreich eine Befreiung des Vermieters oder eine Minderung dieser Verpflichtung durchgesetzt hat und die Erfüllung dieser Ansprüche gewährleistet ist.

Häufig schreiben Leasingfirmen die **Verwendung eines bestimmten Formulars** für die Übernahmebestätigung vor. Ein dahingehender Anspruch des Leasinggebers besteht jedoch nicht.[98] Im Hinblick auf die Unterzeichung der Übernahmebestätigung ist der **Leasingnehmer** nur dann **Erfüllungsgehilfe** des Leasinggebers, wenn dies zwischen den Parteien ausdrücklich vereinbart ist.[99] Den Leasinggeber trifft die **Untersuchungs- und Rügepflicht gem. § 377 HGB** gegenüber dem Lieferanten auch dann, wenn der Leasingnehmer mangels Kaufmannseigenschaft an sich hierzu nicht verpflichtet wäre.[100] Im **Leasingvertrag** ist aus Sicht des Leasinggebers daher unbedingt eine entsprechende Rügeverpflichtung gegenüber dem

---

[95] BGH Urt. v. 1.7.1987 – VIII ZR 117/86, NJW 1988, 204 = CR 1988, 111 (114 f.); LG München I Urt. v. 6.4.1995 – 70 25293/93, CR 1995, 741; OLG Brandenburg Urt. v. 4.6.2008 – 4 U 167/07, CR 2008, 763; mit Anm. v. *Rössel* ITRB 2009, 5.
[96] BGH Urt. v. 5.7.1989 – VIII ZR 334/88, NJW 1989, 3222 = CR 1990, 194.
[97] BGH Urt. v. 1.7.1987 – VIII ZR 117/86, CR 1988, 111.
[98] BGH Urt. v. 17.2.1993 – VIII ZR 37/92, CR 1993, 491.
[99] BGH Urt. v. 24.1.1990 – VIII ZR 22/89, CR 1990, 384.
[100] BGH Urt. v. 24.1.1990 – VIII ZR 22/89, CR 1990, 384 (386 f.).

Leasingnehmer zu regeln, was allgemein für zulässig gehalten wird. Bei der Abtretung der kaufrechtlichen Sachmängelansprüche ist auf die bestehende Rügepflicht ausdrücklich hinzuweisen. Ob eine zu späte Rüge des Leasingnehmers Schadensersatzansprüche des Leasinggebers begründet, wird von den Umständen des Einzelfalls abhängen. Bei vollständiger Gewährleistungsabtretung erscheint dies jedoch eher unwahrscheinlich.[101]

96 **b) Beratungsverschulden.** Im Hinblick auf das leasing-typische Dreiecksverhältnis bergen die Fälle **vorvertraglichen Beratungsverschuldens** seitens des Lieferanten gegenüber dem Leasingnehmer besondere Herausforderungen. Schlägt sich die fehlerhafte Beratung des Lieferanten im Rahmen der Vertragsverhandlungen letztlich in einem Sachmangel nieder, so kann der Leasingnehmer ohne Probleme entsprechende Sachmängelansprüche gegenüber dem Lieferanten aus abgetretenem Recht geltend machen. Ist jedoch die gelieferte Hardware mangelfrei, stellt sich die Frage, welche Ansprüche dem Leasingnehmer zustehen. Da im Leasing-typischen Dreiecksverhältnis zwischen Leasingnehmer und Lieferanten keine vertragliche Beziehung besteht, kann der Leasingnehmer nur unter bestimmten Voraussetzungen Ansprüche geltend machen:
- Ansprüche gegen den Leasinggeber, sofern diesem das Beratungsverschulden des Lieferanten **zurechenbar** ist, oder
- unmittelbare Ansprüche gegen den Lieferanten **aus eigenem Recht.**

97 Eine **Zurechung gegenüber dem Leasinggeber** und damit Ansprüche gegen den Leasinggeber nach § 278 BGB kommen dann in Betracht, wenn der Lieferant Vorverhandlungen **mit Wissen und Wollen** des Leasinggebers mit dem Leasingnehmer über den Abschluss des Leasingvertrages führt und hierbei **den Leasingvertrag betreffende** Aufklärungs- oder Hinweispflichten gegenüber dem Leasingnehmer verletzt.[102] Oftmals arbeitet der Anbieter mit einer Leasinggesellschaft zusammen und weist in seinen Angeboten gegenüber dem Kunden neben dem Kaufpreis bereits die jeweiligen Leasingraten sowie die vorgesehene Leasingzeit aus. Nicht selten wird dem Kunden auch eine Option eingeräumt, nach Abschluss des Vertrages die beschaffte Hardware durch einen Leasingvertrag zu finanzieren. Es wird jedoch stets vom **Einzelfall** abhängen, ob die Verletzung von **IT-bezogenen Informationspflichten** dem Leasinggeber **zugerechnet** werden kann.

98 Erbringt der Lieferant umfangreiche Beratungsleistungen aufgrund eines **gesonderten Beratungsvertrages,** die **zusätzlich vergütet** werden, bestehen daraus zweifelsohne direkte Schadensersatzansprüche des Leasingnehmers gegen den Lieferanten. Dies wird in der Praxis nicht allzu oft der Fall sein. Jedoch auch bei Fehlen eines gesonderten Beratungsvertrages hat die Rechtsprechung in Einzelfällen direkte Ansprüche des Leasingnehmers gegen den Lieferanten wegen fehlerhafter Beratung bejaht. Das OLG Köln[103] hat in einem Fall, in welchem allerdings der zunächst zwischen Leasingnehmer und dem Lieferanten geschlossene Vertrag später vom Leasinggeber übernommen wurde, einen direkten Anspruch des Leasingnehmers gegen den Lieferanten wegen fehlerhafter Beratung bejaht, der auf Freistellung des Leasingnehmers von seinen Verpflichtungen aus dem Leasingvertrag gerichtet war. Der BGH[104] hat im Rahmen eines Leasing-typischen Dreiecksverhältnisses einen direkten Anspruch des Leasingnehmers gegen den Lieferanten wegen vorvertraglichen Beratungsverschuldens aus eigenem Recht hinsichtlich der Auswahl der Hardware bejaht, wenn dem Abschluss des Leasingvertrages eine eingehende Beratungstätigkeit vorausgegangen ist. Dies gilt auch, wenn sich die Beratung auf mängelbegründende Eigenschaften der Kaufsache bezieht, allerdings wird in diesem Fall die **kaufrechtliche Verjährung analog** anzuwenden sein. Hinsichtlich der grundlegenden Frage, ob und inwieweit vorvertragliche Aufklärungs- und Beratungspflichten für den Lieferanten erwachsen, ist auf die von der Rechtsprechung herausgebildeten Kriterien zurückzugreifen, die unabhängig vom Leasingrecht entwickelt wurden.[105]

---

[101] *Redeker* IT-Recht Rn. 629.
[102] BGH Urt. v. 30.1.1995 – VIII ZR 316/93, CR 1996, 147.
[103] OLG Köln Urt. v. 13.11.1987 – 19 U 140/84, CR 1988, 723.
[104] BGH Urt. v. 6.6.1984 – VIII ZR 83/83, CR 1986, 79.
[105] → Rn. 22.

V. Hardware-Wartung

c) Leasing-Übernahme Klauseln. Beim Hardwareerwerb mit Leasingabsicht kommt es häufig vor, dass die Anbahnung des Leasingvertrages nicht über den potentiellen Leasinggeber, sondern über einen Hardware-Distributor oder direkt den Hersteller[106] erfolgt.[107] Dabei ist darauf zu achten, dass Erwerbs- und Leasingvertrag in diesem Fall unabhängige Verträge sind, da die Beschaffung durch den potentiellen Leasingnehmer vorgenommen wird. In der Praxis wird häufig versucht, in den Hardware-Erwerbsverträgen eine Klausel zur Verbindung der beiden Verträge aufzunehmen. Viele Gestaltungen der Praxis[108] stellen jedoch nicht ausreichend sicher, dass bei Nicht-Übernahme der zu kaufenden Hardware der Erwerbsvertrag aufgelöst wird. Es ist daher anzuraten, den Erwerbsvertrag unter die aufschiebende Bedingung[109] der Übernahme des Erwerbs durch ein Leasing-Unternehmen zu stellen und auch diese Übernahme entsprechend im Vertrag zu verankern:

> **Formulierungsvorschlag:**
> Dieser Vertrag wird erst wirksam, wenn ein Leasing-Unternehmen die Übernahme der Finanzierung des Kaufpreises schriftlich gegenüber dem Verkäufer erklärt hat.
> Der Käufer ist berechtigt, diesen Vertrag auf ein Leasing-Unternehmen zu übertragen, ohne dass es der Zustimmung des Verkäufers bedarf, soweit das Leasing-Unternehmen den Eintritt in alle Rechte und Pflichten aus diesem Vertrag erklärt.

Bei solchen Fallgestaltungen sollte auch im Leasingvertrag selbst eine entsprechende Klausel aufgenommen werden.

> **Formulierungsvorschlag:**
> Hat der Leasingnehmer mit dem Lieferanten des Leasinggegenstandes einen Erwerbsvertrag abgeschlossen oder den Leasinggegenstand beim Lieferanten bestellt, tritt der Leasinggeber an Stelle des Leasingnehmers in den Erwerbsvertrag oder die Bestellung ein. In diesem Fall gelten die Bedingungen des Kaufvertrags oder der Bestellung auch für den Kaufvertrag zwischen Leasinggeber und Lieferant.

V. Hardware-Wartung

1. Begriff und Grundlagen

Bei der **Nutzung** von Hardware, gleich ob ein Erwerb im Rahmen eines Kaufs, von Miete oder Leasing im Rahmen einer zeitlich begrenzten Nutzungsüberlassung zur Nutzung berechtigt, tritt aufgrund der physikalischen Nutzung der Hardware **Verschleiß** auf, der zur Beeinträchtigung oder zum Ausfall der Hardware führen kann. Da die geplante Nutzungszeit für Hardware üblicherweise zwischen 3 und 7 Jahren beträgt,[110] ist für die Erhaltung der Gebrauchsfähigkeit die regelmäßige Ausführung von Instandhaltungs- und Instandsetzungsarbeiten notwendig.

---

[106] Insbesondere beim Erwerb von Spezial-Hardware.
[107] So bieten die großen Leasing Anbieter für Hardware-Leasing auf ihren Webseiten standardmäßig die Möglichkeit an, bei Dritten erworbene Hardware bei ihnen in einen Leasing-Vertrag einzuschließen.
[108] Nicht ausreichend ist zum Beispiel eine Klausel „Es ist beabsichtigt, die Hardware gemäß dieser Bestellung durch ein Leasing-Unternehmen finanzieren zu lassen.".
[109] § 158 Abs. 1 BGB.
[110] Nach der AfA-Tabelle für die allgemein verwendbaren Anlagegüter (BStBl. I 2000, 1532) beträgt die steuerliche Nutzungsdauer für Großrechner 7 Jahre, für Workstations, Personal Computer, Notebooks und deren Peripheriegeräte (Drucker, Scanner, Bildschirme uä) 3 Jahre sowie für Vervielfältigungsgeräte (dazu zählen insbesondere auch Arbeitsgruppen-Kopiergeräte mit Druck- und Scanfunktionen) 7 Jahre.

103 Der Begriff Hardware-Wartung wird in der Praxis pauschal für sämtliche Wartungsformen von Hardware verwendet, wobei sich die Vertragsgestaltung im Einzelnen sehr stark unterscheiden kann. So strukturiert die DIN-Norm DIN 31051[111] die Instandhaltung in die vier Grundmaßnahmen: Wartung, Inspektion, Instandsetzung sowie Verbesserung. Die Ergänzenden Vertragsbedingungen für die Instandhaltung von Hardware (EVB-IT Instandhaltung,[112] sowie der EVB-IT Systemvertrag[113]) umfassen unter dem Begriff Hardware-Wartung die Instandsetzung, Inspektion und Wartung von Hardware.[114]

104 Diese Bespiele zeigen, dass die individuell notwendigen Leistungen der Hardware-Wartung jeweils genau zu beschreiben und der Vertrag auf den speziellen Leistungsumfang „maßzuschneidern" ist.

105 a) **Typischer Vertragsumfang.** Hardware-Wartung hat das Ziel, die Hardware für die geplante Nutzungsdauer gebrauchsfähig zu erhalten.
Instandsetzung umfasst dabei Maßnahmen zur fallweisen Beseitigung auftretender Fehler und damit Wiederherstellung der Gebrauchstauglichkeit. **Instandhaltung** umfasst solche Maßnahmen, die der vorbeugenden Vermeidung von Fehlern oder Nutzungsausfällen, also der Erhaltung der **Betriebsbereitschaft** der Hardware, dienen, wobei darunter zum Beispiel auch die Bevorratung von Verschleißteilen zum schnellen Austausch verstanden wird. Für die Kombination dieser beiden Leistungsbereiche wird i. d. R. der Begriff der „**Vollwartung**" verwendet, der sich mit dem Leistungsprofil der EVB-IT Instandhaltung deckt.[115]

106 Mit der Instandhaltung und Instandsetzung werden häufig auch andere **Service-Leistungen** durch die Anbieter der Wartung verbunden, wie zum Beispiel Hol- und Bring-Services, spezielle Help-Desks oder Telefon-Hotlines, die sowohl Unterstützung bei der Fehlerbehebung, wie auch Unterstützung der Anwender bei der Nutzung der Geräte anbieten. Häufig wird gerade bei Hardware, die Verbrauchs- oder Verschleißmaterialien benötigt, die jedoch durch den Anwender selbst getauscht werden können[116] auch die Bereitstellung solcher Materialien im Rahmen der Hardware-Wartung angeboten.

107 Üblich sind auch die Vereinbarung von **Ferndiagnose** und **Fernwartung**, soweit die jeweilige Hardware dies zulässt.[117] Dieser Leistungsblock umfasst dabei häufig neben der Fehlerdiagnose auch die laufende Überwachung der Hardware („Monitoring"). Aber auch Instandsetzungsmaßnahmen können auf diesem Wege ausgeführt werden, wie beispielsweise wenigstens eine Umgehung defekter Speicherbereiche oder fehlerhaften Zusammenwirkens zwischen Hardware und Betriebssystem/Anwendungssoftware.

108 Beim **Monitoring,** das sich mittlerweile als eigene Wartungsleistung herausgebildet hat, die auch unabhängig von Instandhaltung und Instandsetzung vereinbart wird, werden bei aktueller Hardware häufig die in der Hardware direkt vorhandenen Selbstdiagnosesysteme[118] ausgewertet und die Ergebnisse dem Anwender über eine eigene Schnittstelle wieder zur Verfügung gestellt, so dass der Anwender selbst genaue Informationen über den Zustand seiner Systeme hat. Dies wird häufig dann eingesetzt, wenn der Anwender Leistungen der Wartung teilweise durch eigene Mitarbeiter ausführen kann und nur zusätzliche Ressourcen beim jeweiligen Wartungsanbieter einkauft. Monitoring wird aber auch eingesetzt, um die Einhaltung zum Beispiel von Verfügbarkeitszusagen des Anbieters zu überprüfen.

109 Bei Hardware, für die eine besonders hohe Ausfallsicherheit nötig ist, wird im Rahmen der Hardware-Wartung teilweise auch die Zurverfügungstellung von **Backup-Systemen** ver-

---

[111] DIN 31051 in der Ausgabe 2012-09 sowie die dreisprachige Fassung DIN EN 13306 in der Ausgabe 2010-12.
[112] Fassung vom 1.4.2002, gültig ab 1.5.2002 sowie die Hinweise für die Nutzung der EVB-IT Vertragsdokumente in der Fassung vom 13.2.2003, gültig ab 1.3.2003.
[113] Steger, Die neuen EVB-IT Systemlieferung – ein juristischer und praktischer Überblick, DSRI-Tagungsband 2010, 425 (432).
[114] Kilian/Heussen/*Müglich* Teil 19, Rn. 46.
[115] → § 41 EVB-IT Instandhaltung.
[116] Zum Beispiel Toner und Belichter-Einheiten bei Arbeitsgruppen-Druckern und Multifunktionsgeräten.
[117] Ferndiagnose und Fernwartung spielen insbesondere bei Embedded Systems eine Rolle, wenn diese über Netze, insbesondere das Internet angebunden sind.
[118] Solche Systeme sind zum Beispiel die Fahrzeugdiagnosesysteme sowie automatisierte Diagnose-Berichte von Arbeitsgruppendruckern oder Netzwerk-Storage-Systemen.

einbart. Hierbei werden solche Systeme entweder zum Zwecke des Wiederanlaufs im Notfall installiert,[119] oder das redundant betriebene System[120] ermöglicht ohne vorherige Installation dessen umgehenden Einsatz.

Schließlich ist häufiger Bestandteil von Hardware-Wartungsverträgen, in welcher **Zeit** auf Fehler oder Meldungen reagiert werden und in welcher Zeit die Reparatur oder der Austausch durchgeführt werden muss. Dies erfolgt oft im Rahmen von **Service Level Agreements (SLA´s)**.[121] Auch Regelungen zur **Verfügbarkeit** der Hardware für den operativen Betrieb basieren in der Regel auf einer Zeitkomponente, beispielsweise wie viel Prozent Verfügbarkeit eine Hardware in den üblichen Betriebszeiten vorweisen muss.

Eine Besonderheit im Rahmen der Hardware-Wartung ist die Wartung von **Betriebssystem-Software**, soweit die Hardware mit einer solchen Software ausgestattet ist. Hierbei ist auf die Besonderheiten der Software-Wartung bei der Vertragsgestaltung Rücksicht zu nehmen. Soweit es sich um **Embedded Software** handelt, die in Festspeichern in der Hardware verbaut ist,[122] wird dabei im Rahmen von Wartungsverträgen üblicherweise der Austausch solcher Festspeicher im Rahmen der Wartung vereinbart.

Abzugrenzen von der Hardware-Wartung sind die vielfach von Herstellern oder Verkäufern angebotenen „erweiterten Garantien",[123] die normaler Weise als eine besondere **Mängelhaftung** im Rahmen eines Garantieversprechens mit besonderen Bedingungen (zB Zeitbeschränkungen, Beschränkung auf die maximale Zahl von Drucken etc) begeben werden.

b) Vertragstypologie. Einen gesetzlich geregelten Vertragstyp für die „Wartung" gibt es nicht. In der Rechtsprechung und im Schrifttum überwiegt die Auffassung, den Wartungsvertrag zunächst als **Werkvertrag**[124] zu qualifizieren.

Dies ist sicherlich für die erfolgsorientierten Komponenten der Hardware-Wartung, wie zum Bespiel Instandsetzungs-, Inspektions- und Wartungsarbeiten zu bejahen.[125] Soweit allerdings bei einzelnen Leistungen der **dienstvertragliche Charakter**[126] überwiegt, wie das zum Beispiel bei Hotline-Services der Fall ist, kann nicht mehr einheitlich von einem Werkvertrag ausgegangen werden.[127] Darüber hinaus können auch **miet-**[128] oder **kaufvertragliche Komponenten** umfasst sein, wenn es um die Zurverfügungstellung von Backup-Systemen oder Ersatzteilen geht.

In der Literatur wird daher ähnlich wie beim Softwarepflegevertrag[129] von einem **typengemischten Vertrag** ausgegangen.[130] So ist bei Störungen in der Vertragserfüllung jeweils das Leistungsstörungsrecht des Vertragstyps anzuwenden, in dem die Störung ihre Ursache hat. Soweit die werkvertraglichen Komponenten überwiegen, kann auch einheitlich von einem Werkvertrag mit der Besonderheit eines Dauerschuldcharakters ausgegangen werden. Das bedeutet im Wesentlichen, dass die Leistungsstörungsregelungen in Wartungsverträgen auf dem Mängelhaftungskonzept des Werkvertrages basieren und der Rechtsbehelf des Rücktritts (mit ex-tunc-Wirkung) ersetzt wird durch eine außerordentliche Kündigung (mit ex-nunc-Wirkung) gem. § 314 BGB.

---

[119] So genannte Hot-Standby Systeme.
[120] So genannte Hot-Swap Systeme.
[121] → Rn. 124 (V 3a)).
[122] So genannte EPROMS, wie sie zB noch häufig zur Speicherung des Computer-BIOS oder des grundlegenden Startsystems bei in Autos verwendeten Endgeräten (MMI´s und Navigationsgeräten) eingesetzt werden.
[123] → Rn. 136 (II, 3c)), zur Garantie, Rn. 36 ff.
[124] OLG Düsseldorf Urt. v. 14.1.1987 – 19 U 48/86, CR 1988, 31; OLG Karlsruhe Urt. v. 28.2.1985 – 9 U 102/83, CR 1987, 232 (233); Palandt/*Sprau* Einf. v. § 631 Rn. 22; *Schneider*, Handbuch des EDV-Rechts, G Rn. 25 Fußn. 2; Leupold/Glossner/*von dem Bussche/Schelinski* Rn. 126.
[125] *Schneider*, Handbuch des EDV-Rechts, G Rn. 25.
[126] Kilian/Heussen/*Liedtke* Teil 7 Rn. 23 f.
[127] *Junker*, Die Entwicklung des Computerrechts in den Jahren 2000/2001, NJW 2002, 2992 (2997); *Schneider*, Handbuch des EDV-Rechts, G Rn. 26; Kilian/Heussen/*Moritz*, Einführung, Rn. 203 f.
[128] *Schneider*, Handbuch des EDV-Rechts, G Rn. 26.
[129] Leupold/Glossner/*von dem Bussche/Schelinski* Rn. 417; → § 14 Rn. 90 ff.
[130] *Schneider*, Handbuch des EDV-Rechts, G Rn. 27; *Redeker* IT-Recht Rn. 648.

Praxistipp:

Die einzelnen Wartungsleistungen lassen sich grundsätzlich wie folgt zuordnen:
- **Instandsetzung** ist grundsätzlich erfolgsbezogen und daher werkvertraglich einzuordnen.
- Bei vorbeugender **Instandhaltung** wird kein konkreter Fehler beseitigt, sondern es kommt demgegenüber darauf an, die Betriebsbereitschaft und Funktionsfähigkeit aufrecht zu erhalten und künftige Fehler zu vermeiden. Es ist daher grundsätzlich nur die Ausführung der vereinbarten Tätigkeiten geschuldet und nicht die Herstellung eines bestimmten Erfolgs, was für eine Anwendung von Dienstvertragsrecht spricht.
- **Hotline/Helpdesk:** Dienstvertragliche Beratung; bei konkreten Fehlern werkvertragliche Fehlerbeseitigung;
- **Ferndiagnose/Fernwartung:** Diagnose als dienstvertragliche Beratungsleistung, Wartung als werkvertragliche Fehlerbeseitigung;
- **Geräteinstallation:** Herstellung der Betriebsbereitschaft als werkvertragliche Leistung;
- **Bereitstellung von Backup-Systemen:** Strittig; nach einer Ansicht mietvertragliche Überlassung von Anlagen/Raum auf Zeit; nach anderer Ansicht werkvertragliche Erfolgshaftung im Sinne eines erfolgreichen Einsatzes eines Ersatzsystems;
- **Wiederherstellungszeiten/Verfügbarkeit:** Werkvertrag beziehungsweise selbstständige Garantie,[131] Die Vereinbarung von bestimmten Wiederherstellungszeiten bzw. einer bestimmten Verfügbarkeit verstärkt grundsätzlich den werkvertraglichen Charakter. Wird insofern eine ausdrückliche Garantie übernommen, könnte darin ein selbstständiges Garantieversprechen liegen. Die Frage, welche Garantieform gegeben ist, hängt stets vom Einzelfall ab und ist im Wege der Auslegung zu ermitteln. Häufig werden hier atypische, von dem jeweiligen gesetzlichen Gewährleistungskonzept abweichende Sanktionsfolgen bei Nichteinhaltung der Garantie oder aber ein Einstehen-Müssen für einen über die Mangelfreiheit hinausgehenden bestimmten Erfolg vereinbart, was dann für eine selbstständige Beschaffenheitsgarantie oder ein selbstständiges Garantieversprechen gem. § 311 Abs. 1 BGB spricht. Zwar würde in diesem Falle an sich das Verjährungsregime des § 195 BGB zur Anwendung kommen, im Dauerschuldverhältnis ist die Frage der Verjährung jedoch für den Anwender nicht problematisch, entscheidend ist für ihn, dass die Sanktions- und Haftungsfolgen verschuldensunabhängig sind und die Entlastungsmöglichkeit nach § 280 Abs. 1 S. 2 BGB entfällt.

116 c) **Kontrahierungszwang.** Grundsätzlich besteht keine Verpflichtung des Verkäufers von Hardware auch den Abschluss eines Wartungsvertrages anzubieten (oder diesen über einen Mindestzeitraum aufrechtzuerhalten), außer es ist im Erwerbsvertrag vertraglich eine solche Pflicht vereinbart.

117 Ausnahmen davon kann es jedoch geben, wenn der Anbieter eine marktbeherrschende Stellung im Sinne des GWB einnimmt, oder eine spezielle Pflicht im Sinne von § 242 BGB gegeben ist, wie dies beispielsweise bei der Lieferung unabdingbarer Betriebsmittel und Ersatzteile teilweise gesehen wird.[132]

118 Soweit für den Betrieb der Hardware daher laufende Ersatz- oder Betriebsmittel notwendig sind, die nur über den Hersteller/Verkäufer der Hardware verfügbar sind, wird empfohlen, entsprechende vertragliche Vereinbarungen über Art, Umfang und insbesondere Dauer der Versorgung mit den Ersatz-/Betriebsmitteln zu vereinbaren. Gerade bei länger im Einsatz befindlicher Hardware, die einer starken Abnutzung unterliegt und einen hohen Anschaffungspreis hat, ist dies wesentlich, um die getätigte Investition zu schützen.

2. Abgrenzung zur Mängelhaftung

119 Genauso wie beim Software-Pflegevertrag[133] stellt sich bei dem i. d. R. in AGB-Form ausgeprägten Wartungsvertrag im Verhältnis zum Beschaffungsvertrag das **Problem der Doppelvergütung**[134] sowie der **Intransparenz der Vergütungsregelung** während der Zeit, in der

---

[131] *Schneider*, Verschuldensunabhängige Einstandspflicht bei IT-Leistungen, ITRB 2006, 42.
[132] *Grapentin/Stöbl*, Third party Maintenance: Abschlusszwang und Kopplungsverlangen, CR 2009, 137 (141); *Junker*, Die Entwicklung des Computerrechts im Jahre 1999, NJW 2000, 1304 (1309).
[133] → § 14 Rn. 36 ff.
[134] *Redeker* IT-Recht Rn. 643–647.

V. Hardware-Wartung

die Verjährung für die kaufrechtlichen Mängelansprüche läuft. Es ist daher dringend angeraten, in vertraglichen Regelungen eine klare Abgrenzung zwischen Mängelhaftung und Leistungen aus dem Wartungsvertrag vorzunehmen, da bei Fehlen einer solchen Regelung die AGB-rechtliche Unwirksamkeit[135] der entsprechenden Regelung droht und damit der Entfall der Vergütung.

Ein Unterschied zur Softwarepflege besteht jedoch hinsichtlich der Wartungsleistungen der **vorbeugenden Instandhaltung**, die gegenüber der kaufrechtlichen Sachmängelhaftung eine zusätzliche Leistung darstellt und somit auch während des Gewährleistungszeitraums vergütungspflichtig sein kann. Jedenfalls insofern besteht daher **kein Konflikt mit der Vergütungsfreiheit** der Nacherfüllung gem. § 439 BGB iVm § 307 BGB.

Bei einem **Hardware-Mietvertrag** ist während der gesamten Vertragslaufzeit die Wartungsleistung in Form der Erhaltung der Gebrauchstauglichkeit gem. § 535 Abs. 1 Satz 2 BGB geschuldet, was sowohl Instandhaltung als auch Instandsetzung umfasst. Infolgedessen bleibt bei Miete grundsätzlich kein Raum für einen Wartungsvertrag.[136]

Etwas anderes kann jedoch gelten, wenn im betreffenden Wartungsvertrag darüber hinausgehende **Zusatzleistungen**, wie zB Reaktions- oder Fehlerbeseitigungszeiten, Verfügbarkeitszusagen (SLA's) oder Bereitstellung von Backup-Kapazitäten vereinbart werden und diese Leistungen Gegenstand eines gesonderten Vertrages sind. Dabei müsste hinreichend transparent gemacht werden, welche Leistungen bereits als typische Hauptleistungspflicht im Mietvertrag enthalten sind und welche demgegenüber im Rahmen der Wartung zusätzlich erbracht werden und daher vergütungspflichtig sein sollen.

3. Vertragliche Besonderheiten

In Bezug auf die allgemeine **Gestaltung** eines Hardware-Wartungsvertrages gibt es zum Beispiel im Vergleich zur Software-Pflege[137] nur wenige Besonderheiten zu beachten. Nachstehend sind die wesentlichen Punkte aufgeführt, die bei der Gestaltung eines Hardware-Wartungsvertrages besonders zu beachten sind.

a) **Leistungsbeschreibung.** Wesentlich bei der Leistungsbeschreibung eines Wartungsvertrages ist für beide Parteien den **Wartungsumfang** möglichst genau zu beschreiben. Insbesondere ist einerseits festzulegen, welche Hardware genau von der Wartung umfasst sein soll. Das spielt insbesondere dann eine große Rolle, wenn ein Anwender über sehr viele Hardwareeinheiten verfügt oder über solche Hardware, die von verschiedenen Herstellern geliefert wurde. Denn eventuell kann der Wartungsanbieter nicht all diese System wirklich warten, wenn er zum Beispiel keinen Zugriff auf Ersatzteile oder zum Beispiel Updates für Hardware-Treiber[138] hat.

Andererseits ist genau zu regeln, welche Leistungen[139] der Wartungsanbieter zu erbringen hat, da die **Leistungsarten** vielfältig sein können und auf die individuellen Erfordernisse angepasst werden müssen. So wird ein „normales" Client PC System anders zu warten sein, als ein Server, ein einfacher Arbeitsplatzdrucker anders als ein Arbeitsgruppendrucker oder ein Massendrucksystem.

> **Praxistipp:**
> Damit für beide Vertragsparteien auch im Verlauf der Vertragsdurchführung nachvollziehbar ist und bleibt, welche Leistungen geschuldet und welche Hardware von der Wartung umfasst ist, empfiehlt es sich, dem Vertrag eine Anlage mit einer Aufstellung (oder zu mindestens pauschalierten Aufstellung nach Hardware-Gruppen[140]) der von der Wartung umfassten Hardware beizugeben.

---

[135] MüKoBGB/*Kieninger* § 309 Nr. 8 BGB Rn. 49, 56.
[136] *Schneider*, Handbuch des EDV-Rechts, G Rn. 20; *Redeker* IT-Recht Rn. 646.
[137] → § 14 Rn. 106 ff.
[138] Hardware Hersteller bieten üblicher Weise neben der Hardware selbst auch Treiber und hardwarenahe Software an, die zum Betrieb der Hardware erforderlich ist, stellen diese aber nicht immer für jedermann zur Verfügung, wenn kein Wartungsvertrag besteht.
[139] → Rn. 105.
[140] ZB Client PC, Server, Drucker etc, wobei die Hardware in der Gruppe jeweils vergleichbar sein sollte.

> Entweder in derselben Anlage oder in einer darauf bezugnehmenden Anlage sollten dann die Beschreibungen der Leistungen im Hinblick auf die Hardware-Gruppen erfolgen.
> Weiter sollte ein vertraglicher Mechanismus vereinbart werden, wie und zu welchen Zeitpunkten die Anlagen anzupassen sind, wenn sich Hardware in Art und Menge ändert oder Änderungen der Leistungen notwendig werden. Gleiches gilt für die Fälle, in welchen sich durch die Änderung des Aufstellungsortes die Aufwände für die Wartung verändern.

126 Neben den typischen Wartungsleistungen wie etwa Instandsetzung, Instandhaltung sowie Hotline-Service, die durch die **pauschale Vergütung** abgegolten werden, findet sich in Wartungsverträgen häufig die Klausel, dass der Auftragnehmer auf Wunsch des Auftraggebers auf Basis einer gesonderten Vereinbarung und Vergütung sonstige Leistungen erbringt. Hierbei handelt es sich um Leistungen, hinsichtlich derer nicht vorhersehbar ist, ob und in welchem Umfang sie anfallen werden und welcher Aufwand hieraus erwächst. I.d.R. wird hierfür eine **aufwandsbezogene Vergütung** vereinbart.

127 Schließlich gibt es in der Praxis so genannte „**Vollwartungsverträge**" die auch den Ersatz von defekter Hardware oder bei Bedarfssteigerungen die Beschaffung von zusätzlicher Hardware vorsehen. In diesen Fällen ist zu regeln, wessen Anlagevermögen die Altgeräte zuzuordnen sind und wer zu ihrer Entsorgung verpflichtet ist. Bei Austausch oder Neubeschaffung von Hardware im Rahmen eines Hardware-Wartungsvertrages ist vorzusehen, wie die Lieferung, Prüfung[141] und Inbetriebnahme der neu gelieferten Hardware vorzunehmen ist.

128 Im Bereich der vertraglichen **Nebenpflichten** sollte weiter geregelt werden, welche **Mitwirkungspflichten** die einzelnen Beteiligten haben und welche **Beistellungsleistungen** erforderlich sind. Bei den Mitwirkungspflichten ist dies zum Beispiel der Zugang zu den Räumen, in welchen die Hardware im Einsatz ist,[142] bei den Beistellungsleistungen beispielsweise Räume, das Wartungspersonal und Platz für Ersatzteilbevorratung. Weiter sollte die Frage geklärt werden, wer und gegebenenfalls zu welchen Kosten die **Installation** von Hardware, aber auch von Treiber-Updates durchführt und welche Ausführungsfristen dafür gelten.

129 Im Hinblick auf die **Dokumentation** der Leistungen und eventueller Störungen der Leistungserbringung ist es ratsam, die Ausführung einzelner Wartungsleistungen in der Praxis zu dokumentieren, um etwaige spätere Beweisprobleme zu vermeiden. Insofern kann zB vertraglich vereinbart werden, dass nach Erbringung einzelner Wartungsleistungen entsprechende Arbeitsnachweise abzuzeichnen sind oder etwa ein „**Betriebsbuch**" zu führen ist.[143]

130 Soweit die zu wartende Hardware auch **Datenspeicher** umfasst, hat der Wartungs-Anbieter im Rahmen seiner vertraglichen **Sorgfaltspflichten**[144] den Anwender zumindest darauf hinzuweisen, dass eventuell vorhandene Datenbestände zu **sichern** sind. Soweit Datenspeicher ausgetauscht werden, sind die ausgetauschten Datenspeicher einer datenschutzgerechten Lösung zuzuführen.

131 Soweit Eigentümer und Betreiber der Hardware wie zum Beispiel beim **Outsourcing**[145] oder beim Leasing auseinanderfallen, ist bei Gestaltung des Hardware-Wartungsvertrages darauf zu achten, dass erstens die richtigen Vertragsparteien beteiligt sind und zweitens eventuell notwendige **Mitwirkungshandlungen** zB des Outsourcing Providers oder des Anwenders geregelt werden.[146]

---

[141] Insbesondere auch im Hinblick auf § 377 HGB; *Andréewitch/Arbesser*, Rügeobliegenheit nach deutschem und österreichischem Recht, CR 2014, 478.
[142] Dieser Punkt wird in der Praxis immer dann besonders wichtig, wenn es sich beim Anwender der Hardware um Unternehmen mit besonderen Geheimhaltungspflichten handelt (zB Wirtschaftsprüfer); üblicher Weise stellen solche Unternehmen dann eigene Sicherheitsrichtlinien auf, die dann auch den Zutritt zu Räumen regeln.
[143] So beispielsweise in 1.6 der ergänzenden Vertragsbedingungen für die Instandhaltung von Hardware – EVB-IT Instandhaltung.
[144] Grundlegend zu Sorgfaltspflichten: OLG Köln Urt. v. 2.2.1996 – 19 U 223/95, NJW-RR 1997, 558; OLG Hamm Urt. v. 1.12.2003 – 13 U 133/03, MMR 2004, 487.
[145] *Redeker* IT-Recht Rn. 801 ff.; *Lutz/Weigel*, Second Generation IT-Outsourcing, CR 2014, 629 (630).
[146] *Mann*, Vertragsgestaltung beim IT-Outsourcing – Besonderheiten und Fallstricke, MMR 2012, 499.

V. Hardware-Wartung

b) Service Level Agreements. Soweit die der Wartung unterliegende Hardware in Umgebungen eingesetzt wird, die aus betrieblichen Gründen[147] oder aus Gründen der IT Compliance[148] oder IT Sicherheit[149] eine hohe **Ausfallsicherheit** aufweisen müssen, werden in Hardware-Wartungsverträgen häufig so genannte Service Level Agreements getroffen, die zum Beispiel Wiederherstellungszeiten und/oder Verfügbarkeiten der Hardware regeln. **132**

Der Begriff **Service-Level-Agreement,**[150] bezeichnet eine Vereinbarung zwischen Anwender und Wartungsanbieter für wesentliche Leistungen der Hardware-Wartung. Ziel ist es einerseits, **Kontrollmöglichkeiten** für den Anwender zu schaffen, indem besondere Eigenschaften/Qualitäten der Leistungen zugesichert werden, wie etwa Leistungsumfang, Reaktionszeit und Schnelligkeit der Fehlerbehebung. Andererseits beschreibt der jeweilige Servicelevel die Leistung so genau, dass tatsächliche Leistung und Leistungserwartung sich decken. Bei Abweichungen von der vereinbarten Leistungsqualität werden üblicher Weise pauschalierte **Vertragsstrafen** vereinbart. **133**

> **Formulierungsvorschlag:**[151]
> Kann eine Störung nicht innerhalb von 3 Störungstagen* beseitigt werden, leistet der Auftragnehmer vom vierten Störungstag an pauschalierten Schadensersatz. Voraussetzung hierfür ist, dass die im Vertrag spezifizierte Hardware ganz oder teilweise wegen der Störung nicht bestimmungsgemäß genutzt werden kann und der Auftragnehmer die Fristüberschreitung zu vertreten hat. Der pauschalierte Schadensersatz beträgt 5/30 der auf die im Vertrag spezifizierten gestörten Hardware* entfallenden monatlichen pauschalen Vergütung je Störungstag. **134**

Wichtig ist dabei, dass die Servicelevels ausreichend konkret beschrieben werden[152] und für die Überwachung und Einhaltung der Servicelevels klare **Leistungskennzahlen**[153] vereinbart werden. **135**

c) Vertragslaufzeit. Bezüglich des **Vertragsbeginns** und des **Beginns der Vergütungspflicht**[154] ist bei der vertraglichen Vereinbarung, insbesondere in AGB, darauf zu achten, dass eine klare Regelung für beide Zeitpunkte vorgesehen ist. Hintergrund dieses Hinweises ist die Problematik, dass Lieferung und Installation der Hardware auseinanderfallen können und daher hierfür konkrete Regelungen zu treffen sind. Sind diese nicht klar und transparent,[155] kann dies die AGB-rechtliche Unwirksamkeit der Klausel nach sich ziehen. Dabei ist immer zwischen Vertragsbeginn und Beginn der Vergütungspflicht zu unterscheiden sowie eine Regelung im Hinblick auf den **Beginn der Mängelhaftungsfristen** aufzunehmen, da diese drei Zeitpunkte unterschiedliche Auswirkungen auf die Durchführung des Vertrages haben. **136**

> **Formulierungsvorschlag:**
> Dieser Vertrag beginnt am XX. XX. XXXX. Im Hinblick auf die Leistungspflichten nach diesem Vertrag ist Beginn der Leistungspflicht für den Wartungsanbieter sowie der Beginn der anteiligen Ver- **137**

---

[147] Insbesondere die Gefährdungen, die im BSI Grundschutzhandbuch beschrieben sind, zB G.04 (Verschmutzung, Staub), G 0.24 (Zerstörung von Geräten oder Datenträgern), G 1.2 (Ausfall von IT-Systemen), G 0.25/0.26 (Ausfall von Geräten oder Systemen), G 2.20 (Unzureichende oder falsche Versorgung mit Verbrauchsgütern).
[148] ZB im Rahmen des Notfallkonzepts nach AT 7.3 MaRISK.
[149] *Klett/Ammann,* Gesetzliche Initiativen zur Cybersicherheit, CR 2014, 93.
[150] Kurz SLA oder auch Dienstgütevereinbarung (DGV) oder Dienstleistungsvereinbarung (DLV) genannt.
[151] Aus 7.1 der ergänzenden Vertragsbedingungen für die Instandhaltung von Hardware – EVB-IT Instandhaltung.
[152] Dazu hat sich die SMART Methode (SMART ist ein Akronym für „Specific Measurable Accepted Realistic Timely") etabliert, die spezifische und messbare Ziele innerhalb klarer Fristen definiert.
[153] Auch Key Performance Indicators genannt.
[154] → Rn. 123.
[155] Was beispielsweise bei einer Klausel der Fall wäre, die für den Vertragsbeginn auf den Beginn der Installation verweist; siehe *Schneider,* Handbuch des EDV-Rechts, G Rn. 92 f.

> gütungspflicht für den Anwender für die auf die laufende Wartung im Hinblick auf den Betrieb der Hardware (insbesondere Verbrauch und normaler Verschleiß) sowie die vereinbarten Hotline-Leistungen die bestätigte, betriebsbereite Übernahme der gelieferten und installierten Hardware durch den Anwender. Der Beginn der Vergütungspflicht für den Anwender für die sonstigen Leistungen nach diesem Vertrag beginnt mit Ablauf der Mängelhaftungsfristen.

138 In aller Regel werden bei Wartungsverträgen **Mindestvertragslaufzeiten** festgelegt, innerhalb derer die ordentliche Kündigung ausgeschlossen ist und lediglich das Recht zur Kündigung aus wichtigem Grund für beide Vertragsparteien in Frage kommt. Die Möglichkeit zur jederzeitigen Kündigung gem. § 649 BGB, die bei werkvertraglich einzuordnenden Wartungsverträgen an sich in Betracht käme, wird durch die Klauseln über Vertragslaufzeit und Vertragsbeendigung verdrängt. Klauseln, in denen der Verwender die Kündigungsregelung splittet und für sich günstigere ordentliche Kündigungsmöglichkeiten vorsieht, sind AGB-rechtlich bedenklich.[156]

139 Wird bei einer **zeitlich befristeten Überlassung** von Hardware zB im Rahmen von Leasing auch ein Hardware-Wartungsvertrag abgeschlossen, ist dabei darauf zu achten, dass die Laufzeiten beider Verträge synchron sind.[157] Besonderheit bezüglich der Beendigung eines Hardware-Wartungsvertrages ist auch, dass die Rückabwicklung des Erwerbsvertrag **wegen der** Einheitlichkeit des Wartungs- und des Erwerbsvertrages auch ein entsprechendes Recht für den Wartungsvertrag begründet.[158]

140 d) **Vergütung.** Die Höhe der Wartungspauschale wird üblicherweise zum einen nach der **Zahl, Art und Beschaffenheit** der zu wartenden Hardware sowie dem **Leistungsumfang**, der je nach Wartungsmodell variieren kann, vereinbart. Bei besonderen Leistungen, wie etwa vereinbarten Reaktions- bzw. Beseitigungszeiten oder garantierten Mindestverfügbarkeitswerten, ist eine höhere Wartungspauschale zu entrichten. Auch kann die Höhe der Vergütung nach betrieblicher Nutzungsintensität bzw. Nutzungsumfang in Bezug auf die zu wartende Hardware gestaffelt werden.[159]

141 Angesichts des Preisverfalls im Hardware-Geschäft ist Hardware-Wartung gegen Zahlung **pauschaler Wartungsgebühren** für kleinere Anwender einzelner Rechner oftmals nicht wirtschaftlich. Solche Wartungsverträge werden deshalb in der Regel für größere EDV-Anlagen bzw. Netzwerke mit zahlreichen Rechnern abgeschlossen, wobei jedoch auch in diesen Fällen nicht selten eine **aufwandsbezogene Vergütung** oder zumindest eine Mischung aus beiden Vergütungsmodellen vereinbart wird. Bei Letzterem ist allerdings in besonderem Maße das AGB-rechtliche Transparenzgebot zu beachten, welches gem. § 307 Abs. 3 Satz 2 iVm Abs. 1 S. 1 und 2 BGB auch für die Ausgestaltung der Vergütungsregelungen gilt. Welche Leistungsteile in der pauschalen Gebühr und welche über gesonderte Gebühren abgerechnet werden, ist daher genau aufzuführen. Dazu empfiehlt sich eine Anlage zum Vertrag zu erstellen, in der jeweils die zu wartende Hardware sowie die Leistungsbestandteile genannt sind, die dann einzeln bepreist werden.

142 Typischerweise ist in Wartungs-AGB vorgesehen, dass die Wartungspauschale für einen gewissen Zeitraum im Voraus zu zahlen ist. Bei einem werkvertraglich zu qualifizierenden Wartungsvertrag ist jedoch eine solche **Vorfälligkeitsregelung** im nicht-kaufmännischen Verkehr AGB-rechtlich unwirksam.[160] Im kaufmännischen Bereich ist diese Frage im Hinblick auf die Marktgepflogenheiten offen. Wird dem Kunden die Möglichkeit eingeräumt, entweder eine jährliche Vorauszahlung verbunden mit Gewährung eines bestimmten Nachlasses oder alternativ quartalsweise oder monatliche Zahlungsweise zu wählen, so wird dies gem. § 307 Abs. 3 Satz 1 BGB inhaltlich nicht kontrollfähig sein, gem. § 307 Abs. 3 Satz 2 BGB wäre jedoch zu prüfen, ob die Regelungen hinreichend transparent sind.

---

[156] *Schneider,* Handbuch des EDV-Rechts, G Rn. 90; *Schneider,* G Rn. 82.
[157] *Redeker* IT-Recht Rn. 666.
[158] *Redeker* IT-Recht Rn. 667; BGH Urt. v. 23.1.1996 – X ZR 105/93, NJW 1996, 1745.
[159] *Schneider,* Handbuch des EDV-Rechts, G Rn. 112 f.
[160] OLG München Urt. v. 8.11.1990 – 29 U 3410/90, CR 1992, 401; *Schneider,* Handbuch des EDV-Rechts, G Rn. 116 mwN.

§ 16 Standardklauseln

Übersicht

	Rn.
I. Einführung	1
II. Grundregeln bei der Verwendung von Standardklauseln	2–38
1. Einbeziehung	2–10
2. Besondere Konstellationen	11
3. Überraschende Klauseln	12
4. Unwirksamkeit der Klausel wegen Intransparenz	13–15
5. Lizenzbedingungen der Hersteller	16–21
6. Grundsätze der Inhaltskontrolle	22–35
a) Allgemeine Bemerkungen	22/23
b) Maßstab für die Klauselkontrolle	24–26
c) Klauselverbote gem. §§ 308 und 309 BGB	27/28
d) Verbot der geltungserhaltenden Reduktion	29–31
e) Unwirksamkeit durch Zusammentreffen zweier an sich wirksamer Klauseln	32/33
f) Kontrollfreie Klauseln	34/35
7. Individualvereinbarungen	36–38
III. Wesentliche praxisrelevante Standardklauseln in IT-Verträgen	39–222
1. Sachmängelregelungen	39–71
a) Beispiele gesetzlicher Sachmängelregelungen	39–41
b) Übertragung der gesetzlichen Regelung in allgemeine Geschäftsbedingungen	42–44
c) Ausschluss und Beschränkung der Gewährleistungsansprüche	45–50
d) Einzelne softwarerelevante Klauseln	51–71
2. Rechtsmängel	72–88
a) Aufnahme von Rechtsmängelgarantien	72–75
b) Verjährungsänderung	76–79
c) Anspruchserhebung durch Dritte gegenüber dem Kunden	80–85
d) Folgen der Mängel	86–88
3. Schadensersatzansprüche	89–110
a) Gesetzliche Grenzen für Schadensbegrenzungsklauseln	91
b) Kardinalpflichten	92–94
c) Versicherbarkeit von Risiken	95–98
d) Ausschluss der Haftung für andere Pflichten	99/100
e) Verbot des Worts der Kardinalpflichten	101–104
f) Datenverlust	105/106
g) Verkürzung der Verjährung	107–110
4. Nutzungsrechte	111–142
a) Grundsatzfragen	111–117
b) Einzelne weitere Bedingungen	118–130
c) Softwarelizenzaudit	131–141
d) Klauseln zur Hinterlegung der Software	142
5. Organisationsregeln	143–171
a) Standardorganisation	143–154
b) Mitwirkung des Kunden	155–164
c) Organisation des Lieferanten	165–171
6. Change-Request-Regeln/Änderungsregeln	172–181
a) Grundregeln	172–174
b) Rechtsfolgen des Schweigens	175–178
c) Kündigungsrechte	179–181
7. Abnahmeklauseln	182–188
8. Fälligkeitsregeln	189/190
9. Verzugsklauseln	191–198
10. Klauseln zu § 649 BGB	199–201
11. Einwilligung in die Verarbeitung personenbezogener Daten	202–208
12. Weitere übliche Klauseln	209–222
a) Aufrechnungsverbote und Zurückbehaltungsrechte	209–211
b) Mehrwertsteuer	212–214

	Rn.
c) Vollständigkeitsregelung	215–217
d) Gerichtsstandsvereinbarungen	218–220
e) Klauseln zum anwendbaren Recht	221/222
IV. Besonderheiten bei Softwaremiete und -pflege	223–249
1. Klauseln über die Vertragsdauer	223–229
2. Regelungen zur Zahlung	230–235
3. Preisanpassungsklauseln	236–241
4. Insbesondere: Gewährleistung im Mietrecht	242–245
5. Miete neuer Softwareversionen	246/247
6. Ausschluss der verschuldensunabhängigen Haftung	248/249

Schrifttum: *Braun,* Die Zulässigkeit von Service Level Agreements – am Beispiel der Verfügbarkeitsklausel, 2006; *Lindner-Figura/Oprée/Stellmann* (Hrsg.), Geschäftsraummiete, 3. Aufl. 2012; *Ph. Redeker,* Beschaffenheitsbegriff und Beschaffenheitsvereinbarung beim Kauf, Der Anwendungsbereich des Gewährleistungsrechts und die Auslegung der Beschaffenheitsvereinbarung, München 2012; *Wolf/Lindacher/Pfeiffer,* AGB-Recht, 6. Auflage 2013.

I. Einführung

1   Für die Vertragspraxis bei Software- und sonstigen IT-Verträgen sind Standardklauseln von zentraler Bedeutung. Fast sämtliche Unternehmen, die Softwareprodukte liefern, Internetverträge anbieten und im sonstigen Umfeld IT-Leistungen vermarkten, tun dies in einer Vielzahl von Fällen. In jedem Fall alle Vertragsvereinbarungen einzeln auszuhandeln, ist sehr aufwendig. Die vertragliche Bewältigung unterschiedlichster Vereinbarungen bei den einzelnen Kunden ist auch in der Vertragsdurchführung nicht möglich. Eine Standardisierung ist erforderlich. Das Alltagsgeschäft wird durch Standardklauseln bewältigt. Nur in größeren Projekten und ungewöhnlichen Konstellationen gibt es in nennenswertem Umfang individuell ausgehandelte Verträge. Alle Standardklauseln stellen aber allgemeine Geschäftsbedingungen im Sinne der §§ 305 ff. BGB dar und unterliegen daher besonderen Anforderungen, damit sie wirksam sind. Diese Anforderungen sind bei der Gestaltung von Standardverträgen zu berücksichtigen. In der Folge werden entsprechende Probleme anhand von Regelungen dargestellt, die im Softwarevertragsrecht häufig vorkommen und daher eine besondere Bedeutung für die Praxis haben.[1] Die in der Folge dargestellten Standardklauseln sind zwar die für die Praxis wichtigsten. Es werden auch einzelne Formulierungsvorschläge zur Lösung der aufgeworfenen Probleme vorgestellt. Vollständige Vertragsmuster enthält dieser Beitrag allerdings nicht. Interessierte finden sie in den in Fußnote 1 zitierten Werken. Allerdings muss auch bei der Verwendung dieser Muster geprüft werden, ob sie überhaupt auf den zu regelnden Fall passen und wie sie in den Zusammenhang des jeweils vorgeschlagenen Mustervertrags eingeordnet und ggf. angepasst werden müssen. Dies gilt auch für sämtliche in der Folge vorgestellten Musterformulierungen. Darüber hinaus ist zu beachten, dass sich die Rechtsprechung zur Wirksamkeit einzelner Vertragsklauseln laufend ändert. Der BGH entwickelt sie dauernd weiter. Es ist daher gerade für diejenigen, die Standardklauseln entwickeln und Standardverträge regelmäßig betreuen, wichtig, sehr sorgfältig auf die Entwicklung der Rechtsprechung zu achten.

II. Grundregeln bei der Verwendung von Standardklauseln

1. Einbeziehung

2   Standardklauseln müssen, um Gegenstand eines Vertrages zu werden, in diesen einbezogen werden. Dies ist bei Musterverträgen, wie sie häufig in der Praxis verwendet werden, relativ einfach. Ein schriftlicher Vertragsschluss erfolgt ja immer durch Unterschrift am Ende dieser Musterverträge. In vielen Fällen werden aber die Standardklauseln in allgemei-

---

[1] S. im Übrigen *Marly,* Praxis Handbuch Softwarerecht S. 655 ff.; *Redeker* (Hrsg.) Handbuch der IT-Verträge, Loseblatt; *Weitnauer* (Hrsg.), Beck'sches Formularbuch IT-Recht, 3. Aufl. 2012.

II. Grundregeln bei der Verwendung von Standardklauseln

ne Geschäftsbedingungen aufgenommen, auf die im Vertragstext lediglich Bezug genommen wird. Ohne eine solche Bezugnahme werden diese allgemeinen Geschäftsbedingungen in aller Regel nicht Vertragsbestandteil. Gemäß § 305 Abs. 2 BGB muss nämlich derjenige, der die Standardklauseln in den Vertrag einbeziehen will, darauf hinweisen, dass diese Klauseln Inhalt des Vertrags werden sollen. Ohne einen solchen Hinweis werden allgemeine Vertragsbedingungen und Standardklauseln nicht Vertragsbestandteil. Eine Ausnahme gibt es nur dann, wenn zwischen zwei Unternehmen seit längerer Zeit Geschäftsbeziehungen bestehen, denen immer die allgemeinen Bedingungen einer Seite zugrunde lagen. Dies gilt dann auch ohne Hinweis für alle weiteren Geschäfte, wenn nichts Gegenteiliges vereinbart oder zumindest gesagt wird.[2] Ob eine solche Tatsache vorliegt, ist oft streitig. Es empfiehlt sich daher, generell auch in lang dauernden Geschäftsbeziehungen immer auf die Geltung der eigenen AGB hinzuweisen, wenn diese Vertragsbestandteil werden sollen.

Ein besonderes Problem stellt sich bei der beidseitigen Verwendung allgemeiner Geschäftsbedingungen insbesondere im **Verkehr zwischen Unternehmen.** Heute werden dort weitgehend Abwehr- und Ausschließlichkeitsklauseln verwendet, die verhindern sollen, dass die Klauseln des jeweiligen Vertragspartners Vertragsbestandteil werden. Dies ist möglich und auch zulässig. Werden Sie beidseitig verwendet, gilt folgendes: Besteht Einigkeit über die Essentialia des Vertrages, ist der Vertrag geschlossen. Regelungen der allgemeinen Geschäftsbedingungen gelten nur, soweit sie in den beiden Klauselwerken enthalten sind. Im Übrigen gilt dispositives Recht.[3]

Weitere Voraussetzungen gibt es dann, wenn der Verwender der allgemeinen Geschäftsbedingungen ein Unternehmer im Sinne von §§ 13 bzw. 14 BGB ist und der Vertragspartner Verbraucher. Es reicht dabei, wenn der Vertragspartner des AGB-Verwenders mit dem Vertrag nicht überwiegend gewerbliche oder freiberufliche Zwecke verfolgt. Verfolgt er lediglich gewerbliche oder selbständige Nebenzwecke, bleiben die Sonderregeln für Verbraucher anwendbar.[4] Ist der Vertragspartner des Verwenders der allgemeinen Geschäftsbedingungen Verbraucher, muss ihm vor Vertragsschluss Gelegenheit gegeben werden, die allgemeinen Geschäftsbedingungen in zumutbarer Weise zur Kenntnis zu nehmen.

Dies erfolgt bei schriftlichen Vertragsschlüssen in der Regel dadurch, dass die Geschäftsbedingungen beigefügt oder auf der Rückseite etwa des Bestellformulars – in lesbarer Größe[5] – abgedruckt werden.

Bei einem **Vertragsabschluss im Internet** geschieht dies in aller Regel dadurch, dass ein Hinweis auf die Einbeziehung der allgemeinen Geschäftsbeziehungen erfolgt und dieser mit einem Link hinterlegt ist, der zu dem Text der allgemeinen Geschäftsbedingungen führt. Diese Verlinkung ist ausreichend und genügt für die Einbeziehung der allgemeinen Geschäftsbedingungen.[6]

Der Hinweis auf die Geltung der allgemeinen Geschäftsbedingungen muss dem Kunden schon vor dessen Angebot/Bestellung gegeben werden. Nur so kann man der Bestellung des Kunden entnehmen, dass dieser mit der Geltung der Bedingungen einverstanden ist. Ein solcher Hinweis lässt sich auf vorformulierten Bestellformularen des Kunden jederzeit unterbringen. Im Internet geschieht ein solcher Hinweis in aller Regel dadurch, dass eine Bestellung nur dann möglich ist, wenn der Kunde vorher aktiv eine Zeile angekreuzt hat, die die ausdrückliche Erklärung enthält, dass er mit der Geltung der allgemeinen Bedingungen des Lieferanten einverstanden ist.

Bestellt der Kunde ohne Bezugnahme auf allgemeine Geschäftsbedingungen des Lieferanten einfach formlos, kann dieses Verfahren natürlich nicht eingehalten werden. Der Hinweis auf die Geltung der allgemeinen Geschäftsbedingungen ist dann möglicherweise erst mit der Annahmeerklärung des Lieferanten möglich. Dies ist allerdings keine Annahme im Sinne des BGB, sondern ein neues Angebot, das der Kunde annehmen kann oder nicht.[7]

---

[2] BGH Urt. v. 15.6.1964 – VIII ZR 305/62, BGHZ 42, 53, 55; Wolf/Lindacher/*Pfeifer* § 305 Rn. 126.
[3] Näher dazu zB *Ulmer/Brandner/Hensen* § 305 Rn. 182.
[4] *Bierekoven/Krone* MMR 2012, 687.
[5] Nachweise bei Wolf/Lindacher/*Pfeifer* § 305 Rn. 88 ff.
[6] BGH Urt. v. 14.6.2006 – I ZR 75/03, CR 2006, 773.
[7] Wolf/Lindacher/*Pfeifer* § 305 Rn. 97.

9   Nimmt der Kunde die Lieferung allerdings zeitlich nach einer solchen Erklärung an, so stellt dies in der Regel eine Annahmeerklärung des Kunden im Hinblick auf das neue Angebot des Lieferanten dar. Durch die Annahme und die Lieferung werden dann die allgemeinen Geschäftsbedingungen Vertragsinhalt.

10 Werden demgegenüber die Bedingungen erstmals der Lieferung beigefügt, werden sie nicht Vertragsbestandteil. Vielmehr ist der Vertrag zuvor ohne allgemeine Geschäftsbedingungen zustande gekommen.[8]

2. Besondere Konstellationen

11 In einzelnen Fällen sind die Regeln für die Einbeziehung allgemeiner Geschäftsbedingungen abweichend und für den Verwender günstiger geregelt.

Im **Ladengeschäft** kann der Hinweis auf die Einbeziehung der allgemeinen Geschäftsbedingungen auch durch einen Aushang erfolgen. Er braucht nicht bei jedem Verkaufsgespräch oder etwa an der Kasse erfolgen (§ 305 Abs. 2 Nr. 1 BGB). In dem für den vorliegenden Bereich wichtigen Bereich von Telekommunikationsverträgen reicht es dann, wenn die Verträge ausschließlich durch Inspruchnahme der Telekommunikationsleistungen zustande kommen, auch aus, wenn die allgemeinen Geschäftsbedingungen im Amtsblatt der Bundesnetzagentur veröffentlicht werden (§ 305a Nr. 2b BGB). Dabei soll das Einverständnis mit der Einbeziehung der allgemeinen Geschäftsbedingungen nach der Literatur schon in der Inanspruchnahme der Leistung durch den Kunden liegen.[9] Das eigentlich Bedeutsame liegt darin, dass im gesamten Vorgang, der dem Vertragsschluss vorangeht, häufig überhaupt kein Hinweis auf die Geltung der allgemeinen Geschäftsbedingungen enthalten ist. Damit ist die Annahme der Literatur eine Fiktion, die nur dadurch zu erklären ist, dass bei **Call-by-Call-Anrufen** u. ä. Diensten ein Hinweis auf die Geltung der allgemeinen Geschäftsbedingungen nicht möglich ist. Die Ausnahme soll aber auch bei der Inanspruchnahme von Premiumdiensten und Auskunftsdiensten gelten. In § 66b TKG gibt es zwar bestimmte Informationspflichten für die Anbieter solcher Dienste. Informiert werden muss aber nur über die Preise, nicht über die allgemeinen Geschäftsbedingungen. Dieses Fehlen einer entsprechenden Informationspflicht spricht dafür, dass ein solcher Hinweis auch für die Einbeziehung der allgemeinen Geschäftsbedingungen entbehrlich ist. Notwendig ist dieser Schluss aber nicht. Wenn über Preise informiert wird, kann auch über allgemeine Geschäftsbedingungen informiert werden. Gesetzeslage und Rechtsprechung sind hier aber eindeutig. Man kann auf solche Hinweise für einen wirksamen Vertragsschluss unter Einbeziehung der allgemeinen Geschäftsbedingungen verzichten.

3. Überraschende Klauseln

12 Eine weitere wichtige allgemeine Regel im Recht der allgemeinen Geschäftsbedingungen ist außerdem, dass überraschende Klauseln, dh Klauseln, die so ungewöhnlich sind, dass der Vertragspartner mit ihnen nicht rechnen muss, nicht Vertragsbestandteil werden. Darüber hinaus gehen Zweifel am Inhalt von allgemeinen Geschäftsbedingungen zu Lasten des Verwenders. Dies bedeutet: Für Standardklauseln sollte man in der Phantasie bei der Vertragsgestaltung zurückhaltend sein. Es sollten hauptsächlich Dinge formuliert werden, mit denen der Vertragspartner im Prinzip rechnen muss. Anderenfalls formuliert man schnell überraschende Klauseln.

4. Unwirksamkeit der Klausel wegen Intransparenz

13 Klare Formulierungen sind in allgemeinen Geschäftsbedingungen wichtig. Formulierungen, die mehrdeutig sind oder gar bewusst ihren Regelungsinhalt verschleiern, sind unwirksam. Selbst dann, wenn diese Folge nicht eintritt, haben sie für ihren Verwender den in einer konkreten Auseinandersetzung für ihn am ungünstigsten wirkenden Vertragsinhalt. Dies

---

[8] Wolf/Lindacher/*Pfeifer* § 305 Rn. 98.
[9] S. va Spindler/*Schuster*/*Schuster* § 305a BGB Rn. 2; vgl. auch Ulmer/Brandner/Hensen/*Ulmer* § 305a Rn. 4.

II. Grundregeln bei der Verwendung von Standardklauseln

kann in Einzelfällen auch zu einer für den Kunden ungünstigsten Auslegung führen, wenn nämlich diese Auslegung zur Unwirksamkeit der Klausel führt (**Prinzip der sogenannten kundenfeindlichen Auslegung**, § 305c Abs. 2 BGB). Dieses Prinzip gilt nicht nur im Verbandsprozess.[10]

Neben der eben formulierten Folge, dass Zweifel am Inhalt von allgemeinen Geschäftsbedingungen zu Lasten des Verwenders gehen, haben unklare Geschäftsbedingungen noch eine weitere, möglicherweise noch gravierendere Folge. Nach § 307 Abs. 1 S. 2 BGB führt eine unklare Formulierung dazu, dass eine an sich einbezogene Klausel wegen unangemessener Benachteiligung des Vertragspartners unwirksam ist. Dabei liegt die unangemessene Benachteiligung des Vertragspartners nicht etwa im Inhalt der Klausel, den diese nach der Interpretation des jeweils entscheidenden Gerichts hat, sondern ausschließlich daran, dass die Klausel für den Vertragspartner des Klauselverwenders schwer verständlich ist. Auch dies bedeutet: Auf die Klarheit der jeweils gewählten Formulierung sollte besonderer Wert gelegt werden.

Darüber hinaus ist auch davor zu warnen, komplexe miteinander verwobene oder ineinander verschachtelte Vertragswerke zu verwenden. Ist unklar, was gelten soll, weil zwei oder mehr Klauselwerke einbezogen werden, kann keine der Bestimmungen angewandt werden. Es gilt vielmehr dann das Gesetz unmittelbar.[11]

5. Lizenzbedingungen der Hersteller

Ein häufiges Problem in der Praxis der Softwareverträge besteht darin, dass nicht etwa der Lieferant der Software die allgemeinen Geschäftsbedingungen beifügt, sondern dem gelieferten Produkt – insbesondere bei Standardsoftware – Lizenzbedingungen der Hersteller beigefügt sind. Es kann durchaus sein, dass daneben noch allgemeine Geschäftsbedingungen des Lieferanten existieren. Die Lizenzbedingungen der Hersteller werden in aller Regel nicht Vertragsbestandteil des Vertrages. Es gibt ja keinen Vertrag zwischen dem Kunden und dem Hersteller. Es gibt nur einen Vertrag des Kunden mit dem Softwarelieferanten. Solange der Lieferant nicht klar macht, dass auch die Lizenzbedingungen der Hersteller Teil seiner Allgemeinen Geschäftsbedingungen sind und darüber hinaus klarstellt, wie diese sich zu den von ihm verwendeten Geschäftsbedingungen verhalten, werden die Lizenzbedingungen der Hersteller nicht in den Vertrag mit einbezogen. Es gibt ja keinerlei Anhaltspunkt dafür, dass die Parteien des Vertrages (Kunde und Lieferant) diese Geschäftsbedingungen in den Vertrag mit einbeziehen wollen.

Dies gilt insbesondere auch für sogenannte **Schutzhüllenverträge**.[12] Auch hier wird der Kunde durch das Aufreißen der Hülle nicht einen Vertrag mit irgendeiner Firma schließen wollen, die er gar nicht kennt und mit der bislang keinen Vertrag hat. Auch auf diesem Wege kommt es nicht zur Einbeziehung der Lizenzbedingungen. Voraussetzung einer solchen Einbeziehung wäre, dass ein Vertrag zwischen Kunde und Hersteller der Software existiert. Diesen gibt es nicht.

Zwei **Ausnahmen** sind dabei zu beachten:

Zum einen ist es so, dass die Lizenzbedingungen der Hersteller oft Regelungen zu den Schutzrechten beinhalten. Diese werden zwar nicht Vertragsbestandteil, werden aber Teil des Umfangs der eingeräumten Rechte. Dies liegt nicht an den Allgemeinen Geschäftsbedingungen, sondern daran, dass der Lieferant nicht mehr Rechte übertragen kann, als ihm von Seiten der Hersteller erlaubt worden ist. Wenn die Lizenzbedingungen der Hersteller hier von den Lieferbedingungen des Lieferanten abweichen, gelten die Lizenzbedingungen der Hersteller. Konkretisieren sie nur den Lieferumfang, gelten sie erst recht. Mehr Rechte als von den Lieferanten eingeräumt, kann der Kunde nie erhalten. Es kann allerdings sein, dass in den Lizenzbedingungen des Herstellers mehr Rechte übertragen werden, als der Lieferant möchte. In diesem Fall stellt sich die Frage nach dem Verhältnis zwischen den Nutzungsbedingungen, die im Vertrag zwischen dem Lieferanten und dem Kunden vereinbart sind und

---

[10] BGH Beschl. v. 29.4.2008 – KZR 2/07, BB 2008, 1360.
[11] BGH Urt. v. 16.3.2006 – I RZ 65/03, NJW-RR 2006, 1350.
[12] Dazu *Marly*, Praxishandbuch Softwarerecht, Rn. 1013 ff.; *Hoeren*, IT-Vertragsrecht, S. 298.

den umfangreicheren Rechten, die laut Hersteller dem Kunden zustehen. Hier wird man davon ausgehen müssen, dass der Lieferant in aller Regel nur die Rechte übertragen will, die er in seinem Vertrag den Kunden eingeräumt hat und nicht die Rechte, die der Hersteller einräumt. Man muss hier allerdings sehr auf den Einzelfall achten und überprüfen, welches Verhältnis gilt. Nur eines ist klar: Mehr Rechte, als der Hersteller einräumt, kann der Lieferant nicht einräumen.

19 In der Literatur wird darauf hingewiesen, dass man die Erklärungen der Hersteller auch so verstehen könne, dass sie Nutzungsrechte nur einräumen wollten, wenn der Kunde neben dem Vertrag mit dem Lieferanten einen Vertrag mit Ihnen schließe. Dem kann aber nicht gefolgt werden: Vertreibt der Hersteller die Software über Zwischenhändler, stünde es dazu in einem Widerspruch, wenn er die Übertragung der Nutzungsrechte an sich von einem zusätzlichen Vertragsschluss mit sich abhängig machen würde. Der bloßen Beifügung von Lizenzbedingungen zu einer zu liefernden Software kann nicht die Bedeutung des Verlangens nach solch ungewöhnlichen Vertragsbeziehungen beigemessen werden.[13]

20 Eine zweite Ausnahme gilt dann, wenn nicht Schutzhüllenverträge verwendet werden, sondern bei der Installation der Software durch Betätigung einer „Enter-Taste", sei es durch Installation von einem Datenträger, sei es durch Installation im Internet, eine Erklärung dahingehend abgegeben wird, dass der Kunde mit den Lieferbedingungen des Herstellers einverstanden ist.[14] Wenn dieser Klick durch den Kunden selber oder durch einen für diesen vertretungsberechtigte Person abgegeben wird, kommt hier ein Vertrag mit dem Hersteller über die Einbeziehung der Lizenzbedingungen zustande. Auch dann bleibt völlig unklar, was über die urheberrechtlichen Nutzungsbeschränkungen hinaus hier Vertragsinhalt wird. Mit dem Hersteller besteht ja keine Lieferbeziehung, so dass eigentlich sich auf Lieferbeziehungen bestehende Vertragsklauseln kaum Vertragsinhalt werden können. Allenfalls kann es sein, dass einzelne, dort geltend gemachte Aussagen zu Gewährleistungsrechten als selbständige Garantie des Herstellers verstanden werden. Zumindest dann, wenn man die Unklarheitenregel zu Lasten der Hersteller anwenden will, wird man dies so sehen müssen, obwohl die Hersteller solche selbständigen Garantien in vielen Fällen ja gar nicht abgeben wollen. Darüber hinaus wäre theoretisch ein Sonderkündigungsrecht bei Überschreitung der Nutzungsrechte vereinbart. Eine solche Klausel ist aber als allgemeine Geschäftsbedingung im Zweifel unwirksam.[15] Welche Konsequenzen ansonsten im Einzelfall zu ziehen sind, muss man im Einzelfall abwägen.

Unklarheiten gehen auch hier zu Lasten des Verwenders der Allgemeinen Geschäftsbedingungen, also zu Lasten des Herstellers.

21 Insgesamt macht die Verwendung von Hersteller-Nutzungsbedingungen, die mehr Inhalte haben als Lizenzbedingungen, daher keinen Sinn. Sie sind nur dann sinnvoll in den Vertrag einzubeziehen, wenn der Hersteller gleichzeitig der Lieferant ist. Dann stellen sich die hier aufgeworfenen Probleme aber von vorneherein nicht: Die Herstellerklauseln sind in den Vertrag einbezogene allgemeine Geschäftsbedingungen.

Dies alles gilt im Zweifel auch bei einer Verweisung auf die GPL als „Herstellerbedingung".

6. Grundsätze der Inhaltskontrolle

22 a) **Allgemeine Bemerkungen.** Allgemeine Geschäftsbedingungen, die wirksam in einen Vertrag einbezogen sind, müssen deshalb noch nicht wirksam vereinbart sein. Sie können wegen Benachteiligung des Vertragspartners unwirksam sein. Die Grundregel der Unwirksamkeit enthält § 307 Abs. 1 und 2 BGB. Danach sind Bestimmungen in allgemeinen Geschäftsbedingungen unwirksam, wenn sie den Vertragspartner des Verwenders entgegen den Geboten von Treu und Glauben unangemessen benachteiligen. Der Fall der unangemessenen Benachteiligung liegt im Zweifel dann vor, wenn eine Bestimmung:

---

[13] Im Ergebnis wie hier: *Marly*, Praxishandbuch Softwarerecht, Rn. 1025 ff.
[14] AA *Hoeren*, IT-Vertragsrecht, Rn. 509.
[15] → Rn. 139.

II. Grundregeln bei der Verwendung von Standardklauseln 23–27 § 16

- mit wesentlichen Grundgedanken der gesetzlichen Regelung, von der abgewichen wird, nicht zu vereinbaren ist oder
- wesentliche Rechte oder Pflichten, die sich aus der Natur des Vertrages ergeben, so einschränkt, dass die Erreichung des Vertragszwecks gefährdet ist.

Diese beiden in § 307 Abs. 2 BGB enthaltenen **Grundprinzipien** sind Dreh- und Angelpunkt für die Wirksamkeitskontrolle von allgemeinen Geschäftsbedingungen. Sie finden in den folgenden Katalogen der §§ 308 und 309 BGB nur ihre – formell nur für Verbraucherverträge geltende – Konkretisierung. Die relativ allgemeinen Formulierungen lassen den entscheidenden Gerichten einen großen Spielraum, Klauseln, die sie für ungerecht halten, auch gleich für unwirksam zu erklären. Insbesondere der Bundesgerichtshof hat davon in einer Vielzahl von Fällen auch dann Gebrauch gemacht, wenn die Klauselkataloge der §§ 308 und 309 BGB entsprechende Regelungen nicht aufgreifen und zwar sogar dann, wenn für vergleichbare Regelungen gesetzliche Vorgaben gelten. Insbesondere bei Beschränkungen von Schadensersatzansprüchen hat er damit im Wege des Richterrechts erhebliche Einschränkungen gegenüber den Vorgaben des Gesetzgebers durchgesetzt. Darauf wird unten[16] zurückzukommen sein. 23

b) **Maßstab für die Klauselkontrolle.** Die oben bezeichneten Formulierungen greifen als Maßstab für die unangemessene Benachteiligung des Vertragspartners des Verwenders von allgemeinen Geschäftsbedingungen auf das Gesetz zurück. Gemeint ist immer das jeweils zum Zeitpunkt der Einbeziehung der allgemeinen Geschäftsbeziehung geltende Gesetz. 24

Der eben beschriebenen Grundsatz bedeutet für die Praxis: Wer Standardklauseln formuliert, muss sich an den heute geltenden Bestimmungen ausrichten. Grundregeln des heute geltenden Rechts können auch dann nicht abbedungen werden, wenn sie dem entsprechen, was dem früheren Rechtszustand entspricht. Dies hat der Bundesgerichtshof für Regeln aus dem alten Schuldrecht in den Jahren nach 2002 ausdrücklich ausgesprochen.[17] 25

Die Aussage des BGH ist im Ergebnis auch richtig. In aller Regel greifen solche Klauseln ja nicht das komplette geltende Rechtssystem der früheren Jahre auf, sondern nehmen einzelne Regeln des alten Systems und transportieren sie in das neue System. Dabei kann es sehr leicht zu Friktionen kommen, weil der jeweilige Klauselverwender bestrebt ist, die für ihn günstigen Regeln des alten Rechts in die allgemeinen Geschäftsbedingungen zu übernehmen, die für ihn ungünstigen aber nicht. Im Übrigen gilt: Wenn der Gesetzgeber das Recht geändert hat und dabei neue Grundprinzipien für die gerechte Wertung von bestehenden Vertragsverhältnissen aufgestellt hat, müssen diese Wertungen bei der Beurteilung der Wirksamkeit allgemeiner Geschäftsbedingungen auch berücksichtigt werden. 26

c) **Klauselverbote gem. §§ 308 und 309 BGB.** Unmittelbare Anwendung finden die eben beschriebenen Grundregeln der Inhaltskontrolle nur dann, wenn nicht einer der speziellen Verbotstatbestände der §§ 308 und 309 BGB („Klauselverbote") Anwendung findet. Diese beiden Paragraphen gelten nach dem Wortlaut des Gesetzes nur dann, wenn die allgemeinen Geschäftsbedingungen von einem Unternehmen gegenüber einem Verbraucher verwendet werden, also im Geschäft B2C. Sie gelten nicht unmittelbar, wenn die allgemeinen Geschäftsbedingungen gegenüber einem anderen Unternehmer, einer juristischen Person des öffentlichen Rechts oder einem öffentlich-rechtlichen Sondervermögen verwendet werden. Allerdings neigt die Rechtsprechung dazu, die Wertungen der Verbotskataloge der §§ 308 und 309 BGB als Ausdruck einer vom Gesetzgeber gesehenen Ungerechtigkeit und damit als zentrale Interpretationshilfe der im Unternehmensverkehr eigentlich ausschließlich geltenden allgemeinen Regeln zur Unwirksamkeit von allgemeinen Geschäftsbedingungen des § 307 Abs. 1 und 2 BGB zu verwenden. Der BGH sieht in der Aufnahme einer Klausel in einen der Verbotskataloge der §§ 308 und 309 BGB sogar ein Indiz dafür, dass sie auch im **Unternehmensverkehr** unwirksam ist.[18] 27

---

[16] → Rn. 101 ff.
[17] BGH Urt. v. 5.10.2005 – VIII ZR 16/05, NJW 2006, 47; s. auch *Redeker* CR 2006, 433.
[18] BGH Urt. v. 19.9.2007 – XIII ZR 141/06, NJW 2007, 3774; kritisch dazu *Müller/Griebe/Pfeil* BB 2009, 2658; *Kessel/Stomps* BB 2009, 2666.

28 Der Bundesgerichtshof und mit ihn viele andere Gerichte haben daher sehr viele der in den §§ 308 und 309 BGB genannten Klauselverbote auch auf den Unternehmensverkehr übertragen. Die Inhaltskontrolle von allgemeinen Geschäftsbedingungen erreicht damit in Deutschland einen sehr großen Umfang. Die Klauselverbote, die zwischen Unternehmen nicht gelten, sind gegenüber denen, die letztendlich auch gegenüber Unternehmen gelten, im Prinzip eher die Ausnahme. Dennoch muss man im Einzelfall bei der Anwendung der Klauselkataloge der §§ 308 und 309 BGB immer aufpassen, ob das jeweilige Klauselverbot nach den Entscheidungen des Bundesgerichtshofs auch bei einer Verwendung von allgemeinen Geschäftsbedingungen gegenüber Unternehmen, juristischen Personen des öffentlichen Rechts oder öffentlich-rechtlichen Sondervermögen Anwendung findet.

29 **d) Verbot der geltungserhaltenden Reduktion.** Ein ganz wichtiges Prinzip im Rahmen der Regelung über allgemeinen Geschäftsbedingungen ist das sog Verbot der geltungserhaltenden Reduktion. Verstößt nämlich eine Klausel gegen eine der Normen der §§ 307 ff. BGB, ist sie unwirksam. Sie gilt nicht etwa mit dem Regelungsgehalt, mit dem sie wirksam wäre. Diese Rechtsfolge entspricht der ständigen Rechtsprechung des Bundesgerichtshofs. Die Rechtsprechung will damit verhindern, dass Verwender allgemeiner Geschäftsbedingungen unwirksame Klauseln in der Absicht verwenden, jedenfalls zu einer Regelung zu kommen, die für den Kunden gerade so günstig ist, dass sie noch wirksam ist. Was wirksamer Inhalt der Klausel ist, entscheidet bei diesem Vorgehen die Rechtsprechung, wenn sich der Kunde wehrt. Wehrt er sich nicht, umso besser: Dann gilt praktisch die unwirksame Klausel. Risiken für den Verwender bestehen nicht. Gelte diese Rechtsfolge, wären Verwender, die versuchen, sich rechtstreu zu verhalten und wirksame Klauseln zu formulieren, gegenüber bewusst sich nicht rechtstreu verhaltenden Verwendern benachteiligt. Sie werden gelegentlich den Kunden mehr begünstigen (oder weniger benachteiligen) als sie müssen, um die Grenze der Wirksamkeit allgemeiner Geschäftsbedingungen einzuhalten. Demgegenüber würde der Verwender unwirksamer AGBs immer die Grenze genau einhalten. Dies darf nicht sein. Wer also unwirksame Klauseln verwendet, für den gilt die gesetzliche Regelung und nicht das, was er hätte wirksam vereinbaren können. Allerdings gilt das Verbot der geltungserhaltenden Reduktion nur für die betroffene Klausel. Sprachlich abtrennbare Regelungen bleiben wirksam, wenn sie inhaltlich ohne den unwirksamen Teil sinnvoll sind.

30 Allerdings macht der Bundesgerichtshof hier neuerdings Einschränkungen. Auch abtrennbare Klauseln bleiben nicht wirksam, wenn sie nach Ansicht des Bundesgerichtshofs mit der unwirksamen Klausel eine sachliche Einheit bilden.[19]

31 Diese Rechtsprechung betrifft aber – wie viele andere Urteile in diesem Bereich – Schönheitsreparaturklauseln im Mietrecht. Vermutlich lässt sich diese sehr spezielle Regelung, die mit dem speziellen Hintergrund von Schönheitsreparaturklauseln zu erklären ist, nicht auf andere Fälle übertragen. Die Formulierungen des Bundesgerichtshofs gehen allerdings in der Begründung weit über den konkreten Fall hinaus.

32 **e) Unwirksamkeit durch Zusammentreffen zweier an sich wirksamen Klauseln.** Auch aus der Rechtsprechung zu den Schönheitsreparaturen im Mietrecht ergibt sich eine andere, vom BGH aber auch immer wieder bestätigte Aussage: Auch eine an sich wirksame Klausel kann unwirksam werden, wenn sie zusammen mit einer anderen Regelung insgesamt zu sehr zugunsten des Verwenders wirkt. Dies kann im Einzelfall sogar dann gelten, wenn die zweite Regelung Teil einer individuellen Vereinbarung ist.[20]

33 Sogar die individuelle Vereinbarung kann unter Umständen unwirksam werden.
Auch diese Grundregel hat der BGH so allgemein formuliert, dass sie auch in einem anderen Zusammenhang als dem der Schönheitsreparaturen und Schlussrenovierungsklauseln im Mietrecht eine Rolle spielen kann.

34 **f) Kontrollfreie Klauseln.** Wie sich aus § 307 Abs. 3 S. 1 BGB ergibt, gibt es aber auch Klauseln, die keiner Inhaltskontrolle unterliegen.

---

[19] BGH Urt. v. 20.1.2010 – VIII ZR 50/09, WuM 2010, 142.
[20] BGH Urt. v. 5.4.2006 – XIII ZR 163/05, WuM 2006, 306.

Regelungen, die die Hauptleistung definieren oder den Preis beschreiben, unterliegen nicht den Regelungen zur Inhaltskontrolle der §§ 307 Abs. 1 und 2, 308 und 309 BGB (§ 307 Abs. 3 S. 1 BGB). Sie unterliegen jedoch der **Transparenzkontrolle**. Wann eine inhaltskontrollfreie Bestimmung der Hauptleistung vorliegt, ist im einzelnen schwer zu bestimmen, weil Klauseln, die die Hauptleistung nicht bestimmen, sondern modifizieren, wieder der Kontrolle unterliegen. Grundsatz ist, dass Regelungen, ohne die man die Leistung oder Gegenleistung nicht bestimmen kann, kontrollfrei sind. Demgegenüber unterliegen Regelungen, die man bei Wegfall durch das disponible Recht ersetzen kann, der Inhaltskontrolle. Insbesondere dann, wenn der Vertragsinhalt im Leistungsumfang ohne konkrete Beschreibung völlig unklar ist, wie dies zB bei Softwarepflegeverträgen oder bei vielen Internetdienstleistungen der Fall ist, sind die Grenzen sehr schwer zu bestimmen. Hier müssen Leistungsinhalte wie auch Leistungsgrenzen für eine Vielzahl von Fällen im Voraus formuliert werden. Ohne sie lässt sich letztendlich der Vertragsinhalt nicht bestimmen. Dies gilt zB für Verfügbarkeitsregeln oder den Umfang und die Dauer von Telefon-Hotlines. Wo hier die Grenzen der Inhaltskontrolle sind, ist von der Rechtsprechung nach wie vor nicht entschieden worden. Grob kann man sich wohl daran orientieren, dass alles, was in der Leistungsbeschreibung enthalten ist, die der Kunde vor Vertragsschluss liest und alles das, was diese Leistungsbeschreibung nur konkretisiert, kontrollfrei ist. Demgegenüber sind einschränkende Regelungen in allgemeinen Geschäftsbedingungen, die über eine Konkretisierung der Leistung hinausgehen, kontrollfähig.[21]

Ein simples Beispiel mag dies verdeutlichen: Besagt die Leistungsbeschreibung, dass der Dienst rund um die Uhr zur Verfügung steht und wird diese Regelung in den allgemeinen Geschäftsbedingungen dadurch ergänzt, dass für die Zeit zwischen 0.00 und 6.00 Uhr keine Garantie für die Dienstbereitschaft übernommen wird, unterliegt die zweite Regelung der Wirksamkeitskontrolle. Wird von vornherein dargelegt, dass der Dienst nur zu den in der Leistungsbeschreibung oder an anderer Stelle näher definierten Zeiten zur Verfügung steht und werden diese dann unmittelbar darauf etwa durch einen Link im Internet oder durch ein weiteres Blatt definiert, dürfte es sich um eine kontrollfreie Leistungsbeschreibung handeln. Wer mehr als einen zeitlich begrenzten Dienst will, wird bei einem anderen Anbieter nachsuchen wollen. Letztendlich wird bei den Inhalten der Leistungsbeschreibung eine Kontrolle durch die Rechtsprechung durch eine Marktkontrolle ersetzt.[22] Nur dort, wo Marktkontrolle möglich ist, liegt eine kontrollfreie Leistungsbeschreibung vor.

7. Individualvereinbarungen

Angesichts der zahlreichen Beschränkungen, denen die Standardklauseln in ihrer inhaltlichen Gestaltung unterliegen, stellt sich in der Praxis häufig die Frage, ob man diese Grenzen dadurch überwinden kann, dass hinsichtlich einzelner Klauseln oder gar hinsichtlich des gesamten Vertrags konkrete individuelle Vereinbarungen zwischen den Parteien getroffen werden. Prinzipiell ist es möglich, einzelne Teile allgemeiner Geschäftsbedingungen aus dem Geltungsbereich der §§ 305 ff. BGB herauszunehmen, wenn diese individuell ausgehandelt werden. § 305 Abs. 1 S. 3 BGB bestimmt, dass allgemeine Geschäftsbedingungen nicht vorliegen, soweit die Vertragsbedingungen zwischen den Vertragsparteien im Einzelnen ausgehandelt sind. Allerdings sind die Voraussetzungen, die der BGH an das Vorliegen dieser Ausnahmeregelung stellt, hoch. Aushandeln im Sinne von § 305 Abs. 1 S. 3 BGB bedeutet nach der Rechtsprechung mehr als verhandeln.[23] Wer eine Klausel in allgemeinen Geschäftsbedingungen durch entsprechende Verhandlungen zu einer individuellen Vereinbarung machen will, muss zunächst ernsthaft bereit sein, über den **Inhalt dieser Klauseln** zu verhandeln und sie **zur Disposition zu stellen**. Eine bloße Erläuterung der Klauseln reicht nicht. Schon gar nicht reicht es aus, sich vom Vertragspartner bestätigen zu lassen, dass die-

---

[21] LG Köln Urt. v. 30.10.2013 – 26 O 211/13, BeckRS 2013, 18602.
[22] *Braun*, Die Zulässigkeit von Service-Level-Agreements, S. 67 ff.
[23] BGH Urt. v. 10.10.1991 – VII ZR 289/90, NJW 1992, 1107; Urt. v. 19.5.2005 – III ZR 437/04, NJW 2005, 2543; zum Folgenden im Detail Wolf/Lindacher/*Pfeifer* § 305 Rn. 38 ff.; *Ulmer*/Brandner/Hensen § 305 Rn. 47 ff.

ser mit der Klausel einverstanden ist. Nur dann, wenn eine konkrete Klausel ernsthaft zur Disposition gestellt wird, kann aus einer Klausel eine individuell ausgehandelte Vereinbarung werden. Möglich ist natürlich auch, das gesamte Vertragswerk zur Disposition zu stellen. Wenn dann nach längeren Verhandlungen eine ganze Reihe von Klauseln geändert werden, einzelne Klauseln aber unverändert bleiben, kann auch dieses zu einem individuell ausgehandelten Gesamtvertrag führen. Das Gesamtergebnis muss nur ein gegenseitiges Geben und Nehmen erkennen lassen. Der gesamte Vorgang von Beginn der Verhandlungen bis zum Abschluss muss aber im Einzelfall vom Verwender bewiesen werden, so dass man dann, wenn man diesen Weg beschreiten will und einzelne Klauseln im Zuge der Vertragsverhandlungen unverändert geblieben sind, eine aufwändige Dokumentationsarbeit leisten muss.[24] Das Aufbewahren verschiedener Versionen des Vertragstexts, in denen Änderungen und deren Verfasser erkennbar sind, kann hier hilfreich sein.

37 Darüber hinaus gilt in einzelnen Fällen noch mehr: Wenn eine der Parteien deutlich **überlegenen Sachverstand** im Hinblick auf die Inhalte allgemeiner Geschäftsbedingungen aufweist, weil es sich zB um ein großes Unternehmen mit Rechtsabteilung handelt, während auf der Gegenseite ein Verbraucher oder auch nur ein kleines Unternehmen steht, muss der Vertragspartner über die Bedeutung der jeweiligen Klauseln aufgeklärt werden, damit es überhaupt zu einem Aushandeln kommen kann.[25]

38 Es ist also ein steiniger Weg, in Einzelfällen zu einer individuellen Abrede zu kommen und damit die Wirksamkeit von Vereinbarungen zu erreichen. Dies gelingt in aller Regel nur bei substantiellen Veränderungen an den Klauseln. Ein solcher Weg empfiehlt sich für die Praxis insbesondere bei Haftungsbegrenzungsklauseln. Diese sind in allgemeinen Geschäftsbedingungen – darauf wird unten noch einzugehen sein[26] – nur sehr begrenzt möglich. Insbesondere evtl. Höhenbegrenzungen bedürfen einer individuellen Vereinbarung. Sie lassen sich nämlich in allgemeinen Geschäftsbedingungen nicht vereinbaren.

III. Wesentliche praxisrelevante Standardklauseln in IT-Verträgen

1. Sachmängelregelungen

Ein zentraler Punkt in allen Standardklauseln sind Regelungen über die Rechtsfolgen von Sachmängeln. Hier sind die gesetzlichen Regelungen ausgesprochen kompliziert.

39 a) **Beispiele gesetzlicher Sachmängelregelungen.** Dies soll am Beispiel des Kaufvertrags erläutert werden. Gem. § 437 Nr. 1 BGB kann der Käufer bei mangelhafter Erfüllung Nacherfüllung verlangen. § 439 Abs. 1 BGB gibt ihm das Recht, nach seiner Wahl die Beseitigung des Mangels oder die Lieferung einer mangelfreien Sache zu fordern. § 439 Abs. 3 BGB sieht dann weiterhin vor, dass der Verkäufer die vom Käufer gewählte **Art der Nacherfüllung** verweigern kann, wenn sie nur mit unverhältnismäßigen Kosten möglich ist. Gilt dieser Einwand gegen beide Arten der Nacherfüllung, kann der Verkäufer auch beide Arten der Nacherfüllung rechtmäßig verweigern.

40 Daneben gelten aber auch die Regelungen der § 275 Abs. 2 und 3 BGB, nach denen der Schuldner die Leistung verweigern kann, soweit dies einen Aufwand erfordert, der unter Beachtung des Inhalts des Schuldverhältnisses und der Gebote von Treu und Glauben in einem **groben Missverhältnis** zu dem Leistungsinteresse des Gläubigers steht.

41 Er kann ferner die Leistung verweigern, wenn er sie persönlich zu erbringen hat und sie ihm unter Abwägung des seiner Leistung entgegenstehenden Hindernisses mit dem Leistungsinteresse des Gläubigers nicht zugemutet werden kann.

Beide Regeln des allgemeinen Teils des Schuldrechts gelten auch im Hinblick auf den Nacherfüllungsanspruch des Käufers im Falle einer mangelhaften Lieferung.[27]

---

[24] Dazu *Kessel/Jüttner* BB 2008, 1350.
[25] BGH Urt. v. 19.5.2005 – III ZR 437/04, NJW 2005, 2543.
[26] → Rn. 101 ff.
[27] Staudinger/*Matuschke-Beckmann* § 439 Rn. 38; zuletzt auch, BGH Urt. v. 31.7.2013 – VIII ZR 162/09, NJW 2013, 3647 (3653).

Ähnliche, allerdings im Details deutlich andere Sachmängelregelungen, gibt es im Werkvertragsrecht.

b) Übertragung der gesetzlichen Regelung in allgemeine Geschäftsbedingungen. Möchte 42 man die oben dargestellte gesetzliche Regelung in allgemeine Geschäftsbedingungen übertragen, dürfte eine Wiedergabe des Gesetzestextes so unklar sein, dass die allgemeine Geschäftsbedingung nach der Unklarheitenregelung des § 307 Abs. 1 S. 2 BGB unwirksam ist. Dies gilt nach der Rechtsprechung des BGH auch dann, wenn der Gesetzestext letztendlich wortwörtlich übernommen wird. Auch die Übernahme eines Gesetzestextes hindert den Bundesgerichtshof nicht daran, die Klausel für undurchsichtig zu halten.[28]

Dies gilt im Übrigen auch dann, wenn man statt des Gesetzestextes Formulierungen des Bundesgerichtshofs verwendet.

Übernimmt man also den Gesetzestext in allgemeine Geschäftsbedingungen, sind die all- 43 gemeinen Geschäftsbedingungen unwirksam. Dies ist bei einer unveränderten Übernahme des Gesetzestextes letztendlich unschädlich, weil die Regelung dann als gesetzliche und nicht als vertragliche Regelung gilt. Werden aber – was eigentlich sinnvoll wäre – kleinere **Modifikationen** zugunsten des Verwenders der allgemeinen Geschäftsbedingungen in die Formulierungen eingebaut, gelten auch diese nicht. Es gilt die unveränderte gesetzliche Regelung. Es macht also unter diesen Aspekten keinen Sinn, die gesetzliche Regelung zum Sachmängelgewährleistungsrecht in die allgemeinen Geschäftsbedingungen zu übernehmen und dabei kleinere Modifikationen zugunsten des Verwenders vorzunehmen. Will man kleinere Modifikationen vornehmen, muss man einen anderen Weg einschlagen.

Möglich wäre es natürlich, die Klauseln etwas zu vereinfachen. Dies führt aber in aller 44 Regel dazu, dass in manchen Teilen sich der Klauselverwender bei der Formulierung der allgemeinen Geschäftsbedingungen schlechter stellen muss als er dies nach der Gesetzeslage ist. So müsste er wohl auf die Aufnahme der sehr komplizierten Regelung des § 275 BGB verzichten. Dies erscheint auch nicht gerechtfertigt.

c) Ausschluss und Beschränkung der Gewährleistungsansprüche. Theoretisch vorstellbar 45 ist es natürlich, eine ganz einfache Klausel zu schreiben und als Klausel aufzunehmen, dass der Lieferant die Mängelrechte ganz oder teilweise ausschließt. Hier muss man aber auf inhaltliche Grenzen achten:

Ein **völliger Ausschluss** der Ansprüche aus einer mangelhaften Lieferung ist auch im un- 46 ternehmerischen Verkehr unzulässig (§ 309 Nr. 8b aa BGB). Dies gilt auch dann, wenn sich dieser Gewährleistungsausschluss nicht auf alle, sondern nur auf einzelne Mängel bezieht. Es ist auch nicht möglich, die Gewährleistung allein auf die Nacherfüllung zu beschränken; vielmehr muss dem Vertragspartner das Recht vorbehalten bleiben, nach fehlgeschlagener Nacherfüllung zu mindern oder nach seiner Wahl vom Vertrag zurückzutreten. Man kann also im Prinzip durch allgemeine Geschäftsbedingungen nur vorsehen, dass die Nacherfüllung Vorrang vor Minderung und Rücktritt hat. Dies ist aber seit 2002 auch Inhalt der gesetzlichen Regelung. Vorher sinnvolle Klauseln sind daher seit der Schuldrechtsreform sinnlos. Durch allgemeine Geschäftsbedingungen lässt sich auf Seiten des Lieferanten im Prinzip wenig gewinnen. Man kann damit im Ergebnis die komplexen Regelungen des BGB nur dadurch vereinfachen, dass man die Gegenrechte des Lieferanten, insbesondere das Recht, in bestimmten Fällen die Nacherfüllung ganz oder teilweise verweigern zu können, beschränkt. Eine solche Klausel ist – wie eben erwähnt – nicht sinnvoll.

Eine Ausnahme gilt für den Zwischenunternehmensverkehr: Dort ist es möglich, das 47 **Minderungsrecht** auszuschließen.[29]

Eine solche Klausel ist allerdings im Softwarelieferungsrecht meist nicht sehr sinnvoll. Sie führt ja dazu, dass der Kunde dann, wenn die Nacherfüllung fehlschlägt, nicht etwa den Kaufpreis mindert, sondern gleich ganz vom Vertrag zurücktritt. Dies mag für Zwischenhändler sinnvoll sein. Für Hersteller und für viele andere Lieferanten ist dies aber oft nicht sinnvoll, weil die Rückabwicklung des Kaufvertrags ökonomisch die schlechteste Lösung

---

[28] Nachweise bei *Redeker* CR 2006, 433 (436), Fußnote 17 ff.
[29] Wolf/Lindacher/Pfeiffer/*Dammann* § 309 Nr. 8b bb, Rn. 55.

ist, erhalten sie doch ein für sie relativ kostengünstig zu erstellendes Produkt gegen Rückzahlung des kompletten Kaufpreises zurück. Es ist daher in vielen Fällen von dem Minderungsausschluss in allgemeinen Geschäftsbedingungen abzuraten.

48 Geht es umgekehrt um Standardklauseln des Einkäufers, so kann dieser die Gewährleistungsrechte verkürzen. Es geht ja um seine Rechte. Er wird dies aber nicht tun wollen. Die komplexen Regelungen der Verweigerungsrechte des Lieferanten, die im Gesetz vorgesehen sind, kann der Einkäufer nicht ändern. Es geht bei diesen Verweigerungsrechten um Konkretisierungen des Gebots von Treu und Glauben. Jeder Ausschluss und jede ernsthafte Einschränkung dieser Verweigerungsrechte dürfte mit dem Grundgedanken der gesetzlichen Regelung und damit mit den Vorschriften des § 307 Abs. 2 BGB kollidieren.

49 Insgesamt ist daher eine Vereinfachung der gesetzlichen Regelung auf beiden Seiten nur möglich, wenn der jeweilige Verwender die gesetzliche Regelung zu seinen eigenen Lasten vereinfacht. Dies ist nicht zu empfehlen.

50 Insgesamt kann daraus der Ratschlag abgeleitet werden, in allgemeinen Geschäftsbedingungen umfassende Gewährleistungsklauseln nicht vorzusehen. Die heutige Situation ist deutlich anders als die manchen auch heute noch verwendeten allgemeinen Geschäftsbedingungen zugrundeliegende Situation vor 2002, in der es im Kaufvertragsrecht notwendig war, eine Nachbesserungsmöglichkeit aufzunehmen, damit diese überhaupt bestand.

Trotz dieses allgemeinen Ratschlags bleibt es dennoch sinnvoll, insbesondere auf Seiten des Lieferanten einzelne Klauseln vorzusehen.

51 **d) Einzelne softwarerelevante Klauseln.** *aa) Wahlrecht über die Art der Nacherfüllung.* An erster Stelle ist hier eine Regelung zu nennen, nach der das Wahlrecht über die Art der Nacherfüllung auch im Kaufrecht dem Verkäufer und nicht dem Käufer zusteht. Dies ist beim Verbrauchsgüterkauf nicht möglich, weil die zwingenden Regelungen des Gesetzes dem entgegenstehen (§ 475 BGB). Soweit allerdings kein Verbrauchsgüterkauf vorliegt, also insbesondere im **Unternehmensverkehr,** ist die Klausel aber nach herrschender Meinung sehr wohl möglich.[30]

52 Die Klausel ist insbesondere im Softwarevertragsrecht angemessen, weil die Art und Weise, wie eine mangelhafte Software mangelfrei gemacht werden kann, vom Verkäufer in aller Regel besser als vom Kunden beurteilt werden kann.

53 Letzte Zweifel an der Wirksamkeit einer solchen Klausel, die das Wahlrecht dem Verkäufer zuweist, kann man dadurch ausräumen, dass man umgekehrt dem Käufer das Recht zubilligt, eine ihm nicht zumutbare Art der Nacherfüllung, die der Verkäufer gewählt hat, abzulehnen.[31]

54 *bb) Verkürzung der Verjährung von Sachmängelansprüchen.* Eine zweite Regelungsmöglichkeit besteht darin, die Verjährung für Sachmängelansprüche auf 12 Monate zu verkürzen. Diese Klausel ist ebenfalls im Bereich des Verbrauchsgüterkaufs nicht möglich (§ 475 Abs. 2 BGB).

55 Darüber hinaus muss die Klausel so formuliert werden, dass sie im Bereich der Schadensersatzansprüche Ausnahmen zulässt. Nach der Rechtsprechung und Literatur ist nämlich eine Verkürzung der Verjährung von Schadensersatzansprüchen eine **Beschränkung des Schadensersatzanspruchs.**[32]

56 Eine solche Beschränkung von Schadensersatzansprüchen ist in vielen Fällen unwirksam. In einem Teil der Fälle, nämlich dort, wo die Beschränkung des Schadensersatzanspruchs im Prinzip möglich ist, ist die Verkürzung allerdings wirksam. Auf Einzelheiten wird sogleich[33] zurückzukommen sein. Man kann daher eine Verkürzung der Verjährung bei Schadensersatzansprüchen wegen Sachmängeln nur mit dieser Einschränkung formulieren.

57 Tut man dies nicht oder verkennt die Grenzen, ist die Verkürzung der Verjährungsfrist bei Schadensersatzansprüchen unwirksam. Dies führt bei einer Klausel, die sich auch auf Scha-

---

[30] *Zahl* DB 2002, 983; näher Schneider/von Westphalen/*Redeker,* Softwareerstellungsverträge, Kapitel D Rn. 364 ff.; skeptisch *Schneider,* Handbuch des EDV-Rechts, D Rn. 654 ff.
[31] So jedenfalls Redeker/*Stadler,* Handbuch der IT-Verträge, Abschnitt 1.3 Rn. 110.
[32] BGH Urt. v. 15.11.2006 – ZR 3/06, NJW 2007, 674.
[33] → Rn. 119 ff.

densersatzansprüche erstreckt, zu einer Unwirksamkeit der Klausel insgesamt, weil insoweit das Verbot der geltungserhaltenden Reduktion gilt. Damit wirkt die Verkürzung der Verjährung auch dort nicht, wo sie an sich wirksam vereinbart wäre. Von daher ist zunächst klarzustellen, dass für alle Ansprüche aus Mängeln außer den Schadensersatzansprüchen die Verjährungsfrist auf ein Jahr verkürzt werden kann. An diese Klausel sollte dann eine Klausel zu den Schadensersatzansprüchen anschließen.

Allerdings gilt eines: 58

Soweit hier kein Kaufrecht, sondern **Werkvertragsrecht** gilt und es um einen Vertrag über einen Gegenstand geht, der keine Sache darstellt, ist eine Verkürzung der Verjährung auf ein Jahr zum einen zweifelhaft und führt zum anderen nicht zu einer Lösung des Problems.

Man kann zwar auch dort die Ansicht vertreten, die Gewährleistungsfrist könne auf ein 59 Jahr verkürzt werden, weil dies in § 309 Abs. 8b ff. BGB ausdrücklich gestattet wird. Angesichts der an sich gegebenen gesetzlichen Verjährungsfrist von drei Jahren erscheint aber dies schon problematisch, weil die Frist von nur einem Jahr zu weit von der gesetzlichen Verjährungsfrist abweicht.

Die Verkürzung der Verjährungsfrist ändert darüber hinaus nichts daran, dass die Verjährungsfrist in diesen Fällen auch beim Mängeln erst mit dem Ende des Jahres beginnt, in dem 60 der Kunde von dem Mangel Kenntnis erhält (§ 199 Abs. 1 BGB iVm § 634a Abs. 1 Nr. 3 und Abs. 2 BGB). Die Verjährungsfrist kann nämlich nicht weiter verkürzt werden als auf ein Jahr ab Beginn der gesetzlichen Verjährung. Diese Verkürzungsmöglichkeit wird durch die Klausel ausgenutzt. Ändert man den Beginn der Verjährungsfrist, darf dies auch im Einzelfall nicht zur Folge haben, dass diese Frist unterschritten wird.[34] Dies verbietet in aller Regel, den Beginn der Verjährungsfrist vorzuverlegen.

Die Regelung des § 309 Nr. 8b ff. BGB ist zwar grundsätzlich nicht auf den **unternehme- 61 rischen Verkehr** übertragbar. Sie kann aber ausnahmsweise auch dort angewandt werden. Angesichts der Rechtsprechung des Bundesgerichtshofs zu Veränderungen von Verjährungsfristen in allgemeinen Geschäftsbedingungen dürfte auch dort aber eine Verkürzung etwa der kenntnisunabhängigen Verjährungsfrist von zehn Jahren gem. § 199 Abs. 4 BGB auf ein oder zwei Jahre unwirksam sein.

Eine entsprechende Verkürzung wird daher hier nicht vorgeschlagen.

cc) Mängelumgehung. Eine dritte, in Softwareverträgen häufig verwendete Klausel ist 62 softwarespezifischer.

Die Beseitigung von Mängeln in schon gelieferter Software ist oft ein sehr komplexes Problem. Der Aufwand kann in Einzelfällen extrem sein, zumal man bei Änderungen im Code auch andere Teile der Software auf unbeabsichtigte Folgen der Änderungen überprüfen muss. Es kann demgegenüber sein, dass es relativ einfach ist, den auftretenden Fehler durch eine etwas andere Nutzung des Programms so zu umgehen, dass die Software weiter durchaus zumutbar für den Kunden nutzbar bleibt. Man spricht von Fehlerumgehungsmöglichkeiten. Man kann die Meinung vertreten, eine solche Fehlerumgehung sei eine Nachbesserung durch Reparatur im Softwarebereich. Man sollte in allgemeinen Geschäftsbedingungen versuchen, dies entsprechend klarzustellen. Es bleibt allerdings offen, ob diese Rechtsauffassung auch von der Rechtsprechung anerkannt wird. Würde die Umgehung von Fehlern nicht als Nachbesserung gelten, wäre eine Klausel, die konstituiert, sie sei eine Nachbesserung, unwirksam, weil es sich um einen **Gewährleitungsausschluss** handelt.

Dennoch kann man eine solche Klausel probieren. Man muss allerdings selbstverständ- 63 lich in die Klausel aufnehmen, dass Fehlerumgehungsmöglichkeiten nur dann als Nachbesserung gelten können, wenn sie für den Vertragspartner zumutbar sind und die Software weiter im Wesentlichen uneingeschränkt nutzbar bleibt.

Eher wirksam ist eine andere Klauselvariation, nämlich die, die Fehlerumgehungsmög- 64 lichkeiten lediglich als Zwischenlösung anzuerkennen und zu erklären, dass eine Fehlerbeseitigung jedenfalls mit dem nächsten Update erfolgen wird. Man wird dann lediglich die Frist zur Nachbesserung bis zum Erscheinen des nächsten Updates verlängern.[35]

---

[34] Ulmer/Brandner/Hensen/*Christensen* § 309 Nr. 8 BGB Rn. 103 mwN.
[35] So jedenfalls Redeker/*Stadler*, Handbuch der IT-Verträge, Abschnitt 1.3 Rn. 114 ff.

65 Aber auch diese Lösung ist letztendlich nicht sicher, weil sie keine korrekte Frist festsetzt, sondern auf das Erscheinen des nächsten Updates abstellt. Dieses kann sehr schnell, kann allerdings auch erst nach Monaten kommen. Eine konkrete, allgemeine Lösung dürfte auch kaum möglich sein, weil die Frage, wie schnell ein Softwaremangel wirklich beseitigt werden kann, sehr einzelfallabhängig ist.

66 *dd) Handbücher und Dokumentationen.* In allen Klauseln über Sachmängelgewährleistungsrechte sollte im Übrigen klargestellt werden, dass eine Nachbesserung auch zum Gegenstand hat, dass die Handbücher und Dokumentationen ggf. angepasst werden. Es handelt sich dabei um eine Klarstellung des **Umfangs der Nachbesserungspflicht.** Diese Klausel ist insbesondere für Gewährleistungsklauseln auf Lieferantenseite sinnvoll.

67 Häufig wird klarstellend auch noch formuliert, dass die schon vorhandenen Daten des Kunden nach der Nachbesserung weiter verwendbar bleiben. Auch dies ist eine sinnvolle Klarstellung.

Ein Formulierungsvorschlag kann daher wie folgt lauten:

Formulierungsvorschlag:

68
1. Das Wahlrecht über die Art der Nacherfüllung steht dem Verkäufer zu.
2. Die Verjährung für Ansprüche aus Sachmängeln beträgt – außer im Fall von Schadensersatzansprüchen – 12 Monate. Schadensersatzansprüche aufgrund von Sachmängeln mit Ausnahme von Ansprüchen wegen vorsätzlichem oder grob fahrlässigem Verhalten sowie von Ansprüchen auf Grund von Schäden an Leben, Körper und Gesundheit verjähren ebenfalls in 12 Monaten. Ansprüche aus dem Produkthaftungsgesetz bleiben von dieser Regelung unberührt.
3. Ist der Auftragnehmer zur Mängelbeseitigung oder zur fehlerfreien Erneuerung nicht in der Lage, wird er dem Auftraggeber Fehlerumgehungsmöglichkeiten aufzeigen. Soweit diese dem Auftraggeber zumutbar sind, gelten sie als Nacherfüllung.
4. Soweit erforderlich wird bei einer Nachbesserung auch die Benutzerdokumentation angepasst.

69 Die vorstehende Formulierung ist für das Kaufrecht gewählt. Im Werkvertragsrecht sind die Positionen 2 bis 4 ebenfalls sinnvoll. Die erste Klausel ist überflüssig, weil dort das Wahlrecht schon von Gesetzes wegen dem Werkunternehmer zusteht.

70 *ee) Verweisung an den Hersteller.* Denkbar ist auch eine Klausel, die den Kunden darauf verweist, zunächst die Nachbesserung beim Softwarehersteller zu versuchen und erst dann auf den Lieferanten zurückzukommen. Diese Klausel kann auch dadurch ergänzt werden, dass die Ansprüche des Lieferanten gegenüber dem Hersteller an den Kunden abgetreten werden. Eine endgültige Verweisung des Kunden an den Hersteller kann allerdings durch solche allgemeinen Geschäftsbedingungen nicht erfolgen. Kann der Kunde beim Softwarehersteller keine Hilfe erlangen, muss der Lieferant wieder eintreten. Im **Zwischenunternehmensverkehr** ist es aber zulässig, vom Kunden zu verlangen, dass er den Softwarehersteller verklagt.

71 Darüber hinaus gibt es im Softwarerecht eine Besonderheit. Wenn der Kunde die Software oder das IT-System aus einer Hand erworben hat, es aber – wie häufiger bei komplexeren Leistungen mehrerer Vorlieferanten – der Lieferant zu einem einheitlichen Produkt zusammengestellt hat, kann der Kunde letztendlich nicht auf die Vorlieferanten verwiesen werden. Diese behaupten jeweils oft, nicht ihre Soft- oder Hardware, sondern die der anderen Vorlieferanten sei Ursache für den Mangel. Darüber hinaus können sie noch behaupten, die Mangelursache läge in der fehlerhaften Zusammenstellung des Produkts durch den Lieferanten des Kunden. So würde dann im Ergebnis dem Kunden die Notwendigkeit auferlegt, die Mangelursache zu erforschen. Dies muss er bei Inanspruchnahme seines Lieferanten nicht, weil dieser die Erfolgsverantwortung für jede einzelne Komponente und das erfolgreiche Zusammenwirken übernommen hat.

Eine Klausel, die auf Ansprüche gegen Vorlieferanten verweist, ist jedenfalls dann unwirksam, wenn sie im Einzelfall konkret diese Folgen hat.[36]

---

[36] BGH Urt. v. 17.4.2002 – VIII ZR 139/01, BB 2002, 1508.

2. Rechtsmängel

a) Aufnahme von Rechtsmängelgarantien. Rechtsmängel sind Sachmängeln in den rechtlichen Folgen gleichgestellt. Es gibt auch noch Klauseln, nach denen der Lieferant eine Garantie für das Nichtbestehen von Rechtsmängeln abgibt. Diese Klauseln haben in Softwareverträgen eine besondere Bedeutung, weil Software durch Urheberrecht und/oder andere gewerbliche Schutzrechte geschützt ist, hinsichtlich derer es keinen gutgläubigen Erwerb gibt. Es sind daher während der gesamten Nutzungsdauer einer Software Ansprüche Dritter gegenüber dem Softwarenutzer möglich, die dessen Softwarenutzung einschränken oder unterbinden. Eine solche Regelung entspricht der Rechtslage in der Zeit vor dem 1.1.2002 (§§ 440, 323 ff. BGB aF).

Es bleibt dem Lieferanten von Software natürlich unbenommen, in seinen eigenen allgemeinen Geschäftsbedingungen Garantien für das Fehlen von Rechtsmängeln aufzunehmen.[37] Empfehlenswert ist dies heute allenfalls in dem eher seltenen Fall **vollständig selbst hergestellter Software**, weil in einem solchen Fall diese Garantie ein Zusatzverkaufsargument ohne allzu großes zusätzliches Risiko ist. Es dürfte kaum ein praktischer Fall denkbar sein, in dem einen Lieferanten selbst hergestellter Software kein Verschulden trifft, wenn er diese ausliefert, obwohl Schutzrechte Dritter an der Software bestehen.

In Fällen, in denen die Software nicht ganz selbst entwickelt wird, sondern ganz oder teilweise Bibliotheksprogramme oder andere Arten von **Standardprogrammen** genutzt werden, wird man dies nicht so ohne weiteres und immer sagen können. In diesen häufigen Fällen ist von Garantieklauseln daher abzuraten.

Es gibt jedenfalls keinen vernünftigen Grund, solche Garantieklauseln in allgemeine Geschäftsbedingungen aufzunehmen.

Anders ist dies natürlich auf der Seite des Kunden. Käufer bzw. Auftraggeber möchten gerne solche Klauseln in ihre allgemeinen Einkaufsbedingungen aufnehmen. Ein beliebtes Argument ist es, dass diese Klauseln ja früher geltendem Recht entsprachen. Wie schon oben ausgeführt, ist dieses Argument aber nicht einschlägig. Es kommt auf die heutige Rechtslage an. Dass Rechtsmängelgarantien daher unzulässig sind, wenn sie von Einkäuferseite verwendet werden, ist vom BGH auch ausdrücklich entschieden worden.[38]

b) Verjährungsänderung. Grundsätzlich gilt für die Änderung der Verjährungsfristen bei Rechtsmängeln das gleiche wie bei Sachmängeln. Allerdings ist die Interessenlage eine andere. Wegen der auf Dauer bestehenden Unterlassungsansprüche Dritter gibt es ein massives Interesse, die Verjährungsfrist für Rechtsmängel in Einkaufs-AGB zu verlängern. Eine Verlängerung auf zehn Jahre ist aber auch insoweit unzulässig, weil sie zu weit von der gesetzlichen Regelung abweicht. Auch dies hat der Bundesgerichtshof ausdrücklich entschieden.[39]

Eine **Verlängerung der Verjährung** auf 36 Monate ist demgegenüber bei Rechtsmängeln (wie auch bei Sachmängeln) möglich.

Nicht entschieden ist die Frage, ob bei Rechtsmängeln in Einkaufs-AGB vorgesehen werden kann, dass die Verjährungsfrist erst mit Kenntnis des Mangels beginnt. Bei Sachmängeln wäre eine solche Klausel auf Einkäuferseite jedenfalls unzulässig. Bei Rechtsmängeln erscheint dies zweifelhaft. Auch bei einer noch so gründlichen Untersuchung lassen sich Rechtsmängel nicht erkennen. Umgekehrt bestehen Unterlassungsansprüche der Rechteinhaber praktisch über die gesamte Lebenszeit der Software, weil Urheberrechte erst 70 Jahre nach dem Tode des Urhebers erlöschen. Geht man von der gesetzlich normalen Verjährungszeit von zwei Jahren ab Ablieferung aus, kann es also sein, dass der Käufer von Standardsoftware Unterlassungsansprüchen auch noch nach vier bis fünf Jahren nach Lieferung unterliegt und dann keine Gewährleistungsansprüche mehr hat. Angesichts dieser Interessenlage scheint es angemessen, in solchen Fällen – jedenfalls im Zwischenunternehmensverkehr – bei Einkaufsbedingungen einen Verjährungsbeginn erst ab Kenntnis vorzusehen und dafür dann aber die Verjährungsfrist von zwei Jahren auf sechs Monate zu verkürzen. Ob

---

[37] MüKoBGB/*Wurmnest* § 309 Nr. 8b Rn. 32.
[38] BGH Urt. v. 5.10.2005 – VIII ZR 16/05, NJW 2006, 47.
[39] BGH Urt. v. 5.10.2005 – VIII ZR 16/05, NJW 2006, 47.

dies die Rechtsprechung freilich akzeptiert, bleibt offen. Es ist auch keinesfalls so, dass die kurze Verjährungsfrist bei Sachmängelgewährleistungsansprüchen nur damit zu tun hat, dass diese relativ leicht feststellbar sind. In der historischen Entwicklung, die an dieser Stelle nicht nachvollzogen werden kann, hat sich die Sachmängelgewährleistung aus einer Vielfalt von verschiedenen Quellen mit unterschiedlichen Hintergründen entwickelt. Grund für die kurze Verjährungsfrist war insbesondere die Tatsache, dass schnell **Klarheit über die Rechtsfolgen** des Kaufs erreicht werden sollte. Selbst Mängel, die man nicht auf den ersten Blick fand und die erst später gefunden wurden, unterlagen oft der Verjährung, und zwar nach altem Recht einer Verjährung nach sechs Monaten. Diese Rechtsfolge wurde zwar häufig als ungerecht empfunden und zB durch eine Verengung des Eigenschaftsbegriffs teilweise umgangen.[40] Dennoch lag und liegt der eben dargestellte Rechtsgedanke der gesetzlichen Regelung zur Verjährung bei Mangelansprüchen zu Grunde. Wenn nun der Gesetzgeber bewusst Sachmängel Rechtsmängeln gleichstellt, wird er diesen Rechtsgedanken möglicherweise auch auf Rechtsmängel übertragen. Dies würde gegen die Wirksamkeit einer Klausel sprechen, die eine Verlagerung des Anfangszeitpunkts für die Rechtsmängelansprüche auf den Zeitpunkt der Kenntnis des Erwerbs vorsieht. Diese Klausel widerspricht dem Grundgedanken der gesetzlichen Regelung, dem Wunsch nach rascher Klärung der Vertragsverhältnisse. Hier bleibt also ein noch völlig offenes Problem.

78 Das Problem würde sich nicht stellen, wenn Rechtsmängel der 30-jährigen Verjährung nach § 438 Abs. 1 Nr. 1a BGB unterlägen. Davon geht aber auch der BGH in der schon mehrfach zitierten Entscheidung[41] ersichtlich nicht aus.

Die Klausel muss noch eine Regelung dahingehend enthalten, dass die gesetzliche Verjährungsfrist allenfalls auf ein Jahr verkürzt wird. Eine mögliche Klausel für Kaufverträge könnte wie folgt lauten:

79 **Formulierungsvorschlag:**
Die Verjährung hinsichtlich von Rechtsmängeln beginnt zu dem Zeitpunkt, zu dem ein Dritter Ansprüche wegen Rechtsmängeln gegenüber dem Besteller geltend macht oder der Besteller sonst von dem Rechtsmangel erfährt. Die Verjährungsfrist beträgt sechs Monate, mindestens aber ein Jahr ab Ablieferung der Software.

80 c) **Anspruchserhebung durch Dritte gegenüber dem Kunden.** Eine für Rechtsmängel wichtige Klausel ist allerdings in Softwareverträgen üblich und dringend anzuraten. Machen Dritte dem Kunden gegenüber angeblich oder tatsächlich ihnen zustehende Rechte an der Software aus Patenten, Urheberrechten oder sonstigen gewerblichen Schutzrechten geltend, entsteht unabhängig davon, ob diese Ansprüche bestehen oder nicht und unabhängig von den vorstehend geschilderten Problemen, eine schwierige Situation. Der Kunde kann sachlich zu der Frage, ob die Ansprüche der Dritten berechtigt sind oder nicht, in aller Regel wenig sagen. Er kann diese nur anerkennen oder nicht anerkennen. Je nachdem, wie er handelt, wird er möglicherweise von dem Dritten verklagt oder macht selbst Rechtsmängelansprüche bei seinem Lieferanten geltend. Tut er das Letztere und mindert die Vergütung, klagt möglicherweise der Lieferant gegen ihn. Der Kunde muss dann entweder im Prozess gegenüber dem Lieferanten oder im Prozess gegenüber dem Dritten jeweils dem anderen (Lieferant oder Dritter) den Streit verkünden, um nicht zwei unterschiedliche Entscheidungen in diesen Prozessen zu riskieren. Der jeweils Streitverkündete mag dann im Prozess zu seiner Rechtsstellung vortragen.

81 Außerhalb der Prozesssituation ist der Kunde bei der Abwehr der Drittansprüche auf die Mithilfe des Lieferanten angewiesen. Welche rechtlichen Konsequenzen aus solcher Mithilfe entstehen, bleibt jedoch offen. Auch in diesem Fall kann es darauf hinauslaufen, dass ein

---

[40] Umfangreich dargestellt bei *Ph. Redeker*, Beschaffenheitsbegriff und Beschaffenheitsvereinbarung beim Kauf, S. 78 ff.
[41] BGH Urt. v. 5.10.2005 – VIII ZR 16/05, NJW 2006, 97.

Prozess mit Streitverkündung und den sich daraus ergebenden komplexen Folgen entsteht. Um diese Situation vertraglich etwas abzufangen, werden meist in allgemeinen Geschäftsbedingungen Mitwirkungsklauseln vereinbart. Diese sehen sachlich vor, dass der Lieferant dem Kunden in seiner Auseinandersetzung mit dem Dritten beisteht. Der Kunde muss ihn allerdings über diese Auseinandersetzung informieren. Die Entscheidung über den Rechtsstreit übernimmt der Lieferant. Dieser wird dann, wenn er nicht erfolgreich ist, gegenüber dem Kunden für den Rechtsmangel einstehen müssen.

Solche Klauseln sind im Prinzip auch in allgemeinen Geschäftsbedingungen möglich, dürfen allerdings nicht so formuliert werden, dass ein evtl. Vorgehen über Prozess und Streitverkündung nicht mehr möglich ist, weil ein Ausschluss dieses Handelns gem. § 307 Abs. 2 Nr. 2 BGB unwirksam sein dürfte.

Darüber hinaus sollten solche Klauseln keinesfalls eine Regelung enthalten, dass der Lieferant über die Prozessbevollmächtigten des Kunden bestimmt. Weder dem Kunden noch dem Prozessbevollmächtigten ist ein solches Wahlrecht zuzumuten, gibt es doch objektive Interessenunterschiede zwischen dem Kunden und dem Lieferanten. Sich das Recht zu solch konfliktträchtigem Vorgehen in allgemeinen Geschäftsbedingungen auszubedingen, ist nicht möglich.

Die Klauseln müssen allerdings eine weitere Einschränkung enthalten. Sollen sie nicht eine Garantieklausel werden, müssten sie die Einschränkung enthalten, dass dann, wenn der Dritte erfolgreich ist, Ansprüche des Kunden auf Nachbesserung oder Schadensersatz nur bestehen, wenn der Anspruch des Dritten geltend gemacht wurde, bevor die Verjährungsfrist für Rechtsmängel noch nicht abgelaufen war.

Unter Berücksichtigung dieser Einschränkung kann man folgenden Klauselvorschlag machen:

Formulierungsvorschlag:
Macht ein Dritter wegen der von dem Lieferanten gelieferten Software dem Kunden gegenüber Ansprüche aus Patenten, Urheberrechten oder sonstigen gewerblichen Schutzrechten geltend, übernimmt der Lieferant auf seine Kosten die Vertretung des Kunden in jedem gegen diesen geführten Rechtsstreit und stellt den Kunden hinsichtlich derartiger Ansprüche frei.
Dies gilt allerdings nur dann, wenn der Kunde den Lieferanten über entsprechende Anspruchsschreiben Dritter und Einzelheiten etwaiger Rechtsstreite unverzüglich in Kenntnis setzt und dem Lieferanten sämtliche Entscheidungen hinsichtlich der weiteren Verwendung der vom Dritten angegriffenen Software, der Rechtsverteidigung sowie eines Vergleichsabschlusses überlässt und nur dann, wenn der Lieferant von solchen Ansprüchen unterrichtet wird, bevor Rechtsmängelansprüche verjährt sind.

d) **Folgen der Mängel.** Es ist in der Softwarebranche üblich, bei Rechtsmängeln eine Klausel vorzusehen, die vorgibt, was der Lieferant tun muss, um dem im Prinzip gegebenen Nachlieferungsanspruch des Kunden nachzukommen. In aller Regel wird es viele verschiedene Möglichkeiten geben.

Dazu gehört namentlich der Erwerb der Rechte von Dritten und die Veränderung der Software dahingehend, dass diese die gleiche Funktionalität erfüllt wie vorher, die Rechte des Dritten aber nicht mehr verletzt sind. Dies kann durch Updates, aber auch durch Neulieferung einer Version erfolgen.

Fraglich ist es allerdings, ob man – wie teilweise vorgeschlagen[42] – auch die Lieferung einer anderen Software mit gleicher Funktionalität vorsehen kann. Diese könnte unter Umständen keine Nachlieferung mehr darstellen. Sieht man dies so, behält sich der Lieferant das Recht vor, statt einer geschuldeten Nachlieferung den Vertragsgegenstand auszutauschen. Eine solche Regelung ist in allgemeinen Geschäftsbedingungen unwirksam. Sieht man dies anders, stellen Klauseln dieser Art lediglich Klarstellungen dar. Sie ändern am Umfang

---
[42] Redeker/*Stadler*, Handbuch der IT-Verträge, Abschnitt 1.3 Rn. 112 f.

der dem Kunden gesetzten zustehenden Rechte nichts, machen aber deutlich, welchen Inhalt solche Rechte im Softwarebereich haben können. Sie sind daher wirksam.

3. Schadensersatzansprüche

89 Lieferanten, ganz besonders auch Softwarelieferanten, möchten die im deutschen Recht umfangreiche Schadensersatzhaftung für die gelieferte Software begrenzen. In der Praxis findet man hier häufig Klauseln, die etwa den Ersatz von Vermögensschäden oder indirekten Schäden ausschließen. Darüber hinaus ist es üblich, die Haftung der Höhe nach zB auf das gezahlte Entgelt oder ein Vielfaches dieses Entgelts zu begrenzen. All diese Klauseln sind – dies sei vorweggenommen – als allgemeine Geschäftsbedingungen unwirksam. Dies gilt auch für die entsprechende Klausel unter Ziffer 12 der GPL. Auch die GPL stellt allgemeine Geschäftsbedingungen dar, die – soweit deutsches Recht gilt – einer Prüfung nach §§ 305 ff. BGB unterliegen.

90 Das Ergebnis befriedigt die Lieferanten wenig. Es gibt allerdings im deutschen Recht kaum eine Möglichkeit, Schadensersatzansprüche in allgemeinen Geschäftsbedingungen wirksam zu begrenzen. Allenfalls ist eine Verjährungsverkürzungsklausel in gewissem Umfang möglich.

91 **a) Gesetzliche Grenzen für Schadensbegrenzungsklauseln.** Die oben genannte Konsequenz erschließt sich bei einer bloßen Lektüre des Gesetzes nicht. Nach dem Gesetz sind Klauseln unwirksam, die den Schadensersatz für den Fall des Vorsatzes oder der grob fahrlässigen Haftung ausschließen oder begrenzen (§ 309 Nr. 7b BGB). Das gleiche gilt für Schadensersatzansprüche für die Verletzung von Leben, Körper und Gesundheit. Darüber hinaus können Ansprüche nach dem Produkthaftungsgesetz nicht gekürzt werden (§ 14 S. 1 Produkthaftungsgesetz). Liest man diese Regeln, so wäre eine Begrenzung oder gar der Ausschluss der Haftung für einfache Fahrlässigkeit – außer bei der Verletzung von Leben, Körper und Gesundheit – jederzeit möglich, jedenfalls so lange das in Deutschland nicht sonderlich wichtige Produkthaftungsgesetz nicht eingreift. In den meisten Fällen der Lieferung von Software zwischen Unternehmen spielen alle diese Ansprüche keine Rolle, sodass eine Haftungsbegrenzung auf den ersten Blick leicht fällt.

92 **b) Kardinalpflichten.** Im Gesetz nicht enthalten ist die zentrale Unwirksamkeitsbestimmung, die außerhalb des Gesetzes von der Rechtsprechung in Anwendung des § 307 Abs. 2 BGB entwickelt worden ist. Diese Regelung ist vom Gesetzgeber im Rahmen der Schuldrechtsreform nicht in das Gesetz übernommen worden, obwohl sie schon damals ständige Rechtsprechung war. Der Gesetzgeber hat diese von der Rechtsprechung entwickelte Unwirksamkeit aber auch nicht etwa begrenzt oder ausgeschlossen.

93 Sachlich geht es darum, dass nach der ständigen Rechtsprechung des Bundesgerichtshofs Klauseln unwirksam sind, die die Haftung für wesentliche Vertragspflichten (Kardinalpflichten) im Bereich der Fahrlässigkeit ausschließen oder so begrenzen, dass der Ersatz des bei Vertragsschluss[43] vorhersehbaren vertragstypischen Schadens nicht möglich ist.[44]

94 Unter solchen Kardinalpflichten versteht die Rechtsprechung Pflichten, deren Erfüllung die ordnungsgemäße Durchführung des Vertrags überhaupt erst ermöglichen, deren Verletzung die Erreichung des Vertragszwecks gefährdet und auf deren Einhaltung der Kunde regelmäßig vertraut. Welche konkreten Pflichten darunter fallen, ist für Softwareverträge noch nie entschieden worden. Die Pflicht zu einer den Regeln der Kunst entsprechenden Herstellung des Programms und die im Zusammenhang damit stehenden Pflichten zur Abwehr von aus dem Programm entstehenden Schäden beim das Programm einsetzenden Kunden dürften aber auf jeden Fall zu diesen Pflichten zählen. Für die Verletzung solcher Pflichten kann man die Haftung damit in allgemeinen Geschäftsbedingungen weder ausschließen noch in einer Weise begrenzen, bei der auch der Schadensersatzanspruch für vertragstypische und/oder vorhersehbare Schäden begrenzt ist. Auch eine Haftungshöchstsumme kann nur so

---

[43] Zu diesem Zeitpunkt BGH Urt. v. 18.7.2012 – VIII ZR 337/11, NJW 2013, 291.
[44] Grundlegend BGH Urt. v. 23.2.1984 – VII ZR 274/82, NJW 1985, 3016; seither st. Rspr.; Ulmer/Brandner/Hensen/*Christensen* § 309 Nr. 7 Rn. 33.

III. Wesentliche praxisrelevante Standardklauseln in IT-Verträgen

gewählt werden, dass sie jeden Fall umfasst, der vertragstypisch und vorhersehbar ist. Zu solchen Schäden gehören bei der Lieferung von Software immer Vermögensschäden und mittelbare Schäden. Sie sind bei den meisten Softwareprodukten vorhersehbar und vertragstypisch. Gerade solche Schäden sollen aber, weil sie dem Umfang nach kaum vorhersehbar und wohl auch teilweise nicht versicherbar sind, nach den Vorstellungen vieler Klauselverwender ausgeschlossen werden. Der BGH hat solchen Versuchen rigoros und konsequent seit vielen Jahren einen Riegel vorgeschoben. Ausschließen kann man nur die Haftung für die fahrlässige Verletzung von Pflichten, die keine Kardinalpflichten darstellen und die Schadensersatzhaftung für nicht vertragstypische oder nicht vorhersehbare Schäden. Es geht also dabei nur um den Ausschluss ungewöhnlicher Risiken.

c) **Versicherbarkeit von Risiken.** In der Literatur wird noch die Wirksamkeit von Klauseln diskutiert, in der die Versicherbarkeit von Risiken für die Haftungsbegrenzung eine Rolle spielt. Zwei Regelungen sind denkbar: Zum einen kann eine Haftungsbegrenzung möglich sein, wenn das Schadensrisiko beim Kunden durch eine Sachversicherung gedeckt werden kann und der Abschluss einer solchen Sachversicherung weit verbreitet ist.[45]

Zum anderen kann die Haftung dahingehend begrenzt werden, dass anstelle der Zahlung durch den Lieferanten die Abtretung von Versicherungsansprüchen tritt. Eine solche Klausel kann aber Wirksamkeit nur dann entfalten, wenn sie die vertragstypischen Schäden mit abdeckt. Darüber hinaus muss der Klauselverwender subsidiär haften, wenn die Versicherung Einwendungen aus dem Versicherungsverhältnis geltend macht.[46]

Die Wirksamkeit beider Klauseln wird aber von Rechtsprechung und Literatur nur selten angenommen. Weitergehende Ausschlüsse etwa dahingehend, dass der Klauselverwender nur für versicherbare Risiken haftet, werden nicht akzeptiert. Nur im Hinblick auf atypische Schäden wird die Auffassung vertreten, dass eine Schadensbegrenzung möglich sei, wenn dadurch verhindert wird, dass ein besonders hohes Schadensrisiko über den Warenpreis letztlich von allen Kunden getragen wird.[47]

Ob diese gut begründete Einschränkung freilich von der Rechtsprechung außer in seltenen Extremfällen akzeptiert wird, erscheint fraglich. Sie widerspricht der dort vertretenen Tendenz, auch hohe Schadensrisiken Einzelner nicht diesen anzulasten, sondern insbesondere über Versicherungslösungen die dafür entstehenden Kosten breit zu streuen.

d) **Ausschluss der Haftung für andere Pflichten.** Die Haftung kann man über die erörterten Klauseln hinaus nur für leichte Fahrlässigkeit bei Pflichten ausschließen, die keine Kardinalpflichten sind. Dies betrifft zB die Pflicht, nicht aus Versehen Glastüren des Kunden bei der Lieferung von Soft- oder Hardware zu beschädigen u. ä. mehr. Solche weniger zentralen Pflichten dürften schon nicht mehr darin bestehen, bei der Installation von Software keine Datenschäden anzurichten. Vielmehr dürften auch diese Pflichten wieder Kardinalpflichten sein.

Es sind damit insgesamt nur Haftungsbegrenzungsklauseln wirksam, die die Haftung aber praktisch nur sehr begrenzt einschränken. Schon deswegen empfehlen sich dringend individuelle Vereinbarungen zB durch Vereinbarung von Haftungshöchstgrenzen. Solche individuellen Vereinbarungen sind rechtlich zulässig und in vielen Fällen möglich, insbesondere dann, wenn die Begrenzung beidseitig gilt.

e) **Verbot des Worts der Kardinalpflichten.** Bei der Formulierung allgemeiner Geschäftsbedingungen ist ferner darauf zu achten, dass in der Klausel das Wort „Kardinalpflichten" nicht verwendet werden darf. Nach Ansicht des BGH ist dieser Begriff für Nichtjuristen unverständlich und verstößt daher gegen das Transparenzgebot.[48]

Es ist praktisch auch nicht möglich, einzelne Kardinalpflichten aufzuzählen, um eine vernünftige, verständliche Klausel zu erreichen. Die Aufzählung ist zwar vielleicht verständlich, aber in aller Regel nicht vollständig. Formuliert man sie aber so, dass die Haftung begrenzt wird mit der Ausnahme der Haftung für die Verletzung von Kardinalpflichten, nennt in der

---

[45] Für die Wirksamkeit solcher Klauseln: Ulmer/Brandner/Hensen/*Christensen* § 309 Nr. 7 Rn. 39 aE; Wolf/Lindacher/Pfeiffer/*Dammann* § 309 Nr. 7 Rn. 104.
[46] Ulmer/Brandner/Hensen/*Christensen* § 309 Nr. 7 Rn. 39 aE.
[47] Ulmer/Brandner/Hensen/*Christensen* § 309 Nr. 7 Rn. 35.
[48] BGH Urt. v. 20.7.2005 – VIII ZR 121/04, NJW 2006, 46.

Folge einzelne Kardinalpflichten, erwähnt aber manche Pflichten nicht, die der BGH für Kardinalpflichten hält, ist die Klausel wieder insgesamt unwirksam, weil die Haftungsbegrenzung zu weit geht.

103 Darüber hinaus hält die obergerichtliche Rechtsprechung teilweise auch die Verwendung des Begriffs **„wesentliche Vertragspflichten"** für eine Verletzung des Transparenzgebots und entsprechende Klauseln daher für unwirksam.[49]

104 Der BGH hat als Ausweg vorgeschlagen, sich im Text der allgemeinen Geschäftsbedingungen auf seine Definition der Kardinalpflichten zu beziehen. Es unterliegt zwar erheblichen Zweifel, ob dies für den Laien verständlicher ist als die Verwendung des Begriffs „Kardinalpflichten", ist dem Laien doch in aller Regel bekannt, dass Kardinäle sehr wichtige Persönlichkeiten sind. Der BGH hat aber diesen Weg ausdrücklich als eine mögliche Formulierung dargestellt.[50]

105 f) **Datenverlust.** Stellt sich nach dem Vorstehenden die Frage, welche Haftungsbegrenzungen überhaupt wirksam formuliert werden können, gibt es jedoch eine Haftungsbeschränkung, die in allgemeinen Geschäftsbedingungen möglich und in solchen für Softwareverträge äußerst sinnvoll ist. Diese beschäftigt sich mit dem Fall, dass Daten durch den Softwarelieferanten bzw. sein Produkt zerstört werden und daher wiederhergestellt werden müssen. Die Wiederherstellung dieser Daten ist dann besonders aufwendig, wenn sie nicht regelmäßig gesichert worden sind. Hier hat es die Rechtsprechung schon ohne Klausel als Obliegenheit des Kunden angesehen, für eine **regelmäßige Datensicherung** zu sorgen. Tut der Kunde dies nicht, wird die Haftung bei evtl. schuldhafter Handlung des Lieferanten, die zum Datenverlust führt, schon nach § 254 BGB begrenzt.

106 Um Klarheit zu gewinnen, sollte diese Rechtsfolge auch in allgemeinen Geschäftsbedingungen aufgenommen werden. Es ist eine Klausel zu empfehlen, die den Schadensersatzanspruch der Höhe nach begrenzt, und zwar auf den Schaden, der auch bei regelmäßiger Datensicherung eingetreten wäre. Gebräuchlich sind auch Klauseln, die Schadensersatzansprüche nur gewähren, wenn die Datensicherung regelmäßig durchgeführt worden ist. Diese Klauseln sind unzulässig, weil sie die Haftung bei fehlender regelmäßiger Datensicherung nicht nur der Höhe nach begrenzen, sondern sogar ausschließen. Sie gehen damit über die Grenzen des § 254 BGB hinaus und stellen einen unzulässigen Haftungsausschluss dar.

107 g) **Verkürzung der Verjährung.** Auch die Verkürzung der Verjährung für Schadensersatzansprüche stellt eine **Begrenzung der Schadensersatzansprüche** dar. Soweit solche Begrenzungen von Gesetz wegen für unzulässig erklärt wurden, also im Falle des Vorsatzes, der groben Fahrlässigkeit sowie der Verletzung von Köper, Leben und Gesundheit und für die Fälle des Produkthaftungsgesetzes, kann daher auch eine Verkürzung der Verjährung in allgemeinen Geschäftsbedingungen nicht vorgesehen werden.

108 Anders ist dies bei Kardinalpflichten. Wie oben ausgeführt, kann die Haftung für Kardinalpflichten zwar nicht ausgeschlossen, aber begrenzt werden. Eine Verkürzung der Verjährung stellt eine solche Begrenzung dar. Diese Begrenzung schließt die Haftung für vorhersehbare vertragstypische Schäden auch nicht aus, sondern begrenzt ihre Geltendmachung nur zeitlich. Damit dürfte sie den Kriterien des BGH für die Wirksamkeit von Klauseln genügen. Eine Verkürzung der Verjährung ist daher bei der leicht fahrlässigen Verletzung von Kardinalpflichten zulässig, soweit sie dem Geschädigten genügend Zeit zur Geltendmachung der Ansprüche lässt.[51]

109 Auf welche Zeit die Verjährung verkürzt werden kann, ist allerdings offen. Eine Verkürzung der Verjährungsfrist auf ein Jahr dürfte im Rahmen von Schadensersatzansprüchen wegen Rechts- oder Sachmängeln zulässig sein, weil dies vom Gesetz in § 309 Nr. 8b ff. BGB auch für Verbraucherverträge ausdrücklich für zulässig erklärt worden ist. Eine Verkürzung auf diese Frist dürfte jedenfalls in **Verbraucherverträgen** allgemein für Schadensersatzansprüche nicht wirksam sein, verkürzt sie doch die gesetzliche Verjährungsfrist von

---

[49] OLG Celle Urt. v. 30.1.2008 – 11 U 78/08, BB 2009, 129.
[50] BGH Urt. v. 20.7.2005 – VIII ZR 121/04, NJW 2006, 46.
[51] So auch Redeker/*Stadler*, Handbuch der IT-Verträge, Abschnitt 1.3 Rn. 133; Ulmer/Brandner/Hensen/ *Christensen* Anh. § 310 Rn. 886.

mindestens drei Jahren auf ein Drittel. Im Unternehmensverkehr kann auch eine solche Verkürzung zulässig sein.[52]

Zu beachten ist auch hier, dass nur der Lauf der Verjährung verkürzt, nicht jedoch der Beginn der Verjährung verändert wird. Eine Veränderung des Verjährungsbeginns, insbesondere des Wegfalls der kenntnisabhängigen Verjährungsfrist, dürfte nur selten möglich sein. Außerhalb des Mängelrechts dürfte die gesetzliche Regelverjährung eingreifen, die bekanntlich kenntnisabhängig ist. Eine Verkürzung der kenntnisunabhängigen Verjährungsfrist von zehn Jahren auf ein oder zwei Jahre dürfte hier nicht zulässig sein.[53]

4. Nutzungsrechte

a) **Grundsatzfragen.** Ein zentraler Teil von Softwareverträgen sind Regelungen über die Einräumung von Nutzungsrechten. Zwar ergibt sich aus § 69d Abs. 1 UrhG in aller Regel, dass ein berechtigter Inhaber eines Softwareexemplars jedenfalls ein einfaches Nutzungsrecht an dieser Software erwirbt. Welchen Umfang dieses Nutzungsrecht hat, ist im Einzelfall aber äußerst unklar. Zur Klarstellung sollten deshalb entsprechende Nutzungsrechte detaillierter geregelt werden.

Dabei werden in der Praxis sehr unterschiedliche Nutzungsrechte an der Software eingeräumt.

Bei handelsüblicher PC-Software kann es zB um **Einzelplatzlizenzen** oder um **Netzwerklizenzen** gehen. Bei größeren Rechneranlagen mit verschiedenen Lizenzen wird zB auf die Größe der eingesetzten Hardware, den Umfang einer Datenbanknutzung oder die Zahl der mit der Software durchgeführten Transaktionen abgestellt. Der Preis der Software kann sich auch nach der Anzahl der zur Software benutzten Arbeitsplätze richten und zwar sowohl danach, wie viele Arbeitsplätze gleichzeitig benutzt werden können, als auch danach, welche Zahlen von Arbeitsplätzen insgesamt mit der Software arbeiten. Gelegentlich wird auch über Konzernlizenzen u. ä. verhandelt. Insbesondere bei Verträgen über die Erstellung von Individualsoftware werden dem Kunden auch sämtliche Rechte an der Software als ausschließliches Recht übertragen.

Wie schon dieser kurze Abriss darstellt, gibt es eine große Vielfalt möglicher Regelungen. Diese lässt sich in allgemeinen Geschäftsbedingungen nur relativ schwer abbilden. Denkbar sind freilich Formulierungen für einzelne Softwarepakete, die verschiedene, im Einzelfall konkret auszuwählende Nutzungsalternativen und zwar sowohl der Nutzungsart als auch der Nutzungsgröße vorsehen. Generell kann man darüber hinaus Klauseln vorsehen, die hilfsweise für den Fall, dass nichts Konkretes vereinbart wird, vorsehen, dass ein **einfaches Nutzungsrecht** eingeräumt wird. Ferner muss das Recht eingeräumt werden, Sicherungskopien zu ziehen. Man kann auch ausdrücklich klarstellen, dass mehr als die eingeräumten Rechte nicht eingeräumt werden.

Darüber hinaus ist es sicher sinnvoll, Vorsorge für den Fall zu treffen, dass durch Verschmelzung einzelner Unternehmen mit größeren Unternehmen der Umfang der Softwarenutzung nicht unkontrolliert deutlich vergrößert wird. Sobald eine solche Regelung nicht an die Art der Nutzungseinräumung (etwa wegen der Zahl der Arbeitsplätze) anknüpft, sind solche Klauseln aber nur schwer zu formulieren.

Soweit Hersteller nur wenige Softwarepakete vertreiben, ist es natürlich einfacher, solche Klauseln vorzusehen, als dies bei Unternehmen möglich ist, die zahlreiche unterschiedliche Softwarepakete vertreiben. Wer nur eine größere Datenbanksoftware vertreibt und dabei etwa die Lizenzpreise vom Umfang des jeweils verwalteten Datenvolumens abhängig macht, kann klare Formulierungen in allgemeinen Geschäftsbedingungen für diese Datenbanksoftware treffen. Wer aber als Händler gleichzeitig eine Datenbanksoftware und ein übliches Büroarbeitssystem vertreibt, bei dem die Lizenzpreise von der Anzahl der eingerichteten Arbeitsplätze abhängt, muss schon zwei verschiedene Lizenzklauseln verwenden.

Darüber hinaus stellt sich noch ein weiteres Problem: Wer als Händler tätig wird, kann immer nur die Lizenzen einräumen, die die Softwarelieferanten ihm gestatten. Er kann daher

---

[52] Ulmer/Brandner/Hensen/*Christensen* Bes. Klauseln Teil 3 (12) Rn. 4.
[53] → Rn. 69; zum Ganzen auch Ulmer/Brandner/Hensen/*Christensen* Bes. Klauseln Teil 13 (12).

normalerweise in seinen Klauseln nur mit Mühe Nutzungsrechtseinräumungen formulieren. Er kann lediglich vorsehen, dass durch ihn Software nur mit dem Lizenzumfang vertrieben wird, der sich aus den jeweiligen Lizenzbedingungen der Hersteller ergibt. Diese **Herstellerlizenzbedingungen** kann er in diesem Teil natürlich auch in seine eigenen allgemeinen Geschäftsbedingungen aufnehmen. Dies geschieht in der Praxis auch. Vernünftigerweise wird er aber – vor allem, wenn er Software mehrerer Hersteller vertreibt – eine generelle Klausel vorsehen, die lediglich den entsprechenden Verweis auf die in den Lizenzbedingungen der Hersteller eingeräumten Rechte enthält und die Herstellerbedingungen ergänzend beifügen. Diese werden zwar nicht Vertragsbestandteil, weil es keinen Vertrag zwischen dem Hersteller und dem Kunden des Händlers gibt, sie bestimmen aber dennoch den Umfang der eingeräumten Rechte, weil ja schließlich der Hersteller bestimmt, welche Rechte eingeräumt werden. Der Händler kann dem Kunden nicht mehr Rechte verschaffen als der Hersteller ihm eingeräumt hat. Auch deswegen ist der Verweis auf die Herstellerbedingungen wichtig. Es gibt dann keinen Unterschied zwischen der Verpflichtung des Lieferanten gegenüber seinem Kunden und demjenigen, was tatsächlich eingeräumt wird.[54]

117 Verwendet man solche Klauseln, muss man auch nicht weiter differenzieren, ob die Herstellerbedingungen nun übliche Bedingungen proprietärer Software oder irgendwelche Open-Source-Bedingungen sind.
Es handelt sich in beiden Fällen um Herstellerbedingungen. Genau diese dort eingeräumten Rechte werden dem Kunden eingeräumt.

118 b) **Einzelne weitere Bedingungen.** Wer in Standardklauseln bestimmte Nutzungen einräumt und darüber hinausgehende Nutzungen verbietet, muss allerdings für Spezialfälle Regelungen treffen, um nicht zu unwirksamen Bedingungen zu kommen.

119 So ist es zB notwendig, Regelungen einzuführen, die es den Kunden erlauben, ggf. die Nachbesserung durchzuführen und die ferner die Dekompilierung im Umfang der Regelung des § 69e Urhebergesetz gestatten. Wer dies nicht beachtet, läuft Gefahr, eine unwirksame Klausel zu verwenden.[55]

120 Man kann bei den **Nachbesserungsklauseln** vorsehen, dass der Kunde die Software erst zur Durchführung von Nachbesserungen verändern kann, wenn er dem Lieferanten Gelegenheit zur Nachbesserung gegeben hat. Ganz ausschließen kann man das Änderungsrecht an dieser Stelle nicht.

121 In der **Dekompilierungsklausel** ist es sicher sinnvoll und notwendig vorzusehen, dass der Lieferant auf Anforderung die Schnittstelleninformationen liefert, die der Kunde wünscht und die Dekompilierung nur gestattet wird, wenn dieser Wunsch nicht erfüllt wird. Dadurch wird klargestellt, unter welchen Voraussetzungen das Recht zur Dekompilierung ausgeübt werden kann.

122 In beiden Fällen dürfte es auch keine praktischen Probleme geben. Wenn der Kunde wirklich nur Schnittstelleninformationen erhalten oder eine Nachbesserung haben will, ist es sicher einfacher, den Hersteller aufzufordern, die Nachbesserung durchzuführen oder die Schnittstelleninformation zu erhalten, als Dritte zu beauftragen oder gar selbst die Nachbesserung durchzuführen oder die Software zu dekompilieren.

123 Ferner muss in der Klausel das Recht eingeräumt werden, die Kopien zu fertigen, die im Rahmen der üblichen Datensicherungsmaßnahmen üblicherweise hergestellt werden. Da im Rahmen der Schadensminderungspflicht dem Nutzer Datensicherungsmaßnahmen vorgeschrieben werden, muss ihm urheberrechtlich die Erlaubnis gegeben werden, die Datensicherung durchzuführen.

124 Unwirksam sind Klauseln, die die Weitergabe einer Software und damit die Übertragung der Nutzungsrechte bei Aufgabe der eigenen Nutzung verbieten, wenn die Software gegen Einmalzahlung auf Dauer erworben wird. Diese Klausel verstößt gegen den Erschöpfungsgrundsatz und gegen das gesetzliche Leitbild des Kaufes.[56] Demgegenüber ist die Aufspal-

---

[54] → Rn. 16 ff.
[55] Sogar für den Individualvertrag, BGH Urt. v. 24.2.2000 – I ZR 141/97, CR 2006, 656.
[56] LG Hamburg Urt. v. 25.10.2013 – 315 O 449/12, NJW-RR 2014, 1072; so schon *Bartsch* CR 1987, 8 (9); umfangreiche Nachweise *Redeker* IT-Recht Rn. 78 f.

III. Wesentliche praxisrelevante Standardklauseln in IT-Verträgen

tung einer Client-Server-Lizenz in der Weise, dass nur ein Teil der Nutzungsrechte an Dritte weitergegeben wird, schon deswegen unwirksam, weil dabei die eigentliche zentrale Server-Lizenz nicht aufgespalten wird.[57] Anders dürfte dies bei der Aufspaltung einer Volumenlizenz sein: Eine Volumenlizenz ist nur eine Sammlung gebündelt verkaufter Einzellizenzen, eine Aufspaltung entspricht daher dem Grundgedanken des Kaufrechts.[58] Im Mietvertrag ist ein **Weitergabeverbot** dagegen zulässig; es entspricht der gesetzlichen Regelung des § 540 Abs. 1 S. 1 BGB.

In Herstellerkreisen sind ferner Klauseln beliebt, nach denen dem Kunden bei **Verstößen gegen die Nutzungsrechte** nachträglich die eingeräumten Rechte wieder entzogen werden können. Hintergrund sind vage Vorstellungen über Lizenzverträge. Diese Klauseln verstoßen aber im deutschen Recht gegen das gesetzliche Leitbild bei Kauf- und Werkverträgen. Danach werden die übertragenen Rechte endgültig übertragen, und zwar gegen Zahlung einer Einmalvergütung. Damit verträgt sich ein Kündigungsrecht nicht. Es besteht bei gravierenden Vertragsverstößen zwar ein Rücktrittsrecht nach § 324 BGB. Der Rücktritt hat aber zur Folge, dass die gezahlte Vergütung zurückgezahlt werden muss. Der Vertrag wird rückwirkend aufgehoben. Der Softwareerwerber muss nur eine der Nutzungsdauer entsprechende Nutzungsentschädigung zahlen. Gerade diese Rechtsfolge schließt die Kündigungsklausel aus. Sie verstößt daher gegen die Grundgedanken der gesetzlichen Regelung und ist gemäß § 307 Abs. 2 Nr. 1 BGB unwirksam.[59]

Da der Bundesgerichtshof in ständiger Rechtsprechung den Erwerb von Standardsoftware dem Kaufrecht unterwirft, sind diese Klauseln unwirksam gem. § 307 Abs. 2 Nr. 1 BGB. Zulässig sind dagegen Klauseln, die in diesen Fällen zusätzliche Lizenzgebühren verlangen und ggf. auch eine angemessene Vertragsstrafe vorsehen. Dies alles gilt auch, wenn diese Klauseln in Lizenzklauseln von Herstellern verwendet werden, die die Software über Vertragshändler vertreiben.

In Verträgen, die dem Mietrecht unterliegen, sind diese Klauseln demgegenüber möglich. Ein Mietvertrag kann wegen erheblicher Vertragsverstöße der Gegenseite außerordentlich fristlos gekündigt werden (§ 543 Abs. 1 BGB). Solche Klauseln können als **Kündigungsklauseln** interpretiert werden.

Wird freilich in der Klausel vorgesehen, dass die Softwarefirma nach der Kündigung die Miete für die Software weiter erhalten soll, ist die Klausel unwirksam. Man kann nicht gleichzeitig das Mietobjekt entziehen und weiterhin Miete verlangen. Möglich wäre es freilich, einen Schadensersatzanspruch dahingehend zu formulieren, dass die Miete weiter zu zahlen ist, bis der Kunde zum ersten Mal den Mietvertrag hätte beenden können oder die Zeit des Mietvertrags abgelaufen ist. Es muss in einem solchen Fall wegen der Vorschrift des § 307 Nr. 5b BGB dem Gegner der Nachweis offen bleiben, dass ein niedrigerer Schaden entstanden ist. Im Verbraucherverkehr muss auf diese Rechtsfolge sogar ausdrücklich hingewiesen werden. Die Voraussetzungen des § 307 Nr. 5a BGB, nach dem der hier dargelegte pauschalierte Schadensersatz dem gewöhnlichen Lauf der Dinge entspricht, dürfte vorliegen, da die Rückgabe der Software letztendlich dem jeweiligen Händler rein praktisch nicht die Möglichkeit gibt, weitere Softwareexemplare zu vermieten. Dies wäre auch ohne Rückgabe leicht möglich. Es muss allerdings der Vermieter das Kündigungsrecht haben, nicht etwa der Hersteller der Software, wenn dieser nicht gleichzeitig Vermieter ist.

Auf Kundenseite wird zunehmend der Versuch unternommen, in Standardklauseln vorzusehen, dass die jeweiligen Nutzungsrechte **unwiderruflich** übertragen werden. Dies ist unproblematisch, wenn es um den Kauf von Standardsoftware und die Lieferung von erstellter Individualsoftware geht. In diesen wie in anderen Austauschbeziehungen, bei denen ein einmaliger Preis für den endgültigen Erwerb der Rechte gezahlt wird, handelt es sich letztendlich bei dieser Klausel nur um eine Klarstellung dessen, was dem Vertragszweck entspricht.

---

[57] OLG Karlsruhe Urt. v. 27.7.2011 – 6 U 18/10, JurPC Web-Dok. 129/2011.
[58] Ebenso im Hinblick auf den Erschöpfungsgrundsatz: OLG Frankfurt Urt. v. 18.12.2012 – 11 U 68/11, CR 2013, 148; BGH Urt. v. 11.12.2014 – I ZR 8/13, MMR 205, 53.
[59] Näher *Redeker* ITRB 2013, 165.

Soweit Mietrecht eingreift, sind solche Klauseln unwirksam. Sie widersprechen dem Grundgedanken des Mietrechts.

Ein Formulierungsvorschlag für einen Teil der o. g. Probleme stellt sich wie folgt dar:

> **Formulierungsvorschlag:**
>
> 130 Weitergehende Rechte, insbesondere zur Vervielfältigung der Software über das für die vertragsgemäße Nutzung notwendige Maß hinaus, werden nicht eingeräumt. Es besteht auch kein Änderungsrecht an der Software, es sei denn, die Änderung ist erforderlich, um Mängel zu beseitigen. Dieses Änderungsrecht greift nur ein, wenn zuvor der Lieferant die Nacherfüllung abgelehnt hat, die Nachlieferung trotz Fristsetzung nicht erfolgt oder sie fehlgeschlagen ist. Außerdem sind die Anfertigung einer Sicherungskopie der Software und die Vervielfältigung der Software im Rahmen der üblichen und der vom Softwarehersteller vorgeschlagenen Datensicherung zur Sicherung des bestimmungsgemäßen Betriebs der Software und des vom Kunden betriebenen DV-Systems erlaubt.
>
> Die Dekompilierung der Software im Rahmen des § 69e UrhG bleibt ebenfalls gestattet. Hierfür werden jedoch auf Wunsch des Kunden jederzeit die notwendigen Schnittstelleninformationen kurzfristig zur Verfügung gestellt.

131 **c) Softwarelizenzaudit.** In den Klauselwerken größerer Softwarehersteller wird häufig eine Klausel verwendet, nach der die Hersteller sich die Möglichkeit einräumen lassen, dass sie oder von ihnen beauftragte Personen Zugang zu der jeweils vom Kunden eingesetzten Software mit dem Zweck erhalten, zu überprüfen, ob die eingesetzte Software des Herstellers den bei dem Kunden eingeräumten Lizenzen entspricht. Die Klausel soll die Kunden verpflichten, ein solches Audit zu dulden bzw. zu unterstützen.

132 Dabei soll der Zugang voraussetzungslos und ohne Verdachtsmomente eingeräumt werden und kann – je nach Klausel – auch von Personen ausgeübt werden, die gegenüber dem Hersteller keinesfalls zur Verschwiegenheit verpflichtet sind.

Sinn dieser Klausel ist es, auch ohne irgendeinen Anlass die Vorlage von Unterlagen und die Besichtigung der eingesetzten IT und der verwendeten Software verlangen zu können.

133 Mit dieser Voraussetzungslosigkeit weicht die Klausel von gesetzlichen Regelungen ab. § 101a UrhG gibt eine Besichtigungsmöglichkeit. Diese gesetzliche Bestimmung setzt aber voraus, dass eine hinreichende Wahrscheinlichkeit einer Urheberrechtsverletzung vorliegt (§ 101a Abs. 1 S. 1 UrhG). Diese Voraussetzung ist bei den von den Hersteller verwendeten Audit-Klauseln gerade nicht enthalten. Die Klausel soll ja gerade eine anlassunabhängige Überprüfung der Lizenzsituation und der Einsatzsituation der Software bei den Kunden der Hersteller ermöglichen. Gegen diese Klauseln bestehen freilich unter AGB-rechtlichen Gesichtspunkten erhebliche rechtliche Bedenken. Sie dürften in der eben beschriebenen Form mit § 307 Abs. 2 Nr. 1 BGB nicht vereinbar und daher unwirksam sein.

134 Zunächst weichen diese Klauseln von der grundsätzlichen Wertung des Gesetzes ab, nach der eine Vorlage und Besichtigung nur bei begründetem Verdacht auf eine Urheberrechtsverletzung zulässig ist. Der BGH verlangt darüber hinaus konkret noch, dass die Besichtigung dazu dienen soll, letzte Zweifel an dem Anspruch auszuschließen. Alle anderen Voraussetzungen des Anspruchs müssen also gegeben sein.[60] Darüber hinaus wird nur die Besichtigung durch einen zur Verschwiegenheit auch gegenüber seinem Auftraggeber verpflichteten Sachverständigen zugelassen.

135 Darüber hinaus erlauben die Klauseln einen Zugriff auf Software in Unternehmen. Der Einsatz der Software und ihre Umgebungsbedingungen stellen aber oft **Betriebsgeheimnisse** der Unternehmen dar, die bei einer Besichtigung dem Lizenzgeber offenbar werden. Diese Offenbarung der Betriebsgeheimnisse erfolgt ohne Anlass und ohne weitere Abwägung. Darüber hinaus – und dies ist noch gravierender – ist es auch denkbar, dass bei der Überprüfung der Lizenzen, insbesondere bei der Prüfung, welche Software sich tatsächlich im

---

[60] BGH Urt. v. 2.5.2002 – I ZR 45/01, CR 2002, 791 mit Anmerkung *Grützmacher* (noch zu § 809 BGB).

III. Wesentliche praxisrelevante Standardklauseln in IT-Verträgen

Einsatz befindet, personenbezogene Daten von Arbeitnehmern, Kunden oder Lieferanten des jeweils betroffenen Unternehmens dem Softwarehersteller oder den mit der Besichtigung beauftragten Personen offenbar werden. Geschieht dies, so handelt es sich insoweit um eine Übermittlung von Daten (§ 3 Abs. 4 Nr. 3 BDSG). Dabei reicht es schon aus, dass die Dritten, nämlich das Softwareunternehmen oder die von ihm beauftragten Personen, nur Einsicht in die Daten nehmen (§ 3 Abs. 4 Nr. 3 Buchst. b BDSG). Eine **Datenspeicherung** bei ihm ist nicht erforderlich. Eine solche Übermittlung ist nach den einschlägigen Vorschriften der §§ 28 bzw. 32 BDSG unzulässig. Sie wäre nur zulässig, wenn sie entweder der Abwicklung des Beschäftigungsverhältnisses oder der Begründung, Durchführung oder Beendigung eines rechtsgeschäftlichen oder rechtsgeschäftsähnlichen Schuldverhältnisses mit dem Betroffenen dienen würde. Beides ist aber offenkundig nicht der Fall, da die Datenübermittlung an das lizenzgebende Softwareunternehmen nur der Abwicklung des Vertrags mit diesem Unternehmen dient, nicht jedoch der Abwicklung des Vertrags mit dem Kunden oder der Abwicklung des Beschäftigungsverhältnisses. Eine unbegrenzte Lizenzprüfung ohne Einschränkung ist daher nicht nur dem jeweils betroffenen Unternehmen auf Kundenseite schwer zumutbar, sie ist vielmehr gegenüber Dritten schlichtweg rechtswidrig. Ein solches Recht kann in allgemeinen Geschäftsbedingungen nicht vereinbart werden. Sie verstößt gegen die Grundregel der gesetzlichen Wertung und ist daher unwirksam.

Es ist daher festzuhalten, dass unbegrenzte Auditklauseln ohne Datenschutzklauseln unwirksam sind.

In der juristischen Literatur wird darüber hinaus auch die Auffassung vertreten, solche Klauseln seien sogar grundsätzlich wegen der eben genannten Gefährdung und wegen der Abweichung zu § 101 UrhG unwirksam.[61]

Ob man so weit gehen kann, erscheint freilich zweifelhaft. Rechtsprechung dazu gibt es noch nicht. Der Literatur ist zwar darin zuzustimmen, dass eine anlassunabhängige Lizenzüberprüfung von den Grundregeln des § 101a UrhG abweicht. Ob eine solche Abweichung allerdings so gravierend ist, dass sie zu einer Unwirksamkeit gem. § 307 Abs. 2 Nr. 1 BGB führt, erscheint jedoch zweifelhaft. Eine solche Besichtigung kann durchaus im beiderseitigen Interesse liegen, weil auch das Unternehmen auf Kundenseite an einer ordnungsgemäßen Lizenzsituation Interesse hat und die jeweiligen Lizenzaudits durchaus auch Streit beilegen können. Schließlich geht es nur um die Aufdeckung von – möglicherweise auch nur fahrlässig vorkommenden – Rechtsverletzungen. Man wird daher eine solche Klausel im Verkehr zwischen Unternehmen zulassen können.[62]

Allerdings muss eine solche Klausel eine Reihe von **Beschränkungen** enthalten, um als allgemeine Geschäftsbedingung wirksam zu sein.

Zum einen darf die Einsicht nur ein vom Lieferanten beauftragter, diesem gegenüber aber nicht weisungsabhängiger Sachverständiger nehmen. Dieser darf seinem Auftraggeber keinerlei Auskünfte geben, wenn er keine Verstöße gegen Lizenzbedingungen feststellt. Selbst wenn er solche Verstöße feststellt, darf er nur Informationen herausgeben, die zur Durchsetzung der Lizenzverletzungsansprüche erforderlich sind. Darüber hinaus darf eine Prüfung nur soweit durchgeführt werden, als dabei dem Prüfenden keine personenbezogenen Daten Dritter übermittelt werden.

Zuletzt muss die Prüfung vorher angekündigt werden. Dies schließt – entgegen *Marly*[63] – ihre Wirksamkeit keinesfalls immer aus, weil es nicht grundsätzlich um vorsätzliche Verstöße geht.

Als Klausel kann folgendes vorgeschlagen werden:

> **Formulierungsvorschlag:**
> Der Lizenzgeber ist berechtigt, die Übereinstimmung der tatsächlichen Nutzung der von ihm gelieferten Software beim Kunden überprüfen zu lassen. Die Überprüfung darf nur durch einen auch

---

[61] *Hoeren* CR 2009, 409 ff.; ebenso *Marly*, Praxishandbuch Softwarerecht, Rn. 1760 ff.
[62] So *Bierekoven* ITRB 2008, 84 (88); Redeker/*Stadler*, Handbuch der IT-Verträge, Abschnitt 1.3 Rn. 100 ff.
[63] *Marly*, Praxishandbuch Software, Rn. 1761; wie hier *Bierekoven* ITBR 2008, 84 (87).

> gegenüber dem Lizenzgeber zur Verschwiegenheit verpflichteten, diesem gegenüber weisungsunabhängigen Sachverständigen erfolgen, der Informationen nur dann und soweit an den Lizenzgeber herausgeben darf, als dass Lizenzverstöße vorliegen und soweit diese zur Durchsetzung von Lizenzverstößen erforderlich sind. Insbesondere ist der Sachverständige dann, wenn die Lizenzverstöße eingeräumt und entsprechende Schadensersatzansprüche befriedigt sind, nicht berechtigt, überhaupt Informationen herauszugeben. Die Prüfung muss mit einer Frist von 2 Wochen schriftlich angekündigt werden.
> Bei der Besichtigung und Durchführung der Überprüfung ist dafür Sorge zu tragen, dass dem Sachverständigen bei seiner Prüfung keine personenbezogenen Daten Dritter übermittelt oder sonst wie bekannt werden. Ist dies nicht sicherzustellen, scheidet ein Überprüfungsrecht aus. Im Übrigen ist der Kunde verpflichtet, dem Sachverständigen die zur Durchführung der Prüfung notwendigen Auskünfte zu erteilen.

Anzumerken bleibt, dass die Einschränkungen zum Datenschutz auch bei individuell ausgehandelten Verträgen zwingend erforderlich sind.

141 Üblich sind außerdem auch Klauseln, die die Kunden zur Auskunft über die tatsächliche Nutzung (Selbstauditierung) verpflichten oder die den Einsatz von Kontrollsoftware verlangen, die unter der Kontrolle des Kunden eingesetzt werden und nur statistische Informationen über die Zahl eingesetzter Lizenzen an den Lieferanten liefern. Solche Klauseln sind wirksam.

142 **d) Klauseln zur Hinterlegung der Software.** Eine weitere wichtige Klausel, die Nutzungsrechte betrifft, betrifft den Fall der Hinterlegung von Software. Mit dieser Klausel müssen für den Hinterlegungsfall aufschiebend bedingte Vervielfältigungs-, Änderungs- und Nutzungsrechte auf den Kunden übertragen werden, die ihm eine Pflege und Weiterentwicklung der Software nach Herausgabe des Quellcodes überhaupt erst ermöglichen. Solche Vereinbarungen sind auch als allgemeine Geschäftsbedingungen des Kunden weder überraschend noch unwirksam, wenn sie sich darauf beschränken, in den Fällen, in denen eine Herausgabe des Quellcodes an den Kunden vorgesehen ist, ihm die für ihn zwingend notwendigen Rechte zu übertragen. Einzelheiten sind in diesem Handbuch an anderer Stelle dargestellt.[64]

5. Organisationsregeln

143 **a) Standardorganisation.** Bei größeren Softwareprojekten arbeiten zahlreiche Beteiligte mit. Ihre Zusammenarbeit bedarf der Organisation. Dies gilt auch und gerade für das Verhältnis zwischen Lieferant und Kunden. Ohne Mitwirkung des Kunden lässt sich ein größeres Softwareprojekt nicht durchführen. Insbesondere müssen Informationen ausgetauscht und Weisungen eingeholt werden. In vielen Projekten müssen auch die internen Strukturen des Kunden an die vom Lieferanten zu liefernde Software angepasst werden. Auch im Verhältnis zwischen den Parteien müssen daher Regeln über die Projektorganisation vereinbart werden.

144 In vielen größeren Projekten müssen solche Organisationsregelungen projektbezogen speziell individuell ausgehandelt werden. Allerdings ist es so, dass viele Softwareanbieter regelmäßig eine ganze Reihe von größeren und kleineren Projekten durchführen. Solche Softwareanbieter sind dazu gezwungen, in den verschiedenen Projekten immer wieder die gleichen Organisationsstrukturen und Verfahrensabläufe zu verwenden, weil sonst eine rationale Handhabung der Projekte nicht möglich ist. Immerhin müssen ihre Softwareentwickler für die jeweilige Art der Projektdurchführung auch geschult werden. Bei solchen Softwareentwicklern ist es sinnvoll, auch in ihren allgemeinen Geschäftsbedingungen Standardorganisationsregelungen und Standardverfahrensabläufe rechtlich vorzusehen, die die Durchführung eines Softwareprojekts im Normalfall regeln. Deswegen sind Organisationsregeln wichtige Standardklauseln in Softwareverträgen.

---

[64] → § 10.

Aus Sicht des Rechts der allgemeinen Geschäftsbedingungen besteht hier relativ viel Freiheit. Die Organisationsregeln müssen nur zweckmäßig und einigermaßen interessengerecht sein. Zu empfehlen ist, festzulegen, dass auf beiden Seiten jeweils ein Ansprechpartner verantwortlich ist. Ferner ist ein Eskalationsverfahren zu regeln, das Entscheidungen trifft, wenn sich die beiden im Alltagsbetrieb Verantwortlichen nicht einigen können. Üblicherweise werden auch **Berichtspflichten** vorgesehen, bei denen man nur darauf achten sollte, dass nicht mehr Berichte als Projektergebnisse erzeugt werden.

Wünschenswert wäre eine Vereinbarung dahingehend, dass während des Projektverlaufs getroffene Verabredungen nur wirksam sind, wenn sie schriftlich geschlossen werden. Nur so kann sichergestellt werden, dass der Umfang des Projekts zu jeder Zeit genau dokumentiert ist. Ob dabei E-Mail als Schriftform zählt oder nicht, muss im Einzelfall entschieden werden. Allerdings macht die Wahrung der Schriftform auch klar, dass eine verantwortliche Entscheidung getroffen wird und verhindert einen zulässigen Umgang mit Änderungen. Dies würde die Einbeziehung von E-Mails möglicherweise ausschließen.

Eine solche **Schriftformklausel** lässt sich jedoch nach der Rechtsprechung des BGH in allgemeinen Geschäftsbedingungen nicht wirksam vereinbaren.[65]

Zwar lassen sich Schriftformklauseln in allgemeinen Geschäftsbedingungen treffen, wenn ihnen aber der Inhalt entnommen werden kann, dass mündliche Vereinbarungen ausgeschlossen werden sollen, sollen sie nicht gelten.[66]

Der eigentliche Sinn von Schriftformvereinbarungen wird daher nach der Rechtsprechung des BGH nicht erreichbar sein. Einzelne Obergerichte sind freilich großzügiger und halten Klauseln, die auch für in der mündlichen Vereinbarung liegende Abbedingung des Schriftformerfordernisses die Schriftform verlangen, für wirksam.[67] Man sollte aber die Meinung des BGH zu Grunde legen.

Man kann daher nur Regelungen des Inhalts treffen, dass getroffene Verabredungen jedenfalls schriftlich festgehalten werden sollen. Geschieht dies nicht, bleiben die getroffenen Vereinbarungen dennoch wirksam – eine mögliche Quelle unablässigen Ärgers in schwierigen Projekten.

Zur Vorbeugung – darauf sei an dieser Stelle nur hingewiesen – sollten allerdings innerhalb der eigenen Organisation arbeitsrechtliche Weisungen erteilt werden, dass Änderungsvereinbarungen nur schriftlich getroffen werden. Dies hat zwar für die Wirksamkeit im Verhältnis zwischen Lieferant und Kunden keine Bedeutung, kann aber eine heilsame Wirkung in der Praxis haben.

Bei den Organisationsklauseln sollte ferner darauf geachtet werden, dass nicht durch solche Klauseln die Grundstruktur des Vertrags gefährdet wird.

Wenn ein Werkvertrag geschlossen wird, sollte in solchen Organisationsklauseln eine Gleichstellung der Vertragspartner bei Entscheidungen über den Fortgang des Projekts vermieden werden. Es müsste klargestellt werden, dass der Kunde in solchen Fällen zwar für seine Beistellungsleistung verantwortlich ist, die Projektverantwortung aber beim Auftraggeber liegt.

Gegenteilige Klauseln dürften in Lieferanten-AGBs unwirksam sein, weil sie mit den Grundwertungen des Werkvertragsrechts nicht vereinbar sind (§ 307 Abs. 2 Nr. 1 BGB). Sind sie in den AGB des Kunden enthalten, sind sie demgegenüber wirksam, für den Kunden allerdings ausgesprochen unzweckmäßig, weil sie möglicherweise seine Mitverantwortung höher werten als er dies möchte.

Je nach Ausgestaltung der Klauseln könnte diese Klausel einen Werkvertrag zu einem Dienstvertrag, ggf. sogar zu einem Gesellschaftsvertrag machen.

Der hier vorgeschlagene Formulierungsvorschlag versucht, all diese Konsequenzen zu vermeiden, indem er die Verantwortung explizit beim Auftragnehmer bzw. dessen Projektleiter belässt.

---

[65] BGH Urt. v. 21.9.2005 – XII ZR 312/02, MDR 2006, 508.
[66] BGH Urt. v. 12.1.2000 – VIII ZR 155/99, MDR 2001, 144.
[67] OLG Frankfurt Urt. v. 18.3.2013 – 2 U 179/12, BeckRS 2013, 08268.

Formulierungsvorschlag:

154 Jede der Vertragsparteien benennt für die Dauer des Projekts einen Projektleiter. Die auf beiden Seiten gemäß den vertraglichen Regelungen notwendigen Maßnahmen zur Realisierung des Projektes werden zwischen den Projektleitern abgestimmt. Die Verantwortung für Projektrealisierung hat jedoch der Projektleiter des Auftragnehmers. Die jeweiligen Projektleiter sind binnen einer Frist von ...... nach Vertragsschluss dem jeweiligen Vertragspartner gegenüber schriftlich zu benennen. Die Projektleiter überprüfen mindestens .... gemeinsam den Projektfortschritt.
Soweit Entscheidungen nicht auf der Ebene der Projektleiter gefällt werden können, werden sie in einem Projektlenkungsausschuss gefällt. Diesem Projektlenkungsausschuss gehört ein Mitglied der Geschäftsleitung beider Seiten oder ein für dieses Verfahren entscheidungsbefugter sonstiger Mitarbeiter der jeweiligen Vertragspartei an. Der Projektlenkungsausschuss tritt jederzeit auf Wunsch eines der Projektleiter zusammen. Abstimmungen können auch telefonisch erfolgen. Alle Beschlüsse sollen schriftlich festgehalten und von den Mitgliedern des Projektlenkungsausschusses unterzeichnet werden.

155 **b) Mitwirkung des Kunden.** Softwarelieferanten verwenden sehr viele Standardklauseln, in denen Regelungen darüber getroffen werden, in welchem Umfang und durch welche Personen eventuelle Mitwirkungshandlungen des Kunden vorgenommen werden sollen. Hier neigen die Softwarehersteller dazu, die Anforderungen an den Kunden zu überhöhen. Viele der in der Praxis üblichen Klauseln sind unwirksam.

156 *aa) Mitwirkungshandlung des Kunden als Mitwirkungs-/Hauptpflichten.* Besonders beliebt ist eine Klausel, nach der die Mitwirkungshandlung des Kunden Mitwirkungspflichten oder gar Hauptpflichten des Kunden darstellen. Nach dem Gesetz handelt es sich freilich bei den Mitwirkungshandlungen des Kunden jedenfalls im Werkvertragsrecht lediglich um Obliegenheiten, deren Verletzung zwar Konsequenzen (zB Entschädigungspflichten gegenüber dem Lieferanten gem. § 642 BGB) hat, die aber etwas anders und für den Lieferanten weniger günstig sind, als bei Verletzungen von Mitwirkungspflichten.[68]

157 Wird diese gesetzliche Wertung, nach der die Kunden nur Obliegenheiten treffen und keine Pflichten, geändert, dürfte sich eine entsprechende Klausel als Abweichung vom gesetzlichen Leitbild gem. § 307 Abs. 2 Nr. 1 darstellen und daher unwirksam sein.

158 Das gesetzliche Leitbild besagt ja, dass im Werkauftrag das Werk im Auftrag des Kunden hergestellt wird und dieser daher nur im eigenen Interessen handelt, wenn er Mitwirkungshandlungen vornimmt. Er handelt nicht im Interesse des Vertragspartners. Schließlich kann er den Vertrag aber jederzeit ohne Anlass kündigen (§ 649 BGB). Deswegen geht der Gesetzgeber hier von **Obliegenheiten** aus. Gilt reines Kaufrecht, gibt es Mitwirkungsobliegenheiten ohnehin nicht. Die Softwareverträge weichen von der Interessenlage auch nicht soweit von der Grundkonstellation von Werkverträgen ab, dass man für sie ein besonderes Recht entwickeln könnte. Man muss daher bei der gesetzlichen Wertung bleiben. In allgemeinen Geschäftsbedingungen lassen sich hier Obliegenheiten nicht in Pflichten verwandeln.

159 Gerade bei größeren Softwareprojekten kann es durchaus das Bedürfnis geben, diese Rechtslage zu ändern.[69] Dies kann dann aber nur in individuellen Vereinbarungen aufgefangen werden.

160 *bb) Umfang der Mitwirkung des Kunden.* In vielen allgemeinen Geschäftsbedingungen wird ferner versucht, genau festzulegen, in welchem Umfang der Kunde mitwirken muss. Auch hier bestehen oft erhebliche Zweifel an der Wirksamkeit der Klauseln. In allgemeinen Geschäftsbedingungen kann man festhalten, dass der Kunde die notwendigen Informationen erteilen muss, die der Lieferant braucht, um die Software zu entwickeln und das Projekt durchzuführen. Konkrete Einzelheiten wird man in allgemeinen Geschäftsbedingungen nicht festlegen können, weil der konkrete Umfang der Informationen, die der Lieferant

---

[68] Näher *Redeker* IT-Recht Rn. 412; ITRB 2011, 65.
[69] Sehr weitgehend Schneider/v. Westphalen/*Witzel*, Softwareerstellungsverträge, Abschn. G Rn. 215 ff.

braucht, in den einzelnen Projekten unterschiedlich ist. Man kann ferner festlegen, dass der Lieferant Zugang zumindest zu einem Testrechner haben muss und der Kunde ihn im notwendigen Umfang Räume und Telekommunikationsleitungen sowie andere Ressourcen zur Verfügung stellen muss, wenn dies für den vereinbarten Projektverlauf erforderlich ist.

Eine Konkretisierung dieser Pflichten ist – wie schon angedeutet – in allgemeinen Geschäftsbedingungen jedoch praktisch nicht möglich. Was sich hinter diesen allgemeinen Anforderungen verbirgt, ist projektabhängig. Die Abhängigkeit besteht zum einen darin, dass unterschiedliche Projekte unterschiedliche Anforderungen an die Gestaltung und Verfügbarkeit von Informationen, Räumen und Zugang zum Rechner stellen. Die **Unterschiedlichkeit** ergibt sich auch daraus, dass unterschiedliche Kunden unterschiedliche Kapazitäten und Fähigkeiten der Mitwirkung haben. Ein Kunde, der eine umfangreiche eigene EDV-Abteilung mit jahrelanger Erfahrung in der eigenen Durchführung entsprechender Projekte innerhalb des Unternehmens hat, wird andere Informationen erteilen können und wollen als ein Kunde, der sich bislang mit kleinen PC-Lösungen zufrieden gegeben hat.

Darüber hinaus hängt natürlich viel auch vom Umfang und dem einzelnen Inhalt der jeweils erteilten Aufträge ab.

In allgemeinen Geschäftsbedingungen können konkrete Pflichten nur festgelegt werden, wenn sie auch der kleinste Kunde im kleinsten Projekt in zumutbarer Weise erfüllen kann und sie auch im Rahmen dieses kleinen Projekts sinnvoll und zumutbar sind. Anderenfalls sind die Geschäftsbedingungen in vielen Einzelfällen wegen des Prinzips der kundenfeindlichsten Auslegung unwirksam. Wenn man die Mitwirkungspflichten des Kunden im Einzelfall konkretisieren möchte, muss man individuelle Vereinbarungen im jeweiligen Einzelprojekt treffen. Dies ist dringend zu empfehlen, ist aber rechtlich nur in individuellen Vereinbarungen möglich. Auch praktisch sind solche Vereinbarungen letztendlich nur dort möglich.

Allgemeine Geschäftsbedingungen können hier nur einen allgemeinen Rahmen setzen, der im Wege der Auslegung im Einzelfall konkretisiert werden kann.

cc) Vorhaltung qualifizierter Mitarbeiter. Beliebt sind ferner Klauseln, die dem Kunden vorschreiben, dass er entsprechend qualifizierte Mitarbeiter vorhalten muss, um seine Mitwirkungsobliegenheiten zu erfüllen. Auch solche Klauseln sind wegen eines Verstoßes gegen § 307 Abs. 2 Nr. 2 BGB nicht wirksam. Der Kunde muss zwar bestimmte Informationen erteilen. Er muss auch Technik zur Verfügung stellen. Ob er dafür aber qualifizierte Mitarbeiter oder Dritte einsetzt oder sich darauf verlässt, dass ein wenig qualifizierter Mitarbeiter zufällig richtige Auskünfte erteilt, ist seine Entscheidung. Es ist in allgemeinen Geschäftsbedingungen des Lieferanten nicht möglich, die interne Organisationsstruktur und die interne Qualifikation der Mitarbeiter des Kunden zu beeinflussen. Es kann durchaus sein, dass wegen falscher Informationen, falscher Auskünfte oder sonstiger falscher Mitwirkung u.ä. Dingen mehr ein Projekt scheitert, weil dem Kunden die entsprechenden qualifizierten Mitarbeiter fehlen. Dafür muss der Kunde bei Vorliegen der entsprechenden Voraussetzungen auch einstehen. Nur rechtlich verbindlich wird man dem Kunden die Qualifikationsstruktur seiner Mitarbeiter in allgemeinen Geschäftsbedingungen nicht vorschreiben können. Wäre dem anders, wäre die Verwendung „falscher" Mitarbeiter auch bei ungestörtem oder jedenfalls durch sie nicht gestörtem Projektverlauf ein Pflichtverstoß, auf den der Lieferant sich berufen könnte, wenn er das Projekt zB aus internen Gründen beenden wollte.

Ein **Formulierungsvorschlag** könnte wie folgt lauten:

> Der Kunde wird bei der Erstellung der Software nach Möglichkeit mitwirken, insbesondere in dem er die für Fertigstellung der Software notwendigen Informationen über seine betrieblichen Bedürfnisse und die Umgebungsbedingungen der Software erteilt. Ferner wird er, soweit dies für die Erbrinrung der vom Lieferanten geschuldeten Leistungen erforderlich ist, Mitarbeitern des Lieferanten Räume und Telekommunikationsleitungen auf seine Kosten zur Verfügung zu stellen.

c) Organisation des Lieferanten. *aa) Grundregeln.* Es gibt allerdings auch in den Einkaufsbedingungen großer Kunden gelegentlich Anforderungen an die Organisation und

Leistungsfähigkeit des Lieferanten. Es wird hier oft eine bestimmte Struktur oder die Erfüllung bestimmter Qualitätssicherungsbestimmungen bei der Programmerstellung, eine bestimmte Art und Weise der Erstellung der Dokumentation u. ä. verlangt. Soweit es sich dabei um bestimmte Anforderungen an die Art der Dokumentation und um Qualitätsanforderungen an das Programm und seine Erstellung handelt, dürfte es sich hierbei nicht um Organisationsanforderungen, sondern um **Beschaffenheitsvereinbarungen** handeln. Diese sind als Leistungsbeschreibung prinzipiell nach § 307 Abs. 3 S. 1 BGB AGB-rechtlich kontrollfrei. Allerdings muss auch hier darauf hingewiesen werden, dass überraschende Klauseln unwirksam sind, sodass das Verlangen nach Einhaltung nicht beigefügter und nicht zugänglicher ungewöhnlicher Qualifikationsanforderungen möglicherweise unwirksam ist. Im Zwischenunternehmensverkehr ist allerdings auch die Einbeziehung nicht näher erläuterter Qualitätsanforderungen des Kunden in AGB möglich. Es muss darauf nur hingewiesen werden.

166 *bb) Regeln zum Personal des Lieferanten.* Auch in Bedingungen von Auftraggebern der Softwareprojekte gibt es häufig Regeln, nach denen auf Seiten des Lieferanten im Projekt Personen eingesetzt werden müssen, die bestimmten Qualitätsanforderungen genügen und die ferner während des gesamten Projektes mitarbeiten müssen. Ihre Auswechslung soll der Zustimmung des Kunden bedürfen.

167 Solche Klauseln sind in aller Regel gem. § 307 Abs. 2 Nr. 2 BGB unwirksam. Bei den in aller Regel vorliegenden Werkverträgen kann der Kunde allenfalls eine bestimmte Softwareprogrammierungsleistung erwarten, nicht jedoch, dass sie durch in bestimmter Weise qualifizierte Personen erbracht wird. Anders ist dies allerdings, wenn ein Dienstvertrag vorliegt. Da hier die Erfolgsverantwortung auf Seiten des Kunden liegt, kann dieser auch in allgemeinen Geschäftsbedingungen verlangen, dass der Dienstverpflichtete seine Leistungen durch entsprechend qualifizierte Personen erbringt. Daher ist eine Regelung, nach der in einem Projekt mit Dienstvertragscharakter nur Personen eingesetzt werden dürfen, die in der Lage sind, nach dem aktuellen Stand der Technik zu arbeiten, zulässig.

168 In beiden Vertragsarten ist allerdings eine Regelung, nach der einmal eingesetzte Mitarbeiter des Softwarelieferanten während des gesamten Projektverlaufs im Projekt nicht oder nur mit Zustimmung des Lieferanten ausgetauscht werden können, schon deswegen unwirksam, weil sie indirekt eine Bindung der Mitarbeiter des Lieferanten vorsehen und damit diesen die arbeitsrechtlich nicht ausschließbare Kündigungsmöglichkeit verbieten. Unabhängig davon greifen sie in die Organisationshoheit des Auftragnehmers ein. Dies mag individualvertragsrechtlich zulässig sein, nicht jedoch durch Klauseln in allgemeinen Geschäftsbedingungen.

169 Allerdings gibt es Fälle, wo die Zustimmung zum Einsatz konkreter Personen vom Auftraggeber auch in allgemeinen Geschäftsbedingungen verlangt werden kann. Dies gilt dann, wenn auf Auftraggeberseite ein gewichtiges Interesse daran vorliegt, Personen, die am Projekt mitarbeiten, vorher auch auf Zuverlässigkeit zu überprüfen. Klar ist dies bei Projekten, wo die Mitarbeiter bestimmte Geheimhaltungsqualifikationen im Hinblick auf staatliche Vorgaben erfüllen müssen. Dies gilt aber auch im Hinblick auf eventuelle Betriebsgeheimnisse o. ä. mehr.

170 Allerdings ist eine Regelung in allgemeinen Geschäftsbedingungen schwierig. Zulässig ist es aber, vorzusehen, dass die mitarbeitenden Personen bestimmte Formalerfordernisse (zB die Geheimeinstufung bei öffentlichen Auftraggebern) einhalten.

171 Eine **Formulierung** des Kunden könnte bei Dienstverträgen hier wie folgt lauten:

> Der Lieferant wird die Leistung von Mitarbeitern erbringen lassen, die hinreichend qualifiziert sind, um die notwendigen Leistungen nach dem derzeitigen Stand der Technik zu erbringen.

6. Change-Request-Regeln/Änderungsregeln

172 **a) Grundregeln.** Im Projekt sind auch Regelungen notwendig, wie die immer wieder auftretenden Änderungswünsche behandelt werden. Änderungsnotwendigkeiten sind bei größe-

ren Softwareprojekten nicht zu vermeiden. Im Laufe des Projekts stellt sich häufig heraus, dass Änderungen im Leistungsumfang vorgenommen werden müssen. Im Einzelfall kann es sich dabei um bloße Klarstellungen der Leistungsanforderungen handeln. Es kann aber auch um tatsächliche Änderungen gehen. Es muss Verfahren geben, in denen diese Änderungen vereinbart werden können. Dabei geht es dann oft nicht nur um die Änderung der Leistung, sondern auch um Änderungen von sonstigen Projektbedingungen, seien es Preise, seien es Fertigstellungszeitpunkte, seien es auch Regelungen darüber, dass die notwendige Hardware geändert werden muss.

In der Praxis ist es durchaus beliebt, zu verlangen, dass Änderungswünsche schriftlich erhoben werden und der Lieferant auf diese Änderungswünsche binnen einer gewissen Frist schriftlich darauf antwortet. Bei größeren Änderungswünschen wird ferner in aller Regel vorgesehen, dass der Lieferant die Änderungswünsche zunächst prüft, um festzustellen, ob sie realisierbar sind und zu welchen Konditionen er sie realisieren kann. Es kann sogar eine kostenpflichtige Untersuchung des Änderungswunsches vorgesehen werden. Diese Klauseln gehen auf Regelungen in den mittlerweile weitgehend durch die EVB-IT ersetzten Besonderen Vertragsbedingungen der öffentlichen Hand (BVB) zurück. Sie sind im Prinzip wirksam. Schließlich geht es um ein Vertragsänderungsverfahren. Auf Änderungen muss sich ein Vertragspartner im Prinzip ja gar nicht einlassen. Wenn dennoch im beiderseitigen Interesse Änderungsmöglichkeiten vorgesehen werden, ist das Verfahren relativ frei bestimmbar. Es muss nur einigermaßen interessengerecht sein. Dies kann man bei solchen Klauseln sicher sagen. Diese Klauseln verstoßen auch nicht gegen die oben genannten Schriftformverbote für AGB. Die Rechtsprechung des BGH betrifft nur Schriftformanforderungen an Vereinbarungen. Hier geht es jeweils um einseitige Erklärungen, mit denen Änderungen gewünscht werden und später erklärt wird, ob und zu welchen Konditionen sie realisierbar sind. Die Wirksamkeit solch einseitiger Erklärungen kann sehr wohl an eine Schriftform geknüpft werden. Die Rechtsprechung des BGH schützt nur die Freiheit der Vertragsänderung vor formalen Anforderungen. Da aber im vorliegenden Verfahren mit den jeweiligen Erklärungen beider Seiten die Verträge nicht ohne weiteres geändert, sondern nur entsprechende Wünsche geäußert werden, greift dieser Gedanke des BGH hier nicht ein.

Die Klauseln können auch dadurch einfacher gemacht werden, dass Änderungen von den jeweils durch die Organisationsklauseln vorgesehenen verantwortlichen Projektleitern gemeinsam abgesprochen werden können. In diesem Falle sollten diese Vereinbarungen jedoch schriftlich festgehalten werden. Hier ist aber eine zwingende Schriftformklausel unwirksam.

b) Rechtsfolgen des Schweigens. Wichtig ist auch die Frage, was geschieht, wenn einer der beiden Seiten jeweils auf ein Schreiben der anderen schweigt. Interessengerecht ist dann die Regelung, dass sich am Projekt nichts ändert. Je nachdem, wer die allgemeinen Geschäftsbedingungen stellt, kommt freilich häufig die Klausel vor, die die jeweilige Seite begünstigt. Der Kunde verwendet eine Klausel, dass sich dann, wenn der Lieferant schweigt, das Projekt mit dem von ihm gewünschten geänderten Leistungsinhalt zu ansonsten gleichen Bedingungen fortsetzt. Der Lieferant führt die Klausel ein, nach der dann, wenn der Kunde auf seine Vorschläge zur Realisierung der Änderung nicht reagiert, der Vertrag mit dem Inhalt fortgeführt wird, der sich aus den Vorschlägen des Lieferanten ergibt. Beide Vereinbarungen können im Zwischenunternehmensverkehr wohl zulässig sein, weil man hier jeweils im konkreten Rahmen auch dem Schweigen des Gegners gegenüber eine solche Deutung beimessen kann.

Dies dürfte allerdings zwischen Unternehmen, die in einem Projekt zusammenarbeiten, durchaus angemessen sein. Schließlich liegt auch die Deutung nicht fern, dass derjenige, der auf eine entsprechende Erklärung des Gegenübers einfach schweigt, sich mit dieser Änderung einverstanden erklärt. Jedenfalls aus Treu und Glauben kann man ableiten, dass zumindest ein Hinweis darauf, dass man mit den Vorschlägen nicht einverstanden ist, erforderlich ist. Dies gilt ganz besonders dann, wenn das Projekt einfach fortgesetzt wird. Da solche Ergebnisse sich jeweils – natürlich auch vom Einzelfall abhängig – auch ohne Klauseln ergeben können, sind Klauseln, die insoweit die Rechtsfolgen klarstellen, jedenfalls im Zwischenunternehmensverkehr zulässig. Fraglich ist nur, ob nicht eine Unangemessenheit darin besteht, dass man jeweils dem eigenen Schweigen nicht eine solche Bedeutung, dem des Gegners aber eine solche Bedeutung beimisst.

177 Gegenüber **Verbrauchern** muss man allerdings die Regelung des § 308 Nr. 5 BGB beachten. Danach ist eine solche Klausel allenfalls dann wirksam, wenn sie vorsieht, dass auch auf die Folgen eines Schweigens bei der jeweiligen konkreten Erklärung, also sowohl des Kunden als auch des Lieferanten, ausdrücklich hingewiesen wird.

178 Alle Änderungsregeln verhindern im Übrigen nicht, dass zwei Vertretungsberechtigte mündlich umfangreiche Änderungen vereinbaren können, ohne dass dies hinterher nachvollzogen werden kann. Genau diese Situation würde durch eine Schriftformklausel im Hinblick auf Änderungen verhindert. Dies geht aber nach der Rechtsprechung des BGH nicht.

179 c) **Kündigungsrechte.** Gelegentlich wird in allgemeinen Geschäftsbedingungen der Kunden auch eine Klausel aufgenommen, dass dann, wenn nach einem Änderungsbegehren des Kunden keine Vereinbarung über die Änderung zustande kommt, der Kunde kündigen kann. Wichtig ist an diesen Klauseln nicht, dass der Kunde kündigen kann. Dies kann er auch nach § 649 BGB jederzeit. Sinn dieser Klauseln ist es, dass die Entschädigungsregelung des § 649 BGB[70] abbedungen wird. Ein solches freies Kündigungsrecht kann sich der Besteller aber in allgemeinen Geschäftsbedingungen nicht einräumen. Der Gegenanspruch des Unternehmens darf durch allgemeine Geschäftsbedingungen nicht ausgeschlossen werden.[71]

180 Möglich ist eine solche Kündigung nur dann, wenn die Fortsetzung des Projekts ohne Änderung für den Besteller **unzumutbar** ist. Dies dürfte nur dann der Fall sein, wenn der Unternehmer, also der Softwarelieferant, die Durchführung der Änderung zu Konditionen angeboten hat, die wiederum für seinen Kunden unangemessen waren und auch auf eine entsprechende Beanstandung des Kunden diese Konditionen nicht abgeändert hat. Dieses Kündigungsrecht dürfte ein Spezialfall der **außerordentlichen Kündigung** nach § 314 BGB darstellen und kann daher auch in allgemeinen Geschäftsbedingungen vorgesehen werden.

181 Beachtet man diese Regeln, ergibt sich folgender (auftraggeberfreundlicher) **Formulierungsvorschlag** für eine relativ einfache Änderungsregel:

> Der Auftraggeber kann bis zur Abnahme schriftlich die Änderung der vereinbarten Anforderungen an die Programme verlangen. Die Auftragnehmerin hat die geänderten Leistungen auszuführen, soweit sie ihr im Rahmen ihrer betrieblichen Leistungsfähigkeit nicht unzumutbar sind. Sofern die Auftragnehmerin nicht innerhalb von 14 Kalendertagen ab Zugang des Änderungsverlangens die Änderung als unzumutbar ablehnt oder eine Prüfung nach dem folgenden Absatz geltend macht, hat die Auftragnehmerin die Änderungen durchzuführen.
> Erfordert das Änderungsverlangen von der Auftragnehmerin eine umfangreiche Prüfung, ob und zu welchen Bedingungen die Änderung durchführbar ist, kann sie hierfür eine Vergütung verlangen, wenn sie den Auftraggeber schriftlich darauf hinweist und der Auftraggeber daraufhin den Prüfungsauftrag schriftlich erteilt hat; die Frist, bis zu deren dem Auftraggeber das Ergebnis der Prüfung schriftlich mitgeteilt sein muss, ist einvernehmlich festzulegen.
> Beeinflusst die Änderung einer Leistung oder einer Forderung zur Vertragsausführung vertragliche Regelungen, zB Preis, Ausführungsfristen, Abnahme, wird die Auftragnehmerin die Anpassung des Vertrages nebst Anlagen nach dem jeweils aktuellen Stand binnen einer Frist von 14 Kalendertagen nach Stellung des Änderungsverlangens geltend machen. Tut sie dies nicht, ist sie verpflichtet, die geänderte Leistung im Rahmen der bestehenden Vereinbarung auszuführen.
> Macht sie Vertragsänderungen geltend, wird der Auftraggeber binnen 2 Wochen mitteilen, ob er die Vertragsanpassung hinnimmt oder nicht. Antwortet der Auftraggeber nicht, ist keine Änderung vereinbart.
> Unabhängig vom vorstehenden Verfahren können Änderungen jederzeit einvernehmlich zwischen den Projektleitern vereinbart werden. Die Vereinbarungen sollen protokolliert und von den Projektleitern abgezeichnet werden.

---

[70] → Rn. 221 ff.
[71] BGH Urt. v. 4.10.1984 – VII ZR 65/83, BGHZ 92, 244 (248 ff.).

> Entsprechend können Änderungen auch im Projektlenkungsausschuss in dem oben vereinbarten Verfahren vereinbart werden. Werden in diesen Fällen keine Preisänderungen und keine Änderungen der Vertragsbedingungen vereinbart, müssen die Leistungen im Rahmen der bis dahin vereinbarten Vertragsbedingungen durchgeführt werden.

7. Abnahmeklauseln

Eine Abnahme als förmliche Billigung des erstellten Werks ist im Schuldrecht dann vorgesehen, wenn es um Werkverträge geht. Eine Abnahme ist allerdings dann nicht vorgesehen, wenn die Werkverträge zu den Werkverträgen gehören, auf die nach § 651 BGB im Wesentlichen Kaufrecht angewandt wird. Dies ist bei Softwareerstellungsverträgen bekanntermaßen streitig.[72] Es ist also unklar, ob der Gesetzgeber bei Softwareerstellungsverträgen eine Abnahme vorsieht oder nicht. Dennoch ist sie sinnvoll. Auftragnehmer und Auftraggeber erhalten durch ein förmliches Abnahmeverfahren in aller Regel schnell Klarheit darüber, ob die erstellte Software die Wünsche des Kunden nun erfüllt oder nicht. Es wird so rasch diskutiert, ob und welche Mängel vorliegen und ob und wie sie nachgebessert werden sollen. Es macht daher sehr viel Sinn, ein Abnahmeverfahren, das gesetzlich möglicherweise nicht vorgesehen ist, auch in Standardklauseln vorzusehen. Ob dies geht oder eine entsprechende Klausel unwirksam ist, ist noch nicht entschieden und teilweise streitig.[73] Allerdings wurden solche Klauseln bei Verträgen über komplexe Software auch im alten Schuldrecht selbst dann vorgesehen, wenn alle Beteiligten davon ausgingen, dass es um einen Kaufvertrag ging. Die Wirksamkeit solcher Klauseln wurde seinerzeit auch nicht ernsthaft bestritten. Dies spricht dafür, dass Abnahmeklauseln auch dann wirksam sind, wenn eigentlich der Gesetzgeber für den Vertrag keine Abnahme vorsieht.

Wenn man im Hinblick auf die Wirksamkeit der Klausel sichergehen will, darf die Klausel allerdings nicht mehr regeln, als dass es eine Abnahme gibt. Weitere rechtliche Konsequenzen sollte die Abnahme nicht haben. Dies gilt insbesondere für Verjährungsregeln. Gilt nämlich zB **Kaufrecht**, so beginnt die Verjährungsfrist für Sachmängelansprüche mit der Ablieferung der Software und nicht mit ihrer Abnahme. Der Auftraggeber kann dies nicht durch Standardklauseln dahingehend abändern, dass die Verjährungsfrist erst mit der Abnahme beginnt und damit auch von einer Handlung abhängt, die letztendlich in seinem Belieben steht.[74]

Allenfalls wäre es denkbar, dass eine vollständige Übernahme der gesetzlichen Regelungen zur Abnahme einschließlich der Fiktionsregelung des § 640 Abs. 1 S. 3 BGB wirksam ist. Klar ist auch das nicht, weil diese Klausel wiederum den Hinweis auf die Folgen des Schweigens nicht enthält. Bedenken, die es im Hinblick auf die Unklarheitenregelung gab, solange noch Fertigstellungsbescheinigungen gesetzlich vorgesehen waren, bestehen aber wohl nicht mehr. Dennoch ergibt sich hier ein ziemlich kompliziertes Verfahren mit erheblichen Wirksamkeitsrisiken, so dass von einer solchen Klausel abzuraten ist.

Der Auftragnehmer dürfte freilich in seinen allgemeinen Geschäftsbedingungen vorsehen, dass die Verjährung für Mängelansprüche erst mit Abnahme beginnt. Eine solche Klausel ginge ja zu seinen Lasten. Deswegen ist ihm aber von einer solchen Klausel abzuraten.

Es verbleibt daher bei einer reinen Abnahmeklausel. Die Klausel enthält zwar hier auch eine Fiktionsregelung für den Fall, dass der Auftraggeber schweigt. Angesichts der Hinweispflicht dürfte diese Klausel aber zulässig sein.

Wichtig ist, dass die Klausel Einzelheiten des Abnahmeverfahrens nicht regelt. Diese müsste im Projekt oder in Anlagen zum konkreten Vertrag vereinbart werden. Dies betrifft sowohl das Verfahren der Abnahme als auch Kriterien, bei denen eine Abnahme verweigert

---

[72] Näher *Redeker* IT-Recht Rn. 296 ff.; *Marly*, Praxishandbuch Softwarerecht, Rn. 650 ff.; *Schneider*, Handbuch des EDV-Rechts, H Rn. 3a ff.

[73] Näher Schneider/v. Westphalen/*Redeker*, Softwareerstellungsverträge, Abschn. D Rn. 217 ff.

[74] Vgl. dazu BGH Urt. v. 23.2.1989 – VII ZR 89/8, BGHZ 107, 75; BGH Urt. v. 10.10.1996 – VII ZR 224/95, BB 1997, 176 zu vergleichbaren Klauseln in Subunternehmerverträgen.

werden kann. Wird nichts geregelt, ist der Auftraggeber bei der Durchführung der Abnahme relativ frei. In Klauseln können allenfalls Fehlerklassen vorgesehen werden.

Formulierungsvorschlag:

188 Nach der Fertigstellung und Installation der Software wird die Software abgenommen. Der Auftraggeber wird die Software binnen einer Frist von einem Monat nach dem Zeitpunkt abnehmen, zu dem der Auftragnehmer die Funktionsfähigkeit der Software schriftlich mitgeteilt hat. Sollte der Auftragnehmer auch die Installation der Software schulden, beginnt die Frist mit fertiger Installation der Software und einer entsprechenden schriftlichen Anzeige darüber.
Die Abnahme der Leistung setzt eine Funktionsprüfung voraus. Die Funktionsprüfung ist erfolgreich durchgeführt, wenn die Software die vereinbarten Anforderungen erfüllt.
Art, Umfang und Dauer der Funktionsprüfung werden von den Projektleitern vor ihrer Durchführung festgelegt, soweit eine entsprechende Vereinbarung nicht schon in der Leistungsbeschreibung oder anderen Anlagen zum Vertrag enthalten ist.
Während der Funktionsprüfung wird der Auftraggeber dem Auftragnehmer alle auftretenden Abweichungen der gelieferten Anpassungsleitung von den Leistungsanforderungen unverzüglich mitteilen. Wird die Funktionsprüfung erfolgreich durchgeführt, ist die Abnahme unverzüglich zu erklären.
Eine Funktionsprüfung ist dann erfolgreich, wenn entweder keine oder nur unwesentliche Mängel vorliegen oder sämtliche Abnahmekriterien erfüllt sind, die zwischen den Projektleitern vor Durchführung der Abnahme vereinbart wurden. Erklärt der Auftraggeber nicht fristgerecht die Abnahme, kann der Auftragnehmer eine angemessene Frist zur Abgabe der Erklärung setzen. Die Software gilt mit Ablauf der Frist als abgenommen, wenn der Auftragnehmer weder die Abnahme schriftlich erklärt noch dem Auftragnehmer schriftlich darlegt, welche Mängel noch zu beseitigen sind. Auf diese Rechtsfolge wird der Auftraggeber den Auftragnehmer bei Fristsetzung hinweisen.

8. Fälligkeitsregeln

189 In der Vertragspraxis sind ferner **Teilzahlungsabreden** wichtig. Nach dem Gesetz muss im Kaufrecht Zug um Zug gegen Ablieferung des gekauften Gegenstandes, im Werkvertragsrecht mit der Abnahme, gezahlt werden. Dies bedeutet, dass der jeweilige Softwarelieferant sehr viele Leistungen erbringen muss, bevor sein Auftraggeber zahlen muss. In allen größeren Projekten führt dies zu erheblichen Vorleistungen des Auftragnehmers. Eine solche Vorfinanzierung ist oft teuer und teilweise sogar unmöglich. Darüber hinaus wirkt durch sie das Druckpotential des Kunden für Vertragsänderungen und sonstige Anpassung. Er kann ja bis zur Abnahme seine Zahlungen zurückhalten. Abweichende Regeln über die Fälligkeit des Entgelts sind daher notwendig und auch üblich. In aller Regel werden Teilzahlungen vereinbart, die den Interessen beider Seiten an einer gerechten Lasten- und Risikoverteilung entgegenkommen. Solche Klauseln sind auch in allgemeinen Geschäftsbedingungen zulässig, wenn nicht ihr Inhalt den jeweiligen Verwender zu sehr begünstigt.[75]

190 Meist wird eine Erstzahlung bei Vertragsschluss, weitere Teilzahlungen bei Erreichen bestimmter Projektabschnitte, eine vorletzte Teilzahlung nach Abnahme und die Restzahlung nach Ablauf der Verjährungsfrist für Sachmängelansprüche vorgesehen. Dies sichert einerseits das Interesse des Lieferanten daran ab, dass er nicht zuviel vorleisten muss, andererseits wird auch das Interesse des Kunden geschützt, dass auftretende Mängel beseitigt werden. Die letzte Rate kann auch früher gezahlt werden, wenn der Auftragnehmer eine Gewährleistungsbürgschaft stellt. In diesem Rahmen darf eine Teilzahlung auch an die Abnahme geknüpft werden. Dies ist auch in allgemeinen Geschäftsbedingungen des Auftraggebers zulässig, weil dieser nicht nur zu Lasten des Auftragnehmers eventuell eine Zahlung erst nach Abnahme vorsieht, obwohl der Gesetzgeber eine Zahlung Zug um Zug bei Lieferung annimmt. Der Auftraggeber benachteiligt sich ja auch gleichzeitig, indem er zu seinen Lasten eine Vorauszahlung vor Beginn der Arbeiten vorsieht. Die Teilzahlung, die erst nach

---

[75] Näher Schneider/von Westphalen/*Redeker*, Softwareerstellungsverträge, Abschn. D Rn. 222 ff.

Abnahme gezahlt werden soll, darf nur nicht zu umfangreich sein. Die Angaben der Literatur zu dem Üblichen und Zulässigen schwanken hier. Ein Anteil von 20 % bis 30 % bei Abnahme zuzüglich eines Anteils von 10 % zur Sicherung der Gewährleistung scheint aber sinnvoll und zulässig. Umgekehrt darf ein Auftragnehmer in seinen allgemeinen Geschäftsbedingungen nicht eine vollständige Zahlung bei Anlieferung eines noch zu installierenden Gegenstandes vorsehen.[76] Daher wird hier folgender **Formulierungsvorschlag** gemacht:

> Das vereinbarte Entgelt wird in folgenden Schritten gezahlt:
> 20 % bei Vertragsabschluss
> 20 % bei Übergabe des Pflichtenheftes
> 20 % bei Fertigstellungsanzeige
> 30 % bei Abnahme
> 10 % nach Ablauf der Gewährleistungsfrist

9. Verzugsklauseln

In vielen Regelungen beider Seiten, insbesondere auch in den Bedingungen der öffentlichen Hand im Softwarerecht sind Regelungen darüber enthalten, welche Rechtsfolgen es hat, wenn die Leistung des jeweiligen Vertragspartners verspätet erbracht wird. Man muss allerdings darauf achten, dass man hier nicht veraltete Klauseln übernimmt. Es war im früheren Recht üblich, Klauseln über die Folgen verspäteter Zahlungen des Kunden aufzunehmen, um den früher gesetzlichen Zinssatz von 4 % zu erhöhen. Dies ist heute nicht mehr notwendig. Gerade dann, wenn auf beiden Seiten Unternehmen tätig sind, liegt der gesetzliche Zinssatz mit 9 Prozentpunkten über dem Basiszinssatz so hoch, dass für weitergehende Vereinbarungen kaum noch Raum besteht. Es dürfte kaum noch möglich sein, wirksam in allgemeinen Geschäftsbedingungen einen höheren Zinssatz als Verzugszinsen festzulegen.

Anders ist dies natürlich dann, wenn es um die verspätete Fertigstellung der Software durch den Lieferanten geht. Hier bestehen Schadensersatzansprüche. Diese sind allerdings, insbesondere im Bereich der öffentlichen Hand, meist nur schwer zu beziffern. Daher wird versucht, den Verzugsschaden in gewisser Weise zu pauschalieren. Geregelt wird, dass pro Tag der Verspätung ein bestimmter Prozentsatz des Auftragswerts als Verzugsschaden zu zahlen ist. Darüber hinaus wird eine weitere Höhenbegrenzung aufgenommen, nach der sich der Schaden zu nicht mehr als 5 % oder 8 % des Gesamtpreises addieren darf. Oft wird dann noch weiterer Schadensersatz ausgeschlossen.

Die Zulässigkeit solcher Klauseln in der Form von **Schadenspauschalierungsvereinbarungen** unterliegt erheblichen Zweifeln. Dies gilt bei Klauseln in Vertragswerken der Kunden insbesondere deswegen, weil sich nach der Regelung des § 309 Nr. 5a BGB solche Schadenspauschalierungen am vorhersehbaren Schaden orientieren müssen. Ein Zusammenhang von Prozentsätzen des Auftragswerts mit eintretendem Schaden ist allerdings nicht offenkundig. Es müsste daher zumindest umfangreich dargelegt werden, dass die Höhe des nach der Klausel zu zahlenden Betrages jedenfalls deutlich unterhalb des vorhersehbaren Schadens liegt. Man muss beachten, dass es hier nur um reine Verspätungsschäden geht, nicht um eventuelle andere Schäden im Zusammenhang mit Problemen im Projekt wie zB Mehraufwand und komplizierten Projektstrukturen.

Darüber hinaus muss die Klausel noch so formuliert werden, dass dem Lieferanten nicht die Möglichkeit abgeschnitten wird, nachzuweisen, dass dem Kunden gar kein Schaden entstanden ist (§ 309 Nr. 5b BGB). Auf diese Möglichkeit muss allerdings im Unternehmensverkehr nicht ausdrücklich hingewiesen werden. Zulässig wäre in Kundenverträgen eine Klausel, nach der weitere Schadensersatzansprüche ausgeschlossen sind. Im Interesse des Kunden liegt eine solche Klausel freilich nicht.

Sicher unwirksam ist eine Klausel, nach der weitergehender Schadensersatz ausgeschlossen wird, wenn dies in den allgemeinen Geschäftsbedingungen des Lieferanten vorgesehen ist. In

---

[76] BGH Urt. v. 7.3.2013 – VII ZR 162/12, NJW 2013, 1431 zu Einbauküchen.

diesen Geschäftsbedingungen wären die vorgenannten Vertragspauschalierungen sicher zulässig, wenn diese sozusagen als Mindestschadensvereinbarungen gehalten sind. Dies liegt wiederum allerdings nicht im Interesse des Lieferanten.

196 Allerdings können die Kunden die oben genannten Klauseln sehr wohl vereinbaren. Sie müssen sie nur als Vertragsstrafeklausel formulieren. Der Bundesgerichtshof hat solche Klauseln prinzipiell zugelassen, ihnen aber relativ enge Grenzen gesetzt. Man muss allerdings darauf achten, dass die Entscheidungen alle zu Bauverträgen ergangen sind, bei denen die Projektsumme im Verhältnis zum Unternehmergewinn wegen der Kosten der eingesetzten Materialien viel höher liegen als im Softwarebereich, weil in einem Softwareprojekt die Kosten des Materialeinsatzes eine ziemlich marginale Rolle spielen. Folgt man dieser Rechtsprechung des BGH zum Baurecht, darf die Vertragsstrafe pro Tag der Verzögerung allenfalls 0,5 % der Auftragssumme liegen. Eine Gesamthöchstgrenze von 5 % der Auftragssumme für die Vertragsstrafe ist auch bei sehr umfangreichen Bauverträgen zulässig, eine Vereinbarung von 10 % als Höchstgrenze liegt auf jeden Fall zu hoch. Wie schon oben dargestellt, ist die Übertragung dieser Rechtsprechung zu Softwareverträgen zweifelhaft. Wenn man mit den entsprechenden **Gewinnerwartungen** kalkuliert, dürfen Vertragsstrafen auch von jenseits 20 % in der Gesamtsumme durchaus noch zumutbar sein. Es ist allerdings zu befürchten, dass diese Überlegungen bei einer Wirksamkeitskontrolle letztendlich keine Rolle spielen. Eine Festsetzung von 7 % bis 8 % Prozent als Höchstgrenze dürfte allerdings auch unter diesen Gesichtspunkten sicher wirksam sein. Wer ganz sicher gehen will, bleibt bei den 5 % des Baurechts. Die dann sich ergebenden Summen sind allerdings in aller Regel relativ niedrig. Außerdem sollte sich der Kunde, der solche Vertragsstrafen vereinbart, weitergehende Schadensersatzansprüche ausdrücklich vorbehalten lassen.

197 Dies alles gilt allerdings nicht gegenüber Verbrauchern. Eine gegenüber Verbraucher verwendete Klausel verstößt gegen § 309 Nr. 6 BGB. Diese Regelung gilt im Verkehr zwischen Unternehmen freilich nicht.[77]

198 Es kann daher folgender **Formulierungsvorschlag** für eine entsprechende Klausel unterbreitet werden:

> Im Falle des Verzuges mit seiner Leistung zahlt der Lieferant, wenn mehr als zwei Wochen in Verzug ist, für jeden weiteren Tag des Verzuges eine Vertragsstrafe in Höhe von 0,2 % des Wertes des Teils der Leistung, mit dem er in Verzug ist. Die Vertragsstrafe ist für höchstens 25 Tage zu zahlen. Weitergehende Rechte des Kunden bleiben vorbehalten.

10. Klauseln zu § 649 BGB

199 Ein weiteres Problem stellt die Regelung des § 649 BGB dar. Nach dieser Vorschrift kann der Besteller einen Werkvertrag jederzeit ohne Angabe von Gründen kündigen. Der Unternehmer behält seinen Vergütungsanspruch, muss sich aber ersparte Aufwendungen ebenso anrechnen lassen wie anderweitigen Erwerb oder böswillig unterlassenen Erwerb.

200 Diese Regelung gilt auch in einem Werkvertrag, der wie der Pflegevertrag, aber auch größere Projektverträge, ein **Dauerschuldverhältnis** darstellt und sogar dann, wenn dort ausdrückliche Kündigungsregelungen vereinbart worden sind.[78] Es empfiehlt sich daher, das Kündigungsrecht in solchen Verträgen durch eine Klausel ausdrücklich auszuschließen. Eine solche Klausel ist trotz der in der Rechtsprechung geäußerten Bedenken wirksam, obwohl sie die gesetzgeberische Wertung ändert, nach der gerade im Werkvertrag ein freies Kündigungsrecht bestehen soll. Dieses freie Kündigungsrecht bezieht sich nach der gesetzgeberischen Vorstellung aber auf ein einmaliges Austauschverhältnis und nicht auf ein Dauerschuldverhältnis. Sie ist auch im BGB singulär. Kündigungsregelungen in allgemeinen Geschäftsbedingungen sind in anderen Dauerschuldverhältnisses wie auch dem Dienstver-

---

[77] Ulmer/Brandner/*Hensen* § 309 Nr. 6 Rn. 35; Wolf/Lindacher/Pfeiffer/*Dammann* § 309 Nr. 6 Rn. 101.
[78] BGH Urt. v. 27.1.2011 – VII ZR 133/10, CR 2011, 176; 525; zweifelhaft, vgl. *Redeker* IT-Recht Rn. 665.

hältnis grundsätzlich zulässig (vgl. § 309 Nr. 9 BGB). Daher sind sie auch im Werkvertragsrecht zulässig, wenn es um Dauerschuldverhältnisse geht.[79]

Dort, wo das Kündigungsrecht des § 649 BGB gilt, stellt sich nach einer Kündigung noch das zusätzliche Problem, dass zwar nach dem Gesetzestext der Kunde darlegen und beweisen müsste, welche Aufwendungen der Softwarelieferant durch die Kündigung erspart hat, dass aber nach der Rechtsprechung der Lieferant seine Kalkulation darlegen muss.[80] Die Kalkulation muss zwar nicht unbedingt für den konkreten Vertrag dargelegt werden, es reicht auch eine Durchschnittskalkulation für Fälle ähnlicher Art. Dennoch muss der Lieferant seine Gewinnkalkulation aufdecken. Dies ist zum einen schwierig, zum anderen müssen dafür uU Unternehmensstrukturen und Geschäftsgeheimnisse aufgedeckt werden. Die Anforderungen der Rechtsprechung machen die Durchsetzung der Ansprüche des Lieferanten schwer. Der Gesetzgeber hat versucht, Abhilfe zu schaffen, und in § 649 S. 3 BGB die Vermutung vorgesehen, dass dem Unternehmer 5 % der vereinbarten Vergütung zustehen. Diese auf Bauverträge bezogene Vermutung liegt weit unter den im IT-Bereich kalkulierten Gewinnen und reicht daher nicht. Der BGH hat aber auch Klauseln zugelassen, die höhere Pauschalen festlegen, wenn sie nur dem gewöhnlicher zu erwartenden Gewinn entsprechen und dem Kunden der Beweis niedriger Zahlungshöhen offenbleibt. Diese Einschränkungen entsprechen im Wesentlichen den Regelungen in §§ 308 Nr. 7a, 309 Nr. 5 BGB. Es empfiehlt sich daher, solche Regelungen vorzusehen. Die Höhe der Pauschale in § 649 S. 3 BGB ist dabei kein Leitbild. Der BGH hat dabei auch im Bauvertrag 10 % der Vergütung für wirksam gehalten.[81] Bei 18 % war er dort skeptisch. Der Anteil ersparter Aufwendungen liegt bei Softwareerstellungsverträgen und den meisten anderen Softwarelieferungsverträgen aber deutlich niedriger als bei Bauverträgen. Höhere Pauschalen bis zu 40 % oder 50 % der ersparten Vergütungen sind daher hier wirksam. Rechtsprechung dazu gibt es aber noch nicht.[82]

Folgende Regelung ist möglich:

> Kündigt der Kunde den Vertrag nach § 649 BGB, kann der Lieferant nach seiner Wahl die ihm nach § 649 BGB S. 2 zustehenden Vergütungsansprüche geltend machen oder an ihrer Stelle vom Kunden die Zahlung eines Pauschalbetrages in Höhe von 40 % der dem Lieferanten für die zum Zeitpunkt der Kündigung noch nicht erbrachten Leistungen zustehenden Vergütung verlangen. Dem Kunden bleibt es vorbehalten, darzulegen und nachzuweisen, dass die dem Lieferanten nach § 649 BGB S. 2 zustehende Vergütung niedriger liegt.[83]

11. Einwilligung in die Verarbeitung personenbezogener Daten

In einer ganzen Reihe von Softwareprojekten kann es sein, dass das Softwareunternehmen Zugang zu personenbezogenen Daten des Kunden erhält.

Insoweit müssen die Betroffenen in die Datenverarbeitung in aller Regel einwilligen, weil keinesfalls immer geklärt ist, ob ohne solche Einwilligung die Datenverarbeitung zulässig ist.

Die datenschutzrechtlichen Anforderungen solcher Vereinbarungen werden an anderer Stelle beschrieben.

Hier soll nur darauf eingegangen werden, wie solche Zustimmungen in allgemeinen Geschäftsbedingungen erreicht werden können. Dabei ist zunächst auf zwei datenschutzrecht-

---

[79] BGH Urt. v. 17.5.1982 – VII ZR 316/81, BGHZ 84, 109; *Schneider*, Handbuch des EDV-Rechts, Rn. G 82; kritisch BGH Urt. v. 27.1.2011 – VII ZR 133/10, NJW 2011, 915; OLG Oldenburg, CR 2010, 1030; vgl. auch OLG Düsseldorf Urt. v. 13.1.2012 – 22 U 120/11, NJW-RR 2012, 629.
[80] BGH Urt. v. 21.12.1995 – VII ZR 198/94, BGHZ 131, 362; vgl. auch BGH Urt. v. 14.1.1999 – VII ZR 277/97, BB 1999, 926; OLG Oldenburg Urt. v. 21.7.1998 – 5 U 36/98, NJW-RR 1999, 1575; OLG München, NJW-RR 2005, 573.
[81] BGH Urt. v. 5.5.2011 – VII ZR 161/10, BB 2011, 1873 mAnm *v. Westphalen* NJW 2011, 3030; vgl. auch schon BGH Urt. v. 10.10.1996 – VII ZR 250/94, NJW 1997, 259.
[82] *Redeker* ITRB 2012, 42.
[83] Vgl. zur Formulierung: BGH Urt. v. 5.5.2011 – VII ZR 161/10, BB 2011, 1873.

liche Normen hinzuweisen, die auch bei der Gestaltung allgemeiner Geschäftsbeziehungen zu beachten sind. Zunächst enthält § 4a Abs. 1 S. 3 BDSG für die Einwilligung das Erfordernis der Schriftform. Damit ist es notwendig, dass eine eventuelle Zustimmung zur Datenverarbeitung unterschrieben wird. Die bloße Aufnahme entsprechender Klauseln in allgemeine Geschäftsbedingungen, auf die im Vertrag nur verwiesen wird, reicht nicht. Vielmehr müssen sich die Unterschriften beider Vertragspartner unterhalb der Vertragsklausel befinden (§ 126 BGB).

204 Zustimmungserklärungen müssen ferner schon gem. § 4a Abs. 1 S. 4 BDSG besonders hervorgehoben werden. Es reicht also nicht, wenn sie irgendwo als eine von vielen Klauseln in allgemeinen Geschäftsbedingungen enthalten sind. Es reicht aber nach der Rechtsprechung des BGH, wenn die Einwilligung in einem längeren Vertragsformular unmittelbar oberhalb der Unterschrift im Text steht und die Möglichkeit besteht, die Einwilligung zu verweigern (so genannte **Opt-out-Klausel**).[84]

205 Die Literatur stellt hier strengere Anforderungen und meint, dass die üblichen Verbraucher die Formulierungen nicht lesen und nur dadurch geschützt werden können, dass sie der Datenverarbeitung ausdrücklich zustimmen (so genannte „**Opt-in-Klausel**").[85]

206 Dem kann nicht gefolgt werden: Der mündige Verbraucher darf sehr wohl entscheiden, nachlässig zu sein und die allgemeinen Geschäftsbedingungen nicht zu lesen. Ohne solche Nachlässigkeiten ist die heutige komplexe Welt gar nicht zu bewältigen. Der Verbraucher muss nur die Chance haben, sich zu informieren. Er muss nicht dazu gezwungen werden, diese Chance auch zu nutzen. Ob die Bemühungen dann materiell angemessen sind, ist eine Frage der Inhaltskontrolle.

207 Inhaltlich ist bei solchen Einwilligungsklauseln ferner das **Transparenzgebot** zu beachten. Dafür reicht nach der Rechtsprechung des BGH allerdings aus, wenn nur die Daten, die Gegenstand der Zustimmung klar umrissen und ein Verwendungszweck bezeichnet ist. Dies bedeutet allerdings nicht, dass die Daten, um die es geht, im Einzelnen bezeichnet werden, dass die Verarbeitungsschritte, die erfolgen sollen und der Zweck der Verarbeitung konkret bezeichnet werden. Es reicht dem BGH aus, in die Klausel aufzunehmen, dass zB Adressdaten zu Werbezwecken ua von nicht näher bezeichneten Partnerfirmen verarbeitet werden. Der BGH verlangt nicht, dass angegeben wird, für welche Produkte geworben wird und um welche Branchen es bei den Partnerfirmen geht.[86] Es reicht nach der Rechtsprechung des BGH entgegen Entscheidungen verschiedener Instanzgerichte[87] aus, in die Einwilligung aufzunehmen, dass die Daten kombiniert werden können, um die Qualität der Dienstleistung des jeweiligen Anbieters zu verbessern. Anders ist dies möglicherweise beim Transparenzgebot, wenn die Klauseln nur die unbestimmten gesetzlichen Regelungen des § 28 Nr. 1 oder Nr. 2 BDSG oder vergleichbare Vorschriften wiederholen. Diese Klauseln besagen ja nur, dass die Daten zur Erfüllung des Vertragszwecks oder zur Erfüllung anderer Zwecke unter Berücksichtigung schutzwürdiger Interessen des Betroffenen verarbeitet werden können. Diese Formulierungen dürften gegen das Transparenzgebot verstoßen. Konkretisiert man freilich diese Vorschriften, ohne den Inhalt zu überschreiten, dürften die Klauseln dem Transparenzgebot genügen und auch aus keinem anderen Grund unwirksam sein. Da die Klausel nicht über gesetzliche Vorschriften hinausgeht, unterliegt sie nach der Rechtsprechung des BGH insoweit nicht der Inhaltskontrolle (§ 307 Abs. 3 S. 1 BGB).[88] Dies erscheint zwar zweifelhaft, es ist allerdings nicht erkennbar, warum eine transparente Klausel, die dem Verwender weniger erlaubt als der Gesetzgeber, aus irgendeinem Grund unwirksam sein soll.

208 Die Klausel nützt auch dem Kunden. Wenn der Verwender der allgemeinen Geschäftsbedingungen im Rahmen einer Einwilligungsklausel konkrete Nutzungshandlungen benennt

---

[84] BGH Urt. v. 16.7.2008 – VIII ZR 348/06, MMR 2008, 731; Urt. v. 11.11.2009 – VIII ZR 12/08, MMR 2010, 138.
[85] *Wagner* DuD 2010, 30 (31 f.); *Buchner* DuD 2010, 39 (42).
[86] AA zB *Bergmann/Möhrle/Herb* § 4a BDSG Rn. 27; Simitis/*Simitis* § 4a BDSG Rn. 82; *Gola/Schomerus* § 4a BDSG Rn. 27.
[87] LG Hamburg Urt. v. 7.8.2009 – 324 O 650/08, JurPC Web-Dok. 185/2006; LG Berlin Urt. v. 30.4.2013 – 15 O 92/12, ZD 2013, 451.
[88] BGH Urt. v. 16.7.2008 – VIII ZR 348/06, MMR 2008, 731.

und dabei seine gesetzlichen Rechte im Rahmen dieser Konkretisierung beschränkt, muss er sich daran festhalten lassen. Es dürfte ihm im Normalfall verwehrt sein, sich für Verarbeitungsmaßnahmen zusätzlich zu der vereinbarten Klausel auf eine gesetzliche Erlaubnis zu berufen. Kombiniert er wieder konkrete Verwendungszwecke mit der gesetzlichen Generalklausel, verbleibt es aber bei dem ohnehin schon bestehenden Verdikt der mangelnden Transparenz.

12. Weitere übliche Klauseln

a) **Aufrechnungsverbote und Zurückbehaltungsrechte.** Auch in Softwareverträgen empfiehlt es sich dringend, eine ganze Reihe von auch in sonstigen Standardvertragsbedingungen üblichen Klauseln aufzunehmen. Hier gibt es allerdings keine speziellen softwarerechtlichen Probleme.

Zulässig ist es, die Aufrechnung auszuschließen, soweit es nicht um die Aufrechnung mit anerkannten oder rechtskräftig festgestellten Forderungen geht. Allerdings hat der BGH im Baurecht entschieden, dass eine solche Klausel unwirksam ist, wenn sie den Kunden zwingt, ein mangelhaftes Werk vollständig zu bezahlen, obwohl Gegenansprüche bestehen.[89] Diese Aufrechnung muss also zulässig bleiben. Es ist auch zulässig, vorzusehen, dass die Ausübung von Zurückbehaltungsrechten ausgeschlossen ist, soweit die Gegenrechte nicht auf dem jeweiligen Vertragsverhältnis beruhen.

> **Formulierungsvorschlag:**
> Die Aufrechnung mit anderen als unbestrittenen oder rechtskräftig festgestellten Forderungen ist unzulässig. Der vorstehende Satz gilt nicht, wenn mit einem Anspruch, der auf einer mangelhaften Leistung des Unternehmens besteht, gegen diesen Vergütungsanspruch aufgerechnet wird.
> Die Ausübung eines Zurückbehaltungsrechts, das nicht auf einem Recht aus diesem Vertragsverhältnis beruht, ist unzulässig.

b) **Mehrwertsteuer.** Preise in Verträgen zwischen Unternehmen werden üblicherweise netto angegeben. Hier empfiehlt sich eine Klausel, die die Mehrwertsteuer anspricht. Da sich die Höhe der Mehrwertsteuer aus dem Gesetz ergibt, sollte in der Klausel keine konkrete Höhe genannt werden. Dies beugt auch der Notwendigkeit vor, Anpassungsklauseln zu vereinbaren, wenn sich Mehrwertsteuersätze ändern. Welche Mehrwertsteuer in Rechnung zu stellen ist, ergibt sich nun einmal nicht aus dem Vertrag, sondern ausschließlich aus dem Gesetz.

> **Formulierungsvorschlag:**
> Alle Preise verstehen sich zuzüglich Mehrwertsteuer in der jeweils geschuldeten gesetzlichen Höhe.

In Verbraucherverträgen sind solche Klauseln nicht möglich. Schon aus preisrechtlichen Gründen ist im Vertrag ein Bruttopreis auszuweisen (§ 1 Abs. 1 S. 1 PrAnGVO). Es ist dann auch unzulässig, in einer Standardklausel vorzusehen, den Preis bei einer Erhöhung der Mehrwertsteuer zu erhöhen, wenn dies innerhalb von vier Monaten nach Vertragsschluss geschieht (§ 308 Nr. 1 BGB). Diese Bestimmung ist im Unternehmensverkehr nicht anwendbar.

c) **Vollständigkeitsregelung.** Zu empfehlen ist ferner eine Regelung, die vorsieht, dass die Vertragsurkunde den Vertrag vollständig wiedergibt und keine mündlichen Zusatzvereinba-

---

[89] Urt. v. 7.4.2011 – VII ZR 209/07, NJW 2011, 1729.

rungen getroffen sind. Diese Klausel beschränkt nicht – etwa wie die schon erörterte Schriftformklauseln – Änderungen des Vertrages in der Zukunft, sondern beschreibt nur die Vollständigkeit des Vertragsdokuments. Eine weitergehende Schriftformklausel, die Änderungen auch für die Zukunft nur schriftlich zulässt, ist ja nach der Rechtsprechung des BGH unwirksam.

Formulierungsvorschlag:

216   Sämtliche Vereinbarungen zwischen den Parteien sind in dieser Vertragsurkunde und ihren Anlagen enthalten. Weitergehende Vereinbarungen bestehen nicht.

217   Werden mehrere Anlagen verwendet, empfiehlt sich auch, ihr Verhältnis zueinander zu regeln. Hier lassen sich generelle Regeln allgemeiner Geschäftsbedingungen nur dahingehend treffen, dass die Anlagen vorgehen, die die kleinere oder höhere Nummer haben. Das Verhältnis der Anlagen untereinander im Übrigen oder im Verhältnis zum Vertragstext müsste im Einzelfall geregelt werden.

218   **d) Gerichtsstandsvereinbarungen.** Zwischen Kaufleuten sowie im Verhältnis mit der öffentlichen Hand sind Gerichtsstandsvereinbarungen möglich und auch gängig. Man muss allerdings beachten: Gerichtsstandvereinbarungen sind nach § 38 Abs. 1 ZPO nur zwischen Kaufleuten, juristischen Personen des öffentlichen Rechts oder öffentlich-rechtlichen Sondervermögen zulässig. An dieser Stelle wird in der Tat noch auf Kaufleute und nicht auf Unternehmer abgestellt. Insoweit sind die ZPO-Regelungen den Regelungen im BGB über allgemeine Geschäftsbedingungen nicht angepasst worden. Sogar den jeweiligen nichtkaufmännischen Vertragspartnern begünstigende Zuständigkeitsvereinbarungen sind unwirksam.

219   Mit **Verbrauchern** und **anderen Unternehmern** als Kaufleuten sind Gerichtsstandsvereinbarungen nur dann zulässig, wenn mindestens einer der Vertragsparteien keinen allgemeinen Gerichtsstand im Inland hat. Hier bedürfen die Klauseln aber der Schriftform. Die bloße Aufnahme in allgemeinen Geschäftsbedingungen reicht daher nicht, wenn diese Geschäftsbedingungen nicht am Ende unterschrieben werden.

Ein **Formulierungsvorschlag bezogen auf den kaufmännischen Verkehr** lautet wie folgt:

220   Gerichtsstand ist, wenn der Vertragspartner Kaufmann, juristische Person des öffentlichen Rechts oder öffentlich-rechtliches Sondervermögen ist, ...

221   **e) Klauseln zum anwendbaren Recht.** Bei internationalen Verträgen und in allgemeinen Geschäftsbedingungen, die auch im internationalen Geschäftsverkehr verwendet werden sollen oder können, empfiehlt sich meist auch eine Klausel, die deutsches Recht als anwendbares Recht vorsieht. Problematisch ist, ob die Klausel auch die Anwendung des **UN-Kaufrechts** ausschließen soll. Tut man dies nicht ausdrücklich, ist es als Teil des deutschen Rechts bei entsprechender Auslandsberührung anwendbar. Nun kann es sein, dass im Einzelfall das UN-Kaufrecht für den Verwender der allgemeinen Geschäftsbedingungen günstiger sein kann als das BGB. Daraus wird teilweise die Empfehlung abgeleitet, dass man es nicht ausschließen sollte. Dennoch ist es allgemein üblich, es auszuschließen. Dies hat zumindest den Vorteil, dass dann alle Verträge des Verwenders der allgemeinen Geschäftsbedingungen einem einheitlichen Rechtsregime – nämlich dem BGB und eventuell geltenden Sonderregelungen – unterliegen und nicht die innerdeutschen Verträge dem BGB und die internationalen Verträge in erster Linie dem UN-Kaufrecht und nur teilweise dem BGB. Das macht jedenfalls für das Vertragsmanagement große Vorteile aus, die aus Sicht vieler Unternehmen den Ausschluss des UN-Kaufrechts rechtfertigen. Diese Frage sollte aber bei der Formulierung von Standardklauseln mit den Mandanten ausgiebig erörtert werden.[90]

---

[90] Vgl. dazu *Bierekoven* ITRB 2008, 19.

Formulierungsvorschlag:
Es gilt deutsches Recht unter Ausschluss des UN-Kaufrechts.

IV. Besonderheiten bei Softwaremiete und -pflege

1. Klauseln über die Vertragsdauer

Softwaremiete und Softwarepflege haben gegenüber dem bis jetzt betrachteten Verträgen die Besonderheit, dass es sich um Dauerschuldverhältnisse handelt. Demgemäß gibt es einige Klauseln, die für beide Verträge von Bedeutung sind, bei einmaligen Leistungszahlungen aber nicht so wichtig sind.

Die erste dieser Klauseln sind Klauseln über die **Vertragsdauer.** Die gesetzliche Kündigungsfrist beträgt bei Softwaremiete 3 Tage zu jedem beliebigen Zeitpunkt (§ 580a Abs. 3 Nr. 2 BGB). Anders wäre dies nur, wenn man Softwaremiete im Gegensatz zur ganz herrschenden Meinung[91] als Pachtvertrag über ein Recht ansieht wie dies der BGH in einer insolvenzrechtlichen Entscheidung getan hat.[92] Ginge man von diesem Fall aus, wäre der Vertrag nur zum Ende des Pachtjahres zu kündigen und dies spätestens am 3. Werktag des letzten halben Jahres der Pachtzeit. Beide Regelungen sind unpraktisch. Die erste führt zu wesentlich kürzeren Kündigungsfristen, die zweite in vielen Fällen zu viel zu langen.

Daher ist bei Mietverträgen eine Regelung im Vertrag nötig.

Bei **Pflegeverträgen** ist ohnehin unklar, welches gesetzliche Kündigungsrecht überhaupt gilt. Von daher ist auch dort eine Regelung im Vertrag anzuraten. Auch Standardklauseln über die Vertragsdauer sind zulässig.

Möglich sind dabei sowohl Regelungen dahingehend, dass ein entsprechender Vertrag auf unbestimmte Zeit mit einer bestimmten Kündigungsfrist vorgesehen wird als auch eine Regelung über eine feste Mietzeit. Eine feste Mietzeit wird meist mit einer Klausel ergänzt, die vorsieht, dass sich das Mietverhältnis um eine feste Zeit verlängert, wenn es nicht rechtzeitig vorher gekündigt wird. Bei einem Mietverhältnis auf unbestimmte Dauer kann eine Mindestlaufzeit vereinbart werden.

Für die Kündigung wird meist Schriftform verlangt. All dies ist auch in Standardklauseln möglich. Für einseitige Erklärungen kann die Schriftform verlangt werden.

§ 309 Nr. 9 BGB regelt die Länge von Mindestvertragsdauern für **Verbraucher.** Diese Vorschrift gilt für Unternehmensverträge nicht.[93] Sie gilt darüber hinaus für Mietverträge nicht. Sie ist daher allenfalls bei Pflegeverträgen mit Verbrauchern zu beachten, ein Fall, der praktisch kaum vorkommen dürfte. Dennoch dürften Bindungsfristen nicht zu lang werden. Eine 10-jährige Bindung dürfte selbst im Mietvertragsrecht meist als zu lang gelten. Bei der Miete von komplexerer Software dürfte aber eine Bindung im beiderseitigen Interesse von fünf Jahren möglich sein, weil der Kunde meistens auch Sicherheit haben will und oft die Miete Finanzierungshintergründe hat. Allerdings gilt dies wieder dann nicht, wenn es nicht um klassische Softwaremietverträge, sondern um ASP- oder SaaS-Verträge geht. Hier wird viel von den jeweiligen Umständen des Einzelfalls abhängen. Sicherere Aussagen können mangels Rechtsprechung nicht getroffen werden. Es empfiehlt sich daher, bei sicheren Fristen von mehr als zwei Jahren individuelle Vereinbarungen zu treffen.

Bei Softwarepflegeverträgen besteht meistens auf Seiten des Kunden ein sachlich gerechtfertigtes Interesse an einer relativ langfristigen Bindung. Beim Unternehmen geht es eher um Finanzierungs- und Gewinnerwartungen. Hier dürften aber auch im Zwischenunternehmensverkehr Bindungen von einer größeren Länge als zwei Jahre AGB-rechtlich kaum zulässig sein. Längere Bindungsfristen sind in der Regel dann akzeptiert worden, wenn nur so das Amortisationsinteresse des Lieferanten gesichert ist,[94] was im Mietrecht sehr wohl vor-

---

[91] Näher *Redeker* IT-Recht Rn. 596.
[92] BGH Urt. v. 17.11.2005 – IX ZR 162/04, CR 2006, 151.
[93] Ulmer/Brandner/Hensen/*Christensen* § 309 Nr. 9 Rn. 22.
[94] Vgl. BGH Urt. v. 17.12.2002 – X ZR 220/01, NJW 2003, 886 (Wartungsvertrag für Telefonanlage).

kommen kann, bei Pflegeverträgen aber eher nicht. Aber auch hierzu gibt es so gut wie keine Entscheidung.[95] Wer längere Bindungsfristen will, sollte dies individuell vereinbaren.

> **Formulierungsvorschlag:**
>
> 229 Die Software wird ab dem ...... gemietet. Der Mietvertrag kann jederzeit mit einer Frist von sechs Monaten zum Quartalsende durch schriftlich Erklärung eines der Vertragspartner gekündigt werden, erstmalig zum Ablauf des 24. Monats nach Vertragsbeginn.
> Oder
> Die Software wird ab dem ...... gemietet. Der Mietvertrag wird auf die Dauer von ...... Jahren geschlossen. Er verlängert sich um jeweils ein Jahr, wenn er nicht spätestens drei Monate vor Ablauf der Vertragszeit von einem der Vertragspartner schriftlich gekündigt wird.

2. Regelungen zur Zahlung

230 Wichtig sind auch Zahlungs- und Fälligkeitsregelungen. Hinsichtlich der Pflegevergütung gibt es im Gesetz überhaupt keine Regelung. Im Mietrecht ist es so, dass bei Softwaremiete nach wie vor nachschüssig zu zahlen ist, also nach Ablauf des Monats, wenn monatliche Zahlung vereinbart ist (§ 579 BGB). Nur bei der Miete von Räumen gibt es eine vorschüssige Zahlung (§§ 579, 556b Abs. 1 BGB). Angesichts der Regelung zu der Raummiete dürfte es auch bei der Softwaremiete in Standardklauseln möglich sein, eine monatliche vorschüssige Zahlung zu vereinbaren. Dies ist freilich bei Klauseln, die eine Vorauszahlung für einen längeren Zeitraum vorsehen, zweifelhaft, weil eine langfristige Vorauszahlung bei einer Insolvenz des Vermieters zu einer nicht gerechtfertigten Benachteiligung der Interessen des Kunden führt.

231 Sachlich dürfte das gleiche bei Pflegeverträgen gelten, es sei denn, die Pflegevergütung bewegt sich in einem sehr niedrigen Rahmen. Dann dürfte auch eine längere Vorauszahlungsklausel wirksam sein.

232 Bei Zahlungsklauseln sollte außerdem noch sichergestellt werden, dass für die Rechtzeitigkeit der Zahlung der Eingang auf dem Konto des Vermieters entscheidend ist. Auch dies ist nach längjähriger Rechtsprechung AGB-rechtlich zulässig. Eine solche Klausel erlaubt eine zuverlässige Zahlungskontrolle durch den Vermieter.[96]

233 Im Zwischenunternehmensverkehr ergibt sich diese Rechtsfolge auch aus der Zahlungsverzugsrichtlinie.[97] Dies hat der EuGH jedenfalls für eine frühere Fassung der Richtlinie bindend auch für das deutsche Recht entschieden.[98] Da die Richtlinie aber für Verbraucherverträge nicht gilt und unklar ist, wie weit sie sich dennoch auf Verbraucherverträge auswirkt,[99] ist die Klausel nach wie vor sinnvoll.

> **Formulierungsvorschlag:**
>
> 234 Für die Rechtzeitigkeit der Zahlung ist der Eingang auf dem Konto des Vermieters maßgeblich.

235 Zulässig ist es über den Formulierungsvorschlag hinaus auch, vom Mieter bzw. Pflegeberechtigten die Erteilung einer Einzugsermächtigung zur Einziehung der Miete bzw. des Pflegeentgelts zu verlangen. Unzulässig ist es dagegen, dem Mieter aufzuerlegen, dem Softwareunternehmen eine Lastschriftbefugnis zu erteilen.[100]

---

[95] Zum Problem vgl. auch *Marly*, Praxishandbuch Softwarerecht, Rn. 1040 f.
[96] Lindner/Figura/*Oprée*/Stellmann Geschäftsraummiete Kap. 15 Rn. 214.
[97] Richtlinie 2000/35/EG, veröffentlicht ABl. EU Nr. L 48 v. 23.2.2011, S. 1.
[98] EuGH Urt. v. 3.4.2008 – C-306/06, NJW 2008, 1935.
[99] Bamberger/Roth/*Ehlert* § 556b BGB Rn. 11.
[100] BGH Urt. v. 14.10.2009 – VIII ZR 96/07 – BB 2010, 205.

3. Preisanpassungsklauseln

In Dauerschuldverhältnissen stellt sich immer wieder die Frage, was im Hinblick auf den einmal vereinbarten Preis dann geschieht, wenn sich die Kalkulationsgrundlagen für ihn ändern. Natürlich ist es möglich, solche Verträge zu kündigen und dann mit geändertem Preis neu abzuschließen. Dies ist allerdings bei bestimmten Bindungsfristen oft rechtlich nicht möglich. Im Übrigen ist es beidseitig nicht erwünscht, weil die Vertragsbeziehungen bestehen bleiben sollen. 236

Daher stellt sich die Frage, ob man nicht Klauseln vorsehen kann, nach denen Preisanpassungen bei Änderungen von Kalkulationsgrundlagen zulässig sind. Im Prinzip sind solche selbst in allgemeinen Geschäftsbedingungen zulässig. Der BGH hat aber in einer ganzen Reihe von Entscheidungen zusätzliche Anforderungen an solche Klauseln gestellt.[101] 237

Solche Klauseln sind nach Ansicht des BGH nach § 307 Abs. 1 S. 1 BGB unwirksam, wenn es solche Klauseln dem Verwender ermöglichen, über die Abwälzung konkreter Kostensteigerungen hinaus, den zunächst vereinbarten Preis ohne Begrenzung anzuheben und so nicht nur eine Gewinnminderung zu vermeiden, sondern einen zusätzlichen Gewinn zu erzielen. Demgemäß muss in den Klauseln transparent angegeben werden, nach welchen Kriterien sich die Preiserhöhung bemisst. zB nach der Erhöhung von Arbeitspreisen oder Einkaufspreisen. Dabei darf die Preiserhöhung nur die Kostensteigerung auffangen, nicht mehr. Dies bedeutet, dass bei einer Steigerung einzelner Kostenfaktoren eine Preissteigerung nur in dem Umfang erfolgen darf, in dem die Preissteigerung über diese Kostenfaktoren Auswirkungen auf den Gesamtpreis hat. Es muss also der Anteil dieser Kostenfaktoren am Gesamtpreis Berücksichtigung finden. Außerdem darf eine Kostenerhöhung bei einzelnen Faktoren nur soweit weitergegeben werden, wie sie nicht durch Preissenkung bei anderen Kostenbestandteilen aufgewogen wird. Letztlich muss außerdem dem Recht zur Preiserhöhung auf Seiten des Lieferanten ein – entsprechend gestalteter – Anspruch auf Preissenkung auf Seiten des Kunden entsprechen, wenn ausnahmsweise einmal Kostensenkungen eintreten. 238

Insbesondere die klare und transparente Beschreibung der möglichen Preisverbesserungsfaktoren ist von zentraler Bedeutung. Dies bedingt, dass bei der Formulierung der Klausel sehr genau überlegt werden muss, welche Kosten für die eigene Preisbemessung neben der Marktsituation von Bedeutung sind. Diese Kosten sollten explizit in der Klausel genannt werden. Darüber hinaus muss bei der konkreten Preiserhöhung nicht nur angegeben werden, welche Kostenfaktoren in welchem Umfang gestiegen sind, sondern auch, welche Bedeutung diese Kostensteigerung für die eigene Kostenkalkulation haben. Wird in der Preisänderungsklausel eine solche Transparenz nicht verlangt, ist sie unwirksam. Dagegen müssen die Kalkulationsfaktoren nicht schon in der Preisänderungsklausel selbst angegeben werden.[102] 239

Die dargestellte Rechtsprechung hebt dabei nicht auf Verbraucherschutzgesichtspunkte oder Normen ab, die nur für Verbraucher gelten. Sie gilt daher prinzipiell auch für Unternehmen. Allerdings hat der für Gewerberaummietrecht zuständige XII. Senat des BGH 2012 in zwei Entscheidungen allgemeine Geschäftsbedingungen für wirksam angesehen, die dem Vermieter die Möglichkeit einräumen, selbst die Angemessenheit der Miete zu prüfen und sie bei Unangemessenheit nach billigem Ermessen zu erhöhen, ohne das Preisbildungsfaktoren genannt wurden.[103] Auf die oben erwähnte Rechtsprechung ging der BGH dabei nicht ein. Nach derzeitiger Lage wird man wohl von einer gewerbemietrechtlichen Sonderrechtsprechung sprechen müssen. Klar ist dies aber nicht. Die Instanzrechtsprechung ist teilweise großzügiger und verlangt nur ein Kündigungsrecht des Kunden, das zu einer Beendigung des Vertrages vor der Preiserhöhung führt.[104] 240

---

[101] BGH Urt. v. 11.10.2007 – III ZR 63/07, BB 2007, 2644 mAnm *Härting*; Urt. v. 15.11.2007 – III ZR 247/06, NJW 2008, 360; Teilurt. v. 29.4.2008 – KZR 2/07, BB 2008, 1360 mAnm *Flasbarth*; Urt. v. 21.4.2009 – XI ZR 78/08, NJW 2009, 2051; BGH, Urt. v. 31.7.2013 – VIII ZR 162/09, NJW 2013, 3647 (3651 ff.); dazu auch *Büdenbender* NJW 2013, 3601.
[102] AA *Kessel/Schwedler* BB 2010, 585 (587).
[103] BGH Urt. v. 9.5.2012 – XII ZR 79/10, NJW 2012, 2187; Urt. v. 27.6.2012 – XII ZR 93/10, IMR 2012, 368.
[104] OLG Schleswig Urt. v. 27.3.2012 – 2 U 2/11, CR 2012, 371 (374).

Bleibt man bei den Kriterien der zuerst genannten Entscheidungen des BGH, könnte eine **Formulierung** wie folgt lauten:

> **Formulierungsvorschlag:**
>
> 241 Der Lieferant .... kann das Entgelt durch schriftliche Ankündigung mit einer Frist von drei Monaten erhöhen, wenn es bei Abgabe der Erklärung 12 Monate nicht erhöht wurde. Die Erhöhung darf nur erfolgen, sofern und soweit sich die für die Erbringung der Leistung angefallenen Material- und Personalkosten, ... insgesamt erhöht haben und nur soweit, wie sich dadurch der Gesamtpreis erhöht. In der Erklärung ist anzugeben, welche Kostenfaktoren sich erhöht haben und wie sich dies auf die Erhöhung des Gesamtpreises auswirkt. Eventuelle Kostensenkungen bei anderen Kalkulationsgrundlagen sind zu berücksichtigen. Der Kunde kann das Leistungsverhältnis binnen einer Frist von sechs Wochen nach Zugang der Preiserhöhungserklärung außerordentlich mit der in ...... geregelten Frist zum Monatsende kündigen. Bis zum Ablauf der Frist bleibt der Preis dann unverändert. Sinken die in Satz 2 genannten Kosten insgesamt, kann der Kunde eine den sinkenden Kosten entsprechende Preissenkung verlangen. Auch der Kunde kann diesen Anspruch mit einer Frist von drei Monaten schriftlich geltend machen, wenn der Preis 12 Monate nicht gesenkt worden ist. In diesem Fall kann der Lieferant kündigen. Die Regelung der Seiten zu 3 und 4 gelten entsprechend.

4. Insbesondere: Gewährleistung im Mietrecht

242 Die Gewährleistung im Mietrecht ist außerhalb von Wohnraummietverhältnissen umfangreichen Regelungen zugänglich. Im Gegensatz zu den oben erörterten Aussagen zu Lieferantenverträgen, die im wesentlichen für Pflegeverträge auch gelten, kann sie sogar ziemlich weitgehend ausgeschlossen und beschränkt werden. Reparaturleistungen können auf den Mieter übertragen werden. All dies ist im Bereich der IT nicht markt- und interessengerecht. Allenfalls im Bereich der reinen Hardwaremiete können solche Vereinbarungen vorkommen. Sobald Software im Spiel ist, ist dies anders. In aller Regel will der Softwarelieferant Mängelbeseitigungsarbeiten nicht seinen Kunden überlassen. Der Kunde will und kann sie auch nicht durchführen. Der Kunde müsste den Quellcode kennen und darüber hinaus seine Mitarbeiter besonders schulen lassen. Dies ist sehr aufwendig und liegt im Übrigen nicht im Interesse des Lieferanten.

243 Deswegen wird der Softwarelieferant auch im Mietrecht selbst nachbessern wollen. Die in sonstigen Mietverträgen häufig üblichen Klauseln, dass die Mängelbeseitigung und Instandhaltung im Wesentlichen beim Mieter liegt, sind daher im Softwarerecht nicht brauchbar. Das gleiche gilt im Übrigen ja auch für die Softwarepflege. Dies ist Gegenstand der hier ja auch erörterten Pflegeverträge. Auch diese Teile der Softwareweiterentwicklung bleiben beim Lieferanten.

244 Es empfiehlt sich aber eine weitere Klausel. Der BGH hat es nämlich erlaubt, dass im Mietrecht auch in allgemeinen Geschäftsbedingungen jedenfalls im Unternehmensverkehr dem Mieter die Möglichkeit genommen wird, die laufenden Mietzahlungen wegen einer Minderung zu kürzen. Es kann ihm auferlegt werden, die laufende Mietzahlung in voller Höhe, aber unter Vorbehalt weiterzuzahlen und sie später zurückzufordern. Allerdings muss diese Möglichkeit in der Klausel ausdrücklich erwähnt werden. Wird sie nicht erwähnt, ist die Klausel unwirksam.[105]

> **Formulierungsvorschlag:**
>
> 245 Der Mieter kann bei Mängeln die laufende Mietzahlung nicht mindern. Ein eventuell bestehendes Recht zur Rückforderung unter Vorbehalt gezahlter Mieten bleibt unberührt.

In Pflegeverträgen dürfte eine solche Klausel unwirksam sein.

---

[105] BGH Urt. v. 23.4.2008 – XII ZR 62/06, NJW 2008, 947.

5. Miete neuer Softwareversionen

Auch beim Mietvertrag muss die Software weiterentwickelt werden. Man kann natürlich nur eine einmal entwickelte Version der Software vermieten. Dann hat der Kunde das Recht darauf, dass diese Softwareversion von ihm genutzt werden kann. Er hat keinen Anspruch darauf, dass weiterentwickelte Versionen der Software ihm überlassen werden, es sei denn, es geht um Mängelbeseitigung. Es gibt viele Mietverträge, die so formuliert werden. Dann wird daneben allerdings noch ein weiterer Softwarepflegevertrag vereinbart, in dem der Rest der Softwareanpassung geregelt wird. Alles andere macht nur dann Sinn, wenn – wie bei Massensoftware häufig üblich – die Weiterentwicklung letztendlich vom Hersteller unmittelbar an die Kunden und dies kostenfrei übermittelt wird. In allen anderen Fällen wird meistens die Mietsoftware in jeweils in der aktuellen Fassung Gegenstand sein.

Dies muss aber – da es im Gesetz nicht vorgesehen ist – ausdrücklich vereinbart werden. Hier gibt es zwei alternative **Formulierungsvorschläge:**

> 1. Der Vermieter vermietet dem Mieter die Software .... Die Weiterentwicklung der Software und die Überlassung neuer Versionen ist nicht geschuldet.
> 2. Der Vermieter vermietet dem Mieter die Software .... Der Vermieter ist verpflichtet, von ihm allgemein angebotene neue Versionen der überlassenen Software auch an den Mieter zu überlassen. Eine gesonderte Vergütung schuldet der Mieter nicht. Bei Lieferung neuer Versionen werden die alten nach einer Übergangsfrist von drei Monaten gelöscht. Es darf immer nur eine Version der Software gleichzeitig produktiv genutzt werden.

6. Ausschluss der verschuldensunabhängigen Haftung

Eine letzte Regelung ist für das Mietrecht sehr wichtig. Es geht um eine spezielle Haftungsregelung. Im Mietrecht haftet der Vermieter nämlich nach dem BGB für anfängliche Mängel verschuldensunabhängig (§ 536a Abs. 1 S. 1 1. Alt. BGB). Diese verschuldensunabhängige Haftung ist im BGB nahezu einmalig. Gerade bei Software werden die meisten Mängel auch anfängliche Mängel sein. Angesichts der ungewöhnlichen Haftungsregel hat die Rechtsprechung seit langem zugelassen, dass auch in allgemeinen Geschäftsbedingungen diese verschuldensunabhängige Schadensersatzhaftung ausgeschlossen werden kann. Eine entsprechende Klausel ist dringend zu empfehlen.

> **Formulierungsvorschlag:**
> Die verschuldensunabhängige Haftung für anfängliche Mängel gem. § 536a Abs. 1 BGB ist ausgeschlossen.

Im Übrigen gelten für alle anderen Schadensersatzfragen die üblichen Regeln, die oben ausführlich dargestellt sind.[106]

---

[106] → Rn. 101 ff.

§ 17 Besonderheiten in Verbraucherverträgen bei Überlassung von Hard- und Software

Übersicht

	Rn.
I. Anwendungsbereich des Verbraucherrechts	1–19
1. Verbraucher- und Unternehmerbegriff	2/3
2. Nicht erkennbarer Vertragszweck	4–7
3. Gemischte Kaufzwecke: Dual Use	8–10
4. Beschränkung auf natürliche Personen; BGB-Gesellschaft	11/12
5. Existenzgründer als Verbraucher?	13
6. Abgrenzung zur gewerblichen Tätigkeit und die Bereichsausnahme des § 474 Abs. 1 S. 2 BGB (e-Bay-Powerseller)	14–18
7. Beweislast	19
II. Besonderheiten des Verbrauchsgüterkaufs	20–70
1. Kauf- und Werklieferungsverträge über bewegliche Sachen	21
2. Software als bewegliche Sache; § 651 BGB; Download	22–24
3. Keine Herausgabe von Gebrauchsvorteilen	25
4. Unabdingbarkeit gemäß § 475 BGB	26–38
a) Ansprüche bei Mängeln	28/29
b) Verjährung	30
c) Beweislastumkehr, § 476 BGB	31–35
d) Versendungskauf	36–38
5. Garantien	39–60
a) Formelle Anforderungen	44–48
b) Rechtsfolgen eines Verstoßes	49–52
c) Sonderproblem: Wirksamkeit von „Garantien" beim Hardwareerwerb	53–60
6. Rückgriffsrecht des Unternehmers, §§ 478, 479 BGB	61–70
III. Besonderheiten bei Verbraucherverträgen im AGB-Recht mit Klauselbeispielen	71–124
1. Einbeziehung von AGB	74–89
a) Erfordernis der Einbeziehung für zukünftige Verträge	82/83
b) Überraschende Klauseln	84/85
c) Sonderproblem: Einbeziehung von AGB bei shrink-wrap- und click-wrap-Verträgen	86–89
2. Inhaltskontrolle von AGB bei Verbraucherverträgen	90–124
a) Transparenzgebot; Verwendung einheitlicher oder differenzierender AGB	93/94
b) Einzelne Klauseln	95/124
IV. Besonderheiten bei Finanzierungsgeschäften mit Verbrauchern	125–148
1. Anwendungsbereich	128–132
2. Anforderungen des Verbraucherkreditrechts	133–143
3. Verbundene Geschäfte	144–148
V. Prozessuale und internationale Bezüge	149–166
1. Verbrauchergerichtsstand	149–158
2. Anwendbares Recht bei Verbraucherverträgen mit Auslandsbezug	159–166

Schrifttum: *Bierekoven/Crone,* Umsetzung der Verbraucherrechterichtlinie, MMR 2013, 687; *Brödermann,* Paradigmenwechsel im internationalen Privatrecht – Zum Beginn einer neuen Ära seit 17.12.2009, NJW 2010, 807; *Brönneke,* Abwicklungsprobleme beim Widerruf von Fernabsatzgeschäften, MMR 2004, 127; *Bülow,* Neues Verbraucherkreditrecht in Etappen, NJW 2010, 1713; *Derleder,* Die vollharmonisierende Europäisierung des Rechts der Zahlungsdienste und des Verbraucherkredits, NJW 2009, 3195; *Fischl,* Kollision von Urheberrecht und Geheimnisschutz, ITRB 2005, 265; *Föhlisch,* Globales Leihhaus Internet – statt Onlinehandel. Wertersatz für Nutzungen nach fernabsatzrechtlichem Widerruf, MMR 2010, 3; *Föhlisch/Dyakova,* Fernabsatzrecht und Informationspflichten im Onlinehandel, Anwendungsbereich nach dem Referentenentwurf zur Umsetzung der Verbraucherrechterichtlinie, MMR 2013, 3; *de Franceschi,* Informationspflichten und „formale Anforderungen" im Europäischen E-Commerce, GRUR Int 2013, 865; *Jaeger,* Die neue Version 3 der GNU General Public License, GRUR 2008, 130, GRUR 2008, 130; *Johannsen,* Rückgriff ins Leere – Zur Umgehung des § 478 BGB in internationalen Softwarekaufverträgen –, ITRB 2006, 112; *Lederer*, Das Verbraucherleitbild im Internet, NJOZ 2011, 1833; *Mankowski*, Internationale Zuständigkeit am Erfüllungsort bei Softwareentwicklungsverträgen, CR 2010, 137; *Masuch*, Neues Muster für Widerrufsbelehrungen, NJW 2008, 1700; *Redeker*, Allgemeine Geschäftsbedingungen und das neue Schuldrecht, CR 2006, 433; *Rohlfing*, Unternehmer qua Indizwirkung? – Darlegungs- und Beweislast bei geschäftsmäßigem Handel in elektronischen Marktplätzen, MMR 2006, 271; *Rudkowski/Werner*, Neue Pflichten für Anbieter jenseits der „Button-Lösung", Paid Content-Verträge nach der Verbraucherrechte-Richtlinie, MMR 2012, 711; *Rühl*, Weitreichende Änderungen im Verbraucherdarlehensrecht und Recht der Zahlungsdienste, DStR 2009, 2256; *Schäuble/Kaltenbach*, Die Zuständigkeit deutscher Gerichte nach den Vorschriften der EuGVVO, JuS 2012, 131; *Schweinoch*, Werklieferungsvertrag; Software; Vertragstypen, CR 2010, 1; *Schwab/Giesemann*, Die Verbraucherrechte-Richtlinie: Ein wichtiger Schritt zur Vollharmonisierung im Binnenmarkt, EuZW 2012, 253; *Stadler*, Garantien in IT-Verträgen nach der Schuldrechtsmodernisierung, CR 2006, 77; *Wagner*, Aktuelle Entwicklungen in der europäischen justiziellen Zusammenarbeit in Zivilsachen, NJW 2010, 1707; *Weller*, Internationaler Anwendungsbereich des Verbraucherkreditschutzrechts, NJW 2006, 1247; *Woitkewitsch*, Verbrauchergerichtsstand bei Widerruf auf Grund Fernabsatzgeschäfts –, CR 2006, 284.

I. Anwendungsbereich des Verbraucherrechts

Durch das „Gesetz zur Umsetzung der Verbraucherrechterichtlinie und zur Änderung des Gesetzes zur Regelung der Wohnungsvermittlung"[1] hat der Bundestag am 14.6.2013 die **Verbraucherrechterichtlinie** („VRRL")[2] in nationales Recht umgesetzt. Mit Wirkung zum 13.6.2014 sind damit zahlreiche Änderungen verbraucherschützender Normen in Kraft getreten. Auf die jeweiligen Neuerungen wird im Folgenden gesondert hingewiesen.

1. Verbraucher- und Unternehmerbegriff

Der **persönliche Anwendungsbereich** der verbraucherschützenden Regelungen des AGB-Rechts, des Verbrauchsgüterkaufrechts, des Verbraucherkreditrechts und des Rechts der besonderen Vertriebsformen ist nur eröffnet, wenn ein Verbraucher einen Vertrag mit einem Unternehmer schließt.

Die Begriffe „Verbraucher" (§ 13 BGB) und „Unternehmer" (§ 14 BGB) sind für die Abgrenzung des vertragsrechtlichen Verbraucherschutzes grundlegend. Sie werfen eine Vielzahl von Zweifelsfragen auf. Gemäß § 13 BGB ist **Verbraucher** jede natürliche Person, die ein Rechtsgeschäft zu einem Zwecke abschließt, der weder ihrer gewerblichen noch ihrer selbstständigen beruflichen Tätigkeit zugerechnet werden kann. Gemäß Art. 229 § 32 Abs. 1 EGBGB gilt für Verträge, die seit dem 13.6.2014 geschlossen wurden, der erweiterte Verbraucherbegriff des im Lichte der VRRL reformierten § 13 BGB n. F. Demnach ist **Verbraucher** jede natürliche Person, die ein Rechtsgeschäft zu Zwecken abschließt, die **überwiegend** weder ihrer gewerblichen noch ihrer selbstständigen beruflichen Tätigkeit zugerechnet werden können. Demnach gelten nunmehr insbesondere auch diejenigen Personen als Verbraucher, die einen Vertrag teilweise für gewerbliche und teilweise für nichtgewerbliche Zwecke abschließen, sofern der gewerbliche Zweck im Gesamtzusammenhang nicht überwiegt.[3] Der Unternehmerbegriff blieb unverändert. **Unternehmer** ist gemäß § 14 Abs. 1 BGB jede natürliche oder juristische Person oder rechtsfähige Personengesellschaft, die bei Abschluss eines Rechtsgeschäfts in Ausübung ihrer gewerblichen oder selbstständigen beruflichen Tätigkeit handelt.

---

[1] BT-Drs. 17/12637 in der Fassung der Beschlussempfehlung des Rechtsausschusses BT-Drs. 17/13951; BGBl. I S. 3642.
[2] Richtlinie 2011/83/EU des Europäischen Parlaments und des Rates v 25.10.2011 über die Rechte der Verbraucher, zur Abänderung der Richtlinie 93/13/EWG des Rates und der Richtlinie 1999/44/EG des Europäischen Parlaments und des Rates sowie zur Aufhebung der Richtlinie 85/577/EWG des Rates und der Richtlinie 97/7/EG des Europäischen Parlaments und des Rates, ABl. EU NR L 304 v 22.11.2011, 64 ff.
[3] Vgl. Erwägungsgrund Nr. 17 der VRRL; ein Überblick zu Neuerungen im deutschen Schuldrecht bei *Bierekoven/Crone* MMR 2013, 687; zum Verbraucherbegriff nach der Umsetzung der VRRL *Meier* JuS 2014, 777.

2. Nicht erkennbarer Vertragszweck

4 Schwierigkeiten entstehen bei der Einordnung von Vertragspartnern, bei denen der **konkrete Zweck**, zu dem der Vertrag abgeschlossen wird, **dem Verkäufer unbekannt** ist. Im IT-Bereich ist es anhand des Vertragsgegenstandes oft nicht möglich, darauf zu schließen, ob der Käufer diesen im privaten oder im gewerblichen Bereich einsetzen möchte. So kann beispielsweise Antivirensoftware sowohl privat am Heim-PC als auch auf einem Firmen-Rechner installiert werden. Hier stellt sich die Frage, ob die **Verbrauchereigenschaft objektiv oder subjektiv** zu bestimmen ist, dh ob es hierfür lediglich auf einen versteckten inneren Willen ankommt oder ob die Verbrauchereigenschaft auch objektiv erkennbar nach außen treten muss.

5 Nach einer Entscheidung des BGH vom 30.9.2009 sind natürliche Personen grundsätzlich als Verbraucher zu betrachten. Etwas anderes gilt nach dem Urteil des BGH nur dann, wenn ihr **konkretes** rechtsgeschäftliches Handeln **eindeutig und zweifelsfrei** ihrer gewerblichen oder selbstständigen beruflichen Tätigkeit zugeordnet werden kann.[4] Geklagt hatte eine Rechtsanwältin, die über eine Internetplattform Lampen bestellt hatte. Die Freiberuflerin hatte als Liefer- und Rechnungsadresse ihren Namen und die Anschrift der Kanzlei, bei der sie tätig war, angegeben, nicht aber ihre Berufsbezeichnung. Die Instanzgerichte waren uneins. Das Berufungsgericht hatte die Klage abgewiesen und im Wesentlichen ausgeführt, dass die Rechtsanwältin nach dem objektiven Empfängerhorizont nicht als Verbraucherin gehandelt habe und ihr daher ein Widerrufsrecht nach den fernabsatzrechtlichen Vorschriften nicht zustehe.[5]

6 Die Revision vor dem BGH hatte schließlich Erfolg. Der BGH hat entschieden, dass die Anwältin nur dann nicht als Verbraucher angesehen werden könne, wenn ihr rechtsgeschäftliches Handeln **eindeutig und zweifelsfrei** ihrer gewerblichen oder selbstständigen beruflichen Tätigkeit zugeordnet werden könne. Dies sei dann der Fall, wenn das in Rede stehende Rechtsgeschäft **objektiv** in Ausübung der gewerblichen oder selbstständigen beruflichen Tätigkeit der natürlichen Person abgeschlossen werde (§ 14 BGB). Darüber hinaus sei ein rechtsgeschäftliches Handeln nur dann der unternehmerischen Tätigkeit der natürlichen Person zuzuordnen, wenn sie dies ihrem Vertragspartner durch ihr Verhalten unter den **konkreten Umständen des Einzelfalls** zweifelsfrei zu erkennen gegeben habe.[6] Die Begleitumstände muss der Käufer nicht von sich aus offenbaren. Das **Risiko des Informationsdefizits** trägt der **Verkäufer**.

> **Praxistipp:**
> Im Zweifel sind die Begleitumstände folglich von dem Unternehmer zu erfragen. Will er sichergehen, keine verbraucherschützenden Vorschriften beachten zu müssen, muss er sich nach dem Vertragszweck erkundigen bzw. sich bestätigen lassen, dass der Vertragsgegenstand nicht überwiegend zu privaten Zwecken genutzt werden soll. Zu beachten ist, dass AGB-Klauseln, in denen sich der Unternehmer vom anderen Teil bestätigen lässt, er sei gleichfalls Unternehmer, gemäß § 309 Nr. 12 BGB unwirksam sein werden.[7]

7 Spiegelt der Käufer seine Unternehmereigenschaft vor, um beispielsweise günstigere Konditionen zu erhalten, so kann er sich, anders als im Minderjährigenrecht, nicht im Nachhinein auf seine tatbestandlich vorliegende Verbrauchereigenschaft berufen („venire contra factum proprium").[8]

---

[4] BGH Urt. v. 30.9.2009 – VIII ZR 7/09, NJW 2009, 3780.
[5] Vgl. LG Hamburg Urt. v. 16.12.2008 – 309 S 96/08, MMR 2009, 350.
[6] BGH Urt. v. 30.9.2009 – VIII ZR 7/09, NJW 2009, 3780.
[7] Palandt/*Ellenberger* § 13 Rn. 4; aA *Müller* NJW 2003, 1975.
[8] BGH Urt. v. 22.12.2004 – VIII ZR 91/04, NJW 2005, 1045.

3. Gemischte Kaufzwecke: Dual Use

Hard- und Software werden häufig zu teils beruflichen, teils aber privaten Zwecken erworben. Vor Umsetzung der VRRL stellte sich die Frage, ob beispielsweise der Rechtsanwalt, der einen Laptop erwirbt, um diesen sowohl im Rahmen seiner selbstständigen beruflichen Tätigkeit als auch privat zu nutzen, dem Schutz des Verbraucherrechts unterliegt. Die Behandlung von solchen **Käufen zu gemischten Zwecken**, die üblicherweise schlagwortartig als „dual use" bezeichnet werden, war umstritten.

Es wurde zum einen vertreten, dass solche Fälle stets als Verbraucherhandeln zu qualifizieren seien, da sich nur so der Verbraucherschutz effektiv durchsetzen lasse.[9] Die Gegenauffassung wollte genau umgekehrt wegen fehlender Schutzbedürftigkeit eines Freiberuflers keinen Verbrauchsgüterkauf annehmen.[10] Nach überwiegender Ansicht war in diesem Fall entscheidend, welche **angestrebte Benutzung** des Kaufgegenstandes **überwiegt**.[11] Dieser bislang vorherrschenden Ansicht entspricht nunmehr § 13 BGB n. F., der nun auf den **Schwerpunkt des Vertragszwecks** abstellt. Die steuerliche Einordnung des Rechtsgeschäftes ist auch nach neuem Recht unbeachtlich.

Bei der Beurteilung der Verbrauchereigenschaft ist stets auf eine **ex-ante-Sicht** abzustellen. Überwiegt beispielsweise im Nachhinein entgegen dem ursprünglich angestrebten gewerblichen Verwendungszweck die private Nutzung, so führt dies nicht zum nachträglichen Aufleben verbraucherschützender Privilegien des Käufers.[12]

4. Beschränkung auf natürliche Personen; BGB-Gesellschaft

Verbraucher im Sinne von § 13 BGB können nach dem klaren **Wortlaut** des Gesetzes **nur natürliche Personen** sein. Der EuGH hat am 22.11.2001 entschieden:[13] „Der Begriff Verbraucher, wie er in Art. 2 lit. b Richtlinie 93/13/EWG des Rates vom 5.4.1993 über missbräuchliche Klauseln in Verbraucherverträgen definiert wird, ist dahin auszulegen, dass er sich ausschließlich auf natürliche Personen bezieht". Dem entspricht § 13 BGB, womit Handelsgesellschaften, eingetragene Vereine und auch rechtsfähige Stiftungen aus dem Verbraucherbegriff herausfallen. Auch der nicht-rechtsfähige Verein wird auf Grund seiner körperschaftlichen Verfassung als „verbraucheruntauglich" angesehen.[14]

Hinsichtlich der Einordnung der Gesellschaft bürgerlichen Rechts (GbR) wird die Entscheidung des BGH v. 23.12.2001 als richtungsweisend gesehen.[15] Sie bezieht sich zwar nicht auf § 13 BGB, sondern auf den früheren § 1 Abs. 1 VerbrKrG. Die Problematik liegt aber gleich, weil es auch dort um die Anwendbarkeit auf juristischen Personen ging und die Vorschrift ihrem Wortlaut nach ebenfalls die Beschränkung auf natürliche Personen enthielt. Der BGH stellt klar, dass **nur juristische Personen** von vornherein nicht unter den **Verbraucherbegriff** des § 1 VerbrKrG fallen, dagegen die in der Grundsatzentscheidung des BGH vom 29.1.2001[16] der GbR zuerkannte beschränkte Rechtsfähigkeit der Einordnung unter den Verbraucherbegriff nicht entgegenstehe. Dabei komme es nicht auf die interne Struktur oder die dogmatisch richtige Einordnung der GbR an, sondern entscheidend sei der Schutzzweck des betreffenden Verbraucherschutzgesetzes.[17]

---

[9] *v. Westphalen* BB 1996, 2101.
[10] *Jauernig* BGB § 13 Rn. 3.
[11] OLG Celle Urt. v. 11.8.2004 – 7 U 17/04, NJW-RR 2004, 1645; OLG Naumburg Urt. v. 11.12.1997 – 3 U 144/96, NJW-RR 1998, 1351 = WM 1998, 2158; *Pfeiffer* NJW 1999, 169; Palandt/*Ellenberger* § 13 Rn. 4; MüKoBGB/*Micklitz* § 13 Rn. 34.
[12] EuGH Urt. v. 20.1.2005 – C-464/01, NJW 2005, 652 (655).
[13] EuGH Urt. v. 15.3.2001 – T-73/98, NJW 2002, 205.
[14] Palandt/*Ellenberger* § 13 Rn. 2.
[15] BGH Urt. v. 23.12.2001 – XI ZR 63/01, NJW 2002, 368.
[16] BGH Urt. v. 29.1.2001 – II ZR 331/00, NJW 2001, 1056.
[17] BGH Urt. v. 23.12.2001 – XI ZR 63/01, NJW 2002, 368; vgl. auch Staudinger/*Kannowski*, Neubearbeitung 2013, § 13 Rn. 35 f.

5. Existenzgründer als Verbraucher?

13 Auch die Einordnung von Existenzgründern – genauer von Verträgen, die ein „Noch-nicht-Unternehmer" für Zwecke seiner künftigen Unternehmenstätigkeit schließt – hat zu Diskussionen geführt. Der EuGH hat für die Anwendung europäischen Prozessrechts entschieden, es komme auf die **Natur und die Zielsetzung des Vertrags**, nicht aber auf die schon gegenwärtige gewerbliche oder berufliche Tätigkeit an.[18] Dem folgt auch die herrschende Auffassung zur Verbraucherdefinition, die darauf verweist, dass nach dem Wortlaut des § 13 BGB allein die **Zweckrichtung** des Verhaltens entscheidend ist, nicht hingegen das Vorhandensein oder Nichtvorhandensein geschäftlicher Erfahrung. Vorbereitende Geschäfte, die direkt auf die Eröffnung eines bestimmten Gewerbebetriebs oder eine selbstständige beruflichen Praxis gerichtet sind, fallen danach aus dem Bereich des § 13 BGB heraus.[19]

6. Abgrenzung zur gewerblichen Tätigkeit und die Bereichsausnahme des § 474 Abs. 2 S. 2 BGB (e-Bay-PowerSeller)

14 Auf Internetauktionsplattformen, wie beispielsweise beim Marktführer e-Bay, treten sowohl Privatleute als auch professionelle, gewerbliche Händler als Verkäufer auf. Äußerst praxisrelevant ist dabei die Frage, **unter welchen Voraussetzungen** von einer **gewerblichen Tätigkeit** des Verkäufers im Sinne des § 14 BGB ausgegangen werden kann, da mit der Einstufung des Verkäufers als Unternehmer zahlreiche zusätzliche Pflichten einhergehen.

15 Diese Fragestellung hat mit der Entscheidung des BGH zur Frage, ob Internetauktionen eine Versteigerung im Sinne des § 156 BGB darstellen, weiter an Bedeutung gewonnen. Der VIII. Senat des BGH hat in dem seinerzeit mit Spannung erwarteten Urteil im Jahr 2004 entschieden, dass es sich bei der auf der Website von e-Bay durchgeführten **Internetauktion um keine Versteigerung im Sinne des § 156 BGB** handelt, da es an der Willenserklärung des Auktionators fehle, welche den erforderlichen Zuschlag darstelle. Damit war höchstrichterlich entschieden, dass das Widerrufsrecht bei Internetauktionen nicht wegen des in § 312d Abs. 4 Nr. 5 BGB aF enthaltenen Ausschlusstatbestandes für öffentliche Versteigerungen ausgeschlossen ist.[20] Gleiches gilt für den seit 13.6.2013 geltenden § 312g Abs. 2 S. 1 Nr. 10 BGB.[21]

16 Da es sich bei derartigen „Internetversteigerungen" – welche bereits Art. 1 Abs. 3 VerbrGK-RL nicht in den Ausschlusstatbestand einbeziehen wollte – nach der Entscheidung **nicht um eine öffentliche Versteigerung** iSv § 383 BGB handelt, ist auch der **Ausschlusstatbestand** nach § 474 Abs. 2 S. 2 BGB (bis 13.6.2013: § 474 Abs. 1 S. 2 BGB aF) nicht erfüllt.[22] Lediglich beim **Verkauf gebrauchter Sachen** in öffentlicher Versteigerung (§ 383 Abs. 3 BGB), an der der **Verbraucher persönlich teilnehmen** kann, ist die Anwendung der §§ 474 ff. BGB gänzlich ausgeschlossen.

17 **Gewerblich** tätig ist nach dem traditionellen Gewerbebegriff des deutschen Handelsrechts, wer planmäßig und auf gewisse Dauer angelegt einer selbstständigen und wirtschaftlichen Tätigkeit nachgeht, die nach außen hervortritt. Auf die **Absicht einer Gewinnerzielung** kommt es hierbei nach einer Entscheidung des BGH nicht an. Mit dieser Linie folgte der BGH der herrschenden Auffassung im Schrifttum zur Auslegung des für § 474 BGB maßgeblichen Unternehmerbegriffs in § 14 Abs. 1 BGB. Beim Verbrauchsgüterkauf – anders als nach der höchstrichterlichen Rechtsprechung zum handelsrechtlichen Kaufmannsbegriff,

---

[18] EuGH Urt. v. 3.7.1997 – C-269/95, WM 1997, 1549.
[19] BGH Beschl. v. 24.2.2005 – III ZB 36/04, NJW 2005, 1273; OLG Oldenburg Beschl. v. 12.11.2001 – 9 SchH 12/01, NJW-RR 2002, 641; OLG Düsseldorf Urt. v. 27.6.2014 – I-17 U 187/11, BeckRS 2014, 13141; Staudinger/*Kannowski*, BGB Neubearbeitung 2013, § 13 Rn. 55 ff.
[20] BGH Urt. v. 3.11.2004 – VIII ZR 375/03, NJW 2005, 53 = CR 2005, 53 = MMR 2005, 37.
[21] Nach Erwägungsgrund 24 der VRRL soll die Verwendung von Online-Plattformen, die Verbrauchern und Unternehmern zu Versteigerungszwecken zur Verfügung stehen, nicht als öffentliche Versteigerung im Sinne der VRRL gelten. Auch der deutsche Gesetzgeber verneint eine inhaltliche Änderung im Verhältnis zu 312d Abs. 4 Nr. 5 BGB, BT-Drs. 17/12637, S. 57.
[22] Vgl. auch MüKoBGB/*Lorenz* § 474 Rn. 13.

der ebenfalls an den Gewerbebegriff anknüpft[23] – setzt damit das Vorliegen eines Gewerbes und damit die Unternehmerstellung des Verkäufers nicht voraus, dass dieser mit seiner Geschäftstätigkeit die Absicht verfolgt, Gewinn zu erzielen.[24]

Die Rechtsprechung stellt zur Konkretisierung des Begriffs der Gewerblichkeit im Rahmen des **e-Bay-Handels** im Wesentlichen darauf ab, **in welchem Umfang Verkäufe** getätigt wurden, ob der Verkäufer als **PowerSeller** eingestuft wird (bzw. sich selbst als solcher einstuft), ob wiederholt gleichartige bzw. neue Waren verkauft wurden und ob der Verkäufer regelmäßig Gegenstände ankauft, um sie über e-Bay weiter zu vertreiben.[25] Auch bei einem Verkäufer, der nach dem Umfang seiner Handelsaktivitäten als gewerblich einzustufen ist, bleiben als rein **privat einzuordnende Verkäufe** grundsätzlich möglich. Dies kann der Fall sein, wenn neben zahlreichen neuen, gleichartigen Waren beispielsweise ein Erbstück angeboten wird. Allerdings müssen in diesem Fall die Besonderheiten, die gerade diesen Verkauf zu einem Privatverkauf machen, explizit dargelegt werden. Der bloße Hinweis „Dieser Artikel wird von Privat verkauft" ist nicht ausreichend.[26]

7. Beweislast

Wer sich auf das Vorliegen der **Verbraucher- bzw. Unternehmereigenschaft** beruft, trägt nach **allgemeinen Beweislastgrundsätzen** die Beweislast dafür, dass deren Voraussetzungen vorliegen.[27] Die Beweislast für das Vorliegen sämtlicher Voraussetzungen des Ausschlusstatbestandes des § 474 Abs. 2 S. 2 BGB trägt nach der negativen Formulierung der Regelung („Dies gilt nicht …") der Unternehmer.[28]

II. Besonderheiten des Verbrauchsgüterkaufs

Ist der persönliche Anwendungsbereich des Verbraucherrechts eröffnet, sind bei der Überlassung von Hard- und Software auch die Regelungen zum Verbrauchsgüterkauf zu berücksichtigen.

1. Kauf- und Werklieferungsverträge über bewegliche Sachen

Die §§ 474 ff. BGB gelten für wirksam abgeschlossene **Kaufverträge über bewegliche Sachen**. Die Vorschriften finden **auch** auf Verträge über die Lieferung herzustellender oder zu erzeugender beweglicher Sachen, dh auf **Werklieferungsverträge** im Sinne von § 651 BGB, Anwendung. Die Verweisung des § 651 BGB auf das Kaufrecht gilt auch für die Regelungen des Verbrauchsgüterkaufs. **Irrelevant** ist die **Vertriebsart**, dh der Modus des Vertragsabschlusses. Die §§ 474 ff. BGB finden auf jedweden Kauf- oder Werklieferungsvertrag über eine bewegliche Sache grundsätzlich ohne Rücksicht auf Art und Weise des Zustandekommens Anwendung, insbesondere auch bei Fernabsatzverträgen.[29] Für Verträge, die seit dem 13.6.2014 abgeschlossen wurden, sieht § 474 Abs. 1 S. 2 BGB n. F. ausdrücklich vor, dass auch solche Verträge als Verbrauchsgüterkauf zu qualifizieren sind, die neben dem Verkauf einer beweglichen Sache die Erbringung einer Dienstleistung durch den Unternehmer zum Gegenstand haben.

---

[23] Vgl. dazu BGH Urt. v. 24.6.2003 – XI ZR 100/02, NJW 2003, 2742.
[24] BGH Urt. v. 29.3.2006 – VIII ZR 173/05, NJW 2006, 2250 mit weiteren Nachweisen zur Literatur; Palandt/*Ellenberger* § 14 Rn. 2; zum Meinungsstand *Szczesny/Holthusen* NJW 2007, 2586.
[25] OLG Frankfurt Urt. v. 22.12.2004 – 6 W 153/04, NJW 2005, 1438 = CR 2005, 883; OLG Koblenz Beschl. v. 17.10.2005 – 5 U 1145/05, NJW 2006, 1438 = CR 2006, 209 (Beweislastumkehr); LG Mainz Urt. v. 6.7.2005 – 3 O 184/04, CR 2006, 131 (Anscheinsbeweis); AG Bad Kissingen Urt. v. 4.4.2005 – 21 C 185/04, NJW 2005, 2463 = CR 2006, 74; LG Hanau Urt. v. 28.9.2006 – 5 O 51/06, MMR 2007, 339; OLG Frankfurt/M. Beschl. v. 21.3.2007 – 6 W 27/07, MMR 2007, 378.
[26] OLG Frankfurt Urt. v. 22.12.2004 – 6 W 153/04, NJW 2005, 1438.
[27] BGH Urt. v. 11.7.2007 – VIII ZR 110/06, NJW 2007, 2619.
[28] Vgl. MüKoBGB/*Lorenz* § 474 Rn. 17, 26; eingehend dazu auch *Rohlfing* MMR 2006, 271.
[29] Vgl. MüKoBGB/*Lorenz* § 474 Rn. 4 ff.; *Westermann* NJW 2002, 241.

2. Software als bewegliche Sache; § 651 BGB; Download

22 Da das Gesetz nur **bewegliche Sachen** anführt, stellt sich auch für die §§ 474 ff. BGB die Frage ihrer Anwendbarkeit auf Softwareverträge. Mit der Schuldrechtsreform hat die Diskussion über die **Sacheigenschaft von Software** wieder an Bedeutung gewonnen. Grund ist die Neuregelung des § 651 BGB. Nach § 651 S. 1 BGB finden auf Verträge, die die Lieferung herzustellender oder zu erzeugender beweglicher Sachen zum Gegenstand haben, die Vorschriften über den Kauf Anwendung.[30]

23 Mit Urteil vom 4.11.1987 klärte der **BGH** die zentrale Frage der vertragstypologischen Einordnung der Softwareüberlassung. Auf die Überlassung von Standard-Software sind bei Mängeln die Vorschriften über den Sachkauf „**zumindest entsprechend**" anwendbar.[31] Der BGH hält seit langem an der Einordnung von Software als Sache fest und hat diese Rechtsprechung trotz einiger gewichtiger Gegenstimmen in der Literatur, die die Verweisung in das Kaufrecht für Software abgelehnt hatten, auch bekräftigt.[32] Auf der Grundlage von drei jüngeren Urteilen des BGH[33] zu § 651 BGB wird nunmehr allerdings wiederum eine Neubewertung der gewohnten vertragstypologischen Einordnung typischer Projektleistungen versucht.[34]

24 Da der Verbraucher beim Softwarekauf nicht weniger schutzwürdig ist als bei anderen Kaufverträgen, muss dies entsprechend auch für die Regeln des Verbrauchsgüterkaufs gelten. **Software** fällt daher **zumindest entsprechend** wie andere digitale Produkte (elektronische Datenbanken, digitalisierte Musik, Bilder und Texte etc)[35] unter die §§ 474 ff. BGB. Standardsoftware wird darüber hinaus von der Rechtsprechung und einem großen Teil der Literatur **unabhängig von der Art ihrer Übertragung**, dh auch beim direkten „**Download**" von einem Datenträger des Verkäufers, als bewegliche Sache qualifiziert, wenn sie letztlich zur Verkörperung auf einem Datenträger des Verbrauchers bestimmt ist.[36] Dies ist auf die §§ 474 ff. BGB zu übertragen und gilt angesichts des weit auszulegenden Sachbegriffs der Verbrauchsgüterkaufrichtlinie sogar dann, wenn man den Kauf von Standardsoftware als kaufähnlichen Vertrag unter § 453 BGB subsumiert. **Softwareerstellungsverträge** unterfallen als Werklieferungsverträge gemäß § 651 BGB ebenfalls den §§ 474 ff. BGB, wobei dies mangels Eröffnung des persönlichen Anwendungsbereichs der §§ 474 ff. BGB keine praktische Relevanz haben dürfte.[37]

3. Keine Herausgabe von Gebrauchsvorteilen

25 Ende 2008 wurde § 474 BGB inhaltlich hinsichtlich der Herausgabe von Gebrauchsvorteilen letztmals geändert. In § 474 Abs. 5 S. 1 BGB n. F. (bis 13.6.2014 in § 474 Abs. 2 Satz 1) ist nunmehr bestimmt, dass **Nutzungsherausgabe und Wertersatz** im Rahmen der Geltendmachung der Rechte aus § 439 Abs. 4 BGB ausgeschlossen sind. Damit wurde einer Entscheidung des EuGH[38] zur Auslegung der Verbrauchsgüterkaufrichtlinie Rechnung getragen. Der BGH hatte in Folge des EuGH-Urteils entschieden, dass bei einem Verbrauchsgüterkauf der Verkäufer vom Käufer bei einem Austausch der Ware im Rahmen der Ge-

---

[30] Zum Meinungsstand vertiefend → § 11; *Redeker* IT-Recht Rn. 296 ff.
[31] Vgl. BGH Urt. v. 4.11.1987 – XIII ZR 314/86, CR 1988, 124.
[32] Vgl. BGH Urt. v. 15.11.2006 – XIII ZR 120/04, CR 2007, 75, in einer Entscheidung zur Rechtsnatur der Softwareüberlassung im Rahmen eines ASP-Vertrages.
[33] BGH Urt. v. 23.7.2009 – VII ZR 151/08, NJW 2009, 2877 = CR 2009, 637; BGH Urt. v. 9.2.2010 – X ZR 82/07, BB 2010, 1561; BGH Urt. v. 4.3.2010 – III ZR 79/09, CR 2010, 327.
[34] *Schweinoch* CR 2010, 1; *Taeger* NJW 2010, 24; *Witte* ITRB 2010, 44.
[35] Zum Begriff der digitalen Güter → § 26 „E-Commerce und Fernabsatzrecht".
[36] Mit BGH Urt. v. 18.10.1989 – XIII ZR 325/88, CR 1990, 24 wurde die Sachqualität für die Online-Übermittlung geklärt. Einen chronologischen Überblick über alle in Zusammenhang mit der Sachqualität relevanten Entscheidungen des BGH gibt Schneider/v. Westphalen/*Schneider*, Software-Erstellungsverträge, Kap. B; → § 11 „Softwareerstellungsverträge".
[37] Vgl. MüKoBGB/*Lorenz* § 474 Rn. 10.
[38] EuGH Urt. v. 17.4.2008 – C-404/06, NJW 2008, 1433.

währleistung **keine Herausgabe der gezogenen Nutzungen oder Wertersatz** für die Nutzung der zurückgegebenen mangelhaften Sache verlangen kann.[39]

> **Praxistipp:**
> Demnach können nach einem Austausch von Hard- oder Software etwaige Gebrauchsvorteile nicht mehr herausverlangt werden. Zu beachten ist allerdings, dass diese Neuregelung nur für den Verbraucherbereich, nicht aber auch für den B2B-Handel erfolgte.

4. Unabdingbarkeit gemäß § 475 BGB

Die besonders für Hardware- und Softwareüberlassungsverträge praktisch wichtigsten Regelungen im Verbrauchsgüterkauf enthalten §§ 475, 477 BGB. Das Verbrauchsgüterkaufrecht untersagt in seiner **zentralen Norm § 475 Abs. 1 BGB** vor Mitteilung eines Mangels Vereinbarungen, durch die zu Lasten des Verbrauchers von den kaufrechtlichen Regelungen der gegenseitigen Pflichten, den Sach- und, Rechtsmängeln (§§ 433 bis 435 BGB), der Mängelhaftung (§§ 437, 439 bis 442 BGB) und der Garantie (§ 443 BGB) sowie der Regelungen des Verbrauchsgüterkaufs in den §§ 474 bis 477 BGB abgewichen wird. 26

Die Regelung stellt eine sehr weitgehende **Einschränkung der Parteiautonomie** zugunsten des Verbrauchers dar. § 475 Abs. 2 BGB betrifft den Spielraum für die vertragliche Erleichterung der Verjährung. § 475 Abs. 3 BGB nimmt schließlich Schadensersatzansprüche von der besonderen Einschränkung der Privatautonomie durch die §§ 474 ff. BGB vollständig aus. § 475 BGB betrifft nur das Verhältnis zwischen Unternehmer und Verbraucher. Die Regeln über den Unternehmerregress enthalten eine Parallelregelung in § 478 Abs. 4 BGB. 27

a) Ansprüche bei Mängeln. Unter § 475 Abs. 1 S. 1 BGB fallen insbesondere Vereinbarungen über die **Rechte des Käufers bei Sach- und Rechtsmängeln**, gleich ob in AGB, Einmalklauseln im Sinne von § 310 Abs. 3 Nr. 2 BGB oder Individualvereinbarungen. Unter Nachteil ist nicht nur Ausschluss, sondern **jede Beschränkung der Käuferrechte** zu verstehen, zB Fristverkürzung oder Bindung der Rechtsausübung an nicht gesetzlich vorgesehene Erfordernisse, etwa Rügeobliegenheiten. Hierzu zählt auch der Versuch einer Änderung der Beweislast des § 476 BGB. 28

Nach dem Wortlaut des § 475 Abs. 1 S. 1 BGB soll sich der Verkäufer auf eine für den Verbraucher nachteilige Vereinbarung „**nicht berufen können**". Damit wird klargestellt, dass nicht der gesamte Vertrag nichtig ist, sondern lediglich eine Berufung auf die unwirksame Klausel ausscheidet.[40] 29

> **Praxistipp:**
> Nach überwiegender Meinung kann die Mängelhaftung bei einem Verbrauchsgüterkauf jedoch durch eine Vereinbarung über die Soll-Beschaffenheit im Rahmen des subjektiven Fehlerbegriffs (§ 434 Abs. 1 S. 1 BGB) eingeschränkt werden.[41]

b) Verjährung. Im Hinblick auf § 475 Abs. 2 BGB kann eine Verkürzung der zwei-jährigen kaufrechtlichen Verjährung gemäß § 438 Abs. 1 Nr. 3 BGB praktisch nur beim Verkauf **gebrauchter Soft- und Hardware** minimal auf ein Jahr ab dem gesetzlichen Verjährungsbeginn vereinbart werden. 30

c) Beweislastumkehr, § 476 BGB. Bei **Hardware** kann die Beweislastumkehr nach § 476 BGB eine Rolle spielen. Liegen die Voraussetzungen des Verbrauchsgüterkaufes vor, so wird dann, wenn sich innerhalb von sechs Monaten seit Gefahrübergang ein Sachmangel zeigt, 31

---

[39] BGH Urt. v. 26.11.2008 – VIII ZR 200/05, NJW 2009, 427.
[40] Vgl. Palandt/*Weidenkaff* § 475 Rn. 5.
[41] Vgl. MüKoBGB/*Lorenz* § 475 Rn. 8 ff. mwN; *Schulte-Nölke* ZGS 2003, 184.

Fischl

nach § 476 BGB vermutet, dass die Sache **bereits bei Gefahrübergang mangelhaft** war, es sei denn, dies ist mit der Art der Sache oder des Mangels unvereinbar. Während man bei Software grundsätzlich nicht davon ausgehen kann, dass sie sich etwa durch Abnutzung oder die Art des Gebrauchs plötzlich verändert, könnte dies bei Hardware durch unsachgemäße Nutzung durchaus der Fall sein, so etwa indem man die Geräte zu großer Hitze, zu großen Erschütterungen oder ähnlichem aussetzt.

32 Der Verkäufer **haftet** jedoch entgegen eines weit verbreiteten Missverständnisses **nicht** binnen sechs Monaten ab Gefahrübergang **im Sinne einer Haltbarkeitsgarantie** für sämtliche Mängel der Kaufsache. So hat der BGH zur Beweislastumkehr nach § 476 BGB ausgeführt:[42]

33 „Soweit § 476 BGB für den hier gegebenen Verbrauchsgüterkauf die Beweislast zu Gunsten des Käufers umkehrt, betrifft das nicht die Frage, **ob** überhaupt ein Sachmangel vorliegt. Die Vorschrift setzt vielmehr einen binnen sechs Monaten seit Gefahrübergang aufgetretenen Sachmangel voraus und enthält eine lediglich in zeitlicher Hinsicht wirkende Vermutung, dass dieser Mangel bereits im Zeitpunkt des Gefahrübergangs vorlag."

34 Nach Ansicht des BGH ist demnach die **Vermutung** nach § 476 BGB **widerlegt**, wenn der Verkäufer darlegt und beweist, dass der **konkrete Mangel bei Gefahrübergang noch nicht vorlag.** Funktioniert also etwa der PC oder der Drucker innerhalb der Sechs-Monats-Frist nicht mehr, ist die Vermutung widerlegt, wenn das Gerät zum Zeitpunkt des Gefahrübergangs noch funktionierte. Es wird dagegen nicht vermutet, dass der innerhalb der Frist aufgetretene Defekt auf einen schon bei Gefahrübergang vorhandenen Mangel (etwa wegen schlechter Verarbeitung einer einzelnen Komponente, die sich erst im Laufe der Zeit auswirkt, „weiterfressender" Mangel) zurückgeht. § 476 BGB greift dagegen etwa zugunsten des Verbrauchers ein, wenn er bei einem PC vier Monate nach dessen Kauf entdeckt, dass die Schublade des DVD-Laufwerks ein defektes Teil aufweist und offen bleibt, ob dieser Defekt bereits anfänglich vorlag oder auf der falschen Bedienung des Verbrauchers beruht. Es reicht, wenn der Käufer mit der defekten Schublade eine Beschaffenheit nachweist, die einen Sachmangel begründet; mehr fordert § 476 BGB nicht.

35 Die Haltbarkeitsgarantie betrifft demgegenüber den Fall, dass die Sache zwar bei Gefahrübergang mangelfrei ist, aber innerhalb des Garantiezeitraums ein Mangel auftritt. Gemäß § 443 Abs. 2 BGB wird vermutet, dass ein während der Geltungsdauer der Garantie auftretender Sachmangel die Rechte aus der Garantie auslöst.[43]

36 **d) Versendungskauf.** Der für den Verkäufer günstige § 447 Abs. 1 BGB sieht vor, dass der **Gefahrübergang beim Versendungskauf** erfolgt, sobald der Verkäufer die Sache an den Versandunternehmer ausgeliefert hat.

37 Auf Verbrauchsgüterkaufverträge, die vor dem 13.6.2014 abgeschlossen wurden, ist § 447 Abs. 1 BGB gemäß § 474 Abs. 2 BGB nicht anwendbar. Damit trägt der Anbieter, der Software- bzw. Hardwareprodukte etwa im Rahmen eines **Online-Handels** an Verbraucher versendet, auch während des Versandes die Gefahr des zufälligen Untergangs und der zufälligen Verschlechterung. Gemäß § 475 Abs. 1 S. 1 BGB handelt es sich um zwingendes Recht. Zu beachten ist aber, dass beim **C2C-Geschäft**, also etwa bei einem Privatverkauf auf einer Online-Plattform, § 447 Abs. 1 BGB Anwendung findet. Die Gefahr beim Versendungskauf geht dann in dem Augenblick auf den Käufer übergeht, in dem der Verkäufer die Ware ordnungsgemäß frankiert, adressiert und verpackt an den jeweiligen Versanddienstleister übergibt. In diesem Zeitpunkt hat der Verkäufer seine Leistungspflicht erfüllt und das Risiko, dass die Ware während des Transportes untergeht, beschädigt wird oder verloren geht, geht auf den Käufer über. Wichtig ist hierbei zu berücksichtigen, dass dem Verkäufer der Nachweis der Übergabe des Paketes an den jeweiligen Versanddienstleister obliegt.

38 Auf Verbrauchsgüterkaufverträge, die seit dem 13.6.2014 abgeschlossen wurden, kommt § 447 Abs. 1 BGB ausweislich § 474 Abs. 4 BGB n.F. jedoch für den Sonderfall, dass der

---

[42] BGH Urt. v. 2.6.2004 – VIII ZR 329/03159, 215, NJW 2004, 2299; s.a. BGH Urt. v. 23.11.2005 – VIII ZR 43/05, NJW 2006, 434; BGH Urt. v. 11.7.2007 – VIII ZR 110/06, NJW 2007, 2619 mit einer Präzisierung der bisherigen Rechtsprechung; dazu aktuell BeckOK BGB/*Faust* Ed. 32, 2014, § 476 Rn. 15 ff.

[43] Vgl. Bamberger/Roth/*Faust* BGB § 476 Rn. 8 und § 443 Rn. 30. Vertiefend zu § 476 BGB: *Lorenz* NJW 2004, 3020; *Gsell* JuS 2005, 967; *Witt* NJW 2005, 3468.

Käufer den Spediteur, den Frachtführer oder die sonst zur Ausführung der Versendung bestimmte Person oder Anstalt mit der Ausführung beauftragt hat und der Unternehmer dem Käufer diese Person oder Anstalt nicht zuvor benannt hat, zur Anwendung.[44]

5. Garantien

Garantien sind vor allem bei der **Überlassung von Hardware** üblich. Die vom Händler zusätzlich angebotene Garantie stellt ein wichtiges Verkaufsargument dar, vor allem wenn dabei eine über die gesetzliche Gewährleistungsfrist von 2 Jahren hinausgehende Frist (etwa von 3 Jahren) mit einem „Vor-Ort-Service" eingeräumt wird, was zu einer deutlichen Verkürzung der Ausfallzeit führt.

Im B2C-Bereich werden vor allem kleinere Rechner bzw. PC und Tablet und Peripheriegeräte, wie Monitore, Lautsprecher, Brenner, Scanner, Drucker usw. gehandelt. Bei vielen Hardwareanbietern tritt hier – vor allem in Kombination mit dem Vertrieb über entsprechende Elektronikmärkte – eine „Garantie" gewissermaßen an die Stelle der **Wartung**, etwa wenn diese als „3 Jahre erweiterte Garantie" oder „1 Jahr Abhol-Reparatur-Service" uä angeboten wird. Die große Gefahr für den Kunden besteht darin, dass sich kostenlose **Nacherfüllung** und Zusatzleistungen in Form von Wartung bzw. Garantien gegen **Zusatzvergütung** so überschneiden, dass von der prinzipiellen Unentgeltlichkeit der Nacherfüllung kaum etwas bis gar nichts übrig bleibt. Ua ist dies ein Problem im Hinblick auf das **Transparenzgebot**.

Generell ist zwischen **Hersteller- und Verkäufergarantien** zu unterscheiden. Bei der Garantie, die durch den Hersteller eingeräumt wird und die der Anbieter dem Kunden neben der Gewährleistung vermittelt, handelt es sich um eine **selbstständige Garantie**. Diese begründet einen neben den Kaufvertrag tretenden eigenständigen Haftungsgrund i.S. von § 311 Abs. 1 BGB, der grundsätzlich dem Verjährungsregime des § 195 BGB unterfällt. Räumt demgegenüber der Verkäufer eine Garantie ein, so kann es sich sowohl um eine selbstständige als auch um eine unselbstständige Garantie handeln, was im Einzelfall im Wege der Auslegung zu ermitteln ist. Bei der **unselbstständigen Garantie** wird die gesetzliche Mängelhaftung nur modifiziert, ohne dass ein neben den Kaufvertrag tretender Haftungsgrund begründet wird.[45]

Der **Garantieinhalt** beschränkt sich zumeist auf die Einräumung eines Anspruchs auf Nachbesserung bzw. Austausch des Geräts bei Vorliegen von Mängeln innerhalb einer bestimmten Garantiezeit. Die jeweiligen Garantiebedingungen des Herstellers werden häufig in Form einer den Produkten beigefügten Garantiekarte durch den Händler an den Kunden weitergegeben. Die eingeräumte **Garantiefrist** geht häufig über die 2-jährige kaufrechtliche Verjährungsfrist hinaus. Die **Garantieleistungen** werden oft mit Schlagworten wie „Garantieerweiterung" in Form von „Collect & return Service", „3 Jahre Vor-Ort-Austausch-Service" oder „3 Jahre Vor-Ort-Abhol-Service" bezeichnet. Zum Teil werden auch bestimmte Reaktionszeiten oder auch Beseitigungs- und Wiederherstellungszeiten zugesagt. Dabei unterscheiden die Hersteller häufig nicht zwischen dem B2B- und dem B2C-Bereich, sondern bieten diese Garantien für beide Bereiche gleichermaßen an.

Beim Verbrauchsgüterkauf ist § 477 BGB zu beachten. In Ergänzung der Regelung des § 443 BGB zur Garantie beinhaltet § 477 BGB **formelle und inhaltliche Vorgaben** für die Gestaltung einer von dem Verkäufer, dem Hersteller oder einem Dritten eingeräumten selbstständigen oder unselbstständigen Garantie.[46] Diese erhöhten Anforderungen an die **Transparenz** sollen verhindern, dass der Verbraucher durch unklar abgefasste Garantieerklärungen in die Irre geführt wird. Die **Informationspflichten** sollen sicherstellen, dass der Verbraucher hinreichend darüber informiert wird, was ihm für welchen Garantiefall inhaltlich an zusätzlichen Rechten gewährt wird.

---

[44] Der damit umgesetzte Art. 20 S. 2 der VRRL beruht auf der Erwägung, dass der Beförderer in einem solchen Fall der Sphäre des Käufers zuzurechnen ist (vgl. Erwägungsgrund 55 der VRRL; BT-Drs. 17/12637, S. 70).
[45] → § 14 Hardwareverträge; *Stadler* CR 2006, 77 (84 f.).
[46] Zur kaufrechtlichen Garantie im Verbraucherrechterichtlinie-Umsetzungsgesetz näher *Picht* NJW 2014, 2609.

44 **a) Formelle Anforderungen.** Ausweislich der Begründung des Regierungsentwurfs[47] kann bei einfach gehaltenen **Teilgarantien für PCs in englischer Sprache** auch in Deutschland die Verständlichkeit im Sinne der einfachen und verständlichen Abfassung gemäß § 477 Abs. 1 Satz 1 BGB bejaht werden. Im Schrifttum ist diese Frage umstritten. Man wird von der Einhaltung des Transparenzgebots ausgehen können, wenn jedenfalls „der Garantietext kurz und prägnant, technisch leicht, verständlich und somit für den Einzelnen auch ohne weitereichende Englischkenntnisse ohne weiteres nachvollziehbar ist".[48] Im Einzelfall wird auch eine teilweise Verwendung der deutschen oder englischen Sprache ausreichen, etwa wenn die Verwendung (zB bei Computern) üblich ist.[49] Im **IT-Bereich** spricht für die Zulassung der englischen Sprache jedenfalls, dass die bei bestimmten Produkten, wie etwa Computer und Peripheriegeräte, verwendeten Begriffe auch im deutschen Sprachraum aus dem Englischen übernommen wurden. Dies gilt jedoch nur für die **technische Seite**, wie etwa die Produktbeschreibung. Die Rechte des Käufers sind demgegenüber in deutscher Sprache wiederzugeben.[50]

45 Der Verbraucher ist gemäß § 477 Abs. 1 Satz 2 Nr. 1 BGB darauf **hinzuweisen,** dass seine gesetzlichen Rechte durch die Garantien nicht eingeschränkt werden. Dies ist geboten, weil der rechtsunkundige Durchschnittsverbraucher normalerweise nicht zwischen Herstellergarantien und Verkäufermängelhaftung unterscheidet.

> **Praxistipp:**
> Hierdurch soll dem in der Praxis häufig vorkommenden Fall entgegengewirkt werden, dass der Verkäufer den Verbraucher auf die Herstellergarantie verweist und ihn somit faktisch davon abhält, seine Ansprüche wegen Mängeln gegen den Verkäufer geltend zu machen, die gemäß § 443 BGB von der Garantie unberührt bleiben und gemäß § 475 BGB nicht abdingbar sind.

46 Der **Inhalt der gesetzlichen Rechte** muss in der Garantieerklärung nicht wiedergegeben werden, es genügt der Hinweis, dass die Garantie als zusätzliche Leistungszusage daneben besteht.[51]

47 In der Garantieerklärung ist dem Verbraucher ferner nach § 477 Abs. 1 Satz 2 Nr. 2 BGB zu erläutern, **für welchen Garantiefall** ihm **welche Rechte** eingeräumt werden und in welcher Form und Frist er sie gegenüber dem Garantiegeber geltend machen kann. Diese Anforderungen sind häufig bei den auf den Webseiten vieler Anbieter vorzufindenden „Garantien" in Form von zB „3 Jahre Vor-Ort-Service", „Vor-Ort-Abhol-/Austausch-Service" oder „Collect & Return Service" nicht hinreichend erfüllt. Der Garantieinhalt wird – wenn überhaupt – zumeist lediglich stichpunktartig beschrieben, was zudem gegen des Transparenzgebot gemäß § 477 Abs. 1 S. 1 BGB verstoßen wird. So spricht etwa ein Hardware-Lieferant auf seiner Website lediglich davon, dass der Käufer als Vorteile einen kostenfreien Help Desk in Anspruch nehmen könne, Reparaturservice mit Priorität genieße und Möglichkeiten zur Teilnahme an Sonderaktionen bekomme. Es erscheint fragwürdig, welche eigentlichen Zwecke der Hardware-Lieferant mit der Garantie verfolgt, die er sich zudem noch gesondert vergüten lässt.

48 Gemäß § 477 Abs. 2 BGB kann der Verbraucher verlangen, dass ihm die Garantie in **Textform** mitgeteilt wird. Mit Einführung der Regelung des § 126b BGB im Jahr 2001 war das ursprünglich gegebene **Erfordernis der Verkörperung auf einem Datenträger** entfallen. Gemäß der amtlichen Begründung zum seinerzeitigen Regierungsentwurf kam grundsätzlich

---

[47] BT-Drs. 15/6040, S. 246.
[48] So Henssler/v. Westphalen/*v. Westphalen*, Praxis der Schuldrechtsreform, 2001, Teil 5 Rn. 6; aA Haas/Medicus/Rolland/Schäfer/*Haas*, Das neue Schuldrecht, 2002, Kap. 5 Rn. 445.
[49] Palandt/*Weidenkaff* § 477 Rn. 6; MüKoBGB/*Lorenz* § 477 Rn. 5.
[50] Staudinger/*Matusche-Beckmann*, BGB, Neubearbeitung 2014, § 477 Rn. 13 mit einem Überblick über die Meinungen in der Kommentarliteratur.
[51] Begründung Regierungsentwurf BT-Drs. 14/6040, S. 246; vgl. auch MüKoBGB/*Lorenz* § 477 Rn. 6.

auch eine Garantieerklärung in Betracht, die der Empfänger zwar zur Kenntnis nehmen, aber nicht dauerhaft aufbewahren konnte, so etwa, wenn sie lediglich auf der Homepage des Garantiegebers enthalten war. Bei in das Internet eingestellten Garantietexten, die dem Empfänger nicht übermittelt werden (etwa per E-Mail), wurde zur Wahrung der **Textform** iSd § 126b BGB und § 477 Abs. 2 BGB überwiegend jedoch gefordert, dass es **tatsächlich** zu einer Perpetuierung durch **Download**, dh Abspeicherung auf der eigenen Festplatte oder durch **Ausdruck** des Textes kommt.[52] Mit Umsetzung der **VRRL** wurde der Wortlaut des § 126b BGB erneut angepasst. § 126b BGB verlangt nunmehr ausdrücklich die Abgabe einer lesbaren Erklärung „auf einem dauerhaften Datenträger". Hiernach genügt auch eine Erklärung in einem elektronischen Dokument, die mit Hilfe von Anzeigeprogrammen lesbar ist, den Anforderungen der Textform. Der dauerhafte Datenträger wird in Anlehnung an Art. 2 Nr. 10 und Erwägungsgrund 23 der VRRL definiert. Er muss es ermöglichen, dass der Empfänger die an ihn gerichtete Erklärung so aufbewahren und speichern kann, dass sie ihm während des für ihren Zweck angemessenen Zeitraums zugänglich ist. Zudem muss der dauerhafte Datenträger die Erklärung unverändert wiedergeben können. Nach Auffassung des Gesetzgebers erfüllen insbesondere **Papier**, Vorrichtungen zur Speicherung digitaler Daten (**USB-Stick, CD-ROM, Speicherkarten, Festplatten**) und auch **E-Mails** diese Voraussetzungen.[53] Dabei reicht es regelmäßig nicht aus, wenn die Erklärung auf einer herkömmlichen Internetseite zur Verfügung gestellt wird. In diesem Fall hat es weder der Empfänger in der Hand, die Erklärung aufzubewahren oder zu speichern, noch ist sichergestellt, dass die Erklärung für einen bestimmten Zeitraum unverändert zugänglich ist.[54]

b) **Rechtsfolgen eines Verstoßes.** § 477 Abs. 3 BGB stellt klar, dass die Garantieerklärung 49 trotz Verstoßes gegen die Anforderungen in den Absätzen 1 und 2 **wirksam** bleibt, da ansonsten eine Schlechterstellung des Verbrauchers eintreten würde. Diesem sollen die Rechte aus der Garantie auch dann zustehen, wenn diese unklar formuliert wurde. Wird die Garantie – wie dies regelmäßig der Fall ist – in AGB-Form eingeräumt, so greift bei Unklarheiten § 305c Abs. 2 BGB ein. Der **Grundsatz der verbraucherfreundlichsten Auslegung** ergibt sich jedoch auch bei Nichtvorliegen von AGB bei richtlinien-konformer Auslegung des § 477 BGB.[55]

Eine fahrlässige Fehlinformation über den Garantieinhalt kann eine Verletzung vorver- 50 traglicher Hinweis- und Aufklärungspflichten darstellen und, falls dies ursächlich war für die Kaufentscheidung des Kunden, nach §§ 280 Abs. 1, 311 Abs. 2, 241 Abs. 2, 249 Satz 1 BGB zu einem **Schadensersatzanspruch** auf Aufhebung des Kaufvertrags führen.[56] Macht der Kunde infolge der unklaren Garantie ihm zustehende Rechte nicht rechtzeitig geltend, kommen Ansprüche aus §§ 280 Abs. 1, 241 Abs. 2 BGB in Betracht.[57] So wären etwa Folgeschäden wie etwa Rechtsberatungs- und Rechtsverfolgungskosten ersatzfähig, die infolge einer unklar und intransparent formulierten Garantieerklärung bzw. der hierdurch verursachten Verspätung ihrer Geltendmachung entstehen. Bei einer mangelhaften Verkäufergarantie und bei Ursächlichkeit der Fehlinformation für den Vertragsschluss kann auch ein schadensersatzrechtlicher Anspruch auf Vertragsaufhebung gegeben sein.

Als **wettbewerbsrechtliche Rechtsfolgen** kommen Unterlassungsansprüche gemäß §§ 3, 5, 51 8, 9 UWG (irreführende Werbung) sowie Unterlassungs- und Schadensersatzansprüche der Konkurrenten gemäß §§ 3, 4 Nr. 11, 8, 9 UWG in Betracht (Vorsprung durch Rechtsbruch),

---

[52] Strittig: Bereithalten im Internet genügt nicht: LG Kleve Urt. v. 22.11.2002 – 5 S 90/02, NJW-RR 2003, 196 = CR 2003, 773; KG Beschl. v. 18.7.2006 – 5 W 156/06, BeckRS 2006, 09283; Widerrufsbelehrung im Internetauftritt noch keine Mitteilung „in Textform" gemäß §§ 355 Abs. 2 S. 1, 312c Abs. 2 BGB.; OLG Hamburg v. 24.8.2006 – 3 U 103/06, NJW-RR 2007, 839; BGH Urt. v. 29.4.2010 – I ZR 66/08, NJW 2010, 3566; EuGH Urt. v. 5.7.2012 – C-49/11, EuZW 2012, 638; Bereithalten genügt: OLG München Urt. v. 25.1.2001 – 29 U 4113/00, NJW 2001, 2263 = CR 2001, 401; siehe hierzu auch Palandt/*Ellenberger* § 126b Rn. 3; Staudinger/*Matusche-Beckmann*, BGB, Neubearbeitung 2014, § 477 Rn. 27ff.
[53] BT-Drs. 17/12637, S. 44.
[54] Eine inhaltliche Änderung des § 126b BGB soll hiermit jedoch nicht einhergehen, BT-Drs. 17/12637, S. 44 mit Verweis auf EuGH Urt. v. 5.7.2012 – C-49/11, MMR 2012, 730; siehe auch *Bierekoven* MMR 2014, 283.
[55] MüKoBGB/*Lorenz* § 477 Rn. 11.
[56] Siehe Begründung des Regierungsentwurfs BT-Drucks. 14/6040, S. 247.
[57] MüKoBGB/*Lorenz* § 477 Rn. 13.

wenn die Garantie gegenüber dem Verbraucher als Werbeargument dient, was regelmäßig der Fall sein wird.[58]

52 Wird die Garantie – wie im Regelfall – AGB-förmig eingeräumt, kommt nach dem Wortlaut des Gesetzes weder § 2 UKlaG noch § 1 UKlaG, der die Unwirksamkeit der AGB verlangt, zur Anwendung. In diesem Fall ist § 1 UKlaG analog anzuwenden.[59]

53 **c) Sonderproblem: Wirksamkeit von „Garantien" beim Hardwareerwerb.** Die auf den Webseiten vieler Hardwareanbieter beim Kauf kleinerer Rechner bzw. PC und Laptop sowie Peripheriegeräte angebotenen „Garantien", etwa in Form eines „3 Jahre Vor-Ort-Service", „Vor-Ort-Abhol-/Austausch-Service" oder „Collect & Return Service", erfüllen oftmals die im B2C-Bereich sich bereits aus § 477 BGB ergebenden formellen und inhaltlichen Anforderungen nicht hinreichend, da der Garantieinhalt – wenn überhaupt – zumeist lediglich stichpunktartig beschrieben wird. Daneben stellt sich bei solchen „Garantien" die Frage, ob diese insofern **unwirksam** sind, als sich kostenlose **Nacherfüllung** und Zusatzleistungen in Form von Wartung **gegen Zusatzvergütung** so überschneiden, dass von der prinzipiellen Unentgeltlichkeit der Nacherfüllung kaum etwas bis gar nichts übrig bleibt. Zudem kann das **Transparenzgebot verletzt** sein.

54 Auf dem Markt sind zahlreiche „Garantie"-Modelle bzw. „Service-Pakete" anzutreffen, die im Hinblick auf die Ausgestaltung von Inhalt und Umfang der „Garantieleistungen" variieren.

Mit Blick darauf ist eine generalisierende Betrachtung angezeigt, bei der sich grundsätzlich zwei Fallkonstellationen unterscheiden lassen:

55 *aa) „Zwei Jahre Vor-Ort-Service" mit Gerätereparatur und/oder -austausch ohne zusätzliche Leistungen.* Soweit lediglich ein „Zwei-Jahre-Vor-Ort-Service" mit Gerätereparatur und/oder -austausch angeboten wird, handelt es sich letztlich um eine verkappte Nacherfüllung. Sofern hierfür eine zusätzliche Vergütung verlangt wird, stellt dies eine **unzulässige Abweichung** von der **prinzipiellen Unentgeltlichkeit der Nacherfüllung** gemäß § 439 Abs. 2 BGB dar. In der Abholung oder dem Austausch des Gerätes vor Ort kann keine zusätzliche Leistung gesehen werden, die eine gesonderte Vergütung rechtfertigen würde. Denn nach zutreffender Ansicht ist die Nacherfüllung grundsätzlich an dem jeweiligen Belegenheitsort der Kaufsache zu erbringen, dh den Verkäufer trifft hinsichtlich der Reparatur bzw. der Pflicht zur Ersatzlieferung auf jeden Fall eine **Bringschuld**.[60]

56 Zwar wird die in der Regel durch AGB geprägte Garantieerklärung gemäß § 307 Abs. 3 S. 1 BGB nicht kontrollfähig sein, sofern eine selbstständige Garantie, insbesondere in Form einer Herstellergarantie, vorliegt, da es kein gesetzliches Leitbild der „Garantie" iSv § 443 BGB gibt. In jedem Fall ist jedoch das Transparenzgebot zu beachten, § 307 Abs. 3 S. 2 iVm Abs. 1 S. 1 und 2 BGB.

57 **Im Rahmen des Verbrauchsgüterkaufs** kommt der Inhaltskontrolle geringere Bedeutung zu, weil hier abweichende Vereinbarungen zum Nachteil des Käufers in AGB wie auch in Individualvereinbarungen bereits durch § 475 BGB ausgeschlossen sind. Bei den vorstehend genannten „Garantien" wird es sich um **von § 439 Abs. 2 BGB abweichende Vereinbarungen** oder jedenfalls um eine **unzulässige Umgehung** handeln, § 475 Abs. 1 BGB.

58 Sollte für den „Vor-Ort-Service" keine zusätzliche Vergütung zu entrichten sein, so könnte hierin jedenfalls eine Irreführung des Verbrauchers liegen, da hierdurch suggeriert wird, er würde eine zusätzliche, über seine gesetzlichen Rechte hinausgehende Leistung erhalten. Dies wäre jedenfalls in wettbewerbsrechtlicher Hinsicht zu beanstanden. Zu den weiteren möglichen Rechtsfolgen, insbesondere zum Grundsatz der verbraucherfreundlichsten Auslegung eines Verstoßes gegen die gesetzlichen Anforderungen an Garantieerklärungen siehe schon oben.

59 *bb) „Garantieerweiterung" in Form von zusätzlichen Leistungen und/oder Verlängerung der zweijährigen kaufrechtlichen Verjährungsfrist.* Häufiger kommt jedoch der Fall vor, dass

---

[58] Begründung des Regierungsentwurfs, BT-Drucks. 14/6040 S. 247; Bamberger/Roth/*Faust* § 477 Rn. 13.
[59] Bamberger/Roth/*Faust* § 477 BGB Rn. 13.
[60] Vgl. etwa Huber NJW 2002, 1004 (1006); MüKoBGB/*Westermann* § 439 Rn. 7; AG Menden Urt. v. 3.3.2004 – 4 C 26/03, NJW 2004, 2171; aA etwa *Ball* NZV 2004, 217 (220).

II. Besonderheiten des Verbrauchsgüterkaufs

dem Kunden „**Garantieerweiterungen**" in Form von **zusätzlichen**, über die kaufrechtlichen Mängelrechte hinausgehenden **Leistungen** angeboten werden, wie etwa:
- Verlängerung der „Garantiezeit" auf 3 Jahre oder länger
- Bestimmte Beseitigungszeiten, zB Reparatur/Austausch und Rückgabe innerhalb einer bestimmten Frist
- Hotline mit Servicezeiten, gegebenenfalls auch an Wochenend- und Feiertagen
- Schulung
- Zur-Verfügung-Stellung einer Testversion einer Antiviren-Software usw.

In diesen Fällen ist zu prüfen, ob das **AGB-rechtliche Transparenzgebot** verletzt ist, das gemäß § 307 Abs. 3 S. 2 BGB auch für Leistungsbeschreibungen und Vergütungsregelungen gilt. Häufig machen die Anbieter nicht hinreichend transparent, welche Leistungen gegenüber der kaufrechtlichen Sachmängelhaftung zusätzlich erbracht werden und somit auch während des Gewährleistungszeitraums vergütungspflichtig angeboten werden können.[61]

6. Rückgriffsrecht des Unternehmers, §§ 478, 479 BGB

Mit den §§ 478, 479 BGB hat der Gesetzgeber ein **völlig neues Rechtsinstrument** in kaufvertraglichen Beziehungen geschaffen. Der Händler, der einen Verbrauchsgüterkauf über eine neu hergestellte Sache[62] abgeschlossen hat und gegen den der Verbraucher als Käufer Mängelrechte geltend machen kann, soll den Schaden, den er hierdurch erleidet, nicht endgültig tragen müssen, wenn der Händler die Sache schon mangelhaft vom Hersteller oder einem Zwischenhändler erworben hat. Der Händler konnte zwar auch schon nach altem Recht entsprechende Ansprüche gegen seine Lieferanten haben, doch war die Gefahr groß, dass solche Ansprüche bereits verjährt waren, bevor er sie geltend machen konnte. Daneben konnten mögliche Rückgriffsansprüche durch AGB eingeschränkt sein.

Die Regelungen gewähren **ausschließlich Rückgriffsansprüche** innerhalb der **Vertragskette**, dh der Letztverkäufer und jeder andere Berechtigte können sich jeweils nur an ihren Vertragspartner wenden. § 478 BGB gewährt keinen Direktanspruch gegen den Hersteller, wenn dieser nicht Vertragspartner des Letztverkäufers war. Auch auf Zulieferer sind die Vorschriften weder direkt noch analog anwendbar.[63]

> **Praxistipp:**
> Im IT-Bereich kommen Vertriebsketten mit Verbraucherbezug naturgemäß häufig vor. Insbesondere der Vertrieb von mobile Devices und Software für Endverbraucher spielt eine wesentliche Rolle. Gerade hier bereitet der Rückgriff nach § 478 BGB aber häufig große Probleme, da es sich bei den Herstellern in vielen Fällen um amerikanische bzw. außereuropäisch basierte Unternehmen handelt, für die die Rückgriffsregelung mangels Anwendbarkeit deutschen Rechts nicht gilt.

Inhaltlich lässt sich der Rückgriff des Unternehmers folgendermaßen aufgliedern: Erstens gibt § 478 Abs. 2 BGB einen **selbstständigen Rückgriffsanspruch**, zweitens erleichtern § 478 Abs. 1, 3 und 4 sowie § 479 BGB die **Geltendmachung der allgemeinen Mängelrechte**, die jedes „Glied" der Lieferkette gegen seinen Vorlieferanten hat. § 478 Abs. 2 BGB betrifft nur die „Weitergabe" desjenigen Aufwands, den der Letztverkäufer nach § 439 Abs. 2 BGB hatte, also zB Transport-, Arbeits- oder Materialkosten. § 478 Abs. 1 BGB besagt, dass für die Geltendmachung der gemäß § 437 BGB bestehenden Sachmängelrechte des Unternehmers gegen seinen Lieferanten eine Fristsetzung nicht mehr notwendig ist. Dies setzt voraus, dass

---

[61] Zur gleich gelagerten Problematik „Doppelvergütung" und Transparenz → § 9 „Software-Pflegevertrag" und → § 14 „Hardware-Verträge".
[62] „Neu hergestellt" ist eine Sache, wenn sie nicht durch Benutzung oder Zeitablauf seit ihrer Herstellung einem zusätzlichen Sachmängelrisiko ausgesetzt war, welches im Geschäftsverkehr regelmäßig durch einen entsprechenden Preisabschlag berücksichtigt zu werden pflegt, vgl. dazu Staudinger/*Coester-Waltjen*, Neubearbeitung 2014, § 309 Nr. 8 Rn. 21.
[63] S. a. Palandt/*Weidenkaff* § 478 Rn. 1, 3.

Mängelrechte des Unternehmers gegenüber dem Lieferanten gegeben sind, dh beispielsweise der an den Verbraucher gelieferte PC mangelhaft ist und der Mangel schon im Zeitpunkt des Gefahrübergangs an den Unternehmer vorhanden war.

64 Der Anspruch gemäß § 478 Abs. 2 BGB verjährt nach § 479 Abs. 1 BGB in zwei Jahren nach Ablieferung der Sache. Die Verjährung dieses Anspruches sowie der Mängelansprüche gemäß § 437 BGB tritt frühestens jedoch zwei Monate nach dem Zeitpunkt ein, in dem der Unternehmer die Ansprüche des Verbrauchers erfüllt hat. Diese **Ablaufhemmung** endet spätestens fünf Jahre nach dem Zeitpunkt, in dem der Lieferant die Sache dem Unternehmer abgeliefert hat, § 479 Abs. 2 BGB. In den Fällen des § 478 Abs. 1 und 2 BGB greift auch die **Beweislastumkehr** des § 476 BGB zu Gunsten des Letztverkäufers mit der Maßgabe, dass die Frist mit dem Übergang der Gefahr auf den Verbraucher beginnt, § 478 Abs. 3 BGB.

Beispiel:

Der Hardwarehersteller (HH) verkauft einen neuen Drucker, an den Großhandel (GH). HH verkürzt in seinen AGB die Gewährleistungsfrist auf 1 Jahr. GH verkauft die Sache weiter an den Einzelhändler (EH). Auch GH verkürzt die Frist auf 1 Jahr. EH verkauft den Drucker dann an den privaten Endverbraucher (EV). Diesem muss EH eine Frist von 2 Jahren einräumen (Verkürzung in AGB nicht möglich!). Nach 1½ Jahren macht EV Gewährleistungsansprüche geltend. EH haftet im Rahmen der Gewährleistung, kann aber selber gegenüber GH keine Ansprüche mehr geltend machen.

Lösung: Nach § 478 BGB kann er aber als der auf Gewährleistung in Anspruch genommene Letztverkäufer (EH) gegenüber seinem Lieferanten (GH) Rückgriff nehmen, auch wenn die eigentliche Gewährleistungsfrist schon abgelaufen ist. Der Lieferant (GH) kann wiederum gegenüber dem Hersteller (HH) Rückgriff nehmen (§ 478 Abs. 5 BGB).

65 **§ 478 Abs. 4 BGB** eröffnet ausdrücklich die **Möglichkeit, von den Vorgaben des Gesetzes durch vertragliche Regelungen abzuweichen.** Die Norm sieht vor, dass abweichende Vereinbarungen im Voraus möglich sind, wenn und soweit dem regressberechtigten Unternehmer ein „**gleichwertiger Anspruch**" eingeräumt wird. Abweichungen sind dementsprechend nur in sehr engen Grenzen möglich. Man wird davon ausgehen müssen, dass im Ergebnis wegen des erforderlichen gleichwertigen Ersatzanspruchs **wirtschaftlich eine Ausschlussmöglichkeit** des Händlerregresses nicht gegeben ist. Es handelt sich daher um einen schwerwiegenden Eingriff in die Freiheit des unternehmerischen Geschäftsverkehrs.[64]

> **Praxistipp:**
>
> Dem Verkäufer verbleibt gemäß § 478 Abs. 4 S. 2 BGB lediglich die Möglichkeit des Ausschlusses oder der Begrenzung von Schadensersatzansprüchen.

66 Ein Rückgriff des Unternehmers ist letztlich nur möglich, wenn die **gesamte Lieferkette ununterbrochen** bestanden hat und darüber hinaus dem **deutschen Recht** unterliegt.[65] In der Literatur wird daher diskutiert, ob man das deutsche Recht entweder durch Rechtswahl über die Bestimmung des **UN-Kaufrechts (CISG)** oder auch durch den **Verkauf über ein im Ausland ansässiges Unternehmen,** auf den wiederum die CISG-Regelungen Anwendung fänden, umgehen könnte. Die CISG enthalten keine dem Händlerregress des § 478 BGB entsprechenden Vorschriften, so dass man auf diesem Wege den Nachteil, den in Deutschland ansässige Hersteller und Großhändler gegenüber im Ausland ansässigen Wettbewerbern haben, ausschalten könnte.[66]

---

[64] Vgl. auch *Johannsen* ITRB 2006, 112; *Matthes* NJW 2002, 2505 (2507); *Witt,* NJW 2014, 2156.
[65] Vgl. Palandt/*Weidenkaff* § 478 Rn. 3.
[66] Siehe dazu *Johannsen* ITRB 2006, 112; *Matthes* NJW 2002, 2505; *Gruber* NJW 2002, 1180; vgl. auch MüKoBGB/*Lorenz* § 478 Rn. 10 f.

> **Praxistipp:**
> Allerdings ist in diese Erwägungen mit einzustellen, dass die Vereinbarung einer fremden Rechtsordnung für deutsche Unternehmen häufig nur schwer kalkulierbare Risiken birgt und daher auch im außereuropäischen Handel durch die Wahl einer außereuropäischen Rechtsordnung meist wohl keine optimale Lösung erreicht werden kann.

In einer wichtigen Entscheidung nimmt der BGH Stellung zu der Frage, inwieweit im Rahmen von **Einkaufs-AGB** von den Regelungen zum Rückgriff des Unternehmers gemäß §§ 478, 479 BGB **abgewichen** werden darf.[67] In dem der Entscheidung zugrunde liegenden Sachverhalt ging es um allgemeine Einkaufsbedingungen eines Baumarktes. Hierbei hat der BGH zu Klauseln (insbesondere zur Rechtsmängelhaftung) Stellung genommen, die bei der Gestaltung von Anwender-AGB für den Einkauf von IT-Leistungen grundlegende Bedeutung haben.[68]

Der Baumarkt wollte gegenüber seinen Lieferanten Rückgriffsrechte, wie sie im Verbrauchsgüterkaufrecht des BGB geregelt sind, auch für den Fall erreichen, dass er an Unternehmen verkauft hat und diese wiederum Mängelansprüche gegenüber dem Baumarkt geltend machen. Er verwendete ua folgende Klausel gegenüber seinen Lieferanten: *„Für unsere Rückgriffsansprüche wegen mangelbehafteter Ware [§§ 478, 479 BGB] gilt die gesetzliche Regelung, jedoch mit folgenden Ergänzungen: Der Rückgriffsanspruch steht uns auch dann gegen den Lieferanten zu, wenn es sich nicht um einen Verbrauchsgüterkauf handelt. Wir können den Lieferanten auch mit Schadensersatzansprüchen und Aufwendungsersatzansprüchen belasten (entsprechend § 478 Abs. 1 BGB), die unser Abnehmer gegen uns geltend macht."*

Der Verwender hatte argumentiert, dass es ihm praktische Schwierigkeiten bereiten würde, jeweils festzustellen und zu dokumentieren, ob sein Abnehmer Verbraucher oder Unternehmer ist. Er wollte daher die Regressregelung auch auf alle Rechtsgeschäfte erstrecken, die mit Unternehmern geschlossen werden. Der BGH hat diesem Anliegen eine Absage erteilt. Er hat festgestellt, dass das Gesetz dem Lieferanten nur um eines verbesserten Verbraucherschutzes willen die Nachteile der §§ 478, 479 BGB zumutet, weshalb Schwierigkeiten im Verantwortungsbereich des Verkäufers keine Ausdehnung der Regelung rechtfertigen.

In einer weiteren Klausel hatte der Verwender zudem versucht, die für die Beweislastumkehr des § 476 BGB geltende Frist von 6 Monaten ab Gefahrübergang auf 12 Monate zu verlängern. Hierzu hat der BGH festgestellt, dass es auch im kaufmännischen Geschäftsverkehr eine unangemessene Benachteiligung darstelle, dem Verwendungsgegner die Beweislast für Umstände aufzuerlegen, die dem Verantwortungsbereich des Verwenders zuzurechnen seien.[69]

> **Praxistipp:**
> Als Fazit kann man daher festhalten, dass es in Allgemeinen Geschäftsbedingungen kaum möglich ist, eine für den Unternehmer günstigere Regelung als in §§ 478, 479 BGB vorgesehen gegenüber seinen Lieferanten durchzusetzen.

III. Besonderheiten bei Verbraucherverträgen im AGB-Recht mit Klauselbeispielen

In der IT-Branche haben AGB bzw. Standardklauseln eine außerordentliche Bedeutung. Gerade hier besteht regelmäßig ein großes Bedürfnis für standardisierte vertragliche Regelungen zu bestimmten Fragen, die das Gesetz nicht regelt oder weil die (dispositiven) gesetz-

---

[67] BGH Urt. v. 5.10.2005 – VIII ZR 16/05, NJW 2006, 47 = CR 2006, 221.
[68] → § 16 „Standardklauseln".
[69] Siehe dazu auch *Redeker* CR 2006, 433; *Rinkler* ITRB 2006, 68; *Matthes* NJW 2002, 2505.

lichen Regelungen der besonderen Interessenlage des IT-Rechts nicht gerecht werden. Im B2C-Bereich erfolgt die Überlassung von Soft- und Hardware regelmäßig auf Basis von Allgemeinen Geschäftsbedingungen.[70]

72 Der auf der EG-Richtlinie 93/13 beruhende **§ 310 Abs. 3 BGB** hat die **Stellung des Verbrauchers** im AGB-Recht wesentlich **gestärkt**. Der Verbraucherschutz ist mit der Richtlinie zu einem tragenden Prinzip des AGB-Rechts geworden. Gemäß § 310 Abs. 3 BGB gilt ein gegenüber § 305 Abs. 1 BGB erweiterter sachlicher Anwendungsbereich und ein modifizierter Maßstab bei der Inhaltskontrolle nach § 307 BGB. Bei der Auslegung der §§ 305 ff. BGB ist auf die genannte Richtlinie Rücksicht zu nehmen. Bei Verbraucherverträgen gelten danach folgende Besonderheiten:

- Gemäß § 310 Abs. 3 Nr. 1 BGB gelten AGB **als vom Unternehmer gestellt,** es sei denn, der Verbraucher hat sie in den Vertrag eingeführt. Mit diesem Vorbehalt wird also in Verbraucherverträgen eine der begrifflichen Voraussetzungen von AGB des § 305 Abs. 1 BGB, nämlich das „Stellen" durch den Verwender, fingiert. Zudem kehrt die Vorschrift die Beweislast zugunsten des Verbrauchers um.
- Nach § 310 Abs. 3 Nr. 2 BGB sind die wesentlichen Schutzvorschriften des AGB-Rechts auf vorformulierte Vertragsbedingungen auch dann anzuwenden, wenn diese **nur zur einmaligen Verwendung** bestimmt sind. Verzichtet wird damit auf die in § 305 Abs. 3 S. 1 BGB aufgestellte Voraussetzung, nach der AGB für eine Vielzahl von Verträgen vorformuliert sein müssen. Weitere Voraussetzung für das Eingreifen der Inhaltskontrolle ist, dass der Verbraucher aufgrund der Vorformulierung auf den Inhalt der Vertragsbedingung keinen Einfluss nehmen konnte. Die hM setzt dies mit dem Aushandeln nach § 305 Abs. 1 S. 3 BGB gleich.[71]
- Gemäß § 310 Abs. 3 Nr. 3 BGB sind, wenn es um die Beurteilung der unangemessenen Benachteiligung im Rahmen des § 307 Abs. 1 und 2 BGB geht, auch die den Vertragsabschluss **begleitenden Umstände** zu berücksichtigen.

73 Soweit Vertragsbedingungen zwischen den Parteien im Einzelnen ausgehandelt sind, liegt eine **Individualvereinbarung** vor, auf die die §§ 305 ff. BGB nicht anwendbar sind. **Aushandeln** im Sinne von § 305 Abs. 1 S. 3 BGB bedeutet dabei nach der Rechtsprechung immer **mehr als bloßes Verhandeln**. Der BGH hat zuletzt entschieden, dass der Vertragspartner, sofern er über **überlegenen Sachverstand** verfügt, sogar über den **Inhalt und die Tragweite der jeweiligen Klauseln aufklären** muss, damit es überhaupt zu einem Aushandeln kommen kann.[72] Bei Verbraucherverträgen über den Kauf von Hard- oder Software werden Individualvereinbarungen in der Praxis jedoch kaum vorkommen. Nach einer neuen Entscheidung des BGH ist aber höchstrichterlich entschieden, dass im Falle von Vertragsklauseln, die zur Verwendung in einem einzelnen Verbrauchervertrag bestimmt sind, der Verbraucher die **Darlegungs- und Beweislast** dafür trägt, dass die Vertragsklauseln vorformuliert worden sind und er infolge der Vorformulierung keinen Einfluss auf ihren Inhalt nehmen konnte.[73]

1. Einbeziehung von AGB

74 Bei Verbraucherverträgen sind Fragen der Einbeziehung von AGB von erheblicher praktischer Bedeutung. Die Einbeziehung von AGB in den Vertrag erfordert gegenüber Verbrauchern gemäß § 305 Abs. 2 BGB bei Vertragsschluss einen ausdrücklichen Hinweis auf die AGB bzw. ausnahmsweise deren deutlich sichtbaren Aushang, die Möglichkeit, den Inhalt der AGB zur Kenntnis zu nehmen sowie das Einverständnis des Verbrauchers mit ihrer Geltung.

---

[70] Zu AGB-Klauseln im B2B-Kontext → § 16 „Standardklauseln".
[71] Vgl. Palandt/*Grüneberg* § 310 Rn. 17.
[72] BGH Urt. v. 19.5.2005 – III ZR 437/04, NJW 2005, 2543; zum „Aushandeln": BGH Urt. v. 6.12.2002 – V ZR 220/02, NJW 2003, 1303 = CR 2003, 497 = MMR 2003, 248; BGH Urt. v. 27.3.1991 – IV ZR 90/90, NJW 1991, 1678; vertiefend hierzu Schneider/v. Westphalen/*v. Westphalen* Kap. 4 H Rn. 1 ff.; → § 16 „Standardklauseln".
[73] BGH Urt. v. 17.2.2010 – VIII ZR 67/09, NJW 2010, 1131; BGH Urt. v. 15.4.2008 – X ZR 126/06, NJW 2008, 2250.

III. Besonderheiten bei Verbraucherverträgen im AGB-Recht mit Klauselbeispielen

Praxistipp:
Zu beachten ist, dass die zusätzlichen Pflichten im elektronischen Geschäftsverkehr gemäß §§ 312i, 312j BGB (bis 13.6.2014: § 312g aF) die Obliegenheiten des § 305 Abs. 2 BGB nicht verdrängen. Die Erfüllung solcher Zusatzpflichten ist jedoch nicht Voraussetzung der Einbeziehung.[74]

Der **ausdrückliche Hinweis** auf die AGB muss stets unmissverständlich formuliert sein und für den Kunden klar erkennbar geäußert werden. Die Einbeziehung bei einem schriftlichen Angebot setzt einen schriftlichen Hinweis in deutlicher und gut lesbarer Form voraus.[75] Unverhältnismäßige Schwierigkeiten, die gemäß § 305 Abs. 2 Nr. 1 BGB den ausdrücklichen Hinweis entbehrlich machen, sind insbesondere gegeben bei Massenverträgen, beispielsweise bei einem großen Elektronikkaufhaus. In diesen Fällen genügt **ausnahmsweise** ein **deutlich sichtbarer Aushang** der AGB.[76]

Zumutbarkeit der Kenntnisnahme liegt vor, wenn die AGB mühelos lesbar, nicht völlig unübersichtlich und nicht unverhältnismäßig umfangreich sind. Ferner sind die AGB vom Verwender regelmäßig auszuhändigen oder deren Aushändigung zumindest anzubieten. Daneben müssen die AGB auch verständlich und transparent sein. AGB, die dem **Transparenzgebot** nicht genügen, werden nicht Vertragsinhalt. Eine Klausel muss vielmehr so gestaltet sein, dass der rechtlich nicht vorgebildete Durchschnittskunde in der Lage ist, die ihn benachteiligende Wirkung einer Klausel ohne Einholung von Rechtsrat zu erkennen.[77]

Praxistipp:
Das Transparenzgebot ist zwar mit der Schuldrechtsreform ausdrücklich in § 307 Abs. 1 S. 2 BGB als Maßstab der Inhaltskontrolle kodifiziert worden. Dennoch ist das Transparenzgebot wie schon zuvor (zugleich) bei der Einbeziehungskontrolle zu berücksichtigen.

Beispielsweise stellt folgende bei Anbietern von EDV-Leistungen nicht selten anzutreffende **salvatorische Klausel** bei der Haftungsfreizeichnung eine Verletzung des Transparenzgebots dar:[78] „Soweit gesetzlich zulässig ist die Haftung ausgeschlossen." Da § 305 Abs. 2 BGB gemäß § 310 Abs. 1 BGB im B2B-Bereich nicht anwendbar ist, ergibt sich dort das Transparenzgebot allein aus § 307 Abs. 1 S. 2 BGB (Inhaltskontrolle).

Im Hinblick auf die Marktdominanz der Hard- und Softwareanbieter aus dem **anglo-amerikanischen Rechtsraum** kommt es vor, dass sich Verbraucher Vertragsbedingungen ausschließlich in **englischer Sprache** gegenübersehen. Zwar gibt es keine Obliegenheit, sich der Sprache des Verbrauchers zu bedienen, dennoch wird man in einem solchen Fall einen Verstoß gegen das Transparenzgebot annehmen müssen, da der Text verständlich sein muss. Die Abfassung von AGB in einer Weltsprache kann aber ausreichen, wenn man es mit solchen Partnern zu tun hat, bei denen man die Kenntnis dieser Sprache voraussetzen kann. Es genügt auch, wenn der Text der AGB in der – im Vorfeld des Vertragsschlusses – von beiden Teilen freiwillig gewählten **Verhandlungs- oder Vertragssprache** gehalten ist. Es ist bei AGB nicht stärker auf die Sprachschwierigkeiten des Vertragspartners Rücksicht zu nehmen als generell für den Vertragsschluss.[79]

---

[74] Zur Einbeziehung von AGB beim Vertragsschluss im Internet → § 26 „E-Commerce" und → § 16 „Standardklauseln".
[75] BGH Urt. v. 8.1.1986 – VIII ZR 313/84, NJW 1986, 1608.
[76] Vgl. Palandt/*Grüneberg* § 305 Rn. 29.
[77] Vgl. Palandt/*Grüneberg* § 305 Rn. 37, 39, § 307 Rn. 20 ff.; *v. Westphalen* NJW 2004, 1993.
[78] BGH Urt. v. 12.10.1995 – I ZR 172/93, NJW 1996, 1407: Verstoß gegen das „Verständlichkeitsgebot des § 2 I Nr. 2 AGBG".
[79] Vgl. Staudinger/*Schlosser*, Neubearbeitung 2013, § 305 Rn. 141 f. mwN. Siehe auch Ziff. 4.3.5 „Einbeziehung von Open Source Lizenzen", LG München I Urt. v. 19.5.2004 – 21 O 6123/04, CR 2004, 221 – MMR

79 Der Hinweis auf die AGB und die Verschaffung einer zumutbaren Kenntnisnahmemöglichkeit müssen **vor oder zumindest bei Vertragsschluss** erfolgen. Daher kann der Hinweis auf die AGB auf einem Lieferschein oder einer Rechnung keine Einbeziehung bewirken, wenn der Vertrag bereits vor Lieferung oder Rechnungsstellung abgeschlossen wurde, was in der Praxis häufig übersehen wird.

80 Nach zutreffender Ansicht des OLG Hamm vollzieht sich der Kauf eines Computers in einem Elektro-Discounter regelmäßig erst an der Kasse und nicht schon mit den möglicherweise übereinstimmenden Willenserklärungen des Kunden und des angestellten Verkäufers. In den Leitsätzen heißt es:[80] *„1. Der Kauf eines Computers in einem Ladenlokal ist als einheitlicher Vorgang anzusehen mit der Folge, dass das Beratungsgespräch und das Geschehen an der Ladenkasse mit Übergabe von Lieferscheinen, Rechnung und Quittungen bezüglich des Empfängers der Ware und des Kaufpreises als einheitlicher Vertragsschluss gelten. 2. Werden Lieferbedingungen des Verkäufers erst an der Kasse zusammen mit einer formularmäßigen „Rechnung-Quittung" übergeben, so geschieht dies noch „bei Vertragsschluss" i. S. des § 2 II AGBG."* Die AGB waren daher rechtzeitig wirksam einbezogen worden und der Verkäufer konnte dem Rückabwicklungsverlangen des Käufers sein in den AGB enthaltenes Recht auf Nachbesserung entgegenhalten.

81 Hat der Verwender die ihm durch § 305 Abs. 2 Nr. 1 und 2 BGB vorgeschriebenen Obliegenheiten erfüllt, so werden seine AGB Vertragsbestandteil, wenn der Verbraucher mit ihrer Geltung einverstanden ist. Das **Einverständnis** braucht weder schriftlich noch ausdrücklich erklärt zu werden. Vielmehr genügt es, wenn das Verhalten des Kunden den Umständen nach als Einverständnis mit der Geltung der AGB angesehen werden kann.[81]

82 **a) Erfordernis der Einbeziehung für zukünftige Verträge.** Das LG München I hat folgende – auch in allgemeinen Verkaufsbedingungen für den B2C-Bereich anzutreffende – AGB-Klausel eines Internetdiensteanbieters gegenüber Verbrauchern im Zusammenhang mit Fernabsatzverträgen für unwirksam erklärt:[82]

„Sie gelten auch für alle künftigen Geschäftsbeziehungen, auch wenn sie nicht erneut ausdrücklich vereinbart werden."

83 Nach zutreffender Ansicht des Gerichts verstößt die Klausel in Verbraucherverträgen gegen § 307 Abs. 2 Nr. 1 BGB, da sie von dem **Einbeziehungserfordernis** gemäß § 305 BGB für zukünftige Verträge abweicht. Dies wäre nur dann zulässig, wenn die Klausel mit § 305 Abs. 3 BGB korrespondieren würde, welche eine gesetzlich normierte Ausnahme vom Einbeziehungserfordernis für jeden einzelnen Vertragsschluss darstelle. Dies sei jedoch nicht der Fall. Die Klausel stelle keine Rahmenvereinbarung dar, sondern eine AGB-Klausel, die im Rahmen des Abschlusses eines Einzelvertrags in diesen Vertrag einbezogen werden soll. Die Parteien würden nicht für künftige Fälle die Einbeziehung bestimmter AGB vereinbaren. Ein Fall des § 305 Abs. 3 BGB sei daher nicht gegeben.[83]

84 **b) Überraschende Klauseln.** Nach ständiger Rechtsprechung des BGH scheitert eine Klausel dann an § 305c Abs. 1 BGB und wird nicht Vertragsbestandteil, wenn sie von den Erwartungen abweicht, die der redliche Verkehr typischerweise an den Vertragsinhalt knüpft, so dass mit einer solchen Klausel nach den Umständen **vernünftigerweise nicht zu rechnen ist**.[84]

2004, 693; LG Berlin Urt. v. 9.5.2014 – 15 O 44/13, MMR-Aktuell 2014, 360736 zu WhatsApp-Nutzungsbedingungen: Von Verbrauchern in Deutschland, die im Übrigen von einem Anbieter in deutscher Sprache angesprochen werden, kann nicht erwartet werden, dass sie AGB in englischer (Rechts-)Sprache ohne weiteres verstehen.

[80] OLG Hamm Urt. v. 13.1.1997 – 13 U 104/96, NJW-CoR 1998, 302 (m. ablehnender Anm. v. *Volle*) = NJW-RR 1998, 199 = CR 1997, 691.

[81] Vgl. Palandt/*Grüneberg* § 305 Rn. 41.

[82] LG München I Urt. v. 14.8.2003 – 12 O 2393/03, CR 2004, 221 = MMR 2004, 265.

[83] Siehe dazu auch *Graf von Westphalen*, Vertragsrecht und AGB-Klauselwerke, 35. EL 2014, Vertragsabschlussklauseln – Einbeziehung, Rn. 73.

[84] BGH Urt. v. 27.6.2002 – VII ZR 272/01, NJW-RR 2002, 1312; BGH Urt. v. 16.12.1999 – IX ZR 36/98, NJW 2000, 1179 (1181).

III. Besonderheiten bei Verbraucherverträgen im AGB-Recht mit Klauselbeispielen 85–89 § 17

Im EDV-Bereich werden Klauseln als überraschend angesehen, durch die aus Sicht des Kunden einheitliche Lieferungen in zwei Verträge aufgespalten werden oder umgekehrt trotz Verschiedenheit der Lieferanten ein einheitlicher Vertrag vorliegen soll.[85] Eine überraschende Klausel im Sinne des § 305c Abs. 1 BGB wäre beispielsweise die formularvertragliche Verpflichtung **beim Hardwarekauf**, daneben auch Verbrauchsmaterialien beim Verkäufer beziehen zu müssen. Eine von einem Hersteller von Computerdruckern, Ersatzteilen und Verbrauchsmaterial verwendete Klausel lautet zB: „5 Jahre Vor-Ort-Garantie. Sie als Endkunde kaufen den Drucker beim ... Fachhändler. Innerhalb von 21 Tagen nach dem Kauf registrieren Sie sich direkt bei ... [dem Hersteller]. Mit der Registrierung bestellen Sie automatisch einen kompletten Satz Tonerkartuschen (Cyan, Magenta, Gelb und Schwarz). Dadurch wird gewährleistet, dass Sie immer genügend Toner vorrätig haben. Sobald eine Tonerkartusche verbraucht ist, schicken Sie diese zusammen mit ... [an den Hersteller] zurück. Die Kosten für die Rücksendung übernimmt ... [der Hersteller]. Daraufhin erhalten Sie automatisch eine neue Tonerkartusche." Eine solche Klausel wäre überraschend im Sinne von § 305c BGB und würde damit nicht Vertragsbestandteil werden. 85

c) Sonderproblem: Einbeziehung von AGB bei shrink-wrap- und click-wrap-Verträgen. 86
Bei der Überlassung von Software sind sog **click-wrap-** oder **shrink-wrap-Verträge** (**Schutzhüllenverträge**) typisch. Der Erwerber erhält hierbei einen in eine Schutzhülle eingeschweißten Datenträger. Solche Texte lauten sinngemäß meist wie folgt:

„Dieser Vertrag ist eine rechtliche Vereinbarung zwischen Ihnen und [...]. Durch Öffnen der versiegelten Verpackung erklären Sie sich mit den Vertragsbedingungen einverstanden."

Fraglich ist, ob mit Aufreißen der Schutzhülle ein Vertrag unter Einbeziehung der (Schutzhüllen-) AGB zustande kommt. Dies ist zweifelhaft und in der Literatur umstritten. Als problematisch werden dabei insbesondere erkannt:
- die Voraussetzung „bei Vertragsschluss",
- das Merkmal der zumutbaren Möglichkeit der Kenntnisnahme,
- die Frage, ob das Aufreißen als Realakt die konkludent erklärte Willenserklärung der Annahme der Bedingungen enthalten kann, sowie
- das Problem, ob in solchen Bedingungen überraschende Klauseln im Sinne von § 305c BGB zu sehen sind.

Weitgehend Einigkeit besteht wohl darin, dass eine Einbeziehung jedenfalls dann nicht 87
möglich ist, wenn der Erwerber nicht die Möglichkeit hat, vor dem (Kauf-)Vertragsschluss und dem Aufreißen der Schutzhülle, den Vertragstext und die AGB zur Kenntnis zu nehmen.

Zusätzliche Probleme entstehen, wenn im Rahmen des Vertriebs der Software ein Zwi- 88
schenhändler eingeschaltet ist. Dies wird beim Vertrieb von Standardsoftware an Verbraucher regelmäßig der Fall sein. Bei einem derartigen **Dreipersonenverhältnis (Hersteller-Händler-Verbraucher)** versuchen die Softwarehersteller, einen selbstständigen weiteren „Lizenzvertrag" direkt mit dem Kunden neben dem eigentlichen Kaufvertrag zwischen Händler und Kunde abzuschließen. An das Zustandekommen eines solchen Vertrages werden in der Literatur unterschiedliche Anforderungen gestellt.[86] Sofern überhaupt die Möglichkeit eines solchen Vertrages bejaht wird, wird meist verlangt, dass der Verbraucher schon beim Kauf beim Händler darauf hingewiesen wird, etwa auf der Verpackung, dass zusätzlich noch ein Vertrag mit dem Hersteller geschlossen werden soll.

Dagegen hatte das OLG Stuttgart in einer wettbewerbsrechtlichen Entscheidung *obiter* 89
eine Einbeziehung der AGB des Software-Herstellers (und damit den Vertragsschluss) durch Aufreißen des Schutzhüllenumschlags angenommen: *„Im Übrigen können auch beim Schutzhüllenvertrag (shrink wrap agreement), bei dem das Aufreißen der das Software-*

---
[85] Vgl. *Junker/Benecke* Computerrecht Rn. 387 mwN.
[86] Ausführlich hierzu *Schneider* J 99 ff.; *Redeker* IT-Recht Rn. 575 ff.; *Kilian/Heussen/Moritz* Rn. 163 ff.; *Schmidt* NJW 2011, 1633. Zu shrink-wrap-Verträgen sowie click-wrap-Verträgen → § 24 „Vertrieb von Software".

Programm umgebenden Schutzhülle als Vertragsannahme gilt, die AGB des Software-Herstellers wirksam vereinbart werden."[87]

2. Inhaltskontrolle von AGB bei Verbraucherverträgen

90 Die Regeln über die **Inhaltskontrolle der §§ 307 bis 309 BGB** bilden das Kernstück der §§ 305 ff. BGB. § 307 BGB ist die Generalklausel der Inhaltskontrolle, die nur eine Rolle spielt, wenn eine Klausel nicht bereits nach §§ 308, 309 BGB unwirksam ist. §§ 308, 309 BGB sind **unmittelbar nur bei Verträgen mit Verbrauchern** anwendbar (§ 310 Abs. 1 S. 1 BGB). Mittelbar spielen sie jedoch auch im Rahmen der Inhaltskontrolle gemäß § 307 BGB im Unternehmerverkehr eine wichtige Rolle (§ 310 Abs. 1 S. 2 BGB).[88]

91 Eine Bestimmung hält der Inhaltskontrolle nicht stand, wenn sie den Verbraucher entgegen dem Gebot von Treu und Glauben **unangemessen benachteiligt.** § 307 Abs. 1 BGB stellt damit klar, dass nicht jede Benachteiligung des Vertragspartners, sondern nur eine solche von gewissem Gewicht zur Unwirksamkeit führt.

92 Neben der (mehr oder weniger erheblichen) Benachteiligung setzt der Missbrauchsvorwurf nach § 307 Abs. 1 BGB des Weiteren voraus, dass die rechtlich geschützten Interessen des Verbrauchers **ohne angemessenen Ausgleich** oder ohne hinreichende Begründung den Interessen des Unternehmers hintangestellt werden.[89] Nach der Rechtsprechung des BGH steht fest, dass die frühere Rechtsprechung zu § 9 AGBG nicht uneingeschränkt herangezogen werden kann, soweit die Schuldrechtsreform das gesetzliche Leitbild im Sinne von § 307 Abs. 2 Nr. 1 BGB geändert hat.[90] Nach aller praktischen Erfahrung gibt es gegenüber dem Verbraucher – wie gegenüber einem Unternehmer – so gut wie kein Regelwerk, welches den strengen Test der richterlichen Inhaltskontrolle ungeschoren übersteht.

93 **a) Transparenzgebot; Verwendung einheitlicher oder differenzierender AGB.** Bei Verbraucherbezug ist der Verwender im Rahmen von § 307 Abs. 1 S. 2 BGB – aber wie oben erwähnt auch im Rahmen einer wirksamen Einbeziehung nach § 305 Abs. 2 BGB – verpflichtet, die Rechte und Pflichten seines Vertragspartners möglichst **klar und durchschaubar** darzustellen und dabei auch die wirtschaftlichen Nachteile einer Regelung so deutlich zu machen, wie dies nach den Umständen gefordert sein kann.[91] Aus § 307 Abs. 3 S. 2 BGB ergibt sich, dass das Transparenzerfordernis auch für Leistungsbeschreibungen und Preisvereinbarungen gilt.[92]

> **Praxistipp:**
> Bedient ein Hard- oder Softwareanbieter sowohl Geschäfts- wie auch Privatkunden, empfiehlt es sich wegen der unterschiedlichen Anforderungen an die AGB-rechtliche Wirksamkeit einzelner Klauseln zwischen Regelungen für Unternehmer und Verbraucher zu unterscheiden. Hier kann man innerhalb eines einzigen Dokuments differenzieren oder auch zwei unterschiedliche Texte verwenden.

94 Bei **universell einsetzbaren AGB** wird man in zahlreichen Klauseln eine Unterscheidung zwischen Unternehmern und Verbrauchern treffen müssen. Dies kann dazu führen, dass die

---

[87] Vgl. OLG Stuttgart Urt. v. 10.2.1989 – 2 U 290/88, NJW 1989, 2633 = CR 1989, 688. Wegen des wettbewerbsrechtlichen Hintergrunds des Verfahrens geht die gewählte Vertriebskonstellation des Softwareherstellers aus dem Sachverhalt nicht deutlich hervor. Es handelte sich wohl um eine Software, die an Unternehmer im Direktvertrieb verkauft wurde.
[88] → § 16 „Standardklauseln".
[89] BGH Urt. v. 24.7.2008 – VII ZR 55/07, ZIP 2008, 1729; BGH Urt. v. 25.4.2001 – VIII ZR 135/00, NJW 2001, 2331; BGH Urt. v. 3.11.1999 – VIII ZR 269/98, NJW 2000, 1110 (1112); vgl. Palandt/*Grüneberg* § 307 Rn. 12.
[90] Vgl. BGH Urt. v. 5.10.2005 – VIII ZR 16/05, NJW 2006, 47 = CR 2006, 221.
[91] BGH Urt. v. 28.1.2003 – XI ZR 156/02, NJW 2003, 1447.
[92] Vgl. Palandt/*Grüneberg* § 307 Rn. 44 und 46.

III. Besonderheiten bei Verbraucherverträgen im AGB-Recht mit Klauselbeispielen

einzelne Klausel und ggf. das Regelwerk insgesamt unübersichtlich wird. Unter Umständen liegt dann ein Verstoß gegen das **Transparenzgebot** vor. Bei der Verwendung **unterschiedlicher AGB** ist bei jedem einzelnen Vertragsabschluss darauf zu achten, dass die richtigen AGB zur Anwendung kommen, wobei der Unternehmer das **Informationsrisiko** hinsichtlich der Verbrauchereigenschaft trägt.[93] Werden bei einem nicht eindeutig dem Verbraucher- oder Unternehmerverkehr zuzuordnenden Vertragsverhältnis ohne Erkundigung über die Begleitumstände AGB für den Unternehmerverkehr verwendet und stellt sich später heraus, dass der Vertragspartner Verbraucher war, so werden zahlreiche Klauseln ihm gegenüber unwirksam sein, während bei der Verwendung von Verbraucher-AGB gegenüber einem Unternehmer Spielräume der Rechtsgestaltung verschenkt werden.

> **Praxistipp:**
> Bei der Verwendung differenzierender AGB ist dementsprechend sicherzustellen, dass der Vertragspartner sich vor Vertragsabschluss über seine Verbraucher- bzw. Unternehmereigenschaft erklärt. Dies kann beispielsweise in Online-Shops pragmatisch durch zwei verschiedene Kundenbereiche gelöst werden. Der Kunde hat dann die Wahl zwischen einem Business- und einem Consumer-Portal.

b) Einzelne Klauseln. Im Folgenden sollen einige sich bei Verbraucher-AGB ergebende Fragestellungen an einzelnen Klauselbeispielen verdeutlicht werden.

aa) Annahmefrist, § 308 Nr. 1 BGB. Zahlreiche Hardwarehändler sehen in ihren AGB **lange oder unbestimmte Bindungen des Kunden** an seinen Vertragsantrag vor, zB: *„Die Bestellung des Kunden ist ein Angebot im Rechtssinn. Verträge zwischen uns und dem Kunden kommen erst zustande, wenn wir die Bestellung des Kunden durch schriftliche Erklärung annehmen (Auftragsbestätigung) oder durch Übersendung der Waren ausführen. Der Kunde ist an seine Bestellung drei Wochen gebunden."*.

Gemäß § 308 Nr. 1 BGB sind unangemessen lange bzw. nicht hinreichend bestimmte Bindungen des Kunden an seinen Vertragsantrag unwirksam. Ob eine **Frist angemessen** ist, ist **einzelfallabhängig** anhand des Inhalts und der wirtschaftlichen Bedeutung des Vertrages unter Berücksichtigung der beiderseitigen Interessen und der Verkehrsanschauung zu beurteilen. Bei **Alltagsgeschäften** wie der Lieferung von Hardware oder Standardsoftware oder üblichen Verbrauchsmaterialien für EDV-Anlagen im B2C-Bereich kann eine Bindungshöchstfrist von 10 Tagen, teilweise auch 14 Tagen, als noch angemessen angesehen werden.[94]

Problematisch sind Klauseln, die es dem Kunden erschweren oder unmöglich machen, das Fristende selbst zu erkennen oder zu errechnen. Die Klausel *„An den erteilten Auftrag (Kaufangebot) ist der Käufer bei solchen Produkten, die wir üblicherweise ständig am Lager haben (Lagerware) eine Woche und bei sonstigen Produkten zwei Wochen ab Zugang des Auftrages bei uns gebunden."* ist daher unter zwei Aspekten problematisch. Sowohl **Fristbeginn** als auch **Fristdauer** sind von einem Ereignis bzw. einer Tatsache außerhalb der Kenntnissphäre des Kunden abhängig. Dem Kunden wird bei einer postalischen Bestellung der Zeitpunkt des Eingangs seines Vertragsangebots beim Verwender unbekannt sein. Gleichzeitig wird der Kunde auch nicht erkennen können, ob es sich bei der von ihm bestellten Ware um Lagerware handelt, wenn dies nicht ausdrücklich bei jedem Produkt angegeben ist.[95]

bb) Leistungsfrist, § 308 Nr. 1 BGB. Parallel zur Unwirksamkeit unangemessen langer oder nicht hinreichend bestimmter Annahmefristen sind auch **unangemessen lange oder nicht hinreichend bestimmte Leistungsfristen** unwirksam. Die Klausel *„Die Angaben über*

---

[93] → Rn. 4.
[94] 10 Tage: Staudinger/*Coester-Waltjen*, Neubearbeitung 2013, § 308 Nr. 1 Rn. 11; 14 Tage: Palandt/ *Grüneberg* § 308 Rn. 4.
[95] Vgl. hierzu Staudinger/*Coester-Waltjen*, Neubearbeitung 2013, § 308 Nr. 1 Rn. 12 mit Nachweisen aus der Rspr.

den Liefertermin werden nach Möglichkeit eingehalten; sie sind jedoch nur annähernd und können vom Verkäufer bis zu 3 Monaten überschritten werden." ist nach Ansicht des BGH unwirksam.[96] Auch Klauseln, die dem Kunden die Berechnung des Fristendes erschweren oder unmöglich machen, sind unwirksam. So ist beispielsweise die Klausel „*Lieferung nach Selbstbelieferung*" nach hM im Verbraucherverkehr – anders als im Unternehmerverkehr – immer unwirksam.[97] Das neue Verbraucherrecht verpflichtet den Unternehmer in Art. 246a § 1 Abs. 1 Nr. 7 EGBGB zur Angabe eines **Termins**, bis zu dem er die Ware liefern oder die Dienstleistung erbringen muss. Der Begriff des Termins ist aber **nicht als konkretes Datum zu verstehen**. Es reicht vielmehr wie bisher die Angabe eines Lieferzeitraumes. Der Verbraucher soll durch die Information über die Lieferzeit wissen, wann die Ware bei ihm eintrifft.[98]

100   cc) *Rücktrittsvorbehalt, § 308 Nr. 3, Nr. 8 BGB.* Im Verbraucherverkehr sind ebenso Klauseln unwirksam, die es dem Lieferanten erlauben, sich **ohne sachlich gerechtfertigten** und **im Vertrag angegebenen Grund** wieder vom Vertrag zu lösen. Dies gilt grundsätzlich auch im kaufmännischen Verkehr. Unterschiede ergeben sich lediglich hinsichtlich der Auslegung des Begriffs des „sachlich gerechtfertigten Grundes" und hinsichtlich der Verpflichtung zur Angabe des Lösungsgrundes. Die Klausel „unter Vorbehalt der Selbstbelieferung" ist daher jedenfalls im Verbraucherverkehr in dieser pauschalen Form unwirksam. Nach Ansicht des BGH wird der Verwender einer **Selbstbelieferungsvorbehaltsklausel** von seiner Lieferpflicht nur frei, wenn er ein kongruentes Deckungsgeschäft abgeschlossen hat und von seinem Verkäufer im Stich gelassen wurde.[99]

101   dd) *Teillieferungen, § 308 Nr. 4 BGB.* Regelmäßig finden sich in den AGB von Hardwarehändlern pauschale Klauseln wie etwa: „*Wir sind zu Teillieferungen berechtigt.*" Die Wirksamkeit einer solchen Klausel ist schon im kaufmännischen Verkehr fraglich, da sie im Widerspruch zu dem **gesetzlichen Leitbild in § 266 BGB** steht. Zumindest gegenüber Verbrauchern ist diese Klausel gemäß § 308 Nr. 4 BGB in jedem Fall unwirksam.[100]

102   Dies gilt nach Ansicht des OLG Stuttgart gerade im Bereich des Hardwarekaufs, da eine einschränkungslose, insbesondere von Zumutbarkeitskriterien freie Teillieferungsklausel für den Kunden dort besonders nachteilige Auswirkungen haben kann. Beim Hardwarekauf sind Gesamtverkäufe mehrerer aufeinander abgestimmter Geräte und Programme üblich, die regelmäßig einen deutlichen Preisvorteil gegenüber dem Einzelverkaufspreis der Einzelteile besitzen. Wenn es nach erfolgter Teillieferung zur Unmöglichkeit in Bezug auf die ausstehende Restlieferung kommt, ist dem Kunden die Möglichkeit genommen, bei einem dann notwendigen Deckungsgeschäft wieder in den Genuss besonders günstiger Preise zu kommen, da er dann nicht mehr ein „Paket" sondern nur noch die fehlenden Einzelteile zu unverhältnismäßig teuren Preisen kaufen würde.

103   Wirksamkeitsvoraussetzung einer Teillieferungsklausel in Verbraucher-AGB ist daher stets die Einschränkung durch ein **Zumutbarkeitskriterium**. Nach herrschender Meinung ist jedoch eine Klausel nicht ausreichend, die zu jeder Änderung der versprochenen Leistung berechtigt, die dem Besteller zumutbar ist. Voraussetzung ist, dass die Klausel Art, Grund und Ausmaß der vorbehaltenen Änderung erkennen lässt.[101] Die Klausel „*Teillieferungen und Teilabrechnungen sind zulässig.*" ist gegenüber Verbrauchern wegen §§ 307 Nr. 1, 309 Nr. 2a BGB unwirksam.[102]

104   Die Teillieferung im Hardwarebereich wird für Verbraucher jedoch aus den dargestellten Gründen regelmäßig nicht zumutbar sein. Zumutbar könnten Teillieferungen von Hard- und Software aber bei einem komplexen EDV-System sein, bei dem die einzelnen Kompo-

---

[96] BGH Urt. v. 26.1.1983 – VIII ZR 342/81, NJW 1983, 1320.
[97] Palandt/*Grüneberg* § 308 Rn. 5, 8, 10.
[98] → § 26 „E-Commerce und Fernabsatzrecht"; Zu Thema „Lieferfrist" sind eine Reihe von neuen Entscheidungen zu erwarten. Das LG Aschaffenburg (Urt. v. 19.8.2014 – 2 HK O 14/14, MMR-Aktuell 2014, 362231) verurteilte zB einen Händler zur Unterlassung der Lieferzeitangabe „sofort lieferbar", wenn die so beworbenen Produkte tatsächlich nicht zum Versand am nächsten Werktag bereitgehalten werden.
[99] BGH Urt. v. 26.1.1983 – VIII ZR 342/81, NJW 1983, 1320.
[100] OLG Stuttgart Urt. v. 6.5.1994 – 2 U 275/93, NJW-RR 1995, 116.
[101] Staudinger/*Coester-Waltjen*, Neubearbeitung 2013, § 308 Nr. 4 Rn. 6.
[102] KG Beschl. v. 25.1.2008 – 5 W 344/07, GRUR 2008, 930 = GRUR-RR 2008, 308.

nenten aufeinander aufsetzen und bei dem die Infrastruktur stufenweise entwickelt wird. Solche Systeme werden üblicherweise jedoch nur im unternehmerischen Verkehr verkauft. Auch die bloße Benennung eines Beispiels, wann Teillieferungen erfolgen können, stellt kein wirksames Zumutbarkeitskriterium dar. Die folgende Klausel ist dementsprechend problematisch: *„Wir sind zu Teillieferungen berechtigt (zB im Rahmen der Lieferung von Drittprodukten, die zu einem anderen Zeitpunkt hergestellt werden als die von uns hergestellten Produkte)."*

Teillieferungsklauseln beziehen sich stets auf Teillieferungen im Rahmen eines einheitlichen Geschäfts. Ob ein **einheitliches Geschäft** oder mehrere voneinander unabhängige Kaufverträge vorliegen, ist oftmals schwer zu beurteilen. Dies wird jedenfalls dann der Fall sein, wenn ein PC-System geliefert werden soll, dessen Einzelkomponenten eine technische und wirtschaftliche Einheit bilden. Etwas anderes wird jedoch für den Fall gelten, dass sich die Lieferung auf einzelne Geräte bezieht, die nicht miteinander zusammenwirken sollen.[103]

Liegt kein einheitliches Geschäft vor, so ist die separate Lieferung der unterschiedlichen Vertragsgegenstände problemlos möglich. Die folgende Klausel aus den AGB eines großen Hardwareherstellers ist dementsprechend bloß deklaratorischer Natur: *„Sofern Sie mehrere Produkte gleichzeitig bestellt haben, können die einzelnen Produkte zu unterschiedlichen Zeiten hergestellt und ausgeliefert werden."*

ee) Änderungsvorbehalte, § 308 Nr. 4 BGB. Der BGH über die Klausel eines Onlineshops zu befinden, welche vorsah: *„Sollte ein bestimmter Artikel nicht lieferbar sein, senden wir Ihnen in Einzelfällen einen qualitativ und preislich gleichwertigen Artikel (Ersatzartikel) zu. [...] Sollte ein bestellter Artikel oder Ersatzartikel nicht lieferbar sein, sind wir berechtigt, uns von der Vertragspflicht zur Lieferung zu lösen.".* Jedenfalls im Zusammenhang mit dem zweiten Satz der Klausel kann beim Kunden der Eindruck entstehen, dass eine **Ersatzlieferung** als vertragsgemäße Erfüllung anzusehen ist. Vor diesem Hintergrund ist die gesamte Klausel an den Kriterien des § 308 Nr. 4 BGB zu messen, dessen Anforderungen sie nach Ansicht des BGH nicht gerecht wird. Zwar behält sich der Versender die Zusendung einer Ware gleichwertiger Qualität und gleichen Preises vor, dennoch eröffnen diese Kriterien einen weiten Spielraum für Abweichungen von der bestellten Ware, die dem Kunden im Einzelfall unzumutbar sein können.[104] Unzumutbar wäre daher wohl etwa die Zusendung eines weißen oder silberfarbenen statt eines schwarzen Notebooks, selbst wenn dieses preislich und qualitativ sicher gleichwertig ist.

ff) Preisanpassungsklauseln, § 309 Nr. 1 BGB. Für Verträge mit Verbrauchern gilt der strikte Verbotstatbestand des § 309 Nr. 1 BGB. Eine Preiserhöhungsklausel ist bei Verbraucherverträgen mit einer Lieferzeit unter 4 Monaten formularvertraglich nicht möglich, sofern es sich nicht um Waren oder Leistungen handelt, die im Rahmen von Dauerschuldverhältnissen geliefert oder erbracht werden. Bei Verbraucherverträgen mit einer Lieferzeit von über vier Monaten und bei Dauerschuldverhältnissen sind Preisanpassungsklauseln in den Grenzen des § 307 BGB möglich. Wichtig ist dabei insbesondere, dass die **Erhöhungskriterien** exakt angegeben sind und dass nicht nur Preiserhöhungen, sondern spiegelbildlich auch **Preisherabsetzungen** vorgesehen sein müssen. Bei Dauerschuldverhältnissen ist dem Kunden zusätzlich ein Lösungsrecht vom Vertrag zuzubilligen.[105] Das strikte Verbot des § 309 Nr. 1 BGB gilt auch für Klauseln, die sich auf Umsatzsteuererhöhungen beziehen.[106]

gg) Pauschalierter Schadensersatz, § 309 Nr. 5 BGB. **Schadensersatzpauschalen** ersparen dem Verwender den Nachweis des Schadens und sind dementsprechend häufig in AGB zu finden. Eine typische Formulierung ist etwa: *„Nimmt der Käufer die Ware nicht ab, so sind wir berechtigt, nach Setzung und fruchtlosem Ablauf einer Nachfrist von mindestens 10 Tagen vom Vertrag zurückzutreten oder Schadensersatz wegen Nichterfüllung zu verlangen. Im letzteren Fall können 15 % des Kaufpreises ohne Nachweis als Entschädigung verlangt*

---

[103] Hierzu ausführlich *Schneider* F Rn. 104 ff.; → § 14 Hardwareverträge.
[104] BGH Urt. v. 21.9.2005 – VIII ZR 284/04, NJW 2005, 3567 = CR 2006, 74; siehe auch *v. Westphalen* NJW 2006, 2228 (2231).
[105] BGH Urt. v. 11.6.1980 – VIII ZR 174/79, NJW 1980, 2518.
[106] Siehe hierzu *Wittmann/Zugmaier* NJW 2006, 2150.

werden." Nach § 309 Nr. 5 BGB ist eine solche Klausel nur unter **zwei Voraussetzungen** wirksam: Zum einen darf die Schadenspauschale den üblicherweise zu erwartenden Schaden nicht übersteigen, zum anderen muss dem Verbraucher ausdrücklich gestattet werden, einen geringeren Schaden nachzuweisen. Die zitierte Klausel ist bereits unwirksam, weil sie diese Möglichkeit des Nachweises eines geringeren Schadens nicht vorsieht.[107] Unwirksam sind dementsprechend auch Formulierungen wie *„Der Schaden beträgt mindestens ..."* oder *„... wird als Schaden unwiderlegbar vermutet"*.

110   Ob die **Höhe der Schadenspauschale** zulässig ist, ist einzelfallabhängig zu entscheiden. Die zulässige Höhe ist anhand branchentypischer Besonderheiten zu beurteilen.[108] Anders als beispielsweise im Bereich des Neuwagenhandels kann in der IT-Branche aufgrund ihrer uneinheitlichen Struktur jedoch **kein branchentypischer Durchschnittswert** ermittelt werden.[109]

111   *hh) Vertragsstrafe, § 309 Nr. 6 BGB.* Vom pauschalierten Schadensersatz zu unterscheiden ist die Vertragsstrafe. Der pauschalierte Schadensersatz soll den Schadensbeweis ersparen, während die Vertragsstrafe primär darauf abzielt, die Erfüllung der Hauptverbindlichkeit zu sichern und lediglich sekundär im Falle einer Leistungsstörung den Schadensbeweis erspart.

112   § 309 Nr. 6 BGB enthält eine **kasuistische Verbotsnorm,** die Vertragsstrafen unter anderem für den Fall des Zahlungsverzugs für unzulässig erklärt. Würde man die unter lit. gg) zitierte Klausel als Vertragsstrafenvereinbarung qualifizieren, wäre sie selbst dann unwirksam, wenn sie den Nachweis eines geringeren Schadens vorsehen würde. Die Unterscheidung zwischen Schadenspauschale und Vertragsstrafe kann dementsprechend eine wichtige Rolle spielen. *Coester-Waltjen* sieht hier jedoch nur ein geringes praktisches Problem und erkennt regelmäßig eine Schadenspauschale, wenn die zu erbringende Ersatzleistung an dem nach dem gewöhnlichen Lauf der Dinge dem Verwender üblicherweise erwachsenden Schaden orientiert ist und wenn der Gegenbeweis ausdrücklich zugelassen wird.[110] Das pauschale kasuistische Verbot von Vertragsstrafen ist im kaufmännischen Verkehr nicht anwendbar. Hier werden Vertragsstrafen lediglich an dem Verbot der unangemessenen Benachteiligung des § 307 BGB gemessen.[111]

113   *ii) Haftungsbeschränkungen, § 309 Nr. 7 BGB.* Wegen der potentiell weitreichenden Konsequenzen von Schadensersatzansprüchen haben Software- und Hardwarelieferanten ein legitimes Interesse an effektiven Haftungsbeschränkungen. Im Ergebnis gibt es jedoch weder im B2B- noch im B2C-Bereich eine Möglichkeit, Schadensersatzansprüche des Käufers in AGB wirksam zu begrenzen.[112]

114   Beim **Verbrauchsgüterkauf** untersagt § 475 Abs. 1 BGB Haftungsbeschränkungen hinsichtlich der Rechte des Käufers auf Nacherfüllung (§ 437 Nr. 1 BGB), Rücktritt und Minderung (§ 437 Nr. 2 BGB). Der zwingende Charakter der Gewährleistungsrechte beim Verbrauchsgüterkauf ist aber gemäß § 475 Abs. 3 BGB eingeschränkt, soweit es um Schadensersatzansprüche des Käufers geht. Insoweit kann der Verkäufer seine Haftung begrenzen. Erfolgt der Haftungsausschluss jedoch in AGB, richtet sich seine Wirksamkeit nach den §§ 307 bis 309 BGB. In der Praxis finden sich dabei viele offenkundig unwirksame Klauseln.

---

[107] Im kaufmännischen Bereich beurteilt die Rechtsprechung Schadenspauschalen weniger streng als bei der Verwendung in Verbraucherverträgen, insbesondere muss nach Ansicht der Rechtsprechung die Möglichkeit des Nachweises eines geringeren Schadens im unternehmerischen Verkehr nicht ausdrücklich zugelassen werden, sie darf aber auch nicht ausgeschlossen werden. → § 16 „Standardklauseln".
[108] BGH Urt. v. 7.10.1981 – VIII ZR 229/80, NJW 1982, 331.
[109] Eine Übersicht über die umfangreiche Kasuistik zu diesem Thema findet sich bei Palandt/*Grüneberg* § 309 Rn. 27 f.
[110] Staudinger/*Coester-Waltjen*, Neubearbeitung 2013, § 309 Nr. 5 Rn. 3; ausführlich zur Abgrenzung von Schadenspauschale und Vertragsstrafe siehe Palandt/*Grüneberg* § 276 Rn. 26.
[111] Palandt/*Grüneberg* § 309 Rn. 38.
[112] Zum Gewährleistungs- und Haftungsausschluss im Verbraucherverkehr siehe ausführlich Tiedtke/Burgmann NJW 2005, 1153. Zu möglichen Formulierungen für Haftungsbegrenzungsklauseln sowie vertiefend zum Thema „Haftungsbeschränkungen in AGB" → § 16 „Standardklauseln".

Haftungsbeschränkungen müssen sich an **mehreren Klauselverboten** messen lassen. Unter 115
den Voraussetzungen des § 309 Nr. 5 BGB ist die Pauschalierung von Schadensersatzansprüchen unzulässig. Nach § 309 Nr. 7a BGB kann der Anspruch auf Schadensersatz wegen der Verletzung des Lebens, des Körpers oder der Gesundheit weder für eine vorsätzliche noch für eine fahrlässige Herbeiführung der Verletzung ausgeschlossen werden. § 309 Nr. 7b BGB verbietet für sonstige Schäden einen Ausschluss der Haftung für Vorsatz und für grobes Verschulden. Auf einen Haftungsausschluss kann sich der Verkäufer nicht berufen, wenn er arglistig einen Mangel verschweigt oder eine Beschaffenheitsgarantie abgibt, § 444 BGB. Für die Wirksamkeit von Haftungsausschlüssen ist ferner die gefestigte, höchstrichterliche Rechtsprechung zu berücksichtigen, wonach die Haftung für die **Erfüllung wesentlicher Vertragspflichten (Kardinalpflichten)** bei einfacher Fahrlässigkeit des AGB-Verwenders oder seiner Erfüllungsgehilfen nur auf den vertragstypisch vorhersehbaren Schaden begrenzt werden kann. Anderenfalls wird ein Verstoß gegen § 307 Abs. 2 Nr. 2 BGB angenommen, weil in diesem Fall der Vertragszweck gefährdet sei. Summenmäßige Haftungshöchstgrenzen müssen stets die vertragstypisch vorhersehbaren Schäden umfassen.[113]

> **Praxistipp:**
> Bei der Formulierung von Haftungsbeschränkungen ist schließlich zu beachten, dass nach der Rechtsprechung des BGH auch der Begriff **„Kardinalpflichten"** nicht verwendet werden darf. Dieser Ausdruck sei für Nichtjuristen unverständlich und verstoße daher gegen das Transparenzgebot.[114]
> Man wird stattdessen eine Formulierung verwenden können, die einen Ersatz des vertragstypischen vorhersehbaren Schadens für solche Schäden beschränkt, die auf einer leicht fahrlässigen Verletzung *wesentlicher Vertragspflichten* beruhen.

jj) Mängelhaftung, § 309 Nr. 8b) BGB. Im Rahmen des **Verbrauchsgüterkaufs** kommt der 116
Inhaltskontrolle hinsichtlich Klauseln zur Mängelhaftung geringere Bedeutung zu, weil hier abweichende Vereinbarungen zum Nachteil des Käufers in AGB wie auch in Individualvereinbarungen bereits durch § 475 BGB ausgeschlossen sind. Wird dem AGB-Verwender schon im unternehmerischen Verkehr hinsichtlich der Mängelrechte des Käufers ein geringer Spielraum für Abweichungen von den gesetzlichen Regelungen eingeräumt, so reduziert sich dieser Gestaltungsspielraum bei Verbraucherverträgen praktisch auf Null. Modifikationen sind letztlich nur zu Lasten des Verwenders möglich.

Gemäß § 309 Nr. 8b) aa) BGB ist ein völliger oder teilweiser **Ausschluss der Mängelhaf-** 117
tung oder ein Verweis auf Ansprüche gegen Dritte unwirksam. Auch die Beschränkung der Mängelrechte auf die Nacherfüllung, also der Ausschluss von Minderung und Rücktritt, und die Überwälzung der Kosten der Nacherfüllung auf den Kunden sind gemäß § 309 Nr. 8b) bb) und cc) BGB unwirksam. Auch eine Klausel, die das **Wahlrecht** über die Form der Nacherfüllung entgegen der gesetzlichen Regelung dem Verkäufer zuweist, ist im Gegensatz zum unternehmerischen Verkehr gegenüber Verbrauchern unwirksam. Dies ergibt sich beim Verbrauchsgüterkauf bereits aus § 475 Abs. 1 BGB. Aus diesem Grund ist auch eine Klausel unwirksam, die entgegen der Regelung des § 440 S. 2 BGB die **Nachbesserung** pauschal erst mit dem dritten erfolglosen Versuch als fehlgeschlagen ansieht.

Ebenso ist gemäß § 475 Abs. 2 BGB eine **Verkürzung der Verjährung** der Sachmängelansprüche bei neuen Sachen auf unter zwei Jahre, bei gebrauchten Sachen auf unter ein Jahr, 118
nicht möglich. Auch die Klausel: *„Die Gewährleistung erlischt, wenn der Käufer Eingriffe und/oder Reparaturen an Geräten vornimmt oder durch Personen vornehmen lässt, die nicht vom Verkäufer autorisiert wurden, sofern der aufgetretene Mangel darauf beruht."* ist

---

[113] Vgl. BGH Urt. v. 20.3.2003 – I ZR 225/00, NJW-RR 2003, 1056 (1060); BGH Urt. v. 12.1.1994 – VIII ZR 165/92, NJW 1994, 1060 (1063) (fristgerechte Lieferung als Hauptleistungspflicht des Verkäufers); BGH Urt. v. 11.11.1992 – VIII ZR 238/91, NJW 1993, 335.
[114] Vgl. BGH Urt. v. 20.7.2005 – VIII ZR 121/04, NJW 2005, 46.

unwirksam. Nach einem Urteil des OLG Hamm benachteiligt eine AGB-Klausel in einem Vertrag über die Lieferung von Hard- und Software, nach der die Gewährleistung (Garantie) sofort nach einem Eingriff durch den Käufer oder Dritte, nicht zum Betrieb des Verkäufers gehörende Personen erlischt, den Käufer in unangemessener Weise.[115] Dies gilt auch für die immer wieder anzutreffenden Klauseln, nach denen bei der Verletzung eines Siegels an dem Gerät die Mängelhaftungsansprüche vollumfänglich erlöschen sollen.

119 Im Übrigen enthalten auch alle gängigen **Open Source Bedingungen** einen vollständigen **Gewährleistungsausschluss** (vgl. zB § 16 GPL Version 3), wie es den US-amerikanischen Vertragsgepflogenheiten entspricht. Wegen Verstoßes gegen § 309 Nr. 8b) aa) BGB sind solche Gewährleistungsausschlüsse aber unwirksam, mit der Rechtsfolge des § 306 Abs. 2 BGB, dass sich die Mängelhaftung nach den gesetzlichen Vorschriften richtet. Da überwiegend angenommen wird, dass es sich schuldrechtlich bei Open Source-Verträgen ohne Distributionsleistungen allenfalls um eine Schenkung gemäß § 516 BGB handelt, sind jedoch lediglich die schenkungsrechtlichen Regelungen für die Mängelhaftung anwendbar, nach denen die ohnehin nicht sehr weit reichende Mängelhaftung gemäß §§ 523, 524 BGB besteht.[116]

120 *kk) Mängelausschlussfristen, § 309 Nr. 8b) ee) BGB.* Bei Verwendung von Regelungen zu den Erfordernissen einer Mängelrüge in AGB gegenüber Verbrauchern ist § 309 Nr. 8b) ee) BGB zu beachten. § 309 Nr. 8b) ee) BGB bestimmt, dass für die Anzeige **nicht offensichtlicher Mängel** keine unverzügliche Rügepflicht vorgesehen werden darf, sondern im Allgemeinen eine solche Rügefrist nicht unter einem Jahr ab dem gesetzlichen Verjährungsbeginn festgelegt werden kann. Ausschlussfristen für **offensichtliche Mängel** sind jedoch mit § 309 Nr. 8b) ee) BGB vereinbar und können auch in Verbraucher-AGB vorgesehen werden, solange die Ausschlussfrist eine angemessene Länge hat. Für den in der Praxis wichtigsten Anwendungsfall, den Verbrauchsgüterkauf, sieht § 475 Abs. 1 BGB die Unabdingbarkeit der gesetzlichen Mängelrechte vor. Die Vereinbarung einer Mängelausschlussfrist im Rahmen eines Verbrauchsgüterkaufs scheitert dann bereits an § 475.[117] Für unzulässig erklärt hat der BGH eine Klausel im Versandhandel:[118] *„Offensichtliche Mängel (...) sind (...) innerhalb einer Woche nach Erhalt vorzubringen."*

> **Praxistipp:**
> Höchstrichterliche Rechtsprechung zur erforderlichen Dauer der Frist für die Anzeige offensichtlicher Mängel gibt es jedoch noch nicht. In der Literatur werden hierzu verschiedene Fristlängen vorgeschlagen. Überwiegend wird jedoch angenommen, dass im Regelfall eine zweiwöchige Frist die Untergrenze darstellen wird.[119]

121 *ll) Laufzeit bei Dauerschuldverhältnissen, § 309 Nr. 9 BGB.* § 309 Nr. 9 BGB sieht vor, dass bei der regelmäßigen Lieferung von Waren oder regelmäßigem Erbringen von Dienst- oder Werkleistungen **Vertragslaufzeiten** von über zwei Jahren mit Verbrauchern in AGB nicht wirksam vereinbart werden können. Daneben ist auch die **stillschweigende Verlängerung** des Vertragsverhältnisses um jeweils mehr als ein Jahr und die Vereinbarung einer **Kündigungsfrist** von mehr als drei Monaten zu Lasten des Kunden nicht möglich.

122 Gerade in dem von einem raschen technologischen Wandel geprägten IT-Bereich kann es eine unangemessene Benachteiligung eines Kunden darstellen, wenn dieser formularvertrag-

---

[115] OLG Hamm Urt. v. 14.2.2000 – 13 U 196/99, NJW 2000, 1224 = CR 2000, 811; unter Berufung auf eine Entscheidung des BGH zum Verbraucherverkehr, Urt. v. 28.11.1979 – VIII ZR 317/78, NJW 1980, 831.
[116] → § 9 Open Source und Open Content; vgl. *Jaeger/Metzger*, Open Source Software, S. 145 ff.; *Junker/Benecke*, Computerrecht, Rn. 395. Zur GNU GPL Version 3 siehe eingehend *Jaeger/Metzger* GRUR 2008, 130.
[117] MüKoBGB/*Wurmnest* § 309 Nr. 8 Rn. 62; LG Hamburg Urt. v. 5.9.2003 – 324 O 224/03, MMR 2004, 190.
[118] BGH Urt. v. 8.7.1998 – VIII ZR 1/98, NJW 1998, 3119.
[119] Palandt/*Grüneberg* § 309 Rn. 78; MüKoBGB/*Wurmnest* § 309 Nr. 8 Rn. 64 f.; siehe dazu auch ausführlich *Thamm/Möffert* NJW 2004, 2710.

III. Besonderheiten bei Verbraucherverträgen im AGB-Recht mit Klauselbeispielen § 17

lich für eine lange Zeit an einen Anbieter gebunden wird. Bei der Überlassung von Software an Verbraucher ist § 309 Nr. 9 BGB beispielsweise insbesondere bei **Update-Abonnements** für Antivirensoftware zu berücksichtigen. Im Zusammenhang mit Vertragslaufzeiten ist jedoch auf die typologische Einordnung des jeweiligen Vertrages zu achten, da § 309 Nr. 9 BGB beispielsweise nicht für Softwaremietverträge gilt.

> **Praxistipp:**
> Die Regelung des § 309 Nr. 9 BGB gilt auch nicht im Verkehr zwischen Unternehmern. Zwar sind gemäß der Generalklausel des § 307 Abs. 1 BGB formularvertragliche Laufzeitregelungen nur im Rahmen des Angemessenen zulässig. Die starren Fristen des § 309 Nr. 9 BGB sind jedoch spezifisch auf den Schutz des Endverbrauchers bezogen und werden den Erfordernissen des Unternehmerverkehrs nicht gerecht. Eine entsprechende Anwendung im kaufmännischen Verkehr ist daher nicht gerechtfertigt.[120] Die zulässige Bindungsdauer im kaufmännischen Verkehr ergibt sich unter anderem aus den Investitionen des Verwenders und aus der Intensität der Einschränkung der wirtschaftlichen Freiheit des Verwendungsgegners.[121]

mm) Eigentumsvorbehalt. Einfache **Eigentumsvorbehaltsklauseln** sind auch gegenüber Verbrauchern zulässig. Anders ist dies bei erweiterten und verlängerten Eigentumsvorbehalten. Der erweiterte Eigentumsvorbehalt oder Kontokorrentvorbehalt[122] ist nur im kaufmännischen Verkehr zulässig.[123] Auch der verlängerte Eigentumsvorbehalt kann nur im kaufmännischen Verkehr wirksam vereinbart werden.[124] Eine AGB-Klausel im B2C-Bereich, wonach der Verwender die Vorbehaltsware zurücknehmen darf, ohne vom Vertrag zurückzutreten, wird gemäß § 307 Abs. 2 Nr. 1 iVm § 449 Abs. 2 BGB unwirksam sein.[125]

> **Checkliste: Prüfung von Klauseln in Verbraucherverträgen**
>
> 1. Anwendungsbereich der §§ 305 ff. BGB
>   a) Kein Vorliegen von Bereichsausnahmen, § 310 Abs. 4 BGB
>   b) Handelt es sich um AGB?
>   - Vertrag zwischen einem Unternehmer (§ 13 BGB) und einem Verbraucher (§ 14 BGB)
>   - Vorformulierte Vertragsklausel für eine Vielzahl von Verträgen; beachte § 310 Abs. 3 Nr. 2 BGB: einmalige Verwendung kann ausreichen
>   - Einseitig gestellt; beachte § 310 Abs. 3 Nr. 1 BGB: es genügt, dass Verbraucher sie nicht in den Vertrag eingeführt hat
>   - Kein Aushandeln zwischen den Parteien
>   c) Keine Umgehung im Sinne von § 306a BGB
> 2. Einbeziehung von AGB, §§ 305 Abs. 2–305c BGB
>   a) Ist die Klausel Bestandteil des Vertrages geworden?
>   - Ausdrücklicher Hinweis, ggf. deutlich sichtbarer Aushang
>   - Zumutbare Möglichkeit der Kenntnisnahme
>   - Bei Vertragsschluss
>   - Einverständnis mit der Geltung (auch stillschweigend möglich)
>   - Keine überraschende Klausel, § 305c Abs. 1 BGB
>   b) Auslegung von AGB
>   - Vorrang von Individualabreden, § 305b BGB
>   - Unklarheiten gehen zu Lasten des Verwenders, § 305c Abs. 2 BGB

---

[120] Palandt/*Grüneberg* § 309 Rn. 96.
[121] BGH Urt. v. 6.12.2002 – V ZR 220/02, NJW 2003, 1313; BGH Urt. v. 3.11.1999 – VIII ZR 269/98, NJW 2000, 1110.
[122] Vgl. Palandt/*Weidenkaff* § 449 Rn. 19.
[123] OLG Frankfurt Urt. v. 11.9.1980 – 6 U 184/79, NJW 1981, 130.
[124] Siehe auch *Schneider*, Handbuch des EDV-Rechts, F Rn. 99 ff.; Palandt/*Weidenkaff* § 449 Rn. 18.
[125] Redeker/*Bauer/Schneider*, Handbuch der IT-Verträge, 1.1 Rn. 43.

3. Inhaltskontrolle, §§ 307–309 BGB
   a) Von Rechtsvorschriften abweichende oder ergänzende Regelung im Sinne des § 307 Abs. 3 S. 1 BGB
   b) Klauselverbote ohne Wertungsmöglichkeit, § 309 BGB; Unwirksamkeit unabhängig vom konkreten Einzelfall
   c) Klauselverbote mit Wertungsmöglichkeit, § 308 BGB; Wirksamkeit abhängig vom konkreten Einzelfall
   d) Generalklausel als Auffangtatbestand, § 307 BGB
4. Rechtsfolgen bei Nichteinbeziehung und Unwirksamkeit, § 306 BGB
   a) Vertrag bleibt als solcher wirksam, § 306 Abs. 1 BGB
   b) Dispositives Gesetzesrecht tritt an die Stelle der nicht einbezogenen oder unwirksamen Klausel, § 306 Abs. 2 BGB
   c) Bei unzumutbarer Härte Unwirksamkeit des gesamten Vertrages, § 306 Abs. 3 BGB

IV. Besonderheiten bei Finanzierungsgeschäften mit Verbrauchern

125   Die Umsetzung der Verbraucherkredit-Richtlinie[126] zum 11.6.2010 führte zu erheblichen Änderungen im BGB und auch im Einführungsgesetz zum BGB. Das Verbraucherdarlehensrecht wurde vollkommen umgestaltet. Besonders die häufigen Verweise in das EGBGB führen zu erheblicher Komplexität und Unübersichtlichkeit der Neuregelung. Die Vorschriften zum Verbraucherdarlehensrecht wurden durch das am 30.7.2010 in Kraft getretene Gesetz zur Einführung einer Musterwiderrufsinformation für Verbraucherdarlehensverträge, zur Änderung der Vorschriften über das Widerrufsrecht bei Verbraucherdarlehensverträgen und zur Änderung des Darlehensvermittlungsrechts erneut ergänzt. Kernstück dieses Gesetzes ist ein Muster für die Information über das Widerrufsrecht bei Verbraucherkreditverträgen mit Gesetzlichkeitsfiktion, dessen Verwendung fakultativ ist.

126   Das Verbraucherkreditrecht ist nunmehr in den **§§ 491 bis 512 BGB** zu finden. Es ist im Rahmen der Überlassung von Hard- und Software an Verbraucher primär beim **finanzierten Kauf** praxisrelevant. Hard- oder Softwareleasingverträge sind im Verbraucherbereich im Gegensatz zum Unternehmerbereich noch nicht weit verbreitet.[127]

127   Art. 229 § 22 EGBGB enthält eine Übergangsregelung für Altverträge. Die relevanten Stichtage sind hier der 31.10.2009 sowie der 11.6.2010. Gemäß Art. 229 § 32 Abs. 1 EGBGB finden auf Verbraucherdarlehensverträge, die seit dem 13.6.2014 geschlossen wurden, die zur Umsetzung der VRRL geänderten Vorschriften Anwendung.

1. Anwendungsbereich

128   Der **persönliche Anwendungsbereich** des Verbraucherkreditrechts ist eröffnet, wenn zwischen einem Unternehmer als Darlehensgeber und einem Verbraucher als Darlehensnehmer ein Vertrag über eine der in §§ 491 bis 512 BGB geregelten Darlehens- oder Finanzierungsformen abgeschlossen wird. Das Verbraucherkreditrecht ist auch auf **Existenzgründer** anwendbar, solange der Darlehensbetrag bzw. Barzahlungspreis 75.000,– Euro nicht übersteigt (§ 512 BGB).

Der **sachliche Anwendungsbereich** setzt eine der folgenden Darlehens- oder Finanzierungsformen voraus.

* Verbraucherdarlehensvertrag

129   Für **Verbraucherdarlehensverträge** gelten grundsätzlich die allgemeinen Vorschriften über den Darlehensvertrag in §§ 488–490 BGB, die durch die verbraucherschützenden Vorschriften des Verbraucherdarlehensvertrages ergänzt werden. Der sachliche Anwendungsbereich

---

[126] Richtlinie 2008/48/EG des Europäischen Parlaments und des Rates vom 23.4.2008 über Verbraucherkreditverträge und zur Aufhebung der Richtlinie 87/102/EWG des Rates, ABl. EU Nr. L 133, S. 66.
[127] Zu den Neuerungen im Verbraucherkreditrecht ausführlich *Derleder* NJW 2009, 3195; *Rühl* DStR 2009, 2256; zu Einzelfragen des Verbraucherkreditrechts *Bülow* NJW 2002, 1145.

des Verbraucherkreditrechts auf Verbraucherdarlehen ist wertmäßig auf Darlehen begrenzt, die einen Betrag von 200 Euro übersteigen. Der beim Hard- und Softwarekauf im Verbraucherbereich praktisch häufigste Fall ist der **finanzierte Kauf**. Bei einem solchen finanzierten Kauf stehen der Kaufvertrag zwischen dem Hersteller bzw. Händler und dem Verbraucher und der Darlehensvertrag zwischen der finanzierenden Bank und dem Verbraucher zwar nebeneinander, sie stellen jedoch regelmäßig ein **verbundenes Geschäft** im Sinne des § 358 BGB dar.

- **Zahlungsaufschub und sonstige Finanzierungshilfe**
§§ 506 bis 510 BGB regeln den **Zahlungsaufschub** und die **sonstigen Finanzierungshilfen**. 130 Der praktisch häufigste Fall des Zahlungsaufschubs ist das Teilzahlungsgeschäft. Zu den sonstigen Finanzierungshilfen gehören insbesondere das Finanzierungsleasing und der Mietkauf. Bis zum 11.6.2010 bestehende Ausnahmen vom Anwendungsbereich der Verbraucherkreditvorschriften auf Finanzierungshilfen wurden reduziert oder wie etwa für Finanzierungsleasingverträge ganz aufgehoben. Die §§ 506 ff. sowie Art. 247 § 12 EGBGB werden Verbraucher bei Teilzahlungsgeschäften und bei Finanzierungsleasinggeschäften genauso geschützt wie bei Verbraucherdarlehensverträgen.[128]

Das **Teilzahlungsgeschäft** unterscheidet sich vom Finanzierungsleasing hauptsächlich dadurch, dass beim Teilzahlungsgeschäft der Kaufvertrag zwischen dem Hersteller bzw. Händler und dem Verbraucher zustande kommt. Beim Finanzierungsleasing sucht sich der Verbraucher die Hard- oder Software zwar beim Hersteller bzw. Händler aus, schließt aber letztlich einen Leasingvertrag mit dem Leasinggeber. Der entscheidende rechtliche Unterschied liegt somit in der Vertragsbeziehung, aber auch der Vertragsform. Der Unterschied zwischen dem finanzierten Kauf und dem **Finanzierungsleasing** besteht darin, dass der Kunde beim finanzierten Kauf gleichzeitig Käufer und Darlehensnehmer ist, während er beim Finanzierungsleasing nur Vertragspartner des zum Zwecke der Finanzierung abgeschlossenen Finanzierungsleasingvertrages, also nur Leasingnehmer, ist.[129] 131

- **Ratenlieferungsvertrag**
§ 510 BGB enthält Bestimmungen zu Ratenlieferungsverträgen zwischen einem Unternehmer und einem Verbraucher. Danach steht dem Verbraucher bei Verträgen, der die Lieferung mehrerer als zusammengehörend verkaufter Sachen in Teilleistungen zum Gegenstand hat und bei dem das Entgelt für die Gesamtheit der Sachen in Teilzahlungen zu entrichten ist oder die regelmäßige Lieferung von Sachen gleicher Art zum Gegenstand hat oder die Verpflichtung zum wiederkehrenden Erwerb oder Bezug von Sachen zum Gegenstand hat, ein Widerrufsrecht gemäß § 355 BGB zu. Zu beachten sind der im Vergleich zu § 491 Abs. 2 und 3 BGB geringere Umfang des Widerrufsrechts sowie die Formerfordernisse des § 510 Abs. 1 BGB (bis 13.6.2014: § 510 Abs. 2 BGB aF). 132

2. Anforderungen des Verbraucherkreditrechts

Liegt ein den Regelungen des Verbraucherkreditrechts unterfallender Darlehens- oder 133 Finanzierungsvertrag vor, sind verschiedene formale und inhaltliche Anforderungen zu beachten.

Der Vertrag bedarf der **Schriftform** gemäß § 126 BGB (§ 492 Abs. 1 BGB). Der Verbraucher muss den Vertrag also **eigenhändig unterzeichnen**. Der Abschluss eines Verbraucherdarlehens bzw. eines sonstigen Finanzierungsvertrages mittels E-Mail oder Telefax ist grundsätzlich nicht möglich. Beim finanzierten Kauf von Hard- oder Software durch einen Verbraucher muss das den Kauf finanzierende Kreditinstitut dem Kunden den Darlehensvertrag daher in der Regel zur Unterzeichnung zusenden. Alternativ kann dem Kunden der Darlehensvertrag beispielsweise auch als pdf-Dokument zum Ausdrucken zur Verfügung gestellt werden. In jedem Fall muss der Kunde das eigenhändig unterschriebene Vertragsdokument im Original zurücksenden. Die Rücksendung per Telefax genügt nicht dem Schrift- 134

---

[128] *Rühl* DStR 2009, 2256 (2260 f.).
[129] Ausführlich zu Einzelfragen des Finanzierungsleasings *Beckmann* DStR 2006, 1329 sowie → § 15 „Hardware-Verträge inkl. Wartung".

formerfordernis des § 492 Abs. 1 BGB.[130] Aufgrund des § 492 Abs. 1 BGB ist jedoch auch der Vertragsschluss in elektronischer Form (§ 126a BGB) möglich, sofern eine elektronische Signatur verwendet wird.

135

Checkliste: Anforderungen in der Praxis

Man könnte diese Anforderungen in der Praxis etwa wie folgt umsetzen:
- ☐ Schritt 1: Stellen Sie Ihre Wunschkonfiguration zusammen.
- ☐ Schritt 2: Beantragen Sie die Finanzierung. Die Kreditentscheidung wird Ihnen binnen weniger Stunden mitgeteilt.
- ☐ Schritt 3: Nach Eingang Ihrer Finanzierungsbestätigung wird Ihnen der Kreditvertrag von der Bank zugesandt, welchen Sie unterzeichnen und zurückschicken. Nach Erhalt der Unterlagen wird die Bestellung so schnell wie möglich ausgeführt.

136 Eine **Formerleichterung** für den Massenverkehr sieht § 492 Abs. 1 S. 3 BGB vor. Das Angebot bzw. die Annahme des Darlehensgebers ist ohne eigenhändige Unterschrift wirksam, wenn sie mittels einer automatischen Einrichtung erstellt wurden.

137 Daneben muss dem Verbraucher eine **Abschrift** der Vertragserklärung (§§ 492 Abs. 3, 506 Abs. 1) bzw. der Vertragsinhalt in Textform (§ 510 Abs. 2 BGB) zur Verfügung gestellt werden.

138 Seit der Umsetzung der Verbraucherkredit-Richtlinie ist der neue **§ 6a PAngV** zu beachten. Die Vorschrift stellt besondere **Anforderungen an die Werbung** für Kreditverträge. Insbesondere ist darin vorgesehen, dass bei der Werbung gegenüber Verbrauchern mit Zinssätzen oder sonstigen Zahlen, die die Kosten betreffen, in klarer, verständlicher und auffallender Weise den Sollzinssatz, den Nettodarlehensbetrag, den effektiven Jahreszins und die sonstigen Vertragsabschlusskosten anzugeben sind. Daneben halten die weiteren Absätze in § 6a PAngV zusätzliche Reglementierungen bereit. Etwa die Verpflichtung zur Angabe der Vertragslaufzeit und den Betrag der Anzahlung. Die erfolgten Angaben sind daneben mit einem Beispiel zu versehen. Hinsichtlich des effektiven Jahreszinssatzes ist dabei ein Beispiel aufzunehmen, bei dem zu erwarten ist, dass zwei Drittel der abzuschließenden Verträge auch zu diesem Zinssatz abgeschlossen werden.

139 Das Verbraucherkreditrecht schreibt einen **gesetzlichen Mindeststandard** an Informationen vor, die dem Verbraucher zur Verfügung zu stellen sind. Bis zur Umsetzung der harmonisierenden EU-Regelungen begann der Schutz des Verbrauchers erst beim Vertragsabschluss. Nunmehr sind bereits eine Reihe **vorvertraglicher Informationspflichten** im Rahmen der Vertragsanbahnung zu beachten. Die vorvertragliche Information hat dabei gemäß Art. 247 § 2 Abs. 1 EGBGB grundsätzlich unter der Verwendung der vorgegebenen Muster zu erfolgen.[131] Daneben besteht ergänzend eine **Verpflichtung zur Erläuterung** gemäß § 491a Abs. 3 BGB. Der Darlehensnehmer ist danach durch Erläuterungen in die Lage zu versetzen, beurteilen zu können, ob der Vertrag dem von ihm verfolgten Zweck und seinen Vermögensverhältnissen gerecht wird.

140 Gemäß dem mit Wirkung zum 30.7.2010 nochmals geänderten § 492 Abs. 2 BGB muss der Vertrag ferner die für den Verbraucherdarlehensvertrag vorgeschriebenen Angaben nach Artikel 247 §§ 6 bis 13 des EGBGB enthalten. Ebenfalls seit dem 30.7.2010 sind in § 492 Abs. 6 Regelungen für den Fall enthalten, dass der Vertrag die Angaben nach § 492 Abs. 2 BGB nicht oder nicht vollständig enthält. Sie können dann noch nach wirksamem Vertragsschluss oder in den Fällen des § 494 Abs. 2 Satz 1 BGB nach Gültigwerden des Vertrags in Textform nachgeholt werden.[132] Den Darlehensgebern wird so ermöglicht, Angaben, die sie

---

[130] BGH Urt. v. 30.7.1997 – VIII ZR 244/96, NJW 1997, 3169.
[131] Im Einzelnen siehe zu den Informationspflichten auch *Derleder* NJW 2009, 3195; *Rühl* DStR 2009, 2256.
[132] Ab 13.6.2014 stellt § 492 Abs. 6 S. 1 BGB n. F. klar, dass die Nachholung entsprechend der Neufassung von § 126b BGB (vgl. Rn. 45) auch „auf einem dauerhaften Datenträger" erfolgen kann.

eigentlich in den Vertrag hätten aufnehmen müssen, unter bestimmten Voraussetzungen später noch nachzuholen. Die Verbraucherinteressen werden dabei durch eine Hinweispflicht des Darlehensgebers gewahrt. Hat das Fehlen von Angaben nach § 492 Abs. 2 BGB zu Änderungen der Vertragsbedingungen gemäß § 494 Abs. 2 Satz 2 bis Abs. 6 BGB geführt, kann die Nachholung der Angaben nur dadurch erfolgen, dass der Darlehensnehmer die nach § 494 Abs. 7 BGB erforderliche Abschrift des Vertrags erhält. In den sonstigen Fällen muss der Darlehensnehmer spätestens im Zeitpunkt der Nachholung der Angaben eine der in § 356b Abs. 1 BGB (bis 13.6.2014: § 355 Abs. 3 Satz 2 BGB) genannten Unterlagen erhalten. Werden Angaben entsprechend dieser Regelungen nachgeholt, beträgt die Widerrufsfrist abweichend von § 495 BGB einen Monat statt der üblichen 14 Tage. Mit der Nachholung der Angaben nach § 492 Abs. 2 BGB ist der Darlehensnehmer in Textform[133] darauf hinzuweisen, dass die Widerrufsfrist von einem Monat erst beginnt, wenn der Darlehensnehmer die nachgeholten Pflichtangaben erhalten hat.

Bei Abschluss von Darlehens- bzw. – Finanzierungsverträgen steht dem Verbraucher ein **141 Widerrufsrecht** zu (§§ 495 Abs. 1, 506 Abs. 1, 510 Abs. 2 [bis 13.6.2014: § 510 Abs. 1] BGB).[134] Die Widerrufsfrist beträgt gemäß § 355 Abs. 2 BGB zwei Wochen, sofern der Unternehmer den Verbraucher rechtzeitig belehrt hat, andernfalls einen Monat. Die Frist beginnt bei Verbraucherdarlehensverträgen jedoch nicht, bevor dem Verbraucher die Vertragsurkunde, der schriftliche Antrag des Verbrauchers oder eine Abschrift der Vertragsurkunde oder des Antrags zur Verfügung gestellt wird, §§ 495 Abs. 2 S. 1, § 356b Abs. 1 BGB (bis 13.6.2014: 355 Abs. 3 S. 2 BGB), oder die Pflichtangaben nach § 492 Abs. 2 BGB gemäß § 492 Abs. 6 BGB nachgeholt werden, § 356b Abs. 2 S. 1 BGB (bis 13.6.2014: § 495 Abs. 2 S. 1 Nr. 2 lit. b BGB). Bei Teilzahlungsgeschäften kann dem Verbraucher anstelle des Widerrufsrechts ein Rückgaberecht nach § 356 BGB eingeräumt werden (§ 508 Abs. 1 BGB). Die §§ 355 ff. BGB sind dabei nach Maßgabe von § 495 Abs. 2 BGB anzuwenden. Im Rahmen der Umsetzung der **VRRL** wurde das Rückgaberecht gemäß § 356 BGB ersatzlos gestrichen. Bei Verträgen, die ab dem 13.6.2014 geschlossen werden, ist der Verbraucher demnach auf das Widerrufsrecht gemäß § 355 BGB beschränkt.

§ 511 BGB regelt den bei verbraucherschützenden Vorschriften obligatorischen **zwingen-** **142 den Charakter** des Verbraucherkreditrechts. Das Verbraucherkreditrecht kommt auch zur Anwendung, wenn die Gestaltung eines Darlehens oder einer Finanzierung eine Umgehung des Anwendungsbereiches darstellt. In Betracht kommt hier beispielsweise die Aufsplittung eines Finanzierungsdarlehens in mehrere Kleindarlehen von unter 200,- EUR.

Checkliste: Heilung und Rechtsfolgen von Formmängeln **143**
Die Heilungsmöglichkeiten bzw. die Rechtsfolgen bei Nichterfüllung der Anforderungen des Verbraucherkreditrechts ergeben sich im Wesentlichen aus dem mit 30.7.2010 neu gefassten § 494 BGB. ☐ Abs. 1 (Nichtigkeit): Der Verbraucherdarlehensvertrag und die auf Abschluss eines solchen Vertrags vom Verbraucher erteilte Vollmacht sind **nichtig**, wenn die **Schriftform** insgesamt nicht eingehalten ist oder wenn eine der in Artikel 247 §§ 6 und 9 bis 13 EGBGB vorgeschriebenen **Angaben fehlt**. ☐ Abs. 2 (Heilung): Verbraucherdarlehensvertrag wird **gültig**, soweit der Darlehensnehmer das Darlehen *empfängt* oder in *Anspruch nimmt*. Der Sollzinssatz ermäßigt sich auf den *gesetzlichen Zinssatz*, wenn die Angabe des Sollzinssatzes, des effektiven Jahreszinses oder des Gesamtbetrags fehlt.

---

[133] Ab 13.6.2014 stellt § 492 Abs. 6 S. 4 BGB n. F. klar, dass der Hinweis entsprechend der Neufassung von § 126b BGB (vgl. Rn. 45) auch „auf einem dauerhaften Datenträger" erfolgen kann.
[134] Zu den Änderungen gemäß dem Gesetz zur Umsetzung der Verbraucherrechterichtlinie siehe auch *von Loewenich* NJW 2014, 1409 und *Schärtl* JuS 2014, 577.

☐ Abs. 3:
Ist der **effektive Jahreszins** zu niedrig angegeben, so vermindert sich der dem Verbraucherdarlehensvertrag zugrunde gelegte Sollzinssatz um den Prozentsatz, um den der effektive Jahreszins zu niedrig angegeben ist.

☐ Abs. 4:
Nicht angegebene Kosten werden vom Darlehensnehmer nicht geschuldet. Ist im Vertrag nicht angegeben, unter welchen Voraussetzungen **Kosten oder Zinsen angepasst** werden können, so entfällt die Möglichkeit, diese zum Nachteil des Darlehensnehmers anzupassen.

☐ Abs. 5:
Werden **Teilzahlungen** vereinbart, ist deren Höhe vom Darlehensgeber unter Berücksichtigung der verminderten Zinsen oder Kosten neu zu berechnen.

☐ Abs. 6:
Fehlen im Vertrag Angaben zur **Laufzeit** oder zum **Kündigungsrecht,** ist der Darlehensnehmer jederzeit zur Kündigung berechtigt. Fehlen Angaben zu **Sicherheiten,** können sie nicht gefordert werden. Letzteres gilt nicht, wenn der Nettodarlehensbetrag 75.000,– Euro übersteigt.

☐ Abs. 7:
Der Darlehensgeber stellt dem Darlehensnehmer eine Abschrift des Vertrags zur Verfügung, in der die Vertragsänderungen berücksichtigt sind, die sich aus den Absätzen 2 bis 6 ergeben. Abweichend von § 495 beginnt die **Widerrufsfrist** gemäß § 356b Abs. 3 BGB Abs. 7 S. 2 in diesem Fall, wenn der Darlehensnehmer diese Abschrift des Vertrags erhalten hat (bis 13.6.2014: § 494 Abs. 7 S. 2 BGB).

3. Verbundene Geschäfte

144 Bei der Finanzierung des Erwerbs von Hard- und Software mittels eines Verbraucherdarlehensvertrages sollen die §§ 358, 359 BGB den Verbraucher vor den Risiken schützen, die sich daraus ergeben, dass ein **wirtschaftlich einheitlicher Vertrag** in zwei verbundene, aber rechtlich selbstständige Verträge aufgeteilt wird. Dem Verbraucher wäre in einer solchen Konstellation nicht gedient, wenn er entweder nur den Kaufvertrag oder nur den Darlehensvertrag widerrufen könnte, der jeweils andere Vertrag jedoch weiter bestehen würde.

145 Ein verbundener Vertrag iSv §§ 358, 359 BGB liegt vor, wenn das Darlehen gewährt wird, um das aus dem verbunden Vertrag geschuldete Entgelt zu begleichen, und wenn sich der Verbraucherdarlehensvertrag und der dadurch finanzierte Kaufvertrag als wirtschaftliche Einheit darstellen (§ 358 Abs. 3 Satz 1 BGB). Eine solche Einheit liegt gemäß § 358 Abs. 3 S. 2 BGB insbesondere vor, wenn der Verkäufer selbst die Finanzierung übernimmt oder wenn im Falle einer Drittfinanzierung, beispielsweise durch ein Kreditinstitut, dieses sich der Mitwirkung des Verkäufers bedient. Die Vermutung des § 358 Abs. 3 Satz 2 BGB ist unwiderleglich.[135]

> **Praxistipp:**
> Die Voraussetzungen des verbundenen Geschäfts sind erfüllt, wenn etwa der Käufer über die Internetseite des Hardwareherstellers direkt zur Finanzierungsanfrage des kooperierenden Kreditinstituts gelangt und der Darlehensbetrag unmittelbar zur Finanzierung des Hardwarekaufs verwendet wird, ohne dass der Darlehensnehmer Einfluss auf die Verwendung der Darlehenssumme hätte.

146 Liegt ein verbundenes Geschäft vor und ist der finanzierte Vertrag mit einem Widerrufsrecht ausgestattet, so entfällt mit **Widerruf** des finanzierten Vertrages auch die Bindung des Verbrauchers an den Darlehensvertrag. Besteht für den finanzierten Vertrag ein Widerrufsrecht, so ist vorrangig dieser zu widerrufen; das Widerrufsrecht für den Verbraucherdarle-

---

[135] BGH Urt. v. 21.7.2003 – II ZR 387/02, NJW 2003, 2821.

hensvertrag ist dann ausgeschlossen (§ 358 Abs. 2 Satz 2 BGB). Für den Fall, dass der finanzierte Vertrag nicht widerrufen werden kann, bringt aber der Widerruf des Verbraucherdarlehensvertrages auch den finanzierten Vertrag zu Fall.

§ 358 Abs. 5 BGB aF sah vor, dass bei verbundenen Verträgen die Widerrufs- bzw. Rückgabebelehrung auf die Rechtsfolgen beim Widerruf des finanzierten Geschäftes bzw. des Verbraucherdarlehensvertrages hinzuweisen hat. Diese Belehrungspflicht wurde im Wege der Umsetzung der **VRRL** nicht beibehalten. Für Verbraucherdarlehensverträge, die seit dem 13.6.2014 geschlossen wurden, ist der bislang vorgesehene Hinweis jedoch weiterhin nach Art. 247 § 12 Abs. 1 S. Nr. 2 lit. b EGBGB im Einklang mit Art. 10 Abs. 2 lit. q der Verbraucherkreditrichtlinie zu erteilen.[136] Mit Wirkung zum 30.7.2010[137] kann der Darlehensgeber mit Verwendung des Musters für eine Widerrufsinformation für Verbraucherdarlehensverträge davon ausgehen, dass er alle gesetzlichen Belehrungspflichten eingehalten hat. Das Muster ist wie die Muster für die Widerrufs- und Rückgabebelehrung dem EGBGB als Anlage (zu Art. 247 § 6 Abs. 2 und § 12 Abs. 1 EGBGB) angefügt und hat dadurch den Rang eines formellen Gesetzes. Die Gerichte können die Muster nicht mehr – wie in der Vergangenheit geschehen – als den BGB-Vorgaben widersprechend ansehen.

Checkliste: Der Verbraucherdarlehensvertrag

☐ Schriftformerfordernis, § 492 Abs. 1, § 126 BGB
  • neu: elektronische Form mit Signatur möglich (§ 126a BGB)
  • Formerleichterung für Massenverkehr (§ 492 Abs. 1 S. 3 BGB)
☐ Besondere Anforderungen an die Werbung, neu: § 6a PAngV
☐ Gesetzliche Informationspflichten
☐ Folge von Verstößen gegen das Schriftform-Erfordernis (§ 494):
  • Vertrag ist nichtig,
  • Heilung durch Auszahlung des Darlehens möglich,
  • Nicht schriftlich fixierte Darlehenskosten sind nicht geschuldet.
☐ Widerrufsrecht des Darlehensnehmers (§§ 495 Abs. 1, 506 Abs. 1, 510 Abs. 2 [bis 13.6.2014: 510 Abs. 1] BGB)

V. Prozessuale und internationale Bezüge

1. Verbrauchergerichtsstand

Gerichtsstandsvereinbarungen sind gemäß § 38 Abs. 1 ZPO unbeschränkt nur zwischen Kaufleuten, juristischen Personen des öffentlichen Rechts oder öffentlich-rechtlichen Sondervermögen zulässig. Gerichtsstandsvereinbarungen im **nicht-kaufmännischen Verkehr** sind gemäß § 38 Abs. 3 ZPO nur nach Streitentstehung möglich. Der Schutzbereich des § 38 Abs. 3 ZPO ist damit wesentlich weiter als der Verbraucherbegriff des § 13 BGB und umfasst beispielsweise auch Geschäfte mit Angehörigen freier Berufe. Der Gerichtsstand ist bei Verträgen mit einem Nicht-Kaufmann dementsprechend regelmäßig der besondere Gerichtsstand des Erfüllungsorts gemäß § 29 Abs. 1 ZPO. Vereinbarungen über den Erfüllungsort vor Streitentstehung sind ebenfalls nur im kaufmännischen Verkehr möglich (§ 29 Abs. 2 ZPO). Lediglich für Klagen aus Haustürgeschäften ist in § 29c ZPO ein besonderer Wohnsitzgerichtsstand vorgesehen.

Bei Verbraucherverträgen mit Anbietern aus dem EU-Ausland ergibt sich der Gerichtsstand aus VO Nr. 44/2001 über die gerichtliche Zuständigkeit und die Anerkennung und Vollstreckung von Entscheidungen in Zivil- und Handelssachen (**EuGVVO**). Ab dem 10.1.

---

[136] BT-Drs. 17/12637, S. 66.
[137] Gesetz zur Einführung einer Musterwiderrufsinformation für Verbraucherdarlehensverträge, zur Änderung der Vorschriften über das Widerrufsrecht bei Verbraucherdarlehensverträgen und zur Änderung des Darlehensvermittlungsrechts, BGBl. I S. 977.

2015 tritt die neue „Verordnung (EU) Nr. 1215/2012 vom 12.12.2012 über die gerichtliche Zuständigkeit und die Anerkennung und Vollstreckung von Entscheidungen in Zivil- und Handelssachen" in Kraft (weiter kurz **EuGVVO** oder auch **Brüssel-I-VO**).[138]

151 In der bis zum 9.1.2015 geltenden Fassung der EuGVVO finden sich die besonderen Regelungen über die Zuständigkeit bei Verbrauchersachen in den Artikeln 15 bis 17. Diese Regelungen werden unverändert in die neue Fassung der EuGVVO übernommen, finden sich jedoch neu in den Artikeln 17 bis 19.

152 Der Verbrauchergerichtsstand ergibt sich in erster Linie aus Art. 17 Abs. 1, Art. 18 EuGVVO n.F. Hinsichtlich des **Verbraucherbegriffs** des § 17 EuGVVO n.F. ergibt sich gegenüber dem Verbraucherbegriff des § 13 BGB trotz des ähnlichen Wortlauts ein wesentlicher Unterschied. Der EuGH hat entschieden, dass es sich bei einem Vertragsgegenstand, der für einen teils beruflich-gewerblichen, teils nicht der beruflichen oder gewerblichen Tätigkeit zuzurechnenden Zweck bestimmt ist, anders als nach der Rechtsprechung zu § 13 BGB, um keine Verbrauchersache handelt. Lediglich wenn der berufliche Zweck derart nebensächlich ist, dass er im Gesamtzusammenhang des betreffenden Geschäfts nur eine ganz untergeordnete Rolle spielt, soll der berufliche Kontext des Vertrages für die Einordnung als Verbrauchervertrag unschädlich sein.[139]

153 Bei Verträgen mit europäischem Kontext kann der Verbraucher seinen Vertragspartner entweder an dessen Wohnsitz oder am Wohnsitz des Verbrauchers verklagen (Art. 18 Abs. 1 EuGVVO n.F.). Klagen gegen den Verbraucher können ausschließlich an dessen Wohnsitz erhoben werden (Art. 18 Abs. 2 EuGVVO n.F.). Der Regelung der ZPO entsprechend sind Gerichtsstandsvereinbarungen mit Verbrauchern nur nach Entstehung einer Streitigkeit möglich (Art. 19 EuGVVO n.F.).[140]

> **Praxistipp:**
> Insgesamt bleibt festzuhalten, dass der Verbrauchergerichtsstand bei bloß nationalen Verträgen mit Ausnahme von Haustürgeschäften vom jeweiligen Erfüllungsort abhängig ist, während der Verbraucher bei Verträgen mit einem Anbieter aus dem EU-Ausland sowohl an seinem Wohnort als auch am Gerichtsstand des Vertragspartners klagen kann.

154 Unterschiedlich wird beurteilt, in welchen Fällen vorformulierte Gerichtsstandsklauseln in Verbraucherverträgen mit Auslandsbezug allein der Inhaltskontrolle am Maßstab des nationalen Rechts unterliegen. Letztlich kann dies jedoch dahinstehen, da die Art. 21, 23 EuGVVO für Verbraucher nachteilige Gerichtsstandsvereinbarungen bereits so stark einschränken, dass es auf eine Kontrolle von Gerichtsstandsklauseln anhand der §§ 307ff. BGB nur ausnahmsweise ankommen dürfte.[141]

155 Eine Besonderheit, die das Fernabsatzrecht zugunsten des Kunden mit sich gebracht hat, sind die §§ 312g (bis 13.6.2014: §§ 312bff.), 355 BGB mit der Möglichkeit des freien Widerrufs des Geschäfts. In diesem Falle sind die bereits ausgetauschten Leistungen der jeweils anderen Partei zurück zu gewähren (§ 357 BGB). Verweigert der Verkäufer die Rückzahlung des bereits entrichteten Kaufpreises, stellt sich dabei die Frage nach dem Gerichtsstand der Klage des Verbrauchers auf Rückzahlung. Wie soeben dargelegt, sieht die ZPO lediglich für Klagen aus Haustürgeschäften einen verbraucherfreundlichen Wohnsitzgerichtsstand vor. Ein solcher ist für Fernabsatzverträge nicht gegeben. Der Verbraucher müsste den Verkäufer

---

[138] VO (EU) Nr. 1215/2012 des Europäischen Parlaments und des Rates v. 12.12.2012 über die gerichtliche Zuständigkeit und die Anerkennung und Vollstreckung von Entscheidungen in Zivil- und Handelssachen (Neufassung) (ABl. 2012 L 351, ABl. EU Jahr 351 L Seite 1); zu Einzelheiten → § 45 Rn. 242ff. sowie *von Hein* RIW 2013, 97 und *Pohl* IPRax 2013, 109.
[139] EuGH Urt. v. 20.1.2005 – C-464/01, NJW 2005, 653 (zu Art. 15 EuGVVO aF).
[140] Zu aktuellen Entwicklungen in der justiziellen Zusammenarbeit in Zivilsachen *Wagner* NJW 2014, 1862.
[141] Vgl. MüKoBGB/*Spellenberg* Art. 31 EGBGB Rn. 36; Staudinger/*Hausmann*, Neubearbeitung 2005, Art. 31 EGBGB Rn. 86f.

nach Widerruf eines Fernabsatzvertrages gemäß § 29 ZPO am Erfüllungsort auf Rückzahlung verklagen.

Befindet sich die Ware bereits beim Käufer, sieht die Rechtsprechung den „gemeinsamen" Erfüllungsort des Rückgewährschuldverhältnisses im Wohnsitz des Käufers.[142] Allerdings erscheint dieses verbraucherfreundliche Ergebnis nicht ganz unproblematisch. Stellte man allein auf den Leistungsort für die Rückgewähr des Zahlbetrages ab, wäre eigentlich der Sitz des Verkäufers der Gerichtsstand. Befindet sich die Ware zum Zeitpunkt des Widerrufs noch beim Verkäufer, so müsste der Verbraucher jedenfalls am Sitz des Verkäufers klagen. 156

Wie oben dargelegt, sieht das Europäische Prozessrecht in §§ 15, 16 EuGVVO einen allgemeinen Wohnsitzgerichtsstand für Verbraucherklagen vor. Im Ergebnis käme dem Verbraucher damit bei nationalen Verträgen ein geringerer Schutz zu als bei Verträgen mit EU-Ausländern. *Woitkewitsch* sieht darin einen Wertungswiderspruch zum europäischen Verbraucherschutz und möchte im Rahmen einer analogen Anwendung des § 29c ZPO zu einem verbraucherfreundlicheren Ergebnis gelangen.[143] 157

Interessant ist in diesem Zusammenhang eine aktuelle Vorlage des BGH an den EuGH, in der der BGH wissen möchte, ob das Tatbestandsmerkmal des „Ausrichtens" der Geschäftstätigkeit auf nachfolgende, mit dem ursprünglichen Verbrauchervertrag wirtschaftlich in Zusammenhang stehende Rechtsgeschäfte erstreckt werden kann.[144] Gemäß Art. 17 Abs. 1 lit. c. EuGVVO n. F. eröffnet die EuGVVO den Klägergerichtsstand im Mitgliedstaat, in dem der Verbraucher seinen Wohnsitz hat. Gegen einen in einem anderen Mitgliedstaat domizilierten Unternehmer ist dieser ua eröffnet, wenn der Unternehmer seine gewerbliche Tätigkeit auf Kunden im Mitgliedstaat des Klägers „ausrichtet". 158

2. Anwendbares Recht bei Verbraucherverträgen mit Auslandsbezug

Insbesondere im Internet schließen auch Verbraucher inzwischen regelmäßig Verträge mit ausländischen Vertragspartnern. Es stellt sich die Frage, welchem materiellen Recht solche Verbraucherverträge mit Auslandsbezug unterliegen. Der 17.12.2009 markiert einen Einschnitt für das Internationale Vertragsrecht in Europa. Seit diesem Tag ist das Kollisionsrecht für grenzüberschreitende Verträge vergemeinschaftet. Für sämtliche seitdem geschlossenen Verträge ist in der EU die Verordnung Nr. 593/2008 des Europäischen Parlaments und des Rates vom 17.6.2008 über das auf vertragliche Schuldverhältnisse anzuwendende Recht (Rom I-VO) maßgeblich.[145] 159

Die für vor Inkrafttreten der ROM I-VO abgeschlossene Verträge nach Art. 29 EGBGB geltende Beschränkung auf die Lieferung beweglicher Sachen und die Erbringung von Dienstleistungen ist mit Einfügung des Art. 6 Rom I-VO entfallen. Dieser findet grundsätzlich auf alle Vertragstypen Anwendung. **Ausrichten** in Art. 6 Abs. 1 lit. b Rom I-VO soll alle Fälle erfassen, in denen der Unternehmer einen geschäftlichen Bezug zum Aufenthaltsstaat des Verbrauchers herstellt. Dazu gehören insbesondere alle Formen der Werbung, mit denen der Unternehmer gezielt versucht, seine Leistungen im Aufenthaltsstaat des Verbrauchers abzusetzen (zB Anzeigen, Anschreiben per E-Mail etc). Wo der Verbraucher seine Abschlusshandlung vorgenommen hat, ist dabei, anders als nach ex-Art. 29 Abs. 1 lit. a EGBGB ohne Bedeutung.[146] 160

---

[142] LG Kleve Urt. v. 22.11.2002 – 5 S 90/02, CR 2003, 773, dort noch zu § 3 Abs. 3 FernAbsG.
[143] Ausführlich zum Verbrauchergerichtsstand *Woitkewitsch* CR 2006, 284; siehe auch *Schneider*, Handbuch des EDV-Rechts, F Rn. 206 ff.
[144] BGH Urt. v. 15.5.2014 – III ZR 255/12, BeckRS 2014, 13042.
[145] Der zeitliche Anwendungsbereich der Rom I-VO ist in Art. 28, 29 Rom I-VO bestimmt, der sachliche Anwendungsbereich ergibt sich aus Art. 1 Rom I-VO. Mit Blick auf den Anwendungsbereich gilt für einige europäische Staaten ein Sonderstatus, dies ist insbesondere für Dänemark der Fall, wo die Rom I-VO keine Anwendung findet. Das Vereinigte Königreich wollte zunächst ebenfalls nicht teilnehmen, hat aber zwischenzeitlich für die Anwendbarkeit gestimmt. Vgl. Palandt/*Thorn* Art. 1 Rom I-VO Rn. 18 ff., § 23 Internationales Privatrecht.
[146] MüKoVVG/*Looschelders* Art. 6 Rom I-VO Rn. 132.

161 In **persönlicher Hinsicht** muss der Vertrag zu einem Zweck abgeschlossen werden, der nicht der beruflichen oder gewerblichen Tätigkeit des sich auf die Norm Berufenden zugerechnet werden kann.

162 Art. 6 Abs. 1 Rom I-VO setzt anders als zuvor Art. 29 Abs. 1 EGBGB einen Vertrag voraus, bei dem sich Verbraucher und Unternehmer gegenüberstehen. Dies ist der Fall, wenn der Vertrag zwischen einem Verbraucher und einem Unternehmer geschlossen wird. Verbraucher ist nach Art. 6 Abs. 1 Rom I-VO eine natürliche Person, die den Vertrag zu einem Zweck abschließt, der nicht ihrer beruflichen oder gewerblichen Tätigkeit zugerechnet werden kann. Unternehmer ist nach der Legaldefinition des Art. 6 Abs. 1 Rom I-VO, wer in Ausübung seiner beruflichen oder gewerblichen Tätigkeit handelt.

> **Praxistipp:**
>
> Damit ist auch die auf der Grundlage des ex-Art. 29 EGBGB umstrittene Frage, ob der kollisionsrechtliche Verbraucherschutz auch bei Verträgen unter Verbrauchern eingreift, entschieden. Reine Privatgeschäfte zwischen Nicht-Gewerbetreibenden sind nicht erfasst.[147]

163 Gemäß Art. 6 Abs. 2 Satz 2 Rom I-VO (zuvor Art. 29 Abs. 1 EGBGB) darf die Wahl des anwendbaren Rechts bei Verbraucherverträgen nicht dazu führen, dass dem Verbraucher der Schutz entzogen wird, der ihm durch die zwingenden Bedingungen des Staates seines gewöhnlichen Aufenthalts gewährt wird. Zu diesen Verbraucherschutzvorschriften zählen auch die Bestimmungen der AGB-Vorschriften, vgl. § 310 Abs. 3 BGB.

164 Die Rom I-VO schränkt ferner die Wahl von Drittstaatrechten (zB Schweizer Recht) ein. Bei einem Sachverhalt, dessen Elemente sämtlich in der EU gelegen sind, können die Parteien nunmehr durch Art. 3 Abs. 4 Rom I-VO durch eine Rechtswahl nicht die Anwendung zwingender Bestimmungen des Gemeinschaftsrechts ausschließen.[148]

165 Für den Fall der Rechtswahl durch die Vertragsparteien sieht Art. 6 Rom I-VO (zuvor Art. 29 EGBGB) einen **Günstigkeitsvergleich** vor. Wird danach zum Nachteil des Verbrauchers eine Rechtsordnung mit einem im Vergleich zu der Rechtsordnung seines Aufenthaltsstaates niedrigeren Verbraucherschutzniveau gewählt, so kommt er gleichwohl in den Genuss der zwingenden Vorschriften der Rechtsordnung seines Aufenthaltsstaates.

166 Haben die Parteien keine Bestimmung der anzuwendenden Rechtsordnung vorgenommen, so kommt in Abweichung von Artikel 4 Rom I-VO nicht das Recht des Staates, in dem der Erbringer der charakteristischen Leistung seinen Sitz hat, sondern gemäß Art. 6 Abs. 1 Rom I-VO (zuvor Art. 29 Abs. 2 EGBGB) das Recht des Staates, in dem der Verbraucher seinen gewöhnlichen Aufenthalt hat, zur Anwendung. Gemäß Art. 11 Rom I-VO (ex-Art. 29 Abs. 3 EGBGB) unterliegt dies hinsichtlich der Form dieser Rechtsgeschäfte dem Recht des Aufenthaltsstaates des Verbrauchers.

> **Praxistipp:**
>
> Zusammenfassend kann festgehalten werden, dass sich auch durch die Wahl einer anderen Rechtsordnung als der des Aufenthaltslandes des Verbrauchers zwingende deutsche Verbraucherschutzrechte regelmäßig nicht umgehen lassen.[149]

---

[147] Palandt/*Thorn* Art. 6 Rom I-VO Rn. 5.
[148] *Brödermann* NJW 2010, 807 (811).
[149] Siehe ausführlich dazu: MüKoBGB/*Spellenberg* Art. 31 EGBGB Rn. 23 ff., zur Verbraucherproblematik insbesondere Rn. 27 ff.

§ 18 IT-Projektverträge

Übersicht

	Rn.
I. Einführung	1–12
1. Überblick, Charakteristika eines Projekts	1–6
a) Verwendung des Begriffs und „Definition"	1/2
b) Herausforderung für die Vertragsgestaltung	3–6
2. Scheitern vieler IT-Projekte	7–12
a) Stetige Eskalation mit verhärteten Fronten	7
b) Erhebliche Risiken	8–12
II. Typische „Projektsünden"	13–48
1. Überblick	13–15
2. Einzelne Projektsünden	16–47
a) Unklare Vertragstypologie	16–20
b) Fehlende Projektstruktur	21–23
c) Fehlendes oder unvollständiges „Pflichtenheft"	24–26
d) Übernahme der Verantwortung für eine umfassende Anforderungsermittlung durch den Auftragnehmer	27/28
e) Unrichtige, unvollständige und inkonsistente „Pflichtenhefte" und nichtvereinbarte Prüfungspflicht	29–31
f) Fehlendes Änderungsverfahren und/oder fehlendes Änderungsmanagement	32–36
g) Fehlende/Mangelhafte Abnahmekriterien	37–40
h) Fehlende Mitwirkung des Auftraggebers	41–43
i) Fehlende Dokumentation	44–47
3. Zusammenfassung der typischen Projektsünden	48
III. Leistungsbeschreibung, Pflichtenheft und Anforderungsmanagement	49–100
1. Einleitung	49–51
2. Leistungsbeschreibung und „Pflichtenheft"	52–59
a) Leistungsbeschreibung	52
b) „Pflichtenheft", Feinspezifikation und andere Begrifflichkeiten	53–59
3. Das „Pflichtenheft" in der Rechtsprechung des BGH	60–72
a) Verantwortung des Auftraggebers für die Beistellung des Pflichtenhefts	61, 62
b) Erste Entscheidungen des BGH zum „Pflichtenheft"	63–70
c) Zwischenergebnis	71/72
4. Rechtliche Risiken des fehlenden „Pflichtenhefts"	73–79
a) Bewertung der Beschaffenheit des Liefergegenstands nach dem mittleren Ausführungsstandard	73–77
b) „Mittlerer Ausführungsstandard" und neuer Mangelbegriff	78/79
5. Fachliche Anforderungen im IT-Projekt, Ist-/Soll-Analyse	80–100
a) Begriff und Bandbreite der Anforderungen	80–90
b) Ist-Analyse und Soll-Analyse	91–97
c) Zusammenfassende Hinweise	98
d) Weitere Beispiele für die Beschreibung von Anforderungen	99
e) Formulierungsvorschlag für Pflichten und Verantwortlichkeiten während der Anforderungsermittlung	100
IV. Themenkomplexe eines IT-Projekt-Vertrages und typische Vertragsgegenstände	101–122
1. Denkbarer Aufbau (Grobdarstellung)	101–106
2. Allgemeines zum Vertragsgegenstand eines IT-Projekts	107–120
a) Kombination verschiedener Gegenstände zu einem einheitlichen Vertragsgegenstand	107/108
b) Minimalform eines IT-Projekts (Einführung von Standardsoftware)	109–113
c) Synchronisation der Projekt-Struktur mit den Themenkomplexen des IT-Projektvertrags	114–118
d) Unterschiedliche Interessenlage der Vertragspartner bei der Gestaltung des IT-Projektvertrages	119/120
3. Themenkomplexe eines IT-Projektvertrages im Detail	121/122

	Rn.
V. Vorgehensmodelle und Projektphasen	123–140
1. Vorgehensmodelle	123–125
2. Projektphasen	126–140
a) Gängige Projektphasen	127–131
b) Phasenschema nach dem Wasserfallmodell, Vertragliche Risikominimierung für den Auftragnehmer	132–137
c) Variationsmöglichkeiten bei der vertraglichen Gestaltung	138–140
VI. Projektverantwortung, Projektleitung und Projektmanagement sowie Projektorganisation	141–163
1. Bedeutung und Begrifflichkeiten und falsche Vorstellungen	141
2. Projektverantwortung	142–153
a) Zuweisung der Verantwortlichkeit nach den gesetzlichen Bestimmungen	142–146
b) Ausschließliche Projektverantwortung beim Auftragnehmer und Projektverantwortung bei mehreren Auftragnehmern	147–149
c) Interessenausgleich im Rahmen der Vertragsgestaltung	150–153
3. Projektleitung und Projektmanagement	154–158
a) Grundsätze des Projektmanagements	154–156
b) Leistungen zum Projektmanagement	157/158
4. Projektorganisation	159–163
VII. Leistungen des Auftraggebers (Mitwirkung und Beistellungen)	164–185
1. Erforderlichkeit der intensiven Mitwirkung zum Erreichen des Projekt-erfolgs	164–178
a) Unzureichende vertragliche Regelungen und mangelnde Durchsetzung der Mitwirkung im IT-Projekt	164–166
b) Voraussetzung der Mitwirkung für den Projekterfolg	167–171
c) Übersicht über typische Mitwirkungs- und Beistellungsleistungen	172–175
d) Umfang der Mitwirkungsleistungen	176/177
e) Abruf von Mitwirkungsleistungen	178
2. Gesetzliche Regelungen zur Mitwirkung	179–184
a) Mitwirkung nur beim Werkvertrag	179
b) Grundsatz: Mitwirkung als Obliegenheit	180–182
c) Vertragliche Ausgestaltung der Mitwirkung als Pflicht	183/184
3. Formulierungsbeispiel für eine vertragliche Regelung der Mitwirkungsleistungen (auftragnehmerfreundlich)	185
VIII. Change Requests und Change Management	186–212
1. Kein IT-Projekt ohne Change Requests	186
2. Typische Änderungssituationen und Regelungsbedarf bei Change Requests	187–194
a) Typische Änderungssituationen	187–189
b) Vertraglicher Regelungsbedarf bei Change Requests	190–194
3. Gefahren- und Konfliktpotential bei Change Requests	195–200
a) Informelle Change Requests im Projektverlauf	195–197
b) Fehlendes Change Management	198–200
4. Auswirkung von Änderungen auf Termine	201–203
5. Vergütung von Mehraufwand	204–208
a) Gesetzliche Bestimmungen	205
b) Nachweis des Mehraufwands	206–208
6. Ungeeignete Ausführungsart	209–211
7. Formulierungsvorschlag	212
IX. Testverfahren und Abnahmeprüfungen	213–276
1. Einleitung	213–215
2. Notwendigkeit von Testverfahren und Abnahmeprüfungen	216–227
a) Definitionen zu Tests und Abnahme	216
b) Testarten	217–219
c) Rechtliche Aspekte der Abnahme(prüfung)	220–222
d) Rechtsfolgen der Abnahme	223, 224
e) Teilabnahmen	225–227
3. Gegenstand der Tests und/oder Abnahmeprüfung	228–242
a) Test- und abnahmefähige Arbeitsergebnisse	228–230
b) Abnahmekriterien, „80-20-Regel"	231–233
c) Testverfahren, Testfälle und Testdaten	234–238
d) Fehlerklassen/Mängelkategorien	239–242

Schrifttum § 18

	Rn.
4. Exkurs: Datenschutzanforderungen an Testverfahren	243–274
a) Personenbezogene und nicht-personenbezogene Echtdaten	244/245
b) Anwendbarkeit des BDSG bei Anonymisierung oder Pseudonymisierung von Daten	246–257
c) Differenzierung bei den Testzwecken	258–260
d) Datenschutzrechtliche Zulässigkeit, Interessenabwägung, Erforderlichkeit	261–269
e) Tests mit personenbezogenen Beschäftigtendaten des Auftraggebers	270–272
f) Checklisten	273/274
5. Beispiele für vertragliche Abnahmeregelungen	275/276
a) Kurze – für kleinere Projekte geeignete – Abnahmeregelung	275
b) Ausführliche Abnahmeregelung für größere Projekte	276
X. Dokumentation	277–306
1. Arten der Dokumentation	278–280
2. Rechtsprechung zur Anwenderdokumentation	281–287
a) Anwenderdokumentation als Teil der geschuldeten Leistung	281–283
b) Perpetuierungsfunktion	284/285
c) Mängel der Anwenderdokumentation	286/287
3. Anwenderdokumentation im Verhältnis zur „Online-Hilfe"	288–290
4. Andere Arten der Dokumentation	291–293
5. Fehlende Anwenderdokumentation: Treuwidriges Berufen im Prozess	294–297
6. Besonderheiten bei einer Vergütung nach Aufwand	298–300
7. Umfang und Fälligkeit der Anwenderdokumentation	301–305
a) Wechselbeziehung Anwenderdokumentation und Onlinehilfen	301
b) Fälligkeit, Umsetzung von Änderungen im Rahmen der Anwenderdokumentation	302–305
8. Formulierungsvorschlag	306
XI. Projektbeendigung	307–330
1. Vollendung, Abnahme	308–310
2. Rücktritt	311–319
a) Nachfristsetzung	314–318
b) Keine Ablehnungsandrohung erforderlich	319
3. Kündigung	320–327
a) Ordentliche Kündigung durch den Auftraggeber	320–322
b) Außerordentliche Kündigung durch den Auftraggeber	323/324
c) Kündigung durch den Auftragnehmer	325–327
4. Leistungen des Auftragnehmers nach Rücktritt/Kündigung durch den Auftraggeber	328/329
5. Beispiel für eine vertragliche Regelung zur Projektbeendigung	330

Schrifttum: *Auer-Reinsdorff*, Feststellung der versprochenen Leistung beim Einsatz agiler Projektmethoden, ITRB 2010, 93; *Balzert*, Lehrbuch der Software-Technik – Softwaremanagement, 3. Aufl. 2008; *Bartsch*, Musterbeispiel „Vertrag über ein Softwareprojekt", in: Beck'sches Formularbuch, Bürgerliches, Handels- und Wirtschaftsrecht, 11. Aufl. 2013, III. G.4; *ders.*, Softwarepflege nach neuem Schuldrecht, NJW 2002, 1526; *ders.*, Das neue Schuldrecht, Auswirkungen auf das EDV-Vertragsrecht, CR 2001, 649; *ders.*, Themenfelder einer umfassenden Regelung der Abnahme, CR 2006, 7; *ders.*, Softwarerechte bei Projekt- und Pflegeverträgen, CR 2012, 141; *Bauer/Witzel*, Auswirkungen der Gewährleistungsverlängerung im IT-Bereich. Welche Veränderungen bringt das neue Recht für Softwareanbieter?, ITRB 2002, 112; *dies.*, Individualsoftwareerstellung. § 651 BGB und die Neugestaltung des „Abnahmeverfahrens", ITRB 2003, 62; *Berkun*, Die Kunst des IT-Projektmanagements, 2. Aufl. 2012; *Bischof/Witzel*, Der Generalunternehmervertrag, ITRB 2011, 89; *dies.*, Vereinbarungen zu Test- und Abnahmeverfahren, ITRB 2006, 95; *Brugger*, IT-Projekte strukturiert realisieren, 2. Aufl. 2005; *Bunse/von Knethen*, Vorgehensmodelle kompakt, 2. Aufl. 2008; *DeMarco/Lister*, Bärentango – Mit Risikomanagement Projekte zum Erfolg führen, 2003; *Derleder/Zänker*, Der ungeduldige Gläubiger und das neue Leistungsstörungsrecht, NJW 2003, 2777; *Diedrich*, Typisierung von Softwareverträgen nach der Schuldrechtsreform. Lösungsansätze für neue Abgrenzungsfragen, CR 2002, 473; *Feil/Leitzen*, Die EVB-IT nach der Schuldrechtsreform, CR 2002, 407; *dies.*, EVB-IT Kommentar, 2003; *Frank*, IT-Projekt – § 651 BGB und kein Ende, ITRB 2011, 231; *ders.*, Bewegliche Vertragsgestaltung für agiles Programmieren, CR 2011, 138; *Geirhos*, IT-Projektmanagement, 2011; *Goldemann/Redecke*, Gewährleistung bei Softwarelizenzverträgen nach dem Schuldrechtsmodernisierungsgesetz, MMR 2002, 3; *Fuchs/Meierhöfer/Morsbach/Pahlow*, Agile Programmierung – Neue Herausforderung für das Softwarevertragsrecht? Unterschiede zu den „klassischen" Softwareentwicklungsprojekten, MMR 2012, 427; *Habel/Rauch*, Technologieverträge, 2. Aufl. 2005; *Hecht/Becker*, Unberechtigte Mängelrügen bei IT-Projekten, ITRB 2009, 59; *Heppner*, Softwareerstellungsverträge, 1997 (Diss.); *Hesseler/Görtz*, Basiswissen ERP-Systeme, 2007; *Hilty*, Der Softwarevertrag – ein Blick in die

Zukunft, MMR 2003, 3; *Hoene,* Der Projektlenkungsausschuss. Welche Verantwortung braucht der Projektlenkungsausschuss als Steuerungselement bei IT-Projekten?, ITRB 2002, 276; *Hoeren,* Die Pflicht zur Überlassung des Quellcodes, CR 2004, 721; *Intveen,* Beraterverträge in IT-Projekten aus Auftraggebersicht, ITRB 2011, 68; *ders.,* BGH v. 28.7.2011 – VII ZR 45/11, Urt. M. Anm., Vergütungsanspruch nach Kündigung eines Internetsystemvertrags, ITRB 2012, 4; *ders.,* Der EDV-Systemvertrag. Die wesentlichen Anforderungen an rahmenvertragliche Regelungen für EDV-Systeme, ITRB 2001, 131; *Jäger/Lenzer/Schneider/Wißner,* Begutachtung und rechtliche Bewertung von EDV-Mängeln, 2003; *Jungebluth,* Das ERP-Pflichtenheft, 4. Aufl. 2008; *Karger,* Rechtseinräumung bei Softwareerstellung, CR 2001, 357; *ders.,* Softwareentwicklung. Rechtseinräumung bei fehlender ausdrücklicher Vereinbarung, ITRB 2001, 67; *Keller-Stoltenhoff/Leitzen/Ley,* Handbuch für die IT-Beschaffung, Loseblatt, 12. EL 2013; *Kellner,* Die Kunst, IT-Projekte zum Erfolg zu führen, 2. Aufl. 2001; *Koch,* Schuldrechtsmodernisierung – Auswirkungen auf das Gewährleistungsrecht bei IT-Verträgen, CR 2001, 569; *ders.,* Kaufrechtliche Vorgaben für Verträge zur Softwareerstellung, ITRB 2002, 297; *ders.,* Interaktion und Kooperation bei IT-Projekten, ITRB 2010, 69; *ders.,* Macht Parametrisierung Standardsoftware zur unvertretbaren Sache?, ITRB 2004, 13; *ders.,* IT-Projektrecht, 2007; *ders.,* Agile Softwareentwicklung – Dokumentation, Qualitätssicherung und Kundenmitwirkung, ITRB 2010, 114; *Krcmar,* Informationsmanagement, 5. Aufl. 2009; *Lapp,* Mediation im IT-Projekt, ITRB 2011, 233; *ders.,* Interaktion und Kooperation bei IT-Projekten, ITRB 2010, 69; *ders.,* Vertragsgestaltung zwischen Leistungsbeschreibung, Garantie und sinnvoller Beschränkung der Gewährleistung, ITRB 2003, 42; *Kremer,* Gestaltung von Verträgen für die agile Softwareerstellung, ITRB 2010, 283; *Mangold,* IT-Projektmanagement kompakt, 3. Aufl. 2009; *Müller-Hengstenberg,* Ist das Kaufrecht auf alle IT-Projektverträge anwendbar?, NJW 2010, 1181; *ders.,* Vertragstypologie der Computersoftwareverträge, CR 2004, 161; *ders.,* Der Vertrag als Mittel des Risikomanagements, CR 2005, 385; *ders./Kirn,* Welche Bedeutung haben Prototyp und Pilot sowie Prototyping- und Pilotierungsphase bei IT-Projekten?, CR 2010, 8; *ders./Kirn,* Die technologischen und rechtlichen Zusammenhänge der Test- und Abnahmeverfahren bei IT-Projekten, CR 2008, 755; *ders./Krcmar,* Mitwirkungspflichten des Auftraggebers bei IT-Projekten, CR 2002, 549; *Plath,* Abnahme bei Individualsoftwareverträgen. Auswirkungen des neuen Schuldrechts: Was bleibt gleich, was ändert sich, wie ist zu reagieren?, ITRB 2002, 98; *Preißner,* Projekterfolg durch Qualitätsmanagement, 2005; *Redeker,* Abgrenzung zwischen Werk- und Dienstvertrag. Die Lösungen eines klassischen Problems für den Bereich der Softwareerstellung, ITRB 2001, 109; *ders.,* Change Request. Vorsorge im Vertrag und Projektmanagement für Änderungen des Softwareprojekts, ITRB 2002, 190; *ders.,* Softwareerstellung im neuen Schuldrecht. Gestaltungsmöglichkeiten in Formularverträgen und AGB, ITRB 2002, 119; *ders.,* Softwareerstellung und § 651, CR 2004, 88; *Roth,* Mitwirkungspflichten in EDV-Projekten, ITRB 2001, 194; *dies.,* Verzug nach neuem Recht, ITRB 2002, 46; *Schelle,* Projekte zum Erfolg führen, 7. Aufl. 2014; *Rupp,* Requirements-Engineering und -Management, 6. Aufl. 2014; *Schmeißer/Zirkel,* Forschungs- und Entwicklungsverträge – Rechtliche Einordnung und vertragliche Gestaltung, MDR 2003, 849; *Schmidl,* Softwareerstellung und § 651 BGB – ein Versöhnungsversuch, MMR 2004, 590; *Schneider,* Projektsteuerung – Projektrisiken bei Software, CR 2000, 27; *ders.,* Neues zur Vorlage und Herausgabe des Quellcodes?, CR 2003, 1; *ders.,* Softwareerstellung und Softwareanpassung – Wo bleibt der Dienstvertrag?, CR 2003, 317; *ders.,* „Neue" IT-Projektmethoden und „altes" Vertragsrecht, ITRB 2010, 18; *Schneider/Bischof,* Das neue Recht für Softwareerstellung/-anpassung, ITRB 2002, 273; *Schneider/von Westphalen* (Hrsg.), Software-Erstellungsverträge, 2. Aufl. 2014; *Schuhmann,* Vom rechtssicheren zum effizienten Projektvertrag, ZfBR 2012, 9; *Schumann,* Anforderungen des Claim Management an die rechtliche Begleitung komplexer Projekte des Anlagenbaus, ZfBR 2002, 739; *Schuster,* Leistungsabgrenzung in IT-Verträgen, CR 2013, 690; *ders.,* Haftung, Aufwendungsersatz und Rückabwicklung bei IT-Verträgen, CR 2011, 215; *Schweinoch/Roas,* Paradigmenwechsel für Projekte? CR 2004, 326; *Söbbing,* Die rechtliche Betrachtung von IT-Projekten, MMR 2010, 222; *ders.,* Agile Projekte in der IT-rechtlichen Praxis, ITRB 2014, 214; *Stichtenoth,* Softwareüberlassungsverträge nach dem Schuldrechtsmodernisierungsgesetz, K&R 2003, 105; *Stiemerling,* IT-Festpreisprojekte, ITRB 2013, 217; *ders.,* Das IT-Projekt im Konflikt mit dem vertraglich definierten Regelwerk, ITRB 2010, 289; *Streitz,* IT-Projekte retten, 2004; *Thewalt,* Softwareerstellung als Kaufvertrag mit werkvertraglichem Einschlag. § 651 nach der Schuldrechtsreform, CR 2002, 1; *Stubbe,* Konfliktmanagement – bedarfsgerechte Streitbeilegungsmechanismen, SchiedsVZ 2009, 321; *Tiemeyer* (Hrsg.), Handbuch IT-Projektmanagement, 5. Aufl. 2013; *Ulmer,* Der BGH und der Vertragstyp „Softwareüberlassung", CR 2000, 493; *ders.,* Elektronischer Ersatz für Handbücher, ITRB 2001, 64; *ders.,* Verjährung der Mängelansprüche beim Werkvertrag, ITRB 2003, 162; *von Westphalen,* Der Softwareentwicklungsvertrag – Vertragstyp/Risikobegrenzung, CR 2002, 73; *ders.,* Nach der Schuldrechtsreform: Neue Grenzen für Haftungsfreizeichnungs- und Haftungsbegrenzungsklauseln, DB 2002, 209; *Wieczorrek/Mertens,* Management von IT-Projekten, 4. Aufl. 2011; *Witzel,* Evaluierungsprojekte, ITRB 2011, 293; *dies.,* Projektvorbereitung, ITRB 2011, 164; *dies.,* Abnahme und Abnahmekriterien im IT-Projektvertrag, ITRB 2008, 160; *dies./Stern,* Mitwirkungspflichten des Auftraggebers im Softwareprojekt, ITRB 2007, 167; *Zahrnt,* Projektmanagement von IT-Verträgen, 2002; *ders.,* Probleme bei DV-Projekten und Gegenmaßnahmen, CR 2000, 402.

I. Einführung

1. Überblick, Charakteristika eines Projekts

a) Verwendung des Begriffs und „Definition". Der Begriff des Projekts[1] findet sich in vielen Bereichen. Er ist in den Alltagssprachgebrauch übergegangen. Man spricht von Bauvorhaben als Projekten, die Neuinszenierung einer Oper oder eines Theaterstücks wird als Projekt definiert und eben auch die Einführung einer neuen Software in einem Unternehmen. Mit Anwendung des Begriffes „Projekt" wird Klarheit, Einheitlichkeit und Sicherheit in der Definition suggeriert. Die ist allerdings nicht gegeben. Die Vorstellungen vieler „Projektbeteiligter" sind, was den genauen Gegenstand eines Projekts ausmacht, unbestimmt und sehr vage.

Die **Merkmale eines Projekts** sind in etwa folgende:
- Ein Projekt ist ein einmaliges Vorhaben.
- Ein Projekt ist zeitlich begrenzt durch definierte Start- und Endtermine.
- Ein Projekt hat klare Ziele.
- Ein Projekt ist ein komplexes Vorhaben mit verschiedenen Techniken und Methoden.
- In Projekten sind neuartige und unbekannte Probleme zu lösen.
- Projekte stehen unter besonderem Risiko.
- Projekten wird ein eigenes Budget zugeordnet. Dieses darf (in der Regel) nicht überschritten werden.
- Während der Projektarbeit stehen der Leiter des Projekts und die Teammitglieder unter besonderem Druck.

Auch bei IT-Projekten werden diese Merkmale im Regelfall erfüllt sein und auch bei der Gestaltung der Verträge eine Rolle spielen.

b) Herausforderung für die Vertragsgestaltung. *aa) Festlegung des konkreten Projekts.* Gerade die fehlende Abgrenzbarkeit, häufig zu unbestimmte Projektbeschreibungen und – nicht schriftlich niedergelegte – unterschiedliche Erwartungshaltungen und Vorstellungen der Projektbeteiligungen machen die Vertragsgestaltung schwierig und zu einer Herausforderung für den Verfasser und die Verhandler des Vertragstextes. Weitere Probleme entstehen dadurch, dass zwischen den Beteiligten an Verhandlungen häufig ein erhebliches Know-how Gefälle besteht. Die Verantwortlichen der Fachseite und/oder der IT verfügen über Hintergründe und Wissen um durch ein Projekt angestrebte Ziele, das bei den juristischen Verhandlern entweder nicht oder nur zu geringen Teilen ankommt. Die durch die unterschiedlichen Beteiligten entwickelten Dokumente enthalten Widersprüche und verfolgen zum Teil auch unterschiedliche Absichten, was in späteren Konfliktsituation die entstehenden Probleme häufig noch verstärkt. Weitere Risiken ergeben sich aus den angeblichen „*Selbstverständlichkeiten*": angeblichen Standards, die für alle klar sein und innerhalb derer es keinen Regelungsbedarf gäbe. Erst viel später zeigt sich, dass es in IT-Projekten häufig weniger Selbstverständlichkeiten als Missverständnisse gibt. Es geht folglich bei IT-Projektverträgen nicht ausschließlich darum, die rechtlichen Aspekte des Projekts in den Griff zu bekommen, sondern auch den (praktischen) Bedürfnissen des Projektmanagements, der IT und der Fachabteilungen, die mit dem „Ergebnis des Projekts" irgendwann einmal arbeiten sollen, gerecht zu werden. Die Vertragspartner müssen in einem ersten Schritt festlegen, was in ihrem Vertrag konkret als Projekt verstanden werden soll. Der Begriff „Projektvertrag" oder „IT-Projektvertrag" allein hilft nicht weiter und impliziert auch nicht, welcher der Vertragspartner die Projektverantwortung hat und wer welche Aufgaben aus der Projektsteuerung und Projektleitung übernehmen soll. Die Bezeichnung sagt zudem nichts über den Vertragstyp aus, auch wenn es häufig die Vorstellung gibt, dass jeder „IT-Projektvertrag" zwangsläufig ein Werkvertrag ist.

---

[1] Definition des Begriffs „Projekt" nach V-ModellXT (abrufbar unter http://ftp.tu-clausthal.de/pub/institute/informatik/v-modell-xt/Releases/1.4/Dokumentation/V-Modell%20XT%20HTML/index.html/):
„*Unter einem Projekt versteht man gemäß der IPMA ein einmalige Gesamtheit von koordinierten Aktivitäten mit bestimmten Anfangs – und Endpunkten, die von einer Person oder Organisation mit dem Ziel durchgeführt werden, bestimmte Termin-, Kosten- oder Leistungsziele zu erreichen.*"

4   bb) *Bandbreite bei IT-Projekten.* IT-Projekte beschäftigen sich mit Informations- und Kommunikationssystemen. So wird beispielsweise die **individuelle Neu-Entwicklung von Software**[2] als IT-Projekt bezeichnet. Ebenfalls in die große Gruppe der IT-Projekte fallen die **Lieferung, Anpassung und Implementierung von bereits etablierter Standardsoftware.**[3] Damit nicht genug: auch die Auslagerung der IT-Infrastruktur eines Unternehmens beginnt mit einem IT-Projekt, üblicherweise bezeichnet als *„Transition"* oder *„Transformation"*.

5   IT-Projekte sind zudem in der Regel temporäre Organisationsformen innerhalb eines Unternehmens.[4] Sie sind dadurch gekennzeichnet, dass es nicht „das einzig mögliche Projekt" und damit das einzig mögliche Leistungsspektrum gibt, sondern dass es eine erhebliche Bandbreite von IT-Projekten geben kann, für die eine unterschiedliche und differenzierte Vertragsgestaltung erforderlich ist. Eine formale Unterscheidung kann in etwa folgendermaßen aussehen:
- IT-Infrastrukturprojekte;
- Entwicklungsprojekte, zB Individualentwicklungen;
- Anpassung von Standardsoftware;
- Implementierung von angepasster Standardsoftware oder individuell entwickelter Software;
- Organisationsprojekte (Evaluations- und Beratungsprojekte);
- Unterstützungsprojekte (Projektverantwortung und Projektsteuerung liegt beim Auftraggeber);
- Versuchsprojekte (Prototyping für spätere Projekte);
- Netzwerkprojekte;
- Outsourcingprojekte.[5]

6   In der Vergangenheit entfielen ca. 50 % der IT-Projekte auf Individualentwicklungen und deren Implementierung, die restlichen 50 % auf die Anpassung und Implementierung von Standardsoftware und IT-Projekte zur Geschäftsprozessoptimierung.[6] Die Tendenz weg von der Individualentwicklung hin zur **Anpassung und Implementierung von Standardsoftware** ist deutlich erkennbar. Hinzu kommt ein Trend zu neuen oder vermeintlich neuen Formen der Nutzung, wie etwa *„Software as a Service* (SaaS)" oder *„Application Service Providing* (ASP)". Auch diesem Wandel muss die Vertragsgestaltung gerecht werden. Der wirtschaftliche Hintergrund liegt auf der Hand: Ein Software-Anbieter muss eine Standardsoftware an eine Vielzahl von Kunden verkaufen, um einen positiven *Return on Invest* zu haben. Gewinne werden häufig nicht oder nur zu einem geringen Teil mit dem Vertrieb der Software erzielt, sondern mit den Leistungen zur Anpassung und Implementierung. Mit einer einmaligen Entwicklung ist demzufolge eine wirtschaftliche Umsetzung – wenn überhaupt – nur selten möglich.

---

[2] Eine **Individualsoftware** wird immer gemäß den speziellen Anforderungen (Bedürfnissen) eines konkreten Unternehmens (Auftraggebers) erstellt. Der Einsatz einer Individualsoftware in einem anderen Unternehmen wird daher im Regelfall nicht möglich sein. Dies ist allerdings typischerweise auch nicht gefordert. Der Auftraggeber wünscht vielmehr einen möglichst hohen Abdeckungsgrad seiner unternehmensspezifischen Anforderungen.

[3] Mit **Standardsoftware** wird im Regelfall eine Software mit einem festen Funktionsumfang für einen bestimmten Anwendungsbereich bezeichnet, die für eine Vielzahl von Auftraggebern tauglich ist. Funktionen einer Standardsoftware bilden die Grundlage für eine standardisierte Abwicklung von Geschäftsprozessen diverser Auftraggeber (auch losgelöst von Branchen). Da selbst Unternehmen der gleichen Branche in ihren Anforderungen erheblich von einander abweichen können, muss eine Standardsoftware im Regelfall programmtechnische Möglichkeiten vorsehen, die Anpassungen an individuelle Anforderungen eines Auftraggebers zu ermöglichen.

[4] *Wieczorrek/Mertens,* Management von IT-Projekten, S. 9.

[5] *Kellner,* Die Kunst, IT-Projekte zum Erfolg zu führen, 2001; *Wieczorrek/Mertens,* Management von IT-Projekten, 2004.

[6] Zum Begriff des **Geschäftsprozesses:** „Ein Geschäftsprozess kann verstanden werden als eine Menge miteinander verknüpfter Aktivitäten, die in einer bestimmten Reihenfolge ausgeführt werden, um ein festgelegtes Ziel zu erreichen. Beispiele für Geschäftsprozesse sind etwa die Ausführung von Kundenaufträgen, die Bearbeitung einer Kundenreklamation oder von Kreditanträgen einer Bank."

2. Scheitern vieler IT-Projekte

a) Stetige Eskalation mit verhärteten Fronten. Viele IT-Projekte scheitern oder führen zumindest einmal im Rahmen der Laufzeit in die Schieflage.[7] Folgendes **Beispiel** ist typisch:

Ein mittelständiges Unternehmen, dessen Geschäftszweck im Vertrieb von Waren ausschließlich über einen Internet-Webshop liegt, beauftragt Anfang 2007 einen mittelständigen ERP-Anbieter mit der Anpassung und Implementierung eines neuen Warenwirtschaftssystems inklusive Rechnungswesen.[8] Die vertraglichen Vereinbarungen basieren auf einem Angebot des ERP-Anbieters und dessen AGB, die nach Leistungsgegenständen getrennt sind. Der ERP-Anbieter lebt in der Vorstellung, er verkaufe seine Software. Die Leistungen zur Anpassung und Implementierung erbringe er als Dienstleister, der keinen Erfolg schuldet. Es gibt ein Pflichtenheft, das die fachlichen Anforderungen des Auftraggebers enthält, an vielen Stellen allerdings unspezifisch und oberflächlich ist. Der Auftraggeber erwartet dennoch, dass sein Pflichtenheft umgesetzt wird und dies wird ihm vom Vertrieb des ERP-Anbieters auch zugesagt.

Die produktive Nutzung des Warenwirtschaftssystems inklusive Rechnungswesen soll ab November 2008 erfolgen. Der ERP-Anbieter hat jedoch Probleme mit einem neuen Release seines Rechnungswesen-Moduls. Die Freigabe für den Markt verzögert sich und damit auch der Beginn des produktiven Betriebs beim Auftraggeber. Die Verzögerung führt zu Unmut beim Auftraggeber. Der Ton wird schärfer und in Schreiben an die Geschäftsleitung wird die Geltendmachung von Verzugsschäden angedroht. Am 1.7.2009 beginnt dann – ohne, dass ihr eine formelle Abnahme mit Abnahmeerklärung vorausgegangen wäre – die produktive Nutzung des Warenwirtschaftssystems inklusive Rechnungswesen. Im Verlaufe des Juli 2009 meldet der Auftraggeber 70 Supportanfragen. Er ist der Auffassung, dass der Großteil dieser Supportanfragen Softwarefehler, dh Fehler in der Programmierung, seien. Der ERP-Anbieter meint dagegen, dass jedenfalls ein Teil der Supportanfragen auf Fehler der Nutzer bei der Bedienung zurückzuführen seien. Im Übrigen führten auch einige Besonderheiten in den Geschäftsprozessen des Auftraggebers zu wiederholten Supportanfragen.

Der Auftraggeber verweigert mit Verweis auf die fehlende Umsetzung des Pflichtenhefts sowie auf die umfangreichen Mängel die Zahlung der ausstehenden Vergütung, obwohl er selbst einen Zahlungsplan vorgeschlagen hatte. Der ERP-Anbieter will zwar weiter leisten, möchte jedoch Zahlungen sehen.

Eine Einigung ist bis zum Ende des Jahres 2009 – auch unter Hinzuziehung juristischer Berater – nicht möglich. Die Fronten sind völlig verhärtet und eine gerichtliche Auseinandersetzung erscheint nicht mehr vermeidbar. Dies obwohl der ERP-Anbieter die Leistung nicht grundsätzlich verweigert und der Auftraggeber das System im Grunde weiter einsetzen will.

Lässt sich ein solcher Verlauf eines IT-Projekts durch geschickte Vertragsgestaltung und juristische Projektsteuerung vermeiden oder zumindest positiv beeinflussen?

b) Erhebliche Risiken. Die Risiken bei IT-Projekten sind – losgelöst vom Gegenstand – erheblich: dem jährlichen Chaos Report der Standish Group über den Erfolg von IT-Projekten zufolge konnten nur 39 % der im Jahr 2012 begonnenen IT-Projekte erfolgreich abgeschlossen werden, allerdings erfüllten gleichzeitig auch 43 % abgeschlossene IT-Projekte zumindest in Teilen nicht die Wünsche und Anforderungen der Auftraggeber. **Immerhin 18 % der IT-Projekte scheiterten ganz.**[9] Zwar ist innerhalb der letzten Jahre eine Zunahme

---

[7] Einzelheiten zum Konfliktmanagement in IT-Projekten – außergerichtlich und gerichtlich – siehe auch → § 44 Außergerichtliche Stressbeilegung und Prozessvorbereitung, Mediation, → § 45 Gerichtliche Auseinandersetzungen.

[8] Für solche betriebswirtschaftliche Anwendungen findet sich gesamthaft die Bezeichnung „ERP (Enterprise Ressource Planning)". „Ein integriertes Gesamtsystem, das alle wesentlichen Funktionen der Administration, Disposition und Führung in einem Unternehmen unterstützt, heißt ERP-System ... Zur Mindestausstattung solcher Systeme gehören in der Regel Auftragsbearbeitung und Fakturierung, Finanzbuchhaltung, Kosten- und Leistungsverrechnung, Personalabrechnung, Materialwirtschaft und Bestandsführung, siehe *Hesseler/Görtz*, Basiswissen ERP-Systeme, S. 4.

[9] Computerwoche Meldung vom 12.3.2007, http://www.computerwoche.de/589879; s. a. *Müller-Hengstenberg* CR 2005, 385 (mwN) zu Zahlen bei Kosten- und Laufzeitüberschreitungen und Nicht-Erreichung von mehr als 65 % der Funktionalität. Als weiteres Beispiel eines nicht erfolgreich beendeten ERP-Projekts sei die gestoppte SAP-Einführung beim Baumarktunternehmen Hornbach genannt. Die Umstellung auf SAP begann bei Hornbach im Jahr 2002, wobei Teilprojekte im Rahmen der Umstellung wie Finanzen (FI) und Controlling (CO) offenbar zunächst abgeschlossen werden konnten, anders jedoch das Teilprojekt der Warenwirtschaft. Der Rollout der Komponente SAP Retail Store wurde von *Hornbach* im Herbst 2006 auf halbem Weg gestoppt, da es sowohl technische Probleme mit der Einführung der Software gab als auch große Unzufriedenheit mit dem Vertragspartner, der SAP Systems Integration GmbH.

der Erfolgsfälle festzustellen. Nach wie vor bleibt in etwa 60 % der Fälle ein Projekterfolg, so wie er geplant wurde, jedoch aus.

9 Das Anpassen oder gar Scheitern von IT-Projekten führt oft zu erheblichen wirtschaftlichen Schäden für beide Vertragspartner, die – wenn überhaupt – nur zu einem Teil in einer langwierigen Auseinandersetzung kompensiert werden können.

10 Die Zahl der infolge gescheiterter IT-Projekte angestrengten Rechtsstreitigkeiten – ordentliches-, Schieds- oder Schlichtungsverfahren – ist daher weitaus geringer. Dies bedeutet, dass die Vertragspartner trotz des Scheiterns andere Lösungen bevorzugen, auch wenn diese darin bestehen können, die Projekt-„Ruine" stehen zu lassen und neu anzufangen. Den Weg zur gerichtlichen Auseinandersetzung scheuen viele, da die Verantwortung für das Scheitern häufig nicht feststellbar ist. Die Kosten für die Auseinandersetzung sind durch umfangreiche Schriftsätze und Begutachtung erheblich.

11 Die typischen, oft für das Scheitern verantwortlichen **Projektsünden** sind unter →Ziffer II. (→ Rn. 13 ff.) dargestellt. Vertragliche Regelungen inklusive einer detaillierten Beschreibung der Leistung (auch hinsichtlich des Vorgehens) können helfen, diese „Sünden" zu vermeiden bzw. – bei Auftreten – in den Griff zu bekommen und das IT-Projekt dennoch erfolgreich abzuschließen. Verträge dienen aber auch dazu, bei einem eventuellen Scheitern klare Rechtspositionen beziehen und durchsetzen zu können.

12 Im Rahmen der Vertragsgestaltung und auch bei der Beratung der Vertragspartner gilt es, die Risiken zu erkennen, wenn möglich abzumildern und Lösungsszenarien für denkbare Divergenzen aufzuzeigen. Regelungsbedarf gibt es vor allem in folgenden Bereichen:
- der **Leistungsbeschreibung**, dem sog „Pflichtenheft" (→ Rn. 49 ff.).
- der vertraglichen Regelung zur **Projektsteuerung** und der konkreten **Projektorganisation** (→ Rn. 123 ff.).
- den Leistungs- und/oder **Mitwirkungs- und Beistellungspflichten** des Auftraggebers (→ Rn. 164 ff.).
- dem **Änderungsmanagement** (→ Rn. 186 ff.).
- Fragen zur **Dokumentation** (→ Rn. 277 ff.).
- den **Test- und Abnahmeverfahren** (→ Rn. 213 ff.).

II. Typische „Projektsünden"

1. Überblick

13 Analysiert man die Rechtsstreitigkeiten, die den Gerichten im Zusammenhang mit fehlgeschlagenen IT-Projekten zur Entscheidung vorgelegt werden, lassen sich im Großen und Ganzen die folgenden Fehlerquellen[10] herausfiltern:
Mängel und Unklarheiten bei:
- Zielplanung und Zielsetzungen;
- Leistungsbeschreibung (sowohl in Bezug auf die fachlichen Anforderungen an „das zu implementierende System" als auch in Bezug auf die Aufgaben, die der Auftragnehmer dazu zu erbringen hat);
- Fehleinschätzung des Umfelds (Management beider Vertragspartner, Endanwender, Lieferanten anzubindender Drittsysteme, Kulturunterschiede, Sprachprobleme);
- Aufwandsschätzungen und definierte Budgets;
- Zusammenarbeit zwischen Auftraggeber und Auftragnehmer;
- Qualifikation der Projektleiter und Mitarbeiter des jeweiligen Vertragspartners;
- Planung der Ressourcen;
- Aufteilung des IT-Projekts in handhabbare Phasen und Durchführung der Phasen;
- Qualitäts- und Risikomanagement.

---

[10] In Anlehnung an *Schneider* und *Intveen*, Juristische Projektsteuerung – Leitung, Sanierung, Prozeß, Beweisfragen, Vortrag auf dem Deutschen Anwaltstag 2001 in Bremen; *Müller-Hengstenberg* CR 2005, 385 (388).

Prozentual gesehen stehen an der Spitze der Ursachen für das Scheitern von IT-Projekten unklare Leistungs- und/oder Aufgabenbeschreibungen, gefolgt von schlechter Zusammenarbeit/Kommunikation der Projektmitarbeiter und mangelhaftem Risikomanagement.[11]

Trotz etablierter Projekt-Management-Methoden und diversen Ratgebern entstehen in einem hohen Prozentsatz der Projekte „Ruinen", denen typische Störungs-Quellen zugrunde liegen.

2. Einzelne Projektsünden

a) Unklare Vertragstypologie. Oftmals ist nicht klar, welcher **Vertragstyp** dem Projekt zugrunde liegt bzw. liegen soll.

Fallbeispiel:
Der mit der Bewertung eines IT-Projekts beauftragte Anwalt erhält von seinem Mandanten zur Prüfung die AGB des Auftragnehmers für Softwarekauf, Beratungsleistungen sowie für Entwicklungsleistungen. Hinzu kommt ein Angebot, das zwar die kaufmännischen Inhalte enthält, nicht jedoch einen Bezug der darin beschriebenen Aufgaben zu den AGB. Ebenfalls wird dem Anwalt ein Pflichtenheft vorlegt, das weder in AGB noch im Angebot referenziert ist und bei dem nicht erkennbar ist, wer es wann erstellt hat.

Der Auftragnehmer stellt sich vielfach einen **Dienstvertrag** vor, evtl. entkoppelt vom Softwareüberlassungsvertrag. Um dieses Ziel zu erreichen verwendet er AGB, die sich an den unterschiedlichen Vertragstypen orientieren. Nichtsdestotrotz verspricht er in seinem Angebot die Lieferung einer *„integrierten Lösung, die alle Bedürfnisse des Auftragsgebers"* abdeckt. Offen bleibt schon allein, woraus sich die Bedürfnisse des Auftraggebers ergeben sollen.

Demgegenüber geht der Auftraggeber von einem **Werkvertrag** aus, selbstverständlich als einheitliches Vertragswerk mit dem Softwareüberlassungsvertrag und weiteren, evtl. ungeschriebenen Leistungen des Auftragnehmers, die nichts oder jedenfalls möglichst wenig kosten sollen (Schulung sowie Einweisung, Unterstützung im Produktivbetrieb, Migration und Altdaten-Übernahme).

In den geschlossenen Verträgen erfolgt in vielen Fällen keine in sich konsistente Ausprägung eines Vertragstyps. Neben erfolgsorientierten Gestaltungen des Vertragsgegenstandes, die für eine Projektverantwortung des Auftragnehmers sprechen, finden sich Regelungen, die Kontrolle und Steuerung durch den Auftraggeber zum Gegenstand haben. Es besteht erhebliche Unsicherheit, wie gegebenenfalls ein Gericht entscheiden würde.[12]

Zwar sind Kontroll- und Steuerungsaufgaben, also Arbeiten zum Projektmanagement, regelmäßig wesentlicher Bestandteil der Auftragnehmerleistungen im Rahmen eines Werkvertrages, allerdings können sie unter Umständen auch in Form einer dienstvertraglichen Leistung erbracht werden, wenn Erfolgsverantwortlichkeit beim Auftraggeber bleibt.[13] Was die Vertragspartner zu Beginn eines IT-Projekts wirklich gewollt haben oder ob sich die Ver-

---

[11] *Zahrnt* (CR 2000, 402) hat 286 Urteile zu IT-Projekten ausgewertet und Übersichten zu den Ursachen des Scheiterns der Projekte erstellt. Danach sind 39 % der Ursachen bei Vertragsschluss gesetzt worden und 56 % bei der Projektdurchführung.

[12] BGH Urt. v. 10.3.1998 – X ZR 70/96, CR 1998, 393 – Warentermingeschäft (Vertragstyp kann sich durch Änderung beim Vertragsgegenstand von Kauf zu Werkvertrag wandeln, Verzug bei Dokumentation); BGH Urt. v. 11.2.1971 – VII ZR 170/69, WM 1971, 615 – Testauswertung (Werkvertrag); BGH Urt. v. 30.1.1986 – I ZR 242/83, CR 1986, 377 – Service-RZ (Quellcode nicht mitgeschuldet); BGH Urt. v. 25.3.1993 – X ZR 17/92, CR 1993, 759 – Bauherrenmodell (Software-Anpassung nach Zeitaufwand als Werkvertrag); BGH Urt. v. 16.7.2002 – X ZR 27/01, CR 2003, 244 (zur Abgrenzung des Werkvertrages zum Dienstvertrag: maßgeblich ist der Parteiwille; Forschungs- und Entwicklungsleistungen können jeweils Gegenstand eines Dienst- oder eines Werkvertrages sein; entscheidend ist, ob Dienstleistung als solche oder deren Erfolg als Arbeitsergebnis geschuldet ist); OLG Köln Urt. v. 10.3.2006 – 19 U 160/05, CR 2006, 440 (Werkvertragsrecht bei Anpassung von Standardsoftware); LG Bonn Urt. v. 15.1.2008 – 10 O 383/06, CR 2008, 767 (Werkvertragsrecht für individuell angepasste Software).

[13] LG Saarbrücken Urt. v. 28.4.1998 – 6 O 434/96, CR 1999, 362; LG Frankfurt a. M. Urt. v. 31.10.2006 – 2/10 O 448/04, unveröffentlicht (Einordnung eines Rahmenvertrages über die Erstellung von Werkleistungen als Dienstvertrag); *Schneider* Kap. E Rn. 324 ff. mwN.

antwortlichkeiten innerhalb eines IT-Projekts etwa „gedreht" haben, lässt sich im Falle eines späteren Konflikts oder im Rahmen einer gerichtlichen Auseinandersetzung kaum klären. Jeder Vertragspartner nimmt die dann für ihn vermeintlich günstige Haltung ein. In einer gerichtlichen Auseinandersetzung gehen Gerichte häufig zu Lasten des Auftragnehmers von einem einheitlichen Werkvertrag aus, obwohl dem Auftraggeber eine entscheidende Rolle bei der Steuerung des IT-Projekts zu fiel. Wie entscheidend diese Rolle war, lässt sich häufig in der Rückschau nicht mehr ermitteln.

21 **b) Fehlende Projektstruktur.** In die Krise geratenen Projekten fehlt es nicht selten auch an einer praktikablen **Projektstruktur** mit klarer **Abfolge** der verschiedenen **Projektstufen** oder **Projektphasen**. Eine Anlehnung an ein gängiges Vorgehensmodell erfolgt nicht.

Fallbeispiel:
Grundlage des IT-Projekts ist ein vom Auftraggeber vorgegebenes Lastenheft, das jedoch erheblicher Detaillierung bedarf. Die Vertragspartner vereinbaren im Vertrag, dass das Lastenheft in einer ersten Phase des IT- Projekts in so genannte Detailpflichtenhefte überführt werden soll. Auf Basis der Detailpflichtenhefte soll dann die Realisierung notwendiger Programmanpassungen zur Standardsoftware erfolgen. Kurz vor der geplanten Abnahme stellt sich heraus, dass keinerlei Detailpflichtenhefte erstellt und freigegeben wurden, sondern der Auftragnehmer ummittelbar mit Programmierarbeiten begonnen hatte. Was ist in diesem Fall die Grundlage für die Abnahme?

22 Soweit überhaupt Projektphasen festgelegt wurden, werden diese oftmals nicht eingehalten. Häufig sind die Abstimmungsprozesse während einzelner Projektphasen nicht ausreichend ausgestaltet.[14]

23 Auch wenn mangelhaft strukturierte IT-Projekte nicht stets völlig fehlschlagen, führen derartige Nachlässigkeiten oft zu unerwarteten Kostensteigerungen sowie zu erheblichen Verzögerungen.[15] Die fehlende fachliche Konzeption durch entfallene „Detailpflichtenhefte" oder „Spezifikationsphasen" führt häufig zu fehlerhafter oder unvollständiger Programmierung und damit zu vermehrtem Test- und Fehlerbeseitigungsaufwand. Nicht unterschätzt werden darf auch der häufig infolge mangelnder Strukturierung entstehende Vertrauensverlust. Klare Projektstrukturen führen auch zu Arbeitsergebnissen innerhalb festgelegter Stufen, die einen für beide Seiten messbaren Projektfortschritt erkennen lassen. Abgegrenzte Arbeitsergebnisse (die unter Umständen auch bereits produktiv genutzt werden können) eignen sich nicht nur aus juristischer Sicht – etwa für Teilabnahmen – sondern haben auch psychologische Wirkung: die Beteiligten können feststellen, dass sie auf einem positiven Weg sind. Fehlen Strukturen, so können sich auch keine Teilerfolge einstellen, durch die das Vertrauen in einander gestärkt werden kann.

24 **c) Fehlendes oder unvollständiges „Pflichtenheft".** Der **Vertragsgegenstand** ist und bleibt unklar, weil entweder **keine Leistungsbeschreibung** oder kein **„Pflichtenheft"** vorliegt, oder die als solche bezeichnete vorliegende Unterlage allenfalls eine Gedankensammlung oder eine Checkliste ist, nicht jedoch die erforderliche detaillierte Beschreibung der fachlichen Anforderungen des Auftraggebers.

Fallbeispiel:
Der Auftraggeber hat ein Dokument mit dem Titel „Anforderungen an das neue ERP-System" erstellt, das aus 25 Seiten besteht, die sich mit den Geschäftsprozessen in der Auftragsentwicklung des Auftraggebers befassen und auch von den Anwendern, die mit der Auftragsbearbeitung befasst sind, erstellt wurden. Obwohl der Auftraggeber auch die Module „Fertigung" und „Rechnungswesen" implementieren will, gibt es dazu keine Abschnitte im Anforderungsdokument. Der Auftraggeber erwartet, dass der Auftragnehmer eine aussagekräftige Beschreibung seiner Standardfunktionalität hat. Diese gibt es nicht,

---

[14] BGH Urt. v. 7.3.1990 – VIII ZR 56/89, CR 1990, 707 – Geräteverwaltung (Rücktrittsrecht des Auftraggebers einer „EDV-Anlage" wegen Verzuges mit der Herstellung einer Spezialsoftware); BGH Urt. v. 4.5.2000 – VII ZR 53/99, NJW 2000, 2988 (außerordentliche Kündigung des Auftraggebers, wenn feststeht, dass der AN eine Frist aus von ihm zu vertretenden Gründen nicht einhalten wird und die Vertragsverletzung die Fortsetzung unzumutbar macht; mit dem Problem nachträglicher Aufgliederung der Einzelleistungen).
[15] *Müller-Hengstenberg* CR 2005, 385 (386).

wie sich bei Festlegung der Abnahmekriterien herausstellt. Der Auftraggeber vertritt bei vielen Einzelthemen die Auffassung „eine Standardsoftware muss das können" und ist nicht bereit die Kosten für die Entwicklung zusätzlicher Funktionalität zu tragen.

Fehlt ein ausreichendes „Pflichtenheft", greift die Rechtsprechung bei einer werkvertraglichen Einordnung auf den **„mittleren Ausführungsstandard"** zurück, um den geschuldeten Leistungsumfang zu ermitteln: 25

„Haben die Vertragsparteien nicht im einzelnen vereinbart, was das zu erstellende Programm zu leisten hat, schuldet der Unternehmer ein Datenverarbeitungsprogramm, das unter Berücksichtigung des vertraglichen Zwecks des Programms dem Stand der Technik bei einem mittleren Ausführungsstandard entspricht. Welche Anforderungen sich hieraus im einzelnen ergeben, hat der Tatrichter gegebenenfalls mit sachverständiger Hilfe festzustellen."[16]

Das Ergebnis eines solchen Rückgriffs ist jedoch kaum vorherzusagen und daher für alle Projektbeteiligten mit erheblichen Unwägbarkeiten behaftet. Selbst versierten IT-Sachverständigen wird es kaum gelingen, einen mittleren Ausführungsstandard festzustellen. Noch mehr Schwierigkeiten wird es bereiten festzustellen, was der Auftraggeber angesichts des vertraglich vereinbarten Zwecks als selbstverständlich oder branchenüblich erwarten durfte. 26

d) Übernahme der Verantwortung für eine umfassende Anforderungsermittlung durch den Auftragnehmer. Bringt der Auftraggeber das **Pflichtenheft** bzw. seine Anforderungen nicht bei, schreitet oft der Auftragnehmer von sich aus zur Ermittlung derselben. 27

Fallbeispiel:
Der Auftraggeber verfügt in seinen einzelnen Abteilungen nicht über eine ausreichende Anzahl von Mitarbeitern, die er für die Ermittlung und Dokumentation seiner mit der neuen ERP-Software umzusetzenden Geschäftsprozesse benötigt. Der Auftragnehmer bietet die Organisation und Durchführung von Workshops zur Ermittlung der Geschäftsprozesse an. An diesen Workshops nehmen zu wenige bzw. nicht die entscheidenden Mitarbeiter der Fachabteilungen teil. Der Auftragnehmer fordert die Teilnahme und Verfügbarkeit der Mitarbeiter nicht ein, sondern beginnt die Erarbeitung eines Dokuments, das im wesentlichen Ergebnisse aus vergleichbaren IT-Projekten enthält. Im Verlaufe der Projektdurchführung stellt sich heraus, dass der Auftragnehmer von falschen Annahmen ausging und nicht über die erforderlichen Kenntnisse der Unternehmensstruktur des Auftraggebers verfügte.

Dieses Vorgehen bürdet ihm allerdings nicht nur das Risiko der Richtigkeit und Vollständigkeit desselben auf,[17] sondern wird zudem vom Auftraggeber häufig als im schon zu Beginn des IT-Projekts vereinbarten Festpreis enthaltener Aufwand ohne Anspruch auf zusätzliche Vergütung angesehen. Zudem machen sich viele Auftragnehmer ohne weitere Abstimmung mit dem Auftraggeber einfach an die Arbeit. Letzterem „gefällt" dann das Ergebnis häufig nicht. Es entsteht Streit über den zu liefernden funktionalen Umfang, den Ausführungsstandard und zu erfüllende Abnahmekriterien. Der Streit umfasst zumeist auch die entstandenen Kosten, die keiner der Vertragspartner tragen will. 28

e) Unrichtige, unvollständige und inkonsistente „Pflichtenhefte" und nichtvereinbarte Prüfungspflicht. Vorhandene und vom Auftraggeber erstellte **„Pflichtenhefte"** weisen häufig **Lücken und Fehler auf,** die nicht zu Beginn des IT-Projekts, sondern unmittelbar vor der geplanten Abnahme entdeckt werden. 29

Fallbeispiel:
Im als Vertragsgrundlage bezeichneten Pflichtenheft sind zu diversen Anforderungen nur vage Überschriften enthalten, die mit dem Kommentar „noch zu ergänzen" versehen sind. Bei der Darstellung anderer Anforderungen werden ergänzende Dokumente in Bezug genommen, ohne dass diese genau bezeichnet sind und ohne dass ein Rangfolgeverhältnis zwischen dem Pflichtenheft und den in Bezug genommenen Dokumenten zu erkennen ist.

---

[16] BGH Urt. v. 16.12.2003 – X ZR 129/01, CR 2004, 490 (LS 2); Fortsetzung der Rechtsprechung des BGH Urt. v. 24.9.1991 – X ZR 85/90, CR 1992, 543 – Zugangskontrollsystem (mittlerer Ausführungsstandard, wenn Pflichtenheft fehlt oder vergessen wurde).

[17] Nach BGH Urt. v. 28.6.1994 – X ZR 95/92, CR 1995, 265 beschränkt sich die Haftung des Lieferanten für fehlende Arbeiten in diesem Fall allerdings auf Vorsatz und grobe Fahrlässigkeit.

30 Oft ändern sich während der Projektlaufzeit auch die Vorstellungen des Auftraggebers und werden in vorhandenen „Pflichtenheften" nicht nachgezogen. Schließlich divergieren häufig die Vorstellungen der Geschäftsleitung des Auftraggebers einerseits und der Fachabteilungen des Auftraggebers andererseits. Die Inhalte des „Pflichtenhefts" sind nicht schon deswegen nicht stringent. Nicht selten fällt der Auftragnehmer in diese „Kluft".

31 In vielen IT-Projekten wird keine Vereinbarung darüber getroffen, ob der **Auftragnehmer** das **„Pflichtenheft" zu prüfen** hat, bevor er sich ans Werk macht – zumindest fehlen entsprechende Regelungen im Vertrag. Stellt sich später heraus, dass ein „Pflichtenheft" Lücken oder Fehler enthält, trifft die Auftragnehmer der Vorwurf, sie hätten ihre auch ungeschriebenen Aufklärungs- und Informationspflichten verletzt. Viele Auftragnehmer sind überrascht, dass Auftraggeber in solchen Fällen berechtigterweise Schadensersatzansprüche aus § 280 BGB ableiten können.[18]

32 **f) Fehlendes Änderungsverfahren und/oder fehlendes Änderungsmanagement.** Es gibt kein IT-Projekt ohne Änderungen zum ursprünglich vereinbarten Leistungsumfang.

Fallbeispiel:

Die ursprüngliche Vereinbarung der Vertragspartner geht dahin, dass im zu implementierenden Rechnungswesen-Modul drei Firmen der Unternehmensgruppe als buchhaltungstechnisch getrennte Mandanten angelegt werden sollen. Der Aufwand für das Einrichten dieser Mandanten ist im Projektbudget enthalten. In einer nicht-protokollierten Sitzung des Projektteams erläutert der Projektleiter des Auftraggebers, dass in Folge einer Akquisition zwei weitere Firmen als eigenständige „Mandanten" abgebildet werden müssen. Der Auftragnehmer führt die dafür erforderlichen Aktivitäten durch und rechnet den dafür erforderlichen Aufwand von fünf Personentagen mit der nächsten monatlichen Rechnung ab. Der Auftraggeber will diese Aufwände nicht bezahlen, weil er den Standpunkt vertritt, dass zusätzliche Kosten für die Einrichtung der beiden weiteren Mandanten nicht vereinbart worden seien.

33 Änderungen können zu notwendigen **Terminverschiebungen** und zur **Erhöhung** (gelegentlich auch zu einer Reduktion) der **vereinbarten Kosten** führen. Ohne Regelungen im Vertrag, wie Änderungen vereinbart werden können und dürfen und ohne kontinuierliches Management vereinbarter Änderungen verlieren die Vertragspartner leicht den Überblick. Erst, wenn vereinbarte Termine längst überschritten sind und das festgelegte Budget explodiert ist, fällt den Vertragspartnern auf, dass nicht nachvollziehbar ist, was überhaupt wann vereinbart wurde.

34 Vereinbaren die Vertragspartner **Änderungen,** vergessen sie demnach häufig, die **Auswirkungen auf festgelegte Termine und das vereinbarte Budget** ebenfalls festzuhalten. Selbst wenn stillschweigend Termine geschoben werden, bleibt offen, in welchem Umfang dies geschieht. Oft ist auch nicht klar, ob überhaupt eine Änderung zum ursprünglichen Leistungsumfang vereinbart wurde, weil kein Änderungsverfahren im Vertrag geregelt worden ist oder auch, weil die betreffende Maßnahme nicht explizit als Änderung gehandhabt wurde.

35 In vielen Fällen fehlt ein ausgearbeitetes Änderungsmanagement (Change Request Management). Kommt es im Zusammenhang mit Änderungen im Projekt zu Meinungsverschiedenheiten zwischen den Vertragspartnern, können Reichweite und Rechtsfolgen der Änderungen meist nur noch mit Hilfe der Gerichte geklärt werden.

36 So hat der BGH entschieden, dass in einer einvernehmlichen „Einarbeitung von Änderungswünschen" eine stillschweigende einvernehmliche Aufhebung des ursprünglich vereinbarten festen Fertigstellungstermins liegen kann, der nicht wieder „auflebt", wenn die Vertragsparteien später von dieser Erweiterung wieder Abstand nehmen.[19] Auf der anderen Seite haftet der Auftragnehmer in einem werkvertraglich ausgestalteten Projekt laut BGH auch für den Erfolg alternativer Ausführungsarten.[20]

---

[18] Der Auftragnehmer hat eine Hinweispflicht, wenn er erkennt oder erkennen musste, dass der Auftraggeber erkennbar von falschen Vorstellungen (etwa über technische Voraussetzungen) ausgeht oder keine ausreichenden Kenntnisse zur Projektdurchführung hat. Zumindest muss der Auftragnehmer den Auftraggeber auf seine Beratungsbedürftigkeit hinweisen, so etwa LG Kiel Urt. v. 26.3.1984 – 2 O 192/83, CR 1987, 22.

[19] BGH Urt. v. 24.11.1998 – X ZR 21/96, CI 1999, 48 (Frist und Nachfrist bei Änderung des Leistungsumfangs).

[20] BGH Urt. v. 16.7.1998 – VII ZR 350/96, NJW 1998, 3707 (Erfolgshaftung auch für alternative Ausführungsarten).

g) Fehlende/Mangelhafte Abnahmekriterien. Ist ein Projekt einmal so weit vorangekommen, dass alle Punkte des „Pflichtenhefts" bearbeitet und umgesetzt sind, stehen die Vertragspartner vor dem Problem der Abnahme. **Häufig fehlen sinnvolle Regelungen zu den Abnahmekriterien und zum Verfahren der Abnahme.** 37

Fallbeispiel:
Während des IT-Projekts kam es bereits zu zeitlichen Verzögerungen, die das Vertrauen des Auftraggebers in die Leistungsfähigkeit des Auftragnehmers erheblich erschüttert haben. Zudem wurden Anforderungen wiederholt geändert, ohne dass die geänderten Anforderungen nachvollziehbar dokumentiert wurden. Der Auftraggeber verliert die Geduld und fordert den Auftragnehmer pauschal zur Bereitstellung eines abnahmefähigen Systems auf und legt Testfälle vor, die nicht zu den im „Pflichtenheft" beschriebenen Geschäftsprozessen passen. Der Auftragnehmer weigert sich, die vorgelegten Testfälle als Grundlage der Abnahme zu akzeptieren, weil sich bei einer Durchsicht der Testfälle ergibt, dass darin neue Anforderungen des Auftraggebers stecken.

Projektverträge enthalten häufig nur unzureichende Vereinbarungen zu Testsystem, Testdaten, Testfällen und Parallelbetrieb, zur Inbetriebnahme als Abnahmevoraussetzung (und nicht als stillschweigende Abnahmeerklärung)[21] sowie zur unterbrechungsfreien Erprobung ohne die Abnahmeprüfung hindernde Mängel und ohne Nachbesserungen.[22] Die Performance des zu implementierenden Systems und andere Kriterien zur Abnahme (zB die Beschreibung von Testfällen, die erfolgreich durchlaufen werden müssen, anhand derer die Leistung und somit die Abnahmefähigkeit ermittelt werden kann, gehören in das „Pflichtenheft" bzw. in die Anlagen zum Vertrag. 38

Stattdessen enthalten viele Verträge eine Klausel, wonach sich die Vertragspartner noch im Laufe des Projekts auf Abnahmekriterien (und dazu gehören auch Testdaten, Testfälle) und das genaue Abnahmeverfahren einigen sollen und wollen. Dies ist äußerst riskant; je weiter ein IT-Projekt voranschreitet, desto weiter können sich die Erwartungshaltung und die Vorstellung der Vertragspartner auseinander entwickeln. 39

Soweit die Verträge konkrete Aussagen zur Abnahme machen, werden vielfach zu kurze Prüfungszeiträume vorgesehen. Eintägige Abnahmetests sind allenfalls bei IT-Projekten bis ca. 50.000,– EUR Auftragsvolumen denkbar, normalerweise werden die Abnahmetests aber – je nach Komplexität des IT-Projekts – deutlich mehr Zeit in Anspruch nehmen. Außerdem unterschätzen viele Auftraggeber den Aufwand, der mit Tests und Abnahmeprüfungen verbunden ist. Dieser kann den Aufwand für Entwicklung und Realisierung unter Umständen erheblich übersteigen.[23] 40

h) Fehlende Mitwirkung[24] **des Auftraggebers.** Bei der Vertragsgestaltung, aber auch bei der Projektvorbereitung und Durchführung wird häufig übersehen oder unterschätzt, dass ein IT-Projekt nicht alleine durch den Auftragnehmer abgewickelt werden kann. Es bedarf einer mehr oder weniger intensiven Unterstützung durch den Auftraggeber, um zu einer erfolgreichen Umsetzung zu kommen. 41

Fallbeispiel:
Nur der Auftraggeber kennt seine Geschäftsprozesse im Detail und kann so erkennen, welche Anpassungen seiner Geschäftsprozesse er in Folge der Implementierung einer Standardsoftware vornehmen kann oder muss. Organisatorische Maßnahmen und Umstrukturierungen können nur vom Auftragge-

---

[21] BGH Urt. v. 3.11.1992 – X ZR 83/90, CR 1993, 352 – Voraussetzungen stillschweigender Werkabnahme trotz expliziter Abnahmeregelung; OLG Düsseldorf Urt. v. 28.9.2001 – 5 U 39/99, CR 2002, 324 (keine stillschweigende Abnahme, so lange Besteller aufgrund fehlerhafter Dokumentation noch keine Gelegenheit hatte, sich von der Funktionsfähigkeit der Anlage zu überzeugen).

[22] BGH Urt. v. 12.3.1992 – VII ZR 5/91, NJW 1992, 1754 – Ablieferungskontrolle; BGH Urt. v. 2.11.1995 – X ZR 93/93, CR 1996, 667 (keine Abnahme, wenn Funktionsfähigkeit erst im Laufe der Benutzung feststellbar und Auftraggeber Mängel sofort gerügt hat); BGH Urt. v. 13.3.1996 – VIII ZR 333/94, DB 1996, 1275; BGH Urt. v. 2.7.1996 – X ZR 64/94, DB 1996, 2924 (Befundsicherungspflicht/Beweislast bei Nichtfunktion der Datensicherung); s. a. OLG Hamm v. 10.5.1999 – 13 V 95/98, CR 2000, 289.

[23] Witzel ITRB 2008, 160 (161).

[24] In diesem Zusammenhang findet sich häufig auch der Begriff der „Beistellung" oder der „Beistellungsleistungen". Gemeint sind dabei meist Gegenstände, die der jeweilige Auftraggeber beistellen muss, etwa Hardwarekomponenten, Infrastruktur- und Netzwerkkomponenten.

ber selbst vorgenommen oder angeordnet werden. Der Auftragnehmer kann nur beratende Funktion haben.

42 Um den Auftraggeber erfolgreich in die Pflicht zu nehmen ist es meist nicht ausreichend, dass der Auftraggeber nur mit allgemeinen Formulierungen verpflichtet wird, in geeigneter Weise an der Projektdurchführung mitzuwirken. Er kann aus solchen unbestimmten Formulierungen nicht erkennen, welche konkreten Aktivitäten von ihm wann zu erbringen sind. Zudem kann er nicht feststellen, ob er überhaupt in der Lage ist die an ihn gestellten Anforderungen zu erfüllen oder ob er auf zusätzliche, externe Ressourcen (Berater zu bestimmten Themen oder Projektmanager) zurück greifen müsste, um ausreichend mitwirken zu können.

43 Viele Projektverträge kranken gerade daran, dass die erforderliche Mitwirkung des Auftraggebers nicht oder nur unvollständig beschrieben ist. Bei **Verzögerungen,** die auf noch nicht oder nicht rechtzeitig erbrachter **Mitwirkung** des Auftraggebers beruhen, freuen sich die Auftragnehmer dennoch, weil sie glauben, hierdurch eigenen Verzug kompensieren bzw. in dieser Zeit eigene Leistungen nachholen zu können. Wenn aber Mitwirkungsleistungen nicht vereinbart sind und/oder die Auftragnehmer den Auftraggeber nicht auf dessen fehlende Mitwirkung (die außerdem ursächlich für die weitere Verzögerung sein müsste) und die ggf. daraus resultierenden Folgen hinweisen, können sie sich nicht auf diese fehlenden Mitwirkungsleistungen berufen.[25]

44 i) **Fehlende Dokumentation.** Dass eine **Dokumentation einer Hardware, einer Software**anwendung oder eines Systems, die sich an die Endanwender – sprich die Nutzer richtet – geschuldet ist, auch wenn nichts oder gerade wenn nichts Besonderes vereinbart ist, ist weitgehend anerkannt.[26] Damit aber auch schon genug. Strittig kann Art, Ausführung, Umfang und Detailtiefe einer solchen Dokumentation sein und wann genau sie fällig ist. Die Rechtsprechung hat eben nur die so genannte **Benutzerdokumentation** im Blick.[27] Zu dieser gehört aber auch eine **Installationseinweisung.**[28]

Fallbeispiel:

Der zwischen den Vertragspartnern geschlossene Vertrag, der auf AGB des Auftragnehmers basiert, sieht vor, dass der Auftraggeber eine Benutzerdokumentation in elektronischer, ausdruckbarer Form erhält. Weiterhin haben die Vertragspartner vereinbart, dass der Auftraggeber aus Kostengründen seine Altdaten selbst übernimmt. Eine Regelung im Vertrag, dass der Auftragnehmer eine Dokumentation liefert, die dem Auftraggeber die Übernahme der Altdaten ermöglicht, findet sich nicht. Nach einer Produktivsetzung des Systems, nach der laufend erhebliche Mängel auftreten, erklärt der Auftraggeber nach Ablauf einer Nachfrist den Rücktritt. Er begründet den Rücktritt damit, dass schon allein darin, dass die Benutzerdokumentation nicht in Papierform geliefert wurde und dass eine nachvollziehbare Dokumentation zum Datenmodell und zur Struktur der Datenbank fehle, eine zum Rücktritt berechtigende erhebliche Pflichtverletzung läge.

45 Neben einer Benutzerdokumentation und einer Installationsanweisung benötigt der Auftraggeber somit in vielen Fällen auch andere Arten von Dokumentationen, die ohne vertrag-

---

[25] BGH Urt. v. 23.1.1996 – X ZR 105/93, CR 1996, 467 – Service-Rz II (kein Verzug des Auftragnehmers bei fehlender Mitwirkung des Auftraggebers; einheitliches Angebot von Soft- und Hardware trotz günstigerer Alternativangebote führt zu einheitlichem Geschäft; Auftraggeber hatte Mitarbeiter zu stellen, Auftragnehmer hatte Projektleitung); BGH Urt. v. 16.7.1998 – VII ZR 350/96, NJW 1998, 3707 – Erfolgshaftung bei Werkvertrag (bestimmte Ausführungsart: der Auftragnehmer bleibt in der Erfolgshaftung, auch wenn die vorgesehene bzw. vereinbarte Ausführungsart nicht geeignet ist, um die geschuldete Funktionstauglichkeit herbeizuführen).
[26] Vgl. *Schneider* Kap. D. Rn. 777 ff.
[27] BGH Urt. v. 5.7.1989 – VIII ZR 334/88, CR 1989, 189 (zur Perpetuierungsfunktion von Handbüchern); BGH Urt. v. 4.11.1992 – VIII ZR 165/91, CR 1993, 422 (Anwendung der BGH-Entscheidung vom 5.7.1989 auf Software); BGH Urt. v. 14.7.1993 – VIII ZR 147/92, CR 1993, 681 (Anwendung der BGH-Entscheidung vom 5.7.1989 auf Anpassung und Erstellung von Software, kein Fristlauf aus §§ 477 BGB, 377 HGB ohne vorliegende Handbücher); BGH Urt. v. 22.12.1999 – VIII ZR 299/98, CR 2000, 207 (Differenzierung zwischen fehlenden Handbüchern (Nichterfüllung) und fehlender Bedienerführung (Mangel)); LG Landshut Urt. v. 20.8.2003 – 2 HK O 2392/02, CR 2004, 19 (Lieferung einer Dokumentation in elektronischer ausdruckbarer Form ausreichend, kein Anspruch auf Benutzerhandbuch in Papierform).
[28] *Redeker* CR 2005, 700 (704) mwN.

liche Regelungen nicht geschuldet sind. Vor allem der Auftraggeber, der selbst oder durch Dritte Änderungen an der gelieferten und implementierten Software durchführen will, benötigt **detaillierte Beschreibungen der Architektur, des Funktionsumfangs, des Datenmodells sowie des Quellcodes.**[29] Unklar ist, was der Auftraggeber erhält, wenn es keine konkreten Regelungen gibt.

Abnahmereife setzt nach der Rechtsprechung das Vorliegen der Benutzerdokumentation voraus. Allerdings wird der Anspruch des Bestellers einer Individualsoftware auf Lieferung der Benutzerdokumentation grundsätzlich erst mit dem Abschluss der Arbeiten fällig und vor allem bei umfassenden Erweiterungen und Änderungen muss der Auftragnehmer nicht ohne weiteres in jedem Stadium eine entsprechend gestaltete Benutzerdokumentation fertig haben.[30]

Manchmal wird auch vereinbart (nicht zuletzt aus Kostengründen bei Zeitaufwandprojekten), dass der Auftraggeber selbst die Benutzerdokumentation erstellt, um seine Mitarbeiter auf diese Weise anzulernen. Offen bleibt dabei jedoch oft, wann dies geschehen soll und ob eine vorherige Abnahme hierfür Voraussetzung ist.

3. Zusammenfassung der typischen Projektsünden

Trotz Projektmanagement-Methoden und ausführlicher juristischer Literatur kommen die typischen „Projektsünden" immer wieder vor. Überblicksartig lassen sich diese wie folgt zusammenfassen:

Hierzu gehören:
- Der **Vertragstyp** steht nicht fest.
- Es erfolgt keine praktikable **Strukturierung** des Projekts mit klarer **Abfolge** der verschiedenen **Phasen**.
- Der **Vertragsgegenstand** ist unklar, weil entweder kein „**Pflichtenheft**" vorliegt oder
- der Auftraggeber das Pflichtenheft bzw. seine Anforderungen nicht beibringt und der Auftragnehmer von sich aus zur **Ermittlung der Anforderungen** schreitet oder
- das „**Pflichtenheft**" **weist häufig Lücken und Fehler aufweist**. Auch **ändern** sich die **Vorstellungen** des Auftraggebers während der Projektlaufzeit.
- Es fehlen Regelungen, nach welchen **Abnahmekriterien** und welchem **Abnahmeverfahren** die Abnahme durchzuführen ist.
- Bei Verzögerungen, die auf nicht oder nicht rechtzeitig erbrachter **Mitwirkung des Auftraggebers** beruhen, versäumen viele Auftragnehmer, die fehlenden Mitwirkungsleistungen rechtzeitig zu rügen.
- Vereinbaren die Vertragspartner **Änderungen,** vergessen sie oft, die Auswirkungen auf Termine/Fristen und Budget ebenfalls festzuhalten.
- Im Hinblick auf zu liefernde **Dokumentationen** kommt es häufig zum Streit, welcher Art und Ausführung, wie umfangreich und detailliert die Dokumentationen zu sein haben und wann genau sie fällig sind.

III. Leistungsbeschreibung, Pflichtenheft und Anforderungsmanagement

1. Einleitung

Die häufigsten Konflikte in IT-Projekten drehen sich um die vom Auftragnehmer zu erbringenden Leistungen und/oder um die Anforderungen[31] („Requirements"), die das zu liefernde, zu entwickelnde oder anzupassende „System" zu erfüllen hat. Im Rahmen solcher Konflikte werden die Begriffe Leistungsbeschreibung und „Pflichtenheft" häufig gleichbedeutend verwendet. Bei genaueren Überlegungen ist allerdings zu differenzieren. Ein „Pflich-

---

[29] OLG Karlsruhe Urt. v. 14.5.1998 – 11 U 39/96, CR 1999, 11.
[30] BGH Urt. v. 20.2.2001 – X ZR 9/99, CR 2001, 367 – Termingeschäftprogramm; a. M. OLG Düsseldorf Urt. v. 8.12.1998 – 21 U 152/95, CI 1999, 162.
[31] Eine Anforderung ist eine Bedingung oder eine Fähigkeit, die ein Benutzer benötigt, um ein Problem zu lösen oder ein Ziel zu erreichen.

tenheft" – im Sinne der Rspr., nicht der Informatiker – beschreibt die Anforderungen des Auftraggebers (beispielsweise an sein neues Warenwirtschaftssystem), es schildert die aus seiner Sicht umzusetzenden Funktionalitäten als seine fachlichen Anforderungen.

50 Die genaue Beschreibung dieser fachlichen Anforderungen wird zu Beginn eines Projekts häufig unterschätzt, genauso häufig aber im Projektverlauf besonders wichtig:
- Wenn die Vertragspartner im Verlauf der Zusammenarbeit Änderungen an einmal festgelegten und beschriebenen Anforderungen vornehmen. Nur wenn die ursprünglichen Festlegungen gut nachvollziehbar sind, lässt sich später – verbunden etwa mit einer Kalkulation – feststellen, welche Minderungen und/oder Mehrungen mit einem Änderungswunsch/einer Änderungsforderung verbunden sind.
- Bei vorzeitiger Beendigung des Projekts lässt sich mit Hilfe einer nachvollziehbaren Beschreibung der Anforderungen feststellen, welcher Aufwand bis zu dem erreichten Projektstand nach Soll zu erbringen gewesen wäre. Auch eine Abrechnung nach § 649 BGB wird dadurch ermöglicht.
- Bei der Abnahme, dh bei der Feststellung, ob eine Leistung des Auftraggebers vertragsgemäß ist, spielen die Anforderungen als Referenz eine zentrale Rolle. Eine „Abnahme" im Sinne von § 640 BGB ist kaum ohne ein „Pflichtenheft" vorstellbar.[32]

51 Die softwaretechnische Umsetzung dieser im „Pflichtenheft" definierten Anforderungen ist allerdings nur ein Teil der Leistungen, die von einem Auftragnehmer regelmäßig zu erbringen sind. Zur erfolgreichen Umsetzung eines IT-Projekts sind weitere Leistungen erforderlich. Der Auftragnehmer muss das Projekt leiten bzw. managen. Er muss oder kann den Auftraggeber bei der Erarbeitung des „Pflichtenhefts" unterstützen, in dem er Workshops plant und durchführt. Er muss oder kann die Altdatenübernahme durchführen oder dabei unterstützen. All diese Bereiche sind Bestandteil einer Leistungsbeschreibung und können über den Gegenstand hinausgehen, den ein „Pflichtenheft" hat.

2. Leistungsbeschreibung und „Pflichtenheft"

52 a) **Leistungsbeschreibung.** Die zentralen Institute des Pflichtenprogramms bzw. die zentrale Stellung der **Pflichtverletzung** (§ 280 BGB) und der daraus resultierenden **Schadensersatzansprüche** zwingen die Vertragspartner, den Leistungsgegenstand eines IT-Projekts möglichst klar und genau festzuhalten.[33] Bei der Erstellung einer Leistungsbeschreibung kann sich eine Kooperation der Vertragspartner empfehlen. Inhaltlich sollte eine Leistungsbeschreibung möglichst **alle relevanten Leistungsteile eines IT-Projekts** erfassen. Nur in dem Umfang, in dem eine präzise Leistungsbeschreibung vorliegt, können die Vertragspartner im Falle eines Konflikts eine **vereinbarte Beschaffenheit** der zu erbringenden Leistung behaupten. Die Leistungsbeschreibung muss so detailliert gestaltet sein, dass der Auftraggeber Position für Position durchprüfen kann, ob der Auftragnehmer die vereinbarte Leistung erbracht hat. Die Leistungsbeschreibung kann auch im Sinne einer „Negativliste" eine Darstellung enthalten, was nicht zum Leistungsumfang gehört. Die Leistungsbeschreibung kann und sollte über ein „Pflichtenheft", das die fachlichen Anforderungen an ein zu entwickelndes oder zu implementierendes System beschreibt, hinausgehen.

53 b) **„Pflichtenheft", Feinspezifikation und andere Begrifflichkeiten.** Während die Leistungsbeschreibung weit gefasst das komplette Spektrum der vom Auftragnehmer im Rahmen eines IT-Projekts zu leistenden Aktivitäten sowie sämtliche erforderlichen Mitwirkungen und Beistellungen beschreibt, befasst sich das „Pflichtenheft" im Regelfall mit den **Anforderungen an den Liefergegenstand.** Die ohnehin schwierige Abgrenzung wird durch unterschiedliche Begrifflichkeiten erheblich erschwert.

54 Der Begriff „Pflichtenheft" umfasst laut DIN 69901-5 die *„vom Auftragnehmer erarbeiteten Realisierungsvorgaben aufgrund der Umsetzung des vom Auftraggeber vorgegebenen Lastenhefts".* Gemäß DIN 69901 beschreibt das Lastenheft die *„vom Auftraggeber festgelegte Gesamtheit der Forderungen an die Lieferungen und Leistungen eines Auftragnehmers*

---

[32] Siehe hierzu ausführlich bei → Rn. 213 ff.
[33] Siehe dazu → § 10 Vertragliche Grundlagen; zum Pflichtenheft siehe auch → § 2 Spezifikation, Migration und Abnahme von Software.

innerhalb eines Auftrages." Ein Lastenheft könnte nach dieser Definition eher einer Leistungsbeschreibung im Sinne des § 280 BGB gerecht werden.

Nach VDI-Richtlinie 2519 Blatt 1 ist das Pflichtenheft *„die Beschreibung der Realisierung aller Kundenanforderungen, die im Lastenheft gefordert werden"*.

Sowohl DIN als auch VDI-Richtlinie gehen davon aus, dass ein „Pflichtenheft" vom Auftragnehmer zu erstellen ist.

Das V-Modell 97 definiert den Begriff „Pflichtenheft" so: *„Das Pflichtenheft ist das Dokument, in dem ein (potentieller) Auftragnehmer in einem Angebot/Vertrag die von ihm zu erbringende Leistung spezifiziert. Hier werden dem Auftraggeber zum einen die detaillierten Strukturen seines späteren EDV-Systems (sog Anwendersicht) und zum anderen die Einzelfunktionen und das Zusammenwirken in einer technischen Weise beschrieben (sog Entwicklersicht). Das Pflichtenheft ist die eigentliche Vertragsgrundlage für die Software-Entwicklung bzw. auch für eine Standardsoftware"*.

Neben dem Begriff „Pflichtenheft" findet man in der Praxis auch Bezeichnungen wie
- Fachspezifikation,
- fachliche Feinspezifikation,
- Fachfeinkonzept,
- Sollkonzept,
- Funktionelle Spezifikation,
- Gesamtsystemspezifikation,
- Implementierungsspezifikation oder
- Feature Specification.

Da diese Bezeichnungen in der Regel nicht standardisiert sind, können damit Dokumente im Sinne des Pflichtenhefts gemeint sein, aber auch etwas anderes.[34] Schon der Begriff **„fachliche Feinspezifikation"** legt nahe, dass es daneben eine technische Feinspezifikation gibt, ebenso aber, dass es eine sowohl fachliche als auch technische **Grobspezifikation** als Vorstufe gibt. Der Begriff „Spezifikation" impliziert also verschiedene inhaltliche Aspekte und daraus resultierend auch unterschiedliche Verantwortlichkeiten.

In der juristischen Praxis – insbesondere bei den Gerichten – ist eine genaue Differenzierung selten, immer noch findet sich vor allem der Begriff **„Pflichtenheft"**. Da dieser bei Informatikern anders belegt ist, empfiehlt es sich, vertraglich klarzustellen, wer wofür verantwortlich ist bzw. worum es sich genau handelt. Es empfiehlt sich zudem, darauf zu achten, dass Informatiker und Juristen in Vertragsdokumenten identische Begriffe zu nutzen: Verwendet beispielsweise das Hauptvertragsdokument durchgängig die Bezeichnung *„Effective Date"* während sich durch die Anlagen die Bezeichnung *„Big Bang"* zieht, kann sich bei späterer Bewertung die Frage stellen, ob beide Bezeichnungen einen identischen Termin meinen oder nicht doch unterschiedliche Bedeutung haben.

3. Das „Pflichtenheft" in der Rechtsprechung des BGH[35]

Die Urteile des BGH sprechen durchweg von **„Pflichtenheft"**.[36] Die Urteile befassen sich vorrangig nicht mit den Inhalten der als Pflichtenhefte bezeichneten Dokumente, sondern mit der Frage, wer von den Vertragspartnern ein solches „Pflichtenheft" zu erstellen hat.

---

[34] „Wir sind unfähig, die Begriffe, die wir gebrauchen, klar zu umschreiben – nicht, weil wir ihre Definition nicht kennen, sondern weil sie keine wirkliche Definition haben. Die Annahme, dass sie eine solche Definition haben müssen, wäre wie die Annahme, dass ballspielende Kinder grundsätzlich nach strengen Regeln spielen." – Ludwig Wittgenstein.
[35] Siehe auch Schneider/von Westphalen/*Schneider* Softwareerstellungsverträge Kap. C.); *Lapp* ITRB 2003, 42.
[36] BGH Urt. v. 13.7.1988 – VIII ZR 292/87, CR 1989, 102 – Registrierkassen (Pflichtenheft als Aufgabe des Auftraggebers, evtl. Unterstützung durch Auftragnehmer); BGH Urt. v. 15.5.1990 – X ZR 128/88, CR 1991, 86 (Holzhandlung- mit Zusatzwünschen, die als selbstverständlich besprochen, aber nicht in die Vertragsurkunde aufgenommen worden sind (wahrscheinlich cic)); BGH Urt. v. 24.9.1991 – X ZR 85/90, CR 1992, 543 – Zugangskontrollsystem (mittlerer Ausführungsstandard, wenn Pflichtenheft fehlt oder vergessen wurde); BGH Urt. v. 28.6.1994 – X ZR 95/92, CR 1995, 265 (evtl. Pflicht zur Nachlieferung einer Kopie des Pflichtenhefts); BGH Urt. v. 10.3.1998 – X ZR 70/96, CR 1998, 393 – Warentermingeschäft (kein Verzug des Auftragnehmers bei fehlender Vorgabe des Auftraggebers); BGH, 16.7.1998 – VII ZR 350/96, NJW 1998, 3707

61 **a) Verantwortung des Auftraggebers für die Beistellung des Pflichtenhefts.** Nach der Rechtsprechung des BGH ist das „Pflichtenheft" die zentrale Leistungsvorgabe für die Softwareerstellung und -anpassung. Es ist nicht vom Auftragnehmer – jedenfalls nicht von diesem allein – zu erstellen, soweit dies nicht ausdrücklich vereinbart ist. Nach altem Schuldrecht und insoweit auch nach geltendem Werkvertragsrecht war es **grundsätzlich Sache des Auftraggebers,** das so genannte „Pflichtenheft" zu stellen. Falls der Vertragsgegenstand unklar ist, weil entweder kein „Pflichtenheft" vorliegt, oder die vorliegende Unterlage nur den Charakter einer Gedankensammlung oder einer Checkliste hat, nicht aber die erforderliche fachliche Detailtiefe, ist ein **mittlerer Ausführungsstandard** geschuldet.[37]

62 Der BGH hat in einer Reihe von Entscheidungen der Verantwortlichkeit für die Beistellung des „Pflichtenhefts" eine klare Kontur gegeben: **Demnach ist primär und grundsätzlich der Auftraggeber dazu verpflichtet, das Pflichtenheft beizubringen.** Dem liegt eine Interpretation des „Pflichtenhefts" zugrunde, die stark dessen fachlichen Aspekt betont und weniger den technischen, dh den Ausführungsaspekt.[38] Der Auftraggeber kennt seine Geschäftsprozesse und auch seine Vorstellungen vom Funktionsumfang, den er vom Liefergegenstand erwartet. Vor diesem Hintergrund erscheint es nur sachgerecht, ihm die Verantwortung für das „Pflichtenheft" im Sinne einer fachlichen Spezifikation zuzuweisen.

Mit diesem Ergebnis stimmen die OLG- und LG-Entscheidungen allerdings in vielen Fällen nicht überein.[39]

63 **b) Erste Entscheidungen des BGH zum „Pflichtenheft".** Mit dem „Pflichtenheft" hängt eng zusammen die Vorstellung der verschiedenen Schritte bei der Erstellung der Software. Eine der ältesten Entscheidungen des BGH hierzu betrifft primär den urheberrechtlichen Schutz (vor der entsprechenden EU-Richtlinie und deren Umsetzung).[40] Der BGH hat in dieser Entscheidung die folgenden Phasen gebildet:

1. **Erste Phase:** generelle Problemlösung, auch Problem- oder Systemanalyse genannt *(das Ergebnis der Analysephase ist der Lösungsweg, der in einer Studie – auch „Pflichtenheft" genannt – beschrieben wird)*
2. **Zweite Phase:** in der zweiten Phase erfolgt die nähere Projektion der Problemlösung, also die Umsetzung des „Pflichtenhefts".

64 Diese Entscheidung stammt vom 1. Senat, der für Urheberrecht zuständig ist. Sie legt nahe, was in späteren Entscheidungen des 10. Senats dann häufig unbeachtet blieb: innerhalb des „Pflichtenhefts" ist eigentlich zwischen den fachlichen Vorgaben einerseits und deren technische Umsetzung zu unterscheiden.

65 Eine weitere Vorstufe zur bis heute ständigen Rechtsprechung des BGH kann man in der Entscheidung vom 24.6.1986 sehen, in der es primär um Reservekapazitäten im Mengengerüst ging[41] und in der sich der BGH auch bereits damit befasste, ob der Auftragnehmer im

---

(Erfolgshaftung bei Werkvertrag – bestimmte Ausführungsart: Der Auftragnehmer bleibt in der Erfolgshaftung, auch wenn die vorgesehene bzw. vereinbarte Ausführungsart nicht geeignet ist, die geschuldete Funktionstauglichkeit herbeizuführen. Wenn die Kalkulation des Werklohnes nicht allein auf den Vorstellungen des Auftragnehmers beruht, muss der Auftraggeber Zusatzarbeiten auch gesondert vergüten, soweit diese für den geschuldeten Erfolg erforderlich sind (LS 2 und 3 sinngemäß)); BGH Urt. v. 24.11.1998 – X ZR 21/96, CI 1999, 48 (Frist und Nachfrist bei Änderung des Leistungsumfangs: Bei einer einvernehmlichen „Einarbeitung von Änderungswünschen" kann eine stillschweigende einvernehmliche Aufhebung des ursprünglich vereinbarten festen Fertigstellungstermins liegen, der nicht wieder „auflebt", wenn die Vertragsparteien später von dieser Erweiterung wieder Abstand nehmen. Wird kein neuer Fälligkeitstermin vereinbart, gilt eine angemessene Frist zur Fertigstellung.); BGH Urt. v. 11.3.1999 – VII ZR 179/98, NJW 1999, 2432 – zur Auslegung einer Leistungsbeschreibung. BGH Urt. v. 16.12.2003 – X ZR 129/01, CR 2004, 490 (mittlerer Ausführungsstandard bei fehlenden Vereinbarungen über Leistungsumfang); siehe auch LG Landau Urt. v. 15.11.1983 – HK O 120/81, IuR 1986, 456: Prüfungspflicht bzgl. vom Auftragnehmer erstellten Pflichtenheftes durch Auftraggeber; keine Unterschreitung von Minimal- bzw. Standardforderungen.

[37] Siehe dazu → Rn. 73 ff.
[38] Siehe dazu auch → § 11 Erstellung von Software.
[39] Vgl. bspw. LG Bonn Urt. v. 5.3.1993 – 3 O 170/92, CR 1994, 687 (Softwarehersteller hat aufgrund seines Fachwissens auch ohne ausdrückliche Vereinbarung Pflicht zur Pflichtenhefterstellung).
[40] BGH Urt. v. 9.5.1985 – I ZR 52/83, CR 1985, 22 – Inkassoprogramm.
[41] BGH Urt. v. 24.6.1986 – X ZR 16/85, CR 1986, 799.

Rahmen eines IT-Projekts mit Änderungen des Leistungsumfangs von vornherein rechnen musste:

„Der Projektunternehmer hat für eine der vertragsgemäßen Software angepasste Auslegung der Hardware einzustehen und muss daher auch in „gewissem Umfang" mögliche Änderungen und Ausweitungen der Programme Rechnung tragen. Die Grenze des gewissen Umfangs bemisst sich nach den zu erwartenden Mehrkosten, dem Umfang, dem Zeitpunkt und der Wahrscheinlichkeit einer Programmerweiterung sowie den Möglichkeiten und Schwierigkeiten einer späteren Erweiterung."

Die eigentlich grundlegende Entscheidung stammt allerdings erst aus dem Jahr 1988. Ohne den Begriff des „Pflichtenhefts" überhaupt erwähnen zu müssen – die konkrete Situation gab hierzu wenig Anlass, da es um eine Registrierkasse und deren Menübelegung ging – entschied der BGH am 13.7.1988 ganz grundsätzlich, dass die **Beistellung der Programmiervorgaben in die Sphäre des Auftraggebers** fällt.[42] In den Leitsätzen 3 und 4 drückte er dies folgendermaßen aus:

„3. Kommt der Kunde mit den notwendigen Programmvorgaben nicht zurecht, so muss er den Softwareersteller um Unterstützung bitten, die vorzugsweise durch praktische Unterweisung eines Sachkundigen zu leisten ist.
4. Leistet der Kunde einfache Programmiervorgaben auch dann nicht, so genügt er seiner Mitwirkungspflicht nicht. ..."

Interessant an dieser Entscheidung ist, dass deutlich wird, wie eng verzahnt die jeweiligen Pflichten der Vertragspartner sind. Ist eine Unterstützung durch den Auftragnehmer notwendig, muss der Auftraggeber darum bitten, wenn er allein nicht mit der Ausarbeitung des „Pflichtenhefts" zurechtkommt. Der der Entscheidung zugrundeliegende Sachverhalt zeigt, dass die „Pflichtenhefterstellung" im Regelfall die Zusammenarbeit der Vertragspartner erfordert. Der Auftraggeber mag zwar seine Anforderungen kennen, häufig aber mit der Darstellung derselben überfordert sein.

Eine der wichtigsten Entscheidungen zum Pflichtenheft stammt vom 10. Senat. Sie ist aussagekräftig bezeichnet als „Vergessenes Pflichtenheft".[43] Die Besonderheit dieses Sachverhalts war, dass der Auftragnehmer ausdrücklich damit beauftragt war, auch das „Pflichtenheft" zu erstellen. Dieser Verpflichtung ist er allerdings nicht nachgekommen. Vielmehr haben sich beide Vertragspartner ohne ein „Pflichtenheft" einvernehmlich an die Durchführung des Projekts gemacht. Sie haben die Erstellung des Pflichtenhefts also „vergessen".[44]

Relativ unbedeutend ist eine Entscheidung, die aber die vorangehenden bestätigt, bei der es um die Pflicht zur Nachlieferung einer Kopie des „Pflichtenhefts" ging, nachdem das „Pflichtenheft" durch einen Brand beschädigt worden war und der Auftragnehmer deshalb nochmals eine Kopie benötigte.[45] Man kann dieses Urteil aber als Bestätigung der genuinen Pflicht des Auftraggebers zur Beibringung des „Pflichtenhefts" sehen, denn sogar die Nachlieferung nach dem Verlust des „Pflichtenhefts" gehört noch zu seinen Pflichten.

Dass die Anforderungen vom Auftraggeber nicht nur etwa im Rahmen eines bei Vertragsschluss vorliegenden „Pflichtenhefts" zu spezifizieren sind, sondern ggf. auch eine Pflicht besteht, dies später nachzuholen, ergibt sich aus einer weiteren Meilenstein-Entscheidung des BGH. Nach Ansicht der Vorinstanz befand sich der Auftragnehmer in dem zu entscheidenden Fall bereits in Verzug, weil er die geschuldete Dokumentation nicht geliefert hatte. Dieser Sichtweise erteilte der BGH jedoch eine Absage, denn der Auftraggeber hatte seinerseits die ihm obliegenden Mitwirkungshandlungen nicht erbracht. So hatte er für die Bearbeitung notwendige Unterlagen über sein Geschäftssystem, das in die Software integriert werden und auf dem diese aufbauen sollte, nicht beigebracht. Außerdem war auch der für die Finanzbuchhaltung erforderliche Kontenrahmen nicht übermittelt worden. Schließlich waren für den fraglichen Geschäftsbetrieb wichtige Parameter nicht bezeichnet worden.

---

[42] BGH Urt. v. 13.7.1988 – VIII ZR 292/87, CR 1989, 102 – Registrierkassen.
[43] BGH Urt. v. 24.11.1991 – X ZR 85/90, CR 1992, 543 – Zugangskontrollsystem (vergessenes Pflichtenheft).
[44] Zur Konsequenz dieser Entscheidung siehe im Detail → Rn. 74ff.
[45] BGH Urt. v. 28.6.1994 – X ZR 95/92, CR 1995, 265.

Diese Versäumnisse aus der Sphäre des Auftraggebers hinderten den Verzug auf Seiten des Auftragnehmers.[46]

71 c) **Zwischenergebnis.** Nach den zitierten Entscheidungen betrifft das „Pflichtenheft" vor allem den Komplex bzw. die Phase der „fachlichen Vorgaben" in einem IT-Projekt. Deren Beibringung gehört zu den ggf. auch vorvertraglichen Mitwirkungspflichten des Auftraggebers. **Die Nichtbeibringung führt dazu, dass der Auftragnehmer nicht in Verzug kommen kann bzw. dass er ggf. ein Werk mit mittlerem Ausführungsstandard liefern darf.** Die Schwierigkeiten der Feststellung gehen allerdings vor der Abnahme – wenn eine solche zu erfolgen hat – dennoch zu Lasten des Auftragnehmers, weil dieser beweisen muss, dass das Werk im Wesentlichen vertragsgemäß ist.[47] Infolgedessen muss er auch den vertragsgemäßen Umfang darlegen und nicht nur pauschal, dass dieser eingehalten sei.

72 Unter Umständen wird der Auftraggeber, sofern er nicht in der Lage ist, seine Anforderungen zu formulieren, die Unterstützung des Auftragnehmers einfordern (müssen). Dies ist ein Komplex, der wohl vor allem für die Anpassung von Standardsoftware von Bedeutung ist, weil der Auftraggeber hier häufig nicht weiß, welche Anforderung mit welchen Kosten bzw. Folgen hinsichtlich des Aufwands verbunden ist. Dies kann es sinnvoll machen, frühzeitig eine Schulung jedenfalls der Schlüssel-Mitarbeiter des Auftraggebers hinsichtlich der Standardsoftware und der bestehenden Anpassungsmöglichkeiten (in etwa durch Customizing und/oder Parametrisierung) vorzunehmen. Es sei aber bedacht, dass die Schulung zeitlich grundsätzlich möglichst nah mit der Abnahme verbunden sein sollte, damit ihre Wirkung noch frisch ist. Notfalls wäre sie daher auch für die zu Projektbeginn geschulten Mitarbeiter zu wiederholen.

4. Rechtliche Risiken des fehlenden „Pflichtenhefts"

73 a) **Bewertung der Beschaffenheit des Liefergegenstands nach dem mittleren Ausführungsstandard.** Der BGH hat die Erstellung des Pflichtenhefts als eine Projektphase gesehen, die man gewissermaßen „überspringen" kann.[48] Konsequenz ist dann allerdings, dass neue Regeln für den Leistungsumfang gelten.

74 Das „vergessene Pflichtenheft" wird als Leistungspflicht durch die tatsächliche Auftragsdurchführung hinfällig. Anstelle der Inhalte des nicht-erstellten „Pflichtenhefts" gilt dann „mangels konkreter Absprachen ein Ergebnis geschuldet, das dem Stand der Technik bei **mittlerem Ausführungsstandard** entspricht". Dies gilt auch dann, wenn die Vertragspartner zwar vorgesehen hatten, dass der Auftragnehmer ein „Pflichtenheft" erarbeitet, es dann aber ohne „Pflichtenheft" zur Durchführung des IT-Projekts kommt.

75 Daraus konnte man schließen, dass – wenn nichts zur vertraglichen Beschaffenheit des Liefergegenstands vereinbart ist – erst recht zumindest ein „mittlerer Ausführungsstandard" geschuldet ist – was auch immer dies sein mag.

76 Das Kriterium des „mittleren Ausführungsstandards" eröffnet dem ausführenden Auftragnehmer vordergründig Interpretationsmöglichkeiten zu seinen Gunsten, allerdings birgt es auch das Risiko, dass dann der Richter mit Unterstützung eines Sachverständigen über die richtige Interpretation dieser nicht genau festgelegten Vorgaben entscheidet. Dass ein Sachverständiger bei komplexen Systemen einen mittleren Ausführungsstandard mit vertretbarem Aufwand ermitteln kann, ist allerdings zweifelhaft.

77 Die Frage ist allerdings, ob nicht schon nach altem Recht der Auftragnehmer gut daran getan hätte, in diesem Falle den Auftraggeber rechtzeitig aufzufordern, die fachlichen Anforderungen zu formulieren. Häufig wird dies deshalb unterlassen worden sein, weil man trotz fehlendem „Pflichtenheft" schon einen Festpreis ausgemacht hatte. Insofern passen

---

[46] BGH Urt. v. 10.3.1998 – X ZR 70/96, CR 1998, 393 – Warentermingeschäft; dagegen soll es laut OLG Köln Urt. v. 9.5.2003 – 19 U 166/02, CR 2004, 331 den Auftragnehmerverzug nicht hindern, wenn der Auftraggeber seinen Mitwirkungspflichten in Form der Einpflege von Stammdaten nicht nachkommt (zumindest, wenn letzterer vom Auftragnehmer nicht entsprechend angemahnt worden ist).
[47] Palandt/*Sprau* § 634 → Rn. 12.
[48] BGH Urt. v. 24.11.1991 – X ZR 85/90, CR 1992, 543 – Zugangskontrollsystem (vergessenes Pflichtenheft).

„mittlerer Ausführungsstandard" und Festpreis wesentlich besser zueinander und das Unterlassen der Nachforschungen nach den Anforderungen des Auftraggebers macht aus Auftragnehmersicht scheinbar Sinn. Der Auftragnehmer erhofft sich im Zweifel bei einem mittleren Ausführungsstandard weniger für den vereinbarten Festpreis leisten zu müssen als bei Vorliegen eines detailliert ausgestalteten Pflichtenhefts.

b) "Mittlerer Ausführungsstandard" und neuer Mangelbegriff. Das Kriterium des „mittleren Ausführungsstandards" wird von der Rechtsprechung nach der Schuldrechtsmodernisierung herangezogen.[49] Zwar hat sich der Mangelbegriff auch im Werkvertragsrecht geändert und es wird hinsichtlich der Sollbeschaffenheit va auf die **vereinbarte Beschaffenheit** abgestellt.[50] Im Übrigen gilt eine Abstufung, die der des kaufrechtlichen Mangelbegriffs entspricht (§ 434 BGB), mit der Ausnahme, dass öffentliche Äußerungen zur Ermittlung der Erwartungshaltung bzw. des Üblichen nicht herangezogen werden.[51]

Außerdem heißt es in § 633 Abs. 2 Satz 2 BGB ganz klar:

„Soweit die Beschaffenheit nicht vereinbart ist, ist das Werk frei von Sachmängeln,
1. wenn es sich für die nach dem Vertrag vorausgesetzte, sonst
2. für die gewöhnliche Verwendung eignet und eine Beschaffenheit aufweist, die bei Werken der gleichen Art üblich ist **und die der Besteller nach der Art des Werkes erwarten kann.**"

Funktionell neu ist der Zusatz „und die der Besteller nach der Art des Werkes erwarten kann". Offen war bisher, ob durch die stärkere Subjektivierung des Mangelbegriffs im Einzelfall nicht mehr allein auf den „mittleren Ausführungsstandard" abzustellen sein könnte. Der BGH hat jedoch entschieden, dass **die Erwartung des Bestellers objektiv berechtigt sein muss,** also auch nach neuer Rechtslage etwaige vom Durchschnitt abweichende, höhere Anforderungen einer ausdrücklichen vertraglichen Vereinbarung bedürfen.[52] Fehlt eine solche Vereinbarung, darf der Besteller hinsichtlich der Beschaffenheit des Gewerks erwarten, dass der Unternehmer die Regeln der Technik einhält.[53]

5. Fachliche Anforderungen im IT-Projekt, Ist-/Soll-Analyse

a) Begriff und Bandbreite der Anforderungen. Ist den Vertragspartnern klar, welche Bedeutung ein „Pflichtenheft" für den Erfolg ihres Projekts hat, sind die Schwierigkeiten bei Erstellung und Umsetzung noch lange nicht gelöst. Spezielle, firmenspezifische Anforderungen müssen Auftraggeber-intern ermittelt und dem Auftragnehmer zur Kenntnis gebracht werden. Auch, wenn ein Softwareprodukt bei einem Wettbewerber stabil und erfolgreich im Einsatz ist, bedeutet dies nicht, dass es für einen anderen Auftraggeber geeignet ist. Die Anforderungsermittlung ist daher unabdingbar. Die Zielvorgaben, die ein „Pflichtenheft" zu erfüllen hat, sind Folgende:[54]

- **Vollständigkeit:** Sind alle relevanten Punkte geklärt und die notwendigen Informationen eingeholt?
- **Korrektheit:** Sind die eingeholten Informationen von dritter Seite (zB von der Fachabteilung des Auftraggebers) bestätigt und zutreffend beschrieben?
- **Aktualität:** Sind die verwendeten Informationen, Dokumente und Technologien aktuell?

---

[49] BGH Urt. v. 16.12.2003 – X ZR 129/01, NJW-RR 2004, 782 (Haben die Vertragsparteien nicht im einzelnen vereinbart, was das zu erstellende Programm zu leisten hat, schuldet der Unternehmer ein Datenverarbeitungsprogramm, das unter Berücksichtigung des vertraglichen Zwecks des Programms dem Stand der Technik bei einem mittleren Ausführungsstandard entspricht.).
[50] Vgl. allgemein zur Darlegungslast des Auftraggebers bei mangelhafter Software, BGH Urt. v. 5.6.2014 – VII ZR 276/13: der Auftraggeber genügt seiner Darlegungslast, wenn er Mangelerscheinungen, die er der fehlerhaften Leistung des Unternehmers zuordnet, genau bezeichnet; hingegen muss er zu den Ursachen der Mangelerscheinung nicht vortragen.
[51] Werbeaussagen können aber als Begleitumstände für die Vertragsauslegung uU zu einer stillschweigenden Beschaffenheitsvereinbarung führen, vgl. Palandt/*Sprau* § 633 → Rn. 2.
[52] BGH Urt. v. 7.2.2007 – VIII ZR 266/06, NJW 2007, 1351 (zum Mangel bei Kaufrecht; die Aussagen sind insoweit auch auf den werkvertraglichen Mangelbegriff übertragbar).
[53] Palandt/*Sprau* § 633 → Rn. 7 aE.
[54] *Grèvent/Krömker,* Unklare Ziele gefährden Projekte, Computerwoche 2/2005, 30.

- **Eindeutigkeit:** Werden die enthaltenen Begriffe einheitlich und eindeutig verwendet? Werden sie von den Vertragspartnern in derselben Weise verstanden?
- **Detaillierungsgrad:** Sind die Anforderungen des Auftraggebers hinreichend detailliert?

81 Das Thema der fachlichen Anforderung, ihrer Ermittlung und Darstellung darf nicht unterschätzt werden. Anforderung ist nicht gleich Anforderung. Das IEEE (Institute of Electrical and Electronics Engineers www.ieee.org) definiert den Begriff „Anforderung" wie folgt:[55]

- Beschaffenheit oder Fähigkeit, die von einem Benutzer zur Lösung eines Problems oder zur Erreichung eines Ziels benötigt wird.
- Beschaffenheit oder Fähigkeit, die ein System oder System-Teil erfüllen oder besitzen muss, um einen Vertrag, eine Norm, eine Spezifikation oder andere, formell vorgegebene Dokumente zu erfüllen.
- Eine dokumentierte Darstellung einer Bedingung oder Fähigkeit gemäß 1 oder 2.

82 Schon die komplexe Definition zeigt, dass hinter dem Begriff mehr steckt als auf den ersten Blick deutlich wird. Anforderungen können gruppiert werden, wobei sich folgende Gruppierungsvariante anbietet:[56]

- **funktionale Anforderungen**
- Funktionale Anforderungen beschreiben Aktionen, die von einem System selbstständig ausgeführt werden sollen, Interaktionen des Systems mit menschlichen Nutzern oder Systemen (Eingaben/Ausgaben) und Anforderungen zu allgemeinen, funktionalen Vereinbarungen und Einschränkungen.

Beispiele:
– Das System muss Ausleihgegenstände in den Bestand aufnehmen können.
– Das System muss sicherstellen, dass jeder Ausleihgegenstand nur genau einmal im Bestand vorkommt.

- **technische Anforderungen**

83 Zu technischen Anforderungen zählen Hardwareanforderungen, Architekturanforderungen oder Anforderungen an die Programmiersprachen.

Beispiele:
– Das System muss mit einer CORBA-Architektur entwickelt werden.
– Das System muss ausschließlich mit der Programmiersprache JAVA entwickelt sein.

- **Anforderungen an die Benutzerschnittstelle**

84 Beschreibungen, die üblicherweise unter Mensch-Maschine-Schnittstelle eingeordnet werden. Also Form und Funktion von Ein- und Ausgabegeräten, die dem menschlichen Benutzer die Interaktion mit dem System ermöglichen.

Beispiele:
– Das System muss in der Liste der ausgeliehenen Bücher die Schriftart Helvetica in einer Größe von 11 pt verwenden.
– Das System muss den „Entleihen"-Button blau darstellen.

- **Qualitätsanforderungen**

85 Qualitätsanforderungen sind Angaben über die Güte des Produktes.

Beispiel:
– Das System muss jede Einzelanfrage an den Bestand der Zentralbibliothek innerhalb von 30 Sekunden ausführen.

- **Anforderungen an sonstige Lieferbestandteile**

86 Anforderungen an sonstige Lieferbestandteile definieren weitere, oft nicht sofort sichtbare Produkte im Rahmen einer Entwicklung wie Handbücher, Projektpläne oder Trainingsunterlagen.

---

[55] IEEE Std 610.12–1990.
[56] Nach *Rupp*, Requirements-Engineering und Management, S. 16 f.; s.a. *Hood/Mühlbauer/Rupp/Versteegen*, iX-Studie Anforderungsmanagement, S. 8 f.

Beispiele:
- Das zu liefernde Klassenmodell muss so gegliedert sein, dass jeder Sachverhalt auf einer DIN A4-Seite dargestellt werden kann.
- Der Auftragnehmer muss mit den zukünftigen Nutzern des Systems eine 5-tägige Schulung im technischen Bereich durchführen.

- **Anforderungen an die Durchführung der Entwicklung**

Anforderungen an die Durchführung der Entwicklung bestimmen, wie Aktivitäten im Rahmen der Systementwicklung oder Systemeinführung abzulaufen haben.

Beispiele:
- Der Auftragnehmer muss mit dem Auftraggeber monatliche Reviews der zu erstellenden Dokumente durchführen.

- **Rechtlich-vertragliche Anforderungen**

Rechtlich-vertragliche Anforderungen sind Angaben zu Zahlungsmeilensteinen sowie zu Vertragsstrafen, zum Umgang mit Änderungen der Anforderungen, Eskalationspfaden, etc.

Beispiel:
- Alle Änderungen, die der Auftragnehmer an den Anforderungen vornehmen möchte, müssen vom verantwortlichen Vertreter des Auftraggebers durch Unterschrift genehmigt werden, bevor sie für die Entwicklung relevant werden.

Wie die Beispiele zeigen, geht es also bei den Anforderungen nicht allein um Funktionalität und/oder um Technik, sie stammen vielmehr aus den verschiedensten Bereichen. Aus der Komplexität ergeben sich erhebliche Gefahrenquellen:
- Alle Anforderungen – unabhängig von ihrer Detaillierung, ihrer Art oder dem Zeitpunkt ihrer Umsetzung – müssen ermittelt und dokumentiert werden.
- Die Analyse der Anforderungen als erster Schritt der Entwicklung entscheidet maßgeblich über Erfolg oder Misserfolg eines Projekts.
- Untersuchungen zeigen, dass die Mehrzahl aller gravierenden Fehler in der Systementwicklung in der Design-Phase entstehen.[57]
- 65 % der schwerwiegenden Fehler in Programmen lassen sich auf unzureichende Analyse zurückführen.

In Konsequenz der BGH-Rechtsprechung zum Pflichtenheft muss der Auftraggeber in seiner Verantwortlichkeit zunächst in einer Bestandsaufnahme feststellen, welche Anforderungen er hat, dh welche fachlichen Probleme gelöst, betriebliche Prozesse eingerichtet oder verbessert werden müssen.

b) **Ist-Analyse und Soll-Analyse.** Der Auftraggeber muss eine **Ist-Analyse** durchführen. Er muss seine Geschäftsprozesse – ggf. in Teile zergliedert – analysieren. Es geht um eine **Bestandsaufnahme des Ist-Zustands,** der durch die aktuelle Situation im Unternehmen des Auftraggebers mit seiner bestehenden Ablauforganisation sowie den bereits zum Einsatz kommenden IT-Systemen vorgegeben ist. Der Ist-Zustand kann durch Auswertung vorhandener Unterlagen, Fragebogen oder Interviewerhebungen, Prozessdokumentation in den jeweiligen Fachabteilungen sowie durch Besprechungen und Workshops erfolgen. **Zu klären sind in etwa folgende Fragen:**[58]
- Welche Arbeitsgänge gibt es im Unternehmen?
- Was sind die auslösenden Ereignisse dieser Arbeitsgänge?
- Was sind Vorgänger- bzw. Nachfolgearbeitsgänge?
- Welche Arbeitsgänge liefern welche Daten?
- Wann fallen Daten in welchen Mengen an?

Bei der Bearbeitung einer Artikelbestellung kann die Analyse mit der Annahme des Auftrags einschließlich der Aufnahme der Kundendaten beginnen und sich über die Bearbeitung

---
[57] *Müller-Hengstenberg/Kirn* CR 2008, 755 (756).
[58] *Hesseler/Görtz,* Basiswissen ERP-Systeme, S. 70 ff.

in der Lagerverwaltung (Bereitstellen des Produkts) oder in der Produktion (Herstellen des Produkts) bis zur Auslieferung und Fakturierung erstrecken. Zu hinterfragen ist, wie häufig innerhalb eines Geschäftsprozesses bestimmte Teilaufgaben durchgeführt werden, welche Daten einzugeben sind und ausgegeben werden, welche Verarbeitungsschritte wann erfolgen, welche Entscheidungsregeln anzuwenden sind und welche Ausnahmefälle zu den Entscheidungsregeln es gibt. Es sind alle verwendeten Formulare, Belege, Sortierkriterien, Nummernsysteme und Aufbewahrungsfristen zu beschreiben. Sinnvollerweise umfasst die Ist-Analyse auch eine **Schwachstellen-Analyse.** Schwachstellen sind zunächst in einem ersten Schritt zu identifizieren, in einem zweiten Schritt müssen dann die Ursachen für etwaige Schwachstellen ermittelt werden. Typische Schwachstellen sind folgende:
- Hohe Prozessdurchlaufzeiten;
- Differenzen in der Buchhaltung;
- Lange Lieferzeiten;
- Fehlende oder nicht aktuelle Informationen (zB den Lagerbestand);
- Überhöhte Lagerbestände;
- Mangelnde Ausnutzung von Zahlungsfristen.

93 Die Ist-Analyse ist mittels Interviews, Ausfüllen von Fragebogen oder Beobachtungen (ggf. durch die Mitarbeiter des Auftragnehmers) durchzuführen. Die Ergebnisse sollten zunächst protokolliert und dann in einem Dokument zusammengefasst werden.

94 Nach Fertigstellung der Ist-Analyse ist die **Soll-Analyse** durchzuführen. In ihr ist darzulegen, welche Aufgaben sich künftig stellen werden, auf welche Weise diese zu erledigen sind und welches Mengengerüst voraussichtlich zukünftig benötigt wird. Der Auftraggeber muss auch prüfen, welche Geschäftsprozesse optimiert oder ggf. entfallen können. Eine weitere Entscheidung des Auftraggebers muss dahin gehen, ob die Optimierung der Geschäftsprozesse durch Umorganisation oder durch das zu implementierende System erfolgen soll. Für die Umorganisation ist der Auftraggeber ausschließlich verantwortlich.

95 Die im Rahmen der Ist-, Soll- und Schwachstellenanalyse ermittelten Anforderungen sollten im „Pflichtenheft" enthalten sein, das dann die Grundlage für die vom Auftragnehmer umzusetzenden Leistungen im Rahmen der Realisierung eines Projekts bildet.

96 Die Analysephase lässt sich damit wie folgt schematisch darstellen:

Ist-Analyse, mit der die Auftraggeberseitigen Anforderungen ermittelt werden sollen. Es sind dabei Problempunkte und Schwachstellen der Geschäftsprozesse zu ermitteln und zu beschreiben:
- Wie sieht der Ist-Zustand beim Auftraggeber aus?
- Wie ändert sich der Ist-Zustand, wenn das geplante IT-Projekt erfolgreich durchgeführt wird?
- Welche Geschäftsprozesse gibt es im Unternehmen des Auftraggebers? Wer ist für welchen Geschäftsprozess zuständig?
- Aus welchen Komponenten (Hardware, Software) besteht die bestehende IT-Infrastruktur des Auftraggebers?
- Welche Server und welche Clients sind vorhanden? Wie sind diese konfiguriert?
- Welches Mengengerüst gibt es?
  - Wo fallen welche Daten an?
  - Wer erfasst und bearbeitet welche Daten?
  - Wer erhält welche Auswertungen?
- Welche Schnittstellen zu anderen internen Anwendungen des Auftraggebers und zu externen Systemen bestehen oder müssen berücksichtigt werden?
- Gibt es überflüssige Hardware?

97 „**Soll-Analyse**", mit der der gewünschte Zielstatus festgestellt und beschrieben werden soll. Die Soll-Analyse soll sich an der fachlichen Problemlösung orientieren:
- Darstellung der Projektziele mit einer Kostenanalyse unter Berücksichtigung der zu erwartenden Nutzungsdauer und einer Nutzenbetrachtung (in etwa mit einer geplanten Erhöhung der Wettbewerbsfähigkeit);
- Auswahl eines Vorgehensmodells mit Beschreibung der geplanten Projektphasen und grobem Projektplan sowie Meilensteinen;

- Beschreibung des Zielstatus wie folgt:
  - Benötigte Funktionen bzw. umzusetzende Anforderungen;
  - Schnittstellen;
  - Geschäftsprozesse und Workflows;
  - Meilensteine;
  - Zu übernehmende Altdaten;
  - Systemantwortzeiten und Performancekriterien.

c) **Zusammenfassende Hinweise.** Eine – ggf. auch gemeinsam durchgeführte Analysephase – und das daraus resultierende „Pflichtenheft" hat für beide Vertragspartner **Vorteile.** Risiken lassen sich einschränken oder vermeiden:
- Der Auftragnehmer bekommt vom Auftraggeber eine ergebnis- und geschäftsprozessorientierte – jedoch umgangssprachliche – Beschreibung des vorgesehenen Gebrauchs des neuen Systems und/oder der Zwecke, die der Auftraggeber mit dem neuen System verfolgt.
- Der Auftragnehmer ist aufgefordert seine Erfahrungen bezüglich der Aufgabenstellung und somit seine spezifische Kompetenz darzulegen.
- Besuche sowie Präsentationen des Auftragnehmers beim Auftraggeber und gemeinsam durchgeführte Workshops werden dokumentiert und in Protokollen abgestimmt, damit lassen sich etwaige Zusagen und Zusicherungen zu einem späteren Zeitpunkt besser beweisen.[59] Legen die Vertragspartner Wert auf ausgewählte Anforderungen sollten diese deutlich gemacht und auch ausdrücklich als „**Zusicherungen**",[60] „**Bedingungen**" oder als „**Geschäftsgrundlage**" hervorgehoben werden. Soweit der Vertragsschluss zu einem späteren Zeitpunkt erfolgt, sollten Protokolle, Präsentationen und andere Dokumentationen zur Anforderungsermittlung Vertragsbestandteil werden.
- Die Korrespondenz der Vertragspartner sollte sorgfältig bereits im Hinblick auf juristische Fragen gestaltet werden. Die (vertriebliche) Selbstdarstellung des Auftragnehmers und seine Aussagen über die Machbarkeit des Projekts sowie die Art der Realisierung können für den geschuldeten Leistungsumfang eine entscheidende Rolle spielen.
- Generell gilt, dass die Korrespondenz sorgfältig geführt und in den Vertragsdokumenten in Bezug – soweit relevant – genommen werden sollte. Sie ist so auszugestalten, dass einzelne Dokumente später eindeutig identifizierbar sind. Dies gilt besonders für etwaige Checklisten, Organisationsschemata und Anforderungen. Sie sollten nach Autor, Datum, Zweck und Fertigstellungsgrad („Entwurf", Version, etc) gekennzeichnet sein.

d) **Weitere Beispiele für die Beschreibung von Anforderungen**[61]

Beispiel 1:
„Einkauf: Bestellvorschläge sollen künftig direkt vom Arbeitsplatz aus als Bestellung per Fax versandt werden können.
Kostenrechnung:
- Die künftige Kostenrechnung/Kalkulation soll auf der Finanzbuchhaltung aufbauen.
- Das Modul soll stufenweise mit Hilfe des BAB eingeführt werden.
- Primär soll eine Artikelkalkulation und eine entsprechende Erfolgsrechnung durchgeführt werden.
- In der zweiten Stufe soll dieser Bereich um ein Planungsmodul erweitert werden.
- Besonders wichtig ist ein leistungsfähiges Preisermittlungssystem."

Beispiel 2:
„Ein reservierter Bestand darf keine ungeplante Entnahme verhindern.
Das System darf auf keinen Fall die Teile mit einem Kundenauftrag fest verbinden und damit eine Entnahme für andere Kundenaufträge (Maschinen oder Ersatz) verhindern:
Bei ungeplanten Entnahmen soll vom System automatisch ein neuer Bedarf generiert werden."

---

[59] Das Schlagwort „no problem" als Antwort des Auftragnehmers bedeutet, dass ihm die Ist-Situation auf Seiten des Auftraggebers bekannt ist. Stellt sich eine Anforderung dann später doch als Problem heraus, gilt die zuvor abgegebene Aussage als Zusicherung und kann Ansprüche aus §§ 311, 280 Abs. 1 rechtfertigen.

[60] Die Vertragspartner sollten bei Verwendung dieses Begriffs auch deutlich machen, was juristisch bezweckt wird. Die Zusicherung oder besonders hervorgehobene Darstellung von Eigenschaften (dh auch von Anforderungen) kann zu einer (unselbständigen) Garantie führen, vgl. Palandt/*Sprau* § 634 Rn. 24 ff.

[61] Entlehnt an *Jungebluth*, Das ERP-Pflichtenheft, S. 176 ff.

Beispiel 3:
„Anforderungen an das Änderungsmanagement:
Änderungen in den Stücklisten müssen mit folgenden Angaben gespeichert werden können:
• der Ändernde;
• das Änderungsdatum;
• der Änderungsgrund.
Änderungen müssen über die gesamte Stücklistenstruktur möglich sein.
Werden Auftragsstücklisten durch Kopieren aus alten (vorhandenen) Auftragsstücklisten erzeugt, so muss folgendes sichergestellt werden:
Diejenigen Teile der neuen (kopierten) Auftragsstückliste, die seit Erstellung der alten Auftragsstückliste in ihren Stammdaten geändert wurden, müssen immer gekennzeichnet werden."

Beispiel 4:
„Weitere Forderungen
Es muss eine Seriennummerverfolgung vom Zulieferanten zum Kundenauftrag möglich sein.
Aus einer Mutterstückliste (zB Konstruktionsstückliste) sollen andere Stücklisten abgeleitet werden können, zB
• Montagestücklisten,
• Produktionsstücklisten.
• Ersatzteilstücklisten."

Beispiel 5:[62]
„Systemvoraussetzungen:
• Releasefähigkeit;
• Plattformunabhängigkeit;
• Betriebssystemunabhängigkeit;
• Datenbankunabhängigkeit;
• Berechtigungsvergabe in unterschiedlichen Hierarchien entsprechend in unterschiedlichen Organisationsformen;
• Mehrsprachigkeit;
• Firmenspezifische Nummernkreise sollen numerisch und alphanumerisch dargestellt werden können;
• Feldinhalte sollen verkürzt dargestellt werden können;
• Offenlegung der Datenbankstrukturen für eigene Zusatzprogrammierung, die nicht die internen Datenbankstrukturen und die Logik der Programme verändert;
• Mehrwährungsfähigkeit."

100 e) **Formulierungsvorschlag für Pflichten und Verantwortlichkeiten während der Anforderungsermittlung.** Je nach Projektvorgehensweise ergeben sich unterschiedliche Gestaltungsmöglichkeiten. Eine denkbare – sehr **auftraggeberfreundliche** – Formulierung wäre folgende:

> **(1) Beratung des Auftraggebers bei der Anforderungsermittlung (Konzeptionsphase)**
> Der Auftragnehmer vermittelt dem Auftraggeber und zwar dessen in Anlage 1 benannten Mitarbeitern die für den Auftraggeber relevanten Eigenschaften der Standardsoftware vor Erstellung des Pflichtenhefts. Der Auftragnehmer wird den Auftraggeber in die Lage versetzen, seine fachlichen Anforderungen im Detail (zum Pflichtenheft, siehe Ziffer ......) auch unter Aspekten der rationellen Umsetzung zu artikulieren.
> Der Auftragnehmer berät den Auftraggeber dabei auch hinsichtlich eventuell erforderlicher organisatorischer Anpassungen. Insbesondere wird der Auftragnehmer auf solche organisatorischen Änderungen beim Auftraggeber hinweisen und auf deren Aufnahme in das Pflichtenheft als Mitwirkung des Auftraggebers hinwirken, wenn diese den Anpassungsaufwand für die Standardsoftware verringern und den Nutzen der Standardsoftware beim Auftraggeber steigern.
>
> **b) Pflichtenhefterstellung durch den Auftragnehmer**
> Der Auftragnehmer erstellt im Rahmen des in Ziffer ...... beschriebenen Verfahrens ein Pflichtenheft, das die fachlichen Anforderungen des Auftraggebers mit den gesamten Funktionen umfasst und als Basis für die Realisierung dient.

---

[62] Auch hier gilt es, vorsichtig bei Begrifflichkeiten zu sein: Unter „multi-site" kann ein Auftraggeber die Anforderung „sofortiger Datenabgleich zwischen seinen Standort" verstehen während der Auftragnehmer mit dem Begriff „nächtliche Batch-Läufe" bezeichnet.

IV. Themenkomplexe eines IT-Projekt-Vertrages und typische Vertragsgegenstände

1. Denkbarer Aufbau (Grobdarstellung)

Ein IT-Projektvertrag muss der Projektgestaltung und Projektsteuerung (Projektleitung und Projektmanagement)[63] dienen und zwei Komplexe regeln: Das **Ziel der Leistungserbringung** ist zu definieren – also das produktiv einzusetzende[64] – IT-System[65] mit Leistungsdaten (Verfügbarkeit, Performance, Antwortzeiten), Rechtseinräumung, Mängelrechte, Haftung und Möglichkeiten zur Beendigung des Vertrages. Darüber hinaus muss der IT-Projektvertrag den **Weg der Leistungserbringung**[66] näher beschreiben – ua mit Möglichkeiten zur Projektfortschrittskontrolle – damit frühzeitig festgestellt werden kann, ob sich das IT-Projekt auf dem richtigen Weg – innerhalb der vereinbarten Termine und innerhalb des festgelegten Budgets – befindet. Ein IT-Projektvertrag muss deshalb in seiner Umsetzung als ein Instrument zur Steuerung des IT-Projekts verstanden und ausgestaltet werden.

Formulierungsvorschlag für eine aussagekräftige Darstellung des Projektziels in der Präambel eines IT-Projektvertrags wäre in etwa folgender:[67]

> Die Kunden GmbH in Kundenhausen ist Produzent elektronischer Fertigungsstätten im Inland und in der ganzen Welt. Derzeit betreibt Kunde am Standort Kundenhausen zur Versorgung verschiedener Fertigungsstätten zwei getrennte Lager. Das Teilelager dient hierbei im wesentlichen zur Versorgung der Produktionsstandorte in Deutschland und Ungarn. Das Fertigwarenlager dient zur Versorgung der Kunden in Deutschland und in der ganzen Welt. Im Zuge der Umstrukturierung des Standorts Kundenhausen wird die Lager- und Versandlogistik in Form eines Logistikzentrums in der Kundenstraße komplett neu gestaltet. Die Ziele bei der Gestaltung des neuen Logistikzentrums sind:
> - Integration der bisherigen unterschiedlichen Lager
> - Zusammenführen von Eigenteilen der Produktion von Kunde mit zugekauften Teilen
> - Effiziente Auftragsabwicklung
> - Transparente Prozessgestaltung
> - Fehlerfreie Kundenbelieferung
> - Anwenderbezogene Leistungsverrechnung
>
> Auslöser für die Neuordnung des Logistikbereichs ist ein neues Gesamtkonzept der Kunden GmbH für den Standort Kundenhausen. Hierbei wird der gesamte Standort in Kundenhausen umstrukturiert. Die Kunden GmbH unterhält derzeit in Kundenhausen zwei Standorte. Der Standort in der Gartenstraße wird im Zuge dieser Umstrukturierung weitgehend in die Kundenstraße verlagert. Dies erfordert umfangreiche Baumaßnahmen in der Kundenstraße. Der neue Logistikbereich wird in Teilen des Neubaus sowie des Bestandes zusammenhängend untergebracht. Wesentlicher Teil des Logistikzentrums ist ein vier-gassiges automatisches Kleinteilelager. Des Weiteren gehören Lagerbereiche für ein staplerbedientes manuelles Palettenhochlager sowie weitere manuell bediente Lager zum Gesamtkonzept. Zur Steuerung der gesamten Prozesse im neuen Logistikzentrum soll ein neues Lagerverwaltungssystem eingeführt werden. Das nachfolgende Leistungsverzeichnis beschreibt im wesentlichen die Anforderungen an das Lagerverwaltungssystem sowie die Projektdurchführung. Basis des neuen Lagerverwaltungssystems ist das Standardprodukt ...... des Auftragnehmers.

---

[63] Siehe dazu im Detail → Rn. 147 ff.
[64] Beim Outsourcing-Projekt wäre es das zu betreibende IT-System.
[65] Die Definition des Begriffs „System, IT-System" im V-Modell 97 lautet: *„Einheitliches Ganzes, das aus einem oder mehreren Prozessen, Hardware, Software, Einrichtungen und Personen besteht, das die Fähigkeit besitzt, vorgegebene Forderungen oder Ziele zu befriedigen. Für das V-Modell werden nur Systeme betrachtet, deren Aufgabenerfüllung vorwiegend durch den Einsatz von IT realisiert wird. Für derartige Systeme wird abkürzend der Begriff „IT-System" verwendet."*
[66] *Müller-Hengstenberg* CR 2005, 385; *Koch*, IT-Projektrecht, → Rn. 3.
[67] *Jungebluth*, Das ERP-Pflichtenheft, S. 410.

Ein denkbarer Aufbau für einen IT-Projektvertrag wäre folgender:

103

Checkliste

- ☐ Beschreibung des Projektziels;
- ☐ Darstellung des Leistungsumfangs (mit Bezugnahme auf vorhandenes oder zu erstellendes „Pflichtenheft");
- ☐ Zeitpunkt für die Leistungserbringung mit Festlegung von Terminen und Meilensteinen;
- ☐ Verzug mit Terminen und Meilensteinen und Konsequenzen des Verzugs;
- ☐ Vergütung und Preise, Kalkulationsgrundlagen, Zahlungsbedingungen
- ☐ Ggf. besondere Zusicherungen und Garantien (einschließlich Konsequenzen der Nicht-Erreichung);
- ☐ Mitwirkungsleistungen des Auftraggebers und Festlegung von Konsequenzen, sofern der Auftraggeber die Mitwirkungsleistungen nicht oder nicht rechtzeitig erbringt;
- ☐ Verfahren für Leistungsänderungen (Change Request Verfahren und Change Management);
- ☐ Rechte an Liefergegenständen und Arbeitsergebnissen;
- ☐ Vertraulichkeit und Datenschutz;
- ☐ Testverfahren und Abnahmeprüfung;
- ☐ Projektorganisation und Projektkommunikation;
- ☐ Eskalation;
- ☐ Mängelhaftung;
- ☐ Haftungsbegrenzung und Versicherung;
- ☐ Vertragbeendigung (Kündigungsrecht) und Folgen der Vertragsbeendigung.

104 Die Vertragspartner tun gut daran in ihren IT-Projektvertrag Werkzeuge zur Berichterstattung, Qualitätssicherung und Konfliktlösung aufzunehmen. Viele IT-Projektverträge regeln die Einführung von unternehmenskritischer Software. Auftraggeber können sich dabei weder Verzögerungen noch langjährige rechtliche Konflikte mit dem Auftragnehmer leisten. Das Ziel der Prozessoptimierung und damit der verbesserten Wettbewerbsfähigkeit kann nur mit einem erfolgreichen IT-Projekt erreicht werden. IT-Projektverträge sollten auch der Risikovorsorge dienen und Lösungswege für Konflikte aufzeigen. Das Scheitern von IT-Projekten ist teilweise darauf zurückzuführen, dass Regelungen zur Schlichtung und Mediation nicht in einem Zeitpunkt vereinbart wurden als sie noch durchsetzbar waren. Versäumnisse bei der Gestaltung der vertraglichen Regelungen sind zum Nachteil beider Vertragspartner.

105 Zu beachten ist, dass bereits im vorvertraglichen Stadium wichtige Weichenstellungen vorgenommen werden können und manchmal auch müssen, die zum Gelingen des Projekts beitragen können. Bei der Suche und Auswahl eines geeigneten Anbieters muss darauf geachtet werden, dass dieser die erforderliche Expertise und Organisationsstruktur sowie Manpower mitbringt. Nach der ersten Kontaktaufnahme empfiehlt sich der Abschluss einer **Vertraulichkeitsvereinbarung** (häufig auch Non-Disclosure-Agreement, NDA), da der Auftraggeber dem Anbieter regelmäßig bereits in diesem frühen Zeitpunkt den Zugang zu sensiblen Daten und zu betrieblichem Know-how ermöglichen muss, um feststellen zu können, ob der Anbieter die Projektanforderungen erfüllen kann. In diesem Rahmen kann auch eine Due Diligence-Prüfung angebracht sein.

106 Mittlerweile ist es zudem üblich, neben einem NDA auch weitere vorvertragliche Vereinbarungen in einem schriftlichen Dokument festzuhalten. Hierbei handelt es sich um einen sog **„Letter of Intent"** (LoI) bzw. ein sog **„Memorandum of Understanding"** (MoU). Je nach Inhalt und Formulierung können diese Vereinbarungen unverbindliche, aber auch verbindliche Wirkung etwa als eine Art „Vorvertrag" haben. Folglich ist erhöhte Aufmerksamkeit bei Gestaltung dieser Dokumente angezeigt. In jedem Fall ist zu bedenken, dass durch die Aufnahme von Vertragsverhandlungen vorvertragliche Pflichten für beide Seiten entstehen können und ggf. eine Haftung aus **„culpa in contrahendo"** in Betracht kommen kann.

2. Allgemeines zum Vertragsgegenstand eines IT-Projekts

a) Kombination verschiedener Gegenstände zu einem einheitlichen Vertragsgegenstand. In 107 der Regel setzt sich der Vertragsgegenstand eines IT-Projekts aus mehreren IT-Komponenten zusammen, die jeweils spezifische Leistungen erfordern, zB die Überlassung einer Standardsoftware, die Beschaffung der für den produktiven Einsatz dieser Standardsoftware notwendigen Hardware-Infrastruktur, die Anpassung der Standardsoftware an die fachlichen Anforderungen des Auftraggebers, die Übernahme von Altdaten in die angepasste Standardsoftware, die Schulung der Endanwender des Auftraggebers und eine Betriebssicherung für einen definierten Zeitraum nach Produktivsetzung.[68]

Das Besondere an vielen IT-Projekten ist eine Kombination verschiedener Gegenstände zu 108 einem einheitlich Vertragsgegenstand, oft als **IT-System** oder **Gesamtsystem** bezeichnet. Diese Einstufung entspricht meist der Erwartungshaltung des Auftraggebers, der am Ende eines IT-Projekts **als vertraglichen Erfolg** ein funktionierendes System erwartet, wobei sich die vertraglichen Leistungspflichten des Anbieters häufig noch über das „Ende" des IT-Projekts hinaus erstrecken. Vor dem Hintergrund der Erwartung eines Erfolgs orientieren sich die meisten IT-Projektverträge sehr stark an den gesetzlichen Bestimmungen des Werkvertragsrechts. Die Grundidee des Werkvertragsrechts, nach der der Auftragnehmer in der Wahl derjenigen Mittel frei ist, die er zur Vertragserfüllung einsetzt, ist mit dem unter Ziffer 1 dargestellten Kontrollbedürfnis schlecht vereinbar. Je mehr Vorgaben ein IT-Projektvertrag zur Art der Leistungserbringung macht, desto mehr wird die Zuweisung der Verantwortung an den Auftragnehmer wie im Werkvertragsrecht vorgesehen verwässert.[69]

b) Minimalform eines IT-Projekts (Einführung von Standardsoftware). Die Minimalform 109 eines IT-Projekts im Sinne der Bereitstellung eines im Produktiveinsatz funktionierenden (neuen) IT-Systems besteht in der Lieferung von Hard- und Standardsoftware mit **Installation** der Standardsoftware und deren **Einführung mit Anpassung an die Anforderungen** des Auftraggebers.

Im Regelfall wird eine Standardsoftware **angepasst**, so dass sich hinsichtlich der einfüh- 110 renden Softwarekomponente folgende Vertragsgegenstände ergeben können:
- Überlassung der Standardsoftware (evtl. eines Dritt-Herstellers);
- Einstellen der softwareeigenen Parameter;
- Änderungen am Quellcode[70] der Standardsoftware;
- Ergänzungen sowie Erweiterungen des Quellcodes der Standardsoftware.

Hinter dieser Anpassung steckt die Modifikation des neutralen Auslieferungszustands 111 einer Standardsoftware an die individuellen Anforderungen des jeweiligen Auftraggebers. Anpassungen sind im Regelfall bei Standardsoftware zwingend vorzunehmen, damit diese in den produktiven Betrieb genommen werden kann. Anpassungen, die keinen Eingriff in den Quellecode der Standardsoftware erfordern, werden häufig auch als **Customizing** bezeichnet. Beim Customizing werden die in der Standardsoftware vorgegebenen Einstellungs- und Anpassungsmöglichkeiten entsprechend der Geschäftsprozesse des Auftraggebers verändert. Standardsoftware wird häufig als parametrisierbar oder parametrierbar bezeichnet.[71]

Anforderungen des Auftraggebers, die nicht über Anpassungsmaßnahmen im Sinne von 112 Customizing geschaffen werden können, machen die **Entwicklung** ergänzender Funktionen oder Eingriffe in den Quellcode der Standardsoftware erforderlich. Die Standardsoftwareprodukte stellen Entwicklungswerkzeuge bereit, mit Hilfe derer Modifikationen und Add-ons entwickelt werden können.[72]

---

[68] Zu der Vertragstypologie dieser Vertragsgegenstände siehe → § 10 Vertragliche Grundlagen.
[69] Siehe auch *Koch*, IT-Projektrecht, Rn. 4.
[70] Definition des Begriffs „Quellcode" nach V-Modell 97: *„Anweisungsfolge in einer Programmiersprache"*.
[71] Siehe *Hesseler/Görtz*, Basiswissen ERP-Systeme, S. 225.
[72] Nach der einschlägigen Fachliteratur ist mit umfangreichen ergänzenden Entwicklungen höchste Vorsicht geboten. Auftraggeber, die eine Standardsoftware zu stark individualisieren, haben erhöhte Kosten bei der Einführung sowie bei späteren Releasewechseln, siehe dazu auch *Hesseler/Görtz*, Basiswissen ERP-Systeme, S. 249.

113 Als Komponente des Systems kommt häufig die Beschaffung der erforderlichen **Hardware** hinzu. Wenn sich das IT-Projekt – wie häufig – über Jahre hinzieht, kann die genaue Dimensionierung und Auswahl der erforderlichen Hardwarekomponenten erst während des IT-Projekts erfolgen. Für den Auftragnehmer verbirgt sich hinter der Beschaffung von Hardware häufig ein weiteres Risiko. Stellen sich abgegebene Hardwareempfehlungen als unzureichend heraus, weil etwa die CPU-Auslastung zu hoch ist oder die Systemantwortzeiten unzureichend bleiben, hat der Auftragnehmer ein zusätzliches Haftungspotential, das beim Risikomanagement nicht berücksichtigt wird.

114 **c) Synchronisation der Projekt-Struktur mit den Themenkomplexen des IT-Projektvertrags.** Zu einem IT-Projekt gehört angesichts dieser Komplexität und Vielschichtigkeit sowie der Dauer eine sorgfältige **Strukturierung des Projekts** (etwa entsprechend gängiger Vorgehensmodelle).[73] Die Struktur des IT-Projektvertrags kann oder besser sollte sich an den Phasen des IT-Projekts orientieren und dabei weiter berücksichtigen, dass ein IT-Projekt im Regelfall eine Konzeptions- und eine Realisierungsphase umfasst. Zur Sicherstellung des Erfolgs kann es sinnvoll sein, diese **Phasen** mit **Stationen** (Meilensteine mit Teilabnahmen) und **Kontrollpunkten** im IT-Projektvertrag darzustellen und Vereinbarungen hinsichtlich Kriterien und Folgen der Nichterreichung (mit „Ausstiegsszenarien") zu treffen. Einzelne Projektphasen können auch an **Eskalationsstufen** geknüpft werden.

115 Wenn das Projekt nach Phasen strukturiert wird und klare **Kontrollpunkte** festgelegt werden, lässt sich nicht nur der Grad der Einhaltung bzw. Nichteinhaltung der vereinbarten Projektziele feststellen, sondern auch, ob der Meilenstein für die Produktivsetzung noch realistisch, gefährdet oder unrealistisch ist. In letzterem Fall muss der Auftraggeber nicht sehenden Auges die Katastrophe abwarten.[74]

116 Eine an Projektphasen geknüpfte Vertragsgestaltung könnte in etwa dieser Struktur folgen:
- Grobeinteilung des IT-Projekts in **zwei Phasen:**
  – **Planungs- und/oder Konzeptionsphase,** zu der alle Aktivitäten bis zur Abnahme des „Pflichtenhefts" gehören, die Vergütung des Aufragnehmers kann sich am tatsächlichen Aufwand orientieren; alles bis einschl. fachliches Feinkonzept, Aufwandsprojekt (AN);
  – **Realisierungsphase,** ggf. mit einem Festpreis zur Umsetzung der Anforderungen, die sich aus dem „Pflichtenheft" ergeben;
- **Machbarkeitsprüfungen/-nachweise** für Meilensteine im Rahmen beider Projektphasen;
- **Termine und Meilensteine für alle Projektphasen mit** Fristenplan und Beschreibung der zu liefernden Arbeitsergebnisse sowie Beschreibung der Vorleistungen des Auftraggebers (zB Teilnahme an Workshops, Prüfung und Abnahme des „Pflichtenhefts", Aufbau einer Testumgebung, Migration);
- Einigung über die Zuweisung der **Projektverantwortung** im Verhältnis zu Projektleitung sowie zum Projektmanagement.

117 Zur **Planung und Konzeption** einschließlich der Erstellung des Pflichtenhefts gehören die Ausarbeitung von Machbarkeitsprüfungen/-Nachweisen mit Meilensteinen.

Für die **Realisierungsphase,** die mit der **Produktivsetzung** und Inbetriebnahme abgeschlossen ist, sind neben der Durchführung der notwendigen Anpassungen (im Idealfall ausschließlich durch Customizing), Testverfahren und Abnahmeprüfung (auch mit Abnahmekriterien) auch die Altdatenübernahme (Migration) zu regeln und im IT-Projektvertrag abzubilden. Die Vergütung, insbesondere Teil- oder Abschlagszahlungen, sollte fortschrittsabhängig gestaltet werden.

---

[73] Siehe dazu auch → Rn. 121 ff.
[74] BGH Urt. v. 7.3.1990 – VIII ZR 56/89, CR 1990, 707 – Geräteverwaltung (Rücktrittsrecht des Auftraggebers einer „EDV-Anlage" wegen Verzuges mit der Herstellung einer Spezialsoftware); BGH Urt. v. 4.5.2000 – VII ZR 53/99, NJW 2000, 2988 (Außerordentliche Kündigung des Auftraggebers, wenn feststeht, dass der AN eine Frist aus von ihm zu vertretenden Gründen nicht einhalten wird und die Vertragsverletzung die Fortsetzung unzumutbar macht); BGH Urt. v. 20.3.2001 – X ZR 180/98, NJW 2001, 2024 (Rücktritt nach § 636 Abs. 1 S. 1 BGB: Bei nicht rechtzeitiger Erfüllung einer Nebenpflicht: Jedenfalls dann, wenn auf der Erfüllung der Nebenpflicht weitere Leistungen aufbauen und infolgedessen der Eintritt des geschuldeten Erfolgs gefährdet ist).

IV. Themenkomplexe eines IT-Projekt-Vertrages und typische Vertragsgegenstände

Daraus ergeben sich schematisch folgende Gegenstände für einen typischen IT-Projektvertrag:

Checkliste 118

- ☐ Allgemeine Beratung des Auftragnehmers (zB auch zur Anpassung und Optimierung seiner Geschäftsprozesse);
- ☐ Bereitstellung und Installation sowie Konfiguration von Hardwarekomponenten und Netzwerkkomponenten;[75]
- ☐ Aktivitäten der Projektleitung, dh Wahrnehmung der Aufgaben des Projektmanagements;
- ☐ Beschaffung von Hardware, einschließlich Lieferung, Konfiguration und Installation;
- ☐ Überlassung der Standardsoftware mit Lieferung sowie Installation;[76]
- ☐ Anpassungen der Standardsoftware (mit Customizing und im Ausnahmefall Programmierung);[77]
- ☐ Durchführung von Tests mit Erarbeitung und Beistellung von Testdaten, und Testdaten;
- ☐ Durchführung der Abnahmeprüfung (evtl. sukzessive bei Einführung in Teilprojekten);
- ☐ Vorbereitung der Produktivsetzung;
- ☐ Durchführung von Schulungen und Einweisung;
- ☐ Altdatenübernahme (Migration);
- ☐ Erstellung von Dokumentation;[78]
- ☐ Betriebssicherung;
- ☐ Softwarepflege;[79]
- ☐ Hardwarewartung;[80]
- ☐ Sonstige Beratung und Unterstützung (etwa zur Geschäftsprozessoptimierung).

d) Unterschiedliche Interessenlage der Vertragspartner bei der Gestaltung des IT-Projekt- 119
vertrages. Aus Sicht des Auftraggebers sollte Grundlage für alle Phasen und denkbaren Leis-

---

[75] Rechtsprechung zum „System"-Projekt (bestehend aus Hard- und Software): BGH Urt. v. 5.10.1981 – VIII ZR 259/80, NJW 1982, 696, – Zahnarztabrechnung/Krankenscheinaufkleber, Umweltfehler einer vermieteten EDV-Anlage; BGH Urt. v. 6.6.1984 – VIII ZR 83/83, CR 1986, 79 – EDV-Anlage – (cic) (35-seitges Organisationspapier im Rahmen der vorvertraglichen Verhandlungen); BGH Urt. v. 20.6.1984 – VIII ZR 131/83, NJW 1985, 129 – Praxis Computer/Quartalsabrechnung; BGH Urt. v. 24.6.1986 – X ZR 16/85, CR 1986, 799 – S-Projekt (Reservekapazitäten in Hardware-Mengenregel); BGH Urt. v. 7.3.1990 – VIII ZR 56/89, CR 1990, 707 – Geräteverwaltung (Rücktrittsrecht des Kunden einer „EDV-Anlage" wegen Verzuges mit der Herstellung einer Spezialsoftware); BGH Urt. v. 15.5.1990 – X ZR 128/88, CR 1991, 86 – Holzhandlung (Zahlungsverweigerung wegen nicht erfüllter Zusatzwünsche, auch zu „Selbstverständlichkeit" bzw. zu „selbstverständlich besprochenen Leistungen" u. ä., evtl. cic); BGH Urt. v. 14.7.1993 – VIII ZR 147/92, CR 1993, 681 – Verkaufsabrechnung (Softwareanpassung, s. a. 25.3.1993 und 10.3.1998); BGH Urt. v. 23.1.1996 – X ZR 105/93, CR 1996, 467 – Service → Rn. II (Portierung): zur Einheitlichkeit des Angebots von Hard- und Software; BGH Urt. v. 10.3.1998 – X ZR 70/96, CR 1998, 393 – Warentermingeschäft (Vertragstyp kann sich durch Änderung beim Vertragsgegenstand von Kauf zu Werkvertrag wandeln, Verzug bei Dokumentation), auch zu Einheit mit Anpassung; BGH Urt. v. 4.5.2000 – VII ZR 53/99, NJW 2000, 2988: A. o. Kündigung des Auftraggebers, wenn feststeht, dass der AN eine Frist aus von ihm zu vertretenden Gründen einhalten wird und die Vertragsverletzung die Fortsetzung unzumutbar macht (mit dem Problem nachträglicher Aufgliederung der Einzelleistungen) nicht zum EDV-Recht; BGH Urt. v. 10.5.2001 – VII ZR 248/00, NJW 2001, 2167: Sorgfaltspflichten des Werkunternehmers bei Planung (Ordnungsgemäße Entwässerung eines Parkplatzes); BGH Urt. v. 27.6.2001 – VIII ZR 227/00, CR 2001, 670, LS: Schadensersatzansprüche des Planers wegen fehlerhafter Beratung unterliegen der allg. Verjährungsfrist des § 195 BGB. Der Zusammenhang mit einem späteren Kaufvertrag mit dem beratenden Hersteller führt nicht zur Frist nach § 477 BGB; BGH Urt. v. 13.12.2001 – VII ZR 27/00, DB 2002, 1551: Recht des Unternehmers auf Werklohn, wenn Fertigstellung an der Annahme der angebotenen Mangelbeseitigung scheitert.

[76] Siehe dazu auch → § 12 Softwareüberlassung auf Dauer und → § 13 Überlassung von Standardsoftware auf Zeit.

[77] Zur Softwareerstellung siehe → § 11 Erstellung von Software.

[78] Einzelheiten zu Dokumentationen siehe unten sowie → § 1 Programmierung, Dokumentation und Test von Software.

[79] Zur Softwarepflege im Einzelnen siehe → § 14 Software-Pflege.

[80] Zur Hardwarewartung im Einzelnen siehe → § 15 Hardware-Verträge.

tungsgegenstände des IT-Projekts ein **einheitlicher** Projektvertrag sein, der klarstellt, dass die einzelnen Gegenstände das geschuldete „System" bilden. Dessen Bereitstellung zur Produktivsetzung als (Gesamt-)Erfolg obliegt dem Auftragnehmer, so dass die Gegenstände miteinander „**stehen und fallen**".[81]

120 Aus **Sicht des Auftragnehmers** sollte man versuchen, die verschiedenen Leistungen und auch die verschiedenen Phasen zu entkoppeln. Der Auftragnehmer will **keinen Gesamterfolg** schulden und möglichst auch die Einzelleistungen nicht erfolgsorientiert werkvertraglich sondern dienstvertraglich erbringen.[82] Jedenfalls sollten die Voraussetzungen der Leistungspflicht des Auftragnehmers (und Vorleistungen und Mitwirkung des Auftraggebers) klar geregelt werden. Ein wichtiges Regulatorium kann die **Vergütung nach Aufwand** (also nicht auf Festpreisbasis) sein.[83]

3. Themenkomplexe eines IT-Projektvertrages im Detail

121 Die folgende Übersicht soll einen Eindruck vermitteln, wie die Klauseln eines Projektvertrages, der nach weitaus überwiegender Ansicht typischerweise als werkvertraglich orientiert anzusehen ist,[84] gestaltet sein können, **ohne** dass es auf die vertragstypologische Einordnung ankäme.

122 Dies dient zum einen der „Neutralisierung" der Unsicherheiten hinsichtlich der (Nicht-) Anwendung des § 651 BGB[85] und zum anderen wird dem Umstand Rechnung getragen, dass die Zuweisung der Verantwortung, wie sie sich aus dem Werkvertrag ergibt, für das typische IT-Projekt nur bedingt passt.

A. Allgemeiner Teil
§ 1 **Vertragsgegenstand:** Konzeption und Realisierung des einzuführenden IT-Systems
§ 1.1 Pflichtenhefterstellung
§ 1.2 Softwareüberlassung und -anpassung *(durch Customizing und/oder Entwicklung von Add-ons)*
§ 1.3 Hardwarebeschaffung und -lieferung
§ 1.4 Hardwarewartung *(nach dem Leistungsportfolio des jeweiligen Herstellers)*
§ 1.5 Softwarepflege *(festzulegen ist, ob nur der Standardfunktionsumfang gepflegt wird oder die gecustomizte Funktionalität von den Pflegeleistungen umfasst ist)*
§ 1.6 Projektleitung, Projektmanagement
§ 2 **Umfang der Leistungen**
§ 2.1 Übersicht Leistungspflichten
§ 2.2 Ermittlung der fachlichen Anforderungen des Auftraggebers und Erstellung des Pflichtenhefts
§ 2.3 Leistungen des Projektmanagements (ua Berichterstattung, Riskmanagement, Controlling)
§ 2.4 Hardware-Ausstattung und Systemumgebung, Wartung
§ 2.5 Standardsoftware, sowie Zusätze zur Standardsoftware, Anpassungen und Erweiterungen
§ 2.6 Installation von Hardware und Standardsoftware
§ 2.7 Realisierung und Einführung
§ 2.8 Erstellung von Dokumentationen
§ 2.9 Ablöse Altsystem, Datenübernahme, Migration
§ 2.10 Qualitätssicherung, Controlling, Reporting
§ 2.11 Schulung, Einweisung
§ 2.12 Pflege
§ 2.13 Leistungskriterien und Verfahren zur Prüfung je Stufe und Leistungsbereich
§ 2.14 Rechte des Auftraggebers bei Nichterreichung, Rechte des Auftragnehmers bei Erreichen

---

[81] Im Hinblick auf BGH Urt. v. 27.4.1994 – VIII ZR 194/93, CR 1994, 460; s. aber auch erleichternde Bedingungen BGH Urt. v. 23.1.1996 – X ZR 105/93, CR 1996, 467; OLG Dresden Urt. v. 28.9.2001 – 11 U 882/01, CR 2002, 254 für „Systemvertrag" aus Hardware, Software, und Installation; OLG Köln Urt. v. 4.11.2002 – 19 U 27/02, CR 2003, 246 (Problemlösung durch Gesamtsystem).
[82] LG Frankfurt Urt. v. 31.10.2006 – 2/10 O 448/04, *unveröffentlicht* (Einordnung eines Rahmenvertrages über die Erstellung von Werkleistungen als Dienstvertrag).
[83] Zur Abrechnung und Beweislast bei außerordentlicher Kündigung s. BGH Urt. v. 25.3.1993 – X ZR 17/92, CR 1993, 759; LG München I v. 21.7.1994 – 7 O 9748/92, CR 1995, 33 (Aufwandsprojekt als Dienstvertrag).
[84] Zum Meinungsstand siehe → § 10 Vertragliche Grundlagen und → § 11 Erstellung von Software.
[85] Siehe dazu auch → § 10 Vertragliche Grundlagen.

§ 3   Eigenschaften des Systems
§ 3.1   Bezugnahme auf vertriebliche Präsentationen und Darstellungen
§ 3.2   Zusagen zur Releasefähigkeit und -sicherheit, Aufwärtskompatibilität
§ 3.3   Freiheit von Viren und sonstigen nicht vereinbarten Eigenschaften/Mechanismen
§ 3.4   Systemanforderungen
§ 3.5   Performance und Systemantwortzeiten
§ 3.6   Verfügbarkeit
§ 3.7   Dimensionierung der Hardware *(Bezugnahme auf Herstelleraussagen und Empfehlungen des Auftragnehmers)*
§ 3.8   Service Level Agreements (SLAs) zu Verfügbarkeit, Performance
§ 4   Projektverantwortung und Projektleitung (Projektmanagement)
§ 4.1   Projektleitung und Aufgaben des Projektmanagements
§ 4.2   Projektverantwortung und Projektsteuerung *(Verantwortlichkeiten für die Leistungen im Projekt bis zur Feststellung der vollständigen und erfolgreichen Fertigstellung)*
§ 4.3   Projektgremien und Projektorganisation
§ 4.4   Einzusetzendes Personal, Subunternehmer
§ 4.5   Projektfortschrittsberichte
§ 5   Zwischenprüfungen, Nachweise beim Abschluss von Phasen

B. Projektphasen und Vorgehen

§ 6   Überblick über Phasen des Projekts
§ 7   Details zu den Projektphasen
§ 7.1   Aktivitäten- und Fristenplan
§ 7.2   Vorgehen zur Erstellung des Pflichtenhefts
§ 7.2.1 Ist-Analyse
§ 7.2.2 Soll-Analyse
§ 7.2.3 Bewertung der Ergebnisse der Analysephase
§ 7.3   Erstellung des Pflichtenhefts, Prüfung und Abnahme des Pflichtenhefts
§ 7.4   Realisierung/Umsetzung des Pflichtenhefts
§ 7.5   Spezifikation der Testanforderungen und deren Kriterien
§ 7.6   Durchführung von Tests
§ 7.6.1 Integrationstest
§ 7.6.2 Performancetest
§ 7.6.3 Probebetrieb/Migration
§ 7.7   Einweisungen und Schulungen
§ 7.8   Parallelbetrieb, Produktivbetrieb, Betriebssicherung
§ 7.9   Erstellung von Dokumentationen
§ 7.10 Quellcode, Verifikation, regelmäßige fortschrittsabhängige Übergabe
§ 8   Zusammenarbeit, Kommunikation
§ 8.1   Projektleiter, Teil-Projektleiter, Vertreter beim Auftragnehmer
§ 8.2   Ansprechpartner, Vertreter, Gremien beim Auftraggeber
§ 9   Mitwirkung/Beistellungsleistungen des Auftragnehmers
§ 9.1   Vorleistungen und Mitwirkungspflichten bei Hardware und Software-Installation
§ 9.2   Spezifische Pflichten und Details der Mitwirkung bei Anpassung und Erweiterung
§ 9.3   Verfahren zur Anforderung der Mitwirkungsleistungen
§ 9.4   Testsystem, Parallelsystem, Prüfungen, Freigaben
§ 9.5   Regelung der Mitwirkung als Hauptleistungspflicht, Folgen der Verletzung
§ 10   Änderungsmanagement (Change Request, Change Management)
§ 10.1 Änderungsverlangen
§ 10.2 Prüfung des Änderungsverlangens
§ 10.3 Unterbrechung zur Prüfung von Änderungen
§ 10.4 Änderungskonzepte und Änderungsleistungsbeschreibung
§ 10.5 Vorgehen bei fehlender Einigung
§ 10.6 Auswirkungen eines Change Requests auf die vereinbarte Vergütung
§ 10.7 Änderung des Terminplans in Folge eines Change Requests

C. Mängel, Haftung, Verhältnis zu anderen Vertragsdokumenten

§ 11   Sach- und Rechtsmängelhaftung
§ 11.1 Verjährungsfrist
§ 11.2 Mängelkategorien

§ 11.3 Fristen für Nacherfüllung
§ 11.4 Wahlrecht für die Art der Nacherfüllung
§ 11.5 Scheitern der Nacherfüllung, Rücktritt oder Minderung
§ 12 Schadenersatz
§ 12.1 Grundsatz
§ 12.2 Verschuldensunabhängige Haftung
§ 12.3 Haftungsbegrenzung bei leichter Fahrlässigkeit
§ 12.4 Haftpflichtdeckung
§ 12.5 Anrechnung von Vertragsstrafen
§ 13 Pflege, Verhältnis zu Mängeln, stufenweise Wirksamkeit
§ 13.1 Vor erfolgreicher Produktivsetzung
§ 13.2 Nach erfolgreicher Produktivsetzung (mit etwaigen Sonderregelungen während der Verjährungsfrist für Sachmängel)
§ 13.3 Mindestlaufzeit des Pflegevertrags
§ 13.4 Einzelheiten des Pflegevertrags
§ 14 Wartung
§ 15 Termine
§ 16 Verzug, Vertragsstrafen
§ 17 Vergütung
§ 18 Nutzungsrechte, Freiheit von Rechten Dritter
§ 18.1 Planung, Konzepte
§ 18.2 Standardsoftware
§ 18.3 Anpassungen, Erweiterungen
§ 18.4 Rechte des Auftraggebers am Quellcode, an den Dokumentationen
§ 19 Geheimhaltung, Datenschutz
§ 20 Schlussbestimmungen
§ 20.1 Erfüllungsort und Gerichtsstand
§ 20.2 Anwendbares Recht
§ 20.3 Schriftformklausel
§ 20.4 Konfliktlösung und Schlichtung
§ 20.5 Salvatorische Klausel

V. Vorgehensmodelle und Projektphasen

1. Vorgehensmodelle

123 Es gibt eine Reihe von Vorgehensmodellen, an denen sich IT-Projekte und IT-Projektverträge orientieren können.[86] **Ein Vorgehensmodell beschreibt allgemein den gesamten Prozess von der Initiierung über die Durchführung zum Abschluss eines Projekts.** Wie alle anderen Modelle stellt ein Vorgehensmodell eine vereinfachte Abbildung der Realität dar und legt ein idealisiertes Projekt zu Grunde. Vorgehensmodelle sind keine starren Verhaltensregeln, sondern sind als Rahmen oder Hilfsmittel zu verstehen. Die Vertragspartner haben mit dem Vorgehensmodell eine abstrakte Vorlage, ihr konkretes IT-Projekt zu strukturieren, zu planen und zu steuern. Bekannte Vorgehensmodelle sind das V-Modell 97, das V-Modell XP sowie das Spiralmodell und RUP („Rational Unified Process").[87] Ziel aller Vorgehensmodelle ist die Vorgabe einer methodischen Vorgehensweise. Durch ein Vorgehensmodell wird im Regelfall eine standardisierte Strukturierung von Projekten in fest definierte **Projektphasen** vorgenommen. Viele Hersteller von Standardsoftware haben ihre eigenen Vorgehensmodelle entwickelt, die als Vorlage bei der Einführung des Produkts verwendet werden können.

124 Immer stärker im Vordringen befindlich sind sog **agile Vorgehensmodelle**, da diese dem regelmäßig dynamischen, nicht-linearen Entwicklungsprozess bei IT-Projekten und Software-Erstellung besonders Rechnung tragen. Exemplarisch zu nennen sind etwa die Vorgehensmodelle Extreme Programming (XP) und Scrum. Bei der agilen Softwareentwicklung

---

[86] Zu agilem Programmieren siehe → § 11 Erstellung von Software.
[87] Details zu diesen Phasenmodellen siehe bei *Müller-Hengstenberg/Kirn* CR 2008, 755 (756 ff.).

wird der Leistungskatalog nicht von vornherein in einem Pflichtenheft festgelegt, sondern Auftraggeber und Auftragnehmer entwickeln das neue System **innerhalb kurzer Planungs- und Entwicklungsphasen gemeinsam,** bis die volle Projektreife der Software erreicht wird.[88] Eine solche Systementwicklung führt zwar zu einer intensiven und konstruktiven Zusammenarbeit und beugt dem bei größeren IT-Projekten regelmäßig vorkommenden, teils erheblichen Änderungsbedarf vor. Jedoch bleibt bei dieser Methodik oft der Umfang der eigentlich seitens des Auftragnehmers geschuldeten Leistungen aber auch die durch den Auftraggeber zu erbringenden Mitwirkungsleistungen unklar. Die Vertragspartner sollten daher bei Wahl der agilen Programmierung von vornherein das IT-Projekt und insbesondere den Vertragszweck so weit wie möglich spezifizieren.[89]

Auch die Berücksichtigung von Open Source-Komponenten gewinnt zunehmend an Bedeutung, da dies zu erheblichen Zeit- und Kostenersparnissen führen kann. Dabei sind jedoch stets auch die jeweiligen Lizenzbedingungen zu beachten.

2. Projektphasen

Es gehört zu den Grundregeln, dass man ein IT-Projekt schematisch in Phasen untergliedert. Allerdings hält sich die Praxis selten daran, was als eine der wichtigsten Ursachen für das Scheitern von Projekten gilt.[90]

a) **Gängige Projektphasen.** Gängige Projektphasen, die sich auch in einigen Vorgehensmodellen wiederfinden, lassen sich herunter brechen auf „Vorbereitungsphase", „Organisationsphase", „Analysephase", „Konzeptionsphase", „Anpassungsphase", „Umstellungsphase" oder „Überleitungsphase" sowie „Betriebsphase", wobei nicht alle dieser Phasen sich in einem IT-Projektvertrag wieder finden müssen. Zu beachten ist auch, dass viele Vorgehensmodelle nicht zwingend die Beteiligung von mehreren Unternehmen voraussetzen, auch für rein interne Projekte eines Auftraggebers kann eine Orientierung an einem der gängigen Vorgehensmodelle oder Phasenschemata sinnvoll sein.

In der „**Organisationsphase**" gilt es die Voraussetzungen für eine erfolgreiche Durchführung des IT-Projekts zu schaffen. Hierzu gehören die Festlegung der Projektleitung und des Projektteams sowie die Projektplanung. Es sind auch die technischen Voraussetzungen zu schaffen, damit die Projektdurchführung beginnen kann.

Zu den Aufgaben der „**Analysephase**" gehört die Durchführung der Bestandsaufnahme im Unternehmen des Auftraggebers. Es sind die Aufbauorganisation und die Geschäftsfelder des Auftraggebers zu beschreiben. Zum anderen sind die Geschäftsprozesse, die von dem geplanten Projekt betroffen sind, zu analysieren.

Die „**Konzeptionsphase**" umfasst die Definition des angestrebten Soll-Zustands.[91] Aus dem in der Analysephase festgestellten Ist-Zustand können geeignete Maßnahmen konzipiert werden, um die gewünschten Anforderungen zu erreichen.

Für die „**Anpassungsphase**" muss ein Entwicklungssystem zur Verfügung stehen. In diesem Entwicklungssystem können die in der Konzeptionsphase definierten Anpassungen umgesetzt werden. In dieser Phase werden Tests durchgeführt. Zudem beginnt der Auftraggeber mit der Umsetzung organisatorischer Änderungen in seinen Geschäftsprozessen.

Die „**Umstellungsphase**" sieht die Übernahme der Altdaten – sowie die Aktivierung der Schnittstellen vor. Eine Abnahmeprüfung kann ebenfalls Bestandteil dieser Phase sein.

b) **Phasenschema nach dem Wasserfallmodell, Vertragliche Risikominimierung für den Auftragnehmer.** Ein klassisches Phasenschema für IT-Projekte folgt aus dem so genannten Wasserfallmodell. In diesem Phasenschema lässt sich gut die für IT-Projektverträge sinnvolle Aufteilung in **Planung und Konzeption** sowie **Realisierung** einbringen:

---

[88] Siehe hierzu *Auer-Reinsdorff* ITRB 2010, 93.
[89] Siehe ausführlich Schneider/von Westphalen/*Schneider* Kap. C → Rn. 113 ff. mwN; *Koch* ITRB 2010, 114; *Frank* CR 2011, 138; vgl. auch *Fuchs/Meierhöfer/Morsbach/Pahlow* MMR 2012, 427; *Kremer* ITRB 2010, 283; *Söbbing* ITRB 2014, 214.
[90] Siehe dazu bereits oben → Rn. 21 f.
[91] Zur Soll-Analyse siehe → Rn. 91 ff.

133 **Checkliste**

☐ **Planung und Konzeption (ggf. mit einer dienstvertraglichen Gestaltung zu Gunsten des Auftragnehmers)**
- Idee, Gründung des Projekts
- Vorstudie
- Grobkonzept
- Machbarkeitsstudie
- Ist-Analyse
- Schwachstellenanalyse
- evtl. Machbarkeitsstudie II
- Fachliche Grobkonzeption
- evtl. technische Grobkonzeption
- Fachliche Feinspezifikation (entspricht dem „Pflichtenheft")
- Technische Feinspezifikation (oder erst im Rahmen der Realisierung)

☐ **Realisierung (im Regelfall nach Werkvertragsrecht)**
- Evtl. erst hier: Technische Feinspezifikation/Realisierungsplanung
- „Programmierung" und Customizing (Anpassung)
- Modultests, Funktionstests
- Integrationstests
- Dokumentation, Implementierung
- Tests auf Testsystem (evtl. des Auftraggebers)
- evtl. Tests auf Produktivsystem
- Abnahme-/Abschlussprüfung

134 Für eine Minimierung der vertraglichen Risiken des Auftragnehmers bietet sich die Aufteilung des IT-Projekts in zwei Phasen, nämlich Planung und Konzeption sowie die sich anschließende Realisierung, an. Wichtig für bei dieser Zweiteilung ist die genaue „Schnittstelle": **Ab wann** hat grundsätzlich der Auftragnehmer das Risiko der Realisierung zu tragen, ab wann **greift also das „Erfolgsmoment" für das** (gesamte) **IT-Projekt?** Grundsätzlich ist dies die Stufe nach Verabschiedung der fachlichen Anforderungen, also die Stufe der technischen Spezifikation.

135 Die **Planungs- und Konzeptionsphase** kann an die dienstvertragliche Risikoverteilung angelehnt werden. Dienstvertraglich insofern, als der Auftraggeber bei der Ermittlung seiner eigenen Anforderungen unterstützt werden soll, aber selbst die Verantwortung dafür trägt, dass sie richtig und vollständig ermittelt werden.

136 Die sich daran anschließende Realisierungsphase kann werkvertraglich gestaltet werden. So trivial diese Empfehlung ist, so oft wird gegen sie verstoßen: Sehr viele Auftragnehmer übernehmen eine vertragliche Verpflichtung, obwohl es keine klare Spezifikation der Anforderungen des Auftraggebers gibt, geben dennoch ein Festpreisangebot ab und holen später während des IT-Projekts die Ermittlung der fachlichen Anforderungen, also die erste Phase des IT-Projekts, nach. Dies ist ein unwahrscheinlich hohes Risiko, da der Auftraggeber praktisch ins Blaue hinein sogar mehr fordern könnte bzw. Streit darüber vorprogrammiert ist, was er fordern darf/kann.[92]

137 Sämtliche Aufgaben, die eigentlich zur Planung und Konzeption gehören, werden in solchen Fällen im Rahmen der Realisierung abgearbeitet und zwar faktisch auf Kosten des Auftragnehmers. Die einzige Richtlinie als Bewertungsmaßstab ist der „mittlere Ausführungsstandard", evtl. noch leicht verändert durch die berechtigten Erwartungen des Auftraggebers (also zu dessen Gunsten verändert). Wenn aber der Auftraggeber tatsächlich gewisse Anhaltspunkte dafür liefert, was er „erwartet", ist damit auch ein genauerer Maßstab für den Ausführungsstandard festgelegt, wie zB „hoch verfügbar", „modern", „hoch performant" oder „aufwärtskompatibel". Dies können im Detail auch **Zusicherungen** sein. Jedenfalls legen sie ein Anspruchsniveau fest, das nicht dem „mittlerem Ausführungsstandard"

---

[92] Siehe bspw. OLG Köln Urt. v. 6.3.1998 – 19 U 228/97, CR 1998, 459.

entspricht. Auch an dieser Stelle wird wieder deutlich: Wenn es keine spezifizierten Anforderungen, mithin kein „Pflichtenheft"[93] gibt und dieses auch nicht während des Projekts hergestellt werden soll, ist der Auftragnehmer gewissermaßen den Forderungen des Auftraggebers ausgeliefert, die er als Erwartungshaltung selbst ausgelöst hat, etwa durch seine Präsentation und Angebotsdarstellung. Dies gilt insbesondere, wenn der Auftraggeber sich bei der Auftragsvergabe hierauf bezieht.

c) **Variationsmöglichkeiten bei der vertraglichen Gestaltung.** Die Grundkonstruktion des Wasserfallmodells und die sich daraus ergebende Vertragsgestaltung kann variiert werden. Dies kann erfolgen durch eine „Zwischenstufe", in der die in der ersten Phase gewonnenen Anforderungen bepreist werden und ein abschließender „Review" der Anforderungen erfolgt. Damit der Auftragnehmer kontrollierbar bleibt und ein aussagefähiges Angebot für die Realisierung abgibt, sollte schon für die Planungs- und Konzeptionsphase gelten, dass er seine Kalkulation am Ende der Planungs- und Konzeptionsphase offen legt. Auf dieser Basis kann der Auftraggeber dann ggf. gemeinsam mit dem Auftragnehmer festlegen, an welchen Anforderungen er wirklich festhalten möchte, welche er also wirklich realisieren will. Evtl. kann die „Zwischenstufe" an Ausstiegsszenarien und Kündigungsmöglichkeiten eröffnen.

Auch ein Gesamtwerkvertrag lässt sich bei einer Aufteilung eines IT-Projekts in Planung und Konzeption sowie Realisierung konstruieren: Von der Vertragstypologie her lässt sich selbst Planung und Konzeption als Werkvertrag einordnen, wenn der Auftragnehmer beauftragt wird, das „Pflichtenheft" – unter Mitwirkung des Auftraggebers – zu erstellen.

Für eine solche Konstellation lässt sich folgendes Argument anführen: der Auftraggeber könne nicht wissen, was er verlangen darf. Dies gilt besonders bei Einführung von Standardsoftware, weil der Auftraggeber die Standardsoftware, zu der er Änderungswünsche hat, naturgemäß nicht im Detail kennt. Hier besteht regelmäßig erheblicher Beratungsbedarf, der nur vom Auftragnehmer erbracht werden kann. Ein weiteres Dilemma für den Auftraggeber entsteht dadurch, dass die Formulierung qualifizierter Anforderungen eine grundsätzliche Einarbeitung in die Abläufe der Standardsoftware erfordern kann. Es müssen in der Planung und Konzeption bereits vergütungspflichtige Schulungen stattfinden. In der Planung und Konzeption stecken folglich erhebliche Investitionen für den Auftraggeber, die ins Leere laufen, wenn sich vor der Realisierung herausstellt, dass die gewünschte Standardsoftware die Anforderungen des Auftraggebers nicht oder nicht zu vertretbarem wirtschaftlichen Aufwand erfüllen kann. Um eine richtige Planungs- und Konzeptionsphase werden die Vertragspartner allerdings dennoch nicht herum kommen. Gegebenenfalls lässt sich das vorstehend geschilderte Dilemma über **Vergütungsregelungen** abfedern:

- Das Kostenrisiko aus der Planung und Konzeption für den Auftraggeber kann dadurch entschärft werden, dass der Auftragnehmer dem Auftraggeber anbietet, die Realisierungsphase zu einem deutlich abgesenkten Preis vorzunehmen, indem er die Vergütung für die Planung und Konzeption teilweise anrechnet.
- Alternativ können die Investitionsrisiken des Auftraggebers für die Planungs- und Konzeptionsphase gering gehalten werden, wenn dem Auftragnehmer als „Belohnung" für die erfolgreiche Planung eine höhere Vergütung für die Realisierung bezahlt wird.

VI. Projektverantwortung, Projektleitung und Projektmanagement sowie Projektorganisation

1. Bedeutung und Begrifflichkeiten und falsche Vorstellungen

Während es zum *Projektmanagement*[94] eine Vielzahl an aufschlussreicher Fachliteratur gibt,[95] werden *Projektverantwortung* und Projektsteuerung wenig behandelt, sind aber

---

[93] Siehe dazu → Rn. 24 f.
[94] Definition des Begriffs „Projektmanagement" nach V-Modell 97: *„Gesamtheit von Führungsaufgaben, -organisation, -techniken und -mitteln für die Abwicklung eines Projekts."*
[95] ZB *Kellner*, Die Kunst IT-Projekte zum Erfolg zu führen; *Wieczorrek/Mertens*, Management von IT-Projekten; *Mangold*, IT-Projektmanagement kompakt.

umso mehr durch falsche Vorstellungen der Beteiligten geprägt: IT-Abteilung und Projektmanagement auf Seiten beider Vertragspartner vertreten häufig eine Auffassung zu Steuerung und Verantwortung, die nicht zwingend in Einklang mit der rechtlichen Betrachtung steht. So glauben die entsprechenden Abteilungen auf Seiten mancher Auftraggeber, der Auftragnehmer habe die **Verantwortung** für einen werkvertraglichen Projekterfolg übernommen, die **Steuerung** für das Projekt läge aber auf Seiten des Projektleiters des Auftraggebers.[96] Den darin liegenden Widerspruch können oder wollen viele nicht sehen. Anderseits wird gerade bei diesem Themenkomplex deutlich, dass die Erfolgsfaktoren, die für ein IT-Projekt aus betriebswirtschaftlicher und Sicht der Risikovorsorge sowie der Prozessverantwortung gelten, nicht unbedingt mit der Verantwortungszuweisung der in Betracht kommenden Vertragstypen in Einklang zu bringen sind.

2. Projektverantwortung

142 a) **Zuweisung der Verantwortlichkeit nach den gesetzlichen Bestimmungen.** Die Regelungen im BGB zur Projektsteuerung sind minimal. Das Gesetz verwendet den Begriff Erfolg, die Begriffe „Verantwortung", „Projektverantwortung" oder „Projektleitung" jedoch nicht.

143 § 631 Abs. 1 BGB besagt, dass ein Auftragnehmer durch den Werkvertrag zur Erstellung des versprochenen Werkes verpflichtet wird. § 631 Abs. 2 BGB präzisiert, der Gegenstand des Werkvertrages könne die **Herstellung oder Veränderung einer Sache** sein, aber auch die **Herbeiführung eines** anderen durch Arbeit oder Dienstleistung herbeizuführenden Erfolgs. Aus der Erfolgsorientierung des Werkvertrags und der Aufteilung der vertraglichen Pflichten ergibt sich, dass grundsätzlich bei einer werkvertraglichen Gestaltung der Auftragnehmer im Verhältnis zum Auftraggeber **allein** die Verantwortung für den Erfolg trägt. Die Risikoverteilung des Werkvertrages geht daher davon aus, dass der Auftragnehmer das Risiko für die Fertigstellung des geschuldeten Werkes übernimmt, er trägt somit die Projektverantwortung. Um diese Verantwortung auszufüllen, hat er gewissermaßen auch das **Recht und die Pflicht zur Projektleitung.**

144 Die werkvertraglichen Regelungen verteilen also die „Projektverantwortung" in Kombination mit „Projektleitung" auf die Seite des Auftragnehmers und die Mitwirkung auf Seite des Auftraggebers. Das Recht zur Ausübung fachlicher Weisungen ändert im Werkvertragsrecht nichts an der Verteilung der Verantwortung. Das Werkvertragsrecht geht von der klaren Erfolgsverantwortung des Auftragnehmers aus.[97] In der Konsequenz ergibt sich die Verpflichtung zur Projektleitung.

145 Wählen die Vertragspartner eine dienstvertragliche Gestaltung, bei der der Auftragnehmer auf Zuruf und somit im Rahmen der Steuerung des Auftraggebers tätig wird, kann auch die Zuweisung der Projektverantwortung anders aussehen.

146 Ein **Beispiel** für eine **dienstvertragliche** Gestaltung wäre in etwa Folgende:

Ein Versicherungsunternehmen will ein neues spartenübergreifendes Bestandsführungssystem[98] einführen. Die Gesamtverantwortung und damit auch die Gesamtprojektsteuerung soll beim Versicherer selbst liegen. Für die Konzeptionsphase wird ein international tätiges IT-Beratungshaus eingesetzt, dessen Mitarbeiter für die Organisation und Durchführung der Konzeption verantwortlich sind. Auf Basis der entstehenden Konzepte sollen dann von Entwicklern des Versicherers und Entwicklern eines Softwarehauses die einzelnen Komponenten des Bestandsführungssystems entwickelt werden. Geplant ist eine Entwicklung in gemeinsamen Teams, jeweils unter der Leitung eines IT-Mitarbeiters des Versicherers. Es wird ausschließlich auf den Systemen des Versicherers und in dessen Räumen entwickelt. Von ihm stammen auch die Vorgaben zu Programmiersprache, Architektur und Entwicklungswerkzeugen.

---

[96] Der Kunde könnte eigene Mitarbeiter bzw. sein Team „beistellen", der Auftragnehmer es steuern, dann wäre dies Werkvertrag: BGH Urt. v. 23.1.1996 – X ZR 105/93, CR 1996, 467.
[97] Hierzu wählt *Koch*, IT-Projektrecht, → Rn. 136 einen anderen Ansatz: *„Die Projektsteuerung liegt grundsätzlich im Verantwortungsbereich des Auftraggebers, soweit er nicht den Auftragnehmer mit entsprechenden Steuerungsaufgaben beauftragt. Der Auftraggeber muss insbesondere für die rechtzeitige Durchführung von Mitwirkungsleistungen sorgen. Für die Steuerung der Software-Erstellung ist hingegen der Anbieter verantwortlich."*
[98] Software zur Verwaltung und Bearbeitung von Versicherungsverträgen bei Erstversicherern.

In dieser Konstellation liegt beim mit der Entwicklung einzelner Komponenten beauftragten Auftragnehmer allenfalls eine auf einzelne Arbeitsergebnisse begrenzte Erfolgsverantwortung, keinesfalls die Projektverantwortung für das Gesamtprojekt.

b) Ausschließliche Projektverantwortung beim Auftragnehmer und Projektverantwortung bei mehreren Auftragnehmern. IT-Projekte sind zumeist sehr komplex, die zu lösenden Aufgabenstellungen häufig zunächst sehr abstrakt und in nur wenigen Fällen wird der Auftragnehmer umfassendes Know-how über Unternehmensstruktur und Geschäftsprozesse des Auftraggebers haben. Unterstellt man die Anwendung reinen Werkvertragsrechts auf IT-Projekte, läge die alleinige Erfolgsverantwortung beim Auftragnehmer. Diese ausschließliche Verantwortlichkeit ist vermutlich kaum praktikabel.

So setzt beispielsweise eine erfolgreiche **Implementierung** von Software auch die **Veränderung von Geschäftsprozessen beim Auftraggeber** voraus.[99] Hierfür kann der Auftragnehmer aber keine abschließende Erfolgsverantwortung übernehmen, da die Durchsetzung von Organisations- und Re-Strukturierungsmaßnahmen nur durch den Auftraggeber selbst erfolgen kann.

Spätestens dann, wenn an einem IT-Projekt **mehrere Auftragnehmer** beteiligt sind, muss der Auftraggeber die Koordination übernehmen, sofern die Auswahl und Entscheidung der Beauftragung verschiedener Subunternehmer in der Risikosphäre des Auftraggebers liegt (etwa weil der Auftraggeber glaubt, durch den Einkauf von einzelnen Bestandteilen des Projekts bei unterschiedlichen Anbietern die Kosten des Projekts zu senken). Für die Koordination und Steuerung der Subunternehmer ist dagegen der Auftragnehmer verantwortlich. Ebenso ist denkbar – gerade bei unerfahrenen Auftraggebern –, dass der Auftragnehmer dem Auftraggeber vorschlägt, einzelne Bestandteile des Projekts (etwa die Hardwarebeschaffung und deren Wartung) von anderen (evtl. sogar namentlich benannten) Auftragnehmern ausführen zu lassen. Dann kann es sich für den Auftraggeber empfehlen, ausdrücklich zu regeln, dass den Auftragnehmer eine Pflicht zur Koordinierung und Synchronisierung der verschiedenen Leistungsbeiträge trifft.[100]

c) Interessenausgleich im Rahmen der Vertragsgestaltung. Die vertragliche Ausgestaltung der Projektverantwortung muss im Zweifel einen angemessen Interessenausgleich schaffen. Das Gesetz bietet keine ausreichenden Steuerungsmechanismen, um die Spannungsverhältnisse, die sich aus der Steuerung eines IT-Projekts ergeben, zu lösen. Abhilfe kann nur eine entsprechende vertragliche Gestaltung schaffen, die sich an den denkbaren Risiken orientiert und eine ausgewogene, die Interessen beider Vertragspartner berücksichtigende Regelung, enthält. Um die Risiken in IT-Projekten einigermaßen beherrschbar zu machen, sind auch bei der Vertragsgestaltung Methoden und Vorgehensweisen zu berücksichtigen, die für beide Vertragspartner mehr Sicherheit mit sich bringen. **Die starre Risikoverteilung der gesetzlichen Regelung wird dem nicht gerecht.** Erforderlich sind daher:
- detaillierte und klare Beschreibungen der zu erbringenden Leistungen;
- ausführliche Projektplanung;
- Risikoanalyse[101] des Projekts (vor dem Projektstart);
- begleitendes Qualitätsmanagement;
- begleitendes Controlling (laufend);
- ausführliche Tests während der Entwicklung und vor der Abnahme.

Zu den vertraglichen Elementen der Projektverantwortung **muss** Folgendes gehören:
- **Festlegungen des geschuldeten Erfolgs** im Rahmen von Leistungsbeschreibung und/oder „Pflichtenheft, ergänzt um einen Projektplan oder Fristen- und Aktivitätenplan;

---

[99] Siehe dazu auch → Rn. 61 ff.
[100] Zur Koordinierungs- und Synchronisierungspflicht beim Webshop-Outsourcing siehe → § 20 Webshop-Outsourcing.
[101] Definition der Begriffe „Risiko" und „Risikoanalyse" im V-Modell 97: „Risiko ist ein Maß für Gefährdung, die von einer Bedrohung ausgeht. Es setzt sich aus der Eintrittshäufigkeit und den möglichen Auswirkungen zusammen." „In der Risikoanalyse wird untersucht, wie wahrscheinlich es ist, dass eine der ermittelten Bedrohungen wirksam wird und wie hoch der Schaden ist, der dabei entsteht. Das Risiko wird aus der Eintrittswahrscheinlichkeit und der zu erwartenden Schadenshöhe ermittelt."

- Regelungen hinsichtlich der Änderungen des Leistungsinhalts im Sinne von **Change Request Verfahren** und **Change Management** (in Abstufungen nach Dringlichkeit und Erforderlichkeit) mit einem Anpassungsinstrumentarium hinsichtlich der vereinbarten Termine und der vereinbarten Vergütung;[102]
- klare **Arbeitsteilung** und Abgrenzung zwischen dem Projektleiter des Auftragnehmers und dem verantwortlichen „Ansprechpartner" des Auftraggebers;
- klare **Strukturierung des Projekts** auch in Verbindung mit der Vergütungsabrede. Zu erreichende Meilensteine sollten klar definiert werden, so dass jederzeit überprüft werden kann, ob die jeweiligen Ziele erreicht sind.

152 Der Projektfortschritt ist regelmäßig zu erfassen. Zur Erfassung des Projektfortschritts gehört das Monitoring des Projektstatus hinsichtlich der Einhaltung von Terminen und Meilensteinen, sowie die Budgetkontrolle. Der Projektfortschritt kann sich aus einen **Projektbericht** ergeben, der von der Projektleitung regelmäßig (in etwa monatlich)[103] zu erstellen ist. Ein aussagekräftiger Projektbericht enthält unter anderem folgende Punkte:
- Ist-Stand der Projektarbeiten, spezifiziert nach dem jeweiligen Status „fertiggestellt/erledigt", „in Arbeit", „in Unterbrechung", „noch zu bearbeiten";
- Status Terminplan Aktivitäten und Arbeitsergebnisse (Vergleich Ist- und Sollterminplan);
- Status Budgetplan Aktivitäten und Arbeitsergebnisse (Vergleich Ist- und Sollbudget);
- Übersicht über die Auslastung der personellen Kapazitäten;
- Darstellung von Problemen und Risiken (aktuelle Engpässe bei den personellen Kapazitäten, zu ändernde Sachverhalte) mit einer Bewertung und Priorisierung der Risiken.

153 Neben dem Projektbericht sollten die Vertragspartner ein **Projekthandbuch** führen. Bestandteil des Projekthandbuchs sind etwa die Protokolle der Besprechungen der Projektteams und des Lenkungsausschusses sowie Protokolle zu Tests und Abnahmeprüfungen, die regelmäßig erstellten Projektberichte sowie Change Requests. Ein Projekthandbuch soll dazu dienen im Falle von Konflikten und Meinungsverschiedenheiten den Projektverlauf nachvollziehen zu können.

3. Projektleitung und Projektmanagement

154 a) **Grundsätze des Projektmanagements.** Verantwortlich für den Erfolg eines IT-Projekts ist in erster Linie die Projektleitung. **Alle Aktivitäten, die die Projektleitung zur erfolgreichen Realisierung eines IT-Projekts unternimmt werden unter dem Begriff des Projektmanagements zusammengefasst.** Um einen IT-Projektvertrag gestalten zu können, sollten die Grundsätze des Projektmanagements auch den Verfassern der vertraglichen Formulierungen bekannt sein. Die **Anforderungen an das Projektmanagement**[104] sind:
- Beherrschung der Komplexität;
- Planung, Initialisierung, Steuerung und Kontrolle aller erforderlichen Aktivitäten;
- Einordnung des Vorhabens in den unternehmerischen Gesamtzusammenhang;
- Koordinierung der Mitarbeiter;
- Koordinierung der unterschiedlichen Interessen, Anforderungen und Zielvorstellungen;
- Festlegung von Zielen, an denen sich der Erfolg des Projekts messen lässt;
- Festlegung von messbaren Qualitätskriterien;
- Durchsetzung der Qualitätsanforderungen;
- Durchführung von realistischen Schätzungen;
- Entwicklung von Plänen;
- Kontrolle von Ergebnissen und steuerndes Eingreifen bei Abweichungen;
- Orientierung aller Beteiligten auf das gesetzte Ziel.

---

[102] Siehe dazu unten → Rn. 186 ff. sowie → § 11 Erstellung von Software.
[103] Bei komplexen oder mit besonders hohem Risiko behafteten Projekten sollte es wöchentliche Projektberichte geben.
[104] Vgl. *Kellner*, Die Kunst, IT-Projekte zum Erfolg zu führen, S. 24 f.; *Müller-Hengstenberg*, Der Vertrag als Mittel des Risikomanagements, CR 2005, 385 und *Koch*, IT-Projektrecht, → Rn. 148.

In der Lehre zum Projektmanagement haben sich eine Reihe von Grundsätzen herausgebildet, die beachtet werden müssen, wenn IT-Projekte erfolgreich abgeschlossen werden sollen:[105]
- Strukturierung von Projekten;
- Betonung der Konzeptionsphase, in der die Projektziele festgelegt werden;
- Festlegung klarer Ziele und Vorgaben, die allen Beteiligten bekannt sind;
- frühes Erkennen von Risiken;
- schnelle Reaktion auf Projektstörungen, Konflikte und Meinungsverschiedenheiten;
- personifizierte Verantwortung.

Die Bedeutung eines guten Projektmanagements für den Erfolg ist nicht zu unterschätzen. Die Vertragspartner sollten an dieser Stelle keine Abstriche machen. Es ist richtig, dass durch die Aktivitäten des Projektmanagements Mitarbeiter-Ressourcen gebunden werden und natürlich auch Aufwand entsteht. Vor dem Hintergrund, dass IT-Projekte in erheblicher Zahl scheitern, sollten die Vertragspartner die Investition nicht scheuen.

b) Leistungen zum Projektmanagement. Die Leistungen des **Projektmanagements** gehören zu den entscheidenden Erfolgsfaktoren – jedenfalls in jedem komplexeren Projekt. Projektmanagement bedeutet Organisation des Projektverlaufs. Ein wesentliches Element des Projektmanagements liegt in der **Projektleitung**. Dabei handelt es sich im Wesentlichen um Führungsaufgaben, die auch entsprechend qualifiziertes Personal erfordern.

Zum Projektmanagement gehören die Planung, Steuerung und Durchführung des Projekts, einschließlich der erforderlichen Maßnahmen zur Qualitätssicherung, Projekt- und Ergebnisdokumentation aller Projektschritte. Das Projektmanagement hat folgende Aufgaben abzudecken:
- Das Projektmanagement plant, kontrolliert und steuert die projektinternen Tätigkeiten.
- Das Projektmanagement bildet die Schnittstelle zu projektexternen Einheiten.
- Dem Projektmanagement obliegt die Aufgabe eines Projektrepräsentanten.
- Das Projektmanagement bildet das Informationszentrum des Projekts.

Die einzelnen Leistungen dazu können zum Teil vom Auftragnehmer übernommen werden, einige Aufgaben müssen jedoch im Regelfall beim Auftraggeber verbleiben.

4. Projektorganisation

Die Projektorganisation ist naturgemäß abhängig von der Projektgröße und dem genauen Projektgegenstand. Bei kleineren Projekten bleiben die Projekteinheiten in den allgemeinen Unternehmensstrukturen verankert und werden von dort aus gesteuert. Für Großprojekte wird meist eine autonome Projektorganisation installiert, die als eigenständiger, weitgehend unabhängiger Mechanismus funktioniert. Bei mittleren Projekten ist auch eine Kombination möglich. Dann werden nur Projektleitung und Projektcontrolling institutionalisiert, im Übrigen wird je nach Bedarf auf Mitarbeiter und Ressourcen der bestehenden Unternehmenseinheiten zurückgegriffen.

Viele IT-Projekte scheitern aufgrund mangelnder Organisation und nicht aufgrund mangelnder technischer Fähigkeiten des Auftragnehmers. Der IT-Projektvertrag sollte daher auch in der Praxis durchsetzbare und lebbare Regelungen zur Projektorganisation enthalten.

Folgende Anforderungen müssen durch die Organisation eines Projekts erfüllt werden:
- Kompetenzen müssen eindeutig geregelt sein.
  Wer entscheidet was?
- Aufgaben und Verantwortungsbereiche sind klar abzugrenzen.
  Wer macht was?
  Wer verantwortet welche Ergebnisse?
- Entscheidungswege müssen so kurz wie möglich sein. Projekte stehen oft unter Zeitdruck. Bürokratie muss demnach vermieden werden.
- Getroffene Entscheidungen müssen nachvollziehbar sein.

---

[105] *Schelle*, Projekte zum Erfolg führen, S. 33.

Wer hat wann was wie und warum entschieden?
Welche Informationen und welcher Kenntnisstand lagen zum Zeitpunkt der Entscheidung vor?
- Informationen müssen schnell, vollständig und korrekt an die richtigen Zielpersonen weitergegeben werden.
- Es muss eine flexible Anpassung an geänderte Anforderungen und Randbedingungen möglich sein.

162 Eine typische Projektorganisation für ein Projekt mittlerer Größe sieht folgende Rollen vor:

Anwender/Auftraggeber	Entscheidungsbefugte Person.
Lenkungsausschuss	Er stellt die übergeordnete Instanz zur Projektüberwachung und -steuerung, trägt in der Regel die Verantwortung für das Erreichen der Ziele und genehmigt Abweichungen und Ergänzungen des Umfangs.
Projektleitung	Jeder beteiligte Partner benennt in der Regel einen Verantwortlichen für diese Aufgabe. Daneben ist eine Person zu bestimmen, die für den vertraglich vereinbarten Projektablauf verantwortlich ist. Die Kompetenzen und die Abgrenzung zum Lenkungsausschuss sollten festgelegt werden.
Projektteam	Hierzu gehören alle externen und internen Mitarbeiter, die am Projekt mitwirken. Sie sind in der Regel fachlich dem Projektleiter des eigenen Unternehmens unterstellt. Die Weisungsbefugnis des Gesamtprojektleiters lässt sich in der Regel nicht für die Projektmitarbeiter aus anderen Unternehmen vereinbaren.
Spezielle Gruppen/Teams	Zur Erledigung spezieller Aufgaben (Qualitätssicherung, Tests) wird in der Regel eine vom übrigen Projektgeschehen weitgehend unabhängige Organisation mit gesonderten Mitarbeitern aufgebaut, um die Effizienz der Arbeiten zu verbessern.
Projektbüro	Organisatorische Einheit (verantwortlich für Dokumentation und Administration).

163 Im Hinblick auf die Besetzung von Gremien spricht eher für einen dienstvertraglichen Charakter, wenn alle Gremien (va die Projektleitungsgremien) paritätisch aus Mitarbeitern des Auftraggebers und des Auftragnehmers besetzt sind und wenn somit alle Leitungsaufgaben und -entscheidungen im Projekt von beiden Parteien gemeinsam vorgenommen werden. Dann „verwässert" möglicherweise die Verantwortung des Auftragnehmers.

VII. Leistungen des Auftraggebers (Mitwirkung und Beistellungen)

1. Erforderlichkeit der intensiven Mitwirkung zum Erreichen des Projekterfolgs

164 a) **Unzureichende vertragliche Regelungen und mangelnde Durchsetzung der Mitwirkung im IT-Projekt.** Ob der Auftraggeber rechtzeitig und richtig mitwirkt, ist ein häufiger Streitpunkt in IT-Projekten.[106]

Beispielsweise enthält ein IT-Projektvertrag eine Regelung zur Durchführung eines vierwöchigen Integrationstests vor dem geplanten Produktivsetzungstermin. Der Auftraggeber müsste für die Tests nach den vertraglichen Bestimmungen zum einen aussagekräftige Testfälle bereitstellen, zum anderen die Tests mit einer Anzahl von mindestens zehn Mitarbeitern aus den Fachabteilungen „Vertrieb" und „Produktion" sowie „Buchhaltung" durchführen. Dadurch, dass die Mitarbeiter des Auftraggebers nicht von ihren operativen Aufgaben frei gestellt werden, bleibt die Anzahl der erarbeiteten Testfälle

---
[106] Siehe hierzu auch → § 11 Erstellung von Software.

dürftig und die Tests selbst werden nur in einem minimalen Umfang durchgeführt. Der Auftragnehmer erkennt die mangelhafte Testdurchführung, ohne jedoch auf mögliche Auswirkungen für die geplante Produktivsetzung hinzuweisen. Die Geschäftsleitung des Auftraggebers sieht die Risiken der schlechte Vorbereitung nicht und erklärt den Produktivsetzungstermin in jedem Fall durchführen zu wollen. In den ersten drei Wochen nach der Produktivsetzung treten erhebliche Fehler auf. Die Mitarbeiter beider Vertragspartner müssen umfangreiche Überstunden machen, um das System in einen stabilen Zustand zu bringen. Es entstehen Konflikte darüber, wer den Mehraufwand zu tragen hat.

Die vertraglichen Regelungen zur Mitwirkung sind – sofern sie überhaupt vorhanden sind – zumeist dürftig oder unbestimmt. Der Auftraggeber stellt sich zudem häufig vor, mit der Zahlung der Vergütung seinen wesentlichen Beitrag zum Gelingen des IT-Projekts zu leisten. Soweit es vertragliche Verpflichtungen zur Mitwirkung gibt, werden sie nicht gelebt. Mitwirkungsleistungen werden zwar in den Verträgen meist erwähnt, jedoch nicht im Detail ausgestaltet und – schlimmer noch – im Projekt selbst erheblich vernachlässigt. Dabei wird übersehen, dass der Auftragnehmer Leistungen und Vorarbeiten des Auftraggebers zur Erfüllung der vertraglichen Ziele benötigt.

Dennoch versäumt es der Auftragnehmer im Hinblick auf eine vermeintlich partnerschaftliche Vorgehensweise die Mitwirkung einzufordern. Erst, wenn eine Schieflage bereits eingetreten ist, besinnt man sich darauf, dass der Projekterfolg entscheidend davon abhängt, dass der Auftraggeber ebenfalls umfangreiche Aktivitäten einbringt.

b) Voraussetzung der Mitwirkung für den Projekterfolg. Bei Vertragsgestaltung und Vertragsverhandlung wird beispielsweise häufig ignoriert, dass ein **IT-Projekt nur zum Erfolg führen kann, wenn alle erforderlichen betriebswirtschaftlichen und organisatorischen Daten des Auftraggebers umfassend berücksichtigt sind.** Eine solche umfassende Berücksichtigung ist ohne intensive Mitwirkung des Auftraggebers allerdings nicht möglich.[107] Eine der Besonderheiten eines IT-Projekts liegt daher in den gesteigerten Anforderungen an die Informations- und Hinweispflichten des Auftraggebers. Wie bereits in → Ziffer III dargestellt ist eine umfassende Konzeption ohne den Auftraggeber bzw. seine Mitarbeiter nicht möglich.

Schließlich geben viele Auftraggeber im Rahmen der Vertragsanbahnung die Parole aus, eine Software solle aus Kostengründen soweit wie möglich „im Standard"[108] eingeführt werden, stattdessen werde man die betrieblichen Organisationsstrukturen an die Prozesse der Software anpassen.[109] Dementsprechende Formulierungen in Angeboten der Auftragnehmer lauten wie folgt:

„Die Vertragspartner sind dabei darüber einig, dass die Implementierung der Vertragssoftware möglichst nahe an der Standardfunktionalität der Lizenzsoftware erfolgen soll und der Auftraggeber – soweit erforderlich – seine Geschäftsprozesse entsprechend der Standardfunktionalität der Lizenzsoftware prüfen und – sofern keine nachvollziehbaren Gründe dagegen sprechen – anpassen wird. Auf dieser Annahme basieren auch die bereits erstellten Lastenhefte".

Aus Sicht des Auftragnehmers ist dabei vor allem problematisch, dass er faktisch keine Kontrollmöglichkeit hat, ob und inwieweit der Auftraggeber seine Organisationsstrukturen tatsächlich anpasst, da es sich um einen rein auftraggeberinternen Prozess handelt. Im schlimmsten Fall stellt sich erst in der Abnahme- und/oder Testphase heraus, dass eine Anpassung der Organisationsstrukturen nicht oder nur unzureichend erfolgt ist. Außerdem wird der mit der Anpassung verbundene Arbeits- und Organisationsaufwand auftraggeberseitig häufig unterschätzt, weshalb sich im Projektverlauf nicht selten ein (schleichender) Wandel hin zur immer weitreichenden Anpassung der Software vollzieht.

Ein Erfordernis zur umfangreichen Mitwirkung des Auftraggebers ergibt sich häufig auch daraus, dass ein mit einem Auftragnehmer durchgeführtes IT-Projekt nur Teil eines Gesamtprojekts ist. Ein Auftraggeber will beispielsweise sein Netzwerk modernisieren, bei seinem ERP-System einen Releasewechsel durchführen und eine neue Archivierungslösung einführen. Die Koordination dieser Teilprojekte liegt in der Verantwortung des Auftraggebers und ist damit auch Teil seiner Mitwirkung gegenüber den jeweiligen Auftraggebern.

---

[107] Siehe auch *Witzel/Stern* ITRB 2007, 167 (167); *Müller-Hengstenberg/Krcmar* CR 2002, 549 (549).
[108] Dh orientiert am Standardfunktionsumfang der einzuführenden Software.
[109] *Schneider* ITRB 2008, 261.

171 Egal, um welchen Bereich es sich handelt, der Komplex „Mitwirkungspflichten des Auftraggebers" birgt ein erhebliches Konfliktpotential, dem durch entsprechend klare und verständliche vertragliche Regelungen vorgebeugt werden sollte. Die vertragsgemäße Leistung des Auftragnehmers wird häufig von der Erfüllung der Mitwirkungspflichten des Auftragebers abhängen. Den wechselseitigen Abhängigkeiten muss im IT-Projektvertrag und in der tatsächlichen Zusammenarbeit Rechnung getragen werden.

172 **c) Übersicht über typische Mitwirkungs- und Beistellungsleistungen.** Häufig in IT-Projektverträgen enthaltene Mitwirkungs- und Beistellungsleistungen sind folgende Aktivitäten:
- Übermitteln aller benötigten Informationen an den Auftragnehmer, etwa über (vorhandene) Netzwerkstruktur, Systemumgebung (Betriebssystem, Datenbanksoftware und Hardwareausstattung), Schnittstellen, Geschäftsprozesse und fachliche Anforderungen;
- Durchführung von Tests mit qualifizierten und geschulten Mitarbeitern aus den betroffenen Fachabteilungen, Bereitstellung von aussagekräftigen Testfällen und konsistenten und umfassenden Testdaten;
- Bereitstellen der erforderlichen Installationsvoraussetzungen und Internet-Verbindungen (vor allem auch bei Outsourcing-Projekten);
- Zugänglichmachung der benötigten IT-Infrastruktur;
- Zugang zu Räumlichkeiten, Bereitstellung von Arbeitsplätzen für die Mitarbeiter des Auftragnehmers
- Beschaffung erforderlicher Systemkomponenten (Hardware, Datenbanksoftware, benötigte Open Source Komponenten);
- Teilnahme an Schulungen, ggf. Durchführung von Schulungen der Endanwender des Auftraggebers durch vom Auftragnehmer geschulte Key-User;
- Vorbereitung und Durchführung der Abnahmeprüfung[110] mit qualifizierten Mitarbeitern anhand der vereinbarten Abnahmekriterien sowie Dokumentation der bei der Abnahme auftretenden Mängel;
- Vorbereitung und Durchführung der Altdatenübernahme;
- Übermittlung von Fehlermeldungen;
- Entscheidungen über die Durchführung von Change Requests.

173 Die vorstehende Übersicht soll nur eine Vorstellung darüber geben, welche Aktivitäten des Auftraggebers als erforderliche Mitwirkung in Betracht kommen. Für die eigentliche Vertragsgestaltung stellt sich immer die Frage, welche konkreten Mitwirkungsleistungen im betroffenen Projekt relevant werden könnten. Eine abschließende und allgemeingültige Auflistung ist nicht möglich und auch nicht sinnvoll, da **jedes IT-Projekt individuelle Anforderungen an die Mitwirkung des Auftraggebers stellt**. Die folgende Einordnung in Kategorien soll aber zumindest einen groben Überblick über die unterschiedlichen Ausprägungen der Mitwirkungsleistungen geben:[111]
- **Inhaltliche Leistungen:** Bekanntgabe und Erläuterung der Geschäftsprozesse/Unternehmensstruktur und regelmäßig auch der fachlichen Anforderungen (Pflichtenheft),[112] Durchführung von Probeläufen. Die Mitwirkung kann ggf. auch personelle Beistellungen umfassen.[113]
- **Organisatorische Leistungen:** Vorbereitung von Besprechungen, Erteilung von Zugangsberechtigungen zu Räumen und vorhandenen Systemen, Bennennung und Abordnung kompetenter Ansprechpartner für alle Fragen des Auftragnehmers.
- **Sachleistungen:** Bereitstellung der IT-Infrastruktur, Netzanbindung, Kommunikationseinrichtungen, sowie von Räumen, Software und Lizenzen, Testdaten und Testfällen.[114]

174 Zur Vermeidung späterer Konflikte entscheidend ist häufig die klare und unmissverständliche Beschreibung der einzelnen Mitwirkungsleistungen. Für den jeweiligen Auftraggeber

---

[110] Die Abnahme gilt aus vertragliche Hauptleistungspflicht des Auftraggebers, zu Obliegenheiten und Hauptleistungspflichten siehe auch → Rn. 172 ff.
[111] Vgl. *Witzel/Stern* ITRB 2007, 167 (168); Schneider/von Westphalen/*Witzel* Kap. 7 Rn. 218.
[112] Siehe zum Pflichtenheft im Detail → Rn. 52 ff.
[113] Siehe auch *Schneider* Kap. H. Rn. 158.
[114] *Schneider* Kap. H. Rn. 152 u. 158.

VII. Leistungen des Auftraggebers (Mitwirkung und Beistellungen)

wird eine unzureichende Beschreibung der Mitwirkung spätestens dann zum Dilemma, wenn er das Ausbleiben der Mitwirkungsleistung rügen will. Häufig ist mangels eindeutiger Regelung im IT-Projektvertrag nicht zu bestimmen, welche Mitwirkungsleistung der Auftraggeber zu welchem Zeitpunkt hätte erbringen müssen. Dies bedeutet, dass ein IT-Projektvertrag (oder eine Anlage) möglichst vollständige und klar aufgeschlüsselte Aktivitäten des Auftraggebers definieren muss. Zudem muss der Auftraggeber erkennen können, wann er welche der festgelegten Aktivitäten durchführen muss und welche Abhängigkeiten sich ggf. für die Leistungen des Auftragnehmers ergeben.

Eine Festlegung der einzelnen Mitwirkungsleistungen nach Vertragsschluss – zB in einem so genannten Kick-off Meeting[115] empfiehlt sich nicht: Die Festlegung der Mitwirkungsleistungen ist bereits eine Vertragsänderung, die für ihre Verbindlichkeit die Durchführung eines formellen Change Request Verfahren erfordert. Allenfalls wäre es denkbar die im Vertrag bereits beschriebenen Mitwirkungsleistungen im Projektverlauf weiter zu detaillieren und Termine für deren Erbringung zu vereinbaren.

d) Umfang der Mitwirkungsleistungen. Die Mitwirkungsleistungen des Auftraggebers haben bei IT-Projekten einen weitaus höheren Stellenwert als bei anderen (Werk-) Verträgen: Ein erfolgreiches IT-Projekt ist ausgeschlossen, wenn die umzusetzenden Geschäftsprozesse nicht genau definiert, die Datenstrukturen und das Berichtswesen nicht festlegt oder die Funktionsfähigkeit der Standardsoftware und ihrer Anpassungen nicht anhand vom Auftraggeber (ggf. mit Unterstützung des Auftragnehmers) erstellter Testdaten und Testfälle überprüft wird.[116] Der Auftraggeber muss sich demzufolge darauf einrichten, dass das Erbringen der erforderlichen Mitwirkungsleistungen personal-, zeit- und kostenintensiv ist. Der Umfang der erforderlichen Mitwirkungsleistungen des Auftraggebers wird jedoch häufig unterschätzt:[117]

Projektphase	Anteil des Auftraggebers in %
Idee, Planung, Studie	10 %
Angebotseinholung, Auswahl des Softwareanbieters, Vertrag	10 %
Definition der Anforderungen	20 %
Testumgebung, Tests und Abnahmen	15 %
Benutzereinweisung	5 %
Projektmanagement	20 %
Qualitätssicherung	20 %

Der Auftraggeber muss bei „normalen" IT-Projekten damit rechnen, dass intern für Mitwirkungsleistungen nochmals 30–50 % des extern vergebenen Aufwands anfallen. Der Auftraggeber muss eine Kalkulation des für die Erbringung seiner Mitwirkungsleistungen erforderlichen Zeitaufwandes vornehmen. Genauer kalkulierbar ist dieser Aufwand allerdings nur, wenn der Auftragnehmer die erforderliche Mitwirkungsleistung konkret anfordert und in die vertraglichen Vereinbarungen einfließen lässt und auch Angaben zum geschätzten Umfang der Mitwirkung macht. Demzufolge erfordern die vertraglichen Regelungen eine konkrete Festlegung der Mitwirkungsleistungen, um die Projektkosten vollständig kalkulieren zu können.[118] So können beispielsweise für Tests zu liefernde Echtdaten, die von einem Auftraggeber unter Umständen über mehrere Lieferungen hinweg aus einem laufenden Produktivsystem zu extrahieren und an den Auftragnehmer zu liefern sind, erheblichen Aufwand verursachen. Nur eine genaue Darstellung der Mitwirkungsleistungen ermöglicht die

---

[115] So vorgeschlagen von *Zahrnt*, Projektmanagement von IT-Verträgen, Seite 64.
[116] Schneider/von Westphalen/*Witzel* Kap. G Rn. 216; zu Test- und Abnahmeverfahren → Rn. 213 ff.
[117] *Streitz*, IT-Projekte retten, S. 57.
[118] *Müglich/Lapp* CR 2004, 801 (804).

Ermittlung der Gesamtkosten des Projekts, eine realistische Zeitplanung sowie eine Kosten/Nutzen-Analyse und ein Controlling.

178   e) **Abruf von Mitwirkungsleistungen.** Mit vertraglichen Festlegungen allein ist es nicht getan: Der Auftragnehmer ist auch gehalten, die vereinbarten Mitwirkungsleistungen rechtzeitig einzufordern, soweit nicht im Projektplan[119] konkrete Termine für die Erbringung enthalten sind. Besteht eine der Mitwirkungsleistungen zum Beispiel darin, dass bestimmte Hardwarekomponenten zu beschaffen sind oder muss der Auftraggeber eine Testumgebung aufbauen, kann der (verbindliche) Projektplan hierfür entsprechende Meilensteine[120] vorsehen. Auf das Fehlen von Mitwirkungsleistungen kann sich ein Auftragnehmer nur berufen, wenn er den Auftraggeber zu ihrer Durchführung aufgefordert hat oder verbindliche Termine vereinbart wurden.[121] Kommt der Auftraggeber offensichtlich mit der Erbringung der vereinbarten Mitwirkungsleistungen nicht zurecht (etwa weil ihm die personellen Ressourcen fehlen) muss der Auftragnehmer seine, kostenpflichtige Unterstützung anbieten und Hilfestellung leisten.

2. Gesetzliche Regelungen zur Mitwirkung

179   a) **Mitwirkung nur beim Werkvertrag.** Die gesetzlichen Regelungen zur Mitwirkung des Auftraggebers sind sehr knapp gehalten. Nur für den Werkvertrag ist die Mitwirkung des Auftraggebers ausdrücklich in §§ 642 ff. BGB vorgesehen. Für den Dienstvertrag fehlen entsprechende Regelungen. **Zu Art und Umfang der Mitwirkungspflichten macht das BGB auch bei den werkvertraglichen Bestimmungen keine konkreten Angaben.** Daher greift die Rechtsprechung – soweit die Vertragspartner keine besonderen Vereinbarungen getroffen haben – auf § 242 BGB und die Grundsätze von Treu und Glauben zurück, um Art und Umfang der Mitwirkungspflichten zu bestimmen,[122] was für beide Seiten zu erheblicher Rechtsunsicherheit führt.

180   b) **Grundsatz: Mitwirkung als Obliegenheit.** Außerdem ist die **Mitwirkung des Auftraggebers im Sinne der §§ 642 ff. BGB dem BGH zufolge eine bloße „Obliegenheit" des Auftraggebers**,[123] mit der Folge, dass sie weder einklagbar noch anderweitig erzwingbar ist.[124]

181   Dem Auftragnehmer bleibt nur die Möglichkeit, gem. § 642 Abs. 1 BGB eine angemessene Entschädigung zu verlangen und ggf. nach § 643 BGB vorzugehen, dh, dem Auftraggeber zur **Nachholung der unterbliebenen/unzureichenden Mitwirkungsleistung eine angemessene Frist zu setzen,** verbunden mit der Ankündigung, den Vertrag zu kündigen, wenn die Mitwirkung nicht innerhalb der Nachfrist erfolgt.[125] Gemäß § 300 Abs. 1 BGB haftet er zudem in Folge des Annahmeverzugs nur für Vorsatz und grobe Fahrlässigkeit.

182   Schadensersatzansprüche wegen „Verschulden bei Vertragsschluss" oder „Schlechtleistung" im Sinne von § 280 Abs. 1 BGB können bei Verletzung der Mitwirkungspflichten durch den Auftraggeber nur in engen Ausnahmefällen geltend gemacht werden.[126] Nach vie-

---

[119] Definition des Begriffs „Projektplan" laut V-Modell 97: *„Der Projektplan beschreibt ein wohldefiniertes Vorgehen innerhalb eines Projekts. Im Projektplan werden (1) die Vorgehensweise – „wie" – (Aktivitäten, Zwischenergebnisse) festlegt, (2) die anzuwendenden Methoden und Hilfsmittel – „womit" – bestimmt, (3) die einzuhaltenden Rahmenbedingungen vorgeben, (4) die Projektorganisation, Ressourceneinsatz und Termine festgelegt".*
[120] Definition des Begriffs „Meilenstein" laut V-Modell 97: *„Bedeutungsvolles Ereignis (Fertigstellung bestimmter Produkte) im Vorhabenablauf, das sich terminlich planen und überwachen sowie zur Bewertung des Vorhabenfortschritts einsetzen lässt."*
[121] Siehe auch Schneider/von Westphalen/*Redeker* Kap. D Rn. 396.
[122] Vgl. die Rechtsprechungsnachweise bei Palandt/*Sprau* § 642 → Rn. 1.
[123] BGH Urt. v. 13.11.1953 – I ZR 140/52, NJW 1954, 229; BGH Urt. v. 16.5.1968 – VII ZR 40/66, NJW 1968, 1873; vgl. auch Palandt/*Sprau* § 642 → Rn. 2; *Müller-Hengstenberg/Krcmar* CR 2002, 549 (554) mwN.
[124] *Witzel/Stern* ITRB 2007, 167 (168); *Müller-Hengstenberg/Krcmar* CR 2002, 549 (554).
[125] Detailliert zu den Rechtsfolgen bei fehlender/unzureichender Mitwirkung des Auftraggebers siehe → § 11 Erstellung von Software.
[126] So, wenn der Auftraggeber die Regelungen der §§ 642 f. BGB für einen billigen Ausstieg aus dem Vertrag missbraucht, indem er einfach die erforderlichen Mitwirkungsleistungen nicht erbringt, vgl. *Roth* ITRB 2001, 194; dem wirkt die Rechtsprechung entgegen, indem sie dem Auftragnehmer dann einen pVV-Schadensersatzanspruch wg. Verletzung vertraglicher Treupflichten durch den Auftraggeber zuspricht, vgl. BGH Urt. v. 13.11.1953 – I ZR 140/52, NJW 1954, 229.

len Stimmen in der Literatur besteht aufgrund der gesetzlichen Regelungen kein Erfordernis die Obliegenheit zur klagbaren Mitwirkungspflicht aufzuwerten.[127]

c) Vertragliche Ausgestaltung der Mitwirkung als Pflicht. Die Zuordnung der Mitwirkung als reine Obliegenheiten erscheint ob der Tatsache, dass weder die Festlegung der erforderlichen Anpassungen an eine Standardsoftware noch die Umsetzung notwendiger Maßnahmen zur organisatorischen Implementierung ohne erhebliche Unterstützung seitens des Auftraggebers denkbar sind, nicht angemessen. Deshalb ist es aus Sicht des Auftragnehmers geboten, mit gestalterischen Maßnahmen im IT-Projektvertrag einzugreifen und zu versuchen, **die Mitwirkungsobliegenheiten möglichst in Mitwirkungspflichten zu transformieren.**[128]

Grundsätzlich ist es zulässig, vertraglich eine (Neben-)Pflicht des Auftraggebers zur Mitwirkung festzuschreiben.[129] Dabei **ist jedoch unbedingt auf eine klare und eindeutige Formulierung zu achten, die die beabsichtigte Rechtsfolge klar zum Ausdruck bringt.**[130] Allerdings soll nach wohl herrschender Ansicht in der Literatur eine pauschale Klausel, wonach alle Mitwirkungspflichten des Auftraggebers Hauptpflichten sind, jedenfalls in auftragnehmerseitigen AGB unwirksam sein.[131] Mitwirkungsleistungen vertraglich wirksam als Pflichten auszugestalten, soll danach nur individualvertraglich und unter konkreter Benennung der zu erbringenden Leistungen möglich sein.[132]

3. Formulierungsbeispiel für eine vertragliche Regelung der Mitwirkungsleistungen (auftragnehmerfreundlich)

§ 1 Mitwirkung des Auftraggebers
§ 1.1 Einzelne Mitwirkungsleistungen der Auftraggebers
Der Auftraggeber erbringt unter diesem Vertrag insbesondere folgende Mitwirkungsleistungen:
  Organisation der Workshops im Rahmen der Konzeptionsphase;
  Erstellung der Feinspezifikation
  Anpassung der auftraggeberseitigen Organisationsstrukturen gem. den Festlegungen in der Feinspezifikation
  Bereitstellung von SAP-Know-how, soweit notwendig;
  Aufbau der SAP-seitigen Testsysteme;
  Bereitstellung der jeweils aktuellsten Version der Lizenzsoftware als Voraussetzung für die Durchführung der Integrationstests der Vertragssoftware;
  Bereitstellung der erforderlichen aktualisierten Hardware
  Bereitstellung eines Fernwartungszugangs
  Bereitstellung von geeigneten Arbeitsplätzen für Mitarbeiter des Auftragnehmers
  Durchführung regelmäßiger Datensicherung
  Vorbereitung der Testfälle (Testkonzept, Checklisten)
  Bereitstellung von konsistenten und qualitätsgesicherten Testdaten
  Durchführung von Tests
  Durchführung/Teilnahme an Abnahmeprüfungen
  Durchführung/Teilnahme an Lasttests (Massenzugriffe)
§ 1.2 Mitwirkungsleistungen als Hauptleistungspflichten
Die Vertragspartner sind sich einig, dass das Projekt unter diesem Vertrag einer intensiven Zusammenarbeit und Kooperation bedarf. Ohne die Erbringung der Mitwirkungsleistungen durch den Auftraggeber ist das Projekt nicht erfolgreich durchführbar, insbesondere kann die Implementie-

---

[127] *Koch* IT-Projektrecht Rn. 173 und *Redeker* IT-Recht Rn. 432.
[128] Außerdem: auch die erfolgreiche Projektdurchführung wird regelmäßig im Interesse des Auftragnehmers liegen (Reputation, Verbesserung der Position im Markt, Erweiterung des Know-hows, etc). Hierfür benötigt er jedoch eine Handhabe, welche die Mitwirkung des Auftraggebers als einklagbare Pflicht erzwingbar macht, vgl. *Müller-Hengstenberg/Krcmar* CR 2002, 549 (554 f.) mwN.
[129] Palandt/*Sprau* § 642 Rn. 3.
[130] *Witzel/Stern* ITRB 2007, 167 (168); zur Auslegung vertraglicher Mitwirkungsregelungen: *Müglich/Lapp* CR 2004, 801 (802), mwN.
[131] *Schneider* Kap. H. Rn. 147a; Schneider/von Westphalen/*Redeker* Kap. D. Rn. 241; *Roth* ITRB 2001, 194 (195) mwN.
[132] *Roth* ITRB 2001, 194 (197); Schneider/von Westphalen/*Redeker* Kap. D. Rn. 240; Beispiel einer Mitwirkungsleistung als Hauptpflicht: OLG Köln Urt. v. 12.2.1999 – 19 U 119/98, CR 2000, 212.

rung der Vertragssoftware nur erfolgen, wenn der Auftraggeber seinen Mitwirkungspflichten nachkommt. Die in § 1.1 genannten Mitwirkungspflichten sind daher Hauptleistungspflichten des Auftraggebers.

§ 1.3 Hinweispflicht seitens des Auftragnehmers, Nachfristsetzung, Kündigung und Zusatzaufwand

Erbringt der Auftraggeber seine Mitwirkungsleistungen unter diesem Vertrag nicht oder nicht vertragsgemäß innerhalb der im Fristen- und Aktivitätenplan festgelegten Termine, werden die Fristen und Termine für den Auftragnehmer angemessen verlängert. Der Auftragnehmer teilt dem Auftraggeber die konkret unterlassenen Mitwirkungsleistungen unter Hinweis auf eine etwaige Veränderung der Ausführungsfristen mit.

Erbringt der Auftraggeber seine Mitwirkungsleistungen innerhalb angemessener Fristen und Termine nicht oder nicht fristgerecht, ist der Auftragnehmer zur Nachfristsetzung berechtigt. Verstreicht auch die Nachfrist erfolglos, ist der Auftragnehmer zur außerordentlichen Kündigung berechtigt, sofern dies in der Nachfristsetzung angekündigt wurde. Daneben kann der Auftragnehmer vom Auftraggeber die Vergütung von Zusatzaufwand, der ihm auf Grund von unterlassenen Mitwirkungsleistungen des Auftraggebers entsteht, nach der jeweils geltenden Preisliste in Anlage ...... zu diesem Vertrag verlangen.

VIII. Change Requests und Change Management[133]

1. Kein IT-Projekt ohne Change Requests

186 Nahezu alle IT-Projekte erfahren im Laufe ihrer Durchführung Änderungen und Ergänzungen im Leistungsumfang. Bei komplexen IT-Projekten mit mehrjähriger Laufzeit muss auch bei präziser anfänglicher Leistungsbeschreibung und bei Vorliegen eines detaillierten „Pflichtenhefts" mit Änderungen während des Projektverlaufs gerechnet werden. Im Rahmen einer intensiven Zusammenarbeit der Vertragspartner finden unvermeidlich Lernprozesse statt. Technische Weiterentwicklungen und gesetzliche Änderungen sowie geänderte Strategien des Auftraggebers können zu Änderungen (so genannten „Changes") in einem IT-Projekt führen. Allerdings sollten die Vertragspartner unbedingt darauf achten, dass die Anzahl der Änderungen nicht unbegrenzt und unkontrolliert steigt. **Änderungen führen nämlich im Regelfall zu Mehraufwand und zu Terminverschiebungen und damit auch häufig zur Unzufriedenheit des Auftraggebers und teilweise sogar zum Scheitern eines IT-Projekts.**[134] Die Vertragspartner sollten daher im IT-Projektvertrag Regelungen dafür treffen, dass Änderungen (Change Requests) grundsätzlich möglich sind und ein Prozedere dafür finden, wie mit Mehraufwänden und durch Change Requests bedingten Verzögerungen umzugehen ist. Dessen ungeachtet sollten die Vertragspartner ein Change Management implementieren, das für eine restriktive Handhabung von Change Requests sorgt, in etwa durch

---

[133] Vgl. Schneider/von Westphalen/*Redeker* Kap. D. Rn. 156 ff.; *Müller-Hengstenberg* CR 2005, 385 (390 f.); *Redeker*, Handbuch der IT-Verträge, Kap. 1.6, Rn. 18 ff.; siehe außerdem → § 11 Erstellung von Software und → § 16 Standardklauseln; **Rechtsprechung zu Änderungen im Projekt/Change Request:** BGH Urt. v. 24.6.1986 – X ZR 16/85, CR 1986, 799 – S-Projekt I; KG Berlin Urt. v. 1.6.1990 – 14 U 4238/86, CR 1990, 768: Mit gewissen Änderungen und Ergänzungen der Programme im Laufe der Programmierarbeiten und dadurch bedingten Verzögerungen hat der Anbieter zu rechnen und sie von vornherein zu berücksichtigen, wenn eine Betriebsanalyse durch ein Pflichtenheft nicht erarbeitet worden war." (LS 3); BGH Urt. v. 7.3.1990 – VIII ZR 56/89, CR 1990, 707 – Geräteverwaltung – Herausnahme einer Spezialsoftware aus einem Gesamtprojekt; BGH Urt. v. 15.5.1990 – X ZR 128/89, CR 1991, 86 – Holzhandlung (nicht erfüllte Zusatzwünsche, „Selbstverständlichkeiten" trotz neuer Vertragsgestaltung); BGH Urt. v. 23.6.1992 – X ZR 92/90, CR 1993, 424 – S-Projekt II: Wirksame AGB-Klauseln, wonach sich der Kunde bei Änderungs- oder Ergänzungsarbeiten, die auf seinen Wunsch hin an den Programmen vorgenommen werden, nicht mehr auf früher vereinbarte Fertigstellungsfristen berufen kann. BGH Urt. v. 15.4.1999 – VII ZR 211/98, DB 1999, 1949, LS, Hat der Auftragnehmer im Nachtragsangebot für zusätzliche Leistungen selbst bereits Abzüge bei der Vergütung wegen Wegfalls anderer Leistungen, trägt er Beweislast für spätere Behauptung, der Abzug sei unberechtigt; BGH Urt. v. 20.2.2001 – X ZR 9/99, NJW 2001, 1718: Fälligkeit der Dokumentation mit Abschluss der Arbeiten am Programm.

[134] Siehe dazu auch die typischen Projektsünden → Rn. 13 ff.

eine Priorisierung von Change Requests oder durch Eskalationsmechanismen für den Fall, dass Change Requests im IT-Projekt überhand nehmen.

2. Typische Änderungssituationen und Regelungsbedarf bei Change Requests

a) Typische Änderungssituationen. Auch, wenn jedes IT-Projekt individuell ist, gibt es typische, immer wiederkehrende Änderungssituation.

Von so genannten „unvermeidlichen Änderungen", die laut BGH[135] vom Auftragnehmer in einem IT-Projekt einzukalkulieren sind, müssen diejenigen Change Requests abgegrenzt werden, die der Auftraggeber nachträglich stellt, weil sie ursprünglich nicht berücksichtigt werden konnten. Von diesen wiederum sind die Änderungen abzuschichten, die erforderlich sind, weil einerseits der Auftraggeber die Vorgabe nicht rechtzeitig eingebracht hat, andererseits der Auftragnehmer deren Fehlen nicht erkennen konnte.

Daraus ergeben sich **drei typische Änderungssituationen:**
- Die unvermeidbaren, angeblich einzuplanenden, immer wieder vorkommenden Änderungen;
- die nachträglichen, auf bestimmten Entscheidungen des Auftraggebers beruhenden Change Requests;
- die vom Auftraggeber „vergessenen" und vom Auftragnehmer im Rahmen der Konzeption nicht erkennbaren, fachlichen Anforderungen.

Für sämtliche dieser Änderungssituationen müssen die vertraglichen Regelungen „Handlungsanweisungen" treffen. Diese Handlungsanweisungen befassen sich allerdings nur mit „echten" Changes, nicht mit Mängeln erbrachter Leistungen.[136] Vor allem bei Vergütung nach Aufwand liegt es im Interesse des Auftraggebers, dass Leistungen zur Mängelbeseitigung nicht als Changes oder Change Requests abgerechnet werden. Es sollte dem Auftragnehmer nicht möglich sein durch Mängel seiner Leistungen noch zusätzlichen Umsatz zu generieren.

b) Vertraglicher Regelungsbedarf bei Change Requests. Schematisch lassen sich bei Änderungen und Change Requests verschiedene Stufen trennen, die bei der Vertragsgestaltung auch berücksichtigt werden sollten. Ein Auftragnehmer wird beim Werkvertrag grundsätzlich nicht verpflichtet sein, Change Requests – es sei denn es handelt sich um einen mangelbedingten Change – durchzuführen.[137]

Die nachfolgend darstellten Stufen basieren demzufolge auf dem Gedanken, dass ein Change Request **nur eine Aufforderung** an den Auftragnehmer darstellt, ein Angebot zur Umsetzung desselben zu unterbreiten.[138]

Zu beachten ist, dass Change Requests stets einer Überprüfung bedürfen und zwar sowohl hinsichtlich des Aufwands für ihre Umsetzung als auch hinsichtlich ihrer Auswirkun-

---

[135] Siehe vor allem BGH Urt. v. 24.6.1986 – X ZR 16/85, CR 1986, 799 (Reservekapazitäten im Hardwaremengengerüst wegen der im Projektverlauf immer üblichen Änderungen).

[136] An dieser Stelle zeigt sich erneut, dass die Begrifflichkeiten der Informatik und der Juristerei unterschiedlich sind. In der Informatik kann auch die Mängelbeseitigung zu einem Change führen, siehe auch *Koch*, IT-Projektrecht, Rn. 151 mwN; zu den Voraussetzungen eines Änderungsverlangens und des Anspruchs auf Zusatzvergütung für eine vertraglich zunächst nicht vorgesehene Leistung, siehe OLG Frankfurt a. Main Urt. v. 16.6.2011 – 18 U 35/10, NJW 2012, 863 – Keine Zusatzvergütung für Mehraufwand wegen Befolgung einer unberechtigten Aufforderung zur Mängelbeseitigung.

[137] Eine Verpflichtung ließe sich allenfalls aus § 313 Abs. 1 BGB ableiten, wenn sich aus einer Geschäftsgrundlage (dh den Vorstellungen beider Vertragspartner) entnehmen lässt, dass die Vertragspartner den Vertrag anders abgeschlossen hätten, hätten sie die Änderung bei Vertragsschluss vorgesehen. Kommt man über § 313 Abs. 1 BGB nicht zu einer Verpflichtung des Auftragnehmers könnte auch dahin gehend argumentiert werden, dass man aus dem *Charakter des komplexen Langzeitvertrages* ebenso wie auch aus der inzwischen mehrfach von den Gerichten festgestellten Zwangsläufigkeit von Änderungen im Projektverlauf schließen müsse, dass sich der Auftragnehmer Änderungsverlangen des Auftraggebers tatsächlich nur bei Unzumutbarkeit verwehren darf.

[138] Die Vertragspartner sollten bei Verhandlungen klären, ob dieser Grundgedanke dem gemeinsamen Verständnis entspricht. Es findet sich auch die Auffassung, dass der englischen Begriff des „request" so zu verstehen ist, dass der Auftraggeber einseitig bestimmte Leistungen fordern könne, die durch den Auftragnehmer auch zwingend umzusetzen seien.

gen auf vereinbarte Termine sowie die Verträglichkeit mit den übrigen Leistungen.[139] Evtl. machen einzelne Change Requests sogar bereits erbrachte Leistungen obsolet. Insofern bedarf es aus Sicht beider Vertragspartner einer ausgeklügelten Regelung, wonach auch der Prüfungsaufwand für einen Change Request zu erstatten ist und Festlegungen zu treffen sind, was in der Zwischenzeit mit dem Projekt zu geschehen hat (Weiterarbeit, Stillstand):

193

Checkliste

- ☐ Schriftlicher Change Request eines Vertragspartners, sofern dieser erkennt, dass das verabschiedete und abgenommene „Pflichtenheft" so nicht ausführbar ist;
- ☐ Automatischer Wegfall oder entsprechende Verschiebung von vereinbarten Terminen;
- ☐ Einstellung der laufenden Arbeiten je nach Art des Change Requests, evtl. schon während der Prüfung;
- ☐ Prüfung des Change Requests durch den Auftragnehmer, im Interesse des Auftragnehmers mit dem Vorbehalt, dass bereits diese Prüfung vergütungspflichtig ist, soweit die Vertragspartner keine anderweitige Vereinbarung treffen. Ggf. Mitteilung des Auftraggebers, ob das vergütungspflichtige Prüfungsverfahren durchgeführt werden soll;
- ☐ Mitteilung an den Auftraggeber oder Aufforderung an den Auftragnehmer, dass die Leistungserbringung vorläufig einzustellen ist, soweit sich aus dem Change Request Auswirkungen auf die derzeit in Arbeit befindlichen Leistungen ergeben (um Doppelarbeit zu vermeiden);
- ☐ Fristen für Reaktionen seitens des Auftragnehmers hinsichtlich der Mitteilung des Prüfungserfordernisses und seitens des Auftraggebers hinsichtlich der Beauftragung der Prüfung;
- ☐ Durchführung der Prüfung mit anschließendem Angebot zur Umsetzung des Change Requests. Die Inhalte des Angebots des Auftragnehmers sollten die Entscheidungsgrundlagen für den Auftraggeber klar aufbereiten;
- ☐ erneute Frist zur Reaktion auf das Angebot zur Umsetzung des Change Requests;
- ☐ ggf. Beauftragung des Angebots zur Umsetzung des Change Requests durch den Auftraggeber oder Ablehnung des Angebots;
- ☐ Entweder Umsetzung des Change Requests mit Anpassung der vereinbarten Termine;
- ☐ bei Ablehnung des Angebots zur Umsetzung des Change Requests weitere Umsetzung auf Basis des bisherigen „Pflichtenhefts";
- ☐ ggf. weitere Regelung, was im Falle der Nichtdurchführung geschehen soll, in etwa ein Recht zur (außerordentlichen) Vertragsbeendigung;
- ☐ Verpflichtung der Vertragspartner zum Change Management zur Vermeidung erheblicher Budgetüberschreitungen oder Verzögerungen;
- ☐ Verknüpfung des Change Request Verfahrens und des Change Managements mit Regelungen zum Projektmanagement und zur Konfliktlösung.

194 Bedingt durch den Inhalt eines Change Requests kann sich innerhalb des vereinbarten Change Request Verfahrens noch eine Differenzierung bei **Dringlichkeit der Umsetzung** als sinnvoll erweisen. Eine Unterscheidung ist dahingehend denkbar:
- unabweisbarer und sehr dringender Change Request des Auftraggebers;
- weniger dringender, gleichwohl vom Auftraggeber geäußerter Change Request, der aber evtl. entweder geschoben oder auch mit guten Gründen abgelehnt werden kann;
- Änderungen, die sich im Projektverlauf ergeben, da die ursprünglich vereinbarte Ausführungsart nicht tauglich ist, wobei es dann sehr darauf ankommt, wer die Ausführungsart und die damit verbundene Kalkulation hinsichtlich Preis und Zeitplan ausgearbeitet hat.

---

[139] Stimmt der Auftragnehmer Änderungswünschen des Auftraggebers zu, ohne die Terminverträglichkeit zu überprüfen, besteht das Risiko, dass er sich dann später trotz der Änderungen an den ursprünglichen Terminvereinbarungen festhalten lassen muss.

VIII. Change Requests und Change Management

3. Gefahren- und Konfliktpotential bei Change Requests

a) Informelle Change Requests im Projektverlauf. Insbesondere dann, wenn ein Change 195 Request aufgrund von Fehlern im „Pflichtenheft"[140] veranlasst ist, bleibt den Vertragspartnern wohl kein anderer Weg, als auch dann eine Anpassung des Leistungsumfangs vorzunehmen, wenn ein förmliches Change Request Verfahren nicht vereinbart ist.

Das Hauptproblem in dieser Konstellation stellt die Vergütung für solche Change Re- 196 quests sowie dessen Auswirkung auf vereinbarte Termine dar. Die Beurteilung der Konsequenzen eines solchen Change Requests wird im Einzelfall davon abhängen, ob der Auftragnehmer nach dem Vertrag das „Pflichtenheft" zu prüfen hatte und ob somit dann das spätere Erkennen eines Fehlers des „Pflichtenhefts" doch einen Mangel seiner Leistung darstellt oder ob er nur verpflichtet war, wenn er irgendwann im Projektverlauf ein Defizit des „Pflichtenhefts" erkennt, hierauf aufmerksam zu machen. Im Falle einer Prüfungspflicht des Auftragnehmers, die dieser nur unzureichend ausgeführt hat, wird er einen Change Request durchführen müssen.

Einigen sich die Vertragspartner im Projektverlauf ohne Einhaltung eines formellen 197 Change Request Verfahrens über Change Requests, vergessen sie oft im Rahmen ihrer inhaltlichen Einigung die Auswirkungen auf Termine und Budget ebenfalls festzuhalten. Selbst wenn stillschweigend Termine geschoben werden bzw. sich verlängern, bleibt unklar, in welcher Dimension dies geschieht. Oft ist auch nicht klar, ob überhaupt eine Abweichung vereinbart wurde, weil die vereinbarte Maßnahme nicht explizit als Änderung gehandhabt wurde. Bei Vergütung nach Aufwand werden die informellen Change Requests solange abgerechnet bis das vereinbarte Budget explodiert und das Projekt in die Schieflage gerät.

b) Fehlendes Change Management. Mit einer Vielzahl von Change Requests kann man 198 den Auftragnehmer praktisch Schachmatt setzen. Gerade die Beschleunigung bei der Beantwortung des Änderungsaufwands führt dazu, dass der Auftragnehmer in ein nahezu unübersehbares Risiko kommt, was die Durchführbarkeit der Änderungen bzw. deren Ausführbarkeit betrifft. Termine und Budget geraten zudem außer Kontrolle.

Es wird deshalb notwendig sein, 199

- ein IT-Projekt in möglichst kleine, handhabbare, zeitlich überschaubare und fachlich tragfähige Einheiten (Teilprojekte) zu zerlegen;
- Change Requests auf die Zeit nach Fertigstellung eines Teilprojekts zu verlegen und vor Beginn mit dem nächsten Teilprojekt die Entscheidung darüber herbeizuführen, ob ein Change Request noch ausgeführt werden soll oder nicht.
- Wenn allerdings durch einen Change Request bis dato erbrachte Leistungen oder noch zu erbringende Leistungen obsolet werden, dann sollte die Reißleine gezogen werden, das IT-Projekt stillstehen, eine umfangreiche Prüfung erfolgen und auch der Leistungsumfang selbst (völlig) neu gefasst werden.

Bei einer Vergütung zum Festpreis kann der Auftragnehmer die Erbringung von weiteren 200 Leistungen vor Abnahme kategorisch ablehnen. So könnte er gegenüber Änderungen der Leistungen, wie sie im Pflichtenheft festgelegt sind, geltend machen, dass eine etwaige Änderung zumindest nicht vor Abnahme erfolgen soll, um die Abnahmefähigkeit nicht zu gefährden, weil das Pflichtenheft die Referenz hierfür ist.[141]

4. Auswirkung von Änderungen auf Termine

Wenn im Vertrag verbindliche Termine vorgesehen sind, lässt sich oft schwer feststellen, 201 was mit diesen im Falle einer erheblichen Änderung geschehen soll: Hätte der Auftragnehmer Änderungen des Leistungsumfangs von vornherein einplanen müssen und demzufolge diese auch im Rahmen der Terminplanung berücksichtigen müssen? Oder konnte er davon

---

[140] Fehler im „Pflichtenheft" müssen jedenfalls dann keine Mängel der Leistung des Auftragnehmers darstellen, wenn das „Pflichtenheft" ausschließlich vom Auftraggeber oder in dessen Verantwortung erstellt wurde. Fehler im „Pflichtenheft" können daher einen „echten Change" darstellen.

[141] Siehe vor allem BGH Urt. v. 24.6.1986 – X ZR 16/85, CR 1986, 799 (Reservekapazitäten im Hardwaremengengerüst wegen der im Projektverlauf immer üblichen Änderungen).

ausgehen, dass immer Änderungen vorkommen und die Termine – quasi nach Treu und Glauben – automatisch geschoben werden?

202 Soweit die Verschiebungen als solche vorher hätten eingeplant werden können, weil sie vorhersehbar waren oder üblich sind, kommen Karenzzeiten gegenüber dem Auftragnehmer in Betracht.[142] Soweit sie nicht vorhersehbar waren, entfallen die Termine mangels anderweitiger Regelungen.[143]

203 Wenn Verschiebungen aufgrund vereinbarter bzw. vom Auftraggeber gewünschter Erweiterungen erkennbar werden, ist es eine wichtige Aufgabe des *Projektmanagements* (Controlling), den Terminplan/rahmen angemessen anzupassen. Auch kann es sinnvoll sein, sich noch während des Projektlaufs über die Ursachen und finanziellen Auswirkungen der Verschiebung (auch im Hinblick auf Pönalen, Prämien, Fälligkeiten) zu verständigen. So wird späterer Streit über diese Punkte vermieden, bei dem ansonsten das Zahlungsverlangen des Auftragnehmers verbunden mit einer Leistungsverweigerung den angeblichen Erfüllungsansprüchen des Auftraggebers gegenüberstehen. Eine solche Blockadesituation kann durch ein ausgereiftes Änderungsmanagement vermieden werden.

5. Vergütung von Mehraufwand

204 Nicht jeder Change Request muss Mehraufwand beim Auftragnehmer verursachen. Denkbar wären auch Minderungen des Aufwands. Aber es stellt sich bei jedem Change Request die Frage nach den Auswirkungen auf die vereinbarte Vergütung.

205 **a) Gesetzliche Bestimmungen.** Im Grundsatz gilt, dass zusätzliche Leistungen auch zusätzliche Vergütungsansprüche des Auftragnehmers auslösen.[144] Der Auftragnehmer kann also bei Change Requests – unabhängig von vertraglichen Vereinbarungen hierzu – die Auffassung vertreten, dass ihm ein Anspruch auf Anpassung der Vergütung zusteht. Dies wird häufig übersehen, obwohl es sowohl für Dienst- und Werkvertrag ausdrücklich im Gesetz geregelt ist (§ 612 BGB für Dienst-, § 632 BGB für Werkvertrag).[145] Evtl. kommt es auch darauf an, ob es sich um eine Zusatzleistung innerhalb des Vertrages oder um einen abgrenzbaren selbständigen Auftrag handelt.[146] Selbst bei Verträgen mit einer Vergütung zum Festpreis können nicht vorgesehene zusätzliche Leistungen auch ohne Abschluss eines gesonderten Vertrages vergütungspflichtig sein. Voraussetzung ist, dass es sich um erhebliche, zunächst nicht vorgesehene Leistungen **auf Veranlassung** des Auftraggebers handelt, wobei es nicht darauf ankommt, ob die Vertragspartner über die neue Preisgestaltung eine Einigung erzielt haben.[147] Allerdings sollten die Vertragspartner immer im Hinterkopf haben, dass nicht jede Änderung gleichbedeutend ist mit Mehraufwand, da in vielen Fällen statt der einen Leistung eine andere zu erbringen ist.

206 **b) Nachweis des Mehraufwands.** Die Dokumentation des ursprünglich vereinbarten Leistungsumfangs und nachträglicher Änderungen ist einer der großen, wichtigen Aufgabenbereiche der permanenten kaufmännischen, letztlich aber auch juristischen Projektbegleitung. Vor allem dann, wenn ein IT-Projektvertrag keine Regelung zum Change Request Verfahren enthält, stellt sich das Problem, ob der Auftragnehmer im Nachhinein nachweisen kann, dass ihm entweder eine verbindliche Änderung oder ein verbindlicher Zusatzauftrag erteilt worden ist und dass dieser einen erheblichen Mehraufwand erforderte.[148] Viele Auftragnehmer versäumen es bei fehlendem Change Request Verfahren oder mangelhaftem Change

---

[142] *Schneider* CR 2000, 27 (31).
[143] BGH Urt. v. 24.11.1998 – X ZR 21/96, CI 1999, 48 (Vereinbarung von Zusatzleistungen, Erweiterungen, lassen ursprünglich vorgesehenen Termin entfallen).
[144] Vgl. Palandt/*Sprau* § 632 Rn. 4 ff.
[145] Wichtig für über das Angebot hinausgehende Vorarbeiten: OLG Nürnberg Urt. v. 18.2.1993 – 12 U 1663/92, CR 1993, 553 mAnm *Bartsch*.
[146] Zur Abgrenzung siehe BGH Urt. v. 13.12.2001 – VII ZR 28/00, NJW 2002, 1492.
[147] BGH Urt. v. 8.1.2002 – X ZR 6/00, DB 2002, 1710; Palandt/*Sprau* § 632 Rn. 7.
[148] Hinzu kommt, wie bereits erwähnt, dass einige Gerichte der Auffassung sind, der Auftragnehmer hätte das Pflichtenheft zu erstellen. Fehlt ein solches, meinen sie, alle Veränderungen, die dann stattfinden, gingen mangels Nachweisbarkeit der Abweichung vom Pflichtenheft zu Lasten des Auftragnehmers. Diese Auffassung ist durch die Entscheidungen des BGH zum Pflichtenheft überholt (BGH Urt. v. 24.9.1991 – X ZR 85/90, CR 1992, 543).

Management, sofort einen Vorbehalt dahingehend anzubringen, dass sie den entstehenden Mehraufwand geltend machen werden.

Erleichtert wird der Nachweis von Mehraufwand in jedem Falle, also gleich ob Festpreis- oder Zeitaufwandsprojekt, wenn die vertraglichen Vereinbarungen eine Kalkulation enthalten, auf der entweder der Festpreis oder die Aufwandsschätzung beruht. In diesem Fall gibt es eine nachvollziehbare Referenz sowohl in fachlicher als auch in preislicher Hinsicht, um Änderungen als Mehrungen oder Minderungen qualifizieren zu können.[149]

Unter dem Aspekt des Change Request Verfahrens (gleich ob förmlich oder mehr informell) lohnt es, das Projekt im Vorhinein zu kalkulieren. Eine solche Kalkulation muss nicht, könnte aber theoretisch auch Geschäftsgrundlage werden. Bei Abweichungen lässt sich dann ermitteln, welcher Aufwand entfallen, welcher hinzugekommen ist und wie sich dieser Aufwand zum Gesamtvertrag verhält. An der Möglichkeit eines solchen Soll-Ist-Vergleichs fehlt es bei vielen Projekten.[150]

6. Ungeeignete Ausführungsart

Ein besonderer Fall des Changes ist die nachträgliche Feststellung einer ungeeigneten Ausführungsart. Es kommt durchaus häufiger vor, dass die Vertragspartner sich verbindlich auf eine bestimmte Ausführungsart einigen. Für IT-Projekte gibt es keine unmittelbar einschlägige Entscheidung. Jedoch hat der BGH in anderem Zusammenhang (Sanierungsarbeiten an Decken, Wänden und Fußböden) ausführlich zur Erfolgshaftung des Auftragnehmers beim Werkvertrag mit Vereinbarung einer bestimmten Ausführungsart Stellung genommen. Danach ändert sich grundsätzlich auch dann nichts an der Erfolgshaftung des Auftragnehmers im Rahmen eines Werkvertrages,

„wenn die Parteien eine bestimmte Ausführungsart vereinbart haben, mit der die geschuldete Funktionstauglichkeit des Werkes nicht erreicht werden kann. Der für die bestimmte Ausführungsart vereinbarte Werklohn umfasst, sofern die Kalkulation des Werklohns nicht allein auf den Vorstellungen des Auftragnehmers beruht, nur diese Ausführungsart, so dass der Auftraggeber Zusatzarbeiten, die für den geschuldeten Erfolg erforderlich sind, gesondert vergüten muss."[151]

Restriktiv für den Auftragnehmer ist dies insoweit, als er oft erst im Nachhinein versucht, den Mehraufwand geltend zu machen, sodass es ihm schwer fällt, diesen nachzuweisen. Vor allem gilt dies dann, wenn die Projektkalkulation nicht sauber bestimmten Leistungsbereichen zugeordnete Komponenten enthält, sondern pauschal erfolgt.

Der Auftragnehmer wird selbst bei Wahl der ungeeigneten Ausführungsart durch beide Vertragspartner von seiner Erfüllungs- bzw. Erfolgsverantwortung nicht frei, sondern nur auf eine ihm evtl. zustehende Zusatzvergütung verwiesen. Hier hat er zum einen den Nachweis zu führen, dass tatsächlich Mehraufwand entstanden ist und trägt darüber hinaus das Risiko, dass der Mehraufwand im Rahmen der Mängelhaftung teilweise oder vollständig als „Sowieso-Kosten" anzusehen ist.[152]

7. Formulierungsvorschlag

§ 1 Change Request Verfahren
§ 1.1 Änderungsverlangen (Change Request)
§ 1.1.1 Änderungsrecht und Verhandlungspflicht
Beide Vertragspartner sind berechtigt, den jeweils anderen Vertragspartner aufzufordern, über Änderungen der vereinbarten Leistungen (Change Requests) zu beraten und zu verhandeln. Beide

---

[149] Auch der Projektverlauf insgesamt lässt sich besser beurteilen, wenn eine nach Projektschritten spezifizierte Kalkulation vorliegt.
[150] Siehe zu Problemen der Rückrechnung auf erforderlichen Aufwand trotz vorliegender Stundenzettel, OLG München Urt. v. 22.12.1988 – 25 U 5810/86 – CR 1989, 283; BGH Urt. v. 16.7.1998 – VII ZR 350/96, NJW 1998, 3707 (wichtig, von wem bei geänderter Ausführungsart die Kalkulation stammt).
[151] BGH Urt. v. 16.7.1998 – VII ZR 350/96, NJW 1998, 3707.
[152] BGH Urt. v. 16.7.1998 – VII ZR 350/96, NJW 1998, 3707.

Vertragspartner sind nach entsprechender Aufforderung verpflichtet, in ernsthafte Beratungen und Verhandlungen einzutreten.

§ 1.1.2 Definition des Change Requests
Die Vertragspartner sind sich darüber einig, dass ein Change Request nur vorliegt:
- bei zusätzlichen funktionalen Anforderungen;
- bei Ergänzungen; sowie
- bei wesentlichen Abweichungen und Änderungen.

Die Vertragspartner sind sich einig, dass sich ein Change Request nicht aus der Konkretisierung bzw. Detaillierung einer bestehenden Anforderung im Pflichtenheft ergibt. Gleiches gilt auch für Ergänzungen und Detaillierung, die sich aufgrund des Hinweises des Auftragnehmers gemäß § ...... ergeben. Ein Change Request dient auch nicht dazu, etwa notwendige Änderungen der Ausführungsart zu behandeln.

§ 1.2 Leistungen bis zur Einigung über den Change Request
Bis zu dem Zeitpunkt, zu dem sich die Vertragspartner über den Change Request schriftlich geeinigt haben, werden die Vertragspartner ihre Leistungen so erbringen, als ob der Change Request nicht ausgesprochen worden wäre, es sei denn, dass dies schriftlich anders vereinbart wird. Dies gilt auch, wenn die Vertragspartner endgültig keine Einigung über den Change Request erzielen.

§ 1.3 Prüfung des Change Request
Soweit der Auftraggeber die Umsetzung eines Change Request wünscht, wird der Auftragnehmer prüfen, ob der gewünschte Change Request durchführbar ist und wird den Auftraggeber möglichst kurzfristig schriftlich darüber informieren, welche Auswirkungen sich dabei insbesondere hinsichtlich der Kosten und eines etwaig vereinbarten Zeitplans voraussichtlich ergeben.

Das Ergebnis der Prüfung beinhaltet daher folgende Aussagen:
- Eine Beschreibung der funktionalen Änderungen;
- eine Beschreibung der etwaigen Auswirkungen auf die Funktionen des Gesamtsystems insgesamt;
- eine Einschätzung zur Aufnahme der Änderung in den Produktstandard;
- eine Beschreibung der Auswirkungen auf den definierten Leistungsumfang und die Kosten (Mehr- oder Minderkosten);
- eine Beschreibung der Auswirkungen auf die vereinbarten Termine.

§ 1.4 Leistungsunterbrechung
Gegen Vergütung der Ausfallzeiten kann der Auftraggeber bis zur Einigung über einen vom Auftraggeber eingebrachten Change Request die teilweise oder vollständige Unterbrechung der Leistungen vom Auftragnehmer fordern. Eventuell vereinbarte Termine verlängern sich dementsprechend um die Ausfallzeit sowie um die Zeit, die der Auftragnehmer benötigt, um nach einer Unterbrechung die Wiederaufnahme der Arbeiten zu organisieren und die notwendigen Ressourcen wieder zur Verfügung zu stellen. Bringt der Auftragnehmer einen Change Request ein, kann der Auftragnehmer keine Vergütung der Ausfallzeiten verlangen, die durch den Change Request entstehen.

§ 1.5 Schriftform, Verfahren bei Ablehnung einer Änderung
Die Vertragspartner werden die gewünschten Änderungen in einer Änderungsvereinbarung schriftlich festlegen und gemeinsam verabschieden. Sämtliche Änderungen bedürfen der Unterzeichnung durch die von den Vertragspartnern benannten Ansprechpartner.
Wird über ein Änderungsverlangen keine Einigung erzielt, werden die Vertragspartner, soweit sie keine andere Vereinbarung treffen, die Leistungen entsprechend den ursprünglich verabschiedeten Vereinbarungen durchführen.

IX. Testverfahren und Abnahmeprüfungen

1. Einleitung

213   Vor allem Auftragnehmer scheinen die (formelle) Abnahme ihrer vertraglichen Leistungen zu scheuen. Sie versprechen sich eine identische Wirkung von produktiver Nutzung durch den Auftraggeber und setzen einen Echtstart mit dem „Go-Live" gleich.

Fallbeispiel:
Der Auftraggeber der Einführung eines ERP-Systems beginnt – ohne formelle Abnahmeerklärung – die Warenwirtschaft und das Rechnungswesen im Oktober 2007 unternehmensweit mit allen vorgesehenen Funktionalitäten produktiv zu nutzen. Dem Auftragnehmer werden regelmäßig Fehler gemeldet, bei denen es sich allerdings überwiegend um Fehler handelt, die die Anwender des Auftraggebers in der Abwicklung ihrer Aufgaben nur unwesentlich einschränken. Ausnahme sind jedoch immer wiederkehrende massive Beeinträchtigungen bei den System-Antwortzeiten im Bereich der Auftragserfassung, was vor allem die Mitarbeiter in der telefonischen Auftragsannahme zu spüren bekommen. Die Ursache der schlechten Antwortzeiten kann trotz umfangreicher Aufwände auf Seiten beider Vertragspartner nicht ermittelt werden. Der Auftragnehmer vermutet die Ursache (zumindest) auch im Netzwerk des Auftraggebers. Der Auftraggeber vertritt den Standpunkt, dass die Software und die vom Auftragnehmer empfohlene Hardware verantwortlich sind. Eine Lösung scheint nicht im Sicht. Im Juli 2009 vertreten die Anwälte des Auftraggebers die Auffassung, das ERP-System sei nie abgenommen worden. In der produktiven Nutzung seit Oktober 2007 könne auch keine stillschweigende Abnahme gesehen werden, da ständig Fehler gemeldet, dh Mängel gerügt wurden.

Für den Auftragnehmer ist diese Konstellation äußerst nachteilig. Ein Auftraggeber, der ohne formelle Abnahmeerklärung die produktive Nutzung aufnimmt, wird zu einem späteren Zeitpunkt kein großes Interesse mehr haben, eine Abnahmeprüfung durchzuführen und/oder entsprechende Erklärungen abzugeben. Die Unsicherheiten verbleiben beim Auftragnehmer. Rechtlich bleibt er im Erfüllungsstadium und trägt weiterhin die Beweislast für die vertragsgemäße Erfüllung. Dieser gerecht zu werden dürfte vor allem dann nahezu unmöglich werden, wenn nach Produktivsetzung – zum Beispiel über einen Pflegevertrag – weitere Leistungen erbracht werden. Es wird dem Auftragnehmer bei einem sich fortlaufend entwickelnden System kaum gelingen, den Nachweis zu erbringen, was wann ein vertragsgemäßer Zustand war.

Um solche Konflikte und die sich daraus ergebenden Unsicherheiten zu vermeiden, sind Regelungen zu Testverfahren und Abnahmeprüfungen bei IT-Projektverträgen von besonderer Bedeutung. IT-Projekte sind häufig so komplex, dass es ohne Vereinbarungen zu Tests und Abnahmen, die dann im Projektverlauf auch gelebt werden können, fast zwangsläufig zu Krisen in der Projektdurchführung kommen muss.[153] Das Thema Abnahme bei Softwareentwicklung und/oder Softwareanpassung hat sich – entgegen der Hoffnungen vieler Softwareanbieter – auch nicht mit der Schuldrechtsmodernisierung und der Neufassung von § 651 BGB gleichsam qua Gesetz erledigt. Nur noch vereinzelt wird in der Literatur die Auffassung vertreten, § 651 BGB n. F. sei auf Softwareerstellungs-/Softwareanpassungsverträge anzuwenden, die Praxis hat sich dagegen damit abgefunden, dass man auch nach neuer Rechtslage nicht um die Abnahme herumkommt.[154]

2. Notwendigkeit von Testverfahren und Abnahmeprüfungen

a) Definitionen zu Tests und Abnahme. Aus technischer und fachlicher Sicht ist die Vereinbarung von Testverfahren und Abnahmeprüfungen in IT-Projekten schon als Mittel des Projektmanagements zwingend erforderlich, um eine möglichst komplikationsfreie Arbeit gewährleisten zu können. Deshalb enthalten auch nahezu alle gängigen Projektvorgehensmodelle Regelungen zu Tests und Abnahmen.[155] Nach ANS I/IEEE 610.12–1990 ist ein Test *„the process of operating a system or component under specified conditions, observing or recording the results and making an evaluation of some aspect of the system or component."* Nach den Definitionen des V-Modell 97 ist der Abnahmetest *„ein formeller Test, zu dem Zweck festzustellen, ob ein Softwareprodukt die daran gestellten Abnahmekriterien erfüllt. Er bildet den Nachweis der Erfüllung der vereinbarten Anforderungen gegenüber dem Auftraggeber."* Der Begriff der Abnahme wird im V-Modell 97 so erläutert: *„Mit der erfolgreichen Abnahme wird der Auftragnehmer entlastet, und das abgenommene Produkt geht in*

---
[153] Siehe hierzu → Rn. 37 ff.
[154] *Witzel* ITRB 2008, 160; *Schneider* Kap. D Rn. 498 ff. mwN. Ob daran die Entscheidungen des BGH (beginnend mit der v. 23.7.2009 – VII ZR 151/08, CR 2009, 637) etwas ändert, ist offen. Eine ausführliche Darstellung zu § 651 BGB findet sich in → § 11 Erstellung von Software.
[155] Ausführlich zu verschiedenen Vorgehensmodellen: *Müller-Hengstenberg/Kirn* CR 2008, 755; *Rupp*, Requirements-Engineering und -Management, S. 47 ff.; siehe auch *Bischof/Witzel* ITRB 2006, 95; zum Abnahmeverfahren siehe auch → § 2 Spezifikation, Migration und Abnahme von Software.

das Eigentum des Auftraggebers über. Die Abnahme ist ein juristisch definierter Vorgang." Ob vor allem letztere Definition so geglückt ist, kann bezweifelt werden. Alle Darstellungen zeigen jedoch deutlich, worum es bei der Abnahme und den ihr vorausgehenden Tests und Prüfungen geht: dem Auftragnehmer wird aufgegeben darzustellen und nachzuweisen, dass er vertragsgemäß geleistet hat und dass die Festlegungen des „Pflichtenhefts" erfüllt sind. Durch fest vorgeschriebene Testverfahren und Abnahmeprüfungen kann überprüft werden, ob ein Produkt die geforderten Spezifikationen erfüllt (Verifikation) und mit den Kundenanforderungen übereinstimmt (Validierung).[156]

217 **b) Testarten.** Um ihren Zweck zu erfüllen, müssen die Tests, die Vorstufe und/oder Bestandteil der Abnahmeprüfung sind, eng an die einzelnen Entwicklungsschritte eines IT-Projekts angelehnt werden. Dies ist vor allem bei IT-Projekten mit hohem Komplexitätsgrad von großer Bedeutung. Häufig ist es sinnvoll, verschiedene Teststufen/-arten zu vereinbaren, den Bereich „Tests" also in mehrere Abschnitte zu unterteilen.

218 So dient es der Früherkennung von Fehlern, die einzelne Module einer Software unmittelbar nach Fertigstellung schon während der Entwicklungsphase einem „Modultest" zu unterziehen und das Zusammenspiel voneinander abhängiger Module in einem „Integrationstest" zu überprüfen. In der Praxis kommen ua folgende Testarten zum Einsatz, die im Verlauf eines IT-Projekts eine Rolle spielen können:
- Modultests zum Test einzelner kleiner Programmelemente;
- Regressionstests zur Überprüfung der Unversehrtheit bereits getesteter Bereiche nach einer Änderung der Software;
- Funktionstests;
- Schnittstellentests;
- Integrationstests bzw. Interaktionstests zum Test der Zusammenarbeit voneinander abhängiger Komponenten und/oder Funktionen;
- Installationstests zum Test von Installationsroutinen in verschiedenen Systemumgebungen;
- Lasttests;
- Performance-Tests zum Test des korrekten Systemverhaltens bei bestimmten Speicher- und CPU-Anforderungen, Tests zur Überprüfung vereinbarter Antwortzeiten.

219 Die eigentliche Abnahmeprüfung stellt entweder den Abschluss der projektbegleitenden Tests dar oder besteht beispielsweise aus einem Integrations- und einem Performancetest, der am Ende der projektbegleitenden Tests steht. Denkbar wäre es auch die projektbegleitenden Tests mit einem Probetrieb abzuschließen, an dessen erfolgreichen Ende die (formelle) Erklärung der Abnahme steht. Einigen sich die Vertragspartner auf einen Probetrieb sollten nicht nur Dauer und Umfang bestimmt werden, sondern auch eine Abgrenzung zum – sich dem Probetrieb anschließenden – Echtbetrieb (dh der finalen produktiven Nutzung) erfolgen. Im Interesse des Auftraggebers wäre die konkrete Festlegung, dass auch ein im wesentlichen mangelfreier Probetrieb, keine stillschweigende Abnahme darstellt.

220 **c) Rechtliche Aspekte der Abnahme(prüfung).** Auch wenn der Begriff „Abnahme" auf eine werkvertragliche Gestaltung des IT-Projekts hinweist, sich also aus Auftragnehmersicht mit der Zielsetzung einer dienstvertraglichen Ausgestaltung „beißt", wäre es – jedenfalls dann, wenn es sich nicht um ein völlig triviales Projekt handelt[157] – fast schon sträflich, keine Absprachen zu Testverfahren und Abnahmeprüfungen zu treffen. Dies gilt gleichermaßen für Werkverträge, weil das BGB keine Definition von „Abnahme" enthält, sondern in § 640 BGB lediglich statuiert, dass eine solche vorgenommen werden soll. Offen bleibt, wie die Abnahme im Einzelfall auszusehen hat.

221 Es bleibt also den Vertragspartnern überlassen, die Einzelheiten von Testverfahren und Abnahmeprüfungen im Vertrag zu regeln.[158] Bislang hatte noch kein Gericht darüber zu ent-

---

[156] *Koch* IT-Projektrecht Rn. 182.
[157] *Bischof/Witzel* ITRB 2006, 95: Bei Projekten ab einer Größenordnung von ca. 50.000,– EUR Auftragsvolumen können Abnahmetests nicht mehr an einem Tag erfolgen. Die Abnahme wird dann regelmäßig in einen mehrwöchigen Abnahmebetrieb und die eigentliche „Endabnahme" aufgeteilt.
[158] Praktische Hinweise zur Organisation einer Abnahme siehe bei *Streitz*, IT-Projekte retten, Kap. 4.3.

scheiden, welche rechtliche Auswirkungen es hat, wenn in einem IT-Projektvertrag keine Vereinbarungen zum Abnahmeverfahren enthalten sind. In der Literatur jedoch wurden Überlegungen laut, die Durchführung von Tests gehöre zum Stand der Technik und sei daher mangels anderweitiger Regelung im Vertrag wesentlicher Leistungsbestandteil von Softwareerstellungs-/Softwareanpassungsverträgen. Zwar komme es für die Bewertung der Frage, ob eine Leistung im werkvertraglichen Sinne mangelhaft sei, nach Ansicht des BGH nur darauf an, ob der mit dem Vertrag verfolgte Zweck erreicht werde. Allerdings sei nach BGH – soweit vertraglich nichts spezielles geregelt ist – auch der Stand der Technik bei einem mittleren Ausführungsstandard zu berücksichtigen. Da Testprozesse technologisch unverzichtbare Voraussetzung für die Qualität und ungestörte Einsatzfähigkeit der Software seien, müssten sie als eine Selbstverständlichkeit von jedem Softwareanbieter beachtet werden, auch wenn keine ausdrücklichen vertraglichen Regelungen existieren.[159]

Man mag dieser Ansicht zustimmen oder nicht. Sie zeigt jedenfalls, dass es auch aus rechtlicher Sicht sinnvoll, ja notwendig ist, explizite Regelungen zu Test- und Abnahmeverfahren in den IT-Projektvertrag aufzunehmen, um späteren Diskussionen vorzubeugen.

d) Rechtsfolgen der Abnahme. Schlussendlich ist die Abnahme auch mit weitreichenden Rechtsfolgen verbunden:
- Fälligkeit der Vergütung, § 641 BGB;
- Übergang der Vergütungsgefahr (§§ 644, 645 BGB);
- Verlust des Rechts auf Neuherstellung, Übergang vom Erfüllungsanspruch zu Mängelansprüchen;
- Verjährungsbeginn für Mängelansprüche, § 634a Abs. 1 Nr. 1, Abs. 2 BGB;
- Umkehr der Beweislast für erkennbare Mängel;[160]
- Verlust des Rechts auf Nacherfüllung bekannter, nicht ausdrücklich in der Abnahmeerklärung vorbehaltener Mängel, § 640 Abs. 2 BGB;
- Entfallen nicht vorbehaltener Vertragsstrafen (§ 341 Abs. 3 BGB).

Mit Erklärung der Abnahme verschlechtert sich die Rechtsposition des Auftraggebers scheinbar erheblich, so dass es nur nachvollziehbar ist, wenn dieser versucht, die Abnahme so lange wie möglich hinauszuzögern. Diskussionen über die **Abnahmereife** der Leistung lassen sich minimieren, wenn das Testverfahren und insbesondere die Abnahmeprüfung einschließlich der zu erfüllenden **Abnahmekriterien** möglichst detailliert im IT-Projektvertrag (ggf. auch in einer Anlage dazu) beschrieben wird.[161] Abnahmekriterien sollten aus dem „Pflichtenheft" abgeleitet werden oder darin schon enthalten sein. Beide Seiten haben demzufolge ein erhebliches Interesse daran, bestimmte Leistungsmerkmale als Abnahmekriterien zu vereinbaren. Dem Auftraggeber gelingt es so, festzustellen, welche Leistungsmerkmale (mindestens) nachprüfbar vorhanden sein müssen, damit eine erbrachte Leistung als vertragsgemäß gelten darf. Der Auftragnehmer sichert sich durch die Festlegung von Abnahmekriterien ab, dass die Erbringung der Leistung konkret überprüfbar und beweisbar ist und dass der Auftraggeber nicht Zahlungen zurückbehalten kann, weil angeblich die Leistung nicht vollständig erbracht sei.

e) Teilabnahmen. Gerade bei lang angelegten IT-Projekten kann die Vereinbarung und Durchführung von Teilabnahmen geboten sein. Teilabnahmen können den Abschluss einzelner Teilprojekte darstellen.[162] Viele gängige ERP-Systeme sind beispielsweise modular aufgebaut. Die einzelnen Module (in etwa Rechnungswesen, Vertrieb, Fertigung, Logistik) kön-

---

[159] *Müller-Hengstenberg/Kirn* CR 2008, 755.
[160] Siehe zur Darlegungslast des Auftraggebers bei mangelhafter Software. BGH Urt. v. 5.6.2014 – VII ZR 276/13: der Auftraggeber genügt seiner Darlegungslast, wenn er Mangelerscheinungen, die er der fehlerhaften Leistung des Unternehmers zuordnet, genau bezeichnet; hingegen muss er zu den Ursachen der Mangelerscheinung nicht vortragen; das Urteil behandelt zudem unter Verweis auf BGH NJW 1993, 1972 ff. die Voraussetzungen der Abnahme iSv § 640 Abs. 1 Satz 1 BGB als körperliche Entgegennahme des Werks verbunden mit der „Billigung des Werks durch den Auftraggeber als im Wesentlichen vertragsgerecht", was im streitgegenständlichen Fall die Übernahmeerklärung der Auftraggeberin zum Zweck der Dokumentation der körperlichen Übergabe der Software im einwandfreien Zustand nicht erfüllte.
[161] *Bischof/Witzel* ITRB 2006, 95.
[162] Zur Teilabnahme siehe → § 2 Spezifikation, Migration und Abnahme von Software.

nen Gegenstand von Teilprojekten sein, die im Rahmen einer sukzessiven Einführung implementiert und produktiv gesetzt werden können. Eine Aufteilung in Teilprojekte reduziert die Komplexität und den Aufwand für den Auftragnehmer, hat allerdings auch eine psychologische Komponente: kann ein System Stück für Stück produktiv genutzt werden, wird vor allem für die Anwender des Auftraggebers der Projekterfolg greifbarer. Auch die Mitarbeiter des Auftragnehmers können besser motiviert werden.

226 Sieht ein IT-Projektvertrag Teilabnahmen für Teilprojekte (oder andere abgrenzbare Arbeitsergebnisse) vor, müssen die Vertragspartner auch eine Regelung treffen, ob mit Abschluss des letzten Teilprojekts eine Schlussabnahme (auch Endabnahme oder Gesamtabnahme) erfolgen soll. Wenn es eine solche geben soll, müssen die Vertragspartner ebenfalls Festlegungen darüber treffen, was Gegenstand dieser Schlussabnahme sein soll. Der Auftragnehmer wird natürlich vermeiden wollen, dass noch einmal die gesamte Funktionalität aller Teilprojekte auf dem Prüfstand steht. Aus Sicht des Auftraggebers kann Sinn und Zweck einer Schlussabnahme die Prüfung des fehlerfreien und bruchlosen Ablaufs der abgebildeten Geschäftsprozesse sowie die Performance des gesamten Systems sein.

227 Auch über die Wirkung von Teilabnahmen müssen sich die Vertragspartner Gedanken machen. Soll die Wirkung der einzelnen Teilabnahmen entfallen, wenn die Schlussabnahme scheitert und welche Rechte sollen dem Auftraggeber dann zustehen?

3. Gegenstand der Tests und/oder Abnahmeprüfung

228 **a) Test- und abnahmefähige Arbeitsergebnisse.** Grundsätzlich können nahezu alle Arbeitsergebnisse, die der Auftragnehmer geliefert hat, Gegenstand von Tests oder einer Abnahmeprüfung sein. Insbesondere kommen in Betracht:
- Hardwarekomponenten;
- Softwarekomponenten (Standardfunktionalität, Add-ons oder Modifikationen, Customizing);
- Dokumentation(en);
- Datenbestand;
- Ergebnis der Altdatenübernahme/Migration;
- Ein-/Anbindung bestehender Systeme (Funktionsfähigkeit erstellter Schnittstellen und Integration einzelner Systemkomponenten).

229 Schulungsleistungen dagegen werden von der Abnahme in der Regel ausgeklammert,[163] wobei Schulungsunterlagen und Konzepte durchaus einer Abnahme zugänglich wären. Ähnliches gilt für Leistungen zum Projektmanagement, innerhalb derer auch wieder einzelne Arbeitsergebnisse (wie Projektberichte, Abschnitte des Projekthandbuchs) abgenommen werden könnten.

230 Ziel der Abnahmeprüfung ist der Nachweis, dass die Leistungen des Auftragnehmers im Wesentlichen mangelfrei sind (Umkehrschluss aus § 640 Abs. 1 S. 2 BGB), das Zusammenspiel zwischen Geschäftsprozessen, Aufbauorganisation und dem Leistungsgegenstand also unter realen Bedingungen funktioniert.[164]

231 **b) Abnahmekriterien, „80-20-Regel".** Zur Beurteilung, ob ein Arbeitsergebnis (eine Systemkomponente) abnahmereif ist, sollten die Vertragspartner bereits im IT-Projektvertrag Abnahmekriterien festlegen, zumindest aber detaillierte Vereinbarungen in verfahrenstechnischer und zeitlicher Hinsicht treffen, wie sie im Projektverlauf zu diesen Abnahmekriterien gelangen können.

232 Abnahmespezifikationen sollten in der Regel auf dem „Pflichtenheft" beruhen und dessen Vorgaben noch weiter detaillieren.[165] Wichtig ist, dass dabei auch etwaige nachträgliche Leistungsänderungen[166] berücksichtigt werden.

233 Bei komplexen IT-Projekten kann die Abnahmeprüfung (zB basierend auf einem Integrationstest) nicht alle Funktionen abdecken. Als Kompromiss wird die so genannte „80-20-

---

[163] *Witzel* ITRB 2008, 160 (162).
[164] *Bischof/Witzel* ITRB 2006, 95 (97).
[165] *Koch*, IT-Projektrecht, Rn. 183.
[166] Zu Change Request und Change Management siehe oben → Rn. 186 ff.

Regel" angesehen, nach der die 20 % der Funktionen zu prüfen sind, die 80 % des Produktivbetriebs des Auftraggebers abdecken. Die unter diese 20 % fallenden **Kernfunktionen** sollten in den Abnahmekriterien beschrieben sein. Folgen die Vertragspartner der „80-20-Regel" sollten die vertraglichen Bestimmungen dem Rechnung tragen und bestimmen, dass eben nur 20 % des geschuldeten Funktionsumfangs Gegenstand der Abnahmeprüfung sind. Hinsichtlich der nicht geprüften 80 % des Funktionsumfangs sollte sich der Auftraggeber seine Mängelrechte im Abnahmeprotokoll konkret vorbehalten.[167]

c) **Testverfahren, Testfälle und Testdaten.** Auf Basis der vereinbarten Abnahmekriterien müssen dann die eigentlichen Testverfahren und Testfälle entworfen werden, mittels derer überprüft werden kann, ob die Anforderungen des Auftraggebers erfüllt sind. Hierbei sollten beide Vertragspartner eng zusammenarbeiten, allerdings unter Federführung des Auftraggebers, da dieser normalerweise am ehesten in der Lage sein wird, realistische Testfälle aus seinen Erfahrungen im täglichen Geschäft zu entwickeln.

Wichtige Bestandteile eines **Testfalls**[168] sind:
- Die Vorbedingungen für den Beginn des Testfalls.
- Eingaben/Handlungen, die zur Durchführung des Testfalls notwendig sind.
- Erwartete Reaktionen/Antworten auf die Eingaben.
- Die erwarteten Nachbedingungen, die als Ergebnis der Durchführung des Testfalls erzielt werden.

Eine **Testfallbeschreibung**[169] könnte danach etwa folgendermaßen aussehen:

Ausgangssituation: Mitarbeiter ist im Lohnbuchhaltungssystem angemeldet.
Ereignis: Mitarbeiter startet die Mitarbeiterurlaubsstatistik mit Ausgabe auf dem Drucker.
Erwartetes Ergebnis: Das System hat die vom Mitarbeiter gewählte Statistik nach maximal 20 Sekunden auf dem Drucker ausgegeben.
Nachbedingungen: In der Eingabemaske springt der Cursor auf das Feld „Schließen".

Für die Durchführung der Tests, dh die Durchführung der einzelnen Testfälle, sind entsprechende **Testdaten**[170] erforderlich. Insoweit müssen die Vertragspartner klären
- wer diese Daten liefert,
- in welcher Qualität
- und in welchem Umfang.

Je nachdem, ob die Testdaten[171] vom Auftragnehmer oder vom Auftraggeber gestellt werden, müssen Vereinbarungen zur fachlichen bzw. technischen Qualitätssicherung der Daten durch den jeweils anderen Vertragspartner getroffen werden.

Es muss ferner vereinbart werden, auf welcher Umgebung getestet werden soll.

Im Rahmen der Festlegung der Testverfahren und Abnahmeprüfungen sind also folgende Fragen zu beantworten:[172]
- Wird ein Testmanager benötigt? Wer ist ggf. hierfür geeignet?
- Wer führt die Tests durch?
- Welche Abnahmekriterien gelten?
- Bei größeren Projekten: Wie sieht der Testplan aus (inkl. Bezeichnung der benötigten Ressourcen und der jeweils zuständigen Mitarbeiter)?

---

[167] *Koch* IT-Projektrecht Rn. 189.
[168] *Bischof/Witzel* ITRB 2006, 95 (97); Definition des Begriffs „Testfall" im V-Modell 97: *„Eine spezifische Menge von Testdaten, zugehörigen Durchführungsanweisungen und Sollergebnissen, entwickelt für eine bestimmte Prüfabsicht."*
[169] In Anlehnung an *Rupp*, Requirements-Engineering und -Management, S. 324.
[170] *Witzel* ITRB 2008, 160 (162); Das V-Modell 97 definiert den Begriff „Testdaten" wie folgt: *„Eingabedaten für den Zweck ein System, eine Komponente oder ein Modul zu prüfen. Testdaten gehören jeweils zu einem Testfall."*
[171] Testdaten können reine Phantasiedaten sein, aber auch aus Echtdaten bestehen oder aus diesen abgeleitet werden. Sofern Echtdaten eine Rolle spielen, müssen die Vertragspartner die datenschutzrechtlich erforderlichen Sicherheitsvorkehrungen treffen.
[172] *Bischof/Witzel* ITRB 2006, 95 (97).

- Welche Arbeitsergebnisse sind anhand welcher Testfälle zu prüfen?
- Welche „Akzeptanz"-Prozedur, dh Fehlerklassen bzw. Mängelkategorien gelten? Wie erfolgt die Einordnung von Fehlern in diese Klassen?
- Wer stellt die Testumgebung? Wann und mit welcher Ausstattung?
- Welche Tools werden benötigt? Soll ein Fehlererfassungssystem eingesetzt werden?

239 **d) Fehlerklassen/Mängelkategorien.** Gem. § 640 Abs. 1 S. 2 BGB darf der Auftraggeber die Abnahme zwar nicht wegen unwesentlicher Mängel verweigern, es lässt sich aber trefflich über die (Un-)Wesentlichkeit eines Mangels streiten. Daher tun die Vertragspartner gut daran, bereits bei Vertragsschluss Fehlerklassen bzw. Mängelkategorien zu beschreiben und zu regeln, welche Auswirkungen die Einordnung eines Mangels in eine bestimmte Kategorie auf die Abnahme hat.

240 Heute ist eine Unterteilung in drei bis vier Fehlerklassen/Mängelkategorien üblich:
- Kategorie 1: bereits abnahme**prüfungsverhindernde** Mängel;
- Kategorie 2: abnahme**verhindernde** Mängel;
- Kategorie 3: abnahme**behindernde** Mängel;
- Kategorie 4: **nicht** abnahme**behindernde** Mängel.

Dabei sollten neben der allgemeinen Beschreibung der einzelnen Kategorie jeweils auch einige projektspezifische Beispiele genannt werden, um die Einteilung der auftretenden Mängel zu erleichtern.[173]

241 Im Rahmen der Vertragsverhandlungen immer wieder Anlass für Diskussionen gibt die Frage, wer „das letzte Wort" bei der Kategorisierung von Mängeln haben soll. Eine einvernehmliche Entscheidung der Vertragspartner wäre zwar wünschenswert, dürfte aber in vielen Fällen eher unrealistisch sein. Soweit es sich um größere Projekte handelt, könnte man (zumindest während der Phase der Abnahme) einen begleitenden Schlichter in die Projektorganisation integrieren, der im Streitfall das (ggf. vorläufige) Einstufungsrecht hat.[174] Bei kleineren und mittleren Projekten könnte man vereinbaren, Meinungsverschiedenheiten über die Kategorisierung von Mängeln auf einer relativ hohen Eskalationsstufe (Geschäftsbereichsleitung oder Geschäftsführung) zu beseitigen, um so auf der Projektleitungsebene beider Vertragspartner einen gewissen „Einigungsanreiz" zu schaffen.

242 Bei jeder Mangelkategorie sollten die von den Vertragspartnern geführten Protokolle folgende Inhalte haben:
- Datum, Zeit;
- Beteiligte Personen;
- Beschreibung der verwendeten Systemumgebung;
- Genaue Bezeichnung der getesteten Komponenten;
- Beschreibung der Tests mit erwartetem oder tatsächlichem Ergebnis;
- Feststellung zur Reproduzierbarkeit von festgestellten Mängeln;
- Beschreibung der Auswirkungen von festgestellten Mängeln;
- Screenshots von Fehlermeldungen;
- Unterschrift der Verantwortlichen.

4. Exkurs: Datenschutzanforderungen an Testverfahren[175]

243 Das Bundesdatenschutzgesetz[176] (BDSG) regelt den Umgang mit personenbezogenen Daten. Die Zulässigkeit von Tests von IT-Systemen regelt das BDSG nicht direkt bzw. nicht ausdrücklich. Die Erforderlichkeit und damit die Zulässigkeit der Verarbeitung von Echtdaten als Testdaten im Rahmen eines IT-Tests ist weitgehend unabhängig von der Be-

---

[173] *Bischof/Witzel* ITRB 2006, 95 (98).
[174] Vgl. *Bartsch* CR 2006, 7 (10).
[175] Zu weiteren Datenschutzanforderungen im Rahmen von IT-Projekten, insbesondere bei Fernzugriff, und zu den Erfordernissen des § 11 BDSG (Abschluss eines Auftragsdatenverarbeitungsvertrages mit dem Auftragnehmer) siehe → § 14 Software-Pflege.
[176] Soweit nicht ausdrücklich vermerkt, beziehen sich die im folgenden zitierten Vorschriften des BDSG auf die Fassung der Bekanntmachung vom 14.1.2003, zuletzt geändert durch Artikel 1 des Gesetzes vom 14.8.2009. Wesentliche Änderungen sind zum 1.9.2009 in Kraft getreten.

urteilung der Zulässigkeit der Verarbeitung der Echtdaten im Rahmen des laufenden Betriebs.

a) Personenbezogene und nicht-personenbezogene Echtdaten. Der Begriff „Echtdaten" ist 244 gebräuchlich im Zusammenhang mit dem Test von IT-Systemen und deren Teilen, insbesondere Software. Auch einige Tätigkeitsberichte[177] von Landesdatenschutzbeauftragten verwenden diesen Begriff im Zusammenhang mit Tests bei der Einführung von IT-Systemen. Das BDSG kennt den Begriff Echtdaten dagegen nicht und regelt die Zulässigkeit eines Tests von Datenverarbeitungsverfahren und IT-Systemen zumindest nicht ausdrücklich. Erwähnt bzw. vorausgesetzt werden solche Tests zum Zwecke einer Kontrolle/Überprüfung und Sicherstellung der Funktionsfähigkeit und Ordnungsmäßigkeit eines IT-Systems (insbes. Software) jedoch iVm § 31 und § 11 BDSG:

- § 31 BDSG regelt die Verwendung von „personenbezogenen Daten, die ausschließlich zum Zweck der Datenschutzkontrollen [...] oder zur Sicherstellung eines ordnungsgemäßen Betriebs gespeichert werden," setzt also voraus, dass ein IT-System zu diesem Zweck mit Echtdaten getestet wird und dass dabei insbes. Protokolldateien anfallen.
- § 11 Abs. 2 S. 4 BDSG verlangt im Rahmen einer Auftragsdatenverarbeitung vom Auftraggeber, dass er sich vor Beginn der Datenverarbeitung und sodann regelmäßig von der Einhaltung der vom Auftragnehmer getroffenen technischen und organisatorischen Maßnahmen überzeugt. Eine entsprechende Kontrollbefugnis gemäß § 11 Abs. 2 Nr. 7 ist schriftlich zu vereinbaren.

Ein Teil der gängigen Kommentare zum BDSG[178] erwähnt den Begriff Echtdaten zumindest im Stichwortverzeichnis nicht. Echtdaten sind nur insoweit datenschutzrechtlich relevant, als es sich um personenbezogene Daten handelt. Echtdaten können auch nicht personenbezogen sein, zB wenn es um den Test eines Produktionssteuerungssystems geht. Allerdings werden sehr viele IT-Systeme im Unternehmen Beschäftigtendaten betreffen, weil regelmäßig der System-Benutzer oder zuständige Mitarbeiter gespeichert wird (etwa auch bei Kundendatenbanken). 245

Bei den Vorgaben des BDSG ist seit 1.9.2009 insbesondere danach zu differenzieren, ob es sich bei den Echtdaten um

- Beschäftigtendaten im Sinne von § 3 Abs. 11 iVm § 32 BDSG und/oder
- besondere Arten von personenbezogenen Daten iSv § 3 Abs. 9 iVm § 28 Abs. 6–8 BDSG) oder
- sonstige personenbezogene Daten (zB personenbezogene Kundendaten in einem CRM-System)

handelt. Diese Differenzierung entscheidet über die anzuwendende Rechtsgrundlage und evtl. zusätzliche Anforderungen und Verarbeitungsbeschränkungen. Gerade durch die Einführung des § 32 BDSG zum 1.9.2009 ist diese Differenzierung von besonderer Brisanz (siehe unten → Rn. 270).

b) Anwendbarkeit des BDSG bei Anonymisierung oder Pseudonymisierung von Daten. 246 Der Begriff der Echtdaten wird häufig als Gegenbegriff zu pseudonymen und anonymen Daten verwendet (die dann keine „Echtdaten" sein sollen).[179] Dies ist im Zusammenhang

---

[177] Siehe zB 3. Tätigkeitsbericht des Landesdatenschutzbeauftragten (LDSB) Mecklenburg-Vorpommern 1996/1997, Ziff. 3.11.3 sowie 4. Tätigkeitsbericht 1998/1999, Ziff. 3.1.11., 3.9.3. und 9. Tätigkeitsbericht 2008/2009, Ziff. 6.6.4.; 20. Tätigkeitsbericht des Bayer. LDSB 2001/2002, S. 260 f.; 34. Tätigkeitsbericht des Hessischen LDSB 2005, S. 145 sowie 38. Tätigkeitsbericht, S. 66, 230; Stellungnahme des Senats zum Bericht des Berliner LDSB 2000, S. 18 f.; 12. Tätigkeitsbericht des Landesdatenschutzbeauftragten (LDSB) Berlin, S. 184.
[178] *Gola/Schomerus; Taeger/Gabel; Wolff/Brink,* Datenschutzrecht in Bund und Ländern, 2013.
[179] Siehe etwa 19. Tätigkeitsbericht der Landesdatenschutzbeauftragten Nordrhein-Westfalen, 2007/2008, S. 191. Im Rahmen des Berichts für die datenschutzkonforme Gestaltung sozialer Netzwerke wies die Landesdatenschutzbeauftragte darauf hin, dass das Telemediengesetz die Anbieter dazu verpflichte, das Handeln in sozialen Netzwerken anonym oder unter Pseudonym zu ermöglichen. Dies gelte unabhängig von der Frage, ob ein Nutzer sich gegenüber dem Anbieter des sozialen Netzwerks mit seinen **Echtdaten** identifizieren muss. In diesem Zusammenhang tauchte der Begriff der Echtdaten nicht mit Tests auf, sondern als Gegensatz zu den pseudonymen Angaben des Nutzers nach TMG.

mit der Prüfung der datenschutzrechtlichen Zulässigkeit insofern irreführend, als die Pseudonymisierung möglicherweise nur im Rahmen der Abwägung/Verhältnismäßigkeit zu berücksichtigen ist und im Übrigen für pseudonyme Daten dieselben oder nur geringfügig abgesenkte Anforderungen gelten, wie für nicht-pseudonymisierte „Echtdaten".

247 Regelmäßig werden die Daten, mit denen das IT-System getestet werden soll, nicht speziell für den Testzweck erhoben, sondern Auftraggeber und Auftragnehmer greifen auf personenbezogene „Altdaten" des Auftraggebers zurück, die im Rahmen des Projekts migriert werden sollen. Es werden also Daten, die für andere Zwecke erhoben wurden, für den Testzweck zweckentfremdet. Dann ist grundsätzlich der Anwendungsbereich des BDSG (zunächst) eröffnet.

248 Allerdings kann unter engen Voraussetzungen eine Auflösung des Personenbezugs dadurch bewerkstelligt werden, dass vor Verarbeitung dieser Daten im Testsystem alle Angaben unkenntlich gemacht bzw. anonymisiert werden, die eine Identifizierung des Betroffenen ermöglichen. Nur bei **Auflösung bzw. Fehlen des Personenbezugs** unterliegt eine Verarbeitung von personenbezogenen Daten nicht den Vorschriften des BDSG.[180]

249 Schon aufgrund des **Gebots der Datenvermeidung und Datensparsamkeit (§ 3a BDSG)** ist der Auftraggeber gehalten, datenschutzfreundliche Techniken und Verfahren einzusetzen und insbesondere zu prüfen, ob im Einzelfall zur Analyse und Auswertung durch den Datenempfänger anonymisierte Daten ausreichend sind.

250 Die Verarbeitung und Nutzung **anonymer** Daten unterliegt **keinen** Datenschutzvorschriften. Nach der Definition in § 3 Abs. 6 BDSG ist Anonymisieren

„... das Verändern personenbezogener Daten derart, dass die Einzelangaben über persönliche oder sachliche Verhältnisse nicht mehr oder nur mit einem unverhältnismäßig großen Aufwand an Zeit, Kosten und Arbeitskraft einer bestimmten oder bestimmbaren natürlichen Person zugeordnet werden können."

251 Anonym sind Daten dann nicht, wenn der Personenbezug (jedenfalls mit verhältnismäßigem Aufwand) rückführbar ist. Das Rückidentifizierungsrisiko muss im Einzelfall beurteilt werden.[181] Die Bestimmbarkeit von Personen muss nicht zwingend über den Namen erfolgen. Ausreichend ist aus Sicht des BDSG, wenn andere Identifikationsmerkmale (wie zB Geschlecht, Geburtsdatum, Arbeitgeberanschrift, Stellung des Betroffenen im Unternehmen, fachliche Qualifikation) die Personenbeziehbarkeit mit verhältnismäßigem Aufwand ermöglichen. Ob allein das Entfernen des Namens und der Personalnummer eines Beschäftigten ausreicht, um einen Personenbezug vollständig zu beseitigen, kann ua davon abhängen, wie groß der Kreis der betroffenen Mitarbeiter ist. Auf die Frage, ob nach Durchführung des Tests der Personenbezug der Daten wieder hergestellt werden soll, kommt es dabei nicht an. Die Frage der Personenbeziehbarkeit ist ein **objektives Kriterium**.[182]

252 In übrigen sind Mitarbeiter-Datensätze, bei denen die Namen der betroffenen Mitarbeiter durch Kennziffern (zB Personalnummer) ersetzt wurden, nicht anonymisiert, sondern allenfalls pseudonymisiert. In § 3 Abs. 6a BDSG ist das Pseudonymisieren definiert als

„... das Ersetzen des Namens und anderer Identifikationsmerkmale durch ein Kennzeichen zu dem Zweck, die Bestimmung des Betroffenen auszuschließen oder wesentlich zu erschweren."

253 Die Kennziffer stellt ein sog Pseudonym dar. Mittels des Pseudonyms ist eine Re-Identifizierung der Datensätze grundsätzlich möglich. Verfügt die verantwortliche Stelle zB

---

[180] So auch *Gola/Schomerus* BDSG § 3 Rn. 43.
[181] *Pommerening*, Netze für seltene Erkrankungen – Telematik und Datenschutz, in: Schug/Engelmann (Hrsg.), Telemed 2008 Proceedings, Berlin 2008, S. 81 ff.
[182] Bei der Frage der Personenbeziehbarkeit von Daten sind die vielfältigen und umfassenden Speicherungs- und Auswertungsmöglichkeiten von personenbezogenen Daten auch im Internet zu berücksichtigen (insbesondere im Web 2.0). Diese Durchdringung des Alltags von personenbezogenen Daten macht heutzutage eine Identifizierung von (zunächst ohne Namen gespeicherten) Angaben wesentlich leichter möglich, als dies noch vor einigen Jahren der Fall war. Zur Relativität der Personenbeziehbarkeit und der Frage des Personenbezugs von IP-Adressen siehe → § 36 Datenschutz der Telemedien.

über eine Referenzdatei, mit deren Hilfe ein Pseudonym aufgelöst werden kann, so ist schon allein deshalb keine Anonymität hergestellt.[183]

Bei einer Pseudonymisierung werden die Personaldaten durch eine Zuordnungsvorschrift (zB Zuordnung zu einer Kennziffer) derart verändert, dass die Einzelangaben ohne Kenntnis oder Nutzung der Zuordnungsvorschrift nicht mehr einer natürlichen Person zugeordnet werden können. Grds. sind drei Arten und Verfahren der Pseudonymisierung denkbar, nämlich, dass der Personenbezug nur 254

- vom Betroffenen selbst (selbstgenerierte Pseudonyme) wiederhergestellt werden kann oder
- über eine Referenzliste (Referenz-Pseudonyme) oder
- unter Verwendung einer sog Einweg-Funktion mit geheimen Parametern (Einweg-Pseudonyme).

Während eine den Anforderungen des § 3 Abs. 6 BDSG genügende Anonymisierung die Anwendbarkeit des BDSG für nachfolgende Verarbeitungs- und Nutzungshandlungen entfallen lässt, ist dies bei der Pseudonymisierung nicht zwingend der Fall.[184] Pseudonymisierte Datensätze sind nur dann nicht personenbezogen, wenn die Daten allenfalls mit einem *„unverhältnismäßig großen Aufwand an Zeit, Kosten und Arbeitskraft einer bestimmten oder bestimmbaren natürlichen Person zugeordnet werden können".*[185] 255

Auch bei der Pseudonymisierung muss das Rückidentifizierungsrisiko im Einzelfall beurteilt werden. Es ist anerkannt, dass unter bestimmten Umständen bei pseudonymisierten Datensätzen der Personenbezug so weit beseitigt ist, dass bei Übermittlung an eine andere datenverarbeitende Stelle die Datenschutzvorschriften nicht gelten, weil die Datensätze für den Datenempfänger „quasi anonym" sind. Die genauere Bestimmung dieser sog Relativität des Personenbezugs und deren Wirkung sind im Schrifttum teilweise umstritten. Die Datenschutzbehörden und zumindest ein Teil der Rechtsprechung stellen sehr hohe Anforderungen an die Beseitigung des Personenbezugs, die nur in den wenigsten Fällen erfüllt sind.[186] 256

Im Ergebnis sind also Testdaten in Form von anonymisierten Datensätzen nicht personenbezogen und somit datenschutzrechtlich nicht relevant. Dagegen sind Testdaten in Form von pseudonymisierten Datensätzen im Wesentlichen wie personenbezogene Daten zu behandeln. Allerdings ist die Intensität des Eingriffs in das Persönlichkeitsrecht der betroffenen Mitarbeiter bei pseudonymisierten Datenübermittlungen wesentlich geringer als bei nicht-pseudonymisierten. Dies wäre zB im Rahmen von § 28 Abs. 1 S. 1 Nr. 2 BDSG bei der Interessenabwägung zu berücksichtigen. 257

c) Differenzierung bei den Testzwecken. Tests können unterschiedlichen Zwecken dienen. Im Zusammenhang mit dem Arbeitnehmerdatenschutz wird der Begriff „Test" häufig im Zusammenhang mit sog psychologischen Testverfahren verwandt, die nur unter sehr eingeschränkten Bedingungen zulässig sind.[187] Um diesen speziellen Fall soll es im Folgenden nicht gehen. 258

---

[183] Dies lässt sich ua aus den für wissenschaftliche Forschungen geltenden Sonderregeln folgern, wonach Daten grds. von personenbezogenen Merkmalen getrennt zu speichern (= pseudonymisieren) und **darüber hinaus zu anonymisieren** sind, sobald dies nach dem Forschungszweck möglich ist (siehe § 40 Abs. 2 BDSG).

[184] Eine Pseudonymisierung hat gegenüber der Anonymisierung eine andere Zielsetzung. Pseudonymisierung soll zunächst die unmittelbare Kenntnis der vollen Identität des Betroffenen während Verarbeitungs- und Nutzungsvorgängen, bei denen ein Personenbezug nicht zwingend erforderlich ist, ausschließen. Vgl. *Gola/Schomerus,* § 3 Rn. 46

[185] § 3 Abs. 6 BDSG.

[186] Das gilt va für dynamische IP-Adressen. LG Frankenthal Urt. v. 21.5.2008 – 6 O 156/08, ITRB 2008, 245; aA OLG Zweibrücken Urt. v. 26.9.2008 – 4 W 62/08, CR 2009, 42. Einige Autoren sind zB der Auffassung, dass im Bereich E-Commerce dynamische IP-Adressen für Internet Service Provider keine personenbezogenen Daten sind. Denn an sich kann nur der Access Provider dynamische IP-Adressen mit einem bestimmten Nutzernamen zusammenführen (siehe etwa *Eckhardt* K&R 2007, 293; K&R 2007, 602; CR 2011, 339). AA *Backu* ITRB 2009, 88; zur Rechtsprechung im Zusammenhang mit dem Personenbezug von dynamischen IP-Adressen siehe → § 36 Datenschutz der Telemedien.

[187] Siehe *Gola/Wronka,* Handbuch Arbeitnehmerdatenschutz Rn. 757 ff.

259   Der Begriff der „Echtdaten"[188] wird auch im Zusammenhang mit der datenschutzkonformen Gestaltung von Telemediendiensten verwendet, denn § 13 Abs. 6 TMG verlangt vom Diensteanbieter, dass er dem Nutzer eine anonyme oder pseudonyme Nutzung ermöglicht, soweit dies möglich und zumutbar ist.

260   Wird ein IT-System im Zusammenhang mit seiner Einführung oder Änderung mit Echtdaten getestet, ist beim Testzweck im Wesentlichen nach den Phasen der Einführung oder des Betriebs der Anlage danach zu unterscheiden, ob

- vor Einführung eines IT-Systems ein Test zur Unterstützung der Auswahlentscheidung für dieses IT-System durchgeführt werden soll oder
- zB in einer relativ frühen Phase der Einführung ein Test zur Dimensionierung des IT-Systems und – um eine Kosten- und Zeitersparnis für eine relativ aufwendige Erstellung von Testdaten zu erreichen – geplant ist oder
- unmittelbar vor Beginn des Produktivbetriebs ein Echtdaten-Test durchgeführt wird, zB um die Funktionsfähigkeit eines komplexen Zugriffsberechtigungskonzepts zu kontrollieren, oder
- während des Betriebs eines IT-Systems ein Test erfolgt, um Fehler zB im Berechtigungskonzept festzustellen und zu beseitigen.

261   **d) Datenschutzrechtliche Zulässigkeit, Interessenabwägung, Erforderlichkeit.** Im Einzelfall können erforderliche Tests mit personenbezogenen Beschäftigtendaten gemäß § 28 Abs. 1 S. 1 Nr. 2 BDSG erlaubt sein, wobei das Kriterium der Erforderlichkeit **restriktiv** auszulegen ist. Diese Voraussetzung dürfte etwa für den Fall erfüllt sein, dass ein Test mit personenbezogenen Echtdaten als präventive technische/organisatorische Sicherheitsmaßnahme im Sinne von § 9 BDSG mit Anlage erforderlich ist, weil anders zB eine Verfügbarkeitskontrolle oder eine Zugriffs- und Auftragskontrolle nicht vor Inbetriebnahme des IT-Systems sichergestellt werden kann (insbesondere beim Test des Zugriffsberechtigungskonzepts).

262   **Berechtigte Interessen** sind alle anerkennenswerten materiellen oder immateriellen, wirtschaftlichen oder sonstigen Interessen. Der Begriff wird eher weit ausgelegt.[189] Auch rein wirtschaftliche Interessen des Unternehmens können regelmäßig berechtigt in diesem Sinne sein, sind jedoch in der Abwägung meist von geringerem Gewicht. Der Auftraggeber könnte ggf. ein berechtigtes Interesse für eine Verarbeitung von Echtdaten im Rahmen eines Testbetriebes auf folgende Überlegungen stützen:

- Datenverarbeitung ist notwendig, um zB die Effektivität einer Verfügbarkeitskontrolle oder einer Zugriffs- und Auftragskontrolle zu überprüfen und eine solche Überprüfung kann nicht ohne Inbetriebnahme des IT-Systems sichergestellt werden.
- Die Erzeugung künstlich generierter Testdaten ermöglicht keine zuverlässige Überprüfung der Funktionsfähigkeit und des mangelfreien/ordnungsgemäßen Betriebs des IT-Systems und/oder
- Die Erzeugung nicht-künstlich generierter Testdaten ist mit hohen oder sogar unverhältnismäßig hohen Kosten verbunden.

263   Der Einsatz von anonymen oder pseudonymen Testdaten wird immer dann nicht „möglich" (siehe § 3a BDSG) sein, wenn der ordnungsgemäße Betrieb der EDV-Anlage nur mit Echtdaten zuverlässig überprüft werden kann. Dies ist aber eine Frage des Einzelfalls. Nicht zu berücksichtigen ist hier die Möglichkeit, die Zuverlässigkeit der getroffenen Maßnahmen erst im Rahmen eines Produktivbetriebs zu überprüfen. Die Komplexität heutiger IT-Systeme kann es zwingend erforderlich machen, den ordnungsgemäßen Betrieb vor der regulären Inbetriebnahme einer Überprüfung zu unterziehen – auch in datenschutzrechtlicher Hinsicht.

264   Ist eine Verarbeitung von Echtdaten zur Wahrung der berechtigten Interessen erforderlich, so sind diesen in einer umfassenden Abwägung die **schutzwürdigen Interessen des Betroffenen** gegenüber zu stellen. Eine Verarbeitung muss trotz berechtigten Interesses der verantwortlichen Stelle unterbleiben, wenn die schutzwürdigen Interessen Betroffener überwiegen.

---

[188] Siehe etwa 19. Tätigkeitsbericht der Landesdatenschutzbeauftragten Nordrhein-Westfalen, 2007/2008, 191. Teilweise auch „Klardaten" genannt.
[189] *Gola/Schomerus* BDSG § 28 Rn. 24; Simitis/*Simitis* BDSG § 28 Rn. 103 ff.

Eine solche Interessenabwägung kann nur **einzelfallabhängig** vorgenommen werden und muss die individuelle Position des Betroffenen berücksichtigen. Schutzwürdige entgegenstehende Interessen des Betroffenen können beispielsweise berührt sein, wenn
- besonders sensible Daten (zB „besondere Arten" von Daten im Sinne von § 3 Abs. 9 BDSG oder Kontoinformationen/Kreditkartendaten des Betroffenen) verarbeitet werden sollen.
- das zu testende IT-System aus Sicht des Betroffenen für ihn nachteilig ist, etwa einen Teil seiner dienstlichen Aufgabenbereiche obsolet macht oder eine Leistungs- und Verhaltenskontrolle ermöglicht oder sogar bezweckt;
- die Abteilung oder die Personen, die den Test durchführen sollen, nicht verschwiegen sind und der Betroffene befürchtet, dass zB vertrauliche Angaben zu seinen Qualifikationen, Skills oder Beförderungen etc im Unternehmen verbreitet werden;
- zwar die testende IT-Abteilung aus Sicht des Betroffenen vertrauenswürdig ist, aber nicht ausreichend Sicherheitsvorkehrungen getroffen sind, um einen unberechtigten Zugriff auf das Testsystem bzw. die getesteten Echtdaten zu verhindern;
- das zu testende IT-System aus Sicht des Betroffenen zwar nicht nachteilig ist, aber eine Zweckentfremdung der Echtdaten im Testsystem oder nach Durchführung des Tests zu befürchten ist.

Im Rahmen der Interessenabwägung gemäß § 28 Abs. 1 S. 1 Nr. 2 BDSG sind als **positiv** insbesondere folgende Kriterien zu berücksichtigen, die einzelfallabhängig für die datenschutzrechtliche Zulässigkeit eines Tests mit personenbezogenen Daten sprechen können:
- Der Betroffene wurde über die beabsichtigte Verwendung seiner personenbezogenen Daten – hier zum Zwecke des Tests des IT-Systems – informiert.
- Der Betroffene hat ein ebenso großes Interesse an der Ordnungsmäßigkeit der Datenverarbeitung, da seine Daten auch bei dem späteren Produktivbetrieb zulässigerweise verarbeitet werden sollen und der Testbetrieb eine höhere Gewähr dafür bietet, dass potentielle Mängel des IT-Systems schnell und zuverlässig erkannt werden.
- Die personenbezogenen Daten des Betroffenen sind während des Testbetriebs in gleichem Maße geschützt wie bei dem später geplanten Produktivbetrieb und das Missbrauchsrisikos der Daten wird durch den Testbetrieb nicht erhöht.
- Nur ein nach dem need-to-know-Prinzip begrenzter, zur Vertraulichkeit verpflichteter Personenkreis führt personenbezogene Testläufe durch und wertet sie aus.
- Die Ergebnisse der personenbezogenen Testläufe (also die Echtdaten und die personenbezogenen Verarbeitungsergebnisse) werden unmittelbar nach Abschluss der Auswertung der Tests gelöscht und nur anonyme/statistische Testergebnisse werden weiter verwendet (Zweckerreichung und Sicherstellung der Zweckbindung durch Löschen).

Die Interessenabwägung hat einzelfallbezogen zu erfolgen. Regelmäßig wird jedoch eine Abwägung in Fällen, in denen mit verhältnismäßigem Aufwand Testdaten generiert werden können und Tests mit Testdaten hinreichend aussagekräftig sind, **gegen** den Echtdaten-Test sprechen.

Anders dagegen, wenn ein **Test mit personenbezogenen Daten zB aus technischen Gründen unvermeidbar ist und alle mit anonymisierten Testdaten mögliche Tests bereits durchgeführt wurden.** Für diesen Fall kann sich eine Differenzierung nach Unterfällen empfehlen:

1. Fallgruppe:
- Echtdaten sind ursprünglich rechtmäßig erhoben worden und befinden sich rechtmäßig zB einer Vorgängerversion des zu testenden IT-Systems und die Echtdaten für den Testbetriebs sind ausschließlich diese rechtmäßig erhobene personenbezogene Daten des Betroffenen.
- Die personenbezogenen Daten wären (auch) im Produktivbetrieb des zu testenden IT-Systems Gegenstand einer rechtmäßigen Datenverarbeitung (für Beschäftigtendaten nach

§ 32 Abs. 1 S. 1 und für sonstige personenbezogene Daten des Auftraggebers nach § 28 Abs. 1 S. 1 Nr. 1 BDSG).
- Die Ergebnisse der Datenverarbeitung aus dem Testbetrieb werden nicht mehr benötigt und können gelöscht werden, so dass nach Beendigung des Testbetriebs hinsichtlich der personenbezogenen Daten ein Zustand herrscht, wie vor dem Beginn des Testbetriebs.

2. Fallgruppe:
- Zumindest zum Teil werden Echtdaten speziell für das Testsystem erhoben oder erst im Rahmen des Testbetriebs erhoben und verarbeitet.
- Die erhobenen personenbezogenen Daten wären im Produktivbetrieb des zu testenden IT-Systems Gegenstand einer rechtmäßigen Datenverarbeitung nach § 32 Abs. 1 S. 1 bzw. § 28 Abs. 1 S. 1 Nr. 1 BDSG.
- Die Ergebnisse der Datenverarbeitung aus dem Testbetrieb sollen zur weiteren Verwendung gespeichert werden.

268 Gerade im 1. Unterfall dürfte die Interessenabwägung regelmäßig zugunsten der verantwortlichen Stelle ausfallen, während dies beim 2. Unterfall regelmäßig eher zweifelhaft ist.
Nicht bei diesen beiden Unterfällen berücksichtigt werden konnte die Art der zu verarbeitenden Daten sowie die Zwecke der Datenverarbeitung. Hier spannt sich ein weites Feld von der Gehaltsabrechnung für eigene Mitarbeiter über die Datenverarbeitung im Kunden- bzw. Patientenauftrag in medizinischen IT-Systemen (etwa Computer-Tomographie oder bei Radiologiedaten).

269 Eine Interessenabwägung zugunsten der verantwortlichen Stelle wird aber voraussetzen, dass im Projekt effektive Maßnahmen ergriffen werden, mit denen sichergestellt wird, dass der Testbetrieb zu keiner Erhöhung des Missbrauchsrisikos der Echtdaten führt, insbesondere wenn die Realisierung des Zugriffsberechtigungskonzepts getestet wird. Sofern das Zugriffsberechtigungskonzept softwareseitig durch ein Rollenmodell gelöst ist, muss dieses auch im Testbetrieb eingreifen. Sofern das Zugriffsberechtigungskonzept primär über entsprechende Anweisungen an die das IT-System bedienenden Mitarbeiter realisiert wird, muss sichergestellt werden, dass diese entsprechend angewiesen und überwacht werden. Letzteres gilt insbesondere dann, wenn im Rahmen des Testbetriebs andere Mitarbeiter (etwa IT-Abteilung) Zugriff auf die Datenverarbeitung erlangen, als dies im regulären Betrieb der Fall wäre.

270 **e) Tests mit personenbezogenen Beschäftigtendaten des Auftraggebers.** Werden speziell personenbezogene Beschäftigtendaten zu Tests (etwa eines Personalwirtschaftssystems) verwendet, stellt sich die Frage, ob § 32 BDSG per se einer Datenverarbeitung zu Testzwecken entgegensteht. Der Test eines IT-Systems, mit dem personenbezogene Beschäftigtendaten verarbeitet werden, ist in § 32 BDSG zumindest nicht unmittelbar geregelt. Zwar kann ein solcher Test für die Durchführung eines Beschäftigungsverhältnisses **mittelbar erforderlich** sein, etwa wenn der dienstliche Aufgabenbereich eines Beschäftigten darin besteht, dieses IT-System zu bedienen und der Test erforderlich ist, um sicherzustellen, dass das Arbeitsmittel ordnungsgemäß funktioniert. Die wohl herrschende Meinung geht jedoch davon aus, dass das Kriterium der „Erforderlichkeit" eng auszulegen ist, so dass § 32 Abs. 1 S. 1 BDSG ausscheidet.[190] Weiter gehen die derzeit überwiegende Meinung in der Literatur und wohl auch die Gesetzesbegründung davon aus, dass § 32 Abs. 1 BDSG die erlaubten Zwecke der Erhebung, Verarbeitung und Nutzung von Beschäftigtendaten **nicht abschließend** regelt und dass ein Rückgriff auf andere Erlaubnisnormen zumindest im Anwendungsbereich des § 32 Abs. 1 S. 1 BDSG teilweise zulässig ist.[191]

---

[190] *Gola/Jaspers* RDV 2009, 212; *Taeger/Gabel/Zöll* BDSG § 32 Rn. 7 mwN.
[191] Manche Stimmen in der Literatur und wohl auch die Gesetzesbegründung (BT-Drs. 16/13657, S. 27) gehen davon aus, durch den neuen § 32 BDSG habe keine Änderung der gegenwärtigen Rechtslage oder der Rechtslage des bis 1.9.2009 geschaffen werden sollen. Die Begründung des Innenausschusses geht davon aus, dass § 28 Abs. 1 Nr. 1 durch § 32 BDSG verdrängt wird (BT-Druck 16/13657 S. 34). So auch ErfK/*Wank* § 32 BDSG Rn. 4; *Gola/Jaspers* RDV 2009, 212 mwN; ob auch § 28 Abs. 1 S. 1 Nr. 2 verdrängt wird ist sehr streitig; siehe zum Meinungsstand auch Taeger/Gabel/*Zöll* BDSG § 32 Rn. 7 mwN, der – was nicht unproblematisch ist – im Rahmen der Anwendung des § 32 Abs. 1 S. 1 BDSG zwischen beschäftigungsfremden und nicht

Es ist mit guten Gründen vertretbar, dass die Anwendbarkeit von § 28 Abs. 1 S. 1 Nr. 2 BDSG als Rechtsgrundlage für erforderliche und verhältnismäßige Echtdatentests auch bei Beschäftigtendaten grundsätzlich in Betracht kommt. Dies gilt etwa für den Fall, dass ein Test mit personenbezogenen Daten als technische/organisatorische Sicherheitsmaßnahme im Sinne von § 9 BDSG (mit Anlage dazu) erforderlich ist (siehe oben d).

Im Hinblick auf besondere Arten von personenbezogenen Daten (zB Gesundheitsdaten) sind besonders strenge Anforderungen an eine testweise Datenverarbeitung zu berücksichtigen, die nur ganz ausnahmsweise erfüllt sein dürften.

> **Praxistipp:**
> Gerade für große Auftraggeber kann es im Hinblick auf Beschäftigtendaten eine gewisse Rechtssicherheit bringen, in einer **Betriebsvereinbarung**[192] (zB Rahmenbetriebsvereinbarung zu IT-Systemen) klarzustellen, dass Tests mit personenbezogenen Arbeitnehmerdaten durchgeführt werden dürfen, soweit dies zur Sicherstellung der Anforderungen des § 9 BDSG mit Anlage erforderlich ist und ein Test mit anonymen oder zumindest pseudonymisierten Arbeitnehmerdaten nicht möglich ist oder einen unverhältnismäßigen Aufwand erfordert (siehe § 3a BDSG). Zusätzlich zu dieser eher allgemeinen Zweckbestimmung müssten (etwa in Anlagen zur Betriebsvereinbarung) Einzelheiten zu den Datenkategorien, Betroffenen und zu den technischen und organisatorischen Sicherheitsmaßnahmen festgelegt werden.

f) Checklisten

> **Checkliste zur Zulässigkeit eines IT-System-Tests mit personenbezogenen Daten**
>
> Um zu klären, ob und inwieweit ein Test mit personenbezogenen Daten zulässig ist, empfiehlt es sich ua zu prüfen,
> - ob das zu testende Datenverarbeitungsverfahren im Produktivbetrieb zulässig ist,
> - in welcher Phase des Projekts der Test durchgeführt wird und welcher Zweck mit dem Test verfolgt wird, etwa
>   – Unterstützung einer Auswahlentscheidung für ein IT-System vor Beginn der Einführung oder
>   – Machbarkeitstest unmittelbar vor dem Start des Produktivbetriebs oder
>   – Kontrolle und Sicherstellung der Funktionsfähigkeit und Fehlerfreiheit/Ordnungsmäßigkeit eines IT-Systems oder eines Teils davon (insbes. Software) im Rahmen der Einführung oder Änderung.
> - ob der Test mit personenbezogenen „Echt"-Daten erforderlich ist oder ob ein Test mit anonymisierten oder zumindest pseudonymisierten Daten ausreicht,
> - welche Personen/Abteilungen/Unternehmen den Test durchführen und Zugriff auf die Testdaten haben (so kann etwa ein Test mit personenbezogenen Echtdaten datenschutzrechtlich unzulässig sein, weil ein externer Anbieter den Test durchführt, der nicht nach § 11 BDSG verpflichtet ist),
> - ob im Zusammenhang mit den Tests die erforderlichen technischen und organisatorischen Sicherheitsmaßnahmen eingehalten werden, insbesondere eine strikte Trennung von Test- und Echtdaten,
> - ob sichergestellt ist, dass die für den Test erhobenen, verarbeiteten und genutzten Echtdaten grds. nur für den Testzweck verwendet werden (Zweckbindung) und nicht zweckentfremdet werden (etwa zur Leistungs- und Verhaltenskontrolle von Beschäftigten).

---

beschäftigungsfremden Zwecken differenziert und hinsichtlich beschäftigungsfremder Zwecke die Anwendbarkeit von § 28 Abs. 1 S. 1 Nr. 2 BDSG bejaht. Zu § 32 BDSG allgemein siehe auch → § 34 Recht des Datenschutzes.

[192] Einzelheiten zu Betriebsvereinbarungen als datenschutzrechtliche Erlaubnistatbestände → siehe § 34 Recht des Datenschutzes.

Checkliste technische und organisatorische Maßnahmen bei Tests von IT-Systemen

Kommt der Auftraggeber zu dem Ergebnis, dass ein Test mit Echtdaten zwingend erforderlich ist, so empfehlen sich folgende technische und organisatorische Maßnahmen zur konkreten Umsetzung:[193]

- ☐ Das zu testende IT-System muss vorab nach den Regeln der Softwaretechnik umfassend mit nicht personenbezogenen Testdaten getestet worden sein. Das gilt insbesondere für die möglichen Programme, für die möglichen Programmverzweigungen, die Fehlerrobustheit, etwa bei falschen Eingaben, die Fehlerbehandlung und das Zusammenspiel mit den übrigen Programmen/Modulen.
- ☐ Die Gründe, warum ein Test mit Testdaten nicht ausreicht und Echtdaten benötigt werden, sind detailliert zu dokumentieren.
- ☐ Der Test ist zeitlich auf das notwendige Minimum zu beschränken.
- ☐ Die Originaldatenbank darf nur dann für Testzwecke genutzt werden, wenn eine vollständige Sicherungskopie unmittelbar vor Testbeginn angelegt worden ist.
- ☐ Der Test muss unter Produktionsbedingungen ablaufen, dh die personenbezogenen Daten müssen genauso gegen unberechtigte Zugriffe und Manipulation geschützt sein wie im Echtbetrieb.
- ☐ Zugriffsrechte für den Test dürfen grds. nur solche Personen erhalten, die auch im Echtbetrieb mit der zu testenden Software arbeiten. Ihre Zugriffsrechte für den Test dürfen die ihnen für den Echtbetrieb eingeräumten Rechte nicht übersteigen. Andere Personen dürfen nur unter Aufsicht Zugriff auf die Anlagen haben. Fernzugriff, etwa Fernwartung, ist für diese Personengruppe ausgeschlossen.
- ☐ Unverzüglich nach Testende müssen alle beim Test eingesetzten personenbezogenen Daten gelöscht und der ursprüngliche Zustand muss durch Einspielen der Sicherungskopie wieder hergestellt werden.

5. Beispiele für vertragliche Abnahmeregelungen

Im Folgenden zwei Vorschläge für vertragliche Abnahmeregelungen:[194]

a) Kurze – für kleinere Projekte geeignete – Abnahmeregelung

§ 1.1 Gegenstand der Abnahme
Gegenstand der Abnahme sind die in Ziffer ...... sowie in Anhang ...... beschriebenen Leistungen und Arbeitsergebnisse. Während der Abnahme prüft der Auftraggeber die Leistung auf die vertragliche Beschaffenheit. Die vom Auftragnehmer erbrachte Leistung ist vertragsgemäß, wenn sie frei von Sach- und Rechtsmängeln ist (s. Ziffer ......).

§ 1.2 Allgemeine Regelungen zur Durchführung der Abnahme
1.2.1 Die Durchführung der Abnahme setzt voraus, dass die vom Auftragnehmer erbrachten Leistungen entsprechend den im Aktivitäten- und Fristenplan vereinbarten Terminen zur Abnahme bereit stehen. Der Auftragnehmer wird dem Auftraggeber die Bereitstellung zur Abnahme ...... Wochen vorher schriftlich ankündigen (BzA).
1.2.2 Abnahmekriterien und die detaillierten Regelungen zum Abnahmeprozedere ergeben sich aus der Leistungsbeschreibung (Anhang ......). Teilabnahmen finden nicht statt, es sei denn, die Vertragspartner treffen insoweit eine explizite Vereinbarung.

§ 1.3 Die Abnahme erfordert eine schriftliche Abnahmeerklärung des Auftraggebers. Dieser darf die Abnahme nicht unbillig verweigern.

---

[193] In Anlehnung an das im Dritten Tätigkeitsbericht des Landesdatenschutzbeauftragten Mecklenburg Vorpommern, 1996/1997 vorgeschlagene Verfahren.
[194] Zu Beispiel zu Abnahmeklauseln siehe → § 16 Standardklauseln.

b) Ausführliche Abnahmeregelung für größere Projekte

§ 1 Teilabnahmen
1.1 Einzelne Leistungen des Auftragnehmers können Gegenstand von Teilabnahmen sein, wobei Teilabnahmen nur dann erfolgen, wenn dies von den Vertragspartnern in diesem Vertrag oder im Projektrealisierungsplan, ggf. im Fristen- und Aktivitätenplan, ausdrücklich festgelegt ist.
1.2 Hat der Auftraggeber eine vorbehaltlose Teilabnahme für eine entsprechende Leistung erklärt, kann er eine Verweigerung der Endabnahme nicht auf Mängel der entsprechend abgenommenen Teilleistung stützen, welche bereits im Zeitpunkt der Teilabnahme für ihn erkennbar waren und nicht gerügt wurden.
1.3 Sollte der Auftraggeber trotz des endgültigen Scheiterns der Endabnahme entsprechend abgenommene Teilleistungen produktiv genutzt haben, wird er dem Auftragnehmer für die gezogenen Nutzungen einen angemessenen Wertersatz bezahlen.

§ 2 Test-Cases, Testdaten und Testleitfaden
2.1 Die angepasste Software wird auf Basis der im Fachkonzept festgelegten Anforderungen von den Vertragspartnern gemeinsam getestet. Für die Durchführung der Abnahmeprüfung sowie des User-Acceptance-Tests werden die Vertragspartner Test-Cases, Testdaten und in der Projektplanungsphase einen Testleitfaden entwickeln.
2.2 Der Testleitfaden besteht aus
- Beschreibung des Testzeitraums,
- Festlegung der Testumgebung,
- Festlegung der Anzahl der Test-User

und wird Bestandteil dieses Vertrages.

§ 3 Gegenstand und Ablauf der Abnahme
3.1 Bereitstellung zur Abnahme und Abnahmetermine
Nach Abschluss der Projektrealisierungsphase stellt der Auftragnehmer die Vertragssoftware zur Abnahme und zur Durchführung der Abnahmeprüfung (wie in der Projektplanungsphase festgelegt) bereit. Die Abnahmeprüfung besteht aus einem Integrationstest der Vertragssoftware. Wenn der Auftragnehmer die Abnahmebereitschaft schriftlich erklärt, schlägt der Auftraggeber innerhalb von zehn Arbeitstagen zwei Termine zur Durchführung der Abnahme vor. Diese Alternativtermine müssen innerhalb von sechs Wochen ab der Erklärung der Abnahmebereitschaft durch den Auftragnehmer liegen.
3.2 Verlauf der Abnahme
Bei der Abnahme überprüft der Auftraggeber mit Unterstützung des Auftragnehmers die vertragsgemäße Funktionalität der Vertragssoftware anhand der vereinbarten Test-Cases (bzw. so, wie dies im gemeinsam erstellten Testkonzept vereinbart wurde).
Über den Verlauf der Abnahmeprüfung wird ein Protokoll geführt, in dem die noch zu behebenden Mängel unter Angabe ihrer Mängelkategorie aufgeführt werden. Mängel der Kategorie B und Kategorie C werden vom Auftragnehmer unverzüglich behoben. Liegen keine Mängel der Kategorien A und nicht mehr als 3 Mängel der Mängelkategorie B vor, erteilt der Auftraggeber die Abnahme unter Vorbehalt. Sobald alle festgestellten Mängel behoben sind, ist die Abnahme endgültig erteilt.
3.3 Mängelkategorien
Aufgetretene Mängel des Systems werden in Abhängigkeit von der Auswirkung des Mangels beim Auftraggeber von den Vertragspartnern in die Kategorien A, B, C und D eingeordnet.
Kategorie A:
Mängel der Kategorie A führen dazu, dass das System oder ein wesentlicher Teil nicht nutzbar ist („die Anwendung steht") oder der Betrieb in wesentlichen zeitkritischen Geschäftsprozessen unzumutbar behindert ist („produktionsverhindernder Mangel"). Eine Umgehung ist nicht möglich. Es tritt eine Betriebsunterbrechung ein.
Beispiele: ......
Jeder Mangel der Kategorie A ist abnahmeprüfungsverhindernd, dh bei Auftreten eines solchen Mangels wird die Abnahmeprüfung nicht fortgesetzt und erst wieder neu begonnen, wenn der Mangel beseitigt ist.
Kategorie B:
Mängel der Kategorie B führen dazu, dass eine wesentliche Funktion oder ein wesentlicher Geschäftsprozess nicht ausgeführt werden kann oder fehlerhaft ist, aber keine direkten Folgefehler

auftreten. Es kommt nicht zum Versagen des Systems insgesamt, ein Arbeiten ist mit Einschränkung in der Bedienung möglich, es sind zeitkritische Funktionen und Geschäftsprozesse betroffen. Eine Umgehung ist grundsätzlich möglich. Die Umgehung ist jedoch am System mit hohem Aufwand bzw. mit erheblichem manuellem Zusatzaufwand verbunden, der dem Auftraggeber nur kurzfristig zugemutet werden kann. Unzumutbarkeit ist weiter gegeben, wenn die Performance des Systems erheblich eingeschränkt ist und es sich um eine zeitsensible Anwendung handelt.
Es tritt eine Betriebsstörung, ggf. auch nur der Hardware, ein.
Beispiele: ……
Jeder einzelne Mangel der Kategorie B ist abnahmeverhindernd, dh die Abnahmeprüfung wird zwar fortgesetzt, die Abnahme kann jedoch erst nach Beseitigung eines solchen Mangels erfolgen.
Eine Anzahl von …… oder mehr Mängeln der Kategorie B, die einen Umgehungsaufwand des Auftraggebers verursachen, der in der Summe nicht zumutbar ist, stellen abnahmeprüfungsverhindernde Mängel dar.
Kategorie C:
Mängel der Kategorie C führen dazu, dass innerhalb einer Funktion oder eines Geschäftsprozesses ein Fehler auftritt. Funktion oder Geschäftsprozess können aber trotz des Fehlers mit kleinen Einschränkungen genutzt werden bzw. sind nicht so fehlerhaft, dass der Ablauf unzumutbar beeinträchtigt ist. Eine Umgehung ist möglich, sofern der sich dadurch ergebende Aufwand für den Auftraggeber zumutbar ist. Zumutbarkeit ist in diesem Fall gegeben, wenn die Nutzung verschoben werden kann bzw. eine Umgehung auch bei häufiger Nutzung nur geringen Mehraufwand (Überstunden in geringem Maße) verursacht und nur geringe Nacharbeiten am System erforderlich werden. Auf Dauer ist der Umgehungsaufwand nicht akzeptabel.
Es tritt eine Betriebshinderung, ggf. auch nur der Hardware, ein.
Beispiele: ……
Einzelne Mängel der Kategorie C sind abnahmebehindernd. dh eine Abnahme kann nur unter Vorbehalt dieser Mängel erklärt werden.
Eine Anzahl von …… oder mehr Mängeln der Kategorie C, die einen Umgehungsaufwand des Auftraggebers verursachen, der in der Summe nicht bzw. nur kurzfristig zumutbar ist, stellen abnahmeverhindernde Mängel dar.
Kategorie D:
Mängel der Kategorie D führen dazu, dass die Nutzung des Systems kaum beeinflusst ist. Die Abläufe von Funktionen und Geschäftsprozessen werden nicht merklich gestört. Eine Umgehung ist möglich, sofern der sich dadurch ergebende Aufwand für den Auftraggeber zumutbar ist. Zumutbarkeit ist in diesem Fall gegeben, wenn die Nacharbeiten am System oder manuellen Zusatzaufwände im Rahmen der normalen Arbeitszeit erbracht werden können, das System stets ein richtiges Ergebnis erzielt und in der Datenbank keine fehlerhaften oder korrupten Daten abgespeichert werden.
3.4 Wiederholung der Abnahme/Verweigerung der Abnahme
Wenn keine abnahmeprüfungsverhindernde Mängel (Mängel der Mängelkategorie A und nicht mehr als 3 Mängel der Mängelkategorie B) vorliegen, wird die Abnahmeprüfung durchgeführt. Sofern abnahmeverhindernde Mängel vorliegen, hat der Auftragnehmer diese unverzüglich zu beheben und erklärt dann erneut nach dem oben beschriebenen Verfahren die Abnahmebereitschaft. Die Kosten für eine entsprechende Wiederholung der Abnahmeprüfung trägt jeder Vertragspartner selbst.
Der Auftraggeber darf die Abnahme der Vertragssoftware nicht wegen unwesentlicher Mängel verweigern. Unwesentliche Mängel sind solche der Kategorien C und D (s. Ziff. 3.3).
3.5 Form der Abnahme, Abnahmefiktion
Die Vertragspartner sind sich einig, dass die Abnahme der Vertragssoftware einer schriftlichen Erklärung bedarf. Die Vertragssoftware gilt jedoch – auch ohne formelle Abnahmeerklärung – als abgenommen, wenn der Auftraggeber die Vertragssoftware für einen Zeitraum von mehr als sechs Wochen produktiv nutzt, ohne wesentliche Mängel (Mängel der Kategorien A oder B, s. Ziff. 3.3) zu rügen.
§ 4 User-Acceptance-Test der Vertragssoftware
Nach Abnahme unterziehen die Vertragspartner die Vertragssoftware insgesamt einem User-Acceptance-Test. Gegenstand ist die vertragsgemäße Abbildung der Use-Case-Spezifikationen sowie der darauf basierenden Test-Cases. Ablauf und Umfang des User-Acceptance-Tests ergeben sich aus dem Testleitfaden. Der erfolgreiche User-Acceptance-Test soll vor Aufnahme der produktiven Nutzung (Echtstart) der Vertragssoftware stattfinden.

X. Dokumentation[195]

Solange ein IT-Projekt im „grünen Bereich ist", erscheint die Dokumentation zu einem IT-System oder einer Software nicht als großer Streitpunkt. Vor allem dann, wenn schon Konflikte oder gerichtliche Auseinandersetzungen im Raum stehen, wird die Lieferung und/oder die Qualität der Dokumentation häufig zu einem Konfliktherd.

1. Arten der Dokumentation

Folgende Arten von Dokumentationen[196] sind bei der Gestaltung eines IT-Projektvertrags zu berücksichtigen bzw. können Gegenstand der Leistung des Auftragnehmers als Arbeitsergebnis im Rahmen des IT-Projekts sein:
- Anwenderdokumentation[197] (nur diese ist durch den BGH behandelt worden);[198]
- Installationsbeschreibung;
- Quellcodedokumentation oder Kommentierung des Quellcodes;
- Beschreibung der Entwicklungsumgebung;
- Dokumentation der bei Generierung/Kompilierung entstandenen Ergebnisse sowohl in Textform als auch in elektronischer Form;
- Dokumentation der bei Tests entstandenen Ergebnisse;
- Dokumentation der bei Anpassung/Einstellung entstandenen Zustände, Parametrisierungsdokumentation;
- Dokumentation des Geschäftsmodells bzw. der Datenreferenzen, des Datenmodells;
- die „Wartungs"- oder Pflege-Dokumentation;
- Administrator-Anweisung;
- Betriebs-Konzept.

Wie auch bei anderen Themenkomplexen gilt: Die verwendeten Begrifflichkeiten sind vielfältig und keineswegs selbsterklärend. Die Vertragspartner sollten bei ihren vertraglichen Vereinbarungen unbedingt darauf achten, dass sie die identischen Vorstellungen und Erwartungen zu den zu liefernden Arbeitsergebnissen haben.

Von den unterschiedlichen Dokumentationen zum IT-System bzw. zur Software zu unterscheiden ist die **Projektdokumentation.** Diese zeichnet die Vorgänge im IT-Projekt während der Arbeiten auf und ermöglicht Reporting und Controlling.[199] Eine Projektdokumentation sollte hinsichtlich Führung und Ausgestaltung gesondert geregelt werden.

2. Rechtsprechung zur Anwenderdokumentation[200]

a) Anwenderdokumentation als Teil der geschuldeten Leistung. Die häufigsten Konflikte in Zusammenhang mit Dokumentation beziehen sich auf die Anwenderdokumentation, deren

---

[195] Vgl. *Beckmann* CR 1998, 519; zu Beurteilungskriterien (str.) s. *Brandt* CR 1998, 571; *Bergmann* CR 1999, 455 (speziell zu Handbüchern für Softwareanwender); *Ulmer* ITRB 2001, 61 (Elektronischer Ersatz für Handbücher).

[196] Zu den Arten von Dokumentationen im Einzelnen s → § 1.

[197] In der Anwenderdokumentation (auch bezeichnet als Benutzerhandbuch oder User Manual) wird die Nutzung der Software/des Systems für den Endanwender beschrieben.

[198] BGH Urt. v. 5.7.1989 – VIII ZR 334/88, CR 1990, 189 (zur Perpetuierungsfunktion von Handbüchern); BGH Urt. v. 4.11.1992 – VIII ZR 165/91, CR 1993, 422 (Anwendung der BGH-Entscheidung vom 5.7.1989 auf Software); BGH Urt. v. 14.7.1993 – VIII ZR 147/92, CR 1993, 681 (Anwendung der BGH-Entscheidung vom 5.7.1989 auf Anpassung und Erstellung von Software, kein Fristlauf aus §§ 477 BGB, 377 HGB ohne vorliegende Handbücher); BGH Urt. v. 22.12.1999 – VIII ZR 299/98, CR 2000, 207 (diff. fehlende Handbücher (Nichterfüllung)/Bedienerführung (Mangel)).

[199] Siehe dazu auch → Rn. 121 f.

[200] OLG Köln Urt. v. 26.5.1998 – 4 U 34/97, CI 1999, 68 – Computergesteuerte Drehmaschinen; OLG München Urt. v. 3.9.1998 – 6 U 5694/97, CI 1999, 51 (Wettbewerbswidrigkeit bei fremdsprachiger Bedienungsanleitung); OLG Düsseldorf Urt. v. 8.12.1998 – 21 U 152/95, CI 1999, 162; OLG Düsseldorf Urt. v. 28.9.2001 – 5 U 39/99, CR 2002, 324 (Abnahmehindernis); OLG Köln Urt. v. 3.9.1999 – 19 U 54/99, CR 2000, 585 (zweisprachige Handbücher, wenn das gesamte System zweisprachig (auch Masken) sein bzw. ablaufen sollte); a.M.: Dokumentation nur bei komplexen Systemen geschuldet: LG Hannover Urt. v. 28.5.1999 – 13 S 16/98, CI 1999, 162 = CR 2000, 154; OLG Karlsruhe Urt. v. 16.8.2002 – 1 U 250/01,

Form und Umfang und die Abgrenzung zur „Online-Hilfe". Es stellt sich dann zumeist die Frage, was bei vergleichbaren Produkten üblich ist und was der Auftraggeber demzufolge erwarten kann. Es zeigt sich dann, dass die technische Entwicklung mit der Rechtsprechung nur schwer in Einklang zu bringen ist. Hinsichtlich des heute marktüblichen Lieferumfangs bei Anwenderdokumentationen kann die bisherige Rechtsprechung zur Dokumentation nur noch mit Vorsicht herangezogen werden.

282   Weitgehend unstreitig ist, dass sowohl zu Hardware als auch zu Software (dh bei Lieferung und Anpassung von Standardsoftware und bei Entwicklung von Individualsoftware) die Bereitstellung einer Anwenderdokumentation gehört. Dies gilt jedenfalls dann, wenn nichts Besonderes vereinbart ist. Damit also keine Anwenderdokumentation zu liefern wäre, müsste dies ausdrücklich, also als Leistungsabgrenzung geregelt sein. Als Leistungsbeschränkung unterliegt eine entsprechende Klausel in AGB der AGB-Kontrolle. Insoweit droht die Unwirksamkeit eines entsprechenden Hinweises wegen Intransparenz.

283   Ist zwischen den Vertragspartnern nichts vereinbart, kann zur Auslegung die BGH-Entscheidung vom 5.7.1989[201] zu Rate gezogen werden, in der er über die Frage zu entscheiden hatte, ob eine Dokumentation – zunächst für Hardware – mitgeschuldet ist. Laut BGH gehört, wenn nichts Besonderes vereinbart ist, ohne besondere Erwähnung das Handbuch (dh die Anwenderdokumentation) als wesentlicher Teil zur geschuldeten Leistung (hier zu Hardware und zum Betriebssystem). Das teilweise Fehlen der Dokumentation ist eine teilweise Nichterfüllung.[202]

In den späteren Entscheidungen, bei denen es um Standardsoftware und angepasste Standardsoftware ging, hat sich der BGH auf diese frühere Entscheidung bezogen.

284   **b) Perpetuierungsfunktion.** Inzwischen steht fest, dass das Fehlen der Anwenderdokumentation einen Fall der Nichterfüllung darstellt. Und dann:

„Handbücher, auch als Bedienungsanleitungen oder Dokumentationen bezeichnet, enthalten – in Wort oder graphischer Darstellung – eine Beschreibung des – technischen Aufbaus der Anlage, ihrer Funktionen, gegebenenfalls der Möglichkeiten der Kombination mit anderen Geräten sowie ihre Veränderung oder Ergänzung. Sie vermitteln die Summe aller Kenntnisse, die erforderlich sind, um die Anlage bedienungsfehlerfrei und zur Verwirklichung des mit ihrer Anschaffung vertraglich vorgesehenen Zwecks nutzen zu können. Sie ergänzen und konservieren schon vorhandenes Wissen des Benutzers über den Gebrauch der Anlage und verleihen der dem Lieferer obliegenden Einweisung in die Gerätehandhabung Dauer. Das verkörperte ‚Nutzungswissen' löst sich damit von der subjektiven Beziehung zum Lieferanten und wird gleichsam zum Teil der Anlage." (…)."[203]

285   Damit hat der BGH vor allem die durch eine Anwenderdokumentation zu gewährleistende **Perpetuierungswirkung** betont. Das bedeutet, dass die Anwenderdokumentation das vorhandene Wissen des Benutzers konservieren und ergänzen, der Einweisung Dauer verleihen kann und sogar das Nutzungswissen von der subjektiven Beziehung zum Lieferanten ablöst. Schließlich können die neuen Benutzer vom Auftraggeber selbst eingewiesen werden.[204]

Für Software hat er auf diese Entscheidung verwiesen.[205]

Laut Auffassung des LG Hannover soll die selbstverständliche Lieferung der Anwenderdokumentation allerdings nur bei komplexer Software Hauptleistung sein.[206]

CR 2003, 95 einerseits (selbstverständlicher Vertragsinhalt auch bei Anpassung durch Zuruf) und OLG Karlsruhe Urt. v. 25.7.2003 – 14 U 140/01, CR 2004, 493 andererseits (Ausnahme vom Grundsatz, Dokumentation als Bestandteil der Hauptleistungspflicht, wenn Kunde „berufsmäßiger Softwareentwickler" ist und „die erforderlichen Hilfehinweise während des Programmaufrufs erscheinen").

[201] BGH Urt. v. 5.7.1989 – VIII ZR 334/88, CR 1989, 189 (192).
[202] A. M. OLG Celle Urt. v. 10.7.1996 – 13 U 11/96, CR 1997, 150; zu Lückenhaftigkeit als Mangel auch: OLG München Urt. v. 9.3.2006 – 6 U 4082/05, CR 2006, 582.
[203] BGH Urt. v. 5.7.1989 – VIII ZR 334/88, CR 1989, 189 (192).
[204] BGH Urt. v. 5.7.1989 – VIII ZR 334/88, CR 1989, 189.
[205] BGH Urt. v. 4.11.1992 – VIII ZR 165/91, CR 1993, 422 und BGH Urt. v. 22.12.1999 – VIII ZR 299/98, CR 2000, 207 für Standardsoftware; BGH Urt. v. 14.7.1993 – VIII ZR 147/92, CR 1993, 681 für Individualsoftware bzw. angepasste Software; va zu Fälligkeit der Dokumentation bei Softwareerstellung: BGH Urt. v. 20.2.2001 – X ZR 9/99, CR 2001, 367.
[206] LG Hannover Urt. v. 28.5.1999 – 13 S 16/98, CI 1999, 162, sehr bedenklich, s. aber va Ulmer ITRB 2001, 64.

c) Mängel der Anwenderdokumentation. Ist die Anwenderdokumentation mangelhaft, so 286
ist die Software selbst mangelhaft. Eine Anwenderdokumentation ist auch dann mangelhaft,
wenn sie für den Auftraggeber nur schwer verständlich ist.[207]

Die Anwenderdokumentation muss den Auftraggeber in die Lage versetzen, mit kleineren, 287
geringfügigen Bedienungsfehlern zurecht zu kommen und wieder einen ordnungsgemäßen
Zustand bzw. eine normale Nutzbarkeit herzustellen.[208] Genügt sie dieser Anforderung
nicht, liegt ein Mangel vor.

3. Anwenderdokumentation im Verhältnis zur „Online-Hilfe"

Häufig gehen die Vorstellungen bei den Vertragspartnern auch im Hinblick auf das Ver- 288
hältnis der Anwenderdokumentation zur so genannten „Online-Hilfe" auseinander. Meist
steht eine so genannte „Online-Hilfe" zur Verfügung. Es ist jedoch unklar, ob und inwieweit
eine solche als Anwenderdokumentation im Rechtssinne ausreicht.

Aufgrund der BGH-Entscheidung vom 22.12.1999[209] ist strikt zwischen der Anwender- 289
dokumentation einerseits und der Online-Hilfe andererseits zu unterscheiden. Nach altem
Schuldrecht spielte diese Unterscheidung allerdings eine wesentlich größere Rolle, weil
die Online-Hilfe sozusagen Bestandteil der Software ist und (wenn sie vereinbart war) ihr
Fehlen einen Mangel der Software darstellt. Demgegenüber ist das Fehlen der Anwenderdokumentation, auch wenn die Lieferung einer Anwenderdokumentation nicht ausdrücklich
vereinbart wurde, ein Fall der Nichterfüllung. Aufgrund des einheitlichen Nacherfüllungs-
anspruches nach neuem Schuldrecht bleibt insoweit die Unterscheidung heute bedeutungslos.

Davon unabhängig sollten die Vertragspartner in Individualverträgen ausdrücklich festle- 290
gen, wie die Dokumentation beschaffen sein soll, wie sie aufzubauen ist und welchen Umfang sie haben soll und dabei, wie sich die Online-Hilfe in dieses Konzept einfügt (inwieweit
sie Papier-Hilfen erübrigen kann).

4. Andere Arten der Dokumentation

Auch wenn keine entsprechende Entscheidung hierzu vorliegt, ist davon auszugehen, dass 291
die **Installationsanleitung**[210] um so mehr zur Software gehört, als häufig der Auftraggeber
selbst die Software zu installieren hat. Dies gilt aber selbst dann, wenn explizit die Installation durch den Auftragnehmer vereinbart wird. Der Auftraggeber soll durch die Installationsanleitung in die gleiche, selbständige Position gelangen, wie dies durch die Anwenderdokumentation im Hinblick auf die Bedienung der Software bewirkt werden soll.

Eine **Programmbeschreibung** ist – soweit sich keine Vereinbarungen im Vertrag finden – 292
regelmäßig nicht geschuldet. Es kann sich aber aus den Umständen ergeben, dass zB ein Datenmodell mitzuliefern ist.[211] Die Anforderungen an solche Dokumentationen sind umso
größer, je mehr der Auftraggeber nach dem vereinbarten Vertragszweck selbst die Weiterentwicklung der Software vornehmen will und soll. Ist etwa vereinbart, dass der Auftraggeber die Software selbst pflegt, sind die hierzu erforderlichen Dokumentationen Vertragsbestandteil, auch wenn sie nicht explizit aufgeführt werden.

Quellcodedokumentation: Der Quellcode gehört nach wohl herrschender Meinung nicht 293
zum Vertragsgegenstand, wenn dies nicht ausdrücklich vereinbart ist.[212] Ist aber die Bereit-

---

[207] OLG Hamm Urt. v. 11.12.1989 – 31 U 37/89, CR 1990, 715 (Eine Programmbeschreibung ist auch dann mangelhaft, wenn sie zwar für einen Fachmann reicht, für den Laienkäufer aber schwer verständlich ist.).
[208] Dies ergibt sich sinngemäß aus OLG Köln Urt. v. 22.6.1988 – 13 U 113/87, NJW 1988, 2477.
[209] BGH Urt. v. 22.12.1999 – VIII ZR 299/98, CR 2000, 207.
[210] Gem. § 434 Abs. 2 S. 2 BGB („IKEA"-Klausel) gilt ein Mangel der Montageanleitung als Mangel einer Sache selbst, ebenso eine unsachgemäße Durchführung einer vereinbarten Montage (§ 434 Abs. 2 S. 1 BGB). Dies wird auch bei Software anwendbar sein.
[211] OLG München Urt. v. 22.4.1999 – 6 U 1657/99, CR 1999, 484 (Pflicht zur Herausgabe des Datenmodells nach Treu und Glauben).
[212] *Hoeren* CR 2004, 721 (723) mwN; aA *Schneider* CR 2003, 1 mwN.

5. Fehlende Anwenderdokumentation: Treuwidriges Berufen im Prozess

294 Es kann treuwidrig sein, wenn sich der Auftraggeber erst lange nach Lieferung des Systems, evtl. erst im Prozess, darauf besinnt, dass die Anwenderdokumentation (noch) fehlt. Die Rechtsprechung hierzu ist allerdings uneinheitlich. Dem OLG Düsseldorf zufolge soll die Nachlieferung eines „Handbuchs" auf eine Rüge hin ein Jahr nach Übergabe des Systems nicht ausreichend sein, wenn zusätzlich keine erneute Schulung angeboten werde.[213]

295 Andererseits hat das OLG Köln eine Verwirkung der Rechte aus dem Nachlieferungsanspruch angenommen, nachdem der Käufer von Software erst in der Berufungsinstanz einwandte, dass die Anwenderdokumentation nicht ausgehändigt worden sei, obwohl er bis dahin bereits zu erkennen gegeben hatte, auf die Anwenderdokumentation nicht angewiesen zu sein.[214]

296 Das OLG Köln hat es (orientiert an der Entscheidung des BGH vom 4.11.1992) außerdem als zu spät angesehen, wenn der Besteller einer Computeranlage sich erstmals nach geraumer Zeit darauf beruft, dass ihm eine Anwenderdokumentation für eines der Programme fehle. Es sei dann **Verwirkung** eingetreten.[215] Demgegenüber sah es das OLG Hamm nur **ausnahmsweise** als treuwidrig an, wenn sich der Auftraggeber auf die Nichtlieferung eines Handbuchs beruft.[216]

297 Jedenfalls wird man im Hinblick auf die Rechtsprechung des BGH (vom 4.11.1992[217] und vom 14.7.1993)[218] erhebliche Vorsicht walten lassen müssen, wenn man trotz Fehlens der Anwenderdokumentation eine Abnahmefiktion annehmen will.[219]

6. Besonderheiten bei einer Vergütung nach Aufwand

298 Eine besondere Konstellation stellen die IT-Projekte dar, in denen die Vertragspartner vereinbart haben, dass die Leistungen des Auftragnehmers nach Aufwand zu vergüten sind. Dies umfasst, abstrakt gesagt, auch den Aufwand für die Dokumentation bzw. deren Erstellung.[220]

299 Es können sich allerdings erhebliche Probleme ergeben. So ist in der Regel, wie sich auch aus der BGH-Entscheidung vom 20.2.2001 ergibt, die Anwenderdokumentation erst nach Abschluss der Arbeiten an der Software zu erstellen, wenn also keine Änderungs- bzw. Zusatzwünsche mehr zu erfüllen sind.[221] Bei einem dienstvertraglichen Projekt, das also im Wesentlichen unter der Steuerung des Auftraggebers abläuft, dürfte dies erst recht gelten. Wenn der Auftraggeber etwa dann, wenn ihm die Kosten „aus dem Ruder laufen", zu ernsthaften Maßnahmen greift und Fristsetzungen ausspricht, dann aber plötzlich und kurzfristig die Lieferung der Anwenderdokumentation verlangt, wird es für den Auftragnehmer sehr gefährlich. Es stellt sich die Frage, ob für die Erstellung der Anwenderdokumentation noch zusätzlicher Aufwand in Rechnung gestellt werden kann.

300 Es kann sich auch das Problem ergeben, dass die nachträgliche Erstellung einer Anwenderdokumentation erhöhten Aufwand erfordert und zwar deshalb, weil es oft kostengünsti-

---

[213] OLG Düsseldorf Urt. v. 27.10.1995 – 22 U 66/95, CR 1996, 214.
[214] OLG Köln Urt. v. 14.2.1997 – 19 U 205/96, CR 1997, 477.
[215] OLG Köln Urt. v. 26.8.1994 – 19 U 278/93, CR 1995, 16.
[216] OLG Hamm Urt. v. 27.7.1994 – 31 U 57/94, CR 1995, 20.
[217] BGH Urt. v. 4.11.1992 – VIII ZR 165/91, CR 1993, 203.
[218] BGH Urt. v. 14.7.1993 – I ZR 47/91, CR 1993, 752.
[219] Siehe allgemein zu Rügepflichten bei konkludenter Abnahme ohne die Dokumentationsproblematik auch OLG München Urt. v. 24.1.1990 – 27 U 901/88, CR 1991, 19.
[220] Vgl. *Schneider* CR 2003, 317 (319 ff.).
[221] BGH Urt. v. 20.2.2001 – X ZR 9/99, CR 2001, 367.

ger ist, die Anwenderdokumentation hinsichtlich der fertigen Teile der Software projektsynchron zu erstellen. Es wäre deshalb denkbar, dass der Auftraggeber dann, wenn nichts Besonderes zur Anwenderdokumentation bestimmt ist, auch bei Aufwandsprojekten nur den Aufwand bezahlen müsste, der bei normaler (also projektsynchroner) Anwenderdokumentationserstellung angefallen wäre. Dies kann zu Schwierigkeiten bei der Ermittlung des richtigen Aufwands führen.

7. Umfang und Fälligkeit der Anwenderdokumentation

a) Wechselbeziehung Anwenderdokumentation und Onlinehilfen. Strittig ist, wie umfangreich eine Anwenderdokumentation sein muss. Ist die Online-Hilfe sehr komfortabel, kann die Anwenderdokumentation umso knapper sein, ist aber nicht ganz durch die Online-Dokumentation zu ersetzen.[222] Nicht erforderlich sein sollen gedruckte Handbücher, wenn Hilfen auf Datenträgern etwa in Form von Hilfe- und/oder Readme-Dateien geliefert werden.[223]

b) Fälligkeit, Umsetzung von Änderungen im Rahmen der Anwenderdokumentation. Vor Abnahme bzw. bei Ablieferung muss die Anwenderdokumentation vorliegen. Ansonsten kann der Auftraggeber nach §§ 320 ff. BGB vorgehen. Voraussetzung ist jedoch, dass er rechtzeitig seinen Mitwirkungspflichten nachgekommen ist.[224] Dies soll nicht gelten, soweit die anstehenden Mitwirkungsleistungen keinen Einfluss auf die (Nicht-)Lieferung hatten[225] oder wenn die Anforderungen bereits zu Beginn der Arbeiten feststanden.[226]

Andererseits muss bei Entwicklung von Individualsoftware die Anwenderdokumentation nicht schon immer je (Änderungs-)Schritt vorliegen, sondern kann erst verlangt werden, wenn die Arbeiten an der Software insgesamt fertig sind.[227]

Bei komplexeren IT-Projekten und insbesondere, wenn der Auftraggeber häufig Änderungswünsche geäußert hatte, die dann auch realisiert wurden, wird man also nicht zeitgleich mit der Fertigstellung der Software die Fertigstellung der Anwenderdokumentation verlangen können.

Dies gibt dem Auftragnehmer die Chance, den Auftraggeber aufzufordern, nunmehr hinsichtlich der Software selbst zu erklären, dass keine Änderungen mehr gefordert werden. Dann muss ihm noch angemessene Zeit bleiben, die zugehörige Anwenderdokumentation zu erstellen. Im Zeit- und Aktivitätenplan müsste dies berücksichtigt sein. Fehlt es dann an Mitwirkungsleistungen des Auftraggebers, kann sich der Auftragnehmer entlasten.

8. Formulierungsvorschlag

Das Dokumentationswerk ist in der Praxis genau so wichtig wie das IT-System oder die Software selbst. Es empfiehlt sich, das Dokumentationswerk im Vertrag ausführlich zu beschreiben.

---

[222] *Endler* CR 1995, 7; LG Heilbronn Urt. v. 16.12.1993 – 1 KfH O 262/89, CR 1994, 281 (Dokumentation als Datei); OLG Köln Urt. v. 20.1.1995 – 19 U 115/93, jur-pc 1995, 3048 (englische Dokumentation); LG Koblenz Urt. v. 27.4.1995 – 12 S 163/94, CR 1995, 667 (englische Dokumentation); *Beckmann* CR 1998, 519.
[223] LG Hannover Urt. v. 28.5.1999 – 13 S 16/98, CI 1999, 162 (sehr bedenklich); OLG Karlsruhe Urt. v. 25.7.2003 – 14 U 140/01, CR 2004, 493 (Ausnahme vom Grundsatz „Dokumentation als Bestandteil der Hauptleistungspflicht", wenn Kunde berufsmäßiger Softwareentwickler ist und die erforderlichen Hilfehinweise während des Programmaufrufs erscheinen).
[224] BGH Urt. v. 10.3.1998 – X ZR 70/96, CR 1998, 393 – Warentermingeschäfte; BGH Urt. v. 23.1.1996 – X ZR 105/93, CR 1996, 467 – Service-Rechenzentrum; BGH Urt. v. 2.11.1995 – X ZR 93/93, NJW-RR 1996, 989 = CR 1996, 667.
[225] Zum Mitverschulden des Auftraggebers und dessen Anteil s. OLG Düsseldorf Urt. v. 8.12.1998 – 21 U 152/95, CI 1999, 162.
[226] So OLG Karlsruhe Urt. v. 16.8.2002 – 1 U 250/01, CR 2003, 95.
[227] BGH Urt. v. 20.2.2001 – X ZR 9/99, CR 2001, 367 – Warentermingeschäft II.

§ 1 Dokumentation
§ 1.1 Allgemeines
§ 1.1.1 Der Auftragnehmer erstellt und übergibt nachfolgend aufgeführte Dokumentationen in deutscher Sprache in elektronischer und ausdruckbarer Form. Alle Vereinbarungen gemäß dieses § 1 gelten auch für Dokumentationen, die von etwaigen Sub-Auftragnehmern im Rahmen des Projekts erstellt und geliefert werden.

Die Dokumentationen müssen eine Beschaffenheit aufweisen, die die jeweils betroffenen Mitarbeiter des Auftraggebers oder eines entsprechend beauftragten Dritten nach Einführung, Einweisung und ggf. Schulung in die Lage versetzen, den Betrieb der Vertragssoftware reibungslos vorzunehmen, ggf. bei Störungen/Mängeln/Ausfällen sich selbst zu helfen, zur Selbsthilfe bei Mängeln zu schreiten und die Gebrauchstauglichkeit im Notfall eigenständig zu erhalten, sowie ggf. zur Fehlerbeseitigung und Erhaltung der Gebrauchstauglichkeit die Vertragssoftware selbst weiterzuentwickeln.

§ 1.1.2 Jede vom Auftragnehmer gelieferte Dokumentation erfüllt zusätzlich die folgenden Anforderungen:

- Jede Dokumentation enthält eindeutige Angaben über den Autor, den Titel und die aktuelle Dokumenten-Version
- Jede Dokumentation enthält einen Abschnitt „Änderungshistorie", die die durchgeführten Änderungen am Dokument in Kurzform beschreibt (Datum der Änderung, Autor, Kurzbeschreibung der Änderung)
- Alle Fachbegriffe des Auftragnehmers, Abkürzungen, etc werden in der Dokumentation erklärt.

Die Auftragnehmerin erstellt, soweit möglich, entsprechend dem Projektfortschritt aktuelle Dokumentationen.

§ 1.2 Umfang der Dokumentation
Der Auftragnehmer erstellt und übergibt folgende Dokumentationen für das Projekt sowie die Vertragssoftware:

§. 1.2.1 Projektplan, Projektfortschritt- und Ergebnisdokumentation mit Befundsicherung

Unter Befundsicherung wird die Dokumentation des Zustands der gelieferten Vertragssoftware sowie des Projekts zum Zeitpunkt der Bereitstellung zur jeweiligen Teilabnahme sowie zur Endabnahme durch den Auftraggeber verstanden. Die Befundsicherung ist auf einer CD bereitzustellen, wobei der Fortschritt des Projekts sowie die wesentlichen Stadien bis zur jeweiligen Teil- bzw. End-Abnahme sowie der Zustand zum Zeitpunkt der Bereitstellung zur Abnahme dokumentiert wird (zB durch Schriftverkehr, Protokolle, Ergebnisvereinbarungen, etc)

§ 1.2.2 Benutzerhandbuch

Der Auftragnehmer stellt die DV-technische Funktionalität zur Erstellung einer Online-Hilfe zur Verfügung. Weiterhin erstellt der Auftragnehmer die erforderlichen Informationen DV-technischer Art, die der Auftraggeber für die Erstellung der Online-Hilfe-Texte benötigt. Die fachlichen Ergänzungen (Maskenbeschreibungen, Dialogbeschreibungen etc) werden vom Auftraggeber erstellt und – ggf. mit Unterstützung des Auftragnehmers – der Online-Hilfe hinzugefügt. Die dabei entstehende Online-Hilfe stellt als Ausdruck das Benutzerhandbuch dar.

§ 1.2.3 Administratorhandbuch

Dieses Handbuch ist die Anleitung für alle Administratoren der Vertragssoftware. Es muss beschrieben sein, wie die einzelnen Parameter der Vertragssoftware eingestellt werden können und was die jeweiligen Auswirkungen sind. Dem Administratorenhandbuch muss insbesondere zu entnehmen sein, wie Benutzer und deren Berechtigungen einzurichten sind.

§ 1.2.4 Schulungsunterlagen

Die Schulungsunterlagen für die Multiplikatorenschulung erstellt der Auftragnehmer auf Basis des Benutzerhandbuchs. Der Auftragnehmer liefert die dafür notwendigen Informationen und unterstützt den Auftraggeber insbesondere in DV-technischer Hinsicht. Die für die Anwenderschulung zu erstellenden Schulungsunterlagen werden auf dieser Basis durch den Auftraggeber im Rahmen des Projekts erstellt.

§ 1.2.5 Systemdokumentation

Die Systemdokumentation enthält insbesondere folgende Inhalte:
- Beschreibung der Verarbeitungsabläufe der Vertragssoftware
- Beschreibung des Datenmodells (insbesondere Zweck und Inhalt jeder Datentabelle, jedes Datenfelds jeder Tabelle und die Beziehungen zwischen den Tabellen: Beschreibung des Datenmodells als ER-Diagramm sowie verbale Erläuterungen zu den Entitäten und Attributen)

- Beschreibung der Entwicklungsumgebung
- Beschreibung aller Schnittstellen zu externen Systemen
- Beschreibung der Implementation von individuell entwickelten Komponenten der Vertragssoftware
- Beschreibung der Konfiguration (Customizing) von bestehenden Komponenten der Vertragssoftware
- Beschreibung der Hard- und Softwareumgebung, in der die Vertragssoftware performant betrieben werden kann

§ 1.3 Übergabezeitpunkt
Der Auftragnehmer übergibt die in § 1.2 genannten Dokumentationen in finaler Fassung möglichst bereits zum Zeitpunkt der jeweiligen Teilabnahme, insgesamt spätestens zum Zeitpunkt der Endabnahme (siehe § ......). Der Auftraggeber hat das Recht, aktuelle Stände der Dokumentationen während der gesamten Projektlaufzeit anzufordern, soweit das dem Auftragnehmer zumutbar ist.

XI. Projektbeendigung

Ein wichtiger, in IT-Projektverträgen jedoch häufig zu stiefmütterlich behandelter Themenbereich betrifft die Frage der **Projektbeendigung**. Dies gilt insbesondere für den Abbruch im Falle eines Scheiterns des IT-Projekts, aber auch für den richtigen Abschluss eines (letztendlich) erfolgreich durchgeführten Projekts. Denn es ist keineswegs so, dass ein Projekt nach erfolgter Abnahmeprüfung und Produktivsetzung „gelaufen" ist, vielmehr sind danach bis zum Projektende in der Regel noch diverse Schritte zu erledigen und Leistungen zu erbringen und damit auch im IT-Projektvertrag zu regeln.

1. Vollendung, Abnahme

Die Abnahme (§ 640 BGB) bringt in einem werkvertraglich konzipierten IT-Projekt eine tiefgehende Zäsur mit sich. Mit ihr sind diverse Rechtsfolgen verknüpft, bspw. die Fälligkeit der Vergütung (§ 641 BGB), der Beginn der Mängelhaftungsfrist (§ 634a Abs. 1 Nr. 1, Abs. 2 BGB) sowie die Umkehr der Beweislast für erkennbare Mängel.

Neben Regelungen zur Vergütung und Mängelhaftung[228] sollten indes je nach Einzelfall auch Vereinbarungen zu folgenden Punkten getroffen werden:
- Regelungen zum Parallelbetrieb von altem und neuem System;
- Mindestdauer für Betriebssicherung und Betriebsunterstützung;
- Spätere Unterstützung durch den Auftragnehmer, falls der Auftraggeber auf ein anderes System wechseln will (Migration, Herausgabe von Datenformaten und bestimmter Programminformationen).

Nur in wenigen Fällen enden die Vertragsbeziehungen zwischen Auftraggeber und Auftragnehmer nach erfolgreicher Produktivsetzung. Selbst Auftraggeber mit eigener IT-Abteilung und umfassendem technischen Know-how benötigen die weitere Unterstützung des Auftragnehmers. Soweit es um Aktualisierung der Standardsoftware und Fehlerbeseitigung geht, werden diese Leistungen Gegenstand eines gesonderten Pflegevertrages sein. Die Erhaltung der Gebrauchstauglichkeit der Hardware wird über einen Wartungsvertrag abgesichert. Soll ein externer Anbieter den Betrieb eines IT-Systems übernehmen, schließt sich einem Projekt über die Einführung einer Standardsoftware ggf. ein Outsourcing-Projekt[229] an.

2. Rücktritt[230]

Der Auftraggeber kann ein IT-Projekt, das durch eine oder mehrere Pflichtverletzungen des Auftragnehmers in Schieflage geraten ist, abbrechen. Gem. §§ 631, 323, 346 BGB (vor

---

[228] Siehe hierzu → § 10 Vertragliche Grundlagen.
[229] Ausführlich zu Outsourcing-Projekten siehe → § 19 Outsourcing.
[230] Siehe hierzu im Detail auch → § 10 Vertragliche Grundlagen.

Abnahme) bzw. gem. §§ 631, 634, 323, 346 BGB (nach Abnahme) kann er dann vom Vertrag zurücktreten.[231]

312 Für den Auftragnehmer ist der Rücktritt der „worst case", da dies für ihn gem. § 346 Abs. 1 BGB die – im Regelfall vollständige – Rückzahlung der bereits erhaltenen Vergütung bedeutet. Das kann je nach Projektstadium ein erheblicher Betrag sein.[232] Tritt der Auftraggeber zurück, wird er zusätzlich neben den Rückzahlungsansprüchen auch Schadensersatz gem. §§ 280, 281 BGB fordern, was bei guter Dokumentation der ihm entstandenen Aufwände und Kosten bis zu sechs- oder siebenstelligen Beträgen führen kann. Allerdings muss sich der Auftraggeber bei der Rückforderung der geleisteten Vergütungen die aus der Nutzung der Teile der erbrachten Leistung entstandenen wirtschaftlichen Vorteile anrechnen lassen und Nutzungsentschädigung leisten (§ 346 Abs. 2 Nr. 1 BGB).

313 Je weiter die Projektphase und produktive Nutzung durch den Auftraggeber fortgeschritten ist, desto unwahrscheinlicher wird der Rücktritt, da insbesondere eine Rückkehr zum Altsystem nur in der Anfangsphase des IT-Projekts möglich ist.[233]

314 **a) Nachfristsetzung.** Voraussetzung eines Rücktrittsrechts ist jedoch stets, dass die Pflichtverletzung des Auftragnehmers nicht nur unerheblich ist (§ 323 Abs. 5 S. 2 BGB).[234] Außerdem muss der Auftraggeber dem Auftragnehmer in der Regel erfolglos eine angemessene Frist zur Leistung bzw. Nacherfüllung gesetzt haben.

315 Nicht pauschal zu beantworten ist die Frage, wie lange eine **Nachfrist** sein muss, um als **angemessen** zu gelten.[235] Hier ist aus Sicht der Auftraggeber Vorsicht geboten, wenn sie vorformulierte Vertragsklauseln mit konkreten Angaben zur Fristlänge einsetzen wollen. Die Fristlänge muss dann einer AGB-Kontrolle standhalten, also angemessen sein. Da aber selbst innerhalb eines einzigen IT-Projekts je nach Sachverhalt unterschiedliche Angemessenheitsmaßstäbe anzusetzen sind, besteht ein nicht geringes Risiko, dass die angegebene Frist im Einzelfall unangemessen kurz, die Klausel also unwirksam ist.

316 Sicherer ist es deshalb, im IT-Projektvertrag keine konkreten Angaben zur Länge der Nachfrist zu machen. Setzt der Auftraggeber nämlich eine unangemessen kurze Nachfrist (etwa weil er sich auf die diesbezüglichen vertraglichen Festlegungen verlässt) und weigert sich nach Ablauf dieser zu kurzen Frist, weitere Leistungen des Auftragnehmers anzunehmen, stellt dies eine ordentliche Kündigung des Vertrages gem. § 649 BGB dar,[236] sodass dem Auftragnehmer ein entsprechender Vergütungsanspruch nach dieser Vorschrift zusteht.[237]

317 Im Hinblick darauf, dass kaum ein Auftraggeber ein IT-Projekt leichtfertig abbricht und dass bis zur Schieflage erhebliche Investitionen getätigt wurden, kommt es häufig vor, dass Auftraggeber langwierige Verzögerungen hinnehmen und sich auch immer wieder auf neue Zeit- und Projektpläne einlassen. Dies teilweise auch dann, wenn schon Fristen gesetzt wurden und ergebnislos verstrichen sind.

Fallbeispiel:
Der Auftraggeber plant vor dem Hintergrund der Mehrwertsteuererhöhung zum 1.1.2007 einen Releasewechsel bei der ERP-Software, die er seit 2001 im Einsatz hat. Der Auftragnehmer verpflichtet sich, die individuellen Anpassungen des produktiv genutzten Releases auch im neuen Release umzusetzen. Geplanter Produktivsetzungstermin ist der 30.6.2006. Kurz vor diesem Termin stellen sich bei den durchgeführten Tests Probleme mit den Systemantwortzeiten heraus. Der Termin verschiebt sich, da der Auftragnehmer diverse Optimierungsmaßnahmen durchführen muss. Ein für September angesetzter Termin für eine Abnahmeprüfung scheitert, weil das System im Lasttest aus ungeklärter Ursache ab-

---

[231] Neben dem Rücktritt kann gem. § 325 BGB ggf. Ersatz eines entstandenen Schadens geltend gemacht werden.
[232] Siehe zum Rücktritt auch *Schuster*, CR 2011, 215.
[233] Siehe hierzu Schneider/von Westphalen/*Witzel* Kap. G → Rn. 420.
[234] Bei unerheblichen Pflichtverletzungen bleibt dem Auftraggeber nur das Recht zur Minderung bzw. nach Abnahme der Anspruch auf Nacherfüllung; zur Frage, wann eine Pflichtverletzung unerheblich ist, vgl. Palandt/*Grüneberg* § 323 → Rn. 32 mwN; außerdem → § 10 Vertragliche Grundlagen.
[235] Zur Angemessenheit siehe auch Palandt/*Grüneberg* § 323 → Rn. 14 mwN.
[236] Siehe hierzu sogleich → Rn. 320 ff.
[237] BGH Urt. v. 23.6.1992 – X ZR 92/90, CR 1993, 424 – S-Projekt II; *Redeker* IT-Recht Rn. 452 mwN.

stürzt. Daraufhin setzt der Auftraggeber dem Auftragnehmer eine Frist zur vertragsgemäßen Lieferung bis zum 15.11.2006. Eine weitere Abnahmeprüfung am 16.11.2006 scheitert, weil die Systemantwortzeiten nicht den vereinbarten Kriterien entsprechen. Die Projektleiter der Vertragspartner einigen sich bis 6.12.2006 weitere Maßnahmen zur Optimierung der Systemantwortzeiten durchzuführen, am 7.12.2006 eine weitere Abnahmeprüfung durchzuführen und so dann das System bis zum 10.12.2006 für eine Produktivsetzung vorzubereiten. Bei der Abnahmeprüfung am 7.12.2006 tritt ein Fehler auf, der dazu führt, dass sich mehrere „Clients aufhängen". Der Auftraggeber wartet den 11.12.2006 nicht mehr ab, sondern erklärt am 8.12.2006 ohne weitere Fristsetzung den Rücktritt. Im geführten Rechtsstreit beruft sich der Auftraggeber darauf, ein Rücktrittsrecht habe bereits am 16.11.2006 bestanden, die weiteren Absprachen seien aus reiner Kulanz erfolgt. Der Auftragnehmer argumentiert, es habe am 7.12.2006 nicht festgestanden, dass die Produktivsetzung am 11.12.2006 nicht mehr möglich gewesen sei. Der Auftraggeber sei im Hinblick auf den gemeinsam verabschiedeten Zeitplan verpflichtet gewesen den 11.12.2006 abzuwarten. Die Gerichte bewerten solche Sachverhalte unterschiedlich: für den Auftraggeber bleibt das Risiko, dass er durch Absprachen mit dem Auftragnehmer vorherige Fristsetzungen verwirkt. Will er dies vermeiden, muss dies bei etwaigen Zugeständnissen an den Auftragnehmer deutlich zum Ausdruck kommen.

Nur ausnahmsweise ist der Rücktritt auch ohne vorherige Nachfristsetzung möglich (vgl. §§ 323 Abs. 2 und 636 BGB), so zB wenn der Auftragnehmer die Leistung ernsthaft und endgültig verweigert hat (§ 323 Abs. 2 Nr. 1 BGB), wenn der Leistungstermin bei einem relativen Fixgeschäft verstrichen ist (§ 323 Abs. 2 Nr. 2 BGB) oder wenn besondere Umstände vorliegen, die unter Abwägung der beiderseitigen Interessen den sofortigen Rücktritt rechtfertigen (§ 323 Abs. 2 Nr. 3 BGB).[238]

b) Keine Ablehnungsandrohung erforderlich. Seit der Schuldrechtsmodernisierung von 2002 muss die Nachfristsetzung **nicht mehr mit einer Ablehnungsandrohung verbunden werden**.[239] Diese formale Entschärfung der Rücktrittsvoraussetzungen ist für den Auftragnehmer durchaus gefährlich. Nunmehr genügt eine schlichte, mit einer Frist versehene Aufforderung zur Leistungserbringung, um die formalen Voraussetzungen für ein Rücktrittsrecht zu erfüllen, **eine klare Androhung bestimmter Rechtsfolgen ist nicht mehr erforderlich**. Schon um sich die damit verbundene Warnfunktion zu erhalten, sollte der Auftragnehmer versuchen, das Erfordernis der Ablehnungsandrohung im Projektvertrag festzuschreiben.[240] Wirksam wird eine solche Vereinbarung allerdings nur in Individualvereinbarungen sein. In AGB wäre eine solche Bestimmung als Verstoß gegen das gesetzliche Leitbild unwirksam (§ 307 BGB).

3. Kündigung

Eine andere Möglichkeit, ein IT-Projekt abzubrechen, ist die Kündigung.

a) Ordentliche Kündigung durch den Auftraggeber. Während dem Auftragnehmer im Werkvertragsrecht kein Recht zur ordentlichen Kündigung zusteht, kann der Auftraggeber ein werkvertraglich gestaltetes IT-Projekt gem. § 649 S. 1 BGB jederzeit kündigen. Allerdings hat der Auftragnehmer dann Anspruch auf die vereinbarte Vergütung[241] abzüglich dessen, was er sich *„infolge der Aufhebung des Vertrags an Aufwendungen erspart oder durch anderweitige Verwendung seiner Arbeitskraft erwirbt oder zu erwerben böswillig unterlässt"* (§ 649 S. 2 BGB). Streit über die Höhe dieser Abzüge ist in solchen Fällen vorprogrammiert und für beide Seiten mit erheblichen Unwägbarkeiten in der Beweisbarkeit der jeweils für sie günstigen Tatsachen verbunden.

Gemäß § 649 S. 3 BGB wird vermutet, dass die Restentschädigung 5 % beträgt. Die insoweit bestehende Darlegungslast des Auftraggebers betreffend die ersparten Aufwendungen hat der BGH zulasten des Auftragnehmers allerdings umgekehrt, sodass er, will er sei-

---

[238] Zur letztgenannten Fallgruppe gehören insbesondere auch Konstellationen, die eine arglistige Pflichtverletzung zum Gegenstand haben; vgl. BGH Urt. v. 8.12.2006 – V ZR 249/05, NJW 2007, 835; BGH Urt. v. 28.2.2007 – V ZB 154/06, NJW 2007, 1524.
[239] *Schneider* Kap. H Rn. 304.
[240] *Schneider* Kap. H Rn. 313.
[241] Siehe hierzu auch *Bartsch*, CR 2012, 141; *Intveen* ITRB 2012, 4.

nen Anspruch nach § 649 S. 2 BGB durchsetzen, seine Ersparnisse grundsätzlich selbst darlegen muss.²⁴² Diese Beweislast wird dem Auftragnehmer wiederum dadurch erleichtert, dass nach dem Wortlaut des § 649 S. 3 BGB die ersparten Aufwendungen mit 95 % geschätzt werden.²⁴³

322 Für den Auftragnehmer bedeutsam ist, dass seine Werklohnforderung im Falle der Kündigung laut BGH erst fällig wird, wenn der Auftraggeber die bis dahin erbrachten Leistungen abgenommen hat.²⁴⁴ Der Auftragnehmer sollte daher im Rahmen der Vertragsverhandlungen versuchen, das freie Kündigungsrecht soweit wie möglich einzuschränken und eventuell sogar auszuschließen. Letzteres dürfte sich im Regelfall jedoch nur selten durchsetzen lassen. Realistischer ist eine Beschränkung des Kündigungsrechts auf wichtige Gründe verbunden mit einer – individuell zu vereinbarenden²⁴⁵ – Pauschalierung des Vergütungsanspruchs.

323 **b) Außerordentliche Kündigung durch den Auftraggeber.** Außerdem kann der Auftraggeber, da für ihn insoweit im Werkvertragsrecht keine Spezialnorm existiert, den Vertrag ggf. gem. § 314 BGB aus wichtigem Grund außerordentlich kündigen.²⁴⁶ Ein solcher, den Auftraggeber zur außerordentlichen Kündigung berechtigender wichtiger Grund kann bspw. vorliegen, wenn von vorneherein feststeht, dass der Auftragnehmer eine Frist oder einen Termin aus allein von ihm zu vertretenden Gründen nicht einhalten wird und dem Auftraggeber die Fortsetzung des Vertrages unzumutbar ist.²⁴⁷

324 Auch wenn die Möglichkeit der außerordentliche Kündigung eines Werkvertrages aus wichtigem Grund gefestigte Rechtsprechung ist, sollten die Vertragspartner die außerordentliche Kündigung zur Klarstellung ausdrücklich im Vertrag regeln (am einfachsten durch Verweisung auf § 314 BGB) und dabei das Kündigungsrecht beiden Vertragspartnern zugestehen.

325 **c) Kündigung durch den Auftragnehmer.** Für den Auftragnehmer ist die Kündigung eines werkvertraglich ausgestalteten Projektvertrages nur unter den deutlich engeren Voraussetzungen der §§ 642, 632 BGB möglich. Bei **nicht erbrachter Mitwirkungsleistung** des Auftraggebers kann der Auftragnehmer gem. §§ 642, 643 BGB eine Nachfrist mit Kündigungsandrohung setzen. Erbringt der Auftraggeber die Mitwirkungsleistung dann nicht innerhalb dieser Frist, gilt der Vertrag gem. § 643 S. 2 BGB automatisch als aufgehoben. Der Auftragnehmer hat dann Anspruch auf Vergütung der bisher erbrachten Leistungsteile und daneben auf Entschädigung gem. § 642 BGB für die Verzugszeit bis zur Kündigung.²⁴⁸

326 Da das Kündigungsrecht des Auftragnehmers bei auftraggeberseitiger Verletzung von Mitwirkungspflichten in den §§ 642, 643 BGB speziell geregelt ist, kann eine solche Pflichtverletzung nicht herangezogen werden, um eine außerordentliche Kündigung aus wichtigem Grund nach dem allgemeinen und damit subsidiären § 314 BGB zu begründen.²⁴⁹

327 Verletzt der Auftraggeber andere vertragliche Pflichten als die Erbringung von Mitwirkungsleistungen bleibt der Weg für die Anwendung des § 314 BGB offen. Auch aus Sicht des Auftragnehmers mag es Konstellation geben, in denen die Fortsetzung des Vertragsverhältnisses unzumutbar ist, insbesondere für den Fall, dass das Vertrauensverhältnis gestört und eine weitere vertrauensvolle und persönliche Zusammenarbeit nicht mehr möglich ist. Der Auftragnehmer dürfte sich allerdings dann nicht bzw. nur ausnahmsweise auf § 314 BGB berufen dürfen, wenn der wichtige Grund überwiegend in einer durch ihn erbrachten

---

[242] BGH Urt. v. 21.12.1995 – VII ZR 198/94, BGHZ 131, 362; BGH Urt. v. 14.1.1999 – VII ZR 277/97, BB 1999, 926.
[243] Siehe hierzu Schneider/von Westphalen/*Witzel* Kap. G Rn. 422 f. mwN; BGH Urt. v. 5.5.2012 – VII ZR 161/10, CR 2011, 639 (§ 649 Satz 3 BGB hat keine Leitbildfunktion, sondern soll nur eine Beweiserleichterung bewirken).
[244] BGH Urt. v. 11.5.2006 – VII ZR 146/04, NJW 2006, 2475.
[245] Palandt/*Sprau* § 649 Rn. 17; zu vertraglichen Klauseln zu § 649 BGB siehe → § 16 Standardklauseln.
[246] *Schneider* Kap. H Rn. 305.
[247] BGH Urt. v. 4.5.2000 – VII ZR 53/99, NJW 2000, 2988; LG Köln Urt. v. 14.9.2011 – 28 O 485/05, CR 2012, 77, außerordentliche Kündigung eines Softwarelizenzvertrags bei Vertragsbruch.
[248] Palandt/*Sprau* § 643 Rn. 2.
[249] AA aber das OLG Frankfurt a. M. Urt. v. 15.12.2000 – 24 U 240/98, CR 2001, 503.

Schlechtleistung liegt, auch wenn für den Anspruch aus § 314 BGB ein Verschulden grundsätzlich unerheblich ist.[250]

4. Leistungen des Auftragnehmers nach Rücktritt/Kündigung durch den Auftraggeber

Bricht der Auftraggeber ein IT-Projekt durch Rücktritt oder Kündigung ab, muss der Auftragnehmer grundsätzlich keine weiteren Leistungen mehr erbringen. Der Auftraggeber dürfte jedoch in der Regel ein großes Interesse daran haben, das IT-Projekt selbst oder mit einem anderen Auftragnehmer weiterzuführen oder die bis dato erzielten Ergebnisse als Ausgangsbasis für ein neues IT-Projekt zu nutzen.

Deshalb ist es unerlässlich, im IT-Projektvertrag zu regeln, welche **Abwicklungsleistungen** der Auftragnehmer im Falle eines Projektabbruchs durch den Auftraggeber noch zu erbringen hat und inwieweit dafür eine Vergütung zu entrichten ist. Folgende Themenkomplexe sollten dabei berücksichtigt werden:
- Unterstützung durch den Auftragnehmer bei der Sicherung der Betriebsbereitschaft bereits fertig gestellter Systemkomponenten bis zum Wechsel auf ein neues System
- Wissenstransfer (Art, Umfang und Dauer der Kooperation mit neuem Auftragnehmer);
- Herausgabe von Datenformaten und bestimmter Programminformationen;
- Rückgabe von Unterlagen und Datensicherungen

5. Beispiel für eine vertragliche Regelung zur Projektbeendigung

§ 1 Projekt- und Vertragsbeendigung
§ 1.1 Kündigung
§ 1.1.1 Ordentliche Kündigung durch den Auftraggeber
Der Auftraggeber kann diesen Projektvertrag mit einer Frist von zwei Wochen jederzeit ordentlich kündigen.
Im Falle einer ordentlichen Kündigung hat der Auftragnehmer Anspruch auf folgende Vergütung:
- Vollständige Lizenzgebühren für die im Zeitpunkt des Wirksamwerdens der Kündigung begonnenen Teilprojekte sowie
- Tatsächlicher Aufwand für bis zum Wirksamwerden der Kündigung erbrachte Realisierungs- und Dienstleistungen.

§ 1.1.2 Außerordentliche Kündigung durch einen der Vertragspartner
Beide Vertragspartner können diesen Projektvertrag bei Vorliegen eines wichtigen Grundes nach Maßgabe von § 314 BGB kündigen.
Im Falle einer außerordentlichen Kündigung seitens des Auftragnehmers hat der Auftragnehmer Anspruch auf folgende Vergütung:
- Vollständige Lizenzgebühren für die im Zeitpunkt des Wirksamwerdens der Kündigung begonnenen Teilprojekte sowie
- 80% des Festpreises für die im Zeitpunkt des Wirksamwerdens der Kündigung begonnenen Teilprojekte.

Im Falle einer außerordentlichen Kündigung seitens des Auftraggebers hat der Auftragnehmer Anspruch auf folgende Vergütung:
- Vollständige Lizenzgebühren für die im Zeitpunkt des Wirksamwerdens der Kündigung begonnenen Teilprojekte sowie
- 50% des tatsächlichen Aufwands für bis zum Wirksamwerden der Kündigung erbrachten Realisierungs- und Dienstleistungen.

§ 1.1.3 Formerfordernis
Jede Kündigung bedarf der Schriftform.

§ 1.2 Rücktritt
§ 1.2.1 Voraussetzungen
Zum Rücktritt in Folge des Verzuges mit den für einen Echtstart vereinbarten Meilensteinen siehe auch Ziffer ....

---

[250] Siehe dazu ausführlich Schneider/von Westphalen/*Witzel* Kap. G Rn. 428 mwN.

Bei Schlechtleistung seitens des Auftragnehmers sowie bei Verzug mit Terminen, die nicht ein Echtstart-Meilenstein sind sowie bei gescheiterter Nacherfüllung nach Maßgabe von Ziffer ...... ist der Auftraggeber zum Rücktritt ausschließlich vom jeweiligen Teilprojekt berechtigt, wenn eine angemessene Nachfrist zur vertragsgemäßen Leistungserbringung ergebnislos verstrichen ist. Jede Nachfristsetzung ist an die Geschäftsleitung des Auftragnehmers zu richten und mit der Erklärung zu verbinden, dass nach erfolglosem Fristablauf der Rücktritt erklärt wird.

Der Rücktritt von einem Teilprojekt lässt die übrigen Teilprojekte unberührt. Die Vertragspartner sind sich einig, dass ein Gesamtrücktritt von diesem Projektvertrag nur dann möglich und zulässig ist, wenn sämtliche Teilprojekte gescheitert sind. Sämtliche Teilprojekte gelten dann als gescheitert, wenn keine produktive Nutzung der Vertragssoftware erfolgt.

§ 1.2.2 Formerfordernis

Jeder Rücktritt bedarf der Schriftform.

§ 19 Outsourcing-Verträge

Übersicht

	Rn.
I. Varianten des Outsourcings und Ablauf eines Outsourcing-Projektes	1–8
1. Einleitung	1/2
2. Outsourcing-Varianten	3–5
3. Ablauf eines IT-Outsourcing-Projekts	6–8
II. Die Vorphase des Vertragsschlusses im Outsourcing-Projekt	9–23
1. Die Vertraulichkeitsvereinbarung (NDA)	9–17
2. Request for Proposal (RFP)	18–23
III. Due Diligence	24–34
1. Due Diligence beim Kunden	24/25
2. Due Diligence beim Anbieter	26
3. Letter of Intent und Memorandum of Understanding	27–32
4. Hinterlegungsvereinbarung	33/34
IV. Modulare Vertragsstruktur als Grundlage des IT-Outsourcing-Projektes	35–52
1. Überblick	35
2. Juristische Grundlagen: Anwendung des Vertragsrechts des BGB auf den Outsourcing-Vertrag	36–41
3. Gestaltung des IT-Outsourcing-Vertrages durch modularen Vertragsaufbau	42–49
4. Allgemeine Hinweise zur Gestaltung des IT-Outsourcing-Vertrages	50–52
V. Die Regelungen der einzelnen Vertragsteile	53–213
1. Aufbauschema	53/54
2. Der Rahmenvertrag und seine Regelungen als Fundament des Projektes	55–163
a) Einleitung des Vertrages: Präambel, Definitionen und Normenhierarchie	56–61
b) Beschreibung des Vertragsgegenstandes des Outsourcing-Projektes	62
c) Anforderungen an die Leistungserbringung des Outsourcing-Anbieters	63–69
d) Outsourcing – spezifische Regelungen der Leistungskontrolle	70–74
e) Vergütung des Outsourcing-Dienstleisters	75–88
f) Aufrechnung und Zurückbehaltungsrechte beim Outsourcing-Vertrag	89
g) Bedeutung der Mitwirkungspflichten beim Outsourcing	90–95
h) Regelung zu Nutzungsrechten	96–102
i) Zusammenarbeit zwischen den Parteien	103–106
j) Outsourcing – spezifische Besonderheiten des Change-Managements	107–120
k) Besonderheiten der Gewährleistung im Outsourcing-Vertrag	121–131
l) Besonderheiten der Haftung im Outsourcing-Vertrag	132–142
m) Datenschutz und Datensicherheit im Outsourcing-Projekt	143–146
n) Vertragslaufzeit und Kündigung	147–151
o) Re-Insourcing/Backsourcing als Folge der Kündigung	152–159
p) Outsourcing-typische Regelungen zu Konfliktmanagement, Mediation und Schiedsgerichtsvereinbarung	160–163
3. Die Transition und Transformation	164–182
a) Der Leistungsschein „Transition" und Transformation als werkvertragliches Dokument	170–176
b) Die dienstvertragliche Regelung der Transition und Transformation: Ein hohes Risiko für den Kunden?	177/178
c) Sonderproblem: Fehler in der Transition Phase mit Auswirkungen in der Betriebsphase	179–182
4. Das Asset Transfer Agreement	183–188
a) Übernahme von Hardware	184/185
b) Übernahme von Software	186–188
5. Der Vertrag zur Übernahme von Drittverträgen	189–191
6. Personalübertragungsvertrag und § 613a BGB	192–194
7. Leistungsscheine und Service Level Agreements	195–213
a) Leistungsbeschreibung	197–199

	Rn.
b) Leistungsparameter	200–203
c) Beispiele typischer Service Levels	204–210
d) Sanktion bei SLA-Verstoß	211–213
VI. Besonderheiten des Outsourcing in der Kredit- und Finanzbranche	214–221
1. Besondere organisatorische Anforderungen an Kreditinstitute und Finanzdienstleister	215–219
2. Outsourcing im Wertpapierhandel – Anwendbarkeit von § 33 Wertpapierhandelsgesetz	220/221
VII. Besonderheiten des Outsourcing von Patienten- und Mandantendaten	222–235
1. Rechtliche Grundlagen	223–226
2. Technische Lösungsmöglichkeiten	227–230
3. Lösung durch ein Modell der Arbeitnehmerüberlassung	231/232
4. Lösung durch Doppelarbeitsverhältnisse	233–235
VIII. Besonderheiten des Outsourcing bei Kapitalanlagegesellschaften	236–240
IX. Besonderheiten des Outsourcing in der Versicherungsbranche	241–247
1. Die MaRisk VA	243
2. Funktionsausgliederung im Sinne des § 13 VAG	244–247
X. Internationale Bezüge des Outsourcing, Offshoring-Projekte	248–270
1. Offshoring – Regionen und Besonderheiten	248–251
2. Scope eines Offshoring-Projekts	252/253
3. Besondere Risiken im internationalen Umfeld	254–257
4. Besonderheiten bei der Vertragsgestaltung	258/259
5. Strukturmodelle	260–262
6. Regelungen zur Qualitätssicherung	263–265
7. Gestaltung von Service Level Agreements	266
8. Durchsetzung vertraglicher Ansprüche durch Garantien und Performance Bonds	267/268
9. IP-rechtliche Fragestellungen	269
10. Datenschutz	270
XI. Non-legal Outsourcing in Anwaltskanzleien	271–276
XII. Ausblick: „Solvency II" und das neue VAG mit Wirkung vom 1.1.2016	277–283

Schrifttum: *Bettinger/Scheffelt,* Application Service Providing – Vertragsgestaltung und Konfliktmanagement, CR 2001, 729; *Bernhard/Lewandowski/Mann,* Service Level-Management in der IT, 4. Auflage 2002; *Blöse/Pechardscheck,* Die rechtliche Absicherung von IT-Outsourcing Projekten, CR 2002, 785; *Bömer,* „Hinterlegung" von Software, NJW 1998, 3321; *Buchner,* Outsourcing in der Arztpraxis – zwischen Datenschutz und Schweigepflicht, MedR 2013, 337; *Bräutigam/Rücker,* Softwareerstellung und § 651 BGB – Diskussion ohne Ende oder Ende der Diskussion?, CR 2006, 361; *Ehrmann,* Outsourcing von medizinischen Daten – strafrechtlich betrachtet –, 2008; *Engisch,* Einführung in das juristische Denken, 10. Auflage 2005; *Gabel/Steinhauer,* Neue aufsichtsrechtliche Anforderungen für das Outsourcing durch Versicherungsunternehmen VersR 2010, 177; *Grapentin,* Datenschutz und Globalisierung – Binding Corporate Rules als Lösung?, CR 2009, 693; *Haas/Medicus/Rolland,* Das neue Schuldrecht, 2002; *Heidenhain/Schütze* (Hrsg.), Münchener Vertragshandbuch, Band IV, 3. Halbband, 7. Auflage 2012; *Hermeler,* Rechtliche Rahmenbedingungen der Telemedizin, 2000; *Holzapfel/Pöllath,* Unternehmenskauf in Recht und Praxis, 14. Auflage 2010; *Kast/Meyer/Wray,* Software Escrow, CR 2002, 379; *Hörl/Häuser,* Service Level Agreements in IT-Outsourcingverträgen, CR 2003, 713; *Kann/Redeker,* Überblick über das Kapitalanlagegesetzbuch (KAGB) DStR 2013, 1483; *Jandt/Roßnagel/Wilke,* Outsourcing der Verarbeitung von Patientendaten – Fragen des Daten- und Geheimnisschutzes, NZS 2011, 641; *Lensdorf,* Aspekte des Software Hinterlegung, CR 2000, 80; *Lütcke/Bähr,* Outsourcing-Verträge und Service Level Agreements in der IT-Branche – Gestaltungsvarianten für die Praxis, K&R 2001, 82; *Lux/Schön,* Outsourcing der Datenverarbeitung, 1997; *Müller-Hengstenberg,* Vertragsbedingungen für Softwareverträge der öffentlichen Hand, 7. Auflage 2008; *Nordmann/Schumacher,* Escrow-Agreement: Softwarehinterlegung in der Praxis, K&R 1999, 363; *Plath/Scherenberger,* Zur Insolvenzfestigkeit des Erwerbs von Nutzungsrechten an Software, CR 2006, 153; *Paul/Gendelev,* Outsourcing von Krankenhausinformationssystemen Praxishinweise zur Rechtskonformen Umsetzung ZD 2012, 315; *Paulk/Curtis/Chrissis/Weber,* Capability Maturity Model for Software, 1993; *Roßnagel* (Hrsg.), Handbuch Datenschutzrecht, 2003; *Röhrborn/Sinhart,* Application Service Providing – Juristische Einordnung und Vertragsgestaltung, CR 2001, 69; *Rödder/Hötzel/Mueller-Thuns,* Unternehmenskauf, Unternehmensverkauf, 2003; *Schimansky/Bunte/Lwowski,* Bankrechts-Handbuch, 4. Auflage 2011; *Schneider,* Softwareerstellung und Softwareanpassung – wo bleibt der Dienstvertrag, CR 2003, 317; *Schönke/Schröder,* Strafgesetzbuch, 29. Auflage 2014; *Schweinoch,* Zur Frage der Anwendbarkeit von Kaufrecht auf Verträge über die Erstellung oder Anpassung von Software; CR 2009, 640; *ders.,* Geänderte Vertragstypen in Softwareprojekten, CR 2010, 1; *Thalhofer,* Handbuch IT-Litigation, 2012; *von Westerholt/Berger,* Der Application Service Provider und das neue Schuldrecht, CR 2002, 81; *Zahrnt,* Vertragsrecht für IT-Fachleute, 5. Auflage 2002.

I. Varianten des Outsourcings und Ablauf eines Outsourcing-Projektes

1. Einleitung

Die Rechtsbereiche, die das komplexe Thema IT-Outsourcing berühren, reichen vom allgemeinen Zivilrecht über Datenschutz-, Arbeits- und Kartellrecht bis hin zu Spezialmaterien wie dem Recht der Kreditsicherung und Finanzdienstleistungen. Beim IT-Outsourcing handelt es sich gewissermaßen um das „M&A-Geschäft" der IT-Branche, da es darum geht, unternehmensinterne, oft hochkomplexe IT-Prozesse auf andere Unternehmen zu verlagern. Aus diesem Grund stellen sich zum Teil ähnliche Fragen wie in den Fällen, in denen Unternehmensteile auf andere, eigenständige Gesellschaften ausgelagert werden. Zu denken ist insbesondere an das Gesellschafts- und Steuerrecht, jedoch auch an arbeitsrechtliche Aspekte. Häufig sind für IT-Mitarbeiter, die zuvor im auslagernden Unternehmen tätig waren, nach dem Outsourcing keine Stellen mehr vorhanden oder diese Mitarbeiter müssen in anderen Unternehmensbereichen eingesetzt werden.

Die Gestaltung eines IT-Outsourcing-Vertragswerkes erfordert eine optimale Vorbereitung, die nicht nur durch eine genaue Analyse des Sachverhalts erreicht werden kann, sondern auch durch die Gestaltung entsprechender vorbereitender Vereinbarungen zwischen den zukünftigen Outsourcing-Partnern. Hierzu gehören die Vertraulichkeitsvereinbarung, der Letter of Intent (LoI) und das Memorandum of Understanding (MoU). Bereits im Vorfeld ist das Vergaberecht zu berücksichtigen, soweit die öffentliche Hand Auftraggeber ist. Bei Bedarf ist eine Due Diligence durchzuführen. Auch die tatsächliche Vertragsdurchführung (Flexibilisierung des Outsourcing-Vertrags insbesondere durch Vertrags-, Change-, und Konfliktmanagementregelungen) und die Vertragsbeendigung und die damit verbundenen Unterstützungsleistungen durch den Auftragnehmer nehmen einen nicht unbeträchtlichen Teil des IT-Outsourcing-Vertrages ein. Hier sind oft detaillierte Regelungen erforderlich, um von Beginn an dem Interesse des Mandanten an einen reibungslosen Verlauf des Outsourcing-Projektes gerecht zu werden.

2. Outsourcing-Varianten

IT-Outsourcing in seiner einfachsten Definition bedeutet zunächst nur die Übertragung von Verantwortung aus der eigenen IT-Abteilung an einen externen Dienstleister, wobei je nach inhaltlichem Umfang (**Scope**) zwischen vollem **Full Outsourcing**) und partiellem Outsourcing unterschieden werden muss.[1] Unter Full Outsourcing versteht man die umfassende Auslagerung der kompletten IT-Dienstleistungen auf einen externen Provider mit der Folge, dass im auslagernden Unternehmen praktisch kein IT-Bereich verbleibt mit Ausnahme von den Bereichen, die zur Steuerung der Outsourcing-Provider erforderlich sind (**Retained Organisations**). Beim partiellen Outsourcing (selektives Outsourcing/**Outtasking**) werden nur einzelne Teile (**Tasks**) dessen vergeben, was zur vollständigen IT-Versorgung eines Unternehmens erforderlich ist.[2] Im Bereich des „Multivendor-Management" etablieren sich derzeit auch neue Vertragsformen. Bekannt geworden ist unter anderem der Begriff des „SIAM" (Service Integration and Management). Anders als bei einem Generalunternehmermodell, in dem der Outsourcing-Provider weitere IT-Provider als Subunternehmer beschäftigt und für deren Leistungen einsteht, hat ein vom Outsourcing-Kunden eingesetzter SIAM die Aufgabe, die Leistungen verschiedener Provider zu koordinieren, wobei die Vertragsverhältnisse zwischen den einzelnen Dienstleistern und dem Outsourcing-Kunden bestehen.

Unter den Begriff des IT-Outsourcing im weiten Sinne werden allerdings auch solche Verträge gefasst, bei denen keine Auslagerung einer bereits vorhandenen Abteilung erfolgt, sondern die IT-Leistung von Beginn an zugekauft wird (oft nur als IT-Sourcing bezeichnet).[3] Zum Beispiel besitzen neu gegründete oder aus einer Ausgliederung entstandene Unterneh-

---
[1] Bräutigam/*Küchler* Teil 1 Rn. 1 und 48. Speziell zu Cloud Computing → § 22.
[2] Bräutigam/*Küchler* Teil 1 Rn. 1 und 48.
[3] Zu Cloud Computing → § 22.

men für bestimmte Bereiche oft gar keine Inhouse-IT, sondern kaufen bestimmte Leistungsbereiche (zum Beispiel Infrastruktur) von Anfang an zu.

5   Das Outsourcing von Geschäftsprozessen (**Business Process Outsourcing, BPO**) ist die wohl anspruchsvollste Form des Outsourcing. Man versteht hierunter die Vergabe eines kompletten Geschäftsprozesses an einen externen Dienstleister, was neben der IT-Leistungserbringung alle weiteren Teile des Workflows beinhaltet.[4] Der BPO-Anbieter wird daher der Owner des betroffenen Geschäftsprozesses, während der Gesamtüberblick bzw. die Gesamtsteuerung aller Geschäftsprozesse grundsätzlich beim Kunden verbleibt. Dies stellt erhebliche organisatorische und rechtliche Anforderungen an den Anbieter. Ggf. schränken etwa datenschutzrechtliche und strafrechtliche Vorgaben (zB § 203 StGB) die Möglichkeiten des BPO ein. So stellt sich bei einem Business Process Outsourcing, bei dem personenbezogene Daten (§ 3 Nr. 1 BDSG) betroffen sind die Frage, ob § 28 BDSG Anwendung findet und damit für die Datenübertragung eine genügende Rechtfertigung bestehen muss oder eine Einwilligung der Betroffenen einzuholen ist, deren Daten übermittelt werden. Letzteres ist oft praktisch nicht denkbar. Bleibt der Outsourcing-Kunde jedoch Herr der Daten und verarbeitet der Anbieter die Daten nur nach dessen Anweisungen, kann das Verhältnis der Parteien über eine Auftragsdatenverarbeitungsvereinbarung nach § 11 BDSG[5] gestaltet werden. Die vorstehend beschriebenen Herausforderungen stellen sich dann nicht.

3. Ablauf eines IT-Outsourcing-Projekts

6   Ein IT-Outsourcing-Projekt gliedert sich in verschiedene Phasen, die auch dem das Projekt betreuenden Juristen genau bekannt sein müssen, um ihn in die Lage zu versetzen, jederzeit einen genauen Überblick zu behalten, welche Aufgaben das Projekt zum relevanten Zeitpunkt an die Beteiligten stellt. Man kann den Ablauf des Outsourcing in folgende generelle Phasen gliedern:[6]

7   **Übersicht: Phasen eines IT-Outsourcing-Projektes**

Phase 1: Vorüberlegungen (Entwicklung einer Strategie)
Phase 2: Planungsphase
- Analyse der bestehenden Situation
- Total Cost of Ownership (TCO) – Analyse[7]
- Make-or-Buy-Entscheidung (basierend auf obiger Analyse)
- Definition des Umfangs (Scope) des Outsourcing-Projekts
- Ausschreibung/Auswahl des Dienstanbieters
- Abschluss eines Letter of Intent bzw. Memorandum of Understanding
- Weitere Analyse der Geschäfts- und IT-Prozesse

Phase 3: Implementierungsphase (Transition Phase)
- Due Diligence
- u.U.: Gründung eines Joint Venture (wo passend)
- Beginn der Transition
- Abschluss des Outsourcing-Vertrages

Phase 4: Betriebsphase (Run Phase)
- Aktivierung der Service Level-Agreements (SLA)
- Gemeinsame Überprüfung des Outsourcing-Vorhabens (Joint Verification)

---

[4] Bräutigam/*Küchler* Teil 1 Rn. 55 f. mit Beispielen hierfür. So sind etwa die Übertragung von Payroll-Services (Abwicklung der Gehaltsabrechnungen, z.T. sogar der gesamten Personalverwaltung) oder Kreditkarten-Processing (komplette Abwicklung von Bezahlprozessen) typische Dienstleistungen in diesem Bereich.

[5] § 11 BDSG wurde mit Wirkung zum 1.9.2009 novelliert. Näher hierzu *Gola/Schomerus* § 11 Rn. 1.

[6] Darstellung nach *Söbbing*, Handbuch IT-Outsourcing, Rn. 259 ff. = S. 239 ff.

[7] Hierunter versteht man eine Kostenanalyse, im Rahmen derer die Kosten der IT-Leistung festgestellt werden sollen. Sie ist sowohl auf der Seite des Unternehmens, das Outsourcing betreiben möchte, als auch auf Anbieterseite durchzuführen, um einen Überblick darüber zu bekommen, ob Outsourcing finanziell sinnvoll erscheint.

- Benchmarking[8]
- Ende der Transition Period, Soll-Betrieb ist erreicht
- Change Management[9]

Phase 5: Re-Transition
- u. U. Beauftragung und Übergang zu einem anderen Service Provider
- Insourcing

Bei Erstellung des Outsourcing-Vertrages müssen alle Eventualitäten hinsichtlich des zukünftigen Bezugs von Leistungen bedacht werden. Der Übergang (Transition) des bisher beim Outsourcing-Kunden arbeitenden IT-Systems einschließlich Hard- und Software, von Wartungsverträgen mit dritten Anbietern und vor allem der Übergang von Angestellten, soll möglichst fließend sein. Die vom Dienstleister zu erbringenden Leistungen können, abgesehen von den relevanten Netzwerken und Serverumgebungen, zum Beispiel die Installation neuer Hard- und Software an den Arbeitsplätzen der Nutzer, aber auch den Betrieb ganzer Rechenzentren für den Kunden umfassen. Jedes noch so kleine Detail, das in der Planungsphase übersehen wird, kann später negative Auswirkungen haben. Die sich hieraus ergebende Komplexität des Vertragswerkes bewältigt man am zweckmäßigsten durch eine **modulare Vertragsstruktur,** deren Vorteile im Folgenden darzustellen sind.

II. Die Vorphase des Vertragsschlusses im Outsourcing-Projekt

1. Die Vertraulichkeitsvereinbarung (NDA)

Eine sorgfältige Vertragsvorbereitung innerhalb des Unternehmens spielt oft eine ähnlich wichtige Rolle wie die spätere Gestaltung der Vertragsklauseln und der Leistungsscheine. Wichtig ist insbesondere, sich zunächst darüber klar zu werden, welche Ziele der Outsourcing-Kunde überhaupt mit dem Projekt verfolgt.[10] Nach der Klärung dieser **Zieldefinition** beginnt die Suche nach einem geeigneten Anbieter. Im Vorfeld finden dann oft Gespräche statt, die der verbindlichen Einholung von Angeboten vorausgehen. Bevor nach der ersten Kontaktaufnahme die Gespräche konkreter werden und um die Abgabe eines Angebots gebeten wird (**Request for Proposal**), ist eine Vertraulichkeitsvereinbarung (**NDA (Non Disclosure Agreement)**) abzuschließen.[11] Auftraggeber und potentieller Auftragnehmer haben ein großes Interesse daran, dass weder Informationen über Interna des Auftraggebers, noch die dem Angebot zugrundeliegenden Informationen des Auftragnehmers an Konkurrenzunternehmen weitergegeben werden.

In der Praxis sind solche NDA daher in der Regel zweiseitig verpflichtend, beide Parteien unterliegen also einer Geheimhaltungspflicht. Denkbar sind aber auch Vertraulichkeitsvereinbarungen, die nur den Anbieter verpflichten, der in der Regel mit wesentlich mehr internen Informationen des Outsourcing-Kunden in Berührung kommt als umgekehrt. Einseitige Verpflichtungen sind naturgemäß leichter zu gestalten, aber schwieriger zu verhandeln.

Auf die Definition des Begriffes „**vertrauliche Informationen**" ist ein besonderes Augenmerk zu richten. Wenn die Begriffsbestimmung sich darauf beschränkt, dass nur solche Dokumente vertraulich sind, die ausdrücklich als vertraulich gekennzeichnet werden, so läuft die die vertraulichen Informationen preisgebende Partei Gefahr, dass die Vertraulichkeitsvereinbarung einen Bereich von Know-how, der geheimhaltungsbedürftig wäre, schlicht

---

[8] Beim Prozess des Benchmarking handelt es sich um ein wettbewerbswirtschaftliches Analyseinstrument. Die Dienste des Outsourcing-Anbieters werden in regelmäßigen Abständen mit denen verglichen, die der Wettbewerb zur Verfügung stellt, insbesondere in Hinblick auf die Kosten. Hierzu ausführlicher „Preisanpassung durch Benchmarking" Rn. 76 ff.
[9] Hierunter versteht man das Verfahren zur Durchführung der Einigung bei Änderungswünschen (= Change Requests), vgl. Bräutigam/*Bräutigam* Teil 12 Rn. 69; *Koch* S. 48, 63.
[10] → Rn. 24–34.
[11] Ausführlich zum Non Disclosure Agreement Heidenhain/Schütze/*Chrocziel,* Münchener Vertragshandbuch, Band IV, 3. Halbband, S. 23 ff.

nicht abdeckt. Es besteht das Risiko, dass diese Markierungspflicht nicht durchgehalten wird. Outsourcing-Kunden bestehen daher meistens auf einer weiten Fassung des Begriffes der vertraulichen Informationen.

12 Sinnvoll sind dabei **Auffangklauseln,** nach denen sämtliche Informationen geheim zu halten sind, die offensichtlich vertraulich sind oder deren vertrauliche Behandlung nach objektiver Sicht zu erwarten ist.

13 Wichtig ist – vor allem auch im Hinblick auf einen möglichen AGB-Charakter der NDA-Klauseln – dass ein hinreichend genauer **Katalog der Ausnahmen von der Geheimhaltungspflicht** aufgenommen wird. Anderenfalls kann die Geheimhaltungsvereinbarung sittenwidrig sein bzw. eine unangemessene Benachteiligung des Anbieters nach § 307 BGB darstellen, sollte das NDA zur mehrmaligen, standardmäßigen Verwendung bestimmt sein (§ 305 Abs. 1 BGB). Ua sind solche Informationen nicht bzw. nicht mehr als vertraulich zu behandeln, die

- dem Anbieter bereits vor Zugänglichmachung der Informationen durch den Kunden oder vor Abschluss des NDA bekannt waren oder
- allgemein bekannt (offenkundig) sind oder
- allgemein bekannt geworden sind, ohne dass der zur Geheimhaltung Verpflichtete einen Verstoß begangen hat
- im Rahmen von Ermittlungen an Behörden preiszugeben sind (wobei für diesen Fall prozedurale Regelungen für den Schutz vertraulicher Informationen gegenüber Dritten zu treffen sind und häufig auch Informationspflichten vor Preisgabe der Informationen an die andere Partei vorgesehen sind, damit diese ggf. noch Gegenmaßnahmen treffen kann).

14 Außerdem muss sichergestellt sein, dass der Empfänger die vertraulichen Informationen nur an solche Mitarbeiter weitergibt, die durch den Arbeitsvertrag oder Vertrag über freie Mitarbeit zur entsprechenden Vertraulichkeit verpflichtet sind. Als weitere Ausnahme sollte ggf. aufgenommen werden, dass auch eine Weitergabe an externe Berater erfolgen kann, sofern diese von Berufs wegen zur Verschwiegenheit verpflichtet sind. Eine Weitergabe der vertraulichen Informationen durch den Empfänger an andere „Dritte" – einschließlich verbundener Unternehmen, Lizenznehmer etc – sollte nur nach vorheriger, schriftlicher ausdrücklicher Zustimmung der anderen Partei erfolgen dürfen.[12] Hierzu ist folgendes Klauselbeispiel denkbar:

15 § ...... Vertraulichkeit

Grundsatz

Die Vertragsparteien haben alle vertraulichen Informationen, die eine Vertragspartei der anderen Vertragspartei unter diesem Rahmenvertrag mitteilt oder von der anderen Vertragspartei erhält, vertraulich zu behandeln und ausschließlich zum Zweck der Leistungserbringung nach Maßgabe des jeweiligen Leistungsscheins zu benutzen. Sie werden vertrauliche Informationen vor unbefugtem Zugriff schützen und mit der gleichen Sorgfalt behandeln, die sie bei ihren eigenen, gleichermaßen vertraulichen Informationen anwenden, mindestens jedoch die Sorgfalt eines ordentlichen Kaufmanns.

Vertrauliche Informationen dürfen von der empfangenden Vertragspartei Dritten nicht ohne vorherige schriftliche Zustimmung der anderen Vertragspartei offen gelegt werden, es sei denn

(a) dies ist auf Grund von zwingenden anwendbaren rechtlichen Rahmenbedingungen oder gerichtlicher oder aufsichtsrechtlicher Anordnung erforderlich und die empfangende Vertragspartei hat die andere Vertragspartei unverzüglich über die jeweilige Verpflichtung schriftlich informiert oder

(b) die vertraulichen Informationen werden den Beratern der empfangenden Vertragspartei im Zusammenhang mit der Auslegung oder Ausführung der Vertragsdokumente oder einer sich daraus ergebenden Streitigkeit zugänglich gemacht und der Berater hat sich zuvor schriftlich gegenüber der empfangenden Vertragspartei zur Verschwiegenheit verpflichtet oder ist bereits von Berufs wegen zur Verschwiegenheit verpflichtet.

16 In der Regel richtet sich die Sanktion einer Verschwiegenheitsverpflichtung mangels spezieller vertraglicher Regelungen nach §§ 280, 249 Abs. 2 BGB. Es ist der infolge der Pflichtverletzung entstandene Schaden zu ersetzen. Auch in diesem Zusammenhang ist zu überlegen, ob eine **Haftungsbegrenzung** aufgenommen werden soll. Die Schäden, die durch

---

[12] Klauselbeispiel nach Redeker/*Heymann*/Lensdorf, Handbuch der IT-Verträge, Kapitel 5.4 Rn. 18.

Weitergabe von vertraulichen Informationen entstehen können, sind kaum kalkulierbar, was ein hohes Risiko für den Geheimhaltungspflichtigen darstellen kann. Schäden sind allerdings auch schwierig feststellbar und damit für den jeweilgen Geschädigten **schwer nachweisbar** und durchsetzbar.

Aus diesem Grund erscheint die Regelung eines **pauschalisierten Schadenersatzes** oder die Aufnahme von **Vertragsstrafen** sinnvoller als die gesetzliche Schadenersatzpflicht.[13] Gerade bei Standard-NDA stellt die Vertragsstrafen-Regelung jedoch hohe Anforderungen an Transparenz und Verhältnismäßigkeit. Wird pauschal jeder Verstoß gegen das NDA unter eine (einheitlich hohe) Strafe gestellt, also etwa auch eine (relativ geringfügige) Verletzung von Pflichten wie etwa Informationspflichten, kann diese Regelung bei Anwendbarkeit von AGB-Recht nach §§ 307ff. BGB unangemessen, im äußersten Fall sogar sittenwidrig, und damit unwirksam sein. Ggf. ist die Obergrenze der Vertragsstrafe in Abhängigkeit vom in Aussicht genommenen Auftragsvolumen und differenziert nach verschiedenen Verpflichtungen aus dem NDA zu regeln.

2. Request for Proposal (RFP)

A.	Hintergrund und Angebotsprozess
A.I.	Hintergrund
A.I.1.	Ausschreibende Partei
A.I.2.	Vorstellung des Kundenunternehmens
A.I.4.	Ausgangslage und Zielsetzung
A.I.5.	Ausschreibungsgegenstand
A.II.	Angebotsprozess
A.II.1.	Generelle Ausschreibungsbedingungen
A.II.1.1.	Angebotsumfang
A.II.1.2.	Vollständigkeit des Angebots
A.II.1.3.	Rahmenvertrag
A.II.1.4.	Eigentum an Unterlagen
A.II.1.5.	Vertrauliche Informationen
A.II.1.6.	Kosten für den Angebotsprozess
A.II.2.	Rechtliche und kaufmännische Rahmenbedingungen
A.II.2.1.	Preiseinziehung
A.II.2.2.	Kaufmännische Rahmenbedingungen/(Rechts-)Folgen der Angebotsabgabe
A.II.2.3.	Ausschlussmöglichkeit
A.II.3.	Organisatorische Rahmenbedingungen
A.II.3.1.	Grundsätzlicher Ablauf/Vorgehen
A.II.3.2.	Terminplan
A.II.3.5.	Formvorgaben an das Angebot
A.II.3.6.	Ansprechpartner Anbieter
A.II.4.	Vergabebedingungen
A.II.4.1.	Subunternehmer
A.II.4.2.	Änderungen des Leistungsumfangs/-inhalts vor Beauftragung
B	Serviceteil (übergreifend)
B.I.	Regelungen zur Governance
B.II.1.	Servicelevelbasierte Leistungserbringung (Service Level Management)
B.II.2.	Umgang mit sicherheitskritischen Patches
B.II.3.	Reporting, Monitoring und Accounting
B.II.4.	Exit Management
B.II.10.	Lizenzen
B.III.	Vorstellung und Abgrenzung der zu erbringenden Services
B.IV.	Transition und Transformation
C.I.	Leistungsanforderungen der Services

---

[13] Vgl. zu Aufnahme von Vertragsstrafen Bernhard/Lewandowski/Mann/*Schrey*, Service Level-Management in der IT, S. 153f.

D	Anhänge
D. I.	Glossar
D. II.	Angebotsvorlage
D. III.	Rahmenvertrag
D. IV.	Entwürfe Leistungsscheine
D. V.	Governance
D. VI.	Datenschutz
D. VII.	Grundsätze IT-Security

19 Unbedingt ist dem Ausschreibenden anzuraten, mit mehreren verschiedenen Wettbewerbern konkrete Gespräche und Vertragsverhandlungen zu führen, um eine **Konkurrenzsituation** möglichst lange aufrecht zu erhalten. Eine Bindung an einen Anbieter, der das Projekt erfolgreich durchführt, wird meist über mehrere Jahre bestehen. Deshalb sollte der Outsourcing-Kunde diesen Anbieter auch sorgfältig auswählen.

20 Die Auswahl kann zunächst durch die Durchführung eines klassischen Bieterverfahrens erfolgen. Die Ausschreibungsunterlagen werden an eine Reihe von möglichen Anbietern versandt, welche die jeweils vom Kunden nachgefragte Leistung im Markt anbieten. Wenn der Ausschreibung juristische Dokumente beigelegt werden, kann es sinnvoll sein, die Anbieter im Zuge des abzugebenden Angebotes auch zur Übersendung einer kommentierten Fassung der Vertragsunterlagen aufzufordern. Auf diese Weise kann man in die Bewertung der Angebote nicht nur die Preise und die technische sowie organisatorische Kompetenz des Anbieters, sondern auch die Akzeptanz der vom Kunden vorgeschlagenen Vertragsregelungen einfließen lassen.

21 Ist der Kunde Teil der **öffentlichen Hand**,[14] sind bei der Ausschreibung und insbesondere bei der Auswahl der Bieter die Bestimmungen des Vergaberechts zu beachten.[15] Bei nichtöffentlichen Auftraggebern, welche nicht in den Anwendungsbereich des Vergaberechts fallen, hat der Kunde hingegen nur die allgemeinen zivilrechtlichen Bestimmungen zu Treu und Glauben (§ 242 BGB) und Verschulden bei Vertragsschluss (§ 311 Abs. 2 BGB) zu beachten. Im Übrigen ist der Outsourcing-Kunde hinsichtlich der Gestaltung des Bieterverfahrens und in der Auswahl des Anbieters frei.

22 Die Durchführung eines vollständigen Bieterverfahrens erfordert einen hohen organisatorischen – und damit meist auch finanziellen – Aufwand bei dem jeweiligen Kunden. Jedenfalls bei einem komplexen Outsourcing lässt sich alleine aufgrund der von einem Anbieter eingereichten Unterlagen oft nicht zweifelsfrei entscheiden, welcher Anbieter in einer Gesamtschau von technischen, wirtschaftlichen und rechtlichen Gesichtspunkten das überzeugendste Angebot vorgelegt hat. Häufig enthalten die ersten Angebote der Anbieter auch noch zahlreiche Vorbehalte. Parallelverhandlungen mit mehreren verschiedenen Bietern binden Kapazitäten, sowohl bei den technisch und wirtschaftlich Verantwortlichen als auch bei den beteiligten Rechtsanwälten.

23 Um den Aufwand des vollständigen Bieterverfahren nicht eingehen zu müssen, wird der RFP auch oft als Instrument benutzt, von einem besonders interessanten Anbieter ein kompetitives Angebot zu erhalten und auf dessen Grundlage in Exklusivverhandlungen mit diesem Bieter einzusteigen. Dies hat für den Kunden den Vorteil, dass der Wettbewerbsdruck der Ausschreibung zumindest formal aufrecht erhalten bleibt. Außerhalb des Anwendungsbereichs des Vergaberechts ist diese Verhandlungsstrategie ohne Weiteres möglich.

---

[14] Die Anwendbarkeit regelt § 130 GWB (Gesetz gegen Wettbewerbsbeschränkungen).
[15] Insbesondere also die §§ 97 ff. GWB. Zu beachten ist, dass diese Bestimmungen nur Anwendung finden, wenn das Volumen des Auftrags die Schwellwerte aus der Verordnung Nr. 1177/2009 vom 30.11.2009 überschreiten (für Dienstleistungs- und Lieferaufträge liegt der Schwellwert derzeit bei 206.000,– EUR) → § 40 *Bischof*.

III. Due Diligence

1. Due Diligence beim Kunden

Im Zuge der Planung sind sämtliche vom IT-Outsourcing betroffenen Daten zu allen möglichen unternehmensinternen Fragen zu erheben. Es ist zu klären, welcher Service ausgelagert werden soll, ob nationale/internationale Standorte beteiligt sind, welche Abteilungen betroffen sind und insbesondere, ob Arbeitnehmer und Betriebsteile ausgelagert werden. Dies ist nicht nur deswegen von entscheidender Wichtigkeit, weil dies die **Grundlage für die Angebote** der Anbieter darstellt. Diese Punkte haben auch große Auswirkungen auf die rechtlichen Fragen, die dann letztlich im Outsourcing-Vertrag zu regeln sind.

Als Inhalte der Due Diligence sind alle Bereiche des Unternehmens berührt. Es wird eine **Legal Due Diligence durchgeführt,** die sich auf die gesellschaftsrechtliche sowie arbeitsrechtliche Haftungslage und insbesondere auf öffentlich-rechtliche Rahmenbedingungen und bestehende Verträge mit Dritten konzentriert. Die Technical Due Diligence prüft den Zustand der Betriebsstätten, der IT-Komponenten und der Betriebsausstattung und analysiert, welche im Zuge des Outsourcing-Projekts ausgelagert werden sollen. Die **Financial and Tax Due Diligence** spielt insbesondere beim so genannten Share-Deal eine zentrale Rolle und beschäftigt sich mit dem Rechnungswesen und den steuerlichen Auswirkungen des Outsourcing-Projekts. Die **Business Due Diligence** untersucht die Marktlage in dem Bereich, der zum Outsourcing vorgesehen ist. Schließlich klärt die **Human Resources Due Diligence** die Qualifikation der Mitarbeiter und das Organisation & Compliance Management in dem betreffenden Bereich.

2. Due Diligence beim Anbieter

Hat man sich entschieden, die IT an den Outsourcing-Anbieter auszulagern, empfiehlt es sich, dessen Services und Betriebsstätten zumindest einer Technical Due Diligence zu unterziehen. Im Hinblick auf die Pflicht des Auftraggebers zur sorgfältigen Auswahl eines Auftragsdatenverarbeiters gem. § 11 BDSG muss diese Prüfung auch die **Sicherheits- und Datenschutzvorkehrungen** und -konzepte des Anbieters umfassen.[16] Es sollte bereits im Vorfeld sichergestellt werden, dass der Outsourcing-Anbieter prognostisch in der Lage ist, insbesondere im Hinblick auf Größe, Umsatz und Personalstärke, technische und organisatorische Datenschutz- und Datensicherheitsmaßnahmen (siehe Anlage zu § 9 BDSG) sowie im Hinblick auf seine Erfahrung in dem bestimmten Bereich, die Qualitätsanforderungen des Auftraggebers an die Outsourcing-Dienstleistung zu erfüllen.

3. Letter of Intent und Memorandum of Understanding

In einem sog LoI (Letter of Intent) oder MoU (Memorandum of Understanding) werden die Eckpunkte von Vereinbarungen im Vorfeld von Verträgen oft festgehalten, um den Stand der Vertragsvereinbarungen zu dokumentieren.[17] Über die juristische Qualifikation des Dokuments als LoI oder MoU sagt der Titel dagegen nichts aus, da **beide Instrumente nicht im deutschen Recht gesetzlich geregelt** sind. Für die juristischen Konsequenzen kommt es daher wesentlich auf deren Inhalt an.

Zu unterscheiden sind dabei Vereinbarungen, welche im Sinne eines Vorvertrages bereits die Pflicht zum Abschluss des Hauptvertrages normieren von solchen, die bloß unverbindliche Absichtserklärungen enthalten. Die zu frühe Festlegung klagbarer Leistungspflichten ist zu vermeiden. Aus dem Vorvertrag kann aber in aller Regel nur geklagt werden, wenn dieser bereits die essentialia negotii, also die konkrete, gesamte Leistungsbeschreibung sowie die Preisgestaltung enthält. Meistens wird dies nicht der Fall sein. Es erscheint sinnvoll, zumindest **grobe inhaltliche Eck- und Zielpunkte des Hauptvertrages** und die Aufnahme von Rechtswahl und Gerichtsstandklauseln vor dem Abschluss des Hauptvertrages zu fixieren.

---

[16] → § 34 *Conrad*.
[17] *Söbbing* Rn. 404 ff.

29 Aufgrund der Komplexität eines Outsourcing-Vertrages in größeren Projekten dient der LoI oder das MoU auch oft dazu, den Stand der oft monatelangen Vertragsverhandlungen zu dokumentieren und – wenn schon keine rechtliche – zumindest eine psychologische Barriere zu schaffen, die die Parteien daran hindern soll, von in den Verhandlungen erzielten Ergebnissen nachträglich wieder abzurücken.

30 Daneben werden der LoI bzw. das MoU, sofern sie in einem weiter fortgeschrittenen Stadium der Vertragsverhandlungen abgeschlossen werden, dazu benutzt, Vorbereitungsleistungen im Hinblick auf das Projekt beim Anbieter zu beauftragen. Hierzu zählen etwa Machbarkeitsstudien, Vorbereitungsleistungen im Hinblick auf die Transition und Transformation[18] oder Unterstützungsleistungen im Hinblick auf die vom Auftragnehmer im Vorfeld zu erledigenden Arbeiten. Vereinbaren die Parteien solche Leistungen, sollte der den Auftraggeber beratende Rechtsanwalt darauf achten, dass die Leistungen im Falle eines Scheiterns der Verhandlungen wieder reversibel sind. Eine Gefährdung des IT-Betriebes des Auftraggebers ist unbedingt zu vermeiden, und auch verhandlungstaktisch ist es empfehlenswert, sich vor Vertragsunterschrift nicht in eine Abhängigkeitssituation zu dem jeweiligen Anbieter zu begeben.

31 Die rechtlichen Wirkungen hängen weit überwiegend davon ab, ob eine verbindliche Gestaltung vorliegt. Häufig findet sich im LoI oder MoU aber die ausdrückliche Regelung, dass **keine rechtlichen Bindungen** abgeleitet werden können und auch Schadensersatzansprüche meistens weitgehend ausgeschlossen sind. Je nach der Intention der Parteien erscheint dies sinnvoll, da auf Grund von § 311 Abs. 2 S. 1 BGB, § 280 Abs. 1 BGB wegen des grundlosen Abbruchs von Vertragsverhandlungen Schadenersatzansprüche aus culpa in contrahendo entstehen können.

32 Zu beachten ist jedoch, dass ein pauschaler Ausschluss der rechtlichen Bindungswirkung bzw. von Schadensersatzansprüchen gerade im Standard-LoI sehr problematisch ist. Bindende Verpflichtungen aus dem LoI/MoU können zB zu Lasten des Anbieters aus Übergangsregeln entstehen, etwa wenn sich – wie vorstehend beschrieben – der Anbieter verpflichtet, mit der Vorbereitung der Transition[19] zu beginnen oder sonstige Leistungen vor Abschluss des Hauptvertrages zu erbringen. Dann sollte zB klargestellt sein, ob und ggf. welche Vergütung anfällt und ob diese bei Auftragserteilung angerechnet wird oder nicht.

4. Hinterlegungsvereinbarung

33 In vielen IT-Outsourcing-Verträgen spielt die **Software eine entscheidende Rolle.** Dies ist insbesondere dann der Fall, wenn nicht Standard-IT-Leistungen („**commodities**") sondern kundenspezifische Lösungen vom Outsourcing betroffen sind. Lagert der Kunde sein komplettes IT-System auf einen Auftragnehmer aus, so hat er ein vitales Interesse an dessen ständiger Verfügbarkeit. Hier sind entsprechende Vorkehrungen zu treffen.

34 Ein **Risiko ist die Insolvenz** des IT-Outsourcing-Anbieters: Wenn auf diese Insolvenz auch der Zusammenbruch des Outsourcing-Projekts folgt, so droht dem Kunden ein Fiasko. Dieser benötigt jedoch, um Arbeiten an der Software durchführen zu können, deren **Quellcode.** Da dieser aber den wesentlichen wirtschaftlichen Wert der Software darstellt, wird ihn der ursprüngliche Anbieter nicht ohne Weiteres an den Kunden herausgeben. Es hat sich daher für die Fälle der Insolvenz in der Praxis die Vereinbarung eines Escrows[20] eingebürgert. Es handelt sich hierbei um eine **Hinterlegungsvereinbarung** hinsichtlich des Quellcodes bei einem Dritten. In der Vergangenheit wurden hierbei oft Notare aufgrund deren gesteigerter Pflichtenstellung beauftragt. Inzwischen überwiegt aber die Beauftragung spezialisierter Software-Treuhandunternehmen, welche Software Escrow als Standard-Dienstleistung in der Regel aufgrund allgemein anwendbarer Preislisten anbieten. Hierzu wird meistens noch ein Escrow-Agreement geschlossen, das die wesentlichen Bedingungen enthält, unter denen der Quellcode der Software freigegeben werden darf. Die Frage der Insolvenzfestigkeit von Hinterlegungsvereinbarungen ist im Einzelnen immer noch umstritten. Eine Lösungsmög-

---

[18] Zu den Begrifflichkeiten → Rn. 146 ff.
[19] Ausführlich zur Transition → Rn. 146.
[20] → § 38.

lichkeit bietet die Entscheidung des BGH in seinem Urteil vom 17.11.2005 zur Insolvenzfestigkeit von Lizenzverträge, in dem er die Möglichkeit der Einräumung insolvenzfester Nutzungsrechte grundsätzlich anerkannt hat.[21] Voraussetzung ist allerdings die aufschiebend bedingte Einräumung des ausschließlichen Nutzungsrechts am Source Code als dinglicher (sachenrechtlicher) Rechtsübergang, der bereits vor der Insolvenzeröffnung stattgefunden hat. Ferner bedarf es einer angemessenen Vergütung für das ausschließliche Nutzungsrecht, da es sonst ggf. zu einer Anfechtung wegen Gläubigerbenachteiligung kommen kann.[22] Die Probleme und deshalb auch die detaillierten Regelungen sind hauptsächlich insolvenzrechtlicher Natur.[23] Eine Reform der Insolvenzordnung betreffend den Umgang mit Lizenzen ist weiter Teil der politischen Diskussion. Die im Referentenentwurf vom 23.1.2012 noch enthaltene Regelung, wonach gemäß § 108a InsO-E Lizenzverträge zwar grds. weiterhin dem Wahlrecht aus § 103 InsO unterfallen, aber für den Ausübungsfall ein Anspruch auf Abschluss eines neuen Nutzungsvertrags zu angemessenen Bedingungen eingeräumt wird, ist letztlich nicht Gesetz geworden.

IV. Modulare Vertragsstruktur als Grundlage des IT-Outsourcing-Projektes

1. Überblick

Den Outsourcing-Vertrag im Ganzen kann man als **komplexen Managementvertrag** bezeichnen. Das besondere Charakteristikum dieses Vertrages ist, dass er in prozeduraler Hinsicht für die Parteien sehr herausfordernd ist. Der Outsourcing-Vertrag läuft in der Regel mehrere Jahre, da die Analyse und Umarbeitung der IT-Struktur des Kunden-Unternehmens oft hohe Anfangsinvestitionen erfordert. Diese zahlen sich dann in der Regel über die Vertragslaufzeit für beide Parteien aus, insbesondere wenn über die Umarbeitung der IT-Strukturen und Eingliederung in die Strukturen des Anbieters eine Effizienzsteigerung erreicht werden kann (sogenannte Transformation). Um diesen tatsächlichen Anforderungen gerecht zu werden, ist aber auch der Vertrag der schnelllebigen IT-Landschaft entsprechend zu gestalten. Er muss Flexibilität gewährleisten, um insbesondere den Bedürfnissen des Kunden gerecht werden zu können. Hierdurch stellen sich **in prozeduraler Hinsicht ganz besondere Aufgaben** für den Gestalter des Vertrages. Juristische Lösungen sind auf spätere Zeitpunkte zu verschieben, um auf Veränderungen schnell, flexibel und ohne neue Vertragsverhandlungen reagieren zu können. Stichworte für die Erfüllung dieser Anforderungen sind Change Request, Vertragsmanagement, Benchmarking und Re-Insourcing. Wegen der besonderen Bindung zwischen den Parteien und der erforderlichen Abstimmung und Kooperation zwischen den beiden Vertragsteilen kann man auch ganz allgemein davon sprechen, dass hier erhöhte Treuepflichten der Vertragspartner hinsichtlich des Outsourcing-Vertrages bestehen. Neben diesen prozeduralen Besonderheiten ist der Vertrag auch durch seine Vielseitigkeit und die Übernahme einer Fülle von Pflichten durch den IT-Dienstleister gekennzeichnet.

2. Juristische Grundlagen: Anwendung des Vertragsrechts des BGB auf den Outsourcing-Vertrag

Nicht nur die tatsächliche, wirtschaftliche, technische und prozedurale Durchführung des Outsourcing-Projektes ist von hoher Komplexität. Gleiches gilt auch für die juristischen Grundlagen. Zunächst ist das allgemeine Zivilrecht (BGB, HGB) für die grundlegenden Aspekte wie Leistung, Gegenleistung, Gewährleistungs- und Haftungsfragen einschlägig. Im BGB stehen nur detaillierte Regelungen für die überkommenen Vertragstypen, wie Kauf-, Dienst- und Werkverträge sowie auch Mietverträge zur Verfügung. Ein IT-Outsourcing-Pro-

---

[21] BGH Urt. v. 17.11.2005 – IX ZR 162/04, CR 2006, 151.
[22] Vgl. *Plath/Scherenberger*, Anmerkung zum BGH Urt. v. 17.11.2005 – CR 2006, 153 (155.)
[23] Zum Ganzen vgl. *Kast/Meyer/Wray* CR 2002, 379; *Lensdorf* CR 2000, 80; *Nordmann/Schumacher* K&R 1999, 363; *Börner* NJW 1998, 3321; *Schneider* Teil M Rn. 114 ff.

jekt setzt sich jedoch aus einer Fülle einzelner Leistungen zusammen, die – je nach Leistungstypus – den im BGB geregelten Vertragstypen zugeordnet werden müssen.

37 In Betracht kommt die Anwendung folgender Vertragstypen:
- **Kaufvertrag §§ 433ff. BGB** (zB bei Hardware- und Softwarekauf, Kauf von Netzwerkkomponenten);
- **Mietvertrag §§ 535ff. BGB** (zB Hosting, ASP[24]/Cloud Computing,[25] mietweise Zurverfügungstellung von Rechenzentrumsplatz z.B. in Falle der Co-Location, Miete von Hard- und Software, Leasing von Software und Hardware);
- **Dienst- oder Werkvertrag §§ 611ff., 631ff. BGB** (zB Support, Softwarepflege, Netzwerkleistungen). Schuldet der Outsourcing-Anbieter einen konkreten Erfolg, findet Werkvertragsrecht Anwendung.[26] Wird jedoch nur ein Tätigwerden, also ein bloßes Bemühen geschuldet (so etwa auch beim Betrieb eines Callcenters oä), beurteilt sich die Leistung nach den Regelungen zum Dienstvertrag.

38 Bereits im Zivilrecht hat es der mit dem Outsourcing-Projekt befasste Rechtsanwalt also mit einer schwer überschaubaren Fülle von einzeln zu regelnden Teilgebieten zu tun.

Soweit ein öffentlicher Auftraggeber beteiligt ist, sind außerdem die Regelungen des **Vergaberechts** zu beachten.[27]

Beispiel:
EU-Vergaberichtlinie, §§ 97 GWB, Vergabeverordnung (VgV).

39 Wird im Rahmen des Outsourcing eine ganze Gesellschaft mitveräußert (etwa eine konzerninterne IT-Service GmbH), sind auch gesellschaftsrechtliche, umwandlungsrechtliche, konzernrechtliche und steuerrechtliche Bestimmungen zu beachten. In seltenen Fällen können sich bei großen Deals auch kartellrechtliche Fragen stellen.

Beispiel:
Zusammenschlusskontrolle, §§ 35ff. GWB.

40 Gehen Arbeitnehmer mit dem IT-Betrieb auf den externen Outsourcing-Dienstleister mit über, kann die arbeitsrechtliche Regelung des § 613a BGB einschlägig sein.[28] Ebenso können betriebsverfassungsrechtliche Bestimmungen eine Rolle spielen.

41 Da beim IT-Outsourcing Software häufig eine zentrale Rolle spielt, sind **urheberrechtliche Aspekte**[29] zu beachten, wobei die Analyse der einzelnen, beim Auftraggeber-Unternehmen bestehenden Lizenzen oft kompliziert und zeitaufwändig und eine gute Gelegenheit der Prüfung der Einhaltung der lizenzrechtlichen Vereinbarung sowie dem Bestand an sich sein kann. In vielen Fällen umfassen die von dem jeweiligen Auftraggeber mit dritten Lizenzgebern abgeschlossenen Verträge nicht die Berechtigung, die Lizenzen im Rahmen des Outsourcings an ein drittes Unternehmen zu übertragen und/oder Software durch den Anbieter betreiben zu lassen. In solchen Fällen ist dann anhand der „UsedSoft"-Rechtsprechung des EuGH und BGH zu prüfen, ob eine Übertragung der Lizenzen auch ohne Zustimmung des Lizenzgebers erfolgen kann, oder ob ein Genehmigungsprozess anzustoßen ist.

---

[24] Zum Begriff des Application Service Providing vgl. Bräutigam/*Küchler* Teil 1 Rn. 69 und Ziff. 3.7, zur Rechtsnatur des ASP BGH Urt. v. 15.11.2006 – XII ZR 120/04, NJW 2007, 2394.

[25] → § 22.

[26] Palandt/*Sprau* vor § 631 Rn. 1. Zum Sonderfall der Erstellung von Individualsoftware vgl. zur Sachqualität von Software BGH Urt. v. 14.7.1993 – VIII ZR 147/92, CR 1993, 681; BGH Urt. v. 7.3.1990 – VIII ZR 56/89, CR 1990, 707; OLG Stuttgart Urt. v. 8.11.1988 – 6 U 135/87, NJW 1989, 2635; BGH Urt. v. 7.12.2006 – I ZR 271/03, CR 2007, 681; Überblick der BGH-Rechtsprechung zur Sachqualität in *Schneider* Kapitel D. Rn. 510; und zur Frage der Anwendbarkeit des § 651 BGB auf die Individualsoftwareerstellung Bräutigam/*Rücker* CR 2006, 361, Bräutigam/*Bräutigam* Teil 13 Rn. 159ff.; Palandt/*Sprau* BGB vor § 631 Rn. 22; *Schneider* CR 2003, 317; Haas/Medicus ua/*Haas*, Das neue Schuldrecht, S. 308ff., S. 310; BGH Urt. v. 23.7.2009 – VII ZR 151/08, NJW 2009, 2877 = CR 2009, 637; *Schweinoch* CR 2009, 640; *ders.* CR 2010, 1.

[27] → Rn. 21ff.

[28] Vgl. hierzu die Klauselbeispiele von Redeker/*Heymann*/Lensdorf, Handbuch der IT-Verträge, Band II, 5.4 Rn. 18, § 12.2 mit Anlage 8 und 9.

[29] Zum urheberrechtlichen Schutz von Software → § 5.

3. Gestaltung des IT-Outsourcing-Vertrages durch modularen Vertragsaufbau

Es ist ein zentrales und umfassendes Dokument zu erstellen, das zumindest die Haupt-Phasen des IT-Outsourcing-Projekts – Transition, Betrieb, Re-Insourcing – in rechtlicher Hinsicht behandelt und insbesondere für die vertretene Partei rechtliche Sicherheit sowie Vorhersehbarkeit und Flexibilität im Hinblick auf alle Aspekte bietet, die das Outsourcing mit sich bringt.

Denkbar wäre, die einzelnen Belange in eigenständigen Verträgen zu regeln. Das ermöglicht die höchstmögliche Flexibilität, da die Vertragspartner jeden Vertrag einzeln abändern können. Diese Flexibilität wirft aber auf Grund der Verbindungen, die zwischen den Verträgen bestehen, große Probleme auf. Die in den einzelnen Verträgen behandelten Themen hängen zusammen – sind sie doch alle Teile des Gesamtprojektes „IT-Outsourcing". Außerdem kommt es bei einer solchen Vielzahl von Verträgen fast unweigerlich zu Überschneidungen und Unklarheiten, welcher Vertrag denn nun die vorliegende Frage regelt. Der Mandant steht auf Grund der Größe und Komplexität bei Anwendung dieser Methode vor einem Vertragskonglomerat, dessen Regelungen er nur noch schlecht managen kann.

Als Lösung hat sich der modulare Vertragsaufbau bewährt, der die zu regelnden Punkte in der Weise entzerrt, dass rechtliche Grundlage des Outsourcing-Projekts ein **Rahmenvertrag** bildet. Dem **Baukastenprinzip** folgend, werden aufbauend auf dem Rahmenvertrag einzelne **Leistungsscheine und SLAs**[30] als Anlagen zum Rahmenvertrag hinzugefügt. Dies bietet den Vorteil, dass einzelne Leistungen flexibler modifizierbar sind, während der Rahmenvertrag bestehen bleiben kann. Gerade bei langen Laufzeiten des Outsourcing-Vertrages ist dies von entscheidender Bedeutung, da sich der Bedarf der Unternehmen oftmals kurzfristig ändert. **Einzelleistungen** werden typischerweise in den Leistungsscheinen untergebracht, während der Rahmenvertrag die grundsätzlichen Regelungen erfasst. Die Fülle der zu erbringenden Einzelleistungen kann dabei enorm sein. Ein Leistungsschein wird dabei meist ein ganzes Bündel an Leistungen erfassen. Anforderung an die Quantität, Qualität und Art der Leistungserbringung durch den Outsourcing-Dienstleister werden im Rahmen des Leistungsscheines in so genannten SLAs (Service Level Agreements) vereinbart.

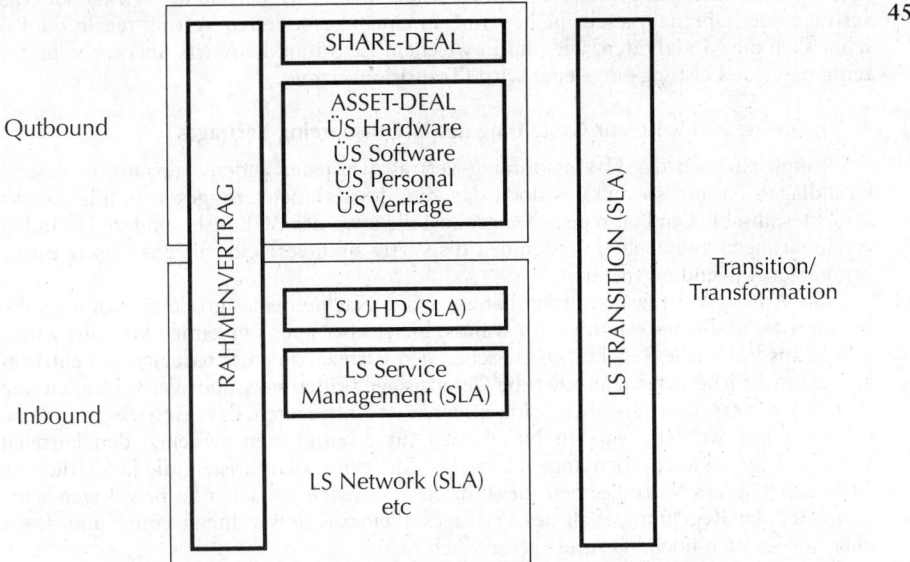

Der **Outbound-Teil** des Projekts ist gekennzeichnet durch die Auslagerung von Personal, den **Assets**, also Hard- und Software und Verträgen wie insbesondere Wartungs- und

---

[30] Vgl. Bernhard/Lewandowski/Mann/*von Below*, Service Level-Management in der IT, S. 79 ff. (S. 80).

Dienstleistungsverträgen, die das Unternehmen des Kunden mit Dritten hat, die es aber auf Grund der Übertragung des IT-Bereichs nun nicht mehr benötigt. Gerade an diesem Punkt können sich Anforderungen stellen, wenn der Anbieter an den Leistungen wegen bestehender eigener Kompetenz oder anderweitiger vertraglicher Bindung an den Leistungen kein Interesse hat. Darüber hinaus stellt sich nicht nur bei Software, wie soeben erwähnt, sondern auch bei mit Dritten abgeschlossenen Wartungsverträgen das Erfordernis, dass dritte Dienstleister der Übertragung des Vertrages auf den Outsourcing-Anbieter zustimmen müssen. Im Gegenzug erhält das Unternehmen im Zuge des Inbound-Vorgangs vom Outsourcing-Anbieter die vertraglich geschuldeten Leistungen, wie etwa die Bereitstellung von Hard- und Software, das Hosting von Servern/RZ-Leistungen, Netzwerkleistungen (wie etwa WAN und LAN), Desktop Services sowie den Zugriff auf Hotline- und Callcenter-Dienste.

47 Der Rahmenvertrag bildet das **vertragliche Fundament** des gemeinsamen Outsourcing-Projektes und regelt unter anderem den Vertragsgegenstand, die Vertragslaufzeit, die Beendigung und ihre Folgen, Gewährleistung und Haftung, Mitwirkungspflichten, Vertragsmanagement, Change Management und das Konfliktmanagement.

48 Die genaue Ausgestaltung des Inbound-Teils regeln dann die modularen Einzelverträge, auch Leistungsscheine genannt. Für das Verhältnis der Regelungen gilt generell das Prinzip, dass die Spezialregelung der allgemeineren Regel vorzugehen hat (**Lex specialis derogat legi generali**).[31] Es empfiehlt sich aber auf jeden Fall, dennoch das Verhältnis ausdrücklich im Haupt-/Rahmenvertrag niederzulegen, um Zweifel von Anfang an auszuschließen.[32] Bei Widersprüchen gilt demnach – bei entsprechender vertraglicher Festlegung – zB zunächst der die relevante Leistung betreffende Leistungsschein, Übernahme- oder Transitionvertrag, und erst danach die Regelung des Rahmenvertrages. Wiederum nachrangig hierzu stehen die Regelungen etwaiger vorhandener und in das Vertragsverhältnis einbezogener AGB. Erst dann wird auf die gesetzlichen Regelungen zurückgegriffen.

49 Die Regelungen des Outbound-Vorgangs folgen dem selben System, beschäftigen sich aber mit dem Übergang von Hardware, Software, der Übertragung von Verträgen, den Modalitäten, dem gesetzlich vorgeschriebenen Übergang der Arbeitnehmer oder gar der Übertragung einer internen IT-Service GmbH. In der Praxis werden diese Verträge **Übernahmeverträge** oder Übernahmescheine genannt. In einem gesonderten Vertrag regeln die Parteien schließlich die Modalitäten, wie und in welchem Zeitraum die Assets übergehen und gleichzeitig die neue Leistung eingeleitet wird (**Transitionvertrag**).

4. Allgemeine Hinweise zur Gestaltung des IT-Outsourcing-Vertrages

50 Wenngleich auch der IT-Outsourcing-Vertrag wie jeder andere Vertrag auf gesetzlichen Grundlagen basiert, so muss es doch das Ziel des Rahmenvertrages sein, alle Aspekte des Projektes abschließend zu regeln. Da große Teile etwa des BGB insbesondere bei Individualvereinbarungen zwischen Unternehmen dispositiv sind, verbleibt für das Gesetz oft nur ein begrenzter Anwendungsbereich.

51 Diese Art der Vertragsgestaltung hat zwar den Nachteil eines größeren Umfangs des Vertragswerkes und eines erhöhten Aufwands, bietet aber auch eindeutige Vorteile. Zum einen führen ausdrückliche Regelungen zwischen den Parteien zu einer **reduzierten Fehleranfälligkeit**, da nicht jede Partei zunächst die Gesetzeslage prüfen muss, um Verweisungen oder Lücken des Vertrages zu verstehen. Zum anderen ist zu beachten, dass Gesetze oft unterschiedlich ausgelegt werden, was ein Nährboden für Streitigkeiten zwischen den Parteien sein kann. Zuletzt sei auch noch angemerkt, dass auch für Nichtjuristen, die ja letztlich mit der Durchführung des Vertrages betraut sind, diese Aufgabe einfacher zu bewältigen sein wird, wenn sich der Regelungsgehalt des Vertrages allein aus dessen Inhalt ergibt und dieser darüber hinaus auch noch klar und verständlich ist.

52 **Allgemeine Geschäftsbedingungen,** die die Parteien in aller Regel für alle abgeschlossenen Verträge standardmäßig verwenden, sollten im Rahmenvertrag **ausdrücklich ausgeschlossen**

---

[31] Vgl. hierzu grundlegend *Engisch*, Einführung in das juristische Denken, S. 209 ff.
[32] Vgl. das Beispiel bei *Söbbing* Rn. 647.

werden, da diese oft nicht auf IT-Outsourcing-Verträge zugeschnitten sind. Anders kann dies freilich bei allgemeinen Geschäftsbedingungen spezialisierter Anbieter sein. Allerdings wird sich hier der Kunde die Frage stellen müssen, ob er diese – mit Sicherheit anbieterfreundlichen – AGB akzeptieren will. Wird keine Regelung zum Ausschluss von AGB getroffen, können sich Kollisionsprobleme stellen, und die Klarheit der vertraglichen Regelungen leidet. Ferner bieten individualvertraglich ausgehandelte Bedingungen eine erhöhte Flexibilität gegenüber Allgemeinen Geschäftsbedingungen, da AGB trotz § 310 Abs. 1 S. 1 BGB einer Inhaltskontrolle, insbesondere nach § 307 BGB[33] unterliegen, während bei individualvertraglichen Regelungen meist nur die Sittenwidrigkeit (§ 138 BGB) die Grenze der Gestaltungsfreiheit darstellt.

V. Die Regelungen der einzelnen Vertragsteile

1. Aufbauschema

Ein **Outsourcing-Rahmenvertrag** kann etwa anhand des folgenden Aufbauschemas gestaltet werden:[34]

Eingangsbestimmungen
– Präambel
– Terminologie
– Vertragsaufbau/Normenhierarchie
Vertragsgegenstand/Leistung
– Stand der Technik
– Geschultes Fachpersonal
– Subunternehmer
– Abnahme
– Sicherung der Leistungserbringung
– Dokumentation
– Monitoring/Tracking/Reporting/Auditing
Gegenleistung
– Gesamtregelung der Gegenleistung
– Umsatzsteuerhinweis
– Preismodelle
– Preisanpassung
– Fälligkeit/Verzug
– Aufrechnung/Zurückbehaltungsrechte/Eigentumsvorbehalt
Mitwirkungspflichten
– Erfüllungsort
– Zutrittsrechte
– Arbeitsmittel/Infrastruktur
– Folgen der Nichteinhaltung von Mitwirkungspflichten
Nutzungsrechte
– Nutzungsrechte des Auftraggebers
– Nutzungsrechte des Auftragnehmers
– Rechte an gemeinsamen Arbeitsergebnissen
– Rechte an Datenbanken
Zusammenarbeit
– Ansprechpartner
– Lenkungskreis (Steering Committee)
Change Management
– Anwendungsbereich und Abgrenzung
– Behandlung des Change Request

---

[33] Palandt/*Grüneberg* § 310 Rn. 5.
[34] Aufbau nach Bräutigam/*Bräutigam* Teil 13 Rn. 17 ff.

Gewährleistung
- Gewährleistungsarten
- Gewährleistungseinschränkung/-ausschluss
Haftung
- Haftungsausschluss/-beschränkung
Datensicherheit und Datenschutz
Geheimhaltung
Ausschließlichkeitsbindungen und Abwerbeverbot
Vertragslaufzeit
- Befristung
- Automatische Verlängerung/Verlängerungsoption
- Ordentliche Kündigung
- Außerordentliche Kündigung
Vertragsbeendigung
- Backsourcing/Re-Insourcing
- Beendigungsunterstützung
- Rückführung Hardware/Software/Verträge/Personal
- Rückgabe/Vernichtung von Daten
- Übergangsfristen/Grace Period
Schlussbestimmungen
- Übertragbarkeit/Beitritt
- Konfliktmanagement
- Teilunwirksamkeit
- Schriftform/Zustimmungsvorbehalt
- Anwendbares Recht

54 Die angehängten Leistungsscheine enthalten die jeweiligen Einzelleistungen, die den Rahmenvertrag mit Leben erfüllen, und haben typischerweise folgenden Inhalt:
- Transition;
- User-Helpdesk;
- Betriebssteuerung/Betriebsmanagement;
- Desktop-Services;
- Netzwerke;
- Server/Rechenzentrum;
- Software.

2. Der Rahmenvertrag und seine Regelungen als Fundament des Projektes

55 Die Einordnung des Rahmenvertrages unter die Vertragstypen des BGB weist eine Besonderheit auf. Der Rahmenvertrag ist vertragstypisch neutral, es werden in ihm keine Leistungen beschrieben, weshalb sich seine rechtliche Einordnung nach den Leistungsscheinen richtet, die dann unter ihm ausgeführt werden. Der Rahmenvertrag wechselt seinen Rechtscharakter nach der jeweils erbrachten Leistung. Wird etwa unter dem Rahmenvertrag ein Leistungsschein „Call-Center-Betrieb" ausgeführt, so hat sowohl dieser Leistungsschein als auch der Rahmenvertrag insoweit dienstvertraglichen Charakter.

56 **a) Einleitung des Vertrages: Präambel, Definitionen und Normenhierarchie.** In der Präambel[35] werden die **Vertragsparteien sowie der Zweck des Outsourcing-Vertrages** beschrieben. Eine Formulierung könnte allgemein etwa lauten:

> § 1 Präambel
> Der Kunde ist ein führendes Unternehmen auf dem Gebiet des (......) (mit zahlreichen Tochtergesellschaften, Beteiligungen und Niederlassungen im europäischen und außereuropäischen Ausland). Es ist zu erwarten, dass der Kunde in den kommenden Jahren erhebliche Restrukturierungen seiner Beteiligungen durchführen wird.

---
[35] Formulierungsbeispiel nach Redeker/*Heymann*/*Lensdorf*, Handbuch der IT-Verträge, Kapitel 5.4 Rn. 18.

V. Die Regelungen der einzelnen Vertragsteile

> Der Anbieter gehört zum Konzern (......), einem globalen Anbieter von Informationstechnologie-Leistungen, und hat insbesondere umfangreiche Erfahrung mit der Erbringung von Outsourcing-Leistungen auf dem Gebiet des (......).
>
> Der Kunde beabsichtigt, den Betrieb seines (Rechenzentrums) auszulagern, und die dort bislang bereitgestellten sowie damit zusammenhängenden Leistungen künftig vom Anbieter mindestens in der heutigen Qualität zu beziehen, mit dem Ziel, in erster Linie seine Kosten zu reduzieren, und darüber hinaus Flexibilität zu gewinnen und auf diese Weise seine eigene Wettbewerbsposition zu stärken.
>
> Der Anbieter übernimmt die Verantwortung dafür, dass die vertragsgegenständlichen Leistungen entsprechend diesem Rahmenvertrag und seiner Anlagen erbracht werden und dass dem Kunden während der gesamten Vertragslaufzeit alle von ihm jeweils benötigten Leistungen auf dem Gebiet des (......) jederzeit zu günstigen Konditionen zur Verfügung stehen.
>
> Der Anbieter hatte im Rahmen einer „Due Diligence" ausführlich Gelegenheit, die vom Kunden offen gelegten Unterlagen zu prüfen und sich hieraus ergebende Fragen zu klären.

In der Unternehmensdarstellung der Vertragsparteien ist insbesondere aus Sicht des Kunden ein Augenmerk auf die Beschreibung des Leistungsvermögens des Outsourcing-Auftragnehmers zu richten. Diese gibt Anhaltspunkte, aus welchen Gründen der Kunde gerade diesem Auftragnehmer die im folgenden Vertrag vorgesehenen Aufgaben anvertraut hat.[36] Des Weiteren wird in der Präambel oftmals in qualitativer und quantitativer Hinsicht die Ausgangs- und Zielsituation beschrieben. An dieser Stelle werden oft Mengenschätzungen aufgenommen, ferner häufig die Beschreibung des qualitativen Ist- und Sollzustandes, wobei hier insbesondere der Kunde federführend vom Ergebnis her beschreiben wird, was er sich vom Outsourcing-Projekt verspricht, ohne ins Detail zu gehen. Wegen der juristischen Wirkungen sollte sich ein Anbieter an dieser Stelle aber genau überlegen, ob und inwieweit über die angebotene Leistung hinausgehende Zielvorstellungen des Kunden überhaupt in die Präambel aufgenommen werden sollen.[37] Oft finden sich in der Präambel noch allgemeine Anforderungen an die Erbringung der Leistung durch den Anbieter, etwa in Richtung der Einhaltung gesetzlicher Vorgaben oder des Standes der Technik. Der juristische Wert von Präambeln darf nicht unterschätzt werden.[38] Zum einen gibt die Präambel die **Interpretationsrichtlinie** für die folgenden Regelungen des Rahmenvertrages.[39] Des Weiteren wird hier die Geschäftsgrundlage des gesamten Vertrages im Sinne des § 313 BGB festgehalten. Argumentationslinien, die auf ein vertraglich nicht geregeltes Anpassungsrecht oder gar auf ein Kündigungsrecht wegen Wegfalls der Geschäftsgrundlage abzielen, können ihren Ausgangspunkt in der Präambel haben. 57

Die Rechtsfolgen des Wegfalls der Geschäftsgrundlage zeigen, dass in der Präambel festgehaltene Wünsche und Vorstellungen der Parteien klar von dem abzugrenzen sind, was vertraglich verbindliche Regelungen, etwa Bedingungen für die Vertragsdurchführung im Sinne von § 158 BGB sind. Verbindliche Vereinbarungen sind daher nicht in die Präambel, sondern in einen weiteren Vertragstext aufzunehmen, um Zweifel dahingehend zu vermeiden, ob es sich hier um eine bloße Zielvorstellung handelt oder nicht. Bei Leistungsverpflichtungen wird die Differenzierung in den Rechtsfolgen am deutlichsten: Während eine Nichterfüllung eines Punktes der Präambel zur Vertragsanpassung oder Kündigung führen kann, kann die Nichterfüllung geregelter Leistungsverpflichtungen zur Schadensersatzpflicht führen. 58

IT-Outsourcing-Verträge sind geprägt von spezifischen Leistungen, die oft mit besonderen technischen oder juristischen Fachausdrücken, häufig auch in englischer Sprache oder mit Abkürzungen umschrieben werden.[40] Zur leichteren Verständlichkeit des Vertrages, vor allem aber zur synchronen Verwendung der Begriffe in allen Vertragsdokumenten empfiehlt 59

---

[36] Bräutigam/*Bräutigam* Teil 13 Rn. 17 ff.
[37] Bräutigam/*Bräutigam* Teil 13 Rn. 17 ff.
[38] Vgl. *Söbbing* Rn. 600 = S. 470 f.
[39] *Lütcke/Bähr* K&R 2001, 82 (84).
[40] Bräutigam/*Bräutigam* Teil 13 Rn. 20.

es sich, die wesentlichen Begriffe im Rahmen einer **Definitionsliste im Vertragseingang** mit aufzuführen.[41]

60 Dies bringt gleich zwei wesentliche Vorteile mit sich: Zum einen kann der Leser des Vertrages die oft schwierigen technischen Begriffe, die ihm unter Umständen nicht geläufig sind, verstehen und in den vertraglichen Zusammenhang einordnen. Darüber hinaus vermeidet eine Definitionsliste aber auch Streitigkeiten zwischen den Parteien über die verwendeten Begriffe, da Auslegungsfragen sich weniger stellen, wenn zuvor der Wortsinn ausdrücklich klargestellt wurde. Um die Definitionsliste nicht zu überfrachten, kann man hier aber auch nur die wesentlichen Begriffe definieren, insbesondere solche, die evtl. für den gesamten Vertragstext relevant sind.

61 Speziellere Begriffsbestimmungen, die ggf. nur für eine bestimmte Anlage des Vertrages relevant sind, kann man dann auch erst in dem Regelungskomplex/Vertragsdokument definiert, für den sie Bedeutung haben. Zum Teil stellt der Bearbeiter dann auch den einzelnen Leistungsscheinen einen Definitionskatalog für diejenigen Begriffe voran, die im Rahmenvertrag nicht definiert waren und die nur für den jeweiligen Leistungsschein Bedeutung haben. Gerade dann ist jedoch auf besondere Transparenz und Widerspruchsfreiheit der verschiedenen Definitionskataloge zu achten.

Alternativ kann man die Definitionsliste auch insgesamt in einer Anlage Glossar zusammenfassen.

62 **b) Beschreibung des Vertragsgegenstandes des Outsourcing-Projektes.** In den Abschnitten Vertragsgegenstand/Gegenleistung finden sich sodann die Grundzüge des eigentlichen Vertragsgegenstandes – also zur geschuldeten Leistung und dem dafür zu zahlenden Preis. Da die konkreten Leistungsbeschreibungen und ihre Bepreisung in den Leistungsscheinen näher geregelt sind, finden sich im Rahmenvertrag neben einem Verweis auf die entsprechenden Anlagen nur generelle Regelungen, also eine auch für Dritte allgemeine verständliche Formulierung, welche Leistungen der Kunde beim Anbieter beauftragt im Bezug auf die Gegenleistung die Fälligkeit der Vergütung, ihre Abrechnung, der Zinssatz bei Zahlungsverzug sowie Leistungsort, Leistungszeit usw.

63 **c) Anforderungen an die Leistungserbringung des Outsourcing-Anbieters.** Die Regelungen zu den Anforderungen an die Leistungserbringung des Outsourcing-Anbieters sind vielschichtig und sollten insbesondere Ausführungen zur Qualifikation von Mitarbeitern, Anforderungen an Subunternehmer, Leistungserbringung nach dem Stand der Technik und Sicherung der Leistungserbringung enthalten.

64 *aa) Qualifikation von Mitarbeitern, Anforderungen an Subunternehmer.* Im Rahmenvertrag sollten, sofern dies für die vertragsgegenständlichen Leistungen Relevanz hat, auch besondere Qualifikationen der mit dem Projekt betrauten wesentlichen Mitarbeiter des Dienstleisters beschrieben werden (zB mehrere Jahre Erfahrung in vergleichbaren Projekten).

65 Außerdem können an dieser Stelle auch die Voraussetzungen einer Einschaltung von Subunternehmern festgelegt werden. Besondere Bedeutung hat die Regelung vor dem Hintergrund der ganz erheblichen Preisvorteile, die durch **Offshoring**[42] realisiert werden können. Hierunter versteht man die Auslagerung von Teilen der Dienstleistung ins Ausland, wobei insbesondere Länder mit günstigerem Lohnniveau wie China und Indien bzw. osteuropäische Staaten in Betracht kommen. Günstig für den Dienstanbieter ist, wenn er auf einer klaren Regelung besteht, die ihm weitgehende Freiheiten dahingehend lässt, welche Subunternehmer er beauftragt und in welchen Ländern er die einzelnen Leistungen ausführen lässt. Da das Lohnniveau in der IT-Branche in den genannten Ländern oft nur einen Bruchteil dessen beträgt, was in Deutschland an IT-Fachkräfte zu zahlen ist, besteht hier für die beteiligten Unternehmern ggf. ein enormes Einsparpotenzial.[43]

66 Bei der Auslagerung der Erhebung, Verarbeitung oder Nutzung personenbezogener Daten ist jedoch zu berücksichtigen, dass im Falle der **Auftragsdatenverarbeitung** (§ 11 BDSG) der

---

[41] *Lütcke/Bähr* K&R 2001, 82(84).
[42] Auch Cross Border-Outsourcing genannt → VIII. sowie ausführlich *Söbbing* Rn. 96 ff.
[43] Grafische Übersicht zu den Lohnniveaus bei *Söbbing* S. 93 ff.

Auftraggeber (also der Outsourcing-Kunde) auch für die sorgfältige Auswahl der Subunternehmer und für (deren) Einhaltung der datenschutzrechtlichen Vorschriften verantwortlich ist. Im Falle einer Funktionsübertragung bzw. Datenübermittlung nach § 28 BDSG muss die Weitergabe der Daten auch an den Subunternehmer eigens erlaubt sein. Da typische Offshoring-Staaten regelmäßig so genannte „Drittländer" mit unsicherem Datenschutzniveau sind (§ 4b BDSG), unterliegt eine Weitergabe von Daten an einen Subunternehmer im Rahmen eines Offshoring im Regelfall zusätzlichen rechtlichen Anforderungen.[44]

bb) Leistungserbringung nach dem Stand der Technik. Eine häufig in den Vertrag aufgenommene Formulierung an dieser Stelle ist, dass die Leistungen nach dem aktuellen Stand der Technik zu erbringen sind. Der Begriff des Standes der Technik ist allerdings wenig konkret und kaum subsumtionsfähig.

Gerade in der schnelllebigen IT-Branche, in der Betriebs- und Anwendungssoftware ständige Updates erfährt und Modellwechsel der Hardware in sehr kurzen Abständen durchgeführt werden, ist oft schwierig festzustellen, was der eigentliche Stand der Technik zu einem bestimmten Zeitpunkt ist. Daher liegt in offenen und nicht oder unzureichend definierten Begriffen ein Streitpotential der Parteien, das letzten Endes auch für den Kunden nachteilig sein kann. Den Parteien ist daher nicht anzuraten, sich auf diese abstrakte Formulierung allein zu verlassen, vielmehr sollten im Rahmen der einzelnen Leistungsscheine die exakten Anforderungen an die einzusetzende Technologie, an die Aktualisierungspflicht, Aktualisierungsintervalle u. ä. im Hinblick auf jede einzelne Leistung ggf. im Sinne einer Mindestanforderung genau geregelt werden.[45] Nur auf diese Weise können die Parteien sich hier eine Arbeitsgrundlage schaffen, mit der vor allem auch Techniker und nicht nur Juristen umgehen können. Bei Lücken in den Leistungsscheinen bleibt trotz allem der Rückgriff auf die allgemeine Formulierung des Standes der Technik. In diesem Fall ist durch Auslegung[46] zu ermitteln, was die Parteien mit der verwendeten Formulierung rechtlich regeln wollten,[47] wobei insbesondere die Interessenlage der Parteien[48] und der mit dem Vertrag verfolgte Zweck[49] sowie die Detailregelungen Anhaltspunkte geben.

cc) Sicherung der Leistungserbringung. Ob eine Regelung zur Sicherung der Leistungserbringung im Vertrag erforderlich ist, hängt in erster Linie vom Unternehmen des Dienstanbieters ab. Wird der Auftrag an ein **großes Outsourcing-Unternehmen** vergeben, bei dem sich keine Kapazitätsprobleme stellen und das am Markt bekannt ist, so ist in aller Regel – nicht zuletzt wegen der entsprechenden Kapitalausstattung dieser Unternehmen – die Leistungserbringung schon durch die Auftragsvergabe im Sinne einer hinreichenden Risikovorsorge gesichert. Der Grund hierfür liegt auf der Hand. Da die Vergütung bei Outsourcing-Projekten meist zeitabschnittsweise erfolgt, wird der Anbieter in seinem eigenen Interesse bemüht sein, seine Leistungen termingerecht zu erbringen, damit der Kunde ihm gegenüber nicht die Zahlung der vereinbarten Vergütung verweigern kann.[50] Wird der Auftrag dagegen an kleinere, **noch nicht am Markt etablierte Unternehmen** vergeben oder Tochterunternehmen großer Anbieter, sind durchaus Maßnahmen zur Sicherstellung der Leistung angebracht, da hier unter Umständen die Gefahr besteht, dass knapp vorhandene Ressourcen zu Gunsten eines anderen Auftraggebers genutzt werden. Hier bieten sich die Erfüllungsbürgschaft einer Bank und evtl. eine Garantie oder harte Patronatserklärung der finanzkräftigeren Muttergesellschaft an.[51] Insbesondere ist eine solche auch von Bedeutung, um Vorsorge

---

[44] → § 26 unten.
[45] Bräutigam/*Bräutigam* Teil 13 Rn. 22 ff.
[46] *Müller-Hengstenberg*, BVB/EVB-IT-Computersoftware, S. 205.
[47] Palandt/*Ellenberger* § 133 Rn. 1, § 157 Rn. 1.
[48] BGHZ 21, 328; BGH Urt. v. 29.10.1956 – II ZR 64/56, BGHZ 109, 22; BGH Urt. v. 3.12.1980 – VIII ZR 300/79, NJW 1981, 1549; BGH Urt. v. 3.4.2000 – II ZR 194/98, NJW 2000, 2099; BGH Urt. v. 13.7.1994 – IV ZR 107/93, BGHZ 127, 35 (42); BGH Urt. v. 1.2.1984 – VIII ZR 54/83, BGHZ 90, 69 (77); BGH Urt. v. 29.4.1982 – III ZR 154/80, BGHZ 84, 1 (7).
[49] BGH Urt. v. 28.6.1951 – IV ZR 93/50, BGHZ 2, 379 (385); BGH Urt. v. 3.12.1980 – VIII ZR 300/79, BGHZ 20, 110; BGH Urt. v. 12.2.1988 – V ZR 8/87, NJW 1988, 2099.
[50] Vgl. Bräutigam/*Bräutigam* Teil 13 Rn. 33 ff.
[51] Bräutigam/*Bräutigam* Teil 13 Rn. 33 ff. mwN.

für eine mögliche Insolvenz der Tochtergesellschaft zu treffen, da der Auftraggeber auf die Kontinuität der Leistungserbringung zwingend angewiesen ist. Und schließlich nimmt eine Patronatserklärung oder Garantie in Streitfällen dem Anbieter-Unternehmen die Möglichkeit, beispielsweise bei einem großen Haftungsfall schlicht seine Tochtergesellschaft „in die Insolvenz zu schicken". Eine Formulierung für eine harte Patronatserklärung könnte etwa wie folgt lauten:

> Wir, die Muttergesellschaft, verpflichten uns, unsere Tochtergesellschaft während der gesamten Laufzeit des Outsourcing-Vertrages in so ausreichendem Maße finanziell auszustatten, dass die Tochtergesellschaft bei Fälligkeit jederzeit in der Lage ist, ihre Verpflichtungen aus dem Outsourcing-Vertrag und den mit ihm zusammenhängenden Vertragsverhältnissen zu erfüllen.

70   d) **Outsourcing – spezifische Regelungen der Leistungskontrolle.** An outsourcing-spezifischen Regelungen der Leistungskontrolle sind insbesondere die Dokumentationspflichten des Anbieters, Monitoring und Reportingpflichten sowie Auditrechte des Kunden zu nennen.

71   aa) *Dokumentation.* Eine Dokumentationspflicht ist für die Vertragsparteien sowohl im Hinblick auf die Durchführung der Leistungserbringung als auch im Fall von Leistungsstörungen von entscheidender Bedeutung. Für den Kunden sind dadurch Fehler in der Ausführung durch den Dienstanbieter deutlich leichter erkennbar, der Dienstanbieter dagegen kann die bereits ausgeführten Leistungen zur Abrechnung mit dem Kunden verwenden. Der Rahmenvertrag legt in der Regel nur eine allgemeine Dokumentationspflicht fest. Zum Teil nimmt man Bezug auf in der IT-Industrie gebräuchliche Standards. Die Details werden üblicherweise im Leistungsschein Betriebsmanagement[52] abhängig von der jeweils zu erbringenden Leistung festgelegt.

72   Nicht zuletzt ist die Dokumentation auch für ein mögliches späteres Re-Insourcing oder Second Generation Outsourcing von Bedeutung.[53] So ist die Dokumentation der Systeme in einem **Betriebshandbuch** für eine spätere Fortführung des jeweiligen Service durch einen dritten Auftragnehmer oder den Auftraggeber selbst unter Umständen von großer Bedeutung. Nur mit einer entsprechenden Systemdokumentation ist ein ausreichender Know-How-Transfer vom Auftragnehmer auf den Übernehmenden sichergestellt.

73   bb) *Monitoring und Reporting.* Zum Bereich der Leistungserbringung gehört auch die Festlegung, inwiefern der Kunde den Anbieter bei der Ausübung seiner Dienste kontrollieren darf. Der Kunde muss die **Qualität der Leistungserbringung nachverfolgen** können, um zu wissen, ob die Service Levels eingehalten werden und ob die ggf. erforderlichen Minderungen der Vertragsstrafen *(Service Level Penalties)* bei Verstößen gegen die vereinbarte Servicequalität erfolgt sind. Diese Überprüfung wird meist durch den IT-Dienstleister selbst durchgeführt, der in aller Regel über die besseren technischen Möglichkeiten verfügt als der Outsourcing-Kunde. Den Prozess der Überwachung der Service Levels nennt man **Tracking** oder **Monitoring**. Hierbei wird die Leistungserbringung sachnah durch computergestützte Monitoring-Systeme aufgezeichnet, wobei man im Einzelfall eine Verfehlung der Service Level Agreements feststellen kann. Die Ergebnisse des Tracking und Monitoring hat der Outsourcing-Anbieter in regelmäßigen Abständen beim Kunden zu berichten (**Reporting**[54]). Zum Teil stellt der Anbieter auch Online-Tools zur Verfügung, mit denen der Kunde die Reports zu den Leistungsqualitäten ständig einsehen kann.

---

[52] Siehe hierzu Bräutigam/*Bräutigam* Teil 13 Rn. 36.
[53] → Rn. 149 ff.
[54] Eine Vertragsklausel zum Reporting und Monitoring muss klarstellen, welche der Vertragsparteien die Leistungsüberwachung übernimmt, welche Analysen erforderlich sind, in welchem Abstand dem Projektmanager der Gegenseite zu berichten ist und schließlich auch, wer die Kosten der Überwachung trägt (meist ist das der Outsourcing-Anbieter), vgl. hierzu auch das Klauselbeispiel bei Redeker/*Heymann/Lensdorf*, Handbuch der IT-Verträge, Kapitel 5.4 Rn. 18.

cc) Audit-Recht. Da der Outsourcing-Anbieter das Monitoring und Reporting selbst durchführt, kommt es letztlich dazu, dass derjenige, der die Leistung tatsächlich erbringt, gleichzeitig die Leistungserbringung selbst zu überwachen hat. Es liegt auf der Hand, dass der Kunde in diesem Fall ein großes Prüfungsinteresse hinsichtlich der Berichte des IT-Dienstleisters hat. Üblicherweise wird dem Kunden deshalb das Recht eingeräumt, die Berichte und sonstigen Aussagen des Anbieters in regelmäßigen Abständen auf ihre Richtigkeit zu kontrollieren. Zusätzlicher Hintergrund von **Audit-Rechten** sind meist Vorgaben der Innenrevision und die Prüfung und Sicherstellung aufsichtsrechtlicher Vorgaben. Schließlich sehen auch datenschutzrechtliche Regelungen wie etwa § 11 Abs. 2 Satz 4 BDSG vor, dass sich der Outsourcing-Kunde von der Einhaltung der vereinbarten technischen und organisatorischen Schutzmaßnahmen in regelmäßigen Abständen zu überzeugen hat.[55] Während das Monitoring im Rahmen automatisierter Computersysteme erfolgt, handelt es sich beim Audit-Recht um eine Möglichkeit des Kunden, entweder selbst oder durch zur Verschwiegenheit verpflichtete Wirtschaftsprüfer die Computersysteme, Räume und Bücher des Anbieters im Hinblick auf das Outsourcing-Projekt einzusehen. Audit-Rechte werden meist in Zeitabständen von ein bis drei Jahren zugelassen, oft mit der Maßgabe, dass bei auftretenden Unregelmäßigkeiten zusätzlich ein außerordentliches Kontrollrecht auf den Anbieter vorgesehen ist. Im Rahmen dieses Rechts ist schließlich noch zu regeln, wer die Kosten des Audit zu tragen hat. Werden beim Audit Unregelmäßigkeiten festgestellt, sind im Outsourcing-Rahmenvertrag Klauseln, die eine Kostenüberwälzung vorsehen, typisch. Übersteigt etwa die tatsächliche Abrechnung die im Audit gefundenen Ergebnisse um einen vereinbarten Prozentsatz, werden die Kosten dem Anbieter aufgebürdet.[56]

e) **Vergütung des Outsourcing-Dienstleisters.** Für die Gegenleistung gilt im Hinblick auf die Verteilung der Regelungen zwischen dem Rahmenvertrag und den Leistungsscheinen dasselbe wie für die Beschreibung der Leistung. Der Rahmenvertrag enthält letztlich nur allgemeine Regelungen, während die detaillierte Ausgestaltung des Preis- und Zahlungssystems den einzelnen Leistungsscheinen vorbehalten bleibt.

aa) Spezifische Preismodelle. An Preismodellen besteht eine große Vielfalt. Es werden sowohl Festpreismodelle als auch Budgetpreise sowie variable Vergütungen verwendet. Abhängig ist die Wahl des Preismodelles insbesondere von dem jeweils outgesourcten Service. Im Einzelnen sind die verwendeten Vergütungsmodelle ebenso wie die zu erbringenden Leistungen oft sehr komplex, wenn der Kunde nicht eine so genannte **lump sum**, also einen Festbetrag pro bestimmter Zeiteinheit bezahlen muss.

Das beliebteste variable Vergütungsmodell ist die **verbrauchs- bzw. aufwandsorientierte Abrechnung**.[57] Dieses bietet sich etwa bei der Bereitstellung von Speicherplatz an. Im Outsourcing-Bereich haben sich hier bereits verschiedene Abrechnungsmöglichkeiten nach Transaktionsvolumen, Druckvolumen, im Hinblick auf die Rechnerleistung nach genutzter Prozessorzeit, Durchsatzrate und Ähnliches herausgebildet.[58] Oftmals vereinbaren die Parteien auch degressive Preismodelle bei erhöhtem Verbrauch, oder die Vergütung wird anhand der Abweichung von einer vordefinierten Schätzung des Verbrauchs (der so genannten „Baseline") berechnet. Es existieren auch verschiedenste Kombinationsmodelle zwischen Festpreis und variabler Vergütung, bei der insbesondere die Einhaltung der Service Levels eine entscheidende Rolle für die Höhe der Vergütung spielt.

Zur Klarstellung ist ein Hinweis aufzunehmen, dass sich alle Preise in den Leistungsscheinen und sonstigen Anhängen des Rahmenvertrages zzgl. der jeweils gültige Umsatzsteuer (soweit anwendbar) verstehen.

bb) Preisanpassung durch Benchmarking. Ein besonders wichtiger Punkt bei der Gestaltung des IT-Outsourcing-Vertrages nimmt die so genannte **Benchmarking-Klausel** ein. Da Outsourcing-Verträge oft über mehrere Jahre laufen und sich das Preisniveau in der IT-

---

[55] Näher zu den datenschutzrechtlichen Anforderungen an solche Audits, insbesondere im Cloud-Umfeld Bräutigam/*Bräutigam/Thalhofer* Teil 14 Rn. 50 ff.
[56] Bräutigam/*Bräutigam* Teil 13 Rn. 39.
[57] Vgl. *Lux/Schön*, Outsourcing der Datenverarbeitung, S. 88/89.
[58] Vgl. *Lux/Schön*, Outsourcing der Datenverarbeitung, S. 75 ff.

Branche oft innerhalb sehr kurzer Zeit dramatisch verändert, sind insbesondere für den Auftraggeber Anpassungsklauseln äußerst empfehlenswert. Gestalterisch gibt es allerdings mehrere Möglichkeiten, wie man das Erfordernis der Preisanpassung vertraglich festhalten kann. Eine **automatische Anpassung** der Vergütung, die vom Benchmarking scharf zu unterscheiden ist, ist aufgrund der Einschränkung hinsichtlich der Indexierung in §§ 1 und 2 des Preisklauselgesetzes problematisch.[59] Eine in diesem Sinne problematische Gleitklausel liegt dann vor, wenn die Höhe einer Geldschuld an einer vertragsfremden Bezugsgröße festgemacht wird und die Anpassung bei Änderung dieser Bezugsgröße automatisch erfolgt. Wird auf eine Größe innerhalb des Vertragsverhältnisses Bezug genommen, so handelt es sich um eine Spannungsklausel, die nicht unter diesen Genehmigungsvorbehalt fällt. In der Praxis ist das zentrale Problem von Gleitklauseln allerdings nicht der evtl. bestehende Genehmigungsvorbehalt, sondern vielmehr das Fehlen einer passenden Bezugsgröße für die Indexierung der Outsourcing-Preise. Im IT-Bereich ist die Entwicklung oft sehr schnelllebig und mit der übrigen Entwicklung der Lebenshaltungskosten nicht zu vergleichen. Eine Anbindung an den allgemeinen Index, der die Steigerung der Lebenshaltungskosten in Deutschland (Inflation) abbildet, ist nicht zweckmäßig. Daher müssen andere Wege der Anpassung an die realistischen Preisniveaus gefunden werden.

80 Der den Vertrag Gestaltende kann die eben beschriebenen Probleme insgesamt umgehen, wenn er eine so genannte **Benchmarkklausel** aufnimmt. Es handelt sich hierbei um ein Instrument zur regelmäßigen Überprüfung und Korrektur der Preise, wenn festgestellt werden kann, dass die vertraglichen IT-Leistungen inzwischen am Markt ein niedrigeres Preisniveau haben als im ursprünglichen Outsourcing-Vertrag festgehalten.[60] Gerade in der marktnahen Analyse liegt ihre Besonderheit im Vergleich zu anderen Preisanpassungsklauseln. Die Benchmarkingklausel zeigt abermals die prozeduralen Besonderheiten des Outsourcing-Vertrages als komplexer Managementvertrag, da es sich um ein Instrument handelt, sich verändernde Rahmenbedingungen wieder in den Vertrag einfließen zu lassen, ohne diesen tatsächlich zu ändern. Entscheiden sich die Beteiligten für eine Benchmarkingklausel, so bestehen mehrere Möglichkeiten der praktischen Umsetzung. Jedenfalls sollte, um die Ressourcen der Vertragspartner zu schonen, das Benchmarking in nicht zu kurzen Intervallen durchgeführt werden, sondern die Überprüfung in größeren Zeitabständen erfolgen, wobei sich hierbei Zeitabstände von zwei Jahren aufwärts bewährt haben.[61]

81 Die Art der Überprüfung des Marktniveaus bereitet besondere Schwierigkeiten. Eine Möglichkeit ist die Beauftragung eines unabhängigen Dritten, also meistens eines **erfahrenen Sachverständigen.** Diese Lösung bietet sowohl Vor- als auch Nachteile. Es wird nicht zu leugnen sein dass diese Lösung zu einer gewissen Realitätsferne führt, zumal der Gutachter nicht verpflichtet ist, die IT-Leistungen selbst zum gefundenen Preis auszuführen. Ferner kann davon ausgegangen werden, dass ein sachkundiger Gutachter auch nur für eine entsprechend hohe Vergütung in der Sache tätig werden wird, wobei deren Aufteilung bereits im Rahmenvertrag festgehalten werden muss. Vorteile beim Benchmarking durch Gutachter liegen allerdings in der Neutralität des Gutachters und dessen Verschwiegenheit.[62]

82 Die Klausel kann auch dahingehend gestaltet werden, dass Wettbewerber des IT-Outsourcing-Partners **Konkurrenzangebote** einreichen, die zu denselben Konditionen (insbesondere Leistungsumfang, Leistungsqualität, Service Levels usw.) anzubieten sind wie das bestehende Outsourcing-Angebot. Der Rahmenvertrag kann dem Outsourcing-Kunden dann etwa in den vertraglichen Regelungen ein Kündigungsrecht einräumen, damit er dieses neue, günstigere Angebot wahrnehmen kann.

83 In diesem Zusammenhang stellen sich aber durchaus vielfältige Probleme. Gerade im IT-Bereich bestehen Schwierigkeiten, geeignete Konkurrenzangebote zu finden, da der Anbieter zunächst in eine personal- und kostenintensive Überprüfungsphase eintreten muss, um

---

[59] Söbbing Rn. 631.
[60] Zur unterschiedlichen Verwendung des Begriffes Benchmarking und unterschiedlichen Benchmarking-Prozessen vgl. Söbbing Rn. 572 ff.
[61] Bräutigam/*Bräutigam* Teil 13 Rn. 63 ff.
[62] Vgl. Bräutigam/*Bräutigam* Teil 13 Rn. 63 ff.

die IT-Struktur des Kunden und die anzubietenden Dienste ausreichend genau zu analysieren.

Viele Anbieter werden aus diesem Grund bereits die Investition scheuen, insbesondere im Hinblick auf die Gefahr, dass der bestehende IT-Outsourcing-Anbieter die Vergütung anpasst und der ursprüngliche Vertrag bestehen bleibt. Oft wird man aus diesem Grund geeignete Gegenangebote nur dann finden, wenn der Kunde die Kosten für den Angebotsprozess übernimmt. Gerade dann stellt sich aber auch die Frage des wirtschaftlichen Sinnes des Benchmarking. Einfacher wird die Anwendung des Benchmarking bei standardisierten Services sein, da in diesem Fall der Analyseaufwand weit geringer ist.[63] Nicht zu vernachlässigen ist aber jedenfalls auch der Aufwand beim Outsourcing-Kunden, welcher für die Einholung der Angebote anfällt (Erstellung von Leistungsscheinen, juristischen Dokumenten, Aussendung usw.). Aufgrund der vorgenannten Schwierigkeiten werden meist Spezialunternehmen für Benchmarkings (wie zB *Gartner* oder *Maturity*) zur Feststellung des Marktpreisniveaus eingesetzt. 84

Ein weiterer wichtiger Aspekt des Benchmarking besteht darin, dass neben der Beachtung des genauen Vergleichsmaßstabs im Hinblick auf die Leistungen auch zu beachten ist, wie sich die Preisentwicklung in der Zukunft gestaltet. Es bringt dem Outsourcing-Kunden keinen Vorteil, wenn er zwar kurzfristig von einem anderen Anbieter die Leistung günstiger erhält, aber langfristig mehr Kosten auftreten. Die Benchmarking-Regelung sollte auch eine Möglichkeit für den Outsourcing-Anbieter beinhalten, die ihn in die Lage versetzt, durch Anpassung seiner Preise einen Wechsel des Kunden zu einem anderen Anbieter zu unterbinden. 85

Stellt sich heraus, dass der Marktpreis für die Leistung und der zwischen den Parteien vereinbarte Preis für die Leistung deutlich unterschiedlich sind, so ist die Vereinbarung unterschiedlicher Rechtsfolgen denkbar. Für den Kunden wäre selbstverständlich die automatische Anpassung der Preise auf den günstigsten Preis am Markt die beste Lösung. Ein solcher Automatismus ist aber gegenüber den IT-Dienstleistern nicht immer durchsetzbar, da diese bis zum vereinbarten Vertragsende und damit oft auf Jahre hinaus kalkuliert haben und darüber hinaus das Risiko für den Anbieter, plötzlich nicht mehr kostendeckend arbeiten zu können, viel zu hoch ist. Gerade beim IT-Outsourcing-Projekt ergeben sich für den Anbieter hohe Anfangsinvestitionen, da im Rahmen der Transition die IT-Struktur des Kunden in das System des Anbieters überführt werden muss. 86

Denkbar ist daher noch ein **Kündigungsrecht des Kunden** dahingehend, dass dieser zu einem günstigeren Anbieter wechseln kann, wenn der Anbieter nicht bereit oder in der Lage ist, seine Preise dem Marktpreisniveau anzupassen.[64] Zu beachten ist allerdings, dass der Kunde in diesen Fällen mit einem neuen Anbieter wiederum ein neues Projekt abzubilden hat, was erneut Aufwand und Kosten verursacht. Die Kündigungsregel wird daher für den Kunden nur in Einzelfällen – und allenfalls bezüglich einzelner Leistungsbestandteile – eine Option sein, weshalb für ihn die Verhandlung einer automatischen Preisanpassung oft einen erheblichen Stellenwert genießt. 87

cc) Fälligkeit und Verzug. Die detaillierten Regelungen zur Fälligkeit sollten den einzelnen Leistungsscheinen vorbehalten bleiben, da sie die jeweiligen Einzelfälle regeln. Der Rahmenvertrag kann damit nur eine Regelung dahingehend enthalten, was gelten soll, wenn in den Leistungsscheinen nichts geregelt ist. Hinsichtlich der Begründung des Verzuges des Kunden mit der Erbringung der Gegenleistung kann grundsätzlich die gesetzliche Regelung beibehalten werden, als in den Leistungsscheinen in der Regel Zahlungstermine festgesetzt sein werden, und deshalb für die Leistung eine Zeit nach dem Kalender bestimmt ist (§ 286 Abs. 2, Nr. 1 BGB), weshalb der Verzug bei Versäumung des Zahlungstermins meist automatisch eintreten wird. Die **vertragliche Modifikation** der Verzugsregeln ist individualvertraglich ohne Weiteres möglich.[65] 88

---

[63] Vgl. Bräutigam/*Bräutigam* Teil 13 Rn. 63 ff.; *Söbbing* Rn. 572 ff.
[64] Ein Klauselbeispiel findet sich bei Redeker/*Heymann/Lensdorf*, Handbuch der IT-Verträge, Kapitel 5.4 Rn. 18.
[65] Palandt/*Grüneberg* § 286 Rn. 7. Für die Abänderung von Verzugsregelungen durch allgemeine Geschäftsbedingungen → § 10.

89 **f) Aufrechnung und Zurückbehaltungsrechte beim Outsourcing-Vertrag.** Zum Teil werden im IT-Outsourcing-Rahmenvertrag Regelungen über Zurückbehaltungsrechte und Ausschluss der Tilgung von Forderungen durch Aufrechnung nach § 389 BGB aufgenommen. Auch bei den Zurückbehaltungsrechten (geregelt in §§ 273, 320 BGB) kann eine vertragliche Regelung sinnvoll sein. Da durch Zurückbehaltungsrechte Zahlungsverpflichtungen oft weitgehend zurückgehalten werden können, erscheint es für den Anbieter der Outsourcing-Dienstleistung sinnvoll, dieses auszuschließen, damit er Zahlungseingänge terminlich besser planen kann. Doch auch und gerade der Outsourcing-Kunde muss erhebliches Interesse daran haben, dass sein Vertragspartner kein Zurückbehaltungsrecht hat, damit die Kontinuität der Leistungserbringung gesichert ist, auch wenn der Kunde einmal mit einer Zahlung in Verzug geraten sollte. Die **ununterbrochene Verfügbarkeit** der IT-Dienstleistung spielt fast immer für die Unternehmen eine entscheidende Rolle, da sie häufig zur Fortführung ihres Geschäftsbetriebs auf diese Verfügbarkeit der IT-Leistung angewiesen sind.

90 **g) Bedeutung der Mitwirkungspflichten beim Outsourcing.** Da die Mitwirkungspflichten des Kunden insbesondere bei den gesetzlich nicht normierten Vertragstypen im Gesetz keine detaillierte Ausgestaltung gefunden haben, sind hier im IT-Outsourcing-Vertrag detaillierte Regelungen erforderlich, weil für den Outsourcing-Anbieter die Möglichkeit zur ordnungsgemäßen Erbringung der Leistung häufig von der Einhaltung der Mitwirkungspflichten abhängt. Man denke etwa nur an die Zugänge zu den Servern des auftraggebenden Unternehmens, ohne die kaum IT-Leistungen erbracht werden können. Die Vertragsgestaltung dieser Mitwirkungspflichten ist uneinheitlich. Grundsätzlich wird eine abschließende Nennung der Mitwirkungspflichten nicht möglich sein, da immer Situationen auftreten können, die eine spezifische Reaktion der Vertragsparteien erfordert. Sinnvoll ist daher die Nennung konkret bekannter Mitwirkungspflichten, etwa in dem jeweiligen Leistungsschein, und zusätzlich eine abstrakte Formulierung im Paragraphen des Rahmenvertrages, welcher die rechtlichen Rahmenbedingungen der Erfüllung von Mitwirkungspflichten regelt.

91 Ein wichtiger Punkt bei den **Mitwirkungspflichten** ist die Regelung von **Zutrittsrechten.** An sich ist es eine Selbstverständlichkeit, dass die Mitarbeiter des Anbieterunternehmens zur Erbringung ihrer vertraglichen Leistungen auch die Grundstücke, Gebäude und Räume des Auftraggebers jedenfalls zu den üblichen Geschäftszeiten betreten dürfen.

92 Weitere zentrale Mitwirkungspflicht ist oft das Zurverfügungstellen von **Infrastruktur.** Hierunter fällt insbesondere die Beistellung von Infrastruktur, wie PCs, Netzwerkkomponenten, Server usw. und die Nutzung von Räumlichkeiten. Wenn die Gewährung von Infrastruktur umfangreicher ist, kommt für die Parteien der Abschluss gesonderter Infrastrukturmietverträge (§§ 535ff. BGB) in Betracht, die dann alle relevanten mietvertraglichen Regelungen (zB Mietpreis, Nebenkosten, Schönheitsreparaturen, Gewährleistung usw.) enthalten sollten. Hier zeigt sich auch, dass die Mitwirkungspflichten des Kunden in gewissem Umfang Einfluss auf den Charakter des Outsourcing-Vertrages haben. Es besteht aber auch die Möglichkeit, alle Assets komplett in die Hände des Anbieters zu überführen, ohne dass Eigentum an Hardware und die Rechte an der Software beim Kunden verbleiben. Es wird also ein Kauf- und Übertragungsvertrag für den IT-Bereich oder eines Teils desjenigen zwischen den Parteien geschlossen, in dem festgelegt wird, dass alle Rechte an der Hard- und Software, aber auch alle vertraglichen Pflichten gegenüber Dritten, die den IT-Bereich betreffen, auf den IT-Dienstleister übergehen.[66]

93 Weil die Mitwirkungspflichten nicht abschließend sind, ist aus Sicht des Kunden darauf zu achten, dass die einzeln festzuhaltenden Sanktionen einer Verletzung der Mitwirkungspflicht nur dann eintreten können, wenn der IT-Dienstleister beim Kunden die Erfüllung der Pflicht zuvor angemahnt hat und die Pflicht auf die **Mahnung** hin nicht erfüllt wurde.[67] Fehlt eine solche Anmahnungspflicht im Vertrag, so besteht für den Kunden die Gefahr, dass

---

[66] Ein Muster dieses „Kauf- und Übertragungsvertrages", gestaltet als Anlage zum Outsourcing-Rahmenvertrag, findet sich bei Redeker/*Heymann/Lensdorf*, Handbuch der Handbuch der IT-Verträge, Kapitel 5.4 (S. 76ff.).

[67] Vgl. hierzu *Zahrnt*, Vertragsrecht für IT-Fachleute, S. 365.

bei Störungen der Leistungserbringung der Dienstleister diese auf eine Verletzung von zuvor nicht geltend gemachten Mitwirkungspflichten zurückführen will.

Im Einzelnen sind folgende Sanktionen bei Nichterfüllung einer angemahnten Mitwirkungspflicht denkbar: 94
- Annahmeverzug (vgl. §§ 293 ff. BGB);
- Leistungsverzögerung durch den Anbieter, die dieser aber dann nicht zu vertreten hat;
- Mangelnde Einstandspflicht des Anbieters für nicht ordnungsgemäßen Service;
- Verschiebung von Terminen;
- Nichtgeltung von Service Level Agreements;
- Entschädigungs- bzw. Schadensersatzregelungen.

Im werkvertraglichen Bereich statuiert § 642 BGB noch eine angemessene Entschädigung 95 für die Vorhaltekosten, die der Dienstleister verlangen kann. § 643 BGB gewährt sogar eine Kündigungsmöglichkeit bei unterlassener Mitwirkung durch Nachfristsetzung mit Kündigungsandrohung. Auch im werkvertraglichen Bereich ist allerdings für eine detaillierte vertragliche Regelung der Rechtsfolgen der Mitwirkungspflichten zu sorgen, um für die Parteien – ohne Rückgriff auf das Gesetz – eine klare Vertragslage zu schaffen und den Besonderheiten des Outsourcings gerecht zu werden.

h) Regelung zu Nutzungsrechten. Im Outsourcing-Vertrag bestätigt die Regelung zu den 96 Nutzungsrechten, wem letztlich die Rechte an den Arbeitsergebnissen und damit deren erheblicher wirtschaftlicher Wert zustehen soll. Die Bedeutung sowie Inhalt/inhaltliche Ausgestaltung der Regelung hängt wieder stark von der jeweils erbrachten IT-Leistung ab. Während bei einem bloßen Rechenzentrumsbetrieb Nutzungsrechte eine untergeordnete Rolle spielen dürften, sind sie zum Beispiel bei einem Outsourcing der Software-Programmierabteilung eines Unternehmens ganz entscheidend.

aa) Übertragung der Nutzungsrechte. Zum Teil geht es hier um Patente, hauptsächlich 97 aber um Business Know-how, Software und deren Weiterentwicklungen. Da Software in aller Regel urheberrechtlich geschützt ist (§§ 69 a ff. Urheberrechtsgesetz), wird auch die IT-Leistung, die der Auftragnehmer für den Kunden erbringt, fast immer ebensolchen Schutz genießen. Um dem Kunden die Möglichkeit zu geben, die IT-Leistung zweckentsprechend zu nutzen, müssen diesem entsprechende Nutzungsrechte eingeräumt werden. Bei der Nutzungsrechtseinräumung ist immer die in § 31 Abs. 5 UrhG festgeschriebene Zweckübertragungslehre zu beachten, nach der dem Auftraggeber im Zweifel nur diejenigen Rechte eingeräumt werden, die dieser nach dem Vertragszweck unbedingt benötigt.[68] Aus dieser Vorschrift ergibt sich auch die Herausforderung, Klarheit bei der Interpretation zu schaffen, welche Rechte der Vertrag dem IT-Outsourcing-Kunden einräumen soll. Es empfiehlt sich daher neben einer klaren Formulierung der Rechteklausel die Aufnahme des Vertragszweckes in die Präambel des Vertrages. Durch diese Gestaltung kann im Streitfalle zumindest der Vertragszweck im Sinne des § 31 Abs. 5 UrhG problemlos bewiesen werden. Noch wichtiger ist aber die genaue Definition der übertragenen Nutzungsrechte.[69]

bb) Nutzungsrechte an Software des Auftragnehmers. Je nach Gestaltung und Ziel des IT- 98 Outsourcing-Vertrages kommt insbesondere die Einräumung eines ausschließlichen Nutzungsrechts im Sinne von § 31 Abs. 3 UrhG hinsichtlich von im Zuge des Outsourcing entstandenen Arbeitsergebnisse in Betracht. Dies liegt insbesondere nahe, weil der Auftraggeber in das Outsourcing-Projekt eigenes Know-how sowie Geschäfts- und Betriebsgeheimnisse hat einfließen lassen und für die Outsourcing-Dienstleistung eigens bezahlt. Es liegt auf der Hand, dass daher der Kunde auch das Interesse hat, alle Ergebnisse des Outsourcing-Projektes und im Besonderen die sich daraus ergebenden Wettbewerbsvorteile für sein Unternehmen zu sichern. Aus diesem Grund wird der Auftraggeber das Ziel verfolgen, sich umfassend und ausschließlich sämtliche unbeschränkten, weltweiten und unbefristeten Nutzungs- und Verwertungsrechte an der speziell für ihn im Rahmen des Outsourcing entwi-

---

[68] Vgl. statt vieler Wandtke/Bullinger/*Wandtke/Grunert* § 31 UrhG Rn. 39 ff.
[69] Zu Details zur Lizenzierung → § 5, wo sich auch Beispielklauseln zu diesem Thema finden. Eine Beispielsklausel zur Einräumung von Nutzungsrechten bei der Erstellung von Individualsoftware findet sich bei *Schneider* Anhang 4 (S. 2207).

ckelten Software (und zwar an Objekt- und Source-/Quellcode) für alle bekannten und unbekannten Nutzungsarten übertragen zu lassen.⁷⁰ Sinnvoll ist ebenfalls eine Aufnahme des **Zeitpunkts des Rechteübergangs**. Dieser kann unter Umständen bereits im Zeitpunkt des Rechtsentstehens, im Interesse des Auftragnehmers aber auch am Zahlungszeitpunkt liegen. Eine häufig gebrauchte Klausel ist darüber hinaus die Verpflichtung des Auftragnehmers, bei seinen Mitarbeitern dafür zu sorgen, dass diese die Urheberpersönlichkeitsrechte (vgl. §§ 12 ff. UrhG) nicht geltend machen. Eine Regelung ist auch hinsichtlich der Dokumentationen, Arbeitsunterlagen etc zu treffen, da im Falle des Ausschlusses des Auftragnehmers diese selbstverständlich im Eigentum des Auftraggebers stehen und unter Ausschluss von Zurückbehaltungsrechten herauszugeben sind.

99   Das einfache Nutzungsrecht wird dem Auftraggeber dann genügen, wenn es sich um die Nutzung von Standardsoftware handelt. Hier ist klar, dass die Lizenz nicht exklusiv sein kann, da Standardsoftware natürlich auch in einer Vielzahl anderer Unternehmen genutzt wird. Üblicherweise handelt es sich dabei um das Recht, die Software auf einer gewissen Anzahl von Arbeitsplätzen laufen zu lassen.⁷¹ Auch andere Lizenzmodelle, wie etwa eine unbegrenzte Konzernlizenz, aber auch eine Beschränkung auf einzelne, namentlich benannte Benutzer („Named User") sind verbreitet.

100 Zu denken ist weiterhin an das Recht zur Erstellung von **Sicherheitskopien**, (§ 69d Abs. 3 UrhG) oder an Regeln zur Herstellung von Interoperabilität mit anderer Software (§ 69e UrhG). Der Sourcecode der Software wird hierbei in aller Regel nicht übergeben. Ein interessantes Problem für den Auftraggeber stellt sich darin, dass bei einer bloßen Einräumung einfacher Nutzungsrechte die Ergebnisse des Outsourcing-Projektes vom Outsourcing-Anbieter in seine Software mit eingearbeitet werden können und – obwohl im Rahmen des Projektes auch Know-how und Betriebsgeheimnisse des Auftraggebers eingeflossen sind – die verbesserte Version der Software weiter vertrieben werden kann. Derartige Probleme sollte die bereits behandelte Geheimhaltungsvereinbarung oder die entsprechende Klausel im Rahmenvertrag abdecken.

101 *cc) Rechte an Datenbanken und Programmvorstufen.* In aller Regel wird der Auftraggeber nur Interesse an dem Ergebnis der Arbeit haben, nicht aber an den eingebrachten Programmbausteinen des Outsourcing-Anbieters und auch nicht an dessen Programm-Know-how. Dennoch erscheint es vernünftig, aus Gründen der Klarheit und zur Vermeidung von Streitigkeiten bereits im Vorfeld, dies im Outsourcing-Vertrag klarzustellen. Das bereits zuvor genannte Problem der Verhinderung von Know-how Transfer kann sich jedoch auch in diesem Punkt stellen, da der Auftragnehmer, wenn er die Rechte an den Programmvorstufen behält, ein ähnliches Programm für andere Auftraggeber herstellen könnte.

102 Sinnvoll erscheint die Klarstellung, dass alle Rechte an Datenbanken dem Auftraggeber zustehen, auch wenn dem Anbieter die Betreuung, Pflege oder Erweiterung übertragen ist. Es sollte daneben festgeschrieben werden, dass auch beim Auftragnehmer durch die Bearbeitung entstehende Rechte auf den Kunden übertragen werden.

103 *i) Zusammenarbeit zwischen den Parteien.* Bei Outsourcing-Projekten von gewisser Größe ist es für den reibungslosen Ablauf extrem wichtig, dass die Kooperation zwischen den Parteien, insbesondere im Fall von Schwierigkeiten und Streitigkeiten detailliert geregelt ist.

104 *aa) Projektmanager.* Üblich ist hierbei zunächst die Benennung fixer Ansprechpartner sowohl auf Auftraggeber- als auch auf Auftragnehmerseite. Diese werden „Projektmanager", „Key-Account-Manager" oder „Vertrags-Manager" genannt.⁷² Meist werden außerdem Stellvertreter benannt. Die Kompetenzen der Projektmanager sollten im Vertrag detailliert festgelegt werden, um einen reibungslosen Ablauf des Vertrages zu gewährleisten.

105 Die Projektmanager sollten die Kompetenz haben, die üblicherweise im Rahmen der Vertragsabwicklung anfallenden Probleme in eigener Verantwortung zu lösen, so dass der alltägliche Betrieb ohne Verzögerungen etwa durch Beschlussfassung von Kollegialorganen ablaufen kann. Sinnvoll ist auch, ordentliche und außerordentliche Besprechungen der Pro-

---

⁷⁰ Bräutigam/*Bräutigam* Teil 13 Rn. 106.
⁷¹ Hierzu ausführlich *Schneider* Kapitel J, Rn. 51 ff.
⁷² Zu den Aufgaben dieser Personen ausführlich *Lux/Schön*, Outsourcing der Datenverarbeitung, S. 144 ff.

jektmanager vorzusehen, wobei die unterschiedlichen Zeitabstände für ordentliche Treffen je nach Phase des Projekts differieren können. In der Transition Phase werden oft tägliche Treffen der Projektmanager vereinbart, um Projektverlauf, Zeitplan oder auftretende Probleme abzustimmen. Während der Run Phase reichen monatliche oder vierteljährliche Treffen zur Projektkoordination aus. Auch die Reports, die vom Auftragnehmer hinsichtlich der Leistungserbringung regelmäßig zu erstellen sind, besprechen die Projektmanager untereinander.

bb) Steering Committee. Eine weitere wichtige Einrichtung bei großen Outsourcing-Projekten, die im IT-Outsourcing-Vertrag eingerichtet werden sollte, ist der so genannte Steuerungsausschuss (**Steering Committee oder Review Board**). Dieser befasst sich mit allen Themen des IT-Projekts, die die Projektmanager nicht mehr in eigener Verantwortung lösen können, insbesondere mit bestehenden Streitpunkten zwischen den Parteien, organisatorischen oder grundsätzlichen Fragen, evtl. auch Vertragsänderungen. Auch für den Steuerungsausschuss gilt dasselbe wie für die Projektmanager im Hinblick auf Termine. Er wird zu fest geregelten Zeiten zur Besprechung des Projekts zusammentreten, aber auch außerordentlich zur Lösung von dringenden Problemen. Ein abgestufter Zeitplan erscheint wie bei den Treffen der Projektleiter auch beim Steering Committee sinnvoll. Die Frequenz der ordentlichen Treffen kann während der Transition Phase auf eine oder zwei Wochen festgelegt werden, während der Run Phase werden monatliche oder gar vierteljährliche Treffen genügen. Eine weitere, äußerst wichtige Aufgabe, die dem Steering Committee durch den Rahmenvertrag zugewiesen werden sollte, ist die Lösung von Konflikten zwischen den Parteien, welche die Projektmanager auf ihrer Ebene nicht beilegen konnten.[73]

j) Outsourcing – spezifische Besonderheiten des Change-Managements.[74] Bei komplexen Outsourcing-Projekten gibt es viele Situationen, in denen die Vertragsparteien an **Änderungen** interessiert sein können. Man denke nur an Änderungen der gesetzlichen Rahmenbedingungen, Veränderung des Geschäftsumfelds und insbesondere an technologischen Fortschritt. Es können daher Anpassungen der Dienstleistungen, Erhöhung von Mengenvorgaben oder ähnliche Maßnahmen erforderlich sein, um die Outsourcing-Dienstleistungen für den Kunden weiterhin als uneingeschränkt brauchbar erscheinen zu lassen.

aa) Anwendungsbereich und Abgrenzung. Grundsätzlich ist festzustellen, dass es sich bei einem **Change Request** um eine Vertragsänderung dahingehend handelt, dass die Parteien Leistung und Gegenleistung gemeinsam neu definieren. Hierfür kann der Auftragnehmer in der Regel eine zusätzliche Vergütung verlangen, da die im Rahmen des Change Request angeforderten Leistungen nicht vom Scope des Outsourcing-Vertrages umfasst sind. Eine Regelung hierzu ist unbedingt erforderlich, da es in einem Outsourcing-Projekt wie bei allen längerfristigen IT-Projekten praktisch immer Änderungen beim Bedarf des Kunden, beim technischen Fortschritt oder sonstigen Rahmenbedingungen gibt, die Änderungen an der vertraglichen Regelung erforderlich machen.

Es ist eine scharfe Abgrenzung erforderlich, ob ein **Streit über den Scope des Vertrages** oder ein echter Change Request vorliegt. Ein Streit über den Scope des Vertrages liegt insbesondere bei Nacherfüllungsverlangen oder etwa beim Streit über Leistungsbereiche im ursprünglichen Vertrag oder bei Diskussionen über die Rechtsnatur einer Anforderung vor. Dieses Abgrenzungsproblem stellt sich häufig, da es sich nicht nur um eine Einordnungsfrage, sondern um eine veritable wirtschaftliche Frage handelt. Es geht darum, ob für eine geforderte (zusätzliche) Leistung eine Vergütung zu zahlen ist (im Falle des Change Request) oder nicht (im Falle der Einordnung unter den Scope).

Die **Beschreibung der Leistungen** und des Change Request **sollten genau formuliert werden,** um hier Streitigkeiten der Parteien und Unklarheiten zu vermeiden. Was man in der Theorie mit einfachen Worten anraten kann, stellt die Praxis oft vor Herausforderungen, da der Leistungsumfang meist hochkomplex ist und das künftige Leistungsfeld oft nicht in seiner Gänze fassbar ist. An dieser Stelle ist eine enge Abstimmung mit den beteiligten Technikern ratsam.

---

[73] Hierzu ausführlich → Rn. 161 ff. „Konfliktmanagement".
[74] Vgl. Allgemein zu Change Request und Change Management „IT-Projekte" → § 18.

111 Besondere Vorsicht ist aus Kundensicht bei pauschalen Festlegungen geboten, wie etwa dass alles, was nicht explizit aufgeführt ist, nicht unter die Leistungsbeschreibung des Vertrages fällt. Der Kunde geht bei Akzeptanz solcher Vertragsklauseln das große Risiko ein, dass er alle Leistungen, die er nicht deutlich aufgeführt hat, separat vergüten muss. Gerade bei komplizierten Projekten, bei denen die Leistungen schwierig zu beschreiben sind, können hierbei für den Kunden erhebliche Kosten anfallen.

112 Umgekehrt stellt sich für den Anbieter das Problem, dass er sich im Falle einer zu vagen Leistungsbeschreibung mit Forderungen des Kunden nach Leistungen konfrontiert sieht, die der Anbieter nach seinem Verständnis der Beschreibung eigentlich nicht erbringen wollte. Grundsätzlich hilft aber bei der Lösung dieses Interessenkonflikts in der Vertragsgestaltung eine prozedurale Herangehensweise. Für Streitigkeiten über den Scope sollte ein besonderer Scope-Management-Prozess eingeführt werden. Hierunter versteht man die **Formalisierung einer Diskussion über Scope-Fragen** in einem besonderen Verfahren. In der Praxis erfolgt hier ein Eskalationsprozess, bei dem zunächst die Projektleiter informiert werden und in den Fällen, in denen diese zu keiner Einigung gelangen, der Steuerungsausschuss angerufen wird. Verbreitet ist auch als letzte Instanz einen Schiedsrichter oder einen anderen sachverständigen Dritten über die Streitigkeit endgültig entscheiden zu lassen, wenn auch der Steuerungsausschuss nicht zu einem einverständlichen Ergebnis gelangen kann.[75]

113 Anhaltspunkte, dass eine Leistung unter den Scope des Vertrages eingeordnet werden kann und keinen Change Request darstellt, sind etwa:
- Es besteht sachliche Nähe zu anderen, fest definierten Leistungen des Vertrages.
- Die fest definierte vertragliche Leistung kann ohne die im Streit stehende Leistung nicht ordnungsgemäß erbracht werden.
- Es besteht eine ursprüngliche, vertraglich definierte Leistung, die sich nur durch neue Gegebenheiten verändert hat.
- Es bestehen sonstige Anhaltspunkte im Vertragstext, die auf eine Einbeziehung hinweisen.

114 *bb) Change Request.* Ist dann die Abgrenzung des **Change Request** von der Scope-Streitigkeit dergestalt erfolgt, dass ein echter Change Request vorliegt, so sind die Regelungen des Rahmenvertrages für die Behandlung dieser Change Requests anzuwenden. Im Rahmen der Vertragsgestaltung ist zunächst zu klären, ob tatsächlich jeder Change Request des Auftraggebers vom Auftragnehmer auszuführen ist oder ob der **Prozess des Change Management wesentlichen Änderungsverlangen vorbehalten bleibt.**

115 Jedenfalls sollten betriebliche Gründe, wie zB die Fortentwicklung des Betriebs oder die geänderte strategische Ausrichtung für einen zu beachtenden Änderungswunsch ausreichen. Es darf auch nicht übersehen werden, dass Vertragsänderungen in der Regel kostenpflichtig sind. Der Kunde sollte bereits in den Verhandlungen zum Rahmenvertrag die Möglichkeit kostenpflichtiger Change Requests bedenken und reduzierte Stundensätze oder Pauschalen für diese Dienstleistungen aushandeln. Nach Abschluss der Verträge wird die Bereitschaft des Anbieters, reduzierte Stundensätze für seine Dienstleistungen zu verlangen, nämlich deutlich geringer sein als in dem Zeitpunkt, in dem er noch nicht wissen kann, ob er den Outsourcing-Auftrag sicher erhält.

116 Das Verfahren der Abwicklung der Change Requests ist so zu gestalten, dass der Änderungswunsch detailliert zu bezeichnen ist, sodass die Erstellung eines Angebots durch den Dienstleister problemlos möglich ist. Es werden Formvorschriften aufgenommen, die vorschreiben, innerhalb welcher Fristen, an welchen Stellen und in welcher Form die Änderungswünsche beim Dienstleister eingehen müssen. In der Praxis vereinbaren die Parteien hier oft ein standardisiertes Auftragsformular oder ein computergestütztes Auftragssystem. Letzteres bietet sich natürlich an, wenn das Outsourcing einen Bereich betrifft, in dem viele Änderungsverlangen zu erwarten sind.

117 Ähnlich wie bei Scope-Streitigkeiten sollten die Parteien auch Regelungen dafür treffen, **wie vorzugehen ist, wenn über einen Change Request keine Einigung erzielt werden kann.** Unter Umständen hat bei großen Veränderungen der rechtlichen, wirtschaftlichen oder technischen Sachlage seit Vertragsschluss der Auftraggeber ein vitales Interesse an der Durch-

---

[75] Hierzu ausführlich → Rn. 161 ff. „Konfliktmanagement".

führung des Change Requests. Er kann sich in diesen Fällen mit einer bloßen Ablehnung durch den Auftragnehmer nicht ohne weiteres zufrieden geben. Vielmehr muss diese Situation vom Anwalt des Auftraggebers zuvor vorausgesehen werden und Vorsorge für diesen Punkt im Rahmenvertrag getroffen werden. Es ist dann eine ähnliche Regelung wie die soeben besprochene im Bereich der Scope-Streitigkeiten in den Vertrag aufzunehmen.[76]

Nicht nur dem Kunden, sondern auch dem Anbieter sollte die Möglichkeit eingeräumt sein, Change Requests – etwa aus technischen Notwendigkeiten oder neuen Entwicklungen – beauftragen zu können. Deren Umsetzung wird man aber in der Regel von der Zustimmung des Kunden abhängig machen, zumal dieser anfallende Kosten ja meistens – abhängig von der vertraglichen Regelung – bezahlen muss.

Wegen einer möglichen zeitlichen Verzögerung bei Streitigkeiten über Change Requests kann eine Klausel vereinbart werden, nach der bei notwendigen Changes die Abarbeitung in jedem Fall sofort erfolgt und erst danach geklärt wird, ob die Leistung noch in Scope (dann kostenfrei) oder ein echter Change Request ist.

cc) Service Change. In vielen Outsourcing-Projekten wird der klassische Change Request von dem so genannten „Service Change" abgegrenzt. Unter diese Kategorie werden üblicherweise kleinere Änderungen des Leistungsumfangs gefasst, die in den Leistungsscheinen meist schon vorgesehen sind. Rechtlich handelt es sich also nicht um Vertragsänderungen, sondern um Änderungen der Leistung, die der Vertrag schon vorsah. Beispiele für einen Service Change sind etwa die Erweiterung von Speicherplatz, Bereitstellung eines zusätzlichen Servers, Änderung der Verfügbarkeitsklasse eines Netzwerks von „Silber" auf „Gold" und ähnliches. Die Preise für einzelne Service Changes sind üblicherweise bereits in der Preisliste des Anbieters vorgesehen, die bei Abschluss des Outsourcing-Vertrages verhandelt wird. Die Parteien können vereinbaren, dass auch solche Preise dem Benchmarking[77] unterliegen.

k) Besonderheiten der Gewährleistung im Outsourcing-Vertrag. Fragen der Gewährleistung sind gerade für den Anbieter absolut entscheidend, da bei Schlechtleistung enorme Kosten auf ihn zukommen können. Er bewegt sich daher auf dem schmalen Grat zwischen eigener Absicherung, und der geschäftlichen Notwendigkeit, dem Kunden ein überzeugendes Angebot zu unterbreiten, indem dieser seinen Geschäftsbetrieb nicht gefährdet sieht. Wie bereits mehrfach erwähnt, kann die Dienstleistung, die der Outsourcing-Anbieter erbringt, ganz erhebliche Bedeutung für den Geschäftsbetrieb des Kunden haben. Eine übermäßige Haftungs- und Gewährleistungseinschränkung kann diesen daher unter Umständen davon abhalten, ein Outsourcingprojekt mit dem jeweiligen Anbieter durchzuführen.

aa) Arten der Gewährleistung, Einschränkung und Ausschluss. Beim IT-Outsourcing-Vertrag handelt es sich um einen Typenkombinationsvertrag, unter dem eine Vielzahl unterschiedlicher Leistungen erbracht wird. Es können sowohl Kauf-, Werk-, Dienst- als auch Mietverträge in Betracht kommen. Dies hat auch Auswirkungen auf die Anwendung gesetzlicher Gewährleistungsvorschriften.[78]

Hinsichtlich des Kauf- und Werkvertrages sind die ausführlichen gesetzlichen Regelungen der §§ 434ff. BGB und 633ff. BGB anzuwenden. Abweichendes ergibt sich bei dienstvertraglichen Komponenten, bei denen allenfalls eine Schlechtleistung anzunehmen ist, wenn sich dies aus §§ 280ff. BGB ergibt. Dies wird nur in engen Grenzen denkbar sein. Dadurch, dass neben dem Minderungs- und Rücktrittsrecht auch noch bei Verschulden ein Schadensersatzrecht ohne Höchstbetragsbegrenzung gesetzlich besteht, entsteht für den Auftragnehmer ein Interesse an einem Gewährleistungs- und Haftungsausschluss.

Der Dienstleister wird auf eine Beschränkung der Gewährleistung oder zumindest eine Verkürzung der Verjährungsfristen der §§ 438, 634a BGB hinwirken wollen. Inwieweit ein Gewährleistungsausschluss überhaupt wirksam ist, hängt von der vertraglichen Gestaltung ab, namentlich davon, ob diese unter das Recht der Allgemeinen Geschäftsbedingungen fällt

---

[76] Hierzu ausführlich → Rn. 161 ff. „Konfliktmanagement".
[77] → Rn. 79 ff.
[78] Vgl. hierzu auch die ausführliche Darstellung → § 10.

oder nicht. In Individualverträgen ist ein Gewährleistungsausschluss, wenn auf beiden Seiten Unternehmen beteiligt sind, beinahe vollständig möglich. Die Grenze bilden die Vorschriften über das arglistige Verschweigen von Mängeln (§§ 444, 639 BGB), die den dem deutschen Recht immanenten Grundsatz abbilden, dass eine Haftung oder Gewährleistung für Vorsatz nicht ausgeschlossen werden kann. Gewährleistungsausschluss und Preis hängen aber beinahe unmittelbar zusammen, da Unternehmen die Gewährleistung in ihrer Kalkulation berücksichtigen. Im geschäftlichen Verkehr erscheint jedenfalls eine **Verkürzung der Verjährungsfrist** von idR bei Kauf- und Werkvertrag 24 Monaten (§§ 438, 634a BGB) angebracht.

125   Besondere Beachtung haben im Bereich der Gewährleistungsausschlüsse die Regelungen über die **Inhaltskontrolle Allgemeiner Geschäftsbedingungen** (§§ 305 ff. BGB). Bei allen größeren Outsourcing-Deals zwischen Unternehmen werden die Klauseln jeweils einzeln ausverhandelt, so dass keine für eine Vielzahl von Verträgen vorformulierten Vertragsbedingungen im Sinne von § 305 Abs. 1 BGB vorliegen. In Einzelfällen können allerdings AGB-Vorschriften auch auf IT-Outsourcing-Verträge Anwendung finden. Daran ist etwa zu denken, wenn ein Outsourcing-Anbieter für kleinere Fälle den Kunden vorformulierte Verträge vorlegt, die diese nur noch unterschreiben. Im Bereich des Gewährleistungs- und Haftungsausschlusses ist hierauf ganz besonders zu achten. Wenngleich gemäß §§ 310 Abs. 1 BGB, 308 und 309 BGB keine direkte Anwendung auf den Geschäftsverkehr zwischen zwei Unternehmen stattfindet, so kann ihre Indizwirkung dennoch für die Beurteilung der unangemessenen Benachteiligung nach § 307 BGB die entscheidende Rolle spielen.

126   Bei der Gewährleistungsbeschränkung in Allgemeinen Geschäftsbedingungen ist etwa auch im Verkehr zwischen Unternehmen eine Beschränkung auf Nacherfüllung und damit der pauschale Ausschluss von Rücktritt und Minderung unzulässig[79] (vgl. §§ 308 Nr. 8bbb, 307, 310 Abs. 1 BGB). Auch die Verlagerung der Aufwendungen auf den Käufer durch eine AGB-Klausel wird im Verkehr zwischen Unternehmen grundsätzlich unangemessen sein, es sei denn, die betreffenden AGB verwenden gerechte Pauschalisierungsklauseln unter Ausschluss von Gewinn.[80]

127   Aus diesem Grund ist über §§ 310 Abs. 1 S. 2, 307 BGB iVm § 309 Nr. 8bff. bei einer Verkürzung der Verjährungsfrist durch AGB auf weniger als ein Jahr besondere Vorsicht geboten. Eine unangemessene Benachteiligung des Vertragspartners nach § 307 BGB könnte unter Berücksichtigung der Indizwirkung vorliegen, da auch dem Unternehmen ein gewisser Zeitraum für die Geltendmachung von Mängeln verbleiben muss. Es ist nicht sicher zu prognostizieren, welche Verkürzung der Verjährungsfrist ein mit der Sache befasstes Gericht im Zweifel noch für zulässig erachten wird.

128   *bb) Verhältnis der Gewährleistung zum SLA.* Zu beachten ist, dass viele gesetzliche Gewährleistungsregeln unabhängig davon, ob sie sich aus dem Rahmenvertrag oder Gesetz ergeben, durch die Festlegung der Service Levels in den einzelnen Leistungsverträgen bzw. Leistungsscheinen überlagert sind. Grundsätzlich ist für die Gewährleistung und Haftung der jeweilige Vertragstyp entscheidend, da dieser die anwendbaren gesetzlichen Regelungen bestimmt. Die **Service Level Agreements (SLAs)** können zwar in manchen Fällen Einfluss auf die Bestimmung des Vertragstyps haben,[81] in der Regel sind sie aber als reine Leistungsbeschreibung ausgestaltet. Nur in Ausnahmefällen, wenn die Verwirklichungsstandards ein Niveau fordern, das ein Umschlagen in eine neue Vertragskategorie (insbesondere Dienst- nach Werkvertrag) mit sich bringt, hat dies Auswirkung auf die Gewährleistung. Insofern ist festzustellen, dass die SLAs die auf den Vertrag anwendbaren **Gewährleistungsregeln nur mittelbar beeinflussen.**

Im Übrigen ist das Verhältnis so zu qualifizieren, dass die SLAs Werte festlegen, die zu erfüllen sind, um eine bestimmte Vergütungsstufe zu erreichen.

---

[79] Palandt/*Grüneberg* § 309 Rn. 63 f.; BGHZ 93, 63; BGH Urt. v. 14.7.1993 – VIII ZR 147/92, NJW 1993, 2436 (2438); BGH Urt. v. 2.2.1994 – VIII ZR 262/92, NJW 1994, 1004 (1005); BGH Urt. v. 18.5.1995 – X ZR 114/93, WM 1995, 1455 (1456).
[80] Palandt/*Grüneberg* § 309 Rn. 73.
[81] Hierzu ausführlicher → Rn. 36 ff.

V. Die Regelungen der einzelnen Vertragsteile

Muss beispielsweise laut SLA-Vereinbarung ein Umzug eines Desktop-Arbeitsplatzes in sechs Stunden bewerkstelligt sein,[82] so kann bei einem Umzug innerhalb von acht Stunden die Leistung dennoch **mangelfrei im Sinne der Gewährleistungsvorschriften** erbracht sein, da der Werkvertrag über den Umzug an sich keine zeitliche Verpflichtung (mit Ausnahme des Verzuges vorsieht). Die Zusage der Zeitangabe kann daher in diesem Fall als Vereinbarung einer Leistungspflicht nach §§ 241 Abs. 1, 311 Abs. 1, 280 Abs. 1 BGB verstanden werden. Hier kann also – abhängig von der vertraglichen Regelung – allenfalls davon ausgegangen werden, dass diese spezielle Leistungsverpflichtung nach allgemeinen Leistungsstörungsrecht (§§ 280 ff. BGB) behandelt wird, nicht aber nach dem speziellen Gewährleistungsrecht.

Umgekehrt sind aber auch bei Einhaltung des SLA Gewährleistungsfälle etwa nach § 637 BGB oder Pflichtverletzungen im Sinne von § 280 BGB möglich, etwa wenn der zeitgerecht umgezogene Desktop-Arbeitsplatz nach dem Umzug nicht mehr richtig funktioniert oder wenn Mitarbeiter des Anbieters bei diesem Umzug Einrichtungen des Kunden beschädigt haben. Außerhalb des speziell beschriebenen Teiles finden die allgemeinen Regeln uneingeschränkt Anwendung.

Es ist den Parteien **daher dringend anzuraten**, das Verhältnis SLA-Gewährleistung ausdrücklich mit einer Vertragsklausel zu regeln, die jeglichen Zweifel in diesem Bereich beseitigt.

l) Besonderheiten der Haftung im Outsourcing-Vertrag. Das BGB folgt grundsätzlich einem Verschuldenshaftungssystem für vorsätzliches und fahrlässiges eigenes Handeln sowie für schuldhaftes Handeln der zur Erfüllung des Vertrages eingeschalteten Arbeitnehmer, §§ 280, 278 BGB iVm den einschlägigen Verweisungsvorschriften. Der Schadensersatz ist in den §§ 249 ff. geregelt.

Hinzu kommt eine verschuldensunabhängige Haftung nach dem Produkthaftungsgesetz, die allerdings im Outsourcing-Bereich nur eine geringe Rolle spielt. Eine Haftungsbeschränkung sowohl der Höhe nach als auch wegen der Entfernung des Schadens zum Ereignis (direkte und indirekte Schäden) findet sich im Gesetz nicht. Hinsichtlich der Art des Schadens sind nach der gesetzlichen Regelung also Mangel und Mangelfolgeschäden unbegrenzt und umfassend im Schadensersatz enthalten. Nach der im Zivilrecht herrschenden Adäquanztheorie sind jedenfalls solche Schäden noch umfasst, die vom Standpunkt eines optimalen Beobachters vernünftigerweise vorausehbar waren.[83] Die gesetzliche Regelung ist damit ersichtlich gerade in Bereichen wie dem des Outsourcings sehr weit. Nach Anwendung der Differenzhypothese[84] wird der Schaden durch einen Vergleich der Vermögenslage des Geschädigten vor und nach dem schädigenden Ereignis festgestellt. Damit sind insbesondere auch Folgeschäden wie der entgangene Gewinn erfasst.

Es liegt auf der Hand, dass gerade bei einem Outsourcing-Projekt die unbeschränkte Verschuldenshaftung den Auftragnehmer einem kaum kalkulierbaren Risiko aussetzt, da die Outsourcing-Dienstleistungen für den Kunden uU von sehr großer Wichtigkeit sind, weil sie seinen Geschäftsablauf betreffen. Eine schuldhafte Verursachung eines Stillstands des Betriebs, und sei sie nur durch einen einzelnen, leicht fahrlässig handelnden Mitarbeiter verursacht, kann Betriebsausfallschäden in Millionenhöhe innerhalb relativ kurzer Zeit hervorrufen. Dieses Risiko stünde für den Auftragnehmer wohl oft in keinem Verhältnis zum Umfang des Outsourcing-Projekts. Es besteht für ihn ein vitales Interesse, die gesetzliche Lage so zu modifizieren, dass für ihn eine vernünftige Haftungsbeschränkung vereinbart wird.

aa) Haftungsausschluss und Haftungsbeschränkung. Für den Auftragnehmer wäre die Regelung eines völligen Haftungsausschlusses am Einfachsten und geschäftlich am Besten. Wenn man jedoch die Interessenlage des Auftraggebers mit einbezieht, so wird klar, dass es zu einem völligen Haftungsausschluss nur in eng begrenzten Einzelfällen kommen wird. Ge-

---

[82] Beispiel nach Bräutigam/*Bräutigam* Teil 13 Rn. 183.
[83] Palandt/*Grüneberg* Vorb § 249 Rn. 24.
[84] BGH Urt. v. 31.5.1994 – VI ZR 12/94, NJW 1994, 2357; BGH Urt. v. 10.12.1986 – VIII ZR 349/85, NJW 1987, 831; BGH Urt. v. 30.11.1979 – V ZR 214/77, NJW 1980, 775; BGH Urt. v. 29.4.1958 – VI ZR 82/57, NJW 1958, 1085.

rade in den Situationen, in denen für das Auftraggeberunternehmen wichtige, den Geschäftsablauf entscheidend mitbestimmende IT-Prozesse aus der Hand gegeben werden, wird der Auftraggeber selbstverständlich eine Einstandspflicht des IT-Dienstleisters erwarten. Ein vollständiger oder weitgehender Haftungsausschluss wird hier nicht in Betracht kommen.

136 Gesetzlich findet ein vollständiger Haftungsausschluss zunächst seine Grenzen in einem **Verbot des Haftungsausschlusses bei eigenem Vorsatz**. Denkbar wäre, dass sich der Auftragnehmer hinsichtlich aller übrigen Haftungen individualvertraglich freizeichnet. **Grobe Fahrlässigkeit, einfache Fahrlässigkeit, Vorsatz von Erfüllungsgehilfen (§ 278 S. 2 BGB)** sind alles Punkte, hinsichtlich derer ein Haftungsausschluss individualvertraglich vereinbart werden kann. Realistisch ist eine derartige Gestaltung freilich nicht. In der Praxis hat sich daher längst ein ausdifferenziertes System vertraglicher Modifikationen der auf viele Situationen des täglichen Geschäftsverkehrs nicht passenden gesetzlichen Verschuldenshaftung herausgebildet, mit dem ein Kompromiss hinsichtlich der Interessenlage beider Parteien ausverhandelt werden kann. Gerade im Individualvertrag bestehen hier große Gestaltungsmöglichkeiten.

137 Eine der gebräuchlichsten Haftungsbeschränkungen ist schlicht die auf eine bestimmte Schadenshöhe.[85] Sie ist für die Parteien sehr transparent und berechenbar. Der größte Vorteil ist die leichte Anpassung an die Größe und den Umfang des Projektes sowie an die Gefahr, die das Projekt in geschäftlicher Hinsicht mit sich bringt. Allerdings ist auch im Bereich der Haftungshöchstsumme eine exakte Vertragsgestaltung unabdingbar.

138 Wären die **Haftungshöchstsummen** beispielsweise für ein einzelnes Schadensereignis und darüber hinaus für die Zeit eines Jahres festgelegt, so ist selbstverständlich eine exakte Definition des Schadensereignisses erforderlich ebenso wie die Klärung der Frage, ob unter Umständen hierunter auch Serien von Schadensereignissen fallen. In diesem Bereich besteht ein sehr großer Verhandlungs- und Gestaltungsspielraum. Der Kunde wird im Zweifel keiner Beschränkung auf jährliche Höchstsummen oder gar geringen Maximalbeträgen für einzelne Schadensereignisse, sondern einem einzigen hohen Haftungsbetrag den Vorzug geben. Bei einem sehr großen Schaden in einem Einzelfall wirkt sich eine enge Beschränkung bei einzelnen Schadenereignissen oder eine Einteilung der Haftungsbeträge in kurze Zeitabstände stark einschränkend aus. Die Interessen des Kunden gehen aber dahin, dass er bei einem einzigen schädigenden Ereignis maximalen Ersatz erhält. Der Lieferant dagegen ist an möglichst überschaubaren Haftungssummen und einer Aufteilung in Jahresbeträge interessiert, um nicht in den Nachteil zu geraten, wegen eines einzigen großen Ereignisses eine hohe Schadensersatzzahlung für die gesamte Vertragslaufzeit leisten zu müssen.

139 Es ist nicht abstrakt zu beantworten, was die für ein Outsourcing-Projekt am besten passende Haftungshöchstsumme bzw. das gerechteste Haftungsmodell ist. In der Praxis werden Haftungshöchstsummen bezogen auf bestimmte Zeiträume, Schadensereignisse, Serien von Schadensereignissen etc kombiniert mit einer Beschränkung auf bestimmte Schadensarten. Maßgeblich für die Ausgestaltung der Beschränkung sind insbesondere das Volumen des Outsourcing-Projekts sowie die Wahrscheinlichkeit eines Schadensrisikos und dessen Versicherbarkeit.[86] Im Interesse des Auftragnehmers ist es, eine weitere haftungsbegrenzende Regelung dahingehend in den Rahmenvertrag aufzunehmen, dass Folgeschäden ausgeschlossen sind. Hierbei stellt sich aber das Problem, dass für den Auftraggeber gerade Folgeschäden das entscheidende Risiko bei dem IT-Outsourcing-Deal darstellen. Wenngleich der Begriff der Vermögensfolgeschäden bzw. Folgeschäden im Gesetz nicht definiert ist, so ist doch klar, dass hierunter insbesondere entgangene Gewinne, Nutzungsausfälle und Ähnliches fallen.[87] Die Schäden an den Computersystemen selbst sind im Rahmen eines Fehlers bei einem IT-Outsourcing-Projekt im Vergleich zu den drohenden Produktionsausfällen, Datenschäden etc oft marginal. Aus diesen Gründen werden die Auftraggeber einen solchen Haftungsausschluss in vielen Fällen nicht akzeptieren.

---

[85] Ebenso Bräutigam/*Bräutigam* Teil 13 Rn. 195.
[86] Zu den Möglichkeiten einer Haftungsbegrenzung im Geltungsbereich der §§ 305 ff. BGB → § 11.
[87] *Söbbing* S. 500 schlägt einen Ausschluss des Schadensersatzes wegen entgangenem Gewinn vor.

Haftung bei Datenverlusten[88] ist ein Spezialthema, das sich im Bereich des IT-Outsourcing auch häufig stellt. Es muss hierbei unterschieden werden, ob der IT-Outsourcing-Anbieter eine besondere Verpflichtung zur Sicherung der Daten übernommen hat, indem er in seinem Leistungskatalog Datensicherung und Auftragsdatenverarbeitung[89] als einen der Punkte seiner Outsourcing-Dienstleistungen angibt. Ist dies der Fall, so würde es seiner Leistungspflicht völlig widersprechen, würde er letztlich für den Erfolg des Datentransportes und der Datensicherheit keinerlei Haftung übernehmen. Anders stellt sich die Sachlage dar, wenn der Auftraggeber für die Sicherung seiner Daten selbst verantwortlich ist.[90] In diesen Fällen wird dennoch eine allgemeine Haftungsbeschränkung dahingehend aufgenommen, dass der Anbieter nur bis zur letzten durchgeführten Sicherheitsspeicherung der Daten haftet. Dies ist vertraglich festzuhalten, da die gesetzliche Haftung wiederum unbeschränkt wäre und daher sonst Abgrenzungsprobleme auftreten könnten, welche Datenverluste vor der letzten Sicherung oder danach entstanden sind.

140

bb) Verhältnis zwischen Haftung und SLA. Das Verhältnis des SLA zur Haftung wurde bereits im Rahmen der Gewährleistung angesprochen. Während das SLA nur einen Teil der Leistung ausführlich beschreibt, findet das allgemeine Haftungsregime des BGB außerhalb des SLA dennoch Anwendung. Entscheidend ist hierfür die vertragliche Regelung zwischen den Parteien, insbesondere die Abgrenzung zwischen pauschalisiertem Schadensersatz und Vertragsstrafe. Haben die Parteien für die SLA-Verletzung den Schadensersatz pauschaliert, so ist dies als abschließende Regelung zu verstehen.[91] Der Kunde erhält in diesem Fall nur die Pauschale, auch wenn ein weit höherer Schaden entstanden ist. Bei der Vereinbarung einer Vertragsstrafe bei SLA-Verstoß dagegen findet das Haftungsregime des BGB neben der Vertragsstrafe Anwendung, so dass weitergehender Schadensersatz (bis zu einer eventuellen Haftungsbegrenzung) möglich ist. Meist wird bei einem die Vertragsstrafe übersteigenden Schaden aber die Anrechenbarkeit der Vertragsstrafe auf die Schadensersatzleistung vereinbart. Es liegt auf der Hand, dass für den Kunden die Vertragsstrafenvereinbarung deutlich günstiger ist als der pauschalisierte Schadensersatz.

141

Den Parteien ist **dringend anzuraten, das Verhältnis zwischen den SLAs und der Haftung des Anbieters klar zu regeln.** Da das SLA kein im deutschen Recht geregeltes Rechtsinstitut ist, sondern dem anglo-amerikanischen Rechtskreis entspringt, birgt seine Einordnung ein großes Konfliktpotential, dem der Gestalter des Vertrages durch ausdrückliche Regelung entgehen kann.

142

m) Datenschutz und Datensicherheit im Outsourcing-Projekt. Eine der wichtigsten zu treffenden Regelungen zur Absicherung des Auftraggebers ist die **Verpflichtung des Auftragnehmers zum Datenschutz** nach den Vereinbarungen der Parteien und nach den gesetzlichen Regelungen. Bei Übergang der IT-Struktur werden fast immer personenbezogene Daten im Sinne des § 3 Bundesdatenschutzgesetz (BDSG) wie Mitarbeiterdaten oder Kundendaten betroffen sein. Den Schutzvorschriften für diese Daten ist daher Rechnung zu tragen. Im Allgemeinen sollte in den Vertrag aufgenommen werden, dass der Anbieter seine Mitarbeiter und Erfüllungsgehilfen zum Datengeheimnis gem. § 5 BDSG zu verpflichten und mit den sonstigen datenschutzrechtlichen Vorschriften vertraut zu machen hat. In der Mitteilung an seine Mitarbeiter hat der Anbieter diese darauf hinzuweisen, dass allen in der Datenverarbeitung beschäftigten Personen untersagt ist, geschützte personenbezogene Daten zu einem anderen als dem zur jeweiligen rechtmäßigen Aufgabenerfüllung gehörenden Zweck zu erheben, zu verarbeiten, bekannt zu geben, zugänglich zu machen oder sonst zu nutzen. Außerdem hat der Anbieter seine Mitarbeiter auf die Pflicht zur Verschwiegenheit bezüglich dieser Daten hinzuweisen. Ferner muss sich der Auftragnehmer verpflichten, ihm zur Verfügung gestellte, personenbezogene Daten im Sinne von § 3 Abs. 1 BDSG nur für den Zweck der Vertragserfüllung zu verarbeiten und zu nutzen. Unter Umständen ist ebenso vertraglich festzuhalten, dass gewisse Informationen, die der Auftraggeber dem IT-Dienstleister

143

---

[88] → Rn. 143 ff.
[89] Zur Auftragsdatenverarbeitung ausführlicher Rn. 144 ff.
[90] Vgl. *Söbbing* Rn. 619 = S. 499, OLG Karlsruhe Urt. v. 20.12.1995 – 10 U 123/95, CR 1996, 348.
[91] Vgl. → Rn. 208 ff. „Sanktion bei SLA-Verstoß".

zur Verfügung gestellt hat, um den Auftrag auszuführen, nach Beendigung des Auftrags zurückzugeben oder zu vernichten sind.

144 *aa) Auftragsdatenverarbeitung oder Funktionsübertragung im Sinne des BDSG.* Ganz entscheidend für die Verantwortlichkeiten in Hinblick auf den Datenschutz ist die Abgrenzung zwischen Auftragsdatenverarbeitung nach **§ 11 BDSG** und Funktionsübertragung **nach § 28 Abs. 1 S. 1 Nr. 2 BDSG.** Auftragsdatenverarbeitung im Sinne des § 11 BDSG liegt vor, wenn der Outsourcing-Dienstleister als weisungsgebundener Gehilfe des Kunden die Datenverarbeitung durchführt und gewissermaßen nur „verlängerter Arm" des Outsourcing-Kunden ist. In diesem Fall bleibt der Kunde „Herr der Daten" und hat – neben der Pflicht zur sorgfältigen Auswahl des IT-Anbieters – selbst für Datenschutz zu sorgen. Existiert diese enge Beziehung nicht, was insbesondere beim Business Process Outsourcing (BPO)[92] der Fall sein kann, so liegt eine Funktionsübertragung vor, bei der der Outsourcing-Anbieter Herr der Daten wird. Diese Art der Datenverarbeitung bedarf grundsätzlich der Zustimmung der Kunden bzw. der Mitarbeiter, deren Daten verarbeitet werden. Aufgrund des damit verbundenen administrativen Aufwandes ist die Einholung von solchen Einwilligungen meist nicht praktikabel.[93] Spezielle Erlaubnistatbestände können sich auch aus der Datenerhebung zur Wahrung berechtigter Interessen der verantwortlichen Stelle ergeben. Zu beachten ist allerdings, dass – anders als bei der Auftragsdatenverarbeitung – das berechtigte Interesse des Betroffenen die Datenverarbeitung durch den Outsourcing-Anbieter unzulässig machen kann.[94] Weitere datenschutzrechtliche Probleme können sich ergeben, wenn der Outsourcing-Anbieter vom Kunden die Genehmigung erhält, Dienstleistungen durch Subunternehmer zu erbringen und daraufhin im Rahmen eines so genannten „Offshoring" oder „Nearshoring" personenbezogene Daten in Drittländer übermitteln möchte. Hier tritt zu der Frage, ob eine Datenverarbeitung durch den Dienstleister aufgrund der Interessenabwägung nach § 28 Abs. 1 S. 1 Nr. 2 BGB überhaupt ohne Zustimmung der Betroffenen möglich ist die Problematik, dass es für die Datenübermittlung eines angemessenen Datenschutzniveaus im Zielland gemäß § 4b BDSG bedarf oder eine der in § 4c BDSG vorgesehenen Ausnahmen vorliegen muss.[95]

145 *bb) Datensicherheit.* Neben dem oben Genannten sind auch Regelungen zur Datensicherheit notwendig, um Verantwortungsbereiche vertraglich abzugrenzen. Zweckmäßigerweise kann zwischen der **physischen Datensicherung,** die etwa die Sicherheit vor Bränden, Wasser und dem physischen Zugriff Dritter umfasst, und der **logischen Datensicherheit,** die das Risiko des Datenverlusts durch Störungen oder Systemabstürze betrifft, unterschieden werden. Letzteres fällt meist in die Verantwortlichkeit des IT-Dienstleisters, sofern dieser nicht als Hauptpflicht Datensicherheit beim Datentransport in das neue Datenverarbeitungssystem ohnehin schon übernommen hat. Auch bezüglich einer langfristigen Sicherung von Daten auf entsprechenden Speichermedien und bezüglich der Datenvernichtung nach Vertragsende erleichtern klare vertragliche Regelungen die Kooperation zwischen den Parteien und vermeiden Streitigkeiten.

146 Die **Abgrenzung der Verantwortungsbereiche** bezüglich der Datensicherheit richtet sich sehr stark nach der Dienstleistung, die der Auftragnehmer im Rahmen des Outsourcing-Projektes erbringt. Betreibt der Auftragnehmer beispielsweise ein räumlich getrenntes Rechenzentrum, so liegt sowohl die physische als auch die logische Datensicherheit in der Verantwortung des Auftragnehmers. Dagegen stellt sich die Situation anders dar, wenn in den Räumen des Auftraggebers lediglich einzelne Dienstleistungen vom Auftragnehmer erbracht werden.

147 **n) Vertragslaufzeit und Kündigung.** Meistens sehen die IT-Outsourcing-Verträge eine **fixe, lange Laufzeit** vor. Dies rührt daher, dass die Anfangsinvestitionen, die der IT-Outsourcing-

---

[92] Zum Begriff Rn. 5.
[93] Zu den Voraussetzungen im Kontext von Patientendaten siehe *Jandt/Roßnagel/Wilke* NZS 2011, 645.
[94] Vgl. ausführlich zur Zulässigkeit der Erhebung, Verarbeitung und Nutzung von Daten im nichtöffentlichen Bereich Roßnagel/*Hoeren*, Handbuch Datenschutzrecht, S. 605 ff.
[95] Hierzu ausführlich → § 34, *Grapentin* CR 2009, 693 und *Bräutigam/Bräutigam/Thalhofer* Teil 14 Rn. 66 ff.

Anbieter abhängig von Art und Größe des Projektes für die Durchführung leisten muss, oft immens hoch sind. Eine Gewinnerzielung bei gleichzeitiger Amortisation der Anfangskosten kann daher erst ab einer gewissen Laufzeit erfolgen. Einen besonderen Kostenfaktor stellen nämlich neben der Analyse der IT-Struktur des Auftraggebers auch die Vorbereitung und Umsetzung der Transition zum Anbieter dar.[96] Durch von den Auftraggebern oftmals eingesetzte Bieterverfahren[97] können sich diese Kosten durch erhebliche Akquisitionskosten zur Erlangung des Auftrages noch erhöhen. Eine lange Laufzeit ist meistens im Interesse des Auftraggebers, der die Funktionalität seiner IT-Struktur über lange Zeit sichergestellt haben will. Es muss allerdings durch die Parteien aufgrund der langfristigen Bindung eine ausreichende **Flexibilisierung des Vertragswerkes** durch Change-Request, Benchmarking und ähnliches erreicht werden.[98] Zum Teil ist zusätzlich zu der langen Laufzeit eine automatische **Verlängerung des Vertrages** vorgesehen, wenn nicht eine Partei zu einem bestimmten Zeitpunkt ordentlich kündigt.

Während eine ordentliche Kündigung aufgrund des soeben genannten Interesses der Vertragsparteien an den langen Laufzeiten zumeist ausgeschlossen ist, statuiert § 314 BGB, dass ein Dauerschuldverhältnis aus wichtigem Grund ohne Einhaltung einer Kündigungsfrist kündbar ist. Dieser wichtige Grund liegt nach § 314 Abs. 1 Satz 2 BGB dann vor, wenn der kündigenden Partei ohne Abwägung der beiderseitigen Interessenlage die Fortsetzung des Vertrages bis zur vereinbarten Beendigung oder zum Ablauf einer Kündigungsfrist nicht zuzumuten ist.

Auf das Outsourcing angewandt empfiehlt es sich, die gezeigten Voraussetzungen zu definieren und besondere Ereignisse anzugeben, die die Kündigung im Einzelfall als gerechtfertigt erscheinen lassen. Dies vermeidet Streitigkeiten über diesen im Gesetz nur sehr abstrakt geregelten Punkt.

Als außerordentlicher Kündigungsgrund üblich sind etwa Change Of Control-Klauseln, welche die Kündigung zulassen, wenn ein Konkurrent Mehrheitsgesellschafter des Anbieters wird. Begründung hierfür ist die Abhängigkeit des Auftraggebers von der ständigen und reibungslosen Verfügbarkeit seiner IT. Ferner sind Kündigungsrechte des Kunden bei gravierenden Verstößen gegen die Servicelevels und im Falle einer gravierenden Vermögensverschlechterung des Anbieters häufig anzutreffen.

Auf Grund der bereits dargestellten Charakteristik des Outsourcing-Projektes, das vom Anbieter zunächst hohe Investitionen verlangt und Gewinne erst später abwirft, hat der Anbieter darauf zu achten, dass Kündigungen nur bei eklatanten SLA Verstößen möglich sind und zuvor eine **Abmahnung und Abhilfeverlangen** des Kunden zu erfolgen haben. Es empfiehlt sich, Beispiele festzulegen, wann eine Kündigung in Betracht kommt. Neben der Schwere des Verstoßes ist auch die Bedeutung des Service Levels für den Geschäftsablauf zu berücksichtigen. Auf jeden Fall muss die außerordentliche Kündigung ultima ratio bleiben. Vorrangig sind Sanktionierungen durch Vertragsstrafen oder pauschalisierten Schadensersatz. Hinsichtlich einer außerordentlichen Kündigung des Anbieters ist insbesondere an erheblichen Zahlungsverzug mit mehreren Zahlungen über längere Zeit zu denken.

o) **Re-Insourcing/Backsourcing als Folge der Kündigung.** Wichtig für den Kunden ist für den Fall der Vertragsbeendigung insbesondere, nicht völlig von der Dienstleistung des Outsourcing-Anbieters abhängig zu werden, sondern die Möglichkeit zu haben, den Bereich wieder in den Konzern aufzunehmen oder die Aufgaben auf einen anderen Anbieter zu übertragen. Es ist daher für den Kunden von überragender Bedeutung, den Outsourcing-Anbieter gleich im ursprünglichen Vertrag dazu zu verpflichten, im Falle der Vertragsbeendigung **Unterstützungsleistungen**[99] dahingehend zu erbringen, den Bereich wieder in das Ursprungsunternehmen einzugliedern oder auf einen anderen Outsourcing-Anbieter zu übertragen. Dies ist erforderlich, da beim IT-Outsourcing technisch komplizierte Prozesse

---

[96] Vgl. *Söbbing* S. 265 ff. u. S. 513.
[97] → Rn. 17 ff.
[98] → Rn. 79 und 108 ff.
[99] Ein Klauselbeispiel zu diesen „Folgen der Vertragsbeendigung" findet sich bei Redeker/*Heymann*/ *Lensdorf,* Handbuch der IT-Verträge, Kapitel 5.4 Rn. 18.

ablaufen, die oft für Personen außerhalb des Anbieterunternehmens nicht durchschaubar sind. Eine abschließende Aufzählung der unter Umständen notwendigen Unterstützungsleistungen wird im Vertrag kaum gelingen, da die denkbaren Situationen hier sehr vielseitig sein können.

153   Gestalterisch sollte also ein allgemeiner Grundsatz formuliert werden, dass der Auftragnehmer Beendigungsunterstützung zu leisten hat, um eine Übertragung des Services ohne Störung des IT-Betriebes zu gewährleisten.

154   *aa) Dienstleistungen bei Beendigung.* Ein wichtiger Verhandlungspunkt bei diesem so genannten **„Exit Management"**, welches man häufig als Anlage zum Rahmenvertrag ausgestaltet, ist, welche der Regelungen vom Anbieter kostenfrei zu erbringen sind und welche dieser separat in Rechnung stellen darf. Ansonsten ist hier bereits ein Streitpunkt zwischen den Parteien gegeben, der für den Kunden böse Überraschungen bereithalten kann. Bei einer bevorstehenden Beendigung des Vertrages ist die Einigungsbereitschaft der Parteien mangels engen weiteren Bindungen oft deutlich geringer als während der Vertragsdurchführung. Es sollte auch bereits an dieser Stelle festgehalten werden, welche Preise im Fall von kostenpflichtigen Leistungen gelten. Sinnvoll erscheint für den Kunden, im Zusammenhang mit dem ganzen Projekt sogleich reduzierte Stundensätze für Beendigungsleistungen auszuhandeln und in eine Anlage zum Vertrag aufzunehmen, ebenso wie die Regelsätze für darüber hinausgehende Projektarbeit.

155   *bb) Grace Period.* Zentraler Punkt der Beendigungsunterstützung ist allerdings die Fortführung des IT-Services bis zur vollständigen Installation des Nachfolgesystems. Ohne diese so genannte **„Grace Period"** von bis zu 12 Monaten können dem outsourcenden Unternehmen durch längeren Ausfall des Systems immense Schäden entstehen. Während dieser Zeit hat der Dienstleister seine Services nach den bisher geltenden Vertragsbedingungen weiter zu erbringen. Eine interessengerechte Regelung ist aber in den Fällen besonders problematisch, in denen der Kunde (etwa wegen nicht gezahlter Vergütung) einen Anlass zur fristlosen Kündigung gegeben hat. Hier wird man – sofern keine explizite vertragliche Regelung für diesen Fall vorliegt – im Rahmen einer Einzelfallwertung ein Ergebnis finden müssen, da eine sofortige Kündigung angesichts der Komplexität des Vertragsgegenstandes und der drohenden Schäden für den Kunden kaum jemals angemessen sein wird.

156   *cc) Rückführung von Assets, Geheimhaltung.* Da der Anbieter oft eine ganze Reihe von **Assets** (Servergeräte, Netzwerkkomponenten, Client-Stationen etc) erhalten hat, ist zu regeln, ob und wenn ja zu welchem Wert diese zurück übertragen werden sollen. Üblich ist dabei die Rückübertragung zum Buchwert. Es ist regelungsbedürftig, ob die Rückführung von Hard- und Software lediglich eine Option des Kunden sein soll oder verpflichtend ist. Bei für den Kunden neu entwickelter Universalsoftware ist zu entscheiden, ob im Rahmen der Rückführung der Source-Code zur Verfügung zu stellen ist, sofern dies noch nicht geschehen ist.[100] Ohne den Source-Code ist dem Kunden eine Pflege der Software durch Drittanbieter nicht möglich, wodurch er uU von Leistungen des vorherigen IT-Outsourcing-Partners abhängig bleibt.

157   Insbesondere sollte, um den Geschäftsbetrieb nicht übermäßig zu behindern, auf eine Verpflichtung zur zügigen Durchführung des Re-Insourcing oder 2nd Generation Outsourcing (Überführung auf Folgeanbieter) geachtet werden. Zu diesem Zweck macht es häufig Sinn, Zurückbehaltungsrechte und Werkunternehmerpfandrechte auszuschließen. Der Anbieter sollte vor einer Verpflichtung zu Unterstützungsleistungen aber bedenken, dass eine Vertragsbeendigung auch aus einem Fehlverhalten des Kunden herrühren kann und daher die Leistungen von der kompletten Zahlung seiner bisher fälligen Vergütung abhängig machen.

158   Im Übrigen ist auf die Einhaltung der Geheimhaltungsvereinbarung zwischen den Parteien zu achten, so dass vertrauliche Informationen und personenbezogene Daten des Kunden, die dem Anbieter im Rahmen seines Auftrags zur Verfügung gestellt worden sind, zurück zu übertragen sind.

---

[100] Empfehlenswert ist die Vereinbarung eines Escrow Agreeement, → § 38.

> **Checkliste: Exit Management**
>
> - Bereitstellung von für das Re-Insourcing/2nd Generation Outsourcing erforderlichen Informationen und Unterlagen durch den Auftragnehmer
> - Herausgabe übergebener Informationen und Unterlagen, Löschung
> - Hardware und Software
>   - Hardware des Auftragnehmers
>   - Geleaste oder gemietete Hardware
>   - Software des Auftraggebers
>   - Drittsoftware
> - Räumlichkeiten
> - Drittverträge
> - Personal
> - Unterstützung durch den Auftragnehmer bei der Rückführung
>   - Leistungen
>   - Vergütung
> - Möglichkeit der Fortführung der Vertragsleistungen über das Vertragsende hinaus

p) Outsourcing-typische Regelungen zu Konfliktmanagement, Mediation und Schiedsgerichtsvereinbarung. Das IT-Outsourcing-Projekt spielt eine wichtige Rolle für den Geschäftsablauf des Kunden. Daher liegt auf der Hand, dass Streitigkeiten der Parteien für beide Teile enorm schädlich sein können. Es muss daher ein System entworfen werden, nach dem Probleme des Projekts abgearbeitet werden, um schädliche Eskalationen zu vermeiden. Dieses System fällt unter den Begriff des **Konfliktmanagements**.[101] Es wird vertraglich eine prozedurale Plattform vorgesehen, die den Versuch, sich außergerichtlich um eine interessengerechte Lösung zu bemühen,[102] dem ordentlichen Gerichtsverfahren bzw. einem Schiedsgerichtsverfahren vorschaltet.

aa) Konfliktmanagement zwischen den Parteien. Üblich sind drei Stufen der De-Eskalation. Zunächst ist der Versuch vorgesehen, Problemlösungen innerhalb der Unternehmen zu erarbeiten. Mit dem Ziel einer sachnahen Behandlung wird der Streitpunkt zunächst auf der Stufe der beteiligten Techniker besprochen, dann mit den zuständigen Projektmanagern. Sinnvoll ist für die Beteiligten, sich bereits hier interessen- und nicht standpunktorientiert zu verhalten. Gelingt eine Lösung innerhalb eines vertraglich vorgegebenen Zeitraums nicht, so entscheidet das **Steering Committee** über den Fall. Das Steering Committee ist in der Regel mit dem Account Executive des Auftragnehmers sowie der IT-Leitung des Auftraggebers besetzt. Kommt auch hier innerhalb gewisser Zeit keine Einigung zustande, wird das **Senior Management** (also die Geschäftsleitungsebene der Unternehmen) eingeschaltet. Scheitert eine Lösung auch hier, so kann es die Situation erfordern, die Ebene der Unternehmen zu verlassen und externe Hilfe in Anspruch zu nehmen.

bb) Mediation/Schlichtung. Auf der zweiten Stufe kann man die Beteiligung eines Mediators vorsehen. Auf diese Weise ist gewährleistet, dass die Bewertung der Interessen der Parteien unparteiisch erfolgt. Der Mediator macht den Beteiligten unverbindliche Vorschläge für die Problemlösung, ohne aber zu einer verbindlichen Entscheidung berechtigt zu sein.[103] Sinnvoll erscheint, einen im IT-Recht erfahrenen Rechtsanwalt als Mediator zu wählen, um auch eine kompetente rechtliche Einschätzung zu erhalten. Eine gute Empfehlung bei der Wahl eines Schlichtungsverfahrens ist die Schlichtungsstelle der Deutschen Gesellschaft für Recht und Informatik, bei der eine Betreuung durch Spezialisten gewährleistet ist.[104]

---

[101] Umfassend zu möglichen Streitigkeiten im IT-Outsourcing *Thalhofer,* Handbuch IT-Litigation, Teil A. II. Rn. 27 ff.
[102] *Bräutigam//Bräutigam* Teil 13 Rn. 333. Umfassend zu Strategien im Bereich der außergerichtlichen Streitbeilegung im IT-Recht *Thalhofer,* Handbuch IT-Litigation, Teil A. III.
[103] Umfassend zur Mediation im IT-Recht Thalhofer/*Eggert,* Handbuch IT-Litigation, Teil A. IV.
[104] http://www.dgri.de/schlichtung/schlichtungsstelle. → § 44.

163 *cc) Schiedsgerichtsvereinbarung.* Als dritte und letzte Stufe kann die Streitsache an ein mit Fachleuten besetztes Schiedsgericht gegeben werden, das die Angelegenheit verbindlich entscheidet. Ob eine Lösung im Schiedsgerichtsverfahren für die Parteien vorteilhafter als diejenige über den ordentlichen Rechtsweg ist, kann man nicht klar beantworten.[105] Inzwischen existieren jedenfalls bei den größeren Landgerichten meist Kammern, die auch im Technologierecht versiert sind.[106] Das Schiedsgericht ist aber oft flexibler als das ordentliche Gericht und entscheidet in der Regel schneller, zum anderen können die beteiligten Unternehmen in vielen Schiedsgerichtsordnungen die Schiedsrichter selbst wählen. Im Bereich des IT-Outsourcing hat dies durchaus Bedeutung, weil bei Schiedsgerichten in diesem Bereich oft ein besonderes Spezialwissen im Vergleich zu den ordentlichen Gerichten gegeben ist.[107] Die Kosten bei Schiedsgericht sind wegen der Schiedsrichterhonorare allerdings oft höher als bei den ordentlichen Gerichten. Ein Schiedsgericht empfiehlt sich daher nur bei Projekten mit einem gewissen Umfang und Bedeutung.

3. Die Transition und Transformation

164 Im Rahmen des IT-Outsourcing-Projektes ist eine **Transition Phase** nötig, um eine Überführung der im Unternehmen vorhandenen IT in die outgesourcte Umgebung zu gewährleisten. Details werden meist im Transition-Leistungsschein festgehalten. Es ist hier vom Outsourcing-Dienstleister eine Einmalleistung gefordert, die in der Migration der IT-Struktur besteht. Abhängig von Projektinhalt sind unter Umständen noch unterschiedliche administrative und technische Leistungen erforderlich.

165 Die Transition soll den fließenden Übergang zur Leistung durch den Anbieter gewährleisten. Hier wird oft ein Parallelbetrieb des vorherigen IT-Systems beim Kunden und der neuen Struktur beim Anbieter gefahren. Während dieser Phase kommen die Service Levels meist noch nicht zur Anwendung oder sind zumindest reduziert, da in diesem Zeitraum vom Anbieter noch keine volle Leistung verlangt werden kann.

166 Oftmals ist mit dem Outsourcing der IT zu einem spezialisierten Anbieter der Wunsch nach Standardisierung von Services (Commodity) verbunden, welche zu Kosteneinsparungen auf beiden Seiten führen soll. Wird die IT-Umgebung beispielsweise auf Systeme oder in Rechenzentren des Anbieters überführt und findet daher auch eine wesentliche Umgestaltung der bisherigen Leistung – und oftmals auch der Leistungsqualitäten – statt, so spricht man für diese Übergangszeit oft zusätzlich von einer **Transformationsphase**.

167 Der reibungslose Ablauf des Übergangs ist ein wesentlicher Gesichtspunkt für den Erfolg des Outsourcing-Projektes. Oft vereinbaren die Parteien für die Transition daher die Anwendbarkeit des Werkvertragsrechts. Der Anbieter schuldet den Erfolg bei dieser Gestaltung insofern, als die komplette IT-Struktur auch nach der Migration wieder uneingeschränkt funktionsfähig sein muss. Zu beachten ist allerdings, dass innerhalb der Transition Period für die einzelnen Übernahmen oft Miet- und Kaufverträge zu schließen sind, weil der Anbieter auch die Hardware des Kunden, Software usw. in seinen Bereich eingliedert. Dem Anbieter ist hier anzuraten, diese Systeme und Ausstattung des Kunden im Wege der **Technical Due Diligence** genau zu untersuchen, zumal er auf diesen Systemen dann zunächst (auch wenn später möglicherweise eine Transformation erfolgt) die IT-Leistungen für den Kunden erbringen muss. Außerdem muss klar sein, welche Gegenstände er für die Leistungserbringung überhaupt benötigt. Diese Analyse ist für den Anbieter umso wichtiger, wenn er dem Kunden die reibungslose Übernahme der IT-Systeme im Rahmen eines Werkvertrages zusagt.

168 Die Auslagerung der IT (**Outbound**) kann juristisch gesehen auf unterschiedlichen Wegen erfolgen. Dies hängt insbesondere von der gesellschaftsrechtlichen Organisation der IT-

---

[105] Umfassend zu Schiedsverfahren im IT-Recht Thalhofer/*Meier*, Handbuch IT-Litigation, Teil A. VI.
[106] Vergleiche zu IT-rechtlichen Besonderheiten des Verfahrens vor den ordentlichen Gerichten *Thalhofer*, Handbuch IT-Litigation, Teil A.IX.
[107] Ein entscheidender Unterschied zwischen Schiedsgerichtsbarkeit und ordentlicher Gerichtsbarkeit ist der fehlende Instanzenzug beim Schiedsgericht. Die Parteien sind darauf hinzuweisen, dass die Entscheidung hier wirklich endgültig ist. Je nach Einstellung der Parteien mag dies dazu führen, dass zum Teil auf der dritten Stufe eher die ordentliche Gerichtsbarkeit gewählt wird.

Dienste beim Auftraggeberunternehmen ab. Ist die IT im Auftraggeberunternehmen etwa in einer eigenen Gesellschaft organisiert, kann der Auftragnehmer diese Gesellschaft im Rahmen eines Share Deals übernehmen.[108] In diesen Fällen bietet sich besonders die bereits behandelte **Due Diligence-Prüfung** an, um bestehende Risiken in der übernommenen Gesellschaft weitestgehend auszuschließen. Beim **Share Deal** sind selbstverständlich alle diejenigen Regelungen zu beachten, die auch im Rahmen eines sonstigen Unternehmenskaufs beim Share Deal eine Rolle spielen.[109] Insbesondere ist an das Thema der Garantien zu denken, mit denen die in der Due Diligence-Prüfung erkannten Risiken abgesichert werden sollen.

Häufiger handelt es sich bei der IT-Abteilung des Unternehmens nicht um eine eigene Gesellschaft. Daher beschränkt sich der Kauf in diesen Fällen auf einen **Asset Deal**, also auf die Übernahme von Gegenständen. Insbesondere wird es hier um Hard- und Software gehen, die bei größeren Konzernen oft auf verschiedene Gesellschaften verteilt sind.

a) Der Leistungsschein „Transition" und Transformation als werkvertragliches Dokument. Die Durchführung der Transition Phase richtet sich nach einem so genannten **Transition Plan**. Der Vertrag ist an dieser Stelle stark projektbezogen und weist deshalb große Ähnlichkeiten zum Softwareerstellung- oder IT-Projektvertrag auf.[110]

aa) *Meilensteine.* Im Leistungsschein Transition wird der Projektplan des Übergangs der IT-Abteilung festgehalten. Die einzelnen Schritte der Transition werden meist mit festen Vollendungsterminen (**Milestones**) und bei einem Werkvertrag auch mit entsprechenden (Teil-)Abnahmeprozessen hinterlegt. Es ist auf korrekte Planung der Überführung der Daten, sonstiger Assets und auf Detaillierung der Leistungsbeschreibung zu achten. Auch in der Phase der Transition bietet sich die Vereinbarung eines SLAs an, um die Einhaltung sowohl des Budgets als auch der vereinbarten Termine sicherzustellen. Es sollten vor allem Termin- und Budgettreue des Anbieters, die für die Transition essentiell wichtig sind, in den Leistungsparametern festgehalten werden.

bb) *Abnahme.* Oft ist es sinnvoll, schon im Rahmenvertrag Regelungen zur Abnahme der Leistungen festzuhalten, wenn die Möglichkeit besteht, dass die Parteien unter dem Outsourcing-Rahmenvertrag auch noch weitere Werkverträge (zB Programmierung von Individualsoftware, weitere Migrationsprojekte etc) abschließen. Ist dies nicht der Fall, können sich die rechtlichen Regelungen zur Abnahme auch in diesem, dem Projektvertrag ähnlichen Leistungsschein Transition wiederfinden. In jedem Fall können die detaillierten Abnahmevoraussetzungen erst in den einzelnen Leistungsscheinen festgelegt werden. Mit der Abnahme wandelt sich der ursprüngliche Erfüllungsanspruch in den Anspruch auf Nacherfüllung, die Preisgefahr geht über und die Beweislast für Mängel trifft ab diesem Zeitpunkt den Kunden (§§ 640, 641, 634a Abs. 2, 644, 645 BGB).[111] Nach der gesetzlichen Regelung wird in diesem Zeitpunkt auch die entsprechende Vergütung fällig, und Zinsen bei Nichtleistung des Entgelts fallen an. Etwaige Teilabnahmen und ihr Verhältnis zur Schlussabnahme sowie eine Definition der Abnahmefähigkeit einer Leistung sollten vorhanden sein.[112] Die genaue Regelung des Verhältnisses der Teilabnahme zur Schlussabnahme spielt für die Verjährung, Gewährleistung und die Fälligkeit von Teilbeträgen eine unter Umständen entscheidende Rolle.

Gemeinsam mit der Abnahme sollte der Rahmenvertrag die Verfahrensweise im Falle von Produktfehlern oder anderen Leistungsmängeln konkretisieren. Häufig enthält er eine Kategorisierung von Fehlern, so dass meist nur schwerwiegende Fehler letztlich die Abnahme verhindern können,[113] nicht aber nur geringfügige Abweichungen vom Sollzustand.

---

[108] Vgl. zu den gesellschafts- und konzernrechtlichen Grundlagen des IT-Outsourcing ausführlich Bräutigam/*Grabbe* Teil 7 Rn. 5 ff.
[109] Vgl. hierzu die einschlägige gesellschaftsrechtliche Literatur, etwa *Holzapfel/Pöllath*, Unternehmenskauf in Recht und Praxis; *Rödder/Hötzel/Müller-Thuns*, „Unternehmenskauf und Unternehmensverkauf".
[110] Es gelten daher für die Transitionphase sämtliche Grundlagen des Softwareprojektvertrages, vgl. hierzu → § 16 („IT-Projekte").
[111] Zur Wirkung der Abnahme Palandt/*Sprau* § 640 Rn. 11.
[112] Ähnlich Bräutigam/*Bräutigam* Teil 13 Rn. 27 ff.
[113] Beispiel für eine Abnahmeklausel bei Spindler/*Schmidt* Teil VIII Rn. 131 ff.

174 Für den Kunden ist dabei noch zu beachten, dass eine konkludente Abnahme auch dann in Betracht kommt, wenn die Abnahme vertraglich geregelt ist, insbesondere dann, wenn er das Werk für längere Zeit bestimmungsgemäß in Gebrauch nimmt.[114] Dies setzt voraus, dass er zuvor die Möglichkeit hatte, das Werk zu prüfen,[115] wobei die Prüfung alleine aber nicht genügt. Als konkludente Abnahmehandlung ist neben der bestimmungsgemäßen Nutzung insbesondere an die Zahlung des Werklohns[116] ohne Vorbehalt zu denken.

175 Der Abnahmeprozess der Transition bei werkvertraglicher Vereinbarung bringt für den Kunden Probleme mit sich. Zum einen muss er die Abnahme durchführen, um die Einhaltung der jeweiligen Vereinbarungen kontrollieren zu können, zum anderen ist er aus Gründen des Betriebsablaufs gezwungen, den IT-Betrieb dennoch aufrechtzuerhalten. Zum Teil erfolgt beim Werkvertrag die Abnahme daher erst während des Regelbetriebes, was die Frage der Haftung für Störungen vor der Abnahme aufwirft. Hier erscheint für den Dienstleister eine vertragliche Regelung nötig, da er – wie soeben dargestellt – nach § 640 BGB grundsätzlich die Gefahr des Werkes bis zur Abnahme zu tragen hat. Es kann auch die Situation eintreten, dass eine Abnahme überhaupt nicht möglich ist, etwa wenn der Übergang von Transition in Regelbetrieb ohne Parallelbetrieb erfolgt und sich während der Run-Phase nicht mehr nachvollziehen lässt, ob die Transition ordnungsgemäß war.

176 *cc) Konsequenzen von Störungen in der Leistungserbringung.* Um die Bedeutung von Terminen zu unterstreichen, sollte der Kunde auf eine Festlegung von Vertragsstrafen bzw. pauschalisierten Schadensersatz hinwirken, die über den gesetzlichen Verzugsschaden hinausgehend vereinbart werden können. Unterschreitung des Budgets oder Fertigstellung vor dem vereinbarten Termin dagegen können die Parteien mit Boni belegen, um an dieser Stelle einen zusätzlichen Ansporn zu geben.

177 **b) Die dienstvertragliche Regelung der Transition und Transformation: Ein hohes Risiko für den Kunden?** Es bleibt den Parteien selbstverständlich unbenommen, im Rahmen der Vertragsverhandlungen die Risiken für eine erfolgreiche Überführung der IT auf den Dienstleister anderweitig zu verteilen und etwa über die Durchführung der Transition einen Dienstvertrag unter der Projektleitung des Auftraggebers zu schließen. Eine solche Gestaltung kommt insbesondere dann in Betracht, wenn die zu übernehmende IT sehr diversifiziert im Unternehmen des Auftraggebers vorhanden ist und deswegen ein Projekt unter Leitung des Outsourcing-Anbieters kaum denkbar erscheint. Nicht zu vergessen ist auch, dass mit dem Abschluss eines Werkvertrages das Erfordernis verbunden ist, die Anforderungen für das Erreichen von Meilensteinen für Teil- und Schlussabnahmen genau zu definieren, was oft – unter anderem wegen der Änderungen an den IT-Services und der Performance – ein nicht zu unterschätzendes Unterfangen ist.

178 Der Kunde hat beim Abschluss eines Dienstvertrages auch bei Fehlschlagen der Transition die vereinbarte Vergütung an den Auftragnehmer zu bezahlen, zumal dieser nur ein Bemühen schuldet (§ 611 BGB), nicht aber den Erfolg der Transition. Auch die Geltendmachung von durch ein Scheitern der Transition verursachten Schäden ist im Bereich des Dienstvertrages deutlich erschwert. Nach der gesetzlichen Regelung hat der Auftragnehmer dem Anbieter eine Verletzung seiner dienstvertraglichen Pflichten nach § 280 BGB nachzuweisen, also dass letzterer sich nicht um den Erfolg bemüht hat. Dies wird oft nicht gelingen. Der Kunde kann diese Risiken folglich nur eingehen, wenn er die **Projektleitung** bei der Transition tatsächlich innehat und auch rein faktisch nur einzelne Leistungen des Anbieters für den Erfolg der Transition zukauft. Ob ein Dienstvertrag für den Kunden vertretbar ist, hängt daher sehr von den Verhältnissen sowie von Know-How in dem spezifischen Projekt ab.

179 **c) Sonderproblem: Fehler in der Transition Phase mit Auswirkungen in der Betriebsphase.** Eine besondere rechtliche Frage tritt in den Fällen auf, in denen in der Transition Phase Fehler aufgetreten sind, die unbemerkt blieben oder in dieser Phase noch keine Auswirkungen

---

[114] Übersicht, wann eine konkludente Abnahme vorliegen kann bei Staudinger/*Peters/Jacoby* § 640 Rn. 26 ff.
[115] BGH CR 2002, 324.
[116] Palandt/*Sprau* § 640 Rn. 6.

hatten, jedoch in der Betriebsphase zu Störungen führen. Problematisch sind hier insbesondere die Haftungsbegrenzung und die Fälle, in denen der beauftragte Anbieter während den unterschiedlichen Phasen wechselt. Als besondere Schwierigkeit in der Transition Phase sei der Datentransfer zum Anbieter genannt, da hier Fehler mit erheblichen Auswirkungen geschehen können, die sich aber dann typischerweise erst in der Run Phase bemerkbar machen.

Der Berater des Outsourcing-Kunden muss dieses Problem erkennen, da sich der Outsourcing-Anbieter bei einem in der Run-Phase aufgetretenen Fehler auf den Standpunkt stellen wird, durch diesen Schaden sei sein Haftungspotenzial in der Run-Phase, insbesondere bei Jahreshöchstbeträgen, bereits zum Teil erschöpft. Dem Kunden fehlt dann also Haftungspotenzial, das eigentlich für Schäden gedacht war, die in Zusammenhang mit der Run-Phase standen.

Ist nur ein Anbieter beteiligt, ist die Lösung des Problems einfacher, als letztlich bei der Vertragsgestaltung nur berücksichtigt werden muss, dass Beweis- und Einordnungsschwierigkeiten in diesem Punkt auftreten können. Es kann daher von Anfang an eine höhere Haftungsbeschränkung für die Run Phase vereinbart werden, um hier auch eventuelle Folgeschäden aus der Transition aufzufangen.

Bei einem Wechsel des Vertragspartners zwischen Transition-Phase und Run-Phase ist die Sachlage komplizierter. Es ist nämlich – insbesondere auf Grund von Beweisschwierigkeiten – oft unklar, welcher der beiden Anbieter im Ergebnis zum Schadensersatz verpflichtet ist. Denkbar ist etwa dem Anbieter, der die Run-Phase übernimmt, die Beweislast aufzuerlegen, dass Schäden aus der Transition tatsächlich vom vorherigen Vertragspartner verursacht wurden. Kann der neue Dienstleister den Beweis nicht führen, so ist er zum Schadensersatz verpflichtet. Ohne eine solche Regelung besteht die Gefahr, dass die Dienstleister durch Verweis auf den jeweils anderen die Schadensersatzleistung verweigern. Auch bei den Höchstgrenzen der Haftung in der Run-Phase muss die eventuelle Übernahme von Schäden aus der Transition beachtet werden.

4. Das Asset Transfer Agreement

Ein zentraler Bestandteil des so genannten „Outbound-Teils" des Outsourcings ist in aller Regel die Übertragung der Assets, mit denen der Kunde bislang seine IT betrieben hat. Zum einen sind diese zumindest vor Durchführung einer etwaigen Transformation auf die Systeme des Anbieters erforderlich, um die outgesourcten Leistungen überhaupt erbringen zu können. Zum anderen sind die Geräte in den Büchern des Kunden geführt und haben oft einen erheblichen Wert. Sie werden an den Anbieter verkauft; dieser schreibt die Geräte in Zukunft weiter ab.

a) **Übernahme von Hardware.** Im Hardware-Teil des Asset Transfer Agreement werden die für die Auslagerung bestimmten Server, PCs, Zubehör und sonstige Gerätschaften aufgelistet, um dem sachenrechtlichen Spezialitätsgrundsatz in Hinblick auf die zu übertragenden Gegenstände zu genügen. Es handelt sich hierbei um einen schlichten Kaufvertrag nach § 433 BGB. Die verkaufte Hardware wird üblicherweise in umfangreichen Listen aufgenommen, welche Anlagen zu dem Asset Transfer Agreement bilden.

Meistens wird die kaufrechtliche Sachmängelgewährleistung ausgeschlossen oder eine sehr limitierte Gewährleistung vereinbart, da es sich um Gebrauchtteile handelt.

Die Preise richten sich nach der Kalkulation des kompletten Outsourcing-Vertrages und können daher lediglich Buchwert oder auch die tatsächlichen Verkehrswerte sein.

b) **Übernahme von Software.** Oft vereinbaren die Vertragsparteien, dass der IT-Dienstleister einen großen Teil der Software, die der Kunde zuvor verwendet hat, auch weiterhin benutzt. Dies bringt mehrere Vorteile mit sich. Zum einen bestehen hier in der Regel bereits die erforderlichen Lizenzen, außerdem sind die Systeme schon auf die benötigten IT-Dienstleistungen abgestimmt. Bei einer Transformation auf die Systeme des Anbieters ergibt sich dennoch oft, dass Lizenzen überzählig sind, zumal der Anbieter für den Betrieb seiner Systeme die erforderlichen Lizenzen bereits hat.

Thalhofer

187 Bei Software ist nun allerdings darauf zu achten, ob es sich um einzelne Werkstücke oder Lizenzen handelt, an denen dem Kunden ein zeitliches unbegrenztes Nutzungsrecht zusteht und die im Rahmen eines klassischen Kaufvertrages weiterverkauft werden können.[117] Es ist von entscheidender Bedeutung, ob die Fremdsoftware vom Outsourcing-Kunden dauerhaft gegen Einmalzahlung erworben wurde oder ob die Software lediglich für eine begrenzte Zeitdauer überlassen wurde.[118] Bereits im Rahmen der Due Diligence sollten die Parteien die Feststellungen treffen, inwiefern der Übergang der Software möglich ist. Kein Problem ergibt sich auch bei Eigensoftware des Kunden, die dieser selbst Inhouse oder im Rahmen einer Auftragsprogrammierung hat entwickeln lassen und an der dem Kunden ein ausschließliches Nutzungsrecht zusteht. Solche Softwaretypen sind geeigneter Gegenstand eines Asset Transfer Agreement. Auch beim Leistungsschein Software ist darauf zu achten, dass die Software-Programme einzeln aufgeführt werden müssen, um dem Bestimmtheitsgrundsatz zu genügen.[119]

188 Auf eine Rechtsmängelhaftung sollte der IT-Dienstleister bei der Übernahme von Software keinesfalls verzichten, zumal hier wegen der Möglichkeit der Geltendmachung von Rechten durch Dritte und insbesondere Unterlassungsansprüche ein erhöhtes Schadensrisiko besteht.

5. Der Vertrag zur Übernahme von Drittverträgen

189 Wie bei jedem Unternehmensübergang und Übernahme von Unternehmensteilen stellt sich eine besondere Herausforderung im Bereich der Verträge (zB Wartungs- und Supportverträge sowie Lizenzverträge), die das Auftraggeberunternehmen mit Dritten im IT-Bereich geschlossen hat. Wichtig ist insbesondere die Klärung der **Frage, welche dieser Leistungen noch benötigt werden.** Wie einfach die Vertragsbeendigung in diesen Punkten dann ist, hängt wesentlich von der Gestaltung der Verträge mit Dritten ab. Hier sind im Rahmen der Due Diligence die Vertragsbeziehungen genauestens zu analysieren.

190 Ein weiteres zentrales Thema in diesem Zusammenhang ist ferner, welche der in der Due Diligence erkannten Vertragsbeziehungen überhaupt übergehen können. Wie § 415 BGB zeigt, ist für den Übergang eines Vertragsverhältnisses auf einen Dritten in aller Regel die Zustimmung des dritten Vertragspartners erforderlich. Es soll dem Vertragspartner kein anderer Partner aufgezwungen werden dürfen. Da ein Vertragsverhältnis Rechte und Pflichten enthält, ist eine einfache Abtretung nach §§ 398 f. BGB ohne Zustimmung des dritten Vertragspartners daher in aller Regel nicht möglich. Die Vertragsverhältnisse müssen also in der Due Diligence dahingehend überprüft werden, ob hier bereits eine antizipierte Erklärung des Vertragspartners vorliegt, dass er der Übertragung seines Vertragsverhältnisses auf einen Dritten zustimme.[120] Eine freie Übertragbarkeit des Vertrages ist äußerst selten vereinbart. Manchmal finden sich so genannte „Outsourcing-Klauseln" in Lizenz- oder Wartungsverträgen, welche eine Ausnahme von der Zustimmungspflichtigkeit der Vertragsübertragung bei Vertragsübergang im Rahmen eines IT-Outsourcing-Projektes statuieren. Regelfall ist jedoch, dass zur Übertragung des Vertrages als Ganzes mit allen Rechten und Pflichten die Zustimmung des Vertragspartners des Lizenz- oder Wartungsvertrages einzuholen ist. Im Übernahmevertrag zwischen Kunde und Anbieter ist daher regelungsbedürftig, wer für die Einholung der Zustimmung zuständig ist und welche Partei die Kosten dafür trägt.

191 Verweigert der dritte Vertragspartner die Zustimmung, ist ein Übergang des Vertragsverhältnisses nicht möglich. In diesem Fall kommen nur Ausweichregelungen in Betracht, etwa dass der Outsourcing-Kunde die erhaltenen Leistungen des Dritten, die er nun nicht mehr

---

[117] → § 12.
[118] Vgl. zu den unterschiedlichen Rechtsfolgen: Bräutigam/*Huppertz*, IT-Outsourcing, Teil 4 Rn. 87 ff.; zur Formulierung der Klausel. Detailliert zum Handel mit gebrauchter Software → § 12.
[119] Auch Software wird von der herrschenden Meinung – wie bereits erwähnt – als bewegliche Sache eingestuft: BGH Urt. v. 14.7.1993 – VIII ZR 147/92, CR 1993, 681; BGH Urt. v. 7.3.1990 – VIII ZR 56/89, CR 1990, 707; OLG Stuttgart Urt. v. 8.11.1988 – 6 U 135/87, NJW 1989, 2635; BGH Urt. v. 7.12.2006 – I ZR 271/03, CR 2007, 681; Überblick der BGH-Rechtsprechung zur Sachqualität in *Schneider* Kapitel D. Rn. 510.
[120] Die Einwilligung ist gemäß § 183 BGB aber bis zum Abschluss des Rechtsgeschäfts frei widerruflich, vgl. zu Voraussetzungen und Rechtsfolgen MüKoBGB/*Schramm* § 183 Rn. 8 ff.

benötigt, selbst dem Anbieter beistellt. In der Praxis ergeben sich in solchen Fällen oft erhebliche Schwierigkeiten in der Abwicklung der Leistungserbringung, zumal eine Weiterleitung der Leistung oft nicht ohne Reibungsverluste möglich ist.

6. Personalübertragungsvertrag und § 613a BGB

Unter Beachtung arbeitsrechtlicher Regelungen, insbesondere des § 613a BGB ist ggf. ein Übernahmevertrag für IT-Personal zu erstellen.[121] Die Größe des Outsourcing-Projektes spielt hier eine maßgebliche Rolle.[122] Zu diesem komplexen arbeitsrechtlichen Thema kann hier nur ein kurzer Überblick gegeben werden. Die Vertragsparteien sollten zumindest daran denken, dass Kostentragungsregelungen hinsichtlich des Betriebsübergangs notwendig sind. Außerdem ist klarzustellen, welche Geschäftsgegenstände materieller und immaterieller Art übergehen sollen, um überhaupt feststellen zu können, ob ein Betriebsübergang oder Betriebsteilübergang im Sinne des § 613a BGB vorliegt. Bejaht man diese Frage ist als nächstes festzustellen, welche Arbeitsverhältnisse von dem Betriebsübergang betroffen sind. Die Vertragsparteien werden ferner einen Stichtag festlegen, an dem die Arbeitsverhältnisse übergehen. Dieser wird den Mitarbeitern durch Aushang etc bekannt gegeben. Die beteiligten Unternehmen haben dabei die Informationspflichten des § 613a Abs. 5 BGB zu erfüllen. § 613a BGB ist zwingendes Recht.[123] Die Parteien können die gesetzlichen Wirkungen nicht vertraglich abändern. Im Rahmen der Due Diligence ist bereits im Vorfeld zu klären, welche Arbeitsverhältnisse vom Übergang betroffen sind und welche Vergütungsregelungen für die Arbeitnehmer im IT-Bereich existieren. Empfehlenswert ist, nicht nur den reinen Lohn in die Betrachtung miteinzubeziehen, sondern auch das Bestehen von betrieblichen Übungen, Ausgestaltung der Regelungen zu Arbeitsbedingungen, Urlaubsansprüchen usw. Hier können Aufklärungspflichten des Kunden aufgenommen werden. Die in diesem Bereich entstehenden Kosten sind dann zwischen den Parteien aufzuteilen. Meist vereinbaren die Parteien Freistellungsansprüche, etwa hinsichtlich zu zahlender Abfindungen im Falle von Auflösungsverträgen oder für ausstehende Forderungen der Arbeitnehmer, welche aus dem Verhältnis zum neuen Arbeitgeber herrühren, die aber Arbeitnehmer nun gegen den Übernehmer geltend machen.

In manchen Fällen ist auch die Überführung von Personal durch einzelvertragliche Regelung denkbar. Die Parteien können vereinbaren, dass der Auftragnehmer einzelnen Mitarbeitern des Auftraggebers, insbesondere denen, die zur Leistungserbringung benötigt werden, Angebote auf Abschluss eines Arbeitsvertrages macht. Die Wahrscheinlichkeit, dass Mitarbeiter hier zustimmen, ist bei entsprechenden Konditionen höher. Große IT-Provider bieten IT-Spezialisten oftmals deutlich bessere Karrierechancen als das Anwenderunternehmen.

Es bleibt aber zu beachten, dass auch im Falle des einzelvertraglichen Übergangs von Mitarbeitern § 613a BGB zwingendes Recht ist. Damit besteht die Gefahr, dass neben den Mitarbeitern, welche ein Übernahmeangebot bekommen haben, möglicherweise noch weitere Mitarbeiter bei dem Auftragnehmer mit dem Argument auf Beschäftigung klagen, es sei ein Betriebsübergang erfolgt und sie seien von diesem umfasst. Bei der Auswahl der Angebote an Mitarbeiter sind daher genau die Betriebsstrukturen zu analysieren, um die Risiken von ungewollten Betriebsübergängen zu vermeiden. Zudem sind – wie im Falle des geplanten Übergangs nach § 613a BGB – Freistellungsansprüche oder andere Regelungen zur Verteilung etwaiger Personal-/Abfindungskosten vertraglich vorzusehen.

7. Leistungsscheine und Service Level Agreements

Beim Outsourcing-Vertrag findet sich die detaillierte Festlegung der einzelnen Leistungen in den so genannten Einzelverträgen oder Leistungsscheinen, die im Rahmen des modularen Vertragsaufbaus Anlagen zum Rahmenvertrag sind und hier eigene Vereinbarungen darstel-

---

[121] Einzelheiten zu § 613a BGB bei IT-Outsourcing → § 37 (Arbeitsrechtliche Bezüge) Rn. 111 ff.
[122] Ausführlich zur arbeitsrechtlichen Dimension des IT-Outsourcing Bräutigam/*Mahr* Teil 6.
[123] BAG Urt. v. 14.7.1981 – 3 AZR 517/80, NJW 1982, 1607; Palandt/*Weidenkaff* § 613a Rn. 3; MüKo-BGB/*Müller-Glöge* § 613a Rn. 10.

len. Sie treffen keine abstrakten rechtlichen Regelungen, sondern dort ist **sehr präzise** dargestellt, welche **Leistungen** der Auftragnehmer zu erbringen hat, welche Preise vereinbart sind, welche Mitwirkungspflichten bestehen und wie die Verantwortlichkeiten zwischen Auftraggeber/Besteller und Auftragnehmer verteilt sind.[124] In der Praxis haben sich trotz der sehr unterschiedlichen Leistungen weitgehend **einheitliche Strukturen bei der Regelung von Service Level-Agreements** durchgesetzt. Im Wesentlichen bietet sich folgender Aufbau an, der die zentralen Elemente, nämlich Preis, Leistung, Service Level, Mitwirkung und Verantwortlichkeiten regelt:[125]

196

Übersicht: Kurzaufbau Leistungsschein

Leistungsbeschreibung/Leistungsumfang
Regelung der Servicelevels und Parameter (insbesondere Leistungsstandard und Management
Mitwirkungspflichten, Randbedingungen, Abgrenzung der Verantwortlichkeit
Sanktionen bei Nichterfüllung und Boni bei Übererfüllung
Preis
Verweis auf den Rahmenvertrag

197 a) **Leistungsbeschreibung. Im beiderseitigen Interesse** sollten die Service Level-Agreements die vom Auftragnehmer zu erbringenden Leistungen genau beschreiben. Die Bedeutung für den Kunden liegt darin, dass eine Nicht- oder Schlechterfüllung einer Leistung nur dann mit Erfolg begründet und etwaige Sanktionen wie Gewährleistung, Vertragsstrafe, Bonus/Malus-Regelung nur dann geltend gemacht werden können, wenn die genaue Leistungsbeschreibung einen Vergleich zwischen Sollzustand und negativ hiervon abweichendem Ist-Zustand erlaubt.

198 Jedoch ist auch für den Anbieter die exakte Bestimmung der Leistung sehr bedeutsam. Denn nur so ist er davor gefeit, dass der Kunde mit dem schwer widerlegbaren Einwand, er habe ein Mehr an Leistung oder eine andere, bessere Leistung vereinbart,[126] die Vergütung zurückhält. Die Leistungsbeschreibung enthält in aller Regel detaillierte Anlagen, mit Skizzen, Aufstellungen, technischen Angaben usw. Die Erstellung dieser Angaben ist keine juristische Arbeit, sondern muss den technischen Sachverständigen vorbehalten bleiben. Sinnvoll erscheint dennoch, diese anzuhalten, nicht nur technische Angaben zu machen, sondern auch eine allgemeinverständliche Beschreibung zu liefern, um bei Streitigkeiten auch Dritten die Möglichkeit zu geben, zu erfassen, was im Leistungsschein geregelt ist.

199 Es ist daher dringend zu empfehlen, auch die Leistungsscheindokumente im Detail rechtlich zu prüfen und möglicherweise auch deren Verhandlung in den jeweiligen technischen Arbeitsgruppen mitzubegleiten. Dies gilt auch und gerade dann, wenn, wie es regelmäßig der Fall ist, gemäß dem Prinzip „lex specialis derogat legi generali" eine vorrangige Geltung der Leistungsscheine vor den Bestimmungen des Rahmenvertrages zwischen den Parteien vereinbart ist. Es ist dann darauf zu achten, dass die in dem Rahmenvertrag oft mühsam ausgehandelten Formulierungen nicht durch vorrangige Regelungen in den Leistungsscheinen wieder ausgehebelt werden.

200 b) **Leistungsparameter.** Die Service Levels legen fest, welche Quantität oder Qualität der Leistung der Anbieter vertraglich zu erbringen hat. Sie konkretisieren die Leistungspflichten insbesondere durch Verpflichtungen auf Maximal- oder Minimalgrößen. Besonders häufig anzutreffen ist die Definition der Verfügbarkeit oder von maximalen Ausfall- oder Responsezeiten. Dies rührt daher, dass die ständige Verfügbarkeit der Outsourcing-Dienstleistung oft die für den Auftraggeber wesentlichste Komponente ist.

---

[124] Vgl. Bernhard/Lewandovsky/Mann/*Schrey*, Service Level-Management in der IT, S. 155; *Söbbing* Rn. 680 ff. = S. 555 ff.
[125] Vgl. zum Aufbau *Blöse/Pechardscheck* CR 2002, 785.
[126] *Bräutigam/Bräutigam* Teil 13 Rn. 419.

Zumeist wird die Verfügbarkeit durch die Festlegung eines Prozentsatzes oder durch Zusage einer bestimmten Betriebszeit gemessen. Bei Serverleistungen sind auch Maximal- und Minimalgrößen zB für Reaktions- und Bearbeitungszeit üblicherweise im Service Level definiert. Wird als IT-Outsourcing-Dienstleistung ein so genannter User-Helpdesk angeboten, also ein Call Center Betrieb, so wird häufig die Zeitspanne, die der Anbieter für die Annahme von Anrufen benötigen darf, definiert. Für den Leistungsschein „Netzwerk" wären die Service Level Netzwerkverfügbarkeit, Netzwerkdurchlaufzeit und Netzwerksicherheit zweckmäßig.

Bei Applikationen und Servern geht es in erster Linie um Verfügbarkeitslevels, in der Regel in Prozent ausgedrückt. Bei der Festlegung der tolerierten Ausfallzeiten des Systems bei Verfügbarkeitsprozenten ist auf kurze Zeitspannen zu achten, für die diese Festlegung gilt. Ansonsten muss der Kunde, wenn auf Jahresbasis 99,5 % Verfügbarkeit verlangt sind, dennoch tagelange Ausfälle tolerieren, die zu Schäden führen.

Im Einzelnen werden folgende Punkte für den Service Level abhängig von den erbrachten Leistungen regelmäßig in Outsourcing-Verträgen enthalten sein:[127]
- Leistungszeit (für Service Level relevantes Zeitfenster);
- Leistungskennziffer (Definition der Kennziffer, nach der gemessen wird);
- Leistungsqualität;
- Erfüllungsgrad;
- Berichtszeitraum (für Erfüllungsgrad und Leistungsqualität);
- Berichtszeitpunkt;
- Berichtsvorfälle (Welche Einzelfälle sind zu berücksichtigen?);
- Berichtswerkzeug;
- Besonderheiten (Abweichungen, Ausnahmen).

c) Beispiele typischer Service Levels. Im Folgenden sollen typische Outsourcing-Dienstleistungen kurz dargestellt und mit den einzelnen Service Levels[128] in Verbindung gebracht werden. Um einen reibungslosen Ablauf bei der täglichen Nutzung der IT zu gewährleisten, ist eine typische Outsourcing-Dienstleistung der so genannte **User Helpdesk**, der als Call Center schnelle und unbürokratische Lösungen für alle IT-Probleme bringen soll. Das SLA wird hier in der Regel so gestaltet, dass die an das Call Center herangetragenen Probleme in Kategorien eingeteilt und je nach Bedeutung Zeitfenster für ihre Lösung gewährt werden. Es geht um die Bedeutung und den Schwierigkeitsgrad von verschiedenen Problemen, die der IT-Outsourcing-Anbieter für den Kunden als Dienstleistung zu lösen hat. Im User-Helpdesk werden die einzelnen Probleme, die sich im Laufe des Outsourcing-Projektes ergeben, systematisch aufgenommen und eingeordnet. First-Level-Support betrifft sämtliche Meldungen, von denen der Großteil durch ein einfaches Gespräch mit einem Berater des Dienstleisters, gelöst werden kann. Second-Level-Support benötigt eine umfangreichere Analyse durch Techniker, bei Third-Level-Support müssen sogar oft Spezialisten des Hardware- oder Software-Herstellers eingebunden werden, zum Beispiel weil Eingriffe in den Source Code von Software erforderlich sind.

Die **Priorisierung** der Fehlerbehebung erfolgt abhängig vom Schweregrad des Problems und Schwierigkeitsgrad der Lösung. Hier gibt es in der Praxis vielfältige Differenzierungen. Der wichtigste Maßstab für die Priorisierung der Fehlerbehebung ist selbstverständlich die zu befürchtenden Auswirkungen des Fehlers auf den Geschäftsbetrieb des Kunden, insbesondere in finanzieller Hinsicht. Ziel des Systems ist die Steigerung von Schnelligkeit und Effizienz bei der Problemlösung. In der Praxis werden oftmals zB die vier Kategorien „unkritisch", „weniger kritisch", „kritisch" und „sehr kritisch" verwendet. Die Verträge müssen dafür Sorge tragen, dass Probleme mit großen Auswirkungen auf den Geschäftsverlauf zügig an die nächste Support-Ebene weitergereicht werden, um die verursachten Ausfälle im Ergebnis für den Kunden so gering wie möglich zu halten. Je nach Fehlerschwere ist dann im SLA – neben der allgemein geregelten Pickup-Time für Anrufe (Reaktionszeit) und Verfügbarkeit – die Zeit angegeben, die zur Fehlerbehebung zur Verfügung steht. Ein weite-

---

[127] Auflistung nach *Söbbing* S. 546 f.
[128] Ausführlich zu den gebräuchlichsten Service Levels Bräutigam/*Bräutigam* Teil 13 Rn. 432 ff.

rer wichtiger, häufig verwendeter Service Level ist die so genannte **first time fix rate**, welche die Qualität des User-Help-Desk besonders gut zum Ausdruck bringt. Hierunter versteht man den Prozentsatz erfolgreicher Problemlösungen beim ersten Anruf.

206 Unter dem Begriff der **Desktop-Services** sind alle Leistungen zusammengefasst, die im Zusammenhang mit den Endgeräten der Mitarbeiter des Kunden stehen. In Betracht kommt insbesondere Infrastructure Providing. **IMAC** steht für installation moves adds changes, also Installation, Umzug, Hinzufügen oder Austauschen von Hard- und Softwarekomponenten. Ein sich anbietendes Service Level wäre in diesem Zusammenhang etwa die Zeit, die der Auftragnehmer für den Umzug eines Desktop-Arbeitsplatzes benötigen darf. Bei Desktop-Services kommt auch der so genannte Customer Satisfaction Index als Service Level in Betracht, bei dem mittels Anwenderbefragung die Zufriedenheit ermittelt wird und hierbei zB ein bestimmter Prozentsatz der Leistungen mit „gut" bewertet werden muss.

207 Eine absolut typische Outsourcing-Dienstleistung ist das **Management von Netzwerkverbindungen**. Zu nennen ist zunächst das Local Area Network (LAN) an einem Betriebsstandort bzw. das Wide Area Network (WAN), das verschiedene Betriebsstandorte miteinander verbindet. Eine Besonderheit stellt das Virtual Private Network (VPN) dar, das durch Einsatz von Verschlüsselungsprogrammen über das Internet eine sichere Unternehmensverbindung schafft.[129] In der Regel hat diese Leistung dienstvertraglichen Charakter. Auch E-Mail-Services werden oft mit übernommen. Typische Service Levels für Netzwerkanbieter sind:
- Betriebszeit/Verfügbarkeit/maximale Ausfallzeit;
- Störungsbeseitigungszeiten;
- Round-trip-Latency (Schnelligkeit der Verbindung);
- IMAC/Umzugsparameter;
- Customer Satisfaction Index.

208 Bei vielen IT-Outsourcing-Projekten werden Leistungen in Bezug auf das Rechenzentrum und die Server des Kunden erbracht. Zentral sind hier die Pflichten der Erhaltung der Betriebsbereitschaft, Systemadministration, die Übernahme von Kapazitätsmanagement usw. Auch hier sind die Betriebszeiten und die möglichst ununterbrochene Verfügbarkeit der Leistung zentrale Service Level. Darüber hinaus werden bei Service-Leistungen auch noch Durchschnitts- und/oder Maximalzeiten für Störungsbeseitigung aufgestellt. Solche Bestimmungen werden Meantime between Failure (MTBF) oder Meantime to Repair (MTR) – Bestimmung genannt. Bei Rechenzentrumsleistungen ist bisweilen der Erfolg geschuldet, so dass in vielen Fällen ein werkvertraglicher Charakter des Leistungsscheines vorliegen wird.

209 Im Unterschied zum Server-Management steht das Rechenzentrum beim **Hosting** nicht beim Kunden, sondern der Anbieter übernimmt auf eigenen Servern Rechenleistungen für den Kunden, indem er in seinem Rechenzentrum Kapazität zur Verfügung stellt. Zum Teil werden die Hostingleistungen durch weitere Dienste ergänzt (**Managed Hosting**). Zentrales Element des Hosting ist die Servermiete, die weiteren Leistungen können dienst- oder werkvertraglichen Charakter haben. Zum Hosting gehören meist auch Performance-, Belastung- und Kapazitätsmanagement, oft in Kombination mit Datensicherung und Archivierung.

210 Typische Service Levels sind an dieser Stelle abermals die Verfügbarkeit sowie die Performance, die durch Response-Zeiten gemessen wird. Auch Störungsmanagement wird eine Rolle spielen. Hinsichtlich der Datenarchivierung sollten feste Zeitpunkte für die Backup-Routinen, evtl. auch deren Art und Weise festgelegt werden. Bei der Regelung zur Datensicherung wird im SLA zwischen **cold back-up, warm back-up und hot back-up**[130] unterschieden. Cold back-up bedeutet lediglich, dass ein Ausweichrechenzentrum vorgehalten wird, um bei Störungen den Betrieb dort weiterführen zu können. Warm back-up meint dessen dauernde Verfügbarkeitszusage, während beim Hot Back-Up ein Parallelbetrieb auf einem zweiten, gespiegelten Server durchgeführt wird.

211 **d) Sanktion bei SLA-Verstoß.** Für die Nichteinhaltung des SLA sind besondere Sanktionen üblich. Namentlich sind hierbei die Herabsetzung der Vergütung, Vertragsstrafen sowie

---

[129] Darstellung nach Bräutigam/*Bräutigam* Teil 13 Rn. 506.
[130] Vgl. hierzu *Koch* S. 364.

pauschalisierter Schadensersatz sowie in Extremfällen außerordentliche Kündigung zu nennen. Service Levels werden oft derart gestaffelt vereinbart, dass bei einer geringeren Quantität oder Qualität der Leistung schlicht weniger Vergütung gezahlt wird. Für bedeutende Leistungen sollte der Kunde aber vom Anbieter fordern, dass im Falle der Verfehlung des Service Levels pauschalisierter Schadensersatz geleistet oder eine Vertragsstrafe versprochen wird. Die Vertragsstrafe ist für den Kunden günstiger, da er diese unabhängig von einem tatsächlich eingetretenen Schaden verlangen kann und ihm die Geltendmachung eines darüber hinausgehenden Schadens unbenommen bleibt. Ein vereinbarter pauschalisierter Schadensersatz erleichtert dagegen lediglich die Feststellung und Beweisführung hinsichtlich tatsächlich entstandener Schäden. In der Praxis werden gerade in umfangreicheren Outsourcing-Verträgen komplexe Modelle von Service Level Credits eingebunden. Wichtig ist dennoch eine vertragliche Klarstellung, um was es sich bei einem Service Level Credit rechtlich handelt – Vertragsstrafe, Minderung oder pauschalisierter Schadensersatz.

Eine **außerordentliche Kündigung** wegen SLA-Verstoß wird nur bei gravierenden Verfehlungen in Betracht kommen, da hier der jeweils anderen Vertragspartei oft große Schäden drohen.[131]

Bei komplexeren Projekten ist auch eine Einteilung der Service Levels in kritische und reguläre Service Levels durchaus üblich. Für die rechtliche Einordnung ist diese Unterscheidung zunächst belanglos. Als kritisch werden die Services bezeichnet, deren Verletzung eine Vertragsstrafe auslöst. Zweckmäßig können auch außerordentliche Kündigungsrechte des Kunden an eine häufige Verletzung kritischer Service Level geknüpft werden, zumal es sich bei diesen gerade um die Parameter handeln wird, deren Einhaltung für das Geschäft des Kunden von besonderer Bedeutung ist.

VI. Besonderheiten des Outsourcing in der Kredit- und Finanzbranche

IT-Outsourcing für Banken stellt für die Outsourcing-Provider ein besonders lohnendes Geschäftsfeld dar. Zum einen sind die in diesem Wirtschaftszweig tätigen Unternehmen oftmals mit erheblichen finanziellen Mitteln ausgestattet, zum anderen sind im Bankenbereich die anfallenden Datenmengen und der Bedarf an IT-Leistungen im Vergleich zu anderen Wirtschaftszweigen überdurchschnittlich hoch. Die in einer Bank ablaufenden Geschäftsprozesse sind durch die Bank IT-gestützt. Das Interesse der Institute an Outsourcing ist überdies aufgrund eines hohen Wettbewerbsdrucks und des Ziels einer Fokussierung auf Kernkompetenzen hoch. Aufgrund einer grundsätzlichen Risikorelevanz von IT-Outsourcing (man denke nur an sensible Kontodaten von Kunden) bestehen im Bereich des Bankenoutsourcing allerdings besondere gesetzliche und regulatorische Bestimmungen.

1. Besondere organisatorische Anforderungen an Kreditinstitute und Finanzdienstleister

Bei den **Mindestanforderungen an das Risikomanagement** für die Bankenwirtschaft, abgekürzt **MaRisk (BA)**, handelt es sich um Rundschreiben der Bundesanstalt für Finanzdienstleistungsaufsicht (BaFin) zur Ausgestaltung des Risikomanagements in deutschen Banken. Aktueller Stand ist das Rundschreiben 10/2012 BA vom 14. Dezember 2012.[132] Die MaRisk konkretisieren §§ 25a und 25b KWG und sind die Umsetzung der bankaufsichtlichen Überprüfungsprozesse für die in Basel III[133] geregelten Eigenkapitalvorschriften in

---

[131] → Rn. 150 ff.
[132] Der Inhalt der MaRisk (BA) findet sich unter anderem auf der Internetseite der Bundesbank unter http://www.bundesbank.de/Redaktion/DE/Downloads/Aufgaben/Bankenaufsicht/Marisk/2012_12_14_rundsc hreiben.pdf?__blob=publicationFile.
[133] Als „Basel III" wird ein Reformpaket zu der bestehenden Bankenregulierung, welche unter dem Namen „Basel II" bekannt ist, bezeichnet. Dieses wurde vom Baseler Ausschuss der Bank für internationalen Zahlungsausgleich (BIZ) erarbeitet. Ziel der Neuregelung war die Beseitigung von Schwächen der bestehenden Regulierung, welche sich während der internationalen Finanzmarktkrise aufgetan hatten. Die Umsetzung in der Europäischen Union erfolgte über eine Neufassung der Capital Requirements Directive (CRD), die am 1. Januar 2014 mit umfassenden Übergangsbestimmungen in Kraft trat.

deutsches Recht. Es handelt sich bei diesen um sogenannte normeninterpretierende Verwaltungsvorschriften, die eine Selbstbindung der deutschen Aufsicht gegenüber den Finanzinstituten bzw. Versicherungen darstellt.[134] Die MaRisk stellen dabei eine Art verbindliche Auslegung der §§ 25a ff. KWG dar. Für den Bereich des IT-Outsourcing bei Banken ist insbesondere der **Teil 9 der MaRisk** von erheblicher Bedeutung. In diesem Teil findet sich unter anderem die Abgrenzung zwischen wesentlichen und nicht wesentlichen Auslagerungen. Während für nicht wesentliche Auslagerungen die allgemeinen Anforderungen an die Organisation des Geschäfts einer Bank gelten (§ 25a Abs. 1 KWG), welche von einer Auslagerung völlig unabhängig sind, gelten für wesentliche Auslagerungen die zusätzlichen Anforderungen des § 25b Abs. 1 KWG. Zu beachten ist insgesamt, dass sich die Regelungen des Kreditwesengesetzes ausschließlich an die Bank und nicht an den Outsourcing-Dienstleister richten, es sei denn, dieser erfüllt selbst die Definition eines Kreditinstitutes oder Finanzdienstleistungsinstitutes (§ 1 KWG). Allerdings haben die Normen des KWG in Reflexion auch Bedeutung für den Anbieter, weil das outsourcende Kreditinstitut als Kunde verpflichtet ist, das Vertragsverhältnis und die tatsächliche Zusammenarbeit mit dem Outsourcing-Anbieter so zu gestalten, dass die besonderen Anforderungen des KWG eingehalten werden.

216 **§ 25b Abs. 1 KWG** besagt in seiner Neufassung ab dem 1.1.2014, dass ein Institut abhängig von Art, Umfang, Komplexität und Risikogehalt einer Auslagerung von Aktivitäten und Prozessen auf ein anderes Unternehmen, die für die Durchführung von Bankgeschäften, Finanzdienstleistungen oder sonstigen institutstypischen Dienstleistungen wesentlich sind, angemessene Vorkehrungen zu treffen hat, um übermäßige zusätzliche Risiken zu vermeiden. Insbesondere muss ein angemessenes und wirksames Risikomanagement durch das Institut gewährleistet bleiben, das die ausgelagerten Aktivitäten und Prozesse einbezieht.

217 Im Gegensatz zu früheren Fassungen des KWG und der MaRisk BA steht bei den aktuellen Fassungen die **Eigenverantwortung der Kreditinstitute** im Vordergrund. Wesentlich ist die starke Betonung des Managements outsourcing-spezifischer Risiken und die Einbettung ausgelagerter Aktivitäten in eine angemessene **„Sourcing-Governance"**. Anders als früher ist die eigenverantwortliche Bestimmung der Wesentlichkeit einer Auslagerung durch die Finanzinstitute auf der Basis einer einzelfallbezogenen Risikoanalyse und begründet die Verpflichtung der Institute zu einer effizienten und verantwortungsbewussten Überwachung der ausgelagerten Aktivitäten und Prozesse.[135] Entsprechend den Grundsätzen der Risikoanalyse für Banken hat das Kreditinstitut die maßgeblichen Risiken in die Kategorien strategische Risiken, operationelle Risiken und Reputationsrisiken einzuteilen, entsprechend zu bewerten, durchzuführen und das Ergebnis zu dokumentieren.[136]

218 Das auslagernde Institut ist für den ausgelagerten Bereich nach wie vor gegenüber der Bundesanstalt für Finanzdienstleistungsaufsicht (BaFin) verantwortlich (**Delegationsverbot**). Hieraus wird deutlich, dass der Gesetzgeber im Hinblick auf die Ordnungsmäßigkeit der Geschäftsorganisation und insbesondere das Risikomanagement bei der Einschaltung Dritter die gleichen Anforderungen stellt, wie sie bei einer institutseigenen Leistungserbringung bestünden.[137] Auch die Verantwortung der Geschäftsleiter des Instituts (§ 25c KWG) kann nicht ausgelagert werden (vgl. § 25b Abs. 2 KWG). Deshalb ist in diesen Fällen der Outsourcing-Vertrag so zu gestalten, dass die Bank dieser Verantwortung gerecht wird. Es müssen daher insbesondere folgende Sonderpunkte in den Vertrag aufgenommen werden:
- Spezifizierung und gegebenenfalls Abgrenzung der vom Outsourcingunternehmen zu erbringenden Leistung,
- Festlegung von Informations- und Prüfungsrechten der Internen Revision sowie externer Prüfer,
- Sicherstellung der Informations- und Prüfungsrechte sowie der Kontrollmöglichkeiten der BaFin,

---

[134] http://de.wikipedia.org/wiki/Mindestanforderungen_an_das_Risikomanagement_(BA).
[135] Diese Entscheidung wurde von der BaFin auf der Grundlage des Outsourcing-Rundschreibens vom 6.12.2001 vorher bereits selbst getroffen.
[136] Vgl. Bräutigam/*Ferstl* Teil 9 Rn. 28.
[137] Bräutigam/*Ferstl* Teil 9 Rn. 6.

- Weisungsrechte (soweit erforderlich),
- Regelungen, die sicherstellen, dass datenschutzrechtliche Bestimmungen beachtet werden,[138]
- Angemessene Kündigungsfristen,
- Regelungen über die Möglichkeit und über die Modalitäten einer Weiterverlagerung, die sicherstellen, dass das Institut die bankaufsichtsrechtlichen Anforderungen weiterhin einhält,
- Verpflichtung des Outsourcingunternehmens, das Institut über Entwicklungen zu informieren, die die ordnungsgemäße Erledigung der ausgelagerten Aktivitäten und Prozesse beeinträchtigen können.

Im Ergebnis bedeutet dies allerdings, dass der Dienstleister die outgesourcte Leistung in der Verfügbarkeit mit der geforderten Qualität und Sicherheit so erbringen muss wie dies von dem Kreditinstitut selbst aus Risikogesichtspunkten umgesetzt würde. Die Einbindung der BaFin in Outsourcing-Vorhaben, welche bis zum 1.11.2007 durch das „Vertragsprüfungsverfahren" gegeben war[139] wurde faktisch durch die Eigenverantwortung der Institute ersetzt. Für den Fall, dass Probleme bei einer Auslagerung auftreten, ist der Outsourcing-Kunde allerdings dadurch vor regulatorischen Maßnahmen nicht gefeit. In der Praxis geht dies so weit, dass die BaFin bestehende und neue Outsourcing-Verträge von Kreditinstituten im Detail prüft. Dies betrifft nicht nur vertragliche Regelungen, welche die Dienstleistersteuerung betreffen, sondern insbesondere auch die technische Umsetzung, soweit diese risikorelevant ist. Hier ist von den beratenden Rechtsanwälten Erfahrung im Sondergebiet des Banken-Outsourcing gefragt, um ein Outsourcing – auch und gerade auf dem Gebiet der Leistungsscheine – so zu gestalten, dass diese einer Überprüfung durch die BaFin standhält. Ansonsten drohen regulatorische Maßnahmen der BaFin, welche für die Institute sehr kostspielig sein können. Schließlich sei noch erwähnt, dass die Anforderungen an die Auslagerung von Aktivitäten und Prozessen bei der Weiterverlagerung ausgelagerter Aktivitäten und Prozesse auf Subunternehmer des Anbieters zu beachten sind.[140] Im Vertrag sollte der Kunde den Anbieter daher dazu verpflichten, die vereinbarten Spezialregelungen zur Befolgung des KWG auch seinen Subunternehmern aufzuerlegen. Ebenso ist insoweit ein **Genehmigungsrecht des Kunden** für Subunternehmerverträge zu erwägen. Die BaFin verlangt, dass auch bei Weiterverlagerungen die Steuerungsfähigkeit der Bank hinsichtlich des ausgelagerten Geschäftsbereich erhalten bleibt.

2. Outsourcing im Wertpapierhandel – Anwendbarkeit von § 33 Wertpapierhandelsgesetz

Ähnlich wie für Kreditinstitute beschrieben findet sich auch in § 33 Wertpapierhandelsgesetz eine Norm, welche die Auslagerung von Geschäftsbereichen regelt. Gesetzessystematisch ist die Vorschrift mit §§ 25a ff. KWG vergleichbar. Im ersten Absatz sind die Organisationspflichten von Wertpapierdienstleistungsunternehmen geregelt, während der zweite Absatz die Gewährleistung der Aufrechterhaltung dieser Organisationspflichten auch im Falle der Auslagerung von Prozessen sowie von Finanzdienstleistungen auf andere Unternehmen vorsieht.[141] § 33 WpHG verweist zunächst auf die organisatorischen Pflichten nach § 25a KWG. Allerdings verlangt das Gesetz darüber hinaus von einem Wertpapierdienstleistungsunternehmen die folgenden Maßnahmen:
- Aufstellen angemessener Grundsätze, Vorhalten von Mitteln und Einrichten von Verfahren zur Einhaltung des WpHG unter Einrichtung einer dauerhaften und wirksamen Compliance-Funktion;
- Vorkehrungen zur Kontinuität und Regelmäßigkeit der Wertpapierdienstleistungen;

---

[138] → Rn. 143.
[139] Das Finanzmarktrichtlinie-Umsetzungsgesetz (FRUG) hat die gesetzliche Verpflichtung zur Anzeige von Absicht und Vollzug einer Auslagerung an BaFin und Bundesbank mit Wirkung ab dem 1.11.2007 beseitigt. Damit entfällt auch das Vertragsprüfungsverfahren, das sich bislang BaFin-intern an den Zugang der Anzeige samt Auslagerungsverfahren anschloss.
[140] MaRisk BA, Rundschreiben 10/2012 BA vom 14.12.2012, dort AT 9 Ziff. 9.
[141] Bräutigam/*Ferstl* Teil 9 Rn. 50.

- Auf Dauer wirksame Vorkehrungen für angemessene Maßnahmen zu treffen, um Interessenkonflikte mit seinen Kunden bei der Erbringung von Wertpapierdienstleistungen zu erkennen und eine Beeinträchtigung der Kundeninteressen zu vermeiden;
- Vertriebsvorgaben so auszugestalten, dass Kundeninteressen nicht beeinträchtigt werden;[142]
- Vorhalten wirksamer und transparenter Verfahren für eine angemessene und unverzügliche Bearbeitung von Beschwerden durch Privatkunden und jede Beschwerde sowie die zu ihrer Abhilfe getroffenen Maßnahmen;
- Sicherzustellen, dass die Geschäftsleitung und das Aufsichtsorgan in angemessenen Zeitabständen, zumindest einmal jährlich, Berichte der mit der Compliance-Funktion betrauten Mitarbeiter über die Angemessenheit und Wirksamkeit der Grundsätze, Mittel und Verfahren unter Meldung von Verstößen erhalten;
- Die Angemessenheit und Wirksamkeit der organisatorischen Maßnahmen ist zu überwachen und regelmäßig zu bewerten sowie die erforderlichen Maßnahmen zur Beseitigung von Unzulänglichkeiten zu ergreifen.

221 Bei einer Auslagerung von Aktivitäten und Prozessen sowie von Finanzdienstleistungen müssen Wertpapierdienstleistungsunternehmen die Anforderungen des § 25b Abs. 1 KWG einhalten. Der Begriff der „Wesentlichkeit" taucht hier nicht auf, und es ist nicht eindeutig klar, ob es sich um eine Rechtsgrund- oder eine Rechtsfolgenverweisung handelt. Für ein nicht nur völlig unerhebliches IT-Outsourcing bei einem Wertpapierhandelsunternehmen ist allerdings eindeutig, dass § 33 Abs. 1 WpHG sowie über § 33 Abs. 2 WpHG auch § 25b Abs. 1 KWG anzuwenden ist.[143] Den Beteiligten sollte allerdings bewusst sein, dass die Organisationspflichten bei Wertpapierdienstleistungsunternehmen gem. § 33 Abs. 1 WpHG noch etwas umfangreicher sein können als bei Kreditinstituten.

VII. Besonderheiten des Outsourcing von Patienten- und Mandantendaten

222 Zentrale Strafvorschrift im StGB bei einer Datenweitergabe ist für die dort besonders zur Verschwiegenheit verpflichteten Personen § 203 StGB. § 203 Abs. 1 StGB stellt die unbefugte Offenbarung eines fremden Geheimnisses, das den dort genannten Personen in ihrer beruflichen Eigenschaft anvertraut wurde, unter Strafe. Es ist also in der Vorschrift eine besondere Tätereigenschaft gefordert (so genannte Berufs- und Amtsgeheimnisträger). Es stellt sich also die Frage, ob etwa ein Arzt seine IT überhaupt einem Outsourcing-Anbieter anvertrauen könnte oder ob dieses einen Bruch seiner Schweigepflicht darstellen würde, da er hierdurch seine Patientendaten einem Dritten offenbart.[144] Die gleiche Frage stellt sich bei Anwälten im Hinblick auf Mandantendaten.

1. Rechtliche Grundlagen

223 Bei Verschwiegenheitsverpflichteten im Bereich des § 203 StGB stellt diese Vorschrift eine Herausforderung hinsichtlich der Zulässigkeit eines IT-Outsourcing dar. § 203 StGB erfasst zum Beispiel folgende Berufsgruppen:
- Arzt, Zahnarzt, Tierarzt, Apotheker oder Angehörige eines anderen Heilberufs;
- Berufspsychologen;
- Rechtsanwalt, Patentanwalt, Notar, Verteidiger in einem gesetzlich geordneten Verfahren, Wirtschaftsprüfer, vereidigtem Buchprüfer, Steuerberater, Steuerbevollmächtigten oder Organ oder Mitglied eines Organs einer Rechtsanwalts-, Patentanwalts-, Wirtschaftsprüfungs-, Buchprüfungs- oder Steuerberatungsgesellschaft;
- Vereidigte Sachverständige;
- Angehörige eines Unternehmens der privaten Kranken-, Unfall- oder Lebensversicherung oder einer privatärztlichen, steuerberaterlichen oder anwaltlichen Verrechnungsstelle.

---

[142] Diese Vorgabe beruht auf Gesetz zur Umsetzung der Richtlinie 2013/36/EU über den Zugang zur Tätigkeit von Kreditinstituten vom 28. August 2013, das am 1. August 2014 in Kraft tritt.
[143] → Rn. 216 ff.
[144] Im Hinblick auf die Arztpraxis ausführlich *Buchner* MedR 2013, 337.

Bei den personenbezogenen Daten der Kranken-, Unfall- und Lebensversicherung handelt **224**
es sich um Geheimnisse im Sinne des § 203 StGB, da sie nur einem beschränkten Personenkreis bekannt sind und an deren Geheimhaltung derjenige, den sie betreffen (sog Geheimnisträger), ein von seinem Standpunkt aus sachlich begründetes Interesse hat.[145] Dieses Geheimnis ist den Mitarbeitern als Angehörigen eines Unternehmens der privaten Kranken-, Unfall- oder Lebensversicherung anvertraut, so dass diese auch die besondere Tätereigenschaft des § 203 Abs. 1 Nr. 6 erfüllen.

Offenbart ist ein Geheimnis im Sinne des § 203 StGB dann, wenn es einem dritten Empfänger vermittelt wird und es diesem noch verborgen war oder er jedenfalls keine sichere **225**
Kenntnis davon hatte. Bei elektronischen Daten wird eine Einsichtnahme in der Regel bereits durch ein Anzeigen am Bildschirm oder durch ein Ausdrucken der Datei erfüllt sein. Wann an elektronischen Daten **Gewahrsam** im Sinne des § 203 StGB besteht, ist zwar umstritten. Man muss aber davon ausgehen, dass mit einer Verschiebung der entsprechenden Datei in den elektronischen Herrschaftsbereich eines anderen die Gewahrsamsverschaffung im Sinne des § 203 StGB in jedem Fall erfüllt ist. Der objektive Tatbestand des § 203 StGB wäre daher nach dessen Wortlaut verwirklicht, wenn Angehörige eines Unternehmens der privaten Kranken-, Unfall- oder Lebensversicherung Geheimnisdaten an einen IT-Dienstleister im Rahmen des Outsourcings weitergeben.

Ein **Offenbaren** liegt nach herrschender Meinung aber dann nicht vor,[146] wenn der Informationsempfänger, obwohl nicht der eigentliche Adressat des Anvertrauens, noch unmittel- **226**
bar an dem konkreten Vertrauensverhältnis teilnimmt.[147] Ob ein IT-Dienstleister in ein Vertrauensverhältnis mit einbezogen sein kann (etwa durch eine Vertraulichkeitsvereinbarung), ist allerdings äußerst zweifelhaft. Angenommen wird die noch **unmittelbare Teilnahme an dem konkreten Vertrauensverhältnis** in der strafrechtlichen Literatur etwa in einer Anwaltskanzlei bei der vertretungsweisen Bearbeitung der Angelegenheit durch einen anderen dort beschäftigten Anwalt[148] oder bei der im Rahmen einer ordnungsgemäßen Berufsausübung erforderlichen Zuziehung von Hilfspersonen,[149] nicht aber bei Abrechnungsstellen im medizinischen Bereich oder bei Factoring-Unternehmen. Vor diesem Hintergrund wird man annehmen dürfen, dass auch bei IT-Dienstleistern diese unmittelbare Teilnahme von der herrschenden Meinung eher verneint werden wird. Schließlich wird man sagen können, dass ein IT-Dienstleister, was die Teilnahme an dem konkreten Vertrauensverhältnis betrifft, eher einem Factoring-Unternehmen gleichzusetzen ist als einer Arzthelferin. Ob sich diese Einordnung allein durch eine Unterzeichnung der Verpflichtungserklärung durch die IT-Dienstleister ändert, ist sehr fraglich. Eine Weitergabe geheimnisrelevanter Daten ohne das Treffen zusätzlicher Maßnahmen ist vor dem Hintergrund des drohenden Strafbarkeitsrisikos nicht zu empfehlen.

2. Technische Lösungsmöglichkeiten

Als technische Lösungsmöglichkeit bietet sich ein Verschlüsselungssystem an, welches die **227**
Kenntnisnahme durch die Mitarbeiter des Anbieters und damit eine möglicherweise rechtswidrige Offenbarung entgegen § 203 StGB verhindert.[150] Mit den heutigen technischen

---

[145] OLG Düsseldorf JMBlNW 1990, 153; OLG Köln NJW 2000, 3656; ferner OLG Hamm NJW 2001, 1957. Dazu grundsätzlich auch *Paul/Gendelev* ZD 2012, 319.
[146] Innerhalb der herrschenden Meinung besteht Uneinigkeit, ob der Tatbestand des § 203 StGB auf Tatbestandsebene beim Merkmal des „Offenbarens", an dem Merkmal „unbefugt", erst auf Rechtswidrigkeitsebene oder auf beiden Ebenen scheitert. Ausführlich hierzu *Ehrmann*, Outsourcing von medizinischen Daten – strafrechtlich betrachtet –, S. 65.
[147] Schönke/Schröder/*Lenckner/Eisele* § 203 StGB Rn. 19a.
[148] BGH Urt. v. 10.8.1995 – IX ZR 220/94, NJW 1995, 2916.
[149] ZB Arzthelferin; vgl. MüKoStGB/*Cierniak* § 203 Rn. 50; Leipziger Kommentar/*Schünemann* § 203 Rn. 43; *Waider* R&P 2006, 69. Eine gemeinsame Schweigepflicht ist jedenfalls für die Frage des Offenbarens nach zutreffender h.M. unerheblich, vgl. *Ehrmann*, Outsourcing von medizinischen Daten – strafrechtlich betrachtet –, S. 64.
[150] So auch *Hermeler*, Rechtliche Rahmenbedingungen der Telemedien, S. 171; *Ehrmann*, Outsourcing von medizinischen Daten – strafrechtlich betrachtet, S. 54.

228 Rechnerkapazitäten ist eine Verschlüsselung auch bei größeren Datenmengen ohne Weiteres möglich. Große Outsourcing-Anbieter haben solche Verschlüsselungstechniken auch regelmäßig im Programm.

Allerdings ist alleine durch die Technik in vielen Fällen das Problem nicht lösbar. Zumindest Systemadministratoren, welche für die Wartung der IT-Systeme zuständig sind, werden die Verschlüsselungsmethoden kennen müssen und damit potenziell Zugriff auf die geschützten Daten haben. Denkbar ist auch, dass für die Systemwartung ein Zugriff auf Datenbanken auch zwingend erfolgen muss.

229 In solchen Fällen, in denen von den zahlreichen IT-Mitarbeitern des Anbieters nur wenige Zugriff auf die geschützten Daten haben, bietet sich dann etwa eine Lösung über eine Arbeitnehmerüberlassung[151] oder ein Doppelarbeitsverhältnis an.[152]

230 Bei manchen Services stellt sich das Problem, dass selbst durch eine zureichende Verschlüsselungsmethode eine Verhinderung der Kenntnisnahme durch die Mitarbeiter des Anbieters nicht möglich ist. Prominentes Beispiel ist das gerade im Versicherungsbereich häufig outgesourcte Druckzentrum. In diesem werden die zahlreichen Kundenschreiben, welche eine Versicherung an ihre Versicherten aussendet, gedruckt und verschickt. Wenn der Prozess nicht vollständig automatisiert abläuft, also etwa Mitarbeiter des Outsourcers Kundenanschreiben aus Bausteinen zusammensetzen oder auch nur Briefe in Umschläge packen, ist eine Kenntnisnahme von den geschützten Daten oft unvermeidlich. In diesen Fällen müssen die Parteien andere Lösungen finden.

3. Lösung durch ein Modell der Arbeitnehmerüberlassung

231 Eine weitere Lösungsmöglichkeit ist das Modell der Arbeitnehmerüberlassung. Dabei stellt der Anbieter dem Versicherer die Arbeitskraft seiner Arbeitnehmer zur Verfügung, ohne dass das Arbeitsverhältnis auf den Kunden übergeht oder der Kunde mit dem betreffenden Arbeitnehmer einen zusätzlichen Arbeitsvertrag schließt. Die Weisungsbefugnis gegenüber den Arbeitnehmern regeln die Parteien vertraglich. In der Regel kann sie der Kunde aber uneingeschränkt ausüben. Eine Weisungsgewalt ist auch erforderlich, damit die Regelung des § 203 StGB gewahrt bleibt. Die Einbindung der Mitarbeiter des Outsourcing-Providers über die Arbeitnehmerüberlassung in den Betrieb des jeweiligen Unternehmens muss dabei so eng sein, dass man von einer unmittelbaren **Einbindung in das konkrete Vertrauensverhältnis** sprechen kann und folglich die Verwirklichung des § 203 StGB – mangels Offenbarens eines Geheimnisses – verwirklicht wird. Erforderlich ist auch zwischen den Beteiligten zu vereinbaren, dass eingesehene Geheimnisse nicht an das entsendende Unternehmen (also den IT-Dienstleister) weitergeleitet werden dürfen.[153]

232 In Deutschland ist das Modell der Arbeitnehmerüberlassung durch das Arbeitnehmerüberlassungsgesetz (AÜG) geregelt. So ist – zum Schutz der betroffenen Arbeitnehmer – für den Anbieter, damit er Arbeitnehmerüberlassungen durchführen darf, eine Genehmigung nach Arbeitnehmerüberlassungsgesetz für sein gesamtes Unternehmen erforderlich. Die Erlaubnis wird nur befristet erteilt und ist jährlich – kostenpflichtig – zu erneuern.[154] Viele Outsourcing-Anbieter haben eine solche Genehmigung, aber bei Weitem nicht alle. Es ist ferner nicht zu vergessen, dass die Genehmigungsbedürftigkeit und die Prüfung der Einhaltung der Regelungen des AÜG zu einer weiteren Formalisierung und auch zu Kosten führen.

Das Modell der Arbeitnehmerüberlassung ist daher auch nicht für alle Fälle ideal.

4. Lösung durch Doppelarbeitsverhältnisse

233 Ein beliebtes und einfaches Modell, zu dem allerdings die Zustimmung des jeweiligen Arbeitnehmers erforderlich ist, ist die Lösung über ein Doppelarbeitsverhältnis. In diesem Fall

---

[151] → Rn. 231.
[152] → Rn. 233 f.
[153] *Ehrmann*, Outsourcing von medizinischen Daten – strafrechtlich betrachtet, S. 79.
[154] Vgl. hierzu § 2 AÜG.

liegt nach herrschender Meinung bei entsprechender Gestaltung **keine Offenbarung** von durch § 203 StGB geschützten Daten vor.[155]

Bei diesem Modell schließt der Kunde mit den Mitarbeitern des Outsourcing-Anbieters einen zusätzlichen Arbeitsvertrag betreffend die jeweilige geheimnisrelevante Dienstleistung. Dieses Modell eignet sich insbesondere, wenn nur einzelne Mitarbeiter des Anbieters mit den personenbezogenen Daten in Berührung kommen. Bei einer großen Mitarbeiterzahl sind allerdings arbeitsrechtliche Probleme nicht ausgeschlossen.

Insgesamt ist auch im Bereich des Outsourcings von § 203 StGB – relevanten Daten aufgrund des Strafbarkeitsrisikos die Einschaltung eines in diesem Bereich erfahrenen Spezialisten zu empfehlen.

VIII. Besonderheiten des Outsourcing bei Kapitalanlagegesellschaften

Mit dem Kapitalanlagegesetzbuch (KAGB) wurden Regeln für sämtliche Formen der Kapitalanlage geschaffen, die sowohl Wertpapierfonds als auch alternative Investmentfonds und deren Management erfassen.[156] Das KAGB war wegen einer delegierten Verordnung der Kommission über Alternative Investment Fund Manager notwendig geworden.[157] Die BaFin hat diesbezüglich ein Rundschreiben veröffentlicht, in dem sie zu den wichtigsten Fragen dieser Regelung Stellung nimmt.[158]

§ 36 KAGB stellt dabei höhere Anforderungen an Auslagerungen als das InvG. Schon der Anwendungsbereich des KAGB ist viel weiter, weil hier nicht nur „wesentliche Auslagerungen" in den Anwendungsbereich der Norm fallen, sondern jede Auslagerung. Nicht erfasst davon sind laut der Erwägungsgrund 82 der besagten VO nur „administrative oder technische Funktionen, die bei den Verwaltungsaufgaben eine Hilfe darstellen". Als Beispiele nennt die Richtlinie „logistische Unterstützung in Form von Reinigungsdiensten, Catering und Beschaffung von Dienstleistungen oder Gütern des Grundbedarfs". Die Bedingungen der Auslagerung sind dann gleich in § 36 (1) KAGB geregelt. Danach müssen folgende Bedingungen erfüllt werden:
- Objektive Rechtfertigung der gesamten Auslagerungsstruktur durch die Kapitalverwaltungsgesellschaft (Nr. 1)
- Ausreichende Ressourcen des Auslagerungsunternehmens und zuverlässige und erfahrene Geschäftsleitung (Nr. 2)
- Bei Auslagerung von Risikoverwaltung oder Portfoliomanagement nach Zulassung oder Genehmigung der BaFin (Nr. 3)
- Im Falle der Auslagerung in einen Drittstaat Sicherstellung der Zusammenarbeit zwischen BaFin und genehmigender Stelle im Drittstaat (Nr. 4)
- Keine Beeinträchtigung der Wirksamkeit der Beaufsichtigung, insbesondere im Hinblick auf die Interessen der Anleger (Nr. 5)
- Möglichkeit der Darlegung, dass das Auslagerungsunternehmen über die erforderliche Qualifikation verfügt, zur ordnungsgemäßen Aufgabenerledigung in der Lage ist und sorgfältig ausgewählt wurde (Nr. 6)
- Möglichkeit einer wirksamen Überwachung der ausgelagerten Aufgaben insbesondere durch Weisungsbefugnisse und Kündigungsrechte (Nr. 7)
- Im Falle von Unterauslagerungen sind gemäß § 36 (6) KAGB die Voraussetzungen von Nr. 2–6 entsprechend anwendbar. Ferner ist erforderlich dass die auslagernde Kapitalverwaltungsgesellschaft vorher zugestimmt hat (Nr. 1) und die Unterauslagerung bei der BaFin vor deren Wirksamwerden anzeigt (Nr. 2).

---

[155] Entscheidend ist aber auch hier die organisatorische Einbindung der Mitarbeiter des IT-Providers, damit eine unmittelbare Einbindung in das konkrete Vertrauensverhältnis erfolgt.
[156] Siehe dazu *Kann/Redeker* DStR 2013, 1483 ff.
[157] C(2012) 8370 vom 19.12.2012.
[158] Häufige Fragen zum Thema Auslagerung gemäß § 36 KAGB, Geschäftszeichen WA 41-Wp 2137-2013/ 0036, Bonn/Frankfurt aM, 10. Juli 2013, abrufbar unter http://www.bafin.de/SharedDocs/Veroeffentlichungen/DE/FAQ/faq_kagb_36_auslagerung_130710.html.

238 Aus dem Kontext ergibt sich, dass es sich bei einer Auslagerung bei Kapitalanlagegesellschaften in der Regel nicht – mit Ausnahme des § 36 (1) Nr. 3 KAGB – um eine genehmigungspflichtige Aktivität handelt, dass die **Voraussetzungen** aber auf der anderen Seite nicht nur zum Genehmigungszeitpunkt, sondern **fortwährend vorliegen** müssen. In jedem Falle trifft das auslagernde Unternehmen nach § 36 (2) KAGB aber eine Anzeigepflicht. Die Anzeige sollte Auslegungsunternehmen unter Nennung des Namens und des Sitzes der juristischen Person genau bezeichnen, ebenso wie die ausgelagerte Tätigkeit und den Zeitpunkt des Inkrafttretens der Auslagerungsvereinbarung wie auch die objektiven Auslagerungsgründe.

239 Jenseits der Bedingungen der Auslagerung bestehen auch Auslagerungsverbote für den Fall der Briefkastenfirma in § 36 (5) KAGB und für die Auslagerung auf bestimmte Unternehmen in § 36 (3) (Nr. 1: Unterverwahrer oder die Verwahrstelle; Nr. 2 Kapitalverwaltungsgesellschaften, bei denen es zu Interessenskonflikten kommen könnte).

240 Rechtsfolgen einer zulässigen Auslagerung sind zum einen, dass gemäß § 36 (6) KAGB die nach §§ 165 oder 269 KAGB eingetragenen Aufgaben, die ausgelagert wurden, in einen Katalog aufzunehmen sind. Ferner hat die Kapitalverwaltungsgesellschaft ein Verschulden des Auslagerungsunternehmens gemäß § 36 (6) KAG in gleichem Umfang zu vertreten wie eigenes Verschulden. Mithin gelten für Kapitalanlagegesellschaften sehr strenge Prüfungspflichten und auch einige Auslagerungsverbote.

IX. Besonderheiten des Outsourcing in der Versicherungsbranche

241 Auch die Versicherungsunternehmen sind, ähnlich wie die Banken und Finanzdienstleistungsinstitute, ein wichtiges Geschäftsfeld für die Outsourcing-Provider. Allerdings stellt sich – wiederum ähnlich wie im Bereich der Banken – auch die Problematik, dass die über die Versicherten gespeicherten Daten oftmals eine besondere Sensibilität aufweisen. Man denke hierzu gerade an die Gesundheitsdaten eines Krankenversicherten, deren Offenbarung sogar durch § 203 StGB strafbewehrt ist.

242 Neben regulatorischen Besonderheiten, welche bei einem Versicherungs-Outsourcing zu berücksichtigen sind,[159] ist die wichtigste Besonderheit beim Versicherungs-Outsourcing, dass in aller Regel besondere Typen von Daten, also sensible Daten im Sinne des § 3 Abs. 9 BDSG oder von § 203 StGB erfasste Daten von der Datenverarbeitung durch den Outsourcing-Dienstleister betroffen sind. Im Bereich des Datenschutzes hat der Anbieter daher zusätzliche Maßnahmen zu treffen, welche ohnehin über die bei der Verarbeitung personenbezogener Daten nach §§ 9, 11 BDSG hinausgehen.[160] Bei der in den meisten Outsourcing-Fällen vorliegenden Auftragsdatenverarbeitung nach § 11 BDSG bleibt der Versicherer beim Versicherungs-Outsourcing „Herr der Daten" und folglich gegenüber dem betroffenen Datensubjekt, aber auch gegenüber der Aufsichtsbehörde für die Ordnungsgemäßheit der Datenverarbeitung verantwortlich. Den Anbieter treffen dagegen in dieser Konstellation nur die üblichen Pflichten des Auftragsdatenverarbeiters.

1. Die MaRisk VA

243 Ähnlich wie bei Kreditinstituten hat die Bundesanstalt für Finanzdienstleistungsaufsicht auch für Versicherungsunternehmen verbindliche Mindestanforderungen an das Risikomanagement erlassen.[161] Aktuelle Fassung ist das Rundschreiben 23/2009 aus März 2009. Bei dem Dokument handelt es sich insbesondere um eine Konkretisierung der Vorschrift des § 64a des Versicherungsaufsichtsgesetzes (VAG). In dieser Vorschrift sind die Grundsätze festgelegt, wie Risikomanagement in Versicherungsunternehmen zu betreiben ist.[162]

---

[159] → 219ff.
[160] → Rn. 140ff. sowie ausführlich in → § 34.
[161] Nähere Erläuterungen finden sich bei *Gabel/Steinhauer* VersR 2010, 179.
[162] Aktuelles Rundschreiben im Internet, abrufbar unter http//www.bafin.de/clm_109/nn_72190shareddocs/Veroeffentlichungen/de/Service/Rundschreiben/2009rs_0903_marisk_VA.html.

2. Funktionsausgliederungen im Sinne des § 13 VAG, geltendes Recht bis zum 31.12.2015

Entscheidend für ein IT-Outsourcing im Versicherungsbereich ist die Frage, ob es sich bei einem solchen um eine Funktionsausgliederung gemäß § 5 Abs. 3 Nr. 4, 13 VAG handelt. In einem solchen Fall müsste das outsourcende Versicherungsunternehmen nämlich das IT-Outsourcing bei der BaFin vorlegen und dieser eine Widerspruchsmöglichkeit einräumen.

Im Übrigen ist – genauso wie bei der Kreditwirtschaft – die Durchführung eines IT-Outsourcings genehmigungsfrei. Dies ist der Regelfall. § 5 Abs. 3 Nr. 4, 13 VAG wird auf die meisten Outsourcings – auch wenn sie umfangreicher sind – nicht zutreffen. Es wird vielmehr die Eigenverantwortung der Unternehmen gestärkt und der jeweiligen Versicherung das nachhaltige Betreiben einer „Sourcing-Governance" vorgeschrieben. Im Ergebnis hat die Versicherung dann also die Risikoeignung des spezifischen IT-Outsourcings selbst zu beurteilen. Auch ohne eine Überprüfung durch die BaFin sind sämtliche Vorgaben – gesetzliche und insbesondere die der MaRisk VA – einzuhalten.

In eng begrenzten Ausnahmefällen kann das IT-Outsourcing allerdings auch als Funktionsausgliederung und damit als Geschäftsplanänderung bei der BaFin gemäß § 13 Abs. 1a VAG als Geschäftsplanänderung vorlagepflichtig sein. In diesen Fällen steht der BaFin ein Widerspruchsrecht gegen die geplante Auslagerung zu. Dies kommt insbesondere in Betracht, wenn mit der IT-Abteilung und der Datenverarbeitung auch ganze Zentralabteilungen der Versicherung (das Gesetz nennt in § 5 Abs. 3 Nr. 4 VAG die Auslagerung des Rechnungswesens) mit ausgelagert werden. Erfahrungsgemäß tendiert die BaFin allerdings zu einer engen Auslegung des § 5 Abs. 3, 13 VAG und nimmt meist keine Funktionsausgliederung an. Beispielsweise ist ein Rechenzentrumsoutsourcing noch kein Outsourcing des Rechnungswesens im Sinne des § 5 Abs. 3 Nr. 4 VAG, § 13 VAG.

Kommt nach dem Wortlaut des § 5 Abs. 3 Nr. 4, § 13 VAG eine Funktionsausgliederung in Betracht, so ist dem den Kunden beratenden Rechtsanwalt zu empfehlen, sich hierüber mit der BaFin bereits frühzeitig in Verbindung zu setzen bzw. dies seinem Mandanten zu raten. Hintergrund ist, dass die Widerspruchsmöglichkeit der BaFin nach § 13 Abs. 1a VAG zu einer mehrmonatigen Projektverzögerung führen kann. In der Regel ist von der BaFin auf Anfrage durchaus eine Beurteilung der Vorlagepflicht zu erhalten.

X. Internationale Bezüge des Outsourcing, Offshoring-Projekte

1. Offshoring – Regionen und Besonderheiten

Seit einigen Jahren rückt eine weitere Form des Outsourcings stärker auch in den Fokus deutscher Unternehmen: Das Offshoring.[163] Unter Offshoring versteht man die Auslagerung in weiter entfernte Regionen der Welt. Ziel ist meist die Kostenreduzierung und unter Umständen auch das Ausnutzen von möglicherweise im eigenen Land nicht in genügendem Umfange zur Verfügung stehenden Arbeitskräften. Zum Teil finden sich noch die Begriffe des Near-Shorings für die näher gelegenen Regionen Osteuropas sowie des Far-Shorings für Länder wie Indien oder China.

Indien ist dabei der wohl klassischste Offshoring-Standort. Schon seit den 80er-Jahren betreiben dort US-IT-Unternehmen Offshoring-Standorte. Unter anderem wegen dieses frühen Einstiegs besteht in dem Land ein erheblicher Wissensvorsprung und eine Vielzahl gut ausgebildeter IT-Mitarbeiter. Trotzdem sind die Lohnkosten erheblich niedriger, als dies in westlichen Ländern der Fall ist.

Seit einigen Jahren etabliert sich auch China als Offshoring-Region.[164] Auch für China kann man sagen, dass es hier eine große Auswahl an gut ausgebildeten Mitarbeitern und erheblich niedrigere Lohnkosten als in westlichen Ländern gibt. Dennoch sind die Risiken eines Outsourcings nach China nicht zu übersehen. Diese sind in erster Linie durch die völlig

---

[163] Vgl. Hörl/Häuser CR 2003, 713 (717).
[164] Bräutigam/Bräutigam Teil 13 Rn. 579.

unterschiedliche politische und gesetzliche Lage in dem Land begründet.[165] Auch erschwert die Zeitverschiebung oft die Kommunikation. Die Stärken Chinas werden daher häufig eher im Hardwarebereich gesehen.[166]

251 Neben fernöstlichen Regionen kommen für Offshoring-Projekte insbesondere Anbieter aus Polen, Tschechien, Slowakei, Rumänien, Russland und der Ukraine in Betracht. Auch in diesen Staaten ist das Ausbildungsniveau im IT-Bereich vergleichsweise hoch, wobei das Vergütungsniveau im Vergleich zu Deutschland dennoch erheblich niedriger liegt. Weiterhin bestehen nur geringe Zeitverschiebungsprobleme. Nicht zuletzt sind die Staaten den westlichen Nationen auch kulturell ähnlich. Meist werden diese Standorte für Backoffice-Tätigkeiten genutzt. Man darf allerdings nicht übersehen, dass gerade für personalintensive Arbeiten das Vergütungsniveau aber in den osteuropäischen Staaten bereits erheblich höher liegt als in Indien oder China.

2. Scope eines Offshoring-Projekts

252 Der Scope eines Offshoring-Projekts ist aus verschiedenen Gründen in aller Regel enger als der eines nationalen Outsourcing-Projekts. Zum einen ist für verschiedene IT-Leistungen schlicht und ergreifend ein Mitarbeiter vor Ort erforderlich. Man denke dabei etwa an die Wartung der Computer an den Arbeitsplätzen der Sachbearbeiter von Versicherungen. Darüber hinaus ist für viele Services erforderlich, dass die jeweiligen IT-Mitarbeiter die Muttersprache der Endkunden sehr gut beherrschen. Dies ist gerade bei fernöstlichen Destinationen in Bezug auf Deutschland selten der Fall. Zwar sind bei indischen IT-Beschäftigten oft englische Sprachkenntnisse vorhanden, deutsche aber nur selten.

253 Darüber hinaus begrenzen auch rechtliche Vorgaben die Möglichkeiten des Offshorings. So tritt etwa im Datenschutzrecht das Problem auf, dass von der Europäischen Kommission das Datenschutzniveau von Ländern wie Indien oder China als nicht adäquat betrachtet wird,[167] so dass eine Übertragung der Verarbeitung von personenbezogenen Daten von Datensubjekten aus der EU grundsätzlich nicht zulässig ist.[168] Für IT-Leistungen wie etwa Softwareprogrammierung, bei denen ein unmittelbarer Endkundenkontakt nicht erforderlich ist und zudem keine Verarbeitung personenbezogener Daten erfolgt, eignen sich Offshoring-Projekte dagegen hervorragend.

3. Besondere Risiken im internationalen Umfeld

254 Zunächst ist – und hierauf sollte der den Kunden beratende Rechtsanwalt seinen Mandanten hinweisen – mit einem Outsourcing zum einen der Weggang von Know-how aus dem Unternehmen verbunden, zum anderen schafft man auch eine gewisse Abhängigkeitslage zum Outsourcer. Für eine längerfristige Kosteneinsparung und Effizienzsteigerung ist nun allerdings oft eine konstante Bindung zu dem Outsourcing-Partner erforderlich. Dies zu bewerkstelligen, gestaltet sich bei einem Offshore-Projekt oft ungleich schwieriger als mit einem spezialisierten Anbieter in Deutschland.

255 Darüber hinaus ist in die Gesamtkosten eines Outsourcings neben den Preisen und Löhnen für IT-Mitarbeiter auch stets der Aufwand für das Providermanagement im Hause des Kunden mit einzubeziehen (so genanntes „Total Cost of Ownership"). Dieses ist bei Offshoring-Projekten oft ungleich höher, als dies bei einem spezialisierten, in Deutschland tätigen Anbieter der Fall ist. Aufgrund kultureller und sprachlicher Barrieren sowie der Zeitverschiebung und der Tatsache, dass die in Fernost ansässigen Anbieter oft nicht in dem Maße spezialisiert sind, wie Unternehmen vor Ort, entsteht hier beim Kunden erfahrungsgemäß deutlich höherer Aufwand.

256 Schließlich ist nicht zu vergessen, dass man Leistungen möglicherweise in ein anderes Rechtssystem übergibt, dessen Entwicklung man als Kunde nicht in vollem Umfange über-

---

[165] *Söbbing* Rn. 100 = S. 96 f.
[166] Bräutigam/*Bräutigam* Teil 13 Rn. 579.
[167] → § 26; *Grapentin* CR 2009, 693 und Bräutigam/*Bräutigam/Thalhofer* Teil 14 Rn. 66 ff.
[168] → Rn. 258 sowie → § 34.

blicken, nicht beeinflussen und möglicherweise auch vertraglich nicht in vollem Umfange abfedern kann. Dies trifft insbesondere auf Outsourcing nach China zu.

Alles in allem bedarf ein Offshoring-Projekt daher einer umfassenden Vorbereitung, Berater mit Erfahrung in dem jeweiligen Bereich, einer gezielten Auswahl der Offshoring-Anbieter sowie umfassende Schulung der Mitarbeiter der Providersteuerung im Haus des Kunden.

4. Besonderheiten bei der Vertragsgestaltung

Die zusätzlichen Risiken und Aspekte, die ein Offshoring-Projekt mit sich bringt, erfordern meist besondere Maßnahmen bei der Vertragsgestaltung.[169] So ist zum Beispiel zu überlegen, ob man mit dem Grundaufbau des Vertrags (dh Rahmenvertrag, Leistungsscheine und Anlagen) alleine zurechtkommt oder ob zusätzliche Erfordernisse bestehen.

Inhaltlich ist insbesondere darüber nachzudenken, ob nicht zusätzliche Regelungen zur Qualitätssicherung Sinn machen. Auch ist zu beachten, dass Ansprüche des Kunden aus Service Level Agreements und anderen Regelungen des Vertrags in anderen Rechtsordnungen schwieriger durchzusetzen sein könnten als in Deutschland. Auch IP-rechtliche Fragestellungen stellen sich. Gerade in fernöstlichen Ländern ist Piraterie von geistigem Eigentum westlicher Unternehmen leider weit verbreitet.

5. Strukturmodelle

Bei Strukturmodellen sind im Wesentlichen die folgenden Varianten zu entscheiden: Bei einem sogenannten Ownership-Modell gründet der Kunde selbst eine Niederlassung in dem Offshoring-Zielland, die die auszulagernde Leistung erbringt. Manchmal sind auch mehrere westliche Unternehmen beteiligt, die ein gemeinsames Serviceunternehmen gründen. Vorteil dieser Variante ist die gute Kontrolle über den Outsourcing-Anbieter. Allerdings kann das Ziel einer Konzentration auf Kerngesichtspunkte des Unternehmens des Kunden so nicht erreicht werden.

Beim Contracting-Modell wird wie beim Outsourcing im Inland ein Rahmenvertrag mit Leistungsscheinen mit dem im Ausland ansässigen Anbieter abgeschlossen. In diesen Fällen hat die Durchsetzung dieser Ansprüche[170] besondere Bedeutung. Eine Variante des Contracting-Model ist, dass mit einer wesentlichen Muttergesellschaft eines Anbieters in Indien der Vertrag abgeschlossen wird. Auf diesem Wege versucht man, kulturelle und sprachliche Barrieren abzubauen und die Durchsetzbarkeit etwaiger Ansprüche des Kunden zu verbessern. Es ist allerdings klar, dass der zusätzliche „Overhead" im Inland wiederum einen Kostenfaktor darstellt.

Beim Body-Shopping-Modell wirbt der Kunde qualifizierte Arbeitskräfte direkt im Offshoring-Regionenland an, um sie im eigenen Land zu beschäftigen. Bei diesem Modell sind insbesondere immigrationsrechtliche Gesichtspunkte zu berücksichtigen.

6. Regelungen zur Qualitätssicherung

In den Passagen des Vertrages, welche die Qualität der von dem Anbieter zu erbringenden Outsourcing-Leistungen regeln, sollte der den Kunden beratende Rechtsanwalt auf die Aufnahme international bekannter Qualitätsstandards gerade bei Offshoring-Projekten achten. Ein Beispiel hierfür ist etwa das Capability Maturity Model (CMM) der Carnegie Mellon University, Pittsburgh.[171] Ein bekanntes Modell ist auch Six Sigma, eine Optimierungsstrategie zur Qualitätsverbesserung und zur effektiven Kostensenkung in Unternehmen.

Die internationale Norm ISO 9001:2008[172] stellt die Anforderungen an ein Qualitätsmanagementsystem dar, dessen Ziel die Bereitstellung von Produkten nach den Anforderungen des Kunden eines Unternehmens und gegebenenfalls behördlicher Anforderungen ist.

---

[169] Vgl. Bräutigam/*Bräutigam* Teil 13 Rn. 587.
[170] → Rn. 251 ff.
[171] Vgl. hierzu ausführlich *Paulk/Curtis/Chrissis/Weber*, Capability Maturity Model for Software, 1993.
[172] Diese ISO-Norm wurde zwar 2009 nochmals berichtigt, wird von der Bezeichnung her aber immer noch als ISO 9001:2008 geführt.

265 In dem hier gegebenen Rahmen können nur diese Beispiele genannt werden. Welche Normen konkret aufzunehmen sind, hängt entscheidend von dem Scope des jeweiligen Outsourcing-Projektes und den vom Offshore-Anbieter zu erbringenden Leistungen ab. Dem beratenden Rechtsanwalt ist zu empfehlen, in diesem Bereich eng mit den Technikern des Kunden zusammenzuarbeiten, um herauszufinden, welche international anerkannten Qualitätsstandards für die jeweiligen Leistungen existieren.

7. Gestaltung von Service Level Agreements

266 Schon bei einem regulären Outsourcing, das kein Offshoring mit einbezieht, ist die sorgfältige Gestaltung der Service Level Agreements von größter Bedeutung. Bei einem Offshoring kommt hier erschwerend hinzu, dass sich der Kunde nicht wie bei im deutschen Markt etablierten Unternehmen auf ein gewisses Qualitätsniveau der Leistung verlassen kann. Mit dem Service Level Agreement und den übrigen Ansprüchen des Kunden bei mangelhafter Leistung steht und fällt also die Qualität der Leistung, die der Kunde letztlich erhält. Wichtig sind daher auch und gerade die vereinbarten Rechtsfolgen (insbesondere Pönalen) bei Service Level Verletzungen.

8. Durchsetzung vertraglicher Ansprüche durch Garantien und Performance Bonds

267 Nach der Festlegung dieser vertraglichen Ansprüche ist ihre Sicherung von größter Bedeutung. Wenn nicht eine im Inland ansässige Muttergesellschaft des Offshoring-Unternehmens existiert, ist etwa die Absicherung solcher Ansprüche durch ein so genanntes Performance Bond ratsam. Bei einem Performance Bond handelt es sich um eine besondere Erfüllungsgarantie, bei der ein Kreditinstitut im Wege einer abstrakten Zahlungsverpflichtung im Auftrag des Schuldners sich verpflichtet, einen bestimmten Betrag zu bezahlen, sofern der Schuldner die vertraglich vereinbarte Leistung nicht oder nicht wie geschuldet erbringt.[173] Diese Zahlung soll die Kosten kompensieren, die dem Kunden durch eine mangelhafte oder ausbleibende Leistung entstehen. Performance Bonds sichern zunächst die geschuldete Hauptleistung des Vertrages ab. Bei Outsourcing-Projekten geht es dabei insbesondere um die jeweiligen SLAs.

268 Auch die rechtliche Seite ist für den Kunden bei einem Offshoring-Projekt von größter Bedeutung. So sollte er das auf den Vertrag anwendbare Recht überblicken und einen Gerichtsstand dort vereinbaren, wo er auch auf die Durchsetzung seiner Ansprüche vertrauen darf. Ist die Vereinbarung eines inländischen Gerichtsstandes wie oft in der Verhandlung nicht zu erreichen, so bieten sich internationale Schiedsgerichte in einem neutralen Drittland (beispielsweise die International Chamber of Commerce in Paris) an.

9. IP-rechtliche Fragestellungen

269 Für in Offshoring-Regionen entstandenes geistiges Eigentum gilt nach herrschender Meinung das **Schutzlandprinzip**.[174] Das bedeutet beispielsweise für von indischen Programmierern in Indien geschaffene Software, dass sich die entstandenen Urheberrechte hieran nach indischem Recht richten. Der beratende Rechtsanwalt hat daher darauf zu achten, dass die vertraglich vereinbarte Übertragung von Rechten auf den Kunden sich auch mit den Prinzipien des Urheberrechts in dem jeweiligen Land, in das Offshoring betrieben wird, verträgt. Dies ist gerade bei fernöstlichen Destinationen nicht a priori gegeben.

10. Datenschutz

270 Die Drittländer, in denen Offshoring-Anbieter meist ansässig sind, gewährleisten in den allermeisten Fällen nicht das Datenschutzniveau, das in der Europäischen Union herrscht. Aus diesem Grund müssen der Kunde (als „Herr der Daten") und der Outsourcing-Anbieter selbst für die Gewährleistung eines angemessenen Datenschutzniveaus insbesondere bei dem

---

[173] Schimansky/Bunte/Lwowski/*Nielsen*, Bankrechts-Handbuch, Band 2, § 121 Rn. 34.
[174] BGH Urt. v. 3.3.2004 – 2 StR 109/03, GRUR 2004, 421 (422).

ausländischen Subunternehmer sorgen. Dies kann durch besondere vertragliche Bindungen erreicht werden, allerdings ohne dass eine Haftungsfreizeichnung der Datenverantwortlichen möglich ist. Die Europäische Kommission stellt für den Datenexport Standardklauseln zur Verfügung,[175] die allerdings zu ihrer Gültigkeit (ohne vorherige Genehmigung durch die zuständigen Datenschutzbehörden) nicht verändert werden dürfen. Diese enthalten insbesondere Haftungsübernahmen des Datenexporteurs. Zusätzlich ist ein Datenverarbeitungsverarbeitungsvertrag, angelehnt an die Grundsätze des § 11 BDSG, erforderlich.[176] Weitere existierende Methoden, wie die Einführung verbindlicher Unternehmensregelungen (so genannte Binding Corporate Rules)[177] für den Datenschutz bei dem Kunden und deren Ausweitung auf den Subunternehmer in dem unsicheren Drittland existieren rechtlich, würden aber an dieser Stelle zu weit führen.[178]

XI. Non-legal Outsourcing in Anwaltskanzleien

Ein im anwaltlichen Berufsrecht intensiv diskutiertes Thema ist die Frage, inwieweit ein Rechtsanwalt zum Outsourcing von Arbeiten berechtigt ist, welche nicht Rechtsberatung darstellen (so genanntes *Non-legal Outsourcing*. Beispielhaft sind hier Tätigkeiten wie Aktenvernichtung, Übersetzungsarbeiten und die Einbindung von Schreibbüros oder auch IT-Services zu nennen.

Hintergrund der Diskussion ist die strenge Regelung in § 2 Berufsordnung für Rechtsanwälte (BORA), welche in der (jedenfalls) bis zum 30.4.2015 gültigen Fassung schlicht festlegt, dass der Rechtsanwalt betreffend seiner Mandatsangelegenheiten zur Verschwiegenheit verpflichtet ist. Damit begab sich ein Rechtsanwalt, der Non-legal Outsourcing betrieb, berufsrechtlich stets in einen Graubereich, da nicht ausgeschlossen war, dass ihm aus diesem Grunde eine Verletzung der Mandatsvertraulichkeit zur Last gelegt würde.[179]

Mit einem neuen Vorschlag für § 2 BORA hat die 5. Satzungsversammlung nun eine grundlegende berufsrechtliche Neuregelung für das Non-legal Outsourcing in Kanzleien geregelt. Ein Verstoß gegen die Verschwiegenheitspflichten von Anwältinnen und Anwälten liegt danach nicht vor, wenn die Einschaltung Dritter im Rahmen der Arbeitsabläufe der Kanzlei „sozialadäquat" ist.

Der Text der vorgeschlagenen Neuregelung lautet:

§ 2(3) BORA:
Ein Verstoß ist nicht gegeben, soweit das Verhalten des Rechtsanwalts
a) mit Einwilligung erfolgt oder
b) zur Wahrnehmung berechtigter Interessen erforderlich ist, zB zur Durchsetzung oder Abwehr von Ansprüchen aus dem Mandatsverhältnis oder zur Verteidigung in eigener Sache, oder
c) im Rahmen der Arbeitsabläufe der Kanzlei einschließlich der Inanspruchnahme von Leistungen Dritter erfolgt und objektiv einer üblichen, von der Allgemeinheit gebilligten Verhaltensweise im sozialen Leben entspricht (Sozialadäquanz).
(4) Der Rechtsanwalt hat seine Mitarbeiter zur Verschwiegenheit schriftlich zu verpflichten und anzuhalten, auch soweit sei nicht im Mandat, sondern in sonstiger Weise für ihn tätig sind.
(5) Abs. 4 gilt auch hinsichtlich sonstiger Personen, deren Dienste der Rechtsanwalt in Anspruch nimmt und

---

[175] Vgl. Commission Decision of 5. February 2010 (K 2010/593) nach der Richtlinie 95/46/EG; zu finden etwa unter http://ec.europa.eu/justice_home/fsj/privacy/modelcontracts/index_de.htm.
[176] Die Privilegierung der Auftragsdatenverarbeitung als solche ist außerhalb dem Gebiet des EWR nicht anwendbar, vergleiche in Simitis/*Petri* § 11 Rn. 8.
[177] Hierzu ausführlich → § 34; *Grapentin* CR 2009, 693 und Bräutigam/*Bräutigam*/*Thalhofer* Teil 14 Rn. 66 ff.
[178] Vgl. zu dem Gesamtkomplex ausführlich → § 26.
[179] Die Diskussion unter dem bisherigen Recht und zu bisherigen Reformbemühungen wurde maßgeblich angestoßen von *Ewer* AnwBl 2011, 847. Nachdem die Überlegungen des Deutschen Anwaltvereins 2012 zu einer Ausweitung der Verschwiegenheitsnorm im Strafgesetzbuch auf Widerstand des Bundesjustizministeriums stieß, wurde in der Satzungsversammlung eine berufsrechtliche Regelung favorisiert (vgl. *Hellwig* AnwBl 2012, 477, *Ewer* AnwBl 2014, 336).

a) denen er verschwiegenheitsgeschützte Tatsachen zur Kenntnis gibt oder
b) die sich gelegentlich ihrer Leistungserbringung Kenntnis von verschwiegenheitsgeschützten Tatsachen verschaffen können.

Nimmt der Rechtsanwalt die Dienste von Unternehmen in Anspruch, hat er diesen Unternehmen aufzuerlegen, ihre Mitarbeiter zur Verschwiegenheit über die Tatsachen gemäß Satz 1 zu verpflichten. Die Pflichten nach Satz 1 und Satz 2 gelten nicht, soweit die dienstleistenden Personen oder Unternehmen kraft Gesetzes zur Geheimhaltung verpflichtet sind oder sich aus dem Inhalt der Dienstleistung eine solche Pflicht offenkundig ergibt.

(6) Der Rechtsanwalt darf Personen und Unternehmen zur Mitarbeit im Mandat oder zu sonstigen Dienstleistungen nicht hinzuziehen, wenn ihm Umstände bekannt sind, aus denen sich konkrete Zweifel an der mit Blick auf die Verschwiegenheitspflicht erforderlichen Zuverlässigkeit ergeben und nach Überprüfung verbleiben.

(7) Die Bestimmungen des Datenschutzrechts zum Schutz personenbezogener Daten bleiben unberührt.[180]

275 Die neue Norm schafft nun eine deutliche Differenzierung hinsichtlich der Verschwiegenheitspflichten der Anwaltschaft. Sie ist als Schritt in die richtige Richtung zu begrüßen, welcher den Anwältinnen und Anwälte mehr Rechtssicherheit beim Einsatz zum Beispiel von IT-Outsourcing-Dienstleistern gibt. Über den auslegungsbedürftigen Begriff der „Sozialadäquanz" ist außerdem sichergestellt, dass die Interpretation der Verschwiegenheitspflicht nicht auf dem Stand von 2015 stehen bleibt, sondern sich mit dem Fortschreiten der Zeit und Technik auch weiterentwickeln kann. Was als sozialadäquat zulässig ist und was nicht, muss jeder Anwalt vor dem überragenden Postulat der Vertraulichkeit selbst verantwortlich beurteilen.[181]

276 Zum 1.7.2015 ist nun die revidierte Fassung des § 2 BORA in Kraft getreten. Nachdem das Bundesministerium der Justiz die Änderung zunächst beanstandet hatte, hob Bundesjustizminister Heiko Maas mit Schreiben vom 31.3.2015 an BRAK-Präsident Axel C. Filges als Vorsitzenden der Satzungsversammlung diese Beanstandung auf. Zu beachten ist allerdings, dass die Genehmigung des Bundesjustizministeriums darauf basiert, dass *„davon ausgegangen werden kann, dass die Regelungen in § 2 BORA keine Befugnisnorm im Sinne des § 203 StGB schaffen sollen"*. Damit ist klar, dass die Diskussion um eine mögliche Strafbarkeit der Weitergabe von Mandantendaten an IT Dienstleister unter § 203 StGB mit der Änderung des § 2 BORA ihr Ende noch nicht gefunden hat.

XII. Ausblick: „Solvency II" und das neue VAG mit Wirkung zum 1.1.2016

277 Mit der Richtlinie 2009/138/EG (Solvency II-Richtlinie) will die EU den Versichertenschutz stärken, einheitliche Wettbewerbsstandards im Versicherungssektor des deutschen Binnenmarktes schaffen und eine weitgehend einheitliche Aufsichtspraxis in Europa gewährleisten. Mit Wirkung zum 1.1.2016 werden die Neuerungen nun auch in deutsches Recht, insbesondere im Versicherungsaufsichtsgesetz (VAG) umgesetzt.[182] Mit der Neuregelung ergeben sich auch weitreichende Auswirkungen auf IT-Outsourcings bei Versicherungsunternehmen. Unter anderem behandelt die BaFin diese Auswirkungen in ihrem Rundschreiben vom 28.4.2015.

278 In Abänderung der bisherigen Rechtslage unterfallen nach der Neuregelung in § 32 VAG nF alle Outsourcings von „Funktionen und Versicherungstätigkeiten" grundlegend der regulatorischen Aufsicht. Die bisherige Unterscheidung zwischen Funktionsausgliederungen und sonstigen Dienstleistungen, die unter dem bisherigen Recht für aufsichtsrechtliche Fragen entscheidend war, entfällt. Die Durchführung eines Vorlageverfahrens ist gemäß § 47 Nr. 8 VAG nF zwar grundsätzlich für die Ausgliederung wichtiger Funktionen oder Tätigkeiten

---

[180] Text aus *Lührig*, AnwBl (Online-Ausgabe), http://anwaltsblatt.anwaltverein.de/nachrichtendetails/items/Satzungsversammlung_11.2014.html 4.
[181] *Gasteyer* AnwBl 2015, 70.
[182] Gesetz zur Modernisierung der Finanzaufsicht über Versicherungen vom 1.4.2015, BGBl. I S. 433 v. 10.4.2015.

weiterhin erforderlich, jedoch nicht wie bisher Wirksamkeitsvoraussetzung für die Vereinbarung mit dem Dienstleister.

Der Begriff des Outsourcings ist nach der Neufassung des VAG sehr weit gefasst. Unter Ausgliederung ist jede Tätigkeit zu verstehen, die ein Versicherungsunternehmen normalerweise selbst übernehmen würde, aber nun durch einen dritten Dienstleister erbringen lässt (§ 7 Abs. 2 VAG nF). Selbst nicht versicherungstypische Tätigkeiten können einer Auslagerungskontrolle durch die BaFin unterliegen, wenn eine Gefährdung der Belange der Versicherten im Raum steht. Waren IT-Outsourcing-Verträge bisher in der Regel nicht von dem regulatorischen Aufsichtsregime erfasst, so ändert sich dies nun aufgrund der weiten Begriffsdefinition des Outsourcings. Allerdings gelten nicht für jede Ausgliederung die gleichen Anforderungen. Gesteigerte Vorgaben gelten für die Auslagerung wichtiger Funktionen und Versicherungstätigkeiten. Ob eine Tätigkeit als wichtig anzusehen ist, kann nur einzelfallbezogen festgestellt werden. Nach ihrem Rundschreiben vom 28.4.2015 sieht die BaFin jedenfalls weiter die im jetzigen § 5 Abs. 3 Nr. 4 VAG genannten Bereiche als wichtig an. Allerdings kann man jetzt schon vermuten, dass die BaFin jedenfalls betriebswichtige IT-Outsourcing-Verträge unter dem Begriff der Ausgliederung wichtiger Funktionen fassen wird. Das Rundschreiben der BaFin vom 28.4.2015 führt dazu aus:

„Eine intensive Prüfung und Dokumentation ist beispielsweise im Bereich IT angezeigt".

Es obliegt daher den Versicherungsunternehmen selbst zu entscheiden, ob eine Auslagerung als wichtig anzusehen ist und daher die strengeren Anforderungen des § 32 Abs. 3 VAG einzuhalten sind.

Alle Ausgliederungen haben indes die Regelung des § 32 Abs. 2 VAG nF einzuhalten. Diese besagt im Wesentlichen, dass durch die Ausgliederung die Ausführung der ausgegliederten Funktionen und Versicherungstätigkeiten, Steuerungs- und Kontrollmöglichkeiten des Vorstands, sowie die Prüfungs- und Kontrollrechte der Aufsichtsbehörde nicht beeinträchtigt werden. Insbesondere bedarf es Datenzugriffsrechten des Versicherungsunternehmens und der BaFin, einer Pflicht des Dienstleisters zur Zusammenarbeit mit der BaFin sowie Zutrittsrechte der BaFin. Diese Rechte sind daher im IT-Outsourcing-Vertrag des Versicherers in Zukunft in jedem Fall abzubilden.

Ferner ist bei wichtigen Ausgliederungen über die Erfordernisse in § 32 Abs. 2 VAG nF hinaus gemäß § 32 Abs. 3 VAG nF sicherzustellen, dass wesentliche Beeinträchtigungen der Qualität der Geschäftsorganisation, eine übermäßige Steigerung des operationellen Risikos sowie eine Gefährdung der kontinuierlichen und zufriedenstellenden Dienstleistungen für die Versicherungsnehmer vermieden wird. Auch hierzu hat der IT-Outsourcing-Vertrag Regelungen zu treffen.

Es ist dringend zu empfehlen, diese Neuerungen in der Gestaltung von IT-Outsourcing-Verträgen ab sofort zu berücksichtigen, da das neue Gesetz ohne Übergangsfrist auch für bereits bestehende Auslagerungen ab dem 1.1.2016 zur Anwendungen kommt.

§ 20 Webshop-Outsourcing

Übersicht

	Rn.
I. Allgemeines	1–13
1. Verwendungsmöglichkeiten	1–3
2. Abgrenzung	4–10
a) Begriffsklärung	4–7
b) Abgrenzung von Webshop-Outsourcing und Plattformverträgen	8–10
3. Hintergrund und Ziel des Webshop-Outsourcing	11–13
II. Rechtsnatur	14–33
1. Stand der Literatur und Rechtsprechung	15–22
2. Ausgangspunkt: Vertragstypische Leistungspflichten des Internet-System-Vertrags	23/24
3. Anwendung der BGH-Rechtsprechung auf den Webshop-Outsourcing-Vertrag	25/26
4. Hauptleistungspflichten und vertraglicher Schwerpunkt	27–30
5. Webshop-Outsourcing als Gesamtsystem	31–33
III. Vertragsgestaltung	34–95
1. Vertragsaufbau	34
2. Einzelheiten zu einigen wesentlichen Regelungsbereichen	35–95
a) Definitionen	35/36
b) Überwachungs-, Mess-, Berichtspflichten; Not- und Katastrophenfälle	37/38
c) Rechte an den Daten, Datensicherung und Back-up	39/40
d) Planung und Konzeptionierung, Erstellung des Webshops	41–43
e) Service-Level, Wartung und Pflege des Gesamtsystems	44–49
f) Fulfilment	50–70
g) Betrieb des Customer Care Centers (Call-Center)	71–73
h) Vergütung	74–80
i) Herrschaft über die Daten, Auftragsdatenverarbeitung und Funktionsübertragung	81–89
j) Abwicklung des Webshop-Outsourcing-Vertrags	90–95

Schrifttum: *Alpert,* Virtuelle Marktplätze im Internet: Typische Haftungsrisiken des Anbieters von B2B-Portalen, CR 2001, 604; *Bettinger/Leistner* (Hrsg.), Werbung und Vertrieb im Internet, 2003; *Borges,* Weltweite Geschäfte im Internet und der deutsche Verbraucherschutz, ZIP 1999, 569; *Bräutigam* (Hrsg.), IT-Outsourcing und Cloud-Computing, 3. Aufl. 2013; *Bräutigam/Leupold* (Hrsg.), Online-Handel, 2003; *Büllesbach/Dreier* (Hrsg.), Konvergenz in Medien und Recht, 2002; *Dieckert/Wülfing,* Praxishandbuch Multimediarecht, 2002; *Dieselhorst/Grages,* Der Onlineshop-Betreiber als Handelsvertreter? MMR 2011, 368; *Gentsch/Lee,* Praxishandbuch Portalmanagement – Profitable Strategien für Internetportale, 2004; *Gitter/Rossnagel,* Rechtsfragen mobiler Agentensysteme im E-Commerce, K&R 2003, 64; *Gora/Mann,* Handbuch Electronic Commerce, 2. Aufl., 2001; *Gounalakis* (Hrsg.), Rechtshandbuch Elektronic Business, 2003; *Gramlich/Kröger/Schreibauer,* Rechtshandbuch B2B Plattformen, 2003; *Jestaedt,* Funktionalität, Effizienz und Wettbewerb: B2B-Marktplätze und das Kartellrecht, BB 2001, 581; *Kaminski/Henßler/Kolaschnik/Papathoma-Baetge* (Hrsg.), Rechtshandbuch E-Business, 2002; *Koenig/Kulenkampff/Kühling/Loetz/Smit,* Internetplattformen in der Unternehmenspraxis, 2002; *Koller,* Transportrecht Kommentar, 8. Aufl. 2013; *Kosmides,* Providing-Verträge, 2010; *Lochen,* Elektronische Marktplätze, 2006; *Meinhardt/Popp* (Hrsg.), Enterprise-Portale & Enterprise Application Integration, 2002; *Mehrings,* Internetverträge und Internationales Privatrechts, CR 1998, 613; *Moritz/Dreier* (Hrsg.), Rechts-Handbuch zum E-Commerce, 2. Aufl. 2005; *Müller-Grote/Reydt/Schmidt* (Hrsg.), E-Business, 2001; *Spindler,* Zugangsgewährung durch Internet-Provider – Typische Klauseln und Inhaltskontrolle, K&R 1999, 488; *Wizany,* Unternehmensportale für die Beschaffung, 2012; *Wüstenberg,* Die Haftung der Internetauktionatoren auf Unterlassungen im Internet, WRP 2002, 497 ff.

I. Allgemeines

1. Verwendungsmöglichkeiten

1 In den letzten Jahren ist zu beobachten, dass bisher ausschließlich im B2B-Bereich tätige Unternehmen, die das B2C-Geschäft im Internet wegen des erhöhten Aufwands und der

I. Allgemeines

spezifischen Risiken im Zusammenhang mit Endverbrauchern (zB Widerruf, Informationspflichten, Rückabwicklung) scheuten, vermehrt professionelle und allumfassende Webshop-Lösungen verlangen, um diesen Geschäftszweig zu erschließen. Zur Risikobegrenzung wurden vielfach Tochterunternehmen bzw. Joint-Venture gegründet, um in Zusammenarbeit mit einem professionellen **Webshop-Outsourcing**-Anbieter in das B2C-Online-Geschäft einzusteigen. Für die Auftraggeber steht im Vordergrund, allenfalls die Inhalte für den Webshop zu liefern und als Vertragspartner gegenüber den Endkunden aufzutreten, darüber hinaus aber sämtliche zusätzlichen Leistungen, sei es Kundenbetreuung/Call Center, Lieferabwicklung, Logistik, Reklamationsbearbeitung, Werbeagenturleistungen etc an den Webshop-Outsourcing-Anbieter auszulagern.

Aus diesen Anforderungen ist eine neue Generation von IT-Providerverträgen entstanden. Deren besonderes Merkmal ist die Verknüpfung von Internettechnik mit herkömmlichen **Business Process Outsourcing**-Elementen. Im Gegensatz zum klassischen Rechenzentrums-, Serverhosting- oder ASP-Vertrag beinhaltet das Webshop-Outsourcing nicht nur das Zurverfügungstellen der Softwarefunktionalitäten, sondern auch den Internetzugang, die Kundenbetreuung und die Logistik (Fulfilment). Die Zusatzleistungen können beinahe beliebig fortgesetzt werden, so etwa im Bereich Softwareerstellung (zB individuelle Erstellung eines Webshop-Systems), Webdesign oder Werbeagenturleistungen (zB Texte, Layout, Fotos im Webshop). Ein Kennzeichen dieser Art von Verträgen ist ein **modularer Aufbau**, bei dem der Auftraggeber flexibel entscheiden kann, welche Leistungsmodule[1] er auslagern möchte. Des Weiteren bieten zahlreiche Modelle dem Auftraggeber flexible Preismodelle mit Skalierbarkeit auf den jeweiligen Bedarf.[2]

Die **Finanzierung** der Modelle kann durch den Nutzer, den Anbieter oder durch beide erfolgen. Unter datenschutz- und telemedienrechtlichen Gesichtspunkten am Problematischsten dürften nutzerfinanzierte Plattformen sein. Sie finanzieren sich regelmäßig dadurch, dass der Nutzer marketingrelevante, personenbezogene Daten über sich Preis gibt, die der Betreiber in Datenbanken sammelt, mit Data-Mining und Data-Warehouse-Werkzeugen auswertet und entweder zur Optimierung der eigenen Angebote verwendet oder an Dritte verkauft.[3]

2. Abgrenzung

a) **Begriffsklärung.** Vielfach wird das Webshop-Outsourcing auch unter dem Begriff der **Plattformverträge, Webshopverträge** oder **Portalverträge** behandelt.

Der Begriff Webshopvertrag scheint in diesem Zusammenhang missverständlich, da hiermit auch die Verträge gemeint sein könnten, die der Endkunde mit dem Webshop-Anbieter abschließt.

Die Begriffe Plattform und Portal werden in der IT-rechtlichen Literatur nicht einheitlich verwendet.

Der Begriff **Plattform** wird sowohl in Bezug auf Internetanwendungen als auch in Bezug auf abgeschlossene Systeme verwendet. Zunächst bezeichnet der Begriff Plattform im Zusammenhang mit Computern lediglich ein System, auf dem ein Computerprogramm (Software) ausgeführt wird. Meist ist damit eine Kombination von Betriebssystem und Hardware – oft eines bestimmten Computertyps oder von Computern einer bestimmten Architektur – gemeint, auf dem die Software ausgeführt wird.[4] *Fickert*[5] verwendet den Begriff Plattform im Zusammenhang mit einem Schichtmodell bei Cloud Computing in Abgrenzung zur Infrastruktur und Anwendung. Nach seiner Definition ist die Plattform die mittlere Schicht, die

---

[1] Zur Vertragstypologie der einzelnen Leistungsmodule → Rn. 27.
[2] Hierzu → Rn. 74 ff.
[3] Siehe zB die spanische Website www.kimod.com, bei der Kunden nach einer Facebook-Registrierung unter Angabe personenbezogener Daten vergünstigt Modeartikel einkaufen können: *Engelhardt*, Brauche Daten, biete Ware, Die Zeit, 21.1.2010, S. 325.
[4] Quelle: http://de.wikipedia.org/wiki/Plattform_(Computer).
[5] *Fickert*, Entwicklungen des Cloud Computing im Überblick – Aktuelle und künftige rechtliche Probleme, in Taeger/Wiebe (Hrsg.), Inside the Cloud – Neue Herausforderungen für das Informationsrecht, DSRI Tagungsband Herbstakademie 2009.

dem Betriebssystem beim herkömmlichen Desktop-PC oder Server entspricht. Die Plattform gestattet es einem Programmierer Anwendungen für das Cloud Computing bereitzustellen und zu entwickeln. Als Beispiel nennt *Fickert* etwa „App Engine" von Google.

6 Manche Autoren oder Gerichte[6] verwenden den Begriff Plattformvertrag synonym mit den Nutzungsbedingungen von Betreibern von Musik-Download- oder Auktionsplattformen, Sozialen Netzwerken oder Diskussionsforen. Gemeinsames Merkmal ist das Erfordernis der Registrierung durch die Nutzer und die Anerkennung der Nutzungsbedingungen. In der Cloud wird Plattform für Services verwendet, bei denen Entwicklern von Webanwendungen Computerplattform (zB eine Entwicklungsumgebung) zur Verfügung gestellt wird, die ohne Anschaffung der darunterliegenden Hard- und Software genutzt werden kann (Platform as a Service – PaaS).[7]

7 Der Begriff **Portal** wird im IT-Bereich im Zusammenhang mit Netzwerken/Internet verwendet, dabei häufig betreffend zentrale Zugangsseiten zu Daten in einem Netzwerk. *Schmittmann*[8] systematisiert den Portalbegriff sinngemäß wie folgt:
- Internetportal (zB Einstiegsseite in das Internet wie etwa Yahoo!);
- Unternehmensportal (Homepage eines Unternehmens zur Präsentation des Profils im Internet);
- Transaktionsportal (zB virtuelle B2B-Marktplätze etwa COVISINT zum Handel der Automobilindustrie mit Gütern);
- Vertical Portal (Angebot von Waren und Dienstleistungen für eine bestimmte Zielgruppe im Bereich B2C oder C2C, zB amazon).

8 **b) Abgrenzung von Webshop-Outsourcing und Plattformverträgen.** Im Nachfolgenden wird der Begriff der **Plattform im Bereich des Webshop-Outsourcing** als die **gesamte IT-Infrastruktur** verstanden, die für den erfolgreichen Betrieb des Gesamtsystems erforderlich ist, bestehend insbesondere aus Hardware, Speicher, Rechenkapazität, Netzwerk, Betriebssystem, Applikationen, Software, Datenbank und Daten. Der so verstandene Begriff der Plattform umfasst damit auch das **Webshop-System**, also die speziell für den jeweiligen Webshop und die individuellen Bedürfnisse des Outsourcing-Auftraggebers angepasste Standard-Software, die als **Frontend** gegenüber dem Internetnutzer erscheint und die Webshop-Funktionalitäten abbildet.

9 In den Leistungsmodulen des Webshop-Outsourcing sind damit gegenüber dem reinen Plattform-Vertrag regelmäßig folgende weitere Leistungen enthalten, etwa:
- **Fulfilment** (alle Handlungen, die für den Vertrieb im Fernabsatzgeschäftsprozess erforderlich sind, einschließlich Logistik, Warenannahme, Fakturierung, Kommissionierung, Versand, Warenausgang, Retourenabwicklung, Widerruf, Debitorenmanagement und Bonitätsprüfung, sowie die Erfüllung sämtlicher Belehrungs-, Informations- und Datenschutzpflichten im elektronischen Rechtsverkehr und in der Auftragsdatenverarbeitung)
- **Customer Care** (die Leistungen, die Kundenkommunikation, Stornierungen, Gutschriften, Adressbearbeitung und Ähnliches umfassen, insbesondere Call-Center Leistungen)
- **Werbeagenturleistungen** (Beratung, Konzeption, Planung, Gestaltung und Realisierung von Werbe- und sonstigen Kommunikationsmaßnahmen, die zu einer Präsentation des Angebots im Internet erforderlich sind, zB Erstellung von Fotos, Texten, Layouts, sowie besondere verkaufsfördernde Marketingtools wie Suchmaschinenoptimierung, Affiliate-Marketing einschließlich Gutscheincodes von Partnern, Artikelempfehlungen etc)

10 Der Leistungsgegenstand des **Webshop-Outsourcing** ist demnach (va aus Sicht des Auftraggebers) das **Gesamtsystem** einer funktionierenden Einheit aller Module von Plattform über Fulfilment und Customer Care, je nach Einzelfall bis hin zu Werbeagenturleistungen.

---

[6] Vgl. *Härting* D. VII. Rn. 770; C. IV Rn. 480. Zum Begriff „Plattformbetreiber" siehe auch BGH Urt. v. 24.3.2011 – III ZR 69/10, K & R 2011, 401 (zum Vergütungsanspruch des Plattformbetreibers einer Preisvergleichsplattform für Zahnarztleistungen im Anschluss an BGH Urt. v. 1.12.2010 – I ZR 55/08, K & R 2011, 263).
[7] Vgl. http://de.wikipedia.org/wiki/Platform_as_a_Service.
[8] Hoeren/Sieber/Holznagel/*Schmittmann* Teil 9 Rn. 8 ff. mwN.

Abzugrenzen sind Webshop-Outsourcing-Verträge von reinen Access-Provider-, Webhosting- oder Webdesign-Verträgen.[9]

3. Hintergrund und Ziel des Webshop-Outsourcing

Im Internet können Bestell- und Abwicklungsprozesse häufig stärker formalisiert und standardisiert werden als im Offline-Bereich. Dies erleichtert eine Auslagerung. Gerade Unternehmen, die ursprünglich aus dem B2B-Bereich stammen, sehen bei der Erschließung des B2C-Bereichs einen Vorteil des Webshop-Outsourcing darin, sich nicht oder weniger mit den rechtlichen Fallstricken von Fernabsatz-/Verbraucherverträgen und der Abwicklung der Kundenkommunikation (Customer Care, je nach Einzelfall) auseinandersetzen zu müssen. Manche Webshop-Outsourcing-Angebote gehen sogar so weit, dass nur noch Marke, Corporate Identity, Ware uä durch das auslagernde Unternehmen zur Verfügung gestellt werden, Webshop-Betreiber und Vertragspartner des Internet-Nutzers (Endkunden) hingegen der Outsourcing-Anbieter wird. Bei diesen Varianten des Outsourcings bestehen Überschneidungen mit Vertragshändler-Vertriebsmodellen.[10] Bei anderen Outsourcing-Modellen bleibt das auslagernde Unternehmen (formal) Betreiber des Webshops und Vertragspartner des Endkunden. Während es für die Outsourcing-Anbieter häufig nur geringe Unterschiede macht, ob sie im Webshop gegenüber dem Endkunden ähnlich einem Vertragshändler des Auftraggebers auftreten oder eher verdeckt im Hintergrund agieren, sind die Unterschiede zB aus datenschutzrechtlicher Sicht gravierend.[11]

Fraglich ist, ob der Webshop-Outsourcing-Anbieter in der Konstellation, in der der Anbieter nicht (offen) gegenüber den Endkunden in Erscheinung tritt, als **Handelsvertreter** des auslagernden Unternehmens einzuordnen ist (**§§ 84 HGB ff.**). Denn der Anbieter ist während des Betriebs des Webshops als selbständiger Gewerbetreibender ständig mit der Geschäftstätigkeit für einen anderen betraut. § 84 Abs. 1 S. 1 HGB verlangt, dass der Handelsvertreter entweder im Namen des Prinzipals (also als Bevollmächtigter) Geschäfte abschließt oder dass der Handelsvertreter Geschäfte vermittelt, indem er auf Endkunden einwirkt, um Geschäftsabschlüsse des Prinzipals zu fördern. Das „Vermitteln von Geschäften" wird weit ausgelegt.[12] Schon „*das Offenhalten des Betriebes*" reicht nach Ansicht des BGH[13] aus, um das Geschäft des Prinzipals zu fördern. Nicht erforderlich ist, „*dass der Handelsvertreter von sich aus an die Kunden herantritt und diese zu einem Geschäftsabschluss zu gewinnen versucht*".[14] Soweit ersichtlich ist noch nicht geklärt, ob bereits die Auslagerung des Betriebs der Shop-Plattform[15] und des Fulfillment ausreichen, um die Rechtsfolgen eines Handelsvertreterverhältnisses (va Provisions- und Ausgleichsansprüche) auszulösen, jedenfalls wenn auch Werbeagenturleistungen durch den Outsourcing-Anbieter erbracht werden. *Dieselhorst/Grages*[16] gehen davon aus, dass die Grenze von einem technischen Gehilfen zu einem Handelsvertreter erst dann überschritten ist, wenn der Outsourcing-Anbieter „*konkrete Kaufberatung*" gegenüber Endkunden erbringt, etwa per E-Mail oder im Rahmen von Call Center Services.

Ein weiterer Aspekt beim Webshop-Outsourcing ist, dass manche ERP-Systeme nicht dafür konzipiert sind komplexe Geschäftsprozesse zu automatisieren, die Unternehmen speziell im Online-Geschäft mit Kunden, Zulieferern, Vertriebspartnern, verschiedenen Bezahldienstleistern, Scoring-, Frand-Detection – und Inkasso-Anbietern, Logistikern, ggf. auch Call Center-Dienstleistern etc verzahmt abwickeln. Während beim stationären Verkauf im Einzelhandel durch Ein- und Ausbuchen der Waren und ggf. Rückabwicklung von Kaufverträgen (Retouren) ein jeweils aktueller Überblick über Waren- und Lagerbestand abgebildet werden kann, fallen beim Online-Handel Bestellung, Auftragsannahme, Warenversand und

---

[9] Vgl. Übersicht bei *Redeker* IT-Recht Rn. 1000 ff. sowie → Rn. 17.
[10] Zu Vertragshändler-Vertriebsmodellen siehe Moritz/Dreier/*Terlan* C Rn. 316.
[11] Dazu → Rn. 81 ff.
[12] BGH Urt. v. 29.11.1984 – I ZR 149/82, BB 1985, 353 – Selbstbedienungstankstelle.
[13] BGH Urt. v. 29.11.1984 – I ZR 149/82–, aaO.
[14] BGH Urt. v. 29.11.1984 – I ZR 149/82 aaO.
[15] Dazu → Rn. 5 und 26 ff.
[16] *Dieselhorst/Grages* MMR 2011, 368 (371).

ggf. Rückabwicklung mit Wiederaufnahme in den Lagerbestand zeitlich wesentlich stärker auseinander. Daher ist eine laufende Synchronisierung zwischen Bestellvorgang und Lagerbestand erforderlich, um ggf. Beschaffungsmaßnahmen einzuleiten und Lieferengpässe zu vermeiden. Diese Synchronisierungsnotwendigkeit wird verschärft, wenn sich der Online-Händler eines externen Logistik-Dienstleisters bedient, der über keine Schnittstelle zum ERP-System des Online-Händlers verfügt. Der Vorteil des Webshop-Outsourcing kann ua darin liegen, dass der Outsourcing-Anbieter die Abwicklung und Koordination der im Internet von Kunden beauftragten Leistungen und die Abstimmung der Lieferung von Waren und Services mit allen im Geschäftsprozess beteiligten Unternehmen übernimmt. Die Angebote von Outsourcing-Anbietern sind insoweit sehr unterschiedlich. Manche Angebote sehen zB vor, dass der Outsourcing-Anbieter über eine Schnittstelle direkt in das ERP-System des auslagernden Unternehmens bucht.

II. Rechtsnatur

14 Die Zuordnung von neuartigen Geschäftsmodellen wie dem Webshop-Outsourcing zu den Vertragstypen des BGB spielt vor allem bei der Beurteilung der Wirksamkeit von Allgemeinen Geschäftsbedingungen, aber auch bei Individualverträgen, etwa bei der Ergänzung von Vertragslücken, eine gewichtige Rolle. Allerdings ist die Typik des BGB anerkanntermaßen nicht abschließend.[17] Vielmehr besteht im Rahmen der Vertragsfreiheit auch die Möglichkeit, Verträge mit atypischem Inhalt oder Verträge mit einer Kombination verschiedener Inhalte unterschiedliche Vertragstypen abzuschließen.[18]

1. Stand der Literatur und Rechtsprechung

15 Das Webshop-Outsourcing ist gesetzlich nicht geregelt. Komplexe Verträge rund um das Internet bestehend aus vielfältigen Leistungsbereichen, angefangen von der Zugangsvermittlung bis hin zu Bezahldienstleistung und Call Center Services, die mittlerweile zum Alltag der meisten Unternehmen gehören. Umso mehr überrascht es, dass die IT-rechtliche Literatur – soweit ersichtlich – das Webshop-Outsourcing erst allmählich[19] und facettenhaft als Business Modell und eigenständige vertragliche Kategorie behandelt.[20]

16 Die höchstrichterliche Rechtsprechung hat sich bislang vorwiegend mit Einzelaspekten des Webshop-Outsourcing beschäftigt, va mit der vertragstypologischen Einordnung und Haftungsfragen[21] von Access-Provider-Verträgen,[22] Service-Provider-Verträgen,[23] Auktionsplattformen,[24] Video-Partnerportal und Internet-System-Vertrag (zu letzterem → Rn. 17 ff.).

---

[17] Vgl. Hoeren/Sieber/Holznagel/*Redeker*, Teil 12 Rn. 15; siehe allgemein zur Vertragstypologie im IT-Bereich → § 10 Vertragliche Grundlagen.

[18] Statt aller: Bamberger/Roth/*Gehrlein*, § 311 Rn. 17.

[19] In der Einleitung des Beitrags von *Dieselhorst/Grages* (MMR 2011, 368, siehe oben → Rn. 12) werden kurz folgende Teilbereiche des Outsourcing im Onlinehandel aufgezählt: Konzeption und Programmierung des Front- oder Backends; Hosting, Wartung und technische Beratung; Content Management (ggf. einschl. Anfertigung von Produktfotos etc); Werbung und Onlinemarketing; Lagerhaltung der angebotenen Produkte; Versand an den Kunden; Entgegennahme und Weiterbearbeitung von Retouren, Zahlungsabwicklung und Inkasso; Kundenbetreuung (über Call-Center und/oder Internet).

[20] Zu den herkömmlichen Differenzierungen im E-Commerce, bei den Providerverträgen und beim Online-Vertrieb siehe statt vieler *Moritz/Dreier*, C; *Härting*, C IV Rn. 480; *Schwarz/Peschel-Mehner* Recht im Internet Stand 5/2013; ohne ausdrückliche Erwähnung des „Webshop-Outsourcings": Bräutigam/*Grapentin* IT-Outsourcing und Cloud-Computing S. 254, 273.

[21] Siehe zu aktuellen Entwicklungen in der Providerhaftung Leupold/Glossner/*Leupold* MAH IT-Recht Teil 2 Rn. 62 7 ff., *Ensthaler/Heineman* Die Fortentwicklung der Providerhaftung durch die Rechtsprechung GRUR 2012, 433.

[22] → § 21 Providerverträge im Internet.

[23] → § 21 Providerverträge im Internet.

[24] BGH Urt. v. 11.3.2004 – I ZR 304/01, NJW 2004, 3102 (Internetversteigerung I); BGH Urt. v. 10.4.2008 – I ZR 227/05, NJW 2008, 3714 – Namensklau im Internet; BGH Urt. v. 19.4.2007 – I ZR 35/04, NJW 2007, 2636 (Internet-Versteigerung II); BGH Urt. v. 30.4.2008 – I ZR 73/05, GRUR 2008, 702 = K & R 2008, 435 (Internet-Versteigerung III).

II. Rechtsnatur

In der Entscheidung Video-Partnerportal[25] hat der BGH sich mit der Einordnung der Leistungen des Portals als gemischttypischem Vertrag und der Typologie der diesen kennzeichnenden Bestandteile befasst:

„[...] Rn. 16 a) Zwar liegt ein gemischter Vertrag vor, der auch werkvertragliche Bestandteile enthält. Gemischte Verträge sind jedoch grundsätzlich dem Recht des Vertragstyps zu unterstellen, in dessen Bereich der Schwerpunkt des Rechtsgeschäftes liegt (vgl. nur BGH, Urt. v. 13.10.2006 – V ZR 289/05, NJW 2007, 213, 214, Rn. 7; Senat, BGHZ 180, 144, 150, Rn. 17). Hierbei kommt es für die rechtliche Einordnung nicht auf die von den Vertragspartnern gewählte Benennung, sondern auf die inhaltliche Ausgestaltung des Vertrages bzw. den tatsächlichen Inhalt der wechselseitigen Rechte und Pflichten an (vgl. nur BGH, Urt. v. 24.6.1987 – IVa ZR 99/86, NJW 1987, 2808; BGHZ 106, 341, 345). Deshalb sind die von der Beklagten im Formularvertrag vom 5. Februar 2007 verwandten und auf das Werkvertragsrecht Bezug nehmenden Formulierungen als solche nicht entscheidend.

Rn. 17 b) [...] Sie betreibt damit über ihr Videoportal Partnerschaftsvermittlung bzw. -anbahnung, auch wenn sie dies im vorformulierten Vertragstext ausdrücklich in Abrede nimmt. Für diesen eigentlichen Zweck des Vertrages stellen die Fertigung eines Fotos sowie des Videointerviews nur unselbständige Vorbereitungshandlungen dar, die eine Einstufung des Rechtsverhältnisses als Werkvertrag nicht rechtfertigen. Nach Sinn und Zweck des Geschäftsmodells der Beklagten und dem Erwartungshorizont ihrer Kunden ist entscheidend, über die zeitlich unbegrenzte Einstellung in das Videoportal und über die Teilnahme an dem von der Beklagten betreuten Einladungssystem einen Partner fürs Leben zu finden. Diesen – für die Einordnung als Dienstvertrag wesentlichen – Zusammenhang kann die Beklagte nicht dadurch entkräften, dass sie ihre Kunden einen separaten „Werkvertrag über Videoarbeiten" unterzeichnen lässt und damit versucht, das einheitliche Rechtsverhältnis und in diesem Rahmen ihre nur zusammen ein sinnvolles Ganzes ergebenden Vertragspflichten künstlich in zwei getrennte Teile aufzuspalten, um hierdurch letztlich ihren Kunden den AGB-rechtlichen Schutz ihrer dienstvertraglichen Rechte zu entziehen. Denn für die rechtliche Einordnung bestimmend ist der objektive Gehalt des gesamten jeweiligen Vertragsverhältnisses."

Der Webshop-Outsourcing-Vertrag mit den oben dargestellten Bestandteilen war wohl noch nicht Gegenstand höchstrichterlicher Entscheidung.

Dem wohl am Nächsten kommt die Entscheidung des Bundesgerichtshofs[26] vom 4.3.2010. Der BGH hat entschieden, dass Verträge, *„die Erstellung und Betreuung einer Internetpräsentation (Website) des Kunden sowie die Gewährleistung der Abrufbarkeit dieser Website im Internet für einen festgelegten Zeitraum zum Gegenstand"* haben, als **„Internet-System-Vertrag"** zu qualifizieren und **werkvertraglich einzuordnen** sind. Der BGH hat in der Entscheidung vom 4.3.2010 klargestellt, dass der Internet-System-Vertrag zum Kreis der Internet-Provider-Verträge gehört. Das Gericht hat für die vertragstypologische Einordnung je nach Ausgestaltung und Schwerpunkt der vertraglichen Leistungspflichten eine Zuordnung zu einem einheitlichen Vertrag (i.d.R. Werkvertrag) oder einem typengemischten Vertrag vorgenommen.[27] Dabei hat der BGH den Internet-System-Vertrag abgegrenzt zu den bekannten Vertragstypen, nämlich:

- **Access-Provider-Vertrag** (Anbieter schuldet den Zugang zum Internet, Bereithalten des Anschlusses und das sachgerechte Bemühen um die Herstellung der Verbindung in das Internet) im Allgemeinen: **Dienstvertrag** gem. §§ 611 ff. BGB),[28]
- **Application-Service-Providing (ASP)-Vertrag** (Bereitstellung von Software-Funktionalität für den Kunden zur Nutzung über das Internet oder andere Netze; im Vordergrund steht die Onlinenutzung fremder Standardsoftware, die in der Regel nicht einem sondern einer

---

[25] BGH Urt. v. 8.10.2009 – III ZR 93/09, NJW 2010, 150 – zur Anwendbarkeit von § 627 Abs. 1, § 628 Abs. 1 Satz 1, 3 BGB auf einen Vertrag mit dem Betreiber eines sogenannten Video-Partnerportals sowie zur Unzulässigkeit von Allgemeinen Geschäftsbedingungen, durch die in Abweichung von § 628 Abs. 1 Satz 1, 3 BGB bei Kündigung die vertraglich vereinbarte Vergütung auch unabhängig von der Erbringung der vertragstypischen Hauptleistung als verdient gilt.
[26] BGH Urt. v. 4.3.2010 – III ZR 79/09, K&R 2010, 343. Zum Internet-System-Vertrag gibt es mehrere BGH-Entscheidungen, ua BGH Urt. v. 8.1.2015 – VII ZR 6/14 zum Anspruch aus § 649 S. 2 BGB bei Kündigung vor Leistungserbringung.
[27] Ausführlich zu den rechtstheoretischen Grundlagen der Vertragstypologie von Providerverträgen, siehe *Kosmides*, Providing-Verträge.
[28] BGH Beschl. v. 23.3.2005 – III ZR 338/04 K&R 2005, 326 = NJW 2005, 2076 mwN; *Klett/Pohle* DRiZ 2007, 199; aA nämlich Werkvertrag: *Redeker* IT-Recht Rn. 1075 ff. (1078).

Vielzahl von Kunden zur Verfügung gestellt wird, charakteristische Hauptleistung ist somit die – entgeltliche – Gebrauchsüberlassung): **Mietvertrag** gem. §§ 535 ff. BGB,[29]
- **Web-Hosting-Vertrag** bzw. Website-Hosting-Vertrag (Bereitstellung von Speicherplatz auf dem Server des Anbieters, wobei es Sache des Kunden ist, diesen zu nutzen und zu verwalten): **Gemischter Dienst-, Miet- und Werkvertrag.**[30] Teilweise werden Website-Hosting-Verträge, die darauf gerichtet sind, dass der Diensteanbieter die vom Kunden erstellte Website Dritten im Internet zugänglich macht, auch als Verträge **sui generis** mit miet- und werkvertraglichen Elementen eingeordnet.[31] Bei schwerpunktmäßiger Gewährleistung der Abrufbarkeit der Website des Kunden im Internet liegt insgesamt **Werkvertragsrecht** gem. §§ 631 ff. BGB nahe,[32]
- **Webdesign-Vertrag** (Verpflichtung des Anbieters zur Erstellung einer individuellen Website für den Kunden): Regelmäßig **Werkvertrag** gem. §§ 631 ff. BGB, entsprechend Individualsoftwareerstellung,[33]
- **Domain-Beschaffung und Registrierung** (Beschränkung auf die Beschaffung und Registrierung einer vom Kunden gewünschten Internet-Domain): **Entgeltliche Geschäftsbesorgung** gem. § 675 Abs. 1, §§ 631 ff. BGB,[34]
- **Wartung oder Pflege von Software, EDV-Programmen oder Websites** (Im Vordergrund steht die Aufrechterhaltung der Funktionsfähigkeit und die Beseitigung von Störungen, somit ein Tätigkeitserfolg): Daher grundsätzlich **Werkvertrag**, wohingegen die Qualifizierung als Dienstvertrag nahe liegt, wenn es an seiner solchen Ausrichtung fehlt und die laufende Serviceleistung als solche geschuldet ist.[35]

18 Der im Fall des BGH[36] zu beurteilende **Internet-System-Vertrag** wies „*in einzelnen Elementen Bezüge zu einigen der vorerwähnten Vertragstypen auf, ist indes keinem dieser Vertragstypen vollständig zuzuordnen, sondern als eigener Vertragstypus anzusehen, der sich insgesamt als* **Werkvertrag** *im Sinne der §§ 631 ff. BGB darstellt.*"

19 Der Einordnung des Internet-System-Vertrags als Werkvertrag im Sinne der §§ 631 ff. BGB steht es, so der BGH, **nicht entgegen,** dass
- der Kunde ein monatliches pauschales Entgelt zu entrichten hat,
- der Vertrag auf eine bestimmte Zeitdauer angelegt ist und somit Bezüge eines „Dauerschuldverhältnisses" aufweist und
- dem Kunden kein körperlicher Gegenstand als Werkleistung übereignet wird.

20 Entscheidend ist vielmehr, der auf einen Erfolg bezogene Vertragszweck. Die vereinbarten Nebenleistungen sieht der BGH als notwendige Vorbereitungs- bzw. Unterstützungshandlung zur Erfüllung der Hauptleistung bzw. zur Erreichung des verfolgten Leistungszwecks, so dass er zur umfassenden Anwendung des für die Hauptleistung ermittelten Vertragstyps, auch auf die Nebenleistungspflichten, kommt (Absorption).[37] Angesichts dieses Erfolgscharakters kommt den eben genannten Umständen kein entscheidendes Gewicht zu. Diese Einordnung wird durchaus kritisch gesehen.[38] Der BGH begründet seine Auffassung damit, dass diese Umstände sich insbesondere auch bei Werbeverträgen, die einen ähnlichen Zweck

---

[29] BGH Urt. v. 15.11.2006 – VII ZR 120/04, K&R 2007, 91, 385 m. Komm. *Pohle/Schmeding*, NJW 2007, 2394 Rn. 11 ff.; aA nämlich Dienstvertrag, *Redeker* IT-Recht Rn. 1124 ff. (1131).
[30] *Klett/Pohle* DRiZ 2007, 202; Spindler/*Schuppert* S. 15 f. und S. 513 ff.
[31] MüKoBGB/*Busche* § 631 Rn. 279.
[32] So OLG Düsseldorf Urt. v. 26.2.2003 – 18 U 192/02, I-18 U 192/02, MMR 2003, 474 f.; *Redeker* IT-Recht Rn. 1105.
[33] Siehe BGH Urt. v. 4.11.1987 – VIII ZR 314/86, BGHZ 102, 135 (140 f.); BGH Urt. v. 15.5.1990 – X ZR 128/88, NJW 1990, 3008; BGH Urt. v. 3.11.1992 – X ZR 83/90, NJW 1993, 1063; BGH Urt. v. 9.10.2001 – X ZR 58/00, CR 2002, 93 (95) und BGH Urt. v. 16.12.2003 – X ZR 129/01, K&R 2004, 348 f.; *Redeker* IT-Recht Rn. 1117.
[34] Siehe OLG Köln Urt. v. 13.5.2002 – 19 U 211/01, MMR 2003, 191; *Klett/Pohle* DRiZ 2007, 200 mwN; *Redeker* IT-Recht Rn. 1240 ff.; Spindler/*Schuppert* S. 15 f. und S. 600.
[35] BGH Urt. v. 5.6.1984 – X ZR 75/83, BGHZ 91, 316 (317); BGH Urt. v. 8.4.1997 – X ZR 62/95, NJW-RR 1997, 942 (943); OLG München Urt. v. 22.11.1988 – 25 U 5810/86, CR 1989, 283 (284); OLG München Urt. v. 8.11.1990 – 29 U 3410/90, CR 1992, 401 (402); *Redeker* IT-Recht Rn. 648 ff. mwN.
[36] BGH Urt. v. 4.3.2010 – III ZR 79/09, Rn. 24, K&R 2010, 343 (345).
[37] Vgl. Leupold/Glossner/*von dem Bussche/Schelinski* Teil 1 Rn. 41.
[38] *Kilian/Heusen*, Computerrecht, 32. Ergänzungslieferung 2013, Rn. 71.

II. Rechtsnatur

und Gegenstand wie der Internet-System-Vertrag aufweisen finden. Diese Verträge werden von der Rechtsprechung des BGH stets als Werkverträge angesehen, so zB Verträge über die Präsentation von Werbespot/Videoclips auf einem öffentlichen Videoboard.[39]

In einer ebenfalls zum Internet-System-Vertrag ergangenen und dieser anschließenden Entscheidung[40] hat der BGH wegen der werkvertraglichen Rechtsnatur des Internet-System-Vertrages auch klargestellt, dass dieser gemäß § 649 Satz 1 BGB jederzeit kündbar ist. Das der Natur des Werkvertrags immanente **Kündigungsrecht** gilt nach der Entscheidung des BGH selbst dann, wenn eine vertragliche Mindestlaufzeit für Bereitstellung, Gestaltung und Betreuung einer Internetpräsenz vereinbart wurde.[41] 21

Bemerkenswert ist, dass der BGH in diesen jüngeren Entscheidungen bei auf Erstellung einer Website gerichteten Leistungen die Rechtsnatur des Vertrages nicht mehr thematisiert, sondern lediglich auf die Entscheidung vom 4.3.2010 Bezug nimmt. 22

2. Ausgangspunkt: Vertragstypische Leistungspflichten des Internet-System-Vertrags

Als typische Hauptleistungspflichten des Internet-System-Vertrages hat der BGH[42] an die Leistungsbeschreibung des konkreten Vertrages angeknüpft und den Willen der Vertragsparteien, insbesondere auch die veobjektivierte Kundenerwartung dahingehend ausgelegt, dass der Anbieter auf seinen eigenen Servern unter der vom Kunden gewünschten Domain eine Website einrichtet, diese Website für den vereinbarten Zeitraum unterhält und sie über das Internet Dritten zugänglich macht. Dies ist nach Ansicht des BGH der Hauptleistungszweck des Internet-System-Vertrages. Darauf beziehen sich sämtliche der in der Leistungsbeschreibung des konkreten Vertrages aufgeführten einzelnen Leistungspflichten, nämlich 23

- die Recherche und Registrierung einer den Kundenwünschen entsprechenden Internetdomain („Domainservice"),
- die Zusammenstellung der Webdokumentation, Bild- und Textmaterial durch einen Webdesigner („Vor-Ort-Beratung"),
- die Gestaltung und Programmierung einer individuellen Internetpräsenz nach bestimmten einzelnen aufgeführten Vorgaben,
- das „Hosting" der Website und der Mailboxen auf den Servern der Anbieterin sowie die (diesbezügliche) weitere Beratung und Betreuung des Auftraggebers über eine Hotline des Anbieters.

Der Gegenstand des Internet-System-Vertrages ist demnach die auf einen bestimmten Zeitraum festgelegte Gewährleistung der Abrufbarkeit einer vom Anbieter für ihren Kunden erstellten und betreuten Website und somit die Herbeiführung eines konkreten Erfolges. 24

„Die „Abrufbarkeit" der Website ist in diesem Zusammenhang nicht als Garantie für den jederzeitigen Zugriff über das Internet – die der Webhost-Betreiber wegen der technischen Gestaltung des Internets nicht übernehmen kann – zu verstehen, sondern dahin, dass die Website so bereit zu stellen ist, dass sie für Internetnutzer abgerufen werden kann, wenn das Internet im üblichen Rahmen den Zugriff ermöglicht (Redeker aaO, Rn. 980). Dem entsprechend ist dieser Vertrag – anders als der lediglich auf Verschaffung des Zugangs zum Internet angelegte „Access-Provider-Vertrag" – nicht als Dienstvertrag im Sinne der §§ 611 ff. BGB, sondern als Werkvertrag im Sinne der §§ 631 ff. BGB einzuordnen [...] Im Lichte dieser prägenden Zweckrichtung ist schließlich auch die vertraglich vereinbarte Betreuungs- und Beratungspflicht der Klägerin [des Anbieters] zu würdigen; auch diese zielt auf die Gewährleistung der Abrufbarkeit einer von der Klägerin [vom Anbieters] erstellten und betreuten Internet-Präsentation des Kunden."[43]

3. Anwendung der BGH-Rechtsprechung auf den Webshop-Outsourcing-Vertrag

Eine schlichte Übertragung der Rechtsprechung des BGH zum Internet-System-Vertrag auf das in den meisten Fällen deutlich breiter angelegte Webshop-Outsourcing wäre zu kurz 25

---

[39] BGH Urt. v. 26.3.2008 – X ZR 70/06, NJW-RR 2008, 1155.
[40] BGH Urt. v. 27.1.2011 – VII ZR 133/10, MMR 2011, 311.
[41] BGH Urt. v. 24.3.2011 – VII ZR 146/10, NJW 2011, 915.
[42] BGH Urt. v. 4.3.2010 – III ZR 79/09 Rn. 25, K&R 2010, 343 (345).
[43] BGH Urt. v. 4.3.2010 – III ZR 79/09 Rn. 26, K&R 2010, 343 (345 f.) mwN auch zur Abgrenzung des Internet-System-Vertrages zu ASP-, Domain-Service-, Webdesign- und Webhosting-Vertrag.

gegriffen. Die Bestandteile des Internet-System-Vertrags im Sinne der BGH-Rechtsprechung entsprechen beim Webshop-Outsourcing etwa Planung und Konzeptionierung, Bereitstellung und Anpassung von Hard- und Software, Einrichtung und Betrieb der Plattform, Pflege/Wartung und Webdesign. Der **Hauptunterschied** zum Internet-System-Vertrag liegt also, je nach vertraglicher Ausprägung im Einzelfall, in der Auslagerung von Fulfilment und Customer Care, sowie in der Gesamtkoordination und -steuerung aller Leistungen durch den Outsourcing-Anbieter.

26   Der Webshop-Outsourcing-Vertrag geht, je nach Ausgestaltung, hinsichtlich der vertragswesentlichen Leistungspflichten über den Internet-System-Vertrag hinaus. Ebenso wie Internet-System-Verträge sind Webshop-Outsourcing-Verträge dadurch gekennzeichnet, dass sie technischen Weiterentwicklungen (zB Mobile Commerce und Location Based Services) unterworfen sind und innerhalb von Datennetzen abgewickelt werden bzw. ihr Gegenstand mit solchen Datennetzen eng verbunden ist. Insgesamt ist die Vertragsgestaltung geprägt von der fortschreitenden Medienkonvergenz und modernen nutzungs- und intensitätsabhängigen Vergütungsmodellen. Gleichzeitig spielen Elemente des Outsourcing und Elemente des klassischen Online-Vertriebs eine Rolle. Die Ausprägung des Vertrages kann nach dem jeweiligen Bedarf des Auftraggebers stark variieren, angefangen von Vertragsgestaltungen, die dem Internet-System-Vertrag sehr nahe kommen, bis hin zu umfassenden Modellen von Business-Process-Outsourcing.

4. Hauptleistungspflichten und vertraglicher Schwerpunkt

27   Als vertragliche Hauptleistungspflichten des Webshop-Outsourcings kommen in der Regel folgende Kernleistungen oder Teile hiervon in Betracht:
- Planung und Konzeptionierung des Gesamtsystems: Beratung bei der Planung eines Projekts bis zur Feinspezifikation, wohl Dienstvertrag;[44] bei Erstellung der Feinspezifikation uä wohl Werkvertrag.[45]
- Bereitstellung und Anpassung eines Webshop-Systems (Hardware und Software einschließlich der Dokumentationen); Werklieferungsvertrag bzw. Werkvertrag.[46]
- Einrichtung und laufender Betrieb der Shop-Plattform und des Webshops (ohne SAL/Verfügbarkeit: Hinsichtlich Vermittlungsfunktionen Dienstvertrag, hinsichtlich Bereit-stellungs- und Nutzungsfunktionen Mietvertrag; mit SLA/Verfügbarkeit eher Werkvertrag).[47]
- Wartung und Pflege des Gesamtsystems, strittig, wohl Werkvertrag; bei Hotline-Service evtl. Dienstvertrag, bei Verfügbarkeitszusagen jedoch Werkvertrag.[48]
- Erbringung des Fulfilments (Lagerhaltung, Verpackung, Transport etc) in der Regel kein einheitlicher Vertragstyp,[49] aber je nach Ausgestaltung: Frachtführung[50] wohl Werkvertrag; ebenso Spedition,[51] anders ggf., wenn der Speditionsvertrag ein Rahmenvertrag ist; Lagerhaltung zumeist Verwahrvertrag;[52] anders ggf. bei verkehrsbedingter Zwischenlage-

---

[44] Ähnlich → § 11 Erstellung von Software Rn. 21.
[45] → § 11 Erstellung von Software Rn. 35.
[46] Vgl. *Schneider* Kap. D. Rn. 20.
[47] Vgl. *Schneider* Kap. D. Rn. 171.
[48] Vgl. *Schneider* Kap. D. Rn. 20; *Moritz* CR 1999, 541; *Bartsch* NJW 2002, 1526; siehe auch → § 14 Softwarepflege und → § 15 Hardware-Verträge. Zur Hotline: *Schneider* Kap. G. Rn. 63 a. Ist die Hotline jedoch Teil einer Pflegeleistung, können durch die Querverbindungen zur Mängelbeseitigung bzw. Instandsetzung werkvertragliche Aspekte bestehen, insbesondere wenn die Systemverfügbarkeit als Garantie ausgeprägt ist.
[49] Vgl. *Koller*, Transportrecht Kommentar, § 407 HGB Rn. 16 ff.
[50] Zum Frachtvertrag als einheitlicher Vertrag sowie in Abgrenzung zur Spedition und mit lagervertraglichen und werkvertraglichen Elementen siehe *Koller*, Transportrecht Kommentar, § 452 HGB Rn. 2–10.
[51] *Koller*, Transportrecht Kommentar, § 453 HGB Rn. 39.
[52] Der Lagervertrag ist eine besondere handelsrechtliche Form der Verwahrung. Soweit §§ 467 ff. HGB nicht eingreifen, etwa weil kein gewerbliches Unternehmen betreiben oder kein Gut iSv § 467 HGB eingelagert wird, greifen §§ 688 ff. BGB. Eine Vorschrift wie § 417 I aF, HGB der allgemein auf Kommissionsrecht verweist, findet sich heute nicht mehr. Das schließt aber einzelne Analogien nicht aus. Der Lagervertrag beinhaltet nicht bloße Gebrauchsüberlassung eines Lagerraums, sondern neben der Lagerung auch Aufbewahrung, also Übernahme einer besonderen Obhut. Zum Lagervertrag, auch zum Pfandrecht siehe BGH Urt. v. 24.1.2002 – I ZR 255/99; BGH Urt. v. 10.6.2010 – I ZR 106/08.

rung; Verpackung regelmäßig Bestandteil der Lagerhaltung und damit Verwahrvertrag,[53] bei Bereitstellung der Verpackungsmaterialien evtl. Werk- bzw. Werklieferungsvertrag; Payment-Leistungen und selbstständiger Inkassovertrag Geschäftsbesorgungsvertrag[54] mit dienstvertraglichem Charakter;[55] Inkasso ggf. echtes oder unechtes Factoring.
- Betrieb des Customer Care Centers (Call Center, Retouren etc) wohl Dienstvertrag, bei Retourenabwicklung evtl. auch werkvertraglich gestaltbar.[56]
- Schulung,[57] Training (in Abgrenzung zur bloßen Einweisung und Einarbeitung, die eher Annex zur Lieferung der Software und deren Installation ist):[58] Ausarbeitung eines umsetzungsfähigen Schulungskonzepts wohl Werkvertrag, wohingegen die Durchführung der Schulungstermine mit aufwandabhängiger Vergütung eher dienstvertraglich einzuordnen ist, weil der Schulung insoweit das nötige Erfolgsmoment fehlt.[59]
- Werbeagenturleistungen (Texte, Fotos, Newsletter, Mailing, Website-Analyse, Affiliate Marketing etc) Einzelleistungen gegen monatliche Pauschalvergütung in der Regel Dienstvertrag, bei Vereinbarung eines umsetzungsfähigen Werbekonzeptes eher Werkvertrag.[60]
- Gesamtkoordinierung und -steuerung durch den Auftragsnehmer ist als Teil der Projektverantwortung des Auftragnehmers Kennzeichen für Werkvertrag; liegt die Gesamtkoordinierung und -steuerung auf Seiten des Auftraggebers, spricht dies eher für Dienstvertrag.[61]

Für die vertragstypologische Einordnung hat dies zur Folge, dass **einzelne Leistungen unterschiedlichen Vertragstypen zuzuordnen** sind und dennoch in einem **einheitlichen Vertrag** geregelt werden sollen. Fraglich ist dann die Vertragstypologie des Gesamtvertrages. Diese richtet sich zunächst danach, in welchem Bereich der unterschiedlichen Einzelbestandteile[62] der Schwerpunkt der Leistungen liegt, welche Leistungen dem Webshop-Outsourcing das „Gepräge" geben. Welcher Vertragsbestandteil jeweils den Schwerpunkt der Leistung bildet, ist im konkreten Einzelfall durch Auslegung zu ermitteln.[63]

Bei Betrachtung der einzelnen Leistungsbestandteile dürfte beim Webshop-Outsourcing in der Regel der **Schwerpunkt der Leistung** auf der Bereitstellung und Anpassung eines Webshop-Systems (Hardware und Software) und der Einrichtung und dem laufenden Betrieb der Shop-Plattform liegen. Ohne das Hinzutreten von SLA[64] liegen tendenziell in Anlehnung an die BGH-Entscheidung zum Access-Provider[65] im Hinblick auf die Vermittlungsfunktionen Dienstvertrag, im Hinblick auf die Bereitstellung und Nutzungsfunktionen Mietver-

---

[53] *Koller*, Transportrecht Kommentar, § 407 HGB Rn. 17, § 467 HGB Rn. 2 ff.
[54] BGH Urt. v. 30.04.1992 – IX ZR 176/91, NJW 1992, 1960 (1961).
[55] Schimanski/Bunte/Lwowski/*Nobbe* Bankrechts-Handbuch § 61 Rn. 4; *Baumbach/Hopt*, Handelsgesetzbuch, § 89b Rn. 50; Claussen/*van Look*, Bank- und Börsenrecht, 4. Aufl. 2008, § 4 Rn. 69; MüKoHGB/*Häuser* Bd. 5 ZahlungsV Rn. D 261.
[56] Das Call Center im Zusammenhang mit Customer Care steht den Kunden des Auftraggebers zur Verfügung. Zur Hotlineleistungen im Sinne von Pflege (Support und Mängelbeseitigung) siehe *Schneider* Kap. G Rn. 63 a.
[57] OLG Stuttgart Urt. v. 23.6.1986 – 2 U 252/85, CR 1988, 24 und OLG München Urt. v. 22.3.2000 – 7 U 5021/99, CR 2000, 731.
[58] Weiter abzugrenzen ist die Schulung von der Hotline und den sonstigen Unterstützungsleistungen im Sinne von Beratung, vgl. *Schneider* Kap. E. Rn. 359, 360.
[59] Betont man jedoch den Erfolgscharakter der Schulung – etwa Herstellung der Abnahmefähigkeit bei den Mitarbeitern des Auftraggebers – lässt es sich zumindest vertreten, die Schulung als erfolgsorientiert und damit als Werkvertrag zu qualifizieren, vgl. etwa OLG Frankfurt aM Urt. v. 2.2.1994 – 23 U 25/92, CR 1995, 222. Zu Schulung/Einweisung → § 11 Erstellung von Software Rn. 108 ff.
[60] Verträge zwischen Werbeagentur und werbendem Unternehmen, die auf Beratung und Konzeptionierung von Werbekampagnen abzielen und mit monatlich fälligen Pauschalbezügen honoriert werden, sind Dienstverträge (OLG Hamburg OLGR 1997, 18). Zu „vorvertraglichen" Vergütungsansprüchen bei Webdesignern, Werbeagenturen und EDV-Dienstleistern sowie zum werkvertraglichen Charakter bei umsetzungsfähigem Werbekonzept, siehe auch *Alpert* CR 2001, 213 (214).
[61] BGH Urt. v. 10.6.1999 – VII ZR 215/98, NJW 1999, 3118 (zur Vertragstypologie); BGH Urt. v. 2.9.1999 – VII ZR 225/98, NJW 2000, 202 (zur Kündigung aus wichtigem Grund).
[62] Zur Übersicht über die einzelnen Vertragsgegenstände des Webshop-Outsourcing → Rn. 8 ff.
[63] Vgl. Palandt/*Grüneberg* Überbl v § 311 Rn. 25.
[64] Vgl. *Schneider* Kap. D. Rn. 171.
[65] BGH Urt. v. 23.3.2005 – III ZR 338/04, CR 2005, 816 mAnm *Schuppert*.

trag⁶⁶ nahe. Verfügbarkeitsregeln als Leistungsbestimmung dürften dagegen zusätzlich eine werkvertragliche Komponente einbringen, wenn nicht dadurch insgesamt aus dem Outsourcing ein Werkvertrag wird.

30   Nach *Schneider* hat sich die Diskussion zum Vertragstyp an Providerverträgen entzündet, deren Strukturen aber „klassischen" IT-Verträgen nicht fremd sind. Die Probleme etwa bei SLA und Mängelhaftung sind praktisch die gleichen.⁶⁷ Auch wenn die Leistungsbereiche Fulfilment (Logistik) und Customer Care (Hotline) das Webshop-Outsourcing vom Plattformvertrag abgrenzen, geben diese Leistungen dem Webshop-Outsourcing wohl nicht das „Gepräge".

5. Webshop-Outsourcing als Gesamtsystem

31   Der **Auftraggeber** wird beim Webshop-Outsourcing regelmäßig das Gesamtsystem als funktionierende Einheit sämtlicher Leistungsbestandteile verlangen. Hierbei wird aus Sicht des Auftraggebers meist nicht zwischen den einzelnen Leistungsbestandteilen und ihren Grenzen unterschieden. Im Vordergrund steht die Verantwortungsübernahme für das Gesamtsystem durch den Auftragnehmer sowie der Erfolg, dass ein Kunde des Auftraggebers im Rahmen der vereinbarten Verfügbarkeit den Webshop nutzen kann und dass Bestellungen ordnungsgemäß (rück-)abgewickelt werden.

32   Regelt der Vertrag eine **Gesamtlösung**⁶⁸ oder die Herstellung und den Betrieb eines einheitlichen **Gesamtsystems** mit Verfügbarkeiten, SLA, Malus/Bonussystem uä, steht **insgesamt der werkvertragliche Charakter** im Vordergrund.⁶⁹ Das gilt insbesondere dann, wenn der Auftragnehmer die Gesamtkoordination und -steuerung aller Leistungsbereiche schuldet. In diesem Fall sind aus Sicht des Auftraggebers va Plattform, Fulfilment und Customer Care derart miteinander verbunden, dass sie nur in ihrer Gesamtheit ein sinnvolles Ganzes ergeben. So machen für den Auftraggeber zB Lagerhaltung, Logistik und Call Center regelmäßig keinen Sinn, wenn nicht die Online-Verfügbarkeit der Webpräsenz geleistet wird.

33   Der **Auftragnehmer** hat dagegen regelmäßig das Interesse, die einzelnen Leistungsbestandteile des Webshop-Outsourcing soweit wie möglich voneinander zu trennen und einzugrenzen, insbesondere im Hinblick auf Schnittstellen zu Auftraggebersystemen und Subunternehmern, etwa bei Call Center und Logistik. Regelmäßig will der Auftragnehmer nicht weiter haften, als der Subunternehmer im Rahmen seiner allgemeinen Geschäftsbedingungen.⁷⁰ Die vertragliche Übernahme einer Gesamtverantwortung für das Funktionieren und das Zusammenwirken der einzelnen Leistungsbestandteile wird aus dieser Sicht eher zu vermeiden sein, was aber bei Generalunternehmerverträgen zumindest in AGB nur begrenzt möglich ist.⁷¹

III. Vertragsgestaltung

1. Vertragsaufbau

34   Der Aufbau eines Webshop-Outsourcing Vertrages könnte – bei einer eher auftraggeberfreundlichen Gestaltung – beispielsweise wie folgt aussehen:

---

⁶⁶ BGH Urt. v. 15.11.2006 – XII ZR 120/04, CR 2007, 75 – ASP.
⁶⁷ Vgl. *Schneider* Kap. D. Rn. 171.
⁶⁸ Zum Gesamtlösungsrecht vom Outsourcing-Vertrag siehe Bräutigam/*Grapentin*, IT-Outsourcing und Cloud-Computing, S. 294 ff.
⁶⁹ Vgl. *Schneider* Kap. D. Rn. 31. So wollen zB die EVB-IT System pauschal Werkvertragsrecht festschreiben, indem dort ab einer Anteilsquote der werkvertraglichen Leistungen am Gesamtvertrag von 16 % des Erstellungspreises Werkvertragsrecht greifen soll und zum anderen Werkvertrag sogar bei geringerem Anteil greifen soll, wenn Anpassungsleistungen vertragswesentlich sind.
⁷⁰ Bei Logistikleistungen kommen sehr häufig die Allgemeinen Deutschen Spediteursbedingungen (ADSp) zum Einsatz, die gerade im Bereich der Haftung Sondervorschriften enthalten, dazu im Einzelnen → Rn. 66 ff.
⁷¹ Ausführlich zu Subunternehmerverträgen und der Sandwich-Position des Generalunternehmers → § 11 Erstellung von Software Rn. 201 ff.

III. Vertragsgestaltung

Checkliste

- I. Präambel[72]
- II. Definitionen[73]
- III. Vertragsdokumente und Rangfolge
  1. Vertragsdokumente
  2. Anwendungsbereich Allgemeiner Geschäftsbedingungen
  3. Rangfolge
- IV. Vertragsgegenstand und Überblick über die Leistungen des Auftragnehmers[74]
  1. Vertragsgegenstand
  2. Überblick über die Leistungen des Auftragnehmers
  2.1. Kernleistungen
  2.2. Gesamtsteuerung, Gesamtkoordination und Synchronisierung[75]
  2.3. Technische Ausgestaltung der IT-Infrastruktur des Auftragnehmers
  2.4. Performance, SLA
  2.5. Sicherheit (Sicherheitskonzept im Hinblick auf Datenschutz und betriebliche Sicherheit)
  2.6. Überwachungs-, Mess-, Berichts- und Informationspflichten[76]
  2.7. Not- und Katastrophenfälle[77]
- V. Einzelheiten zu wesentlichen Leistungen des Auftragnehmers[78]
  1. Planung und Konzeptionierung des Gesamtsystems[79]
  2. Bereitstellung und Anpassung des Webshop-Systems[80]
  3. Einrichtung und Betrieb der Shop-Plattform
  3.1. Hosting und Rechenzentrumsbetrieb[81]
  3.2. Datensicherung und Back-up[82]
  4. Wartung und Pflege des Gesamtsystems[83]
  4.1. Fehler-Analyse und -Beseitigung, Wartungsarbeiten und Updates
  4.2. Mindestverfügbarkeit des Gesamtsystems, Funktionsgarantie
  4.3. Betrieb eines HelpDesks für Mängelbeseitigung und Supportanfragen des Auftraggebers
  5. Erbringung des Fulfilments[84]
  5.1 Beschreibung der einzelnen Funktionen
  5.2 Lagerhaltung
  6. Betrieb des Customer Care Centers für Endkunden[85]
  7. Export[86]
  8. Dokumentationen
  9. Schulung, Training[87]
- VI. Mitwirkung[88]
  1. Grundsatz

---

[72] Einen Formulierungsvorschlag für eine Zielbestimmung eines Projektvertrages findet sich unter → § 18 (IT-Projekte).
[73] → Rn. 35 f.
[74] → Rn. 9 und Rn. 27.
[75] → Rn. 27 und 31 ff.
[76] → Rn. 37 f.
[77] → Rn. 38.
[78] → Rn. 41 ff.
[79] → Rn. 41 ff.
[80] Einzelheiten zur Software-Erstellung und Anpassung → § 11 Erstellung von Software.
[81] Einzelheiten zu Webhosting → § 21 Providerverträge im Internet.
[82] → Rn. 39.
[83] Einzelheiten zu Wartung und Pflege → § 14 und → § 15. Im Übrigen → Rn. 39 ff.
[84] Hierzu → Rn. 50–70.
[85] Hierzu → Rn. 71–80.
[86] Hierzu → Rn. 57.
[87] → § 18 (IT-Projekte).
[88] → § 18 (IT-Projekte).

§ 20 34

	2. Einhaltung der Anlieferrichtlinien des Auftraggebers
	3. Meldepflichten und sonstige behördlichen Verfahren
VII.	Organisation und Regeln der Zusammenarbeit[89]
VIII.	Konfliktlösung und Eskalationsmanagement[90]
IX.	Rechtseinräumung, Schutzrechte Dritter, Freistellung
	1. Nutzungsrechte[91]
	2. Schutzrechte Dritter, Freistellung
X.	Personaleinsatz und Unteraufträge (Subunternehmer)
XI.	Tests und Start des Produktivbetriebs; Übernahme von Änderungen[92]
	1. Start des Produktivbetriebs, Stichtag
	2. Tests und Nachweis der Funktionsfähigkeit
	3. Übernahme zum Stichtag
	4. Übernahme von Änderungen
XII.	Vergütung und Abrechnung, Zahlungsmodalitäten, Sicherung des Vergütungs-.anspruchs[93]
	1. Höhe der Vergütung, Steuern, Währung, Verzugszinsen
	1.1. Setup- und Projektierungskosten
	1.2. Laufende Kosten
	1.3. Allgemeine Regelungen zur Vergütung
	1.4. Preisanpassung bei Subunternehmerleistungen
	2. Abrechnung der Leistungen des Auftragnehmers, Nachweis, Einsichtsrecht
	3. Rechnungsstellung, Zahlungsmodalitäten, Fälligkeit
XIII.	Pfandrecht, Sicherungsabtretung, Eigentum an der Ware des Auftraggebers, Lagerhaltung[94]
XIV.	Herrschaft über die Daten, Datenschutz
XV.	Sach- und Rechtsmängel, Service Level[95]
	1. Sach- und Rechtsmängel bei Softwareleistungen
	2. Sach- und Rechtsmängel des Gesamtsystems
	3. Fehler, Fehlermeldungen, Bearbeitung von Fehlern
	3.1. Fehlermeldung und Fehlerdokumentation
	3.2. Fehlerklassen
	3.3. Bearbeitung von Fehlern; Zuordnung von Fehlern und Konsequenz
XVI.	Monitoring und Service Level Berichte
	1. Monitoring
	2. Service Level Berichte
XVII.	Änderungen und Change Management[96]
XVIII.	Quellcodeübergabe und Quellcodehinterlegung[97]
XIX.	Audit, Kontrollen, Inventur
	1. Audits[98]
	2. Besichtigung des Lagers[99]
	3. Inventur[100]

---

[89] → § 18 (IT-Projekte).
[90] → § 18 (IT-Projekte).
[91] Setzt der Webshop-Outsourcing Anbieter im Hinblick auf das Webshop-System Fremdsoftware ein und ist die Rechtseinräumung so gestaltet, dass der Auftraggeber die Software nicht kaufrechtlich erwirbt, sondern gegen monatliches Entgelt nutzt (Miete, Leasing, ASP etc) müsste vorsorglich im Hinblick auf die Drittlizenzen geprüft werden, ob ein Hosting zulässig ist. Siehe dazu *Söbbing* MMR 2007, 479 sowie → § 13 (Überlassung von Software auf Zeit).
[92] → § 18 (IT-Projekte).
[93] → Rn. 74 ff.
[94] → Rn. 59 ff.
[95] → § 18 (IT-Projekte).
[96] Einzelheiten → § 18 (IT-Projekte).
[97] Einzelheiten → § 38 (IT in der Insolvenz, Escrow).
[98] → Rn. 63.
[99] → Rn. 63.
[100] → Rn. 64.

III. Vertragsgestaltung

    XX.   Geheimhaltung, Öffentlichkeitsarbeit
    XXI.   Haftung
           1. Verzögerung der Leistungen
           2. Haftung für Beschädigung der Ware des Auftraggebers während der Lagerung
           3. Haftungsbeschränkung bezüglich logistischer Leistungen im Bereich Fulfilment und ADSp[101]
           4. Haftung des Auftragnehmers bei Inanspruchnahme wegen Sach- und Rechtsmängeln der Ware des Auftraggebers
    XXII. Versicherungen[102]
    XXIII. Laufzeit und Beendigung[103]
           1. Vertragsdauer
           2. Sonderkündigungsrecht
           3. Außerordentliche Kündigung
           4. Schriftform
           5. Abwicklung des Vertrages bei Beendigung
           5.1. Rückgewähr
           5.2. Regelungen zu Nutzungsrechten bei Beendigung
           5.3. Abwicklung des Lagers und restlicher Bestellungen
           5.5. Abwicklung des Fulfilment
           5.6. Abwicklung/Rückgabe von Daten, Datenbanken und sonstigen Vertragsgegenständen
           5.7. Vergütung in der Abwicklungsphase
    XXIV. Schlussbestimmungen

2. Einzelheiten zu einigen wesentlichen Regelungsbereichen

a) Definitionen. Gerade das Zusammenspiel einer Vielzahl unterschiedlicher Leistungen zu einem funktionierenden Gesamtsystem setzt voraus, dass die einzelnen Leistungsinhalte genau bestimmt sind. Damit wird Zielklarheit geschaffen und eine sinnvolle Handhabung des Änderungsmanagements ermöglicht. Die Zuordnung von Leistungsstörungen wird erleichtert, insbesondere dann, wenn in Teilbereichen Subunternehmer eingeschaltet werden. 35

Leistungsabgrenzung anhand von Definitionen können sinnvoll sein, wobei die Inhalte der nachfolgenden Definitionen lediglich als Anregung zu verstehen sind und stark vom Einzelfall abhängen. 36

Customer Care Center	Ist die Organisationseinheit, die sich mit der Kundenkommunikation, Stornierungen, Gutschriften, Adressbearbeitung und ähnlichen Leistungen befasst.
Fulfilment	Sind alle Handlungen, die verkäuferseitig für den Fernabsatzgeschäftsprozess erforderlich sind, einschließlich Warenannahme, Fakturierung, Kommissionierung, Versand, Warenausgang, Retourenabwicklung, Widerruf, Debitorenmanagement und Bonitätsprüfung, sowie die Erfüllung sämtlicher Belehrungs-, Informations- und Datenschutzpflichten im elektronischen Rechtsverkehr und in der Auftragsdatenverarbeitung.
Gesamtsystem	Ist die funktionierende Einheit von *Webshop-System* und *Shop-Plattform* sowie *Fulfilment* und *Customer Care*.
Shop-Plattform	Ist die gesamte IT-Infrastruktur bestehend insbesondere aus Hardware, Speicher, Rechenkapazität, Netzwerk, Betriebssystem, Applikationen, Software, Datenbank und Daten, die für den erfolgreichen Betrieb des *Gesamtsystems* erforderlich ist.
Webshop-System	Ist die speziell für den *Kunden* angepasste Standard-Software ...

---

[101] → Rn. 66 ff.
[102] → Rn. 70.
[103] → Rn. 90 ff. sowie → § 19 (Outsourcing-Verträge).

37 **b) Überwachungs-, Mess-, Berichtspflichten; Not- und Katastrophenfälle.** Grundsätzlich sollte geregelt werden wer das *Gesamtsystem* laufend überwacht (Monitoring) und Auffälligkeiten aufzeichnet und berichtet (Reporting). Liegt die Überwachungspflicht beim Auftragnehmer, kann der Auftraggeber die Pflichterfüllung nur wirksam kontrollieren, wenn er vom Auftragnehmer laufend durch „Reports" informiert wird. Dies ist in datenschutzrechtlicher Hinsicht schon allein deshalb erforderlich, weil der Auftraggeber im Falle einer sog **Auftragsdatenverarbeitung**[104] gemäß § 11 Abs. 2 BDSG nicht nur einmalig nach Vertragsschluss sondern regelmäßig zu Kontrollen während des laufenden Betriebs verpflichtet ist. Zudem benötigt der Auftraggeber in handels- und steuerrechtlicher Hinsicht ausreichende Nachweise über die Geschäftstätigkeit im Webshop, insbesondere, wenn der Auftraggeber selbst Vertragspartner der Webshop-Kunden wird. Sinnvolle Themen der Berichte können insbesondere

- Sicherheit,
- Performance,
- Verfügbarkeit,
- Statistik,

sein, die der Auftragnehmer im Rahmen des Monitoring laufend misst. Dazu können auch Service-Level-Berichte gehören, die durch die Installation geeigneter Mess- und Kontrollinstrumente Einblick in die Einhaltung der Service Levels geben.

38 Darüber hinaus ist zu regeln, wer für Not- und Katastrophenfälle angemessene Vorkehrungen trifft und entsprechende Kapazitäten bereithält, insbesondere im Hinblick auf eine Staffelung von Ausfall- bzw. Back Up-Szenarien. Diese Katastrophen-Szenarien und die Notfallpläne sind stets aktuell und verfügbar zu halten, damit der Auftraggeber gegenüber Dritten (zB Aufsichtsorganen wie BaFin) Nachweise über die Planung im Not- und Katastrophenfall erbringen oder den Auftraggeber im Hinblick auf die Einhaltung der Pläne in Anspruch nehmen kann. Als Notfallsysteme werden häufig **Hot-/Cold-Standby-Lösungen** eingesetzt. Speziell bei Hot-Standby stellt sich jedoch das Problem, dass möglicherweise zusätzliche Lizenzen im Hinblick auf die eingesetzte Software angeschafft werden müssen.[105]

39 **c) Rechte an den Daten, Datensicherung und Back-up.** Wesentlich im Rahmen der Rechtseinräumung sind neben den Nutzungsrechten an der Software (ua am angepassten Webshop-System und an Schnittstellen zu internen Systemen des Auftraggebers) in erster Linie die Rechte an den durch den Betrieb des Webshops entstehenden urheberrechtlich geschützten Gegenständen und an den Daten. Die Rechtsverhältnisse hierzu sind vertraglich abzubilden. Unter Verfügbarkeits- und Wiederanlauf-Aspekten sollte aus Auftraggebersicht geregelt werden, dass diesem stets auch das Datenensemble und alle Einstellungen am Webshop/-System insgesamt, auch als Datenbank, „gehören" und er jederzeit eine Kopie herausverlangen kann. Daneben muss durch die Leistungsbeschreibung klargestellt sein, etwa iVm Datensicherung, Back-up uä, dass diese Schutzpositionen gewahrt sind. Dies setzt eine entsprechende Regelung zur Dauer der Aufbewahrung voraus. Bei einem umfassenden Webshop-Outsourcing sind diese Maßgaben auch als technische und organisatorische Maßnahmen im Sinne des § 9 BDSG erforderlich (Verfügbarkeitskontrolle).

40 Denkbar wäre (eher auftraggeberfreundlich) etwa eine Regelung ähnlich wie folgt:

> **Formulierungsvorschlag:**
>
> Datensicherungen und Back-ups des Gesamtsystems zum Zwecke der Sicherung für den Fall von Ausfällen des Gesamtsystems und/oder seiner Teile sowie zum Zwecke der Sicherung für den Fall von Ausfall des Auftragnehmers sind Sache des Auftragnehmers. Dies gilt sowohl im Hinblick auf die Vorhaltung der erforderlichen IT-Infrastruktur, als auch für den Anstoß zur Durchführung der Datensicherungs-Läufe der in Abhängigkeit von der Frequenz der Nutzung, mindestens jedoch einmal täglich durchzuführen ist.

---

[104] Zur Auftragsdatenverarbeitung im Einzelnen, ua in Abgrenzung zur Funktionsübertragung → Rn. 81 ff.
[105] Siehe hierzu im Einzelnen *Söbbing* ITRB 2007, 50.

Der Auftragnehmer wird inkrementelle Back-ups mindestens 14 Tage, Vollsicherungen dagegen mindestens 6 Monate aufbewahren.
Für die Durchführung darüber hinausgehender Back-ups, insbesondere für die Sicherung und Aufbewahrung älterer Back-ups als des jeweils jüngsten, sowie für die Einhaltung handels- und steuerrechtlicher Aufbewahrungsfristen hinsichtlich der gesicherten Daten ist der Auftragnehmer ausschließlich verantwortlich.
Der Auftragnehmer stellt durch den Einsatz geeigneter Mittel, insbesondere durch den Einsatz von Virenscannern und Firewalls sicher, dass unberechtigte Zugriffe auf die Daten des Auftraggebers und die Übermittlung schädigender Daten, insbesondere Viren, verhindert bzw. unterbunden werden.

d) Planung und Konzeptionierung, Erstellung des Webshops. Zur Planung und Konzeptionierung gehören etwa folgende Leistungen einschließlich der Zuordnung der Verantwortlichkeiten hierfür:
- die Erstellung eines vollständigen, qualifizierten Leistungsverzeichnisses (Pflichtenheft/ technische Feinspezifikation)
- die Gesamtsteuerung, die Koordination und die Synchronisierung der am *Webshop/ -Outsourcing* beteiligten Subunternehmer und Drittanbieter (insbesondere Scoringanbieter und Auskunfteien,[106] e-Payment-[107] und Inkassoanbieter etc),
- die Gesamtkoordination sämtlicher zur Erfüllung dieses Vertrags erforderlicher Leistungen und Mitwirkungspflichten bei der Erstellung und beim Betrieb des Webshops (etwa im Hinblick auf klassische Werbeagenturleistungen, Affiliate-Programme, Softwarebeschaffung und Anpassungen etc),
- die Budgetierung der Setup- und Installations-Kosten (meist als Regelung zu den Gesamtkosten).

Im Rahmen der Erstellung des Webshops sind vertraglich etwa erforderliche Individualanpassungen der Standard-Software nach den Vorgaben und/oder in Abstimmung mit dem Auftraggeber an dessen fachlichen Vorgaben zu regeln, insbesondere im Hinblick auf Produktpräsentation, Bestellungsabwicklung und Design des Webshops. Übliche Funktionalitäten der Software sind meist
- Warenkorb,
- Wunschzettel,
- Mehrsprachigkeit,
- Integration von Content-Management-Systemen,
- Template-Verwaltung,
- Verwaltung des Nutzerkontos („Mein Konto"-Funktion),
- Bewertungen/Kundenrezensionen.

Durch die Etablierung von mobilen Endgeräten im Alltag ist bei der Konzeptionierung und Planung des Webshops auch die Möglichkeit der Anzeige des Angebots auf Tablets und Smartphones (**„mobile-enabled websites"**) zu bedenken. Wenn nicht zwei unterschiedliche Lösungen für Desktop und mobile Endgeräte erstellt werden sollen, können beispielsweise bei der Erstellung des Webshops Cascading Style Sheets (CSS) verwendet werden, bei der die aufgerufene Website erkennt für welches Ausgabemedium sie erstellt wurde. Sog Media Queries, bei denen etwa Betriebssystem, Browsertyp, Größe und Bildschirmauflösung abgefragt werden, bewirken eine automatisierte Anzeige des Webshops optimiert auf das Ausgabegerät.[108]

Auch die Einbindung von **Social-Media Plugins** und das Angebot des Webshops als **Smartphone-App** sind Aspekte der Planung und Konzeptionierung.[109]

---

[106] Zu datenschutzrechtlichen Aspekten von Scoring und Auskunfteien → § 34 (Recht des Datenschutzes).
[107] Zum E-Payment → § 27; ob auch mit dem E-Payment Anbieter eine Auftragsdatenverarbeitungsvereinbarung erforderlich ist hängt davon ab, ob der Auftraggeber in dessen Auftrag der Auftragnehmer Endkundendaten an den E-Payment-Anbieter übermittelt, oder ob im Webshop lediglich ein externer Link gesetzt wird, ohne dass personenbezogene Daten zwischen Webshop und E-Payment-Anbieter ausgetauscht werden.
[108] Vgl. http://en.wikipedia.org/wiki/Media_queries.
[109] Hierzu im Detail → § 28 Apps und Social Media.

44 **e) Service-Level, Wartung und Pflege des Gesamtsystems.** Wenn im Rahmen des Webshop-Outsourcing die Parteien Mindestverfügbarkeiten vereinbaren, machen sie sich häufig keine Gedanken darüber, dass diese Verfügbarkeitszusagen regelmäßig nur die Verfügbarkeit des Webshops im Internet betreffen, nicht dagegen die Verfügbarkeit des Call-Centers und die reibungslose Abwicklung der Warensendung. Bei der Vereinbarung von Service-Levels ist aus Auftraggebersicht daher nicht nur die Verfügbarkeit der Internetpräsenz und die Pflege und Wartung der IT-Infrastruktur ausschlaggebend, sondern ein funktionierendes Gesamtsystem. Allein durch den Betrieb eines HelpDesks ist dem Auftraggeber beim Webshop-Outsourcing in der Regel nicht gedient.

45 Im Rahmen der Vertragsgestaltung kann diesem Interesse zB durch Klauseln zur **Verfügbarkeit des Gesamtsystem** oder durch **Funktionsgarantien** bezogen auf das Gesamtsystem Rechnung getragen werden. Hierbei wird die Schwierigkeit meist darin liegen, Verfügbarkeiten für die unterschiedlichen Leistungsteile überhaupt zu definieren und zu messen und in einer einheitlichen Verfügbarkeitszusage zu regeln. Gesamtverfügbarkeiten bilden zudem meist nur eine durchschnittliche Verfügbarkeit ab. Ist in Teilbereichen eine Hochverfügbarkeit erforderlich, oder eine einheitliche Verfügbarkeit rein tatsächlich nicht zu definieren, können alternativ die einzelnen Leistungsbestandteile getrennt voneinander auf Einhaltung von Service-Levels geregelt und beurteilt werden. Kontinuierliche Verfügbarkeitsmessungen bei Call-Center und Logistik sind in der Regel nicht möglich. Ausfälle werden meist nur durch Beschwerden von Kunden dokumentiert, wenn die Erreichbarkeit des Call-Centers nicht gegeben war oder Warensendungen nicht oder zu spät geliefert wurden. Denkbar wäre bei nachweisbaren und stichhaltigen Kundenbeschwerden eine Malusregelung vorzusehen. Zur Evaluation der Kundenmeinung sind branchenüblich zB Fragenkataloge nach Abschluss des Bestellvorgangs, bei denen die Kunden durch einen Anreizmechanismus (zB Gutschein) zum Ausfüllen und zur Rückleitung animiert werden.

46 Auftragnehmerseitig besteht demgegenüber die Schwierigkeit, dass für einzelne Leistungen, va Logistik, häufig Subunternehmer eingeschaltet werden worauf der Auftragnehmer, etwa beim Verlust von Warensendungen, wenig Einfluss hat. Das Interesse bei der Vertragsgestaltung wird in diesem Bereich eher darauf liegen, die Verfügbarkeitszusagen auf das Webshop-System zu beschränken.

47 Speziell im Zusammenhang mit Updates des Webshop-Systems ist zu beachten, dass ein erheblicher Unterschied darin liegen kann,

a) ob der Auftragnehmer beim Bestellvorgang direkt in das Warenwirtschaftssystem des Auftraggebers bucht, oder
b) ein eigenes Warenwirtschaftssystem betreibt (in diesem Fall bestellt der Auftragnehmer wie ein normaler Kunde und wird im Warenwirtschaftssystem des Auftraggebers entsprechend geführt, ohne dass es eine Schnittstelle zwischen Auftraggeber-System und Webshop-System gibt).

48 Im Fall b) gibt es zwei Warenwirtschaftssysteme, zwischen denen keine Schnittstelle besteht. In diesem Fall ist es ausschließlich Sache des Auftragnehmers im Rahmen der Pflege (insbesondere bei Updates und Upgrades) dafür Sorge zu tragen, dass das Webshop-System und das Warenwirtschaftssystem des Auftraggebers kompatibel sind und bleiben.

49 Besteht dagegen eine Schnittstelle (siehe Fall a), müssen Regelungen dafür vorgesehen werden, wer für die Kompatibilität der Systeme bei unabhängig voneinander erfolgender Pflege verantwortlich ist. Auch dies ist Bestandteil der Sicherstellung eines funktionierenden Gesamtsystems.

50 **f) Fulfilment.** Der Auftragnehmer erbringt unter dem Oberbegriff Fulfilment im Fall des vollständigen Outsourcings des Webshop-Betriebs von der Bestellung bis zur Auslieferung an den Kunden eine Vielzahl von Aktivitäten. Im Rahmen des Fulfilments kommen vor allem folgende Leistungen oder Teilbereiche hiervon in Betracht:
- Bestellungsannahme und -abwicklung;
- Warenannahme, Einhaltung der Anlieferrichtlinien des Auftraggebers;
- Lagerhaltung, Inventur;
- Fakturierung;

III. Vertragsgestaltung

- Kommissionierung;
- Verpackung;
- Frankierung;
- Versand und Abwicklung des Warenausgangs (einschließlich paralleler Abbildung unterschiedlicher Versandsysteme);
- Logistik;
- Abwicklung des Zahlungsverkehrs (einschließlich paralleler Abwicklung mehrerer Zahlungsmethoden);[110]
- Rechnungsstellung;[111]
- Mahnwesen;
- Mehrwertdienste;
- Debitorenmanagement;
- Debitorenmanagement und Bonitätsprüfung;
- Export;
- Unterstützung des Auftraggebers bei Meldepflichten und sonstige behördlichen Verfahren (**Intrastat**);[112]
- alle Handlungen, die für den Vertrieb im Fernabsatzgeschäftsprozess erforderlich sind, zB Bearbeitung von Widerrufen und Erfüllung sämtlicher Belehrungs-, Informations- und Datenschutzpflichten im elektronischen Rechtsverkehr und in der Auftragsdatenverarbeitung;
- Retourenabwicklung.

aa) Bonitätsprüfung, Scoring, Auskunfteien. In der Regel wird der Auftraggeber ein Interesse daran haben, dass der Auftragnehmer – etwa zur Entscheidung, welche Bezahlmöglichkeiten dem Internet-User im Webshop angezeigt werden – **Bonitätsprüfungen** durchführt. Einige Unternehmen nutzen sogenannte betriebs-, konzern- oder brancheninterne **Warndateien**,[113] gegen die im Rahmen des Bestellprozesses die Adressangaben des Käufers im Webshop abgeglichen werden. § 28a Abs. 1 S. 1 BDSG ist nicht nur für Stellen relevant ist, die Auskunfteien im klassischen Sinne sind. Auch wenn zB zum Zwecke der konzerninternen Warndatei Daten an anderen Konzerngesellschaften übermittelt werden (etwa weil die Warndatei in einer zentralen Datenbank im Konzern für mehrere verantwortliche Stellen abrufbar ist), gelten diese Anforderungen (§ 28 Abs. 1 S. 2 BDSG).[114] Denkbar ist, dass der Webshop-Outsourcing-Dienstleister auch Inkasso-Leistungen (echtes oder unechtes Factoring oder Forderungseinziehung) selbst oder mittels Subunternehmern anbietet. Bei echtem Factoring wird die Forderung an den Inkasso-Anbieter verkauft und er trägt auch das Ausfallrisiko. In diesem Fall ist – auch hins. Bonitätsprüfung – der Inkasso-Anbieter verantwortlich Stelle und nicht Auftragsdatenverarbeiter.[115]

Grundsätzlich ist eine Bonitätsprüfung nicht für die Begründung, Durchführung oder Beendigung eines rechtsgeschäftlichen oder rechtsgeschäftsähnlichen Schuldverhältnisses mit

---

[110] Hierzu im Detail → § 27 E-Payment, E-Invoicing.
[111] Hierzu im Detail → § 27 E-Payment, E-Invoicing.
[112] Intrastat (kurz für **Innergemeinschaftliche Handelsstatistik**) beruht auf der EG-Verordnung Nr. 638/2004 über die Gemeinschaftsstatistiken des Warenverkehrs zwischen Mitgliedstaaten. Diese und die EG-Verordnungen Nr. 1901/2000 und Nr. 1917/2000 regeln unionsweite Mindeststandards der handelsstatistischen Erfassung. Unternehmen müssen Versendungen und Eingänge zentral melden (Intrastat-Meldungen), in Deutschland an das Statistische Bundesamt. Von der Meldepflicht sind in Deutschland umsatzsteuerpflichtige Unternehmen befreit, deren Versendungen in andere EU-Mitgliedstaaten bzw. Eingänge den Wert von 500.000,– EUR im Vorjahr nicht überschritten haben. Wird diese Wertgrenze erst im laufenden Kalenderjahr überschritten, so beginnt die Meldepflicht mit dem Monat, in dem die Schwelle überschritten wurde. Die Abgabe dieser Meldungen ist in allen EU-Mitgliedsstaaten verbindlich.
[113] *Gola/Reif,* Kundendatenschutz – Leitfaden für die Praxis, 3. Aufl. 2011, Rn. 528 ff.
[114] *Gola/Reif,* Kundendatenschutz – Leitfaden für die Praxis, 3. Auf. 2011, Rn. 550.
[115] Der EuGH (v. 22.11.2012 – Rs. C-119/12) hat entschieden, dass zumindest bei Factoring für einen TK-Diensteanbieter der Inkasso-Dienstleister gemäß Art. 6 Abs. 2 und 5 der RL 2002/58/EG „auf Weisung" des TK-Diensteanbieters handeln muss und dass „auf Weisung" auszulegen ist wie in Art. 17 Abs. 3 der RL 95/46/EG im Zusammenhang mit Auftragsdatenverarbeitung. Das bedeutet, dass der Inkasso-Dienstleister nur weisungsabhängige, für Gebührenabrechnungen zuständige Personen einsetzen darf, dass die Verarbeitung auf das „erforderliche Maß" beschränkt und der TK-Diensteanbieter eine „tatsächliche Kontrollbefugnis" haben und ausüben muss. Siehe dazu auch BGH, Urt. v. 7.2.2013 – III ZR 200/11.

dem Kunden notwendig. Damit ist die Weitergabe von Daten an Auskunfteien nicht von der Erlaubnisnorm des § 28 Abs. 1 S. 1 Nr. 1 BDSG erfasst.[116] Als einschlägige **Erlaubnisnorm** kommt aber § 28 Abs. 1 S. 1 Nr. 2 BDSG in Betracht, soweit die Bonitätsprüfung zur Wahrung berechtigter Interessen der verantwortlichen Stelle (des Auftraggebers) erforderlich ist und kein Grund zu der Annahme besteht, dass das schutzwürdige Interesse des Kunden an dem Ausschluss der Verarbeitung oder Nutzung überwiegt. Die verantwortliche Stelle hat also eine **Interessenabwägung** durchzuführen.[117] Für den Verkäufer im Webshop ist ein berechtigtes Interesse, das Risiko von Zahlungsausfällen zu minimieren. Im Rahmen der Interessenabwägung ist ua zu prüfen, ob die herangezogenen Merkmale für den jeweiligen Vertragszweck relevant sind.[118] Wird im Rahmen der Bonitätsprüfung ein sogenanntes Scoring (etwa mittels Wohnfeldanalyse) durchgeführt, ist § 28b BDSG zu beachten. § 28a und § 28b BDSG konkretisieren und klären in den dort geregelten Fällen die allgemeine Interessenabwägung des § 28 Abs. 1 S. 1 Nr. 2 BDSG. Ergibt die Interessenabwägung, dass das Risiko des Auftraggebers als berechtigtes Interesse gegenüber dem Interesse des Kunden an einem Ausschluss der Übermittlung zum Zwecke der Bonitätsprüfung überwiegt, so ist die Einholung der **Einwilligung des Kunden entbehrlich**.[119] Gleichwohl muss der Kunde über die Durchführung der Bonitätsprüfung und die damit einhergehende Übermittlung seiner bonitätsrelevanten Daten an Dritte, etwa Auskunfteien, gemäß § 4 Abs. 3 BDSG informiert werden.

53 Einschränkend gilt allerdings, dass ein berechtigtes Interesse der verantwortlichen Stelle dann nicht vorliegt, wenn unter den wählbaren Zahlungsmethoden im Webshop auch Vorkasse angeboten wird. Gleiches gilt in den Fällen, in denen die wählbaren Zahlungsmethoden erst nach Durchführung einer Bonitätsprüfung überhaupt angezeigt werden.[120] Da in beiden Fällen kein überwiegendes berechtigtes Interesse an der Durchführung der Bonitätsprüfung vorliegen wird, ist in diesen Fällen die Einholung der Einwilligung des Kunden gemäß § 4a BDSG notwendig. Eine einfache Information genügt hier nicht.

54 Der Auftraggeber sollte daher vorab mit dem Auftragnehmer vereinbaren, welche Zahlungsmethoden angeboten werden sollen und dass eine Bonitätsprüfung nur dann durchgeführt wird, wenn sich der Kunde zuvor aktiv für eine Zahlungsmethode entscheidet, bei welcher der Auftraggeber in Vorleistung gehen muss.

55 Zusätzlich stellt sich die Frage der Zulässigkeit der Übermittlung von Daten an **Wirtschaftsauskunfteien** im Sinne einer „**Einmeldung**" von Daten. Bei dieser handelt es sich nicht lediglich um die Übermittlung bestimmter personenbezogener Daten im Rahmen der Abfrage der Bonität eines Kunden, sondern um die Übermittlung von Information zu Forderungen, aus denen die Auskunfteien ihrerseits Score-Werte gemäß § 28b BDSG ermitteln, die sie an ihre Vertragspartner übermitteln (§ 29 BDSG). Die Zulässigkeit beurteilt sich nach § 28a BDSG, der als gesetzlicher Erlaubnistatbestand für eine solche Übermittlung geschaffen wurde,[121] so dass es einer Einwilligung des Betroffenen gemäß § 4a BDSG nicht bedarf. Gegenstand der Übermittlung sind ausschließlich personenbezogene Daten über eine Forderung und Empfänger der Daten dürfen nur Auskunfteien sein,[122] gegenüber denen sich die einmeldende Stelle vertraglich zur Übermittlung verpflichtet hat.[123] Dabei wird ein Interesse potentieller Gläubiger gesetzlich anerkannt, über die Zahlungsunfähigkeit oder Zahlungsunwilligkeit ihrer potentiellen Vertragspartner informiert zu werden, welches aber nur insoweit gilt, als es um die **Nichtbegleichung von Forderungen** geht.[124] Gleichwohl muss

---

[116] Forgó/Helfrich/Schneider/*Conrad/Klatte*, Betrieblicher Datenschutz, Teil VIII., Kap. 4 Rn. 71.
[117] Forgó/Helfrich/Schneider/*Kosmides*, Betrieblicher Datenschutz, Teil VIII., Kap. 2 Rn. 67.
[118] Anschaulich *Simitis* BDSG § 28 Rn. 77 ff. wonach zB detaillierte Angaben zum Beruf für einen Berufshaftpflichtversicherer relevant sind, nicht jedoch für den Anbieter ein Hausratversicherung.
[119] Forgó/Helfrich/Schneider/*Conrad/Klatte*, Betrieblicher Datenschutz, Teil VIII., Kap. 4 Rn. 71.
[120] Forgó/Helfrich/Schneider/*Conrad/Klatte*, Betrieblicher Datenschutz, Teil VIII., Kap. 4 Rn. 71.
[121] Forgó/Helfrich/Schneider/*Ehmann*, Betrieblicher Datenschutz, Teil VIII., Kap. 3 Rn. 55.
[122] Simitis/*Ehmann* BDSG § 28a Rn. 10 ff. „*Falls eine Auskunftei nur innerhalb eines Konzerns tätig wird, zu dem sie gehört, gelten keine Besonderheiten; es gilt kein „Konzernprivileg'*". So auch Plath/*Kamlah* BDSG § 28a Rn. 9.
[123] Simitis/*Ehmann* BDSG § 28a, Rn. 17.
[124] Gola/Schomerus BDSG § 28a, Rn. 5.

auch in diesem Fall der Kunde über die Übermittlung und die empfangende Auskunftei entsprechend informiert werden.[125]

Im Verhältnis zwischen Auftraggeber und Auftragnehmer sollte stets klar vereinbart werden, wann es sich lediglich um Anfragen zur Bonität eines potentiellen Kunden des Webshops (**Bonitätsprüfung**) handelt und ob aufgrund einer vertraglichen Vereinbarung auch **Einmeldungen** von nicht beglichenen Forderungen an eine Auskunftei zur Ermittlung von Score-Werten und zur Übermittlung an Dritte erfolgen sollen. Vor dem Hintergrund, dass § 28a Abs. 3 BDSG auch eine **Nachberichtigungspflicht** der übermittelnden Stelle sowohl über Positiv- als auch über Negativdaten vorsieht,[126] muss der Auftraggeber auch darüber informiert sein, welche Informationen an die Auskunfteien übermittelt wurden und inwiefern sich diese verändern. Dies gilt umso mehr, als der potentielle Kunde bei einem fehlerhaften negativen Eintrag einen Anspruch auf **Korrektur** hat, der sich gegen den Verursacher richten kann, also das Unternehmen, das der Auskunftei die fehlerhafte Information übermittelt hat.[127] Vorliegend ist das der Auftraggeber als Betreiber des Webshops.

bb) Export und behördliche Meldungen. Beim Webshop-Outsourcing mit grenzüberschreitendem Warenverkehr ist vor allem auf die Regelung der Verantwortlichkeit bei der Einhaltung landesspezifischer Vorschriften, Export-/Importbeschränkungen und behördlicher Meldungen zu achten. Eine auftraggeberfreundliche Formulierung mit umfassenden Informations- und Hinweispflichten des Auftragnehmers könnte wie folgt aussehen:

> **Beispielsformulierung für den Fall, dass Verkäufer im Webshop (Anbieter) der Auftraggeber ist:**
>
> Der Auftragnehmer prüft und überwacht regelmäßig alle relevanten Exportbeschränkungen, Auflagen, Bedingungen und/oder -Hindernisse und wird den Auftraggeber jeweils rechtzeitig hierüber aufklären und die erforderlichen Erklärungen und/oder Dokumente beibringen und ggf. bei den Subunternehmern anfordern.
> Der Auftraggeber informiert den Auftragnehmer in Bezug auf gesetzliche nationale und internationale Regelungen, die sich auf das eingesetzte Produktsortiment beziehen.
> Sofern gemäß EG-Verordnung Nr. 638/2004 über die Gemeinschaftsstatistiken des Warenverkehrs zwischen Mitgliedstaaten eine Intrastat-Meldung an das Statistische Bundesamt erforderlich ist, obliegt dem Auftragnehmer die Vorbereitung dieser Intrastat-Meldungen für die grenzüberschreitenden Sendungen aus dem Vertrieb über den Webshop, um dem Auftraggeber die den gesetzlichen Anforderungen entsprechende Abgabe dieser Meldungen zu ermöglichen. Das Gleiche gilt für sonstige Meldungen oder Formalien, die aus oder im Zusammenhang mit den gegenständlichen Leistungen zu erbringen sind. Der Auftragnehmer trägt die ihm hierdurch entstehenden Kosten.
> Sollte eine Mitwirkung des Auftraggebers für die Vorbereitung dieser Meldungen erforderlich sein, wird der Auftragnehmer dies rechtzeitig mitteilen, alle Vorbereitungsmaßnahmen treffen, so dass letztendlich nur eine Gegenzeichnung der Meldungen durch den Auftraggeber erforderlich ist. Der Auftragnehmer erstellt die endgültige Fassung dieser Meldungen und übergibt diese rechtzeitig an den Auftraggeber.
> Die Umsatzsteueranmeldung des Auftraggebers ist nicht Aufgabe des Auftragnehmers. Zur Gewährleistung des Gleichlaufs von Umsatzsteuervoranmeldungen und Intrastat-Meldungen hat der Auftragnehmer bei der Erstellung der Intrastat-Meldungen größtmögliche Sorgfalt walten zu lassen.

cc) Pfandrechte, Sicherungsrechte. Soweit der Auftragnehmer im Rahmen des Fulfilment auch die **Lagerhaltung** hinsichtlich der im Webshop angebotenen Waren übernimmt, ist der

---

[125] Im Einzelnen zu den Grundsätzen, welche Datenübermittlungen bei Einmeldungen zulässig sind, siehe *Gola/Reif,* Kundendatenschutz – Leitfaden für die Praxis, 3. Aufl. 2011, Rn. 545 ff. Positivmerkmale (zB ordnungsgemäße Abwicklung der Vertragsbeziehung) und harte Negativmerkmale dürfen im Regelfall ohne Einwilligung des Betroffenen übermittelt werden. In den übrigen Fällen ist eine sorgfältige Einzelfallabwägung erforderlich.
[126] *Gola/Schomerus* BDSG § 28a, Rn. 18.
[127] Conrad/Grützmacher/*Lapp,* Recht der Daten und Datenbanken im Unternehmen, § 34 Rn. 12.

Auftragnehmer regelmäßig daran interessiert, zur Sicherung seines Vergütungsanspruchs (und eventuell weiterer vertraglicher Forderungen) ein **Pfandrecht an den eingebrachten Waren**, etwaigen Versicherungsleistungen sowie den Begleitpapieren zu erlangen. Falls vereinbart, besteht ein solches Pfandrecht, solange der Auftragnehmer die Ware in seinem Besitz hat. Nach § 1234 BGB darf der Auftragnehmer als Pfandgläubiger die Ware zur Befriedigung seiner Forderungen erst nach fruchtlosem Ablauf einer **Nachfrist** von einem Monat ab Verkaufsandrohung freihändig verkaufen. § 1234 BGB ist jedoch dispositiv, so dass der Auftragnehmer regelmäßig versuchen wird, diese Frist zu verkürzen.

60 Probleme stellen sich dann, wenn die dem Pfandrecht unterliegende Ware mit einem vorrangigen (verlängerten) Eigentumsvorbehalt oder einem sonstigen vorrangigen Sicherungsrecht eines Lieferanten des Auftraggebers oder eines sonstigen Dritten (zB Sicherungsglobalzession bei Bankenfinanzierung) belastet ist. Aus Auftragnehmersicht ist es ratsam, sicherungshalber eine Abtretung der dem Auftraggeber zustehenden Anwartschaftsrechte in Höhe der jeweils offenen Forderung zu vereinbaren. Die Abtretung erlischt mit Übergabe der Ware an einen Frachtführer oder sonstige Dritte. Bei Bestehen von Sicherungsrechten von Lieferanten des Auftraggebers können Sicherungsrechte des Auftragnehmers nur nachrangig entstehen, so dass aus Auftraggebersicht keine Zusicherungen hinsichtlich der Werthaltigkeit der Sicherungsrechte des Auftragnehmers abgegeben werden können. Da nach § 1208 BGB ein gutgläubiger Erwerb des Vorrangs möglich ist, empfiehlt es sich für den Auftraggeber klarzustellen, ob und inwieweit Sicherungsrechte von Lieferanten oder Dritten bestehen. Aus Auftragnehmersicht sind zur Bemessung der Werthaltigkeit der Pfandrechte und eventueller Zurückbehaltungsrechte entsprechende Auskunftspflichten des Auftraggebers vorzusehen.

61 Ist das Webshop-Outsourcing so konzipiert, dass der Auftragnehmer nicht nach außen auftritt, sondern der Endkunde vertragliche Beziehungen ausschließlich mit dem Auftraggeber hat und von diesem das Eigentum an der gekauften Ware erwirbt, empfiehlt es sich im Verhältnis zum Auftragnehmer klarzustellen, dass Vereinbarungen über Pfandrechte und Sicherungsabtretungen die Eigentümerstellung des Auftraggebers nicht berühren.

62 Erlangt der Auftragnehmer ein Sicherungsrecht, kann er unter Berücksichtigung etwaiger vorrangiger Sicherungsrechte ein Zurückbehaltungsrecht an den in seiner Verfügungsgewalt befindlichen Waren haben. Aus Auftraggebersicht sollte zur Sicherstellung einer reibungslosen Abwicklung der Warenauslieferung vereinbart werden, dass dieses Zurückbehaltungsrecht nicht ausgeübt werden darf, soweit dadurch die fristgemäße Erfüllung von vertraglichen Ansprüchen von Endkunden gefährdet wird.

63 *dd) Kennzeichnung des Lagerbestandes, Kontrollrechte.* Zur Gewährleistung von
- Herausgaberechten des Auftraggebers hinsichtlich seiner aus dem Lager noch nicht ausgelieferten Waren,
- Aus-/und Absonderungsrechten des Auftraggebers im Fall der **Insolvenz** des Auftragnehmers,
- Kontrollrechten des Auftraggebers im Rahmen von **Inventur** und **Audits**,

ist eine vertragliche Regelung zur Art und Weise der Lagerung der Waren des Auftraggebers im Lager des Auftragnehmers sinnvoll. Es sollte vorgesehen werden, die Ware nur einheitlich an einem Standort zu lagern. Des Weiteren sollte zur Absicherung dieser Fälle geregelt werden, dass im Warenwirtschaftssystem des Auftragnehmers die Daten zu den Waren systemseitig separat gelagert und datentechnisch nicht mit Waren anderer Unternehmen vermischt werden. Die Lagerplätze und Waren sollten so gekennzeichnet werden, dass sie jederzeit von einem Dritten (zB Gerichtsvollzieher, Insolvenzverwalter) anhand der Lagerliste und der Warenkennzeichnungen als auftraggebereigen identifiziert werden können.

Für die Kontrolle der Einhaltung der Kennzeichnungspflichten sollte sich der Auftraggeber vertraglich (auch kurzfristige) **Besichtigungsrechte des Lagers** vorbehalten.

64 Zur Sicherstellung einer den kaufmännischen Grundsätzen entsprechenden jährlichen **Inventur** des Lagerbestandes und zur Regelung der Kostentragung wäre folgende Formulierung (teilweise auftraggeber-, teilweise auftragnehmerfreundlich) denkbar:

III. Vertragsgestaltung 65–67 § 20

Beispielsformulierung:
Der Auftragnehmer führt jährlich, spätestens bis zum …… eine vollständige Inventur des Lagerbestandes durch. Die Kosten hierfür trägt der Auftragnehmer. Bei Vertragsende führt der Auftragnehmer zudem eine Abschlussinventur durch, jedoch nur dann auf eigene Kosten, falls das Vertragsverhältnis aufgrund schuldhaften Verhaltens des Auftragnehmers oder seiner Subunternehmer beendet wurde. Die Abschlussinventur findet spätestens innerhalb von vier Wochen nach dem Vertragsende statt.
Die Detailabwicklung der jährlichen Inventur und der Abschlussinventur erfolgt im freien Ermessen des Auftragnehmers [Alternative: …… nach Vorgabe des Auftraggebers gemäß ……] unter Beachtung kaufmännischer Grundsätze.
Der Auftragnehmer stellt dem Auftraggeber jeweils unverzüglich die vollständige Dokumentation der Inventuren zur Verfügung. Der Auftraggeber ist berechtigt, an der Erstellung und Durchführung der Inventuren teilzunehmen [Alternative: …… Der Auftraggeber ist berechtigt, durch von ihm beauftragte, zur Verschwiegenheit verpflichtete Rechtsanwälte, Steuerberater oder Wirtschaftsprüfer an der Inventur teilzunehmen]
Der Auftragnehmer wird den Auftraggeber rechtzeitig über die geplante Durchführung der Inventuren unterrichten und den Zeitpunkt der Durchführung abstimmen. Die Inventur darf die vereinbarte Verfügbarkeit und Performance des Gesamtsystems, insbesondere des Webshops, des Customer Care Centers und der datenschutzrechtlichen Pflichten, nicht beeinträchtigen. Ausgenommen hiervon ist lediglich eine unwesentliche Beeinträchtigung des Fulfilments während der Dauer der Inventuren. Termin- und Lieferzusagen gegenüber dem Endkunde sind stets wesentlich.
Sollten bei einer jährlichen Inventur oder bei der Abschlussinventur Bestandsdifferenzen der beim Auftragnehmer lagernden Waren des Auftraggebers auftreten, ist der Auftragnehmer bei gleichzeitigen Fehl- und Mehrbeständen berechtigt, eine wertmäßige Saldierung des Lagerbestandes vornehmen. Diese Saldierung erfolgt durch wertmäßige Aufrechnung von Fehl- und Mehrbeständen. Verbleibt ein Fehlbetrag, so wird davon ein eventuell positiver Saldo des Vorjahres sowie eine Schwundmenge von 5 ‰ des durchschnittlichen Lagerbestandes der letzten 12 Monate vor Inventurstichtag abgezogen. Verbleibt nach diesem Abzug ein Fehlbetrag, ist der Auftraggeber bis spätestens vier Wochen nach Übergabe der endgültigen Inventurunterlagen berechtigt, dem Auftragnehmer den Fehlbetrag in Rechnung zu stellen. Die Bewertung der Fehl- und Mehrbeständen erfolgt zu Einkaufspreisen.

ee) Logistik, ADSp. Bei den **Allgemeinen Deutschen Spediteurbedingungen (ADSp)**[128] handelt es sich um Allgemeine Geschäftsbedingungen, die vom Deutschen Industrie- und Handelskammertag (DIHK) und den führenden Industrie-/Handels- und Speditionsverbänden zur unverbindlichen Anwendung empfohlen werden. Ihre Anwendbarkeit setzt mithin die wirksame Einbeziehung voraus. Die Marktakzeptanz der ADSp ist sehr hoch. Nach einer Umfrage des DIHK aus dem Herbst 1999 arbeiten rund 94 Prozent der bundesdeutschen Speditionen auf der Grundlage der ADSp und 86 Prozent der Unternehmen der verladenden Wirtschaft gehen von der Geltung der ADSp aus, wenn nichts anderes vereinbart wird.[129]

Zu den speditionsüblichen Tätigkeiten gehören die in Ziffer 2.1 ADSp ausdrücklich genannten Vertragstypen, also zB Speditions-, Fracht- und Lagerverträge.[130] Darüber hinaus alle Tätigkeiten, die mit den vorgenannten „Kerngeschäften" sachbezogen zusammenhängen. Führt der Spediteur diese Tätigkeiten aufgrund eines Speditions-, Fracht- oder Lagervertrages aus, so unterliegen diese unselbständigen Tätigkeiten den Regeln des Hauptgeschäftes. Solche Spediteurtätigkeiten, die der Versendung, **Beförderung oder Einlagerung vor-, zwischen- oder nachgeschaltet** sind oder die der Vorbereitung, Durchführung und Sicherung dieser Hauptleistung dienen, unterliegen aber auch dann den ADSp, wenn sie als selbständige Geschäftsbesorgungsverträge übernommen werden, zB
- Verzollungen und Erledigung von Zollförmlichkeiten (OLG Köln 1985, 26, 29);
- Nachnahme- und Akkreditivgeschäfte (BGH BB 1988, 1210, 1210);

---

[128] Zuletzt in der Fassung vom 1.1.2003.
[129] http://de.wikipedia.org/wiki/Allgemeine_Deutsche_Spediteurbedingungen.
[130] Zur Rechtsnatur von Speditions-/Fracht- und Lagervertrag → Rn. 27.

- Besorgung von Abliefernachweisen;
- Vermittlung und Gestellung von Lademitteln, zB Paletten, Container;
- Behandlung des Gutes, zB Verpacken, Mengenfeststellung, Verwiegen.

68 Dagegen unterliegen Tätigkeiten, die den Handel oder die Produktion von Gütern betreffen, nicht mehr der Geltung der ADSp. Die ADSp gelten daher gem. Ziffer 2.3 nicht für Geschäfte, die ausschließlich zum Gegenstand haben
- Verpackungsarbeiten,
- die Beförderung von Umzugsgut oder dessen Lagerung,
- Kran- oder Montagearbeiten sowie Schwer- oder Großraumtransporte mit Ausnahme der Umschlagstätigkeit des Spediteurs,
- die Beförderung und Lagerung von abzuschleppenden oder zu bergenden Gütern.[131]

69 Bei der Gestaltung des Webshop-Outsourcing Vertrages ist bei Einbeziehung der ADSp je nach Interessenlage den Regelungen im Bereich Haftung besondere Aufmerksamkeit beizumessen. Aus Auftraggebersicht wird es insbesondere darauf ankommen, die teilweise recht weitreichenden Haftungsausschlüsse der ADSp im Einzelfall zu modifizieren. Zu beachten ist einerseits, dass soweit der Spediteur nur den Abschluss der zur Erbringung der vertraglichen Leistungen erforderlichen Verträge schuldet, er nur für die sorgfältige Auswahl der von ihm beauftragten Dritten haftet (Ziffer 22.2 ADSp). Im Übrigen nehmen die ADSp auf die gesetzlichen Haftungsausschlüsse bei Frachtführerverträgen gem. §§ 425 ff. und gem. §§ 461 ff. HGB bei Speditionsverträgen Bezug.

70 *ff) Versicherungen.* Aus Auftraggebersicht wird darauf zu achten sein, dass der Auftragnehmer bei umfangreichen Fulfilment-Leistungen, insbesondere Lagerhaltung, ausreichenden Versicherungsschutz nachweisen kann. Abzusichern sind insbesondere die betrieblichen Risiken (Haftpflicht-, Feuer und Gebäudeversicherung) im geschäftsüblichen Umfang. Eine Absicherung der Waren gegen Schäden oder sonstige Beeinträchtigungen aus und im Zusammenhang mit der Lagerung, wie auch aus und im Zusammenhang mit Transportleistungen kann zusätzlich vereinbart werden. In diesem Fall ist zudem festzulegen, wer die Versicherungskosten (Prämien) trägt und ob diese geteilt werden. Für den Versicherungsschutz ist darauf zu achten, dass dieser mit Wirkung ab Vertragsbeginn (ggf. auch schon während der Einrichtung des Webshops, Lagers etc) eintritt.

71 g) **Betrieb des Customer Care Centers (Call-Center).** Im Rahmen des Betriebs des Customer Care Centers sind alle Aufgaben zu regeln, die für die Aufrechterhaltung der Kundenbeziehung erforderlich sind, etwa:
- Retourenmanagement;
- Verbraucher-Widerrufs-Management (insbesondere gemäß Verbraucher- und Fernabsatzrecht);
- Stornierungen und Gutschriften;
- Ersatzteilversorgung;
- Koordinierung von Reparaturen;
- Rücknahme und Entsorgung, insbesondere nach dem ElektroG;
- Kundenbetreuung allgemein.

72 Zu diesem Zweck kann beispielsweise geregelt werden, dass der Auftragnehmer eine mit (qualifizierten) Mitarbeitern besetzte, per Telefon und elektronisch erreichbare Serviceeinheit („Call-Center") betreibt, die die Betreuung der Kunden des Webshops übernimmt. Geregelt werden sollte, dass die Mitarbeiter des Call-Centers über aktuelle Informationen zu den vertriebenen Produkten verfügen und ausreichend geschult sind, um Anfragen der Endkunden qualifiziert bearbeiten zu können. Soweit hierzu Informationsmaterial des Auftraggebers erforderlich ist, sind Umfang und Art der Zurverfügungstellung zu regeln. Besonders wichtig ist im B2C-Geschäft die Verpflichtung der Mitarbeiter des Call-Centers auf die Einhaltung einschlägiger gesetzlicher Vorschriften, insbesondere solche zur rechtmäßigen telefonischen Kontaktaufnahme mit Verbrauchern (wie etwa im UWG und im BDSG geregelt) bei Rückfragen etc.

---

[131] Vgl. zum Ganzen: http://de.wikipedia.org/wiki/Allgemeine_Deutsche_Spediteurbedingungen.

III. Vertragsgestaltung

Je nach Ausgestaltung sehen Webshop-Outsourcing Modelle unterschiedliche Servicezeiten im Call-Center vor, wobei 24/7 die Ausnahme, eine gestaffelte Erreichbarkeit und angemessene Besetzung des Call-Centers orientiert an den üblichen Ladenöffnungszeiten die Regel ist. Die Ausgestaltung hängt stark vom vertriebenen Produkt, dem angesprochenen Kundenkreis sowie dem Vertriebsgebiet (In-/Ausland) ab. Sonn- und Feiertagsregelungen, ebenso wie ggf. Regelungen zu Zeitverschiebungen beim internationalen Geschäft und landesspezifische Regelungen, insbesondere zu Mehrsprachigkeit, national unterschiedliche Feiertagen und Fragen des Exports, können ebenfalls erforderlich sein.

h) Vergütung. Neben der flexiblen Wahl der Leistungen gewinnen Webshop-Outsourcing Modelle häufig durch bedarfsorientierte Preismodelle besondere Attraktivität. Einige Anbieter bieten nach Größe des Webshops gestaffelte Lösungen an, die nach Anzahl der eingestellten Produkte, Anzahl der angebotenen Produktkategorien und Anzahl der beanspruchten Domains differenzieren. Andere Modelle skalieren nach dem Maß der Inanspruchnahme innerhalb der beanspruchten Leistungsmodule. Dies ermöglicht dem Auftraggeber einen flexiblen und dynamisch am jeweiligen Bestellaufkommen orientierten Leistungsabruf bei gleichzeitiger Entkoppelung von Fixkosten.

In der Regel erhält der Auftragnehmer für den Aufwand des Set-ups (Installation und Ersteinrichtung) des Gesamtsystems eine Pauschalvergütung (ggf. Erstellung des Pflichtenhefts, Setup- und Projektierungskosten, Initialschulung des Auftraggebers).

Die laufenden Leistungen des Auftraggebers werden regelmäßig monatlich nach bestimmten Abrechnungsparametern abgerechnet, zB
- Aufwandsabhängige Parameter (Stundenaufwand, Tagessätze)
- Umfangabhängige Parameter (pro Bestellung; pro Reklamation etc)
- Umsatzabhängige Parameter (regelmäßig gestaffelt, zB pro ... EUR Umsatz im Webshop).

Bei Standard-Lösungen wird die Höhe der Kosten zudem durch die meist individuell wählbaren Mindestvertragslaufzeiten und Abrechnungszeiträume bestimmt.

Beispiele:

Kundenkorrespondenz & Debitorenmanagement (gemäß Ziffer ... des Vertrages)		
Kundenbetreuung (Telefon & Mail) & Orderhandling (inkl. Mahnung)	2,50 EUR	Pro Bestellung
Kaufmännische Verbuchung der Kundenaufträge	0,70 EUR	Pro Lieferung
Kaufmännisches Retourenhandling pro Retoure	1,80 EUR	Pro Retoure
Dienstleistungen von Subunternehmern (gemäß Ziffer ... des Vertrages)		
Paketdienst, bis 3 kg innerhalb Deutschlands	2,30 EUR	Pro Lieferung
Retourenpaketdienst	3,99 EUR	Pro Retoure

Plattformbereitstellung (gemäß Ziffer ... des Vertrages) Genannter Ist-Umsatz jeweils ohne MwSt. und nach Abzug der Retouren		
Bereitstellung Shop-Plattform (Shop, Call-Center, Logistik) Inkl. Lizenzgebühr der Standardsoftware mit Updates. (netto Umsatz) Erfahrungsaustausch mit Ableitung von Empfehlungen zur Optimierung des Shopergebnisses.	9,8 %	Vom Umsatz Bis 650.000,– EUR p.a.
	7,8 %	Für Umsatzanteil über 650.000,– EUR p.a.
	5,8 %	Für Umsatzanteil über 1.000.000,– EUR p.a.

Application-Hosting Redundante Systeme (Netzwerk & Storage-Network). 24h Zugangssicherung, Quality of Service (Überwachung, Pflege, Optimierung der Umgebung inkl. Firewall Absicherung, Monitoring, Lastverteilung) System & Software Upgrades Inklusive Payment- & EDI-Server. Bulk-E-Mail (Application, Volumen, Complain Handling)	3 % 2 %	Vom Umsatz bis 650.000,– EUR p. a. Für Umsatzanteil über 650.000,– EUR p. a.

78 Darüber hinaus können zur Kompensation der Kosten des Auftragnehmers **Mindestvergütungen** vereinbart werden, wenn der Aufwand nach den definierten Parametern bestimmte Schwellen nicht überschreitet. Damit wird auftragnehmerseitig das Risiko gedeckt, das durch den Betrieb eines Webshops entsteht, der sein Endkundenziel verfehlt. Umgekehrt wird die Umsetzung eines gelungenen Konzepts durch eine Koppelung der Vergütung an den im Webshop getätigten Umsatz belohnt, was interessengerecht ist, wenn die Verantwortung für die Gesamtkonzeptionierung Teil der Leistungspflichten des Auftragnehmers ist.

79 In der Praxis wird häufig durch die Messung und Analyse des Klickverhaltens der Internetnutzer (**Click-rates**) der Grad der Verlinkung sowie der Grad der Suchmaschinenoptimierung beurteilt und vergütet.[132]

Beispiel:

Agenturleistungen (gemäß Ziffer ... des Vertrages)		
Erstellung einer neuen Produktbeschreibung	10,– EUR	Pro Produkt
Erstellung einer neuen Produktfotografie	25,– EUR	Pro Produkt
Grafische Aktualisierung des Onlineshops & Pflege der Website. Newsletter/E-Mail-Marketing Inkl. Werbemittelerstellung.	980,– EUR	Pro Monat
Affiliate Marketing zzgl. 2,– EUR pro Affiliate Marketing Sale	980,– EUR	Pro Monat
Search-Engine-Marketing Zzgl. 19,5 % des beauftragten Volumens Ab 20.000,– EUR Adword-Budget 17 %	1.300,– EUR	Pro Monat

80 Die monatliche Vergütungshöhe ermittelt durch die festgelegten Parameter wird dem Auftraggeber meist anhand von Aufstellungen nachgewiesen. Zur Kontrolle der Abrechnungen empfiehlt sich aus Auftraggebersicht die Vereinbarung einer **Audit-Klausel**.[133] Das Auditrecht kann zB die Einsicht in alle relevanten Unterlagen und Bücher des Auftragnehmers und das Recht zur Kopie der relevanten Informationen und Unterlagen etc erfassen, soweit dies zum Zwecke der Überprüfung der Abrechnungen, der Erarbeitung, Fertigstellung und Überprüfung der Jahresabschlüsse des Auftraggebers bzw. dessen Lieferanten, oder aus sonstigem berechtigtem Interesse erforderlich ist.

81 **i) Herrschaft über die Daten, Auftragsdatenverarbeitung und Funktionsübertragung.** Die Zahl der datenschutzrechtlichen Beschwerdeverfahren bei den Datenschutzaufsichtsbehörden ist im Bereich E-Commerce besonders hoch. Grund dafür ist, dass Internetnutzer, die – zumindest ihrer Meinung nach zu unrecht – von Inkassounternehmen angeschrieben werden, in den letzten Jahren dazu übergegangen sind, sich weniger an die Verbraucherschutz-

---

[132] Bei der Analyse des Click-Verhaltens sind jedoch datenschutzrechtliche Anforderungen, insbesondere die des § 15 Abs. 3 TMG zu beachten. Erforderlich ist etwa eine Berücksichtigung in der Datenschutzunterrichtung/-erklärung gemäß § 13 Abs. 1 TMG, ein Hinweis der Nutzer auf ihr Widerspruchsrecht etc. Nach übereinstimmender Meinung der Datenschutzaufsichtsbehörden genügt zB Google-Analytics diesen Anforderungen nicht. Zu Einzelheiten → § 36 Datenschutz der Telemedien.

[133] Zur Abgrenzung solcher weiten, gesetzlich nicht ausdrücklich geregelten Audit-Klauseln von den datenschutzrechtlich vorgeschriebenen Kontrollrechten des Auftraggebers → § 14 Software-Pflege Rn. 118 ff.

III. Vertragsgestaltung

verbände zu wenden als vielmehr an eine (oft unzuständige) Datenschutzbehörde. Die Beschwerde wird dann ua mit einer unzulässigen Datenerhebung und einer unzulässigen Datenweitergabe an ein Inkassounternehmen[134] begründet. In vielen Fällen geht es dabei um Daten von minderjährigen Internetkunden. Sofern die Beschwerde nicht offensichtlich haltlos oder querulatorisch ist, werden die Beschwerden an die jeweils zuständige Datenschutzaufsichtsbehörde weitergeleitet und von diesen geprüft. Evtl. kann sich die Aufsichtsbehörde veranlasst sehen, die diversen Datenübermittlungen im Webshop und ihre Erlaubnisgrundlagen zu prüfen und evtl. sogar eine datenschutzrechtliche Betriebsprüfung anzukündigen, § 38 (va Abs. 5) BDSG.

Anders als bei Vertriebsverträgen kommt es dem Auftraggeber beim Webshop-Outsourcing häufig darauf an, dass der Auftragnehmer gegenüber den Endkunden namentlich nicht in Erscheinung tritt – also weder als Telemedienanbieter im Rahmen des Impressum noch als Verkäufer der Ware im Rahmen der Verkaufs-AGB. In diesen Fällen kann das Outsourcing datenschutzrechtlich erheblich Schwierigkeiten bereiten. Das gilt insbesondere, wenn der Auftraggeber eine umfassende Auslagerung aller mit dem Webshop verbundenen Leistungen (einschließlich Fulfilment und Customer Care) beabsichtigt. Denn der Auftragnehmer wird in diesem Fall nicht Vertragspartner der Kunden, hat also keine datenschutzrechtliche Erlaubnis nach § 28 Abs. 1 S. 1 Nr. 1 BDSG, die Endkundendaten zu erheben, zu verarbeiten und im Auftrag des Auftraggebers zu nutzen. **82**

Ein umfassendes Webshop-Outsourcing als Auftragsdatenverarbeitung im Sinne von § 11 BDSG zu gestalten, dürfte nur ausnahmsweise gelingen. Denn bei einer umfassenden Auslagerung rückt das Webshop-Outsourcing in die Nähe einer sogenannten Funktionsübertragung (also Zuständigkeitsauslagerung für einen Geschäftsprozess, mehr technischer Sprachgebrauch: Business Process Outsourcing).[135] Die Abgrenzung zwischen Funktionsübertragung und Auftragsdatenverarbeitung hängt va davon ab, inwieweit der Auftraggeber den Umgang mit seinen Daten zu jedem Zeitpunkt der Auftragsdurchführung durch den Auftragnehmer und auch bei Beendigung vollständig beherrscht (Datenherrschaft). Ein Kriterium dafür ist, inwieweit dem Auftragnehmer eigene Entscheidungsspielräume bei der Auftragsdurchführung verbleiben und inwieweit die Details des Datenumgangs im Outsourcing-Vertrag festgelegt sind. Je mehr Entscheidungsspielräume für den Auftragnehmer umso geringer ist die Datenherrschaft des Auftraggebers. Ein werkvertraglich Charakter des Vertrags steht einer detaillierten Festlegung der Umsetzung va der technischen und organisatorischen Maßnahmen übrigens nicht entgegen, kann aber durchaus günstig für den Auftragnehmer sein. **83**

Eine Funktionsübertragung kann an sich nicht als Auftragsdatenverarbeitung gestaltet werden. Je nach Vertragsgestaltung könnte man eventuell die einzelnen Leistungsbestandteile des Webshop-Outsourcing danach zuordnen, ob der Auftragnehmer **84**
- rein weisungsabhängige Auftragsdatenverarbeitung nach § 11 BDSG erbringt (ohne eigenständige Entscheidungsspielräume) oder
- weitgehend selbständig Telemedien-Diensteanbieter im Sinne des Telemediengesetzes ist (insoweit also Funktionsübertragung/Business Process Outsourcing einer Zuständigkeit).

Im Ergebnis müsste wohl eine Gesamtbetrachtung aller Leistungsbestandteile vorgenommen werden, so dass bei umfassendem Webshop-Outsourcing insgesamt der Aspekt der Funktionsübertragung überwiegen dürfte. **85**

Datenschutzrechtliche Einwilligungen der Endkunden zu einer so umfassenden Form der Auslagerung dürften in einem Internetauftritt wohl nicht wirksam erreicht werden können. Denn einerseits müsste diese Einwilligung – jedenfalls dann, wenn der Auftraggeber auch **86**

---

[134] Derzeit ist streitig, ob eine Datenweitergabe an ein Inkassounternehmen gesetzlich erlaubt ist oder als Auftragsdatenverarbeitung gemäß § 11 BDSG gestaltet werden kann oder ob eine Einwilligung des Kunden erforderlich ist. Siehe dazu Simitis/*Simitis* BDSG § 28 Rn. 218; *Taeger/Gabel* BDSG § 28 Rn. 38; *Pohle*, Die Entscheidung des EuGH zur Datenweitergabe bei Telekommunikationsinkasso – Zugleich eine Perspektive zur Lösung der Outsourcing Problematik des § 203 StGB?, DSRITB 2013, 875, Conrad/Grützmacher/*Conrad/Witzel*, Recht der Daten und Datenbanken im Unternehmen, 2014, S. 182 (188).

[135] Zur Abgrenzung von Funktionsübertragung und Auftragsdatenverarbeitung → § 34 (Recht des Datenschutzes), zu Datenschutz bei IT-Outsourcing im Allgemeinen → § 19.

Telemedienanbieter der Website sein soll – bereits zu Beginn des Nutzungsvorgangs eingeholt werden. Im Übrigen dürfte eine Konkretisierung der Datenkategorien und Nutzungszwecke schwierig sein und bei Änderungen im Webshop müssten evtl. neue Einwilligungen eingeholt werden.[136]

87 Ein überlegenswerter Ansatz ist, ob eine Datenübermittlung an einen Outsourcing-Anbieter selbst bei Funktionsübertragung über § 28 Abs. 1 S. 1 Nr. 2 BDSG gerechtfertigt sein kann, wenn der Outsourcing-Vertrag im Übrigen den Anforderungen des § 11 Abs. 2 BDSG genügt, weil dann möglicherweise keine schutzwürdigen Interessen der Betroffenen entgegen stehen. Schon von daher empfiehlt es sich für beide Parteien, den Outsourcing-Vertrag an den Anforderungen des § 11 BDSG zu orientieren, insbesondere was die sorgfältige Auswahl des Auftragnehmers, die Sicherheitsmaßnahmen, die Kontrollrechte und die Lösch- und Rückgabepflichten betrifft.

88 Sicherlich ist der Grad der vertraglichen Sicherstellung der Datenherrschaft des Auftraggebers ein Indiz, ob berechtigte Interessen des Betroffenen nach § 28 Abs. 1 S. 1 Nr. 2 BDSG der Auslagerung entgegenstehen. Sind jedoch die Entscheidungsspielräume des Auftragnehmers durch entsprechend konkrete Festlegungen im Vertrag auf nahezu Null reduziert, dann stellt sich die Frage, warum es eines Umwegs über § 28 Abs. 1 S. 1 Nr. 2 bedarf und nicht direkt § 11 BDSG anwendbar ist.

89 Setzt der Auftragnehmer Subunternehmer ein, die entweder personenbezogene Endkundendaten erhalten oder technische Dienstleistungen für den Auftragnehmer erbringen (zB Hosting), so ist der Auftraggeber gut beraten zu verlangen, dass der Auftragnehmer – bevor eine Zugriffsmöglichkeit der Subunternehmer auf die Auftraggeberdaten besteht – nachweist, dass die Subunternehmer ihrerseits gegenüber dem Auftragnehmer als Auftragsdatenverarbeiter gemäß § 11 BDSG verpflichtet sind.[137]

90 **j) Abwicklung des Webshop-Outsourcing-Vertrags.** Nach Ende der Laufzeit oder bei Kündigung sind neben der (evtl. wechselseitigen) Rückgewähr etwaiger nur zeitweise an den Auftraggeber überlassener Software oder auftraggeberseits eingebrachter Software insbesondere Regelungen zum **Auslaufen der Leistungen** und zur **Abwicklung**, ggf. auch zur Überbrückung bis zum Start eines Alternativsystems zu treffen.

91 Zur Regelung der Nutzungsrechte bei vom Auftraggeber käuflich erworbener aber vom Auftragnehmer zum Betrieb des Webshop-Systems genutzter Software wäre etwa folgende Klausel (auftraggeberfreundlich) denkbar:

Beispielformulierung

92 Mit dem Ende des Vertrages stellt der Auftragnehmer die Nutzung der vom Auftraggeber beigestellten Software bzw. Materialien ein. Soweit diese sich nicht zur Rückgabe eignen, werden sie auf Anforderung des Auftraggebers durch den Auftragnehmer gelöscht.
Soweit im Rahmen dieses Vertrages Software entstanden ist, stehen dem Auftraggeber hieran (und auch am Quellcode und den Dokumentationen) die ausschließlichen Nutzungs- und Verwertungsrechte weltweit zu. Diese erstrecken sich auf sämtliche Entwicklungsstände, Versionen, Materialien, auch die zukünftigen Versionen und werden sämtlich an den Auftraggeber zurückgegeben bzw. zur Verfügung gestellt.

93 Bei der Übernahme der Lagerhaltung und der gesamten Bestellabwicklung durch den Auftragnehmer ist zudem die **Bearbeitung offener und neuer Bestellungen** zu regeln und eine Vereinbarung zur **Abwicklung des Lagerbestandes** zu treffen.

94 Weil einerseits auch während der Dauer der Kündigungsfrist noch Bestellungen eingehen und abgewickelt werden müssen, andererseits aber auch nach Beendigung des Vertrages

---

[136] Zur datenschutzrechtlichen Einwilligung nach TMG → § 36 und → § 34.
[137] § 11 Abs. 2 Satz 2 Nr. 6 verlangt ausdrücklich, dass die Berechtigung zur Begründung etwaiger Unterauftragsverhältnisse (konkret und detailliert) festgelegt wird. Zur Auftragsdatenverarbeitung im Rahmen von Pflege → § 14 Software-Pflege Rn. 117.

III. Vertragsgestaltung

noch abzuwickelnde Vorgänge aus der Zeit vor Vertragsbeendigung eingehen können, ist eine Unterscheidung dieser Phasen auch in der Abwicklungsregelung sinnvoll.
- **In einer ersten Abwicklungsphase** wird der Auftragnehmer die vertraglichen Leistungen für eine angemessene Zeit (zB drei Monate ab Rechtswirksamkeit einer ausgesprochenen Kündigung) weiter erfüllen.
- Danach wird der Auftragnehmer für eine bestimmte Zeit noch erforderliche Maßnahmen zur Abwicklung des Fulfilment, etwa in Anbetracht von Rückabwicklungen aufgrund Gewährleistungsansprüchen, Retouren etc erbringen. Dabei ist die Dauer dieser **zweiten Abwicklungsphase** festzulegen, die sich etwa an den gesetzlichen Gewährleistungsfristen orientieren kann.

In der Regel wird für diese Leistungen nach Ablauf der Kündigungsfrist eine gesonderte Regelung zur Vergütung zu treffen sein, wobei hierbei auch die Gründe für die Beendigung eine Rolle spielen können.
Diese Regelung könnte wie folgt aussehen:

> **Formulierungsvorschlag:**
> Für die Abwicklung des Vertrages bei Beendigung wird folgendes vereinbart:
> a) Nach Beendigung des Vertrages sind die beim Auftragnehmer lagernden Warenbestände an den Auftraggeber einem von diesem benannten Zulieferer zur Verfügung zu stellen. Die bei der Räumung des Lagers und für den Abtransport der Warenbestände anfallenden Kosten trägt ...... [Auftragnehmer/Auftraggeber]
> b) Während der Kündigungsfrist sind die Vertragsleistungen durch den Auftragnehmer weiterhin ordnungsgemäß und vollständig zu erbringen.
> c) Der Auftragnehmer ist des Weiteren verpflichtet, für Leistungsverpflichtungen aus und im Zusammenhang mit dem gegenständlichen Vertragsverhältnis gegenüber Dritten, entsprechende Warenbestände und/oder Lagerfläche vorzuhalten und insbesondere auch Gewährleistungsabwicklungsmaßnahmen noch ordnungsgemäß und sachgerecht nach Maßgabe des vorliegenden Vertragsverhältnisses abzuwickeln. Dies gilt für einen Zeitraum bis zwei Jahre nach Ablauf der Zusammenarbeit aufgrund entsprechender Kündigung. Zur Vergütung dieser Leistungen haben die Parteien folgendes vereinbart...
> d) Bestellungen, die nach Ablauf der Kündigungsfrist eingehen, werden von ...... [Auftraggeber selbst oder Drittanbieter] abgewickelt.

§ 21 Providerverträge im Internet

Übersicht

	Rn.
I. Allgemeines	1–5
II. Regulatorischer und rechtlicher Rahmen	6–13
1. Gesetzliche Definitionen	8–10
2. Vertragsrechtlicher Rahmen	11–13
III. Vertragstypen	14–74
1. Access-Provider (Zugangsprovider)	14–36
a) Die Leistungspflichten im Endkunden-Zugangsvertrag	18–29
b) Vergütungsvarianten	30–32
c) Pflichten des Kunden	33
d) Die Leistungspflichten im individuellen Zugangsvertrag WAN-/VPN-/MPLS-Verträge	34–36
2. Host-Provider	37–48
a) Vertragstypologische Einordnung	38–41
b) Sperrung von Inhalten beim Web-Hosting	42–45
c) Typische Zusatzleitungen beim Web-Hosting	46–48
3. Domain-Provider	49–55
4. Content-/Information-Provider	56–64
5. Email-Service-Provider	65–70
6. Web-Designer	71–74

Schrifttum: *Auer-Reinsdorff*, Domainmanagement, ITRB 2011, 188; *Ballhausen/Roggenkamp*, Personenbezogene Bewertungsplattformen, K&R 2008, 403; *Berberich*, Der Content „gehört" nicht Facebook!, MMR 2010, 736; *Bischof/Schneider*, Der Access-Provider-Vertrag als Dienstvertrag, ITRB 2005, 214; *Brisch/Müllerter Jung*, Digitaler Nachlass – Das Schicksal von E-Mail und De-Mail-Accounts sowie Mediencenter-Installationen, CR 2013, 446; *Culmsee/Dorschel*, E-Mails als Nebenpflicht – Treuepflichten bei der Bereitstellung von E-Mail-Accounts, CR 2013, 290; *Frey*, Haftungsprivilegierung der Access-Provider nach § 8 TMG?, MMR 2014, 650; *Fritzemeyer*, Die rechtliche Einordnung von IT-Verträgen und deren Folgen, NJW 2011, 2918; *Gey*, Zivilrechtliche Haftung von Access-Providern bei Zugangsstörungen, K&R 2005, 120; *Härting*, E-Mail und Telekommunikationsgeheimnis, CR 2007, 311; *ders.*, Webdesign- und Provider-Verträge, ITRB 2002, 218; *ders.*, Vertragsgestaltung bei Mehrwertdiensten, ITRB 2003, 38; *ders.*, Schutz von IP-Adressen, ITRB 2009, 35; *ders.*, Beschlagnahme und Archivierung von Mails, CR 2009, 581; *ders.*, Die Rechtsnatur des Access-Provider-Vertrages-Parallelen zur Telefonie und zur Energieversorgung?, K&R 2009, 233; *ders.*, Providerverträge und Telekommunikationsgeheimnis, ITRB 2007, 242; *Heidrich/Tschoepe*, Rechtsprobleme der E-Mail-Filterung, MMR 2004, 75; *Herzog*, Der digitale Nachlass, NJW 2013, 3745; *Intveen*, Einrichtung und Betrieb von Verkaufsportalen im Internet, ITRB 2013, 135; *Kaeding*, Haftung für Hot Spot Netze, CR 2010, 164; *Kitz*, Meine E-Mails les' ich nicht!, CR 2005, 450; *Klett/Pohle*, Verträge über Internet-Dienstleistungen, DRiZ 2007, 198 (202 f.); *Mantz/Sassenberg*, WLAN und Recht, Aufbau und Betrieb von Internet-Hotspots, 2014; *ders.*, Betrieb eines öffentlichen WLANs, DSRITB, 2014, 699; *Nolte/Hecht*, Plattformverträge, ITRB 2006, 188; *Petri/Göckel*, Vertragsstruktur der Internet-Backbone-Betreiber: Backbone-Access, CR 2002, 329; *Pohle*, Zur Praxisrelevanz des Urteils des BGH zum sogenannten Internet-Systemvertrag, K&R 2010, 347; *Redeker*, Internetprovider zwischen Störerhaftung und Vertragspflichten, ITRB 2008, 227; *ders.*, Provider-Verträge – ihre Einordnung in die Vertragstypen des BGB, ITRB 2003, 82; *Reinholz*, Domainserviceverträge im Licht der BGH-Entscheidung grundke.de, ITRB 2008, 69; *Riehmer/Hessler*, Rahmenbedingungen und Ausgestaltung von Provider-Verträgen, CR 2000, 170; *Schnabel*, Das Zugangserschwerungsgesetz – Zum Access-Blocking als ultima ratio des Jugendschutzes, JZ 2009, 996; *Schneider*, Verträge über Internet-Access, S. 115; *Schuster*, Der Telekommunikationsvertrag (Festnetz, Internet, Mobilfunk), CR 2006, 444; *Schuster/Müller/Drewes*, Entwicklungen des Internet- und Multimediarechts, MMR 2002 Beilage 3; *Spindler*, Neues im Vertragsrecht der Internet-Provider, CR 2004, 203; *ders.*, Zugangsgewährung durch Internet-Provider – Typische Klauseln und Inhaltskontrolle, K&R 1999, 488; *ders.*, Inhaltskontrolle von Internet-Provider-Ver-trägen – Grundsatzfragen, BB 1999, 2037; *ders.*, Haftungsklauseln in Provider-Verträgen, CR 1999, 626; *Spindler/Ernst*, Vertragsgestaltung für den Einsatz von E-Mail-Filtern, CR 2004, 437; *Tappe*, Steuerliche Betriebsstätten in der „Cloud" – Neuere technische Entwicklungen im Bereich des E-Commerce als Herausforderung für den ertragsteuerrechtlichen Betriebsstättenbegriff, IStR 2011, 870; *Volkmann*, Aktuelle Entwicklungen in der Providerhaftung, K&R 2010, 368; *Wicker*, Vertragstypologische Einordnung von Cloud Computing-Verträgen, MMR 2012, 783; *dies.*, Die Neuregelung des § 100j StPO auch beim Cloud Computing, MMR 2014, 298.

I. Allgemeines

Die Nutzung des Internets und die Bereitstellung von Anwendungen, Angeboten, Diensten und Informationen werden von den Internetserviceprovidern getragen. Internetserviceprovider, abgekürzt ISP oder **Internetdiensteanbieter** stellen die Infrastruktur (Net), Speicherplätze (Host) die Nutzbarkeit durch Zugang (Access), die Kommunikation via Email (Account), Inhalte (Content), Adressen (Domains) sowie Dienstleistungen (Services) rund um die Anwendungen wie zum Beispiel Vertrieb, Werbung, Suchmaschinen. Für diese neuen Leistungsprofile haben sich aus technischer Sicht Anforderungen an die vertragliche Gestaltung ergeben. Grundlage der Vertragspraxis ist wiederum die vertragstypologische Einordnung entsprechend der vertraglichen Hauptleistungspflichten. 1

Neben der vertragstypologischen Einordnung der zumeist gemischten Verträge ergeben sich Anforderungen aus den besonderen **Haftungs- und Verantwortlichkeitsregimen** für Internetserviceprovider, Anforderungen an den **Datenschutz** einschließlich der Datensicherheit, die Flexibilität zur Anpassung an neue Möglichkeiten und Features, die **Verfügbarkeit** und Servicequalität. Zudem sind die vertraglichen Regelungen unterschiedlich auszurichten, je nachdem ob es sich um Massengeschäft und Standardleistungen an Endkunden als Unternehmer oder Verbraucher handelt oder individuelle Leistungspakete und -lösungen. 2

Die Feststellung, dass zumeist **typengemischte Verträge** zu gestalten sind, ergibt sich einmal aus der Art der Leistung, welche allein aus dem Blickwinkel Services, Pflegeleistungen, Leistungen zur Aufrechterhaltung oder Verbesserung o. ä. umfasst. So regelt ein Domainvertrag die Registrierung an sich sowie das Zurverfügungstellen über die gesamte Vertragsdauer einschließlich der Erfüllung der Verpflichtungen gegenüber der Registrierungsstelle. Ein Websitevertrag bietet oftmals das komplette Leistungspaket, dh Auswahl und Registrierung der Domain, Design der Websites, Bereitstellung von Texten, Bildern, Video- und Musikclips, Hosting oder dessen Vermittlung, Pflege etc. Ferner sind oftmals (optional) kombinierbare Leistungen unter einem Vertragsdach abzubilden. Ein Zugangsprovider bietet zugleich den Email-Account-Service und die Registrierung und Aufrechterhaltung einer Domain oä. Ein Domainhoster bietet ein Website-Design-Tool und Vorlagen (Templates), ein Content-Management-System, virtuellen Speicherplatz und vieles mehr. 3

Grob lassen sich die **Internetdienstleistungen** wie folgt gruppieren: 4

- Access-Provider (Zugangsprovider);
- Host-Provider;
- Domain-Provider;
- Content/Information-Provider;
- Email-Service-Provider;
- Web-Designer;
- Werbung/Suchmaschinen/Internet-Marketing;
- Multi Service Provider;
- Web 2.0 Angebote;
- Apps;
- Intranet/Unternehmenskommunikation;
- eGovernment, eJustice, eAdministration.

Diese Liste zeigt deutlich, dass eine abschließende Aufzählung aufgrund der laufenden technischen Weiterentwicklung und neue Angebote nicht möglich ist. Die Gewichtung der einzelnen Leistungskategorien in der Branche wechselt und anfangs skeptisch betrachtete Anwendungen sind heute nicht mehr weg zu denken, andere überleben sich und mit der Konvergenz der Medien drängen immer komplexere Features in den Markt. Diese müssen trotz der Komplexität in lesbaren Verträgen abgebildet werden und insbesondere im Endkundengeschäft für den Laien verständlich und beherrschbar bleiben.[1] 5

---

[1] OLG Naumburg Urt. v. 24.4.2014 – 2 U 28/13 – Aufklärungspflicht des Anbieters bei Internet-Systemverträgen.

II. Regulatorischer und rechtlicher Rahmen

6   Die Dienstleistungen der Provider sind anhand der nationalen und europäischen Anforderungen auszugestalten. Auf nationaler Ebene geben insbesondere folgende Gesetze die Herausforderungen vor:

- Telekommunikationsgesetz;
- Telemediengesetz;
- Bundesdatenschutzgesetz;
- Gesetz gegen den Unlauteren Wettbewerb;
- Gesetz gegen Wettbewerbsbeschränkungen;
- Urheberrechtsgesetz;
- Markengesetz;
- Bürgerliches Gesetzbuch;
- Rundfunkstaatsvertrag;
- Pressegesetze;
- Grundgesetz.

7   Die nationale Rechtslage ist geprägt von europäischen Richtlinien, welche auch auf das Angebot bzw. die organisatorischen und technischen Vorhaltungen der Provider Auswirkung haben, ua:

- RL 2004/48 EG zur Durchsetzung der Rechte des geistigen Eigentums („Enforcement-Richtlinie");[2]
- RL 2000/31/EG über bestimmte rechtliche Aspekte der Dienste der Informationsgesellschaft, insbesondere des elektronischen Geschäftsverkehrs, im Binnenmarkt.[3]
- RL 2011/83/EU Verbraucherrechterichtlinie[4]

Für Domains gelten daneben die **Registrierungsbedingungen** der jeweiligen Registrierungsstellen, so zum Beispiel der DeNic für .de-Domains, der Eurid für .eu-Domains.[5]

1. Gesetzliche Definitionen

8   Das **Telemediengesetz** gilt für alle elektronischen Informations- und Kommunikationsdienste, soweit es sich nicht um Telekommunikationsdienste handelt. Der persönliche Anwendungsbereich ist für Diensteanbieter im Sinne des § 2 Satz 1 Nr. 1 TMG wie folgt eröffnet:

9   „... jede natürliche oder juristische Person, die eigene oder fremde Telemedien zur Nutzung bereithält oder den Zugang zur Nutzung vermittelt; bei audiovisuellen Mediendiensten auf Abruf ist Diensteanbieter jede natürliche oder juristische Person, die die Auswahl und Gestaltung der angebotenen Inhalte wirksam kontrolliert, ..."

10   Für Provider sind in den §§ 8 bis 10 TMG besondere **Haftungsprivilegien** vorgesehen. In der näheren Ausgestaltung dieser Regelungen zur Verantwortlichkeit[6] derer, die den Zugang zu Telemedien eröffnen (§§ 8 und 9 TMG Access-Provider) und derer, die fremde Inhalte speichern (§ 10 TMG Host-Provider) ist die Definition dieser Serviceproviderleistungen enthalten. Für die Bereithaltung von Inhalten im Internet stellt § 7 TMG klar, dass der Content-Provider, für die von ihm selbst bereit gehaltenen Inhalte haftet. Eine Verantwortlichkeit für fremde Inhalte besteht dem Grundsatz nach nicht, sondern erst bei Hinzutreten der positiven Kenntnis des Providers über die aus Gründen der allgemeinen Gesetze rechtswidrigen Inhalte und Handlungen.[7]

---

[2] ABl. L 195/16 vom 2.6.2004.
[3] ABl. L 178, S. 1–16 vom 17.7.2000.
[4] ABl. L 304 vom 22.11.2011, S. 64 ff.
[5] → § 19 Domainrecht.
[6] → § 18 Verantwortlichkeit 3. Haftung nach dem TMG.
[7] → § 18 Verantwortlichkeit 3. Haftung nach dem TMG.

2. Vertragsrechtlicher Rahmen

In vertraglicher Hinsicht sind insbesondere die folgenden **Vertragstypen** relevant, wobei 11
diese oftmals zur Abdeckung des Leistungsspektrums nicht idealtypisch zur Anwendung kommen, sondern als gemischte Verträge mit unterschiedlichen Schwerpunkten:
- Mietvertrag;
- Dienstvertrag;
- Werkvertrag;
- Geschäftsbesorgungsvertrag;
- Kaufvertrag.

Schwerpunktmäßig unter mietvertraglichen Aspekten zu betrachten sind zum Beispiel 12
Domainverträge, die Vermietung von Webservern oder Speicherplatz. Die Zugangsprovider erbringen Dienstleistungen ebenso wie Email-Account-Anbieter. Die Erstellung einer Webpräsenz wird zumeist unter dem Dach eines Werkvertrages ausgestaltet sein. Kaufvertragliche Elemente finden sich beim Erwerb zum Beispiel einer Lizenz eines Content-Management-Systems für den Aufbau und die Pflege einer Webpräsenz oder aber bei der Übertragung von Domains sowie Content-Elementen.

Daneben sind die Bestimmungen des Fernabsatzes und Verbraucherschutzes im Endkun- 13
dengeschäft[8] relevant sowie Besonderheiten, welche sich aus dem Datenschutzrecht[9] sowie dem Telekommunikationsrecht,[10] dem Telemedienrecht[11] und dem grenzüberschreitenden[12] Angebot an sich ergeben.

III. Vertragstypen

Anhand der typischen Leistungsbestandteile der Angebote der Internetserviceprovider werden überblicksartig die Vertragstypen vorgestellt.

1. Access-Provider (Zugangsprovider)

Hauptleistungspflicht eines Access-Providers ist die Bereitstellung und dauerhafte Bereit- 14
haltung des **Zugangs zum Internet**. Die Leistung „Herstellen der Internet-Konnektivität" ist technisch die Anschlusseinrichtung sowie der Transfer von Internet Protocol Paketen (IP-Paketen) von einem Computer oder Netzwerk in und aus dem Internet. Dieser Transfer kann über Funktechnik bzw. die mobilen Verbindungen HSDPA, UMTS, EDGE oder GPRS, derzeit noch über Wählleitungen als Schmalband-Verbindungen per analogem Modem oder per ISDN,[13] Standleitungen (VPN, MPLS) und Breitbandzugänge per Digital-Subscriber-Line (DSL), Very High Speed Digital Subscriber Line (**VDSL**), Kabelmodem für Kabelfernsehnetze oder über Trägerfrequenzanlagen zum Beispiel das Stromnetz erfolgen.

Je nach Größe des eigenen Netzes des Providers im Internet unterscheidet man Anbieter 15
in der Kategorien Tier-3 (kleine lokale Provider zum Beispiel ein Stadtgebiet), welche die sogenannte letzte Meile bedienen und sich auf den Anschluss an die Provider der höheren Kategorien verlassen müssen. Tier-2 (Betreiber von großen, wichtigen, überregionalen Netzwerken zum Beispiel eines Landes oder eines Kontinentes) sind auf den Datenaustausch mit Tier-1 (Betreiber von globalen Internet-Backbones, einschließlich Überseeleitungen und Satelliten) angewiesen.

Internetverbindungen für private Teilnehmer sind in der Regel nur mittels eines **Dienst-** 16
leistungsvertrags mit einem Internetzugangsanbieter (ISP) möglich. Dabei gibt es verschiedene Varianten der **Tarifierung** sowie ggf. Begrenzungen hinsichtlich des Datenvolumens (zB: Grundtarife zzgl. Datenabrufentgelt, Flatrates, Internet-by-Call-Verbindung). Daneben

---

[8] → § 18 Verantwortlichkeit IV. Business-to-Consumer.
[9] → §§ 25, 27 Datenschutz, Datenschutz der Telemedien.
[10] → § 29 Telekommunikationsrecht.
[11] *Mantz/Sassenberg* DSRITB 2014, 699; *Frey* MMR 2014, 650.
[12] → § 23 Internationales Privatrecht. → § 8 Internationales Immaterialgüterrecht.
[13] ISDN Anschlüsse sollen sukzessive bis Anfang 2018 auf All-IP umgestellt werden, dh die ISDN-Telefonie wird vollständig abgelöst durch Voice-over IP und Sprachtelefonie sowie Datenverkehr laufen über IP-Anschlüsse.

hat sich das Angebot von teilweise kostenfreien[14] Zugangsmöglichkeiten in Gastronomie etc über **Hotspots** etabliert.

17 Die Verbindung wird technisch über einen Einwahlknoten oder einen Breitband-*Point of Presence* (PoP) und ein kundenseitig installiertes Modem ISDN-**Endgerät** oder Router aufgebaut. Leitungsgebundener Zugang erfolgt über die Telefonteilnehmeranschlussleitung oder das TV-Kabelnetz. Der einzelne Rechner oder das lokale Netzwerk werden drahtgebunden per Kabel (CAT-5/CAT-6), kabellos per Wireless LAN, per Funk über Bluetooth oder über zum Beispiel das Stromnetz mit dem Zugangsendgerät verbunden. Der **Datendurchsatz des Datenaustauschs** wird mit Bit pro Sekunde (bit/s oder b/s) bemessen. Im DSL-Standard werden mindestens 1024 kbit/s (kilobit/s) in Download- und 128 kbit/s in Uploadrichtung übertragen. Im VDSL-Standard sind Übertragungsgeschwindigkeiten von 52 MBit/s in Empfangsrichtung (Downstream) und 11 Mbit/s in Senderichtung (Upstream) typisch.

18 a) **Die Leistungspflichten im Endkunden-Zugangsvertrag.** Die vorangestellte technische Beschreibung umreißt die vertragstypischen Leistungen des Access-Providers:
- Ersteinrichtung/Herstellen des Netzzugangs über Einwahlknoten;
- Unterhalt der Datenleitungen oder -verbindungseinrichtungen;
- Bereitstellung eines Endgerätes einschließlich Gerätetreiber (optional);
- Installation (optional);
- Verbindungsaufbau und -abbau;
- Datendurchsatz;
- Abrechnung je nach Tarifierung;
- technischer Support.

19 Der Vertrag muss Angaben zur Zugangsart und entsprechend eine Beschreibung des Zugangs zum Internet enthalten. Sinnvoll ist die Abgrenzung zu nicht umfassten Anschlussleistungen sowie ggf. die Aufnahme von Hinweisen darauf, welche Voraussetzungen anschlussseitig zur Zugangsvermittlung bereit gestellt sein müssen. Ferner ist ein wichtiger Leistungsparameter der Datendurchsatz.

> **Formulierungsvorschlag – Zugangsart Telefonteilnehmeranschlussleitung:**
>
> 20 Der Access-Provider (AP) stellt den Zugang zum Internet im In- und Ausland mittels dynamischer Internet Protocol (IP)-Adressen auf Basis des Internet Protokolls der Version 6 (IPv6) bereit. Der Zugang erfolgt in diesem Tarif über den breitbandigen Internet-Zugang mit einer Übertragungsgeschwindigkeit von bis zu …… kbit/s Downstream und von bis zu …… kbit/s Upstream.
> Hinweis: Nach …… Stunden ununterbrochener Nutzung des Zugangs bricht der Access-Provider die Verbindung ab. Ein umgehender Wiederaufbau der Verbindung ist möglich.
> Die Überlassung des für den Zugang erforderlichen Telefonteilnehmeranschlusses ist nicht Bestandteil der Leistungspflicht des Access-Providers.

> **Formulierungsvorschlag – Zugangsart ohne Telefonteilnehmeranschlussleitung:**
>
> 21 Der Access-Provider (AP) stellt den Zugang zum Internet mittels dynamischer Internet Protocol (IP)-Adressen auf Basis des Internet Protokolls der Version 6 (IPv6) bereit. Der Zugang erfolgt in diesem Tarif über den breitbandigen Internet-Zugang mit einer Übertragungsgeschwindigkeit in der Schwankungsbreite von bis zu …… kbit/s Download und von bis zu …… kbit/s Upload. Die Übertragungsgeschwindigkeit ist von der Netzauslastung, den physikalischen Bedingungen der Anschlussleitung, den Übertragungsgeschwindigkeiten der Server der Lieferanten der Inhalte sowie den seitens des Nutzers eingesetzten Endgeräten abhängig. Die Internetleistungen einschließlich der Sprachtelefonie können nur mittels Endgeräten mit eigener Stromversorgung genutzt werden.

22 Ein Vertrag über eine solche **reine Zugangsgewährung** ist nach den Entscheidungen des BGH[15] als Dienstvertrag zu qualifizieren. Zu dieser Einordnung gelangt der BGH, da dem

---

[14] Vgl. *Mantz/Sassenberg* 705 f.; → § 42 Verantwortlichkeit.
[15] BGH Urt. v. 23.3.2005 – III ZR 338/04, NJW 2005, 2076; BGH Urt. v. 4.3.2010 – III ZR 79/09, NJW 2010, 1449.

Kunden es anders als in einer mietvertraglichen Verpflichtung nicht darauf ankommt, auf welche Art und Weise und unter Nutzung welcher konkreten technischen Einrichtungen der Internetzugang ermöglicht und aufrechterhalten wird. Die Aspekte der regelmäßig nach Zeitabschnitten bemessenen Vergütung sowie der Vorausleistungspflicht für die Zugangsgewährung treten als Elemente eines Dauerschuldverhältnisses bei der vertragstypologischen Einordnung in den Hintergrund.[16] Gegen eine werkvertragliche Einordnung, welche sich wegen der Hauptleistungspflicht „Zugang zum Internet" aufdrängt, spricht, dass der Provider jeweils nur für seine eigenen Zugangseinrichtungen einstehen kann, aber nicht für die Verfügbarkeit des Internets an sich. Ferner ist die Leistungspflicht des Providers auf die Herstellung des Zugangs sowie die Aufrechterhaltung der Verbindung und den Transport von IP-Datenpaketen gerichtet. Dies ist insgesamt eher als Tätigkeit des Providers zu qualifizieren, bei der die Erfolgsorientierung iSd § 631 Abs. 2 BGB regelmäßig in den Hintergrund tritt. Der BGH zieht hier ferner die parallele Wertung für Mobil- und Telefonanschlussverträge heran, bei denen wie beim Internetzugang der Zugang zu Mobil- und Telefonnetzen dienstvertraglich qualifiziert wird.[17]

Verträge über Zugangsverschaffung ohne weitere Leistungsbestandteile sind demnach grundsätzlich nach dem **Dienstvertragsrecht (§§ 611 ff. BGB)** zu gestalten und nach dessen typischen Regelungsgehalten bei der AGB-Kontrolle zu bewerten. Anders kann dies sein, wenn weitere Leistungen hinzutreten oder aber individuelle Vertragsgestaltungen außerhalb des Standardkundengeschäfts gefunden werden. Die Anwendung der dienstvertraglichen Regelungen führt zu folgenden Feststellungen:

- kein vertragstypisches Mangelrecht;
- Anwendbarkeit der Regelungen zur Pflichtverletzung der §§ 280 ff. BGB;
- vertragliche Regelungen zur Nacherfüllung technisch und AGB-rechtlich problematisch;
- geschuldet ist das Bemühen um die Zugangsherstellung;
- Kündigungsrecht richtet sich nach § 626 BGB.

Die BGH-Entscheidungen gehen davon aus, dass der Provider eine jederzeitige – ggf. mit Schwankungen in der Bandbreite – Verfügbarkeit des Internetzugangs nicht schuldet. Der Kunde erwartet dies zwar, aber auch geringfügige Zeiten der Nichtverfügbarkeit sind vom Kunden als vertragsgemäße Leistung anzunehmen, auch wenn deren Ursachen technisch bedingt im Einflussbereich des Anbieters liegen. Der Provider formuliert ein **Bemühen als Leistungszusage**, wobei aber AGB-rechtlich Leistungseinschränkungen nicht pauschal über prozentuale Verfügbarkeiten ohne Darstellung technischer und organisatorischer Abhängigkeiten erfolgen dürfen. Solche generellen Verfügbarkeitseinschränkungen unabhängig von den Ursachen der Nichtverfügbarkeit sind intransparent und daher unwirksam.[18] Die Verfügbarkeit an sich ist also anders als in individuell verhandelten Verträgen mit Groß- oder Unternehmenskunden nicht in Form von Service Level Agreements (SLA) pauschal vereinbar. Das Pendant zur noch vertragsgemäßen Leistungseinschränkung mit Ursache im Verantwortungs- und Einflussbereich des Anbieters ist dessen Verpflichtung im Streitfall den Beweis zu führen, dass technisch bedingte Leistungseinschränkungen organisatorisch nicht weiter zu minimieren waren.

> **Beispiel einer Leistungsbeschreibung:**
> Der Access-Provider stellt dem Kunden im Rahmen des aktuell technisch Möglichen den Zugang zum Internet zu nachfolgenden Tarifbedingungen zur Verfügung. Der Access-Provider bemüht sich dabei auf Basis des Stands der Technik um die dauerhafte Verfügbarkeit des Zugangs, wobei er für Leistungsstörungen, welche bei einer dem Tarif entsprechenden und hinreichenden Dimensionierung, Wartung und Pflege seiner Einrichtungen und Anwendungen außerhalb seines Einflussbereiches liegen, nicht verantwortlich ist, so zum Beispiel für Wartungsarbeiten aufgrund von Sicherheitsmaßnahmen, Updates und Ausbau der technischen Einrichtungen und Leitungen.

---

[16] Vgl. *Mantz/Sassenberg*, WLAN und Recht; anders *Bischof/Schneider* ITRB 2005, 214.
[17] BGH Urt. v. 12.2.2000 – XI ZR 138/99, MMR 2001, 225; so auch *Redeker* ITRB 2003, 82; *Schuster* CR 2006, 444.
[18] BGH Urt. v. 12.2.2000 – XI ZR 138/99, MMR 2001, 225 mit Anm. *Struck*.

26 Im Interesse des Providers ist es, wenn der Kunde nicht wegen kurzfristiger Leistungsstörungen den Vertrag kündigen kann. Grundsätzlich ist eine Schlecht- oder Nichterfüllung im Dienstvertragsrecht zwar als wichtiger zur **Kündigung nach § 626 BGB** berechtigender Grund anzusehen. Aber unter Berücksichtigung des Leistungsinhaltes ist zu beachten, dass mit der Vielschichtigkeit der technischen Dienstleistung eine einmalige, kurzfristige Störung im Zugang weder ausgeschlossen, noch als nachhaltige Störung der Leistungsbeziehung angesehen werden kann. Ein außerordentliches Kündigungsrecht wird daher nur bei einer Störung von Dauer, häufigen Störungen oder dauerhaft vermindertem Datendurchsatz anzunehmen sein.[19] Der Kunde kann von seinem außerordentlichen Kündigungsrecht nur dann Gebrauch machen, wenn er die Störungen, die Nichtverfügbarkeit oder die Verringerung im Datendurchsatz dokumentiert und mit Zeitpunkt, Dauer und Häufigkeit darlegen kann. Hinzu kommt die kurze Reaktionszeit, da er sein Kündigungsrecht unverzüglich auszuüben hat. Allerdings hat er bei Ausübung des Kündigungsrechts die Erleichterung, dass der Provider sich zu entlasten, dh die **hinreichende technische und organisatorische Ausstattung**, gemessen an der seitens seiner Kunden nachgefragten Kapazität, nachzuweisen hat.

27 Einige Access-Provider gehen dazu über, besondere Serviceleistungen und zum Beispiel Reaktionszeiten und Zeitspannen für die Entstörung in ihre Leistungsbeschreibungen aufzunehmen. Mit diesen Nebenleistungen und Rahmenbedingungen für die erstmalige Bereitstellung des Zugangs, der Störungsmeldung und -beseitigung lenken die Anbieter über die Leistungsbeschreibungen das Regime der Pflichtverletzungen in serviceorientierter Art und Weise. Bei solchen Vorgaben ist zu beachten, dass weder das dem Kunden zustehende außerordentliche Kündigungsrecht noch Schadensersatzansprüche beschnitten werden, sonst sind diese Regelungen nicht AGB-kontrollfest. Oftmals bezeichnen die Anbieter diese Serviceleistungen als Garantien und haben dann auch verschuldensunabhängig einzustehen.

28 Insbesondere ein am Anschlussort auch von vornherein verringert verfügbarer **Datendurchsatz** ist Streitpunkt in Access-Provider-Verträgen. Der Kunde schließt einen Vertrag ab, welcher ihm einen Datendurchsatz von zum Beispiel „bis zu 16 Mbit/s" verspricht. Bei Bereitstellung ist am Anschlussort des Kunden ein solcher Datendurchsatz mangels hinreichender Dimensionierung seitens des Providers nicht verfügbar. Der Provider kann sich bei einer erheblich unter dem vertragsgegenständlichen Datendurchsatz liegenden Zugangsgeschwindigkeit nicht auf seine Leistungsbeschreibung mit „bis zu" berufen.[20] Der klauselartige Leistungsvorbehalt hinsichtlich des Datendurchsatzes ist nur im Hinblick auf technisch bedingte und im Rahmen des Üblichen gegebene Schwankungen wirksam. Dem Kunden steht ein außerordentliches Kündigungsrecht dann zu, wenn der Provider bei Vertragsschluss die Verfügbarkeit der gewünschten Datendurchsatzgeschwindigkeit am Standort des Kunden bejaht hat, anschließend aber nicht bereit stellt. Dies ergibt sich zudem direkt daraus, dass die bereit gestellte Geschwindigkeit jedenfalls deutlich über dem liegen muss, was der in der nächsten Abstufung darunterliegende Tarif an Datendurchsatz zusagt. Der Provider sollte seine Zusagen bei Vertragsschluss entsprechend vorsichtig und vorbehaltlich formulieren. Andernfalls greift möglicherweise das Recht zur außerordentlichen Kündigung ergänzt um Schadensersatzansprüche.

29 **Beispielklausel zum Datendurchsatz:**

Die am Standort des Kunden bereitstellbare maximale Datendurchsatzgeschwindigkeit / Bandbreite hängt von der physikalischen Qualität der Anschlussleitungen ab. Der Access-Provider kann auf Basis von Vergleichswerten nahegelegener Anschlussorte bei Vertragsschluss eine Einschätzung abgeben, welche maximale Datenübertragungsgeschwindigkeit erreicht werden kann. Der Access-Provider bietet verschiedene Mindestbandbreiten. Kann nach Anschlussherstellung die vereinbarte Mindestbandbreite nicht bereit gestellt werden, steht dem Kunden das Wahlrecht zu, ob er eine Tarifvariante auf einer niederen Bandbreitenstufe nutzen möchte oder aber vom Vertrag zurücktritt.

---

[19] *Gey* K&R 2005, 120 (124 ff.).
[20] AG Fürth Urt. v. 7.5.2009 – 340 C 3088/08, MMR 2009, 872.

b) Vergütungsvarianten. Leistungen der Access-Provider werden in verschiedenen Vergü- 30
tungsvarianten bereitgestellt, welche zum Teil auch Rückwirkung auf die Art und Weise der
Leistungserbringung haben:
- Grundgebühr und Zugangsentgelt nach Zeit oder Datenvolumen;
- Zugangsentgelt nach Zeit oder Datenvolumen ohne Grundgebühr/Internet-by-Call;
- Flatrates;
- kostenlos zum Beispiel über Hotspots.

Die AGB-rechtliche Beurteilung sowie Fragen der Abrechnung und der vertraglich ge- 31
schuldeten Leistungserbringung sind hier parallel mit den Telekommunikationsverträgen zu
beantworten.[21]

Die Bereitstellung von Hot Spot Netzen/Hotspots wirft insbesondere haftungsrechtliche 32
Fragen[22] auf, dabei spielt an sich die Frage der Entgeltlichkeit oder Unentgeltlichkeit des
WLAN-Zugangs keine Rolle.

c) Pflichten des Kunden. Der Anbieter kann in AGB vorgeben, dass der Kunde nicht be- 33
rechtigt ist, seinen Internet-Zugang entgeltlich oder unentgeltlich Dritten dauerhaft zur Verfügung zu stellen. Mit dem Aufkommen von Hot Spots hat die Vorgabe „Dem Kunden ist es
nicht gestattet, den Internet-Zugang Dritten zum alleinigen Gebrauch zu überlassen oder
bereit zu stellen." an Bedeutung gewonnen. Damit macht der Access-Provider deutlich, dass
er der Einrichtung eines Hot Spots unter dem betreffenden Tarif nicht zustimmt. Bei End-
kundentarifen ist aber auch ohne eine ausdrückliche Regelung grundsätzlich davon auszugehen, dass der Access-Provider dem Endkunden nicht den Betrieb eines öffentlichen Hotspots ermöglicht.[23]

d) Die Leistungspflichten im individuellen Zugangsvertrag WAN-/VPN-/MPLS-Verträge. 34
Ausfallsichere Internetverbindungen sind heutzutage für viele Unternehmen unentbehrlich.
Anders als im Endkundengeschäft und bei Nutzung des chaotischen Internets beanspruchen
Unternehmenskunden mit mehreren Standorten, bei Nutzung von Cloud- und Outsourcing-
Lösungen und/oder kritischen sowie risikobehafteten Datenströmen zum Beispiel auch zur
Datensicherung von Internet-Service-Providern eine stabile, stets verfügbare Konnektivität.
Wenn schnelle und ausfallsichere Internetverbindungen benötigt werden, greifen Unterneh-
men oftmals auf das *Multiprotocol-Label-Switching* (MPLS)-Verfahren zurück.[24] Hierbei
wird der IP-Datenverkehr in Carrier-gemäß geregelten Bahnen ausschließlich für den Auf-
traggeber verwaltet. Dabei kommen Label Edge Router zum Einsatz, welche die Pakete mit
Markierungen *(Labels)* versehen, um den Datenverkehr auf festgelegten Routen *(Label-
Switched Paths)* zielgerichtet zu leiten.

Hier schuldet der Provider die ständige Verfügbarkeit und der Verweis auf das Bemühen 35
um die Konnektivität ist inakzeptabel. Vertragstypischer Leistungsgegenstand wird der Erfolg, die **Verfügbarkeit des Datennetzes**. Derartige Verträge sind Dauerschuldverhältnisse
mit werkvertraglichem Charakter.[25] Über Service Level Agreements[26] senken die Provider
die an sich geschuldete ständige Verfügbarkeit auf eine prozentuale Verfügbarkeit meist in
den Bereich von 95–99 % ab.

Typische Vertragsstruktur eines Access-Provider-Vertrags 36

Zu den Regelungsinhalten eines typischen individuellen Access-Provider-Vertrages gehören je
nach Branchen- und Anforderungen an die Ausfallsicherheit folgende Punkte:
- ☐ Vertragsgegenstand mit Zielsetzung und Branchenbedingungen;
- ☐ Leistungsumfang mit Verweis auf eine konkrete technische und organisatorische Leistungsbeschreibung;

---

[21] → § 29 IV Telekommunikationsrecht; *Schuster* CR 2006, 444 (447); *Mantz/Sassenberg* DSRITB 2014, 699.
[22] → § 18 Verantwortlichkeit; vgl. *Frey* MMR 2014, 650; OLG Köln Urt. v. 18.7.2014 – 6 U 192/11 zur
Unzumutbarkeit einer Sperrverpflichtung eines Access-Providers.
[23] *Kaeding* CR 2010, 164.
[24] → § 32 WAN-/VPN-/MPLS-Verträge.
[25] Vgl. *Bischof/Schneider* ITRB 2005, 214 (215).
[26] Zu Inhalt, Sinn und Zweck von Service Level Agreements → § 17.

- ☐ Verfügbarkeit, Übertragungsgeschwindigkeit;
- ☐ Redundanz und Notfallplanung und -tests;
- ☐ Mitwirkungspflichten und Beistellungen sowie technische Voraussetzungen auf Kundenseite bzw. dessen weiteren Outsourcing-Partnern;
- ☐ Verweis auf Service Level Agreements sowie Monitoring und Reporting;
- ☐ Installation und Zutritts- und Zugriffsregelungen;
- ☐ Support und Service Hotline einschließlich Servicezeiten;
- ☐ Subunternehmerregelung;
- ☐ Nutzung und/oder Anbindung von Dritten;
- ☐ Preise und Zahlungsbedingungen;
- ☐ Vertragslaufzeit und Kündigungsfristen;
- ☐ Beendigungsunterstützung;
- ☐ Vertraulichkeit und Datenschutz und -sicherheit.

2. Host-Provider

37 Der Leistungsbereich der Host-Provider ist gekennzeichnet durch die Bereitstellung von Speicherplatz für die seitens des Kunden zur Veröffentlichung im Internet bestimmten Inhalte *(Web-Hosting)* oder Bereithaltung von Datenbanken oder Softwareanwendungen für den Betrieb des Kunden *(Outsourcing)*[27] oder Cloud-Angeboten.[28] Unter diese Leistungskategorie fallen auch Leistungsgestaltungen, bei denen der Provider sicherheitstechnisch geeignete Räume mit entsprechend leistungsfähigen Internetanschlüssen für die Aufstellung der kundeneigenen Server *(Server-Housing)* anbietet.

38 **a) Vertragstypologische Einordnung.** Sowohl dem Hosting als auch dem Housing ist eigen, dass die Leistungspflicht im Wesentlichen aus zwei Bereichen besteht, einmal dem Bereitstellen von Speicherplatz auf dem anbietereigenen Server[29] oder dem Überlassen eines Platzes als Aufstellort für die kundeneigenen Server. Zweitens schuldet der Anbieter die Anbindung an das Internet bzw. Abrufbarkeit nach dort oder über Datenleitungen. Das TMG regelt die Verantwortlichkeit der Diensteanbieter, welche **fremde Informationen speichern,** in § 10 TMG, gibt naturgemäß aber keine Anhaltspunkte für die vertragstypologische Einordnung.

39 Die Überlassung von Speicherplatz oder Raum ist vertragstypologisch dem Mietvertragsrecht nahe. Die Anbindung an das Internet wiederum dem Access-Providing und damit dem Dienst- oder Werkvertragsrecht. Da die Hauptleistungspflichten untrennbar miteinander verbunden sind, ist nach den Grundsätzen der gemischten Verträge eine Zuordnung zu den Vertragstypen des BGB vorzunehmen, zumeist nach dem Schwerpunkt der vertraglichen Leistung.

40 Für den Fall, dass das Bereitstellen einer Website zum Abruf im Internet **Kern der vertraglichen Leistungspflicht** ist, kommt der BGH zu der regelmäßigen Einordnung eines Web-Host-Provider-Vertrags in die werkvertraglichen Regelungen.[30] Deshalb steht dem Kunden auch nach § 649 Satz 1 BGB ein ordentliches Kündigungsrecht zu, welches nicht durch eine Mindestvertragslaufzeit ausgeschlossen werden kann.[31] Dem besonderen Charakter der Leistungsbeziehung kann durch AGB-rechtliche Regelungen entsprochen werden, wenn die Leistungspflicht im werkvertraglichen Sinne über die gesamte Laufzeit als Dauerschuld vereinbart ist. Andernfalls sind Regelungen zu finden, welche für den Fall der bestellerseitigen Kündigung die Rechtsfolgen des § 649 BGB ausgestalten.[32] Dem Werkvertrag eigen sind die

---

[27] → § 19 Outsourcing.
[28] → § 22 Cloud-Computing; vgl. *Wicker* MMR 2012, 783.
[29] OLG Köln Urt. v. 14.1.2011 – 19 U 106/07 zur Darlegungs- und Beweislast hinsichtlich der Abrechnung eines Vertrags über die Bereitstellung eines dedizierten Servers.
[30] BGH Urt. v. 4.3.2010 – III ZR 79/09, MMR 2010, 398; *Fritzemeyer* NJW 2011, 2918; *Schirmbacher* BB 2010, 1047.
[31] BGH Urt. v. 27.1.2011 – VII ZR 133/10, NJW 2011, 915.
[32] OLG Düsseldorf Urt. v. 5.12.2013 – I 5 U 135/12, MMR 2014, 521; BGH Urt. v. 27.1.2011 – VII ZR 133/10, NJW 2011, 915 – Ausgleichsanspruch bei Kündigung eines sog. Internet-System-Vertrags.

III. Vertragstypen

Vorleistungspflicht des Werkunternehmers und die fälligkeitsauslösende Abnahme seitens des Bestellers. Der gewünschte Zahlmodus monatlich im Voraus kann durch eine Abnahmefiktion ausgestaltet werden.

Bei einem Server-Housing geht es primär um den sicheren Aufstellungsort für den kundeneigenen Server. Der Housing-Vertrag ist mietvertraglich einzuordnen,[33] da mit dem näher bestimmten Speicherplatz ein konkret zu beschreibender Mietgegenstand nach Konkretisierung Vertragsinhalt ist. 41

b) Sperrung von Inhalten beim Web-Hosting. Internetprovider haften einerseits nach den allgemeinen Gesetzen mit den Einschränkungen des § 10 TMG für rechtswidrige Inhalte,[34] andererseits sind sie vertraglich zur **Veröffentlichung und Bereithaltung zum Abruf von Inhalten** über das Web-Hosting gegenüber ihren Kunden verpflichtet. Aus diesen widerstreitenden Anforderungen an die Leistungserbringung seitens der Web-Hoster ergibt sich zwar das Erfordernis, dass Anbieter schon vertraglich die Folgen der **Providerhaftung** erfassen und abbilden. Dies darf aber nicht soweit gehen, dass vertragliche Leistungspflichten einseitig abänderbar sind und jede behauptete Rechtsverletzung zur Durchsetzung der Sperrung des Zugriffs auf bzw. der Löschung der Inhalte über den Provider führt. 42

Grundsätzlich hat der Provider, will er eine weitergehende Haftung nach § 10 TMG vermeiden, rechtswidrige Inhalte zu entfernen, was beim Web-Hosting regelmäßig die Nichtabrufbarkeit der betreffenden Website bedeutet. Dem Provider obliegt dabei die **Beurteilung und Entscheidung über die Rechtswidrigkeit** zum Beispiel bei behaupteter Urheberrechtsverletzung oder Beeinträchtigungen der Persönlichkeitsrechte.[35] 43

> **Praxistipp:**
> Der Web-Hosting-Vertrag sollte konkrete Regelungen zur Vorgehensweise enthalten, wenn der Provider wegen angeblich rechtswidriger Inhalte auf der von ihm für seinen Kunden gehosteten Website Kenntnis erlangt.

> **Musterklausel: Sperren von Inhalten/Websites** 44
> Der Kunde verpflichtet sich, die Leistungen des Anbieters nicht zur Veröffentlichung und Zugänglichmachung von rechtswidrigen Inhalten im Internet zu nutzen. Erlangt der Anbieter Kenntnis davon, dass der Kunde dieser Verpflichtung zuwider handelt, so ist er entsprechend seiner gesetzlichen Verpflichtungen als Host-Provider zur Sperrung oder Löschung der Inhalte verpflichtet. Der Anbieter kann bei Verdacht auf rechtswidrige Inhalte den Kunden mit kurzer Frist zur Stellungnahme auffordern, bevor er den Zugriff auf die Inhalte sperrt. Gelingt dem Kunden binnen dieser Frist nicht der Beweis der Rechtmäßigkeit der veröffentlichten Inhalte bzw. legt er keine entsprechende Erklärung des mutmaßlich geschädigten Dritten vor, dass er die betreffenden Inhalte dulde, so sperrt der Anbieter die Inhalte. Verzichtet der Kunde auf die erneute Zugänglichmachung der Inhalte oder wird deren Rechtswidrigkeit rechtskräftig festgestellt, löscht der Anbieter diese endgültig. Der Anbieter wird für die Zeit der Sperrung oder Löschung von seiner Leistungspflicht frei. Der Kunde hat das vereinbarte Entgelt auch für die Zeitspannen der Sperrung oder Löschung zu entrichten.

Alternativ oder kumulativ kommt der Einsatz von **Filtersoftware** in Betracht.[36] Hier darf zwar davon ausgegangen werden, dass der Einsatz von Filtersoftware dem Stand der Technik und den Branchengepflogenheiten entspricht, da aber damit bei Anschlagen des Filters möglicherweise eine Beeinträchtigung der Leistungserbringung verbunden ist, sollte dies 45

---

[33] Redeker ITRB 2003, 82 (85); Klett/Pohle DRiZ 2007, 198 (202 f.).
[34] → § 18 Verantwortlichkeit für Inhalte im Internet; Nolte/Wimmers GRUR-Beilage 58, 2014; Obergfell NJW 2013, 1995; LG Hamburg Urt. v. 24.1.2014 – 324 O 264/11 (nicht rechtskräftig), Pflicht zum Einsatz eines Filters zur Vermeidung zukünftiger Rechtsverletzungen im Internet.
[35] Redeker ITRB 2008, 227.
[36] Redeker ITRB 2008, 227 (229); BGH Urt. v. 12.7.12 – I ZR 18/11, mit Anm. Härting CB 2013, 84.

vertraglich beschrieben sein. Filter arbeiten mittels eingespeister Suchwörter, deren Auffinden je nach Funktion und Einstellung des Filters zum automatischen Zurückhalten der entsprechenden Information führt. Die Leistungsbeschreibung kann erstens die Arbeitsweise und den Typ der eingesetzten Filtersoftware beschreiben und zweitens, ob eine **einzelfallbezogene Nachprüfung** der aussortierten Inhalte erfolgt. Im Zweifel sollte eine möglichst geringe Durchlässigkeit des Filters gewählt werden, um das Risiko der Providerhaftung zu verringern, da ja ggf. gegen Zusatzentgelt die Nachprüfung der Filterergebnisse bleibt, um die Leistungspflichten zu erfüllen.[37]

46   c) **Typische Zusatzleistungen beim Web-Hosting.** Anbieter von Web-Hosting ergänzen ihr Leistungsangebot häufig um damit eng verbundene **weitere Internetbezogene Leistungen** wie zum Beispiel:
- Bereitstellung von Webdatenbanken;
- Registrierung von Domains;
- Email-Hosting;
- Bereitstellung von Shopsystemen;
- Bereitstellung von Content Management Systemen;
- Bereitstellung von Formatvorlagen/Templates;
- Website-Design und optionale Pflege, Schulung etc;
- Bereitstellung von Content;
- Marketing-Tools.

47   Vertragstypologisch sind diese weiteren Leistungen je nach deren Hauptleistungspflichten zu qualifizieren und auszugestalten. Je nach Verbindung und Bedeutung der Leistungselemente sind die Zusatzleistungen des **Multi Service Providers** als Nebenpflichten oder Hauptleistungspflichten aus separaten oder verbundenen Verträgen einzuordnen. Dies gilt auch weiterhin nach der werkvertraglichen Einordnung von kombinierten Domainservice- und Webdesign-Verträgen als **Internet-System-Verträge**.[38]

48

Typische Vertragsstruktur eines Web-Hosting-Vertrags

Typische Vertragsinhalte eines Web-Hosting-Vertrages sind:
☐ Vertragsgegenstand mit Zielsetzung/Verwendungsabsicht;
☐ Leistungsumfang mit konkreten Angaben zu Speicherplatz und Zugriffsmöglichkeiten des Kunden;
☐ Anbindung an das Internet, Verfügbarkeit, Übertragungsgeschwindigkeit;
☐ Domainregistrierung;
☐ Website-Design oder Gestaltungs-Tools (alternativ: Beistellung der Website durch einen Dritten und ggf. Prüf- und Datensicherungspflicht des Providers vor dem Hochladen);
☐ Email-Hosting und/oder Kontaktformularserver;
☐ Back-up, Datensicherung;
☐ Server Logs und Zugriffsstatistiken;
☐ Softwareüberlassung zB Content-Management-System;
☐ Support und Service Hotline einschließlich Servicezeiten;
☐ Subunternehmerregelung;
☐ Anbieterkennzeichnung/administrativer Support sowie Urheberrechtshinweise und Urhebernennungen;
☐ Kontrollpflichten des Kunden/Sperr- und Löschungsrechte des Providers;
☐ Preise und Zahlungsbedingungen;
☐ Mängelhaftung und Haftung;
☐ Vertragslaufzeit und Kündigungsfristen;
☐ Herausgabe der Daten bei Vertragsende;
☐ Vertraulichkeit und Datenschutz und -sicherheit.

---

[37] BGH Urt. v. 30.4.2008 – I ZR 73/05, CR 2008, 579.
[38] BGH Urt. v. 4.3.2010 – III ZR 79/09, MMR 2010, 398; BGH Urt. v. 27.1.2011 – VII ZR 133/10, NJW 2011, 915.

3. Domain-Provider

Die Domain ist die Adresse, unter der das Angebot im Internet aufgefunden wird. Die Registrierung einer oder mehrerer Domains steht am Anfang jeder Internetpräsenz. Dabei ist besondere Schnelligkeit und Zuverlässigkeit bei der Registrierung der Wunschdomain erforderlich. Die Registrierung der Domains ist nur über Registrare (**Domain-Provider**) bei den verschiedenen Domain-Registrierungsstellen möglich.[39] Die Domainregistrierung ist eine **Geschäftsbesorgung**, wobei die Erfolgsorientiertheit, dh die erfolgreiche Registrierung der Wunschdomain, nur bedingt für die vertragstypologische Zuordnung heranzuziehen ist. Dies ergibt sich daraus, dass der Provider trotz Echtzeitabfrage der Verfügbarkeit der Domain über seinen Domain-Shop nicht garantieren kann, dass die Domain zum Zeitpunkt der Registrierung noch verfügbar ist.

Auch insbesondere wegen der Internationalität des Domain-Registrierungsgeschäfts sollte der Domain-Provider als Leistungszusage lediglich die **Anmeldung und Vertretung des Kunden** gegenüber der jeweiligen Registrierungsstelle übernehmen und nicht etwa die erfolgreiche Registrierung der Domain. Bei internationalen Registrierungssachverhalten fällt nämlich das auf die jeweiligen Vertragsverhältnisse anwendbare Recht auseinander, so dass für den Domain-Provider eine Haftungskluft entsteht. Nach deutschem Recht ist ein Haftungsausschluss zum Beispiel für den Fall der Unmöglichkeit AGB-rechtlich unwirksam. Hat der Provider die erfolgreiche Registrierung versprochen, haftet er auch auf Schadensersatz. Die ausländische *Registry* haftet nach den für ihren Sitz maßgeblichen Bestimmungen, da dort der Schwerpunkt der Leistungspflicht liegt. In rein deutschen Sachverhalten ist eine Haftungsbegrenzung im Vertrag zwischen der Registrierungsstelle und dem Domain-Provider oder dem Zwischenhändler wenn auch begrenzt, aber dennoch möglich.

> **Musterklausel Domainanmeldung:**
>
> Der Provider verpflichtet sich, folgende Domains ....de bei der zuständigen Registrierungsstelle DENIC e.G. anzumelden. Die Registrierung kann trotz bei vorvertraglich elektronischer Auskunft angegebener Verfügbarkeit fehl schlagen. Technisch möglich ist die Registrierung durch einen Dritten zwischen Auskunftserteilung und Registrierungsantrag. Die Registrierungsstelle kann entsprechend ihrer Vergabe- und Nutzungsbedingungen (ggf. Links einfügen)[40] die Registrierung ablehnen.
>
> **Verbraucher – Verzicht auf Widerrufsrecht**
>
> Sie haben die Möglichkeit auf Ihr Widerrufsrecht zu verzichten und uns mit dem unverzüglichen Registrierungsantrag bei der Registrierungsstelle zu beauftragen. Wir führen die Registrierung unverzüglich nach Vertragsschluss durch, sofern Sie zuvor die Zahlung der Registrierungsentgelte mittels der Zahlungsmethoden .... leisteten.

Die Domain-Provider holen die Versicherung des Kunden ein, dass er mit der beauftragten Domain-Registrierung keine Rechte Dritter verletzt. Die Registrare geben das Einholen dieser Zusicherung durch die Registrierungsstellen bei den Kunden vor. Für die Domain-Provider ist dies der Hinweis, dass sie sich bei Inanspruchnahme durch Dritte im Wege der Durchsetzung der **Störerhaftung** bei dem Kunden frei halten werden. Diese auch formularmäßig in den Registrierungsauftrag aufgenommene Zusicherung des Kunden begegnet keinen AGB-rechtlichen Bedenken, da damit weder eine Beweislastumkehr zu Lasten des Kunden erfolgt, noch der Kunde vertragsuntypisch Haftungsrisiken gegenüber dem Domain-Provider übernimmt. Eine Regelung zur Beweislastumkehr in AGB ist nur dann unwirksam,

---

[39] → § 7 Domainrecht.
[40] ICANN-Standard: Whois Data Reminder Policy (WDRP) – www.icann.org/registrars/wdrp.htm; Expired Domain Deletion Policy (EDDP) – www.icann.org/registrars/eddp.htm; Inter-Registrar Transfer Policy (IRTP) – www.icann.org/transfers/; Uniform Domain-Name Dispute-Resolution Policy (UDRP) – www.icann.org/udrp/.

wenn damit die Bestätigung von Tatsachen erfolgt. Die rechtliche Bewertung der **Freiheit von Rechten Dritter** ist keine Feststellung einer Tatsache. Bei Inanspruchnahme durch Dritte steht dem Domain-Provider der Aufwendungsersatzanspruch nach den §§ 675, 670 BGB zu.[41]

53 Als weitere (Mitwirkungs-)Pflichten des Kunden sind zu regeln die Verpflichtung zur vollständigen und jeweils aktualisierten Angabe der zur Registrierung erforderlichen Angaben sowie persönlichen und administrativen Daten. Über die Registrierungsbedingungen der Vergabestellen wird hinsichtlich der Inhaberdaten die Zweckbestimmung zur Veröffentlichung in den **WHOIS**-Verzeichnissen eingeführt. Ferner sollte der Domain-Provider in seinen Vertrag aufnehmen, dass er berechtigt ist, die Domain zu löschen, erweisen sich die bei der Registrierung angegebenen Daten als falsch und der Kunde damit als unerreichbar. Dies ist für den Kunden auch formularmäßig nicht überraschend, da der Provider seine Aufgaben als Vertreter der Kunden gegenüber der Registrierungsstelle nur wahrnehmen kann, wenn er den Kunden informieren und um Mitwirkung anfragen kann.

54 Neben der Zusicherung, dass die Domain an sich keine Marken-, Namens-, Firmen- oder andere Kennzeichenrechte verletzt, ist es im Interesse der Provider den Kunden darauf hinzuweisen, dass der Domain-Provider bei dem **Verdacht der Verletzung von Rechten Dritter** bzw. rechtswidriger Handlungen mittels der registrierten Domain seine Leistungen vorübergehend sperren, von seinem außerordentlichen Kündigungsrecht Gebrauch und/oder die Inhalte und Angebote des Kunden löschen wird. Dies umfasst auch die vertragswidrige Nutzung der registrierten Domains zum Versand von **Spam** oder den Versand von Mails unter Verschleierung des tatsächlichen Absenders (zB über offene *Mail-Relays*) oder des kommerziellen Zwecks der Mail.

55

Typische Vertragsstruktur eines Domainvertrages

Typische Vertragsinhalte eines Domainvertrages können sein:
☐ Vertragsgegenstand Domainregistrierung und -verwaltung;
☐ Leistungsumfang mit konkreter Auswahl der Wunschdomain und Betrieb des Name Servers;
☐ Bedingungen des Registrars für die Domainregistrierung;
☐ Mitwirkungspflichten des Kunden, zB für .pt Domains Nachweis der Firmierung/Marke;
☐ Hinweis auf Unverbindlichkeit der elektronischen Auskunft über die Verfügbarkeit;
☐ Hinweis auf Unverbindlichkeit des Bereitstellungszeitpunktes;
☐ Email-Hosting (optional);
☐ Zusicherung des Kunden hinsichtlich der Rechte Dritter;
☐ Aufrechterhaltung und Verwaltung der Domain;
☐ Support und Service Hotline einschließlich Servicezeiten;
☐ Subunternehmerregelung;
☐ Sperr- und Löschungsrechte des Providers;
☐ Preise und Zahlungsbedingungen, insbes. Vorauszahlungspflicht;
☐ Mängelhaftung und Haftung;
☐ Vertragslaufzeit und Kündigungsfristen;
☐ Übertragung, Löschung und Datenänderung bzgl. der Domain.

4. Content-/Information-Provider

56 Das Internet und die Attraktivität einzelner Webangebote leben vom angebotenen Content, den Informationen und Tools. Die Kernkompetenz vieler Anbieter von Webseiten liegt weder in der Erstellung und Pflege der Sites selbst, noch in der Herstellung und Entwicklung von Inhalten. Das „Zukaufen" von Inhalten und Beauftragung eines Dritten mit der Zulieferung, Gestaltung und Aktualisierung ist daher ein bedeutender **Kreativmarkt** geworden. An Leistungsgegenständen kommen zum Beispiel in Betracht:
• Zeichnungen, Logos, Fotos;
• Software-Tools, Spiele;

---

[41] LG Saarbrücken Urt. v. 15.1.2014 – 7 O 82/12, Störerhaftung eines Registrars von Internet-Domains.

- Nachrichten, Newsticker;
- Videos;
- Musik;
- RSS-Feeds;
- Datenbankanbindungen;
- Texte.

Die vertragstypologische Einordnung ergibt sich je nach Leistungsinhalten sowie der Art 57 und Weise der Überlassung der Inhalte. Dabei wird zu unterscheiden sein nach dem **einmaligen dauerhaften Zur-Verfügung-Stellen** von Gestaltungs- und Inhaltselementen und der **laufenden Aktualisierung** von Inhalten mit der Verpflichtung der dauerhaften Zulieferung von Neuigkeiten wie zum Beispiel Brancheninformationen, Nachrichten uä.

Bei einer Vollrechtsübertragung an urheberrechtlich geschützten Werken[42] zB Texte, Fo- 58 tos, Logos, Videos, Computerprogrammen ist Kaufrecht[43] oder über § 651 BGB[44] Kaufrecht mit werkvertraglichen Elementen anwendbar. Bei der Zulieferung von Content-Elementen insbesondere von Informationen kann die urheberrechtliche Schöpfungshöhe fraglich sein. Vorsorglich sollten immer Vereinbarungen über die **Nutzungsrechtseinräumung** aufgenommen sein.[45] Im Interesse des Providers und der Autoren kann auch vertraglich ein gemeinsames Verständnis über die Schutzfähigkeit hergestellt werden. Dies ist auch AGB-rechtlich im kaufmännischen Verkehr wirksam möglich, da wiederum eine Einigung über die rechtliche Qualifizierung als urheberrechtlich geschützte Werke erfolgt und nicht etwa eine Beweislastumkehr zu Lasten des Kunden. Eine solche Einigung über den Werkcharakter ist nur für bereits bestehende Werke möglich und nicht für noch zu erstellende.

Liefert der Content-Provider Informationen in Form von Zusammenstellungen durch 59 Auswertung fremder Quellen auch automatisiert über *Mashups*, schuldet er eine Dienstleistung, die **Recherche,** und bei bestimmter Erfolgsorientierung kann dieser Vertrag auch als Werkvertrag zu qualifizieren sein. Die *News* können als gesamte Texte für den Internet-Auftritt des Kunden zu liefern sein oder als *Headlines* mit einem *Teaser* und Verlinkung auf den Volltext ggf. auch bei dem Provider selbst (*Content-Display-* und *Content-Link-Vertrag*). Diese Verträge sind meist mit der Verpflichtung der fortlaufenden Bereitstellung von Inhalten zur Steigerung der Attraktivität des Internetangebotes des Kunden durch Aktualität verbunden. Je nach Leistungsart ist dies vertragstypologisch einzuordnen als Kauf- oder Werkvertrag mit **Dauerschuldcharakter,** als Dienstleistungs- oder Mietvertrag.

Mietvertragliche Regelungen finden oftmals bei der Bereitstellung eines **Content-Mana-** 60 **gement-Systems** oder anderer softwarebasierter Inhaltselemente Anwendung. Im Rahmen der Leistungsbeschreibung sollte bei der Bereitstellung eines Werkzeuges zur Erstellung der eigenen Website, von Templates für das Design, sowie zur Veröffentlichung und Pflege der Inhalte sowie der Zulieferung von Content an sich besonderes Augenmerk auf die Beschreibung der **technischen und organisatorischen Rahmenbedingungen** gelegt werden. Für den Kunden ist entscheidend, ob er die Werkzeuge webbasiert oder rechnerbezogen nutzen kann, welche Systemsoftware vorhanden sein muss, welche **Formate** eingebunden werden können und wie Schnittstellen definiert sind. Ein weiteres technisches Element ist die Verfügbarkeit der Datenschnittstellen sowie die Abhängigkeit der Leistungserbringung von der Leitungsfähigkeit des Access-Providers. Zur Formatfrage gehört auch die Auswahl der **Sprache** der bereit gestellten Informationen

Gerade im Hinblick auf die **Verantwortlichkeit für Inhalte**[46] ist es zudem wichtig, Rege- 61 lungen dazu zu treffen, wie Informationen eingebunden werden, entweder mit Nennung des Content-Lieferanten oder durch *Framing*, welches den Inhalt der fremden Site darstellt, ohne dass die Quelle für den Konsumenten erkennbar ist. Organisatorisch ist abzustimmen, ob der Zulieferer die Informationen durch den Kunden ungeprüft direkt einstellt und ob

---

[42] → § 4 Urheberrecht.
[43] → § 5 Überlassung auf Dauer.
[44] → § 3 § 651 BGB.
[45] → § 4 Urheberrecht.
[46] → § 18 Verantwortlichkeit für Inhalte.

deshalb dem Content-Lieferanten zur Vermeidung von Haftungsrisiken eine besondere Prüfungspflicht im Sinne einer **Qualitätsvereinbarung** zukommen soll. Eine klauselartige Abwälzung der Haftung bzw. Zuordnung von Vorabprüfungspflichten auf den Content-Lieferanten in Einkaufsbedingungen des Sitebetreibers hält einer Inhaltskontrolle regelmäßig nicht stand. Vereinbarungen zu Prüf- und Filterpflichten sowie die Übernahme von Qualitätsgarantien sind als Bestandteil der Leistungsbeschreibung zu definieren. In Betracht kommt auch eine Gestaltung, bei der der Kunde Inhalte einzeln zur Veröffentlichung auf seiner Website frei gibt oder die routinemäßige Prüfung mittels Filtern beim Kunden erfolgt.

62 Im Rahmen der Einigung über die Nutzungsrechtseinräumung sind Regelungen über die jeweiligen Nutzungsarten und auch neue Nutzungsarten zu erwägen. Neben der zeitlichen und räumlichen Erstreckung kommt die Berechtigung zur **Unterlizenzierung** in Betracht. Dies ist für den Kunden relevant, wenn er wiederum seinen Nutzern einen Mehrwert über sein Angebot verschaffen möchte, welcher über die bloße Zur-Kenntnisnahme des Contents hinausgeht. Dies ist zum Beispiel bei der Bereitstellung von fremd hergestellten *Apps* im *Apple App Store* der Fall,[47] bei der Bereitstellung von Bildschirmschonern zum (kostenlosen) Download, Einbindung von Newstickern etc. Nutzergenerierte Inhalte bedürfen ebenso einer der AGB-Kontrolle standhaltenden Nutzungsrechtseinräumung.[48]

63 Die Vereinbarung der Vergütung hängt von der Art und Weise des zu liefernden Inhalts ab. Bei einzelnen Gestaltungselementen kommt eine **Einmalvergütung** mit uneingeschränkter oder eingeschränkter Nutzungsrechtseinräumung in Betracht. Bei laufender Nachrichtenzulieferung kann dies in Form von monatlichen Pauschalen und bei der Einräumung des Rechts zur Unterlizenzierung zusätzlich an die Zahl der Unterlizenzierungen gekoppelt erfolgen. Nutzungs- und volumenabhängige **Vergütungsmodelle** erfordern eine Vereinbarung dazu, wie die Volumina und die vergütungspflichtige Nutzungsintensität festgestellt werden. Flankierend bedarf es Auskunfts- und Prüfrechte der jeweils anderen Vertragspartei gegenüber der protokollierenden Partei oder eines gemeinsamen Zugriffs auf das Reporting- und Monitoring-Tool.

64 **Beispiele Vertragsstruktur bei Informationsdienst**

Typische **Vertragsinhalte** eines Informationsprovider-Vertrages sind:
- ☐ Vertragsgegenstand, Art und Quellen der Informationen;
- ☐ Leistungsumfang mit konkreter Kategorisierung der Nachrichten;
- ☐ Formate, Design der Datenzulieferung sowie Anpassungsrechte;
- ☐ Häufigkeit, Aktualisierungsroutine;
- ☐ Archivierung, Dauer der Bereithaltung;
- ☐ Haftung für den Inhalt, dh Richtigkeit und Kontrollpflichten;
- ☐ Nutzungsrechtseinräumung – zeitlich, räumlich, Nutzungsarten;
- ☐ Ob und Wie der Nennung des Content-Lieferanten und Autors;
- ☐ Unterlizenzierung an Endkunden, Mitglieder, Partner des Kunden;
- ☐ Zusicherung des Providers hinsichtlich der Rechte Dritter bzw. Verpflichtung zur Lizenzierung bei den Urhebern, Leistungsschutzberechtigten oder Verwertungsgesellschaften;
- ☐ Subunternehmerregelung;
- ☐ bei individuellem Content ggf. Wettbewerbsverbot;
- ☐ Sperr- und Löschungsrechte des Kunden sowie entsprechende Pflichten des Providers;
- ☐ Support und Service Hotline einschließlich Servicezeiten;
- ☐ Preise und Zahlungsbedingungen;
- ☐ Mängelhaftung und Haftung;
- ☐ Vertragslaufzeit und Kündigungsfristen.

Beachte: Schriftformerfordernis nach § 40 Absatz 1 Satz 1 UrhG.

---

[47] → § 28.
[48] → § 28; vgl. *Berberich* MMR 2010, 736.

5. Email-Service-Provider

Typische Nebenleistung eines Domain-Providers ist die Eröffnung der Möglichkeit, E-Mail-Postfächer *(Accounts)* unter der registrierten Domain einzurichten und für den Empfang und den Versand zu nutzen *(Client-Server-Based-Email)*. Daneben stellen Dienste die Nutzung von kostenlosen Mail-Accounts *(Freemail)* oder gegen Entgelt unter deren Domain zur Verfügung *(Web-Based-Email)*. Diese Mail-Accounts sind über das Web auf der Plattform des Anbieters im Loginbereich abrufbar. Unabhängig von der Wahl der beiden beschriebenen Email-Account-Varianten ist der Anbieter zum (erfolgreichen) **Transport** einschließlich Abruf und Aussendung der jeweiligen Einzelmails verpflichtet. Der Vertrag mit dem Email-Service-Provider ist erfolgsorientiert, weshalb Werkvertragsrecht mit Dauerschuldcharakter eröffnet ist.[49] Der Erfolg der Nachrichtenübermittlung steht unter den technischen Einschränkungen der Verfügbarkeit der Leistungen des Access-Providers. Ist die Verfügbarkeit des Zugangs (Konnektivität) beim Kunden sowie beim Absender und den involvierten Email-Service-Providern gegeben, schuldet der Email-Service-Provider den erfolgreichen Versand sowie den erfolgreichen Abruf in sein System. Scheitert dies, hat er im Rahmen der werkvertraglichen Regelung Nachbesserungsversuche. Daneben schuldet der Provider die **Bereitstellung von Speicherplatz** für das Email-Postfach nach mietvertraglichen Rahmenbedingungen *(Mailbox)*. Vor dem Hintergrund dieses gemischten Vertrages beurteilen sich die als Leistungseinschränkungen wahrgenommenen Anbieterklauseln sowie etwaige Pflichten beim Tod des Nutzers (**digitaler Nachlass**).[50]

> **Musterklausel:**
> Der Email-Provider ist berechtigt, die auf den Email-Speicherplatz abgerufenen Emails zu löschen, sobald der vereinbarte Speicherplatzumfang von ...... MB ausgeschöpft ist. Der Email-Provider löscht dabei ab der erstmaligen vollständigen Belegung des Speicherplatzes jeweils die ältesten abgerufenen Emails. Der Email-Provider empfiehlt dem Kunden regelmäßig die Belegung des Speicherplatzes zu kontrollieren und ggf. ältere Emails anderweitig zu sichern oder Speicherplatz nach seinem Bedarf kostenpflichtig durch upgrade seines Leistungspaketes hinzu zu buchen.

Zumeist besteht die Möglichkeit, die eingehenden Mails auf andere Mailadressen, auf SMS umzuleiten oder über Mailprogramme lokal abzurufen. Je nach Angebot und Preis beschränken die Anbieter den Traffic insgesamt oder die Größe der einzelnen Mail und die Speicherzeit bei sich für die derart andernorts abgerufenen Mails. Technische Rahmenbedingungen und die Fälle des Löschens seitens Providers müssen konkret und transparent beschrieben sein.

Insgesamt ist zu beachten, dass die Leistungen des Email-Service-Providers als Telekommunikationsdienstleistung im Sinne des § 3 Nr. 16 TKG[51] einzuordnen sind. Daraus ergibt sich das Erfordernis, das Fernmeldegeheimnis und daneben die Datenschutzbestimmungen einzuhalten.

> **Musterklausel:**
> Der Email-Provider ist nicht zur inhaltlichen Kontrolle und Überwachung der Emails des Kunden berechtigt. Er verpflichtet sich zur Einhaltung der Bestimmungen des TKG zum Fernmeldegeheimnis sowie des Datenschutzrechts. Er hat seine mit der technischen Administration betrauten Mitarbeiter gleichlautend verpflichtet.

---

[49] A. A. *Schneider,* Verträge über Internet-Access, S. 215.
[50] Deutscher Anwaltverein Stellungnahme 34/2013, http://www.anwaltverein.de/downloads/stellungnahmen/SN-DAV34-13.pdf; *Herzog,* NJW 2013, 3745 ff.; *Brisch/Müller-ter Jung* CR 2013, 446.
[51] → § 29 Telekommunikationsrecht.

70 Dagegen zu halten ist die Tatsache, dass durch Spamming, Viren und anderer Malware ein hohes Interesse der Nutzer besteht, diesen „Email-Müll" technisch zu blocken oder auszusortieren und damit teilweise Nachrichten vor Zustellung auszufiltern.[52]

6. Web-Designer

71 Mit einem Webdesign-Vertrag verpflichtet sich der Designer zur technischen Umsetzung eines gestalterischen Konzeptes in einer Website für den Kunden. Dabei stehen der erfolgreiche **Aufbau der Website** sowie deren **Veröffentlichung im Web** im Vordergrund. Vertragstypologisch ist dies als Werkvertrag nach §§ 631ff. BGB oder aber Werklieferungsvertrag nach § 651 BGB zu qualifizieren. Werklieferungsvertrag ist eher dann anzunehmen, wenn die Website quasi nach dem **Baukastensystem** auf Basis vorbereiteter Designvorlagen *(Templates)* mit Inhalten und kleineren gestalterischen oder technischen Anpassungen bereit gestellt wird. Bereit gestellt ist die Website im Sinne des Ablieferns nach Werklieferungsvertrags allerdings nur bei Belegung von Speicherplatz des Kunden und nicht bei Abrufbarmachen vom Webserver eines Dritten.

72 Ein Webdesign-Vertrag kann sich zum Beispiel in drei Phasen gliedern: **Konzeption** mit Entwurf, **Realisierung** sowie **Wartung und Pflege**. Zur Konzeption gehört neben den Vorschlägen zur technischen Umsetzung sowie der internen Verlinkung auch der Entwurf des Layouts. Diese Leistungsphase kann ganz oder teilweise vom Kunden selbst vorgenommen werden, dh er tritt mit einem fertigen Konzept nebst *Stylesheets* ggf. im Rahmen seines *Corporate Designs* an den Web-Designer ausschließlich wegen der technischen Umsetzung heran. Wenn die Anforderungen sowie die gestalterischen Vorgaben vom Kunden bereit gestellt werden – ggf. auch über einen weiteren Dienstleister – stellt sich die Frage des urheberrechtlichen Schutzes an dem späteren **Multimediawerk** nicht zugunsten des Webdesigners. Dessen Leistung ist dann, sofern er nicht nur auf Basis einer fremden Standardlösung umsetzt, über den Schutz für **Programmierleistungen** geschützt.[53]

> **Praxistipp:**
> Der Webdesign-Vertrag einschließlich Konzeption und Layout sollte je nach Komplexität und vorvorhandenen Unternehmensdarstellungen detaillierte Regelungen dazu enthalten, wie die Vertragsparteien zu der Auswahlentscheidung gelangen. Konkret sollten – sofern beim Kunden hierzu Gestaltungswünsche oder -vorstellungen vorhanden sind – grobe Rahmenbedingungen für das Layout festgehalten werden. Hinsichtlich des Aufbaus der Website einschließlich des Linkkonzeptes und der Skalierbarkeit sollte vereinbart werden, ob der Webdesigner verschiedene technische Realisierungsmöglichkeiten mit Vor- und Nachteilen auch im Hinblick auf die spätere Wartung und Pflege sowie inhaltliche Befüllung der Website vorstellen soll oder ob diese Grundentscheidung bereits getroffen ist. Ferner sollte die Anzahl sowie die Art und Weise der Layout-Präsentationen abgestimmt sein, damit von vornherein keine Missverständnisse über den Detaillierungsgrad der Entwurfspräsentation aufkommen.
>
> Hinweis: Sinnvoll ist auch eine Regelung hinsichtlich der Nutzung und Verwertbarkeit der verworfenen Entwürfe für Dritte bzw. den Ausschluss der anderweitigen Umsetzung.

73 Ein Webdesign-Projekt ist ein IT-Projekt,[54] welches entsprechende Risiken insbesondere im Bereich der zeitlichen und inhaltlichen Projektsteuerung und dem Vorgehensmodell mit sich bringt. Risiken ergeben sich aus unklaren Anforderungen, fehlendem Pflichtenheft, unzureichend definierten Mitwirkungspflichten, nicht hinreichende Koordinierung mit weiteren Partnern des Auftraggebers insbesondere den Content- und Hostprovidern sowie die Änderung der Anforderungen *(Change Management).*[55]

---

[52] Hoeren NJW 2004, 3513.
[53] → § 4 Urheberrecht.
[54] → § 16 IT-Projekte.
[55] → § 16 IT-Projekte.

Beispielhafte Vertragsstruktur bei Webdesign

Typische Vertragsinhalte eines Webdesign-Vertrages können sein:
- ☐ Vertragsgegenstand, Leistungsphasen (Konzept, Layout, Pflichtenheft, Realisierung, Pflege und Wartung);
- ☐ Leistungsumfang mit konkreten Leistungszielen, Meilensteinen sowie ggf. „Sollbruchstellen" im Projekt;
- ☐ Projektleitung, ggf. Rollen und Gremien;
- ☐ Mitwirkungspflichten, Beistellungen;
- ☐ Change Management;
- ☐ Tests, Abnahme, Qualitätssicherung;
- ☐ Datenübernahme;
- ☐ Veröffentlichung;
- ☐ Datensicherung; Back-up;
- ☐ Nutzungsrechtseinräumung – zeitlich, räumlich, Nutzungsarten;
- ☐ Freistellung von Rechten Dritter;
- ☐ Urheberrechtsvermerk;
- ☐ Subunternehmerregelung;
- ☐ Vergütung und Zahlungsbedingungen;
- ☐ Kündigungsregelung;
- ☐ Rückgewährbürgschaften bei Vorauszahlung; Gewährleistungseinbehalt;
- ☐ Mängelhaftung und Haftung, ggf. Gewährleistungsbürgschaft;
- ☐ Pflege und Wartung sowie Zugang zum Content-Management-System;
- ☐ Support und Service Hotline einschließlich Servicezeiten;
- ☐ Vertragslaufzeit und Kündigungsfristen für Pflege und Wartung.

§ 22 Cloud Computing

Übersicht

	Rn.
I. Grundsätze zu Cloud-Verträgen *(Strittmatter)*	1–71
1. Funktionsweise und wirtschaftliche Bedeutung	5–9
a) Virtualisierung als Grundlage von Cloud Computing	5
b) Systematisierung der Cloud-Angebote	6/7
c) Chancen und Risiken beim Cloud Computing	8
2. Rahmenbedingungen der Vertragsgestaltung	10–20
a) Standardisierung von Vertragsbedingungen	10/11
b) Änderungen in Vertragsstruktur und -aufbau	12
c) Veränderte Einkaufsprozesse/Beschaffungsverhalten	13
d) Vorverlagerung der Vertragsbewertung	14
e) Andere Schwerpunktbildung der Vertragsregelungen	15
f) Rechtsfragen des Vertragsschlusses	16–19
g) Weitere Aspekte	20
3. Vertragsstrukturen und Anforderungen an Cloud Verträge	21–25
a) Anforderungen	21/22
b) Klassischer Aufbau eines IT-Leistungsvertrags	23
c) Aufbau eines Cloud-Vertrags	24
d) Einzelne Vertragsbeziehungen	25
4. Vertragstypologie	26–36
a) Relevanz der Einordnung	26
b) Rechtsprechung und Literatur	27/28
c) Stellungnahme	29–36
5. Unterschiede zu klassischen Überlassungsverträgen	37–39
6. Internationales Privat- und Zivilprozessrecht	40–48
a) Rechtswahlfreiheit nach Art. 3 Rom I-VO	41–43
b) Kaufmännisches Bestätigungsschreiben	44
c) Objektive Anknüpfung nach Art. 4 Abs. 1 Rom I-VO	45/46
d) Internationaler Gerichtsstand	47/48
7. Urheberrechtliche Einordnung	49–63
a) Anwendbares Urheberrecht	50
b) Verhältnis Softwarehersteller-Anbieter	51–57
c) Verhältnis Anbieter-Nutzer	58–61
d) Cloud Computing als eigenständige Nutzungsart	62/63
8. Regulatorische, Verbands- und sonstige Aktivitäten/Veröffentlichungen	64–71
a) EU-Arbeitsgruppe zu Cloud Contract Terms	64–66
b) BSI-Veröffentlichungen	67
c) BITKOM, Trusted-Cloud	68–71
II. Einzelne cloud-spezifische Regelungsgegenstände *(Strittmatter)*	72–156
1. IPR: Rechtswahlklausel	72–78
a) Rechtswahlklausel in AGB	73–77
b) Rechtswahl in Verbraucherverträgen	78
2. Leistungsbeschreibung	79–96
a) Produktbeschreibungen und Leistungsmerkmale	82
b) Leistungsabgrenzungen Anbieter und Nutzer	83–93
c) Vergütungsvereinbarungen	94–96
3. SLA und Verfügbarkeitszusagen	97–115
a) Verfügbarkeitszusagen	100–102
b) Übergabepunkte, Messpunkte	103–105
c) Leistungsausschlüsse	106–109
d) Verhältnis zu anderen Rechtsbehelfen	110/111
e) Weitere Voraussetzungen/Einschränkungen für Rechte der Nutzer	112–115
4. Haftungsbegrenzungen	116–122
5. Einräumung von Nutzungsrechten	123–126
6. Einseitige Vertragsänderungen	127–142
a) Leistungsänderungsklauseln	127
b) Grundzüge der BGH-Rechtsprechung	128–131
c) Änderungsvorbehalte an der genutzten IT-Umgebung	132/133
d) Änderungsvorbehalte am kontrahierten Leistungsinhalt	134/135

I. Grundsätze zu Cloud-Verträgen § 22

	Rn.
e) Pauschale Änderungsvorbehalte	136/137
f) Preisänderungsklauseln	138–142
7. Vertragsbeendigung	143–148
a) Exit-Klauseln	143
b) Datenrückgabe und Datenlöschung	*144–147*
c) Unterbrechung der Services	148
8. Datensicherheit und Standards	149–156
a) Bedeutung der Datensicherheit	149–*152*
b) Unterscheidungen	*153*
c) Vertragliche Zusagen zur technischen Sicherheit	154–156
III. Datenschutz (*Conrad/Strittmatter*)	157–240
1. Aktuelle Entwicklungen	157–168
a) Stellungnahmen, Strategiepapiere und Empfehlungen nationaler und europäischer Stellen	157–162
b) Orientierungshilfe Version 2.0	163/164
c) ISO/IEC 27018 und Entwurf 27017 für Cloud Computing sowie „Trusted Cloud Datenschutzprofil"	165–168
2. Datenschutzrechtliche Bewertung	169–216
a) Anwendbarkeit deutschen Datenschutzrechts	170
b) Abgrenzung zwischen TMG, TKG und BDSG je nach Datenkategorie	171
c) Einordnung als Auftragsdatenverarbeitung	172–174
d) Erfüllbarkeit von Kontrollpflichten und dem Transparenzgebot	175–181
e) Einwilligung in die Datenübermittlung	182
f) Sonstige gesetzliche Restriktionen oder spezielle Anforderungen hinsichtlich Cloud (zB § 146 AO)	183–211
g) Lösungsansätze	212–216
3. Cloud-Computing und Drittlandskonstellationen	217–224
a) Controller-to-Processor-Datentransfer	217–222
b) Zugriff durch ausländische Behörden	223/224
4. AGB-konformität der Datenschutzklauseln in Cloud-Verträgen	225–240
a) Einbeziehung	231
b) Transparenzgebot	232
c) Einwilligung (§ 4a BDSG, § 13 Abs. 2 TMG)	233/234
d) Zweckbindung	235
e) Datenherrschaft gem. § 11 BDSG als Grundgedanke der gesetzlichen Regelung	236/237
f) Drittlandbezug gem. §§ 4b, 4c BDSG	238
g) Betroffenenrechte iSv § 6 BDSG als Grundgedanke der gesetzlichen Regelung	239
h) Einseitiges Leistungsbestimmungsrecht § 308 Nr. 4 BGB	240

Schrifttum: Grundlegend: *AG „Rechtsrahmen des Cloud Computing", Leitfaden:* Vertragsgestaltung beim Cloud Computing, 2014; *Backu,* Steuerliche Aspekte von Cloud Computing und anderen Webservices, ITRB 2011, 184; *Bierekoven,* Lizenzierung in der Cloud, ITRB 2010, 42; *dies.,* Datenspeicherungs- und -haltungsverträge bei Nutzung von Cloud-Services, in: *Conrad/Grützmacher* (Hrsg.), Recht der Daten und Datenbanken im Unternehmen, 2014, S. 616; *Bräutigam* (Hrsg.), IT-Outsourcing und Cloud-Computing, 3. Aufl. 2013; *Bisges,* Urheberrechtliche Aspekte des Cloud Computing, Wirtschaftlicher Vorteil gegenüber erkömmlicher Softwareüberlassung?, MMR 2012, 574; *BITKOM,* Checkliste mit Erläuterungen für Cloud Computing-Verträge, 2014; *Duisberg,* Standardbedingungen von Cloud-Anbietern, insbesondere Daten und Exit-Klauseln, in: *Conrad/Grützmacher* (Hrsg.), Recht der Daten und Datenbanken im Unternehmen, 2014, 533; *Federrath,* Technik der Cloud, ZUM 2014, 1; *Giedke,* Cloud Computing: eine wirtschaftsrechtliche Analyse mit besonderer Berücksichtigung des Urheberrechts, Diss. München 2013; *Grünwald/Döpkens,* Regulierung von Cloud Computing-Angeboten, MMR 2011, 287; *Hilber,* Handbuch Cloud Computing, 2014; *Leier,* Cloud Computing: Prinzipien und Anwendungen, in: Conrad/Grützmacher (Hrsg.), Recht der Daten und Datenbanken im Unternehmen, 2014, S. 116; *Nägele/Jacob,* Rechtsfragen des Cloud Computing, ZUM 2010; *Niemann/Hennric,* Kontrolle in der Wolke?, CR 2010, 686; *Niemann/Paul,* Praxishandbuch Rechtsfragen Cloud Computing, Berlin 2014; *Niemann/Paul,* Bewölkt oder wolkenlos – rechtliche Herausforderungen Cloud Computings, K&R 2009, 444; *Nordmeier,* Cloud Computing und Internationales Privatrecht: Anwendbares Recht bei der Schädigung von in Datenwolken gespeicherten Daten, MMR 2010, 151; *Pohle/Ammann,* Software as a Service – auch rechtlich eine Evolution?, K&R 2009, 625; *dies.,* Über den Wolken... – Chancen und Risiken des Cloud Computing, CR 2009, 273; *Roth-Neuschild,* Cloud Way out, ITRB 2013, 213; *Splittgerber,* Sicher durch die Cloud navigieren – Vertragsgestaltung beim Cloud Computing, BB 2011, 2175; *Wicker,* Internationales Privatrecht und Cloud Computing aus europäischer Perspektive, K&R 2012, 312; *Wicker,* Vertragstypologische Einordnung von Cloud Computing-Verträgen: Rechtliche Lösungen bei auftretenden Mängeln, MMR 2012, 783; *dies.,* Haftet der Cloud-Anbieter für Schäden beim Cloud-Nutzer?, MMR 2014, 715; *dies.*, Haftungsbegrenzung des Cloud-Anbieters trotz AGB-Recht?, MMR 2014, 787.

Speziell zu Datenschutz, IT-Sicherheit, telekommunikations- und strafrechtlichen Aspekten in der Cloud: *Berecker/Nikolaeva*, Das Dilemma der Cloud-Anbieter zwischen US-Patriot Act und BDSG, CR 2012, 170; *Bieven*, Dien neue Orientierungshilfe Cloud Computing Version 2.0, ITRB 2015, 1169; *Boos/Kroschwald/Wicker*, Datenschutz bei Cloud Computing zwischen TKG, TMG und BDSG – Datenkategorien bei der Nutzung von Coud-Diensten, ZD 2013, 205; *Borges*, Cloud Computing und Datenschutz, DuD 2014, 165; *Conrad/Filip*, BCR für Auftragdatenverarbeiter, in: Conrad/Grützmacher (Hrsg.), Recht der Daten und Datenbanken im Unternehmen, 2014, S. 734; *dies./Witzel*, Auslagerung von IT-Leistungen und § 203 StGB, in: Conrad/Grützmacher (Hrsg.), Das Recht der Daten und Datenbanken im Unternehmen, 2014, S.182; *Determann/Weigl*, Auswirkungen russischer Datenvorhaltungspflichten auf Cloud- und Internetdienste, CR 2015, 510; *Engels*, Datenschutz in der Cloud – Ist hierbei immer eine Auftragsdatenverarbeitung anzunehmen?, K&R 2011, 548; *Gercke*, Strafrechtliche und strafprozessuale Aspekte von Cloud Computing und Cloud Storage, CR 2010, 345; *Göpel*, Datenschutz in der Cloud – Status quo, RDV 2013, 292; *Grünwald/Döpkens*, Cloud Control?, MMR 2011, 287; *Hansen*, Vertraulichkeit und Integrität von Daten und IT-Systemen im Cloud-Zeitalter, DuD 2012, 407; *Heidrich/Wegener*, Sichere Datenwolken, MMR 2010, 803; *Hennrich*, Compliance in der Cloud, CR 2011, 546; *Hornung/Städtler*, Eitel Sonnenschein oder Wolken am Horizont – Cloud Computing im Gesundheitswesen und die rechtlichen Instrumente der Telematik-Infrastruktur, DuD 2013, 148; *ders./ders.*, Europas Wolken, CR 2012, 638; *Kremer/Völkel*, Cloud Storage und Cloud Collaboration als Telekommunikationsdienste, CR 2015, 501; *Kroschwald*, Verschlüsseltes Cloud Computing, ZD 2014, 75; *ders.*, Kollektive Verantwortung für den Datenschutz in der Cloud – Datenschutzrechtliche Folgen einer geteilten Verantwortlichkeit bei Cloud Computing, ZD 2013, 288; *ders./Wicker*, Kanzleien und Praxen in der Cloud – Strafbarkeit nach § 203 StGB, CR 202, 758; *Kühling/Biendl*, Datenschutzrecht – Basis und Bremse des Cloud Computing, CR 2014, 150; *Leupold*, Geschäftsgeheimnisse gehören in die (private) Cloud, MMR 2014, 145; *Obenhaus*, Cloud Computing als neue Herausforderung für Strafverfolgungsbehörden und Rechtsanwaltschaft, NJW 2010, 651; *Redeker*, Cloud Computing in der öffentlichen Hand und § 203 StGB, ITRB 2014, 232; *Schröder/Haag*, Neue Anforderungen an Cloud Computing für die Praxis, ZD 2011, 147; *Schrotz/Zdanowiecki*, Cloud Computing für die öffentliche Hand, CR 2015, 485; *Schulz*, Cloud Computing in der öffentlichen Verwaltung, MMR 2010, 75; *Schuppert/von Reden*, Einsatz internationaler Cloud-Anbieter: Entkräftung von Mythen, ZD 2013, 210; *Schuster/Reichl*, Cloud Computing & SaaS: Was sind die wirklich neuen Fragen?, CR 2010, 38; *Weiss*, EuroCloud Star Audit – Zertifizierung von Cloud Diensten, DuD 2014, 170.

I. Grundsätze zu Cloud-Verträgen

1 Im juristischen Schrifttum wurden zahlreiche Versuche unternommen, Cloud Computing rechtlich zu definieren.[1] Ob diese Definitionsversuche zu einem tatsächlichen Erkenntnisgewinn führen, mag man diskutieren. Im Fall einer neuen Technologie ist weniger eine exakte juristische Definition des Begriffs von Bedeutung, als eine zutreffende Einordnung des untersuchten Gegenstands und seine Abgrenzung von benachbarten Diensten. Eine juristische Definition ist auch deshalb nicht notwendig, weil sich der Gesetzgeber bislang nicht veranlasst sah, Cloud Computing zu einem Gesetzesbegriff zu erheben. Schließlich liegt neben einer neuen Technologie auch und vor allem ein neues Geschäftsmodell vor.

2 Cloud Computing-Verträge können in **zwei Kategorien** und zwar nach ihrer Entstehung eingeteilt werden:
– Neue, am Geschäftsmodell entlang entwickelte und strukturierte Vertragswerke
– Aus vorhandenen Vertragsmodellen (etwa ASP, Applikations- und Infrastruktur-Outsourcing) fortentwickelte Vertragswerke

3 Entsprechend heterogen ist die Vertragsrealität, die nachfolgend systematisiert wird. Die Darstellung orientiert sich an Regelungsgegenständen, die – dem modular strukturierten Cloud-Leistungsangebot entsprechend – zu Vertragswerken zusammengesetzt werden können. Im Kern erklären sich die meisten Änderungen daraus, dass bestimmte Teile des IT-Leistungsspektrums ökonomisch betrachtet auf der Ebene von Bedarfsartikeln angekommen sind und damit auch deren Handelbarkeit durch Verträge diesen Anforderungen genügen muss, während die Kritikalität des Bedarfsartikels für die Tätigkeit des Konsumenten in Bezug auf Sicherheit und Verfügbarkeit gleichbleibend hoch, wenn nicht sogar in ihrer Bedeutung angestiegen sein dürfte. Auch Kletterseile sind auf eBay erhältlich, die Ökonomie der

---
[1] Vgl. etwa die Definitionsversuche bei *AG* „Rechtsrahmen des Cloud Computing" Rn. 1; *Nägele/Jacobs*, ZUM 2010, 281; *Schuster/Reichl*, 10, 38 f.; *Niemann/Paul/Weiss*, Cloud Computing, Kap. 3 Rn. 4 f.

I. Grundsätze zu Cloud-Verträgen

Güterverteilung sagt noch nichts über die Wertigkeit der davon abhängigen Schutzgüter aus. Hieraus ergibt sich für Vertragsgestalter ein Spannungsfeld.

Die folgenden **sechs Kernelemente**,[2] die im Einzelnen unter → Rn. 79 ff. näher beleuchtet werden, können als typisch für Cloud-Verträge genannt werden:
- Standardisierung der Vertragsbedingungen[3]
- Veränderung der Leistung als Vertragskern[4]
- Geringe Verhandelbarkeit der Vertragsparameter
- Online-Vertragsschluss
- Internationalität
- Kritikalität der Leistung für den Kunden.

1. Funktionsweise und wirtschaftliche Bedeutung

a) Virtualisierung als Grundlage von Cloud Computing. In Cloud-Diensten werden mehrere Hardware-Ressourcen durch Einsatz von Virtualisierungssoftware zu einer Einheit zusammengefasst.[5] Zugleich wird diese **virtuelle Einheit** so geteilt, dass die jeweiligen Cloud-Nutzer die Verteilung des Dienstes auf mehrere Server nicht erkennen.[6] Da mehrere Anwender auf einen physischen Rechner zugreifen, wird oft von „**Multi Tenant**"-System gesprochen.[7] Dabei greift der Nutzer auf den Service durch eine Schnittstelle zu, die etwa ein gewöhnlicher Webbrowser oder (seltener) auch ein durch den Hersteller entwickelter Client sein kann.[8] In der Virtualisierung liegt der Unterschied zwischen den Cloud-Diensten einerseits und den herkömmlichen Outsourcing- und ASP-Angeboten andererseits. Während beim Outsourcing und ASP dem Nutzer eine konkrete Hardwareeinheit zugeordnet wird, ist eine solche Zuordnung durch den Nutzer im Rahmen des Cloud Computing nicht möglich und auch nicht nötig.[9]

b) Systematisierung der Cloud-Angebote. Je nachdem, welche Leistung der Anbieter erbringt, werden Cloud-Verträge in **Taxonomien** eingeordnet.[10] Zum einen wird nach der Art der bereitgestellten Leistung differenziert: Beim „Software as a Service"-Modell (**SaaS**) betreibt der Anbieter einen Softwaredienst. Geht es um eine Entwicklungsumgebung, in der die Nutzer neue Applikationen erstellen können, spricht man von „Plattform as a Service" (**PaaS**). Stehen virtuelle Hardwareressourcen im Vordergrund, bezeichnet man das Cloud-Modell als „Infrastructure as a Service" (**IaaS**). Schließlich können in **XaaS**-Modellen mehrere Leistungen gebündelt und dienstförmig bereitgestellt werden.[11] Hierzu gehört etwa das „Business Process as a Service" (BPaaS), das eine Kombination von SaaS, IaaS und Paas darstellt und für die Auslagerung eines Geschäftsprozesses in die Cloud steht.[12]

---

[2] Vgl. auch *BITKOM*, Checkliste, S. 4.
[3] Individualisierte „Private Cloud"-Leistungen nach Maß, zB für einen Großkunden, sind keine typischen Cloud-, sondern portalfähige Individualleistungen, die abgesehen von wenigen Besonderheiten vertraglich analog einem Outsourcing-Vertrag abgebildet werden können.
[4] Zitat eines Cloud Nutzers: „*IT has to be a changing service; everything else is of no interest for us. If it changes to something we don't like, we will discuss or just don't renew. We will use the service for a couple of years and then see and might change – that's normal business life.*"
[5] Dazu eingehend *Giedke* 51, 54 ff.; Kurzer Überblick bei *Heidrich/Wegener* MMR 2010, 803; *Nägele/Jacobs* ZUM 2010, 281; *Pohle/Ammann* CR 2009, 273 (274); *Bräutigam/Bräutigam/Thalhofer* Teil 14 Rn. 5.
[6] *Leupold/Glossner/Stögmüller* Teil 4 Rn. 8.
[7] *Bräutigam/Bräutigam/Thalhofer* Teil 14 Rn. 6; *Leupold/Glossner/Stögmüller* Teil 4 Rn. 7.
[8] *BITKOM*, Checkliste, S. 9; *Niemann/Paul* K&R 2009, 444 (448); *Pohle/Ammann* K&R 2009, 625 (626); *Bräutigam/Thalhofer* Teil 14 Rn. 5; *Leupold/Glossner/Stögmüller* Teil 4 Rn. 3.
[9] *Nägele/Jacobs* ZUM 2010, 281; *Pohle/Ammann* K&R 2009, 625 (626); *Wicker* MMR 2012, 783; *Bräutigam/Bräutigam/Thalhofer* Teil 14 Rn. 6; *Leupold/Glossner/Stögmüller* Teil 4 Rn. 6 f.
[10] Zu dieser Typisierung etwa *AG* „*Rechtsrahmen des Cloud Computing*" Rn. 18 ff.; *Federrath* ZUM 2014, 1 (2 f.); *Heidrich/Wegener* MMR 2010, 803 (804); *Nägele/Jacobs* ZUM 2010, 281 (282); *Niemann/Paul* K&R 2009, 444 (445); *Giedke*, S. 27 ff.; *Bräutigam/Bräutigam/Thalhofer* Rn. 3, 12 f.; *Leupold/Glossner/Stögmüller* Teil 4 Rn. 2 ff., 9; *Niemann/Paul/Weiss*, Cloud Computing, Kap. 3 Rn. 35 ff.
[11] Zum XaaS-Begriff etwa *Schuster/Reichl* CR 2010, 38 (39).
[12] Vgl. dazu *Niemann/Paul* K&R 2009, 444 (445); *Giedke*, S. 32.

7 Zum anderen ist eine **Differenzierung danach** möglich, **welche Personen Zugriff** auf die Cloud-Leistung **erlangen** können.[13] Insoweit wird unterschieden zwischen einer „Private Cloud", die innerhalb eines Unternehmens benutzt werden kann, und der „Public Cloud", die einer unbestimmten Zahl von Anwendern zur Verfügung steht. Eine Kombination dieser Formen stellt die „Hybrid Cloud" dar, in denen „Private Clouds" und „Public Clouds" miteinander zu einem Gesamtsystem verbunden werden, aber ihre Selbständigkeit bewahren.

8 c) **Chancen und Risiken beim Cloud Computing.** Die Vor- und Nachteile des Cloud Computing sind vor dem **technischen Hintergrund** zu sehen:[14] Der Anbieter kann auf Nachfrage elastisch reagieren, indem er zusätzliche Rechenkapazitäten beschafft.[15] Gleichzeitig geht mit der Erhöhung der Kundenzahl in der Regel keine Erweiterung des Wartungsumfangs einher, da die Nutzer auf dieselbe Ressource zugreifen, die zentral gewartet werden kann.[16] Spiegelbildlich können die Cloud-Nutzer darauf vertrauen, dass der Anbieter ihnen zusätzliche Serviceleistungen bei Bedarf beschaffen und anbieten wird.[17] Sie müssen weder eigene IT-Ressourcen und Lizenzen bereithalten, abschreiben noch Wartung dafür einkaufen.[18] Die Nutzung muss nicht ortsgebunden erfolgen.[19] Zusätzliche Leistungen sind nutzungsabhängig zu vergüten („pay as you go", → Rn. 30).[20]

9 Auf der anderen Seite muss sich der Nutzer die strategische Frage stellen, ob die **Abhängigkeit** von einem IT-Provider für ihn akzeptabel ist. Außerdem treten **datenschutzrechtliche Probleme** in der Wolke verstärkt auf: Da die Cloud-Server theoretisch weltweit verstreut sein können, ist es für die Anwender nicht stets erkennbar, in welchem Land (und damit: in welchem Datenschutzregime und welchen behördlichen Zugriffsbefugnissen unterliegend) sich ihre Daten befinden.[21] Eine externe Datenhaltung kann auch unter dem Gesichtspunkt der Datensicherheit und Datenverfügbarkeit ein Risikofaktor sein; zwischen Cloud-Anbieter und Nutzer entsteht ein starkes **Abhängigkeitsverhältnis**, das durch die Netzverfügbarkeit noch verstärkt wird. Unternehmen müssen auf Leitungsebene abwägen, in welcher Form und unter welchen Rahmenbedingungen Cloud Dienste eingesetzt werden können. Die diesbezügliche Risikoabschätzung muss entsprechend dokumentiert werden; sie ist Geschäftsleitungsaufgabe.

2. Rahmenbedingungen der Vertragsgestaltung

10 a) **Standardisierung von Vertragsbedingungen.** Weil die technische Standardisierung und Skalierbarkeit die meisten Cloud-Geschäftsmodelle erst ermöglicht, ist das Standardisieren von Vertragsbedingungen für Anbieter eine logische Folge.[22] Ausnahmen wird es im Bereich der *„customized private Cloud"* Angebote geben, bei denen Großkunden Cloud Leistungen passgenau zur Verfügung gestellt werden. Anders als bei auf Jahre angelegten Outsourcing Verträgen kommt die IT bei Cloud bildlich gesprochen „aus der Steckdose bzw. dem Wasserhahn", auch wenn die kaufmännischen Konditionen und die Übergabepunkte individuell verhandelt wurden. Damit findet ein Großteil der Vertragsarbeit im **AGB-rechtlichen Umfeld**[23]

---

[13] Ausf. Niemann/Paul/*Weiss*, Cloud Computing, Kap. 3 Rn. 10 ff.
[14] Vgl. dazu vertiefend *Giedke*, S. 13 ff.; Bräutigam/*Bräutigam/Thalhofer* Teil 14 Rn. 11; Leupold/Glossner/*Stögmüller* Teil 4 Rn. 18 ff.
[15] *Federrath* ZUM 2014, 1.
[16] *Pohle/Ammann* K&R 2009, 625 (626); *Giedke*, S. 15.
[17] *Bisges* MMR 2012, 574 (575); *Federrath* ZUM 2014, 1; *Kühling/Biendl* CR 2014, 150; *Nägele/Jacobs* ZUM 2010, 281 (282).
[18] *Nägele/Jacobs* ZUM 2010, 281 (282); *Pohle/Ammann* CR 2009, 273 (274); *Giedke*, S. 14; Bräutigam/ *Bräutigam/Thalhofer* Teil 14 Rn. 11; Leupold/Glossner/*Stögmüller* Teil 4 Rn. 20.
[19] *Nägele/Jacobs* ZUM 2010, 281; *Pohle/Ammann* CR 2009, 273; Leupold/Glossner/*Stögmüller* Teil 4 Rn. 19. Vgl. ferner im Zusammenhang mit der Virtualisierungstechnik *Giedke* S. 75 ff.
[20] *Bisges* MMR 2012, 574 (575); *Nägele/Jacobs* ZUM 2010, 281; *Niemann/Paul* K&R 2009, 444; *Pohle/ Ammann* CR 2009, 273 (274); *Giedke*, S. 14.
[21] *Federrath* ZUM 2014, 1; *Kühling/Biendl* CR 2014, 150 f.; Bräutigam/*Bräutigam/Thalhofer* Teil 14 Rn. 11.
[22] Vgl. etwa BITKOM Checkliste, S. 5; *Wicker* MMR 2014, 787; Niemann/Paul/*Paul*, Cloud Computing, Kap. 8 Rn. 1 f.
[23] AG *„Rechtsrahmen des Cloud Computing"* Rn. 4; *Wicker* MMR 2014, 787; Niemann/Paul/*Paul*, Cloud Computing, Kap. 8 Rn. 37 ff.

I. Grundsätze zu Cloud-Verträgen

statt und es stellt sich einmal mehr die Frage nach der parteiautonomen Wahl einer flexibleren ausländischen Rechtsordnung.[24]

Der BGH scheint diesem Problem, dessen für den Standort nachteilige Wirkung vielfach unmissverständlich dargelegt wurde,[25] jedenfalls nicht durch eine im unternehmerischen Bereich flexiblere Auslegung von § 305 Abs. 1 S. 3 BGB abhelfen zu wollen.[26] Cloud-Verträge sind ein weiteres Beispiel für die Nachteile einer deutschen AGB-Rechtsprechung, die nicht Vertragsfairness, sondern Rechtsordnungsarbitrage und damit eine Verlagerung von Wertschöpfung in flexiblere Jurisdiktionen nach sich zieht. 11

b) Änderungen in Vertragsstruktur und -aufbau. Cloud-Verträge sind häufig „kopflastig", dh sie betonen Leistungsbeschreibung und die Abgrenzung der Verantwortungssphären voneinander; Rechtsregeln sind demgegenüber nachrangig. Der klassische „pyramidale" Aufbau eines Rahmenvertrags mit immer breiter auffächernden, umfänglicher werdenden Anlagen und Annexen/Schedules weicht zugunsten einer an der Leistungserbringung orientierten, katalogartigen Struktur, bei der auf der ersten Ebene umfassend Pflichten beider Parteien, der Zugang zu den Leistungen, deren Veränderung und das Bezahlmodell festgelegt werden. Nachrangig werden die sonst dominierenden eher klassisch juristischen Elemente geregelt. 12

c) Veränderte Einkaufsprozesse/Beschaffungsverhalten. Weil Cloud-Leistungen „*commodity goods&services*" sein sollen, werden sie auch zunehmend wie Verbrauchsgüter eingekauft. Die Industrialisierung der Beschaffungsprozesse von outgesourcten IT-Leistungen, die sich in den Jahren 1995–2010 vollzogen hat, wird dort, wo der Bedarf des Kunden bereits entsprechend klar spezifiziert ist, einer Beschaffung von Büromaterial ähnlicher werden. Bisher vorherrschende, komplexe, mittels Berater-RfP gesteuerte Einkaufsprozesse werden zumindest im vertraglichen Bereich nur noch im Ausnahmefall (Großprojekte) Anwendung finden. Neben den veränderten Einkaufsprozessen ist auch zu beobachten, dass die Fachabteilungen den IT-Einkauf als Beschaffungsinstanzen ablösen. 13

d) Vorverlagerung der Vertragsbewertung. Aus den beschriebenen Entwicklungen folgt, dass eine Verhandlung von Rechtsbedingungen in den Beschaffungsverträgen mit wenigen Ausnahmen (Datenschutz, SLA) im klassischen Sinne seltener werden wird, denn der Einkauf einer commoditisierten Leistung kommt jenseits des Preises ohne das Modell der Verhandlung als Interessenausgleich aus. Vielmehr wird die Bewertung von Vertragsbedingungen vorverlagert: Wer einen neuen Mobilfunkanbieter sucht, vergleicht die Leistungsmerkmale im Vorfeld und entscheidet dann, verhandelt aber nicht über die Rechtsbedingungen des Vertrages. Insofern ist auch die Initiative der EU-Kommission zur Entwicklung von **Standard Terms**[27] im Ansatz folgerichtig. Im Bereich der IT-Sicherheit geht der Trend längst weg von der Bewertung der Sicherheitsdokumentation hin zu einer Drittbestätigung der Angemessenheit der Sicherheitsvorkehrungen, deren Vorliegen dann im Vorfeld eines Vertragsschlusses abgeprüft werden kann (**Einsatz von Zertifikaten**).[28] Es erscheint denkbar, dass dies auch auf Standardverträge Anwendung findet. 14

e) Andere Schwerpunktbildung der Vertragsregelungen. Aus den oben dargelegten Veränderungen folgt, dass sich gegenüber klassischen Auslagerungsverträgen mitunter auch andere Schwerpunkte gebildet haben. Soweit nicht ein Outsourcing-ähnlicher Großvertrag geschlossen wird, der wie üblich monatelang verhandelt wird, sondern tatsächlich ein vereinfachter Einkauf standardisierter Leistungen zu Standard-Bedingungen erfolgt, sind ua folgende klassische „Spielwiesen" der Vertragsverhandlung nicht mehr zugänglich und werden daher insoweit auch nachfolgend nicht mehr vertieft im Sinne von Gestaltungsempfehlungen behandelt (Outsourcing → § 19, Rn. 35 ff.): 15

---

[24] So der zutreffende Gestaltungsvorschlag von *Wicker* MMR 2014, 787 (790).
[25] Dazu etwa *Dauner-Lieb* AnwBl 2013, 845; *Wicker* MMR 2014, 787 (789).
[26] BGH Urt. v. 22.11.2012 – VII ZR 222/12, NJW 2013, 856, Rn. 10 ff., krit. dazu *Müller* LMK 2013, 342776; vgl. ferner *Faber/Rieger* NJW 2013, 858; Niemann/Paul/*Paul*, Cloud Computing, Kap. 8 Rn. 38.
[27] http://europa.eu/rapid/press-release_MEMO-12-713_en.htm, zuletzt abgerufen am 23.12.2014.
[28] Niemann/Paul/*Weiss*, Cloud Computing, Kap. 3 Rn. 58 ff.

- Benchmarking
- Governance
- Liste der wichtigen Kündigungsgründe
- Change Request
- Rechteeinräumung

16 **f) Rechtsfragen des Vertragsschlusses.** Ebenfalls dem Geschäftsmodell eigen ist das Kontrahieren der Leistung über das Internet. Dem häufig beschriebenen Vorteil einer in Minuten buchbaren Entwicklungsplattform stünde ein sich verschärfender Nachteil des Durchlaufs eines Papierprozesses gegenüber. **Probleme** bestehen in folgenden Bereichen:[29]

17 Da die Vertragsbedingungen meist in AGB enthalten sind, muss der Anbieter die üblichen Grundsätze zur **Einbeziehung von AGB** im elektronischen Geschäftsverkehr beachten: Nach § 312i Abs. 1 S. 1 Nr. 4 BGB muss der Anbieter dem Nutzer die Möglichkeit verschaffen, die AGB beim Vertragsschluss abzurufen und zu speichern. Dies kann etwa durch Verlinkung einer entsprechenden PDF-Datei erfolgen. Zudem muss die Internetseite einen ausdrücklichen Hinweis enthalten, den der Kunde nicht übersehen kann.[30] Diesem Erfordernis wird etwa Genüge getan, wenn der Nutzer den Vertrag nur abschließen kann, wenn er zuvor bestätigen muss, dass er von den AGB Kenntnis nehmen und sie speichern konnte.[31]

18 Geht es um eine an **Verbraucher** gerichtete Dienstleistung, sind die neuen Regelungen zum Abschluss von entgeltlichen Verträgen in § 312j Abs. 3 BGB zu berücksichtigen: Der Anbieter muss die Bestelloberfläche so gestalten, dass der Nutzer mit seiner Bestellung ausdrücklich bestätigt, dass er sich zu einer Zahlung verpflichtet. Dabei muss die Schaltfläche gut lesbar mit den Wörtern „zahlungspflichtig bestellen" oder einer entsprechenden eindeutigen Formulierung beschriftet sein (sog **„Button-Lösung")**.[32] Da § 312j Abs. 3 BGB den Art. 8 Abs. 2 der Verbraucherrechte-RL umsetzt, ist die (noch ausstehende) Rechtsprechung des EuGH zu begleiten.

19 Cloud-Verträge unterliegen keinen spezifischen Formerfordernissen, so dass sie im Ausgangspunkt online abgeschlossen werden können. Probleme können jedoch aus **datenschutzrechtlicher Perspektive** bestehen, weil § 11 Abs. 2 S. 2 BDSG für eine wirksame ADV-Vereinbarung Schriftform (§ 126 BGB) erfordert (dazu näher → Rn. 172 ff.). Nicht wesentlich vorgekommen ist die Frage, wie elektronische Erklärungen der Beteiligten im Prozess zu behandeln sind. Wenn der Vertragsschluss ausschließlich online erfolgt, müssen die elektronischen Erklärungen ausgedruckt werden, um sie als Beweismittel in den Prozess einzuführen. Denn nur eine verkörperte, schriftliche Gedankenerklärung gilt als eine Urkunde iSd §§ 415 ff. ZPO; wenn die Erklärung auf einem Datenträger gespeichert ist, fehlt es aber an Schriftlichkeit.[33] Damit die Erklärung als eine private Urkunde gem. § 416 ZPO gilt, muss sie zwar nicht handschriftlich unterschrieben sein, aber immerhin eine mechanisch hergestellte Unterschrift enthalten.[34]

20 **g) Weitere Aspekte.** Die folgenden Ausführungen beschäftigen sich in erster Linie mit **vertragsrechtlichen Aspekten** des Cloud Computing. Dies soll freilich nicht darüber hinwegtäuschen, dass auch **in anderen Rechtsgebieten cloud-spezifische Probleme auftreten können.** Hier sind etwa die Regelungen zu Cloud-Leistungen nach dem Telekommunikations- und Telemediengesetz zu nennen.[35] Spezielle Probleme wirft der Einsatz einer Cloud durch Rechtsberater,[36] in der Kreditwirtschaft (hier insbesondere die Anforderungen an das Risikomanagement nach § 25a KWG)[37] und in der öffentlichen Verwaltung

---

[29] Vgl. dazu auch Niemann/Paul/*Paul*, Cloud Computing, Kap. 8 Rn. 53 ff.
[30] BGH Urt. v. 14.6.2006 – I ZR 75/03, NJW 2006 Rn. 16.
[31] MüKoBGB/*Basedow* § 307 Rn. 69.
[32] Niemann/Paul/*Paul*, Cloud Computing, Kap. 8 Rn. 71 f.
[33] Musielak/*Huber* § 415 Rn. 4 f.
[34] Musielak/*Huber* § 416 Rn. 2; MüKoZPO/*Schreiber* § 416 Rn. 6.
[35] Hierzu etwa Boos/Kroschwald/Wicker ZD 2013, 205; Grünwald/Döpkens MMR 2011, 287; *Schuster/Reichl* CR 2010, 38 (42); Niemann/Paul/*Heun*, Cloud Computing, Kap. 10 Rn. 220 ff.
[36] Härting AnwBl 2012, 486; ders. ITRB 2011, 242; Kroschwald/Wicker CR 2012, 758; *Leutheusser-Schnarrenberger* AnwBl 2012, 477.
[37] Niemann/Paul K&R 2009, 444 (451); Niemann/Paul/*Paul*, Cloud Computing, Kap. 8 Rn. 293 ff.

I. Grundsätze zu Cloud-Verträgen

auf.[38] Ist der Cloud-Nutzer als Kapitalgesellschaft organisiert, muss das Management – entsprechend aktien- und GmbH-rechtlicher Vorgaben – für die Durchgängigkeit der Kontrollsysteme sorgen.[39] Aus kartellrechtlicher Perspektive stellt sich die Frage, inwieweit ein Cloud-Service eine *„essential facility"* sein kann, so dass der Anbieter eine marktbeherrschende Stellung erlangt.[40] Geht ein Cloud-Anbieter in die Insolvenz, ist es für den Nutzer von zentraler Bedeutung, wie er seine Daten herausverlangen und die Cloud-Services auf einen anderen Anbieter übertragen kann.[41] Die in der Cloud abgelegten Daten können auch im Fokus staatsanwaltlicher Ermittlungen stehen, so dass sich die Frage stellt, ob und inwieweit die Strafverfolgungsbehörden auf diese Daten zugreifen können.[42] Schließlich ist auch auf steuerrechtliche Aspekte des Cloud Computing hinzuweisen.[43] Keines der vorgenannten Problemfelder kann hier vertieft werden.

3. Vertragsstrukturen und Anforderungen an Cloud Verträge

a) Anforderungen. Kaufleute stellen recht einfache Anforderungen an Verträge: Sie müssen kurz und leicht verständlich, also **transparent** sein. Auch ist eine hohe **Flexibilität**, vor allem hinsichtlich der Laufzeit, des Leistungsspektrums und der Skalierbarkeit gefordert. Darüber hinaus wird auf hohe **Rechtssicherheit** – insbesondere hinsichtlich der Datensicherheit und des Datenschutzes – Wert gelegt. Schließlich muss der Vertrag **interessengerecht** sein, dh am Marktstandard orientiert und damit – so die gängige Erwartung zuverlässig ignorierbar.

Diese Anforderungen sind den vertragsgestaltenden Juristen bestens bekannt. Sie sind die juristische Quadratur des kommerziellen Kreises: Die Granularität des Geschäftsmodells einerseits, die Internationalität der Leistungserbringung (→ Rn. 40 ff.) andererseits und schließlich die hohe Relevanz der Dienste für das Funktionieren der Transaktionen und Unternehmen verlangen nach ausdifferenzierten, tief gestaffelten Verträgen. Schließlich sollen die Leistungen jederzeit geändert werden können, ohne dass derartige kurzfristige Eingriffe in die Leistungen zu verminderter Rechtssicherheit führen.

b) Klassischer Aufbau eines IT-Leistungsvertrags. Der klassische etwa aus dem Outsourcing bekannte Aufbau von Hauptvertrag, Leistungsbeschreibung mit Anlagen[44] hat sich in Bezug auf Regelungsdichte, -granularität und -menge in mehrfacher Hinsicht vom bisherigen Modell
– Umfangreicher Hauptvertrag/Rahmenvertrag
– Kaufmännische Anlagen (SLA, Vergütung, Benchmarking)
– Technische Anlagen (Leistungsbeschreibung ieS, Datensicherheit)
wegverändert.

c) Aufbau eines Cloud-Vertrags. Von diesem klassischen Aufbau eines IT-Vertrags weichen Cloud-Verträge entscheidend ab:
– Kurzer, allgemeiner Rahmenvertrag
– Produktkatalog mit umfassender Leistungsbeschreibung- und -abgrenzung
– Bestimmungen zu Sicherheit und Datenschutz
– Besondere Bedingungen für einzelne Services/Produkte
– Vertragsexterne Dokumente/Regelwerke (zB Standards, Zertifikate).

d) Einzelne Vertragsbeziehungen. Ein typisches Merkmal von Cloud-Diensten ist die Mehrzahl von Akteuren, die bei der Bereitstellung des konkreten Services tätig sind. Der Anbieter tritt als Hauptunternehmer gegenüber dem Kunden auf, schaltet aber bei der Er-

---

[38] *Heckmann* Verw 2013, 1; *Maisch/Seidl* VBlBW 2012, 7; *Schulz* MMR 2010, 75; Bräutigam/*Bräutigam/Thalhofer* Teil 14 Rn. 126; Niemann/Paul/*Roggenkamp*, Cloud Computing, Kap. 9 Rn. 1 ff.
[39] *Niemann/Paul* K&R 2009, 444(450). Einzelheiten → § 33 (Compliance, IT-Sicherheit, Ordnungsmäßigkeit der Datenverarbeitung) Rn. 29 ff., 60.
[40] *Nägele/Jacobs* ZUM 2010, 281 (291). Zu kartellrechtlichen Aspekten ausf. Niemann/Paul/*Federle*, Cloud Computing, Kap. 10 Rn. 305 ff.
[41] Leupold/Glossner/*Haarmeyer/Hartung* Teil 4 Rn. 165 ff.
[42] *Gercke* CR 2010, 345; *Kudlich* GA 2011, 193; *Niemann/Paul* K&R 2009, 444 (451); *Obenhaus* NJW 2010, 651; *Süptitz/Utz/Eymann* DuD 2013, 307; *Wicker* MMR 2014, 298.
[43] *Backu* ITRB 2011, 184; *Heinsen/Voß* DB 2012, 1231; *Niemann/Paul* K&R 2009, 444 (450); *Sinewe/Frase* BB 2011, 2198; Niemann/Paul/*Sinewe/Frase*, Cloud Computing, Kap. 10 Rn. 45 ff.
[44] → § 19 (Outsourcing).

füllung zahlreiche Subunternehmer ein.[45] In einem solchen Fall sind die einzelnen Vertragsverhältnisse strikt voneinander zu trennen:[46] Der **Cloud-Nutzer** kann vertragliche Ansprüche nur gegenüber seinem Vertragspartner, dh dem Generalunternehmer, geltend machen. Dabei muss sich der Cloud-Anbieter gem. § 278 BGB die Schlechtleistung seiner Subunternehmer zurechnen lassen;[47] ggf. kann er gegen sie Regressansprüche geltend machen. Bei der **Vertragsgestaltung** ist zu berücksichtigen, dass sich der Cloud-Anbieter gegenüber seinen Kunden nur zu Leistungen verpflichten sollte, die er von seinen Subunternehmern verlangen kann. Verspricht der Anbieter eine Leistung, die er weder selbst erbringen noch vom Subunternehmer verlangen kann, sieht er sich Ansprüchen des Nutzers ausgesetzt (fehlendes „*back-to-back*"). Bereits vor Abschluss der Verträge mit Subunternehmern sollte sich der Anbieter darüber im Klaren sein, welche Leistungen er den Nutzern bereitstellen will. **Direktansprüche** des Cloud-Anwenders gegen Subunternehmer, die die Leistungen tatsächlich erbringen, kommen dagegen regelmäßig nicht in Betracht. Nur in Ausnahmefällen ist ein Direktanspruch des Cloud-Kunden gegen den Subunternehmer aus §§ 280 Abs. 1, 311 Abs. 3 BGB, § 328 BGB oder aus einem Vertrag mit Schutzwirkung für Dritte möglich. Es ist auch denkbar, dass der Kunde mehrere Vertragsbeziehungen mit unterschiedlichen Anbietern unterhält, was gegebenenfalls mehr Flexibilität bietet.[48]

4. Vertragstypologie

26 **a) Relevanz der Einordnung.** Einer der Schwerpunkte der rechtswissenschaftlichen Diskussion um Cloud Computing ist die Frage nach der vertragstypologischen Einordnung der Cloud-Services,[49] die insbesondere unter zwei Gesichtspunkten wichtig ist: Hatten die Vertragsparteien eine bestimmte Regelungsmaterie nicht im Blick, müssen die gesetzlichen Bestimmungen – insbesondere die Vertragstypen des Besonderen Schuldrechts – herangezogen werden können, um die Vertragslücke auszufüllen. Auch auf der Ebene des **Gewährleistungsrechts** ist die Einordnung der Cloud-Verträge in das System des BGB bedeutsam, weil sich die Vertragstypen des Besonderen Schuldrechts diesbezüglich teilweise stark unterscheiden.[50] Zum anderen ist die vertragstypologische Einordnung **für** die **AGB-Kontrolle** entscheidend:[51] Nach § 307 Abs. 3 BGB findet eine AGB-Kontrolle statt, wenn die AGB von Rechtsvorschriften abweichende oder diese ergänzende Regelungen enthalten. § 307 Abs. 2 Nr. 1 BGB stellt die Vermutung auf, dass eine **unangemessene Benachteiligung** anzunehmen ist, wenn die AGB-Klausel „mit wesentlichen Grundgedanken der gesetzlichen Regelung, von der abgewichen wird, nicht zu vereinbaren ist".

27 **b) Rechtsprechung und Literatur.** Soweit ersichtlich, hat sich die Rechtsprechung mit der vertragstypologischen Einordnung von Cloud-Modellen bislang nicht beschäftigt. Der BGH äußerte sich nur zum **Charakter des ASP-Vertrags** (→ § 19 Rn. 37): Der XII. Zivilsenat ordnete den ASP-Vertrag im Jahr 2006 in erster Linie dem mietvertraglichen Regime zu. Im konkreten Fall ging es um Vergütungsansprüche für die Bereitstellung der Software, Programmpflege, kostenlose Programmupdates, Nutzung von einem bestimmten Datenvolumen, Datensicherung sowie Hotline-Services. Der BGH betrachtete die **Gewährung der Online-Nutzung von Software für eine begrenzte Zeit** als die maßgebliche Leistung und unterwarf diesen Vertragsteil dem mietvertraglichen Regelungsregime.[52] Weitere Leistungen wie Programmpflege, Updates, Datensicherung, Hotline-Services und Einweisung in die Software könnten nach Ansicht des BGH anderen Vertragstypen wie Dienst- oder Werkvertrag zugeordnet werden, so

---

[45] *Niemann/Paul* K&R 2009, 444 (446); Niemann/Paul/*Paul*, Cloud Computing, Kap. 8 Rn. 22; Bräutigam/*Bräutigam/Thalhofer* Teil 14 Rn. 128; vgl. ferner AG „*Rechtsrahmen des Cloud Computing*" Rn. 7.
[46] AG „*Rechtsrahmen des Cloud Computing*" Rn. 7.
[47] *Wicker* MMR 2014, 715 (716).
[48] *Niemann/Paul* K&R 2009, 444 (446 f.); Niemann/Paul/*Paul*, Cloud Computing, Kap. 8 Rn. 23 ff.; Bräutigam/*Bräutigam/Thalhofer* Teil 14 Rn. 128.
[49] Eine umfassende Darstellung des Meinungsstands bei *Giedke*, S. 122 ff. Vgl. auch Niemann/Paul/*Paul*, Cloud Computing, Kap. 8 Rn. 30 ff.
[50] *Wicker* MMR 2012, 783 (784).
[51] *Nägele/Jacobs* ZUM 2010, 281 (283 f.); *Niemann/Paul* K&R 2009, 444 (446).
[52] Zum Folgenden BGH Urt. v. 15.11.2006 – XII ZR 120/04, NJW 2007, 2394, Rn. 12 ff.

dass es sich beim ASP um einen zusammengesetzten Vertrag handele. Die einzelnen Vertragsteile seien grundsätzlich nach dem Recht des auf ihn zutreffenden Vertragstypus zu beurteilen.[53]

Das Meinungsbild im **Schrifttum** ist **uneinheitlich:** Manche Autoren stellen sich unter Hinweis auf die ASP-Rechtsprechung des BGH[54] auf den Standpunkt, dass Cloud-Services schwerpunktmäßig als **Mietverträge** einzuordnen seien.[55] Andere greifen die Aussagen des XII. Zivilsenats zur Unterscheidung zwischen den einzelnen Leistungen des ASP-Anbieters auf, um zu unterstreichen, dass bestimmte Leistungen nicht dem mietrechtlichen Regelungsregime zugehören, sondern auch **dienst- oder werkvertraglichen Charakter** haben können.[56] Teilweise wird im Schrifttum bei der vertragstypologischen Einordnung anhand der Systematisierung der Cloud-Modelle nach SaaS, PaaS und IaaS unterschieden. Dabei wird SaaS mehrheitlich dem Mietrecht zugeordnet.[57] Dagegen werden PaaS- und IaaS-Modelle meist als typengemischte Verträge begriffen.[58] Wenn eine Typisierung vorgenommen wird, wird IaaS und PaaS meist dienstvertraglicher Charakter beigemessen.[59]

28

c) **Stellungnahme.** Die Einordnung der Cloud-Services als Verträge mit **überwiegend mietrechtlichem Charakter** scheint im Hinblick auf die ASP-Rechtsprechung des BGH konsequent zu sein: Der Vertragsgegenstand – die Online-Bereitstellung bestimmter IT-Leistungen – ist vergleichbar, so dass aus den Aussagen des BGH behutsame Schlüsse auf die Behandlung von Cloud-Verträgen gezogen werden könnten. Geht es um die Bereitstellung von Software oder Rechenkapazitäten, soll der Nutzer eine zeitweise Nutzungsmöglichkeit erlangen, sodass die Anwendung mietrechtlicher Regeln nahe liegt. Auch die Zuordnung sonstiger Leistungen – je nach ihrem Schwerpunkt – zum Dienst- oder Werkvertragsrecht erscheint plausibel.

29

Diese Vorgehensweise überzeugt jedoch nur hinsichtlich der (mietrechtlichen) Hauptleistungspflichten. Wendet man indes den Blick auf die **Nebenpflichten**, erscheint die Zuordnung zum mietrechtlichen Regelungsregime nicht sachgerecht. So ist fraglich, ob die automatische Minderung gem. § 536 Abs. 1 BGB beim Mangel des Cloud-Dienstes im Hinblick auf die gängigen Vergütungssysteme ("pay as you go") zweckdienlich ist.[60] Dasselbe gilt für § 537 BGB (Entrichtung der Miete bei persönlicher Verhinderung des Mieters). Auch die verschuldensunabhängige Schadensersatzhaftung bei Mängeln des Cloud-Systems vor dem Vertragsschluss (§ 536a Abs. 1 Var. 1 BGB) lässt sich mit dem massenhaften Charakter der Cloud-Modelle nicht vereinbaren: Der Anbieter kann angesichts kurzer und kürzester Bereitstellungszeiten nicht ohne hohen Aufwand vor jedem Vertragsschluss überprüfen, ob die Cloud-Leistung tatsächlich störungsfrei bereitgestellt werden kann. Darüber hinaus ist es fraglich, wie das grundsätzliche Verbot der Untervermietung in § 540 BGB in Cloud-Sachverhalten sinnvoll gehandhabt werden kann. Schließlich ist fraglich, ob die verkürzten Verjährungsfristen in § 548 BGB auf Cloud-Sachverhalte passen, haben Sie in erster Linie doch einen Fall vor Augen, in dem der Vermieter dem Mieter den Besitz an einer Sache überlässt, so dass die gegenseitigen Ansprüche nach Beendigung des Mietverhältnisses aus Beweisgründen schnell abgewickelt werden sollen.[61]

30

Auch das **werkvertragliche Regelungsregime** lässt sich auf das Cloud-Verträge nicht ohne Friktionen anwenden. Der Leistungsinhalt eines Werkvertrags ist erfolgsbezogen, was auf eine standardisierte Leistung mit verteilter Verantwortung nicht passt. Ebenso unpassend sind die Regelungen zur Fälligkeit der Vergütung, die auf Abnahme (§§ 641 Abs. 1, 640 BGB) oder Vollendung des Werkes (§ 646 BGB) abstellen, weil der Anbieter nur die

31

---

[53] BGH Urt. v. 15.11.2006 – XII ZR 120/04, NJW 2007, 2394 Rn. 21.
[54] BGH Urt. v. 15.11.2006 – XII ZR 120/04, NJW 2007, 2394.
[55] So AG „Rechtsrahmen des Cloud Computing" Rn. 34; Pohle/Ammann CR 2009, 273 (274f.); dies. K&R 2009, 625 (627); Schuster/Reichl CR 2010, 38 (41); Sujecki K&R 2012, 312 (316); Wicker MMR 2012, 783 (785ff.); Wiebe K&R 2014, 166 (167); Giedke, S. 122f.
[56] Pohle/Ammann CR 2009, 273 (275); dies. K&R 2009, 625 (627); vgl. ferner AG „Rechtsrahmen des Cloud Computing" Rn. 35: BPaaS als Werkvertrag.
[57] BITKOM, Checkliste, S. 5; Sujecki K&R 2012, 312 (317) unter Berufung auf die ASP-Rechtsprechung des BGH; in diese Richtung auch Leupold/Glossner/von dem Bussche/Schelinski Teil 1 Rn. 137, 384.
[58] So Niemann/Paul K&R 2009, 444 (447); Splittgerber/Rockstroh BB 2011, 2179.
[59] Sujecki K&R 2012, 312 (317).
[60] AA wohl Wicker MMR 2014, 715 (716).
[61] Zum Zweck des § 548 etwa Schmidt-Futterer/Streyl § 548 Rn. 1f.

Zugriffsmöglichkeit zur Verfügung stellt. Schließlich ist die Zuordnung zum **Dienstvertragsrecht** (§§ 611 ff. BGB) nicht überzeugend, denn sie führt dazu, dass die Interessen des Cloud-Nutzer, eine tatsächlich funktionierende IT-Leistung zu erhalten, nicht hinreichend berücksichtigt werden: Der Dienstleister iSd § 611 BGB schuldet keinen Erfolg, sondern nur eine Leistung mittlerer Art und Güte.

32 Diese Erwägungen machen deutlich, dass Cloud-Sachverhalte **nicht ohne weiteres einem Vertragstyp** des Besonderen Schuldrechts **zugeordnet werden können**. Insoweit erscheint die Einordnung als **typengemischte Verträge** sachgerecht.[62] Selbst wenn man eine konkrete Leistung einem BGB-Vertragstyp zugeordnet hat, ist nicht das gesamte Regelungsregime dieses Vertragstyps anzuwenden. Vielmehr müssen diejenigen Vorschriften aussortiert werden, deren Anwendung mit dem Charakter von Cloud-Modellen nicht zu vereinbaren ist.

33 Es entspricht der bis dato veröffentlichten Literatur, die **typischen Cloud-Leistungen** im Einzelnen wie folgt zuzuordnen: Die Bereitstellung von Software oder Speicherplatz tragen mietrechtliche Züge.[63] Hat sich der Cloud-Anbieter aber zusätzlich verpflichtet, die Software an individuelle Bedürfnisse des Anwenders anzupassen, schuldet er einen Erfolg, so dass ein Werkvertrag vorliegt.[64] Dies gilt auch für die Durchführung von Geschäftsprozessen, bei denen der Anwender auf die Prozessergebnisse ersichtlich Wert legt.[65] Übernimmt der Anbieter auch noch die Softwarepflege oder führt Schulungen mit Mitarbeitern des Nutzers durch, handelt es sich um eine Dienstleistung. Dasselbe gilt, wenn der Cloud-Provider Rechenkapazitäten zur Verfügung gestellt.[66]

34 Dennoch sollte dies nicht zu der Annahme verleiten, dass Cloud-Verträge per se stets einer solchen Qualifizierung zugänglich sein müssen. Insbesondere im Rahmen der AGB-Kontrolle muss beachtet werden, dass **neuartige IT-Leistungen** nicht in ein gesetzliches Korsett passen müssen, denn der Gesetzgeber konnte die technische Entwicklung nicht antizipieren. Deshalb sollte etwa bei § 307 Abs. 2 Nr. 1 BGB nicht bei jeder noch so geringfügigen Abweichung vom gesetzlichen Leitbild der vorschnelle Schluss gezogen werden, die Klausel beeinträchtige den Vertragspartner unangemessen. Vielmehr ist eine **sorgfältige Abwägung der jeweiligen Interessen** durchzuführen, wobei die Besonderheiten der IT-Branche und die konkrete Risikoverteilung zwischen Anbieter und Nutzer zu berücksichtigen sind. Im B2B-Bereich gilt § 310 Abs. 1 BGB: Stehen sich zwei Unternehmen gegenüber, ist davon auszugehen, dass sie als gleichberechtigte Partner ihre Interessen wahren können und auf nachteilige Klauseln durch Verhandlung, notfalls durch Ausweichen auf einen anderen Vertragspartner reagieren werden.[67] Will man das Bild der „IT aus der Steckdose" bemühen, wird damit deutlich, dass der Cloud Anbieter anders als im „klassischen Outsourcing" in der Regel kein unternehmerisches Risiko des Nutzers übernimmt, weil er vom Verwendungszweck nichts weiß und sein Angebot auch gar nicht auf die Bedürfnisse des Anbieters anpasst. Dies ist Sache des Nutzers.

35 Auch unter **rechtspolitischen Gesichtspunkten** gibt es gute Gründe, keine starre vertragstypologische Einordnung vorzunehmen, weil diese die Entwicklungsfähigkeit von Diensten und Vertragswerken über Gebühr einschränken kann. Akzeptiert man, dass gerade Cloud-Services zum einen Gebrauchsartikel, zum anderen aber stets änderbar sein sollen, erscheint es richtig, für Cloud-Verträge einen breiteren Anwendungsbereich von Verträgen eigener Art zuzulassen.

36 Gerade Cloud-Verträge, die häufig **Auslandsbezug** iSv Art. 1 Abs. 1 Rom I-VO haben und damit nach Art. 3 I Rom I-VO der Rechtswahl umfassender zugänglich sind als reine Inlandssachverhalte, sollten nicht der häufig vom AGB-Recht angestoßenen Rechtswahlarbitrage überlassen werden.[68] Wenn sich die Ansicht verfestigt, dass nach einer verbreiteten

---

[62] So auch etwa *Nägele/Jacobs* ZUM 2010, 281 (284); *Niemann/Paul* K&R 2009, 444 (447); *Bräutigam/Thalhofer* Teil 14 Rn. 127.
[63] *Nägele/Jacobs* ZUM 2010, 281 (284); *Niemann/Paul* K&R 2009, 444 (447).
[64] *Nägele/Jacobs* ZUM 2010, 281 (284); *Niemann/Paul* K&R 2009, 444 (447); *Giedke*, S. 125. Zu urheberrechtlichen Problemen (§ 69c Nr. 2 UrhG) vgl. → R. 49 ff.
[65] AG „*Rechtsrahmen des Cloud Computing*" Rn. 35, die in diesem Zusammenhang etwa die Versendung von Newslettern nennen.
[66] *Nägele/Jacobs* ZUM 2010, 281 (284); *Niemann/Paul* K&R 2009, 444 (447). Differenzierter *Giedke*, S. 124 f.
[67] Zur Vorverlagerung von Vertragsverhandlungen auf die Auswahlphase → Rn. 14.
[68] → § 23 (Internationales Privatrecht).

Tendenz ohnehin nur das Gesetz abzuschreiben sei, weil alles andere – leitbilddivergent – mit hoher Wahrscheinlichkeit unwirksam sei,[69] führt dies dazu, dass zweifelsfrei rechtswirksame Cloud-Standardverträge unter deutschem Recht kaum so gestaltet werden können, dass die Spezifika des Cloud Modells in eine sinnvolle vertragliche Risikoverteilung zwischen den Parteien überführt werden können.[70] Wirbt der Anbieter allzu vollmundig mit passgenauen Leistungen, wird man Minderleistungen ohne Probleme über die Regeln zur Pflichtverletzung oder Mangelhaftigkeit einfangen können.

5. Unterschiede zu klassischen Überlassungsverträgen

37 Die Beschaffung von IT-Leistungen stand lange Zeit unter dem Einfluss der „**Wissensgefälle-Rechtsprechung**": Die Gerichte haben vorvertragliche Aufklärungspflichten der IT-Anbieter angenommen, wenn zwischen dem Anbieter und seinem Kunden ein Wissensgefälle bestand und es dem Kunden nicht mit geringem Aufwand möglich war, sich über die IT-Leistung selbst zu informieren.[71] Der Weg über die c.i.c.-Haftung hatte aus Sicht des Kunden vor der Schuldrechtsmodernisierung einen zusätzlichen Vorteil: Während kaufrechtliche Mängelgewährleistungsansprüche grundsätzlich in 6 Monaten verjährten, konnte in Fällen der Aufklärungspflichtverletzung die regelmäßige Verjährungsfrist von 30 Jahren eingreifen.

38 Beide Gesichtspunkte – das Wissensgefälle-Argument und die erhebliche **Differenz zwischen den Verjährungsfristen** – haben für Cloud-Services keine große Bedeutung. Damit entfällt auch der Grund für besondere vorvertragliche Aufklärungspflichten der Cloud-Anbieter. Der Erwerb von EDV-Anlagen, auf den die Wissensgefälle-Rechtsprechung abzielte, mochte in 1980er und 1990er Jahren eine so komplizierte Angelegenheit sein, dass der Verkäufer/Werkunternehmer tatsächlich ein überlegenes Wissen hatte, das er mit dem Kunden teilen musste. Die Situation ist in Cloud-Sachverhalten eine andere: Da IT-Leistungen in der Wolke standardisiert sind und dadurch zum Verbrauchsartikel werden, liegen Cloud-Beschaffungsentscheidungen näher bei einem gewöhnlichen Einkauf von Büromaterial als bei einem komplexen Technologiegeschäft. Cloud-Nutzer können die Bedingungen eines Cloud-Modells vor dem Vertragsschluss prüfen, ohne dass sie den Anbieter kontaktieren müssen; die Leistungsbeschreibungen sind regelmäßig stets online abrufbar. Spätestens die Bestelloberfläche eines Cloud-Leistungskatalogs zwingt einen Nutzer dazu, sich selbst über die benötigte Leistung Gewissheit zu verschaffen. Schließlich ist wegen der Angleichung von Verjährungsfristen im BGB die Notwendigkeit entfallen, die Cloud-Nutzer zu schützen, indem man zusätzliche Aufklärungspflichten der Anbieter schafft.

39 Das Risiko der Verwendbarkeit der kontrahierten IT-Leistungen liegt stärker als bei klassischen Projektvertrags- oder Outsourcing Gestaltungen beim Nutzer: Der Anbieter wird sich gerade nicht damit auseinandersetzen wollen, ob und wie der Nutzer die Leistungen einsetzen wird. Benötigt der Nutzer Beratung, muss er diese gesondert einkaufen, was sodann die entsprechenden Haftungsfolgen auslöst. Für die Annahme vertrauensbasierter Haftungstatbestände bleibt sonach kein Raum, es sei denn, die Parteien hätten einen insoweit deutlichen anderslautenden, dokumentierten Parteiwillen geäußert. Die Verlagerung von Beschaffungen weg vom IT-Einkauf, hin in die Fachabteilungen ist ein zusätzliches Indiz dafür, dass es gerade keinen deutlichen Wissensvorsprung zwischen Anwender und Anbieter mehr gibt.

6. Internationales Privat- und Zivilprozessrecht

40 Eine der ersten Fragen, welche die Cloud-Parteien im Rahmen der Vertragsgestaltung beantworten müssen, betrifft das auf den Vertrag anzuwendende Recht.[72] Da Cloud-Leistun-

---

[69] Für eine Rückbesinnung auf die im AGB Recht angelegte Differenzierung zwischen der Abschlussfairness und der Inhaltsfairness *Dauner-Lieb* Anwaltsblatt 2013, 845, (846).
[70] Zur Gestaltung unter zB Schweizer Recht, s. u. → § 23.
[71] Vgl. dazu etwa BGH Urt. v. 6.6.1984 – VIII ZR 83/83, NJW 1984, 2938; BGH Urt. v. 15.5.1990 – X ZR 128/88, NJW 1990, 3008 (3009 f.); OLG Köln Urt. v. 21.2.1992 – 19 U 220/91, NJW 1992, 1772 (1773). Vgl. den Überblick bei *Brandi-Dohrn* CR 2014, 417 (420); *Thamm/Pilger* BB 1994, 729 (731); *Zahrnt* NJW 1995, 1785; *Zahrnt* NJW 2000, 3746; von *Westphalen/Hoeren* IT-Verträge Rn. 72.
[72] Besonderheiten des Deliktsstatuts sollen an dieser Stelle nicht ausführlich behandelt werden. Festzuhalten bleibt nur, dass sich das Deliktsstatut – im Anwendungsbereich der Rom II-VO – nach Art. 4 Abs. 1 Rom II-VO

gen werden häufig über die Grenzen hinaus bereitgestellt, der Vertrag weist also Verbindungen zu unterschiedlichen Rechtsordnungen auf. In einem solchen Fall ist eine **ausdrückliche Rechtswahl** unbedingt empfehlenswert, um bei etwaigen Problemen bei der Vertragsdurchführung Streitigkeiten über die Bestimmung des Vertragsstatuts zu vermeiden.[73]

41 a) **Rechtswahlfreiheit nach Art. 3 Rom I-VO.** In der Europäischen Union ist das Internationale Vertragsrecht auf supranationaler Ebene kodifiziert, und zwar in der Verordnung (EG) Nr. 593/2008 vom 17.6.2008 über das auf vertragliche Schuldverhältnisse anzuwendende Recht (im Folgenden: Rom I-VO).[74] Im Geltungsbereich der Rom I-VO[75] bestimmt sich die Rechtswahl nach Art. 3 Rom I-VO. Danach können die Parteien privatautonom das anwendbare Recht bestimmen. Es kann sich auch um die Rechtsordnung eines dritten Staates handeln.[76] Nicht möglich ist es jedoch, über die Rechtswahlbestimmung zwingende Vorschriften nationalen Rechts (insbesondere das Datenschutzrecht) zu umgehen.[77]

42 Haben sich die Parteien auf eine privatautonome Rechtswahl geeinigt, ist zu unterscheiden zwischen dem Verweisungsvertrag (Rechtswahlbestimmung) und dem Hauptvertrag (inhaltliche Bestimmungen).[78] Der Verweisungsvertrag kann auch durch AGB zustande kommen (→ Rn. 10).[79] Eine bestimmte Form ist nach Art. 3 Rom I-VO nicht vorgeschrieben.[80] Aus Gründen der Rechtssicherheit ist jedoch empfehlenswert, die **Rechtswahl** zumindest **digital zu fixieren.** Für die Parteien sollte es von zentraler Bedeutung sein, das anwendbare Recht klar und ausdrücklich zu wählen. Kommt eine solche ausdrückliche Rechtswahl nicht zustande, ist es dennoch möglich, aus den Umständen des Einzelfalls (zB Vertragssprache oder etwaige Gerichtsstandvereinbarung) auf eine konkludente Rechtswahl zu schließen (Art. 3 Abs. 1 S. 2 Rom I-VO). Dabei ist diejenige Partei darlegungs- und beweispflichtig, die sich auf die schlüssige Rechtswahl beruft.[81]

43 Geht es um einen reinen **Inlandssachverhalt** (sowohl Cloud-Nutzer als auch Cloud-Anbieter haben ihren Sitz in einem Staat), scheidet eine Rechtswahl nach Art. 3 Rom I-VO aus, da gem. Art. 1 Abs. 1 Rom I-VO eine Auslandsberührung zwingende Voraussetzung für die Anwendung der Rom I-VO ist. In einem solchen Fall unterliegt der Vertrag dem zwingenden nationalen Recht.

44 b) **Kaufmännisches Bestätigungsschreiben.** Besonderheiten gelten auch, wenn bei der freien Rechtswahl ein kaufmännisches Bestätigungsschreiben eingesetzt wurde. Ist diese **Rechtsfigur** am Sitz des gewöhnlichen Aufenthaltsortes des Schweigenden **nicht anerkannt,**[82] findet Art. 10 Abs. 2 Rom I-VO (wegen der Verweisung in Art. 3 Abs. 5 Rom I-VO) Anwendung.

---

bestimmt. Um die Unwägbarkeiten zu vermeiden, die mit der Anknüpfung an den Erfolgsort entstehen können (Nutzerdaten können weltweit verarbeitet werden), ist das Deliktsstatut am Vertragsstatut zu orientieren. Vgl. zum Ganzen Nordmeier MMR 2010, 151; Niemann/Paul/*Strittmatter*, Cloud Computing, Kap. 7 Rn. 6 ff.; Leupold/Glossner/Stögmüller Teil 6 Rn. 362 ff.; → § 23 (IPR).

[73] AG „Rechtsrahmen des Cloud Computing" Rn. 11 f.; Splittgerber/Rockstroh BB 2011, 2179 (2184); Sujecki K&R 2012, 312 (317); Giedke, S. 117. Die meisten Cloud-Verträge im B2B-Bereich enthalten eine Rechtswahlklausel, vgl. Bräutigam/*Bräutigam/Thalhofer* Teil 14 Rn. 129.

[74] ABl. Nr. L 177 vom 4.7.2008, S. 6, ber. Abl. Nr. L 309 vom 24.11.2009, S. 87. Die Rom I-VO ist auf Verträge anwendbar, die nach dem 17.12.2009 geschlossen wurden, vgl. dazu Reithmann/*Martiny* Rn. 79. Vor diesem Zeitpunkt sind Art. 27 ff. EGBGB einschlägig, vgl. Niemann/Paul K&R 2009, 444 (446); Nordmeier MMR 2010, 151 (152).

[75] Die Rom I-VO gilt gem. Art. 1 Abs. 4 Rom I-VO für die „Mitgliedstaaten". Dabei handelt es sich um alle Mitgliedstaaten der EU mit Ausnahme Dänemarks, vgl. MüKoBGB/*Martiny* Art. 1 Rom I-VO Rn. 76 und Art. 2 Rom I-VO Rn. 2.

[76] MüKoBGB/*Martiny* Art. 3 Rom I-VO, Rn. 22.

[77] MüKoBGB/*Martiny* Art. 3 Rom I-VO Rn. 9; AG „Rechtsrahmen des Cloud Computing" Rn. 13.

[78] Wolf/Lindacher/Pfeiffer/*Hau* IntGV Rn. 17; MüKoBGB/*Martiny* Art. 3 Rom I-VO Rn. 104.

[79] Splittgerber/Rockstroh BB 2011, 2179 (2184); Wolf/Lindacher/Pfeiffer/*Hau* IntGV Rn. 21; MüKoBGB/*Martiny* Art. 3 Rom I-VO, Rn. 42, 109; „click-wrap" Gerichtsstandsvereinbarungen in AGB sind gemäß Art. 23 VO (EG) Nr. 44/2001 („Brüssel-I Verordnung") wirksam, wenn das Ausdrucken und Speichern des Textes der Geschäftsbedingungen vor Abschluss des Vertrags ermöglicht wird, vgl. dazu auch EuGH Rs. C 322/14 vom 21.5.2015.

[80] Sujecki K&R 2012, 312 (314); MüKoBGB/*Martiny* Art. 3 Rom I-VO Rn. 109.

[81] Sujecki K&R 2012, 312 (314)

[82] Wie z. B. in England, Irland oder Griechenland, vgl. Ferrari/Kieninger/Mankowski Art. 10 Rom I-VO Rn. 37.

I. Grundsätze zu Cloud-Verträgen

Diese sog kollisionsrechtliche Zumutbarkeitsregel erlaubt einen Rückgriff auf das Recht des Staates, in dem die Partei ihren gewöhnlichen Aufenthalt hat, wenn es sich aus den Umständen ergibt, dass die Anknüpfung nach Art. 10 Abs. 1 Rom I-VO nicht gerechtfertigt wäre.[83] Dies hat zur Folge, dass keine wirksame privatautonome Rechtswahl vorliegt;[84] das anwendbare Recht richtet sich nach den Regeln des Art. 4 Rom I-VO.

c) **Objektive Anknüpfung nach Art. 4 Abs. 1 Rom I-VO.** Haben die Vertragsparteien keine Rechtswahl getroffen, bestimmt sich das Vertragsstatut nach Art. 4 Rom I-VO. Bei der Typisierung von Cloud-Verträgen ist eine autonome europäische Vertragsqualifikation durchzuführen.[85] Ist ein Cloud-Modell als ein Dienstvertrag iSd Art. 4 Abs. 1 lit. b) Rom I-VO – wozu auch ein Werkvertrag nach deutschem Verständnis gehört[86] – einzuordnen, gilt das Recht des gewöhnlichen Aufenthaltsortes des Dienstleisters. Geht es dagegen um einen Mietvertrag oder einen typengemischten Vertrag, greift Art. 4 Abs. 2 Rom I-VO ein. Danach ist das Recht des gewöhnlichen Aufenthaltsorts der Partei, welche die für den Vertrag charakteristische Leistung zu erbringen hat, anwendbar. Ein Blick auf die Rechtsfolgen des Art. 4 Abs. 1 und 2 Rom I-VO macht deutlich, dass die Diskussion um die vertragstypologische Einordnung der Cloud-Verträge für das IPR im B2B-Bereich ohne große Bedeutung ist. Unabhängig davon, ob man einen Cloud-Service als einen Dienst-, Miet- oder Mischvertrag einstuft, ist das Rechts des Staates anwendbar, in dem der Cloud-Anbieter seine Hauptverwaltung hat. Denn er ist einerseits der Dienstleister (Art. 4 Abs. 1 lit. b) Rom I-VO) und er erbringt andererseits die für den Vertrag charakteristische Leistung (Art. 4 Abs. 2 Rom I-VO).[87]

Bei **Verbraucherverträgen** ist zudem Art. 6 Abs. 1 Rom I-VO zu beachten, der bestimmt, dass das Recht des Staates anwendbar ist, in dem der Verbraucher seinen **gewöhnlichen Aufenthalt** hat, soweit der Anbieter die Cloud-Leistung in diesem Staat zur Verfügung stellt. Da Public Cloud-Services für Verbraucher meist (auch) in englischer Sprache verfasst sind, so dass die Leistung überall in Anspruch genommen werden kann, ist im Zweifel Art. 6 Abs. 1 Rom I-VO einschlägig.[88]

d) **Internationaler Gerichtsstand.** Auch in prozessualer Hinsicht spielt der internationale Charakter von Cloud Computing eine zentrale Rolle: Analog zum Vertragsstatut ist es unbedingt empfehlenswert, eine Gerichtsstandklausel zu vereinbaren. In Fällen mit europäischem Bezug richtet sich die Zulässigkeit einer solchen Klausel **im unternehmerischen Verkehr** nach Art. 23 EuGVVO. Danach ist die Prorogation grundsätzlich zulässig, wenn mindestens eine der Parteien ihren Sitz im EU-Mitgliedstaat hat. Die Vereinbarung muss allerdings bestimmten formellen Erfordernissen genügen.[89] In Cloud-Sachverhalten, die sich meist online abspielen werden, ist von der Möglichkeit des Art. 23 Abs. 2 EuGVVO Gebrauch zu machen, der bei elektronischen Übermittlungen eine dauerhafte Aufzeichnung der Vereinbarung genügen lässt.[90] Hierzu gehört etwa eine im E-Mail-Postfach gespeicherte PDF-Datei, nicht aber ein Verweis auf eine Internetseite.[91] Die Gerichtsstandsvereinbarung kann auch in AGB enthalten sein, wenn der Vertragstext auf die AGB ausdrücklich verweist.[92] Eine AGB-Kontrolle nach §§ 305 ff. BGB findet nicht statt; Art. 23 EuGVVO hat Vorrang vor nationalen AGB-Vorschriften.[93]

---

[83] Hierzu MüKoBGB/*Spellenberg* Art. 10 Rom I-VO Rn. 208 ff.
[84] BGH Urt. v. 22.9.1971 – VIII ZR 259/69, NJW 1972, 391 (394); *Ferrari*/Kieninger/Mankowski Art. 10 Rom I-VO Rn. 37 f.; MüKoBGB/*Spellenberg* Art. 10 Rom I-VO Rn. 278; von Westphalen/*Thüsing* Rechtswahlklauseln Rn. 21.
[85] Statt aller Reithmann/*Martiny* Rn. 37 ff.
[86] MüKoBGB/*Martiny* Art. 4 Rom I-VO Rn. 26.
[87] Vgl. ausführlich Niemann/Paul/*Strittmatter*, Cloud Computing, Kap. 7 Rn. 35 ff. (mit Beispielsfällen). So auch Splittgerber/Rockstroh BB 2011, 2179 (2184;) Bräutigam/*Bräutigam*/Thalhofer Teil 14 Rn. 129; Leupold/Glossner/*Stögmüller* Teil 6 Rn. 359.
[88] Vgl. Niemann/Paul/*Strittmatter*, Cloud Computing, Kap. 7 Rn. 41 ff. mwN zum Meinungsstand.
[89] Zu den Einzelheiten MüKoZPO/*Gottwald* Art. 23 EuGVO Rn. 31 ff.; Niemann/Paul/*Strittmatter*, Cloud Computing, Kap. 7 Rn. 61 ff.
[90] Dazu Rauscher/*Mankowski* Art. 23 Brüssel I-VO Rn. 38.
[91] Sujecki K&R 2012, 312 (314).
[92] Sujecki K&R 2012, 312 (313); MüKoZPO/*Gottwald* Art. 23 EuGVO Rn. 34 ff.; Rauscher/*Mankowski* Art. 23 Brüssel I-VO Rn. 16 ff.
[93] Rauscher/*Mankowski* Art. 23 Brüssel I-VO Rn. 39b.

48 In Fällen mit **Verbraucherbezug** sind die Art. 15 ff. EuGVVO maßgeblich. Im Rahmen der Vertragsgestaltung ist zu beachten, dass die Möglichkeit der Prorogation im Vergleich mit dem unternehmerischen Verkehr stark eingeschränkt ist: Art. 17 EuGVVO lässt eine Gerichtsstandsvereinbarung nur zu, wenn der Verbraucher dadurch nicht benachteiligt ist.[94] Grundsätzlich richtet sich der Gerichtsstand nach Art. 16 EuGVVO.[95]

7. Urheberrechtliche Einordnung

49 Gehört die Bereitstellung von Software zum Leistungsumfang des Cloud-Anbieters, wie es regelmäßig bei **SaaS- und PaaS-Modellen** der Fall ist, müssen die Parteien bei der Vertragsgestaltung sicherstellen, dass ausreichende Nutzungsrechte eingeräumt wurden. Häufig wird die Software nicht vom Anbieter selbst entwickelt, sondern von einem Dritten. In einer solchen **Drei-Parteien-Konstellation,** die den folgenden Ausführungen zugrunde gelegt wird, ist die Rechteeinräumung in einer Kette im Verhältnis Softwarehersteller-Anbieter einerseits und Anbieter-Nutzer andererseits nötig. Hat der Anbieter selbst die Software hergestellt, können die Ausführungen auf diese weniger komplexe Konstellation entsprechend übertragen werden.

50 a) **Anwendbares Urheberrecht.** Wie beim schuldrechtlichen Teil eines Cloud-Vertrags sind bei der Ausgestaltung der Lizenzvereinbarungen IPR-rechtliche Probleme zu beachten. Dabei ist die Urheberrechtsordnung des Staates anwendbar, für den der Schutz beansprucht wird, sodass es nur auf Handlungen ankommt, die auf dem Territorium des jeweiligen Staates vorgenommen werden.[96] Dies folgt aus dem sog Schutzlandprinzip (das aus dem Territorialitätsprinzip[97] hergeleitet wird). In Cloud Computing-Fällen hat das **Schutzlandprinzip** zur Folge, dass sich ein Cloud-Anbieter, der in seinem Cloud-System fremde Software bereitstellt, die Nutzungsrechte für alle Staaten einräumen lassen muss, in denen die Nutzung der Software erfolgt.[98] Um ein einfaches Referenzmodell zu haben, wird den folgenden Ausführungen ein Sachverhalt zugrunde gelegt, in dem sowohl der Cloud-Anbieter als auch der Nutzer in Deutschland ansässig sind, so dass deutsches Urheberrecht anwendbar ist.[99]

51 b) **Verhältnis Softwarehersteller-Anbieter.** Welche Nutzungsrechte das Softwarehaus dem Anbieter übertragen muss, hängt davon ab, welche urheberrechtlich relevanten Handlungen der Anbieter vornehmen muss, um sein konkretes Cloud-Modell auf dem Markt zur Verfügung zu stellen.[100]

52 *aa) Vervielfältigung und Umarbeitung.* Der Cloud-Anbieter muss die Software auf seinen Rechnern installieren und speichern, so dass es seinerseits zu Vervielfältigungshandlungen (§ 69c Nr. 1 UrhG) kommt, für die er sich entsprechende Rechte einräumen lassen muss.[101] Will er die Software an die individuellen Bedürfnisse seiner Kundenunternehmen anpassen, ist auch die Einräumung von Bearbeitungsrechten (§ 69c Nr. 2 UrhG) notwendig.[102]

53 *bb) Verbreitung.* Problematisch ist die Frage, ob sich der Cloud-Anwender auch ein Verbreitungsrecht (§ 69c Nr. 3 UrhG) einräumen lassen muss. Dabei geht es in Cloud-Sachverhalten um die Vermietung der Software als Unterfall der Verbreitung, da der Cloud-

---

[94] Zu den Einzelheiten Niemann/Paul/*Strittmatter,* Cloud Computing, Kap. 7 Rn. 70 ff.
[95] Vgl. hierzu Niemann/Paul/*Strittmatter,* Cloud Computing, Kap. 7 Rn. 72.
[96] *Dreier*/Schulze Vor § 120 Rn. 28 ff. Speziell für Cloud-Sachverhalte *Lehmann/Giedke* CR 2013, 681 (687 f.); *Giedke,* S. 255 ff., 264 ff.; Niemann/Paul/*Schäfer,* Cloud Computing, Kap. 6 Rn. 55. Für eine Einschränkung des Schutzlandprinzips aber *Nägele/Jacobs* ZUM 2010, 281 (285).
[97] Das Territorialitätsprinzip besagt, dass sich der Schöpfer auf das Urheberrecht nur in einem Staat berufen darf, der das Recht anerkennt, vgl. statt aller MüKoBGB/*Drexl* Int. Immaterialgüterrecht Rn. 9.
[98] So auch *Splittgerber/Rockstroh* BB 2011, 2179 (2180); Niemann/Paul/*Schäfer,* Cloud Computing, Kap. 6 Rn. 57.
[99] Zu weiteren Konstellationen vgl. Niemann/Paul/*Strittmatter,* Cloud Computing, Kap. 7 Rn. 83 ff.
[100] Vgl. Niemann/Paul K&R 2009, 444 (448).
[101] So zutreffend die ganz h. M., vgl. etwa *Bierekoven* ITRB 2010, 42 (43); *Bisges* MMR 2012, 574 (575 f.); *Nägele/Jacobs* ZUM 2010, 281 (286); Niemann/Paul K&R 2009, 444 (448); Leupold/Glossner/*von dem Bussche/Schelinski* Teil 1 Rn. 392; Niemann/Paul/*Schäfer,* Cloud Computing Kap. 6 Rn. 12 ff.; Leupold/Glossner/*Wiebe* Teil 3 Rn. 134.
[102] *Niemann/Paul* K&R 2009, 444 (448); Niemann/Paul/*Schäfer,* Cloud Computing, Kap. 6 Rn. 31.

Anwender nur eine zeitlich begrenzte Nutzungsmöglichkeit erlangt. Die herrschende Ansicht verneint einen Eingriff in das Verbreitungsrecht mit dem Argument, die Vermietung iSd § 69c Nr. 3 Satz 1 UrhG setze die Übergabe der Software auf einem **Datenträger** voraus.[103] Diese Auffassung überzeugt im Ergebnis, nicht aber in der Argumentation. Denn nach dem **UsedSoft-Urteil des EuGH**[104] erscheint es zweifelhaft, ob § 69c Nr. 3 S. 1 UrhG die Überlassung eines körperlichen Datenträgers voraussetzt. Zwar legt der Wortlaut des § 69 Nr. 3 S. 1 UrhG, der vom „Original" und „Vervielfältigungsstücken" spricht, auf den ersten Blick nahe, dass sich das Verbreitungsrecht nur auf körperliche Datenträger bezieht.[105] Gleichwohl ist dieses Verständnis nicht zwingend. Grammatikalisch ist es wohl zulässig, auch eine **digitale Kopie** als ein „Stück" zu verstehen. Auch teleologische Überlegungen stützen eine **weite Auslegung des Vermietungsbegriffs**, denn die technische Entwicklung hat den Ansatz der bislang herrschenden Auffassung überholt: Da die Überlassungswege der Software nicht mehr an einen Datenträger gebunden sind, sondern überwiegend die Online-Bereitstellung der Applikationen erfolgt, überzeugt es nicht, den Schutz der Softwareentwickler auf Fälle zu beschränken, in denen das Computerprogramm auf einem Datenträger überlassen wird. Aus wirtschaftlicher Perspektive sind beide Überlassungswege gleichwertig. Deshalb sprechen die besseren Argumente dafür, keine Überlassung der Software auf einem körperlichen Datenträger zu fordern.

Die **Auswirkungen des UsedSoft-Urteils** führen jedoch nicht zwingend dazu, in Cloud-Fällen eine Softwarevermietung anzunehmen. Anders als beim Download erlangt der Cloud-Nutzer keine digitale Kopie des Programms. Es wird ihm kein (digitales) „Vervielfältigungsstück" überlassen, sondern nur die Möglichkeit eingeräumt, die Software über einen Browser oder Cloud-Client zu benutzen.[106] Deshalb ist der herrschenden Auffassung im Ergebnis zuzustimmen. Der Cloud-Anbieter muss sich also keine Rechte zur Softwarevermietung einräumen lassen.

cc) Öffentliche Zugänglichmachung. In der Bereitstellung von Software in Cloud-Services liegt aber nach zutreffender herrschender Auffassung eine öffentliche Zugänglichmachung der Applikation gem. § 69c Nr. 4 UrhG iVm § 19a UrhG.[107] In einer „**Public Cloud**" ist die Zugänglichmachung unproblematisch zu bejahen, denn das Cloud-Angebot kann grundsätzlich zu jeder Zeit und von jedem Ort mit Internetanschluss über einen Browser oder sonstigen Client genutzt werden und es richtet sich an die Allgemeinheit; auf die tatsächliche Nutzung kommt es nicht an.[108] Aber auch bei einer „**Private Cloud**" wird die Software öffentlich zugänglich gemacht. Da der Begriff der Öffentlichkeit auf das Fehlen einer persönlichen Beziehung,[109] die nach zutreffender Ansicht eng zu verstehen ist, abstellt und insbesondere die Unternehmensmitarbeiter grundsätzlich als nicht miteinander verbundene Personen angesehen werden,[110] richtet sich eine „Unternehmenswolke" an die Öffentlichkeit.[111] Dies gilt konsequenterweise dann auch für die „**Hybrid-Cloud**".

Dagegen kann es nicht überzeugen, wenn eine öffentliche Zugänglichmachung mit dem Argument verneint wird, bei der Anzeige einer Benutzeroberfläche fehle es an der Übertra-

---

[103] *Bierekoven* ITRB 2010, 42 (43 f.); *Bisges* MMR 2012, 574 (578); *Nägele/Jacobs* ZUM 2010, 281 (286); *Niemann/Paul* K&R 2009, 444 (448); Leupold/Glossner/*Leupold* Teil 4 Rn. 115; Leupold/Glossner/*Wiebe* Teil 3 Rn. 137. Dies stimmt mit den Aussagen aus dem allgemeinen urheberrechtlichen Schrifttum überein, vgl. etwa Leupold/Glossner/*Wiebe* Teil 3 Rn. 49.
[104] EuGH Urt. v. 3.7.2012 – C-128/11, NJW 2012, 2565.
[105] So etwa *Bisges* MMR 2012, 574 (578).
[106] Vgl. auch Niemann/Paul/*Schäfer*, Cloud Computing, Kap. 6 Rn. 17 27 ff.
[107] Vgl. nur *Bierekoven* ITRB 2010, 42 (44); *Niemann/Paul* K&R 2009, 444 (448); Niemann/Paul/*Schäfer*, Cloud Computing, Kap. 6 Rn. 20 ff.
[108] *Bisges* MMR 2012, 574 (576); *Niemann/Paul* K&R 2009, 444 (448); Leupold/Glossner/*von dem Bussche/Schelinski* Teil 1 Rn. 392; Leupold/Glossner/*Leupold* Teil 4 Rn. 119; Leupold/Glossner/*Wiebe* Teil 3 Rn. 136.
[109] Einzelheiten bei Dreier/Schulze/*Dreier* § 19a Rn. 6 ff.; Wandtke/Bullinger/*Grützmacher* § 69c Rn. 50 ff.
[110] BGH Urt. v. 24.6.1955 – I ZR 178/53, GRUR 1995, 549 (551); Wandtke/Bullinger/*Heerma* § 15 Rn. 18.
[111] *Bisges* MMR 2012, 574 (576 f.); *Niemann/Paul* K&R 2009, 444 (448); Leupold/Glossner/*Leupold* Teil 4 Rn. 119; Niemann/Paul/*Schäfer*, Cloud Computing, Kap. 6 Rn. 21; Leupold/Glossner/*Wiebe* Teil 3 Rn. 136. Differenzierend *Nägele/Jacobs* ZUM 2010, 281 (288): Es sei eine Beurteilung im Einzelfall erforderlich, bei der es auf die Größe des Personenkreises sowie die Fluktuationsrate im Unternehmen ankomme.

gung des urheberrechtlichen Werkes, sofern die Oberfläche nicht selbst geschützt sei.[112] Der Cloud-Anbieter macht die Software dadurch zugänglich, dass die Öffentlichkeit die Softwarefunktionen über einen Browser oder Cloud-Client nutzen und auf diesem Weg die wirtschaftliche Vorteile ziehen kann, die sich aus der schöpferischen Leistung des Softwareentwicklers ergeben.

57   dd) *Ergebnis.* Der Cloud-Anbieter muss sich vom Softwarehersteller die Rechte für Vervielfältigung, öffentliche Zugänglichmachung und ggf. auch für die Umarbeitung der Applikationen einräumen lassen. Dagegen ist eine Rechteeinräumung hinsichtlich der Vermietung nicht erforderlich.

58   c) **Verhältnis Anbieter-Nutzer.** Auch im Verhältnis zwischen Cloud-Anbieter und Nutzer ist zu beleuchten, welche urheberrechtsrelevante Handlungen der Nutzer vornehmen kann, damit der Anbieter auf dieser Grundlage entsprechende **Lizenzklauseln** erarbeiten kann. Dabei ist zwischen drei Sachverhalten zu unterscheiden:
– Einsatz eines Cloud-Clients auf dem Rechner des Nutzers;
– Vorübergehende Kopie im Arbeitsspeicher des Nutzers;
– Vollständige Online-Bearbeitung der Software.

59   Im ersten Fall vervielfältigt der Nutzer jedenfalls die Client-Software, so dass ihm der Anbieter nach § 69c Nr. 1 UrhG die Benutzungsrechte für den Client einräumen muss.[113] Es bedarf keiner Nutzungsrechteeinräumung hinsichtlich der Software selbst, weil die Nutzung online erfolgt. Dies gilt auch für den dritten Fall: Erfolgt die reine Online-Nutzung ohne spezielle Client-Software, sondern zB nur über den Browser, finden beim Nutzer gar keine Vervielfältigungsvorgänge statt; der Anwender muss keine Nutzungsrechte einräumen.[114]

60   Problematisch ist der zweite Fall, in dem zwar keine dauerhafte Programmkopie auf dem Nutzerrechner besteht, aber die Software jedoch zumindest vorübergehend in den Arbeitsspeicher geladen wird. Im Ergebnis wird zu Recht angenommen, dass die Nutzung durch den Kunden urheberrechtlich zulässig ist. Divergenzen bestehen lediglich in der Begründung: Wegen der technischen Ausgestaltung vieler Cloud-Dienste nehmen zahlreiche Autoren im Schrifttum an, eine Vervielfältigung nach § 69c Nr. 1 UrhG sei zu verneinen.[115] Die Nutzung der Software durch den Anwender sei durch § 69d Abs. 1 UrhG gedeckt. Andere stellen sich auf den Standpunkt, wegen des vorübergehenden Ladens in den Arbeitsspeicher liege eine Vervielfältigung durch den Cloud-Nutzer vor, die jedoch gem. § 44a UrhG zulässig sei.[116] Da andere urheberrechtsrelevante Handlungen des Anwenders ausschieden, müsse sich dieser keine Nutzungsrechte einräumen lassen.[117]

61   Geht es um PaaS oder IaaS und speichert der Nutzer seine eigene Software auf den Servern des Anbieters, muss sich der Anbieter das Nutzungsrecht an der Software des Kunden einräumen lassen, weil er sie regelmäßig vervielfältigen muss, um das Cloud-Angebot bereitstellen zu können (Sicherungskopien, Anpassung der Systemarchitektur).[118]

62   d) **Cloud Computing als eigenständige Nutzungsart.** Zum lizenzvertraglichen Problemkreis gehört auch die Frage, ob Cloud Computing als eigenständige Nutzungsart zu qualifizieren ist oder sich einer anerkannten Nutzungsart zuordnen lässt. Cloud Computing ist

---

[112] So aber *Nägele/Jacobs* ZUM 2010, 281 (287).
[113] *AG „Rechtsrahmen des Cloud Computing"* Rn. 55; *BITKOM* Checkliste, S. 9; Niemann/Paul/*Schäfer,* Cloud Computing, Kap. 6 Rn. 38.
[114] Niemann/Paul/*Schäfer,* Cloud Computing, Kap. 6 Rn. 34 ff.
[115] *Bierekoven* ITRB 2010, 42 (43); *Niemann/Paul* K&R 2009, 444 (448); *Schuster/Reichl* CR 2010, 38 (40); Niemann/Paul/*Schäfer,* Cloud Computing, Kap. 6 Rn. 37 f. So wohl auch Leupold/Glossner/*von dem Bussche/Schelinski* Teil 1 Rn. 391.
[116] So *Splittgerber/Rockstroh* BB 2011, 2179. Einschränkend jedoch *Pohle/Ammann* CR 2009, 273 (276) und K&R 2009, 625 (629), die darauf hinweisen, dass die Reichweite des § 44a UrhG im Hinblick auf die Erwägungsgründe 20 und 50 der Datenschutz-RL noch nicht ausgelotet sei. Deshalb sei dem Anbieter zu empfehlen, darauf zu achten, dass er zur Vornahme der nutzungsrelevanten Vervielfältigungshandlungen ermächtigt sei.
[117] *AG „Rechtsrahmen des Cloud Computing"* Rn. 55; *Niemann/Paul* K&R 2009, 444 (448); *Schuster/Reichl* CR 2010, 38 (40 f.); vgl. aber *Splittgerber/Rockstroh* BB 2011, 2179 (2180), die eine Einräumung eines Recht zur Nutzung der Cloud-Lösung durch den Kunden empfehlen, um einen möglichen Verstoß gegen andere geschützte Rechtspositionen des Cloud-Anbieters oder des Herstellers der Cloud-Lösung zu vermeiden.
[118] Niemann/Paul/*Schäfer,* Cloud Computing, Kap. 6 Rn. 41 ff.

eine eigenständige Nutzungsart, wenn es nach der Verkehrsauffassung im Vergleich zu anderen Nutzungsarten (wie zB Outsourcing oder ASP) hinreichend klar abgrenzbar, wirtschaftlich-technisch als einheitlich und selbstständig zu qualifizieren ist.[119] Die Rechtsprechung hat etwa die Online-Bereitstellung von Zeitschriftenartikeln und Büchern als eine eigenständige Nutzungsart im Vergleich zu der analogen Verwendung eingestuft.[120] Diese Merkmale sind beim Cloud Computing nach zutreffender herrschender Ansicht zu bejahen.[121] In der IT-Branche werden Cloud-Angebote nicht nur als eine besondere Ausprägung des ASP begriffen, sondern als ein *aliud*. Dafür spricht die technische Ausgestaltung des Cloud Computing als eine Dienstleistung, die auf Virtualisierungstechnik beruht.[122] Cloud-Dienste werden als „multi-tenant"-Plattform betrieben, so dass der Anbieter dem Kunden keine eigene Hard- und Softwarelösung (im Sinne einer „Single-Tenant"-Architektur) bereitstellen muss.[123] Diese Technik bringt wirtschaftliche Möglichkeiten mit sich, die beim herkömmlichen IT-Outsourcing oder ASP nicht erreichbar waren: Der Softwarehersteller kann seine Software einer nahezu unbegrenzten Anzahl von Nutzern zur Verfügung stellen und sie zentral warten.[124] Dies eröffnet ein bislang unbekanntes Potential bei der Ressourceneinsparung. Vor diesem Hintergrund ist bei der Vertragsgestaltung empfehlenswert, die Nutzung der Software im Rahmen der Cloud-Dienste explizit lizenzieren zu lassen, um etwaige Streitigkeiten um die Reichweite der Rechteeinräumung zu vermeiden.[125]

Geht es um die Anwendung des § 31a UrhG, muss hinzukommen, dass die Nutzungsart 63 „Cloud Computing" im Zeitpunkt des Vertragsschlusses unbekannt war. Dies setzt voraus, dass die Nutzungsart nicht nur technisch möglich, sondern auch wirtschaftlich bedeutsam und verwertbar geworden ist. Maßgeblich ist, ob ein durchschnittlicher Urheber (also Softwareentwickler) die wirtschaftliche Tragweite der neuen Nutzungsart erkennen kann. Nur in diesem Fall kann er einschätzen, in welchem Umfang er die Nutzung seines Werkes erlaubt.[126] Diese Voraussetzungen lagen für Cloud Computing spätestens im Jahr 2006 vor, als der Begriff von *Eric Schmidt* (damals CEO von Google Inc.) ins Spiel gebracht und damit der breiten Öffentlichkeit bekannt gemacht wurde.[127]

8. Regulatorische, Verbands- und sonstige Aktivitäten und Veröffentlichungen

a) **EU-Arbeitsgruppe zu Cloud Contract Terms.** Die Internationalität der Vertragsbezie- 64 hungen ist dem Cloud Computing immanent: Dies steigert die Komplexität der Vertragsgestaltung erheblich: Wollen die Anbieter grenzüberschreitend tätig sein, müssen sie sich mit zahlreichen rechtlichen Vorgaben auseinandersetzen, die von Land zu Land stark divergieren können. Die damit verbundene Erhöhung von Transaktionskosten kann dazu beitragen, dass sich Cloud-Dienste nicht bestmöglich entwickeln können. Vor diesem Hintergrund sind auf europäischer Ebene Harmonisierungsbestrebungen unternommen worden, um das gesetzliche Umfeld für Cloud-Services zu verbessern. Welche Gestaltungsmöglichkeiten die Cloud-Parteien *de lege lata* im vertraglichen Bereich haben, wird näher unter → Rn. 72 ff. erläutert. Die urheberrechtlichen Probleme hinsichtlich der internationalen Ausrichtung der Cloud-Services werden unter → Rn. 49 ff.) beleuchtet. Datenschutzrechtliche Lösungsmöglichkeiten werden unter → Rn. 157 ff. aufgezeigt.

Die **Europäische Kommission** hat die wirtschaftliche Bedeutung des Cloud Computing 65 erkannt und am 17. September 2012 eine Mitteilung zur „Freisetzung des Cloud-Compu-

---

[119] *Dreier/Schulze* § 31a Rn. 28.
[120] OLG Hamburg Urt. v. 24.2.2005 – 5 U 62/04, ZUM 2005, 833; OLG München Urt. v. 22.5.2003 – 29 U 5051/02, GRUR-RR 2004, 33.
[121] So *Nägele/Jacobs* ZUM 2010, 281 (288); *Bräutigam/Bräutigam/Thalhofer* 14 Rn. 123. Vgl. auch zum ASP als selbständige Nutzungsart *Czychowski/Bröcker* MMR 2002, 81 (82).
[122] Auf die Virtualisierung stellen auch *Bräutigam/Bräutigam/Thalhofer* Teil 14 Rn. 123 ab.
[123] So zutreffend *Leupold/Glossner/Leupold* Teil 4 Rn. 120.
[124] Vgl. *Leupold/Glossner/Leupold* Teil 4 Rn. 121.
[125] So die Empfehlung von *Bräutigam/Bräutigam/Thalhofer* Teil 14 Rn. 123
[126] *Dreier/Schulze* § 31a Rn. 29.
[127] Vgl. http://online.wsj.com/news/articles/SB123802623665542725?mg=reno64-wsj&url=http%3A%2F%2Fonline.wsj.com%2Farticle%2FSB123802623665542725.html zuletzt abgerufen am 28.6.2015.

ting-Potenzials in Europa" veröffentlicht.[128] Nach Bekundungen der ehemaligen Vizepräsidentin der Kommission und Kommissarin für Justiz, *Viviane Reding*, soll die vollständige Nutzung der Vorzüge des Cloud-Computings bis 2020 die Schaffung von 2,5 Mio. Arbeitsplätzen in Europa und eine jährliche Steigerung des BIP der EU von ca. 1% bewirken können.[129] Die Kommission hat sich zum Ziel gesetzt, diese Potenzial durch drei Maßnahmen zu entfesseln: Erstens will sie das Normendickicht lichten, zweitens sichere und faire Vertragsbedingungen erarbeiten und drittens eine europäische Cloud-Partnerschaft zur Förderung der Innovation und des Wachstums durch den öffentlichen Sektor aufbauen.

66 Für den Bereich der Vertragsgestaltung ist das Vorhaben zur Erarbeitung sicherer und fairer Vertragsbedingungen interessant. Um dieses Ziel zu verwirklichen, hat die Kommission im Entwurf des Gemeinsamen Europäischen Kaufrechts Regelungen vorgesehen, welche auf Cloud-Kunden, die Inhalte aus der Wolke herunterladen wollen, zugeschnitten sind. Des Weiteren plant die Kommission, im Rahmen ihrer digitalen Agenda einen Vorschlag für „**Safe and Fair Contract Terms and Conditions**" als ein Instrument analog des gemeinsamen Europäischen Kaufrechts als optionaler 29. Kaufrechtsordnung einzuführen.[130] Hierin sollen „best practices" von Regelungsgegenständen wie zB Datenspeicherung nach Vertragsende, Datengeheimhaltung und Integrität, Ort der Speicherung und -transfers, Eigentum an Daten, Verantwortlichkeit der Anbieter und ihrer Subunternehmer entstehen. Das Ziel der Kommission besteht darin, einen einheitlichen Markt für Cloud Leistungen zu fördern und das Vertrauen der Verbraucher und KMU in Cloud-Dienste zu stärken.[131] Am 18.6.2013 hat die Kommission eine **Expertengruppe** eingesetzt, die dieses Vorhaben erarbeiten soll, bis Anfang 2015 ist eine Reihe von Arbeitspapieren entstanden.[132]

67 **b) BSI-Veröffentlichungen.** Impulse für die Vertragsgestaltung liefert auch das Bundesamt für Sicherheit in der Informationstechnik (BSI). Eine zentrale Rolle nimmt insbesondere das Eckpunktepapier „**Sicherheitsempfehlungen für Cloud Computing Anbieter**"[133] ein, in dem das BSI den Cloud-Anbietern eine Richtschnur für die Umsetzung von Sicherheitsmaßnahmen gibt. Speziell im Hinblick auf die Vertragsgestaltung hebt das BSI die Bedeutung von **Service Level Agreements** (SLA) hervor und unterstreicht, dass SLA auch sicherheitsrelevante Vereinbarungen wie bestimmte Sicherheitsmaßnahmen oder Vertraulichkeitsvereinbarungen enthalten sollten. Auch mahnt es die Anbieter zur vertraglichen Transparenz hinsichtlich der Datenverarbeitung und den vertraglichen Beziehungen (Konzerngebundenheit; Einsatz von Subunternehmern). Das BSI stellt in seinem Eckpunktepapier wertvolle Anleitungen zur Umsetzung von datenschutzrechtlichen Sicherheitsanforderungen in die technische Landschaft dar. Darüber hinaus erarbeitet das BSI Bausteine, Goldene Regeln und Kreuzreferenztabellen, die der Nutzer- wie auch der Anbieterseite eine Orientierung in sicherheitsrelevanten Bereichen des Cloud Computing ermöglichen.[134] So spricht das BSI etwa die Nutzung und das Management von Cloud-Services, den Einsatz von Web-Services und Webanwen-

---

[128] Mitteilung vom 27.9.2012, COM(2012) 529 final, abrufbar unter http://www.europarl.europa.eu/meetdocs/2009_2014/documents/com/com_com%282012%290529_/com_com%282012%290529_de.pdf, zuletzt abgerufen am 28.6.2015.
[129] S. Pressemitteilung der Kommission v. 28.10.2013, IP/13/990, abrufbar unter europa.eu/rapid/press-release_IP-13-990_de.pdf, zuletzt abgerufen am 28.6.2015.
[130] https://ec.europa.eu/digital-agenda/en/european-cloud-computing-strategy#safe-and-fair-contract-terms-and-conditions, abgerufen am 10.2.2014, zuletzt abgerufen am 28.6.2015.
[131] https://eur-lex.europa.eu/LexUriServ/LexUriServ.do?uri=COM:2012:0529:FIN:EN:PDF, S. 2.
[132] Pressemitteilung der Kommission v. 28.10.2013, IP/13/990., abrufbar unter europa.eu/rapid/press-release_IP-13-990_de.pdf, zuletzt abgerufen am 28.6.2015. Die diversen „working papers der Arbeitsgruppe sind abrufbar unter http://ec.europa.eu/justice/contract/cloud-computing/expert-group/index_en.htm zuletzt abgerufen am 28.6.2015.
[133] https://www.bsi.bund.de/SharedDocs/Downloads/DE/BSI/Mindestanforderungen/Eckpunktepapier-Sicherheitsempfehlungen-CloudComputing-Anbieter.pdf?_blob=publicationFile, zuletzt abgerufen am 28.6.2015. Einzelheiten → Rn. 158.
[134] Vgl. die Auflistung unter https://www.bsi.bund.de/DE/Themen/CloudComputing/Dossiers/Anwender/AnwenderProfessionals/anwenderProfessionals_node.html und https://www.bsi.bund.de/DE/Themen/CloudComputing/Dossiers/Anbieter/AnbieterProfessionals/anbieterProfessionals_node.html, zuletzt abgerufen am 28.6.2015.

dungen, Speicherlösungen und Virtualisierung an. Für die Erstellung von sicherheitskonformen SLA liefert das Amt cloudspezifische Empfehlungen im BSI-Forum.[135] Außerdem arbeitet das BSI an einem Zertifikat für die Sicherheit einer Cloud.[136]

c) BITKOM, Trusted-Cloud. Der Branchenverband BITKOM hat mit dem **Leitfaden** **68** „Cloud Computing – Evolution in der Technik, Revolution im Business"[137] ein Publikation zum neuen Geschäftsmodell vorgelegt, die im Bereich der Vertragsgestaltung insbesondere die Themen Standardisierung, Mandantenfähigkeit, Kombinierbarkeit und Skalierbarkeit aufgreift: Das wirtschaftliche Potenzial des Cloud Computing lasse sich nur verwirklichen, wenn die Kunden das standardisierte Angebot akzeptierten. Die Verträge sollten dabei den Leistungsinhalt sowie die Gewährleistung und Haftung im Detail regeln. Ferner sollten die Anbieter technisch sicherstellen, dass die Cloud-Inhalte der jeweiligen Kunden voneinander getrennt sind, und dies auch vertraglich abbilden, etwa durch Berichtspflichten, Kontrollrechte und Vertragsstrafen. Sodann wird dargestellt, wie Verträge so konzipiert werden können, dass Anwender unterschiedliche Cloud-Modelle miteinander kombinieren können. Schließlich werden vertragliche Mechanismen beschrieben, mit denen die Skalierbarkeit der Cloud-Dienste sichergestellt wird. Auch werden neben Abrechnungsmodellen die wichtigsten Probleme des Datenschutzes und der Datensicherheit angesprochen.

Im Leitfaden „**Eckpunkte für sicheres Cloud Computing**"[138] wendet sich der BITKOM **69** der Frage zu, wie die Anwender einen zuverlässigen Anbieter auswählen können. Ein Schwerpunkt des Leitfadens liegt in den Ausführungen zum Datenschutzrecht, die sich etwa mit der Auftragsdatenverarbeitung, den technisch-organisatorischen Datenschutzmaßnahmen sowie der Verarbeitung von personenbezogenen Daten in Drittstaaten befassen. Zudem werden Maßnahmen der IT-Sicherheit dargestellt, schließlich unterstreicht der Leitfaden die Bedeutung von Zertifikaten für Cloud-Modelle.

Unter **datenschutzrechtlichen Gesichtspunkten** ist die „Orientierungshilfe – Cloud Com- **70** puting" des Arbeitskreises Technik und Medien der **Konferenz der Datenschutzbeauftragten des Bundes und der Länder** bedeutsam.[139] Auf diese „*best practices*" der deutschen Datenschutzbehörden wird im Abschnitt zum Datenschutzrecht in der Cloud eingegangen (→ Rn. 157 ff.).

Die Entwicklung des Cloud Computing wird schließlich auch durch das Bundesministeri- **71** um für Wirtschaft und Energie gefördert, das mit „**Trusted Cloud**" einen Technologiewettbewerb initiiert hat, in dem in 14 Projekten von 2011 bis 2015 die Cloud-Technologie weiterentwickelt werden soll.[140] Aus rechtlicher Perspektive sind die Arbeitspapiere der Trusted Cloud-Initiative interessant, die sich mit Problemen der Vertragsgestaltung,[141] Lizenzierung,[142] Zertifizierung[143] und Datenschutz[144] befassen. Im Rahmen des Programms wurde auch eine Studie zum Normungs- und Standardisierungsumfeld von Cloud Computing verfasst.[145]

---

[135] https://www.bsi.bund.de/SharedDocs/Downloads/DE/BSI/Publikationen/KES/kes0512_pdf.pdf?_blob=publicationFile, zuletzt abgerufen am 28.6.2015.
[136] https://www.bsi.bund.de/DE/Themen/CloudComputing/Dossiers/Anwender/AnwenderProfessionals/AnwenderProfessionals.html?notFirst=true&docId=4965990, zuletzt abgerufen am 28.6.2015.
[137] https://www.bitkom.org/files/documents/BITKOM-Leitfaden-CloudComputing_Web.pdf, zuletzt abgerufen am 28.6.2015.
[138] http://www.bitkom.org/files/documents/BITKOM_Leitfaden_Eckpunkte_Sicheres_Cloud_Computing_13.03.13.pdf, zuletzt abgerufen am 28.6.2015.
[139] Abrufbar unter http://www.bfdi.bund.de/DE/Themen/TechnologischerDatenschutz/TechnologischeOrientierungshilfen/Artikel/OHCloudComputing.html?nn=409206, zuletzt abgerufen am 28.6.2015.
[140] http://www.trusted-cloud.de, zuletzt abgerufen am 28.6.2015.
[141] http://trusted-cloud.de/documents/140317_Vertragsleitfaden_gesamt_RZ_Ansicht.pdf, zuletzt abgerufen am 28.6.2015.
[142] http://trusted-cloud.de/documents/140228_Arbeitspapier_Lizenzen_gesamt_RZ.pdf, zuletzt abgerufen am 28.6.2015.
[143] http://trusted-cloud.de/documents/140228_Arbpapier_modul_Zertifiz_gesamt_RZ.pdf, zuletzt abgerufen am 28.6.2015.
[144] http://trusted-cloud.de/documents/140228_Thesenpapier_Datenschutz_gesamt_RZ.pdf, zuletzt abgerufen am 28.6.2015.
[145] http://trusted-cloud.de/documents/20111222_BMWi_Cloud_Standards_Studie_Abschlussbericht_%28FINAL%29.pdf, zuletzt abgerufen am 28.6.2015.

II. Einzelne cloud-spezifische Regelungsgegenstände

1. IPR: Rechtswahlklausel

72 Es ist durchgängig zu beobachten, dass Cloud-Verträge, sofern sie nicht ausdrücklich und ausschließlich inländische Sachverhalte betreffen (Beispiel: Erstellung einer Private-Cloud für einen inländischen Kunden durch einen inländischen Anbieter ohne Auslandsbezüge), jedenfalls eine explizite Rechtswahlklausel enthalten. Diese Rechtswahlklausel ist je nach Situation entweder eine individuell ausgehandelte Vertragsbestimmung, meist jedoch Allgemeine Geschäftsbedingung.

73 a) **Rechtswahlklausel in AGB.** Rechtswahlklauseln können etwa wie folgt ausgestaltet sein:

> **Formulierungsvorschlag**
>
> Beide Vertragsparteien sind damit einverstanden, dass die Gesetze des Landes zur Anwendung kommen, in dem sich die vom Kunden im Unterschriftenblock oder in der Onlineregistrierung für die Vereinbarung angegebene Geschäftsadresse befindet, um die Rechte, Pflichten und Verpflichtungen des Kunden und von ANBIETER, die sich aus dem Inhalt dieser Vereinbarung ergeben oder in irgendeiner Weise damit in Zusammenhang stehen, zu regeln, zu interpretieren und durchzuführen, ungeachtet unterschiedlicher Rechtsgrundlagen.

74 Erfolgt die **Rechtswahl in AGB**, richtet sich die Frage, ob eine solche Klausel wirksam ist, im Ausgangspunkt nach Art. 3 Abs. 5 iVm Art. 10 Abs. 1 Rom I-VO.[146] Danach ist die Frage, ob die Rechtswahlklausel wirksam ist, grundsätzlich nach dem Recht zu beantworten, das bei (unterstellter) Wirksamkeit der Rechtswahl anwendbar wäre. Dies hat bei konsequenter Anwendung des Art. 10 Abs. 1 Rom I-VO zur Folge, dass die deutsche Regelungen über die AGB-Einbeziehung und AGB-Kontrolle nur dann einschlägig sind, wenn sich die Cloud-Parteien für die Geltung deutschen Rechts entschieden haben.[147]

75 Im Schrifttum wird jedoch eine Durchbrechung dieses Grundsatzes nach Art. 10 Abs. 2 Rom I-VO erwogen. Kommt die Anwendung der **kollisionsrechtlichen Zumutbarkeitsregel** – wie in Fällen des kaufmännischen Bestätigungsschreibens (→ Rn. 44) – in Betracht, ist eine AGB-Kontrolle nach §§ 305 ff. BGB möglich. Die Rechtsprechung hat sich zu diesem Thema nach dem Inkrafttreten der Rom I-VO nicht geäußert.[148] Das Meinungsbild im Schrifttum ist uneinheitlich: Während manche Autoren Art. 10 Abs. 2 Rom I-VO für einschlägig halten und auf diesem Weg zumindest die Wertungen des § 305c Abs. 1 BGB berücksichtigen wollen,[149] stellen sich andere auf den Standpunkt, dass die Beurteilung der Rechtswahlklauseln ausschließlich am Maßstab der Rom I-VO erfolgen muss.[150]

76 Überzeugender erscheint es, keine AGB-Kontrolle gem. §§ 305 ff. BGB durch die Hintertür des Art. 10 Abs. 2 Rom I-VO zuzulassen. Wollte man die Rechtswahlklausel an

---

[146] Art. 10 Rom I-VO, der das Zustandekommen und die Wirksamkeit des Vertrags regelt, bezieht sich nur auf den Hauptvertrag. Wegen der Anordnung in Art. 3 Abs. 5 Rom I-VO ist diese Vorschrift aber auch auf den Verweisungsvertrag anwendbar, vgl. Wolf/Lindacher/Pfeiffer/*Hau* IntGV Rn. 18; MüKoBGB/*Martiny* Art. 3 Rom I-VO Rn. 104.

[147] MüKoBGB/*Martiny* Art. 3 Rom I-VO Rn. 13; MüKoBGB/*Wurmnest* § 307 Rn. 231.

[148] Unter Geltung der Art. 27 EGBGB hat die Rechtsprechung sowohl das Überraschungsverbot (§ 305c Abs. 1 BGB) als auch die Unklarheitenregel (§ 305 Abs. 2 BGB) angewendet und eine Inhaltskontrolle (§§ 307 ff. BGB) durchgeführt, vgl. die Nachw. bei MüKoBGB/*Martiny* Art. 3 Rom I-VO Rn. 13; Rauscher/*Thorn* Art. 3 Rom I-VO Rn. 43.

[149] Ulmer/Brandner/Hensen/*H. Schmidt* Teil 3 (7) Rechtswahlklauseln Rn. 11, 6; Leupold/Glossner/*Stögmüller* Teil 6 Rn. 258 ff. Dagegen MüKoBGB/*Spellenberg* Art. 10 Rom I-VO Rn. 167 und von Westphalen/*Thüsing* Rechtswahlklauseln Rn. 23, die aber im Einzelfall eine Willensübereinstimmung der Parteien verneinen, wenn die Rechtswahlklausel nicht erkennbar war.

[150] Wolf/Lindacher/Pfeiffer/*Hau* IntGV Rn. 22; MüKoBGB/*Martiny* Art. 3 Rom I-VO Rn. 13. Ausführlicher Überblick über den Meinungsstand bei Niemann/Paul/*Strittmatter*, Cloud Computing, Kap. 7 Rn. 23 ff.

§§ 305 ff. BGB messen, würde man die Entscheidung des europäischen Gesetzgebers aushebeln, Verweisungsverträge dem (europarechtlich einheitlichen) Regelungsregime der Art. 3 ff. Rom I-VO zu unterwerfen. Eine vollumfängliche AGB-Kontrolle erfolgt selbst dann nicht, wenn die Parteien die Geltung deutschen Rechts vereinbart haben. In diesem Fall ist lediglich zu überprüfen, ob eine Einigung hinsichtlich der getroffenen Rechtswahl tatsächlich vorliegt; eine darüber hinausgehende Inhaltskontrolle findet (auch im elektronischen Geschäftsverkehr) nicht statt.[151]

Die Rechtswahlklausel aus dem Beispielsfall begegnet im B2B-Bereich keinen Bedenken: Es ist klar geregelt, dass die Parteien das Recht des Staates für anwendbar erklärt haben, in dem der Nutzer nach seiner Erklärung im Vertrag seinen Sitz hat. Selbst wenn man eine (eingeschränkte) AGB-Kontrolle durchführen wollte, wäre die Klausel unbedenklich. Das Vertragsstatut ist weder überraschend noch benachteiligt die Rechtswahl den Nutzer unzumutbar. 77

b) Rechtswahl in Verbraucherverträgen. Für Verbraucherverträge gilt gem. Art. 6 Abs. 2 Rom I-VO die Besonderheit, dass die Rechtswahl nicht zur **Unterschreitung des Verbraucherschutzniveau**, das am Aufenthaltsort des Verbrauchers gilt, führen darf (sog **Günstigkeitsvergleich**).[152] Im deutschen Recht handelt es sich etwa um Vorschriften über die AGB-Kontrolle in §§ 305 ff. BGB oder über Fernabsatzgeschäfte in §§ 312 ff. BGB. Wurde der Cloud-Vertrag – wie regelmäßig – unter Einsatz von AGB abgeschlossen, müssen die Anforderungen des Art. 6 Rom I-VO beachtet werden. In manchen Cloud-Verträgen findet man diese (ohnehin zwingende) Regelung nachgebildet, zB: „Gesetzlich unabdingbare Verbraucherschutzrechte haben Vorrang vor den Bedingungen dieser Vereinbarung". 78

2. Leistungsbeschreibung

Der Leistungsbeschreibung kommt beim Cloud Computing unter den vertraglichen Regelungen eine **Schlüsselrolle** zu. Die wesentlichen Gestaltungselemente sind positive *(„leistet")* und negative *(„leistet nicht")* Festlegungen, entsprechend dezidierte Beistellung- und Mitwirkungspflichten sowie Regelungen über die Veränderbarkeit der Leistung. Es liegt im Charakter einer standardisierten und „commoditisierten" Leistung („Verbrauchsartikel"), dass das Risiko der Verwendbarkeit der Cloud Leistung, vorbehaltlich anderslautender ausdrücklicher Abreden, weitestgehend beim Nutzer verbleibt. 79

Man muss daher akzeptieren, dass sowohl negative als auch positive Leistungsmerkmale gleichberechtigte Definitionsmerkmale einer Leistung sind, die – solange transparent – sowohl positiv als auch negativ wirkende Vertragsgrenzen setzen. **Negative Leistungsabgrenzungen** *(„Datensicherung wird nur geleistet, wenn ausdrücklich vereinbart")* dienen also der Transparenz und wirken AGB-rechtlich daher einer eventuellen Unangemessenheit entgegen, solange sie nicht verkappte Haftungs- oder Leistungsausschlüsse für an anderer Stelle ausdrücklich gegebene Zusagen sind.[153] 80

Nach der Rechtsprechung des BGH bleiben unter den §§ 305 ff. BGB nur Bestimmungen über „*Art, Umfang und Güte der geschuldeten Leistung ... ohne deren Vorliegen mangels Bestimmtheit oder Bestimmbarkeit des wesentlichen Vertragsinhalts ein wirksamer Vertrag nicht mehr angenommen werden kann*"[154] kontrollfrei. Bestimmungen, die durch dispositives Gesetzesrecht ersetzt werden könnten, wenn die Parteien sie nicht getroffen hätten, sind also nicht kontrollfrei. Ebenfalls nicht kontrollfrei sind Bestimmungen, welche das vom 81

---

[151] MüKoBGB/*Spellenberg* Art. 10 Rom I-VO Rn. 166; Rauscher/*Thorn* Art. 3 Rom I-VO Rn. 43; MüKoBGB/*Wurmnest* § 307 Rn. 237. Ähnlich Wolf/Lindacher/Pfeiffer/*Hau* IntGV Rn. 25. A. A. etwa Ulmer/Brandner/Hensen/H. *Schmidt* Teil 3 (7) Rechtswahlklauseln Rn. 10, 4; Leupold/Glossner/*Stögmüller* Teil 6 Rn. 257 f. Beispielsfall bei Niemann/Paul/*Strittmatter*, Cloud Computing, Kap. 7 Rn. 27.
[152] *Nägele/Jacobs* ZUM 2010, 281 (283); *Lejeune* ITRB 2010, 66 (68); *Schulz/Rosenkranz* ITRB 2009, 232 (236); *Sujecki* K&R 2012, 312 (315). Beispielsfall bei Niemann/Paul/*Strittmatter*, Cloud Computing, Kap. 7 Rn. 39.
[153] MüKoBGB/*Wurmnest* § 307 Rn. 14.
[154] BGH Urt. v. 29.4.2010 – Xa ZR 5/09, NJW 2010, 1958 Rn. 20; Niemann/Paul/*Paul*, Cloud Computing, Kap. 8 Rn. 46; BeckOK-BGB/H. *Schmidt* § 307 Rn. 79.

Verwender gegebene Leistungsversprechen wieder einschränken.[155] Selbst wenn es um eine kontrollfreie Klausel geht, ist allerdings das Transparenzgebot des § 307 Abs. 3 S. 2 BGB zu beachten.

82 **a) Produktbeschreibungen und Leistungsmerkmale.** Beschreibung in Prospekten, Katalogen, in Bauunterlagen, in DIN-Normen und sonstigen technischen Normen, auf die im Rahmen des Vertrages Bezug genommen wird, unterliegen der Kontrollfreiheit gem. § 307 Abs. 3 BGB.[156] Entsprechend sind Klauseln in Cloud-Verträgen zu den technischen Sicherheitsstandards der Datenspeicherung, der Datenübertragungswege, der technischen Infrastruktur wie der Hardware und der Software als solche kontrollfrei.

83 **b) Leistungsabgrenzungen Anbieter und Nutzer.** Festlegungen zu Leistungsübergabepunkten wie auch die Aufteilung der leistungsbezogenen Pflichten zwischen den Parteien, zB tabellarisch in einer Verantwortlichkeitsmatrix oder textlich in AGB oder Vertragsanlagen sind ein standardmäßiger Bestandteil von Leistungsbeschreibungen.[157] Derartige Aufteilungen sind solange nicht als unangemessen anzusehen, wie sie nicht in den eigentlichen Leistungskern des Dienstes eingreifen:

84 *aa) Beistellungen.* Cloud-Anbieter sind in besonderer Art und Weise darauf angewiesen, Beistellungen ihrer Kunden klar zu definieren: Aufgrund der **Standardisierung** der Dienste sind auf den Kunden angepasste *„all-in"* Angebote im Cloud-Geschäftsmodell gerade nicht abbildbar. Beispiele für Beistellungen sind Lizenzschlüssel bei BYOL *(Bring your own licence)* oder Datenimporte im definierten Format. In den AGB gängiger Anbieter sind etwa solche Klauseln zu finden:

Beispiel:
Die Fähigkeit des ANBIETERS, die Services bereitzustellen, ist davon abhängig, dass der Kunde seine Verantwortlichkeiten – kostenlos für Anbieter – managt und erfüllt. Der Kunden ist für die Nutzung der Services durch die Benutzer und für den Zugriff auf Servicekomponenten und deren Nutzung durch den Lösungsanbieter selbst verantwortlich.

85 Diese Klausel grenzt die Sphäre des Anbieters von der Sphäre des Nutzers ab. Allerdings ist die Abgrenzung „Zugriff" ohne weitergehende Definition unscharf. Solche Regelungen sind bei entsprechend präziser Fassung leitbildkonform: So sind etwa im Werkvertragsrecht die **Mitwirkungsobliegenheiten** des Bestellers und seine Verantwortlichkeit explizit geregelt (§§ 642, 645 BGB). Auch § 538 BGB liegt der Gedanke zugrunde, dass der Mieter für alle Umstände, die in seiner Sphäre liegen, im Sinne der Risikoverteilung verantwortlich ist.[158] Diese Gedanken lassen sich auf Cloud-Services übertragen: Der Anbieter ist nur für die Bereitstellung der Funktionalität verantwortlich, der Nutzer für die Art und Weise der Inanspruchnahme der Dienste.

86 *bb) Klarstellende Zuweisung von Verantwortungsbereichen.* Häufig finden sich Klauseln, in denen der Anbieter dem Kunden die Verantwortung für das Verhalten seiner Nutzer zuweist. Eine solche Passage wird klarstellend sinnvoll sein:

Beispiel:
Der Kunde ist dafür verantwortlich, sicherzustellen, dass seine Benutzer nur legale Inhalte einstellen und die Services im Einklang mit den anwendbaren Rechtsnormen nutzen.

87 Eine Formulierung, welche die Befolgung der anwendbaren Lizenzbestimmungen unterstreicht, lautet:

Beispiel:
You are responsible for maintaining licenses and adhering to the license terms of any software you run.

---

[155] BGH Urt. v. 28.3.2001 – IV ZR 19/00, NJW 2001, 1934 (1935); Niemann/Paul/*Paul*, Cloud Computing, Kap. 8 Rn. 47; BeckOK-BGB/*H. Schmidt* § 307 Rn. 77; MüKoBGB/*Wurmnest* § 307 Rn. 12.
[156] BITKOM Checkliste, S. 17; Ulmer/Brandner/Hensen/*Fuchs* § 307 Rn. 37; Wolf/Lindacher/*Pfeiffer* § 307 Rn. 294; *von Westphalen* Leistungsbeschreibung Rn. 7; MüKoBGB/*Wurmnest* § 307 Rn. 13.
[157] Vgl. dazu auch BITKOM Checkliste, S. 10.
[158] MüKoBGB/*Bieber* § 537 Rn. 1; Schmidt-Futterer/*Langenberg* § 537 Rn. 2.

II. Einzelne cloud-spezifische Regelungsgegenstände

Derartige Klauseln dienen der Vertragsklarheit, sie enthalten darüber hinaus aber keinen normativ regelnd wirkenden Verantwortungstransfer zwischen Kunde und Anbieter.[159] Speziell im Hinblick auf Lizenzen ist folgendes anzumerken: Wenn es sich um einen SaaS-Dienst handelt, obliegt es dem Anbieter, die erforderlichen Lizenzen bereitzustellen. Auf die konkrete Nutzung durch den Anwender hat er jedoch keinen Einfluss. Er kann nicht unmittelbar kontrollieren, ob der Nutzer die Lizenzbestimmungen einhält. Steht der Anbieter aber in einem Vertragsverhältnis mit dem Lizenzgeber, hat er ein Interesse daran, dass die Nutzer nicht gegen die Lizenzbestimmungen verstoßen; anderenfalls macht er sich selbst haftbar. Deshalb hat er ein legitimes Interesse daran, die Einhaltung der Lizenzbestimmungen vertraglich abzusichern. 88

cc) Regelbefolgung/Compliance. Gängig, wenngleich problematischer, können Klauseln sein, die unspezifische Übereinstimmungspflichten einfordern: 89

Beispiel:
You must comply with the current technical documentation applicable to the Services (including the applicable developer guides) as posted by us and updated by us from time to time on the PROVIDER Site.

Soweit sie als Klarstellungen oder Hinweise auf weitergehende Leitungsspezifikationen zu verstehen sind, fördern solche Klauseln AGB-rechtlich die Transparenz der Leistungserbringung und sind damit unkritisch. Falls damit Nutzungseinschränkungen verbunden oder Regelungswirkungen im Sinne von Kontrollpflichten oder zur Freistellung von Ansprüchen Dritter bezweckt werden, sollten allerdings derartige Regelungen so explizit aufgenommen werden, dass sie die gewünschte Wirkung – ggf. auch AGB-fest – zu erzielen vermögen. 90

dd) Verschiebungen von Leistungspflichten. Klauseln, die gesetzliche oder nach der Rechtsprechung klar einer Vertragspartei zugewiesene Pflichten zu Lasten einer anderen Vertragspartei verschieben, sind vor allem dann bedenklich, wenn sie intransparent sind.[160] In aller Regel ist bei Cloud-Verträgen nötig und insoweit auch üblich, dass die Pflichtenkreise klar voneinander abgegrenzt werden. Am Beispiel von Datensicherungspflichten oder dem Betrieb eigener Softwareapplikationen in einer gemieteten Cloud Infrastruktur wird dies deutlich: 91

Beispiel:
We will back-up your data only if you have purchased back-up services.

Allerdings sind auch Gestaltungen anzutreffen, bei denen klar im Leistungskern liegende Pflichten des Anbieters (hier Beispiel aus einem Endnutzer Cloud-Speichervertrag) relativiert werden: 92

Beispiel:
Sie sind dafür verantwortlich, wichtige Dokumente, Bilder oder andere Inhalte, die Sie über den Dienst speichern oder auf die Sie über den Dienst zugreifen, auf Ihrem eigenen Computer oder einem anderen Gerät zu sichern. ANBIETER wird den Dienst mit angemessener Sorgfalt und Fachkenntnis erbringen; ANBIETER übernimmt jedoch keine Garantie oder sichert nicht zu, dass die Inhalte, die Sie über den Dienst speichern oder auf die Sie über den Dienst zugreifen, nicht versehentlich beschädigt oder beeinträchtigt werden oder verloren gehen.

Die AGB-Kontrolle ist hier nicht gem. § 307 Abs. 3 BGB ausgeschlossen, weil es sich nicht um Leistungsbeschreibung handelt, sondern um eine Regelung, mittels derer das Hauptleistungsversprechen unmittelbar beschränkt wird.[161] Die Klausel hält der AGB-Kontrolle nicht stand, weil sie den Nutzer unangemessen benachteiligt. Es handelt sich im Beispiel um einen IaaS Dienst, bei dem Speicherplatz zur Verfügung gestellt wird. Nach der Unklarheitenregel kann man die Klausel dahin verstehen, dass der Anbieter damit eine Übernahme von Verantwortung für die Verfügbarkeit und die Integrität der Daten auch in seinem Verantwor- 93

---

[159] Niemann/Paul/*Paul*, Cloud Computing, Kap. 8 Rn. 133.
[160] Zum Transparenzgebot statt aller Ulmer/Brandner/Hensen/*Fuchs* § 307 Rn. 323 ff.
[161] BGH Urt. v. 28.3.2001 – IV ZR 19/00, NJW 2001, 1934 (1935); BeckOK-BGB/*H. Schmidt* § 307 Rn. 77.

tungsbereich gerade ausschließen will. Es wäre also nicht nur die „Zusicherung" oder eine Garantie ausgeschlossen, sondern auch jegliches Leistungsversprechen, unabhängig von einem Verschulden des Anbieters.

94   c) **Vergütungsvereinbarungen.** Die meisten Vergütungsvereinbarungen bestehen in katalogartig gefertigten, tabellarischen Oberflächen, welche die Leistungen (Software, Speicherplatz, Instanzen), die zugehörigen Verbrauchsmetriken (Dauer, Anzahl der Nutzer, Datentransfer) und darauf angewendete Preiskriterien abbilden (Land/Geographie, Sicherheitsanforderungen).[162] Teilweise werden die Preisangaben jedoch nur als „voraussichtliche Kosten" dargestellt, was eine im Übrigen **transparente Preisgestaltung** relativiert.[163]

Beispiel 1:
Die Abrechnung erfolgt pro genutzte Instance-Stunde je Instance, vom Zeitpunkt des Starts bis zur Kündigung bzw. Beendigung der Instance. Angebrochene Instance-Stunden werden als volle Stunden in Rechnung gestellt.

Beispiel 2:
Die Gebühren, die in der Gebührenübersicht für die Services angegeben sind, richten sich nach einer oder mehreren der folgenden Gebührenarten: nutzungsabhängige Gebühren, wiederkehrende Gebühren oder Einmalgebühren. Der Kunde erklärt sich damit einverstanden, dass die am Tag der Unterzeichnung der Vereinbarung durch den Kunden geltend gemachten Gebühren für alle Services zur Anwendung kommen.

95   Die Preisklauseln unterliegen zwar grundsätzlich als Vereinbarung der Gegenleistung gem. § 307 Abs. 3 BGB keiner AGB-Kontrolle. Dies gilt aber nur für reine Leistungsklauseln. Preisnebenabsprachen können dagegen nach ganz herrschender Ansicht gem. §§ 307 ff. BGB kontrolliert werden.[164] Dies gilt insbesondere für Klauseln, die nicht nur die Vergütung der Leistung des Verwenders festlegen, sondern Zahlungspflichten begründen, die mit der Leistungserbringung nicht im Zusammenhang stehen. Dies hat der VII. Zivilsenat des BGH zuletzt in einem Grundsatzurteil zu sog *„bring or pay"*-Klauseln deutlich gemacht. In dieser Entscheidung hat er Klauseln, die dem Verwender einen vertragsstrafeähnlichen Vergütungsanspruch unabhängig davon gewähren, ob er die Hauptleistung erbringt oder nicht, als unangemessen und damit gem. § 307 Abs. 1 BGB unwirksam eingestuft.[165]

96   Diese Rechtsprechung hat in Cloud-Sachverhalten freilich nur eingeschränkte Relevanz: Die Vergütung ist meist von **messbarer Nutzung** abhängig. Bei Miete ist nur die Einräumung der Gebrauchsmöglichkeit geschuldet, nicht der tatsächliche Gebrauch als Voraussetzung der Gegenleistung, so dass nur selten Fälle vorkommen, in denen der Nutzer für eine nicht erbrachte Leistung des Anbieters zahlen muss. Der Vorteil der Cloud-Modelle liegt ja gerade in der *„pay as you go"*-Vergütungsstruktur. Nur wenn der Anbieter Gebühren erhebt, die in keinem Zusammenhang mit dem bereitgestellten Cloud-Service stehen, ist an eine Unwirksamkeit gem. § 307 Abs. 1 BGB im Sinne der genannten Rechtsprechung zu denken. Abrechnungsklauseln über angefangene Zeiteinheiten können in diesem Lichte akzeptabel sein.

3. SLA und Verfügbarkeitszusagen

97   Vertragsregelungen zum Umfang der Leistungserbringung (Verfügbarkeits-, Erreichbarkeits-, Störungsbehebungszusagen) werden gängig als Service Legel Agreement oder Service Level Vereinbarung (SLA, SLV) bezeichnet.[166] Sie sind neben der Leistungsbeschreibung das

---

[162] Vgl. dazu auch *BITKOM*, Checkliste, S. 11.
[163] Ein anschauliches Beispiel ist der Monatsrechner von Amazon Web Services: http://calculator.s3.amazonaws.com/index.html zuletzt abgerufen am 28.6.2015.
[164] *Müller* LMK 2013, 342776; Niemann/Paul/*Paul*, Cloud Computing, Kap. 8 Rn. 123 ff.; Ulmer/Brandner/Hensen/*Fuchs* § 307 Rn. 71 ff.; Wolf/Lindacher/*Pfeiffer* § 307 Rn. 303 ff., 314 ff.; BeckOK-BGB/*H. Schmidt* § 307 Rn. 84; MüKoBGB/*Wurmnest* § 307 Rn. 16 ff.
[165] BGH Urt. v. 22.11.2012 – VII ZR 222/12, NJW 2013, 856 Rn. 16 ff.; krit. die Besprechung von *Müller* LMK 2013, 342776. Im Bezug auf Cloud-Verträge auch Niemann/Paul/*Paul*, Cloud Computing, Kap. 8 Rn. 126 f.
[166] Dazu auch Niemann/Paul/*Paul*, Cloud Computing, Kap. 8 Rn. 77 ff.

II. Einzelne cloud-spezifische Regelungsgegenstände

Kernstück von Cloud-Verträgen. Gegenüber klassischen Outsourcing-Verträgen wird nicht mehr der Betrieb einer vormals übergebenen Infrastruktur geschuldet, sondern schlicht das, was als Leistungssubstrat am Übergabepunkt ankommt und zwar unabhängig davon, ob es sich um Plattform-, Applikations- oder Infrastrukturleistungen handelt.[167]

Konsequenterweise sind in Cloud-Verträgen die eigentlichen Leistungsversprechen, dh diejenigen Vertragspassagen, welche die Leistungsparameter der Bereitstellung regeln, zumeist einheitlich in der SLV enthalten, weil eine vertragstechnische Zweiteilung der vertraglichen Regelung in einen Primärleistungsteil (was wird geleistet?) und einen Verfügbarkeitsteil (wie ist die Leistung verfügbar?) im modularisierten Vertragsaufbau der Cloud-Modelle unhandlich ist. Es bietet sich also an, die Leistungszusage als **einheitliches Leistungsversprechen** im Rahmen der Servicezusage zu regeln. Allerdings sind viele der derzeit gängigen Cloud-Vertragsmodelle noch Fortschreibungen der ASP/Outsourcing-Vertragsmuster, die der klassischen Zweiteilung das „ob" und des „wieviel" folgen (Rahmenvertrag, SLA in der Anlage).

Folgende zentrale Aspekte sollen aus der Vielzahl von Gestaltungsmöglichkeiten als cloudspezifisch herausgegriffen werden:
– Verfügbarkeitszusage in % auf einen Zeitabschnitt bezogen
– Übergabepunkte, Messpunkte
– Leistungsausschlüsse und -einschränkungen/Begrenzungen (zB Wartungsfenster, Internetverfügbarkeit, Leitungsunterbrechungen, höhere Gewalt)
– Verhältnis zu anderen Rechtsbehelfen (SLV als einziger Rechtsanspruch bei SLA-Verfehlungen).

a) Verfügbarkeitszusagen. Verfügbarkeitszusagen werden dienstabhängig auf prozentuale Verfügbarkeiten, Messperiode und Messpunkte bezogen.

Das übliche „*ninetyninepointsomething*" besteht auch bei Cloud Diensten analog zu den im Outsourcing gängigen Beschreibungen aus i) Grad der zugesagten Verfügbarkeit in Prozent, ii) der Messperiode und iii) der Eingrenzung des als verfügbar beschriebenen Gegenstandes:[168]

> **Formulierungsvorschlag**
> Die Verfügbarkeit der ANBIETER Server und der Datenwege bis zum Übergabepunkt in das Internet (Backbone) beträgt mindestens 99% im Jahresmittel.

Vorzugswürdig sind aus Sicht des Kunden kurze Messintervalle (Monat, Woche, Tag), sog end-to-end Verfügbarkeiten sowie funktionale Beschreibungen der Leistung.[169] Das cloudspezifische Moment besteht darin, dass Verfügbarkeitszusagen nur für die vom Anbieter **beeinflussbare Infrastruktur** gegeben werden.

Verfügbarkeitszusagen stellen aus AGB-rechtlicher Perspektive eine im Ausgangspunkt **kontrollfeste Leistungsbeschreibung** dar.[170] Eine AGB-Kontrolle ist aber nach allgemeinen Grundsätzen möglich, wenn die Klausel die Leistung nicht nur beschreibt, sondern ausgestaltet oder modifiziert.[171] Als Leistungsbeschreibungen verkleidete Haftungsbeschränkungen sind am Maßstab des § 309 Nr. 7 BGB zu messen.[172] Des Weiteren muss die Verfügbarkeitszusage transparent iSd § 307 Abs. 1 S. 2 BGB sein, dh der Nutzer muss nachvollziehen können, zu welcher Leistung und Verfügbarkeit sich der Anbieter verpflichtet.[173] Auch die Länge der Messin-

---
[167] Zu SLA im Outsourcing vgl. → § 19 Rn. 195 ff.
[168] Vgl. auch Niemann/Paul/*Paul*, Cloud Computing, Kap. 8 Rn. 79 ff.; Leupold/Glossner/*von dem Bussche/Schelinski* Teil 1 Rn. 27.
[169] Vgl. die Berechnungen bei *BITKOM*, Checkliste, S. 19.
[170] So *Roth-Neuschild* ITRB 2012, 67 (68;) *Wicker* MMR 2014, 787 (788 f.); Niemann/Paul/*Paul*, Cloud Computing, Kap. 8 Rn. 89; Leupold/Glossner/*von dem Bussche/Schelinski* Teil 1 Rn. 30, 364.
[171] BGH Urt. v. 30.6.1995 – V ZR 184/94, NJW 1995, 2637 (2638 f.); MüKoBGB/*Wurmnest* § 307 Rn. 12.
[172] *Roth-Neuschild* ITRB 2012, 67 (69); Leupold/Glossner/*von dem Bussche/Schelinski* Teil 1 Rn. 30; MüKoBGB/*Wurmnest* § 307 Rn. 14.
[173] *Roth-Neuschild* ITRB 2012, 67 (69); *Splittgerber/Rockstroh* BB 2011, 2179 (2183); *Wicker* MMR 2014, 787 (789).

tervalle hat Einfluss auf die AGB-Kontrolle: Wird auf die Verfügbarkeit im Jahresmittel abgestellt, kann es dazu führen, dass der Nutzer für eine längere Zeit am Stück kompensationslos auf die Dienste verzichten muss, was eine unangemessene Benachteiligung darstellen kann.[174]

103 **b) Übergabepunkte, Messpunkte.** Eine besondere Rolle kommt bei internetbasierten Diensten der Definition von Übergabepunkten zu. Soweit die Verfügbarkeit an bestimmten im Netzwerk stehenden Rechner dafür benutzt wird (häufig werden sog *„ports"*[175] dafür benannt), erhält der Kunde eine für ihn weitgehend abstrakte Zusage: Da der Zugriff (zumindest auf public clouds) über Internet Protokolle/Browser erfolgt, welche die **Netzinfrastruktur des Internet** zwingend benötigen und nicht über zB angemietete dedizierte Datenleitungen, beschreiben Anbieter meist nur die Verfügbarkeit des Dienstes zwischen Rechner und Übergabepunkt zum Internet Backbone.

104 Diese Beschreibung hat als Verfügbarkeitszusage begrenzten Wert für den Kunden: Zwischen dem Leistungsübergabepunkt des Anbieters und dem des Kunden liegt die öffentliche Netzinfrastruktur, soweit der Kunde nicht bereit ist, für dedizierte Leitungen zu bezahlen, um zumindest einen Teil der Leitungsrisiken einzugrenzen. Die Übertragung in der weltweiten Netzinfrastruktur ist aber von einer Vielzahl von Parametern abhängig, die größtenteils außerhalb der Einflusssphäre[176] der Cloud Anbieter liegen. Somit kann sich ein Nutzer vertraglich meist nur der Leistungsfähigkeit innerhalb der Anbietersphäre versichern. Zumindest dieser Leistungsteil sollte mit entsprechenden **Nachweispflichten** über die Erfüllung der Verfügbarkeitszusage durch den Anbieter abgesichert werden, um für den Kunden vertraglich eine Funktion zu besitzen.

105 Problematisch sind schließlich SLA-Bestimmungen, welche die Übergabepunkte der Leistungen nicht klar definieren. Selbst wenn die Leistung damit als intransparent und somit möglicherweise als unangemessen benachteiligend festgestellt würde, folgt daraus, dass allenfalls „übliche" Übergabepunkte anzunehmen wären. Eine solche Üblichkeit muss sich noch herausbilden.

106 **c) Leistungsausschlüsse.** Gleichermaßen üblich in Outsourcing- wie in Cloud Verträgen sind Ausschlüsse der Leistungsverpflichtungen für den Fall, dass Handlungen der Kunden oder Dritter zu Verfügbarkeitseinschränkungen führen.

Beispiel (für SaaS):
Einschränkungen
Diese Vereinbarung zum Servicelevel und alle geltenden Servicelevel gelten nicht für Leistungs- oder Verfügbarkeitsprobleme:
- aufgrund von Faktoren, die außerhalb unserer Kontrolle liegen (zB Naturkatastrophen, Kriege, Terroranschläge, Aufstände oder staatliche Maßnahmen),
- die durch Services, Hardware oder Software von Ihnen oder von Dritten verursacht wurden,
- die durch Ihre Verwendung eines Diensts verursacht wurden, nachdem wir Sie angewiesen haben, Ihre Verwendung eines Diensts zu ändern, und Sie Ihre Verwendung nicht wie angewiesen geändert haben,
- während Vorabversions-, Beta- und Testdiensten (wie von uns festgelegt), die durch Ihre nicht autorisierte Handlung oder Unterlassung oder die Ihrer Mitarbeiter, Vertreter, Vertragspartner oder Lieferanten oder durch andere Personen verursacht wurden, die sich mithilfe Ihrer Kennwörter oder Geräte Zugriff auf unser Netzwerk verschafft haben, oder

---

[174] *Roth-Neuschild* ITRB 2012, 67 (69). S. ferner Niemann/Paul/*Paul*, Cloud Computing, Kap. 8 Rn. 82, 90.
[175] Sowohl am Netzwerkrechner wie auch am Endgerät benannter Teil einer Netzwerk-Adresse. Ports sind ein Merkmal zur Unterscheidung mehrerer Verbindungen zwischen demselben Paar von Endpunkten (zB Client und Server). Sie ermöglichen die Zuordnung von Verbindungen und Datenpaketen zu Server- und Client-Programmen durch Betriebssysteme.
[176] Datenübertragungsraten an Netzknoten, Leitungsauslastung, eigene Infrastruktur. Beispielsweise sind Anbieter von Streaming Diensten für einen erheblichen Teil des Datenverkehrs verantwortlich. Das Prinzip der **Netzneutralität** sorgt derzeit noch dafür, dass es (noch) keinen Vorrang von bezahlten oder geschäftlichen Datenverkehr gibt. Allerdings ist dies angesichts der beschränkten Übertragungskapazitäten stark in Bewegung. Zu den Grundregeln: Die US Federal Communications Commission http://hraunfoss.fcc.gov/edocs_public/attachmatch/DOC-303745A1.pdf (zuletzt abgerufen am 28.6.2015), zu einem Urteil des Bezirksgerichts Columbia auf eine Klage des US-Anbieters Verizon http://hraunfoss.fcc.gov/edocs_public/attachmatch/DOC-316186A1.pdf, zuletzt abgerufen am 28.6.2015.

- die durch Ihr Versäumnis, erforderliche Konfigurationen einzuhalten, unterstützte Plattformen zu verwenden und Richtlinien für die akzeptable Nutzung einzuhalten, verursacht wurden.
- Für Lizenzen, die zum Zeitpunkt des Vorfalls reserviert, aber nicht bezahlt waren.

Eine Üblichkeit, welche Einschränkungen cloudvertragstypisch und daher AGB-rechtlich weniger bedenklich sind, hat sich bislang noch nicht herausgebildet. Folgende **Unterscheidung** kann bei der Vertragsgestaltung dienlich sein:
- AGB-rechtlich bedenklich sind Ausschlüsse, die das Äquivalenzgefüge zwischen den Vertragsparteien umgestalten;
- Tendenziell unbedenklich sind Ausschlüsse, die sich aus der Eigenheit der Dienste und der dafür zu nutzenden Infrastruktur ergeben oder welche die Gesetzeslage nachzeichnen, präzisieren oder angemessen modifizieren.

Allerdings ist auch hier die übliche Gemengelage von Leistungsbeschreibungselementen, Gewährleistungseinschränkungen, Mitwirkungspflichten und offen gehaltenen Rechtsfolgen zu beobachten, die durch eine meist nur übersetzende Übernahme von anglo-amerikanischen Textblöcken in die AGB entsteht. Dieses Vorgehen ist umfassenden **Unwirksamkeitsrisiken** unter deutschem AGB-Recht ausgesetzt.[177]

Klauseln, die den **Leistungsgegenstand klarstellen,** dienen der Transparenz und sind somit sinnvoll und AGB-rechtlich unbedenklich. Soweit **Leistungsausschlüsse** bezweckt sind, müssen diese konkret und abschließend formuliert sein. Es ist den vertragsgestaltenden Juristen anzuraten, derartige Ausschlüsse und Abgrenzungen konkret und auf genau das zu regelnde Risiko bezogen zu formulieren. Die Verwendung von sog „Catch-all"-Klauseln führt meist nur zu einer Erhöhung des Unwirksamkeitsrisikos.

d) **Verhältnis zu anderen Rechtsbehelfen.** Mitunter sind in Cloud-Verträgen Klauseln anzutreffen, welche die Rechte des Nutzers bei ausgefallen Leistungen auf die in SLA vorgesehenen Rechtsbehelfe beschränken und alle anderen Ansprüche des Nutzers gegen den Anbieter ausschließen. Hier ist eine **Differenzierung** zwischen einer grundsätzlich kontrollfesten Leistungsbeschreibung und einem Haftungsausschluss nötig.

Beispiel:
Dienstgutschriften sind unter dem Vertrag und dieser SLA Ihr einziger und ausschließlicher Abhilfeanspruch bei Leistungs- oder Verfügbarkeitsproblemen im Zusammenhang mit einem Dienst. Sie sind nicht berechtigt, Ihre Anwendbaren Monatlichen Dienstgebühren bei Leistungs- oder Verfügbarkeitsproblemen einseitig zu verrechnen.

Eine solche Klausel überschreitet die Grenze der AGB-rechtlichen Zulässigkeit. Sie ist nicht etwa eine kontrollfeste Leistungszusage, sondern eine mehr oder weniger **verkappte Haftungsbeschränkung** iSd § 309 Nr. 7 BGB.[178] Indirekt soll die Klausel dazu führen, dass Ansprüche des Nutzers wegen jedweder schuldhafter Verstöße des Anbieters, insbesondere für grob fahrlässige und vorsätzliche Verletzungen von Kardinalpflichten, gänzlich ausgeschlossen werden. Dies ist auch im unternehmerischen Verkehr unzulässig.[179]

e) **Weitere Voraussetzungen/Einschränkungen für Rechte der Nutzer**

Beispiel:
Anspruch auf eine Dienstgutschrift. Wenn wir den oben beschriebenen Prozentsatz der monatlichen Betriebszeit für einen Dienst nicht einhalten, sind Sie berechtigt, einen Anspruch auf Dienstgutschrift einzureichen. Sie müssen beim Kundensupport von ANBIETER einen Anspruch einreichen, der folgende Angaben enthält: (i) eine ausführliche Beschreibung des Vorfalls, (ii) Angaben zur Dauer des Ausfalls, (iii) Anzahl und Standort(e) der betroffenen Nutzer (falls zutreffend), und (iv) Beschreibungen Ihrer Versuche, den Vorfall nach Auftreten zu beheben. Der Anspruch und alle erforderlichen Informationen müssen bis zum Ende des Kalendermonats nach dem Monat, in dem der Vorfall aufgetreten ist, bei uns eingegangen sein. Wir werten alle Informationen aus, die uns vernünftigerweise zur Verfügung stehen,

---

[177] Vgl. dazu etwa LG Berlin Urt. v. 19.11.2013 – 15 O 402/12, K&R 2014, 56.
[178] Vgl. *Roth-Neuschild* ITRB 2012, 67 (69).
[179] BGH Urt. v. 19.9.2007 – VIII ZR 141/06, NJW 2007, 3774; BeckOK-BGB/*Becker* § 309 Nr. 7 Rn. 46 ff.; MüKoBGB/*Wurmnest* § 309 Nr. 7 Rn. 33 ff.

und entscheiden nach bestem Wissen und Gewissen, ob wir Ihnen eine Dienstgutschrift schulden. Sie müssen den Vertrag einhalten, um zu einer Dienstgutschrift berechtigt zu sein. Wenn wir feststellen, dass wir Ihnen eine Dienstgutschrift schulden, wenden wir die Dienstgutschrift auf Ihre Anwendbaren Monatlichen Dienstgebühren an. [Klausel gekürzt]

113 Die Klausel stellt **keine reine Leistungsbeschreibung oder Vergütungsregel** dar, sie unterliegt der vollen AGB-Kontrolle. Denn sie betrifft nicht nur die Frage, welche Leistung der Anbieter schuldet, sondern schreibt die Art und Weise, in der der Nutzer die Ansprüche bei Verletzung der Verfügbarkeitszusage geltend machen muss, detailliert vor. Im Hinblick auf die Form verstößt sie nicht gegen § 309 Nr. 12 BGB. Die Klausel setzt weiter voraus, dass der Kunde darlegungspflichtig hinsichtlich des Leistungsausfalls ist, was aber allgemeinen Grundsätzen zur Darlegungslast entspricht und deshalb AGB-rechtlich unbedenklich ist.

114 Bedenklich ist jedoch die Obliegenheit des Nutzers, den Anspruch bis zum Ende des Kalendermonats nach dem Monat, in dem der Vorfall aufgetreten ist, geltend zu machen. Diese Klausel sieht eine Ausschlussfrist vor, die nach § 307 Abs. 2 Nr. 1 BGB auf ihre Wirksamkeit überprüft werden kann. Dabei ist eine **Abwägung der gegenseitigen Interessen** notwendig: Einerseits das Interesse des Anbieters, einen Verfügbarkeitsausfall möglichst zeitnah abzuwickeln; andererseits das Interesse des Nutzers, seinen Anspruch auf die Dienstgutschrift nicht ohne Grund zu verlieren.[180] Hier verbleibt dem Nutzer u. U. nur wenig mehr als 1 Monat, um den Anspruch zu verfolgen. Meldet er den Anspruch nicht innerhalb dieser Zeitspanne, verliert er ihn gänzlich.[181] Auf der anderen Seite belastet eine längere Frist den Anbieter nicht über Gebühr. Zulässig dürfte eine Ausschlussfrist von 3 Monaten sein.[182]

115 Problematisch ist schließlich die Formulierung, dass der Anbieter „entscheidet", ob er dem Nutzer eine Dienstgutschrift schuldet: Der Anspruch des Nutzers ergibt sich aus dem Vertrag und der Zusage des Anbieters; er ist von nachfolgenden Entscheidungen des Anbieters unabhängig. Der Vorteil einer solchen Gestaltung ist nicht sehr gut erkennbar; sie erhöht unnötig das Unwirksamkeitsrisiko.

4. Haftungsbegrenzungen

116 Cloud-Verträge unterscheiden sich hinsichtlich der Haftungsregelungen nur bedingt von anderen IT-Service-Verträgen. Auch hier sind die Gestaltungsziele und -grenzen des Cloud-Anbieters klar: Der Anbieter ist der Gefahr ausgesetzt, wegen eines Schadensersatzanspruchs des Nutzers (§§ 280 ff. BGB) für Kosten für die IT-Ersatzbeschaffung, etwaige Datenverluste und entgangenen Gewinn einstehen zu müssen.[183] Er wird deshalb regelmäßig versuchen, die eigene Haftung möglichst weit einzuschränken, wobei er die AGB-rechtlichen Vorgaben der §§ 307 ff. BGB beachten muss. Dabei spielt jedoch § 309 Nr. 8 BGB für Cloud-Verträge keine Rolle, weil es sich bei Cloud-Diensten nicht um Lieferung von Waren oder Werkleistungen handelt, sondern um einen zeitweisen Zugang zu einem IT-Service.[184] Bei Verbraucher-Diensten ist aber § 309 Nr. 7 BGB unmittelbar einschlägig. Nach der strengen BGH-Rechtsprechung hat § 309 Nr. 7 BGB im **unternehmerischen Verkehr** eine starke Indizwirkung, so dass die Vorgaben auch hier beachtet werden müssen.[185] Nicht als Haftungsbegrenzungsklauseln sind jedoch die unter → Rn. 79 ff. dargestellten Leistungsabgrenzungen zu verstehen: Geht es lediglich darum, die Verantwortungssphären voneinander abzugrenzen, findet eine Überprüfung am Maßstab des § 309 Nr. 7 BGB nicht statt; eine AGB-Kontrolle erfolgt nur innerhalb des Leistungsbereichs des Anbieters. Dabei dürfte aber

---

[180] BGH Urt. v. 9.11.1989 – IX ZR 269/87, NJW 1990, 761 (764;) *von Westphalen/Thüsing* Ausschlussfristen Rn. 6.
[181] Zu den Wirkungen der Ausschlussfristen *von Westphalen/Thüsing* Ausschlussfristen Rn. 2.
[182] *Von Westphalen/Thüsing* Ausschlussfristen Rn. 6. Vgl. ferner BeckOK-BGB/*Becker* § 309 Nr. 7 Rn. 32.
[183] Zu den einzelnen Schadensposten *Wicker* MMR 2014, 715 (716).
[184] Zum Anwendungsbereich des § 309 Nr. 8 etwa MüKoBGB/*Wurmnest* § 309 Nr. 8 Rn. 13 ff.
[185] BGH Urt. v. 19.9.2007 – VIII ZR 141/06, NJW 2007, 3774; *Brandi-Dohrn* CR 2014, 417 (418); BeckOK-BGB/*Becker* § 309 Nr. 7 Rn. 46 ff.; Niemann/Paul/*Paul*, Cloud Computing, Kap. 8 Rn. 175; *von Westphalen* Freizeichnungs- und Haftungsbegrenzungsklauseln Rn. 38; von Westphalen/*Hoeren* IT-Verträge Rn. 116; MüKoBGB/*Wurmnest* § 309 Nr. 7 Rn. 33 ff.; zum Ganzen → § 16 (Standardvertragsklauseln).

§ 309 Nr. 7 lit. a) BGB (Haftungsausschluss für Verletzung von Leben, Körper und Gesundheit) in Cloud-Sachverhalten regelmäßig keine Rolle spielen.

Relevant ist aber die Frage, inwieweit der Anbieter seine Haftung wegen groben Verschuldens im Rahmen des § 309 Nr. 7 lit. b) BGB begrenzen kann. Cloud-Anbieter haben gem. § 309 Nr. 7 lit. b) BGB zu beachten, dass sie die Haftung für eigenes grobes Verschulden nicht ausschließen oder begrenzen dürfen; geht es um Verhalten etwaiger Subunternehmer, ist die Freizeichnung für Vorsatz und grobe Fahrlässigkeit unzulässig. Im Bereich von **internetbasierten Diensten** ist insbesondere zu beachten, dass der Serviceanbieter nach der BGH-Rechtsprechung seine Haftung für sämtliche technisch oder betrieblich bedingten Störungen nicht ausschließen kann.[186] Darüber hinaus können Haftungsklauseln gem. § 307 Abs. 2 Nr. 2 BGB unwirksam sein, wenn der Anbieter durch die Haftungsbeschränkung wesentliche Rechte und Pflichten, die sich aus der Natur des Vertrags ergeben (sog **Kardinalpflichten**), einzuschränken versucht und dadurch die Erreichung des Vertragszwecks gefährdet.[187]

In der Praxis sind etwa folgende Beispiele anzutreffen:

Beispiel 1:
ANBIETER, seine indirekten Vertreter und/oder gesetzlichen Vertreter haften nicht für unvorhersehbare Schäden, untypische Schäden und/oder finanzielle Verluste im Zusammenhang mit indirekten Schäden, einschließlich entgangener Gewinne, es sei denn, ANBIETER, seine indirekten Vertreter und/oder seine gesetzlichen Vertreter haben mindestens grob fahrlässig gehandelt.

Hier hält sich der Anbieter ausschließlich an § 309 Nr. 7 lit. b) BGB. Unter diesem Gesichtspunkt ist die Klausel AGB-rechtlich unkritisch. Allerdings fehlt eine Formulierung, welche die Kardinalpflichten-Rechtsprechung des BGH abbildet, so dass die Klausel gem. § 307 Abs. 2 Nr. 2 BGB unwirksam ist.

Beispiel 2:
Für Schäden haftet ANBIETER nur bei Vorsatz und grober Fahrlässigkeit von ANBIETER oder einer seiner Erfüllungsgehilfen. Verletzt ANBIETER oder einer seiner Erfüllungsgehilfen eine wesentliche Vertragspflicht (Kardinalpflicht) in einer den Vertragszweck gefährdenden Weise, ist die Haftung auf den typischen Schaden beschränkt, den ANBIETER bei Vertragsschluss vernünftigerweise vorhersehen konnte, es sei denn die Pflichtverletzung geschieht vorsätzlich oder grob fahrlässig. Diese Beschränkung gilt nicht bei einer Verletzung von Leben, Körper und/oder Gesundheit und bei einer Haftung nach dem Produkthaftungsgesetz. Im Anwendungsbereich des TKG (Telekommunikationsgesetz) bleibt die Haftungsregel des § 44a TKG in jedem Fall unberührt.

Dagegen geht die Klausel im Beispiel 2 sowohl auf die Grenzen des § 309 Nr. 7 lit. b) BGB als auch auf § 307 Abs. 2 Nr. 2 BGB ein. Indes reicht es nach der BGH-Rechtsprechung nicht aus, wenn die Klausel lediglich von „**Kardinalpflichten**" spricht, ohne dass dieser Begriff näher erläutert wird.[188] Als eine solche Erläuterung ist der Begriff „**wesentliche Vertragspflichten**", wie ihn die Beispielsklausel verwendet, nicht geeignet, da er ebenfalls abstrakt und für einen Durchschnittsnutzer nicht verständlich ist. Dies dürfte zur Intransparenz der Klausel und damit zur Unwirksamkeit nach § 307 Abs. 1 S. 2 BGB führen.[189] Um die Kardinalpflichten transparent und BGH-fest zu formulieren, empfiehlt sich etwa in einem SaaS-Vertrag, dass der Anbieter die servicetypischen Pflichten aufzählt, also zB die

---

[186] BGH, Urt. v. 12.22.2000 – XI ZR 138/00, NJW 2001, 751 (752f.); BeckOK-BGB/*Becker* § 309 Nr. 7 Rn. 27.
[187] Aus der umfangreichen BGH-Rspr. vgl. nur BGH Urt. v. 24.10.2001 – VIII ARZ 1/01, NJW 2002, 673 (674f.); BGH Urt. v. 1.2.2005 – X ZR 10/04, NJW 2005, 1774; *Brandi-Dohrn* CR 2014, 417 (420f., 424f.); *Wicker* MMR 2014, 787 (788); Niemann/Paul/*Paul,* Cloud Computing, Kap. 8 Rn. 173; BeckOK-BGB/*Becker* § 309 Nr. 7 Rn. 21f.; *von Westphalen* Freizeichnungs- und Haftungsbegrenzungsklauseln Rn. 40ff.; von Westphalen/*Hoeren* IT-Verträge Rn. 116; MüKoBGB/*Wurmnest* § 309 Nr. 7 Rn. 26; zu Kardinalpflichten → § 16.
[188] BGH Urt. v. 20.7.2005 – VIII ZR 121/04, NJW-RR 2005, 1496 (1505), zum Vertragshändlervertrag; vgl. ferner MüKoBGB/*Wurmnest* § 309 Nr. 7 Rn. 26; → § 16 (Standardklauseln).
[189] BGH Urt. v. 20.7.2005 – VIII ZR 121/04, NJW-RR 2005, 1496 (1505); vgl. aber andererseits BGH Urt. v. 18.7.2012 – VIII ZR 337/11, NJW 2013, 291 Rn. 46 und *von Westphalen* Freizeichnungs- und Haftungsbegrenzungsklauseln Rn. 25.

Bereitstellung eines konkreten Softwaremodules. Geht es um ein PaaS- oder ein IaaS-Modell, müssen Anbieter die Haftungsbegrenzungsklausel ebenfalls nach den konkreten Leistungsinhalten ausformen.[190]

Beispiel 3:
Wir übernehmen keine weitere Garantie. Wir stellen die Dienste „wie besehen", „ohne Garantie auf Fehlerfreiheit" und „wie verfügbar" bereit. Wir garantieren nicht die Genauigkeit oder Pünktlichkeit von Informationen, die über die Dienste verfügbar sind. Sie erkennen an und sind damit einverstanden, dass Computer und Telekommunikationssysteme nicht fehlerfrei sind und dass gelegentlich Ausfallzeiten vorkommen können. Wir können nicht garantieren, dass die Dienste unterbrechungsfrei, zeitnah, sicher oder fehlerfrei sein werden. Wir und unsere verbundenen Unternehmen, Handelspartner, Distributoren und Anbieter gewähren keine ausdrücklichen Gewährleistungen oder Garantien. Ihnen stehen alle gesetzlich vorgesehenen Garantien zu, aber wir gewähren keine anderen Garantien. Wir schließen alle gesetzlichen Garantien aus, einschließlich der Garantien der Handelsüblichkeit, Eignung für einen bestimmten Zweck, fachmännischen Bemühungen und Nichtverletzung von Rechten Dritter.

121 Im Beispiel 3 will der Anbieter durch die Formulierungen „wie besehen", „ohne Garantie" und „wie verfügbar" seine Haftung und Gewährleistung gänzlich ausschließen.[191] Dies widerspricht § 309 Nr. 7 lit. b) BGB und § 307 Abs. 2 Nr. 1 BGB. Außerdem verlagert der Anbieter die **Beweislast für die Fehlerfreiheit** auf den Nutzer, was im Verbrauchergeschäft gem. § 309 Nr. 12 BGB unwirksam ist.[192] Dies gilt auch im unternehmerischen Bereich (Abwägung nach § 307 Abs. 1 BGB).[193]

122 Da die Rechtsprechung den Spielraum für wirksame Haftungsbegrenzungen unattraktiv klein gezogen hat, kommt den Vertragsformulierungen, die Leistungsabgrenzungen vornehmen und die Risikosphären gegeneinander abgrenzen umso größere Bedeutung zu.

5. Einräumung von Nutzungsrechten

123 Wird die in der Cloud genutzte Software durch einen Dritten entwickelt, muss sich der Cloud-Anbieter die für sein Diensteangebot erforderlichen Rechte verschaffen. Da solche Software regelmäßig für den Einsatz in einer Cloud-Umgebung geeignet sein muss, wird sich der Hersteller darüber im Klaren sein, dass er dem Cloud-Anbieter in der Lizenzvereinbarung alle Nutzungsrechte einräumt, die für diesen erforderlich sind, um den Cloud-Service den Cloud Nutzern anzubieten.[194] Aus Gründen der Vertragsklarheit und der Rechtssicherheit ist eine möglichst **präzise Beschreibung** des Umfangs der eingeräumten Nutzungsrechte empfehlenswert. Die gängige Vertragspraxis belässt es aber häufig bei Umschreibungen der Zweckübertragungslehre, kombiniert mit Ausschlüssen derjenigen Handlungen, die bei der Softwarenutzung gerade nicht erlaubt sein sollen. Es kommen folgende **Fallgruppen** in Betracht:
– Anbieter ist zugleich Softwarehersteller und sichert dem Nutzer den Zugriff auf die Software zu (Beispiel 1)
– Anbieter benutzt fremde Software und stellt dem Nutzer ein nicht-ausschließliches Nutzungsrecht zur Verfügung (Beispiel 2)
– Anbieter stellt einen Softwaredienst zur Verfügung; hinsichtlich der Nutzungsrechte verweist er auf die Nutzungsbedingungen des Softwarehauses (Beispiel 3)

Beispiel 1:
ANBIETER stellt dem Auftraggeber den Service gemäß der Order Form und während der dort angegebenen Laufzeit zur Verfügung, damit er Definierten Nutzern Remotezugriff auf den Service zur Nutzung des Service ausschließlich zu den internen Geschäftsvorfälle des Auftraggebers gemäß den Bedingungen der Vereinbarung und der Dokumentation sowie nach Maßgabe der Bedingungen dieser

---

[190] Vgl. ferner die Gestaltungshinweise bei *Wicker* MMR 2014, 787 (788 f.).
[191] Zu ähnlichen Formulierungen bei Softwaremiete von Westphalen/*Hoeren* IT-Verträge Rn. 164.
[192] von Westphalen/*Hoeren* IT-Verträge Rn. 164 (zur Softwaremiete).
[193] von Westphalen/*Hoeren* IT-Verträge Rn. 165 (zur Softwaremiete). Für Bauverträge auch OLG Frankfurt Urt. v. 7.6.2985 – 6 U 148/84, NJW-RR 1986, 245 (246 f.).
[194] *Bisges* MMR 2012, 574 (576); Niemann/Paul/*Paul*, Cloud Computing, Kap. 8 Rn. 177 ff.; Leupold/Glossner/*Wiebe* Teil 3 Rn. 135.

Vereinbarung einräumen kann. Das Recht zur Nutzung des Service gilt weltweit, vorbehaltlich der unter www.ANBIETER.com/.../html aufgeführten Beschränkungen in der jeweils aktuellen Fassung und nach Maßgabe von Artikel XX.

Im Beispiel 1 steht die Einräumung einer bestimmten Dienstleistung im Vordergrund: Der Anbieter verpflichtet sich, dem Nutzer Zugriff auf einen Cloud-Service zu gewähren. Die Zugriffsgewährung wird auf die internen Geschäftsvorfälle des Nutzers beschränkt, wobei auch die sonstigen Vertragsbedingungen maßgeblich sind. Dies entspricht im Wesentlichen der in § 31 Abs. 5 UrhG verankerten **Zweckübertragungslehre**.

Beispiel 2:
As between you and us, we or our affiliates or licensors own and reserve all right, title, and interest in and to the Service Offerings. We grant you a limited, revocable, non-exclusive, non-sub-licensable, non-transferrable license to do the following during the Term: (i) access and use the Services solely in accordance with this Agreement; and (ii) copy and use the ANBIETER Content solely in connection with your permitted use of the Services.

Im Beispiel 2 hebt der Anbieter zunächst hervor, dass alle Rechte am eingeräumten Service ihm oder dem Lizenzgeber zustehen, was rein klarstellende Bedeutung hat. Sodann räumt er dem Nutzer ein beschränktes, widerrufliches, nicht-ausschließliches und nicht übertragbares Nutzungsrecht ein, wobei die Frage, was „use of the Services" umfasst, wiederum nur mithilfe der Zweckübertragungslehre zu beantworten ist.

Beispiel 3:
Teil 1: End User License Agreement. By subscribing to this product you agree to terms and conditions outlined in the product End User License Agreement (EULA).
Teil 2: Using ANBIETER Software. In conjunction with the Services, you may be allowed to use certain software (including related documentation) developed and owned by ANBIETER or its licensors (collectively, the „ANBIETER Software"). If you choose to use the ANBIETER Software, ANBIETER and its licensors require that you agree to these additional terms and conditions:
– The ANBIETER Software is neither sold nor distributed to you and you may use it solely in conjunction with the Services.
– You may not transfer or use the ANBIETER Software outside the Services.
– You may not remove, modify or obscure any copyright, trademark or other proprietary rights notices that are contained in or on the ANBIETER Software.
– You may not reverse engineer, decompile or disassemble the ANBIETER Software, except to the extent expressly permitted by applicable law.

Hier stellt der Anbieter die Software eines fremden Softwareherstellers in der Wolke zur Verfügung und verweist hinsichtlich der Nutzungsrechte auf die **Lizenzvereinbarung** mit dem Softwarehersteller (EULA → § 13 zur Überlassung von Standardsoftware auf Zeit; § 12 zu Überlassung von Software auf Dauer; § 16 zu Standardklauseln). Auch im Beispiel 3 werden die Nutzungsrechte nur insoweit übertragen, als dies für die Nutzung des Cloud-Services notwendig ist (§ 31 Abs. 5 UrhG). Allerdings stellen die Ausschlüsse klar, was bei der Nutzungsrechtseinräumung nicht gestattet sein soll (→ § 16 Standardklauseln).

6. Einseitige Vertragsänderungen

a) **Leistungsänderungsklauseln.** Einseitige Leistungsänderungsvorbehalte sind prägend für Cloud-Verträge, denn einer der wesentlichen Vorteile des Geschäftsmodells ist die Aktualität der Technik. Deswegen sind die Anbieter darauf angewiesen, die der Cloud zugrunde liegende Infrastruktur an die neuen technischen Gegebenheiten anzupassen. Insoweit sind auch Änderungsklauseln in Cloud-Verträgen gängig, wie die folgenden Beispiele zeigen.

Beispiel 1:
ANBIETER kann die zur Bereitstellung eines Cloud Dienstes verwendete IT Umgebung ändern, sofern die Funktionalität oder die Sicherheitsfunktion des Cloud Dienstes durch die Änderung nicht beeinflusst werden. Werden Änderungen vorgenommen, die die Art und Weise der Verarbeitung personenbezogener Daten verändert, kann der Kunde innerhalb von 30 Tagen nach Erhalt der Mitteilung über die Änderung kündigen. Sonstige Änderungen an der Servicebeschreibung kommen erst durch einvernehmliche Abänderung des Vertrags zustande.

Beispiel 2:
Änderungen am Dienst. ANBIETER behält sich das Recht vor, den Dienst (oder einen Teil davon) zu ändern oder zu beenden, sowohl vorübergehend als auch dauerhaft. ANBIETER wird gegebenenfalls eine Mitteilung auf unserer Website machen und/oder eine Email an die Haupt-Email-Adresse, die mit Ihrem Konto verbunden ist, schicken, um Sie über wesentliche Änderungen an dem Dienst zu unterrichten. Sie sind dafür verantwortlich, Ihre SERVICE Email-Adresse und/oder Haupt-Email-Adresse, die bei ANBIETER registriert ist, hinsichtlich solcher Mitteilungen zu prüfen. Sie stimmen zu, dass ANBIETER weder Ihnen noch Dritten gegenüber für Änderungen oder die Beendigung des Dienstes haftet. Wenn Sie für die Nutzung des Dienstes gezahlt haben und wir den Dienst beenden oder seine Funktionalität wesentlich herabstufen, werden wir Ihre bereits bezahlten Gebühren anteilig erstatten.

Beispiel 3:
Änderungen der Inhalte. Ihnen ist bekannt, dass, um Ihnen den Dienst bereitzustellen und um Ihnen Ihre Inhalte darin zur Verfügung zu stellen, ANBIETER Ihre Inhalte möglicherweise über verschiedene öffentliche Netzwerke und in verschiedene Medien überträgt und Ihre Inhalte möglicherweise modifiziert oder ändert, um den technischen Anforderungen der verbindenden Netzwerke, Geräte oder Computer zu entsprechen. Sie erklären sich damit einverstanden, dass die in dieser Vereinbarung eingeräumte Lizenz ANBIETER zur Vornahme entsprechender Maßnahmen ermächtigt.

Beispiel 4:
Änderung und Beendigung unserer Dienste. Wir verändern und optimieren unsere Dienste fortlaufend. So können wir beispielsweise Funktionen oder Features hinzufügen oder entfernen und auch einen Dienst aussetzen oder endgültig einstellen. Sie können die Nutzung unserer Dienste jederzeit beenden, auch wenn wir dies bedauern würden. ANBIETER kann die Bereitstellung von Diensten an Sie jederzeit aussetzen oder durch zusätzliche sowie neue Beschränkungen begrenzen.

128 **b) Grundzüge der BGH-Rechtsprechung.** Alle oben genannten Klauseln sind am **Maßstab des § 308 Nr. 4 BGB** zu messen. Danach sind die Klauseln wirksam, wenn sie für den Cloud-Nutzer zumutbar sind. Die Rechtsprechung hat schrittweise Merkmale ausgearbeitet, die bei der Ausfüllung des unbestimmten Rechtsbegriffs „Zumutbarkeit" herangezogen werden können: die Bestimmbarkeit und die Äquivalenz.

129 Die herrschende Meinung verlangt zunächst, dass der **Grund** für die Leistungsänderung **bestimmbar** ist. Nur wenn der Vertragspartner erkennen kann, in welchen Situationen er mit Änderungen zu rechnen kann, ist die Änderungsklausel zumutbar. Steht die Änderung im freien Ermessen des Klauselverwenders, ist die Klausel unzumutbar und folglich nach § 308 Nr. 4 BGB unwirksam.[195] Darüber hinaus darf das **Äquivalenzverhältnis** zwischen der Leistung und Gegenleistung nach der Änderung des Leistungsinhalts oder -umfangs nicht gestört sein.[196] Dabei muss die Klausel konkrete Regelungen vorsehen, die dafür sorgen, dass das Äquivalenzverhältnis bestehen bleibt (etwa Preisanpassung; nur in Ausnahmefällen ist ein erleichtertes Kündigungsrecht allein ausreichend).

130 Allerdings ist daran zu erinnern, dass § 308 Nr. 4 Nr. 4 im **unternehmerischen Bereich** gem. § 310 Abs. 1 BGB lediglich **Indizwirkung** hat, so dass eine Unangemessenheitsprüfung im Einzelfall stets notwendig ist, in der die unternehmerische Tätigkeit und die damit einhergehende Erfahrung des Vertragspartners eine Rolle spielen muss.[197] Auch kann nicht in allen Fällen eine vollständig unveränderte Leistungserbringung verlangt werden, wenn die Änderung der für das Angebot genutzten Infrastruktur auch eine Änderung des eigentlichen Leistungsinhalts bewirkt. Deshalb kann es unbedenklich sein, wenn ein Leistungsangebot so abgeändert wird, dass es weniger performant ist, weil dies erforderlich ist, um die vereinbarten Sicherungsmaßnahmen auf dem Stand der Technik zu halten.

131 Es ist wie folgt zu differenzieren:
– **Transparente,** die Leistung zumutbar verändernde Änderungsvorbehalte sind – auch in AGB – stets akzeptabel, weil die Vorteile der standardisierten, flexiblen Leistungserbrin-

---

[195] BGH Urt. v. 30.6.2009 – XI ZR 364/08, NJW-RR 2009, 1641 (Emissionsbedingungen); BGH Urt. v. 15.11.2007 – III ZR 247/06, NJW 2008, 360 (Bezahlfernsehen); BeckOK-BGB/*Becker*, § 308 Nr. 4 Rn. 16; Wolf/Lindacher/Pfeiffer/*Dammann* § 308 Nr. 4 Rn. 24.
[196] Wolf/Lindacher/Pfeiffer/*Dammann* § 308 Nr. 4 Rn. 24; Ulmer/Brandner/Hensen/*H. Schmidt* § 308 Nr. 4 Rn. 9; MüKoBGB/*Wurmnest*, § 308 Nr. 4 Rn. 7 f.
[197] So zutreffend Wolf/Lindacher/Pfeiffer/*Dammann* § 308 Nr. 4 Rn. 70. In diese Richtung auch Niemann/Paul/*Paul*, Cloud Computing, Kap. 8 Rn. 97.

gung nur an den Cloud Kunden weitergegeben werden können, wenn der Kunde sich von vornherein auf Veränderbarkeit einlässt.
– **Intransparente oder pauschale** Änderungsvorbehalte sind in AGB unwirksam. In Individualverträgen sind sie bei Intransparenz auslegungsbedürftig. Unklare Formulierungen gehen meist zulasten des die Änderung anstoßenden Anbieters, der für die Zulässigkeit seines Änderungsvorbehalts die Darlegungslast hat, soweit der Kunde unveränderte Leistungserbringung fordert.

c) **Änderungsvorbehalte an der genutzten IT-Umgebung.** Dass die IT-Infrastruktur, in der ein Anbieter seine Leistungen erbringt, sich ändert, ist Teil des Innovationsversprechens, das der Anbieter abgibt. Bereits die Verpflichtung, Maßnahmen des Datenschutzes dem Stand der Technik entsprechend einzusetzen, zwingt den Anbieter dazu, kontinuierlich zu aktualisieren. Derartige Klauseln, die darauf abstellen, dass das eigentliche Leistungsversprechen an den Kunden unverändert bleibt, sind AGB-rechtlich unproblematisch. Ebenso sollten Bestimmungen angesehen werden, die eine kontinuierliche Verbesserung und Aktualisierung der Leistungen vorsehen, denen der Kunde nicht zustimmen muss. In diesen Fällen geht es nicht um die Änderung der eigentlichen Leistung, die als Bereitstellung eines bestimmten Services im Kern bestehen bleibt. Es verändert sich nur die technische Umsetzung der versprochenen IT-Leistung, die als bloße Begleiterscheinung AGB-rechtlich unbedenklich ist.[198]

In diese Kategorie ist die Änderungsklausel aus dem Beispiel 1 einzuordnen. Die Klausel bezieht sich lediglich auf die IT-Umgebung, ohne dass der Anbieter berechtigt ist, die Funktionalität oder die Sicherheitsfunktionen (also die zentralen Merkmale eines Cloud-Services) des Dienstes zu verändern. Positiv wirkt sich auf die Zumutbarkeitsprüfung ferner aus, dass dem Nutzer eine **Kündigungsmöglichkeit** für den Fall einer Änderung hinsichtlich der Datenverarbeitung eingeräumt wird. Schließlich wird klargestellt, dass Änderungen an der Servicebeschreibung nur einvernehmlich erfolgen können. Dies ist unter Transparenzgesichtspunkten AGB-rechtlich positiv zu werten.

d) **Änderungsvorbehalte am kontrahierten Leistungsinhalt.** Die rechtliche Grenze ist dort zu ziehen, wo der Kunde zu **Folgeinvestitionen** gezwungen wird oder seine eigene Leistungserbringung nachteilig beeinflusst wird. Derartige „aufgedrängte Innovation" muss ein Kunde nicht hinnehmen.[199] Indes werden die meisten Änderungsvorbehaltsklauseln durch kurze Kündigungsklauseln abgepuffert. Auch ist zu berücksichtigen, dass permanente und schnelle Veränderungen in einem dynamischen Umfeld in der Natur der Cloud-Dienste liegen. Es entspricht insoweit dem wirtschaftlich-technischen Charakter der Leistung, diese Veränderungen anzubieten und deren Nutzung für einen standardisierten Dienst verfügbar zu machen.

Die Grenze ist weit zu setzen: Nur intransparente, versteckte Änderungsklauseln sollten AGB-rechtlich unwirksam sein. Dienstspezifische, vor allem **technisch gebotene Änderungsklauseln** sollten – bei für einen Fachmann transparenter Gestaltung – wirksam sein. Entscheidend ist, ob nicht nur unerhebliche Folgeinvestition beim Nutzer erforderlich sind, um die Cloud-Leistung weiter in Anspruch nehmen zu können. Eine andere Sichtweise würde die Innovation im Sinne des Großteils der zumeist unternehmerischen Nutzer über Gebühr einschränken. Werden unerhebliche Folgeinvestitionen, wie etwa das Einspielen eines neuen (kostenfreien) Softwarestandes zur Herstellung der Interoperabilität erforderlich, sind diese den Kunden als leitbildkonform zumutbar.

e) **Pauschale Änderungsvorbehalte.** Dagegen sind pauschale Änderungsvorbehalte wie in den Beispielen 2, 3 und 4, AGB-rechtlich kritisch zu betrachten. Dies gilt sowohl für Änderungsklauseln hinsichtlich des Dienstes als solchem als auch hinsichtlich der eingestellten Inhalte. Legt man den oben dargelegten Maßstab zugrunde, sind globale Änderungsvorbehalte, die im alleinigen Ermessen des Cloud-Anbieters stehen, nicht bestimmbar und damit für den Nutzer unzumutbar. Der Nutzer kann nicht erkennen, wann der Anbieter das Leistungsspektrum einschränken darf; er ist dem Wohlwollen des Anbieters ausgeliefert. An der Unzumutbarkeit ändert auch der Umstand nichts, dass dem Kunden ein (erleichtertes) Kün-

---

[198] So wohl auch Niemann/Paul/*Paul*, Cloud Computing, Kap. 8 Rn. 93.
[199] Vgl. auch Niemann/Paul/*Paul*, Cloud Computing, Kap. 8 Rn. 93.

digungsrecht für den Fall, dass er mit der Änderung nicht einverstanden ist, eingeräumt wird.[200] Denn es kann vorkommen, dass der Nutzer seine Investitionen an der Cloud-Leistung so ausgerichtet hat, dass ihm die kurzfristige, anderweitige Beschaffung vergleichbarer Dienste nicht möglich ist.[201]

137 So ist im Beispiel 2 nicht ersichtlich, in welchen Fällen der Anbieter von der Änderungsklausel Gebrauch machen kann und welche Leistungen die Klausel betrifft. Hinzu kommt, dass der Anbieter seine Haftung für etwaige Schäden, die mit der Änderung einhergehen können, ausschließen will. Immerhin sieht die Klausel vor, dass dem Nutzer die bereits gezahlten Gebühren zurückerstattet werden, was im Hinblick auf das Äquivalenzgebot positiv zu würdigen ist. Insgesamt ist die Klausel aber als unzumutbar iSd § 308 Nr. 4 BGB einzustufen. In den Beispielen 3 und 4 sind solche **Äquivalenzmechanismen** nicht vorgesehen, so dass sie als typische pauschale Änderungsvorbehalte erst recht gem. § 308 Nr. 4 BGB unzumutbar und damit unwirksam sind.[202]

138 f) **Preisänderungsklauseln.** Häufig sind Preisanpassungsklauseln anzutreffen. Weil Cloud-Verträge meist kurzfristig kündbar sind, ist die Problematik allerdings gegenüber Outsourcingverträgen herkömmlicher Art entschärft, Benchmarking und Preisanpassung sind nur bei längerfristigen Cloud-Bezugsverträgen (zB Rahmenverträge) relevant. Diese Klauseln sind der Kontrolle sowohl nach dem Preisklauselgesetz (PrKlG) als auch dem AGB-Recht[203] unterworfen:

Beispiel 1:

ANBIETER kann die in der Bestellung vereinbarte Vergütung jeweils mit einer Ankündigungsfrist von zwei Monaten mit Wirkung zum 01.01. eines Kalenderjahres durch schriftliche Anpassungserklärung gegenüber dem Auftraggeber nach seinem Ermessen unter Einhaltung der folgenden Grundsätze dieses Artikels ändern.

(a) ANBIETER darf die Vergütung höchstens in dem Umfang ändern, in dem sich der nachfolgend unter (b) genannte Index geändert hat (Änderungsrahmen). Handelt es sich um die erste Vergütungsanpassung, ist für den Änderungsrahmen die Indexentwicklung zwischen dem im Zeitpunkt des Vertragsschlusses veröffentlichten Indexstand und dem im Zeitpunkt der Anpassungserklärung zuletzt veröffentlichten Indexstand maßgeblich. Hat bereits früher eine Vergütungsanpassung stattgefunden, wird der Änderungsrahmen definiert durch die Indexentwicklung zwischen dem im Zeitpunkt der vorangehenden Anpassungserklärung zuletzt veröffentlichen Indexstand und dem im Zeitpunkt der neuen Anpassungserklärung zuletzt veröffentlichen Indexstand.

(b) Für die Ermittlung des Änderungsrahmens ist der Index der durchschnittlichen Bruttomonatsverdienste der vollzeitbeschäftigten Arbeitnehmer in Deutschland für den Wirtschaftszweig Erbringung der Dienstleistungen der Informationstechnologie (derzeit in Quartalszahlen veröffentlicht vom Statistischen Bundesamt in Fachserie 16, Reihe 2.4, Gruppe J 62) zugrunde zu legen. Sollte dieser Index nicht mehr veröffentlicht werden, ist für die Ermittlung des Änderungsrahmens derjenige vom Statistischen Bundesamt veröffentlichte Index maßgeblich, der die Entwicklung der durchschnittlichen Bruttomonatsverdienste im vorgenannten Wirtschaftszweig am ehesten abbildet.

(c) Wenn der Auftraggeber nicht binnen zwei Wochen ab Zugang der Anpassungserklärung die Bestellung zum Ende des Kalenderjahres kündigt (Sonderkündigungsrecht), gilt die neue Vergütung als vereinbart. Hierauf weist ANBIETER in der Anpassungserklärung hin.

Beispiel 2:

Dem Kunden ist bekannt, dass ANBIETER die Gebühren gemäß Ziffer [...] (Änderungen der Vereinbarung und der Services) ggf. ändern kann. Wenn eine angekündigte Änderung der Gebühren vor der Unterzeichnung der Vereinbarung durch den Kunden erfolgt, stimmt der Kunde zu, dass jede Änderung der Gebühren für bestehende Services ab dem Stichtag der Gebührenänderung ohne weitere Mitteilung an den Kunden in Kraft tritt. Die in der Gebührenübersicht angegebenen Gebühren verstehen sich gemäß nachstehender Beschreibung in der angegebenen Währung und zuzüglich Steuern. [Die entsprechende Ziffer räumt dem ANBIETER ein Änderungsrecht nach eigenem Ermessen ein].

---

[200] BGH Urt. v. 11.10.2007 – III ZR 63/07, NJW-RR 2008, 134 (Internetverschaffung).
[201] BeckOK-BGB/*Becker*, § 308 Nr. 4 Rn. 33 ff.
[202] Vgl. auch LG Berlin Urt. v. 19.11.2013 – 15 O 402/12, K&R 2014, 56 (57), zu Google-Nutzungsbedingungen.
[203] BGH Urt. v. 24.3.2010 – VIII ZR 178/08, NJW 2010, 2789.

II. Einzelne cloud-spezifische Regelungsgegenstände 139–142 § 22

aa) PreisklauselG. Im PrKlG gilt nach § 1 Abs. 1 ein Indexierungsverbot, das jedoch dann **139** durchbrochen wird, wenn aus der Anpassungsklausel entweder Preissenkungen resultieren oder Leistungsvorbehaltsklauseln, Spannungsklauseln oder Kostenelementeklauseln vereinbart sind.[204] Wichtig in diesem Zusammenhang sind vor allem zwei Aspekte: Zum einen, dass nur solche Veränderungen über den Preis weitergegeben werden können, die sich aufgrund für den Anbieter tatsächlich gegebener Veränderung der Kosten belegen lassen und dass auf der Rechtsfolgenseite nach § 8 PrKlG erst dann Unwirksamkeit besteht, wenn der Verstoß gegen das PrKlG rechtskräftig festgestellt ist. Das PrKlG hat keine Leitbildfunktion iSv § 307 Abs. 2 Nr. 1 BGB.[205] Eine Genehmigungspflicht für die Klausel wie unter dem alten § 3 WährungsG besteht nicht mehr.

bb) AGB-Kontrolle. Anders als reine Vergütungsklauseln, die als Leistungsbeschreibung **140** gem. § 307 Abs. 3 BGB grundsätzlich kontrollfrei sind, können Preisänderungsklauseln gem. §§ 307 ff. BGB auf ihre **Unangemessenheit** hin kontrolliert werden.[206] Es bestehen zwei Anknüpfungspunkte für die AGB-Kontrolle von Preisänderungsklauseln: Zum einen **§ 309 Nr. 1 BGB**, der die Zulässigkeit von kurzfristigen Preisänderungen regelt, und zum anderen der Unangemessenheitsmaßstab **des § 307 Abs. 1 BGB**. Dabei dürfte § 309 Nr. 1 BGB in Cloud-Sachverhalten keine Rolle spielen, da die Parteien eine Art **Sukzessivlieferungsvertrag** mit dauerhaftem Charakter eingehen, in dem die Services immer wieder abgerufen werden können und nutzungsabhängig vergütet werden. Auf Dauerschuldverhältnisse und Sukzessivlieferungsverträge ist § 309 Nr. 1 BGB aber nicht anwendbar.[207] Auch lässt sich das starre Verbot des § 309 Nr. 1 BGB auf Verträge im unternehmerischen Verkehr nicht übertragen.[208]

Eine Kontrolle nach § 307 Abs. 1 BGB findet nur statt, wenn der Klauselverwender über **141** die Preisänderung bestimmen kann und nicht ein neutraler Dritter.[209] Beides ist in den Beispielen der Fall. Die AGB-Kontrolle ist in **drei Schritten** durchzuführen:[210] Erstens ist zu prüfen, ob die Leistung und Gegenleistung nach erfolgter Preisänderung noch im Äquivalenzverhältnis stehen. Die Äquivalenz bleibt gewahrt, wenn der Klauselverwender nicht nur zusätzlichen Gewinn realisieren will, sondern unvorhergesehene Kostenerhöhungen an den Vertragspartner weitergibt. Zweitens muss die Klausel transparent sein, also den Grund und die Grenzen der Preisanpassung erkennen lassen. Drittens muss der Klauselverwender dem Vertragspartner ein Lösungsrecht für den Fall einräumen, dass der neue Preis für diesen unzumutbar ist. Zu bedenken ist jedoch, dass diese Grundsätze für Verbraucherverträge entwickelt wurden.[211] Deshalb ist bei AGB-Kontrolle im **unternehmerischen Verkehr** Vorsicht geboten; die strengen Maßstäbe aus dem Verbraucherschutzbereich dürfen nicht unbesehen im unternehmerischen Bereich angewendet werden.[212]

Im Beispiel 1 sind selbst die strengen Anforderungen erfüllt: Die Preisanpassung ist an die **142** Entwicklung eines IT-spezifischen Indexes gekoppelt, dient also nur der Abwälzung von Kostenerhöhungen und nicht nur der reinen Gewinnsteigerung des Anbieters. Auch ist sie transparent formuliert und räumt dem Cloud-Nutzer ein Sonderkündigungsrecht ein. Dagegen dürfte die Klausel im Beispiel 2 gegen § 307 Abs. 1 verstoßen: Aus der Verweisung auf die Vertragsänderungsklausel ergibt sich, dass der Anbieter den Preis nach eigenem Ermessen ändern darf; eine Kopplung an einen Index ist nicht vorgesehen. Es ist aber auch im unternehmerischen Verkehr notwendig, dass eine Preiserhöhung von einem **sachlichen Grund**

---

[204] Ausführlich Hilber/*Intveen*/Hilber/Rabus, Handbuch Cloud Computing, S. 214 ff.
[205] Hilber/*Intveen*/Hilber/Rabus, Handbuch Cloud Computing, S. 216.
[206] Niemann/Paul/*Paul*, Cloud Computing, Kap. 8 Rn. 129; MüKoBGB/*Wurmnest* § 307 Rn. 17a.
[207] BeckOK-BGB/*Becker*, § 309 Nr. 1 Rn. 13; Wolf/Lindacher/Pfeiffer/*Dammann* § 309 Nr. 1 Rn. 21 ff.; Ulmer/Brandner/Hensen/*Fuchs* § 309 Nr. 1 Rn. 26 f.; MüKoBGB/*Wurmnest* § 309 Nr. 1 Rn. 21.
[208] So zutreffend Wolf/Lindacher/Pfeiffer/*Dammann* § 309 Nr. 1 Rn. 161; MüKoBGB/*Wurmnest* § 309 Nr. 1 Rn. 32.
[209] BGH Urt. v. 26.1.2001 – V ZR 452/99, NJW 2001, 2399 (2401); BeckOK-BGB/*Becker*, § 309 Nr. 1 Rn. 16.
[210] Zum Folgenden BeckOK-BGB/*Becker*, § 309 Nr. 1 Rn. 17 ff.; Ulmer/Brandner/Hensen/*Fuchs* § 309 Nr. 1 Rn. 28 ff.; MüKoBGB/*Wurmnest* § 309 Nr. 1 Rn. 22 ff.
[211] Ulmer/Brandner/Hensen/*Fuchs* § 309 Nr. 1 Rn. 29.
[212] So auch Wolf/Lindacher/Pfeiffer/*Dammann* § 309 Nr. 1 Rn. 161; Ulmer/Brandner/Hensen/*Fuchs* § 309 Nr. 1 Rn. 45.

abhängig gemacht wird.²¹³ Anderenfalls fehlt ein Mechanismus, mit dem sichergestellt wird, dass die Preisänderung nur zur Abwälzung von Kostenerhöhungen erfolgen darf und das Äquivalenzgebot nicht verletzt wird. Preisänderungen nach Belieben sind aber auch dem unternehmerischen Verkehr fremd.²¹⁴

7. Vertragsbeendigung

143 **a) Exit-Klauseln.** In Anbetracht der langläufigen und mitunter statischen Outsourcingverträge der 90er und 00er-Jahre sind Cloud Verträge eine Antwort der Anbieterseite auf die Nachfrage nach kurzfristig verfügbaren und häufig abänderbaren IT- Infrastrukturleistungen. Damit kommen Anbieterwechsel und Vertragsbeendigung bei Cloud häufiger vor als in den genannten Konstellationen; entsprechend hat die Bedeutung von „Exit-Klauseln" zugenommen. Jeder Cloud-Vertrag sollte Regelungen zur **Vertragslaufzeit** und/oder **Kündigungsrechten** beider Parteien und zu den gegenseitigen Pflichten nach der Vertragsbeendigung enthalten.²¹⁵ Sinnvoll erscheint es, den Vertrag auf eine bestimmte Zeit laufen zu lassen – wobei die 2-Jahres-Grenze des § 309 Nr. 9 BGB zu beachten ist²¹⁶ – und eine automatische Verlängerung zu vereinbaren, verbunden mit dem Recht, den Vertrag durch eine einseitige Erklärung vor dem Ende der Vertragslaufzeit zu beenden. Zudem sollte der Vertrag eine – gesetzlich in § 314 BGB für Dauerschuldverhältnisse ohnehin zwingend vorgesehene – Regelung über die **außerordentliche Kündigung aus wichtigem Grund** enthalten. Dabei ist es empfehlenswert, den unbestimmten Rechtsbegriff „wichtiger Grund" durch einen Regelbeispielskatalog auszufüllen und darin etwaige Konfliktsituationen zu antizipieren.²¹⁷ Auch Regelungen zur Abmahnung (§ 314 Abs. 2 BGB) sollten im Vertrag festgelegt werden.²¹⁸

144 **b) Datenrückgabe und Datenlöschung.** Allerdings reichen Regelungen zur Vertragsbeendigung für ein funktionierendes Exit-Management alleine nicht aus. Mindestens genauso wichtig sind Bestimmungen darüber, welche Pflichten die Parteien nach Vertragsbeendigung treffen. Aus Sicht des Anbieters ist dabei zu berücksichtigen, dass er ggf. Leistungen erbringen muss, die nicht zum Kern der geschuldeten Services gehören. Diese Leistungen sollte er sich vergüten lassen, wobei er die **Vergütungsklausel** transparent ausgestalten sollte. Aus Sicht des Nutzers ist von zentraler Bedeutung, dass der Anbieter sowohl die eingebrachten als auch die in der Wolke erzeugten Daten zu sich selbst oder zu einem anderen Anbieter vollständig und sicher transferiert.²¹⁹

145 **Aus Nutzersicht** nicht ausreichend dürfte folgende Klausel sein:

Ihre Daten gehören Ihnen und wir halten es für wichtig, dass Sie auf diese Daten zugreifen können. Sollten wir einen Dienst einstellen, werden wir, sofern vernünftigerweise möglich, Sie im Voraus angemessen darüber informieren und Ihnen die Möglichkeit geben, Ihre Daten aus diesem Dienst zu exportieren.

146 Hier ist beispielsweise nicht geregelt, wer die Verantwortlichkeit für den Datentransfer trägt, es ist wohl der Nutzer. Auch ist nicht klar, welche Leistungen der Anbieter erbringen muss; die Formulierung „Ihnen die Möglichkeit geben" ist denkbar unbestimmt. Es ist ferner nicht geregelt, in welchem Zeitraum der Nutzer die Daten exportieren soll, auf was für einem Datenträger und in welchem Format die Daten bereitgestellt werden.²²⁰

---

²¹³ Wolf/Lindacher/Pfeiffer/*Dammann* § 309 Nr. 1 Rn. 164; Ulmer/Brandner/Hensen/*Fuchs* § 309 Nr. 1 Rn. 46.
²¹⁴ Wolf/Lindacher/Pfeiffer/*Dammann* § 309 Nr. 1 Rn. 164.
²¹⁵ BITKOM, Checkliste, S. 11 f., 21 f.; Niemann/Paul/*Paul*, Cloud Computing, Kap. 8 Rn. 232 ff.
²¹⁶ Niemann/Paul/*Paul*, Cloud Computing, Kap. 8 Rn. 233.
²¹⁷ Niemann/Paul/*Paul*, Cloud Computing, Kap. 8 Rn. 236.
²¹⁸ *Roth-Neuschild* ITBR 2013, 213 (216).
²¹⁹ Zur Interessenlage etwa *Splittgerber/Rockstroh* BB 2011, 2179 (2184); Niemann/Paul/*Paul*, Cloud Computing, Kap. 8 Rn. 237; Leupold/Glossner/*von dem Bussche*/Schelinski Teil 1 Rn. 397.
²²⁰ In Abwesenheit einer expliziten Regelung lässt sich bei Cloud Verträgen nicht ohne weiteres im Wege der ergänzenden Vertragsauslegung oder nach § 242 BGB eine Pflicht des Anbieters zur Herausgabe der Daten in gängigem Format und auf Datenträger als vertragliche Nebenpflicht unterstellen. Vielmehr sind Cloud Verträge – anders als Outsourcing oder komplexe Werkverträge – nicht zuletzt aufgrund der Standardisierung und der Preisgestaltung (bezahlt wird die Leistungseinheit und nicht die Risikoübernahme) von einem geringeren

Vorzugswürdig ist es, diese Fragen im Vertrag vorab zu beantworten.[221] So ist zunächst der Begriff „**Daten des Nutzers**" zu definieren. Es sind sowohl die eingebrachten, die in der Wolke erzeugten Daten wie ggf. auch die Verkehrsdaten wie Statistiken, Zugriffe, Schnittstelleninformationen der Nutzung etc. darunter zu fassen. Sodann sind die Verantwortlichkeitssphären bezüglich dieser Daten eindeutig voneinander abzugrenzen. Auch sollten das Format und die Zeitspanne definiert werden, in dem der Datentransfer erfolgen soll. Dabei ist zu berücksichtigen, dass der Nutzer ggf. eine Übergangszeit benötigt, um einen neuen Service einrichten zu lassen. Zudem ist eine etwaige Vergütung des Anbieters vertraglich festzuschreiben.[222] Als herauszugebende Daten gelten selbstverständlich auch Code-Bestandteile, die der Nutzer zB auf einer Entwicklungsplattform erzeugt hat. Herauszugeben ist alles, was erzeugt wurde, auch der Quellcode.[223] Die Löschung der Kundendaten, auch in back-ups, ist Nebenpflicht des Anbieters.[224]

c) Unterbrechung der Services. Die meisten Cloud-Verträge enthalten Regelungen, denen zufolge der Anbieter berechtigt sein soll, die Services kurzfristig und ohne die Einhaltung von weiteren Kündigungsvoraussetzungen einzustellen oder zumindest zu unterbrechen. Hier gilt, dass sich der Anbieter bei transparenter Gestaltung sachlich gerechtfertigte Wartungsfenster vorbehalten darf. Allerdings sind bei per se als hochverfügbare Lösungen konzipierten Cloud Angeboten tendenziell hohe Anforderungen an die Transparenz und die sachliche Rechtfertigung der Verfügbarkeitsbeschränkung zu stellen, die jedoch AGB-rechtlich wie eine Leistungsbeschreibung zu handhaben ist. Soweit eine „freie" Verfügbarkeitsreduzierung ohne sachlichen Rückbezug auf zB Wartungsereignisse vorliegt, handelt es sich um eine vertragliche Haftungsbegrenzung, die an den §§ 309 Nr. 7, 8 BGB zu messen und nach deutschem Recht zumeist unwirksam ist.

8. Datensicherheit und Standards

a) Bedeutung der Datensicherheit. Als größte Hürde für den Einsatz von Clouds hat der BITKOM gemeinsam mit KPMG noch im Januar 2014 die Sorge der Unternehmen vor einem unberechtigten Zugriff auf sensible Daten ermittelt.[225] Dies entspricht den Bedenken beim Aufkommen von IT-Outsourcing zu Beginn der 90er Jahre. Faktisch hat die Outsourcingwelle jedoch wohl zu einer durchschnittlichen Verbesserung der IT-Sicherheit geführt, denn professionelle IT-Provider brachten die heimische IT der Kunden häufig erst durch Standardisierung auf den Stand der Technik. Da Cloud-Angebote hochgradig standardisiert sind, findet auch hier ein zumindest formales Aufrüsten der Anbieter um eine möglichst vollständige Abdeckung existierender Regelwerke statt.[226]

Indes ist der Einsatz von Cloud Computing auch stets im Kontext sonstiger Gefährdungen der Datensicherheit im Gesamtfluss der Daten eines Unternehmens zu betrachten: Vom Eintritt einer vertraulichen Information in die Unternehmenssphäre oder einer Innovation durch Un-

---

gegenseitigen Pflichtenniveau und damit auch von höherer Eigenverantwortung der Parteien für ihre jeweiligen operativen Aktivitäten geprägt.

[221] Zum Exit-Szenario im Insolvenzfall des Anbieters Hilber/*Intveen*/*Hilber*/*Rabus*, Handbuch Cloud Computing, S. 236 ff.
[222] Vgl. dazu eingehend *BITKOM* Checkliste, S. 14 f.; *Roth-Neuschild* ITBR 2013, 213 (215); *Splittgerber*/*Rockstroh* BB 2011, 2179 (2184); Niemann/Paul/*Paul*, Cloud Computing, Kap. 8 Rn. 240 ff.
[223] Eines Rückgriffs auf die Rechtsprechung zur Quellcodeherausgabe bei Erstellungsverträgen, etwa BGH Urt. v. 16.12.2003 – X ZR 129/01, CR 2004, 490 bedarf es hier nicht, weil der Cloud Anbieter nicht Auftragnehmer eines Programmierungsauftrags ist, sondern nur der Infrastrukturanbieter einer Programmierarbeit. Nach Ansicht des LG Köln Urt. v. 3.5.2000 – 20 S 21/99, CR 2000, 505 soll die Herausgabe des Quellcode AGB-rechtlich ausgeschlossen werden können. Diese – ohnehin problematische Rechtsprechung – kann auf Cloud Verträge nicht übertragen werden, die Herausgabe von Kundendaten und -software kann nur individualvertraglich wirksam ausgeschlossen werden.
[224] *Roth*/*Neuschild* ITBR 2013, 213 (215).
[225] http://www.bitkom.org/de/presse/8477_78524.aspx.
[226] Beispiel bei Amazon Web Services: AWS wirbt mit der Übereinstimmung mit folgenden Regelwerken: HIPAA, SOC/SSAE16/ISAE 3402 (zuvor SAS 70), SOC 2, SOC 3, PCI DSS Level 1, DIN ISO/IEC 27001, FedRAMP (SM), DIACAP und FISMA, ITAR, FIPS 140-2, CSA, MPAA, vgl: http://aws.amazon.com/de/compliance/, zuletzt abgerufen am 28.6.2015.

ternehmensmitarbeiter bis hin zur Auswertung dieser Information durch die Geschäftsleitung für strategische Zwecke durchläuft die Information eine Vielzahl von Systemen und passiert entsprechend viele Schnittstellen unterschiedlichster Art (PC Hardware-Schnittstellen, externe Speicher, interne und externe Datenleitungen, Mail-Server, Server mit entsprechenden Zugriffsberechtigungen durch Administratoren, back-up Systeme, Gespräche zwischen Mitarbeitern, Aufzeichnungen, Ausdrucke, Bildschirmanzeigen, etc.). Die Übermittlung, Speicherung oder Verarbeitung in einem Cloud System ist also nur ein Element dieser zahlreichen Stationen.

151 Die Vertragspraxis ignoriert diesen Umstand insofern, als sie für sich in Anspruch nimmt, die Sicherheitszusagen der technischen Infrastruktur losgelöst von sonstigen Risiken umfassend zu regeln. Aus der Sicht eines Rechtsberaters ist zuzugestehen, dass dies in der Vertragsgestaltung kaum anders möglich ist. Damit ein abgesenktes, meist kostengünstigeres Niveau an IT-Sicherheit, das sich jedoch in den Gesamtbestand an Risiken homogen einfügt, als „Rat zum sichersten Weg" ausreicht, ist ein Mandant umfassend über Zusammenhänge und Wechselwirkungen aufzuklären.

152 Regelungen zu Sicherheit haben in Cloud-Verträgen mehrere Funktionen:
– Zunächst sind sie schuldrechtliche Leistungszusagen, welche die Qualität des Leistungsversprechens des Anbieters an den Kunden bezüglich der IT-Sicherheit bestimmen;
– weiter sind sie notwendige Präzisierung des datenschutzrechtlich gebotenen Sicherheitsstandards, der dem Stand der Technik zum Zeitpunkt der Datenverarbeitung zu entsprechen hat (vgl. Art. 17 Abs. 1 S. 2 der Richtlinie 95/46/EWG)
– schließlich sind sie für die IT-Compliance der Kunden, welche die Cloud Dienste nutzen, maßgeblich. Damit beeinflussen sie Haftungsrisiken der Geschäftsleiter und Reputation der Unternehmen.

153 **b) Unterscheidungen.** Folgende Arten von Standards können unterschieden werden:[227]
– Kontrollregelwerke, die zum Bereich des Risikomanagements gehören, welches aus der Geschäftsleitersicht (meist Finanzressort) alle Unternehmensbereiche überprüft, darunter auch den IT-Bereich. Hier existieren zum einen spezifische Regelwerke für IT Service Organisationen (SOC/SAS/ISAE) die jeweils als Typ I (Vorhandensein von Kontrollmechanismen) und Typ II (Kontrolleffektivität) abgeprüft werden. Die entsprechenden Ergebnisse werden wiederum in andere Prüfverfahren integriert (so zB als Teile der SOX 404 Prüfungen oder in ISO 27001 Prüfprozesse).
– IT-nahe Regelwerke: Hier wird die Einhaltung von Standards/Normen (ISO, DIN, ANSII, IT Grundschutz-Kataloge des BSI, ITIL, CobiT, TCSEC)[228] zugesagt. Allerdings enthalten auch diese Regelwerke meist keine technischen Beschreibungen zu Sicherheit wie zB eine spezifische Schlüssellänge bei der Vorgabe von Verschlüsselung, sondern sind ebenfalls schwerpunktmäßig Prozessnormen. Eine aktuelle ISO Norm, die Sicherheitsanforderungen bei der Verarbeitung personenbezogener Daten für Cloud definiert, ist die ISO 27018.[229] Sie sieht bereits jetzt (vor Inkrafttreten der EU-Datenschutz Grundverordnung) umfangreiche Benachrichtigungs-, Informations-, Transparenz- und Nachweispflichten vor. Inhaltlich baut die ISO 27018 auf bereits existierende Sicherheitsstandards wie die ISO 27001 und ISO 27002 auf. Die neue Norm greift die Forderung europäischer Behörden nach einem prüffähigen Rahmen für Cloud-Systeme auf. Unter anderem sieht die ISO 27018 Folgendes vor:
• Kundenrechte: Cloud-Anbieter sollen Tools anbieten, die ihren Kunden bei der Verpflichtung helfen, Endnutzern Zugang zu persönlichen Daten zu gewähren und diese ändern, löschen und korrigieren zu können.
• Herausgabe von Daten an Strafverfolgungsbehörden: Diese darf nur bei aufgrund rechtlicher Verpflichtung erfolgen, der betroffene Kunde muss vor der Herausgabe davon in Kenntnis gesetzt werden, es sei denn, dies wäre rechtlich unzulässig.

---

[227] Eine Darstellung der vorgenannten Standards findet sich unter http://d0.awsstatic.com/whitepapers/compliance/AWS_Risk_and_Compliance_Whitepaper.pdf, zuletzt abgerufen am 28.6.2015.
[228] → § 33 (Compliance, IT-Sicherheit, Ordnungsmäßigkeit der Datenverarbeitung) Rn. 302 ff.
[229] Einzelheiten → Rn. 165 ff.

- **Unterauftragsverhältnisse und Länder:** Beides muss vor Vertragsschluss offengelegt werden.
- **Exit:** Es müssen verbindliche Regeln für die Übermittlung, Rückgabe und Verwendung personenbezogener Daten u. A. bei Vertragsbeendigung vorhanden sein.
- **Audit:** Cloud-Anbieter müssen sich verpflichten, die angebotenen Cloud-Dienstleistungen in regelmäßige oder aber bei größeren Systemumstellungen durch unabhängige Dritte überprüfen zu lassen.

c) **Vertragliche Zusagen zur technischen Sicherheit.** Aus Kundensicht liegt die Bedeutung dieser Standards darin, die Überprüfung der Übereinstimmung mit den IT-Sicherheitsanforderungen des Unternehmens zu gewährleisten. Dies gilt auch für den Nachweis, dass Kontrollsysteme vorhanden sind und funktionieren. Die Standardisierung der Cloud Dienste bewirkt zum einen, dass Insellösungen oder dedizierte Infrastrukturen bei den Cloud Nutzern auf dem Rückzug sind. Bei den Anbietern führt die Vielfalt der Kundenunternehmen dazu, dass diese eine entsprechend breite Auswahl von unterschiedlichen Standards einhalten müssen. Bei zu großer Vielfalt ist die Einhaltung der Aktualität dieser Standards schwierig und kann die Kosten für alle Kunden treiben.

Die klassische Funktion derartiger Zusagen besteht in der vertraglichen Soll-Zustandsbeschreibung. Sofern die Aussagen konkret zu technischen Standards erfolgen, sind sie verbindlich. Ihr Unterschreiten zieht bei Verträgen, die für den Kunden geschäftskritische Funktionen abbilden, eine Hauptpflichtverletzung nach sich. Die Zusagen decken in aller Regel die beiden Bereiche der Verfügbarkeit der Infrastrukturen im Innenverhältnis einerseits und der Angriffssicherheit nach außen andererseits ab.[230]

In Cloud-Verträgen wird häufig mitgeteilt, dass der Anbieter Zertifikate über die Einhaltung bestimmter Standards erteilt bekommen hat. Die rechtliche Bedeutung solcher Nennungen muss stets genau anhand der Vertragsregelungen analysiert werden. Wie bei Unternehmens-IKS besteht die Aussage zumeist in der Zusicherung, dass aktuelle und detaillierte Qualitätssicherungsprozesse durchlaufen und vorgehalten werden: Die meisten Zertifikate treffen Aussagen über Prüfungen und deren Ergebnisse und Dokumentation durch Dritte, nicht über tatsächliche Sicherheit. Dies ist im Ergebnis auch nicht zu beanstanden: Da Sicherheit stets von Risiken abhängig ist, ist angemessene Vorsorge in aller Regel durch Prozesskonformität, Bedrohungsanalyse und regelmäßige Angemessenheitskontrollen sicherzustellen. Die zentrale Aufgabe der Rechtsberater liegt hier darin, mit dem Mandanten genau zu besprechen, welche Prozessnormen für seine Unternehmung angemessen sind, welche Zusagen benötigt werden und wie verbleibendes Risiko ggf. ergänzend abgesichert werden kann (Redundanz, Versicherung, vertragliche Risikoverlagerungen).

III. Datenschutz

1. Aktuelle Entwicklungen

a) **Stellungnahmen, Strategiepapiere und Empfehlungen nationaler und europäischer Stellen.** Das Thema „Cloud Computing" beschäftigt Datenschützer seit Jahren. Als eine der ersten befasste sich die European Network and Information Security Agency (ENISA) mit dem Thema Cloud Computing an sich und schätzte das Datenschutzrisiko als hoch ein.[231] Weitere Stellungnahmen des Unabhängigen Landeszentrums für Datenschutz Schleswig Holstein und des Bundesverbands BITKOM folgten.[232] 2011 forderten die obersten Aufsichtsbehör-

---

[230] Die Frage des „Angriffs von innen" durch erzwungene Weitergabe an Sicherheitsbehörden soll an dieser Stelle ausgespart werden. Interessante Aufschlüsse gibt ein internationaler Vergleich der Zugriffsbefugnisse in verschiedenen Ländern: http://www.hldataprotection.com/files/2013/05/A-Sober-Look-at-National-Security-Access-to-Data-in-the-Cloud.pdf, zuletzt abgerufen 28.6.2014.
[231] ENISA, Cloud Computing Security Risk Assessment, 2009, abrufbar unter http://www.enisa.europa.eu/activities/risk-management/files/deliverables/cloud-computing-risk-assessment.
[232] *Weichert* (Unabhängiges Landeszentrum für Datenschutz Schleswig-Holstein), Cloud Computing und Datenschutz, 17.6.2010, abrufbar unter: https://www.datenschutzzentrum.de/cloud-computing/20100617-cloud-computing-und-datenschutz.html; BITKOM, Cloud – Computing – Was Entscheider wissen müssen,

den für den Datenschutz im nicht-öffentlichen Bereich im Rahmen des Beschlusses vom 22./23.11.2011 ausdrücklich von Cloud-Anbietern, ihre Dienstleistungen datenschutzgerecht auszugestalten und von Cloud-Anwendern, ihre Verantwortung vollumfänglich wahrzunehmen.[233]

158 Das Bundesamt für Sicherheit in der Informationstechnik (BSI) veröffentlichte 2012 ein Eckpunktepapier mit „Sicherheitsempfehlungen für Cloud Computing Anbieter" und behandelte dabei auch die datenschutzrechtlichen Aspekte.[234] In sehr übersichtlicher Form, mit vielen Tabellen, gibt das BSI Hinweise, welche Kriterien für die Beurteilung der Sicherheit und Datenschutzkonformität von Cloud-Diensten relevant sein können. So fasst das BSI zB beim Kriterium Transparenz ua folgende Anforderungen zusammen:
- Offenlegung der Standorte des Cloud-Anbieters (Land, Region), an denen Kundendaten verarbeitet werden,
- Offenlegung der Subunternehmer,
- Transparenz, welche Eingriff der Cloud-Anbieter und Subunternehmer in die Daten und Verfahren des Kunden vornehmen dürfen,
- Regelmäßige Unterrichtung über Änderungen (zB neue oder angekündigte Funktionen, neue Subunternehmer, sonstige SLA-relevante Umstände),
- Transparenz, welche Software der Cloud-Anbieter auf Seiten des Kunden installiert und welche Sicherheitsanforderungen/-risiken daraus resultieren,
- Transparenz bzgl. staatlicher Eingriffs-/Einsichtsrechte, gerichtlich festgelegte Einsichtsrechte Dritter und staatlich/gerichtlich vorgeschriebene Prüfpflichten des Cloud-Anbieters bzgl. der Kundendaten an allen relevanten Standorten des Cloud-Anbieters,
- Ofenlegung der Rechts-/Besitzverhältnisse des Cloud-Anbieters sowie der Entscheidungsbefugnisse.

159 Weitere Stellungnahmen zu Cloud gaben ua folgende Stellen ab:
- Article 29 Working Party, Opinion 05/2012 on Cloud Computing, 1.7.2012
- International Working Group on Data Protection in Telecommunications, Working Paper on Cloud Computing – Privacy and data protection issues (Sopot Memorandum), 23./24.4.2012,
- European Data Protection Supervisor (EDPS), Opinion of the European Data Protection Supervisor on the Commission's Communication on „Unleashing the potential of Cloud Computing in Europe", 16.11.2012.

160 Die EU Kommission nahm sich schließlich 2012 in ihrem Strategiepapier „Unleashing the Potential of Cloud Computing in Europe" der noch zu unternehmenden Schritte an.[235] Ziel sei es, den „jungle of standards" zu beseitigen, indem EU-weite Zertifizierungsprogramme unterstützt werden und einheitliche technische Normen für Interoperabilität und Datenübertragbarkeit geschaffen werden.[236] Probleme wurden auch bei den entsprechenden Verträgen gesehen.[237] Daher sollten bis Ende 2013 „sichere und faire" Muster-Vertragsbedingungen sowie „sichere und faire" Allgemeine Geschäftsbedingungen für kleinere Firmen und Verbraucher erarbeitet werden. Die EU-Kommission hat infolge ihrer Cloud-Strategie in 2013 mehre internationale Expertengruppen einberufen, mit dem Ziel, dass ua sichere Vertragsbedingun-

---

2010, S. 59 ff., abrufbar unter http://www.bitkom.org/files/documents/BITKOM_Leitfaden_Cloud_Computing-Was_Entscheider_wissen_muessen.pdf.

[233] http://www.bfdi.bund.de/SharedDocs/Publikationen/Entschliessungssammlung/DuesseldorferKreis/23112011CloudComputing.pdf;jsessionid=9AB9251F836F25E52E0C38988E9EE68A.1_cid344?__blob=publicationFile&v=1.

[234] Bundesamt für Sicherheit in der Informationstechnik, Eckpunktepapier. Sicherheitsempfehlungen für Cloud Computing Anbieter – Mindestanforderungen in der Informationssicherheit, 2012, S. 73 ff., abrufbar unter https://www.bsi.bund.de/SharedDocs/Downloads/DE/BSI/Mindestanforderungen/Eckpunktepapier-Sicherheitsempfehlungen-CloudComputing-Anbieter.pdf?__blob=publicationFile.

[235] COM(2012) 529 final abrufbar unter http://eur-lex.europa.eu/LexUriServ/LexUriServ.do?uri=COM:2012:0529:FIN:EN:PDF; http://www.zdnet.de/88125340/eu-kommission-legt-strategie-fur-cloud-computing-vor/; http://www.heise.de/ct/meldung/EU-Kommission-beschliesst-Cloud-Strategie-1718791.html.

[236] http://www.zdnet.de/88125340/eu-kommision-legt-strategie-fur-cloud-computing-vor/; COM(2012) 529 final (Fn. 1) S. 10 f.

[237] COM(2012) 529 final (Fn. 1) S. 15.

III. Datenschutz

gen für das Cloud-Computing entwickelt werden.[238] Noch ist sich die Kommission nicht im Klaren, ob insoweit neue Vorschriften und/oder Musterverträge (Model Clauses) erforderlich sind. Im Fokus der Kommission bei Cloud-Verträgen B2C und KMU (kleine und mittlere Unternehmen) stehen unter anderem:
– Datenschutz, Speicherort, Sicherheit
– Rechte an Daten („Ownership")
– Möglichkeit des Anbieterwechsels (Switching) und Datenportabilität
– Faire Vertragsbedingungen ua im Hinblick auf das Thema Änderung von Vertragsbedingungen
– Verfügbarkeit, SLA und das Thema „Service Credits"
– Subunternehmerschaft, Unterauftragsdatenverarbeitung.

Daneben befürwortet die Kommission einen Einsatz der Cloud-Technologie im behördlichen Umfeld, da das geeignet sei, den Cloud-Technologiemarkt zu beflügeln.[239] Auch in der neuesten Strategie für einen digitalen Binnenmarkt plant die EU, im Rahmen der Ausschöpfung des Wachstumspotentials der digitalen Wirtschaft eine europäische Cloud-Initiative vorzustellen, in der es um die Zertifizierung von Cloud-Diensten, eine Forschungs-Cloud, Cloud-Verträge und um den Anbieterwechsel geht.[240] Parallel dazu soll durch die EU-Datenschutzgrundverordnung[241] in ganz Europa ein einheitliches Datenschutzniveau eingerichtet werden, deren Regelungen sich dann auch auf die datenschutzrechtlichen Fragestellungen der Cloud-Technologie auswirken werden.[242]

In Übereinstimmung mit Art. 28 der Datenschutzrichtlinie soll die Cloud Select Industry Group (C-SIG) – Data Protection Code of Conduct Subgroup den sog "Code of Conduct for Cloud Service Providers" erstellen. Dieser Code of Conduct soll als freiwilliges Instrument für Transparenz sorgen und zu einem hohen Datenschutzstandard auf dem europäischen Cloud-Markt führen.[243] In der Folge soll es Cloud-Anwendern erleichtert werden, den – auch unter Datenschutzgesichtspunkten – für sie passenden Cloud-Dienst für die Verarbeitung personenbezogener Daten zu finden.[244]

b) Orientierungshilfe Version 2.0. Die Arbeitskreise Technik und Medien der Konferenz der Datenschutzbeauftragten des Bundes und der Länder sowie die Arbeitsgruppe Internationaler Datenverkehr des Düsseldorfer Kreises haben ihre aus dem Jahr 2011 stammende „Orientierungshilfe – Cloud Computing" überarbeitet und am 9.10.2014 die Version 2.0 verabschiedet.[245] In der Vorbemerkung heißt es: „Der Schwerpunkt liegt dabei auf Hinweisen bei der Nutzung von Cloud-Computing-Diensten durch datenverarbeitende Stellen. Anbieter von Cloud-Computing-Dienstleistungen können aus dieser Orientierungshilfe diejenigen Anforderungen entnehmen, die ihre Kunden aus datenschutzrechtlicher Sicht stellen."[246] Die Aufsichtsbehörden gehen in dieser zweiten Version vertieft auf die Zulässigkeit der Datenübermittlung an Stellen außerhalb der europäischen Union ein und berücksichtigen dabei auch die aktuellen Erkenntnisse über Überwachungsmaßnahmen dieser Drittstaaten, insbesondere der USA (→ Rn. 217 ff.). Daneben werden die erforderlichen Maßnahmen hinsichtlich des Einsatzes von Unter-Anbietern spezifischer erörtert, als gefordert wird, dass Cloud-

---

[238] Bis zur Drucklegung lagen diese noch nicht vor http://ec.europa.eu/justice/contract/cloud-computing/index_en.htm
[239] COM(2012) 529 final (Fn. 1) S. 13.
[240] Pressemitteilung der EU Kommission v. 6.5.2015, abrufbar unter Ausschöpfung des Wachstumspotentials der digitalen Wirtschaft.
[241] Einzelheiten siehe § 34 Recht des Datenschutzes.
[242] COM(2012) 11 endg., S. 6; dazu § 34 Rn. 47 ff.
[243] Cloud Select Industry Group (C-SIG) – Data Protection Code of Conduct Subgroup, Code of Conduct for Cloud Service Providers S. 4 f.
[244] Cloud Select Industry Group (C-SIG) – Data Protection Code of Conduct Subgroup, Code of Conduct for Cloud Service Providers S. 4 f.
[245] Arbeitskreise Technik und Medien der Konferenz der Datenschutzbeauftragten des Bundes und der Länder sowie die Arbeitsgruppe Internationaler Datenverkehr des Düsseldorfer Kreises, „Orientierungshilfe – Cloud Computing", Version 2 v. 9.10.2014, abrufbar unter https://www.datenschutz-bayern.de/technik/orient/oh_cloud.pdf.
[246] Orientierungshilfe (Fn. 248), S. 3.

Anbieter sowohl sämtliche Unter-Anbieter vor deren Einsatz (→ Rn. 180), als auch sämtliche Verarbeitungsstandorte vertraglich verpflichtend abschließend benennen müssen.[247] In diesem Zusammenhang wird näher auf die sog Processor Binding Corporate Rules (PBCR) eingegangen, die eine Möglichkeit einer Datenschutzgarantie hinsichtlich einer Datenübertragung in Drittstaaten darstellen.[248] Zudem werden die Möglichkeiten für Vertragsgestaltungen mit europäischen Cloud-Anbietern, die sich Unter-Anbietern aus Drittländern bedienen, dargestellt (→ Rn. 217 ff.). Teilweise differenziert die Orientierungshilfe bei den Empfehlungen bzw. Anforderungen zwischen den Betreibermodellen (IaaS, PaaS, SaaS). Die Autoren der Orientierungshilfe vertiefen darüber hinaus die Verwendung von Zertifikaten bzw. Prüfsiegeln, wie beispielsweise der ISO 27001 und betonen gleichzeitig, dass diese nicht von der Einhaltung der Kontrollpflichten des Cloud-Anwenders entbinden (→ Rn. 165 ff. zu ISO-Zertifizierung).[249] Für den Fall einer unrechtmäßigen Kenntniserlangung werden Vertragsgestaltungen, Handlungspflichten und Rechtsfolgen konkretisiert.[250] Die Autoren beziehen in der zweiten Fassung der Orientierungshilfe außerdem zu der bislang nicht abschließend geklärten Frage der Verschlüsselung personenbezogener Daten und damit der Anwendbarkeit des BDSG Stellung (→ Rn. 216).[251] Als weitere Schutzziele werden Datensparsamkeit, Intervenierbarkeit und Nicht-Verkettbarkeit aufgenommen.[252] Wie auch schon in der Version 1.0 der Orientierungshilfe betont die Orientierungshilfe den Aspekt der Verfügbarkeit. Cloud ermöglicht auch kleinen Software-Herstellern, ihre Software zu vergleichbar günstigen Investitionen unter Nutzung von IaaS-Angeboten internationaler Rechenzentrumsbetreiber und zu geringen Vertriebskosten auf den Markt zu bringen. Kleine SaaS-Anbieter haben jedoch bisweilen nicht Qualitätsmanagement- und Backup-Standardprozesse, die mit den Standards der Software-Industrie vergleichbar sind. Anders als bei großen Kunden ist vielen KMU nicht immer bewusst, wie abhängig sie von der Verfügbarkeit ihrer Daten in der Cloud sind. Ausfall des Cloud-Dienstes oder Datenverlust/Datenmissbrauch durch vorsätzliches oder versehentliche Handeln (zB Konfigurationsfehler, Unterbrechung der Verbindung zwischen Netzelement) von Mitarbeitern des Providers oder seiner Unterauftragnehmer, aber auch die Insolvenz des Providers oder eines seiner Unterauftragnehmer kann die Verfügbarkeit beeinträchtigen. Ob allerdings diese Risiken durch die Auslagerung in die Cloud wesentlich erhöht werden oder ob die Daten in der Cloud evtl. besser gesichert werden als auf Servern, die der Kunde selbst in-house betreibt, ist eine Frage des Einzelfalls.[253]

164 Selbst progressive Stimmen, die für eine „Privilegierung der Datenverarbeitung in geschlossenen System"[254] – wie etwa Public Cloud – plädieren, sehen die „inhaltlichen und formalen Anforderungen an eine vertragsbasierte Auftragsdatenverarbeitung in der Praxis häufig als zumindest schwer umsetzbar". Halten Cloud-Parteien die Anforderungen ein, die in der „Orientierungshilfe – Cloud Computing" beschrieben werden, dürften sie sich im datenschutzrechtlich gesicherten Bereich bewegen. Der Orientierungshilfe kommt zwar keine Gesetzesqualität zu und die Datenschutzbehörden haben als Verwaltungsbehörden keine Letztentscheidungskompetenz hinsichtlich der Auslegung der datenschutzrechtlichen Bestimmungen; diese Kompetenz steht nur den Gerichten zu. Orientieren sich aber die Regelungsadressaten an den Hinweisen der Verwaltungsbehörden, genießen sie Vertrauensschutz. Es kann ihnen nicht zum Nachteil gereichen, wenn sie sich daran halten, was Datenschutzbehörden als „best practices" vorschlagen. Hierbei ist allerdings zu berücksichtigen, dass die genannten Empfehlungen bereits den „größten gemeinsamen Nenner" der im Düsseldorfer Kreis Vertretenen darstellen, im Umkehrschluss also auch Gestaltun-

---

[247] *Bierekoven* ITRB 2015, 169.
[248] Orientierungshilfe (Fn. 245), S. 18 f.
[249] Orientierungshilfe (Fn. 245), S. 10 f.
[250] Orientierungshilfe (Fn. 245), S. 12.
[251] Orientierungshilfe (Fn. 245), S. 12 f.
[252] Orientierungshilfe (Fn. 245), S. 23 f.
[253] Zur Risiko-Analyse für das Cloud Computing und Schutzziele der infrastrukturellen Rahmenbedingungen siehe Hilber/*Hartung/Strom*, Handbuch Cloud Computing, 2014, S. 375 ff.
[254] *Schultze-Melling* ITRB 2011, 239 (240).

gen mit geringeren Anforderungen gesetzeskonform und sanktionsfrei sind, wenn der angebotene Dienst objektiv-rechtlich nicht erfordert, alle dort genannten Vorkehrungen einzuhalten. Speziell bei Cloud-Diensten von US-amerikanischen Anbietern besteht jedoch Rechtsunsicherheit, weil sich einige deutsche Datenschutzbehörden vorbehalten, Datenübermittlungen in die USA selbst dann nicht zu genehmigen, wenn die verantwortliche Stelle (auf erster Stufe) eine Erlaubnis zur Datenübermittlung hat und der Cloud-Provider (auf zweiter Stufe) Safe-Harbor-zertifiziert ist, durch EU-Standardvertragsklauseln gebunden ist oder bereits genehmigte Processor Binding Corporate Rules[255] im Einsatz hat. Denn manche Datenschutzbehörden – anders wohl das Bayerische Landesamt für Datenschutzaufsicht – vertreten die Ansicht, es gäbe gem. §§ 4b, 4c BDSG noch eine dritte Stufe, also die Erforderlichkeit eine Datenexportgenehmigung durch die Aufsichtsbehörde, welche die Behörde im Einzelfall auch entziehen könne.[256] Die Richtlinien-Konformität dieser Ansicht einer dritten Stufe ist mit Blick auf RL 95/46/EG und die Rechtsprechung des EuGH[257] zur vollharmonisierenden Wirkung der Richtlinie sehr fraglich. Jedenfalls ist bislang nicht abschließend entschieden, ob die NSA-Überwachung als Verletzung der Safe Harbor Prinzipien angesehen wird. Zumindest der irische Data Protection Commissioner geht davon aus, dass die NSA-Überwachung allein keine Verletzung von Safe Harbor ist, solange die zertifizierten Unternehmen sich an die Safe Harbor Principles halten. Der High Court of Ireland hat ein Vorabentscheidungsverfahren vor dem EuGH eingeleitet.[258] Am 6.10.2015 hat der EuGH[259] die Kommissionsentscheidung 2000/520/EG[260] (sogenannte Safe-Harbor-Regelung) für ungültig erklärt. Der EuGH betont die Unabhängigkeit der nationalen Kontrollstellen (Datenschutzbehörden) bei der Beurteilung der Frage, ob eine Datenübermittlung in ein Drittland den Anforderungen der Richtlinie 95/46/EG genügt. Eine Entscheidung der Kommission kann die Befugnisse der nationalen Datenschutzbehörden und deren Unabhängigkeit nicht einschränken. In der Konsequenz spricht vieles dafür, dass diese Grundsätze nicht nur auf die Safe-Harbor-Regelung, sondern auch auf die EU Standardvertragsklauseln und auf (Processor) Binding Corporate Rules übertragbar sind.[261] Das könnte im Ergebnis bedeuten – was in Deutschland auch von einigen Datenschutzbehörden vertreten wird – dass es bei einer Datenübermittlung in ein Drittland nicht nur zwei Prüfungsstufen der Erlaubnis gibt (zum einen die Frage, ob die Übermittlung nach nationalem Recht erlaubt wäre, und zum anderen §§ 4b und 4c BDSG),[262] sondern eine dritte Stufe, nämlich individuelle Prüfung und ggf. Untersagung der Übermittlung durch die zuständige nationale Datenschutzbehörde – selbst wenn z. B. EU-Standardvertragsklauseln oder anerkannte (Processor) Binding Rules vorliegen. Die Mitgliedstaaten und ihre Organe (wozu auch die Datenschutzbehörden gehören) können Rechtsakte der Union (wie die fragliche Kommissionsentscheidung) nicht für ungültig erklären.[263] Das kann nur der EuGH, was er hinsichtlich der Safe Harbor-Regelung tut. Insbesondere kritisiert der EuGH, dass die Kommission nicht die Angemessenheit des Schutzniveaus in den USA festgestellt habe und auch nicht nach Erlass der Entscheidung eingetretene Umstände

---

[255] Einzelheiten siehe unten Rn. 217 ff.
[256] Konferenz der Datenschutzbeauftragten des Bundes und der Länder 2013, Pressemitteilung v. 24.7.2013, „*Conference of data protection commissioners says that intelligence service constitute a massive threat on data traffice between Germany and countries outside Europe*"; Bierekoven ITRB 2015, 169 (171 f.), Conrad/Grützmacher/*Conrad*/Filip, Recht der Daten und Datenbanken im Unternehmen, § 46, S. 734.
[257] EuGH Urt. v. 24.11.2011 – C-70/10.
[258] Vorabentscheidungsersuchen des High Court of Ireland (Irland), eingereicht am 25.7.2014 – Maximilian Schrems/Data Protection Commissioner (Rs. C-362/14).
[259] EuGH Urt. v. 6.10.2015 – C-362/14. Pressemitteilung des EuGH Nr. 117/15 v. 6.10.2015 abrufbar unter http://curia.europa.eu/jcms/upload/docs/application/pdf/2015-10/cp150117de.pdf.
[260] Entscheidung 2000/520/EG der Kommission vom 26. Juli 2000 gemäß der Richtlinie 95/46/EG des Europäischen Parlaments und des Rates über die Angemessenheit des von den Grundsätzen des „sicheren Hafens" und der diesbezüglichen „Häufig gestellten Fragen" (FAQ) gewährleisteten Schutzes, vorgelegt vom Handelsministerium der USA (ABl. L 215, S. 7).
[261] → Rn. 217 ff.
[262] → § 35 Grenzüberschreitende Datenverarbeitung.
[263] EuGH Urt. v. 6.10.2015 – C-362/14 Rz. 52.

berücksichtigt habe.²⁶⁴ Vielmehr nennt der EuGH diverse Anhaltspunkte, die gegen ein angemessenes Schutzniveau sprechen, ohne jedoch ausdrücklich festzustellen, dass die USA kein angemessenes Schutzniveau habe. Insbesondere habe die Kommission nicht festgestellt, dass in den USA innerstaatliche Regelungen oder Verpflichtungen existieren, die auch US-Behörden hins. eines angemessenen Datenschutzniveaus verpflichten. Vielmehr binden die Safe Harbor Principles nur selbstzertifizierte Organisationen (und nicht US-Behörden) und „Erfordernisse der nationalen Sicherheit des öffentlichen Interesses oder der Durchführung von Gesetzen" haben Vorrang vor den Safe Harbor Principles.²⁶⁵ Safe Harbor-zertifizierte US-Unternehmen sind also „*ohne jede Einschränkung verpflichtet [...], die in [der Safe Harbor-]Regelung vorgesehenen Schutzregeln unangewandt zu lassen, wenn sie in Widerstreit zu solchen Erfordernissen stehen*".²⁶⁶ Abzuwarten bleibt, ob der EuGH diese Grundsätze auch auf die EU Standardvertragsklauseln und (Processor) Binding Corporate Rules übertragen wird.

165   c) ISO/IEC 27018 und Entwurf 27017 für Cloud Computing sowie „Trusted Cloud Datenschutzprofil". Am 1. August 2014 – also nach Veröffentlichung der Mitteilung der EU-Kommission „Unleashing the Potential of Cloud Computing"²⁶⁷ – wurde der Standard „ISO/IEC 27018:2014 – Information technology – Security techniques – Code of practice for protection of Personally Identifiable Information (PII) in public clouds acting as PII processors" (kurz ISO 27018) publiziert.²⁶⁸ In Ausschreibungen und Auftragsdatenverarbeitungsverträgen von Kundenseite werden nicht selten Datenschutz- und IT-Sicherheitsrelevante ISO-Zertifizierungen als Voraussetzung bzw. Anforderungen an den Anbieter verlangt. ISO-Zertifizierungen können also ein Wettbewerbsvorteil sein, sind jedoch mit durchaus hohem Aufwand und beträchtlichen Kosten für den Zertifizierungswilligen verbunden. Für KMUs kommen ISO-Zertifizierung daher häufig nicht in Betracht. Microsoft hat nach eigenen Angaben²⁶⁹ die Zertifizierung ISO 27018 für seine Cloud-Plattformen Azure, Office 365 und Dynamics CRM Online erhalten. Um die Zertifizierung aufrecht zu erhalten, müssen sich zertifizierte Unternehmen in regelmäßigen Zeitabständen von unabhängigen Stellen erneut prüfen lassen. Wettbewerbsrechtlich abmahnfähig wäre, wenn Cloud-Anbieter mit einer Zertifizierung nach ISO 27018 werben, aber die Zertifizierung nicht nachweisen können oder gegen die Norm verstoßen.²⁷⁰ „*Eine Abweichung von der Norm hätte nicht nur den Verlust der Zertifizierung zur Folge, sondern würde den Cloud-Anwender u. U. die Möglichkeit geben, das Vertragsverhältnis aus wichtigem Grund unmittelbar zu beenden.*"²⁷¹

166   Im Gegensatz zu anderen ISO-Normen ist ISO 27018 in erster Linie kein technischer, sondern ein organisatorischer Standard im Hinblick auf gesetzliche Datenschutzvorgaben. Der neue Standard will eine Referenz sein für ausgewählte Datenschutzkontrollen innerhalb der Implementierung eines IT-Sicherheitsmanagement-Systems für Cloud Computing. ISO 27018 basiert auf ISO 27001.²⁷² Teilweise wird auf die OECD-Datenschutzprinzipien Bezug genommen. Der 27018-Standard beschäftigt sich ausschließlich mit der Regulierung der

---

[264] EuGH Urt. v. 6.10.2015 – C-362/14 Rz. 77.
[265] EuGH Urt. v. 6.10.2015 – C-362/14 Rz. 86.
[266] EuGH Pressemitteilung Nr. 117/15 v. 6.10.2015.
[267] Siehe oben Rn. 160 f.
[268] http://www.iso.org/iso/home/search.htm?qt=ISO+27018&sort=rel&type=simple&published=on.
[269] „*The British Standards Institute (BSI) has now independently verified that in addition to Microsoft Azure, both Office 365 and Dynamics CRM Online are aligned with the standard's code of practice for the protection of Personally Identifiable Information (PII) in the public cloud.*", siehe http://blogs.microsoft.com/on-the-issues/2015/02/16/microsoft-adopts-first-international-cloud-privacy-standard/; siehe auch http://azure.microsoft.com/de-de/support/trust-center/compliance/iso27018/.
[270] Zur Werbung mit nicht vorhandenen Zertifizierungen oder Gütesiegeln siehe Nr. 2 Anh. zu § 3 Abs. 3 UWG; Kohler/Bornkamm/*Bornkamm*, UWG, 33. Aufl. 2015, 247 f. Zu Einzelheiten siehe Pressemitteilung der Wettbewerbszentrale v. 4.5.2010, abrufbar unter www.wettbewerbszentrale.de.
[271] *Dinnes*, Der neue ISO/IEC 2018 im Überblick, Computerwoche-Meldung v. 3.11.2014, abrufbar unter http://www.computerwoche.de/a/die-neue-iso-iec-27018-im-ueberblick,3 069 892.
[272] Einzelheiten siehe zu ISO-Normen siehe § 33 Compliance, IT-Sicherheit, Ordnungsmäßigkeit der Datenverarbeitung.

III. Datenschutz

Verarbeitung von personenbezogenen Daten in der Cloud. Der Standard orientiert sich im Wesentlichen an den Benachrichtigungs-, Informations-, Transparenz-, Nachweis-, Schutz- und Überwachungspflichten der geltenden Datenschutzgesetze[273] in der EU und der geplanten EU-Datenschutzgrundverordnung.[274] Beispielsweise enthält die ISO 27018 folgende Verpflichtungen für Cloud-Anbieter:[275]

„• *Personenbezogene Daten dürfen ausschließlich in Übereinstimmung mit den Vorgaben der Kunden verarbeitet werden.*
• *Kunden müssen im Falle der Wahrnehmung von Betroffenenrechten unterstützt werden: Die ISO 27018 verlangt, dass Cloud-Anbieter Tools offerieren, die ihren Kunden bei der Verpflichtung helfen, Endnutzern Zugang zu persönlichen Daten zu gewähren beziehungsweise diese ändern, löschen und korrigieren zu können.*
• *Die Herausgabe von Daten an Strafverfolgungsbehörden darf nur bei vorliegender rechtlicher Verpflichtung erfolgen. Der betroffene Kunde muss vor der Herausgabe davon in Kenntnis gesetzt werden, es sei denn, diese Information ist rechtlich untersagt.*
• *Die Offenlegung aller relevanten Unterbeauftragungsverhältnisse sowie der Länder, in denen eine Datenverarbeitung stattfindet, muss vor Vertragsschluss erfolgen.*
• *Cloud-Anbieter müssen jede Art von Sicherheitsverletzung, mit dazugehörigem Datum und den daraus zu erwartenden Konsequenzen, sowie die einzelnen Schritte zur Lösung des Problems dokumentieren. Sicherheitsverletzungen müssen unverzüglich gegenüber dem Kunden angezeigt werden.*
• *Die Kunden müssen bei der Wahrnehmung ihrer Anzeigepflichten im Fall von Verstößen gegen die Datensicherheit unterstützt werden.*
• *Es müssen verbindliche Regeln für die Übermittlung, Rückgabe und Verwendung personenbezogener Daten implementiert werden, zum Beispiel im Falle der Vertragsbeendigung.*
• *Die Anbieter müssen sich verpflichten, die angebotenen Cloud-Dienstleistungen in regelmäßigen Intervallen oder aber bei größeren Systemumstellungen durch unabhängige Dritte überprüfen zu lassen.*"

ISO 27018 soll von dem bislang nicht veröffentlichten „ISO/IEC 27017 – Information technology – Security techniques – Code of practice for information security controls based on ISO/IEC 27002 for cloud services" ergänzt werden, der einen weitergehenden IT-Sicherheitsansatz verfolgt und nicht auf Datenschutzaspekte beschränkt ist. Stand Juni 2015 befindet sich ISO 27017 noch im Entwurfsstadium.[276] Der Entwurf des 27017-Standards basiert auf ISO/IEC 27002:2013 (Information technology – Security techniques – Code of practice for information security controls) und soll sowohl für Cloud-Kunden als auch Cloud-Anbieter Orientierung bei IT-Sicherheit im Zusammenhang mit Cloud-Services bieten. ISO 27017 (Entwurf) unterscheidet drei Typen von Regelungen:[277]

• Typ 1: separate guidance for service customer and service provider,
• Type 2: guidance for service customer or service provider,
• Type 3: same guidance for service customer and service provider.

Beispiel[278] einer Regelung aus dem Entwurf des Standards 27017:
„9.2.4 Management of secret authentication information of users
Control 9.2.3 and the associated implementation guidance and other information specified in ISO/IEC 27002 apply. The following sector-specific guidance also applies."

167

---

[273] *Dinnes*, Der neue ISO/IEC 2018 im Überblick, Computerwoche-Meldung v. 3.11.2014.
[274] Einzelheiten zur Grundverordnung siehe § 34 Recht des Datenschutzes Rn. 47 ff.
[275] *Dinnes*, Der neue ISO/IEC 2018 im Überblick, Computerwoche-Meldung v. 3.11.2014.
[276] *Schaumüller-Bichl*, Die ISO/IEC 27001 Familie, Vortrag v. 19.9.2013, abrufbar unter: http://www.iso.org/iso/catalogue_detail?csnumber=43757; http://www.iso27001security.com/html/27017.html.
[277] *Schaumüller-Bichl*, Die ISO/IEC 27001 Familie, Vortrag v. 19.9.2013, Beispiel abrufbar unter http://www.ocg.at/sites/ocg.at/files/medien/pdfs/iso_Schaumueller_Bichl.pdf.
[278] http://www.ocg.at/sites/ocg.at/files/medien/pdfs/iso_Schaumueller_Bichl.pdf.

„Cloud service customer	„Cloud service provider
Where password management tools and processes are part of the cloud service, the cloud service customer should confirm that formal management process for allocation of password is realized by the functionality provided by the cloud service provider."	Cloud service provider should provide the following information on password allocation to the cloud service customer to enable allocation of password through a formal management process: a) procedures of issuance, change and re-issuance of password; b) authentication and authorization methods in allocation of passwords including applied multi-factor authentication techniques."

168 Aufgrund der zunehmenden Durchdringung des IT-Marktes durch Cloud-Dienste gibt es national und international diverse Initiativen zum Thema Cloud-Zertifizierung, siehe etwa **EuroCloud Star Audit**.[279] Im Rahmen des **Pilotprojekts „Datenschutzzertifizierung für Cloud-Dienste"** haben Datenschutzbehörden und Vertreter der Wirtschaft einen gemeinsamen Prüfstandard für die Auftragsdatenverarbeitung in der Cloud entwickelt.[280] Das Pilotprojekt ist Bestandteil des Forschungsprogramms „Trusted Cloud" des Bundesministeriums für Wirtschaft und Energie (BMWi). Die entsprechende Datenschutzzertifizierung – „**Trusted Cloud Datenschutzprofil**" (TCDP) baut auf dem ISO/IEC-Standard 27018 auf und fokussiert – wie ISO 27018 – va gesetzliche Datenschutzanforderungen.

2. Datenschutzrechtliche Bewertung

169 Zu den Techniken für Cloud-IT gehören Grid-Computing und Virtualisierung. Gemeinsam ist den Cloud-Angeboten, dass auf der Auftragnehmerseite regelmäßig nicht ein Unternehmen steht (selbst wenn der Auftraggeber nur mit einem Anbieter einen Vertrag schließt). Verhältnismäßig preisgünstige Cloud-Angebote sind möglich, indem ein Pool von Anbietern bzw. Subunternehmern ihre Rechenleistungsangebote zu einem Ressourcen-Pool zusammenschließen. Nach Möglichkeit befinden sich die Rechenzentren in möglichst unterschiedlichen Zeitzonen, so dass die vom Auftraggeber beauftragte Leistung nach dem „follow the sun"-Prinzip tageszeitabhängig von dem Rechenzentrum aus erbracht werden kann, in dem die Auslastung des Rechenzentrums gerade am niedrigsten ist. Für den Auftraggeber bedeutet das jedoch, dass er nicht weiß, wo auf der Welt seine Daten (physikalisch) verarbeitet oder gespeichert werden und mit welchen Ressourcen. So sehen IT-Verantwortliche Probleme darin, die Kontrolle über sensible Daten an eine Cloud-basierte Architektur abzugeben.[281]

170 a) **Anwendbarkeit deutschen Datenschutzrechts.** Falls der Auftraggeber eine Anwendung in die Cloud auslagert, mit der keinerlei personenbezogene Daten (auch keine Protokolldaten/ Logdaten von Nutzern) verarbeitet werden, dann sind deutsches und EU-Datenschutzrecht nicht anwendbar. Das dürfte aber nur in den seltensten Fällen zutreffen. Sind Daten in der Cloud anonymisiert (etwa verschlüsselt), ist damit das BDSG nicht unanwendbar (siehe § 3 Abs. 6 BDSG; str., teilweise wird bei Verschlüsselungen danach differenziert, wer über den Schlüssel verfügen kann).[282] Auch wenn kapazitätsbedingt personenbezogene Datensätze (vorübergehend) auf verschiedene Server verteilt werden, liegen „personenbeziehbare" Daten vor.[283] Ob das BDSG territorial auf den Cloud-Anbieter Anwendung findet, hängt zunächst davon ab, ob die Auslagerung als Auftragsdatenverarbeitung im Sinne von § 11 BDSG gestaltet ist. Bei einer Auftragsdatenverarbeitung richtet sich die Zulässigkeit der Erhebung, Verarbeitung und Nutzung der Daten in der Cloud nach dem für den Auftraggeber

---

[279] *Weiss* DuD 2014, 170.
[280] http://www.bmwi.de/DE/Presse/pressemitteilungen,did=701004.html.
[281] *Friedmann*, Cloud Computing ist ein Sicherheitsalbtraum, Computerwoche v. 23.4.2009, abrufbar unter http://computerwoche.de/1 893 754.
[282] Im Einzelnen → Rn. 216.
[283] Dies ist allerdings strittig → Rn. 217.

III. Datenschutz

anwendbaren Recht. Etwas anderes gilt hinsichtlich der technischen und organisatorischen Sicherheitsmaßnahmen, für die das Recht am Sitz des Auftragnehmers gilt, sofern dieser seinen Sitz innerhalb der EU hat.[284] Soweit § 11 BDSG bei einem Cloud-Angeboten nicht erfüllbar ist, richtet sich die Anwendbarkeit des BDSG nach § 1 Abs. 5 S. 1 BDSG, sodass für Cloud-Anbieter mit Sitz innerhalb von EU/EWR das Sitzland des Anbieters maßgebend ist. Nutzt ein außereuropäischer Kunde einen deutschen Cloud-Anbieter mit Rechenzentrum in Deutschland, ist deutsches Datenschutzrecht anwendbar, § 1 Abs. 5 S. 2 BDSG. Werden dagegen Daten nur durch Deutschland durchgeleitet („Transit") ohne dass eine Verarbeitung stattfindet, ist deutsches Datenschutzrecht nicht betroffen, § 1 Abs. 5 S. 4 BDSG.

b) Abgrenzung zwischen TMG, TKG und BDSG je nach Datenkategorie. Die Einordnung 171 als Telekommunikationsdienst kommt in Betracht, wenn über eine Cloud-Plattform Kommunikationsdienste (etwa VoIP oder Video-Conferencing oder Webmail-Dienste) abgewickelt werden.[285] Dann dürfte aber regelmäßig nur das Kommunikationselement des Dienstes den Datenschutzvorschriften des TKG und evtl. dem Fernmeldegeheimnis unterfallen und nicht die gesamte Datenerhebung, -verarbeitung und -nutzung auf der Cloud-Plattform.[286] Bereits bei Messenger-Diensten wie WhatsApp tendiert die wohl überwiegende Ansicht in der Literatur zur Einordnung als Telemediendienst.[287] Nach der üblichen Klassifizierung bei Telemediendiensten unterfallen die sogenannten Bestandsdaten (die etwa bei Anmeldung und Registrierung auf der Cloud-Website anfallen) sowie die Nutzungsdaten (va Logfiles der Zugriffe auf die Cloud-Plattform) dem TMG (sieh §§ 14, 15 TMG), während der Umgang mit (den gesetzlich nicht definierten) Inhaltsdaten – je nach Art des Dienstes – dem BDSG unterfallen kann, jedenfalls wenn die Daten nicht notwendigerweise während oder durch die Nutzung des Dienstes anfallen.[288] Bei Cloud als IaaS, va bei Speicherdiensten, sind die Nutzerdaten (etwa Nutzerfotos), die auf der Cloud-Plattform gespeichert sind, keine Daten, die bei der Nutzung der Website zwangsläufig anfallen. Insoweit gilt für diese personenbezogenen Daten das BDSG und nicht das TMG.[289] Bei Cloud in Form von SaaS, zB bei Office-Anwendungen, ERP- oder HR-Systemen in der Cloud, wird im Regelfall auf die vom Nutzer in die Cloud-Applikation eingegebenen Daten das BDSG Anwendung finden. § 15 Abs. 3 TMG (Erlaubnis zur Nutzung zu Marketingzwecken unter Verwendung eines Pseudonyms) dürfte somit für diese Daten regelmäßig nicht gelten.[290]

c) Einordnung als Auftragsdatenverarbeitung. Längere Zeit warnten Datenschützer,[291] 172 dass die Voraussetzungen von § 11 BDSG – vor allem in IT-sicherheitsrechtlicher Hinsicht – nur schwer bis gar nicht erfüllbar sein dürften, soweit ein Cloud-Angebot auf einem Pool von Anbietern und einer Ressourcen-Aufteilung/-Auslastung nach dem „follow-the-sun"-Prinzip basiert. Inzwischen wird Cloud Computing von der herrschenden Meinung überwiegend als Auftragsdatenverarbeitung (ADV) im Sinne von § 11 Abs. 2 BDSG eingestuft.[292] Dieser pauschalen Einordnung wird entgegengehalten, dass eine differenzierte Betrachtung dahingehend zu erfolgen habe, ob der Cloud-Dienst lediglich die Infrastruktur IaaS bereitstelle (dann keine ADV, zumindest wenn keine Zugriffsmöglichkeit des IaaS-Anbieters auf personenbezogene Daten des Kunden besteht) oder ob darüberhinausgehende Dienste er-

---

[284] Im Einzelnen → § 33 Compliance, IT-Sicherheit, Ordnungsmäßigkeit der Datenverarbeitung Rn. 211 ff.
[285] Zu Cloud Storage und Cloud Collaboration als TK-Dienst (im Ergebnis ablehnend und ein Telemedium befürwortend, es sei denn, der Cloud-Anbieter ist zugleich Access-Provider): *Krener/Völkel* CR 2015, 501 (505).
[286] *Boos/Kroschwald/Wicker* ZD 2013, 205 (206).
[287] Einzelheiten → § 36 Datenschutz der Telemedien Rn. 21 ff.
[288] Einzelheiten → § 36 Datenschutz der Telemedien Rn. 190 ff.
[289] *Boos/Kroschwald/Wicker* ZD 2013, 205 (208).
[290] *Boos/Kroschwald/Wicker* ZD 2013, 205 (208).
[291] *Dix*, Berliner Beauftragter für Datenschutz und Informationsfreiheit, Datenschutzbericht 2008, S. 15.
[292] *Gola/Schomerus* BDSG § 11 Rn. 8; Bejahend: Arbeitskreis Technik und Medien der Konferenz der Datenschutzbeauftragten des Bundes und der Länder, Orientierungshilfe – Cloud Computing S. 9; Artikel-29-Datenschutzgruppe, WP 196, S. 22 ff.; *Heidrich/Wegener* MMR 2010, 803 (805 f.); *Weichert* DuD 2010, 679 (682); *Nägele/Jacobs* ZUM 2010, 281 (290); *Wulf/Burgenmeister* CR 2015, 404 (411); kritisch *Funke/Wittmann* ZD 2013, 221 sowie *Engels* K&R 2011, 548.

bracht werden.²⁹³ Bei der reinen Zurverfügungstellung einer Infrastruktur würden Daten vom Cloud-Anbieter weder erhoben, verarbeitet oder genutzt. Würden jedoch daneben Dienste wie bspw. Backups erbracht oder Daten gelesen, um Werbung zu ermöglichen, läge ein Verarbeiten iSv § 3 Abs. 4 BDSG vor, da zumindest eine Berührung mit den Daten nicht ausgeschlossen werden könne.²⁹⁴ Es käme daher entscheidend auf die Leistungen der Cloud-Anbieter an, um eine ADV bejahen zu können.²⁹⁵ Bei reiner IaaS (Infrastructure as a Service) oder PaaS (Plattform as a Service) könne es sich mithin nicht um ADV handeln, da keine Daten berührt würden. Anders sei dies unter Umständen bei SaaS (Software as a Service), da ein Zugriff des Diensteanbieters kaum verhindert werden könne.

173 Anderer Ansicht sind die Arbeitskreise Technik und Medien der Konferenz der Datenschutzbeauftragten des Bundes und der Länder sowie die Arbeitsgruppe Internationaler Datenverkehr des Düsseldorfer Kreises in ihrer „**Orientierungshilfe – Cloud Computing**".²⁹⁶ Sie gehen davon aus, dass bei einem rein nationalen Sachverhalt in jedem Fall eine ADV gem. § 11 BDSG vorliegt, unabhängig davon in welcher Form der Diensteanbieter tätig wird, und bieten Anhaltspunkte für die Voraussetzungen einer zulässigen Vereinbarung einer ADV.²⁹⁷ Die Art der Dienstleistung sei erst für die Frage entscheidend, welche technisch-organisatorischen Maßnahmen im Rahmen von § 11 Abs. 2 BDSG Voraussetzung seien.

174 Liegt keine ADV iSv § 11 BDSG vor, muss die Nutzung eines Cloud-Dienstes als **Datenübermittlung** aufgrund wirksamer Einwilligung oder gesetzlicher Erlaubnis zulässig sein, vgl. § 3 Abs. 8 S. 2, 3 iVm § 3 Abs. 4 Nr. 3 BDSG. In Betracht kommt dabei § 28 Abs. 1 S. 1 Nr. 2 BDSG, der jedoch aufgrund seiner Subsidiarität zu § 11 BDSD an dessen Hürden gemessen werden muss.²⁹⁸ Die Interessenabwägung wird deswegen wohl zu Lasten des Auftraggebers ausfallen, denn eine Auslagerung an Cloud-Dienste kann nur dann gerechtfertigt sein, wenn sich der Cloud-Anbieter ähnlich vertraglich verpflichtet wie bei der ADV und zumindest vergleichbare Sicherheitsmaßnahmen getroffen sind.²⁹⁹ Das bloße Interesse an einer Kosteneinsparung des Cloud-Anwenders genügt für die Bejahung überwiegender Interessen des Cloud-Anwenders noch nicht.³⁰⁰ Eine Rechtfertigung anhand von zusätzlichen Kriterien – wie der Nutzung der Cloud als einem die Wettbewerbsfähigkeit steigernden Dienst – wird allerdings für möglich gehalten.³⁰¹ Daneben ist bereits die „Erforderlichkeit" der Datenübermittlung umstritten.³⁰² Das gilt insbesondere im Gesundheitsdatenbereich.³⁰³ Zusätzliche Probleme stellen sich außerdem durch die Anforderungen der §§ 4b, 4c BDSG. § 28 BDSG scheint daher als gesetzliche Erlaubnis kaum denkbar, wenn personenbezogene Daten betroffen werden und nicht die mit § 11 BDSG vergleichbaren Maßnahmen getroffen werden.³⁰⁴ Eine Einwilligung scheint bei Cloud-Systemen generell nicht umsetzbar.³⁰⁵

175 **d) Erfüllbarkeit von Kontrollpflichten und dem Transparenzgebot.** Wird eine Auftragsdatenverarbeitung für Cloud-Dienste bejaht, stellt sich die Frage, ob der Auftraggeber die nach § 11 Abs. 2, 4 iVm § 9 BDSG erforderlichen Kontrollpflichten umsetzen kann. Die Einhaltung dieser Kontrollgebote bereitet Cloud-Anwendern Schwierigkeiten, da sie Rahmenbedingungen der Datenverarbeitung beherrschen müssten, die zumeist von ihnen weder be-

---

²⁹³ *Engels* K&R 2011, 548 (550).
²⁹⁴ *Engels* K&R 2011, 548 (549f.).
²⁹⁵ *Engels* K&R 2011, 548 (550); *Spindler/Schuster* BDSG § 11 Rn. 8.
²⁹⁶ Arbeitskreise Technik und Medien der Konferenz der Datenschutzbeauftragten des Bundes und der Länder sowie die Arbeitsgruppe Internationaler Datenverkehr des Düsseldorfer Kreises, „Orientierungshilfe – Cloud Computing", Version 2 v. 9.10.2014, abrufbar unter https://www.datenschutz-bayern.de/technik/orient/oh_cloud.pdf.
²⁹⁷ Orientierungshilfe (Fn. 5), S. 9, 30 ff.; *Schröder/Haag* ZD 2011, 147 (148); → Rn. 163 ff.
²⁹⁸ → § 34 Rn. 286 ff.; *Schulz* MMR 2010, 75 (78); zu Funktionsübertragungsverträgen → § 34 Rn. 286 ff.
²⁹⁹ → § 34 Rn. 286 ff.; *Niemann/Paul* K&R 2009, 444 (449); *Weichert* DuD 2010, 679 (683).
³⁰⁰ *Niemann/Paul* K&R 2009, 444 (449); *Weichert* DuD 2010, 679 (683).
³⁰¹ *Niemann/Paul* K&R 2009, 444 (449).
³⁰² *Hornung/Städtler* DuD 2013, 148 (151); dagegen:, Spindler/Schuster/*Spindler/Nink* BDSG § 28 Rn. 6.; *Weichert* DuD 2010, 679 (683).
³⁰³ → § 34 Rn. 286 ff.; hierzu auch: *Hornung/Städtler* DuD 2013, 148 (151).
³⁰⁴ *Heidrich/Wegener* MMR 2010, 803 (806); *Niemann/Paul* K&R 2009, 444 (449).
³⁰⁵ Zur Einwilligung → Rn. 182; → § 34 Rn. 371 ff.; *Heidrich/Wegener* MMR 2010, 803 (806).

III. Datenschutz

stimmbar noch kontrollierbar sind.[306] Das hat seinen Ursprung auch darin, dass kaum ein Cloud-Anbieter für eine vollumfassende Transparenz für den Cloud-Anwender sorgen würde.[307] Daher kommt es entscheidend auf die vertraglichen Regelungen und die entsprechende Datenschutz-Compliance an, um eine den datenschutzrechtlichen Anforderungen genügende Gestaltung der Cloud-Dienste zu ermöglichen.[308] Fünf von acht Kontrollgeboten, die gemäß § 11 Abs. 2 iVm der Anlage zu § 9 BDSG vom Auftragnehmer umzusetzen sind, bereiten in der Cloud Probleme.

aa) Zutritts-, Zugangs- und Zugriffskontrolle. Damit § 11 BDSG erfüllt werden kann, müssen die Maßnahmen nach Anlage zu § 9 BDSG (va auch Zutrittskontrollen, Administratorenrechte in allen Rechenzentren uä) für alle am beauftragten Cloud-Service beteiligten Rechenzentrumsstandorte konkret und hinreichend detailliert festgelegt bzw. geregelt werden. Dies dürfte nur in seltenen Fällen gelingen, wenn auch Rechenzentren (RZ) zB in China oder Südamerika beteiligt werden sollen. Gem. Nr. 1–2 der Anlage zu § 9 müsste der Auftraggeber Maßnahmen sicherstellen, die geeignet sind, Unbefugten den Zutritt, Zugang oder Zugriff zu den Datenverarbeitungsanlagen zu verwehren, sobald nicht ausgeschlossen werden kann (vgl. § 9 Abs. 5 BDSG), dass personenbezogene Daten verarbeitet oder genutzt werden. Dies dürfte erhebliche Schwierigkeiten bereiten, insbesondere wenn auch Rechenzentren in Ländern wie China oder Südamerika beteiligt werden sollen.[309] Technische Zugriffsbarrieren sind zwar mittels Verschlüsselungsprogrammen (vgl. Satz 3 der Anlage zu § 9) durchführbar. Sie schränken jedoch unter Umständen den Dienst an sich hinsichtlich beispielsweise der Verarbeitungsgeschwindigkeit ein.[310] Zudem sind Verschlüsselungsmechanismen des Cloud-Dienstes selbst vom Nutzer kaum auf ihre Sicherheit überprüfbar.[311]

176

bb) Weitergabekontrolle. Im Rahmen der Weitergabekontrolle müssen Auftraggeber gem. Nr. 4 der Anlage zu § 9 Maßnahmen ergreifen, die ihnen eine umfassende Kontrolle über Art und Umfang der Datenverarbeitung sowie deren Ort und Zeit ermöglichen. Immanent ist dem Cloud-Geschäftsmodell jedoch gerade, dass ein weltweites Netz von Rechenzentren besteht, das unter Umständen auch über den Einsatz von Subunternehmern vergrößert wird, um den Service „Rund um die Uhr" anbieten zu können.[312] Da Cloud-Diensteanbieter im Regelfall gerade keinen umfassenden Einblick in ihre Geschäftstätigkeiten geben, kann der Cloud-Anwender die Datenverarbeitung unter keinem Gesichtspunkt kontrollieren bzw. überwachen.[313] Daher wurde die Nutzung eines Cloud-Dienstes schon als Abgabe der „Kontrolle über sensible Daten an eine nebulöse Cloud-basierende Architektur" bezeichnet.[314] Im Rahmen der Weitergabekontrolle muss der Auftraggeber Ort, Zeit, Umfang und Art der Datenverarbeitung vollständig beherrschen. Bei vielen Cloud-Angeboten sind Ressourcen und Auftragnehmer im Hinblick auf den konkreten Verarbeitungsvorgang im Vorhinein nicht festlegbar.

177

cc) Verfügbarkeitskontrolle. Die Verfügbarkeit in der Cloud hängt – vor allem bei Public Cloud – ua von der Internetverbindung ab. Häufig ist diese nicht Vertragsbestandteil und unterliegt uU – je nach Sitzland des Providers – Verfügbarkeitsschwankungen. Zudem kann die Verfügbarkeit von Gegebenheiten wie bspw. Fehlverhalten von Mitarbeitern oder Dienstleistern des Cloud-Anbieters abhängen – was aber auch bei Inhouse-Betrieb des Auftraggebers nicht auszuschließen ist. Der in Nr. 7 der Anlage zu § 9 vorgesehene Schutz gegen zufällige Zerstörung oder Verlust der personenbezogenen Daten ist bei einem professionel-

178

---

[306] *Schuster/Reichl* CR 2010, 38 (41 f.); *Simitis/Petri* BDSG § 11 Rn. 55, 30; *Heidrich/Wegener* MMR 2010, 803 (806).
[307] *Weichert* DuD 2010, 679 (683).
[308] *Nägele/Jacobs* ZUM 2010, 281 (290); siehe auch Cloud Select Industry Group (C-SIG) – Data Protection Code of Conduct Subgroup, Code of Conduct for Cloud Service Providers → Rn. 162.
[309] Zu Drittlandsproblematik → Rn. 217 ff.
[310] *Schuster/Reichl* CR 2010, 38 (42).
[311] *Engels* K&R 2011, 550.
[312] *Schulz* MMR 2010, 75 (78).
[313] *Weichert* DuD 2010, 679 (683); *Heidrich/Wegener* MMR 2010, 803 (806); *Hilber/Hartung/Storm,* Handbuch Cloud Computing, 2014, Teil 4 Rn. 127.
[314] *Friedmann,* Cloud Computing ist ein Sicherheitsalbtraum, Computerwoche v. 23.4.2009, abrufbar unter http://computerwoche.de/1893754.

len Rechenzentrumsanbieter uU sogar besser gewährleistet als wenn der Auftraggeber selbst (in-house) einen Server betreibt. Presseberichte über Datenverlust in der Cloud haben häufig damit zu tun, dass es bei Cloud wenige Produktionskosten bei „Auslieferung" von Software-Updates gibt (es müssen zB keine Datenträger für Endkunden produziert werden) und es besteht die Internet-typische Illusion, was einmal online ist könne – sobald Fehler entdeckt werden – schnell korrigiert werden. Das ist ein Anreiz, sehr frühzeitig mit neuen Versionen auf den Markt zu gehen, die uU noch nicht ausreichend ausgetestet sind.[315] In diesem Fall ist die zeitgerechte Zurverfügungstellung als Schutzziel nicht jederzeit gewährleistet.[316]

179 *dd) Trennungskontrolle.* Die Trennungskontrolle der Nr. 8 der Anlage zu § 9 bietet nicht nur hinsichtlich Cloud-Computing Risiken. Die Frage, ob die Virtualisierungstechnik den Anforderungen der Trennungskontrolle genügt, ist nicht ein spezifisches Datenschutz- und IT-Sicherheitsproblem von Cloud, sondern betrifft ebenso das „klassische" RZ-Outsourcing. Zwar ist die Auswahl des Cloud-Anbieters durch den Auftraggeber im Hinblick auf Maßnahmen nach Anlage zu § 9 BDSG anhand eines Sicherheitskonzepts vor Vertragsschluss möglich, aber spätere „regelmäßige Kontrollen" (zB Risikoanalyse durch Wirtschaftsprüfer) sind wohl auch vor Ort nötig. Insbesondere aber bei Cloud-Diensten, die viele Rechenzentren nutzen, kann eine umfassende Kontrolle nur bedingt erfolgen. Ob Cloud-Diensteanbieter empfohlene[317] Prüfberichte kleinen sowie großen Firmen zur Verfügung stellen würden, soweit diese überhaupt Prüfberichte anfordern, ist fraglich.[318]

180 *ee) Offenlegung und schriftliche Fixierung der Subunternehmer.* § 11 Abs. 2 S. 2 Nr. 6 BDSG erfordert, dass alle eingesetzten Subunternehmer mit ihrer Identität und ihren jeweiligen Leistungsbeiträgen offen gelegt werden und schriftlich insbesondere das „ob" und „wie" ihres Einsatzes, dh auch die Verarbeitungsprozesse sowie technische und organisatorische Maßnahmen festzulegen.[319] Dies stellt Cloud-Anbieter, die kurzfristig auf den Markt reagieren wollen und flexibel Leistungen einkaufen wollen oder sogar darauf angewiesen sind, vor Probleme.[320] Sub-Subunternehmer sind in § 11 BDSG zumindest nicht ausdrücklich vorgesehen.[321]

181 *ff) Beispielsfall „Microsoft Office 365".* Microsoft bietet seinen Kunden an, „Auftragsdatenverarbeitungsverträge sowie EU-Standardvertragsklauseln abzuschließen – ungeachtet der Größe des Kunden oder des Werts des Servicevertrags."[322] Die Standardvertragsklauseln sind auch erforderlich, da die Liste an Unter-Auftragnehmern[323] es als sehr wahrscheinlich erscheinen lässt, dass Daten außerhalb der EU/EWG und der USA verarbeitet werden sollen, auch wenn grundsätzlich für den europäischen Raum Irland, die USA, die Niederlande, Finnland und Österreich[324] als Orte der Datenspeicherung angegeben werden. Cloud-Anwender können den Speicherort der Daten einsehen: „Der Speicherort Ihrer Daten ist kein Geheimnis. Weitere Informationen finden Sie unter Wo befinden sich meine Daten im Office 365 Trust Center."[325] Die bis ca. Juni 2014 angebotene regionale Sperrung wird hingegen nicht mehr angeboten. Microsoft sendet den Kunden im Übrigen keine Benachrichtigung, wenn Kundendaten in ein neues Land übertragen werden.[326] Auf die Spähpraxis der US-Behörden reagierte Microsoft und kündigte 2013 an, Unternehmen darüber zu informieren,

---

[315] Siehe Düsseldorfer Kreis, OH Cloud Computing → Rn. 163 ff.
[316] Hilber/*Hartung*/*Storm,* Handbuch Cloud Computing, Teil 4 Rz. 126.
[317] Zur Empfehlung: BITKOM, Cloud Computing – Was Entscheider wissen müssen, S. 69, abrufbar unter http://www.bitkom.org/files/documents/BITKOM_Leitfaden_Cloud-Computing-Was_Entscheider_wissen_muessen.pdf.
[318] Hornung/*Sädtler* DuD 2013, 148 (151).
[319] *Gola*/*Schomerus* BDSG § 11 Rn. 18e; *Schulz* MMR 2010, 75 (78).
[320] → § 34 Recht des Datenschutzes.
[321] Zu Subunternehmern außerhalb der EU → Rn. 217 ff.
[322] https://products.office.com/de-de/business/office-365-trust-center-eu-model-clauses-faq.
[323] http://go.microsoft.com/fwlink/?LinkId=213175&clcid=0x409.
[324] https://www.microsoft.com/online/legal/v2/?docid=25; http://download.microsoft.com/download/6/9/8/69828F50-783C-444E-8927-5C62B5E7A211/EMEA%20Data%20Maps.pdf.
[325] https://products.office.com/de-DE/business/office-365-trust-center-top-10-trust-tenets-cloud-security-and-privacy?legRedir=true&CorrelationId=27715f74-706a-4ec0-a117-619a5514b9b5#.
[326] https://www.microsoft.com/onlinelegal/v2/?docid=25&langid=de-DE.

wenn eine Behörde Zugriff auf ihre Daten fordern würde: "We also will take new steps to reinforce legal protections for our customers' data. For example, we are committed to notifying business and government customers if we receive legal orders related to their data."[327] Um die Nutzung des Cloud-Dienstes sicherer zu machen, bietet die deutsche Telekom nach eigenen Angaben künftig eine Verschlüsselungsmethode für Daten „auf dem Weg in [die Cloud] als auch in der Cloud selbst"[328] an.

e) Einwilligung in die Datenübermittlung. Wenn § 11 BDSG nicht erfüllt ist, liegt eine Datenübermittlung vor, die nur mit Einwilligung der Betroffenen oder gesetzlicher Erlaubnis zulässig ist. Da § 11 BDSG eine Spezialvorschrift für die Auslagerung an Dienstleister ist, müssen die Hürden bei der Interessenabwägung gemäß § 28 Abs. 1 S. 1 Nr. 2 BDSG hoch sein und wird die Abwägung bei Sicherheitsrisiken nicht selten zu Lasten des Auftraggebers ausfallen. Als Faustregel kann gelten, dass eine Auslagerung an einen Cloud-Anbieter nur dann im Sinne von § 28 Abs. 1 S. 1 Nr. 2 BDSG gerechtfertigt sein kann, wenn der Anbieter in ähnlicher Weise vertraglich verpflichtet und festgelegt ist und wenn ähnliche Sicherheitsmaßnahmen getroffen sind, wie dies im Rahmen von § 11 BDSG vorgeschrieben ist.[329] Insbesondere dann, wenn im Versicherungs- bzw. Krankenhausbereich zB Gesundheitsdaten (und andere besondere Arten von Daten) in die Cloud ausgelagert werden sollen, dürfte eine Rechtfertigung auf Basis von § 28 Abs. 1 S. 1 Nr. 2 BDSG im Regelfall ausscheiden. 182

f) Sonstige gesetzliche Restriktionen oder spezielle Anforderungen hinsichtlich Cloud (zB § 146 AO). Neben den allgemeinen datenschutzrechtlichen Vorschriften gibt es eine Reihe von Vorschriften, v. a. im öffentlichen Bereich,[330] die Daten-Auslagerung, insbesondere ins Ausland,[331] untersagen oder weitreichende Vorgaben (zB an den Sitz des Providers, den Speicherort oder die Speicherdauer) stellen und schon aus diesem Grund ein Hemmnis für Cloud sind. Diese Hemmnisse gelten überwiegend nicht nur bei Cloud, sondern können grds. auch bei klassischen Hosting- oder Outsourcing-Modellen wirken. Allerdings ist bei Cloud die Auslagerung ins Ausland bzw. die Einbindung ausländischer Auftragnehmer und Unterauftragnehmer typisch, was gerade in der öffentlichen Verwaltung nicht ohne weiteres zulässig ist. Auch in anderen Mitgliedstaaten gibt es – teils ungeschrieben – Restriktionen, öffentliche Daten in die Cloud auszulagern. In Deutschland ist das Regelungsregime jedoch besonders komplex und vielschichtig und die relevanten Vorschriften befinden sich teils in – jedenfalls aus Sicht eines privaten Cloud-Providers – entlegenen Gesetzen. Teilweise hängt die Befugnis zur Datenauslagerung davon ab, 183

- ob der Kunde (Controller) und/oder der Cloud-Provider eine öffentliche oder nichtöffentliche Stelle ist und ob die Arbeitnehmer des Cloud-Providers Berufsgeheimnisträger sind oder durch ähnlich strenge Geheimhaltungspflichten gebunden sind;
- welche Datenarten (zB medizinische Daten)[332] und welche Branche des Kunden (zB Krankenhäuser, Anwälte etc.) betroffen sind;[333]
- welches Betreiber-/Cloud-Modell der Kunde wählt (zB Private oder Public Cloud und inwieweit Subunternehmer involviert sind);
- welche Art des Dienstes der Kunde wählt (zB Auslagerung des Textverarbeitungsprogramms in die Cloud im Gegensatz zu Business Process Outsourcing in der Cloud oder das Führen öffentlicher Register in der Cloud).

Folgende gesetzliche Anforderungen können beispielsweise die Auslagerung in die Cloud (va Public Cloud) einschränken: 184

---

[327] http://blogs.microsoft.com/blog/2013/12/04/protecting-customer-data-from-government-snooping/.
[328] http://www.telekom.com/medien/konzern/271530.
[329] → § 34 Recht des Datenschutzes zu den Anforderungen an Funktionsübertragungsverträge.
[330] *Schrotz/Zdanowiecki*, CR 2015, 485 ff., ua zu Cloud Computing und vergaberechtlichen Anforderungen sowie Restriktionen durch Amtsgeheimnisse.
[331] Beispielsweise verlangt das föderale Gesetz Nr. 242 – FS der Russischen Föderation v. 21.7.2014, dass personenbezogene Daten russischer Staatsangehöriger auf Servern innerhalb der russischen Föderation gespeichert werden müssen. Dazu *Söbbing*, RDV 2015, 186 f.; *Dettmann/Weigl*, CR 2015, 510 ff.
[332] §§ 199, 206, 207 SGB VII, §§ 285, 304 SGB V, §§ 94, 97, 107 SGB XI, § 21 Krankenhausentgeltgesetz, § 7, 14 Transplantationsgesetz, § 22 Verordnung über den Betrieb von Apotheken, § 28 Röntgenverordnung.
[333] Zu Exportkontrolle siehe unten Rn. 208 ff.

- Risiko-Management-Anforderungen der BaFin (siehe auch Basel III und MaRisk) im Finanzsektor,
- Mindestspeicherdauer (etwa 5 Jahre für Mandantenakten; 6 bzw. 10 Jahre für steuerrelevante Daten;[334] 10 Jahre für Krankenakten 30 Jahre für Radiologiedaten),
- Zugangs- und Kontrollrechte von Behörden (etwa Steuer- und Datenschutzbehörden),
- bereichsspezifische Anforderungen an Auftragsdatenverarbeitung gemäß der Landesdatenschutzgesetze oder bei Sozialdaten gemäß § 80 SGB X.

185 Dazu nun im Einzelnen.

aa) § 146 Abgabenordnung (Auslagerung von handels-/steuerrechtlichen Büchern und Aufzeichnungen). Gemäß § 146 Abs. 2 AO[335] gilt [Hervorhebung durch die Autorin]:

„Bücher und die sonst erforderlichen Aufzeichnungen **sind im Geltungsbereich dieses Gesetzes zu führen und aufzubewahren**. Dies gilt nicht, soweit für Betriebsstätten außerhalb des Geltungsbereichs dieses Gesetzes nach dortigem Recht eine Verpflichtung besteht, Bücher und Aufzeichnungen zu führen, und diese Verpflichtung erfüllt wird. In diesem Fall sowie bei Organgesellschaften außerhalb des Geltungsbereichs dieses Gesetzes müssen die Ergebnisse der dortigen Buchführung in die Buchführung des hiesigen Unternehmens übernommen werden, soweit sie für die Besteuerung von Bedeutung sind. Dabei sind die erforderlichen Anpassungen an die steuerrechtlichen Vorschriften im Geltungsbereich dieses Gesetzes vorzunehmen und kenntlich zu machen."

186 Von der Anforderung des § 146 Abs. 2 S. 1 AO gibt es jedoch eine Ausnahme (§ 146 Abs. 2a AO):

„Abweichend von Absatz 2 Satz 1 kann die zuständige Finanzbehörde **auf schriftlichen Antrag des Steuerpflichtigen** bewilligen, dass elektronische Bücher und sonstige erforderliche elektronische Aufzeichnungen oder Teile davon außerhalb des Geltungsbereichs dieses Gesetzes geführt und aufbewahrt werden können. Voraussetzung ist, dass
1. der Steuerpflichtige der zuständigen Finanzbehörde den **Standort des Datenverarbeitungssystems und bei Beauftragung eines Dritten dessen Namen und Anschrift** mitteilt,
2. der Steuerpflichtige seinen **aus den §§ 90, 93, 97, 140 bis 147 und 200 Absatz 1 und 2 ergebenden Pflichten** ordnungsgemäß nachgekommen ist,
3. der **Datenzugriff** nach § 147 Absatz 6 in vollem Umfang möglich ist und
4. die Besteuerung hierdurch **nicht beeinträchtigt** wird.
Werden der Finanzbehörde Umstände bekannt, die zu einer Beeinträchtigung der Besteuerung führen, hat sie die Bewilligung zu widerrufen und die unverzügliche Rückverlagerung der elektronischen Bücher und sonstigen erforderlichen elektronischen Aufzeichnungen in den Geltungsbereich dieses Gesetzes zu verlangen. Eine Änderung der unter Satz 2 Nummer 1 benannten Umstände ist der zuständigen Finanzbehörde unverzüglich mitzuteilen."

187 Zu den Ausnahmen siehe auch § 148 AO. Für eine Genehmigung zur Auslagerung der Bücher und sonstigen erforderlichen steuerrelevanten Aufzeichnungen ist im Regelfall erforderlich, dass
- der Steuerpflichtige den Auslagerungstatbestand in einem Antrag beschreibt,
- dabei va konkrete Angaben zum Standort der Datenverarbeitungsanlage (des Rechenzentrums) und zur Adresse des Cloud-Providers (oftmals identisch) macht sowie
- Angaben dazu, dass die Steueranmeldungen, Steuererklärungen fristgerecht eingereicht wurden sowie, dass rechtzeitige Zahlungen der Steuern sowie Auskünfte bei Anfragen der Finanzverwaltung erfolgt sind.
- Daneben sind Angaben zum Datenzugriff und zu Zugriffsberechtigungen und zu einem Datenexport gemäß § 147 Abs. 6 AO zu machen.

188 Wenn der Steuerpflichtige zudem darlegt, dass die Steueranmeldungen und Steuererklärungen weiterhin durch den Steuerpflichtigen bzw. dessen Steuerberater in Deutschland erfolgen, wenn v. a. die Original-Papierbelege der steuerrelevanten Daten in Deutschland verbleiben und wenn die Auslagerung ins EU/EWR-Ausland oder in die Schweiz stattfindet, wird die Genehmigung im Regelfall erteilt. Findet die Auslagerung in die USA oder ein sonstiges außereuropäisches Land statt, mit dem es keine oder kaum Vollstreckungsabkommen

---

[334] Siehe § 257 HGB.
[335] Siehe auch § 14b UStG und § 41 Abs. 1 EStG.

gibt, sollte der Steuerpflichtige laufend Kopien der Bücher und möglichst die Originale der sonstigen erforderlichen Aufzeichnung (auch laufend aktuelle Backups der ERP-Daten bei Auslagerung des ERP-Systems) in Deutschland vorhalten, so dass er insoweit mit Mitteln in Deutschland die Anforderungen etwa aus GoBD erfüllen kann und nur Kopien in der Cloud gespeichert werden.

bb) Auslagerung im Finanzsektor. Der Einsatz von Cloud-Computing durch Kredit- und Finanzdienstleistungsinstitute unterliegt dem Kreditwesengesetz und kann im Einzelfall eine Auslagerung beinhalten, die für die Durchführung von Bankgeschäften, Finanzdienstleistungen oder sonstigen institutstypischen Dienstleistungen wesentlich iSv § 25b KWG sind. Ob es sich um eine solche Auslagerung handelt, steht im Beurteilungsermessen des Bankinstituts. Es muss jedenfalls sichergestellt sein, dass das Cloud Computing weder die Ordnungsmäßigkeit der Geschäfte und Dienstleistungen noch die Geschäftsorganisation beeinträchtigt.

Die zuständige Finanzaufsichtsbehörde (Bundesanstalt für Finanzdienstleistungsaufsicht – BaFin) hat mit den Mindestanforderungen an das Risikomanagement (MaRisk) diese Anforderungen an das Risikomanagement nach § 25b KWG präzisiert. Gemäß Ziffer AT 7.2 MaRisk müssen

„*... [die] IT-Systeme (Hardware- und Software-Komponenten) und die zugehörigen IT-Prozesse [...] die Integrität, die Verfügbarkeit, die Authentizität sowie die Vertraulichkeit der Daten sicherstellen. Für diese Zwecke ist bei der Ausgestaltung der IT-Systeme und der zugehörigen IT-Prozesse grundsätzlich auf gängige Standards abzustellen, insbesondere sind Prozesse für eine angemessene IT-Berechtigungsvergabe einzurichten, die sicherstellen, dass jeder Mitarbeiter nur über die Rechte verfügt, die er für seine Tätigkeit benötigt; die Zusammenfassung von Berechtigungen in einem Rollenmodell ist möglich. Die Eignung der IT-Systeme und der zugehörigen Prozesse ist regelmäßig von den fachlich und technisch zuständigen Mitarbeitern zu überprüfen.*"

§§ 33 WpHG, 9a, 16 InvG und 64a VAG für Finanzinstitute im Bereich Wertpapiere, Investment und Versicherungen, treffen ähnliche Regelungen.

Die Bank ist zudem gemäß Ziffer 2 der AGB-Banken zur Verschwiegenheit über alle kundenbezogenen Tatsachen und Wertungen verpflichtet, von denen sie Kenntnis erlangt (Bankgeheimnis). Informationen über den Kunden darf die Bank nur weitergeben, wenn gesetzliche Bestimmungen dies gebieten oder der Kunde eingewilligt hat oder die Bank zur Erteilung einer Bankauskunft befugt ist. Ob diese Befugnis eine Kenntnisnahme-Möglichkeit durch den Cloud-Provider umfasst, ist fraglich. Im Zweifel müssten die ausgelagerten Daten verschlüsselt sein oder es ist eine Einwilligung der Bankkunden erforderlich.

cc) Auslagerung im Gesundheitssektor. Aufgrund des Kostendrucks ist das Interesse an Auslagerung in die Cloud im Gesundheitssektor ungebrochen hoch.[336] Jedoch ist das Datenschutzrecht hins. Medizin-/Gesundheitsdaten besonders vielschichtig, weil zB je nach Rechtsnatur oder Trägerschaft der verantwortlichen Stelle (etwa privates, kommunales oder kirchliches Krankenhaus oder private oder gesetzliche Krankenversicherung), unterschiedliche Normen relevant sind. Für gesetzliche Krankenkassen gilt zB SGB V und X, für private jedenfalls nicht unmittelbar. Bei kirchlichen Krankenhäusern gilt das kirchliche Datenschutzgesetz der evangelischen oder katholischen Kirche. Bei privaten Krankenhäusern gilt grds. das BDSG. Bei Krankenhäusern, die öffentliche Stellen eines Bundeslandes sind, gilt das jeweilige Landesdatenschutzgesetz. Daneben gibt es im Medizinbereich diverse Spezialgesetze (teilweise Bundesland-spezifisch), die den Umgang mit bestimmten Daten regeln (etwa Transplantationsgesetz oder Röntgenverordnung). Im Folgenden kann also nur ein kleiner beispielhafter Einblick in den Regelungsbereich gegeben werden.

Soweit der **Sozialdatenschutz** gilt, ist der Einsatz von privaten Cloud-Diensten bei der Verarbeitung von Sozialdaten unter bestimmten Voraussetzungen gemäß § 80 SGB X grundsätzlich zulässig. Sozialdaten sind Einzelangaben über persönliche oder sachliche Verhältnisse einer bestimmten oder bestimmbaren natürlichen Person (Betroffener), die von Leistungsträgern (zB Agentur für Arbeit), Leistungserbringern oder sonstigen Behörden oder

---

[336] *Hornung/Städtler* DuD 2013, 148.

Stellen (zB kassenärztliche Vereinigungen) im Rahmen der Erfüllung ihrer gesetzlichen Pflichten erhoben, verarbeitet oder genutzt werden, § 67 Abs. 1 S. 1 SGB X. Materiellrechtliche Voraussetzung für den Einsatz von privaten Cloud-Diensten ist nach § 80 Abs. 5 SGB X
- das Verhindern von Störungen im Betriebsablauf, § 80 Abs. 5 Nr. 1 SGB X,
- erhebliche Kostenersparnis soweit der überwiegende Datenbestand bei der öffentlichen Stelle gespeichert bleibt, § 80 Abs. 5 Nr. 2 SGB X.

194 Das Verhindern von Störungen im Betriebsablauf kann beispielsweise im Fall unvorhergesehener Ereignisse oder besonders großer Arbeitsanfälle[337] angenommen werden. Ob der private Auftragnehmer die Aufgabe kostengünstiger durchführen kann, ist anhand eines Kostenvergleichs zu ermitteln, wobei dem Auftraggeber ein Beurteilungsspielraum einzuräumen ist.[338] Unter welchen Voraussetzungen eine überwiegende Speicherung des gesamten Datenbestandes angenommen wird, ist nicht abschließend geklärt. Von diesem Erfordernis ausdrücklich ausgenommen ist gemäß § 395 SGB III die Bundesagentur. Nach einer im Schrifttum vertretenen Ansicht handelt es sich bei der zusätzlichen Voraussetzung des überwiegenden Verbleibens von Datenbeständen beim Auftraggeber gemäß § 80 Abs. 5 Nr. 2 SGB X um ein Redaktionsversehen des Gesetzgebers, soweit hiervon auch die Zwischenspeicherung von Daten für eine effizientere Datenverarbeitung umfasst ist.[339]

195 § 80 Abs. 2 SGB X verlangt vor Einsatz eines Cloud-Providers im Wege der Auftragsdatenverarbeitung eine schriftliche Auftragserteilung, die im Wesentlichen § 11 BDSG entspricht. Der Einsatz von privaten Cloud-Providern setzt zusätzlich voraus, dass der Auftragnehmer dem Auftraggeber schriftlich das Recht eingeräumt hat,
1. Auskünfte bei ihm einzuholen,
2. während der Betriebs- oder Geschäftszeiten seine Grundstücke oder Geschäftsräume zu betreten und dort Besichtigungen und Prüfungen vorzunehmen und
3. geschäftliche Unterlagen sowie die gespeicherten Sozialdaten und Datenverarbeitungsprogramme einzusehen,
soweit es im Rahmen des Auftrags für die Überwachung des Datenschutzes erforderlich ist. Zudem ist die Aufsichtsbehörde nach Maßgabe von §§ 80 Abs. 3, 97 Abs. 1 S. 3 SGB X vor Auftragserteilung zu benachrichtigen. Cloud-Anbieter mit Sitz im EWR können unter den gleichen Voraussetzungen nach § 80 SGB X beauftragt werden, wie deutsche Anbieter, § 67 Abs. 10 S. 3 SGB X.

196 Bei Cloud-Anbietern außerhalb EU/EWR müssen nach teilweise vertretener Ansicht die Voraussetzungen eines Erlaubnistatbestandes für eine Übermittlung vorliegen.[340] Vertreten wird allerdings auch eine analoge Anwendung der Regeln für die Auftragsdatenverarbeitung wegen einer bestehenden Regelungslücke bezüglich der Übermittlungsbefugnis und weil der Gesetzgeber mit § 67 Abs. 10 S. 3 SGB X alleine die Anwendung der Normen zur Sicherstellung eines angemessenen Datenschutzniveaus auslösen wollte, nicht jedoch die internationale Auftragsdatenverarbeitung ausschließen.[341] Diese nicht abschließend geklärte Streitfrage hat im Sozialdatenschutz besondere Bedeutung, da eine explizite Rechtsgrundlage für eine Datenübermittlung an den Cloud-Anbieter im Sozialdatenschutz nicht gegeben ist.[342]

197 Zudem ist das **Sozialgeheimnis** gemäß § 35 SGB I zu wahren. Danach sind angemessene Schutzmaßnahmen zu ergreifen, um sicherzustellen, dass die Sozialdaten nur Befugten zugänglich sind. Betriebs- und Geschäftsgeheimnisse stehen Sozialdaten gleich.[343]

---

[337] Bräutigam/*Heckmann*, IT-Outsourcing und Cloud-Computing, Teil 10 IT-Outsourcing der Öffentlichen Hand, Rn. 78.
[338] Bräutigam/*Heckmann*, IT-Outsourcing und Cloud-Computing, Teil 10 IT-Outsourcing der Öffentlichen Hand, Rn. 79.
[339] Bräutigam/*Heckmann*, IT-Outsourcing und Cloud-Computing, Teil 10 IT-Outsourcing der Öffentlichen Hand, Rn. 80; Erfordernis technischer Sicherstellung der Kontrolle: Hilber/*Bieresborn*, Handbuch Cloud Computing, Teil 8 E, Sozialdaten, Rn. 52.
[340] Hilber/*Bieresborn*, Handbuch Cloud Computing, Teil 8 E, Sozialdaten, Rn. 44.
[341] Hilber/*Bieresborn*, Handbuch Cloud Computing, Teil 8 E, Sozialdaten, Rn. 44, 45 ff.; *Weichert* DuD 2010, 679, 686.
[342] Hilber/*Bieresborn*, Handbuch Cloud Computing, Teil 8 E, Sozialdaten, Rn. 44.
[343] Siehe auch § 65 SGB VIII zur Verschwiegenheit über Sozialdaten durch Berufe der Sozialpflege.

III. Datenschutz

Ein bekanntes und viel diskutiertes Problem ist, dass § 203 Abs. 1 StGB nicht nur im Bereich der Heilberufe, sondern auch bei anderen Berufsgeheimnisträgern[344] Hürden bei Auslagerung von IT-Leistungen aufstellt.[345] Die Regelungen zur Auftragsdatenverarbeitung gemäß § 11 BDSG begründen keine Offenbarungsbefugnis im Sinne des § 203 StGB.[346] Gemäß § 1 Abs. 3 S. 2 BDSG bleibt die Verpflichtung zur Wahrung gesetzlicher Geheimhaltungspflichten oder von Berufs- oder besonderen Amtsgeheimnissen, die nicht auf gesetzlichen Vorschriften beruhen, unberührt. Allerdings stellen, nach wohl überwiegender Auffassung,[347] die Bestimmungen von bereichsspezifischen Gesetzen, die explizit die Auftragsdatenverarbeitung von im Krankenhaus anfallenden Patientendaten regeln, eine Offenbarungsbefugnis im Hinblick auf § 203 StGB dar. Unklar ist, ob auch § 80 SGB X eine ausreichende Offenbarungsbefugnis iSv § 203 StGB begründet. Allerdings sind die von § 80 SGB X umfassten Sozialdaten lediglich eine Teilmenge der Patientendaten, die ein Krankenhaus uU auslagern will. Im Folgenden werden einige bereichsspezifische Regelungen zusammengefasst:

- § 48 LKHG BW (Baden-Württemberg): Benachrichtigung der zuständigen Datenschutzaufsichtsbehörde; Auferlegung einer dem § 203 StGB entsprechenden Schweigepflicht.
- Art. 27 BayKHG (Bayern): Sicherstellung, dass beim Auftragnehmer die besonderen Schutzmaßnahmen eingehalten werden; keine Anhaltspunkte für eine Beeinträchtigung schutzwürdiger Belange von Patienten durch die Art und Ausführung der Auftragsdatenverarbeitung; Verarbeitung oder Mikroverfilmung von Patientendaten, die nicht zur verwaltungsmäßigen Abwicklung der Behandlung der Patienten erforderlich sind ausschließlich durch Krankenhäuser.
- § 24 Abs. 6 und 7 LKG (Berlin): Wartungs- und Administrationstätigkeiten bei medizintechnischen Geräten sind möglich. Jegliche andere Auftragsdatenverarbeitung darf nur geschehen, wenn der Auftraggeber durch technische Schutzmaßnahmen sichergestellt hat, dass der Auftragnehmer keine Möglichkeit hat, beim Zugriff auf Patientendaten den Personenbezug herzustellen.
- § 10 BremKHDSG (Bremen): Unterwerfung unter die Kontrolle des Landesbeauftragten für den Datenschutz; Sicherstellung, dass der Auftragnehmer bei der Administration technischer Vorkehrungen zur Abwehr von Angriffen auf das Datenverarbeitungssystem so weit möglich nicht Zugriff auf Patientendaten nehmen kann.
- § 9 HmbKHG (Hamburg): Patientendaten können durch Dienstleister verarbeitet werden, wenn der Dienstleister sich verpflichtet, die für das Krankenhaus geltenden Datenschutzbestimmungen einzuhalten.
- § 39 LKHG M-V (Mecklenburg-Vorpommern): Eine Auftragsdatenverarbeitung von Patientendaten ist nur zulässig, wenn Störungen im Betriebsablauf sonst nicht vermieden werden können, die Datenverarbeitung dadurch erheblich kostengünstiger gestaltet werden kann oder das Krankenhaus seinen Betrieb einstellt. Vor der Erteilung eines Auftrags zur Verarbeitung von Patientendaten außerhalb des Krankenhauses ist zu prüfen, ob der Zweck auch mit verschlüsselten oder pseudonymisierten Patientendaten erreicht werden kann. Eine über drei Monate hinausgehende Speicherung von Patientendaten durch einen Auftragnehmer ist außerhalb des Krankenhauses nur zulässig, wenn die Patientendaten auf getrennten Datenträgern gespeichert sind, die der Auftragnehmer für den Krankenhausträger verwahrt.

---

[344] Der Deutsche Anwaltsverein (DAV) hat im Dezember 2014 einen Gesetzesänderungsvorschlag für die Reichweite der Verschwiegenheitspflicht von Rechtsanwälten (§ 2 BORA) beschlossen. Danach soll zukünftig eine Offenbarungsbefugnis iSv § 203 StGB für den Einsatz von IT-Dienstleistungen Dritter bestehen (*„soweit das Verhalten des Rechtsanwalts im Rahmen der Arbeitsabläufe der Kanzlei einschließlich der Inanspruchnahme von Leistungen Dritter erfolgt und objektiv einer üblichen, von der Allgemeinheit gebilligten Verhaltensweise im sozialen Leben entspricht (Sozialadäquanz)"*). Nachdem das BMJ die Änderung in § 2 BORA zunächst beanstandet und teilweise aufgehoben hatte, wurde mit Schreiben des BMJ vom 31.3.2015 die Änderung als „noch akzeptabel" angesehen. Am 1.7.2015 ist die Änderung in Kraft getreten, siehe www.rak-berlin.de.
[345] Einzelheiten zu § 203 StGB bei IT-Outsourcing siehe → § 43, → § 19 Rn. 222 ff., Conrad/Grützmacher/*Conrad/Witzel*, Das Recht der Daten und Datenbanken im Unternehmen, S. 182; *Gercke* CR 2010, 345; *Kroschwald/Wicker* CR 202, 758; *Obenhaus* NJW 2010, 651.
[346] *Gola/Schomerus* § 11 BDSG, Rn. 2; Simitis/Dammann/*Petri*, § 11 BDSG, Rn. 18; Hamburgischer Datenschutzbeauftragter, 16. Tb. 1997, Tz. 18.1.1.
[347] Bräutigam/*Bräutigam/Brandt*, IT-Outsourcing und Cloud-Computing, S. 841 ff.

- § 7 GDSG (Nordrhein-Westfalen): die ärztliche Schweigepflicht muss beim Auftragnehmer gewährleistet sein. Bei einer Auftragsdurchführung außerhalb des Geltungsbereichs des Gesetzes ist die zuständige Datenschutzkontrollbehörde zu unterrichten.
- § 36 LKG (Rheinland-Pfalz): Sicherstellung einer § 203 StGB entsprechenden Schweigepflicht beim Auftragnehmer und vorherige Zustimmung durch die zuständige Behörde.
- § 13 Saarländisches KHG (Saarland): wenn anders Störungen im Betriebsablauf nicht vermieden oder Teilvorgänge der Datenverarbeitung hierdurch kostengünstiger besorgt werden können; Sicherstellung einer § 203 StGB entsprechenden Schweigepflicht beim Auftragnehmer.
- § 33 Abs. 10 SächsKHG (Sachsen): Sicherstellung einer § 203 StGB entsprechenden Schweigepflicht beim Auftragnehmer; vorherige Zustimmung durch die zuständige Behörde.
- § 27b des Thüringer Krankenhausgesetzes (Thüringen): Eine Verarbeitung und Nutzung durch eine andere Stelle im Auftrag ist nur zulässig, wenn sonst Störungen im Betriebsablauf nicht vermieden oder Teilvorgänge der automatischen Datenverarbeitung hierdurch erheblich kostengünstiger vorgenommen werden können, die Einhaltung der Datenschutzbestimmungen des Thüringer Krankenhausgesetzes sowie eine den Voraussetzungen des § 203 des Strafgesetzbuchs entsprechende Schweigepflicht beim Auftragnehmer sichergestellt ist und der Auftraggeber der Aufsichtsbehörde rechtzeitig vor Auftragserteilung Art, Umfang und die technischen und organisatorischen Maßnahmen der beabsichtigten Datenverarbeitung im Auftrag schriftlich angezeigt hat. Im Vertrag über die Auftragsdatenverarbeitung ist sicherzustellen, dass vom Auftraggeber oder von dessen Datenschutzkontrollbehörde veranlasste Kontrolle vom Auftragnehmer jederzeit zu ermöglichen sind.

199 In Bundesländern ohne bereichsspezifische Erlaubnisnorm[348] kann eine Auftragsdatenverarbeitung hins. Patientendaten grundsätzlich nur durch Einholung einer Patienteneinwilligung (Schweigepflichtentbindungserklärung), die vom Patienten jederzeit widerrufen werden kann und an deren datenschutzrechtliche Bestimmtheit und AGB-rechtliche Wirksamkeit sehr hohe Anforderungen gestellt werden, durchgeführt werden. Liegt eine Offenbarungsbefugnis (spezialgesetzliche Regelung oder Patienteneinwilligung) nicht vor, ist eine Auftragsdatenverarbeitung nur unter der Voraussetzung statthaft, dass dem Auftragsdatenverarbeiter keine Patientendaten iSd § 203 StGB offenbart werden. Eine Offenbarung im Sinne des § 203 StGB liegt grds. nicht vor, wenn die Daten zuvor anonymisiert, pseudonymisiert oder ausreichend sicher verschlüsselt werden.[349]

200 Des Weiteren sind spezialgesetzliche Aufzeichnungs-/Aufbewahrungsfristen von Patientendaten zu beachten. Gemäß **§ 14 Abs. 3 TFG (Transfusionsgesetz)** sind beispielsweise die erforderlichen Dokumentationen über Anwendungen von Blutprodukten und von gentechnisch hergestellten Plasmaproteinen zur Behandlung von Hämostasestörungen mindestens 15 Jahre bzw. 30 Jahre aufzubewahren. Gemäß **§ 28 Abs. 3, 5 und 6 RöV (Röntgenverordnung)** unterliegen die gesetzlich erforderlichen Dokumentationen über Anwendungen von Röntgenstrahlung am Menschen ebenfalls sehr langen Aufbewahrungspflichten. Zudem sind gemäß § 28 RöV besondere Anforderungen bei der Aufbewahrung auf elektronischen Datenträgern zu beachten.

201 *dd) Kommunalverwaltung, öffentliche Register uä.* Weitergehende Einschränkung der Auslagerung in die Cloud betreffen öffentliche Stellen. Dabei will die EU-Kommission gemäß ihrer Initiative „Unleashing the Potential of Cloud Computing"[350] gerade im öffentlichen Sektor Cloud fördern, weil gerade dort die Hardware-Auslastung besonders schlecht ist, was unter Kosten- und Umweltschutzgesichtspunkten nachteilig ist.[351]

---

[348] Brandenburg, Schleswig-Holstein (siehe auch Unabhängiges Landeszentrum für Datenschutz Schleswig-Holstein, Patientendatenverarbeitung im Auftrag, Juni 2002), Sachsen-Anhalt, Niedersachsen. In Hessen unklar: Gem. § 4 Abs. 2 letzter Satz HDSG (Hessen) darf in Hessen an nicht-öffentliche Stellen ein Auftrag nur vergeben werden, wenn weder gesetzliche Regelungen über Berufs- oder besondere Amtsgeheimnisse, noch überwiegende schutzwürdige Belange entgegenstehen.
[349] Conrad/Grützmacher/*Conrad/Witzel*, Das Recht der Daten und Datenbanken im Unternehmen, S. 182 ff.
[350] → Rn. 159 ff.
[351] Kritisch zu Cloud im öffentlichen Bereich siehe DAV-Stellungnahme Nr. 2/2013 unter www.anwaltverein.de.

III. Datenschutz

202 Auch hins. der Cloud-Nutzung in der öffentlichen Verwaltung ist § 203 StGB ein Hemmschuh,³⁵² siehe **§ 203 Abs. 2 StGB**. Insoweit gelten viele Überlegungen zu § 203 Abs. 1 StGB und IT-Auslagerung von Berufsgeheimnisträgern entsprechend.³⁵³

203 Im Bereich der Kommunalverwaltung unterliegt der Einsatz von Cloud Computing privater Anbieter verfassungsrechtlichen und einfachgesetzlichen Schranken.³⁵⁴ Gemäß Art. 33 Abs. 4 GG ist die Ausübung hoheitsrechtlicher Befugnisse als ständige Aufgabe in der Regel Angehörigen des öffentlichen Dienstes zu übertragen, die in einem öffentlich-rechtlichen Dienst- und Treueverhältnis stehen (sog **Funktionsvorbehalt**).³⁵⁵ Die Entscheidungsbefugnis über die Datenverarbeitung und die Weisungsrechte müssen danach bei der öffentlichen Hand verbleiben. Grundsätzlich erlaubt ist jedoch eine Auftragsdatenverarbeitung, soweit diese auf die Erbringung technischer Hilfeleistungen gerichtet ist. Diese technische Hilfeleistung muss in Bezug auf die Verwaltungsaufgabe von ausschließlich dienender und untergeordneter Art sein und darf keine besondere Gefährdungslage schaffen.³⁵⁶ Privatisierungshindernisse ergeben sich im Einzelfall, wenn es sich bei der öffentlichen Aufgabe um **„wesentliche" grund-, organisations- oder verfahrensrechtliche Entscheidungen** handelt.³⁵⁷ Bei der Führung der Personalausweis- und Passregister beispielsweise durch die Personalausweisbehörden besteht ein enger Zusammenhang zwischen hoheitlichen Befugnissen und der Informationsverarbeitung.³⁵⁸ Neben diesen eher staatsorganisationsrechtlichen Anforderungen sind bei der Auslagerung von Daten der öffentlichen Hand in die Cloud grundrechtliche Maßgaben zu beachten, insbesondere Schutz vor Manipulation und Infiltration (siehe Grundrecht auf Gewährleistung von Vertraulichkeit und Integrität informationstechnischer Systeme).³⁵⁹

204 Gemäß Art. 91c Abs. 1 GG können Bund und Länder bei der Planung, der Errichtung und dem Betrieb der für ihre Aufgabenerfüllung benötigten informationstechnischen Systeme zusammenwirken (sog eGovernment). Dieses Zusammenwirken muss sich jedoch auf den technischen Support beschränken.³⁶⁰ Die Entscheidungskompetenz in der Sache selbst muss beim jeweiligen Verwaltungs-/Leistungsträger verbleiben (sog **Verbot der Mischverwaltung**). Das BVerfG leitet das Verbot der Mischverwaltung – das auch bei Cloud relevant sein kann, wenn verschiedene Verwaltungsträger eine gemeinsame Cloud-Plattform (sog multitenant infrastructure) nutzen – aus Art. 83ff. GG ab und stellt klar, dass es sich bei der grundgesetzlichen Verteilung der Verwaltungskompetenz um eine Konkretisierung von Bundes- und Rechtsstaats- sowie Demokratieprinzip handelt.³⁶¹ Eine Ebenen-übergreifende Realisierung von Cloud Computing ist grundsätzlich unzulässig, soweit diese Auswirkungen auf den Gesetzesvollzug hat.³⁶² Die Zusammenführung von Daten sowie deren gemeinsame Verwaltung und Verarbeitung in gemeinsam genutzten Clouds und die hierdurch bedingte Vorgabe von Standards in Softwareanwendungen darf nicht zum Verlust von Entscheidungsspielräumen in der eigenverantwortlichen Aufgabenerfüllung führen.³⁶³

205 Aufgrund bereichsspezifischer Regelungen kann die Datenverarbeitung durch private Cloud-Anbieter auch dann beschränkt sein, wenn es sich nur um eine technische Hilfsfunktion handelt.³⁶⁴ Insbesondere, aber nicht nur bei Personenstandsdaten und im Meldewesen gibt es gesetzliche Restriktionen, die beim Cloud-Computing zu beachten sind. So ist bei-

---

³⁵² *Redeker* ITRB 2014, 232.
³⁵³ → Rn. 198.
³⁵⁴ *Büllesbach/Rieß* NVwZ 1995, 444; *Schulz* MMR 2010, 75.
³⁵⁵ *Heckmann/von Lucke/Hennrich/Maisch*, Compliant Community Cloud C3, Sicheres IT-Outsourcing für Kommunen, März 2013, S. 30f.
³⁵⁶ *Bräutigam/Heckmann*, Teil 10 IT-Outsourcing der Öffentlichen Hand, Rn. 30.
³⁵⁷ *Bräutigam/Heckmann*, Teil 10 IT-Outsourcing der Öffentlichen Hand, Rn. 32.
³⁵⁸ Zum Outsourcing in der öffentlichen Verwaltung siehe *Büllesbach/Rieß* NVwZ 1995, 444; *Schrotz/Zdanowiecki* CR 2015, 485.
³⁵⁹ → Rn. 223.
³⁶⁰ *Niemann/Paul/Roggencamp*, Rechtsfragen des Cloud Computing, Teil C. Verfassungsrecht, Rn. 20.
³⁶¹ *Schulz* MMR 2010, 75 (77).
³⁶² www.bay-innovationsstiftung.de/Fileadmin/docs/Cloud_Stiftung_2013.pdf S. 31, 32; *Schulz* MMR 2010, 75 (77).
³⁶³ BVerfG Urt. v. 20.12.2007 – 2 BvR 2433/04 Rn. 180.
³⁶⁴ *Büllesbach/Rieß*, Outsourcing in der öffentlichen Verwaltung, NVwZ 1995, 444.

spielsweise gemäß Art. 7 AGPStG (Gesetz zur Ausführung des Personenstandsgesetzes, Bayern) eine Auftragsdatenverarbeitung von **Personenstandsdaten** durch private IT-Dienstleister ausgeschlossen. Der Betrieb eines Personenstandsregisters hat danach ausschließlich durch den öffentlichen Hoheitsträger (Anstalt für Kommunale Datenverarbeitung in Bayern) zu erfolgen. Nach § 5 MRRG unterliegen die Meldedaten dem **Meldegeheimnis,** das auch auf sämtliche Stellen, die im Auftrag der Meldebehörden handeln, zu erstrecken ist. Personen, die im Auftrag der Meldebehörden handeln, sind auf das Meldegeheimnis zu verpflichten.[365] Gemäß § 35 BbgMeldeG (Brandenburgisches Landesmeldegesetz) können Meldebehörden nicht-öffentliche Stellen nur im Land Brandenburg mit der Auftragsdatenverarbeitung beauftragen. Die Meldebehörden haben zudem sicherzustellen, dass die beauftragten nicht-öffentlichen Stellen die Bestimmungen des BbgMeldeG sowie ergänzend die Bestimmungen des Brandenburgischen Datenschutzgesetzes befolgen und sich der Kontrolle des Landesbeauftragten für den Datenschutz und für das Recht auf Akteneinsicht unterwerfen.

206 Weitere Beispiele finden sich in diversen Verwaltungsbereichen. So ist etwa gemäß §§ 64a, 66 SchulG Berlin die Führung und der Betrieb einer **automatisierten Schülerdatei** ebenfalls einem öffentlichen Hoheitsträger vorbehalten.[366]

207 Die Bündelung von Software- und Hardware-Ressourcen stellt sich auch in der öffentlichen Verwaltung unter Kosten-, Effizienz- und Umweltschutzgesichtspunkten als wichtiges Ziel dar. Allerdings ist aufgrund der beschriebenen Hürden bis zur Umsetzung des Shared Service-Gedanken[367] in der öffentlichen Verwaltung ein weiter Weg. Abgesehen von den verfassungs- und einfachgesetzlichen Vorgaben muss auch gefragt werden, ob unter Schutz- und Sicherheitsgesichtspunkten die Auslagerung öffentlicher Verwaltungsdaten in die Cloud immer wünschenswert ist. Anders dürfte es evtl. bei Universitäten und anderen Stellen sein, bei denen ein weniger enger Bezug zum hoheitlichen Handeln besteht.

208 *ee) Exportkontrolle.* Betroffen von Exportkontrolle sind insbesondere, aber nicht ausschließlich, die Waffen- und Rüstungsindustrie und Dienstleister im militärischen Bereich. In manchen Ländern unterliegt zB auch Verschlüsselungstechnologie der Exportkontrolle. Das Außenwirtschaftsrecht (va Außenwirtschaftsgesetz AWG und Außenwirtschaftsverordnung AWV) kann in zweierlei Weise für Auslagerung in die Cloud relevant sein.

209 Zum einen beschränkt das Außenwirtschaftsrecht die Ausfuhr von bestimmten Technologien.[368] Soweit ein deutscher Cloud-Kunde Informationen über solche Technologien bei einem ausländischen Cloud-Provider speichert, ist denkbar, dass Exportbeschränkungen bzw. Melde- und Genehmigungspflichten Anwendung finden. Werden zB in der Cloud eines ausländischen Providers bzw. auf Servern im Ausland Software oder Daten über spezifisches technisches Wissen, das für die Entwicklung, Herstellung oder Verwendung eines exportbeschränkten Produkts nötig ist,[369] gespeichert, kann die Auslagerung dem Exportkontrollrecht unterliegen.[370] Etwas anderes gilt grds., wenn es sich um allgemein zugängliche Informationen handelt.[371]

210 Zum anderen ist denkbar, dass ein Cloud-Dienst durch einen deutsche Cloud-Provider als „technische Unterstützung" im Sinne des AWG angesehen wird und solche technische Unterstützung nicht ohne weiteres zulässig ist, wenn mit den Daten, die von dem deutschen Cloud-Provider gespeichert werden, zB biologische, chemische oder nukleare Waffen entwickelt oder hergestellt oder ähnlich militärische Zwecke verfolgt werden (§§ 49–52 AWV). Das Exportrecht regelt nicht nur die Genehmigungspflicht von zur Ausfuhr bestimmten Gütern, sondern auch die Genehmigungspflicht von technischer Unterstützung oder Handels- und Vermittlungsgeschäften etc. bzgl. exportbeschränkter Güter.

---

[365] Büllesbach/Rieß NVwZ 1995, 444.
[366] Diese erfolgt im Wege der Auftragsdatenverarbeitung in einem Rechenzentrum der für das Schulwesen zuständigen Senatsverwaltung (IT-Dienstleistungszentrum Berlin – ITDZ), das von anderen Einheiten der Senatsverwaltung organisatorisch getrennt ist; Jahresbericht BlnBDI 2008, S. 126.
[367] Schulz MMR 2010, 75 (79, 80).
[368] Zu Genehmigungserfordernissen bei Ausfuhr bestimmter Güter siehe §§ 8 ff AWV.
[369] Hilber/*Müller,* Cloud Computing, Teil 8 F, Rn. 25.
[370] Z. B. Dual-Use-Verordnung (EG/428/2009); Iran-Embargo-Verordnung (EG/267/2012); AWG, AWV.
[371] Hilber/*Müller,* Cloud Computing, Teil 8 F, Rn. 26.

III. Datenschutz

Der Export von Daten beim Cloud Computing kann demnach im Einzelfall eine Genehmigung erfordern oder ganz verboten sein. Ob derartige Beschränkungen gelten, richtet sich nach dem Inhalt der Daten und dem Empfängerland. Enthalten die Daten Informationen zur Herstellung von sensiblen Gütern, ist ihr Export immer genehmigungspflichtig. Sensible Daten sind nicht nur Daten aus der Rüstungstechnologie, sondern zahlreiche auf den ersten Blick harmlose Daten, sofern diese auch zu militärischen Zwecken genutzt werden können (Dual-use-Güter). Beispiele hierfür sind Daten aus dem Bereich der Telekommunikation, Elektronik, Chemie oder Schiffstechnik. Ist Zielort des Datentransfers ein Embargoland, ist allein aus diesem Grund der Datenexport genehmigungspflichtig oder verboten. Zudem ist darauf zu achten, dass die Verträge mit dem jeweiligen Cloud-Anbieter Exportklauseln enthalten, die ihn ebenfalls in die exportrechtliche Verantwortung nehmen.[372] 211

g) Lösungsansätze. Für die Erfüllung der sich aus § 11 Abs. 2 BDSG ergebenden Pflichten gibt es verschiedene Lösungsvorschläge bzw. Anregungen. 212

aa) Tatsächliche und rechtliche Methoden. Um eine möglichst umfassende **Kontrolle des Anbieters** gewährleisten zu können, kann sich der Cloud-Anwender neben einer „verbindliche[n] Zusage des Cloud-Anbieters in Form einer umfassenden Selbstbindung"[373] durch Zertifizierungen oder Prüfsiegel wie bspw. **ISO 27001** absichern, da eine Vor-Ort-Prüfung der Cloud-Dienste und ggf. Subunternehmer wohl im Normalfall nicht möglich sein wird.[374] Zertifizierungen entbinden den Cloud-Anwender indes nicht von seinen Kontrollpflichten.[375] Vielmehr muss sich der Cloud-Anwender über den tatsächlichen Untersuchungsgegenstand des Zertifizierungsverfahrens informieren.[376] Zusätzlich muss der Cloud-Anwender einen Nachweis einer unabhängigen Stelle erbringen, dass der Cloud-Anbieter alle technisch-organisatorischen Maßnahmen iSv § 11 Abs. 2 S. 4 BDSG durchführt und die datenschutzrechtlichen Risiken für die Betroffenen wirksam eingeschränkt werden.[377]

Im Rahmen des geplanten „**Code of Conduct**" können Cloud-Anbieter die Einhaltung der im Code niedergelegten Regelungen sowie der Anforderungen der Datenschutzrichtlinie, mithin eines gewissen Datenschutzstandards, sowohl überprüfen als auch demonstrieren.[378] Ein schriftlicher Datenverarbeitungsvertrag wird dadurch jedoch nicht entbehrlich. Darüber hinaus bleibt es bei der Verantwortlichkeit des Cloud-Anwenders. Dem B2B-Cloud-Anwender wird jedoch zumindest etwas Transparenz eingeräumt, um seinen Vertragspartner nach datenschutzrechtlich relevanten Kriterien auszuwählen. 213

Infolge seiner Verantwortlichkeit sollte sich der Cloud-Anwender durch entsprechende **Vertragsklauseln** hinreichend absichern. Daher muss beim „Cloud Computing" vor allem das „ob" (§ 11 Abs. 2 Nr. 6 BDSG) und „wie" (§ 11 Abs. 2 S. 4 BDSG) des Einsatzes von Subunternehmern geregelt werden, da der Cloud-Anwender auch im Verhältnis zu den Subunternehmern seine Kontrollpflichten erfüllen muss und die Cloud keine geographischen Grenzen kennt.[379] Dazu gehört vor allem eine abschließende Vorabinformation über die Identitäten aller Subunternehmer, sämtliche möglichen Verarbeitungsorte des Cloud-Dienstes und seiner (auch zukünftigen Subunternehmer) sowie Widerspruchsmöglichkeiten und angemessene Widerspruchsfristen.[380] Diese Offenlegungspflichten hinsichtlich der konkreten Subunternehmer gehen über das bisherige Verständnis des § 11 Abs. 2 BDSG hin- 214

---

[372] Hilber/*Müller*, Cloud Computing, Teil 8 F.
[373] *Weichert* DuD 2010, 679 (683).
[374] *Kühling/Biendl* CR 2014, 150 (154); *Schuppert/von Reden* ZD 2013, 210 (211 f.); Artikel-29-Datenschutzgruppe, Opinion 05/2012 on Cloud Computing. 1.7.2012, WP 196, S. 27.
[375] Empfehlungen des Düsseldorfer Kreises in Orientierungshilfe, S. 10 f.; → Rn. 163 ff.
[376] Empfehlungen des Düsseldorfer Kreises in Orientierungshilfe, S. 10, 39; → Rn. 163 ff.
[377] Empfehlungen des Düsseldorfer Kreises in Orientierungshilfe, S. 10; → Rn. 163 ff.; *Weichert* DuD 2010, 679 (683).
[378] Cloud Select Industry Group (C-SIG) – Data Protection Code of Conduct Subgroup, Code of Conduct for Cloud Service Providers S. 5; → Rn. 163 ff.
[379] Empfehlungen des Düsseldorfer Kreises in Orientierungshilfe, S. 13; Artikel-29-Datenschutzgruppe, Opinion 05/2012 on Cloud Computing. 1.7.2012, WP 196, S. 25.
[380] Empfehlungen des Düsseldorfer Kreises in Orientierungshilfe, S. 9; → Rn. 163 ff.

aus.[381] Im Falle des Einsatzes von Subunternehmern nach Vertragsschluss ist eine unverzügliche Informationspflicht vor jeglichem (personenbezogenen) Datenfluss festzulegen.[382] Eine mittelbare Lösung, um für den Cloud-Kunden zumindest einen Rest an Datenherrschaft und Weisungshoheit zu wahren, kann darin bestehen, drei Mechanismen in das Vertragswerk einzubauen, die gewährleisten, dass die verwendeten Daten trotz der technischen und organisatorischen Überlegenheit des Anbieters im Machtbereich des Kunden verbleiben:[383]

– Erstens kann der Anbieter mehrere (standardisierte) Optionen hinsichtlich der Datenverarbeitung bereitstellen. Diese Optionen können sich etwa auf den Standort der Server (nur ein bestimmter Staat, eine Gruppe von Staaten oder weltweit), Begrenzung des Einsatzes von Subunternehmern oder den Umfang und die Modalitäten der Datenverarbeitung unterscheiden.[384]
– Zweitens kann der Anbieter ein hohes Transparenzniveau schaffen, indem er die Nutzer über die Einzelheiten der technischen und organisatorischen Datenschutzmaßnahmen informiert (Sicherheitsvorkehrungen hinsichtlich der Serverumgebung und Netzübertragung; Beschreibung der Compliance-Funktion).[385] Strittig ist, ob diese Transparenzklausel dazu führen kann, dass der Cloud-Anbieter Umstände offenlegen muss, die er aus Datenschutz- und Sicherheitsgründen geheim halten will.[386] Denn Sicherheitsmaßnahmen, die nur deshalb wirksam sind, weil sie geheim sind, sind regelmäßig sehr volatil. Jedenfalls sollte ein (zu) hohes Transparenzniveau nicht dazu führen, dass Cloud-Nutzer, die an detaillierten Informationen kein Interesse haben, überflutet werden.[387] Für die interessierten Nutzer sollte jedoch ausreichend detaillierte Transparenz angeboten werden.
– Drittens können dem Kunden erleichterte Lösungsmöglichkeiten für den Fall eingeräumt werden, dass der Umgang des Anbieters mit Daten seinen Vorstellungen nicht entspricht.[388] Ein solches Lösungsrecht kann die Rolle des Nutzers als „Herrn der Daten" fördern, ist aber wohl nur dann im Interesse des Kunden, wenn Datenportabilität und leichtes „Switching" zum neuen Anbieter gewährleistet sind.

215 Im Übrigen muss vertraglich vereinbart werden, dass der Cloud-Anbieter, wenn er von der unrechtmäßigen Kenntniserlangung von Daten erfährt, diese Informationen unverzüglich an den Cloud-Anwender weitergibt, damit dieser seiner Benachrichtigungspflicht als Auftraggeber iSv § 42a BDSG nachkommen kann.[389] Damit der Cloud-Anwender auch seine Pflichten gegenüber den Betroffenen (insb. §§ 34, 35 BDSG) wahren kann, sind Weisungsrechte – ggf. vertragsstrafenbewehrt – gegenüber dem Cloud-Anbieter vertraglich festzulegen und diese gleichzeitig im Verhältnis des Cloud-Anbieters zu seinen Subunternehmern vertraglich zu fixieren.[390] Die Artikel-29-Datenschutzgruppe hat in ihrer Stellungnahme zum Cloud Computing eine Reihe von Kriterien aufgestellt, die bei der Vertragsgestaltung beachtet werden sollten.[391] Falls der Cloud-Anbieter seinen Sitz in der EU bzw. EWR hat, kann er nicht ohne Genehmigung Unteraufträge erteilen. Für diese Konstellation gibt es daher die Möglichkeit, einen „Direktvertrag" mit den Standardvertragsklauseln gemäß dem Kommissionsbeschluss 2010/87/EU zwischen Cloud-Anwender und Unter-Anbieter zu schließen (a), einen Vertrag zu schließen, den der Cloud-Anbieter im Namen und mit Vollmacht des Cloud-Verwenders abschließt (b) bzw. einen Ad-hoc-Vertrag ohne

---

[381] Schröder/Haag ZD 2011, 147 (149).
[382] Empfehlungen des Düsseldorfer Kreises in Orientierungshilfe, S. 9; → Rn. 163 ff.
[383] So der zutreffende Vorschlag von Bräutigam/*Bräutigam/Thalhofer* Teil 14 Rn. 40 ff.
[384] Vgl. Bräutigam/*Bräutigam/Thalhofer* Teil 14 Rn. 40, die von „vorgelagerten Weisungsbefugnissen" sprechen. Vgl. ferner Niemann/Hennrich CR 2010, 686 (692).
[385] Einzelheiten bei Bräutigam/*Bräutigam/Thalhofer* Teil 14 Rn. 41 ff.
[386] Niemann/Hennrich CR 2010, 686 (690). Zur Nichtoffenlegung einer Scoring-Formel zu Gunsten des Anbieters siehe BGH Urt. v. 28.1.2014 – VI ZR 156/13 – Auskunftsanspruch bei Bonitätsauskunft der SCHUFA.
[387] Niemann/Hennrich CR 2010, 686 (690).
[388] Bräutigam/*Bräutigam/Thalhofer* Teil 14 Rn. 48.
[389] Empfehlungen des Düsseldorfer Kreises in Orientierungshilfe, S. 12; → Rn. 163 ff.
[390] Empfehlungen des Düsseldorfer Kreises in Orientierungshilfe, S. 13; → Rn. 163 ff.
[391] Artikel-29-Datenschutzgruppe, Opinion 05/2012 on Cloud Computing. 1.7.2012, WP 196, S. 16 f.

Verwendung der Standardvertragsklauseln zu schließen, der jedoch der Genehmigung der Aufsichtsbehörde gem. § 4c Abs. 2 S. 1 BDSG bedarf (c).[392]

bb) Technische Methode der Verschlüsselung. Es gibt Stimmen, die das BDSG für nicht anwendbar halten, wenn personenbezogene Daten in der Cloud verschlüsselt werden.[393] Das kann beispielsweise für solche Daten gelten, die bereits vor Abspeichern in der Cloud und damit vor der Berührung mit dem Cloud-Anbieter verschlüsselt wurden und damit gar keine personenbezogenen Daten mehr darstellen.[394] Das hätte zur Folge, dass es nicht unbedingt zu einer Verarbeitung von personenbezogenen Daten kommen würde und eine Reihe von datenschutzrechtlichen Frage- und Problemstellungen vermieden werden könnten.[395] Eine andere Ansicht vertreten jedoch die Autoren der Orientierungshilfe, denn auch pseudonymisierte Daten hätten den erforderlichen Personenbezug, da Betroffene durch Zusatzwissen des Cloud-Anbieters oder Dritter identifizierbar seien.[396] Die Verschlüsselung sei lediglich eine organisatorisch-technische Maßnahme, die auf die datenschutzrechtliche Einstufung keinen Einfluss habe.[397] Ein Unanwendbarkeit des BDSG sei nur dann gegeben, wenn die Herstellung eines Personenbezugs gänzlich ausgeschlossen sei.[398] Um dies zu gewährleisten, müsse daher eine vollumfassende, qualitativ sichere Verschlüsselungsmethode angewandt werden.[399] Dabei müsse berücksichtigt und in regelmäßigen Zeitabständen überprüft werden, dass die Verschlüsselungsmethode dem Stand der Technik nach angewandt wurde bzw. wie stark oder schwach bzw. zeitgemäß der Kryptoalgorithmus sei.[400] Möglicherweise wird das Vorabentscheidungsverfahren des EuGH[401] zum Personenbezug von IP-Adressen und der Frage der Zurechnung von Zusatzwissen Dritter auch hinsichtlich der Streitfrage bei der Verschlüsselung Aufklärung bringen. Es empfiehlt sich jedoch, die technischen Möglichkeiten, überbordende Datenschutzproblematiken durch Verschlüsselung einzugrenzen, nicht vorab beiseite zu legen, auch der neueste Entwurf der EU-Datenschutzgrundverordnung verfolgt weiter technikbezogene Lösungsansätze.[402] Es ist daher nicht zielführend, zu fordern, dass das Überwinden von technischen Maßnahmen unter allen Umständen ausgeschlossen sein muss, damit ein Personenbezug nicht mehr vorliegt, dies wird rein technisch-theoretisch nie der Fall sein. Jedoch sollten die Anforderungen an die Robustheit von Verschlüsselung zu Anonymisierung oder Pseudonymisierung stets dem Vergleich mit Anonymisierungstechniken Stand halten, die im analogen Bereich akzeptiert sind.

3. Cloud-Computing und Drittlandskonstellationen

a) Controller-to-Processor-Datentransfer. Aufgrund des unter Umständen nicht vergleichbaren Datenschutzstandards in Ländern außerhalb der EU ist § 11 BDSG gem. § 3 Abs. 8 S. 3 BDSG nicht auf Cloud-Anbieter in Ländern, die nicht Mitglieder der EU oder des EWR sind anwendbar.[403] Cloud-Computing steht daher bei Einsatz eines Cloud-Anbieters im EU/EWR-Ausland wie jede andere Datenübermittlung unter Erlaubnisvorbehalt, vgl. §§ 4, 4b, 4c BDSG iVm § 28 BDSG.

Sind an Cloud-Geschäftsmodellen auch Unternehmen in Drittländern beteiligt (etwa als Subunternehmer für EU/EWR Cloud-Anbieter) führte dies in der Vergangenheit in der Regel

---

[392] Empfehlungen des Düsseldorfer Kreises in Orientierungshilfe, S. 15 mit Verweis auf WP 176, Nr. I.3, → Rn. 163 ff.
[393] *Heidrich/Wegener* MMR 2010, 803 (806); allg. zum Diskussionsstand: *Spies* MMR-Aktuell 2011, 313, 727.
[394] *Heidrich/Wegener* MMR 2010, 803 (806).
[395] *Schröder/Haag* ZD 2011, 147 (152).
[396] Empfehlungen des Düsseldorfer Kreises in Orientierungshilfe, S. 12; → Rn. 163 ff.; *Schröder/Haag* ZD 2011, 147 (148).
[397] Empfehlungen des Düsseldorfer Kreises in Orientierungshilfe, S. 12, → Rn. 163 ff.; *Spies* MMR-Aktuell 2011, 313 727; *Hilber/Hartung/Strom*, Handbuch Cloud Computing, S. 373 f.
[398] *Schröder/Haag* ZD 2011, 147 (152).
[399] *Schröder/Haag* ZD 2011, 147 (152).
[400] Empfehlungen des Düsseldorfer Kreises in Orientierungshilfe, S. 12 f., → Rn. 163 ff.
[401] Einzelheiten → § 34 Datenschutz der Telemedien.
[402] § 34→ Rn. 47 ff.
[403] → § 35.

zu einer Verschärfung von Datenschutzproblemen, weil die EU Standardvertragsklauseln „Controller to Processor" lange Zeit keine Subunternehmerschaft vorsahen.[404] Im Februar 2010 hat die EU-Kommission eine neue Fassung der „Standardvertragsklauseln für die Übermittlung personenbezogener Daten an Auftragsverarbeiter in Drittländern" beschlossen, die sich dieses Problems angenommen hat. Die neuen Standardvertragsklauseln „Controller to Processor" sehen in Klausel 11 vor, dass der Datenimporteur die Datenverarbeitung an Unterauftragnehmer vergeben darf, wenn der Datenexporteur in die Unterauftragsvergabe einwilligt und der Datenimporteur dem Unterauftragnehmer vertraglich die gleichen Pflichten auferlegt, denen er selbst im Verhältnis zum Datenexporteur unterworfen ist.

219   Standardvertragsklauseln sind ein Instrument der EU-Kommission. Seit 1.1.2013 stellt die Artikel 29-Datenschutzgruppe ein neues Instrument, die sogenannten Processor Binding Corporate Rules (PBCR), zur Verfügung,[405] das sich wohl speziell auch an Konzerne richtet, die – ähnlich wie Microsoft – Cloud unter Einsatz verschiedener Tochtergesellschaften in Drittländern anbieten. Einsatzmöglichkeiten für PBCR bestehen, insbesondere wenn Outsourcing von Datenverarbeitungsdienstleistungen (zB SaaS, IaaS, PaaS, 24/7-Support Center, follow-the-sun-Modelle) im Wege der Auftragsdatenverarbeitung nicht durch ein einzelnes Unternehmen, sondern von **mehreren rechtlich selbstständigen Unternehmen**, die **demselben Konzern bzw. derselben Unternehmensgruppe** angehören, angeboten werden.

Praxistipp:
PBCR gelten als flexibler als Standardvertragsklauseln für Unternehmens-/Service-Netze, Cloud-Lösungen und die Fluktuation von beteiligten Unternehmen. PBCR verlangen aber – anders als Standardvertragsklauseln – ein **Verfahren koordinierter Anerkennung** (behördliche Genehmigung des vom Unternehmen/Konzern erstellten PBCR-Entwurfs) durch die sogenannte Lead Authority sowie weitere zuständige Datenschutzbehörden. Zudem macht die Artikel-29-Gruppe umfangreiche Vorgaben an ein globales Datenschutzmanagement im Auftragsdatenverarbeiterkonzern, das sich auch im Text der PBCR widerspiegeln muss (zB Stab an Datenschutzbeauftragten, Schulungsprogramm, Auditsystem, Beschwerdesystem, Erfüllung der Informationspflichten, international verbindliche, EU-kompatible Datenschutzgrundsätze etc.). Während Standardvertragsklauseln relativ schnell abgeschlossen sind, kann die Entwurfs- und Anerkennungsphase von PBCR ohne weiteres mehrere Monate oder sogar über ein Jahr dauern.

220   Für PBCR ist allein eine konzerninterne Richtlinie (Policy) nicht ausreichend. Als **Umsetzungsmöglichkeiten** kommen in Betracht:[406]
– ein (multilateraler) **Vertrag zwischen Konzernunternehmen** oder
– eine **konzerninterne Richtlinie** (Policy) mit kurzem Vertrag (in dem die PBCR-Mitglieder die Verbindlichkeit erklären).

221   Neben bzw. zusätzlich zu den PBCR ist der Abschluss eines **schriftlichen Auftrags** iSd § 11 Abs. 2 S. 2 BDSG (ADV) (entsprechend) bzw. Art. 17 RL 95/46/EG **erforderlich**. Dabei stellen sich diverse Fragen: Ist ein ADV-Vertrag mit einem Mitglieder der PBCR-Gruppe ausreichend und – wenn ja – mit welchem? Die Artikel-29-Gruppe verlangt, dass die PBCR als Anlage zum ADV-Vertrag vorgesehen und explizit im ADV-Vertrag in Bezug genommen werden. Der ADV-Vertrag muss den Datenschutzbehörden, die im Rahmen der koordinierten Anerkennung die PBCR genehmigen, vorgelegt werden. In den Mitgliedstaaten gibt es jedoch (zumindest bis die EU-Datenschutzgrundverordnung in Kraft tritt) verschiedene Anforderungen an ADV-Verträge. Insoweit schaffen die PBCR keine Erleichterung für den Auftragsdatenverarbeiterkonzern, vielmehr bleiben diverse Fragen offen: Welche ADV-Fassung ist vorzulegen? Wie können vertragsrechtliche – insbesondere AGB-rechtliche – Anforderungen des Mitgliedstaats berücksichtigt werden? Denn die Artikel 29-Gruppe verlangt, dass die PBCR in bestimmten Konstellationen neu genehmigt und angepasst werden müs-

---

[404] Strittig, siehe *Fischer/Steidle* CR 2009, 632; Einzelheiten zum internationalen Datenschutz → § 35.
[405] Siehe WP 195, 195a und WP 204.
[406] Einzelheiten Conrad/Grützmacher/*Conrad/Filip*, Recht der Daten und Datenbanken im Unternehmen, S. 734 ff.

sen. Darf sich der Anbieter insoweit ein (einseitiges) Vertragsänderungsrecht bzgl. der Anlage mit den PBCR ausbedingen?

Eine Cloud innerhalb der Grenzen von EU/EWR ist unter einfacheren Voraussetzungen möglich, sofern sichergestellt ist, dass die Sicherheitsmaßnahmen von § 11 Abs. 2 iVm § 9 BDSG an allen beteiligten Rechenzentrumsstandorten umgesetzt sind und entsprechende Kontrollen durch den Auftraggeber an allen Standorten erfolgen.[407] Solche Kontrollen können erleichtert werden durch eine (einheitliche) Standardisierung der gem. Anlage zu § 9 erforderlichen Sicherheitsmaßnahmen in allen beteiligten Rechenzentren und/oder durch eine einheitliche Datenschutzzertifizierung aller beteiligten Anbieter. Insgesamt dürfte bei einem Cloud-Angebot, das ausschließlich Rechenzentren innerhalb der EU einschließt, eine höhere Verfahrenstransparenz und Umsetzung von regulatorischen Vorgaben (etwa § 146 AO „territoriale Beschränkung der Buchführung" im Hinblick auf Cloud Speicherung von steuerrelevanten E-Mails) realisierbar sein.

b) Zugriff durch ausländische Behörden. Cloud-spezifische Probleme bestehen bei der Übertragung von Daten an Drittstaaten vor allem durch die Zugriffe auf die abgelegten Daten durch die Sicherheitsbehörden der jeweiligen Drittstaaten, insbesondere den USA aufgrund beispielsweise des sog „Patriot Acts"[408] oder des „Foreign Intelligence Surveillance Acts" (FISA), vgl. Title 50 US C, Sec. 1881a FISA. Die Zugriffsbefugnisse bestehen sowohl hinsichtlich der in US-amerikanischen Clouds als auch der außerhalb der USA in Clouds gespeicherten Daten, wenn der Cloud-Anbieter auch in den USA Dienste anbietet.[409] Gem. Art. 8 EMRK kann sich jedermann auf das Allgemeine Persönlichkeitsrecht berufen, in den USA sind dagegen nur US-amerikanische Staatsbürger vom Persönlichkeitsrecht (Fourth Amendment Right) geschützt.[410] Allerdings kennen auch europäische Länder wie England und Schweden weitreichende Zugriffsbefugnisse für Behörden, in Frankreich sind angeblich sogar ohne ausdrückliche Rechtsgrundlage Behörden zum Zugriff auf personenbezogene Daten befugt.[411] Auch deutsche Geheimdienste haben weitreichende Befugnisse, wobei das vom Bundesverfassungsgericht 2008 im Urteil zur Online-Durchsuchung postulierte **Grundrecht auf Gewährleistung von Vertraulichkeit und Integrität informationstechnischer Systeme** zu beachten ist und gerade bei staatlichem Zugriff auf Daten in der Cloud große Bedeutung haben kann.[412] Der Staat hat Maßnahmen zu ergreifen zum Schutz vor Infiltration, Manipulation und Ausforschung informationstechnischer Systeme, mittels derer Daten verarbeitet werden, die einem Grundrechtsträger zugeordnet werden können.[413] Die Anforderungen an die zu ergreifenden Maßnahmen können je nach Grad der Sensibilität der verarbeiteten Daten des Grundrechtsträgers und der Bedeutung für die Verwaltungsmaßnahme unterschiedlich hoch ausfallen.

Es scheint also angesichts europäischer und außereuropäischer Geheimdienstaktivitäten unklar, inwieweit Zugriffsbefugnisse in Drittstaaten den europäischen Schutzstandard absenken.[414] Dennoch kann es sich für Cloud-Anwender insbesondere in Geheimnisschutz-

---

[407] Siehe zu den Bemühungen von Anbietern von Cloud Services einen einheitlichen Rechtsrahmen für Europa zu schaffen auch unter www.eurocloud.de.
[408] Siehe Meldung vom 2.6.2015 unter http://www.zeit.de/politik/2015-06/us-senat-patriot-acts: NSA-Programme erstmalig seit 2001 nicht verlängert. *Becker/Nikolaeva* CR 2012, 170.
[409] Empfehlungen des Düsseldorfer Kreises in Orientierungshilfe, S. 19 ff.; → Rn. 163 ff.; *Schröder/Haag* ZD-Aktuell 2012, 03132.
[410] *Schröder/Haag* ZD-Aktuell 2012, 03132.
[411] *Schröder/Haag* ZD-Aktuell 2012, 03132.
[412] *Hansen* DuD 2012, 407.
[413] *Heckmann/von Lucke/Hennrich/Maisch*, Compliant Community Cloud C3, Sicheres IT-Outsourcing für Kommunen, März 2013, S. 32; vgl. auch BVerfG Urt. v. 3.3.2009 – 2 BvC 3, 4/07 – Einsatz elektronischer Wahlgeräte.
[414] In seinem Safe Harbor-Urteil (EuGH Urt. v. 6.10.2015 – C-362/14) geht der EuGH nicht ausdrücklich auf die Geheimdienstproblematik in den USA ein. Er erklärt jedoch die Safe Harbor-Entscheidung der Kommission für ungültig, ua weil die Safe Harbor Principles nur selbstzertifizierte US-Organisationen binden und nicht auch US-Behörden und weil die Kommission auch nicht festgestellt habe, dass ein angemessenes Datenschutzniveau in den USA aufgrund innerstaatlicher Rechtsvorschriften oder internationaler Verpflichtungen (die auch US-Behörden binden müssten) bestehe. → Rn. 164.

sensiblen Branchen empfehlen, in der Auswahl der Diensteanbieter auf die Cloud-Anbieter zurückzugreifen, die sog „Availability Zones" anbieten, bei denen sich die Cloud-Infrastruktur also innerhalb der EU bzw. Deutschlands befindet.[415] Von der Artikel-29-Datenschutzgruppe werden diesbezüglich Vorschläge für die Überarbeitung des europäischen Datenschutzrechts gemacht, beispielsweise die Einführung einer Untersagung der Weitergabe von personenbezogenen Daten an Drittländer, es sei denn, die Offenbarung ist etwa durch ein Rechtshilfeabkommen gestattet.[416] Aber auch vertraglich sollte abgesichert werden, dass der Cloud-Anbieter jede rechtlich verbindliche Anfrage über die Offenlegung von Daten zu melden hat und – soweit rechtlich möglich – abzulehnen hat.[417] Gerade im Hinblick auf die USA bleibt jedoch problematisch, dass durch den Grundsatz der „Personal Jurisdiction" für US-Behörden irrelevant ist, an welchem Ort sich die Daten befinden, wenn die Zuständigkeit über eine bestimmte Person bzw. Rechtsbeziehungen begründet werden kann.[418] Daher können US-Behörden von Unternehmen mit Sitz in den USA unter Umständen Daten herausverlangen, auch wenn die Daten in einer europäischen Cloud gelagert sind.[419] Dies würde gegen Art. 26 der Richtlinie 95/46/EG bzw. § 4c BDSG verstoßen, so dass eine Gefährdung des deutschen Datenschutzstandards bestehen kann.[420]

4. AGB-konformität der Datenschutzklauseln in Cloud-Verträgen

225   Cloud-Nutzungsvereinbarungen werden – jedenfalls im Bereich B2C und bei KMU-Verträgen – regelmäßig in Form von Allgemeinen Vertragsbedingungen (AGB) geregelt. Die häufigsten unwirksamen Klauseln in diesem Bereich sind:[421]

- sehr weitgehende Haftungs- und Mängelrechte-Einschränkungen oder -ausschlüsse (wohl mehr als ein Drittel der üblichen Public Cloud-AGB),[422] § 309 Nr. 7, Nr. 8 BGB,
- ähnlich häufig:[423] einseitige Leistungsbestimmung, Leistungseinschränkungs- oder Zurückbehaltungsrechte (right to suspend the service), § 308 Nr. 4 BGB,
- freie Wahl des Anbieters bzgl. Wechsel des Vertragspartners/Leistungserbringung durch Dritte (§ 309 Nr. 10 BGB), jedoch grobes Missverhältnis bzgl. der Abtretungsverbote für den Kunden,
- einseitige Vertragsänderungs- und Beendigungsrechte des Anbieters,
- keine Rechte des Kunden hins. Reaktions- und Beseitigungszeiten bei Mängeln,
- zu hohe Verzugszinsen bei verspäteter Zahlung des Kunden.

226   Während bei Verbrauchern die Regelungen des deutschen AGB-Rechts aufgrund der Harmonisierung durch EU-Richtlinien[424] in weiten Teilen auch EU-weit ähnlich gelten, haben KMU außerhalb der Geltung des deutschen AGB-Rechts deutlich mehr Schwierigkeiten hins. AGB, die sie unangemessen benachteiligen. Folgende Aspekte der vertraglichen Regelung bei Cloud sind für Unternehmen, die ihre Daten in der Cloud speichern bzw. verarbeiten, von großer Bedeutung, aber in vielen Public Cloud-AGB unzureichend behandelt:[425]

- Anbieterinformationen vor Vertragsschluss/Aufklärungspflichten („pre-contractual information"),

---

[415] *Kühling/Biendl* CR 2014, 150 (155). Zur Verpflichtung von US-Internetprovidern zur Herausgabe privater Daten ausländischer Kunden siehe *Schräder* CR 2014, R067.
[416] Artikel-29-Datenschutzgruppe, Opinion 05/2012 on Cloud Computing. 1.7.2012, WP 196, S. 23.
[417] Artikel-29-Datenschutzgruppe, Opinion 05/2012 on Cloud Computing. 1.7.2012, WP 196, S. 26.
[418] Empfehlungen des Düsseldorfer Kreises in Orientierungshilfe, S. 19 f.; → Rn. 163 ff.
[419] Empfehlungen des Düsseldorfer Kreises in Orientierungshilfe, S. 19 f.; → Rn. 163 ff.
[420] Vgl. auch Pressemitteilung der Konferenz der Datenschutzbeauftragten des Bundes und der Länder vom 24.7.2013, abrufbar unter http://www.datenschutz-bremen.de/sixcms/detail.php?gsid=bremen236.c.9283.de.
[421] Zu Cloud-Verträgen → Rn. 79.
[422] *Faggioli*, www.osservatori.net.
[423] *Faggioli*, www.osservatori.net.
[424] Richtlinie über missbräuchliche Klauseln in Verbraucherverträgen (93/13/EWG, geändert durch RL 2002/995/EG) sowie Verbraucherrechterichtlinie (2011/83/EU); → § 26.
[425] → Rn. 79.

III. Datenschutz

- Rechte/Verfügungsbefugnis bzgl. Nutzer-Content/Inhaltsdaten, also an den Daten, die der Anwender in die Cloud-Lösung eingibt (SaaS) oder in der Cloud speichert (IaaS),[426]
- Möglichkeit des Anbieterwechsels (Switching) und Datenportabilität,
- Verfügbarkeit, SLA,
- Rechte bei Schlechtleistung, v. a. hins. der Frage, ob die – regelmäßig im Vergleich zum potentiellen Schaden oder zur Vergütung – eher niedrigen „Service Credits" ausreichend Kompensation für Mängelrechte sind oder eher ein zusätzliches Recht für den Kunden,
- Datenschutz-, sicherheits- und haftungsrelevante Punkte bzgl. Subunternehmerschaft bzw. Unterauftragsdatenverarbeitung,
- Datenschutz, va im Zusammenhang mit Speicherort und Datensicherheit.

Alle diese Punkte haben letzten Endes auch Datenschutzrelevanz, weil sie die Datenherrschaft des Auftraggebers und somit eine Voraussetzung der Auftragsdatenverarbeitung beeinflussen. Viele – auch US-amerikanische – Provider sind inzwischen bereit, Auftragsdatenverarbeitungsverträge, auch EU-Standardvertragsklauseln, abzuschließen. Das allein hilft dem Kunden jedoch nicht, § 11 BDSG zu erfüllen. Was den Speicherort betrifft, bieten manche Cloud-Provider die Möglichkeit, dass Kunden auswählen, in welchen Rechenzentren bzw. in welchen Staaten ihre Daten gespeichert werden. Andere Provider ermöglichen zumindest eine „regionale Sperrung", also den Ausschluss von bestimmten Ländern nach Wahl des Kunden. Zu beachten ist jedoch, dass von Länderwahl oder der regionalen Sperrung nur der Speicherort betroffen ist und nicht notwendigerweise auch eine Auswahl bzw. ein Ausschluss erfolgt, von welchen Ländern bzw. Landesgesellschaften aus der Provider (etwa im Rahmen 24/7-Support-Services) auf die Kundendaten zugreift.

Allgemeine Geschäftsbedingungen werden an §§ 305 ff. BGB, auch in Verbindung mit dem BDSG und TMG, gemessen. Allerdings ist nicht selten unklar, inwieweit Datenschutzvorschriften als gesetzliches Leitbild AGB-relevant iSv § 307 BGB sind. Fraglich ist insbesondere, ob das BDSG und die häufig (strengeren) Spezialdatenschutzvorschriften (in TMG, TKG, SGB etc.) als Leitbild herangezogen werden können, soweit sie die Vorschriften der einschlägigen europäischen Richtlinien[427] verschärfen. Denn der EuGH[428] hat 2011 entschieden, was aber in Deutschland bislang wenig Resonanz hatte, dass die Richtlinie 95/46/EG **vollharmonisierende** Wirkung hat, somit die Mitgliedstaaten auch nicht verschärfend abweichen dürfen:

„It follows that, under Article 5 of Directive 95/46, Member States also cannot introduce principles relating to the lawfulness of the processing of personal data other than those listed in Article 7 thereof, nor can they amend, by additional requirements, the scope of the six principles provided for in Article 7."

Wenn man die deutsche Rechtsprechung zugrunde legt, dürften zumindest folgende Datenschutzprinzipien als gesetzliche Leitbilder im Rahmen der AGB-Kontrolle heranzuziehen sein. Auf die Entscheidungen des LG Berlin zu den Datenschutzrichtlinien von Google und Apple wird hingewiesen.[429]

- **Verbotsprinzip** (§ 4 Abs. 1 BDSG),
- **Zweckfestlegung/Zweckbindung** (etwa § 15 Abs. 1 TMG) und **Kompatibilität** der weiteren Datennutzung (Art. 6 Abs. 1 lit. b Richtlinie 95/46/EG),
- **Pseudonymität** (§ 13 Abs. 6, § 15 Abs. 3 TMG); auch § 3a BDSG?,
- **Datentrennung** bei Nutzung verschiedener Telemedien, **Datenlöschung** nach Ablauf des Zugriffs (§ 13 Abs. 4 TMG),
- **Differenzierung nach Datenbeständen/Einwilligung** v. a. hins. § 4a BDSG, § 28 Abs. 3a BDSG,§ 13 Abs. 2, 3 TMG, § 94 TKG,
- **Datenherrschaft** des Auftraggebers, Weisungs- und Kontrollrechte (§ 11 BDSG),
- **Interessenabwägung** bei Datenumgang mit negativer Konsequenz (§ 28 Abs. 1 S. 1 Nr. 2),
- **Betroffenenrechte** (etwa § 6 BDSG).

---

[426] Norwegian Consumer Council (forbrukerrådet): Study on Terms of Services and Privacy Policies of 7 B2C cloud storage services, Stand 31.1.2014.
[427] Va Richtlinien 95/46/EG und 2002/58/EU.
[428] EuGH Urt. v. 24.11.2011 – C-70/10.
[429] Ausführlich zu diesen beiden Urteilen → § 36 Rn. 136 ff.

230 Bei vielen Cloud-Websites, nicht nur B2C sondern auch B2B, finden sich datenschutzrelevante Bestimmungen oder Informationen in den AGB oder der Privacy Policy. „Bitten", FAQ, gesetzliche Pflichtinformationen oder sonstige einseitige Erklärung des Verwenders sind grundsätzlich der AGB-Kontrolle entzogen.[430] Das gilt jedoch nicht, wenn diese an sich einseitigen Erklärungen rechtsgeschäftlichen Charakter haben und zB in die Allgemeinen Geschäfts- oder Nutzungsbedingungen für die Cloud-Plattform eingebunden werden.[431] Dass auch datenschutzrechtliche Einwilligungserklärungen grundsätzlich in Allgemeine Geschäftsbedingungen aufgenommen werden können, was bei Public Cloud-Diensten nicht selten der Fall ist, ist seit längerem akzeptiert.[432] Die Einholung von Einwilligungserklärungen kann der AGB-Kontrolle unterliegen, wenn die Einwilligung für den Betroffenen Bestandteil eines Vertrags ist.[433] Gerade bei Public Cloud-Diensten werden nicht selten gesetzliche Pflichtinformation und die AGB über die Inanspruchnahme des Dienstes vermischt. Die Folge davon ist, dass die an sich nicht der AGB-Kontrolle unterliegende datenschutzrechtliche Informationspflicht des § 13 Abs. 1 TMG von der Rechtsgeschäftlichkeit infiziert wird.

Rechtsprechungsbeispiele:
LG Berlin Urt. v. 30.4.2013 – 15 O 92/12– Apple: Mit Häkchen-Voreinstellung versehene Formulierung *„Am Ball bleiben! Haltet mich auf dem Laufende mit den aktuellen (...)-Infos. Um zu erfahren, wie (...) Ihre persönlichen Informationen schützt, lesen Sie bitte die „Datenschutz-Vereinbarung von ..."*

Entscheidung des Gerichts [Hervorhebung durch die Autoren]: *„Aufgrund dieser Darstellungsweise muss **nach der verbraucherfeindlichsten Auslegung** davon ausgegangen werden, dass der in den Bestellvorgang involvierte Verbraucher den Hinweis auf die „Datenschutz Vereinbarung von (...)" dahingehend versteht, als seien dies vorformulierte Bestimmungen, die Gegenstand der zu tätigenden Bestellung werden würden. Damit handelt es sich hierbei jedoch um **Allgemeine Geschäftsbedingungen**."*

LG Berlin Urt. v. 19.11.2013 – 15 O 402/12 – Google: Bei Kontoeröffnung erscheinen „Nutzungsbedingungen" und „Datenschutzerklärung" mit Link, ohne dessen Ankreuzen eine Anmeldung nicht möglich ist.

Es wird empfohlen[434] – auch um die Datenschutzunterrichtung nach § 13 Abs. 1 TMG nicht mit einem rechtsgeschäftlichen Charakter zu infizieren –, dass AGB, Datenschutzunterrichtung und ggf. sonstige Pflichteninformationen auch optisch deutlich, zB durch jeweils ein eigenes Pop-up-Fenster oder jeweils eigene Unterseiten der Website, getrennt werden.

231 **a) Einbeziehung.** Die Datenschutzklauseln müssen gem. § 305 Abs. 2 Nr. 1 und 2 BGB wirksam in den Vertrag einbezogen sein. Umgesetzt werden kann dies zB durch einen ausdrücklichen Hinweis im Zeitpunkt des Vertragsschlusses sowie eine zumutbare Möglichkeit der Kenntnisnahme für den Anwender. Aufgrund der Darlegungs- und Beweislastregel des § 305 Abs. 2 BGB wird in der Regel von Cloud-Anbietern eine „Zwangsführung"[435] vorgegeben, bei der der Cloud-Anwender vor der Anmeldung ein Häkchen setzen muss mit der Aussage, er habe von den Bestimmungen, die er dabei auch durch Anklicken öffnen kann, Kenntnis genommen: „Ich stimme den AGB für Dropbox zu."[436]

232 **b) Transparenzgebot.** Viele Klauseln scheitern an der fehlenden Transparenz gem. § 307 Abs. 1 S. 2 BGB, da die Erhebung, Nutzung und Verarbeitung der Daten nicht konkret oder nur beispielhaft dargelegt wird.

---

[430] BGH v. 25.10.2012 – I ZR 169/10 – Werbeanrufe II; LG Berlin v. 26.10.2012 – 15 O 449/09.
[431] In anderem Zusammenhang, aber mit gleichem Ergebnis hat die Rechtsprechung entschieden: (Einseitige) Teilnahmebedingungen sind der Inhaltskontrolle grundsätzlich entzogen, es sei denn die Einwilligungserklärung ist Bedingung für die Teilnahme, vgl. KG Urt. v. 26.8.2010 - 23 U 34/10, NJW 2011, 466; BGH, Urt. v. 25.10.2012 – I ZR 169/10.
[432] BGH Urt. v. 16.7.2008 – VII ZR 348/06 – Payback (Tz. 25).
[433] LG Berlin Urt. v. 30.4.2012 - 15 O 92/12 – Apple; LG Berlin Urt. v. 19.11.2013 – 15 O 402/12 – Google.
[434] *Hoeren*, Internetrecht, Stand April 2015, S. 355.
[435] Hilber/*Intveen/Hilber/Rabus*, Handbuch Cloud Computing, Teil 2 Rn. 106.
[436] https://www.dropbox.com/de/privacy.

III. Datenschutz

Klauselbeispiel 1:
[Hervorhebung durch die Autoren]: „*Wem wir diese Daten zur Verfügung stellen [...] Andere Nutzer – Unsere Dienste zeigen anderen Nutzern an* **Stellen wie** *Ihrem Nutzerprofil und in Freigabebenachrichtigungen* **Daten wie** *Ihren Namen und Ihre E-Mail-Adresse an. Über bestimmte Funktionen können Sie anderen Nutzern weitere Daten bekanntgeben.*"[437]

Die Wirksamkeit der Klausel ist sehr fraglich, denn weder ist klar, wo Daten angezeigt werden, noch welche Daten neben den beispielhaft aufgezählten Daten angezeigt werden.

Klauselbeispiel 2:
[Hervorhebung durch die Autoren]: „ *Wir erhalten* **Daten** *immer dann, (...) wenn du eine Webseite besuchst, auf der eine Facebook-Funktion (wie* **zum Beispiel** *ein soziales Plug-in) vorhanden ist, (...).*"[438]

Klauselbeispiel 3:
„*From time to time, Klout may partner with third parties to improve your Klout experience (...) In addition, we may provide certain information about you or your activities on the Services, or that you have otherwise provided to us, to such Social Media Services as part of such integration (including information that may be used by such Social Media Services to personalize ads for you).*"[439]

c) Einwilligung (§ 4a BDSG, § 13 Abs. 2 TMG). Problematisch ist häufig die Verschleierung der Einwilligung in Datenverarbeitungsvorgänge, vgl. § 307 Abs. 2, Abs. 3 S. 1 BGB iVm § 4a BDSG.[440] Bei den entsprechenden Dropbox-Regelungen ist für den Nutzer keine informierte und freiwillige Entscheidung möglich, denn die Einwilligung ist weder besonders hervorgehoben (§ 4a Abs. 1 S. 3 BDSG) noch ist der vorhergesehene Zweck ausdrücklich angegeben (§ 4a Abs. 1 S. 2 BDSG).

Klauselbeispiel mit unwirksamer Einwilligungsfiktion oder zumindest Unwirksamkeit wegen Intransparenz: „*Was wir sammeln und warum [...] Wenn Sie uns* **Zugriff auf Ihre Kontakte** *gewähren, speichern wir diese Kontakte zu Ihrer Verwendung auf unseren Servern. Dadurch können Sie leichter Ihre Dateien freigeben, E-Mails senden und andere einladen, unsere Dienste in Anspruch zu nehmen.*"[441]

Klauselbeispiel für eine unwirksame Einwilligungsfiktion: „*By using our Services you are consenting to our processing of your Personal Information and data as set forth in this Privacy Policy now and as amended.*"[442]

Bei vielen Klauseln besteht Unklarheit, ob der beschriebene Datenverarbeitungsvorgang einwilligungsbedürftig ist und inwieweit die Information in AGB gleichzeitig eine Einwilligung umfassen soll oder ob es sich bei der beschrieben Datenweitergabe um Auftragsdatenverarbeitung handelt, für die keine Einwilligung erforderlich ist:

Klauselbeispiel:
„*(...) or provide certain of our partners with access to our application programming interfaces („APIs") in order to access such information using information (such as Twitter handles) already in their possession. (...)We engage certain trusted third parties to perform functions and provide services to us, including, without limitation, hosting and maintenance, customer relationship, database storage and management, and direct marketing campaigns. We will share your Personal Information with these third parties, but only to the extent necessary to perform these functions and provide such services.*"[443]

d) Zweckbindung. Regelmäßig mangelt es an einem den rechtlichen Anforderungen genügenden Hinweises auf die Zweckbindung der Datenerhebung gem. § 307 Abs. 2, Abs. 3 Satz 1 BGB iVm § 4 Abs. 3 Nr. 2 BDSG. Ziel ist, den Anwender darüber zu unterrichten, wozu seine Daten benötigt werden. Eine vage Umschreibung genügt diesem Erfordernis sicher nicht.

---

[437] https://www.dropbox.com/de/privacy.
[438] Facebook Datenverwendungsrichtlinien (Stand: 15.11.2013), https://www.facebook.com/full_data_use_policy.
[439] Klout (Analyse-Service bzgl. Nutzung sozialer Netzwerke), Privacy Policy (Stand 17.9.2013), http://klout.com/corp/privacy.
[440] Siehe generell LG Berlin Urt. v. 30.4.2013 – 15 O 92/12, NJW 2013, 2606 (2606); LG Berlin Urt. v. 19.11.2012 – 15 O 402/12, MMR 2014, 563; → § 36 Rn. 48 ff., 141 ff. zu § 13 Abs. 2 TMG.
[441] Dropbox Datenschutz (Stand: 20.4.2014), https://www.dropbox.com/de/privacy.
[442] Klout Privacy Policy (Stand 17.9.2013), http://klout.com/corp/privacy.
[443] Klout Privacy Policy (Stand 17.9.2013), http://klout.com/corp/privacy.

Klauselbeispiel (unbestimmter Zweck):

„*Diese Drittunternehmen greifen nur auf Ihre Daten zu, um in unserem Auftrag **Aufgaben** zu erfüllen und auch nur in Übereinstimmung mit diesen Datenschutzrichtlinien.*"[444]

Klauselbeispiel (Intransparenz und unbestimmter Zweck):

In addition, we may use your contact information to market to you, and provide you with information about our products and services and the products and services of our partners that we believe may be of interest to you. (...). Furthermore, in connection with the operation, promotion, advertising or marketing of our Services, we may provide certain of our partners (e.g., Microsoft; special reward providers; etc.) with Personal Information (e.g., your name or Klout username) and other content or information related to you (e.g., your profile picture or Klout Score, etc.), (...)"[445]

236 **e) Datenherrschaft gem. § 11 BDSG als Grundgedanke der gesetzlichen Regelung**

Klauselbeispiel (Wirksamkeit sehr fraglich):

„*Wir können Ihre Daten auch für Dritte freigeben, wenn eine Freigabe nach unserem Ermessen sinnvoll und notwendig scheint, um (...)*"[446]

237 Auch vor dem Hintergrund der § 307 Abs. 2, Abs. 3 S. 1 BGB iVm § 4 Abs. 1 BDSG bzw. Art. 6 Abs. 1 lit. b Richtlinie 95/46/EG ist die Klausel unwirksam, da eine Zweckbindung erforderlich ist.[447]

238 **f) Drittlandbezug gem. §§ 4b, 4c BDSG.** Unklare Regelungen zur Datenübermittlung in sog unsichere Drittländer stehen häufig in Verbindung mit Datenübermittlung an ausländische Behörden oder Gerichte.[448]

Klauselbeispiel:

„*In Reaktion auf eine rechtliche Anfrage (...) dürfen wir auf deine Daten zugreifen, diese aufbewahren oder an Dritte weitergeben (...) Dies gilt auch für Reaktionen auf rechtliche Anfragen von Gerichtsbarkeiten außerhalb der USA, wenn wir in gutem Glauben davon ausgehen dürfen, dass die entsprechende Reaktion nach dem Recht der betreffenden Rechtsordnung vorgeschrieben ist, die Nutzer in der betreffenden Gerichtsbarkeit betrifft und mit international anerkannten Standards übereinstimmt.*"[449]

Klauselbeispiel zur Datenübermittlung in Drittländer mit unwirksamer Einwilligungsfiktion:

„*Our servers are located in the United States. Accordingly, if you reside outside the U. S., by using the Services, you acknowledge and agree that your Personal Information will be transferred to the United States, and processed and stored in the United States. By using our Services, you understand that your information may be transferred to our facilities and those third parties with whom we share it as described in this Privacy Policy.*"[450]

239 **g) Betroffenenrechte iSv § 6 BDSG als Grundgedanke der gesetzlichen Regelung**

Klauselbeispiel (Wirksamkeit sehr fraglich):

„*Wenn Sie Ihr Konto löschen, löschen wir auch diese Daten. Bitte beachten Sie: (1) Zwischen dem Löschen von unseren Servern und dem aus unserem Sicherungsspeicher kann **etwas Zeit** vergehen, und (2) **eventuell bewahren** wir diese Informationen auf, um unseren rechtlichen Verpflichtungen nachkommen, Streitigkeiten beilegen oder unsere Verträge durchsetzen zu können.*"[451]

240 **h) Einseitiges Leistungsbestimmungsrecht § 308 Nr. 4 BGB**

Klauselbeispiel (Wirksamkeit sehr fraglich):

„*Wir behalten uns das Recht vor, diese Datenschutzrichtlinien von Zeit zu Zeit zu ändern. Die aktuelle Version ist von unserer Website abrufbar. Sollte eine Änderung Ihre Rechte wesentlich einschränken, werden wir Sie benachrichtigen.*"[452]

---

[444] Dropbox Datenschutz (Stand: 20.4.2014), https://www.dropbox.com/de/privacy.
[445] Klout Privacy Policy (Stand 17.9.2013), http://klout.com/corp/privacy.
[446] Dropbox Datenschutz (Stand: 20.4.2014), https://www.dropbox.com/de/privacy.
[447] Artikel-29-Datenschutzgruppe, Opinion 05/2012 on Cloud Computing. 1.7.2012, WP 196, S. 14.
[448] → Rn. 217 ff.
[449] Facebook Datenverwendungsrichtlinien (Stand: 15.11.2013), https://www.facebook.com/full_data_use_policy
[450] Klout Privacy Policy (Stand 17.9.2013), http://klout.com/corp/privacy.
[451] Dropbox Datenschutz (Stand: 20.4.2014), https://www.dropbox.com/de/privacy.
[452] Dropbox Datenschutz (Stand: 20.4.2014), https://www.dropbox.com/de/privacy.

§ 23 Internationales Privatrecht

Übersicht

	Rn.
I. Allgemeine Grundsätze/Rechtsquellen des IPR	1–6
II. Vertragsstatut/Anwendbares Recht	7–59
1. Grundsätze	8–17
a) Objektive Anknüpfung nach Art. 28 EGBGB	10–14
b) Objektive Anknüpfung nach Art. 4 Rom I-VO	15–17
2. Vertragsstatut und Verbraucherschutz	18–22
3. Vertragsstatut und Lizenzverträge	23–47
a) Verpflichtungsgeschäft im unternehmerischen Verkehr	24–27
b) Vertragssprache	28–30
c) Verpflichtungsgeschäft im Verbrauchergeschäft	31, 32
d) Verfügungsgeschäft	33
e) Vertragsstatut und Grid-Computing	34–36
f) Vertragsstatut und Cloud Computing	37
g) Vertragsstatut und Open Source Software	38–47
4. Wiener UN-Kaufrecht (CISG)	48–57
III. Vertragsstatut und Elektronischer Geschäftsverkehr	58–72
1. Kaufmännischer Rechtsverkehr	58–63
2. Verbraucherverträge	64–72
a) Werbung auf Websites	67–70
b) Entgegennahme der Bestellung	71
c) Ausnahme im Bereich der Dienstleistungen	72
IV. Möglichkeiten und Grenzen der Rechtswahl	73–92
1. Kaufmännischer Rechtsverkehr	73–86
a) Ausdrückliche Rechtswahl	74, 75
b) Stillschweigende Rechtswahl	76–83
c) Grundsätze zum Verweisungsvertrag	84–86
2. Verbraucherverträge	87–91
3. Besonderheiten des elektronischen Geschäftsverkehrs	92
V. Lokalisierung von Verträgen, „Policies" und Webseiten im Verhältnis Deutschland-Schweiz	93–155
1. Lokalisierung auf der Ebene des Kollisionsrechts	97–106
a) Zuständigkeitsvereinbarung	99–103
b) Rechtswahlklausel	104–106
2. Lokalisierung auf der Ebene zwingender Rechtsnormen	107–126
a) Kartellrecht	109–111
b) Lauterkeits- und Werberecht	112–117
c) Datenschutzrecht	118–123
d) Urheberrecht	124–126
3. Lokalisierung auf Ebene des Vertragsrechts	127–155
a) Anforderungen an die Lokalisierung	130–135
b) Besonderheiten des schweizerischen Rechts	136–155

Schrifttum: *Basedow*, Gemeinsames Europäisches Kaufrecht – Das Ende eines Kommissionsvorschlags, ZEuP 2015, 432; *Benecke/Henneberger*, Globalisierung der Vertriebswege: Die Vorteile einer deutschen Rechtswahl, ZVertriebsR 2014, 370; *Bernstorff*, Der Abschluss elektronischer Verträge, RIW 2002, 179; *Brödermann*, Paradigmenwechsel im Internationalen Privatrecht, NJW 2010, 807; *Bühlmann/Schirmbacher*, Preiswerbung im E-Commerce zwischen der Schweiz und Deutschland, Jusletter 22.2.2010; *Busse*, Softwarevertrieb in Netzen, CR 1996, 389; *Czernich*, Österreich: Das auf die Schiedsvereinbarung anwendbare Recht, SchiedsVZ 2015, 181; *Deike*, Open Source Software: IPR-Fragen und Einordnung ins deutsche Rechtssystem, CR 2003, 9; *Ferrari/Leible*: Ein neues Internationales Vertragsrecht für Europa, 2007; *Friesen*, Rechtszersplitterung im Binnenmarkt, EuZW 2015, 381; *Fröhlich-Bleuler*, Softwareverträge, 2. Aufl. 2014; *Gauch/Schluep*, Schweizerisches Obligationenrecht Allgemeiner Teil, 10. Aufl. 2014; *Girsberger et al.* (Hrsg.), Zürcher Kommentar zum IPRG (ZK IPRG), 2. Aufl., 2004; *Grützmacher*, Herkunftslandprinzip und ausländischer Anbieter – Was bleibt vom deutschen Recht?, ITRB 2005, 34; *Hilty/Arpagaus* (Hrsg.), Basler Kommentar, Bundesgesetz gegen den Unlauteren Wettbewerb (UWG), 2013 (BSK UWG); *Hoeren*, IPR und EDV-Recht, CR 1993, 129; *Honsell/*

Vogt/Schnyder/Berti (Hrsg.), Basler Kommentar, Internationales Privatrecht, 2. Aufl. 2007 (BSK IPRG); *Kluth,* Die Grenzen des kollisionsrechtlichen Verbraucherschutzes, 2009; *Huck,* Extraterritorialität US-amerikanischen Rechts im Spannungsverhältnis zu nationalen, supranationalen und internationalen Rechtsordnungen, NJOZ 2015, 993; *Junker,* Internationales Vertragsrecht im Internet, RIW 1999, 809; *Kluth,* Die Grenzen des kollisionsrechtlichen Verbraucherschutzes, 2009; *Kaiser,* Vertragsschluss und Abwicklung des Electronic Commerce im Internet – Chancen und Risiken, K&R 1999, 445; *Koch,* Weltweit verteiltes Rechnen im Grid Computing, CR 2006, 42; *Koller,* Einmal mehr: Das Bundesgericht und seine versteckte AGB-Inhaltskontrolle, AJP/PJA 8/2008, 943; *Kronke,* Electronic Commerce und Europäisches Verbrauchervertrags-IPR, RIW 1996, 985 ff.; *Leible,* Article 6 Rome I and Conflict of laws in EU Directives, EuCML 2015, 39; *Magnus,* UN-Kaufrecht – Konsolidierung und Ausbau nach innen und gleichzeitig Erodierung von außen? – Aktuelles zum CISG, ZEuP 2015, 159; *Mallmann,* Rechtswahlklauseln unter Ausschluss des IPR, NJW 2008, 2953; *Mankowski,* Internet und besondere Aspekte des Internationalen Vertragsrechts (I), CR 1999, 512; (II), CR 1999, 581; *ders.,* Das Internet um Internationalen Vertrags- und Deliktsrecht, RabelZ 1999, 203 ff.; *ders.,* Die ausgebliebene Revolutionierung des Internationalen Privatrechts, CR 2005, 758; *ders.,* Internationale Zuständigkeit am Erfüllungsort bei Softwareentwicklungsverträgen, CR 2010, 137; *Mehrings,* Internet-Verträge und internationales Vertragsrecht, CR 1998, 613; *Metzger,* Welches Recht ist anwendbar?, Die GPL kommentiert und erklärt, Köln 2005; *Müller/Oertli* (Hrsg.), Urheberrechtsgesetz, 2. Aufl. 2012; *Nordmeier,* Cloud Computing und Internationales Privatrecht, MMR 2010, 151; *Oetiker/Weibel* (Hrsg.), Basler Kommentar, Lugano-Übereinkommen, 2011 (BSK LugÜ); *Piltz,* Neue Entwicklungen im UN-Kaufrecht, NJW 2015, 2548; *ders.,* Praktische Handreichung für die Gestaltung internationaler Kaufverträge, NJW 2012, 3061; *Plath,* Herkunftslandprinzip und Online-Vertragsgestaltung, ITRB 2002, 168; *Rauscher,* Die Entwicklung des Internationalen Privatrechts 2013–2014, NJW 2014, 3619; *ders.,* Die Entwicklung des Internationalen Privatrechts 2012–2013, NJW 2013, 3692; *Rosenthal/Jöhri,* Handkommentar zum Datenschutzgesetz, 2008; *Rüßmann,* Verbraucherschutz im Internet, K & R 1998, 129; *Salger,* Verhandlungen vor deutschen Gerichten in englischer Sprache, BB 2010, Heft 8, Die Erste Seite; *Schmitt,* „Intangible Goods" in Online-Kaufverträgen und der Anwendungsbereich des CISG, CR 2001, 145; *Schulte-Nölke,* Arbeiten an einem europäischen Vertragsrecht – Fakten und populäre Irrtümer, NJW 2009, 2161; *Schulze,* The New Shape of European Contract Law, EuCML 2015, 139; *Schwenninger/Senn/Thalmann,* Werberecht, 2. Aufl. 2010; *Seffer,* Die Anpassung von Lizenzvertragsklauseln aus dem anglo-amerikanischen Raum an deutsches Recht, ITRB 2002, 244; *Sester,* Open-Source-Software: Vertragsrecht, Haftungsrisiken und IPR-Fragen, CR 2000, 797 ff.; *Staudinger,* Rechtsvereinheitlichung innerhalb Europas: Rom I und Rom II, AnwBl. 2008, 8; *Streuli-Youssef* (Hrsg.), Urhebervertragsrecht, 2006; *Triebel/Balthasar,* Auslegung englischer Vertragstexte unter deutschem Vertragsstatus – Fallstricke des Art. 32 I Nr. 1 BGB, NKW 2004, 2189; *Tuor/Schnyder/Schmid/Rumo-Jungo,* Das Schweizerische Zivilgesetzbuch, 13. Aufl., 2009; *Wagner,* Verfahrens- und internationalprivatrechtliche Fragen beim Teleshopping, WM 1995, 1129; *Wenn,* Der Ausschluss der Haftung für mittelbare Schäden in internationalen Softwareverträgen, CR 2004, 481; *Wienand,* IPR und UN-Kaufrecht bei grenzüberschreitenden Verträgen im Internet unter besonderer Berücksichtigung des Herunterladens von Software, JurPC Web-Dok. 21/1997, Abs. 1–58; *Zäch,* Schweizerisches Kartellrecht, 2. Aufl. 2005.

I. Allgemeine Grundsätze/Rechtsquellen des IPR

1   Auf dem Gebiet des Internationalen Vertragsrechts besteht ein für gewisse Teilbereiche auf Staatsverträgen beruhendes Einheitsrecht.[1] Innerhalb der Europäischen Union erfolgte die Vereinheitlichung auf kollisionsrechtlicher Ebene zunächst durch das **Übereinkommen über das auf vertragliche Schuldverhältnisse anzuwendende Recht** von 1980 (EVÜ).[2] Deutschland hat das EVÜ mit dem „Gesetz zu dem Übereinkommen über das auf vertragliche Schuldverhältnisse anzuwendende Recht" vom 25.7.1986 ratifiziert[3] und in Form der Art. 27 bis 37 mit leichten Abweichungen im Wortlaut in das EGBGB inkorporiert.

2   Art. 3 Abs. 2 S. 2 EGBGB wiederholt jedoch den allgemein gültigen Grundsatz des Vorranges von Gemeinschaftsrecht, weshalb nach Art. 36 EGBGB eine autonome, nicht am nationalen Recht orientierte Auslegung vorzunehmen ist, um eine einheitliche Anwendung des Abkommens zu gewährleisten. Die Regelungen des EVÜ stehen damit innerstaatlichem Recht gleich und unterliegen der Auslegungskompetenz des EuGH nach Inkrafttreten der zwei Zusatzprotokolle zum EVÜ.[4] Angesichts der nunmehr mit In-Kraft-Treten zum 17.12.2009 erfolgten Überführung des EVÜ in eine **Gemeinschaftsverordnung über das auf**

---

[1] Siehe etwa Wiener UN-Kaufrecht (CISG) als vereinheitlichtes Sachrecht; www.ipr-uni-koeln.de/eurprivr_index.htm.
[2] Siehe ABl. EG 1980 Nr. L 266/1; Aktualisierung in ABl. EG 1998 Nr. C 27/34.
[3] BGBl 1986 II, S. 809.
[4] Siehe *Jayme/Kohler* IPRax 2005, 481 (493) und *Rauscher/Pabst* NJW 2007, 3541.

vertragliche Schuldverhältnisse anzuwendende Recht (Rom I-VO)[5] kommt der Zuweisung der Auslegungskompetenz an den EUGH durch das zweite Protokoll zum EVÜ nur noch für Altfälle und keine allzu große praktische Relevanz mehr zu.[6]

Art. 27 bis 37 EGBGB gelten für alle schuldrechtlichen Verträge, welche vor dem 17.12.2009 geschlossen wurden mit Ausnahme der in Art. 37 EGBGB genannten Verträge des Wertpapierrechts (Nr. 1), Gesellschaftsrechts (Nr. 2), des Versicherungsvertragsrechts (Nr. 4) sowie für die Regelungen über die Vertretungsmacht (Nr. 3). Besondere Kollisionsregeln mit dem Titel „Europäisches Internationales Versicherungsvertragsrecht" enthält aber das Einführungsgesetz zum Versicherungsvertragsgesetz (Art. 7 bis 14 EGVVG), die auf der sogenannten **Schaden-Richtlinie** beruhen.[7] Anlass dieser Sonderregelung war das Urteil des EuGH vom 4.12.1986, in dem das Niederlassungserfordernis für Versicherungsunternehmen als praktische Negation der Dienstleistungsfreiheit gebrandmarkt wurde.[8]

3

Die sog „**ROM I-Verordnung**", welche das EVÜ – in Einzelheiten modifiziert – in **unmittelbar geltendes Gemeinschaftsrecht** überführt, wurde am 17.6.2008 verabschiedet und gilt seit dem 17.12.2009.[9] Art. 1 Abs. 1 bestimmt den sachlichen Anwendungsbereich mit vertraglichen Schuldverhältnissen in Zivil- und Handelssachen, welcher über die Abs. 2 und 3 durch Ausnahmen zu Beförderungsverträgen (Art. 5), Verbraucherverträgen (Art. 6), Versicherungsverträgen (Art. 7) sowie Individualarbeitsverträgen (Art. 8) eingegrenzt wird. Der Erwägungsgrund (7) stellt dazu klar, dass die Rom I-VO im **Einklang** mit den Verordnungen (EG) Nr. 44/2001 des Rates vom 22.12.2000 über die gerichtliche Zuständigkeit und die Anerkennung und Vollstreckung von Entscheidungen in Zivil- und Handelssachen[10] (**Brüssel I**) und Nr. 864/2007 des Europäischen Parlamentes und des Rates vom 11.7.2007 über das auf außervertragliche Schuldverhältnisse anzuwendende Recht[11] (**Rom II**) stehen soll. Art. 1 Abs. 1 (i) stellt insbesondere klar, dass Schuldverhältnisse, welche aus dem Verhalten vor Vertragsschluss herrühren nicht in den Anwendungsbereich fallen, also **culpa in contrahendo**, sondern unter Art. 12 der Rom II-VO.

4

Als EG-Verordnung gilt die Rom I-VO mit dem Inkrafttreten unmittelbar in den Mitgliedstaaten *(acquis communautaire)*. Zudem will die Kommission mit einem Gemeinsamen Referenzrahmen (GFR) Empfehlungen für den europäischen Gesetzgeber und die EU-Mitgliedstaaten zur Gestaltung des Zivilrechts in der Europäischen Union geben. Er soll Grundsätze und eine einheitliche Terminologie zum Vertragsrecht festlegen. Die dafür erforderlichen Vorarbeiten zur Vereinheitlichung des *acquis communautaire* sind noch nicht abgeschlossen. Das Europäische Parlament hat in seiner Entschließung vom 7.9.2006 das Bestreben bekräftigt, die Schaffung eines einheitlichen europäischen Vertragsrechts zu forcieren. Obwohl die Arbeiten des Expertennetzwerkes, welches die Rechtstermini kommentieren und auf ihre Praktikabilität für ein Europäisches Einheitsrecht prüfen soll, noch

5

---

[5] Rom I-VO vom 17.6.2008, ABl. L 177 v. 4.7.2008, 6 ff.
[6] Im zweiten Protokoll zum EVÜ wird auch anders als beim EuGVÜ bzw. der EuGVVO keine Vorlagepflicht geschaffen, sondern nur die Möglichkeit der Vorlage durch die nationalen Rechtsmittelgerichte. Dem Interesse einer einheitlichen europäischen Auslegung ist durch die Vorabentscheidungsvorlage gedient, wenn auch deren Gebrauch erheblich von der Bereitschaft der nationalen Gerichte abhängt. Auch die Verweisung in Artikel 36 EGBGB eröffnet keine Verpflichtung der deutschen Gerichte, da die zu staatsvertragsfreundlicher Anwendung der nationalen Vorschriften ermahnende Vorschrift selbst eine Norm des nationalen Rechts ist.
[7] Siehe Zweite Richtlinie des Rates v. 22.6.1988 (88/357/EWG) zur Koordinierung der Rechts- und Verwaltungsvorschriften für die Direktversicherung (mit Ausnahme der Lebensversicherung) und zur Erleichterung der tatsächlichen Ausübung des freien Dienstleistungsverkehrs sowie zur Änderung der RL 73/239/EWG, ABl. EG 1988 Nr. L 172/1.
[8] Siehe EuGH Urt. v. 4.12.1986 – 205/84, Slg. 1986, 3755 = NJW 1987, 572 – Freier Dienstleistungsverkehr auf dem Versicherungssektor.
[9] Verordnung (EG) Nr. 593/2008 des Europäischen Parlaments und des Rates v. 17.6.2008 über das auf vertragliche Schuldverhältnisse anzuwendende Recht (RomI), ABl. L 177 v. 4.7.2008, S. 6–16; siehe Grünbuch über die Umwandlung des Übereinkommens von Rom aus dem Jahr 1980 über das auf vertragliche Schuldverhältnisse anzuwendende Recht in ein Gemeinschaftsinstrument sowie über seine Aktualisierung KOM (2002) 654 endg. v. 14.1.2003; KOM (2005) 650 endg. v. 15.12.2006; Stellungnahme des Europäischen Wirtschafts- und Sozialausschusses ABl. EG 2006 Nr. C 318/56 v. 23.12.2006; deutsche Fassung PE-CONS 3691/07 v. 31.3.2008.
[10] Brüssel I, ABl. L 12 v. 16.1.2001.
[11] Rom II-VO, ABl. L 199/40 v. 31.7.2007.

andauern, ist offensichtlich, dass die Integration des Binnenmarktes gerade im Verbrauchervertragsrecht einer einheitlichen Regelung bedarf.[12]

6   Im Folgenden wird die Rechtslage für die Fälle mit Auslandsberührung unter Geltung des EVÜ sowie parallel die Regelungen nach der Rom I-VO dargestellt. Diese wird nach Art. 28 Rom I-VO weiter relevant bleiben für die Verträge, welche vor Ablauf von 18 Monaten nach Annahme der Verordnung, also vor dem 17.12.2009, oder außerhalb des europäischen Kontextes geschlossen werden. Ferner beteiligen sich Dänemark und das Vereinigte Königreich gemäß der Art. 1 und 2 des Protokolls über die Position Dänemarks bzw. des Vereinigten Königreichs und Irlands im Anhang zum Vertrag über die Europäische Union und dem Vertrag zur Gründung der Europäischen Gemeinschaft nicht an der Annahme dieser Verordnung.

II. Vertragsstatut/Anwendbares Recht

7   Die Frage des anwendbaren Rechts stellt sich in allen Fällen der Auslandsberührung. Dabei ist mit Inkrafttreten der Änderungen durch die Rom I-VO nach Fällen, bei denen der Vertragsschluss vor dem 19.12.2009 oder außerhalb des Anwendungsbereiches des Rom I-VO[13] und solchen, welche auf Basis der Rom I-VO zu beurteilen sind zu unterscheiden. Nach Art. 1 Abs. 1 EVÜ erstreckt sich der Anwendungsbereich des Abkommens auf Sachverhalte, die eine Wahl zwischen dem Recht verschiedener Staaten aufwerfen *(in any situation involving a choice between laws of different countries)*. Bei der Umsetzung des EVÜ in nationales Recht in den Art. 27 bis 37 EGBGB ist diese Formulierung zwar nicht übernommen worden. Aber die Verweisung in Art. 3 Abs. 1 S. 1 EGBGB „Bei Sachverhalten mit einer Verbindung zum Recht eines ausländischen Staates ..." stellt keine höheren Anforderungen, sondern erklärt das Deutsche IPR immer dann für anwendbar, wenn die Anwendbarkeit einer Rechtsordnung aufgrund eines grenzüberschreitenden Sachverhaltes in Frage steht. Entsprechendes gilt für die Neuregelung nach Art. 1 Abs. 1 der Rom I-Verordnung mit der Formulierung „... die eine Verbindung zum Recht verschiedener Staaten aufweisen".

1. Grundsätze

8   Der Verfahrensgang bei gerichtlichen Auseinandersetzungen mit Auslandsbezug ist derart, dass zunächst die Zuständigkeit des angerufenen Gerichts nach der EuGVVO oder anderen multi- oder bilateralen Übereinkommen über die gerichtliche Zuständigkeit festgestellt wird. Das zuständige Gericht geht bei der Frage nach dem anwendbaren Recht vom **IPR des Staates des Gerichtsortes** aus. In Verfahren über Streitigkeiten und Forderungen aus schuldrechtlichen Verträgen sind hierfür die Art. 27 bis 37 EGBGB bzw. die Regelungen nach der Rom I-VO einschlägig. Entsprechend hat die anwaltliche Beratung in außergerichtlichen Auseinandersetzungen vorzugehen.

9   In Art. 27 EGBGB (Art. 3 EVÜ umgesetzt) bzw. Art. 3 Rom I-VO findet sich der Grundsatz der Privatautonomie. Erlaubt ist regelmäßig die **freie Rechtswahl** durch die Vertragsparteien. Es untersteht somit dem Willen der Parteien, welcher Rechtsordnung der zu schließende Vertrag im Ganzen oder auch in Teilen unterliegt. Dabei muss die gewählte Rechtsordnung keinen Anknüpfungspunkt zu den Staaten haben, in welchen die Vertragsparteien ihren Sitz, ihre Niederlassung oder ihren Wohnsitz haben oder das betreffende Geschäft abgewickelt werden soll. Die Rechtswahl hat ausdrücklich oder stillschweigend (konkludent) zu erfolgen. Erfolgt die Rechtswahl konkludent, dann muss sie sich mit hinreichender Sicherheit aus den Bestimmungen des Vertrages oder den Umständen des Vertrags-

---

[12] Aktionsplan der Kommission v. 12.2.2003 KOM (2003) 68 endg. und Mitteilung der Kommission an das EP und den Rat KOM (2004) 651 endg., Zweiter Fortschrittsbericht zum Gemeinsamen Referenzrahmen v. 25.7.2007 KOM (2007); GRÜNBUCH der KOMMISSION über Optionen für die Einführung eines Europäischen Vertragsrechts für Verbraucher und Unternehmen v. 1.7.2010 KOM (2010) 348/3; EuGWO zuletzt geändert durch Verordnung (EU) Nr. 517/2013 vom 13.5.2013 EU KOMMISSION, Strategie für den digitalen Binnenmarkt, 6.5.2015, www.ec.europa.en/priorities/digital-single-market/docs/dsm-communication_en.pdf.

[13] Art. 24 und 25 Rom I-VO iVm Art. 299 EUV und EVÜ.

II. Vertragsstatut/Anwendbares Recht

schlusses und/oder dessen Abwicklung ergeben.[14] Kommt der **Parteiwille** nicht mit dem Grad „hinreichender Sicherheit" aus dem Vertrag oder den Umständen zum Ausdruck, so ist nicht etwa ein hypothetischer Parteiwille ausschlaggebend, sondern die Bestimmung des anwendbaren Rechts richtet sich nach Art. 28 EGBGB. Für Fälle nach Art. 4 Rom I-VO muss sich die Rechtssache eindeutig aus Kriterien der **objektiven Anknüpfung** ergeben.

a) **Objektive Anknüpfung nach Art. 28 EGBGB.** Soweit, dh auch für die Fälle, in denen 10 die Parteien im Sinne des Art. 27 Abs. 1 EGBGB nur eine Rechtswahl für einen Teil des Vertrages getroffen haben, eine freie Rechtswahl fehlt, ist gemäß Art. 28 Abs. 1 EGBGB das Recht des Staates anzuwenden, mit dem der Vertrag die engste Verbindung aufweist. Abs. 2 des Art. 28 EGBGB enthält eine **Grundsatzanknüpfung** (Vermutung) und die Abs. 3 und 4 Sonderregelungen, welche im Bereich des IT-Rechts nicht zu behandeln sind. Nach Art. 28 Abs. 2 EGBGB gilt die **Vermutung,** dass der Vertrag die engsten Beziehungen zu dem Staat aufweist, in dem die Partei, welche die charakteristische Leistung zu erbringen hat, im Zeitpunkt des Vertragsschlusses ihren gewöhnlichen Aufenthalt hat oder wenn es sich um eine juristische Person handelt, ihre Hauptverwaltung oder bei Unternehmern die Hauptniederlassung oder die Niederlassung der charakteristischen Leistungserbringung hat.

Die Vermutensregel ist gemäß Art. 28 Abs. 2 S. 3 EGBGB unanwendbar, wenn sich die 11 **charakteristische Leistung** nicht bestimmen lässt. Die charakteristische Leistung ist diejenige, welche dem Vertrag seine Eigenart verleiht, also zu seiner **vertragstypologischen Einordnung** führt, zum Beispiel für folgende IT-Verträge:
- Lieferung der Hard- und/oder Software: Kauf,
- Überlassung der Mietsache (Hardware, Software, Infrastruktur): Miete,
- Erbringung der Arbeits-/Dienstleistung: Dienstvertrag,
- Herstellung des Werkes: Werkvertrag,
- Pflege- und Wartungsvertrag und andere typengemischte Verträge nach dem Schwerpunkt der Leistung.

Art. 28 Abs. 2 EGBGB findet gemäß Art. 28 Abs. 5 EGBGB auch immer dann keine Anwendung, wenn sich aus der Gesamtheit der Umstände eine **engere Verbindung** mit einem anderen Staat ergibt. Weitere Sonderregelungen ergeben sich nach den Art. 29 und 29a EGBGB für Verbraucherverträge. Das Prinzip der freien Rechtswahl ist im Interesse der schwächeren Vertragspartei (Verbraucher) nach Art. 29 Abs. 1 bis 3 EGBGB insofern eingeschränkt, dass eine Rechtswahl nicht zum Entzug oder der Einschränkung der besonderen Rechte des Staates des **gewöhnlichen Aufenthaltes des Verbrauchers** zu dessen Schutz führt. Dies gilt aber nur für Verträge über die Lieferung beweglicher Sachen oder die Erbringung von Dienstleistungen mit Ausnahme von Beförderungsverträgen und solchen Dienstleistungsverträgen, welche deren Erbringung ausschließlich in einem anderen Staat als dem des gewöhnlichen Aufenthaltes des Verbrauchers vorsehen. Art. 29a EGBGB erklärt die Bestimmungen zur Umsetzung der Verbraucherschutzrichtlinien[15] auch dann für anwendbar, wenn aufgrund einer Rechtswahl der Vertrag an sich keine Beziehung zu einem Staat der Europäischen Union oder dem Europäischen Wirtschaftsraum hat.

Das EGBGB sieht daneben zur Vermeidung des **forum shoppings** in den Art. 34 und 6 13 EGBGBG Regelungen vor, welche zur Unbeachtlichkeit der materiellen Folgen einer Rechtswahl der Parteien führen. Ausländisches Recht kommt nach Art. 6 EGBGB immer dann nicht zur Anwendung, wenn dessen Anwendung zu einer rechtlichen Beurteilung führen würde, welche mit den wesentlichen Grundsätzen des deutschen Rechts, insbesondere den Grundrechten, nicht vereinbar und damit nicht konform zum *ordre public* ist. Nach Art. 34 EGBGB bleibt deutsches Recht anwendbar, soweit dieses unbeschadet der Bestimmungen des 1. Teils 2. Kapitel des EGBGB den Sachverhalt ohne Rücksicht auf das dem Vertrag zugrunde liegende Recht zwingend regelt.

Soweit das Vertragsstatut über das anwendbare Recht entscheidet, gilt dieses für: 14
- das Zustandekommen eines Vertrages (Art. 31 Abs. 1 EGBGB);
- dessen Wirksamkeit (Art. 31 Abs. 1 EGBGB);

---

[14] Zur Rechtswahl im Einzelnen → Rn. 93 ff.
[15] Verbraucherschutzrichtlinien (Auflistung → Rn. 23 ff.

- dessen Auslegung (Art. 32 Abs. 1 EGBGB);
- die Rechtsfolgen der Nichterfüllung, des Erlöschens und der Verjährung der Vertragspflichten (Art. 32 Abs. 1 EGBGB) sowie
- die materiell-rechtlichen Beweisregeln (Art. 32 Abs. 3 EGBGB).

15   **b) Objektive Anknüpfung nach Art. 4 Rom I-VO.** Nach Art. 4 Rom I-VO bestimmt sich das anwendbare Recht für die dort genannten und im IT-Recht relevanten **Vertragstypen** jeweils nach dem **gewöhnlichen Aufenthaltsort** im Sinne des Art. 19 Rom I-VO wie folgt:
- Kaufverträge: des Verkäufers (Abs. 1a),
- Dienstleistungsverträge: des Dienstleisters (Abs. 1b),
- Franchiseverträge: des Franchisenehmers (Abs. 1e),
- Vertriebsverträge: des Vertriebshändlers (Abs. 1f),
- Versteigerungen: Ort der Versteigerung (Abs. 1g).

16   Zu beachten ist dabei, dass die Vertragstypen nach Maßgabe von Art. 4 Abs. 1 Rom I-VO **autonom unionsrechtlich auszulegen** sind, sodass die aus dem BGB bekannten Abgrenzungen hier nicht immer greifen.[16] Beispielsweise wird der Begriff der Dienstleistung weiter ausgelegt werden als nach deutschem Sachrecht und auch Werkverträge und Werklieferungsverträge erfasst. Anders als im deutschen Recht wären Verträge, aufgrund deren ein Erfolg geschuldet wird, dann als Dienstleistung iSd Art. 4 Abs. 1 lit. b Rom I-VO zu qualifizieren. Im Zusammenhang mit der EuGVVO ist die deutsche Rechtsprechung mit der autonomen unionsrechtlichen Auslegung des Begriffes Dienstleistung bereits befasst gewesen. Entscheidend für das Vorliegen einer Dienstleistung ist danach, dass eine tätigkeitsbezogene Leistung an den Kunden erbracht wird und keine Veräußerung oder Gebrauchsüberlassung im Vordergrund steht.[17]

17   Auch wenn kein Katalogvertragstyp nach Art. 4 Abs. 1 Rom I-VO gegeben ist oder keine eindeutige Zuordnung gelingt, bestimmt sich das Recht nach dem gewöhnlichen Aufenthaltsort der Partei, welche die für den Vertrag charakteristische Leistung zu erbringen hat nach Art. 4 Abs. 2 Rom I-VO. Art. 4 Abs. 3 Rom I-VO enthält wiederum die Ausnahme, dass der Anknüpfungspunkt nach den Abs. 1 und 2 dann nicht relevant ist, wenn sich aus der Gesamtheit der Umstände offensichtlich ergibt, dass der Vertrag eine engere Verbindung zu einem anderen Staat aufweist. Ist eine Bestimmung des Anknüpfungspunkte nach den Abs. 1 und 2 und damit auch nicht nach der **Ausnahmeregelung** des Absatzes 3 des Art. 4 möglich, unterliegt der Vertrag nach Art. 4 Abs. 4 Rom I-VO dem Recht des Staates zu dem der Vertrag die engste Verbindung aufweist.

2. Vertragsstatut und Verbraucherschutz

18   Art. 29 EGBGB bzw. Art. 6 Rom I-VO enthalten eine Sonderregelung zum Schutz der Verbraucher, also all derjenigen, welche ein Geschäft zu einem Zweck abschließen, welcher nicht ihrer gewerblichen oder beruflichen Tätigkeit zugerechnet werden kann. Für Verträge über die Lieferung von beweglichen Sachen sowie die Erbringung von Dienstleistungen oder einem Geschäft zur Finanzierung eines solchen Geschäfts kommen nach Art. 29 Abs. 1 EGBGB bzw. Art. 6 Abs. 1 Rom I-VO auch bei ansonsten anderer Rechtswahl die zwingenden Bestimmungen zum Schutz der Verbraucher des Staates zur Anwendung, in welchem der Verbraucher seinen gewöhnlichen Aufenthalt hat.

19   Dabei sind die weiteren Voraussetzungen nach **Art. 29 Abs. 1 EGBGB** wie folgt:
- Dem Vertragsschluss ist ein ausdrückliches Angebot oder eine Werbung in diesem Staat vorausgegangen und der Verbraucher hat in diesem Staat die zum Abschluss des Vertrages erforderlichen Rechtshandlungen vorgenommen;
- Der Vertragspartner oder sein Vertreter hat die Bestellung des Verbrauchers in diesem Staat entgegengenommen;
- Der Vertrag betrifft den Verkauf von Waren und der Verbraucher ist von diesem Staat in einen anderen gereist und hat dort seine Bestellung aufgegeben, sofern die Reise vom Verkäufer mit dem Ziel des Vertragsabschlusses herbeigeführt worden ist.

---

[16] *Brödermann* NJW 2010, 807 (810).
[17] Für die Einordnung der Softwareentwicklung als „Dienstleistung gemäß Art. 5 Abs. 1 EuGVVO s. OLG München Urt. v. 23.12.2009 – 20 U 3515/09, CR 2010, 156 (157 f.); zum Ganzen *Mankowski* CR 2010, 138.

II. Vertragsstatut/Anwendbares Recht

Die unter diesen Voraussetzungen zustande gekommenen Verträge unterliegen hinsichtlich 20 ihrer Form nach Art. 29 Abs. 3 EGBGB dem Recht des Staates, in welchem der Verbraucher seinen gewöhnlichen Aufenthalt hat. Ist keine Rechtswahl vertraglich wirksam getroffen, kommt bei Verbraucherverträgen nach Art. 29 Abs. 2 EGBGB immer das Recht des Staates zur Anwendung, in welchem der Verbraucher seinen gewöhnlichen Aufenthalt hat.

Nach **Art. 6 Abs. 1 Rom I-VO** reicht es aus, 21
- wenn der Unternehmer seine Tätigkeit in dem Staat ausübt, in dem der Verbraucher seinen gewöhnlichen Aufenthalt hat oder
- wenn der Unternehmer seine Tätigkeit auf irgendeine Art und Weise auf diesen oder unter anderem auf diesen Staat ausrichtet, in dem der Verbraucher seinen gewöhnlichen Aufenthalt hat und
- keine der Ausnahmen aus dem Katalog des Art. 6 Abs. 1 Rom I-VO greift.

Art. 29 EGBGB/Art. 6 Rom I-VO finden im Bereich der Software-Verträge insofern Anwendung, als Software als Sache qualifiziert und/oder diesbezüglich eine Dienstleistung erbracht wird oder ein Vertrag zu deren Erstellung in Frage steht. Hierbei ist unbeachtlich, ob der Verkäufer selbst Unternehmer oder auch Verbraucher ist. Die zwingenden Vorschriften des Verbraucherschutzes, welche nach Art. 29 Abs. 1 EGBGB/Art. 6 Abs. 2 Rom I-VO einzuhalten sind,[18] sind im Wesentlichen die in deutsches Recht umgesetzten **Verbraucherschutzrichtlinien:**[19] 22
- die Richtlinie 93/13/EWG des Rates vom 5.4.1993 über missbräuchliche Klauseln in Verbraucherverträgen (ABl. EG Nr. L 95 S. 29);
- die Richtlinie 94/47/EG des Europäischen Parlamentes und des Rates vom 26.10.1994 zum Schutz der Erwerber im Hinblick auf bestimmte Aspekte von Verträgen über den Erwerb von Teilzeitnutzungsrechten an Immobilien (ABl. EG Nr. L 280 S. 83);
- die Richtlinie 97/7/EG des Europäischen Parlamentes und des Rates vom 20.5.1997 über den Verbraucherschutz bei Vertragsschlüssen im Fernabsatz (ABl. EG Nr. L 144 S. 19);
- Richtlinie 1999/44/EG des Europäischen Parlaments und des Rates vom 25.5.1999 zu bestimmten Aspekten des Verbrauchsgüterkaufs und der Garantien für Verbrauchsgüter (ABl. EG Nr. L 171/12);
- Richtlinie 2011/83/EU des Europäischen Parlaments und die Rates vom 25.10.11 über die Rechte der Verbraucher (ABl. EG Nr. L 304/64).

3. Vertragsstatut und Lizenzverträge

Im Bereich grenzüberschreitender Software-Lizenzverträge, also dem Anwendungsbereich 23 internationalem Urhebervertragsrecht ist zu differenzieren nach dem Verpflichtungs- und dem Verfügungsgeschäft.

a) Verpflichtungsgeschäft im unternehmerischen Verkehr. Für das Verpflichtungsgeschäft 24 gilt das allgemeine Internationale Privatrecht, somit die Bestimmungen der Art. 27 bis 37 und Art. 6 EGBGB bzw. die Rom I-VO.

Checkliste: Prüfungsfolge zur Feststellung des Vertragsstatutes 25

Abhängig von der jeweiligen vertragstypologischen Einordnung des zugrunde liegenden Verpflichtungsgeschäftes hat folgende Prüfung zur Feststellung des anwendbaren Rechts zu erfolgen:
- ☐ Wann wurde der Vertrag geschlossen?
- ☐ Haben die Parteien eine ausdrückliche Rechtswahl getroffen bzw. ergibt sich diese im Sinne des Art. 27 Abs. 1 S. 1 EGBGB mit hinreichender Sicherheit oder nach Art. 3 Abs. 1 Rom I-VO eindeutig aus den Umständen des Vertragsschlusses oder dessen Abwicklung?
- ☐ Umfasst die Rechtswahl den jeweiligen Streitpunkt, da die Rechtswahl nach Art. 27 Abs. 1 S. 2 EGBGB bzw. Art. 3 Abs. 1 auch nur Teile des Vertrages betreffen kann?

---

[18] *Kluth* S. 178 ff. für Art. 29 EGBGB und 304 ff. für Art. 6 Rom I-VO.
[19] Rechte der Verbraucher KOM (2008) 0614 – C 6 – 0349/2008 – 2008/0196 (COD), www.europarl.eu.
→ § 26.

- ☐ Ist die Rechtswahl wirksam getroffen nach den Art. 11, 12 und 29 Abs. 3, 31, 27 Abs. 4 EGBGB bzw. Art. 3, 10, 11 13 Rom I-VO?
- ☐ Ist keine Rechtswahl getroffen, ergibt die Frage nach der objektiven Anknüpfung des Vertragsgegenstandes einen Schwerpunkt der charakteristischen Leistung im Ausland im Sinne des Art. 28 EGBGB, ohne dass Sonderregelungen zur Anwendung kommen? Oder handelt es sich um einen Vertragstyp nach Art. 4 Abs. 1 Rom I-VO, ohne dass die Ausnahme des Art. 4 Abs. 2 Rom I-VO zur Anwendung kommt und subsidiär zu welchem Staat weist der Vertrag die engste Verbindung auf?
- ☐ Für den Fall, dass ausländisches Recht zur Anwendung kommt, sind trotzdem zwingende Regeln des deutschen Rechts im Sinne des Art. 34 EGBGB bzw. des Art. 9 Rom I-VO zu beachten?
- ☐ Ist das Ergebnis der rechtlichen Beurteilung mit den Grundsätzen deutschen Rechts vereinbar, insbesondere beachtet es die Grundrechte (Art. 21 Rom I-VO)?

26   Das Verpflichtungsgeschäft kann je nach Vertragsinhalt unterschiedlichen Vertragstypen zuzuordnen sein. Diese Zuordnung wird mangels wirksamer Rechtswahl nach Art. 28 EGBGB bzw. Art. 4 Abs. 1 Rom I-VO relevant. Im Bereich des IT-Rechts kommen zum Beispiel in Frage:
- Überlassung einer Standardsoftware auf Dauer: Kauf;
- Erstellung und Überlassung einer Individualsoftware: Werkvertrag/Dienstleistung, aber Problematik des § 651 BGB beachten, dann evtl. dem Kaufvertrag zuzuordnen;
- Überlassung einer Standardsoftware auf Zeit und gegen wiederkehrendes Entgelt: Miete;
- Pflegevertrag: Dienstvertrag/Werkvertrag;
- Software-Escrow-Agency-Vereinbarung: je nach Vertragsgestaltung – Dienstleistung oder sofern gemeinschaftskonform ein Anwendungsbereich bleibt Werkvertrag;
- IT-Projekt: Werkvertrag/Dienstleistung;
- Überlassung von Standardsoftware und deren Anpassung: je nach Vertragsgestaltung und Umfang der Anpassungsleistungen – gemischter Kauf-/Dienstvertrag oder sofern gemeinschaftskonform ein Anwendungsbereich bleibt Werkvertrag;
- Bei der Überlassung einer Standardsoftware auf Dauer und der Einordnung dieses Geschäftes als Kaufvertrag – unter der Annahme, dass Software eine Sache ist – handelt es sich um einen Warenkauf.

27   Im unternehmerischen Bereich des Warenkaufs verdrängt mangels Rechtswahl das bestehende **Einheitsrecht** mit dem UN-Übereinkommen über Verträge über den internationalen Warenkauf (CISG) gemäß Art. 3 Abs. 2 S. 1 EGBGB das deutsche IPR.[20] Für den Bereich der Softwareüberlassung durch Download ergibt sich unabhängig von der Frage der vertragstypologischen Einordnung der Schwerpunkt der charakteristischen Leistung im Sinne des Art. 28 EGBGB beim Software-Hersteller/-Vertrieb, da von dort die Software zur Verfügung gestellt wird. Nach der Rom I-VO ist dies vertragstypologisch einzuordnen und dann entweder ein Fall des Art. 4 Abs. 1 lit. a oder b oder aber des Abs. 3 mit der Frage nach der engsten Verbindung gegeben.

28   b) **Vertragssprache.** Eine besondere Problematik ergibt sich im internationalen Lizenzrecht durch die weit verbreitete Abfassung der Lizenzverträge in **englischer Sprache.** Für den Fall, dass der betreffende Vertrag auf Grund Rechtswahl oder objektiver Anknüpfung deutschem Recht unterliegt, ist umstritten, wie die Auslegungsregelung des Art. 32 Abs. 1 Nr. 1 EGBGB zur Anwendung kommt. Die Rom I-VO kennt keine entsprechende Regelung. Die deutsche Rechtsprechung zu Art. 32 Abs. 1 Nr. 1 EGBGB tendiert dazu, diese Fragestellung dahin gehend zu lösen, dass englischsprachige Klauseln bei Zweifeln in deren Auslegung nach englischem Rechtsverständnis auch bei Anwendbarkeit deutschen Rechts zu interpretieren sind.

---

[20] Siehe: das von Deutschland nicht ratifizierte „Haager Übereinkommen betreffend das auf internationale Kaufverträge über bewegliche Sachen anzuwendende Recht" vom 15.6.1955; Übereinkommen der Vereinten Nationen über Verträge über den internationalen Warenkauf (CISG) vom 11.4.1980.

II. Vertragsstatut/Anwendbares Recht

Fallbeispiele englischer Vertragssprache:
Vor dem Hintergrund der denkbaren Fälle ist die Auslegungsregel nach deutscher Rechtsprechung für englischsprachige Fachtermini kritisch zu beurteilen:
1. Fall: Zwei deutsche Unternehmen schließen einen Softwareüberlassungsvertrag in englischer Sprache, zum Beispiel weil die Unternehmenssprache der Mutterkonzerne Englisch ist.
2. Fall: Ein deutsches und ein italienisches Unternehmen schließen einen Softwareerstellungsvertrag in englischer Sprache, welcher das deutsche Unternehmen zur Herstellung des Werkes verpflichtet, da beide Parteien jeweils die Muttersprache des anderen Verhandlungspartners nicht sprechen.
3. Fall: Ein Deutscher Programmierer schließt einen Softwareüberlassungsvertrag über eine von ihm individuell erstellte Software mit Übergabe des Quellcodes und Einräumung von Bearbeitungs- und Weiterentwicklungsrechten mit einem US-Amerikaner in englischer Sprache.

In allen drei Fällen ergibt sich sowohl nach EGBGB als auch nach der Rom I-VO das Vertragsstatut – auch bei Fehlen einer Vereinbarung zur Rechtswahl – aus der objektiven Anknüpfung mit deutschem Recht, wobei die Auslegung von Begriffen der englischen Rechtssprache zur Veränderung des vertraglich Gewollten führen kann. Um diesem Ergebnis vorzubeugen, empfiehlt es sich, eine englischsprachige Rechtswahlklausel um einen Zusatz zu ergänzen, wonach die einzelnen Bestimmungen wegen der Wahl deutschen Rechts nach deutschem Rechtsverständnis auszulegen sind.[21] Dies gilt insbesondere für den Software-Vertrieb und andere längerfristige Zusammenarbeit, da laufende Geschäftsbeziehungen noch dringender eine eindeutige Regelung des anwendbaren Rechts sowie des Gerichtsstandes in der Rahmenvereinbarung erfordern. Ferner gewinnt dieses Bedürfnis insgesamt mit dem Bündnis für das deutsche Recht[22] sowie der Initiative *Law made in Germany*[23] an Bedeutung, da deutsche Gerichte verstärkt als internationaler Gerichtsstandort gewählt werden und dort Spezialkammern[24] mit englischen Sprachkenntnissen zur Verhandlung in englischer Sprache gebildet werden. Im Zweifel sollte der deutsche Rechtsbegriff zur Klarstellung im englischen Text mit aufgeführt werden.

Musterklausel: Rechts- und Sprachwahl
Die Vertrags- und Gerichtssprache ist Englisch. Deutsche Übersetzungen des Vertrages und/oder seiner Anlagen sind reine Lese- und Arbeitsfassungen und für die Auslegung ist allein die englische Fassung maßgeblich.
Gerichtsstand ist Berlin. Sollte am Gerichtsstandort keine Kammer für internationale Handelssachen eingerichtet sein, so vereinbaren die Parteien den Ort als Gerichtsstand, an dem die nächstgelegene Kammer für internationale Handelssachen eingerichtet ist [Alternativ kann hier ein Gerichtsstand genannt werden, an dem zum Zeitpunkt des Vertragsschlusses bereits eine Kammer für internationale Handelssachen eingerichtet ist, zum Beispiel Köln, Hamburg.]

c) Verpflichtungsgeschäft im Verbrauchergeschäft. Ob die Frage nach dem anwendbaren Recht mangels wirksamer Rechtswahl in einem Verbrauchervertrag zu einer abweichenden Beurteilung führt, hängt maßgeblich davon ab, ob Software als bewegliche Sache zu qualifizieren ist. Dies ist in der juristischen Literatur noch nicht abschließend geklärt und wird im Hinblick auf § 651 BGB wieder verbreitet in Frage gestellt.[25] Der BGH hatte seinerzeit abstellend auf die Sacheigenschaft des Datenträgers die Sacheigenschaft von Software bejaht.[26] Eine Entscheidung zu dieser Frage für Download- oder Abruf-Software ist nicht ergangen,

---

[21] Siehe Musterklausel bei *Triebel/Balthasar* NJW 2004, 2189 (2196).
[22] Siehe www.bmj.bund.de/files/3427/Bündnispapier_Bündnis_für_das_deutsche_Recht.pdf.
[23] www.lawmadeingermany.de.
[24] Bundesrat Drucksache 42/10 v. 27.1.2010 – Entwurf eines Gesetzes zur Einführung von Kammern für Internationales Handelssachen (KfiHG); *Salger* BB 2010, Heft 8, Die Erste Seite.
[25] → Vgl. § 3.
[26] BGH Urt. v. 14.7.1993 – VIII ZR 147/92 – CR 1993, 681 (683).

aber aus der EuGH-Rspr. zum Erschöpfungsgrundsatz lässt sich die entsprechende Anwendbarkeit auch für das Verpflichtungsgeschäft ableiten.[27]

32 Im Rahmen der Auslegung des Art. 29 EGBGB ist nach Art. 36 EGBG das EVÜ bzw. für die Rom I-VO als Gemeinschaftsrecht das autonome europäische Recht und dessen Auslegung ausschlaggebend. Die in der deutschen Rechtsprechung entwickelten und Literatur kommentierten Grundsätze können nicht unmittelbar herangezogen werden. Unter Berücksichtigung des Schutzumfanges des Art. 29 EGBGB bzw. des Art. 6 der Rom I-VO mit der Erstreckung auf **Dienstleistungsverträge** erscheint es zum Beispiel sachgerecht, Verträge über Standardsoftware als Lieferungen einer beweglichen Sache einzuordnen, sofern die Überlassung auf Dauer erfolgt, ohne dass wegen eines wiederkehrenden Entgelts nach deutschem Verständnis Miete anzunehmen ist. Verträge über Dienstleistungen im Sinne des Art. 29 EGBGB können bei Service-, Hotline-, Updateverträgen oÄ sowie bei Verträgen über Programmierleistungen angenommen werden. Hier kann im Rahmen der autonomen Auslegung zugunsten des Verbrauchers in der Frage des anwendbaren Rechts auch bei der zwar im Verbrauchermarkt selten gegebenen Erstellung von Individualsoftware die Erbringung einer Dienstleistung angenommen werden. Dies steht auch im Einklang mit dem im Rahmen der Schuldrechtsmodernisierung eingeführten § 651 BGB. Für die Anwendbarkeit unter der Rom I-VO sind keine abweichenden Beurteilungen erkennbar.

33 **d) Verfügungsgeschäft.** Umstritten ist, ob das Verfügungsgeschäft, die Einräumung von Nutzungs- und Verwertungsrechten, dem Territorialitäts- bzw. Schutzlandprinzip unterfällt. In diesem Fall würde es nach der Spaltungstheorie zu einer Aufspaltung des anwendbaren Rechts für das Verpflichtungsgeschäft zum Beispiel dem Recht des Staates der Hauptniederlassung des Softwareherstellers und dem Recht des Staates des Endkunden hinsichtlich des Verfügungsgeschäftes kommen.[28]

> **Praxistipp:**
> Nach ganz überwiegender Auffassung gilt das Schutzlandprinzip immer für:
>   die rechtliche Beurteilung des Übertragung von Nutzungsrechten und
>   dingliche Ansprüche eines Lizenznehmers.
> Dem stimmt die ansonsten vertretene Einheitstheorie zu, die auch für urheberrechtliche Verfügungen grundsätzlich das Vertragsstatut anwendet.

34 **e) Vertragsstatut und Grid-Computing.** Die durch das Grid-Computing über das Internet eröffneten Möglichkeiten der weltweiten Nutzung von Rechnerkapazitäten werfen Fragen der vertragstypologischen Zuordnung auf. Mangels Rechtswahl ist diese nach Art. 28 EGBGB bzw. Art. 4 Rom I-VO für das Finden des anwendbaren Rechts ausschlaggebend. In Betracht kommen je nach vertraglicher Ausgestaltung Geschäftsbesorgung, Auftrag in Form eines Dienst- oder Werkvertrages, Miete, Leihe und typengemischte Verträge.

35 In mietvertraglichen Konstellationen ergibt sich die Problematik, dass bei Nutzung von Rechnerkapazitäten verschiedenster, in unterschiedlichen Staaten ansässigen Rechnerbetreibern durch einen Grid-Nutzer das Grid-Projekt einer ebensolchen Vielzahl von Rechtsordnungen unterliegt. Dies basiert darauf, dass Anknüpfungspunkt für die Frage nach dem anwendbaren Recht keinesfalls der Aufenthaltsort des Nutzers ist (Ort der Rechenoperation), sondern der **Ort der Erbringung der vertragswesentlichen Leistung** mit der Zur-Verfügung-Stellung und -Halten der Rechnerkapazität. Hier wird sich unter der Anwendbarkeit des Art. 4 Abs. 4 Rom I-VO keine abweichende Beurteilung ergeben. Bei werk- und dienstvertraglichen Konstellationen – im ersten Fall mit dem Problemlösungsversprechen des Anbieters; im zweiten Fall mit der bloßen Unterstützungszusage bei der Problemlösung – kommt es nach dem IPR auf den Grad der Individualisierung der Leistungen des Rechnerbetreibers an. Werden die Leistungen weitgehend standardisiert angeboten, ist von einem Leistungsschwerpunkt beim Betreiber, im anderen Fall beim Nutzer auszugehen.

---

[27] → § 5.
[28] → § 4.

36 Insbesondere ein Grid-Dienstleister, welcher die Durchführung von Grid-Projekten durch das Zur-Verfügung-Stellen, die Installation und Pflege einer Grid-Management-Software unter Einbeziehung der Rechnerbetreiber ermöglicht, hat ein Interesse an der Anwendbarkeit einer **einheitlichen Rechtsordnung** auf alle Vertragsverhältnisse insbesondere mit den Rechnerbetreibern. Mangels Rechtswahl eröffnet sich für diesen möglicherweise die Argumentation über Art. 28 Abs. 5 EGBGB bzw. Art. 4 Abs. 4 Rom I-VO, wonach ausnahmsweise das Recht eines anderen Staates Anwendung findet, als das des Staates, zu dem die engste Verbindung besteht, wenn sich aus der Gesamtheit der Umstände diese andere Zuordnung ergibt. Im Verhältnis zu den einzelnen Rechnerbetreibern ergibt sich die engste Verbindung jeweils zu dem Staat, in dem sich deren Geschäftssitz als dem Ort mit dem Zur-Verfügung-Stellen und -Halten der Rechnerleistung findet. In der Gesamtschau der Vielzahl der Verträge mit Rechnerbetreibern, welche über den Grid-Dienstleister erst das Angebot an Grid-Nutzer ermöglichen, ergibt sich nach Art. 28 Abs. 5 EGBGB bzw. Art. 4 Abs. 4 Rom I-VO wohl eine Anknüpfung zum Recht des Staates, in welchem der **Grid-Dienstleister** seinen Hauptsitz, seine Niederlassung hat.

37 **f) Vertragsstatut und Cloud Computing.** Ähnlich dem Grid Computing stellt sich beim Cloud Computing[29] mangels Rechtswahl die Frage nach dem Anknüpfungspunkt für das anwendbare Recht. Dies ist wiederum nach Art. 28 Abs. 1 EGBGB bzw. Art. 4 Abs. 2 Rom I-VO der Ort an dem die vertragscharakteristische Leistung erbracht wird. Der **Cloud-Anbieter** stellt entweder eigene verteilte Rechnerkapazitäten und Softwareservices kapazitätsgerecht bereit oder koordiniert die Angebote verschiedener Subunternehmer. Dabei ist für die Frage nach dem vertraglichen Anknüpfungspunkt unbedeutend, an welchem Standort sich die Rechnerkapazitäten oder von wo aus die Softwarelösungen bereit gestellt werden.[30] Die vertragstypische Leistung des Cloud Anbieters, dem einzigen Vertragspartner, besteht in dem Verteilen bzw. Bereitstellen von Rechenleistungen nach den „verbrauchsabhängigen" Vorgaben des Kunden. Sofern der Cloud Anbieter die Zur-Verfügung-Stellung bestimmter Kapazitäten und Lösungen erfolgsorientiert schuldet, bestimmt sich das anzuwendende Recht nach Art. 4 Abs. 2 Rom I-VO. Wenn es schlicht als Dienstleistung zu qualifizieren ist nach Art. 4 Abs. 1, S. 1 lit. b Rom I-VO der Sitz/die Niederlassung des Anbieters ausschlaggebend.[31]

38 **g) Vertragsstatut und Open Source Software.** Bei der Beurteilung anwendbaren Rechts auf Open Source Softwarelizenzen ergibt sich ebenfalls wie bei proprietärer Software die Problematik, dass der Lizenzvertrag (*General Public Licence*, GPL) in ein Verpflichtungs- und ein Verfügungsgeschäft zerfällt. Wobei Ersteres sich nach den Regelungen zum schuldrechtlichen Vertragsstatut klärt, Letzteres nach den Regeln internationalen Urheberrechts. Hinzu kommt die Frage nach dem anwendbaren Recht für die Leistungen des Distributors zum Beispiel GNU/LINUX-Programmpakete, über die ein gesonderter Vertrag neben der GPL zum Abschluss kommt.

39 Die GPL enthält auch in der Version 3.0 **keine Rechtswahlklausel**. Folgt man der Auffassung zur rechtlichen Qualifikation der Open Source Lizenzierung im ersten Schritt als reines Verfügungsgeschäft[32] nicht oder ergibt sich durch das Hinzutreten eines Distributors oder eines Dienstleisters, welcher die Bereitstellung, Installation und Aktualisierung der Open Source Software als Teil einer Gesamtleistung oder im Rahmen eines Vertragsverhältnisses vergütungspflichtig anbietet, ist wiederum nach Art. 28 EGBGB bzw. Art. 4 Rom I-VO der objektive Anknüpfungspunkt für die Feststellung des Vertragsstatutes regelmäßig ausschlaggebend.

40 Die charakteristische Leistung bei einem Vertragsverhältnis über die entgeltfreie Einräumung von Nutzungs-, Bearbeitungs-, Verwertungsrechten unter den Bedingungen der GPL ist vertragstypologisch als Schenkung zu qualifizieren. Der Schwerpunkt der charakteristischen Leistung im Sinne des EGBGB bzw. die engste Verbindung im Sinne des Art. 4 Abs. 4

---

[29] Siehe zum Cloud Computing allgemein → § 2.
[30] Siehe zu den datenschutzrechtlichen Fragen → § 25.
[31] *Nordmeier* MMR 2010, 151 (152).
[32] → § 10 Open Source und Open Content.

Rom I-VO liegt daher grundsätzlich in dem Staat des Sitzes des Herstellers/Entwicklers. Dieselbe Schlussfolgerung ergibt sich auch aus § 6 GPL 2.0 bzw. Ziffer 10 GPL 3.0, da diese davon ausgehen, dass Lizenzgeber immer der ursprüngliche Lizenzgeber ist.

41 „§ 6 GPL 2.0. Jedes Mal, wenn Sie das Programm (oder ein auf dem Programm basierendes Datenwerk) weitergeben, erhält der Empfänger automatisch vom ursprünglichen Lizenzgeber die Lizenz, das Programm entsprechend den hier festgelegten Bestimmungen zu vervielfältigen, zu verbreiten und zu verändern. Sie dürfen keine weiteren Einschränkungen der Durchsetzung der hierin zugestandenen Rechte des Empfängers vornehmen. Sie sind nicht dafür verantwortlich, die Einhaltung dieser Lizenz durch Dritte durchzusetzen."

„Ziffer 10 GPL 3.0. Jedes Mal, wenn Sie ein betroffenes Werk übertragen, erhält der Empfänger automatisch vom ursprünglichen Lizenzgeber die Lizenz, das Werk auszuführen, zu verändern und zu propagieren – in Übereinstimmung mit dieser Lizenz. Sie sind nicht dafür verantwortlich, die Einhaltung dieser Lizenz durch Dritte durchzusetzen."

42 Dies führt ähnlich wie bei der beschriebenen Problematik des Grid-Computings[33] in der für Open Source Software als Normalfall zu bezeichnenden Miturheberschaft einer Vielzahl von Programmierern aus unterschiedlichen Staaten dazu, dass ebenfalls verschiedenste Rechtsordnungen zur Anwendung kommen. Bei dem Vertrieb über einen Distributor kommt eine Anknüpfung an den Staat dessen Sitzes in Betracht. Beim direkten Download kann eine Lösungsmöglichkeit sein, an den Staat anzuknüpfen, in welchem der Betreiber der Downloadplattform seinen Sitz im Sinne des gewöhnlichen Aufenthaltsortes hat. Nach solchen Sonderwegen über Art. 28 Abs. 5 EGBGB oder Art. 4 Abs. 3 oder 4 Rom I-VO muss gesucht werden, um die rechtliche Beurteilung der GPL vor der sonst eintretenden **Zersplitterung des anwendbaren Rechts** zu ermöglichen.

43 Die Beurteilung des Vertragsstatuts ist jedenfalls dann eindeutig, wenn die Lizenzgeber ohne Nutzung eines Vertriebskanals die Software unter der GPL direkt vertreiben und alle Lizenzgeber ihren Sitz in einem Staat haben. Für die urheberrechtlichen Fragestellungen bei Lizenzierung an einen Nutzer in einem anderen Staat gilt daneben das **Territorialitäts- und Schutzlandprinzip**.[34] Danach ist jeweils das Recht des Staates (Territorium) anwendbar, in welchem die dem Urheber vorbehaltene Handlung vorgenommen wird. Hierbei handelt es sich um folgende Fragen:
- urheberrechtliche Schutzfähigkeit des Programms;
- Klärung der ersten Rechteinhaberschaft in Arbeitsverhältnisses;
- Feststellung der Miturheberschaft;
- rechtliche Zulässigkeit der Übertragbarkeit urheberrechtlicher Befugnisse;
- Rechtsgeschäfte über die Urheberpersönlichkeitsrechte.

44 Die Trennung von Verpflichtungs- und Verfügungsgeschäft in der Beurteilung des anwendbaren Rechts bei grenzüberschreitenden Verträgen führt zum Beispiel dazu, dass für einen Streit über die urheberrechtliche Schutzfähigkeit des Programms beim bestimmungsgemäßen Einsatz in Frankreich französisches Recht anwendbar ist, für die Frage der Vergütung hingegen deutsches Recht, wenn die Entwickler ihren Sitz in Deutschland haben.

45 Ein weiterer Aspekt in der Rechtsanwendung auf die GPL ergibt sich aus deren Abfassung im Original in US-amerikanischer Sprache und Rechtsterminologie. Die deutsche Übersetzung ist kein Original, sondern nur eine von der *Free Software Foundation* herausgegebene Arbeitshilfe. Entsprechend weist die FSF in der Einleitung zur Übersetzung der Fassung 2.0 der GPL auf deren Unverbindlichkeit hin. Die GPL 3.0 ist bislang von der *Free Software Foundation* noch nicht übersetzt.[35] Allein verbindlich ist bei Vorliegen einer deutschen Fassung die englische Originalfassung. Diese Alleinverbindlichkeit der englischen Fassung führt wie zu Ziff. b) → Rn. 28 f. erläutert möglicherweise über den Umweg der Auslegung der Rechtstermini zur Veränderung der Lizenzbedingungen nach US-amerikanischen Recht (**Zweistufentheorie**). Nach der Zweistufentheorie beeinflussen die internationalen Bezüge des Sachverhaltes die rechtliche Beurteilung einmal beim Finden des anwendbaren Rechts nach dem jeweils ein-

---

[33] → Rn. 34 ff.
[34] → § 8.
[35] Eine inoffizielle deutsche Übersetzung findet sich unter www.gnu.de/documents/gpl-3.de.html.

schlägigen IPR sowie ferner auf der Ebene des Sachrechts im Rahmen der Auslegung. Die im Ansatz zutreffende Feststellung, dass internationale Sachverhalte grundsätzlich anders zu behandeln sind als innerstaatliche, soll aber nicht dazu führen, dass die Auslegung ohne Berücksichtigung des anwendbaren Sachrechts erfolgt. Dem ist durch den *ordre public* in Art. 6 EGBGB bzw. Art. 21 Rom I-VO ohnehin eine Grenze gesetzt.

46 Bei der GPL ist die rechtliche Beurteilung bei vielen Sachverhalten noch stärker im Sinne einer engen Auslegung am Sachrecht unter In-Kaufnahme des Entfernens vom Wortlaut geboten. Dies ergibt sich, da oftmals kein echter Auslandsbezug besteht, sondern lediglich die GPL der Freien Lizenz zugrunde gelegt ist, auch wenn sowohl Hersteller, Entwickler, Vertrieb und Nutzer in Deutschland ansässig sind. Allein aus der Abfassung der GPL in englischer Sprache und im US-amerikanischen Vertragsgestaltungskonzept kann auch nicht auf eine Rechtswahl im Sinne des Art. 28 Abs. 5 EGBGB bzw. des Art. 3 Rom I-VO geschlossen werden, wenn man annehmen würde, die Anknüpfung an US-amerikanisches Recht ergebe sich damit aus der Gesamtheit der Umstände des Falles.

47 Da es sich bei der GPL um einen **Mustervertragstext** handelt, unterliegt dieser jedenfalls im B2C-Bereich und verringert im B2B Bereich der AGB-Kontrolle, welche eine Rechtswahl in AGB nur eingeschränkt zulässt. Ferner ist in den §§ 11 und 12 der GPL 2.0 bzw. Ziffern 15. und 16. der GPL 3.0 klargestellt, dass die Bestimmungen zum Gewährleistungsausschluss nur soweit gelten sollen, soweit dies gesetzlich zulässig ist. Hieran ist gerade keine Festlegung auf nur eine anwendbare Rechtsordnung zu sehen. Nach Art. 29 Abs. 2 EGBGB bzw. Art. 6 Rom I-VO ist bei B2C-Verträgen das Recht des Staates anwendbar, in welchem der Verbraucher seinen gewöhnlichen Aufenthaltsort hat, wenn der Vertrag unter einer der alternativen Bedingungen des Art. 29 Abs. 1 EGBGB bzw. Art. 6 Abs. 1 Rom I-VO zustande gekommen ist. Nicht anders als bei Standardsoftware proprietärer Hersteller ist das Bereitstellen von Open Source Software unter der GPL wohl als die Lieferung einer beweglichen Sache zu qualifizieren.[36]

4. Wiener UN-Kaufrecht (CISG)

48 Das Wiener **UN-Kaufrecht (CISG)** regelt sowohl das Zustandekommen von Kaufverträgen als auch die Rechte und Pflichten der Vertragsparteien aus den Vertragsbeziehungen. Der Anwendungsbereich wird durch die Art. 1 bis 6 CISG bestimmt. Art. 1 CISG sieht zwei alternative Möglichkeiten vor, um zur Anwendung des Abkommens zu gelangen. Entweder über die sogenannte **unmittelbare Anwendung,** wenn die Parteien ihre Niederlassung in verschiedenen Vertragsstaaten haben (Art. 1 Abs. 1 lit. a CISG) oder über die sogenannte **IPR-Verweisung,** wenn die Kollisionsnormen, die für das angerufene Gericht gelten, auf das Recht eines Vertragsstaates verweisen (Art. 1 Abs. 1 lit. b CISG).

49 Jeder Vertragsstaat kann jedoch erklären, dass die IPR-Verweisung des Art. 1 Abs. 1 lit. b CISG für ihn nicht verbindlich ist (Art. 95 CISG), wie dies zB die Vereinigten Staaten von Amerika getan haben. Deutschland hat den Vorbehalt dahingehend modifiziert, dass die IPR-Verweisung dann nicht anzuwenden ist, wenn der Staat, auf den die Art. 27 ff. EGBGB bzw. der Rom I-VO verweisen, seinerseits einen **Vorbehalt nach Art. 95 CISG** abgegeben hat. So ist, wenn der Käufer seine Niederlassung in einem Nichtvertragsstaat hat, während der Verkäufer zum Beispiel in den Vereinigten Staaten ansässig ist, das materielle UN-Kaufrecht nicht anzuwenden, auch wenn Art. 28 Abs. 2 EGBGB, die Rom I-VO auf das Recht des betroffenen Bundesstaates der Vereinigten Staaten verweist (vgl. Art. 4 Abs. 3 EGBGB). Es gilt daher das materielle Kaufrecht des betroffenen Bundesstaates der Vereinigten Staaten, da Art. 1 Abs. 1 lit. a CISG auch nicht zur Anwendung gelangen kann, da nicht beide Niederlassungsstaaten CISG-Vertragsstaaten sind.

50 In sachlicher Hinsicht ist das CISG nur auf **Kauf- und Werklieferungsverträge** über Waren, nicht aber auf Werkverträge anwendbar (Art. 1 Abs. 1 und 3 CISG). Ferner muss es um

---

[36] GPL v3 steht seit dem 29.6.2007 zur Verfügung: www.gnu.org/licenses/gpl-3.txt, www.gnu.de/documents/gpl-3.0.de.html; GPL v2 vom 2.6.1991: http://www.gnu.org/licenses/old-licenses/gpl-2.0.html. http://www.gnu.de/documents/gpl-2.0.de.html.http://www.ifross.de/ifross_html/Druckfassung/Die_GPL_kommentiert_und_erklaert.pdf.

die Veräußerung beweglicher Sachen gehen, wie zB Standard-Software.[37] Softwareüberlassung durch Datenfernübertragung oder Vorortinstallationen ohne Überlassung eines Datenträgers unterfällt nicht dem CISG.[38] Ausgenommen sind ferner Kaufverträge über Waren für den persönlichen Gebrauch, wobei nicht zwischen Kaufleuten und Nicht-Kaufleuten unterschieden wird (Art. 2 CISG).

51 Die Vertragsparteien eines internationalen Warenkaufs können die Anwendung des UN-Kaufrechts ganz oder teilweise ausschließen oder von dessen Bestimmungen abweichen (Art. 6 CISG). Jedoch bedeutet die Klausel „Der Vertrag unterliegt deutschem Recht" nicht den **Ausschluss des UN-Kaufrechts,** denn durch die innerstaatliche Umsetzung des völkerrechtlichen Vertrages ist auch das UN-Kaufrecht Bestandteil des deutschen Rechts.

> **Praxistipp: Ausschluss UN-Kaufrecht**
>
> Es muss also wie zum Beispiel in den EVB-IT Kauf heißen:
> „Es gilt das Recht der Bundesrepublik Deutschland unter Ausschluss des Übereinkommens der Vereinten Nationen über Verträge über den internationalen Warenkauf (CISG)." um eine Anwendung des CISG auszuschließen.

52 Das UN-Kaufrecht kennt wie nach der Schuldrechtsmodernisierung auch das deutsche Recht keine Aufgliederung der Leistungsstörungen. Aus Pflichtverletzungen jeder Art hat der Käufer grundsätzlich einheitliche Rechte, auch das Recht auf Schadensersatz (Art. 45 CISG). Es genügt die objektive Vertragsverletzung. Verschulden wird nicht vorausgesetzt, auch nicht für den Schadensersatzanspruch. Lediglich ein unbeherrschbarer Hinderungsgrund hilft dem Verkäufer gegen die Haftung.

53
> **Pflichtverletzungen nach UN-Kaufrecht**
>
> Der Käufer hat folgende Rechte nach dem UN-Kaufrecht:
> ☐ Der Käufer kann bei wesentlicher Vertragsverletzung Ersatzlieferung verlangen.
> ☐ Er hat Anspruch auf Nachbesserung, wenn dies dem Verkäufer zumutbar ist (Art. 46 CISG).
> ☐ Der Käufer kann dem Verkäufer eine Nachfrist zur Erfüllung der Pflichten setzen. Nach Ablauf der Nachfrist hat er seine Rechtsbehelfe aus der Vertragsverletzung (Art. 47 CISG).
> ☐ Der Verkäufer ist berechtigt, den Mangel zu beheben, wenn dem Käufer die Verzögerung und die Unannehmlichkeiten zumutbar sind. Der Käufer behält den Anspruch auf Ersatz der Auslagen und der weitergehenden Schäden (Art. 48 CISG).
> ☐ Der Käufer kann den Rücktritt erklären, was das CISG „...... Aufhebung des Vertrages erklären" nennt. Die Erklärung ist aber nur zulässig, wenn eine wesentliche Pflichtverletzung vorliegt (Art. 46, 25 CISG) oder wenn nicht innerhalb der Nachfrist nach Art. 47 CISG geliefert wurde.
> ☐ Der Käufer kann mindern (Art. 50 CISG).
> ☐ Der Käufer kann Schadensersatz verlangen, wobei die in Deutschland übliche Abgrenzung zwischen Vertrauensschaden, Erfüllungsschaden und Mangelfolgeschaden im UN-Kaufrecht unbekannt ist. Der Schadensersatzanspruch ist lediglich auf den voraussehbaren Schadensumfang begrenzt (Art. 74 bis 77 CISG).

54 Eine **Vertragsverletzung** ist nach der Definition in Art. 25 CISG wesentlich, „... wenn sie für die andere Partei solche Nachteile zur Folge hat, dass ihr im wesentlichen entgeht, was sie nach dem Vertrag hätte erwarten dürfen". Ein solcher Nachteil liegt regelmäßig vor, wenn der Fehler nicht nachgebessert wird. Ob der Mangel behebbar ist, spielt für die Wesentlichkeit keine Rolle. Den Käufer trifft nach Art. 39 Abs. 1 CISG eine **Untersuchungs- und Rügepflicht,** deren Frist großzügiger als in § 377 HGB ist: „Der Käufer verliert das Recht, sich auf eine Vertragswidrigkeit der Ware zu berufen, wenn er sie dem Verkäufer

---

[37] OLG Koblenz Teilurt. v. 17.9.1993 – 2 U 1230/91, RIW 1993, 934 (936).
[38] *Schmitt* CR 2001, 145.

nicht innerhalb einer angemessenen Frist nach dem Zeitpunkt, in dem er sie festgestellt hat oder hätte feststellen müssen, anzeigt und dabei die Art der Vertragswidrigkeit genau bezeichnet.". Die Rüge muss spätestens innerhalb von zwei Jahren nach tatsächlicher Übergabe der Ware ausgesprochen werden; sonst verfallen Rechte aus der Vertragsverletzung (Art. 39 Abs. 2 CISG).

Das UN-Kaufrecht enthält keine Verjährungsregelung. Anzuwenden ist das deutsche Recht mit den Verjährungsregelungen des BGB bzw. HGB. Fristbeginn ist der **Tag der Mängelanzeige.** Die Verjährungsdauer wird dadurch bestimmt, dass Art. 3 des Umsetzungsgesetzes vorschreibt, „... die §§ 477 und 478 [aF, jetzt § 438 Abs. 1 Nr. 3] des Bürgerlichen Gesetzbuches entsprechend anzuwenden mit der Maßgabe, dass die in § 477 Abs. 1 S. 1 [aF, jetzt § 438 Abs. 2 Alt. 2] des BGB bestimmte Frist mit dem Tage beginnt, an dem der Käufer gemäß Art. 39 des Übereinkommens die Vertragswidrigkeit dem Verkäufer anzeigt." Es besteht daher ein Zeitraum von bis zu 4 Jahren, um Gewährleistungsrechte geltend zu machen, da die Verjährung erst mit der Mängelanzeige beginnt und weil die Mängelanzeige noch bis zu zwei Jahren nach Ablieferung möglich ist. Die Zwei-Jahres-Frist des Art. 39 Abs. 2 CISG ist eine **Ausschlussfrist,** die auch für verborgene Mängel gilt.

Nach Art. 27 CISG nimmt bei einer Anzeige, Aufforderung oder sonstigen Mitteilung, die eine Partei mit den nach den Umständen geeigneten Mitteln macht, eine Verzögerung oder ein Irrtum bei der Übermittlung der Mitteilung oder deren Nichteintreffen dieser Partei nicht das Recht, sich auf die Mitteilung zu berufen. Der Käufer kann sich also auch auf eine Mängelanzeige berufen, wenn diese nicht beim Verkäufer eingeht, der Käufer die Anzeige aber mit nach den Umständen geeigneten Mitteln gemacht hat, zB wenn die beim Empfänger bereits abrufbar gespeicherte Email nachträglich durch einen Computerdefekt und Datenverlust vernichtet wird.[39]

Sog. interne Regelungslücken im UN-Kaufrecht sind gemäß Art. 7 Abs. 2 CISG vorrangig nach dessen allgemeinen Grundsätzen zu schließen. Das UN-Kaufrecht regelt den internationalen Warenkauf jedoch nicht abschließend, weshalb sog externe Regelungslücken mit Hilfe des nach EGBGB bzw. der Rom I-VO zu bestimmenden nationalen Sachrechts zu schließen sind, wie etwa Fragen des Eigentumsüberganges, des Verfügungsgeschäftes oder von Mangelfolgeschäden.

III. Vertragsstatut und Elektronischer Geschäftsverkehr

1. Kaufmännischer Rechtsverkehr

Art. 28 Abs. 2 S. 2 EGBGB bzw. Art. 4 Abs. 1 lit. a Rom I-VO führt auch bei Verträgen über Waren und Dienstleistungen, welche kommerziell über das Internet angeboten werden, grundsätzlich zur Hauptniederlassung bzw. vertragsabwickelnden **Niederlassung des Anbieters.** Für die nach Art. 28 Abs. 2 S. 2 EGBGB erforderliche Ermittlung der vertragscharakteristischen Leistung gelten dieselben Regelungen wie im Offline-Bereich, da nur ausnahmsweise internetspezifische Besonderheiten gegeben sind.

Die Verortung an den Hauptsitz bzw. die vertragsausführende Niederlassung bzw. den gewöhnlichen Aufenthalt nach Art. 19 Rom I-VO setzt wie im klassischen Markt die **Erkennbarkeit des Anbieters** sowie dieser Koordinaten voraus. Dies kann unter Anwendung der technischen Möglichkeiten nicht derart offensichtlich sein, wie auf Geschäftsbriefpapieren. Allerdings haben seriöse Anbieter kein Interesse daran, sich gleichsam zu verstecken und werden die relevanten Informationen im Internet, in der E-Mail-Korrespondenz offen legen. Die Problematik ergibt sich nur dann besonders, wenn es sich um unseriöse Anbieter handelt, oftmals gerade die, welche nur auf ein Einmalgeschäft aus sind.

Eine weitere Frage ergibt sich daraus, ob ein **Server** eine Niederlassung im Sinne des Art. 28 Abs. 2 S. 2 EGBGB bzw. des Art. 19 Abs. 2 Rom I-VO darstellt. Ein Server ist vergleichbar einer Agentur als Niederlassung zu qualifizieren, wenn sowohl Vertragsabschluss sowie Abwicklung über diesen Server erfolgen, welcher in die Betriebsorganisation des Anbieters fest eingebunden

---

[39] Dörner AcP 202 (2002), 363.

ist. Diese Voraussetzungen werden nur selten gegeben sein, da die technische Umsetzung der Betriebsorganisation flexibel ist, Änderungen unterliegt und es eher unwahrscheinlich ist, dass keine weiteren technischen Einrichtungen als dieser eine Server involviert sind.

61 Für Leistungen *on the net* ist die Frage aufgeworfen, ob eine Verdrängung nach Art. 28 Abs. 5 EGBGB bzw. Art. 4 Abs. 3 Rom I-VO der Regelanknüpfung nach Art. 28 Abs. 2 S. 2 EGBGB/Art. 4 Abs. 1 Rom I-VO gegeben ist, wenn die Leistung an einen virtuellen Ort verlegt ist. Für Leistungen, welche zum Beispiel von Website-Designern, Freelancern auch vor Ort beim Kunden erbracht werden, was mit einer gewissen Mobilität und ggf. auch einem Fehlen einer Niederlassung als Anknüpfungspunkt verbunden ist, darf auf den Ort des gewöhnlichen Aufenthaltes des Anbieters für die Bestimmung des anwendbaren Rechts zurückgegriffen werden.

62 Mit der Einführung des § 3 Abs. 1 TMG und damit dem Herkunftslandprinzip ergibt sich das Erfordernis der Frage nach der Abgrenzung bzw. dem Vorrang der Regelung des TMG oder des IPR. Nach dem Herkunftslandprinzip unterliegen Anbieter von Telediensten auch dann deutschem Recht, wenn sie ihre Angebote im EU-Ausland anbieten. Hierzu wird die juristische Diskussion offen und mit breitem Meinungsbild geführt. Die unterschiedlichen Lösungsansätze ergeben sich wie folgt:

63 **Herkunftslandprinzip und IPR:**
Die unterschiedlichen Lösungsansätze ergeben sich wie folgt:
Sachrechtsverweis: Der in § 3 Abs. 1 TMG enthaltene Verweis auf deutsches Recht ist als reiner Sachrechtsverweis zu verstehen, weshalb deutsches IPR nicht zu Anwendung kommt;
Günstigkeitsvergleich: Wie beim Sachrechtsverweis haben deutsche Anbieter grundsätzlich deutsches Sachrecht einzuhalten, können sich aber auf das für sie günstigere Recht des Empfangslandes berufen;
Verweis auf IPR: Deutsche Anbieter haben das gesamte deutsche Recht zu beachten, somit auch die Regelungen des IPR, welche unter Umständen auf das Sachrecht des Empfangslandes verweisen, auch wenn diese strenger als die vergleichbaren und einschlägigen deutschen Regelungen sind.

2. Verbraucherverträge

64 Auf Verbraucherverträge findet nach Art. 29 Abs. 2 EGBGB/Art. 6 Abs. 1 Rom I-VO das Recht des Staates des gewöhnlichen Aufenthaltes des Verbrauchers Anwendung, wenn einer der Fälle des Art. 29 Abs. 1 EGBGB/Art. 6 Abs. 1 Rom I-VO gegeben ist. Zur Frage der **Verbrauchereigenschaft** ergibt sich keine abweichende Beurteilung gegenüber dem Offline-Markt. Es kann nur weitere Konstellationen geben, in welchen die erforderliche Erkennbarkeit der Verbrauchereigenschaft kaum oder nicht gegeben ist. Für den Anbieter kann es mangels objektiver Anknüpfungspunkte unmöglich sein, die Verbrauchereigenschaft des Vertragspartners zu erkennen, wenn dieser zum Beispiel eine Bestellung per Email von seinem Unternehmens-Email-Account versendet. Hierfür kann schon ausreichend sein, dass die verwandte Email-Adresse aus einer .com-Domain stammt. Es spricht dann eine widerlegliche Vermutung gegen die Verbrauchereigenschaft. Aus den Umständen des Geschäfts, zum Beispiel den Mitteilungen des Kunden bei Vertragsschluss oder dem Geschäftsgegenstand, kann sich aber für den Anbieter eindeutig ergeben, dass ein Abschlusswille nur für private Zwecke besteht.

65 Der Anwendungsbereich der besonderen Verbraucherschutzvorschriften erstreckt sich wie erläutert auf die Lieferung von beweglichen Sachen, Dienstleistungen und diesbezügliche Finanzierungsgeschäfte. Für die Online-Übertragung von Software, Musik, Bildern, Filmen etc – also jeweils in unkörperlicher Form – darf nach hier vertretener Auffassung allein wegen der Anknüpfung an den Übertragungsmodus nicht davon ausgegangen werden, der Anwendungsbereich sei nicht eröffnet. Es kann nicht darauf ankommen, ob der Leistungsgegenstand in körperlicher Form auf einem Datenträger oder substantiell gleich auf elektronischem Datentransfer übermittelt wird. Für diese Annahme spricht neben der oben beschriebenen auto-

nomen Auslegung des Art. 29 EGBGB/Art. 6 Rom I-VO die Auslegung des CISG, welche im internationalen Bereich davon ausgeht, dass der Verkauf zum Beispiel von Standardsoftware grundsätzlich erfasst ist, ohne eine Unterscheidung im Übermittlungsweg.

Ein anderer bedeutender Bereich sind die Providerverträge. Hier ist für Access Provider davon auszugehen, dass diese mit dem Zur-Verfügung-Stellen und -Halten des Internet-Zugangs eine dauerhafte Leistung in Form einer Dienstleistung erbringen. Die Leistungsverpflichtung umfasst neben der Verwaltung des Accounts, der dauerhaften Verfügbarkeit, Serviceleistungen und Hotlinedienste. **66**

a) **Werbung auf Websites.** Fraglich ist, ob die Werbung auf Websites eine solche im Sinne des Art. 29 Abs. 1 Nr. 1 Var. 2 EGBGB bzw. Art. 6 Abs. 1b) Rom I-VO darstellt, welcher wie folgt anknüpft: „… wenn dem Vertragsschluss eine Werbung in diesem Staat vorausgegangen ist und wenn der Verbraucher in diesem Staat die zum Abschluss des Vertrages erforderlichen Rechtshandlungen vorgenommen hat." Das Einrichten einer Website, das Schalten von Bannern ist als **Werbung** zu qualifizieren, wenn damit Waren oder Dienstleistungen kommerzieller Art angepriesen werden. Für den Anwendungsbereich des Art. 29 Abs. 1 EGBGB ist es ferner erforderlich, dass die betreffende Werbung gezielt auf den Aufenthaltsstaat des Verbrauchers **ausgerichtet** und nicht nur zufällig dorthin gelangt. Wegen der Internationalität des Mediums Internet richten sich die Angebote grundsätzlich an alle User unabhängig vom Ort des Aufrufs der Internetseite. Dies hat der deutsche Gesetzgeber mit der Neufassung des § 3 Abs. 1 S. 1 PreisangabenVO klargestellt, in dem er als Ort des Leistungsangebotes auch den **Ort der Bildschirmanzeige** benennt. **67**

Diese Einschätzung führt zu dem Ergebnis, dass der Anbieter an sich alle Rechtsordnungen bei der Gestaltung seines Angebotes zu beachten hat.[40] Dies erscheint vor dem Hintergrund der Marketingvorteile des Anbieters und der verhältnismäßig geringen Kosten der Werbung über Online-Medien gegenüber klassischer Werbemedien sachgerecht. Der Anbieter kann das Zielgebiet seiner Angebote durch die Gestaltung des Angebotes und die Vertragsabwicklung einschränken. Ein Ausschluss der Anwendbarkeit der verbraucherschützenden Regelungen mit dem Argument, der Kunde werde im Gegensatz zu klassischer Werbung beim Abruf von Internetangeboten selbst aktiv, kann nicht angenommen werden. Wie bei jeder anderen Werbeform ist der Anbieter allein durch die Gestaltung der Werbung sowie das Bereithalten des Internetangebotes zuerst aktiv geworden. Mangels Werbung des Anbieters könnte der Verbraucher keine Kenntnis erlangen. **68**

Eine Einschränkung des Zielgebietes kommt für den Anbieter theoretisch über technische Maßnahmen in Betracht, dh die Abschottung seines Angebotes gegen Zugriffe aus bestimmten Staaten. Dies kann aber nicht zum gewünschten Erfolg führen, wenn Anonymisierungsprotokolle oder Top Level Domains aus freigegebenen Staaten von Personen verwandt werden, welche ihren gewöhnlichen Aufenthalt in einem solchen gesperrten Staat haben. Der Anbieter kann eine **Begrenzung des Adressatenkreises** dadurch erreichen, dass er einmal ausdrücklich und deutlich in seinem Angebot den Zielmarkt benennt, ferner durch Verwendung der Landessprache. Für alle Sprachen, welche Landessprachen nicht nur eines Staates sind, kann davon ausgegangen werden, dass sich das Angebot an die User aus allen diesen Staaten wendet. Für die englische **Sprache** kommt hinzu, dass eine weltweite Verbreitung und damit Erstreckung des Angebotes mangels anderer Anhaltspunkte anzunehmen ist. Der Anbieter hat in seinen Prozessen dann sicher zu stellen, dass tatsächlich nur User bzw. Kunden aus den Zielmärkten sein Angebot in Anspruch nehmen können. Dies kann insbesondere durch die Einschränkung der Zahlungsmodalitäten oder je nach Angebot auch durch Vorlage oder Übermittlung eines Identifikationsdokumentes oder unter Einsatz der Elektronischen Signatur oder eines elektronischen Ausweises erfolgen. **69**

Weitere Voraussetzung der Eröffnung des Anwendungsbereiches des Art. 29 Abs. 1 Nr. 1 2. Var. EGBGB Art. 6 Abs. 1b) Rom I-VO ist, dass die Vornahme der zum Vertragsschluss erforderlichen Handlung/en vom Verbraucher am Ort seines gewöhnlichen Aufenthaltes, an welchem er Empfänger der Werbung des Anbieters ist, erfolgt. Dies wirft keine besonderen **70**

---

[40] Zur Frage des auf die Unterlassungsklage anwendbaren Rechts bei grenzüberschreitenden Verbandsklagen gegen missbräuchliche Klauseln, Oberster Gerichtshof Wien Urt. v. 9.4.2015 – 2 Ob 204/14k zur EuGH-Vorlage.

Fragestellungen auf, wenn der Verbraucher von seinem heimischen *Access* oder einem mobilen Endgerät im Staat seines gewöhnlichen Aufenthaltes die erforderlichen Erklärungen abgibt. Problemtisch können die Fälle sein, bei denen sich der Verbraucher vom Ausland aus in seinen heimischen *Account* einwählt und von dort aus die relevanten Erklärungen abgibt. Allerdings werden diese Fälle wohl praktisch kaum relevant werden, da für den Anbieter dieser Vorgang regelmäßig nicht erkennbar ist und der Verbraucher von sich aus darüber nicht aufklären wird, es sei denn, er hat ein Interesse, dass gerade das Recht des Staates des Sitzes des Anbieters Anwendung findet und nicht das Recht seines Aufenthaltsortes. Nach **Art. 6 Abs. 1 lit. b Rom I-VO** kommt es entsprechend darauf an, ob der Unternehmer seine Tätigkeit auf irgendeine Weise auf den Staat des gewöhnlichen Aufenthaltes des Verbrauchers ausrichtet.

71 **b) Entgegennahme der Bestellung.** Der Anwendungsbereich der Verbraucherschutz-Sonderregelungen ist auch dann eröffnet, wenn der Vertragspartner oder sein Vertreter die Bestellung des Verbrauchers in diesem Staat (dem Staat des gewöhnlichen Aufenthaltes des Verbrauchers) entgegengenommen hat. Die aufgeworfene Frage, wo der Anbieter die Willenserklärung des Kunden bei **elektronischer Kommunikation** entgegen nimmt, beurteilt sich vom Absenderhorizont. Verwendet der Anbieter für seine Vertragskommunikation eine Email-Adresse mit .de-Endung oder eine Website mit Online-Formular, welche sich aus Sicht des Kunden im Markt des Staates seines gewöhnlichen Aufenthaltes befindet, darf er davon ausgehen, dass seine Erklärungen dem Anbieter auch im Staat der Absendung zugehen. Es kommt nicht darauf an, von welchem Ort der Anbieter tatsächlich die Kommunikation abruft, zur Kenntnis nimmt oder welchen Weg die Erklärungen im Netz nehmen, da der Absender hierauf keinen Einfluss hat. Bei einer Entgegennahme der Bestellung im Staat des gewöhnlichen Aufenthaltes des Verbrauchers ist von einer Ausübung der **Tätigkeit vor Ort** im Sinne des Art. 6 Abs. 1 lit. a Rom I-VO auszugehen.

72 **c) Ausnahme im Bereich der Dienstleistungen.** Nach Art. 29 Abs. 4 Nr. 2 EGBGB bzw. Art. 6 Abs. 4 lit. a Rom I-VO findet eine Anwendung der Verbrauchersonderregelungen nicht statt auf Verträge über die Erbringung von Dienstleistungen, wenn die dem Verbraucher geschuldeten Dienstleistungen ausschließlich in einem anderen als dem Staat erbracht werden müssen, in dem der Verbraucher seinen gewöhnlichen Aufenthalt hat. Dies kann relevant sein, wenn Leistungen wie der Zugang zu Datenbanken, elektronischen Zeitschriften, die Übermittlung von Software oder Daten, das Aufladen einer Homepage über einen *remote server* Gegenstand sind. Dies führt aber nur dann zum Ausschluss der Verbrauchersonderregelungen, wenn die Erbringung der Leistung eindeutig einem bestimmten Ort vollständig zuzuordnen ist. Dies ist bei Leistungen *on the net* höchst unwahrscheinlich durch die regelmäßige technische Umsetzung über verschiedenste Server und des Aufladens der abgerufenen Daten in den Cache des Users.

IV. Möglichkeiten und Grenzen der Rechtswahl

1. Kaufmännischer Rechtsverkehr

73 Art. 27 EGBGB/Art. 3 Rom I-VO unterstellen den Vertrag primär dem von den Parteien gewählten Recht. Es gilt also auch hier der **Grundsatz der Privatautonomie**. Abs. 1 der Vorschrift erlaubt die freie Rechtswahl durch die Parteien. Erfolgt keine ausdrückliche Parteivereinbarung, so muss sich mit **hinreichender Sicherheit nach EGBGB** oder **eindeutig nach Rom I-VO** aus dem Vertrag oder aus anderen Umständen ergeben, welchem Recht er unterstellt sein soll. Kommt der Parteiwille nicht deutlich genug zum Ausdruck, so erfolgt eine objektive Anknüpfung nach den Kriterien des Art. 28 EGBGB/Art. 4 Rom I-VO. Auf einen hypothetischen Parteiwillen und die Ermittlung eines subjektiven Willens kann es demzufolge nie ankommen.

74 **a) Ausdrückliche Rechtswahl.** Im Sinne der Parteiautonomie schließen die Vertragsparteien einen kollisionsrechtlichen Verweisungsvertrag, welcher die Rechtswahl betrifft. Auf das

IV. Möglichkeiten und Grenzen der Rechtswahl

Zustandekommen dieses Vertrages sind nach Art. 27 Abs. 4 EGBGB die Art. 11, 12, 29 Abs. 3 und 31 EGBGB bzw. nach Art. 3 Abs. 5 die Art. 10, 11 und 13 der Rom I-VO anwendbar. Damit beurteilt sich die Wirksamkeit dieser Vereinbarung grundsätzlich nach dem von den Parteien gewählten Recht. Die Bestimmungen über die AGB-Kontrolle der jeweils gewählten Rechtsordnung geben daher darüber Aufschluss, ob eine Rechtswahl wirksam in AGB getroffen werden kann. Für den Fall, dass eine Partei sich darauf beruft, ein Vertrag sei gar nicht zustande gekommen, ist neben dem gewählten Recht auch das Recht des gewöhnlichen Aufenthaltsortes zur Feststellung des Fehlens einer auf einen Vertragsschluss gerichteten Willenseinigung heranzuziehen.

Dem Parteiwillen unterliegen sowohl Umfang der Rechtswahl sowie die spätere Änderung nach Art. 27 Abs. 2 EGBGB/Art. 3 Abs. 2 Rom I-VO, wobei im letzten Fall Rechte Dritter nicht berührt werden dürfen.

b) Stillschweigende Rechtswahl. Eine stillschweigende Rechtswahl darf jedoch nicht schnell aus eher bedeutungslosen Umständen, wie etwa Währung, Sprache oder Abschlussort gefolgert werden. Anhaltspunkte können die Vereinbarung eines ausschließlichen deutschen Gerichtsstandes oder deutscher Qualitätsstandards (zB DIN-Normen), die Verwendung von auf einer Rechtsordnung basierenden Formularen oder die Vereinbarung der Geltung der AGB einer Partei sein. Insgesamt ist die Abgrenzung jedoch schwierig und es kommt auf den Einzelfall an. Beispielsweise wird der Umstand, dass ein Vertrag auf eine Rechtsordnung ausgerichtet ist, für sich genommen für eine Rechtswahl noch nicht ausreichen.

> **Fallbeispiel:**
> BGH Urt. v. 5.5.1988 – VII ZR 119/87, NJW 1988, 1964 – Zustellung des auf DM lautenden Mahnbescheids bei Forderung in ausländischer Währung: „Das Berufungsgericht nimmt an, ein etwaiger Zahlungsanspruch des Klägers sei nach dem im Streitfall maßgebenden deutschen Recht verjährt. Zwar deuten bestimmte Umstände wie die Lage des Grundstücks, die Vereinbarung der Schweizer Währung für den Werklohn sowie der Hinweis im Bauvertrag auf die Wohnflächenberechnung nach Schweizer Usance auf die Anwendbarkeit Schweizer Rechts hin. Diese Umstände müssten jedoch zurücktreten, weil die Parteien die Geltung deutschen Rechts konkludent vereinbart hätten. Dafür spreche insbesondere, dass im Bauvertrag Lübeck als Gerichtsstand bestimmt worden sei und beide Vertragspartner ihren Wohn- und Geschäftssitz in Deutschland hätten. Auch werde in diesem Vertrag die VOB/B erwähnt und im Angebotsprospekt für das Bauherrenmodell auf die ausschließliche Geltung deutschen Rechts hingewiesen. Das lässt keinen Rechtsfehler erkennen und wird von der Revision deshalb ohne Erfolg angegriffen."

Die Rechtswahl kann sich auch noch während des Prozesses ergeben, wenn die Parteien übereinstimmend auf der Grundlage einer bestimmten Rechtsordnung argumentieren und beide Parteien das diesbezügliche Erklärungsbewusstsein haben.[41] Eine frühere Rechtswahl kann später einvernehmlich konkludent geändert (Art. 27 Abs. 2 EGBGB/Art. 3 Abs. 2 Rom I-VO) oder auf Teile des Vertrages beschränkt werden (Art. 27 Abs. 2 S. 3 EGBGB/ Art. 3 Abs. 1 Rom I-VO).

Der Grundsatz der freien Rechtswahl gilt aber nicht unbeschränkt. Parteien, deren Vertragsverhältnis Verbindungen nur zu einer Rechtsordnung hat (Inlandsgeschäft), können die zwingenden Bestimmungen dieses Rechts nicht abwählen (Art. 27 Abs. 3 EGBGB/Art. 3 Abs. 3 Rom I-VO). Es ist also für die freie Rechtswahl ein nicht ganz beiläufiges **Auslandselement** erforderlich, wozu nicht die Rechtswahlklausel gehört. Für Inlandsgeschäfte kann nicht mit einer Rechtswahlklausel das Recht eine Staates gewählt werden, zu dem das Vertragsverhältnis gar keinen Bezug aufweist, um zwingende inländischen Vorschriften auszuschließen. Unter zwingenden Bestimmungen iSd Art. 27 Abs. 3 EGBGB/Art. 3 Abs. 3 Rom I-VO ist – anders als in Art. 34 EGBGB/Art. 9 Rom I-VO – *ius cogens* zu verstehen, also alle Bestimmungen des Sachrechts, die nicht dispositiv sind.

---

[41] BGH Urt. v. 5.10.1993 – XI ZR 200/92, NJW 1994, 187 – Sittenwidrigkeit des Ämter- und Titelverschaffungsvertrages – Honorarkonsul.

80 Wählten Angehörige verschiedener EU-Mitgliedstaaten ein Recht außerhalb der EU, setzte sich bislang deren zwingendes Vertragsrecht nach Maßgabe von Art. 27 EGBGB nicht durch, selbst wenn es auf Richtlinien der EU beruhte.[42] Durch Art. 3 Abs. 4 Rom I-VO wurde jedoch eine **Binnenmarktklausel** eingefügt. Bei einem Sachverhalt, dessen Elemente sämtlich in der EU belegen sind, können die Parteien nunmehr durch eine Rechtswahl nicht die Anwendung zwingender Bestimmungen des Gemeinschaftsrechts – gegebenenfalls in umgesetzter Form – ausschließen. Dies beschränkt beispielsweise die Freiheit zur Wahl des Schweizer Rechts bei reinen Binnenmarktsachverhalten.[43]

81 Grundsätzlich verdrängt ein gewähltes fremdes Recht nach Art. 34 EGBGB/Art. 9 Rom I-VO auch nicht solche „Bestimmungen des deutschen Rechts, die ohne Rücksicht auf das auf den Vertrag anzuwendende Recht den Sachverhalt zwingend regeln". Hierbei handelt es sich um die Sonderanknüpfung von **Eingriffsnormen,** die sich vor deutschen Gerichten in jedem Fall durchsetzen und weder von den Parteien durch Rechtswahl noch bei objektiver Anknüpfung ausgeschlossen werden können. Zu den unabdingbaren deutschen Regeln, die sich trotz ausländischem Vertragsstatut durchsetzen, gehören ua Bestimmungen aus dem:

- Wettbewerbsrecht;[44]
- Kartellrecht;
- Außenwirtschaftsrecht;
- Produktpiraterierecht;
- Datenschutzrecht;
- Steuerrecht;
- Urheberrecht (teilweise): Regelungen über Urheberpersönlichkeitsrechte, der Zweckübertragungsgrundsatz, Fragen der Unwirksamkeit der Einräumung von Nutzungsrechten, angemessene Vergütung und Beteiligung des Urhebers am Werkerlös, Rückrufrecht wegen gewandelter Überzeugung.

82 Es kann schließlich auch der *ordre public* zu einer Einschränkung des gewählten Rechts führen (Art. 6 EGBGB/Art. 21 Rom I-VO), wenn das ausländische Recht mit wesentlichen Grundsätzen des deutschen Rechts unvereinbar ist, also in einem ohne weiteres erkennbaren, eklatanten Widerspruch zu solchen Regelungen des deutschen Rechts steht, die zur Grundlage des hiesigen Rechtsverständnisses gehören. Die Anwendung ausländischen Rechts darf den **Kernbestand der inländischen Rechtsordnung** nicht antasten.[45] Ein bloßes Abweichen des Ergebnisses von zwingenden Normen des deutschen Rechts ist hierfür jedoch nicht ausreichend. Das Rechtsanwendungsergebnis muss vielmehr zu den Grundgedanken der deutschen Regelungen und den in ihnen enthaltenen Gerechtigkeitsvorstellungen in so starkem Widerspruch stehen, dass es nach inländischer Vorstellung als schlechthin untragbar erscheint.[46] Der *ordre public*-Vorbehalt ist daher auch die Einbruchstelle der **Grundrechte** in das IPR.[47]

83 Mit der speziellen Frage, welches Recht mangels Rechtswahl bei einem länderübergreifenden Chartervertrag Anwendung findet, befasst sich die Entscheidung des Gerichtshofes vom 6.10.2009 in der Rechtssache C-133/08. Die Vorlage umfasste unter anderem die Frage, ob die Möglichkeit besteht im Rahmen der Anwendung des Übereinkommens einen Vertrag in mehrere Teile zum Zwecke der Bestimmung des anwendbaren Rechts aufzuspalten. Der Gerichtshof legt dabei Art. 4 Abs. 1 S. 2 der Rom I-VO dahin aus, dass die Formulierung ausnahmsweise so auszulegen ist, dass der Richter zwar in Ausnahmefällen, aber so selten wie möglich, eine solche Aufspaltung annehmen kann, wenn ein abtrennbarer Teil des Vertrages eine engere Verbindung zu diesem Staat hat. Dabei sind die Vorbemerkungen

---

[42] Bamberger/Roth/*Spiekhoff* EGBGB Art. 27 Rn. 32.
[43] *Brödermann* NJW 2010, 807 (811).
[44] Begründung zum Regierungsentwurf BT-Drs. 10/504, S. 83.
[45] Begründung zum Regierungsentwurf BT-Drs. 10/504, S. 42.
[46] BGH Urt. v. 4.6.1992 – IX ZR 149/91, NJW 1992, 3096 – Vollstreckbarerklärung eines US-amerikanischen Schadensersatzurteils auf „punitive damages" und deutscher ordre public.
[47] BVerfG Urt. v. 4.5.1971 – 1 BvR 636/68, NJW 1971, 1509 – Eheschließungsfreiheit – Zulässigkeit der Eheschließung zwischen einem Spanier und einer geschiedenen Deutschen.

IV. Möglichkeiten und Grenzen der Rechtswahl

Rn. 22 und 23 heranzuziehen, wonach Ziel des Übereinkommens die Erhöhung der Rechtssicherheit ist, welches nur bei möglichst klarer Vorhersehbarkeit des anwendbaren Rechts erreicht werden kann.[48]

c) **Grundsätze zum Verweisungsvertrag.** Die Form des Rechtsgeschäftes unterliegt dem allgemeinen Formstatut des Art. 11 EGBGB/Art. 11 Rom I-VO. Dieser lässt alternativ die **Formvorschriften** des Geschäftsrechts oder die Ortsform genügen *(favor negotii)*. Zu beachten ist, dass die Rechtswahl kein materiell rechtlicher, sondern ein kollisionsrechtlicher Vertrag ist, weshalb maßgeblich nicht die Formvorschriften des jeweiligen materiellen Rechts für den Schuldvertrag sind, mit dem die Rechtswahl verknüpft ist, sondern etwaige kollisionsrechtliche Formvorschriften für den Rechtswahlvertrag selbst. Das deutsche Kollisionsrecht enthält für die Rechtswahl in Schuldverträgen keine Formvorschrift. Diese ist also formfrei möglich, wenn deutsches Recht gewählt oder die Rechtswahl in Deutschland getroffen wird.[49]

> **Praxistipp Rechtswahlklausel:**
>
> In Mustervertragshandbüchern sind aktuell Rechtswahlklauseln zu finden, welche vorsehen, dass das für anwendbar erklärte Rechte „... unter Ausschluss des Kollisionsrechts ..." gelten solle. Derartige Klauselergänzungen sind überflüssig, da mit einer wirksamen Rechtswahl für das zuständige Gericht die Rück- oder Weiterverweisung ohnehin ausgeschlossen ist.[50]

Welche Form für **Gerichtsstandsvereinbarungen** gewählt werden muss, bestimmt sich nach den einschlägigen prozessrechtlichen Regeln. Die Form der Schiedsabrede beurteilt sich – soweit deutsches Schiedsverfahrensrecht maßgeblich ist – nach § 1031 ZPO. Die **Geschäftsfähigkeit** beurteilt sich auch nach Art. 7 EGBGB/Art. 13 Rom I-VO, wonach sich auch die Folgen fehlender Geschäftsfähigkeit für den Vertrag richten, weil es sich hierbei gerade um einen ganz wesentlichen Gesichtspunkt des Minderjährigenschutzes handelt.[51]

Das vom **Vertreter** vorgenommene Rechtsgeschäft unterfällt dem Vertragsstatut. Jedoch ist zu unterscheiden zwischen gesetzlicher und rechtsgeschäftlicher Vertretung. Die gesetzliche Vertretungsmacht richtet sich nach Art. 21 (Eltern), 24 (Vormund) und 25, 26 (Testamentsvollstrecker) EGBGB und für die gesetzliche Vertretungsmacht der Organe einer juristischen Person nach dem Gesellschaftsstatut. Bei der rechtsgeschäftlichen Vertretung durch Vollmacht unterscheidet auch das Kollisionsrecht zwischen Vertretungsmacht (Innenverhältnis) und Geschäftsführungsbefugnis (Außenverhältnis). Das Innenverhältnis richtet sich nach dem Recht, das für die vertraglichen Beziehungen zwischen Vertretenem und Vertreter anwendbar ist (Vertragsstatut), während das Außenverhältnis einem gesonderten Vollmachtsstatut unterstellt ist. Nach der Rechtsprechung soll in erster Linie die Vollmacht dem Recht des Staates unterstellt werden, in dem sie nach dem Willen des Vertretenen ihre Wirkung entfalten soll (**Wirkungsland**) und nicht an dem tatsächlichen Gebrauchsort.[52] Im Falle der Duldungs- oder Anscheinsvollmacht ist mangels eines tatsächlichen Willens des Geschäftsherrn auf das Recht des Ortes abzustellen, an dem der Rechtsschein entstanden ist und sich ausgewirkt hat.

2. Verbraucherverträge

In Verbraucherverträgen ist die Rechtswahl grundsätzlich ebenfalls möglich, allerdings mit den Einschränkungen aus Art. 29 Abs. 1 EGBGB/Art. 6 Abs. 2 Rom I-VO, welche die Durchbrechung der getroffenen Rechtswahl mit den zwingenden Verbrauchervorschriften bewirkt. Verbrauchern und Arbeitnehmern darf die Rechtswahl nicht den Schutz verkürzen, den die zwingenden Vorschriften desjenigen Rechts gewährleisten, das ohne Rechtswahl bei

---

[48] EuGH Urt. v. 6.10.2009 – C-133/08 – NJW 2009, 3778.
[49] BGH Urt. v. 22.1.1997 – VIII ZR 339/95, IPRax 1998, 479.
[50] Mallmann NJW 2008, 295.
[51] BGH Urt. v. 9.3.1979 – V ZR 85/77, NJW 1979, 1773 – Heilung der Formnichtigkeit durch Eigentumserwerb des Grundstücks nach spanischem Recht.
[52] BGH Urt. v. 16.4.1975 – I ZR 40/73, GRURInt 1975, 361 – August Vierzehn.

objektiver Anknüpfung einschlägig wäre (Art. 29 Abs. 1, Art. 29a und 30 Abs. 1 EGBGB/ Art. 6 Abs. 2 Rom I-VO). Gewährleistet das gewählte Recht jedoch einen weitergehenden Schutz als die zwingenden Vorschriften des objektiv ermittelten Verbraucher- oder Arbeitsvertragsstatus, dann verbleibt es bei dem gewählten Recht.

88   Art. 29a EGBGB erstreckt den kollisionsrechtlichen Verbraucherschutz auf solche Verträge, die einen **engen Bezug zur EU** oder zum EWR haben und für die in der EU besonderes Verbraucherschutz-IPR gemäß Art. 29a Abs. 4 EGBGB besteht:
• Richtlinie 93/13/EWG des Rates vom 5.4.1993 über missbräuchliche Klauseln in Verbraucherverträgen (ABl. EG Nr. L 95/29);
• Richtlinie 94/47/EG des Europäischen Parlaments und des Rates vom 26.10.1994 zum Schutz der Erwerber im Hinblick auf bestimmte Aspekte von Verträgen über den Erwerb von Teilzeitnutzungsrechten an Immobilien (ABl. EG Nr. L 280/83);
• Richtlinie 97/7/EG des Europäischen Parlaments und des Rates vom 20.5.1997 über den Verbraucherschutz bei Vertragsabschlüssen im Fernabsatz (ABl. EG Nr. L 144/19);
• Richtlinie 1999/44/EG des Europäischen Parlaments und des Rates vom 25.5.1999 zu bestimmten Aspekten des Verbrauchsgüterkaufs und der Garantien für Verbrauchsgüter (ABl. EG Nr. L 171/12).

89   Hier kommen als Anwendungsfälle im Bereich des IT-Rechts besonders die Nr. 1 und Nr. 2 des Abs. 1 des Art. 29 EGBGB zur Anwendung:
• wenn dem Vertragsschluss ein ausdrückliches Angebot oder eine Werbung in diesem Staat vorausgegangen ist und wenn der Verbraucher in diesem Staat die zum Abschluss des Vertrages erforderlichen Rechtshandlungen vorgenommen hat;
• wenn der Vertragspartner oder sein Vertreter die Bestellung des Verbrauchers in diesem Staat entgegengenommen hat.

90   Mit der Einbeziehung des EVÜ in intrakommunitäres Recht durch die Rom I-VO ist der kollisionsrechtliche Verbraucherschutz auf alle Verbraucherverträge erstreckt und es sind alle Fälle erfasst, in denen der professionelle Anbieter seine Tätigkeit auf den Aufenthaltsstaat des Verbrauchers „ausgerichtet" hat.[53] Der Erwägungsgrund (24) stellt dabei klar, dass das **Kriterium der ausgerichteten Tätigkeit** in Übereinstimmung mit Art. 15 der Brüssel I-VO anzuwenden ist. Dies bedeutet, dass es nicht ausreichend ist, dass der Unternehmer seine Tätigkeit auf den Staats ausrichtet, in dem der Verbraucher seinen gewöhnlichen Aufenthalt hat, sondern dass auch ein Vertrag zustande gekommen sein muss. Nach Art. 6 Abs. 1 ist das Recht des Staates anwendbar, in dem der Verbraucher seinen gewöhnlichen Aufenthalt hat, wenn der Unternehmer dort entweder auch seine Tätigkeit ausübt oder aber diese auf diesen Staat ausrichtet. Damit ergibt sich auch der persönliche Schutzbereich für alle die Verbraucher, welche ihren **gewöhnlichen Aufenthalt** in einem Mitgliedsstaat haben.

91   *Staudinger* stellt in Frage, ob mit der Rom I-VO ein höheres Schutzniveau für Verbraucher erreicht wird. Mit der Aufgabe des Kriteriums des engen Zusammenhangs und der Einführung des engeren Kriteriums des Ausrichtens, kommt es bei Angeboten von außereuropäischen Anbietern, welche ihre Leistungen auf Websites anbieten und beschreiben, für den Vertrieb aber europäische Partner eingebunden haben, hinsichtlich des Vertriebspartners nicht auf das Websiteangebot an. Für die Fälle kommen Art. 3 und 4 zur Anwendung. Insgesamt kommt man zum Ergebnis, dass das Direktmarketing und die weiteren Vertriebsmöglichkeiten über das Internet den Anwendungsbereich des Verbraucherschutzes nicht erweitern, es verbleibt bei dem Schutzumfang, wie er sich bei Offline-Geschäften ergibt.

3. Besonderheiten des elektronischen Geschäftsverkehrs

92   Für Rechtswahlklauseln stellt sich beim elektronischen Geschäftsabschluss die Frage nach der Wirksamkeit und der Art und Weise der Vereinbarung. Rechtswahlklauseln in elektronischen AGB werfen keine anderen Fragen als die auf, welche sich in Offline-AGB stellen. Die Rechtswahl an sich unterliegt nicht der Inhaltskontrolle. Die **Einbeziehung** richtet sich gemäß Art. 27 Abs. 4 iVm Art. 31 Abs. 1 EGBGB bzw. Art. 10 und 11 Rom I-VO grundsätzlich nach dem gewählten Recht. Eine Zustimmung, wenn auch konkludent bzw. das Fehlen

---

[53] Siehe KOM (2005) 650 endg.

eines Widerspruchs gegen die Einbeziehung der AGB muss im elektronischen Prozess abgebildet sein, ebenso wie die Möglichkeit der Kenntnisnahme. Als Anknüpfungspunkte für eine konkludente Rechtswahl gelten wie im Offline-Bereich:
- Gerichtsstandsvereinbarungen,
- Vereinbarungen über ein zu lokalisierendes Schiedsgericht,
- Vereinbarung über den (gemeinsamen) Erfüllungsort,
- Bezugnahme auf Modalitäten einer bestimmten Rechtsordnung.

Sind diese Bestimmungen selbst formwirksam, sind sie allerdings nicht für eine konkludente Rechtswahl heranzuziehen, sondern es bleibt die objektive Anknüpfung.

V. Lokalisierung von Verträgen, „Policies" und Webseiten im Verhältnis Deutschland-Schweiz

Unter „Lokalisierung" wird hier die Anpassung von Verträgen an das Recht eines bestimmten Staates verstanden. Es lassen sich verschiedene Ebenen und unterschiedliche Gegenstände der Lokalisierung unterscheiden.

Die Lokalisierung kann sich auf die Ebene des Kollisionsrechts beschränken, dh auf die Rechtswahl- und Gerichtsstandsklauseln. Auf einer weiteren Ebene kann die Lokalisierung darin bestehen, sicherzustellen, dass ein Vertrag bestimmten zwingenden Normen der Rechtsordnung eines Staates entspricht, wie beispielsweise den Vorschriften des Lauterkeits- und Werberechts. Dies unabhängig davon, ob auf das im Vertrag geregelte Schuldverhältnis selbst das Recht des betreffenden Staates Anwendung findet oder nicht. Weiter wird unter Lokalisierung auch die Anpassung eines Vertrages an das materielle Vertragsrecht eines Staates verstanden, unter der Annahme, dass der Vertrag aufgrund einer darin vorgesehenen Rechtswahl oder aufgrund objektiver Anknüpfung diesem Recht unterstellt ist.

Gegenstand der Lokalisierung sind nicht nur Verträge. Die Anpassung an das jeweilige lokale Recht ist etwa auch nötig, wenn über eine Website Online-Angebote an Kunden in einem anderen Staat erfolgen oder wenn in einem international tätigen Konzern interne Weisungen (häufig als „Policies" bezeichnet) in den in unterschiedlichen Staaten domizilierten Gruppenunternehmen umgesetzt werden sollen.

Nachfolgend wird die Lokalisierung speziell im Verhältnis Deutschland – Schweiz erörtert. Die Darstellung beschränkt sich auf einige wesentliche Fragen, wie sie sich in der Praxis häufig stellen.

1. Lokalisierung auf der Ebene des Kollisionsrechts

Die Lokalisierung besteht hier darin, die Vertragsklauseln betreffend Gerichtsstand und Rechtswahl gemäß den Regeln des Internationalen Prozess- und Privatrechts anzupassen. Vertragspartner, die in unterschiedlichen Staaten domiziliert sind, vereinbaren häufig die Anwendbarkeit schweizerischen Rechts und die Zuständigkeit schweizerischer Gerichte im Sinne eines „neutralen" Rechts bzw. eines „neutralen" Gerichtsstands.

In derartigen Fällen sollte jedoch sorgfältig abgeklärt werden, ob das gewählte schweizerische Gericht die mit der Gerichtsstandsklausel im Vertrag getroffene Zuständigkeitsvereinbarung auch anerkennt. Ebenso muss sichergestellt sein, dass eine im Vertrag getroffene Rechtswahl nach dem für das Gericht maßgeblichen schweizerischen Internationalen Privatrecht gültig ist.

a) **Zuständigkeitsvereinbarung.** Bezüglich der Vereinbarung eines neutralen Gerichtsstandes in der Schweiz ist für deutsche Unternehmen Art. 23 des **Lugano Übereinkommens (LugÜ)**[54] relevant. Gemäß Art. 23 Nr. 1 LugÜ sind Gerichtsstandsvereinbarungen gültig,

---

[54] Übereinkommen über die gerichtliche Zuständigkeit und die Vollstreckung gerichtlicher Entscheidungen in Zivil- und Handelssachen, abgeschlossen in Lugano am 30.10.2007 (Lugano-Übereinkommen, LugÜ). Die revidierte Fassung des LugÜ ist für die Schweiz am 1.1.2011 in Kraft getreten und hat die ursprüngliche Fassung von 1988 ersetzt. Obwohl die revidierte Fassung für Deutschland noch nicht in Kraft getreten ist, gelten auch in Deutschland domizilierte Personen und Unternehmen als Personen mit Wohnsitz bzw. Sitz im Ho-

wenn sie schriftlich oder mündlich mit schriftlicher Bestätigung abgeschlossen werden. Dazu genügt auch ein schriftlicher Verweis auf ein Dokument, wie zB Allgemeine Geschäftsbedingungen, welches eine Gerichtsstandsklausel enthält.[55] Nach Art. 23 Nr. 2 LugÜ sind der Schriftform elektronische Übermittlungen, welche eine dauernde Aufzeichnung der Vereinbarung ermöglichen, gleichgestellt. Diese Anforderung kann auch durch eine Gerichtsstandsklausel, welche über das Ausfüllen eines Online-Formulars auf der Website eines Anbieters anerkannt wird, erfüllt werden.[56] Die Gerichtsstandsvereinbarung ist ferner gültig, wenn sie bezüglich der Form zwischen den Parteien entstandenen Gepflogenheiten entspricht oder im internationalen Handel der Form gemäß einem Handelsbrauch entspricht, den die Parteien kannten oder hätten kennen müssen und Parteien, welche entsprechende Verträge abschließen, allgemein kennen und regelmäßig beachten.

100   Eine Gerichtsstandsvereinbarung beurteilt sich immer dann nach Art. 23 LugÜ und nicht nach der Regelung betreffend Gerichtsstandsvereinbarungen gemäß Art. 5 des **schweizerischen Bundesgesetzes über das Internationale Privatrecht (IPRG)**, wenn mindestens eine an der Gerichtsstandsvereinbarung beteiligte Partei Wohnsitz oder Sitz in einem Vertragsstaat des LugÜ hat. Dies ist die einzige, notwendige, aber auch hinreichende Bedingung für die Geltung von Art. 23 LugÜ. Weitere Bezugspunkte zu Vertragsstaaten des LugÜ sind nicht erforderlich.[57] Das LugÜ gilt somit zB, wenn ein deutsches Unternehmen einen schweizerischen Gerichtsstand mit einem Unternehmen in Frankreich vereinbart, aber auch dann, wenn das andere Unternehmen nicht in einem Vertragsstaat des LugÜ, also zB in Russland, domiziliert ist.

101   Ausgeschlossen ist die Gerichtsstandsvereinbarung jedoch in den in Art. 23 Nr. 5 LugÜ genannten Fällen **ausschließlicher Zuständigkeiten** gemäß Art. 22 LugÜ. In Versicherungssachen, Verbrauchersachen sowie bei individuellen Arbeitsverträgen sind die Möglichkeiten von Gerichtsstandsvereinbarungen zudem nach Art. 23 Nr. 5 LugÜ in Verbindung mit Art. 13, 17 und 21 LugÜ stark eingeschränkt.

102   Ein gemäß Art. 23 LugÜ als zuständig vereinbartes schweizerisches Gericht hat keine Möglichkeit, seine Zuständigkeit mit der Begründung abzulehnen, die Streitsache weise einen zu geringen Bezug zur Schweiz auf.[58] Das gilt auch dann, wenn das Rechtsverhältnis zwischen den Parteien, in dessen Zusammenhang der Streit entstanden ist, nicht materiellem schweizerischem Recht untersteht. Hier besteht ein wesentlicher Unterschied zu der allgemeinen Regel betreffend die internationale Gerichtsstandswahl in Art. 5 IPRG. Danach kann ein schweizerisches Gericht die von den Parteien vereinbarte Zuständigkeit ablehnen, wenn keine Partei im Kanton des vereinbarten Gerichts Wohnsitz, gewöhnlichen Aufenthalt oder eine Niederlassung hat und auf das strittige Rechtsverhältnis auch nicht schweizerisches Recht anzuwenden ist.

103   Deutsche Unternehmen können somit darauf vertrauen, dass ein von ihnen unter Wahrung der Voraussetzungen gemäß Art. 23 LugÜ vereinbarter Gerichtsstand in der Schweiz greift und das vereinbarte Gericht seine Zuständigkeit nicht ablehnen kann, und zwar unabhängig davon, wo die andere Partei der Gerichtsstandsvereinbarung domiziliert ist und welches Recht für den Vertrag gewählt wurde oder mangels Rechtswahl aufgrund der Anknüpfungsregelungen angewandt wird.

104   **b) Rechtswahlklausel.** Steht die Zuständigkeit eines schweizerischen Gerichts fest, so beurteilt dieses die Gültigkeit einer Rechtswahlklausel gemäß Art. 116 IPRG. Das auf einen Schuldvertrag[59] anwendbare Recht richtet sich primär nach der von den Parteien getroffenen Wahl. Eine Rechtswahl ist grundsätzlich für alle Arten von Schuldverträgen zulässig.[60]

---

heitsgebiet eines durch das Übereinkommen (in der revidierten Fassung) gebundenen Staates, da die EU als Vertragsstaat gilt und die revidierte Fassung für diese am 1.1.2010 in Kraft getreten ist.
[55] BSK LugÜ/*Berger* Art. 23 Rn. 42.
[56] BSK LugÜ/*Berger* Art. 23 Rn. 47.
[57] Vgl. dazu BSK LugÜ/*Berger* Art. 23 Rn. 10 und 11 ff.
[58] BSK LugÜ/*Berger* Art. 23 Rn. 26.
[59] Für andere Verträge, zB des Familien- oder Erbrechts, gilt Art. 116 IPRG nicht; BSK IPRG/*Amstutz/Vogt/Wang* Art. 116 Rn. 5.
[60] Explizit ist die Zulässigkeit der Rechtswahl zusätzlich bestätigt in Art. 119 Abs. 2 IPRG für Grundstückverträge und Art. 122 Abs. 2 IPRG für Verträge über Immaterialgüterrechte.

Ausgeschlossen ist die Rechtswahl gemäß Art. 120 Abs. 2 IPRG für Verträge mit Konsumenten betreffend Leistungen des üblichen Verbrauchs, welche für den persönlichen oder familiären Gebrauch des Konsumenten bestimmt sind. Für Arbeitsverträge ist nach Art. 121 Abs. 3 IPRG die Rechtswahl eingeschränkt auf das Recht des Staates des gewöhnlichen Aufenthalts des Arbeitnehmers oder der Niederlassung, des Wohnsitzes oder des gewöhnlichen Aufenthalts des Arbeitgebers.

Für die übrigen Verträge wird demgegenüber der Kreis der wählbaren Rechte in Art. 116 IPRG nicht in dem Sinn eingeschränkt, dass zwischen dem Vertrag und dem gewählten Recht eine in einer bestimmten Weise geartete „Beziehung" vorausgesetzt wird. Die Parteien können grundsätzlich das ihnen geeignet erscheinende Recht wählen. Insbesondere ist es möglich, ein „neutrales" Recht zu wählen.[61] Eine Schranke wird lediglich dort gesehen, wo eine Rechtswahl völlig willkürlich als bloße Spielerei oder missbräuchlich im Sinne des Ausnutzens der Unterlegenheit einer Partei erscheint.[62]

Deutsche Unternehmen können somit davon ausgehen, dass die in ihren Verträgen getroffene Wahl des auf den Vertrag anwendbaren Rechts durch die schweizerischen Gerichte grundsätzlich anerkannt und die Anwendung des gewählten Rechts nicht wegen ungenügender Beziehung zwischen Vertrag bzw. den beteiligten Parteien und gewähltem Recht abgelehnt wird.

2. Lokalisierung auf der Ebene zwingender Rechtsnormen

Eine weitere Ebene der Lokalisierung bezweckt, die Konformität mit den zwingenden Vorschriften einer Rechtsordnung sicherzustellen. Diese Fragestellung ist getrennt von derjenigen nach dem auf einen Vertrag als solchen anwendbaren Recht. Wenn etwa eine internationale Unternehmensgruppe mit einem spezialisierten Service-Provider den Betrieb einer gemeinsamen Whistleblowing-Hotline für die in verschiedenen Staaten domizilierten Gruppenunternehmen vereinbart, so muss sichergestellt sein, dass die relevanten Bedingungen des Arbeits- und Datenschutzrechts jedes Domizilstaates der verschiedenen Gruppenunternehmen eingehalten sind, unabhängig von dem auf den Vertrag mit dem Service-Provider anwendbaren Recht.

Die Praxis im Verhältnis Deutschland – Schweiz zeigt, dass sich insbesondere in Bezug auf das Kartellrecht, das Lauterkeits- und Werberecht sowie das Datenschutzrecht die Frage nach der Konformität mit zwingendem Recht jeweils stellt.

a) Kartellrecht. Die Konformität mit dem Kartellrecht wird für Verträge mit Kooperations- und Vertriebspartnern deutscher Unternehmen in der Schweiz relevant. Gemäß Art. 5 Abs. 1 des schweizerischen Kartellrechts (KG) sind Abreden, welche den wirksamen Wettbewerb erheblich beeinträchtigen und sich nicht durch Gründe der wirtschaftlichen Effizienz rechtfertigen lassen (Art. 5 Abs. 2 und Art. 6 KG), sowie Abreden, die zur **Beseitigung des wirksamen Wettbewerbs** führen, unzulässig. Dabei wird nach Art. 5 Abs. 3 KG die Beseitigung des wirksamen Wettbewerbs vermutet, wenn zwischen Unternehmen, welche tatsächlich oder der Möglichkeit nach mit einander in Wettbewerb stehen,[63] Abreden über (a.) die direkte oder indirekte Festsetzung von Preisen, (b.) die Einschränkung von Produktions-, Bezugs- oder Liefermengen oder (c.) die Aufteilung von Märkten nach Gebieten oder Geschäftspartnern getroffen werden. Gemäß Art. 5 Abs. 4 KG wird die Beseitigung wirksamen Wettbewerbs ferner vermutet, wenn in Verträgen zwischen Unternehmen unterschiedlicher Marktstufen Abreden über Mindest- oder Festpreise und in Vertriebsverträgen Abreden über die exklusive Zuweisung von Gebieten getroffen werden. Solche vermutungsweise unzulässigen Abreden sind in der Vertragspraxis sehr beliebt, indem zB dem schweizerischen Vertriebspartner Exklusivität für die gesamte Schweiz oder eine bestimmte Region gewährt wird oder ihm die Verkaufspreise an die Endkunden vorgegeben werden.

---

[61] BSK IPRG/*Amstutz*/*Vogt*/*Wang* Art. 116 Rn. 20.
[62] BSK IPRG/*Amstutz*/*Vogt*/*Wang* Art. 116 Rn. 27 und 30.
[63] Dass ein deutsches Unternehmen mit Vertriebspartnern in der Schweiz tatsächlich oder potentiell im Wettbewerb steht, ist nicht unüblich, zB wenn das Unternehmen vor der Einsetzung des Vertriebspartners den Schweizer Markt selber direkt beliefert hat bzw. weiterhin direkt beliefert.

110   Die **Rechtsfolge von unzulässigen Abreden** im Sinne von Art. 5 Abs. 1 KG besteht darin, dass die betreffenden Abreden von Gesetzes wegen unzulässig sind. Sie lassen sich somit zwischen den Parteien nicht durchsetzen. Allenfalls können sie auch Anlass zu Ansprüchen Dritter auf Unterlassung, Beseitigung, Schadenersatz und Genugtuung geben.[64] Bei Abreden gemäß den Vermutungstatbeständen in Art. 5 Abs. 3 und 4 KG, für welche sich die Vermutung der Beseitigung wirksamen Wettbewerbs nicht widerlegen lässt, können zudem **Verwaltungssanktionen** gemäß Art. 49a KG, dh Buße bis 10 % des in der Schweiz in den letzten 3 Geschäftsjahren erzielten Umsatzes, verhängt werden. Dasselbe gilt auch, wenn zwar die Vermutung widerlegt werden kann, jedoch die Abrede eine erhebliche Beeinträchtigung des Wettbewerbs bewirkt, die sich nicht gemäß Art. 5 Abs. 2 und Art. 6 KG rechtfertigen lässt.[65]

111   Auch wenn für den einzelnen Vertrag das Risiko des Eingreifens der Wettbewerbsbehörden als gering eingestuft werden sollte, müssen sich die Parteien im Hinblick auf das Risiko, dass wettbewerbswidrige Vertragsklauseln ungültig sind und sich somit nicht durchsetzen lassen, vergewissern, dass der Vertrag mit dem Kartellrecht konform ist. Vertraut eine Partei zu Unrecht auf die Gültigkeit einer Klausel, zB auf eine ihr gewährte Exklusivität, und hat auf dieser Grundlage ihren Businessplan erstellt, so könnte sie in ernsthafte wirtschaftliche Schwierigkeiten geraten, wenn sich nachträglich herausstellt, dass die betreffende Klausel ungültig ist. Bei der Beurteilung der kartellrechtlichen Konformität von Verträgen können die von der Wettbewerbskommission publizierten Bekanntmachungen über Abreden mit beschränkter Marktwirkung (KMU-Bekanntmachung) vom 19.12.2005 sowie über die wettbewerbsrechtliche Behandlung vertikaler Abreden vom 28.6.2010 beigezogen werden.[66]

112   **b) Lauterkeits- und Werberecht.** Für deutsche Unternehmen stellt sich die Frage nach der Konformität mit dem schweizerischen Lauterkeits- und Werberecht, wenn sie Aktivitäten auf dem Schweizer Markt planen, zB wenn sie hier Werbung betreiben oder Angebote an Kunden in der Schweiz richten wollen. Die Frage stellt sich insbesondere auch im Zusammenhang mit dem **Betrieb von Webseiten,** wobei hier jeweils sorgfältig abzuklären ist, unter welchen Voraussetzungen schweizerisches Recht auf diese Anwendung findet, und falls ja, ob dieses auch durchgesetzt werden kann.

113   Zentral für die Regelung des Lauterkeitsrechts ist in der Schweiz das Bundesgesetz gegen den unlauteren Wettbewerb (UWG). Dieses definiert bestimmte marktbezogene Verhaltensweisen als widerrechtlich.[67] Gegen die betreffenden Verhaltensweisen können die in ihren Interessen Betroffenen, insbesondere Wettbewerber und Kunden, Konsumentenschutzorganisationen, Berufs- und Wirtschaftsverbände sowie, sofern dies zum Schutz des öffentlichen Interesses erforderlich ist, das Staatssekretariat für Wirtschaft (Seco) zivilrechtliche Ansprüche geltend machen, insbesondere auf Unterlassung oder Beseitigung der Verletzung, und Wettbewerber und Kunden gegebenenfalls zusätzlich auf Schadenersatz und Genugtuung.[68] Weiter enthält das UWG verwaltungsrechtliche Vorschriften betreffend die Preisbekanntgabe an Konsumenten,[69] welche in der Verordnung über die Bekanntgabe von Preisen (PBV)[70] näher ausgeführt werden. Die Verletzung sowohl der zivilrechtlichen Bestimmungen als auch der verwaltungsrechtlichen Regeln betreffend die Preisbekanntgabe ist zudem strafrechtlich sanktioniert.[71]

114   Zusätzlich zu den grundlegenden Normen des UWG und der PBV ist eine große Zahl von Vorschriften bezüglich der Werbung und der Gestaltung von Angeboten in der **spezifischen Gesetzgebung** zur Regulierung einzelner Branchen zu beachten. Das Spektrum reicht dabei vom Lebensmittelrecht und der Alkohol- und Tabakgesetzgebung, über die Regulierung des

---

[64] Art. 12 ff. KG; vgl. *Zäch* Rn. 429 f., 440.
[65] *Zäch* Rn. 501.
[66] Publiziert auf der Website der Wettbewerbskommission unter http://www.weko.admin.ch/dokumentation/01007/index.html?lang=de (letzter Abruf: 31.5.2015).
[67] Art. 2–8 UWG.
[68] Art. 9–11 UWG.
[69] Art. 16–20 UWG.
[70] Vgl. dazu *Bühlmann/Schirmbacher* Rn. 6–11.
[71] Art. 23–27 UWG.

Finanzmarktes bis zur Gesetzgebung über Medizinprodukte, Fernmeldegeräte oder den Handel mit Edelmetallwaren.[72]

Deutsche Unternehmen, die auf dem Schweizer Markt aktiv sind, müssen damit rechnen, dass schweizerisches Lauterkeits- und Werberecht auf sie angewendet wird, und zwar selbst dann, wenn sie ihre entsprechenden Geschäftsaktivitäten aus Deutschland ausüben und in der Schweiz selbst gar nicht präsent sind. Soweit es um zivilrechtliche Ansprüche wegen Unlauterkeit geht, bestimmt sich das anwendbare Recht gemäß Art. 136 IPRG nach dem **Auswirkungsprinzip.** Auch wenn daher ein bestimmtes Verhalten im Ausland stattfindet, ist schweizerisches Lauterkeitsrecht anwendbar, wenn das betreffende Verhalten auf dem Schweizer Markt Auswirkungen hat.[73] Diese Voraussetzung ist immer dann erfüllt, wenn marktrelevantes Verhalten gezielt auf den schweizerischen Markt ausgerichtet ist. Eine Ausrichtung auf den Schweizer Markt liegt vor, wenn auf der Website eines deutschen Unternehmens explizit Kunden aus der Schweiz angesprochen werden, wenn besondere Lieferkonditionen für Kunden in der Schweiz spezifiziert sind, wenn für Zahlungen Bankverbindungen in der Schweiz genannt sind, wenn Preise in CHF ausgezeichnet werden etc. Aber auch dann, wenn eine solche spezifische Ausrichtung auf schweizerische Kunden fehlt, ist von einer relevanten Auswirkung auf den Schweizer Markt auszugehen, wenn ein Unternehmen regelmäßig über seine Website eingehende Bestellungen aus der Schweiz bedient. 115

Für die Durchsetzung der **zivilrechtlichen Ansprüche** ist zudem gestützt auf Art. 5 Nr. 3 LugÜ in der Regel ein Gerichtsstand in der Schweiz gegeben, wonach Klagen wegen unerlaubter Handlungen, worunter auch Klagen wegen Unlauterkeit fallen,[74] beim Gericht des Orts an dem das schädigende Ereignis eingetreten ist, geltend gemacht werden können. Als eingetreten gilt das schädigende Ereignis alternativ am Handlungsort oder am Erfolgsort,[75] wobei letzterer regelmäßig in der Schweiz liegen wird.[76] Neben Ansprüchen auf Schadenersatz und Genugtuung können am Gerichtsstand gemäß Art. 5 Nr. 3 LugÜ auch die im Wettbewerbsrecht wichtigen Beseitigungs- und Unterlassungsansprüche geltend gemacht werden.[77] 116

Auch die **strafrechtliche Belangbarkeit** deutscher Unternehmen ist grundsätzlich gegeben. Der räumliche Geltungsbereich der strafrechtlichen Bestimmungen des Lauterkeits- und Werberechts wird nach den Bestimmungen der Art. 3–7 des Strafgesetzbuches (StGB) bestimmt. Nach Art. 3 Abs. 1 StGB findet das schweizerische Strafrecht Anwendung auf Taten, welche in der Schweiz begangen werden. Als Begehungsort gilt dabei der Ort, an welchem die Tat ausgeführt oder an welchem der Erfolg eingetreten ist.[78] Das tatsächliche Risiko des Aufgreifens eines Strafverfahrens dürfte für deutsche Unternehmen allerdings eher gering sein. 117

c) **Datenschutzrecht.** Die Konformität mit dem schweizerischen Datenschutzrecht ist für ein deutsches Unternehmen dann von Interesse, wenn es Daten von Kunden bearbeitet, die in der Schweiz domiziliert sind. Über den mit den Kunden bestehenden Vertrag kann sich das Unternehmen die **Einwilligung** zu der von ihm geplanten Bearbeitung der Kundendaten sichern und damit das Risiko der Verantwortlichkeit aufgrund unzulässiger Datenbearbeitung weitgehend ausschließen. Trotzdem ist damit die Frage nach der Konformität mit dem schweizerischen Datenschutzrecht nicht erledigt. 118

Es muss nämlich mindestens sichergestellt sein, dass die von den Kunden erteilte Einwilligung nach dem schweizerischen Datenschutzrecht gültig ist. Genügt die erteilte Einwilligung den Wirksamkeitsanforderungen des schweizerischen Rechts nicht, fehlt es an einer **Rechtfertigung der Datenbearbeitung** (sofern das Unternehmen nicht einen anderen Rechtfertigungsgrund geltend machen kann). 119

---

[72] Ein Überblick findet sich zB im Inhaltsverzeichnis von *Schwenninger/Senn/Thalmann*.
[73] Vgl. BSK UWG/*Hilty* Art. 1 Rn. 122 ff; *Bühlmann/Schirmbacher* Rn. 102–107 mwN.
[74] BSK LugÜ/*Hofmann/Kunz* Art. 5 Rn. 479.
[75] BSK LugÜ/*Hofmann/Kunz* Art. 5 Rn. 553.
[76] Vgl. *Bühlmann/Schirmbacher* Rn. 102.
[77] BSK LugÜ/*Hofmann/Kunz* Art. 5 Rn. 516.
[78] *Bühlmann/Schirmbacher* Rn. 106; BSK UWG/*Hilty* Art. 1 Rn. 132.

120 Das Unternehmen muss dann damit rechnen, von Kunden in der Schweiz wegen Persönlichkeitsverletzung aufgrund unzulässiger Datenbearbeitung belangt zu werden. Gestützt auf Art. 5 Nr. 3 LugÜ, welcher auch für Persönlichkeitsverletzungen aus Datenschutz gilt,[79] können Kunden gegen das Unternehmen in der Schweiz klagen und dabei gestützt auf Art. 139 Abs. 3 IPRG in Verbindung mit Art. 139 Abs. 1 lit. a (gewöhnlicher Aufenthalt des Geschädigten) oder lit. c (Erfolgsort) IPRG ihre Ansprüche[80] auf schweizerisches Datenschutzrecht stützen. Eine allfällige im Vertrag mit einem klagenden Kunden enthaltene Rechtswahl, wonach auf den Vertrag ein anderes als das schweizerische, zB deutsches Recht, anwendbar sein soll,[81] hat dabei keinen Einfluss auf die in Art. 139 Abs. 1 IPRG vorgesehene Wahlmöglichkeit des anwendbaren Rechts betreffend die Persönlichkeitsverletzung.[82]

121 Bezüglich der **Gültigkeit der Einwilligung** verlangt Art. 5 Abs. 5 des schweizerischen Datenschutzgesetzes (DSG), dass im Voraus eine angemessene Information über die in Frage stehende Datenbearbeitung erfolgt ist. Bei der Bearbeitung von besonders schützenswerten Personendaten oder von Persönlichkeitsprofilen muss die Zustimmung zudem ausdrücklich erfolgen. Weiter ist zu berücksichtigen, dass zB auf den Anspruch auf Auskunft betreffend die Datenbearbeitung durch die betroffenen Personen gemäß Art. 8 Abs. 6 DSG nicht im Voraus gültig verzichtet werden kann. Damit ist auch ausgeschlossen, dass von Art. 8 Abs. 6 DSG abweichende Bedingungen zur Ausübung dieses Anspruchs vereinbart werden können.

122 Die Konformität mit dem schweizerischen Datenschutzrecht ist sicherzustellen, wenn beispielsweise eine deutsche Unternehmensgruppe ein Outsourcing oder die Nutzung von Cloud Services plant und dabei auch Personendaten aus dem Bereich einer schweizerischen Tochtergesellschaft betroffen sind. Art. 10a DSG erlaubt grundsätzlich die Weitergabe von Daten an Dritte, damit diese die Daten im Auftrag bearbeiten (**Auftragsdatenbearbeitung**). Der Auftraggeber bleibt jedoch gegenüber den Personen, deren Daten bearbeitet werden, weiterhin verantwortlich und er ist verpflichtet, sicherzustellen, dass der Auftragsbearbeiter die Daten nur so bearbeitet, wie der Auftraggeber selbst es tun darf, und dass der Auftragsbearbeiter die Anforderungen an die Datensicherheit einhält. Der Vertrag mit dem Auftragsbearbeiter muss daher so ausgestaltet sein, dass er in Bezug auf die Daten aus dem Bereich der schweizerischen Tochtergesellschaft den Anforderungen gemäß Art. 10a DSG genügt.

123 Da die schweizerische Tochter in Bezug auf die von ihr an den Auftragsbearbeiter weitergegebenen Daten im Verhältnis zu den betroffenen Personen unverändert die Verantwortung für die rechtmäßige Bearbeitung trägt, muss dem auch im Vertrag mit dem Auftragsbearbeiter Rechnung getragen werden. So ist im Vertrag zu regeln, wie an die schweizerische Tochter gestellte Begehren um Auskunft behandelt werden, wobei hierbei hinsichtlich der Ausübung des **Auskunftsrechts** die in der Verordnung zum DSG[83] genauer definierten Bedingungen zu berücksichtigen sind. Ebenso muss sichergestellt sein, dass allfällige Löschungen, Berichtigungen oder ein so genannter Bestreitungsvermerk[84] vom Auftragsbearbeiter umgesetzt werden, wenn entsprechende Ansprüche gegenüber der Schweizer Tochter geltend gemacht werden.

---

[79] BSK LugÜ/*Hofmann/Kunz* Art. 5 Rn. 475; *Rosenthal/Jöhri* Art. 15 Abs. 1 Rn. 74 ff.
[80] Art. 15 Abs. 1 DSG verweist für die Klagen zum Schutz der Persönlichkeit auf das allgemeine Recht des Persönlichkeitsschutzes gemäß dem Schweizerischen Zivilgesetzbuch (ZGB). Dieses sieht in Art. 28a ZGB die Klagen auf Unterlassung drohender Verletzungen, auf Beseitigung bestehender Verletzungen, auf Feststellung der Widerrechtlichkeit sowie mit Bekanntgabe des Urteils an Dritte oder auf Veröffentlichung vor. Ferner sind Klagen auf Schadenersatz und Genugtuung möglich. Art. 15 Abs. 1 DSG hält in diesem Zusammenhang fest, dass die klagende Partei bei Datenschutzverletzungen mindestens die Sperrung der Datenbearbeitung, das Verbot der Weitergabe von Daten an Dritte sowie die Berichtigung oder die Löschung von Daten verlangen kann. Kann weder die Unrichtigkeit noch die Richtigkeit von Personendaten dargetan werden, so hat die klagende Partei nach Art. 15 Abs. 2 DSG Anspruch auf das Anbringen eines so genannten Bestreitungsvermerks.
[81] Wobei eine solche Rechtswahl nur gültig ist, wenn es sich beim fraglichen Vertrag nicht um einen Konsumentenvertrag im Sinn von Art. 120 IPRG handelt (vgl. → Rn. 104).
[82] *Rosenthal/Jöhri* Art. 139 IPRG Rn. 16.
[83] Verordnung zum Bundesgesetz über den Datenschutz vom 14.6.1993 Art. 1 und 2.
[84] Vgl. oben → Rn. 79.

d) Urheberrecht. Ein grundlegender Unterschied zwischen dem schweizerischen und dem deutschen Urheberrecht besteht in der Frage der **Übertragbarkeit** des Urheberrechts. Gemäß schweizerischem Recht ist das Urheberrecht durch Rechtsgeschäft unter Lebenden übertragbar, einmal in Bezug auf die urheberrechtlichen Vermögensrechte, aber auch (im Einzelnen umstritten) in Bezug auf einzelne Urheberpersönlichkeitsrechte.[85] Die Übertragung kann dabei global alle oder aber nur einzelne Rechte umfassen.[86] Gemäß dem deutschen Urheberrecht ist demgegenüber die Übertragung unter Lebenden grundsätzlich ausgeschlossen.[87] Stattdessen können jedoch ausschließliche und einfache Nutzungsrechte eingeräumt werden.[88]

Diese Differenz in der Konzeption des Urheberrechts ist von wesentlicher Bedeutung für die Formulierung von Verträgen, welche urheberrechtlich geschützte Werke und deren Nutzung zum Gegenstand haben. Werden in einem solchen Vertrag unter Bezugnahme auf die gesetzliche Terminologie des deutschen Urheberrechts die Begriffe ausschließliches oder einfaches Nutzungsrecht verwendet, während sich der Vertrag auf die Nutzung eines Werkes in der Schweiz bezieht, spricht der Vertrag von etwas, das es nicht gibt. Ausschließliche und einfache Nutzungsrechte im Sinn des deutschen Urheberrechts sind im schweizerischen Urheberrecht nicht vorgesehen. Der Begriff „**Nutzungsrecht**" ist in der Schweiz unbestimmt. Im schweizerischen Urheberrechtsgesetz wird er nicht verwendet. Es kann daher je nach den Umständen mit „Nutzungsrecht" von den Parteien ein urheberrechtliches Vermögensrecht gemeint sein, oder aber auch nur eine schuldrechtliche Nutzungsberechtigung (Lizenz).[89]

Zur Vermeidung von Unklarheiten ist daher die **Terminologie in urheberrechtlichen Verträgen**, wenn diese vor dem Hintergrund der Begrifflichkeit des deutschen Urheberrechts formuliert worden sind, entsprechend der andersartigen Dogmatik des schweizerischen Urheberrechts anzupassen. Dies gilt selbst dann, wenn auf den Vertrag als solchen deutsches Recht Anwendung findet. Hat der Vertrag die Übertragung von Urheberrechten bzw. die Einräumung von Nutzungsbefugnissen mit Wirkung für die Schweiz zum Gegenstand, so muss der Wortlaut des Vertrages aus der Optik des schweizerischen Urheberrechts eindeutig sein. In den meisten Fällen wird dabei klarzustellen sein, dass keine Übertragung des Urheberrechts bzw. von einzelnen Teilrechten gemeint ist, sondern die bloße Einräumung von schuldrechtlichen Nutzungsbefugnissen, dh eine Lizenzierung.[90]

3. Lokalisierung auf Ebene des Vertragsrechts

Unter Lokalisierung kann schließlich auch die Anpassung eines Vertrages an das materielle Vertragsrecht eines Staates unter der Annahme, dass dieses Recht aufgrund einer Rechtswahl oder aufgrund objektiver Anknüpfung auf den Vertrag Anwendung findet, verstanden werden. Gemäß schweizerischem IPR soll das auf den Vertrag anwendbare Recht, welches auch als Vertragsstatut bezeichnet wird, möglichst einheitlich alle Fragen im Zusammenhang mit dem Entstehen, den Wirkungen und dem Erlöschen eines Schuldverhältnisses regeln.[91] Ausnahmen ergeben sich, wenn die Parteien, was nach schweizerischem IPR möglich ist, eine Teilrechtswahl getroffen haben, dh den Vertrag für unterschiedliche Themen je einer anderen Rechtsordnungen unterstellen,[92] oder bei gesetzlichen Sonderanknüpfungen.[93]

Typische Situationen, in denen sich die Notwendigkeit einer Lokalisierung entsprechend dem schweizerischen Vertragsstatut ergibt, sind die Übernahme von Musterverträgen, All-

---

[85] Art. 16 Abs. 1 URG; Müller/Oertli/*de Werra* Art. 16 Rn. 1, 6 ff., 15 aff.; Loewenheim/*Hilty* § 52 Rn. 85 ff.
[86] Müller/Oertli/*de Werra* Art. 16 Rn. 6.
[87] dURG § 29 Abs. 1.
[88] dURG § 29 Abs. 2, § 31.
[89] *Streuli-Youssef* S. 18.
[90] Zur Abgrenzung der Übertragung von Urheberrechten von der schuldrechtlichen Lizenz vgl. Loewenheim/*Hilty* § 52 Rn. 91 ff.
[91] ZK IPRG/*Keller/Girsberger* vor Art. 123–126 Rn. 1.
[92] BSK IPRG/*Amstutz/Vogt/Wang* Art. 116 Rn. 13.
[93] Vgl. Art. 123–126 IPRG; zum Ganzen ZK IPRG/*Keller/Girsberger* vor Art. 123–126 Rn. 1 f.

gemeinen Geschäftsbedingungen, Einkaufsbedingungen etc durch schweizerische Tochtergesellschaften von der deutschen Muttergesellschaft zur Verwendung mit Vertragspartnern in der Schweiz oder die Implementierung von durch die Muttergesellschaft in Deutschland erarbeiteten **konzerninternen Richtlinien** durch schweizerische Gruppenunternehmen.

129 Eine Lokalisierung ist ferner erforderlich, wenn deutsche Unternehmen mit Kunden in der Schweiz **Konsumentenverträge** im Sinn von Art. 120 IPRG abschließen. Als Konsumentenverträge gelten Verträge über Leistungen des üblichen Verbrauchs, die für den persönlichen oder familiären Gebrauch des Konsumenten bestimmt sind und nicht im Zusammenhang mit der beruflichen oder gewerblichen Tätigkeit des Konsumenten stehen. Gestützt auf Art. 16 LugÜ in Verbindung mit Art. 15 LugÜ haben schweizerische Konsumenten die Möglichkeit, an ihrem Wohnsitz in der Schweiz gegen das Unternehmen in Deutschland zu klagen. In diesem Fall bestimmt sich das anwendbare Recht nach Art. 120 IPRG. Danach findet in der Regel das Recht des Staates Anwendung, in welchem der Konsument seinen gewöhnlichen Aufenthalt hat, das heißt schweizerisches Recht. Das gilt nach der herrschenden Auffassung insbesondere auch für **Online-Geschäfte**. Eine Unternehmens-Website gilt als eine grenzüberschreitende Werbung oder ein grenzüberschreitendes Angebot, so dass auf der Grundlage von Art. 120 Abs. 1 lit. b IPRG auf Verträge, die Konsumenten in der Schweiz via die Website eines Anbieters in Deutschland online schließen, schweizerisches Recht Anwendung findet.[94] Für solche Verträge ist gemäß Art. 120 Abs. 2 IPRG eine Rechtswahl ausgeschlossen.[95]

130 a) **Anforderungen an die Lokalisierung.** Die Anforderungen, welche an eine Lokalisierung auf Ebene des Vertragsstatuts gestellt werden, sind fallweise zu betrachten. Es ist jedenfalls sicherzustellen, dass der Vertrag den zwingenden Normen des betreffenden Vertragsrechts entspricht. Dies trifft zB zu, wenn ein Vertrag unter der Annahme verhandelt wird, dass das Recht des Staates A auf den Vertrag Anwendung finden soll, und erst in einem bereits weit fortgeschrittenen Stadium der Verhandlungen der Vertrag dann doch dem Recht des Staates B unterstellt wird, zB weil eine Vertragspartei das Recht von B als „neutrales" Recht verlangt.

131 Gerade deutsche Unternehmen, die mit künftigen Vertragspartnern aus Drittstaaten Verträge nach deutschem Recht verhandeln, wählen gerne das schweizerische Recht, wenn der Vertragspartner aus Gründen der „gleich langen Spieße" in der Folge die Unterstellung des Vertrags unter deutsches Recht ablehnt. Wenn in einer solchen Situation neben der Wahl des schweizerischen Rechts als Vertragsstatut auch noch die Zuständigkeit der schweizerischen Gerichte vereinbart wird, so können diese ihre Zuständigkeit nicht ablehnen.[96] Auf diese Weise kann der Gleichlauf von anwendbarem Recht und Gerichtszuständigkeit sichergestellt werden, was im Hinblick auf die Rechtsanwendung in allfälligen Streitigkeiten von wesentlichem Vorteil ist.

132 Da die Parteien in solchen Fällen den Vertrag inhaltlich bereits weitgehend verhandelt haben, wünschen sie möglichst geringe nachträgliche Änderungen. Die Lokalisierung ist daher auf das **Nötigste**, dh die Konformität mit dem zwingenden Recht, zu beschränken.

133 Anders verhält es sich, wenn ein Unternehmen Musterverträge, Allgemeinen Geschäftsbedingungen, Einkaufsbedingungen oder sonstige für eine Vielzahl von Transaktionen bestimmte **vorformulierte Standardvertragstexte** für die Verwendung in einem anderen Staat lokalisieren lässt. Die Lokalisierung hat auch hier die Erfüllung zwingender rechtlicher Vorgaben sicherzustellen, geht jedoch erheblich darüber hinaus, etwa um die rechtlichen Gestaltungsspielräume zur Optimierung der eigenen Rechtsposition, welche das andere Recht eröffnet, zu nutzen. Dies ist insbesondere bei der Lokalisierung von nach deutschem Recht redigierten Verträgen an das schweizerische Recht bedeutsam, da das Schweizer Recht in wesentlichen Punkten weniger streng ist.[97]

---

[94] ZK IPRG/*Keller/Kren Kostkiewicz* Art. 120 Rn. 39.
[95] → Vgl. → Rn. 104.
[96] → Vgl. → Rn. 102.
[97] Vgl. die Beispiele → Rn. 149 ff.

Zu berücksichtigen sind auch im betreffenden Markt gültige **Geschäftsgebräuche** und **134** Usancen sowie Standards, welche sich in einer bestimmten Branche herausgebildet haben. So macht es wenig Sinn, wenn ein Anbieter in seinen Allgemeinen Geschäftsbedingungen die Gewährleistungsdauer wesentlich kürzer festlegt, als dies die anderen Anbieter in der gleichen Branche tun.[98] Der Widerspruch der Kundenseite ist gewissermaßen vorprogrammiert und, falls der Anbieter nicht aufgrund besonderer Umstände über die Verhandlungsmacht verfügt, um seine Geschäftsbedingungen unverändert durchzusetzen, wird er sich nachträglich dem Widerstand der Kunden beugen müssen.

Ziel der Lokalisierung ist hier somit nicht nur die **Rechtskonformität,** sondern auch die **135** **Marktkonformität** der vorformulierten Vertragsbedingungen. Allerdings ist dieses Ziel gegen das Interesse eines Unternehmens oder einer Gruppe von Unternehmen abzuwägen, auf den unterschiedlichen Märkten nicht zu stark divergierende Geschäftsbedingungen einzusetzen. Insbesondere ist zu vermeiden, dass für unternehmens- bzw. gruppenweit einheitliche Prozesse lokale Abweichungen umgesetzt werden müssen. Die Lokalisierung erweist sich somit als eine Aufgabe zur Optimierung zwischen divergierenden Zielvorgaben, die sich nur im intensiven Kontakt zwischen dem Auftraggeber und dem mit der Lokalisierung betrauten Anwalt befriedigend lösen lässt.

b) Besonderheiten des schweizerischen Rechts. Das schweizerische Recht weist gegenüber **136** dem deutschen Recht Besonderheiten auf, welche bei der Lokalisierung von Verträgen von Bedeutung sind. Ohne Anspruch auf Vollständigkeit wird nachfolgend auf einige in der Praxis relevante Punkte eingegangen.

aa) Wenig Rechtsprechung. In der Schweiz gibt es im Vergleich zu Deutschland wesent- **137** lich weniger Rechtsprechung zu vertragsrechtlichen Fragen. Dieser Umstand hat seine Ursache nicht nur darin, dass die schweizerische Volkswirtschaft viel kleiner ist und daher auch weniger Vertragsstreitigkeiten zu produzieren vermag. In der Schweiz wird der Gang vor den Richter weniger schnell gewährt und es werden wo immer möglich **außergerichtliche Lösungen** angestrebt. Für die Lokalisierung bedeutet dies, dass Fragen, für welche in Deutschland die Rechtsprechung eine klare Antwort gibt, in der Schweiz häufig noch ungeklärt sind. Es kann sich daher als notwendig erweisen, im Rahmen der Lokalisierung von Verträgen, den Wortlaut durch entsprechende Klarstellungen zu ergänzen.

Das gilt insbesondere für **Verträge, welche von gesetzlichen Vertragstypen abweichen,** wie **138** dies für Verträge aus dem IKT-Bereich häufig der Fall ist, oder welche sich als echte Innominatverträge (Verträge sui generis) keinem gesetzlichen Typus zuordnen lassen. So werden etwa Softwareüberlassungsverträge, bei denen dem Kunden Standardsoftware gegen eine Einmalvergütung für unbeschränkte Zeit überlassen wird, als Kauf oder kaufähnlich qualifiziert[99] und das kaufrechtliche Gewährleistungsrecht darauf angewendet.[100] Regelmäßig beinhalten Softwareüberlassungsverträge jedoch auch Klauseln, die atypisch sind für die am Kauf von körperlichen Sachen ausgerichtete gesetzliche Regelung, um spezifischen Gesichtspunkten im Zusammenhang mit der Softwareüberlassung Rechnung zu tragen.[101] Beispiele hierfür sind das Verbot der Weiterübertragung der Software an Dritte oder das Recht des Anbieters, bei Verletzung der Nutzungsbefugnisse durch den Kunden den Vertrag außerordentlich zu beenden. In derartigen atypischen Punkten ist es wichtig, dass der Vertrag präzise die gewollte Regelung wiedergibt. Fehlt eine entsprechende Regelung, oder ist sie unvollständig oder unklar formuliert, so besteht in der Schweiz keine etablierte Rechtsprechung, auf welche vertraut werden könnte, um den Fehler oder die Lücke im Vertrag zu beheben.

Erfolgt die **Softwareüberlassung** gegen wiederkehrendes Entgelt für eine bestimmte oder **139** eine unbestimmte Dauer, so gilt der entsprechende Vertrag als miet- oder pachtähnlich.[102]

---

[98] Zu beachten ist in diesem Zusammenhang, dass aufgrund der Revision von Art. 210 des Obligationenrechts seit dem 1.1.2013 die Gewährleistungsfrist im Kaufrecht und Werkvertragsrecht gegenüber Konsumenten zwingend nicht mehr auf unter 2 Jahre (bzw. unter 1 Jahr bei gebrauchten Sachen) verkürzt werden kann.
[99] Vgl. *Fröhlich-Bleuler* Rn. 1643 ff. mwN.
[100] Vgl. *Fröhlich-Bleuler* Rn. 2131 ff. mwN.
[101] Vgl. *Fröhlich-Bleuler* Rn. 1654 ff. mit weiteren Beispielen.
[102] Vgl. *Fröhlich-Bleuler* Rn. 2395 f.

Da jedoch im schweizerischen Recht sowohl die Miete als auch die Pacht darauf ausgerichtet sind, dass es sich beim Miet- bzw. Pachtgegenstand um körperliche Sachen, insbesondere Liegenschaften, handelt, ist für Softwareüberlassungsverträge diese Qualifikation als miet- bzw. pachtähnlich nicht ohne Probleme, insbesondere auch, da die gesetzliche Regelung eine stark sozialpolitische Ausrichtung zum Schutz der Liegenschaftsmieter und Pächter aufweist.[103] In diesen Verträgen ist daher ebenfalls möglichst präzise zu beschreiben, welche Regeln zwischen den Parteien gelten sollen in Bezug auf die Umschreibung der Nutzungsbefugnisse des Kunden und allfällig damit verbundener Prüfungsrechte des Anbieters (Audits), Liefermodalitäten, Mitwirkungspflichten des Kunden, Mängel der Software, Modalitäten der Vertragsbeendigung etc.

140   *bb) Mehrsprachigkeit.* Falls ein deutsches Unternehmen seine Aktivitäten auf die gesamte Schweiz auszudehnen beabsichtigt, stellt sich die Frage, ob Musterverträge, AGB und weitere für die Beziehungen mit den potentiellen Vertragspartnern relevante Unterlagen, wie zB Vorlagen für die Erstellung von Angeboten, Preislisten etc, nicht in die im betreffenden Landesteil jeweils vorherrschende schweizerische Landessprache[104] zu übersetzen sind. Häufig ergibt sich die Antwort aufgrund des Marktes, indem die Übersetzung unumgänglich ist, um überhaupt in den betreffenden Landesteilen konkurrenzfähig zu sein. Es sind aber auch rechtliche Überlegungen relevant. Sollen Allgemeine Geschäftsbedingungen wirksam zum Vertragsinhalt werden, müssen diese vom Vertragspartner vor Vertragsabschluss in zumutbarer Weise zur Kenntnis genommen werden können.[105] Dies bedingt auch, dass die AGB in einer Sprache vorliegen, von der angenommen werden kann, dass sie für den Vertragspartner verständlich ist.[106]

141   Speziell im Zusammenhang mit Verträgen im IKT-Bereich wird auch immer wieder die Frage gestellt, ob **in Englisch abgefasste AGB** verwendet werden können. Sofern es sich bei der Vertragsgegenseite um professionelle Kreise handelt, die im Rahmen ihrer üblichen Geschäftstätigkeit regelmäßig mit englischen Texten konfrontiert werden, wird man annehmen dürfen, dass AGB in englischer Sprache gültig vereinbart werden können. Das gilt jedoch nicht, wenn es sich bei den Vertragspartnern um Konsumenten oder um professionelle Kreise ohne regelmäßige internationale Erfahrung (zB lokale Gewerbetreibende) handelt.

142   *cc) Terminologie.* Unabhängig von der Frage der Übersetzung in andere schweizerische Landessprachen ist im Rahmen der Lokalisierung zu beachten, dass die rechtliche Terminologie in der Schweiz von derjenigen in Deutschland teilweise abweicht. So spricht man in der Schweiz statt von „aufrechnen" von „verrechnen", statt von „Verbraucher" von „Konsument", statt von „Zurückbehaltungsrecht" von „Retentionsrecht", um nur einige Beispiele zu nennen. Die Unterschiede in der Terminologie verlangen nicht immer eine Anpassung des zu lokalisierenden Vertrages. Auf eine Anpassung kann verzichtet werden, wenn der Wortlaut des Vertrags auch bei Verwendung der deutschen Terminologie aus schweizerischer Sicht klar und eindeutig ist. Auch schweizerische Vertragsparteien wählen in ihren Verträgen häufig eine Terminologie, welche mit derjenigen der schweizerischen Gesetzgebung nicht übereinstimmt.

143   Es gibt andererseits Fälle, in denen terminologische Abweichungen Folgen haben können. Als Beispiel sei das Begriffspaar „Auftraggeber" und „Auftragnehmer" genannt. Diese Begriffe werden häufig in deutschen Verträgen über Dienstleistungen zur Bezeichnung der Parteien verwendet. In der Schweiz sind „Auftraggeber" und „Auftragnehmer" bzw. „Beauftragter" die Bezeichnungen für die Parteien eines gesetzlichen Vertragstyps, des „Auftrags",[107] wonach der Beauftragte sich verpflichtet, „die ihm übertragenen Geschäfte oder

---

[103] Vgl. *Fröhlich-Bleuler* Rn. 2396, 2746. Dieser betrachtet daher zB Bestimmungen, welche Abweichungen von der gesetzlichen Regelung zum Nachteil der Mieter bzw. Pächter in AGB verbieten, für mietähnliche Softwareüberlassungsverträge als nicht anwendbar.
[104] Landessprachen sind gemäß Art. 4 der schweizerischen Bundesverfassung Deutsch, Französisch, Italienisch und Rätoromanisch.
[105] *Gauch/Schluep* Bd. 1 Rn. 1134.
[106] *Gauch/Schluep* Bd. 1 Rn. 1135 a.
[107] Art. 394 ff. OR.

Dienste zu besorgen",[108] sei es gegen eine Vergütung oder unentgeltlich.[109] Wenn nun der zu lokalisierende Dienstleistungsvertrag nicht zum Vertragstyp „Auftrag" gehört, sondern es sich zB um einen Werkvertrag handelt, stellt sich die Frage, ob die Verwendung einer sich auf einen anderen Vertragstypus beziehenden Begrifflichkeit Folgen hat, und falls ja, welche.

Art. 18 Abs. 1 Obligationenrecht (OR) hält zwar fest, dass es bei der **Auslegung eines Vertrages** auf den tatsächlichen übereinstimmenden Willen der Parteien ankommt, und nicht auf eine allenfalls unrichtige Bezeichnung oder Ausdrucksweise. Ein Vertrag der seinem Inhalt nach eindeutig als Werkvertrag zu qualifizieren ist, wird somit nicht allein aufgrund der Verwendung der auftragsrechtlichen Parteibezeichnungen zu einem Auftrag.

Nun verhält es sich aber gerade für die Verträge im IKT-Bereich häufig so, dass deren **typologische Zuordnung** nicht mit derselben Eindeutigkeit möglich ist, wie in traditionellen Branchen, wie zB der Bauwirtschaft. Wenn jedoch die typologische Zuordnung wenig eindeutig ist, ist es nicht ratsam, die Begrifflichkeit eines Vertragstypus zu verwenden, dessen Qualifikation nicht erwünscht ist. Es kann sich jedoch auch gerade umgekehrt verhalten, dass zB ein Anbieter durchaus ein Interesse daran hat, dass die von ihm abgeschlossenen Verträge allenfalls nicht als Werkvertrag, sondern als Auftrag qualifiziert werden. Er wird daher bei der Lokalisierung diese Terminologie beibehalten wollen. Allerdings ist zu beachten, dass sich aus Sicht eines Anbieters nicht generell beantworten lässt, welche Qualifikation (Auftrag oder Werkvertrag) vorteilhafter ist. Dies ist jeweils im konkreten Fall zu beurteilen.

dd) AGB-Inhaltskontrolle. Anders als das deutsche Recht kannte das Schweizer Recht bis vor kurzem keine generelle Inhaltskontrolle von AGB. Es bestand zwar mit Art. 8 UWG bereits seit 1986 eine Bestimmung, welche die Kontrolle des Inhalts von AGB, welche gegenüber Konsumenten verwendet wurden, zum Gegenstand hatte. Da diese eine Irreführung des Konsumenten voraussetzte, wurde jedoch verhindert, dass die Bestimmung je praktisch relevant wurde.[110] Es gibt daher kaum Urteile, in welchen eine Verletzung von Art. 8 UWG bejaht wurde.[111]

Seit dem 1.7.2012 ist allerding eine revidierte Fassung von **Art. 8 UWG** in Kraft, welche auf das einschränkende Tatbestandselement der Irreführung verzichtet. Danach gilt die Verwendung von allgemeinen Geschäftsbedingungen als unlauter, die in **Treu und Glauben** verletzender Weise zum Nachteil der Konsumenten ein **erhebliches und ungerechtfertigtes Missverhältnis** zwischen den vertraglichen Rechten und Pflichten vorsehen. Die Tragweite dieser Bestimmung mit zahlreichen unbestimmten Begriffen ist zurzeit noch unklar. Rechtsprechung dazu besteht noch keine. Von Seiten der Konsumentenschutzorganisationen werden insbesondere Klauseln, welche eine einseitige Vertragsänderung, einseitige Kündigungsrechte des Anbieters sowie so genannten Roll-Over-Klauseln, bei denen sich Verträge nach Ablauf einer Mindestvertragsdauer mangels Kündigung automatisch wieder um eine bestimmte Mindestdauer verlängern, statt auf unbestimmte Zeit mit jederzeitiger Kündigungsfrist, als unlauter betrachtet.[112] Nachfolgend soll der in der Schweiz jedenfalls bisher bestehende Gestaltungsspielraum anhand einiger Beispiele illustriert werden:

Verzugseintritt ohne Mahnung. In der schweizerischen AGB-Praxis üblich sind Klauseln, wonach der Kunde automatisch in Zahlungsverzug gerät, falls er die vereinbarten Zahlungsziele bzw. Zahlungsfristen nicht einhält. In Deutschland sind entsprechende Klauseln basierend auf § 309 Nr. 4 BGB in AGB unwirksam.

Haftung. Aus Sicht der schweizerischen Vertragspraxis sind Haftungsklauseln in deutschen AGB sehr komplex formuliert:

---

[108] Art. 394 Abs. 1 OR.
[109] Art. 394 Abs. 3 OR.
[110] *Koller* AJP/PJA 2008, 943.
[111] Aus der Rechtsprechung des schweizerischen Bundesgerichts ist nur BGE 117 II 332 bekannt.
[112] In einer öffentlichen Kampagne haben die Konsumentenschutzorganisationen die drei größten schweizerischen Mobilfunkanbieter aufgefordert, diese Klauseln aus ihren Geschäftsbedingungen zu streichen (vgl. die Website der Schweizerischen Stiftung für Konsumentenschutz http://www.konsumentenschutz.ch/news/; letzter Abruf: 31.5.2015).

Beispiel:

11. Beschränkung der Haftung
Die Software-Produkte sind von Natur aus komplex und können deshalb nicht völlig frei von Fehlern sein. Sie sind für die Überprüfung Ihrer Arbeit und das Erstellen von Sicherungskopien verantwortlich. Der Lizenzgeber ist nicht verantwortlich für Ihr diesbezügliches Fehlverhalten.

11.1 Der Lizenzgeber haftet für etwaige Schäden gleich aus welchem Rechtsgrund nur, wenn (i) er eine vertragswesentliche Pflicht (Kardinalpflicht) schuldhaft (dh mindestens fahrlässig) in einer den Vertragszweck gefährdenden Weise verletzt hat, oder (ii) der Schaden durch grobe Fahrlässigkeit oder Vorsatz des Lizenzgebers verursacht wurde oder (iii) er eine Garantie übernommen hat. Die allgemeine Haftung des Lizenzgebers als Vermieter für anfängliche Mängel ohne Rücksicht auf Verschulden (§ 536a BGB) wird hiermit ausdrücklich ausgeschlossen.

11.2 Die Haftung des Lizenzgebers ist auf den typischen, vorhersehbaren Schaden beschränkt, wenn der Lizenzgeber (i) vertragswesentliche Pflichten (Kardinalpflichten) schuldhaft, aber nicht grob fahrlässig oder vorsätzlich verletzt hat, oder (ii) Mitarbeiter oder Beauftragte des Lizenzgebers, die nicht Organe oder leitende Angestellte sind, sonstige Pflichten grob fahrlässig verletzt haben, oder (iii) wenn der Lizenzgeber eine Garantie übernommen hat, sofern es sich bei der Garantie nicht ausdrücklich um eine Garantie für die Beschaffenheit einer Ware handelt.

11.3 In den Fällen der Ziffer 11.2 besteht keine Haftung für mittelbare Schäden, Folgeschäden oder entgangenen Gewinn.

11.4 In den Fällen der Ziffer 11.2 ist der Betrag für Schäden an Sachen auf EUR 250.000,– und für Vermögensschäden auf den Wert des Einzelauftrags beschränkt.

11.5 Schadensersatzansprüche verjähren in den Fällen der Ziff. 11.2 spätestens nach zwei Jahren von dem Zeitpunkt, in welchem Sie Kenntnis von dem Schaden erlangt haben, bzw. ohne Rücksicht auf diese Kenntnis spätestens nach drei Jahren vom Zeitpunkt des schädigenden Ereignisses an. Für Ansprüche wegen Mängel der Waren verbleibt es bei der Verjährung nach Ziff. 10.

11.6 Sie sind verpflichtet, angemessene Vorkehrungen zu treffen, um ihre Daten und Programme zu schützen, insbesondere durch die Anfertigung von Sicherungskopien in maschinenlesbarer Form in mindestens täglichen Abständen. Der Lizenzgeber haftet nicht für den Verlust von Datenprogrammen, soweit dies durch Beachtung der Verpflichtung nach dieser Vorschrift vermeidbar gewesen wäre. Im Übrigen beurteilt sich die Haftung des Lizenzgebers für den Datenverlust nach den Bestimmungen von dieser Ziff 11.

11.7 Die Haftung des Lizenzgebers nach dem deutschen Produkthaftungsgesetz, für die Verletzung von Leben, Körper und Gesundheit, für das arglistige Verschweigen eines Mangels und die Übernahme einer Garantie für die Beschaffenheit einer Sache bleibt unberührt.

11.8 Die Ziffer 11 gilt auch, wenn ein Software-Produkt nur der Gattung nach bestimmt ist.

11.9 Die Ziffer 11 gilt auch im Falle etwaiger Schadensersatzansprüche gegen Mitarbeiter oder Beauftragte des Lizenzgebers.

150 Solche komplexen Klauseln mit ihrer **stark differenzierten Kasuistik** sind nach schweizerischem Recht zwar ebenfalls möglich. Da jedoch die dabei verwendeten Begriffe und Kategorien, wie zB Kardinalpflichten oder typischer bzw. vorhersehbarer Schaden, in der Schweiz nicht gebräuchlich sind, besteht eine erhebliche Unsicherheit in Bezug auf die Auslegung solcher Klauseln im Streitfall. Zudem muss sich ein deutsches Unternehmen überlegen, in welchem Umfang es von dem nach schweizerischem Recht für Haftungsbeschränkungen möglichen Gestaltungsspielraum Gebrauch machen will. Gemäß Art. 100 Abs. 2 OR kann es die Haftung, außer für grobe Fahrlässigkeit und Absicht, ausschließen.[113] Nach Art. 101 Abs. 1 OR kann ferner die Haftung für Schäden, welche durch Hilfspersonen oder Arbeitnehmer verursacht werden, beschränkt oder gänzlich ausgeschlossen werden, und zwar auch dann, wenn grobe Fahrlässigkeit oder Absicht vorliegt. Ein Unternehmen kann somit nach schweizerischem Recht seine Haftung beschränken oder ausschließen, außer für Schäden, welche durch grobe Fahrlässigkeit oder Absicht von Personen verursacht wurden, welche in Organpositionen stehen.

151 *ee) Konsumentenrecht.* In der Schweiz ist der vertragliche Schutz der Konsumenten (Verbraucher) **weniger stark ausgebaut** als in der EU und Deutschland. Insbesondere kennt die

---

[113] Gemäß Art. 101 Abs. 2 OR ist es im Ermessen des Gerichts, den Ausschluss der Haftung für leichte Fahrlässigkeit als nichtig zu betrachten, wenn der geschädigte Vertragspartner im Dienst des Schädigers stand, oder im Fall der Verantwortlichkeit aus dem Betrieb eines obrigkeitlich konzessionierten Gewerbes.

V. Lokalisierung von Verträgen

Schweiz im Gegensatz zur bis Mitte 2014 wirksamen EU-Fernabsatzrichtlinie[114] bzw. der diese ablösenden Verbraucherrechterichtlinie **kein Widerrufsrecht** für Verträge, welche über Fernabsatzkanäle abgeschlossen werden.[115] Das Schweizer Recht kennt ein Widerrufsrecht **nur für Haustürgeschäfte und ähnliche Verträge,**[116] das heißt, für Verträge, für welche dem Konsumenten das Angebot in seinen Wohnräumen oder am Arbeitsplatz oder in deren unmittelbaren Umgebung, in öffentlichen Verkehrsmitteln oder auf öffentlichen Straßen und Plätzen oder im Rahmen einer Werbeveranstaltung in Verbindung mit einer Werbefahrt oder ähnlichen Anlässen gemacht worden ist. Gegenstand der Verträge müssen bewegliche Sachen oder Dienstleistungen sein, die für den persönlichen oder familiären Gebrauch des Kunden bestimmt sind, und die Leistung des Kunden muss mehr als CHF 100,00 betragen. Der Anbieter muss den Vertrag zudem im Rahmen seiner beruflichen oder gewerblichen Tätigkeit abgeschlossen haben. Für deutsche Unternehmen, die von Deutschland aus Kunden in der Schweiz beliefern, stellt sich daher die Frage, ob sie im Rahmen der Lokalisierung ihrer AGB das Widerrufsrecht für Fernabsatzverträge streichen wollen.

ff) Eigentumsvorbehalt. Häufig finden sich in den AGB von deutschen Unternehmen Klauseln, in denen ein Eigentumsvorbehalt an den Liefergegenständen vereinbart wird, verbunden mit der Abtretung von Forderungen, welche aus einer allfälligen Weiterveräußerung der Liefergegenstände durch den Vertragspartner resultieren:

Beispiel:
Eigentumsvorbehalt
1 Wir behalten uns das Eigentum an der Ware bis zur vollständigen Bezahlung des Kaufpreises sowie aller sonstigen im Zeitpunkt des Abschlusses des Vertrages fälligen Ansprüche aus der laufenden Geschäftsverbindung mit dem Besteller vor (§ 449 BGB).
2 Wir ermächtigen den Besteller, im Rahmen des ordnungsgemäßen Geschäftsbetriebes, über die Ware zu verfügen. Er tritt uns jedoch bereits jetzt alle Forderungen in Höhe des Faktura – Endbetrages (einschließlich Mehrwertsteuer) ab, die ihm aus der Weiterveräußerung gegen seine Abnehmer oder Dritte erwachsen, und zwar unabhängig davon, ob der Liefergegenstand ohne oder nach Verarbeitung weiterverkauft worden ist. Zur Einziehung dieser Forderung bleibt der Besteller auch nach der Abtretung ermächtigt. Unsere Befugnis, die Forderung selbst einzuziehen, bleibt hiervon unberührt. Wir verpflichten uns jedoch, die Forderung nicht einzuziehen, solange der Besteller seinen Zahlungsverpflichtungen aus den vereinnahmten Erlösen nachkommt, sich die Vermögenssituation des Bestellers nicht wesentlich verschlechtert, der Besteller nicht in Zahlungsverzug ist und insbesondere kein Antrag auf Eröffnung des Insolvenzverfahrens gestellt ist oder Zahlungsunfähigkeit vorliegt. Ist solches aber der Fall oder liegt ein sonstiger wichtiger Grund vor, können wir verlangen, dass der Besteller uns die abgetretenen Forderungen und deren Schuldner bekannt gibt, alle zum Einzug erforderlichen Angaben macht, die dazugehörigen Unterlagen aushändigt und den Schuldnern (Dritten) die Abtretung mitteilt. Diese Vorausabtretung umfasst die erworbene Forderung ebenso wie bestellte Sicherheiten und eventuelle Forderungssurrogate. Andere Verfügungen über die Ware sind nicht gestattet und verpflichten zum Schadenersatz.
3 Befindet sich der Besteller in Zahlungsverzug, sind wir nach erfolglosem Setzen einer Nachfrist von einer Woche berechtigt, die Vorbehaltsware zurückzunehmen. Eine solche Maßnahme bedeutet keinen Rücktritt vom Vertrage, so dass unsere Ansprüche im bisherigen Umfang bestehen bleiben. Der Rücktritt vom Vertrag bleibt unbenommen und kann nur mittels ausdrücklicher Erklärung erfolgen.
4 Kommt der Besteller mit der Bezahlung der Vorbehaltsware in Verzug, können wir vom Vertrag zurücktreten, ohne dem Besteller für die Bezahlung eine weitere Frist setzen zu müssen.
5 Der Besteller ist verpflichtet, bei eventuellen Pfändungen durch Dritte auf unsere Rechte hinzuweisen und uns unverzüglich zu benachrichtigen. Soweit der Dritte nicht in der Lage ist, uns die gerichtlichen und außergerichtlichen Kosten einer Klage gemäß § 771 ZPO zu erstatten, haftet der Besteller für den uns entstandenen Aufwand.

---

[114] Art. 6 der RL 97/7/EG ABl. Nr. L 144 v. 4.6.1997 S. 19 ff. Diese Richtlinie wird abgelöst durch die Richtlinie 2011/83/EU (Verbraucherrechterichtlinie), welche von den Mitgliedstaaten bis Juni 2014 umzusetzen war.
[115] Allerdings befindet sich gegenwärtig im Parlament eine Änderung des Obligationenrechts in Vorbereitung, wonach für Telefonverkäufe ein Widerrufsrecht eingeführt werden soll.
[116] Art. 40a bis 40f OR. Die analoge Regelung in der EU ist die Richtlinie 85/577 EWG (Haustürgeschäftsrichtlinie), welche ebenfalls durch die neue Verbraucherrechterichtlinie abgelöst wird.

6 Der Besteller ist verpflichtet, den Liefergegenstand pfleglich zu behandeln, insbesondere diesen auf eigene Kosten gegen Feuer-, Wasser- und Diebstahlschäden ausreichend zum Neuwert zu versichern. Sofern Wartungs- und Inspektionsarbeiten erforderlich sind, muss der Besteller diese auf eigene Kosten rechtzeitig durchführen.

153   Die Bedeutung solcher Klauseln ist nach schweizerischem Recht häufig in Frage gestellt. Die Vereinbarung des Eigentumsvorbehalts zwischen Verkäufer und Käufer kann an und für sich formfrei erfolgen.[117] Gemäß Art. 715 Abs. 1 Zivilgesetzbuch (ZGB) bedarf jedoch der Eigentumsvorbehalt, damit er gegenüber Dritten geltend gemacht werden kann, der **Eintragung im Eigentumsvorbehaltsregister** am Wohnort bzw. am Sitz des Käufers.[118] Die Eintragung kann mündlich oder schriftlich durch beide Parteien gemeinsam oder auf einseitigen Antrag einer Partei erfolgen. Im letzten Fall, in der Praxis regelmäßig auf Antrag des Verkäufers, da das Interesse am Registereintrag bei ihm liegt, muss die Zustimmung des Käufers belegt werden, indem der von letzterem unterzeichnete Kaufvertrag im Original oder als beglaubigte Kopie vorgelegt wird.[119] Daraus ergibt sich, dass die Vereinbarung von Eigentumsvorbehalten in elektronisch abgeschlossenen Verträgen zwar an und für sich möglich ist, die Eintragung im Register und damit die Wirksamkeit des Eigentumsvorbehalts jedoch daran scheitert, dass keine Unterschrift des Käufers vorliegt.[120]

154   Auch in einem weiteren Punkt ist die Wirksamkeit solcher Klauseln eingeschränkt. Dies betrifft die Abtretung der vom Käufer bei einer Weiterveräußerung des Kaufgegenstands an einen Dritten diesem gegenüber erworbenen Forderung. Nach Art. 165 Abs. 1 OR bedarf die Übertragung von Forderungen (Zession) als Verfügungsgeschäft der **Schriftform**. Die schuldrechtliche Verpflichtung zur Forderungsabtretung (pactum de cedendo) ist demgegenüber nach Art. 165 Abs. 2 OR formlos gültig. Bei **elektronisch abgeschlossenen Verträgen** kann daher eine solche Klausel lediglich die Bedeutung der formlos gültigen Verpflichtung des Käufers zur Abtretung der betreffenden Forderungen haben, mangels Erfüllung der erforderlichen Formvorschrift jedoch nicht als Abtretung der Forderung im Sinne des Verfügungsgeschäfts gelten. Diese müsste unter Einhaltung der Formvorschrift nachgeholt werden. Eine Ausnahme besteht, wenn der elektronische Vertragsschluss zumindest auf Käuferseite unter Verwendung einer digitalen Signatur erfolgt. Gemäß Art. 14 Abs. 2 OR wird die qualifizierte digitale Signatur im Sinne des Bundesgesetzes über Zertifizierungsdienste im Bereich der digitalen Signatur der eigenhändigen Unterschrift gleichgestellt, womit die Formvorschrift von Art. 165 Abs. 1 OR erfüllt ist.

155   gg) *Arbeitnehmermitbestimmung.* Insbesondere im Zusammenhang mit unternehmensinternen Regelungen betreffend die Nutzung und Überwachung der Nutzung von Mitteln der Informations- und Kommunikationstechnologie durch die Mitarbeiter zeigt sich immer wieder der Unterschied zwischen dem deutschen und schweizerischen Recht betreffend die Arbeitnehmermitbestimmung. Während in Deutschland Regelungen der genannten Art vielfach als Vereinbarungen zwischen dem Unternehmen und dem Betriebsrat auszugestalten sind, handelt es sich in der Schweiz regelmäßig um **einseitige Anordnungen,** welche auf Basis des dem Arbeitgeber zustehenden Weisungsrechts[121] erlassen werden. Sollen daher schweizerische Tochtergesellschaften basierend auf den Vorgaben der Konzernzentrale in Deutschland derartige Regelungen übernehmen, so sind sie an die andersartige schweizerische Betriebsverfassung unbedingt anzupassen.

---

[117] *Tuor/Schnyder/Schmid/Rumo-Jungo* § 102 Rn. 13.
[118] Die Einzelheiten sind geregelt in der Verordnung betreffend die Eintragung der Eigentumsvorbehalte vom 19.12.1910, SR 211.413.1.
[119] Art. 4 Abs. 4 der vorgenannten Verordnung.
[120] Die Möglichkeit zur elektronischen Anmeldung bzw. zur Anmeldung gestützt auf elektronisch signierte Dokumente und Verträge ist für dieses Register (noch) nicht vorgesehen.
[121] Art. 321d OR.

Teil D. Vertrieb und Elektronischer Geschäftsverkehr

§ 24 Vertrieb von Software und Hardware

Übersicht

	Rn.
I. Die verschiedenen Arten des Software- und Hardwarevertriebs	1–24
1. Überblick	1–3
2. Vertrieb über Handelsvertreter oder Vertragshändler – Abgrenzungsfragen	4–12
3. Ausgestaltung der verschiedenen Arten des Soft- und Hardwarevertriebs	13–24
a) Vertrieb über Hersteller von anderer Soft- oder Hardware	14–17
b) Sonderfall: Bundling	18–23
c) Vertrieb über Anbieter von Dienstleistungen	24
II. Verträge zwischen Soft- oder Hardwareherstellern und Vertriebspartnern	25–117
1. Anwendbare Vorschriften für Handelsvertreter- und Vertragshändlerverträge	26–31
2. Rechte und Pflichten aus dem Vertriebsvertrag	32–69
a) Rechte und Pflichten des Handelsvertreters/Resellers	34–51
b) Rechte und Pflichten des Herstellers	52–69
3. Anwendbares Recht und Gerichtsstandsvereinbarungen im internationalen Vertrieb	70–73
a) Rechtswahl und mangels Rechtswahl anzuwendendes Recht	70–72
b) Gerichtsstandsvereinbarungen	73
4. Kartellrechtliche Fragen	74
5. Vertragsbeendigung, insbesondere § 89b HGB	75–87
a) Ordentliche Kündigung	76–80
b) Außerordentliche Kündigung	81–87
6. Möglichkeiten zur Vertragsverlängerung	88–90
7. Herausgabeansprüche	91/92
8. Goodwill-Ausgleichsansprüche, insbesondere § 89b HGB	93–117
a) § 89b HGB	93–113
b) Investitionsschutz	114–117
III. Verträge zwischen Soft- oder Hardwareherstellern/Vertriebspartnern und Endkunden	118–128
1. Überblick	118
2. Mängelrechte und Haftungsfragen	119–128
a) Allgemeine Differenzierung zwischen Handelsvertretern und Vertragshändlern	119–121
b) Rechtslage bei Vertragshändlern mit Verbraucher-Kunden im Einzelnen	122–125
c) Rechtslage bei Handelsvertretern im Einzelnen	126–128
IV. Besonderheiten des Softwarevertriebs	129–207
1. Einbeziehung von Enduser License Agreements („EULA") des Vertragshändlers	130/131
2. Vertragsschluss und Einbeziehung des EULA des Herstellers bei Shrinkwrap- und Clickwrap-Agreements	132–136
3. Vertragsschluss bei Registrierkartenverträgen	137–143
4. Auseinanderfallen der Vertragsparteien auf Lieferantenseite	144–159
a) Vertragshändler: Auseinanderfallen von Lizenz- und Pflegevertrag	146–152
b) Vertragshändler: Wesentliche Problemstellungen bei fehlender Vertragskoppelung	153–155
c) Handelsvertreter: Einbindung in Softwareentwicklung	156–159
5. Besonderheiten der Nacherfüllung beim Softwarevertrieb	160–163
6. Auswirkung der Unterbrechung der Lizenzkette auf den Endkundenvertrag	164–172
7. Handel mit „gebrauchter" Software	173–207
a) Hintergründe	174–178
b) Grundsätzliche Zulässigkeit des Handels mit „gebrauchter" Software	179–189

	Rn.
c) Ausnahmen der Zulässigkeit des Handels mit „gebrauchter" Software ...	190–198
d) AGB-rechtliche Zulässigkeit von Weiterübertragungsverboten	199–207
V. Besonderheiten des Hardwarevertriebs	208–235
1. Einführung	208–220
a) Allgemeines	208
b) Besonderheiten des Hardwarevertriebs	209–218
c) Der OEM-Vertrag	219/220
2. Hardwarebezogene Besonderheiten	221–235
a) Elektro- und Elektronikgerätegesetz	221–226
b) Batteriegesetz	227/228
c) Produktsicherheitsgesetz	229–235

Schrifttum: *Ahrens/Bornkamm/Gloy,* Festschrift für Willi Erdmann, 2002; *Bachofer,* Der VAR-Vertrag, CR 1988, 809; *ders.,* Der SHAP-Vertrag, CR 1989, 89; *ders.,* Der OEM-Vertrag, CR 1988, 1; *Bartsch,* Gesonderter Vertrieb von OEM-Produkten ist urheberrechtlich nicht durchsetzbar, K&R 2000, 612; *ders.,* Grad der Marktdurchdringung von Software als rechtliches Kriterium, CR 1994, 667; *Baumbach/Hopt* (Hrsg.), HGB, 36. Auflage 2014; *Baus,* Verwendungsbeschränkungen in Softwareüberlassungsverträgen, 2004; *Beier Hrsg.),* Festgabe für Gerhard Schricker zum 60. Geburtstag, 1995; *Berger,* Urheberrechtliche Erschöpfungslehre und digitale Informationstechnologie, GRUR 2002, 198; *ders.,* Lizenzen in der Insolvenz des Lizenzgebers, GRUR 2013, 321; *Bodewig,* Der Ausgleichsanspruch des Franchisenehmers nach Beendigung des Vertragsverhältnisses, BB 1997, 637; *Bräutigam/Lederer,* Handel mit Second-Hand-Software erschöpfend behandelt, jurisPR-ITR 17/2008 Anm. 2; *Bräutigam/Wiesemann,* Der BGH und der Erschöpfungsgrundsatz bei Software CR 2010, 215; *Canaris,* Handelsrecht, 24. Auflage 2006; *Contreras/Slade,* Click-Wrap Agreements: Background and Guide-lines für Enforceability, CRI 2000, 104; *Dahl/Schmitz,* Das Schicksal der Lizenz in der Insolvenz des Lizenzgebers – der erneut gescheiterte Versuch einer gesetzlichen Regelung und deren Notwendigkeit, BB 2013, 1032; *Dietrich,* Von Used Soft II und dessen Folgen, NJ 2014, 194; *Diederichsen/Ahlhaus,* Das neue Elektro- und Elektronikgerätegesetz, NJW 2005, 2741; *Dieselhorst,* Zur Anwendbarkeit des Erschöpfungsgrundsatzes auf Lizenzen, die nur zum Download von Software berechtigen, CR 2007, 361; *ders.,* Zur Dinglichkeit und Insolvenzfestigkeit einfacher Lizenzen, CR 2010, 69; *Döser,* Anglo-amerikanische Vertragsstrukturen in deutschen Vertriebs-, Lizenz- und sonstigen Vertikalverträgen, NJW 2000, 1451; *Ebenroth/Boujong/Joost/Strohn* (Hrsg.), Handelsgesetzbuch: HGB, 3. Aufl. 2014; *Ebenroth/Parche,* Die kartell- und zivilrechtlichen Schranken bei der Umstrukturierung von Absatzmittlungsverhältnissen, BB 1988 Beil. 10; *Ebenroth/Strittmatter,* Fremdbestimmte Investitionen in der Umstrukturierung von Absatzmittlungsverhältnissen im Automobilsektor, BB 1993, 1521; *Eckert,* Die analoge Anwendung des Ausgleichsanspruchs nach § 89b HGB auf Vertragshändler und Franchisenehmer, WM 1991, 1237; *Erfurter Kommentar zum Arbeitsrecht,* 15. Auflage 2015; *Frentz/Masch,* Lizenzverträge in der Insolvenz des Lizenzgebers nach den Entscheidungen Reifen Progressiv, Vorschaubilder, M2Trade und Take Five des Bundesgerichtshofs – insolvenzfester Fortbestand der Lizenzen, ZUM 2012, 886; *Flohr,* Franchise-Vertrag, 4. Auflage 2010; *Foth,* Der Ausgleichsanspruch des Vertragshändlers, 1985; *Genzow,* Vertragshändlervertrag, 1996; *Giesberts/Hilf,* Elektro- und Elektronikgerätegesetz, Kommentar, 2. Aufl., München 2009; *Giesler,* Praxishandbuch Vertriebsrecht, 2. Auflage 2011; *Grützmacher,* Gebrauchtsoftware und Erschöpfungslehre: Zu den Rahmenbedingungen eines Second-Hand-Marktes für Software, ZUM 2006, 302; *ders.,* Gebrauchtsoftware und Übertragbarkeit von Lizenzen, CR 2007, 549; *ders.,* Unternehmens- und Konzernlizenzen, ITRB 2004, 204; *ders.,* Urheber-, Leistungs- und Sui-generis-Schutz von Datenbanken, 1999; *Günther,* Ausfuhrkontrollen für IT-Produkte in den USA. Aktuelle Entwicklungen im Exportkontrollrecht und in der Kryptopolitik, CR 1997, 245; *Haberstumpf,* Der Handel mit gebrauchter Software und die Grundlagen des Urheberrechts, CR 2009, 345; *Hartmann,* Weiterverkauf und „Verleih" online vertriebener Inhalte, GRUR-Int. 2012, 980; *Hilber,* Die Übertragbarkeit von Softwarerechten im Kontext einer Outsourcingtransaktion, CR 2008, 749; *Heidenhain/Reus,* Möglichkeiten der vertraglichen Bindung von Unterlizenzen an den Bestand der Hauptlizenz, CR 2013, 273; *Heydn/Schmidl,* Der Handel mit gebrauchter Software und der Erschöpfungsgrundsatz, K&R 2006, 74; *Hoeren,* Der urheberrechtliche Erschöpfungsgrundsatz bei der Online-Übertragung von Computerprogrammen, CR 2006, 573; *ders.,* Nutzungsbeschränkungen in Softwareverträgen – eine Rechtsprechungsübersicht, RDV 2005, 11; *ders./Ernstschneider,* Das neue Geräte- und Produktsicherheitsgesetz und seine Anwendung auf die IT-Branche, MMR 2004, 507; *Hoffmann/Leible/Sosnitza* (Hrsg.), Vertrag und Haftung im E-Commerce, 2006; *Hopt,* Handelsvertreterrecht, 4. Auflage 2009; *Huppertz,* Handel mit Second Hand-Software, CR 2006, 145; *Karger,* Fallstricke in Clickwrap-Agreements, ITRB 2004, 110; *ders.,* Weitere Einzelheiten zu Haftungsklauseln in Allgemeinen Geschäftsbedingungen im kaufmännischen/unternehmerischen Verkehr, ITRB 2003, 13; *Klawitter,* Fortgeltung der Unterlizenz nach Wegfall der Hauptlizenz, GRUR-Prax 2012, 425; *Klindt,* Geräte- und Produktsicherheitsgesetz (GPSG), Kommentar, München 2007; *Kloth,* Der digitale Zweitmarkt: Aktuelle Entwicklungen zum Weiterverkauf gebrauchter E-Books, Hörbücher und Musikdateien, GRUR-Prax 2013, 239; *Knies,* Erschöpfung Online?, GRUR Int. 2002, 314; *Koch,* Lizenzrechtliche Grenzen des Handels mit Gebrauchtsoftware, ITRB 2007, 140; *ders.,* Urheberrechtliche Zulässigkeit technischer Beschränkungen und Kontrolle der Software-Nutzung, CR 2002, 629; *Kochinke,* Lizenzbestimmungen für Ausfuhren nach US-Recht, CR 1987, 401; *Köhler,* Ausgleichsanspruch des Franchisenehmers – Bestehen, Bemessung, Abwälzung,

I. Die verschiedenen Arten des Softwarevertriebs

NJW 1990, 1689; *ders.*, Rechtsfragen zum Softwarevertrag, CR 1987, 827; *Koehler,* Der Erschöpfungsgrundsatz im Online-Bereich, 2000; *Kohls/Wagner-Cardenal,* Herstellerpflichten nach dem Elektro- und Elektronikgerätegesetz, NVwZ 2005, 1111; *Kramer,* Die arbeitsvertragliche Abdingbarkeit des § 625 BGB, NZA 1993, 1115; *Küstner/Thume,* Handbuch des gesamten Außendienstrechts, Band I, 4. Auflage 2011; *Lehmann,* Das neue Software – Vertragsrecht – Verkauf und Lizenzierung von Softwareprogrammen, NJW 1993, 1822; *ders.,* Portierung und Migration von Anwendersoftware, CR 1990, 700; *ders.,* Rechtsschutz und Verwertung von Computerprogrammen, 2. Aufl. 1993; *Lejeune,* Shrinkwrap- und Clipwrap-Verträge in der Praxis, ITRB 2001, 263; *Lustermann/Holz,* Das neue Elektro- und Elektronikgerätegesetz – Anwendungsprobleme in der Praxis, NJW 2006, 1029 und 3097; *Marly,* Der Handel mit Gebrauchtsoftware, CR 2014, 145; *ders.,* Der Handel mit so genannter „Gebrauchtsoftware", EuZW 2012, 654; *Martinek,* Franchising, 1987; *ders.,* Moderne Vertragstypen, Band II, 1992; *ders./Semler/Habermeier/Flohr* (Hrsg.), Handbuch des Vertriebsrechts, 3. Auflage, 2010; *McGuire/Kunzmann,* Sukzessionsschutz und Fortbestand der Unterlizenz nach „M2Trade" und „Take Five" – ein Lösungsvorschlag, GRUR 2014, 28; *Mäger,* Der urheberrechtliche Erschöpfungsgrundsatz bei der Veräußerung von Software, CR 1996, 522; *Metzger,* Erschöpfung des urheberrechtlichen Verbreitungsrechts bei vertikalen Vertriebsbedingungen, GRUR 2001, 210; *Meyer-van Raay,* Der Fortbestand von Unterlizenzen bei Erlöschen der Hauptlizenz, NJW 2012, 3691; *Möhring/Nicolini,* UrhG, 3. Auflage 2014; *Moos/Gallenkemper/Volpers,* Rechtliche Aspekte der Abgabe von gebrauchter Hardware, CR 2008, 477; *Moritz,* Handel mit „gebrauchter" Software, jurisPR ITR 5/2007 Anm. 5; *ders.,* Softwarelizenzverträge (I), CR 1993, 257; *Oswald,* Erschöpfung durch Online-Vertrieb urheberrechtlich geschützter Werke, 2005; *Pahlow,* Von Müttern, Töchtern und Enkeln – zum Rechtscharakter und Wirkung des urheberrechtlichen Rückrufs, GRUR 2010, 112; *Plaß,* Open Contents im deutschen Urheberrecht, GRUR 2002, 670; *Pres,* Gestaltungsformen urheberrechtlicher Lizenzverträge, 1994; *Redeker,* Das Konzept der digitalen Erschöpfung – Urheberrecht für die digitale Welt, CR 2014, 73; *Roth,* B2B-Geräte und das Elektrogesetz, ITRB 2007, 119; *Royla/Gramer,* Urheberrecht und Unternehmenskauf, CR 2005, 154; *Runte/Potinecke,* Software und GPSG, CR 2004, 725; *Sahin/Haines,* Einräumung von Nutzungsrechten im gestuften Vertrieb von Standardsoftware, CR 2005, 241; *Schack,* Rechtsprobleme der Online-Übermittlung, GRUR 2007, 639; *Schneier/Spindler,* Der Kampf um die gebrauchte Software – Revolution im Urheberrecht, CR 2013, 489; *Schmidt* (Hrsg.), Münchener Kommentar zum Handelsgesetzbuch, Band I, 3. Auflage 2010; *Schneider,* Rechnerspezifische Erschöpfung bei Software im Bundle ohne Datenträgerübergabe, CR 2009, 553; *ders.,* Spätfolgen der Used Soft-Entscheidung des EuGH, ITRB 2014, 120; *Schneider/Spindler,* Der Erschöpfungsgrundsatz bei „gebrauchter" Software im Praxistest, CR 2014, 213; *Schrader/Rautenstrauch,* Geltung des Erschöpfungsgrundsatzes beim Online-Erwerb durch unkörperliche Übertragung urheberrechtlich geschützter Werke, K&R 2007, 251; *Schuhmacher,* Wirksamkeit von typischen Klauseln in Softwareüberlassungsverträgen, CR 2000, 641; *Seegel,* Die Insolvenzfestigkeit von Lizenzen und Lizenzverträgen, CR 2013, 205; *Senftleben,* Die Fortschreibung des urheberrechtlichen Erschöpfungsgrundsatzes im digitalen Umfeld, Die UsedSoft-Entscheidung des EuGH: Sündenfall oder Befreiungsschlag?, NJW 2012, 2924; *Sosnitza,* Die urheberrechtliche Zulässigkeit des Handels mit gebrauchter Software, K&R 2006, 206; *Spindler,* Der Handel mit Gebrauchtsoftware – Erschöpfungsgrundsatz quo vadis?, CR 2008, 69; *von Staudinger,* Kommentar zum Bürgerlichen Gesetzbuch; *Tades/Danzl/Graninger* (Hrsg.), Ein Leben für die Rechtskultur: Festschrift Robert Dittrich zum 75. Geburtstag, 2000; *Thume,* Neue Rechtsprechung zum Ausgleichsanspruch des Handelsvertreters und des Vertragshändlers, BB 1998, 1425; *Ulmer,* Der Vertragshändler, 1969; *ders./Hoppen,* Was ist das Werkstück des Software-Objektcodes?, CR 2008, 681; *von Westphalen,* Vertragshändlerverträge, in: *ders.,* Vertragsrecht und AGB-Klauselwerke, Loseblatt, München Von Westphalen, 35. Aufl. 2014; *Weisser/Färber,* Weiterverkauf gebrauchter Software-Used Soft-Rechtsprechung und ihre Folgen – Erschöpfungsgrundsatz und ihre Folgen, MMR 2014, 364; *Witte,* Online-Vertrieb von Software, ITRB 2005, 86; *Wolf/Lindacher/Pfeiffer* (Hrsg.), AGB-Recht, 6. Auflage 2013; *Zahrnt,* Überlassung von Softwareprodukten nach neuem Urheberrecht, CR 1994, 455; *Zscherpe/Lutz,* Geräte- und Produktsicherheitsgesetz: Anwendbarkeit auf Hard- und Software, K&R 2005, 499.

I. Die verschiedenen Arten des Software- und Hardwarevertriebs

1. Überblick

Beim Vertrieb von Soft- und Hardware können verschiedene Vertriebsformen unterschieden werden.[1] Dies ist zum einen der **Direktvertrieb**, bei dem der Hersteller seine Soft- oder Hardware direkt oder ggf. durch Konzerngesellschaften an den Endkunden lizenziert und liefert.

Zum anderen kann sich der Hersteller beim Vertrieb seiner Produkte der Hilfe Dritter bedienen. Als solche Dritte kommen insbesondere in Betracht:

- **Hersteller von anderer Soft- oder Hardware,** deren eigene Produkte entweder auf der Soft- bzw. Hardware eines anderen Herstellers aufsetzen und ggf. gemeinsam ein einheitliches System schaffen oder die im Wege einer gemeinsamen Vertriebsstrategie die Pro-

---

[1] Zum Vertrieb von Software über Cloud-Lösungen, insbesondere im Rahmen von SaaS-Lösungen vgl. ausführlich → § 22.

dukte gemeinsam vertreiben.² Beispielhaft seien im Software-Bereich Programme genannt, die in ihrer Funktion auf bestimmte Datenbanken zB von Oracle, Microsoft oder SAP zurückgreifen.³ Werden Soft- und Hardware gemeinsam „im Bündel" vertrieben, spricht man vom sogenannten „**Bundling**". Die in diesem Zusammenhang verwendeten Softwareversionen werden üblicherweise als „**OEM-Versionen**" bezeichnet.

- **Anbieter von Dienstleistungen** wie dem Customizing, der Integration oder der Pflege von Software bzw. der Wartung von Hardware, die im Rahmen dieser Leistungen den Endkunden ebenfalls Rechte an der Software eines dritten Herstellers einräumen bzw. Hardware eines Drittherstellers vertreiben.
- **Sonstige Dritte,** deren Vertriebsinteresse auf die Soft- oder Hardware als solche gerichtet ist und nicht auf andere damit im Zusammenhang stehende Leistungen. Diese Dritten können sowohl mit Wissen und Wollen des Herstellers für diesen aktiv werden. Es kann aber auch ohne oder sogar gegen dessen Willen geschehen, zB beim **Gebrauchtsoftwarehandel.**

3   Die vorstehend aufgeführten Vertriebskonstellationen lassen sich rechtlich auf viele verschiedene Arten organisieren. Mit Ausnahme der Fälle des Gebrauchtsoftwarehandels, auf den im Weiteren gesondert eingegangen wird (IV. 7.), sind die beiden in der Praxis am häufigsten anzutreffenden Organisationsformen aber der Vertrieb über Handelsvertreter sowie der Vertrieb über Vertragshändler. Auf diese beiden Arten soll im Weiteren das Hauptaugenmerk gerichtet werden.

2. Vertrieb über Handelsvertreter oder Vertragshändler – Abgrenzungsfragen

4   Bei dem Vertrieb von Soft- oder Hardware über Dritte besteht die Möglichkeit, dass diese als **Handelsvertreter** gemäß § 84 HGB eingesetzt werden, wenn sie das Produkt in fremdem Namen auf fremde Rechnung vertreiben. In diesen Fällen schließt der Endkunde einen Kauf-, Miet- bzw. Nutzungsvertrag über die Soft- bzw. Hardware direkt mit dem Hersteller. Bildlich dargestellt ergibt sich damit die folgende Konstellation:

Modell Handelsvertreter

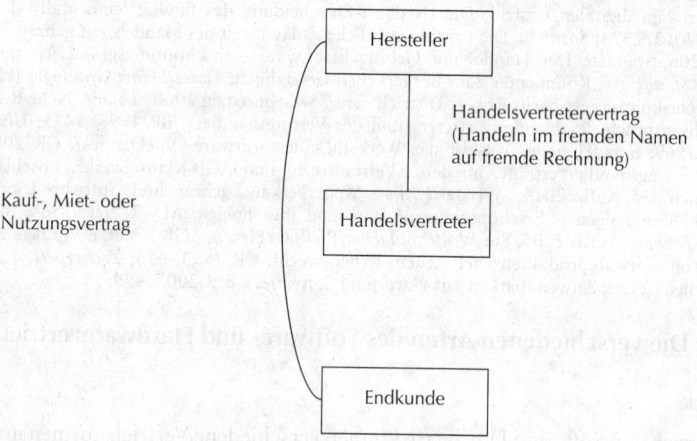

---

² Werden die Produkte im Software-Bereich zu einer einheitlichen Lösung kombiniert und wird dem Endkunden vom Vertriebspartner diese komplette Lösung auf Basis eines Vertrags angeboten, wird die Kooperation zwischen Vertriebspartner und Softwarehersteller als VAR (= Value Added Reseller-)Vertrag bezeichnet. Schließen Softwarehersteller und Vertriebspartner jeweils separate Verträge für ihre Produkte mit dem Endkunden bezeichnet man den Vertrag zwischen Softwarehersteller und Vertriebspartner als SHAP-(= Software House Assistance Program-)Vertrag. Vgl. zum VAR-Vertrag weiterführend *Bachhofer* CR 1988, 809 und zum SHAP-Vertrag weiterführend mit Vertragsmuster *Bachhofer* CR 1989, 89, der hierunter auch die Zusammenarbeit von Hard- und Softwareherstellern fasst.

³ Auf die Variation, dass Software mit der eines Dritten zu einem neuen System verbunden und dieses System dann in eine Maschine zB als Steuerungssoftware eingebaut wird, um dann in dieser Maschine dem Endkunden zur Verfügung gestellt zu werden, soll an dieser Stelle nicht eingegangen werden.

I. Die verschiedenen Arten des Softwarevertriebs

Abzugrenzen ist der Handelsvertreter zunächst als selbständiger Gewerbetreibender vom im Vertrieb eingeschalteten **Arbeitnehmer**, auf den die Regelungen des Arbeitsrechts anwendbar sind. Entscheidendes Kriterium für die Abgrenzung des Handelsvertreters zum Arbeitnehmer ist, dass der Handelsvertreter als selbständiger Gewerbetreibender gemäß § 84 Abs. 1, S. 2 und Abs. 2 HGB, „im Wesentlichen frei seine Tätigkeit gestalten und seine Arbeitszeit bestimmen kann". Ist die eingesetzte natürliche Person nach Vertragsgestaltung und tatsächlicher Umsetzung weisungsgebunden und abhängig in einer Weise tätig, dass Arbeitszeiten, Arbeitsort etc vorgegeben werden und kein eigenes unternehmerisches Risiko getragen wird, so muss dieser nach § 84 Abs. 2 HGB als Angestellter qualifiziert werden. Dies hat zur Folge, dass es sich um einen Fall des Direktvertriebs handelt und auf die Beziehung zum Vertriebsmittler Arbeitsrecht anwendbar ist.

Abzugrenzen ist der Handelsvertreter auch vom so genannten **Handelsmakler**. Der Unterschied zwischen diesen beiden Vertriebsmittlern besteht darin, dass zwar beide in fremdem Namen auf fremde Rechnung handeln, der Handelsmakler aber anders als der Handelsvertreter nicht zur ständigen Tätigkeit im Interesse des Unternehmers verpflichtet ist (vgl. § 93 Abs. 1 HGB).

Im Gegensatz zum Handelsvertreter schließt der **Kommissionär** (vgl. §§ 383 ff. HGB) Geschäfte im eigenen Namen, jedoch auf fremde Rechnung, nämlich des Kommittenten, ab. Ist er hiermit dauerhaft betraut, ist er Kommissionsagent. Dann ist das Handelsvertreterrecht möglicherweise entsprechend anwendbar.

Grundlegend von der Handelsvertreterkonstellation zu unterscheiden ist der Einsatz von **Vertragshändlern** (auch als **„Reseller"** bezeichnet), die in eigenem Namen auf eigene Rechnung tätig werden.

Im Falle des Vertragshändlers erwirbt der Vertriebsmittler vom Hersteller ein **Vertriebsrecht** an der Soft- bzw. Hardware, das inhaltlich als exklusives oder nicht exklusives Recht eingeräumt werden kann. Für gewöhnlich ist dieses Vertriebsrecht zeitlich beschränkt sowie räumlich auf ein gewisses Territorium/gewisse Länder begrenzt. Der Vertragshändler wird durch dieses Vertriebsrecht berechtigt, Endkunden in dem ihm eingeräumten Maße Nutzungsrechte an der Soft- bzw. Hardware des Herstellers einzuräumen.

Modell Vertragshändler

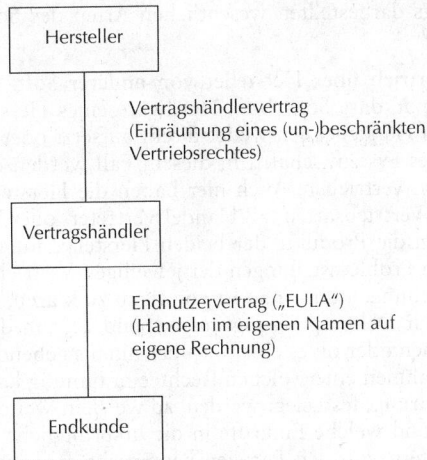

Der wesentliche Unterschied zwischen der Handelsvertreterlösung und dem Absatz über Vertragshändler besteht darin, dass der Hersteller im Rahmen der Handelsvertreterlösung durch die direkte Vertragsbeziehung näher am Endkunden ist. Für den Hersteller besteht der **Vorteil des Handelsvertretermodells** insbesondere darin, dass er eine direkte Kontrolle über die Konditionen, die Vertragserfüllung, eventuelle Implementierungen und Customizing-Handlungen sowie die Wartung und Pflege hat, da der Handelsvertreter das Produkt in fremdem Namen auf fremde Rechnung vertreibt. Ein weiterer Vorteil des Handelsvertretermodells liegt darin, dass nicht die Gefahr besteht, dass der Vertriebsmittler dem Endkunden mehr Nutzungsrechte einräumt, als ihm zustehen und er sich damit womöglich schadensersatzpflichtig macht. Der **Nachteil des Handelsvertretermodells** besteht jedoch darin, dass der Hersteller mit sämtlichen Tätigkeiten des Vertriebs, des Verkaufs und des After-Sales bis hin zu Gewährleistungsfällen selbst belastet ist. Will er letztere Tätigkeit vermeiden, so bietet sich der Weg über den Vertragshändler als geeignete Vertriebsform an.

11 In zahlreichen Verträgen der Praxis, insbesondere aus den USA, ist nicht leicht zu erkennen, ob es sich bei dem gewünschten Vertrieb rechtlich um ein Handelsvertreter- oder Vertragshändlermodell handelt. Hier lässt sich erst durch genaue Rücksprache und Eruierung der oben beschriebenen unterschiedlichen Interessenlagen der Vertragstyp genau bestimmen. Problematisch sind in diesem Fall regelmäßig die Klauseln, die das Beste aus beiden Welten zusammenführen wollen. Von rechtlichem Interesse sind dabei **Preis- und Konditionsbindungen** sowie die Sicherung der Implementierung oder der Wartung und Pflege durch den Hersteller.

12 Sollte bei einem Vertragshändlervertrag die **Vertriebsrechtseinräumung nicht explizit** oder nur lückenhaft geregelt sein, so ist im Einzelfall zu entscheiden, ob dieses Recht durch Auslegung gewonnen werden könnte. Hierfür käme beispielsweise im Bereich des Softwarevertriebs als Grundlage § 69d Abs. 1 UrhG in Betracht, nach dem im Wege einer gesetzlichen Lizenz dem zur Verwendung Berechtigten die bestimmungsgemäße Benutzung des Computerprogramms erlaubt ist.[4] Hierbei ist aber immer das in § 34 UrhG geregelte Maxim zu beachten, dass urheberrechtliche Nutzungsrechte grundsätzlich nur mit der Zustimmung des Urhebers übertragen werden können.

3. Ausgestaltung der verschiedenen Arten des Soft- und Hardwarevertriebs

13 Bevor im Detail auf die rechtlichen Fragestellungen der im Rahmen des Soft- und Hardwarevertriebs abgeschlossenen Verträge zwischen den Herstellern und Vertriebspartnern sowie zwischen den Herstellern/Vertriebspartnern und den Endkunden sowie die Besonderheiten des Software- und des Hardwarevertriebs genauer eingegangen wird, sollen kurz die eingangs dargestellten wesentlichen Arten des Soft- und Hardwarevertriebs erläutert werden.[5]

14 **a) Vertrieb über Hersteller von anderer Soft- oder Hardware.** In der Praxis kommt es häufig vor, dass Soft- bzw. Hardware eines Herstellers auf der Soft- oder Hardware eines anderen Herstellers entweder direkt aufsetzt oder im Zusammenspiel mit ihr ein neues, einheitliches System schafft. In diesem Fall werden die Produkte der beiden Hersteller oft gemeinsam vertrieben. Auch hier haben die Hersteller die Wahl zwischen den bereits dargestellten Vertriebsarten (zB Handelsvertreter- oder Vertriebshändler-Modell).

15 Sofern die Produkte der beiden Hersteller interagieren müssen, treten zu den bereits bekannten Problemstellungen der jeweiligen Vertriebsmodelle (ausführlich Ziffer II. 2) weitere Fragestellungen hinzu: So ist vor allem zu klären, ob die gesetzliche Ermächtigung des § 69e UrhG zur Dekompilierung ausreichend ist, um die notwendige **Interoperabilität** herstellen zu können oder ob es einer darüber hinaus gehenden Rechteeinräumung bedarf.

16 Im Rahmen einer solchen Rechteeinräumung kann zusätzlich, ähnlich einer **Abgrenzungsvereinbarung**, festgelegt werden, zu welchen Weiterentwicklungen der Lizenznehmer berechtigt ist und welche Eingriffe in die ursprüngliche Soft- bzw. Hardware zu unterbleiben haben. Sofern von den Parteien gewünscht, kann in diesem Zusammenhang bereits geregelt werden, in welchem Umfang der Lizenznehmer dem Lizenzgeber im Wege einer **Rücklizenz** Verwertungsrechte an den erstellten **Weiterentwicklungen** einräumt, die als selbstständige Bearbeitungen unabhängig von der bearbeiteten Soft- oder Hardware betrachtet werden können.

---

[4] *Sahin/Haines* CR 2005, 241 (245).
[5] Vgl. Übersicht → Rn. 1.

Ebenso ist denkbar, bereits im Vorfeld durch eine **Kooperationsvereinbarung** Synergieeffekte zu nutzen, indem bei Weiterentwicklungen der Soft- bzw. Hardware die beiden Hersteller eng zusammenarbeiten. Sofern beide Hersteller eine Verständigung über die gemeinsame Aufgabe haben und sich einer Gesamtidee gegenseitig unterordnen sowie sich die Anteile an der gemeinsamen Weiterentwicklung nicht gesondert verwerten lassen, werden sie Miturheber gem. § 8 Abs. 1 UrhG an den Weiterentwicklungen. Für diesen Fall sollten bereits in der Kooperationsvereinbarung Regelungen aufgenommen werden, wie bei der durch die Miturheberschaft entstehenden Gesamthandsgemeinschaft die Geschäftsführung und Vertretung geregelt werden soll. Zwar setzt dabei die urheberpersönlichkeitsrechtliche Komponente des Urheberrechts Grenzen. Diese sind bei Software im Vergleich zu anderen urheberrechtlichen Werken jedoch geringer. Bei marktstarken Unternehmen sind bei Abschluss einer Kooperationsvereinbarung insbesondere die Grenzen des Kartellrechts zu beachten.

b) Sonderfall: Bundling: Beim **Bundling** werden Soft- und Hardware in einem „Bündel" zusammen vertrieben, ohne dass dabei zwingend das eine Produkt auf dem anderen aufsetzt oder zwingend ein neues, einheitliches System geschaffen wird. Beim Grundfall des Bundling erwirbt der Hersteller der Hardware die Software eines Dritten dazu und vertreibt dann die eigene fest definierte Hardware zusammen mit dieser Software des Dritten (zB ein Betriebssystem oder eine Anwaltssoftware nur zusammen mit einem bestimmten PC).[6] In der Praxis nicht unüblich ist auch der Fall, dass der Vertriebsmittler nicht nur die Software, sondern auch die Hardware ganz oder teilweise von einem Dritten erhält. In dieser Konstellation sind sowohl die Besonderheiten des Software- als auch des Hardwarevertriebs zu beachten (Ziffern IV. und V.). Dabei gilt es zunächst die verschiedenen Grundkonstellationen (Vertrieb von vollständig hinzuerworbener Hardware, OEM-Vertrieb von Hardware und Bundling von Soft- und Hardware) voneinander zu trennen:

aa) Vertrieb von vollständig hinzuerworbener Hardware. Erwirbt der Vertriebsmittler von einem Dritten eine vollständige Hardwarezusammenstellung (zB einen PC) und vertreibt er die Hardware unter dem Markennamen und der Etikettierung des Dritten, dann geschieht dies in der Regel, um Nutzen aus dem guten Namen des Hardwareherstellers zu ziehen. Regelmäßig wird dem Vertriebsmittler dabei das Recht eingeräumt, die Hardware mit Betriebssystemen oder sonstiger Software zu verbinden und beides als Gesamtpaket zu vertreiben. Der Softwarehersteller profitiert dabei neben dem guten Namen des Hardwareherstellers noch von der Verbreitung der Hardware und kann diese nutzen, um seine Marktdurchdringung zu erhöhen.

Zusätzlich zu allgemeinen Regelungen werden in den Verträgen zwischen dem Hardware-Hersteller und dem Vertriebsmittler regelmäßig Nutzungsrechte an dem Markennamen des Softwareherstellers in dem für den Vertrieb notwendigen Umfang sowie eine **Mindestabnahme an Geräten** vereinbart. Auf diese Weise wird dem Hardwarehersteller die notwendige Planungssicherheit bei der Produktion seiner Waren gegeben. Diese ist erforderlich, da die Herstellungskosten bei Hardware regelmäßig deutlich über denen liegen, die bei der Produktion von Vervielfältigungsstücken von Software anfallen. Wird die Mindestabnahme nicht ausgeschöpft, können sich je nach Interessenlage und Verhandlungsmacht verschiedene Rechtsfolgen hieran knüpfen: Diese reichen von einer einfachen Vertragspflichtverletzung (welche nur bei Verschulden einen Schadensersatzanspruch auslöst), über die Zahlung der entstandenen Mindestkosten des Herstellers bis zu einem (pauschalierten) Schadensersatz oder der Verwirkung einer Vertragsstrafe. Hinzu kommen können noch außerordentliche Kündigungsrechte. Aus diesem Grund sollten bei der Formulierung der Mindestabnahmeklausel der Berechnungszeitraum (zB Kalenderjahr, Geschäftsjahr, ein Jahr nach Vertragsunterzeichnung oder nach einer gewissen Anlaufphase) sowie die Berechnungskriterien (zB Wertung von Test- oder Präsentationshardware oder mangelhafter und zurückgegebener Hardware) genau bestimmt werden.

---

[6] Vgl. die Sachverhalte der Entscheidungen BGH Urt. v. 6.7.2000 – I ZR 244/97, CR 2000, 651 mit Anmerkung *Witte* = GRUR 2001, 153 – OEM-Version; OLG Düsseldorf Urt. v. 29.6.2009 – I 20 U 247/08, CR 2009, 566 = ZUM 2010, 60.

21 Im Gegenzug können **Herstellungs- und Lieferpflichten** des Hardwareherstellers zumindest in der Höhe der Mindestabnahmemengen vereinbart werden. Um etwaige positive Geschäftsaussichten tatsächlich bedienen zu können, sollte ebenfalls ein regelmäßiges Berichtswesen von Planzahlen für einen gewissen Zeitraum (sog „forecasts") fest vereinbart werden. Diese Vorabschätzungen sollten bis zu einem bestimmten Termin bestätigt werden müssen (zB zum Ende des vorhergehenden Quartals). Dadurch kann der Hardwarehersteller seine Produktion entsprechend anpassen. Hierzu kann er – bis zu einem gewissen vorab vereinbarten Prozentsatz – auch vertraglich verpflichtet werden. Bei Überschreitung von Mindestabnahmemengen können dem Vertriebspartner darüber hinaus Rabatte eingeräumt werden. Diese können entweder linear (Absinken des Preises bei jedem weiteren Gerät) oder gestaffelt (Absinken des Preises nur bei einer gewissen Anzahl von Geräten) vereinbart werden.

22 *bb) OEM-Vertrieb Hardware.* Im Gegensatz zum Vertrieb von vollständig hinzuerworbener Hardware vertreibt der Vertriebspartner beim **OEM-Vertrieb** ein beim OEM (OEM = Original Equipment Manufacturer) erworbenes Hardware-Produkt im eigenen Namen. Er kauft einzelne Komponenten, die er beispielsweise nicht selbst produziert, vom OEM zu und verwendet sie sodann, um sie als Teil seiner eigenen Produkte zu veräußern. Der Vertriebspartner ist berechtigt, eigene Kennzeichnungen auf den Komponenten des OEM anzubringen und so nach außen hin als ihr Hersteller aufzutreten.

Grundmodell QEM-Vertrieb

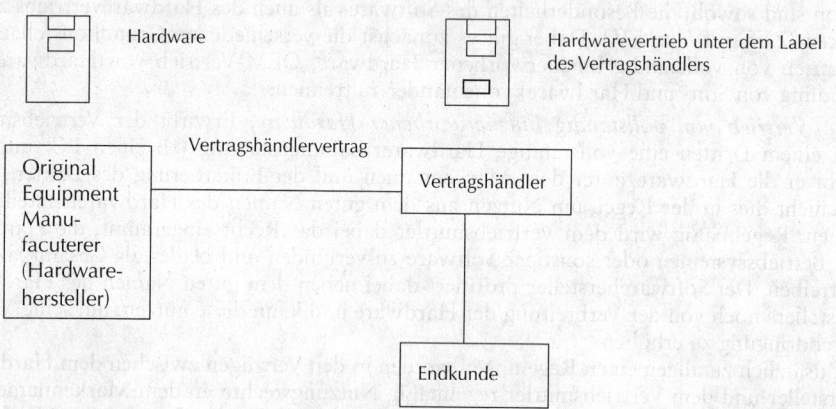

Die weiteren Details des OEM-Vertriebs von reiner Hardware werden bei den Besonderheiten des Hardwarevertriebs beschrieben (Ziffer V. 1.c).

23 *cc) OEM-Vertrag: Bundling von Hardware und Software.* Aufbauend auf den obigen Grundkonstellationen lässt sich nun der gemeinsame Vertrieb von Soft- und Hardware in Form des Bundling erklären: Beim Bundling von Soft- und Hardware wird die Software zu einem Preis hinzuerworben, der regelmäßig unter dem Preis liegt, der bei einem separaten Vertrieb der Software gefordert würde. Im Gegenzug dafür darf diese Softwareversion dann aber auch nur mit der jeweiligen Hardware vertrieben werden. Im Gegensatz zum OEM-Hardware-Vertrieb verbleiben an der OEM-Version der Software jedoch die Kennzeichen des Herstellers.

24 **c) Vertrieb über Anbieter von Dienstleistungen.** Entsprechend den Ausführungen zum Vertrieb über die Hersteller von anderer Soft- oder Hardware ist neben den vertriebsrechtlichen Problemstellungen bei dem Vertrieb über Anbieter von Dienstleistungen wie Wartung und Pflegeleistungen darauf zu achten, dass die Vereinbarung mit diesen Anbietern neben dem vertriebsrechtlichen Teil genau regelt, in welchem Umfang **Eingriffe in die vertriebene Soft- oder Hardware zu Wartungs- und Pflegezwecken** erlaubt sind. Dementsprechend muss die Vereinbarung Verwertungsrechte einräumen.

II. Verträge zwischen Soft- oder Hardwareherstellern und Vertriebspartnern

Im Folgenden soll auf schuld- und handelsrechtliche Besonderheiten eingegangen werden, die sich im Zusammenhang mit Vertriebsverträgen (Verträgen zwischen Herstellern und ihren Vertriebspartnern) über Soft- oder Hardware ergeben können. Insbesondere wird den Fragen nachgegangen, welche Regelungen auf den Vertragshändler- sowie den Handelsvertretervertrag Anwendung finden,[7] welche vertraglichen und gesetzlichen Rechte und Pflichten jeweils bestehen,[8] was bei der Rechtswahl sowie bei Gerichtsstandsvereinbarungen[9] sowie nach dem Kartellrecht[10] zu beachten ist, wie ein Vertriebsvertrag beendet[11] oder verlängert[12] werden kann und welche Ansprüche bei der Beendigung regelmäßig entstehen.[13]

1. Anwendbare Vorschriften für Handelsvertreter- und Vertragshändlerverträge

Bei Vertriebsverträgen wird meist ein Rahmen für die Menge der abzusetzenden Ware vorgezeichnet. **Abzugrenzen ist der Vertriebsvertrag vom echten Sukzessivlieferungsvertrag.**[14] Die beiden Vertragsarten unterscheiden sich dadurch, dass beim echten Sukzessivlieferungsvertrag bereits zu Beginn bei der Vertragsaushandlung geregelt wird, wie viel Ware in welchem zeitlichen Rahmen abzusetzen ist.[15] Beim Vertriebsvertrag hingegen findet eine ausdrückliche Bestimmung der Abnahmestückzahlen angesichts der Flexibilitätserfordernisse im Wirtschaftsleben häufig nicht gleich zu Beginn der Vertragsbeziehungen zwischen Hersteller und Händler statt, sondern die Abnahmemengen werden erst nachträglich von Fall zu Fall mittels der jeweiligen Einzelkaufverträge näher bestimmt.[16] Nur auf solche Vertriebsverträge soll im Weiteren näher eingegangen werden.

Die beiden in der Praxis am häufigsten anzutreffenden Organisationsformen sind der Vertrieb über Handelsvertreter sowie der Vertrieb über Vertragshändler.[17] Der Handelsvertretervertrag (vgl. nur § 86 HGB) und der Vertragshändlervertrag sind als **Geschäftsbesorgungsvertrag** gem. §§ 675, 611 ff. BGB[18] zu qualifizieren. Die beiden Vertragstypen unterscheiden sich aber deutlich im Hinblick auf die **Anwendbarkeit handelsrechtlicher Vorschriften,** denn nur auf Handelsvertreter finden die §§ 84 ff. HGB direkte Anwendung.

Doch auch der Vertragshändler wird in der Regel mehr oder minder stark in den Vertriebsapparat des Herstellers eingebunden. Je stärker diese Eingliederung den Vertragshändler an einen Hersteller bindet, desto stärker ist auch das Schicksal seines Geschäfts von der Gunst des Herstellers abhängig. Der Status des Vertragshändlers gleicht dann insoweit stark dem des Handelsvertreters. Aus diesem Grunde können in bestimmten Fällen nach fast einhelliger Meinung die Vorschriften der **§§ 84 ff. HGB zum Handelsvertreterrecht analog bei Vertragshändlern** herangezogen werden.[19] Dies gilt nicht für Provisionsvorschriften der §§ 87 ff. HGB, die auf Vertragshändler nicht anwendbar sind. Der Reseller zieht seinen Verdienst nicht aus einer Provision, sondern ausschließlich aus der Gewinnmarge aus dem Weiterverkauf.[20] Die Gewinnmarge ergibt sich aus der Differenz zwischen Einkaufs- und Ver-

---

[7] → Rn. 26 ff.
[8] → Rn. 32 ff.
[9] → Rn. 70 ff.
[10] → Rn. 74 ff.
[11] → Rn. 75 ff.
[12] → Rn. 88 ff.
[13] → Rn. 93 ff.
[14] Zur Differenzierung s. auch BGH Urt. v. 6.2.1985 – VIII ZR 15/84, NJW 1986, 124.
[15] Vgl. *Schneider* N Rn. 4.
[16] Vgl. *Bachofer* CR 1988, 1 (3) sowie *Schneider* N Rn. 3 f.
[17] Zur Abgrenzung → Rn. 4 ff.
[18] Vgl. Ebenroth/Boujong/Joost/Strohn/*Löwisch* § 84 Rn. 100.
[19] Vgl. statt vieler nur Küstner/Thume/*Thume* Rn. 1186 mwN.
[20] Vgl. Ebenroth/Boujong/Joost/Strohn/*Löwisch* § 84 Rn. 100.

kaufspreis, dh für die Vergütung des Vertragshändlers kommt der Abnehmer auf, nicht der Hersteller.[21] Hingegen wird auf den Vertragshändler die Vorschrift des § 89b HGB über den Ausgleichsanspruch unter bestimmten, ausführlich später näher erläuterten Voraussetzungen analog angewendet.[22] Ganz grundsätzlich kommt eine entsprechende Anwendung des Handelsvertreterrechts auf den Vertragshändler unter folgenden Voraussetzungen in Betracht:

- Eingliederung in die Absatzorganisation des Herstellers;
- Übertragbarkeit der Norm, Gesamtbetrachtung und
- Doppeleigenschaft.

29 Zunächst muss der Vertragshändler so **in die Absatzorganisation** des Vertriebssystems **eingegliedert** sein, dass sich das Rechtsverhältnis zwischen den Parteien nicht in einer bloßen Käufer-Verkäufer-Beziehung erschöpft. Dies drückt sich beispielsweise aus durch Gebiets-(Bezirks-)zuweisungen, Wettbewerbsbeschränkungen, die Auferlegung der Pflicht zur Interessenwahrnehmung des Herstellers oder Berichtspflichten.[23] Je mehr die Stellung des Vertragshändlers der eines Handelsvertreters ähnelt, desto stärker ist es auch angezeigt, ihn wie einen solchen zu behandeln.

Danach ist zu prüfen, ob die jeweilige Vorschrift nach ihrer ratio legis zur analogen Anwendung auf die jeweilige Situation geeignet ist.

30 Diese Überlegung ist jeweils im Zusammenhang mit dem Grad der Einbindung zu tätigen. Die Intensität der Bindung bedingt die Anwendbarkeit einer Norm und umgekehrt, so dass in aller Regel nur eine **Gesamtbetrachtung der rechtlichen Lage** mit dem Gesetz eine Lösung für den Einzelfall ergeben wird.[24] Grundsätzlich wird eine Anwendbarkeit der §§ 85–86a; 87a Abs. 3, 89; 89a; 90; 90a diskutiert.[25]

31 Wie bereits eingangs[26] dargestellt, begegnet man in der Praxis nicht selten der Konstellation, dass sich der Hersteller von Soft- oder Hardware zum Vertrieb eines Anbieters von Dienstleistungen, wie zB von Pflege- oder Wartungsleistungen, bedient. Dabei kann es dazu kommen, dass der Vertriebsmittler die Soft- oder Hardware in eigenem Namen auf eigene Rechnung – also als Vertragshändler – vertreibt, der Pflege- bzw. Wartungsvertrag aber direkt zwischen Kunden und Hersteller zustande kommt. Ist der Vertragshändler zum Vertrieb der Pflege- bzw. Wartungsverträge beauftragt, kommt ihm insoweit die Rolle eines Handelsvertreters zu, er handelt dann in einer **Doppeleigenschaft** als Vertragshändler hinsichtlich der Soft- oder Hardware und als Handelsvertreter im Hinblick auf den Pflege- bzw. Wartungsvertrag. Juristisch sind beide Aktivitäten getrennt zu behandeln, auch wenn freilich meist der Beginn und das Ende der Tätigkeiten vertraglich gekoppelt sind.

2. Rechte und Pflichten aus dem Vertriebsvertrag

32 Im Folgenden sollen die einzelnen Rechte und Pflichten des Handelsvertreters bzw. Vertragshändlers sowie des Herstellers aus dem Vertriebsvertrag erläutert werden.

Während sich die Rechte und Pflichten des Vertragshändlers in erster Linie aus dem zugrunde liegenden Vertragsverhältnis ergeben und nur – sofern es sich überhaupt um Allgemeine Geschäftsbedingungen handelt – den Anforderungen der §§ 305 ff. BGB entsprechen müssen, bestimmen sich die Rechte und Pflichten des Handelsvertreters abgesehen von den Regelungen im Handelsvertretervertrag nach den aufgrund eines **europarechtlichen Hintergrunds in weiten Teilen zwingenden §§ 84 ff. HGB.** Lediglich beim Vertrieb von Soft- und Hardware über den gemeinsamen Binnenmarkt hinaus kann gem. § 92c HGB vorbehaltlich des AGB-Rechts von diesen zwingenden Vorschriften abgewichen werden.[27]

---

[21] Vgl. Ebenroth/Boujong/Joost/Strohn/*Löwisch* § 84 Rn. 100.
[22] → Rn. 75 ff.
[23] Vgl. Küstner/Thume/*Thume* Rn. 1186.
[24] Vgl. Küstner/Thume/*Thume* Rn. 1189.
[25] Vgl. Ebenroth/Boujong/Joost/Strohn/*Löwisch* § 84 Rn. 103 mwN.
[26] → Rn. 1 ff.
[27] Vgl. Redeker/*Grützmacher*, Handbuch der IT-Verträge, 2.1 Rn. 5 f.

Doch auch auf den Vertragshändler finden, wie oben gezeigt, einige Vorschriften des 33
Handelsvertreterrechts ergänzend zu den Bestimmungen des Vertragshändlervertrags analoge Anwendung, wenn die vorstehend aufgezeigten Voraussetzungen erfüllt sind.[28]

a) Rechte und Pflichten des Handelsvertreters/Resellers. Im Einzelnen bestehen insbesondere folgende Rechte und Pflichten der Handelsvertreter bzw. der Vertragshändler: 34
Der Handelsvertreter hat sich gem. § 86 Abs. 1 HGB um die Vermittlung oder den Abschluss von Geschäften zu bemühen und hierbei das Interesse des Herstellers wahrzunehmen. Er hat den Hersteller weiterhin nach § 86 Abs. 2 HGB von jeder Geschäftsvermittlung und von jedem Geschäftsabschluss unverzüglich Mitteilung zu machen. Diese aufgrund des § 86 Abs. 4 HGB zwingenden **allgemeinen Bemühens-, Interessenwahrnehmungs- und Nachrichtspflichten** der § 86 Abs. 1 und Abs. 2 HGB können im Einzelnen durch einen Vertrag näher konkretisiert werden, solange der Kern des § 86 HGB nicht angetastet wird.[29]

Diese Vorschriften sind auch auf den **Vertragshändler analog** anwendbar,[30] wobei jedoch 35
der Pflichtenkatalog sich in Anbetracht der Unterschiede zwischen Vermittlungstätigkeit seitens des Handelsvertreters und Vertragshändlertätigkeit im Einzelnen deutlich unterscheiden muss.

Zu den **allgemeinen vertraglichen Pflichten des Handelsvertreters** gehört es insbesondere, 36
für den Hersteller Kaufverträge zu vermitteln, die Kunden zu betreuen und deren Wünsche sowie sonstige Marktbeobachtungen an den Hersteller weiter zu tragen und schließlich auch die Preisvorgaben des Herstellers zu beachten. Ebenso gehört es zu der Pflicht des Handelsvertreters darauf zu achten, dass durch die Kunden die Lizenzbedingungen des Softwareherstellers eingehalten werden. Wegen seiner Markt- und Kundennähe hat der Handelsvertreter im angemessenen Rahmen den Markt auf etwaige Lizenzverstöße hin zu überprüfen und diese dem Softwarehersteller zu melden (**Marktbeobachtungspflicht**). Eine Verpflichtung zur Teilnahme an Fachmessen in der praktischen Vertragsgestaltung kommt ebenfalls häufig vor. Darüber hinaus werden Software- und Hardwarehändler oft vertraglich verpflichtet, die Betriebs- und Geschäftsgeheimnisse des Herstellers zu wahren. Eine Verletzung dieser Geheimhaltungspflicht kann vertraglich mit einer Vertragsstrafe bedroht werden. Die Pflicht zur Geheimhaltung besteht zumeist auch noch nachvertraglich.[31]

Weitere Pflichten des Handelsvertreters bestehen oft im Hinblick auf die Bonitätsprüfung 37
potentieller Kunden, wobei zum Teil auch eine **Delkrederehaftung** des Handelsvertreters gegen eine besondere Vergütung nach § 86b Abs. 1 HGB vereinbart wird. Der Begriff der Delkrederehaftung bezeichnet dabei die Haftung des Händlers im Verhältnis zum Hersteller für die Uneinbringlichkeit von Kaufvertragsforderungen gegenüber Kunden. Mithin trägt in solchen Fällen der Händler das Insolvenzrisiko des Käufers; die Vergütung als Ausgleich hierfür (die so genannte Delkredereprovision) kann nach dem Gesetz nicht abbedungen werden.

Weiter werden dem Händler vielfach Pflichten hinsichtlich des **Forderungseinzugs** auferlegt. Dabei tritt eine Inkassovollmacht des Händlers im Bereich des Soft- oder Hardwarevertriebs allerdings kaum auf. 38

Schließlich verpflichten die Hersteller die Händler in der Regel auch zur **Auslieferung der Soft- bzw. Hardware** an die Kunden.[32]

Beim Vertrieb von Software bestehen des Weiteren **besondere, softwarespezifische Händlerpflichten**:
So wird Handelsvertretern und Vertragshändlern nicht selten die Pflicht auferlegt, mit den 39
Kunden **im Namen des Herstellers einen Pflegevertrag** abzuschließen.[33] Ein direkter Ab-

---

[28] Vgl. Ebenroth/Boujong/Joost/Strohn/*Löwisch* § 84 Rn. 103.
[29] Vgl. Baumbach/Hopt/*Hopt* § 86 Rn. 50 mwN.
[30] Vgl. Baumbach/Hopt/*Hopt* § 84 Rn. 11 mwN.
[31] Vgl. Redeker/*Grützmacher*, Handbuch der IT-Verträge, 2.1 Rn. 22 f.
[32] Vgl. Redeker/*Grützmacher*, Handbuch der IT-Verträge, 2.1 Rn. 22 f.
[33] Vgl. *Schneider* N Rn. 53; dem Vertragshändler kommt dabei eine Doppeleigenschaft zu: er ist hinsichtlich der Software Vertragshändler, hinsichtlich des Pflegevertrags Handelsvertreter, Ziffer II. 1).

schluss des Pflegevertrags zwischen Kunde und Hersteller ist meist deshalb geboten, weil dem Handelsvertreter oder Vertragshändler der Zugang zu den Quellcodes der vertriebenen Software verwehrt ist. Dies führt dazu, dass die Vertriebsmittler selbst nicht dazu in der Lage sind, die an der Software notwendigen Arbeiten vorzunehmen. Vielmehr findet die Softwarepflege dann im Rahmen eines zwischen dem Händler als Vertreter des Herstellers und dem Kunden abzuschließenden Pflegevertrags statt, der den Händler auch von den Schwierigkeiten der Gewährleistung entlastet.[34]

40 Umgekehrt kann im Rahmen so genannter Kooperationsverträge die Verpflichtung des Händlers zur Mitwirkung bei der **Weiterentwicklung der Software** geregelt sein.[35] In diesen Fällen besteht ein erhöhter Regelungsbedarf in lizenzrechtlicher Hinsicht. Denn es muss zur Vermeidung von Streitigkeiten aus dem Vertriebsvertrag von vornherein feststehen, wer (und in welchem Rahmen) die Verwertungs- oder Bearbeitungsrechte an der weiterentwickelten Software innehaben soll.

41 Im Hinblick auf feste **Preisvorgaben** der Hersteller für den Soft- und Hardwarevertrieb gelten für den Handelsvertretervertrag keine Besonderheiten, da die maßgeblichen Kaufverträge zwischen dem Hersteller und dem Abnehmer allenfalls unter Vermittlung des Handelsvertreters als Stellvertreter gem. §§ 164 ff. BGB erfolgen. Im Verhältnis zu Vertragshändlern hingegen wohnt verbindlichen Preisvorgaben der Hersteller eine besondere kartellrechtliche Problematik inne.[36]

42 Besonderes Interesse gilt den **Mindestabnahmepflichten**, die nach der Rechtsprechung zum Vertragshandel, unter gewissen Voraussetzungen vereinbart werden können.[37] Im Zusammenhang mit Mindestabnahmepflichten von Resellern ist zunächst deren besondere kartellrechtliche Problematik zu beachten. In manchen Fällen können Mindestabnahmeverpflichtungen einem Wettbewerbsverbot gleichkommen.[38]

43 Teilweise wird die Auffassung vertreten, dass die Erfüllung von Mindestabnahmeverpflichtungen innerhalb von Vertriebsverträgen in der Regel nur bei gleichzeitiger Einräumung eines exklusiven Vertriebsrechts zulässig sei.[39] Richtig ist, dass die Übernahme einer Mindestbezugsverpflichtung in der Regel die **Gegenleistung** des Vertragshändlers **für** das ihm vom Hersteller übertragene **Alleinvertriebsrecht** darstellt.[40] Zwingend erforderlich ist dies jedoch nicht.

44 Mindestabnahmepflichten können innerhalb eines Vertriebsvertrags über Soft- oder Hardware – abgesehen von den kartellrechtlichen und AGB-rechtlichen Schranken – grundsätzlich in zulässiger Weise vereinbart werden[41] und entsprechen dem Charakter des Vertrags als Dauerschuldverhältnis sowie den dem Händler obliegenden Interessenwahrungs- und Absatzförderungspflichten.[42]

45 Mit der Festlegung von Mindestabnahmeverpflichtungen in einem Vertragshändlervertrag wird typischerweise **noch kein Kaufvertrag** über die vereinbarte Mindestmenge abzunehmender Ware geschlossen, vielmehr wird nur die Verpflichtung des Händlers begründet, in dem festgelegten Zeitraum Kaufverträge über die vereinbarte Mindestwarenmenge abzuschließen.[43]

46 Der BGH entschied, dass Mindestabnahmemengen und Bezugsverpflichtungen in **AGB** die Abnehmerseite grundsätzlich **nicht unangemessen benachteiligen**.[44] Mindestabnahmepflichten in AGB sollen nach der Rechtsprechung aber dann unwirksam sein, wenn einem

---

[34] Zu den Mängelrechten des Kunden Ziffer II. 2 und Ziffer IV. 5.
[35] Vgl. *Schneider* N Rn. 41.
[36] Ausführlich § 39 Kartellrechtliche Bezüge.
[37] Vgl. OLG Frankfurt Urt. v. 19.11.1992 – 6 U 71/91, CR 1994, 156.
[38] Ausführlich § 39 Kartellrechtliche Bezüge.
[39] Vgl. *Schneider* N Rn. 65.
[40] So BGH Urt. v. 12.7.1995 – VIII ZR 219/94, NJW-RR 1995, 1327 (1329) mwN.
[41] Vgl. Redeker/*Alpert*, Handbuch der IT-Verträge, 2.4 Rn. 127.
[42] Vgl. Redeker/*Alpert*, Handbuch der IT-Verträge, 2.4 Rn. 129, 132.
[43] BGH Urt. v. 12.7.1995 – VIII ZR 219/94, NJW-RR 1995, 1327 (1329).
[44] Vgl. BGH Urt. v. 13.7.2004 – KZR 10/03, GRUR 2005, 62; Redeker/*Alpert*, Handbuch der IT-Verträge, 2.4 Rn. 130, Fn. 2.

Vertragshändler nicht angemessene längerfristige Absatzmöglichkeiten, insbesondere in Form eines eigenen Vertriebsgebiets, zugewiesen werden.[45]

Für den Reseller weniger einschneidend können auch lediglich so genannte **Mindestabnahmeziele** vereinbart werden, damit nicht im Einzelfall eine unangemessene Benachteiligung des Händlers gem. § 307 BGB droht.[46]

Es entspricht gängiger Vertragspraxis, als Mindestabnahmepflichten bzw. -ziele bestimmte **Summen von Nettorechnungsbeträgen** festzulegen, die zu gewissen Zeitpunkten erwirtschaftet sein müssen; in der Regel wird zusätzlich eine Steigerung innerhalb definierter Zeiträume, etwa für jedes neue Vertragsjahr vorgesehen.[47]

Nicht selten sind **Überprüfungsklauseln**, etwa des Inhalts, wonach zu gewissen Zeitpunkten Nachverhandlungen über die Mindestabnahmepflichten bzw. -ziele stattfinden sollen. Für den Fall des Scheiterns derselben sollte jedenfalls klargestellt werden, dass es bei den ursprünglich festgelegten Summen bleiben soll.[48]

Als **Sanktion** sehen Vertriebsverträge bisweilen schließlich pauschalierende Schadensersatzklauseln für den Fall einer Verletzung der Mindestabnahmepflichten vor.[49]

Gerade im Bereich des Softwarevertriebs ist die **Pauschalierung des Schadensersatzes** anzuraten, da sich die Berechnung des Schadens regelmäßig als problematisch erweist. Denn bei Software hätte der Hersteller keine nennenswert höheren Kosten, wenn er die Anzahl der Exemplare produzieren würde, die der Händler hätte abnehmen und absetzen sollen.[50] In der Rechtsprechung wurde allerdings in einem Fall bereits eine 10 %ige Ersparnis bei den Betriebskosten akzeptiert.[51]

Ein **Ausschluss der Schadensersatzforderungen** seitens des Herstellers kann sich bei einer Schadenspauschalierungen dann ergeben, wenn der Händler die Verletzung seiner Absatzförderungspflichten nicht zu vertreten hat; zu beachten soll auch der Einwand des Vertragshändlers sein, dass das vereinbarte Mindestabnahmeziel unrealistisch hoch angesetzt war.[52]

b) Rechte und Pflichten des Herstellers. Auch den Hersteller treffen aufgrund der §§ 84 ff. HGB gewisse (gesetzliche) Nebenpflichten gegenüber dem Händler.[53]

Namentlich aufgrund des gem. § 86a Abs. 3 HGB zwingenden § 86a HGB wird der vertragliche Gestaltungsspielraum für den Hersteller in Punkto **Nachrichts- und Informationspflicht** erheblich eingeschränkt. § 86a HGB findet auf Vertragshändler gleichermaßen Anwendung, soweit diese Vorschrift nicht explizit auf eine Vermittlungstätigkeit des Handelsvertreters Bezug nimmt.[54]

Der Unternehmer hat dem Handelsvertreter gem. § 86a Abs. 1 HGB die zur Ausübung seiner Tätigkeit **erforderlichen Unterlagen** unentgeltlich zur Verfügung zu stellen. Diese Verpflichtung des Herstellers betrifft beispielsweise im Bereich des Software-Vertriebsvertrags insbesondere die Bereitstellung von Demoversionen der Vertragssoftware samt Handbüchern, Preislisten, Geschäftsbedingungen sowie Werbematerialien.[55]

Der Hersteller hat dem Handelsvertreter des Weiteren gem. § 86a Abs. 2 S. 1 HGB die **erforderlichen Nachrichten** zu geben. Zu den dem Handelsvertreter – oder auch dem Vertragshändler – mitzuteilenden Nachrichten iSd § 86a Abs. 2 S. 1 HGB gehören im Bereich des Vertriebsvertrags als Ausfluss der allgemeinen Nachrichts- und Informationspflicht insbesondere Änderungen im Bereich der Preise, der Geschäftsbedingungen, des Vertriebs-

---

[45] OLG Frankfurt Urt. v. 19.11.1992 – 6 U 71/91, CR 1994, 156.
[46] Vgl. Redeker/*Alpert*, Handbuch der IT-Verträge, 2.4 Rn. 130.
[47] Vgl. Redeker/*Alpert*, Handbuch der IT-Verträge, 2.4 Rn. 127, 130.
[48] Vgl. Redeker/*Alpert*, Handbuch der IT-Verträge, 2.4 Rn. 127, 131.
[49] Vgl. *Schneider* N Rn. 65.
[50] Vgl. *Schneider* N Rn. 65.
[51] OLG Frankfurt am Main Urt. v. 10.6.1992 – 19 U 103/91, CR 1993, 284.
[52] Vgl. Redeker/*Alpert*, Handbuch der IT-Verträge, 2.4 Rn. 127, 132 sowie OLG Frankfurt Urt. v. 10.6.1992 – 19 U 103/91, NJW-RR 1992, 1200.
[53] Vgl. Redeker/*Grützmacher*, Handbuch der IT-Verträge, 2.1 Rn. 68 f.
[54] Vgl. Ebenroth/Boujong/Joost/Strohn/*Löwisch* § 84 Rn. 103 mwN.
[55] Vgl. Redeker/*Grützmacher*, Handbuch der IT-Verträge, 2.1 Rn. 78.

systems oder des Produkts selbst sowie Lieferschwierigkeiten oder betriebliche Veränderungen auf Seiten des Herstellers.[56]

55 Darüber hinaus hat der Hersteller im Bereich des Vertriebsvertrags gem. § 86a Abs. 2 S. 1 HGB den Handelsvertreter darüber zu informieren, dass er selbst mit Kunden verhandelt oder sich mit diesen sogar Geschäfte ergeben könnten.

56 Zu dieser Informationspflicht gehört auch, dass der Hersteller dem Handelsvertreter Einsicht in diesbezügliche Geschäftsunterlagen gewährt. Diese Pflichten aus § 86a Abs. 2 S. 1 HGB sollen für den Handelsvertreter bei Vereinbarung von Bezirks- und Kundenkreisschutz gewährleisten, dass er sich zur Durchsetzung seines (Bezirks-)Schutzes und seiner Provisionsansprüche umfassend über die Entwicklungen in seinem Absatzgebiet informieren kann.[57] Für den Fall, dass der Hersteller mit dem Handelsvertreter Alleinvertretung vereinbart hat, darf er nicht einmal mit den Kunden in Verbindung treten. Vielmehr muss er dem Handelsvertreter sämtliche ihm bekannt gewordenen Kundendaten offenbaren.[58] Gegebenenfalls kann bei Zusage eines **Alleinvertriebsrechts** sogar das Vorliegen eines Vertragshändlervertrags zu bejahen sein.[59] Zur Vermeidung einer Verletzung der **Exklusivitätsrechte** des Handelsvertreters durch **parallelen Direktvertrieb** des Herstellers[60] kann zudem ein strafbewehrtes Wettbewerbsverbot in den Vertriebsvertrag aufgenommen werden.[61]

57 Zu den Pflichten des Herstellers aus § 86a Abs. 2 S. 1 HGB gehört ferner, dass der Handelsvertreter/Vertragshändler und seine Mitarbeiter im Umgang mit der Vertragssoftware bzw. -hardware durch den Hersteller geschult werden (**Schulungspflicht**). Dies liegt natürlich auch im Interesse des Herstellers, dem an einem kompetenten Absatz gelegen ist.[62]

58 Der Hersteller hat dem Handelsvertreter außerdem gem. § 86a Abs. 2 S. 2 HGB unverzüglich die Annahme oder Ablehnung eines vom Handelsvertreter vermittelten oder ohne Vertretungsmacht abgeschlossenen Geschäfts und die Nichtausführung eines von ihm vermittelten oder abgeschlossenen Geschäfts mitzuteilen. Schließlich hat er ihn gem. § 86a Abs. 2 S. 3 HGB unverzüglich zu unterrichten, wenn er Geschäfte voraussichtlich nur in erheblich geringerem Umfang abschließen kann oder will, als der Handelsvertreter unter gewöhnlichen Umständen erwarten konnte.

59 Es liegt auf der Hand, dass die Vorschrift des § 86a Abs. 2 S. 2 und S. 3 HGB **nicht auf Vertragshändlerverträge** passt. Der Vertragshändler schließt die Verträge über die Soft- oder Hardware im eigenen Namen ab. Es kann damit logisch nicht zu den in § 86a Abs. 2 S. 2 und S. 3 HGB beschriebenen Situationen kommen.

60 Auch die wichtigen §§ 87 ff. HGB, die **den Hersteller zur Zahlung von Provisionen an den Handelsvertreter** iSd § 84 Abs. 1 S. 1 HGB verpflichten, finden keine Anwendung auf den Vertragshändler, da dieser nicht über die Provision, sondern über die Marge verdient.[63]

61 *aa) Entstehung des Provisionsanspruchs.* Der Handelsvertreter hat gem. § 87 Abs. 1 S. 1 HGB Anspruch auf **Provision** für alle während des Vertragsverhältnisses abgeschlossenen Geschäfte, die auf seine Tätigkeit zurückzuführen sind oder mit Dritten abgeschlossen werden, die er als Kunden für Geschäfte der gleichen Art geworben hat.

62 Nach § 87 Abs. 1 S. 1 HGB entsteht der Provisionsanspruch also grundsätzlich **nur aufgrund rechtswirksamer Verträge**. Bei Vertragsnichtigkeit etwa infolge von Anfechtung oder Eintritt einer auflösenden Bedingung existiert kein Provisionsanspruch.[64] Der Anspruch kann allerdings durch eine einvernehmliche Vertragsaufhebung zwischen Hersteller und Kunde nicht mehr berührt werden, wenn der Kunde die Gegenleistung erbracht hat, denn gem. § 87a Abs. 1 S. 3 HGB hat der Handelsvertreter unabhängig von einer Ver-

---

[56] Vgl. Redeker/*Grützmacher*, Handbuch der IT-Verträge, 2.1 Rn. 73.
[57] Vgl. Redeker/*Grützmacher*, Handbuch der IT-Verträge, 2.1 Rn. 75.
[58] Vgl. Redeker/*Grützmacher*, Handbuch der IT-Verträge, 2.1 Rn. 76.
[59] Vgl. Ebenroth/Boujong/Joost/Strohn/*Löwisch* § 84 Rn. 99.
[60] Zum parallelen Direktvertrieb vgl. Ebenroth/Boujong/Joost/Strohn/*Löwisch* § 84 Rn. 101 mwN.
[61] Vgl. Redeker/*Grützmacher*, Handbuch der IT-Verträge, 2.1 Rn. 76.
[62] Vgl. Redeker/*Grützmacher*, Handbuch der IT-Verträge, 2.1 Rn. 82.
[63] Vgl. Redeker/*Grützmacher*, Handbuch der IT-Verträge, 2.1 Rn. 82.
[64] Vgl. Redeker/*Grützmacher*, Handbuch der IT-Verträge, 2.1 Rn. 85.

einbarung Anspruch auf Provision, sobald und soweit der Kunde das Geschäft ausgeführt hat.[65]

Ist dem Handelsvertreter ein bestimmter Bezirk oder ein bestimmter Kundenkreis zugewiesen, so hat er gem. § 87 Abs. 2 S. 1 HGB Anspruch auf Provision auch für die Geschäfte, die ohne seine Mitwirkung mit Personen seines Bezirkes oder seines Kundenkreises während des Vertragsverhältnisses abgeschlossen sind. Bei diesen nicht direkt durch den Handelsvertreter getätigten Geschäften wird dem Handelsvertreter durch das Gesetz neben der allen Handelsvertretern zustehenden **Folgeprovision** (Provision auf Nachbestellungen und Folgegeschäfte, § 87 Abs. 1 Alt. 2 HGB) eine so genannte **Bezirksprovision** gem. § 87 Abs. 2 HGB eingeräumt.[66] Allerdings ist dieser Provisionsanspruch vorbehaltlich einer AGB-Kontrolle nach § 307 BGB weitgehend abdingbar, so dass insbesondere die Provision für Nachbestellungen oder Folgegeschäfte ausgeschlossen werden kann.[67] Im Gegenzug für den über § 87 Abs. 2 HGB gewährten Bezirksschutz obliegt dem Handelsvertreter die Pflicht, zugewiesene Kunden laufend und in besonderer Weise zu betreuen. Vernachlässigt der Handelsvertreter diese Pflicht, kann dies eine außerordentliche Kündigung des Vertrags rechtfertigen, wenn die Vernachlässigung aufgrund des Umfangs und des zeitlichen Ausmaßes der Untätigkeit zu einem erheblichen Umsatzrückgang des Unternehmens geführt hat, so dass diesem aufgrund der Schwere der Vertragsverfehlung eine Fortsetzung des Handelsvertreterverhältnisses über mehrere weitere Monate nicht zuzumuten ist.[68] 63

Nach § 87 Abs. 3 HGB steht darüber hinaus dem Handelsvertreter nach Beendigung des Vertrags ein Provisionsanspruch für ein Geschäft zu, wenn er das Geschäft noch vermittelt hat oder so eingeleitet und vorbereitet hat, dass es überwiegend auf seine Tätigkeit zurückzuführen ist und innerhalb angemessener Frist nach Beendigung abgeschlossen wurde (Nr. 1) oder wenn das Angebot eines vermittelnden Geschäfts vor Beendigung dem Absatzherrn zugegangen ist (Nr. 2). Hat neben dem Handelsvertreter auch dessen Nachfolger mitgewirkt, ist die Provision entsprechend den tatsächlichen Beiträgen der beteiligten Handelsvertreter aufzuteilen, wenn wegen besonderer Umstände eine Teilung der Provision der Billigkeit entspricht. Da § 87 Abs. 3 HGB dispositiv ist, kann die so genannte **Übergangsprovision** auch vertraglich ausgeschlossen werden.[69] 64

bb) Entfallen des Provisionsanspruchs. Steht fest, dass der Dritte **nicht leistet**, so entfällt gem. § 87a Abs. 2 HGB der Anspruch auf Provision. Ab wann dies der Fall ist, ist objektiv zu bestimmen.[70] Nicht ausreichend dafür ist die bloße Zahlungsverweigerung des Dritten. Vielmehr bedarf es weiterer Anhaltspunkte, zB der wirksamen Anfechtung und daraus folgenden Nichtigkeit des Vertrags oder der wirksamen Kündigung. Bereits empfangene Beträge sind in diesem Falle zurückzugewähren. Der Handelsvertreter hat gem. § 87a Abs. 3 S. 1 HGB aber auch dann einen Anspruch auf Provision, wenn feststeht, dass der Unternehmer das Geschäft ganz oder teilweise nicht oder nicht so ausführt, wie es abgeschlossen worden ist. Der Anspruch entfällt jedoch im Falle der Nichtausführung gem. § 87a Abs. 3 S. 2 HGB, wenn und soweit diese auf Umständen beruht, die vom Unternehmer nicht zu vertreten sind. 65

Nach § 87a HGB hat der Handelsvertreter folglich grundsätzlich auch bei Nichtausführung des vermittelten Geschäfts durch den Hersteller einen Anspruch auf Provision, sofern nicht die Nichtausführung auf Nichtleistung des Kunden beruht. In der vertraglichen Praxis üblich sind Klauseln, wonach der Hersteller unter bestimmten Umständen verpflichtet sein soll, die Gegenleistung des Kunden gerichtlich einzuklagen. Zwar ist der Handelsvertreter hinsichtlich seiner Provision wegen § 87a Abs. 2 HGB auf die Erbringung der Gegenleistung durch den Kunden angewiesen, doch sollte der Hersteller nur dann zu gerichtlichen Schritten verpflichtet werden, wenn ein Erfolg in der Sache nicht ausgeschlossen und/oder ein Prozess nicht unzumutbar erscheint, mithin jedenfalls nicht bei Insolvenz des Kunden oder 66

---

[65] Vgl. Redeker/*Grützmacher*, Handbuch der IT-Verträge, 2.1 Rn. 102.
[66] Vgl. Büchting/Heussen/*Semler* C 23 Rn. 5, 29.
[67] Vgl. Redeker/*Grützmacher*, Handbuch der IT-Verträge, 2.1 Rn. 86.
[68] OLG Köln Urt. v. 4.11.2011 – 19 U 79/10, BeckRS 2012, 19424.
[69] Vgl. Redeker/*Grützmacher*, Handbuch der IT-Verträge, 2.1 Rn. 97.
[70] ErfK/*Oetker* § 87a Rn. 8.

wenn dessen Liquidität und Bonität von vornherein zweifelhaft sind.[71] Da außerdem ein solcher Prozess sowohl dem Hersteller als auch dem Handelsvertreter nützt, sollte eine entsprechende Vertragsklausel auch eine Regelung über die Aufteilung der Verfahrenskosten beinhalten.[72]

67   cc) *Höhe der Provision*. Das Gesetz legt in § 87 HGB nicht zwingend fest, wie der Handelsvertreter zu vergüten ist.
   Nach § 87b Abs. 1 HGB ist als Provision mangels Vereinbarung der „**übliche Satz**" anzusetzen. Zur Vermeidung von Unklarheiten mit der Folge einer Leistungsbestimmung nach §§ 315 ff. BGB empfiehlt sich angesichts der abstrakten gesetzlichen Regelung mithin die präzise Festlegung vertraglicher Provisionstarife für jede einzelne durch den Handelsvertreter vorzunehmende Handlung. Im Einzelnen werden in der vertraglichen Praxis insbesondere verschiedene **Provisionssätze** für den Absatz der Software selbst sowie für deren Pflege fixiert.[73] Will der Hersteller eine einseitige Änderung gemeinsam fixierter Provisionssätze, bietet sich hierfür wegen § 307 BGB nicht der Weg über einen (unwirksamen) Änderungsvorbehalt zu Gunsten des Herstellers in AGB an. Übrig bleibt hier allein eine Änderungskündigung.[74]

68   Anstelle der Vereinbarung fester Provisionssätze im Vertriebsvertrag kann der Hersteller dem Handelsvertreter auch einen bestimmten **Festbetrag** bezahlen. Zu berücksichtigen ist allerdings, dass diese Entgeltgestaltung dem gewünschten Anreiz für den Handelsvertreter, möglichst viele Geschäfte zu vermitteln, zuwiderläuft. Dem kann mit einer Kombination von Gewinnbeteiligung und Festbetrag gegengesteuert werden.[75]

69   dd) *Verjährung des Provisionsanspruchs*. Für den Provisionsanspruch gilt die **Regelverjährung** des § 195 BGB von 3 Jahren. Mit Verjährung des Provisionsanspruchs werden ferner die Hilfsansprüche des § 87c HGB gegenstandslos und können nicht mehr durchgesetzt werden. Über verjährte Provisionsansprüche kann auch mit der Begründung, der Handelsvertreter benötige die Auskunft zur Vorbereitung seines Ausgleichsanspruchs nach § 89b HGB, keine Auskunft mehr verlangt werden. Zudem wirken sich weder die isolierte Geltendmachung eines Hilfsanspruchs aus § 87c HGB, noch eine Stufenklage, mit welcher in letzter Stufe die Zahlung eines Ausgleichsanspruchs nach § 89b HGB begehrt wird, hemmend auf die Verjährung des Provisionsanspruchs aus.[76]

3. Anwendbares Recht und Gerichtsstandsvereinbarungen im internationalen Vertrieb

70   a) **Rechtswahl und mangels Rechtswahl anzuwendendes Recht**. Bezüglich der Vertriebsverträge (Handelsvertreter- und Vertragshändlerverträge) gilt mangels Rechtswahl (Art. 3 Rom-I-VO) ab dem 17.12.2009 grundsätzlich das Recht des Staats, in dem der Vertriebshändler seinen gewöhnlichen Aufenthalt hat, sofern sich nicht aus den Gesamtumständen ergibt, dass der Vertrag engere Verbindungen zu einem anderen Staat aufweist (Art. 4 Abs. 1 lit. f, Abs. 3; Art. 19 **Rom I-VO**).[77] Entscheidend ist, dass der Vertriebshändler die für das Vertragsverhältnis charakteristische Leistung erbringt. Infolgedessen kommt regelmäßig das Recht am Ort seiner Hauptniederlassung zur Anwendung.

71   Auf **Altverträge**, die vor dem 17.12.2009 geschlossen wurden, sind zur Rechtswahl die mit Wirkung vom 17.12.2009 aufgehobenen Vorschriften des Art. 27 und 28 EGBGB aF weiterhin anwendbar: Im Ergebnis ergeben sich aber keine Unterschiede zu der Anknüpfung nach der Rom I-VO: Auch nach Art. 28 Abs. 2 EGBGB kommt bei Handelsvertretern mangels Rechtswahl nach Art. 27 EGBGB aF regelmäßig das Recht am Ort der Hauptniederlas-

---

[71] OLG Köln Urt. v. 27.11.1992 – 20 U 89/92, NJW-RR 1994, 226.
[72] Vgl. Redeker/*Grützmacher*, Handbuch der IT-Verträge, 2.1 Rn. 105.
[73] Vgl. Redeker/*Grützmacher*, Handbuch der IT-Verträge, 2.1 Rn. 89.
[74] Vgl. Redeker/*Grützmacher*, Handbuch der IT-Verträge, 2.1 Rn. 89.
[75] Vgl. Redeker/*Grützmacher*, Handbuch der IT-Verträge, 2.1 Rn. 91.
[76] OLG Düsseldorf Urt. v. 26.10.2012 – I 16 U 150/11, BeckRS 2012, 22930.
[77] Palandt/*Thorn* Rom I-VO 4 Rn. 19; aA Staudinger/*Magnus* Rom-I 4 Rn. 77, 333.

sung des Handelsvertreters zur Anwendung.[78] Zu ihm weist der Vertrag die engste Verbindung auf. Gleiches gilt für Vertragshändlerverträge, die vor dem 17.12.2009 geschlossen wurden. In Ermangelung einer Rechtswahl kommt das Recht am Ort der Niederlassung des Vertragshändlers zur Anwendung, sofern sich nicht aus der Gesamtheit der Umstände ergibt, dass der Vertrag engere Verbindungen mit einem anderen Staat aufweist.[79]

Soweit der Handelsvertreter seinen Sitz außerhalb eines Mitgliedstaats der EU hat, kann zu Gunsten des Herstellers wegen § 92c HGB sogar noch weitergehend von den Vorschriften der §§ 84 ff. HGB abgewichen werden.[80]

b) Gerichtsstandsvereinbarungen. Als Kaufleuten ist den Vertragsparteien in jedem Falle wegen § 38 Abs. 1 ZPO bzw. wegen Art. 23 Abs. 1 EuGVVO die Vereinbarung eines Gerichtsstands **grundsätzlich erlaubt**. Die Schranke des Art. 23 Abs. 5 EuGVVO findet keine Anwendung, soweit nicht der Handelsvertretervertrag **ausnahmsweise** als **Arbeitsvertrag** zu qualifizieren ist. In diesem Falle nämlich wäre nach Art. 23 Abs. 5 EuGVVO iVm Art. 21 EuGVVO eine Gerichtsstandsvereinbarung ausgeschlossen.

4. Kartellrechtliche Fragen

Auch aus kartellrechtlicher Sicht sind verschiedene Aspekte beim Abschluss von Vertriebsverträgen zu beachten. Insbesondere vertikale Wettbewerbsbeschränkungen, dh Abreden zwischen Unternehmen verschiedener Produktions- oder Vertriebsstufen, also beispielsweise Herstellern/Lieferanten und ihren Resellern, sind kartellrechtskonform auszugestalten. Um an dieser Stelle Wiederholungen zu vermeiden wird auf den **§ 39, Kartellrechtliche Bezüge** verwiesen.

5. Vertragsbeendigung, insbesondere § 89a HGB

Die Möglichkeit erster Wahl, um Vertriebsverträge zu beenden, ist die **Kündigung**. Zu unterscheiden sind die ordentliche Kündigung und die außerordentliche Kündigung aus wichtigem Grund. Die Freiheit, den Vertrag außerordentlich kündigen zu können, darf weder unmittelbar noch mittelbar in unzulässiger Weise beschränkt werden. Letzteres kann dann vorliegen, wenn an die Kündigung des Handelsvertreters wesentliche, die Kündigung erschwerende, finanzielle oder sonstige Nachteile geknüpft werden.[81] Die Kündigung ist grundsätzlich formfrei möglich, eine einzuhaltende Form kann jedoch vertraglich vereinbart werden. Alleine aus Beweiszwecken ist zur Einhaltung der Schriftform zu raten.

a) Ordentliche Kündigung. Erste Voraussetzung für den Ausspruch einer ordentlichen Kündigung ist das Vorliegen eines **unbefristeten Vertriebsvertrags**; ein befristeter Vertrag kann nur auf dem Wege einer außerordentlichen Kündigung beendet werden und endet im Übrigen durch Zeitablauf.[82]

Im Rahmen des Vertriebsrechts wird zur Bestimmung der **Kündigungsfristen** § 89 Abs. 1 HGB bei Handelsvertretern direkt, bei Vertragshändlern analog herangezogen. Die hM hält diese Norm des Handelsvertreterrechts insoweit für entsprechend anwendbar.[83]

Die Kündigungsfristen dieser Norm sind jedoch relativ kurz (im Maximalfall sechs Monate nach einer Vertragsdauer von fünf Jahren). Dies ist insoweit problematisch, als einem Vertragshändler, der möglicherweise sein komplettes Geschäft auf den Vertrieb der Produkte des Herstellers ausgerichtet hat, innerhalb vergleichsweise kurzer Zeit die Grundlage für seine Tätigkeit entzogen werden kann. Nach § 89 Abs. 2 S. 1 HGB kann die **Kündigungsfrist**

---

[78] Vgl. BGH Urt. v. 12.5.1993 – VIII ZR 110/92, NJW 1993, 2753; Staudinger/*Magnus* Art. 28 EGBGB Rn. 280.
[79] OLG Köln Urt. v. 27.4.2007 – 19 U 11/07, BeckRS 2007, 12857; vgl. auch Büchting/Heussen/*Semler* C 23 Rn. 18.
[80] Vgl. Redeker/*Grützmacher*, Handbuch der IT-Verträge, 2.1 Rn. 151.
[81] OLG Oldenburg Urt. v. 24.7.2012 – 13 U 118/11, BeckRS 2012, 19040; OLG Oldenburg Urt. v. 26.11.2013 – 13 U 30/13, BeckRS 2014, 01289.
[82] → Rn. 85 ff.
[83] Küstner/Thume/*Thume* Rn. 1400.

jedoch **verlängert** werden. Vertriebsverträge sehen üblicherweise eine **Mindestfrist von einem Jahr** vor, diese Frist entspricht auch der regelmäßigen Ansicht in der Judikatur, wobei je nach Fall auch längere Fristen anwendbar sein können.[84] Fehlt die vertragliche Vereinbarung einer Kündigungsfrist, ist anhand des Einzelfalls zu erforschen, ob § 89 Abs. 1 HGB im konkreten Fall anwendbar ist oder ob die Umstände des Einzelfalls eine längere Frist rechtfertigen.

79 Während eine Verlängerung der **Kündigungsfrist** gestattet ist, darf sie als Umkehrschluss aus § 89 Abs. 1 S. 1 HGB **nicht verkürzt** werden.[85] Ansonsten sind die Parteien im Rahmen der Vertragsfreiheit[86] berechtigt, die Kündigungsmodalitäten frei zu bestimmen. Der AGB-Inhaltskontrolle unterliegende Kündigungsklauseln in Standardverträgen können beispielsweise dann unwirksam sein, wenn eine Frist dem Vertragshändler nicht die Möglichkeit bietet, sein Geschäft nach dem Wegfall seines (möglicherweise einzigen) Geschäftspartners neu auszurichten.

80 Auf **Handelsvertreter im Nebenberuf** findet § 92b HGB Anwendung. Ein Vertragsverhältnis, das auf unbestimmte Zeit eingegangen wird, kann mit Frist von einem Monat für den Schluss eines Kalendermonats gekündigt werden. Wird eine andere Kündigungsfrist vereinbart, muss sie für beide Teile gleich sein. Eine unangemessene Benachteiligung liegt vor, wenn eine Formularbestimmung eine Vertragskündigung nach einer Laufzeit von drei Jahren nur unter Einhaltung einer Frist von zwölf Monaten auf das Ende eines Kalenderjahrs vorsieht.[87]

81 b) **Außerordentliche Kündigung.** Im Fall schwerwiegender Verstöße einer Partei gegen den Vertrag oder anderer gewichtiger Gründe haben die Vertragsparteien das Recht, den Vertrag ohne Einhaltung einer Frist außerordentlich zu kündigen. Die hM hält für Vertragshändlerverträge **§ 89a Abs. 1 HGB** für entsprechend anwendbar;[88] bei Handelsvertretern gilt er direkt. Als **lex specialis** verdrängt er § 314 BGB. Inhaltlich unterscheiden sich beide Normen jedoch nur unwesentlich.

82 Der nach § 89a Abs. 1 HGB notwendige „**wichtige Grund**" muss derart wiegen, dass dem Vertragspartner ein Festhalten am Vertrag bis zur Möglichkeit der ordnungsgemäßen Vertragsbeendigung nicht zuzumuten ist. Diese Formel impliziert, dass bei Leistungsverstößen in der Regel eine **Abmahnung** auszusprechen ist, bevor eine fristlose Kündigung erfolgen kann. Nur bei schwersten Leistungsverstößen entfällt diese Notwendigkeit, wenn die Vertrauensbasis auch durch eine Abmahnung nicht wiederhergestellt werden kann.[89] Bei Vertrauensverstößen kann hingegen auch eine Kündigung wirksam sein, die ohne vorherige Abmahnung ausgesprochen wurde.[90] Die Parteien können vertraglich einzelne Gründe zu „wichtigen" erheben, so dass im Fall des Eintretens eines solchen Grunds die sofortige Kündigung ohne Abmahnung zulässig ist. In Standardverträgen muss sich diese Regelung jedoch an § 307 Abs. 1 BGB messen lassen. Der Verwender kann in diesem Fall nicht ohne weiteres eigentlich triviale Gründe zu absoluten Kündigungsgründen erheben. Wichtige Kündigungsgründe sind beispielsweise eine unberechtigte außerordentliche Kündigung des anderen Vertragspartners oder ein Verstoß gegen (wirksame) Wettbewerbsbeschränkungen/-verbote.[91]

83 Zwischen dem Eintreten des Grunds und dem Ausspruch der Kündigung darf **kein unangemessen langer Zeitraum** liegen. Die Bestimmung dieses Zeitraums richtet sich nach dem Einzelfall und hat zu berücksichtigen, dass der kündigungsberechtigten Vertragspartei ein Aufklärungs- und Überlegungszeitraum zuzugestehen ist, der sich jedoch im Rahmen des

---

[84] Küstner/Thume/*Thume* Rn. 1403.
[85] Baumbach/Hopt/*Hopt* § 89 Rn. 28.
[86] Die ihre Grenze an der Schwelle zur Benachteiligung gegen Treu und Glauben bzw. zur Sittenwidrigkeit findet.
[87] BGH Urt. v. 21.3.2013 – VII ZR 224/12, NJW 2013, 2111.
[88] Statt vieler Küstner/Thume/*Thume* Rn. 1410 mwN.
[89] OLG Düsseldorf Urt. v. 22.12.2011 – I 16 U 137/10, BeckRS 2012, 04011; Baumbach/Hopt/*Hopt* § 89a Rn. 10.
[90] Küstner/Thume/*Thume* Rn. 27; differenzierend Baumbach/Hopt/*Hopt* § 89a Rn. 10.
[91] Eine ausführliche Liste zum Vertriebsvertragsrecht mwN allgemein findet sich in Küstner/Thume/*Thume* Rn. 1422 f.

Angemessenen zu bewegen hat. Üblicherweise ist eine zweimonatige Frist bereits unangemessen lang.[92]

Mittels einer einvernehmlich getroffenen **Aufhebungsvereinbarung** kann ein Händlervertrag wie jedes andere Dauerschuldverhältnis jederzeit **aufgehoben werden**. Sogar eine unbegründete fristlose Kündigung kann – alternativ zur Umdeutung in eine ordentliche Kündigung – einen Antrag auf Abschluss einer solchen Vereinbarung darstellen.[93] 84

Ein auf eine bestimmte Zeit abgeschlossener Händlervertrag **endet mit Ablauf der vereinbarten Laufzeit**. Einer zusätzlichen Kündigung bedarf es nicht. Zu unterscheiden ist die **echte** von der **unechten Befristung**. Während bei der echten Befristung ein fest vorgegebener Zeitpunkt oder Zeitraum das Ende des Vertrags terminiert (zB Laufzeit von drei Jahren; Vertragsende mit Ablauf des Jahres 2016), verlängert sich ein Vertrag mit unechter Befristung nach Ablauf seiner Laufzeit automatisch um eine vorgegebene Zeitspanne, es sei denn er wird fristgerecht gekündigt. 85

Im Zusammenhang mit befristeten Verträgen gilt es zu beachten, dass ein Wettbewerbsverbot in einem Händlervertrag, dessen Laufzeit über einen Zeitraum von mehr als fünf Jahren geht, nach **Art. 5 lit. a Vertikal-GVO** nicht kartellrechtlich freigestellt ist.[94] Dies gilt für unecht befristete Verträge dann, wenn die Vertragslaufzeit fünf Jahre überschreitet. Im Rahmen echt befristeter Verträge hat der Hersteller die allgemeine vertragliche Pflicht, seinen Vertragspartner vor Ablauf der Frist auf das Auslaufen des Vertrags aufmerksam zu machen.[95] Da Vertriebsverträge oft auf eine langfristige Zusammenarbeit angelegt sind und deswegen regelmäßig verlängert werden, darf der Vertragshändler grundsätzlich auch damit rechnen.[96] Die Zäsur der Befristung ist vielmehr Anlass für den Hersteller, die Vertragskonditionen geänderten wirtschaftlichen Bedingungen anzupassen. Dies gilt nicht, wenn der Vertragshändler nicht auf die Verlängerung vertrauen durfte, insbesondere wegen einer anders lautenden Äußerung des Herstellers.[97] 86

Wie jedes andere Schuldverhältnis kann der Vertragshändlervertrag **nichtig** sein, beispielsweise aufgrund von Teilnichtigkeit nach § 139 BGB oder nach erfolgreicher **Anfechtung** gemäß § 142 Abs. 1 BGB. Da die eigentlich eintretende ex tunc-Wirkung der Nichtigkeit nach Invollzugsetzung des Vertrags als nicht sachgerecht empfunden wird, tritt die Nichtigkeitswirkung bei Gesellschafts-, Arbeits- oder Handelsvertreterverträgen ausnahmsweise **ex nunc** ein.[98] Bei Vertriebsverträgen kann die Situation nicht anders zu behandeln sein.[99] Der Handelsvertreter bzw. Vertragshändler behält also in diesen Fällen sämtliche Ansprüche aus dem Vertrag sowie den gegebenenfalls bestehenden Ausgleichsanspruch nach § 89b HGB.[100] 87

6. Möglichkeiten zur Vertragsverlängerung

Ist der Vertrag **unecht befristet,** muss er nicht verlängert werden. Der Vertrag ist im Ergebnis auf unbegrenzte Zeit geschlossen und räumt den Parteien lediglich regelmäßig wiederkehrende Kündigungsmöglichkeiten ein. 88

Die Verlängerung eines **echt befristeten** Händlervertrags kann durch schlüssiges Verhalten der Vertragsparteien geschehen. So gilt nach § 89 Abs. 3 S. 1 HGB ein Vertragsverhältnis, das für einen bestimmten Zeitraum eingegangen wurde und nach Ablauf der vereinbarten Laufzeit von beiden Teilen fortgesetzt wird, als auf unbestimmte Zeit verlängert. Setzt der Vertriebsmittler das Vertragsverhältnis nach Ablauf der Vertragszeit mit Wissen des Herstellers fort, sollte der Hersteller dem daher unverzüglich ausdrücklich widersprechen. Ein Fort- 89

---

[92] So BGH Urt. v. 12.3.1992 – I ZR 117/90, NJW-RR 1992, 1059 (1060).
[93] So BGH Urt. v. 27.7.1994 – 7 U 1871/94, NJW-RR 1995, 95 für die Kündigung durch einen Handelsvertreter.
[94] → Rn. 74.
[95] Martinek/Semler/Habermeier/*Ullrich*, Handbuch des Vertriebsrechts, § 19 Rn. 13.
[96] Martinek/Semler/Habermeier/*Ullrich*, Handbuch des Vertriebsrechts, § 19 Rn. 14, sich beziehend auf *Ulmer*, Der Vertragshändler, S. 481.
[97] Martinek/Semler/Habermeier/*Ullrich*, Handbuch des Vertriebsrechts, § 19 Rn. 15.
[98] Statt vieler Küstner/Thume/*Thume*, Rn. 1384.
[99] Küstner/Thume/*Thume*, Rn. 1385.
[100] Ausführlich → Rn. 93 ff.

führen des Vertrags im Sinne dieser Vorschrift liegt auch dann vor, wenn der Handelsvertreter seine Tätigkeit fortsetzt und der Unternehmer die vom Handelsvertreter beigebrachten Geschäfte ausführt. Eine erneute Einigung über sämtliche Bedingungen ihrer Zusammenarbeit ist nicht erforderlich. Die Fortführung des Vertrags wirkt sich auf das gesamte Vertragsverhältnis, einschließlich der Geltung einer vereinbarten Schiedsklausel aus.[101] Ist nicht das gesamte Vertragsverhältnis befristet, sondern nur bestimmte, wesentliche Regelungen, findet § 89 Abs. 3 HGB entsprechend Anwendung.[102] Auf Zusatzvereinbarungen zu einem Handelsvertretervertrag ist § 89 Abs. 3 S. 1 HGB indes weder direkt noch analog anzuwenden.[103]

90 Die **Änderungskündigung** ist keine Vertragsverlängerung im eigentlichen Sinn. Vielmehr ist sie eine Form der ordentlichen Kündigung, verbunden mit einem Antrag auf Abschluss eines neuen Vertriebsvertrags unter geänderten Bedingungen. Während der Hersteller im Rahmen (echt) befristeter Verträge am Ende jeder Laufzeit die Möglichkeit hat, einen Folgevertrag zu geänderten Bedingungen abzuschließen, kann der Hersteller in unbefristeten Verträgen zu diesem Zweck eine Änderungskündigung aussprechen, für die die Voraussetzungen der ordentlichen Kündigung gelten.[104]

7. Herausgabeansprüche

91 Nach Vertragsende ist der Vertragshändler nach §§ 675, 667 BGB verpflichtet, alles zur Ausführung des Auftrags Erhaltene dem Hersteller herauszugeben. Dies bezieht sich beispielsweise auf Werbematerialien und andere absatzfördernde Mittel, die der Hersteller zur Verfügung gestellt hat, aber auch auf Lizenzen etc., sofern für diese nicht schon eine vertragliche **Herausgabepflicht** vereinbart wurde.[105] Die Herausgabepflicht kann auch den Umständen nach, beispielsweise bei Verwendung des Goodwill des Unternehmers, in Form einer **Unterlassenspflicht** bestehen.[106]

92 Eine **Rücknahmepflicht** seitens des Herstellers wird durch §§ 675, 667 BGB nicht begründet. Sie ergibt sich jedoch regelmäßig aus der nachvertraglichen Treuepflicht des Herstellers.[107] Sollte der Hersteller Anlass zur außerordentlichen Kündigung gegeben haben, kann sich die Pflicht auch aus dem Schadensersatzanspruch des Vertragshändlers ergeben. Der Ersatzanspruch richtet sich dann auf die Rücknahme der Waren und der Abstandnahme von der Geltendmachung der Kaufpreisforderung (sofern noch nicht beglichen). Der Vertragshändler ist mithin so zu stellen, als ob er bei Fortdauer des Vertrags die Waren ordnungsgemäß veräußern hätte können.[108] Etwas anderes gilt unter Umständen dann, wenn der Reseller die Vertragsbeendigung schuldhaft verursacht hat, da er sich in diesem Fall nicht mehr auf die nachvertragliche Treuepflicht des Herstellers berufen kann.[109]

8. Goodwill-Ausgleichsansprüche, insbesondere § 89b HGB

93 a) **§ 89b HGB.** Dem Handelsvertreter gebührt unmittelbar aus dem Gesetz nach § 89b HGB ein **Goodwill-Ausgleichsanspruch**.

In Bezug auf das **Vertragshändlerrecht** wurde die Frage einer **analogen Anwendung des § 89b HGB** als Grundlage für einen vertriebsrechtlichen Goodwill-Ausgleichsanspruch breit

---

[101] OLG München Beschl. v. 25.2.2013 – 34 Sch 12/12, BeckRS 2013, 06370.
[102] OLG Köln Hinweisbeschl. v. 15.9.2011 – 19 U 88/11, BeckRS 2012, 19381.
[103] OLG Schleswig Urt. v. 2.5.2013 – 5 U 49/12, BeckRS 2013, 12655.
[104] → Rn. 75 ff.
[105] Martinek/Semler/Habermeier/*Ullrich*, Handbuch des Vertriebsrechts, § 21 Rn. 6; *Ulmer*, Der Vertragshändler, S. 485.
[106] *Ulmer*, Der Vertragshändler, S. 485.
[107] BGH Urt. v. 23.11.1994 – VIII ZR 254/93, NJW 1995, 524.
[108] BGH Urt. v. 21.10.1970 – VIII ZR 255/68, NJW 1971, 29 (30).
[109] BGH Urt. v. 21.10.1970 – VIII ZR 255/68, NJW 1971, 29 (30).

diskutiert. Nach nahezu einheitlicher Rechtsauffassung in Judikatur[110] und Rechtswissenschaft[111] wird dabei über § 89b HGB analog dem Vertragshändler unter gewissen Voraussetzungen ein Ausgleichsanspruch anlässlich der Vertragsbeendigung zuerkannt. Ein derartiger Anspruch kommt jedoch nur dann in Betracht, wenn im konkreten Fall die Analogievoraussetzungen hierfür erfüllt sind.

Nach Auffassung des BGH sind **zwei Voraussetzungen für die analoge Anwendung des § 89b HGB erforderlich**.[112] Der Vertragshändler muss aufgrund besonderer vertraglicher Abmachungen im Vertragshändlervertrag derart in die Absatzorganisation des Herstellers eingegliedert sein, dass er **wirtschaftlich in weitem Umfang die sonst einem Handelsvertreter zukommenden Aufgaben zu erfüllen hat**.[113] Außerdem verlangt der BGH in ständiger Rechtsprechung das Vorliegen einer **rechtlichen Verpflichtung zur Überlassung des Kundenstamms**. 94

Welche Anforderungen an die Eingliederung in die Absatzorganisation des Herstellers erfüllt sein müssen, wurde bereits oben dargestellt.[114]

Der BGH verlangt darüber hinaus als zweite Analogievoraussetzung eine rechtliche Verpflichtung des Absatzmittlers zur **Übertragung der Kundendaten** auf den Absatzherrn.[115] Bei der Übertragung auf das Vertriebsverhältnis ist zu beachten, dass der Kundenstamm bei einem Handelsvertretersystem von vornherein dem Prinzipal zugänglich ist, da der Handelsvertreter in dessen Namen auftritt und die Kunden daher Vertragspartner des Prinzipals sind.[116] Für eine entsprechende Anwendung des § 89b HGB hält die Judikatur es daher für erforderlich, dass der Absatzherr „auf Grund besonderer Vereinbarungen" mit seinem Absatzmittler bei dessen Ausscheiden in die Lage versetzt wird, **sofort nach Beendigung des Vertrags den Kundenstamm nutzen** zu können – entweder selbst oder durch das Einsetzen eines neuen Absatzmittlers.[117] 95

Im **Schrifttum** wird diese Auffassung in mehrerer Hinsicht **kritisiert**. Zum einen wird die Auffassung vertreten, es bedürfe keiner Rechtspflicht zur Überlassung des Kundenstamms, sondern die faktische Kontinuität des Kundenstamms genüge.[118] Zum anderen wird kritisiert, dass die Überlassung des Kundenstamms als eigene Einstiegsvoraussetzung zur analogen Anwendung geprüft werde.[119] Die Kundenstammüberlassung sei ausschließlich im Rahmen des § 89b Abs. 1 S. 1 Nr. 1 HGB unter den dort genannten Voraussetzungen und nicht als Analogievoraussetzung zu prüfen. 96

Die **Rechtsprechung** hat jedoch trotz dieser Kritik in der Toyota-Entscheidung[120] und in den sog Benetton-Urteilen an der oben genannten Auffassung festgehalten.[121] Nach der Rechtsprechung des BGH ist es indes nicht erforderlich, dass sich eine entsprechende recht- 97

---

[110] Vgl. BGH Urt. v. 5.6.1996 – VIII ZR 7/95, NJW 1996, 2302 sowie BGH Urt. v. 5.6.1996 – VIII ZR 141/95, NJW 1996, 2298; speziell zum Vertrieb von Software: BGH Urt. v. 12.1.2000 – VIII ZR 19/99, NJW 2000, 1413 sowie BGH Urt. v. 1.10.2008 – VIII ZR 13/05, NJW-RR 2009, 824; BGH Urt. v. 13.1.2010 – VII ZR 25/08, NJW-RR 2010, 1263 (1264); BGH Urt. v. 6.10.2011 – VIII ZR 2010/07, NJW-RR 2011, 389; BGH Urt. v. 16.2.2011 – VIII ZR 226/07, NJW-RR 2011, 614.

[111] Instruktiv zu der Frage des Ausgleichsanspruchs: *Foth*, Der Ausgleichsanspruch des Vertragshändlers; *Pour-Rafsendjani*, Der Goodwill-Ausgleichsanspruch des Franchisenehmers, Diss. 1999 und *Martinek*, Franchising, S. 359 bis 366.

[112] Grundlage der heutigen – mittlerweile gefestigten – höchstrichterlichen Rechtsprechung ist die Entscheidung des BGH Urt. v. 25.3.1982 – I ZR 146/80, NJW 1982, 2819.

[113] Eingehend dazu BGH Urt. v. 13.6.2007 – VIII ZR 352/04, WM 2007, 1983 mwN.

[114] Ziffer II. 1.

[115] BGH Urt. v. 17.4.1996 – VIII ZR 5/95, NJW 1996, 2159 (2160); BGH Urt. v. 6.10.1993 – VIII ZR 172/92, NJW-RR 1994, 99; BGH Urt. v. 13.1.2010 – VII ZR 25/08, NJW-RR 2010, 1263 (1264).

[116] BGH Urt. v. 11.12.1958 – II ZR 73/57, BGHZ 29, 83 (89).

[117] BGH Urt. v. 11.12.1958 – II ZR 73/57, BGHZ 29, 83 (90); BGH Urt. v. 13.1.2010 – VII ZR 25/08, NJW-RR 2010, 1263 (1264); BGH Urt. v. 29.4.2010 – I ZR 3/09, GRUR 2010, 1107 – JOOP!.

[118] *Ebenroth/Parche* BB 1988 Beil. 10, 31; *Eckert* WM 1991, 1237 (1234 f.); *Foth*, Der Ausgleichsanspruch des Vertragshändlers, S. 160 f.; *Martinek*, Franchising, S. 359 f.

[119] *Köhler* NJW 1990, 1689 (1691).

[120] BGH Urt. v. 17.4.1996 – VIII ZR 5/95, NJW 1996, 2159.

[121] Vor allem unter Berufung auf BGH Urt. v. 23.7.1997 – VIII ZR 130/96, NJW 1997, 3304 (3309;) ebenso *Canaris*, Handelsrecht, § 17 II Rn. 26; *Flohr*, Franchise-Vertrag 241 f.; BGH Urt. v. 13.1.2010 – VII ZR 25/08, NJW-RR 2010, 1263.

liche Verpflichtung ausdrücklich aus einem Vertrag ergeben muss. Es genügt zum Beispiel, wenn sich eine entsprechende Überlassungsverpflichtung hinsichtlich der Kundendaten aus dem Gesamtbild des Vertrags und konkludent aus einer entsprechenden Vertragspraxis in ständiger Übung ergibt, selbst wenn die Vertragsparteien ursprünglich das Gegenteil vereinbart haben. Maßgebend ist nach ständiger Rechtsprechung des BGH lediglich, dass der Hersteller durch die aufgrund entsprechender rechtlicher Verpflichtung beruhende Übermittlung der Kundendaten in die Lage versetzt wird, die Vorteile des Kundenstamms bei Vertragsende sofort und ohne weiteres nutzbar zu machen.[122] Liegen die Voraussetzungen für eine Überlassungspflicht vor, dann ist es unerheblich, ob die Kundendaten schon während der Vertragslaufzeit oder erst anlässlich der Beendigung überlassen wurden und ob der Hersteller davon tatsächlich Gebrauch macht. Die bloße Möglichkeit hierzu genügt.[123]

98   Der Ausgleichanspruch kann **nicht im Voraus ausgeschlossen** werden (vgl. § 89b Abs. 4 S. 1 HGB (analog)). Gemeint ist nicht nur der Totalausschluss. Auch eine Abrede, durch die der Anspruch im Ergebnis mehr oder weniger eingeschränkt wird, ist unwirksam.[124]

99   *aa) Tatbestandsvoraussetzungen des § 89b HGB im Einzelnen.* Voraussetzung für einen Ausgleichsanspruch ist gemäß § 89b Abs. 1 S. 1 Nr. 1 HGB (analog), dass der Hersteller aus Geschäftsverbindungen mit neuen Kunden auch nach Beendigung des Vertriebsvertrags **erhebliche Vorteile** hat.

100 Die Kundenbeziehungen muss der Handelsvertreter/Vertragshändler geworben haben, wobei eine Mitursächlichkeit des **„Werbebeitrags"** des Handelsvertreters/Vertragshändlers genügt. Gleichgestellt sind dem gemäß § 89b Abs. 1 S. 2 HGB (analog) Geschäftsverbindungen mit Altkunden, die der Vertriebsmittler wesentlich erweitert hat, wobei eine wirtschaftliche Betrachtungsweise zu Grunde zu legen ist.[125] Nachdem es um den Ausgleich für den Verlust von Verdienstmöglichkeiten des Handelsvertreters/Vertragshändlers geht, die er hätte nutzen können, wenn das Vertragsverhältnis nicht beendet worden wäre, ist für beide Fälle eine **Prognose** hinsichtlich der Zukunft erforderlich. In Kurzform gilt Folgendes: Es muss geschätzt werden, wie lange und in welchem Umfang der Hersteller aus den vom Handelsvertreter/Vertragshändler neu geworbenen oder wesentlich erweiterten Kundenbeziehungen Einnahmen wird erzielen können.[126] Dabei ist in der Regel auf die letzten zwölf Monate vor Vertragsbeendigung als Beurteilungsgrundlage abzustellen, es sei denn, in dieser Zeit war der Geschäftsverlauf atypisch, denn dann kann als Basis auch ein Durchschnitt mehrerer vergangener Vertragsjahre zu Grunde gelegt werden.[127] Zur Ermittlung der Beständigkeit der Kundenbeziehungen muss normalerweise auch die sog **Abwanderungsquote** berücksichtigt werden, die konkret zu ermitteln ist und bei der nur mangels ausreichender Anhaltspunkte auf allgemeine Erfahrungswerte abgestellt werden darf.[128] Grundsätzlich trägt der Vertragshändler für die für ihn günstigen Tatbestandsmerkmale die Beweislast.[129]

101 Gemäß § 89b Abs. 1 S. 1 Nr. 2 HGB (analog) muss die Zahlung eines Ausgleichs unter Berücksichtigung aller Umstände **billig** sein. Beispielhaft nennt das Gesetz an dieser Stelle die dem Handelsvertreter aus Geschäften mit diesen Kunden entgehenden Provisionen. Daraus kann man folgern, dass grundsätzlich nur solche Verluste zu ersetzen sind, die der Vertriebsmittler bei **Fortsetzung des Vertriebsvertrags** aus den maßgeblichen Geschäftsverbindungen **verdient hätte**. Für die Einbeziehung von zusätzlichen Vergünstigungen in die

---

[122] BGH Urt. v. 17.4.1996 – VIII ZR 5/95, NJW 1996, 2159; BGH Urt. v. 26.11.1997 – VIII ZR 283/96, NJW-RR 1998, 390; BGH Urt. v. 13.1.2010 – VII ZR 25/08, NJW-RR 2010, 1263.
[123] Vgl. nur Martinek/Semler/Habermeier/*Ullrich*, Handbuch des Vertriebsrechts, § 16 Rn. 14 f.
[124] OLG Hamm Urt. v. 29.7.2013 – 18 U 169/12, BeckRS 2013, 18759.
[125] Vgl. BGH Urt. v. 28.4.1999 – VIII ZR 354/97, ZIP 1999, 1094 (1097).
[126] Vgl. etwa auch BGH Urt. v. 6.8.1997 – VIII ZR 150/96, NJW 1998, 66 (68) – Tankstellenhalter; speziell bei Software: BGH Urt. v. 1.10.2008 – VIII ZR 13/05, NJW-RR 2009, 824.
[127] Vgl. BGH Urt. v. 26.2.1997 – VIII ZR 272/95, BGHZ 135, 14 (23) – Vertragshändler; BGH Urt. v. 6.10.2010 – VIII ZR 210/07, NJW-RR 2011, 389 (390) mwN.
[128] Vgl. zB BGH Urt. v. 26.2.1997 – VIII ZR 272/95, BGHZ 135, 14 (21 f.).
[129] Vgl. etwa Martinek/Semler/Habermeier/*Ullrich*, Handbuch des Vertriebsrechts, § 16 Rn. 73.

Ausgleichsberechnung kommt es nicht darauf an, ob dem Vertriebsmittler ein vertraglicher Anspruch auf die gewährten Zusatzleistungen zusteht.[130]

Bei der Geltendmachung durch einen Vertragshändler geht es außerdem um den Ersatz von Ansprüchen, die der Vertragshändler aufgrund seiner **Funktionsgleichheit** mit einem Handelsvertreter geltend machen kann. Folglich muss eine Beschränkung auf den einer Handelsvertreterprovision entsprechenden Anteil der Vergütung erfolgen, da eben nur solche „Verluste" auszugleichen sind, die nicht entstanden wären, wenn er seine Vertriebsmittlerfunktion als Handelsvertreter erfüllt hätte. **Herauszurechnen** sind daher „Vergütungsbestandteile" für Leistungen und Tätigkeiten, die ein Handelsvertreter in ähnlicher Funktion nicht zu erbringen hat.[131] Genannt werden insofern Vergütungsbestandteile für Lagerhaltung, Preisschwankungs-, Kredit- und Insolvenzrisiken, Gewährleistungen und Kulanzen, Preisnachlässe, Produktwerbung etc.[132] Ebenfalls müssen „Vergütungsbestandteile", die auch bei einem Handelsvertreter im unmittelbaren Anwendungsbereich des § 89b HGB nicht ausgleichspflichtig wären, herausgerechnet werden. Grund hierfür ist, dass auch der Handelsvertreter nur ein Entgelt (Provision) für seine Abschluss- oder Vermittlungstätigkeit, also für seine werbende, nicht aber für seine verwaltende Tätigkeit erhält.[133] Demgegenüber werden „verkaufsfördernde Zusatzleistungen", die der Hersteller dem Vertragshändler gewährt, dem Rohertrag hinzugerechnet.[134] Bei der Berechnung ist wieder eine **Prognoseentscheidung** darüber zu treffen, wie lange und in welchem Umfang der Vertragshändler voraussichtlich in den Genuss der handelsvertretertypischen (oder provisionsadäquaten) Vergütungsbestandteile gekommen wäre. Die Provisionsverluste nach § 89b Abs. 1 S. 1 Nr. 2 HGB sind das Gegenstück zu den Vorteilen des Unternehmers gemäß § 89b Abs. 1 S. 1 Nr. 1 HGB. Die Auslegung von Abs. 1 S. 1 Nr. 1 und 2 läuft deshalb häufig parallel.[135] Grundsätzlich trägt auch hier der Vertragshändler die Beweis- und Darlegungslast. Allerdings genügt es nach der BGH-Rechtsprechung zB, dass ein Händler vorträgt, das ihm ein bestimmter prozentualer Anteil seines sog Händlerrabatts ausschließlich für seine werbende und damit seine provisionsadäquate Tätigkeit bezahlt wird. Der Hersteller trägt dann die Darlegungs- und Beweislast für die sog vertreteruntypischen Vergütungsbestandteile.[136]

Im Rahmen der Billigkeit sind über die „Provisionsverluste" des Handelsvertreters/Vertragshändlers hinaus **alle übrigen Umstände des Einzelfalls** zu berücksichtigen.[137] So kann ein Ausgleichsanspruch reduziert werden bzw. vollständig entfallen, wenn er im Einzelfall unbillig wäre. Es ist festzuhalten, dass persönliche Umstände der Parteien (wie zB Alter, Gesundheitszustand, familiäre Verhältnisse etc) nicht mit einbezogen werden. Insbesondere die Fallgruppen „Sogwirkung der Marke" und der Gedanke der Schutzbedürftigkeit werden aber im Zusammenhang mit dem Vertragshändlerrecht diskutiert:

Nach herrschender Meinung ist die **„Sogwirkung der Marke"** (dh, dass der Erfolg des Vertriebsmittlers auch auf der allgemeinen Außenwirkung der „Marke" des Herstellers beruht) im Rahmen der Billigkeit anspruchsmindernd zu berücksichtigen.[138] In der Rechtsprechung wird mit pauschalen Abschlägen in Höhe von 10 bis 25 % gearbeitet.[139] Diese Frage ist sowohl in der Rechtsprechung zum Kfz-Händlerrecht als auch in der Literatur hierzu sehr umstritten.

---

[130] BGH Urt. v. 16.2.2011 – VIII ZR 226/07, NJW-RR 2011, 614 (616) mwN.
[131] Etwa BGH Urt. v. 22.3.2006 – VIII ZR 173/04, WM 2006, 1403.
[132] Insbesondere *Thume* BB 1998, 1425 (1431) zum Franchising *Eckert* WM 1991, 1237 (1247); *Bodewig* BB 1997, 637 (642); *Köhler* NJW 1990, 1989 (1694).
[133] Vgl. etwa BGH Urt. v. 6.8.1997 – VIII ZR 92/96, NJW 1998, 71 (72) und *Schreiber* NJW 1998, 3737.
[134] BGH Urt. v. 13.1.2010 – VIII ZR 25/08, NJW-RR 2010, 1263.
[135] Baumbach/Hopt/*Hopt*, Handelsgesetzbuch, 34. Auflage 2010, § 89b HGB Rn. 26.
[136] Vgl. etwa BGH Urt. v. 5.6.1996 – VIII ZR 141/95, NJW 1996, 2298 und BGH Urt. v. 6.8.1997 – VIII ZR 150/96, NJW 1998, 66, 68.
[137] Baumbach/Hopt/*Hopt*, Handelsgesetzbuch, 34. Auflage 2010, § 89b HGB Rn. 25.
[138] *Martinek*, Franchising Rn. 80; *Canaris*, Handelsrecht, § 15 VII Rn. 111; *Flohr*, Franchise-Vertrag S. 243 f., allerdings abweichend, wenn eine Einstiegsgebühr bezahlt werden musste.
[139] BGH Urt. v. 5.6.1996 – VIII ZR 7/95, NJW 1996, 2302 (2304).

105 Anerkannt ist aber, dass die **fehlende Schutzbedürftigkeit** im Rahmen der Billigkeitsprüfung zu berücksichtigen ist.[140] Verlässliche Maßstäbe hierfür sind nicht ersichtlich. Man wird aber argumentieren können, dass durchaus ein Abzug gerechtfertigt ist, wenn ein Handelsvertreter/Vertragshändler mit Hilfe eines erfolgreichen Vertriebssystems im Laufe der Jahre Erträge in Millionenhöhe erwirtschaftet hat. Auch dürfte in diese Fallgruppe die Konstellationen fallen, in denen der Vertragshändler nach Beendigung des Vertragsverhältnisses seine Kundenkartei einem Dritten überlässt und dadurch die Vorteile des Herstellers oder die Nachteile des Vertragshändlers infolge der Nutzung durch den Dritten voraussichtlich geringer ausfallen werden.[141]

106 *bb) Entfallen eines Ausgleichsanspruchs § 89b Abs. 3 HGB.* Liegen die genannten positiven Tatbestandsmerkmale vor, so kann ein **Ausgleichsanspruch** aus den in § 89b Abs. 3 HGB (analog) genannten Gründen **entfallen**. Dies ist der Fall, **(1) wenn der Handelsvertreter/Vertragshändler das Vertragsverhältnis ohne begründeten Anlass gekündigt hat (Eigenkündigung), (2) wenn der Hersteller das Vertragsverhältnis gekündigt hat und hierfür ein wichtiger Grund wegen schuldhaften Verhaltens des Handelsvertreters/Vertragshändlers vorlag,** oder **(3) wenn ein nachfolgender Absatzmittler mit Einverständnis des bisherigen Handelsvertreters/Vertragshändlers in das Vertriebsvertragsverhältnis eintritt.** Mit diesen drei Ausschlusstatbeständen hat der Gesetzgeber den in § 89b Abs. 1 Nr. 2 HGB aufgeführten Grundsatz der Billigkeit noch weiter konkretisiert. Zur Auslegung des § 89b Abs. 3 HGB sind daher nach Auffassung des BGH auch Gesichtspunkte der Billigkeit zu berücksichtigen.[142]

107 Der Goodwill-Ausgleichsanspruch des Vertriebsmittlers entfällt nach § 89b Abs. 3 Nr. 1 HGB (analog), wenn der **Handelsvertreter/Vertragshändler den Vertriebsvertrag gekündigt** hat. Hieraus resultierend entfällt der Goodwillausgleich auch dann, wenn ein die einseitig erklärte Beendigung überholendes Ereignis wie der Tod des Handelsvertreters/Vertragshändlers oder der Abschluss eines Aufhebungsvertrags vor Ablauf der Kündigungsfrist eintritt.[143] Mit der in § 89b Abs. 3 Nr. 1 HGB beschriebenen Situation sind nicht die Fälle gleichzusetzen, in denen der Handelsvertreter/Vertragshändler von einer vertraglich vorgesehenen Verlängerungsmöglichkeit abgesehen hat und den Vertrag lediglich auslaufen lässt[144] oder ein vom Vertragshändler initiierter Aufhebungsvertrag geschlossen wird.[145] Auch kann die in § 89b Abs. 3 Nr. 1 HGB beschriebene Situation nicht dem Fall gleichgesetzt werden, dass der Handelsvertreter/Vertragshändler bei einer Änderungskündigung das Angebot des Unternehmers zur Fortsetzung des Vertrags zu geänderten Bedingungen ablehnt.[146]

108 § 89b Abs. 3 Nr. 1 HGB nennt **zwei Fälle**, in denen von diesem **Grundsatz** des Anspruchsausschlusses bei Kündigung durch den Handelsvertreter/Vertragshändler **abgewichen** wird (Rückausnahmen). Dem Handelsvertreter/Vertragshändler obliegt diesbezüglich die Darlegungs- und Beweislast.[147] Der Goodwill-Ausgleichsanspruch entfällt nicht, wenn der Hersteller durch sein Verhalten **begründeten Anlass zur Kündigung** durch den Vertriebsmittler gegeben hat.[148] Besteht ein derartiger Anlass, so entfällt die Ausgleichsberechtigung des Handelsvertreters/Vertragshändlers auch nicht für den Fall, dass sich im Verlaufe eines Prozesses herausstellen sollte, dass nach den gesamten Umständen eine Fortsetzung des Vertragsverhältnisses bis zum Ablauf der ordentlichen Kündigungsfrist zumutbar gewesen wäre.[149]

---

[140] BGH Urt. v. 11.2.1977 – I ZR 185/75, BB 1977, 511.
[141] BGH Urt. v. 28.6.2006 – VIII ZR 350/04, WM 2006, 1919: Kein Ausschluss des Anspruchs, lediglich Anspruchsminderung.
[142] BGH Urt. v. 28.11.1975 – I ZR 138/74, NJW 1976, 671.
[143] MüKoHGB/*Hoyningen-Huene* § 89b Rn. 156 mwN.
[144] So auch *Köhler* NJW 1990, 1689 (1692).
[145] BGH Urt. v. 13.3.1969 – VII ZR 48/67, BGHZ 52, 12 (15); aA LAG Frankfurt Urt. v. 25.2.1992 – 7 Sa 255/91, NZA 1992, 1034.
[146] BGH Urt. v. 28.2.2007 – VIII ZR 30/06, NJW 2007, 3493; BGH Beschluss v. 15.1.2008 – VIII ZR 99/06, SVR 2008, 418: In Betracht kommt uU aber eine Anspruchsminderung aus Billigkeit.
[147] Vgl. MüKoHGB/*Hoyningen-Huene* § 89b Rn. 161.
[148] Zum Begriff des Anlasses vgl. MüKoHGB/*Hoyningen-Huene* § 89b Rn. 162 mwN.
[149] Vgl. hierzu BGH Urt. v. 30.5.1984 – VIII ZR 298/83, BGHZ 91, 312 = NJW 1984, 2106.

II. Verträge zwischen Soft- oder Hardwareherstellern und Vertriebspartnern

Der Begriff des Verhaltens des Herstellers ist hier weit auszulegen; er erfasst jedes Tun und Unterlassen und erfordert nicht das Vorliegen eines Verschuldens des Herstellers.[150] Desgleichen erfordert § 89b Abs. 3 Nr. 1, 1. Fall HGB nicht, dass das Verhalten des Herstellers den Grad eines wichtigen Grunds iSd § 89a HGB erfüllt. Ausschlaggebend soll allein sein, dass dessen Verhalten einen vernünftig, billig und gerecht denkenden Vertriebsmittler unter den gegebenen Umständen des Einzelfalls zur Kündigung veranlassen kann.[151] Dies ist beispielsweise der Fall, wenn der Hersteller seine vertraglichen Pflichten nur mangelhaft erfüllt und hierdurch unzumutbare Konfliktsituationen heraufbeschwört, oder wenn gegenüber dem Handelsvertreter/Vertragshändler eine ungerechtfertigte fristlose Kündigung ausgesprochen wird.[152] Der zweite Ausnahmefall des § 89b Abs. 3 Nr. 1 HGB betrifft die Eigenkündigung infolge einer **Unzumutbarkeit der Vertragsfortsetzung wegen Alters oder Krankheit des Handelsvertreters/Vertragshändlers**.[153] Diese Ausnahmeregelung kann allerdings nicht greifen, wenn das Handelsvertreter-/Vertragshändler-Unternehmen von einer Kapitalgesellschaft betrieben wird. Denn Krankheit und Alter eines Gesellschafters beeinflussen nicht unmittelbar den Bestand des Unternehmens. Dies gilt auch, wenn der geschäftsführende Gesellschafter des Unternehmens die Eigenkündigung wegen Alters oder Krankheit ausspricht.[154] Etwas anderes gilt insoweit, wenn es sich um eine alters- oder krankheitsbedingte Kündigung durch den Gesellschafter einer Personengesellschaft handelt und diese den Bestand der Personengesellschaft berührt.[155]

Der Goodwill-Ausgleichsanspruch ist außerdem gem. § 89b Abs. 3 Nr. 2 HGB (analog) ausgeschlossen, wenn der Hersteller den Vertriebsvertrag kündigt und für diese **Kündigung ein wichtiger Grund wegen schuldhaften Verhaltens** des Handelsvertreters/Vertragshändlers vorliegt. Ausreichend aber erforderlich ist das Vorliegen eines wichtigen Grunds zum Zeitpunkt der Kündigungserklärung sowie ein unmittelbarer Ursachenzusammenhang zwischen dem schuldhaften Verhalten des Vertriebsmittlers und der Kündigung des Unternehmens.[156] Ein Anspruchsausschluss ist der neuen Judikatur zufolge auch dann nicht mehr gerechtfertigt, wenn der Hersteller zunächst ordentlich kündigt, die Umstände für das Vorliegen eines wichtigen Grunds aber erst zwischen der Erklärung der ordentlichen Kündigung und dem Vertragsende eintreten und der Hersteller erst nach Vertragsende hiervon erfährt.[157] Der Begriff des wichtigen Grunds deckt sich mit dem des § 89a HGB. Danach müssen Tatsachen vorliegen, die eine Fortsetzung des Vertriebsvertragsverhältnisses unzumutbar machen. Im Unterschied zu § 89a HGB ist aber für § 89b Abs. 3 Nr. 2 HGB zusätzlich ein am Maßstab des § 276 BGB gemessenes Verschulden des Vertragshändlers erforderlich, für das der Hersteller darlegungs- und beweisbelastet ist.[158] Das bedeutet, dass nicht ausnahmslos jede fristlose Kündigung durch den Hersteller zum Verlust der Anspruchsberechtigung des Vertragshändlers führen muss. Auch die Einhaltung einer angemessenen Kündigungsfrist lässt nicht automatisch den Ausgleichsanspruch nach § 89b Abs. 3 Nr. 2 HGB entfallen. Jedoch spricht ein angemessenes Zuwarten bis zum Ausspruch der Kündigung für die Zumutbarkeit der Fortsetzung des Vertragsverhältnisses bis zum Ablauf der ordentlichen Kündigungsfrist und damit gegen das Vorliegen eines wichtigen Grunds im Sinne der Vorschrift.[159]

---

[150] BGH Urt. v. 6.11.1986 – I ZR 51/85, WM 1987, 292.
[151] BGH Urt. v. 6.11.1986 – I ZR 51/85, WM 1987, 292.
[152] Vgl. hierzu MüKoHGB/*Hoyningen-Huene* § 89b Rn. 164 f. mit weiteren Beispielfällen zum Handelsvertreterrecht, die sich teilweise entsprechend auf das Vertriebsvertragsrecht übertragen lassen.
[153] BGH Urt. v. 29.4.1993 – I ZR 150/91, NJW-RR 1993, 996.
[154] LG Münster Urt. v. 29.10.1981 – 7b O 100/81, BB 1982, 1748.
[155] MüKoHGB/*Hoyningen-Huene* § 89b Rn. 169.
[156] BGH Urt. v. 16.2.2011 – VIII ZR 226/07, NJW-RR 2011, 614 im Anschluss an EuGH Urt. v. 28.10.2010 – C 203/09, NJW-RR 2011, 255.
[157] Unter ausdrücklicher Aufgabe von BGH Urt. v. 6.7.1967 – VII ZR 35/65, BGHZ 48, 222 (224 f.); BGH Urt. v. 16.2.2011 – VIII ZR 226/07, NJW-RR 2011, 614 im Anschluss an EuGH Urt. v. 28.10.2010 – C 203/09, NJW-RR 2011, 255.
[158] MüKoHGB/*Hoyningen-Huene* § 89b Rn. 179 mwN.
[159] OLG Köln Urt. v. 4.11.2011 – 19 U 79/10, BeckRS 2012, 19424.

110 Gem. § 89b Abs. 3 Nr. 3, 1. Hs. HGB (analog) entfällt die Ausgleichsberechtigung des Handelsvertreters/Vertragshändlers, wenn auf Grund einer Vereinbarung zwischen Hersteller und Handelsvertreter/Vertragshändler ein **Dritter anstelle des Vertragshändlers** in das Vertragsverhältnis **eintritt**. Eine derartige Eintrittsvereinbarung kann nach § 89b Abs. 3 Nr. 3, 2. Hs. HGB (analog) nicht vor Beendigung des Vertriebsvertrags getroffen werden. Zulässig ist hingegen eine mit der Beendigung des Vertriebsvertrags zusammentreffende Regelung. Zweck des § 89b Abs. 3 Nr. 3 HGB ist die Vermeidung einer Doppelbegünstigung. Wenn sich der ausscheidende Vertragshändler/Handelsvertreter die Übertragung seiner Vertretung auf einen Nachfolger vergüten lässt, soll er nicht noch zusätzlich einen Ausgleichsanspruch erhalten.[160]

111 Hintergrund dieser Regelung ist die Situation der Übertragung des Handelsvertreter-/Vertragshändler-Unternehmens auf einen Nachfolger. Dabei werden in der Regel dreiseitige Verhandlungen geführt, in deren Verlauf auch oftmals eine **dreiseitige Übernahmevereinbarung** getroffen wird. Verschiedene **Übertragungsmodalitäten** sind hierbei denkbar. Die Übernahme des Vertriebsmittler-Unternehmens kann entweder durch eine „**unechte Vertragsübernahme**" erfolgen, mit welcher der Vertriebsvertrag des ausscheidenden Handelsvertreters/Vertragshändlers beendet und gleichzeitig ein neuer Vertrag zwischen dem Hersteller und dem nachfolgenden Handelsvertreter/Vertragshändler abgeschlossen wird.[161] Die Übernahme kann aber auch durch eine „**echte Vertragsübernahme**" (analog §§ 185 Abs. 2, 415 Abs. 1 BGB) erfolgen, und zwar durch einen Vertrag zwischen dem ausscheidenden und dem neu eintretenden Handelsvertreter/Vertragshändler unter Zustimmung des Herstellers.[162] Strittig ist, ob in diesen Fällen der Goodwill-Ausgleichsanspruch des Handelsvertreters/Vertragshändlers § 89b Abs. 3 Nr. 3 HGB (analog) entfällt. Im Ergebnis dürfte dies jedoch keine Rolle spielen, da sich sein Anspruch jedenfalls nach § 89b Abs. 1 S. 1 Nr. 2 HGB (analog) ggf. bis auf Null reduziert.

112 Von der in § 89b Abs. 3 Nr. 3 HGB angesprochenen Eintrittsvereinbarung ist die so genannte „**Abwälzungsvereinbarung**" zu unterscheiden. Hierbei handelt es sich um eine **zweiseitige Vereinbarung** zwischen Hersteller und dem Nachfolger des ausscheidenden Handelsvertreters/Vertragshändlers, wonach der nachfolgende Absatzmittler dem Hersteller den an den ausgeschiedenen Handelsvertreter/Vertragshändler gezahlten Goodwillausgleich erstattet.[163] Hierbei sind ebenfalls verschiedene Gestaltungsmöglichkeiten denkbar. Beispielsweise kann der eintretende Nachfolger den Hersteller von Soft- oder Hardware von seiner Goodwillausgleichspflicht durch die Zahlung einer unter Umständen erhöhten Eintrittsgebühr entlasten. Erfolgt die vom neuen Handelsvertreter/Vertragshändler ausgeführte Zahlung an den ausscheidenden Vertragshändler, wird damit eine befreiende Schuldübernahme im Sinne des § 415 Abs. 1 BGB begründet, die vom ausscheidenden Handelsvertreter/Vertragshändler nach § 185 Abs. 2 BGB genehmigt werden muss. Möglich ist aber auch ein zwischen dem Hersteller und dem Neu-Handelsvertreter/-Vertragshändler geschlossener Vertrag zugunsten des ausscheidenden Handelsvertreters/Vertragshändlers, aus dem gemäß § 328 BGB ein eigenes Forderungsrecht des Handelsvertreters/Vertragshändlers resultiert, der aber gleichzeitig nach § 333 BGB ein Ablehnungsrecht besitzt.

113 *cc) Höhe des Ausgleichsanspruchs beim Vertragshändler.* Die Höhe dieses innerhalb eines Jahres nach Beendigung des Vertragsverhältnisses geltend zu machenden möglichen Ausgleichsanspruchs ist unter Berücksichtigung all dieser Analogievoraussetzungen und einzelner Tatbestandsmerkmale zu bestimmen. Generell wird angenommen, dass die **Vorteile des Herstellers von Soft- bzw. Hardware** mindestens in der Höhe entstehen, wie beim Vertragshändler zu berücksichtigende „**Verluste**" nach der anzustellenden Prognose eintreten. In der Literatur und auch teilweise in der Rechtsprechung werden verschiedene Methoden zur Berechnung der Höhe zur Anwendung gebracht. Die einfachste Methode ist die sog Ver-

---

[160] BT-Drucks. 11/3077 v. 7.11.1988, 9.
[161] Vgl. *Martinek*, Moderne Vertragstypen Bd. II, S. 161.
[162] *Martinek*, Moderne Vertragstypen Bd. II, S. 161.
[163] MüKoHGB/*Hoyningen-Huene* § 89b Rn. 217.

gleichswertmethode. Sie besagt, dass der Ausgleichsanspruch eines Vertragshändlers (durch einen Sachverständigen) dadurch zu ermitteln ist, dass auf einen fiktiven Handelsvertreter in ähnlicher Funktion abgestellt wird.[164] Ist dies nicht möglich, muss auf die vorhandenen Zahlen und Daten zurückgegriffen und daraus der sog **provisionsadäquate Ausgleichsanspruch** berechnet werden. Dabei ist stets zu berücksichtigen, dass die Berechnungsgrundlagen auf das „Niveau eines Handelsvertreters" zurückgeführt werden müssen. Ein Vertragshändler dürfte auch nach der Rechtsprechung nicht besser gestellt werden, als ein vergleichbarer Handelsvertreter.[165] Schließlich ist darauf hinzuweisen, dass der Ausgleichsanspruch eines Vertragshändlers bei der analogen Anwendung des § 89b HGB nicht höher sein kann, als seine durchschnittliche Jahresvergütung. Es ist anerkannt, dass diese Höchstbetragsgrenze aus § 89b Abs. 2 HGB auch im analogen Anwendungsbereich Anwendung findet.[166]

b) **Investitionsschutz.** Im Rahmen der unberechtigten Beendigung durch den Hersteller ist auch die Frage der Amortisation von Investitionen des Vertragshändlers zu berücksichtigen. Für Handelsvertreter stellt sich diese Frage nicht, da von diesen im Normalfall keine Investitionen verlangt werden. Investitionen haben sich amortisiert, wenn die vom Vertragshändler erwirtschafteten Erlöse die Anschaffungskosten sowie die laufenden Betriebskosten decken. Dies kann unter Umständen zu einem **Investitionsersatzanspruch** führen. **114**

Vorbild eines solchen Anspruchs sind die USA. Dort wurde frühzeitig ein richterrechtlicher Investitionsschutz entwickelt. Die Idee des Investitionsschutzes entstammt einer Entscheidung, die bereits Ende des letzten Jahrhunderts im Staate Missouri getroffen wurde.[167] Man bezeichnet diese Doktrin daher als **Missouri Doctrine** oder auch **doctrine of recoupment**.[168] **115**

Diese Idee ist von der Rechtswissenschaft in Deutschland aufgenommen worden.[169] Während *Ebenroth* davon ausgeht, dass eine **Kündigungsschranke** vorliegen soll, verlangt ein anderer Teil der Rechtswissenschaft ein **Wahlrecht** des Resellers.[170] Der Reseller kann danach einen Anspruch auf Schadensersatz geltend machen, der eine Entschädigung für die Entwertung von Investitionen des Resellers zum Inhalt hat, die durch die ordentliche Beendigung des Vertriebsvertrags noch nicht amortisiert sind.[171] In der Judikatur wird hingegen angelehnt an *Ebenroth* lediglich eine Kündigungsschranke angenommen, die wie eine Vertragsverlängerung wirkt.[172] Der Amortisationsschutz wird vor allem für die Phase des Anlaufens des Geschäfts des Resellers angenommen, kann aber auch nach der Anlaufphase während der gesamten Vertragslaufzeit bedeutsam sein. Der Reseller ist gewöhnlich verpflichtet, immer wieder neue Investitionen zu tätigen, um Modernisierungsmaßnahmen bzw. erforderliche, betriebliche Modifikationsmaßnahmen umzusetzen. Dogmatisch wird der Amortisationsschutz richtigerweise zivilrechtlich mit § 242 BGB („venire contra factum proprium") begründet. Es finden sich in der Literatur aber auch kartellrechtliche Erwägungen (§ 20 GWB). Gegen eine kartellrechtliche Begründung spricht allerdings, dass der vom Zivilrecht erfasste Sozialschutz in unzulässiger Weise in das Kartellrecht hineinverlagert werden würde, das jedoch nur den Wettbewerb allgemein schützen soll. Der BGH hat jedenfalls entschieden, dass die strenge Ausrichtung des Absatzmittlers und seines Unternehmens auf den Produzenten eine gesteigerte Rücksichtnahme des Produzenten auf seinen Vertragspartner gebiete. Von diesem würden erhebliche Investitionen erwartet. Dem Absatzmittler müsse daher auch die Gelegenheit gegeben werden, diese erbrachten Ausgaben wieder zu **116**

---

[164] Vgl. etwa *Bodewig* BB 1997, 637 (642 f.); *Eckert* WM 1991, 1237 (1247); *Hopt* § 84 Rn. 12.
[165] BGH Urt. v. 5.6.1996 – VIII ZR 7/95, NJW 1996, 2302 (2303 f.).
[166] *Thume* BB 1998, 1425 (1429).
[167] Glover vs. Henderson, 120 Mo 367, 25 SW 175 (1884).
[168] Vgl. hierzu Schütze/Weipert/*Martinek*/*Pour-Rafsendjani*, Münchner Vertragshandbuch, Bd. 4, III 4 Anm. 64.
[169] *Ulmer*, FS Möhring 1975, S. 295; *Ebenroth*/*Parche* BB 1988, Beilage 10, 26 f.; instruktiv *Giesler*, Praxishandbuch Vertriebsrecht, S. 792 f.
[170] *Foth* BB 1987, 1279; *Martinek*, Franchising, S. 338 f.
[171] Martinek/Semler/Habermeier/*Martinek*, Handbuch des Vertriebsrechts, S. 458 f.
[172] OLG München Urt. v. 21.1.1993 – U (K) 2843/91, WuW/E OLG, 5091.

erwirtschaften.[173] Diese Grundsätze dürften sich wohl auch auf Vertriebsverträge übertragen lassen.

117 Der über § 242 BGB begründete **Investitionsersatzanspruch** setzt voraus, dass der Hersteller einen rechtlich zurechenbaren **Vertrauenstatbestand** geschaffen hat.[174] Dieser Vertrauenstatbestand wird nicht schon dadurch begründet, dass ein auf unbestimmte Dauer angelegter Vertrag geschlossen wird. Maßgebend ist vielmehr, ob und in welchem Umfang der Hersteller die Investitionen des Resellers veranlasst hat und der Reseller damit auf den Vertrauenstatbestand gesetzt hat. Entscheidend ist hier also, dass es sich um „fremdbestimmte" Investitionen handelt.[175] Nicht geschützt sind damit Investitionen, die der Reseller ausschließlich aus eigener unternehmerischer Erwägung heraus veranlasst hat.[176] Dies kann nicht dadurch umgangen werden, dass in den Vertriebsvertrag eine Formel aufgenommen wird, in welcher der Reseller anerkennt bzw. bestätigt, dass die von ihm getätigten Investitionen ausschließlich in seinem Interesse liegen. Denn entscheidend ist nicht der Wortlaut des Vertrags, sondern die tatsächlich dahinter stehende Praxis.[177] Schließlich setzt der Investitionsersatzanspruch voraus, dass der Reseller **schutzwürdig** ist. Voraussetzung hierfür ist, dass sich der Reseller als Anspruchsteller selbst vertragstreu verhalten hat. Aus diesem Grund entfällt die Berechtigung des Resellers hinsichtlich eines Investitionsersatzanspruchs, wenn er dem Hersteller einen Anlass zur rechtswirksamen außerordentlichen Kündigung des Vertriebsvertrags gegeben hat (für den Fall einer unwirksamen außerordentlichen Kündigung kommt die Umdeutung in eine ordentliche Kündigung in Betracht; dann wird aber auch wieder das Amortisationsinteresse des Resellers relevant).

III. Verträge zwischen Soft- oder Hardwareherstellern/Vertriebspartnern und Endkunden

1. Überblick

118 Je nach Vertriebsmodell kommen die Verträge mit den Endkunden entweder direkt mit dem Hersteller von Soft- bzw. Hardware (Handelsvertretermodell) oder mit dem Vertriebspartner (Vertragshändlermodell) zustande. Neben den Besonderheiten des Soft- und Hardwarevertriebs sind hierbei insbesondere Mängelrechte und Haftungsfragen relevant, die sich auch im Fall von Vertragshändlern auf das Verhältnis des Vertriebsmittlers zum Hersteller der Produkte auswirken kann.

2. Mängelrechte und Haftungsfragen

119 **a) Allgemeine Differenzierung zwischen Handelsvertretern und Vertragshändlern.** Für die Beurteilung der „Gewährleistung" (Mängelhaftung des Händlers oder Herstellers bzw. Mängelrechte des Kunden) ist wiederum abzugrenzen zwischen Vertragshändlern und Handelsvertretern.

120 Haben **Vertragshändler** in eigenem Namen und auf eigene Rechnung gehandelt, sind bei Verbrauchern als Kunden die Vorschriften der §§ 478, 479 BGB über den **Unternehmerregress** für den Vertragshändler von zentraler Bedeutung. Hiernach werden besondere Regelungen aufgestellt, die den Regress des Vertragshändlers gegenüber dem Hersteller der Soft- bzw. Hardware bei dem Vertrieb gegenüber Verbrauchern betreffen. Denn der Hersteller verlagert die Gewährleistung auf den Vertragshändler, muss also vom Vertragshändler wiederum in Anspruch genommen werden können, wenn dieser im Verhältnis zu Endverbrau-

---

[173] BGH Urt. v. 21.2.1995 – KZR 33/93, NJW-RR 1995, 1260 – Citroën.
[174] Schütze/Weipert/*Graf v. Westphalen*, Münchener Vertragshandbuch, Bd. 4, III 2 Anm. 17.
[175] *Ebenroth/Strittmatter* BB 1993, 1521 (1530).
[176] *Genzow* Vertragshändlervertrag S. 141, Rn. 138; in der Praxis wird freilich die Unterscheidung zwischen fremdbestimmten und eigenbestimmten Investitionen des Reseller schwierig sein.
[177] Im Ergebnis auch *von Westphalen*, AGB-Klauselwerke, Vertragshändlerverträge, Rn. 70; danach verstößt eine derartige Klausel gegen § 307 Abs. 1 und eventuell auch gegen § 307 Abs. 2 Nr. 2 BGB; *ders.*, Münchener Vertragshandbuch, Bd. 4, III 2 Anm. 17.

chern wegen mangelhafter Soft- oder Hardware gewährleistungsbedingten Zusatzaufwand zu tragen hat.[178] Im Bereich des Softwarevertriebs ist diese Gewährleistung dem Vertragshändler allerdings grundsätzlich nur insoweit möglich, als er aufgrund einer Zugriffsmöglichkeit auf den Quellcode überhaupt in der Lage ist, in eigener Person Mängelbeseitigungen an der Software vorzunehmen. Meist nämlich wird der Vertragshändler stattdessen durch den Hersteller vertraglich verpflichtet sein, im Namen des Herstellers mit den Kunden Pflegeverträge abzuschließen, die auch eine Gewährleistung durch den Hersteller selbst mit sich bringen.

Hat hingegen ein **Handelsvertreter** im Namen und für Rechnung des Herstellers gehandelt, so bleiben die Bestimmungen der §§ 478 ff. BGB im Verhältnis des Handelsvertreters zum Hersteller außer Betracht. Stattdessen sind die Gewährleistungsfragen in diesem Fall ausschließlich direkt zwischen dem Hersteller und den Kunden gem. §§ 434 ff. BGB zu klären.

b) Rechtslage bei Vertragshändlern mit Verbraucher-Kunden im Einzelnen. Als **Sonderregelung** gegenüber den kaufrechtlichen Gewährleistungsvorschriften der §§ 434 ff. BGB bestimmt § 478 Abs. 1 BGB bei Verbraucherkunden, dass es zur Ausübung der in § 437 Nr. 1–3 BGB bezeichneten Rechte des Vertragshändlers gegen den Hersteller, der ihm die Sache verkauft hatte, wegen des vom Verbraucher geltend gemachten Mangels einer Fristsetzung nicht bedarf, wenn der Vertragshändler die verkaufte neu hergestellte Sache als Folge ihrer Mangelhaftigkeit zurücknehmen musste oder der Verbraucher den Kaufpreis gemindert hat.[179] Des weiteren statuiert § 478 Abs. 2 BGB, dass der Vertragshändler beim Verkauf einer neu hergestellten Sache vom Hersteller Ersatz der Aufwendungen verlangen kann, die der Vertragshändler im Verhältnis zum Verbraucher nach § 439 Abs. 2 BGB zu tragen hatte, wenn der vom Verbraucher geltend gemachte Mangel bereits beim Übergang der Gefahr auf den Vertragshändler vorhanden war. Außerdem ordnet § 478 Abs. 3 BGB an, dass in den Fällen von § 478 Abs. 1 und Abs. 2 BGB die Vorschrift des § 476 BGB, wonach vermutet wird, dass die Sache bereits bei Gefahrübergang mangelhaft war, wenn sich innerhalb von sechs Monaten seit Gefahrübergang ein Sachmangel zeigt, mit der Maßgabe Anwendung findet, dass die Frist mit dem Übergang der Gefahr auf den Verbraucher beginnt.

Von besonderer Bedeutung ist auch die Vorschrift des § 478 Abs. 4 S. 1 BGB. Hiernach kann sich der Hersteller **nicht auf eine vor Mitteilung eines Mangels** an den Hersteller getroffene **Vereinbarung** berufen, die zum Nachteil des Vertragshändlers von den §§ 433 bis 435, 437, 439 bis 443 sowie von § 478 Abs. 1 bis 3 und von § 479 BGB abweicht, wenn dem Vertragshändler kein gleichwertiger Ausgleich eingeräumt wird. Dabei gilt aber § 478 Abs. 4 S. 1 BGB nach § 478 Abs. 4 S. 2 BGB unbeschadet des § 307 BGB nicht für den Ausschluss oder die Beschränkung des Anspruchs auf Schadensersatz. Nach § 478 Abs. 6 BGB bleibt auch § 377 HGB (Untersuchungs- und Rügepflichten) unberührt.

Schließlich ist die besondere **Verjährungsvorschrift** des § 479 BGB zu beachten, die den Vertragshändler insbesondere dadurch privilegiert, dass nach § 479 Abs. 1 BGB die in § 478 Abs. 2 BGB bestimmten Aufwendungsersatzansprüche in zwei Jahren ab Ablieferung der Sache verjähren. Außerdem bestimmt § 479 Abs. 2 S. 1 BGB, dass die Verjährung der in den §§ 437 und 478 Abs. 2 BGB bestimmten Ansprüche des Vertragshändlers gegen den Hersteller wegen des Mangels einer an einen Verbraucher verkauften neu hergestellten Sache frühestens zwei Monate nach dem Zeitpunkt eintritt, in dem der Vertragshändler die Ansprüche des Verbrauchers erfüllt hat. Diese Ablaufhemmung endet gem. § 479 Abs. 2 S. 2 BGB spätestens fünf Jahre nach dem Zeitpunkt, in dem der Hersteller die Sache dem Vertragshändler abgeliefert hat. Die Regelung hilft die drohende Regressfalle zu vermeiden, in die der Vertragshändler geraten könnte, wenn zwar seine Ansprüche gegen den Hersteller verjährt sind, nicht aber die des Endverbrauchers gegen ihn selbst.[180]

---

[178] Vgl. MüKoBGB/*Lorenz* § 478 Rn. 1.
[179] Zur Problematik der Nacherfüllung→ Rn. 129 ff.
[180] Vgl. MüKoBGB/*Lorenz* § 479 Rn. 2.

125 Was sonstige Pflichtverletzungen im Verhältnis des Herstellers zum Vertragshändler anbelangt, so ist zu beachten, dass es sich bei dem Vertragshändlervertrag um einen **Geschäftsbesorgungsdienstvertrag** handelt, auf den über § 675 BGB die allgemeinen dienstvertragsrechtlichen Vorschriften der §§ 611 ff. BGB Anwendung finden.[181] Soweit hier keine Spezialvorschriften greifen, kommt bei Pflichtverletzungen eine Anwendung der Regelungen des **allgemeinen Schuldrechts,** insbesondere des § 280 Abs. 1 BGB in Betracht.

126 **c) Rechtslage bei Handelsvertretern im Einzelnen.** Hier ist zunächst ebenfalls zu differenzieren, ob der Handelsvertreter die Soft- bzw. Hardware an einen **Verbraucher** oder an einen **Unternehmer** vermittelt hat. Sofern das Produkt an einen Verbraucher vermittelt wurde, finden die Bestimmungen des **Verbrauchsgüterkaufs gem. §§ 475 ff. BGB** im Verhältnis zwischen Hersteller und Kunden Anwendung. In diesem Fall sind die Möglichkeiten für den Hersteller, die Gewährleistung zu Lasten des Kunden abweichend von §§ 437 ff. BGB zu regeln, sehr eingeschränkt.

127 Abgesehen davon kann der Hersteller nur im Rahmen des AGB-Rechts, insbesondere unter Berücksichtigung der Vorgaben des § 309 Nr. 8 BGB, zu Lasten des Kunden vom Gesetz abweichen. Hierbei ist wiederum zu beachten, ob die Kunden Verbraucher oder Unternehmer sind. In letzterem Fall ist wegen § 310 Abs. 1 BGB lediglich die weniger strenge Angemessenheitskontrolle gem. § 307 BGB vorgesehen.[182]

128 Darüber hinaus ist zu differenzieren, inwieweit auch im Verhältnis von Hersteller und Handelsvertreter Haftungsprobleme auftauchen können. Dabei hat – die Soft- bzw. Hardware wird vom Handelsvertreter ja gerade nicht gekauft – das kaufrechtliche Mängelrecht außen vor zu bleiben. Stattdessen kommen Pflichtverletzungen im Rahmen des Handelsvertretervertrags in Betracht, die unter Umständen Schadensersatzverpflichtungen zB gem. § 280 Abs. 1 BGB nach sich ziehen können.

IV. Besonderheiten des Softwarevertriebs

129 Beim Vertrieb von Software ergeben sich – in Abgrenzung zum Hardwarevertrieb – einige Besonderheiten: Neben einer möglichen Einbeziehung von im Markt weit verbreiteten Enduser License Agreements (kurz „EULA") von Vertragshändlern[183] kann es zur Einbeziehung der EULA von Softwareherstellern zB im Wege von Shrinkwrap- bzw. Clickwrap-Agreements[184] oder im Rahmen von Registrierungsverträgen[185] kommen. Tritt das EULA des Herstellers nachträglich und eigenständig neben das des Vertragshändlers, kommt es aus Endkundensicht zu einer nachträglichen und nicht zwingend von ihm vorab beabsichtigten Doppelung der Vertragspartner auf Lieferantenseite. Schließt der Endkunde Verträge mit mehreren Lieferanten (zB neben dem Lizenzvertrag mit dem Softwarehersteller einen Pflegevertrag mit dem Drittanbieter von Softwarepflegeleistungen) kann dies bereits beim Erwerb der Software zu einem Auseinanderfallen der Vertragsparteien auf Lieferantenseite führen.[186] Ebenso ergeben sich im Softwarebereich Besonderheiten im Rahmen der Mangelgewährleistung[187] und bei den Auswirkungen einer Unterbrechung der Lizenzkette auf den Endkundenvertrag.[188] Schließlich sind Besonderheiten beim Handel mit „gebrauchter" Software[189] zu beachten.

---

[181] Vgl. *Riehm* JuS Lern-CD Zivilrecht III, Rn. 40 mwN.
[182] Vgl. zum Problem des Gewährleistungsausschlusses durch AGB insb. Palandt/*Grüneberg,* § 309 BGB Rn. 58 ff.
[183] → Rn. 130.
[184] → Rn. 132.
[185] → Rn. 137.
[186] → Rn. 144.
[187] → Rn. 160.
[188] → Rn. 164.
[189] → Rn. 173.

IV. Besonderheiten des Softwarevertriebs

1. Einbeziehung von Enduser License Agreements („EULA") des Vertragshändlers

Zur Rechteeinräumung an den Endkunden bedienen sich sowohl Softwarehersteller als auch deren Vertriebspartner regelmäßig standardisierter Verträge, so genannter **Enduser License Agreements** (kurz „**EULA**").

Benutzt ein Vertragshändler solche EULA und räumt den Endkunden im eigenen Namen auf eigene Rechnung die Nutzungsrechte an der Software ein, droht die Gefahr, dass der Umfang der Rechte, die dem Vertragshändler von dem Softwarehersteller eingeräumt wurden von dem Umfang der Rechte abweicht, die der Vertragshändler im EULA den Endkunden einräumt (so genannte fehlende **back-to-back Absicherung**). Überschreitet der Vertragshändler den Umfang der ihm eingeräumten Nutzungsrechte im EULA und räumt der Hersteller dem Endkunden nicht parallel selber Rechte an der Software ein,[190] kann es dazu kommen, dass der Endkunde die Urheberrechte des Softwareherstellers bewusst oder unbewusst verletzt, da es im Urheberrecht keinen gutgläubigen Erwerb von Nutzungsrechten gibt.[191] Damit besteht die Gefahr, dass der Endkunde vom Softwarehersteller wegen einer Urheberrechtsverletzung in Anspruch genommen wird und dann den Vertragshändler in **Regress** nimmt. Aus diesem Grund ist bei der Ausgestaltung des regelmäßig später verfassten EULA des Vertriebshändlers besonderes Augenmerk darauf zu richten, dass die Bedingungen des Vertragshändlervertrags eins-zu-eins an den Endkunden weitergegeben werden und somit eine **Kongruenz der Verträge** besteht.

2. Vertragsschluss und Einbeziehung des EULA des Herstellers bei Shrinkwrap- und Clickwrap-Agreements

In der Praxis wird daneben regelmäßig versucht, zusätzlich zu dem bereits zwischen dem Endkunden und dem Vertragshändler bestehenden Vertragsverhältnis mittels eines so genannten **Clickwrap-** (Vertragsschluss durch Drücken der Entertaste oder Anklicken des Zustimmungsbuttons) oder **Shrinkwrap-** (Vertragsschluss durch Aufreißen der Schutzhülle, „Schutzhüllenverträge") **Agreements** eine direkte Vertragsbeziehung zwischen Endkunde und Softwarehersteller zu begründen und so zB auch das **EULA des Softwareherstellers** direkt mit dem Endkunden zu vereinbaren.[192] Inhalt dieser neben den Vertrag zwischen dem Kunden und dem Vertragshändler tretenden vertraglichen Beziehung zwischen dem Kunden und dem Hersteller sollen neben der Lizenz zumeist Nutzungsbeschränkungen und Gewährleistungsausschlüsse sein. Deshalb sind diese Verträge für den Kunden meist nachteilig.

Bei den Shrinkwrap- und den Clickwrap-Agreements ist zudem **problematisch**, ob diese Gestaltungen überhaupt zu einem **Vertragsschluss** zwischen dem Kunden und dem Hersteller führen können, und wenn ja, welchen Inhalt die zu schließenden Verträge haben. Um in den Fällen der Clickwrap- bzw. Shrinkwrap-Agreements überhaupt zu einem Vertragsschluss zu kommen, wird argumentiert, dass der Hersteller jeweils gemäß § 151 S. 1 BGB auf den Zugang der Annahmeerklärung des Kunden verzichtet, die dieser durch schlüssiges Verhalten, nämlich das (offline) Anklicken des entsprechenden Buttons bzw. durch das Aufreißen der Verpackung erklärt.

Zunächst kann schlüssiges Handeln aber nur dann eine Vertragsannahme begründen, wenn dem Handelnden bewusst ist, dass die fragliche Handlung auf den Willen, sich ver-

---

[190] → Rn. 132.
[191] So allgemeine Meinung, vgl. nur Wandtke/Bullinger/*Wandtke/Grunnert* Vor § 31 Rn. 47; Schricker/*Schricker* Vor § 28 Rn. 63; Dreier/Schulze/*Schulze* § 31 Rn. 24 jeweils mwN; BGH Urt. v. 12.2.1952 – I ZR 115/51, BGHZ 5, 116 (119) – Parkstraße 13; BGH Urt. v. 21.11.1958 – I ZR 98/57, GRUR 1959, 200 (203) – Der Heiligenhof; BGH Urt. v. 3.3.1959 – I ZR 17/58, GRUR 1959, 335 (336) – Wenn wir alle Engel wären; BGH Urt. v. 26.3.2009 – I ZR 153/06, MMR 2009, 838 – Reifen Progressiv; BGH Beschl v. 3.2.2011 – I ZR 129/08, MMR 2011, 305 – UsedSoft I mit Anmerkung *Heydn* = juris PR-ITR 8/2011 mit Anmerkung *Wiesemann*.
[192] Vgl. hierzu im Einzelnen Martinek/Semler/Habermeier/*Chroczlel*, Handbuch des Vertriebsrechts, § 41 Rn. 22 f. sowie *Contreras/Slade* CRI 2000, 104; *Karger* ITRB 2003, 134 und *ders.* ITRB 2004, 110; *Lejeune* ITRB 2001, 263.

traglich zu binden, schließen lässt.[193] Dies kann vorliegend zwar durch einen Hinweis auf der Verpackung bzw. auf dem Bildschirm erreicht werden. Erforderlich ist aber zugleich, dass der Handelnde sich der Notwendigkeit, eine Willenserklärung abzugeben, bewusst ist.[194] Fehlt dem Handelnden dieses Bewusstsein, so kommt es darauf an, ob die vorgenommene Handlung objektiv den Charakter einer schlüssigen Handlung hat. Dies wird durch die Verkehrssitte bestimmt.[195] Der Kunde gewinnt durch den Abschluss des Rechtsgeschäfts mit dem Vertragshändler das Gefühl, es sei bereits „alles erledigt". Dabei ist ihm regelmäßig nicht bewusst, dass er zur Nutzung der Software weitere Rechte erwerben muss. Damit kann schon nicht davon ausgegangen werden, dass vor allem durch Aufreißen der Verpackung ein schlüssiges Verhalten vorliegt, mit dem eine rechtsgeschäftliche Willenserklärung des Endkunden zum Abschluss eines solchen Clickwrap- bzw. Shrinkwrap-Agreements abgegeben werden soll.

135 Zusätzlich bedarf es für den Abschluss eines Vertrags nach § 151 BGB, dass der Antragende auf den Zugang der Annahmeerklärung ausdrücklich verzichtet hat bzw. nach der Verkehrssitte hierauf verzichtet werden kann. Auch an einer solchen **Verkehrssitte fehlt** es bis heute.[196]

136 Erforderlich ist daher, dass das Vertrauen des Kunden, mit der Software auch Nutzungsrechte daran erworben zu haben, zerstört wird bzw. gar nicht erst entsteht. Diese Wirkung kann nur erzielt werden, indem der Kunde vor Abschluss des Kaufvertrags darüber informiert wird, einen zweiten Vertrag mit dem Hersteller der Software abschließen zu müssen. An die Form eines solchen informatorischen Hinweises sind strenge Anforderungen zu stellen. Es genügt weder ein Aushang im Geschäft des Vertragshändlers,[197] noch ein Aufkleber oder Aufdruck auf der Softwareverpackung.[198] Es bedarf vielmehr eines drucktechnisch herausgehobenen Hinweises in den AGB des Vertragshändlers, der allerdings nur dann ausreichen soll, wenn er sich in unmittelbarer Nähe der Unterschriftenzeile befindet. Überdies sollen weitere drucktechnisch herausgehobene Hinweise in demselben Formular unzulässig sein. Empfohlen wird daher, dem Kunden neben Verkäufer-AGB einen **gesonderten Hinweis auf die Notwendigkeit des Abschlusses eines weiteren Vertrags** mit dem Hersteller zur Unterschrift vorzulegen, um sicherzustellen, dass er den Sinn des Hinweises erfasst.[199]

3. Vertragsschluss bei Registrierkartenverträgen

137 In der Praxis sehr häufig anzutreffen ist daneben eine Vertragsgestaltung, bei der sich der Endkunde zur Herstellung eines direkten vertraglichen Kontakts mittels einer **Online-Registrierung** (oder einer Papier-**Registrierkarte**) beim Softwarehersteller registrieren kann oder sogar muss, wenn er die Software vertragsgemäß nutzen bzw. zusätzliche Serviceleistungen in Anspruch nehmen will.[200] Hier kommt durch das Ausfüllen und Absenden der Registrierung – ggf. zusätzlich – ein Vertrag zwischen dem Endkunden und dem Hersteller zustande. Zwar ist die Terminologie leider uneinheitlich; so verwendet etwa *Schneider* den Begriff „Registrierkarte" auch für solche Fälle, in denen eine Rücksendung der Registrierkarte nicht unbedingt erforderlich ist.[201] Vorliegend wird der Terminologie *Marlys* gefolgt, der unter Verweis auf den bisher uneinheitlichen Sprachgebrauch einen „Registrierkartenvertrag" dann annimmt, wenn die dem Softwarepaket beiliegende Registrierkarte „wesensbedingt an den Hersteller zurückgesandt werden muss", da nur so eine Registrierung des Kunden erfolgen kann.[202] Entsprechend der sich immer weiter verbreitenden Nutzung der Online-

---

[193] Palandt/*Ellenberger* vor § 116 Rn. 6.
[194] *Marly* Softwareüberlassungsverträge, Rn. 469; Palandt/*Ellenberger* § 133 Rn. 11 mwN.
[195] Vgl. Palandt/*Ellenberger* vor § 116 Rn. 2.
[196] *Marly* Softwareüberlassungsverträge Rn. 471.
[197] Vgl. Lehmann/*Schmitz*, Rechtsschutz und Verwertung von Computerprogrammen, S. 715 Rn. 19.
[198] *Marly* Softwareüberlassungsverträge Rn. 475.
[199] *Marly* Softwareüberlassungsverträge Rn. 476.
[200] Vgl. *Koch* CR 2002, 629; *Marly* Softwareüberlassungsverträge Rn. 459.
[201] Vgl. *Schneider* J Rn. 6.
[202] *Marly* Softwareüberlassungsverträge Rn. 458.

Registrierung, bei der keine physische Karte zurückgesendet wird, sondern die darauf enthaltenen Informationen online übermittelt werden, soll diese Ausgestaltung der Registrierung mit unter den **Begriff der „Registrierkartenverträge"** gefasst werden.

Die Registrierung des Kunden ist in den Fällen solcher Registrierkartenverträge Voraussetzung für eine umfängliche Nutzung der Software durch den Endkunden. Zur **tatsächlichen Durchsetzung dieser Registrierungspflicht** kommt technisch etwa eine Sperre der Speicher- und Druckfunktionen des Programms in Betracht, ggf. auch erst nach Ablauf einer sog „Grace Period", wenn der Kunde keine Registrierung vornimmt.[203]

Im Hinblick auf die Registrierkartenverträge stellt sich die bei Clickwrap- bzw. Shrinkwrap-Agreements relevante **Frage der Einbeziehung** weniger dringlich, da dem Kunden weder ein Vertragsschluss durch Vornahme eines bloßen Realakts (etwa Öffnen der Verpackung oder Drücken der Enter-Taste auf dem Computer bzw. Anklicken eines Zustimmungsbuttons) noch die Zustimmung zu ihm unbekannten AGB-Klauseln abverlangt wird.

Bezüglich des Erfordernisses eines **Hinweises** auf die Notwendigkeit zum Abschluss eines **zweiten Vertrags** ist § 305c Abs. 1 BGB zu beachten; bereits der verkaufende Vertragshändler muss also den Kunden darüber informieren, dass er, um die gekaufte Software nutzen zu können, einen weiteren Vertrag mit dem Hersteller abschließen muss. Eine entsprechende Pflicht sollte in dem Vertragshändlervertrag niedergelegt und durch eine Freistellungsverpflichtung gegenüber Ansprüchen des Endkunden gegen den Softwarehersteller für den Fall, dass der Vertragshändler hiergegen verstößt, abgesichert werden.

In Anbetracht der eingangs geschilderten tatsächlichen Möglichkeiten des Herstellers, die Nutzungsmöglichkeiten des Kunden an der Software einzuschränken und von einer Registrierung abhängig zu machen, stellt sich die Frage, ob der Kunde **Mängelgewährleistungsansprüche** geltend machen kann, wenn er die Registrierung nicht vornehmen möchte.

Hier ist danach zu differenzieren, ob der Kunde bei Vertragsschluss **Kenntnis von der Nutzungsbeschränkung** hatte. Dies folgt aus § 442 BGB. Danach sind Mängelrechte des Käufers ausgeschlossen, wenn er den Mangel bei Vertragsschluss kennt. Der relevante Mangel ist vorliegend die vom Hersteller eingefügte Sperre; Anspruchsgegner wäre demgegenüber selbstverständlich der Vertragshändler als Vertragspartner des Kunden.

Es liegt daher im Interesse des Vertragshändlers, **auf bestehende Nutzungseinschränkungen** bzw. Sperren der Software vor bzw. ohne die Vornahme einer Registrierung beim Hersteller **hinzuweisen**. Für einen Ausschluss der Mängelrechte des Käufers nach § 442 BGB ist zu verlangen, dass dem Kunden eindeutig erkennbar gemacht wird, unter welchen Voraussetzungen und zu welchem Zeitpunkt die Funktionssperre der Software eintritt.[204] Eine solche Erkennbarkeit kann durch Aufdrucke bzw. Aufkleber auf der Verpackung erreicht werden. Ansonsten stehen dem Kunden in den geschilderten Fällen die Mängelrechte des § 437 Nr. 1–3 BGB zu.

4. Auseinanderfallen der Vertragsparteien auf Lieferantenseite

Neben den Fällen, in denen das EULA des Herstellers nachträglich und eigenständig neben das des Vertragshändlers tritt und es aus Endkundensicht zu einer nachträglichen und nicht zwingend von ihm vorab beabsichtigten Doppelung der Vertragsparteien auf Lieferantenseite kommt, kann der Endkunde auch bereits beim Erwerb der Softwareverträge mit mehreren Lieferanten abschließen oder sich während der Vertragslaufzeit gezielt für eine Aufspaltung der Bezugsquellen entscheiden. Kommt es auf diese Weise zu einem **Auseinanderfallen der Vertragsparteien**, bedarf es besonderer Regelungen mit dem Endkunden.

Dies kann – wie eingangs dargestellt – der Fall sein, wenn mehrere Softwarehersteller ihre **Software gemeinsam an den Endkunden vertreiben** und beide dem Endkunden zwingend Rechte einräumen müssen. Es kann aber auch dann der Fall sein, wenn der Softwarehersteller dem Endkunden in einem Handelsvertreter-Modell die **Rechte an der Software direkt**

---

[203] Vgl. *Koch* CR 2002, 629.
[204] *Koch* CR 2002, 629 (633).

einräumt, die **Pflege der Software aber durch einen Dritten,** zB den Handelsvertreter, erfolgt. Ebenso ist aber auch der umgekehrte Fall in einem Vertragshändler-Modell denkbar: In dieser Konstellation ist es der Vertragshändler, mit dem sich der Endkunde über die Rechteeinräumung einigt und es ist der Softwarehersteller, der die Pflegeleistungen erbringt. Diese Situationen können auch in bereits bestehenden Vertragsverhältnissen auftauchen, wenn sich der Endkunde entschließt, die Rechteeinräumung und die Pflegeleistungen nicht mehr aus einer Hand zu beziehen. Sofern dem Endkunden unterschiedliche Leistungen von verschiedenen Vertragspartnern angeboten werden, kann von einem „gesplitteten Modell" gesprochen werden.

> **Praxistipp:**
> Gerade bei dem Auseinanderfallen der Vertragsparteien kommt es auf eine klare Vertragsgestaltung, insbesondere eine Koppelung der Verträge und eine klare Abgrenzung der Verantwortungsbereiche an.

146 **a) Vertragshändler: Auseinanderfallen von Lizenz- und Pflegevertrag.** Im Grundfall eines gesplitteten Modells im Vertragshandel räumt der Vertragshändler die Rechte im eigenen Namen und auf eigene Rechnung ein. Einen Pflegevertrag bietet der Händler – etwa mangels Vorliegens eines Source-Codes – nicht an. Diesen kann – so die Grundvariante – der Kunde direkt mit dem Hersteller abschließen.

Modell: Gesplitteter Modell-Grundfall Vertragshändler

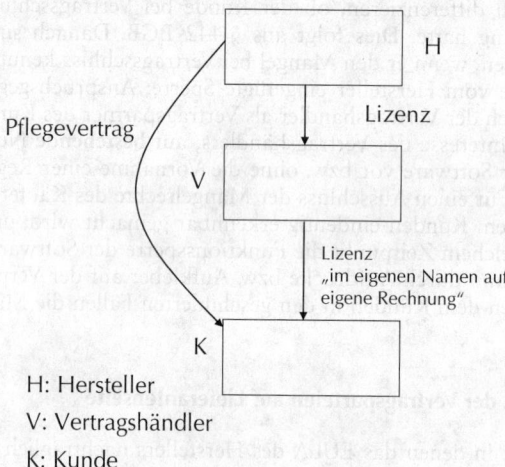

H: Hersteller
V: Vertragshändler
K: Kunde

147 Eine **Verklammerung der beiden Verträge** ist in einer Variante des Grundfalls gegeben, wenn der Vertrag zwischen Hersteller und Reseller die Verpflichtung auf Abschluss des Pflegevertrags zwischen Kunde und Hersteller – möglicherweise in Form eines **echten Vertrags zugunsten Dritter** gemäß § 328 BGB – enthält.[205]

148 Als weitere Variante kommt in Betracht, dass die Lizenz zwischen Vertragshändler und Kunde unter der **aufschiebenden Bedingung des Abschlusses eines Pflegevertrags** zwischen Hersteller und Kunde steht. Jedes Auseinanderlaufen dieser beiden Vertragsbeziehungen birgt Nachteile für den Kunden und in der Folge juristischen „Sprengstoff".

---

[205] In AGB stellt sich die Frage, ob derartige Klauseln nicht als überraschend iSd § 305c BGB oder jedenfalls als unklar iSd Abs. 2 zu qualifizieren wäre.

IV. Besonderheiten des Softwarevertriebs

Dieser kann durch eine enge **Koppelung der Verträge** entschärft werden. Von besonderem Interesse sind dabei die Regelungen
- zu Mängeln,
- zur Zahlung,
- zur vorzeitigen Vertragsbeendigung sowie
- zur regulären Beendigung oder
- Verlängerung

der beiden Verträge. Hier sollte bei der Gestaltung der Verträge mit den Endkunden darauf geachtet werden, dass entweder absolut übereinstimmende Regelungen verwendet oder dass die Regelungen aneinander gekoppelt werden, so dass beispielsweise die Beendigung des Lizenzvertrags automatisch oder nach Wahl des Kunden zur gleichzeitigen Beendigung des Pflegevertrags führt.

> **Formulierungsvorschlag:**
> - Endet der Lizenzvertrag, so endet der Pflegevertrag automatisch mit Wirkung zum selben Zeitpunkt, ohne dass es einer gesonderten Erklärung der Parteien bedarf.
> - Wird der Pflegevertrag beendet, so hat der Kunde das Wahlrecht, ob er sich an den Lizenzvertrag weiter gebunden halten will. Dieses Wahlrecht ist durch schriftliche Erklärung gegenüber dem Lizenzgeber innerhalb einer Frist von zehn Werktagen (Montag bis Freitag mit Ausnahme bundeseinheitlicher Feiertage) ab dem Tage auszuüben, an dem der Pflegevertrag endet. Macht der Kunde von diesem Wahlrecht keinen Gebrauch, so läuft der Lizenzvertrag weiter.

Ebenso kann die Vergütungspflicht eines Lizenzvertrags an den Fertigstellungsgrad/die Nutzbarkeit des unter einem Pflegevertrag beauftragten Customizings gekoppelt und ggf., bei Nichtfertigstellung innerhalb gewisser Fristen, ein in allen Verträgen geltendes Rücktritts- oder Kündigungsrecht vereinbart werden.

> **Formulierungsvorschlag:**
> Beim vollständigen Erreichen eines jeden nach Ziffer ...... des Pflegevertrags vorgesehenen Meilensteins zum Customizing erhöht sich der monatliche Lizenzbetrag für die Zukunft um einen Betrag von EUR ...... bis zu dem vereinbarten monatlichen Endlizenzbetrag von EUR ...... Erfolgt keine vollständige Fertigstellung des Customizing in dem in diesem Vertrag vorgesehenen Umfang bis zum ......, so hat der Auftraggeber das Recht, nicht jedoch die Pflicht, den Pflege- und/oder den Lizenzvertrag innerhalb einer Frist von zwei Wochen ab dem ...... zu kündigen.

b) Vertragshändler: Wesentliche Problemstellungen bei fehlender Vertragskoppelung

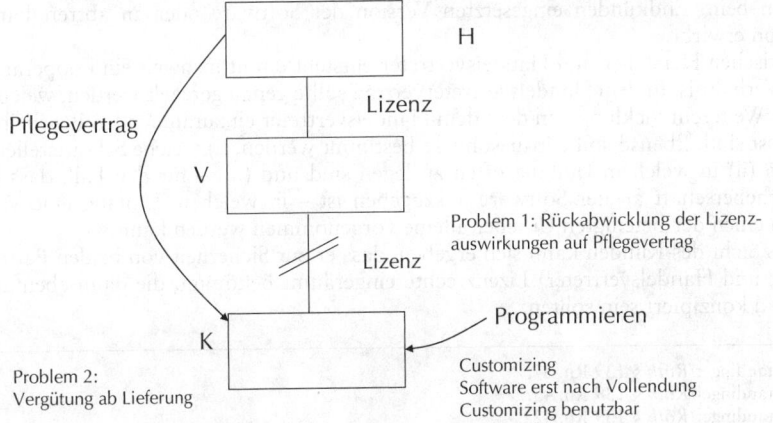

153 Fehlt es an der vorgeschlagenen **Vertragskoppelung**, so stellt sich zum Beispiel schon dann ein Problem, wenn der Lizenzvertrag infolge Mangelhaftigkeit vom Kunden **rückabgewickelt** wird. Hier ist zu fragen, ob sich diese Rückabwicklung auch auf den Pflegevertrag erstreckt. Dies ist auf den ersten Blick grundsätzlich zu verneinen, da die schuldrechtlichen Verpflichtungen jeweils nur diejenigen binden, die einen Vertrag abgeschlossen haben. Damit ist der Pflegevertrag zwischen Hersteller und Kunde getrennt vom (rückabgewickelten) Lizenzvertrag zwischen Vertragshändler und Kunde zu betrachten.

154 Eine missliche Konsequenz besteht für den Kunden weiter dann, wenn er das lizenzierte Programm selbst in der Standardfassung nicht verwenden kann, sondern separat ein umfangreiches **Customizing** in Auftrag gibt. Für den Fall, dass die Software erst nach Vollendung des Customizing in zB 24 Monaten benutzbar ist, stellt sich auch hier die Frage, ob die Pflegegebühren bereits ab Lieferung der Standardsoftware zu vergüten sind, wie es zum Beispiel regelmäßig in Pflegeverträgen heißt. Auch hier gilt die Relativität der schuldrechtlichen Verpflichtungen, die möglichst durch eine kundenorientierte Vertragsgestaltung durchbrochen werden sollte. Andernfalls käme eine Vertragsanpassung nach den Grundsätzen der Störung der Geschäftsgrundlage in Betracht (§ 313 Abs. 1 BGB). Hierbei ist allerdings zu berücksichtigen, in welchem Maße die Partei, die sich auf die Störung des Pflegevertrags berufen will, für diese Störung selber verantwortlich gemacht werden kann.

155 Fehlt eine Koppelung von Pflege und Lizenz, kann sich die **Nichtigkeit** auch des Pflegevertrags aus § 139 BGB ergeben. Demnach würde der Pflegevertrag vorliegend auch als nichtig anzusehen sein, wenn der Lizenzvertrag nichtig wäre und davon auszugehen ist, dass der Pflegevertrag allein nicht abgeschlossen worden wäre. Die Norm setzt also ein einheitliches Rechtsgeschäft voraus. Zur Bestimmung eines solchen ist in erster Linie der Parteiwille zur Zeit des Vertragsschlusses maßgeblich.[206] Lässt sich ein solcher nicht feststellen, weil die Parteien die Einheitlichkeit schlicht nicht bedacht haben, ist der objektive Sinnzusammenhang der Geschäfte zu untersuchen. Die Geschäfte müssen, wenn auch äußerlich getrennt, innerlich derart miteinander verflochten sein, dass sie nur miteinander eine sinnvolle Regelung bilden.[207] Dies könnte etwa bei einem Pflegevertrag anzunehmen sein, der ohne zugehörige Lizenz keinen Sinn macht und noch dazu aufgrund der Regelungen des Lizenzvertrags verpflichtend abgeschlossen werden musste. Die Verschiedenheit der Personen und Vertragstypen hindert im Übrigen die Annahme einer Einheit nicht.[208] Es ist also unschädlich, dass der Kunde einerseits mit dem Vertragshändler, andererseits mit dem Hersteller kontrahiert.

156 **c) Handelsvertreter: Einbindung in Softwareentwicklung.** Auch im Handelsvertretermodell kann es durch das Auseinanderfallen der Vertragsparteien zu einer Vielfalt von Problemen kommen. So treten regelmäßig dann Probleme auf, wenn der Handelsvertreter selbst bei der Weiterentwicklung der Software mitwirkt und insoweit ebenfalls Rechte an der aktuellen beim Endkunden eingesetzten Version der Software oder an abtrennbaren Teilen hiervon erwirbt.

157 Zwischen Hersteller und Handelsvertreter entsteht damit insoweit ein kooperationsähnliches Verhältnis. In dem Handelsvertretervertrag sollte genau geregelt werden, welche Eingriffe zur Weiterentwicklung von dem dem Handelsvertreter einzuräumenden Bearbeitungsrecht umfasst sind. Ebenso sollte insbesondere bestimmt werden, (i) welche Schnittstelleninformationen (ii) in welchem Umfang offen zu legen sind und (iii) – für den Fall, dass von einer Miturheberschaft an der Software auszugehen ist – in welchem Umfang eine Verwertung durch einen der beteiligten Urheber alleine vorgenommen werden kann.

158 Aus Sicht des Kunden kann sich ergeben, dass er zur Sicherheit von beiden Parteien (Hersteller und Handelsvertreter) Lizenzrechte eingeräumt bekommt, die dann ebenfalls gleichlaufend konzipiert sein sollten.

---

[206] Staudinger/*Roth* § 139 Rn. 37.
[207] Staudinger/*Roth* § 139 Rn. 45.
[208] Staudinger/*Roth* § 139 Rn. 42 f.

IV. Besonderheiten des Softwarevertriebs

Gesplittetes Modell Handelsvertreter

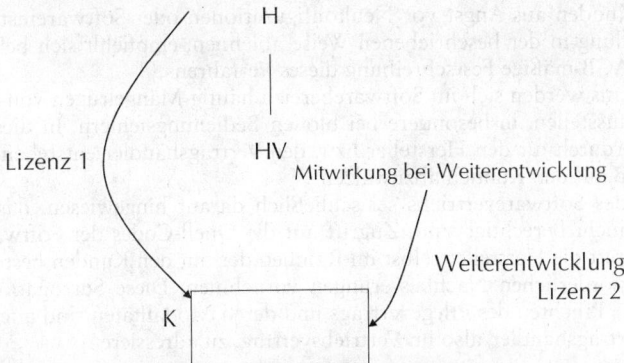

Um Unsicherheiten aus der Sicht des Kunden zu vermeiden, ist es aus seiner Sicht vorzugswürdig, auf einer „one-stop"-Strategie dh auf einem einzigen Vertragspartner zu bestehen. Dabei sollte sich dieser Vertragspartner (in der Regel der Softwarehersteller) dazu verpflichten – ggf. durch Abgabe einer Rechtegarantie oder einer üblichen Klausel zu Rechten Dritter –, dass er dem Kunden sämtliche erforderlichen Rechte an der überlassenen Version der Software einräumen kann. Damit ist es an dem Softwarehersteller, im Wege einer Rechteeinräumung die Rechtslage mit seinem Handelsvertreter zu klären und dem Kunden im Wege einer Sublizenz die entsprechenden Rechte zu gewähren. Durch eine solche Regelung wird das Risiko, das ein Auseinanderfallen der Vertragsparteien birgt, auf den Softwarehersteller gebündelt.

Modell Sublizenz Handelsvertreter

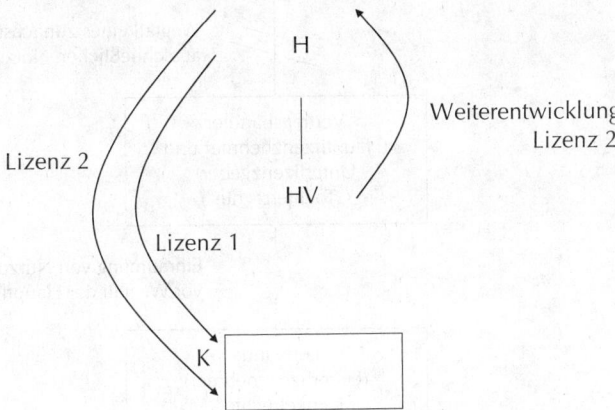

5. Besonderheiten der Nacherfüllung beim Softwarevertrieb

Beim Softwarevertrieb ist hinsichtlich der Nacherfüllung gem. §§ 434, 437 Nr. 1, 439 Abs. 1 BGB bei Standard-Software zu berücksichtigen, dass es Nacherfüllung nur in Form von Lieferung einer verbesserten Version (**Release, Update**) oder Beseitigung des konkreten Mangels (durch sog **Patches**), bei Rechtsmängeln durch nachträgliche Einräumung der fehlenden Rechte oder durch Nachlieferung einer fremde Rechte nicht mehr verletzenden Software geben kann. In diesem Kontext praktisch bedeutsam ist auch die Mangelbeseitigung durch Umgehung des Mangels (sog **work-around**), bei welcher der Mangel zwar weiter besteht, sich aber aufgrund anderer Bedienung oder Konfiguration der Software nicht mehr auswirken kann.[209]

161 Da jedoch Kunden aus Angst vor Neukonfigurationen oder Softwareinstabilität oftmals eine Nacherfüllung in der beschriebenen Weise ablehnen, empfiehlt sich beim Vertrieb von Software eine AGB-mäßige Festschreibung dieses Verfahrens.[210]

162 Darüber hinaus werden sich im Softwarebereich häufig Mängelrügen von Kunden als unberechtigt herausstellen, insbesondere bei bloßen Bedienungsfehlern. In diesem Falle ist es ratsam, die hierdurch für den Hersteller bzw. den Vertragshändler entstehenden Zusatzkosten mittels AGB auf den Kunden abzuwälzen.[211]

163 Im Bereich des Softwarevertriebs sei schließlich darauf hingewiesen, dass die Vertragshändler meist nicht berechtigt sind, Zugriff auf die Quell-Codes der Software zu nehmen, und an deren statt die Hersteller selbst im Rahmen der mit den Kunden bestehenden Pflegeverträge die erforderlichen Nachbesserungen vornehmen. Diese Surrogation des Mängelrechts durch die Pflichten des Pflegevertrags und deren Modalitäten sind auch im Verhältnis Hersteller – Vertragshändler, also im Vertriebsvertrag, zu adressieren.

6. Auswirkung der Unterbrechung der Lizenzkette auf den Endkundenvertrag

164 Fraglich ist, wie sich die **Unterbrechung der Rechteeinräumung innerhalb der Lizenzkette** (zB durch außerordentliche Kündigung des Vertragshändlervertrags durch den Softwarehersteller) auf die Rechtsbeziehung zwischen dem Vertragshändler und seinen Kunden auswirkt.

Sachverhalt

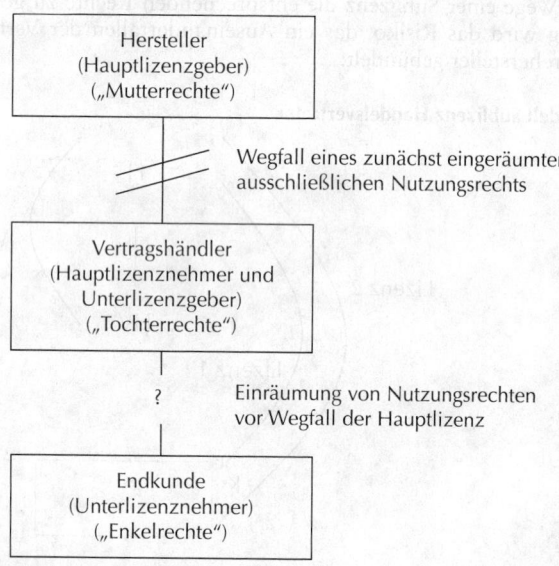

165 Vor 2009 war die herrschende Meinung in Rechtsprechung[212] und Literatur,[213] dass beim Wegfall der ausschließlichen Nutzungsrechte früherer Stufen (dh Rechteeinräumung des Softwareherstellers an den Vertragshändler; Einräumung des sog **Tochterrechts**) zB durch

---

[209] Vgl. Redeker/*Brandi-Dohrn*, Handbuch der IT-Verträge, 1.2 Rn. 148. Ausführlich hierzu § 14 Softwarepflege.
[210] Vgl. Redeker/*Brandi-Dohrn*, Handbuch der IT-Verträge, 1.2 Rn. 153 mwN.
[211] Vgl. Redeker/*Brandi-Dohrn*, Handbuch der IT-Verträge, 1.2 Rn. 163 mwN.
[212] BGH Urt. v. 15.4.1958 – I ZR 31/57, NJW 1958, 1583.
[213] Wandtke/Bullinger/*Wandtke*/Grunert § 35 Rn. 7 mwN.

Kündigung des Vertrags, das Nutzungsrecht späterer Stufen (dh das Nutzungsrecht des Endkunden; sog **Enkelrecht**) ebenfalls fortfällt. Dies wurde ua mit der Überlegung begründet, dass der Inhaber des Enkelrechts nicht mehr Rechte haben kann als der Inhaber des ausschließlichen (Tochter-)Nutzungsrechts.[214]

Dieser Standpunkt wurde in der Rechtsprechung durch drei Urteile des Bundesgerichtshofs revidiert: in der sogenannten „**Reifen Progressiv**"-Entscheidung des Bundesgerichtshofs[215] vom 26.3.2009 kam der BGH im Wege einer umfassenden Interessenabwägung zu dem Ergebnis, dass für den Fall des **Rückrufs wegen Nichtausübung** nach § 41 UrhG der Softwarehersteller nicht übermäßig in der Nutzung seiner Rechte beeinträchtigt sei, wenn die vom ausschließlich Nutzungsberechtigten erteilten einfachen Nutzungsrechte fortbestünden. **166**

Wurde diese Entscheidung teilweise zunächst noch als nicht übertragbare Sonderfallentscheidung angesehen,[216] festigte der Bundesgerichtshof seine neue Linie in der „**M2Trade**"-[217] und der „**Take Five**"[218]-Entscheidung (beide vom 19.7.2012). Der BGH beseitigte bestehende Unklarheiten dahingehend, dass sich das **Erlöschen** der Hauptlizenz (und damit der automatische Rückfall der dem Hauptlizenznehmer eingeräumten Nutzungsrechte an den Hauptlizenzgeber) in aller Regel auch dann nicht auf die Unterlizenz auswirkt, wenn die Hauptlizenz **aus anderen Gründen**, als dem Rückruf wegen Nichtausübung erlischt.[219] In den zu entscheidenden Fällen waren dies die Kündigung des Hauptlizenzvertrags wegen Zahlungsverzugs des Hauptlizenznehmers[220] und die Aufhebung des Hauptlizenzvertrags im Rahmen eines gerichtlichen Vergleichs zwischen Hauptlizenzgeber und -nehmer.[221] **167**

Der BGH unterschied im Ergebnis nicht nach der **Art der eingeräumten Unterlizenz** (dh einfache[222] oder ausschließliche[223] Lizenz) oder der **Art der für die Unterlizenz vereinbarten Vergütung** (dh Einmalzahlung,[224] fortlaufende Zahlung[225] oder Beteiligung an Lizenzerlösen).[226] **168**

In beiden Entscheidungen wies der BGH allerdings ausdrücklich darauf hin, dass die Gründe, die zur Aufhebung des Hauptlizenzvertrags führten, nicht in der Sphäre des Unterlizenznehmers lagen. Insoweit kann **kein absolut geltender Sukzessionsschutz für Unterlizenzen** angenommen werden. Vielmehr kann nicht ausgeschlossen werden, dass es auch weiterhin zu einem Wegfall der Unterlizenzen kommen kann, wenn der Grund für den Wegfall der Hauptlizenz in der Sphäre des Unterlizenznehmers liegt.[227] **169**

Der BGH begründete den Fortbestand der Unterlizenz in den entschiedenen Fällen mit dem im gewerblichen Rechtsschutz wie im Urheberrecht geltenden Grundsatz des **Sukzessionsschutzes**. Dessen Zweck sei es, das Vertrauen des Rechtsinhabers auf den Fortbestand seines Rechts zu schützen sowie ihm die Amortisation der getätigten Investitionen zu ermöglichen.[228] Auch eine umfassende **Interessenabwägung** stütze dieses Ergebnis.[229] Der Unterlizenznehmer habe die Möglichkeit, die eingeräumte Lizenz weiter zu nutzen. Dem Haupt- **170**

---

[214] Wandtke/Bullinger/*Wandtke/Grunert* § 35 Rn. 7 mwN.
[215] BGH Urt. v. 26.3.2009 – I ZR 153/06, MMR 2009, 838 – Reifen Progressiv.
[216] *Klawitter* GRUR-Prax 2012, 425; vgl. auch noch die Vorauflage an dieser Stelle.
[217] BGH Urt. v. 19.7.2012 – I ZR 70/10, NJW 2012, 3301 – M2Trade.
[218] BGH Urt. v. 19.7.2012 – I ZR 24/11, NJW-RR 2012, 1127 – Take Five.
[219] BGH Urt. v. 19.7.2012 – I ZR 70/10, NJW 2012, 3301 – M2Trade; BGH Urt. v. 19.7.2012 – I ZR 24/11, NJW-RR 2012, 1127 – Take Five.
[220] BGH Urt. v. 19.7.2012 – I ZR 70/10, NJW 2012, 3301 – M2Trade.
[221] BGH Urt. v. 19.7.2012 – I ZR 24/11, NJW-RR 2012, 1127 – Take Five; BGH Urt. v. 19.7.2012 – I ZR 70/10, NJW 2012, 3301 – M2Trade.
[222] BGH Urt. v. 26.3.2009 – I ZR 153/06, MMR 2009, 838 – Reifen Progressiv; BGH Urt. v. 19.7.2012 – I ZR 70/10, NJW 2012, 3301 – M2Trade.
[223] BGH Urt. v. 19.7.2012 – I ZR 24/11, NJW-RR 2012, 1127 – Take Five.
[224] BGH Urt. v. 26.3.2009 – I ZR 153/06, MMR 2009, 838 – Reifen Progressiv.
[225] BGH Urt. v. 19.7.2012 – I ZR 70/10, NJW 2012, 3301 – M2Trade.
[226] BGH Urt. v. 19.7.2012 – I ZR 24/11, NJW-RR 2012, 1127 – Take Five.
[227] *Seegel* CR 2013, 205 (209).
[228] Vgl. BT-Drucks. IV/270, 56.
[229] BGH Urt. v. 19.7.2012 – I ZR 24/11, NJW-RR 2012, 1127 – Take Five; BGH Urt. v. 19.7.2012 – I ZR 70/10, NJW 2012, 3301 (3303) – M2Trade.

lizenzgeber stehe gegen den Hauptlizenznehmer ein Anspruch nach § 812 Abs. 1 S. 1 Var. 2 BGB auf Abtretung des gegen den Unterlizenznehmer bestehenden Anspruchs auf ausstehende Lizenzzahlungen zu. Der nach Erlöschen der Hauptlizenz nicht mehr berechtigte Hauptlizenznehmer (= Unterlizenzgeber) könne daher mit Erlöschen der Lizenz nicht mehr von den Lizenzzahlungen des Unterlizenznehmers profitieren.[230]

171   Um nicht auf den vom BGH genannten bereicherungsrechtlichen Anspruch, der erst beim Erlöschen der Hauptlizenz entsteht, angewiesen zu sein, kann seitens des Hauptlizenzgebers überlegt werden, sich etwaige Ansprüche des Hauptlizenznehmers gegen Unterlizenznehmer bereits im Hauptlizenzvertrag **aufschiebend bedingt** für den Fall des Wegfalls der Hauptlizenz **abtreten zu lassen**.[231] Dies hätte den Vorteil, dass diese Abtretung vorrangig vor etwaigen späteren Abtretungen zum Tragen käme.

172   Bisher noch nicht höchstrichterlich entschieden ist dagegen die Frage, ob diese Grundsätze auch dann anzuwenden sind, wenn ein Hauptlizenznehmer **bewusst** von dem Hauptlizenzgeber und dem Unterlizenznehmer **zwischengeschaltet wird**, um so im Fall des Erlöschens der Hauptlizenz eine Weitergeltung der Unterlizenzen zugunsten des Unterlizenznehmers herbeizuführen. Auf diese Weise könnte zumindest theoretisch versucht werden, bei einer Insolvenz des Hauptlizenzgebers[232] über den Fortbestand der Unterlizenz das Wahlrecht des Insolvenzverwalters des Hauptlizenzgebers nach § 103 InsO auszuhebeln. Dem potentiellen Insolvenzverwalter des Hauptlizenzgebers könnte so die „Verenkelung" der Nutzungsrechte zur Unterlizenz als Grund entgegengehalten werden, warum dieser keinen Einfluss auf die Nutzungsrechte mehr haben solle.[233] Es ist allerdings fraglich, ob Gerichte diese „Zwischenschaltungslösung" nicht als eine unzulässige Umgehung ansehen (zB im Rahmen der auch vom BGH durchgeführten Interessenabwägung) und damit der Unterlizenz in solchen Fällen keinen Bestandsschutz gewähren.[234]

7. Handel mit „gebrauchter" Software

173   Immer stärker in den Vordergrund rückt die rechtliche Zulässigkeit des Handels mit „gebrauchter" Software. Dabei sind die Begriffe „**gebrauchte**" **Softwarelizenzen**, „**Gebrauchtsoftware**" oder „**Secondhand**"-**Software** irreführend: anders als bei körperlichen Gegenständen nutzt sich Software nicht durch deren Verwendung ab.

174   **a) Hintergründe.** Namentlich in den Fällen von Restrukturierungen, Entlassungen oder der Insolvenz ergibt sich die Situation, dass viele Lizenzen ungenutzt bleiben. Sofern die Lizenzen nicht zurückgegeben oder eine andere Lösung mit dem Lizenzgeber gefunden werden kann, sind die Lizenznehmer bestrebt, diese nicht verwendeten Lizenzen zu kommerzialisieren. Dabei werden häufig die **fein ausdifferenzierten Lizenzmodelle** der Softwarehersteller **unterlaufen**. Die verbleibenden Lizenzen reichen in den meisten Fällen nicht aus, um die von den Softwareherstellern bei Abnahme der Ursprungsmenge gewährten Vergünstigungen (zB Mengenrabatte) in dem gewährten Umfang auszulösen.

175   Aus diesem Grund enthalten allgemeine Lizenzbedingungen von Softwareherstellern regelmäßig Vorschriften, die darauf abzielen, einen Weitervertrieb zu unterbinden oder einzuschränken: diese Regelungen reichen von (i) einem vollständigen **Weiterübertragungsverbot**, (ii) über einen **Zustimmungsvorbehalt**, der **frei im Ermessen** des Rechteinhabers steht, (iii) über einen **Zustimmungsvorbehalt**, wobei **bestimmte Zustimmungsgründe** (zB Insolvenz) oder Zustimmungsvoraussetzungen (zB Weitergabe der ursprünglichen Lizenzbedingungen) bereits vorab festgelegt sind bis hin zu (iv) der Regelung, dass eine **Zustimmung grundsätz-**

---

[230] BGH Urt. v. 19.7.2012 – I ZR 70/10, NJW 2012, 3301 (3303) – M2Trade.
[231] Vgl. hierzu sowie zu weiteren vertraglichen Möglichkeiten der Bindung der Unterlizenz an den Bestand der Hauptlizenz: *Heidenhain/Reus* CR 2013, 273 (278); *Meyer-van Raay* NJW 2012, 3691 (3691).
[232] Weiterführend § 38 – IT in der Insolvenz, Escrow.
[233] Bejahend: *Klawitter* GRUR-Prax 2012, 425 (427 f.); *Frentz/Masch* ZUM 2012, 886; *Berger* GRUR 2013, 321 (330); ablehnend: *Meyer-van Raay* NJW 2012, 3691 (3693); *Dahl/Schmitz* BB 2013, 1032 (1036); *McGuire/Kunzmann* GRUR 2014, 28 (32).
[234] Gegen einen Bestandsschutz in diesen Fällen: *Seegel* CR 2013, 205 (211); *McGuire/Kunzmann* GRUR 2014, 28 (34); *Meyer-van Raay* NJW 2012, 3691 (3693).

IV. Besonderheiten des Softwarevertriebs

lich erteilt wird und nur in besonderen (ggf. vorbestimmten, Ausnahmefällen versagt werden kann.[235]

Dabei stellt sich jeweils die Frage, in welchem **Verhältnis** solche vertraglichen Regelungen zu dem für Software speziell in § 69c Nr. 3 S. 2 UrhG geregeltem **Erschöpfungsgrundsatz** und der in § 69d Abs. 1 UrhG vorgesehenen **Ausnahme von zustimmungsbedürftigen Handlungen** stehen. 176

Der **Erschöpfungsgrundsatz** besagt, dass sich das Verbreitungsrecht an einem Vervielfältigungsstück eines Computerprogramms, das mit Zustimmung des Rechteinhabers im Gebiet der Europäischen Union oder eines anderen Vertragsstaats des Abkommens über den Europäischen Wirtschaftsraum im Wege der Veräußerung in Verkehr gebracht wurde, in Bezug auf dieses Vervielfältigungsstück mit Ausnahme des Vermietrechts erschöpft.[236] Konsequenz hiervon ist, dass – bei Vorliegen der Erschöpfungsvoraussetzungen – das jeweilige Vervielfältigungsstück ohne die Zustimmung des Urhebers weiterverbreitet werden kann. Dieses Recht, das Vervielfältigungsstück der Software der Öffentlichkeit anzubieten, ist für den Weitervertrieb von „gebrauchter" Software essentiell. 177

Die Regelung des § 69d Abs. 1 UrhG bezieht sich hingegen nicht auf das Verbreitungsrecht, sondern auf das zur Nutzung von Software durch einen potentiellen Zweiterwerber erforderliche Vervielfältigungs- und Bearbeitungsrecht. Nach § 69d Abs. 1 UrhG bedarf – soweit keine besonderen vertraglichen Bestimmungen vorliegen – die Vervielfältigung oder Bearbeitung eines Computerprogramms nicht der Zustimmung des Rechtsinhabers, wenn sie für eine **bestimmungsgemäße Benutzung** dieses Computerprogramms durch den **zur Verwendung** eines Vervielfältigungsstücks des Programms **Berechtigten** notwendig ist. Daraus folgt, dass der Zweiterwerber – bei Vorliegen der Voraussetzungen dieser Norm – im Rahmen der bestimmungsgemäßen Benutzung die für die tatsächliche Nutzung einer Kopie eines Computerprogramms essentiellen Vervielfältigungs- und Bearbeitungshandlungen ohne die Zustimmung des Rechtsinhabers vornehmen darf. 178

b) Grundsätzliche Zulässigkeit des Handels mit „gebrauchter" Software. Wurde der Handel mit körperlich (zB auf einer CD) in den Verkehr gebrachter Software bereits in der Vergangenheit weitgehend als zulässig angesehen, war die Situation bei unkörperlich (zB per download) in den Verkehr gebrachter Software bis zur Entscheidung des EuGH im Fall UsedSoft GmbH/Oracle International Corp. im Jahre 2012[237] hoch umstritten. 179

aa) Handel mit körperlich in den Verkehr gebrachter Software. Werden Vervielfältigungsstücke einer Software **offline in den Verkehr** gebracht, wird also zB eine Standardsoftware auf unbestimmte Dauer gegen Zahlung eines Entgelts – also im Wege eines Kaufvertrags – verkörpert auf einem Datenträger von einem Kunden erworben, erfolgt regelmäßig keine wirksame Einbeziehung der Allgemeinen Geschäftsbedingungen des Softwareherstellers.[238] Damit erfolgt regelmäßig allein schon aus diesem Grund keine wirksame Vereinbarung etwaiger Nutzungsrechtsbeschränkungen. Wurde eine Standardsoftware daher im Wege eines Kaufvertrags verkörpert auf einem Datenträger erworben, so kann das erworbene Vervielfältigungsstück der Software im Rahmen einer weiteren Veräußerung einem Dritten überlassen und von diesem im Rahmen der Vorgaben des Urheberrechts genutzt werden. Dies setzt voraus, dass der Ersterwerber keine Programmkopien zurückhält, so dass es nicht zu einer gleichzeitigen Nutzung des Programms kommt.[239] 180

bb) Handel mit unkörperlich in den Verkehr gebrachter Software. Stark umstritten war bis zur Entscheidung des EuGH im Fall UsedSoft GmbH/Oracle International Corp.,[240] ob 181

---

[235] Zur AGB-rechtlichen Zulässigkeit solcher Weiterübertragungsverbote Ziffer IV. 7d).
[236] Zu Recht merkt *Schneider* in CR 2009, 553 an, dass das Verhältnis des Erschöpfungsgrundsatzes zu § 34 UrhG bisher vernachlässigt erscheint.
[237] EuGH Urt. v. 3.7.2012 – C 128/11, GRUR 2012, 904 mit Anmerkung *Hansen/Wolff-Rojczyk* = MMR 2012, 586 mit Anmerkung *Heydn* = NJW 2012, 2565.
[238] Vgl. die Ausführungen zu Shrinkwrap- und Clickwrap-Lizenzen Ziffer IV. 2.
[239] Vgl. zum Handel mit Secondhand-Software nur *Hilber* CR 2008, 749; *Huppertz* CR 2006, 145; *Grützmacher* ZUM 2006, 302; *Koch* CR 2002, 629 (630).
[240] EuGH Urt. v. 3.7.2012 – C 128/11, GRUR 2012, 904 mit Anmerkung *Hansen/Wolff-Rojczyk* = MMR 2012, 586 mit Anmerkung *Heydn* = NJW 2012, 2565.

Vervielfältigungsstücke von Software, die nicht verkörpert auf einen Datenträger erstmals in den Verkehr gebracht wurden, ebenfalls in den Anwendungsbereich des Erschöpfungsgrundsatzes fallen. Folge wäre, dass die erstellten Kopien bei vorliegen der Erschöpfungsvorrausetzungen weiterverbreitet werden dürfen.[241] Eine solche unkörperliche Verbreitung ist auf zwei Arten in der Praxis üblich: zum einen bei einem Vertrieb per **Download**, bei dem der Inhaber des Urheberrechts dem Herunterladen des Vervielfältigungsstücks aus dem Internet auf einen Datenträger zugestimmt hat und zum anderen bei **Mehrfach-, Volumen- oder Paketlizenzen**, bei denen der Kunde (mit Zustimmung des Rechteinhabers) Vervielfältigungen von einer Masterkopie selbst herstellen darf.

182 Die überwiegende **obergerichtliche Rechtsprechung**[242] sowie Teile der **Literatur**[243] lehnten sowohl eine direkte als auch eine analoge Anwendung des Erschöpfungsgrundsatzes auf das Verbreitungsrecht an Vervielfältigungsstücken von Software ab, wenn diese auf unkörperliche Weise in den Verkehr gebracht worden war. Dieser Ansicht schloss sich der EuGH im Fall UsedSoft GmbH/Oracle International Corp.[244] allerdings nicht an.[245] Vielmehr behandelte er die Erschöpfung des Verbreitungsrechts bei sowohl körperlich als auch unkörperlich in den Verkehr gebrachten Vervielfältigungsstücken gleich.[246] Er begründet seine Ansicht insbesondere mit der wirtschaftlichen Vergleichbarkeit der beiden Fälle.[247]

183 Nach dem Urteil des EuGH sowie der darauf basierenden sogenannten **UsedSoft II-Entscheidung**[248] des BGH ist die Erschöpfung des Verbreitungsrechts in diesen Fällen an die folgenden vier kumulativen **Voraussetzungen** gekoppelt:

- Der Urheberrechtsinhaber muss dem Ersterwerber ein **zeitlich unbegrenztes Nutzungsrecht** an dem Vervielfältigungsstück seines Werks eingeräumt haben.

---

[241] Zum damaligen Streitstand: BGH Beschl. v. 3.2.2011 – I ZR 129/08, MMR 2011, 305 – UsedSoft I mit Anmerkung *Heydn* = juris PR-ITR 8/2011 mit Anmerkung *Wiesemann* = CRi 2011, 44 mit Anmerkung *Witzel*; Wandtke/Bullinger/*Grützmacher* § 69c Rn. 31 mwN; für eine analoge Anwendung: Möhring/Nicolini/*Hoeren* § 69c Rn. 16; *Hoeren* CR 2006, 573; *Berger* GRUR 2002, 198 (199); *Oswald*, Erschöpfung durch Online-Vertrieb urheberrechtlich geschützter Werke, 50; *Spindler* CR 2008, 69; vgl. *Bartsch* CR 1987, 8 (12); *Grützmacher*, Urheber-, Leistungs- und Sui-generis-Schutz von Datenbanken, S. 250; wohl auch Dreier/Schulze/*Dreier* § 69c Rn. 24; *Royla/Gramer* CR 2005, 154 (155); mit gewisser Tendenz zur direkten Anwendung *Schrader/Rautenstrauch* K&R 2007, 249 (253, 255); hingegen halten Fromm/Nordemann/*Vinck* § 69c Rn. 6; *Mäger* CR 1996, 522 (524); *Pres*, Gestaltungsformen urheberrechtlicher Softwarelizenzverträge, 116, Fn. 546 und wohl auch *Lehmann*, FS Schricker, 543, 564 sogar eine extensive Auslegung für ausreichend; Ulmer/*Hoppen* CR 2008, 681, die in dem definierten Bit-Strom das Vervielfältigungsstück des Objektcodes sehen; *Lehmann* CR 2006, 655 (656).
[242] OLG München Urt. v. 3.7.2008 – 6 U 2759/07, CR 2008, 551 = MMR 2008, 601; OLG Frankfurt aM Beschl. v. 12.5.2009 – 11 W 15/09, CR 2009, 423 (424) = NJOZ 2009, 2562 = MMR 2009, 544 mit Anmerkung *Bräutigam*; OLG Düsseldorf Urt. v. 29.6.2009 – I-20 U 247/08, CR 2009, 566 = ZUM 2010, 60. OLG Frankfurt aM Urt. v. 22.6.2010 – 11 U 13/10, MMR 2010, 681. Das Urteil des OLG Hamburg v. 7.2.2007 – 5 U 140/06, MMR 2007, 317 bestätigte zwar die Vorinstanz (LG Hamburg Urt. v. 29.6.2006 – 315 O 343/06, MMR 2006, 827 mit Anmerkung *Heydn*), stützte dies allerdings alleine auf wettbewerbsrechtliche Aspekte des zu entscheidenden Falles und machte insoweit keine Aussage zu den hier behandelten urheberrechtlichen Problemstellungen.
[243] *Moritz* jurisPR-ITR 5/2007 Anm. 5; *Haberstumpf* CR 2009, 345 (351); ebenso Schricker/*Loewenheim* § 69c Rn. 33 für den hier allein gegenständlichen Fall, dass der Rechteinhaber nur dem Ersterwerber die Nutzung erlaubt; *Bräutigam/Lederer* jurisPR-ITR 17/2008 Anm. 2; *Dieselhorst* CR 2007, 356 (358); *Heydn/Schmidl* K&R 2006, 74 (76); *Koch* ITRB 2007, 140 (142); *Spindler* CR 2008, 69 (70); *Schack* GRUR 2007, 639 (643); vgl. zudem *Bergmann*, FS Erdmann, 17, 24; Mestmäcker/Schulze/*Haberstumpf* § 69c Rn. 14; *Koch* CR 2002, 629 (631); *Zahrnt* CR 1994, 457.
[244] EuGH Urt. v. 3.7.2012 – C 128/11, GRUR 2012, 904 mit Anmerkung Hansen/Wolff-Rojczyk = MMR 2012, 586 mit Anmerkung *Heydn* = NJW 2012, 2565.
[245] So auch schon: Dreier/Schulze/*Dreier* § 69c Rn. 24; Wandtke/Bullinger/*Grützmacher* § 69c Rn. 31; Dreyer/*Kotthoff* § 69c Rn. 23, 25; *Hoeren* CR 2006, 573; *Koehler* S. 49, 72; *Knies* GRUR Int. 2002, 314 (316); *Walter*, FS Dittrich, S. 363 (379); *Mäger* CR 1996, 522 (525); *Berger* GRUR 2002, 198 (200); *Witte* ITRB 2005, 86 (89); *Sosnitza* K&R 2006, 206 (207); *Royla/Gramer* CR 2005, 154 (155); *Baus*, Verwendungsbeschränkungen in Softwareüberlassungsverträgen, 2004, S. 85 (230).
[246] Zur fehlenden Übertragbarkeit der Rechtsprechung auf andere Werkarten (hier Hörbücher) vgl. LG Bielefeld Urt. v. 5.3.2013 – 4 O 191/11, GRUR-RR 2013, 281: Weiterführend auch *Hartmann* GRUR-Int. 2012, 980; *Marly* EuZW 2012, 654; *Kloth* GRUR-Prax 2013, 239.
[247] EuGH Urt. v. 3.7.2012 – C 128/11, GRUR 2012, 904 (906) mit Anmerkung Hansen/Wolff-Rojczyk.
[248] BGH Urt. v. 17.7.2013 – I ZR 129/08, UsedSoft II.

IV. Besonderheiten des Softwarevertriebs

- Der Urheberrechtsinhaber muss seine Zustimmung in die Nutzung seines Werks gegen Zahlung eines Entgelts erteilt haben, das es ihm **ermöglichen** soll, eine **dem wirtschaftlichen Wert des Vervielfältigungsstücks seines Werks entsprechende Vergütung** zu erzielen. Ob er diese Vergütung auch tatsächlich realisiert oder ggf. sogar ganz darauf verzichtet und sein Werk kostenlos zum Download bereitgestellt hat, ist unerheblich. Die reine Möglichkeit ist ausreichend.[249]
- Der Ersterwerber muss seine Kopie **unbrauchbar gemacht** haben. Der EuGH stellt fest, dass es dabei dem Urheberrechtsinhaber erlaubt ist, alle ihm zur Verfügung stehenden technischen Schutzmaßnahmen anzuwenden, um dies sicherzustellen.[250] Beispielhaft nennt der EuGH hier Programmschlüssel.[251] Während der EuGH zum Zeitpunkt der Unbrauchbarmachung noch auf den Zeitpunkt des Weiterverkaufs abstellte,[252] legte sich der BGH nicht auf einen genauen Zeitpunkt fest.
- Sofern Gegenstand der Erschöpfung nicht das Vervielfältigungsstück des Computerprogramms in der zum Zeitpunkt des Ersterwerbs vorliegenden Fassung sein soll, sondern eine verbesserte und aktualisierte Fassung, müssen diese **Verbesserungen und Aktualisierungen** (wenn sie vom Urheberrechtsinhaber vorgenommen wurden) von einem zwischen dem Urheberrechtsinhaber und dem Ersterwerber abgeschlossenen **Wartungsvertrag gedeckt** sein. Gegenstand der Erschöpfung ist in diesen Fällen damit nicht das Vervielfältigungsstück in der ursprünglichen Fassung (zB Version 1.0 des Computerprogramms), sondern in der vom Urheberrechtsinhaber verbesserten und aktualisierten Fassung (zB Version 8.4 des Computerprogramms).[253]

Zusätzlich zu diesen vier Voraussetzungen für die Erschöpfung des Verbreitungsrechts stellt der BGH in seinem Urteil klar, dass **keine abstrakte Erschöpfung** eines Lizenzrechts erfolgt,[254] sondern sich die Erschöpfung des Verbreitungsrecht konkret auf das per Download erstellte Vervielfältigungsstück bezieht.[255] Dennoch ließ es der BGH in dem zu entscheidenden Fall ausreichen, dass der Zweiterwerber die tatsächlich von ihm verwendete Kopie des Computerprogramms nicht direkt vom Ersterwerber erhielt, sondern (in dem zu entscheidenden Fall) von der Internetseite des Urheberrechtsinhabers auf seinen Computer herunterlud. Die **physische Weitergabe** eines Datenträgers mit der „**erschöpften**" **Kopie** des Computerprogramms forderte der BGH insoweit nicht. Er ließ es – unter Hinweis auf die wirtschaftliche Vergleichbarkeit der Vorgänge – ausreichen, dass der Weiterverkauf der Lizenz an den Zweiterwerber mit dem Weiterverkauf der von der Internetseite des Urheberrechtsinhabers heruntergeladenen Programmkopie verbunden war.[256]

Zur **Berechtigung des Zweiterwerbers** zur Nutzung stellte der BGH schon in seiner Vorlageentscheidung[257] klar, dass sich der Zweiterwerber nicht auf ein vom Ersterwerber übertragenes Vervielfältigungsrecht stützen kann, wenn der Urheberrechtsinhaber dem Ersterwerber dieses Recht nur als „nicht übertragbares" Recht eingeräumt hat. Er begründete diese Ansicht damit, dass ein gutgläubiger Erwerb von urheberrechtlichen Nutzungsrechten

---

[249] BGH Urt. v. 17.7.2013 – I ZR 129/08, UsedSoft II, Rn. 60; OLG Frankfurt Teilurt. v. 18.12.2012 – 11 U 68/11, GRUR 2013, 279 (281) mit Anmerkung *Marly*.
[250] EuGH Urt. v. 3.7.2012 – C 128/11, GRUR 2012, 904 (907) mit Anmerkung *Hansen/Wolff-Rojczyk*.
[251] EuGH Urt. v. 3.7.2012 – C 128/11, GRUR 2012, 904 (908) mit Anmerkung *Hansen/Wolff-Rojczyk*.
[252] EuGH Urt. v. 3.7.2012 – C 128/11, GRUR 2012, 904 (907) mit Anmerkung *Hansen/Wolff-Rojczyk*.
[253] EuGH Urt. v. 3.7.2012 – C 128/11, GRUR 2012, 904 (907) mit Anmerkung *Hansen/Wolff-Rojczyk*; vgl. *Marly* CR 2014, 145 (147), *Schneider/Spindler* CR 2014, 213 (219) und *Schneider* ITRB 2014, 120 (121), die sich für eine Erstreckung auch auf Patches aussprechen, die außerhalb eines Wartungsvertrages geliefert werden.
[254] *Dietrich* NJW 2014, 364 (365); anders: *Senftleben* NJW 2012, 2924 (2926); *Redeker* CR 2014, 73 (75).
[255] BGH Urt. v. 17.7.2013 – I ZR 129/08 – UsedSoft II, Rn. 44. So auch EuGH Urt. v. 3.7.2012 – C 128/11, GRUR 2012, 904 (908) mit Anmerkung *Hansen/Wolff-Rojczyk*; *Schneider/Spindler* CR 2013, 489 (493).
[256] BGH Urt. v. 17.7.2013 – I ZR 129/08 – UsedSoft II, Rn. 45 f. und 57 ablehnend: *Weisser/Färber* MMR 2014, 364 (365).
[257] BGH Beschl. v. 3.2.2011 – I ZR 129/08, MMR 2011, 305, 308 – UsedSoft I mit Anmerkung *Heydn* = jurisPR-ITR 8/2011 mit Anmerkung *Wiesemann* = CRi 2011, 44 mit Anmerkung *Witzel*; BGH Urt. v. 17.7.2013 – I ZR 129/08, UsedSoft II, Rn. 43.

nicht möglich ist.[258] Der BGH erstreckte genauso wie der EuGH zu Recht die Wirkung des Erschöpfungsgrundsatzes nicht (analog) auf das Vervielfältigungsrecht.

186 Die **Nutzungsberechtigung** des Zweiterwerbers leitete der BGH statt dessen **aus § 69d Abs. 1 UrhG** ab.[259] Dieser Zweiterwerber (sowie etwaige Nacherwerber) sind als „zur Verwendung des Vervielfältigungsstücks Berechtigte" anzusehen, die die erworbene Kopie des Computerprogramms vervielfältigen dürfen, wenn das Recht zur Verbreitung der Programmkopie erschöpft ist.[260]

187 Auch wenn der BGH auf der einen Seite von der dinglichen Wirkung der Nutzungsbeschränkungen ausging, was dazu führte, dass der Ersterwerber das zur Nutzung erforderliche Vervielfältigungs- und Bearbeitungsrecht nicht auf den Zweiterwerber übertragen konnte, stellte er auf der anderen Seite doch klar, dass das Recht des Zweiterwerbers aus § 69d Abs. 1 UrhG nicht durch **anderslautende vertragliche Bestimmungen** ausgeschlossen werden kann.[261] Insbesondere kann sich der Urheberrechtsinhaber gegenüber dem Zweiterwerber nicht darauf berufen, dass der Vertrag zwischen dem Urheberrechtsinhaber und dem Ersterwerber lediglich ein „nicht übertragbares", „nicht abtretbares" oder „ausschließlich für interne Geschäftszwecke des Ersterwerbers" eingeräumtes Nutzungsrecht vorgesehen habe oder das das Recht dem Ersterwerber vorbehalten sei.[262] [263]

188 Der BGH äußerte sich darüber hinaus umfassend zur **Darlegungs- und Beweislastverteilung:** Im Ergebnis obliegt es dem Zweiterwerber, der sich auf die Berechtigung nach § 69 Abs. 1 UrhG berufen will, die wesentlichen Punkte für das Vorliegen der Voraussetzungen dieser Norm darzulegen und im Bestreitensfall zu beweisen. Sofern hierfür Bestätigungen des Ersterwerbers oder eines Dritten (zB eines Notars) verwendet werden sollen, ist deren genauer Aussagegehalt zu prüfen. Das Testat eines Dritten, ihm habe eine Erklärung des ursprünglichen Lizenznehmers vorgelegen, wonach dieser rechtmäßiger Inhaber der Lizenzen gewesen sei, diese nicht mehr benutze und den Kaufpreis vollständig bezahlt habe, ist nicht ausreichend.[264] Aus einem solchen Testat ergibt sich zB nicht, dass die Kopie des Ersterwerbers auch tatsächlich unbrauchbar gemacht wurde.

189 Durch diese Darlegungs- und Beweislastverteilung hat umgekehrt der Softwarehersteller das Recht, seinen Kunden entsprechende **Nachweisverpflichtungen** vertraglich aufzuerlegen. Darüber hinaus hat er die Möglichkeit, in dem Lizenzvertrag mit dem Ersterwerber festzulegen, was genau zur bestimmungsgemäßen Benutzung des Computerprogramms nach § 69d Abs. 1 UrhG gehört.

Praxistipp:

Um die bestehenden Darlegungs- und Beweispflichten später auch tatsächlich erfüllen zu können, sollten sich Erwerber von „gebrauchter" Software, die unkörperlich in den Verkehr gebracht wurden, insbesondere
- die Löschung durch den Veräußerer schriftlich bestätigen und
- das unterschriebene Original oder zumindest eine Kopie des Lizenzvertrags, der zu den Vervielfältigungsstücken gehört, die übertragen werden sollen, übergeben lassen.

Der Lizenzvertrag sollte vor allem dahingehend geprüft werden, dass
- der Urheberrechtsinhaber dem Ersterwerber gegen Zahlung eines Entgelts ein zeitlich unbegrenztes Nutzungsrecht eingeräumt hat;

---

[258] BGH Beschl. v. 3.2.2011 – I ZR 129/08, MMR 2011, 305 (308) – UsedSoft I mit Anmerkung *Heydn* = jurisPR-ITR 8/2011 mit Anmerkung *Wiesemann* = CRi 2011, 44 mit Anmerkung *Witzel*.
[259] BGH Urt. v. 17.7.2013 – I ZR 129/08 – UsedSoft II, Rn. 43. Anders noch die Vorauflage an dieser Stelle.
[260] BGH Urt. v. 17.7.2013 – I ZR 129/08 – UsedSoft II, Rn. 30. So auch EuGH Urt. v. 3.7.2012 – C 128/11, GRUR 2012, 904 (907) mit Anmerkung *Hansen/Wolff-Rojczyk*.
[261] BGH Urt. v. 17.7.2013 – I ZR 129/08 – UsedSoft II, Rn. 32.
[262] BGH Urt. v. 17.7.2013 – I ZR 129/08 – UsedSoft II, Rn. 31.
[263] Zu den Folgen dieses Widerspruchs Rn. 194 ff.
[264] BGH Urt. v. 17.7.2013 – I ZR 129/08 – UsedSoft II, Rn. 64. Kritisch zum Beweiswert solcher Notartestate und selbst erstellter Lizenzurkunden vgl. bereits LG Frankfurt aM Urt. v. 6.7.2011 – 2-06 O 576/09, ZUM 2012, 162; OLG Frankfurt aM Urt. v. 22.6.2010 – 11 U 13/10, MMR 2010, 681.

- es dem Urheberrechtsinhaber zumindest möglich war, eine dem wirtschaftlichen Wert des Vervielfältigungsstücks seines Werks entsprechende Vergütung zu erzielen und
- die beabsichtigte Nutzung der Software durch den Erwerber der im Vertrag mit dem Erstlizenznehmer vereinbarten bestimmungsgemäßen Benutzung übereinstimmt.

Bei Zweifeln ist auch weiterhin der sicherste Weg, die Zustimmung des Urheberrechtsinhabers zur Übertragung der Nutzungsrechte einzuholen.

c) Ausnahmen der Zulässigkeit des Handels mit „gebrauchter" Software. Wie sich aus der Rechtsprechung des EuGH und des BGH ergibt, soll ein Handel mit „gebrauchter" Software nicht in jedem Fall zulässig sein. Liegen zB die genannten Voraussetzungen für die Erschöpfung des Verbreitungsrechts an dem Vervielfältigungsstück nicht vor,[265] scheidet auch eine zulässige Weiterverbreitung dieses Vervielfältigungsstücks aus.

Dies kann vor allem dann der Fall sein, wenn der Urheberrechtsinhaber dem Ersterwerber nur ein zeitlich befristetes Nutzungsrecht im Rahmen eines als **Softwaremiete** einzuordnenden Modells (zB im Rahmen einer entsprechend ausgestalteten SaaS-Lösung) eingeräumt hat. Liegen zusätzlich die Vervielfältigungsstücke physisch nicht beim Ersterwerber, sondern in einer vom Urheberrechtsinhaber kontrollierten **Cloud**, wird der mögliche Zugriff der Ersterwerber auf etwaige Vervielfältigungsstücke zum Zwecke des Weitervertriebs auch noch faktisch unterbunden.

Ebenso liegen die Erschöpfungsvoraussetzungen nicht vor, wenn der Ersterwerber seine Kopie der Software nicht unbrauchbar gemacht hat, sondern weiter nutzt. Dies kommt zB in Betracht bei **Client-Server-Lizenz-Modellen**.[266] Bei solcher Client-Server-Software wird die Software dauerhaft auf einem Server gespeichert. Die Nutzer greifen auf diese Serverkopie zu, indem sie sich nur lokale temporäre Kopien in den Arbeitsspeicher ihrer Arbeitsplatzrechner laden. Will ein etwaiger Zweiterwerber einer aufgespaltenen Client-Server-Lizenz seine erworbenen Lizenzen nutzen, steht er vor dem Problem, dass auch er diese Software auf einem seiner Server installieren muss. Der Ersterwerber benötigt für die Weiternutzung seines Teils der aufgespaltenen Client-Server-Software-Lizenzen aber ebenfalls eine Kopie auf seinem Server. Er kann daher nicht seine eigene Kopie unbrauchbar machen, was Voraussetzung für die Erschöpfung des Verbreitungsrechts an diesen abgespaltenen Vervielfältigungsstücken wäre.[267] Auch kann der Zweiterwerber durch einen so geplanten Nacherwerb nicht den Kreis der Nutzer einer bereits auf seinem Server installierten Kopie ausweiten.[268] Eine Übertragung des gesamten Lizenzpakets (verbunden mit der Unbrauchbarmachung der Kopie beim Ersterwerber) ist aber zulässig.

Abzugrenzen von Client-Server-Lizenz-Modellen sind die Fälle der Aufspaltung von **Mehrfachs-, Volumen- oder Paketlizenzen,** bei denen das Betriebsmodell vorsieht, dass **eigenständige Kopien der Software** auf den einzelnen Arbeitsplätzen **installiert** werden.[269] Hierbei erhöht sich durch eine Aufspaltung der ursprünglichen Mehrfach-, Volumen- oder Paketlizenzen und durch den Weitervertrieb der abgespaltenen Lizenzen die Anzahl der in den Verkehr gebrachten Vervielfältigungsstücke nicht.[270] In diesen Fällen wurde der Handel auch mit den abgespaltenen Lizenzen als **zulässig** angesehen.[271]

Neben den genannten möglichen Ausnahmen der Mietmodelle sowie der Aufspaltung von im Client-Server-Model betriebenen Software sind **weitere Ausnahmen** von der Zuläs-

---

[265] Ziffer IV. 7b) oben.
[266] Zur kartellrechtlichen Zulässigkeit von sog **Aufspaltungsverboten,** dh von Regelungen, bei denen eine nur teilweise Überlassung von Lizenzen aus einem erworbenen Lizenzpaket ausgeschlossen wird vgl. LG Mannheim Urt. v. 22.12.2009 – 2 O 37/09, CR 2010, 159 (161).
[267] EuGH Urt. v. 3.7.2012 – C 128/11, GRUR 2012, 904 (907) mit Anmerkung *Hansen/Wolff-Rojczyk.*
[268] BGH Urt. v. 17.7.2013 – I ZR 129/08 – UsedSoft II, Rn. 63.
[269] BGH Urt. v. 11.12.2014 – I ZR 8/13 – UsedSoft III; OLG Frankfurt Teilurt. v. 18.12.2012 – 11 U 68/11, GRUR 2013, 279 (281) mit Anmerkung *Marly.*
[270] BGH Urt. v. 11.12.2014 – I ZR 8/13 – UsedSoft III; OLG Frankfurt Teilurt. v. 18.12.2012 – 11 U 68/11, GRUR 2013, 279 (281) mit Anmerkung *Marly.*
[271] BGH Urt. v. 11.12.2014 – I ZR 8/13 – UsedSoft III; OLG Frankfurt Teilurt. v. 18.12.2012 – 11 U 68/11, GRUR 2013, 279 (281) mit Anmerkung *Marly.*

sigkeit der Weiterverbreitung von Vervielfältigungsstücken eines Computerprogramms ohne oder gegen den Willen des Urheberrechtsinhabers denkbar. Dabei können sowohl technische als auch vertragliche Wege diskutiert werden. Hierbei ist allerdings zu beachten, dass sich etwaige weitere Ausnahmen nicht direkt aus den Used Soft-Entscheidungen des EuGH[272] und BGH[273] ergeben und derzeit noch nicht im Lichte dieser beiden Entscheidungen obergerichtlich überprüft wurden. Da EuGH und BGH ausdrücklich klarstellen, dass das Recht des Zweiterwerbers aus § 69d Abs. 1 UrhG nicht durch **anderslautende vertragliche Bestimmungen** ausgeschlossen werden kann, besteht bei allen diesen Lösungen aber zumindest das **Risiko**, dass sich der Urheberrechtsinhaber nicht auf diese Ausnahmen berufen kann.

195 Auf **technischem Wege** könnte versucht werden, dem Zweiterwerber durch den Einsatz technischer Schutzmaßnahmen die tatsächliche Nutzung der Software faktisch unmöglich zu machen. Solche technischen Schutzmaßnahmen dürfen nach Ansicht des EuGH jedenfalls dafür eingesetzt werden, um sicherzustellen, dass der Ersterwerber die bei ihm gespeicherte Programmkopie nicht weiter nutzt und die bei ihm vorliegende Kopie unbrauchbar macht.[274] Zum Einsatz solcher technischer Schutzmaßnahmen für darüber hinausgehende Zwecke führt der EuGH in seiner Entscheidung nichts aus. Als Beispiel einer solchen technischen Schutzmaßnahme nennt der EuGH den Einsatz von **Programmschlüsseln**.[275] Als weitere technische Schutzmaßnahme käme die Koppelung der Nutzung der Software an ein nicht übertragbares (online) **Nutzerkonto** in Betracht.[276] Darüber hinaus könnte die Nutzung der Computerprogramme von einer online (zB im Wege eines Registrierkartenvertrags)[277] oder offline (zB durch einen Techniker vor Ort) durchzuführenden **Programmaktivierung** abhängig gemacht werden.[278] Auf den Einsatz dieser technischen Schutzmaßnahmen sollte im Vertrag ausdrücklich hingewiesen werden, um etwaige Diskussionen über eine Mangelhaftigkeit der Software durch das reine Vorliegen der technischen Schutzmaßnahmen zu vermeiden.

196 Mit Blick auf etwaige **vertragliche Wege**, den Handel mit „gebrauchter" Software zu beschränken führt der BGH aus, dass sich der Rechtsinhaber zwar nicht auf vertragliche Bestimmungen berufen kann, die das durch § 69d Abs. 1 UrhG vermittelte Vervielfältigungs- und Bearbeitungsrecht dem Ersterwerber vorbehalten. Allerdings ist auch der Zweiterwerber nur zu Handlungen berechtigt, die für eine bestimmungsgemäße Benutzung des Computerprogramms notwendig sind. Was die **bestimmungsgemäße Nutzung** des Computerprogramms ist, ergibt sich auch nach dem ausdrücklichen Hinweis des BGH aus dem zwischen dem Rechtsinhaber und dem Ersterwerber **geschlossenen Lizenzvertrag**.[279]

197 Die genaue Reichweite solcher Regelungen ist noch nicht abschließend gelöst. Allerdings stellt der BGH in seiner UsedSoft III-Entscheidung[280] klar, dass Regelungen, die den Einsatz der Software auf einen bestimmten Nutzerkreis oder einen bestimmten Verwendungszweck eingrenzen (und damit die Warenverkehrsfähigkeit beschränken), nicht berücksichtigt werden. Zu erwarten ist, dass sich diese Rechtsprechung auf weitere Lizenzen (zB Konzernlizenzen, CPU-Klauseln, Named User-Lizenzen) ausweiten wird.

198 Darüber hinaus ist der Urheberrechtsinhaber zumindest theoretisch in seiner wirtschaftlichen Entscheidung grundsätzlich frei, den Zweiterwerbern von Software den Abschluss eines **Wartungsvertrags** zu verweigern.[281]

---

[272] EuGH Urt. v. 3.7.2012 – C 128/11, GRUR 2012, 904 mit Anmerkung *Hansen/Wolff-Rojczyk*.
[273] BGH Urt. v. 17.7.2013 – I ZR 129/08 – UsedSoft II.
[274] EuGH Urt. v. 3.7.2012 – C 128/11, GRUR 2012, 904 (907) mit Anmerkung *Hansen/Wolff-Rojczyk*.
[275] Kritisch hierzu: *Schneider/Spindler* CR 2013, 489 (496).
[276] Vgl. BGH Urt. v. 11.2.2010 – I ZR 178/08, GRUR 2010, 822 = NJW 2010, 2661 – Half-Life 2, ohne dass aber auf § 69d Abs. 1 UrhG eingegangen wird; *Schneider/Spindler* CR 2013, 489 (493); *Dietrich* NJ 2014, 194 (196).
[277] Vgl. zum Vertragsschluss bei Registrierkartenverträgen Ziffer IV. 4.
[278] Kritisch hierzu: *Schneider/Spindler* CR 2013, 489 (496); *Schneider/Spindler* CR 2014, 213 (221).
[279] BGH Urt. v. 17.7.2013 – I ZR 129/08 – UsedSoft II, Rn. 68.
[280] BGH Urt. v. 11.12.2014 – I ZR 8/13 – UsedSoft III.
[281] Ausführlich → § 39 Kartellrechtliche Bezüge.

d) **AGB-rechtliche Zulässigkeit von Weiterübertragungsverboten.** Regelmäßig werden Übertragungsverbote in Allgemeinen Geschäftsbedingungen eingeräumt und unterliegen somit der AGB-Kontrolle der §§ 305 ff. BGB. Nur ausnahmsweise werden solche Weiterübertragungsverbote individuell ausgehandelt. Diese wären dann nach §§ 134, 138 und 242 BGB zu beurteilen.

aa) Einordnung von Weiterübertragungsverboten. Es stellt sich die Frage, ob eine solche Nutzungsrechtsbeschränkung den **Ersterwerber** der Software lediglich schuldrechtlich bindet – er mithin rechtlich die Nutzungsrechte an der Software noch übertragen kann (auch wenn er sich dadurch ggf. gegenüber dem Softwarehersteller schadensersatzpflichtig macht) – oder ob diesen **Nutzungsrechtsbeschränkungen** eine **dingliche Wirkung** zukommt – dem Ersterwerber also überhaupt nur eingeschränkte Rechte eingeräumt werden, so dass die Übertragung an einen **Zweiterwerber** gar nicht erst möglich ist. Auch wenn dies in der Literatur und Rechtsprechung umstritten ist,[282] geht der BGH ohne die Frage auch nur zu problematisieren zu Recht von der dinglichen Wirkung der Verfügungsbeschränkungen aus.[283]

bb) Hintergründe zum Streitstand. Daneben ist weiterhin umstritten, ob – und in welcher Ausgestaltung – solche Beschränkungen der Nutzungsrechtseinräumung an Computerprogrammen **in Allgemeinen Geschäftsbedingungen wirksam** sind.

Dabei enthält die UsedSoft II-Entscheidung des BGH **einen Widerspruch:** Auf der einen Seite führt das Gericht aus, dass der Urheberrechtsinhaber ungeachtet anderslautender vertraglicher Bestimmungen weder dem Weiterverkauf der Kopie noch dem Herunterladen der Kopie durch den Erwerber widersprechen kann.[284] Auf der anderen Seite stellt der BGH klar, dass ein Ersterwerber, dem nur ein „nicht abtretbares" Vervielfältigungsrecht eingeräumt wurde, dieses Recht nicht wirksam auf den Zweiterwerber übertragen kann, so dass er die Nutzungsberechtigung des Zweiterwerbers aus § 69d Abs. 1 UrhG herleitet.[285] Er geht damit anscheinend von der Wirksamkeit der Nutzungsrechtsbeschränkung im Vertrag mit dem Ersterwerber aus.

cc) Argumente gegen eine Wirksamkeit. Nach der Ansicht,[286] die sich **gegen eine Wirksamkeit von Weiterübertragungsverboten** ausspricht, treten diese Beschränkungen in Kon-

---

[282] Für eine schuldrechtliche Wirkung vgl. zB LG München im Rahmen einer kaufrechtlichen Auseinandersetzung: Urt. v. 28.11.2007 – 30 O 8684/07, MMR 2008, 563 (565); LG Hamburg Urt. v. 25.11.2013 – 315 O 449/12, ZUM 2014, 69 (74) = MMR 2014, 102 (103) mit Anmerkung aber *Heydn*; OLG Hamburg Beschl. v. 30.4.2013 – 5 W 35/13, MMR 2014, 115. Für eine dingliche Wirkung vgl. zB OLG München Urt. v. 3.7.2008 – 6 U 2759/07, CR 2008, 551 = MMR 2008, 601; OLG Karlsruhe – Urt. v. 27.7.2011 – 6 U 18/10, MMR 2011, 727 (728) mit Anmerkung *Schmidt*.

[283] Vgl. BGH Urt. v. 10.7.1986 – I ZR 102/84, GRUR 1987, 37 – Videolizenzvertrag mit Anmerkung *Hubmann*; BGH Beschl. v. 3.2.2011 – I ZR 129/08, MMR 2011, 305 (307) – UsedSoft I mit Anmerkung *Heydn* = jurisPR ITR, 8/2011 mit Anmerkung *Wiesemann* = CRi 2011, 44 mit Anmerkung *Witzel;* BGH Urt. v. 17.7.2013 – I ZR 129/08, UsedSoft II, Rn. 43.

[284] BGH Urt. v. 17.7.2013 – I ZR 129/08 – UsedSoft II, Rn. 31 f.

[285] BGH Urt. v. 17.7.2013 – I ZR 129/08 – UsedSoft II, Rn. 43 kritisch hierzu: *Schneider* ITRB 2014, 120 (122).

[286] LG Hamburg Urt. v. 25.10.2013 – 315 O 449/12, ZUM 2014, 69 = MMR 2014, 102 mit Anmerkung *Heydn* = K&R 2014, 63 mit Anmerkung *Stögmüller* = CR 2014, 18 mit Anmerkung *Huppertz*; OLG Hamburg Beschl. v. 30.4.2013 – 5 W 35/13, MMR 2014, 115; OLG Hamm Urt. v. 28.11.2012 – 12 U 115/12 - 136, welches entsprechende Einschränkungen in Leasingverträgen als überraschende Klauseln bewertet; MüKoBGB/*Kieninger* § 307 Rn. 80 mwN, hält ein formularmäßig vereinbartes Weitergabeverbot bei Software für AGB-widrig; ebenso *Schneider* ITRB 2014, 120 (121); *Schneider/Spindler* CR 2014, 213 (214); *Grützmacher* ZUM 2006, 302 (303); *Grützmacher* CR 2007, 549 (554); Wandtke/Bullinger/*Grützmacher* § 69c Rn. 38; Lehmann/*Haberstumpf* Kap. II Rn. 133; *Hoeren* RDV 2005, 11 (13); *Lehmann* CR 1990, 700 (701); *Lehmann* NJW 1993, 1822 (1825); *Lehmann*, FS Schricker, 543 (564); *Bartsch* CR 1994, 667 (672); *Bartsch* K&R 2000, 612; *Mäger* CR 1996, 522 (523 f.); *Pres* Gestaltungsformen urheberrechtlicher Softwarelizenzverträge, 224; *Schumacher* CR 2000, 641 (648); *Wolf/Lindacher/Pfeiffer* AGBG § 9 S. 143; *Marly* Rn. 1042, 1051; nur das vertragliche Leitbild anerkennend *Baus*, Verwendungsbeschränkungen in Softwareüberlassungsverträgen, 225; für Weitergabeverbote auch bei online übertragenen Werkexemplaren *Hoeren* CR 2006, 573 (578); *Plaß* GRUR 2002, 670, 680; *Köhler* CR 1987, 827, 830; *Weisser/Färber* MMR 2014, 364 (366); aA Lehmann/Schmidt Kap. XV Rn. 68; für Zulässigkeit des Verbots der Online-Weitergabe *Koch* CR 2002, 629, 631.

flikt mit dem für Software speziell in § 69c Nr. 3 S. 2 UrhG geregelten urheberrechtlichen Erschöpfungsgrundsatz. Dieser Grundsatz besagt, dass sich das Verbreitungsrecht an einem Vervielfältigungsstück eines Computerprogramms, das mit Zustimmung des Rechteinhabers im Gebiet der Europäischen Union oder eines anderen Vertragsstaats des Abkommens über den Europäischen Wirtschaftsraum im Wege der Veräußerung in Verkehr gebracht wurde, in Bezug auf dieses Vervielfältigungsstück mit Ausnahme des Vermietrechts erschöpft.[287] Enthalten also die AGB des Softwareherstellers ein Verbreitungsverbot, so liege hierin eine unangemessene Benachteiligung des Kunden iSv § 307 Abs. 2 Nr. 1 BGB, da von wesentlichen Grundgedanken der Regelung des § 69c Nr. 3 S. 2 UrhG abgewichen werde.[288] Gleiches gelte auch für Zustimmungsvorbehalte des Herstellers, da es damit in dessen Belieben gestellt würde, ob eine Erschöpfungswirkung zum Tragen käme oder nicht.[289] Darüber hinaus wird auf die Ausführungen des EuGH verwiesen, dass der Urheberrechtsinhaber dem Weiterverkauf der Kopie ungeachtet anderslautender vertraglicher Bestimmungen nicht mehr widersprechen könne, wenn Erschöpfung eingetreten sei.[290]

204   *dd) Argumente für eine Wirksamkeit.* Gegen diese Ansicht und damit für **die Zulässigkeit solcher Weiterübertragungsverbote** wird vorgebracht, dass bei einem Softwarelizenzvertrag nicht isoliert nur der Erschöpfungsgrundsatz in § 69c Nr. 3 S. 2 UrhG zu berücksichtigen sei. Die weiteren Regelungen des Urheberrechts dürften nicht außer Acht gelassen werden, insbesondere § 34 UrhG.[291] Diese Norm stelle gerade keine Umsetzung einer EU-Richtlinie dar, sondern nicht harmonisiertes deutsches Recht, so dass der EuGH diesbezüglich auch nicht direkt habe entscheiden können.[292] Nach § 34 Abs. 1 S. 1 UrhG könne ein Nutzungsrecht grundsätzlich nur mit Zustimmung des Urhebers übertragen werden, wobei nach § 34 Abs. 1 S. 2 UrhG diese Zustimmung nicht wider Treu und Glauben versagt werden dürfe. Darüber hinaus bestimme § 34 Abs. 5 UrhG, dass (mit Ausnahme des Rückrufsrechts und der Haftung des Rechteerwerbers) dem Urheber Vertragsfreiheit zukommt, mit dem Lizenznehmer eigene Regelungen zu finden.

205   Mit Blick auf den dargestellten **Widerspruch in der Used Soft II-Entscheidung** müsse beachtet werden, dass der BGH die Ausführungen zur Unzulässigkeit entgegenstehender Regelungen im Zusammenhang mit der gesetzlichen Ausnahme von zustimmungsbedürftigen Handlungen in § 69d Abs. 1 UrhG gemacht habe.[293] Es müsse daher eine **klare Trennung** zwischen der **vertraglichen** Möglichkeit der Nutzungsrechtseinräumung durch den Ersterwerber auf der einen Seite, und der **gesetzlichen** Ausnahme von zustimmungsbedürftigen Handlungen in § 69d Abs. 1 UrhG auf der anderen Seite vorgenommen werden.[294]

206   Nur die **Weiterreichung dieser gesetzlich geregelten Ausnahmemöglichkeit** dürfe auf Grund des zwingenden Kerns des § 69d Abs. 1 UrhG nicht vertraglich unterbunden werden. Veräußere der Ersterwerber daher die Kopie des Computerprogramms und könne er das zur Nutzung erforderliche Vervielfältigungs- und Bearbeitungsrecht auf Grund einer dinglichen Verfügungsbeschränkung nicht wirksam übertragen, erhalte der Zweiterwerber nur die Rechtsstellung als „zur bestimmungsgemäßen Nutzung Berechtigten" und damit die gesetzliche Berechtigung nach § 69d Abs. 1 UrhG. Dies stimme mit der Aussage des BGH überein, dass mit dem Begriff „Weiterverkauf der Lizenz" vielmehr gemeint sei, dass die Nacherwer-

---

[287] *Schneider* CR 2009, 553 merkt zu Recht an, dass das Verhältnis des Erschöpfungsgrundsatzes zu § 34 UrhG bisher vernachlässigt erscheint. Vgl. hierzu *Bräutigam/Wiesemann* CR 2010, 215.
[288] Vgl. hierzu nur *Koch* CR 2002, 629; *Weisser/Färber* MMR 2014, 364 (366), die auf kaufrechtliche Grundstücke abstellen.
[289] LG Hamburg Urt. v. 25.10.2013 – 315 O 449/12 – ZUM 2014, 69, 74 = MMR 2014, 102, 103 mit Anmerkung *Heydn* = K&R 2014, 63 mit Anmerkung *Stögmüller* = CR 2014, 18 mit Anmerkung *Huppertz*; *Koch* CR 2002, 629, 632.
[290] LG Hamburg Urt. v. 25.10.2013 – 315 O 449/12 – ZUM 2014, 69, 74 = MMR 2014, 102, 103 mit Anmerkung *Heydn* = K&R 2014, 63 mit Anmerkung *Stögmüller* = CR 2014, 18 mit Anmerkung *Huppertz*; OLG Hamburg Beschl. v. 30.4.2013 – 5 W 35/13 – MMR 2014, 115, 116.
[291] Zum Spannungsverhältnis zwischen § 34 UrhG und dem Erschöpfungsgrundsatz vgl. ausführlich *Bräutigam/Wiesemann* CR 2010, 215.
[292] *Kilian/Heussen/Heydn*, Computerrechts-Handbuch, 1. Abschnitt Teil 2, Rn. 69a.
[293] BGH Urt. v. 17.7.2013 – I ZR 129/08 – UsedSoft II, Rn. 31 f.
[294] Vgl. *Heydn* MMR 2014, 102 (106).

ber mit dem Erwerb der „erschöpften" Programmkopie das gesetzliche Recht zur bestimmungsgemäßen Nutzung des Computerprogramms erlangten.[295] Das dem Ersterwerber eingeräumte vertragliche Nutzungsrecht, das damit nicht übergeht, gehe mit der Veräußerung des jeweiligen Vervielfältigungsstücks unter.[296]

ee) Fazit. Eine **eindeutige Klarstellung** dieser Streitfrage durch den BGH ist **nicht** vollends **207** ersichtlich, auch wenn sich die wohl hM gegen eine Wirksamkeit ausspricht. Dennoch kann – gerade mit Blick auf den Hinweis in der Used Soft III-Entscheidung, dass durch den Weiterverkauf durchaus gegen schuldrechtliche Pflichten verstoßen werden kann, wenn sich diese im Rahmen des AGB- und Bestellrechts halten – nicht ausgeschlossen werden, dass zumindest **ausnahmsweise Weiterübertragungsverbote**, die eine Weiterübertragung des Vervielfältigungsrechts nicht per se ausschließen, sondern von der Zustimmung des Urhebers abhängig machen, auch in Allgemeinen Geschäftsbedingungen als **wirksam** angesehen werden, sofern vorab bestimmte Zustimmungsgründe festgelegt und die Rechte des Zweiterwerbers nach § 69d Abs. 1 UrhG nicht beschränkt werden.[297] Zu den Zustimmungsgründen sollte dabei zumindest die Insolvenz des bisherigen Lizenznehmers gehören.

V. Besonderheiten des Hardware-Vertriebs

1. Einführung

a) **Allgemeines.** Im Rahmen des **Vertriebs von Hardware** werden die **üblichen Formen von** **208** **Vertriebsverträgen** gewählt. Wie in allen anderen Produktbereichen ist auch der **Direktvertrieb** über den Hersteller des Produkts in der Praxis durchaus ein gängiges Modell.[298] Wichtigste **Vertriebsplattform** beim Direktvertrieb dürfte mittlerweile das **Internet** sein. Zu beachten sind hierbei vor allem die Besonderheiten des Fernabsatzrechts gem. §§ 312b ff. BGB.[299] Gerade im Privatkundenbereich wird man allerdings häufig auf die Konstellation treffen, wonach die Produkte nicht unmittelbar vom Hersteller an den Endkunden geliefert werden, sondern **Zwischenhändler** eingeschaltet sind. Die Hardwarebranche verwendet dabei eine Vielzahl von verschiedenen Bezeichnungen für den Zwischenhändler. Es finden sich Begriffe wie Reseller, Vertriebshändler oder auch autorisierter Händler.[300] In der Praxis begegnet man bei der vertraglichen Ausgestaltung solcher **Vertriebsketten** der **kompletten Bandbreite**[301] an **typisierten Vertriebsverträgen**,[302] insbesondere Vertragshändlerverträge, Großhändlerverträge, Handelsvertreterverträge, Franchise-Verträge und Fachhändlerverträge. Beim Vertrieb von Hardware sind im Vergleich zum Software-Vertrieb nur in geringem Umfang rechtliche Besonderheiten zu beachten. Der überwiegende Teil der dem Vertriebsrecht immanenten – und auch bei der Vertragsgestaltung des Vertriebs von Hardware zu beachtenden – Rechtsfragen wird daher im Rahmen dieses Kapitels nur insoweit behandelt, als ihnen beim Vertrieb von Hardware eine besondere Relevanz zukommt.

b) **Besonderheiten des Hardware-Vertriebs.** Unabhängig von dem Vertragstypus, der letzt- **209** lich der konkreten Vertriebskonstellation zugrunde liegen soll, ist auf einige Fragen besonderes Augenmerk zu legen.

Zum **Betrieb von Hardware** ist grundsätzlich **Software notwendig**. Dabei kann es sich um **210** spezifische Betriebssoftware handeln, daneben aber auch um zur Ansteuerung der Hard-

---

[295] BGH Urt. v. 17.7.2013 – I ZR 129/08 – UsedSoft II, Rn. 43.
[296] *Heydn* MMR 2014, 102 (106).
[297] Zur kartellrechtlichen Zulässigkeit von sog **Aufspaltungsverboten**, dh von Regelungen, bei denen eine nur teilweise Überlassung von Lizenzen aus einem erworbenen Lizenzpaket ausgeschlossen wird vgl. LG Mannheim, Urt. v. 22.12.2009 – 2 O 37/09, CR 2010, 159 (161).
[298] Den Direktvertrieb unter Einschaltung ihrer jeweiligen regionalen Tochterunternehmen praktizieren etwa die Hersteller DELL und auch Hewlett Packard.
[299] → § 24 E-Commerce Rn. 108 ff. und → § 22 Verbraucherverträge.
[300] Redeker/*Alpert*, Handbuch der IT-Verträge, 2.4 Rn. 2 ff.
[301] → Rn. 129 ff.
[302] *Martinek/Semler*, Handbuch des Vertriebsrechts, § 3.

ware nötige Programme, wie etwa Treibersoftware. Diese sollen vom Händler häufig mitverkauft werden, so dass auch **softwarespezifische** Probleme in Hardware-Vertriebsverträgen berücksichtigt werden müssen. Es ist insbesondere darauf zu achten, dass dem Händler die zum **Vertrieb der Betriebs- oder sonstigen Software erforderlichen Rechte** eingeräumt werden.[303] Hier wird zuweilen seitens der Hersteller versucht, **Nutzungsbeschränkungen** der Software, wie etwa Abreden zur Zulässigkeit von Netzwerknutzungen, Einzelplatzfestlegungen, sog CPU-Klauseln oÄ zu vereinbaren.[304] In Form einer **Händlerbindung** werden solche Bedingungen als wirksam angesehen. Ein Weiterreichen solcher Bedingungen an den Endkunden ist jedoch unter kartell- und urheberrechtlichen Gesichtspunkten problematisch.[305]

211 Die Hardwarebranche betreibt ein schnelllebiges Geschäft mit teilweise sehr **kurzen Produktzyklen**. Da es sich bei Vertriebsverträgen meist um Rahmenverträge handeln wird, die als Dauerschuldverhältnisse im Sinne von § 314 Abs. 1 Satz 1 BGB ausgestaltet sind, ist bei der Vertragserstellung aus Sicht des Händlers zu berücksichtigen, dass dieser auch die Möglichkeit erhält, **Nachfolgeprodukte und neue Produkte** zu **vertreiben oder zu beziehen**.[306] Gleiches gilt für die Aufnahme von End of Life Regelungen, die festlegen, wie und wann der Hersteller den Vertragspartner über das Auslaufen von Modellen oder die künftige (Nicht-)Verfügbarkeit von Serien oder Geräten rechtzeitig informieren muss.

212 In diesem Zusammenhang spielt auch eine Rolle, dass bei Industrieprodukten eine Vorhaltepflicht für Ersatzteile,[307] Verbrauchsmaterialien und Zubehör aus Treu und Glauben bestehen kann,[308] zumindest für die Zeit der durchschnittlichen Nutzungsdauer des jeweiligen Produktes.[309] Die EVB IT Hardware sehen zum Beispiel eine Pflicht der Lieferung von Ersatzteilen für 24 Monate vor.[310] Soweit für den Bezieher oder Zwischenhändler von Hardware die Versorgung mit Ersatzteilen, Verbrauchsmaterialien und Zubehör von wesentlicher Bedeutung ist, sollten entsprechende Regelungen in den Bezugsvertrag aufgenommen werden.

Formulierungsvorschlag:

213 Der Hersteller wird die Versorgung mit Ersatzteilen, Verbrauchsmaterialien und Zubehör nach Auslaufen der jeweiligen Produktverfügbarkeit für mindestens X Jahre sicherstellen.

Bei individuell gefertigter Hardware sollte folgende Ergänzung aufgenommen werden:

Für diesen Zeitraum werden auch die zur Ersatzteilfertigung benötigten Fertigungsmittel aufbewahrt. Die Aufbewahrungspflicht erlischt nach Ablauf dieser Frist und schriftlicher Zustimmung durch den Auftraggeber. Die Zustimmung darf nur aus wichtigem Grunde verweigert werden.[311]

---

214 Im Hinblick auf die Mängelrechte können Probleme entstehen, wenn der **Händler oder ein Systemhaus** zusammen mit der Hardware zusätzlich noch **von ihm selbst entwickelte Software vertreibt**. In diesem Fall ist die zu vertreibende Hardware meist zuvor bereits vom Hersteller bei ihm abgeliefert worden, damit er seine ergänzenden Programmierleistungen erbringen kann. Der Händler muss in diesem Fall darauf achten, dass er die Verjährungsfristen für Mängelrechte, die im Verhältnis zwischen ihm selbst und dem Hersteller gelten, mit denen, die er dem Endabnehmer einräumt, synchronisiert. Der Händler wird also auf eine **Verlängerung der Verjährungsfrist** durch den Hersteller dringen müssen, da er ansonsten

---

[303] *Redeker*, IT-Recht, Rn. 808.
[304] *Schneider* Rn. N 21.
[305] *Redeker*, IT-Recht, Rn. 808; zur urheberrechtlichen Erschöpfung des Verbreitungsrechts → § 5.
[306] *v. Westphalen*, Vertragshändlerverträge, in: Vertragsrecht und AGB-Klauselwerke, Rn. 1 ff.
[307] Zur Problematik zur Ersatzteilversorgung bei der Mängelbeseitigung: *Mankowski*, Nachbesserung und Verbesserung beim Kauf, NJW 2011, 1025.
[308] Leupold/Glossner/*Wiebe*, IX Rn. 416.
[309] LG Köln Urt. v. 16.10.1997 – 83 O 26/97, CR 1999, 218.
[310] EVB IT Hardware Ziffer 8 Instandhaltung.
[311] Formulierungsvorschlag aus: *Ullrich/Ulbrich*, Das Bevorraten von Ersatzteilen, BB 1995, S. 371.

Gefahr läuft, keinen Rückgriff beim Hersteller mehr nehmen zu können. Dies gilt jedenfalls für den Fall, dass § 479 Abs. 2 BGB nicht (mehr) eingreift.[312]

Besonderes Augenmerk ist ferner auf etwaige Bestimmungen zur Mindestabnahme zu legen. Im Hinblick auf die AGB-rechtliche Wirksamkeit ist jedoch zu bedenken, dass **Mindestabnahmeverpflichtungen** im Einzelfall zu einer unangemessenen Benachteiligung des Händlers führen können. Grundsätzlich sieht die Rechtsprechung Mindestabnahmemengen und Bezugsverpflichtungen in AGB dann als zulässig an, wenn diese transparent, ausgewogen und durch die besondere Situation des Falles gerechtfertigt sind.[313] Dabei ist jedoch stets auch zu beachten, ob eine solche Klausel der kartellrechtlichen Prüfung standhält und zum Beispiel eine Freistellung der Klausel nach einer GVO existiert.[314] Dennoch laufen die kartellrechtliche und die AGB-rechtliche Prüfung insoweit parallel, denn eine nach einer GVO grundsätzlich zulässige Klausel kann beispielsweise aufgrund ihrer intransparenten Formulierung AGB-rechtlich trotzdem unwirksam sein.[315]

Insbesondere Hersteller aus dem anglo-amerikanischen Rechtsraum nehmen in ihre Händlerverträge häufig Regelungen zur **Exportkontrolle** vor. Der Händler muss sich verpflichten, sowohl die Bestimmungen des Herkunftslands als auch die Exportvorschriften der Bundesrepublik Deutschland zu beachten. Bei den Endkundenverträgen mit Auslandsberührung müssen auch **Exportkontrollklauseln** vereinbart werden, falls die Hardware oder einzelne Komponenten solchen Beschränkungen unterliegen, die durch den Verkäufer zu beachten sind (wie zum Beispiel die deutschen,[316] europäischen[317] oder US-amerikanischen[318] Exportbeschränkungen). Beispielsweise unterliegt solche Hardware den deutschen Exportbeschränkungen, die innerhalb ihrer Steuersysteme symmetrische Algorithmen mit einer Schlüssellänge größer 56 Bit oder asymmetrische Algorithmen, deren Sicherheit auf dem Verfahren der Faktorisierung ganzer Zahlen, die größer als 2^{512} sind (zB RSA-Verfahren) beruht,[319] wie diese beispielsweise in Kryptographie-Chips eingesetzt werden. Gleiches gilt auch für Hardware, die sowohl für zivile, als auch für militärische Zwecke genutzt werden kann.[320]

> **Formulierungsvorschlag:**
>
> Die Hardware unterliegt Exportbeschränkungen, die durch den Händler zu beachten sind. Der Händler ist insbesondere nicht berechtigt, diese Hardware in Länder, die nach deutschem Recht oder EU-Recht sowie nach sonstigem, anwendbarem nationalem Recht auf einer Embargoliste genannt sind, zu exportieren.

Im Interesse einer ausgewogenen Ausgestaltung des Vertriebsvertrags sind schließlich noch die Regelungen zur Laufzeit, zu den Kündigungsmöglichkeiten sowie zu einer etwaigen Alleinvertriebsberechtigung zu beachten. Insofern gelten hinsichtlich der kartell- und wettbewerbsrechtlichen Zulässigkeit beim Hardware-Vertrieb keine Besonderheiten.[321]

c) Der OEM-Vertrag. Der Original Equipment Manufacturer (OEM) im Bereich Hardware verkauft **Produkte Dritter unter eigenem Namen**. Im OEM-Vertrieb[322] erlaubt der Hersteller seinem Abnehmer, dem Zwischenhändler, die von ihm hergestellte Hardware un-

---

[312] *Redeker*, IT-Recht, Rn. 809; *Schneider* N Rn. 22; → § 17 Besonderheiten bei Verbraucherverträgen Rn. 61 ff.
[313] BGH Urt. v. 13.7.2004 – KZR 10/03, GRUR 2005, 62 Rn. 3, 6 (nicht IT).
[314] → § 39 Kartellrechtliche Bezüge.
[315] BGH Urt. v. 13.7.2004 – KZR 10/03, GRUR 2005, 62 Rn. 6 (nicht IT).
[316] Siehe dazu die Webseite des Bundesamtes für Ausfuhrkontrolle www.ausfuhrkontrolle.info.
[317] COUNCIL REGULATION (EC) No 428/2009 of 5 May 2009 setting up a Community regime for the control of exports, transfer, brokering and transit of dual-use.
[318] Siehe dazu die Website Export Administrations Regulations https://bxa.ntis.gov/.
[319] Auszug aus Kategorie 5 Teil 2 der 108 VO zur Ausfuhrliste.
[320] So genannte „*Dual Use*" Hardware.
[321] → Rn. 74; → § 39 Kartellrechtliche Bezüge.
[322] *Schneider* N Rn. 1 ff.; *Redeker*, IT-Recht, Rn. 813 ff.; *Bachofer* CR 1988, 1.

ter dem Zeichen bzw. der Marke des Abnehmers zu verkaufen. Diese Art des Vertriebes ist **in der Hardwarebranche weit verbreitet.** Der Händler erreicht auf diese Weise, dass er seinen Kunden eine vergrößerte Produktpalette anbieten kann, er aber gleichzeitig nicht alles selbst produzieren muss. In OEM-Verträgen gewinnen regelmäßig **Geheimhaltungsvereinbarungen** eine besondere Bedeutung, da gerade namhafte Hersteller im Hinblick auf die Integrität des Rufs ihrer eigenen Marke kein Interesse daran haben, dass der allgemeine Marktteilnehmer Kenntnis davon erlangt, dass der Hersteller seine eigenen Produkte auch als OEM-Hardwareprodukte vertreibt. Als eine Besonderheit ist hier zu erwähnen, dass der OEM Gefahr läuft, bei Mängeln des Produkts neben dem OEM-Partner, also seinem Abnehmer, auf der Grundlage des **Produkthaftungsgesetzes als Quasi-Hersteller** in Anspruch genommen zu werden. Es ist daher angezeigt, im OEM-Vertrag Regelungen zur Haftungsverteilung im Innenverhältnis aufzunehmen.

220 Der **OEM-Vertrieb bei Hardware** ist zu unterscheiden von der OEM-Version bei Software. Dort bedeutet OEM nur, dass Software zusammen mit der Hardware zu besonders günstigen Preisen verkauft wird. Im Gegensatz zum OEM-Hardware-Vertrieb verbleiben an der OEM-Version der Software jedoch die Kennzeichen des Herstellers. Für manche der oben angedeuteten Ausprägungen von Hardware ist es typisch, dass sie zusammen mit der Betriebssystem-Software und eventuell auch einigen Anwendungspaketen, so etwa Textprogrammen, verkauft werden. Von Seiten einiger Softwarehersteller wurde dabei vorgesehen und dem Lieferanten/Hersteller vertraglich aufgebürdet, die Software nur in Zusammenhang mit neuer Hardware weiterzuverkaufen. Diese Verbindung von Hardware und Software nennt man **Bundling.**[323] Die dem Käufer auferlegte vertragliche Verpflichtung hält zumindest dann nicht, wenn die Software im Gebiet der EU als einzelnes Vervielfältigungsstück bereits unter die Erschöpfung fällt, dh wenn sich also daran das Verbreitungsrecht des Herstellers/Berechtigten bereits erschöpft hat. Das bedeutet andererseits, dass der Kunde berechtigt wäre, diese Software weiterzuverkaufen, ohne die Hardware aufzugeben, bzw. die Software zu behalten und die Hardware ohne die Software weiterzuverkaufen. Anders lautende Regelungen sind, sofern sie im Einzelfall überhaupt einbezogen sind, meist unwirksam.[324]

2. Hardwarebezogene Besonderheiten

221 **a) Elektro- und Elektronikgerätegesetz.** Das Elektro- und Elektronikgerätegesetz (ElektroG) v. 16.3.2005 regelt die Rücknahme-, Verwertungs- und Entsorgungspflichten der Hersteller von Elektro- und Elektronikgeräten. Es trat nach der Regelung in §§ 24, 25 ElektroG zeitlich gestaffelt in Kraft. Erste Herstellerpflichten greifen seit dem 13.8.2005. Das ElektroG verpflichtet die Hersteller von Elektro- und Elektronikgeräten zur Registrierung bei der **Stiftung Elektro-Altgeräte Register,**[325] zur Kennzeichnung der Geräte, zur Rücknahme von Altgeräten und zur Stellung einer insolvenzsicheren Garantie für die Finanzierung der späteren Rücknahme.[326] Der **Herstellerbegriff** des ElektroG umfasst neben den tatsächlichen Herstellern auch Importeure, die Elektro- und Elektronikgeräte aus anderen EU-Ländern einführen, Exporteure, die solche Geräte in andere EU-Länder exportieren, und Vertreiber, die Geräte nicht registrierter Hersteller zum Verkauf anbieten (**fiktiver Herstellerbegriff**). Geräte der Informations- und Telekommunikationstechnik werden in § 2 Abs. 1 Nr. 3 ElektroG ausdrücklich in den Anwendungsbereich des Gesetzes einbezogen.

222 Hinsichtlich des Umfangs der Herstellerpflichten wird zwischen B2B- und B2C-Geräten unterschieden. Die Einordnung ist abhängig davon, ob ein Gerät ausschließlich oder zumin-

---

[323] → Rn. 18 ff.
[324] BGH Urt. v. 6.7.2000 – I ZR 244/97, CR 2000, 651 m. Anmerkung *Witte*; zu „Bundle", anders noch OLG Frankfurt Urt. v. 18.5.2000 – 6 U 63/99, CR 2000, 581 (vom BGH nicht angenommen; → § 5 Rechtsschutz von Computerprogrammen.
[325] www.stiftung-ear.de.
[326] Für die Stellung der insolvenzsicheren Garantie bietet beispielsweise BITKOM für den Hardware-Bereich das Garantiesystem Altgeräte.

dest für gewöhnlich der gewerblichen Nutzung unterliegt oder auch in privaten Haushalten genutzt wird.[327] Da insbesondere im Hardwarebereich viele Geräte auch in privaten Haushalten genutzt werden können, ist der Anwendungsbereich der ausschließlich für B2B-Geräte geltenden Regelungen eng begrenzt. Eine gewöhnliche gewerbliche Nutzung dürfte beispielsweise bei einem Großrechner vorliegen. Die Rücknahmeverpflichtung für Geräte **privater Endverbraucher** liegt zwingend beim Hersteller. Die Hersteller haben Behältnisse auf den kommunalen Sammelhöfen zur Verfügung zu stellen und die abgegebenen Altgeräte abzuholen und zu entsorgen.

Für Geräte, die **gewöhnlich nicht in privaten Haushalten** genutzt werden, hat der Hersteller gem. § 10 Abs. 2 ElektroG eine zumutbare Möglichkeit zur Rücknahme zu schaffen. Es ergeben sich daher folgende vier Fallgruppen mit jeweils den dargestellten Verpflichtungen, wobei für gemischt nutzbare und genutzte Geräte der Grundsatz **Dual Use – Dual Take Back** gilt:

- Reine Business to Consumer Geräte
  → Rücknahme über kollektives oder individuelles Rücknahmesystem des Herstellers.
- Dual Use Geräte bei Lieferung an private Haushalte
  → Rücknahme über kollektives oder individuelles Rücknahmesystem des Herstellers
- Dual Use Geräte bei Lieferung an gewerbliche Kunden.
  → Rücknahme über kollektives oder individuelles Rücknahmesystem des Herstellers (entsprechende Meldung an den Systembetreiber notwendig)
  oder
  → Rücknahme über individuell beauftragten Verwerter des Herstellers
  oder
  → Rücknahme über individuell beauftragten Verwerter des Kunden (bei entsprechender vertraglicher Regelung).
- Reine Business to Business Geräte
  → Rücknahme über individuell beauftragten Verwerter des Herstellers
  oder
  → Rücknahme über individuell beauftragten Verwerter des Kunden (bei entsprechender vertraglicher Regelung).

Ausschließlich im B2B-Bereich kann die Verantwortung für die Entsorgung gem. § 10 Abs. 2 S. 3 ElektroG durch vertragliche Vereinbarung vom Hersteller auf den Nutzer verlagert werden. Bei einem mehrstufigen Vertriebsmodell besteht jedoch keine vertragliche Beziehung zwischen dem Hersteller und dem Endnutzer. Daher ist neben der Übertragung der Entsorgungsverantwortung an den Kunden auch eine vertragliche Verpflichtung des Kunden zur Weiterübertragung der Entsorgungsverantwortung bei Weiterveräußerung vorzusehen. Eine solche Verlagerung der Entsorgungsverantwortung wird vor dem Hintergrund der gesetzlich ausdrücklich eingeräumten Möglichkeit abweichender Vereinbarungen[328] auch **formularvertraglich**[329] möglich sein. Dabei sollte aus Gründen der Transparenz explizit darauf hingewiesen werden, dass der Kunde eine nach dem gesetzlichen Leitbild des ElektroG an sich dem Klauselverwender obliegende Pflicht übernimmt.

> **Formulierungsvorschlag:**
> Bei der Gestaltung von Einkaufs-AGB sollte eine Klausel zur Abwehr einer formularvertraglichen Übertragung der Entsorgungspflicht aufgenommen werden:
> Der Lieferant wird auf seine Kosten die gelieferte Ware nach Nutzungsbeendigung zurücknehmen und nach den gesetzlichen Vorschriften ordnungsgemäß entsorgen bzw. entsorgen lassen. Eine von § 10 Abs. 2 S. 1 ElektroG abweichende Vereinbarung wird nicht getroffen.

---

[327] Auch hier wird für sowohl gewerblich als auch privat genutzte Hardware der Begriff „*Dual Use*" verwendet.
[328] *Roth* ITRB 2007, 119.
[329] Klauselbeispiele zur Vertragsgestaltung im BZB-Bereich finden sich auf der Webseite des Zentralverbands Elektrotechnik und -industrie *www.zvei.org*.

226 Bei kollidierenden AGB gilt die gesetzliche Regelung und damit die Entsorgungsverantwortung des Herstellers. In den EVB-IT Kauf (Ziffern 1.4 und 1.5) und in den EVB-IT Instandhaltung (Ziffern 1.8 und 1.9) wird der Auftragnehmer verpflichtet, ausgewechselte Hardware sowie die jeweilige Verpackung zu entsorgen.

227 b) **Batteriegesetz.** Zum 1.12.2009 trat das Batteriegesetz in Kraft. Es löst die seit 1998 gültige Batterieverordnung ab und ist eine direkte Umsetzung der EG-Batterierichtlinie.[330] Das Batteriegesetz ist ein Artikelgesetz. Artikel 1 ändert die Batterieentsorgung, Artikel 2 ändert das Elektro- und Elektronikgerätegesetz und Artikel 3 regelt das Inkrafttreten. Damit sind Änderungen verbunden für Hersteller/Importeure von Batterien, Vertreiber, Händler (auch im Versandhandel) und Entsorger. Hersteller müssen ihre beabsichtigte Marktteilnahme ab dem 1. Dezember 2009 dem Umweltbundesamt elektronisch unter Angabe von Name und Adresse, Markenname, um welche Art der Batterie es sich handelt und wie die Hersteller ihre Rücknahmepflicht erfüllen wollen (Gemeinsames oder individuelles Rücknahmesystem für Gerätebatterien). Werden nicht-registrierte Batterien vertrieben, hat automatisch der Vertreiber die Pflicht, diese zu registrieren. Ihm obliegen somit umfangreiche **Kontrollpflichten**. Im Zusammenhang mit Hardware kann dies insbesondere die **Mainboard-Batterien** sowie sonstige in Hardware enthaltenen Betriebs- oder Notversorgungsbatterien betreffen, wenn die mit der Hardware vertriebenen Batterien nicht durch den Hersteller der Komponente registriert sind, was häufig der Fall ist.

228 Darüber hinaus ist das Inverkehrbringen bestimmter Nickel-Cadmium-Batterien verboten. Von diesem Verbot ausgenommen sind Gerätebatterien, die für Not- oder Alarmsysteme, medizinische Geräte oder schnurlose Werkzeuge eingesetzt werden, wobei streitig ist, ob die Mainboard-Batterien unter die Kategorie **Notversorgungsbatterie** fallen. Auch muss die problemlose Entnehmbarkeit der Batterien aus Elektro- und Elektronikgeräten sichergestellt werden, außer wenn Sicherheits- oder medizinische Gründe eine dauerhafte Stromversorgung erfordern. Es besteht darüber hinaus auch eine Hinweispflicht, mit der Verbraucher über den Batterietyp, das Batteriesystem und die sichere Entnehmbarkeit aufgeklärt werden müssen.

229 c) **Produktsicherheitsgesetz.** Am 1.12.2011 ist das **Gesetz über die Bereitstellung von Produkten auf dem Markt (ProdSG)**[331] in Kraft getreten, das das bisherige Geräte- und Produktsicherheitsgesetz (GPSG) ersetzt. Es gilt, *wenn im Rahmen einer Geschäftstätigkeit Produkte auf dem Markt bereitgestellt, ausgestellt oder erstmals verwendet werden.* Produkte in diesem Sinne sind gem. § 2 Ziffer 22 ProdSG „Waren, Stoffe oder Zubereitungen, die durch einen Fertigungsprozess hergestellt worden sind". Das ProdSG geht damit weiter als das bisherige GPSG, das grundsätzlich nur technische Arbeitsmittel und Verbraucherprodukte einbezog. Im Hinblick auf **Verbraucherprodukte** ist im Rahmen des ProdSG auch klargestellt, dass Verbraucherprodukte neue, gebrauchte oder wiederaufgearbeitete Produkte sind, die für Verbraucher bestimmt sind oder unter Bedingungen, die nach vernünftigem Ermessen vorhersehbar sind, von Verbrauchern benutzt werden könnten, selbst wenn sie nicht für diese bestimmt sind. Als Verbraucherprodukte gelten auch Produkte, die dem Verbraucher im Rahmen einer Dienstleistung zur Verfügung gestellt werden. Damit ist der bisherige Streit[332] der Einbeziehung von Software und Computern unter das GPSG erledigt, da der Produktbegriff erheblich ausgeweitet wurde.

230 Bereits nach § 5 GPSG geltende Pflichten für das Inverkehrbringen von Verbraucherprodukten, insbesondere die **Informations-, Kennzeichnungs-, Produktbeobachtungs- und Rückrufpflichten** für Hersteller, Importeure und Händler nach dem GPSG bleiben für vor dem 1.12.2011 in Verkehr gebrachte Produkte bestehen.[333]

---

[330] Richtlinie 2006/66/EG des Europäischen Parlaments und des Rates über Batterien und Akkumulatoren sowie Altbatterien und Altakkumulatoren vom 6.11.2006 (Amtsblatt der EU zur Aufhebung der Richtlinie 91/157/EWG vom 26.9.2006 unter L 266/1).
[331] BGBl. 2011 I S. 2178, ber. 2012 I S. 131.
[332] *Zscherpe/Lutz* K&R 2005, 499; *Runte/Potinecke* CR 2004, 725.
[333] *Hoeren/Ernstschneider* MMR 2004, 507; *Klindt* NJW 2004, 465.

Das ProdSG sieht insbesondere im Bereich der **Marktüberwachung** neue und verschärfte 231
Bestimmungen vor. Nach § 24 ProdSG arbeiten in diesem Bereich die zuständigen Behörden
zB mit den Zollbehörden enger zusammen, um gefährliche Produkte bereits im Vorfeld einer
Marktbereitstellung zu erkennen und sicherzustellen oder eine andere Maßnahme nach § 26
Abs. 2 ProdSG zu ergreifen. Diese Regelung spielt insbesondere auch im Bereich des Imports von Bauteilen für Computer und ähnlicher Hardware eine Rolle, da hier bereits während des Importvorgangs die Überwachung nach ProdSG möglich ist.

Die Bestimmungen zum **GS-Zeichen** (§§ 20 ff. ProdSG) wurden im Hinblick auf die Voraussetzungen für seine Erteilung und die Kontrolle seiner Verwendung strenger gefasst und 232
erweitert. Durch die strengere Regulierung der Zulassung als notifizierende Stelle (§ 12
ProdSG) soll das GS-Zeichen nachhaltig gestärkt und Missbrauch bekämpft werden.

Gem. § 3 ProdSG darf ein Produkt nur in den Verkehr gebracht werden, wenn Sicherheit 233
und Gesundheit von Verwendern oder Dritten bei **bestimmungsgemäßer Verwendung oder
vorhersehbarer Fehlanwendung nicht gefährdet** werden. Dabei sind die Regelungen gegenüber dem GPSG nochmals verschärft und beziehen insbesondere auch die Verpackung, die
Anleitungen für seinen Zusammenbau, die Installation, die Wartung und die Gebrauchsdauer sowie die die Einwirkungen des Produkts auf andere Produkte mit ein. Insoweit ist also
auch das Zusammenwirken von Hardware und Software zu beachten und bei der Risikobewertung einzubeziehen.

Im Hinblick auf die Frage der Mangelhaftigkeit eines Produkts im Sinne der Sachmängel- 234
haftung ist zu beachten, dass ein Produkt, das nach § 3 ProdSG als unsicher einzustufen ist,
dann als mangelhaft anzusehen ist, wenn sich die Unsicherheit gerade im bestimmungsgemäßen Gebrauch oder der sonstigen vorhersehbaren Nutzung des Produktes zeigt.[334]

Durch die abstrakten Formulierungen der gesetzlichen Bestimmungen wurden durch den 235
Gesetzgeber bewusst Spielräume für eigenverantwortliche Entscheidungen der Beteiligten
gelassen, so dass der Auslegung des ProdSG durch die Aufsichtsbeamtinnen und -beamten
besondere Bedeutung zukommt. Der **Länderausschuss für Arbeitsschutz und Sicherheitstechnik** (LASI) hat daher Leitlinien erarbeitet, die eine Entscheidungshilfe darstellen, wie
den Anforderungen des ProdSG entsprochen werden kann.[335] Dort wird zum Beispiel darauf hingewiesen, dass das Bereitstellen von Arbeitsmitteln vom Arbeitgeber an seine Beschäftigten dem ProdSG unterliegt. Das führt im Bereich Hard- und Software dazu, dass in
Betrieben nur nach dem ProdSG zertifizierte Produkte eingesetzt werden dürfen.

---

[334] Fehlerhafte Montageanleitung: OLG München Urt. v. 9.3.2006 – 6 U 4082/05, CR 2006, 582 (nicht IT):
lückenhafte Bedienungsanleitung als Mangel; Fehlerhafte Dokumentation: *Schneider* F Rn. 128a.
[335] Leitlinien zum Produktsicherheitsgesetz, LV 46, 3. überarbeitete Auflage, März 2013, http://lasi.osha.
de/docs/lv_46.pdf.

§ 25 Webdesign, Online- und E-Mail-Marketing, Online-Auktionen

Übersicht

	Rn.
I. Webdesign-Verträge	1–32
1. Typische Leistungskomponenten	4–8
a) Bloße Erstellung des Rahmendesigns	5
b) Einrichtung eines Content-Management-Systems	6
c) Erstellung der Inhalte	7
d) Weitere Pflichten	8
2. Urheberrechtliche Schutzfähigkeit von Websites	9–13
3. Rechtseinräumung	14–19
a) Nutzungsrecht	15–17
b) Bearbeitungsrecht	18
4. Pflichtenheft und Leistungsbeschreibungen	20–23
5. Zeitplan	24
6. Abnahme und Freigabe	25/26
a) Abnahme	25
b) Freigabe	26
7. Leistungsänderungen/Change-Management	27/28
8. Gewährleistung/Haftung	29
a) Sachmängel	29–31
b) Rechtsmängel	32
II. Online- und E-Mail-Marketing	33–182
1. Internet-Marketing, Meta-Tags und Ad-Words	33–70
a) Bannerwerbung	33–36
b) Pop-Up-Werbung	37/38
c) Umgekehrte Versteigerungen	39/40
d) Meta-Tags	41–45
e) Ad-Words	46–70
2. E-Mail-Marketing	71–166
a) Einführung	71–73
b) Einwilligung zum E-Mail-Marketing	74–126
c) Gesetzliche Zulässigkeit (§ 7 Abs. 3 UWG – sog Soft-Opt-In)	127–135
d) Abwehranspruch nach §§ 823, 1004 BGB analog	136–139
e) „Tell-a-Friend"-Funktionen	140–148
f) Reichweite der Unterlassungsansprüche (§§ 7 UWG, 823, 1004 BGB analog)	149/150
g) Kosten und Schadensersatzanspruch	151–166
3. Besondere Leistungsgegenstände	167–182
a) Markt- und Meinungsforschung	167–173
b) Produktspezifische Besonderheiten im Überblick	174–182
III. Online-Auktionen	183–230
1. Grundlagen bei Onlineauktionen	183–217
a) Vertragsschluss	184–199
b) Fernabsatzrecht bei Online-Auktionen	200
c) Missbrauchskonstellationen	201–204
d) Hehlerei durch den Erwerber	205
e) Standardfragen zu Sekundäransprüchen im Überblick	206–208
f) Abgrenzung von Privatverkäufern und Gewerbetreibenden	209–212
g) Sonderfälle – Steuer und Buchpreisbindung	213/214
h) Haftung der „Auktionsplattform"	215–217
2. Bewertungssystem	218–230
a) Einführung	219–222
b) Zulässigkeit von Tatsachenbehauptungen	223–226
c) Zulässigkeit von Werturteilen	227/228
d) Relevanz der AGB der Anbieter	229
e) Ausschluss infolge von negativen Bewertungen	230

Schrifttum Webdesign: *Härting/Kuon,* Designklau – Webdesign, Screendesign, Look and Feel im Urheberrecht, CR 2004, 527; *Hilber/Rabus,* Rechtsnatur des Internet-System-Vertrags, Anm. zu BGH, Urteil vom 4.3.2010, CR 2010, 331; *Hilty,* Der Softwarevertrag – ein Blick in die Zukunft – Konsequenzen der trägerlosen Nutzung und des patentrechtlichen Schutzes von Software, MMR 2003, 3; *Lapp,* Projektvertrag als Werkvertrag gestalten, ITRB 2006, 166; *Pohle,* Internet-System-Vertrag – Rezension, BGH vom 4.3.2010, K&R 2010, 347; *Schöttle,* Webdesign-Verträge, ZAP 2007, Fach 6, 423.

I. Webdesign-Verträge

Unter dem Begriff des Webdesigns ist nicht nur die **äußere Gestaltung** zu verstehen, sondern auch die **technische Umsetzung**. Je nach Größe des Projekts gehört auch die vollständige Einrichtung und Pflege der Website dazu, von der Registrierung des Domainnamens bis zur technischen Pflege des laufenden Betriebs und der inhaltlichen Aktualisierung.[1]   1

Größere Webdesign-Projekte werden typischerweise in mehreren Abschnitten realisiert.[2] Zunächst präsentiert der Webdesigner einen ersten Gestaltungsentwurf, in der Regel nur als Grafik einer noch nicht lauffähigen Website. Häufig kommen hierbei fertige Templates auf Basis von Content Management Systemen zur Auswahl, welche einen Großteil der grafischen Vorarbeit ersetzen und dem Auftraggeber schnell und mit geringem finanziellen Aufwand einen guten Eindruck der Layouts und Struktur vermitteln. Nicht selten werden bei größeren Projekten in dieser Phase mehrere Anbieter gleichzeitig kontaktiert. Sofern keine Vorlage zum Einsatz kommt, sind nach der Auswahl der Gestaltung die Grundstruktur der Website und der Umfang des Projekts zu definieren. Dazu zählen die Navigationsstruktur, Aufbau und Gliederung der einzelnen Seiten. Schließlich wird ein lauffähiger Entwurf der Website erarbeitet, in welchem die wesentlichen Grundfunktionalitäten enthalten sind. In der letzten Phase werden sämtliche Inhalte der Website fertig gestellt (Texte, Grafiken und sonstige Gestaltungselemente und Funktionalitäten).   2

Das Hauptaugenmerk liegt nachfolgend auf dem Vertrag über das Webdesign, wenngleich eine trennscharfe Abgrenzung zu anderen Leistungsinhalten und Vertragskomponenten nicht immer möglich ist.[3]   3

1. Typische Leistungskomponenten

Die Ausgestaltung eines Webdesign-Vertrages ist – wie bei jedem Vertrag – eine Frage des konkreten Einzelfalles. Allerdings gibt es eine Reihe von typischen Standardfällen. Viele Unternehmen bieten inzwischen Pakete mit einem mehr oder weniger fest abgesteckten Leistungsumfang an, welcher typische Bedürfnisse des Auftraggebers abdeckt.   4

a) Bloße Erstellung des Rahmendesigns. Der eigentlichen Bedeutung des Webdesigns am nächsten kommt die Fallgestaltung, in welcher lediglich die Erstellung eines Webseitenmusters geschuldet ist. Diese Vertragsgestaltung findet sich hauptsächlich bei größeren Unternehmen, die bereits über die entsprechende technische und personelle Infrastruktur verfügen. Soll etwa eine bestehende Website im Rahmen eines Relaunch technisch und gestalterisch modernisiert werden, bietet es sich an, lediglich einen neuen Gestaltungsentwurf in Auftrag zu geben und ihn durch die eigene IT-Abteilung umsetzen zu lassen.   5

b) Einrichtung eines Content-Management-Systems. Hier wird neben der Erstellung des Webdesigns noch ein Content-Management-System eingerichtet. Bei größeren Projekten ist ein solches System in der Regel Vertragsbestandteil, da bei rein manueller Bearbeitung der Webseiten der administrative Aufwand für die Pflege der Inhalte zu hoch ist. Je nach eingesetztem System und konkreter Vereinbarung kann auch der Auftraggeber selbst Inhalte in   6

---

[1] Aufgrund der Parallelen von Webdesign- und Softwareprojekten siehe auch Teil „Software-Erstellung", → § 14. Vgl. auch *Schöttle* ZAP 2007, 423.
[2] Siehe *Härting* Internetrecht Rn. 259.
[3] Zu den weiteren, oben genannten Vertragsmodellen sei verwiesen auf → § 21 (Internetprovidervertäge), → § 5 Rechtsschutz von Computerprogrammen, § 14 (Softwarepflegeverträge).

das Content-Management-System einstellen. Hierdurch wird die Möglichkeit zur Erstellung und Änderung eigener Inhalte vereinfacht. Für den Auftragnehmer bedeutet die Installation und Konfiguration eines solchen Systems heute auch meist keinen besonderen Mehraufwand, da die Systeme standardisiert sind. Allerdings hat der Auftraggeber streng darauf zu achten, dass die Einrichtung unabhängig von der Grundinstallation des Auftraggebers und der Systeme für andere Kunden erfolgt, um jederzeit einen Wechsel des Anbieters durchführen zu können.

7 c) **Erstellung der Inhalte.** Soll der Auftragnehmer auch die Inhalte in die Website integrieren, ist zu regeln, wer diese erstellt, insbesondere wer die Texte, Grafiken und weiteren Daten liefert. Auch das Format der zu integrierenden Dateien spielt eine Rolle, da bei umfangreichen Texten Mehrarbeit notwendig sein kann, etwa wenn diese in Papierform geliefert werden und erst digitalisiert werden müssen. Weitere Medien, wie etwa Video-Sequenzen, Audiodateien etc. müssen entsprechend konvertiert und aufbereitet werden. In diesem Fall sollte von vornherein Art und Umfang der gelieferten Inhalte festgelegt werden.

8 d) **Weitere Pflichten.** Wie oben ausgeführt, können neben den eigentlichen Leistungen des Webdesigns auch weitere Tätigkeiten geschuldet sein. Insbesondere dann, wenn noch keine eigene Internetpräsenz vorhanden ist, soll häufig auch die Webadresse selbst eingerichtet werden. Darunter fällt im Einzelfall die Reservierung eines Domainnamens, Wahl eines Host-Providers, ggf. das Einrichten des Servers, der Datenbanken, Installieren und Konfigurieren von Skripten und Hochladen der Daten. Soll auch noch der laufende Betrieb vom Auftragnehmer gewartet werden, ist zu regeln, was vom Auftragnehmer zu übernehmen ist und wie es vergütet werden soll. So kann beispielsweise geschuldet sein, die Verfügbarkeit der Website zu überwachen, etwa durch regelmäßiges, evtl. automatisiertes Abrufen der Website. Eine derartige Pflicht dürfte dem Dienstvertragsrecht unterliegen.[4] Darüber hinaus kann auch die Aktualisierung der Inhalte Vertragsinhalt sein. Dann ist weniger eine einzelne Tätigkeit geschuldet, als ein Erfolg, so dass wohl Werkvertragsrecht greift.[5]

2. Urheberrechtliche Schutzfähigkeit von Websites

9 Es ist in Literatur und Rechtsprechung umstritten, welche Komponenten des Webdesigns unter welchen Gesichtspunkten urheberrechtlich geschützt sind. Das fertige Endprodukt besteht aus mehreren Komponenten. Zunächst der HTML-Seite als Basisgerüst. In diese Seite können einzelne Fotos und Grafiken eingebunden sein; Grafiken können auch als Gestaltungs- oder Navigationselemente eingesetzt werden. Server- oder clientseitig ausgeführte Software kann etwa zur Navigation eingesetzt werden. Schließlich befinden sich auf der Website in der Regel Texte. Nicht selten kommen Videosequenzen oder Audio-Dateien hinzu.

10 Einigkeit besteht darin, dass der Gestaltung einzelner Webseiten unabhängig von der Digitalisierung ihres Inhalts grundsätzlich Urheberrechtsschutz zukommen kann, soweit die in § 2 Abs. 2 UrhG vorausgesetzte Schöpfungshöhe für einzelne Elemente wie beispielsweise Texte, Grafiken, Video- oder Audiodateien erreicht wird.[6] Der Auftragnehmer hingegen kann sich für die Website (Multimediawerk) nicht auf den Urheberrechtsschutz berufen, wenn er die Inhalte seinerseits lediglich vom Auftraggeber erhalten und als Website umgesetzt hat.[7] Auch der Geschmacksmusterschutz dürfte höchst selten Schutz zugunsten des Webdesigners bieten.

11 In der Literatur ist streitig, ob bereits der bloße HTML-Quelltext einer Website als Computerprogramm nach § 69a UrhG urheberrechtlich geschützt ist.[8] Die Rechtsprechung lehnt

---

[4] *Härting* Internetrecht Rn. 372.
[5] *Härting* Internetrecht Rn. 373.
[6] OLG Rostock Beschl. v. 27.6.2007 – 2 W 12/07, GRUR-RR 2008, 1; OLG Frankfurt Urt. v. 22.3.2004 – 11 U 64/04, GRUR-RR 2005, 299; OLG Düsseldorf Urt. v. 29.6.1999 – 20 U 85/98, K&R 2000, 87; LG Köln Urt. v. 12.8.2009 – 28 O 396/09, GRUR-RR 2009, 420; *Härting/Kuon* CR 2004, 527.
[7] OLG Frankfurt Urt. v. 22.3.2004 – 11 U 64/04, GRUR-RR 2005, 299; *Auer-Reinsdorff/Brandenburg*, Urheberrecht und Multimedia, 2003.
[8] Für einen solchen Schutz *Härting* Internetrecht Rn. 350; Spindler/*Schmidt* S. 665; dagegen *Ernst* MMR 2001, 208 (211); *Schneider* 2067, Rn. 347.

einen solchen Schutz ab.[9] In der Tat spricht einiges dagegen, reinen HTML-Quelltext als Computerprogramm anzusehen. Schließlich handelt es sich bei HTML um eine Auszeichnungssprache, die lediglich zur Darstellung von Texten, Grafiken und weiteren Seiteninhalten dient und nicht um eine Programmiersprache, in der ausführbare Programme erstellt werden können.[10]

Allerdings setzen sich zahlreiche Webseiten inzwischen nicht mehr nur aus rein „passiven", in HTML geschriebenen Elementen zusammen, sondern enthalten auch Software-Komponenten, sei es als Flash-Plugin, Java-Applet oder als JavaScript-Element. In diesen Fällen wird man den betreffenden Komponenten durchaus Urheberrechtsschutz zusprechen können.[11]

Umstritten ist weiter, in welchem Umfang der gestalterische Anteil am Webdesign in Form von Grafiken, textlicher und farblicher Gestaltung und der Anordnung einzelner Gestaltungs- und Navigationselemente urheberrechtlich geschützt ist:

- Das OLG Hamm ist der Ansicht, dass **Fotografien,** die mit bestimmten, computergenerierten Effekten versehen in ein Webdesign übernommen werden, nicht als Lichtbild nach § 72 UrhG geschützt sind, da es sich dabei um Computergrafiken handele, die nicht unter Benutzung strahlender Energie erzeugt und daher kein Lichtbild seien.[12] Die Auffassung des OLG Hamm ist in der Literatur zu Recht auf Kritik gestoßen.[13] § 2 Abs 1 Nr. 5 UrhG stellt auch digital geschaffene Fotos den Lichtbildwerken gleich, weswegen diese ebenfalls den Schutz des § 72 UrhG genießen.[14] Zudem würde bei konsequenter Anwendung der vom OLG Hamm aufgestellten Grundsätze ein bestehender Urheberrechtsschutz einer Fotografie bereits durch eine digitale Verfremdung entfallen, was kaum gewollt sein kann.
- **Computergrafiken** müssen eine bestimmte Gestaltungshöhe aufweisen, um als Werke der bildenden Künste nach § 2 Abs 1 Nr. 4 UrhG urheberrechtlichen Schutz zu genießen.[15]
- Das OLG Karlsruhe hat entschieden, dass eine **Eingabemaske** eines Computerprogramms nicht nach § 69a UrhG als Computerprogramm geschützt ist.[16] In der Entscheidung ging es um die Zulässigkeit der Übernahme einer Anordnung und Benennung bestimmter Datenfelder einer Eingabemaske. Das Gericht hielt eine solche Übernahme aus urheberrechtlicher Sicht für zulässig. Diese Wertung kann auch entsprechend auf Webseiten angewendet werden. Die grundsätzliche Anordnung der **Gestaltungselemente,** wie etwa einer Navigationszeile am oberen Seitenrand oder einer Baumstruktur einzelner Menüpunkte in einer Seitenleiste dürfte als Ergebnis des Quellcodes der Website keinen urheberrechtlichen Schutz genießen. Dasselbe dürfte auch für die Benennung einzelner Menüpunkte gelten.

3. Rechtseinräumung

Grundsätzlich empfiehlt es sich, zur Vermeidung von Unklarheiten über den Schutzumfang der Website die beabsichtigten Nutzungsarten des Webdesigns vertraglich zu regeln. Dabei sollte zwischen dem Nutzungs- und dem Bearbeitungsrecht unterschieden werden.

a) **Nutzungsrecht.** Der Auftragnehmer muss dem Auftraggeber nach §§ 31 ff. UrhG an den urheberrechtlich geschützten Komponenten Nutzungsrechte einräumen, damit dieser die Website nutzen kann. Eine solche Rechtseinräumung kann zwar auch konkludent erfolgen, birgt aber aufgrund von Beweisschwierigkeiten erhebliche Risiken in sich.[17] Aus Sicht

---
[9] EuGH Urt. v. 2.5.2012 – C-406/10, EuZW 2012, 584; OLG Hamburg Urt. v. 29.2.2012 – 5 U 10/10, MMR 2012, 832; OLG Rostock Beschl. v. 27.6.2007 – 2 W 12/07, GRUR-RR 2008, 1; OLG Frankfurt Urt. v. 22.3.2004 – 11 U 64/04, GRUR-RR 2005, 299; OLG Düsseldorf Urt. v. 29.6.1999 – 20 U 85/98, K&R 2000, 87.
[10] *Schneider* 2067, Rn. 347.
[11] Spindler/*Schmidt* 667, Rn. 23.
[12] OLG Hamm Urt. v. 24.8.2004 – 4 U 51/04, GRUR-RR 2005, 73 Rn. 23.
[13] Dreier/*Schulze* § 72 Rn. 20.
[14] *Härting* Internetrecht Rn. 175.
[15] *Härting* Internetrecht Rn. 174.
[16] OLG Karlsruhe Urt. v. 14.4.2010 – 6 U 46/09, CR 2010, 427.
[17] *Härting* Internetrecht Rn. 351.

des Auftraggebers sollte die Regelung zur Rechtseinräumung möglichst alle denkbaren Nutzungsarten und auch zukünftig entstehende umfassen. Andernfalls läuft der Auftraggeber Gefahr, aufgrund der grundsätzlich restriktiven Auslegung kein Nutzungsrecht zu besitzen bzw. nachverhandeln zu müssen. Der Auftragnehmer wiederum wird ein Interesse daran haben, dem Auftraggeber so wenige Nutzungsrechte wie möglich einzuräumen. Auf jeden Fall wird es in seinem Interesse liegen, dass dem Auftraggeber keine Nutzungsrechte an etwaigen Entwürfen und Konzepten eingeräumt werden, insbesondere solchen, die letztlich im konkreten Auftragsverhältnis nicht zur Umsetzung kamen. Aber der Auftraggeber kann gerade auch daran ein Interesse haben, um diese von Wettbewerbern frei zu halten. Es empfiehlt sich, ausdrücklich im Vertrag festzuhalten, ob der Auftragnehmer die alternativen Entwürfe einer Zweitverwertung und Realisierung für andere Kunden zuführen darf.[18]

16 Fehlt es an einer ausdrücklichen Rechtseinräumung, gilt die **Zweckübertragungstheorie**. Dem Auftraggeber werden lediglich die Rechte eingeräumt, welche zum Zeitpunkt des Vertragsschlusses für den vertraglichen Zweck benötigt werden.[19] Will der Auftragnehmer das Webdesign oder Teile davon später für andere Zwecke nutzen, etwa um Briefbögen oder andere Drucksachen zu gestalten, ist dies von der ursprünglichen Rechtseinräumung nicht erfasst. Ist eine weitere Nutzung des Webdesigns geplant, ist bereits aus diesem Grund zu einer ausdrücklichen, weitergehenden vertraglichen Regelung zu raten.[20] Um Unklarheiten auszuräumen, sollte zudem vereinbart werden, dass die Nutzungsrechte auch **nach Vertragsbeendigung** zB hinsichtlich der Inhaltspflege oder dem technischen Hosting beim Auftraggeber verbleiben.

17 Außerdem ist zu empfehlen, sich vom Auftragnehmer zusichern zu lassen, dass dieser über die eingeräumten Rechte auch verfügungsberechtigt ist. Es kommt immer wieder vor, dass Auftragnehmer Bilder von Dritten verwenden, ohne über entsprechende Nutzungsrechte zu verfügen. Um das Risiko zu minimieren, möglichen Ansprüchen Dritter ausgesetzt zu sein, kann der Auftraggeber vom Auftragnehmer verlangen, von derartigen Ansprüchen freigestellt zu werden. Auf keinen Fall sollte er sich auf einen Haftungsausschluss für derartige Rechtsmängel einlassen.

18 **b) Bearbeitungsrecht.** Nach §§ 23, 69c Nr. 2 UrhG bedürfen Bearbeitungen der fertigen Website, soweit sie urheberrechtlichem Schutz zugänglich ist, grundsätzlich der Zustimmung des Urhebers bzw. Rechtsinhabers. Will der Auftraggeber ohne erneute Beauftragung des ursprünglichen Auftragnehmers Änderungen an den urheberrechtlich geschützten Teilen der Website selbst oder durch einen Dritten vornehmen lassen, ist in der Regel das Einverständnis des ursprünglichen Urhebers erforderlich. Für diesen Fall sollte bereits im Vertrag eine Regelung getroffen werden.

> **Formulierungsvorschlag: Nutzungs- und Bearbeitungsrecht (Auftraggeberfreundlich):**
>
> **19** (1) Der Auftragnehmer räumt dem Auftraggeber die mit der Website und mit ihren einzelnen Teilen und Elementen (Software, Texte, Fotos, Videos) verbundenen Nutzungs- und Verwertungsrechte (einschließlich des Rechts der Nutzung, der Vervielfältigung, der Verbreitung, der Überlassung, öffentlichen Zugänglichmachung, Sendung, Aufführung, Vorführung, der Abänderung, der Übersetzung der Erweiterung und Fortentwicklung sowie der Bearbeitung – jeweils inklusive Nutzung und Vervielfältigung der dabei jeweils entstehenden Ergebnisse sowie deren Nutzung –, der Nutzung in Teilen sowie der Übertragung oder Unterlizenzierung dieser Rechte an Dritte, der Verfügung und geschäftlichen Verwertung gleich auf welche Art) vollumfänglich, ausschließlich, unwiderruflich, übertragbar, räumlich und zeitlich unbeschränkt und für sämtliche derzeit bekannten Nutzungsarten ein.
>
> (2) Die Rechtseinräumung beschränkt sich nicht auf Nutzungen im Internet, sondern beinhaltet insbesondere auch die Verwertung der Website oder einzelner Teile in anderer Form, etwa auf Datenträgern, in Rundfunk und Fernsehen, in Print-Versionen und Drucksachen.

---

[18] *Härting* Internetrecht Rn. 349.
[19] Moritz/Dreier/*Winteler* B Rn. 639.
[20] Formulierungsvorschläge einer solchen Klausel bei *Härting*, Internetrecht, Rn. 358 und Moritz/Dreier/*Winteler* B 231, Fn. 2.

(3) Soweit die Website Softwarekomponenten enthält, ist der Auftragnehmer neben der Überlassung der ablauffähigen Software einschließlich Benutzerdokumentation auch zur Überlassung des entsprechenden Quellcodes verpflichtet. Der Quellcode ist so zu dokumentieren, dass eine Änderung oder Weiterentwicklung der Software nach angemessener Einarbeitungszeit möglich ist. Der Auftragnehmer ist neben der Überlassung der fertigen Website zur Überlassung sämtlicher Vorstufen, nebst Dokumentation und sämtlichen Unterlagen verpflichtet. Der Auftragnehmer räumt dem Auftraggeber auch an diesen Materialien die in den Absätzen 1 und 2 bezeichneten Rechte ein.

4. Pflichtenheft und Leistungsbeschreibungen

Es empfiehlt sich, bei umfangreichen Projekten die zu erbringenden Leistungen in einem Pflichtenheft zu regeln, welches als Anlage Vertragsbestandteil werden sollte. Im Pflichtenheft sollte zunächst festgehalten werden, welchen **Umfang** die zu gestaltende Website haben soll. Dazu gehören in der Regel die Anzahl der einzelnen Seiten und die in die Website zu übernehmenden Texte und Dokumente. Aber auch die Grundfunktionen und Navigationselemente der einzelnen Seiten sollten beschrieben sein, etwa ob und welche speziellen Techniken zur Navigation eingesetzt werden sollen (Flash, Java, Javascript, ActiveX, XHTML, PHP-Skripte, etc.). Über rein statische HTML-Seiten hinausgehende Funktionen, wie zB ein Blog, Shop-Funktionalitäten, Newsfeeds oder ein Benutzerforum sind ebenfalls festzuhalten.

Auch der **Stand der Technik** spielt keine unwichtige Rolle. Soll sichergestellt sein, dass bestimmte Browser oder Endgeräte unterstützt oder Standards eingehalten werden (etwa HTML oder CSS iSd W3C-Validators),[21] ist zu raten, auch dies ausdrücklich zu regeln. Gerade bei der Integration komplexer Techniken kommt es immer wieder vor, dass Webseiten nicht auf allen Betriebssystemen und Browsern korrekt dargestellt werden. Teilweise kann es passieren, dass ein nicht ausreichend getestetes Design auf bestimmten Systemen versagt, die Navigation nicht möglich ist oder Inhalte nicht angezeigt werden. Mit der zunehmenden Verbreitung alternativer Browser wie etwa *Mozilla Firefox* haben derartige Kompatibilitätsfragen an Bedeutung gewonnen. Für die öffentliche Hand ist es zudem seit 2006 Pflicht, die Website barrierefrei zu gestalten. Schließlich sind auch alternative Anzeigeformate, etwa für **mobile Endgeräte** ausdrücklich zu vereinbaren. Immer mehr Anbieter stellen inzwischen besondere Website-Formate für mobile Endgeräte mit speziell dafür optimierter Navigation und Darstellung den Nutzern zur Verfügung (**responsive Design**). Derartige Anforderungen bedeuten einen erhöhten Aufwand bei der Erstellung der Seiten und sind daher unbedingt in ein Pflichtenheft aufzunehmen.

Das Pflichtenheft dient nicht nur dazu, den Auftragnehmer in die Verantwortung zu nehmen. Zumindest aus dessen Sicht ist es sinnvoll, auch **Mitwirkungspflichten des Auftraggebers** zu definieren. Gerade dann, wenn vom Auftraggeber zu liefernde Inhalte durch den Auftragnehmer verarbeitet werden sollen, kann es bei Verzögerungen zu Streitigkeiten kommen. Einerseits ist daher zu definieren, was der Auftraggeber an Informationen, Dokumenten, Software und Technik bereitzustellen hat. Andererseits macht es aus Sicht des Auftraggebers Sinn, den Auftragnehmer zu verpflichten, die Leistungen rechtzeitig anzufordern. Dadurch werden Missverständnisse und Zeitverzögerungen vermieden.

Formulierungsvorschlag:

1. Pflichten des Auftragnehmers

(1) Der Auftragnehmer verpflichtet sich, nach Vorgaben des Auftraggebers eine funktionsfähige Website zu erstellen.
(2) Der Auftragnehmer erarbeitet in einem ersten Schritt ein Konzept und eine Gestaltung für die Website-Struktur. Dazu zählen die Gliederung der einzelnen Seiten sowie die grundsätzliche Anordnung von Navigationselementen und Links.
(3) Nach Freigabe des Konzepts durch den Auftraggeber erstellt der Auftragnehmer in einem zweiten Schritt einen lauffähigen Prototyp auf Basis des Konzepts. Der Prototyp muss die wesentlichen Grundfunktionalitäten und die wesentlichen Gestaltungselemente enthalten.

---

[21] Siehe validator.w3.org/bzw. jigsaw.w3.org/css-validator/.

(4) Nach Freigabe des Prototyps durch den Auftraggeber erstellt der Auftragnehmer die Endfassung der Website.
(5) Die Website muss mit voller Funktionalität und identischem Erscheinungsbild mindestens mit folgenden Browsern/Endgeräten abrufbar sein:
1. Mozilla Firefox (Version x)
2. Microsoft Edge (Version x)
3. iPhone (Version x)/Android (Version x)
(6) Sämtliche Seiten der Website müssen den HTML- und CSS-Test der entsprechenden W3C-Validatoren erfolgreich bestehen.
(7) Sämtliche Inhalte müssen bei einer Auflösung von 1440 × 900 Pixeln problemlos dargestellt werden können. Die Website muss auch bei einer höheren Auflösung fehlerfrei dargestellt werden können.
(8) Folgendes Content-Management-System wird zur Verwaltung der Website eingesetzt: [auf Desktop-Geräten].
(9) Folgende Techniken dürfen [nicht] zur Navigation verwendet werden: [auf Desktop-Geräten] [Die Website ist BITV-Konform zu gestalten].

2. Mitwirkungspflichten des Auftraggebers

Der Auftraggeber stellt dem Auftragnehmer die auf der Website zu veröffentlichten Inhalte in folgender Form zur Verfügung: [zB in Papierform, Word-Dokument, Scans, ……].

5. Zeitplan

24 Aus Auftraggebersicht unentbehrlich ist ein fester Zeitplan, um ein Minimum an planerischer Sicherheit zu haben. Soweit das Projekt in mehrere Phasen gegliedert ist, empfiehlt es sich, für die einzelnen Phasen feste Zeitpunkte zu definieren, zu denen diese abgeschlossen sein müssen. Um eine termingerechte Fertigstellung sicherzustellen, kann zum einen eine Vertragsstrafe vereinbart werden, die bei Verzögerungen fällig wird. Bei größeren Projekten wird der Auftraggeber oft ein Interesse daran haben, sich vom Vertrag lösen zu können, wenn schon frühzeitig absehbar ist, dass das Endprodukt nicht fristgerecht fertig wird. Für diese Fälle ist zwar nach § 323 Abs. 4 BGB der Rücktritt bereits vor Fälligkeit der Leistung möglich. Allerdings dürfte in der Praxis das Vorliegen der Voraussetzungen kaum beweisbar sein. Schließlich müsste der Auftraggeber nachweisen, dass die Verzögerung „sicher zu erwarten ist".[22] Um dem Auftraggeber dennoch eine Lösung vom Vertrag zu ermöglichen, kann die Anwendbarkeit des Leistungsstörungsrechts bereits für Teilleistungen des Vertrages vereinbart werden.[23]

6. Abnahme und Freigabe

25 a) **Abnahme.** Soweit eine Abnahme von beiden Vertragsparteien gewollt ist, sollte das – auch angesichts der vom BGH mit der Internet-System-Vertrag-Entscheidung nicht vollständig ausgeräumten Rechtsunsicherheit – vertraglich festgehalten werden. Auch ist bei umfangreichen Projekten die Erstellung eines Abnahmeprotokolls empfehlenswert. Sofern keine gemeinsame Abnahme durch Auftraggeber und Auftragnehmer vor Ort stattfindet, sollte zur Klarstellung festgehalten werden, dass allein das „**Live-Schalten**" der Website keine Abnahme darstellt. Aus Sicht des Auftragnehmers jedoch ist die Vereinbarung einer Abnahmefiktion sinnvoll, etwa dergestalt, dass vier Wochen nach Übergabe bzw. Einrichtung der Website von einer Abnahme ausgegangen wird, wenn innerhalb dieser Frist keine wesentlichen Mängel gemeldet werden.[24]

26 b) **Freigabe.** Von der Abnahme des Endprodukts zu unterscheiden ist die Freigabe einzelner Projektphasen. Vor allem in der Entwurfsphase steht die gestalterische Leistung des Webdesigners im Vordergrund. Sie lässt sich kaum objektiv bewerten, dennoch hängt von

---

[22] MüKoBGB/*Ernst* § 323 Rn. 134.
[23] Ausführlich dazu Moritz/Dreier/*Winteler* B Rn. 625.
[24] Vgl. § 640 Abs. 1 S. 3 BGB; *Härting* Internetrecht Rn. 360.

ihr oft die Fortführung des Projekts ab. Durch einen Freigabevorbehalt hat der Auftraggeber die Möglichkeit, bei Nichtgefallen des Entwurfs – also aus subjektiven Gründen – vom weiteren Projekt Abstand zu nehmen.[25] Voraussetzung dafür ist eine entsprechende Vergütung für die bereits geleisteten Arbeiten des Auftragnehmers.

7. Leistungsänderungen/Change-Management

Nicht selten führen Änderungen der zu erstellenden Website zu Streitigkeiten zwischen den Parteien. Zum einen führen Änderungswünsche zu Mehrarbeit und damit zu erhöhten Kosten. Zum anderen wird die Fertigstellung des Projekts verzögert. Für solche Fälle sollte in dem Vertrag eine Regelung getroffen werden. In ihr sollte festgelegt werden, wann und in welchem Umfang Änderungswünsche des Auftraggebers gesondert zu vergüten sind und wie etwa bestehende Fristen anzupassen sind. Für den Fall unzumutbarer Änderungswünsche kann dem Auftragnehmer ein Kündigungsrecht eingeräumt werden.

Das Erfordernis einer Änderungsklausel ist eng verknüpft mit Qualität, Tiefe und Detaillierung der Leistungsbeschreibung bzw. dem Pflichtenheft. Gerade bei der Erstellung von Webseiten kommen häufig iterative Projektvorgehensweisen zur Anwendung, welche für die Projektsteuerung vertraglich abzubildende Herausforderungen bedeuten, aber zugleich auch die Chance einer sich in kurzen Entwicklungsschritten herausbildenden Lösung bieten.[26]

8. Gewährleistung/Haftung

a) Sachmängel. Die Website kann in zweierlei Hinsicht mangelhaft sein. Zum einen kann ein **Sachmangel** vorliegen, etwa durch die Einschränkung der Funktionstauglichkeit, nicht funktionierende Scripte, defekte Grafiken oder Inkompatibilitäten mit bestimmten Softwarekomponenten, etwa einem bestimmten Browser sowie Sicherheitslücken. Welche Regelungen in diesem Fall greifen, hängt mit der Frage zusammen, ob auf den Webdesign-Vertrag Kauf- oder Werkvertragsrecht anwendbar ist. Soweit Werkvertragsrecht einschlägig ist – wovon seit der BGH-Entscheidung zu Internet-System-Verträgen grundsätzlich auszugehen ist, besteht für den Auftraggeber bei nicht erfolgter Mängelbeseitigung nach § 637 BGB die Möglichkeit der Selbstvornahme. Auch steht im Werkvertragsrecht dem Auftragnehmer das Wahlrecht zu, ob er einen vorhandenen Mangel beseitigt oder das Werk neu erstellt.[27]

Auch aufgrund der im Gewährleistungsrecht bestehenden Unterschiede kann es bei der Beseitigung von Mängeln schnell zum Streit darüber kommen, welche Regelungen anwendbar sind. Der Unsicherheit über die Qualifikation des Webdesign-Vertrages sollten die Vertragsparteien daher durch eine **individuelle Ausgestaltung der Vorgehensweise** begegnen und soweit möglich durch den Leistungsinhalt, die Art der Zusammenarbeit sowohl auf vertraglicher als auch tatsächlicher Ebene, den typischen Merkmalen des gewünschten Vertragstyps folgend zusammenarbeiten.

> **Formulierungsvorschlag (auftraggeberfreundlich):**
> (1) Für Mängel der Website haftet der Auftragnehmer nach Maßgabe der gesetzlichen Bestimmungen des Werkvertragsrechts (§§ 631 ff. BGB). [im Zusammenhang mit der weiteren vertraglichen Ausgestaltung als Werkvertrag].
> (2) Der Auftragnehmer garantiert, dass die von ihm erstellten oder beschafften Teile und Elemente sowie die Gestaltung und die von ihm eingebrachten Ideen zur Konzeption der Website nicht in rechtswidriger Weise in Rechte Dritter eingreifen. Er stellt den Auftraggeber hiermit von jeglichen (auch behaupteten) Ansprüchen Dritter in diesem Zusammenhang auf erstes Anfordern frei und ersetzt ihm die angefallenen Kosten der Rechtsverteidigung. Dieser selbstständige Freistellungsanspruch umfasst insbesondere außergerichtliche Anwaltskosten, Gerichtskosten und sonstige Verfahrenskosten (zB bei Schiedsgerichtsverfahren), Vergleichszahlungen sowie Schadensersatzverpflichtung.

---

[25] Siehe dazu Moritz/Dreier/*Winteler* B Rn. 627.
[26] Zu Agilen Projektmethoden → § 18 (IT-Projekte).
[27] § 635 Abs. 1 BGB.

> (3) Der Auftragnehmer haftet auch dafür, dass die erstellte Website den vertraglichen Spezifikationen, dem Konzept, dem Stand der Technik und dem Prototypen in der freigegebenen Form entspricht.
> (4) Nach Meldung eines Mangels der Website während der Gewährleistungsfrist hat der Auftragnehmer bis zu dessen Behebung eine Zwischenlösung bereitzustellen.

32 b) **Rechtsmängel.** Zum anderen kann die Website mit einem **Rechtsmangel** behaftet sein. Eine Website besteht, wie schon ausgeführt, überwiegend aus urheberrechtlich schutzfähigen Teilen. Es ist nicht auszuschließen, dass Komponenten verwendet werden, für welche die Parteien keine Nutzungsrechte besitzen. Die Vertragspartner sollten sich daher zusichern, über von ihnen eingebrachtes, rechtlich geschütztes Material verfügungsberechtigt zu sein und den jeweils anderen von möglichen Ansprüchen Dritter freizuhalten bzw. gegenüber Dritten auf eigene Kosten eine entsprechende Rechtsdurchsetzung zu betreiben.[28] Sollte der Auftraggeber durch einen Dritten in Anspruch genommen werden, fallen bei einer gerichtlichen Verfolgung der Ansprüche schnell hohe Kosten an. In diesem Fall ist es sinnvoll, eine Kostenvorschusspflicht in den Vertrag aufzunehmen.[29]

II. Online- und E-Mail-Marketing

Neben dem E-Mail-Marketing erlangt das Online-Marketing zunehmend Bedeutung. Unter dem Begriff Online-Marketing als Oberbegriff sind verschiedene Werbeformen zusammengefasst.

1. Internet-Marketing, Meta-Tags und Ad-Words

33 a) **Bannerwerbung.** Bannerwerbung basiert auf einer Art digitalen Werbeanzeige (sog Banner) auf einer Website. Diese Banner enthalten einen Hyperlink zur Website des Werbetreibenden und können sowohl statische Botschaften enthalten als auch animiert filmähnliche Sequenzen wiedergeben. Sie können auf einer festen Position in der Internetseite angezeigt werden oder sich – als sog Floating Banner – bewegen.[30]

34 Die **Vergütungsmodelle** können unterschiedlich gestaltet sein: Zu Beginn der Schaltung von Bannern wurde die Anzahl der Seitenaufrufe (sog Page Impressions) zugrunde gelegt. Aufgrund fortentwickelter Techniken werden sowohl die Anzahl der Klicks auf ein entsprechendes Werbemittel (sog **ad clicks**) als auch die Nutzungsdauer, in der die entsprechende Werbung während des Nutzungsvorganges sichtbar war, als Maßstab zugrunde gelegt.[31]

35 Die Banner müssen das sog **Erkennbarkeits- und Trennungsgebot** (§ 4 Nr. 3 UWG, § 6 Abs. 1 Nr. 1 und 2 TMG) befolgen. Sie sind deshalb deutlich von dem redaktionellen Teil einer Internetpräsenz zu trennen. Sie müssen auch eindeutig als Werbung zu erkennen oder zumindest in geeigneter Weise so bezeichnet sein.[32] Der Rechtsprechung ist zu entnehmen, dass eine optisch deutlich erkennbare Trennung der Bannerstreifen vom redaktionellen Teil einer Webseite grundsätzlich genügen kann.[33] Das bedeutet aber auch, dass eine Bannerwerbung, die „von ihrem Erscheinungsbild her als solche sofort erkennbar" ist, hinreichend als Werbung gekennzeichnet sein muss, um dem Trennungsgebot zu genügen.[34] Damit soll aus wettbewerbsrechtlicher Sicht verhindert werden, dass ein Nutzer („Besucher der Internetseite") die gesamte Webseite einschließlich des Werbebanners (und möglicherweise auch eine nach dem Anklicken des Banners erscheinende Werbung) für redaktionellen Inhalt hält.[35]

---

[28] Moritz/Dreier/*Winteler* B Rn. 644 ff.
[29] Moritz/Dreier/*Winteler* B Rn. 651.
[30] Harte-Bavendamm/Henning-Bodewig/*Frank* UWG Einl. H. Rn. 35.
[31] Harte-Bavendamm/Henning-Bodewig/*Frank* UWG Einl. H. Rn. 35.
[32] Köhler/Bornkamm/*Köhler* UWG § 4 UWG, Rn. 1.273.
[33] KG Beschl. v. 24.1.2012 – 5 W 10/12, MMR 2012, 316 mAnm *Czernik*; vgl. OLG Köln Urt. v. 24.4.2013 – 6 U 132/12, MMR 2014, 51 (52).
[34] OLG Köln Urt. v. 24.4.2013 – 6 U 132/12, MMR 2014, 51 (52).
[35] Hoeren/Sieber/Holznagel/*Süßenberger* Multimedia-Recht Teil 11.1 Rn. 54; *Hoeren* MMR 2004, 643 (645 f.).

Im Kontext der Bannerwerbung ist jedoch zu beachten, dass nach der Rechtsprechung 36 das Schalten eines solchen Banners auf einer Internetpräsenz zur **Haftung des Betreibers dieser Internetpräsenz** führen kann. Das gilt insbesondere dann, wenn der Betreiber der Internetseite gegenüber dem Nutzer den Eindruck der Prüfung auf Rechtskonformität der mittels Werbebanner verlinkten Internetpräsenz des Dritten vermittelt.[36]

b) Pop-Up-Werbung. Pop-Ups sind Anzeigen, die unaufgefordert auf dem Bildschirm erscheinen. 37 Ursprünglich waren sie so gestaltet, dass für sie ein eigenes Internetbrowser-Fenster geöffnet wurde. Haben sie Werbung zum Inhalt, wird von Pop-Up-Werbung gesprochen. Jedenfalls seit 2009 werden sie als gebräuchliche Werbeform im Internet bezeichnet, an die sich die Nutzer gewöhnt haben.[37] Eine wettbewerbsrechtliche relevante Belästigung durch einfache Werbe-Pop-Ups wird daher verneint. Dies gilt jedenfalls für Pop-Up-Werbung, welche nach wenigen Sekunden automatisch wieder erlischt oder innerhalb kurzer Zeit „weggeklickt" werden kann.[38] Als Argument wird auch angeführt, dass der Nutzer bei privatwirtschaftlichen Internetpräsenzen keinen Anspruch auf den Inhalt einer Webseite habe.[39]

Als wettbewerbsrechtlich unzulässig werden hingegen sog **Exit-Pop-Ups** betrachtet, die 38 sich nach dem Schließen – unter Umständen sogar mehrfach – automatisch wieder öffnen. Denn in dem Schließen des Fensters ist eine der Bewerbung entgegenstehende Willensbekundung zu sehen. Wird der Nutzer dann dennoch am Verlassen der Internetseite gehindert, stellt dies eine unzumutbare Belästigung (§ 7 Abs. 1, Abs. 2 UWG) dar.[40]

c) Umgekehrte Versteigerungen. Bei umgekehrten Versteigerungen fällt der Preis nach be- 39 stimmten Maßgaben bzw. in bestimmten Schritten. Der Vertragsschluss kommt zu einem bestimmten Preis zustande, den ein Nutzer wählt. Der Reiz besteht darin, den Preis hinreichend sinken zu lassen, aber dennoch den „Zuschlag" zu erhalten, bevor andere „zuschlagen". Wettbewerbsrechtlich stellt sich die Frage, ob solche Versteigerungsformen die Entschließungs- und Entscheidungsfreiheit des Verbrauchers aus wettbewerbsrechtlicher Sicht durch **unsachliche Einflussnahme und aleatorische Elemente unlauter** beeinträchtigen (§ 4 Nr. 1 UWG).[41]

Eine solche unlautere Beeinträchtigung hat die Rechtsprechung für Konstellationen ver- 40 neint, in denen der Auktionsgewinner ohne finanzielle Nachteile noch nach dem „Zuschlag" entscheiden kann, ob er das Produkt tatsächlich erwerben will.[42] Zu beachten ist bei der Gestaltung solcher umgekehrter Versteigerungen, dass diese nicht von fernabsatzrechtlichen Bestimmungen befreit sind. Denn nach überwiegender Ansicht bestehen keine Besonderheiten, welche die Geltung der fernabsatzrechtlichen Widerrufs- oder Rückgaberechte (§§ 312b ff., 355 BGB) ausschließen könnten.[43]

d) Meta-Tags. Die Verwendung von Metatags zur Beeinfluss von Suchmaschinen hat der 41 BGH in zwei **Leitentscheidungen** weitgehend geklärt:
- BGH Urt. v. 18.5.2006 – I ZR 183/03 – „Impuls";
- BGH Urt. v. 8.2.2007 – I ZR 77/04 – „AIDOL".

Die Verwendung fremder geschützter Kennzeichen als Meta-Tag ist eine Kennzeichenrechtsverletzung. Dasselbe gilt für die Verwendung des Kennzeichens als unsichtbaren Text

---

[36] Vgl. OLG Hamburg Urt. v. 14.7.2004 – 5 U 160/03, MMR 2004, 822; vgl. OLG Hamburg Urt. v. 5.6.2002 – 5 U 74/01, CR 2003, 56.; → § 42..
[37] Harte-Bavendamm/Henning-Bodewig/*Ubber* § 7 UWG Rn. 208.
[38] KG Berlin Urt. v. 18.10.2013 – 5 U 138/12, MMR 2014, 44; Köhler/Bornkamm/*Köhler* UWG § 7 Rn. 93.
[39] *Czernik* MMR 2014, 45.
[40] LG Düsseldorf Urt. v. 26.3.2003 – 2a O 186/02, MMR 2003, 486; Harte-Bavendamm/Henning-Bodewig/*Ubber* § 7 UWG Rn. 208.
[41] Vgl. Harte-Bavendamm/Henning-Bodewig/*Frank* UWG Einl. Rn. 43; Hoeren/Sieber/Holznagel/*Wiebe*/Neubauer Multimedia-Recht Teil 15, Rn. 124.
[42] Vgl. BGH Urt. v. 13.3.2003 – I ZR 212/00, GRUR 2003, 626; BGH Urt. v. 13.11.2003 – I ZR 40/01, GRUR 2004, 249; Harte-Bavendamm/Henning-Bodewig/*Frank* UWG Einl. Rn. 43.
[43] Hoeren/Sieber/Holznagel/*Wiebe*/*Neubauer* Multimedia-Recht Teil 15, Rn. 124; vgl. *Leible/Sosnitza*, Anmerkung zu BGH MMR 2003, 465 (467); aA OLG Hamburg Urt. v. 25.4.2002 – 3 U 190/00, GRUR-RR 2002, 232.

im Rahmen der Internetpräsenz, wenn dies zu einer Indizierung durch eine Suchmaschine führt („Weiß-auf-Weiß-Schrift").[44]

42 Der **Hintergrund** der Verwendung von Metatags und solcher unsichtbarer Texte ist, dass Suchmaschinen das Internet nach suchmaschinenrelevanten Inhalten „durchsuchen" und – sich stetig fortentwickelnde – Verfahren verwenden, um die Inhalte der Internetpräsenzen und damit deren Relevanz für einen Nutzer einer Suchmaschine bei Verwendung eines bestimmten Suchbegriffs zu bewerten. Nach dieser Maßgabe werden die Internetpräsenzen durch Suchmaschinen als Ergebnis in der Trefferliste der Suchmaschine angezeigt. Die Meta-Tags haben aber seit den Leitentscheidungen des BGH an Relevanz für die Indizierung durch Suchmaschinen verloren, da die Verfahren zur Indizierung verfeinert und vor allem auf deutlich mehr Informationen „über" die Internetpräsenz gestützt werden.

43 Der BGH bewertet die Verwendung fremder Kennzeichen als Metatags oder als „Weiß-auf-Weiß-Schrift" als **Kennzeichenrechtsverletzung,** obwohl die Verwendung dieses Begriffs für den Nutzer der Suchmaschine nicht offensichtlich ist. Den entscheidenden Aspekt sieht der BGH darin, dass das Auswahlverfahren der Suchmaschine durch die Verwendung eines fremden Kennzeichens beeinflusst wird.[45] Entscheidend kommt – wie auch der Umkehrschluss aus der BGH-Rechtsprechung zu AdWords belegt – hinzu, dass der Verwender des Metatags in der **Ergebnisliste** der Suchmaschine aufgeführt wird, wodurch der Nutzer – so der BGH – der Suchmaschine den Eindruck gewinnt, dass eine **Beziehung zwischen dem Angezeigten und dem Suchbegriff** besteht.[46] Auf dieser Linie liegt auch eine Entscheidung des *OLG Frankfurt am Main*, wonach eine markenmäßige Nutzung zu verneinen ist, wenn sich aus den Hinweisen im Rahmen der Trefferliste der Suchmaschine ergibt, dass der Begriff nicht auf die Herkunft einer Ware oder Dienstleistung hinweist, sondern nur in einer beschreibenden Weise verwendet wurde.[47]

44 Hiervon zu unterscheiden sind jedoch die Fälle, in denen der Inhaber der Internetpräsenz und Verwender des Kennzeichens zwar nicht Kennzeichenrechtsinhaber ist, aber **zur Nutzung des Kennzeichens berechtigt** ist. Einem Händler wird die Verwendung des kennzeichenrechtlich geschützten Namens eines Produkts oder des Herstellers nicht zu verwehren sein. Hierfür spricht auch die Rechtsprechung des *EuGH*, wonach einem Händler markenrechtlich nicht verwehrt werden könne, die Bezeichnungen von Markenprodukten – auch der entsprechenden Logos – für den Verkauf ihrer Produkte zu verwenden.[48] Hieraus ergibt sich, dass ihm auch die Verwendung als Metatag gestattet sein muss. Wird der Begriff jedoch nicht sachangemessen sondern massenhaft verwendet und dadurch eine ihm im Verhältnis zum Kennzeichenrechtsinhaber nicht zutreffenden Positionierung in der Trefferliste der Suchmaschine generiert, kommt eine Verstoß gegen §§ 3, 4 Nr. 10 UWG in Betracht.[49]

45 Neben der Kennzeichenverletzung kommen bei der Verwendung von Meta-Tags auch **Unlauterkeitstatbestände des UWG** in Betracht. Für die UWG-Tatbestände ist entscheidend, dass der EuGH das Setzen von Meta-Tags im Quellcode einer Webseite unter den Begriff der „Werbung" des Art. 2 Nr. 1 der Richtlinie 84/450 und Art. 2 lit. a der Richtlinie 2006/114 subsumiert hat.[50] Dies gelte – so der EuGH – obgleich die Meta-Tags für den Internetnutzer unsichtbar blieben und ihr unmittelbarer Empfänger nicht der Internetnutzer, sondern die Suchmaschine selbst sei.[51] Diese Frage wird in den Fällen relevant, in denen zu beurteilen ist, ob derartige Meta-Tags – wenn sie aus markenrechtlich relevanten Keywords bestehen (keyword metatags) – uU irreführende oder vergleichende Werbung darstellen können.

---

[44] BGH Urt. v. 18.5.2006 – I ZR 183/03, K&R 2006, 572 – „Impuls"; BGH Urt. v. 8.2.2007 – I ZR 77/04, K&R 2007, 474 – „AIDOL".
[45] *Meyer* K&R 2008, 201 (203).
[46] Vgl. BGH Urt. v. 13.1.2011 – I ZR 125/07, NJW 2011, 3032 (3035).
[47] *Meyer* K&R 2010, 226 (227) unter Bezugnahme auf OLG Frankfurt aM Beschl. v. 3.3.2009 – 6 W 29/09, MMR 2009, 401.
[48] EuGH Urt. v. 23.2.1999 – C-63/97, WRP 1999, 407 (411).
[49] *Hoeren* Internetrecht, Stand: April 2011; *Hartl* MMR 2007, 12 (13).
[50] EuGH Urt. v. 11.7.2013 – C-657/11, EuZW 2013, 910.
[51] EuGH Urt. v. 11.7.2013 – C-657/11, EuZW 2013, 910 (913); *Hoffmann* NJW 2013, 2645 (2649).

e) **Ad-Words.** *aa) Hintergrund.* AdWords-Werbung ist Teil des sog Suchmaschinenmarketings *(Search Engine Marketing – SEM)*. Eine Internetsuchmaschine basiert darauf, dass sie einem Nutzer zu dessen Suchbegriffen in einer sog Trefferliste Internetpräsenzen auflistet, von denen die Suchmaschine „annimmt", dass sie Aussagen zu den Suchbegriffen des Nutzers enthält, wobei die Listung von oben nach unten mit abnehmender Relevanz erfolgt. Auf welcher Basis diese „Annahme" der Suchmaschine basiert, ist ein gut gehütetes Geheimnis des Suchmaschinenbetreibers und unterliegt beispielsweise im Fall von Google einer stetigen Veränderung.

Daneben bietet Google gegen Entgelt ein sog „AdWords"-Programm an.[52] Dieses ermöglicht es einem Werbetreibenden auf der Basis durch ihn vorgegebener Begriffe – sog Keywords – Werbeeinblendungen (also Werbebotschaft nebst Link auf eine Internetpräsenz) auszulösen. Diese Einblendung kann nach Wahl des Werbetreibenden ausgelöst werden, wenn sein Keyword und der Suchbegriff eines Nutzers der Suchmaschine identisch sind oder nur „weitgehend passend" sind. Diese Werbeeinblendung erscheint bei Google optisch von den Suchbegriffen abgesetzt und in einer mit „Anzeigen" überschriebenen Rubrik am rechten Bildschirmrand (also rechts von den eigentlichen Suchergebnissen) oder im oberen Teil des Bildschirms (also oberhalb der eigentlichen Suchergebnisse).

bb) Rechtliche Bewertung der Verwendung fremder Kennzeichen. Die rechtliche Bewertung der bis dahin heftig umstrittenen Verwendung fremder kennzeichenrechtlich geschützter Begriffe als Keyword hat der Bundesgerichtshof in drei Leitentscheidungen vom 22.1.2009 weitreichend geklärt:
- BGH Urt. v. 22.1.2009 – I ZR 139/07 – pcb;
- BGH Urt. v. 22.1.2009 – I ZR 30/07 – Beta Layout;
- BGH Beschl. v. 22.1.2009 – I ZR 125/07 – Bananabay[53].

Damit wurde die bis dahin ergangene instanzgerichtliche Rechtsprechung[54] sowie die aus den Metatag-Entscheidungen des BGH abgeleiteten Literaturmeinungen obsolet. Für das Verständnis dieser Entscheidungen und die Begründung des *BGH* ist es entscheidend, dass der BGH von **zwei Grundannahmen** ausgegangen ist:
- Das geschützte fremde Kennzeichen wird nicht in der eingeblendeten Werbeanzeige selbst verwendet.
- Die Werbeeinblendung ist – wie im Zeitpunkt der BGH-Entscheidungen bei Google – optisch abgesetzt und als „Anzeige" gekennzeichnet.

Der **BGH** hat diese Rechtsprechung in der Entscheidung „Bananabay II" fortgeführt.[55] Eine weitergehende **Konkretisierung in der Entscheidung „Fleurop"** erfolgte durch den BGH im **Jahr 2013**.[56] Ausgehend von den drei Leitentscheidungen des BGH in 2009 ergibt sich folgende **Gesamtbetrachtung:**

(1) Beschreibende/generische Begriffe als Keyword. Generische Begriffe dürfen sowohl als „passendes" als auch als „weitgehend passendes" Keyword verwendet werden, auch wenn dies zur Einblendung der Werbeanzeige bei der Verwendung eines „kombinierten" geschützten Kennzeichens als Suchbegriff führt.[57] Das Keyword „pcb" – nach Ansicht der Verkehrskreise eine beschreibende Angabe für printed circuit boards, also Leiterplatten – darf beispielsweise auch dann verwendet werden, wenn dies zur Werbeeinblendung bei Verwendung der Marke „pcb-pool" als Suchbegriff führt.[58] Aufgrund des Verständnisses der angesprochenen Verkehrskreise des Akronyms „pcb" als beschreibenden Begriff war § 23 Nr. 2

---

[52] Vgl. www.adwords.google.com (Stand: 30.5.2011).
[53] vgl. zum einen den Vorlagebeschluss des BGH Beschl. v. 22.1.2009 – I ZR 125/07, GRUR 2009, 498 sowie das Urteil des BGH nach der Entscheidung des EuGH, BGH Urt. v. 13.1.2011 – I ZR 125/07, NJW 2011, 3032.
[54] Übersicht bei: *Ott* WRP 2009, 351 (355 ff.); *Jeschke* CR 2008, 375.
[55] BGH Urt. v. 13.1.2011 – I ZR 125/07, GRUR 2011, 828 – Bananabay II
[56] BGH Urt. v. 27.6.2013 – I ZR 53/12, GRUR 2014, 182 – Fleurop.
[57] BGH Urt. v. 22.1.2009 – I ZR 139/07, CR 2009, 323 – „pcb" mAnm *Backu*; MMR 2009, 331 mAnm *Hoeren*.
[58] BGH Urt. v. 22.1.2009 – I ZR 139/07, CR 2009, 323 – „pcb" mAnm *Backu*; MMR 2009, 331 mAnm *Hoeren*.

MarkenG einschlägig und damit der Begriff bis zur Grenze der guten Sitten frei verwendbar. Einen Verstoß gegen die guten Sitten konnte der *BGH* in der Entscheidung „pcb-pool" nicht erkennen.

50 Der *BGH* **verneint** in der Entscheidung „pcb" in der Sache darüber hinaus die **kennzeichenmäßige Verwendung im Sinne des MarkenG**.[59] Er begründet dies damit, dass der „verkehrstypische Nutzer" keinen Zusammenhang zwischen dem Suchbegriff und der Anzeigeneinblendung herstellt. Denn der Anzeigenteil sei als solcher gekennzeichnet und das geschützte Kennzeichen selbst werde in der Werbeeinblendung nicht verwendet.[60] Da diese Ausführungen aufgrund des Abstellens auf § 23 Nr. 2 MarkenG nicht entscheidungserheblich waren, bestand – anders als in der Entscheidung „Bananabay" – keine Pflicht zur Vorlage an den EuGH. Auch relevant war, dass diese Verwendung als Keyword nicht die Trefferliste der Suchmaschine betraf, wie insbesondere der Vergleich mit der Argumentation des *BGH* in der Rechtsprechung zu Metatags zeigt.[61]

51 Diese Begründung markiert damit auch den **Unterschied zur rechtlichen Bewertung bei Metatags**. Sie ist zugleich ein Einfallstor für abweichende instanzgerichtliche Entscheidungen, da diese argumentieren könnten, mit zunehmender Bekanntheit der Funktionsweise des AdWords-Programms ändere sich diese Verkehrsauffassung. Hierfür bestehen keine Anhaltspunkte.

52 Der **BGH** hat in dieser Entscheidung auch wettbewerbsrechtliche Ansprüche, die bis dahin diskutiert wurden, ausgeschlossen (→ nachfolgend unter (2)).[62]

53 *(2) Fremde Unternehmenskennzeichen als Keyword.* Die Entscheidung „Beta Layout" des *BGH* befasste sich mit der Verwendung eines fremden kennzeichenrechtlich geschützten Unternehmenskennzeichens als Keyword und hielt diese für zulässig.[63] Der *BGH* verneint die **Verwechselungsgefahr im Sinne des MarkenG**. Er begründet dies damit, dass eine Kennzeichnung als Anzeige erfolgte und das geschützte Kennzeichen nicht in der Werbeeinblendung verwendet wurde und darin auch kein Hinweis auf dieses zu finden war.[64] Der BGH stellt darauf ab, dass auch für den unerfahrenen Internetnutzer deutlich sei, dass es sich bei dem „Eingeblendeten" um einen Anzeigenkunden des Suchmaschinenbetreibers handle und dass keine Beziehung zum Kennzeicheninhaber bestehe.[65]

54 In dieser Entscheidung befasst sich der BGH auch ausführlicher **mit wettbewerbsrechtlichen Ansprüchen gegen die Verwendung des Keywords** und verneint sie im Ergebnis. Eine Rufausbeutung käme nur in Betracht, wenn eine Übertragung von Güte- oder Wertvorstellungen beabsichtigt sei, was aber wiederum nur bei einer konkreten Bezugnahme auf das Unternehmen zu bejahen sei. Einen wettbewerbsrechtlich möglicherweise unzulässigen Kundenfang verneint der BGH damit, dass ein Eindringen in den eigenen Kundenkreis hingenommen werden müsse, solange keine unangemessene Beeinflussung stattfinde.[66] Hierfür konnte der BGH aufgrund der vorliegenden Gestaltung keine Anhaltspunkte in der Entscheidung „Beta Layout" finden.

55 *(3) Fremde Marken als Keyword.* Die Entscheidung „Bananabay" des BGH hatte die Verwendung des als Marke geschützten Kennzeichens „Bananabay" als Keyword zum Gegenstand. Die Marke selbst wurde in dem Anzeigentext nicht verwendet. Der BGH geht in dieser Entscheidung zwar davon aus, dass eine Verletzung der Markenrechte nicht in Betracht kommt, **legte die Frage jedoch dem EuGH zur Entscheidung vor,** da es nach seiner Ansicht für die Frage der „markenmäßigen" Verwendung auf die Funktion der Marke im

---

[59] BGH Urt. v. 22.1.2009 – I ZR 139/07, CR 2009, 323 – „pcb" mAnm *Backu*; MMR 2009, 331 mAnm *Hoeren*.
[60] BGH Urt. v. 22.1.2009 – I ZR 139/07, CR 2009, 323 mAnm *Backu*; bestätigt durch BGH Urt. v. 27.6.2013 – I ZR 53/12, GRUR 2014, 182 (184).
[61] *Meyer* K&R 2010, 226 (227).
[62] Vgl. *Meyer* K&R 2010, 226 (227).
[63] BGH Urt. v. 22.1.2009 – I ZR 30/07, CR 2009, 328 – „Beta Layout" = MMR 2009, 329 mAnm *Hoeren*.
[64] BGH Urt. v. 22.1.2009 – I ZR 30/07, CR 2009, 328 – „Beta Layout" = MMR 2009, 329 mAnm *Hoeren*.
[65] BGH Urt. v. 22.1.2009 – I ZR 30/07, CR 2009, 328 – „Beta Layout" = MMR 2009, 329 mAnm *Hoeren*.
[66] *Meyer* K&R 2010, 226 (228).

Sinne des MarkenG ankomme und hierfür die Auslegungshoheit beim EuGH liege.[67] Die Regelungen zur Marke im MarkenG beruhen nämlich anders als die zum Unternehmenskennzeichen auf EU-Richtlinien.

Die in der Entscheidung „pcb" durch den BGH entwickelte Argumentation zur Verneinung der kennzeichenmäßigen Verwendung sowie seine Ausführungen in der Entscheidung „Bananabay" sprechen dafür, dass er eine Verletzung des Markenrechts nicht annehmen wollte.[68]

Die nationale Rechtsprechung reagierte auch direkt nach dieser Entscheidung des BGH in diese Richtung. Das *OLG Braunschweig* beispielsweise gab in einem Markenrechtsstreit mit einem Hinweisbeschluss vom 25.3.2009 als Reaktion auf die BGH-Rechtsprechung seine bis dahin gegenteilige Rechtsprechung auf und verneinte eine Verletzung einer fremden Marke durch die Verwendung als Keyword.[69]

Ebenso verneinte das *LG Berlin* – mangels Zuordnungsverwirrung – eine Markenverletzung. In der fraglichen Anzeige wurde die geschützte Marke nicht verwendet.[70] Demgegenüber haben das *OLG Braunschweig*, das *OLG Frankfurt a. M.* sowie das *OLG Düsseldorf* eine Markenverletzung durch AdWords angenommen: In dem Fall, der dem *OLG Braunschweig* zur Entscheidung vorlag, hatte der Beklagte die Option „weitgehend passendes Keyword" zu dem Suchbegriff „Praline" gebucht, woraufhin bei Eingabe dieses Suchbegriffes iVm der Marke des Klägers Werbung der Beklagten in der Rubrik „Anzeigen" erschien.[71] Das *OLG Frankfurt a. M.* bejahte eine Zuordnungsverwirrung, wobei es darauf hinwies, dass sich Zweifel zu Lasten des Verwenders des Keywords auswirken.[72] Auch das *OLG Düsseldorf* war der Auffassung, dass der Werbende nicht die gebotenen Maßnahmen ergriffen hatte, um eine Zuordnungsverwirrung auszuschließen: Der Werbende benutzte als AdWords die Marke „Hapimag", welche für den Kläger eingetragen war, der darunter Time-Sharing-Dienste (in Form von sog „Haping-Aktien") anbot. Der Werbende veräußerte „gebrauchte" Hapimag-Aktien, die er mit Hilfe des Keywords „Hapimag" in Google AdWords-Anzeigen sowie unter dem Link „a-aktien.de" bewarb. Zudem wurde die Marke „Hapimag" in der Google Ad-Anzeige in Fettdruck abgebildet. Das *OLG Düsseldorf* hat eine Verletzung angenommen, da der Nutzer aufgrund des Anzeigentextes und des Links nicht erkennen könne, dass der Werbende im Verhältnis zum Markeninhaber Dritter sei.[73]

Bevor der *EuGH* über die Vorlage des *BGH* entschied, hatte er über eine durch den *französischen Cour de Cassation* vorgelegte Frage zu entscheiden.[74] Nach Ansicht des EuGH könne der Markeninhaber gegenüber dem mit AdWords Werbenden – je nach den Umstände des konkreten Einzelfalls – eine Markenverletzung geltend machen, wenn für einen Durchschnittsinternetnutzer nicht oder nur schwer zu erkennen ist, von welchem Unternehmen die in der Anzeige beworbenen Waren oder Dienstleistungen stammen. Ist die Konstellation dadurch gekennzeichnet, dass die fragliche Anzeige sofort erscheint, sobald ein Internetnutzer die Marke als Suchwort eingegeben hat, und diese zu einem Zeitpunkt gezeigt wird, zu dem die Marke auf dem Bildschirm auch in ihrer Eigenschaft als Suchwort (noch) sichtbar ist, kann der Internetnutzer hinsichtlich des Ursprungs der betroffenen Waren oder Dienstleistungen in die Irre geführt werden. In diesem Fall ist die herkunftshinweisende Funktion der Marke, die darin besteht, die Herkunft der Ware oder Dienstleistung gegenüber den Verbrauchern zu gewährleisten, beeinträchtigt. Ob eine solche Beeinträchti-

---

[67] BGH Urt. v. 22.1.2009 – I ZR 125/07, MMR 2009, 326 – „bananabay" mAnm *Hoeren*. Eine Vorlage an den EuGH musste in der Sache „Beta-Layout" nicht erfolgen, weil der Schutz der Unternehmenskennzeichen nach dem MarkenG nicht auf der EU-Markenrechtslinie basiert.
[68] Ebenso *Meyer* K&R 2010, 226 (228).
[69] OLG Braunschweig Beschl. v. 25.3.2009 – 2 U 193/08 (Hinweisbeschluss).
[70] LG Berlin Urt. v. 22.9.2010 – 97 O 55/10.
[71] OLG Braunschweig Urt. v. 24.11.2010 – 2 U 113/08, GRUR-RR 2011, 91 (nicht rechtskräftig am 1.5.2011).
[72] OLG Frankfurt a. M. Urt. v. 9.12.2010 – 6 U 171/10, GRUR RR 2011, 137 – „Schlüsselwort".
[73] OLG Düsseldorf Beschl. v. 21.12.2010 – I-20 W 136/10, GRUR RR 2011, 94 – „Hapimag-Aktien".
[74] EuGH Urt. v. 23.3.2010 – C-236/08 bis C-238/08 – „Google France and Google", MMR 2010, 319.

gung im Einzelfall gegeben ist, ist vom nationalen Gericht zu überprüfen. Damit ist zunächst der auch für die Rechtsprechung des BGH wesentliche Aspekt bestätigt, dass **keine Verwendung des Begriffs in der Anzeige selbst** erfolgen dürfe.[75] Allerdings kommt für die Praxis ein **weiteres Bewertungskriterium** zu denen des BGH hinzu: Kann der Nutzer der Suchmaschinen bei der Werbeeinblendung sofort erkennen, wer der Werbetreibende ist?[76]

60   Der EuGH befasste sich mit der Vorlage des *BGH („Bananabay")*[77] nachdem der EuGH zwischenzeitlich über eine gleichgelagerte Vorlage zu befinden hatte und diese vergleichbar dem Fall „Google France and Google" entschieden hat.[78] Der *EuGH* bestätigt zunächst seine bisherige Rechtsprechung, dass die **Verwendung einer fremden Marke als Keyword eine Benutzung im geschäftlichen Verkehr** ist. Dagegen kann der Markeninhaber dennoch nur dann vorgehen, wenn dadurch eine Funktion der Marke gestört ist. Unter Bezugnahme auf seine bisherige Rechtsprechung kam der *EuGH* zur **Verneinung der Beeinträchtigung der Werbefunktion der Marke** bei Verwendung als Keyword in einem Referenzierungsdienst wie Google „AdWords".[79] Von einer **Beeinträchtigung der Herkunftsfunktion der Marke** ist **nicht generell** auszugehen. Diese ist nur dann anzunehmen, wenn die „AdWords"-Anzeige einen Zusammenhang zwischen dem Werbetreibenden und dem Markeninhaber nahe legt oder der Suchmaschinennutzer nicht erkennen kann, ob ein solcher gegeben ist, weil die „AdWords"-Anzeige zu vage gehalten ist.[80]

61   Erneut bestätigt hat der EuGH diese Rechtsprechung in dem Urteil „*Portacabin/Primacabin*", wobei diese Entscheidung sich auch auf Varianten der Marke mit (beabsichtigten) Schreibfehlern bezieht. Laut EuGH ruft die Benutzung der Marke i.V.m. den Begriffen „aufgebracht" oder „aus zweiter Hand" nicht die Vorstellung einer wirtschaftlichen Verbindung hervor oder schädigt den Ruf der Marke.[81]

62   Damit verbleibt dem *BGH* – bzw. den nationalen Gerichten – weiterhin Spielraum zur Ausgestaltung dieser Vorgabe.

> **Praxistipp:**
>
> 63   In der Entscheidung **„Bananabay II"** hat der **BGH** die Vorgaben des EuGH aufgegriffen und den verbliebenen „Spielraum" ausgefüllt.:[82] Nach Ansicht des BGH ergibt sich **keine Beeinträchtigung der Herkunftsfunktion einer Marke allein durch deren Verwendung als Keyword**.[83] Denn die räumlich getrennte Darstellung der Werbe-Anzeige (durch AdWords) und der eigentlichen Trefferliste legt für einen normal informierten und angemessen aufmerksamen Internetnutzer nicht den Schluss nahe, die Anzeige stamme vom Markeninhaber oder zwischen diesem und dem Werbenden bestünde eine wirtschaftliche Beziehung.[84] Dies gilt vorausgesetzt, dass die Anzeige des Werbenden keinen Hinweis auf den Markennamen enthält und der Domainname keine Ähnlichkeiten aufweist.[85] Die Herkunftsfunktion der Marke ist demnach (nur) dann verletzt, wenn für den normal informierten und angemessen aufmerksamen Internetnutzer nicht oder nur schwer erkennbar ist, ob die beworbene Ware oder Dienstleistung vom Markeninhaber oder einem Dritten stammt.[86] Hierfür reicht es – so der BGH – allerdings nicht aus, dass „lediglich einige Internetnutzer nur schwer erkennen können", dass die beworbene Ware oder Dienstleistung nicht mit der des Markeninhabers im Zusammenhang stehe.[87]

---

[75] Ebenso *Schirmbacher* GRUR-Prax 2010, 165.
[76] Wohl ebenso *Schirmbacher* GRUR-Prax 2010, 165.
[77] EuGH Urt. v. 26.3.2010 – C-91/0, K&R 2010, 397 mAnm *Ott* K&R 2010, 448 – "eis.de" (zu BGH-Vorlage „Bananabay").
[78] EuGH Urt. v. 25.3.2010 – C-278/08, ITRB 2010, 150 – „BergSpechte".
[79] *Ott* K&R 2010, 448 (448).
[80] *Ott* K&R 2010, 448 (448); vgl. *Kunczik* ITRB 2010, 150 (zur Entscheidung „BergSpechte" des EuGH); vgl. auch BGH Urt. v. 3.12.2012 – I ZR 217/10, MMR 2013, 253 (254) – MOST-Pralinen.
[81] EuGH Urt. v. 8.7.2010 – C-558/08, GRUR-Prax 2010, 259 – „Portacabin/Primacabin".
[82] BGH Urt. v. 13.1.2011 – I ZR 125/07, NJW 2011, 3032 – Bananabay II.
[83] BGH Urt. v. 13.1.2011 – I ZR 125/07, NJW 2011, 3032 (3034).
[84] BGH Urt. v. 13.1.2011 – I ZR 125/07, NJW 2011, 3032 (3034).
[85] BGH Urt. v. 13.1.2011 – I ZR 125/07, NJW 2011, 3032 (3034).
[86] BGH Urt. v. 20.2.2013 – I ZR 172/11, MMR 2013, 669 – Beate Uhse; BGH Urt. v. 27.6.2013 – I ZR 53/12, GRUR 2014, 182 (183 f.).
[87] BGH Urt. v. 20.2.2013 – I ZR 172/11, MMR 2013, 669 (670).

II. Online- und E-Mail-Marketing

Anders als der Oberste Gerichtshof in Österreich (ÖOGH) traut der BGH damit dem 64
„normal informierten und angemessen aufmerksamen Internetnutzer", wie ihn der EuGH
seiner Bewertung zugrunde legte, zu, zwischen dem farblich abgesetzten und räumlich getrennt von der eigentlichen Trefferliste gestalteten Anzeigenbereich und der Trefferliste zu
unterscheiden.[88] Der ÖOGH legt dementgegen seiner Rechtsprechung zugrunde, dass der
Internetnutzer hierzu nicht in der Lage sei.[89]

In der **Entscheidung „Fleurop"** im Jahr 2013 bestätigte der *BGH* die vorgenannten 65
Grundsätze.[90] Zunächst wiederholte der *BGH*, dass eine Beeinträchtigung der Herkunftsfunktion einer Marke „in aller Regel" nicht anzunehmen ist, wenn Trefferliste und Anzeigenbereich räumlich getrennt voneinander angezeigt werden.[91] Dem verständigen Internetnutzer ist klar, dass in dem deutlich von der eigentlichen Trefferliste getrennten und farblich
gekennzeichneten Bereich „Anzeigen" auch Angebote angezeigt werden, die in Zusammenhang nicht mit dem Markeninhaber (oder mit ihm verbundener Unternehmen) stehen.[92] Der
Umstand, dass die Werbeanzeige selbst weder die entsprechende Marke noch sonst einen
Hinweis auf den Markeninhaber enthalte, spricht ebenfalls gegen eine Beeinträchtigung der
Herkunftsfunktion.[93]

Praxistipp:
Obwohl beide Voraussetzungen erfüllt waren, kam der **BGH** in der **Entscheidung „Fleurop"** zur 66
Bejahung der Kennzeichenrechtsverletzung durch eine Beeinträchtigung der Herkunftsfunktion
aufgrund der besonderen Umstände des Einzelfalls:
Den besonderen Umstand sah der BGH darin, dass der in Rede stehende Markeninhaber ein Vertriebsnetz aus „zahlreichen Einzelhändlern" unterhalte und für den normal informierten und angemessen aufmerksamen Internetnutzer nicht erkennbar sei, ob der Werbende zu diesem Vertriebsnetz gehöre oder nicht.[94] Dieser Nutzer könne daher eine wirtschaftliche Verbindung
zwischen Markeninhaber und Werbendem nicht sicher ausschließen, was zur Beeinträchtigung
der Herkunftsfunktion führe. Dieser Entscheidung des BGH ist zu entnehmen, dass ein eindeutiger
Hinweis auf das Fehlen jeglicher wirtschaftlicher Verbindung zwischen Werbendem und Markeninhaber die Beeinträchtigung der Herkunftsfunktion in diesem Fall gleichwohl ausschließen könne

Grundlage dieser Bewertung des BGH ist die **Entscheidung „Interflora" des EuGH,** der 67
eine vergleichbare Sachverhaltskonstellation – vorgelegt nach Art. 267 AEUV durch den
High Court of England and Wales (Chancery Division) – zugrunde lag.[95] Auch in dieser
Entscheidung des EuGH war der Markeninhaber ein weltweiter Blumenlieferdienst („Interflora") mit Sitz in den USA, dessen Marke eine große Kaufhauskette für ihren eigenen Blumenservice als Keyword benutzte.[96] Nach einer Zusammenfassung und damit Bestätigung
seiner, insbesondere in seinem Urteil Google France und Google[97] aufgestellten Grundsätze,
unter denen eine Markenfunktion beeinträchtigt werden kann, war der EuGH der Auffassung, dass bei Markeninhabern, welche ein Vertriebsnetz aus zahlreichen Einzelhändlern
unterhalten, es für den normal informierten und angemessen aufmerksamen Internetnutzer
„unter solchen Rahmenbedingungen besonders schwer sein kann", ohne einen entsprechenden Hinweis des Werbenden zu erfassen, ob der Werbende zum Vertriebsnetz des Markeninhabers gehört oder nicht. Kann der Internetnutzer dies nicht – ohne entsprechenden Hin-

---

[88] *Röhl* NJW 2011, 3005 (3006).
[89] ÖOGH Urt. v. 21.6.2010 – 17 Ob 3/10f, MMR 2010, 754 (755).
[90] BGH Urt. v. 27.6.2013 – I ZR 53/12, GRUR 2014, 182 – Fleurop.
[91] BGH Urt. v. 27.6.2013 – I ZR 53/12, GRUR 2014, 182 (184).
[92] BGH Urt. v. 27.6.2013 – I ZR 53/12, GRUR 2014, 182 (184).
[93] BGH Urt. v. 27.6.2013 – I ZR 53/12, GRUR 2014, 182 (184).
[94] BGH Urt. v. 27.6.2013 – I ZR 53/12, GRUR 2014, 182 (185).
[95] EuGH Urt. v. 22.9.2011 – C-323/09, Interflora Inc. u.a. ./. Marks & Spencer, GRUR 2011, 1050 – Interflora; Vgl. *Clark* GRUR-Prax 2013, 359.
[96] EuGH Urt. v. 12.5.2010 – T-148/08, GRURInt 2010, 1050 (1052).
[97] EuGH Urt. v. 23.3.2010 – C-236/08 bis C-238/08, C-236/08, C-237/08, C-238/08, MMR 2010, 319.

weis – erkennen, ist die Herkunftsfunktion (der EuGH spricht hier von der „herkunftshinweisenden Funktion") einer Marke beeinträchtigt.[98]

68

> **Checkliste**
>
> Damit sind aus der Rechtsprechung des BGH folgende Leitlinien zur Bewertung von Keyword-Advertising abzuleiten:
> ☐ Die Trefferliste und der Anzeigenbereich der Suchmaschine müssen so – beispielsweise räumlich und gestalterisch – von einander getrennt sein, dass dem verständigen Nutzer erkennbar sei, dass dies Verschiedenes ist.
> ☐ Die Werbeanzeige selbst darf weder die entsprechende Marke noch sonst einen Hinweis auf den Markeninhaber beinhalten. Das gilt auch für die verlinkte Domain des Werbenden.
> ☐ Besondere Umstände können in konkreten Einzelfällen gleichwohl zu einer Kennzeichenrechtsverletzung führen. Um in diesen Fällen die Kennzeichenrechtsverletzung auszuschließen und zur Zulässigkeit der Verwendung des Keywords zu kommen, muss in der Anzeige selbst ein Hinweis auf das Fehlen einer wirtschaftlichen Verbindung zwischen dem Werbenden und dem Markeninhaber erfolgen, um eine Beeinträchtigung der Herkunftsfunktion der Marke auszuschließen.
>
> Die Ausnahmemöglichkeit für besondere Umstände weicht die Trennschärfe der ersten beiden Aspekte massiv auf und wird ein Einfallstor für Kennzeichenrechtsverletzungen bejahende Entscheidungen sein.

69 *(4) Beweislast für die Verwendung als Keyword.* In der Entscheidung „pcb" hat sich der BGH auch mit der Beweislastfrage befasst. Danach trägt **derjenige, der die Kennzeichenrechtsverletzung geltend macht,** die Beweislast für das von ihm behauptete Keyword. In dem entschiedenen Fall hatte die Klägerin behauptet, dass verwendete Keyword sei „PCB POOL", worauf die Beklagte (lediglich) substantiiert vortrug, dass sie das Keyword „pcb" verwendet habe. Trotz der praktisch erkennbaren Probleme der Klägerin die Verwendung eines Keywords nachzuweisen, erleichterte der BGH ihr nicht die Beweisführung.

70 Die Haftung von Google für Kennzeichenrechtsverletzung durch Keywords verneinte der *EuGH* in einer Entscheidung auf eine Vorlagefrage des französischen Cour de Cassation.[99] Denn Google selbst benutze eine Marke nicht, wenn sie von einem Kunden als Keyword genutzt werde. Denn allein das Aussuchen der Marke als Schlüsselwort und das Speichern des Schlüsselwortes sowie das Einblenden der Werbeanzeige anhand dieses Zeichens sei keine Benutzung der Marke. Die Benutzung eines mit einer Marke identischen oder ähnlichen Zeichens durch einen Dritten bedeute, dass dieser Dritte das Zeichen im Rahmen seiner eigenen kommerziellen Kommunikation benutze. Im Fall der AdWords lasse allerdings Google nur zu, dass seine Kunden – die Werbetreibenden – Zeichen benutzen, die mit Marken identisch oder ihnen ähnlich sind. Google benutze diese Zeichen aber nicht selbst.

2. E-Mail-Marketing

Das E-Mail-Marketing ist rechtlich sowohl durch das Wettbewerbsrecht als auch durch das Datenschutzrecht geprägt.[100]

71 **a) Einführung.** Die wettbewerbsrechtliche Bewertung des E-Mail-Marketings ist durch **§ 7 Abs. 2 Nr. 3 und Nr. 4 sowie Abs. 3 UWG** vorgegeben. § 7 Abs. 2 Nr. 3 UWG stellt den Grundsatz auf, dass eine Werbung mittels E-Mail nur mit Einwilligung des Empfängers erfolgen darf. § 7 Abs. 2 Nr. 4 UWG enthält spezielle Transparenzanforderungen. § 7 Abs. 3 UWG enthält eine Ausnahme von dem Einwilligungserfordernis des § 7 Abs. 2 Nr. 3 UWG, die sich als „Soft-Opt-In" bezeichnen lässt.

---

[98] EuGH Urt. v. 12.5.2010 – T-148/08, GRURInt 2010, 1050 (1054).
[99] EuGH Urt. v. 23.3.2010 – C-236/08 bis C-238/08 – „Google France and Google", MMR 2010, 315.
[100] Das Datenschutzrecht wird in → § 34 dargestellt. Die nachfolgenden Ausführungen beziehen sich daher primär auf das Wettbewerbsrecht.

II. Online- und E-Mail-Marketing

Mit der Regelung in § 7 UWG ist der Rechtsrahmen jedoch nicht abschließend beschrieben. Zum einen kann der Unterlassungsanspruch gegen die Zusendung von E-Mail-Werbung auch auf §§ 823, 1004 BGB gestützt werden. Hierzu ist auch weit mehr Rechtsprechung ergangen als zu § 7 UWG. Daneben kommen spezielle Transparenzanforderungen zum Tragen (vgl. § 6 TMG).

Der im vorliegenden Kontext häufig verwendete Begriff „SPAM" ist **keine rechtliche Terminologie**. Das Gesetz definiert diesen nicht und verwendet diesen auch nicht. Allerdings wird er zwischenzeitlich als Beschreibung für ein Phänomen verwendet, das sich einer rechtlichen Bestimmtheitsanforderungen genügenden Definitionen entzieht. An dem Problem, „SPAM" zu beschreiben, scheiterten gesetzliche Verbote. Auch vertragliche Regelungen zur „SPAM"-Bekämpfung in Providerverträgen kommen damit an die Grenzen der Transparenz.

b) Einwilligung zum E-Mail-Marketing. *aa) E-Mail-Marketing.* Der BGH hat bereits in seiner Entscheidung „E-Mail-Werbung I" im Jahr 2004 – noch zur Generalklausel des § 1 UWG aF – klargestellt, dass es nicht darauf ankommt, ob die E-Mail als „Newsletter" bezeichnet wird.[101] Entscheidend ist damit, dass es sich um eine E-Mail handelt, die der Werbung dient. Im Anwendungsbereich des UWG wird die Definition der Richtlinie 2006/114/EG vom 12.12.2006 über irreführende und vergleichende Werbung zugrunde gelegt.[102] Art. 2 lit. a) dieser Richtlinie definiert Werbung als jede "Äußerung bei der Ausübung eines Handels, Gewerbes, Handwerks oder freien Berufs mit dem Ziel, den Absatz von Waren oder die Erbringung von Dienstleistungen, einschließlich unbeweglicher Sachen, Rechte und Verpflichtungen, zu fördern".[103]

bb) Einwilligungserfordernis als Grundsatz. Aus § 7 Abs. 2 Nr. 3 UWG ergibt sich der Grundsatz, dass E-Mail-Werbung nur mit Einwilligung des Empfängers zulässig ist. Dies gilt gleichermaßen für die E-Mail-Werbung gegenüber **Verbrauchern und Gewerbetreibenden**. Denn § 7 Abs. 2 Nr. 3 UWG differenziert – anders als beispielsweise § 7 Abs. 2 Nr. 2 UWG für die Telefonwerbung – nicht zwischen Verbrauchern und sonstigen Marktteilnehmern.[104]

E-Mail-Marketing, das – vorbehaltlich der Regelung in § 7 Abs. 3 UWG – diese Vorgabe nicht beachtet, stellt einen Verstoß gegen das UWG dar. Auf die **Spürbarkeit iSv § 3 Abs. 1 UWG** kommt es hingegen seit der Neufassung des § 7 UWG gemäß § 7 Abs. 1 S. 1 iVm § 7 Abs. 2 Hs. 1 UWG nicht mehr an.[105]

Dem Wortlaut des § 7 Abs. 2 Nr. 3 UWG ist eindeutig zu entnehmen, dass die Einwilligung vor dem Zugang der E-Mail erteilt worden sein muss („vorherige"). Eine nachträgliche oder infolge der E-Mail erteilte Einwilligung heilt diesen Verstoß nicht. Das bedeutet, dass die in § 8 Abs. 3 UWG Genannten zur Abmahnung berechtigt bleiben, auch wenn der Empfänger der E-Mail durch seine spätere Einwilligung seinen Unterlassungsanspruch verwirkt.

Des Weiteren sind durch das Erfordernis der „ausdrücklichen" Einwilligung sog konkludente bzw. durch schlüssiges Handeln erteilte Einwilligungen nicht ausreichend.

An dem Erfordernis der Einwilligung hat sich auch nichts durch die Entscheidungen „FC Troschenreuth"[106] und „Faxanfrage im Autohandel"[107] geändert. Der *BGH* hat es dort als (konkludente) Einwilligung genügen lassen, dass der Adressat seine Kontaktdaten veröffentlicht hatte. Eine aktive Einwilligung des Adressaten hat der BGH nicht gefordert. Zu diesem Ergebnis haben jedoch die **Besonderheiten der Sachverhalte** geführt, sodass diese Entscheidungen nicht zu einer Änderung der vorgenannten Grundsätze geführt haben. Diesen Entscheidungen lagen Fälle der Nachfragewerbung zugrunde. **Nachfragewerbung** ist dann gegeben, wenn per E-Mail angefragt wird, ob der Adressat der E-Mail ein Produkt verkaufen möchte. Der Versender also Nachfrage erzeugt. Für diese Konstellation ließ es der BGH für

---

[101] BGH Urt. v. 11.3.2004 – I ZR 81/01, MMR 2004, 386.
[102] Köhler/Bornkamm/*Köhler* UWG, 30. Aufl. 2012, § 2 UWG, Rn. 15; *Ohly/Sosnitza* UWG § 7 Abs. 23, 42.
[103] Richtlinie 2006/114/EG vom 12.12.2006 über irreführende und vergleichende Werbung, ABL. EU L 376, S. 21.
[104] Vgl. BGH Urt. v. 17.7.2008 – I ZR 197/05 – „FC Troschenreuth"; Köhler/Bornkamm/*Köhler* § 7 UWG Rn. 187.
[105] Köhler/Bornkamm/*Köhler* § 7 UWG Rn. 180.
[106] BGH Urt. v. 17.7.2008 – I ZR 197/05, NJW 2008, 2999.
[107] BGH Urt. v. 17.7.2008 – I ZR 75/06, NJW 2008, 2997.

die Bejahung einer Einwilligung genügen, dass der Werbeadressat seine E-Mail-Adresse im Rahmen seiner Internetpräsenz veröffentlicht hatte. Auf die **Absatzwerbung** ist die Entscheidung daher nicht übertragbar. Absatzwerbung sind die Fälle, in denen der Absender der E-Mail dem Empfänger eine Leistung anbietet. Letztlich dürfte diese Rechtsprechung auch durch die Verschärfung des § 7 Abs. 2 Nr. 3 UWG durch die zwischenzeitliche Einführung des Erfordernisses einer ausdrücklichen Einwilligung obsolet geworden sein.

80   Die Rechtsprechung hat zwischenzeitlich auch klargestellt, dass der Werbetreibende sich im Fall des Fehlens einer Einwilligung nicht darauf berufen kann, dass derjenige, welcher ihm diese Adressen zur Verfügung gestellt hat, das Vorliegen entsprechender Einwilligungen zugesichert hat.[108]

81   cc) *Anforderungen an die Einwilligung.* Die Frage der Zulässigkeit und der Anforderungen an wirksame Werbeeinwilligungen waren in wettbewerbsrechtlicher Hinsicht durch die deutlich ältere Rechtsprechung zur Telefonwerbung geprägt.[109] Als Maßstab für die inhaltlichen und formellen Anforderungen an die Ausgestaltung einer Werbeeinwilligung sind in der Praxis allerdings die **datenschutzrechtlichen Vorgaben** dominierend. Für die Gestaltung und Bewertung einer Einwilligung ist zunächst ein Überblick über die Kasuistik der Rechtsprechung erforderlich, da sich hieraus ablesen lässt, wann die Grenze zur Unwirksamkeit sicher überschritten ist (**nachfolgend (1)**). In der Entscheidung „*Einwilligung in Werbeanrufe II*" arbeitete der BGH erstmals die Eckpunkte für eine wirksame Einwilligungserklärung heraus (**nachfolgend (2)**), wobei die weitere Konkretisierung der Anforderungen derzeit noch der weiteren Rechtsprechung überlassen ist.

82   *(1) Inhaltliche Anforderungen an die Einwilligung.* Der BGH hat in der Entscheidung „Faxanfrage im Autohandel" über die Richtlinie 2002/58/EG über die Verarbeitung personenbezogener Daten und den Schutz der Privatsphäre in der elektronischen Kommunikation (Datenschutzrichtlinie für elektronische Kommunikation), welche in § 7 Abs. 2 Nr. 2 UWG umgesetzt worden ist,[110] für die Anforderungen an eine Einwilligung im Wege der richtlinienkonformen Auslegung auf die Richtlinie 95/46/EG zum Schutz natürlicher Personen bei der Verarbeitung personenbezogener Daten und zum freien Datenverkehr zurückgegriffen.[111] Danach ist für eine Einwilligung – wie der BGH in dieser Entscheidung ausführt – „*jede Willensbekundung, die ohne Zwang, für den konkreten Fall und in Kenntnis der Sachlage erfolgt*" *(Art. 2 lit. h RiLi 95/46/EG)*, ausreichend.[112] Der BGH fügt an, dass Erwägungsgrund 17 der Richtlinie 2002/58/EG klarstellt, dass die Einwilligung in jeder geeigneten Weise gegeben werden kann, die dem Nutzer erlaubt, seinen Wunsch in spezifischer Weise, sachkundig und in freier Entscheidung zum Ausdruck zu bringen. Als Beispiel hierfür nennt der BGH das Markieren eines Feldes auf einer Internetseite. In der Entscheidung „*Einwilligung in Werbeanrufe II*" bestätigte der *BGH* 2012 diesen Ansatz und leitete aus der datenschutzrechtlichen Definition der Einwilligung in *Art. 2 lit. h Datenschutz-RiLi 95/46/EG* die Anforderungen an eine wettbewerbsrechtliche Einwilligung ab.[113] Damit ist die Einheit der datenschutzrechtlichen und wettbewerbsrechtlichen Anforderungen vollzogen.[114] Der Ansatz, dass zwischen der wettbewerbsrechtlichen Einwilligung und der datenschutzrechtlichen Einwilligung zu unterscheiden sei,[115] ist damit endgültig überholt.[116]

---

[108] LG Traunstein Urt. v. 20.5.2008 – 7 O 318/08, MMR 2008, 858.
[109] *Schmitz/Eckhardt* CR 2008, 533 (534).
[110] *Eckhardt* MMR 2003, 557.
[111] „Da diese Vorschrift Art. 13 Abs. 1 der Richtlinie 2002/58/EG umsetzt und der deutsche Gesetzgeber das Schutzniveau dieser Richtlinie auch auf Gewerbetreibende erstreckt hat, ist der Begriff der Einwilligung richtlinienkonform zu bestimmen. Art. 2 Satz 2 lit. f der Richtlinie 2002/58/EG verweist für die Definition der Einwilligung auf Art. 2 lit. h der Richtlinie 95/46/EG zum Schutz natürlicher Personen bei der Verarbeitung personenbezogener Daten und zum freien Datenverkehr." (BGH Urt. v. 17.7.2008 – I ZR 75/06, MMR 2008, 661 (662)).
[112] BGH Urt. v. 17.7.2008 – I ZR 75/06, MMR 2008, 661 (662).
[113] BGH Urt. v. 25.10.2012 – I ZR 169/10, MMR 2013, 380, 381 mAnm *Eckhardt*
[114] Zu den sich daraus ableitenden Anforderungen an eine Einwilligung in Werbung: → Rn. 98.
[115] So aber wohl: Köhler/Bornkamm/*Köhler*, 31. Aufl. 2013, § 7 UWG Rn. 188; so explizit LG Hamburg Urt. v. 10.8.2010 – 312 O 25/10, BeckRS 2010, 30566.
[116] *Eckhardt* MMR 2013, 380 (383); *Eckhardt/Rheingans* ZD 2013, 318 (323).

83 Obgleich eine Einwilligung eine einseitige rechtsgeschäftliche Erklärung darstellt, gelten nach Ansicht des BGH die Bestimmungen über **Allgemeine Geschäftsbedingungen** (§§ 305 ff. BGB), auch wenn sie weder eine Nebenabrede enthalten noch zum notwendigen Inhalt eines gleichzeitig abgeschlossenen Vertrags gehören. Begründet wird dies damit, dass der Verwender auch bei einseitigen Erklärungen des Kunden die Gestaltungsfreiheit ebenso für sich in Anspruch nimmt wie bei der Vorformulierung, sowie mit dem Schutzzweck der §§ 305 ff. BGB.[117]

84 Der BGH stellte in seiner Leitsatzentscheidung vom 25.10.2012 zunächst klar, dass die §§ 305 ff. BGB auch dann auf Einwilligungen in Werbung zur Anwendung kommen, wenn die Geschäftsbeziehung, in deren Rahmen sie abgegeben werden, einseitig ist, und trat damit einer gegenteiligen Entscheidung des KG Berlin[118] entgegen.[119] Seine praktische Relevanz hat diese Diskussion, da in der Praxis häufig Gewinnspiele zur „Generierung" von Werbeeinwilligungen dienen.

85 In seiner Leitsatzentscheidung vom 25.10.2012 gab der I. Zivilsenat explizit seine bis dahin – ebenso zB vom IV. und XI. Zivilsenat getragene[120] – st. Rechtsprechung auf, dass Einwilligungen in Telefonwerbung schon deshalb unwirksam seien, wenn sie als vorformulierte Erklärung abgegeben würden, die der Kontrolle nach den §§ BGB § 305 ff. BGB unterlägen.[121, 122] Der I. Zivilsenat schließt sich damit der Bewertung der in der Payback-Entscheidung ausgeführten Betrachtung des VIII. Zivilsenats an, der auch in seinem Urteil vom 18.7.2012[123] eine Einwilligung in Telefonwerbung nicht allein deshalb für unzulässig erklärt, weil es sich um eine vorformulierte Einwilligung handelte.[124] Auch in der Rechtsprechung des I. Zivilsenats, in der die entsprechenden Einwilligungserklärungen nicht allein wegen ihrer Vorformulierung für unzulässig gehalten wurden,[125] hatte sich dies bereits abgezeichnet.[126] Die OLG-Rechtsprechung hatte bereits zuvor an dem nun aufgegebenen Standpunkt mehrfach Kritik geäußert.[127] Diese Frage musste allerdings in keiner der OLG-Entscheidungen positiv entschieden werden, da die jeweiligen Klauseln jedenfalls inhaltlich der AGB-rechtlichen Prüfung nicht standhielten.[128]

86 Damit sind Einwilligungen (nur dann) unwirksam, wenn der Betroffene unangemessen benachteiligt wird (§ 307 Abs. 1 BGB), insbesondere weil die Einwilligung mit dem wesentlichen Gedanken einer gesetzlichen Regelung nicht übereinstimmt (§ 307 Abs. 2 Nr. 1 BGB), überraschend (§ 305c Abs. 1 BGB) oder unklar bzw. missverständlich (§ 307 Abs. 1 S. 2 BGB) ist. Damit werden Werbe-Einwilligungen überwiegend einheitlich nach dem Maßstab des AGB-Rechts unter Berücksichtigung wettbewerbsrechtlicher Vorgaben in § 7 UWG und den datenschutzrechtlichen Beschränkungen geprüft.[129]

---

[117] BGH Urt. v. 27.1.2000 – I ZR 241/97, CR 2000, 596; BGH Urt. v. 25.10.2012 – I ZR 169/10, MMR 2013, 380 (381) mAnm *Eckhardt*; kritisch *Schmitz/Eckhardt* CR 2008, 533 (535 ff.) zu der daraus bis zum Urt. v. 15.10.2012 des BGH – I ZR 169/10, MMR 2013, 380, gezogenen Konsequenz der per se-Unwirksamkeit als AGB; *Lettl* NJW 2001, 42 (43); *Ayayd/Schafft* BB 2002, 1711 (1712).
[118] KG Berlin Urt. v. 26.8.2010 – 23 U 34/10, NJW 2011, 466.
[119] BGH Urt. v. 25.10.2012 – I ZR 169/10, MMR 2013, 380 (381), Leitsatz 1: „*Die Vorschriften der §§ 305 ff. BGB finden auch Anwendung auf von Veranstaltern vorformulierte Erklärungen, die Verbraucher i. R. v. Gewinnspielen abgeben und mit denen sie ihr Einverständnis zu Werbeanrufen zum Ausdruck bringen.*".
[120] BGH Urt. v. 24.3.1999 – IV ZR 90/98, NJW 1999, 2279 (2282); BGH Urt. v. 16.3.1999 – XI ZR 76/98, MMR 1999, 477 mAnm *Schmittmann*.
[121] So zB BGH Urt. v. 27.1.2000 – I ZR 241/97, MMR 2000, 607 mAnm *Hoffmann* – Telefonwerbung VI.
[122] *Eckhardt* MMR 2013, 382 (383); *Eckhardt/Rheingans* ZD 2013, 318 (322).
[123] BGH Urt. v. 18.7.2012 – VIII ZR 337/11, NJW 2013, 291.
[124] So zB BGH Urt. v. 27.1.2000 – I ZR 241/97, MMR 2000, 607 mAnm *Hoffmann* – Telefonwerbung VI
[125] *Eckhardt* MMR 2013, 382 (383).
[126] BGH Urt. v. 14.4.2011 – I ZR 50/09, MMR 2011, 531 – Einwilligungserklärung in Werbeanrufe; BGH Beschl. v. 14.4.2011 – I ZR 38/10, MMR 2011, 458.
[127] OLG Hamburg Urt. v. 4.3.2009 – 5 U 260/08, MMR 2009, 557; OLG Köln Urt. v. 29.4.2009 – 6 U 218/08, MMR 2009, 470; siehe auch nachfolgend.
[128] *Eckhardt* MMR 2013, 382 (383).
[129] BGH Urt. v. 25.10.2012 – I ZR 169/10, MMR 2013, 380 (381) mAnm *Eckhardt*; Vgl. OLG Köln Urt. v. 29.4.2009 – 6 U 218/08, MMR 2009, 470; ähnlich OLG Hamburg Urt. v. 4.3.2009 – 5 U 62/08, GRUR-RR 2009, 351.

87   Eine als Einwilligungs-Klausel vorformulierte Einwilligung in Werbung ist daher unwirksam, wenn sie so allgemein gehalten ist, dass sie keine inhaltlichen Begrenzungen hat und damit eine Werbung für alle möglichen Waren und Dienstleistungen durch einen nicht überschaubaren Kreis von Unternehmen erlaubt.[130]

88   Die beispielhafte Formulierung „interessante Angebote" zur Beschreibung des Gegenstands der Werbeeinwilligung führt zur Unwirksamkeit der Klausel nach § 307 Abs. 1 S. 2 BGB, da sie auch für den durchschnittlich informierten, aufmerksamen und verständigen Kunden nicht klar und eindeutig ist. Der Gegenstand etwaiger Angebote ist damit nicht hinreichend bestimmt.[131]

89   Anhaltspunkte für die (Un-)Wirksamkeit lassen sich aus der reichhaltigen Rechtsprechung zur Telefonwerbung ableiten. Die nachfolgende Formulierung im Rahmen einer Gewinnspielteilnahmekarte ging nach Ansicht des *OLG Hamburg* so deutlich über den erkennbaren Zweck des Gewinnspiels („Angebote aus dem Abonnementbereich") hinaus, dass sie mit dem wesentlichen Grundgedanken des § 7 Abs. 2 Nr. 2 UWG, wonach Werbeanrufe eine vorherige Einwilligung des Verbrauchers erfordern, nicht mehr zu vereinbaren ist:[132]

„Telefon-Nr. (zur Gewinnbenachrichtigung und für weitere interessante telefonische Angebote der Z GmbH aus dem Abonnementbereich, freiwillige Angabe, das Einverständnis kann jederzeit widerrufen werden)."

90   Die nachfolgende Klausel hielt das OLG Köln aufgrund unangemessener Benachteiligung für unwirksam:

„Ich bin damit einverstanden, dass meine Vertragsdaten von den Unternehmen des Konzerns E U AG zur Kundenberatung, Werbung, Marktforschung und bedarfsgerechten Gestaltung der von mir genutzten Dienstleistungen verwendet werden. (Meine Vertragsdaten sind die zur gegenseitigen Vertragserfüllung [Vertragsabschluss, -änderung, -beendigung; Abrechnung von Entgelten] erforderlichen und freiwillig angegebenen Daten [ggf. ganzen Absatz streichen, s.a. Hinweise zum Datenschutz in den angehefteten Allgemeinen Geschäftsbedingungen für den Mobil-Dienst UN])."

91   In einem Fall des BGH war für die Teilnahme an einem Gewinnspiel einer Zeitschrift eine an die Beklagte adressierte Gewinnspielkarte beigefügt. Diese enthielt Leerzeilen, in die der Spielteilnehmer seinen Namen, seine Anschrift und seine Telefonnummer eintragen soll. Unter der zur Angabe der Telefonnummer bestimmten Zeile befindet sich der Text:[133]

92   „*Tel. (zB zur Gewinnbenachrichtigung und für weitere interessante telef. Angebote der [Beklagten]).*" Zur Begründung dieser Entscheidung zur Telefonwerbung nimmt der BGH Bezug auf die Entscheidung „Payback" des BGH vom 16.7.2008 (VIII ZR 348/06) zur Verwendung elektronischer Post (E-Mail und SMS) und fasst die Grundsätze prägnant zusammen: Eine Einwilligung in Werbung unter Verwendung von elektronischer Post (E-Mail und SMS) nach § 7 Abs. 2 Nr. 3 UWG erfordert eine gesonderte, nur auf die Einwilligung in eine solche Werbung bezogene Zustimmungserklärung des Betroffenen („„Opt-in"-Erklärung). Eine Einwilligung, die in Textpassagen enthalten ist, die auch andere Erklärungen oder Hinweise enthalten, wird diesen Anforderungen nicht gerecht.[134] Daran schließt der BGH in Bezug auf vorstehende Klausel an und führt aus, dass für die Einwilligung in eine Werbung mit einem Telefonanruf nach § 7 Abs. 2 Nr. 2 Fall 1 UWG insoweit dasselbe gilt. Auch diese Einwilligung erfordert eine gesonderte – nur auf die Einwilligung in die Werbung mit einem Telefonanruf bezogene – Zustimmungserklärung des Betroffenen. Diesen Anforderungen genügt die vorstehende Einwilligungserklärung nicht. Denn sie bezieht sich

---

[130] Vgl. OLG Köln Urt. v. 29.4.2009 – 6 U 218/08, MMR 2009, 470 f.; ähnlich OLG Hamburg Urt. v. 4.3.2009 – 5 U 62/08, GRUR-RR 2009, 351.
[131] OLG Köln Urt. v. 29.4.2009 – 6 U 218/08, MMR 2009, 470 f.; ebenso LG Berlin Urt. v. 18.11.2009 – 4 O 89/09, BeckRS 2010, 11520.
[132] OLG Hamburg Urt. v. 4.3.2009 – 5 U 260/08, MMR 2009, 557.
[133] BGH Urt. v. 14.4.2011 – I ZR 38/10, BeckRS 2011, 11015.
[134] BGH Urt. v. 14.4.2011 – I ZR 38/10 unter Bezugnahme auf BGH Urt. v. 16.7.2008 – VIII ZR 348/06, MMR 2008, 731 – „Payback".

nicht nur auf die Werbung mit einem Telefonanruf, sondern auch auf die telefonische Benachrichtigung über einen Gewinn.[135]

In Bezug auf die nachfolgende Klausel hat der BGH die Voraussetzungen für eine AGB-rechtliche Inhaltskontrolle nach § 307 Abs. 3 S. 1 BGB verneint und die Klausel damit für wirksam gehalten, da sie nicht von den Regelungen des BDSG abweicht:

„Einwilligung in Beratung, Information (Werbung) und Marketing
Ich bin damit einverstanden, dass meine bei HappyDigits erhobenen persönlichen Daten (Name, Anschrift, Geburtsdatum) und meine Programmdaten (Anzahl gesammelte Digits und deren Verwendung; Art der gekauften Waren und Dienstleistungen; freiwillige Angaben) von der C. GmbH [......], als Betreiberin des HappyDigits Programms und ihren Partnerunternehmen zu Marktforschungs- und schriftlichen Beratungs- und Informationszwecken (Werbung) über Produkte und Dienstleistungen der jeweiligen Partnerunternehmen gespeichert, verarbeitet und genutzt werden. Näheres hierzu in der Datenschutzerklärung als Teil der Teilnahmebedingungen, die Sie mit Ihrer Karte erhalten und die auch in allen K. Filialen und bei allen anderen Partnern eingesehen werden können. Sind Sie nicht einverstanden, streichen Sie die Klausel. Eine Streichung hat keinen Einfluss auf Ihre Teilnahme am Programm. Ihre Einwilligung können Sie jederzeit gegenüber der C. widerrufen. Daten von Minderjährigen werden automatisch von der Datennutzung für Werbezwecke ausgeschlossen."

Die in einem Coupon zur Werbung neuer Leser enthaltene, nachfolgend benannte Klausel wurde durch das LG Berlin als unwirksam bewertet:

„Ich bin damit einverstanden, dass [Unternehmensname] meine Daten für Zweck der Werbung, Marktforschung und Beratung nutzt und selbst oder durch Dritte verarbeitet und dass ich schriftlich, telefonisch und per E-Mail über weitere Angebotes des ......-Verlags informiert werde."

Als Maßstab der Prüfung nach § 307 Abs. 1 BGB wurde § 4a BDSG herangezogen und insbesondere folgende Gründe für die Unwirksamkeit angeführt: Die Klausel war entgegen § 4a Abs. 1 S. 4 BDSG nicht optisch hervorgehoben. Der Kunde hatte keine Wahlmöglichkeit, weil diese Einwilligung auf dem Coupon aufgedruckt war, ohne dass der Kunde hätte wählen können. Das LG Berlin fordert in dieser Entscheidung eine aktive Handlung des Kunden zur Erklärung der Einwilligung.

Das *LG Berlin* hat auch die folgende Klausel für unwirksam gehalten:[136]

„Ich bin auch damit einverstanden, dass die ...... AG meine Daten für Zwecke der Werbung, Marktforschung und Beratung nutzt und selbst oder durch Dritte verarbeitet und dass mir schriftlich, telefonisch und per E-Mail weitere interessante Angebote unterbreitet werden."

Nach Ansicht des *LG Berlin* geht die Formulierung zu weit, da aus der Klausel nicht klar wird, mit wessen Angeboten der Teilnehmer an dem Preisausschreiben zu rechnen hat. Es bleibt nämlich unklar, ob dem Teilnehmer von Dritten Angebote unterbreitet werden dürfen. Außerdem bleibt der Gegenstand der zu unterbreitenden Angebote unklar. Nach Ansicht des LG Berlin lässt die Formulierung ein Verständnis dahingehend zu, dass die Daten an Dritte weitergegeben werden, die sie ihrerseits zu Werbezwecken gegenüber den Teilnehmern verwenden. Das schließt das LG Berlin aus § 3 Abs. 4 BDSG, wonach unter den Begriff der Verarbeitung auch das Übermitteln von Daten zu verstehen sei. Daraus schließt das LG Berlin, dass der Verbraucher die Einwilligung dazu erteilen soll, dass auch Dritte die Daten verarbeiten dürfen, und dass damit die Klausel auch den Handel mit den persönlichen Daten erlaubt. Ausgehend von dem Grundsatz der sog kundenfeindlichsten Auslegung im Verbraucherklageverfahren kam es für das LG Berlin nicht darauf an, ob der Verwender die Klausel nur als Einwilligung in die Datennutzung für eigene Werbezwecke verstanden wissen wollte.

Die kritische Haltung des BGH gegenüber Werbe-Einwilligungen wird in der Begründung des Urteils vom 18.7.2012 besonders deutlich, in dem er folgende Einwilligung für unwirksam gehalten hat:[137]

„Ich bin einverstanden, dass mich e. auch telefonisch zu seinen Produkten und Dienstleistungen sowie weiteren Angeboten, die im Zusammenhang mit Energie (Strom, Gas) stehen, informieren und beraten kann."

---

[135] BGH Urt. v. 14.4.2011 – I ZR 38/10, BeckRS 2011, 11015.
[136] LG Berlin Urt. v. 18.11.2009 – 4 O 89/09, BeckRS 2010, 11520.
[137] BGH Urt. v. 18.7.2012 – VIII ZR 337/11, NJW 2013, 291 (297).

Die Unwirksamkeit begründet der BGH damit, dass der Kunde der Klausel nicht entnehmen könne, ob die Verwenderin nur Werbung für ihre Produkte und Dienstleistungen mache oder auch Werbeanrufe für Angebote von Drittunternehmen tätigen dürfe. Allein wegen der Möglichkeit dieser beiden Auslegungen hält der BGH die Klausel für intransparent und unwirksam, ohne zu prüfen, ob möglicherweise beide Auslegungen rechtlich wirksam möglich wären. Damit genügte ihm für die Unwirksamkeit allein die Mehrdeutigkeit.[138]

98 *(2) 4 inhaltliche Vorgaben für eine Einwilligung.* Während sich die vorstehende Rechtsprechung kasuistisch mit Einzelaspekten der Unwirksamkeit befasste, beschränkte sich der BGH in seinem Urteil „Einwilligung in Werbeanrufe II" vom 25.10.2013 nicht hierauf, sondern arbeitete im Wesentlichen *vier* Anforderungen an eine Einwilligung in Werbung auf der Grundlage der Definition in Art. 2 lit. h der Datenschutz-RiLi 95/46/EG[139] heraus: eine **Willensbekundung** (1.), die ohne **Zwang** (2.), für den **konkreten Fall** (3.) und in **Kenntnis der Sachlage** (4.) erfolgt.[140] Die Merkmale 1, 3 und 4 konkretisiert der BGH in seiner Entscheidung „Einwilligung in Werbeanrufe II", wobei die zu prüfende Klausel letztlich an den Merkmalen 3 und 4 scheiterte.[141]

99 Die Einwilligung kann – so der BGH – „auch durch Ankreuzen einer entsprechend konkret vorformulierten Erklärung erteilt werden, wenn sie in einem gesonderten Text oder Textabschnitt ohne anderen Inhalt enthalten ist." Hierin wird eine Konkretisierung des Merkmals 1 „Willensbekundung" zu sehen sein. Aus der Formulierung („auch") ergibt sich, dass dies nicht die einzige Gestaltungsform ist.[142] Nach datenschutzrechtlicher Bewertung erscheint das auch zwingend. Das Datenschutzrecht geht nämlich davon aus, dass die Einwilligung in Werbung zusammen mit anderen Erklärungen – dann allerdings hervorgehoben – abgegeben werden kann (arg. e. § 4a Abs. 1 S. 3: „Soll die Einwilligung zusammen mit anderen Erklärungen schriftlich erteilt werden, ist sie besonders hervorzuheben" und speziell für Werbeeinwilligungen in § 28 Absatz 3a S. 2 BDSG „Soll die Einwilligung zusammen mit anderen Erklärungen schriftlich erteilt werden, ist sie in drucktechnisch deutlicher Gestaltung besonders hervorzuheben").[143]

100 Der BGH fordert für die Einwilligung in Werbung mit einem Telefonanruf eine gesonderte – nur auf die Einwilligung in die Werbung mit einem Telefonanruf bezogene – Zustimmungserklärung des Betroffenen.[144] Aus den vorgenannten datenschutzrechtlichen Regelungen ist – entgegen dem BGH[145] – auch abzuleiten, dass es keiner gesonderten Erklärung bzw. Bestätigung allein für die Einwilligung in Werbung bedarf. Gegen eine solche gesonderte Erklärung bzw. Bestätigung spricht maßgeblich auch, dass der Gesetzgeber im Zuge der BDSG-Novelle II, die gerade der Verschärfung der Anforderungen dienen sollte, zunächst eine gesonderte Bestätigung für Werbeeinwilligungen in § 28 Abs. 3a S. 2 des seinerzeitigen BDSG-Entwurfs v. 18.2.2009[146] einfügen wollte[147] und im Entwurf v. 1.7.2009, der letztlich Gesetz wurde, die Anforderung auf eine Hervorhebungspflicht beschränkte und die gesonderte Einwilligung bzw. Bestätigung gerade nicht einführte.[148,149] Nach der datenschutzrechtlichen Vorstellung kann die Einwilligung auch zusammen mit anderen Erklärungen in den typischen AGB eingeholt werden. Insoweit wird ein „Umdenken" in der wettbewerbsrechtlichen Literatur erforderlich sein. Auch der Düsseldorfer Kreis, Arbeitskreis der Konferenz der Datenschutzbeauftragten des Bundes und der Länder, fordert keine gesonderte Er-

---

[138] *Eckhardt/Rheingans* ZD 2013, 318 (322 f.).
[139] → Rn. 82.
[140] *Eckhardt* MMR 2013, 380 (383); *Eckhardt/Rheingans* ZD 2013, 318 (323).
[141] *Eckhardt/Rheingans* ZD 2013, 318 (323); vertiefend: *Eckhardt* MMR 2013, 380 (383).
[142] *Eckhardt* MMR 2013, 380 (383).
[143] *Eckhardt* MMR 2013, 380 (383).
[144] BGH Urt. v. 18.7.2012 – VIII ZR 337/11, NJW 2013, 291 (297); BGH Urt. v. 25.10.2012 – I ZR 169/10, MMR 2013, 380 – „Einwilligung MMR 2009, 557g in Werbeanrufe II".
[145] BGH Urt. v. 18.7.2012 – VIII ZR 337/11, NJW 2013, 291 (297); BGH Urt. v. 25.10.2012 – I ZR 169/10, MMR 2013, 380 – „Einwilligung in Werbeanrufe II".
[146] BT-Drs. 16/12011.
[147] *Eckhardt* CR 2009, 337 (340).
[148] *Eckhardt* DuD 2009, 587 (591).
[149] *Eckhardt* MMR 2013, 380 (383).

klärung bzw. Bestätigung, sondern einen gesonderten Text oder Textabschnitt ohne anderen Inhalt.[150]

Die Freiwilligkeit als das zweite Merkmal („ohne Zwang") hat durch die BDSG-Novelle II zum 1.9.2009[151] für die Werbung in § 28 Abs. 3b BDSSG eine besondere Ausprägung erfahren: **101**

> *„Die verantwortliche Stelle darf den Abschluss eines Vertrags nicht von einer Einwilligung des Betroffenen nach Absatz 3 Satz 1 abhängig machen, wenn dem Betroffenen ein anderer Zugang zu gleichwertigen vertraglichen Leistungen ohne die Einwilligung nicht oder nicht in zumutbarer Weise möglich ist. Eine unter solchen Umständen erteilte Einwilligung ist unwirksam."*

Praxistipp:
Der Gesetzgeber hat sich damit für den Grundsatz entschieden, dass die Kopplung zulässig ist und nur dann unzulässig ist, wenn die Tatbestandsvoraussetzungen des § 28 Abs. 3b BDSG erfüllt sind. Entscheidend ist damit, wer die **Beweislast** für eine solche unzulässige Kopplung trägt.[152] Nach dem Wortlaut („..., wenn ...") trägt die Beweislast derjenige, der sich auf die Unwirksamkeit der Kopplung beruft.[153] Obgleich auch die Rechtsprechung diesen Standpunkt einnimmt, geht die überwiegende Kommentarliteratur – ohne Begründung – von der Beweislast des Koppelnden für die Zulässigkeit der Kopplung aus.[154] Dieser Ansatz mag dem Datenschutz möglicherweise eher gerecht werden, ist aber durch das Gesetz nicht gedeckt. **102**

Das 3. Merkmal („konkreten Fall") ist nach Ansicht des BGH erfüllt, „wenn klar wird, welche Produkte oder Dienstleistungen welcher Unternehmen sie [die Einwilligung] konkret erfasst", was zwei Anforderungen bedeutet: 1. Konkretisierung des Unternehmens, das werbend Kontakt aufnehmen wird, und 2. Konkretisierung des Inhalts der Werbung durch Bezugnahme auf Produkte bzw. Dienstleistungen.[155] Dieser Ansatz des BGH war bereits in OLG-Entscheidungen[156] zu finden. **103**

Wie dieser Anforderung an die Konkretisierung zu genügen ist, ist auch durch die Vielzahl an obergerichtlicher Rechtsprechung zu Einwilligungserklärungen noch nicht abschließend geklärt, da sich die Gerichte – soweit ersichtlich – darauf beschränken konnten, die unzureichende Konkretisierung zu kritisieren.[157] Der oben dargestellten bisherigen Rechtsprechung[158] ist aber zu entnehmen, dass die Reichweite bzw. der Umfang im praktischen Ergebnis nicht uferlos sein darf, sondern erkennbar begrenzt sein muss. Noch nicht abschließend diskutiert ist, wenn neben dem Anfragenden selbst auch Dritte berechtigt sein sollen, dass diese aus dem Text der Einwilligung selbst unmittelbar ablesbar sind. Die oben dargestellte Rechtsprechung spricht nur dagegen, dass es überhaupt nicht erkennbar ist.[159] **104**

---

[150] *Düsseldorfer Kreis*, Anwendungshinweise der Datenschutzaufsichtsbehörden zur Erhebung, Verarbeitung und Nutzung von personenbezogenen Daten für werbliche Zwecke, Dezember 2013, S. 4.
[151] *Eckhardt* CR 2009, 337; *Eckhardt* DuD 2009, 587.
[152] *Eckhardt/Rheingans* ZD 2013, 318 (322).
[153] *Eckhardt/Rheingans* ZD 2013, 318 (322).
[154] *Bergmann/Möhrle/Herb*, 41. EL, § 28 BDSG Rn. 432 (unter Hinweis auf aA *Eckhardt* CR 2009, 337 (341)); Däubler/Klebe/Wedde/Weichert/*Wedde* § 28 BDSG Rn. 137; offen bei Taeger/Gabel/*Taeger* § 28 BDSG Rn. 181 ff.
[155] Woraus der BGH diesen Inhalt ableitet, bleibt in der Entscheidung jedoch offen. Der Verweis auf Köhler/Bornkamm/*Köhler*, 31. Aufl. 2013, § 7 UWG Rn. 149c, führt nicht weiter, da dort in einem weiteren Sinn darauf abgestellt wird, ob sich aus der Werbeeinwilligung „klar ergibt, welche einzelnen Werbemaßnahmen davon erfasst werden (*Eckhardt* MMR 2013, 382 (384)).
[156] Statt aller: OLG Hamburg Urt. v. 25.10.2012 – I ZR 169/10, MMR 2009, 557; OLG Köln MMR 2009, 470.
[157] Statt aller: OLG Hamburg Urt. v. 25.10.2012 – I ZR 169/10, MMR 2009, 557; OLG Köln MMR 2009, 470; BGH Urt. v. 18.7.2012 – VIII ZR 337/11, NJW 2013, 291 (297).
[158] → Rn. 88 ff.
[159] → Rn. 95 ff.

105 Es muss genügen, dass sich diese Begrenzung auch aus Drittquellen eindeutig ergibt (zB bei einer Einwilligung für eine Unternehmensgruppe).[160]

Für die Bezeichnung der Produkte muss eine Kategorisierung genügen. Hierfür spricht auch, dass der durch den BGH zur Begründung herangezogene (und in §§ 7 Abs. 3 UWG, 95 Abs. 2 TKG umgesetzte) Art. 13 Abs. 2 RiLi 2002/58/EG (Konkretisierung des Umfangs des sog Soft-Opt-In) auf „eigene ähnliche Produkte und Dienstleistung" abstellt.[161] Der Umfang der Einwilligung wird dadurch allerdings nicht auf eigene und ähnliche Produkte beschränkt. Deutlich ist damit aber, dass dem Gesetz Kategorisierungen genügen. Hier muss im Einzelfall eine Balance zwischen Transparenz und Privatautonomie des Einwilligenden gefunden werden.[162]

106 Bei der Bewertung der Transparenz ist nicht jeweils isoliert auf die Beschreibung des Werbenden einerseits und der Produktkategorie andererseits abzustellen. Beides ist zusammen zu bewerten, sodass ein höheres Maß an Konkretisierung des einen Merkmals ein Defizit der Konkretisierung des anderen Merkmals ausgleichen kann.[163]

107 In der Praxis wird als weitere Anforderung für die Gestaltung von Einwilligungserklärungen auch die Benennung des Kommunikationsmediums anzunehmen sein.[164]

108 Für das 4. Merkmal („in Kenntnis der Sachlage") stellte der BGH klar, dass der Verbraucher in nichts einwilligen könne, was er nicht wisse („wenn der Verbraucher weiß, dass seine Erklärung ein Einverständnis darstellt und worauf sie sich bezieht"). Für eine als wirksam zu bewertende Einwilligungsklausel bedeutet dass, dass der aus der Sicht eines objektiven Empfängerhorizonts zum Ausdruck gekommene Inhalt auch die Grenze des Zulässigen markiert.

109 Gerade unter diesem Blickwinkel wird die in der Entscheidung des BGH durch die Bezugnahme auf die Anrufenden und Produkte/Dienstleistungen erfolgte Begrenzung des Inhalts einer wirksamen Einwilligung deutlich. Damit sind dem gestalterischen Spielraum einer Einwilligung (weiterhin) recht strikte Grenzen gesetzt.[165]

110 ### VI. Checkliste

Zusammenfassend lassen sich folgende Eckpunkte für die Gestaltung einer Einwilligungserklärung erkennen:

- ☐ **Wer soll zur Werbung berechtigt sein?** Die Werbenden müssen so konkret beschrieben sein, dass sie aus dem Text der Einwilligung heraus bestimmbar sind.
- ☐ **Wofür soll geworben werden dürfen?** Für den Erklärenden muss sich konkret erkennen lassen, welche Werbung er erhält.
- ☐ **Mit welchem Kommunikationsmedium bzw. welchen Kommunikationsmedien soll geworben werden dürfen?** Der Erklärende muss klar erkennen, welcher Werbeform er zustimmt. Um eine „Alles oder Nichts"-Situation zu vermeiden, kann es unter Umständen sinnvoll sein, dem Erklärenden eine Auswahl zu ermöglichen, wenn mehrere Kommunikationsmedien möglich sind.

111 *(3) Formelle Anforderungen an die Einwilligung.* Während das UWG keine formellen Anforderungen an die Einwilligung stellt, sieht das Datenschutzrecht in § 28 Abs. 3, 3a BDSG formelle Anforderungen für die Einwilligung vor. Diese weichen von § 4a Abs. 1 BDSG ab, gelten aber nur für die Werbung.[166] Es kommen damit drei Ausgestaltungen in Betracht:

---

[160] *Eckhardt* MMR 2013, 382 (384).
[161] wohl ebenso Köhler/Bornkamm/*Köhler*, 31. Aufl. 2013, Rn. 186.
[162] Köhler/Bornkamm/*Köhler*, 31. Aufl. 2013, Rn. 186.
[163] *Eckhardt* MMR 2013, 382 (384).
[164] *Eckhardt* MMR 2013, 382 (384).
[165] *Eckhardt* MMR 2013, 382 (384).
[166] *Eckhardt* DuD 2009, 587 (591); *Plath* § 28 BDSG Rn. 154.

§ 28 Abs. 3 Satz 1 BDSG sieht für die Einwilligung in Werbung zunächst die **Schriftform** 112
im Sinne von §§ 126, 126a BGB vor, lässt jedoch daneben alternativ die Ausgestaltung nach
§ 28 Abs. 3a BDSG zu.[167] Obwohl § 28 Abs. 3 Satz 1 BDSG von „schriftlich" und nicht von
Schriftform spricht, wird diese Vorgabe mit Blick auf § 4a Abs. 1 BDSG und vor allem mit
Blick auf § 28 Abs. 3a Satz 1 Hs. 1 BDSG[168] als Schriftform ausgelegt.[169] Soll die Einwilligung zum Zweck der Werbung zusammen mit anderen Erklärungen schriftlich erteilt werden, ist sie zudem nach § 28 Abs. 3a S. 2 BDSG in drucktechnisch deutlicher Gestaltung besonders hervorzuheben.

Nach § 28 Abs. 3a S. 1 Hs. 2 BDSG kommt auch eine sog elektronische Einwilligung in 113
Betracht. Diese wollte der Gesetzgeber entsprechend den Regelungen in § 94 TKG und § 13
Abs. 2, 3 TMG ausgestalten.[170]

> **Praxistipp:**
> § 28 Abs. 3a Hs. 1 BDSG lässt die Bestätigung der Einwilligung gegenüber dem Betroffenen genügen. Danach hat der Werbetreibende dem Werbeadressaten den Inhalt der Einwilligung schriftlich zu bestätigen. Obwohl ebenfalls der Begriff „schriftlich" verwendet wird, wird diese Regelung zutreffend aufgrund des Schutzzwecks der Regelung nicht als Schriftform im Sinne von §§ 126, 126a BGB ausgelegt.[171] Der Zugang der Bestätigung ist – und kann – nicht Wirksamkeitsvoraussetzung der Einwilligung sein.[172]   114

Nach dem Wortlaut des § 28 Abs. 3a BDSG hat der Werbetreibende das Wahlrecht, wel- 115
che Form er wählt.[173] Gleichwohl wird durch § 28 Abs. 3a BDSG nicht die Pflicht des Werbenden eingeschränkt, die wirksame Erteilung einer Einwilligung durch den Werbeadressaten zu beweisen. Die in § 28 Abs. 3a Hs. 1 BDSG vorgesehene Bestätigung wird nach
allgemeinen Grundsätzen nicht als ein solcher Beweis genügen.[174]

dd) Beweislast und sog Double-Opt-In. Nach allgemeinen Regeln und der h. M. trägt der 116
Versender von Werbe-E-Mails die Darlegungs- und Beweislast für das Vorliegen einer diesen
Anforderungen entsprechenden Einwilligung.[175] Dieser Beweislast kann im besten Fall
durch eine in Schriftform oder mittels qualifiziert digitaler Signatur erklärten Einwilligung
genügt werden. Allein eine Bestätigung des Versenders nach Maßgabe des § 28 Abs. 3a
BDSG genügt hingegen gerade nicht.[176] Im typischen Bereich des Einholens der Einwilligung
„im Internet" kommt die Schriftform nicht in Betracht und die qualifiziert digitale Signatur

---

[167] „Die Verarbeitung oder Nutzung personenbezogener Daten für Zwecke des Adresshandels oder der Werbung ist zulässig, soweit der Betroffene eingewilligt hat und im Falle einer nicht schriftlich erteilten Einwilligung die verantwortliche Stelle nach Absatz 3a verfährt." (§ 28 Abs. 3 S. 1 BDSG).
[168] „Wird die Einwilligung nach § 4a Absatz 1 Satz 3 in anderer Form als der Schriftform erteilt, ..." (§ 28 Abs. 3a Hs. 1 BDSG).
[169] *Gola/Schomerus* BDSG § 28 Rn. 44.
[170] BGH Urt. v. 11.3.2004 – I ZR 81/01, MMR 2004, 386 m. Anm. *Hoeren* – „E-Mail-Werbung"; BGH Urt. v. 12.9.2013 – I ZR 208/12, GRUR 2013, 1259 (1260) – „Empfehlungs-E-Mail"; *Eckhardt/Rheingans* ZD 2013, 318 (321).
[171] Düsseldorfer Kreis, Anwendungshinweise der Datenschutzaufsichtsbehörden zur Erhebung, Verarbeitung und Nutzung von personenbezogenen Daten für werbliche Zwecke, Dezember 2013, S. 4; *Plath* § 28 BDSG Rn. 161.
[172] *Eckhardt* DuD 2009, 587 (591). Darüber hinaus konterkariert diese Regelung den Grundsatz der Datenvermeidung. Denn bspw. im Kontext einer im Telefonat erteilten Einwilligung in Telefonwerbung kann unter Berufung auf § 28 Abs. 3a BDSG der Betroffene nach seiner Anschrift zwecks Bestätigung der Einwilligung gefragt werden. Die sodann rechtmäßig erhobene Anschrift kann dann unter den Voraussetzungen des § 28 Abs. 3 S. 2 – 7 BDSG für Zwecke der Werbung verwendet werden (Eckhardt DuD 2009, 209, 587 (591); *Eckhardt/Rheingans* ZD 2013, 318 (321 Fn. 22)).
[173] *Eckhardt/Rheingans* ZD 2013, 318 (321).
[174] *Eckhardt/Rheingans* ZD 2013, 318 (321).
[175] KG Urt. v. 8.1.2002 – 5 U 6727/00, MMR 2002, 685; LG Berlin Urt. v. 16.5.2002 – 16 O 4/02, CR 2002, 606; AG Düsseldorf Urt. v. 14.7.2009 – 48 C 1911/09, BeckRS 2009, 25861.
[176] → Rn. 5 Fn. 174.

stellt wegen ihrer noch nicht hinreichenden Verbreitung nicht praktikable Hürden auf. Andererseits stellt § 7 Abs. 2 Nr. 3 UWG auch keine Formerfordernisse auf und nach § 28 Abs. 3a BDSG kann die Einwilligung auch elektronisch erklärt werden.[177]

117 In der Praxis hat sich in Anlehnung an die Maßgabe des *BGH* in der Entscheidung „E-Mail-Werbung I"[178] das **sog Double-Opt-In** etabliert. Dieses basiert darauf, dass der spätere Werbe-Empfänger seine Einwilligung bestätigen muss. Konkret bedeutet dies beispielsweise, dass ihm nach der Eintragung seiner E-Mail-Adresse und der Erklärung der Zustimmung eine E-Mail zugesendet wird, in der er aufgefordert wird, entweder durch eine Antwort-E-Mail oder durch „anklicken" eines Hyperlinks die Einwilligung zu bestätigen.

118 In seiner **Leitsatzentscheidung „Double-opt-in-Verfahren"** im Jahr 2011 stellte der **BGH** klar, dass ein E-Mail-Double-Opt-In-Verfahren nicht zum Nachweis einer Einwilligung in Telefonwerbung dienen könne. Denn mit der Antwort auf die Bestätigungsanfrage per E-Mail ist nur die Inhaberschaft an der E-Mail-Adresse aber nicht an einer Rufnummer überprüfbar.[179]

> **Praxistipp:**
>
> 119 Entscheidend ist daher, dass diese E-Mail die vollständige Einwilligung unter Beachtung sämtlicher Hinweispflichten enthält. Denn auch beim Double-Opt-In lässt sich nicht die vorherige Eintragung auf der Internetseite, sondern **nur die Versendung der Antwort-E-Mail oder das „Anklicken" des Hyperlinks beweisen.**

120 Die Idee zum Nachweis beruht darauf, dass nur der spätere Empfänger der Werbe-E-Mails in seinem E-Mail-Account auf die Bestätigungsanfrage reagieren konnte.

121 In den ersten Entscheidungen zum sog Double-Opt-In wurde die E-Mail, mit welcher die Bestätigung angefragt wird, als unzulässige E-Mail-Werbung qualifiziert.[180] In der Folgezeit etablierte sich in der Instanzrechtsprechung, das sog Double-Opt-In-Verfahren als zulässiges und teilweise explizit gefordertes Verfahren.[181] Im Rahmen der nach §§ 823, 1004 BGB analog erforderlichen Interessenabwägung[182] kam die Rechtsprechung zunehmend zu dem Ergebnis, dass eine Rechtsgutverletzung durch die Bestätigungsanfrage mittels E-Mail zu verneinen ist,[183] da es sich bei dem Double-Opt-In-Verfahren, dessen Bestandteil die Bestätigungsanfrage ist, um ein Instrument handelt, das der Wahrung der wechselseitigen Interessen diene und auch in der Gesamtschau angemessen sei.[184] Denn die Zusendung von Werbung per E-Mail sei legitim und auch von Empfängern gewünscht. Auch sei das Double-Opt-In gerade geeignet, Missbrauch und Fehler ausreichend einzudämmen.[185] Diese recht-

---

[177] → Rn. 112.
[178] BGH Urt. v. 11.3.2004 – I ZR 81/01, MMR 2004, 386.
[179] Auszug aus dem Leitsatz des BGH „c) Durch eine Bestätigungsmail im elektronischen Double-opt-in-Verfahren wird weder ein Einverständnis des Verbrauchers mit Werbeanrufen belegt, noch führt sie für sich allein zu einer Beweiserleichterung zugunsten des Werbenden.", BGH Urt. v. 10.2.2011 – I ZR 164/09 MMR 2011, 662.
[180] LG Berlin Beschl. v. 19.9.2002 – 16 O 515/02, CR 2003, 219 mit ablehnender Anm. *Eckhardt*.
[181] *Eckhardt* ZD 2013, 90.
[182] → Rn. 72, 136 ff.
[183] LG München Beschl. v. 10.7.2009 – 161 C 16680/09; vgl. AG Düsseldorf Urt. v. 14.7.2009 – 48 C 1911/09; vgl. LG Essen Urt. v. 20.4.2009 – 4 O 368/08; AG Berlin-Mitte Urt. v. 11.6.2008 – 21 C 43/08; LG Berlin Urt. v. 23.1.2007 – 15 O 346/06; AG München Urt. v. 16.11.2006 – 161 C 29330/06; AG Hamburg Urt. v. 11.10.2006 – 6 C 404/06.
[184] LG München Beschl. v. 10.7.2009 – 161 C 16680/09; LG Essen Urt. v. 20.4.2009 – 4 O 368/08; AG Berlin-Mitte Urt. v. 11.6.2008 – 21 C 43/08; AG München Urt. v. 16.11.2006 – 161 C 29330/06; LG Berlin Urt. v. 23.1.2007 – 15 O 346/06: „Es ist der Ag. nicht zuzumuten, in jedem Einzelfall sicherzustellen, dass das so genannte Double-Opt-In-Verfahren, ..., nicht missbraucht wird."; AG Hamburg Urt. v. 11.10.2006 – 6 C 404/06.
[185] LG München Beschl. v. 10.7.2009 – 161 C 16680/09; LG Essen Urt. v. 20.4.2009 – 4 O 368/08; AG Berlin-Mitte Urt. v. 11.6.2008 – 21 C 43/08; LG Berlin Urt. v. 23.1.2007 – 15 O 346/06; AG München Urt. v. 16.11.2006 – 161 C 29330/06: „Grds. besteht ... Anspruch gegen die Abwehr unerwünschter Werbe-E-Mails. Andererseits darf dieser Anspruch auch nicht dazu führen, dass jeglicher Verkehr auf elektronischem Weg so

liche Unsicherheit schien ihren endgültigen Abschluss gefunden zu haben mit der Leitsatzentscheidung „**Double-opt-in-Verfahren**" des **BGH** im Jahr **2011**.[186] Der BGH konstatierte in seinen Leitsätzen grundlegende Aussagen zur Wirkung eines durchgeführten Double-Opt-In-Verfahrens:

„...
b) Für den Nachweis des Einverständnisses ist es erforderlich, dass der Werbende die konkrete Einverständniserklärung jedes einzelnen Verbrauchers vollständig dokumentiert, was im Fall einer elektronisch übermittelten Einverständniserklärung deren Speicherung und die jederzeitige Möglichkeit eines Ausdrucks voraussetzt.
...
d) Will sich der Verbraucher auch nach Bestätigung seiner E-Mail-Adresse im Double-opt-in-Verfahren darauf berufen, dass er die unter dieser Adresse abgesandte Einwilligung in E-Mail-Werbung nicht abgegeben hat, trägt er dafür die Darlegungslast.
e) Kann der Verbraucher darlegen, dass die per E-Mail übermittelte Bestätigung nicht von ihm stammt, war die Werbezusendung auch dann wettbewerbswidrig, wenn die E-Mail-Adresse im Double-optin-Verfahren gewonnen wurde (im Anschluss an BGH, Urteil vom 11. März 2004 – I ZR 81/01, GRUR 2004, 517 – E-Mail-Werbung I)."

Gleichzeitig brachte der BGH damit zum Ausdruck, dass er das Double-Opt-In-Verfahren **122** anerkennt. Hieraus konnte geschlossen werden, dass der BGH auch die Bestätigungsanfrage entsprechend der oben dargestellten hM nicht als Verstoß gegen §§ 7 Abs. 2 Nr. 3 UWG, 823, 1004 BGB analog betrachtet. Allerdings hatte der BGH dies weder explizit noch in einem obiter dictum ausgesprochen. Es drängte sich lediglich indirekt auf, da der BGH kaum das Double-Opt-In-Verfahren so bewertet hätte, wenn er die Bestätigungsanfrage für unzulässig gehalten hätte.

Nach der bis dahin überwiegenden Rechtsprechung wurde diese E-Mail mit der Bestäti- **123** gungsfrage nicht mehr als Verstoß gegen §§ 7 Abs. 2 Nr. 3 UWG, 823, 1004 BGB analog gewertet.[187]

Das *OLG München* kam trotzdem in einer Entscheidung in 2012 zu dem Ergebnis, dass **124** auch eine E-Mail, mit der zur Bestätigung einer Bestellung im Double-opt-in-Verfahren aufgefordert werde, als Werbung unter das Verbot des § 7 Abs. 2 Nr. 3 UWG falle.[188] Das OLG München subsumierte die Bestätigungsanfrage unter den wettbewerbsrechtlichen Werbebegriff.[189,190] Gleichzeitig verneinte das OLG München den Verstoß gegen § 7 Abs. 2 Nr. 3 UWG durch die später zugesendete E-Mail-Werbung, da die Einwilligung hierzu durch die Bestätigung der Bestätigungsanfrage (Double-Opt-In-Verfahren) belegt sei.[191] Die Auslegung des OLG München, wonach die Bestätigungsanfrage Werbung und ein Verstoß gegen § 7 Abs. 2 Nr. 3 UWG sei, ist nicht tragfähig.[192] Es bleibt die Korrektur durch weitere Rechtsprechung abzuwarten, da wie vorstehend ausgeführt die überwiegende Rechtsprechung und indirekt auch der BGH hierin keinen Verstoß sehen.[193]

ee) Dauer der Einwilligung und Widerruf der Einwilligung. Die Einwilligung kann durch **125** Widerruf ihre rechtfertigende Wirkung verlieren. Ob und unter welchen Voraussetzungen die Einwilligung durch Zeitablauf ihre rechtfertigende Wirkung verliert, ist heftig diskutiert worden. Der Widerruf einer Einwilligung muss dem Werbetreibenden zugehen, damit sie

risikobehaftet wird, dass er faktisch durch Rechtsinstitute behindert wird. Es muss möglich sein, erwünschte E-Mails und Newsletter weiterhin an Interessenten zu versenden und gleichzeitig die missbräuchliche Eintragung in E-Mail-Verteiler auszufiltern. Hierfür ist das Double-Opt-In-Verfahren ein geeigneter Mechanismus."

[186] BGH Urt. v. 10.2.2011 – I ZR 164/09 MMR 2011, 662 ff.
[187] → Rn. 121.
[188] OLG München Urt. v. 27.9.2012 – 29 U 1682/12, ZD 2013, 89 mit ablehnender Anm. *Eckhardt.*
[189] → Rn. 74.
[190] OLG München Urt. v. 27.9.2012 – 29 U 1682/12, ZD 2013, 89 mit ablehnender Anm. *Eckhardt.*
[191] OLG München Urt. v. 27.9.2012 – 29 U 1682/12, ZD 2013, 89 mit ablehnender Anm. *Eckhardt.*
[192] Ausführlich: *Eckhardt* ZD 2013, 90.
[193] Vgl. BGH Urt. v. 10.2.2011 – I ZR 164/09 – Telefonaktion II (Pressemitteilung Nr. 29/11 vom 11.2.2011); AG München Urt. v. 30.11.2006 – 161 C 29330/06, GRUR-RR 2007, 128 – Double-Opt-In-Verfahren; LG Essen Urt. v. 20.3.2009 – 40368/08, GRUR-RR 2009, 353 (single-opt-in); LG München I Beschl. v. 13.10.2009 – 31 T 14369/09, K&R 2008, 824.

ihre Wirkung als actus contrarius zur Einwilligung entfaltet. Der Werbeempfänger trägt nach allgemeinen Grundsätzen die Beweislast für den Zugang des Widerrufs beim Werbetreibenden. Eine inhaltlich ohne zeitliche Begrenzung erteilte Einwilligung ist zeitlich grundsätzlich unbegrenzt wirksam. Ihr ist kein zeitlich bedingter Wirkungsverlust immanent.[194] Eine gegenteilige Betrachtung kann nach allgemeinen Grundsätzen des BGB und auch unter praktischen Aspekten nicht überzeugen. Zutreffend ist natürlich, dass eine inhaltlich zeitlich begrenzte – also befristete – Einwilligung, durch Zeitablauf unwirksam wird. Dies ist nach allgemeinen Grundsätzen durch Auslegung zu ermitteln (§§ 133, 157 BGB), sodass ohne besondere konkrete Anhaltspunkte eine zeitliche Befristung nicht anzunehmen ist. Dies gilt jedenfalls für durch den Werbetreibenden genutzte Einwilligungen. Die für die gegenteilige Ansicht herangezogenen Urteile des LG Berlin vom 2.7.2004[195] und des LG München I vom 8.4.2010[196] stehen dem tatsächlich nicht entgegen. Denn diesen Entscheidungen lag die Besonderheit zugrunde, dass die Einwilligung zwar erteilt, aber dann tatsächlich zwei Jahre[197] bzw. ca. 1,5 Jahre[198] lang keine Zusendung von E-Mail-Werbung erfolgte. Die Auslegung mag – rechtspolitisch getrieben – dazu führen, dass eine dem Gegenstand der Werbung entsprechend zeitnahe Zusendung erfolgt. Die Begründung dieses Ansatzes ist rechtsdogmatisch gleichwohl schwer nachvollziehbar und zweifelhaft.

Praxistipp:

126   Eine einmal wirksam erteilte Einwilligung bleibt auch bei nachträglichen rechtlichen Änderungen grundsätzlich wirksam (vgl. Art. 170 EGBGB). Mithin ließen auch die zum 1.9.2009 mit der BDSG-Novelle II in Kraft getretenen Formvorschriften des § 28 Abs. 3, 3a BDSG zuvor wirksam erteilten Einwilligungen unberührt.[199]

127   **c) Gesetzliche Zulässigkeit (§ 7 Abs. 3 UWG – sog Soft-Opt-In).** Neben dem Erfordernis der Einwilligung in § 7 Abs. 2 Nr. 2 UWG ist nach § 7 Abs. 3 UWG E-Mail-Werbung auch ohne Einwilligung zulässig, sofern die in Nr. 1 bis Nr. 4 des § 7 Abs. 3 UWG genannten Voraussetzungen gegeben sind. Diese Regelung wird auch sog Soft-Opt-In bezeichnet:[200]

„(3) Abweichend von Absatz 2 Nummer 3 ist eine unzumutbare Belästigung bei einer Werbung unter Verwendung elektronischer Post nicht anzunehmen, wenn

1. ein Unternehmer im Zusammenhang mit dem Verkauf einer Ware oder Dienstleistung von dem Kunden dessen elektronische Postadresse erhalten hat,
2. der Unternehmer die Adresse zur Direktwerbung für eigene ähnliche Waren oder Dienstleistungen verwendet,
3. der Kunde der Verwendung nicht widersprochen hat und
4. der Kunde bei Erhebung der Adresse und bei jeder Verwendung klar und deutlich darauf hingewiesen wird, dass er der Verwendung jederzeit widersprechen kann, ohne dass hierfür andere als die Übermittlungskosten nach den Basistarifen entstehen."

128   Die Regelung hat seit ihrer Einführung kaum praktische Relevanz erfahren, weshalb ihre Auslegung weder durch die Rechtsprechung noch durch die Literatur wesentlich voran gebracht wurde. § 7 Abs. 3 UWG soll es einem Anbieter ermöglichen, im Rahmen einer bestehenden Geschäftsbeziehung auch ohne Einwilligung per E-Mail zu werben. Einem Ausufern wird durch die Begrenzung des zulässigen Inhalts der Werbung sowie der Widerspruchsmöglichkeit entgegen gewirkt.

---

[194] A. A. scheinbar: vgl. *Piper/Ohly/Sosnitza*, UWG, 5. Aufl. 2010, § 7 Rn. 51 (ohne Begründung; die dort zur Begründung zitierte Entscheidung des OLG Stuttgart MMR 2008, 136 enthält (jedenfalls in dieser Fundstelle) keine Aussage zum Thema); Köhler/Bornkamm/*Köhler* § 7 UWG Rn. 186 (ohne Begründung).
[195] LG Berlin Beschl. v. 2.7.2004 – 15 O 653/03, MMR 2004, 688 (siehe den Leitsatz dort).
[196] LG München Urt. v. 8.4.2010, 17 HK O 138/10.
[197] LG Berlin 2.7.2004 – 15 O 653/03, MMR 2004, 688 (siehe den Leitsatz dort).
[198] LG München Urt. v. 8.4.2010, 17 HK O 138/10.
[199] *Eckhardt/Rheingans* ZD 2013, 318 (321).
[200] Grundlegend: *Schulze zur Wiesche* CR 2004, 742; *Eckhardt* MMR 2003, 557.

II. Online- und E-Mail-Marketing

Aus dem **ersten Erfordernis** ergibt sich zunächst, dass der Anbieter die E-Mail-Adresse direkt bei dem Kunden erhoben hat. Ein Beschaffen aus Drittquellen genügt nicht.[201] Des Weiteren muss ein Zusammenhang zu einem Austauschvertrag bestehen.[202] Die restriktive Auslegung dieses Merkmals erfordert tatsächlich den Abschluss eines Vertrags.[203] Wobei auch vertreten wird, dass ein konkretes Anbahnungsverhältnis – als gesetzliches Schuldverhältnis – genügt, selbst wenn ein Vertrag später nicht zustande kommt.[204] „Im Zusammenhang" ist auch eine Erhebung der E-Mail-Adresse im Zuge der Abwicklung des Vertrags, nicht jedoch im Zuge der Rückabwicklung und Beendigung.[205] In der Praxis sind typischerweise jedoch die weiteren Merkmale des § 7 Abs. 3 UWG problematisch.

Die Auslegung der **Merkmale „eigene" und „ähnliche"** wurden durch die Rechtsprechung nicht abschließend geklärt. Die Schutzrichtung des UWG (vgl. § 1 UWG) spricht für eine Auslegung dieser Merkmale aus der Sicht des angesprochenen Kunden. Die Beschränkung des Inhalts auf eigene Produkte schließt die Bewerbung von Produkten anderer Unternehmen aus, nicht aber der eigenen Produkte durch beauftragte Handelsvertreter Eine hinreichende Beschränkung wird sich in diesem Fall durch das weitere Merkmal der Ähnlichkeit ergeben.[206] In diesem Rahmen des Produktvertriebs – also wenn nicht die „Konzernverbundenheit" der einzige Bezugspunkt ist – ist auch die Werbung durch „konzernverbundene" Unternehmen als Werbung für eigene Produkte zulässig.[207] Die Ähnlichkeit ist auch nicht anhand Substitutionsbewertungen nach Maßstab des GWB sondern aus der Sicht des Kunden zu bestimmen.[208] Die beworbene Ware muss daher dem gleichen erkennbaren oder zumindest typischen Verwendungszweck oder Bedarf des Kunden entsprechen.[209] Auch die Werbung für funktionell zusammenhängende Waren, wie Ergänzung und Zubehör, ist zulässig.[210]

> **Praxistipp:**
> Der Grund für die fehlende Rechtsprechung zu § 7 Abs. 3 UWG dürfte in § 7 Abs. 3 Nr. 3 UWG zu sehen sein. Denn nach dem Wortlaut des § 7 Abs. 3 UWG und der Systematik des § 7 UWG trifft den **Werbetreibende die Beweislast** dafür, dass der Adressat der E-Mail-Werbung der Werbung **nicht widersprochen** hat.[211]
> Nach einem entsprechenden (substantiierten) Vortrag des Empfängers wird dieser Negativ-Beweis durch den Werbetreibenden praktisch nicht mehr zu führen sein. Dabei ist allerdings zu beachten, dass der Widersprechende nach allgemeinen Grundsätzen den Zugang seines Widerspruchs zu beweisen hat, sodass die bloße Behauptung nicht zur Beweislast des Werbeversenders führen darf. Diese gesetzliche Ausgestaltung verstößt im Übrigen gegen Art. 13 Abs. 2 RiLi 2002/58/EG, weshalb die Regelung europarechtskonform – und damit dann auch in Übereinstimmung mit dem eindeutigen Wortlaut des § 95 Abs. 2 TKG – dahingehend auszulegen ist, dass der Werbeempfänger die Beweislast trägt.

---

[201] Köhler/Bornkamm/*Köhler* § 7 UWG Rn. 204.
[202] Entgegen dem Wortlaut ist die Regelung nicht auf den Kauf im Sinne des BGB beschränkt (*Eckhardt* MMR 2003, 557; Köhler/Bornkamm/*Köhler* § 7 UWG Rn. 204.).
[203] *Schulze zur Wiesche* CR 2004, 742; Köhler/Bornkamm/*Köhler* § 7 UWG Rn. 204; Fezer/*Mankowski* § 7 UWG Rn. 124.
[204] *Eckhardt* MMR 2003, 557; *Hoeren* DuD 2004, 613; Harte-Bavendamm/Henning-Bodewig/*Ubber* § 7 UWG Rn. 221; *Leistner/Pohlmann* WRP 2003, 817; *Ohlenburg* MMR 2004, 83 (84).
[205] Köhler/Bornkamm/*Köhler* § 7 UWG Rn. 204.
[206] *Eckhardt* MMR 2003, 557.
[207] AA scheinbar *Schulze zur Wiesche/Spindler/Schuster* § 7 UWG Rn. 59; vgl. *Dieselhorst/Schreiber* CR 2004, 682.
[208] *Eckhardt* MMR 2003, 557; vgl. *Schulze zur Wiesche* CR 2004, 742; Köhler/Bornkamm/*Köhler* § 7 UWG Rn. 205; aA Harte-Bavendamm/Henning-Bodewig/*Ubber* § 7 UWG Rn. 225.
[209] Köhler/Bornkamm/*Köhler* § 7 UWG Rn. 205.
[210] Köhler/Bornkamm/*Köhler* § 7 UWG Rn. 205.
[211] Vgl. LG Hamburg Beschl. v. 4.8.2008 – 327 O 493/08, CR 2009, 198. Die Beweislast ist in dem gleichzeitig mit § 7 Abs. 3 UWG geänderten § 95 Abs. 2 TKG hingegen beim Betroffenen. Allerdings muss der Widerspruch dem Werbetreibenden zugehen, weshalb allein die Eintragung in eine bei einem Dritten geführte sog Robinson-Liste keinen Widerspruch darstellt (Köhler/Bornkamm/*Köhler* § 7 UWG Rn. 205).

132 § 7 Abs. 3 Nr. 4 UWG fordert neben dem **Hinweis auf das Widerspruchsrecht** auch einen Hinweis darauf, dass dem Betroffenen **durch den Widerspruch keine anderen als die gewöhnlichen Kosten** für das gewählte Kommunikationsmedium entstehen: „*der Kunde bei Erhebung der Adresse und bei jeder Verwendung klar und deutlich darauf hingewiesen wird, dass er der Verwendung jederzeit widersprechen kann, ohne dass hierfür andere als die Übermittlungskosten nach den Basistarifen entstehen.*" Und, dass tatsächlich keine höheren Kosten entstehen.

133 Ob auch ein Hinweis darauf erfolgen muss, „ohne dass hierfür andere als die Übermittlungskosten nach den Basistarifen entstehen" oder ob dies ohne Hinweis schlicht sichergestellt sein muss, ist nicht abschließend geklärt. Der Wortlaut lässt beide Auslegungen zu. Eine eindeutige Tendenz in der Literatur, ob ein solcher Hinweis entbehrlich ist[212] oder, dass der Hinweis dies deutlich machen muss,[213] ist nicht festzustellen, weshalb der bloße Verzicht auf solche Kosten den Anforderungen genügt. Eine Entscheidung des OLG Jena scheint einen solchen Hinweis zu fordern, wobei die Begründung nicht überzeugend ist[214] und zum Inhalt des Hinweises ist die Entscheidung nicht ergiebig und eher „verquer", da der Hinweis „kostenlos" aus nicht näher erläuterten Gründen nicht ausreichen sollte.

134 Der vorstehende Hinweis muss „bei Erhebung der Adresse und bei jeder Verwendung" erfolgen (§ 7 Abs. 3 Nr. 4 UWG). Die Fachliteratur und erst Recht die Rechtsprechung haben sich mit der Auslegung **nicht** substantiell befasst. In Anlehnung an eine vergleichbare Vorgabe im AGB-Recht ist davon auszugehen, dass der Hinweis im Zusammenhang mit der Erhebung der E-Mail-Adresse erfolgen muss. Die Erhebung erfolgt aus der Sicht des Betroffenen mit der Eintragung bzw. der Betätigung des Bestell-Buttons, welcher die Übertragung der Daten auslöst. Aus der Sicht des Werbetreibenden erfolgt erst danach – nach Betätigung des Buttons – die tatsächliche Erhebung der Daten. Gleichwohl erscheint eine Unterrichtung erst mit einer späteren Bestell-Bestätigung als zu spät, zumal der Betroffene dann sein Widerspruchsrecht kaum noch effektiv ausüben kann. In diesem Zusammenhang kann es dann zu unlösbaren Widersprüchen zu den Gestaltungsanforderungen entsprechend den Grundsätzen zur sog Button-Lösung[215] kommen.

135 In diesem Kontext ist – da keine Einwilligung erforderlich ist – auch zu beachten, dass nach § 28 Abs. 4 S. 2 BDSG eine Pflicht zum **Hinweis auf das Widerspruchsrecht nach dem BDSG** besteht. Ein Verstoß gegen die Hinweispflicht nach § 28 Abs. 4 S. 2 BDSG oder die Formvorschrift in § 28 Abs. 4 S. 4 BDSG ist mit einem Bußgeld bis 50.000 EUR sanktioniert und die Missachtung eines Widerspruchs ist mit einem Bußgeld bis 300.000 EUR sanktioniert (§ 43 BDSG).

136 **d) Abwehranspruch nach §§ 823, 1004 BGB analog.** Unterlassungsansprüche wegen der Zusendung von E-Mail-Werbung können sich aus zwei Rechtsgrundlagen ergeben: § 7 Abs. 2 Nr. 3 UWG oder §§ 823, 1004 BGB analog.

137 Ansprüche aus §§ 823, 1004 BGB analog kommen sowohl als Eingriff in das **Allgemeine Persönlichkeitsrecht**[216] als auch als Eingriff in das **Recht am eingerichteten und ausgeübten Gewerbebetrieb (ReaG)**[217] in Betracht. Beide Rechte sind als sonstige Rechte im Rahmen der Rechtsprechung zu § 823 BGB anerkannt und ausgeformt worden. Während die Anforderungen an einen Eingriff in das ReaG im Allgemeinen recht hoch sind, hat sich in der Praxis für Abwehransprüche gegen E-Mail-Werbung die Zusendung einer E-Mail als ausreichend für die Bejahung eines Verstoßes etabliert.

138 In der Praxis wird im Rahmen des Unterlassungsanspruchs für §§ 823, 1004 BGB analog der **Maßstab des § 7 Abs. 2 Nr. 3 und Abs. 3 UWG** zugrunde gelegt.[218] Es ist also unabhän-

---

[212] so Köhler/Bornkamm/*Köhler* § 7 UWG Rn. 207; wohl ebenso *Ohly/Sosnitza* § 7 UWG Rn. 73.
[213] So Harte-Bavendamm/Henning/Bodewig/*Ubber* § 7 UWG Rn. 223; *Eckhardt*, Vorauflage Beck'sches Mandatshandbuch IT-Recht, S. 1153.
[214] OLG Jena Urt. v. 21.4.2010 – 2 U 88/10, MMR 2011, 101.
[215] Zu diesen Anforderungen → § 26 Rn. 94 ff.
[216] AG Brakel Urt. v. 11.2.1998 – 7 C 748/97, MMR 1998, 492; LG Berlin Beschl. v. 14.5.1998 – 16 O 301/98 MMR 1998, 491.
[217] LG Berlin Urt. v. 13.10.1998 – 16 O 320/98, MMR 1999, 43; LG Berlin Urt. v. 16.5.2002 – 16 O 4/02 CR 2002, 606.
[218] BGH Urt. v. 20.5.2009 – I ZR 218/07, GRUR 2009, 980 (981).

gig vom Adressaten dessen vorherige Einwilligung erforderlich.[219] Die dogmatische Herleitung ergibt sich zum einen daraus, dass § 7 Abs. 2 Nr. 3 und Abs. 3 UWG teilweise auf Art. 13 Richtlinie 2002/58/EG über die Verarbeitung personenbezogener Daten und den Schutz der Privatsphäre in der elektronischen Kommunikation (Datenschutzrichtlinie für elektronische Kommunikation) beruhen und zum anderen aus dem Argument der Einheit der Rechtsordnung, sodass die Auslegungsspielräume des §§ 823, 1004 BGB analog mit der Wertung des § 7 Abs. 2 Nr. 3 und Abs. 3 UWG ausgefüllt werden.

Ein weiterer Unterschied auf Tatbestandseite[220] neben der rechtsdogmatischen Grundlage besteht darin, dass § 7 Abs. 2 Nr. 3 UWG für **(Direkt-)Werbung** gilt. Die Beschränkung des Anwendungsbereichs gilt hingegen nicht für §§ 823, 1004 BGB analog. Auswirkungen hatte dieser Unterschied bspw. bei der Entscheidung des *OLG Nürnberg* zu sog „**Tell-a-Friend**"-**Funktionen bzw. Empfehlungs-E-Mail** oder entsprechenden „**E-Cards**".[221, 222] Das *OLG Nürnberg* hat in einer reinen Produktempfehlung per E-Card, die von einem Dritten „von" der Internetseite eines Unternehmens versandt wurde, keinen Verstoß gegen das UWG gesehen.[223] Das maßgebliche Argument war, dass bei einer reinen Produktempfehlung per E-Card keine „Direktwerbung" im Sinne des Verbots in §§ 3, 7 Abs. 2 Nr. 3 UWG aF vorliegt, weil nicht das beworbene Unternehmen die Werbung versendet. Den geltend gemachten Anspruch nach UWG verneinte das *OLG Nürnberg* daher. Der **BGH** hatte sich 2013 ebenfalls mit einer solchen **Empfehlungs-E-Mail** befasst und den Unterlassungsanspruch nach §§ 823, 1004 BGB analog wenig überraschend bejaht; allerdings setzt sich der BGH im Kontext des §§ 823. 1004 BGB analog auch damit auseinander, ob es sich um Werbung handelt und bejaht dies.[224]

e) „**Tell-a-Friend**"-**Funktionen.** Ein weiterer Unterschied besteht darin, dass § 7 Abs. 2 Nr. 3 UWG nur für **Direktwerbung** gilt. Die Beschränkung gilt hingegen nicht für §§ 823, 1004 BGB analog.

Die sog „**Tell-a-Friend**"-**Funktionen bzw. Empfehlungs-E-Mail** oder entsprechenden „**E-Cards**" funktionieren dergestalt, dass im Rahmen einer Internetpräsenz dem Nutzer der Seite die Möglichkeit gegeben wird, einen Dritten über bestimmte Inhalte zu informieren.[225] Diese Funktion gibt es bspw. zur Weiterleitung von redaktionellen Nachrichten und Informationen über Produkte. Der Versand dieser Information wird dadurch ausgelöst, dass der Nutzer der Internetseite – und nicht der Betreiber der Internetpräsenz – die E-Mail-Adresse des Adressaten einträgt und die Zusendung der entsprechenden E-Mail auslöst.

Diese Funktionen haben auch eine datenschutzrechtliche Komponente, weil die Erfassung der E-Mail-Adresse des Adressaten durch den Betreiber der „Tell-a-Friend"-Funktion als Erhebung personenbezogener Daten bewertet werden kann. Diese Erhebung bedarf einer Rechtsgrundlage. Der Nutzer der „Tell-a-Friend"-Funktion ist aber nicht Berechtigter (Inhaber) in Bezug auf diese E-Mail-Adresse.[226]

Das *OLG Nürnberg* hatte zunächst 2006 in einer reinen Produktempfehlung per E-Card, die von einem Dritten „von" der Internetseite eines Unternehmens versandt wird, keinen

---

[219] Dies ist anzunehmen, obgleich immer wieder in Gerichtsentscheidungen ausgesprochen wird, dass eine mutmaßliche Einwilligung eines Gewerbetreibenden als Werbeempfänger für die Zulässigkeit genügt (vgl. AG Berlin Urt. v. 11.6.2008 – 21 C 43/08, Beck 2008, 25029; LG Berlin Urt. v. 13.3.2007 – 15 O 821/06, BeckRS 2009, 17589). Diese Aussage ist in diesen Entscheidungen nur ein obiter dictum, sodass die Belastbarkeit dieser Aussage erheblichen Zweifel unterliegt.
[220] Zu den Unterschieden der Anspruchsberechtigung und der Reichweite der Unterlassungsansprüche → Rn. 149 f.
[221] Ausführlich → Rn. 140 f.
[222] „Tell-a-Friend"-Funktionen haben auch eine datenschutzrechtliche Komponente, weil die Erfassung der E-Mail-Adresse des Adressaten durch den Betreiber der „Tell-a-Friend"-Funktion als Erhebung personenbezogener Daten bewertet werden kann. Diese Erhebung bedarf einer Rechtsgrundlage. Der Nutzer der „Tell-a-Friend"-Funktion ist aber nicht Berechtigter (Inhaber) in Bezug auf diese E-Mail-Adresse. Zum Datenschutzrecht im Bereich Telemedien: → § 27.
[223] OLG Nürnberg Urt. v. 25.10.2005 – 3 U 1084/05, MMR 2006, 111.
[224] BGH Urt. v. 12.9.2013 – I ZR 208/12, GRUR 2013, 1259 (1260) – „Empfehlungs-E-Mail"; ausführlich → Rn. 145 f.
[225] Vgl. OLG Nürnberg Urt. v. 25.10.2005 – 3 U 1084/05, MMR 2006, 111; vgl. BGH Urt. v. 12.9.2013 – I ZR 208/12, GRUR 2013, 1259.
[226] Zum Datenschutzrecht im Bereich Telemedien → § 27.

Verstoß gegen das UWG gesehen.[227] Das maßgebliche Argument war, dass bei einer reinen Produktempfehlung per E-Card keine „Direktwerbung" im Sinne des Verbots in §§ 3, 7 Abs. 2 Nr. 3 UWG aF vorliegt, weil nicht das beworbene Unternehmen die Werbung versendet. Das gilt allerdings – wie sich ebenfalls aus dieser Entscheidung ergibt – nur, sofern der Anbieter der E-Card-Funktion in die E-Card keine weitere Werbung einfügt.[228] Auch nach dieser Rechtsprechung blieb der Unterlassungsanspruch des Empfängers der E-Card nach §§ 823, 1004 BGB analog unberührt, da dieser tatbestandlich keine Werbung voraussetzt.[229]

144 Im Jahr 2013 befasste sich der BGH in einer Leitsatzentscheidung „Empfehlungs-E-Mails" damit. Der BGH bejahte – was nicht verwundert – den Unterlassungsanspruch nach §§ 823, 1004 BGB analog und forderte von dem Betreiber der Internetpräsenz den Nachweis der vorherigen ausdrücklichen Einwilligung des Empfängers der Empfehlungs-E-Mail.[230] Das Unternehmen, welches eine solche Weiterempfehlungsfunktion bereitstelle, hafte – so der BGH – für die Zusendung einer Empfehlungs-E-Mail als Täter, auch wenn die Versendung der E-Mail letztlich durch einen Dritten ausgelöst wurde.[231] Allein maßgeblich sei, dass das werbende Unternehmen als Absender der E-Mail erscheine und die Weiterempfehlungsfunktion durch dieses Unternehmen zum Zwecke der Werbung für den Internetauftritt des Unternehmens zur Verfügung gestellt werde:[232]

„Schafft ein Unternehmen auf seiner Website die Möglichkeit für Nutzer, Dritten unverlangt eine sogenannte Empfehlungs-E-Mail zu schicken, die auf den Internetauftritt des Unternehmens hinweist, ist dies nicht anders zu beurteilen als eine unverlangt versandte Werbe-E-Mail des Unternehmens selbst. Richtet sich die ohne Einwilligung des Adressaten versandte Empfehlungs-E-Mail an einen Rechtsanwalt, stellt dies einen rechtswidrigen Eingriff in den eingerichteten und ausgeübten Gewerbebetrieb dar." (Leitsatz der Entscheidung „Empfehlungs-E-Mail" des BGH)[233]

145 Darüber hinaus setzt sich der BGH in seiner Entscheidung Empfehlungs-E-Mail auch mit der Frage auseinander, ob es sich dabei um Werbung des Betreibers der Internetpräsenz im Sinne von Art. 2 lit. a der Richtlinie 2006/113/EG[234] handelt. Ausdrücklich entgegen der o.g. Entscheidung des OLG Nürnberg führt der BGH aus, dass es für die Einordnung als Werbung nicht darauf ankomme, dass das Versenden der Empfehlungs-E-Mails letztlich auf dem Willen eines Dritten beruhe.[235] Entscheidend sei – so der BGH ausdrücklich – allein das Ziel, das die Beklagte mit dem Zurverfügungstellen der Empfehlungsfunktion erreichen will. Da eine solche Funktion erfahrungsgemäß den Zweck hat, Dritte auf die Beklagte und die von ihr angebotenen Leistungen aufmerksam zu machen, enthalten die auf diese Weise versandten Empfehlungs-E-Mails Werbung.[236]

146 Die Auswirkungen der Entscheidung sind gravierend für diese Funktionen.[237] Denn der geforderte Nachweis der Einwilligung wird im Fall solcher Funktionalitäten typischerweise nicht nachweisbar sein, weil es gerade der Sinn von Produktempfehlungen ist, dass diese nicht durch den späteren Empfänger veranlasst werden.

147 In geschlossenen Gruppen, welche jeweils dem Empfang solcher E-Mails zugestimmt haben oder in Fällen, bei denen die Nutzer im Rahmen einer Vereinbarung generell der Zusendung zugestimmt haben, werden sich solche Empfehlungen weiterhin realisieren lassen. Auch an neue Geschäftsmodelle zum „Pooling" solcher Einwilligungen von Empfängern vergleichbar mit einem White-Listing kann gedacht werden.

---

[227] OLG Nürnberg Urt. v. 25.10.2005 – 3 U 1084/05, MMR 2006, 111.
[228] Das OLG Nürnberg, Urt. v. 25.10.2005 – 3 U 1084/05, MMR 2006, 111, sprach von „hineinschmuggelt".
[229] LG Berlin Beschl. v. 18.8.2009 – 15 S 8/09, K&R 2009, 823; AG Berlin-Mitte Urt. v. 22.5.2009 – 15 C 1006/09, VuR 2010, 77; → Rn. 139.
[230] Zu den Zulässigkeitsanforderungen im Rahmen von §§ 823, 1004 BGB analog → Rn. 138.
[231] BGH Urt. v. 12.9.2013 – I ZR 208/12, GRUR 2013, 1259 (1260).
[232] BGH Urt. v. 12.9.2013 – I ZR 208/12, GRUR 2013, 1259 (1260).
[233] BGH Urt. v. 12.9.2013 – I ZR 208/12, GRUR 2013, 1259 (1260).
[234] Zum Begriff Werbung → Rn. 74.
[235] BGH Urt. v. 12.9.2013 – I ZR 208/12, GRUR 2013, 1259 (1260).
[236] BGH Urt. v. 12.9.2013 – I ZR 208/12, GRUR 2013, 1259 (1260).
[237] Vgl. Dehißelles K&R, 2014, 7.

An einem Verstoß beim Fehlen einer Einwilligung ändert weder die eindeutige **Kenn-** 148 **zeichnung als Werbung in der Betreffzeile** noch die **Möglichkeit oder Aufforderung zum Abbestellen** in der Werbe-E-Mail etwas.[238]

f) **Reichweite der Unterlassungsansprüche (§§ 7 UWG, 823, 1004 BGB analog).** Trotz des 149 Gleichlaufs der Tatbestandsvoraussetzungen[239] ergeben sich neben den Unterschieden bei den Anspruchsberechtigten auch auf Rechtsfolgenseite deutliche Unterschiede. Die Ansprüche aus § 7 Abs. 2 Nr. 3 und Abs. 3 UWG stehen nur den nach § 8 UWG **Anspruchsberechtigten** zu. Dies allerdings unabhängig davon, ob ihnen die E-Mail-Werbung zugesendet worden ist. Der Anspruch nach §§ 823, 1004 BGB analog setzt hingegen die eigene Betroffenheit voraus, also, dass der Betroffene in seinem Allgemeinen Persönlichkeitsrechts oder in seinem ReaG betroffen ist.

Diesem Unterschied entspricht spiegelbildlich die **Rechtsfolgenseite** in Form der Unterlas- 150 sungspflicht. Der Anspruch nach § 7 Abs. 2 Nr. 3 und Abs. 3 UWG führt dazu, dass der Anspruchsberechtigte verlangen kann, dass der Werbetreibende generell keine E-Mails mehr an Adressaten sendet, deren Einwilligung er nicht beweisen kann. Der nach §§ 823, 1004 BGB Anspruchsberechtigte kann hingegen nur verlangen, dass der Unterlassungsschuldner ihm keine E-Mails mehr zusendet. Aufgrund seines Charakters als sog offenem Tatbestand im Fall des APR und ReaG muss die Reichweite des Unterlassungsanspruchs im Rahmen einer **Interessenabwägung** bestimmt werden, die dazu führt, dass den wechselseitig zu berücksichtigenden Interessen – einerseits Schutz vor Störung und andererseits Nutzen einer rechtlich anerkannten Werbeform – durch eine Beschränkung auf konkrete Kontaktdaten Rechnung zu tragen ist.[240] Dementsprechend genügt nach hM eine (strafbewehrte) Unterlassungserklärung den Anforderungen des §§ 823, 1004 BGB analog auch dann, wenn diese auf die konkreten E-Mail-Adressen bzw. Domains des konkret Betroffenen beschränkt wird.[241]

g) **Kosten und Schadensersatzanspruch.** *aa) Kosten.* Das *LG Berlin* neigt in ständiger 151 Rechtsprechung zu einem Gegenstandswert von 7.500,– EUR bei einem Unterlassungsanspruch. Der *BGH* hat jedoch auf einen Gegenstandswert von 3.000,– EUR abgestellt.[242] Zu berücksichtigen ist dabei, dass gerade bei einer Abmahnung nach §§ 823, 1004 BGB analog selbst ein Streitwert von 3.000,– EUR als zu hoch zu bewerten ist. Denn dieser schützt aufgrund seiner dogmatischen Herleitung allein gegen die konkrete Belästigung durch den Versender der jeweiligen E-Mail. Damit ist eine Berücksichtigung der Belästigung durch das „Massenphänomen SPAM" bei der Streitwertfestsetzung dogmatisch im Rahmen von §§ 823, 1004 BGB analog nicht begründbar.

bb) Schadensersatzansprüche. Auf der Grundlage von § 823 BGB können die angemesse- 152 nen Kosten einer Abmahnung als Schadensersatz verlangt werden. Für darüber hinaus gehende Schadensersatzansprüche gelten die allgemeinen Regeln des § 823 BGB zur Darlegung und zum Beweis eines kausal durch die jeweils streitgegenständliche E-Mail entstandenen Schadens. Die soweit ersichtlich einzige veröffentliche Entscheidung zu einem Schadensersatzanspruch hat das AG Dachau bereits im Jahr 2001 getroffen. Ein Schadensersatzanspruch wurde verneint.[243]

cc) Rechtsanwalt in eigener Sache. Der BGH hat sich in zwei Entscheidungen mit dem 153 Kostenerstattungsanspruch von Rechtsanwälten, die in eigener Sache einen Verstoß wegen

---

[238] Vgl. LG Dortmund Urt. v. 30.8.2005 – 19 O 20/05, BeckRS 2005, 14074.
[239] → Rn. 138.
[240] Weiterführend und grundlegend: *Eckhardt* MMR 2014, 213; vgl. auch die Parallele im Kontext des sog Double-Opt-In-Verfahrens → Rn. 117 ff.
[241] OLG Frankfurt a. M. Urt. v. 30.9.2013 – 1 U 314/12; KG Berlin Beschl. v. 22.6.2004 – 9 W 53/04, GRUR-RR 2005, 66; AG Flensburg Urt. v. 31.3.2011 – 64 C 4/11, BeckRS 2012, 04818; OLG Bamberg Urt. v. 14.4.2005 – 1 U 143/04, ZUM-RD 2005, 559; vgl. AG Heidelberg Urt. v. 10.3.2009 – 27 C 488/08, BeckRS 2009, 87732; *Dietrich* GWR 2012, 102 (103 f.) m. w. N.; aA ohne dogmatisch haltbare Begründung LG Berlin Beschl. v. 16.10.2009 – 15 T 7/09, MMR 2010, 38; LG Hagen Urt. v. 11.1.2013 – 1 S 38/13. Weiterführend: *Eckhardt* MMR 2014, 213.
[242] BGH Beschl. v. 30.11.2004 – VI ZR 65/04, BeckRS 2004, 12785.
[243] AG Dachau Urt. v. 10.7.2001 – 3 C 167/01, MMR 2002, 179.

unzulässiger E-Mail-Werbung geltend machen, befasst und diese verneint.[244] Bei typischen, unschwer zu erkennenden und zu verfolgenden Rechtsverletzungen – also bei **einfach gelagerten Fällen** – besteht nach der Rechtsprechung des *BGH* für selbst betroffene Rechtsanwälte kein Anspruch auf Erstattung der außergerichtlichen Kosten. Das gilt jedenfalls für das erste Anwaltsschreiben. Nach den Ausführungen des BGH in diesen Entscheidungen gilt das sowohl für den Rechtsanwalt, der sich selbst vertritt, als auch für den Rechtsanwalt, der sich von einem anderen Rechtsanwalt, vertreten lässt. Der *BGH* hat auch ausdrücklich klargestellt, dass allein die zeitliche Inanspruchnahme des Geschädigten für die Rechtsverfolgung nicht genügt, um die Erstattungsfähigkeit von Anwaltskosten zu begründen. Ebenso genügt es nicht, dass die Sache für den abmahnenden Rechtsanwalt persönlich „kompliziert" ist, weil er seine beruflichen Schwerpunkte in andere Bereiche gelegt hat.

154 Zu beachten ist allerdings, dass der *BGH* bei der Annahme der Einfachheit davon ausging, dass die Identität des Werbetreibenden klar und auch die Widerrechtlichkeit nicht zweifelhaft war. Eine andere Beurteilung kann daher dann in Betracht kommen, wenn diese Voraussetzungen nicht gegeben sind.

155 Auch hat der *BGH* in beiden Entscheidungen deutlich gemacht, dass theoretisch denkbare, aber im konkreten Fall nicht auftretende Probleme bei der rechtlichen Bewertung an dem Ausschluss der Kostenerstattung nichts ändern. Beispielsweise genügt es nicht, dass theoretisch ein mutmaßliches Einverständnis rechtlich relevant sein könnte, wenn im konkreten Fall für ein solches aber keine Anhaltspunkte bestehen.

156 *dd) Transparenzanforderungen und Widerruf der Einwilligung.* Neben der datenschutzrechtlichen Pflicht zum Hinweis auf das Widerspruchsrecht (§§ 28 Abs. 4 S. 2 BDSG, 13 Abs. 2 Nr. 4, Abs. 3 TMG, 94 Nr. 4 TKG) bestehen auch spezielle Vorgaben nach § 7 Abs. 2 Nr. 4 UWG und § 6 TMG.

157 § 7 Abs. 2 Nr. 4 nimmt nach seinen lit. a bis lit. c eine unzumutbare Belästigung bei Werbung „mit einer Nachricht" in drei Fällen an. Die Wendung „Werbung mit Nachrichten" erfasst unter Berücksichtigung von Art. 2 S. 2 lit. d) EK-DS-RL 2002/58/EG nur elektronische Nachrichten, also E-Mail, SMS sowie MMS.[245]

158 Zunächst darf die Identität des Absenders, in dessen Auftrag die Nachricht übermittelt wird, nicht verschleiert oder verheimlicht werden (§ 7 Abs. 2 Nr. **4 lit. a**) UWG). Der Werbende muss danach eine gültige Adresse angeben, mittels welcher der Werbeadressat die Einstellung der Werbemaßnahmen erreichen kann. Hingegen nicht erforderlich ist die Angabe einer ladungsfähigen Anschrift (vgl. § 130 ZPO).[246]

159 Die Werbung mit einer Nachricht darf nach § 7 Abs. 2 **Nr. 4 lit. b**) UWG auch nicht gegen § 6 Abs. 1 TMG verstoßen oder den Empfänger dazu auffordern, eine Webseite aufzurufen, welche gegen diese Vorschrift verstößt.[247] § 6 Abs. 1 TMG sieht spezielle Informationspflichten im Rahmen kommerzieller Kommunikation vor. Die Werbung muss nach § 6 Abs. 1 Nr. 1 TMG als solche klar erkennbar und von anderen Inhalten getrennt sein;[248] § 6 Abs. 1 Nr. 2 TMG sieht – wie § 7 Abs. 2 Nr. 4 lit. a) UWG – vor, dass der Auftraggeber der Werbemaßnahme anzugeben ist. § 6 Abs. 1 Nr. 3 TMG enthält Spezialregelungen für „verkaufsfördernde Maßnahmen" wie Rabatte, Zugaben anderer Waren beim Kauf einer Ware sowie sonstige Geschenke. Solche Angebote zur Verkaufsförderung müssen danach klar als solche bezeichnet werden, und die Bedingungen für deren Inanspruchnahme klar erkennbar sein.[249] In § 6 Abs. 1 Nr. 4 TMG ist für Preisausschreiben und Gewinnspiele vorgesehen, dass deren Teilnahmevoraussetzungen ebenfalls klar und eindeutig erkennbar sind.[250] Verstößt die Werbenachricht gegen die Voraussetzungen des § 6 Abs. 1

---

[244] BGH Urt. v. 12.12.2006 – VI ZR 188/05, MMR 2007, 372; BGH Urt. v. 12.12.2006 – VI ZR 175/05, MMR 2007, 373.
[245] Köhler/Bornkamm/*Köhler* § 7 UWG Rn. 109; *Eckhardt* MMR 2003, 557 (558).
[246] Piper/Ohly/Sosnitza/*Ohly* § 7 UWG Rn. 71.
[247] → Rn. 118 ff.
[248] BeckRTD-Komm/*Schmitt*, 2013, § 6 TMG Rn. 16.
[249] BeckRTD-Komm/*Schmitt*, 2013, § 6 TMG Rn. 24.
[250] BeckRTD-Komm/*Schmitt*, 2013, § 6 TMG Rn. 28 ff.

TMG oder enthält die betreffende Werbenachricht einen Link auf eine Webseite, welche die genannten Anforderungen nicht erfüllt, liegt hierin zugleich ein Verstoß gegen § 7 Abs. 2 Nr. 4 lit. b) UWG.

Nach § 7 Abs. 2 **Nr. 4 lit. c)** UWG gilt eine Werbenachricht als unzumutbare Belästigung, wenn sie keine Adresse enthält, an die der Empfänger eine Aufforderung zur Einstellung des Versands derartiger Nachrichten richten kann; dabei dürfen keine anderen als die Übermittlungskosten nach den Basistarifen für den Werbeadressaten entstehen. Zwar muss dem Werbeadressaten nicht die Möglichkeit eingeräumt werden, seinen Widerspruch völlig kostenfrei abzusetzen, jedoch darf diese auch nicht von der Inanspruchnahme zB eines Zusatzkosten auslösenden Mehrwertdienstes abhängig gemacht werden.[251]

Für die E-Mail-Werbung ist die sog **Besondere Informationspflicht bei kommerzieller Kommunikationen** in § 6 TMG eingeführt worden. Diese Regelung wurde unter dem Stichwort „Anti-Spam-Gesetz" diskutiert und der Bezeichnung entsprechend aufgrund der Bußgeldsanktion als „Waffe" gegen das Phänomen „SPAM" politisch für erforderlich gehalten. Die praktische Relevanz im Kampf gegen das Phänomen „SPAM" ist nicht erkennbar. Tatsächlich handelt es sich auch nicht um eine „Anti-Spam"-Regelung. Denn es wird weder das Phänomen „SPAM" definiert noch dieses als solches geregelt oder verboten. Es wurden lediglich typische Begleiterscheinungen untersagt.

Nach § 6 Abs. 1 Nr. 1 TMG muss die kommerzielle Kommunikationen klar als solche zu erkennen sein, sodass jede Form der Verschleierung unzulässig ist. Auch muss nach § 6 Abs. 1 Nr. 2 TMG derjenige, der inhaltlich hinter der Werbung steht, für den Empfänger klar identifizierbar sein. Die Anforderungen nach § 6 Abs. 1 Nr. 3 und Nr. 4 TMG ergeben sich bereits aus dem UWG.

Die eigentliche Regelung zur SPAM-Bekämpfung sollte § 6 Abs. 2 TMG sein. Danach darf der Versender von E-Mail-Werbung in der Kopf- und Betreffzeile weder den Absender noch den kommerziellen Charakter der Nachricht verschleiern oder verheimlichen (§ 6 Abs. 2 S. 1 TMG). Nach der Legaldefinition in § 6 Abs. 2 S. 2 TMG liegt ein Verschleiern oder Verheimlichen dann vor, „wenn die Kopf- und Betreffzeile absichtlich so gestaltet sind, dass der Empfänger vor Einsichtnahme in den Inhalt der Kommunikation keine oder irreführende Informationen über die tatsächliche Identität des Absenders oder den kommerziellen Charakter der Nachricht erhält".

Eine besondere Kennzeichnung von E-Mail-Werbung in der Absender- oder Betreffzeile ist auch nach dieser Regelung (weiterhin) nicht erforderlich. Auch genügt es, wenn der Werbeversender aus dem Inhalt der Werbe-E-Mail identifizierbar wird.

Nach § 16 Abs. 1 TMG handelt ordnungswidrig, wer absichtlich entgegen § 6 Abs. 2 Satz 1 den Absender oder den kommerziellen Charakter der Nachricht verschleiert oder verheimlicht. Der Verstoß kann nach § 16 Abs. 3 TMG mit einer Geldbuße bis zu fünfzigtausend Euro geahndet werden.

Darüber hinaus gilt für E-Mail-Werbung auch die sog **Allgemeine Informationspflicht** nach § 5 TMG.

3. Besondere Leistungsgegenstände

a) Markt- und Meinungsforschung. In der Praxis ist häufig die Frage anzutreffen, ob eine geplante Werbeaktion nicht als Markt- und Meinungsforschung von den Beschränkungen des UWG ausgenommen ist.

Im Anwendungsbereich des UWG wird die Definition der Richtlinie 2006/114/EG vom 12.12.2006 über irreführende und vergleichende Werbung zugrunde gelegt.[252] Art. 2 lit. a) dieser Richtlinie definiert Werbung als jede "Äußerung bei der Ausübung eines Handels, Gewerbes, Handwerks oder freien Berufs mit dem Ziel, den Absatz von Waren oder die

---

[251] Ohly/Sosnitza/*Ohly* § 7 UWG Rn. 71; siehe hierzu auch die Ausführungen zu § 7 Abs. 3 Nr. 4 UWG unter → Rn. 156 ff.
[252] Köhler/Bornkamm/*Köhler*, UWG, 30 Aufl. 2012, § 2 UWG, Rn. 15; Ohly/Sosnitza/*Ohly* UWG § 7 Rn. 42.

Erbringung von Dienstleistungen, einschließlich unbeweglicher Sachen, Rechte und Verpflichtungen, zu fördern".[253]

169 Noch nicht abschließend geklärt ist die Einordnung von sog **Kundenzufriedenheitsanalysen**. Hierbei werden die Kunden eines Unternehmens nach ihrer Zufriedenheit mit den Geschäftsabläufen befragt.[254] In der Sache steht die Kundenbindung und die Absatzförderung im Vordergrund,[255] sodass nach einer vordringenden Ansicht in der Rechtsprechung jedenfalls dann (Telefon-)Werbung anzunehmen ist, wenn solche Anrufe zumindest mittelbar der Absatzförderung dienen.[256] In der **Rechtsprechung** kristallisiert sich heraus, dass bei solchen Meinungsumfragen auch die mittelbare Absatzförderung zur Bejahung von Werbung genügt. Das OLG Köln hat klargestellt, dass es bei solchen Umfragen keinen Unterschied macht, ob das Unternehmen selbst oder ein Meinungsforschungsinstitut die Befragung durchführt.[257] Zu der Frage, wann **Umfragen eines Meinungsforschungsinstituts**, die im Auftrag eines Unternehmens durchgeführt werden, Werbung – insbesondere unlautere Telefonwerbung – darstellen, liegt aber noch keine abschließende höchstrichterliche Rechtsprechung vor. Es bilden sich jedoch Leitlinien in der Rechtsprechung heraus.

170 Nach überwiegender Ansicht ist (Telefon-)Werbung zu verneinen, wenn die Umfrage von einem neutralen Institut zu wissenschaftlichen Zwecken durchgeführt wird und nicht unmittelbar der Absatzförderung eines bestimmten Auftraggebers dient.[258] Im Zuge der sog **BDSG-Novelle II** ist zum 1.9.2009 in § 30a BDSG eine **Spezialregelung zur Markt- und Meinungsforschung** eingeführt worden, welche insoweit die bisherige Regelung des § 29 BDSG fortführt. Im BDSG wurde die Abgrenzung zwischen Werbung und Markt- und Meinungsforschung bisher kaum relevant, da die gesetzlichen Zulässigkeitsregelungen im Kern gleich waren. Erst im Zuge der Novellierung zum 1.9.2009 ist die Unterscheidung von Bedeutung. **In der Praxis der Rechtsprechung und der Aufsichtsbehörden hat sich bisher noch keine abschließende Abgrenzung herausgebildet.** In der Gesetzgebung wurde die Ausnahme damit begründet, dass die Markt- und Meinungsforschung „für öffentliche und private Auftraggeber mittels wissenschaftlicher Methoden und Techniken notwendige Informationen als empirische Grundlage zur Unterstützung wirtschaftlicher, gesellschaftlicher und politischer Entscheidungen" bereitstellt.[259] Dies macht ebenfalls deutlich, dass ein wissenschaftlich fundierter Ansatz und eine wissenschaftlichen Maßstäben entsprechende Aufgabenausführung die Grundlage sein muss.

> **Praxistipp:**
>
> 171 Zusammenfassend lässt sich festhalten: Bei Umfragen zu Meinungsforschungszwecken, die im Auftrag eines Unternehmens durchgeführt werden, kommt es darauf an, ob die Umfrage der Absatzförderung dient oder nicht. Aufgrund der recht weiten Auslegung des Begriffs Werbung wird die Schwelle zur Werbung recht leicht überschritten sein.[260]

Beispiele aus der Rechtsprechung:

Die Rechtsprechung lässt es zur Annahme von Werbung beispielsweise schon genügen, wenn der Anrufer sich nach der Zufriedenheit eines Kunden mit der erbrachten Leistung erkundigt, da ein solcher Anruf jedenfalls auch dazu dient, künftige Geschäftsabschlüsse zu fördern.[261] Ebenso hat es in der Rechtsprechung zur Annahme von unlauterer (Telefon-)Werbung genügt, dass der Kunde nach seiner Zufriedenheit befragt wurde, weil damit die eigenen Leistungen verbessert werden können.[262]

---

[253] Richtlinie 2006/114/EG vom 12.12.2006 über irreführende und vergleichende Werbung, ABL. EU L 376, S. 21.
[254] OLG Köln Urt. v. 30.3.2012 – 6 U 191/11, MMR 2012, 535.
[255] Plath/*Kamlah* § 30a BDSG Rn. 9.
[256] OLG Köln Urt. v. 12.12.2008 – 6 U 41/08, GRUR-RR 2009, 240.
[257] OLG Köln Urt. v. 30.3.2012 – I-6 U 191/11, 6 U 191/11, MMR 2012, 535 (536).
[258] OLG Köln Urt. v. 12.12.2008 – 6 U 41/08, GRUR-RR 2009, 240.
[259] BT-Drs. 16/13657, S. 19f.
[260] Köhler/Bornkamm/*Köhler* § 7 UWG Rn. 130f.
[261] OLG Köln Urt. v. 12.12.2008 – 6 U 41/08, GRUR-RR 2009, 240.
[262] OLG Köln Urt. v. 12.12.2008 – 6 U 41/08, GRUR-RR 2009, 240.

Im Bereich der **Einzelfallbewertung der konkreten Ausgestaltung** liegt es, wenn ein Unternehmen eine Umfrage durchführt, um die Akzeptanz eines beispielsweise erst noch zu entwickelnden Produkts zu testen oder den Bedarf der Verbraucher kennen zu lernen.[263] Diese Frage wird vor allem im Kontext des Ansprechens in der Öffentlichkeit diskutiert und dann auf die Erkennbarkeit des Ansprechens durch einen Unternehmensvertreter abgestellt. Dieser Ansatz ist auf die Werbung mittels Distanzkommunikationsmittel nicht ohne Weiteres übertragbar, da bei diesen die Belästigungswirkung durch beispielsweise den Telefonanruf einbezogen werden muss. Tendenziell dürfte auch in diesem Fall von Werbung auszugehen sein.

> **Praxistipp:**
> Je nach Intensität der „Tarnung" des Werbecharakters kann sogar ein weiterer UWG-Verstoß hinzukommen, da es gegen § 4 Nr. 3 UWG verstößt, den Werbecharakter einer geschäftlichen Handlung zu verschleiern.

b) Produktspezifische Besonderheiten im Überblick. Beschränkungen der Arzneimittelwerbung mit spezifischen Regelungen im Arzneimittel- und Heilmittelwerbegesetz sind besonders ausgeprägt. Zunächst sind die Vorgaben nach § 4 Abs. 1 HWG zu Pflichtangaben für Arzneimittel zu beachten. Gemäß § 4 Abs. 1, 3 S. 1 und 3 HWG muss jede Werbung für ein Arzneimittel außerhalb von Fachkreisen jedenfalls dessen Bezeichnung und die jeweiligen Anwendungsgebiete enthalten. Auch muss die Werbung den Hinweis „Zu Risiken und Nebenwirkungen lesen Sie die Packungsbeilage und fragen Sie Ihren Arzt oder Apotheker" enthalten.[264]

Heftig diskutiert wurden diese Voraussetzung bei Heilmittelwerbung im Rahmen einer **AdWords**[265]**-Anzeige**. Die Rechtsprechung zeigte lange Zeit keine klare Linie, ob bei AdWords-Anzeigen die Pflichtangaben Bestandteil der Anzeige sein müssen oder ob ein entsprechender elektronischer Verweis (Link) innerhalb der Anzeige, der den Nutzer zu den Pflichtangaben leitet, den gesetzlichen Vorgaben entspricht.[266] Im Jahr 2002 stellte sich das *OLG München* auf den Standpunkt, dass eine Erreichbarkeit der Pflichtangaben nach dem HWG über einen Link zumindest dann nicht den gesetzlichen Vorgaben genügt, wenn hierzu „mehre Schritte erforderlich" seien, bis der Nutzer zu den Pflichtangaben gelangt.[267] Denn es bestünde – so das OLG München – in diesem Fall die Gefahr, dass dem Nutzer wichtige Informationen für die Kaufentscheidung vorenthalten würden.[268] Das *KG Berlin* nahm 2004 in Bezug auf Werbung gegenüber Fachkreisen den Standpunkt ein, dass ein Link auf die Pflichtangaben des HWG genüge.[269] Entscheidend war für die Bewertung, dass sich die Werbung an medizinisch vorgeprägte Fachkreise richtete. Diese seien – so das *OLG München* – zum einen gewohnt, mit entsprechenden Internetangeboten umzugehen und für weitere Informationen von einem Link Gebrauch zu machen sowie zum anderen handelten derartige Adressaten derart verantwortungsvoll, dass sich ihnen Informationen nicht allein dadurch entziehen, dass sie lediglich über einen separaten Link zu erreichen seien.[270] In späteren Entscheidungen vertrat das *LG Mannheim* den Standpunkt, dass die AdWords-Anzeige selbst die Pflichtangaben beinhalten müsse, da den gesetzlichen Vorgaben nicht ausreichend Rechnung getragen werde, wenn der Internetnutzer es selbst in der Hand habe, die Pflichtangaben zur Kenntnis zu nehmen oder nicht.[271] Diese Entscheidung liegt auf der Linie des OLG München, ist allerdings restriktiver, da die Begründung nicht auf das Hindernis mehrerer Zwischenschritte abstellte. Auch das *LG Köln* forderte sämtliche Pflichtangaben als Bestandteil der Werbung bzw. der AdWords-Anzeige selbst, sodass ein bloßer Hinweis darauf, dass an anderer Stelle außerhalb der Werbung die Pflichtangaben ein-

---

[263] Köhler/Bornkamm/*Köhler* § 7 UWG Rn. 74.
[264] Vgl. OLG Frankfurt a. M. Urt. v. 29.1.2013 – 6 U 172/12, GRUR-RR 2013, 526 (527).
[265] Zum Thema AdWords-Advertising → Rn. 46 ff.
[266] Für eine kurze Übersicht zu diesem Themenkomplex vgl. *Müllen* PharmR 2014, 8.
[267] OLG München Urt. v. 7.3.2001 – 29 U 5688/01, GRUR-RR 2002, 206.
[268] OLG München Urt. v. 7.3.2001 – 29 U 5688/01, GRUR-RR 2002, 206, 207.
[269] KG Berlin Urt. v. 24.10.2004 – U 246/03, PharmR 2004, 23.
[270] KG Berlin Urt. v. 24.10.2004 – U 246/03, PharmR 2004, 23 (24).
[271] LG Mannheim Urt. v. 12.11.2010 – 22 O 22/10, BeckRS 2011, 02841.

zusehen sind, nicht den gesetzlichen Anforderungen – auch wenn diese leicht erreichbar seien – nicht genüge.[272] Trotz dieser zeitlich früheren Judikatur vertrat das *OLG Frankfurt* die Auffassung, dass die Erreichbarkeit der Pflichtangaben nach dem HWG über einen Link den gesetzlichen Vorgaben genüge.[273] Den Vorgaben des § 4 Abs. 1 und 3 HWG sei genügt, wenn die Pflichtangaben über einen gut wahrnehmbaren Link innerhalb der AdWords-Anzeige durch einmaliges Anklicken und keine weiteren Zwischenschritte erreichbar sind.[274]

176 Den (vorläufigen) Schlusspunkt unter diese Diskussion setzte der *BGH*, welcher im Rahmen einer Sprungrevision des Verfahrens vor dem *LG Köln* angerufen wurde.[275] Der *BGH* kommt zu dem Ergebnis, dass es den Anforderungen des § 4 Abs. 3 und 4 HWG genüge, wenn eine AdWords-Anzeige für Arzneimittel einen eindeutig als solchen erkennbaren Link enthalte, welcher wiederum eindeutig darauf hinweise, dass über diesen die Pflichtangaben zu erreichen sind und diese tatsächlich über diesen Link ohne weitere Zwischenschritte und leicht lesbar zu erreichen seien.[276] Dabei sei unproblematisch, wenn der Nutzer, nachdem er den Link angeklickt hat und auf die Webseite mit den Pflichtangaben geleitet wurde, noch über den Bildschirm scrollen müsse, um die Pflichtangaben in Gänze erfassen zu können.[277] Kernaspekt der Begründung des *BGH* hierfür ist, dass der Schutzzweck des § 4 HWG darin bestehe, ein Gegengewicht und Korrektiv zu den regelmäßig positiven Werbeaussagen zu sein.[278] Um diesem Zweck gerecht zu werden, müssen diese Pflichtangaben auch von Werbeadressaten als „sachlich informativer Teil der Gesamtwerbung" erkannt werden können und ihre Wahrnehmung dürfe dem Nutzer „keinen zusätzlichen Aufwand oder besonderen Einsatz" abfordern, da ansonsten die Gefahr bestünde, der Werbeadressat scheue die Mühe, die Pflichtangaben wahrzunehmen und nimmt ausschließlich die positive Werbebotschaft wahr.[279] Was der Nutzer ohne besondere Konzentration und ohne besonderen Aufwand wahrnehmen könne, beurteile sich nach dem jeweiligen Einzelfall. Bei der Werbung im Internet sei jedenfalls davon auszugehen, „dass der durchschnittliche Nutzer mit den Besonderheiten des Internets vertraut ist". Der durchschnittliche Nutzer wisse, dass Informationen zu den Warenangeboten auf mehreren Seiten verteilt auffindbar sein können, welche untereinander mit entsprechenden Links zu erreichen sind und vom Nutzer durch einen einfachen Mausklick erreicht werden können.[280]

177 Die zwei streitgegenständlichen AdWords-Anzeigen bemängelte der BGH jedoch aus einem anderen Grund: Bei der einen Anzeige störte sich der BGH an der Betitelung des Links. Dieser war als „Bei entzündeten Atemwegen" formuliert. Nach Ansicht des BGH ist dies nicht die erforderliche eindeutige Bezeichnung des Links. Bei der anderen AdWords-Anzeige war der entsprechende Link ohne tatsächliche Funktion, sodass der Nutzer gar nicht zu den Pflichtangaben geleitet wurde.[281]

Praxistipp:

178 Zusammenfassend ergibt sich, dass im Rahmen der Arzneimittelwerbung den Anforderungen des § 4 Abs. 1, 3 und 4 HWG genügt ist, wenn die AdWords-Anzeige einen – funktionierenden – Link zu den Pflichtangaben enthält und dieser Link eindeutig bezeichnet ist (etwa „Pflichttext"[282]).[283]

---

[272] LG Köln Urt. v. 1.12.2011 – 31 O 268/11, MMR 2012, 608.
[273] OLG Frankfurt Urt. v. 29.1.2013 – 6 U 172/12, GRUR-RR 2013, 526.
[274] OLG Frankfurt a. M. Urt. v. 29.1.2013 – 6 U 172/12, GRUR-RR 2013, 526 (527).
[275] BGH Urt. v. 6.6.2013 – I ZR 2/12, GRUR 2014, 94; *Müllen* PharmR 2014, 8 (10).
[276] BGH Urt. v. 6.6.2013 – I ZR 2/12, GRUR 2014, 94 (95).
[277] BGH Urt. v. 6.6.2013 – I ZR 2/12, GRUR 2014, 94 (95).
[278] BGH Urt. v. 6.6.2013 – I ZR 2/12, GRUR 2014, 94 (95).
[279] BGH Urt. v. 6.6.2013 – I ZR 2/12, GRUR 2014, 94 (95).
[280] BGH Urt. v. 6.6.2013 – I ZR 2/12, GRUR 2014, 94 (95); der BGH dokumentiert auch in dieser Entscheidung, dass er von einem informierten und aufgeklärten Verbraucher- bzw. Internetnutzerbild ausgeht, vgl. hierzu auch die Ausführungen des BGH in Bezug auf die Beeinträchtigung der Herkunftsfunktion einer Marke bei der Nutzung einer fremden Marke als Keyword → Rn. 78 f.
[281] BGH Urt. v. 6.6.2013 – I ZR 2/12, GRUR 2014, 94 (95).
[282] *v. Czettritz* GRUR-Prax 2013, 548.
[283] *Müllen* PharmR 2014, 8 (11); BGH GRUR Urt. v. 6.6.2013 – I ZR 2/12, 2014, 94 (95).

Nach § 10 Abs. 1 HWG ist **Werbung für verschreibungspflichtige Arzneimittel** nur gegen- 179
über Ärzten, Zahnärzten und ähnlichen Approbierten zulässig. Damit ist auch die Nennung
eines verschreibungspflichtigen Arzneimittels im Rahmen einer Internetpräsenz neben der
Werbung für eine Arztpraxis nach § 10 HWG verboten, was im praktischen Ergebnis ein Verbot der Werbung für solche Arzneimittel bedeutet.[284] § 10 HWG verbietet auch Angaben zur
Indikation von Arzneimitteln im Internet.[285] § 11 Abs. 1 S. 1 AMG sieht insoweit eine Ausnahme vom Werbeverbot vor, als die danach vorgeschriebenen Pflichtangaben zu machen
sind.[286] Diese Angaben müssen in unmittelbarem Zusammenhang mit der Werbung stehen.[287]

Im Kontext der Heilmittelwerbung sind des Weiteren die speziellen Beschränkungen für 180
die Werbung außerhalb der in § 2 HWG definierte Fachkreise zu beachten. Nach § 11
Abs. 1 Nr. 1 HWG ist der Hinweis auf fachliche Veröffentlichungen verboten, was insbesondere bei der Setzung von Hyperlinks bspw. auf Fachaufsätze zu beachten ist. Durch § 11
Abs. 1 Nr. 6 HWG bestehen erhebliche Beschränkungen bei der Verwendung von fremd-
und fachsprachlichen Bezeichnungen im Rahmen der Internetpräsenz. Die Publikumswer-
bung für bestimmte Krankheiten (bspw. Herzerkrankungen) ist durch § 12 HWG verboten.
In der Kombination Arzneimittelwerbung sind auch Hinweise zur Erkennung, Verhütung
oder Linderung der Krankheit nicht zulässig.

Für das **Versandhandelsverbot** hat der *EuGH* festgestellt, dass es keine europarechtliche 181
Rechtfertigung gibt, soweit nicht verschreibungspflichtige Arzneimittel betroffen sind. Gegen nationale Beschränkungen für verschreibungspflichtige oder in Deutschland nicht zugelassene Arzneimitteln hat der EuGH keine Einwände erhoben.[288]

Die **Tabakwerbung** ist durch §§ 21a Abs. 2, 22 Abs. 1 LBMG weitgehend eingeschränkt. 182
§§ 21a Abs. 2, 22 Abs. 1 LBMG regeln ein allgemeines Werbeverbot für Zigaretten, zigaret-
tenähnliche Tabakerzeugnisse und Tabakerzeugnisse, die zur Herstellung von Zigaretten
durch Verbraucher bestimmt sind, soweit die Werbung in Hörfunk oder Fernsehen ausgestrahlt werden soll.[289] In Diensten der Informationsgesellschaft ist diese Tabakwerbung nach
§ 21a Abs. 4 LBMG untersagt, soweit diese sich an die Öffentlichkeit richtet.[290] Die allgemeine Imagewerbung für Tabakunternehmen ist nicht untersagt.[291] Die Grenze der zulässigen Imagewerbung wird überschritten, wenn zur Imagewerbung auch die Logos der Tabak-
produkte gezeigt werden.[292]

III. Online-Auktionen

1. Grundlagen bei Onlineauktionen

Es ist allgemein anerkannt, dass Geschäfte „im Internet" den allgemeinen Regeln des 183
BGB folgen. Dementsprechend ergeben sich die Grundlagen für Online-Auktionen ebenfalls
aus den allgemeinen Regeln.

a) **Vertragsschluss.** Der Vertragsschluss bei Online-Auktionen weist Besonderheiten im 184
Vergleich zu sonstigen **Vertragsschlüssen im Internet** auf. Der Vertragsschluss im Internet
wird daher kurz beleuchtet.[293]

Bei Vertragsschlüssen im Internet ist zunächst zu beachten, dass die Internetpräsenz mit 185
dem Warenangebot typischerweise nur eine *invitatio ad offerendum* – also die Aufforde-

---

[284] Vgl. LG Berlin Urt. v. 30.9.2002 – 103 O 84/02, WRP 2003, 125; *Hoeren* Internetrecht S. 231.
[285] *Hoeren* Internetrecht S. 231, unter Bezugnahme auf OLG Hamburg Urt. v. 23.11.2006 – 3 U 43/05, MMR 2006, 76.
[286] BGH Urt. v. 13.3.2008 – I ZR 95/05, GRUR 2008, 1014; *Hoeren* Internetrecht S. 231.
[287] OLG München Urt. v. 7.3.2002 – 29 U 5688/01, MMR 2002, 463; OLG Hamburg Beschl. v. 3.5.2002 – 3 U 355/01, GRUR-RR 2003, 121 ff.; *Hoeren* Internetrecht S. 231.
[288] EuGH Urt. v. 11.12.2003 – C-322/01, MMR 2004, 149 mAnm *Mand*.
[289] Dieses Verbot der Tabakwerbung wird durch § 21a Abs. 3 LBMG auf Presseerzeugnissen erstreckt.
[290] Eine redaktionelle Berichterstattung bleibt zulässig (§ 22a LBMG).
[291] OLG Hamburg Urt. v. 19.8.2008 – 5 U 12/08, BeckRS 2009, 27074; *Hoeren* Internetrecht S. 233.
[292] OLG Hamburg Urt. v. 19.8.2008 – 5 U 12/08, BeckRS 2009, 27074; *Hoeren* Internetrecht S. 233.
[293] Grundlegend: → § 23 *Bierekoven* (auch zur Einbeziehung von AGB).

rung des Anbieters zur Abgabe eines Angebots durch den Kunden – ist.[294] Da also das Angebot vom Kunden ausgeht, kann der Anbieter weiterhin nach freiem Ermessen entscheiden, ob er das Angebot annimmt. Nicht als eine das Angebot des Kunden annehmende Willenserklärung können E-Mails gewertet werden, die nur mitteilen, dass die beim Anbieter eingegangene Bestellung des Kunden bearbeitet werde. Denn diese **Bestätigungsmail** ist eine Pflichtmeldung gemäß § 312e Abs. 1 Nr. 3 BGB und muss immer und unabhängig von der Entscheidung des Anbieters über die Annahme des Angebots erfolgen.[295] Die Grenzziehung zur gesonderten Annahmeerklärung und einer in der Bestätigung enthaltenen Annahme des Angebots ist jedoch nicht unproblematisch. Die Auslegung erfolgt aus der Sicht des objektiven Empfängerhorizonts – also des Bestellers –, weshalb eine klare Gestaltung geboten ist. Die Mitteilung in einer solchen E-Mail, dass der Auftrag ausgeführt werde, wurde in der Rechtsprechung beispielsweise als Annahme des Angebots gewertet.[296]

186

> **Praxistipp:**
> Diese Bestätigungs-E-Mail ist wiederum von automatisch generierten Erklärungen abzugrenzen. Allein die automatische Generierung nimmt diesen Erklärungen nicht den Charakter von Willenserklärungen im Sinne des BGB. Entscheidend ist nämlich, ob aufgrund der Einrichtung der automatischen Generierung als willentlicher Vorbereitungshandlung die Erklärung dem Anwender zugerechnet werden kann. Das wird typischerweise zu bejahen sein.[297]

187 Die **Besonderheit des Vertragsschlusses bei Online-Auktionen** ist, dass ein Vertrag mit Abgabe des Höchstgebotes zustande kommt, wenn der Versteigerer bei **Freischaltung des Angebots** die Erklärung abgibt, der Versteigerer nehme bereits zu diesem Zeitpunkt das höchste, wirksam abgegebene Angebot an.[298] Die Rechtsprechung geht zwischenzeitlich davon aus, dass das Verkaufsangebot nach dem Einstellen auf den Seiten von „e-Bay" rechtsverbindlich und unwiderruflich – also keine *invitatio ad offerendum* – ist.[299] Damit ist insbesondere die Option „Sofort kaufen" ein bindendes Angebot.[300]

188 Allerdings gibt es keine Regel ohne Ausnahme; wenn auch die nachfolgenden Ausnahmen in ihrer Begründung nicht unzweifelhaft sind. Sie machen deutlich, dass Unwägbarkeiten bestehen bleiben. Ausnahmen hatte die Rechtsprechung zugelassen, wenn ein krasses **Missverhältnis** zwischen Marktwert und erzieltem Kaufpreis bestand.[301] Nach einer instanzgerichtlichen Auffassung soll auch dann kein rechtsverbindliches Angebot vorliegen, wenn in der Artikelbeschreibung ausdrücklich darum gebeten wurde, von Geboten abzusehen, und

---

[294] Vgl. OLG Stuttgart Beschl. v. 10.8.2006 – 12 U 91/06, CR 2007, 269; vgl. OLG Nürnberg Hinweisbeschl. v. 10.6.2009 – 14 U 622/09, MMR 2010, 31; vgl. OLG Oldenburg Urt. v. 11.1.1993 – 13 U 133/92, CR 1993, 558; *Koehler* MMR 1998, 289 (290); *Hoeren* Internetrecht S. 288.
[295] *Hoeren* Internetrecht S. 289; vgl. LG Essen Urt. v. 13.2.2003 – 16 O 416/02, NJW-RR 2003, 1207; vgl. LG Hamburg Urt. v. 15.11.2004 – 328 S 24/04, MMR 2005, 121 mAnm *Lindhorst*.
[296] LG Köln Urt. v. 16.4.2003 – 9 S 289/02, MMR 2003, 481; vgl. LG Gießen Urt. v. 4.6.2003 – 1 S 413/02, NJW-RR 2003, 1206.
[297] Vgl. *Cornelius* MMR 2002, 353; *Hoeren* Internetrecht S. 289 mwN auch zur überholten Gegenansicht.
[298] Vgl. BGH Urt. v. 7.11.2001 – VIII ZR 13/01, CR 2002, 213 mAnm *Wiebe*; vgl. LG Berlin Urt. v. 15.5.2007 – 31 O 270/05, MMR 2007, 802; vgl. BGH Urt. v. 3.11.2004 – VIII ZR 375/03, MMR 2005, 37. Vgl. *Leible* JA 2002, 444; *Hoeren* Internetrecht S. 289. Der Entscheidung des BGH lag zugrunde, dass der Versteigerer vor der Freischaltung seines Angebotes gegenüber dem Betreiber der Online-Auktions-Plattform mittels AGB des Betreibers explizit erklärt hatte, dass er das mit Abschluss der Vereinbarung mit dem Betreiber antizipiert das höchste, wirksam abgegebenen Kaufangebot annehme.
[299] Vgl. *Hoeren* Internetrecht S. 290 f.; OLG Oldenburg Urt. v. 28.7.2005 – 8 U 93/05, MMR 2005, 766; KG Beschl. v. 25.1.2005 – 17 U 72/04, MMR 2005, 709; LG Berlin Urt. v. 20.7.2004 – 4 O 293/04, NJW 2004, 2831; LG Coburg Urt. v. 6.7.2004 – 22 O 43/04, MMR 2005, 330.
[300] LG Saarbrücken Urt. v. 7.1.2004 – 2 O 255/03, MMR 2004, 556.
[301] *Hoeren* Internetrecht S. 29 unter Bezugnahme auf OLG Koblenz Beschl. v. 3.6.2009 – 5 U 429/09, MMR 2009, 630; OLG Nürnberg Urt. v. 23.7.2009 – 14 U 622/09, MMR 2010, 31; anderer Ansicht OLG Köln Urt. v. 8.12.2006 – 19 U 109/06, MMR 2007, 446.

III. Online-Auktionen

ein Preis als Verhandlungsbasis genannt wurde.[302] Gleiches sollte nach einer instanzgerichtlichen Entscheidung bei einem Angebot gelten, das mit der Einleitung begann „Achtung, dies ist vorerst eine Umfrage! Nicht bieten!".[303]

Parallel zu den bereits einleitend angesprochenen automatisierten elektronischen Erklärungen, führt auch die Nutzung von sog „Bietagenten" bzw. sog „Bietroboter" durch den Interessierten zu einem rechtlich bindenden Vertragsschluss. Denn die durch die **„Bietagenten-Software"** abgegebene Willenserklärung ist dem Nutzer einer solchen „Bietagenten-Software" nach allgemeinen Grundsätzen als eigene Willenserklärung zuzurechnen.[304]

Auch bei einer **vorzeitigen Beendigung eines eBay-Angebots** kommt zwischen Anbieter und Höchstbietendem ein Kaufvertrag zustande, der vom Anbieter grundsätzlich nach §§ 119 ff. BGB bezogen auf das Einstellen des Angebots angefochten werden kann.[305] Darüber hinaus sind – wie der BGH 2011 klarstellte – auch die Regelungen in den Allgemeinen Geschäftsbedingungen des Plattformbetreibers zu berücksichtigen. Der Inhalt der Willenserklärungen von Verkäufer und (potentiellen) Käufer bzw. Bieter richten sich auch nach den Bestimmungen der AGB der Auktionsplattform, welche diese in ihre Willenserklärung mit aufgenommen haben.[306]

Der *BGH* klärte im Jahr 2011, welche rechtlichen Konsequenzen eine vorzeitige Beendigung einer solchen „Auktion" infolge eines Leistungshindernisses auf Seiten des Verkäufers haben kann.[307] Im entschiedenen Fall des BGH wurde während der noch laufenden Angebotsdauer und bereits erfolgten Angeboten die Auktion durch den Verkäufer beendet, weil ihm der Gegenstand gestohlen wurde; der zur diesem Zeitpunkt mit 70 EUR Höchstbietende nahm darauf hin den Verkäufer auf Schadensersatz (ua) iHd behaupteten Wertes der des (ursprünglich angebotenen) Gegenstands (1.125, 32 EUR) in Anspruch. Der BGH verneinte das Zustandekommen eines Kaufvertrags unter Bezugnahme auf die Allgemeinen Geschäftsbedingungen für die Nutzung dieser Plattform.[308] Diese enthielten folgende Regelung:

> „.... Bei Ablauf der Auktion oder bei vorzeitiger Beendigung des Angebots durch den Anbieter kommt zwischen Anbieter und Höchstbietendem ein Vertrag über den Erwerb des Artikels zustande, es sei denn der Anbieter war gesetzlich dazu berechtigt, das Angebot zurückzunehmen und die vorliegenden Gebote zu streichen ..."

Danach kommt ein Kaufvertrag nicht zustande, wenn der Verkäufer „gesetzlich dazu berechtigt" ist, das Angebot vorzeitig zurückzunehmen. Der BGH legt diese Regelung dahingehend aus, dass neben gesetzlichen Bestimmungen auch weitere Hinweise und Regelungen zur Nutzung der Plattform hiervon umfasst sind.[309] In diesem Hinweisen war im Passus enthalten, wonach eine Angebotsbeendigung auch im Falle des Verlusts des Kaufgegenstandes zulässig ist. Diesen Hinweis hatten – so der BGH – die Parteien nach §§ 133, 157 BGB ebenfalls in ihre Willenserklärung aufgenommen, sodass aufgrund des Verlustes der Kamera der Verkäufer das Angebot berechtigterweise zurücknehmen durfte, ohne dass ein Kaufvertrag zustande gekommen ist, womit auch die geltend gemachten Schadensersatzansprüche nicht bestehen.[310]

Der BGH führte mit Urteil vom 12.11.2014 (VIII ZR 42/14) diese Rechtsprechung fort.[311] In dieser Entscheidung hatte der BGH sich damit zu befassen, wie es sich auswirkt, wenn die vorzeitige Beendigung mehr als 12 Stunden vor dem Ende der „Auktion" erfolgt.

---

[302] AG Kerpen Urt. v. 25.5.2001 – 21 C 53/01, MMR 2001, 711.
[303] LG Darmstadt Urt. v. 24.1.2002 – 3 O 289/01, CR 2003, 295.
[304] AG Hannover Urt. v. 7.9.2001 – 501 C 1510/01, MMR 2002, 262; *Hoeren* Internetrecht S. 292.
[305] LG Koblenz Urt. v. 18.3.2009 – 10 O 250/08, CR 2009, 466; AG Gummersbach Urt. v. 28.6.2010 – 10 C 25/10, NJW-RR 2011, 133 (134).
[306] BGH Urt. v. 8.6.2011 – VIII ZR 305/10, MMR 2011, 653 (654).
[307] BGH Urt. v. 8.6.2011 – VIII ZR 305/10, MMR 2011, 653.
[308] BGH Urt. v. 8.6.2011 – VIII ZR 305/10, MMR 2011, 653.
[309] BGH Urt. v. 8.6.2011 – VIII ZR 305/10, MMR 2011, 653, 654.
[310] BGH Urt. v. 8.6.2011 – VIII ZR 305/10, MMR 2011, 653, 654.
[311] BGH Urt. v. 12.11.2014 – VIII ZR 42/14, MMR 2015, 167 mAnm *Wagner/Zenger*.

194 Der BGH hält zwar weiterhin daran fest, dass das Angebot aus Sicht des Bieters unter dem Vorbehalt einer berechtigten Angebotsrücknahme durch den Verkäufer stehen müsse. Einen solchen berechtigten Grund erblickt der BGH nicht nur in der Möglichkeit der Anfechtung, sondern bspw. auch im Fall eines unverschuldeten Verlusts des Objekts. Trotz der Großzügigkeit dieser Auslegung lag im entschiedenen Fall kein berechtigter Grund vor.

195 Allerdings sehen die sog „weiteren Informationen" des Plattformbetreibers vor, dass eine Beendigung der „Auktion" mehr als 12 Stunden vor deren Ende möglich sei. Hierdurch kann der Eindruck entstehen, dass bis zu dieser Zeitgrenze eine Beendigung ohne Weiteres möglich ist. Dem tritt der BGH im Ergebnis entgegen, indem er herausarbeitet, dass zwischen einerseits dieser Beschreibung eines technisch Möglichen und anderseits eines rechtlich Zulässigen unterschieden werden müsse. Denn diese „weiteren Informationen" müssen im Kontext der damals geltenden AGB-Regelungen der Plattform angewendet werden. Diese AGB stellten maßgeblich auf eine gesetzliche Berechtigung zur vorzeitigen Beendigung ab. Es bleibt damit für eine vorzeitige Beendigung bei der Frage nach einem berechtigten Grund.[312] Ist dieser nicht gegeben, ist eine vorzeitige Beendigung rechtlich unzulässig – ungeachtet ihrer technischen Möglichkeit.

196 Der **Leistungsort bei einer e-Bay-Auktion** ist mangels ausdrücklicher anderer Vereinbarung der Wohnsitz des Verkäufers. Der Käufer ist demnach berechtigt, die Ware dort unter Wegfall der Portokosten abzuholen.[313]

197 Im August 2012 ist durch § 312g Abs. 2 bis 4 BGB die sog **„Button-Lösung"** für elektronischen Geschäftsverkehrs eingeführt worden und nach der Neuregelung in § 312j Abs. 2–4 enthalten.[314] Die sog „Button Lösung" fordert, dass bei einem Vertrag, welcher im elektronischen Geschäftsverkehr zwischen einem Unternehmer und einem Verbraucher geschlossen wird und der eine entgeltliche Leistung des Unternehmers zum Gegenstand hat, alle relevanten Vertragsinformationen (vgl. Art. 246 § 1 Abs. 1 Nr. 1, 4, 5, 11, 12 EGBGB) klar, verständlich und in hervorgehobener Weise dem Verbraucher zur Verfügung zu stellen sind (§ 312j Abs. 2 BGB).[315] Insbesondere der Bestellprozess ist danach derart zu gestalten, dass der Verbraucher ausdrücklich bestätigt, dass er sich zu einer für ihn zahlungspflichtigen Bestellung verpflichtet (§ 312g Abs. 3 BGB). § 312j Abs. 3 S. 2 BGB konkretisiert ferner die Beschreibung des Bestell-Buttons dahingehend, dass dieser mit „zahlungspflichtig bestellen" zu bezeichnen ist oder mit einer entsprechend eindeutigen Bezeichnung. Die bloße Bezeichnung „Anmelden" genügt der Bezeichnungsanforderung des Abs. 3 S. 2 jedenfalls nicht.[316] Ein Verstoß führt dazu, dass der Vertrag nicht zustande kommt (§ 312j Abs. 4 BGB).

198 Die Regelung zur „Button-Lösung" § 312j Abs. 2 bis 4 BGB gelten nur für **Verträge zwischen Unternehmer und Verbraucher.**[317] Bei Online-Auktionen, welche einen Vertrag zwischen Verbrauchern zum Gegenstand haben, entfaltet die Vorschrift daher keine Wirkung. Anders ist die Situation jedoch zu bewerten, wenn der Anbieter auf den „Auktionsplattform" ein Unternehmer[318] ist. Dann gelten die Vorgaben des § 312g Abs. 2 bis 4 BGB (jetzt § 312j Abs. 3) auch für den Anbieter, welcher Waren oder Dienstleistungen auf einer Auktionsplattform anbietet.[319] Hierfür spricht, dass dem Wortlaut der Regelung keine Ausnahme für „Auktionsplattformen" zu entnehmen sind. Das LG Berlin stellte klar, dass § 312g Abs. 3 BGB für jeden Vertrag im elektronischen Geschäftsverkehr zwischen einem Unternehmer und einem Verbraucher über eine entgeltliche Leistung gilt und nicht nur für die

---

[312] Vertiefend: *Wagner/Zenger* als Anmerkung zu BGH Urt. v. 12.11.2014 – VIII ZR 42/14, MMR 2015, 167 ff.

[313] AG Koblenz Urt. v. 21.6.2006 – 151 C 624/06, MMR 2007, 270.

[314] *De Franceschi* GRURInt 2013, 865 (869); *Bergt* NJW 2012, 351; siehe grundlegend und vertiefend → § 26.

[315] Grundlegend und weiterführend: → § 26 Rn. 89 ff.

[316] so das LG Berlin Urt. v. 17.7.2013 – 97 O 5/13, MMR 2013, 780.

[317] *Kremer* AnwZert ITR 17/2012, Anm. 2; vgl. im Falle einer unzureichenden Informationsbereitstellung bzgl. Versandbedingungen durch Amazon, MMR-Aktuell 2013, 348891, § 26 Rn. 89 ff.

[318] Zur Bestimmung der Unternehmereigenschaft eines Verkäufers bei eBay vgl. BFH Urt. v. 26.4.2012 – V R 2/11, MMR 20132, 523.

[319] so auch *Heckmann*, in: jurisPK-Internetrecht Kap. 4.3 Rn. 53; *Niclas/Blumenthal* ITRB 2012, 73.

von Gesetzgeber beispielhaft angeführten „Abofallen".[320] Auch dies spricht für eine eher weite Auslegung der Norm.

> **Praxistipp:**
> Problematisch ist dabei jedoch, dass der Anbieter selbst (unabhängig davon, ob er Unternehmer oder Verbraucher ist) keinen Einfluss auf die (technische) Ausgestaltung des eigentlichen Auktionsprozesses hat, das Web-Frontend wird ausschließlich durch den „Auktionsplattformbetreiber" gestaltet, der jedoch vorliegend keine Vertragspartei ist. Dies bedeutet in der Konsequenz, dass Unternehmer Absatzplätze meiden müssen, die die rechtlichen Anforderungen technisch nicht abbilden und ihnen keinen Gestaltungsraum hierzu geben.

b) Fernabsatzrecht bei Online-Auktionen. Mit der Entscheidung des *BGH* im Jahr 2005 wurde endgültig geklärt, dass Online-Auktionen, wie bspw. unter ebay.de oder ricardo.de angeboten, keine Versteigerungen im Sinne von § 156 BGB sind.[321] Damit gelten die **Bestimmungen über das Fernabsatzrecht (§§ 312b ff. BGB)**. Grundlegend und vertiefend zu den Bestimmungen über das Fernabsatzrecht → § 26.

c) Missbrauchskonstellationen. Der Fall der unerlaubten Nutzung eines Benutzerkontos zum Ersteigern eines Gegenstands wirft haftungsrechtliche Fragen des „Account-Inhabers" auf.

Verschafft sich ein Dritter unerlaubt Zugang zu den Benutzerdaten eines Account-Inhabers und ersteigert auf diese Weise einen bestimmten Gegenstand, so stellt sich die Frage der **Haftung des Inhabers des Accounts**. Soweit der Inhaber seine Zugangsdaten für seinen Account **nicht ausreichend vor dem Zugriff durch Dritte schützt**, ist – wie der *BGH* in der Entscheidung „Halzband" klargestellt hat – seine unmittelbare Haftung zu bejahen. Der Inhaber des Kontos muss sich in diesem Fall so behandeln lassen, als wenn er selbst gehandelt hätte.[322]

In den verbleibenden Fällen, in denen sich ein **Dritter ohne ein Verschulden des Account-Inhabers Zugang zu dem Account** verschafft und auf diese Weise einen bestimmten Gegenstand ersteigert, gelten die Grundsätze des Handelns unter fremden Namen. Es ist hier nicht einer der Fälle anzunehmen, bei dem es dem Vertragspartner eben nicht auf die Identität seines Gegenübers ankommt und der Handelnde direkt berechtigt und verpflichtet wird. Vielmehr ist eine Vertragsabwicklung bei Unkenntnis der wahren Identität nicht möglich. Es handelt sich somit um einen Fall der Identitätstäuschung, die für den Handelnden zu einer Haftung nach §§ 177, 179 BGB *(falsus procurator)* führt. Die Wirksamkeit des Geschäfts hängt demnach zunächst von der Genehmigung des Account-Inhabers ab. Bei Verweigerung dieser Genehmigung haftet der Handelnde nach § 179 Abs. 1 BGB. Praktisch nicht gelöst ist damit das Problem, dem missbräuchlichen Nutzer habhaft zu werden, um den Anspruch gegen ihn durchzusetzen. Wird allerdings ein „gefakter" eigener Account verwendet, so kommt zwischen dem Handelnden und dem Anbieter unmittelbar ein Vertrag zustande, bei dem sich der Handelnde auch nicht – als „Spaßbieter" – auf seine fehlende Ernstlichkeit (§ 118 BGB) oder einen geheimen Vorbehalt (§ 116 BGB) berufen kann, da der Anbieter von dieser keine Kenntnis haben konnte.[323]

Die Rechtsprechung verneint tendenziell den **Anscheinsbeweis durch die Gebotsabgabe** zur Begründung einer vertraglichen Bindung bzw. einer Haftung des Account-Inhabers. Das Argument sind der fehlende Sicherheitsstandard und die sich hieraus ergebende Missbrauchsgefahr, womit es an dem für einen Anscheinsbeweis notwendigen typischen Geschehensablauf fehlen solle. Obwohl sich dieser Missbrauchsgefahr sowohl der Anbieter als auch der Bieter aussetzen, sieht die Rechtsprechung die Pflicht zur Risikotragung im Ergeb-

---

[320] LG Berlin Urt. v. 17.7.2013 – 97 O 5/13, MMR 2013, 780; vgl. die Entwurfsbegründung, BT-Drs. 17/7745, S. 6, 11 f.
[321] BGH Urt. v. 3.11.2004 – VIII ZR 375/03, MMR 2005, 37 ff. mAnm *Spindler*.
[322] BGH Beschl. v. 31.3.2009 – 1 StR 76/09, MMR 2009, 391.
[323] *Hoeren* Internetrecht S. 293.

nis beim Anbieter, weil er der Initiator des Verkaufs sei und die Vorteile der Online-Auktion für seine Geschäfte nutzen wolle.[324]

205 **d) Hehlerei durch den Erwerber.** Das *LG Karlsruhe* hat einen Angeklagten freigesprochen, der gestohlene Ware zu einem ungewöhnlich günstigen Preis „ersteigert" hatte. Es hat dies damit begründet, dass auch beim Erwerb von Diebesgut über e-Bay eine Strafbarkeit nach § 259 StGB sich nicht schon daraus ergibt, dass der Startpreis für den hochpreisigen Gegenstand lediglich einen Euro betragen habe und der Zuschlagspreis deutlich unter dem üblichen Marktpreis geblieben sei.[325]

206 **e) Standardfragen zu Sekundäransprüchen im Überblick.** Bei **Angeboten von Privatpersonen** kann nach allgemeinen Regeln ein Ausschluss der Mängelhaftung wirksam vereinbart werden. Dieser Ausschluss muss aber ausdrücklich durch den Anbieter erfolgen.[326]

207 Ein **konkludentes Garantieversprechen** im Sinne von § 444 BGB durch die Produktbeschreibung, welche trotz eines Haftungsausschlusses zu einer Haftung führen würde, nimmt der BGH – entgegen den Instanzgerichten – nicht allein deshalb an, weil bei einem Internetkauf der Erwerber nicht die Möglichkeit zur Besichtigung der Sache habe. Auch bei Online-Auktionen müssen demnach – wie bei jeder Garantie – besondere Umstände hinzutreten, die auf den Rechtsbindungswillen bezüglich der Garantie schließen lassen.[327] Allerdings hat der BGH in dem von ihm entschiedenen Fall in der Produktbeschreibung eine **Beschaffenheitsvereinbarung** gesehen und den Ausschluss der Mängelhaftung so ausgelegt, dass die Beschaffenheitsvereinbarung ohne Sinn und Wert sei, wenn sie wegen eines umfassenden Ausschlusses der Mängelhaftung unverbindlich sei. Damit hat der BGH im Ergebnis die unzutreffende Angabe in der Produktbeschreibung von dem Ausschluss ausgenommen, weil dieser im Wege der Auslegung nicht diese unzutreffende Angabe – im entschiedenen Fall die Laufleistung eines Motorrads – erfassen solle.[328]

208 Für **Angebote durch Gewerbetreibende** an Private ist ein Gewährleistungsausschluss ebenfalls nur nach den allgemeinen Regeln und damit nicht vollständig möglich.

209 **f) Abgrenzung von Privatverkäufern und Gewerbetreibenden.** Die Abgrenzung zwischen Privaten und Gewerbetreibenden ist neben der Frage der Mängelhaftung natürlich auch für den Umfang der Belehrungs- und Unterrichtungspflichten und der Einräumung von Widerrufsrechten (§§ 312b ff., 312e BGB) entscheidend. Für die Einordnung ist der **Unternehmerbegriff des § 14 BGB** entscheidend. Dieser erfordert keinen „in kaufmännischer Weise" eingerichteten Gewerbebetrieb.[329] Das planmäßige und dauerhafte Erbringen von Leistungen gegen Entgelt stellt eine gewerbliche Tätigkeit in diesem Sinn dar. Auch nebenberufliche Tätigkeiten und solche, bei denen keine Gewinnerzielungsabsicht besteht, sind damit nicht ausgeschlossen.[330] Damit kommt es letztlich auf eine Wertung der Gesamtumstände des konkreten Einzelfalls an.[331]

210 Für die Abgrenzung kommen mehrere **Kriterien** in Betracht: Eine nicht bestehende Gewinnerzielungsabsicht kann ein erstes Indiz gegen eine Unternehmereigenschaft sein. Die Anzahl und Häufigkeit des Angebots von Neuware und die Gleichheit der Warenkategorie kommen als Indizien für eine Unternehmereigenschaft in Betracht. Bei Bekleidung wird auch darauf abgestellt, ob das Angebot verschiedene Größen umfasst.[332]

---

[324] Vgl. LG Bonn Urt. v. 19.12.2003 – 2 O 472/03, MMR 2004, 179 (180); vgl. OLG Hamm Urt. v. 16.11.2006 – 28 U 84/06, NJW 2007, 611; vgl. OLG Köln Urt. v. 9.6.2002 – 19 U 16/02 CR 2003, 55 = MMR 2002, 81.
[325] LG Karlsruhe MMR 2008, 256.
[326] Vgl. AG Kamen Urt. v. 3.11.2004 – 3 C 359/04, MMR 2005, 392; *Hoeren* Internetrecht S. 293.
[327] BGH Teilversäumnis- und Schlussurteil v. 29.11.2006 – VIII ZR 92/06, NJW 2007, 1346 mit kritischer Anmerkung *Gutzeit*.
[328] BGH Teilversäumnis- und Schlussurteil v. 29.11.2006 – VIII ZR 92/06, NJW 2007, 1346 mit kritischer Anmerkung Gutzeit; *Hoeren* Internetrecht S. 289 auch zur Kritik an dieser Entscheidung.
[329] OLG Frankfurt a. M. Beschl. v. 21.3.2007 – 6 W 27/07, MMR 2007, 378; LG Berlin Urt. v. 5.9.2006 – 103 O 75/06, MMR 2007, 401.
[330] Statt vieler: Palandt/*Heinrichs* § 14 Rn. 1.
[331] Vgl. OLG Zweibrücken Urt. v. 28.6.2007 – 4 U 210/06, CR 2007, 681; *Hoeren* Internetrecht S. 294.
[332] LG Berlin Urt. v. 5.9.2006 – 103 O 75/06, MMR 2007, 401; LG Coburg Urt. v. 5.10.2006 – I ZR 277/03, MMR 2007, 106; *Hoeren* Internetrecht S. 294 f.

III. Online-Auktionen

Beispielsweise bejahte das *OLG Frankfurt am Main* die Unternehmereigenschaft auf der 211 Grundlage von 40 Verkäufen in 6 Wochen; in einem anderen Fall bei 50 Verkäufen gleichartiger Waren binnen eines Monats.[333] Das *LG Berlin* stellte auf 60 binnen eines Monats ab.[334] Dem *LG Mainz* genügten 252 Verkäufe verschiedener Gegenstände in 2 Jahren.[335] Dem *LG Hanau* genügten sogar nur 25 Verkäufe in einem Zeitraum von zwei Monaten, um von einem Unternehmer als Verkäufer auszugehen.[336] Auch der Ankauf zum Weiterverkauf oder Auflösung einer im Privatbesitz des Versteigerers befindlichen größeren Sammlung mit einer Vielzahl von Verkäufen dürfte ein Hinweis auf die Unternehmereigenschaft sein. Allerdings stellt die Rechtsprechung teilweise zusätzlich Anforderungen in Form von Dauerhaftigkeit oder Planmäßigkeit.[337]

Um den Schwierigkeiten des Käufers, diese Indizien darzulegen und zu beweisen, abzuhel- 212 fen, wird teilweise eine Beweislastumkehr zugunsten des Käufers erwogen, da anderenfalls der Verbraucherschutz leerzulaufen drohe.[338] Teilweise werden auch die Verwendung von Vertragsbedingungen, besondere Angaben auf den Selbstbeschreibungsseiten oder die Bezeichnung „Powerseller" als Grundlage eines Anscheinsbeweises herangezogen.[339] So soll auch das Eröffnen eines „e-Bay-Shops" ein klares Indiz für eine unternehmerische Tätigkeit sein.[340] Zu dieser Thematik auch *Fischl* in → § 17 Rn. 14 ff.

g) Sonderfälle – Steuer und Buchpreisbindung. Das *FG Düsseldorf* hat die **Pflichtigkeit des** 213 **Erwerbers zur Abfuhr von Steuern** bejaht. Im konkreten Fall ging es um Tabakwaren. Das Gericht hatte keine Bedenken gegen die Heranziehung eines Ersteigerers zur Zahlung von bei Wareneinfuhr seitens des Internet-Anbieters nicht entrichteter Zölle und Steuern. Denn der Erwerber sei wegen des erheblich reduzierten Preises nicht gutgläubig gewesen und auch durch entsprechende Hinweise auf den Internetseiten des Versteigerers über die Möglichkeit eines nicht gesetzeskonformen Warenstroms ausreichend informiert gewesen.[341]

Auch die **Buchpreisbindung gilt bei Online-Auktionen**. Sie gilt für den Verkauf neuer 214 Bücher. Sie ist zudem nicht auf Gewerbetreibende beschränkt, sondern trifft auch Privatpersonen, wenn sie mit einer gewissen Regelmäßigkeit neue Bücher anbieten. Denn eine Gewerbsmäßigkeit ist nicht erforderlich.[342] Das *OLG Frankfurt a. M.* hat bei einem Angebot von mehr als 40 neuen Büchern innerhalb von sechs Wochen die Pflicht zur Beachtung der Bindung bejaht.[343]

h) Haftung der „Auktionsplattform". Die Rechtsprechung, insbesondere des BGH, hat 215 sich mehrfach mit der Haftung von **„Auktionsplattform" für über sie geschaltete Angebote** befasst. Im Vordergrund stehen Verletzungen von Marken- oder Urheberrechten.

Bezüglich einer markenrechtlichen Verletzung entschied der BGH, dass den Verkaufsplatt- 216 formbetreiber verschiedene Prüfpflichten treffen, deren Verletzung eine Haftung als Störer

---

[333] OLG Frankfurt am Main Beschl. v. 27.7.2004 – 6 W 54/04, GRUR 2004, 1042.
[334] LG Berlin Urt. v. 5.9.2006 – 103 O 75/06, MMR 2007, 401.
[335] LG Mainz Urt. v. 6.7.2005 – 3 O 184/04, BB 2005, 2264.
[336] LG Hanau Urt. v. 28.9.2006 – 5 O 51/06, MMR 2007, 339.
[337] Zusammenstellung bei *Hoeren* Internetrecht S. 294 f., unter Bezugnahme auf LG München Urt. v. 7.4.2009 – 33 O 1936/08, BeckRS 2009, 11967; OLG Frankfurt am Main Beschl. v. 21.3.2007 – 6 W 27/07, MMR 2007, 378 und OLG Zweibrücken Urt. v. 28.6.2007 – 4 U 210/06, CR 2007, 681.
[338] Vgl. *Peter* ITRB 2007, 18; vgl. OLG Karlsruhe Urt. v. 27.4.2006 – 4 U 119/04, WRP 2006, 1038; vgl. OLG Koblenz Beschl. v. 17.10.2005 – 5 U 1145/05, MMR 2006, 236.
[339] *Hoeren* Internetrecht S. 296; vgl. OLG Karlsruhe Urt. v. 27.4.2006 – 4 U 119/04, WRP 2006, 1038; vgl. LG Mainz Urt. v. 6.7.2005 – 3 O 184/04, MMR 2006, 51; vgl. OLG Frankfurt Beschl. v. 21.3.2007 – 6 W 27/07, MMR 2007, 378; vgl. LG Berlin Urt. v. 5.9.2006 – 103 O 75/06, MMR 2007, 401. *Szczesny/Holthusen* NJW 2007, 2586 forderten darüber hinausgehend, dass die Einrichtung eines ebay-shops oder die Registrierung als „Powerseller" konstituierend für die Unternehmereigenschaft sein müsse. Begründet wird dies damit, dass er sich falls er dennoch nicht Unternehmer sei, hieran aufgrund von § 242 BGB (venire contra factum proprium) gebunden sei.
[340] *Fischer* WRP 2008, 193 (196).
[341] FG Düsseldorf Urt. v. 23.6.2004 – 4 K 1162/04, ZfZ 2005, 25 (25 f.).
[342] „Wer gewerbs- oder geschäftsmäßig Bücher an Letztabnehmer verkauft, muss den nach § 5 festgesetzten Preis einhalten. Dies gilt nicht für den Verkauf gebrauchter Bücher." (§ 3 Gesetz über die Preisbindung für Bücher (Buchpreisbindungsgesetz)).
[343] OLG Frankfurt a. M. Urt. v. 15.6.2004 – 11 U (Kart) 18/2004, MMR 2004, 685.

auslösen kann.³⁴⁴ Dem Plattformbetreiber sei zwar nicht zuzumuten, dass er jedes Angebot vor Veröffentlichung im Internet auf eine mögliche Rechtsverletzung prüft. Jedoch müsse er, wenn er auf eine konkrete Rechtsverletzung hingewiesen wird, Vorsorge treffen, dass das betreffende Angebot unverzüglich gesperrt wird und weitere derartige Markenrechtsverletzungen vermieden werden.³⁴⁵

217 In einer anderen Entscheidung konkretisierte der BGH die Prüfpflichten von Verkaufsplattformbetreibern:³⁴⁶ Danach treffen den Plattformbetreiber verschärfte Prüfpflichten in den Fällen, in denen er seine neutrale Vermittlerposition verlässt und eine „aktive Rolle" spielt.³⁴⁷ Diese aktive Rolle nahm der Betreiber dadurch ein, dass er selbst AdWords-Anzeigen schaltete, welche auf die Angebote Dritter verweisen.³⁴⁸ Auch wenn den Betreiber keine grundsätzliche Pflicht treffe, jegliche Angebote vor Einstellung in sein System auf Rechtmäßigkeit zu prüfen, sei der Betreiber jedoch im Falle der Schaltung (eigener) Anzeigen verpflichtet, die Angebote vorher zu prüfen.³⁴⁹

2. Bewertungssystem

218 Bewertungen im Rahmen von „Online-Auktionen" haben einen hohen Stellenwert erlangt.³⁵⁰ Denn sie entscheiden nicht unerheblich über den Erfolg oder Misserfolg von Anbietern.³⁵¹ Die rechtlichen Anforderungen an den Schutz gegen nachträgliche Bewertungen im Rahmen von Online-Auktionen durch die Vertragsparteien sind derzeit noch ein bunter Strauß gerichtlicher Einzelentscheidungen, welche keine eindeutige und klare Linie erkennen lassen.³⁵² Es werden daher zunächst allgemeine Grundsätze und im Anschluss hieran Einzelentscheidungen dargestellt.

219 **a) Einführung.** Grundlegend für die rechtliche Beurteilung von Bewertungen ist die **Abgrenzung** zwischen **Tatsachenbehauptungen** und **Werturteilen**. Denn die (Un-)Zulässigkeit ist für beide im Grundsatz unterschiedlich.

220 **Tatsachenbehauptungen** sind Aussagen, die einem Beweis zugänglich, also an den Maßstäben von „wahr" oder „unwahr" zu messen sind. Werturteile sind hingegen dadurch gekennzeichnet, dass sie ein Element des Dafür- oder Dagegenhaltens beinhalten und keinem Beweis zugänglich sind.³⁵³

221 Wahre Tatsachenbehauptungen sind grundsätzlich rechtlich nicht angreifbar. Unwahre Tatsachenbehauptungen können Unterlassungs- bzw. Beseitigungs- und auch Schadensersatzansprüche nach §§ 823 Abs. 1, 824, 826 BGB, § 1004 Abs. 1 BGB und auch auf vertraglicher Grundlage auslösen.³⁵⁴ Dabei ist die Frage der **Beweislast für die (Un-)Wahrheit bei Bewertungen** entscheidend. Bei einem Unterlassungsbegehren hat – nach allgemeinen Grundsätzen – der von der Behauptung Betroffene die Unwahrheit zu beweisen.³⁵⁵

222 **Werturteile** sind hingegen kraft Natur der Sache keinem Beweis zugänglich. Hinzu kommt, dass – anders als die Behauptung von Tatsachen – die Äußerung von Werturteilen

---

[344] BGH Urt. v. 17.8.2011 – I ZR 57/09, MMR 2012, 178 – Stiftparfum.
[345] BGH Urt. v. 17.8.2011 – I ZR 57/09, MMR 2012, 178 (179).
[346] BGH Urt. v. 16.5.2013 – I ZR 216/11, GRUR 2013, 1229 – Kinderhochstühle im Internet II.
[347] BGH Urt. v. 16.5.2013 – I ZR 216/11, GRUR 2013, 1229 (1232).
[348] BGH Urt. v. 16.5.2013 – I ZR 216/11, GRUR 2013, 1229 (1233).
[349] BGH Urt. v. 16.5.2013 – I ZR 216/11, GRUR 2013, 1229 (1233).
[350] *Redeker*, IT-Recht, Rn. 1193.
[351] Vgl. Leupold/Glossner/*Glossner* Teil 2 Rn. 388 ff.; *Dörre/Kochmann*, ZUM 2007, 30 (32).
[352] Einen Überblick bieten: *Hoeren* Internetrecht S. 236 ff.; *Schlömer* BB 2007, 2129; zur allgemeinen Bewertung von Bewertungsportalen, vgl. BGH Urt. v. 23.6.2009 – VI ZR 196/08, MMR 2009, 608 – spickmich.de, mAnm *Greve/Schärdel*.
[353] *Hoeren* Internetrecht S. 236.
[354] Vgl. AG Frankfurt Urt. v. 21.10.2010 – 29 C 1485/10 – 81, BeckRS 2011, 01505; OLG Oldenburg Urt. v. 3.4.2006 – 13 U 71/05, MMR 2006, 556; LG Konstanz Urt. v. 28.7.2004 – 11 S 31/04, NJW-RR 2004, 1635 (1636); vgl. AG Koblenz Urt. v. 21.6.2006 – 151 C 624/06, CR 2007, 540 (541); vgl. AG Erlangen Urt. v. 26.5.2004 – 1 C 457/04, NJW 2004, 3720 (3721); vgl. AG Peine Urt. v. 15.9.2004 – 18 C 234/04, NJW-RR 2004, 275; *Eckhardt* NET 4/2008, 46.
[355] Vgl. AG Peine Urt. v. 15.9.2004 – 18 C 234/04, NJW-RR 2004, 275; OLG Karlsruhe Urt. v. 13.5.2005 – 14 U 209/04, ZUM-RD 2006, 76 (77).

durch das Grundrecht der Meinungsfreiheit (Art. 5 Abs. 1 GG) geschützt ist. Ein unzulässiges Werturteil kann ebenfalls die vorgenannten Unterlassungsansprüche nach sich ziehen. Die Zulässigkeit eines Werturteils beurteilt sich im Ergebnis aufgrund **einer Interessenabwägung zwischen Meinungsfreiheit und Persönlichkeitsrecht** des Betroffenen, also ob der Betroffene zur Duldung der Äußerung verpflichtet ist.

b) Zulässigkeit von Tatsachenbehauptungen. Bei der rechtlichen Bewertung von Tatsachenbehauptungen steht die Beweislast im Vordergrund. Bei einem Unterlassungsbegehren hat – nach allgemeinen Grundsätzen – der von der Behauptung Betroffene die **Unwahrheit zu beweisen**.[356] Es ist jedoch anerkannt, dass bei ehrrührigen Behauptungen den Äußernden unabhängig von der Beweislast eine erweiterte Darlegungslast trifft.[357] Diese erweiterte Darlegungslast wird zu einer echten Umkehr der Beweislast, soweit es um ehrverletzende Behauptungen geht.[358] Hier kann der davon Betroffene nach der § 823 Abs. 2 BGB in das Zivilrecht transformierten Beweisregel des § 186 StGB Unterlassung im Grundsatz auch dann verlangen, wenn die Unwahrheit der Äußerung zwar nicht erwiesen ist, ihre Wahrheit aber ebenfalls nicht feststeht. Es bleibt aber bei der allgemeinen Beweislastregel, wenn die Äußerung durch berechtigte Interessenwahrnehmung gerechtfertigt ist (§ 193 StGB).[359] Es sind demnach auch unwahre Tatsachenbehauptungen möglich, soweit der Äußernde die Unwahrheit nicht kannte und solange diese im Rahmen der Wahrnehmung von berechtigten Interessen erfolgte.[360] Nach § 4 Nr. 8 UWG würde hingegen den Bewerter die Beweislast für die Wahrheit seiner nachteiligen Bewertung treffen.[361] Die Rechtsprechung ging in der Vergangenheit mit diesem Grundsatz unterschiedlich ausgeprägt um.

Das *AG Peine* ging zunächst von dem Rechtsgedanken des § 186 StGB aus und sah daher die Beweislast für die Wahrheit der Aussage beim Unterlassungsbeklagten, die sich jedoch umkehre, wenn er ein berechtigtes Interesse an der Äußerung nachweise. Dies bejahte das *AG Peine* für die Bewertung eines Verkäufers im Rahmen von Online-Auktionen aufgrund einer Interessensabwägung zwischen dem Interesse an einer – auch negativen – Bewertungsmöglichkeit und dem Schutz des Betroffenen vor negativen Bewertungen.[362]

Das *LG Konstanz* kommt in einer Entscheidung zu einer – dem § 4 Nr. 8 UWG entsprechenden – Beweislastverteilung.[363] Denn – so das LG Konstanz – wer eine Tatsache behaupte, den träfen besondere Darlegungs- und Beweispflichten, wenn die Wahrheit zum Zeitpunkt der Äußerung (noch) nicht hinreichend geklärt ist. Er habe darzulegen, auf welche tatsächliche Grundlage die Aussage gestützt werde oder aber der Vortrag des Unterlassungsklägers, dass die Aussage nicht wahr sei, sei nicht widerlegt.

Das *LG Düsseldorf* hat in einem Verfahren, dem ein Anspruch aus § 824 BGB zugrunde lag, Aspekte herausgestellt, welche für eine erhöhte Duldungspflicht des von der Bewertung Betroffenen sprechen sollen.[364] Bewertungssysteme dienen dazu, ein Bild des Verkäufers „zu zeichnen". Wenn ein Anbieter den Vorteil einer Ansprache von einer Vielzahl von Kunden nutze, müsse er auch die damit verbundenen negativen Effekte in Form von

---

[356] Vgl. AG Peine Urt. v. 15.9.2004 – 18 C 234/04, NJW-RR 2004, 275.
[357] BGH Urt. v. 9.7.1974 – VI ZR 112/73, NJW 1974, 1710; LG Berlin Urt. v. 3.11.2009 – 27 O 343/09, ZUM-RD 2011, 31; LG Berlin Urt. v. 16.62009 – 27 S 1/09, BeckRS 2010, 28317.
[358] *Eckhardt* NET 4/2008, 46.
[359] OLG Karlsruhe Urt. v. 13.5.2005 – 14 U 209/04, ZUM-RD 2006, 76 (77).
[360] Spindler/Schuster/*Spindler/Nink* § 823 Rn. 40.
[361] „Unlauter handelt insbesondere, wer [...] 8. über die Waren, Dienstleistungen oder das Unternehmen eines Mitbewerbers oder über den Unternehmer oder ein Mitglied der Unternehmensleitung Tatsachen behauptet oder verbreitet, die geeignet sind, den Betrieb des Unternehmens oder den Kredit des Unternehmers zu schädigen, sofern die Tatsachen nicht erweislich wahr sind; handelt es sich um vertrauliche Mitteilungen und hat der Mitteilende oder der Empfänger der Mitteilung an ihr ein berechtigtes Interesse, so ist die Handlung nur dann unlauter, wenn die Tatsachen der Wahrheit zuwider behauptet oder verbreitet wurden; [...]." (§ 4 Nr. 8 UWG).
[362] AG Peine Urt. v. 15.9.2004 – 18 C 234/04, NJW-RR 2004, 275; ausführlich zu dieser Entscheidung: *Hoeren* Internetrecht S. 237/238.
[363] LG Konstanz Urt. v. 28.7.2004 – 11 S 31/04, NJW-RR 2004, 1635 (1636).
[364] LG Düsseldorf Urt. v. 18.2.2004 – 12 O 6/04, MMR 2004, 496; *Hoeren* Internetrecht S. 237.

Bewertungsmöglichkeiten akzeptieren. Er habe die Möglichkeit zur Gegendarstellung, auch könne er im Zusammenhang auf die Äußerung reagieren.[365] Die Bewertungsmöglichkeit trage auch der Situation Rechnung, dass Unternehmen sich in Online-Auktionen unter einem Pseudonym darstellen, sodass nicht stets direkt das Geschäft betroffen sei. Schließlich sei die Bewertung für die Marktteilnehmer auch die einzige Informationsquelle auf Basis von Produkt- oder Serviceerfahrungen Dritter.

227 **c) Zulässigkeit von Werturteilen.** Die Zulässigkeit eines Werturteils beruht – wie bereits einleitend angesprochen – auf einer **Interessenabwägung** zwischen **Meinungsfreiheit** des Bewertenden und **Persönlichkeitsrecht** des Betroffenen, ob der Betroffene zur Duldung der Äußerung verpflichtet ist.[366] Die Grenze bilden in jedem Fall strafrechtlich sanktionierte Äußerungen. Werturteile können die grundrechtlich geschützte Grenze demnach insbesondere dann überschreiten, wenn sie eine Ehrverletzung beinhalten. Aber nicht bereits überzogene oder ausfällige Äußerungen stellen immer eine Ehrverletzung dar. Die **Grenze** ist (erst) dann überschritten, wenn nicht mehr die Befassung in der Sache, sondern die Diffamierung des Betroffenen beabsichtigt wird. Dann ist unzulässige sog **Schmähkritik** gegeben.

228 Zu erkennen ist allerdings, dass Gerichte über die Interessensabwägung hinaus eine **Sachlichkeit als Erfordernis** erkennen wollen. Besonders hervorzuheben ist ein Urteil des *AG Erlangen*. Das *AG Erlangen* hatte – unabhängig von der Frage einer unwahren Tatsachenbehauptung oder einer Schmähkritik – aufgrund einer Unsachlichkeit eine Bewertung als unzulässig betrachtet.[367] Das *AG Erlangen* kam für die Aussage „Ein Freund und ich würden hier nicht mehr kaufen" zu dem Ergebnis, dass sie so allgemein sei, dass sie für den Leser eine Mehrzahl von Interpretationsmöglichkeiten lasse. Darin erkannte das *AG Erlangen* eine unzulässige Unsachlichkeit. Damit geht das *AG Erlangen* sicherlich in der Rechtsprechung in Bezug auf den Schutz des Betroffenen am weitesten. Es bestehen auch Zweifel, dass dieser Ansatz den grundgesetzlichen Auslegungserfordernissen im Rahmen von Art. 5 Abs. 1 GG gerecht wird. Verständlich wird die Wertung jedoch, wenn berücksichtigt wird, dass das *AG Erlangen* für das im Interesse aller potentiellen Kunden durch Bewertungssysteme zu zeichnende Bild dieses Erfordernis aufstellt. Denn ein solches Bild entstehe dann nicht, wenn der potentielle Kunde nur allgemeine, überspitzte und schlagwortartige Bewertungen „nachlesen" könne.

229 **d) Relevanz der AGB der Anbieter.** Während sich in der jüngeren Rechtsprechung in Bezug „Auktionen" der vorliegend in Rede stehenden Art praktisch nichts an vorstehend dargestellten Grundsätzen geändert hat,[368] **ist in** der Rechtsprechung in jüngerer Vergangenheit eine gewisse Tendenz zu erkennen, dass unter Berücksichtigung der oben beschriebenen Grundsätze ein Gebot der Sachlichkeit auch aus den in den Vertrag mit einbezogenen Allgemeinen Geschäftsbedingungen der Anbieter hergeleitet wird. Dies liegt auf der Linie der Rechtsprechung, die Allgemeinen Geschäftsbedingungen der Anbieter in die Vertragsbeziehung zwischen Verkäufer und Käufer einzubeziehen.[369] Das LG Köln hat in einem Verhaltenskodex, der in den AGB eines „Internetauktionshauses" enthalten war, ein Gebot der Sachlichkeit erkannt und hielt daher eine nachvertragliche Pflichtverletzung (§§ 280 Abs. 1, 249 Abs. 1 BGB) durch Bewertungskommentare in Form von Schmähkritik grundsätzlich für möglich.[370]

230 **e) Ausschluss infolge von negativen Bewertungen.** Die Rechtsprechung hat es als grundsätzlich zulässig anerkannt, dass die Anbieter von Online-Auktionsplattformen Kündigungsrechte vorsehen, falls zu viele negative Bewertungen über einen Verkäufer abgegeben wer-

---

[365] Kritisch zur Gegendarstellung: *Hermann* MMR 2004, 497.
[366] Vgl. auch *Ludyga* DuD 2008, 277 (279).
[367] AG Erlangen Urt. v. 26.5.2004 – 1 C 457/04, NJW 2004, 3720 (3721).
[368] Zur Entwicklung der Rechtsprechung zu Äußerungen und sonstigen Bewertungen, insbesondere Bewertungsplattformen, im Internet → § 28.
[369] → Rn. 195.
[370] Vgl. LG Köln Urt. v. 10.6.2009 – 28 S 4/09, BeckRS 2009, 87171; ebenso AG Bremen Urt. v. 27.11.2009 – 9 C 412/09, NJW-RR 2010, 1426 (1427).

den.³⁷¹ Die Kündigungsregelungen müssten jedoch transparent gestaltet sein. Da zwischen den Vertragsebenen (e-Bay – Anbieter und Anbieter – Erwerber) ein Netzwerkeffekt entsteht, muss an eine Kündigung eines Auktionshändlers, der neben einigen negativen viele positive Bewertungen erhalten hat, hohe Anforderungen gestellt werden.³⁷²

---

[371] OLG Brandenburg Urt. v. 18.5.2005 – 7 U 169/04, MMR 2005, 698 in Bezug auf die Sperrung eines Accounts; vgl. KG Urt. v. 5.8.2005 – 13 U 4/05, MMR 2005, 764 in Bezug auf die Eröffnung eines Accounts zur Umgehung der Sperre eines Accounts.
[372] *Ladeur* K&R 2007, 85 (90).

§ 26 E-Commerce und Fernabsatzrecht

Übersicht

	Rn.
I. Allgemeines	1
II. Vertragsschluss	2–29
1. Online-Vertragsschluss	3/4
2. Anfechtung von Willenserklärungen im Internet	5–19
a) Elektronisch übermittelte Willenserklärung	6–8
b) Automatisierte Computererklärung	9–19
3. Zugang von Willenserklärungen im Internet	20–29
a) E-Mail	21–25
b) Computererklärung	26–29
III. Einbeziehung von Allgemeinen Geschäftsbedingungen („AGB")	30–46
1. Grundsatz	30
2. Business-to-Business, B2B	31–33
3. Business-to-Consumer, B2C	34–46
a) Hinweis auf die Geltung Allgemeiner Geschäftsbedingungen, § 305 Abs. 2 Nr. 1 BGB	35–38
b) Möglichkeit der zumutbaren Kenntnisnahme, § 305 Abs. 2 Nr. 2 BGB	39–46
IV. Pflichten im elektronischen Geschäftsverkehr, §§ 312i, j BGB	47–107
1. Neukonzeption	47–56
a) Überblick	47–49
b) Sachlicher Anwendungsbereich	50–52
c) Persönlicher Anwendungsbereich	53
d) Ausschluss der Abdingbarkeit	54–56
2. Allgemeine Pflichten nach § 312i BGB	57–88
a) Die einzelnen Pflichten im Sinne des § 312i Abs. 1 S. 1 BGB	57–63
b) Vorvertragliche Informationspflichten	64–72
c) Bestellbestätigung	73–82
d) Bereitstellung von AGB und Vertragsbestimmungen	83–88
3. Besondere Pflichten, § 312j BGB	89–107
a) Angaben zu Zahlungsmitteln und Lieferbeschränkungen	90–93
b) Inhalt und Anforderungen der „Button-Lösung", § 312j Abs. 2–4 BGB	94–107
V. Fernabsatzrecht, §§ 312b–312h BGB	108–127
1. Grundsatz und Konzept der Neuregelung	108/109
2. Anwendungsbereich, § 312c BGB	110–113
3. Struktur	114/115
4. Informationspflichten, § 312d Abs. 1 S. 1 BGB, Art. 246a EGBGB	116/117
5. Liefertermin, Art. 246a § 1 Abs. 1 Nr. 7 EGBGB	118/119
6. Vertragsbestätigung, § 312f Abs. 2 BGB	120–127
VI. Widerrufsrecht, § 312g BGB, § 355 BGB	128–234
1. Das neue Widerrufsrecht	128–173
a) Überblick über die neue Gesetzestechnik	128
b) Widerrufsfrist	129–135
c) Widerrufsrecht im Verbrauchsgüterkauf	136–138
d) Widerrufsrecht bei Dienstleistungen	139–146
e) Widerrufsbelehrung	147–153
f) Widerrufsbelehrung und Gestaltungshinweise	154–170
g) Ausübung des Widerrufs und Widerrufsformular	171–173
2. Die Bereichsausnahmen, § 312g Abs. 2 BGB	174–212
a) Kundenspezifikation	175–185
b) Gesundheitsschutz und Hygiene, § 312g Abs. 2 Nr. 3 BGB	186–189
c) Vermischung von Gütern	190/191
d) Lieferung von Ton- oder Videoaufzeichnungen oder von Computersoftware, § 312g Abs. 2 Nr. 6 BGB	192–196
e) Weitere Bereichsausnahmen	197–205
f) Gestaltung der Bereichsausnahmen in der Belehrung	206–212

	Rn.
3. Rechtsfolgen bei Widerruf, § 357 BGB	213–219
a) Systematik	214/215
b) Pflichten des Unternehmers	216
c) Pflichten des Verbrauchers	217–219
4. Wertersatz, § 357 Abs. 7 – Abs. 9 BGB	220–227
a) Allgemein	220
b) Wertersatz bei Warenlieferung	221–223
c) Wertersatz bei Dienstleistungen	224–227
5. Hin- und Rücksendekosten	228–234
a) Bisherige Rechtslage	228
b) Neue Rechtslage	229–234
VII. Allgemeine Pflichten und Zusatzkosten, § 312a Abs. 3 – Abs. 6 BGB	235–246
1. Vereinbarungen über Zusatzleistungen, § 312a Abs. 3 BGB	236/237
2. Vereinbarungen zu Zahlungsmitteln, § 312a Abs. 4 BGB	238–241
3. Kostenpflichtige Rufnummern, § 312a Abs. 5 BGB	242–244
4. Rechtsfolge bei Verstoß, § 312a Abs. 6 BGB	245/246
VIII. Umgehungsverbot, § 312k BGB	247–252
IX. Digitale Inhalte	253–267
1. Grundsatz	253/254
2. Informationspflichten	255–258
3. Widerrufsrecht	259–262
4. Wertersatz	263
5. Praktische Umsetzung	264–267
X. Verträge über die Lieferung von Wasser, Gas, Strom oder Fernwärme	268–273
1. Allgemein	268
2. Vorvertragliche Informationspflichten	269
3. Widerrufsrecht und Widerrufsfrist	270–272
4. Wertersatzpflicht	273
XI. Mobile-Commerce	274–278
XII. Preisangabenverordnung (PAngV)	279–303
1. Geltungsbereich allgemein	279–281
2. Geltung der PAngV für Fernabsatzverträge	282/283
3. Rechtsprechung zur Preisgestaltung im Internet	284–303

Schrifttum: *Alexander,* Die Umsetzung der Verbraucherrechte-Richtlinie und die Auswirkungen auf das Lauterkeitsrecht, WRP 2014, 501; *Bierekoven,* Neuerungen für Online-Shops nach Umsetzung der Verbraucherrechterichtlinie – Ein erster Überblick, MMR 2014, 283; *dies.,* Grundzüge der Verbraucherrechterichtlinie, ZIR 2014, 266; *Bierekoven/Crone,* Umsetzung der Verbraucherrechterichtlinie, Neuerungen im deutschen Schuldrecht – Ein erster Überblick, MMR 2013, 687; *Boos/Bartsch/Volkamer,* Rechtliche und technische Nutzerunterstützung bei der Button-Lösung, CR 2014, 119; *Buchmann,* Aktuelle Entwicklungen im Fernabsatzrecht 2011/2012, K&R 2012, 549; *Ernst,* Die Pflichtangaben nach § 1 II PAngV im Fernabsatz, GRUR 2006, 636; *Föhlisch/Dyakova,* Fernabsatzrecht und Informationspflichten im Onlinehandel nach dem Referentenentwurf zur Umsetzung der Verbraucherrechterichtlinie, MMR 2013, 3; *dies.,* Das Widerrufsrecht im Onlinehandel – Änderungen nach dem Referentenentwurf zur Umsetzung der Verbraucherrechterichtlinie, MMR 2013, 71; *Gräbig,* Das Widerrufsrecht nach Umsetzung der Verbraucherrechterichtlinie, IPRB 2014, 93; *Harte-Bavendamm/Henning-Bodewig,* UWG Kommentar 3. Aufl., 2013; *Heermann,* Angebot von Eintrittskarten durch nicht autorisierte Händler – bundesligakarten.de, Anm. zu BGH vom 11.9.2008, GRUR 2009, 177; *Hilger,* Lieferdienst muss für Waren in Fertigpackungen Grundpreis angeben – Traum-Kombi, GRUR-Prax 2013, 20; *Hoeren/Föhlisch,* Ausgewählte Praxisprobleme des Gesetzes zur Umsetzung der Verbraucherrechterichtlinie, CR 2014, 242; *Hoeren/Müller,* Widerrufsrecht bei e-Bay-Versteigerungen, NJW 2005, 948; *Hoffmann,* Die Entwicklung des Internet-Rechts bis Mitte 2003, NJW 2003, 2576; *ders.,* Die Entwicklung des Internet-Rechts bis Mitte 2006, NJW 2006, 2602; *Hossenfelder/Schilde,* Praxisprobleme bei der Nutzung der Muster-Widerrufsbelehrung, CR 2014, 456; *Junker,* Die Entwicklung des Computerrechts in den Jahren 2003/2004, NJW 2005, 2829; *Klimke,* Korrekturhilfen beim Online-Vertragsschluss, die Verpflichtung des Unternehmers zur Bereitstellung von Eingabekorrekturhilfen im Elektronischen Geschäftsverkehr, CR 2005, 582; *Köhler/Arndt/Fetzer,* Recht des Internet, 7. Aufl., 2011; *Kropf,* Widerrufsrecht bei Zertifikatserwerb im Fernabsatz, WM 2012, 1267; *Kunczik,* Umfang der Preistransparenz bei Online-Flugbuchungen, ITRB 2014, 3; *Mand/Könen,* Widerrufsrecht des Verbrauchers beim Versandhandelskauf von Arzneimitteln und Medizinprodukten, WRP 2007, 1405; *Mankowski,* Apps und fernabsatzrechtliches Widerrufsrecht, CR 2013, 508; *Mankowski/Siemonsen,* Das fernabsatzrechtliche Widerrufsrecht nach dem Telefonwerbungsbekämpfungsgesetz, MMR 2009, 515; *Meier,* Vergütungspflicht und Widerruf bei der Online-Partnerschaftsvermittlung, NJW 2011, 2396; *Schäfer/Jahn,* Vom Klick zum Kühlschrank – Sicherheits- und schuldrechtliche Aspekte des Lebensmittelhandels im Internet, K&R 2011, 614; *Schirmbacher/Creutz,* Neues Verbraucherrecht: Änderungen beim Widerrufsrecht und erweiterte Informationspflichten für digitale Inhalte, ITRB 2014, 44; *Schirmbacher/Engelbrecht*, Neues Verbraucherrecht: Erleichterte Informationspflichten bei begrenzter Darstellungsmöglichkeit, ITRB 2014, 89; *Schirmbacher/Freytag*, Neues Verbraucherrecht: Entgelte für Zahlungsmittel und Kundenhotlines, ITRB 2014, 144; *Schirmbacher/Grasmück*, Neues Verbraucherrecht: Muster-Widerrufsformular und Online-Widerrufserklärung, ITRB 2014, 20; *dies.*, Neues Verbraucherrecht: Kostenpflichtige Zusatzleistungen im E-Commerce, ITRB 2014, 66; *Schirmbacher/Schmidt*, Verbraucherrecht 2014 – Handlungsbedarf für den E-Commerce, CR 2014, 107; *Schneider*, Zur Umsetzung der E-Commerce-Richtlinie im Regierungsentwurf zur Schuldrechtsmodernisierung, K&R 2001, 344; *Schomburg*, Mehr Verbraucherschutz bei Kosten für Nebenleistungen – Die Regelungen des neuen § 312a Abs. 2 bis 6 BGB, VuR 2014, 18; *Stockmar/Wittwer*, Die Pflicht zur Empfangsbestätigung von elektronischen Bestellungen im Spiegel der Rechtsprechung, CR 2005, 118; *Stuwe*, Die Button-Lösung – Wettbewerbsrechtliche Aspekte, IPRB 2012, 236; *Wilmer/Hahn*, Fernabsatzrecht mit Finanzdienstleistungs-, Versicherung- und Haustürgeschäftsrecht, 2. Aufl., 2006; *Witt*, Widerrufsbelehrung inklusive Information über Verbraucherrechte – Nichts Neues zur Musterbelehrung, NJW 2007, 3759.

I. Allgemeines

1   Dieses Kapitel behandelt nach einem Überblick über den Vertragsschluss im Internet die rechtlichen Anforderungen, die bei der Erstellung eines Online-Shops zu beachten sind, namentlich die Einbeziehung Allgemeiner Geschäftsbedingungen im B2B- und B2C-Bereich, die Pflichten im elektronischen Geschäftsverkehr, §§ 312i, j BGB, die Neuregelungen im Fernabsatzrecht nach §§ 312b–312h BGB, einschließlich Neuregelungen zu den Informationspflichten, die allgemeinen Anforderungen an die Gestaltung eines Online-Shops, Widerrufsrecht, Widerrufsbelehrung und -formular sowie Anforderungen für besondere Vertragsformen, Zusatzleistungen und -kosten und schließlich Preisangaben im Online-Shop.

II. Vertragsschluss

2   Mit Ausnahme des § 312 BGB enthält das BGB keine besonderen Bestimmungen für Vertragsabschlüsse im Online-Bereich, weshalb insoweit die allgemeinen Vorschriften des BGB über Vertragsabschlüsse zur Anwendung gelangen.[1]

1. Online-Vertragsschluss

3   Der für den E-Commerce und in der Praxis wichtigste Fall des Vertragsschlusses ist derjenige, bei dem ein Kunde entweder im Rahmen eines Online-Shops, einer Online-Auktion[2] oder auf einem elektronischen Marktplatz Waren oder Dienstleistungen oder nach neuer Regelung digitale Inhalte erwirbt. Im Hinblick auf den Vertragsschluss zwischen dem Anbieter und dem Kunden ist zunächst die Vorfrage zu beantworten, ob die Webseite des Anbieters als **Angebot**, im Sinne der §§ 145 ff. BGB oder als *„invitatio ad offerendum"* zu qualifizieren ist.

4   Seit dem Urteil des BGH vom 26.1.2005 – falsche Kaufpreisauszeichnung im Internet – qualifiziert der BGH die Webseite als invitatio ad offerendum,[3] was er in seiner Entscheidung **„bundesligakarten.de"** sodann ausdrücklich klarstellte.[4]

2. Anfechtung von Willenserklärungen im Internet

5   Da die Anfechtung von Willenserklärungen im Rahmen von Online-Bestellungen in der Vergangenheit häufiger Gegenstand der Rechtsprechung war und auch weiterhin relevant werden kann, werden nachfolgend die Grundsätze zur Anfechtung von Willenserklärungen anhand der bislang ergangenen Rechtsprechung dargestellt.[5]

---

[1] *Moritz/Dreier/Holzbach/Süßenberger* C. 61 noch zu § 312 BGB aF.
[2] → § 25.
[3] BGH Urt. v. 26.1.2005 – VIII ZR 79/04, MMR 2005, 233 (234) = NJW 2005, 976 (976).
[4] BGH Urt. v. 11.9.2008 – I ZR 74/06, CR 2009, 175 = GRUR 2009, 173 mit Anmerkung *Heermann* MMR 2009, 108.
[5] Neben dem Anfechtungsrecht kann der Verbraucher im Bereich B2C eine Willenserklärung, die er im Rahmen eines Fernabsatzvertrages abgegeben hat, widerrufen. Anders als nach bisherigem Recht hängt der

a) **Elektronisch übermittelte Willenserklärung.** Der praktisch häufigste Fall einer online 6
abgegebenen falschen Willenserklärung ist der **Eingabefehler,** indem der Kunde sich bei der
Formulierung seiner E-Mail vertippt oder in ein Bestellformular falsche Daten einträgt.[6]

Bei einer solchen fehlerhaften Eingabe kommt eine Anfechtung wegen **Erklärungsirrtums** 7
nach § 119 Abs. 1, 2. Fall BGB in Betracht. Nach § 119 Abs. 1, 2. Fall BGB besteht ein Anfechtungsrecht, wenn sich der Erklärende bei Abgabe der Willenserklärung dergestalt verschreibt, vergreift oder vertippt, dass der äußere Erklärungstatbestand nicht seinem inneren Willen entspricht.[7] Dies ist bei einem Eingabe-, also Tippfehler, der Fall.[8]

Gibt der Nutzer hingegen eine falsche E-Mail-Adresse ein oder nutzt er entgeltliche Inter- 8
netseiten in der Annahme, diese seien unentgeltlich, scheidet zwar ein Erklärungsirrtum
nach § 119 Abs. 1, 2. Fall BGB aus, in Betracht kommt jedoch eine Anfechtung wegen **Inhaltsirrtums** nach § 119 Abs. 1, 1. Fall BGB, da zwar der äußere Tatbestand der Erklärung
dem Willen des Benutzers entspricht, er jedoch über Bedeutung und Tragweite der Willenserklärung, die Person des Geschäftspartners oder die Rechtsfolgen der Willenserklärung irrt.[9]

b) **Automatisierte Computererklärung.** Häufige Ursachen für eine fehlerhafte Computer- 9
erklärung waren in der Vergangenheit im Wesentlichen fehlerhafte Dateneingaben bei der
Programmierung oder Parametrierung der Computererklärung, insbesondere Neugestaltung
des Webseiten- oder Warenangebotes oder Preisanpassungen. Da davon ausgegangen wird,
dass Computerhardware nach dem heutigen Stand der Technik ganz überwiegend einwandfrei funktioniert und deswegen Hardwarefehler als Ursache für eine fehlerhafte Computererklärung weitgehend ausscheiden,[10] sind Softwarefehler oder eine fehlerhafte Dateneingabe
bei der Programmierung oder Parametrierung der Computererklärung die häufigsten Ursachen für Fehler.

Problematisch ist im Hinblick auf die Anfechtung von automatisierten Computererklä- 10
rungen, dass die Software und die Daten, die von dem Anbieter in den Datenverarbeitungsprozess eingeführt werden, Komponenten darstellen, auf deren Grundlage und in deren Zusammenspiel der Rechner die Erklärung bildet. Sie gehen also der eigentlichen Erstellung
der Computer- und damit der Willenserklärung voraus und sind deshalb vergleichbar mit
einem **Kalkulations- oder Motivirrtum,** die beide unbeachtlich sind.[11]

Entsprechend wird in der Fachliteratur davon ausgegangen, dass derartige fehlerhafte 11
Computererklärungen nicht wegen Irrtums angefochten werden können.[12] Etwas anderes
soll nur dann gelten, wenn die fehlerhaften Daten nicht von dem Anlagenbetreiber, sondern
von dem späteren Erklärungsempfänger in den Verarbeitungsprozess eingeführt werden. In
diesen Fällen soll ein Anfechtungsrecht nach § 119 BGB bestehen.[13]

Die Gerichte haben in der Vergangenheit unterschiedlich entschieden. Eine klare Linie oder 12
gefestigte BGH-Rechtsprechung hat sich hierzu nicht entwickelt. Dies mag seinen Grund
darin haben, dass dahingehende Fälle jedenfalls in der Rechtsprechung weniger geworden
sind. Gleichwohl bleibt diese Fehlerquelle bestehen.

Beginn der Widerrufsfrist wie unter → Rn. 128 ff. VI 1b) dargestellt wird, nicht mehr davon ab, ob der Unternehmer seinen Informationspflichten nach Fernabsatzrecht und Recht des elektronischen Geschäftsverkehrs nachgekommen ist, sondern lediglich, ob er ordnungsgemäß über das Widerrufsrecht belehrt hat (→ Ziffer VI 1b) und c), Rn. 125 ff., 132 ff.). Ist letzteres nicht der Fall, kann sich der Verbraucher auch nach der Gesetzesänderung vom 13.6.2014 von einem Vertrag mit einem Unternehmer durch Widerruf lösen, ohne Anfechtungs- oder Gewährleistungsgründe darlegen und beweisen zu müssen. Will der Unternehmer dies vermeiden, muss er ordnungsgemäß über das Widerrufsrecht belehren. Dann hat der Verbraucher nur ein 14-tägiges Widerrufsrecht, das in den gesetzlich festgelegten Fällen zu laufen beginnt.

[6] Moritz/Dreier/*Holzbach/Süßenberger* C. 99.
[7] Erman/*Palm* § 119 Rn. 33; MüKoBGB/*Armbrüster* § 119 Rn. 46; Palandt/*Ellenberger* § 119 Rn. 10.
[8] Moritz/Dreier/*Holzbach/Süßenberger* C. 100.
[9] Zur Definition des Inhaltsirrtums: MüKoBGB/*Armbrüster* § 119 Rn. 56; Palandt/*Ellenberger* § 119 Rn. 11 ff.
[10] Hoeren/Sieber/Holznagel/*Kitz* Teil 13.1, Rn. 211; Moritz/Dreier/*Holzbach/Süßenberger* C. 103 mwN.
[11] MüKo/*Armbrüster* § 119 Rn. 87; Palandt/*Ellenberger* § 119 Rn. 18, 29; Moritz/Dreier/*Holzbach/Süßenberger* C. 105 f.
[12] *Köhler/Arndt/Fetzer* S. 79; Hoeren/Sieber/Holznagel/*Kitz*, Teil 13.1 Rn. 211; Moritz/Dreier/*Holzbach/ Süßenberger* C. 106 mwN.
[13] Moritz/Dreier/*Holzbach/Süßenberger* C. 107.

13 Das AG Hamburg-Barmbek entschied in einem Fall, in dem der Online-Händler Handys zu einem extrem niedrigen Preis angeboten hatte, dass der eigentliche Irrtum über diesen Preis bereits in der invitatio ad offerendum und nicht in der Annahmeerklärung gelegen habe.[14]

14 Ähnlich entschied das LG Köln in einem Fall, in dem der Online-Händler einen falschen Preis – Verwechslung von DM- mit Europreisen – angegeben hatte. Nach Ansicht des Gerichtes habe der eingesetzte Rechner nur Befehle ausgeführt, die zuvor mittels Programmierung von Menschenhand festgelegt worden seien.[15] Der Irrtum habe deswegen allenfalls bei der Einstellung ins Internet, jedoch nicht zum maßgeblichen Zeitpunkt der Abgabe der Willenserklärung vorgelegen.[16] Zudem sei die Willenserklärung aufgrund vorheriger Programmierung automatisch erstellt worden.[17] Ein Fortwirken des bei der Programmierung aufgetretenen Irrtums lehnte das Gericht mit der Begründung ab, die Situation sei mit derjenigen der Einschaltung von Hilfspersonen vergleichbar, die eine fehlerhafte Preisauszeichnung in einem Schaufenster bestätigten. Auch in diesen Fällen liege ein unbeachtlicher Motivirrtum vor.[18]

15 Anders entschied das OLG Frankfurt. Dieses stellte darauf ab, dass der Anbieter aufgrund der automatischen Erstellung der Annahmeerklärung keine Möglichkeit habe, den der invitatio ad offerendum zugrunde liegenden Fehler zu erkennen und zu korrigieren. Diese sei jedoch ein zum Schutze des Anbieters entwickeltes Rechtsinstitut, das diesem nicht zum Nachteil gereichen dürfe.[19]

16 Ebenso bejahte das OLG Hamm ein Anfechtungsrecht bei einer fehlerhaften Preisangabe, nahm jedoch einen **Übermittlungsirrtum** im Sinne des § 120 BGB an. Der Irrtum des Anbieters habe auf einer zunächst nicht bemerkten Aktivierung einer falschen Funktion beim Einspielen der neuen Preislisten durch den Dienstleister beruht, der letztlich bewirkt habe, dass ein viel zu geringer Preis in die Internet-Datenbank transportiert worden sei. Im Übrigen habe die unrichtige Übermittlung nicht unmittelbar die Annahmeerklärung, sondern die invitatio ad offerendum betroffen. Diese habe jedoch bei der infolge der entsprechenden Programmierung automatisch übermittelten Annahmeerklärung noch fortgewirkt mit der Folge, dass der Anbieter keine Möglichkeit gehabt habe, den Fehler bei der Übermittlung zu erkennen und zu korrigieren.[20]

17 Das OLG München ging von einem Anfechtungsgrund nach § 119 Abs. 1, 2. Fall BGB aus in einem Fall, in dem der Kunde per Internet bei einer Fluggesellschaft einen vom Anbieter versehentlich zum Economy Preis angebotenen First Class Flug nach Bangkok gebucht hatte.[21]

18 Auch der BGH bejahte eine Anfechtung in einem Fall, in dem ein Notebook irrtümlich mit einem falschen Preis ausgezeichnet war. Dies beruhte darauf, dass der Preis zwar zutreffend in das Warenwirtschaftssystem des Anbieters eingegeben, aber durch einen Fehler im Datentransfer durch die im Übrigen beanstandungsfrei laufende Software geändert worden war. Der BGH ordnete diesen Fall als Übermittlungsirrtum im Sinne des § 120 BGB ein, da die Situation derjenigen entspreche, in der eine Willenserklärung, die durch die zur Übermittlung verwendete Person/Einrichtung unrichtig übermittelt werde, zur Anfechtung nach § 120 BGB berechtige. Der BGH stellte in seiner Entscheidung jedoch ausdrücklich klar, dass diese Situation weder einen Erklärungs- noch einen Kalkulationsirrtum darstelle, da der Fehler bei der Übermittlung verursacht worden sei.[22]

---

[14] AG Hamburg-Barmbek Urt. v. 3.12.2003 – 811B C 61/03, NJW-RR 2004, 412. Anders das LG Hamburg in der Berufungsinstanz das den Vertragsschluss ablehnte, Urt. v. 9.7.2004 – 317 S 130/03, NJW-RR 2004, 1568.
[15] LG Köln Urt. v. 16.4.2003 – 9 S 289/02, MMR 2003, 481.
[16] LG Köln Urt. v. 16.4.2003 – 9 S 289/02, MMR 2003, 481.
[17] LG Köln Urt. v. 16.4.2003 – 9 S 289/02, MMR 2003, 481.
[18] LG Köln Urt. v. 16.4.2003 – 9 S 289/02, MMR 2003, 481.
[19] OLG Frankfurt Urt. v. 20.10.2002 – 9 U 94/02, MMR 2003, 405.
[20] OLG Hamm Urt. v. 12.1.2004 – 13 U 165/03, MMR 2004, 761.
[21] OLG München Beschl. v. 15.11.2002 – 19 W 2631/02, MMR 2003, 274.
[22] BGH Urt. v. 26.1.2005 – VIII ZR 79/04, MMR 2005, 233 (234) = NJW 2005, 976 (976).

Einen ganz anderen Weg hat das OLG Nürnberg in seiner Entscheidung vom 10.6.2009 19
eingeschlagen, das eine Vertragsbindung unter dem Gesichtspunkt von Treu und Glauben
ablehnte. In dem Fall war erkennbar der Preis für Plasma-Flachbildschirmgeräte mit einem
10tel des tatsächlichen Preises angegeben worden, was den Käufer zu einer Bestellung von
18 Geräten veranlasst hatte.[23]

Praxistipp:

Angesichts der eindeutigen Klarstellung des BGH, dass sich die Anfechtung rechtfertige, weil der Fehler nicht bei der Eingabe der Preise in das Warenwirtschaftssystem, sondern ausschließlich bei der Übermittlung aufgetreten war, ist sehr fraglich, ob diese Entscheidung auch für die fehlerhafte Eingabe von Daten in eine Online-Datenbank oder einen Online-Shop herangezogen werden kann. Nachfolgerechtsprechung des BGH hat es hierzu nicht gegeben. Diese Entscheidung stellt deswegen bis heute eine Einzelfallentscheidung dar und kann nur dann fruchtbar gemacht werden, wenn nachgewiesen werden kann, dass der Fehler bei der Übermittlung aufgetreten ist. Das OLG Nürnberg ist diesen Weg gerade nicht gegangen.
Deshalb sind bei der Um- und/oder Neugestaltung von Online-Shops, der Änderung des Online-Warenangebotes, oder Aktualisierung des Warenwirtschaftssystems die Artikelbezeichnungen sowie Preisangaben zu überprüfen und etwaige Fehler umgehend zu korrigieren. Daneben kann der Vertragsschluss im Online-Shop so konzipiert werden, dass eine Lösung vom Vertrag ohne Anfechtung, aber durch bloßen Widerruf gemäß § 130 Abs. 1 S. 2 BGB möglich ist. Hierfür kommt es maßgeblich auf die Ausgestaltung der Bestellbestätigung gemäß § 312i Abs. 1 S. 1 Nr. 3 BGB an.[24] Gerade im Hinblick auf die neuen Informationspflichten zur Angabe von Preisen und Gesamtpreisen oder deren Berechnungsgrundlagen nach Umsetzung der Verbraucherrechterichtlinie[25] empfiehlt sich hinsichtlich der Angaben und Aktualisierungen im Online-Shop eine erhöhte Sorgfalt und Prüfung.

3. Zugang von Willenserklärungen im Internet

Zum Zugang bzw. Nicht-Zugang von Willenserklärungen im Internet sind keine streiti- 20
gen Fälle bekannt. Herkömmlicherweise wird hinsichtlich des Zugangs von Willenserklärungen zwischen solchen unter Anwesenden und solchen unter Abwesenden differenziert. Eine Willenserklärung unter Anwesenden geht zu, wenn der Empfänger sie tatsächlich wahrgenommen hat oder der Erklärende zumindest davon ausgehen konnte.[26] Eine Willenserklärung unter Abwesenden geht zu, wenn sie so in den Machtbereich des Empfängers gelangt ist, dass dieser die zumutbare Möglichkeit der Kenntnisnahme hat.[27]

a) **E-Mail.** Eine Willenserklärung, die mittels E-Mail abgegeben wird, ist als **Willenserklä-** 21
rung unter Abwesenden zu qualifizieren. Diese gehen gemäß § 130 Abs. 1 S. 1 BGB zu, wenn sie derart in den Empfangsbereich des Empfängers gelangt sind, dass bei Annahme gewöhnlicher Umstände damit zu rechnen ist, dass er von ihr Kenntnis nehmen wird.[28]

aa) *Das Verhältnis des § 312e Abs. 1 S. 2 BGB zu § 130 BGB.* Im Rahmen der Schuld- 22
rechtsreform wurde § 312e BGB eingeführt, dem nunmehr der neue § 312i BGB entspricht.[29] Dieser legt in Abs. 1 S. 2 fest, dass Bestellungen und Empfangsbestätigungen bei Verträgen im elektronischen Geschäftsverkehr als zugegangen gelten, wenn die Parteien, für die sie bestimmt sind, sie unter gewöhnlichen Umständen abrufen können.

---

[23] OLG Nürnberg Hinweisbeschl. v. 10.6.2009 – 14 U 622/09, MMR 2010, 31.
[24] → Rn. 71–80.
[25] → Rn. 112.
[26] Palandt/*Ellenberger* § 130 Rn. 13 ff.; MüKoBGB/*Einsele* § 130 Rn. 27.
[27] Palandt/*Ellenberger* § 130 Rn. 5 ff.; MüKoBGB/*Einsele* § 130 Rn. 18 ff.
[28] BGH Urt. v. 3.11.1976 – VIII ZR 140/75, BGHZ 67, 271 (275); BGH Urt. v. 27.10.1982 – V ZR 24/82, NJW 1983, 929 (930); Palandt/*Ellenberger* § 130 Rn. 5; Erman/*Palm* § 130 Rn. 7.
[29] → Rn. 56 ff.

23   In der juristischen Literatur wird jedoch davon ausgegangen, dass § 312e Abs. 1 S. 2 BGB aF (§ 312i Abs. 1 S. 2 BGB) **keine eigene Zugangsregelung** darstellt.[30] Nach der Gesetzesbegründung sollte diese Regelung der Rechtsprechung zum Zugang einer Willenserklärung entsprechen und die Bedeutung der Vorschrift sich in einer Klarstellung des Zugangsbegriffes und in der Umsetzung der Vorgaben des Gemeinschaftsrechtes erschöpfen.[31]

24   *bb) Zugang im B2B- und B2C-Bereich.* Im **B2B-Bereich** wird bezüglich des Zugangszeitpunktes übereinstimmend davon ausgegangen, dass die Möglichkeit der Kenntnisnahme während der **üblichen Geschäftszeiten** besteht, da davon ausgegangen werden kann, dass E-Mails während der üblichen Geschäftszeiten regelmäßig abgerufen werden. Wird eine E-Mail hingegen außerhalb der üblichen Geschäftszeiten in der Mailbox des Empfängers gespeichert, ist sie am Morgen des nächsten Geschäftstages zugegangen.[32]

25   Hingegen wird im **B2C-Bereich** nicht davon ausgegangen, dass der Empfänger seine E-Mails täglich mehrfach abruft. Deshalb gilt eine E-Mail im B2C-Bereich erst **am nächsten Tag** als zugegangen.[33]

26   *b) Computererklärung.* Auch eine Computererklärung stellt eine Willenserklärung unter Abwesenden dar, da bei ihr ebenso wenig wie bei der E-Mail eine direkte und unmittelbare Kommunikation stattfindet. Bei ihr wird hinsichtlich des Zugangs grob danach differenziert,[34] wie automatisiert der Vorgang der Verarbeitung eingehender E-Mails ist.

27   Beschränkt sich die Automatisierung darauf, dass eingehende E-Mails von dem Mail-Server zu dem Arbeitsplatzrechner des Empfängers übermittelt werden, wird die Möglichkeit der Kenntnisnahme und damit der Zugang angenommen, wenn die E-Mail zu dem Arbeitsplatzrechner des Empfängers zum Abruf weitergeleitet ist,[35] sodass der Empfänger diese aufrufen und so zur Kenntnis nehmen kann.

28   Wird die E-Mail hingegen nach ihrem Eingang auf dem Mail-Server des Empfängers zu dessen Rechner weitergeleitet und zudem im Anschluss von dem Rechner automatisch verarbeitet, sodass der Abruf durch den Empfänger entfällt, hat dieser in der Regel keine Möglichkeit die E-Mail zur Kenntnis zu nehmen. Somit kann in diesen Fällen zur Bejahung des Zugangs nicht auf deren Kenntnisnahme abgestellt werden. Deshalb soll hier der Zugang gegeben sein, wenn sich die E-Mail dergestalt in dem Empfangsbereich des Rechners des Empfängers befindet, dass diesem die Auswertung und Verarbeitung möglich ist,[36] was einen interessengerechten Ansatz darstellt.[37]

29   **Checkliste: Elektronische Willenserklärung**

1. Bei Willenserklärungen im Internet ist zwischen individuell elektronisch übermittelten und automatisierten Computererklärungen zu unterscheiden.
2. Computererklärungen sind für Online-Shops von Bedeutung, da der Anbieter regelmäßig automatisierte Erklärungen für das Warenangebot und die Bestellbestätigung nach § 312i Abs. 1 Satz 1 Nr. 3 BGB einsetzt.
3. Eine Webseite stellt nach der Entscheidung des BGH bundesligakarten.de eine invitatio ad offerendum dar.

---

[30] Hoeren/Sieber/Holznagel/*Mehrings* Teil 13.1 Rn. 201; Moritz/Dreier/*Holzbach/Süßenberger* C. 165; jurisPK-BGB/*Junker* § 312e BGB Rn. 97; *Wilmer/Hahn* IX 2 Rn. 17.

[31] BT-Drs. 14/6040, S. 172. Hierzu auch aA *Schneider* K&R 2001, 344, der auf den Wortlaut abstellt und zwischen der Möglichkeit der Kenntnisnahme und des Abrufes differenziert.

[32] LG Nürnberg-Fürth Urt. v. 7.5.2002 – 2 HK O 9431/01, NJW-RR 2002, 1721; Palandt/*Ellenberger* § 130 Rn. 7a; *Köhler/Arndt/Fetzer* S. 73 mit ausführlicher Erörterung dieser Problematik; Moritz/Dreier/*Holzbach/Süßenberger* C. 169 mwN.

[33] jurisPK-BGB/*Junker* § 312e Rn. 99; Moritz/Dreier/*Holzbach/Süßenberger* C. 262.

[34] Zu den Einzelheiten siehe ausführlich: Moritz/Dreier/*Holzbach/Süßenberger* C. 174–177.

[35] Moritz/Dreier/*Holzbach/Süßenberger* C. 175.

[36] Moritz/Dreier/*Holzbach/Süßenberger* C. 176.

[37] Siehe zur Problematik des Zugangs von Computererklärungen mit weiteren Nachweisen: *Köhler/Arndt/Fetzer* S. 71–75; Moritz/Dreier/*Holzbach/Süßenberger* C. 176; zu der Problematik der Zugangsstörungen: *ders.* C. 170–173; jurisPK-BGB/*Junker* § 312e Rn. 100.

4. Diese Qualifikation ist für die Möglichkeiten, eine Computererklärung wegen falscher Angaben, insbesondere unzutreffender Preise, anzufechten, maßgeblich.
5. Die Rechtsprechung zu solchen Anfechtungsmöglichkeiten ist bis heute uneinheitlich.
6. Für Online-Shop-Betreiber empfehlen sich deswegen die regelmäßige Kontrolle des Waren- und/oder Dienstleistungsangebotes sowie die regelmäßige Durchführung von Testkäufen im Rahmen ihres Qualitätsmanagements.

III. Einbeziehung von Allgemeinen Geschäftsbedingungen („AGB")

1. Grundsatz

Die Einbeziehung von AGB richtet sich grundsätzlich nach § 305 Abs. 2 BGB, wonach auf diese im Zeitpunkt des Vertragsabschlusses ausdrücklich und klar hingewiesen werden muss, § 305 Abs. 2 Nr. 1 BGB. Zudem hat der Verwender seinem Kunden die Möglichkeit zu verschaffen, in zumutbarer Weise von dem Inhalt der AGB Kenntnis nehmen zu können, § 305 Abs. 2 Nr. 2 BGB. Eine Änderung hat sich diesbzgl. nicht ergeben, da die VRRL den Bereich des allgemeinen Vertragsschlusses nicht regelt.[38]

2. Business-to-Business, B2B

Obwohl § 305 Abs. 2 BGB nach § 310 Abs. 2 S. 1 BGB im B2B-Bereich keine Anwendung findet, müssen AGB auch im B2B-Bereich wirksam in den Vertrag einbezogen worden sein, wenn sie für das Vertragsverhältnis gelten sollen.[39] Demgemäß muss sich die Einigung der Parteien auf die Einbeziehung der AGB erstrecken, was im Einzelfall durch Auslegung gem. §§ 133, 157 BGB, § 346 HGB zu bestimmen ist.[40] Allerdings gilt auch im B2B-Bereich der Grundsatz, dass der Kunde des Verwenders die **Möglichkeit** haben muss, von den AGB **Kenntnis zu nehmen.** Hierzu genügt es grundsätzlich, wenn der Verwender seinem Kunden die AGB auf Aufforderung hin übersendet.[41]

Etwas anderes gilt jedoch für internationale Gerichtsstandsvereinbarungen in AGB, da nach Artikel 23 Abs. 1 S. 3 EuGVVO eine tatsächliche Einigung zwischen den Parteien klar und deutlich zum Ausdruck kommen muss, um zu gewährleisten, dass die Einigung zwischen den Parteien tatsächlich fest steht.[42] Zu beachten ist weiter, dass der Unternehmer auch im B2B-Bereich dem Unternehmerkunden zwingend gemäß § 312i Abs. 1 S. 1 Nr. 4 BGB sowohl die Vertragsbestimmungen als auch die AGB in **abrufbarer und wiedergabefähiger Form** bereitstellen muss.[43]

Checkliste: Einbeziehung Allgemeiner Geschäftsbedingungen im B2B-Bereich

1. Die strengen Anforderungen für die Einbeziehung von AGB gelten im B2B-Bereich nicht, § 310 Abs. 2 S. 1 BGB.
2. Dennoch muss der Anbieter dem Kunden die Möglichkeit der Kenntnisnahme der AGB geben.
3. Der Verweis auf die Webseite des Anbieters, wo die AGB vorgehalten werden, genügt nicht, wenn in den AGB eine internationale Gerichtsstandsvereinbarung getroffen werden soll, Art. 23 Abs. 1 S. 3 EuGVVO.
4. Im Bereich des elektronischen Geschäftsverkehrs müssen auch im B2B-Bereich die Vertragsbestimmungen und AGB abrufbar bereit gehalten und mit der Möglichkeit, diese in wiedergabefähiger Form abspeichern zu können, zur Verfügung gestellt werden, § 312i Abs. 1 S. 1 Nr. 4, Abs. 2 S. 2 BGB.

---

[38] Erwägungsgrund 14, Verbraucherrechterichtlinie, ABl. L 304, S. 65.
[39] BGH Urt. v. 12.2.1992 – VIII ZR 84/91, NJW 1992, 123, (1232); Erman/*Roloff* § 305 Rn. 47, § 310 Rn. 7.
[40] Moritz/Dreier/Holzbach/*Süßenberger* C. 221.
[41] Moritz/Dreier/Holzbach/*Süßenberger* C. 221.
[42] OLG Celle CR 2010, 17, 18. Zu den Besonderheiten im E-Commerce unten → Rn. 57 ff.
[43] Dazu unten → Rn. 83 ff.

3. Business-to-Consumer, B2C

34 Im Gegensatz zum B2B-Bereich müssen AGB im B2C-Bereich nach § 305 Abs. 2 BGB in den Vertrag mit dem Verbraucher einbezogen werden. Folglich ist der Verbraucher ausdrücklich auf die Geltung der AGB hinzuweisen, § 305 Abs. 2 Nr. 1 BGB, und ihm die Möglichkeit zu verschaffen, in zumutbarer Weise von ihrem Inhalt Kenntnis zu nehmen, § 305 Abs. 2 Nr. 2 BGB.

35 **a) Hinweis auf die Geltung Allgemeiner Geschäftsbedingungen, § 305 Abs. 2 Nr. 1 BGB.** Hierbei ist zwischen einem Vertragsabschluss per E-Mail und einem solchen im Online-Shop zu differenzieren.

36 Werden die AGB lediglich als Textdatei an eine E-Mail angehängt, ohne dass auf diese und ihre Einbeziehung in den Vertrag in der E-Mail selbst hingewiesen wird, genügt dies nicht, um dem Erfordernis des **ausdrücklichen Hinweises** im Sinne des § 305 Abs. 2 Nr. 1 BGB zu genügen.[44]

> **Praxistipp:**
> Bei einem Vertragsabschluss mit einem Verbraucher im Sinne des § 13 BGB, der sich per E-Mail-Korrespondenz vollzieht, ist darauf zu achten, dass in dem Text der E-Mail, die zum Vertragsschluss führt, ausdrücklich auf die Geltung der AGB und ihre Einbeziehung in den Vertrag hingewiesen wird.
> Fehlt ein solcher ausdrücklicher Hinweis, kann sich der Verbraucher darauf berufen, auf die AGB als Vertragsbestandteil sei nicht hingewiesen worden.

37 Wesentlich relevanter für die Praxis ist die Frage, wie ein ausdrücklicher Hinweis auf die Geltung von AGB bei einem Vertragsschluss im Online-Shop zu gestalten ist, damit er den Anforderungen des § 305 Abs. 2 Nr. 1 BGB genügt.

38 Hierfür ist es erforderlich, dass auf der Webseite, die das Angebot des Unternehmers enthält, ein deutlich sichtbarer Hinweis zu den AGB angebracht ist, der mit einem **Hyperlink** unterlegt ist.

39 **b) Möglichkeit der zumutbaren Kenntnisnahme, § 305 Abs. 2 Nr. 2 BGB.** Auch hier ist wieder zwischen dem Vertragsschluss per E-Mail und einem solchen im Online-Shop zu unterscheiden.

40 Der Kunde hat die Möglichkeit der zumutbaren Kenntnisnahme dann, wenn die AGB als Textdatei in einem gängigen **Format** an einer E-Mail angehängt sind und der Kunde den Anhang problemlos öffnen und die AGB lesen kann.[45] Problematisch wird die Möglichkeit der Kenntnisnahme, wenn der Anbieter die AGB in einem anderen Format zur Verfügung stellt als sein sonstiges Angebot, dieses von sehbehinderten oder blinden Personen nicht gelesen werden kann und diese somit nicht die Möglichkeit der Kenntnisnahme haben. Während normale Internetseite im HTML-Format in Brailleschrift zur Verfügung gestellt werden können, gilt dies für Pdf-Dokumente oder Grafiken nicht.[46] Folglich werden die so bereitgestellten AGB bei Verträgen mit Blinden oder sehbehinderten Personen, die die Pdf-Dokumente nicht lesen können, nicht wirksam in den Vertrag einbezogen, da die erforderliche Umwandlung nicht erfolgen kann.[47] Da der Unternehmer indes davon ausgehen muss, dass auch blinde und sehbehinderte Personen seine Angebote nutzen, kann von ihm erwartet werden, dass seine AGB zumindest auch im selben Format vorgehalten werden wie sein sonstiges Angebot.[48]

---

[44] Moritz/Dreier/Holzbach/Süßenberger C. 289.
[45] Moritz/Dreier/Holzbach/Süßenberger C. 293.
[46] jurisPK-BGB/Lapp/Salamon § 305 Rn. 92.
[47] jurisPK-BGB/Lapp/Salamon § 305 Rn. 92.
[48] jurisPK-BGB/Lapp/Salamon § 305 Rn. 92.

III. Einbeziehung von Allgemeinen Geschäftsbedingungen („AGB")   41–45 § 26

Im Online-Shop ermöglicht der Unternehmer dem Verbraucher die zumutbare Kenntnisnahme, wenn er entweder auf seiner Angebotsseite seine AGB abbildet oder einen Hyperlink setzt, von dem aus die AGB abgerufen, gespeichert und dargestellt werden können.[49] 41

Setzt der Unternehmer einen **Hyperlink** auf die AGB, ist jedoch sicherzustellen, dass der Kunde diese nach dessen Betätigung problemlos und direkt auf seinen Computer herunterladen und darstellen kann.[50] Gelangt der Kunde erst nach mehreren weiteren Links zu den AGB, ist ihre Kenntnisnahme nicht mehr zumutbar.[51] 42

Für die Möglichkeit der Kenntnisverschaffung genügt es nach dem BGH in seiner **Zwei-Klick-Entscheidung** vom 14.6.2006, wenn die Allgemeinen Geschäftsbedingungen **über einen auf der Bestellseite gut sichtbaren Link aufgerufen** und **ausgedruckt** werden können.[52] 43

Ein kleiner oder nur versteckter Hinweis genügt ebenso wenig wie ein Hinweis auf der Homepage des Unternehmers,[53] oder eine eher zufällige Kenntnisnahme durch den Verbraucher,[54] denn es ist nicht sichergestellt, dass der Kunde über die Homepage des Unternehmers auf dessen Bestellseite gelangt. Vielmehr ist sicherzustellen, dass der Link auf die AGB im Bestellvorgang so platziert wird, dass er im Bestellvorgang zwangsweise passiert wird.[55] Seit der Einführung der Button-Lösung ist problematisch geworden, ob dieser Link noch direkt über dem Bestellbutton platziert werden kann, da dies als trennendes Gestaltungselement aufgefasst werden könnte.[56] Deswegen empfiehlt es sich, einen solchen **Hinweis oberhalb des Bestellvorgangs**[57] oder in einem Zwischenschritt vor der Bestellübersicht bspw. nach Angabe der Rechnungs- und Lieferadresse anzubringen. Dabei kann der Hinweis auf die mit einem Link unterlegten AGB ausreichen, da der BGH in seiner 2-Klick-Entscheidung im Weiteren von der Einbeziehung der AGB in den Vertrag ausging, ohne eine zusätzliche Erklärung durch eine Opt-In-Checkbox zu fordern,[58] die letztlich lediglich Beweisgründen dient,[59] allerdings lautete die dortige Formulierung „… *Ihren Versandauftrag erteilen sie nach den AGB's der H GmbH & Co.KG*", womit also für den Verbraucher erkennbar war, dass die AGB Grundlage des Auftrags würden.[60] 44

Bei der typischen Bestellung im Online-Shop sind die Formulierungen im Regelfall nicht so deutlich, zumal ja gerade aufgrund der Button-Lösung bei Erteilung/Abgabe des Kaufangebotes eine solche Kombination nicht mehr zulässig ist. Deshalb empfiehlt sich entweder eine entsprechend eindeutige Erklärung, die dem Verbraucher vor der Bestellübersicht[61] mitgeteilt wird, oder – jedenfalls aus Beweisgründen – eine Einbeziehung über eine Opt-In-Checkbox. 45

Praxistipp:

1. Zur Vermeidung von Streitfragen, ob ein oder zwei Klicks eine zumutbare Kenntnisnahme ermöglichen, sollten AGB mit einem Klick aufgerufen werden können.
2. Die AGB sind wie heutzutage üblich, mit einem Link zu unterlegen, durch dessen Anklicken sie aufgerufen und ausgedruckt werden können.

---

[49] Moritz/Dreier/*Holzbach/Süßenberger* C. 294.
[50] Moritz/Dreier/*Holzbach/Süßenberger* C. 294.
[51] Moritz/Dreier/*Holzbach/Süßenberger* C. 294.
[52] BGH Urt. v. 14.6.2006 – I ZR 75/03, CR 2006, 773 = KR 2006, 460 = MMR 2006, 737 = NJW 2006, 2976.
[53] Moritz/Dreier/*Holzbach/Süßenberger* C. 290.
[54] Hoeren/Sieber/Holznagel/*Föhlisch* Teil 13.4 Rn. 106.
[55] Hoeren/Sieber/Holznagel/*Föhlisch* Teil 13.4 Rn. 106; BGH Urt. v. 14.6.2006 – I ZR 75/03, CR 2006, 773 = KR 2006, 460 = MMR 2006, 73 = NJW 2006, 297.
[56] Hoeren/Sieber/Holznagel/*Föhlisch* Teil 13.4 Rn. 106.
[57] Hoeren/Sieber/Holznagel/*Föhlisch* Teil 13.4 Rn. 106.
[58] BGH Urt. v. 14.6.2006 – I ZR 75/03, CR 2006, 773–775 = KR 2006, 460–463 = MMR 2006, 737–739 = NJW 2006, 2976–2978.
[59] jurisPK-BGB/*Lapp/Salomon*, 7. Auflage, § 305 Rn. 74.
[60] BGH Urt. v. 14.6.2006 – I ZR 75/03, CR 2006, 773–775 = KR 2006, 460–463 = MMR 2006, 737–739 = NJW 2006, 2976–2978.
[61] → Rn. 61 f., 68.

3. Die Formulierung zur Einbeziehung der ABG sollte eindeutig sein und sich an der Formulierung in der Zwei-Klick-Entscheidung des BGH orientieren.

4. Eine zusätzliche Klick- oder Checkbox ist nach der Zwei-Klick-Entscheidung des BGH nicht erforderlich, bietet sich jedoch aus Beweisgründen an, insbesondere wenn die AGB im Verlaufe der Zeit geändert werden. In diesem Fall ist der Bestellvorgang so auszugestalten, dass der Verbraucher die Bestellung nicht abschicken kann, wenn er die AGB des Unternehmers nicht ausdrücklich durch Aktivierung dieses Kästchens akzeptiert hat und die AGB als Hyperlink hinterlegt waren, der durch Aktivierung den gesamten Text der AGB ausdruckbar anzeigt.[62]

46

Checkliste: Einbeziehung AGB im B2C-Bereich

- ☐ Bei einem Vertragsabschluss via E-Mail ist in dem Text der E-Mail auf die Geltung der AGB hinzuweisen. Diese sind dieser E-Mail als Text oder im Anhang beizufügen.
- ☐ Im Online-Shop müssen die AGB auf der Bestellseite über einen gut sichtbaren Link aufgerufen und ausgedruckt werden können. Ein Hinweis auf die AGB nur auf der Homepage des Anbieters genügt nicht.
- ☐ Die AGB sollten mit einem weiteren Link abrufbar und ausdruckbar sein. Mehrklicks sind zu vermeiden.
- ☐ Die AGB sind dem Verbraucher im Rahmen des Bestellvorgangs deutlich zur Kenntnis zu bringen. Dabei genügt eine eindeutige Formulierung zur Verdeutlichung der Einbeziehung der AGB und Unterlegung mit einem Hyperlink, durch dessen Aktivierung die AGB ausdruckbar angezeigt werden.
- ☐ Aus Beweisgründen empfiehlt es sich, die Einbeziehung der AGB mittels einer Checkbox durch den Verbraucher akzeptieren zu lassen.

IV. Pflichten im elektronischen Geschäftsverkehr, §§ 312i, j BGB

1. Neukonzeption

47 **a) Überblick.** Wenngleich die VRRL ausweislich ihrer Erwägungsgründe 1 und 2 lediglich die Richtlinie 85/577/EWG vom 20.12.1985 betreffend den Verbraucherschutz im Falle von außerhalb von Geschäftsräumen geschlossener Verträge und die Richtlinie 97/7/EG vom 20.5.1997 über den Verbraucherschutz bei Vertragsabschlüssen im Fernabsatz ersetzen sollte, findet sich in Erwägungsgrund 12 der Hinweis, dass die in der VRRL vorgesehenen Informationspflichten diejenigen nach der Richtlinie über den elektronischen Geschäftsverkehr, 2000/31/EG vom 8.6.2000 ergänzen sollen. Dabei bleibt es den Mitgliedstaaten unbenommen, den in ihrem Hoheitsgebiet niedergelassenen Dienstleistungserbringern zusätzliche Informationspflichten aufzuerlegen. Somit treten also die Informationspflichten der VRRL neben diejenigen des elektronischen Geschäftsverkehrs, ohne jedoch im Gegensatz zum Vollharmonisierungscharakter der Richtlinie nach Art. 4 die Möglichkeit der Etablierung zusätzlicher Informationspflichten zu nehmen.

48 Der deutsche Gesetzgeber hat die Umsetzung der VRRL zum Anlass genommen, die Regelungen zum elektronischen Geschäftsverkehr um zu gestalten. Aus dem bisherigen § 312g (ehemals § 312e) BGB wurden die § 312i BGB und § 312j BGB. Diese trennen nunmehr zwischen allgemeinen Pflichten im elektronischen Geschäftsverkehr in § 312i BGB, die sowohl für den B2B- als auch den B2C-Bereich gelten und den besonderen Pflichten im elektronischen Geschäftsverkehr gegenüber Verbrauchern in § 312j BGB, die entsprechend nur im B2C-Bereich gelten. Dabei hat der Gesetzgeber die Änderung zum Anlass genommen, die Regelungen zur Buttonlösung, die sich als reine Verbraucherschutzregelung in § 312g Abs. 2–4 BGB fanden, nunmehr bei den besonderen Pflichten gegenüber Verbrau-

---

[62] BGH Urt. v. 14.6.2006 – I ZR 75/03, CR 2006, 773–775 = KR 2006, 460–463 = MMR 2006, 737–739 = NJW 2006, 2976–2978.

chern in § 312j Abs. 2–4 BGB zu regeln, obwohl § 312g BGB auch für den B2B-Bereich galt. Neu geregelt wurde zudem zusätzlich in § 312j Abs. 1 BGB die Verpflichtung zur Angabe von Lieferbeschränkungen und Zahlungsmitteln in Umsetzung von Art. 8 Abs. 3 VRRL.[63]

Da die Verpflichtung zur Angabe von Lieferbeschränkungen und Zahlungsmitteln nicht bei den übrigen Informationspflichten des Art. 6 VRRL geregelt war, hat der deutsche Gesetzgeber diese Regelung auch nicht bei den Informationspflichten des Art. 246a EGBGB geregelt, sondern in Abs. 1 des neuen § 312j BGB.[64]

b) Sachlicher Anwendungsbereich. Gemäß § 312i Abs. 1 BGB sind diese Anforderungen immer dann zu berücksichtigen, wenn sich ein Unternehmer zum Zwecke des Abschlusses eines Vertrages über die Lieferung von Waren oder die Erbringung von Dienstleistungen Telemedien bedient.[65]

Der Begriff „**Telemedien**" ist in § 1 TMG gesetzlich definiert. Der Gesetzgeber hat ausdrücklich an diesen Begriff angeknüpft.[66] Für § 312i BGB relevante Teledienste sind vor allem Angebote im Bereich der Individualkommunikation, in elektronisch abrufbaren Datenbanken mit interaktivem Zugriff und unmittelbarer Bestellmöglichkeit und damit insbesondere Teleshopping.[67] Nicht erfasst werden hiervon vor allem Verträge, die schriftlich, in Papierform oder telefonisch abgeschlossen werden.[68]

Die Regelungen des § 312i BGB finden also bei der Lieferung von Waren und der Erbringung von Dienstleistungen dann Anwendung, wenn der Vertrag durch Einsatz von Telemedien abgeschlossen wird.

c) Persönlicher Anwendungsbereich. Grundsätzlich gilt § 312i BGB gemäß Abs. 1 sowohl für den B2C- als auch für den B2B-Bereich. Er gilt nicht für den C2C-Bereich. Die Regelungen des § 312j BGB gelten hingegen nur für den B2C-Bereich. Der Gesetzgeber trennt damit nunmehr für den Bereich des elektronischen Geschäftsverkehrs deutlich zwischen B2B- und B2C-Bereich, was mit Einführung der Button-Lösung zum 1.8.2012 zunächst nicht der Fall war. Der Gesetzgeber hatte diese in die Abs. 2–4 des § 312g BGB aF integriert, der so Regelungen zum B2B- und B2C-Bereich enthielt.

d) Ausschluss der Abdingbarkeit. Die Pflichten des § 312i Abs. 1 S. 1 Nr. 1–3 BGB müssen dann nicht eingehalten werden, wenn der Vertrag ausschließlich durch **individuelle Kommunikation** geschlossen wurde, § 312i Abs. 2 S. 1 BGB, wie bei Brief-, Telefon-, E-Mail- oder SMS-Kommunikation.[69] Dies ist unproblematisch der Fall, wenn Unternehmer und Kunde mittels selbst verfasster E-Mails kommunizieren und sodann kontrahieren.[70] Eine individuelle Kommunikation liegt hingegen nicht vor, wenn der Unternehmer sich mit einer im Internet abrufbaren Webseite an eine unbegrenzte Anzahl von nicht individualisierbaren Kunden wendet, die sodann entweder im Rahmen vorgegebener Kommunikationswege oder mit selbst verfassten E-Mails reagieren.[71] Demgemäß liegt eine individuelle Kommunikation bei E-Mail-Korrespondenz ebenso vor wie beim direkten Angebot über „short-message" (SMS) oder mittels anderer über das Mobiltelefon empfangener Mitteilungsdienste.[72] Diese Vertragsschlüsse ähneln solchen mittels Brief oder Telefon und weisen nicht die spezifischen Besonderheiten des Online-Geschäftes auf.[73] Hier ist das Schutzbedürfnis nicht größer als bei einer Kommunikation ausschließlich über herkömmliche Medien.[74]

---

[63] → Rn. 87 ff.
[64] BT-Drs. 17/12637, S. 58.
[65] Abs. 1 entspricht § 312g Abs. 1 BGB aF, BT-Drs. 17/12637, S. 58.
[66] juris PK-BGB/*Junker* § 312g BGB (aF) Rn. 28; BT-Drs. 17/7745, S. 9, 10.
[67] Palandt/*Grüneberg* § 312i Rn. 2; Spindler/Schuster/*Pfeiffer/Weller/Nordmeier* § 3 TMG Rn. 3.
[68] Palandt/*Grüneberg* § 312i Rn. 2.
[69] juris PK-BGB/*Junker* § 312i (aF) Rn. 152 f.
[70] Erman/*Koch* § 3121 Rn. 22; MüKoBGB/*Wendehorst* § 312e Rn. 48; Moritz/Dreier/Holzbach/Süßenberger C. 217.
[71] Moritz/Dreier/Holzbach/Süßenberger C. 217.
[72] Erman/*R. Koch* § 312i Rn. 22.
[73] Erman/*R. Koch* § 312i Rn. 22.
[74] Erman/*R. Koch* § 312i Rn. 22.

55 Im B2B-Bereich können die Parteien nach § 312i Abs. 2 S. 2 BGB die Pflichten des § 312i Abs. 1 S. 1 Nr. 1–3 BGB ebenso abbedingen wie diejenige der Zugangsfiktion des § 312i Abs. 1 S. 2 BGB. Dies kann für einen einzelnen oder auch für eine Vielzahl von Verträgen geschehen. Letzteres kann beispielsweise in einer Rahmenvereinbarung geregelt werden.[75]

> **Praxistipp**
>
> Zu beachten ist, dass die Verpflichtung des § 312i Abs. 1 S. 1 Nr. 4 BGB auch im B2B-Bereich nicht abdingbar ist.

56 Bislang immer noch nicht durch die Rechtsprechung geklärt – obwohl diese Regelung bereits in den Vorgängerregelungen des § 312e und § 312g BGB aF enthalten war – ist, ob ein **Abbedingen durch AGB** erfolgen kann oder eine individualvertragliche Vereinbarung erforderlich ist.[76] Möglich ist aber das Abbedingen der Zugangsregelung in § 312i Abs. 1 S. 2 BGB, wie dies beispielsweise in EDI-Verträgen zwischen Unternehmen gehandhabt wird.[77]

2. Allgemeine Pflichten nach § 312i BGB

57 a) **Die einzelnen Pflichten im Sinne des § 312i Abs. 1 S. 1 BGB.** Gemäß § 312i Abs. 1 S. 1 Nr. 1 BGB muss der Unternehmer dem Kunden angemessene, wirksame und zugängliche technische Mittel zur Verfügung stellen, mit deren Hilfe dieser **Eingabefehler** vor Abgabe der Bestellung erkennen und berichten kann. Eine Bestellung in diesem Sinne ist nach überwiegender Auffassung nicht nur das Vertragsangebot und die Annahme, sondern auch eine invitatio ad offerendum.[78]

58 Diese Verpflichtung trifft den Unternehmer spätestens **vor Abgabe der Bestellung**, also vor Eröffnung der verbindlichen Bestellmöglichkeit und damit sobald der Warenkorb mit einem elektronisch abrufbaren Bestellformular im Internet eingestellt wird.[79] Andernfalls hat er nach Anfechtung durch den Kunden keinen Anspruch auf Ersatz des Vertrauensschadens.[80]

59 Nicht geregelt und bislang auch noch nicht Gegenstand der Rechtsprechung ist nach wie vor die Frage, **wie** eine Eingabe- oder Korrekturmöglichkeit ausgestaltet sein muss. Der BGH hatte offengelassen, ob bei einem Internet-Spielvertrag die nach dem Registrierungsprogramm des Unternehmers gegebene Möglichkeit einer Registrierung ohne Bestimmung eines Limits als Eingabefehler zu qualifizieren ist, zu dessen Erkennung und Berichtigung der Unternehmer dem Kunden angemessene, wirksame und zugängliche technische Mittel zur Verfügung stellen müsste.[81] Das LG Koblenz hatte in der ersten Instanz einen Eingabefehler bejaht und die vom Unternehmer zur Verfügung gestellten technischen Mittel nicht für gesetzeskonform gehalten.[82] Hinzu kommt, dass Eingabefehler des Kunden von einem Bestellsystem nicht in jedem Fall erkannt werden können.[83]

60 Bei den typischen Warenkorbbestellsystemen heutiger Online-Shops hat der Kunde in der Regel nur eine eingeschränkte Wahlmöglichkeit hinsichtlich der Bestellungen.[84] Die zum Kauf angebotenen Artikel sind in der Regel mit Bezeichnung, Typangabe, Eigenschaften und Preis vorgegeben. Der Kunde wählt diese aus, indem er den gewünschten Artikel anklickt

---

[75] BeckOK BGB/*Maume* Stand 1.8.2014, § 312i Rn. 31; Moritz/Dreier/*Holzbach/Süßenberger* C. 218; *Wilmer/Hahn* IX 2 Rn. 19 jeweils zur alten Rechtslage.
[76] Beides: Erman/*Koch* § 312i Rn. 24.
[77] jurisPK-BGB/*Junker* § 312i Rn. 94 für AGB; für beides: Erman/*Koch* § 312i Rn. 24.
[78] Palandt/*Grüneberg* § 312i Rn. 5; MüKoBGB/*Wendehorst* § 312g aF Rn. 63; im Ergebnis auch *Klimke* CR 2005, 583, 584.
[79] jurisPK-BGB/*Junker* § 312i Rn. 23 f.
[80] jurisPK-BGB/*Junker* § 312i Rn. 24.
[81] BGH Urt. v. 3.4.2008 – III ZR 190/07, NJW 2008, 2026; jurisPK-BGB/*Junker* § 312i Rn. 16.
[82] LG Koblenz Urt. v. 26.6.2007 – 6 S 342/06; jurisPK-BGB/*Junker* § 312i Rn. 16.
[83] *Wilmer/Hahn* IX 2 Rn. 13.
[84] *Wilmer/Hahn* IX 2 Rn. 13.

oder in ein daneben befindliches Kästchen klickt, wodurch dieser Artikel in den elektronischen Warenkorb übernommen und dort gespeichert wird bis der Kunde seine Bestellung abgeschickt hat. Eine echte Auswahlmöglichkeit dergestalt, dass der Kunde den Typ des Artikels oder einzelne Eigenschaften ändern kann, steht in der Regel nicht zur Verfügung. Dies gilt auch dann, wenn sich der Kunde bestimmte Produkte, wie beispielsweise Notebooks oder PCs online am Computer im **built-to-order-Verfahren** zusammenstellt. Auch in diesen Fällen sind die einzelnen Bestandteile, wie Festplatte, Speicher, USB-Schnittstellen, CD-ROM- oder DVD-Laufwerk, Grafikkarten in der Regel typmäßig vorgegeben, sodass der Kunde nur zwischen unterschiedlichen Typen und der Anzahl der USB-Schnittstellen, ggf. noch DVD-Laufwerke, sofern diese noch angeboten werden, auswählen kann. Entsprechendes gilt für andere im built-to-order-Verfahren angebotene Artikel oder Produkte.

Praktische Fehlerquellen bei der Eingabe der Bestellung beschränken sich deshalb in der Regel auf die Art des gewünschten Artikels und die Stückzahl.[85] Allerdings kann dem Kunden auch hierbei leicht ein technisches Versehen unterlaufen, wenn er beispielsweise per Mausklick seine Bestellung abschickt. Kann er diesen **Eingabefehler** nicht erkennen, geht dieser aufgrund der automatisierten Prozesse der Online-Shops in die Bestellung ein. Es kommt ein Vertrag mit einem anderen Inhalt als dem angestrebten zustande. Deshalb muss der Kunde die Möglichkeit haben, seine gesamte Erklärung, also insbesondere den gesamten Inhalt des Warenkorbes, vor Übermittlung am Bildschirm einsehen zu können.[86] 61

Der Bestellvorgang ist deswegen so zu gestalten, dass der Kunde vor Abgabe der Bestellung seine Eingaben in einer **zusammenfassenden Bestellübersicht** überprüfen und korrigieren kann, bevor er sie abschickt und zwar unabhängig davon, ob die Bestellung als Vertragsangebot oder -annahme zu qualifizieren ist.[87] Dabei sind dem Kunden vor Abgabe seiner Bestellung in einer Übersicht die von ihm ausgewählten Artikel mit genauer Bezeichnung, Typ, Stückzahl und Preis anzuzeigen. 62

Zudem muss er die Möglichkeit haben, Eingabefehler zu korrigieren. Dies ist nicht der Fall, wenn dies nur mit einem **unverhältnismäßigen Aufwand** möglich ist, der Kunde also beispielsweise lediglich die Wahl hat, den Inhalt seiner Bestellung unverändert zu senden oder den gesamten Bestellvorgang abzubrechen und zu wiederholen. Um dem Kunden die typischen Vorteile des elektronischen Geschäftsverkehrs zu sichern,[88] müssen Korrekturhilfen zur Verfügung gestellt werden, die es ihm ermöglichen, einzelne Angaben in der Bestellung zu korrigieren, indem er die Stückzahl ändern, einzelne Artikel aus der Bestellung löschen und ggf. durch andere ersetzen kann, ohne die gesamte Bestellung neu vornehmen zu müssen. 63

b) Vorvertragliche Informationspflichten. Sodann muss der Unternehmer dem Kunden vor Abgabe seiner Bestellung gemäß § 312i Abs. 1 Nr. 1 BGB die nach Art. 246c EGBGB angegebenen Informationen klar und verständlich mitteilen. Hierbei handelt es sich um Informationspflichten, die lediglich der Sicherheit und Klarheit der Vertragsanbahnung und seiner Abwicklung dienen. Sie betreffen im Gegensatz zu den Informationspflichten des Art. 246a § 1 EGBGB bei Fernabsatzverträgen[89] nicht den Inhalt des Vertrages.[90] Diese Vorschrift ist jedoch eine **Marktverhaltensregel iSv § 4 Nr. 11 UWG**[91] mit der Folge, dass Verstöße hiergegen von Wettbewerbern abgemahnt werden können. Art. 246c EGBGB entspricht wortgleich dem bisherigen Art. 246 § 3 EGBGB.[92] 64

Nach Art. 246c Nr. 1 EGBGB hat der Unternehmer den Kunden zunächst über die einzelnen **technischen Schritte,** die zu einem Vertragsschluss führen, zu informieren. Er muss den 65

---

[85] *Wilmer/Hahn* IX 2 Rn. 13.
[86] *Klimke* CR 2005, 583 (583).
[87] *Moritz/Dreier/Holzbach/Süßenberger* C. 213.
[88] *Klimke* CR 2005, 583 (583).
[89] → Rn. 112 f. V 4.
[90] *Wilmer/Hahn* XX 2 Rn. 2. Zur Rechtslage vor dem 11.6.2010, an der sich jedoch auch nach Umsetzung der VRRL nichts geändert hat.
[91] LG Bamberg Urt. v. 28.11.2012 – 1 HK O 29/12, 1 HKO 29/12, CR 2013, 130 (Kurztext) = ITRB 2013, 80 (redaktioneller Leitsatz und Kurzwiedergabe).
[92] BT-Drs. 17/12637, S. 76.

Kunden nicht über die juristische Einordnung der wechselseitigen Erklärungen als invitatio ad offerendum oder als verbindliches Angebot bzw. Annahme informieren und somit insbesondere nicht bestimmen, wann juristisch ein verbindliches Vertragsangebot und wann dessen Annahme vorliegt.[93]

66 Vielmehr muss er dem Kunden mitteilen, dass seine Warenkorblisten zunächst unverbindliche Aufforderungen zur Abgabe eines Antrages sind, während durch das Absenden der Bestellung ein Angebot des Kunden abgegeben wird, das sodann durch eine Bestätigungsemail des Unternehmers oder die Warenversendung angenommen wird.[94] Bei anderer Ausgestaltung des Online-Bestellsystems sind die Schritte, die zum Vertragsabschluss führen, entsprechend der anderweitigen Ausgestaltung anzugeben.[95]

67 Diese Informationen sind auf der jeweiligen Bestellseite des Online-Shops anzugeben, vorzugsweise auf der Seite nach Eingabe der Bestellung, vor Absendung derselben.[96] Derartige **Informationen** werden im Regelfall in AGB unter der Rubrik „Vertragsabschluss" aufgeführt. Dies ist **ausreichend, wenn** eine **Bestellung ohne Akzeptieren der AGB nicht abgegeben werden kann und** der **Kunde zumindest die Möglichkeit hatte,** die **AGB vor Auslösen** des Bestellvorgangs **einzusehen.**[97]

68 Nach Art. 246c Nr. 2 EGBGB hat der Unternehmer den Kunden weiter darüber zu informieren, ob der **Vertragstext** gespeichert und er zugänglich sein wird.

Dies kann im Rahmen einer Hilfe- oder Informationsseite erfolgen oder bei den Hinweisen auf die AGB über einen entsprechenden Button.[98] Art. 246c Nr. 2 EGBGB sieht nicht vor, dass diese Information vor der Abgabe der Bestellung zu erfolgen hat, weshalb eine Information im dargestellten Sinne ausreichen dürfte. Eine besondere Form ist ebenso wenig vorgesehen.[99] Nicht genügen dürfte hingegen ein Verweis insbesondere in AGB, dass die „für die Geschäftsabwicklung nötigen Daten unter Einhaltung der geltenden datenschutzrechtlichen Bestimmungen" gespeichert würden und der Kunde nach Vertragsschluss die Gelegenheit habe, den Vertrag „für sich zu speichern".[100]

69 Nach Art. 246c Nr. 3 EGBGB muss der Unternehmer den Kunden über die technischen Mittel zum Erkennen und zur Korrektur von Eingabefehlern vor Abgabe der Bestellung informieren.

70 Bei Bestellungen im Online-Shop sind diese Mittel solche zur Korrektur der Bestellung.[101] Wird dem Kunden vor Abgabe seiner Bestellung diese noch einmal in einer Zusammenschau dargestellt und kann er hier über einen Button „Lösche Artikel" oder durch Deaktivierung eines Häckchens in einer Checkbox neben dem einzelnen Artikel bestimmte Artikel löschen oder die angegebene Stückzahl durch Änderung der Zahl oder über eine Scrollfunktion ändern, dürfte dies genügen.[102]

71 Die Regelung hinsichtlich der **Vertragssprache** nach Art. 246c Nr. 4 EGBGB soll dem Kunden die Möglichkeit geben, die für ihn passende Sprache für den Bestellvorgang auszuwählen. Dementsprechend ist zu Beginn der Bestellseiten auf die zur Verfügung stehenden Sprachen hinzuweisen.[103] Dies kann dadurch geschehen, dass entweder vor Anzeigen der Bestellseiten oder auf der Bestellseite ganz oben auf die zur Verfügung stehenden Sprachen deutlich, ggf. wie häufig auf Internetseiten zu finden, mit Buttons in der Form von Fahnen

---

[93] jurisPK-BGB/*Junker* § 312i Rn. 26; Moritz/Dreier/*Holzbach/Süßenberger* C. 214, noch zur alten Rechtslage vor dem 11.6.2010, an der sich insoweit seit dem 11.6.2010 jedoch nichts geändert hat.
[94] jurisPK-BGB/*Junker* § 312i Rn. 29; *Wilmer/Hahn* XX 2 Rn. 3.
[95] *Wilmer/Hahn* XX 2 Rn. 3.
[96] *Wilmer/Hahn* XX 2 Rn. 3.
[97] → Rn. 39 ff.
[98] *Wilmer/Hahn* XX 2 Rn. 4.
[99] *Wilmer/Hahn* XX 2 Rn. 4.
[100] LG Stuttgart Urt. v. 11.3.2003 – 20 O 12/03, NJW-RR 2004, 911–913.
[101] *Wilmer/Hahn* XX 2 Rn. 5.
[102] Das OLG Hamburg hat es bei Bestellung über Online-Formulare genügen lassen, dass die Eingabe nach Anklicken des Bestell-Buttons noch einmal überprüft werden kann; OLG Hamburg Beschl. v. 14.5.2010 – 3 W 44/10, MMR 2010, 696; Erman/*Koch* § 312i Rn. 15.
[103] LG Essen v. 31.5.2012 – 44 O 77/10, VuR 2012, 491; jurisPK-BGB/*Junker* § 312i Rn. 49.

der Länder, deren Sprachen angeboten werden oder als Drop-Down-Menü hingewiesen wird und diese ausgewählt werden können.[104]

Sofern für die konkrete Bestellung einschlägig, also wenn sich der Unternehmer einem **Verhaltenskodex** unterworfen hat,[105] sind auch Verhaltenskodizes auf der Webseite anzugeben sowie die Möglichkeiten eines elektronischen Zugangs zu diesen, Art. 246c Nr. 5 EGBGB. Der Begriff Verhaltenskodex des Art. 246c Nr. 5 EGBGB bestimmt sich nach § 2 Abs. 1 Nr. 5 UWG.[106] Danach sind dies Vereinbarungen oder Vorschriftenkataloge, die nicht durch die Rechts- und Verwaltungsvorschriften eines Mitgliedstaates vorgeschrieben sind und das Verhalten der Gewerbetreibenden definiert, die sich in Bezug auf eine oder mehrere spezielle Geschäftspraktiken oder Wirtschaftszweige auf diesen Kodex verpflichten.[107] Aufgeführt werden hierzu Werberichtlinien des ZAW (www.zaw.de und www.werberat.de); Wettbewerbsrichtlinien der Versicherungswirtschaft; Regelungen der Freiwilligen Selbstkontrolle Film (FSK), der Multimedia-Dienstleister (FSM), der Telefonmehrwertdienste (FST), der Freiwilligen Selbstkontrolle Fernsehen (FSF) und der Freiwilligen Selbstkontrolle für die Arzneimittelindustrie.[108] Die Möglichkeit des elektronischen Zugangs kann im Internet mittels eines Hyperlinks geschaffen werden.[109]

c) **Bestellbestätigung.** Nach § 312i Abs. 1 S. 1 Nr. 3 BGB (ehemals § 312g Abs. 1 S. 1 Nr. 3 BGB) hat der Unternehmer dem Kunden dessen Bestellung unverzüglich auf elektronischem Wege zu bestätigen, sogenannte **Bestellbestätigung.**

Zu beachten ist, dass der Unternehmer mit dieser Bestätigung keine Vertragsannahme erklären muss. Es genügt die bloße Bestätigung der Kundenbestellung.[110] Ob eine derartige Bestätigung eine **Vertragsannahme** darstellt oder nicht, bestimmt sich nach den allgemeinen Grundsätzen.[111] Demnach steht es dem Unternehmer frei, mit der Bestätigung gleichzeitig die Vertragsannahme zu erklären. Vor dem Hintergrund der erweiterten Informationspflichten nach Fernabsatzrecht nach Umsetzung der VRRL ist genau zu prüfen, ob bzw. welche Ausgestaltung als Bestellbestätigung im Rahmen der Gesamtkonzeption des Online-Shops erfolgen soll.[112] Zu der Formulierung der Bestellbestätigung nach bisherigem Recht ist zahlreiche Rechtsprechung ergangen. Da die Bestellbestätigung mit Umsetzung der VRRL unverändert geblieben ist, ist diese Rechtsprechung weiter relevant. Danach liegt eine Vertragsannahme im Regelfall vor, wenn der Unternehmer dem Kunden mitteilt, „sein Auftrag werde alsbald ausgeführt".[113] Im Gegensatz dazu stellt die Ankündigung, den Auftrag bald auszuführen, noch keine Vertragsannahme dar.[114] Gleiches gilt, wenn der Unternehmer lediglich mitteilt, die Bestellung sei aufgenommen worden.[115] Da die Bestätigung auf elektronischem Wege zu erfolgen hat, genügt eine solche auf dem Postweg nicht. Der Unternehmer kann sich insoweit nur eines Telemediendienstes bedienen.[116] In der Praxis erfolgt die Bestätigung in der Regel per automatisierter E-Mail oder Computererklärung, also **Auto-Reply**, unmittelbar nach Abgabe der Bestellung des Kunden. Dies stellt den einfachsten und si-

---

[104] LG Essen v. 31.5.2012 – 44 O 77/10, VuR 2012, 491; anders OLG Hamm Urt. v. 26.5.2011 – I-4 U 35/11, 4 U 35/11, MMR 2011, 586 ff., wenn nicht klar ist, ob nur die Werbung oder auch der Vertrag einschließlich Bestellbestätigung und etwaiger weiterer Informationen wahlweise auch in einer anderen (englischen) Sprache abgewickelt wird. Zur Vermeidung dieser Unsicherheit bietet sich beides an.
[105] jurisPK-BGB/*Junker* § 312i Rn. 54.
[106] jurisPK-BGB/*Junker* § 312i Rn. 53.
[107] Köhler/Bornkamm/*Köhler* § 2 Abs. 1 Nr. 5 UWG Rn. 113 unter Verweis auf die Definition des Art. 2 lit. f UGP-RL.
[108] Köhler/Bornkamm/*Köhler* § 2 Abs. 1 Nr. 5 UWG Rn. 113 (mwN).
[109] jurisPK-BGB/*Junker* § 312i Rn. 54.
[110] Moritz/Dreier/*Holzbach/Süßenberger* C. 215; *Wilmer/Hahn* IX 2 Rn. 15.
[111] *Wilmer/Hahn* IX 2 Rn. 15.
[112] Zu den erweiterten Informationspflichten → Rn. 112 f.
[113] LG Köln Urt. v. 16.4.2003 – 9 S 289/02, MMR 2003, 481; AG Hamburg-Barmbeck Urt. v. 3.12.2003 – 811B C 61/03, NJW-RR 2004, 412.
[114] AG Wolfenbüttel Urt. v. 14.3.2003 – 17 C 477/02, LSK 2003, 430344.
[115] LG Hamburg Urt. v. 9.7.2004 – 317 S 130/03, CR 2005, 227 (227).
[116] *Wilmer/Hahn* IX 2 Rn. 15.

chersten Weg dar, diese Anforderung zu erfüllen, da hierdurch auch das Erfordernis der „unverzüglichen", § 312i Abs. 1 S. 1 Nr. 3 BGB, Bestätigung erfüllt wird.

75 Erklärt der Unternehmer hingegen unverzüglich nach Abgabe der Bestellung die **Vertragsannahme**, stellt dies sogleich die Bestätigung im Sinne des § 312i Abs. 1 S. 1 Nr. 3 BGB dar.[117]

> **Praxistipp:**
> Da in der Praxis die Formulierung der Bestellbestätigung darüber entscheidet, ob ein Vertragsschluss mit deren Zugang vorliegt, was für Anfechtungsmöglichkeiten und bestimmte Informationspflichten eine wesentliche Rolle spielt, sollte besondere Sorgfalt auf die Formulierung des Textes der Bestätigungs-E-Mail gelegt werden. Will der Unternehmer mit der Bestätigung lediglich seiner Verpflichtung aus § 312i Abs. 1 Satz 1 Nr. 3 BGB nachkommen, aber noch keine Annahme erklären, um sich beispielsweise die Prüfung seines Lagerbestandes vorzubehalten, oder eine ordnungsgemäß angekündigte Bonitätsprüfung durchzuführen, bietet es sich an, den Text auf die reine Bestätigung des Eingangs der Kundenbestellung zu beschränken oder sogar ausdrücklich darauf hinzuweisen, dass diese Bestätigung keine Vertragsannahme darstellt und eine solche separat erfolgt.[118]
> In der Beratungspraxis empfiehlt es sich, mit dem Unternehmer unter Darlegung der weiteren rechtlichen Konsequenzen einer ausdrücklichen Vertragsannahme abzustimmen, ob er sofort die Vertragsannahme mit seiner Bestätigungs-E-Mail erklären oder noch eine zusätzliche E-Mail mit der Vertragsbestätigung abschicken will oder wie im herkömmlichen Versandhandel die Vertragsannahme mit der Lieferung der Waren erklärt, § 151 BGB.[119] Zu beachten ist jedoch, dass im Online-Handel bereits eine Annahmefrist von 5 Tagen zu lang sein kann.[120]

Die Problematik derartiger Formulierungen zeigen folgende Fälle aus der Rechtsprechung:

76 In dem der Entscheidung des AG Hamburg-Barmbek zugrunde liegenden Fall erhielt der Kunde nach Absenden seiner Bestellung über drei Handys auf einer Online-Seite die Mitteilung, „Normalservice an Kontoanschrift, lieferbar, kommt in einer Woche". Danach wurde der Kunde aufgefordert, auf „jetzt bestellen" zu drücken, was er machte. Als nächstes wurde er gefragt, ob er eine Bestätigung seiner Bestellung per E-Mail wolle, was er bejahte. Daraufhin erhielt er eine Bestätigung der Lieferung der Handys innerhalb einer Woche an seine Anschrift per E-Mail. Das Gericht bewertete diese Bestätigungs-E-Mail als Vertragsannahme und bejahte den Vertragsschluss. Mit dieser E-Mail habe der Anbieter die Erfüllung des Kaufvertrages in Aussicht gestellt. Hätte der Anbieter sich nicht verpflichten wollen, die bestellten Gegenstände zu liefern, hätte er nicht bestätigen müssen, dass und innerhalb welchen Zeitraumes die gewünschten Gegenstände geliefert würden.[121]

77 Ebenso entschied das Landgericht Köln, dass die Bestätigungs-E-Mail des Online-Händlers „Auftrag wird bald ausgeführt"[122] oder das AG Westerburg, dass die Formulierung „Bestellung wird so schnell wie möglich bearbeitet" eine Annahme eines Vertragsangebotes seitens eines Kunden darstellt[123] oder das OLG Frankfurt hinsichtlich der Formulierung „Vielen Dank für Ihren Auftrag, den wir so schnell als möglich ausführen werden".[124]

78 Kündigt der Unternehmer als Reaktion auf eine Online-Bestellung lediglich an, dass noch eine Vertragsbestätigung erfolgen wird, liegt darin nach dem AG Wolfenbüttel jedoch noch

---

[117] *Wilmer/Hahn* IX 2 Rn. 15.
[118] jurisPK-BGB/*Junker* § 312i Rn. 59, 60, 61 mit Formulierungsbeispiel gemäß § 2 der Amazon-AGB.
[119] jurisPK-BGB, Band 1/*Beckmann* § 151 Rn. 27; *Erman/Westermann* § 151 Rn. 3.
[120] LG Hamburg v. 29.10.2012 – 315 O 422/12, Rn. 5; jurisPK-BGB/*Lapp/Salamon* § 308 Rn. 13.
[121] AG Hamburg-Barmbeck Urt. v. 3.12.2003 – 811B C 61/03, NJW-RR 2004, 412. Anders aber LG Hamburg Urt. v. 9.7.2004 – 317 S 130/03, NJW-RR 2004, 1568, das den Vertragsschluss ablehnte.
[122] LG Köln Urt. v. 16.4.2003 – 9 S 289/02, Rn. 5, MMR 2003, 481; *Wilmer/Hahn* II 1 Rn. 18.
[123] AG Westerburg Urt. v. 14.3.2003 – 21 C 26/03, MMR 2003, 609; *Wilmer/Hahn* II 1 Rn. 18.
[124] OLG Frankfurt Urt. v. 20.11.2002 – 9 U 94/02, MMR 2003, 405.

keine Vertragsannahme.[125] Ebenso wenig liegt nach dem *LG Essen* eine Annahmeerklärung in der nochmaligen Auflistung der bestellten Ware mit dem Hinweis, diese Bestellung liege vor.[126]

In seiner Entscheidung vom 26.1.2005 qualifizierte der BGH die Formulierung   79

„Sehr geehrter Kunde,
Ihr Auftrag wird jetzt unter Kundennummer ...... von unserer Versandabteilung bearbeitet ...... Wir bedanken uns für den Auftrag"

als konkludente Annahme des Angebots des Kunden.[127]

Im Gegensatz dazu wertete das OLG Nürnberg im bereits zuvor zitierten Fall[128] die folgende Formulierung nicht als Vertragsannahme:

„...... vielen Dank für Ihre Bestellung bei ...... Hiermit bestätigen wir den Eingang Ihrer Bestellung. Wir werden möglichst umgehend Ihren Auftrag bearbeiten".

Dieses ist der Auffassung, der Begriff „Auftrag" müsse im Sinne des § 662 BGB verstanden werden, obwohl es vorliegend erkennbar nicht um ein Auftragsverhältnis in diesem Sinne gehe. Auch der Begriff „Bestellung" spreche nicht für das Zustandekommen eines Vertrages, sondern deute vielmehr auf die rein interne Bearbeitung hin. Der Senat setzte sich hierbei auch kurz mit der zuvor aufgeführten Rechtsprechung auseinander, bejahte jedoch im Ergebnis einen Verstoß gegen die Grundsätze von Treu und Glauben, wenn der Verkäufer hieran festgehalten werden müsse.[129]   80

Praxistipp – Bestellbestätigung:
Möchte der Anbieter mit der Bestellbestätigung noch keine Vertragsannahme erklären, sollte er sich darauf beschränken, ausschließlich die Bestellung zu bestätigen und zudem ausdrücklich darauf hinweisen, dass diese Bestätigung keine Annahme darstellt.[130]

Formulierungsvorschlag – Bestellbestätigung ohne Annahmeerklärung:
Wir bestätigen den Eingang Ihrer Bestellung vom ......
Bitte beachten Sie, dass dies keine Annahmeerklärung Ihres Vertragsangebotes darstellt.   81

Praxistipp:
Diese Klarstellung im genannten Sinne sollte in der Bestellbestätigung erfolgen und nicht in den AGB, um Auslegungsschwierigkeiten zu vermeiden, ob die Bestellbestätigung nicht doch eine Annahmeerklärung darstellt, wie dies in der Entscheidung des LG Essen der Fall war.[131]
In den AGB darf unter dem Abschnitt „Vertragsschluss" nicht erläutert werden, dass eine Annahme des Angebotes des Kunden durch die Bestätigung seiner Bestellung erfolgt,[132] da diese dann eine Annahme darstellen könnte.

---

[125] AG Wolfenbüttel Urt. 14.3.2003 – 17 C 477/02, LSK 2003, 430344; *Wilmer/Hahn* II 1 Rn. 18.
[126] LG Essen Urt. v. 13.2.2003 – 16 O 416/02, MMR 2004, 49 = NJW-RR 2003, 1207; *Wilmer/Hahn* II 1 Rn. 18.
[127] BGH Urt. v. 26.1.2005 – VIII ZR 79/04, MMR 2005, 233 (234) = NJW 2005, 976 (976).
[128] → Rn. 19.
[129] OLG Nürnberg Beschl. v. 10.6.2009 – 14 U 622/09, MMR 2010, 31.
[130] So auch *Stockmar/Wittwer* CR 2005, 118, 121.
[131] LG Essen Urt. v. 13.2.2003 – 16 O 416/02, NJW-RR 2003, 1207. Nach dieser Entscheidung darf in den AGB unter dem Abschnitt „Vertragsschluss" nicht erläutert werden, dass eine Annahme des Angebotes des Kunden durch die Bestätigung seiner Bestellung erfolgt da diese dann eine Annahme darstellen könnte.
[132] Auch dazu LG Essen Urt. v. 13.2.2003 – 16 O 416/02, NJW-RR 2003, 1207.

> **Formulierungsvorschlag – Bestellbestätigung mit Annahmeerklärung**
>
> 82 Möchte der Anbieter mit der Bestellbestätigung direkt die Vertragsannahme erklären, bieten sich folgende Formulierungen an:
>
> - Wir bedanken uns für Ihren Auftrag, den wir so schnell wie möglich ausführen werden
>
> oder
>
> - Wir bearbeiten Ihren Auftrag.
> - „Wir bedanken uns für den Erhalt Ihres Auftrages. Die Lieferung erfolgt voraussichtlich am ......
>
> Zusätzlich kann in den AGB des Anbieters, vorzugsweise im Abschnitt „Vertragsschluss" erläutert werden, dass mit der Bestellbestätigung eine Vertragsannahme erfolgt.

83 **d) Bereitstellung von AGB und Vertragsbestimmungen.** Schließlich hat der Unternehmer dem Kunden nach § 312i Abs. 1 S. 1 Nr. 4 BGB die Möglichkeit zu verschaffen, sowohl die **Vertragsbestimmungen** als auch die **AGB** abzurufen und in wiedergabefähiger Form zu speichern. Abweichend von der Regelung in § 310 Abs. 1 S. 1 BGB ist der Verwender im Bereich des E-Commerce nach § 312i Abs. 1 S. 1 Nr. 4 BGB verpflichtet, seinem Kunden beim Vertragsabschluss die Möglichkeit zu verschaffen, die Vertragsbestimmungen einschließlich der Allgemeinen Geschäftsbedingungen abzurufen und in wiedergabefähiger Form zu speichern. Diese Regelung kann, wie bereits zuvor dargestellt wurde, gemäß § 312i Abs. 2 S. 2 BGB auch im B2B-Bereich nicht abbedungen werden.[133]

84 Verschafft der Verwender seinem Kunden diese Möglichkeit, wird er regelmäßig auch die Verpflichtung nach § 305 Abs. 2 BGB einhalten, sodass die AGB des Verwenders Vertragsbestandteil werden.[134]

85 Der Kunde kann die Vertragsbestimmungen und die AGB dann abrufen, wenn er diese in Schriftzeichen lesbar darstellen kann. Dies ist der Fall, wenn diese zum **Download** angeboten werden, wohingegen das bloße Herauskopieren aus den HTML-Seiten nicht genügt.[135] Entscheidend ist, dass der Kunde bei dem Abrufen nicht auf Hindernisse stößt, die ihm durch besondere elektronische Formate den Abruf oder die Lesbarkeit erschweren, es sei denn diese waren bereits Voraussetzung für die Nutzung des jeweiligen Teledienstes.[136] Bezogen auf die **Speichermöglichkeit** muss dem Kunden eine angemessene und wirksame Möglichkeit eingeräumt werden, die Daten auf der Festplatte seines Computers oder einem anderen dauerhaften Datenträger herunterzuladen.[137] Der Unternehmer kommt seiner Verpflichtung jedoch auch nach, wenn er dem Kunden den Vertragstext in einer E-Mail übermittelt. In jedem Fall ist auf die Kompatibilität mit allgemein verwendeten Programmen zu achten.[138]

86 Entsprechendes gilt im Bereich des Mobile Commerce, für den auch mit der VRRL insoweit keine besonderen Regelungen eingeführt wurden.[139]

> **Praxistipp:**
>
> **Vertragsbestimmungen** und **AGB sollten in** den **gängigen elektronischen Formaten** für E- und Mobile Commerce zum Abruf angeboten werden. Weiter ist darauf zu achten, dass eine **Speicher- und** zusätzlich **Ausdruckmöglichkeit** gegeben ist, die es dem Kunden ermöglicht, diese ohne großen Aufwand zu speichern und auszudrucken. Hierfür genügt es, wenn der Kunde diese Bestimmungen durch Aktivierung eines Links aufrufen und sodann speichern und ausdrucken kann.

---

[133] Zu den Anforderungen im Sinne der Nr. 4 → Rn. 32.
[134] Palandt/*Grüneberg* § 312i Rn. 8; Moritz/Dreier/Holzbach/Süßenberger C. 223.
[135] *Wilmer/Hahn* IX 2 Rn. 16, anderer Auffassung mit weiteren Nachweisen *Marly* Rn. 812, Fn. 270.
[136] *Wilmer/Hahn* IX 2 Rn. 16; MüKoBGB/*Wendehorst*, 6. Auflage, Online-Ausgabe 2012, § 312g aF, Rn. 105 f.
[137] MüKoBGB/*Wendehorst*, 6. Auflage 2012, § 312g aF, Rn. 107.
[138] MüKoBGB/*Wendehorst*, 6. Auflage 2012, § 312g aF, Rn. 107.
[139] Zu den Besonderheiten aufgrund der begrenzten Darstellungsmöglichkeiten unten → Rn. 268 ff.

Ob hierfür ein gängiges PDF-Format genügt, das mit einem Reader gelesen werden kann, war bislang noch nicht Gegenstand der Rechtsprechung,[140] weshalb davon auszugehen ist, dass dies genügt. 87

Checkliste: Allgemeine Pflichten im elektronischen Geschäftsverkehr 88

Die Pflichten im elektronischen Geschäftsverkehr nach § 312i BGB finden sowohl für Verbraucher als auch für Unternehmer auf Kundenseite Anwendung. In sachlicher Hinsicht beschränkt sich der Anwendungsbereich auf die Fälle, in denen der Vertragsabschluss mittels Telemedien erfolgt. Ob die Vertragserfüllung offline oder online erfolgt, ist unerheblich.
Im B2B-Bereich können die Pflichten des § 312i Abs. 1 S. 1 Nr. 1–3 BGB abbedungen werden. Voraussetzung für ein Abbedingen ist eine Vereinbarung der Beteiligten vor dem elektronischen Vertragsabschluss, § 312i Abs. 2 S. 2 BGB. Im Übrigen hat der Unternehmer folgende Pflichten:

☐ Der Anbieter muss dem Kunden vor Abgabe seiner Bestellung die Möglichkeit zum Erkennen und zur Korrektur von Eingabefehlern geben, § 312i Abs. 1 Nr. 1 BGB. Dies geschieht durch die Bereitstellung einer Bestellübersicht über die ausgewählten Artikel mit der Möglichkeit, diese zu löschen oder die Stückzahl zu ändern.

☐ Der Anbieter muss den Kunden über die einzelnen technischen Schritte, die zum Vertragsabschluss führen, informieren, § 312i Abs. 1 S. 1 Nr. 2 BGB, wobei es keiner juristischen Einordnung bedarf.

☐ Der Anbieter muss den Kunden über eine Speicherung des Vertragstextes informieren, § 312i Abs. 1 S. 1 Nr. 2 BGB iVm Art. 246c Nr. 2 EGBGB.

☐ Der Kunde muss nach § 312i Abs. 1 S. 1 Nr. 2 BGB, Art. 246c Nr. 3 EGBGB darüber unterrichtet werden, wie er mit den gem. § 312i Abs. 1 S. 1 Nr. 1 BGB zur Verfügung gestellten Mitteln Eingabefehler erkennen und berichtigen kann, wobei dies im Rahmen der Bestellübersicht erfolgen kann.

☐ Die Vertragssprache ist dem Kunden gemäß § 312i Abs. 1 S. 1 Nr. 2 BGB, Art. 246c Nr. 4 EGBGB anzugeben ebenso wie Verhaltenskodizes, denen sich der Unternehmer unterworfen hat, Art. 246c Nr. 5 EGBGB (dabei genügt eine Verlinkung).

☐ Der Unternehmer muss dem Kunden den Zugang seiner Bestellung unverzüglich auf elektronischem Wege bestätigen, § 312i Abs. 1 S. 1 Nr. 3 BGB. Bei der Formulierung dieser Bestellbestätigung ist die Gesamtkonzeption des Online-Shops zu berücksichtigen. Die Formulierung als Bestätigung oder Vertragsannahme entscheidet über den Zeitpunkt des Vertragsschlusses, Übersenden der neu eingeführten Vertragsbestätigung, über Anfechtungsmöglichkeiten und ist für die Widerrufsbelehrung und die weiteren, insbesondere neu eingeführten Informationspflichten, wesentlich.

☐ Der Kunde muss die Möglichkeit erhalten, die Vertragsbestimmungen einschließlich der AGB bei Vertragsabschluss abzurufen und in wiedergabefähiger Form zu speichern, § 312i Abs. 1 S. 1 Nr. 4 BGB. Dabei sind gängige und mit den allgemeinen Programmen kompatible Speichermöglichkeiten zu wählen.

3. Besondere Pflichten, § 312j BGB

Wie zuvor ausgeführt wurde, sind mit der Umsetzung der VRRL besondere Pflichten im elektronischen Geschäftsverkehr **gegenüber Verbrauchern** in § 312j BGB eingeführt worden. Diese betreffen die neu eingeführte Verpflichtung des Unternehmers, den Verbraucher über Lieferbeschränkungen und Zahlungsmittel zu informieren sowie die Buttonlösung, die bislang in § 312g Abs. 2–4 BGB aF geregelt war. 89

a) Angaben zu Zahlungsmitteln und Lieferbeschränkungen. Neu ist die Verpflichtung zur Angabe der Zahlungsmittel nach § 312j Abs. 1 BGB, spätestens bei Beginn des Bestellvorgangs. Diese Vorschrift setzt Art. 8 Abs. 3 VRRL um. Dort wird hinsichtlich der formalen Anforderungen bei Fernabsatzverträgen geregelt, dass auf Webseiten für den elektronischen 90

---

[140] Dagegen: juris PR-ITR/*Ernst* 10/2006, Anm. 2.

Geschäftsverkehr spätestens bei Beginn des Bestellvorgangs klar und deutlich anzugeben ist, ob Lieferbeschränkungen bestehen und welche Zahlungsmittel akzeptiert werden. Eine Definition, was unter dem „**Beginn des Bestellvorgangs**" zu verstehen ist, findet sich jedoch weder in den Erwägungsgründen der Richtlinie, wo in Erwägungsgrund 38 lediglich die vorgenannte Regelung wiedergegeben wird, noch in der Begründung zum Gesetzentwurf.

91 Der BGH hat in den Entscheidungen zu den Versandkosten und der Mehrwertsteuer den Begriff „**Einleitung des Bestellvorgangs**" dahingehend definiert, dass dies der Zeitpunkt des Einlegens der Ware in den elektronischen Warenkorb darstellt.[141] Zwar erging diese Entscheidung zu § 1 Abs. 6 PAngV, jedoch findet sich hier eine Definition für den Zeitpunkt der „Einleitung des Bestellvorgangs", der mit dem Beginn des Bestellvorgangs gleichgesetzt werden kann. Ist dieser Zeitpunkt maßgeblich, so bedeutet dies, dass die Zahlungsmittel nunmehr angegeben werden müssen, bevor der Verbraucher die Ware in den elektronischen Warenkorb legt. Hiervon scheint auch der deutsche Gesetzgeber ausgegangen zu sein. Gemäß § 312j Abs. 1 BGB sind die Angaben zu den akzeptierten Zahlungsmitteln spätestens bei Beginn des Bestellvorgangs bereitzustellen, während die Angaben bzgl. der Button-Lösung unmittelbar bevor der Verbraucher seine Bestellung abgibt, bereit zu stellen sind.[142] Demnach differenziert das Gesetz zwischen den beiden Zeitpunkten des Beginns der Bestellung und ihrer Abgabe und verpflichtet den Unternehmer, die Angaben zu den Zahlungsmitteln bei Beginn zur Verfügung zu stellen, was der zitierten BGH-Rechtsprechung entspricht.[143] Aufgrund der Vollharmonisierung der VRRL wird im Zweifel der EuGH entscheiden, was mit diesem Begriff genau gemeint ist.

92 Entsprechendes gilt für die Angabe möglicher Lieferbeschränkungen, die dem Verbraucher ebenfalls vor Einlegung der Ware in den elektronischen Warenkorb bekannt gegeben werden müssen, wie bspw. Beschränkungen der Lieferung nur in bestimmte Länder oder Regionen.

93 In der praktischen Umsetzung bedeutet dies, dass dem Verbraucher neben den Angaben zu den Versandkosten und der Mehrwertsteuer die Zahlungsmittel und etwaige Lieferbeschränkungen vor Einlegen der Ware in den elektronischen Warenkorb mitgeteilt werden müssen. Legt man hierzu die Rechtsprechung des BGH in seiner Entscheidung „Kamerakauf im Internet" zugrunde, dürfte es ausreichen, wenn ähnlich wie derzeit für Versandkosten üblich, über einen **Link** „Zahlungsmittel" und „Lieferbeschränkungen" ein Fenster aufgerufen werden kann, in dem die entsprechenden Zahlungsmittel und Lieferbeschränkungen angegeben werden.[144]

94 **b) Inhalt und Anforderungen der „Button-Lösung", § 312j Abs. 2–4 BGB.**[145] Die „Button-Lösung" ist in zwei Regelungsbereiche unterteilt, die Abs. 2, 3 und 4 des § 312j BGB. Der wesentliche Teil findet sich in § 312j Abs. 3 iVm Abs. 4 BGB, der eigentlichen „Button-Lösung". Sie findet gemäß § 312j Abs. 5 S. 1 BGB keine Anwendung, wenn der Vertrag ausschließlich durch individuelle Kommunikation geschlossen wird.

95 Gemäß § 312j Abs. 2 BGB iVm Art. 246a § 1 Abs. 1 S. 1 EGBGB hat der Unternehmer dem Verbraucher unmittelbar bevor letzterer seine Bestellung abgibt, folgende **Informationen klar und verständlich und in hervorgehobener Weise** zur Verfügung zu stellen:
- die wesentlichen Eigenschaften der Waren oder Dienstleistungen in den für das Kommunikationsmittel und für die Waren und Dienstleistungen angemessenem Umfang, Nr. 1
- Gesamtpreis der Waren oder Dienstleistungen einschließlich aller Steuern und Abgaben oder Art der Preisberechnung sowie zusätzliche Fracht-, Liefer- oder Versandkosten und alle sonstigen Kosten oder die Tatsache, dass solche zusätzliche Kosten anfallen können, Nr. 4

---

[141] BGH Urt. v. 11.10.2007 – III ZR 63/07, MMR 2008, 39 (42).
[142] *Bierekoven* MMR 2014, 283 (283f.).
[143] *Bierekoven* MMR 2014, 283 (283f.).
[144] Jedenfalls dürfte es genügen, wenn dies auf der Webseite bei den Zahlungsmitteln angegeben wird.
[145] Ausführlich zu den rechtlichen und technischen Anforderungen bei Ausgestaltung der Button-Lösung: *Boos/Bartsch/Volkamer* CR 2014, 119.

- Im Falle eines unbefristeten Vertrages/Abonnement-Vertrages den Gesamtpreis einschließlich der pro Abrechnungszeitraum anfallenden Gesamtkosten und bei Festbeträgen die monatlichen Gesamtkosten oder Art der Preisberechnung, Nr. 5
- ggf. Laufzeit des Vertrages/Bedingungen der Kündigung unbefristeter Verträge/sich automatisch verlängernder Verträge, Nr. 11
- ggf. Mindestdauer der Verpflichtungen, die der Verbraucher eingeht, Nr. 12.

Während sich im Gesetzestext weitere Angaben hierzu nicht finden, ergibt sich aus der Gesetzesbegründung zur Einführung der Button-Lösung, dass hiermit insgesamt drei Kriterien gemeint sind, die für die konkrete Ausgestaltung der „neuen" Bestellübersicht oder -fläche eine wesentliche Bedeutung haben: **unmittelbar/zeitlich/räumlich**.[146] Dabei ist davon auszugehen, dass sich dies mit Umsetzung der VRRL nicht geändert hat. Nach der Gesetzesbegründung werden diese Regelungen lediglich an die Vorgaben der VRRL angepasst.[147]

Demnach bedeutet **„unmittelbar"**, dass die relevanten Informationen direkt zum Zeitpunkt der Bestellung des Verbrauchers zur Kenntnis genommen werden müssen.[148] „Zeitlich" bedeutet, dass die Informationen in der Bestellübersicht aufgeführt sein müssen, eine Darstellung lediglich im Rahmen des Bestellprozesses genügt nicht.[149] Schließlich bedeutet „räumlich", dass der den Bestellprozess abschließende Button unmittelbar räumlich unter diesen Informationen angeordnet sein muss.[150] Es dürfen sich keine weiteren Informationen wie AGB, Widerrufsbelehrung oder Lieferadresse zwischen diesen Informationen und dem Bestellbutton befinden.[151] Es genügt nicht, wenn die Informationen erst über einen gesonderten Link erreicht oder aus einem gesondert herunterzuladenden Dokument entnehmbar sind.[152]

Problematisch sind die Ausgestaltung in der Bestellübersicht und die Darstellung der wesentlichen Eigenschaften der Ware oder Dienstleistung. Die ehemals typische Vorgehensweise, die ausgewählten Artikel in einer Bestellübersicht vor Absenden der Bestellung aufzuführen und vor dem Absenden der Bestellung auf AGB (und Datenschutzerklärung) zu verweisen, was durch Anklicken des Häkchens vom Verbraucher in der Checkbox bestätigt wurde, ist seit Einführung der Buttonlösung hinfällig. Zwischen dem Bestellbutton und der vorgenannten Bestellübersicht dürfen sich keine weiteren Informationen (AGB, Datenschutzerklärung etc) befinden, sodass der Bestellbutton also **unmittelbar nach der Bestellübersicht** angeklickt werden muss. Um zu gewährleisten, dass diese einbezogen werden, werden die Hinweise auf AGB und Datenschutzerklärung unmittelbar vor/oberhalb der Darstellung der Bestellübersicht angegeben oder alternativ in einem Zwischenschritt vor dem Aufrufen der Bestellübersicht, bspw. nach Eingabe der Daten für die Rechnungs- und Lieferanschrift. Im Übrigen muss an der äußeren Gestaltung der Bestellübersicht durch die VRRL nichts geändert werden, sodass es wohl auch zulässig sein dürfte, den Bestellvorgang erst mit Setzen des entsprechenden Häkchens nach Anklicken des Bestellbuttons enden zu lassen.

Ein weiterer problematischer Punkt bleibt die Darstellung der wesentlichen Angaben der Produktmerkmale. Die Gesetzesbegründung zur Einführung der Buttonlösung sagt hierzu lediglich, dass eine Verlinkung auf die Angebotsseite zwecks Abrufens der wesentlichen Produktinformationen nicht zulässig ist.[153] Welche Informationen wesentlich sind, sagt die Gesetzesbegründung nicht.

Verwiesen wird auf die für den Verbraucher und dessen Kaufentscheidung maßgeblichen Merkmale,[154] bzw. auf die ganz rudimentären Produktmerkmale wie Größe, Farbe und Rohstoffzusammensetzung bei Kleidung, und einem zusätzlichen Link „Details" zur Verlinkung auf die Produktseite.[155]

---

[146] BT-Drs. 17/7745, S. 10 f.
[147] BR-Drs. 817/12, S. 94; BT-Drs. 17/12637, S. 58.
[148] BT-Drs. 17/7745, S. 10; *Buchmann* K&R 2012, 549 (550).
[149] BT-Drs. 17/7745, S. 10.
[150] BT-Drs. 17/7745, S. 10.
[151] BT-Drs. 17/7745, S. 10 f.; *Buchmann* K&R 2012, 549 (550).
[152] BT-Drs. 17/7745, S. 11.
[153] BT-Drs. 17/7745, S. 11.
[154] *Stuwe* IPRB 2012, 236 (237).
[155] *Buchmann* K&R 2012, 549 (550).

101 Die „eigentliche" Button-Lösung findet sich in § 312j Abs. 3 BGB. Danach hat der Unternehmer die Bestellsituation bei einem Vertrag nach § 312j Abs. 2 S. 1 BGB so zu gestalten, dass der Verbraucher mit seiner Bestellung ausdrücklich bestätigt, dass er sich zu einer Zahlung verpflichtet. Erfolgt diese Bestellung über eine Schaltfläche, erfüllt der Unternehmer diese Verpflichtung nur, wenn diese Schaltfläche gut lesbar und mit nichts anderem als den Wörtern „zahlungspflichtig bestellen" oder mit einer **entsprechend eindeutigen Formulierung** beschriftet ist.

102 Nach der Gesetzesbegründung sind neben den Wörtern **„zahlungspflichtig bestellen"** folgende weitere Begriffe erlaubt:[156]
- Kostenpflichtig bestellen
- Zahlungspflichtigen Vertrag schließen
- Kaufen
- Bei ebay
  - Gebot abgeben
  - Gebot bestätigen

Nicht erlaubt sind:[157]
- Anmeldung
- Bestellen
- Weiter
- Bestellung abgeben.

103 Dies wird durch die VRRL nicht geändert. Das OLG Hamm hatte mit Urteil vom 19.11.2013 entschieden, dass die Formulierung „Bestellung abschicken" auf der Schaltfläche diese Anforderungen nicht erfüllt.[158] Ebenso wenig genügte dem LG Berlin in seinem Urteil vom 17.7.2013 die Formulierung „Jetzt verbindlich bestellen" auf einer Schaltfläche für die Online-Buchung von Busreisen.[159]

104 Mit Urteil vom 28.4.2014 entschied das AG Köln, dass auch die Beschriftung „Kaufen" nicht ausreichen soll. Es begründete seine Entscheidung ua damit, der Begriff „Kaufen" müsse nicht zwingend eine Zahlungspflicht auslösen, da es auch Zahlungspflichten, wie den Kauf auf Probe gebe, die zunächst keine Zahlungspflichten auslösten. Zudem gäben die Gesetzesmaterialien den Willen des Gesetzgebers nicht zutreffend wieder, sondern nur einen Teil der Erklärung der Bundesregierung, die weder Gesetz geworden sei noch sich nach Auffassung des Gerichts im Wege der Auslegung herleiten lasse.[160]

105 Diese Auffassung ist unzutreffend. Nach dem allgemeinen Sprachgebrauch bedeutet „Kaufen", etwas gegen Bezahlung erwerben.[161] Zum Gesetzgeber gehören alle am Gesetzgebungsverfahren beteiligten Organe, wie die Bundesregierung. Deren Begründung gehört zu den Gesetzesmaterialien. Hinzu kommt, dass der Entwurf nach seiner Annahme mit keiner eigenständigen Begründung des Bundestages zu versehen ist.[162]

106 Der Auffassung des AG Köln ist insoweit also nicht zu folgen. Der Begriff „Kaufen" ist ebenso eindeutig im allgemeinen Sprachgebrauch definiert wie die Gesetzesbegründung den Willen des Gesetzgebers wiedergibt, zumal auch das AG Köln keinerlei Anhaltspunkte für einen anderen Willen des Gesetzgebers anführt.[163]

107 Es empfiehlt sich deswegen, in der Praxis nur die genannten Formulierungen zu verwenden, da andernfalls gemäß § 312j Abs. 4 BGB zwischen Unternehmer und Verbraucher kein

---

[156] BT-Drs. 17/7745, S. 12.
[157] BT-Drs. 17/7745, S. 12.
[158] OLG Hamm Urt. v. 19.11.2013 I – 4 U 65/13, 4 U 65/13, ITRB 2014, 131 mit Anmerkung *Engels*.
[159] LG Berlin Urt. v. 17.7.2013 – 97 O 5/13, MMR 2013, 780.
[160] AG Köln Urt. v. 28.4.2014 – 142 C 354/13, MMR 2014, 736.
[161] *Föhlisch/Stariradeff* Anmerkung zu AG Köln MMR 2014, 736.
[162] *Föhlisch/Stariradeff* Anmerkung zu AG Köln MMR 2014, 736.
[163] Neben den beiden angesprochenen Punkten setzt sich das AG Köln jedoch auch mit der Frage auseinander, ob der Begriff „Kaufen" für die Bestellung eines Abonnements zutreffend ist, und ob es sich nicht im konkreten Fall wegen der besonderen Umstände des Vertragsschlusses um eine individuelle Kommunikation im Sinne des § 312g Abs. 5 S. 1 BGB aF handelte. Insofern sind sowohl das Urteil als auch die Anmerkung von *Föhlisch/Stariradeff* instruktiv, MMR 2014, 736.

wirksamer Vertrag zustande kommt und wie die genannten Entscheidungen zeigen, Abmahnungen drohen.

> **Praxistipp:**
> Für die Ausgestaltung der Buttonlösung empfiehlt sich auch nach Umsetzung der VRRL folgendes Vorgehen:
> 1. Die wesentlichen Produktmerkmale sind in die Bestellübersicht aufzunehmen. Daneben kann, muss jedoch nicht, ein zusätzlicher Button mit „Details" oder einer ähnlichen Beschriftung angebracht werden, der eine Verlinkung auf die Produktangaben auf der Angebotsseite ermöglicht.
> 2. Die Pflichtangaben gemäß § 312j Abs. 2 BGB sind vollständig in die Bestellübersicht aufzunehmen.
> 3. Unmittelbar im Anschluss an diese Informationen muss sich der Bestellbutton befinden, der lediglich mit den Wörtern „zahlungspflichtig bestellen" oder insbesondere „(jetzt) kaufen" versehen werden darf.
> 4. Die Einbeziehung der AGB bzw. der Hinweis auf die Datenschutzerklärung ist oberhalb der Bestellübersicht vorzunehmen. Zwischen den Bestell-Informationen und dem Bestellbutton dürfen diese nicht aufgeführt werden. Alternativ kann ein Zwischenschritt vor Aufruf der Bestellübersicht eingeführt werden, indem auf einer zwischengeschalteten Webseite, auf der bspw. die Rechnungs- und Versanddaten vom Verbraucher anzugeben sind, die AGB über eine Verlinkung oder eine Opt-In-Checkbox einbezogen werden.

V. Fernabsatzrecht, §§ 312b–312h BGB

1. Grundsatz und Konzept der Neuregelung[164]

Die VRRL ist gemäß Art. 4 eine Vollharmonisierungsrichtlinie mit der Folge, dass die Mitgliedstaaten weder von der Richtlinie abweichende innerstaatliche Rechtsvorschriften aufrecht erhalten noch solche einführen dürfen. Dies gilt auch für strengere oder weniger strengere Rechtsvorschriften zur Gewährleistung eines anderen Verbraucherschutzniveaus. Dieser Grundsatz der **Vollharmonisierung** wird jedoch durchbrochen, wenn in der Richtlinie selbst etwas anderes bestimmt ist, also von einzelnen Regelungen der VRRL ausdrücklich abgewichen werden kann.[165] Der Grundsatz der Vollharmonisierung gilt ausweislich von Erwägungsgrund 11 der VRRL auch nicht für solche Rechtsverhältnisse, die nicht in den Anwendungsbereich der Richtlinie fallen, insbesondere zu spezifischen Bereichen wie Humanarzneimittel, Medizinprodukte, Datenschutz bei der elektronischen Kommunikation, Patientenrechte in der grenzüberschreitenden Gesundheitsversorgung, Lebensmittelkennzeichnung und Elektrizitäts- und Erdgasbinnenmarkt oder Regelungen zum Abschluss und zur Gültigkeit von Verträgen oder hinsichtlich sprachlicher Anforderungen bzgl. der Vertragsinformationen und Vertragsklauseln.[166] Des Weiteren sind die Mitgliedstaaten ausweislich von Erwägungsgrund 12 der VRRL berechtigt, neben den Informationspflichten gemäß dieser Richtlinie zusätzlich für die in ihrem Hoheitsgebiet niedergelassenen Dienstleistungserbringer Informationspflichten zu erlassen. Die **Informationspflichten der VRRL sollen diejenigen der E-Commerce-Richtlinie ergänzen.**[167] Die Regelungen der VRRL sind gemäß Art. 25 der VRRL zwingend.

Diese Grundsätze sind bei der Auslegung der VRRL im Fernabsatzbereich zu berücksichtigen. Zudem hat die Europäische Kommission, Abteilung Justiz, im Juni 2014 ein sogenanntes **Guidance Document** („Guidelines") herausgegeben, in dem einige unbestimmte

---
[164] Allgemein zur Umsetzung und Systematik: *Bierekoven/Crone* MMR 2013, 867 ff. sowie zu den Auswirkungen auf das Lauterkeitsrecht: *Alexander* WRP 2014, 501.
[165] *Bierekoven* ZIR 2014, 266 (267).
[166] Erwägungsgrund 11, Richtlinie 2011/83/EU vom 25.10.2011, ABl. L 304, S. 65.
[167] Richtlinie 2011/83/EU vom 25.10.2011, ABl. L 304, S. 65.

Rechtsbegriffe und Regelungen der VRRL näher erläutert werden.[168] Auf diese Auslegungsgrundsätze wird an der jeweiligen Stelle eingegangen. Dabei stellt die Kommission jedoch ausdrücklich klar, dass die Angaben in dem Dokument nicht rechtlich bindend sind, sondern ldgl. eine Anleitung geben sollen. Für die bindende Auslegung von EU-Recht sei ausschließlich der EuGH zuständig.[169] Nachfolgend werden die Regelungen des deutschen Umsetzungsgesetzes der VRRL im Zusammenhang mit den jeweiligen Regelungen der VRRL behandelt, da aufgrund des Vollharmonisierungscharakters der VRRL letztlich der EuGH entscheidet und im Übrigen eine richtlinienkonforme Auslegung der deutschen Regelungen zu erfolgen hat.

2. Anwendungsbereich, § 312c BGB

110   Nach § 312c Abs. 1 BGB sind Fernabsatzverträge Verträge, bei denen der Unternehmer oder eine in seinem Namen oder Auftrag handelnde Person und der Verbraucher für die Vertragsverhandlungen und den Vertragsschluss ausschließlich Fernkommunikationsmittel verwenden, es sei denn, dass der Vertragsschluss nicht im Rahmen eines für den Fernabsatz organisierten Vertriebs- oder Dienstleistungssystems erfolgt.

111   **Fernkommunikationsmittel** im Sinne dieses Gesetzes sind nach § 312c Abs. 2 BGB alle Kommunikationsmittel, die zur Anbahnung oder zum Abschluss eines Vertrages eingesetzt werden können, ohne dass die Vertragsparteien gleichzeitig körperlich anwesend sind, wie Briefe, Kataloge, Telefonanrufe, Telekopien, E-Mails, über den Mobilfunk versendete Nachrichten (SMS) sowie Rundfunk und Telemedien.

112   Der **Anwendungsbereich** des Fernabsatzrechtes ist also in **persönlicher Hinsicht** im Gegensatz zu den Regelungen zum elektronischen Geschäftsverkehr **eingeschränkter**, da es lediglich im B2C-Bereich zur Anwendung kommt, jedoch nicht im B2B-Bereich, in **sachlicher Hinsicht** ist er **weiter**, da er nicht nur für Telemediendienste, sondern auch für die weiteren genannten Arten des Vertragsabschlusses gilt.

113   Bedeutung haben die Regelungen des Fernabsatzrechtes insbesondere im Online-Handel. Sie beinhalten, eine Reihe von Pflichten, die der Unternehmer zu erfüllen hat und räumen dem Verbraucher vor allem nach § 312g Abs. 1 BGB ein Widerrufsrecht ein, dessen Einzelheiten in §§ 355 ff. BGB geregelt sind. Maßgeblich für die Anwendbarkeit dieser Vorschriften ist vor allem, dass der Vertrieb von Waren oder die Erbringung von Dienstleistungen im Rahmen **eines für den Fernabsatz organisierten Vertriebs- oder Dienstleistungssystems erfolgt.** Dies ist dann der Fall, wenn der Unternehmer planmäßig mit dem Angebot telefonischer Bestellung und Zusendung der Ware wirbt und er seinen Betrieb durch die personelle und sachliche Ausstattung so organisiert, dass Verträge regelmäßig im Fernabsatz geschlossen und abgewickelt werden können. Nicht ausreichend ist, wenn der Unternehmer seine Ware im Laden anbietet und nur gelegentlich telefonische Bestellungen annimmt und ausführt.[170]

> **Praxistipp:**
> Zu beachten ist, dass auch nach Umsetzung der VRRL nicht der Verbraucher zu beweisen hat, dass der Unternehmer ein solches Vertriebssystem unterhält, sondern umgekehrt der **Unternehmer** nachweisen muss, **dass** er ein solches **nicht unterhält**, wie sich aus der Formulierung, „es sei denn" in § 312c Abs. 1 S. 1 BGB ergibt.[171]

---

[168] European Commission, DG Justice Guidance Document, concerning Directive 2011/83/EU, Stand Juni 2014, nur in englischer Sprache abrufbar unter http://ec.europa.eu/justice/consumer-marketing/files/crd_guidance_en.pdf – im Folgenden „Guidance Docuement".
[169] Guidance Document, S. 1.
[170] Palandt/*Grüneberg* § 312b Rn. 11.
[171] Palandt/*Grüneberg* § 312b Rn. 11.

3. Struktur

Gemäß § 312d Abs. 1 S. 1 BGB ist der Unternehmer verpflichtet, den Verbraucher nach Maßgabe des Art. 246a EGBG zu informieren.[172] Die **Rechtsfolge dieser Informationspflicht** findet sich sodann in § 312d Abs. 1 S. 2 BGB. Danach werden die in Erfüllung dieser Informationspflicht gemachten Angaben des Unternehmers **Inhalt des Vertrages**. Etwas anderes gilt nur dann, wenn die Vertragsparteien ausdrücklich etwas anderes vereinbart haben. Dabei ist jedoch nicht klar, wie diese Vereinbarung zu treffen ist, insbesondere, ob dahingehende Vereinbarungen in Allgemeinen Geschäftsbedingungen getroffen werden können. Bislang wurden in der Praxis die Informationen des § 312g Abs. 1 BGB aF, Art. 246 § 3 EGBGB aF zum elektronischen Geschäftsverkehr und Fernabsatzrecht, § 312c Abs. 1 BGB aF, Art. 246 §§ 1,2 EGBGB aF, regelmäßig in Allgemeinen Geschäftsbedingungen bereitgestellt. Ob und inwieweit dies nach der Neuregelung noch möglich ist, insbesondere wenn die Vertragsparteien ausdrücklich etwas anderes vereinbaren möchten, ist nicht abschließend geregelt. 114

Der Gesetzgeber unterscheidet insofern drei Fälle. Der Unternehmer übersendet dem Verbraucher die Informationen nach Art. 246a EGBGB und im Anschluss hiervon abweichende AGB. In diesem Fall werden nach der Gesetzesbegründung die abweichenden Vereinbarungen nur dann Vertragsbestandteil, wenn der Verbraucher diesen **ausdrücklich zustimmt**. Ein schlüssiges Handeln oder Schweigen auf die Zusendung der AGB reicht nicht.[173] Alternativ kann der Unternehmer dem Verbraucher die Informationen gemeinsam mit den Allgemeinen Geschäftsbedingungen übersenden. Widersprechen die Allgemeinen Geschäftsbedingungen den Informationen, verhält sich der Unternehmer nach der Gesetzesbegründung widersprüchlich und kann sich infolge dessen nach § 242 BGB nicht auf die abweichenden Allgemeinen Geschäftsbedingungen berufen.[174] In diesem Falle gelten die Informationen bzw. die Angaben nach Art. 246a EGBGB und die abweichenden Vereinbarungen sind hinfällig. Erfüllt der Unternehmer die Informationspflichten hingegen überhaupt nicht, sind insofern die §§ 305 ff. BGB nicht einschlägig, der Verbraucher soll jedoch gemäß §§ 280 Abs. 1, 241 Abs. 2 BGB Anspruch auf Schadensersatz haben.[175] **Die bisherige Sanktion, wonach die Widerrufsfrist gemäß § 355 Abs. 3 S. 1 BGB aF nicht vor Erfüllung der Informationspflichten gemäß Art. 246 § 2 iVm § 1 Abs. 1 und 2 EGBGB aF zu laufen begann bzw. nach sechs Monaten ab Vertragsschluss endete, ist entfallen.** 115

4. Informationspflichten, § 312d Abs. 1 S. 1 BGB, Art. 246a EGBGB

Die Informationspflichten werden insgesamt in einem Katalog von 16 im Vergleich zu den bisherigen 12 Informationspflichten geregelt. Sie betreffen dabei in den Nummern 1 bis 4, 7 zwingende Angaben, die also in jedem Fall mitzuteilen sind, in den Nummern 5, 6, 9 bis 16 jeweils solche, die nur in bestimmten Fällen zur Anwendung gelangen. Im Einzelnen hat der Unternehmer dem Verbraucher folgende Informationen zu geben, die als Checkliste für die Gestaltung der Informationspflichten im Onlineshop verwendet werden können, wobei gemäß Art. 246a § 1 Abs. 2 EGBGB die Information über die Ausübung des Widerrufsrechtes und die Verwendung des Widerrufsformulars hinzukommen (Nr. 1) sowie die Kosten für die Rücksendung der Waren (Nr. 2), die Wertersatzpflicht bei Verträgen über die Lieferung von Wasser, Gas, Strom oder Fernwärme (Nr. 3) und den Verlust des Widerrufsrechtes (Nr. 4). 116

---

[172] Die Informationspflichten im Fernabsatzrecht finden sich nunmehr in Art. 246a EGBGB, nicht mehr in Art. 246 EGBGB, der nun für den Stationären Handel gilt. Die Informationspflichten finden sich sodann in § 1, die erleichterten für Reparatur- und Instandhaltungsarbeiten in § 2, für den Mobile Commerce in § 3 und hinsichtlich der formalen Anforderungen in § 4 des Art. 246a EGBGB.
[173] BT-Drs. 17/12637, S. 54.
[174] BT-Drs. 17/12637, S. 54.
[175] BT-Drs. 17/12637, S. 54.

117 Checkliste: Informationspflichten, Art. 246a § 1 Abs. 1 S. 1 EGBGB

Nr. 1   Wesentliche Eigenschaften der Waren oder Dienstleistungen
Nr. 2   Identität des Unternehmers einschließlich Telefon- ggf. Faxnummer und E-Mail-Adresse
Nr. 3   zusätzlich zu den Angaben Geschäftsanschrift des Unternehmers oder Anschrift für Beschwerden
Nr. 4   Gesamtpreis der Waren oder Dienstleistungen oder Art der Preisberechnung sowie zusätzliche Fracht-, Liefer- oder Versandkosten und alle sonstigen Kosten oder die Tatsache, dass solche anfallen können
Nr. 5   bei unbefristeten Verträgen/Abonnementverträgen den Gesamtpreis, ggf. monatliche Gesamtkosten oder die Art der Preisberechnung
Nr. 6   Kosten für den Einsatz des Fernkommunikationsmittels
Nr. 7   Zahlungs-, Liefer- und Leistungsbedingungen sowie den Termin zur Lieferung der Ware oder Erbringung der Dienstleistung und ggf. das Verfahren zum Umgang mit Beschwerden
Nr. 8   Bestehen eines gesetzlichen Mängelhaftungsrechtes für Waren
Nr. 9   ggf. Bestehen und Bedingungen von Kundendiensten, Kundendienstleistungen und Garantien
Nr. 10 ggf. Verhaltenskodizes
Nr. 11 ggf. Laufzeit des Vertrages oder Bedingungen der Kündigung unbefristeter/sich automatisch verlängernder Verträge
Nr. 12 ggf. Mindestdauer der Verpflichtung
Nr. 13 ggf. Hinweis auf Kautionen oder sonstige finanzielle Sicherheiten und deren Bedingungen
Nr. 14 ggf. Funktionsweise digitaler Inhalte, einschließlich anwendbarer technischer Schutzmaßnahmen für solche Inhalte
Nr. 15 ggf. soweit wesentlich bei digitalen Inhalten Beschränkungen der Interoperabilität und der Kompatibilität
Nr. 16 ggf. Hinweis über außergerichtliches Beschwerde- und Rechtsbehelfsverfahren, dem der Unternehmer unterworfen ist.

5. Liefertermin, Art. 246a § 1 Abs. 1 Nr. 7 EGBGB

118 Neu eingeführt wurde neben der Verpflichtung, die Mehrwertsteuer und Versandkosten anzugeben, gemäß Art. 246a § 1 Abs. 1 Nr. 7 EGBGB die Verpflichtung, den Termin, bis zu dem der Unternehmer die Waren liefern oder die Dienstleistung erbringen muss, zu nennen. Dabei ist jedoch nicht klar formuliert, ob ein Datum oder wie bislang üblich eine Lieferfrist bzw. ein Lieferzeitraum gemeint ist.[176] Die Angabe eines festen Lieferdatums kann in der praktischen Umsetzung deswegen problematisch werden, da dieses regelmäßig erst mit der Bestellung des Verbrauchers feststeht und zudem nach Art der bestellten Ware variieren kann.[177] Eine Erläuterung dazu, ob mit dem Begriff „Termin" eine Lieferfrist oder ein feststehendes Datum gemeint ist, findet sich in der VRRL nicht. Dort heißt es in der deutschen Übersetzung in Art. 6 Abs. 1g) „die Zahlungs-, Liefer- und Leistungsbedingungen, der Termin, bis zu dem sich der Unternehmer verpflichtet, die Waren zu liefern oder die Dienstleistung zu erbringen". Diese Formulierung wurde wortgleich in Art. 246a § 1 Nr. 7 EGBGB übernommen. In Erwägungsgrund 59 der VRRL wird auf eine zwischen dem Unternehmer und dem Verbraucher vereinbarte „Frist" verwiesen.[178] Auch dies spricht eher für eine Frist, innerhalb derer die Ware geliefert werden soll, also für einen fest anzugebenden Zeitraum, und gegen ein starres Lieferdatum. Hinzu kommt, dass es in der englischen Fassung der Richtlinie heißt „the time by which". Die englische Fassung verwendet also eine weitere

---

[176] *Bierekoven* MMR 2014, 283 (283); *Schirmbacher/Schmidt* CR 2014, 107 (109); *Föhlisch/Dyakova* MMR 2013, 3 (8).
[177] *Bierekoven* MMR 2014, 283 (283); *Schirmbacher/Schmidt* CR 2014, 107 (109).
[178] *Bierekoven* MMR 2014, 283 (283).

Formulierung als die deutsche, die lediglich auf den „Termin" abstellt. Somit sollte also die Angabe einer Lieferfrist anstelle eines konkreten Datums genügen.[179]

Die EU-Kommission stellt dies in ihren Guidelines nunmehr ausdrücklich klar. Danach muss der Unternehmer dem Verbraucher **kein spezielles Kalenderdatum** für die Lieferung nennen. Es genügt, wenn er eine **Lieferfrist** beginnend mit dem Vertragsschluss benennt. Dabei setzt die Kommission den Vertragsschluss mit der Bestellung durch den Verbraucher gleich.[180]

6. Vertragsbestätigung, § 312f Abs. 2 BGB

Nach § 312f Abs. 2 S. 1 BGB hat der Unternehmer dem Verbraucher eine Bestätigung des Vertrags, in der der Vertragsinhalt wiedergegeben ist, innerhalb einer angemessenen Frist nach Vertragsschluss, spätestens jedoch bei der Lieferung der Ware oder bevor mit der Ausführung der Dienstleistung begonnen wird, **auf einem dauerhaften Datenträger zur Verfügung** zu stellen. Diese Bestätigung muss die in Artikel 246a EGBGB genannten Angaben enthalten. Etwas anderes gilt nur dann, wenn der Unternehmer dem Verbraucher diese Informationen bereits vor Vertragsschluss in Erfüllung seiner Informationspflichten nach § 312d Abs. 1 BGB auf einem dauerhaften Datenträger zur Verfügung gestellt hat. Eine solche Vertragsbestätigung war bislang so nicht vorgesehen.

Der Begriff des „dauerhaften Datenträgers" wird in § 126b Abs. 1 S. 2 BGB, in dem der Begriff „Textform" neu definiert wurde, definiert als ein Medium, das es 1. dem Empfänger ermöglicht, eine auf dem Datenträger befindliche, an ihn persönlich gerichtete Erklärung so aufzubewahren oder zu speichern, dass sie ihm während eines für ihren Zweck angemessenen Zeitraums zugänglich ist und zweitens geeignet ist, die Erklärung unverändert wiederzugeben. Dies entspricht der Definition des Art. 2 Nr. 10 VRRL.[181] Ist durch Gesetz Textform vorgeschrieben, so muss eine lesbare Erklärung, in der die Person des Erklärenden genannt ist, auf einem dauerhaften Datenträger angegeben werden, § 126b Abs. 1 S. 1 BGB. Diese Regelung setzt Art. 8 Abs. 7 VRRL um. In ihren Guidelines führt die EU-Kommission unter Berücksichtigung der Entscheidung des EuGH vom 5.7.2012 – Rs. C-49/11[182] aus, dass ein privates **Nutzerkonto** des Verbrauchers auf der Webseite des Unternehmers ausreichen kann, um diese Informationen zur Verfügung zu stellen, wenn diese nicht einseitig entfernt oder geändert werden können. In diesem Fall ist jedoch sicherzustellen, dass dieses Nutzerkonto für einen angemessenen Zeitraum nach Vertragsschluss zur Verfügung steht.[183]

Bislang wurden in der Praxis die Informationen gemäß Art. 246 § 1 EGBGB aF und Art. 246 § 3 EGBGB aF für den elektronischen Geschäftsverkehr vor Vertragsschluss in den Allgemeinen Geschäftsbedingungen des Unternehmers auf der Webshop-Seite bereit gehalten und diese AGB im Regelfall im Rahmen des Bestellvorgangs in den Vertrag mit dem Verbraucher über eine Häkchen-Variante oder über die verlinkte Bereitstellung im Rahmen des Bestellvorgangs einbezogen. Nach Vertragsschluss wurden dem Verbraucher bislang typischerweise mit der zwingenden Bestellbestätigung nach § 312g Abs. 1 S. 1 Nr. 3 BGB aF die Widerrufsbelehrung in Textform per E-Mail sowie ebenfalls die Informationen gemäß Art. 246 § 1 EGBGB aF per E-Mail zur Verfügung gestellt. Für die Informationspflichten ergab sich diese Verpflichtung aus Art. 246 § 2 Abs. 1 S. 2 Nr. 2 iVm S. 1 EGBGB aF. Diese Grundsystematik behält der deutsche Gesetzgeber bei, nicht klar ist jedoch, ob so weiter verfahren werden kann oder ob **neben der Bestellbestätigung** nach § 312i Abs. 1 S. 1 Nr. 3 BGB eine weitere **Vertragsbestätigung zwingend erforderlich** ist.

Werden dem Verbraucher die Informationen wie bislang im Rahmen der unverzüglichen Bestellbestätigung per E-Mail übermittelt, werden sie hierdurch vor der Lieferung der Ware in Textform wiedergegeben. In diesem Fall würde die Anforderung nach § 312f Abs. 2

---

[179] *Bierekoven* MMR 2014, 283, S. 283; *Schirmbacher/Schmidt* CR 2014, 107 (109).
[180] Guidance Document, S. 26.
[181] *Bierekoven/Crone* MMR 2013, 687 (687).
[182] EuGH Urt. v. 5.7.2012 – C-49/11, MMR 2012, 730–732.
[183] Guidance Document, S. 35.

S. 2 BGB, dass die Informationen nach Art. 246a EGBGB dem Verbraucher bereits vor Vertragsschluss auf einem dauerhaften Datenträger zur Verfügung gestellt wurden, erfüllt. Dies gilt sowohl für den Fall, dass die Bestellbestätigung als reine Bestätigung als auch, dass sie als Vertragsannahme ausgestaltet ist. Im ersten Fall stellt die Bestellbestätigung bereits keine Vertragsannahme dar. Diese erfolgt entweder mit separater E-Mail, Versandbestätigung oder mit Zusendung der Ware. Im zweiten Fall erfolgt zwar eine Vertragsannahme. Diese wird jedoch erst mit Zugang an den Empfänger, also den Verbraucher wirksam, § 130 Abs. 1 S. 1 BGB. Nach dem Wortlaut des § 312f Abs. 2 S. 1 BGB ist die **Vertragsbestätigung** *„nach"* Vertragsschluss zu übersenden. Dies entspricht Art. 8 Abs. 7 S. 1 VRRL. Die Übersendung der Informationen im Rahmen der Bestellbestätigung erfolgt auch bei Gestaltung als Vertragsannahme indessen nicht „nach" Vertragsschluss, sondern mit Vertragsschluss. Die Anforderungen des § 312f Abs. 2 S. 1 BGB, Art. 8 Abs. 7 S. 1 VRRL, werden somit nicht erfüllt.

124   Die Vertragsbestätigung soll dem Verbraucher ausweislich der Gesetzesbegründung zum Schutz als umfassende Dokumentation zur Verfügung gestellt werden.[184] Der Verbraucher soll dokumentieren können, welche vertraglichen Rechte und Pflichten bestehen.[185] Die Informationen nach Art. 246a EGBGB sind nach § 312d Abs. 1 S. 2 zwar kraft Gesetzes Vertragsinhalt, jedoch bei außerhalb von Geschäftsräumen geschlossenen Verträgen nach Art. 246a § 4 Abs. 2 EGBGB bereits vor Vertragsschluss auf Papier oder einem dauerhaften Datenträger zur Verfügung zu stellen, weshalb § 312f Abs. 2 S. 2 BGB die Ausnahme vorsieht, dass die Bestätigung dieser Informationen nur dann **auf einem dauerhaften Datenträger** erfolgen muss, wenn dies **nicht bereits zuvor** erfolgte.[186] Dies ist nach den Guidelines möglich, wenn die Informationen dem Verbraucher an dessen privaten Account gesendet werden und der Unternehmer diese dort weder entfernen noch verändern kann.[187] In die Vertragsbestätigung aufzunehmen sind jedoch die nach § 305 Abs. 1 S. 1 BGB in den Vertrag einbezogenen sonstigen Allgemeinen Geschäftsbedingungen,[188] die zusätzlich neben den Informationspflichten bestehen. Diese müssen in jedem Fall nach Vertragsschluss zur Verfügung gestellt werden. Nach Vertragsschluss können die Informationspflichten nicht mehr geändert werden, denn diese werden gemäß § 312d Abs. 1 S. 2 BGB kraft Gesetzes Vertragsinhalt. Eine Änderung ist nur über eine gesonderte **ausdrückliche Vereinbarung mit dem Verbraucher** möglich, § 312d Abs. 1 S. 2 BGB. Wie diese ausgestaltet sein soll, ergibt sich weder aus der VRRL noch aus der Gesetzesbegründung. Letztere besagt nur, dass diese ausdrücklich in den Vertrag mit dem Verbraucher einbezogen werden muss. Denkbar ist also eine Einbeziehung vor oder mit Vertragsschluss unter ausdrücklicher Bezugnahme auf die abweichenden Regelungen der erteilten Informationen. Diese muss der Unternehmer dem Verbraucher indessen auch zur Verfügung stellen. Somit muss der Unternehmer dem Verbraucher die Vertragsbestätigung in diesem Fall nach Vertragsschluss übersenden. Dies ergibt sich auch aus den Guidelines der EU-Kommission, die unter Verweis auf den Wortlaut des Art. 8 Abs. 7 S. 1 VRRL ausführen, dass diese Bestätigung spätestens mit Warenlieferung oder vor Ausführung der Dienstleistung zur Verfügung gestellt werden muss.[189]

125   Dem Verbraucher sind nach diesen Vorgaben also wenigstens zwei Bestätigungen, entweder eine Bestellbestätigung als reine Bestätigung oder als Vertragsannahme und im Anschluss eine Vertragsbestätigung oder sogar drei, eine reine Bestellbestätigung, eine Versand- oder sonstige Vertragsannahmebestätigung und eine Vertragsbestätigung zur Verfügung zu stellen/zu übermitteln. Die Möglichkeit, bereits vor Vertragsschluss und damit im Rahmen des Bestellvorganges erforderliche Angaben auf einem dauerhaftem Datenträger zu erteilen, womit die Verpflichtung, nach Vertragsschluss eine dahingehende Bestätigung auf einem dauerhaften Datenträger zu übersenden, entfallen würde, besteht nur hinsichtlich der In-

---

[184] BR-Drs. 817/12, S. 88.
[185] BT-Drs. 17/12637, S. 55.
[186] BT-Drs. 17/12637, S. 55.
[187] Guidance Document, S. 35.
[188] BT-Drs. 17/12637, S. 55.
[189] Guidance Document, S. 36.

formationspflichten, nicht jedoch hinsichtlich der übrigen Vertragsbestimmungen. Dies erklärt sich aus dem vorgenannten **Dokumentationszweck**.

Da der Unternehmer nach der Neuregelung nicht zwingend verpflichtet ist, die Informationen des Art. 246a EGBGB einschließlich der Information über das Bestehen oder Nichtbestehen eines Widerrufsrechtes bereits vor Vertragsschluss in Textform zu übermitteln, sondern es sich hierbei um eine fakultative Regelung handelt, kann er diese vorvertraglich auf seiner Webseite zur Verfügung stellen, Art. 246a § 4 Abs. 1 EGBGB. In diesem Fall muss er jedoch beachten, dass der Vertragsinhalt einschließlich der Informationen des Art. 246a EGBGB nach Vertragsschluss in Textform zur Verfügung gestellt wird. Dies kann wie beschrieben oder auch in Printform mit der Warenlieferung erfolgen. Es empfiehlt sich deswegen, bei Ausgestaltung der AGB die notwendigen Pflichtinformationen zu prüfen und insgesamt einheitliche aufeinander abgestimmte Regelungen zu treffen, sodass die Problematik, ob und inwieweit der Unternehmer mit dem Verbraucher abweichende Vereinbarungen treffen kann, insbesondere nach Vertragsschluss, und ob er ihm hierüber eine gesonderte Bestätigung vorlegen muss, vermieden wird. Es bleibt abzuwarten, welche Gestaltungsmodelle sich hierfür entwickeln werden, und wie die Rechtsprechung entscheiden wird. Angesichts des Vollharmonisierungscharakters der VRRL bleibt insofern insbesondere die Rechtsprechung des EuGH hierzu abzuwarten. 126

Checkliste: Fernabsatzrecht 127

☐ Die Regelungen der §§ 312b–312h BGB finden ausschließlich im Bereich B2C Anwendung.
☐ Der Anwendungsbereich ist in sachlicher Hinsicht nicht auf den Vertragsabschluss durch Telemediendienste beschränkt, sondern erfasst wie bisher auch Briefe, Telefonate, Kataloge und ähnliches.
☐ Die Beweislast dafür, dass kein für den Fernabsatz organisiertes Vertriebs- oder Dienstleistungssystem vorliegt, trifft als Negativbeweis den Unternehmer.
☐ Die Informationspflichten im Fernabsatzbereich finden sich nunmehr in Art. 246a § 1 EGBGB und können als Checkliste verwendet werden.
☐ Die Angaben nach Art. 246a § 1 EGBGB können in AGB vorgehalten werden. Dabei ist jedoch zu beachten, dass diese nicht den übrigen AGB widersprechen. In diesem Fall gehen die Informationen nach Art. 246a EGBGB den widersprechenden AGB vor.
☐ Der Unternehmer kann mit dem Verbraucher nach § 312d Abs. 2 S. 2 BGB zwar abweichende Vereinbarungen treffen, dies muss jedoch ausdrücklich geschehen.
☐ Der Unternehmer muss dem Verbraucher nach § 312f Abs. 2 BGB zwingend eine Vertragsbestätigung auf einem dauerhaften Datenträger zukommen lassen. Diese muss neben den Vertragsbestimmungen auch die Angaben nach Art. 246a EGBGB enthalten. Diese Vertragsbestätigung muss dem Verbraucher nach Vertragsschluss übermittelt werden. Ausgenommen hiervon sind die Informationen nach Art. 246a EGBGB. Diese können dem Verbraucher auch vor Vertragsschluss auf einem dauerhaften Datenträger zur Verfügung gestellt werden. In diesem Fall bedarf es einer Übermittlung dieser Informationen nach Vertragsschluss auf einem dauerhaften Datenträger nicht mehr.
☐ Bei der Gestaltung des Online-Shops ist zu beachten, dass die Vertragsbestätigung zwingend nach Vertragsschluss übermittelt werden muss. Deshalb ist der Zeitpunkt des Vertragsschlusses genau zu bestimmen, entweder mit Bestellbestätigung nach § 312i Abs. 1 S. 1 Nr. 3 BGB, mit einer gesonderten Versandbestätigung, einer gesonderten Vertragsannahme oder Zusendung der Ware.
☐ Der Begriff „Textform" wird neu in § 126b Abs. 1 BGB definiert. Er entspricht dem Begriff des „dauerhaften Datenträgers" nach Art. 2 Nr. 10 VRRL.
☐ Als dauerhafter Datenträger kommt auch ein permanent verfügbares Online-Konto des Verbrauchers in Betracht. Die Übersendung der Vertragsbestätigung an dieses genügt.

VI. Widerrufsrecht, § 312g BGB, § 355 BGB

1. Das neue Widerrufsrecht

128 **a) Überblick über die neue Gesetzestechnik.** Hinsichtlich des Widerrufsrechtes ergeben sich gegenüber der bisherigen Rechtslage wesentliche Änderungen. Diese Änderungen betreffen nicht nur die Belehrung über das Widerrufsrecht, die aufgrund der Vorgaben der VRRL, einschließlich des Musters, vollständig neu gestaltet ist, sondern auch die Anforderungen an die Widerrufsbelehrung im Übrigen sowie die Widerrufsfristen.

129 **b) Widerrufsfrist.** Bislang fanden sich die grundlegenden Regelungen zum Widerrufsrecht in §§ 355, 360 BGB aF, die durch die §§ 312g Abs. 3 Satz 2, 312d Abs. 2 BGB aF, modifiziert wurden. Gemäß § 355 Abs. 2 Satz 1 BGB aF betrug die Widerrufsfrist 14 Tage, wenn der Verbraucher ordnungsgemäß in Textform, spätestens bei Vertragsabschluss eine den Anforderungen des § 360 Abs. 1 BGB aF entsprechende Widerrufsbelehrung in Textform erhalten hatte. Bei Fernabsatzverträgen stand eine unverzügliche nach Vertragsschluss in Textform mitgeteilte Widerrufsbelehrung einer solchen bei Vertragsschluss gleich, wenn der Unternehmer den Verbraucher gemäß Art. 246 § 1 Abs. 1 Nr. 10 EGBGB aF unterrichtet hatte. Wurde die Widerrufsbelehrung dem Verbraucher nach dem in Satz 1 oder Satz 2 maßgeblichen Zeitpunkt mitgeteilt, betrug die Widerrufsfrist hingegen einen Monat, § 355 Abs. 2 S. 2 BGB aF.

130 Diese Regelungen wurden durch die §§ 312g und 312d BGB aF dahingehend modifiziert, dass die Widerrufsfrist erst dann zu laufen begann, wenn die Pflichten gemäß § 312g Abs. 1 Satz 1 BGB aF, § 312g Abs. 6 Satz 2 BGB aF oder gemäß § 312d Abs. 2 iVm Art. 246 § 2 iVm § 1 Abs. 1 und 2 EGBGB aF erfüllt waren bzw. bei der Lieferung von Waren nicht vor deren Eingang beim Empfänger oder bei wiederkehrenden Lieferungen gleichartiger Waren nicht vor Eingang der ersten Teillieferung und bei Dienstleistungen nicht vor Vertragsschluss. Wurden die Pflichten nicht erfüllt, begann die Widerrufsfrist nicht zu laufen, endete jedoch gemäß § 355 Abs. 4 Satz 1 BGB aF spätestens 6 Monate nach Vertragsschluss. Bei nicht ordnungsgemäßer oder nicht erteilter Widerrufsbelehrung begann die Widerrufsfrist gemäß § 355 Abs. 4 Satz 3 BGB aF sogar gar nicht zu laufen, das Widerrufsrecht bestand unbegrenzt.

131 Diese Widerrufsfristen und -systematik gelten nicht mehr. Art. 9 Abs. 1 VRRL sieht eine Widerrufsfrist von **14 Tagen** vor. Dabei sind hierunter **Kalendertage** zu verstehen.[190] Bei Nichtaufklärung über das Widerrufsrecht läuft die Widerrufsfrist gemäß Art. 10 Abs. 1 VRRL 12 Monate nach Ablauf der ursprünglichen Widerrufsfrist gemäß Art. 9 Abs. 2 VRRL ab. Das unbegrenzte Widerrufsrecht gemäß § 355 Abs. 4 Satz 3 BGB aF sieht die VRRL nicht vor. Ebenso fehlt eine den §§ 312d Abs. 2, 312g Abs. 6 Satz 2 BGB aF entsprechende Regelung. Das Rückgaberecht nach § 312d Abs. 1, § 356 BGB aF ist entfallen, es kann jedoch zusätzlich vereinbart werden, dass die Rücksendung der Ware für einen Widerruf ausreichend ist.[191] Da der Unternehmer den Verbraucher gemäß Art. 6 Abs. 1h) VRRL über sein Widerrufsrecht belehren muss und sich gemäß Erwägungsgrund 43 der VRRL die Widerrufsfrist verlängern soll, wenn der Unternehmer den Verbraucher „nicht angemessen" informiert, ist davon auszugehen, dass Art. 10 Abs. 1 VRRL auch für den Fall gelten soll, dass der Verbraucher nicht ordnungsgemäß belehrt wurde.

132 Das Widerrufsrecht **endet** gemäß Art. 9 Abs. 2b) VRRL bei **Kaufverträgen** grundsätzlich mit der **physischen Inbesitznahme** der Ware. Hiervon abweichend regeln die Absätze i)–iii) Ausnahmen bei der Lieferung mehrerer Waren im Rahmen einer einheitlichen Bestellung, der Lieferung der Ware in mehreren Teilsendungen oder die regelmäßige Lieferung von Waren. In den beiden erst genannten Fällen endet die Frist wiederum mit der Inbesitznahme der letzten Ware bzw. der letzten Teilsendung. Die VRRL stellt hinsichtlich der Fristberechnung auf den Zeitpunkt des Endes der Widerrufsfrist ab, also die physische Inbesitznahme. Eine

---

[190] Guidance Document, S. 37.
[191] BT-Drs. 17/12637, S. 60; *Gräbig* IPRB 2014, 94 (95).

Unterscheidung, ob die Widerrufsbelehrung bereits zugegangen war oder, wie nach der bisherigen Regelung im BGB nach Erhalt der Ware zugeht, wird nicht getroffen. Darüber hinaus führt die VRRL die Möglichkeit ein, dass auch ein vom Verbraucher benannter Dritter die Ware in den genannten Fällen in Besitz nehmen kann und hierdurch die Frist in Gang gesetzt wird. § 355 Abs. 2 BGB aF stellte hingegen auf die Mitteilung der Widerrufsbelehrung in Textform beim Verbraucher ab, § 312d Abs. 2 BGB aF auf den Eingang der Waren beim Empfänger und Erfüllung der Pflichten, ebenso wie § 312f Abs. 6 Satz 2 BGB aF. Deshalb ist nunmehr sicherzustellen, dass ein empfangsberechtigter Dritter vom Verbraucher benannt wird, andernfalls wird die Frist nicht in Gang gesetzt. Dies geschieht erst, wenn der Dritte dem Verbraucher die Ware aushändigt.[192] Dies wird der Unternehmer jedoch regelmäßig nicht nachweisen können. Demgemäß muss dies beim Bestellvorgang berücksichtigt werden, indem entweder ein entsprechendes Pflichtfeld zur Bestimmung eines Dritten eingeführt wird oder aus Unternehmersicht eine Abgabe an nicht benannte Dritte nicht mehr erfolgen darf, also die bislang mögliche Hinterlegung bei der Post oder über Packstation oder Hinterlegungsstellen sonstiger Transportunternehmen verbleibt oder alternativ eine Benennung des Dritten über das Transportunternehmen, sofern dieses eine solche Möglichkeit anbietet.

Sodann findet sich die Regelung hinsichtlich des Widerrufsrechtes für **Dienstleistungsverträge** in Art. 9 Abs. 2a) VRRL, wonach die Widerrufsfrist hier 14 Tage ab dem Tag des Vertragsschlusses endet, ebenso wie für Verträge über die Lieferung von Wasser, Gas oder Strom, wenn sie nicht in einem begrenzten Volumen oder in einer bestimmten Menge zum Verkauf angeboten werden, sowie von Fernwärme oder digitalen Inhalten, die nicht auf einem körperlichen Datenträger geliefert werden.

Diese Vorgaben setzt der **deutsche Gesetzgeber** nicht ganz entsprechend den Vorgaben der VRRL wie folgt um: Die Grundregelung zu den Widerrufsrechten findet sich nunmehr in § 312g Abs. 1 BGB, die Regelung zu den Widerrufsfristen in §§ 355–356c BGB. Dabei regeln die §§ 355, 356 BGB die grundsätzliche Widerrufsfrist, die §§ 356a–356c BGB die für Sonderfälle des Widerrufsrechtes bei Teilzeitwohnrechteverträgen, Verträgen über ein langfristiges Urlaubsprodukt, bei Vermittlungs- und Tauschsystemverträgen sowie Verbraucherdarlehens- und Ratenlieferungsverträgen. Nach § 361 Abs. 3 BGB trifft die Beweislast für den Beginn der Widerrufsfrist den Unternehmer.

Entsprechend Art. 9 Abs. 1 VRRL beträgt die Widerrufsfrist einheitlich gemäß § 355 Abs. 2 Satz 1 BGB **14 Tage,** das einmonatige Widerrufsrecht entfällt richtlinienkonform. Insofern kommt es auf die Unterscheidung der Gestaltung der Bestellbestätigung als reine Bestätigung oder Vertragsannahme nicht mehr an. Anders als Art. 9 Abs. 2 VRRL, der hinsichtlich der Fristberechnung auf das Ende der Frist abstellt, bleibt der deutsche Gesetzgeber bei seiner bisherigen Systematik und stellt bei der Berechnung weiterhin auf den Beginn der Widerrufsfrist ab. Gemäß § 355 Abs. 2 Satz 2 BGB beginnt die Widerrufsfrist, soweit nichts anderes bestimmt ist, mit Vertragsschluss.

c) **Widerrufsrecht im Verbrauchsgüterkauf.** Eine solche andere, für den B2C-Online-Handel maßgebliche Regelung findet sich in § 356 Abs. 2 Nr. 1 BGB für den Verbrauchsgüterkauf. Gemäß § 356 Abs. 2 Nr. 1 BGB beginnt die Widerrufsfrist grundsätzlich sobald der Verbraucher oder ein von ihm benannter Dritter, der nicht der Frachtführer ist, die Waren erhalten hat. Die Sonderfälle für die Lieferung von mehreren Waren im Rahmen einer einheitlichen Bestellung, einer Ware in mehreren Teilsendungen oder Stücken sowie die regelmäßige Lieferung von Waren über einen festgelegten Zeitraum finden sich in § 356 Abs. 2 Nr. 1b)–d) BGB. Diese orientieren sich zwar an den Vorgaben des Art. 9 Abs. 2 Satz 2b)i)–iii) VRRL, übernehmen diese aber nicht wörtlich. Während diese Regelungen für das Ende der Widerrufsfrist auf den Zeitpunkt 14 Tage ab dem Tag anknüpfen, ab dem der Verbraucher oder der von ihm benannte Dritte die Ware physisch in Besitz nimmt, stellt § 356 Abs. 2 Nr. 1a)–d) BGB für den Beginn nicht auf den Tag der physischen Inbesitznahme ab, sondern auf den **„Erhalt" der Ware.** Der Begriff „Beförderer" wird durch den Begriff „Fracht-

---

[192] Schirmbacher/Schmidt CR 2014, 107 (115).

führer" ersetzt. Diesen Begriff verwendet das HGB in den §§ 425 ff. zu den Ansprüchen bei Verlust oder Beschädigung von Transportgütern.

137 Das bisherige unbegrenzte Widerrufsrecht des § 355 Abs. 4 Satz 3 BGB entfällt richtlinienkonform. Gemäß § 356 Abs. 3 Satz 2 BGB erlischt das Widerrufsrecht spätestens 12 Monate und 14 Tage nach dem in Abs. 2 oder § 355 Abs. 2 Satz 2 BGB genannten Zeitpunkt. Hier besteht ein Unterschied zur VRRL. Zwar soll mit dieser Regelung Art. 10 Abs. 1 VRRL umgesetzt werden, was für die formulierte Frist auch zutrifft. Problematisch ist jedoch, dass für die Berechnung der Widerrufsfrist gemäß § 356 Abs. 3 Satz 2 BGB auf den in Abs. 2 genannten Zeitpunkt abgestellt wird, also den Fristbeginn. Ohne Erfüllung der Anforderungen gemäß Art. 246a) und 246b) EGBGB beginnt diese Widerrufsfrist jedoch gar nicht erst zu laufen, dementsprechend endet sie auch nicht.[193] Im Ergebnis wird so also das bisherige unendliche Widerrufsrecht bei Nichterfüllung der Informations- bzw. Unterrichtungspflicht über das Widerrufsrecht beibehalten.[194]

138 **Europarechtskonform** iSd Art. 9 Abs. 2 und 10 Abs. 1 VRRL kann § 356 Abs. 3 S. 2 BGB deshalb nur **dahin ausgelegt** werden, dass hinsichtlich des Endes der Widerrufsfrist ausschließlich auf deren Beginn gemäß Abs. 2 abzustellen ist und § 356 Abs. 3 Satz 1 BGB dabei außer Betracht zu bleiben hat.[195]

139 **d) Widerrufsrecht bei Dienstleistungen.** Die Regelungen zum Widerrufsrecht bei Dienstleistungen finden sich in §§ 355 Abs. 2, 356 Abs. 2 BGB sowie hinsichtlich der Gestaltung der Widerrufsbelehrung in Anlage 1 zu Art. 246a § 1 Abs. 2 S. 2 EGBGB.

140 Gemäß § 355 Abs. 2 S. 2 BGB beginnt die 14-tägige Widerrufsfrist für Dienstleistungen mit Vertragsschluss zu laufen, soweit nichts anderes bestimmt ist. Dies entspricht mit Ausnahme des Beginns der Berechnung der Frist Art. 9 Abs. 2a) VRRL. Etwas anderes in diesem Sinn bestimmt § 356 Abs. 4 S. 1 BGB. Danach erlischt das Widerrufsrecht bei einem Vertrag zur Erbringung von Dienstleistungen auch dann, wenn der Unternehmer die Dienstleistung vollständig erbracht und mit der Ausführung der Dienstleistung erst begonnen hat, nachdem der Verbraucher dazu seine ausdrückliche Zustimmung gegeben und gleichzeitig seine Kenntnis davon bestätigt hat, dass er sein Widerrufsrecht bei vollständiger Vertragserfüllung durch den Unternehmer verliert.

141 Demnach kommen für das Erlöschen des Widerrufsrechts bei Dienstleistungen zwei Widerrufsfristen in Betracht. Die **grundsätzliche Widerrufsfrist** beträgt bei Dienstleistungen gemäß § 355 Abs. 2 S. 1 BGB **14 Tage.** Sie erlischt jedoch unter den **in § 356 Abs. 4 BGB genannten Voraussetzungen** früher. Dies ist dann der Fall, wenn der Unternehmer die Dienstleistung mit ausdrücklicher Zustimmung des Verbrauchers vollständig erbracht hatte. Der Unternehmer muss den Verbraucher in diesem Fall zuvor auf das vorzeitige Erlöschen des Widerrufsrechts bei Ausführung der Dienstleistung vor Ablauf der 14-Tagesfrist hinweisen und sich vom Verbraucher die Bestätigung einholen, dass er hiervon Kenntnis erhalten hat. Andernfalls erlischt das Widerrufsrecht auch bei vollständiger Ausführung der Dienstleistung nicht. Die Regelung setzt Art. 16a) VRRL um.

142 Der Begriff „Dienstleistung" ist weder im Umsetzungsgesetz noch in der VRRL definiert. In Art. 2 Nr. 6 VRRL findet sich ldgl. eine Negativabgrenzung für den Begriff „Dienstleistungsverträge". Danach ist ein Dienstleistungsvertrag jeder Vertrag, der kein Kaufvertrag ist und nach dem der Unternehmer eine Dienstleistung für den Verbraucher erbringt oder dessen Erfüllung zusagt und der Verbraucher hierfür den Preis zahlt oder dessen Zahlung zusagt. Demnach ist also zunächst jeweils für die Bestimmung des Widerrufsrechts und die Gestaltung der Widerrufsbelehrung zu prüfen, ob die vom Unternehmer angebotene Leistung einen Kaufvertrag darstellt. Erst wenn dies nicht der Fall ist, kommt ein Dienstleistungsvertrag in Betracht.

143 Ein Kaufvertrag ist gemäß Art. 2 Nr. 5 VRRL jeder Vertrag, durch den der Unternehmer das Eigentum an Waren an den Verbraucher überträgt oder deren Übertragung zusagt und

---

[193] *Föhlisch/Dyakova* MMR 2013, 71 (73); *Bierekoven* MMR 2014, 283 (284).
[194] *Bierekoven* MMR 2014, 283 (284).
[195] *Bierekoven* MMR 2014, 283 (284); in diesem Sinne auch: *Föhlisch/Dyakova* MMR 2013, 71 (73) seinerzeit noch zum Referentenentwurf.

der Verbraucher hierfür den Preis zahlt oder dessen Zahlung zusagt, einschließlich von Verträgen, die sowohl Waren als auch Dienstleistungen zum Gegenstand haben. Kaufverträge können also sowohl Waren als auch Dienstleistungen zum Gegenstand haben. Die Abgrenzung **Ware/Dienstleistung** ist für die Qualifizierung als Kaufvertrag nicht relevant. Waren sind gemäß Art. 2 Nr. 3 VRRL bewegliche körperliche Gegenstände mit Ausnahme von Gegenständen, die aufgrund von Zwangsvollstreckungsmaßnahmen verkauft werden. Als Waren gelten auch Wasser, Gas und Strom, wenn sie in einem begrenzten Volumen oder in einer bestimmten Menge zum Verkauf angeboten werden, Art. 2 Nr. 3 2. HS VRRL.

Demnach sind Dienstleistungen also sämtliche Produkte, die keine Waren im Sinne dieser Vorschrift darstellen. Beispiele für solche Produkte nennen jedoch weder die VRRL noch das Umsetzungsgesetz. Die Guidelines führen hierzu aus, dass bei Verträgen, bei denen der Hauptzweck darin besteht, das Eigentum an bestimmten Waren zu übertragen, ein Kaufvertrag selbst dann vorliegt, wenn dieser Vertrag auch damit in Zusammenhang stehende Dienstleistungen erfasst, wie Aufstellung, Support oder sonstige Prozesse und zwar unabhängig vom Wert der Waren und Dienstleistungen.[196] Als Beispiele nennen die Guidelines Kauf einer neuen Küche, einschließlich Aufstellung beim Verbraucher, Kauf von bestimmten Bauelementen, wie Fenster und Türen, einschließlich deren Einbau im Haus des Verbrauchers oder Kauf eines neuen Mobiltelefons einschließlich Vertrag über Telekommunikationsdienstleistungen.[197]

Sofern umgekehrt jedoch die Übertragung des Eigentums an bestimmten Waren nicht den Hauptzweck des gemischten Vertrages darstellt, soll der Vertrag nach den Guidelines nicht als Kaufvertrag qualifiziert werden.[198] Als Beispiele nennen die Guidelines unter Bezug auf Erwägungsgrund 26 VRRL zunächst Reparatur, Renovierung und Errichtung von Anbauten an Gebäude.[199] Sodann werden genannt Verträge zur Teilnahme an einem Vortrag einschließlich der Überlassung von Stiften und Blöcken an die Teilnehmer oder für einen Trainingskurs einschließlich Überlassung eines Kursbuchs an die Teilnehmer.[200] Die Guidelines beziehen sich bzgl. dieser Abgrenzungen und Vertragsklassifikationen auf die ständige Rechtsprechung des EuGH zum freien Waren- und Dienstleistungsverkehr.[201] Ausdrücklich erwähnen sie die **Rechtssache Marcel Burmajer C-20/03**,[202] in der der EuGH festgehalten hatte, dass eine wirtschaftliche Betätigung entweder als freier Warenverkehr oder als Dienstleistungsfreiheit eingeordnet werden sollte, wenn eines dieser Elemente vollständig zweitrangig im Verhältnis zu dem anderen sei und mit diesem zusammengehörig angesehen werden könne.[203]

Wenn die Rechtsprechung des EuGH dieser Auffassung der Kommission folgen sollte, bedeutete dies für die künftige Abgrenzung zwischen einem Kaufvertrag und einem Dienstleistungsvertrag im Sinne der Vorschriften des Fernabsatzrechtes der §§ 312b–312h BGB, dass europarechtskonform die **Rechtsprechung des EuGH zum freien Waren- und Dienstleistungsverkehr** maßgeblich ist. Dabei wird es wesentlich darauf ankommen, ob der Schwerpunkt des Vertrages in der Übertragung von Eigentum an Waren liegt und die Erbringung weiterer Dienstleistungen in diesem Zusammenhang untergeordnet ist, oder ob der Schwerpunkt in der Erbringung der Dienstleistung liegt.

e) **Widerrufsbelehrung.** Völlig neu geregelt und gestaltet sind die Widerrufsbelehrung und das Muster zur Widerrufsbelehrung. Gemäß Art. 6 Abs. 1h) VRRL hat der Unternehmer den Verbraucher bevor dieser durch einen Vertrag im Fernabsatz gebunden ist, in klarer und verständlicher Weise im Falle des Bestehens eines Widerrufsrechts über die Bedingungen, Fristen und Verfahren für die Ausübung dieses Rechts gemäß Art. 1 Abs. 1 sowie das Mus-

---

[196] Guidance Document, S. 6.
[197] Guidance Document, S. 6.
[198] Guidance Document, S. 6.
[199] Guidance Document, S. 6.
[200] Guidance Document, S. 6 f.
[201] Guidance Document, S. 7.
[202] EuGH Urt. v. 26.5.2005 – C-20/03 – Burmanjer ua.
[203] EuGH Urt. v. 26.5.2005 – C-20/03, Tz./Rn. 34–35.

ter-Widerrufsformular gemäß Anhang I Teil A) zu informieren. Diese Informationspflicht kann der Unternehmer gemäß Art. 6 Abs. 4 S. 2 iVm S. 1 VRRL dadurch erfüllen, dass er dem Verbraucher die **Musterwiderrufsbelehrung** gemäß Anhang I Teil A) VRRL zutreffend ausgefüllt übermittelt. In diesem Fall ist die Informationspflicht erfüllt. Diese Vorschrift statuiert also eine Art Gesetzlichkeitsfiktion für eine ordnungsgemäße Widerrufsbelehrung, wenn der Unternehmer diese Anforderungen erfüllt.

148 Nach der ständigen Rechtsprechung des BGH war es bislang zur Berufung auf die Gesetzlichkeitsfiktion erforderlich, dass der Verwender ein Formular verwendete, das dem Muster sowohl inhaltlich als auch in der äußeren Gestaltung vollständig entspricht.[204] In diesen Fällen konnte sich der Verwender auch dann auf die Gesetzlichkeitsfiktion berufen, wenn das Muster fehlerhaft war.[205] Dabei schadete es nicht, wenn der Verwender den in dem Muster angegebenen Fristbeginn dem Gesetz angepasst hatte.[206]

Die EU-Kommission weist in ihren Guidelines darauf hin, dass die Vorgaben des Musters nicht zwingend sind und der Unternehmer den Wortlaut abändern kann.[207]

149 Weiter ist sicherzustellen, dass das Informationsformular mit der Musterwiderrufsbelehrung „übermittelt" wird. Eine Definition des Begriffs „**übermitteln**" enthält die VRRL nicht. Der EuGH hatte in seinem Urteil vom 5.7.2012 zu dem Begriff „erteilen" im Sinne von Art. 5 Abs. 1 der Richtlinie 97/7/EG des Europäischen Parlamentes und des Rates vom 20.5.1997 entschieden, dass es nicht ausreicht, wenn der Unternehmer dem Verbraucher die Informationen des Art. 4 Abs. 1 der Richtlinie lediglich per Hyperlink auf seiner Webseite zur Verfügung stellt.[208] Der dort verwendete Begriff „erteilen" verweise auf ein Übermittlungsverfahren, bei dem der Empfänger **keine besondere Handlung** vornehmen müsse. Anders sei es hingegen bei Übersendung eines Links. Hier müsse der Verbraucher tätig werden.[209] Demnach reicht es für die Übermittlung des Informationsformulars nach der Rechtsprechung des EuGH nicht aus, wenn dem Verbraucher dieses lediglich per Link auf der Webseite zur Verfügung gestellt wird.[210] Vielmehr ist eine zusätzliche Handlung erforderlich. So hatte auch der BGH mit Urteil vom 15.5.2014 entschieden, dass die bloße Bereithaltung der Widerrufsbelehrung auf der Webseite nicht ausreicht, um die Textform des § 355 Abs. 2 S. 1 und Abs. 3 BGB aF zu erfüllen[211] und eine vorformulierte Erklärung, mit der der Verbraucher durch Setzen eines Häkchens bestätige, die Widerrufsbelehrung ausgedruckt oder abgespeichert zu haben, nach § 309 Nr. 12b) BGB unwirksam sei.[212]

150 Aus Art. 8 Abs. 1 der VRRL ergibt sich sodann, dass der Unternehmer dem Verbraucher diese Informationen in einer den benutzten Fernkommunikationsmitteln angepassten Weise entsprechend zur Verfügung zu stellen hat. Diese vorvertraglichen Informationen können, müssen jedoch nicht auf einem dauerhaften Datenträger zur Verfügung gestellt werden, Art. 8 Abs. 1 S. 2 VRRL.[213]

151 Eine dahingehende Verpflichtung besteht für den Unternehmer gemäß Art. 8 Abs. 7 VRRL erst nach Vertragsschluss mit Übersendung der Vertragsbestätigung nach § 312f Abs. 2 S. 1 BGB.[214] In diesem Zusammenhang führt die EU-Kommission in ihren Guidelines

---

[204] BGH Urt. v. 18.3.2014 – II ZR 109/13, NJW 2014, 2022, S. 2023; BGH Urt. v. 1.12.2010 – VIII ZR 82/10, NJW 2011, 1061; BGH Urt. v. 9.12.2009 – VIII ZR 219/08, NJW 2010, 989; BGH Urt. v. 23.6.2009 – XI ZR 156/08, NJW 2009, 3020; st. Rspr.
[205] BGH Urt. v. 18.3.2014 – II ZR 109/13, NJW 2014, 2022 (2023); BGH Urt. v. 15.8.2012 – VIII ZR 378/11, NJW 2012, 3298, Rn. 14; BGH Beschl. V. 20.11.2012 – II ZR 264/10, BeckRS 2013, 04168, Rn. 6.
[206] BGH Urt. v. 18.3.2014 – II ZR 109/13, NJW 2014, 2022 (2023); BGH Urt. v. 15.8.2012 – VIII ZR 378/11, NJW 2012, 3298; BGH Beschluss vom 20.11.2012 – II ZR 264/10, BeckRS 2013, 04168, Rn. 6. In diese Richtung auch OLG Brandenburg, wonach es nicht schadet, wenn nach der aktuellen Rechtslage belehrt wird, lediglich die Vorschrift des § 312g Abs. 1 S. 1 BGB nicht korrekt zitiert, sondern den bis 2011 gültigen inhaltsgleich § 312e Abs. 1 S. 1 BGB, Urt. v. 8.10.2013 – 6 U 97/13, WRP 2013, 1637.
[207] Guidance Document, S. 40.
[208] EuGH Urt. v. 5.7.2012 – C-49/11, MMR 2012, 730.
[209] *Bierekoven* MMR 2014, 283 (285;) EuGH Urt. v. 5.7.2012 – C-49/11, MMR 2012, 730.
[210] *Bierekoven* MMR 2014, 283 (285).
[211] BGH Urt. v. 15.5.2014 – III ZR 368/13, MMR 2014, 525, Rn. 19.
[212] BGH Urt. v. 15.5.2014 – III ZR 368/13, MMR 2014, 525, Rn. 27.
[213] *Bierekoven* MMR 2014, 283 (285).
[214] → Dazu: Rn. 116 ff.

VI. Widerrufsrecht, § 312g BGB, § 355 BGB

aus, dass es nach der vorgenannten Rechtsprechung des EuGH genügen muss, wenn der Unternehmer dem Verbraucher die Vertragsbestätigung an dessen privaten Online-Account sendet, wenn dieser dauerhaft zugänglich ist und nicht einseitig vom Unternehmer geändert werden kann.[215] In diesem Fall sieht die EU-Kommission den **Online-Account** als dauerhaften Datenträger an.[216] Demnach dürfte dies auch für die Übersendung der AGB und Informationen gelten.

Der deutsche Gesetzgeber hat diese Anforderungen entsprechend der bisherigen Systematik in § 312d Abs. 1 BGB iVm Art. 246a § 1 EGBGB hinsichtlich der Informationspflichten, einschließlich der Informationen über das Bestehen/Nichtbestehen eines Widerrufsrechts sowie Art. 246a § 4 EGBGB hinsichtlich der formalen Anforderungen zur Erfüllung dieser Pflichten geregelt. **152**

Der Unternehmer muss dem Verbraucher danach die Informationen über das Bestehen oder Nichtbestehen eines Widerrufsrechts vor Abschluss des Vertrages zur Verfügung stellen. Dies kann er durch Übermittlung des Musters der Widerrufsbelehrung in Textform,[217] Art. 246a Abs. 2 S. 2 iVm S. 1 EGBGB. Dieses Vorgehen ist zur vorvertraglichen Information nicht zwingend, der Unternehmer kann von dieser Möglichkeit Gebrauch machen.[218] **153**

f) **Widerrufsbelehrung und Gestaltungshinweise.** Die Widerrufsbelehrung ist durch ein neues Muster, Anlage 1 zu Art. 246a § 1 Abs. 2 EGBGB, zu gestalten. Dieses Muster ist zwar wie das bisherige mit „Widerrufsbelehrung" zu überschreiben sowie unterteilt in die zwei Bereiche „Widerrufsrecht" und „Folgen des Widerrufs", hat sich jedoch inhaltlich geändert. Es lautet nunmehr wie folgt: **154**

Widerrufsbelehrung

Widerrufsrecht

Sie haben das Recht, binnen 14 Tagen ohne Angabe von Gründen diesen Vertrag zu widerrufen. Die Widerrufsfrist beträgt 14 Tage ab dem Tag ......[1].

Um Ihr Widerrufsrecht auszuüben müssen Sie uns ......[2] mittels einer eindeutigen Erklärung (zB ein mit der Post versandter Brief, Telefax oder E-Mail) über Ihren Entschluss, diesen Vertrag zu widerrufen, informieren. Sie können dafür das beigefügte Muster Widerrufsformular verwenden, das jedoch nicht vorgeschrieben ist. ......[3]

Zur Wahrung der Widerrufsfrist reicht es aus, dass Sie die Mitteilung über die Ausübung des Widerrufsrechts vor Ablauf der Widerrufsfrist absenden.

Folgen des Widerrufs

...... [Auslassungen von der Verfasserin] ......

Verwendet der Unternehmer das zutreffend ausgefüllte Muster für die Widerrufsbelehrung, gilt die **Gesetzlichkeitsfiktion** des Art. 246a § 1 Abs. 2 S. 2 EGBGB.[219] Zwar hat der Gesetzgeber hier nicht so deutlich wie die VRRL in Art. 6 Abs. 4 S. 2 formuliert, dass durch Verwendung des zutreffend ausgefüllten Musters die Informationspflicht als erfüllt gilt, aus der Gesetzesbegründung ergibt sich jedoch, dass dies mit dieser Formulierung dann gemeint ist, wenn die Belehrung nicht verändert wurde.[220] **155**

Somit würden also die bisherigen Grundsätze gelten, wonach durch Verwendung des vorgegebenen unveränderten, lediglich um die zutreffenden Gestaltungshinweise ergänzten Musters die Gesetzlichkeitsfiktion gewahrt werden kann. Demgemäß dürfte auch in diesen **156**

---

[215] → Rn. 120.
[216] Guidance Document, S. 35.
[217] Zum neuen Begriff der „Textform" → Rn. 117.
[218] *Gräbig* IPRB 2014, 93 (94).
[219] BR-Drs. 817/12, S. 123; BT-Drs. 17/12637, S. 75.
[220] BR-Drs. 817/12, S. 123; BT-Drs. 17/12637, S. 75.

Fällen weiterhin die Rechtsprechung des BGH zur Gesetzlichkeitsfiktion zugrunde zu legen sein.[221]

157 Problematisch ist mit der Neuregelung jedoch, dass die Gesetzlichkeitsfiktion nach der Gesetzesbegründung nur dann greift, wenn das Muster **unverändert** und **entsprechend der Gestaltungshinweise** ausgefüllt wurde.[222] Die Gestaltungshinweise erschweren jedoch die Inanspruchnahme der Gesetzlichkeitsfiktion. Das neue Muster enthält insgesamt sechs Gestaltungshinweise, die zum Teil nochmals in einzelne Unterpunkte und Spiegelstriche unterteilt sind. Durch eine unterschiedliche Verwendung dieser Gestaltungshinweise für unterschiedliche Gestaltungsformen lässt sich in der Praxis eine Vielzahl an unterschiedlichen Widerrufsbelehrungen gestalten, deren Darstellung den Rahmen hier sprengen würde.[223] Deshalb beschränkt sich die vorliegende Darstellung auf die Grundsystematik und die Grundproblematiken in diesem Zusammenhang.

158 Gestaltungshinweis 1, der sich auf den **Beginn der Widerrufsfrist** bezieht, hat insgesamt fünf weitere Unterpunkte, lit. a)–e), die die gesetzlichen Regelungen des § 355 Abs. 2 S. 2 BGB und sodann § 356 Abs. 2 BGB wiedergeben.

159 Die Gestaltungshinweise lassen gemäß Ziffer 1 nur einen der angegebenen Textbausteine für den Fristbeginn zu. Eine Kombination mehrerer Textbausteine dieses Gestaltungshinweises 1 ist nach den Vorgaben im Muster zu der Verwendung der Gestaltungshinweise hingegen nicht zulässig mit der Folge, dass bei Wahl einer solchen Kombination die Gesetzlichkeitsfiktion nach den dargestellten Grundsätzen des BGH entfällt.[224]

160 Wie zuvor aufgezeigt wurde,[225] kommen jedoch im Zusammenhang mit der Lieferung von Waren bereits **drei unterschiedlich Zeitpunkte für den Fristbeginn** in Betracht.

Der Fristbeginn hängt bei Warenlieferungen davon ab, welche Art der Bestellung und Lieferung der jeweilige Kunde wünscht, da er sich zum einen nur *eine* Ware liefern lassen kann, jedoch auch *mehrere* Waren im Rahmen einer einheitlichen Bestellung, die getrennt geliefert werden, oder eine Ware, die in mehreren Teilsendungen oder -stücken geliefert werden soll, oder ob er eine regelmäßige Lieferung von Waren wünscht.

161 Während Letztere sich noch in der Praxis nach der Art der Bestellung festmachen lassen dürfte, da es sich hierbei um Dauerschuldverhältnisse handelt, sind die Alternativen der Gestaltungshinweise 1b bis d deshalb problematisch, da nicht vorhersehbar ist, ob der Verbraucher nur eine Ware oder mehrere in einer einheitlichen Bestellung mit getrennter Lieferung oder eine Ware, die in mehreren Teilsendungen oder -stücken zu liefern ist, bestellen wird.[226]

162 Der Unternehmer hat dem Verbraucher jedoch die zutreffend ausgefüllte Widerrufsbelehrung bereits vor Vertragsabschluss im Rahmen seiner Informationspflicht zur Verfügung zu stellen und muss diese sodann nach § 312f Abs. 2 BGB letztlich nur noch bestätigen. Insofern kann also nicht erst während des Bestellvorgangs eine zutreffende Widerrufsbelehrung formuliert werden, indem der aufgrund der individuellen Bestellung zutreffende Gestaltungshinweis gewählt wird.

163 Dem Unternehmer verbleibt also nur die Möglichkeit, entweder entgegen Gestaltungshinweis 1 mehrere Textbausteine der Buchstaben b)–e) auszuwählen und damit zu riskieren, dass die Gesetzlichkeitsfiktion entfällt oder den Hinweis zu wählen, der in der Mehrzahl der Fälle passen wird.[227] Dies wäre Gestaltungshinweis 1c, wonach es auf den Erhalt der letzten Ware ankommt. Dies gilt auch dann, wenn der Verbraucher tatsächlich nur eine Ware bestellt hat, da diese sodann zugleich die letzte ist.[228]

---

[221] → Rn. 144.
[222] BR-Drs. 817/12, S. 123; BT-Drs. 17/12637, S. 75.
[223] Trusted Shops führt in dem Whitepaper „Widerrufsbelehrungen bei Warenlieferungen" aus, dass aufgrund der Gestaltungshinweise 50 unterschiedliche Widerrufsbelehrungen möglich sind, S. 5, abrufbar über http://www.trustedshops.de/shop-info/wp-content/uploads/sites/3/2014/02/140211_Muster-Widerrufsbelehrung-Warenverk%C3%A4ufe.pdf.
[224] So auch die Gesetzbegründung: BR-Drs. 817/12, S. 123; BT-Drs. 17/12637, S. 75.
[225] → Rn. 128 ff.
[226] *Schirmbacher/Schmidt* CR 2014, 107 (116).
[227] *Schirmbacher/Schmidt* CR 2014, 107 (116).
[228] *Hossenfelder/Schilde* CR 2014, 456 (458); *Schirmbacher/Schmidt* CR 2014, 107 (116).

Alternativ ist zu überlegen, das Onlinebestellsystem so auszugestalten, dass automatisiert 164
festgestellt werden kann, welche der Alternativen vorliegt, um diese sodann mit dem zutreffenden Belehrungstext zu verknüpfen. Dies jedenfalls im Rahmen des Bestellvorgangs vor Abgabe der Bestellung, da in diesem Falle noch die vorvertraglichen Informationspflichten nach Art. 246a § 1 Abs. 2 S. 2 EGBGB erfüllt werden können. Dabei muss das System jedoch so programmiert werden, dass es in diesem Stadium auf mögliche Bestelländerungen des Verbrauchers reagieren kann, so dass noch vor Abgabe der Bestellung durch den Verbraucher die Widerrufsbelehrung geändert wird.[229] Diese so geänderte Widerrufsbelehrung muss dem Verbraucher nach Vertragsschluss auf einem dauerhaften Datenträger in Textform in der beschriebenen Weise als Vertragsbestätigung nach § 312f Abs. 2 BGB übermittelt werden.[230]

Es bleibt abzuwarten, ob derartige Systeme entwickelt werden oder die Rechtsprechung 165
die Gesetzlichkeitsfiktion auch dann annehmen wird, wenn mehrere der einschlägigen Textbausteine verwendet werden, mit dem Argument, das Muster sei, wenn es diese unterschiedlichen Alternativen im Rahmen des Bestellvorgangs gebe, zutreffend ausgefüllt, selbst wenn die Gestaltungshinweise diese Kombination der Alternativen nicht vorsehen.[231] So hatte der BGH im Zusammenhang mit den Ausschlussgründen vom Widerrufsrecht entschieden, dass der Unternehmer in der Belehrung die in Betracht kommenden Varianten aufführen kann, ohne diese weiter zuordnen zu müssen[232] und hinsichtlich der Gesetzlichkeitsfiktion der Widerrufsbelehrung, dass es nicht schadet, wenn das Muster an die Gesetzeslage angepasst werde.[233]

Die EU-Kommission hält in ihren Guidelines hierzu fest, dass die **Gestaltungshinweise** der 166
Musterwiderrufsbelehrung in Anhang I A) nicht zwingend sind. Der Unternehmer soll danach in solchen Fällen wie folgt formulieren können:

„*... the trader may inform the consumer that the withdrawal period will expire 14 days from the day after the consumer acquires, or a third party indicated by the consumer, other than the carrier, acquires physical possession of the last good or lot of the order.*"

Somit soll also die Widerrufsfrist erst mit physischer Inbesitznahme der letzten Ware 167
oder Lieferung der Bestellung zu laufen beginnen. Ob die Gesetzlichkeitsfiktion so erfüllt wird, obwohl das Muster eine solche Formulierung nicht vorsieht, ist jedoch zweifelhaft. Falls nicht, unterliegen die Widerrufsbelehrungen der vollen inhaltlichen Kontrolle der Gerichte.[234]

Ebenso zweifelhaft ist, ob sich die Gerichte, die nicht an diese Auslegung der EU-Kom- 168
mission gebunden sind, deren Auffassung anschließen werden. Dies bleibt ebenfalls abzuwarten. Letztlich kommt es darauf an, ob das Muster zutreffend ausgefüllt und der Verbraucher zutreffend informiert wurde. Die Gesetzlichkeitsfiktion hilft dem Unternehmer nur dann weiter, wenn diese feststeht, nicht wenn zunächst darüber gestritten wird, ob sie überhaupt greift. Ist dies der Fall, kann auch direkt darüber gestritten werden, ob das Muster zutreffend ausgefüllt wurde oder nicht. Erfasst dieses die im Einzelfall in Betracht kommenden Fälle und sind die Gestaltungshinweise wie die EU-Kommission ausführt, nicht zwingend, kann die Widerrufsbelehrung zutreffend sein, und zwar unabhängig von der Gesetzlichkeitsfiktion. Im Ergebnis wird hierzu die Rechtsprechung, insbesondere des EuGH, abzuwarten bleiben.

Neu ist weiter, dass der Unternehmer gemäß Gestaltungshinweis 2 nunmehr auch seine 169
Telefonnummer für den Widerruf angeben kann, da dieser **formfrei** möglich ist. Nach Auf-

---

[229] Hierzu und zu der Problematik des Verhältnisses zwischen einer statischen Widerrufsbelehrung auf der Webseite und einer dynamischen im Verlaufe des Bestellvorgangs: *Hossenfelder/Schilde* CR 2014, 456 (457).
[230] → Rn. 116 ff.
[231] Zur Problematik solcher Kombinationen: *Hoeren/Föhlisch* CR 2014, 242 (246).
[232] → Rn. 204 ff.
[233] BGH Urt. v. 18.3.2014 – II ZR 109/13, NJW 2014, 2022 (2023); BGH Urt. v. 3.4.2008 – III ZR 190/07, NJW 2012, 3298; BGH Beschluss vom 20.11.2012 – II ZR 264/10, BeckRS 2013, 04168, Rn. 6 und oben lit. e).
[234] *Hossenfelder/Schilde* CR 2014, 456 (457).

fassung des LG Bochum ist die Telefonnummer nunmehr zwingend in der Widerrufsbelehrung anzugeben. Dies folge aus dem Gesamtkontext der Neuregelung, obwohl die Angabe der Telefonnummer nur in den Gestaltungshinweisen erwähnt werde.[235]

170 Weiter ist zu beachten, dass hinsichtlich des Gestaltungshinweises 3 in den Fällen, in denen das **Musterwiderrufsformular auf der Webseite** zur Verfügung gestellt wird, eine entsprechende gesonderte Belehrung in die Widerrufsbelehrung mit aufgenommen werden muss, die wie folgt lautet:

„Sie können das Muster-Widerrufsformular oder eine andere eindeutige Erklärung auch auf unserer Webseite [Internetadresse einfügen] elektronisch ausfüllen und übermitteln. Machen Sie von dieser Möglichkeit Gebrauch, so werden wir Ihnen unverzüglich (zB per E-Mail) eine Bestätigung über den Eingang eines solchen Widerrufs übermitteln.". Hier dürfte die Verlinkung auf das Widerrufsformular genügen.[236]

171 g) **Ausübung des Widerrufs und Widerrufsformular.**[237] Neu eingeführt wird mit Art. 11 VRRL die Möglichkeit, den Widerruf über ein **Musterwiderrufsformular** gemäß Anhang I Teil B der VRRL zu erklären. Nach Erwägungsgrund 44 der VRRL soll dies das Widerrufsverfahren in den Mitgliedstaaten vereinfachen und für Rechtssicherheit sorgen, wobei es dem Verbraucher frei steht, den Vertrag mit eigenen Worten zu widerrufen und zwar auch mittels Brief, Telefon oder Rücksendung der Ware mit einer entsprechend deutlichen Erklärung. Der Verbraucher trägt gemäß Art. 11 Abs. 4 VRRL die Beweislast für einen fristgerechten Widerruf. Da für den Widerruf keine Form zwingend vorgeschrieben ist, können die Parteien auch vereinbaren, dass die – weggefallene – Rücksendung der Ware als Widerruf gilt, es sei denn es liegt eine andere Erklärung des Verbrauchers, beispielsweise zur Gewährleistung vor.[238] Zudem sollte dem Verbraucher die Möglichkeit offen stehen, die Rücksendung der Ware mit einer anderen Erklärung zu versehen.[239] Nach Art. 11 Abs. 3 VRRL hat der Unternehmer die Möglichkeit, dem Verbraucher nicht nur ein Widerrufsformular, sondern entweder das Widerrufsformular oder eine entsprechend eindeutige Erklärung auf der Webseite zur Verfügung zu stellen. Er muss dem Verbraucher in diesem Fall jedoch den Widerruf unverzüglich auf einem dauerhaften Datenträger bestätigen. Diese Regelungen finden sich im deutschen Recht in § 356 Abs. 1 S. 1 und 2 BGB.

172 Macht der Unternehmer von dieser Möglichkeit Gebrauch, muss er dem Verbraucher also eine weitere elektronische Bestätigung vergleichbar der Bestellbestätigung, mithin eine **Widerrufsbestätigung**, übermitteln.

173 Unter Berücksichtigung dieses Vorgehens besteht also die Möglichkeit, dass der Unternehmer dem Verbraucher nach Umsetzung der VRRL drei elektronische Bestätigungen in Textform übermitteln muss, die Bestellbestätigung nach § 312i Abs. 1 S. 1 Nr. 3 BGB, die Vertragsbestätigung nach § 312f Abs. 2 S. 1 BGB und sodann die Bestätigung über den Widerruf nach § 356 Abs. 1 S. 2 BGB.

> **Praxistipp:**
> ☐ In der praktischen Umsetzung kann das Musterwiderrufsformular in den AGB bzw. der vorvertraglichen Belehrung über das Widerrufsrecht und in der obligatorischen unverzüglichen Bestellbestätigung nach § 312i Abs. 1 S. 1 Nr. 3 BGB mit angegeben werden. Möglich bleibt auch die Beifügung als Pdf an diese Bestellbestätigung.
>
> ☐ Wenn der Verbraucher aktiv werden muss, um seinen Widerruf auszuüben, dürfte es im Rahmen einer Online-Bestellung im E- oder M-Commerce zudem genügen, dass der Unternehmer in einer solchen Bestellbestätigung auf das Online-Widerrufsformular verlinkt.

---

[235] LG Bochum Urt. v. 6.8.2014 – 13 O 102/14.
[236] *Bierekoven* MMR 2014, 283 (286). Dazu auch *Schirmbacher/Grasmück* ITRB 2014, 20, wenn durch eine Verlinkung ein Medienbruch erfolgt.
[237] Ausführlich zum Widerrufsformular: *Schirmbacher/Grasmück* ITRB 2014, 20.
[238] BT-Drs. 17/12637, S. 60; *Gräbig* IPRB 2014, 94 (95) und → b); *Schirmbacher/Schmidt* CR 2014, 107 (116).
[239] BT-Drs. 17/12637, S. 60; *Schirmbacher/Schmidt* CR 2014, 107 (116).

- ☐ In jedem Fall muss er sicherstellen, dass er bei Lieferung mehrerer Waren in einer Sendung oder bei der Lieferung mehrerer Teilsendungen an den Verbraucher dessen Widerruf der zutreffenden Ware zuordnet.
- ☐ Hinsichtlich der Formulierung empfiehlt es sich, den Wortlaut des Widerrufsmusters zu verwenden.
- ☐ Wird ein Online-Widerrufsformular bereit gestellt, kann auch der Verweis auf die Möglichkeit zum Widerruf genügen und auf das Muster verlinkt werden.
- ☐ In diesem Fall ist die obligatorische Bestätigung des Widerrufs nach § 356 Abs. 1 S. 2 BGB zu beachten.

2. Die Bereichsausnahmen, § 312g Abs. 2 BGB

Die Bereichsausnahmen sind durch die Umsetzung der VRRL zum Teil geändert und insgesamt erweitert worden. Im Folgenden werden die für die Praxis wichtigen ausführlicher und die übrigen kurz in einem Überblick dargestellt.[240]

a) **Kundenspezifikation.** Nach § 312d Abs. 4 Nr. 1 BGB aF bestand ein Widerrufsrecht grundsätzlich nicht bei Fernabsatzverträgen zur Lieferung von Waren, die nach **Kundenspezifikation** angefertigt werden oder **eindeutig auf die persönlichen Bedürfnisse** zugeschnitten sind oder die aufgrund ihrer Beschaffenheit **nicht für eine Rücksendung geeignet** sind oder schnell verderben können oder deren **Verfalldatum** überschritten wurde.

Nach Kundenspezifikation angefertigt oder eindeutig auf die persönlichen Bedürfnisse des Verbrauchers zugeschnitten war die Sache, wenn sie wegen der Berücksichtigung der Wünsche des Verbrauchers anderweitig nicht oder nur mit einem unzumutbaren Preisnachlass abgesetzt werden kann.[241]

Mit Urteil vom 19.3.2003 hatte der BGH die insoweit bis heute maßgebliche Grundsatzentscheidung zur Kundenspezifikation getroffen. In diesem Fall vertrieb die Anbieterin im Wege des Versandhandels Personalcomputer, die im Baukasten-System nach den Wünschen des Kunden ausgestattet und konfiguriert wurden (**build-to-order**).

Der Kunde hatte nach telefonischer Vorbesprechung mit Schreiben vom 8.7.2000 ein Notebook mit der von ihm gewählten Ausstattung und als Zusatzkomponenten ein Netzteil (Car-Adapter), einen zweiten Akku, eine externe Festplatte sowie eine ISDN-Karte bestellt und seine Bestellung telefonisch um ein Anschlussmodul für den Empfang von Fernsehprogrammen (TV-Karte) und einen CD-Brenner erweitert. Der BGH entschied, dass eine Anfertigung nach Kundenspezifikation im Sinne des seinerzeit maßgeblichen § 312d Abs. 4 Nr. 1 BGB aF deshalb nicht vorliege, weil das auf Bestellung des Klägers gelieferte Notebook lediglich aus vorgefertigten Standardbauteilen zusammengefügt worden war, die mit verhältnismäßig geringem Aufwand ohne Beeinträchtigung ihrer Substanz oder Funktionsfähigkeit wieder getrennt werden konnten.[242] Der BGH begründete seine Entscheidung damit, dass ein Widerrufsrecht nach der Gesetzesbegründung zum Fernabsatzgesetz nur dann ausgeschlossen sein sollte, wenn die Waren nach Benutzung oder ansonsten wertlos geworden seien und deshalb ein Widerrufsrecht für den Unternehmer nicht zumutbar sei.[243] Hieraus ergebe sich, dass es für eine Anfertigung nach Kundenspezifikationen, die das Widerrufsrecht des Verbrauchers ausschließt, nicht ausreiche, wenn der Verbraucher durch seine Bestellung die Herstellung der Ware veranlasse und dafür notwendigerweise genauere Angaben über deren Beschaffenheit mache. Andernfalls sei das Widerrufsrecht allein davon abhängig, ob der Unternehmer die Ware vorrätig halte oder erst auf Bestellung produziere. Der Un-

---

[240] Zum Widerrufsrecht bei Apps ausführlich: *Mankowski* CR 2013, 508 f.
[241] Palandt/*Grüneberg* § 312d Rn. 9.
[242] BGH Urt. v. 19.3.2003 – VIII ZR 295/01, MMR 2003, 463.
[243] BGH Urt. v. 19.3.2003 – VIII ZR 295/01, MMR 2003, 463.

ternehmer könne also ein Widerrufsrecht des Verbrauchers allein dadurch ausschließen, dass standardisierte Ware nicht vorrätig gehalten, sondern erst auf Bestellung produziert werde.[244]

179 Das Widerrufsrecht des Verbrauchers war deswegen im Bereich der Kundenspezifikation nach dem BGH nur dann ausgeschlossen, wenn der Unternehmer durch die Rücknahme von auf Bestellung angefertigter Ware erhebliche wirtschaftliche Nachteile erleidet, die spezifisch damit zusammenhängen und dadurch entstehen, dass die Ware erst auf Bestellung des Kunden nach dessen besonderen Wünschen angefertigt wurde, wobei die Nachteile, die mit der Rücknahme bereits produzierter Waren stets verbunden sind, nicht ausreichen.[245] Eine Anfertigung der Ware „nach Kundenspezifikation" setzt demgemäß nach dem BGH bislang zunächst voraus, dass die vom Kunden veranlasste Anfertigung der Ware **nicht ohne Weiteres rückgängig gemacht werden kann**. Sodann muss die Sache so weit individualisiert sein, dass diese für den Unternehmer **im Falle der Rücknahme wirtschaftlich wertlos** ist, weil er sie wegen ihrer vom Verbraucher veranlassten besonderen Gestalt anderweitig nicht mehr oder nur noch mit erheblichen Schwierigkeiten oder Preisnachlässen absetzen kann.[246]

180 Die Bereichsausnahmen werden ebenfalls zum Teil neu in Art. 16 der VRRL geregelt. Gem. Art. 16c) VRRL besteht kein Widerrufsrecht bei Waren, die nach Kundenspezifikation angefertigt werden oder eindeutig auf die persönlichen Bedürfnisse zugeschnitten sind. Damit übernimmt die VRRL den bisherigen Begriff des § 312d Abs. 4 Nr. 1 BGB aF. Im Definitionskatalog des Art. 2 VRRL wird sodann jedoch in Nr. 4 der Begriff „**Verbraucherspezifikation**" verwendet, der definiert wird als Waren, die nicht vorgefertigt sind und für deren Herstellung eine individuelle Auswahl oder Entscheidung durch den Verbraucher maßgeblich ist. Als Beispiel nennt die VRRL in diesem Zusammenhang maßgefertigte Vorhänge (Erwägungsgrund 49).

181 Diese Regelung setzt der deutsche Gesetzgeber in **§ 312g Abs. 2 Nr. 1 BGB** um, jedoch mit einem anderen Wortlaut. Dort heißt es, das Widerrufsrecht bestehe nicht bei Verträgen zur Lieferung von Waren, die nicht vorgefertigt sind und für deren Herstellung eine individuelle Auswahl oder Bestimmung durch den Verbraucher maßgeblich ist oder die eindeutig auf die persönlichen Bedürfnisse des Verbrauchers zugeschnitten sind.

182 Die deutsche Umsetzung des Art. 16c) VRRL übernimmt also den Begriff „nach Verbraucherspezifikation angefertigt" nicht. Demzufolge ist unklar, ob der deutsche Gesetzgeber nun eine im Vergleich zum bisherigen Recht geänderte Rechtslage schaffen wollte und deswegen die bisherige Rechtsprechung des BGH zum build-to-order-Verfahren nicht mehr gilt.[247] Bei wörtlicher Auslegung könnte das Widerrufsrecht demnach künftig bereits da-

---

[244] BGH Urt. v. 19.3.2003 – VIII ZR 295/01, MMR 2003, 463.
[245] BGH Urt. v. 19.3.2003 – VIII ZR 295/01, MMR 2003, 463.
[246] BGH Urt. v. 19.3.2003 – VIII ZR 295/01, MMR 2003, 463. Nach einem Urteil des LG Hamburg vom 31.1.2012 – 312 O 93/11,VuR 2012, 268 ff., kann für den Kauf einer Persönlichkeitsanalyse über eine Internetpartnerplattform das Widerrufsrecht nicht ausgeschlossen werden, da eine Persönlichkeitsanalyse weder eine Ware noch nach Kundenspezifikation angefertigt noch zur Rücksendung ungeeignet sei. Der Schwerpunkt der Persönlichkeitsanalyse liege auf der Beratung und damit auf der Dienstleistung. Software sei sie deswegen nicht, weil sie das Ergebnis eines automatisierten Rechenvorgangs darstelle. Die „Anfertigung nach Kundenspezifikation" verneinte das Gericht unter Hinweis auf die Entscheidung des BGH zum built-to-order-Verfahren. Danach sei sie zwar nicht dergestalt zusammengesetzt worden, dass sie wieder auseinandergenommen werden könnte, die Rücknahme der Analyse bedeute vielmehr, dass sie gelöscht werde. Der Verkaufswert der Analyse habe jedoch EUR 99,00 betragen, die Übersendung und Löschung dürften indes mangels weiteren Vortrags der Beklagten hierzu nicht mehr als EUR 5,00 ausgemacht haben, weshalb also wirtschaftliche Unzumutbarkeit im Ergebnis nicht gegeben sei. Schließlich sei die Persönlichkeitsanalyse auch nicht nach § 312d Abs. 4 Satz 4 Nr. 1, Alternative 3 BGB aF zur Rücksendung ungeeignet, da der wirtschaftliche Wert der Persönlichkeitsanalyse im Wesentlichen in der Verwendung auf der Kontaktplattform liege und nicht in dem „Rückstand" in Form eines Ausdrucks oder einer pdf-Datei wie die Kopie eines gebundenen Buches. Dazu *Meier* NJW 2011, 2396 ff. Das LG Düsseldorf bejahte die Kundenspezifikation bei einem online bestellten Sofa, das sich der Kunde aus nicht existierenden Fertigbauteilen, die individuell für ihn produziert worden waren, zusammengestellt hatte und grenzte diese Gestaltung von der built-to-order-Rechtsprechung des BGH ab, Urt. v. 12.2.2014 – 23 S 111/13, 23 S 111/13 U, ITRB 2014, 104 mit Anmerkung *Vogt*.
[247] BGH Urt. v. 19.3.2003 – VIII ZR 295/01, MMR 2003, 463.

durch ausgeschlossen werden, dass die Waren nicht mehr vorgefertigt angeboten, sondern jeweils nur vom Verbraucher ausgewählt oder bestimmt werden, mit der Folge, dass bei einer Vielzahl an Waren kein Widerrufsrecht mehr bestünde. Dies könnte auf alle Waren angewendet werden, die zur individuellen Auswahl und Bestimmung durch den Verbraucher geeignet sind. Hierzu zählen sämtliche im build-to-order-Verfahren zusammengestellte Waren, aber ebenso individuell vom Verbraucher zusammengestellte oder ausgewählte Möbelstücke mit Maßen, Stoffen, Farben, Materialien, wie beispielsweise bei Polstermöbeln, und zwar auch ohne dass es sich hierbei hinsichtlich der Maße um Spezialanfertigungen handelt.

Angesichts der Intention der VRRL, wonach der Verbraucher im Versandhandel gerade deswegen ein Widerrufsrecht erhalten soll, weil er die Waren vor Vertragsabschluss nicht sehen kann und die Möglichkeit erhalten soll, um diese zu prüfen und zu untersuchen,[248] dürfte eine solche Auslegung jedoch zu weit gehen, da sie das Widerrufsrecht des Verbrauchers im Ergebnis aushebelt.[249] Hinzu kommt, dass der Wortlaut der VRRL in Art. 2 Nr. 2 der bisherigen deutschen Fassung entspricht, sodass wohl keine Gesetzesänderung im Sinne einer Erweiterung gemeint war.[250] Letztlich dürfte es damit zwar bei den bisherigen vom BGH aufgestellten Grundsätzen bleiben, angesichts des Vollharmonisierungscharakters der VRRL muss diese Frage jedoch letztendlich vom EuGH entschieden werden.[251]

Als weitere Beispiele für Waren, die nach Kundenspezifikation angefertigt sind, nennen die Guidelines Waren, für die der Verbraucher Spezifikationen genannt hat, wie Abmessungen für Möbel oder Stoffmaße, oder Waren, für die der Verbraucher personalisierte Merkmale angefordert hat, wie ein bestimmtes Design für ein Auto oder eine spezielle Komponente für einen Computer, die speziell für diese Bestellung beschafft werden muss und die nicht zu der allgemein für die Öffentlichkeit bestimmten Angebotspalette gehört.[252] Schließlich sollen hierzu auch Adressetiketten mit den Kontaktinformationen des Verbrauchers gehören oder T-Shirts mit einem personalisierten Aufdruck.[253] Keine Spezifikation stellen demnach Waren dar, die aus Standardoptionen des Unternehmers ausgewählt werden können, wie Farben, Zusatzausstattungen aus einem „**preset**" oder Möbelstücke, die aus Standardelementen zusammengesetzt werden.[254] Als Ausnahmevorschrift sollen diese Bestimmungen eng ausgelegt werden.[255] Damit entspricht die Auslegung der EU-Kommission im Ergebnis der built-to-order-Rechtsprechung des BGH.

> **Praxistipp:**
> Hinsichtlich des Begriffs „Kunden- bzw. Verbraucherspezifikation" ist bis zu gegenteiliger Rechtsprechung, insbesondere des EuGH, davon auszugehen, dass die bisherige Rechtsprechung des BGH zum built-to-order-Verfahren weiter gilt.
> Zu beachten ist hinsichtlich dieser Nr. 1 sodann, dass die ehemals hierunter fallenden Verträge über Software, die durch Download geliefert wird, neu in den §§ 312 Abs. 3, 356 Abs. 5 BGB geregelt wurden.[256] Die bisherige Regelung, wonach diese Verträge solche über die Lieferung von Waren darstellen und deshalb unter § 312d Abs. 4 Nr. 1 BGB aF fallen, gibt es nicht mehr. Verträge über die Lieferung von Computersoftware bzw. digitaler Inhalte auf einem dauerhaften Datenträger fallen hingegen unter die Bereichsausnahme des § 312g Abs. 2 Nr. 6 BGB.

---

[248] Erwägungsgrund 37 VRRL.
[249] In diesem Sinne *Schirmbacher/Schmidt* CR 2014, 107 (112).
[250] *Schirmbacher/Schmidt* CR 2014, 107 (112).
[251] *Schirmbacher/Schmidt* CR 2014, 107 (112).
[252] Guidance Document, S. 54.
[253] Guidance Document, S. 54.
[254] Guidance Document, S. 54.
[255] Guidance Document, S. 54.
[256] → Rn. 189 ff.

185 Die Bereichsausnahme zu schnell verderblichen Waren oder solchen, deren Verfalldatum schnell überschritten würde, sind nun gesondert in § 312g Abs. 2 Nr. 2 BGB geregelt, zuvor fanden sich diese Ausnahmetatbestände zusammen mit der Kundenspezifikation in § 312d Abs. 4 Nr. 1 BGB aF.[257]

186 **b) Gesundheitsschutz und Hygiene, § 312g Abs. 2 Nr. 3 BGB.** Das OLG Hamburg hatte sich bereits in seiner Entscheidung vom 20.12.2006 mit der Frage des Ausschlusses des Widerrufsrechts gemäß § 312d Abs. 4 Nr. 1 BGB aF beim **Versand von Kontaktlinsen und Kontaktlinsenpflegemitteln** zu befassen. Es bestätigte wie das LG Hamburg zuvor das Widerrufsrecht auch bei geöffneter Umverpackung, da die in den Blistern befindlichen Kontaktlinsen bzw. in Flaschen befindlichen Kontaktlinsenpflegemittel durch das Öffnen der Umverpackung unter hygienischen Gesichtspunkten nicht beeinträchtigt würden. Die erneute Abgabe der zurückgesandten Linsen und Pflegemittel sei deswegen nicht durch die Sicherheitsbestimmungen des § 4 Abs. 1 MPG verboten.[258]

187 Das AG Köln entschied sogar hinsichtlich eines von einer Versandapotheke versandten **apothekenpflichtigen Arzneimittels,** dass die Kundin ein Rückgaberecht nach § 312d Abs. 1 BGB aF habe, das nicht durch § 312d Abs. 4 BGB aF ausgeschlossen sei. Zur Begründung führte es aus, Medikamente, ob apothekenpflichtig oder nicht, wiesen keine besondere Beschaffenheit aus, die sie für die Rücksendung ungeeignet machten.[259]

188 Die VRRL hat die bislang im deutschen Recht unter der Bereichsausnahme des § 312d Abs. 4 Nr. 1 BGB aF diskutierten Fälle des Ausschlusses des Widerrufsrechtes aus Gründen des Gesundheitsschutzes und der Hygiene in Art. 16e) geregelt, die in § 312g Abs. 2 Nr. 3 BGB umgesetzt wurde. Danach besteht ein Widerrufsrecht nicht, wenn versiegelte Waren geliefert wurden, die aus Gründen des Gesundheitsschutzes oder aus Hygienegründen nicht zur Rückgabe geeignet sind und deren Versiegelung nach der Lieferung entfernt wurde. Demzufolge müssen also zum Ausschluss des Widerrufsrechts in diesen Fällen beide Voraussetzungen vorliegen, sowohl die **Nichteignung** der Ware zur Rückgabe als auch die Entfernung einer entsprechenden **Versiegelung** nach Lieferung. Ausdrücklich ausgenommen vom Anwendungsbereich der VRRL ist jedoch die Gesundheitsversorgung im Übrigen[260] und damit sonstige Medizinprodukte.

189 Künftig dürfte es deshalb maßgeblich auf die Frage ankommen, was eine Versiegelung in diesem Sinne darstellt, ob hierzu beispielsweise typische Schutzfolien zum Verkleben der Verschlüsse von Cremetuben ausreichen oder nicht und die daraus resultierende Ungeeignetheit der Ware zur Rücksendung aus Gründen des Gesundheitsschutzes und der Hygiene.[261]

---

[257] Das LG Potsdam hatte Urteil vom 27.10.2010 – 13 S 33/10, MMR 2011, 171 f., hinsichtlich eines Cognacs des Jahrgangs 1919 entschieden, dass es sich hierbei nicht um eine schnell verderbliche Ware iSd § 312d Abs. 4 Nr. 1, Alternative 4 BGB aF handelt. Zu dieser Thematik auch: *Schäfer/Jahn* K&R 2011, 614 ff. Nach Urteil des OLG Celle vom 4.12.2012 – 2 U 154/12, MMR 2013, 240 ff., betrifft die Versendung wurzelnackter lebender Bäume nicht die Versendung schnell verderblicher Waren im Sinne des § 312d Abs. 4 Nr. 1 BGB aF. Lebende Bäume werden gekauft und versandt, damit sie eingepflanzt werden und viele Jahre und Jahrzehnte gedeihen. Wenn die Klägerin die Bäume nicht wie erforderlich einpflanzte und diese deswegen abgestorben seien, führe dies nicht dazu, dass diese als schnell verderbliche Waren angesehen werden müssen.

[258] OLG Hamburg Urt. v. 20.12.2006 – 5 U 105/06, WRP 2007, 1498.

[259] AG Köln Urt. v. 31.5.2007 – 111 C 22/07, NJW 2008, 236 sowie zu Kosmetikartikeln: OLG Köln, I-6 W 43/10, 6 W 43/10, MMR 2010, 683 = CR 2011, 53. Dieses entschied mit Beschluss vom 27.4.2010, dass eine Widerrufsbelehrung in AGB, wonach Kosmetika nur in „unbenutztem Zustand" rücknahmefähig seien, unwirksam sei. Die Ausnahme, wonach Kosmetikartikel nach dem Öffnen der Primärverpackung gemäß § 312d Abs. 4 Nr. 1 BGB aF nicht mehr für eine Rücksendung geeignet seien oder aber diese „schnell verderben könnten" lägen nicht vor. Das OLG Köln begründete dies im Wesentlichen im Hinblick darauf, dass das Widerrufsrecht des Verbrauchers nicht unnötig durch die Anforderungen der Rücksendung in Originalverpackung erschwert werden dürfe.

[260] Erwägungsgrund 30 VRRL.

[261] *Bierekoven* MMR 2014, 283 (286); dazu ausführlich *Hoeren/Föhlisch* CR 2014, 242 (246) und *Schirmbacher/Schmidt* CR 2014, 107 (112).

Praxistipp:
In der Praxis war bislang danach zu differenzieren, ob Medizinprodukte und Rezepturen individuell für den Patienten hergestellt wurden, ob es sich um Standardprodukte handelt,[262] und ob diese ebenso wie Arzneimittel nach einer Rücksendung aus rechtlichen Gründen nicht wieder veräußerbar sind.[263] Dies gilt nach der Neuregelung umso mehr, da in § 312g Abs. 2 Nr. 3 BGB ausdrücklich geregelt wurde, dass bei Produkten, die aus Gründen des Gesundheitsschutzes für eine Rücksendung nicht geeignet sind, kein Widerrufsrecht besteht. Bei Vorliegen eines Verbots nach § 4 Abs. 1 MPG dürfte ein solcher Grund des Gesundheitsschutzes vorliegen.

c) **Vermischung von Gütern.** Neu eingeführt wird die Bereichsausnahme des Art. 16f) VRRL. Es besteht kein Widerrufsrecht, wenn Waren geliefert werden, die nach der Lieferung aufgrund ihrer Beschaffenheit untrennbar mit anderen Gütern vermischt wurden. Als Beispiel nennt die VRRL die Lieferung von Brennstoff, der aufgrund seiner Beschaffenheit nach der Lieferung untrennbar mit anderen Gütern verbunden ist.[264] Umgesetzt ist diese Regelung in § 312g Abs. 2 Nr. 4 BGB, die damit künftig die bislang unklaren Fälle der Lieferung von Heizöl regeln sollte.[265] Unabhängig davon dürfte davon auszugehen sein, dass der Begriff „*untrennbar*" künftig Gegenstand der Rechtsprechung sein wird. Selbst wenn die Wasserbettentscheidung des BGH zugrunde zu legen ist, wonach weder das Widerrufsrecht ausgeschlossen noch Wertersatz für ein Möbelstück zu leisten ist, das zusammengebaut und nach dem Testen durch den Verbraucher wieder auseinander gebaut werden kann,[266] sind zwischen diesen beiden Konstellationen – Heizölvermischung auf der einen und Zusammenbau von Möbeln auf der anderen Seite – zahlreiche Konstellationen denkbar, in denen die „**Untrennbarkeit der Verbindung von Gütern**" nicht so eindeutig zu beantworten ist. Auch dieser Begriff müsste sodann im Ergebnis vom EuGH ausgelegt werden.[267]

d) **Lieferung von Ton- oder Videoaufzeichnungen oder von Computersoftware, § 312g Abs. 2 Nr. 6 BGB.** Nach § 312d Abs. 4 Nr. 2 BGB aF bestand das Widerrufsrecht ebenfalls nicht bei Fernabsatzverträgen zur Lieferung von Audio- oder Videoaufzeichnungen oder von Software, sofern die gelieferten Datenträger vom Verbraucher entsiegelt worden waren.
Der Ausschlusstatbestand des § 312d Abs. 4 BGB aF griff nur ein, wenn Software oder sonstige Multimediaanwendungen auf einem versiegelten Datenträger geliefert worden waren und der Verbraucher sie entsiegelt hatte, **soweit** dies nicht zur Prüfung der Funktionsfähigkeit der mitgekauften Hardware erforderlich war.[268]
So hatte das Landgericht Frankfurt am Main mit Urteil vom 18.12.2002 entschieden, dass von einer Entsiegelung in diesem Sinne nicht auszugehen sei, wenn Hardware mit einer BIOS-Software geliefert werde, die als zugehörige Grundausstattung zwingend bereits bei den Konfigurierungsarbeiten benutzt werden müsse, und die mit einem Kennwort versehen sei. Ein solches Kennwort stelle eine Sperre für die BIOS-Software dar, die lediglich der Sicherheit des berechtigten Benutzers des Computers diene, und durch die verhindert werden solle, dass die BIOS-Einstellungen unbefugt verändert würden. Mit dem Begriff der Entsiegelung sei hingegen gemeint, dass die Benutzung einer auf einem Datenträger gelieferten Software erfolge, nachdem eine erkennbar zur Wahrung eines Urheberrechts **geschaffene Sperre** überwunden werde.[269]

---

[262] *Mand/Könen* WRP 2007, 1405 (1408).
[263] *Mand/Könen* WRP 2007, 1405 (1411).
[264] Erwägungsgrund 49 VRRL.
[265] Dazu aus der Rechtsprechung LG Wuppertal K&R 2012, 541 f.; *Schirmbacher/Schmidt* CR 2014, 107 (113); BGH Urt. v. 25.1.2012 – VIII ZR 95/11, MMR 2012, 302 = CR 2012, 26.
[266] BGH Urt. v. 3.11.2010 – VIII ZR 337/09, MMR 2011, 24, Tz. 21; *Schirmbacher/Schmidt* CR 2014, 107 (113).
[267] *Bierekoven* MMR 2014, 283 (286).
[268] Palandt/*Grüneberg*, 72. Auflage 2013, § 312d Rn. 10; *Junker* NJW 2005, 2829 (2832).
[269] LG Frankfurt am Main Urt. v. 18.12.2002 – 2/1 S 20/02, CR 2003, 412.

195 Ähnlich entschied das OLG Hamm mit Urteil vom 30.3.2010. Danach greift dieser Ausnahmetatbestand nicht, wenn die versiegelte Software als Treiber-CD dazu dient, etwa mitgekaufte Hardware in Betrieb zu nehmen und auf ihre Funktionsfähigkeit zu prüfen. Zudem verneinte das Gericht das Vorliegen einer Versiegelung, wenn der Datenträger sich lediglich in einer Cellophanhülle befindet. Dieser fehle es an der erforderlichen **Prüf- und Besinnungsfunktion.**[270]

196 Anders als bislang ist die Regelung zu den in einer versiegelten Packung gelieferten Ton- und Videoaufnahmen oder Computersoftware in § 312g Abs. 2 Nr. 6 BGB gefasst. Danach besteht kein Widerrufsrecht, wenn Ton- oder Videoaufnahmen oder Computersoftware in einer versiegelten Packung geliefert wurden und die Versiegelung nach der Lieferung entfernt wurde. Mit der Änderung dürfte nunmehr klarer sein, dass auf die äußere Versiegelung abzustellen ist, also das Öffnen der Umverpackung[271] und demnach nicht auf die Entsperrung urheberrechtlich geschützter Aufnahmen oder Computersoftware, wie in den genannten Entscheidungen.[272]

197 **e) Weitere Bereichsausnahmen.** Neben den vorgenannten sind weitere Bereichsausnahmen in § 312g BGB in Umsetzung des Art. 16 VRRL geregelt worden. Neu eingeführt wurde der Ausschluss des Widerrufsrechtes bei Verträgen zur Lieferung alkoholischer Getränke, deren Preis bei Vertragsschluss vereinbart wurde, die aber frühestens 30 Tage nach Vertragsschluss geliefert werden können und deren aktueller Wert von Schwankungen auf dem Markt abhängt, auf die der Unternehmer keinen Einfluss hat, § 312g Abs. 1 Nr. 5 BGB.

198 Die Bereichsausnahme für die Verträge zur Lieferung von Zeitungen, Zeitschriften oder Illustrierten mit Ausnahme von Abonnement-Verträgen in § 312g Abs. 2 Nr. 7 BGB ändert den bisherigen § 312d Abs. 4 Nr. 3 BGB aF dahingehend ab, dass Abonnement-Verträge ausdrücklich ausgenommen sind und nicht wie bislang in diesen Fällen der telefonische Vertragsschluss.[273]

199 In § 312g Abs. 2 Nr. 8 BGB findet sich die Bereichsausnahme zu Verträgen zur Lieferung von Waren oder zur Erbringung von Dienstleistungen, einschließlich Finanzdienstleistungen, deren Preis von Schwankungen auf dem Finanzmarkt abhängt, der ähnlich ausgestaltet ist wie der bisherige § 312d Abs. 4 Nr. 6 BGB aF.[274]

---

[270] OLG Hamm Urt. v. 30.3.2010 – 4 U 212/09, MMR 2010, 684. Das AG Berlin-Mitte hat mit Urteil vom 14.12.2011 – 21 C 256/11, MMR 2012, 231 mit Anmerkung *König*, für eine per Download gelieferte Software den Ausnahmetatbestand des § 312d Abs. 4 Nr. 1 BGB aF bejaht. Es hat dies damit begründet, dass die Software nicht rückstandslos zurückgegeben werden kann und deswegen aufgrund ihrer Beschaffenheit für eine Rücksendung nicht geeignet ist. Das OLG Hamm entschied mit Urteil vom 30.3.2012 – I-4 U 212/09, 4 U 212/09, MMR 2010, 684 f., dass eine Cellophan-Hülle, mit der eine Audio- oder Videoaufzeichnung oder ein Datenträger mit Software üblicherweise verpackt ist, keine Versiegelung nach § 312d Abs. 4 Nr. 2 BGB aF darstellt. Diese Verpackung sei nicht als Versiegelung erkennbar, da sie auch andere Zwecke wie den Schutz vor Verschmutzung erfüllen könne. Zweck der Versiegelung sei es jedoch, dem Verbraucher deutlich zu machen, dass er die Ware behalten müsse, wenn er diese spezielle Verpackung öffne.
[271] *Schirmbacher/Schmidt* CR 2014, 107 (113).
[272] *Schirmbacher/Creutz* ITRB 2014, 44 (45) mwN.
[273] In seiner Computer-Bild-Entscheidung vom 9.6.2012 – I ZR 17/10, CR 2012, 110 f. hat der BGH zunächst festgehalten, dass Zeitungen und Zeitschriften nicht zu den Haushaltsgegenständen des täglichen Bedarfs iSd § 312b Abs. 3 Nr. 5 BGB aF zählen. Darüber hinaus gelte der § 312b Abs. 3 Nr. 5 BGB aF auch nicht für den herkömmlichen Versandhandel, wenn der Unternehmer ein Logistikunternehmen wie die Deutsche Post AG mit der Auslieferung beauftrage. Denn diese Regelung gelte nur für die Fälle, in denen der Unternehmer selbst ausliefere. Sodann fallen die Zeitschriftenabonnements unter die Bereichsausnahme des § 312d Abs. 4 Nr. 3 BGB aF. Instruktiv ist diese Entscheidung auch zur Qualifikation des Art. 246 § 1 Abs. 1 Nr. 10 EGBGB aF als Marktverhaltensregelung iSd § 4 Nr. 11 UWG.
[274] Dazu: OLG Karlsruhe WM 2012, 1860 ff., das mit Urteil vom 8.5.2012 – 17 U 82/11 – entschieden hatte, dass das Widerrufsrecht gemäß § 312d Abs. 4 Nr. 6 BGB aF bei dem Erwerb von Zertifikaten, die an einer Börse gehandelt werden oder denen Börsenindizes als Basiswert zugrunde liegen, ausgeschlossen ist. Nach Urteil des BGH vom 27.12.2012 – XI ZR 384/11, NJW 2013, 1223, ist ein Preis im Sinne des § 312d Abs. 4 Nr. 6 BGB aF nicht nur ein unmittelbar auf dem Finanzmarkt gebildeter Börsenpreis, sondern auch ein den Marktpreis mittelbar beeinflussender Basiswert (sogenanntes wertbestimmendes „Underlying"), der sei-

Neu eingeführt wurde die Bereichsausnahme des § 312g Abs. 2 Nr. 9 BGB. Danach ist 200 das Widerrufsrecht ausgeschlossen bei Verträgen zur Erbringung von Dienstleistungen in den Bereichen Beherbergung, wenn diese keinen Wohnzwecken dient oder zur Beförderung von Waren, Kraftfahrzeugvermietung, Lieferung von Speisen und Getränken sowie zur Erbringung weiterer Dienstleistungen im Zusammenhang mit Freizeitbetätigungen. Der Ausschluss des Widerrufsrechts greift jedoch nur dann, wenn derartige Verträge einen spezifischen Termin oder Zeitraum vorsehen.[275]

Bislang waren diese Verträge mit Ausnahme der Kraftfahrzeugvermietung gemäß § 312b 201 Abs. 3 Nr. 6 BGB aF vom Anwendungsbereich der Fernabsatzverträge ausgenommen, was nunmehr lediglich noch für die Beförderung von Personen, § 312 Abs. 2 Nr. 7 BGB, und außerhalb von Geschäftsräumen geschlossene Verträge gilt.[276]

§ 312g Abs. 2 Nr. 10 BGB sieht eine Ausnahme für Verträge vor, die im Rahmen einer 202 Vermarktungsform geschlossen werden, bei der der Unternehmer Verbrauchern, die persönlich anwesend sind oder denen diese Möglichkeit gewährt wird, Waren oder Dienstleistungen anbietet.

Des Weiteren sind ausgenommen Verträge im Rahmen öffentlich zugänglicher Versteige- 203 rungen.

Damit sind nunmehr lediglich solche Verträge ausgeschlossen, die im Rahmen einer (echten) Versteigerung geschlossen wurden, bei der der Verbraucher die Möglichkeit der persönlichen Anwesenheit hat.[277]

Sodann wird ebenfalls neu in § 312g Abs. 2 Nr. 11 BGB eine Ausnahme vom Widerrufs- 204 recht bei Verträgen eingeführt, bei denen der Verbraucher den Unternehmer ausdrücklich aufgefordert hatte, ihn aufzusuchen, um dringende Reparatur- oder Instandhaltungsarbeiten vorzunehmen. Etwas anderes gilt dann, wenn im Rahmen dieses Besuches Dienstleistungen erbracht werden, die der Verbraucher nicht ausdrücklich verlangt hat oder hinsichtlich solcher bei dem Besuch gelieferter Waren, die bei der Instandhaltung oder Reparatur nicht unbedingt als Ersatzteile benötigt werden.

Sodann sind der Vollständigkeit halber die Bereichsausnahmen des § 312g Abs. 2 Nr. 12 205 BGB für die Erbringung von Wett- und Lotteriedienstleistungen sowie in Nr. 13 für notariell beurkundete Verträge zu nennen, wobei der Ausschluss des Widerrufsrechts für Fernabsatzverträge über Finanzdienstleistungen nur gilt, wenn der Notar bestätigt, dass die Rechte des Verbrauchers aus § 312d Abs. 2 BGB, dh die Informationspflichten über Finanzdienstleistungen, gewahrt sind.

f) Gestaltung der Bereichsausnahmen in der Belehrung. Zunächst ist festzuhalten, dass 206 der Unternehmer auch nach der neuen Rechtslage verpflichtet bleibt, den Verbraucher gemäß Art. 246a § 1 Abs. 3 EGBGB zu informieren, ob dem Verbraucher ein Widerrufsrecht zusteht oder nicht. Dabei ist nunmehr nach Art. 246a § 1 Abs. 3 Nr. 1 und 2 EGBGB danach zu differenzieren, ob dem Verbraucher ein Widerrufsrecht nach § 312g Abs. 2 S. 1 Nr. 1, 2, 5 sowie 7–13 BGB überhaupt nicht zusteht oder sein Widerrufsrecht gemäß § 312g Abs. 2 S. 1 Nr. 3, 4 und 6 BGB sowie § 356 Abs. 4 und 5 BGB vorzeitig erlöschen kann.

Bei der Gestaltung der Bereichsausnahmen stellt sich sodann regelmäßig die Frage, ob der 207 Unternehmer verpflichtet ist, dem Verbraucher für jeden angebotenen Artikel gesondert anzugeben, ob ein Rückgaberecht besteht oder nicht. Der BGH hatte mit Urteil vom 9.12.2009 entschieden, dass dies nicht erforderlich ist.

Diesem Urteil lag eine Klausel mit nachstehendem Wortlaut zugrunde:

- „Das Rückgaberecht besteht entsprechend § 312d Abs. 4 BGB aF unter anderem nicht bei Verträgen 208 Zur Lieferung von Waren die nach Kundenspezifikation angefertigt werden oder eindeutig auf die persönlichen Bedürfnisse zugeschnitten sind oder die aufgrund ihrer Beschaffenheit nicht für eine

---

nerseits Schwankungen auf dem Finanzmarkt unterliegt, wozu auch die streitgegenständlichen Zertifikate gehörten.
[275] BT-Drs. 17/12637, S. 57; BR-Drs. 817/12, S. 92.
[276] BT-Drs. 17/12637, S. 57; BR-Drs. 817/12, S. 92.
[277] *Schirmbacher/Schmidt* CR 2014, 107 (112).

Rücksendung geeignet sind oder schnell verderben können oder deren Verfallsdatum überschritten wird;
- Zur Lieferung von Audio- und Videoaufzeichnungen (ua auch CDs oder DVDs) oder von Software, sofern die gelieferten Datenträger vom Verbraucher entsiegelt worden sind oder
- Zur Lieferung von Zeitungen, Zeitschriften und Illustrierten."

209 Dem BGH genügte diese Klausel. Er begründet dies damit, dass eine Belehrung, die dem Verbraucher die Beurteilung überlässt, ob die von ihm erworbene Ware unter einen Ausschlusstatbestand fällt, nicht missverständlich sei. Es sei nicht erforderlich, sämtliche in § 312d Abs. 4 BGB enthaltenen Ausschlusstatbestände in einer solchen Klausel aufzuführen, insbesondere nicht, wenn nicht sämtliche Ausschlusstatbestände des § 312d Abs. 4 BGB relevant würden. Durch die vorbezeichnete Klausel werde auch nicht der Eindruck erweckt, über die in dieser aufgeführten Ausschlusstatbestände hinaus werde ein Ausschluss für weitere Fälle vereinbart, die nicht näher bestimmt seien, jedoch vom Unternehmer im Einzelfall geltend gemacht werden könnten. Auch das Wort „entsprechend" hält er nicht für missverständlich. Es werde wie das Wort „gemäß" verwendet. Ebenso wenig hielt er die Worte „unter anderem" für missverständlich, da der Verbraucher aus diesen ableiten könne, dass die in der Vorschrift des § 312d Abs. 4 BGB angegebenen Ausschlusstatbestände zwar genannt seien, sich jedoch nicht auf weitere in der Klausel nicht genannte Fälle berufen könne.[278]

210 Die Entscheidung des BGH vom 9.12.2009 stellt in der Praxis eine erhebliche Erleichterung dar. Der Anbieter kann sich darauf beschränken, lediglich die Ausnahmetatbestände aufzuführen, die für seine Produktpalette relevant sind und muss keine weiteren Angaben dazu machen, welche seiner Produkte unter welche Bereichsausnahme fallen. Er muss insbesondere nicht im Einzelnen spezifizieren, welche Produkte als „Kundenspezifikation" anzusehen sind, da der BGH hier den Verbraucher in die Pflicht nimmt. Der Unternehmer muss jedoch prüfen, **ob und welche Bereichsausnahme relevant** ist, um den Verbraucher in dieser allgemeinen Form belehren zu können. Denn diese Verpflichtung bleibt bestehen.

211 Diese Grundsätze dürften auch nach Umsetzung der VRRL gültig bleiben, da weder die VRRL noch das Umsetzungsgesetz Regelungen dazu enthalten, wie der Verbraucher über die Ausschlusstatbestände im Einzelnen zu informieren ist, insbesondere ob der Unternehmer eine Zuordnung für den Verbraucher vorzunehmen hat. Die Guidelines äußern sich zu dieser Thematik nicht.

212

Checkliste: Bereichsausnahmen
Abweichend von dem ansonsten im Fernabsatz bestehenden **Widerrufsrecht** des Verbrauchers **besteht in den Fällen des § 312g Abs. 2 BGB** ein solches **nicht**. Dies gilt im Wesentlichen für folgende Vertragskonstellationen:
☐ Lieferung von Waren, die nicht vorgefertigt sind und für deren Herstellung eine individuelle Auswahl oder Bestimmung durch den Verbraucher maßgeblich ist oder die eindeutig auf die persönlichen Bedürfnisse des Verbrauchers zugeschnitten sind (§ 312g Abs. 2 Nr. 1 BGB).
☐ Lieferung von Waren, die schnell verderben können oder deren Verfalldatum überschritten würde (§ 312g Abs. 2 Nr. 2 BGB).
☐ Lieferung versiegelter Waren, die aus Gründen des Gesundheitsschutzes oder der Hygiene nicht zur Rückgabe geeignet sind, wenn ihre Versiegelung nach der Lieferung entfernt wurde (§ 312g Abs. 2 Nr. 3 BGB).
☐ Lieferung von Waren, wenn diese nach der Lieferung auf Grund ihrer Beschaffenheit untrennbar mit anderen Gütern vermischt wurden (§ 312g Abs. 2 Nr. 4 BGB).
☐ Lieferung alkoholischer Getränke, deren Preis bei Vertragsschluss vereinbart wurde, die aber frühestens 30 Tage nach Vertragsschluss geliefert werden und deren aktueller Wert von Schwankungen auf dem Markt abhängt, auf die der Unternehmer keinen Einfluss hat (§ 312g Abs. 2 Nr. 5 BGB).

---

[278] BGH Urt. v. 9.12.2009 – VIII ZR 219/08, MMR 2010, 166.

- ☐ Lieferung von Ton- oder Videoaufnahmen oder Computersoftware in einer versiegelten Packung, wenn die Versiegelung nach der Lieferung entfernt wurde (§ 312g Abs. 2 Nr. 6 BGB). Bis zur Entsiegelung steht dem Verbraucher jedoch ein Widerrufsrecht zu.
- ☐ Lieferung von Zeitungen, Zeitschriften oder Illustrierten mit Ausnahme von Abonnement-Verträgen (§ 312g Abs. 2 Nr. 7 BGB).
- ☐ Lieferung von Waren oder zur Erbringung von Dienstleistungen, einschließlich Finanzdienstleistungen, deren Preis Schwankungen auf dem Finanzmarkt unterliegt, auf die der Unternehmer keinen Einfluss nehmen kann (§ 312g Abs. 2 Nr. 8 BGB).
- ☐ Erbringung von Dienstleistungen in den Bereichen Beherbergung zu anderen Zwecken als zu Wohnzwecken, Beförderung von Waren, Kraftfahrzeugvermietung, Lieferung von Speisen und Getränken sowie zur Erbringung weiterer Dienstleistungen im Zusammenhang mit Freizeitbetätigungen, wenn der Vertrag für die Erbringung einen spezifischen Termin oder Zeitraum vorsieht (§ 312g Abs. 2 Nr. 9 BGB).
- ☐ Verträge über öffentlich zugängliche Versteigerungen (§ 312g Abs. 2 Nr. 10 BGB).
- ☐ Verträge zur Erbringung dringender Reparatur- oder Instandhaltungsarbeiten (§ 312g Abs. 2 Nr. 11 BGB).
- ☐ Erbringung von Wett- und Lotterie-Dienstleistungen, es sei denn der Vertrag wurde telefonisch oder außerhalb von Geschäftsräumen geschlossen (§ 312g Abs. 2 Nr. 12 BGB).
- ☐ Notariell beurkundete Verträge (§ 312g Abs. 2 Nr. 13 BGB).

Bei der Gestaltung der Widerrufsbelehrung ist Folgendes zu beachten:
1. Der Unternehmer hat den Verbraucher über das Bestehen dieser Bereichsausnahmen in der Widerrufsbelehrung zu unterrichten.
2. Es genügt, wenn er in dieser Unterrichtung die Bereichsausnahmen aufführt, die für seine Produktpalette maßgeblich sind.
3. Deswegen ist für jedes angebotene Produkt zu prüfen, ob und welche Bereichsausnahme einschlägig ist.
4. Gemäß Art. 246a § 1 Abs. 3 EGBGB hat der Unternehmer den Verbraucher in den Fällen der Nr. 1, 2, 5 und 7 bis 13 des § 312g Abs. 2 BGB darüber zu unterrichten, dass ihm (von vorneherein) kein Widerrufsrecht zusteht.
5. In den Fällen des § 312g Abs. 2 Nr. 3, 4 und 6 BGB hat der Unternehmer den Verbraucher über die Umstände, unter denen das Widerrufsrecht vorzeitig erlischt, zu unterrichten.

3. Rechtsfolgen bei Widerruf, § 357 BGB

Die Rechtsfolgen bei Widerruf wurden in § 357 BGB umfänglich neu geregelt und setzen Art. 13 Abs. 1 und 14 Abs. 1 VRRL um.[279] Hierzu gehören Regelungen zur Rückgewähr der empfangenen Leistungen, der Hin- und Rücksendekosten sowie zum Wertersatz. Die Regelungen zu den Hin- und Rücksendekosten werden nachstehend ebenso wie diejenigen zum Wertersatz gesondert dargestellt.

a) Systematik. § 357 Abs. 1 BGB enthält zunächst den allgemeinen Grundsatz, wonach die empfangenen Leistungen spätestens nach 14 Tagen zurückzugewähren sind, die Absätze 2 bis 5 regeln sodann die jeweiligen Rechte und Pflichten des Unternehmers bzw. des Verbrauchers im Rahmen der Rückgewähr der Leistungen. Die 14-Tagesfrist bezieht sich auf den Fristbeginn der Grundnorm des § 355 Abs. 3 S. 2 BGB. Gemäß § 355 Abs. 3 S. 1 BGB sind im Falle des Widerrufs die empfangenen Leistungen unverzüglich zurückzugewähren. Bestimmt das Gesetz eine Höchstfrist für die Rückgewähr, so beginnt diese für den Unternehmer mit dem Zugang und für den Verbraucher mit der Abgabe der Widerrufserklärung, § 355 Abs. 3 S. 2 BGB, wobei für den Verbraucher zur Fristwahrung die Absendung der Ware genügt, § 355 Abs. 3 S. 3 BGB.

---

[279] BT-Drs. 17/12637, S. 62.

215 Die Gefahr der Rücksendung der Waren trägt der Unternehmer, § 355 Abs. 3 S. 4 BGB. Somit beginnt die 14-Tagesfrist für den Verbraucher mit der Abgabe seiner Widerrufserklärung und wird durch die Absendung der Ware innerhalb dieser 14-Tagesfrist gewahrt, für den Unternehmer beginnt die Frist mit dem Zugang der Widerrufserklärung des Verbrauchers. Die vollständige Gefahr des Verlustes, des Untergangs und/oder der Beschädigung der Ware bei der Rücksendung trägt hingegen gemäß § 355 Abs. 3 S. 4 BGB vollständig der Unternehmer. Sie geht also mit Absendung der Ware durch den Verbraucher auf den Unternehmer über.

216 b) **Pflichten des Unternehmers.** Der Unternehmer muss für die Rückzahlung des Kaufpreises nach § 357 Abs. 3 S. 1 BGB dasselbe Zahlungsmittel verwenden, das der Verbraucher bei der Zahlung verwendet hat. Etwas anderes gilt nur dann, wenn die Parteien ausdrücklich etwas anderes vereinbart haben und dem Verbraucher hierdurch keine Kosten entstehen, § 357 Abs. 3 S. 2 BGB. Der Unternehmer muss dem Verbraucher demnach bei Zahlung von Konto zu Konto durch Lastschriftverfahren oder Überweisung den Betrag auf das Konto des Verbrauchers zurückerstatten.[280] Entsprechendes gilt bei Zahlung per Kreditkarte. Hat der Verbraucher zur Zahlung hingegen einen Gutschein eingesetzt, kann der Unternehmer seiner Erstattungspflicht auch durch Zusendung eines Gutscheins nachkommen.[281]

217 c) **Pflichten des Verbrauchers.** Spezielle Regelungen zu den Pflichten des Verbrauchers im Rahmen der Rückgewähr werden mit Ausnahme der allgemeinen Regelung des § 357 Abs. 1 BGB zur Rückgewähr innerhalb von 14 Tagen ab Absendung des Widerrufs nicht getroffen. Der Unternehmer kann jedoch nach § 357 Abs. 4 S. 1 BGB die Rückzahlung verweigern, bis er die Waren zurückerhalten oder der Verbraucher den Nachweis erbracht hat, dass er die Waren abgesandt hat. Ein solcher Nachweis kann beispielsweise durch eine Einlieferungsquittung erbracht werden.[282] In diesem Fall ist der Verbraucher gemäß Gestaltungshinweis 5a), 2. Spiegelstrich, Anlage 1 zu Art. 246a § 1 Abs. 2 S. 2 EGBGB, darüber zu unterrichten, dass er die Waren unverzüglich und in jedem Fall binnen vierzehn Tagen ab dem Tag der Widerrufserklärung zurückzusenden hat.

218 Hat der Unternehmer dem Verbraucher angeboten, die Waren abzuholen, ist der Verbraucher nicht verpflichtet, diese zurückzusenden, § 357 Abs. 5 BGB. In diesem Fall entfällt jedoch das Verweigerungsrecht des Unternehmers nach Abs. 4 S. 1. Der Unternehmer muss den Verbraucher in diesem Fall gemäß Gestaltungshinweis 5a), 1. Spiegelstrich, Anlage 1 zu Art. 246a § 1 Abs. 2 S. 2 EGBGB darüber unterrichten, dass der Unternehmer die Ware abholt.

219 **Checkliste: Folgen des Widerrufs**

- ☐ Spätestens nach 14 Tagen sind die empfangenen Leistungen zurückzugewähren.
- ☐ Diese Frist beginnt für den Unternehmer mit dem Zugang des Widerrufs des Verbrauchers, für den Verbraucher mit dessen Absendung.
- ☐ Die Gefahr der Rücksendung der Waren trägt der Unternehmer. Sie geht mit Absendung der Ware durch den Verbraucher auf den Unternehmer über.
- ☐ Der Unternehmer muss für die Rückzahlung des Kaufpreises dasselbe Zahlungsmittel verwenden, das der Verbraucher bei der Zahlung verwendet hat, es sei denn die Parteien haben ein anderes, für den Verbraucher kostenneutrales Zahlungsmittel vereinbart.
- ☐ Der Unternehmer kann die Rückzahlung verweigern bis er die Waren zurückerhalten oder der Verbraucher den Nachweis der Absendung der Waren erbracht hat, § 357 Abs. 4 S. 1 BGB.
- ☐ Der Verbraucher muss dem Unternehmer die Waren innerhalb von 14 Tagen ab Absendung des Widerrufs zurücksenden, § 357 Abs. 1 BGB.

---

[280] BT-Drs. 17/12637, S. 63.
[281] BT-Drs. 17/12637, S. 63.
[282] BT-Drs. 17/12637, S. 63.

4. Wertersatz, § 357 Abs. 7 – Abs. 9 BGB

a) Allgemein. Die Regelungen zum Wertersatz wurden ergänzt. Sie treffen nunmehr gesonderte Bestimmungen für den Wertersatz bei Warenlieferung, Dienstleistungen und für Verträge über die Lieferung von Wasser, Gas oder Strom und Fernwärme sowie nicht auf einem körperlichen Datenträger befindliche **digitale Inhalte**. Die Wertersatzregelungen zu den beiden letztgenannten Vertragstypen werden bei der Darstellung der für diese Verträge geltenden Besonderheiten erläutert.

b) Wertersatz bei Warenlieferung. Die Regelung zum Wertersatz bei Warenlieferungen findet sich nunmehr in § 357 Abs. 7 BGB. Sie entspricht im Wesentlichen der bisherigen Regelung in § 357 Abs. 3 BGB aF. Der Verbraucher muss danach nur Wertersatz für einen Wertverlust der Ware leisten, wenn dieser auf einen Umgang mit den Waren zurückzuführen ist, der zur Prüfung der Beschaffenheit, der Eigenschaften und der Funktionsweise der Waren nicht notwendig war (Nr. 1), und wenn der Unternehmer den Verbraucher nach Art. 246a § 1 Abs. 2 S. 1 Nr. 1 EGBGB über sein Widerrufsrecht unterrichtet hat (Nr. 2). Dies entspricht Art. 14 Abs. 2 VRRL. Eine Unterrichtung über die Wertersatzpflicht sehen weder die VRRL noch das deutsche Umsetzungsgesetz, insbesondere § 357 BGB vor. Dennoch enthalten beide Muster-Widerrufsbelehrungen – Anhang I A VRRL und Anlage 1 zu Art. 246a § 1 Abs. 2 S. 2 EGBGB – in ihren Gestaltungshinweisen 5c) jeweils einen solchen Hinweis.

Ein Problem in der Praxis bereits nach der alten Regelung war die Frage, wann lediglich ein **Ausprobieren** vorlag oder doch schon eine Nutzung, die über das bloße Ausprobieren hinausgeht.[283] In Anlehnung an Erwägungsgrund 47 VRRL führt die Gesetzesbegründung hierzu aus, der Verbraucher solle beispielsweise ein Kleidungsstück nur anprobieren, nicht jedoch tragen dürfen.[284] Dies bedeutet, dass der Verbraucher die Waren während der Widerrufsfrist mit der gebührenden Sorgfalt behandeln und in Augenschein nehmen darf,[285] sich jedoch hierauf auch zu beschränken hat. Was dies im Einzelfall je nach bestellter Ware bedeutet, bleibt abzuwarten.

Unter **Wertverlust** können nach der Gesetzesbegründung sowohl normale Abnutzung infolge bestimmungsgemäßer Ingebrauchnahme und des weiteren Gebrauchs der Ware als auch darüber hinausgehende Verschlechterungen, wie eine Beschädigung der Ware infolge unsachgemäßer Handhabung oder übermäßiger Inanspruchnahme fallen oder sogar ein vollständiger Wertverlust oder Untergang der Sache.[286] Voraussetzung ist jedoch stets, dass der Wertverlust nicht auf den zur Prüfung der Ware notwendigen Umgang zurückzuführen ist. Zur Prüfung der Ware kann im Einzelfall auch die bestimmungsgemäße Ingebrauchnahme gehören, wobei umgekehrt nach der Verkehrssitte eine Prüfung der Ware durch Ingebrauchnahme oder Öffnen der Verpackung unüblich sein können, wie zB bei Medikamenten oder Kosmetik.[287]

c) Wertersatz bei Dienstleistungen. Nach § 357 Abs. 8 S. 1 BGB hat der Verbraucher bei einem Vertrag über die Erbringung von Dienstleistungen Wertersatz für die bis zum Widerruf erbrachte Leistung zu erbringen, wenn der Verbraucher von dem Unternehmer ausdrücklich verlangt hat, dass dieser mit der Leistung vor Ablauf der Widerrufsfrist beginnt. Weitere Voraussetzung ist jedoch auch hier, dass der Unternehmer den Verbraucher nach Art. 246a § 1 Abs. 2 S. 1 Nr. 1 und 3 EGBGB ordnungsgemäß informiert hat, § 357 Abs. 8 S. 2 BGB. Gestaltungshinweis 5c), Anlage 1 zu Art. 246a § 1 Abs. 2 S. 2 EGBGB, sieht deswegen ausdrücklich eine entsprechende Information des Verbrauchers in der Widerrufsbelehrung vor.

---

[283] Dazu vor allem aus der Rechtsprechung: BGH Urt. v. 3.11.2010 – VIII ZR 337/09, MMR 2011, 24 – Wasserbett.
[284] BT-Drs. 17/12637, S. 63.
[285] BT-Drs. 17/12637, S. 63.
[286] BT-Drs. 17/12637, S. 63.
[287] BT-Drs. 17/12637, S. 63.

225 Hinsichtlich der Berechnung der Höhe des Wertersatzes bestimmt § 357 Abs. 8 S. 4 BGB, dass der vereinbarte Gesamtpreis zu Grunde zu legen ist, es sei denn dieser ist unverhältnismäßig hoch. In diesem Fall ist der Wertersatz auf der Grundlage des Marktwerts der erbrachten Leistung zu berechnen, § 357 Abs. 8 S. 5 BGB. Keine Angaben finden sich hingegen in den Gestaltungshinweisen der Anlage 1 zu Art. 246a § 1 Abs. 2 S. 2 EGBGB dazu, wie nachgewiesen werden kann, dass der Verbraucher von dem Unternehmer vor dem Ablauf der Widerrufsfrist die Ausführung der Dienstleistung verlangt hat. Ebenso wenig finden sich hierzu Hinweise in den Guidelines.

226 Im Streitfall muss der Unternehmer neben der **Unterrichtung** des Verbrauchers in der Widerrufsbelehrung beweisen, dass der Verbraucher eine entsprechende Ausführung der Dienstleistung wünschte. Im Ergebnis dürfte dies darauf hinauslaufen, dass der Unternehmer von dem Verbraucher eine Online-Bestätigung durch Anklicken einer entsprechenden Schaltfläche oder Checkbox verlangt, bevor er mit der **Ausführung der Dienstleistung beginnt.**

227

> **Checkliste: Wertersatz bei Warenlieferungen**
>
> ☐ Entsprechend der bisherigen Regelung muss der Verbraucher Wertersatz für einen Wertverlust der Ware nur dann leisten, wenn dieser auf einen Umgang mit der Ware zurückzuführen ist, der zur Prüfung der Beschaffenheit, Eigenschaften und der Funktionsweise nicht notwendig ist, § 357 Abs. 7 Nr. 1 BGB.
> ☐ Anders als bisher muss der Unternehmer den Verbraucher nicht mehr speziell über diese Wertersatzpflicht aufklären, er erhält Wertersatz unter den Voraussetzungen des § 357 Abs. 7 Nr. 1 BGB jedoch nur dann, wenn er den Verbraucher über sein Widerrufsrecht informiert hat, § 357 Abs. 7 Nr. 2 BGB.
> ☐ Unabhängig davon sieht das Muster zur Widerrufsbelehrung in Gestaltungshinweis 5c) eine entsprechende Unterrichtung des Verbrauchers vor. Dementsprechend sollte er in der Praxis dahingehend mit Gestaltungshinweis 5c) informiert werden.
> ☐ Bei einem Vertrag über die Erbringung von Dienstleistungen muss der Verbraucher Wertersatz für die bis zum Widerruf erbrachte Leistung erbringen.
> ☐ Dies setzt voraus, dass der Verbraucher die Ausführung der Dienstleistung während der Widerrufsfrist verlangt hat.
> ☐ Der Unternehmer erhält in diesen Fällen Wertersatz nur dann, wenn er den Verbraucher anders als bei Kaufverträgen nicht nur über sein Widerrufsrecht, sondern auch über die Wertersatzpflicht informiert hat, § 357 Abs. 8 S. 2 BGB.
> ☐ Die Unterrichtungsverpflichtung findet sich in Gestaltungshinweis 6 der Muster-Widerrufsbelehrung.

5. Hin- und Rücksendekosten

228 a) **Bisherige Rechtslage.** Die Frage, ob der Unternehmer dem Verbraucher die Hin- und Rücksendekosten auferlegen durfte, war nach der bisherigen Rechtslage umstritten.[288]

Der EuGH hatte mit Urteil vom 15.4.2010 entschieden, dass Art. 6 Abs. 1 Unterabs. 1 S. 2 und Abs. 2 der Richtlinie 97/7/EG des Europäischen Parlamentes und des Rates vom 20.5.1997 über den Verbraucherschutz bei Vertragsabschlüssen im Fernabsatz dahin auszulegen ist, dass er einer nationalen Regelung entgegensteht, nach der der Lieferer in einem im Fernabsatz abgeschlossenen Vertrag dem Verbraucher die Kosten der Zusendung der Ware auferlegen darf, wenn dieser sein Widerrufsrecht ausübt.[289]

Zur Begründung bezog sich der EuGH zum einen auf Erwägungsgrund 14 der Richtlinie 97/7/EG und zudem auf seine Messner-Entscheidung vom 3.9.2009.[290]

---

[288] Zum bisherigen Streitstand in der Rechtsprechung: OLG Karlsruhe Urt. v. 5.9.2007 – 15 U 226/06, MMR 2008, 47 (48), zum BGH (VIII ZR 268/07). Dieser hatte dem EuGH die Sache mit Beschluss vom 1.10.2008 vorgelegt, MMR 2009, 74, sowie Urteil des BGH v. 7.7.2010 – VIII ZR 268/07, MMR 2010, 676.
[289] EuGH Urt. v. 15.4.2010 – C-511/08, EuZW 2010, 432 (Handelsgesellschaft Heinrich Heine GmbH).
[290] EuGH Urt. v. 3.9.2009 – C-489/07, MMR 2009, 744 – Messner-Entscheidung.

VI. Widerrufsrecht, § 312g BGB, § 355 BGB

b) Neue Rechtslage. Nach der neuen Rechtslage hat sich dieser Streit erledigt. Die Regelungen zur Tragung der Hin- und Rücksendekosten finden sich in dem neu eingeführten § 357 BGB, der die Rechtsfolgen des Widerrufs von außerhalb von Geschäftsräumen geschlossenen Verträgen und Fernabsatzverträgen regelt und hiermit Art. 14 Abs. 1 UA 2 VRRL umsetzt. Die Regelungen zur Tragung der Hin- und Rücksendekosten finden sich in § 357 Abs. 2 und 6 BGB. Gemäß § 357 Abs. 2 S. 1 BGB muss der Unternehmer auch etwaige Zahlungen des Verbrauchers für die Lieferung zurückgewähren. Etwas anderes gilt nach § 357 Abs. 2 S. 2 BGB dann, wenn dem Verbraucher zusätzliche Kosten entstanden sind, weil er sich für eine andere Art der Lieferung als die vom Unternehmer angebotene günstigste **Standardlieferung** entschieden hat. Der Unternehmer muss dem Verbraucher also von Gesetzes wegen die Hinsendekosten der von ihm angebotenen günstigsten Art der Lieferung erstatten, darüber hinausgehende Kosten, die aufgrund einer vom Verbraucher gewünschten abweichenden Art der Lieferung, wie beispielsweise Expresslieferung, entstanden sind, muss der Unternehmer nicht erstatten.[291] 229

Die Rücksendekosten sind nach der Neuregelung gemäß § 357 Abs. 6 S. 1 BGB grundsätzlich vom Verbraucher zu tragen. Dies setzt jedoch voraus, dass der Unternehmer den Verbraucher gemäß Art. 246a § 1 Abs. 2 S. 1 Nr. 2 EGBGB hiervon unterrichtet hat, § 357 Abs. 6 S. 1 BGB. Die neue Musterwiderrufsbelehrung sieht in Gestaltungshinweis 5b), 2. Spiegelstrich, eine dahingehende **Unterrichtung** vor. 230

Der Unternehmer kann sich jedoch freiwillig gemäß § 357 Abs. 6 S. 2 BGB bereit erklären, diese Kosten zu tragen. In diesem Fall ist der Verbraucher gemäß Gestaltungshinweis 5b), 1. Spiegelstrich, zu unterrichten. 231

Bietet der Unternehmer die Übernahme der Rücksendekosten nicht an und können die Waren aufgrund ihrer Beschaffenheit nicht normal mit der Post zurückgesandt werden, ist dem Verbraucher neben seiner Verpflichtung zum Tragen der Rücksendekosten gemäß Art. 246a Abs. 2 S. 1 Nr. 2 EGBGB auch die Höhe der Rücksendekosten oder wenn diese nicht vernünftigerweise im Voraus berechnet werden können, ein geschätzter Höchstbetrag anzugeben. Die entsprechende Formulierung ergibt sich aus Gestaltungshinweis 5b), 3. Spiegelstrich. 232

Waren, die zum Zeitpunkt des Vertragsschlusses zur Wohnung des Verbrauchers geliefert worden sind, sind vom Unternehmer auf eigene Kosten abzuholen, wenn die Waren aufgrund ihrer Beschaffenheit nicht per Post zurückgesandt werden können, § 357 Abs. 6 S. 3 BGB. Der entsprechende Gestaltungshinweis findet sich in lit. 5b) 4. Spiegelstrich. 233

Checkliste: Hin- und Rücksendekosten 234

- ☐ Der Unternehmer muss dem Verbraucher die Hinsendekosten erstatten, § 357 Abs. 2 S. 1 BGB.
- ☐ Etwas anderes gilt, wenn dem Verbraucher zusätzliche Kosten entstanden sind, weil er sich für eine andere Art der Lieferung als die vom Unternehmer angebotene günstigste Standardlieferung entschieden hat, § 357 Abs. 2 S. 2 BGB.
- ☐ Die unmittelbaren Kosten der Rücksendung trägt nunmehr der Verbraucher, § 357 Abs. 6 S. 1 BGB.
- ☐ Voraussetzung hierfür ist, dass der Unternehmer den Verbraucher über diese Verpflichtung informiert hat, § 357 Abs. 6 S. 1 BGB.
- ☐ Dem Unternehmer steht es jedoch frei, die Rücksendekosten zu übernehmen, § 357 Abs. 6 S. 2 BGB.
- ☐ Abweichend hiervon muss der Unternehmer Waren, die zum Zeitpunkt des Vertragsschlusses zur Wohnung des Verbrauchers geliefert wurden, und die aufgrund ihrer Beschaffenheit nicht per Post zurückgesandt werden können, auf eigene Kosten abholen, § 357 Abs. 6 S. 3 BGB.

---

[291] BT-Drs. 12/637, S. 63.

VII. Allgemeine Pflichten und Zusatzkosten, § 312a Abs. 3–Abs. 6 BGB

235 Wesentlich für Fernabsatzverträge im Rahmen von Onlineshops, die regelmäßig gegen Entgelt abgeschlossen werden, sind auch einige allgemeine Grundsätze für Fernabsatzverträge, die in § 312a BGB geregelt sind.

1. Vereinbarungen über Zusatzleistungen, § 312a Abs. 3 BGB

236 Maßgeblich auch für Verträge im elektronischen Geschäftsverkehr ist zunächst die Regelung des § 312a Abs. 3 BGB, wonach eine Vereinbarung, die auf eine über das vereinbarte Entgelt für die Hauptleistung hinausgehende Zahlung des Verbrauchers gerichtet ist, ausdrücklich getroffen werden muss. Hiermit soll vermieden werden, dass durch eine voreingestellte Häkchenvariante dahingehende Vereinbarungen ohne Kenntnisnahme des Verbrauchers in den Vertrag einbezogen werden.[292] Erfasst werden von dieser Regelung besondere Versandarten, wie Expresslieferung oder Geschenkverpackungen, zusätzliche Versicherungen, wie Reiserücktrittsversicherungen oder sonstige Zusatzleistungen, die zur Hauptleistung passen, wie Priority-Checkin bei bestimmten Fluggesellschaften.[293] Dabei kommt es für den Anwendungsbereich des § 312a Abs. 3 BGB nicht auf die zusätzliche Leistung, sondern die zusätzliche Zahlung an,[294] was voraussetzt, dass ein Entgelt für die Hauptleistung entweder bereits vereinbart ist oder zumindest ausreichend feststeht, wenn sich der Verbraucher für den Vertragsschluss entscheidet.[295]

237 Sodann muss zwischen den Parteien eine ausdrückliche Vereinbarung getroffen worden sein, die sich auch auf die Vereinbarung eines Zusatzentgelts richtet,[296] wobei eine solche auch in AGB möglich ist.[297] Bei Verträgen im elektronischen Geschäftsverkehr wird diese Vereinbarung jedoch nur dann Vertragsbestandteil, wenn der Unternehmer die Vereinbarung nicht durch eine Voreinstellung herbeiführt, § 312a Abs. 3 S. 2 BGB. Ein Opt-Out genügt also nicht.[298]

2. Vereinbarungen zu Zahlungsmitteln, § 312a Abs. 4 BGB

238 Vereinbarungen, durch die ein Verbraucher verpflichtet wird, ein bestimmtes Zahlungsmittel zu nutzen, für das er ein Entgelt zahlen muss, sind unwirksam, wenn für den Verbraucher keine gängige und zumutbare unentgeltliche Zahlungsmöglichkeit besteht oder das vereinbarte Entgelt über die Kosten hinausgeht, die dem Unternehmer durch die Nutzung des Zahlungsmittels entstehen, § 312a Abs. 4 BGB. Diese Regelung entspricht der Rechtsprechung des BGH zur Klauselkontrolle nach § 307 BGB.[299] Diese Regelung soll nach der Gesetzesbegründung im Zusammenhang mit der Umsetzung von Art. 19 VRRL geregelt werden.[300] Dieser sieht vor, dass die Mitgliedstaaten Unternehmen verbieten, von Verbrauchern für die Nutzung von Zahlungsmitteln Entgelte zu verlangen, die über die Kosten hinausgehen, die dem Unternehmer für die Nutzung solcher Zahlungsmittel entstehen.

239 Die Regelung in § 312a Abs. 4 BGB geht darüber hinaus, da der Unternehmer gemäß Nr. 1 verpflichtet wird, dem Verbraucher eine **gängige und zumutbare unentgeltliche Zahlungsmöglichkeit** zur Verfügung zu stellen. Nach der Gesetzesbegründung soll diese Regelung Art. 19 VRRL nicht entgegenstehen, da dieser lediglich vorgebe, ein Verbot hinsichtlich

---

[292] BT-Drs. 17/12637, S. 53.
[293] *Schirmbacher/Grassmück* ITRB 2014, 66 (66).
[294] *Schirmbacher/Grassmück* ITRB 2014, 66 (67).
[295] *Schirmbacher/Grassmück* ITRB 2014, 66 (67).
[296] BT-Drs. 17/12637, S. 53; *Schirmbacher/Grassmück* ITRB 2014, 66 (67).
[297] BT-Drs. 17/12637, S. 53; *Schirmbacher/Grassmück* ITRB 2014, 66 (67).
[298] *Schirmbacher/Grassmück* ITRB 2014, 66 (68). Dort auch mit Verweis auf die Besonderheiten bei Flugbuchungen in Art. 23 Abs. 1 der VO (EG) Nr. 1008/2008 und die Entscheidung des EuGH ebookers.com, 19.7.2012 – C-112/11, MMR 2012, 584.
[299] BGH Urt. vom 20.5.2010 – XA ZR 68/09, MMR 2010, 677.
[300] BT-Drs. 17/12637, S. 51.

der Höhe der Preisaufschläge umzusetzen.[301] Bislang gab es im deutschen Recht kein Verbot des sogenannten Surcharging. Nunmehr soll mit dieser Regelung sichergestellt werden, dass die bisher im Online-Vertrieb häufige Praxis, bestimmte Zahlungsmittel, insbesondere Kreditkartenzahlungen überteuert anzubieten, untersagt wird.[302] Erfasst werden von dieser Regelung jedoch neben Kreditkartenzahlungen auch Lastschriften, Überweisungen, sonstige Kartenzahlungen sowie mobile und elektronische Zahlungen.[303]

Der Unternehmer darf dabei die Kosten weiter berechnen, die ihm infolge des Einsatzes eines bestimmten Zahlungsmittels durch den Verbraucher entstehen, wie Bankgebühren.[304] Streitig ist jedoch bereits, ob hierzu auch die Weitergabe interner Kosten zählt.[305] Ebenfalls nicht eindeutig ist, ob der Unternehmer Pauschalen, die zwischen dem Unternehmer und den Kreditkartenunternehmen vereinbart werden, an den Verbraucher weitergeben darf.[306]

Gängige Zahlungsmittel sind im Online-Handel Überweisung bei Vorkasse, Kauf auf Rechnung, Lastschrift oder Kreditkartenzahlungen, wohingegen unübliche Zahlkarten, wie Visa Electron-Karten nicht ausreichen dürften.[307] Eine Zahlung per Paypal dürfte nur dann zulässig sein, wenn diese ohne eigenes Paypal-Konto über Kreditkarten möglich ist.[308]

3. Kostenpflichtige Rufnummern, § 312a Abs. 5 BGB

In Umsetzung von Art. 21 VRRL sind nach § 312a Abs. 5 S. 1 BGB Vereinbarungen, durch die ein Verbraucher verpflichtet wird, ein Entgelt dafür zu zahlen, dass er den Unternehmer wegen Fragen oder Erklärungen zu einem zwischen ihnen geschlossenen Vertrag über eine Rufnummer anruft, ebenfalls unwirksam, wenn das vereinbarte Entgelt dasjenige der bloßen Nutzung des Telekommunikationsdienstes übersteigt.[309] Diese Regelung ergänzt den bereits bestehenden § 66h TKG, da für den Verbraucher häufig nicht erkennbar und erst recht nicht nachweisbar ist, in welcher Höhe das Entgelt über den Tarif für die bloße Nutzung des TK-Dienstes hinausgeht.[310] Erfasst werden von dieser Regelung Anrufe hinsichtlich der Informationen über Gewährleistungsrechte oder eine Rechnung des Unternehmers als nicht vertragskonform, wohingegen gesonderte Entgelte für Leistungen, die der Unternehmer im Rahmen des Telefonates erbracht hat, nicht erfasst werden, wie die telefonische Rechtsberatung durch einen Anwalt.[311] Hierdurch soll sichergestellt werden, dass der Unternehmer aus dem Betrieb einer **Hotline** keinen Gewinn erzielt[312] und der Verbraucher nicht von einem telefonischen Kontakt mit dem Unternehmer wegen der anfallenden Kosten abgehalten wird.[313] Ergänzt wird dieser Schutz durch § 66g TKG zu telefonischen Warteschleifen.[314]

Somit dürfen also für diese Fallgestaltungen, wenn im Rahmen von Hotlines keine zusätzlichen Leistungen erbracht werden, keine kostenpflichtigen Rufnummern mehr angeboten werden. Dahingehende Vereinbarungen sind nach § 312a Abs. 5 S. 2 BGB unwirksam. Ausdrücklich mit geregelt wurde in § 312a Abs. 5 S. 2 BGB, dass der Verbraucher auch gegenüber dem Anbieter des Telekommunikationsdienstes nicht verpflichtet ist, für einen solchen Anruf ein Entgelt zu zahlen. Der Anbieter des Telekommunikationsdienstes ist jedoch berechtigt, das Entgelt für die Nutzung von dem Unternehmer zu verlangen, § 312a Abs. 5 S. 3 BGB.

---

[301] BT-Drs. 17/12637, S. 51.
[302] BT-Drs. 17/12637, S. 52.
[303] BT-Drs. 17/12637, S. 53.
[304] *Schirmbacher/Freytag* ITRB 2014, 144 (145).
[305] Dafür: *Schirmbacher/Freytag* ITRB 2014, 144 (145), dagegen: *Schomburg* VuR 2014, 18 (21) und *Hoeren/Föhlisch* CR 2014, 242 (248).
[306] Dafür: *Schirmbacher/Freytag* ITRB 2014, 144 (145).
[307] *Schirmbacher/Freytag* ITRB 2014, 144 (144).
[308] *Schirmbacher/Freytag* ITRB 2014, 144 (145).
[309] Zu diesen Rufnummern: *Schirmbacher/Freytag* ITRB 2014, 144 (146).
[310] BT-Drs. 17/12637, S. 52.
[311] BT-Drs. 17/12637, S. 52.
[312] BT-Drs. 17/12637, S. 52.
[313] BT-Drs. 17/12637, S. 52.
[314] BT-Drs. 17/12637, S. 52.

244 Nicht erfasst werden von dieser Vorschrift hingegen Bestellhotlines oder allgemeine Rufnummern des Unternehmers, da diese noch nicht zu den Fragen oder Erklärungen eines zwischen Unternehmer und Kunden geschlossenen Vertrages gehören.[315] Dementsprechend sollte der Unternehmer, wenn er unterschiedliche Kontaktmöglichkeiten in der Form von Hotlines bereitstellen möchte, die unterschiedlichen Zwecke deutlich machen.[316] Erfasst wird hingegen der Widerruf des Vertrages ebenso wie dessen Kündigung.[317]

4. Rechtsfolge bei Verstoß, § 312a Abs. 6 BGB

245 In Abs. 6 dieser Vorschrift ist schließlich ausdrücklich geregelt, dass der Vertrag zwischen dem Verbraucher und dem Unternehmer im Übrigen wirksam bleibt, auch wenn eine Vereinbarung nach den Absätzen 3 bis 5 nicht Vertragsbestandteil geworden oder unwirksam ist. Hiermit soll dem Interesse des Verbrauchers an der Durchführung des Vertrages Rechnung getragen werden, das nicht dadurch entfalle, dass der Unternehmer die Verbote des Abs. 5 nicht beachtet.[318] Abs. 6 soll dem Verbraucher vielmehr seinen Anspruch auf die von ihm begehrte Leistung sichern, ohne mit den Nachteilen der Abs. 3–5 belastet zu werden.[319]

246
Checkliste: Allgemeine Pflichten

- ☐ Maßgeblich für den E-Commerce sind die allgemeinen Pflichten des § 312a Abs. 3–5 BGB
- ☐ Danach müssen Vereinbarungen über eine Zusatzvergütung neben der Hauptleistung ausdrücklich mit dem Verbraucher getroffen werden, § 312a Abs. 3 S. 1 BGB. Eine solche Vereinbarung darf im elektronischen Geschäftsverkehr nicht durch eine Voreinstellung getroffen werden.
- ☐ Vereinbarungen über die Nutzung eines bestimmten Zahlungsmittels sind dann unwirksam, wenn dem Verbraucher keine gängige zumutbare unentgeltliche Zahlungsmöglichkeit zur Verfügung gestellt wird, § 312a Abs. 4 BGB.
- ☐ Kostenpflichtige Rufnummern sind für Anfragen des Verbrauchers bzgl. des mit dem Unternehmer geschlossenen Vertrages unwirksam, § 312a Abs. 5 S. 1 BGB.
- ☐ Die Unwirksamkeit einzelner vertraglicher Vereinbarungen nach den Abs. 3 bis 5 berührt die Wirksamkeit des Vertrages im Übrigen nicht, § 312a Abs. 6 BGB.

VIII. Umgehungsverbot, § 312k BGB

247 Die Regelungen zum Umgehungsverbot des bisherigen § 312i bzw. § 312g BGB aF wurden in § 312k Abs. 1 BGB beibehalten und um einen Abs. 2 ergänzt. Sie ergeben sich in Umsetzung des Art. 25 VRRL.[320] Danach darf von den Vorschriften dieses Untertitels soweit nicht ein anderes bestimmt ist, nicht zum Nachteil des Verbrauchers abgewichen werden. Die Vorschriften dieses Untertitels finden, soweit nicht ein anderes bestimmt ist, auch Anwendung, wenn sie durch anderweitige Gestaltungen umgangen werden.

248 Zu den Vorschriften „*dieses Untertitels*" gehören die §§ 312–312j BGB bzw. § 312k BGB einschließlich der Bestimmungen der Art. 246a–246c EGBGB. Unwirksam sind danach Vereinbarungen über den Ausschluss des Widerrufsrechtes, über die Bestätigung von Tatsachen, die den Ausschluss des Widerrufsrechtes begründen sowie Vereinbarungen über die Beschränkung des Widerrufsrechtes oder die Widerrufsfrist.

249 In der Rechtsprechung wurde zur alten Rechtslage zudem als unwirksam eine Formulierung bewertet: „ich verzichte auf mein Widerrufsrecht", welche vor Vertragsschluss abgege-

---

[315] *Schrimbacher/Freytag* ITRB 2014, 144 (146).
[316] *Schrimbacher/Freytag* ITRB 2014, 144 (146).
[317] *Schrimbacher/Freytag* ITRB 2014, 144 (146).
[318] BT-Drs. 17/12637, S. 54.
[319] BT-Drs. 17/12637, S. 54.
[320] BT-Drs. 17/12637, S. 58.

ben wurde.³²¹ Ebenso wurden Vereinbarungen zur Bestätigung von Tatsachen, die den Ausschluss des Widerrufs- oder Rückgaberechtes begründen, für unwirksam erklärt wie zB die Formulierung „der Vertragspartner bestätigt, Unternehmer iSv § 14 BGB zu sein".³²² Entsprechendes galt für die Formulierung „die mündliche Verhandlung, auf der der Abschluss des Vertrages beruht, ist auf vorhergehende Bestellung des Verbrauchers durchgeführt worden".³²³

Vereinbarungen zur Beschränkung des Widerrufsrechtes sind Formulierungen wie „nur in der Originalverpackung und mit vollständigem Zubehör kann die Ware aufgrund des Widerrufs zurückgenommen werden"³²⁴ oder wenn das Widerrufs-/Rückgaberecht davon abhängig gemacht wird, dass die Ware in einem „im Original, ungetragenen, unbeschädigten Zustand" zurückgesandt wird.³²⁵ **250**

Als unwirksame Vereinbarungen über die Widerrufs-/Rückgabefrist wurden angesehen „der Lauf der Widerrufsfrist beginnt mit der Auslieferung der Ware",³²⁶ „der Lauf der Widerrufsfrist beginnt mit dem Rechnungsdatum"³²⁷ oder „wir gewähren 14 Tage Rücknahmegarantie nach Erhalt der Waren (Poststempel)".³²⁸ **251**

Diese Rechtsprechung gilt auch nach Umsetzung der VRRL fort, denn in der Gesetzesbegründung wird zu § 312k BGB³²⁹ festgehalten, dass diese Regelungen dem bisherigen § 312i BGB entsprechen,³³⁰ sodass also Regelungen unwirksam sind, die von den neuen Regelungen nach Umsetzung der VRRL abweichen. Die neu eingeführte Regelung zur Beweislast in § 312k Abs. 2 BGB beruht auf Art. 6 Abs. 9 VRRL.³³¹ Danach trägt der Unternehmer die Beweislast für die Erfüllung der in diesem Unterabschnitt geregelten Informationspflichten. **252**

IX. Digitale Inhalte

1. Grundsatz

Neu geregelt wurde der gesamte Komplex zu digitalen Inhalten. Digitale Inhalte sind gemäß Art. 2 Nr. 11 VRRL Daten, die in digitaler Form hergestellt und bereit gestellt werden. Hierzu zählen Computerprogramme, Anwendungen (Apps), Spiele, Musik, Videos oder Texte, und zwar unabhängig davon, ob auf sie durch Herunterladen oder Herunterladen in Echtzeit (Streaming), von einem körperlichen Datenträger oder in sonstiger Weise zugegriffen wird.³³² **253**

Für digitale Inhalte gelten im Vergleich zu den sonstigen Waren oder Dienstleistungen nachfolgende Sonderregelungen in Bezug auf die Informationspflichten, das Widerrufsrecht und den Wertersatz. **254**

2. Informationspflichten

Gemäß Art. 6 Abs. 1r) VRRL, umgesetzt in Art. 246a § 4 Abs. 1 EGBGB, muss der Unternehmer den Verbraucher vor Abgabe von dessen Vertragserklärung über die Funktionsweise digitaler Inhalte einschließlich anwendbarer technischer Schutzmaßnahmen für solche Inhalte informieren. Unter letztere fällt der Schutz mittels digitaler Rechteverwertung oder Regionalkodierung. Zu der Funktionsweise zählt die Information darüber, wie digitale In- **255**

---

[321] jurisPK-BGB/*Junker* § 312g Rn. 7 mwN.
[322] jurisPK-BGB/*Junker* § 312g Rn. 9.
[323] AG Ettenheim Urt. v. 20.4.2004 – 1 C 270/03, NJW-RR 2004, 1429.
[324] LG Coburg Urt. v. 9.3.2006 – 1 HK O 95/05, 1 HKO 95/05, CR 2007, 59; OLG Jena Urt. v. 8.3.2006 – 2 U 990/05, GRUR-RR 2006, 283; LG Düsseldorf Urt. v. 17.5.2006 – 12 O 496/05, CR 2006, 858.
[325] LG Konstanz WRP 2006, 1156.
[326] LG Arnsberg WRP 2004, 792.
[327] LG Waldshut-Tiengen WRP 2003, 1148.
[328] LG Konstanz WRP 2006, 1156.
[329] BT-Drs. 17/12637, S. 58, dort noch § 312j BGB.
[330] BT-Drs. 17/12637, S. 58.
[331] BT-Drs. 17/12637, S. 58.
[332] Erwägungsgrund 19 der Richtlinie 2011/83/EU vom 25.10.2011, ABl. L 304/64.

halte verwendet werden können, insbesondere auf die Nachverfolgung des Verhaltens des Verbrauchers.[333]

256 Sodann ist der Verbraucher gemäß Art. 6s) VRRL, Art. 246a § 1 Abs. 1 Nr. 15 EGBGB soweit dies wesentlich ist über Beschränkungen der **Interoperabilität** digitaler Inhalte mit Hard- und Software zu informieren, jedenfalls soweit diese Beschränkungen dem Unternehmer bekannt sind oder vernünftigerweise bekannt sein dürften. Hierüber sind Informationen über die standardmäßige Umgebung an Hard- und Software, mit der die digitalen Inhalte kompatibel sind, zu verstehen, wie Betriebssystem, notwendige Version und bestimmte Eigenschaften der Hardware.[334] Nicht erläutert wird jedoch, wann dies wesentlich ist und wann nicht. Die EU-Kommission hat in ihren Guidelines die Hinweise zur Funktionalität, Nutzungsbeschränkungen und Interoperabilität weiter spezifiziert.[335] Dazu sieht sie ein **Set von Icons** vor, die die relevanten Informationen, die bei der Nutzung von Rechnern sowie von Smartphones und Tablet-PCs andererseits zur Verfügung gestellt werden müssen, vor.

257 Hinsichtlich der Funktionalität müssen Sprache, Dauer, Datei-Typ, Größe, Zugangstyp und Zugangsbeschränkungen angegeben werden, ebenso wie die Anforderungen an die Internetverbindung, ggf. geografische Einschränkungen, Updates, Tracking-Informationen und Auflösung.[336] Als Beispielinformationen werden für Musik Preis, Sprache, Dauer des Musikstückes, File-Typ, MP3-Player, Größe X MB, Zugangstyp, Download, Zugangsbedingungen wie unbegrenzte private Nutzung sowie Verbot von Kopien oder sonstigen Reproduktionen oder geografische Beschränkungen genannt, wenn ein Musikstück beispielsweise nur in bestimmten Ländern heruntergeladen werden kann. Besondere Anforderungen an Hard- und Software können sich auf das entsprechende Format, wie MP3-Player beziehen.[337]

258 Hinsichtlich der **Art und Weise der Bereitstellung** verweisen die Guidelines auf ein separates Fenster, das dem Verbraucher angezeigt wird, bevor er seine Bestellung aufgibt.[338] Der Verbraucher soll diese Informationen angezeigt bekommen, bevor er ein Lied, Video oder Ähnliches herunterladen kann und vor Beginn des Streamings in diesem Fenster seine Bestellung durch Anklicken eines Buttons bestätigen.[339] Es wird jedoch abzuwarten bleiben, ob die Rechtsprechung diese Kriterien zugrunde legen wird, sowie weiter, ob die Anforderungen generell gelten oder nur dann, wenn diese dem Unternehmer bekannt sein müssen, und inwieweit dieser verpflichtet ist, sich entsprechend zu informieren. Hierzu treffen die Guidelines keine Aussage. Vielmehr beschränken sie sich auf den Hinweis, der Unternehmer solle abschätzen („assess"), ob und inwieweit diese Informationen für ein bestimmtes Produkt nötig sind.[340] Letztlich kann dies nur der Hersteller der digitalen Inhalte abschätzen, sodass der Unternehmer, der nicht zugleich der Hersteller ist, sich auf die Beschaffung der auch jetzt schon üblichen **Herstellerinformationen** beschränken dürfte. Eine Nachprüf- und/oder Nachforschungspflicht eines solchen Vertriebshändlers dürfte sich aus diesen Informationspflichten nicht ableiten lassen.

3. Widerrufsrecht

259 Grundsätzlich steht dem Verbraucher beim Erwerb digitaler Inhalte zunächst ein Widerrufsrecht zu. Die Widerrufsfrist beträgt hier 14 Tage und endet gemäß Art. 9 Abs. 2c) VRRL 14 Tage ab dem Tag des Vertragsschlusses oder wenn die digitalen Inhalte nicht auf einem körperlichen Datenträger geliefert werden, wenn die **Ausführung** mit vorheriger ausdrücklicher Zustimmung des Verbrauchers und seiner Kenntnisnahme, dass er hierdurch sein Widerrufsrecht verliert, begonnen wurde. Der Unternehmer muss den Verbraucher also über den Verlust seines Widerrufsrechts mit Beginn der Ausführung informieren.

---

[333] Erwägungsgrund 19 der Richtlinie 2011/83/EU vom 25.10.2011, ABl. L 304/64.
[334] Erwägungsgrund 19 der Richtlinie 2011/83/EU vom 25.10.2011, ABl. L 304/64.
[335] Guidance Document, S. 67 ff.
[336] Guidance Document, S. 70 f.; *Bierekoven* ZIR 2014, 266 (273).
[337] Guidance Document, S. 70 f.; *Bierekoven* ZIR 2014, 266 (273).
[338] Guidance Document, S. 70 f.; *Bierekoven* ZIR 2014, 266 (273).
[339] Guidance Document, S. 70 f.; *Bierekoven* ZIR 2014, 266 (273).
[340] Guidance Document, S. 67.

Die entsprechende Regelung findet sich in § 356 Abs. 5 BGB. Danach besteht bei einem 260
Vertrag über die Lieferung von nicht auf einem körperlichen Datenträger befindlichen digitalen Inhalten das Widerrufsrecht auch dann, wenn der Unternehmer mit der Ausführung des Vertrages begonnen hat, nachdem der Verbraucher ausdrücklich zugestimmt hat, dass der Unternehmer mit der Ausführung des Vertrags vor Ablauf der Widerrufsfrist beginnt (Nr. 1), und weiter seine Kenntnis davon bestätigt hat, dass er durch seine Zustimmung mit Beginn der Ausführung des Vertrags sein Widerrufsrecht verliert (Nr. 2).

Dementsprechend muss der Unternehmer vom Verbraucher vor Beginn der Ausführung, 261
also des Download oder des Streams, dessen Zustimmung einholen. Dies hat der Unternehmer dem Verbraucher gemäß § 312f Abs. 3 BGB zu bestätigen, der die Regelung zur Vertragsbestätigung enthält und insoweit Art. 8 Abs. 7 VRRL umsetzt. Hierzu wird auf eine entsprechende Checkbox mit Häkchen-Variante verwiesen.[341] Dies genügt jedoch nur, wenn der Verbraucher in dieser Variante ausdrücklich über den Verlust des Widerrufsrechtes mit Beginn der Ausführung des Downloads oder Streams informiert wird. Die reine Zustimmung zum Download als solche genügt nicht. Ebenso wenig genügt eine in AGB eingeholte Zustimmung, deren Kenntnisnahme der Verbraucher während des Bestellvorganges bestätigen muss.[342] Dementsprechend ist die bisherige Praxis beim Vertrieb von Downloads oder Streams und Ähnlichem anzupassen und zu ergänzen. Dabei muss der Verbraucher aktiv werden,[343] indem beispielsweise im Bestellprozess oder unmittelbar vor dem Download/dem Stream eine nicht voreingestellt Checkbox zur Verfügung gestellt wird, in der der Verbraucher die beiden Voraussetzungen des § 356 Abs. 5 Nr. 1 und 2 BGB zu bestätigen hat.[344] Der Beginn der Ausführung wird im Regelfall die Bereitstellung des Downloads, des Streams oder bei Shareware eine Lizenz bzw. Lizenz-Key sein.[345]

Werden digitale Inhalte hingegen auf einem versiegelten Datenträger geliefert, greift wie 262
bislang auch die Bereichsausnahme des § 312g Abs. 2 Nr. 6 BGB. Das Widerrufsrecht erlischt nach Entfernung der **Versiegelung** nach Lieferung.[346]

4. Wertersatz

Widerruft der Verbraucher einen Vertrag über die Lieferung von nicht auf einem körperli- 263
chen Datenträger befindlichen digitalen Inhalten, hat er gemäß § 357 Abs. 9 BGB keinen Wertersatz zu leisten, im Übrigen schon, da sich hierfür keine Ausnahmeregelung findet und deswegen die allgemeinen Bestimmungen gelten.[347] Der Widerruf ist in diesen Fällen jedoch nur bis zur Entfernung der Versiegelung gemäß § 312g Abs. 1 Nr. 6 BGB möglich, worauf der Unternehmer den Verbraucher nach Art. 246a § 1 Abs. 3 Nr. 2 EGBGB hinweisen muss.

5. Praktische Umsetzung

Für den Vertrieb digitaler Inhalte ergibt sich daher Folgendes: 264

Checkliste: Vertrieb digitaler Inhalte

☐ Wie für alle Produkte/Waren hat der Unternehmer den Verbraucher allgemein über Preise, Versand-, etwaige Frachtkosten, Mehrwertsteuer, Zahlungsmittel, Lieferbeschränkungen und Liefertermin zu informieren.

☐ Zusätzlich sind Angaben zu technischen Schutzmaßnahmen, Interoperabilität und Kompatibilität mit Hard- und Software anzugeben, wenn diese dem Unternehmer bekannt sind oder vernünftigerweise bekannt sein müssten.

---

[341] *Schirmbacher/Schmidt* CR 2014, 107 (114).
[342] *Schirmbacher/Schmidt* CR 2014, 107 (114), mwN.
[343] *Schirmbacher/Creutz* ITRB 2014, 44 (45.)
[344] *Schirmbacher/Creutz* ITRB 2015, 44 (45) mit einer Musterformulierung.
[345] *Schirmbacher/Creutz* ITRB 2015, 44 (45).
[346] → Rn. 189ff.
[347] *Schirmbacher/Creutz* ITRB 2015, 44 (45).

- ☐ Dabei sind diese zusätzlichen Informationen dem Verbraucher vor Abgabe von dessen Vertragserklärung zur Verfügung zu stellen, dh vor Abgabe der Bestellung mittels Klick auf den „(Jetzt) Kaufen"-Button.
- ☐ Das Guidance Document der EU-Kommission sieht hierzu vor, die relevanten Informationen zu Funktionalität, Interoperabilität und Preis vor Beginn des Downloads oder Streamings anzugeben.
- ☐ Dabei ist zwischen Informationen für die Nutzung von PCs und Smartphones/Tablet-PCs zu unterscheiden.
- ☐ Diese Informationen sind dem Verbraucher in einem gesonderten Fenster vor Abgabe seiner Bestellung anzuzeigen, in dem sodann der Verbraucher auf einem gesonderten Button seinen Kauf bestätigt („Confirm Purchase") und so die Bestellung abschickt.
- ☐ Im Anschluss hat der Unternehmer dem Verbraucher unverzüglich eine Bestellbestätigung gemäß § 312i Abs. 1 S. 1 Nr. 3 BGB zu übermitteln, in der zugleich die Information nach Art. 246a § 1 Abs. 1 EGBGB, einschließlich Widerrufsbelehrung und Verweis auf das Widerrufsformular sowie sonstige AGB anzugeben sind.

Hinsichtlich der Widerrufsbelehrung ist zu differenzieren:

- ☐ Werden die digitalen Inhalte auf einem körperlichen Datenträger geliefert, ist der Verbraucher gemäß Art. 246a § 1 Abs. 3 Nr. 2 EGBGB iVm § 312g Abs. 2 Nr. 6 BGB über das Erlöschen seines Widerrufsrechts nach Versiegelung zu informieren.
- ☐ Erfolgt die Überlassung digitaler Inhalte nicht auf einem körperlichen Datenträger, erlischt das Widerrufsrecht des Verbrauchers nur, wenn der Verbraucher vor Ausführung dieser gemäß § 356 Abs. 5 BGB ausdrücklich zugestimmt und seine Bestätigung über die Kenntnis vom Verlust seines Widerrufsrechtes mit der Ausführung gegeben hatte. Dies kann über eine nicht voreingestellte Checkbox mit entsprechendem Text geschehen.
- ☐ Diese ist gemäß § 312f Abs. 3 BGB in die Vertragsbestätigung im Anschluss aufzunehmen.
- ☐ Wertersatz ist bei nicht auf einem dauerhaften Datenträger gelieferten digitalen Inhalten nicht zu leisten, § 357 Abs. 9 BGB, bei solchen, die auf einem dauerhaften Datenträger geliefert wurden, schon.
- ☐ Der Unternehmer muss den Verbraucher über sein Widerrufsrecht informieren, Art. 246a § 1 Abs. 2 S. 1 Nr. 1 EGBGB. Eine gesonderte Belehrung über die Wertersatzpflicht ist im Gesetz nicht vorgesehen, jedoch in Gestaltungshinweis 5c) des Widerrufsmusters, Anlage 1 zu Art. 246a § 1 Abs. 2 S. 2 EGBGB.
- ☐ Diese Zustimmung und Bestätigung der Kenntnisnahme bzgl. des vorzeitigen Erlöschens des Widerrufsrechts muss vor Beginn des Download/Streamings eingeholt werden, § 356 Abs. 5 BGB.

265 Nach § 312f Abs. 3 BGB ist dies dem Verbraucher in der **Vertragsbestätigung** festzuhalten. Demgemäß kann in der Bestellbestätigung, soll eine weitere Bestätigung vermieden werden, angegeben werden, dass der Verbraucher seine Zustimmung und Bestätigung erteilt hat. Da diese zeitlich vorgelagert vor dem Download/Streaming eingeholt werden muss, ist sie in den Bestellvorgang zu integrieren, sodass also mit dem Klick auf den **Button** „(Jetzt) Kaufen" zusätzlich die Zustimmung und Information über den Verlust des Widerrufsrechtes eingeholt werden bzw. erteilt und sodann anschließend in der Vertragsbestätigung festgehalten werden muss.[348]

266 Andernfalls müsste hierfür ein gesondertes, an den Bestellprozess anzugliederndes Prozedere eingeführt werden. Die Regelung in § 312f Abs. 3 BGB ist nicht zwingend, sondern, wie sich durch den Zusatz „*ggf.*" ergibt, fakultativ.

---

[348] So ähnlich auch die EU-Kommission in ihren Guidelines, wo sie darauf abstellt, dass den Anforderungen des Art. 8 Abs. 7 VRRL (umgesetzt in § 312g Abs. 3 BGB) Genüge getan ist, wenn die Bestätigungs-E-Mail des Unternehmers vor dem Download oder Streaming durch den Unternehmer versendet wurde, Guidance Document, S. 37. Dabei bezieht sie sich auf die Bestätigung gemäß Art. 5 Abs. 1 der Richtlinie 97/7/EG, also die alte Fernabsatzrichtlinie und somit § 312i Abs. 1 S. 1 Nr. 3 BGB und das Urteil des EuGH hierzu, vom 5.7.2012 – C-49/11 – Content Services Ltd. MMR 2012, 730.

Sind Zustimmung und Bestätigung nicht in der Abschrift oder anders auf einem dauerhaften Datenträger festgehalten, wird der Unternehmer dies jedoch im Regelfall kaum beweisen können, sodass das Widerrufsrecht des Verbrauchers bestehen bleibt.[349]

X. Verträge über die Lieferung von Wasser, Gas, Strom oder Fernwärme

1. Allgemein

Sonderregelungen gibt es für diese Verträge, wenn sie nicht in einem begrenzten Volumen oder in einer bestimmten Menge zum Verkauf angeboten werden oder für Verträge über die Lieferung von Fernwärme. Diese betreffen die vorvertraglichen Informationspflichten, das Widerrufsrecht, die Widerrufsfrist, die Ausübung des Widerrufsrechtes und die Wertersatzpflicht.[350]

2. Vorvertragliche Informationspflichten

Gemäß Art. 246a § 1 Abs. 2 S. 1 Nr. 3 EGBGB gelten die Informationspflichten des Abs. 1, also die vorvertraglichen Informationspflichten, auch dann für Verträge über die Lieferung von Wasser, Gas oder Strom, wenn sie nicht in einem begrenzten Volumen oder in einer bestimmten Menge zum Verkauf angeboten werden, sowie für die Verträge über Fernwärme.

3. Widerrufsrecht und Widerrufsfrist

Grundsätzlich besteht auch bei solchen Verträgen ein Widerrufsrecht. Eine Bereichsausnahme sieht die Verbraucherrechterichtlinie und folgerichtig das deutsche Umsetzungsgesetz nicht vor. Die Widerrufsfrist beträgt gemäß § 356 Abs. 2 Nr. 2 BGB 14 Tage ab Vertragsschluss.

Der Verbraucher kann die Lieferung von Wasser, Gas oder Strom sowie Fernwärme vor Ablauf der Widerrufsfrist verlangen. In diesem Fall ist der Unternehmer verpflichtet, den Verbraucher aufzufordern, ein entsprechendes **ausdrückliches Verlangen** zu erklären, Art. 8 Abs. 8 VRRL. Diese Regelung findet sich etwas versteckt in Art. 246a § 1 Abs. 2 S. 1 Nr. 3 EGBGB, wo es heißt, dass der Unternehmer verpflichtet ist, den Verbraucher über seine Wertersatzpflicht nach § 357 Abs. 8 BGB zu informieren, wenn der Verbraucher das Wider-

---

[349] BR-Drs. 817/12, S. 90; BT-Drs. 17/12637, S. 56.
[350] Unter der alten Rechtslage war unklar und nicht höchstrichterlich entschieden, ob die Lieferung von Strom oder Gas oder Heizöl unter die Bereichsausnahme des § 312d Abs. 4 Nr. 6 BGB aF fiel oder unter die Bereichsausnahme des § 312d Abs. 4 Nr. 1 Fall 3 BGB aF. Das LG Aachen hatte mit Urteil vom 16.5.2008 – 5 S 233/07 – entschieden, dass Fernabsatzverträge zur Lieferung von Strom und Gas eine Bereichsausnahme nach § 312d Abs. 4 Nr. 1 BGB aF darstellen und zwar unter dem Gesichtspunkt, dass gelieferter Strom und Gas aufgrund ihrer Beschaffenheit nicht für eine Rücksendung geeignet sind. Verbraucher hatten nach dieser Entscheidung also kein Widerrufsrecht. Mit Urteil vom 26.4.2012 – 9 S 205/10, K&R 2012, 541, entschied das LG Wuppertal entgegen dem LG Aachen hingegen, dass das Widerrufsrecht nach § 312d Abs. 4 Nr. 6 BGB aF bei der Bestellung von Heizöl nicht ausgeschlossen sei, wenn der vereinbarte Preis keinen Schwankungen unterliege, sondern fest vereinbart wurde. Damit stellte sich das LG Wuppertal ausdrücklich gegen eine Entscheidung des LG Duisburg mit der Begründung, dass Hintergrund der Regelung des § 312d Abs. 4 Nr. 6 BGB aF der Ausschluss eines Widerrufsrechtes bei dem aleatorischen Charakter von Verträgen sei, was jedoch bei der Vereinbarung eines Festpreises nicht der Fall sei. Hier sei vielmehr für beide Parteien bei Vertragsschluss der Preis der Ware vorhersehbar gewesen. Dazu *Kropf* WM 2012, 1267. In seinem Urteil vom 25.1.2012 – VIII ZR 95/11, MMR 2012, 302 = CR 2012, 268, hatte der BGH offengelassen, ob bei einem Vertrag über die Lieferung von Erdgas ein Widerrufsrecht besteht oder dieses nach § 312d Abs. 4 Nr. 1 Fall 3 BGB aF wegen beschaffenheitsbedingtem Fehlen der Eignung der Ware zur Rücksendung ausgeschlossen sei. Der BGH hatte diese Frage bereits mit Senatsbeschluss vom 18.3.2009 – VIII ZR 149/08 – dem EuGH zur Entscheidung vorgelegt. Dieses Verfahren erledigte sich jedoch durch Streichung der Rechtssache, Erledigungsvermerk EuGH, 13.7.2009 – C-146/09. Der Rechtsstreit war durch Anerkenntnisurteil vor dem BGH vom 20.4.2010 – VIII ZR 149/08 beendet worden. Somit blieb also die Frage, ob bei Strom- oder Erdgaslieferungsverträgen das Widerrufsrecht nach § 312d Abs. 4 Nr. 1 Fall 3 BGB aF ausgeschlossen ist, höchstrichterlich ungeklärt, wird jedoch nun in § 356 Abs. 2 Nr. 2 BGB geregelt.

rufsrecht ausübt, nachdem er auf Aufforderung des Unternehmers von diesem ausdrücklich den Beginn der Leistung vor Ablauf der Widerrufsfrist verlangt hat.

272 Bei der Gestaltung der Widerrufsbelehrung ist gemäß Gestaltungshinweis 1a) der Anlage 1 zu Art. 246a § 1 Abs. 2 S. 2 EGBGB zu beachten, dass die Widerrufsfrist 14 Tage ab dem Tag des Vertragsabschlusses beginnt.

4. Wertersatzpflicht

273 Nach Art. 14 Abs. 4 VRRL hat der Verbraucher Wertersatz für die Lieferung von Wasser, Gas oder Strom sowie Fernwärme, die während der Widerrufsfrist ganz oder teilweise erbracht wurde, nicht zu leisten, wenn der Unternehmer den Verbraucher nicht über sein Widerrufsrecht informiert und dieser ausdrücklich die Ausführung während der Widerrufsfrist verlangt hat. Diese Regelung ist in § 357 Abs. 8 BGB umgesetzt. Dort heißt es, dass der Verbraucher dem Unternehmer Wertersatz für die bis zum Widerruf erbrachte Leistung schuldet, wenn der Verbraucher von dem Unternehmer ausdrücklich verlangt hat, dass dieser mit der Leistung vor Ablauf der Widerrufsfrist beginnt, vorausgesetzt, der Unternehmer hat ihn entsprechend unterrichtet.

XI. Mobile-Commerce

274 Sonderregelungen gibt es für den Mobile Commerce hinsichtlich der Darstellungsmöglichkeiten. Im Übrigen gelten für diesen dieselben Anforderungen wie für den E-Commerce.
Nach Art. 246a § 3 S. 1 Nr. 1–5 EGBGB hat der Unternehmer dann, wenn der Vertrag mittels eines Fernkommunikationsmittels geschlossen wird, auf dem für die Darstellung der Informationen nur begrenzter Raum bzw. begrenzte Zeit zur Verfügung steht, über das jeweilige Fernkommunikationsmittel vor dem Abschluss des Vertrages zumindest diejenigen **vorvertraglichen Informationen** zu erteilen, die in Art. 246a § 3 S. 1 Nr. 1–5 EGBGB aufgeführt sind.

275 Hierzu zählen:
- die wesentlichen Eigenschaften der Waren oder Dienstleistungen
- Identität des Unternehmers
- Gesamtpreis oder Art der Preisberechnung, wenn ein Gesamtpreis vernünftigerweise nicht angegeben werden kann
- ggf. das Bestehen eines Widerrufsrechts und
- ggf. die Vertragslaufzeit und die Bedingungen der Kündigung eines Dauerschuldverhältnisses.

276 Die sonstigen Informationspflichten des Art. 246a § 1 EGBGB hat der Unternehmer dem Verbraucher gemäß Art. 246a § 3 S. 2 EGBGB **in geeigneter Weise** unter Beachtung von § 4 Abs. 3 zugänglich zu machen.

277 In Erwägungsgrund 36 der VRRL wird zu Art. 8 Abs. 4 VRRL, den Art. 246a § 3 S. 1 EGBGB umsetzt, lediglich ausgeführt, dass die Informationspflichten bei Fernabsatzverträgen so angepasst werden sollen, dass den technischen Beschränkungen, denen bestimmte Medien unterworfen sind, Rechnung getragen werden kann. Als solche **technischen Beschränkungen** werden die beschränkte Anzahl der Zeichen auf bestimmten Displays von Mobiltelefonen oder der Zeitrahmen für Werbespots im Fernsehen genannt. Hierzu zählt neben TV-Spots auch das Teleshopping.[351] In diesen Fällen hat der Unternehmer dem Verbraucher die Mindestanforderungen hinsichtlich der Information zu geben und den Verbraucher an eine andere **Informationsquelle** zu verweisen. Als andere Informationsquelle nennt Erwägungsgrund 36 der VRRL die Angabe einer gebührenfreien Telefonnummer oder

---

[351] *Schirmbacher/Engelbrecht* ITRB 2014, 89 (90). Diese auch zu der Frage, ob die Ausnahmeregelung auf selbst gestaltete Werbemittel, wie Zeitungsanzeigen, Flyer, Kataloge und Plakate anzuwenden ist, bei denen es der Unternehmer in der Hand hat, ein größeres Format zu wählen mit Verweis auf *Schirmbacher/Schmidt* CR 2014, 107 (110 f.).

eines Hypertext-Links zu einer Webseite des Unternehmers, auf der die einschlägigen Informationen unmittelbar abrufbar und leicht zugänglich sind. Dabei bedarf es keiner aktiven Information durch den Unternehmer, sondern es genügt eine transparente Information darüber, wo und in welcher Weise die weiteren Informationen zugänglich sind.[352] Unzulässig wäre indes eine kostenpflichtige Hotline, bei der über den Basistarif hinausgehende Kosten anfallen.[353] Ob hingegen Post oder E-Mail ausreichen, ist unklar, jedenfalls müssen die Informationen dem Verbraucher unverzüglich zugesandt werden, Art. 246a § 3 S. 3 EGBGB.[354] Der Verweis auf die Auslage im Ladengeschäft ist demgemäß nicht ausreichend.[355]

Im Ergebnis bleibt der Anwendungsbereich des Art. 246a § 3 EGBGB jedoch unbestimmt, da weder in der VRRL noch im Umsetzungsgesetz angegeben wird, was begrenzter Raum in diesem Sinne bedeutet. Die Guidelines treffen hierzu auch keine Aussage. Die Gesetzesbegründung verweist im Ergebnis nur auf Erwägungsgrund 36.[356] Weder in Erwägungsgrund 36 noch in der Gesetzesbegründung wird angegeben, auf welche Zeichenzahl es ankommen soll. Es werden somit jedenfalls nicht alle Mobiltelefone erfasst, da insbesondere moderne Smartphones wie iPhone, Samsung Galaxy oder Google Nexus sowie Windows Phone nicht unter die Vorschrift fallen, da hier der Platz auf den Displays nicht eingeschränkt ist.[357] Der Unternehmer muss jedoch damit rechnen, dass der Verbraucher auch ein mobiles Endgerät mit beschränktem Raum verwendet, zB ein traditionelles Handy, das kein Smartphone ist, weshalb er seine Webseite entsprechend umgestalten muss.[358]

XII. Preisangabenverordnung (PAngV)

1. Geltungsbereich allgemein

In räumlicher Hinsicht gilt die PAngV für alle Angebote und jede Werbung unter Angabe von Preisen im Sinne von § 1 Abs. 1 S. 1 PAngV **im Inland**, unabhängig davon, ob es sich beim Anbieter/Werbenden um einen Inländer handelt.[359]

In persönlicher und sachlicher Hinsicht gilt die PAngV auf Anbieterseite nur für diejenigen, die gewerbs – oder geschäftsmäßig oder regelmäßig in sonstiger Weise Waren oder Leistungen anbieten oder dafür als Anbieter unter Angabe von Preisen werben. Keine Normadressaten sind Privatleute, die gelegentlich und vereinzelt etwas veräußern. Auf der Nachfragerseite beschränkt sich der Anwendungsbereich der PAngV nach § 1 Abs. 1 S. 1 iVm § 9 Abs. 1 Nr. 1 PAngV auf Angebote und Preiswerbung gegenüber **privaten Letztverbrauchern**.[360] Ein Angebot an Letztverbraucher liegt nach dem BGH auch dann vor, wenn ein Internetangebot jedermann zugänglich ist, ohne dass eine eindeutige Beschränkung auf Händler, wie durch die Formulierung „Verkauf nur an Händler" vorhanden ist und zwar auch dann, wenn sich das Internetangebot tatsächlich nur an Händler richtet.[361] Diese Anforderungen hat das OLG Hamm in seinem Urteil vom 20.9.2011 – I-4 U 73/11, MMR 2012, 596 weiter präzisiert. In dem zugrundeliegenden Fall hatte der Unternehmer auf seiner Internetseite unter der Rubrik *„Verpackung und Versand"* und *„Bearbeitungszeit für den Inlandsversand"* unter *„Widerrufs- und Rückgabebelehrung"* den Hinweis angebracht „*dieses Angebot richte sich ausschließlich an Unternehmer, Händler oder Gewerbetreibende, die bei Abschluss dieses Kaufs in Ausübung ihrer gewerblichen oder selbstständigen Tätigkeit handeln ... [Auslassung von der Autorin] ... vom Verkauf ausgeschlossen sind Verbraucher iSd*

---

[352] *Schirmbacher/Engelbrecht* ITRB 2014, 89 (91) mwN.
[353] *Schirmbacher/Engelbrecht* ITRB 2014, 89 (92).
[354] *Schirmbacher/Engelbrecht* ITRB 2014, 89 (92).
[355] *Schirmbacher/Engelbrecht* ITRB 2014, 89 (92).
[356] BT-Drs. 17/1236, S. 75; BR-Drs. 817/12, S. 124.
[357] *Föhlisch/Dyakova* MMR 2013, 3 (7).
[358] *Föhlisch/Dyakova* MMR 2013, 3 (7).
[359] Harte-Bavendamm/Henning-Bodewig/*Völker* Einf. PAngV Rn. 2.
[360] Harte-Bavendamm/Henning-Bodewig/*Völker* Einf. PAngV Rn. 3.
[361] BGH Urt. v. 29.4.2010 – I ZR 99/08, WRP 2011, 55 – Preiswerbung ohne Umsatzsteuer.

13 BGB, ...". Kontrollmaßnahmen, ob tatsächlich auch nur Unternehmer Waren erworben hatten, erfolgten nicht. Das OLG Hamm entschied hier in Fortsetzung des Urteils des BGH – Preiswerbung ohne Umsatzsteuer –, dass der Anbieter die Pflicht habe, durch geeignete **Kontrollmaßnahmen** im Einzelnen sicherzustellen, dass ausschließlich gewerbliche Abnehmer betrieblich verwendbare Waren erwerben können, damit nicht die Verbraucherschutzvorschriften umgangen werden könnten. Deshalb müsse der Anbieter Vorkehrungen dafür treffen, dass Kaufangebote auch nur Gewerbetreibende abgeben. Da tatsächlich erkennbar von Verbrauchern gekauft werde, sei offenkundig, dass hierdurch eine weitreichende Umgehung der maßgeblichen Verbraucherschutzbestimmungen stattfinde. Die vorbezeichneten Hinweise reichen nicht aus.[362]

281   Deswegen wird vorgeschlagen, neben dem Hinweis, es werde lediglich an Unternehmer verkauft, bei der Registrierung im Bestellprozess die **USt-ID** als Pflichtfeld abzufragen. Einer Validierung, ob die angegebene USt-ID richtig sei, bedürfe es nicht. Gebe der Verbraucher eine falsche USt-ID ein, umgehe er diese Kontrollmaßnahme vorsätzlich und sei deswegen nicht schutzbedürftig.[363] Dieser Auffassung dürfte gefolgt werden, da der Verbraucher im Regelfall keine USt-ID hat und auf diese Weise sichergestellt werden kann, dass tatsächlich nur Unternehmer auf einer solchen Webseite Einkäufe tätigen können.

2. Geltung der PAngV für Fernabsatzverträge

282   In § 1 Abs. 2 PAngV findet sich eine Sonderregelung für Fernabsatzverträge. Danach ist zum einen anzugeben, dass die Preise die Umsatzsteuer und sonstige **Preisbestandteile** enthalten und zudem, ob zusätzliche Liefer- und Versandkosten anfallen sowie deren Höhe.

283   Die Preisangaben können, soweit sie nicht schon in Erfüllung der Button-Lösung angegeben werden, jedenfalls durch die Informationspflichten der Art. 246a § 1 Abs. 1 Nr. 4 EGBGB erfüllt werden. Sodann wird in Umsetzung der VRRL § 1 PAngV in Abs. 2 dahingehend geändert, dass zusätzlich auch die Fracht-, Liefer- oder Versandkosten oder sonstige Kosten, die anfallen können, anzugeben sind soweit dies vernünftigerweise möglich ist, oder ansonsten deren Höhe. Dies dürfte durch die Informationspflicht des Art. 246a § 1 Abs. 1 Nr. 4 EGBGB bereits erfüllt werden. Ebenso wird der Begriff Endpreis in **Gesamtpreis** geändert, Art. 7 Nr. 1 § 1c) des Umsetzungsgesetzes.

3. Rechtsprechung zur Preisgestaltung im Internet

284   Gegenstand der Rechtsprechung waren insbesondere § 1 Abs. 1 und § 1 Abs. 6 PAngV sowie § 2 Abs. 1 S. 1 PAngV. Gemäß § 1 Abs. 1 PAngV hat derjenige, der Letztverbrauchern gewerbs- oder geschäftsmäßig oder regelmäßig in sonstiger Weise Waren oder Leistungen anbietet oder als Anbieter von Waren oder Leistungen gegenüber Letztverbrauchern unter Angabe von Preisen wirbt, die Preise anzugeben, die einschl. der Umsatzsteuer und sonstiger Preisbestandteile zu zahlen sind.

285   § 1 Abs. 6 PAngV sieht vor, dass die Angaben der allgemeinen Verkehrsauffassung und den Grundsätzen von **Preisklarheit** und **Preiswahrheit** entsprechen müssen. Wer zu Angaben nach der PAngV verpflichtet ist, hat diese dem Angebot oder der Werbung eindeutig zuzuordnen sowie leicht erkennbar und deutlich lesbar oder sonst gut wahrnehmbar zu machen. Bei der Aufgliederung von Preisen sind die Endpreise hervorzuheben.

286   Die erste maßgebliche Entscheidung des BGH in diesem Zusammenhang war sein Urteil vom 3.4.2003 – „**Internet-Reservierungssystem**". In dieser hatte er sich mit der Frage zu befassen, ob ein Verstoß gegen § 1 Abs. 6 S. 1 PAngV vorliege, wenn der Anbieter eines Internet-Reservierungssystems für Linienflüge bei der erstmaligen Bezeichnung von Preisen nicht bereits den Endpreis einschl. Steuern und Gebühren angibt, sondern der Endpreis erst bei fortlaufender Eingabe in das Reservierungssystems ermittelt werde. Der BGH war der Auffassung, dass kein Verstoß vorliege, weil der Nutzer auf der Startseite klar und unmissver-

---
[362] OLG Hamm Urt. v. 20.9.2011 – I-4 U 73/11, MMR 2012, 596.
[363] *Buchmann* K&R 2012, 549 (551).

ständlich darauf hingewiesen werde, dass der Endpreis erst nach Durchlaufen des **Reservierungssystems** genannt werden könne, da die anfallenden Steuern und Gebühren vom jeweiligen Flugziel und der Flugroute abhingen.[364] Nach den Grundsätzen dieser Entscheidung hätte also ein eindeutiger und unmissverständlicher Hinweis auf der Startseite genügt, dass der Endpreis erst nach weiteren Links ermittelt werden kann. Dieser Linie ist der BGH jedoch nicht gefolgt.

In der Werbung mit Flugpreisen im Internet müssen nach dem Urteil des KG vom 4.1. 287 2012 – 24 U 90/10 –, alle Preisbestandteile, insbesondere obligatorische Zuschläge, wie Steuern, Gebühren, Kerosinzuschläge und Service-Charge enthalten sein.[365] Der BGH hat diesen Rechtsstreit ausgesetzt und dem EuGH[366] zwei Fragen im Zusammenhang mit der Gestaltung der Endpreise im Rahmen eines elektronischen Buchungssystems zur Vorabentscheidung vorgelegt. Diese beziehen sich auf die Auslegung des Begriffs „Endpreis" im Sinne des Art. 23 Abs. 1 S. 2 der Verordnung (EG) Nr. 1008/2008 über gemeinsame Vorschriften für die Durchführung von Luftverkehrsdiensten in der Gemeinschaft.[367] Dabei sollte geklärt werden, ob der zu zahlende Endpreis bei der erstmaligen Angabe von Preisen für Flugdienste auszuweisen ist (Vorlagefrage 1) und sodann, ob dieser allein für den vom Kunden konkret ausgewählten Flugdienst oder für jeden angezeigten Flugdienst auszuweisen ist (Vorlagefrage 2).[368]

Mit Urteil vom 15.1.2015 hat der EuGH nunmehr zu der ersten Vorlagefrage entschie- 288 den, dass Art. 23 Abs. 1 S. 2 der Verordnung Nr. 1008/2008 dahin auszulegen ist, dass der zu zahlende Endpreis im Rahmen eines elektronischen Buchungssystems wie im zugrundeliegenden Fall bei jeder Angabe von Preisen für Flugdienste, einschließlich bei ihrer erstmaligen Angabe, auszuweisen ist.[369]

Die zweite Vorlagefrage beantwortet der EuGH dahin, dass Art. 23 Abs. 1 S. 1 der Ver- 289 ordnung Nr. 1008/2008 dahin auszulegen ist, dass der zu zahlende Endpreis im Rahmen eines elektronischen Buchungssystems wie im zugrundeliegenden Fall nicht nur für den vom Kunden ausgewählten Flugdienst, sondern auch für jeden Flugdienst auszuweisen ist, dessen Preis angezeigt wird.[370]

Das OLG Hamm entschied mit Urteil vom 12.5.2011 – I-4 U 12/11 –, dass die Angabe 290 der reinen Selbstbeteiligungskosten in einem Internetangebot für Hörgeräte nur einen Teil der zu zahlenden Vergütung nenne und damit nicht den Endpreis, da der Selbstzahlerpreis fehlte.[371]

In seinem Urteil „**Versandkosten**" vom 4.10.2007 entschied der BGH, dass es zwar genü- 291 ge, wenn die Informationen zu den anfallenden Liefer- und Versandkosten alsbald sowie leicht erkennbar und wahrnehmbar auf einer gesonderten Seite gegeben werden, die der User mit dem Angebot noch **vor der Einleitung des Bestellvorganges** aufrufen müsse. Aufgrund dessen sei eine Angabe in unmittelbarem Zusammenhang mit dem Warenpreis auch vor dem Hintergrund, dass es sich um einen Bestandteil des Endpreises handele, nicht erforderlich. Zur Begründung führte der BGH an, dass es hinsichtlich der Angabe der Versandkosten zwar nicht zwingend erforderlich sei, wenn diese einen unmittelbaren räumlichen Bezug zu den Abbildungen der Ware bzw. deren Beschreibung habe. Allerdings fordert der

---

[364] BGH Urt. v. 3.4.2003 – I ZR 222/00, MMR 2003, 843 = NJW 2003, 3055 „Internet-Reservierungssystem".
[365] KG Urt. v. 4.1.2012 – 24 U 90/10, ITRB 2012, 101; zu Servicegebühren bei Flugbuchungen im Internet: *Müggenborg/Frenz* NJW 2012, 1537.
[366] Rechtssache zu RS. C-573/13.
[367] BGH v. 18.9.2013 – I ZR 29/12, CR 2014, 47 = GRUR 2013, 1247 = GRUR Int. 2014, 64; dazu *Kunczik* ITRB 2014, 3.
[368] BGH v. 18.9.2013 – I ZR 29/12, CR 2014, 47 = GRUR 2013, 1247 = GRUR Int. 2014, 64. Das LG Hamburg entschied mit Urteil vom 13.1.2014 – 408 HKO 102/13 – dass Gebühren für das Zahlungsverfahren oder ein Serviceentgelt zur Vermittlung einer Flugbuchung vor dem Eintritt in die verbindliche Bestellung in dem angezeigten Endpreis im Sinne des Art. 23 der VO (EG) 1088/2008 inkludiert sein müssen. Das Berufungsverfahren ist vor dem OLG Hamburg zu Az. 5 U 16/14 anhängig.
[369] EuGH Urt. v. 15.1.2015 – C-573/13, Tz. 35.
[370] EuGH Urt. v. 15.1.2015 – C-573/13, Tz. 45.
[371] OLG Hamm Urt. v. 12.5.2011 – I-4 U 12/11, 4 U 12/11, MMR 2011, 593.

BGH, dass die Angaben zu zusätzlichen Liefer- und Versandkosten zwingend vor Einleitung des Bestellvorganges aufgerufen werden müssen. Dieser beginnt für den BGH mit dem **Einlegen der Ware in** den **virtuellen Warenkorb**.[372]

292   Mit Urteil vom 1.2.2011 – 1-4 U 196/10 –, hat das OLG Hamm entschieden, dass in den Fällen, in denen Onlineversandhändler Waren ohne jede Beschränkung auch zum Versand auf die deutschen Inseln ins Ausland anbietet, die Versandkosten für jede Insel und jedes Land für die einzelnen Produkte oder die Berechnungskriterien angeben muss. Er kann sich nicht darauf berufen, der Hersteller mache diese Angaben ebenfalls nicht. Vielmehr müsse er nötigenfalls diese Angaben selbst übermitteln.[373]

293   Hinsichtlich der Angaben zur **Mehrwertsteuer** verweist der BGH in seinem Urteil vom 4.10.2007 auf die Ausführungen zu den Versand- und Lieferkosten, wobei er betont, dass auch diese jedenfalls vor Einleitung des Bestellvorganges angegeben sein müssten.[374]

294   Die Anforderungen hinsichtlich der Versandkosten konkretisierte der BGH wie folgt:
In der Entscheidung „**Kamerakauf im Internet**" vom 16.7.2009 hat er festgehalten, dass es im Rahmen von Werbung ausreichend ist, wenn bei einem Produkt der Hinweis „zuzüglich Versandkosten" angegeben wird, sofern folgende zwei Voraussetzungen erfüllt werden:
- Bei Anklicken dieses Hinweises muss sich ein Fenster mit einer übersichtlichen und verständlichen Erläuterung der Allgemeinen Versandberechnungskosten öffnen
- und die tatsächliche Höhe der Versandkosten muss jeweils bei Aufruf des virtuellen Warenkorbes in der Preisaufstellung gesondert ausgewiesen werden.[375]

295   In der Entscheidung „**Versandkosten bei Froogle**" ebenfalls vom 16.7.2009, legte der BGH weiter fest, dass die Versandkosten bei einer Preisvergleichsliste einer Preissuchmaschine nicht erst auf der Internetseite des Anbieters angezeigt werden dürfen, sondern in der Preisvergleichsliste enthalten sein müssen. Der Endpreis, einschließlich der Versandkosten, beeinflusse die Auswahl des Käufers. Dieser rechne zudem nicht damit, dass in der Preisvergleichsliste ein unvollständiger Preis angegeben werde.[376] Ähnlich entschied das LG Hamburg mit Urteil vom 13.6.2014 – 315 O 150/14, wonach die nur über einen Mouseover-Effekt bei Google-Shopping-Ergebnissen angezeigten Versandkosten einen Verstoß gegen § 1 Abs. 6 PAngV darstellen, da nicht sichergestellt sei, dass der Nutzer die Möglichkeit wahrnehme, den Cursor über die Abbildung zu führen.[377]

296   Die Angaben in den **Preissuchmaschinen** hat der BGH zudem in seiner Entscheidung Espressomaschine vom 11.3.2010 dahingehend konkretisiert, dass Preiserhöhungen ebenfalls unverzüglich in Preissuchmaschinen angegeben werden müssen. Zur Begründung führt er an, dass die Verbraucher davon ausgehen, dass die in einer Preissuchmaschine angebotenen Waren zu dem dort angegebenen Preis erworben werden können und nicht damit rechnen, dass diese aufgrund von Preiserhöhungen, die in der Suchmaschine noch nicht berücksichtigt sind, überholt sind. Der BGH bejaht in dem Fall auch die Relevanz der Irreführung und hält es für zumutbar, dass Händler die Preise für ihre Produkte, für die sie in einer Preissuchmaschine werben, erst dann umstellen, wenn die Änderung in der Suchmaschine angezeigt wird.[378]

297   In seiner Entscheidung **Versandkosten bei Froogle II** konkretisierte der BGH sodann die täterschaftliche Verantwortlichkeit des Online-Händlers. Dieser haftet als wettbewerbsrechtlicher Täter, wenn Werbung gegen die Preisangabenverordnung oder das Irreführungsverbot verstößt und er die Preisangabe dem Betreiber der Preissuchmaschine mitteilt und dieser die Preisangabe unverändert ohne Angabe der Liefer- und Versandkosten übernimmt, selbst wenn der Händler diese in seinem eigenen Online-Shop angibt.

---

[372] BGH Urt. v. 4.10.2007 – I ZR 143/04, MMR 2008, 39 (42) = GRUR 2008, 84 (86).
[373] OLG Hamm Urt. v. 1.2.2011 – I-4 U 196/10, 4 U 196/10, MMR 2011, 523.
[374] BGH Urt. v. 4.10.2007 – I ZR 143/04, MMR 2008, 39 (42) = GRUR 2008, 84 (86 f.).
[375] BGH Urt. v. 16.7.2009 – I ZR 50/07, K&R 2010, 189.
[376] BGH Urt. v. 16.7.2009 – I ZR 140/07, K&R 2010, 187.
[377] LG Hamburg Urt. v. 13.6.2014 – 315 O 150/14, MMR 2014, 612.
[378] BGH Urt. v. 11.3.2010 – I ZR 123/08, GRUR 2010, 936 – Espressomaschine.

In seiner Entscheidung **Dr. Clauder's Hufpflege** vom 26.2.2009, hat der BGH in Abgrenzung zu den vorgenannten Entscheidungen „Internet-Reservierungssystem" und „Versandkosten" zu § 2 Abs. 2 PAngV entschieden, dass im Rahmen der Werbung, der **Grundpreis** nur dann im Sinne des § 2 Abs. 1 S. 1 PAngV in unmittelbarer Nähe des Endpreises angegeben wird, wenn beide auf einen Blick wahrgenommen werden können. Er geht hierbei in Abgrenzung zu der Entscheidung „Internet-Reservierungssystem" davon aus, dass der Grundpreis nicht als endgültiger Preis angesehen werden kann, da er anders als im Falle eines Internet-Reservierungssystems nicht variabel sei. Dementsprechend sei auch kein Grund erkennbar, den Grundpreis nicht in unmittelbarer Nähe der beworbenen Ware anzugeben.

Im Unterschied zur Entscheidung „Versandkosten" ist er diesbezüglich der Auffassung, dass der Verbraucher hinsichtlich des Grundpreises weit weniger im Bewusstsein verankert habe, dass dieser neben dem Endpreis anzugeben sei. Deswegen sei hier eine strengere Beurteilung geboten. Hinzu komme, dass nach § 1 Abs. 6 S. 2 PAngV die Versandkosten dem Angebot oder der Werbung lediglich zugeordnet werden müssen, wohingegen der Grundpreis nach § 2 Abs. 1 S. 1 PAngV in unmittelbarer Nähe des Endpreises angegeben werden müsse.[379]

Mit Urteil vom 24.11.2011 – 327 O 196/11 – hat das Landgericht Hamburg entschieden, dass der Grundpreis der Ware bereits in der **ebay-Angebotsübersicht** angegeben werden muss und es nicht ausreicht, wenn dies erst auf der Folgeseite geschieht oder wenn die Angabe zwar auf derselben Seite, aber drucktechnisch untergeordnet und fernab vom Endpreis erfolgt.[380]

Mit Urteil vom 28.6.2012 – I ZR 110/11 – **Traumkombi** – entschied der BGH, dass ein Pizzalieferdienst, der neben der Lieferung von Speisen, die noch zubereitet werden müssen, auch die Lieferung anderer, in Fertigpackungen verpackte Waren, zu einem bestimmten Preis anbietet, in seiner Werbung neben dem Endpreis auch den Grundpreis der Waren angeben muss. Die Ausnahme nach § 9 Abs. 4 Nr. 4 PAngV greife nicht. Das bloße Angebot, die Waren nach Hause zu liefern, führe nicht dazu, dass das Angebot iSv § 9 Abs. 4 Nr. 4 PAngV „im Rahmen einer Dienstleistung" erfolge.[381]

In seiner Entscheidung **2 Flaschen GRATIS** vom 31.10.2013 stellt der BGH fest, dass es keinen Verstoß gegen die Verpflichtung zur Grundpreisangabe nach § 2 Abs. 1 S. 1 PAngV darstellt, wenn ein Lebensmittel-Einzelhandelsunternehmen den Grundpreis auf die Gesamtmenge der abgegebenen Waren (vorliegend Flaschen) berechnet und somit in den Grundpreis die beiden gratis angebotenen Flaschen mit einbezieht.[382]

> **Praxistipp:**
> Nach den Entscheidungen des BGH vom 4.10.2007 müssen die Angaben zur Umsatzsteuer und zusätzlichen Liefer- und Versandkosten **vor Einlegung der Ware in den virtuellen Warenkorb** gemacht werden. Demgemäß müssen sie noch auf der Warenangebotsseite selbst oder zumindest durch einen Link auf die Versand- und Lieferkosten bereit gestellt werden. Es muss **ausgeschlossen** sein, dass der **Verbraucher** seine **Bestellung ohne Kenntnis dieser Kosten** durch Einlegen der Ware in den virtuellen Warenkorb **vornehmen** kann. Diese Angaben sollten deshalb auf der Warenangebotsseite zur Verfügung gestellt werden, entweder direkt oder durch entsprechende Verlinkung oder der Verbraucher ist vor Einlegen der Ware in den virtuellen Warenkorb durch Öffnen eines gesonderten Fensters auf diese Kosten hinzuweisen.
> Sind gemäß § 2 Abs. 2 PAngV Grundpreise anzugeben, müssen diese nach der Entscheidung des BGH „Dr. Clauder's Hufpflege" unmittelbar neben dem Gesamtpreis angegeben werden.

---

[379] BGH Urt. v. 26.2.2009 – I ZR 163/06, CR 2009, 746, 748.
[380] LG Hamburg Urt. v. 24.11.2011 – 327 O 196/11, GRUR-Prax 2012, S. 18.
[381] BGH Urt. v. 28.6.2012 – I ZR 110/11, IPRB 2013, 31 = WRP 2013, 182 = GRUR 2013, 186; dazu *Hilger* GRUR-Prax 2013, 20 ff.
[382] BGH Urt. v. 31.10.2013 – I ZR 139/12, GRUR 2014, 576; GRUR-Prax 2014, 209 mit Anmerkung *Ebert-Weidenfeller*.

303

Checkliste: Preisangaben

- ☐ Angaben zu den Versandkosten und der Umsatzsteuer müssen auf der Angebotsseite vor Einlegen der Ware in den virtuellen Warenkorb angegeben werden (BGH-Versandkosten, BGH-Umsatzsteuerhinweis).
- ☐ In der Werbung genügt der Hinweis „zuzüglich Versandkosten" nur dann, wenn durch Anklicken dieses Hinweises ein Fenster mit einer übersichtlichen und verständlichen Erläuterung der Allgemeinen Versandberechnungskosten angezeigt wird und die tatsächliche Höhe der Versandkosten jeweils bei Aufruf des virtuellen Warenkorbs in der Preisaufstellung gesondert ausgewiesen wird (BGH, Kamerakauf im Internet).
- ☐ Die Angaben zu den Versandkosten müssen auch bei Einträgen in Preissuchmaschinen berücksichtigt werden (BGH, Versandkosten bei Froogle).
- ☐ Preiserhöhungen sind entweder unmittelbar im Anschluss in den Preissuchmaschinen anzugeben, ansonsten hat der Anbieter mit der Preisumstellung abzuwarten, bis diese in den Preissuchmaschinen berücksichtigt sind (BGH, Espressomaschine).
- ☐ Werden im Internet unverpackte Waren bzw. lose Ware im Sinne von § 2 Abs. 2 PAngV angeboten, ist der Grundpreis unmittelbar neben oder unter dem Endpreis so anzugeben, dass diese auf einen Blick mit dem Endpreis wahrgenommen werden kann (BGH, Dr. Clauder's Hufpflege).
- ☐ Die Ausnahme des § 9 Abs. 4 Nr. 2 PAngV greift nicht, wenn ein Unternehmer anbietet, noch zuzubereitende Speisen zum Verbraucher nach Hause zu liefern. Es bleibt bei der Verpflichtung zur Angabe des Grundpreises (BGH, Traumkombi).
- ☐ Bei der Gratis-Abgabe sind die gratis abgegebenen Waren in den Grundpreis einzubeziehen (BGH, 2 Flaschen GRATIS).
- ☐ Gesamtpreise (Endpreise) sind nur dann zulässig, wenn die Preisermittlung variabel ist und zu Beginn des Bestellvorganges hierauf eindeutig hingewiesen wird (BGH, Internetreservierungssystem und Dr. Clauder's Hufpflege).
- ☐ Der Online-Händler haftet als wettbewerbsrechtlicher Täter, wenn Werbung gegen die PAngV verstößt und er dem Betreiber der Preissuchmaschine die Preisangabe mitteilt, die unverändert ohne Angabe der Liefer- und Versandkosten eingestellt wird (BGH, Versandkosten bei Froogle II).

§ 27 E-Payment und E-Invoicing

Übersicht

	Rn.
I. Einleitung	1–7
II. E-Payment	8–131
1. Überweisung/Online-Banking	8–36
a) Vertragsbeziehungen	11
b) Widerrufsmöglichkeit	12
c) Missbrauchsszenarien	13–26
d) Zivilrechtliche Ansprüche im Missbrauchsfall	27–36
2. Kreditkartenzahlungen	37–49
a) Vertragsbeziehungen	41
b) Widerrufsmöglichkeit	42/43
c) Missbrauchsszenarien	44–48
d) PCI DSS	49/50
3. Elektronisches Lastschriftverfahren	51–60
a) Vertragsbeziehungen	53
b) Widerrufsmöglichkeit	54/55
c) Formvorschriften	56
d) Übergangsregelungen für bestehende Einzugsermächtigungen	57–60
4. E-Geld-Konten basierte Zahlungssysteme	61–74
a) Übersicht	61–63
b) PayPal als Beispiel	64–69
c) Vertragsbeziehungen	70
d) Rechtliche Einordnung	71–74
5. Prepaid-Zahlungssysteme	75–82
a) Übersicht	75–77
b) Rechtliche Einordnung	78–82
6. Direktüberweisungssysteme	83–87
a) Übersicht	84/85
b) Vertragsbeziehungen	86
c) Rechtliche Einordnung	87
7. Bitcoins	88–103
a) Generieren von Bitcoins	91/92
b) Übersenden von Bitcoins	93–95
c) Bitcoin-Börsen	96–98
d) Aufsichtsrechtliche Besonderheiten	99–103
8. Zivilrechtliche Informations- und Unterrichtspflichten	104–131
a) Informationspflichten bei Fernabsatzverträgen über Finanzdienstleistungen – § 312d Abs. 2 BGB iVm Art. 246b EGBGB	104–127
b) Unterrichtungspflichten bei der Erbringung von Zahlungsdiensten – § 675d BGB iVm Art. 248 EGBGB	128–131
III. E-Invoicing	132–148
1. Einführung	132–135
2. E-Invoicing in der Praxis	136/137
3. Gesetzliche Anforderungen an das E-Invoicing	138–148
a) Echtheit, Unversehrtheit und Lesbarkeit der Rechnung	139–145
b) Zustimmung des Rechnungsempfängers	146
c) Aufbewahrungspflichten	147
d) Einbindung Dritter	148

Schrifttum E-Payment und E-Invoicing: *Bender,* Aktuelle Entwicklung der Haftung bei Phishing, WM 2008, 2049; *Borges,* Haftung für Identitätsmissbrauch im Online-Banking, NJW 2012, 2385; *Bunjes* (Hrsg.), Umsatzsteuergesetz: UStG, 13. Aufl. 2014; *Burghardt,* Konkludente Genehmigung von Lastschriften – neue Rechtsstreite auf dem Rechtsboden der Genehmigungstheorie, WM Heft 2/2013, 62; *Casper/Pfeifle,* Missbrauch der Kreditkarte im Präsenz- und Mail-Order-Verfahren nach neuem Recht, WM 2009, 2343; *Casper/Terlau* (Hrsg.), Zahlungsdiensteaufsichtsgesetz: ZAG, 2014; *Ciciriello/Hayworth,* Elektronische Rechnungsstellung – Leitfaden für kleinere und mittlere Unternehmen in der EU, European Business Lab, 2. Aufl. 2011; *Crantz,* Elektronischer Rechnungsversand: Was ist bei Signaturen und EDI-Verfahren in der Praxis zu beachten?, BC 2010, 168; *Eckert,* Steuerliche Betrachtung elektronischer Zahlungsmittel am Beispiel sog Bitcoin-Geschäfte, DB 2013, 2108; *Fett/Bentele,* Der E-Geld-Intermediär im Visier der Aufsicht – Das Gesetz zur Umsetzung der Zweiten E-Geld-Richtlinie und seine Auswirkungen auf E-Geld-Agenten, BKR 2011, 403; *Franck/Massari,* Die Zahlungsdiensterichtlinie: Günstigere und schnellere Zahlungen durch besseres Vertragsrecht?, WM 2009, 1117; *Groß/Lamm,* Der richtige Umgang mit elektronischen Rechnungen, BC 2009, 514; *Grundmann,* Das neue Recht des Zahlungsverkehrs – Teil I, WM 2009, 1109; *ders.,* Das neue Recht des Zahlungsverkehrs – Teil II, WM 2009, 1157; *Hoenike/Szodruch,* Rechtsrahmen innovativer Zahlungssysteme für Multimediadienste, MMR 2006, 519; *Hoeren,* Rezension – Stefan Werner, Geldverkehr im Internet, WM 2003, 752; *Köndgen,* Die Entwicklung des privaten Bankrechts in den Jahren 1999–2003, NJW 2004, 1288; *Knops/Wahlers,* Evolution des Zahlungsverkehrs durch Mobilepayment – am Beispiel von M-Pesa, BKR 2013, 240; *Koch/Reinicke,* Zahlungsdiensteaufsichtsgesetz – ZAG, 3. Aufl. 2013; *Laitenberger,* Das Einzugsermächtigungslastschriftverfahren nach Umsetzung der Richtlinie über Zahlungsdienste im Binnenmarkt, NJW 2010, 192; *Langer,* Mit BMF-Schreiben vom 2.7.2011 ist der Weg für die elektronische Rechnungsstellung frei, SteuK 2012, 325; *Lapp,* Projektvertrag als Werkvertrag gestalten, ITRB 2006, 166; *Löhnig/Würdinger,* Zum Phishingrisiko – Bereicherungsausgleich und Stornierungsrecht nach Nr. 8 Abs. 1 AGB-Banken, WM 2007, 961; *Mai/Meyer,* E-Invoicing – Krönung einer effizienten Rechnungsbearbeitung, Deutsche Bank Research, Paper vom 19.2.2010; *Meder/Grabe,* PayPal – Die Internet-Währung der Zukunft? BKR 2005, 467; *Müller-ter Jung/Kremer,* Die Visualisierung von Kundeninformationen im M-Payment – Der Rahmenvertrag als Ausweg, BB 2010, 1874; *Nakamoto,* Bitcoin: A Peer-to-Peer Electronic Cash System, www.bitcoin.org, 2013; *Neumann/Bauer,* Rechtliche Grundlagen für elektronische Bezahlsysteme – Mobile Payment Neue Rahmenbedingungen bei E-Geld-Geschäften, MMR 2011, 563; *Omlor,* Die neue Einzugsermächtigungslastschrift – Von der Genehmigungs- zur Einwilligungstheorie, NJW 2012, 2150; *Rammos,* Kontaktlose Zahlungen mittels mobiler Endgeräte The future is near … field communication? – Datenschutzrechtliche Rahmenbedingungen, ZD 2013, 599; *Rott,* Die Umsetzung der Richtlinie über den Fernabsatz von Finanzdienstleistungen im deutschen Recht, BB 2005, 53; *Schimansky/Bunte/Lwowski* (Hrsg.), Bankrechts-Handbuch, 4. Aufl. 2011; *Schmittmann,* Aktuelle Hinweise zur elektronischen Rechnungsstellung Umsetzung des Schreibens des BMF, MMR 2012, 656; *Schulte am Hülse/Klabunde,* Abgreifen von Bankzugangsdaten im Onlinebanking, MMR 2010, 84; *Sölch/Ringleb* (Hrsg.), Umsatzsteuergesetz: UStG, 72. Aufl. 2014; *Werner,* Rechtsprobleme bei Zahlungen über das Netz, K&R 2001, 433; *Werner,* Zivilrechtliche Neuerungen im Recht der Lastschrift – insbesondere im Einziehungsermächtigungsverfahren, BKR 2012, 221; *Zahrte,* Aktuelle Entwicklungen beim Pharming – Neue Angriffsmethoden auf das Online-Banking, MMR 2013, 207.

I. Einleitung

1 Seit der Kommerzialisierung des Internets haben sich die Zahlungswege bei Online-Geschäften geändert. Neben den netzunabhängigen, „klassischen" Zahlungswegen wie Überweisung und Kreditkarte haben sich alternative Zahlungsmodelle inzwischen fest etabliert, auch wenn sie sich anders entwickelten, als noch in der Gründerzeit des E-Commerce prognostiziert. Elektronischen Zahlungsmitteln, früher auch Cybercash oder Cybercoins genannt, kam lange kaum eine praktische Bedeutung zu – was nicht zuletzt auch einer aufwändigen technischen Umsetzung geschuldet war. Neuere Entwicklungen sprechen jedoch dafür, dass elektronische Zahlungsmittel in der Zukunft eine echte Alternative zu den herkömmlichen Zahlungsarten, bzw. Währungen, darstellen werden. So werden Bitcoins immer beliebter und vermehrt als Zahlungsmittel akzeptiert.

2 Andere Zahlungsmodelle hingegen von Anbietern wie Paypal, Skrill, Giropay, Sofortüberweisung oder Paysafecard, die vor zehn Jahren noch gar nicht existierten oder kaum eine Rolle spielten, konnten ihre Stellung in den letzten Jahren kontinuierlich ausbauen.

3 Schließlich brachte die hohe Durchdringung des Marktes mit Smartphones und Tabletts einen Entwicklungsschub für mobile Bezahlverfahren. So bieten Anbieter wie Boku oder Zong ihren Kunden die Möglichkeit, digitale Onlineeinkäufe über die Mobilfunkrechnung zu bezahlen. Andere Anbieter, wie bspw. SumUp oder Payleven, haben Lösungen entwickelt, mit denen Kartenzahlungen über das mobile Endgerät akzeptiert werden können.

4 Daneben konnten sich in den letzten Jahren auch erste Modelle etablieren, die kontaktlose Zahlungsvorgänge am Verkaufsstand auf Basis der Near Field Communication (NFC) Technologie ermöglichen. Hierbei handelt es sich um eine drahtlose Übertragungstechnik, die für den kontaktlosen Datenaustausch zwischen Geräten konzipiert ist. Mithilfe eines Magnetfelds können so Zahlungsinformationen auf eine maximale Distanz von derzeit ca. 10 cm Daten zwischen zwei NFC-fähigen Endgeräten übertragen werden. Aufgrund der ge-

ringen Verbreitung NFC-fähiger Kassenterminals kommt diesem Verfahren in der Praxis bisher jedoch noch keine große praktische Bedeutung zu.

Zu den datenschutzrechtlichen Fragestellungen und Anforderungen beim Einsatz von Subunternehmern durch die am Zahlungsverkehr Beteiligten siehe den Abschnitt „Recht des Datenschutzes" (→ § 34).

Nachfolgend sollen im Unterkapitel I (**E-Payment**) die gängigsten Zahlungswege sowie ausgewählte, mit ihnen verknüpfte rechtliche Fragestellungen dargestellt werden.[1] Als derzeit **gängige Zahlungswege** sind zu nennen:

- Überweisung/Online-Banking;
- Kreditkartenzahlung;
- Elektronisches Lastschriftverfahren;
- E-Geld-Konten basierte Zahlungssysteme;
- Prepaid-Zahlungssysteme;
- Direktüberweisungssysteme;
- Bitcoins.

Hieran anknüpfend soll in Unterkapitel II (**E-Invoicing**) die Abrechnungsseite näher beleuchtet und analysiert werden, unter welchen Voraussetzungen Rechnungen in elektronischer Form gestellt werden können.

II. E-Payment

1. Überweisung/Online-Banking

Die Verlagerung der Zahlungsmittel und -wege in das Internet zog auch die Kriminalität nach sich. Der Missbrauch von Zugangs- und Authentifizierungsdaten zu Betrugszwecken bei elektronisch abgewickelten Bankgeschäften gehört längst zum Alltag und führt zu jährlichen Schäden in Milliardenhöhe.[2] Nachfolgend werden zunächst die derzeit **häufigsten Missbrauchsszenarien** betrachtet. Im Anschluss daran sollen zivilrechtliche Ansprüche zwischen dem Kunden und seiner Bank dargestellt werden.[3] Zur Bedeutung des Phishing aus strafrechtlicher Sicht und unter dem Aspekt der Datensicherheit siehe → § 34.

Festzuhalten ist zunächst, dass die **Überweisung** bei den Zahlungsmitteln im Internet nach wie vor eine bedeutende Rolle spielt. Gerade im Inlandsverkehr ist sie die kostengünstigste Alternative, um Zahlungen abzuwickeln. § 675s Abs. 1 S. 1 BGB legt eine Höchstfrist bei Inlandsüberweisungen von einem Tag fest.[4] Das ist zwar kürzer als im Vergleich zur früheren Rechtslage, genügt jedoch verständlicherweise nicht für On-Demand-Vorgänge, bei denen Zahlungen sofort abgewickelt werden müssen.

Mit Schaffung des einheitlichen Euro-Zahlungsverkehrsraums (engl. *Single Euro Payments Area* – SEPA) wurde die so genannte **SEPA-Überweisung** eingeführt. Sie hat zum 1. Februar 2014 in den Euro-Ländern bis dahin bestehende nationale Überweisungsverfahren abgelöst.[5] Ziel der SEPA-Verfahren ist eine Vereinheitlichung der bislang unterschiedlichen nationalen Zahlungssysteme. In praktischer Hinsicht hat sich vor allem die Kontonummer geändert, die durch die europaweit eindeutige IBAN (International Bank Account Number) ersetzt wurde.

---

[1] Auf die Vorschriften des Kreditwesengesetzes (KWG) betreffend die bankenrechtliche Erlaubnispflichtigkeit sowie auf das Gesetz über die Beaufsichtigung von Zahlungsdiensten (ZAG) wird dabei nur insoweit eingegangen, als sich aus dem jeweiligen Zahlungsmodell aufsichtsrechtliche Besonderheiten ergeben.
[2] *Schulte am Hülse/Klabunde* MMR 2010, 84; *Löhnig/Würdinger* WM 2007, 961.
[3] Siehe dazu auch *Borges* NJW 2012, 2385; *Grundmann* WM 2009, 1109; *ders.* WM 2009, 1157; *Schulte am Hülse/Klabunde* MMR 2010, 84; *Löhnig/Würdinger* WM 2007, 961; *Bender* WM 2008, 2049.
[4] Näher dazu *Grundmann* WM 2009, 1109 (1115).
[5] Gem. Art. 1 der SEPA-Änderungsverordnung (EU) Nr. 248/2014 konnten Zahlungsdienstleister Zahlungsvorgänge in Euro, deren Format nicht den SEPA Vorgaben für Überweisungen entsprach, allerdings noch bis zum 1. August 2014 weiter abwickeln.

11 a) **Vertragsbeziehungen**

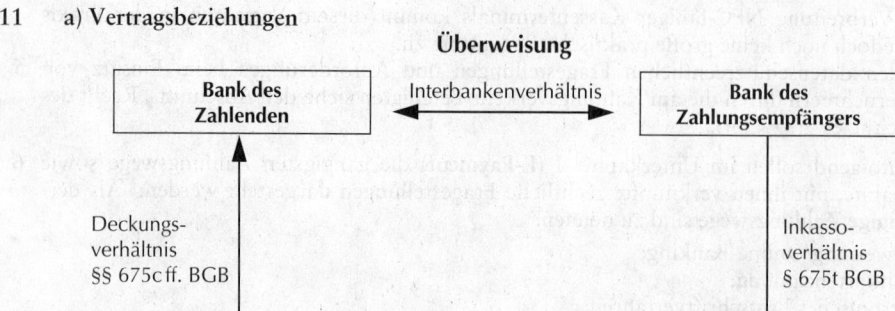

12 b) **Widerrufsmöglichkeit.** Der Widerruf einer Überweisung ist – vorbehaltlich einer gesonderten vertraglichen Vereinbarung mit der ausführenden Bank – bis zum Zeitpunkt des Zugangs (nicht der Ausführung) des Überweisungsauftrags **möglich**, § 675p Abs. 2 S. 1 BGB. Durch diese Regelung soll die Einhaltung der relativ kurzen Ausführungsfristen gewährleistet werden.[6]

13 c) **Missbrauchsszenarien.** Seit der Einführung von Online-Banking-Angeboten der Banken haben sich die Systeme und eingesetzten Techniken sowohl auf Seiten der Banken als auch auf Seiten der Täter immer weiter entwickelt. Die Methoden, mit denen die Täter vorgehen, wurden immer weiter verfeinert und sind einem ständigen Wandel unterworfen. Angriffsweisen, mit denen noch vor wenigen Jahren bei einer großen Zahl Betroffener erfolgreich Geld erbeutet werden konnte, sind heute aufgrund technischer Schutzmaßnahmen und gesteigerten Bewusstseins der Betroffenen weitgehend wirkungslos. Umgekehrt werden inzwischen Techniken eingesetzt, die vor nicht allzu langer Zeit allenfalls als theoretisches Angriffsszenario diskutiert wurden. Im Wesentlichen sind die folgenden Szenarien voneinander zu unterscheiden:

14 *aa) Social Engineering.* Bei dieser Vorgehensweise wird das Opfer dazu gebracht, Daten von sich aus einer ihm unbekannten Person mitzuteilen, mit denen dann missbräuchliche Zahlungen veranlasst werden. Eine Manipulation des Rechners des Opfers findet dabei nicht statt.

15 Lange Zeit war die dazu wohl gängigste Methode der Täter der **massenhafte Versand „gefälschter" E-Mails.** Diese stammten vermeintlich von der Bank des jeweiligen Opfers und baten dieses, seine Zugangsdaten und eine TAN zur Freischaltung seines angeblich gesperrten Online-Zugangs auf einer fremden Website einzugeben. Diese Website war mit der Banken-Website optisch identisch oder dieser zumindest ähnlich und besaß eine ähnliche Internetadresse, meist unter einer fremden Top-Level-Domain.[7] Gab der Kunde seine Zugangsdaten auf einer solchen Website preis, verwendeten die Täter diese Daten, um sich bei der tatsächlichen Banken-Website anzumelden und Geld auf ein in der Regel EU-ausländisches Konto zu überweisen.

16 Aufgrund der technischen Weiterentwicklung einerseits, aber auch des gesteigerten Gefahrenbewusstseins der Internetnutzer andererseits sinkt die Erfolgsquote dieser Vorgehensweise in den letzten Jahren kontinuierlich. Zum einen zeigen viele Internetbrowser inzwischen Warnmeldungen bei Websites, die als gefälscht erkannt wurden und heben den eigentlichen Domainnamen farblich hervor, um absichtlich irreführende Namensgebungen zu entlarven. Auch weisen inzwischen die meisten modernen Browser darauf hin, wenn bei

---

[6] Palandt/*Sprau* § 675p Rn. 2.
[7] Wie etwa www.bank.de.tv.

einer Website mit einer sicheren Verbindung[8] der Aussteller des Zertifikats unbekannt ist – was bei solchen gefälschten Banken-Websites regelmäßig der Fall ist. Zum anderen ist einer steigenden Zahl von Internetnutzern diese Vorgehensweise inzwischen bekannt. Schließlich warnen auch die Banken regelmäßig vor derartigen Praktiken und fordern ihre Kunden auf, die Internetadresse des Online-Banking-Zugangs immer manuell in die Adresszeile des Browsers einzugeben, anstatt Links aus E-Mails oder von unbekannten Websites zu folgen.

bb) Pharming/DNS-Spoofing. Erfolgt ein Zugriff auf die Bankdaten in Form von Pharming bzw. DNS-Spoofing,[9] ist ein **Zugriff auf den Rechner des Opfers oder eines Knotenrechners** erforderlich, über welchen die Datenpakete auf dem Weg vom Rechner des Opfers zur Online-Banking-Website laufen. Der Täter manipuliert dabei den Rechner des Opfers oder des Knotenrechners so, dass beim versuchten Zugriff auf den Domainnamen der Bank-Website eine vom Täter angegebene IP-Adresse genannt wird, wodurch sämtliche Anfragen, die an die Website der Bank gerichtet sind, **auf eine gefälschte,** unter der Kontrolle des Täters stehende **Website umgeleitet** werden.

Anders als bei der unter → aa) genannten Variante landet das Opfer auch dann auf der Website des Täters, wenn es die Internetadresse manuell eingibt; damit hat es auch keine Möglichkeit, die Manipulation anhand einer abweichenden Internetadresse zu erkennen. Werden die Datenpakete erst auf einem Knotenrechner und nicht bereits auf dem Rechner des Opfers umgeleitet, bietet auch ein auf dem Rechner des Opfers installierter Virenscanner keinen Schutz vor einem solchen Angriff.

Allerdings wird ein moderner Browser auch hier Alarm schlagen, da der Täter ein **gefälschtes Zertifikat** verwenden muss, welches mit dem aufgerufenen Domainnamen nicht übereinstimmt bzw. welches dem Browser des Opfers unbekannt ist und daher eine Fehlermeldung erzeugen wird. Soweit das Opfer jedoch keinen aktuellen Browser verwendet, der eine solche Funktion bietet, bleibt ihm theoretisch nur der manuelle Abgleich des Zertifikats. Die wenigsten Nutzer tun dies jedoch bei jeder Online-Sitzung – wenn Sie überhaupt dazu in der Lage sind.

cc) Trojaner. Die derzeit technisch fortgeschrittenste Methode ist wohl der Einsatz von Trojanern. Verbreitet werden diese über **Sicherheitslücken** in gängiger, beim Opfer eingesetzter Software, wie etwa dem Betriebssystem, dem Browser oder Anwendungsprogrammen zum Wiedergeben oder Anzeigen verbreiteter Dateiformate, wie PDF, DOC, MP3 oder ähnlichen. Je nach ausgenutzter Sicherheitslücke kann bereits der Besuch einer manipulierten Website ohne aktives Starten eines Downloads genügen, um einen Trojaner unbemerkt auf dem Rechner des Opfers zu installieren.[10] Waren bis vor einigen Jahren Hauptverbreitungsquelle solcher Trojaner oftmals Websites mit halbseidenen Inhalten, die unter direkter Kontrolle der Täter standen, so gehen die Täter inzwischen dazu über, Websites Dritter zu manipulieren, etwa unzureichend geschützte Portale oder Foren, um einen höheren Verbreitungsgrad zu erreichen. Ist ein Trojaner erfolgreich auf einem Rechner des Nutzers installiert, so wird derzeit im Wesentlichen auf **drei Arten** auf das Konto des Opfers zugegriffen:

(1) „**Abphischen**" der Daten zur späteren Verwendung: Der Täter lässt das Opfer sich auf der (echten) Online-Banking-Website einloggen, um dort eine Transaktion durchzuführen. Die eingegebenen Daten (Login-Daten und TAN) werden jedoch vor dem Absenden an die Bank über einen **Keylogger**, der sämtliche Tastatureingaben mitschneidet, automatisch abgefangen und an den Täter gesendet. Je nach technischem Entwicklungsstand des Trojaners sieht der Kunde entweder eine Fehlermeldung der Bank, da der Vorgang aus Sicht der Bank ja abgebrochen wurde, oder der Trojaner unterdrückt diese

---

[8] Jede Online-Banking-Website verwendet heutzutage eine sichere Verbindung, welche für eine Verschlüsselung der Daten sorgt und an dem Präfix „https://" in der Adresszeile des Browsers zu erkennen ist.
[9] Technisch basiert Pharming auf einer Manipulation von DNS-Anfragen von Webbrowsern.
[10] Vgl. zB www.heise.de/newsticker/meldung/Zero-Day-Exploit-fuer-Internet-Explorer-breitet-sich-aus-189633.html, Meldung vom 13.12.2008.

Meldungen und gaukelt dem Kunden einen erfolgreichen Transaktionsvorgang und einen entsprechenden Kontostand vor, damit der Kunde zumindest eine Weile lang keinen Verdacht schöpft. Der Täter kann dann die erbeuteten Daten in der nächsten Zeit verwenden, um Geld auf ein unter seiner Kontrolle stehendes Konto zu überweisen.

22 Technisch lässt sich einem solchen Verfahren durch den Einsatz **fortlaufend nummerierter TAN-Nummern** (sog indizierte TAN-Listen, iTAN) begegnen: Für jede Transaktion wird eine bestimmte iTAN mit einer zufällig, von der Bank festgelegten Nummer verlangt, die auch im Fall des Abbruchs einer Transaktion verfällt. Die vom Täter erbeutete iTAN ist damit wertlos, da bei der von ihm angestoßenen Transaktion eine andere als die erbeutete iTAN verlangt würde.

23 (2) Da inzwischen viele – wenn auch längst noch nicht alle – Banken das iTAN-Verfahren einsetzen, sind die Täter zunehmend dazu übergegangen, das unter 1. genannte Verfahren um eine „**Echtzeit-Komponente**" zu ergänzen: In diesem Fall werden die Daten nicht zur späteren Verwendung abgefangen, sondern die Transaktionsdaten des Opfers werden vor dem Absenden **in Echtzeit automatisch manipuliert;** dem Opfer werden die vermeintlich richtigen Transaktionsdaten angezeigt, während im Hintergrund unbemerkt die manipulierte Transaktion angestoßen und vom Opfer mit der richtigen iTAN bestätigt wird. Das BKA geht daher davon aus, dass das iTAN-Verfahren keinen Schutz mehr gegen Kriminelle bietet.[11]

24 Um auch vor diesen Manipulationen geschützt zu sein, setzen einige Banken inzwischen auf das **mTAN-Verfahren:** Der Kunde bekommt keine TAN-Liste mehr zugesandt (was zudem das Verlustrisiko solcher Listen beseitigt), sondern ihm wird eine mTAN als SMS auf sein vorher dafür registriertes Mobiltelefon übermittelt. In dieser SMS werden neben der Transaktionsnummer zudem die Transaktionsdaten (bei Überweisungen also Bankdaten des Empfängers und jeweiliger Betrag) angezeigt, so dass der Kunde im vorliegenden Fall die vom Trojaner manipulierten Daten zu sehen bekäme und den Vorgang rechtzeitig abbrechen könnte. Ein solches Verfahren gilt nach derzeitigem Stand der Technik als relativ sicher, wenngleich auch bereits Fälle bekannt wurden, in denen Dritte die Portierung einer Mobilfunknummer eines Geschädigten bewirkten[12] oder gleich eine zweite SIM-Karte beantragten, um so an die SMS zu gelangen.[13] Schließlich schützt ein solches Verfahren auch nicht bei Verlust oder Diebstahl des Mobiltelefons.

25 (3) Seit einiger Zeit sind vermehrt **Rücküberweisungs-Trojaner** zu beobachten. Ein solcher Trojaner manipuliert die dem Kunden via Online-Banking in seinem Browser angezeigten Umsätze und spiegelt ihm vor, er habe einen hohen Zahlungseingang erhalten. Gleichzeitig wird der Kunde auf einer fingierten Hinweisseite darauf hingewiesen, dass die fiktive Überweisung angeblich irrtümlich erfolgte, zudem wird er um Rücküberweisung gebeten. Tatsächlich liegt jedoch keine fehlgeleitete Überweisung vor. Daraufhin überweist der Kunde die vermeintliche Fehlbuchung zurück. Auch nach Vornahme der Rücküberweisung wird der Kontostand weiterhin manipuliert, sodass der Kunde über einen längeren Zeitraum keine Kenntnis von dem Betrug hat. Erwähnenswert ist, dass in diesem Fall **keine Manipulation der Überweisung selbst** stattfindet, da der Kunde die Überweisung tatsächlich und bewusst initiiert. Folglich ist bei der rechtlichen Bewertung von einer autorisierten Zahlung auszugehen.

26 *dd) Einsatz von Mittlern.* Ein Abschöpfen des Geldes auf die vorstehend beschriebenen Arten setzt zwingend eine **Überweisung auf ein anderes Bankkonto** voraus. Da der Täter über ein solches Konto leicht identifiziert werden kann und da zudem bei einer rechtzeitigen Entdeckung das Risiko einer Rückbuchung besteht, wird in der Regel ein Mittler einge-

---

[11] www.heise.de/security/meldung/BKA-iTAN-Verfahren-keine-Huerde-mehr-fuer-Kriminelle-219497.html, Meldung vom 18.5.2009.
[12] www.heise.de/newsticker/meldung/mTAN-in-Australien-ausgehebelt-828221.html, Meldung vom 14.10.2009.
[13] www.golem.de/news/onlinebanking-bankbetrueger-knacken-mtan-verfahren-1310-102363.html, Meldung vom 25.10.2013.

schaltet. Dieser ist wegen der kürzeren, hausinternen Banklaufzeit oft ein Kunde derselben Bank des Opfers und wird in der Regel mit erfundenen Geschichten dazu bewegt, Zahlungen entgegenzunehmen und über anonyme Zahlungsdienste wie Western Union an Empfänger im Ausland weiterzuleiten.

d) Zivilrechtliche Ansprüche im Missbrauchsfall. *aa) Ansprüche des Kunden gegen seine Bank.* Hat die Bank auf Veranlassung des Täters einen Geldbetrag vom Konto ihres Kunden abgebucht, so liegt dem grundsätzlich **keine wirksame Anweisung des Kunden** zugrunde. Dann hat die Bank gegen den Kunden grundsätzlich keinen Anspruch auf Erstattung ihrer Aufwendungen, dies ergibt sich aus § 675u S. 1 BGB, der in Folge der Umsetzung der Zahlungsdienste-Richtlinie[14] in das BGB eingefügt wurde. Auch Ansprüche auf Zahlung von Entgelten aus den §§ 670, 675f Abs. 4 BGB, etwa von Überweisungsgebühren, scheiden mangels wirksamer Anweisung aus.[15] Im Ergebnis trägt damit die Bank den Schaden, soweit sie keine Ersatzansprüche gegen andere Beteiligte durchsetzen kann. Dies gilt freilich nicht in den Fällen des Rücküberweisungstrojaners. Hier hat die Bank einen **Aufwendungsersatzanspruch** aus § 670 BGB; § 675u BGB kommt nicht zur Anwendung.[16] Der Kunde wird in einem solchen Fall auf den Kosten sitzen bleiben. Eine Pflichtverletzung der Bank scheidet regelmäßig aus, da lediglich das System des Kunden befallen ist und die Bank hierauf keinen Einfluss nehmen kann. Deshalb wird eine **Anfechtung** wegen arglistiger Täuschung gem. § 123 BGB in der Regel ausscheiden, weil der Zahler hier nachweisen müsste, dass die Bank die Täuschung kannte oder kennen musste. Die Anfechtbarkeit wegen Irrtums gem. § 119 BGB scheidet aus, weil der Zahlende in einem solchen Fall lediglich einem unbeachtlichen Motivirrtum unterlegen ist.[17]

Mit der Regelung des § 675u S. 1 BGB korrespondiert ein entsprechender **Erstattungs- bzw. Korrekturanspruch** des Kunden aus § 675u S. 2 BGB gegen die Bank: Hat der Kunde bereits Aufwendungsersatz geleistet, hat die Bank diesen dem Kunden zurückzuerstatten.[18] Wurde der Anspruch lediglich dem Kontokorrent des Kunden belastet – was bei einem Girokonto die Regel ist – so ist lediglich der Kontostand unrichtig und der Kunde hat insoweit einen Anspruch auf Korrektur des unrichtigen Kontostands.[19]

bb) Ansprüche der Bank gegen ihren Kunden. Zwar sind Schadensersatzansprüche der Bank gegen den Kunden grundsätzlich ausgeschlossen, allerdings sieht § 675v BGB in bestimmten Fällen Ausnahmen vor:

(1) Sind dem Kunden **Zahlungsauthentifizierungsinstrumente** (also zB Login-Daten oder TAN) **verlorengegangen,** gestohlen oder sonst abhanden gekommen, kann die Bank – verschuldensunabhängig[20] – Schadensersatz in Höhe von maximal 150,– EUR verlangen, § 675v Abs. 1 S. 1 BGB. Dasselbe gilt gemäß § 675v Abs. 1 S. 2 BGB, wenn der Kunde Zahlungsauthentifizierungsinstrumente nicht sicher aufbewahrt hat. Die erste Tatbestandsalternative setzt nach Auffassung des Gesetzgebers[21] und der in der Literatur wohl herrschenden Meinung[22] allerdings einen Besitzverlust einer verkörperten Komponente voraus. Dies ist in den oben dargestellten Fällen jedoch nicht gegeben – der Täter greift lediglich elektronisch auf die Zahlungsauthentifizierungsinstrumente zu. Eine Haftung nach § 675v Abs. 1 S. 1 BGB scheidet damit aus. Zudem stellt die Übermittlung ei-

---
[14] Richtlinie 2007/64/EG des Europäischen Parlaments und des Rates vom 13.11.2007 über Zahlungsdienste im Binnenmarkt, zur Änderung der Richtlinien 97/7/EG, 2002/65/EG, 2005/60/EG und 2006/48/EG sowie zur Aufhebung der Richtlinie 97/5/EG, Amtsblatt Nr. L 319 vom 5.12.2007, 1 ff.
[15] Palandt/*Sprau* § 675u Rn. 3; *Schulte am Hülse/Klabunde* MMR 2010, 84 (86).
[16] AG Köln Urt. v. 26.6.2013 – 119 C 143/13, MMR 2013, 819.
[17] Vgl. *Zahrte* MMR 2013, 207 (208).
[18] Palandt/*Sprau* § 675u Rn. 4. Vgl. zur Rechtslage vor Umsetzung der Zahlungsdienste-Richtlinie BGH Urt. v. 29.4.2008 – XI ZR 371/07, NJW 2008, 2331.
[19] *Schulte am Hülse/Klabunde* MMR 2010, 84 (86).
[20] *Schulte am Hülse/Klabunde* MMR 2010, 84 (86).
[21] BT-Drs. 16/11643, S. 113.
[22] Palandt/*Sprau* § 675v Rn. 3; *Schulte am Hülse/Klabunde* MMR 2010, 84 (86 f.); aA jedoch MüKoBGB/ *Casper* § 675v Rn. 9.

ner TAN zur Authentifizierung einer Transaktion keine „nicht sichere Aufbewahrung" iSd § 675v Abs. 1 S. 2 BGB dar; dessen Tatbestand dürfte allenfalls dann erfüllt sein, wenn der Täter mit Hilfe des Trojaners beispielsweise an eine auf dem Rechner des Opfers im Klartext abgelegte TAN-Liste gelangt.[23]

31 (2) Eine unbeschränkte Haftung des Kunden ist nach § 675v Abs. 2 BGB dann möglich, wenn der Kunde in betrügerischer Absicht handelte oder wenn er eine der Pflichten des § 675l BGB oder eine wirksam vereinbarte vertragliche Sorgfaltspflicht vorsätzlich oder grob fahrlässig verletzt hat.

32 Wann eine **grob fahrlässige Verletzung von Sorgfaltspflichten** vorliegt, muss im Einzelfall bestimmt werden. Da zwischen Banken und Betrügern ein steter Wettlauf um die jeweils neueste Technik stattfindet, verschieben sich die Maßstäbe ständig.

33 Allein der Umstand, dass die Datenverbindung zwischen dem Browser des Kunden und dem Server der Bank verschlüsselt ist, dürfte keinen Anscheinsbeweis begründen, dass jeder Missbrauch zwangsläufig aus der Sphäre des Anschlussinhabers stammen muss.[24] Wie dargelegt, entsprechen einzelne, immer noch eingesetzte Systeme nicht mehr dem Stand der Technik – wie das einfache TAN-Verfahren.[25] Dies kann erst recht nicht zu einer entsprechenden Prima-Facie-Würdigung zu Lasten des Kunden führen.[26] Andererseits dürfte inzwischen jedoch auch erwartet werden können, dass der Kunde zumindest elementare **Sicherheits-Grundregeln** beachtet, wobei nicht auszuschließen ist, dass die Anforderungen an diese in Zukunft steigen werden. Das LG Köln etwa setzt voraus, dass der Kunde eine aktuelle **Virenschutzsoftware** und eine **Firewall** einsetzt sowie **regelmäßige Software-Updates** für das Betriebssystem einspielt.[27] Ob allerdings bereits das Arbeiten mit Administratorrechten unter Windows Vista und Nachfolgeprodukten als Sorgfaltspflichtverletzung anzusehen ist,[28] darf bezweifelt werden. Zumindest kann nicht verlangt werden, dass der Kunde sämtliche Sicherheitsempfehlungen von Softwareherstellern kennt und ihnen entsprechend handelt.[29]

34 Selbst das **Fehlen von Virenschutz-Programmen** muss nicht zwangsläufig eine für den Schaden kausale Pflichtverletzung darstellen. Viele der eingesetzten Trojaner setzen bei ihrer Verbreitung nämlich auf so genannte Zero-Day-Exploits, das heißt auf Sicherheitslücken, die zum Zeitpunkt ihrer Ausnutzung noch nicht öffentlich bekannt sind und gegen die weder die Hersteller der betroffenen Software noch Virenscanner Schutzmechanismen bereitstellen. Damit bleibt den Tätern der kurze Zeitraum zwischen Entdecken einer geeigneten Sicherheitslücke und deren öffentlichem Bekanntwerden – was wiederum bedeutet, dass selbst ein Virenscanner mit allen aktuell verfügbaren Virensignaturen keinen Schutz gegen einen solchen Angriff bietet.[30] Auch in der Rechtsprechung scheint diese Erkenntnis zunehmend Berücksichtigung zu finden.[31]

35 Das LG Mannheim geht sogar noch weiter, es ist der Ansicht, dass eine unterlassene Sperrung einer „abgephishten" TAN-Nummer dem Kunden nicht zum Vorwurf gemacht werden kann, da unberechtigte Verfügungen nach Ansicht der Kammer in der Regel unmittelbar im

---

[23] Ebenso *Schulte am Hülse/Klabunde* MMR 2010, 84 (87).
[24] Ebenso *Recktenwald* AnwBl. 2009, 265 (267); *Schulte am Hülse/Klabunde* MMR 2010, 84 (87); anders jedoch noch Schimansky/Bunte/Lwowski/*Gößmann* § 55 Rn. 26. Zum Anscheinsbeweis nach der Zahlungsdienste-RL *Franck/Massari* WM 2009, 1117 (1126).
[25] Darin sieht das KG Berlin bereits eine Sorgfaltspflichtverletzung der Bank: KG Urt. v. 29.11.2010 – 26 U 159/09, MMR 2011, 338.
[26] AG Wiesloch Urt. v. 20.6.2008 – 4 C 57/08, MMR 2008, 626; *Schulte am Hülse/Klabunde* MMR 2010, 84 (87).
[27] LG Berlin Urt. v. 11.8.2009 – 37 O 4/09, MMR 2010, 137; LG Köln Urt. v. 5.12.2007 – 9 S 195/07, MMR 2008, 259; zu weiteren Einzelfragen siehe auch *Borges* NJW 2012, 2385 (2386).
[28] So *Bender* WM 2008, 2049 (2054).
[29] So jedoch *Bender* WM 2008, 2049 (2054).
[30] So zu Recht *Schulte am Hülse/Klabunde* MMR 2010, 84 (87).
[31] LG Mannheim Urt. v. 16.5.2008 – 1 S 189/07 MMR 2008, 765; anders jedoch das LG Nürnberg-Fürth Urt. v. 28.4.2008 – 10 O 11391/01 (nicht veröffentlicht), das ein Mitverschulden bei fehlender Firewall und fehlendem Virenschutz annimmt.

Anschluss an das Abgreifen der TAN erfolgen, weswegen es für eine Sperrung meist ohnehin zu spät ist.[32]

Die jüngere Rechtsprechung geht davon aus, dass den Kunden dann ein **Fahrlässigkeits**- 36 **vorwurf** trifft, wenn der Täter Vorgehensweisen wählt, die im Online-Banking unüblich sind und bei denen der Kunde einen Missbrauchsverdacht schöpfen muss.[33]

2. Kreditkartenzahlungen

Eines der am häufigsten eingesetzten Zahlungsmittel im Internet ist die Kreditkarte. Die 37 Kreditkarte wird dabei im so genannten *Mail-Order*-Verfahren eingesetzt.[34] In diesem Fall werden dem Zahlungsempfänger die Kreditkartennummer und das auf der Karte aufgeprägte Gültigkeitsdatum übermittelt. Mittlerweile wird in der Regel auch die Kartenprüfnummer abgefragt; dabei handelt es sich um eine auf der Kartenrückseite angegebene Prüfziffer. Durch die Kartenprüfnummer soll ausgeschlossen werden, dass ein Missbrauch durch die Verwendung von Kreditkartendaten etwa auf entwendeten oder gefundenen Kartenbelegen erfolgt.

Die Übermittlung der Zahlungsdaten geschieht im elektronischen Geschäftsverkehr in der 38 Regel über ein Formular, welches der Nutzer in seinem Browser ausfüllt; denkbar ist aber auch die Übermittlung der Daten per Telefon oder Telefax. Eine **unverschlüsselte Übermittlung**, etwa per E-Mail oder über eine ungesicherte Verbindung im WWW dürfte eine Sorgfaltspflichtverletzung darstellen. Anbieter, die diese Daten unverschlüsselt anfordern, riskieren, im Missbrauchsfall auf Schadensersatz in Anspruch genommen zu werden.

Um Missbrauchsrisiken beim Online-Kreditkarteneinsatz zu begegnen, wurde vor inzwi- 39 schen mehr als zehn Jahren bereits das sog **SET**[35]-**Verfahren** entwickelt.[36] Bei diesem Verfahren wurde die Zahlung über einen *Gateway*, einen Zwischenrechner, abgewickelt; sämtliche Kommunikation erfolgte verschlüsselt. Der *Gateway* prüfte die Gültigkeit der Karte und leitete das Ergebnis an den Händler weiter. Damit sollte sichergestellt werden, dass der Händler keine Kenntnis von den Kartendaten erlangte, trotzdem aber sein finanzielles Risiko durch Zahlungsausfälle minimieren konnte. Durch eine Identifikation des Kunden mit einem ihm eindeutig zugeordneten Zertifikat sollte ein Missbrauch der Kreditkarte ausgeschlossen werden.

Das SET-Verfahren war dem *Mail-Order*-Verfahren in punkto Sicherheit überlegen. 40 Durch die Ausgabe eines persönlichen Zertifikates für jeden Kunden sollte zum einen ein hohes Maß an Sicherheit gewährleistet sein. Der Kunde musste zum anderen durch die Zwischenschaltung eines Gateways nicht fürchten, seine Kreditkartendaten unbekannten Personen preiszugeben. Dennoch konnte sich das SET-Verfahren nicht durchsetzen und wurde **inzwischen wieder eingestellt**.[37] Ein Grund wird sicher der hohe Aufwand und die mangelnde Praktikabilität gewesen sein, der mit der Vergabe der Zertifikate an die Karteninhaber verbunden ist.[38]

---

[32] LG Mannheim Urt. v. 16.5.2008 – 1 S 189/07, MMR 2008, 765.
[33] Grobe Fahrlässigkeit bejaht bei der Eingabe sehr vieler TAN-Nummern, OLG München Urt. v. 23.1.2012 – 17 U 3527/11, MMR 2013, 163; AG Krefeld, Urt. v. 6.7.2012 – 7 C 605/11, MMR 2013, 164; Eingabe von 10 TAN-Nummern beim Log-In Vorgang, BGH Urt. v. 24.4.2012 – XI ZR 96/11, NJW 2012, 2422; Aufforderung, vier TAN-Nummern aufgrund eines angeblich nicht erfolgreichen Login-Versuchs einzugeben, LG Berlin Urt. v. 11.8.2009 – 37 O 4/09, MMR 2010, 137, oder bei der Eingabe von Zugangsdaten und TAN auf einer fremden Website, zu der der Kunde mittels eines per E-Mail erhaltenen Links gelangte, *Schulte am Hülse/Klabunde* MMR 2010, 84 (87).
[34] Im Gegensatz zum Präsenzverfahren, d.h. dem Einsatz vor Ort beim Händler.
[35] Secure Electronic Transaction.
[36] Details zu beiden Verfahren bei *Werner* K&R 2001, 433.
[37] Näher dazu Hoeren/Sieber/Holznagel/*Werner* 13.5 Rn. 40.
[38] Vgl. *Casper/Pfeifle* WM 2009, 2343 (2349).

41 a) Vertragsbeziehungen

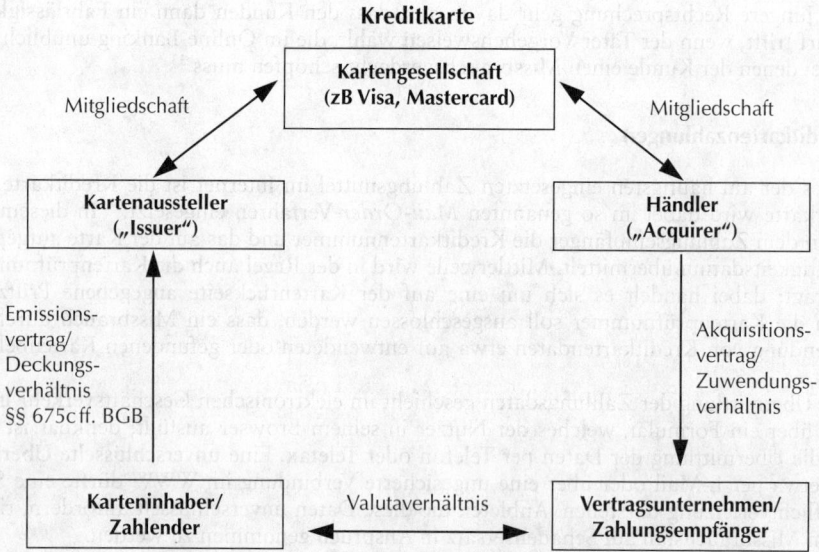

42 b) Widerrufsmöglichkeit. Der Einsatz der Kreditkarte fällt im Regelfall nicht mit der Belastung des Kontos des Karteninhabers zusammen. Oft liegen dazwischen mehrere Tage oder Wochen. Umstritten war daher, ob dem Karteninhaber eine Widerrufsmöglichkeit zusteht. In der Vergangenheit gab es zu dieser Frage gegenläufige Ansichten in Literatur und Rechtsprechung.[39] Letztlich verneinte der BGH diese Frage.[40]

43 Mit Umsetzung der Zahlungsdienste-Richtlinie stellte der Gesetzgeber in § 675p Abs. 1 BGB klar, dass ein Widerruf nur **bis zum Zugang des Zahlungsauftrags zulässig** ist.[41] Da beim Online-Einsatz der Zahlungsauftrag dem Kreditkartenunternehmen in der Regel unmittelbar nach dem Anstoßen des Zahlungsvorgangs durch den Kunden zugeht, ist dessen Widerruf damit grundsätzlich ausgeschlossen. Etwas anderes gilt nur dann, wenn ein Widerrufsrecht mit dem jeweiligen Kartenunternehmen vereinbart wurde.[42]

44 c) Missbrauchsszenarien. Auch beim Kreditkarteneinsatz kommt es regelmäßig zu Missbrauchsfällen. Die Vorgehensweisen gleichen zum Teil den unter → 1.c) Genannten. Den Karteninhabern werden ihre Kreditkartendaten entweder auf dem Weg des Social Engineering entlockt oder sie werden durch entsprechende Software abgefangen. Da die Kreditkarte im Gegensatz selbst zum einfachen TAN-System weitaus unsicherer ist – es genügt bereits der Besitz der Kreditkartennummer, um Zahlungen tätigen zu können – kommt es immer wieder zu Fällen, in denen zentral gesammelte Kreditkartendaten etwa durch untreue Mitarbeiter kopiert und missbraucht werden. Regelmäßig kommt es dabei zu Rückruf- und Austauschaktionen von Seiten der betroffenen Banken.[43]

45 Die Frage, welche Ansprüche zwischen dem Kunden und der Bank im Missbrauchsfall nach den §§ 675c ff. BGB bestehen, ist von der Rechtsprechung bislang nicht geklärt und in der Literatur umstritten.

---

[39] Ein Widerrufsrecht verneinend: OLG Schleswig Urt. v. 29.11.1990 – 5 U 143/89, WM 1991, 453. Anders das OLG Karlsruhe mit Urt. v. 28.11.1990 – 1 U 189/90, DB 1991, 34, das ein Widerrufsrecht bejaht. Vgl. auch *Köndgen* NJW 2004, 1288; Hoeren/Sieber/Holznagel/*Werner* 13.5 Rn. 48.
[40] BGH Urt. v. 24.9.2002 – XI ZR 420/01, BGHZ 152, 75.
[41] Palandt/*Sprau* § 675p Rn. 2.
[42] *Grundmann* WM 2009, 1157 (1164).
[43] So wurden beispielsweise im Winter 2009 allein in einem Fall 60.000 Kreditkarten aufgrund des Verdachts von Datenklau vorsorglich durch die betroffenen Kreditinstitute ausgetauscht.

Nach einer Ansicht gelten die oben unter → 1.d) genannten Regelungen des § 675v BGB 46 auch im Fall des **Abhandenkommens der Kreditkarte**.[44] Bei Verlust einer Kreditkarte würde der Kunde daher im Rahmen der § 675v BGB für Schäden haften.

Nach der wohl herrschenden Ansicht greift im Fall des Missbrauchs lediglich der Kredit- 47 kartennummer und der Prüfziffer die Haftungsregelung des § 675v BGB nicht, da zum einen schon kein Verlust eines Zahlungsauthentifizierungsinstruments im Sinne des § 675v Abs. 1 BGB vorliegt, da ein solches, wie oben[45] ausgeführt, nach der wohl herrschenden Meinung verkörpert sein muss[46] und zum anderen allein die Kreditkartennummer und die Prüfziffer weder ein Zahlungsauthentifizierungsinstrument noch personalisierte Sicherheitsmerkmale darstellen.[47]

Damit ist grundsätzlich davon auszugehen, dass im Fall des Abhandenkommens der Kre- 48 ditkartendaten aufgrund der abschließenden Regelung des § 675u BGB[48] eine Inanspruchnahme des Kunden ausscheidet.[49]

d) PCI DSS. Unternehmen, die Kreditkartenzahlungen abwickeln, sind dem Payment Card 49 Industry Data Security Standard (PCI DSS) unterworfen. Dabei handelt es sich um ein **Regelwerk**, welches von den Kreditkartenorganisationen beim Umgang mit Kreditkartendaten vorgesehen ist. Dessen Anforderungen sind nicht gesetzlicher Natur, können aber von den Kreditkartenorganisationen durch die Verhängung von Strafzahlungen oder auch den Entzug der Kreditkartenakzeptanz sanktioniert werden.

Das Regelwerk umfasst die folgenden Anforderungen an Rechnernetze:

1. Installation und Pflege einer Firewall
2. Änderung von standardisiert eingerichteten Sicherheitsparametern wie Kennwörter
3. Schutz der gespeicherten Daten
4. Verschlüsselte Datenübertragung sensibler Daten in öffentlichen Rechnernetzen
5. Einsatz und regelmäßige Updates von Virenschutzprogrammen
6. Entwicklung und Pflege sicherer Systeme und Anwendungen
7. Beschränkung von Datenzugriffen auf das erforderliche Maß
8. Verwendung eindeutiger Benutzerkennungen für alle Personen mit Rechnerzugriff
9. Beschränkung des physikalischen Zugriffs auf Daten von Kreditkarteninhabern
10. Protokollieren und Überwachen der Zugriffe auf Daten von Kreditkarteninhabern
11. Regelmäßige Überprüfungen der Sicherheitssysteme und -prozesse
12. Implementierung einer Richtlinie zur Informationssicherheit

Zu beachten ist, dass die Anforderungen nur für solche **Unternehmen** gelten, welche di- 50 rekt mit Kreditkartendaten in Berührung kommen. Online-Shops, welche die Kreditkartenzahlung über einen externen Zahlungsdiensteanbieter abwickeln und selbst nicht mit den Kreditkartendaten in Berührung kommen, sind nicht von Anforderungen betroffen.

3. Elektronisches Lastschriftverfahren

Eine weitere Alternative stellt das Lastschriftverfahren dar.[50] Beim Einsatz im elektroni- 51 schen Geschäftsverkehr gibt der Kunde seine **Bankverbindungsdaten** an und ermächtigt den Händler, den Betrag von seinem Girokonto per Lastschrift einzuziehen. In Deutschland war bis zur Einführung der SEPA-Lastschrift das Einzugsermächtigungslastschriftverfahren und das Abbuchungsauftragsverfahren verbreitet. Gerade bei Geschäften mit Verbrauchern im Internet hatte sich das Einzugsermächtigungslastschriftverfahren durchgesetzt, das nach Inkrafttreten verschiedener Änderungen in den Einzugsermächtigungslastschriftbedingungen

---

[44] *Casper/Pfeifle* WM 2009, 2343 (2346).
[45] → Rn. 30.
[46] Ebenso *Grundmann* WM 2009, 1157 (1163).
[47] So der Wortlaut der Gesetzesbegründung, BT-Drs. 16/11643 S. 113; vgl. auch Palandt/*Sprau* § 675v Rn. 3.
[48] Vgl. § 675z S. 1 BGB.
[49] So auch *Grundmann* WM 2009, 1157 (1163).
[50] Siehe dazu auch *Laitenberger* NJW 2010, 192.

der Banken und Sparkassen seit dem 9. Juli 2012 in Form des sog modifizierten Einzugsermächtigungslastschriftverfahren betrieben wurde.

52 Das **SEPA-Lastschriftverfahren,** welches zum 1. Februar 2014 die vorgenannten Lastschriftverfahren abgelöst hat,[51] stellt europaweit einheitliche Regeln für Lastschriftverfahren auf. Das SEPA-Lastschriftverfahren setzt eine Vorabinformation des Zahlenden durch den Zahlungsempfänger unter Nennung des fälligen Betrages und des Fälligkeitsdatums voraus. Eine solche Information muss nicht isoliert erfolgen, sie kann etwa mit dem Rechnungsversand kombiniert werden. Im Vergleich zu den bisherigen Verfahren besteht die Besonderheit darin, dass der gesamte Prozess an einem Belastungstag ausgerichtet ist.[52] Der Zahlungspflichtige erteilt seinem Gläubiger und Lastschrifteinreicher ein Mandat, bei dem es sich um die **Autorisierung zur Belastung des Schuldnerkontos mittels Lastschrift** handelt.[53] Das Mandat geht dabei weiter als das der Einzugsermächtigungslastschrift in ihrer bis zum 8. Juli 2012 geltenden Fassung, da es gleichzeitig auch das Zahlungsinstitut des Zahlungspflichtigen ermächtigt, dessen Konto zu belasten, sodass dieses nicht mehr, wie im Fall der Einzugsermächtigungslastschrift, das Konto des Zahlungspflichtigen zunächst ohne dessen Genehmigung belastet.[54] Damit bedarf die Belastung aufgrund eines Mandats keiner nachträglichen Genehmigung gem. § 675j Abs. 1 S. 2 BGB, da sie die Qualität einer vorherigen Einwilligung gem. § 675j Abs. 1 S. 2 BGB hat.[55]

53 a) **Vertragsbeziehungen**

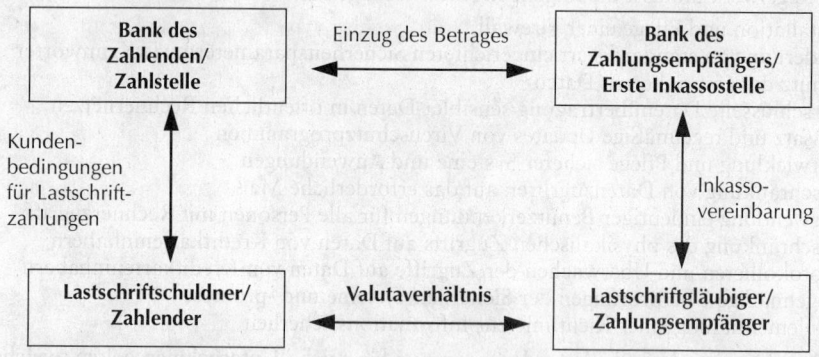

54 b) **Widerrufsmöglichkeit.** Ein Widerspruchsrecht hat der Schuldner gegen auf einem wirksamen Mandat beruhende Belastungen im SEPA-Verfahren nicht. Allerdings kann er auf Grundlage einer entsprechenden vertraglichen Vereinbarung einen Erstattungsanspruch gem. § 675x Abs. 2 BGB ohne Angabe von Gründen ausüben. Hierbei handelt es sich um ein **girovertragliches Recht zum Widerruf** der von der Einzelweisung betroffenen Lastschrift mit Wirkung ex nunc.[56] Gemäß § 675x Abs. 4 BGB ist dieser Anspruch innerhalb von acht Wochen seit der Belastungsbuchung geltend zu machen.

55 Die vorherige Autorisierung führt dazu, dass die Vorschriften der §§ 675j Abs. 2, 675p Abs. 2 BGB nun auch auf das Lastschriftverfahren Anwendung finden.[57] Hinsichtlich der

---

[51] Nach der SEPA-Änderungsverordnung vom 26. Februar 2014 durften Überweisungen im bisherigen Format aber noch bis zum 1. August 2014 weiter abgewickelt werden.
[52] MüKoBGB/*Casper* § 675f Rn. 76.
[53] *Werner* BKR 2012, 221 (226).
[54] In dieser Hinsicht entspricht die SEPA-Lastschrift allerdings der modifizierten Einzugsermächtigungslastschrift, da Nr. 2.1.1 der zum 9. Juli 2012 geänderten Einzugsermächtigungslastschriftbedingungen der Banken und Sparkassen bereits vorsahen, dass die Einzugsermächtigung zugleich auch eine Weisung des Zahlers an die Zahlstelle zur Einlösung der Lastschrift enthält.
[55] Siehe Nr. 2.5 der Bedingungen der deutschen Kreditwirtschaft für Zahlungen mittels Lastschrift im SEPA-Basislastschriftverfahren; vgl. auch Palandt/*Sprau* § 675x Rn. 8.
[56] *Burghardt* WM 2013, 62 (67).
[57] *Omlor* NJW 2012, 2150 (2152).

SEPA-Lastschrift ist zu beachten, dass es sich hier um einen vorautorisierten Zahlungsvorgang handelt. Folglich spielen konkludente Genehmigungen keine Rolle mehr, da diese Zahlungen bereits vorautorisiert sind.[58]
Bei missbräuchlichem Einzug kann eine Belastung gem. § 676b Abs. 2 BGB während eines Zeitraums von bis zu dreizehn Monaten zurückgegeben werden.

c) **Formvorschriften.** Bezüglich der durch die SEPA-Lastschrift abgelösten Verfahren war 56 nicht eindeutig geregelt, ob eine Erteilung in Textform zulässig war. Nach Abschnitt I Nr. 1 lit. a des diesbezüglichen Lastschriftabkommens musste die Ermächtigung **schriftlich** erteilt werden. Umstritten – wenngleich durch die Praxis faktisch gelöst – war die Frage, ob eine Erteilung in Textform oder gar formlos möglich war. Erstaunlicherweise besteht diese Unsicherheit auch bei der SEPA-Lastschrift fort – die Frage der elektronischen Erteilung wurde offen gelassen. Aus der SEPA-Verordnung, insbesondere aus der englischen Fassung, könnte ein Unterschriftserfordernis implizit hergeleitet werden.[59] Dies wird jedoch dem elektronischen Lastschriftverfahren nicht gerecht, wie es schon seit Jahren in der Praxis abgewickelt wird. Das Bundesfinanzministerium teilte in einer Stellungnahme mit, dass es nicht von einem Schriftformerfordernis ausgeht, vielmehr richte sich das Formerfordernis allein nach den vertraglichen Vereinbarungen der Beteiligten mit ihren Kreditinstituten.[60] Es empfiehlt sich daher, zu prüfen, welche Formerfordernisse die jeweiligen Kreditinstitute vorsehen.

d) **Übergangsregelungen für bestehende Einzugsermächtigungen.** Kontrovers diskutiert 57 wurde, ob bestehende Einzugsermächtigungslastschriften ohne weiteres auf eine SEPA-Lastschrift umgestellt werden können. Hintergrund sind die rechtlichen Unterschiede in der Systematik beider Konstrukte: Damit stellt sich die Frage, ob bestehende Erklärungen zur Erteilung einer Einzugsermächtigung im Wege der **Umdeutung bzw. Auslegung** auch als Erklärungen zu einer SEPA-Lastschrift verstanden werden können.

Der BGH hat dies bereits 2010 in einer Entscheidung im Kontext der Insolvenzfestigkeit 58 von Lastschriften angedeutet: *„Unter der Voraussetzung, dass Erstattung ohne Angabe von Gründen verlangt werden könnte und damit wie beim SEPA-Basisverfahren von der nach § 675x Abs. 2 BGB eröffneten Möglichkeit Gebrauch gemacht würde, bestünden keine Bedenken, die bereits erteilten Einzugsermächtigungen unter einer neuen rechtlichen Ausgestaltung des Verfahrens fortbestehen zu lassen."*[61]

Um sich jedoch nicht allein auf obergerichtliche Rechtsprechung verlassen zu müssen, hat 59 die deutsche Kreditwirtschaft in Nr. 2.2.2 der Bedingungen für Zahlungen mittels Lastschrift im SEPA-Basislastschriftverfahren nunmehr als Fiktion geregelt, dass bislang erteilte Einzugsermächtigungen auch als SEPA-Lastschriftmandat gelten.

Auch der **Unionsgesetzgeber** hat das Problem gesehen und auf europäischer Ebene eine 60 Lösung in Form einer gesetzlichen Fiktion in Art. 7 Abs. 1 der SEPA-Verordnung geschaffen.[62]

Damit ist im Ergebnis davon auszugehen, dass bereits erteilte Lastschriftmandate auch als SEPA-Lastschriftmandat weitergeführt werden können.[63]

4. E-Geld-Konten basierte Zahlungssysteme

a) **Übersicht.** Die oben aufgezählten Zahlungssysteme haben einen Nachteil: Wenn es den 61 Beteiligten auf eine sofortige Abwicklung des Geschäfts und damit auf eine sofortige Zahlungsabwicklung ankommt, kommt nur die Kreditkartenzahlung in Betracht. Diese steht

---

[58] *Burghardt* WM 2013, 62 (67).
[59] Verordnung (EU) Nr. 260/2012, Anhang, Nr. 3a) vii), „the date of which it was signed", bzw. „Datum der Zeichnung des Mandats".
[60] Vgl. S. 62 des SEPA-Leitfadens v2.0 der Bitkom, http://www.einzelhandel.de/images/publikationen/Bitkom-HDE-SEPA_Leitfaden_v2.pdf.
[61] BGH Urt. v. 20.7.2010 – XI ZR 236/07, NJW 2010, 3510 (3515)
[62] Verordnung (EU) Nr. 260/2012, Anhang, Nr. 3a) vii), „the date of which it was signed", bzw. „Datum der Zeichnung des Mandats".
[63] Näher zur Problematik *Omlor* NJW 2012, 2150.

dem Händler jedoch erst nach Abschluss eines Akquisitionsvertrages mit einem Kreditkartenunternehmen zur Verfügung. Das lohnt sich bei privaten und oft auch bei kleinen gewerblichen Anbietern nicht. In diesem Fall stehen nur die herkömmlichen Mittel der Überweisung – oder bei Waren die Zahlung per Nachnahme – zur Verfügung, was wiederum die Abwicklung des Handels verzögert. Gerade bei kleinpreisigen Waren ist das ein Nachteil.

62 Diese Lücke haben mehrere Anbieter von E-Geld-Konten basierten Zahlungssystemen geschlossen. Diese stellen Online Händlern und Kunden eigene E-Geld-Konten zur Verfügung, mit deren Hilfe Bezahlvorgänge bei Onlinegeschäften ohne zeitliche Verzögerung als **Echtzeit-Zahlung** abgewickelt werden können. Der weltweit wohl bekannteste Anbieter eines solchen E-Geld-Konten basierten Zahlungssystems ist PayPal, das sich nach seiner Übernahme durch eBay im Jahre 2002 zu einem Bezahlstandard für Onlinegeschäfte entwickelt hat.[64] Ein anderer ebenfalls international erfolgreicher Anbieter ist Skrill, das seine Zahlungsdienstleistungen bis ins Jahr 2012 unter dem Namen Moneybookers erbracht hatte.

63 Bevor auf die rechtlichen Besonderheiten eingegangen wird, sollen im Folgenden die Grundfunktionen von E-Geld-Konten basierten Zahlungssystemen am Beispiel von PayPal kurz vorgestellt werden.

64 **b) PayPal als Beispiel.** PayPal erlaubt Zahlungstransaktionen in 193 Länder und Regionen. Allerdings stehen die von PayPal angebotenen Dienste nicht überall in demselben Umfang zur Verfügung. Die folgende Darstellung konzentriert sich daher auf den deutschen Markt.

65 Will ein Interessent den PayPal Service in Anspruch nehmen, muss er sich zunächst bei PayPal mit seinen persönlichen Daten registrieren und ein PayPal-**Konto eröffnen.** PayPal bietet in Deutschland zwei Kontentypen an: das Privat- und das Geschäftskonto. Hierbei handelt es sich um virtuelle E-Geld-Konten, die über die E-Mail-Adresse des Nutzers definiert werden. Des Weiteren ist die Erstellung eines Passworts erforderlich. Ferner muss der Nutzer seinem PayPal-Konto ein Bankkonto oder eine Kreditkarte als Zahlungsquelle hinzufügen, über die die Zahlungstransaktionen abgewickelt werden. Damit kann jeder an dem Zahlungssystem teilnehmen, der über eine E-Mail-Adresse und ein Bankkonto bzw. eine Kreditkarte verfügt.

66 Nach erfolgreicher Registrierung kann der PayPal-Kunde das ihm zugeordnete E-Geld-Konto nutzen, um Zahlungen an beliebige andere PayPal-Kunden zu senden oder von diesen zu empfangen. Die Initiierung eines Versendungsvorgangs kann dabei unmittelbar über das Benutzerkonto des Kunden erfolgen. Hierzu muss der Kunden sich in sein PayPal-Konto einloggen, die Schaltfläche „Geld senden" wählen und die E-Mail-Adresse des Zahlungsempfängers eingeben. In der Praxis werden PayPal-Zahlungen jedoch regelmäßig nicht über das Benutzerkonto des Kunden veranlasst, sondern im **Zusammenhang mit Internetgeschäften** vorgenommen. Kunden, die Waren oder Dienstleistungen bei einem Online-Händler kaufen, der die PayPal-Zahlungsfunktionalität über eine API-Schnittstelle in seinen Onlineshop integriert hat, müssen hierzu bei Abschluss des Bestellvorgangs auf einer von PayPal gehosteten Webseite lediglich ihre Email-Adresse und das Passwort eingeben und die Zahlung des Kaufpreises an den Händler bestätigen.

67 Die Durchführung des **PayPal-Zahlungsvorgangs** geschieht dabei auf folgende Weise: Zunächst gibt PayPal an den Zahler neues E-Geld in Höhe des Zahlungsbetrags aus.[65] Anschließend schreibt es diesen Betrag dem Zahlungsempfänger auf dessen PayPal-Konto gut. Zugleich belastet es die hinterlegte Zahlungsquelle des Zahlers (dh dessen Bankkonto oder Kreditkarte) in gleicher Höhe. Eine PayPal-Zahlung beinhaltet demnach regelmäßig **zwei Geschäftsvorgänge:** (i) die Ausgabe von E-Geld gegen Bezahlung und (ii) die Übertragung des E-Gelds auf das Konto des Zahlungsempfängers. Die Gutschrift auf dessen Konto erfolgt augenblicklich. Hierüber erhält der Zahlungsempfänger eine sofortige Bestätigung, so

---

[64] Ausführlich zu PayPal *Meder/Grabe* BKR 2005, 467; siehe auch *Hoenike/Szodruch* MMR 2006, 519.
[65] Vgl. Ziff. 3.4 der PayPal-Nutzungsbedingungen. Befindet sich zu diesem Zeitpunkt ein Guthaben auf dem PayPal-Konto des Zahlers, wird zuerst dieses Guthaben für die Zahlungstransaktion verwendet, bevor zusätzliches neues E-Geld ausgegeben wird.

dass beim Onlinegeschäft der Händler den Kaufgegenstand unmittelbar nach Abschluss des Zahlungsvorgangs an den Käufer übermitteln kann.

Die eingehende Zahlung kann der Zahlungsempfänger auf seinem PayPal-Konto belassen, bspw. um sie bei einer Folgetransaktion zu nutzen. Alternativ kann er das E-Geld bei PayPal einlösen und sich die entsprechende Summe als Giralgeld auf sein hinterlegtes Bankkonto überweisen lassen.[66] Finanziert wird das Angebot durch Gebühren beim Empfang von Zahlungen. Eine monatliche Grundgebühr existiert nicht. Das Senden von Beträgen ist kostenfrei, so dass ein Nutzer, der seine Onlinegeschäfte mit PayPal bezahlen möchte, hierfür keine Gebühr entrichten muss.

Ein weiterer Erfolgsfaktor liegt darin begründet, dass der Zahler seine vertraulichen Zahlungsinformationen, wie bspw. seine Bankdaten oder seine Kreditkartennummer, nicht dem Onlinehändler bekannt geben muss.[67] Vielmehr werden die Kontoverbindungs- bzw. Kreditkartendaten nur PayPal als Anbieter des E-Geld-Konten basierten Zahlungssystems bekannt gegeben. Auf Seiten des Zahlungsempfängers haben derartige Zahlungssysteme schließlich den Vorteil, dass sie kleinen gewerblichen Anbietern und Privatanbietern die Akzeptanz von Kreditkartenzahlungen ermöglichen, ohne dass ein gesonderter Akquisitionsvertrag mit einem Kreditkartenunternehmen abgeschlossen werden muss. Ferner brauchen die Sicherheitsstandards der Kreditkartenindustrie für die Abwicklung von Kreditkartentransaktionen nicht eingehalten zu werden.[68] So wird einer Vielzahl von Verkäufern der Weg in die Kreditkartenzahlung im E-Commerce ermöglicht.[69]

c) Vertragsbeziehungen

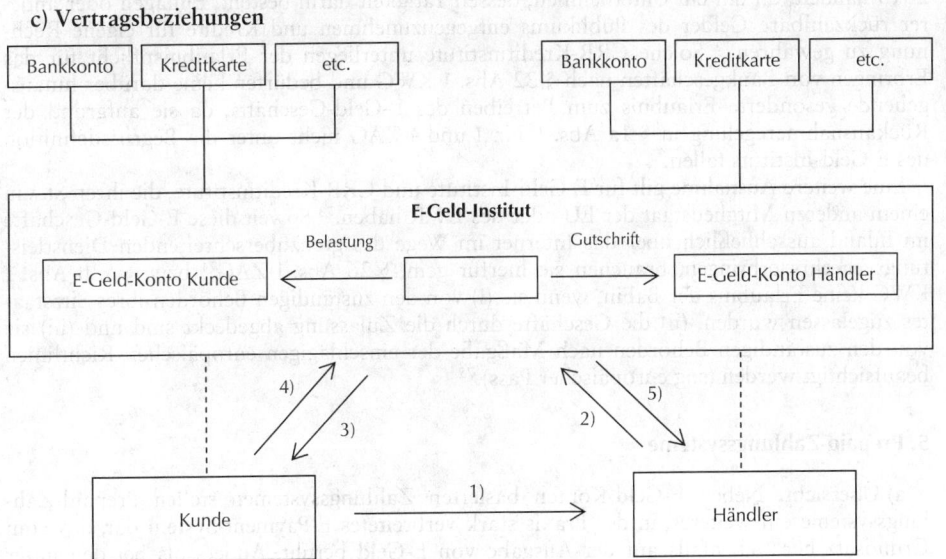

Beispiel: Nutzung eines E-Geld-basierten Zahlungssystems beim Onlinekauf

1) Kunde wählt die entsprechende Bezahlmethode (bspw. PayPal oder Skrill) auf der Website des Onlinehändlers.
2) Kunde wird auf die Zahlungsseite des Anbieters umgeleitet.
3) E-Mail-Adresse und Passwort des Nutzers werden abgefragt.
4) Kunde gibt entsprechende Daten ein und stimmt dem Zahlungsvorgang zu.
5) Händler erhält Zahlungsbestätigung.

---

[66] Vgl. Ziff. 6.1 der PayPal-Nutzungsbedingungen.
[67] *Meder/Grabe* BKR 2005, 467.
[68] Diese sind im sog. Payment Card Industry Data Security Standard (PCI-DSS) zusammengefasst. Siehe hierzu Rn. 48.
[69] *Meder/Grabe* BKR 2005, 467 (469).

71 **d) Rechtliche Einordnung.** Nach deutschem Recht[70] richtet sich die vertragsrechtliche Beziehung zwischen dem Anbieter des E-Geld-Konten basierten Zahlungssystems und seinen Nutzern nach den gesetzlichen **Vorschriften über Zahlungsdienste in §§ 675c ff. BGB.** Zwar handelt es sich bei der Ausgabe und Nutzung von E-Geld nicht um einen Zahlungsdienst iSv § 1 Abs. 2 ZAG. Gem. § 675c Abs. 2 BGB finden die §§ 675c ff. BGB auf die Ausgabe und Nutzung von E-Geld aber entsprechende Anwendung. Demnach stellt bspw. die mit der Initiierung eines Zahlungsvorgangs einhergehende Anweisung des Kunden an den Anbieter, einen bestimmten Betrag auf das E-Geld-Konto eines anderen Kunden zu übertragen, ein Zahlungsauftrag iSv § 675f Abs. 3 S. 2 BGB dar, auf den die unter → Rn. 8 ff. stehenden Ausführungen zu Überweisungen entsprechend gelten.

72 In aufsichtsrechtlicher Hinsicht hat der Betreiber des E-Geld-Konten basierten Zahlungssystems die **in §§ 23a ff. ZAG normierten Sondervorschriften** für das E-Geld-Geschäft einzuhalten. Hierunter fällt die Verpflichtung in § 23b ZAG, das ausgegebene E-Geld auf Verlangen des Kunden jederzeit zum Nennwert in gesetzliche Zahlungsmittel zurückzutauschen. Ferner gilt das Zinsverbot gem. § 2 Abs. 1a S. 3 ZAG, nach dem die E-Geld-Beträge auf den Konten der Kunden nicht verzinst werden dürfen.[71]

73 Schließlich hat der Betreiber zu beachten, dass er für seine E-Geld ausgebende Tätigkeit eine schriftliche Erlaubnis der BaFin nach § 8a Abs. 1 ZAG (**E-Geld-Lizenz**) benötigt, da er nach den gesetzlichen Vorschriften als ein E-Geld-Institut anzusehen ist, das das E-Geld-Geschäft iSv § 1a Abs. 2 ZAG betreibt. Dies gilt nur dann nicht, wenn es sich bei dem Anbieter zugleich um ein CRR-Kreditinstitut iSv Art. 4 Nr. 1 der CRD IV-VO (EU) Nr. 575/2013 handelt, dh um ein Unternehmen, dessen Tätigkeit darin besteht, Einlagen oder anderer rückzahlbare Gelder des Publikums entgegenzunehmen und Kredite für eigene Rechnung zu gewähren.[72] Solche CRR-Kreditinstitute unterliegen der Erlaubnispflicht für das Erbringen von Bankgeschäften nach § 32 Abs. 1 KWG und bedürfen keine darüber hinausgehende gesonderte Erlaubnis zum Betreiben des E-Geld-Geschäfts, da sie aufgrund der Rückausnahmeregelung in § 1a Abs. 1 Nr. 1 und 4 ZAG nicht unter die Begriffsdefinition des E-Geld-Instituts fallen.

74 Eine weitere **Ausnahme** gilt für E-Geld-Institute und CRR-Kreditinstitute, die ihren Sitz in einem anderen Mitgliedstaat der EU oder des EWR haben.[73] Soweit diese E-Geld-Geschäfte im Inland ausschließlich über das Internet im Wege des grenzüberschreitenden Dienstleistungsverkehrs erbringen, brauchen sie hierfür gem. § 26 Abs. 1 ZAG[74] bzw. § 53b Abs. 1 KWG keine Erlaubnis der BaFin, wenn sie (i) von den zuständigen Behörden ihres Sitzstates zugelassen wurden, (ii) die Geschäfte durch die Zulassung abgedeckt sind und (iii) sie von den zuständigen Behörden nach Maßgabe der einschlägigen europäischen Richtlinien beaufsichtigt werden (sog europäischer Pass).[75]

5. Prepaid-Zahlungssysteme

75 **a) Übersicht.** Neben E-Geld-Konten basierten Zahlungssystemen stellen Prepaid-Zahlungssysteme ein weiteres, in der Praxis stark verbreitetes E-Payment-System dar, das vom Grundsatz her[76] ebenfalls auf der Ausgabe von E-Geld beruht. Anders als bei den unter

---

[70] In diesem Zusammenhang gilt es zu beachten, dass die Kunden-Vertragsbeziehungen mit den großen Anbietern PayPal und Skrill nicht deutschem Recht, sondern dem Recht von England und Wales unterliegen; vgl. Ziff. 14.3 der PayPal-Nutzungsbedingungen und Ziff. 21.3 der Geschäftsbedingungen von Skrill.
[71] Hierzu Casper/Terlau/*Terlau* ZAG § 2 Rn. 41 ff.; *Koch/Reinicke* ZAG § 2 S. 81 f.
[72] Vgl. Casper/Terlau/*Walter* ZAG § 8a Rn. 6.
[73] Dies trifft sowohl auf PayPal als auch auf Skrill zu, die ihre Geschäftssitze im Luxemburg bzw. dem Vereinigten Königreich haben.
[74] Nach seinem unmittelbaren Wortlaut gilt § 26 Abs. 1 ZAG zwar nur für die Erbringung von *Zahlungsdiensten* im Inland. Aufgrund der Vorgaben in Art. 3 Abs. 1 der zweiten E-Geld-Richtlinie 2009/110/EG und Art. 10 Abs. 9 der Zahlungsdiensterichtlinie 2007/64/EG ist § 26 Abs, 1 ZAG allerdings so ausgelegen, dass er auch auf die Erbringung von E-Geld-Geschäften Anwendung findet; vgl. hierzu Casper/Terlau/*Walter* ZAG § 26 Rn. 20.
[75] *Neumann/Bauer* MMR 2011, 563 (565).
[76] Zu den Ausnahmen → Rn. 62 f.

II. E-Payment

→ Rn. 61 ff. dargestellten Zahlungssystemen werden die ausgegebenen E-Geld-Beträge jedoch nicht in einem beim Anbieter geführten E-Geld-Konto verwaltetet, sondern auf einem Prepaid-Voucher verkörpert, den der Kunde beim Anbieter selbst oder bei einer vom Anbieter autorisierten Verkaufsstelle kaufen kann. Bei dem Voucher kann es sich zum einen um Prepaid-Kreditkarten handeln, die mit dem entsprechenden Geldwert aufgeladen sind. Zum anderen kann der Betrag aber auch in einer bloßen Zahlenkombination verkörpert sein, die dem Nutzer beim Erwerb des E-Geld-Betrags ausgehändigt wird. Dies ist bspw. bei der Paysafecard der Fall, die in Deutschland von der paysafecard.com Deutschland als Zweigniederlassung der Prepaid Service Company mit Sitz in London herausgegeben wird.

Die **Paysafecard** ist ein Prepaid-Voucher mit einer 16-stelligen PIN, der den Paysafecard-Kunden auf einem Papierbeleg gedruckt ausgegeben wird.[77] Sie kann bei weltweit über 450.000 Verkaufsstellen (darunter Tankstellen, Supermärkte und Kioske) gegen Bezahlung des Nominalwertes erworben und zur Zahlung im Internet bei Händlern genutzt werden, die die Paysafecard als E-Payment-Methode in ihrem Webshop integriert haben. Hierzu hat der Kunde beim Zahlungsprozess im Webshop die Bezahlmethode Paysafecard auszuwählen, seine PIN einzugeben und die Zahlung zu bestätigen. Der entsprechende Zahlbetrag wird sodann von dem Voucher des Kunden abgebucht und an den Onlinehändler überwiesen.[78]

Ebenso wie bei E-Geld-Konten basierten Zahlungssystemen braucht der Kunde demnach auch bei Paysafecard-Zahlungen **keine persönlichen Bank- oder andere Zahlungsdaten** an den Zahlungsempfänger weiterzugeben, um eine Zahlung über das Internet zu bewirken. Da Paysafecard-Voucher in herkömmlichen Geschäften gegen Barzahlung erworben werden können, bedarf es darüber hinaus auch keiner Weitergabe dieser Daten an den Anbieter des Zahlungssystems.

b) Rechtliche Einordnung. Bei der rechtlichen Einordnung von Prepaid-Zahlungssystemen gilt es zunächst zu untersuchen, ob es sich bei den, von dem jeweiligen Anbieter herausgegebenen Prepaid-Vouchers um **E-Geld im Sinne von § 675c Abs. 2 BGB bzw. § 1a Abs. 3 ZAG** handelt. Dies setzt voraus, dass mit dem Voucher ein elektronisch oder magnetisch gespeicherter monetärer Wert in Form einer Forderung gegenüber dem Emittenten verbunden ist, der gegen Zahlung eines Geldbetrags ausgestellt wird, um damit Zahlvorgänge iSd § 675f Abs. 3 Satz 1 BGB durchzuführen, und der auch von anderen natürlichen oder juristischen Personen als dem Emittenten angenommen wird.[79] Diese Voraussetzungen sind bei Prepaid-Zahlungssystemen grundsätzlich gegeben, da der Voucher einen Zahlungsanspruch gegenüber dem Anbieter verkörpert, der Nutzer den Voucher gegen Entgelt erwirbt und der Voucher bei Internetgeschäften als Zahlungsmittel gegenüber Dritten einsetzen werden soll.

Ungeachtet dessen liegt gem. § 1a Abs 5 Nr. 1 ZAG iVm § 1 Abs. 10 Nr. 10 ZAG allerdings dann kein E-Geld vor, wenn der monetäre Wert auf einem Instrument gespeichert ist, das für den Erwerb von Waren oder Dienstleistungen nur in den Geschäftsräumen des Ausstellers oder im Rahmen einer Geschäftsbeziehung mit dem Aussteller entweder für den Erwerb innerhalb eines begrenzten Netzes von Dienstleistern oder für den Erwerb einer begrenzten Auswahl von Waren oder Dienstleistungen verwendet werden kann. Diese sog *Closed-Loop* **Ausnahmeregelung** greift typischerweise bei Kundenkarten, Mitgliedskarten oder Gutscheinen, die nur innerhalb eines eng begrenzten Händlernetzwerks eingesetzt werden, was bei Prepaid-Vouchern, die von einer Vielzahl von Onlinehändlern akzeptiert werden, regelmäßig aber nicht der Fall ist.[80]

Soweit E-Geld vorliegt und die vorgenannte Ausnahmeregelung nicht einschlägig ist, betreibt der Anbieter des Prepaid-Zahlungssystems das E-Geld-Geschäft, so dass die unter → Rn. 70 ff. dargestellten rechtlichen Besonderheiten zu beachten sind.

---

[77] Bei einem Erwerb der Paysafecard im Onlineshop erhält der Nutzer die PIN in elektronischer Form.
[78] Vgl. Ziff. 4.2 der Allgemeinen Geschäftsbedingungen für die Paysafecard.
[79] So die Definition in § 1a Abs. 3 ZAG.
[80] Vgl. *Koch/Reinicke* ZAG S. 75 ff.; Casper/Terlau/*Terlau* ZAG § 1a Rn. 76 ff.

81 Darüber hinaus stellt sich bei Prepaid-Zahlungssystemen stets die Frage, inwieweit der Anbieter sich bei der Erfüllung **geldwäscherechtlicher Sorgfaltspflichten** auf die Erleichterungen in § 25n Abs. 2 KWG berufen kann. Hiernach braucht der Anbieter bestimmte, in § 25i Abs. 1 KWG normierten Identifizierungs- und Überwachungspflichten nicht zu erfüllen, wenn der auf dem Prepaid-Voucher gespeicherte Betrag 100 Euro pro Monat nicht übersteigt und sichergestellt ist, (i) dass das ausgegebene E-Geld nicht mit E-Geld eines anderen Nutzers verbunden werden kann, (ii) dass die Sorgfaltspflichten beim Rücktausch des ausgegebenen E-Gelds gegen Bargeld erfüllt werden[81] und (iii) dass bei wiederaufladbaren Prepaid-Vouchern der Höchstbetrag von 100 Euro pro Monat nicht überschritten werden kann. Dies gibt dem Anbieter die Möglichkeit, durch eine entsprechende Strukturierung seines Angebots den Umfang der erforderlichen geldwäscherechtlichen Sorgfaltsmaßnahmen erheblich zu reduzieren.

82 Soweit sich aus der Nutzung des Prepaid-Zahlungssystems nur ein geringes Risiko der Geldwäsche, Terrorismusfinanzierung oder sonstiger strafbarer Handlungen ergibt, kann der Anbieter des Zahlungssystems bei der BaFin nach § 25n Abs. 5 KWG auch einen Antrag auf Reduzierung oder Befreiung von den geldwäscherechtlichen Sorgfaltspflichten stellen.

6. Direktüberweisungssysteme

83 Im Bereich der Direktüberweisungssysteme konnte sich in den letzten Jahren neben dem von Teilen der deutschen Kreditwirtschaft betriebenen Giropay-System der Online-Bezahldienst „**Sofortüberweisung**" der Sofort AG etablieren. Sofortüberweisung setzt keine Registrierung oder Identifizierung der Kunden gegenüber der Sofort AG voraus. Voraussetzung ist lediglich, dass der Kunde über PIN/TAN-gestütztes Online-Banking verfügt.

84 a) **Übersicht.** Die Sofort AG ist an der Zahlungsabwicklung **nur indirekt beteiligt** und fungiert im Verhältnis zwischen dem Zahlenden und seiner Bank lediglich als **Schnittstelle**. Der Zahlende übermittelt an die Sofort AG seine Online-Banking-Zugangsdaten, woraufhin sich die Sofort AG auf der entsprechenden Bankenseite einloggt. Daraufhin stößt die Sofort AG auf der Banken-Website den Zahlungsvorgang an, reicht die Anforderung der Bank nach einer gültigen TAN an den Zahlenden weiter, der die angeforderte TAN wiederum an die Sofort AG weiterleitet. Die Sofort AG gibt die TAN schließlich auf der Banken-Website ein und schließt den Überweisungsauftrag ab. Die Sofort AG teilt dem Verkäufer den erfolgreichen Abschluss des Überweisungsauftrags mit und dieser kann unmittelbar danach die Ware versenden oder die Dienstleistung erbringen.

85 Aus **sicherheitstechnischer Sicht** wird kritisiert, dass der Zahlende sämtliche Authentifizierungsdaten, die zum Login und zur Durchführung einer Überweisung erforderlich sind, einem Dritten offenbaren muss – was im Regelfall zudem gegen entsprechende vertragliche Geheimhaltungspflichten zwischen dem Zahlenden und seiner Bank verstößt. So haben Bankkunden gem. Ziffer 7.2 der Bedingungen der Banken für das Online-Banking ihre personalisierten Sicherheitsmerkmale (PIN und TAN) geheim zu halten und nur über die von der Bank gesondert mitgeteilten Online-Banking-Zugangskanäle an diese zu übermitteln. In wettbewerbsrechtlicher Hinsicht ist das Verbot der Weitergabe von PIN und TAN an Dritte allerdings kritisch zu bewerten.[82]

---

[81] Dies ist allerdings dann nicht erforderlich, wenn der Rücktausch sich auf einen Wert von nicht mehr als 20 Euro bezieht oder der Rücktausch durch Gutschrift auf ein E-Geld-Konto des Inhabers erfolgt; vgl. § 25n Abs. 2 S. 1 Nr. 2 KWG.
[82] Siehe hierzu die Stellungnahme des Bundeskartellamtes vom 11.4.2012 zum Grünbuch der Kommission „Ein integrierter europäischer Markt für Karten-, Internet-, und mobile Zahlungen", S. 3.

b) Vertragsbeziehungen

86

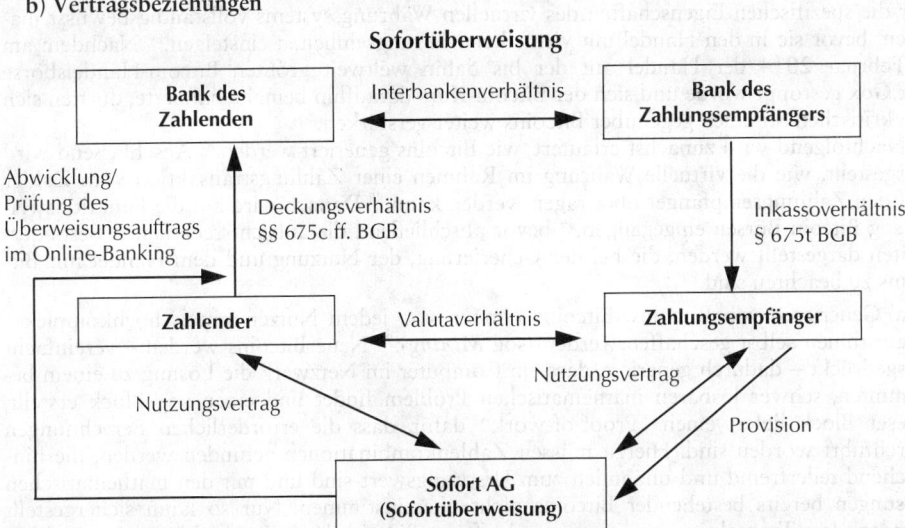

c) Rechtliche Einordnung. Aus rechtlicher Sicht stellt sich die Überweisung, die unter Vermittlung durch die Sofort AG vorgenommen wird, als **normale Überweisung** dar, für die die oben unter → Rn. 8 ff. stehenden Ausführungen entsprechend gelten. Von Seiten der Sofort AG besteht keine Möglichkeit, auf die Ausführung der Überweisung Einfluss zu nehmen.

87

7. Bitcoins

Bitcoins sind eine neuartige, auf kryptographischen Techniken beruhende **virtuelle Währung**, deren Transaktionen und Guthaben in einem dezentralen Netzwerk verwaltet werden. Seit ihrer Einführung im Jahre 2009 hat sich das digitale Zahlungssystem zu einer Kryptowährung entwickelt, die sowohl im Online-Bereich (zB bei Internet-Games oder sozialen Netzwerken) als auch bei Offline-Geschäften (dort insbesondere in den Bereichen Gastronomie oder Unterhaltung) von immer mehr Anbietern als Zahlungsmittel akzeptiert wird. Motiviert durch die Finanz- und Eurokrise wurde eine private Alternative zu den bestehenden staatlichen Währungen geschaffen,[83] bei denen die Nutzer auf Grundlage eines Peer-to-Peer-Netzwerkes ohne Einbindung einer „zentralen Autoritätsstelle" Transaktionen selbst durchführen können.[84] In diesem Sinne gewährleistet die dezentrale, auf einer Open-Source Software basierende Verwaltung des Bitcoin-Systems eine **von staatlicher Einflussnahme unabhängige Währungsform**, die für jedermann zugänglich und überprüfbar ist.

88

Bitcoins bergen jedoch auch zahlreiche **Risiken**. So ist die hohe Komplexität des Systems und der über sie bewirkten Transaktionen nicht für alle Teilnehmer ohne weiteres verständlich. Nichtsdestotrotz kann jeder Interessent das Bitcoin-System nutzen, ohne zuvor von einer Vermittlungs- oder Zugangsstelle über die damit verbundenen Betrugs- und Verlustrisiken aufgeklärt worden zu sein. Die Europäische Zentralbank (EZB) hat in ihrem „Virtual Currency Schemes"-Bericht vom Oktober 2012 starke Zweifel an der Sicherheit des Systems geäußert.[85] Ebenso hat die Europäische Bankenaufsicht (EBA) Ende 2013 eine „Warning to consumers on virtual currencies" herausgegeben, in der sie zur Vorsicht bei der Nutzung von Bitcoins und anderer virtueller Währungen aufrief. Da der Nutzer – anders als bei regulierten Währungs- und Zahlungssystemen – durch keine spezifischen Rechtsvorschriften

89

---

[83] *Eckert* DB 2013, 2108.
[84] *Nakamoto,* Bitcoin: A Peer-to-Peer Electronic Cash System, S. 1; Europäische Zentralbank, Virtual Currency Schemes, October 2012, S. 21.
[85] Europäische Zentralbank, Virtual Currency Schemes, October 2012, S. 27.

gesichert sei, bestehe ein erhöhtes finanzielles Risiko. Aus diesem Grunde sollten sich Nutzer die spezifischen Eigenschaften des virtuellen Währungssystems vollständig bewusst machen, bevor sie in den Handel mit virtuellen Währungseinheiten einsteigen.[86] Nachdem am 7. Februar 2014 der Handel auf der bis dahin weltweit größten Bitcoin-Handelsbörse Mt.Gox gestoppt wurde und sich der Bitcoin-Kurs daraufhin beinahe halbierte, dürften sich die kritischen Stimmen gegenüber Bitcoins weiter verstärken.

90 Nachfolgend wird zunächst erläutert, wie Bitcoins generiert werden.[87] Anschließend wird dargestellt, wie die virtuelle Währung im Rahmen einer Zahlungstransaktion vom Zahler auf den Zahlungsempfänger übertragen werden kann.[88] Danach wird auf die Funktionsweise sog Bitcoin-Börsen eingegangen,[89] bevor abschließend die aufsichtsrechtlichen Besonderheiten dargestellt werden, die bei der Generierung, der Nutzung und dem Handel mit Bitcoins zu beachten sind.[90]

91 a) **Generieren von Bitcoins.** Bitcoins können von jedem Nutzer mittels hochkomplexer Algorithmen selbst geschaffen werden (sog *Mining*).[91] Neue Bitcoins werden – vereinfacht ausgedrückt – dadurch generiert, dass ein Computer im Netzwerk die Lösung zu einem bestimmten, schwer lösbaren mathematischen Problem findet und einen sog Block erstellt. Dieser Block liefert einen „Proof-of-work" dafür, dass die erforderlichen Berechnungen durchgeführt worden sind. Hierzu müssen Zahlenkombinationen gefunden werden, die hinreichend teilerfremd und unähnlich zum Ursprungswert sind und mit den mathematischen Lösungen bereits bestehender Bitcoins nicht übereinstimmen. Nur so kann sichergestellt werden, dass Transaktionen mit neu geschaffenen Bitcoins keine Rückschlüsse auf die hierbei verwendeten privaten Schlüssel zulassen. Das Generieren von Bitcoins durch *Mining* beruht somit auf einem **Zufallsprinzip**. Der „Miner" probiert mithilfe komplexer Computersysteme so viele Rechenalternativen aus, bis eine zulässige Zahlenkette gefunden und ein neuer Block kreiert wurde.

92 Jeder Computer, der es schafft einen neuen Block zu generieren, darf eine Transaktion mit 50 Bitcoins hinzufügen. Dieser Betrag soll einen Anreiz dafür schaffen, weitere Blöcke zu generieren und die Anzahl existierender Bitcoins im System zu vergrößern.[92] Allerdings wird die Erstellung neuer Blöcke proportional umso schwieriger je mehr Bitcoins im Umlauf sind, da die Algorithmen immer komplexer werden. Zudem ist die **maximale Anzahl** auf knapp 21 Millionen Bitcoins begrenzt. Im Gegensatz zum Buchgeld der Geschäftsbanken können Bitcoins demnach nicht unbegrenzt neu geschaffen werden.

93 b) **Übersenden von Bitcoins.** Ebenso wie herkömmliche Währungen sind auch Bitcoins primär darauf ausgerichtet, beim Handel von Gütern und der Erbringung von Dienstleistungen als Zahlungsmittel eingesetzt zu werden. Da sie keiner zentralen Verwaltungsstelle unterliegen und auch nicht körperlich greifbar sind, stellt sich die Frage, wie bei einem Zahlungsvorgang Bitcoins vom Zahler auf den Zahlungsempfänger übertragen werden können. Nutzer, die Bitcoin-Zahlungen senden oder empfangen möchten, müssen hierfür auf ihrem Computer einen sog **Bitcoin-Client** installieren. Hierbei handelt es sich um eine Open-Source-Software, die die erforderlichen Bitcoin-Adressen für die Abwicklung der Bitcoin-Zahlungen erstellt. Jeder Adresse ist ein privater und ein öffentlicher Schlüssel zugeordnet, mittels derer Zahlungstransaktionen vollzogen werden können. Um die Anonymität zu wahren, besteht die Möglichkeit, über den Client eine unbegrenzte Anzahl von Adressen zu erzeugen, so dass der Nutzer für jede Transaktion eine andere Adresse verwenden kann. Alle Adressen des Nutzers werden in einer lokalen Datei, der sog *Wallet*, gespeichert. Bei Erhalt einer Bitcoin-Zahlung wird der Zahlungsbetrag sodann dem Kontostand in der *Wallet* hinzugefügt.

---

[86] Europäische Bankenaufsicht, Warnhinweis für Verbraucher vor virtuellen Währungen, EBA/WRG/2013/01 vom 12.12.2013.
[87] Hierzu nachstehend → Rn. 90 f.
[88] Hierzu nachstehend → Rn. 92 ff.
[89] Hierzu nachstehend → Rn. 95 ff.
[90] Hierzu nachstehend → Rn. 98 ff.
[91] *Eckert* DB 2013, 2108 (2109).
[92] *Nakamoto*, Bitcoin: A Peer-to-Peer Electronic Cash System, S. 4.

94 Konkret erfolgt das Versenden von Bitcoins durch die **Verwendung der in der *Wallet* gespeicherten Schlüssel**. Der öffentliche Schlüssel des Empfängers dient hierbei als Adresse des Empfängers, um ihn individualisieren zu können. Er ist eine Art Kontonummer des Empfängers, die öffentlich zugänglich ist. Der (geheim zu haltende) private Schlüssel des Versenders dient der Verschlüsslung der zu transferierenden Beträge in der *Wallet* des Versenders. Nach Übersendung des verschlüsselten Datenpakets kann der Empfänger die Bitcoins entschlüsseln und in seine *Wallet* übertragen. Damit wird die Transaktion für das gesamte Netzwerk nachvollziehbar dargestellt und eindeutig festgelegt, dass die Bitcoins von einer bestimmten Adresse (des Versenders) auf eine andere Adresse (des Empfängers) übertragen wurden.

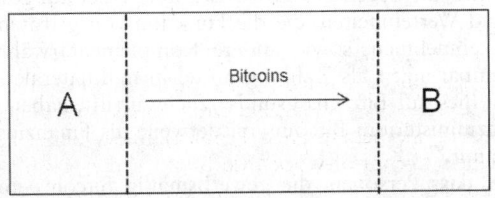

Beispiel: Übersenden von Bitcoins
1) A fügt dem öffentlichen Schlüssel von B den zu übertragenden Bitcoin-Betrag zu und verschlüsselt die Daten mit seinem privaten Schlüssel.
2) Das verschlüsselte Datenpaket gelangt zu B.
3) B entschlüsselt die Daten und überträgt die Bitcoins in seine *Wallet*.

95 Um den Sendevorgang erfolgreich abschließen zu können, ist zusätzlich erforderlich, dass die getätigte Transaktion von mindestens sechs anderen, mit dem System verbundenen Bitcoin-Clients bestätigt wird. Hierdurch soll sichergestellt werden, dass der Zahlende dieselben Bitcoins nicht ein weiteres Mal an einen anderen Zahlungsempfänger übersendet.[93]

96 **c) Bitcoin-Börsen.** Der Handel mit Bitcoins erfolgt über privat betriebene Bitcoin-Börsen, die über die Internetadresse des jeweiligen Anbieters zugänglich sind. Bitcoin-Nutzer, die sich auf solchen Handelsplattformen registrieren und ein Benutzerkonto eröffnen, können hierüber Bitcoins kaufen und verkaufen. Die Betreiber der Bitcoin-Börsen agieren dabei regelmäßig nur als Vermittler, ohne selbst mit Bitcoins zu handeln.[94] Der **Kaufvertrag** kommt somit unmittelbar **zwischen den Börsennutzern,** dh zwischen dem Verkäufer und Käufer der Bitcoins zustande. Dementsprechend erfolgt auch die Bezahlung des Kaufpreises für die erworbenen Währungseinheiten außerhalb des Börsenplatzes zwischen Verkäufer und Käufer. Zur Übersendung der gekauften Bitcoins sind die unter → Rn. 93 f. dargestellten Schritte durchzuführen.

97 Um die **Sicherheit** beim Bitcoin Handel zu erhöhen und den Käufer zu schützen, bieten Bitcoin-Börsen ihren Nutzern zusätzlich zur Bereitstellung des Handelsplatzes teilweise auch einen Treuhandservice an, bei dem die zu verkaufenden Bitcoins vorab auf ein Bitcoin-Konto beim Börsenbetreiber einzuzahlen sind.[95] Nach Einstellung des Verkaufsgebots werden die eingezahlten Beträge dann solange gesperrt, bis das Kaufgeschäft zwischen Verkäufer und Käufer zustande gekommen oder endgültig gescheitert ist. Im Erfolgsfalle werden die verkauften Bitcoins direkt an den Käufer übertragen.

98 Als weiteres Leistungsangebot können die Nutzer bei dem Börsenbetreiber regelmäßig einen Verwahrservice in Anspruch nehmen und ihre Bitcoins in eine gesicherte Online-*Wallet* beim Börsenbetreiber einzahlen. Hierdurch können die Nutzer von zusätzlichen (technischen) Sicherungsmaßnahmen des Börsenbetreibers profitieren, die dieser zum Schutz der bei ihm hinterlegten Bitcoins vor Hacker-Angriffen implementiert hat.

---

[93] *Nakamoto,* Bitcoin: A Peer-to-Peer Electronic Cash System, S. 2.
[94] Vgl. etwa § 12 Nr. 1 der allgemeinen Geschäftsbedingungen der Bitcoin Deutschland GmbH als Betreiberin der deutschen Bitcoin-Börse „bitcoin.de".
[95] Vgl. § 12 Nr. 3 der allgemeinen Geschäftsbedingungen der Bitcoin Deutschland GmbH.

99 d) **Aufsichtsrechtliche Besonderheiten.** Bitcoins stellen **kein E-Geld im Sinne von § 1a Abs. 3 ZAG** dar, da es aufgrund der dezentralen Struktur des Bitcoin-Systems an einem zentralen Emittenten fehlt, der die virtuelle Währung unter Begründung einer Forderung gegen sich ausgibt.[96] Nutzer, die Bitcoins generieren oder verkaufen, betreiben demnach kein E-Geldgeschäft im Sinne von § 1a Abs. 2 ZAG, so dass sie in aufsichtsrechtlicher Hinsicht weder als E-Geld-Institut noch als E-Geld-Agent anzusehen sind. Als privat verwaltete Kryptowährung stellen Bitcoins auch kein gesetzliches Zahlungsmittel dar. Bei ihnen handelt es sich somit weder um Devisen noch um Sorten.

100 Bitcoins können jedoch als Finanzinstrumente in Form von **Rechnungseinheiten im Sinne von § 1 Abs. 11 S. 1 Nr. 7 KWG** qualifiziert werden. Hierunter fallen Werteinheiten, die mit Devisen vergleichbar sind, im Gegensatz zu Devisen aber nicht auf gesetzliche Zahlungsmittel lauten. Umfasst sind Werteinheiten, die die Funktion von privaten Zahlungsmitteln bei Ringtauschgeschäften einnehmen, sowie andere Komplementärwährungen, die aufgrund privatrechtlicher Vereinbarungen als Zahlungsmittel in multilateralen Verrechnungskreisen eingesetzt werden. Da dies auf Bitcoins grundsätzlich zutrifft, haben sowohl die BaFin als auch das Bundesfinanzministerium Bitcoins mittlerweile als Finanzinstrumente bzw. Rechnungseinheiten anerkannt.[97]

101 Dies hat zur Folge, dass Personen, die **gewerbsmäßig** Bitcoins im eigenen Namen für fremde Rechnung an- und verkaufen, ein Finanzkommissionsgeschäft nach § 1 Abs. 1 S. 2 Nr. 4 KWG betreiben und hierfür eine Erlaubnis nach § 32 Abs. 1 KWG benötigen. Je nach Ausgestaltung der jeweiligen Tätigkeiten kann auch eine Anlage- oder Abschlussvermittlung im Sinne von § 1 Abs. 1a S. 2 Nr. 1 bzw. 2 KWG oder ein Eigenhandel gem. § 1 Abs. 1a S. 2 Nr. 4 KWG vorliegen.

102 Bitcoin-Börsen werden darüber hinaus regelmäßig als **multilaterale Handelssysteme im Sinne von § 1 Abs. 1a S. 2 Nr. 1b KWG** anzusehen sein, da sie die Interessen einer Vielzahl von Personen am Kauf und Verkauf von Finanzinstrumenten innerhalb des Systems und nach festgelegten Bestimmungen in einer Weise zusammenbringen, die zum Abschluss von Verträgen über den Kauf der Finanzinstrumente führen. Die jeweiligen Betreiber der Börse benötigen demnach ebenfalls eine Erlaubnis nach § 32 Abs. 1 KWG.[98]

103 Demgegenüber stellt die **bloße Nutzung** von Bitcoins als Zahlungsmittel bei Online- oder Offline-Geschäften – sei es auf Käufer- oder Verkäuferseite – keine erlaubnispflichtige Tätigkeit dar. Das Gleiche gilt für das Generieren von Bitcoins sowie für den nicht gewerblichen An- und Verkauf der virtuellen Währung.

8. Zivilrechtliche Informations- und Unterrichtspflichten

104 a) **Informationspflichten bei Fernabsatzverträgen über Finanzdienstleistungen – § 312d Abs. 2 BGB iVm Art. 246b EGBGB.** Sowohl die Informationspflichten des BGB als auch die Regelungen des Art. 246b EGBGB enthalten besondere Informationspflichten für Finanzdienstleistungen, welche beim Angebot von Finanzdienstleistungen im Internet zu beachten sind. Im nachfolgenden wird die Rechtslage dargestellt, welche seit dem 13.6.2014 mit Inkrafttreten des Umsetzungsgesetzes zur **Verbraucherrechterichtlinie**[99] gilt. Zur bis dahin gültigen Rechtslage sei auf die Vorauflage verwiesen.

Ein Verstoß gegen die Informationspflichten kann nach § 356 Abs. 3 S. 1 BGB zu verzögertem Beginn der Widerrufsfrist führen.

---

[96] *Eckert* DB 2013, 2108; siehe auch BaFin, Bitcoins: Aufsichtliche Bewertung und Risiken für Nutzer, 19.12.2013, http://www.bafin.de/SharedDocs/Veroeffentlichungen/DE/Fachartikel/2014/fa_bj_1401_bitcoins.html.

[97] BaFin, Bitcoins: Aufsichtliche Bewertung und Risiken für Nutzer, 19.12.2013, http://www.bafin.de/SharedDocs/Veroeffentlichungen/DE/Fachartikel/2014/fa_bj_1401_bitcoins.html; Antwortschreiben des BMF vom 7.8.2013 auf eine Schriftliche Anfrage des MdB Frank Schäffler, http://www.frank-schaeffler.de/wp-content/uploads/2013/08/2013_08_07-Antwort-Koschyk-Bitcoins-Umsatzsteuer.pdf.

[98] BaFin, Bitcoins: Aufsichtliche Bewertung und Risiken für Nutzer, 19.12.2013, http://www.bafin.de/SharedDocs/Veroeffentlichungen/DE/Fachartikel/2014/fa_bj_1401_bitcoins.html.

[99] Gesetz zur Umsetzung der Verbraucherrechterichtlinie und zur Änderung des Gesetzes zur Regelung der Wohnungsvermittlung vom 20.9.2013 – BGBl. I 2013 Nr. 58 v. 27.9.2013 S. 3642.

II. E-Payment

Finanzdienstleistungen sind in § 312 Abs. 5 S. 1 BGB definiert als Bankdienstleistungen 105 sowie Dienstleistungen im Zusammenhang mit einer Kreditgewährung, Versicherung, Altersversorgung von Einzelpersonen, Geldanlage oder Zahlung.

Das Online-Banking fällt damit ebenso wie andere E-Payment Angebote über das Internet 106 in der Regel unter den Begriff der Finanzdienstleistung. Damit greifen nach § 312d Abs. 2 BGB zusätzlich zu den allgemeinen Informationspflichten des Fernabsatzrechts diejenigen für Finanzdienstleistungen nach Art. 246b EGBGB:

aa) *Identität und öffentliches Unternehmensregister* – *Art. 246b § 1 Abs. 1 Nr. 1 EGBGB.* 107 Der Unternehmer hat seine Identität anzugeben, sowie das öffentliche Unternehmensregister, bei dem der Rechtsträger eingetragen ist und die zugehörige Registernummer oder gleichwertige Kennung.

bb) *Hauptgeschäftstätigkeit und Aufsichtsbehörde* – *Art. 246b § 1 Abs. 1 Nr. 2 EGBGB.* 108 Die Angabe der Hauptgeschäftstätigkeit des Unternehmers soll den Verbraucher darüber informieren, ob der Unternehmer in seinem Hauptgeschäft Finanzdienstleister ist.

cc) *Ansprechpartner* – *Art. 246b § 1 Abs. 1 Nr. 3 EGBGB.* Genannt werden muss die 109 Identität des Vertreters des Unternehmers in dem Mitgliedstaat, in dem der Verbraucher seinen Wohnsitz hat, wenn es einen solchen Vertreter gibt, oder die Identität einer anderen gewerblichen Person als dem Anbieter, wenn der Verbraucher mit dieser geschäftlich zu tun hat, und die Eigenschaft, in der diese Person gegenüber dem Verbraucher tätig wird.

dd) *Ladungsfähige Anschrift und jede andere Geschäftsadresse* – *Art. 246b § 1 Abs. 1* 110 *Nr. 4 EGBGB.* Zu nennen sind auch die ladungsfähige Anschrift des Unternehmers und jede andere Anschrift, die für die Geschäftsbeziehungen zwischen diesem, seinem Vertreter oder einer anderen gewerblich tätigen Person nach Nr. 3 und dem Verbraucher maßgeblich ist, bei juristischen Personen, Personenvereinigungen oder Personengruppen auch der Name des Vertretungsberechtigten.

ee) *Wesentliche Merkmale der Finanzdienstleistung und Informationen über das Zustan-* 111 *dekommen des Vertrags* – *Art. 246b § 1 Abs. 1 Nr. 5 EGBGB.* Es ist über die wesentlichen Leistungsbestandteile zu informieren sowie darüber, wie der Vertragsschluss abläuft.

ff) *Detaillierte Gesamtpreisangabe* – *Art. 246b § 1 Abs. 1 Nr. 6 EGBGB.* Anzugeben ist 112 der Gesamtpreis der Finanzdienstleistung einschließlich aller damit verbundenen Preisbestandteile sowie alle über den Unternehmer abgeführten Steuern oder, wenn kein genauer Preis angegeben werden kann, seine Berechnungsgrundlage, die dem Verbraucher eine Überprüfung des Preises ermöglicht.

gg) *Zusatzkosten und Hinweis auf zusätzliche mögliche Steuern und Kosten* – *Art. 246b* 113 *§ 1 Abs. 1 Nr. 7 EGBGB.* Zu nennen sind gegebenenfalls zusätzlich anfallende Kosten sowie ein Hinweis auf mögliche weitere Steuern oder Kosten, die nicht über den Unternehmer abgeführt oder von ihm in Rechnung gestellt werden.

hh) *Besondere Finanzinstrumente* – *Art. 246b § 1 Abs. 1 Nr. 8 EGBGB.* Nach dieser Re- 114 gelung ist auf Finanzinstrumente hinzuweisen, die wegen ihrer spezifischen Merkmale oder der durchzuführenden Vorgänge mit speziellen Risiken behaftet sind oder deren Preis Schwankungen auf dem Finanzmarkt unterliegt, auf die der Unternehmer keinen Einfluss hat, und dass in der Vergangenheit erwirtschaftete Erträge kein Indikator für künftige Erträge sind.

ii) *Befristung der Gültigkeitsdauer der zur Verfügung gestellten Informationen Art. 246b* 115 *§ 1 Abs. 1 Nr. 9 EGBGB.* Informationen über eine Befristung der Gültigkeitsdauer der zur Verfügung gestellten Informationen sind anzugeben, beispielsweise die Gültigkeitsdauer befristeter Angebote, insbesondere hinsichtlich des Preises.

jj) *Einzelheiten hinsichtlich der Zahlung und der Erfüllung* – *Art. 246b § 1 Abs. 1* 116 *Nr. 10 EGBGB.* Weiter ist darüber zu informieren, wie die Zahlungsabwicklung und die Erfüllung des Vertrages vonstattengehen werden.

kk) *Spezifische Kosten für die Benutzung des Fernkommunikationsmittels* – *Art. 246b § 1* 117 *Abs. 1 Nr. 11 EGBGB.* Ebenfalls zu informieren ist über alle spezifischen zusätzlichen Kosten, die der Verbraucher für die Benutzung des Fernkommunikationsmittels zu tragen hat, wenn solche zusätzlichen Kosten durch den Unternehmer in Rechnung gestellt werden.

118 ll) *Detaillierte Beschreibung des Widerrufsrechts – Art. 246b § 1 Abs. 1 Nr. 12 EGBGB.* Nach dieser Regelung ist auf das Bestehen oder Nichtbestehen eines Widerrufsrechts sowie auf die Bedingungen und Einzelheiten der Ausübung, insbesondere Name und Anschrift des Widerrufsgegners, und die Rechtsfolgen des Widerrufs einschließlich Informationen über den Betrag, den der Verbraucher im Fall des Widerrufs nach § 357a BGB für die erbrachte Leistung zu zahlen hat, hinzuweisen.

119 mm) *Mindestlaufzeit des Vertrags – Art. 246b § 1 Abs. 1 Nr. 13 EGBGB.* Außerdem ist über die Mindestlaufzeit des Vertrages zu informieren, wenn dieser eine dauernde oder regelmäßig wiederkehrende Leistung zum Inhalt hat.

120 nn) *Kündigungsbedingungen einschließlich Vertragsstrafen – Art. 246b § 1 Abs. 1 Nr. 14 EGBGB.* Auch auf Kündigungsbedingungen und etwaige Vertragsstrafen ist hinzuweisen. Beim Dauerschuldverhältnis ist die Möglichkeit einer Kündigung aus wichtigem Grund ebenfalls anzugeben.[100]

121 oo) *Zugrunde liegendes Recht – Art. 246b § 1 Abs. 1 Nr. 15 EGBGB.* Der Unternehmer soll nach dieser Vorschrift über die Mitgliedstaaten der Europäischen Union informieren, deren Recht der Unternehmer der Aufnahme von Beziehungen zum Verbraucher vor Abschluss des Vertrags zugrunde legt.

122 Was diese Vorschrift meint, ist unklar. Nach dem wohl vorherrschenden Verständnis muss der Anbieter darüber informieren, an welchem Recht er sich nach seinem Rechtsverständnis orientiert.[101] Eine Garantie für die Richtigkeit dieser Informationen dürfte darunter jedoch nicht zu verstehen sein.[102] Zu beachten ist, dass nicht lediglich das der Vertragsbeziehung zugrunde zu legende Recht zu nennen ist, sondern auch das Recht, welches nach Ansicht des Unternehmers vor Vertragsschluss greift.

123 pp) *Rechtswahlklausel und Gerichtsstandsvereinbarung – Art. 246b § 1 Abs. 1 Nr. 16 EGBGB.* Ebenfalls zu informieren ist der Verbraucher über eine Rechtswahlklausel oder eine Gerichtsstandsvereinbarung. Enthält der Vertrag keine solchen Klauseln, ist eine Rechtsauskunft über das anwendbare Recht oder das zuständige Gericht nicht notwendig.[103]

124 qq) *Genutzte Sprachen – Art. 246b § 1 Abs. 1 Nr. 17 EGBGB.* Der Unternehmer hat die Sprachen zu nennen, in welchen die Vertragsbedingungen und die in dieser Vorschrift genannten Vorabinformationen mitgeteilt werden, sowie die Sprachen, in welchen sich der Unternehmer verpflichtet, mit Zustimmung des Verbrauchers die Kommunikation während der Laufzeit dieses Vertrags zu führen. Wird eine Sprache genannt, so müssen sämtliche Informationen, einschließlich der Navigation auch in dieser Sprache angeboten werden.[104]

125 Aus praktischer Sicht empfiehlt es sich für den deutschen Unternehmer, hier lediglich die deutsche Sprache zu nennen. Soweit der Unternehmer auch andere Länder erreichen möchte und deswegen seinen Internetauftritt mehrsprachig gestaltet, sollten weitere Sprachen nur an dieser Stelle genannt werden, wenn sichergestellt werden kann, dass sämtliche Vertragstexte und Informationen des Fernabsatzrechts auch in dieser Sprache vorliegen.

126 rr) *Zugang zu außergerichtlichen Verfahren – Art. 246b § 1 Abs. 1 Nr. 18 EGBGB.* Nach dieser Vorschrift ist zu unterrichten, dass der Verbraucher ein außergerichtliches Beschwerde- und Rechtsbehelfsverfahren, dem der Unternehmer unterworfen ist, nutzen kann, zudem sind dessen Zugangsvoraussetzungen zu nennen.

127 ss) *Garantiefonds und andere Entschädigungsregeln – Art. 246b § 1 Abs. 1 Nr. 19 EGBGB.* Weiter ist zu informieren über das Bestehen eines Garantiefonds oder anderer Ent-

---

[100] Palandt/*Grüneberg* Art. 246b EGBGB Rn. 14.
[101] Ausführlich dazu *Rott* BB 2005, 53 (57).
[102] Palandt/*Grüneberg* Art. 246b EGBGB Rn. 15.
[103] *Rott* BB 2005, 53 (57).
[104] Palandt/*Grüneberg* Art. 246b EGBGB Rn. 16.

schädigungsregelungen, die nicht unter die Richtlinie 94/19/EG des Europäischen Parlaments und des Rates vom 30.5.1994 über Einlagensicherungssysteme (ABl. EG Nr. L 135 S. 5) und die Richtlinie 97/9/EG des Europäischen Parlaments und des Rates vom 3.3.1997 über Systeme für die Entschädigung der Anleger (ABl. EG Nr. L 84 S. 22) fallen.

b) Unterrichtspflichten bei der Erbringung von Zahlungsdiensten – § 675d BGB iVm Art. 248 EGBGB. § 675d BGB sieht in Verbindung mit den §§ 1–16 des Art. 248 EGBGB zahlreiche Pflichten zur Information und Unterrichtung des Nutzers von Zahlungsdiensten vor. Als Zahlungsdienste kommen gem. § 675f BGB grundsätzlich die vorstehend unter → Ziff. 1 bis 6 aufgeführten Zahlungswege in Betracht.[105]

Ist der Zahlungsdienstevertrag zudem auch ein **Fernabsatzvertrag**, so sieht Art. 248 § 1 EGBGB vor, dass die Informationspflichten nach Art. 246b § 1 Abs. 1 EGBGB teilweise durch die Informationspflichten des Art. 248 EGBGB ersetzt werden.

Die Informationspflichten des Art. 248 EGBGB sehen in § 4 zunächst vorvertragliche Informationen vor, die sich teilweise mit den Informationspflichten nach Art. 246b EGBGB decken, teilweise aber auch darüber hinausgehen. § 5 regelt den Zugang zu Vertragsbedingungen und vorvertraglichen Informationen während der Vertragslaufzeit. § 6 sieht Informationen vor Ausführung einzelner Zahlungsvorgänge vor; die §§ 7 und 8 regeln Informationen an den Zahlenden und den Zahlungsempfänger bei einzelnen Zahlungsvorgängen. § 9 schließlich regelt weitere Informationspflichten während der Vertragslaufzeit. Ausnahmen von den umfangreichen Informationspflichten sieht § 11 für Kleinbetragsinstrumente[106] vor.

Eine Verletzung der Informationspflichten kann Schadensersatzansprüche aus §§ 280, 823 Abs. 2 und 311 Abs. 2 BGB begründen sowie zu einer Anfechtbarkeit des Vertrages führen.[107]

III. E-Invoicing

1. Einführung

Jeder Unternehmer, der einen Umsatz an einen anderen Unternehmer für dessen Unternehmen ausführt, ist gem. § 14 Abs. 2 Satz 1 Nr. 2 UStG verpflichtet, innerhalb von sechs Monaten nach Ausführung der Leistung eine Rechnung zu stellen. Eine entsprechende **zivilrechtliche Pflicht zur Rechnungsstellung** im kaufmännischen Geschäftsverkehr ergibt sich als vertragliche Nebenpflicht aus dem jeweiligen Vertragsverhältnis zwischen Leistungserbringer und Leistungsempfänger (zB Kauf- oder Werkvertrag).[108] Um den Nachweis führen zu können, die Umsatzsteuer bezahlt zu haben, kann der Käufer bzw. Besteller vom Unternehmer aber auch im nichtkaufmännischen Geschäftsverkehr bei Bestehen einer Umsatzsteuerpflicht eine Rechnung verlangen.[109] Entsprechend sieht § 14 Abs. 2 Satz 1 Nr. 2 UStG vor, dass der Unternehmer bei Leistungen an einen Nichtunternehmer in umsatzsteuerrechtlicher Hinsicht zur Rechnungsstellung berechtigt ist.[110]

Die wesentliche Bedeutung der Rechnung liegt in ihrer **Funktion als Buchungsbeleg**. Darüber hinaus ermöglicht sie es dem Leistungsempfänger, sein Recht auf Vorsteuerabzug ausüben zu können. Die zivilrechtlichen Auswirkungen sind demgegenüber begrenzt. So ist die Rechnung weder Voraussetzung für das Entstehen einer Zahlungsforderung noch für deren

---

[105] Vgl. Palandt/*Sprau* § 675f Rn. 21 ff.
[106] Dies sind nach § 675i Abs. 1 BGB Dienste, über die lediglich Zahlungsvorgänge bis 30,– EUR ausgelöst werden können, oder die eine Ausgabenobergrenze bzw. Kontodeckelung von 150,– EUR (200,– EUR im Inlandsverkehr) haben.
[107] Palandt/*Sprau* § 675d Rn. 2; Palandt/*Grüneberg* Einf. v Art. 238 EGBGB Rn. 3 ff.
[108] Palandt/*Weidenkaff* § 433 Rn. 32; Palandt/*Sprau* § 631 Rn. 13.
[109] Palandt/*Weidenkaff* § 433 Rn. 32.
[110] Eine Sonderregelung gilt nach § 14 Abs. 2 Satz 1 Nr. 1 UStG für steuerpflichtige Werklieferungen oder sonstige Leistungen im Zusammenhang mit einem Grundstück, die auch dann eine Rechnungspflicht nach sich ziehen, wenn sie gegenüber Nichtunternehmern erbracht werden.

Fälligkeit.[111] Soweit die Rechnung dem Schuldner bei oder nach Fälligkeit der Zahlungsforderung zugeht, setzt sie jedoch die 30-Tage-Frist des § 286 Abs. 3 BGB in Gang, nach deren Ablauf der Schuldner in Verzug gerät.

134 In **formaler Hinsicht** handelt es sich bei der Rechnung um ein Dokument, mit dem über eine Lieferung oder sonstige Leistung abgerechnet wird.[112] Hierfür ist erforderlich, dass die Rechnung eine gegliederte Aufstellung über die Entgeltforderung für die jeweilige Warenlieferung bzw. Leistung enthält.[113] Gleichgültig ist, wie das Dokument bezeichnet wird. Eine Unterschrift ist nicht erforderlich. Allerdings müssen gem. § 14 Abs. 1 Satz 2 UStG die Echtheit der Herkunft der Rechnung (**Authentizität**), die Unversehrtheit ihres Inhalts (**Integrität**) und ihre Lesbarkeit gewährleistet sein. Voraussetzung hierfür ist, dass die Identität des Rechnungsausstellers gesichert ist und die erforderlichen Angaben[114] in der Rechnung nicht geändert werden können.[115]

135 Diese Voraussetzungen sind erfüllt, wenn die Rechnung dem Schuldner auf Papier übermittelt wird. Da der hiermit verbundene Verwaltungsaufwand erheblich ist[116] und hohe Versandkosten verursacht, sind zahlreiche – vor allem größere – Unternehmen innerhalb der letzten Jahren allerdings dazu übergegangen, herkömmliche Papierrechnungen durch **elektronische Rechnungen** zu ersetzen (sog E-Invoicing). Nach § 14 Abs. 1 Satz 8 UStG sind hierunter Rechnungen zu verstehen, die in einem elektronischen Format ausgestellt und empfangen werden. Umfasst sind damit sämtliche Bereiche des elektronischen Versands von Rechnungsdaten unabhängig von ihrem Format, einschließlich Rechnungen, die als (signierte oder unsignierte) E-Mail, als PDF- oder Textdatei (bspw. als E-Mail-Anhang oder über Web-Download), per Computer-Telefax, per Fax-Server oder im Wege des Datenträgeraustausches übermittelt werden.[117]

2. E-Invoicing in der Praxis

136 In der Praxis werden elektronische Rechnungen auf unterschiedliche Art und Weise verwendet, wobei sich die jeweiligen Modelle vor allem im Hinblick auf den eingesetzten Automatisierungsprozess unterscheiden. So werden im Massenendkundengeschäft, zB bei der Versendung von Strom- oder Telefonrechnungen, vermehrt **halbautomatisierte E-Invoicing Prozesse** angewandt, bei denen dem Kunden die Rechnung als pdf-Datei entweder per Email übermittelt oder in ein webbasiertes, passwortgeschütztes Portal eingestellt wird, auf das der Kunde individuell zugreifen kann, um die Rechnung anzusehen, auszudrucken oder herunterzuladen.[118] Bisweilen erfolgt die Rechnungsstellung auch über ein empfängerbasiertes Web-Portal, in das der Rechnungssteller die elektronische Rechnung auf Wunsch des Empfängers im erforderlichen Dateiformat einstellt.[119]

137 Soweit automatisierte Rechnungsstellungs- und -verarbeitungsprozesse sowohl auf Rechnungsersteller- als auch auf Rechnungsempfängerseite verwendet werden, kommt die Nutzung **vollautomatisierter E-Invoicing Prozesse** in Betracht. Hierbei sendet der Rechnungsersteller die elektronische Rechnung über das Internet oder über ein geschlossenes Netzwerk

---

[111] Palandt/*Grüneberg* § 271 Rn. 7.
[112] Vgl. § 14 Abs. 1 Satz 1 UStG.
[113] Palandt/*Grüneberg* § 286 Rn. 28.
[114] Zu den erforderlichen Angaben siehe die entsprechende Auflistung unter § 14 Abs. 4 UStG. Hiernach sind unter anderem der Name und die Anschrift des Unternehmers und des Leistungsempfängers, das Ausstellungsdatum, die Menge und Art der gelieferten Gegenstände bzw. der Umfang und die Art der sonstigen Leistung, der Zeitpunkt der Lieferung bzw. Leistung sowie das Entgelt, der anzuwendende Steuersatz und der auf das Entgelt entfallende Steuerbetrag auf der Rechnung auszuweisen. Vereinfachte Anforderungen gelten nach § 33 UStDV für Kleinbetragsrechnungen, deren Gesamtbetrag 150 EUR nicht übersteigt.
[115] Vgl. § 14 Abs. 1 Satz 3 UStG.
[116] Sölch/Ringleb/*Wagner* UStG § 14 Rn. 21.
[117] BT-Drucks. 17/5125 v. 21.3.2011, S. 53 f. (zu Art. 5 zu Nr. 1 zu b). Rechnungen, die von Standard-Telefax an Standard-Telefax oder von Computer-Telefax/Fax-Server an Standard-Telefax übermittelt werden, gelten hingegen nicht als elektronische Rechnungen, sondern als Papierrechnungen; *Schmittmann* MMR 2012, 656 (657).
[118] *Ciciriello/Hayworth*, European Business Lab, Elektronische Rechnungsstellung, S. 20 f.
[119] *Ciciriello/Hayworth*, European Business Lab, Elektronische Rechnungsstellung, S. 22.

III. E-Invoicing

an ein elektronisches Datenverarbeitungssystem des Rechnungsempfängers. Dort werden die Rechnungsdaten (ohne manuellen Eingriff) automatisch anhand von Liefer- und Bestelldaten geprüft und bearbeitet.[120] Bisweilen werden Rechnungsprozesse auch vollends in die Bestell-, Buchhaltungs- und Abwicklungssysteme des Unternehmens integriert, so dass ein vollautomatisierter Kreislauf von der Beauftragung bis zur Zahlung entsteht (**Order-To-Payment**), bei dem neben den Rechnungen auch Aufträge und Bestellungen, Zahlungen und Überweisungsanzeigen elektronisch ausgetauscht werden können.[121] Solche integrierten Gesamtsysteme sind zumeist multipolar ausgestaltet, so dass mehrere Parteien hieran beteiligt werden können. Eingesetzt werden sie vor allem bei intensiven, langfristigen und vertrauensvollen Geschäftsbeziehungen, bei denen (wie zB bei der Just-in-Time-Produktion im Automobilbau) die Prozesse des Lieferanten eng mit denen des Abnehmers verknüpft sind.[122] Ihr Vorteil liegt zum einen in der Kostenersparnis durch die Reduzierung von Druck- und Portokosten. Daneben können Geschäftsprozesse effizienter gestaltet und elektronische Rechnungen ohne Medienbruch von anderen IT-Systemen verarbeitet werden, was wiederum mögliche Fehlerquellen reduziert.[123]

3. Gesetzliche Anforderungen an das E-Invoicing

Unabhängig von der Art ihrer Integration in die jeweiligen Geschäftsprozesse stellt sich beim E-Invoicing stets die Frage, ob die gewählten elektronischen Rechnungen den gesetzlichen Anforderungen an eine ordnungsgemäße Rechnung genügen. Wie bereits unter → Rn. 134 dargestellt, setzt dies gem. § 14 Abs. 1 S. 2 UStG voraus, dass die **Echtheit der Herkunft** der Rechnung, die **Unversehrtheit ihres Inhalts** und ihre **Lesbarkeit** gewährleistet sind.[124] Darüber hinaus bedarf die elektronische Rechnungsübermittlung gem. § 14 Abs. 1 Satz 7 UStG der Zustimmung des Rechnungsempfängers.[125] Ferner sind nach § 14b Abs. 1 UStG bestimmte Anforderungen an die Aufbewahrung elektronischer Rechnungen zu stellen.[126] Schließlich stellt sich die Frage, inwiefern Dritte in den elektronischen Rechnungsstellungsprozess mit eingebunden werden können.[127]

a) Echtheit, Unversehrtheit und Lesbarkeit der Rechnung. Bis zum 30.6.2011 wurden auf elektronischem Wege übermittelte Rechnungen in Deutschland umsatzsteuerrechtlich nur anerkannt, wenn die Echtheit der Herkunft und die Unversehrtheit des Inhalts der elektronischen Rechnung durch eine qualifizierte elektronische Signatur oder durch elektronischen Datenaustausch (EDI) gewährleistet wurden. Die entsprechenden Regelungen in § 14 Abs. 3 UStG aF basierten auf Art. 2 Nr. 2c der Rechnungsstellungsrichtlinie 2001/115/EG[128] bzw. Art. 233 Abs. 1 der Mehrwertsteuer-Systemrichtlinie 2006/112/EG[129] in der bis zum 10.8.2010 geltenden Fassung und stellten deutlich höhere Anforderungen an elektronische Rechnungen als an Papierrechnungen.[130] Zwar war es den Mitgliedsstaaten nach den Richtlinienvorgaben freigestellt, auch Rechnungen anzuerkennen, die auf andere Weise elektronisch übermittelt oder bereitgestellt wurden.[131] Der deutsche Gesetzgeber hatte von dieser Möglichkeit aber keinen Gebrauch gemacht. Dies änderte sich erst, nachdem der europäi-

---

[120] *Ciciriello/Hayworth*, European Business Lab, Elektronische Rechnungsstellung, S. 23.
[121] *Ciciriello/Hayworth*, European Business Lab, Elektronische Rechnungsstellung, S. 24.
[122] *Mai/Meyer*, DB Research, Paper v. 19.2.2010, S. 3.
[123] *Mai/Meyer*, DB Research, Paper v. 19.2.2010, S. 3.
[124] Hierzu nachstehend → Rn. 138 ff.
[125] Hierzu nachstehend → Rn. 145.
[126] Hierzu nachstehend → Rn. 146.
[127] Hierzu nachstehend → Rn. 147.
[128] Richtlinie 2001/115/EG des Rates vom 20.12.2001 zur Änderung der Richtlinie 77/388/EWG mit dem Ziel der Vereinfachung, Modernisierung und Harmonisierung der mehrwertsteuerlichen Anforderungen an die Rechnungsstellung, ABl. L 15 vom 17.1.2002, S. 24.
[129] Richtlinie 2006/112/EG des Rates vom 28.11.2006 über das gemeinsame Mehrwertsteuersystem, ABl. L 347 vom 11.12.2006, S. 1.
[130] MwN zur Unverhältnismäßigkeit der Differenzierung: Bunjes/*Korn* UStG § 14 Rn. 38.
[131] Vgl. Art. 2 Nr. 2b der Rechnungsstellungsrichtlinie 2001/115/EG bzw. Art. 233 Abs. 1 Satz 2 der Mehrwertsteuersystemrichtlinie 2006/112/EG in der bis zum 10.8.2010 geltenden Fassung.

sche Gesetzgeber auf Betreiben der Kommission[132] die Änderungsrichtlinie 2010/45/EU[133] verabschiedet hatte. Mit ihr wurden die Anforderungen an elektronische Rechnungen in der Mehrwertsteuer-Systemrichtlinie 2006/112/EG vereinfacht und denjenigen an Papierrechnungen weitgehend angeglichen.[134]

140 Die Umsetzung der neuen EU-rechtlichen Vorgaben erfolgte in Deutschland durch das **Steuervereinfachungsgesetz 2011** vom 1.11.2011,[135] mit dem § 14 Abs. 1 und 3 UStG neu gefasst wurden. Die Änderungen traten rückwirkend zum 1.7.2011 in Kraft. Seither hat jeder Unternehmer gem. § 14 Abs. 1 Satz 5 UStG selbst festzulegen, in welcher Weise die Echtheit und Herkunft, die Unversehrtheit des Inhalts und die Lesbarkeit der Rechnung gewährleistet werden. Nach § 14 Abs. 1 Satz 6 UStG kann dies durch jegliche innerbetriebliche Kontrollverfahren erreicht werden, die einen verlässlichen Prüfpfad zwischen Rechnung und Leistung schaffen können.

141 Da kein bestimmtes technisches Übermittlungsverfahren mehr vorgeschrieben ist, kann der Unternehmer nach aktueller Rechtslage nunmehr **frei entscheiden**, wie er die in § 14 Abs. 1 Satz 2 UStG geforderte Echtheit der Herkunft, die Unversehrtheit des Inhalts und die Lesbarkeit der Rechnung gewährleistet. Hierzu kann er entweder die nach früherem Recht verbindlich vorgesehenen Sicherheitsverfahren verwenden[136] oder sich anderer Technologien bedienen.[137]

142 *aa) Gesetzlich anerkannte Technologien.* Nach § 14 Abs. 3 Nr. 1 und 2 UStG gelten die Echtheit der Herkunft und die Unversehrtheit des Inhalts bei einer elektronischen Rechnung (auch nach der neuen, seit dem 1.7.2011 bestehenden Rechtslage) als sichergestellt, wenn eine **qualifizierte elektronische Signatur** verwendet wird oder ein **elektronischer Datenaustausch** (EDI) vorliegt. Wird eine dieser Technologien ordnungsgemäß eingesetzt, gilt eine gesetzliche Fiktion, nach der die Echtheit und Unversehrtheit der elektronischen Rechnung hinreichend gewährleistet ist. Die bis zum 30.6.2011 noch zwingend einzusetzenden Verfahren stellen demnach nach aktueller Rechtslage „nur noch" Beispielstechnologien dar, die eine umsatzsteuerrechtliche Anerkennung elektronischer Rechnungen gewährleisten. Ihre Beibehaltung in § 14 Abs. 3 UStG stellt sicher, dass elektronische Rechnungen, die auf den bisherigen Verfahren beruhen, weiterhin anerkannt werden. § 14 Abs. 3 UStG nF ist somit als Angebot an die Unternehmer zu verstehen, die früher gebräuchlichen Verfahren weiterhin zu nutzen.[138]

143 *(1) Qualifizierte elektronische Signatur.* § 14 Abs. 3 Nr. 1 UStG nennt als erste umsatzsteuerrechtlich anerkannte Technologie die qualifizierte elektronische Signatur sowie die qualifizierte elektronische Signatur mit Anbieter-Akkreditierung nach dem Signaturgesetz (SigG). Zur Erstellung einer elektronischen Signatur sind der elektronischen Rechnung nach § 2 Nr. 1 SigG Daten in elektronischer Form beizufügen oder logisch mit ihr zu verknüpfen, die zur Authentifizierung dienen. Um das Merkmal der „qualifizierten" elektronischen Signatur zu erfüllen, ist darüber hinaus erforderlich, dass die elektronische Signatur (i) ausschließlich dem Rechnungsersteller als Signaturschlüssel-Inhaber zugeordnet ist, (ii) die Identifizierung des Rechnungsstellers ermöglicht, (iii) mit Mitteln erzeugt wird, die der

---

[132] Vorschlag der Kommission zur Änderung der Richtlinie 2006/115/EG v. 28.1.2009, KOM(2009)21.
[133] Richtlinie 2010/45/EU des Rates vom 13.7.2010 zur Änderung der Richtlinie 2006/112/EG über das gemeinsame Mehrwertsteuersystem hinsichtlich der Rechnungsstellungsvorschriften, ABl. L 189 vom 22.7.2010, S. 1.
[134] Nach den aktuellen Vorstellungen der Kommission soll die elektronische Rechnungsstellung bis zum Jahr 2020 zur vorherrschenden Fakturierungsmethode innerhalb der EU werden. In diesem Zusammenhang biete vor allem der neu geschaffene einheitliche Euro-Zahlungsverkehrsraum (SEPA) aufgrund des engen Zusammenhangs zwischen Fakturierungs- und Zahlungsprozessen eine ideale Ausgangsbasis für den Aufbau interoperabler europäischer elektronischer Rechnungssysteme; siehe die Mitteilung der Kommission vom 2.12.2010 „Die Vorteile der elektronischen Rechnungsstellung für Europa nutzen", KOM (2010) 712 endg. Vgl. auch den Richtlinienentwurf der Kommission vom 26.6.2013 über die elektronische Rechnungsstellung bei öffentlichen Aufträgen, KOM (2013) 449 endg.
[135] BGBl. I 2011, S. 2131.
[136] Hierzu nachstehend → Rn. 141 ff.
[137] Hierzu nachstehend → Rn. 144.
[138] Sölch/Ringleb/*Wagner* UStG § 14 Rn. 213.

Rechnungssteller unter seiner alleinigen Kontrolle halten kann und (iv) mit der Rechnung so verknüpft ist, dass eine nachträgliche Veränderung erkannt werden kann.[139] Ferner muss die elektronische Signatur auf einem zum Zeitpunkt ihrer Erzeugung **gültigen qualifizierten Zertifikat** beruhen und mit einer sicheren Signaturerstellungseinheit erzeugt werden.[140] In der Praxis erfolgt die elektronische Signierung mittels des privaten kryptographischen Schlüssels des Rechnungserstellers (zB via Smart-Cart oder Kryptobox).[141] Mit Hilfe des hiermit verbundenen öffentlichen Signaturprüfschlüssels kann der Rechnungsempfänger sodann etwaige Verletzungen der Authentizität oder der Integrität des signierten Rechnungsdokuments prüfen.[142] Zusätzliche Sicherheit kann dadurch erreicht werden, dass der Rechnungsersteller einen Zertifizierungsdiensteanbieter wählt, der nach § 15 SigG von der Bundesnetzagentur akkreditiert wurde. Erforderlich ist dies für die Erlangung der gesetzlichen Fiktionswirkung des § 14 Abs. 3 UStG allerdings nicht.

(2) *Electronic Data Interchange.* Nach § 14 Abs. 3 Nr. 2 UStG ebenfalls umsatzsteuerrechtlich anerkannt sind elektronische Rechnungen, die mittels elektronischen Datenaustauschs (EDI) entsprechend Art. 2 der Kommissionsempfehlung 94/820/EG[143] übermittelt werden. EDI wird hierin als **elektronische Übertragung kommerzieller und administrativer Daten** zwischen Computern nach einer vereinbarten Norm zur Strukturierung einer EDI-Nachricht definiert. Demnach ist erforderlich, dass Rechnungsaussteller und Rechnungsempfänger über den Datenaustausch eine Vereinbarung geschlossen haben, in der der Einsatz von Verfahren vorgesehen ist, die die Echtheit der Herkunft und die Unversehrtheit der elektronischen Rechnung gewährleistet.[144] Das Muster eines solchen EDI-Rahmenvertrages findet sich im Anhang der Kommissionsempfehlung. Hierin sind ua Sicherheitsverfahren enthalten, mit denen der Absender einer elektronischen Nachricht identifiziert und die Integrität der empfangenen Nachricht sichergestellt werden kann (zB zertifikatsbasierte Authentifizierung, Prüfsummen, ua).[145]

bb) Sonstige Technologien. Unbeschadet der in § 14 Abs. 3 Nr. 1 und 2 UStG genannten Technologien kann der Unternehmer gem. § 14 Abs. 1 Satz 5 bis 6 UStG auch auf jede andere Art und Weise sicherstellen, dass die Echtheit der Herkunft, die Unversehrtheit des Inhalts und die Lesbarkeit der Rechnung gewährleistet werden. Hierzu räumt der Gesetzgeber dem Unternehmer in § 14 Abs. 1 S. 6 UStG die (nicht zwingende) Möglichkeit der **Durchführung innerbetrieblicher Kontrollverfahren** ein, die einen verlässlichen Prüfpfad zwischen Rechnung und Leistung schaffen. Dies trifft etwa auf Kontrollverfahren zu, die der Unternehmer zum Abgleich des Rechnungsinhalts mit der jeweiligen Zahlungsverpflichtung einsetzt, um sicherzustellen, dass nur diejenigen Rechnungen bezahlt werden, zu deren Begleichung eine Verpflichtung besteht.[146] Erfolgt die Rechnungsstellung im Wege des halbautomatisieren Verfahrens[147] durch Übersendung einer PDF-Datei in einer E-Mail, genügt der Rechnungsempfänger den umsatzsteuerrechtlichen Anforderungen aus § 14 Abs. 1 S. 2 UStG demnach bspw., wenn er die in der PDF-Datei enthaltene Rechnung manuell mit den Geschäftsunterlagen abgleicht. Alternativ können auch EDV-unterstützte Prüfverfahren angewandt werden. Einer gesonderten Dokumentation bedarf das innerbetriebliche Kontrollverfahren nicht.[148]

b) Zustimmung des Rechnungsempfängers. Eine singuläre Ausnahme der seit dem 1.7.2011 bestehenden technologieneutralen Ausgestaltung der gesetzlichen Anforderungen

---

[139] Vgl. § 2 Nr. 2 SigG.
[140] § 2 Nr. 3 SigG.
[141] *Crantz* BC 2010, 168.
[142] Bunjes/*Korn* UStG § 14 Rn. 38.
[143] Empfehlung der Kommission vom 19.10.1994 über die rechtlichen Aspekte des elektronischen Datenaustausches, ABl. EG Nr. L 338 vom 28.12.1994, S. 98.
[144] Bunjes/*Korn* UStG § 14 Rn. 48.
[145] *Crantz* BC 2010, 170.
[146] Bunjes/*Korn* UStG § 14 Rn. 42–51.
[147] → Rn. 135.
[148] Vgl. das Schreiben des Bundesfinanzministeriums betr. Umsatzsteuer; Vereinfachung der elektronischen Rechnungsstellung vom 1.7.2011 durch das Steuervereinfachungsgesetz 2011 vom 2.7.2012, BStBl. I S. 726.

an eine ordnungsgemäße Rechnung[149] bildet das Zustimmungserfordernis für elektronische Rechnungen nach **§ 14 Abs. 1 Satz 7 UStG.**[150] Hiernach können Rechnungen nur „vorbehaltlich der Zustimmung des Empfängers" elektronisch übermittelt werden. An das notwendige Einverständnis des Rechnungsempfängers sind allerdings keine allzu großen Anforderungen zu stellen. Die Zustimmung ist formfrei möglich, braucht nicht elektronisch übermittelt zu werden und kann sowohl ausdrücklich als auch konkludent erfolgen.[151] Der Rechnungsempfänger kann dem Erhalt der elektronischen Rechnung demnach bspw. in einem Rahmenvertrag oder in allgemeinen Geschäftsbedingungen zustimmen. Ebenso kann er seine Zustimmung stillschweigend durch Akzeptanz und Bezahlung der elektronischen Rechnung erklären.[152]

147 c) **Aufbewahrungspflichten.** Gem. § 14b Abs. 1 UStG müssen Rechnungen unabhängig von ihrer Form und Übermittlungsart für einen **Zeitraum von zehn Jahren** aufbewahrt werden, wobei für den gesamten Zeitraum die Echtheit der Herkunft der Rechnung, die Unversehrtheit ihres Inhalts und ihre Lesbarkeit gewährleistet sein müssen. Dies setzt voraus, dass der Originalzustand des übermittelten Dokuments jederzeit überprüfbar ist. Die Aufbewahrung hat demnach in dem Originalformat zu erfolgen, in dem die Rechnung ausgestellt und gesendet wurde. Bei elektronischen Rechnungen ist somit weder ein Medienbruch (zB durch Ausdruck der Rechnung auf Papier) noch eine Archivierung in einem anderen Format (zB nach einer Konvertierung) zulässig.[153] Vielmehr sind elektronische Rechnungen, einschließlich ihrer etwaigen Signatur, durch Übertragung der Inhalts- und Formatierungsangaben auf einem Datenträger so aufzubewahren, dass Veränderungen nicht möglich sind und eine eindeutige Zuordnung zum gebuchten Geschäftsvorfall gewährleistet ist.[154] Zudem sind alle Bearbeitungsvorgänge zu protokollieren.

148 d) **Einbindung Dritter.** Ebenso wie bei der herkömmlichen papierbasierten Rechnung kann sich der Unternehmer auch beim E-Invoicing eines Dritten bedienen. Gesetzliche Grundlage hierfür ist **§ 14 Abs. 2 S. 4 UStG**, nach dem Rechnungen im Namen und für Rechnung des Unternehmers von einem Dritten ausgestellt werden können. Dies gilt unabhängig davon, ob es sich um eine Papierrechnung oder eine elektronische Rechnung handelt. Einzige Voraussetzung ist, dass der Dritte die Rechnung im Auftrag und für Rechnung des Leistenden erteilt und der Auftrag zur Rechnungserstellung aus der Rechnung oder anderen Dokumenten, auf die die Rechnung Bezug nimmt, hervorgeht.[155] Demnach ist es bspw. grundsätzlich zulässig, dass Signatur-Dienstleister zusätzlich zur elektronischen Signierung des Rechnungsdokuments auch die komplette Erstellung und Versendung der elektronischen Rechnung für den Leistungserbringer übernehmen.[156] Ebenso können sie vom Leistungsempfänger mit der Empfangnahme und Verifikation der elektronischen Signatur beauftragt werden.

---

[149] Hierzu Sölch/Ringleb/*Wagner* § 14 Rn. 76.
[150] *Langer* SteuK 2012, 325 (326).
[151] Bunjes/*Korn* UStG § 14 Rn. 38.
[152] *Langer* SteuK 2012, 325 (326).
[153] *Langer* SteuK 2012, 325 (328).
[154] *Groß/Lamm* BC 2009, 514 (515).
[155] Bunjes/*Korn* UStG § 14 Rn. 15.
[156] Bunjes/*Korn* UStG § 14 Rn. 53.

§ 28 Apps und Social Media

Übersicht

	Rn.
I. Einleitung	1
II. Mobile Apps	2–69
1. Begriffsbestimmungen „App" und „Smart Device"	2–4
2. Wirtschaftliche Bedeutung und technische Grundlagen von Apps und App Stores	5–8
a) Wirtschaftliche Bedeutung von Smart Devices und Apps	5
b) Technische Grundlagen von Apps und App Stores	6–8
3. Anwendbares Recht und Vertragsverhältnisse beim Bezug von Apps	9–19
a) Beteiligte: Anbieter, Betreiber, Anwender	10
b) Anwendbares Recht	11
c) Vertragsbeziehungen der Beteiligten	12–19
4. Vertrieb von Apps	20–44
a) Anbieterkennzeichnung	20–26
b) Fernabsatzrecht	27–30
c) Mängelhaftung	31–35
d) Besonderheiten bei In-App Purchases	36–39
e) Lauterkeitsrechtliche und kennzeichenrechtliche Aspekte	40–44
5. Datenschutz und Datensicherheit bei Vertrieb und Nutzung von Apps	45–66
a) Datenschutz und Datensicherheit beim Vertrieb der App	46
b) Datenschutz und Datensicherheit bei der Nutzung der App	47–57
c) Datenschutzerklärung	58/59
d) Bereichsspezifisches Datenschutzrecht in TMG und TKG	60–63
e) Nutzertracking	64/65
f) Apps und Cloud-Services	66
6. Apps im Enterprise-Umfeld	67/68
a) Volumenlizenzen und Lizenzmanagement	67
b) Direktvertrieb von Apps	68
7. Besonderheiten bei der Erstellung von Apps	69
III. Social Media	70–102
1. Begriffsbestimmung und Funktionen	70–74
a) Rechtliche Einordnung von Social Media, Beispiele für Social Media	71–73
b) Apps in Social Media, Social Media in App Stores	74
2. Anforderungen an Social Media Präsenzen	75–80
a) Anwendbares Recht	75
b) Anbieterkennzeichnung	76
c) Verantwortlichkeit für Inhalte	77–79
d) Weitere zu beachtende Rechte im Überblick	80
3. Datenschutz bei Social Media	81–89
a) Social-Plug-Ins	82–84
b) Zielgruppenspezifische Werbung durch Social Media Betreiber	85/86
c) Single-Sign-On über Social Media Nutzerkennungen	87
d) Bereichsspezifisches Datenschutzrecht in TMG und TKG	88/89
4. Social Media Marketing	90–94
a) Empfehlungsmarketing und Direktnachrichten	91/92
b) Gewinnspiele auf Social Media Präsenzen	93/94
5. Betrieb einer Social Media Präsenz	95–100
a) Rechte an Inhalten der Social Media Präsenz, insb. bei Fremdinhalten	96
b) Störungsmanagement	97/98
c) Betrieb durch Beschäftigte oder Media-Agenturen	99
d) Übertragung einer Social Media Präsenz	100
6. Social Media im Unternehmen	101/102
a) Enterprise 2.0	101
b) Social Media Richtlinien	102

Schrifttum: *Baumgartner/Ewald*, Apps und Recht, 2013; *Bittner/Clausnitzer/Föhlisch*, Das neue Verbrauchervertragsrecht, 2014; *Bock*, Kundenservice im Social Web, 2012; *Harte-Bavendamm/Henning-Bodewig* (Hrsg.),

Gesetz gegen den unlauteren Wettbewerb (UWG), 3. Aufl. 2013; *Ingerl/Rohnke*, Markengesetz: MarkenG, 3. Aufl. 2010; *Pein*, Der Social Media Manager, 2014; *Piper/Ohly/Sosnitza*, Gesetz gegen den unlauteren Wettbewerb (UWG), 6. Aufl. 2014; *Schwartmann/Keber/Silberkuhl*, Social Media im Unternehmen, 2013; *Schwenke*, Social Media Marketing & Recht, 2. Aufl. 2014; *Solmecke/Taeger/Feldmann* (Hrsg.), Mobile Apps, 2013; *Solmecke/Wahlers*, Recht im Social Web, 2014; *Taeger* (Hrsg.), Tagungsband der Herbstakademie 2011, 2011; *Tamm/Tonner* (Hrsg.), Verbraucherrecht, 2012; *Ulbricht*, Social Media und Recht, 2. Aufl. 2013.

I. Einleitung

1   Dieses Kapitel behandelt Erstellung, Nutzung und Vertrieb von „Mobile Apps" und „Social Media (Diensten)".[1] Nach einer Einführung in die wirtschaftliche Bedeutung und die tatsächlichen Gegebenheiten folgen die rechtlichen Erwägungen. Hierbei stehen vertrags-, datenschutz-, telemedien- und verbraucherrechtliche Fragestellungen im Mittelpunkt. Wo möglich wird wegen des Querschnitt-Charakters der Themen Mobile Apps und Social Media in die spezielleren Kapitel dieses Buches verwiesen.

II. Mobile Apps

1. Begriffsbestimmungen „App" und „Smart Device"

2   Der Begriff der „App" wird in Literatur und Rechtsprechung regelmäßig ohne jede Erläuterung verwendet, obwohl es eine anerkannte Nomenklatur bislang nicht gibt. Laut Duden[2] ist eine **App** eine „zusätzliche Applikation, die auf bestimmte Mobiltelefone heruntergeladen werden kann", als Abgrenzung zum **Anwenderprogramm**, das „es dem Anwender ermöglicht, am Computer spezielle Aufgaben (zB Textverarbeitung, Tabellenkalkulation, Erstellung einer Datenbank) durchzuführen". Dabei ist weder zutreffend, dass „Apps" nur auf Mobiltelefonen installiert werden können, noch ist typisch, dass der Funktionsumfang so umfassend ist wie beispielsweise der einer Tabellenkalkulation.

3   Sprachlich geht die Bezeichnung App auf den englischen Begriff der *application*, im Sinne einer Software-Anwendung, zurück. App bezeichnet demnach zunächst jegliche Anwendungssoftware,[3] ungeachtet ihres Umfangs oder der Plattform auf der sie betrieben wird. Eine Differenzierung bietet sich ausgehend von eben dieser Plattform an. Apps, die auf jederzeit nutzbaren mobilen Endgeräten, insbesondere Smartphones, Tablets oder Wearables wie Datenbrillen und Smart Watches betrieben werden, den sog „**Smart Devices**", können als „**Mobile Apps**"[4] bezeichnet werden. Wird im Folgenden von Apps gesprochen, sind, mit dem verbreiteten Sprachgebrauch,[5] Mobile Apps gemeint.

4   Die App muss auf dem Smart Device ausgeführt werden. Das ist bei **nativen Apps** der Fall, also Anwendungen die in einer der Entwicklungsumgebung des jeweiligen Gerätes angepassten Programmiersprache geschrieben sind und alle ihre Funktionen lokal in ihrem Programmcode beinhalten. Daneben gibt es sog „**Web-Apps**", bei denen ein „Rumpfprogramm" auf dem Smart Device installiert wird, weite Teile der Inhalte und Funktionalitäten danach jedoch beim Betrieb der App aus dem Internet nachgeladen werden. Hinter Mobile Apps kann damit auch Application Service Providing (ASP) oder Software as a Service (SaaS)[6] stehen, wenn deren Inanspruchnahme mehr als das Vorhandensein eines Browsers auf dem Smart Device erfordert. Im Extremfall führt dies dazu, dass die Anwendung nicht auf dem Smart Device betrieben wird, sondern die Web-App nicht mehr bewirkt als die Darstellung der Ergebnis von Prozessen auf dem Server des Anbieters der App.[7] Angesichts

---

[1] Besonderer Dank gilt Herrn Kristof Kamm für fachliche Diskussionen und Mitwirkung am Manuskript.
[2] „Duden online" unter http://www.duden.de; der letzte Abruf aller Internetquellen erfolgte am 10.5.2014.
[3] So auch *Sander* CR 2014, 176 (177).
[4] Zum Begriff auch Solmecke/Taeger/Feldmann/*Denker/Hartl/Denker* Kap. 1 Rn. 14 f.
[5] LG Hamburg Beschl. v. 8.10.2013 – 327 O 104/13, MD 2013, 1061, Rn. 4; *Sachs/Meder* ZD 2013, 303.
[6] Zu ASP und SaaS → § 10 Rn. 51 ff.
[7] Vertiefend *Redeker*, Handbuch IT-Recht, Rn. 1124 ff.

II. Mobile Apps

der Vielgestaltigkeit von Mischformen aus nativen Apps und Web-Apps sowie der oftmals fehlenden Möglichkeit des Nutzers zur Differenzierung erfasst dieses Kapitel sämtliche Mobile Apps, die käuflich oder durch Schenkung in einem App-Store erworben werden.

2. Wirtschaftliche Bedeutung und technische Grundlagen von Apps und App Stores

a) Wirtschaftliche Bedeutung von Smart Devices und Apps. Die wirtschaftliche Bedeutung von Smart Devices, Apps und den Verkaufsplattformen für Apps, den sog **„App Stores"**, ist enorm. Die Absatzzahlen für Smart Devices steigen ständig: Wurden im 3. Quartal 2011 noch 118 Millionen Smartphones verkauft[8] waren es im Jahr 2013 erstmals mehr als eine Milliarde Geräte.[9] Der Zuwachs von 38,4 % beim Absatz von Smartphones wird durch den Zuwachs beim Absatz von Tablets, in Deutschland im ersten Halbjahr 2013 um 86,7 %,[10] noch übertroffen. Der Markt für Apps entwickelt sich entsprechend der Verbreitung der Smart Devices ähnlich rasant. Warb Apple 2011 als Marktführer mit „über 500.000 Apps",[11] haben Apple und Google, die beiden größten Anbieter, in 2013 jeweils die Millionenmarke überschritten.[12] Mehr als 65 Milliarden seit 2008 heruntergeladene Apps,[13] die allein Apple im Jahr 2013 nach eigenen Angaben zehn Milliarden US-Dollar Umsatz beschert haben,[14] zeigen, welche Dimensionen der Markt für Apps hat. Das größte Wachstum haben mit 290 % im Vergleich zu 2012 Spiele-Apps erfahren,[15] was wegen der in diesen Apps verbreiteten Bezahlmodelle (sog *„In-App Purchases"*[16]) von Bedeutung ist.

b) Technische Grundlagen von Apps und App Stores. Anders als Anwendungen für stationäre Geräte (Desktops und Notebooks), die zT noch auf Datenträgern vertrieben werden, findet der Bezug von Apps für Smart Devices allein durch das **Herunterladen** der App aus dem Internet statt. Dabei kann, muss jedoch nicht, ein Computer zwischengeschaltet sein, an den das Smart Device angeschlossen ist. Die Apps erhalten die Betreiber der App-Stores, sofern sie diese nicht selbst entwickeln, von deren Anbietern. Die Apps werden dann in den App-Stores dem Anwender zum Download angeboten.

Technisch vereinfacht dargestellt:

Anbieter (erstellt die App) → **Betreiber** (hält im App-Store bereit) → **Anwender** (lädt aus dem App-Store)

Der Download aus dem App-Store setzt eine **Registrierung** bei dem jeweiligen Betreiber voraus. Diese dient zunächst der Abwicklung des Zahlungsverkehrs beim Kauf von Apps. Darüber hinaus ist die Person des Anwenders auch mit Blick auf einen eventuellen Weiterverkauf der App,[17] nach Eintritt der Erschöpfung,[18] von Bedeutung.

Abhängig vom Betriebssystem des Smart Device können Apps auch unter Umgehung des jeweiligen App-Stores installiert werden. Bei „offenen" Betriebssystemen wie Android kann ein Vertrag über die Überlassung der App dann direkt zwischen Anbieter und Anwender zustande kommen.[19] Bei anderen Betriebssystemen, vor allem Apples iOS, müssen zunächst technische Änderungen am Smart Device vorgenommen werden. Die Rechtmäßigkeit dieser sog **„Jailbreaks"** ist fraglich. Der nach dem *Digital Millennium Copyright Act* (DMCA) zu-

---

[8] *Kremer* CR 2011, 769.
[9] http://heise.de/-2098685.
[10] *Hoffmann* MMR 2013, 631.
[11] *Kremer* CR 2011, 769.
[12] http://de.statista.com/statistik/daten/studie/208599/umfrage/anzahl-der-apps-in-den-top-app-stores/.
[13] *Degmair* K&R 2013, 213.
[14] http://www.apple.com/de/pr/library/2014/01/07App-Store-Sales-Top-10-Billion-in-2013.html; für denselben Zeitraum mit einem geschätzten Umsatz von 16 Milliarden US-Dollar durch Apple und Google: http://venturebeat.com/2014/02/19/worldwide-spending-on-mobile-game-apps-tripled-in-2013-to-16b/.
[15] http://venturebeat.com/2014/02/19/worldwide-spending-on-mobile-game-apps-tripled-in-2013-to-16b/.
[16] → Rn. 36 ff.
[17] Zum Handel mit gebrauchter Software → § 24.
[18] Zur „UsedSoft"-Entscheidung → § 12 Rn. 51 ff.
[19] Zum Vertragsschluss → Rn. 37.

ständige *Librarian of Congress* hält sie auf Mobiltelefonen für nach US-amerikanischem Recht zulässig, soweit sie zum Betrieb legal bezogener Software dienen.[20] Die deutsche Rechtsprechung hatte sich mit „Jailbreaks" soweit ersichtlich nur als Vorstufe der Umgehung sog „SIM-Locks" (also der Beschränkung eines Smart Device auf bestimmte SIM-Karten, Provider oder Netze) zu befassen und kam zum Ergebnis, dass sie strafbar seien.[21] Ergänzend stellt sich die Frage nach etwaigen Vertragsverletzungen des Anwenders gegenüber dem Verkäufer bzw. Hersteller seines Smart Device.[22]

3. Anwendbares Recht und Vertragsverhältnisse beim Bezug von Apps

9 Beim Bezug von Apps über einen App-Store sind die Vertragsverhältnisse der beteiligten Anbieter, Betreiber und Anwender zu klären. Bei grenzüberschreitenden Sachverhalten ist auch das Internationale Privatrecht (IPR) zu beachten.

10 a) **Beteiligte: Anbieter, Betreiber, Anwender.** Werden Apps nicht vom Betreiber des App-Stores selbst entwickelt bzw. angeboten, sind zumindest der **Anbieter** der App, der **Betreiber** des App-Stores und schließlich der **Anwender** beteiligt. Weitere Personen können insbesondere bei Erstellung der App beteiligt gewesen sein.[23] Hier wird davon ausgegangen, dass der Anbieter auch Ersteller der App ist.[24]

11 b) **Anwendbares Recht.** Das IPR überlässt den Beteiligten die Wahl des **anwendbaren Rechts**, Art. 3 Abs. 1 Satz 1 ROM I.[25] Im Verhältnis von Anbieter der App zum Betreiber des App Store wird dabei regelmäßig das Recht am Sitz des Betreibers, nebst entsprechendem Gerichtsstand, vereinbart.[26] Diese Möglichkeit besteht grundsätzlich auch für Verbraucherverträge,[27] Art. 6 Abs. 2 Satz 1 ROM I, solange hierdurch nicht die im Aufenthaltsland des Verbrauchers geltenden Verbraucherschutznormen abbedingt werden.[28] Für das Verhältnis von Betreiber zu Anwender ergibt sich somit eine andere Ausgangssituation als zwischen Anbieter und Betreiber. In der Praxis wird daher ganz überwiegend – eine Ausnahme ist die BlackBerry App World – die Anwendung deutschen Rechts im Verhältnis zum Anwender vereinbart.[29]

12 c) **Vertragsbeziehungen der Beteiligten.** *aa) Anbieter – Betreiber.* Die Vertragsbeziehungen von Anbieter und Betreiber richten sich überwiegend nach **US-amerikanischem Recht,** was den Betreibern einige Freiheiten bei der Vertragsgestaltung lässt. In Verbindung mit ihrer Schlüsselstellung[30] für den Markt mit den jeweiligen Betriebssystemen ist das Grundlage sehr einseitiger Bedingungswerke.

13 Sie enthalten Bestimmungen unter anderem zu
- Laufzeit und **Kündigung** der Verträge, wobei die Store-Betreiber **nahezu jederzeit** fristlos kündigen können,
- den durch die Anbieter den Betreibern einzuräumenden Nutzungsrechte an den Apps, insbesondere zu Zwecken des Weitervertriebs an die Anwender,

---

[20] Federal Register/Vol. 77, No. 208, abrufbar unter http://www.copyright.gov/fedreg/2012/77fr65260.pdf.
[21] AG Göttingen Urt. v. 4.5.2011 – 62 Ds 51 Js 9946/10 (106/11), MMR 2011, 626 mit abl. Anmerkung *Neubauer*; AG Nürtingen Urt. v. 20.9.2010 – 13 LS 171 Js 13423/08, MMR 2011, 121; aA *Kusnik* CR 2011, 718.
[22] *Pieper/Schmidt* Telemedicus v. 10.4.2013, www.telemedicus.info/article/2515-Jailbreak-Erlaubt-oder-nicht.html.
[23] Grafische Darstellungen finden sich bei *Degmair* K&R 2013, 213 und *Kremer* CR 2011, 769 (770).
[24] Zur Beteiligung eines Erstellers → Rn. 70.
[25] Verordnung (EG) Nr. 593/2008 des Europäischen Parlaments und des Rates vom 17.6.2008 über das auf vertragliche Schuldverhältnisse anzuwendende Recht; zum Internationalen Privatrecht → § 23.
[26] *Kremer* CR 2011, 769 (772).
[27] → § 23 Rn. 64 ff., 87 ff.; speziell zum E-Commerce → § 23 Rn. 92.
[28] MüKoBGB/*Martiny* Art. 6 ROM I Rn. 43.
[29] *Kremer* CR 2011, 769 (770).
[30] Eine Beschwerde gegen Google, wegen des Verdachts des Missbrauchs einer marktbeherrschenden Stellung iSd Art. 102 AEUV bei dem Vertrieb eigener Apps, liegt der EU-Kommission vor http://www.nytimes.com/2013/04/09/technology/09iht-google09.html.

II. Mobile Apps

- der **Prüfung der Apps** durch den Betreiber, die Voraussetzung der Aufnahme einer App in den Store ist, jedoch selbst bei Einhaltung aller Vorgaben des Betreibers keinen Anspruch des Anbieters auf Aufnahme oder dauerhaftes Vorhalten der App im App-Store begründet,
- zur **App-Compliance**, die den Anbieter verpflichtet, die App für alle vorgesehenen Vertriebsländer – im Zweifel weltweit – gesetzeskonform zu gestalten, sowie
- zur **Haftung** der Anbieter und zur Freistellung der Betreiber durch die Anbieter.

Einer AGB-Kontrolle nach §§ 305 ff. BGB würden diese Bedingungswerke in weiten Teilen nicht standhalten.[31] Damit ist dem Anbieter freilich wenig geholfen, wenn deutsches Recht keine Anwendung findet und etwaige Ansprüche gegen den Betreiber in den USA durchzusetzen wären.

> **Praxistipp:**
> Der Anbieter sollte schon bei Erstellung der App berücksichtigen, auf welchen (geographischen) Märkten er sie vertreiben möchte. Die Gefahr der Inanspruchnahme für Rechtsverstöße kann im Einzelfall außer Verhältnis zu dem dort zu erwartenden Gewinn stehen.

bb) Betreiber – Anwender. Handelt es sich um eigene Apps der Store-Betreiber – zum Beispiel YouTube oder Google Maps, jeweils von Google – kommt ein **Vertrag nur zwischen Betreiber und Anwender** zustande. Das Bereithalten der App zum Download durch den Store-Betreiber ist der Antrag auf Abschluss eines Vertrags über die dauerhafte Überlassung der App iSd § 145 BGB,[32] den der Anwender durch Klick (oder Tipp) auf einen „Kaufen" oder „Herunterladen" Button im App-Store annimmt. Nach den Verkaufs- bzw. Nutzungsbedingungen der App-Stores wollen deren Betreiber lediglich Nutzungsrechte an der App einzuräumen.[33] Geht man jedoch mit dem BGH davon aus, dass auf einem (auch nur flüchtigen) Datenträger verkörperte Standardsoftware eine bewegliche Sache im Sinne des § 90 BGB ist,[34] trifft das nicht zu. Denn **Apps sind Standardsoftware**,[35] die nach dem Download entweder auf einem fest verbauten Datenträger oder auf einem austauschbaren Speichermedium im Smart Device verkörpert werden. Erfolgt die dauerhafte Überlassung gegen ein einmaliges Entgelt, handelt es sich vertragstypologisch um einen **Kaufvertrag** nach § 433 BGB.[36] Der Anwender der App kann somit bei Sach- oder Rechtsmängeln nach den §§ 434 ff. BGB seine gesetzlichen Mangelhaftungsrechte gegenüber dem Betreiber geltend machen. Wird die App kostenfrei angeboten, handelt es sich um eine **Schenkung** nach § 516 Abs. 1 BGB. Sie wird mit der Bewirkung der versprochenen Leistung gemäß § 518 Abs. 2 BGB, also dem vollständigen Download der App, wirksam. Eine davon abweichende Regelung in den Verkaufs- bzw. Nutzungsbedingungen der App-Stores, die allein auf die Einräumung von Nutzungsrechten abzielt, ist nach § 307 Abs. 2 Nr. 1 BGB unwirksam.

Werden Apps von **(Dritt-)Anbietern** über den App-Store bezogen[37] ist zu klären, ob ebenfalls ein Vertrag direkt mit dem Betreiber zustande kommt, oder ob dieser lediglich den Vertrag zwischen Anbieter und Anwender vermittelt. Abzustellen ist auf den objektiven Empfängerhorizont des Anwenders als Adressat des ihm – unrechtlich – durch den „App-Store" unterbreiteten Antrags.[38] Bis zu diesem Zeitpunkt hat der Anwender mit dem Betreiber einen Vertrag über die Nutzung des App-Stores geschlossen,[39] hat den App-Store geöffnet und

---

[31] Am Beispiel der Bedingungswerke von Apple und Google *Kremer* CR 2011, 769 (773).
[32] Zutreffend gegen eine invitatio ad offerendum Degmair K&R 2013, 213 (215).
[33] Beispiele aus den Nutzungsbedingungen bei *Kremer* CR 2011, 769 (770).
[34] BGH Urt. v. 15.11.2006 – XII ZR 120/04, CR 2007, 75 Rn. 16 – ASP; Darstellung des Meinungsstands bei *Maume/Wilser* CR 2010, 209.
[35] Zum Begriff der Standardsoftware → § 12 Rn. 22 ff.
[36] Zur Softwareüberlassung auf Dauer → § 12 Rn. 31 ff.
[37] Darstellung der Abläufe bei Taeger/*Feldmann*, Tagungsband Herbstakademie 2011, 47 (48 ff.).
[38] *Degmair* K&R 2013, 213 (215); Taeger/*Feldmann*, Tagungsband Herbstakademie 2011, 47 (49); BeckOK BGB/*Wendtland* BGB § 133 Rn. 27; BeckOK BGB/*Wendtland* § 157 Rn. 8.
[39] → Rn. 15.

bekommt die angebotene App als Bestandteil des Angebots in diesem App-Store dargestellt. Der Anbieter wird ihm dabei nicht als „Verkäufer" oder „Anbieter", sondern als „Veröffentlicher" oder „Entwickler" – und auch das teils deutlich entfernt vom „Kaufen"/„Herunterladen" Button – bekannt gemacht.[40] Eine Anbieterkennzeichnung nach § 5 Abs. 1 TMG fehlt regelmäßig, ebenso die Pflichtinformationen nach § 312d Abs. 1 BGB iVm Art. 246a §§ 1, 3 EGBGB und § 312h Abs. 1 iVm Art. 246c EGBGB.[41] Aus seiner Sicht hat es der Anwender beim Erwerb der App ausschließlich mit dem Betreiber zu tun, sodass auch nur dieser als Vertragspartner in Betracht kommt.[42] Klauseln in den Nutzungsbedingungen der App-Stores, die einen Erwerb der App direkt vom Anbieter begründen wollen, sind daher unwirksam. Schon die Einbeziehung in den Vertrag muss wegen § 305c Abs. 1 BGB scheitern, solange dem Anwender durch die Gestaltung des App-Stores eine andere Vorstellung von den Vertragsbeziehungen vermittelt wird als sie den AGB der Betreiber zugrunde liegt. Darüber hinaus wären sie nach § 307 Abs. 1 S. 2 BGB unwirksam. Die Betreiber können für sich nicht in Anspruch nehmen, Vertreter der Anbieter zu sein. Der Wille im fremden Namen zu handeln muss hinreichend erkennbar sein, wobei ebenfalls auf den objektiven Empfängerhorizont abzustellen ist.[43] Schon daran scheitert es bei der zwischenzeitlich etablierten Gestaltung der App-Stores aus den dargelegten Gründen. Mit dem Klick auf den „Kaufen" oder „Herunterladen" Button kommt deshalb ein **Kauf- bzw. Schenkungsvertrag zwischen Betreiber und Anwender** zustande. Ob nach dem Klick noch eine Passwortabfrage erfolgt, ist unerheblich.[44] Die Passwortabfrage soll, sofern sie nicht wegen eines aktivierten „1-Klick-Kaufs"[45] ohnehin entfällt, die Einleitung des Bezahlvorgangs mit dem im Benutzerkonto des Anwenders hinterlegten Zahlungsmittel autorisieren und nicht den Vertragsschluss hinauszögern.

17   Einer Zustimmung des Betreibers zu den, zur Verwendung der App notwendigen, Nutzungshandlungen nach § 69c Nr. 1 UrhG durch den Anwender bedarf es wegen § 69d Abs. 1 UrhG nicht. Soweit die Einräumung von Nutzungsrechten nicht ausdrücklich vereinbart ist, werden dem Anwender beim Erwerb der App die zur Ausführung notwendigen Nutzungsrechte vom Betreiber im Rahmen der **Zweckübertragung**[46] gemäß § 31 Abs. 5 UrhG übertragen.

18   *cc) Anbieter – Anwender.* Vertragliche Beziehungen kommen allein zwischen Betreiber und Anwender zustande. Allerdings sehen die AGB der Betreiber vor, dass die Anbieter für ihre Apps **eigene Lizenzbedingungen** (gegenüber dem Anwender) verwenden können.[47] Machen sie von dieser Möglichkeit Gebrauch, soll auch ein „Lizenzvertrag"[48] zwischen Anbieter und Anwender begründet werden. Dies setzt allerdings voraus, dass der Anwender auf diese Möglichkeit hingewiesen wurde, der Geltung der Lizenzbestimmungen zustimmt und als Verbraucher mit Blick auf § 305 Abs. 2 BGB zuvor die Möglichkeit zur Kenntnisnahme in zumutbarer Weise hatte. In den App Stores fehlt jedoch bereits der Hinweis auf die Möglichkeit der Anbieter, eigene Lizenzbedingungen zu vereinbaren, wenn die AGB der Betreiber unwirksam sind.[49] Die Wirksamkeit der AGB der Betreiber unterstellt, würde es gleichwohl an der Möglichkeit zur Kenntnisnahme in zumutbarer Weise und der Zustimmung des An-

---

[40] Beispiele bei Kremer CR 2011, 769 (771).
[41] → Rn. 24.
[42] So auch *Degmair* K&R 2013, 213 (215); mit anderem Ansatz aber im Ergebnis zustimmend Taeger/Feldmann, Tagungsband Herbstakademie 2011, 47 (50); aA ohne Unterscheidung zwischen Erwerb der App und *In-App Purchase* wohl *Bisges*, NJW 2014, 183 (184).
[43] BGH Urt. v. 27.10.2005 – III ZR 71/05, NJW-RR 2006, 109 Rn. 16; MüKoBGB/*Schramm* § 164 Rn. 15.
[44] AA *Degmair* K&R 2013, 213 (215).
[45] Bedingungen von Apple zum Stichwort 1-Click unter http://www.apple.com/legal/internet-services/itunes/de/terms.html.
[46] Wandtke/Bullinger/*Wandtke/Grunert* UrhG § 31 Rn. 40 mwN.
[47] Mit Beispielen *Kremer* CR 2011, 769 (775).
[48] Der Begriff des Lizenzvertrags ist insgesamt unglücklich, → § 13 Rn. 24. Gemeint sind Verträge, die ua Vorgaben zum Umfang von Nutzungsrechten machen und auch weitere Rechte und Pflichten, zB das Recht des Anbieters, Audits beim Anwender durchzuführen, vorsehen können.
[49] → Rn. 16.

wenders scheitern. Selbst beim Aufruf der App-Stores auf Computern mit üblich großen Monitoren (heute wohl Full-HD mit 1920 x 1.080 Pixeln Auflösung) sind die Lizenzbedingungen, wenn sie überhaupt im App-Store abgebildet werden, regelmäßig räumlich vom „Kaufen" bzw. „Herunterladen" Button entfernt platziert und für den Anwender ist nicht zu erkennen, dass diese zusammen mit dem Erwerb der App zum Bestandteil eines Vertrags mit dem Anwender werden sollen. Die Rechtslage ist mit der bei Shrink-Wrap oder Click-Wrap Verträgen vergleichbar, die ebenfalls mangels Einbeziehung in den Vertrag unwirksam sind.[50] Für unmittelbare Vertragsbeziehungen zwischen Anbieter und Anwender bleibt somit kein Raum.

Eine schuldrechtliche Beziehung zum Anbieter der App kann entstehen, wenn der Anwender eine Möglichkeit nutzt, über die App weitere Produkte oder Dienstleistungen direkt vom Anbieter zu beziehen. Das gilt sowohl für Erweiterungen der App selbst (sog **„In-App Purchases"**)[51] als auch für über die App abgeschlossene Verträge, die außerhalb der App abgewickelt werden (sog **„App-Sales"**).[52] 19

4. Vertrieb von Apps

a) **Anbieterkennzeichnung.** *aa) Allgemeines.* Beim Vertrieb von Apps sieht der Anwender 20 sich Betreibern gegenüber, deren Konzerne eine teils schwer fassbare Struktur aufweisen.[53] Durch gesetzliche Informationspflichten soll der Anwender seinen Vertragspartner erkennen und mit diesem schnell in Kontakt treten können.[54]

bb) Anbieterkennzeichnung gem. § 5 Abs. 1 TMG und § 55 Abs. 2 S. 1 RStV. Der App- 21 Store ist ein **Telemediendienst** iSd § 1 Abs. 1 TMG, der jeweilige Betreiber Diensteanbieter gem. § 2 Nr. 1 TMG. Damit bedarf der App-Store einer Anbieterkennzeichnung gem. § 5 Abs. 1 TMG („Impressum"), ohne dass sich Besonderheiten gegenüber anderen Online-Shops ergeben.[55]

Die Pflicht zur Anbieterkennzeichnung gilt **ebenso für die Apps** selbst. Diese mögen 22 (auch) Rundfunk nach § 2 RStV, Telekommunikation nach § 3 Nr. 24 TKG oder telekommunikationsgestützte Dienste nach § 3 Nr. 25 TKG zum Gegenstand haben,[56] sind für sich genommen jedoch ein „elektronischer Informations- und Kommunikationsdienst" und damit Telemedium iSd § 1 Abs. 1 TMG.[57] Mit Blick auf die geringen Hürden, die der BGH für die Einbindung des Impressums vorsieht („zwei Klicks zum Ziel")[58] ist es bei Apps wegen der zT aus technischen Gründen beschränkten Platzverhältnisse auf dem Display eines Smart Device ausreichend, wenn das Impressum mit einem Klick aus dem jederzeit, ggf. durch Scrollen an den oberen oder unteren Bildschirmrand, erreichbaren Hauptmenü enthalten ist.[59]

Enthalten App-Store oder App journalistisch-redaktionell gestaltete Inhalte,[60] ist gem. 23 § 55 Abs. 2 RStV ergänzend ein hierfür Verantwortlicher unter Angabe von Name und Anschrift zu benennen.[61]

cc) Fernabsatzrechtliche Anbieterkennzeichnung. Der Bezug von Apps durch Verbraucher 24 ist ein **Fernabsatzvertrag** iSd § 312c Abs. 1 BGB. Zugleich handelt es sich, da App-Stores Te-

---

[50] Kilian/Heussen/*Moritz*, Computerrechts-Handbuch, 1. Abschnitt Teil 3 Rn. 165 ff.; Leupold/Glossner/*von dem Bussche/Schelinski*, Teil 1 Rn. 147 ff.
[51] → Rn. 36.
[52] Ebenso *Degmair* K&R 213, 216 f.; Weiterführend → Rn. 36.
[53] Exemplarisch die Ausführungen des KG Berlin zu Facebook: KG Berlin Urt. v. 24.1.2014 – 5 U 42/12, ZD 2014, 412; dazu *Kremer* RDV 2014, 73 (74).
[54] BGH Urt. v. 20.7.2006 – I ZR 228/03, NJW 2006, 3633 Rn. 19.
[55] Zu den Inhalten der Anbieterkennzeichnung siehe → § 36 Rn. 132 lfd. Nr. 1–6.
[56] → Rn. 61 ff.
[57] → § 36 Rn. 13.
[58] BGH Urt. v. 20.7.2006 – I ZR 228/03, NJW 2006, 3633.
[59] Ähnlich *Hoffmann* MMR 2013, 631 (633); *Baumgartner/Ewald* Rn. 168.
[60] Zum Begriff VGH Baden-Württemberg Urt. v. 25.3.2014 – 1 S 169/14, ZD 2014, 588.
[61] → § 46 Rn. 132 lfd. Nr. 7.

lemediendienste sind,[62] um einen Vertrag im elektronischen Geschäftsverkehr gem. § 312i Abs. 1 S. 1 BGB. Damit treffen den Betreiber – der stets Unternehmer ist – die Pflichten zur Anbieterkennzeichnung bereits vorvertraglich als Informationspflicht aus § 312d Abs. 1 BGB iVm Art. 246a § 1 Abs. 1 Nr. 2, 3, § 3 Nr. 2 EGBGB und, bei einem Verbrauchervertrag über eine entgeltliche Leistung, aus § 312j Abs. 2 BGB iVm Art. 246a § 1 Abs. 1 S. 1 Nr. 1, 4, 5, 11 und 11 EGBGB. Die vorvertraglichen Informationspflichten können formfrei erfüllt werden, müssen aber „klar und verständlich" sein.[63] Bezüglich der Besonderheiten im elektronischen Geschäftsverkehr[64] und des Fernabsatzrechts[65] wird auf das entsprechende Kapitel verwiesen.

> **Praxistipp:**
> Der Betreiber sollte die Informationen zumindest ergänzend in Textform bereitstellen, um seiner Kennzeichnungspflicht zu genügen. Textform (beim Übersenden des Formulars nach Anlage 1 zu Art. 246a EGBGB) sieht Art. 246a § 1 EGBGB als ausreichend an. Ein „dauerhafter Datenträger" im Sinne des § 126b BGB ist auch eine E-Mail[66] oder das Bereitstellen der Informationen als elektronisches Dokument in einem vom Anwender genutzten Cloud-Dienst.[67]

25 Fraglich ist, ob die Informationspflichten auch dann zu erfüllen sind, wenn der Anwender eine App zu privaten wie auch zu unternehmerischen Zwecken nutzt (sog **„dual-use"**). Die frühere Ansicht in der Literatur, wonach es auf den Schwerpunkt der **Nutzung** ankomme,[68] dürfte mit Klarstellung des Verbraucherbegriffs in § 13 BGB durch den Gesetzgeber[69] überholt sein. Entscheidend ist allein, zu welchem Zweck der Anwender die App **bei Vertragsabschluss** erwerben will.[70] Ist eine überwiegend private Nutzung beabsichtigt, handelt der Anwender als Verbraucher.

> **Praxistipp:**
> Betreiber eines App-Stores sollten den fernabsatzrechtlichen Informationspflichten stets nachkommen, sofern sie ihr Angebot nicht ausschließlich an Unternehmer in einem entsprechend vor der Nutzung durch Verbraucher abgesicherten Store richten.[71]

26 *dd) Verstöße gegen die Kennzeichnungspflichten.* Eine fehlende, unvollständige oder nicht wie vorgeschrieben zugängliche Anbieterkennzeichnung iSd § 5 Abs. 1 TMG ist ein **Ordnungswidrigkeitentatbestand,** § 16 Abs. 2, 3 TMG. Ein Verstoß gegen § 5 Abs. 1 TMG kann zugleich eine unlautere geschäftliche Handlung nach § 3 Abs. 1, § 4 Nr. 11 UWG darstel-

---

[62] → Rn. 21.
[63] Noch zur Vorgängernorm Erman/*Saenger* § 312c Rn. 28.
[64] → § 26 Rn. 46 ff.
[65] → § 26 Rn. 104 ff.
[66] So die Begründung zum Gesetz zur Umsetzung der Verbraucherrechterichtlinie und zur Änderung des Gesetzes zur Regelung der Wohnungsvermittlung (VRRL-Umsetzungsgesetz), BT-Drs. 17/12637 S. 44.
[67] *Kremer/Schmidt* CR 2014, 228 (230 f.).
[68] Vgl. OLG Bremen Urt. v. 11.3.2004 – 7 O 515/03, NJOZ 2004, 2059; *Schroeter* JuS 2006, 682 (684); Tamm/Tonner/*Brönneke,* Verbraucherrecht, § 2 Rn. 42; Palandt/*Ellenberger* § 13 Rn. 4; Erman/*Saenger* § 13 Rn. 17; Nomos Kommentar BGB/*Ring* § 14 Rn. 31; aA Jauering/*Mansel* § 13 Rn. 7; Bamberger/Roth/ *Schmidt-Räntsch* § 13 Rn. 12; Prütting/Wegen/Weinreich/*Prütting* § 14 Rn. 9.
[69] VRRL-Umsetzungsgesetz abgedruckt in BGBl. I 2013 S. 3642.
[70] AA AG München Urt. v. 10.10.2013 – 222 C 16325/13 (unv.); Zum Verbraucher-Begriff → § 22 Rn. 159; Bittner/Clausnitzer/Föhlisch/*Föhlisch,* Das neue Verbrauchervertragsrecht, Rn. 27 ff.
[71] Zu Apps im Enterprise Bereich → Rn. 68 f.; zu auf Unternehmer beschränkten Angeboten OLG Hamm Urt. v. 20.9.2011 – 4 U 73/11, MMR 2012, 596; LG Kiel Urt. v. 27.9.2013 – 17 O 147/13, WRP 2014, 495.

len,[72] für die der Dienstanbieter insbesondere gem. § 8 Abs. 1 S. 1 UWG auf Beseitigung und Unterlassung in Anspruch genommen werden kann. Kommt der Betreiber den fernabsatzrechtlichen Kennzeichnungspflichten nicht nach, ist darin wegen des Verstoßes gegen Marktverhaltensregelungen ein nach § 4 Nr. 11 UWG **unlauteres Verhalten** zu sehen,[73] ferner eine irreführende Handlung iSd § 5a Abs. 2 bis Abs. 4 UWG.

b) Fernabsatzrecht. *aa) Widerrufsrecht.* Das Widerrufsrecht ist ein weiteres Mittel des Verbraucherschutzes.[74] Unter der alten Rechtslage wurde ein Widerrufsrecht für Apps überwiegend unter Berufung auf § 312d Abs. 4 Nr. 1 BGB aF abgelehnt, da Apps zur Rücksendung nicht geeignet seien.[75] Dies gelang freilich nur mit dem Kunstgriff, Apps als „Waren" iSd § 312d BGB aF zu verstehen. Nunmehr gelten sie nicht mehr als Waren oder Dienstleistungen, sondern als **digitale Inhalte**.[76] Für eine Behandlung als Waren oder Dienstleistungen besteht mithin kein Raum mehr.[77] Auch die Rechtsprechung des EuGH, nach der elektronische Spiele „Waren" seien,[78] ist damit überholt. 27

Ein Widerrufsrecht besteht nunmehr ungeachtet des Vertragsgegenstands mit Abschluss des Fernabsatzvertrags, sofern nicht nach § 312g BGB das Widerrufsrecht ausnahmsweise ausgeschlossen ist. § 312g BGB schließt das Widerrufsrecht jedoch lediglich für bestimmte Warenlieferungen und Dienstleistungen, jedoch nicht für digitale Inhalte aus. Ein Fernabsatzvertrag über den Bezug digitaler Inhalte begründet daher stets ein Widerrufsrecht nach § 312g Abs. 1 BGB. Dieses **Widerrufsrecht erlischt** jedoch gemäß § 356 Abs. 5 BGB vorzeitig, wenn die Ausführung des Vertrags **mit ausdrücklicher Zustimmung des Verbrauchers** und dessen Kenntnis vom Verlust seines Widerrufsrechts erfolgt.[79] 28

bb) Widerrufsfrist und Widerrufsbelehrung. Stimmt der Verbraucher dem Beginn der Ausführung des Vertrags nicht ausdrücklich zu (§ 356 Abs. 5 Nr. 1 BGB) oder bestätigt er seine Kenntnis vom Verlust seines Widerrufsrechts nicht (§ 356 Abs. 5 Nr. 2 BGB), verbleibt ihm ein **14-tägiges Widerrufsrecht ab Vertragsschluss** gemäß §§ 355 Abs. 2, 356 Abs. 2 Nr. 2 BGB.[80] 29

> **Praxistipp:**
> Bei Verträgen über den Bezug von Apps sollte die Vertragsbestätigung die vorherige Zustimmung des Verbrauchers zur Ausführung des Vertrags vor Ablauf der Widerrufsfrist sowie die Bestätigung seiner Kenntnis vom Verlust des Widerrufsrechts festhalten. Fehlt es hieran, kann der Betreiber die vorherige Zustimmung des Verbrauchers zur vorzeitigen Ausführung sowie dessen Kenntnis von dem damit einhergehenden Verlust des Widerrufsrechts kaum beweisen.

Unterbleibt eine Widerrufsbelehrung gemäß § 356 Abs. 3 BGB iVm Art. 246a § 1 Abs. 2 S. 1 Nr. 1 EGBGB, so beginnt die Widerrufsfrist nicht. Das Widerrufsrecht erlischt dann erst **zwölf Monate und 14 Tage nach Vertragsschluss**, § 356 Abs. 3 BGB. § 356 Abs. 5 BGB ist in diesen Fällen nicht anwendbar. Nach Art. 246a § 1 Abs. 2 S. 1 Nr. 1 EGBGB ist auch „über das Muster-Widerrufsformular in Anlage 2"[81] zu informieren. In dieses Formular 30

---

[72] Harte-Bavendamm/Henning-Bodewig/*Jagow* UWG § 4 Rn. 125.
[73] OLG Hamm Urt. v. 20.5.2010 – 4 U 225/09, NJW-RR 2010, 1481 (1482).
[74] Zum Widerrufsrecht ausführlich → § 26 Rn. 124.
[75] *Kremer* CR 2011, 769 (774); Palandt/*Grüneberg* § 312d Rn. 9; MüKoBGB/*Wendehorst* § 312d Rn. 26.
[76] Art. 2 Nr. 11, Erwägungsgrund 19 der Richtlinie 2011/83/EU vom 25.10.2011 über die Rechte der Verbraucher, zur Abänderung der Richtlinie 93/13/EWG des Rates und der Richtlinie 1999/44/EG des Europäischen Parlaments und des Rates sowie zur Aufhebung der Richtlinie 85/577/EWG des Rates und der Richtlinie 97/7/EG des Europäischen Parlaments und des Rates (VRRL).
[77] Kritisch, soweit das Zur-Verfügung-Stellen der Daten nur untergeordnete Bedeutung hat, MüKoBGB/*Wendehorst* § 312d Rn. 36.
[78] EuGH Urt. v. 26.10.2006 – C-65/05, BeckRS 2006, 70826, Rn. 23 f.
[79] So auch *Mankowski* CR 2013, 508 (513 f.).
[80] BT-Drs. 17/12637, S. 56.
[81] Abgedruckt im BGBl. I 2013 S. 3665.

sind durch den Unternehmer zumindest der Name und die Anschrift des Unternehmers einzutragen. Er kann seiner Informationspflicht daher nur entsprechen, wenn er eine entsprechend personalisierte Fassung des Formulars vorhält und dem Verbraucher zugänglich macht. Dies gilt auch bei begrenzter Darstellungsmöglichkeit zumindest in „einer dem gebrauchten Fernkommunikationsmittel angepassten Weise", Art. 246a § 3 iVm § 4 Abs. 3 EGBGB. Dem genügt die Praxis der App-Stores nicht ansatzweise. Für Apps besteht damit in der Regel ein Widerrufsrecht von über einem Jahr. Von entsprechender Bedeutung ist eine rechtssichere Widerrufsbelehrung.[82] Dabei hat der Unternehmer – auch bei 1-Klick-Käufen – dafür Sorge zu tragen, dass der Hinweis auf das Widerrufsrecht auf der Angebotsseite enthalten ist.[83] Dies gilt wegen Art. 246a § 3 Nr. 4 EGBGB selbst bei begrenzter Darstellungsmöglichkeit.

Praxistipp:
Auf der Angebotsseite im App-Store oder der Bestellseite innerhalb einer App beim In-App Purchase sollte ein Hinweis auf das Widerrufsrecht, die Widerrufsbelehrung sowie ein Link zum vorausgefüllten Muster-Widerrufsformular nach Anlage 2 vorhanden sein.

31 c) **Mängelhaftung.** Apps aus App-Stores sind Standardsoftware und als solche nach dem BGH Sachen iSd § 90 BGB.[84] Damit ist die kauf- oder schenkungsrechtliche (Mängel-)Haftung zu beachten.[85]

32 *aa) Mängelhaftung bei kostenpflichtigen Apps.* Weist die App einen Sach- oder Rechtsmangel iSd §§ 434f. BGB auf, stehen dem Anwender **Mängelhaftungsansprüche** gem. §§ 437ff. BGB gegenüber dem Betreiber zu.[86] Entscheidender Zeitpunkt ist jeweils die vollständige Übertragung der App auf das Smart Device des Anwenders.[87]

33 **Sachmängel** ergeben sich, sofern sich aus der Einbeziehung der Beschreibung der Software im App-Store in den Kaufvertrag keine Beschaffenheitsvereinbarung zwischen Betreiber und Anbieter ergibt, überwiegend aus § 434 Abs. 1 S. 2 Nr. 1 bis Nr. 3 BGB. Besonderheiten zu anderer Software gibt es nicht. App-typische Mängel können zB Abstürze, Kapazitätsmängel, Inkompatibilitäten oder mangelnde Verfügbarkeit des mit der App bereitgestellten Dienstes sein. Ein Mangel liegt auch dann vor, wenn die App ein „Mehr" gegenüber der versprochenen Leistung beinhaltet, namentlich **Schadsoftware**. So enthalten zB 20% der Apps für Android Schadsoftware,[88] was einen Sachmangel der Software darstellt.[89] Ob die Schadsoftware mit geringem Aufwand zu entfernen ist,[90] ist ohne Bedeutung. Im Übrigen fehlt der App bei einem Befall mit Schadsoftware die Eignung zur vertraglich vorausgesetzten oder gewöhnlichen Verwendung gem. § 434 Abs. 1 S. 2 BGB. Erfüllt eine App ihre Funktionen nicht, weil der Anwender sie nicht gefahrlos ausführen kann, ist sie zu ihrer vertraglich vorgesehenen oder gewöhnlichen Verwendung ungeeignet. Entsprechendes gilt für Apps, die den Anwender **ausspionieren**. Eine solche App ist ersichtlich für eine unbefangene Nutzung ungeeignet.[91] Das gilt erst recht für Apps die personenbezogene und ver-

---

[82] Zu deren Gestaltung → § 26 Rn. 151; Bittner/Clausnitzer/Föhlisch/*Clausnitzer*, Das neue Verbrauchervertragsrecht, Rn. 186 ff.
[83] OLG Bremen Urt. v. 5.10.2012 – 2 U 49/12, abrufbar unter: http://tlmd.in/u/1392 = MMR 2013, 36 mit krit. Anmerkung *Solmecke/Kost.*
[84] → Rn. 15.
[85] Zur Einordnung als Kauf oder Schenkung → Rn. 15.
[86] Zu Art und Hierarchie der Mängel → § 10 Rn. 68 ff.
[87] Zum Erwerb von Software durch unkörperliche Übertragung → § 12 Rn. 39, 44 ff.
[88] Zahlen nach BT-Drs. 17/11276, S. 1; Nachweise zu weiteren Studien bei Solmecke/Taeger/Feldmann/ *Taeger* Kap. 5 Rn. 5 ff.
[89] Schwartmann/*Gennen*, Praxishandbuch Medien-, IT- und Urheberrecht, Kap. 19 Rn. 142.
[90] Dahingehend LG Regensburg Urt. v. 10.7.1997, CR 1997, 686.
[91] Beispiele: verseuchte App, die als Taschenlampe funktionieren sollte http://heise.de/-2062105; beliebtes Spiel mit Schnüffel-Funktion (Angry Birds) http://heise.de/-2098447.

II. Mobile Apps

trauliche Daten wie Telefonbücher, E-Mails oder Kurznachrichten verwalten sollen, diese stattdessen jedoch ohne Kenntnis des Anwenders an Dritte übertragen. Wegen der Verstöße dieser Apps gegen datenschutzrechtliche Vorschriften[92] weisen sie auch keine Beschaffenheit auf, die der Anwender erwarten kann (§ 434 Abs. 1 S. 2 Nr. 2 BGB).

Rechtsmangelhaft ist eine App, wenn der Betreiber dem Anwender die notwendigen 34 Nutzungsrechte[93] nicht einräumen kann, etwa weil er diese nicht vom Anbieter der App erworben hat. Die Behandlung von Rechtsmängeln erfolgt entsprechend der von Sachmängeln.[94]

bb) Mängelhaftung bei kostenfreien Apps. Das kostenfreie Angebot einer App beschränkt 35 den Haftungsmaßstab gegenüber dem Anwender. Nach § 524 Abs. 1 BGB haftet der Betreiber als Schenker für einen „Fehler" der verschenkten Sache nur bei **Arglist**. Fehler iSd § 524 BGB meint den Sachmangel iSd § 434 BGB.[95] Sofern der Betreiber nicht zugleich Anbieter der App ist,[96] bleibt für eine solche Haftung wenig Raum, solange der Betreiber die App nicht in Kenntnis eines Mangels im App-Store belässt.[97]

d) **Besonderheiten bei In-App Purchases.** *aa) Begriff.* Der In-App Purchase ist abzugren- 36 zen von einem App-Sale. Beim **App-Sale** wird ein Rechtsgeschäft mit Hilfe der App abgeschlossen, jedoch außerhalb der App abgewickelt, etwa die Bestellung eines Buches, welches über den Postweg an den Besteller versendet wird.[98] Die Funktion der App ist bei einem App-Sale mit der eines Online-Shops vergleichbar.[99] Demgegenüber werden beim **In-App Purchase** die aus der App erworbenen Erweiterungen (neue Inhalte oder Funktionen) unmittelbar in die App integriert.[100] So können virtuelle Leistungen zB direkt aus einem Spiel auf das Smart Device heruntergeladen werden. Mit solchen In-App Purchases fahren Anbieter von Apps inzwischen die höchsten Gewinne ein.[101] Anwender werden durch eine zunächst kostenfreie oder zumindest stark vergünstigte App neugierig gemacht und sollen oder müssen sodann kostenintensive Erweiterungen erwerben, um den Nutzen der App aufrechterhalten zu können.[102] Diesem Geschäftsmodell, das sich häufig an Kinder als besonders unerfahrene Anwender richtet, steht die EU-Kommission äußerst skeptisch entgegen.[103]

bb) Vertragsparteien. Erfolgt der Kauf der Erweiterungen wie üblich direkt aus der App 37 und nicht über den App-Store,[104] wird ausgehend vom objektiven Empfängerhorizont (§§ 133, 157 BGB) des Anwenders der – über die Anbieterkennzeichnung ermittelbare[105] – **Anbieter der App Vertragspartner des Anwenders.** Der Anwender befindet sich beim Vertragsabschluss in der App, also einer vom Anbieter geschaffenen Umgebung, sodass kein abweichender Eindruck entstehen könnte.[106] Soweit die Inhalte unmittelbar aus der App zum Download bereitstehen, ist eine Mitwirkung des Betreibers auch gar nicht notwendig. Dies gilt selbst dann, wenn die Bezahlung des In-App Purchase wieder über den Betreiber des Ausgangs-App-Stores erfolgt, der insoweit als Zahlungsdienstleister fungiert. Die Bezahlung über einen Dritten als Dienstleister ist im Internet etabliert, ohne dass der Kunde annehmen würde, einen Vertrag mit dem Zahlungsdienstleister abzuschließen.[107]

---

[92] → Rn. 45 ff.
[93] → Rn. 17.
[94] → § 10 Rn. 68 ff. Zur AGB-rechtlichen Gestaltung → § 16 Rn. 40 ff.
[95] MüKoBGB/*J. Koch* § 524 Rn. 2; Palandt/*Weidenkaff* § 524 Rn. 1.
[96] → Rn. 18.
[97] Zur Prüfung von Apps vor deren Aufnahme in einen App-Store Solmecke/Taeger/Feldmann/*Lachenmann* Kap. 3 Rn. 369.
[98] *Degmair* K&R 2013, 213 (216).
[99] Zum Vertragsschluss im Internet → § 26 Rn. 3 ff.
[100] Solmecke/Taeger/Feldmann/*Denker*/*Hartl*/*Denker* Kap. 2 Rn. 30; *Bisges* NJW 2014, 183.
[101] *Degmair* K&R 2013, 213 (216).
[102] *Bisges* NJW 2014, 183.
[103] http://heise.de/-2172607.
[104] Zur Situation beim Erwerb der App selbst → Rn. 15.
[105] → Rn. 21.
[106] *Bisges* NJW 2014, 183 (184); *Degmair* K&R 2013, 213 (216), *Kremer* CR 2011, 769 (774).
[107] ZB bieten Services wie „PayPal" oder „Amazon Payments" eine Abwicklung der Zahlung für Vertragsschlüsse an.

38 cc) *Rechtsnatur des In-App Purchase.* Die früher vertretene Auffassung, beim Download von Dateien im Wege des Fernabsatzes handle es sich um Dienstleistungen,[108] ist überholt. Auch die Annahme eines Vertrags *sui generis* liegt fern.[109] Richtigerweise handelt es sich auch beim **In-App Purchase um einen Sachkauf** oder in Ausnahmefällen um einen wegen § 453 Abs. 1 BGB wie einen Sachkauf zu behandelnden Rechtskauf.[110] Dabei kommt ein Rechtskauf nur in Betracht, wenn die Erweiterung der App – diese ist nach dem BGH als Sache zu behandeln[111] – ausnahmsweise keine Sachqualität besitzen sollte.[112]

39 dd) *Pflichten des Anbieters.* Tritt der Anbieter als Verkäufer auf, ist er Dienstanbieter gem. § 2 Nr. 1 TMG und Anbieter digitaler Inhalte im Rahmen eines Fernabsatzgeschäfts. Damit obliegt dem Anbieter nun seinerseits die Beachtung der beim Erwerb der App noch den Betreiber treffenden Informationspflichten nach den telemedien- und fernabsatzrechtlichen Vorschriften.[113] Sofern der In-App Purchase auf einem Smart Device mit technischer begrenzter Darstellungsmöglichkeit erfolgt, kommen dem Anbieter hinsichtlich der fernabsatzrechtlichen Bestimmungen die **Erleichterungen gem. Art. 246a § 3 EGBGB** zugute.[114] Er ist jedoch verpflichtet, durch eine Prüfung sicherzustellen, dass die gesetzeskonforme Darstellung der notwendigen Mindestangaben auf den unterschiedlichen Endgeräten sichergestellt ist.[115]

40 e) **Lauterkeitsrechtliche und kennzeichenrechtliche Aspekte.** *aa) Allgemeines.* Betreiber und Anbieter haben abseits der Anbieterkennzeichnung und fernabsatzrechtlichen Informationspflichten weitere lauterkeits- und kennzeichenrechtliche Vorgaben zu beachten. Es besteht die Gefahr, dass Vertrieb oder Verwendung einer App eine **unerlaubte geschäftliche Handlung** iSd § 3 Abs. 1 UWG darstellen. Dabei meint „geschäftliche Handlung" iSd § 2 Abs. 1 Nr. 1 UWG jede Form der Förderung des Warenabsatzes. Weil der Warenbegriff weit verstanden sämtliche Handelsgüter erfasst,[116] fallen auch Apps hierunter.

41 *bb) Beispiele unlauterer geschäftlicher Handlungen.* Stets unlauter ist der Verstoß gegen Nr. 21 des Anhangs zu § 3 Abs. 3 UWG bei unzutreffender Kennzeichnung eines Angebots als „**kostenfrei**". Dies gilt für die Bewerbung einer App als „kostenlos", „free2play", „gratis" oä, wenn die App kostenfrei bezogen werden kann, dann aber bei der Nutzung – anders als sog **Freemium Apps**[117] – zwingend Kosten verursacht.

42 Unlauter sind auch Zuwiderhandlungen gegen die Vorschriften zur sog „**Button-Lösung**" im elektronischen Geschäftsverkehr. Bedient sich der Unternehmer zum Vertragsschluss eines Telemediums – wie es bei Apps (auch bei In-App Purchases) der Fall ist[118] – hat er gem. § 312j Abs. 3 S. 2 BGB die Schaltfläche, welche die Bestellung abschließt, gut lesbar mit „zahlungspflichtig bestellen" oder einer entsprechend eindeutigen anderen Formulierung zu beschriften. Dasselbe gilt für Verstöße gegen § 1 Abs. 1 S. 1 PAngV.[119] In beiden Fällen handelt es sich um Marktverhaltensregelungen iSd § 4 Nr. 11 UWG.[120]

43 Schließlich schützt § 3 Abs. 1 i. V. m § 4 Nr. 2 UWG besonders schutzwürdige Verbraucherkreise vor einer Ausnutzung ihrer geschäftlichen Unerfahrenheit, hier namentlich **Kinder und Jugendliche**.[121] Diese treffen Kaufentscheidungen häufig aufgrund von Gefühlen

---

[108] BGH Urt. v. 16.3.2006 – III ZR 152/05, MMR 2006, 453 (457) – R-Gespräche; *Sievers* K&R 2011, 537 (540).
[109] Vgl. *Sievers* K&R 2011, 537 (541).
[110] *Degmair* K&R 2013, 213 (216); *Baumgartner/Ewald* Rn. 142; wohl auch Solmecke/Taeger/Feldmann/*Denker/Hartl/Denker* Kap. 2 Rn. 31.
[111] → Rn. 15.
[112] Stets ausdrücklich für einen Rechtskauf *Bisges* NJW 2014, 183.
[113] → Rn. 20 ff.
[114] → Rn. 24.
[115] OLG Hamm Urt. v. 20.5.2010 – I-4 U 225/09, GRUR 2010, 446 – iPhone.
[116] Vgl. Harte-Bavendamm/Henning-Bodewig/*Keller* § 2 Rn. 20.
[117] Zum Freemium Modell *Bäcker/Höfinger* ZUM 2013, 623 (624) Baumgartner/Ewald/*Ewald* Rn. 39.
[118] → Rn. 36.
[119] → § 26 Rn. 276 ff.
[120] Piper/Ohly/Sosnitza/*Ohly*, UWG § 4 Rn. 11.73 mwN.
[121] BT-Drs. 15/1487, S. 17.

oder spontanen Begehren ohne jede kritische Beurteilung des Angebots.[122] Das Risiko wird besonders deutlich beim In-App Purchase, bei dem es keine räumliche oder zeitliche Zäsur mehr zwischen „Notwendigkeit" und Möglichkeit des Erwerbs gibt. Dies gilt vor allem für Inhalte, die sofort neue „Features" in einem Spiel freischalten, welche anderenfalls erst langwierig – etwa durch das Sammeln von Erfahrungspunkten – freigespielt werden müssten. Für Minderjährige zählen in einer solchen Situation nicht Preise und Vertragsbedingungen, sondern das „Weiterkommen" im Spiel.[123]

cc) Kennzeichenrechtliche Aspekte. Der Name einer App kann als **Werktitel** gem. § 5 Abs. 1, 3 MarkenG schutzfähig sein, wenn er die nötige Unterscheidungskraft aufweist.[124] Eine Verletzung kennzeichenrechtlicher Vorschriften kann darin liegen, für oder in einer App unbefugt einen geschützten Werktitel oder eine geschützte Marke zu verwenden.[125] Nicht ausreichend für eine markenmäßige Benutzung iSd § 14 Abs. 1 Nr. 1, 2 MarkenG ist jedoch, wenn eine geschützte Marke lediglich umschreibend für ein durch eine App technisch umgesetztes Spiel („Stadt Land Fluss") verwendet wird.[126] Im Übrigen wird auf die Ausführungen zur Begründung kennzeichenrechtlichen Schutzes[127] und auf die Rechtsfolgen von Kennzeichenrechtsverletzungen[128] verwiesen.

5. Datenschutz und Datensicherheit bei Vertrieb und Nutzung von Apps

Auch bei Apps sind die datenschutzrechtlichen Vorgaben gem. BDSG,[129] TKG und TMG zu beachten. Wegen des Umfangs werden im Folgenden lediglich die Besonderheiten dargestellt, die sich bei Apps ergeben.[130] Dabei sind Vertrieb und Nutzung der App zu unterscheiden. Die hier betrachteten Apps werden, ungeachtet ihres Anbieters, alle von den Betreibern der App-Stores vertrieben,[131] die Betreiber haben somit – unrechtlich – den ersten Zugriff auf die personenbezogenen Daten[132] des Anwenders. Zu diesem Zeitpunkt findet noch kein Zugriff auf das Smart Device des Anwenders statt, es sei denn der App-Store selbst wird als App aufgerufen.[133] Wird die App nach dem Installieren vom Anwender genutzt, handelt es sich um Prozesse die auf dem Smart Device angestoßen werden, so dass nunmehr auch personenbezogene Daten auf dem Smart Device betroffen sind.

a) Datenschutz und Datensicherheit beim Vertrieb der App. Verantwortliche Stelle[134] beim Vertrieb ist der Betreiber des App-Stores, zwischen Anbieter und Anwender besteht zu diesem Zeitpunkt noch kein Kontakt.[135] Der Vertrieb der App bringt datenschutzrechtlich keine Besonderheiten mit sich. Hervorzuheben sind angesichts der monopolartigen Schlüsselposition der Betreiber der App-Stores insbesondere der Kundendatenschutz[136] sowie der Datenschutz im E-Commerce.[137]

b) Datenschutz und Datensicherheit bei der Nutzung der App. Das Bewusstsein der Anwender dafür, dass Apps dem Anbieter häufig den Umgang mit ihren personenbezogenen

---

[122] OLG Frankfurt Urt. v. 4.8.2005 – 6 U 224/04, GRUR 2005, 1064 (1065).
[123] *Bisges* NJW 2014, 183 (186).
[124] LG Hamburg Beschl. v. 8.10.2013 – 327 O 104/13, CR 2014, 271 Rn. 9, 19; *Ingerl/Rohnke* MarkenG § 5 Rn. 100.
[125] Vgl. KG Berlin Urt. v. 1.11.2013 – 5 U 68/13, GRUR-RR 2014, 197.
[126] KG Berlin Urt. v. 1.11.2013 – 5 U 68/13, GRUR-RR 2014, 197.
[127] → § 7 Rn. 21 ff., 65 ff.
[128] → § 7 Rn. 26 ff.
[129] Das BDSG überlagert die EU-Datenschutzrichtlinie 95/46/EG (DSRL) weitgehend, so dass die Betrachtungen hier ausgehend vom BDSG angestellt werden, soweit nicht die DSRL Anwendungsvorrang hat. Zum Verhältnis des BDSG zu anderen Datenschutzvorschriften → § 34 Rn. 61 ff.
[130] Eine Erläuterung der Grundbegriffen des BDSG → § 34 Rn. 73 ff.
[131] → Rn. 15.
[132] Personenbezogene Daten iSd § 3 Abs. 1 BDSG, im Folgenden schlicht „Daten".
[133] Wird der auf dem Smart Device eingebettete App-Store verwendet, handelt es sich zugleich um eine App des Betreibers, → b, Rn. 15.
[134] Zum Begriff der verantwortlichen Stelle iSd § 3 Abs. 7 BDSG → § 34 Rn. 78.
[135] → Rn. 6 ff.
[136] → § 34 Rn. 257 ff.
[137] → § 34 Rn. 58.

Daten ermöglichen[138] und diese Daten regelmäßig zur weiteren werblichen Zwecken verwendet werden, ist wenig ausgeprägt. Die Rechte, welche die Anbieter sich in den „Datenverwendungsrichtlinien" ihrer Apps einräumen, gehen weit und stehen mit dem Datenschutzrecht der Vertriebsländer nur selten in Einklang.[139] Bei den personenbezogenen Daten handelt es sich um dieselben Daten, die zB auch in sozialen Netzwerken[140] von den Betreibern erhoben werden. Neben IP-Adresse und Browser-Fingerprint[141] tritt dabei als weiteres **Identifizierungsmerkmal** die jedem Smart Device zugewiesene **einmalige Gerätenummer**, der sog „unique device identifier" (UID oder UDID).[142]

48 Wird die installierte App ausgeführt, handelt es sich um Programmcode, auf dessen Funktionen der Betreiber keinen Einfluss hat. Die Entscheidung ob und in welcher Weise die App mit personenbezogenen Daten des Anwenders umgeht, ist die des Anbieters, solange der Anwender nicht von Datenschutzfunktionen seines Smart Device Gebrauch macht, zB einem Verbot der Geolokalisierung für eine oder alle Apps. Bei Nutzung der App ist deshalb der **Anbieter verantwortliche Stelle,**[143] ihn treffen die Pflichten aus dem BDSG, soweit nicht TKG oder TMG vorrangig[144] anzuwenden sind. Die Anwendbarkeit des BDSG ergibt sich regelmäßig aus dem **Territorialprinzip**. Entweder hat der Anbieter als nicht-öffentliche Stelle[145] seinen Sitz in Deutschland, § 1 Abs. 2 Nr. 3 BDSG, oder er hat seinen Sitz außerhalb des EWR, greift aber zur Verarbeitung der Daten auf automatisierte oder nicht automatisierte Mittel zu, die in Deutschland belegen sind, Art. 4 Abs. 1 lit. c DSRL.[146] Ein solches Mittel ist das Smart Device des Anwenders mit der darauf installierten App.[147] Etwas anderes ergibt sich nur, wenn der Anbieter seinen Sitz in einem anderen Staat des EWR hat und somit das dortige Datenschutzrecht Anwendung fände, § 1 Abs. 5 S. 1 BDSG.[148] Soweit die DSRL zu einer Vollharmonisierung im europäischen Datenschutzrecht führt,[149] macht dies vom Schutzniveau keinen Unterschied für den Anwender.

49 *aa) Erlaubnistatbestände im BDSG.* Von den Erlaubnistatbeständen der §§ 27 ff. BDSG kommen für den Anbieter insbesondere die §§ 28, 29 BDSG in Betracht.

§ 28 Abs. 1 Nr. 1 BDSG erlaubt den Umgang mit personenbezogenen Daten, wenn er zur Erfüllung eines **Schuldverhältnisses** mit dem Betroffenen erforderlich ist. Eine Erlaubnis nach Nr. 1 kommt damit nur in Betracht, wenn über die App überhaupt ein Schuldverhältnis zwischen Anbieter und Anwender begründet wird.[150] Allerdings dürften die erhobenen Daten im Anschluss zumeist unverzüglich zu löschen sein, wenn sich der Verwendungszweck mit der Leistungserbringung erledigt hat.

50 **§ 28 Abs. 1 Nr. 2 BDSG** erlaubt darüber hinaus den Umgang mit personenbezogenen Daten, soweit es zur **Wahrung berechtigter Interessen** des Anbieters erforderlich ist. Selbst

---

[138] Laut einer Studie von Stiftung Warentest betrifft das mehr als die Hälfte aller dort getesteten Apps; nach *Baumgartner/Ewald* Rn. 278 ff.
[139] Mit Beispielen *Kremer* CR 2012, 438; am Beispiel des Apple App Store LG Berlin Urt. v. 30.4.2013 – 15 O 92/12, NJW 2013, 2065.
[140] → Rn. 73.
[141] Zur datenschutzrechtlichen Bewertung *Alich/Voigt*, CR 2012, 344.
[142] Für die Einordnung von IP-Adressen als personenbezogene Daten *Hoeren*, ZD 2011, 3 (4); *Venzke*, ZD 2011, 114; differenzierend LG Berlin Urt. v. 31.1.2013 – 57 S 87/08, CR 2013, 471; *Eckhardt* CR 2011, 339; *Voigt/Alich* NJW 2011, 3541 (3542); aA LG Wuppertal Beschl. v. 19.10.2010 – 25 Qs 10 Js 1977/08–177/10, CR 2011, 245 (246); *Krüger/Maucher* MMR 2011, 433 (439); offen gelassen vom BGH Urt. v. 13.1.2011 – III ZR 146/10, CR 2011, 178. Zum Missbrauch der UDID s. http://www.wired.com/gadgetlab/2011/05/iphone-udid.
[143] *Kremer* CR 2012, 438 (439).
[144] Zum Vorrang → § 34 Rn. 64; zum bereichsspezifischen Datenschutzrecht bei Apps → Rn. 61 ff.
[145] Zu Apps der öffentlichen Verwaltung weiterführend *Hoffmann* MMR 2013, 631.
[146] § 1 Abs. 5 S. 2 BDSG setzt die DSRL nur unvollständig um, so dass insoweit die DSRL direkt anzuwenden ist, *Kremer* RDV 2014, 73 (80); stattdessen für eine richtlinienkonforme Auslegung → § 35 Rn. 25 (Grapentin).
[147] *Kremer* CR 2012, 438 (439).
[148] Zum Sitzprinzip → § 35 Rn. 20; *Kremer* CR 2012, 438 (439).
[149] EuGH Urt. v. 24.11.2011 – Rs. C-468/10, Rs. C469/10, VR 2012, 29 mAnm *Freund* = K&R 2012, 40 mAnm *Lang*; kritisch zu den Auswirkungen auf BDSG und TMG *Drewes*, ZD 2012, 115 (117); zur Reichweite der Harmonisierung *Kremer*, RDV 2014, 73 (75 f.).
[150] Siehe zu *App-Sale* und *In-App Purchase* → Rn. 36.

II. Mobile Apps

wenn der Anbieter insoweit wirtschaftliche Interessen zu seinen Gunsten geltend machen kann,[151] hat er diese gegen das berechtigte Interesse des Anwenders – und etwa beim Auslesen des Adressbuchs auf dem Smart Device auch gegen das berechtigte Interesse aller anderen iSd § 3 Abs. 1 BDSG Betroffenen – am Ausschluss des Umgangs mit seinen personenbezogenen Daten abzuwägen. Diese Abwägung fällt, zumal wenn besondere Arten personenbezogener Daten iSd § 3 Abs. 9 BDSG betroffen sein sollten, immer zu Lasten des Anbieters aus, wenn der Umgang mit personenbezogenen Daten auf eine Dauerüberwachung hinausläuft oder die Erstellung von Persönlichkeitsprofilen des Anwenders ermöglicht.

Eine Erlaubnis nach **§ 28 Abs. 1 Nr. 3 BDSG** scheidet regelmäßig aus, da die personenbezogenen Daten des Anwenders auf dem Smart Device nicht allgemein, sondern nur für den Anbieter der App zugänglich sind. Etwas anderes kann sich nur daraus ergeben, dass der Anwender selbst die in Rede stehenden Daten – sämtlich – **allgemein zugänglich** gemacht hat.[152]

Sollen personenbezogene Daten der Anwender zu **Werbezwecken** verwendet werden sind die besonderen, sich aus § 28 Abs. 3, Abs. 3a BDSG ergebenden Beschränkungen zu beachten. Bei Apps führt dies zur zwingenden Notwendigkeit einer wirksamen Einwilligung gem. § 4a Abs. 1 BDSG, die in dem durch § 28 Abs. 3a BDSG beschriebenen Verfahren elektronisch eingeholt wird.[153] Ein Rückgriff auf das Listenprivileg aus § 28 Abs. 3 S. 2 ff. BDSG kommt nicht in Betracht, da die bei elektronischen Kommunikationsformen vorrangigen §§ 11 ff. TMG kein Listenprivileg kennen.[154] Wegen **§ 29 Abs. 1 S. 2, Abs. 2 S. 2 BDSG**, welche die (entsprechende) Anwendung von § 28 Abs. 3 bis Abs. 3b BDSG vorschreiben, gilt dies alles auch für die **Datenverwendung zum Adresshandel**.

Allein zur Verwendung auf **Bewertungsportalen** kommt nach § 29 Abs. 1, 2 BDSG eine Erlaubnis zum Umgang mit personenbezogenen Daten in Betracht, soweit deren Erhebung und Verwendung außerhalb des eigenen Geschäftszwecks des Anbieters und im Informationsinteresse sowie zum Meinungsaustausch der Anwender erfolgen, ohne dass schutzwürdige Interessen des Anwenders dem entgegenstehen, § 29 Abs. 1 S. 1 Nr. 1, Abs. 2 S. 1 Nr. 2 BDSG.[155]

Im Ergebnis verlangt damit jeder, nicht zur Erfüllung des Zwecks der App erforderliche, Umgang mit personenbezogenen Daten des Anwenders nach dessen ausdrücklicher Einwilligung.

bb) Einwilligung des Anwenders. Bei der datenschutzrechtlichen „**informierten Einwilligung**"[156] nach § 4a Abs. 1 BDSG, § 13 Abs. 2 TMG und § 94 TKG kann es bei Apps Unterschiede zu anderen Einwilligungssituationen geben. Die Einwilligung muss auch bei Apps **freiwillig** ohne Verstoß gegen das **Kopplungsverbot** nach § 28 Abs. 3b BDSG erfolgen.[157] Der Anbieter hat zu beachten, dass die Erklärung gem. §§ 4a Abs. 1 S. 2 BDSG, § 13 Abs. 2 Nr. 1 TMG[158] bzw. § 94 Nr. 1 TKG[159] speziell für Minderjährige verständlich ist.[160] Die Praxis lässt allerdings regelmäßig die Anforderungen an Freiwilligkeit, Bestimmtheit und Informiertheit vermissen.[161] Sollte ausnahmsweise eine Einwilligungserklärung den Vor-

---

[151] Wirtschaftliche Interessen sind ausreichend, siehe Plath/*Plath* BDSG § 28 Rn. 47.
[152] *Gennen/Kremer* ITRB 2011, 59 (63).
[153] → § 34 Rn. 232 ff.
[154] Im Einzelnen Gola/Schomerus/*Gola/Schomerus* BDSG § 28 Rn. 49; *Roßnagel/Jandt* begründen dies damit, dass das bei elektronischen Kommunikationsformen anwendbare bereichsspezifische Datenschutzrecht der §§ 11 ff. TMG kein Listenprivileg kenne und es deshalb bei der Notwendigkeit der Einwilligung bleibe, vgl. MMR 2011, 86 (88).
[155] BGH Urt. v. 23.6.2009 – VI ZR 196/08, CR 2009, 593 = K&R 2009, 565 mAnm *Roggenkamp* - spickmich.de; dazu *Gounalakis/Klein* NJW 2010, 566; krit. zur Interessensabwägung des BGH *Kaiser* NVwZ 2009, 1474 (1475).
[156] Zur Einwilligung nach dem BDSG ausführlich → § 34 Rn. 225 ff.; zu den notwendigen Hinweisen des Anbieters bei der Einwilligung *Kremer* CR 2012, 438 (443); *Zscherpe* MMR 2004, 723 (725).
[157] → § 34 Rn. 232.
[158] → § 34 Rn. 242.
[159] → § 34 Rn. 243 ff.
[160] *Kremer* CR 2012, 438 (442 f.).
[161] *Kremer* CR 2012, 438; am Beispiel sozialer Netzwerke *Gennen/Kremer* ITRB 2011, 59 (62); s. auch *Ernst* NJOZ 2010, 1917 (1918 f.); *Erd* NVwZ 2011, 19 (21).

gaben von § 4a Abs. 1 BDSG entsprechen, müsste die vom Anbieter vorformulierte, geforderte Einwilligung als AGB auch einer **Inhaltskontrolle** gem. §§ 305c Abs. 1, 307 ff. BGB standhalten.[162] Einwilligungserklärungen, die den Zweck haben eine Übermittlung personenbezogener Daten an Dritte „nach Gutdünken" zu legitimieren, scheitern daran stets.[163]

56 Anders als von § 4a Abs. 1 S. 3 BDSG vorgesehen – in Schriftform – wird die Einwilligung bei Apps ausnahmslos elektronisch erklärt. Der inhaltlich § 13 Abs. 2 Nr. 2–4 TMG und § 94 Nr. 2–4 TKG entsprechende § 28 Abs. 3a S. 1 BDSG schreibt vor, dass die **elektronische Einwilligung** zu protokollieren ist, der Anwender den Inhalt der Einwilligung jederzeit abrufen kann und die Einwilligung jederzeit mit Wirkung für die Zukunft zu widerrufen sein muss. Die elektronische Einwilligung setzt nicht die elektronische Form gem. §§ 126 Abs. 3, 126a BGB voraus,[164] ein Touch oder Klick in der App genügt.[165] Zum Scheitern verursacht sind demnach alle Versuche, die Einwilligung versteckt in Nutzungsbedingungen oder Datenschutzerklärungen einzuholen.[166]

57 Keine befriedigende Lösung gibt es bislang für Konstellationen, in denen Smart Devices von **mehreren Anwendern** genutzt werden. Nutzen mehrere Anwender dasselbe Smart Device, können sie dementsprechend jeweils den Umgang mit ihren personenbezogenen Daten veranlassen. Wird die Einwilligung jedoch nur beim erstmaligen Ausführen der App eingeholt, fehlt es für alle weiteren Anwender an einem Erlaubnistatbestand für den Umgang mit deren personenbezogenen Daten. Da bislang nur wenige Smart Devices über ein Betriebssystem mit Benutzerkontensteuerung verfügen (zB Systeme mit Android-Versionen ab 4.2 aufwärts), wäre ein denkbarer Ansatz, den Anwender durch (ihrerseits wirksame) Nutzungsbedingungen zur Information der weiteren Betroffenen und Einholung etwaig notwendiger Einwilligungen zu verpflichten. Alternativ käme der wenig nutzerfreundliche Weg in Betracht, vor jeder Nutzung der App erneut eine entsprechende Einwilligung einzuholen. Der Praxis entspricht und genügt das freilich nicht.

58 c) **Datenschutzerklärung.** Da es sich bei Apps um Telemediendienste handelt[167] hat der Anbieter den Anwender nach **§ 13 Abs. 1 TMG** zu Beginn des Nutzungsvorgangs über Art, Umfang und Zweck der Erhebung und Verwendung seiner Daten, sowie eine etwaige Verarbeitung außerhalb des EWR zu unterrichten.[168] Wird die Datenschutzerklärung in den Nutzungsvertrag mit dem Anwender einbezogen und damit entgegen der gesetzgeberischen Intention nicht als Unterrichtung ausgestaltet, handelt es sich bei den dort getroffenen Bestimmungen um **AGB**, die der Inhaltskontrolle unterfallen.[169]

59 Ein Hinweis auf die Bedeutung der Verweigerung der Einwilligung nach § 13 Abs. 2 TMG für die Nutzung der App[170] dürfte regelmäßig entbehrlich sein, wenn ohne die Einwilligung die App erst gar nicht gestartet werden kann, oder dem Anwender bei Abfrage der Einwilligung nur die Optionen „Zustimmen" und „Abbrechen" angeboten werden. Wurde der Anwender vor dem Erwerb der App auf diese Nutzungsbeschränkung nicht hingewiesen, kann darin ein **Sachmangel** liegen.[171]

60 d) **Bereichsspezifisches Datenschutzrecht in TMG und TKG.** Als dem BDSG gemäß § 1 Abs. 3 BDSG[172] vorrangiges, spezielleres Datenschutzrecht kommen bei Vertrieb und Nutzung von Apps TMG und TKG in Betracht. Das TKG enthält selbst keine, von § 1 Abs. 5 BDSG abweichenden Bestimmungen. § 1 Abs. 5 TMG stellt klar, dass das TMG keine „Re-

---

[162] *Kremer* CR 2012, 438 (443).
[163] Vgl. Spindler/Schuster/*Spindler/Nink* § 13 TMG Rn. 6a.
[164] Spindler/Schuster/*Spindler/Nink* § 13 TMG Rn. 6.
[165] *Kremer* CR 2012, 438 (443); *Zscherpe* MMR 2004, 723 (726).
[166] Kremer CR 2012, 438 (443).
[167] → Rn. 21.
[168] *Baumgartner/Ewald* Rn. 228; zur Datenschutzerklärung → § 36 Rn. 86 ff.; zur Art und Weise der Bereitstellung LG Frankfurt/Main Urt. v. 18.2.2014 – 3–10 O 86/12 (unv.).
[169] LG Berlin Urt. v. 30.4.2013 – 15 O 92/12, NJW 2013, 2605; *Kremer* RDV 2014, 73 (82).
[170] So vorgeschlagen von *Baumgartner/Ewald* Rn. 232.
[171] → Rn. 33.
[172] Ausführlich → § 34 Rn. 61 ff.

gelungen im Bereich des internationalen Privatrechts" trifft.[173] § 3 TMG zum Herkunftslandprinzip lässt wegen § 3 Nr. 4 TMG den § 1 Abs. 5 BDSG insgesamt unberührt.

App-Stores sind Telemediendienste iSd § 1 Abs. 5 TMG, so dass wegen der Negativabgrenzung des TMG auf App-Stores nur die Bestimmungen des TMG anwendbar sind.[174] Bei **Nutzung einer App** können, abhängig vom Funktionsumfang, sowohl die §§ 91 ff. TKG als auch §§ 11 ff. TMG Anwendung finden. Die nachfolgende Darstellung beschränkt sich auf die Abgrenzung von TKG und TMG bei der Nutzung von Apps.[175] 61

In den **Anwendungsbereich des TKG**[176] fallen Apps, die Voice over IP (VoIP) Telefonfunktionen einschließlich der Vermittlung oder Entgegennahme von Anrufen in bzw. aus Festnetz- oder Mobilfunknetzen, oder die Zuteilung einer Rufnummer an den Anwender bereitstellen. Nutzt die App zur Erbringung der Leistungen eine eigene Infrastruktur, die außerhalb des öffentlichen Internets liegt, ist sie Telekommunikationsdienst iSd § 3 Nr. 24 TKG.[177] Ein Telekommunikationsdienst liegt auch in solchen Apps, die selbständig für den Anwender dessen Text-, Audio-, Bild- oder Video-Nachrichten in sozialen Netzwerken oder anderen Portalen und Diensten verteilen und veröffentlichen.[178] In diesen Fällen dient die Funktionalität überwiegend der Verbreitung von Inhalten durch deren technische Übertragung. Ohne diese Übertragung wäre die Funktionalität für den Anwender wertlos. Solche Funktionalitäten sind heute, zB in Spielen, die dem Anwender nach Eingabe der jeweiligen Zugangsdaten die Verteilung von Statusmeldungen über soziale Netzwerke gestatten, verbreitet. Entsprechendes gilt, wenn die App der Unified Communication dient, sie für den Anwender also unterschiedliche Kommunikationskanäle, zB (netzübergreifende) Telefonie, E-Mail und Real Time Messaging,[179] bündelt und über sein Smart Devices zugänglich macht. 62

Apps, die wegen der Negativabgrenzung in den **Anwendungsbereich des TMG** fallen, gehen über diesen Funktionsumfang hinaus und basieren nicht lediglich auf der Übermittlung von Signalen bzw. Informationen. Das betrifft typischerweise die folgenden Apps bzw. Kategorien von Apps:[180] Apps, die Datendienste wie Verkehrsinformationen, Wetterinformationen oder Börsenkurse anbieten, Soziale Netzwerke, soweit sie als App zugänglich gemacht werden,[181] Bestellungs- oder Buchungsdienste, einschließlich Shops und Handelsplattformen, Presse- und Nachrichtendienste, und Multiplayer-Games mit Interaktions- und Kommunikationsmöglichkeiten. Auch Apps die Streaming-Funktionalitäten anbieten sind Telemediendienste, sofern es sich nicht um Rundfunk iSd § 2 RStV handelt. 63

e) **Nutzertracking.** Ebenso wie im Internet[182] sind die aus der **Nachverfolgung des Anwenders** gewonnenen Daten für die Anbieter der Apps von herausragender wirtschaftlicher Bedeutung, lassen sich über dieses Tracking doch **Persönlichkeitsprofile** und **Verhaltensmuster** ableiten, welche die erfolgreiche Ausrichtung der eigenen Dienste und der dort betriebenen Werbung verbessern und an Dritte verkauft werden können. Es verwundert deshalb 64

---

[173] *Stadler* ZD 2011, 57 (58).
[174] → Rn. 21; zur Einwilligung nach § 13 Abs. 2 TMG → Rn. 56 und → § 34 Rn. 242.
[175] Zum Datenschutzrecht im TMG → § 36 Rn. 191 ff., im TKG → § 36 Rn. 22 ff.
[176] Eine Bestimmung des Begriffs „Telekommunikation" iSd § 3 Nr. 22 TKG, unter teleologischer Reduktion auf Vorgänge zwischen verschiedenen Geräten, bei *Sander* CR 2014, 176 (180, 182).
[177] Vgl. *Martini/von Zimmermann* CR 2007, 427; *Oster* CR 2007, 769 (770). Nicht anwendbar soll das TKG auf reine VoIP-Telefonie sein, die ausschließlich über Apps auf Smart Devices bzw. entsprechende Clients auf anderen Endgeräten abgewickelt wird, ohne dass eine Kommunikation in andere Netze und außerhalb des Internets erfolgt, *Martini/von Zimmermann* CR 2007, 368 (370); *Oster* CR 2007, 769 (770); Überblick bei *Klaes* MMR 2008, 90.
[178] Auch für E-Mail-Dienste *Martini/von Zimmermann* CR 2007, 427 (430). Die Richtlinie 2002/21/EG über einen gemeinsamen Rechtsrahmen für elektronische Kommunikationsnetze und -dienste vom 7.3.2002 (Rahmenrichtlinie) geht in Erwägungsgrund 10 ebenfalls davon aus, dass „E-Mail-Übertragungsdienste" von ihr erfasst sind.
[179] Ausführlich zur Anwendung des TKG auf Messenger Apps *Schneider* ZD 2014, 231.
[180] Mit weiteren Beispielen jurisPK-Internetrecht/*Heckmann* Kap. 1 Rn. 59 ff.; Spindler/Schuster/*Holznagel/Ricke* § 1 TMG Rn. 10.
[181] Zur Überlagerung von Social Media und Apps → Rn. 75.
[182] Zum Nutzertracking im Internet auch *Maisch* ITRB 2011, 13.

nicht, dass bereits im Jahr 2011 bei einer Untersuchung von 1407 untersuchten iPhone-Apps mehr als die Hälfte Nutzerdaten für Zwecke der Werbung oder Marktforschung an den Anbieter oder Dritte übermittelten. Darunter befanden sich neben der UID[183] ua ganze Adressbücher mit Namen, Telefonnummern und E-Mail-Adressen von Kontakten, die Adressen aufgerufener Websites, über GPS oder die protokollierten WLAN-Netze in der Umgebung des Anwenders ermittelte Standortdaten, Fotos, Zugangsdaten zu anderen Apps und Angaben zur Nutzung des Smart Devices durch den Anwender, etwa über dort installierte andere Apps und die Interaktionen des Anwenders mit Apps.[184]

65 Handelt es sich bei den durch ein solches Tracking gewonnenen Informationen um personenbezogene Daten, ist deren Erhebung und Verwendung ohne **Einwilligung der Betroffenen** datenschutzrechtswidrig.[185] Selbst eine **pseudonyme Verwendung** zu Zwecken der Werbung, Marktforschung oder bedarfsgerechten Gestaltung der eigenen App verlangt nach § 15 Abs. 3 TMG, der wegen der für das Tracking besonders relevanten Nutzungsdaten anwendbar ist, die vorherige Unterrichtung des Anwenders in der Datenschutzerklärung nach § 13 Abs. 1 TMG unter ausdrücklichem Hinweis auf das Widerspruchsrecht des Anwenders,[186] woran es bei Apps meist fehlt.

66 **f) Apps und Cloud-Services.** Datenschutzrechtliche Fragen ergeben sich, wenn der Anbieter über seine App Funktionen bereitstellt, die den Umgang mit personenbezogenen Daten durch Cloud-Services[187] erfordern bzw. auslösen. Werden dabei Daten an Dritte übertragen, kann es sich um eine **Auftragsdatenverarbeitung** nach § 11 BDSG handeln.[188] Der Anbieter hat in diesen Fällen die Vorgaben aus § 11 Abs. 2 S. 2 BDSG bei seinen Verträgen mit den beteiligten Dritten zu beachten, insbesondere die Festlegung der organisatorischen und technischen Maßnahmen nach § 11 Abs. 2 S. 2 iVm § 9 BDSG.[189] Liegt statt einer Auftragsdatenverarbeitung ein **Übermittlungstatbestand** iSd § 3 Abs. 4 Nr. 3 BDSG vor, ist der Anwender hierüber in der Datenschutzerklärung zu unterrichten, insbesondere wenn die Übermittlung außerhalb des EWR erfolgt.[190] Entbehrlich ist dies nur, wenn der Anwender selbst und nicht der Anbieter die Übermittlung durchführt, etwa weil er über entsprechende Optionen in der App dort erzeugte Inhalte in einem von ihm genutzten Cloud-Service ablegen lässt, zB bei der automatischen Speicherung aller mit dem Smart Device aufgenommenen Fotos in der Cloud.

6. Apps im Enterprise-Umfeld

67 **a) Volumenlizenzen und Lizenzmanagement.** Der Einzelbezug von Apps durch Anwender mit individuellen Accounts in den App Stores für die vom Unternehmer überlassenen, betrieblich zu nutzenden Smart Devices ist wenig praktikabel. Weder ist hier eine Abrechnung von App-Käufen zentral über das Unternehmen möglich noch gibt es eine tragfähige Grundlage für ein unternehmensweites Lizenzmanagement. Gleichwohl bietet Apple als einziger App-Store Betreiber ein eigenes **Programm für Volumenlizenzen** (VPP), über das neben Apps aus dem App Store auch unternehmenseigene Apps von Fremdentwicklern bereitgestellt werden. Dabei erfolgt der Bezug der Apps entweder über einen eigens für das Unternehmen eingerichteten VPP-Store oder durch die Anwender mit ihnen vom Unternehmen

---

[183] → Rn. 47.
[184] Studie „PiOS: Detecting Privacy Leaks in iOS Applications", abrufbar unter: http://www.iseclab.org/papers/egele-ndss11.pdf.
[185] → Rn. 56; ebenso für Betreiber von App-Stores der Verbraucherzentrale Bundesverband, Pressemitteilung vom 20.8.2012: http://www.vzbv.de/10100.htm; zur Selbstverpflichtung der App-Store-Betreiber zu mehr Datenschutz gegenüber dem kalifornischen Justizministerium ZD-Aktuell 2012, 02833.
[186] Zur Datenschutzerklärung bei Apps → Rn. 59.
[187] Zum Cloud Computing → § 22.
[188] → § 34 Rn. 348.
[189] → § 34 Rn. 348 ff.; ausführlich zu Leistungsketten in der Auftragsdatenverarbeitung *Kremer* ITRB 2014, 60.
[190] → Rn. 48.

überlassenen Einlösecodes.[191] Alle App Stores erlauben den mehrfachen Bezug von Apps und deren Verbreitung auf vom Unternehmen hierfür vorgesehenen Smart Devices über ein sog **Mobile Device Management** (MDM).[192] Derartige Systeme werden zT von den Store-Betreibern selbst angeboten (zB Microsoft, Blackberry), im Übrigen kommerziell vertrieben. Abgesehen vom Umstand, dass der Kauf- oder Schenkungsvertrag über die betroffenen Apps mit dem beschaffenden Unternehmen und nicht dem Endanwender zustande kommt, gibt es beim Vertragsschluss **keine Besonderheiten**.[193]

b) **Direktvertrieb von Apps.** Setzen Unternehmen eigene Apps zu betrieblichen Zwecken ein, sollen diese nicht über App Stores bezogen, sondern direkt vom Unternehmen auf die gewünschten Smart Devices gebracht werden. Weder will man sich den Vorgaben der App Store-Betreiber für Apps und deren Aufnahme in den App Store unterwerfen[194] noch sollen die Apps allgemein verfügbar sein. Als Lösung sieht Google – neben der ohnehin bei Android vorhandenen Möglichkeit zur freien Installation von Apps auf jedem Smart Device – die **Einrichtung privater App Stores** durch Unternehmen als Aufsatz auf den allgemeinen Google Play Store vor. Andere App Store-Betreiber, etwa Microsoft und Apple, gestatten die Verbreitung solcher Enterprise Apps an ihren App Stores vorbei über die Teilnahme an sog **Enterprise-Programmen**.[195] Ein Vertrag ist damit für den Vertrieb von Enterprise Apps regelmäßig nur zwischen dem Unternehmen als Anbieter und dem Betreiber des App Stores für das jeweils auf dem Smart Device der Anwender vorhandene Betriebssystem erforderlich; insoweit ergeben sich keine Änderungen beim Vertragsschluss.[196] Im Übrigen richten sich die Vertragsbeziehungen zwischen dem Unternehmen als Anbieter der Apps und den Anwender nach den unternehmensintern getroffenen Vereinbarungen, insbesondere den **Arbeitsverträgen**.[197]

7. Besonderheiten bei der Erstellung von Apps

Bedient der Anbieter sich zur Entwicklung der App eines Dritten, handelt es sich um einen **Software-Erstellungsvertrag**.[198] Der Anbieter wird dabei allerdings darauf zu achten haben, dass auch sein Auftragnehmer sich an die Vorgaben des Store-Betreibers[199] hält und für ggf. eingebundene Inhalte Dritter (insbesondere Texte, Audio, Video) die erforderlichen Rechte zum Vertrieb über die App erwirbt, sofern diese Inhalte nicht vom Anbieter selbst bereitgestellt werden. Andernfalls gefährdet der Anbieter den Vertrieb seiner App. Ist der Anbieter eine juristische Person des öffentlichen Rechts, hat er darüber hinaus unter Umständen weitere Vorgaben zu beachten, zB des Vergaberechts[200] oder der behördlichen Gleichbehandlung.[201] Schließlich ist bei der Entwicklung von Apps zu bedenken, dass der Einsatz von **Open Source Software** weitreichende rechtliche Konsequenzen haben kann.[202] Wird sie in einer proprietären App verwendet, muss der Anbieter bei einem sog Copyleft-Effekt der Open Source Lizenz zwingend auch den Programmcode der proprietären App offenlegen.[203]

---

[191] Zum VPP http://www.apple.com/de/business/vpp/.
[192] Zum Mobile Device Management → § 37 Rn. 15.
[193] Zum Vertragsschluss → Rn. 15.
[194] Dazu Solmecke/Taeger/Feldmann/*Solmecke/Lachenmann* Kap. 3 Rn. 216 ff., 246 ff.
[195] Siehe Solmecke/Taeger/Feldmann/*Solmecke/Lachenmann* Kap. 3 Rn. 8, 14 f.; exemplarisch die Hinweise von Microsoft zur „Company app distribution" http://msdn.microsoft.com/de-de/library/windowsphone/develop/jj206943(v=vs.105).aspx.
[196] → Rn. 15.
[197] Zu den arbeitsrechtlichen Bezügen → § 37 Rn. 15.
[198] So auch *Degmair* K&R 2013, 213 (214); zur Softwareerstellung → § 11 Rn. 10 ff.; zur Entwicklung von Apps Solmecke/Taeger/Feldmann/*Solmecke/Lachenmann* Kap. 3 Rn. 17 ff.; zur agilen Entwicklung *Kremer*, ITRB 2010, 283.
[199] *Kremer* CR 2011, 769 (773 f., 775).
[200] *Hoffmann* MMR 2013, 631 (632).
[201] *Hoffmann* MMR 2013, 631 (635).
[202] Dazu ausführlich → § 9.
[203] Zum Copyleft-Effekt → § 9 Rn. 12 ff.

III. Social Media

1. Begriffsbestimmung und Funktionen

70 Eine abschließende Antwort auf die Frage, was „Social Media" eigentlich sind, ist angesichts der ständigen Veränderungen und Weiterentwicklungen derzeit nicht möglich. Hier wird die Definition von Social Media als „Gesamtheit der digitalen Technologien und Medien wie Weblogs, Wikis, soziale Netzwerke uÄ, über die Nutzerinnen und Nutzer **miteinander kommunizieren und Inhalte austauschen** können"[204] zu Grunde gelegt.[205] Festzuhalten ist, dass soziale Netzwerke nur einen – wenn gleich bedeutenden – Teil der Social Media darstellen, Social Media sich jedoch nicht in sozialen Netzwerken erschöpfen.

71 a) *Rechtliche Einordnung von Social Media, Beispiele für Social Media.* Prägendstes Merkmal – gegenüber „statischen" Internetangeboten – und zugleich Kern von Social Media ist die Diskussion über Sachthemen, also das Verbreiten von Inhalten und der anschließende Dialog hierüber.[206] Sie sind damit, nach einem unrechtlichen Verständnis, auf Kommunikation – im Sinne eines Meinungsaustausches – und die Erzeugung von „**user generated content**" angelegt. Bei Social Media handelt es sich daher regelmäßig um Telemediendienste iSd § 1 Abs. 1 S. 1 TMG.[207] Dieser Einordnung entspricht der Schwerpunkt der folgenden Darstellung. Soweit telekommunikationsrechtliche Vorschriften zu beachten sind, wird darauf gesondert hingewiesen.

72 *aa) Soziale Netzwerke.* Die bekannteste Form der Social Media dürften die sozialen Netzwerke sein,[208] die – mit unterschiedlichen Zielgruppen und Ausrichtungen – in großer Zahl existieren. Bekannte soziale Netzwerke sind Facebook oder Google+, im geschäftlichen Bereich Xing und LinkedIn, oder Twitter, letzteres (noch) mit dem Schwerpunkt auf 140 Zeichen kurze Nachrichten an „Follower" oder die Welt.[209] Sozialen Netzwerken ist gemein, dass sie dem Nutzer die Möglichkeit zur **Erstellung eigener Profile** bieten, und dieses mit allerlei Daten wie beispielsweise Namen,[210] Geburtstag und -ort, Wohnort, Fotografien oder auch ganzen Alben, Beziehungsstatus, einer Historie ehemaliger Wohnorte, Bildungseinrichtungen und Arbeitgeber zu versehen. Sein Profil kann der Nutzer dann mit denen anderer Nutzer (im Sprachgebrauch der sozialen Netzwerke weniger technisch als „Freunde", „Leute" oder „Kollegen" bezeichnet) verknüpfen, um Informationen über diese Nutzer zu erhalten, einschließlich Änderungen an deren Profile. Über diese zT sehr feingliedrigen Profile und die weitere Nutzung des jeweiligen Netzwerks erhalten die Betreiber die Möglichkeit, sehr präzise Datensätze ihrer Nutzer zu generieren.[211]

73 *bb) „Soziale Medien".* Die für soziale Netzwerke kennzeichnenden Elemente lassen sich abgeschwächt auch bei anderen sozialen Medien finden. So erlauben sog „**Wikis**"[212] den Meinungsaustausch und die Zusammenarbeit an gemeinsamen Projekten durch die Zur-Verfügung-Stellen gemeinsam verfasster und editierter Inhalte verschiedener Kategorien (typischerweise zumindest Text und Bild, oft auch Audio- oder Videodateien). Die Einrichtung von Profilen kann vorgeschrieben, möglich, oder entbehrlich sein – wodurch viele Wikis, bei

---

[204] Nach Duden online, s. dazu Fn. 1.
[205] Der Begriff „web2.0" wird, trotz der grundsätzlichen Kritik an diesem Begriff, http://www.heise.de/tp/artikel/23/23472/1.html, wohl (noch) als Synonym für den im Vordringen befindlichen Begriff der Social Media verwendet. Weiterführend *Schwenke* K&R 2012, 305.
[206] *Kremer/Sander* Lachenmann/Koreng (Hrsg.) Beck'sches Formularbuch Datenschutz (im Erscheinen), Kap. C. III. 5. Rn. 1.
[207] Siehe oben → Rn. 21 und → § 36 Rn. 113 ff.; *Härting/Schätzle* ITRB 2011, 40 (41).
[208] Nach „Soziale Netzwerke 2013 – Dritte, erweiterte Studie" des BITKOM e. V., abrufbar unter http://www.bitkom.org/files/documents/SozialeNetzwerke_2013.pdf, S. 1, sind 78 % der Internetnutzer in mindestens einem sozialen Netzwerk angemeldet, 67 % der Internetnutzer verwenden soziale Netzwerke aktiv (das entspricht knapp 86 % Aktivitätsquote).
[209] Mit Beispielen für weitere Soziale Netzwerke *Gennen/Kremer* ITRB 2011, 59 (60).
[210] Zur Verwendung von Pseudonymen auf Social Media Plattformen → Rn. 84; auch *Stadler* ZD 2011, 57.
[211] Zum Datenschutz → Rn. 82 ff.
[212] Begrifflich vom „wiki" (hawaiisch für „schnell"), mit dem bekannten Beispiel http://de.wikipedia.org/.

denen die gemeinsame Schaffung einer Informationsquelle im Vordergrund steht, sich von sozialen Netzwerken deutlich unterscheiden. Ein anderes Beispiel „sozialer" Medien zeigt sich im Bereich der **Online-Presseangebote**. Viele Online-Angebote der Verlagshäuser bieten unter den Artikeln im Rahmen einer Kommentarfunktion[213] den Lesern die Möglichkeit – nach einer Registrierung als Nutzer – die Artikel zu kommentieren und so dem durch die Presse initiierten Meinungsaustausch ihre eigenen Gedanken hinzuzufügen. Entsprechendes gilt für **Blogs**.

b) Apps in Social Media, Social Media in App Stores. Die Grenzen zwischen Apps und Social Media verwischen zunehmend. So betreibt Facebook ua ein „App-Zentrum".[214] Dort werden den Mitgliedern Apps zum Betrieb im Browser als Web-Apps, ebenso wie zum Download auf verschiedene Smart Devices, angeboten. Mit diesem App-Zentrum ist Facebook Betreiber eines App-Stores.[215] Umgekehrt wird der **Zugang zu Social Media über Smart Devices** längst nicht mehr nur über angepasste Mobilversionen der Website im Browser realisiert. Stattdessen setzen Social Media selbst auf den Zugang durch bzw. die Verwendung als Apps. Verschiedene Studien zeigen, dass mehr und mehr Inhalte über Apps und nicht über das mobile Internet konsumiert werden,[216] während gleichzeitig die mobile Nutzung des Internets diejenige an stationären Geräte (Desktops und Notebooks) überholt.[217]

> **Praxistipp:**
> Die Betreiber von Social Media Diensten sollten die technischen und rechtlichen Voraussetzungen berücksichtigen, die bei der Abbildung ihrer Dienste durchs App zu beachten sind.

2. Anforderungen an Social Media Präsenzen

a) Anwendbares Recht. Auch bei Social Media obliegt den Beteiligten die Wahl des anwendbaren Rechts, Art. 3 Abs. 1 Satz 1 ROM I. Das Verhältnis von Betreiber zu Nutzer entspricht dabei dem von Betreiber und Anwender bei der Nutzung eines App-Stores.[218] Wegen der in Social Media stets möglichen Verletzungen insbesondere von Urheber-, Kennzeichen- und Persönlichkeitsrechten, die gesetzliche Schuldverhältnisse begründen können, bestimmt sich das anwendbare Recht nach der ROM II Verordnung.[219]

b) Anbieterkennzeichnung. Social Media sowie die dort von den Nutzern vorgehaltenen, für andere Nutzer oder Dritte zugänglichen Inhaltsbereiche unter der Herrschaft eines Nutzers[220] sind **Telemediendienste** iSd § 1 Abs. 1 TMG. Diesbezüglich bestehen keine Besonderheiten gegenüber anderen Websites, was die Anbieterkennzeichnung gem. § 5 Abs. 1 TMG und § 55 Abs. 2 S. 1 RStV angeht.[221]

---

[213] Exemplarisch nur die Angebote von http://www.sueddeutsche.de/ und http://faz.net.
[214] https://www.facebook.com/appcenter/.
[215] Mit den oben → Rn. 15, beschriebenen Folgen.
[216] 80 % App-Anteil in 2013 nach http://venturebeat.com/2013/04/03/the-mobile-war-is-over-and-the-app-has-won-80-of-mobile-time-spent-in-apps/, 89 % App-Anteil beim Medienkonsum in 2014 nach http://www.nielsen.com/us/en/reports/2014/an-era-of-growth-the-cross-platform-report.html.
[217] http://adage.com/article/digital/americans-spend-time-digital-devices-tv/243414/.
[218] → Rn. 15.
[219] Verordnung (EG) Nr. 864/2007 des Europäischen Parlaments und des Rates über das auf außervertragliche Schuldverhältnisse anzuwendende Recht, dazu → § 8, bei Namensrechtsverletzungen *Libertus* IPRB 2014, 44 (46).
[220] OLG Düsseldorf Urt. v. 18.6.2013 – I-20 U 145/12, MMR 2013, 649 = ZUM-RD 2013, 591 (592); Urt. v. 18.12.2007 – 29 U 17/07, MMR 2008, 682; LG Frankfurt a. M. Beschl. v. 19.10.2011 – 3–08 O 136/11; LG Aschaffenburg Urt. v. 19.8.2011 – 2 HK O 54/11, MMR 2012, 38; KG Beschl. v. 11.5.2007 – 5 W 116/07, GRUR-RR 2007, 326; Darstellung des Meinungsstands bei Hoeren/Sieber/Holznagel/*Solmecke* Teil 21.2 Rn. 2 mwN.
[221] Für Facebook OLG Düsseldorf Urt. v. 13.8.2013 – 20 U 75/13, CR 2014, 264; LG Aschaffenburg Urt. v. 19.8.2011 – 2 HK O 54/11, MMR 2012, 38; siehe → Rn. 20 und → § 36 Rn. 132 Lfd. Nr. 1 ff.

77 c) **Verantwortlichkeit für Inhalte.**[222] Im Folgenden wird lediglich die Verantwortlichkeit der Betreiber und solcher Nutzer dargestellt, die zugleich Dienstanbieter sind, denn nur auf diese sind die §§ 7 bis 10 TMG anwendbar. Alle übrigen Nutzer von Social Media haften mangels spezieller Regelungen im TMG stets nach den allgemeinen Gesetzen.

78 *aa) Verantwortlichkeit für eigene Inhalte.* Die Verantwortlichkeit der Dienstanbieter gem. § 7 Abs. 1 TMG für **eigene Inhalte**, die sie zur Nutzung bereithalten, ist nicht anders zu beurteilen, als dies bei „statischen" Websites der Fall wäre. Sie haften nach den allgemeinen Gesetzen.[223] Wie eigene Inhalte werden auch solche von Nutzern bereitgestellte Inhalte behandelt, die sich der Dienstanbieter **zu eigen macht**.[224] Nach den vom BGH entwickelten Grundsätzen[225] handelt es sich insbesondere dann um zu eigen gemachte Inhalte, wenn sie den „redaktionellen Kerngehalt" der Website darstellen, vor der Übernahme einer redaktionellen Prüfung durch den Betreiber unterzogen wurden, wenn sie von ihm mit dessen Logo versehen wurden („Branding") oder er sich umfangreiche Nutzungsrechte an den Inhalten einräumen lässt und diese auch tatsächlich wirtschaftlich verwertet. Bei Social Media kann dies zB bei Werbekampagnen der Fall sein, die von Nutzern eingestellte Bilder verwenden. Ebenso ist denkbar, sog „featured content" als zu eigen gemachte Inhalte zu betrachten, wenn hier die Grenze zwischen bezahlter Werbung und vermeintlichen Benutzerinhalten vom Diensteanbieter gezielt verschleiert wird.

79 *bb) Verantwortlichkeit für fremde Inhalte.* Von besonderer praktischer Relevanz ist die Frage nach der Verantwortlichkeit der Dienstanbieter für **fremde Inhalte** der Nutzer, die sie sich nicht zu eigen machen. Bei solchen fremden Inhalten ist zu bestimmen ob, und wenn ja in welchem Umfang, die Verantwortlichkeit der Betreiber gem. § 7 Abs. 2 S. 1 iVm §§ 8 – 10 TMG beschränkt ist.[226] Die Betreiber von Social Media sind als **Host-Provider** zu qualifizieren,[227] so dass sich die Begrenzung ihrer Verantwortlichkeit nach § 7 Abs. 2 S. 1 iVm § 10 TMG beurteilt.[228] Nutzer, die auf Social Media Plattformen ein Profil unterhalten können, da sie ebenfalls Dienstanbieter sind,[229] für Inhalte als Host-Provider verantwortlich sein, die auf ihren Profilen oder Seiten von anderen Nutzern hinterlassen („gepostet") werden. Dabei besteht insbesondere die Gefahr einer Inanspruchnahme auf Beseitigung und Unterlassung als sog Störer nach den von der Rechtsprechung entwickelten Grundsätzen zur **Störerhaftung**.[230]

80 d) **Weitere zu beachtende Rechte im Überblick.** Bei Betrieb und Nutzung von Social Media sind eine Reihe weiterer Rechte bzw. Problemfelder zu beachten, über die hier nur ein exemplarischer, nicht abschließender, Überblick gegeben werden soll. Beeinträchtigt werden können beispielsweise,
- **Kennzeichenrechte**,[231] parallel zur Situation beim „Domain-Grabbing",[232]
- das **Namenrecht** nach § 12 BGB durch Namensanmaßung, insb. bei Verwendung eines fremden Namens als Bezeichnung für einen Benutzerzugang („Fake-Accounts"),[233]

---

[222] Ausführlich *Solmecke/Wahlers*, S. 365 ff.
[223] → § 42 Rn. 9 f.
[224] Ausführlich → § 42 Rn. 11 ff.
[225] BGH Urt. v. 12.11.2009 – I ZR 166/07, MMR 2010, 556 mAnm *Engels* – marions-kochbuch.de.
[226] Ausführlich → § 42 Rn. 59 ff.
[227] OLG Düsseldorf Urt. v. 18.6.2013 – I-20 U 145/12, ZUM-RD 2013, 591.
[228] → § 42 Rn. 72, 84 ff.
[229] → Rn. 79.
[230] → § 42 Rn. 27 ff.; BeckOK UrhR/*Reber* UrhG § 97 Rn. 59 ff.; zur Linkhaftung bei Twitter *Rauschhofer* MMR-Aktuell 2010, 302790; kritisch zur Rechtsprechung des BGH zur Störerhaftung *Kremer*, http://www.cr-online.de/blog/2013/10/14/kg-haftungsprivilegierungen-im-tmg-doch-auf-unterlassungsanspruche-anwendbar/ und http://www.cr-online.de/blog/2013/12/16/der-bgh-das-tmg-und-die-unterlassungsansprueche-teil-2/.
[231] Ausführlich Taeger/*Bdeiwi*, Tagungsband Herbstakademie 2011, 139 ff.; *Schwenke*, S. 251 ff.
[232] Für eine solche Übertragung *Libertus* IPRB 2013, 44 (45); *Solmecke/Besenthal* Social Media Magazin 2011, abrufbar unter: http://www.social-media-magazin.de/index.php/heft-nr-02–2011/twitter-und-recht.html; zur Kennzeichenverletzung durch Domain-Grabbing BGH Urt. v. 31.5.2012 – I ZR 135/10 Rn. 19, MMR 2012, 614 – ZAPPA; BGH Urt. v. 24.4.2008 – I ZR 159/05, MMR 2008, 815 – afilias.de.
[233] Ausführlich *Libertus* IPRB 2013, 44; zur parallelen Situation bei Domainnamen BGH Urt. v. 6.11.2013 – I ZR 153/12, GRUR 2014, 506.

- falls ein Account zur **Behinderung eines Mitbewerbers** registriert[234] oder der private Account eines Beschäftigten werblich zu Gunsten seines Arbeitgebers[235] verwendet wird lauterkeitsrechtliche Vorschriften,[236] sowie
- das Recht am eingerichteten und ausgeübten Gewerbebetrieb, insbesondere durch automatisch von den Betreibern der Social Media Dienste generierte Unternehmensprofile.[237]

3. Datenschutz bei Social Media

Die Anforderungen an den Datenschutz bei Social Media und damit auch die Lösungsansätze entsprechen in Teilen denen, die sich auch bei Apps ergeben. Bei Social Media Präsenzen ist, da es sich um Telemediendienste handelt, ebenso wie bei Apps eine **Datenschutzerklärung** nach § 13 Abs. 1 TMG erforderlich.[238] Auch hinsichtlich des **Nutzertrackings** bei Social Media ergeben sich keine Unterschiede zum Nutzertracking durch Apps.[239] Besonderheiten ergeben sich bei den folgenden Sachverhalten. 81

a) Social-Plug-Ins. „Social-Plug-Ins" sind **Programmcode**, der von Social Media Betreibern zum Einfügen in andere Websites bereitgestellt wird.[240] Über diese Plug-Ins wird eine **direkte Kommunikation** zwischen dem bereitstellenden Social Media Dienst und dem Betrachter der jeweiligen Website ermöglicht, typischerweise um den Besuch der Website, ggf. mit einem kurzen Kommentar oder einer Bewertung, auf dem Profil des Nutzers beim jeweiligen Dienst bekannt zu machen. Ein Beispiel[241] ist der „**Like-Button**" von Facebook. 82

Social-Plug-Ins beschränken sich nicht auf die Übertragung personenbezogener Daten nach einem Klick des jeweiligen Nutzers, sondern **übertragen fortlaufend Daten** an den Betreiber des jeweiligen Social Media Dienstes. Ist der Nutzer beim Besuch einer Website beim das Social-Plug-In bereitstellenden Dienst angemeldet (erkennbar zB durch ein Cookie oder die Hinterlegung der Zugangsdaten in der jeweiligen App auf dem Smart Device) wird jede Bewegung und Handlung des Nutzers auf den von ihm besuchten Websites oder ggf. in anderen Apps registriert und an den Betreiber des Social Media Dienstes übermittelt.[242] Nach wie vor unklar ist, ob auch die Daten von Dritten, die bislang keine (oder nicht angemeldete) Mitglieder sind, mittels solcher Social-Plug-Ins erhoben und verarbeitet werden.[243] Auch welche Daten zu welchen Zwecken erhoben werden ist unklar. Die Annahme liegt nahe, dass die Betreiber von Social Media im Rahmen ihrer technischen Möglichkeiten komplette **Bewegungs-, Verhaltens- und Vorliebens-Profile** erstellen. Da es an gesetzlichen Erlaubnistatbeständen für einen solchen – nicht anonymisierten oder pseudonymisierten – Umgang mit personenbezogenen Daten regelmäßig fehlt,[244] kommt als Erlaubnistatbestand nur eine **Einwilligung** des Betroffenen in Betracht, an der es schon in Ermangelung einer Information über den Umfang der erhobenen Daten regelmäßig fehlen wird.[245] Sofern die Einwilligung in den Nutzungsbedingungen der Plattform-Betreiber erklärt werden soll, ist dies unwirksam.[246] 83

---

[234] Vgl. zum ergänzenden lauterkeitsrechtlichen Schutz in Fällen des „Domain-Grabbing" OLG München Urt. v. 23.9.1999 – 29 U 4357/99, GRUR 2000, 518 – buecherde.com.
[235] Dazu LG Freiburg Urt. v. 4.11.2013 – 12 O 83/13, K&R 2013, 133.
[236] Dazu *Schwenke*, S. 296 ff.
[237] Vgl. MMR-Aktuell 2011, 318514; *Braun* NJ 2013, 104 (106).
[238] → Rn. 59.
[239] → Rn. 65; zum Tracking durch Cookies Taeger/*Busche*/*Rabus*, Tagungsband Herbstakademie 2011, 465 ff.; zum Tracking bei Social Media *Schenke*, S. 399 ff.
[240] *Gennen*/*Kremer* ITRB 2011, 59 (61); *Piltz* CR 2011, 657.
[241] Ähnliche Plug-Ins halten auch die Betreiber aller anderen sozialen Netzwerke bereit. Allein Facebook stellt unter https://developers.facebook.com/docs/plugins/ elf verschiedene Plug-Ins zur Verfügung.
[242] Zum Facebook „Like-Button" *Gennen*/*Kremer* ITRB 2011, 59 (61).
[243] Eine Datenübertragung scheint zumindest stattzufinden, dazu *Ernst* JNOZ 2010, 1917; zu den technischen Vorgängen *Maisch* ITRB 2011, 13 (15).
[244] → Rn. 56 ff., auch *Gennen*/*Kremer* ITRB 2011, 59 (62 f.).
[245] *Ernst* NJOZ 2010, 1917 (1918 f.); *Erd* NVwZ 2011, 19 (21).
[246] → Rn. 57. So auch *Ernst* NJOZ 2010, 1917 (1918 f.); *Nord*/*Manzel* NJW 2010, 3756 (3757 f.).

84 Der die Social-Plug-Ins auf seiner Website verwendende Diensteanbieter ist mangels Einfluss auf den damit einhergehenden Umgang mit personenbezogenen Daten keine verantwortliche Stelle iSd § 3 Abs. 7 BDSG; entscheidend ist insoweit die fehlende tatsächliche Einwirkungsmöglichkeit.[247] Sichere Lösungen zur Verwendung von Social-Plug-Ins sind bislang nicht ersichtlich. Die vermehrt praktizierte „Zwei-Klick-Lösung",[248] bei der zunächst durch einen zusätzlichen Klick auf eine statische Grafik das eigentliche Social-Plug-In nachgeladen wird, entlastet zwar den Verwender vom Vorwurf der Mitwirkung an datenschutzrechtswidrigen Handlungen der Betreiber von Social Media Diensten und ist als Maßnahme der Datensparsamkeit nach § 3a BDSG begrüßenswert. Eine informierte Einwilligung des Nutzers lässt sich auch bei dieser Lösung jedoch von den Betreibern der Social Media Dienste als verantwortliche Stellen iSd § 3 Abs. 7 BDSG in Unkenntnis der Betroffenen von Art und Umfang des Umgangs mit ihren personenbezogenen Daten nicht herbeiführen.[249]

> **Praxistipp:**
> Wegen der erheblichen datenschutzrechtlichen Unsicherheiten und der bei Verletzungshandlungen nach § 16 Abs. 2 Nr. 4, Nr. 5 TMG drohenden Ordnungsgelder sollte auf die Verwendung von Social-Plug-Ins jedenfalls ohne aktivierte „Zwei-Klick-Lösung" verzichtet werden. Stets ist die Datenschutzerklärung nach § 13 Abs. 1 TMG um einen Abschnitt zu erweitern, der den Umgang mit personenbezogenen Daten durch die Social-Plug-Ins erläutert und auf die Datenschutzrichtlinien der jeweiligen Social Media Betreiber verweist.

85 **b) Zielgruppenspezifische Werbung durch Social Media Betreiber.** Eine mit Social-Plug-Ins vergleichbare Technik ermöglicht es Betreibern von Social Media, ihren Nutzern Werbung anzuzeigen, die gezielt auf die Angebote solcher Unternehmen angepasst ist, deren Websites die Nutzer zuvor selber aufgerufen haben. Zu diesem Zweck installiert der Website-Betreiber ein Stück Code (auch „Zählpixel" oder „Tag API") des Social Media Betreibers, der bei jedem Aufruf der Website von den Servern der Social Media Plattform abgerufen wird und dort den Zugriff registriert. Facebook nennt diese Technik „**custom audiences from your website**".[250] Es ergeben sich zwei Unterschiede zu Social-Plug-Ins. Der Nutzer klickt keinen Button mehr, sodass das ganze **Verfahren** für ihn **unsichtbar** bleibt. Zum anderen beauftragt das werbende Unternehmen den Social Media Betreiber gezielt, den Besuchern, die sich auch als Nutzer des jeweiligen Social Media Dienstes identifizieren lassen, die gewünschte Werbung einzublenden.

86 Der Vertrag zwischen Website-Betreiber und Betreiber des Social Media Dienstes könnte als Auftragsdatenverarbeitung gem. § 11 BDSG ausgestaltet werden, sodass der Website-Betreiber verantwortliche Stelle iSd § 3 Abs. 7 BDSG bliebe.[251] Da hierauf jedoch bislang verzichtet wird, liegt eine **Übermittlung** personenbezogener Daten durch den Website-Betreiber an den Betreiber des Social Media Dienstes iSd § 3 Abs. 4 Nr. 3 BDSG vor, die einer datenschutzrechtlichen Erlaubnis bedarf[252] und über die in der Datenschutzerklärung nach § 13 Abs. 1 TMG zu unterrichten ist.[253] Ungeachtet dessen kann eine solche zielgruppenspezifische Werbung auch wegen eines Verstoßes gegen das **Zusammenführungsverbot** aus § 15 Abs. 3 S. 3 iVm § 13 Abs. 4 Nr. 6 TMG rechtswidrig sein. Eine abschließende Beurteilung ist ohne Einblick in die technischen Vorgänge jedoch nicht möglich.

---

[247] *Piltz* CR 2011, 657 (662).; aA *Gennen/Kremer* ITRB 2011, 59 (61) (aufgegeben); *Ernst* NJOZ 2010, 1917 (1918); ULD Schleswig-Holstein: https://www.datenschutzzentrum.de/facebook/facebook-ap-20110819.pdf, S. 17.
[248] http://heise.de/-1333879.
[249] So auch das ULD Schleswig-Holstein, https://www.datenschutzzentrum.de/presse/20110907-facebook-muss-sich-gewaltig-bewegen.htm.
[250] Siehe https://developers.facebook.com/docs/reference/ads-api/custom-audience-website/.
[251] Zur Auftragsdatenverarbeitung → Rn. 67.
[252] → Rn. 49 ff.
[253] → Rn. 59.

III. Social Media

> **Praxistipp:**
> Ein datenschutzkonformer Einsatz zielgruppenspezifischer Werbung mittels Übermittlung personenbezogener Daten von Website-Nutzern durch den Website-Betreiber an Betreiber von Social Media Diensten ist derzeit nicht sicherzustellen. Von der Verwendung sollte bis zu einer Offenlegung der hierbei stattfindenden technischen Vorgänge und Feststellung von deren datenschutzrechtlicher Zulässigkeit abgesehen werden.

c) Single-Sign-On über Social Media Nutzerkennungen. Durch Single-Sign-On Lösungen ist es dem Nutzer möglich, sich mit nur einer Kennung bei einer Vielzahl verschiedener Dienste anzumelden, ohne für jeden einzelnen Dienst einen Benutzernamen registrieren und ein neues Passwort erfinden zu müssen.[254] Single-Sign-On wird etwa von Google für eigene und fremde Dienste angeboten, ebenso von Facebook (Facebook Connect) und Twitter. Eine besondere Gefahr bei der Verwendung von Single-Sign-On Lösungen ist die **einfache Verknüpfung verschiedener Datenbestände.** Daten werden von dem den Benutzerzugang beherrschenden Social Media Dienst an den die Single-Sign-On-Lösung nutzenden Dritten übermittelt, während umgekehrt der Betreiber des Social Media Dienstes Zugriff auf Informationen seiner Anwender aus Fremddiensten erlangt. Eine solche Verknüpfung ist nach dem datenschutzrechtlichen Zweckbindungsgrundsatz zwar verboten, ob die Praxis sich daran aber hält ist unklar.[255]

d) Bereichsspezifisches Datenschutzrecht in TMG und TKG. Gem. § 13 Abs. 6 TMG haben Dienstanbieter, soweit dies technisch möglich und zumutbar ist, eine anonyme oder **pseudonyme Nutzung** ihrer Telemediendienste anzubieten. Diese Möglichkeit wird in der Praxis nur selten angeboten, wie Facebook[256] und das Onlineangebot der Frankfurter Allgemeinen Zeitung[257] exemplarisch belegen. Die Möglichkeit einer anonymen oder pseudonymen Nutzung belegen die wenigen Positivbeispiele in vergleichbaren Fällen.[258] Den Dienstanbietern bleibt damit nur der Einwand der Unzumutbarkeit einer anonymen oder pseudonymen Nutzung, ohne dass ersichtlich wäre, woraus diese sich ergeben könnte. Dies gilt insbesondere, weil lediglich die anonyme oder pseudonyme Nutzung ermöglicht werden muss, das zugrundeliegende **Schuldverhältnis** muss keineswegs anonym oder pseudonym begründet werden.[259] Zu weitgehend war daher die Verfügung des ULD Schleswig-Holstein, mit der Facebook bereits der **Registrierungszwang** unter Verwendung des Klarnamens untersagt werden sollte.[260] Die in der Folge ergangenen Entscheidungen, auf Facebook sei deutsches Datenschutzrecht nicht anwendbar,[261] sind in der Rechtsprechung richtigerweise nicht unwidersprochen geblieben.[262] Festzuhalten bleibt, dass die Vorgaben des § 13 Abs. 6 TMG in Social Media allenfalls punktuell umgesetzt sind. Etwas anderes gilt für solche Nutzer von Social Media, die zugleich selber Dienstanbieter sind und dadurch den Informa-

---

[254] Zu Single-Sign-On Systemen → § 33 Rn. 273 ff.; ausführlich *Spindler* CR 2003, 534.
[255] Zum Datenschutz → § 34 Rn. 275 ff.
[256] Facebook verlangt in Ziff. 4.1 der Nutzungsbedingungen eine Registrierung mit dem Klarnamen: https://www.facebook.com/legal/terms.
[257] Hier wird eine anonyme Veröffentlichung in der Datenschutzerklärung () ausdrücklich ausgeschlossen: „Dafür [die Registrierung, Anm. d.Verf.] erheben wir von Ihnen [...] Vor- und Nachname, Anschrift [...]. Diese Daten benötigen wir ua [...] zur Ermöglichung einzelner Dienste, beispielsweise der Teilnahme an Foren, Blogs und Chats, weil wir keine anonymen Veröffentlichungen anbieten".
[258] Ein Positivbeispiel ist die „Wikipedia". Dort wird der Klarnamen als „geeigneter" Benutzername vorgeschlagen, auch deutlich auf die Vorteile von Anonymität hingewiesen und die Registrierung eines Pseudonyms ebenso ermöglicht wie eine anonyme Mitarbeit (ohne jedwede Registrierung als Benutzer): (https://de.wikipedia.org/wiki/Hilfe:Benutzerkonto_anlegen#Geeignet).
[259] OLG Düsseldorf Urt. v. 7.6.2006 – I-15 U 21/0, MMR 2006, 618 (620); *Müller-Broich* TMG § 13 Rn. 10 f.
[260] Verfügung des ULD Schleswig-Holstein vom 17.12.2012, abrufbar unter https://www.datenschutzzentrum.de/presse/20121217-facebook-klarnamen.htm.
[261] OVG Schleswig-Holstein Beschl. v. 22.4.2013 – 4 MB 10/13, 4 MB 11/13; dazu *Kremer* RDV 2014, 73 (75).
[262] KG Berlin Urt. v. 24.1.2014 – 5 U 42/12, ZD 2014, 412.

tionspflichten aus § 5 Abs. 1 TMG unterfallen.[263] Wer Angaben gem. § 5 Abs. 1 TMG zu machen hat, für den scheidet eine anonyme oder pseudonyme Nutzung nach § 13 Abs. 6 TMG aus.

89 Datenschutzrechtliche Bestimmungen des **TKG** werden ebenso wie bei Mobile Apps relevant, wenn Social Media Plattformen Funktionalitäten enthalten, die ganz oder überwiegend in der Signalübertragung bestehen, wie zB Chats oder die reine Übertragung von Text- oder Bilddateien.[264]

4. Social Media Marketing

90 Social Media können – auch abseits datenschutzrechtlich bedenklicher Modelle – sehr nützliche **Marketingwerkzeuge** sein. Neben den allgemeinen Vorgaben zum **Direktmarketing**[265] und **E-Mail Marketing**[266] sind einige besondere Aspekte des Marketings in Social Media zu beachten.[267]

91 a) **Empfehlungsmarketing und Direktnachrichten.** Eine erhebliche Anzahl potentieller Kunden lässt sich bei ihren Entscheidungen vor einem Online-Kauf von Bewertungen bzw. Empfehlungen (auch ihnen unbekannter) Dritter beeinflussen.[268] **Empfehlungsmarketing**[269] ist daher gleichermaßen reizvoll und manipulationsanfällig. Eine Möglichkeit der Beeinflussung sind sog **„fake likes"**, also Klicks auf Social-Plug-Ins,[270] die nicht durch einen echten Nutzer, sondern automatisiert erzeugt werden.[271] Derartige, auch kommerziell angebotene „fake likes" sind als **fingierte Kundenbewertungen** unlauter,[272] wenn sie geeignet sind den Kunden in seiner Kaufentscheidung zu beeinflussen.[273] Jedenfalls wenn gezielt mit einer hohen Anzahl „likes" geworben wird, liegt die Beeinflussung des Kaufentschlusses nahe.[274]

92 Das Versenden einer **Direktnachricht** mit werblichem Inhalt ist als unzumutbare Belästigung gem. § 7 Abs. 2 Nr. 3 UWG stets unzulässig. Der Begriff der „elektronischen Post" iSl § 7 Abs. 2 Nr. 3 UWG ist weit auszulegen.[275] Nachrichten oder „Freundschaftsanfragen" in Social Media, die bereits auf eine Werbetätigkeit hinweisen, sind daher ebenfalls unzulässig.[276] Unlautere geschäftliche Handlungen können sich auch aus Mitteilungen bzw. Kommentaren der Nutzer von Social Media zu Unternehmen, Waren oder Leistungen ergeben. Macht sich ein Unternehmen positive Rückmeldungen zu eigen, muss es sich unter Umständen auch deren Verstöße gegen lauterkeitsrechtliche Vorschriften zurechnen lassen.[277]

93 b) **Gewinnspiele auf Social Media Präsenzen.** Gewinnspiele in Social Media sind überwiegend wie sonstige Gewinnspiele mit werblichem Charakter nach den allgemeinen Gesetzen zu beurteilen. Besonderheiten ergeben sich kaum.[278] § 6 Abs. 1 Nr. 4 TMG geht § 4 Nr. 5 UWG vor und konkretisiert die Informationspflichten dahingehend, dass die Teilnahmebedingungen leicht zugänglich sein müssen.

---

[263] → Rn. 21.
[264] → Rn. 63.
[265] → § 34 Rn. 250 ff.
[266] → § 25 Rn. 84 ff.
[267] Ausführlich mit Beispielen *Auer-Reinsdorff* ITRB 2011, 81.
[268] 80 % nach *Lapp* ITRB 2011, 282 (286).
[269] Ausführlich *Ulbricht*, S. 142 ff.
[270] Zu Social-Plug-Ins → Rn. 83.
[271] http://heise.de/-1697671.
[272] *Kaumanns/Wießner* K&R 2013, 145 (148 f.).
[273] BGH Urt. v. 30.6.2011 – I ZR 157/10, MMR 2012, 99 – Branchenbuch Berg; für eine Wettbewerbswidrigkeit bei Rabatten im Gegenzug für positive Produktbeurteilung OLG Hamm Urt. v. 23.11.2010 – I-4 U 136/10, GRUR-RR 2011, 473.
[274] Vgl. BGH Urt. v. 7.11.2002 – I ZR 276/99, GRUR 2003, 628 – Klosterbrauerei.
[275] Vgl. Art. 2 lit h der Richtlinie 2002/58/EG des Europäischen Parlaments und des Rates vom 12. Juli 2002 über die Verarbeitung personenbezogener Daten und den Schutz der Privatsphäre in der elektronischen Kommunikation; Piper/Ohly/Sosnitza/*Ohly* UWG § 7 Rn. 65.
[276] *Sieling/Lachenmann* ITRB 2012, 156 (157 f.).
[277] *Lichtnecker* GRUR 2013, 135 (137), ausgehend von KG Urt. v. 1.12.2009 – 5 U 8/06, AfP 2010, 488 zum Teleshopping.
[278] Gestaltungsmuster für Gewinnspiele in sozialen Netzwerken bei *Schirmbacher/Schätzle* ITRB 2012, 61; ausführlich *Schwenke*, S. 340 ff.

> **Praxistipp:**
> Werden Gewinnspiele über Social Media veranstaltet, sollten die Teilnahmebedingungen einschließlich der für das Gewinnspiel geltenden Datenschutzerklärung unmittelbar auf der hierfür eingerichteten Seite oder über einen unmissverständlichen Link („Teilnahmebedingungen und Datenschutzerklärung") erreichbar sein, sodass eine Teilnahme ohne Wahrnehmung der Rechtstexte ausgeschlossen ist. Eines ausdrücklichen „opt-in" bedarf es nur dann, wenn zugleich eine Einwilligung in die weitere werbliche Verwendung personenbezogener Daten der Teilnehmer eingeholt wird.[279]

Zu beachten sind **vertragliche Vorgaben** der Betreiber von Social Media Diensten, welche die Veranstaltung von Gewinnspielen einschränken können.[280] Oft sind Gewinnspiele nur auf bestimmten Arten von Seiten erlaubt, sollen lediglich durch das Setzen eines Links auf eine externe Seite in den sozialen Netzwerken dargestellt werden oder dürfen nicht der Erzwingung bestimmter Handlungen der Nutzer dienen (zB der Veröffentlichung von Beiträgen).[281]

5. Betrieb einer Social Media Präsenz

Vor der Nutzung von Social Media sollte eine **Social Media-Strategie**[282] erarbeitet werden, anhand derer verschiedene Social Media Auftritte aufeinander unter Berücksichtigung der Bedürfnisse des Betreibers und seiner Nutzer abgestimmt werden.[283] Die nachfolgende Aufstellung fasst einzelne rechtlich relevante Aspekte zusammen, ohne jedoch, wegen der Vielschichtigkeit und Dynamik der Materie, Anspruch auf Vollständigkeit zu erheben.

a) **Rechte an Inhalten der Social Media Präsenz, insb. bei Fremdinhalten.** Werden in die Social Media Präsenz **Fremdinhalte** eingebunden, hat der Betreiber sicherzustellen, dass er die dafür notwendigen Nutzungsrechte besitzt.[284] Dies gilt noch nicht für fremde Inhalte, wohl aber für solche Inhalte, die der Betreiber sich zu eigen macht.[285] Dabei darf das Recht zur kostenfreien Nutzung fremder Inhalte (etwa Stock Fotos) nicht mit einem Recht zur beliebigen Nutzung verwechselt werden. Oftmals ist die Freigabe von Inhalten zur Nutzung – ebenso wie bei Open Source Software[286] – an bestimmte Vorgaben gebunden. So können etwa Pflichten zur Benennung des Rechteinhabers unmittelbar bei dem jeweiligen Fremdinhalt bestehen (insbesondere bei sog **Stock-Fotos**)[287] oder die kommerzielle Nutzung der fremden Inhalte untersagt sein, zB bei bestimmten **Creative Commons** Lizenzen.[288]

b) **Störungsmanagement.** Für den Fall von Störungen im Betrieb durch Nutzer, beispielsweise durch das Überfluten mit Nachrichten (nicht gemeint sind Angriffe im Rahmen sog Denial of Service Angriffe[289]), unsinnigen Kommentaren („Trollen") oder Beleidigungen („Shitstorm") sollte der Betreiber – technisch – die Möglichkeit haben, **moderierend** (zB durch das Abschalten von Funktionalitäten oder das Editieren bzw. Löschen von Inhalten seiner Nutzer) einzugreifen. Die Befugnis hierzu ergibt sich aus seinem **virtuellen Hausrecht,**

---

[279] Zur Einwilligung → Rn. 56.
[280] ZB die Richtlinien für Promotions von Facebook: https://de-de.facebook.com/page_guidelines.php#promotionsguidelines.
[281] Mit Beispielen *Schirmbacher/Schätzle* ITRB 2012, 61.
[282] Weiterführend *Schwartmann/Keber/Silberkuhl*, Social Media im Unternehmen, S. 12 ff.; *Bock*, Kundenservice im Social Web, 2012; *Pein*, Der Social Media Manager, 2014.
[283] Überblick zur Einrichtung einer Social Media Präsenz bei *Schwenke*, S. 17 ff., *Solmecke/Wahlers*, S. 25 ff.
[284] Dazu *Schwenke*, S. 81 ff.
[285] → Rn. 80.
[286] → Rn. 70; → § 9 Rn. 10 ff.
[287] LG Köln Urt. v. 30.1.2014 –14 O 427/1, MMR 2014, 265 zur Lizenz von Pixelio; dazu *Schwenke*, S. 204 ff.
[288] LG Köln Urt. v. 5.3.2014 – 28 O 232/13, MMR 2014, 478, zur Creative Commons Lizenz, dazu *Weller* jurisPR-ITR 8/2014, mAnm 5; *Schwenke*, S. 212 ff.
[289] → § 15 Rn. 279.

das sich schuldrechtlich aus dem Nutzungsvertrag begründen lässt.[290] Ggf. ist der Betreiber zur Beseitigung und Sperrung auch verpflichtet, wenn er als **Störer** für Rechtsverletzungen Dritter haftet.[291]

98 Entscheidet sich der Betreiber, ein Profil oder eine Seite seiner Social Media Präsenz zu **schließen**, ist er dazu ohne weiteres berechtigt. Insbesondere besitzen Sub-Seiten einer Social Media Präsenz keine eigene Rechtspersönlichkeit. Einem ehemaligen Administrator einer solchen Seite erwachsen daher auch keine Ansprüche auf Wiederzulassung oder auf Erhalt dieser Stellung.[292]

99 c) **Betrieb durch Beschäftigte oder Media-Agenturen.** Wird die Social Media Präsenz durch Beschäftigte eines Unternehmens betrieben oder ermuntert ein Unternehmen seine Beschäftigten zur (auch) betrieblichen Nutzung privater Social Media Accounts, empfehlen sich Vereinbarungen als **Ergänzung zum Arbeitsvertrag** über die Rechte an den dort verfügbaren Inhalten. Anderenfalls ist im Trennungsfall unklar, ob es sich bei den Inhalten um solche des Unternehmens handelt, die ggf. unter den Schutz von **Geschäftsgeheimnissen** durch § 17 UWG fallen, oder um Wissen des Beschäftigten, der dieses zum nächsten Arbeitgeber mitnehmen darf.[293] Entsprechendes gilt beim Betrieb durch eine Media-Agentur. Hier sind ergänzend die Spielregeln für das Tätigwerden der Agentur im Namen des die Präsenz betreibenden Unternehmens festzulegen, etwa die Ansprache der Nutzer, den Umgang mit Support-Anfragen oder die durchzuführenden Gewinnspiele.

100 d) **Übertragung einer Social Media Präsenz.** Will der Betreiber einer Social Media Präsenz diese auf einen Dritten übertragen, ist bislang ungeklärt, ob sich diese Übertragung als Vertrag sui generis zwischen drei Beteiligten (Käufer und Verkäufer der Präsenz plus Betreiber des Social Media Dienstes) oder analoge Anwendung der Vorschriften über die Schuldübernahme vollzieht.[294] Ungeachtet der gewählten Vorgehensweise wird eine Übertragung ohne **Zustimmung des Social Media Dienst-Betreibers** – in welcher Weise diese auch erklärt werden mag – ausscheiden. Denn für Fälle der unbefugten Überlassung von Zugangsdaten behalten sich sämtliche Betreiber das Recht vor, die betroffene Präsenz zu sperren oder zu löschen. Enthält die betroffene Social Media Präsenz urheber- oder kennzeichenrechtlich geschützte Inhalte, ist auch über deren Nutzung eine vertragliche Regelung zu treffen.

6. Social Media im Unternehmen

101 a) **Enterprise 2.0.** Als **Social Software** werden Anwendungen zur Realisierung von Social Media bezeichnet. Werden solche Anwendungen unternehmensintern eingesetzt spricht man von Enterprise 2.0.[295] Prominente Beispiele sind Yammer, ein Cloud-basiertes soziales Unternehmensnetzwerk,[296] und Confluence, eine Wiki-basierte Lösung.[297] Die rechtlichen Fragestellungen entsprechen denen bei anderen Social Media Präsenzen von Unternehmen. Ergänzend sind insbesondere Aspekte des **Beschäftigtendatenschutzes** bei Nutzung derartiger Anwendungen,[298] ferner arbeitsrechtliche Fragestellungen[299] zu berücksichtigen.

102 b) **Social Media Richtlinien.** Die Verwendung von Social Media durch Arbeitnehmer ist zweischneidig. Einerseits kann die Identifikation mit dem Unternehmen und dessen positive Darstellung durch die Arbeitnehmer in Social Media ein Mehrwert für das Unternehmen

---

[290] Ausführlich *Schwenke* K&R 2012, 305 (306).
[291] → Rn. 80.
[292] AG Menden Urt. v. 9.1.2013 – 4 C 409/12, abrufbar unter: openjur.de/u/635376.html, das insoweit bewusst überspitzt von einem digitalen „Kneipentreffen" spricht.
[293] Zum XING-Profil ArbG Hamburg Urt. v. 24.1.2013 – 29 Ga 2/13, dazu *Wahlers*, jurisPR-ITR 8/2013 Anm. 6.
[294] Ausführlich *Solmecke/Wahlers*, S. 471 ff.
[295] Ausführlich *Ulbricht*, S. 243 ff.
[296] Yammer gehört zu Microsoft, siehe www.yammer.com.
[297] Siehe https://www.atlassian.com/de/software/confluence.
[298] Dazu allgemein § 37; ergänzend BT-Drs. 18/1122 zum Beschäftigtendatenschutz in sozialen Netzwerken.
[299] Zum Recruiting in sozialen Netzwerken *Braun* NJ 2013, 109.

III. Social Media

sein. Andererseits kann die Verwendung am Arbeitsplatz auch Arbeitszeit kosten oder Sicherheitslücken in der IT-Struktur des Unternehmens öffnen. Schließlich hat der Arbeitgeber auf die private Nutzung von Social Media durch seine Arbeitnehmer technisch keinen Einfluss. Umso wichtiger ist daher das Vorhandensein einer Richtlinie, in der sich alle Beteiligten auf den zulässigen und gewünschten **Umgang mit Social Media** verständigen.[300]

---

[300] Mit Formulierungsvorschlag *Kremer/Sander* in: Lachenmann/Koreng (Hrsg.) Beck'sches Formularbuch Datenschutz, Kap. C. III. 5.

§ 29 Gaming: Computer- und Online-Spiele

Übersicht

	Rn.
I. Einleitung	1/2
II. Geistiges Eigentum am Spiel	3–15
1. Urheberrechte	3–10
2. Markenrechte, Domainrechte und Patentrechte	11–14
3. Persönlichkeitsrechte Dritter	15
III. Entwicklung des Spiels	16–28
IV. Vertrieb des Spiels	29–47
1. Vertriebskooperationen	31–35
2. Vertragsbeziehung zu den Endkunden	36–43
3. In-Game-Advertising	44–47
V. Jugendschutz	48–51
VI. Unerlaubtes Glücksspiel	52–55
VII. Datenschutz	56–65

Schrifttum: *Arnold*, Rechtmäßige Anwendungsmöglichkeiten zur Umgehung von technischen Kopierschutzmaßnahmen?, MMR 2008, 144; *ders./Timman*, Ist die Verletzung des § 95a Abs. 3 UrhG durch den Vertrieb von Umgehungsmitteln keine Urheberrechtsverletzung?, MMR 2008, 286; *Baumann/Hofmann*, Hybride Computer- und Videospiele aus jugendschutzrechtlicher Sicht, ZUM 2010, 863; *Berger/Wündisch*, Urhebervertragsrecht, 2008; *Bullinger/Czychowski*, Digitale Inhalte: Werk und/oder Software? Ein Gedankenspiel am Beispiel von Computerspielen, GRUR 2011, 19; *Diegmann/Kuntz*, Praxisfragen bei Onlinespielen, NJW 2010, 561; *Duisberg/Picot*, Recht der Computer- und Videospiele, 2013; *Gauß*, Oliver Kahn, Celebrity Deathmatch und das Right of Publicity – Die Verwertung Prominenter in Computer- und Videospielen in Deutschland und den USA, GRUR Int 2004, 558; *Gräbig*, BGH: Half-Life 2 – Ende des Handels mit Gebrauchtsoftware?, MMR-Aktuell 2010, 307861; *Graef*, Die fiktive Figur im Urheberrecht, ZUM 2012, 108; *Heinemeyer/Nordmeyer*, Super Marios, Kratos' und des Master Chiefs Erzfeind – Die Legalität der Modchips und Softwaremods für Videospielkonsolen, CR 2013, 586; *Hermes*, Games: Aktuelle Rechtsfragen zum Handel mit virtuellen Gegenständen, GRUR-Prax 2013, 400; *Hilgert*, Keys und Accounts beim Computerspielvertrieb – Probleme der Erschöpfung beim Vertrieb hybrider Werke mit Blick auf LG Berlin, Urt. v. 11.3.2014 – 16 O 73/13, CR 2014, 354; *Hofmann*, Die Schutzfähigkeit von Computerspielesystemen nach Urheberrecht, CR 2012, 281; *Jani*, Kein Verstoß gegen den Erschöpfungsgrundsatz durch vertragliche Nutzungsbeschränkungen bei einem Computerspiel – „Half-Life 2", GRUR-Prax 2010, 394; *Kreutzer*, Computerspiele im System des deutschen Urheberrechts, CR 2007, 1; *Krüger/Biehler/Apel*, Keine „Used Games" aus dem Netz – Unanwendbarkeit der „UsedSoft"-Entscheidung des EuGH auf Videospiele, MMR 2013, 760; *Lober*, Spielend werben: Rechtliche Rahmenbedingungen des Ingame-Advertising, MMR 2006, 643; *ders./Neumüller*, Verkehrte Gewinnspielwelt? – Zulässigkeit von Geschicklichkeits- und Glücksspielen in Internet und Rundfunk, MMR 2010, 295; *Müller-Hengstenberg*, Ist das Kaufrecht auf alle IT-Projektverträge anwendbar?, NJW 2010, 1181; *Paul/Albert*, „Half Life 2" – das Ende der Erschöpfung? – Kommentar zu: BGH, Urteil vom 11.2.2010 – I ZR 178/08, K&R 2010, 584; *Rauda*, Recht der Computerspiele, 2013; *Marly*, BGH: Keine Erschöpfung des Verbreitungsrechts durch Vertrieb eines nur in Verbindung mit einem Online-Dienst nutzbaren Computerspiels – Half-Life 2, LMK 2010, 309245; *Münchener Kommentar* zum StGB, 2. Aufl. 2014; *Schönke/Schröder*, Strafgesetzbuch, 29. Aufl. 2014; *Taeger*, Die Entwicklung des Computerrechts, NJW 2010, 25; *Werner*, Eingriff in das (Rollen-)Spielsystem – Spielregeln und regelwidrige Drittprogramme bei Online-Spielen, CR 2013, 516.

I. Einleitung

1   Das Angebot von Computer- und Online-Spielen ist mannigfaltig, interaktiv und für den Verbraucher über verschiedenste stationäre und mobile Plattformen und Endgeräte vom einfachen Single-Player Browserspiel bis hin zum komplexen, client-server basierten Multi-Player Spiel in beinahe jeder Lebenslage abrufbar. Dabei ist die wirtschaftliche Bedeutung der Gaming-Branche mit der zunehmenden Verschmelzung von Offline- und Online-Welten,

der Einbindung von Spielern in Nutzer-Communities und den damit verbundenen Kommerzialisierungsmöglichkeiten, insbesondere über den Vertrieb von Spiele-Erweiterungen, virtuellen Gütern, Subskriptionen und Werbung, kontinuierlich gestiegen. Den allgemeinen Trend zum Spielen reflektiert auch die sogenannte **"Gamifizierung"** *(gamification)* vieler Lebensbereiche: Spielerische Gestaltungselemente (etwa eine Fortschrittsanzeige, Feedback oder eine Rangliste) werden längst nicht mehr nur als Mittel der Kundenbindung im Rahmen der Unterhaltung und Werbung eingesetzt, sondern etwa auch zur Motivationssteigerung im Weiterbildungsbereich oder im Fitness- und Gesundheitsbereich.[1]

Die Entstehung und die Vermarktung von Computer- und Online-Spielen werfen eine Vielzahl von Rechtsfragen auf, die in diesem Kapitel überblicksartig dargestellt werden sollen. Neben Fragen des geistigen Eigentums am Spiel werden dabei insbesondere Fragen der Vertragsgestaltung im Rahmen der Entwicklung und des Vertriebs von Spielen und die rechtlichen Rahmenbedingungen des In-Game-Advertising beleuchtet sowie regulatorische Fragen des Jugendschutzes, Glücksspielrechts und Datenschutzrechts angesprochen.

II. Geistiges Eigentum am Spiel

1. Urheberrechte

Ein Computerspiel vereint in sich typischerweise eine Vielzahl urheberrechtlich geschützter Werke verschiedener Urheber. Zu denken ist neben der dem Spiel zugrunde liegenden Programmierleistung etwa an Grafiken von Charakteren, virtuellen Spielwelten oder Spielgegenständen oder an die Titelmusik sowie sonstige im Spiel verwendete Musik (auch „In-Game" Musik genannt). Das Computerspiel als Gesamtwerk lebt und ist abhängig von der engen Verzahnung der audio-visuellen Darstellung mit den dem Spiel zugrunde liegenden Computerprogrammen. Es zeichnet sich daher durch eine **technisch-künstlerische Doppelnatur aus**, die im Urheberrechtsgesetz nicht angelegt ist und für die das Urheberrecht kein einheitliches Regelwerk bereithält.

Computerprogramme unterfallen aus urheberrechtlicher Sicht den besonderen Regelungen der §§ 69a ff. UrhG, wohingegen die **Gesamtheit der audio-visuellen Darstellung** des Spiels typischerweise als ein **filmähnliches Werk** im Sinne des § 2 Abs. 1 Nr. 6 UrhG unter die allgemeinen urheberrechtlichen Regelungen fällt. Überschreitet die audio-visuelle Darstellung mangels individueller Schöpfungshöhe die urheberrechtliche Schutzschwelle nicht, kommt alternativ ein leistungsschutzrechtlicher Schutz als **Laufbild** gemäß § 95 UrhG in Betracht.[2]

Die Anwendbarkeit verschiedener urheberrechtlicher Regelungsregimes auf ein einheitliches Computerspiel führt insbesondere im Bereich der urheberrechtlichen Schrankenregelungen zur Privatkopie (§ 53 UrhG) bzw. Sicherungskopie (§ 69d UrhG) sowie im Bereich der technischen Schutzmaßnahmen (§ 95a UrhG bzw. § 69f Abs. 2 UrhG) zu Konflikten, deren Auflösung rechtlich bisher nicht abschließend geklärt ist.[3] Für den in der Praxis besonders relevanten Bereich der **Umgehung technischer Schutzmaßnahmen von Spielekonsolen** durch spezielle Adapterkarten und ähnliche Mittel (sogenannte „Modchips") hat der BGH sich im Rahmen eines Vorlagebeschlusses vom 6.2.2013 für eine parallele Anwendung von § 95a UrhG und § 69f Abs. 2 UrhG (und damit für die faktische Auswirkung der urheberfreundlicheren Regelung des § 95a UrhG auf das gesamte Spiel)

---

[1] Vgl. etwa http://de.wikipedia.org/wiki/Gamification (abgerufen am 10.9.2014).
[2] Bei der Beurteilung der Schöpfungshöhe ist zu beachten, dass auch im Bereich der audio-visuellen Darstellung von Computerspielen schon die sogenannte „kleine Münze" (dh ein Werk mit gerade noch wahrnehmbarer Schöpfungshöhe) schutzfähig ist, vgl. bereits OLG Hamburg Urt. v. 31.3.1983 – 3 U 192/82, GRUR 1983, 436 (437).
[3] Zum Streitstand etwa *Bullinger/Czychowski* GRUR 2011, 19 (21); Duisberg/Picot/*Förster* Kapitel 2 Rn. 23 ff.; *Hilgert* CR 2014, 354 ff.; *Kreutzer* CR 2007, 1 ff.; vgl. auch *Arnold* MMR 2008, 144 ff. sowie *Arnold/Timman* MMR 2008, 286 ff. zur Umgehung technischer Schutzmaßnahmen.

ausgesprochen.[4] Diese Rechtsauffassung hat der EuGH in seiner Entscheidung in der Rechtssache „Nintendo/PC-Box"[5] unabhängig von dem Vorabentscheidungsersuchen des BGH bestätigt.[6]

6 Bei der Entwicklung eines Computerspiels werden typischerweise zahlreiche vorbestehende urheberrechtlich geschützte Werke genutzt, die entweder unabhängig von dem konkreten Spiel existieren (etwa eine für mehrere Spiele verwendete Basis-Software *(Game Engine)*, ein Roman, Spielfilm oder ein einem Online-Spiel zugrunde liegendes PC-Spiel) oder speziell für das Spiel geschaffen werden (wie etwa das **Design Script** des Spiels, Zeichnungen seiner **Charaktere** oder **Spielwelten**).

7 Besonders **charismatische Spielfiguren** können über ihre äußere Darstellung hinaus unter Umständen auch als solche, dh in ihrem Gesamtcharakter, urheberrechtlichen Schutz genießen, sofern sie über eine besonders ausgeprägte Persönlichkeit mit einer unverwechselbaren Kombination von Eigenschaften, Fähigkeiten und typischen Verhaltensweisen verfügen. Der Schutz fiktiver Charaktere ist im Rahmen von Comic-Werken und Romanen anerkannt und lässt sich unter den von der Rechtsprechung dort angesetzten strengen Voraussetzungen auch auf Computerspiele übertragen.[7]

8 Nicht urheberrechtlich schutzfähig sind dagegen die dem Spiel zugrunde liegende **Idee**, das **abstrakte Spielkonzept**, das allgemeine **Thema** oder das **Genre** eines Spiels. Dies entspricht der allgemeinen urheberrechtlichen Regel, dass der urheberrechtliche Schutz nur die konkrete Ausformung eines Werkes umfasst, nicht hingegen die ihm zugrunde liegenden Ideen, Stile oder Methoden.[8]

9 Die **Handlung** eines Spiels kann bei hinreichender Individualität unter Anwendung der von der Rechtsprechung entwickelten **Grundsätze zum Fabelschutz** im Einzelfall urheberrechtlich schutzfähig sein.[9] Liegt der besondere Reiz eines Spiels in der differenzierten Balance eines besonders komplexen Regelwerks, so kann zudem die **Ausgestaltung der Spielregeln** – bei Gemeinfreiheit des zugrunde liegenden abstrakten Konzepts – unter Umständen die urheberrechtliche Schutzschwelle überschreiten.[10]

10 An der Entstehung eines Computerspiels ist typischerweise eine Vielzahl von Urhebern beteiligt. Es liegt auf der Hand, dass die für die Erstellung des Spiels erforderlichen Nutzungs- und Verwertungsrechte vom Spielhersteller sorgfältig einlizensiert werden müssen. Zu denken ist dabei neben den vermögensrechtlichen Aspekten des Urheberrechts auch an die dem **Urheberpersönlichkeitsrecht** entspringenden Rechte der Autoren, insbesondere das Recht auf Anerkennung der Urheberschaft (§ 13 UrhG), aus dem sich eine Pflicht zur **Namensnennung** des Urhebers im Spiel *(Credit)* ergeben kann.[11] In diesem Zusammenhang sind ferner das Recht zum **Rückruf wegen gewandelter Überzeugung** (§ 42 UrhG) sowie der **Änderungs- und Entstellungsschutz** gemäß §§ 14, 39 UrhG zu erwähnen.[12]

---

[4] BGH Urt. v. 6.2.2013 – I ZR 124/11, MMR 2013, 671 (673); vgl. dazu auch *Heinemeyer/Nordmeyer* CR 2013, 586 ff.
[5] EuGH Urt. v. 23.1.2014 – C-355/12, BeckRS 2014, 80197, Rn. 22 ff. – Nintendo.
[6] Vor dem Hintergrund der Entscheidung in der Rechtssache „Nintendo/PC-Box" hat der BGH auf Anregung des EuGH sein Vorabentscheidungsersuchen sodann zurückgenommen (vgl. EuGH Beschl. v. 7.5.2014 – C-458/13).
[7] Vgl. *Bullinger/Czychowski* GRUR 2011, 19 (23 f.); Duisberg/Picot/*Förster* Kapitel 2 Rn. 12; *Graef* ZUM 2012, 108. Im Rahmen von Comic-Werken hat der BGH den Schutz von Figuren als solchen für die Comic-Figuren Asterix und Obelix bejaht: BGH Urt. v. 11.3.1993 – I ZR 264/91, GRUR 1994, 191 (192) – Asterix-Persiflagen; instruktiv zum Schutz von Charakteren eines Sprachwerks auch BGH NJW 2014, 771 ff. – Pippi Langstrumpf.
[8] Vgl. etwa Wandtke/Bullinger/*Bullinger* § 2 Rn. 37, 39 mit Nachweisen.
[9] Ausführlich *Bullinger/Czychowski* GRUR 2011, 19 (23 f.). mit Nachweisen. Die zum Fabelschutz entwickelten Grundsätze finden sich etwa in BGH Urt. v. 29.4.1999 – I ZR 65/96, BGHZ 141, 267 = GRUR 1999, 984 (987) – Laras Tochter.
[10] Ausführlich *Hofmann* CR 2012, 281; zum „Game-Balancing" ausführlich *Rauda* Rn. 52 ff. unter Verweis auf OLG Düsseldorf Urt. v. 21.2.1989 – 20 U 54/87, GRUR 1990, 263 (264) – Automaten-Spielplan.
[11] Zu branchenüblichen Formaten der Urhebernennung vgl. *Rauda* Rn. 143 ff.
[12] Zur vertraglichen Abdingbarkeit dieser Rechte → Fn. 35.

2. Markenrechte, Domainrechte und Patentrechte

Der Titel eines Computerspiels sowie ggf. weitere Bezeichnungen, Werbeslogans und Logos sollten durch **Markenrechte** geschützt werden.[13] Gestützt auf eine wirksame Marke ist der Markeninhaber grundsätzlich berechtigt, die Nutzung gleicher oder verwechselbarer prioritätsjüngerer Kennzeichen Dritter zu verbieten. Der Markenrechtsinhaber hat damit nicht nur eine Handhabe gegen verwechselbare Marken, sondern ebenso gegen verwechselbare Unternehmenskennzeichen und – in der Praxis wegen der zunehmenden Bedeutung der Online-Spiele immer wichtiger – gegen verwechselbare Domains. Darüber hinaus ist es in aller Regel sinnvoll, sich um die Registrierung für die Vermarktung relevanter Top-Level-Domains zu bemühen.[14]

Bei der Markenanmeldung kommen für Computer- und Online-Spiele vor allem die Klassen 9, 26, 28, 35, 40 und 41 der Nizzaer Klassifikation[15] in Frage, sowie zur Absicherung von Merchandising-Umsätzen ggf. zusätzlich die Klassen 24 und 25.[16]

Flankierend zum Markenschutz kommt zur Absicherung des Spieltitels der **Werktitelschutz** gemäß § 5 Abs. 3 MarkenG in Betracht.[17] Durch eine **öffentliche Titelschutzanzeige** kann zudem der Prioritätszeitpunkt vorverlagert werden.

Das dem Computerspiel zugrunde liegende Computerprogramm (auch als *Game Engine* bezeichnet) kann – ganz oder in bestimmten Teilen – als **computerimplementierte Erfindung** auch einem Schutz über das **Patentrecht** zugänglich sein.[18] Ob eine Patentierung im Einzelfall in Frage kommt, hängt maßgeblich davon ab, ob die dem Computerprogramm zugrunde liegende Idee das Patentierungskriterium der „Technizität" erfüllt. Bei der Anwendung dieses Kriteriums durch den Bundesgerichtshof zeichnet sich in den letzten Jahren eine erteilungsfreundliche Tendenz ab.[19] Die Patentierung computerimplementierter Erfindungen dürfte damit auch in Deutschland und im Geltungsbereich des Europäischen Patentübereinkommens (EPÜ) weiterhin an Relevanz gewinnen. Ob eine Patentanmeldung im Einzelfall aussichtsreich ist, muss dabei freilich für jede Erfindung anhand sämtlicher Patentierungskriterien sorgfältig geprüft werden.

3. Persönlichkeitsrechte Dritter

Soll ein Computerspiel durch die Verwendung von Bildern oder Zeichnungen realer Personen – etwa von Schauspielern oder Sportlern – besonders realitätsnah sein, so ist bereits bei der Gestaltung des Spiels unbedingt an mögliche **persönlichkeitsrechtliche Ansprüche** der betroffenen realen Personen und die Einholung etwaiger erforderlicher Einwilligungen zu denken. Entsprechende Ansprüche können sich insbesondere aus dem **Recht am eigenen Bild** (§§ 22, 23 KUG) oder dem **Allgemeinen Persönlichkeitsrecht** (§ 823 Abs. 1, 2 BGB in Verbindung mit Art. 1, 2 GG) der abgebildeten Personen ergeben.[20] Mit entsprechenden Ansprüchen des ehemaligen Torhüters der deutschen Nationalmannschaft Oliver Kahn gegen das Computerspiel „FIFA Fußball Weltmeisterschaft 2002" der Firma EA Sports waren das OLG Hamburg sowie zuvor erstinstanzlich das LG Hamburg in den Jahren 2002 und 2003

---

[13] Umfassende Ausführungen zur Bedeutung markenrechtlichen Schutzes für Computerspiele finden sich bei Duisberg/Picot/*Körner* Kapitel 3.
[14] Ausführlich Duisberg/Picot/*Körner* Kapitel 3 Rn. 63 ff.
[15] Die jeweils aktuelle Version der Nizzaer Klassifikation ist etwa unter http://www.dpma.de/service/klassifikationen/nizzaklassifikation abrufbar.
[16] Vgl. Duisberg/Picot/*Körner* Kapitel 3 Rn. 23 ff. sowie *Rauda* Rn. 275 ff.
[17] Ausführlich Duisberg/Picot/*Körner* Kapitel 3 Rn. 58 ff. sowie *Rauda* Rn. 245 ff., zum Werktitelschutz bei Apps vgl. auch LG Hamburg Beschl. v. 8.10.2013 – 327 O 104/13, GRUR-RR 2014, 206.
[18] Zur Patentierbarkeit von Computerspielen ausführlich Duisberg/Picot/*Reker/Emmerling* Kapitel 10 sowie *Rauda* Rn. 236 ff.
[19] Vgl. BGH Urt. v. 22.4.2010 – Xa ZB 20/08, BGHZ 185, 214 = BGH GRUR 2010, 613; BGH Urt. v. 26.10.2010 – X ZR 47/07, GRUR 2011, 125; BGH Urt. v. 24.2.2011 – X ZR 121/09, GRUR 2011, 610. Eine Auswertung der Entscheidungen findet sich bei Duisberg/Picot/*Reker/Emmerling* Kapitel 10 Rn. 20 f.
[20] Ausführlich hierzu Duisberg/Picot/*Körner* Kapitel 3 Rn. 68 ff. sowie *Rauda* Rn. 385 ff.

befasst.[21] Falls im Einzelfall die Nennung des Namens (ggf. auch Künstlernamens[22] oder Pseudonyms)[23] einer realen Person zu einer Identitätstäuschung oder Verwechslung führen kann oder einen nicht bestehenden Zusammenhang der realen Person mit bestimmten Gegenständen oder Gütern suggeriert (sog „Zuordnungsverwirrung"),[24] kommen Ansprüche aus dem **Namensrecht** gemäß § 12 BGB in Betracht.[25] Bei der Integration verstorbener realer Personen ist an § 22 S. 2 KUG sowie an Ansprüche der Erben aus dem **postmortalen Persönlichkeitsrecht** zu denken.[26]

III. Entwicklung des Spiels

16   Die Entwicklung von Computerspielen erfolgt oft als Auftragsproduktion eines Entwicklungsstudios (Entwickler oder *Developer*) für einen sogenannten **Publisher,** der die Spiele – wie ein Verleger – herausbringt und vermarktet. Öffentliche Fördermittel für Spieleproduktionen etablieren sich – verglichen mit den umfassenden öffentlichen Fördermitteln im Filmbereich – erst nach und nach.[27] Häufig übernimmt daher ein Publisher die Finanzierung der Entwicklung und die Vermarktung des Spiels und stellt den Zugang zu den relevanten Endkunden her. Größere Publisher haben oft eigene Entwicklungsstudios oder sind an Entwicklungsstudios beteiligt.

17   Das beschriebene Publishing-Modell ist insbesondere im „traditionellen" Bereich der PC- und Konsolenspiele gängig. Auch im Online-Bereich wird das Modell vergleichbar praktiziert; doch ist es bei Online-Spielen für die Entwicklungsstudios leichter, sich – etwa über größere Online-Spieleplattformen, soziale Netzwerke oder App-Plattformen – selbst einen Zugang zu den Endkunden zu verschaffen und die Einschaltung eines „traditionellen" Publishers ggf. zu umgehen.

18   Erfolgt die Entwicklung eines Spiels im Auftrag eines Publishers, so wird sie vertraglich in einem **Entwicklungsvertrag** oder **„Publishing-Vertrag"** dokumentiert. Die Regelungsgegenstände des Entwicklungsvertrags sind teilweise vergleichbar zum Software-Erstellungsvertrag: Hier wie dort geht es darum, den Leistungsumfang eines komplexen Entwicklungsprojekts zu definieren und in einem Projektplan inhaltlich sowie zeitlich zu strukturieren, einen flexiblen rechtlichen Rahmen für Leistungsänderungen im Projekt zu schaffen, Berichtspflichten über den Projektfortschritt, Testphasen und Abnahmeprozesse (typischerweise mit korrelierenden Abschlagszahlungen) zu vereinbaren, den Umgang mit Sach- und Rechtsmängeln, Verzögerungen und sonstigen Leistungsstörungen, die Zuordnung der Nutzungs- und Verwertungsrechte an den Entwicklungsergebnissen, Eskalationsmechanismen und Beendigungsszenarien zu regeln. Zu den genannten Aspekten ist daher zumindest für das Verständnis der schuldrechtlichen Vertragssystematik und der zu bedenkenden Regelungskomplexe auf → Teil C, § 8 (Softwareerstellungsverträge) zu verweisen.

19   Unter den Vertragstypen des BGB dürften die Regelungen des **Werkvertrags** den Interessen der Parteien typischerweise am ehesten entsprechen. Vertragstypologisch lässt sich der Vertrag über die Entwicklung eines softwarebasierten Spiels unter Berücksichtigung der jüngeren Rechtsprechung des BGH[28] unter Umständen allerdings als **Werklieferungsvertrag**

---

[21] OLG Hamburg Urt. v. 13.1.2004 – 7 U 41/03, MMR 2004, 413 sowie LG Hamburg Urt. v. 25.4.2003 – 324 O 381/02, ZUM 2003, 689. Ausführlich zu diesen Entscheidungen und den darin geprüften Anspruchsgrundlagen *Gauß* GRUR Int 2004, 558.
[22] OLG Düsseldorf Urt. v. 18.3.1986 – 4 O 300/85, NJW 1987, 1413.
[23] BGH Urt. v. 26.6.2003 – I ZR 296/00, BGHZ 155, 273 = GRUR 2003, 897.
[24] Zu dem von der Rechtsprechung entwickelten Kriterium der „Zuordnungsverwirrung" vgl. etwa BGH Urt. v. 23.9.1992 – I ZR 251/90, NJW 1993, 918.
[25] Einen entsprechenden Anspruch Oliver Kahns lehnte das LG Hamburg mit der Begründung ab, dass der Name Oliver Kahns nicht zur Bezeichnung einer Person verwendet werde, der der Name nicht zukomme, LG Hamburg Urt. v. 25.4.2003 – 324 O 381/02, ZUM 2003, 689 (691).
[26] Zu Rechtsgrundlagen und Reichweite des postmortalen Persönlichkeitsrechts vgl. etwa MüKoBGB/*Rixecker* Anhang zu § 12 Rn. 32 ff.
[27] Eine Übersicht über einige öffentliche Fördermittel für Spieleproduktionen findet sich bei *Rauda* Rn. 809 ff.
[28] BGH Urt. v. 23.7.2009 – VII ZR 151/08, BGHZ 182, 140 = NJW 2009, 2877 – Silowände; BGH Urt. v. 9.7.2009 – VII ZR 130/07, NJW 2009, 2947 – Tiefladesattelauflieger. Zur Übertragbarkeit der vom BGH auf-

III. Entwicklung des Spiels

(§ 651 BGB) einordnen, so dass mit der Anwendbarkeit von **Kaufrecht** – ggf. mit den **Modifizierungen des § 651 S. 3 BGB** – zu rechnen ist.[29] Das kaufrechtliche Regelungsregime ist – insbesondere mangels eines Abnahmeerfordernisses – für einen komplexen Entwicklungsvertrag jedoch kaum interessengemäß.[30] Aus diesem Grund ist den Parteien in jedem Fall zur ausdrücklichen vertraglichen Regelung sämtlicher gewollter Abweichungen vom Kaufrecht zu raten. Dies gilt besonders für die Vorleistungspflichten des Entwicklers, die Mitwirkungspflichten des Publishers, das Abnahmeerfordernis und das Abnahmeverfahren, die Mängelrechte des Publishers sowie für die Modalitäten einer Kündigung des Entwicklungsvertrags vor Fertigstellung.

Wesentliche Unterschiede zum Softwareerstellungsvertrag ergeben sich vor allem aus der Kreativität und Verschiedenheit der in ein Computerspiel einfließenden Ideen und Leistungen, aus der wirtschaftlichen Beteiligung des Entwicklers am Vermarktungserfolg, der sich an die Entwicklung anschließenden laufenden Weiterentwicklung und Pflege von Online-Spielen durch das Entwicklungsstudio sowie aus der Vielfalt der Zweit- und Folgeverwertungsmöglichkeiten eines erfolgreichen Spiels durch Portierung auf weitere Plattformen, Folgeversionen *(Sequels)* oder Merchandising-Produkte. 20

Hinsichtlich der Spielidee und der Konzepte zu ihrer Umsetzung hat der Entwickler typischerweise ein hohes **Geheimhaltungsinteresse**. Den Beginn einer (möglichen) Entwicklungskooperation markiert daher oft der Abschluss einer umfassenden gegenseitigen **Vertraulichkeitsvereinbarung** *(Non Disclosure Agreement/NDA)*, bevor der Entwickler dem Publisher seine Ideen offenlegt. Zu beachten ist hier, dass die einem Spiel zugrunde liegende Idee als solche keinen urheberrechtlichen Schutz genießt,[31] so dass der Entwickler im Falle einer vom ihm nicht autorisierten Verwertung seiner Idee auf vertragliche Ansprüche aus der Vertraulichkeitsvereinbarung angewiesen ist. Zur Beweisbarkeit entsprechender Ansprüche im Streitfall sollte der Entwickler die konkrete Idee im Zweifel in der Vertraulichkeitsvereinbarung bereits beschreiben. Nach vollständiger Offenbarung der Idee kann die Vertraulichkeitsvereinbarung um eine konkretisierende Anlage ergänzt werden. Bei der Gestaltung der Vertraulichkeitsvereinbarung ist natürlich auch an Beweiserleichterungen bei der Schadensberechnung, Vertragsstrafen oder pauschalierte Schadensersatzansprüche zu denken. 21

Neben einer Vertraulichkeitsvereinbarung halten die Parteien die Eckpunkte der geplanten Kooperation vor dem Abschluss des eigentlichen Entwicklungsvertrags oft in einer **vorläufigen Vereinbarung** fest (oft bezeichnet etwa als *Letter of Intent (LoI), Term Sheet, Deal Memo* oder *Memorandum of Understanding*). Eine allgemeine Aussage zu Verbindlichkeit, Inhalt und Reichweite entsprechender Vereinbarungen ist nicht möglich. Ob und inwieweit die Parteien die geplante Kooperation bereits durch den Abschluss der entsprechenden Vereinbarung verbindlich regeln wollten, lässt sich vielmehr nur im Wege der Auslegung der konkreten Vereinbarung unter Berücksichtigung der Umstände ihres Zustandekommens ermitteln. Bei der Formulierung vorläufiger Vereinbarungen ist daher stets darauf zu achten, die von den Parteien gewollte Reichweite vertraglicher Bindung ausdrücklich festzuhalten. Bei der Vertragsgestaltung ist zudem an mögliche Schadensersatzansprüche aus dem vorvertraglichen Schuldverhältnis (§§ 280 Abs. 1, 311 Abs. 2, 241 Abs. 2 BGB, *culpa in contrahendo*) zu denken, deren vertragliche Beschränkung oder vollständiger Ausschluss interessengemäß sein kann. 22

Da in einem Computerspiel eine **Vielzahl kreativer Leistungen in einem komplexen Entwicklungsprozess** zusammenfließen, lassen sich die Merkmale des Spiels bei Abschluss des Entwicklungsvertrags meist noch nicht abschließend beschreiben. Diese Schwierigkeit vergrößert sich bei zunehmender Anwendung **agiler Entwicklungsmethoden**.[32] Dennoch sollten alle bei Abschluss des Entwicklungsvertrags bereits bekannten technischen sowie audio- 23

---

gestellten Kriterien auf Softwareerstellungsverträge vgl. etwa *Müller-Hengstenberg* NJW 2010, 1181; *Taeger* NJW 2010, 25.
[29] Näher zur vertragstypologischen Einordnung von Entwicklungsverträgen für softwarebasierte Spiele Duisberg/Picot/*Picot* Kapitel 1 Rn. 13 ff. sowie *Rauda* Rn. 583 ff.
[30] So auch OLG München Urt. v. 23.12.2009 – 20 U 3515/09, MMR 2010, 649 (650).
[31] → Rn. 8.
[32] Zur Vertragsgestaltung bei agilen Softwareprojekten → § 11.

visuellen Merkmale des Spiels so genau wie möglich in der **Leistungsbeschreibung** dokumentiert werden. In technischer Hinsicht stehen zumindest die Programmiersprache, ggf. eine zu verwendende Basis-Spielsoftware *(Game Engine)*, Dateiformate des fertigen Spiels sowie die Kompatibilität mit bestimmter Hardware und Betriebssoftware in aller Regel schon frühzeitig fest. In audio-visueller Hinsicht sollten bereits feststehende Eckpunkte wie Charaktere, Musik, Spiellänge und ggf. essentielle Spielsituationen ebenso wie die Zielgruppe und der angestrebte äußere Gesamteindruck *(Look & Feel)* des Spiels von Anfang an festgehalten werden. Da der äußere Gesamteindruck und die Zielgruppengenauigkeit typischerweise wesentlich für den Kommerzialisierungserfolg, bei der Geltendmachung von Leistungsstörungsansprüchen zugleich jedoch besonders schwer greifbar sind, lohnt sich aus Sicht des Publishers an dieser Stelle besondere Sorgfalt, einschließlich des Rückgriffs auf Abbildungen und andere Beispielformate zur Veranschaulichung des Gewollten. Auch eine Bezugnahme auf die aktuelle Version des Design Scripts ist sinnvoll. In der Leistungsbeschreibung verwendete branchenübliche Begriffe und Versionsbezeichnungen sollten vertraglich definiert werden (zB *Open Beta Testing, Alphaversion, Betaversion* etc). Konkretisierungen und Änderungen des Leistungsumfangs während des Entwicklungsprojekts sind projektbegleitend in der Leistungsbeschreibung abzubilden.

24   Von besonderer wirtschaftlicher und rechtlicher Bedeutung sind im Entwicklungsvertrag die Vereinbarungen zu den **Nutzungs- und Verwertungsrechten** an dem zu entwickelnden Spiel.[33] Der Publisher verlangt vom Entwickler typischerweise weitreichende Verwertungsrechte, nicht selten sogar im Sinne einer *buy out*-Lizenz die ausschließlichen, übertragbaren, unterlizenzierbaren, zeitlich, räumlich und inhaltlich unbeschränkten Rechte zur Verwertung auf alle bekannten und unbekannten Nutzungsarten. Unter den gesetzlich (§§ 15 ff., 69c UrhG) geregelten Grundverwertungsarten sind insbesondere das Vervielfältigungsrecht, das Verbreitungsrecht, das Recht der öffentlichen Zugänglichmachung, das Vorführungsrecht und das Senderecht sowie Bearbeitungsrechte relevant. Wegen der mannigfaltigen Verwertungsszenarien eines erfolgreichen Spiels sollten die Parteien dabei die vom Verwertungsrecht des Publishers umfassten **Vertriebskanäle, Geräteplattformen** (etwa stationäre oder mobile Spielkonsolen, PCs, Smartphones, Tablets etc) und **Online-Plattformen** (etwa auch soziale Netzwerke wie *Facebook*) im Entwicklungsvertrag ausdrücklich benennen.[34] Zu denken ist auch an die Einräumung von **Bearbeitungsrechten,** um dem Publisher zum Beispiel die Portierung des Spiels auf andere Plattformen, die Internationalisierung des Spiels durch Übersetzung in andere Sprachen, die Produktion von **Fortsetzungen (Sequels),** die Produktion von **Merchandising-Artikeln** oder die Überführung in ein anderes Genre (etwa einen spielbasierten Comic oder Film) zu ermöglichen. Je nach Interessenlage und Verhandlungsgewicht kann umgekehrt natürlich auch geregelt werden, dass bestimmte Verwertungsrechte beim Entwickler verbleiben und von diesem kommerzialisiert werden dürfen (ggf. mit Erstandienungspflichten des Entwicklers bzw. Erwerbsoptionen des Publishers).

25   Der Entwickler muss sicherstellen, dass er dem Publisher die versprochenen (oder sogar verschuldensunabhängig garantierten) Nutzungs- und Verwertungsrechte auch tatsächlich verschaffen kann. Dies muss er – deckungsgleich zur Rechtseinräumung im Entwicklungsvertrag – im Verhältnis zu den Rechtsinhabern sämtlicher im Spiel verwendeter vorbestehender Werke ebenso wie zu sämtlichen an der Entwicklung des Spiels mitwirkenden angestellten oder freien Entwicklern und sonstigen Urhebern sicherstellen. Gegenüber weisungsgebundenen Angestellten bieten die gesetzlich vorgesehenen Rechtseinräumungen gemäß §§ 43, 69b UrhG dem Entwickler typischerweise Schutz. Zumindest mit allen anderen beteiligten Urhebern muss der Entwickler die Rechtseinräumung ausdrücklich vertraglich regeln. Dabei ist neben den urheberrechtlichen Rechtseinräumungen auch an den **Verzicht auf urheber-**

---

[33] Ausführlich Duisberg/Picot/*Picot* Kapitel 1 Rn. 41 ff.
[34] Zu beachten ist dabei, dass mit urheberrechtlich-dinglicher Wirkung nur Verwertungsrechte eingeräumt werden können, die nach der Verkehrsauffassung eindeutig abgrenzbar sowie wirtschaftlich-technisch selbständig sind (hierzu etwa *Schricker/Loewenheim* vor § 28 Rn. 87 mit weiteren Nachweisen). Andere Nutzungen können nur mit schuldrechtlicher Wirkung *(inter partes)* gestattet bzw. verboten werden.

persönlichkeitsrechtliche Befugnisse (soweit zulässig)[35] sowie gegenüber Software-Entwicklern vorsorglich an die Übertragung von Rechten an etwaigen patentierbaren Erfindungen[36] zu denken. Bei der Einlizenzierung von Musik sind etwaige Vergütungsansprüche der Verwertungsgesellschaft GEMA zu berücksichtigen.[37] Ferner ist an flankierende markenrechtliche Lizenzen sowie ggf. an erforderliche persönlichkeitsrechtliche Einwilligungen zu denken.

Zur Vermeidung einer Rechtsmängelhaftung und der Verletzung etwaiger Rechtegarantien des Entwicklers müssen alle **Standardkomponenten**, die in das Spiel einfließen, aus der Einräumung ausschließlicher Nutzungsrechte ausdrücklich ausgeklammert werden. Häufig verwendete Standardkomponenten sind zum Beispiel standardisierte Basis-Softwareprogramme *(Game Engine)*, Open Source Software oder graphische Standard-Elemente wie Bäume, Straßenzüge etc aus Graphik-Bibliotheken. 26

Die Vergütung des Entwicklers besteht meist aus Abschlagszahlungen beim Erreichen von Meilensteinen bzw. bei der Endabnahme zuzüglich einer Beteiligung des Entwicklers am konkret erzielten Verwertungserfolg *(Revenue Share)*.[38] Letztere wird oft mit einer **Minimumgarantie** kombiniert. Im Falle eines erheblichen Verwertungserfolgs des Spiels sind darüber hinaus gesetzlich zwingende Vergütungsansprüche des Entwicklers gemäß § 32a UrhG denkbar. 27

Schließlich enthalten Entwicklungsverträge häufig Regelungen zur Absicherung der Investition des Publishers gegen eine **Insolvenz des Entwicklungsstudios** oder ein Scheitern des Projekts aus anderen Gründen.[39] Zu denken ist hier insbesondere an Kreditsicherheiten an etwaigen Rechten des Entwicklers an vorbestehenden Werken (Sicherungsübertragung oder Verpfändung), Fertigstellungsversicherungen *(Completion Bonds)*[40] des Entwicklungsstudios oder seiner Muttergesellschaft sowie an regelmäßige Source Code Hinterlegungen *(Escrow)* im fortschreitenden Projekt. 28

IV. Vertrieb des Spiels

Der Vertrieb elektronischer Spiele erfolgt über verschiedenste Plattformen und Vertriebskanäle, häufig unter Verbindung von Offline- und Online-Spielmöglichkeiten. Zur Kommerzialisierung existieren die verschiedensten, sich ständig weiter entwickelnden **Geschäftsmodelle** – etwa vom „klassischen" Verkauf eines PC- oder Konsolenspiels (oder auch einer Client-Software für ein Online-Spiel) im stationären Handel oder per Fernabsatz, dem entgeltlichen Online-Bezug eines PC-, Smartphone- oder Smart-TV-Spiels per Download oder Subskriptionsmodell oder eines Handy-Spiels per Mehrwert-SMS oder Wireless Application Protocol (WAP), jeweils mit der Möglichkeit eines nachträglichen Hinzuerwerbs von Spiel-Erweiterungen und virtuellen Gegenständen, bis zum kostenlosen Angebot einfacher Browser-Games oder komplexerer Client-Server-Spiele („*Free-to-Play*" oder „*F2P*", auch „*Freemium*") zur Generierung von Einnahmen über Werbung oder den Verkauf von virtuellen Gegenständen oder Spielvorteilen. Zunehmend werden Spiele als sogenannte „Multi-Plattform"-Spiele 29

---

[35] Inwieweit der Urheber wirksam auf die Ausübung seiner urheberpersönlichkeitsrechtlichen Befugnisse verzichten kann, ist im Einzelnen umstritten. Ein Pauschalverzicht ist jedenfalls unwirksam. Vielmehr verbleibt nach der Rechtsprechung zumindest ein „Kerngehalt" des Urheberpersönlichkeitsrechts dauerhaft beim Urheber (vgl. etwa RGZ 123, 312 – Wilhelm Busch; BGH Urt. v. 26.11.1954 – I ZR 266/52, BGHZ 15, 249 (260) = BGH GRUR 1955, 201 (204)). Die von einem Verzicht umfassten urheberpersönlichkeitsrechtlichen Befugnisse sollten daher – möglichst in einer Individualvereinbarung – ausdrücklich benannt werden; zugleich sollten die Modalitäten der geplanten Verwertung möglichst genau beschrieben werden, vgl. Berger/Wündisch/*Wündisch* § 36 Rn. 14; Duisberg/Picot/*Picot* Kapitel 1 Rn. 55.
[36] Gegenüber angestellten Entwicklern gilt insofern das Arbeitnehmererfindungsgesetz, dessen Regelungen nicht abdingbar sind.
[37] Näher Duisberg/Picot/*Picot* Kapitel 1 Rn. 57; Duisberg/Picot/*Förster* Kapitel 2 Rn. 10.
[38] Nähere Hinweise zur vertraglichen Gestaltung der Vergütungsregelungen bei Duisberg/Picot/*Picot* Kapitel 1 Rn. 65 ff.
[39] Die wirtschaftlichen Interessen der Parteien liegen hier ähnlich wie im Bereich der Filmfinanzierung. Zu den im Filmbereich üblichen Sicherungsmethoden ausführlich Berger/Wündisch/*Abel* § 13 Rn. 187 ff.
[40] Hierzu *Rauda* Rn. 834 f.

auch parallel auf mehreren Plattformen für verschiedene Endgerättypen angeboten (etwa über eine Online-Plattform und/oder ein soziales Netzwerk und/oder eine Smartphone-Applikation und/oder eine Smart-TV-Applikation), um dem Spieler unter einem einzigen User-Account in verschiedenen Alltagssituationen ein fortgesetztes Spielerlebnis zu bieten.

30 In allen Vertriebskonstellationen ist zu unterscheiden zwischen (i) den unter den am Vertrieb beteiligten Parteien (etwa Publisher, Online-Plattformbetreiber, App-Plattformbetreiber, Online-Zahlungsdienstleister, Handelsvertreter, Groß-/Einzelhandel, etc) bestehenden B2B-Vertragsbeziehungen sowie (ii) den mit den Endkunden (Spielern) abzuschließenden B2C-Nutzungsverträgen.

1. Vertriebskooperationen

31 Angesichts der geschilderten Vielzahl der möglichen Konstellationen und Beteiligten sind die Vertragsbeziehungen auf der Ebene der am Vertrieb beteiligten Parteien mannigfaltig und im Rahmen dieses Kapitels nicht umfassend darstellbar.

32 Bei der Vertragsprüfung und -gestaltung typischerweise zu bedenkende Regelungskomplexe sind neben der Einräumung der erforderlichen Nutzungs- und Verwertungsrechte und dem jeweiligen Vergütungsmodell etwa der Umgang mit Retouren, die Lieferung von Wartungs-Updates oder Spielergänzungen, die Beachtung regulatorischer Anforderungen (etwa jugendschutzrechtlicher Kennzeichnungspflichten und Werbebeschränkungen[41] oder datenschutzrechtlicher Vorgaben), Platzierungsvorgaben (etwa ein Verbot der Präsentation von Spielen für Kinder in der Nähe nicht-kindgerechter Angebote), Wettbewerbsverbote sowie technische Anforderungen an das Spiel.

33 Ferner ist zu regeln, wie die Nutzungsrechtsverschaffung an den Endkunden erfolgt und insbesondere die wirksame Einbeziehung der für das Verhältnis zum Endkunden vorgesehenen Nutzungsbedingungen sichergestellt wird.[42] Der jeweilige Rechtsinhaber (etwa der Publisher oder der den Vertrieb selbst organisierende Spielehersteller/Entwickler) strebt typischerweise den Abschluss eines direkten Lizenz-/Nutzungsvertrags mit den Endkunden an. Dabei wird – wie im Bereich des Softwarevertriebs – oft übersehen, dass entsprechende Endnutzerlizenzbedingungen (*Terms of Use* oder *End User License Agreement/EULA*) für den Endkunden nur dann verbindlich sind, wenn sie unter Beachtung der AGB-rechtlichen Einbeziehungsvoraussetzungen (§§ 305 ff. BGB) bereits **bei Vertragsschluss** wirksam vereinbart werden.[43] In Online-Vertriebsszenarien ist zudem besonders auf die transparente Gestaltung der Vertragsparteien und -beziehungen zu achten, da der Endkunde neben den Endnutzer-Lizenzbedingungen des Rechtsinhabers typischerweise auch den Plattformnutzungsbedingungen eines Plattformbetreibers und/oder den Verkaufs- oder Subskriptionsbedingungen eines Händlers sowie ggf. auch den Vertragsbedingungen eines Zahlungsdienstleisters zustimmen muss.

34 Soweit der **Vertrieb über eine standardisierte Plattform** im stationären oder mobilen Internet erfolgt (etwa App-Plattformen für Smartphones oder Smart-TV), besteht bei der Vertragsgestaltung mit dem Plattformbetreiber typischerweise kein oder kaum Verhandlungsspielraum. Bei zunehmender Marktmacht geben die Plattformbetreiber vielmehr die technischen und vertraglichen Rahmenbedingungen der Vertriebskooperation vor; die Rolle des beratenden Rechtsanwalts ist hier faktisch oft auf die Vertragsprüfung und das Aufzeigen möglicher Risiken beschränkt.

35 Serverbasierte Spiele werden zunehmend als *Cloud-Service (Gaming as a Service)* betrieben, weshalb oft auch der Abschluss entsprechender **Cloud-Verträge** mit Dienstleistern unter Beachtung des Datenschutzes und Sicherstellung hinreichender Service Levels zu Verfügbarkeit und Wartung erforderlich ist.

---

[41] → Rn. 46 ff.
[42] Ausführlich Duisberg/Picot/*Picot* Kapitel 4 Rn. 12 ff.
[43] § 305 Abs. 2 BGB erfordert ausdrücklich, dass die Einbeziehung „bei Vertragsschluss" erfolgt. Nutzungsbedingungen, die dem Endkunden erst nach Erwerb eines Spiels präsentiert werden (etwa im Rahmen von „Click-Through-" oder „Shrink-Wrap"-Modellen) sind daher im Zweifel nicht wirksam vereinbart. Ausführlich zur Einbeziehungsproblematik etwa *Marly*, Rn. 982 ff.

2. Vertragsbeziehung zu den Endkunden

Bei der Einbeziehung[44] und Gestaltung der Nutzungsbedingungen für den Endkunden (Spieler) ist das deutsche **Recht der Allgemeinen Geschäftsbedingungen** zu beachten, dessen strenge **Inhaltskontrolle** zur Undurchsetzbarkeit etlicher Vertragsklauseln führt, die in anglo-amerikanischen Vertragsvorlagen üblich sind. Die **Spielregeln** unterliegen nicht der Inhaltskontrolle, soweit sie lediglich die vom Anbieter geschuldete Leistung beschreiben.[45]

Zur Beurteilung der Zulässigkeit bestimmter Klauseln nach deutschem Recht ist zunächst eine **vertragstypologische Einordnung** der Vertragsbeziehung mit dem Endkunden, dem Spieler, unerlässlich. Insbesondere im Bereich der **Online-Spiele** ist die vertragstypologische Einordnung einer Vertragsbeziehung nicht immer eindeutig. Zum einen handelt es sich meist um **typengemischte Verträge** mit miet-, dienst- und werkvertraglichen Elementen. Darüber hinaus kann das Überlassungselement eines „**Free-2-Play**"-Angebots bezogen auf ein und dasselbe Spiel nutzerabhängig als Leihe oder Miete zu typisieren sein, je nachdem, ob ein Endkunde bei der unentgeltlichen Nutzung bleibt (Leihe) oder **entgeltlich** virtuelle Gegenstände oder Spielvorteile hinzu erwirbt (Miete, str.).[46] Die Nutzungsbedingungen von Online-Spielen sind oft als Rahmenvertrag gestaltet, aufgrund dessen der Endkunde im Rahmen von Einzelabrufen virtuelle Gegenstände, Spielerweiterungen, Spielvorteile etc erwerben kann.

Die rechtliche Einordnung des Erwerbs und des Einsatzes von Einheiten **virtueller Spielwährungen** ist bisher nicht eindeutig geklärt. Überzeugend erscheint – je nach Gestaltung im Einzelfall – oft die Einordnung als ein im Rahmen des typengemischten Miet-/Dienstverhältnisses über das Online-Spiel entgeltlich hinzuzuerwerbendes einseitiges Leistungsbestimmungsrecht des Endkunden (§ 315 BGB), das dem Endkunden im Rahmen des jeweiligen Angebots die Ausgestaltung des Spiels erlaubt.[47]

Besonderes Augenmerk bei der AGB-rechtskonformen Vertragsprüfung und -gestaltung gilt ferner standardmäßigen Gewährleistungs- oder Haftungsausschlüssen oder -beschränkungen,[48] verschuldensunabhängigen Freistellungspflichten des Endkunden,[49] Vorbehalten zur Änderung des Leistungsumfangs[50] oder den Nutzungsbedingungen[51] oder Preisanpassungsklauseln.[52]

Wie im Rahmen des Vertriebs von Standardsoftware sind **Übertragungs- oder Weitergabeverbote** bei dauerhafter Überlassung eines physischen oder digitalen Vervielfältigungsstückes eines softwarebasierten Spiels gemäß § 307 Abs. 2 Nr. 1 BGB am gesetzlichen Leit-

---

[44] → Rn. 33.
[45] Von grundsätzlicher Kontrollfreiheit der Spielregeln geht das LG Hamburg aus, Urt. v. 23.5.2013 – 312 O 390/11, BeckRS 2013, 12538 – World of Warcraft. Einschränkend *Hermes* GRUR-Prax. 2013, 400 unter Verweis auf BGH Urt. v. 29.4.2010 – Xa ZR 5/09, NJW 2010, 1958 (1959).
[46] Zur vertragstypologischen Einordnung der Überlassung virtueller Gegenstände vgl. Duisberg/Picot/*Oehler/von Ribbeck* Kapitel 6 Rn. 29 ff. sowie *Rauda* Rn. 754 ff., der von einem Rechtskauf ausgeht.
[47] Vorschläge zur rechtlichen Einordnung bei Duisberg/Picot/*Oehler/von Ribbeck* Kapitel 6 Rn. 32 f. (Anwendung von § 315 BGB oder § 453 BGB) und *Rauda* Rn. 785 f. (Einordnung des Einsatzes der Währung im Spiel als Tausch im Sinne des § 480 BGB).
[48] Zu beachten sind bei dauerhafter, entgeltlicher Nutzungsrechtsüberlassung etwa die zwingenden Regelungen zum Verbrauchsgüterkauf (§§ 475 ff. BGB). Ferner sind insbesondere die gesetzlichen Verbote der §§ 309 Nr. 7b, 276 Abs. 3 BGB sowie die Rechtsprechung des BGH zur formularmäßigen Haftungsfreizeichnung bei leicht fahrlässiger Verletzung sogenannter „Kardinalpflichten" (BGH Urt. v. 20.7.2005 – VIII ZR 121/04, BGHZ 164, 11 = NJW-RR 2005, 1496 (1505)) relevant.
[49] Verschuldensunabhängige Haftungstatbestände widersprechen dem gesetzlichen Leitbild der Verschuldenshaftung und verstoßen daher gegen § 307 Abs. 2 Nr. 1 BGB, vgl. BGH Urt. v. 5.10.2005 – VIII ZR 16/05, BGHZ 164, 196 = NJW 2006, 47 (49).
[50] Vgl. hierzu § 308 Nr. 4 BGB sowie die vom Bundesgerichtshof in Konkretisierung des gesetzlichen Zumutbarkeitskriteriums entwickelte Anforderung eines „triftigen" Grundes für eine einseitige Leistungsänderung, welcher in der Änderungsklausel bereits zu beschreiben ist, vgl. etwa BGH Urt. v. 11.10.2007 – III ZR 63/07, NJW-RR 2008, 134 (135) mit weiteren Nachweisen.
[51] Vgl. hierzu § 308 Nr. 5 BGB, wobei der Bundesgerichtshof ergänzend verlangt, dass der Endkunde die Reichweite und Voraussetzungen möglicher AGB-Änderungen vorhersehen kann, vgl. BGH Urt. v. 11.10.2007 – III ZR 63/07, NJW-RR 2008, 134 mit weiteren Nachweisen.
[52] Hierzu etwa BGH Urt. v. 21.9.2005 – VIII ZR 38/05, NJW-RR 2005, 1717.

bild des urheberrechtlichen **Erschöpfungsgrundsatzes** (§§ 17 Abs. 2, 69c Nr. 3 UrhG) sowie des kaufrechtlichen Konzepts eines endgültigen und vollständigen Übergangs der Verfügungsmacht zu messen. Dabei ist der Erschöpfungsgrundsatz gemäß dem **UsedSoft-Urteil** des EuGH[53] (zumindest im Bereich des § 69c Nr. 3 UrhG)[54] auf die Überlassung im Wege eines mit Zustimmung des Rechtsinhabers erstellten Downloads gleichermaßen anwendbar wie auf den Vertrieb eines physischen Vervielfältigungsstücks (Datenträger). Ob ein Übertragungsverbot im Einzelfall gegen den Erschöpfungsgrundsatz verstößt, ist anhand der Gegebenheiten der konkreten Vertriebskonstellation unter Subsumtion der gesetzlichen Erschöpfungsvoraussetzungen in jedem Einzelfall zu prüfen. In Konstellationen, in denen im Rahmen einer cloud-basierten Lösung *(Gaming as a Service)* keine Installation des Spiels beim Kunden erfolgt oder allenfalls eine separat nicht spielbare Clientsoftware zur Installation überlassen wird, bereitet der Erschöpfungsgrundsatz dem Rechtsinhaber bereits mangels Überlassung eines (spielbaren) Vervielfältigungsstücks keine Schwierigkeit. Auch in sonstigen Fällen zeitlich befristeter Nutzungsrechte ist der Erschöpfungsgrundsatz nicht anwendbar. Der EuGH hat im UsedSoft-Urteil ferner die Zulässigkeit der Verwendung technischer Schutzmaßnahmen gegen unautorisierte Vervielfältigungen ausdrücklich betont.

41 Nach der Rechtsprechung des Bundesgerichtshofs in der sogenannten „Half-Life 2"-Entscheidung[55] kann die **Übertragung** eines **Nutzerkontos** wirksam verboten werden. Der Erschöpfungsgrundsatz steht dem auch dann nicht entgegen, wenn der Endkunde bei erster Ingebrauchnahme eines auf einem physischen Datenträger erworbenen Spiels ein Nutzerkonto erstellen *muss*, da der Endkunde durch ein Verbot der Veräußerung seines Nutzerkontos weder rechtlich noch tatsächlich an der Weitergabe des der Erschöpfung unterliegenden Datenträgers gehindert wird. Für die Spiel- und Vertragsgestaltung bedeutet dies, dass Rechteinhaber über eine (transparent und bereits bei Vertragsschluss vereinbarte) Pflicht des Endkunden zur Einrichtung eines persönlichen Nutzerkontos die Wirkungen der Erschöpfung in bestimmten Konstellationen vermeiden können.[56]

Der Erschöpfungsgrundsatz rechtfertigt ferner nicht den isolierten Verkauf von Produktschlüsseln bzw. Aktivierungscodes (sog „Keyselling").[57]

42 Da ein Nutzerkonto – ebenso wie die Verwendung darin gespeicherter virtueller Güter – an die Nutzungsbedingungen des Anbieters geknüpft ist, weicht ein Übertragungsverbot auch in schuldrechtlicher Hinsicht nicht vom gesetzlichen Leitbild ab (§ 415 BGB).[58] Gegen den **Zweitmarkt** mit **virtuellen Gütern**[59] sowie gegen das Angebot von Mitteln zur Spielbeeinflussung (sogenannte *Bots*)[60] sind einige Hersteller in der Vergangenheit bereits erfolgreich auf der Grundlage des Lauterkeitsrechts vorgegangen.

---

[53] EuGH Urt. v. 3.7.2012 – C-128/11, GRUR Int 2012, 759.
[54] Es ist bisher ungeklärt und sehr umstritten, inwieweit die vom EuGH aufgestellten Grundsätze auch auf den Download anderer urheberrechtlich geschützter Werke als Computerprogramme zu übertragen sind. Das OLG Hamm hat eine Übertragung der vom EuGH aufgestellten Grundsätze auf den Download von Audio-Dateien (Hörbücher) verneint, OLG Hamm Urt. v. 15.5.2014 – 22 U 60/13. Ein dogmatisches Argument gegen eine Übertragung lässt sich vor allem aus Erwägungsgrund 29 der InfoSoc-Richtlinie (2001/29/EG) herleiten. Der EuGH hat zudem im *Nintendo*-Urteil im Sinne ganzheitlichen Schutzes von Computerspielen nach der InfoSoc-Richtlinie argumentiert (EuGH Urt. v. 23.1.2014 – C-355/12, BeckRS 2014, 80197, Rn. 22 ff.). Nachweise zum Streitstand bei Duisberg/Picot/*Picot* Kapitel 4 Fn. 54. Speziell zu Computerspielen *Krüger/Biehler/Apel* MMR 2013, 760, die eine Übertragung der Grundsätze der UsedSoft-Entscheidung ablehnen.
[55] BGH Urt. v. 11.2.2010 – I ZR 178/08, GRUR 2010, 822 – Half-Life 2; vgl. auch LG Berlin Urt. v. 21.1.2014 – 15 O 56/13, CR 2014, 400 ff.
[56] Zum Half-Life 2-Urteil vgl. auch *Gräbig* MMR-Aktuell 2010, 307861; *Jani* GRUR-Prax 2010, 394; *Marly* LMK 2010, 309245; *Paul/Albert* K&R 2010, 584.
[57] LG Berlin Urt. v. 11.3.2014 – 16 O 73/13, GRUR-RR 2014, 4.
[58] Ebenso (bezogen auf Nutzerkonten) *Diegmann/Kuntz* NJW 2010, 561 (563) sowie *Rauda* Rn. 797, die ein Übertragungsverbot bezogen auf virtuelle Güter gegenüber Verbrauchern (anders als gegenüber Unternehmern) aber jeweils für unzulässig halten.
[59] OLG Hamburg Urt. v. 17.10.2012 – 5 U 168/11, BeckRS 2013, 01937. Dazu *Hermes* GRUR-Prax 2013, 400 (402).
[60] LG Hamburg Urt. v. 19.7.2012 – 312 O 322/12, BeckRS 2013, 02815; LG Hamburg Urt. v. 23.5.2013 – 312 O 390/11, BeckRS 2013, 12538. Dazu *Hermes* GRUR-Prax 2013, 400 (401) und *Werner* CR 2013, 516 (518 ff.).

IV. Vertrieb des Spiels

Im Rahmen des Vertriebs von Spielen, virtuellen Gütern oder sonstigen Spielbestandteilen 43
im Wege des **Fernabsatzes** sind ferner die fernabsatzrechtlichen Informationspflichten des Anbieters,[61] das gesetzliche Widerrufsrecht des Verbrauchers[62] sowie im Bereich der Telemedien die sogenannte „Button-Lösung"[63] zu beachten.[64]

3. In-Game-Advertising

Neben dem entgeltlichen Angebot virtueller Güter ist die Erzielung von Werbeumsätzen 44
ein wesentliches Element der Kommerzialisierung insbesondere von Online-Spielen. Dies gilt besonders – aber nicht nur – bei den kostenlosen *Free-to-Play*-Spielen. Das sogenannte In-Game-Advertising wird in verschiedensten Erscheinungsformen praktiziert – etwa als statische Werbung (wie Bandenwerbung im virtuellen Stadion), in dynamischen Werbeformen bei Online-Spielen (wie wechselnde Kampagnen oder personalisierte Werbung, einschließlich der Verlinkung des Werbenden zur Lead-Generierung), im Rahmen eines Sponsoring („*supported by ...*") oder als reine Werbespiele *(Ad-Games)*, die viral per E-mail oder in sozialen Netzwerken verbreitet werden.

In wettbewerbsrechtlicher Hinsicht sind bei der Gestaltung der Werbung insbesondere die 45
Unlauterkeitstatbestände der **Verschleierung des Werbecharakters,**[65] des **Ausnutzens der geschäftlichen Unerfahrenheit von Minderjährigen**[66] sowie der **unzumutbaren Belästigung** (§ 7 UWG) zu beachten.[67] Ferner ist das allgemeine Gebot der **Trennung** der Werbung von sonstigen Inhalten (§§ 6 Abs. 1 TMG, 58 Abs. 1 RStV) zu berücksichtigen.[68]

Werbung, die sich (auch) an Kinder richtet, ist nach der Rechtsprechung nur unter strengen 46
Anforderungen zulässig. Der Bundesgerichtshof hat in einer jüngeren Entscheidung eine mit einem in der 2. Person Singular formulierte und mit einem Online-Shop verlinkte Werbung für entgeltliche virtuelle Gegenstände eines Online-Spiels als **unzulässige unmittelbare Kaufaufforderung** an Kinder eingeordnet.[69] Erwähnenswert ist auch, dass das Kammergericht Berlin den klein gedruckten Hinweis „Werbung" am unteren Bildrand für nicht ausreichend hielt, um den Werbecharakter eines interaktiven Spiels gegenüber Kindern klarzustellen (Verstoß gegen § 4 Abs. 3 UWG).[70]

Im Rahmen von Online-Angeboten sind ferner die **jugendschutzrechtlichen Werbebe-** 47
schränkungen des § 6 JMStV zu berücksichtigen. Werbebeschränkungen ergeben sich ferner aus dem **Glücksspielrecht,** wobei neben dem Verbot der Werbung für illegale Glücksspiele (§ 284 Abs. 4 StGB, § 5 Abs. 5 GlüStV) vor allem die weiteren Beschränkungen der Werbung für genehmigte Glücksspiele gemäß § 5 GlüStV und der aufgrund von § 5 Abs. 4 GlüStV erlassenen Werberichtlinie[71] zu beachten sind.

---

[61] § 312c Abs. 1 BGB in Verbindung mit Art. 246 § 1 und § 2 EGBGB.
[62] § 312d BGB. Soweit der Erwerb im Wege des Downloads erfolgt, erlischt das Widerrufsrecht gemäß § 312d Abs. 4 Nr. 1 Alt. 3 BGB, sobald der Download erfolgt ist (BT-Drs. 14/2658 S. 44). Bei der Überlassung von virtuellen Gegenständen kommt ein Erlöschen gemäß § 312d Abs. 3 BGB in Betracht; allerdings ist der Zeitpunkt der vollständigen Erfüllung derzeit wohl nicht rechtssicher bestimmbar, zum Streitstand Duisberg/Picot/*Oehler/von Ribbeck* Kapitel 6 Rn. 45 ff.
[63] § 312g BGB.
[64] → § 26.
[65] § 4 Nr. 3 UWG bzw. § 3 Abs. 3 UWG in Verbindung mit Nr. 1 der „Blacklist"; grundlegend hierzu BGH Urt. v. 6.7.1995 – I ZR 58/93, BGHZ 130, 205 = GRUR 1995, 744 – Feuer, Eis, & Dynamit I.
[66] § 4 Nr. 2 UWG bzw. § 3 Abs. 3 in Verbindung mit Nr. 28 der „Blacklist".
[67] Zum Tatbestand der unzumutbaren Belästigung ausführlich *Rauda* Rn. 551 ff. Zum In-Game-Advertising weiterführend Duisberg/Picot/*Körner* Kapitel 5 Rn. 12 ff. sowie *Lober* MMR 2006, 643.
[68] Zur Anwendbarkeit ausführlich Duisberg/Picot/*Körner* Kapitel 5 Rn. 37 f.
[69] BGH Urt. v. 17.7.2013 – I ZR 34/12, BeckRS 2013, 12970 = GRUR 2014, 298; vgl. auch die Anmerkung von *Hermes* GRUR-Prax 2014, 59; Gegenstand der Entscheidung war eine an Spieler des Online-Spiels „Runes of Magic" gerichtete Werbung des Publishers Gameforge für den Erwerb virtueller Gegenstände, die ua den folgenden Text enthielt: *„Schnapp Dir die günstige Gelegenheit und verpasse Deiner Rüstung & Waffen das gewisse ‚Etwas'"*.
[70] KG Berlin Urt. v. 15.1.2013 – 5 U 84/12, GRUR-RR 2013, 223. Zur Zulässigkeit einer an Kinder gerichteten Bannerwerbung LG Hamburg Urt. v. 19.5.2011 – 315 O 121/10, BeckRS 2013, 19668.
[71] Werberichtlinie gemäß § 5 Abs. 4 S. 1 GlüStV vom 7.12.2012, in Kraft seit 1.2.2013.

V. Jugendschutz

48 Der erfolgreiche Vertrieb von Spielen auf **Trägermedien**[72] in Deutschland erfordert die Einholung einer **Alterskennzeichnung** der Unterhaltungssoftware Selbstkontrolle (**USK**), da Spiele ohne eine Jugendfreigabe der USK den umfassenden Vertriebsbeschränkungen des § 12 Abs. 1 JuSchG unterliegen.[73] Eine von der USK erteilte Alterskennzeichnung muss auf jedem Vervielfältigungsstück des Spiels angebracht werden. Darüber hinaus ist auch im **Telemedienbereich** auf die Alterskennzeichnung hinzuweisen, sofern ein über Telemedien angebotenes Spiel ganz oder im Wesentlichen inhaltsgleich mit einem für den Vertrieb auf Trägermedien von der USK gekennzeichneten Angebot ist (§ 12 Abs. 2 S. 3 JuSchG).

49 Im Online-Bereich gelten die Regelungen des **Jugendmedienschutzstaatsvertrags** (JMStV), deren Einhaltung die zentrale Kommission für Jugendmedienschutz (**KJM**) in Anwendung des JMStV kontrolliert.[74] Bei der Prüfung der jugendschutzrechtlichen Zulässigkeit von Online-Spielen ist zu unterscheiden zwischen den verbotenen „absolut" unzulässigen Angeboten (§ 4 Abs. 1 JMStV), den „relativ" unzulässigen Angeboten, die nur Erwachsenen in geschlossenen Benutzergruppen zugänglich gemacht werden dürfen (§ 4 Abs. 2 JMStV) und den nur unter Verwendung jugendschützender Maßnahmen zulässigen entwicklungsbeeinträchtigenden Angeboten (§ 5 JMStV).[75]

50 Die Regelungen des JMStV gelten nicht nur für reine Online-Spiele, sondern auch für die sogenannten „**hybriden**" Angebote wie client-basierte Online-Spiele oder Online-Erweiterungen und sonstige online zu erwerbende Add-Ons zu Spielen auf Trägermedien.[76]
Verstöße gegen das Jugendschutzrecht können gemäß §§ 23, 24 JMStV, §§ 27, 28 JuSchG als Straftaten bzw. Ordnungswidrigkeiten geahndet werden.

51 Über den Jugendschutz im engeren Sinne hinaus sind mit Blick auf **strafrechtlich unzulässige Inhalte** zudem die §§ 184 ff. StGB sowie §§ 130 ff. StGB (jeweils in Verbindung mit § 11 Abs. 3 StGB) zu erwähnen.[77]

VI. Unerlaubtes Glücksspiel

52 Es ist wichtig zu wissen, dass zahlreiche Einzelfragen der Regulierung von Glücksspielen hoch umstritten sind. Hintergrund ist neben den unterschiedlichen Gesetzgebungskompetenzen des Bundes und der Länder auch die zunehmende Forderung nach einer Liberalisierung, nicht zuletzt vor dem Hintergrund der gemeinschaftsrechtlichen Niederlassungsfreiheit und Dienstleistungsfreiheit. Eine Etappe auf dem Weg zur innerdeutschen Rechtseinheitlichkeit wurde immerhin erzielt, als sich die Länder mit Wirkung zum 1.7.2012 auf den überarbeiteten Glücksspielstaatsvertrag einigten.[78] Viele Fragen sind jedoch nach wie vor nicht geklärt, wobei sich die nachfolgende Darstellung darauf beschränkt, die im Bereich der Online-Spiele wesentlichen Abgrenzungskriterien kurz zu umreißen.

53 Die **zentrale strafrechtliche Verbotsnorm** des Glücksspielrechts ist § 284 StGB. Den Tatbestand der unerlaubten Veranstaltung eines Glücksspiels erfüllt, wer ohne behördliche Er-

---

[72] Eine Legaldefinition des Begriffs der „Trägermedien" findet sich in § 1 Abs. 2 JuSchG.
[73] Eine Darstellung des Prüfverfahrens findet sich bei *Rauda* Rn. 515 ff.
[74] Die von der KJM angelegten Bewertungsmaßstäbe sind den von der KJM herausgegebenen „Kriterien für die Aufsicht im Rundfunk und in den Telemedien" zu entnehmen http://www.kjm-online.de/service/publikationen/pruefkriterien.html (abgerufen am 10.9.2014).
[75] Weiterführend Duisberg/Picot/*Duisberg/Appt* Kapitel 8 Rn. 38 ff.
[76] Spiele auf Trägermedien unterfallen im Übrigen dem JuSchG (s. o.). Zur Einordnung „hybrider" Spiele, die eine Offline- mit einer Online-Komponente verbinden, ausführlich *Baumann/Hofmann* ZUM 2010, 863; Duisberg/Picot/*Duisberg/Appt* Kapitel 8 Rn. 43 ff.
[77] Näher zur Anwendbarkeit dieser Straftatbestände auf Computer- und Online-Spiele Duisberg/Picot/*Duisberg/Appt* Kapitel 8 Rn. 64 ff.
[78] Schleswig-Holstein hatte bereits zum 1.1.2012 ein liberalisiertes Glücksspielgesetz verabschiedet, schloss sich schließlich jedoch ebenfalls dem überarbeiteten Glücksspielstaatsvertrag an. Per Vorabentscheidung vom 12.6.2014 hat der EuGH verschiedene, ihm vom BGH vorgelegte, auf das Glücksspielgesetz Schleswig-Holsteins bezogene Rechtsfragen beantwortet (EuGH Urt. v. 12.6.2014 – C-156/13, GRUR Int. 2014, 854; vgl. auch die Anmerkung von *Arendts* MMR 2014, 554).

laubnis öffentlich ein Glücksspiel veranstaltet oder hält oder die Einrichtungen hierzu bereitstellt.

Die Rechtsprechung definiert ein Glücksspiel als ein Spiel, bei dem für den Erwerb einer 54 Gewinnchance ein **nicht nur unerheblicher Einsatz** verlangt wird und die Entscheidung über den Gewinn oder Verlust nicht wesentlich von den Fähigkeiten und Kenntnissen und dem Grad der Aufmerksamkeit der Spieler, sondern überwiegend oder hauptsächlich vom **Zufall** abhängt.[79] Die Abgrenzung zum erlaubten **Geschicklichkeitsspiel** *(Skill game),* welches sich durch die Maßgeblichkeit der geistigen und körperlichen Fähigkeiten des Spielers für den Spielerfolg auszeichnet, bereitet im Einzelfall oft Schwierigkeiten, da häufig gerade eine Kombination aus Zufalls- und Geschicklichkeitselementen über den Spielerfolg entscheidet.[80] Ein erheblicher Einsatz wird im Rahmen des § 284 StGB – wie bei Gewinnspielen im Rundfunk[81] und wie im Anwendungsbereich des Glücksspielstaatsvertrags[82] – jedenfalls unterhalb eines **Schwellenwerts von 50 Cent** nicht angenommen.[83] Der Tatbestand des § 284 StGB kann auch aus dem Ausland heraus erfüllt werden, wenn wegen der bestimmungsgemäßen Ausrichtung eines Angebots auf den deutschen Markt der Erfolgsort im Sinne des § 9 Abs. 1 Alt. 3 StGB in Deutschland liegt (etwa bei einem erkennbar auf deutsche Kunden ausgerichteten Online-Poker-Angebot).

Die Zulässigkeit von Online-Spielen richtet sich glücksspielrechtlich nach dem **Rundfunk-** 55 **staatsvertrag** (RStV), der über den Rundfunk hinaus gemäß § 58 Abs. 4 auch Gewinnspiele in an die Allgemeinheit gerichteten Telemedien erfasst.[84] Gemäß § 8a RStV sind Gewinnspielsendungen und Gewinnspiele zulässig, wenn für die Teilnahme nur ein **Entgelt von bis zu 50 Cent** verlangt wird und das Gebot der Transparenz und des Teilnehmerschutzes beachtet wird. Entgeltliche Geschicklichkeitsspiele *(Skillgames)* dürften auch dann zulässig sein, wenn das Entgelt für die Teilnahme 50 Cent überschreitet.[85]

VII. Datenschutz

Bei der Bewertung von Geschäftsmodellen im Bereich der Online-Spiele spielt der Daten- 56 schutz inzwischen eine wesentliche Rolle. Die im Bereich der Spieleplattformen üblichen Szenarien der Verwendung von **Cookies, Social Plug-Ins,** der **Community-Bildung** (etwa über Nutzer-Accounts mit Spielerprofilen und „In-Game"-Kommunikationsfunktionen) oder der **viralen Verbreitung** von Spielen und Content werfen ebenso wie die Erhebung von **Standortdaten** bei Spielen für mobile Endgeräte, die **grenzüberschreitende Datenverarbeitung**, ggf. auf Servern in unsicheren Drittländern, die Bildung von **Nutzerprofilen** oder das **Einspielen zielgruppenorientierter Werbung** komplexe datenschutzrechtliche Fragen auf.

Im Rahmen von Online-Spielen werden neben den bei Registrierung erhobenen Bestands- 57 daten des Spielers eine Vielzahl von Nutzungsdaten erhoben. Die Verwendungsmöglichkeiten für Nutzungsdaten sind mannigfaltig, wie die nachfolgenden Beispiele belegen:[86]
- In-Game-Verhaltensanalyse: Informationen darüber, wann Spieler aus welchen Gründen Spielpartien abbrechen oder welche Bereiche einer Spielewelt nicht besuchen, können dem Entwickler helfen, sein Produkt und damit das Spielerlebnis für den Spieler zu verbessern.

---

[79] Nachweise bei Schönke/Schröder/*Heine* § 284 Rn. 7
[80] Ausführlich zu dieser Abgrenzung Duisberg/Picot/*Kolb* Kapitel 7 Rn. 12 ff.; Schönke/Schröder/*Heine* § 284 Rn. 7.
[81] § 8a RStV.
[82] Hierzu BGH Urt. v. 28.9.2011 – I ZR 92/09, GRUR 2012, 193 (201), wonach bei Unterschreitung der in § 8a RStV normierten Schwelle von 50 Cent auch der Glücksspielstaatsvertrag (GlüStV) keine Anwendung findet. Zu der kontroversen Diskussion um das Verhältnis zwischen Rundfunk- und Glücksspielrecht ausführlich Duisberg/Picot/*Kolb* Kapitel 7 Rn. 19 ff. (für einen einheitlichen Glücksspielbegriff).
[83] Nachweise bei Duisberg/Picot/*Kolb* Kapitel 7 Rn. 38. Hinsichtlich der Zulässigkeit höherer Einsätze werden unterschiedliche Auffassungen vertreten, vgl. etwa MüKoStGB/*Hohmann* § 284 Rn. 11; *Rauda* Rn. 472 ff.
[84] Aufgrund des Kompetenzgefüges zwischen Bund und Ländern ist der Begriff der „Telemedien" in § 58 Abs. 4 RStV allerdings enger auszulegen als in § 1 Abs. 1 S. 1 TMG, vgl. Duisberg/Picot/*Kolb* Kapitel 7 Rn. 20.
[85] Duisberg/Picot/*Kolb* Kapitel 7 Rn. 27; Lober/Neumüller MMR 2010, 295.
[86] → § 34.

- In-Game-Advertising: Die genaue Kenntnis des Aufenthaltsortes eines Spielers in der Spielewelt kann dazu genutzt werden, dynamisch Werbung in der Spielewelt anzuzeigen.
- In-Game-Shopping: Die Erfassung von Informationen dazu, welche virtuellen Gegenstände der Spieler sich in der Spielewelt erspielt hat, kann dazu genutzt werden, um ihm den Erwerb noch fehlender virtueller Gegenstände gegen echtes Geld schmackhaft zu machen.
- Anti-Cheat-Maßnahmen: Die Überwachung des Computers des Spielers kann helfen zu erkennen, ob der Spieler versucht, durch externe Programme den Spielverlauf in einer nicht dem gewöhnlichen Verlauf entsprechenden Weise zu beeinflussen.
- Die Einbindung neuartiger Sensoren (zB Erkennung der Physiognomie des Spielers) in das Spielegeschehen ermöglicht die Erhebung von Daten, die weit über das hinausgehen, was mit herkömmlicher Spielesteuerung möglich ist. So können Gesundheitsdaten zB in Form von Konditionsdaten in Fitness-Spielen erhoben werden.
- Geodaten können auch auf mobilen Spieleplattformen, wie zB Smartphones, mittels WLAN und GPS erhoben und in das Spielgeschehen eingebunden werden, erlauben aber auch die Erstellung von Bewegungsprofilen.

58 Da das Potential der rechtmäßigen Kommerzialisierung der Bestands- und Nutzungsdaten der Spieler-Community oftmals den wesentlichen Wert einer Spieleplattform ausmacht, muss bei der juristischen Begleitung einer Spieleplattform der Datenschutzkonformität der Erhebung, Verarbeitung und Nutzung der personenbezogenen Daten der Nutzer (einschließlich ihrer IP-Adressen) besonderes Augenmerk gelten. Zu beachten sind die bereichsspezifischen datenschutzrechtlichen Regelungen des Telemediengesetzes (§§ 11 ff. TMG), insbesondere die engen Grenzen der zulässigen Erhebung und Verarbeitung von Nutzungsdaten, sowie bei Kommunikationsfunktionen (In-Game Chatting) ggf. das Fernmeldegeheimnis (§ 88 TKG) und die bereichsspezifischen datenschutzrechtlichen Regelungen des Telekommunikationsgesetzes (§§ 91 ff. TKG). Jenseits der Verarbeitung von Bestandsdaten oder Nutzungsdaten im Rahmen des Telemediendienstes sowie auch im Übrigen ergänzend gelten die allgemeinen datenschutzrechtlichen Regelungen des Bundesdatenschutzgesetzes (BDSG).

59 Gemäß § 1 Abs. 1 BDSG, § 12 Abs. 1 TMG gelten die datenschutzrechtlichen Vorschriften nur für **personenbezogene Daten**. Die insbesondere für Online-Spiele-Betreiber wesentliche und in der Vergangenheit viel diskutierte Frage, ob statische IP-Adressen Personenbezug aufweisen, lässt sich mittlerweile mit einer sehr starken Tendenz zur Annahme des Personenbezugs beantworten.[87] Nach dem allgemeinen datenschutzrechtlichen Grundsatz des Verbots mit Erlaubnisvorbehalt ist die Erhebung und Verwendung personenbezogener Daten durch den Diensteanbieter grundsätzlich verboten, es sei denn, eine Rechtsvorschrift erlaubt die betreffende Handlung oder der Nutzer hat eingewilligt. Eine **Einwilligung** ist nur dann wirksam, wenn sie informiert und freiwillig erfolgt. Sie ist seitens des Nutzers zudem jederzeit widerrufbar.

60 **Bestandsdaten** eines Nutzers, dh personenbezogene Daten, die für die Begründung, inhaltliche Ausgestaltung oder Änderung des Vertragsverhältnisses zwischen Online-Spieleanbieter und Nutzer erforderlich sind, dürfen gemäß § 14 TMG erhoben werden.[88] Dabei ist unter anderem zu beachten, dass der Anbieter dem Nutzer gemäß § 13 Abs. 6 S. 1 TMG die Möglichkeit eröffnen muss, den Dienst unter Nutzung eines Pseudonyms zu verwenden.

61 **Nutzungsdaten** dürfen nach § 15 Abs. 1 S. 1 TMG nur erhoben werden, um die Inanspruchnahme von Diensten zu ermöglichen oder abzurechnen. Zum Zweck der Werbung, Marktforschung oder bedarfsgerechten Gestaltung der Telemedien dürfen aus Nutzungsdaten gemäß § 15 Abs. 3 S. 1 TMG **pseudonymisierte Nutzungsprofile** erstellt werden. Eine streng pseudonymisierte In-Game-Verhaltensanalyse zur Verbesserung der Spielerfahrung ist somit auch ohne Einwilligung des Spielers möglich.

62 Zu beachten sind stets die allgemeinen datenschutzrechtlichen Grundsätze, insbesondere der Datensparsamkeit, Datenvermeidung, Zweckbindung, Transparenz und Datensicherheit. Soweit keine spezifische Einwilligung vorliegt, muss die Datenerhebung oder -verarbeitung grundsätzlich erforderlich sein zur Erfüllung des Nutzungsvertrags. Die sich hieraus erge-

---

[87] Vgl. etwa EuGH Urt. v. 24.11.2011 – C-70/10, MMR 2012, 174 (176).
[88] Ausführlich Duisberg/Picot/*Duisberg/Grentzenberg* Kapitel 9 Rn. 7 ff.

VII. Datenschutz

benden Grenzen zulässiger Datenerhebung können im Einzelfall sehr unterschiedlich ausfallen: Während das Spielen eines einfachen Casual Game (etwa eines Wortspiels) typischerweise keine oder allenfalls geringfügige Verarbeitungen von Nutzungsdaten verlangt (etwa für eine Rangliste), kann beispielsweise ein Online-Fitness-Spiel sogar die Erhebung und Verarbeitung von Gesundheitsdaten (und damit von besonderen personenbezogenen Daten im Sinne des § 3 Abs. 9 BDSG) erfordern.[89] Soweit personenbezogene Daten für Werbezwecke erhoben, genutzt und verarbeitet werden, sind insbesondere § 28 Abs. 3 BDSG sowie für die Platzierung der Werbung § 7 UWG zu beachten.

Datenschutzrechtliche Relevanz bei mobilen Spieleangeboten weist auch die Verarbeitung der **Standortdaten** der genutzten Endgeräte auf. Die Zulässigkeit richtet sich nach § 98 TKG oder, falls es sich um GPS-Daten handelt, nach § 15 Abs. 1 TMG.[90]

Es wird deutlich, dass Online-Spiele als interaktive Online-Plattformen in sich eine Vielzahl der für Social Media und E-Commerce typischen datenschutzrechtlich relevanten Szenarien vereinigen. Die datenschutzrechtlichen Voraussetzungen und Grenzen der einzelnen Erhebungs- und Verarbeitungsvorgänge, ebenso wie die Pflichten des Plattformbetreibers, richten sich bei Online-Spielen grundsätzlich nach denselben Kriterien wie im Bereich sonstiger Online-Plattformen und Social Media. Zur Vermeidung redundanter Darstellung wird zu Einzelheiten daher auf die Ausführungen unter → **Teil F dieses Handbuchs** verwiesen.

Online-Spiele sind aufgrund ihres hohen Verbreitungsgrades und des oft relativ leichten Zugangs zu personenbezogenen Daten (oft einschließlich Informationen zu Zahlungsdienstleistern) eine willkommene Zielscheibe für **Hacking-Angriffe**. Im Falle einer **Datensicherheitspanne** sind die gesetzlichen Benachrichtigungspflichten gemäß § 15 TMG, § 42a BDSG sowie ggf. § 109a TKG einzuhalten. Die Erfahrung der Vergangenheit zeigt, dass Hacking-Angriffe gegen Spiele-Anbieter erhebliche mediale Aufmerksamkeit erregen können[91] und damit eine empfindliche Gefahr für die Reputation eines Unternehmens darstellen. Zumindest größere Plattformbetreiber sind daher gut beraten, ihr Krisen-Management für den Fall einer Sicherheitspanne im Sinne eines Notfallplans bereits vorsorglich zu bedenken.

---

[89] Eine differenzierte Betrachtung findet sich in DOS – Datenschutz in Online-Spielen, ULD, Studie im Auftrag des BMBF, S. 93 ff.; abrufbar unter http://www.datenschutzzentrum.de/projekte/dos (abgerufen am 10.9.2014).
[90] Ausführlich Duisberg/Picot/*Duisberg/Grentzenberg* Kapitel 9 Rn. 59 f.
[91] Im April 2011 verschafften sich Hacker Zugang zu Millionen von Kundendaten (teilweise mit Kreditkarten- oder Kontodaten) dreier verschiedener Plattformen von Sony. Zwei der betroffenen Plattformen wurden daraufhin vorübergehend abgeschaltet; die mediale Aufmerksamkeit war immens.

§ 30 Berufsspezifische Regelungen, Recht der elektronischen Signaturen, elektronischer Personalausweis, DE-Mail

Übersicht

	Rn.
I. Berufsspezifische Regelungen *(Lapp)*	1–47
1. Verhältnis zum Datenschutzrecht	1–11
a) Anwendbarkeit des BDSG	1–6
b) Datenschutzrechtliche Pflichten nach BDSG	7–11
2. Geheimhaltungspflichten	12–15
3. Grundregeln der Anwaltschaft in der Informationsgesellschaft	16/17
4. Spezifisches Werberecht für freie Berufe	18–34
a) Sachlichkeit	21–24
b) Berufsbezogene Werbung	25
c) Verbot der Einzelfallwerbung	26/27
d) Drittwerbung	28
e) Angabe von Tätigkeitsbereichen	29–31
f) Informationspflichten im Internet	32–34
5. DL-InfoV	35–47
a) Stets zur Verfügung zu stellende Informationen	36–39
b) Weitere Informationspflichten	40–43
c) Preisangaben	44/45
d) Verbot diskriminierender Bestimmungen	46
e) Rechtsfolgen	47
II. Recht der elektronischen Signaturen *(Lapp)*	48–264
1. Technische Grundlagen	48–73
a) Kryptographie	48–63
b) Steganographie	64–66
c) Anonymisierung	67–70
d) Digitale Wasserzeichen	71–73
2. Technische Grundlagen – elektronische Signaturen	74–92
3. Recht der elektronischen Signaturen	93–181
a) Europäischer Hintergrund	93
b) Begriffe und Definitionen	94–114
c) Gesetzliche Formvorschriften	115–155
d) Vergabe von Zertifikaten	156–160
e) Vergabe von Attributen – § 7 Ziff. 9 SigG	161–164
f) Gültigkeitsdauer und Sperrung von Zertifikaten	165–170
g) Eingeschränkte Authentizität	171/172
h) Beschränkung der Anwendung von Signaturen	173–178
i) Haftung für Missbrauch	179–181
4. Praxis elektronischer Signaturen	182–264
a) Beweisbarkeit im Prozess	182–204
b) Justizkommunikation (aktueller Stand bis 31.12.2015 mit EGVP)	205–239
c) Justizkommunikation ab 1.1.2016	240–246
d) Weitere Anwendungen	247–264
III. Elektronischer Personalausweis *(Eckhardt)*	265–290
1. Das neue Personalausweisgesetz vom 18.6.2009	265–267
2. Verpflichtende und optionale Funktionen	268
3. Technik und Gestaltung	269–274
4. Der nPA und das Internet	275–288
a) Generelle Nutzungsmöglichkeiten	276–284
b) Mobile Nutzung	285
c) Pseudonym	286/287
d) Minderjährige/Altersverifikation	288
5. Verlust des nPA	289/290
IV. De-Mail *(Eckhardt)*	291–361
1. Einleitung	292

	Rn.
2. Zweck und Struktur des De-Mail-G	293–298
a) Zweck des De-Mail-G	294–296
b) Struktur des De-Mail-G	297/298
3. De-Mail als Dienst im Sinne des TKG und des TMG	299–301
4. Akkreditierung der Anbieter	302/303
5. Ausgestaltung der E-Mail-Adresse	304–307
6. Identitätsfeststellung des Nutzers und Anmeldeverfahren	308–314
a) Identitätsfeststellung	308–311
b) Anmeldeverfahren	312/313
c) Auskunftsanspruch	314
7. Sicherheit des Transports	315–321
8. Exkurs: Einsatz eines Gateway (mandantenfähige Lösung)	322–330
9. Zusatzdienste nach dem De-Mail-G	331–336
a) Verzeichnisdienst	332/333
b) Identitätsbestätigungsdienst	334
c) Dokumentenablage	335/336
10. Bestätigungen	337–339
11. Zustellung und Zugang	340–345
12. Beweis und Anscheinsbeweis und dessen Erschütterung, Schriftformerfordernis	346–350
13. Haftung	351–356
a) Haftung des Anbieters	352–354
b) Haftung des Nutzers	355/356
14. Exkurs: Zulassungsvoraussetzungen für einen Anbieter von De-Mail-Diensten	357–368
a) Gesetzliche Vorgaben für die Akkreditierung von De-Mail-Diensteanbietern	357–361
b) An der Akkreditierung beteiligte Stellen	362
c) Akkreditierungsverfahren	363–368
V. E-Postbrief	369–397
1. Einführung	370/371
2. Zweck und Struktur	372/373
3. E-Postbrief als Dienst iSd TMG und TKG bzw. des PostG	374–376
4. Akkreditierung Anbieter	377
5. Ausgestaltung der E-Postbrief-Adresse	378–380
6. Identitätsfeststellung des Nutzers und Anmeldeverfahren	381–384
7. Mitwirkungspflichten des Nutzers	385/386
8. Sicherheit des Transports	387/388
9. Zusatzdienste im Rahmen des E-Postdienstes	389–391
10. Zustellung und Zugang, Beweiswirkung	392–394
11. Haftung und Verantwortlichkeit	395–397
a) Haftung des Anbieters	395
b) Verantwortlichkeit des Nutzers	396/397

Schrifttum berufsspezifische Regelungen und elektronische Signaturen: *Apfelbaum/Bettendorf,* Die elektronische beglaubigte Abschrift im Handelsregisterverkehr, RNotZ 2007, 89; *Auer-Reinsdorff,* Einsatz digitaler Arbeitsweisen und -mittel im Mandat, ZAP, 2015, 603 ff.; *Berlit,* Das Elektronische Gerichts- und Verwaltungspostfach bei Bundesfinanzhof und Bundesverwaltungsgericht, JurPC Web-Dok. 13/2006, Abs. 1–54; *Bierekoven,* Der Vertragsabschluß via Internet im internationalen Wirtschaftsverkehr, 2001; *Bröhl/Tettenborn,* Das neue Recht der elektronischen Signaturen, Bundesanzeiger 2001; c't Spezial Security 03/2007; *Fischer-Dieskau/Steidle,* Die Herstellererklärung für Signaturanwendungskomponenten, MMR 2006, 68; *Hühnlein/Korte,* Broschüre des Bundesamt für Sicherheit in der Informationstechnik, 2006; *Koch,* rechtliche und ethische Verschlüsselungspflichten am Beispiel der Rechtsanwaltschaft, DuD 2014, 691; *Koller/Roth/Morck,* Handelsgesetzbuch: HGB, 7. Auflage 2011; *Lapp,* E-Business mit digitalen Signaturen, ITRB 2001, 70; *ders.,* Elektronische Rechnungen, ITRB 2006, 44; *ders.,* Elektronischer Rechtsverkehr – auf dem Weg zur Justiz von morgen, BRAK-Mitt. 2004, 17; *ders.,* EU-Richtlinie für elektronische Signaturen, in: Gounalakis, Rechtshandbuch Electronic Business, Beck 2003; *ders.,* Fax- und E-Mail-Kommunikation, BRAK-Mitt 1997, 106; *ders.,* Rechtsfragen elektronischer Signaturen, in: Gounalakis, Rechtshandbuch Electronic Business, Beck 2003; *ders.,* Signaturgesetz, in: Büchting/Heussen, Rechtsanwaltshandbuch 2001/2002; *ders.,* Zivilprozessualer Beweiswert und Beweiskraft digitaler Dokumente, ITRB 2004, 64; *Lorenz,* Lehrbuch zum neuen Schuldrecht, 2002; *Nissel,* Neue Formvorschriften bei Rechtsgeschäften, 2001; *Roßnagel,* Das neue Recht elektronischer Signaturen, NJW 2001, 1817; *Roßnagel,* Die Ausgabe sicherer Signaturerstellungseinheiten, MMR 2006, 441; *Roßnagel/Fischer-Dieskau,* Elektronische Dokumente als Beweismittel, NJW 2006, 806; *Roßnagel/Hornung/Schnabel,* Die Authentifizierungsfunktion des elektronischen Personalausweises aus datenschutzrechtlicher

Sicht, DuD 2008, 168; *Rüpke,* Mehr Rechtssicherheit für anwaltliche Datenverarbeitung, ZRP 2008, 87; *Schlegel/Voelzke* (Hrsg.), juris PraxisKommentar SGB I, 2. Aufl. 2012; *Schmeh,* Versteckte Botschaften, 2009; *Schulz,* Der neue „E-Personalausweis" – elektronische Identitätsnachweise als Motor des E-Government, E-Commerce und des technikgeschützten Identitätsmanagement?, CR 2009, 267; *Wüstenberg,* Rechtsanwälte und die Dienstleistungsinformationspflichten, BRAK-Mitt. 2014, 64.

Schrifttum elektronischer Personalausweis und DE-Mail: *Bales/von Schwanenflügel,* Die elektronische Gesundheitskarte – Rechtliche Fragen und zukünftige Herausforderungen, NJW 2012, 2475; *Bender/Kügler/Margraf/Naumann,* Sicherheitsmechanismen für kontaktlose Chips im deutschen elektronischen Personalausweis, DuD 2008, 173; *dies.,* Das Sperrmanagement im neuen deutschen Personalausweis, DuD 2010, 29; *Bisges,* Die Rechtsverbindlichkeit der De-Mail und der klassischen E-Mail im Vergleich, MMR Aktuell 307088; *Borges,* Der neue Personalausweis und der elektronische Identitätsnachweis, NJW 2010, 3334; *Dietrich/Keller-Herder,* De-Mail – verschlüsselt, authentisch, nachweisbar, DuD 2010, 299; *Ehmann,* Opt-in contra Opt-out beim neuen Bundesmeldegesetz, ZD-Aktuell 2012, 02919; *Gerling,* De-Mail und E-Mail made in Germany sind ein konsequenter Schritt, DuD 2014, 109; *Habamme/Denkhaus,* das E-Government-Gesetz des Bundes – Inhalt und erste Bewertung – Gelungener Rechtsrahmen für elektronische Verwaltung?, MMR 2013, 358; *dies.,* Verhindert das Unionsrecht die Digitalisierung der Verwaltung?, MMR 2014, 14; *Heckmann/Albrecht,* Das Gesetz zur Förderung der elektronischen Verwaltung – Anmerkungen zu E-Government und Technikneutralität, ZRP 2013, 42; *Hoeren,* Luftverkehr, Check-In und Pass-/Personalausweisdaten, NVwZ 2010, 1123; *Hornung/Horsch/Hübnlein,* Mobile Authentisierung und Signatur mit dem neuen Personalausweis, DuD 2012, 189; *Lechtenbörger,* Zur Sicherheit von De-Mail, DuD 2011, 268; *Luch,* Das neue „IT-Grundrecht" – Grundbedingung einer „Online-Handlungsfreiheit" MMR 2011, 75; *Polenz,* Der neue elektronische Personalausweis – E-Government im Scheckkartenformat, MMR 2010, 671; *Schulz,* Der neue „E-Personalausweis" – elektronischer Identitätsnachweis als Motor des E-Government, E-Commerce und des technikgestützten Identitätsmanagement, CR 2009, 267; *Gelzhäuser,* Erfolgreiches De-Mail Pilotprojekt: Teilnehmer ziehen Bilanz, DuD 2010, 646; *Stach,* Bürgerportale – Konzeption und Einsatzmöglichkeiten, Sichere Wege in der vernetzten Welt, SecuMedia Verlag; *Reisen,* Die Architektur des elektronischen Personalausweise, Sichere Wege in der vernetzten Welt, SecuMedia Verlag; *ders.,* Digitale Identität im Scheckkartenformat, DuD 2008, 1; *Roßnagel,* Rechtsregeln für einen sicheren elektronischen Rechtsverkehr, CR 2011, 23; *ders.* Das De-Mail-Gesetz, NJW 2011, 1473; *Roßnagel/Hornung/Schnabel,* Die Authentisierungsfunktion des elektronischen Personalausweises aus datenschutzrechtlicher Sicht, DuD 2008, 168; *Sädtler,* Aktuelle Rechtsfragen des Cloud Computing – Identitätsmanagement, Einsatz elektronischer Ausweise, DSRITB 2013, 251; *Schulz,* Datenschutz beim E-Postbrief, DuD 2011, 263; *Schulz,* Rechtsprobleme des Identitätsmanagements, DuD 2009, 601; *Schulz/Tischer,* Einsatz von De-Mail und E-Postbrief im Sozialversicherungsverfahren, NZS 2012, 254; *Schumacher,* Akkreditierung und Zertifizierung von De-Mail-Diensteanbietern, DuD 2010, 302; *Spindler,* Das De-Mail-Gesetz – ein weiterer Schritt zum sicheren E-Commerce, CR 2011, 309; *Stelkens/Bonk/Sachs,* VwVfG, 8. Auf. 2014; *Warnecke,* Das Bürgerportalgesetz Vertrauliche Kommunikation im E-Government und E-Commerce? MMR 2010, 227; *Wegener,* Bürgerportale – eine kritische Betrachtung von De-Mail und Co, Sichere Wege in der vernetzten Welt, SecuMedia Verlag; *Werner/Wegener,* Technische und rechtliche Hintergründe von DE-Mail und Co., CR 2009, 310; *Wrede,* Kritik an De-Mail – zu (Un)Recht, DSRITB 2012, 419; *dies./Kirsch,* Identifizierungsmöglichkeiten bei De-Mail-Nutzung – Darstellung tatsächlicher und rechtlich zulässiger Möglichkeiten, ZD 2013, 433.

I. Berufsspezifische Regelungen

1. Verhältnis zum Datenschutzrecht

1 a) **Anwendbarkeit des BDSG.** Nach wie vor umstritten ist die Frage, ob und inwieweit gegebenenfalls die Vorgaben des Datenschutzrechts, insbesondere des Bundesdatenschutzgesetzes (BDSG) auf Rechtsanwälte Anwendung finden. Kern der Auseinandersetzung ist **§ 1 Absatz 3 BDSG:**

„Soweit andere Rechtsvorschriften des Bundes auf personenbezogene Daten einschließlich deren Veröffentlichung anzuwenden sind, gehen sie den Vorschriften dieses Gesetzes vor. Die Verpflichtung zur Wahrung gesetzlicher Geheimhaltungspflichten oder von Berufs- oder besonderen Amtsgeheimnissen, die nicht auf gesetzlichen Vorschriften beruhen, bleibt unberührt."

2 Vor dem Hintergrund dieser Regelung kommt *Rüpke* zu der Auffassung, dass für den **Kernbereich der anwaltlichen Berufsausübung,** für die Bearbeitung der anwaltlichen Mandate, das **BDSG subsidiär** ist. Begründet wird diese Auffassung insbesondere mit den berufsrechtlichen Regelungen zum Umgang mit personenbezogenen Daten sowie mit verfassungsrechtlichen Argumenten.

3 Die **Vorschriften zur anwaltlichen Verschwiegenheit** sind in § 1 Absatz 3 Satz 2 BDSG ausdrücklich erwähnt und sollen „unberührt" bleiben, also durch das BDSG nicht einge-

I. Berufsspezifische Regelungen

schränkt werden.[1] Neben der Verschwiegenheitspflicht enthält das anwaltliche Berufsrecht detaillierte Regelungen für (auch elektronische) Handakten, Aufbewahrung der Akten, Übermittlung der aus dem Mandat erlangten Informationen an den Mandanten, sowie zur Berufsaufsicht über Rechtsanwälte. Diese Regelungen weichen teilweise von den Grundprinzipien des Bundesdatenschutzgesetzes erheblich ab. Nur als Beispiel sei die ausdrückliche Verpflichtung des Rechtsanwalts zur Information des Mandanten über alle für den Fortgang der Sache wesentlichen Vorgänge und Maßnahmen, einschließlich personenbezogener Daten Dritter, nach § 11 Abs. 1 BORA iVm § 59b Abs. 2 Ziffer 5a BRAO genannt. Außerdem begründet die Sonderstellung des Rechtsanwalts mit der besonderen verfassungsrechtlichen Stellung der Anwaltschaft ein Abweichen vom BDSG.[2] Diese Auffassung wird nach wie vor von der Bundesrechtsanwaltskammer und den regionalen Rechtsanwaltskammern geteilt.

Demgegenüber ist der Informationsrechtsausschuss des Deutschen Anwaltvereins der Auffassung, das Bundesdatenschutzgesetz sei grundsätzlich auf Rechtsanwälte anwendbar. Dies wurde in einem Merkblatt des Deutschen Anwaltvereins 2005[3] bekräftigt. Dort heißt es zur Frage der Anwendbarkeit des BDSG ua:

„In der Anwendung sind für die Anwaltschaft insbesondere die §§ 4d bis 5, 9, 27 ff. und § 43 BDSG sowie die Anlage zum § 9 BDSG zu beachten. §§ 4d–g und die Anlage zum BDSG regeln die Berufung und die Aufgaben des Beauftragten für den Datenschutz, die §§ 27 ff. BDSG regeln den Umgang der Daten der nicht öffentlichen Stellen, somit auch der Rechtsanwaltskanzleien. § 43 BDSG schließlich enthält entsprechende Bußgeldvorschriften."

Beide Auffassungen stimmen jedoch darin überein, dass keine uneingeschränkte Anwendung des BDSG auf Rechtsanwälte erfolgen kann. Im **Merkblatt** heißt es dazu:

„Im Konkurrenzverhältnis des BDSG zu anderen, insbesondere berufsrechtlichen Regelungen, gehen diese berufsrechtlichen Bestimmungen, wie zB BRAO und BORA, im Zweifel dem BDSG als den spezielleren Normen vor, wichtig zB bei Geheimhaltungspflichten."

Das Kammergericht hat dazu entschieden, dass Bestimmungen der BRAO keine „**bereichsspezifische Sonderregelung**" im Sinne des § 1 Abs. 3 Satz 1 BDSG sind, gleichwohl aber einen Vorrang der Verschwiegenheitspflicht der Rechtsanwälte gegenüber datenschutzrechtlichen Pflichten festgestellt.[4]

b) Datenschutzrechtliche Pflichten. Der Vorrang spezieller berufsrechtlicher Vorschriften für Rechtsanwälte sowie die Ausnahmestellung der freien Advokatur kann sich ausschließlich auf die in unmittelbarem Zusammenhang mit der Bearbeitung anwaltlicher Mandate stehenden Daten beziehen.

Die moderne Anwaltskanzlei verarbeitet jedoch eine große Anzahl von Daten, die zweifellos nicht unter dieses Privileg fallen. Die Verarbeitung personenbezogener Daten von
- Lieferanten, Vertragspartnern
- Arbeitnehmern, Referendaren, freien Mitarbeitern, Gesellschaftern
- potentiellen Mandanten[5], Multiplikatoren
- Kooperationspartnern, Sachverständigen

unterfällt sicher nicht den genannten Privilegien. Ein wesentlicher Teil der Datenverarbeitung in der Anwaltskanzlei unterliegt daher zweifellos den Vorschriften des BDSG. Für die Rechtsanwaltskanzlei gelten daher jedenfalls folgende **Verpflichtungen:**
- Jede Kanzlei, die mehr als neun Personen mit der Datenverarbeitung beschäftigt, hierzu zählen neben den Anwälten (Sozius, Partner, angestellte Anwälte) zB auch die Sekretariate, hat zwingend einen **Datenschutzbeauftragten** zu bestellen.

---
[1] BeckOK DatenSR/*Gusy* § 1 BDSG Rn. 88 (Stand: 1.11.2013).
[2] Vgl. *Rüpke* C II 1; *Rüpke*, Mehr Rechtssicherheit für anwaltliche Datenverarbeitung, ZRP 2008, 87.
[3] http://www.davit.de/fileadmin/pdf/merkblatt-bdsg.rtf.
[4] KG Beschl. v. 20.8.2010 – 1 Ws (B) 51/07, 1 Ws (B) 51/07 – 2 Ss 23/07, AnwBl 2010, 802; *Härting* AnwBl 2011, 50; *Wagner* BRAK-Mitt 2011, 2; *Breinlinger* CR 2011, 188.
[5] Vgl. OLG Köln Urt. v. 17.1.2014 – 6 U 167/13, BeckRS 2014, 07826 – Anlegerbrief.

- Der Datenschutzbeauftragte hat die Einhaltung der Regelungen des BDSG zu überwachen (Überwachungsfunktion) und alle Mitarbeiter in die Regelungen des BDSG einzuweisen (Schulungsfunktion).
- Die Kanzlei hat eine Übersicht gemäß den §§ 4g Abs. 2 S. 1, 4e BDSG zu erstellen und dem Datenschutzbeauftragten zur Verfügung zu stellen (Verfahrensverzeichnis).
- Auf Anforderung sind die Angaben zum Datenschutz nach § 4e Abs. 1 BDSG durch den Datenschutzbeauftragten gemäß § 4g Abs. 2 S. 2 BDSG jedem Dritten in geeigneter Weise zur Verfügung zu stellen.

9   *aa) Rechtsberatung via Internet.* Weitere Verpflichtungen ergeben sich für den Rechtsanwalt, wenn dieser die Rechtsberatung auch über das Medium Internet anbietet. Der Rechtsanwalt ist mit seiner Homepage im Internet als **Diensteanbieter** nach dem Telemediengesetz anzusehen und unterliegt damit den **Vorschriften des Telemediengesetzes**.[6]

10 *bb) Aufsicht.* Problematisch ist zurzeit insbesondere die Frage, wer zur **Aufsicht** über die Rechtsanwälte in Fragen des Datenschutzrechts berufen ist. Zunehmend nehmen die Datenschutzbeauftragten der Länder dieses Recht für sich in Anspruch. Die Auseinandersetzungen[7] zwischen den betroffenen Anwaltskanzleien, unterstützt von ihren Rechtsanwaltskammern und den jeweiligen Datenschutzbeauftragten sind noch nicht abgeschlossen. So teilt die Rechtsanwaltskammer München mit, dass das Bayerische Landesamt für Datenschutzaufsicht derzeit „anlasslose Datenschutzprüfungen" nach § 38 BDSG in Anwaltskanzleien durchführt.[8] Hierbei liegt der Schwerpunkt der Prüfung bei der Frage, ob der technisch-organisatorische Datenschutz gem. § 9 BDSG eingehalten wird.[9]

> **Praxistipp:**
> Zur Sicherung der mandatsbezogenen Daten vor dem Zugriff der Datenschutzbeauftragten sollte daher in der Kanzlei zumindest eine klare Trennung zwischen diesen mandatsbezogenen Daten einerseits und den übrigen personenbezogenen Daten andererseits erfolgen. Sollte sich die Auffassung der Bundesrechtsanwaltskammer durchsetzen, können die Beauftragten für den Datenschutz dann nur noch die Verarbeitung der nicht mandatsbezogenen Daten kontrollieren. Die Anwaltskanzlei kann den Zugriff hierauf und damit deren Kontrolle ermöglichen, ohne Zugriff auf andere Daten freizugeben.

11 Alle Rechtsanwaltskammern haben Datenschutzkontrollbeauftragte ernannt, die die Einhaltung der datenschutzrechtlichen Pflichten durch die Rechtsanwälte kontrollieren. Eine Verpflichtung, auf Anfrage von Datenschutzbeauftragten auf Basis des Bundesdatenschutzgesetzes Informationen zu erteilen, wurde vom Kammergericht abgelehnt, soweit diese Information der beruflichen Verschwiegenheitspflicht des Rechtsanwalts unterliegt.[10]

2. Geheimhaltungspflichten

12 Die Geheimhaltungspflichten, denen Rechtsanwälte und ihre Mitarbeiter unterliegen, ergeben sich aus **§ 203 StGB, § 43 Abs. 2 S. 1 BRAO sowie § 2 BORA**. Umfang und Anwendungsbereich sind jeweils leicht unterschiedlich geregelt.

13 Insbesondere die Regelung aus dem Strafgesetzbuch ist älter als das Bundesdatenschutzgesetz. Nur die von der Satzungsversammlung am 10./11.11.2014 getroffenen Beschlüsse zur Änderung der Regelung in § 2 Abs. 2 Nr. 3 BORA nehmen konkret Bezug auf das

---

[6] Im Einzelnen: *Schöttle* BRAK-Mitt. 2004, 253.
[7] AG Tiergarten Urt. v. 5.10.2006 – 317 OWi 3235/05, NJW 2007, 97: Keine Auskunftspflicht des RA gegenüber einem Datenschutzbeauftragten.
[8] http://www.rdv-online.com/aktuelles/datenschutzaufsicht-prueft-anwaltskanzleien vom 10.6.2014.
[9] http://rak-muenchen.de/fileadmin/downloads/06-Mitgliederservice/04-Mitteilungsblatt%20Newsletter/02-Newsletter/2014/Newsletter05_2014.htm#Datenschutz.
[10] KG Beschl. v. 20.8.2010 – 1 Ws (B) 51/07 – 2 Ss 23/07, BeckRS 2010, 22034.

I. Berufsspezifische Regelungen 14, 15 § 30

„Non-Legal-Outsourcing". Danach liegt kein Verstoß gegen die Verschwiegenheitspflicht vor, wenn das Verhalten des Rechtsanwalts im Rahmen der Arbeitsabläufe der Kanzlei einschließlich der Inanspruchnahme von Leistungen Dritter erfolgt und objektiv einer üblichen, von der Allgemeinheit gebilligten, Verhaltensweise im sozialen Leben entspricht". Diese Regelung ist nach Rücknahme der Beanstandung durch das BMJV mittlerweile in Kraft getreten. Die Regelung löst allerdings nur scheinbar das Problem. Denn inwieweit der Satzungsgeber im Rahmen seiner Satzungskompetenz aus § 59b Abs. 2 Nr. 1b BRAO die datenschutzrechtliche und strafrechtliche Wertung der Datenübertragung verändern kann, ist im Hinblick auf den Vorrang der gesetzlichen Regelungen zweifelhaft.[11] Im Rahmen der datenschutzrechtlichen Problematik der Verarbeitung von personenbezogenen Daten hilft auch nicht § 11 BDSG weiter. Denn die datenschutzrechtliche Privilegierung der Datenverarbeitung im Auftrag gem. **§ 11 BDSG** kann auf Rechtsanwälte nach überwiegender Meinung nicht analog angewendet werden.[12] Zwar sind die datenschutzrechtlichen Probleme der Weitergabe personenbezogener Daten an IT-Dienstleister über Auftragsdatenverarbeitungsverträge lösbar, dies hilft aber nicht über das Offenbarungsproblem hinweg.[13] Denn die IT-Dienstleister gehören nicht zu den in § 203 Abs. 3 StGB genannten Personen. Auch die Regelung des § 11 BDSG, wonach bei Erhebung, Verarbeitung oder Nutzung personenbezogener Daten im Auftrag der Auftraggeber für die Einhaltung der Vorschriften über den Datenschutz verantwortlich ist, kann nicht so ausgelegt werden, dass hier keine Übermittlung der Daten erfolgt, sondern die Stelle, die die Daten verarbeitet, organisatorisch zum Auftraggeber gehört. Dies wirkt sich insbesondere in folgenden Bereichen nachteilig aus[14]
- Fernwartung von Computersystemen oder anderen elektronischen Geräten;
- Administration des Netzwerks durch externe Dienstleister, die nicht als berufsmäßig tätige Gehilfen im Sinne des § 203 Abs. 3 StGB angesehen werden können;[15]
- Outsourcing[16] von einzelnen Dienstleistungen, etwa an Call Center, Bürodienste, Rechenzentren etc.

In allen genannten Fällen muss man de lege lata davon ausgehen, dass Rechtsanwälte nur 14 dann von diesen Diensten Gebrauch machen können, wenn die betroffenen Mandanten **ausdrücklich zugestimmt** haben. Eine derartige Zustimmungserklärung kann in den Mandatsbedingungen erfolgen. Nach § 4a Abs. 1 S 4 BDSG ist dann erforderlich, dass die Einwilligungsklausel besonders hervorgehoben ist. Weiter muss gem. § 4a Abs. 1 BDSG dem Mandanten genau dargestellt werden, zu welchem vorgesehenen Zweck die Erhebung, Verarbeitung oder Nutzung erfolgt. Weiter ist, soweit nach den Umständen des Einzelfalles erforderlich, oder auf Verlangen, auf die Folgen der Verweigerung der Einwilligung hinzuweisen.[17] Insbesondere bei Einschaltung von Call Centern muss dann allerdings bei neuen Mandanten vor Abschluss einer Mandatsvereinbarung ein ausdrücklicher Hinweis darauf erfolgen, dass der Anrufer nicht mit der Anwaltskanzlei, sondern mit einem von der Anwaltskanzlei beauftragten Call Center verbunden ist.

Unproblematisch ist dagegen die Weitergabe von Daten, wenn diese vorab bereits in der 15 Anwaltskanzlei ausreichend **verschlüsselt** worden sind und daher die darin enthaltenen Informationen für Dritte nicht lesbar sind. Ein Beispiel dafür ist die externe Datensicherung in einem Rechenzentrum. Dies wird heute von verschiedenen Anbietern als Dienstleistung offeriert. Damit sind verschiedene Vorteile für den Anwalt verbunden. Insbesondere steigt die Sicherheit der Datensicherung. Bei Verwendung von Datensicherungsbändern wird häufig der Verschleiß dieser Bänder übersehen und im Ernstfall können die Daten nicht gelesen werden. Häufig werden die Datensicherungsbändern auch in unmittelbarer Nähe der Server

---

[11] Vgl. zu den Bedenken gegen die Reichweite der Satzungsautonomie *Kleine-Cosack*, BRAO-Kommentar, 6. Auflage 2009, § 59b Rn. 19, 24, 28.
[12] *Schmidt* AnwZert ITR 7/2009 Anm. 2.
[13] *Conrad/Fechtner* CR 2013, 137 (138).
[14] *Härting* NJW 2005, 1248 (1249).
[15] So auch *Jandt/Nebel* NJW 2013, 1570 (1545).
[16] Hierzu (am Beispiel der Versicherungsbranche): *Lensdorf/Mayer-Wegelin/Mantz* CR 2009, 62.
[17] OLG Koblenz Urt. v. 26.3.2014 – 9 U 1116/13, Rn. 28 ff.; vgl. zur Einwilligung auch: *Jandt/Nebel* NJW 2013, 1570 (1574).

aufbewahrt, so dass bei Brand, Wasserschaden, Diebstahl etc die Datensicherung gleich mitzerstört wird.

Die Veröffentlichung von E. Snowden haben neue Diskussionen zur Pflicht von Rechtsanwälten zur Verschlüsselung von E-Mail hervorgebracht.[18]

3. Grundregeln der Anwaltschaft in der Informationsgesellschaft[19]

16 Die davit hat Grundregeln für die Anwaltschaft in der Informationsgesellschaft formuliert. Diese Grundregeln werden nachfolgend im kompletten, aktuell geltenden Wortlaut wiedergegeben:

17
Grundregeln der Anwaltschaft in der Informationsgesellschaft[20]

davit, die Arbeitsgemeinschaft IT-Recht im Deutschen Anwaltverein (DAV) e. V., hat Grundregeln für die Anwaltschaft in der Informationsgesellschaft formuliert und bei der Mitgliederversammlung auf dem Deutschen Anwaltstag in Straßburg 2011 aktualisiert. Die Grundregeln enthielten in der früheren Fassung auch erläuternde Kommentare, die in der aktuellen Fassung weggefallen sind. Die Grundregeln lauten:

Präambel

Die Tätigkeit der Anwältinnen und Anwälte ist davon geprägt, am Maßstab und mit den Mitteln des Rechts Interessen der Mandanten kommunikativ durchzusetzen. Der Gebrauch von Informations- und Kommunikationstechniken durch die Anwaltschaft kann die Grundelemente unseres Berufs nachhaltig unterstützen, aber auch gefährden.

Die wichtigsten Grundwerte des Anwaltsberufs bestehen darin,
- verschwiegen zu bleiben,
- ausschließlich den Interessen des Mandanten im Rahmen des Rechts zu dienen,
- sich von allen unzulässigen Einflüssen Dritter fernzuhalten und auch gegenüber dem Mandanten die gebotene Distanz zu wahren,
- die Persönlichkeitsrechte aller Beteiligten zu achten.

Zur Bewahrung dieser Grundwerte sollen die nachfolgenden Grundregeln eine Orientierung geben.

Grundregeln

Rechtsanwältinnen und Rechtsanwälte sollen bei Nutzung elektronischer Informations- und Kommunikationsmittel:

(1) mit den technischen Möglichkeiten verantwortungsvoll umgehen und sie in die Kanzleiorganisation integrieren;

(2) die elektronischen Informations- und Kommunikationsmittel und die damit verarbeiteten Informationen vor schädlichen Einwirkungen und unbefugtem Zugriff schützen;

(3) die rechtlichen und tatsächlichen Voraussetzungen für die Einschaltung Dritter (zB Wartung, Cloud Computing) sorgfältig prüfen und ggf. herstellen;

(4) Rechte Dritter wie Persönlichkeitsrechte, gewerbliche Schutzrechte, Urheberrechte und Lizenzbestimmungen beachten;

(5) die Ausforschung und Manipulation der anwaltlichen Tätigkeit beim Austausch von Information vermeiden und den Mandanten vertrauliche Kommunikation zB durch Verschlüsselung ermöglichen;

(6) elektronische Korrespondenz in der Handakte dokumentieren oder elektronisch archivieren;

---

[18] Vgl. *Koch* DuD 2014, 691.
[19] http://davit.de/davit-infos.htm, Format pdf: http://davit.de/infos/grundregeln-der-anwaltschaft.pdf, Format rtf: http://davit.de/infos/grundregeln-der-anwaltschaft.rtf; *Spieß* ZD-Aktuell 2013, 03668; im Jahr 2005 bereits: *Härting* NJW 2005, 1248.
[20] ttp://davit.de/davit-infos.htm, Format pdf: http://davit.de/infos/grundregeln-der-anwaltschaft.pdf, Format rtf: http://davit.de/infos/grundregeln-der-anwaltschaft.rtf.

(7) prüfen, ob und wann es erforderlich ist, elektronische Korrespondenz qualifiziert elektronisch zu signieren;
(8) sich kollegial verhalten, ohne die Interessen der Mandanten zu verletzen;
(9) beim elektronischen Außenauftritt insbesondere die Schweigepflicht, Transparenz und Rechtskonformität beachten;
(10) bei elektronischer Mandatsannahme auf die Identifizierung des Mandanten und Einhaltung erforderlicher Formen achten;
(11) bei der elektronischen Kommunikation mit Gerichten und Behörden die Möglichkeiten und Rahmenbedingungen der elektronischen Aktenbearbeitung und Beweisführung prüfen und nutzen;
(12) zur Einhaltung der oben aufgeführten Maßnahmen angemessene kanzleiinterne Regelungen aufstellen, regelmäßig revidieren und Mitarbeiter und Kollegen laufend schulen.

4. Spezifisches Werberecht für Freie Berufe

Bis zum Jahre 1987 galt die allgemeine Auffassung, dass den Angehörigen der freien Berufe Werbung generell untersagt sei. Die entsprechenden berufsrechtlichen Regelungen sahen regelmäßig nur für eng begrenzte Bereiche Möglichkeiten zur Werbung vor.

Das BVerfG hat mit Beschluss vom 14.7.1987 klargestellt, dass die nach Art. 12 GG statuierte Berufsfreiheit auch die Werbefreiheit mit beinhaltet und diese nur im Rahmen der grundgesetzlichen Schranken eingeschränkt werden kann.[21] In der Folge dieser Entscheidung wurde die Bundesrechtsanwaltsordnung neu gefasst und es wurde auf Basis der neuen BRAO die Berufsordnung für Rechtsanwälte (BORA) erlassen. Grundsätzlich gelten für die Werbung und für die Angebote des Anwalts im Internet die gleichen Vorgaben, wie für alle Unternehmen. Spezifische anwaltliche Regelungen finden sich in § 43b BRAO und §§ 6, 7 BORA.

Der wichtigste Unterschied der aktuellen Regelung zu den früheren Regelungen besteht darin, dass **anwaltliche Werbung nunmehr generell erlaubt** ist und nur im Einzelfall Verbote Platz greifen. Bei der Beurteilung einer Werbung durch Anwälte oder andere Freiberufler stellt sich damit nicht mehr die Frage, ob eine Werbung erlaubt ist. Vielmehr kann lediglich gefragt werden, ob eine derartige Werbung ausnahmsweise verboten ist.

a) Sachlichkeit. § 43b 1. Alt. BRAO und § 6 BORA verlangen, dass die Werbung des Rechtsanwalts sachlich sein muss. Dies bedeutet, dass sämtliche in der Werbung verwendeten Tatsachenbehauptungen zutreffend und auf ihren Wahrheitsgehalt überprüfbar sein müssen.[22] In älteren Entscheidungen wird dieser Sachlichkeitsbegriff noch mit Vorstellungen ausgelegt, die aus der Zeit des Werbeverbots stammen („reklamehafte Werbung", „(sensationelles) sich-herausstellen" und ähnliche Wendungen).

Das Bundesverfassungsgericht hat dazu entschieden, dass Äußerungen eines Rechtsanwalts in der Werbung, auch wenn sie subjektive Selbsteinschätzung beinhalten, im Kontext des gesamten Inhalts **grundrechtsfreundlich auszulegen** seien.[23] Noch deutlicher formuliert der BGH in einer späteren Entscheidung, wonach Selbstdarstellungen des Rechtsanwalts keinem generellen Werbeverbot unterliegen.[24]

Die Werbung ist daher zulässig, soweit sie keinen Schaden für andere wichtige Rechtsgüter mit sich bringt. Dabei ist insbesondere an die besondere Stellung des Rechtsanwalts als Organ der Rechtspflege, an die Funktionsfähigkeit der Rechtspflege und das Vertrauen der Rechtsuchenden in die Integrität der Rechtsanwaltschaft zu denken. **Gefährdungen dieser Rechtsgüter** durch nicht mehr sachliche Werbung sind vor allem in folgenden Fallgruppen zu befürchten:
- irreführende Werbung,
- überrumpelnde oder belästigende Werbung,
- die Unerfahrenheit des Empfängers ausnutzende Werbung.

---

[21] BVerfG Beschl. v. 14.7.1987 – 1 BvR 537/81, NJW 1988, 191.
[22] BVerfG Beschl. v. 4.8.2003 – 1 BvR 2108/02, AnwBl 2003, 584 (585).
[23] BVerfG Beschl. v. 28.2.2003 – 1 BvR 189/03, BRAK-Mitt. 2003, 127.
[24] BGH Urt. v. 27.1.2005 – I ZR 202/02, NJW 2005, 1644.

24 Die Bezeichnung eines Rechtsanwalt als Testamentsvollstrecker auf dem Kanzleibriefpapier ist beispielsweise irreführend, weil es sich bei einem Testamentsvollstrecker nach §§ 2197 ff. BGB um ein Amt im Einzelfall handelt und nicht um eine allgemeine Berufsbezeichnung.[25] Auch der weitere Hinweis „Zertifizierter Testamentsvollstrecker (AGT)" ist jedenfalls dann unzulässig, wenn der Rechtsanwalt lediglich einen Lehrgang für Testamentsvollstreckung besucht hat und nur zweimal als Testamentsvollstrecker tätig war.[26] Als irreführend und damit unzulässig stuft die Rechtsprechung die Internetwerbung von Rechtsanwälten ein, die sich als „Experten" oder „Expertenkanzlei" bezeichnen, soweit diese nur überdurchschnittliche und nicht weit über dem Durchschnitt liegende Kenntnisse auf dem entsprechenden Gebiet besitzen.[27] Demgegenüber ist eine solche Bezeichnung durch Dritte zu Recht als unproblematisch anzusehen.[28] Zulässig ist auch die Selbstbezeichnung als „Spezialist" oder „spezialisiert auf …", da dies auf ein Spezialgebiet, nicht aber herausragende Kenntnisse hinweist,[29] es sei denn, es besteht eine Verwechslungsgefahr mit einer Fachanwaltsbezeichnung.[30]

25 **b) Berufsbezogene Werbung.** Nach § 43b 1. Alt. BRAO darf der Rechtsanwalt über seine berufliche Tätigkeit unterrichten und gemäß § 6 BORA ist vorgeschrieben, dass die Information über die Dienstleistung und die Person des Anwalts berufsbezogen sein muss. Praktische Bedeutung hat dieses zusätzliche Merkmal nicht erlangt. Das Merkmal ist **verfassungskonform weit auszulegen**. Dabei können auch außerrechtliche Gesichtspunkte eine Rolle spielen.[31] Rechtsanwälte dürfen danach nicht nur über ihre rechtlichen Kenntnisse unterrichten, sondern auch begleitende Informationen geben, beispielsweise mit „anwalt sofort"[32] kurze Bearbeitungszeiten ankündigen. Insbesondere darf der Anwalt etwa über besondere Branchenkenntnisse (Diplom in Informatik, Zertifikat als Datenschutzbeauftragter, Tätigkeit als Geschäftsführer oder Syndikus etc) oder andere, aus Sicht des jeweiligen Mandanten eventuell relevante Aspekte seiner Persönlichkeit (Blogger, Gamer etc) informieren. Rechtsanwälten ist auch eine sachliche und berufsbezogene Unterrichtung über ihre konkreten Dienstleistungen gestattet, die kein Rechtsgebiet benennt (zB Datenschutzbeauftragter).[33]

26 **c) Verbot der Einzelfallwerbung.** § 43b 2. Alt. BRAO verbietet dem Anwalt Werbung, die **auf Erteilung eines Auftrages im Einzelfall gerichtet** ist. Der Wortlaut hat die Rechtsprechung zunächst dazu veranlasst, jede auf einen einzelnen Fall gerichtete Werbung ähnlich dem früheren Verbot der gezielten Werbung um Praxis für unzulässig zu halten. Der BGH hat dazu festgestellt, dass jede Werbung das Ziel habe, neue Mandate zu erlangen. Allein daraus könne daher kein Kriterium für die Unzulässigkeit entnommen werden.[34]

27 Ein Verstoß gegen dieses Kriterium liegt noch nicht vor, wenn potentielle Mandanten in Kenntnis eines konkreten Beratungsbedarfs persönlich angeschrieben werden und Beratungsdienste angeboten werden. Das gelte jedenfalls dann, wenn der Adressat durch das Schreiben einerseits weder belästigt, noch genötigt oder überrumpelt werde und er sich andererseits in einer Lage befinde, in der er auf Rechtsrat angewiesen und eine sachliche Werbung hilfreich sei.[35] Die Grenzen sind hier fließend. Jedenfalls ist es zulässig, auf der Internetseite einer Anwaltskanzlei Vollmachtsformulare, Erfassungsformulare und Informationen zur konkreten Verfahrensweise, für vermeintlich geschädigte Aktionäre eines bestimmten Unternehmens bereitzustellen.[36]

---

[25] Anwaltsgerichtshof Hamm Urt. v. 7.1.2011 – 2 AGH 36–38/10, 2 AGH 36/10, 2 AGH 37/10, 2 AGH 38/10, BRAK-Mitt 2011, 154.
[26] OLG Nürnberg Urt. v. 28.5.2010 – 3 U 318/10, AnwBl 2010, 529.
[27] LG Berlin Urt. v. 25.11.2010 – 52 O 142/10, AnwBl 2011, 145.
[28] LG Berlin Urt. v. 25.11.2010 – 52 O 142/10, AnwBl 2011, 145.
[29] LG Berlin Urt. v. 25.11.2010 – 52 O 142/10 – AnwBl 2011, 145.
[30] Vgl. § 7 Abs. 2 BORA, OLG Karlsruhe Urt. v. 1.3.2013 – 4 U 120/12, GRUR-RR 2013, 171.
[31] BVerfG Beschl. v. 4.8.2003 – 1 BvR 2108/02, NJW 2003, 2816, 2817 (2818).
[32] OLG Sachsen-Anhalt Urt. v. 8.11.2007 – 1 U 70/07, Rn. 18.
[33] BVerfG Stattgebender Kammerbeschluss v. 6.7.2001 – 1 BvR 1063/00; anders zu Unrecht LG Leipzig Urt. v. 21.12.2001 – 02HK O 8701/01, 2HK O 8701/01, 2 HKO 8701/01.
[34] BGH Urt. v. 15.12.1997 – Stb St R, NJW 1998, 1965 (1966).
[35] BGH Urt. v. 13.11.2013 – I ZR 15/12, NJW 2014, 554.
[36] OLG Hamburg Urt. v. 26.2.2004 – 3 U 82/02, NJW 2004, 1668; *Rössel* ITRB 2004, 225 (226).

I. Berufsspezifische Regelungen

d) Drittwerbung. Die Einschränkungen der Werbefreiheit dürfen auch nicht durch Einschaltung Dritter, die nicht dem Geltungsbereich der BORA unterliegen, umgangen werden. Dem Anwalt ist es daher nach § 6 Abs. 3 BORA untersagt, daran mitzuwirken, dass Dritte in einer Weise für ihn Werbung betreiben, die ihm selbst verboten ist. Damit ist jedoch keine Kontrollpflicht für den Anwalt verbunden, er muss sich auch Interviews nicht vor Veröffentlichung zur Genehmigung vorlegen lassen.[37] Auch wenn also Dritte in Diskussionsforen im Internet oder in Blogs, über Twitter, facebook etc Dinge über den Anwalt schreiben, die dieser selbst nicht schreiben dürfte, ist dies grundsätzlich zulässig.[38]

Dem Anwalt ist lediglich verboten, an derartigen Veröffentlichungen **mitzuwirken**, soweit diese die berufsrechtlichen Grenzen überschreiten.

e) Angabe von Tätigkeitsbereichen. Nach § 7 Abs. 1 BORA darf unabhängig von Fachanwaltsbezeichnungen Teilbereiche der Berufstätigkeit nur benennen, wer seinen Angaben entsprechende Kenntnisse nachweisen kann, die in der Ausbildung, durch Berufstätigkeit, Veröffentlichungen oder in sonstiger Weise erworben wurden. Wer qualifizierende Zusätze verwendet, muss zusätzlich über entsprechende theoretische Kenntnisse verfügen und auf dem benannten Gebiet in erheblichem Umfang tätig gewesen sein. Benennungen nach § 7 Abs. 1 BORA sind gemäß § 7 Abs. 2 BORA unzulässig, soweit sie die Gefahr einer Verwechslung mit Fachanwaltschaften begründen oder sonst irreführend sind.

Die Formulierung insbesondere in § 7 Absatz 1 Satz 2 BORA kann nur als unglücklich und misslungen bezeichnet werden. So ist schwer vorstellbar, wie zusätzliche theoretische Kenntnisse gegenüber den bereits nach Satz 1 in der Ausbildung, durch Berufstätigkeit, Veröffentlichungen oder in sonstiger Weise erworbenen Kenntnissen erworben werden können. Letztlich wird die Auslegung dazu führen, dass qualifizierende Zusätze wahrheitsgemäß und nachprüfbar sein müssen und insbesondere nicht irreführend sein dürfen. So ist es einer Kanzlei verboten, sich selbst als Experten-Kanzlei zu bezeichnen, sofern die dort tätigen Rechtsanwälte nicht den Nachweis führen können, dass sich ihre Kenntnisse und Erfahrungen auf dem beworbenen Rechtsgebiet nicht nur vom Durchschnitt abheben, sondern weit über dem Durchschnitt und über der Fachanwaltsqualifikation liegen.[39]

Vorsicht ist geboten bei der Bezeichnung „Spezialist". Auch wenn Journalisten gern einen Anwalt mit Schwerpunkttätigkeit als Spezialisten bezeichnen, ist dieser Begriff nach der Rechtsprechung solchen Kollegen vorbehalten, die sich sehr nachhaltig auf ein Rechtsgebiet konzentriert haben und daher andere Fachgebiete nicht in gleichem oder annähernd gleichem Umfang behandeln. Die Kenntnisse müssen **weit über dem Durchschnitt** liegen und der Anwalt muss in erheblichem Umfang auf dem Gebiet tätig gewesen sein. Der Erwerb des Fachanwaltstitels allein reicht gerade nicht aus, um sich als Spezialist bezeichnen zu dürfen.[40] Auch soll ein Anwalt, der keine Fachanwaltsqualifikation hat, sich wegen der Verwechslungsgefahr zwischen dem Fachanwaltstitel und der Bezeichnung „Spezialist" nicht Spezialist für Familienrecht nennen dürfen.[41] Die Entscheidung ist höchst zweifelhaft und dürfte im Widerspruch zur Entscheidung des BVerfG[42] zum Spezialisten für Verkehrsrecht stehen, auch wenn es damals den entsprechenden Fachanwaltstitel noch nicht gab. Inzwischen gibt es 21 Fachanwaltsbezeichnungen, sodass der Begriff Fachanwalt in seiner Bedeutung in der Bevölkerung zunehmend bekannt wird und eine Irreführung durch die Bezeichnung als Spezialist nicht mehr ohne weiteres angenommen werden kann. Auch die

---

[37] Vgl. *v. Lewinski*, in: Hartung, Rn. 210 zu § 6 BORA; BVerfG Beschl. v. 17.9.1993 – 1 BvR 1241/88, BRAK-Mitt. 1993, 227.
[38] Vgl. OLG Nürnberg Urt. v. 23.3.1999 – 3 U 3977-98, NJW 1999, 2126 (Gästebuch auf Anwaltshomepage); aA *v. Lewinski* in: Hartung/Römermann, Römermann vor § 6 BerufsO Rn. 239220 (der allerdings nur die in eigener Sache unterhaltenen Foren und Internetseiten ausdrücklich erwähnt.
[39] LG Berlin Urt. v. 25.11.2010 – 52 O 142/10, NJW-Spezial 2011, 222.
[40] OLG Nürnberg Urt. v. 20.3.2007 – 3 U 2675/06, NJW 2007, 1984 (1985); ebenso LG Dortmund Urt. v. 29.9.2005 – 18 O 96/05, NJW-RR 2006, 345 und LG Regensburg Urt. v. 7.11.2003 – 2HK O 969/03, NJW-RR 2004, 1044 (1045); OLG Karlsruhe Urt. v. 13.5.2009 – 6 U 49/08, NJW 2009, 3663; offengelassen: OLG Stuttgart Urt. v. 24.1.2008 – 2 U 91/07, NJW 2008, 1326.
[41] OLG Karlsruhe Urt. v. 1.3.2013 – 4 U 120/12, GRUR-RR 2013, 171.
[42] BVerfG Stattgebender Kammerbeschluss v. 28.7.2004 – 1 BvR 159/04, NJW 2004, 2656.

Rechtsgebiete der Fachanwaltschaften sind deutlich enger umgrenzt, als in den ursprünglichen Fachanwaltsbezeichnungen. Allein die Regelung in der BORA ist, wenn ohne sie nicht von einer Irreführung auszugehen ist, nicht geeignet die Bezeichnung als Spezialist zu untersagen, da die Satzungskompetenz nach § 59 Nr. 2b) und Nr. 3 BRAO nicht den Schutz der Fachanwaltsbezeichnung umfasst.

32 **f) Informationspflichten im Internet.** Besondere Vorschriften enthält § 5 TMG für Internetangebote von Rechtsanwälten und anderen Angehörigen freier Berufe. Danach muss das sogenannte **Impressum** zusätzlich Angaben über
- die Kammer, welcher die Diensteanbieter angehören,
- die gesetzliche Berufsbezeichnung und den Staat, in dem die Berufsbezeichnung verliehen worden ist,
- die Bezeichnung der berufsrechtlichen Regelungen und dazu, wie diese zugänglich sind,

enthalten. Anzugeben ist daher die Rechtsanwaltskammer, der der Rechtsanwalt angehört. Zusätzlich ist die Berufsbezeichnung Rechtsanwalt aufzunehmen, sowie der Hinweis, dass diese Berufsbezeichnung in der Bundesrepublik Deutschland verliehen wurde.

33 Darüber hinaus sind die berufsrechtlichen Regelungen für Rechtsanwälte, sowie Angaben dazu, wie diese zugänglich sind, aufzunehmen. Es ist zulässig, von der Internetseite des Rechtsanwalts direkt auf diese Seite der Bundesrechtsanwaltskammer mit der Zusammenstellung der berufsrechtlichen Regelungen zu verweisen.[43]

34 Sofern Rechtsanwälte neben der Zulassung als Rechtsanwalt in Deutschland noch andere Berufsbezeichnungen führen, sind entsprechende Angaben zu diesen Berufsbezeichnungen aufzunehmen. Soweit Rechtsanwälte neben ihrer deutschen Zulassung auch ausländische Zulassungen besitzen, müssen Sie auch dazu die oben bezeichneten zusätzlichen Angaben machen.

5. DL-InfoV

35 Die Dienstleistungs-Informationspflichten-Verordnung (DL-InfoV) gilt seit 17.5.2010 und erlegt den Rechtsanwälten **zusätzliche Verpflichtungen** auf. Weder der europäische noch der deutsche Gesetzgeber haben sich vor Schaffung dieser neuen Informationspflichten die Mühe gemacht, ein Gesamtkonzept der für Dienstleistungen geltenden Informationspflichten zu erstellen. Insbesondere hat man sich ausdrücklich nicht einen Überblick über bestehende Informationspflichten und eventuell vorhandene Regelungslücken gemacht. Deshalb sind die Verpflichtungen auch nicht in Abstimmung mit den bestehenden Regelungen eingeführt, sondern völlig unsystematisch über § 6c GewO und eine Verweiskette über die Dienstleistungsrichtlinie und den EG-Vertrag für anwendbar erklärt worden. Dass die Gewerbeordnung (eigentlich) für Rechtsanwälte und andere Freiberufler nicht anwendbar ist, wird dadurch „geheilt", dass Dienstleistungen im Sinne des Art. 57 AEUV gewerbliche, kaufmännische, handwerkliche und auch freiberufliche Tätigkeiten sind, so wird auch der Freiberufler zum Gewerbetreibenden, denn der Gesetzgeber hat die Definitionsfreiheit.[44]

36 **a) Stets zur Verfügung zu stellende Informationen.** Einige Informationen hat der Dienstleister, also auch der Rechtsanwalt, in jedem Fall zur Verfügung zu stellen. Bei Abschluss eines schriftlichen Vertrages müssen die Informationen **vor Vertragsabschluss** dem Empfänger der Dienstleistung, also dem Mandanten in klarer und verständlicher Form zur Verfügung gestellt werden. Wird der Vertrag in anderer Weise geschlossen, genügt es, die Informationen vor Erbringung der Dienstleistung in gleicher Weise zur Verfügung zu stellen.

37 Es gibt nach § 2 Abs. 2 der Rechtsverordnung verschiedene Wege, wie die Informationen den Empfänger erreichen können. Die einfachste Variante dürfte § 2 Abs. 2 Ziffer 3 DL-InfoV darstellen, wonach die Informationen dem Dienstleistungsempfänger über eine durch den Dienstleistungserbringer angegebene Adresse **elektronisch** leicht zugänglich gemacht werden können.[45] Wer also bereits über eine **Präsenz im Internet** verfügt, kann diese so

---

[43] http://www.brak.de/fuer-anwaelte/berufsrecht/oder http://berufsordnung.de, die weiterleitet auf die Seite http://anwaltverein.de/praxis/berufsrecht.
[44] *Ernst* CR 2010, 481.
[45] Vgl. *Schons* AnwBl 2010, 419.

überarbeiten, dass dort die nach § 2 Abs. 1 DL-InfoV mitzuteilenden Informationen vorhanden sind. Anschließend muss dann nur noch vor (schriftlichem) Vertragsabschluss auf diese Adresse hingewiesen werden. Wer noch ganz traditionell und ohne Internet arbeitet, kann die Informationen nach § 2 Abs. 2 Ziffer 2 DL-InfoV im **Wartezimmer** auslegen. Eine weitere Variante besteht darin, die Informationen nach § 2 Abs. 2 Ziffer 1 bzw. 4 DL-InfoV gemeinsam mit der Vergütungsvereinbarung, den Mandatsbedingungen und den sonstigen Informationen zu **übermitteln**.

Auf den ersten Blick scheinen die Informationspflichten recht umfangreich, sind aber durch andere Informationspflichten in weitem Umfang bereits abgedeckt:
- seinen Familien- und Vornamen, bei rechtsfähigen Personengesellschaften und juristischen Personen die Firma unter Angabe der Rechtsform,
- die Anschrift seiner Niederlassung oder, sofern keine Niederlassung besteht, eine ladungsfähige Anschrift sowie weitere Angaben, die es dem Dienstleistungsempfänger ermöglichen, schnell und unmittelbar mit ihm in Kontakt zu treten, insbesondere eine Telefonnummer und eine E-Mail-Adresse oder Faxnummer,
- falls eingetragen, das Handelsregister, Vereinsregister, Partnerschaftsregister oder Genossenschaftsregister unter Angabe des Registergerichts und der Registernummer,
- bei erlaubnispflichtigen Tätigkeiten Name und Anschrift der zuständigen Behörde oder der einheitlichen Stelle,
- Umsatzsteuer-Identifikationsnummer nach § 27a des Umsatzsteuergesetzes,
- bei Ausübung eines reglementierten Berufs im Sinne von Artikel 3 Absatz 1 Buchstabe a der Richtlinie 2005/36/EG des Europäischen Parlaments und des Rates vom 7. September 2005 über die Anerkennung von Berufsqualifikationen (ABl. L 255 vom 30.9.2005, S. 22) die gesetzliche Berufsbezeichnung, den Staat, in dem sie verliehen wurde sowie Zugehörigkeit zu einer Kammer, einem Berufsverband oder einer ähnlichen Einrichtung,
- allgemeine Geschäftsbedingungen/Mandatsbedingungen,
- etwaige verwendete Vertragsklauseln über das auf den Vertrag anwendbare Recht oder über den Gerichtsstand,
- gegebenenfalls bestehende Garantien, die über die gesetzlichen Gewährleistungsrechte hinausgehen,
- die wesentlichen Merkmale der Dienstleistung, soweit sich diese nicht bereits aus dem Zusammenhang ergeben,
- falls eine Berufshaftpflichtversicherung[46] besteht, Angaben zu dieser, insbesondere den Namen und die Anschrift des Versicherers und den räumlichen Geltungsbereich.

§ 2 Abs. 1 Nr. 2 DL-InfoVO regelt ähnliche Pflichten in Bezug auf die Angaben zur Anschrift wie § 10 BORA, unterscheidet sich aber dennoch davon. Insbesondere geht es in § 2 Abs. 1 Nr. 2 DL-InfoVO nicht um die besonderen Angaben zum Bestehen eines Kanzleisitzes oder einer **Zweigstelle**. Nach Erwägungsgrund 37 der Richtlinie 2006/123/EG über Dienstleistungen im Binnenmarkt reicht es aus, dass ein Dienstleistungserbringer, für den Fall dass er mehrere Niederlassungen hat, bestimmt, von welchem der verschiedenen Niederlassungsorte aus die konkrete Dienstleistung erbracht wird.[47]

b) **Weitere Informationspflichten.** Darüber hinaus sind weitere Informationen dem Mandanten **auf Anfrage** nach § 3 DL-InfoV mitzuteilen. Der Zeitpunkt entspricht demjenigen der bereits besprochenen Pflichtangaben. Die Informationen sind daher bei Abschluss eines schriftlichen Vertrages vor Vertragsabschluss, in allen anderen Fällen vor Beginn der Erbringung der Dienstleistung in klarer und verständlicher Form zur Verfügung zu stellen. § 3 Abs. 2 DL-InfoV verpflichtet den Rechtsanwalt, die in § 3 Abs. 1 Nr. 2–4 DL-InfoV enthaltenen Informationen in allen ausführlichen Unterlagen über seine Dienstleistung bereitzustellen. In ausführliche Kanzleibroschüren sind diese Informationen also aufzunehmen.

Auf Anfrage sind nach § 3 Abs. 1 Nr. 2 DL-InfoV außerdem Angaben zu den von dem Rechtsanwalt selbst ausgeübten multidisziplinären Tätigkeiten und den mit anderen Perso-

---

[46] LG Dortmund Urt. v. 26.3.2013 – 3 O 102/13 –, NJW-RR 2013, 1381; OLG Hamm Urt. v. 28.2.2013 – 4 U 159/12, I-4 U 159/12, MMR 2014, 116.
[47] OLG Jena Urt. v. 30.3.2011 – 2 U 569/10, BRAK-Mitt 2011, 156.

nen bestehenden beruflichen Gemeinschaften zu machen. Dies gilt in beiden Fällen allerdings nur, soweit diese in **direkter Verbindung** zu der Dienstleistung stehen. Soweit erforderlich ist der Mandant über Maßnahmen aufzuklären, die ergriffen wurden, um Interessenkonflikte zu vermeiden.

42 § 3 Abs. 1 Nr. 3 DL-InfoV verpflichtet Rechtsanwälte, **Verhaltenskodizes** anzugeben, denen sie sich unterworfen haben. Soweit es solche Verhaltenskodizes gibt, muss außerdem (wenn auch nur auf Anfrage) mitgeteilt werden, unter welcher Adresse diese elektronisch abgerufen werden können und in welchen Sprachen sie vorliegen. Soweit Rechtsanwälte auch als Mediatoren tätig sind, müsste also wahrscheinlich auf den European Code of Conduct hingewiesen werden.

43 Schließlich ist nach § 3 Abs. 1 Nr. 4 DL-InfoV anzugeben, wenn Rechtsanwälte sich einem Verhaltenskodex unterworfen oder einer Vereinigung angeschlossen haben, welche ein außergerichtliches Streitschlichtungsverfahren vorsehen. In diesem Fall sind Angaben zu diesem Streitschlichtungsverfahren, insbesondere zum Zugang zum Verfahren und zu näheren Information über seine Voraussetzungen zu machen.

44 **c) Preisangaben.** Neben den nach der Preisangabenverordnung erforderlichen Angaben sind gemäß § 4 DL-InfoV Angaben zu dem Preisen zu machen.

Soweit Rechtsanwälte **Pauschalhonorare** vereinbaren und damit den Preis im Vorhinein festlegen, ist dieser Preis in der in § 2 Abs. 2 festgelegten Form vorab mitzuteilen.

45 Der häufigere Fall wird darin bestehen, dass der Preis im Vorhinein nicht angegeben werden kann. Dann sind nach § 4 Abs. 1 Nr. 2 DL-InfoV die näheren Einzelheiten der Berechnung, anhand derer der Dienstleistungsempfänger die Höhe des Preises leicht errechnen kann, oder ein **Kostenvoranschlag** mitzuteilen.

46 **d) Verbot diskriminierender Bestimmungen.** Entgegen dem Titel der „Verordnung über Informationspflichten für Dienstleistungserbringer" sind jedoch nicht nur Informationspflichten geregelt. Vielmehr enthält § 5 zusätzlich ein Verbot diskriminierender Bestimmungen. Danach darf der Dienstleistungserbringer keine Bedingungen für den Zugang zu einer Dienstleistung „bekannt machen, die auf der Staatsangehörigkeit oder dem Wohnsitz des Dienstleistungsempfängers beruhen". Da es sich um die Umsetzung einer europäischen Richtlinie handelt, geht es hier nicht darum, bestimmte Stadtbezirke in Deutschland von anwaltlichen Dienstleistungen abzuschneiden.[48] Vielmehr klingt der Wortlaut, insbesondere bei richtlinienkonformer Auslegung,[49] danach, dass auch eine Beschränkung auf inländische Mandanten nicht zulässig wäre. Dies lässt sich den Erwägungsgründen entnehmen. Die Erwägungsgründe Nr. 94 und Nr. 95 der Richtlinie 2006/123/EG stellen dar, dass es dem Grundsatz der Nichtdiskriminierung entspricht wenn zB nicht lediglich Staatsangehörige eines anderen Mitgliedstaates Originaldokumente vorzulegen haben, um in den Genuss der Dienstleistung zu kommen, oder dass einem Dienstleistungsempfänger, der Zugriff auf allgemein angebotene Dienstleistungen nicht aufgrund eines Kriteriums verwehrt oder erschwert werden darf, das in veröffentlichten allgemeinen Geschäftsbedingungen enthalten ist und an seine Staatsangehörigkeit oder seinen Wohnsitz anknüpft.

47 **e) Rechtsfolgen.** Verstöße gegen die neuen Pflichten wirken sich mehrfach aus. Zunächst kommen für Verstöße gegen rechtliche Verpflichtungen die berufsrechtlichen Sanktionen in Betracht, die die Rechtsanwaltskammern aussprechen können. Daneben können andere Rechtsanwälte, die im Wettbewerb stehen, Verstöße gegen die Pflichten mit **wettbewerbsrechtlichen Abmahnungen** sanktionieren. Die DL-InfoV gilt uneingeschränkt für Rechtsanwälte.[50] Umstritten ist, inwieweit Verstöße gegen Informationspflichten wettbewerbsrechtlich relevant sind und damit Basis einer kostenpflichtigen Abmahnung sein können.[51] Zusätzlich sieht § 6 DL-InfoV einen **Bußgeldtatbestand** vor.

---

[48] Dies übersieht *Schons* AnwBl 2010, 419 (421).
[49] *Lohbeck* K & R 2010, 463, 465.
[50] *Wüstenberg* BRAK-Mitt. 2014, 64, 65.
[51] Verstoß bejaht das OLG Hamm Urt. v. 28.2.2013 – 4 U 159/12, I-4 U 159/12, MMR 2014, 116; aA LG Dortmund Urt. v. 26.3.2013 – 3 O 102/13, NJW-RR 2013, 1381.

II. Recht der elektronischen Signaturen

1. Technische Grundlagen – Kryptographie

a) Kryptografie. Die Wissenschaft vom Verschlüsseln ist wesentliche Basis vieler Technologien zur Gewährleistung von Sicherheit in der Informationstechnologie. Mit Verschlüsselung beschäftigt sich die Menschheit schon seit Jahrhunderten. Die Kryptographie ist ein Teilgebiet der angewandten Mathematik. Während in den Anfängen der Kryptographie mit Geheimtinten, Geheimsprachen und ähnlichem gearbeitet wurde, setzt die moderne Kryptographie sehr stark auf die Computertechnologie auf.

Das klassische und früher einzige Ziel der Kryptographie war es, eine Nachricht geheim zu halten beziehungsweise nur den Berechtigten Zugriff auf deren Inhalt zu geben. Will ein Sender (S) eine Nachricht (N) vertraulich an den Empfänger (E) übermitteln, muss er die Nachricht verschlüsseln. Dazu muss er die Nachricht so verändern, dass E die Nachricht leicht, der Angreifer (X) sie jedoch entweder gar nicht oder jedenfalls nur sehr schwer entschlüsseln kann. S und E müssen beide wissen, wie die Verschlüsselung und Entschlüsselung zu erfolgen haben. Dieses Wissen muss geheim und insbesondere dem X unbekannt sein. Dieses besondere Wissen wird auch als **Schlüssel** bezeichnet.

Durch Kombination mehrerer Verfahren ist es heute auch möglich, außerordentlich sichere Verschlüsselungen durchzuführen. Bekanntere Verfahren, die auf derartiger Kombination beruhen, sind Data Encryption Standard (DES), **Advanced Encryption Standard (AES)** sowie International Data Encryption Algorithm (IDEA). Davon war IDEA bis 2011 lizenzkostenpflichtig und daher nur wenig verbreitet. DES wurde bereits in den siebziger Jahren von einem IBM-Forscherteam für die amerikanische Standardisierungsbehörde (heute NIST) und die National Security Agency (NSA) entwickelt. Die ursprünglich verwendeten Varianten mit Schlüsseln von 56 Bit gelten heute jedoch nicht mehr als sicher, da die theoretisch möglichen Schlüsselkombinationen (2^{56}) mit modernen Computern berechnet werden können.[52] Da das Verfahren jedoch weit verbreitet und besonders schnell ist, wurde es weiterentwickelt und wird heute noch als **Triple-DES** mit Schlüsseln von 168 Bit eingesetzt. Im Jahre 2000 wurde dieser quasi-Standard durch den AES ersetzt. Die NIST hatte zuvor einen Wettbewerb ausgeschrieben, in dem das am besten geeignete Verfahren herausgefunden werden sollte. Sieger dieses Wettbewerbs war der sog **Rijndael**-Algorithmus, entwickelt von einem Kryptologen-Team der belgischen Universität Leuwen. Hier werden Schlüssel von 128, 192 und 256 Bit verwendet.

AES kann als **sehr sicheres Verfahren** angesehen werden, das auch auf absehbare Zeit noch als sicher gelten kann.[53] Eine kleine Unsicherheit besteht allerdings immer bei den Verfahren. Alle Verschlüsselungsverfahren beruhen auf dem Prinzip, eine Aufgabe zu finden, die einfach zu formulieren, aber schwierig zu lösen ist. Aufgrund der Erfahrungen mit der Entwicklung der Computertechnologie ist es relativ einfach, die Entwicklung der Leistung von Computern in den nächsten Jahren zu prognostizieren. Allerdings ist es praktisch ausgeschlossen, die künftige Entwicklung des mathematischen Wissens vorherzusehen. Beispielsweise beruht ein wichtiges kryptologisches Verfahren (RSA) darauf, sehr große Zahlen in die darin enthaltenen Primzahlen zu zerlegen. Nach heutigem mathematischem Wissen gibt es keinen Algorithmus, der diese Aufgabe in akzeptabler Zeit lösen könnte. Wenn die Mathematik einen derartigen Algorithmus entdeckt, ist das Verfahren jedoch nicht mehr als sicher anzusehen.

Alle genannten Verfahren tragen ein gravierendes Problem in sich. Sie sind für Massenkommunikation nicht geeignet, weil S und E stets über den **gleichen Schlüssel** verfügen müssen, um Nachrichten verschlüsselt austauschen zu können. Dies birgt zwei Probleme in sich.

---

[52] Mit einem Computer, der eine Million Schlüssel pro Sekunde durchtesten kann, benötigt man für diese 72 Billiarden Schlüssel 2284 Jahre. Bei paralleler Arbeit von 10.000 derartigen Computern verkürzt sich die Zeit auf etwa 80 Tage. Die Aufgabe ist also lösbar, allerdings mit erheblichem Aufwand.

[53] Vgl. dazu http://de.wikipedia.org/wiki/Advanced_Encryption_Standard Version 25.5.2010, 15:30; auch die Informationen von E. Snowden ändern daran noch nichts; inwieweit mit Verfügbarkeit von Quantencomputern eine andere Betrachtung angezeigt sein wird, kann im Rahmen dieses Beitrags nicht untersucht werden.

§ 30 53–56   § 30 Berufsspezifische Regelungen, Recht der elektronischen Signaturen

Das erste Problem ist der **Austausch der Schlüssel**. Vor Beginn der Kommunikation müssen die Parteien einen Schlüssel erzeugen und auf sicherem Wege austauschen. Das zweite Problem besteht darin, dass man für jeden Kommunikationspartner einen eigenen (geheimen) Schlüssel vorrätig halten muss.

53

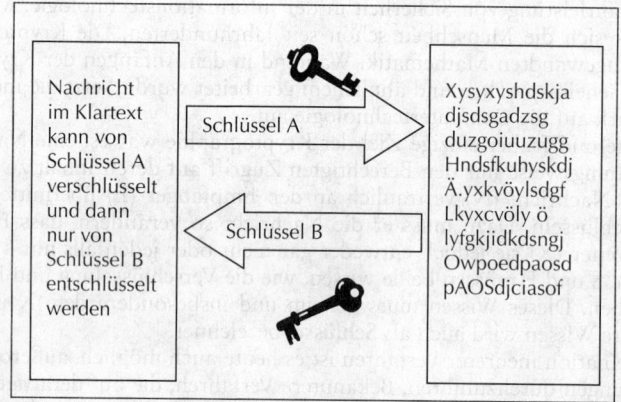

Beispiel für asymmetrische Kryptografie

54 Dieses Problem löst die Kryptologie durch so genannte asymmetrische Schlüssel. Bei diesen asymmetrischen Schlüsseln wird für jede Person ein **Schlüsselpaar** erzeugt. Beide Schlüssel sind geeignet, Nachrichten oder Informationen zu verschlüsseln. Die beiden Schlüssel sind so gestaltet, dass aus einem der beiden Schlüssel der zugehörige andere Schlüssel nicht ableitbar ist. Die beiden Schlüssel hängen allerdings insoweit miteinander zusammen, als die Entschlüsselung einer Nachricht jeweils durch den anderen Schlüssel erfolgen muss.

55 Auch der umgekehrte Weg ist möglich. Eine Nachricht im Klartext kann nicht nur von Schlüssel A, sondern auch von Schlüssel B verschlüsselt werden. Eine von Schlüssel B verschlüsselte Nachricht kann allerdings nur von Schlüssel A wieder in Klartext zurückverwandelt werden.

56

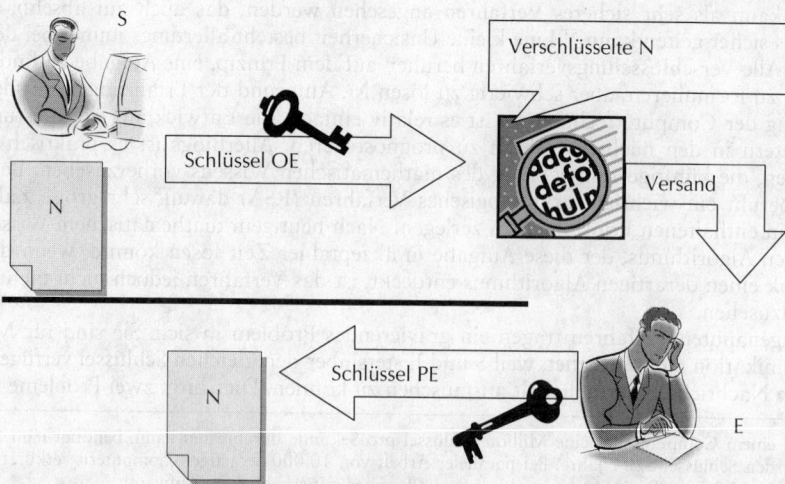

Sender S hat eine Nachricht N für Empfänger E, die er mit dem öffentlichen Schlüssel des E (OE) verschlüsselt und die nur E mit seinem privaten Schlüssel PE entziffern kann.

Die mit dem öffentlichen Schlüssel verschlüsselte Nachricht kann über eine ungeschützte 57
Verbindung übermittelt werden. Der öffentliche Schlüssel ist zwar allgemein zugänglich,
kann jedoch die mit ihm selbst verschlüsselten Nachrichten nicht entschlüsseln. Mit ihm
kann man nur Nachrichten entschlüsseln, die mit dem privaten Schlüssel verschlüsselt worden, weshalb dieses Prinzip bei der elektronischen Signatur zum Einsatz kommt. Nur der
Inhaber des privaten Schlüssels kann eine Nachricht entschlüsseln, die mit dem öffentlichen
Schlüssel verschlüsselt worden ist.

Die asymmetrischen Verfahren sind in der Anwendung leider deutlich langsamer, als die 58
symmetrischen Verfahren. Insbesondere bei Verschlüsselung größerer Nachrichten haben die
asymmetrischen Verfahren deutliche Nachteile. Dies wird durch eine Kombination zwischen
symmetrischen und asymmetrischen Verfahren kompensiert (hybrides Verfahren).

Dabei wird die Nachricht zunächst mit einem symmetrischen Verschlüsselungsverfahren 59
verschlüsselt. Der Schlüssel wird dabei von einem Zufallsgenerator ausgewählt und ist nur
für diese eine Verschlüsselung vorgesehen (**Session Key**). Im Anschluss daran wird dieser
Session Key mit einem asymmetrischen Verfahren mit dem öffentlichen Schlüssel des E verschlüsselt und der verschlüsselten Datei beigegeben. Wird eine Nachricht für mehrere Empfänger vorgesehen, erfolgt die Verschlüsselung des Session Key für jeden Empfänger gesondert.

60

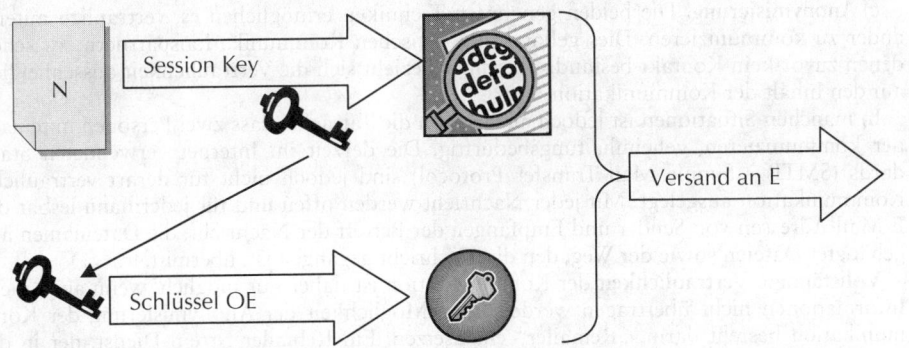

Beim hybriden Verfahren wird zunächst die Nachricht mit einem zufälligen und einmaligen symmetrischen Schlüssel verschlüsselt. Anschließend wird dieser Session Key mit dem öffentlichen Schlüssel des Empfängers verschlüsselt und beide zusammen werden an den Empfänger versendet.

Beim Empfänger wird sodann zunächst der verschlüsselte **Session Key** mit dem **privaten** 61
Schlüssel des Empfängers entschlüsselt. Anschließend wird mit diesem Session Key die eigentliche Nachricht entschlüsselt. Anschließend wird der Session Key vernichtet, weil er
nicht mehr benötigt wird. Eine wiederholte Verwendung des gleichen Session Key würde die
Sicherheit beeinträchtigen, da dessen Verbreitung die Wahrscheinlichkeit erhöht, dass der
Schlüssel allgemein bekannt wird.

Diese Kombination beider Verfahren verbindet hohe Geschwindigkeit der symmetrischen 62
Verfahren mit der Flexibilität der asymmetrischen Verfahren. Da die Abläufe im Hintergrund und ohne Eingriff des Benutzers erfolgen, entsteht für den Benutzer auch keine zusätzliche Komplexität.

Das Ergebnis einer Verschlüsselung kann man sich am besten anhand eines Beispiels vor- 63
stellen. Mittels der Software GNUpgp kann man über die Zwischenablage Texte bequem
verschlüsseln und in E-Mails oder andere Texte einfügen. Pretty Good Privacy (PGP) ist ein
von Phil Zimmermann entwickeltes Programm zur Verschlüsselung und fortgeschrittenen
elektronischen Signatur. Die erste Version von pgp wurde bereits 1991 geschrieben und allgemein zur Verfügung gestellt, um möglichst vielen Menschen Verschlüsselung und Signatur
zu ermöglichen. Das Programm hat eine wechselvolle Geschichte hinter sich und war teilweise nur kostenpflichtig erhältlich. Eine kostenfreie Variante ist GNUpgp.[54]

---

[54] https://www.gnupg.org.

64 **b) Steganografie.**[55] Eine andere Möglichkeit, vertraulich miteinander zu kommunizieren, ist die Steganografie. Dabei werden die Nachrichten nicht (nur) verschlüsselt, sondern in erster Linie verborgen. Wer das System nicht kennt, bemerkt noch nicht einmal, dass überhaupt eine Nachricht übermittelt wird.

65 Eine alte Variante der Steganografie ist die **Unterstreichung.** Dabei werden Buchstaben eines anderen Textes unauffällig markiert (durch kleine Punkte oder andere Zeichen). Die Kombination dieser markierten Buchstaben ergibt dann die Nachricht.

66 Die moderne Variante der Steganografie macht sich die Computertechnik zu Nutze. Als Träger der Nachrichten werden Bilder oder Videosequenzen verwendet. Dabei macht man sich den Umstand zu Nutze, dass bei der Digitalisierung von Bildern eine gewisse „Unschärfe" möglich ist. Das bedeutet, dass kleinere Veränderungen an den digitalen Dateien vom Betrachter am Bildschirm nicht wahrgenommen werden können. Nach einem bestimmten Algorithmus werden nunmehr in die digitalen Bilddateien Nachrichten eingeflochten. Nur derjenige, der diesen Algorithmus kennt, kann überhaupt bemerken, dass eine Nachricht in dem Bild enthalten ist. Es ist daher nicht erforderlich, die Nachricht zusätzlich zu verschlüsseln. Es ist auf diese Weise sogar möglich, in einer Video-Sequenz ein Telefongespräch zu verstecken.

67 **c) Anonymisierung.** Die beiden genannten Techniken ermöglichen es, vertraulich miteinander zu kommunizieren. Dies gelingt auch zwischen Kommunikationspartnern, zwischen denen zuvor kein Kontakt bestand. Allerdings bezieht sich die Vertraulichkeit ausschließlich auf den Inhalt der Kommunikation.

68 In manchen Situationen ist jedoch auch schon die Tatsache, dass zwei Personen miteinander kommunizieren, geheimhaltungsbedürftig. Die derzeit im Internet verwendeten Standards (SMTP – Simple Mail Transfer Protocol) sind jedoch nicht für derart vertrauliche Kommunikation ausgelegt. Mit jeder Nachricht werden **offen und für jedermann lesbar** die E-Mail-Adressen von Sender und Empfänger, der Betreff der Nachricht, die Dateinamen angehängter Dateien sowie der Weg, den die Nachricht gegangen ist, übermittelt.

69 **Vollständige Vertraulichkeit** der Kommunikation ist daher nur möglich, wenn auch diese Informationen nicht übertragen werden. Eine Möglichkeit der Anonymisierung der Kommunikation besteht darin, „Remailer" einzusetzen. Ein **Remailer** ist ein Dienst, der in die E-Mail-Kommunikation eingeschaltet wird. Dabei wird die E-Mail nicht direkt an den Empfänger, sondern zunächst an den Remailer gesendet. Dieser entfernt sämtliche Informationen, die auf den Absender hinweisen, aus der E-Mail und versendet diese dann im eigenen Namen an den Empfänger. Für den Empfänger und eventuell mitlesende Angreifer ist nicht mehr erkennbar, von wem die Nachricht stammt. Der Empfänger kann dann allerdings aus dem verschlüsselten Teil der Nachricht die Absenderinformation entnehmen. In diesem Fall ist die Kommunikation vollständig anonym.

70 Anonymität spielt jedoch nicht nur bei der Kommunikation über E-Mail eine Rolle. Genauso wichtig ist sie beim normalen **Surfen im Internet.** Auch dabei besteht die große Gefahr, dass das Verhalten des Nutzers mitgelesen wird. Das Projekt „AN.ON – Anonymität.Online" des Unabhängigen Landeszentrums für Datenschutz Schleswig-Holstein hat sich zur Aufgabe gemacht, jedem die anonyme und sichere Nutzung des Internet zu ermöglichen. Dabei steht eine leistungsfähige und kostenlose Software zur Verfügung.[56]

71 **d) Digitale Wasserzeichen.** Dabei handelt es sich um eine Anwendung der Steganografie beziehungsweise eine der Steganografie verwandte Technik. Wasserzeichen verwendet man traditionell in der Papierindustrie, um die Herkunft von Papieren oder deren Absender zu kennzeichnen. Heute werden ähnliche Techniken auch verwendet, um Banknoten gegen Fälschung abzusichern.

72 Ähnliche Funktionen erfüllen digitale Wasserzeichen. Durch das digitale Wasserzeichen werden in eine Datei **Informationen über den Urheber** eingebracht. Ziel ist es, das Wasserzeichen so mit der Datei zu verbinden, dass die Information des Wasserzeichens nicht mehr

---

[55] Für Interessierte: *Schmeh*, Versteckte Botschaften.
[56] http://www.datenschutzzentrum.de/projekte/anon/index.htm; http://www.uld-i.de/.

von der Datei getrennt werden kann. Andererseits soll aber die mit dem Wasserzeichen gekennzeichnete Datei nicht nachteilig verändert werden. Angewendet werden diese Wasserzeichen insbesondere zur Kennzeichnung von Bildern oder Videos. Ähnliche Techniken können jedoch auch für andere Arten von Dateien eingesetzt werden.

Die Sicherung der Informationen ist außerordentlich schwierig zu realisieren. Insbesondere durch Ausdrucken eines Bildes und anschließendes erneutes Scannen gehen viele Informationen (insbesondere versteckte Informationen) verloren.

2. Technische Grundlagen – elektronische Signaturen

Elektronische Signaturen sind mathematische Verfahren, die die **Funktionen einer eigenhändigen Unterschrift** in der digitalen Welt nachbilden sollen. Funktionen der Schriftform und der eigenhändigen Unterschrift sind insbesondere:
- Warnung vor übereilten oder unbedachten Handlungen;
- Klarstellung des genauen Inhalts einer Erklärung oder eines Vertrages;
- Beweisbarkeit für abgegebene Erklärungen – Nichtabstreitbarkeit;
- Gewährleistung der Integrität beziehungsweise der Erkennbarkeit von Veränderungen;
- Gewährleistung der Authentizität.

Diese Funktionen der Schriftform, insbesondere der eigenhändigen Unterschrift, sollen durch elektronische Signaturen nachgebildet werden. Dabei muss sich der Nutzer bewusst sein, dass elektronische Signaturen mathematische Verfahren zur Sicherung von **Integrität und Authentizität** sind, jedoch in Funktion und Handhabung mit eigenhändigen Unterschriften nicht direkt verglichen werden können.

Bei Rechtsgeschäften über Internet oder E-Mail ist es nur sehr schwer möglich, den wahren Absender beziehungsweise Urheber von Erklärungen oder Handlungen zu identifizieren. Digitale Dateien sind leicht kopierbar, leicht veränderbar, ohne dass dabei irgendwelche Spuren hinterlassen werden. Auch die Manipulation von E-Mail-Adressen ist technisch ohne weiteres möglich. Beim Empfang einer Nachricht ist daher nicht gewährleistet, dass diese tatsächlich von demjenigen Absender stand, der in der Nachricht als Absender genannt wurde.

Der Vollständigkeit halber soll an dieser Stelle erwähnt werden, dass sich das **Fax** hier von der E-Mail nicht unterscheidet. Bei der Übertragung von Telefax und wird zwar auf jeder Seite eine Absenderkennung eingefügt. Diese **Absenderkennung** ist jedoch nicht die von der Telefongesellschaft übermittelte Information über die Rufnummer des Absenders, sondern eine bei Installation des Telefax vom Anwender oder vom Servicetechniker eingegebene Information.

Technische Grundlage der elektronischen Signaturen bildet wiederum die bereits dargestellte Kryptographie. Zur Anwendung kommen insbesondere asymmetrische Verfahren der Kryptographie.

Vorher ist jedoch noch eine zusätzliche Funktion einzuführen. Es handelt sich um den digitalen Fingerabdruck, mathematisch auch Hash-Funktion. Bevor eine Nachricht (N) signiert werden kann, wird von ihr ein **digitaler Fingerabdruck** hergestellt. Die Analogie zu dem bekannten Fingerabdruck ermöglicht es, eine ungefähre Vorstellung der Funktionen zu erhalten.

Es handelt sich um eine relativ kleine Datei, die für N repräsentativ ist. Dies bedeutet, dass bei kleinsten Änderungen von N ein erkennbar anderer Fingerabdruck erzeugt würde. Bereits die Einfügung eines Leerzeichens oder die Veränderung eines einzigen Zeichens in der Datei hat zur Folge, dass ein deutlich anderer Fingerabdruck erzeugt wird. Die Konsequenz daraus ist, dass **Änderungen** an der Datei auch am digitalen Fingerabdruck erkannt werden können. Die Prüfung, ob eine Nachricht N unverändert ist, kann daher auch dadurch erfolgen, dass man von der übermittelten Nachricht einen digitalen Fingerabdruck herstellt und diesen mit dem digitalen Fingerabdruck der Originalnachricht vergleicht.

Weitere Funktion dieses digitalen Fingerabdruckes ist, dass aus dem Fingerabdruck die Nachricht nicht rekonstruiert werden kann. Dadurch wird verhindert, dass der Fingerabdruck manipuliert werden kann. Der Nachteil besteht darin, dass man später nur feststellen kann, ob eine Manipulation stattgefunden hat, nicht aber, welche Manipulation. Welche Veränderungen gegebenenfalls erfolgt ist, kann nur durch Vergleich der beiden Nachrichten festgestellt werden. Es ist noch nicht einmal feststellbar, ob nur eine kleine Änderung oder eine größere Änderung erfolgt ist.

82 Elektronisch signiert wird nunmehr nicht die gesamte Datei, sondern der digitale Fingerabdruck. Die Signatur erfolgt in „umgekehrter" Anwendung der oben dargestellten asymmetrischen Kryptographie.

83 Der Hash-Wert (digitaler Fingerabdruck) wird mit dem geheimen Schlüssel des „Unterschreibenden" verschlüsselt. Das Signaturgesetz nennt diesen geheimen beziehungsweise privaten Schlüssel daher in § 2 Ziff. 4 SigG den **Signaturschlüssel**.

84 Dieser **verschlüsselte digitale Fingerabdruck** wird nunmehr der Datei als elektronische Signatur beigegeben und ermöglicht dem Empfänger die Kontrolle der Integrität und Authentizität. Bildhaft hatte das Signaturgesetz von 1997 daher in § 2 Abs. 1 formuliert:

Eine digitale Signatur im Sinne dieses Gesetzes ist ein mit einem privaten Signaturschlüssel erzeugtes Siegel zu digitalen Daten ....

Die Bezugnahme auf dieses Siegel wurde bei der Neufassung im Jahre 2001 als technisch nicht korrekt kritisiert und daher entfernt.

85 Die Prüfung von Authentizität und Integrität einer signierten Nachricht beim Empfänger erfolgt in mehreren Schritten, die allerdings für den Empfänger ohne zusätzlichen Eingriff im Hintergrund erfolgen.

86 Der Empfänger erhält neben der Nachricht N das „**Siegel**", also den mit dem Signaturschlüssel des Absenders verschlüsselten digitalen Fingerabdruck der Nachricht N. Zur Prüfung von Authentizität und Integrität wird nunmehr der übermittelten Nachricht N mit dem gleichen Verfahren ein digitaler Fingerabdruck hergestellt. Schließlich wird das „Siegel" mit dem öffentlichen Schlüssel des Absenders entschlüsselt. Dadurch erhält man den digitalen Fingerabdruck, den der Absender beim Signieren der Nachricht erstellt hat. Jetzt kann man den beim Absender hergestellten digitalen Fingerabdruck mit dem beim Empfänger hergestellten digitalen Fingerabdruck vergleichen. Sind beide miteinander identisch, ist damit bewiesen, dass auch die vom Absender signierter Datei mit der beim Empfänger angekommenen Datei identisch ist. Sind die Fingerabdrücke nicht identisch, bestehen zwischen den Dateien Unterschiede.

Wegen dieser Funktion wird der öffentliche Schlüssel in § 2 Ziff. 5 SigG **Signaturprüfschlüssel** genannt.

87 Wie stets bei komplexen Systemen verbleiben Sicherheitsprobleme auch bei elektronischen Signaturen. Teilweise sind **Angriffspunkte** erkannt, weitere werden sich erfahrungsgemäß im zunehmenden praktischen Einsatz zeigen.

88 Zu den erkannten, technisch gelösten Problemen gehört die **Authentifizierung** gegenüber der **Signaturkarte** (sichere Signaturerstellungseinheit). Die älteren Kartenleser, bei denen die Eingabe der PIN über die Tastatur des Computers erfolgte, eröffneten die Möglichkeit, die Signaturkarte unbefugt zu nutzen, wenn ein Angreifer durch einen Trojaner die Kontrolle über den Computer erlangt und so die PIN auslesen und die Karte nutzen kann. Heute sind nur noch solche Kartenleser im Einsatz, die eigene Tastaturen zur Eingabe der PIN besitzen (Kartenleser Typ II).

89 Schwieriger zu lösen ist das **Problem der Darstellung**. Bekannt ist ja, dass Dateien auf unterschiedlichen Computern, vor allem mit unterschiedlichen Betriebssystemen, unterschiedlich aussehen können. Dies erklärt gerade die Beliebtheit von PDF, bei dem Dokumente auf allen Computern gleich aussehen.

90 Für signierte Erklärungen kann das fatale Folgen haben, wenn der Signierende einen anderen Text sieht, als der Empfänger. So kann man in Word Text als „ausgeblendet" formatieren, so dass dieser im Normalfall nicht zu sehen ist. Ähnliches gilt für Text, der in Hintergrundfarbe formatiert ist (weiße Schrift auf weißem Grund) und daher vom Signierenden bei der Signatur nicht gelesen werden kann. Durch kleine Änderungen der Einstellungen des PC werden die Texte dann beim Empfänger lesbar. Folge davon ist, dass der Empfänger eine andere Erklärung sieht als der Sender.

II. Recht der elektronischen Signaturen

Ein ähnliches Problem kann bei **Manipulation des Zeichensatzes** entstehen. Es ist mit allgemein zugänglichen Verfahren möglich, Zeichensätze zu verändern. **91**

Beispiel:
Eine Möglichkeit wäre nun, den Zeichensatz Arial so zu verändern, dass beispielsweise die Eingabe 520.000,– EUR auf dem Bildschirm dargestellt wird als 20.000,– EUR.
Praktisch geht dies so, dass die Ziffer „5" als Leerzeichen dargestellt wird. Wird jetzt dieser Text auf einem anderen Computer dargestellt, ersetzt dieser den manipulierten Zeichensatz durch den bei ihm vorhandenen Originalzeichensatz und stellt dem Empfänger 520.000,– EUR dar. Für den Empfänger ist diese Manipulation nicht erkennbar.

Nach wie vor stellen elektronische Signaturen eine **deutliche Erhöhung des Sicherheitsniveaus** gegenüber traditionellen Schrifturkunden dar. Allerdings haben wir durch lange Gewohnheit gelernt, mit den Unzulänglichkeiten der Schriftform (nachträgliches Hinzufügen, Verändern etc) zu leben. Bei Signaturen fehlen uns diese Erfahrungen und die daraus resultierende Gelassenheit noch. **92**

3. Recht der elektronischen Signaturen

a) **Europäischer Hintergrund.** Das deutsche Signaturgesetz wurde geprägt durch die Richtlinie 1999/93/EG, welche wiederum von der ersten Fassung des deutschen Signaturgesetzes 1997 beeinflusst wurde.[57] Im Rahmen der Evaluation der elektronischen Signaturen in Europa hat die europäische Kommission eine heterogene Entwicklung festgestellt, die der Nutzung und Verbreitung elektronischer Signaturen im Wege stand. Außerdem wurde die fehlende Interoperabilität der Signaturen innerhalb Europas als Hindernis des freien Warenverkehrs erkannt. Aus diesem Grund wurde die **Verordnung Nr. 910/2014** des europäischen Parlaments und des Rats v. 23. Juli 2014 über elektronische Identifizierung und Vertrauensdienste für elektronische Transaktionen im Binnenmarkt und zur Aufhebung der Richtlinie 1999/93/EG (IVT) geschaffen.[58] Überwiegend gelten die neuen Regelungen ab 1.7.2016. Ab 17.9.2014 gelten insbesondere die Regelungen, welche die Kommission zum Erlass von Durchführungsrechtsakten, technischen Spezifikationen, Normen und Verfahren ermächtigen. Neu geschaffen wird ein elektronisches Siegel, welches nach Art. 3 Nr. 25, Nr. 26 und Nr. 27 analog zu den elektronischen Signaturen in elektronisches Siegel, fortgeschrittene elektronische Siegel und qualifizierte elektronische Siegel differenziert wird. Nach Art. 3 Nr. 29 ist dieses elektronische Siegel mit einer juristischen Person verknüpft im Gegensatz zur qualifizierten elektronischen Signatur, welche zwangsläufig einer natürlichen Person zuzuordnen ist. Darüber hinaus wird die Verordnung den Weg zu Fernsignaturen in der Cloud eröffnen, bei denen die elektronische Signatur in Abwesenheit des Signierenden in einem Rechenzentrum erstellt wird. **93**

b) **Begriffe und Definitionen.** Elektronische Signaturen sind nach § 2 Ziffer 1 SigG Daten in elektronischer Form, die anderen elektronischen Daten beigefügt oder logisch mit ihnen verknüpft sind und die zur Authentifizierung dienen. Man bezeichnet diese Signatur auch als „einfache" elektronische Signaturen. **94**

Zu beachten ist, dass es sich nur um Daten handeln muss, die anderen Daten beigefügt werden und die zur Authentifizierung dienen. Es genügt daher die Angabe des Namens des Ausstellers. Die in vielen E-Mail-Programmen als „Signatur" bezeichneten Textbausteine, die jeder E-Mail angehängt werden und in der Regel Name und Anschrift des Absenders enthalten, sind daher als solche einfachen Signaturen anzusehen. **95**

Fortgeschrittene elektronische Signaturen sind nach § 2 Ziffer 2 SigG elektronische Signaturen, die zusätzlich **96**
- ausschließlich dem Signaturschlüssel-Inhaber zugeordnet sind,
- die Identifizierung des Signaturschlüssel-Inhabers ermöglichen,

---

[57] Vgl. *Lapp*, Rechtsfragen elektronischer Signaturen, in: *Gounalakis* (Hrsg.) Rechtshandbuch Electronic Business, 2003.
[58] Vgl. *Hoffmann*, EU-Verordnung über elektronische Identifizierung auf nationale Angebote, DuD 2014, 762; *Sosna*, EU-weite elektronische Identifizierung und Nutzung von Vertrauensdiensten – eIDAS-Verordnung, CR 2014, 825; jurisPK-Internetrecht/*Bernhardt*/*Heckmann* Kap. 6, Rn. 14.

- mit Mitteln erzeugt werden, die der Signaturschlüssel-Inhaber unter seiner alleinigen Kontrolle halten kann, und
- mit den Daten, auf die sie sich beziehen, so verknüpft sind, dass eine nachträgliche Veränderung der Daten erkannt werden kann.

97 Diese Voraussetzungen werden von verschiedenen, allgemein verbreiteten Signaturprogrammen erfüllt. Das bekannteste dieser Programme ist wohl PGP.[59] Technisch entsprechen diese Verfahren den oben beschriebenen technischen Abläufen elektronischer Signaturen.

98 Die nächste Stufe der elektronischen Signaturen sind „qualifizierte elektronische Signaturen" nach **§ 2 Ziffer 3 SigG**. Es handelt sich dabei um fortgeschrittene elektronische Signaturen, die zusätzlich
- auf einem zum Zeitpunkt ihrer Erzeugung gültigen qualifizierten Zertifikat beruhen und
- mit einer sicheren Signaturerstellungseinheit erzeugt werden.

99 Kurz gefasst unterscheiden sich qualifizierte elektronische Signaturen von den fortgeschrittenen elektronischen Signaturen insbesondere durch die **Sicherheitsinfrastruktur**, die das Signaturgesetz geschaffen hat und die besonderen technischen Anforderungen an die verwendeten Signaturkarten.

100 *Zertifikate* sind nach § 2 Ziffer 6 SigG **elektronische Bescheinigungen,** mit denen Signaturprüfschlüssel einer Person zugeordnet werden und die Identität dieser Person bestätigt wird.

101 Sicherer als einfache Zertifikate, welche zB bei pgp genutzt werden, sind dagegen qualifizierte Zertifikate iSd § 2 Ziffer 7 SigG. Dabei handelt es sich um Zertifikate für natürliche Personen, die die Voraussetzungen des § 7 erfüllen und von Zertifizierungsdiensteanbietern ausgestellt werden, die mindestens die Anforderungen nach den §§ 4 bis 14 oder § 23 SigG und der sich darauf beziehenden Vorschriften der Rechtsverordnung[60] nach § 24 SigG (SigVO) erfüllen.

102 Der öffentliche Schlüssel, der nach dem Signaturgesetz als **Signaturprüfschlüssel** bezeichnet wird, ist der Schlüssel, der zur Entschlüsselung des digitalen Fingerabdrucks und damit zur Prüfung der Signatur verwendet wird. Um Authentizität mithilfe der elektronischen Signaturen gewährleisten zu können, muss zwischen einer natürlichen Person und einem Signaturprüfschlüssel eine Verbindung geschaffen werden.

103 Erste wesentliche Einschränkung bei qualifizierten Zertifikaten ist, dass diese in Deutschland nur für natürliche Personen ausgestellt werden können. Dies ist von der EG-Richtlinie für elektronische Signaturen nicht vorgegeben.

104 *Zertifizierungsdiensteanbieter* sind nach § 2 Ziffer 8 SigG natürliche oder juristische Personen, die qualifizierte Zertifikate oder qualifizierte Zeitstempel ausstellen. Es handelt sich dabei um diejenigen Unternehmen, die die Infrastruktur für qualifizierte elektronische Signaturen bereitstellen, die Rechenzentren unterhalten, die Signaturkarten ausgeben, die Personen identifizieren etc.

Grundsätzlich ist – im Gegensatz zum ersten Signaturgesetz von 1997 – der Betrieb eines Zertifizierungsdienstes **genehmigungsfrei.** Es ist lediglich eine Anzeige erforderlich.

105 Allerdings ist eine **freiwillige Akkreditierung** nach § 2 Ziffer 15 SigG möglich. Es handelt sich dabei um ein Verfahren zur Erteilung einer Erlaubnis für den Betrieb eines Zertifizierungsdienstes, mit der besondere Rechte und Pflichten verbunden sind. Wie der Begriff Erlaubnis zeigt, ist dies eine Nachwirkung der früheren Genehmigungen. Diejenigen Anbieter, die den hohen finanziellen Aufwand einer Genehmigung nach dem alten Signaturgesetz auf sich genommen hatten, sollten gegenüber solchen Anbietern, die den Betrieb lediglich anzeigten und damit Geld sparten, ausgezeichnet werden. Dem dient die freiwillige Akkreditierung. Alle Anbieter qualifizierter elektronischer Signaturen in Deutschland sind auch akkreditiert.

106 Als sichere Signaturerstellungseinheiten sind nach § 2 Ziffer 10 SigG Software- oder Hardwareeinheiten zur Speicherung und Anwendung des jeweiligen Signaturschlüssels anzusehen, die mindestens die Anforderungen der § 17 oder § 23 SigG und der sich darauf be-

---

[59] → Rn. 63.
[60] Signaturverordnung vom 16. November 2001 (BGBl. I S. 3074), die zuletzt durch Artikel 4 Absatz 112 des Gesetzes vom 7. August 2013 (BGBl. I S. 3154) geändert worden ist.

II. Recht der elektronischen Signaturen

ziehenden Vorschriften der Rechtsverordnung nach § 24 SigG erfüllen und die für qualifizierte elektronische Signaturen bestimmt sind. Die gebräuchlichste Form der sicheren Signaturerstellungseinheiten sind **Chipkarten**.

Die sichere Signaturerstellungseinheit ist in einem Chip auf der Signaturkarte enthalten. Der Name sagt bereits aus, dass die elektronischen Signaturen auf diesem Chip erzeugt werden. Dort sind auch die Signaturschlüssel gespeichert. Nach § 17 Abs. 3 Nr. 1 SigG ist vorgeschrieben, dass die sichere Signaturerstellungseinheit den auf ihr gespeicherten Signaturschlüssel nicht preisgeben darf.

Signaturanwendungskomponenten sind nach § 2 Ziffer 11 SigG Software- und Hardwareprodukte, die dazu bestimmt sind,
- Daten dem Prozess der Erzeugung oder Prüfung qualifizierter elektronischer Signaturen zuzuführen oder
- qualifizierte elektronische Signaturen zu prüfen oder qualifizierte Zertifikate nachzuprüfen und die Ergebnisse anzuzeigen.

Software in diesem Sinne ist zum Beispiel die von den Anbietern mitgelieferte beziehungsweise angebotene Software, mit der qualifizierte elektronische Signaturen erzeugt und geprüft werden können. Hardware sind in erster Linie Chipkartenleser. Daneben gehört zur Hardware auch der Computer, auf dem die Software installiert ist und abläuft. Bei den älteren Chipkartenlesern war keine Eingabemöglichkeit vorhanden. Deshalb musste die für die Benutzung der Signaturkarte erforderliche PIN über die Tastatur des Computers eingegeben werden.

Eine Liste der zugelassenen Signaturanwendungskomponenten findet man auf den Internetseiten der Bundesnetzagentur (http://www.bundesnetzagentur.de).

Als qualifizierte Zeitstempel werden nach § 2 Ziffer 14 SigG elektronische Bescheinigungen eines Zertifizierungsdiensteanbieters darüber bezeichnet, dass ihm bestimmte elektronische Daten zu einem bestimmten Zeitpunkt vorgelegen haben. Dabei muss der Zertifizierungsdiensteanbieter mindestens die Anforderungen nach den §§ 4 bis 14 sowie § 17 oder § 23 SigG und der SigVO erfüllen.

Zeitstempel sind deshalb erforderlich, weil **Zeitangaben** auch bei qualifiziert elektronisch signierten Dateien Teil der in den Dateien enthaltenen Erklärungen sind und nicht durch objektive, unabhängige Institutionen geprüft werden. Ähnlich wie bei einem Brief auf Papier kann der Aussteller das Datum nach Belieben setzen. Mit der elektronischen Signatur wird zwar auch eine Zeitangabe verbunden. Es handelt sich dabei jedoch um die zum Zeitpunkt der Signatur im entsprechenden Computer eingestellte **Systemzeit**. Diese Systemzeit wird nicht automatisch mit einem unabhängigen System abgeglichen und kann daher vom Benutzer des Computers frei eingestellt werden. Die im Computer und damit in der Signatur angegebene Uhrzeit ist daher leicht zu manipulieren.

Kommt es auf den Zeitpunkt an, zu dem bestimmte Daten vorgelegen haben, kann bei einem Zertifizierungsdiensteanbieter ein Zeitstempel angefordert werden.

Die IVT-Verordnung[61] führt ab 2016 zusätzlich elektronische Siegel ein. Behörden aber auch große Unternehmen hatten beklagt, dass elektronische Signaturen einer **natürlichen Person** zugeordnet sein müssen. Das BAG hat Arbeitgebern zwar das Recht eingeräumt, Arbeitnehmer zur Beantragung und Nutzung von Signaturkarten im Auftrag des Arbeitgebers zu verpflichten.[62] Dennoch soll dem Bedürfnis nach Organisationssignaturen durch Schaffung der elektronischen Siegel Rechnung getragen werden. Die Siegel sind analog zu den elektronischen Signaturen in **drei Stufen** gegliedert.

Der sperrige Begriff des Zertifizierungsdiensteanbieters wird durch die Bezeichnung Vertrauensdiensteanbieter (Art. 3 Nr. 19) ersetzt, welcher Vertrauensdienste (Art. 3 Nr. 16) erbringt. Vertrauensdienste gehen weit über die Angebote der Zertifizierungsdienstanbieter hinaus und umfassen alle Dienste, die in der Verordnung geregelt sind.

Ein weiterer Schritt, um die Akzeptanz elektronischer Signaturen zu verbessern, ist die Fernsignatur. Dadurch können Dienstleister auftreten, die Verbrauchern ermöglichen, elektronisch zu signieren, ohne dazu eigene Signaturkarten zu besitzen. Die Signatur wird im Re-

---

[61] → Rn. 93.
[62] BAG Urt. v. 25.9.2013 – 10 AZR 270/12, NJW 2014, 569.

chenzentrum des Anbieters erstellt, der sich gemäß Erwägungsgrund 53 insbesondere um abgesicherte elektronische Kommunikationskanäle sowie eine vertrauenswürdige Umgebung zur Erstellung elektronischer Signaturen kümmern und gewährleisten muss, dass die elektronischen Signaturen in einer elektronischen Umgebung unter alleiniger Kontrolle des Unterzeichners erstellt werden.

115 c) **Gesetzliche Formvorschriften.** Von den verschiedenen gesetzlichen Formvorschriften soll hier nur auf die Schriftform näher eingegangen werden. Die traditionelle Schriftform hat verschiedene wichtige Funktionen. Diese sind
- Identitätsfunktion,
- Echtheitsfunktion,
- Verifikationsfunktion,
- Abschlussfunktion,
- Perpetuierungsfunktion,
- Beweisfunktion und
- Warnfunktion.

116 Die **Identitätsfunktion** entspricht der **Authentizität.** Die **Echtheitsfunktion** entspricht der **Integrität.** Die **Verifikationsfunktion** entspricht dem Erfordernis der **Nichtabstreitbarkeit** bei elektronischer Kommunikation. Die **Beweisfunktion** wird im nachfolgenden Abschnitt behandelt werden.

117 Eine weitere wesentliche Funktion der Schriftform ist die so genannte **Abschlussfunktion.** Damit ist gemeint, dass mit einer eindeutigen und bewussten Handlung eine Erklärung abgeschlossen wird. Durch sie wird der Inhalt der Erklärung von späteren oder anderen Erklärungen abgegrenzt. Dies ist eine wichtige Funktion der Unterschrift. Um dies zu unterstreichen, wurde durch die Rechtsprechung beispielsweise entschieden, dass eine Unterschrift immer am Ende der Erklärung zu stehen habe und eine über einer Erklärung stehende „Unterschrift" nicht als wirksame Unterschrift gelten kann.[63]

118 Mit dieser Abschlussfunktion eng verbunden ist die **Warnfunktion.** Dadurch, dass die Unterschrift bewusst gesetzt wird, wird der Unterzeichnende gleichzeitig nochmals deutlich darauf aufmerksam gemacht, dass er eine rechtswirksame Erklärung abgibt. Gerade diese Warnfunktion ist im Bewusstsein der Bevölkerung sehr tief verankert. Die Menschen wissen, dass mit einer Unterschrift eine wirksame Erklärung geschaffen wird. Auch die gesetzlichen Schriftformerfordernisse sehen in der Warnfunktion eine wichtige Funktion und setzen bei besonders wichtigen Rechtsgeschäften gerade aus diesem Grunde die eigenhändige Unterschrift voraus.

119 Ausgangspunkt der Regelungen zur Schriftform ist § 126 BGB, wonach eine Urkunde nur dann den Anforderungen an die gesetzlich vorgeschriebene schriftliche Form genügt, wenn sie vom Aussteller eigenhändig durch Namensunterschrift oder mittels notariell beglaubigten Zeichens unterzeichnet wurde.

120 Für Verträge bestimmt § 126 Abs. 2 BGB, dass alle Parteien auf derselben Urkunde den Vertrag unterzeichnen müssen. Ist das nicht möglich, gestattet § 126 Abs. 2 Satz 2 BGB, dass mehrere gleich lautende Urkunden aufgenommen werden, von denen jede Partei nur die für die jeweils andere Partei bestimmte Urkunde unterzeichnet.

121 Die Schriftform erfordert nicht, dass sämtliche vertraglichen Regelungen ausdrücklich und detailliert im Text der Urkunde dargestellt sind, sondern ist letztlich stets dann gewahrt, wenn sich der Wille der Parteien hinreichend klar aus einer schriftlichen Vereinbarung ergibt.[64]

Ein **Telefax** ist lediglich die **Kopie** einer schriftlichen Urkunde (daher auch Telekopie genannt) und selbst keine schriftlichen Urkunde.[65]

122 Nach § 126 Abs. 3 BGB kann die schriftliche Form **durch die elektronische Form ersetzt** werden, wenn sich nicht aus dem Gesetz ein anderes ergibt zB für das Weiterbeschäftigungsverlangen nach § 9 Abs. 2 BPersVG.[66]

---

[63] BGH Urt. v. 20.11.1990 – XI ZR 107/89, NJW 1991, 487.
[64] Vgl. LAG Schleswig-Holstein Urt. v. 16.3.2006 – 4 Sa 494/05, Rn. 25.
[65] BGH Urt. v. 14.3.2006 – VI ZR 335/04, NJW 2006, 2482.
[66] OVG Hamburg Beschl. v. 15.1.2010 – 8 Bf 272/09, NZA-RR 2010, 332.

Insbesondere wegen der mit der eigenhändigen Unterschrift verbundenen besonderen 123 Warnfunktion hat der Gesetzgeber viele der Erklärungen von Arbeitnehmern und Verbrauchern von der Möglichkeit der Wahl der elektronischen Form ausgenommen.[67] Neben den im Gesetz formulierten Ausnahmeregelungen gibt es auch konkludente Ausnahmen, etwa wenn im Gesetz von „Urkunde" oder „aushändigen" die Rede ist und damit ein eindeutiger Bezug zu einem Schriftstück vorliegt.[68]

Umstritten ist, ob neben den gesetzlich ausdrücklich geregelten Voraussetzungen der 124 elektronischen Form noch die Zustimmung des Empfängers einer Erklärung erforderlich ist.[69] Praktisch spielt dies ohnehin nur bei einseitigen Willenserklärungen eine Rolle. In der Regel wird, wenn ein solches Erfordernis überhaupt angenommen wird, auch ein schlüssiges Handeln als ausreichend angesehen.[70] Ein derartiges schlüssiges Handeln kann bereits darin liegen, dass die Personen zuvor per E-Mail korrespondiert haben oder dass der Empfänger auf Briefpapier oder in anderer Weise seine E-Mail-Adresse bekannt gegeben hat. Zusätzlich noch eine ausdrückliche Vereinbarung zur Verwendung elektronischer Form mit dem Empfänger zu schließen, erscheint zwar als sehr sicher, aber doch etwas umständlich.[71] Andererseits kann zum Beispiel von keiner Zustimmung zur Entgegennahme von einseitigen Willenserklärungen, Angeboten etc ausgegangen werden, wenn vertragliche Regelungen entgegenstehen oder der entgegenstehende Wille eindeutig zum Ausdruck kommt. Die **Beweislast** dafür, dass sämtliche Voraussetzungen gegeben sind, trägt in jedem Fall der **Absender** der elektronischen Erklärung.

Die Elektronische Form nach § 126a BGB setzt voraus, dass der Aussteller der Erklärung 125 seinen Namen hinzufügt[72] und das elektronische Dokument mit einer qualifizierten elektronischen Signatur nach dem Signaturgesetz versieht.

Name in diesem Sinne ist zunächst der bürgerliche Name einer Person (§ 12 BGB). Aus- 126 reichend ist jedoch, dass die Person identifizierbar bleibt Dies ist insbesondere bei Verwendung eines Pseudonyms der Fall, wenn dieses Pseudonym im qualifizierten Zertifikat nach dem Signaturgesetz genannt ist.[73] Nur dadurch kann die Intention des Gesetzgebers verwirklicht werden, den Teilnehmern des elektronischen Rechtsverkehrs pseudonymes Handeln als Möglichkeit des Selbstdatenschutzes zu ermöglichen.[74]

Das Gesetz macht keine Vorgabe dazu, **an welcher Stelle** der Name hinzugefügt werden 127 muss. Die Namensnennung muss aber auf jeden Fall in einer Weise erfolgen, die die Identität des Ausstellers erkennbar machen kann. Dies könnte auch durch Verwendung eines eindeutigen Briefbogens oder eine ähnliche Namensnennung in der Überschrift eines Dokuments erfolgen.[75]

Nach dem Wortlaut des Gesetzes genügt es, wenn der Name in einer Weise der Erklärung 128 hinzugefügt wird, dass der Aussteller eindeutig zu erkennen ist.[76] Dies zeigt zum einen der Vergleich mit dem Wortlaut von § 126b BGB, der nicht nur systematisch in unmittelbarer Nähe zu § 126a BGB steht, sondern auch im gleichen Gesetzgebungsverfahren geschaffen wurde. § 126b BGB verlangt ausdrücklich, dass der Abschluss der Erklärung durch Nachbildung der Namensunterschrift oder anders erkennbar gemacht wird. Wenn demgegenüber § 126a BGB nur die Nennung des Namens ohne Hinweis auf den Abschluss der Erklärung verlangt, zeigt dies, dass die Abschlussfunktion anders erfüllt wird.

Tatsächlich wird bei elektronischer Form die **Abschlussfunktion** durch die elektro- 129 nische Signatur erfüllt. Es ist nämlich zwingend, dass die qualifizierte elektronische Signa-

---

[67] Vgl. jurisPK-BGB/*Junker* § 126 Rn. 79, Liste der Ausnahmen bei Rn. 81, 82.
[68] jurisPK-BGB/*Junker* § 126 Rn. 82.
[69] Zustimmung für erforderlich hält jurisPK-BGB/*Junker* § 126 Rn. 83 unter Darstellung des Meinungsstandes.
[70] Etwa *Roßnagel* NJW 2001, 1817 (1825).
[71] So aber jurisPK-BGB/*Junker* § 126 Rn. 82.
[72] Anders als bei der eigenhändigen Unterschrift, wo die Hinzufügung des Namens neben der Unterschrift nicht erforderlich ist, vergleiche BAG Urt. v. 20.9.2006 – 6 AZR 82/06, BAGE 119, 311, Rn. 74.
[73] jurisPK-BGB/*Junker* § 126a Rn. 25.
[74] Darauf weist *Roßnagel* NJW 2001, 1817, (1825) zu Recht hin.
[75] Palandt/*Heinrichs*, 65. Aufl. 2006, § 126a Rn. 8.
[76] jurisPK-BGB/*Junker* § 126a Rn. 27.

tur⁷⁷ den Abschluss der Erklärung darstellt. Wie oben bei den technischen Grundlagen beschrieben, umfasst die Signatur einen elektronischen Fingerabdruck der Erklärung. Jede nachträgliche Veränderung der Erklärung macht die elektronische Signatur ungültig. Außerdem muss bei qualifizierten elektronischen Signaturen sichergestellt sein, dass die Signatur nur durch **bewusste Handlung des Signierenden** erstellt werden kann und dass der Signierende sich dazu durch Besitz der Signaturkarte und Kenntnis der PIN ausweist (erst in der Zukunft wird es möglich sein, an Stelle der PIN biometrische Merkmale, zB Iriserkennung oder Fingerabdruck, einzusetzen). Deshalb wird die Abschlussfunktion durch die qualifizierte elektronische Signatur ausreichend abgebildet. Eine zusätzliche Namensunterschrift in der Erklärung ist vom Gesetz nicht vorgesehen. Es wird jedoch auch die Auffassung vertreten, dass die Abschlussfunktion der Namensunterschrift nur gewährleistet sei, wenn der Name (auch) am Ende der Erklärung genannt wird.⁷⁸

Beispiel:
Die Zustimmungsverweigerung eines Betriebsrates gegen eine personelle Maßnahme entspricht beispielsweise nicht dem Schriftlichkeitsgebot aus § 99 Abs. 3 S. 1 BetrVG, wenn diese in elektronischer Form ohne qualifizierte elektronische Signatur im Sinne von § 126a BGB übermittelt wird.⁷⁹ Eine dem FG elektronisch übermittelte Klagerücknahme ist auch dann wirksam, wenn die im elektronischen Rechtsverkehr übermittelte Rücknahmeerklärung eine negative Signaturprüfung aufweist, weil diese im Jahr 2004 nach dem seinerzeit geltenden § 77a FGO aF nicht zwingend mit einer elektronischen Signatur nach dem Signaturgesetz versehen sein musste.⁸⁰

130 Sofern es sich nicht um eine einseitige Willenserklärung, sondern um einen **Vertrag** handelt, legt § 126 BGB nahe, dass nunmehr eine elektronische Datei von beiden Parteien mit einer qualifizierten elektronischen Signatur zu versehen ist. Auf eine derartige Regelung hat der Gesetzgeber im Hinblick auf die – jedenfalls zum damaligen Zeitpunkt diskutierten – **Probleme der mehrfachen Signatur** einer Datei verzichtet und unmittelbar eine dem § 126 Abs. 2 Satz 2 BGB entsprechende Regelung getroffen an, wonach „die Parteien jeweils ein gleichlautendes Dokument" elektronisch signieren müssen. Die Schriftform wird jedoch auch gewahrt, wenn die Parteien stattdessen ein einziges elektronisches Dokument mit ihrer Signatur versehen.

131 Neben der dargestellten elektronischen Form hat der Gesetzgeber in § 126b BGB mit der Textform **eine weitere Form** geschaffen. Begründet wurde die neue Regelung damit, dass in vielfältigen Bereichen ein Bedürfnis für eine **Erleichterung** der bestehenden Formerfordernisse gegeben sei. Mittlerweile hat der Gesetzgeber für etliche Fälle im BGB und außerhalb des BGB die Textform vorgeschrieben.⁸¹

132 Diese setzt voraus, dass
- die Erklärung in einer Urkunde oder auf andere zur dauerhaften Wiedergabe in Schriftzeichen geeignete Weise abgegeben,
- die Person des Erklärenden genannt und
- der Abschluss der Erklärung durch Nachbildung der Namensunterschrift oder anders erkennbar gemacht wird.

Dies ist kompliziert formuliert. Dennoch sind die Anforderungen relativ einfach zu erfüllen.

133 Das erste Erfordernis ist, dass die **Erklärung verkörpert** wird. Der einfachste Fall ist die Verkörperung in einer Urkunde. In diesem Fall fehlt nur noch die Unterschrift zur traditionellen Schriftform. Die Alternative dazu ist, dass die Erklärung in einer anderen, zur dauerhaften Wiedergabe geeigneten Weise abgegeben wird. Unter diesem Kriterium versteht man,

---

⁷⁷ BGH Urt. v. 9.11.2007 – V ZR 25/07, NJW 2008, 506.
⁷⁸ *Lorenz*, Lehrbuch zum neuen Schuldrecht Rn. 25. Deshalb wird die Namensnennung am Ende vorsorglich empfohlen, um die potentielle Unwirksamkeit der Erklärung zu vermeiden.; jurisPK-BGB/*Junker* § 126a Rn. 27.
⁷⁹ LAG BW Beschl. v. 1.8.2008 – 5 TaBV 8/07 (Rechtsbeschwerde eingelegt unter dem Aktenzeichen 1 ABR 84/08), BB 2008, 2121; HessLAG Beschl. v. 18.9.2007 – 4 TaBV 83/07 (anhängig BAG, Az: 1 ABR 93/07), ArbuR 2008, 77.
⁸⁰ BFH Urt. v. 26.10.2006 – V R 40/05, MMR 2007, 233.
⁸¹ Vergleiche dazu die Auflistung bei jurisPK-BGB/*Junker* § 126b Rn. 8, 9.

dass die Erklärung zunächst dem Zugriff des Erklärenden entzogen ist und dieser keine Veränderungen an der Erklärung mehr vornehmen kann. Deshalb werden auch Erklärungen, die lediglich auf Internetseiten verkörpert sind, nicht der Textform gerecht.[82] Vielmehr ist eine Verkörperung auf einem **Datenträger** (CD-ROM, DVD, Festplatte, mobiler Datenträger etc) oder durch E-Mail nötig, um die Anforderungen zu erfüllen.[83]

Zudem muss die Erklärung zur **dauerhaften Wiedergabe in Schriftzeichen** geeignet sein. Dadurch werden rein akustische Erklärungen, reine Zeichnungen oder Videos ohne Text ausgeschlossen. Der Gesetzgeber hat sich dafür entschieden, derartige Erklärungen nur zuzulassen, wenn sie in Schrift verkörpert werden können. Ein Grenzfall werden sicherlich Schriften mit vielen grafischen Elementen sein, wenn diese noch gewisse Ähnlichkeiten mit einer Schrift besitzen. Zweifelhaft ist, ob Pläne und andere Grafiken als Textform angesehen werden können.[84]

Betrachtet man allerdings die Fälle, in denen das Gesetz Textform vorschreibt, dürfte die Abgabe der entsprechenden Erklärungen als Grafiken oder Zeichnungen eher selten sein. Wahrscheinlich würde der Erklärende eher das Bedürfnis haben, die entsprechende Erklärung als Sound- oder Videodatei aufzuzeichnen. Damit würde jedoch der Textform nicht genügt.

Ob der oder die Empfänger einer derartigen Erklärung tatsächlich in der Lage sind, die Erklärung in Schriftzeichen wiederzugeben, ist für die Wirksamkeit der Erklärung unerheblich. Es genügt, dass die Erklärung in Textform grundsätzlich in Schriftzeichen wiedergegeben werden kann. Sofern allerdings der Absender bei empfangsbedürftigen Willenserklärungen dafür sorgen muss, dass die Erklärung dem Empfänger auch zugeht, muss er vorher prüfen, ob der Empfänger derartige Erklärungen entgegennehmen und wiedergeben kann. Die Möglichkeit der Wiedergabe ist insbesondere bei Dateiformaten zu prüfen, die nicht gängig sind. Bereits bei dem populären plattformübergreifenden **Portable Document Format (PDF)** können daran berechtigte Zweifel aufkommen. Auch dieses Format ist nur lesbar, wenn auf dem Computer der **Adobe Reader** oder andere Software installiert ist. Diese Software wird zwar im Internet kostenlos bereitgestellt, jedoch ist nicht jeder Computer damit ausgestattet. Es ist nicht entschieden, ob der Empfänger von Erklärungen verpflichtet ist, diese Software auf seinem Computer zu installieren. Die Mehrzahl der Nutzer wird allerdings die Software installiert haben, weil in großem Umfang Dokumente mit diesem Format im Internet verbreitet werden.

Probleme kann dieses Format insbesondere im Zusammenhang mit der **Barrierefreiheit** bereiten. Während nämlich Dateien in den Formaten html oder doc beispielsweise in Braille-Schrift umgewandelt werden können, ist dies bei pdf (noch) nicht der Fall.

Zudem muss die **Person des Erklärenden** genannt werden. Eine Möglichkeit besteht darin, wie bei der elektronischen Form den Namen zu nennen. Allerdings gibt es aufgrund des gegenüber § 126a BGB abweichenden Wortlauts weitere Möglichkeiten. Es genügt nämlich, dass die Person des Erklärenden genannt wird. Dies kann auch durch andere, zwischen den Beteiligten gebräuchliche oder verständliche Bezeichnungen (Spitznamen etc) oder aus dem Gesamtzusammenhang der Erklärung erfolgen.[85]

Ähnlich wie bei der Schriftform kommt es auch hier nach überwiegender Auffassung nicht darauf an, wer die Erklärung tatsächlich abgibt, sondern es ist der Name des Geschäftsherrn maßgebend. Daher ist nicht der Erklärungsbote namentlich zu bezeichnen. Ein echter Vertreter erfüllt eigentlich die Voraussetzungen, dass sein Name genannt wird. Genau wie bei der Schriftform ist es jedoch auch zulässig, dass der Vertreter im Namen des Vertretenen handelt.[86]

Zusätzlich muss der **Abschluss der Erklärung** durch Nachbildung der Namensunterschrift oder anders erkennbar gemacht werden. Dies kann auf verschiedene Weise erfolgen, etwa

---

[82] jurisPK-BGB/*Junker* § 126b Rn. 13.
[83] jurisPK-BGB/*Junker* § 126b Rn. 12 f.
[84] jurisPK-BGB/*Junker* § 126b Rn. 15.
[85] jurisPK-BGB/*Junker* § 126b Rn. 17.
[86] MüKoBGB/*Einsele* § 126b Rn. 5.

durch die Nennung des Namens am Textende, ein Faksimile, eine eingescannte Unterschrift, einen Zusatz, wonach die Erklärung auch ohne Unterschrift gültig ist.[87]

141 In der Praxis, insbesondere des elektronischen Rechtsverkehrs, spielen jedoch gesetzliche **Formerfordernisse** nur am Rande eine Rolle. Bei den meisten Vorgängen des täglichen Rechtsverkehrs gibt es entweder keine oder nur eine vertraglich vereinbarte Formvorschrift. Soweit die Parteien vertraglich Schriftform vereinbart haben, gelten nach § 127 Abs. 1 BGB im Zweifel auch hierfür die Vorschriften der §§ 126, 126a und 126b BGB.

142 Generell geht die Rechtsprechung davon aus, dass Parteivereinbarungen über ein Schriftformerfordernis eng auszulegen sind.[88] Ausdrücklich erleichtert § 127 Abs. 2 BGB die Anforderungen bei vertraglich vereinbarter Schriftform: Zur Wahrung der durch Rechtsgeschäft bestimmten schriftlichen Form genügt, soweit nicht ein anderer Wille anzunehmen ist, die **telekommunikative Übermittlung** und bei einem Vertrag der Briefwechsel.

143 Mit dem Begriff telekommunikative Übermittlung ist die Übermittlung der Erklärung mittels Telekommunikationsanlagen gemeint. Telekommunikationsanlagen sind gemäß § 3 Nr. 23 TKG technische Einrichtungen oder Systeme, die als Nachrichten identifizierbare elektromagnetische oder optische Signale senden, übertragen, vermitteln, empfangen, steuern oder kontrollieren können.[89]

Beispiele für derartige Übermittlung sind **Telegramm, Telefax oder E-Mail.** Auch ein Computerfax reicht aus, wenn es die Vorgaben der Textform erfüllt.

144 Die Formerleichterung bezieht sich ausschließlich auf die Übermittlung der Erklärung, nicht aber das formwirksame Zu-Stande-Kommen.[90] Der Gesetzgeber hat in § 127 Abs. 2 BGB nur die telekommunikative Übermittlung einer eigenhändig unterzeichneten Erklärung (etwa durch Telefax, Computerfax, Fax oder eingescannte Erklärung mittels E-Mail) der Übersendung des Originals gleichgestellt.[91] Dies wird auch durch den Vergleich zum zweiten Unterfall „Briefwechsel" gezeigt.

145 Die Formerleichterung betrifft daher Fälle, in denen ein **Original mit eigenhändiger Unterschrift** hergestellt, allerdings nur (als Kopie) mit telekommunikativen Mitteln übertragen wurde. Die einfache E-Mail oder das direkt aus Word mit eingescannter Unterschrift hergestellte Computerfax zählen hierzu nicht.

146 Die zweite Alternative beschreibt das Einhalten der vertraglich vereinbarten Schriftform im Falle des **Abschlusses eines Vertrages.** In diesem Fall genügt der Briefwechsel. Unter Abschluss eines Vertrages ist jede Form des Vertragsabschlusses zu sehen. Auch Änderungsverträge fallen unter die Vorschrift.

147 Briefwechsel bedeutet grundsätzlich den Austausch von Briefen in Form von eigenhändig unterzeichneten Urkunden, die üblicherweise in verschlossenen Umschlägen übermittelt werden.[92] Im Hinblick auf § 126a BGB sollte jedoch auch die elektronische Form ausreichend sein. Die persönliche Übergabe von zwei unterzeichneten Vertragsausfertigungen an den Vertragspartner und dessen anschließende Fax-Bestätigung genügen nach einer Entscheidung des LG Berlin zur Wahrung der Schriftform wegen der ausdrücklichen Regelung in § 127 BGB nicht, da kein Briefwechsel gegeben ist.[93]

Die Erleichterung der vertraglich vereinbarten Schriftform gilt jedoch nur dann, wenn kein anderer Wille der Parteien anzunehmen ist.

148 Vereinbaren die Parteien in einem gerichtlichen Vergleich, dass der Widerruf des Vergleiches schriftlich gegenüber dem Gericht zu erfolgen hat, ist im Zweifel anzunehmen, dass für diese Willenserklärung die Formerfordernisse gelten sollten, die auch für bestimmende Schriftsätze im Rechtsstreit gelten (§ 130 ZPO).[94] Erfolgt der Widerruf durch ein Computer-Fax und enthält dieses Dokument weder die – eingescannte – Unterschrift des Rechtsanwal-

---

[87] MüKoBGB/*Einsele* § 126b Rn. 6; weitere Beispiele bei jurisPK-BGB/*Junker* § 126b Rn. 21 ff.
[88] OLG Frankfurt Urt. v. 4.3.2005 – 24 U 71/04, OLGR Frankfurt 2005, 521.
[89] jurisPK-BGB/*Junker* § 127 Rn. 2.
[90] jurisPK-BGB/*Junker* § 127 Rn. 3; *Nissel*, Neue Formvorschriften bei Rechtsgeschäften, S. 81.
[91] AG Wedding Urt. v. 26.2.2009 – 21a C 221/08, MMR 2009, 436 (red. Leitsatz), Rn. 17 ff.
[92] jurisPK-BGB/*Junker* § 127 Rn. 8.
[93] LG Berlin Urt. v. 24.11.2003 – 34 O 302/03, BeckRS 2003, 17165.
[94] LAG MV Urt. v. 9.8.2005 – 5 Sa 363/04.

tes noch einen förmlichen Hinweis auf den Namen des Rechtsanwalts, der das Dokument verantwortet, genügt dieses Dokument nicht den Anforderungen aus § 130 ZPO. Mit einem solchen Dokument kann das Widerrufsrecht nicht ausgeübt werden.[95]

Macht eine Partei von der erleichterten Möglichkeit zur Einhaltung der vereinbarten Schriftform Gebrauch, kann die andere Partei nachträglich eine Beurkundung in der Form des § 126 BGB verlangen. Die Wirksamkeit der zuvor abgegebenen Erklärung wird dadurch nicht berührt. Vielmehr hat die Partei lediglich die Möglichkeit, zur Erleichterung von Beweisen eine zusätzliche Urkunde mit gleichem Inhalt anzufordern.

Noch weiter geht der Gesetzgeber mit der Erleichterung bei der Einhaltung der vertraglich vereinbarten elektronischen Form. In diesem Fall genügt auch eine andere als die in § 126a BGB vorgeschriebene elektronische Signatur. Bei einem Vertrag genügen Angebot und Annahme, die mit einer elektronischen Signatur versehen sind.

In beiden Fällen wird ausdrücklich eine **elektronische Signatur,** nicht jedoch eine qualifizierte elektronische Signatur verlangt. Im Hinblick auf die Begriffsbestimmungen in § 2 SigG genügt daher eine einfache elektronische Signatur zur Wahrung der vertraglich vereinbarten elektronischen Form.

Sofern bei vereinbarter elektronischer Form eine Erklärung mit einer anderen als einer qualifizierten elektronischen Signatur versehen ist, kann der Erklärungsempfänger – ähnlich wie bei § 127 Abs. 2 Satz 3 BGB – verlangen, dass ihm gegenüber diese Erklärung entsprechend den Vorgaben des § 126a BGB abgegeben wird. Auch wird die Wirksamkeit der Erklärung oder des Vertrages durch dieses Verlangen nicht beeinträchtigt. Vielmehr geht es ausschließlich um die **spätere Beweisbarkeit.** Nur dann, wenn die (oder eine) erklärende Partei nicht in der Lage ist, eine Erklärung in der Form des § 126a BGB abzugeben, kann eine Erklärung in der Form des § 126 BGB verlangt werden.

Bei vertraglich vereinbarter Schriftform sollte daher mit den Mandanten genau besprochen werden, welche Formvorschriften sinnvollerweise vereinbart werden. Dabei ist zu klären, ob und aus welchem Grund die Mandanten auf die Einhaltung bestimmter Formen Wert legen. Sodann muss besprochen werden, welche Form für die Erklärungen vereinbart werden soll und wie dies am besten vertraglich umgesetzt werden kann. Man sollte sich nicht darauf verlassen, dass Gerichte später aus unklaren Vorgaben den Willen der Parteien ermitteln.

Gerade in IT-Projekten wünschen die Parteien häufig keine Schriftform, sondern sind an die Kommunikation mittels E-Mail gewöhnt. In diesen Fällen sollte keine andere Formvorschrift vereinbart werden. Schließlich gilt zu bedenken, dass insbesondere der BGH bei der nachträglichen Änderung vereinbarter Formvorschriften sehr großzügig ist.

Sofern die Parteien bestimmte Vorstellungen über die Form von Vertragserklärungen oder Vertragsergänzungen haben, sollte dies ausdrücklich in den Vertrag aufgenommen werden. Hilfreich wird es zudem sein, den **Zweck dieser Formvorschriften** ausdrücklich zu erwähnen. Dies erleichtert in Zweifelsfällen die Auslegung, ob die tatsächlich gewählte Form der vertraglich vereinbarten Form gleichzustellen ist oder nicht.

d) Vergabe von Zertifikaten. Qualifizierte Zertifikate dürfen nur unter Beachtung der Vorgaben des Signaturgesetzes zur Identifizierung des Antragstellers ausgegeben werden. Der Zertifizierungsdiensteanbieter hat nach § 5 Abs. 1 SigG Personen, die ein qualifiziertes Zertifikat beantragen, zuverlässig zu identifizieren. Die **Identifikation** ist nach § 3 SigVO anhand des Personalausweises oder eines Reisepasses, der auf eine Person mit Staatsangehörigkeit eines Mitgliedstaates der Europäischen Union oder eines Staates des Europäischen Wirtschaftsraumes ausgestellt worden ist, oder anhand von Dokumenten mit gleichwertiger Sicherheit vorzunehmen.

Die Identifizierung erfolgt entweder durch den Zertifizierungsdiensteanbieter selbst oder in seinem Auftrag durch das so genannte **PostIdentVerfahren,** bei dem sich der Antragsteller mit den Unterlagen zu einer Postfiliale begibt und dort identifiziert wird.

Es ist zwar nicht grundsätzlich nötig, dass der Antragsteller mit seinem natürlichen Namen in das Zertifikat aufgenommen wird. Vielmehr kann der Antragsteller nach § 5 Abs. 3

---

[95] LAG MV Urt. v. 9.8.2005 – 5 Sa 363/04.

SigG verlangen, dass er im Zertifikat mit einem ausdrücklich als solchen erkennbaren **Pseudonym** bezeichnet wird.

159 Allerdings ist in manchen Gesetzen vorgesehen, dass eine qualifizierte elektronische Signatur nur dann zugelassen wird, wenn dabei nicht ein Pseudonym verwendet wird. Außerdem ist in den Fällen, in denen in ein Zertifikat mit Pseudonym die Vertretungsmacht für eine dritte Person aufgenommen werden soll, die Zustimmung dieser dritten Person auch zur Verwendung des Pseudonyms einzuholen. Damit soll sichergestellt werden, dass der Vertretene weiß, wer ihn unter einem Pseudonym vertritt, um die Zuordnung zum Namen zu ermöglichen.

160 Ein qualifiziertes Zertifikat muss nach § 7 SigG die nachfolgend beschriebenen **Angaben** enthalten und eine qualifizierte elektronische Signatur (in der Regel des Zertifizierungsdiensteanbieter) tragen:

- den Namen des Signaturschlüssel-Inhabers, der im Falle einer Verwechslungsmöglichkeit mit einem Zusatz zu versehen ist, oder ein dem Signaturschlüssel-Inhaber zugeordnetes unverwechselbares Pseudonym, das als solches kenntlich sein muss,
- den zugeordneten Signaturprüfschlüssel,
- die Bezeichnung der Algorithmen, mit denen der Signaturprüfschlüssel des Signaturschlüssel-Inhabers sowie der Signaturprüfschlüssel des Zertifizierungsdiensteanbieters benutzt werden kann,
- die laufende Nummer des Zertifikates,
- Beginn und Ende der Gültigkeit des Zertifikates,
- den Namen des Zertifizierungsdiensteanbieters und des Staates, in dem er niedergelassen ist,
- Angaben darüber, ob die Nutzung des Signaturschlüssels auf bestimmte Anwendungen nach Art oder Umfang beschränkt ist,
- Angaben, dass es sich um ein qualifiziertes Zertifikat handelt, und
- nach Bedarf Attribute des Signaturschlüssel-Inhabers.

161 e) **Vergabe von Attributen – § 7 Ziff. 9 SigG.** Attribute sind weitere Angaben über den Signaturschlüsselinhaber, die auf dessen Wunsch in das qualifizierte Zertifikat aufgenommen werden können. Attribute sind **Eigenschaften des Signaturschlüsselinhabers**, die in bestimmten Zusammenhängen bei der Anwendung von qualifizierten Signaturen Bedeutung erlangen können.

162 So könnte der Signaturschlüsselinhaber ein Interesse daran haben, dass sein **Geburtsdatum** im Zertifikat genannt wird. Mit dieser Angabe könnte ihm der Zugang zu Angeboten im Internet eröffnet werden, wenn dieser Zugang abhängig vom Alter ist.

163 Als Attribut kommt auch in Betracht, dass dem Signaturschlüsselinhaber **Vertretungsmacht** für bestimmte Personen zugeordnet ist. Anders als bei der Zuordnung des Zertifikates ist hier nicht auf natürliche Personen Bezug genommen worden. Daher ist es ohne weiteres möglich, dass der Signaturschlüsselinhaber auch Vertretungsmacht für **juristische Personen** erhält also zB im Sinne der **Vertretungsmacht für ein Unternehmen** (Prokura, Handlungsvollmacht etc). Er kann auch seine Stellung als **Organ einer juristischen Person** (Geschäftsführer, Vorstand etc) als Attribut in ein qualifiziertes Zertifikat aufnehmen. Die Vertretungsmacht darf allerdings vom Zertifizierungsdiensteanbieter nur dann in das Zertifikat aufgenommen werden, wenn diese Vertretungsmacht nachgewiesen ist.

164 Besonders für **Rechtsanwälte** ist es interessant, ihre Stellung als Rechtsanwalt durch ein Attribut im Zertifikat nachzuweisen. Dies ist möglich, wenn die Einwilligung der Rechtsanwaltskammer vorgelegt wird. Praktisch erfolgt dies durch Nachfrage des Zertifizierungsdiensteanbieters bei der zuständigen Rechtsanwaltskammer. Der Vorteil dieses Attributs besteht darin, dass durch das Attribut deutlich gemacht wird, dass der Signaturzertifikatsinhaber in seiner Rolle als Organ der Rechtspflege handelt in Abgrenzung zum Handeln als natürliche Person.

165 f) **Gültigkeitsdauer und Sperrung von Zertifikaten.** Nach § 7 Ziffer 5 SigG sind auch Beginn und Ende der Gültigkeit des Zertifikates anzugeben. Damit soll dem Empfänger einer qualifiziert elektronisch signierten Nachricht die Möglichkeit eröffnet werden, festzustellen, in welchem Zeitraum ein Zertifikat gültig ist.

Nach § 8 SigG müssen Vorkehrung dafür getroffen werden, dass Zertifikate ihre Gültigkeit verlieren. Ein nahe liegender Grund ist, dass der Signaturschlüsselinhaber sein Zertifikat, seine sichere Signaturerstellungseinheit (Signaturkarte) oder seine PIN verliert. In diesem Falle kann, insbesondere wenn Signaturkarte und PIN gemeinsam verloren gehen, mit der Signaturkarte unerkannt im Namen des Signaturschlüsselinhabers qualifiziert elektronisch signiert werden. Deshalb ist der Signaturschlüsselinhaber nach § 7 SigVO darüber zu unterrichten, dass und wie (einschließlich Telefonnummer) das Zertifikat jederzeit widerrufen werden kann. Der Zertifizierungsdiensteanbieter muss vor der **Sperre** sicherstellen, dass tatsächlich eine berechtigte Person die Sperre verlangt. Gründe für die Sperre muss der Berechtigte nicht angeben.

Sofern im Zertifikat die Berechtigung zur **Vertretung einer anderen Person** aufgenommen ist, kann auch diese Person die Sperrung des Zertifikates verlangen. Sind im Zertifikat **berufsbezogene oder sonstige Angaben** zu einer Person enthalten, kann auch die für die berufsbezogenen Angaben zuständige Stelle die Sperrung des Zertifikates verlangen.

Die Sperrung des Zertifikates führt dazu, dass nicht nur die Attribute, sondern das **gesamte Zertifikat** nicht mehr verwendet werden kann. Nicht immer ist dies tatsächlich gewünscht. Wenn jemand nicht mehr vertretungsberechtigt für eine dritte Person ist oder seine berufliche Tätigkeit als Rechtsanwalt aufgibt, möchte er möglicherweise doch noch von dem qualifizierten Signatur-Zertifikat Gebrauch machen und qualifiziert elektronisch signieren.

Um dies zu gewährleisten, kann man die Attribute nicht nur in das qualifizierte Signaturzertifikat aufnehmen, sondern auch zu diesem Signaturzertifikat weitere **Attributzertifikate** hinzufügen. Der Vorteil ist, dass die Sperre wegen Wegfall eines Attributs nur dieses Attributzertifikat betrifft. Weiterer Vorteil ist, dass der Signaturschlüsselinhaber nicht bei jeder Signatur sämtliche Attribute offenlegen muss. Vielmehr kann er – je nach Situation – nur die gerade notwendigen Attributzertifikate mit der Signatur übermitteln.

Ein **qualifiziertes Attributzertifikat** muss nicht alle der oben genannten und in § 7 SigG genannten Angaben enthalten. Es genügt, dass es eindeutig auf ein bestimmtes Signaturzertifikat verweist. Das Attributzertifikat hängt insoweit vom Signaturzertifikat ab, als es ohne das Signaturzertifikat keine eigenständige Bedeutung hat. Nach Ablauf oder Sperre des Signaturzertifikats verliert daher das Attributzertifikat ebenfalls seine Wirkung.

g) **Eingeschränkte Authentizität.** Das Erstellen einer qualifizierten elektronischen Signatur hat folgende **zwei Voraussetzungen:** Besitz der Signaturkarte und Kenntnis der PIN.

Erst in der Zukunft werden neben oder an Stelle der PIN biometrische Merkmale[96] treten, zB: Fingerabdruck, Iris- oder Retina-Merkmale (Regenbogenhaut, Augenhintergrund), Stimme und Sprachverhalten (Sprechererkennung), Gesichtserkennung, Handgefäßstruktur/Venenerkennung, oder Tippverhalten auf Tastaturen.

Damit kann eindeutig nachgewiesen werden, dass die Signatur unter Verwendung eines bestimmten Signaturschlüssels erstellt wurde, nicht jedoch von wem. Für den Vorgang der Signatur spielt es keine Rolle, wer das Gerät bedient und daher besteht ohne biometrische Merkmale nur eine eingeschränkte Authentizität. Insofern ist die Regelung zum Beweiswert der Signaturen richtig, die eine widerlegbare Vermutung für die Echtheit der Signatur, aber mehr nicht begründet.

h) **Beschränkung der Anwendung von Signaturen.** Grundsätzlich stellt § 126a BGB die qualifiziert elektronisch signierte Erklärung einer eigenhändig unterzeichneten Erklärung gleich, soweit nicht die elektronische Form ausdrücklich in der entsprechenden Formvor-

---

[96] Mit solchen biometrischen Merkmalen wird man eindeutig feststellen können, welche Person die Signaturkarte genutzt hat. Derzeit sind diese Systeme noch nicht so weit entwickelt, dass alle Probleme gelöst sind und ein flächendeckender Einsatz möglich ist. Ein generelles Problem aller biometrischen Merkmale besteht darin, dass idealerweise der Berechtigte immer als Berechtigter erkannt wird, während Unberechtigte stets zutreffend als solche erkannt werden. Tatsächlich gibt es bei allen diesen Merkmalen gewisse Unschärfen. Dies führt dazu, dass bei strenger Kontrolle zwar alle Unberechtigten abgewiesen werden, jedoch auch berechtigte Benutzer (manchmal) nicht zugelassen werden. Senkt man die Kontrollanforderungen ab, werden zwar die Berechtigten zuverlässig zugelassen, einige Unberechtigte jedoch auch. Ein weiteres Problem der biometrischen Merkmale besteht darin, ihr Vorhandensein möglichst flexibel auch in fremder Umgebung prüfen zu können, ohne jedoch die biometrischen Merkmale allgemein bekannt zu geben.

schrift ausgeschlossen wurde. Damit ist die Möglichkeit eröffnet, die meisten Erklärungen, die man schriftlich abgeben kann, auch elektronisch abzugeben.

174 Diese Möglichkeit ist jedoch ohne Verwendung von **biometrischen Merkmalen** mit Risiken verbunden. Sobald die Karte mit PIN in fremde Hände gelangt, kann der Besitzer der Karte in vollem Umfang im Namen des Betroffenen handeln, ohne dass jemand im Internet oder außerhalb des Internets dies erkennen kann.

Um die Nutzer in die Lage zu versetzen, die drohenden Gefahren zu begrenzen, kann man in das Signaturzertifikat **Beschränkungen für die Anwendung** eintragen lassen.

175 Das Signaturgesetz selbst enthält keine Vorgaben für Form und Inhalt dieser Beschränkungen. Nach dem Gesetz wäre es daher zulässig, Beschränkungen in der Verwendung der Zertifikate ganz frei zu formulieren. Denkbar wäre beispielsweise, ein Signaturzertifikat nur für die qualifizierte elektronische Signatur von ausgehenden Rechnungen oder nur für die qualifizierte elektronische Signatur von gerichtlichen Schriftsätzen eines Rechtsanwalts zuzulassen. Umgekehrt könnte man auch bestimmte Rechtsgeschäfte, etwa Ratenzahlungsvereinbarungen, ausschließen.

176 Weit verbreitet ist die summenmäßige Begrenzung auf **Rechtsgeschäfte bis zu einem bestimmten Betrag**. Manche Implementierungen der qualifizierten elektronischen Signatur erlauben auch nur diese Art der Beschränkung.

177 Noch nicht abschließend geklärt ist die Frage, welche Bedeutung diese summenmäßigen Beschränkungen haben. Man könnte diese Begrenzung als **vorweggenommene Erklärung** auffassen, die Signaturkarte nur für Rechtsgeschäfte mit einem geringeren als dem angegebenen Wert nutzen zu wollen. Dann stellt sich Frage, ob durch eine nachträgliche Genehmigung der Willenserklärung über einen höheren Wert diese Beschränkung aufgehoben werden könnte. Eine andere Interpretation ist, die unter Verstoß gegen die Beschränkung zustande gekommene Signatur unabhängig vom Willen des Signaturschlüsselinhabers stets als unwirksam anzusehen.

178 Vereinzelt blieb die Entscheidung des FG Münster, das die Nutzung einer qualifizierten elektronischen Signatur bei einer Nutzungsbeschränkung auf maximal 100,– EUR als nicht wirksame Erklärung angesehen hat.[97]

179 **i) Haftung für Missbrauch.** Der Inhaber der Signaturkarte ist spätestens bei Übergabe der Karte eingehend über die Risiken zu informieren. Er ist damit verpflichtet, die ihm auferlegten **Sorgfaltspflichten** zu beachten. Insbesondere ist er verpflichtet, Signaturkarte und PIN getrennt voneinander aufzubewahren und insbesondere die PIN, aber auch die Signaturkarte selbst keinesfalls aus der Hand zu geben.

180 Kommt es dennoch zum Verlust von Signaturkarte und PIN, muss der Inhaber der Signaturkarte dafür die Verantwortung übernehmen. Die entstandenen Schäden müssen von ihm getragen werden. Dagegen kann sich der Betroffene nur durch sorgfältigen Umgang mit der Signaturkarte, die sofortige Sperre bei Verlust sowie durch eine Versicherung schützen.

181 Die Karte darf **nur persönlich** eingesetzt werden. Wenn es in Unternehmen häufiger vorkommt, dass der Inhaber der Signaturkarte nicht anwesend ist, um elektronische Signaturen auszuführen, sollte grundsätzlich ein sicherer Weg gesucht werden, auch in seiner Abwesenheit signieren zu können. Künftig wird dies durch Einführung elektronischer Siegel für juristische Personen möglich werden. Eine Variante dazu ist es, stets so viele Signaturkarten im Hause zu haben, dass sich auf jeden Fall ein Berechtigter findet, der mit seiner Signaturkarte eine ausreichende qualifizierte elektronische Signatur veranlassen kann.

4. Praxis elektronischer Signaturen

182 **a) Beweisbarkeit im Prozess.** Elektronische Dokumente werden im Prozess als **Augenscheinsobjekte** nach § 371 Absatz 1 Satz 2 ZPO eingeführt. Dies geschieht nach dem Gesetz durch **Vorlegung oder Übermittlung** der Datei.

---

[97] FG Münster Urt. v. 23.3.2006 – 11 K 990/05 F, EFG 2006, 994–997; aufgehoben durch BFH v. 20.6.2006 – XI R 22/06, DuD 2007, 304; *Roggenkamp* jurisPR-ITR 5/2006 Anm. 2; *Heckmann* jurisPR-ITR 1/2007 Anm. 3.

Genauso wie in der Praxis bei Urkunden trotz des Wortlauts von § 420 ZPO regelmäßig nicht das Original, sondern eine Kopie der Urkunde vorgelegt wird, wird bei elektronischen Dokumenten zunächst auch (jedenfalls beim traditionellen schriftlichen Verfahren) ein **Ausdruck** der Dokumente vorgelegt werden. Nur dann, wenn die Integrität (Wortlaut) oder Authentizität (Person des Erklärenden, Abgabe der Erklärung) in Streit stehen, wird in der Regel das Original der Urkunde beziehungsweise die elektronische Datei vorgelegt werden müssen. Nur an der elektronischen Datei selbst kann beispielsweise ein Sachverständiger Prüfungen zum Ablauf der Kommunikation und Echtheit der Erklärung vornehmen. Anhand des Ausdrucks ist dies so wenig möglich wie bei Kopien (auch Fax) einer normalen Schrifturkunde.

In den meisten Fällen gerichtlicher Auseinandersetzungen über schriftliche Urkunden oder elektronische Dokumente wird jedoch nicht über Integrität und Authentizität, sondern über Auslegung und Reichweite des Wortlauts der Erklärung gestritten. In diesen Fällen besteht zwischen Urkundenbeweis nach §§ 415 ff. ZPO und dem Beweis aufgrund elektronischer Dokumente kein Unterschied.

Vielfach wird der **Urkundenbeweis nach §§ 415 ff. ZPO** in der Reichweite falsch eingeschätzt. Tatsächlich handelt es sich dabei lediglich um eine Regelung zur Integrität der Urkunde. § 416 ZPO lautet:

„Privaturkunden begründen, sofern sie von den Ausstellern unterschrieben oder mittels notariell beglaubigten Handzeichens unterzeichnet sind, vollen Beweis dafür, dass die in ihnen enthaltenen Erklärungen von den Ausstellern abgegeben sind."

Der **Urkundenbeweis setzt** damit als Tatbestandsvoraussetzung die **Authentizität** der Unterschrift **voraus**. Nur für die echte Urkunde, bei der die Authentizität gewährleistet (oder jedenfalls nicht bestritten) ist, stellt der Urkundenbeweis eine Vermutung dafür dar, dass die über der Unterschrift enthaltene Erklärung in dieser Form von den Ausstellern abgegeben sei. Dem Unterzeichner bleibt der Nachweis eröffnet, dass die Erklärung später hinzugefügt oder verändert wurde.

Bei **elektronischen Dokumenten** ist der Beweiswert zunächst durch das Gericht nach § 286 ZPO im Rahmen der freien Beweiswürdigung zu ermitteln. Tatsächlich wird es auch bei elektronischen Dokumenten bei der Beobachtung bleiben, dass Authentizität und Integrität selten bestritten werden. Geschieht dies ausnahmsweise doch, hat der Beweisführer vollen Beweis für beides zu erbringen. Allein mit dem bestrittenen elektronischen Dokument wird dies nicht gelingen.[98] Elektronische Dokumente können allzu leicht erstellt, manipuliert oder verändert werden – dies gilt auch für das Fax. Auch bei diesem ist die Manipulation sehr einfach.

Dennoch sind im elektronischen Geschäftsverkehr sowohl **Telefax** als auch **E-Mail** anerkannte Kommunikationsmittel, ohne dass in nennenswertem Umfang bislang Streitigkeiten über die Authentizität oder Integrität bekannt geworden wären.

Durch den Einsatz **fortgeschrittener elektronischer Signaturen** werden allerdings zusätzliche Beweismöglichkeiten geschaffen. Nach § 2 Ziff. 2 lit. a) SigG sind fortgeschrittene elektronische Signaturen ausschließlich dem Signaturschlüssel-Inhaber zugeordnet.[99] Es kann damit ein **Nachweis der Authentizität** geführt werden. Zudem sind fortgeschrittene elektronische Signaturen nach § 2 Ziff. 2 lit. d) SigG mit der signierten Erklärung so verknüpft, dass eine nachträgliche Veränderung der Daten zuverlässig erkannt werden kann. Somit ist die Prüfung der **Integrität** möglich.

Bei fortgeschrittenen Signaturen liegt keine den Regelungen des Signaturgesetzes entsprechende Sicherheitsinfrastruktur zugrunde und es erfolgt auch keine Authentifizierung durch einen Dritten vor Ausstellung. Es ist mit den allgemein zugänglichen Programmen zur Erzeugung fortgeschrittener elektronischer Signaturen jedermann ohne weiteres möglich, unter beliebigen Namen Schlüsselpaare zu erzeugen, mit denen dann elektronische Signaturen erstellt werden können. Lediglich im Rahmen freiwilliger privater Initiativen, wie der Krypto-

---

[98] Roßnagel/Fischer-Dieskau MMR 2006, 806.
[99] Vgl. Spindler/Schuster/Gramlich § 2 SigG Rn. 7.

kampagne der Zeitschrift c't erfolgt eine Prüfung der Identität oder zB bei dem akkreditierten Zertifizierungsdiensteanbieter Bundesdruckerei, die auch fortgeschrittene Zertifikate gesondert von qualifizierten Zertifikaten vergibt.

191 Die öffentlichen Schlüssel der fortgeschrittenen Zertifikate, die jedermann für sich unter Angabe beliebiger Namen und E-Mail-Adressen anlegen kann, können auch von jedermann an die im Internet verfügbaren Keyserver beispielsweise für Schlüssel auf Basis von pgp gesendet werden. Anschließend sind diese Schlüssel innerhalb kurzer Zeit für jedermann abrufbar. Bei der Erzeugung des Schlüssels wird die E-Mail-Adresse abgefragt und unter dieser E-Mail-Adresse kann dann der öffentliche Schlüssel beim Keyserver gesucht werden. Die Sicherheit, dass ein Zertifikat, also die Zuordnung dieses öffentlichen Schlüssels (Signaturprüfschlüssel) zu einer E-Mail-Adresse korrekt ist, kann nur durch Bestätigung von anderen Personen erzeugt werden. Das Prinzip ist, dass man derartige Zertifikate, hat man sie als zutreffend erkannt, elektronisch signiert. Je mehr derartige Signaturen ein Zertifikat aufweisen kann, desto vertrauenswürdiger ist es.

192 Wer sich im Prozess auf eine mit fortgeschrittener elektronischer Signatur versehene Erklärung beruft, muss daher vortragen und beweisen, dass das **Zertifikat korrekt** ist. Mit anderen Worten muss er vortragen und beweisen, dass der von ihm als erklärende Person bezeichnete Mensch Inhaber des Signaturschlüssels ist. Eine Variante dazu ist, dass die Personen vor Beginn des Austauschs rechtlich relevanter Erklärungen eine ausdrückliche Vereinbarung darüber treffen, dass fortgeschrittene elektronische Signaturen verwendet werden. Gleichzeitig sollten die öffentlichen Schlüssel auf sicherem Wege ausgetauscht werden. Denkbar ist die Übergabe von Datenträgern. Eine Mischung aus Tradition und Moderne wäre es, die öffentlichen Schlüssel per E-Mail auszutauschen und anschließend durch eigenhändige Gegenzeichnung der ausgedruckten E-Mails den korrekten Empfang sowie den öffentlichen Schlüssel einschließlich des eindeutigen Fingerprints zu bestätigen. Möglich ist beispielsweise für **Anwälte**, den eigenen öffentlichen Schlüssel auf der Homepage zum Download bereitzuhalten. Dann können Mandanten diesen für verschlüsselte Nachrichten verwenden und die Signaturen des Rechtsanwalts auf Gültigkeit prüfen. Damit der Anwalt aber verschlüsselt an seinen Mandanten senden kann, benötigt er dessen öffentlichen Zertifikatsschlüssel.

193 Eine weitere Unsicherheit bei fortgeschrittenen Verfahren besteht darin, dass die **Programme nicht zertifiziert** sind. Insbesondere bei pgp, GNUpgp und ähnlichen Programmen geht man häufig allein aufgrund der Tatsache, dass es sich um OpenSource-Produkte handelt, von einer hohen Sicherheit aus. Tatsächlich ist der Quellcode dieser Programme offen gelegt und im Prinzip könnte jedermann diesen Quellcode überprüfen. Die bloße Möglichkeit der Kontrolle ersetzt jedoch keine Prüfung. Es gibt daher lediglich eine Vermutung dafür, dass diese allgemein weit verbreiteten Programme ausreichende Sicherheit besitzen. Der bekannte Whistleblower Edward Snowden empfiehlt pgp zur Wahrung der Privatsphäre bei E-Mails.[100]

194 Sollte im Rechtsstreit von der Gegenseite bestritten werden, dass das verwendete Programm ausreichende Sicherheit bietet, obliegt die Beweislast dafür zunächst demjenigen, der sich auf die Authentizität und Integrität der Erklärung beruft. Bislang sind keine Entscheidungen bekannt geworden, in denen die Beweiskraft fortgeschrittener Signaturen geprüft worden wäre.

195 Beim Einsatz qualifizierter elektronischer Signaturen gibt es deutliche Erleichterungen. Während das Signaturgesetz von 2001 die fortgeschrittenen elektronischen Signaturen lediglich definiert, finden sich dort für die qualifizierten elektronischen Signaturen eingehende Regelungen wie **detaillierte Anforderungen** an die Identifizierung der Signaturschlüsselinhaber, Sicherheitsanforderungen an die verwendete Software und Hardware, sowie eine Sicherheitsinfrastruktur und eine Kontrolle der Zertifizierungsdiensteanbieter. Mit den getroffenen Sicherheitsmaßnahmen kann der Gesetzgeber an qualifizierte elektronische Signaturen eine gesetzliche Vermutung binden. In anderen Fällen werden solche gesetzlichen Vermutungen nur aufgrund ausreichender Erfahrungswerte geregelt. Hier ist es das Vertrauen in die

---

[100] http://www.businessinsider.com/edward-snowden-email-encryption-works-against-the-nsa-2013-6?IR=T.

II. Recht der elektronischen Signaturen

gesetzliche Strukturierung der qualifizierten elektronischen Signatur und Ordnungsgemäßheit der Arbeitsweise de Zertifizierungsstellen.

Auf private elektronische Dokumente, die mit einer qualifizierten elektronischen Signatur versehen sind, finden gemäß § 371a Absatz 1 Satz 2 ZPO die Vorschriften über die Beweiskraft privater Urkunden entsprechende Anwendung,[101] dh entsprechend der Beweisregel des § 420 ZPO gilt eine **Vermutung** dafür, dass eine mit echter Unterschrift versehene Erklärung auch vollständig vom Unterzeichner abgegeben wurde.[102]

Bezüglich der Echtheit der Erklärung, also ihrer Zuordnung zum (angeblich) Erklärenden, enthält § 371a Absatz 1 Satz 2 ZPO eine **Beweislastumkehr.** Während sonst, auch bei privaten Urkunden in traditioneller Schriftform, der Beweis der Echtheit in vollem Umfang zu führen ist, gilt hier die **Vermutung der Echtheit,** die im Einzelfall widerlegt werden kann.

Der Anschein der Echtheit einer in elektronischer Form vorliegenden Erklärung, der sich auf Grund der Prüfung nach dem Signaturgesetz ergibt, kann nur durch Tatsachen erschüttert werden, die ernstliche Zweifel daran begründen, dass die Erklärung nicht vom Signaturschlüsselinhaber abgegeben worden ist. Mit Prüfung der Signatur ist die Prüfung mit einer nach § 17 Abs. 2 SigG und § 15 Abs. 2 SigVO geprüften Prüfsoftware gemeint.[103]

Zweifel an der Echtheit müssen, um die Vermutung widerlegen zu können, „ernsthaft" sein. Zweifel an der technischen oder organisatorischen Sicherheit beim Zertifizierungsdiensteanbieter werden kaum in Betracht kommen, da diese akkreditiert und damit umfassend geprüft sind.

Ernsthafte Zweifel können auf der **Unsicherheit der PC-Umgebung** bei der Erstellung der Signatur beruhen. In diesem Fall müsste der Inhaber des Signaturschlüssels behaupten und darlegen, die PC-Umgebung bei Ausstellung der Signatur sei durch manipulierte Software oder Viren oder andere schädliche Software unsicher gewesen und er hätte entweder gar nicht oder aber eine andere Erklärung signieren wollen. Sofern die Signatur in der IT-Umgebung des Signaturschlüsselinhabers erfolgte, ist diese Unsicherheit von ihm zu verantworten. Dies wird regelmäßig vom Empfänger der Erklärung nicht erkannt werden können, daher wird man das Risiko einer unechten Signatur regelmäßig dem Signierenden zuweisen.

Ähnlich wird man die **Risikoverteilung** einschätzen müssen, wenn die Signatur weder beim Signaturschlüsselinhaber noch beim Erklärungsempfänger erfolgt. Lediglich dann, wenn der Signaturschlüsselinhaber die Signatur beim Erklärungsempfänger in einer von diesem kontrollierten PC-Umgebung geleistet hat, kann man auch den Erklärungsempfänger für eventuelle Fehler oder Unsicherheiten bei der Signatur verantwortlich machen.

Eine eigene Beweisregel für öffentliche elektronische Dokumente enthält § 371a Abs. 2 ZPO. Zu der bereits besprochenen Voraussetzung, dass es sich um eine qualifizierte elektronische Signatur handelt, kommt als weitere Voraussetzung der Charakter als elektronisches Dokument, das von einer öffentlichen Behörde als öffentliches Dokument elektronisches Dokument erstellt wurde, hinzu.

Die **Beweiswirkung** geht hier deutlich weiter, als bei privaten Urkunden. Die gesetzliche Vermutung ist nach § 292 ZPO nur durch den Beweis des Gegenteils zu widerlegen. Die Unterscheidung von privaten und öffentlichen elektronischen Dokumenten entspricht der unterschiedlichen Beweiskraft bei privaten und öffentlichen Urkunden.[104]

Private elektronische Dokumente nach § 371a Abs. 1 ZPO können nur dann „Urkunde" im Sinne des § 580 Nr. 7b ZPO sein, wenn sie mit einer qualifizierten elektronischen Signatur (§ 2 Nr. 3 SignG) versehen sind.[105]

b) Justizkommunikation (aktueller Stand bis 31.12.2015 mit EGVP). Das Gesetz über die Verwendung elektronischer Kommunikationsformen in der Justiz v. 22.3.2005 (BGBl. I 2005, 837) hatte zum Ziel, die Grundlagen für den elektronischen Rechtsverkehr zu legen.

---

[101] KG Berlin Urt. v. 30.8.2007 – 12 U 34/97, KGR Berlin 2008, 115, „Urkunde" im Sinne des § 580 Nr. 7b ZPO.
[102] Vgl. *Hoeren/Sieber/Holznagel/Geis* Teil 13.2 Beweisqualität elektronischer Dokumente Rn. 21.
[103] Vgl. *Roßnagel/Fischer-Dieskau* NJW 2006, 806 (808).
[104] Vgl. *Roßnagel/Fischer-Dieskau* NJW 2006, 806 (808).
[105] KG KGR Berlin 2008, 115.

Die weiter bestehenden Hindernisse sollen durch das **Gesetz zur Förderung des elektronischen Rechtsverkehrs mit den Gerichten** vom 10.10.2013 beseitigt werden, das einen klaren Fahrplan zur Einführung des elektronischen Rechtsverkehrs in Deutschland setzt.[106]

206 Ein Hindernis ergibt sich derzeit noch daraus, dass es bislang jeweils einer Verordnung bedarf, um den elektronischen Rechtsverkehr im betreffenden Bundesland und für die jeweilige Gerichtsbarkeit bzw. das jeweilige Gericht zu eröffnen. Alleine die Eröffnung eines Postfachs eines Gerichtes genügt nicht, auch begründet dessen Nutzung keinen Wiedereinsetzungsantrag.[107] Demgegenüber werden nun ab 2018 alle Gerichte bundesweit für den elektronischen Rechtsverkehr geöffnet. Die Bundesrechtsanwaltskammer muss nach § 31a BRAO ab 1.1.2016 ein besonderes **elektronisches Anwaltspostfach** (beA) zur Verfügung stellen. Ab 2022 besteht für Rechtsanwälte die Verpflichtung zum elektronischen Einreichen und zum elektronischen Rechtsverkehr in allen Bundesländern.[108]

207 Erforderlich für den elektronischen Rechtsverkehr über das EGVP ist in jedem Fall die qualifizierte elektronische Signatur.[109] Nur mit qualifizierter elektronischer Signatur versehene Schriftsätze genügen den Formanforderungen an wirksame Schriftsätze.[110] Erst ab 2018 gibt es Alternativen zur qeS.

208 Die obersten Bundesgerichte und ihnen folgend eine Reihe von Landesjustizverwaltungen sowie Behörden haben das Elektronisches Gerichts- und Verwaltungspostfach (**EGVP**) eingerichtet.[111] Bei diesen ist die elektronische Kommunikation nur über dieses Postfach und nur bei Vorliegen einer entsprechenden Verordnung möglich.[112] Die Nutzung durch Anwälte setzt deren Registrierung beim EGVP und damit die Eröffnung eines Postfaches voraus. Die Anmeldung selbst erfordert keine qualifizierte elektronische Signatur oder andere Authentifizierung. Mit Einführung der besonderen elektronischen Anwaltspostfächer (beA) ab 1.1.2016 wird der aktuell kostenlos bereitgestellte EGVP-Client zum 31.12.2015 abgeschaltet. Die BRAK ist über die örtlichen Rechtsanwaltskammern für die Authentifizierung als Rechtsanwalt/Rechtsanwältin und Streichung bei Erlöschen der Zulassung verantwortlich.

209 Die hessischen Gerichte, insbesondere Justizkasse und Sozialgerichtsbarkeit, gehen dazu über, das EGVP auch für Gerichtskostenrechnungen und andere Zustellungen an die Rechtsanwälte zu nutzen. Nach Einrichtung ist das EGVP-Postfach (wie auch später das beA) daher auch auf Eingänge zu überwachen, um Rechtsnachteile zu vermeiden.[113]

> **Praxistipp:**
> Bei Einrichtung des EGVP ist unbedingt unter „Optionen" die „E-Mail-Benachrichtigung" einzustellen und eine regelmäßig überprüfte E-Mail-Adresse anzugeben. Insbesondere nach Einreichung von Klagen zur Unterbrechung der Verjährung sollte der Posteingang im EGVP regelmäßig überwacht werden.

210 Bei der Übertragung von Nachrichten mit dem EGVP können
- Schriftsätze/Schreiben,
- Anlagen,
- Beweismittel/Belege

---

[106] Gesetz zur Förderung des elektronischen Rechtsverkehrs mit den Gerichten vom 10. Oktober 2013 (BGBl. I S. 3786); vgl. dazu *Dommer* AnwBl 2014, 525; *Köbler* JurPC 2014, Web-Dok. 157/2014; *Kilian/Rimkus* AnwBl 2014, 913–918; *Müller* ASR 2013, 252; *Berlit* JurPC 2013, Web-Dok. 173/2013. Zum EGVP auch *Müller* in → § 45.
[107] OLG Düsseldorf Urt. v. 24.7.2013 – VI-U (Kart) 48/12, U (Kart) 48/12, BeckRS 2013, 13235.
[108] Die Änderungen ab 2016 sind nachfolgend unter c) dargestellt, → Rn. 240.
[109] LSG BW Urt. v. 4.8.2010 – L 2 SO 18/10, juris, Rn. 26; HessVGH Beschl. v. 3.11.2005 – 1 TG 1668/05, Orientierungssatz Nr. 2.
[110] LSG Bln-Bbg Beschl. v. 31. Juli 2014 – L 29 AS 1052/14 NZB; SächsLSG Beschl. v. 23.7.2014 – 4 E 59/14.
[111] Dazu ausführliche Darstellung bei *Berlit*, Das Elektronische Gerichts- und Verwaltungspostfach bei Bundesfinanzhof und Bundesverwaltungsgericht, JurPC Web-Dok. 13/2006.
[112] OLG Düsseldorf Urt. v. 24.7.2013 – VI-U (Kart) 48/12, U (Kart) 48/12.
[113] OLG Frankfurt Urt. v. 14.7.2014 – 23 U 261/13.

II. Recht der elektronischen Signaturen

angehängt werden. Es ist also möglich, einen Schriftsatz in einem unterstützten Format (beispielsweise Microsoft Word oder PDF) anzufertigen, auf dem eigenen System zu speichern und anzufügen. Der Schriftsatz ist nach überwiegender Auffassung nicht vorher elektronisch zu signieren. Die Signatur erfolgt vielmehr bei der Sendung insgesamt. Das bedeutet, dass alle Teile in einen „Container" zusammengefasst und mit einer einheitlichen Signatur versehen werden.

Von manchen Gerichten wird dagegen eingewendet, dass auf diese Weise kein wirksames Signieren des entsprechenden Schriftsatzes erfolge. Die **Containersignatur** wird dabei mit einer eigenhändigen Unterschrift auf dem Briefumschlag verglichen. Dabei wird jedoch übersehen, dass das Bundesverwaltungsgericht bereits früher die handschriftlich erfolgte Eintragung der Anschrift auf dem Umschlag als ausreichendes Äquivalent der eigenhändigen Unterschrift auf dem Schriftsatz angesehen hatte.[114] Der Wirksamkeit der Signatur steht jedoch – wie auch der BFH[115] zutreffend angenommen hat – ferner nicht entgegen, dass sie als sog „Containersignatur" verwendet wurde. Wesentlich ist der Sinnzusammenhang zwischen Text und Unterschrift. Dieser Sinnzusammenhang besteht auch bei einer „Containersignatur".[116] Weiterhin ist zu berücksichtigen, dass die Justizverwaltung für die Einrichtung des EGVP verantwortlich ist und sich nicht die Gerichte nachträglich darauf berufen können, dass dabei Fehler geschehen sind.

> **Praxistipp:**
> Auch wenn man den Schriftsatz als Anlage (PDF) einreicht, kann man Probleme mit der Signatur dadurch vermeiden, dass man ein signiertes und ein unsigniertes Exemplar einreicht. Noch einfacher ist es, nicht nur den Schriftsatz als Anlage beizufügen, sondern im Nachrichtenfenster selbst einzufügen: „in dem oben genannten Rechtsstreit überreichen wir anliegenden Schriftsatz nebst Anlagen."

Dadurch wird dem Argument der fehlenden Signatur der Boden entzogen, da diese Erklärung direkt signiert wird. Zusätzlich können Anlagen, Beweismittel oder Belege in elektronischer Form vorliegen.

Es ist gemäß § 133 Abs. 1 Satz 2 ZPO nicht erforderlich, elektronische Dokumente mehrfach (für Gegenanwalt und Mandant) einzureichen. Nicht allen Gerichten ist dies allerdings bekannt. Manche Gerichte fordern entweder Vervielfältigungsstücke an oder warten vor Sendung der Schriftsätze an die anderen Verfahrensbeteiligten auf den Eingang dieser Vervielfältigungsstücke.

> **Praxistipp:**
> Zumindest für eine Übergangszeit empfiehlt es sich, im Übertragungsfenster hinzuzufügen, dass Vervielfältigungsstücke nach § 133 Abs. 1 S. 2 ZPO sowie der beim jeweiligen Gericht geltenden Verordnung zur Einführung des elektronischen Rechtsverkehrs nicht einzureichen sind.

Eine **arbeitsteilige Organisation im Anwaltsbüro** kann dadurch abgebildet werden, dass bei Installation des EGVP-Client ein allen Kanzleimitgliedern zugängliches (also kanzleiintern freigegebenes) Laufwerk verwendet wird. Dann kann vom Sekretariat aus darauf zugegriffen und die Schriftsätze und Anlagen vorbereitet sowie adressiert werden. Ähnlich wie früher bei Vorlage der Unterschriftenmappe können dann die Anwälte von ihrem Arbeitsplatz aus das EGVP aufrufen und ihre Schriftsätze mit elektronischen Signaturen versehen.

---

[114] BVerwG v. 17.10.1968 – II C 112.65, BVerwGE 30, 274; *Skrobotz* jurisPR-ITR 8/2010 Anm. 3.
[115] BFH Urt. 18.10.2006 – XI R 22/06, MMR 2007, 234.
[116] BFH Urt. 18.10.2006 – XI R 22/06, MMR 2007, 234.

215 Vorteil dieser Kommunikation über das Gerichts- und Verwaltungspostfach ist, dass **Fehler bei der Adressierung vermieden** werden und von Seiten des Gerichts unmittelbar eine **Empfangsbestätigung** verschickt wird.

216 In der Rechtsprechung gibt es mittlerweile etliche Entscheidungen zum elektronischen Rechtsverkehr. Das LG Darmstadt hat am 7.12.2005 (Aktenzeichen: 18 T 28/05) beschlossen:

> Bestimmt die Satzung einer GmbH, dass die gesetzlich vorgeschriebenen Bekanntmachungen der Gesellschaft „nur im Bundesanzeiger" zu erfolgen haben, ist diese Regelung nach der Neufassung des § 12 GmbH durch das ab dem 1. April 2005 geltende Justizkommunikationsgesetz dahin zu verstehen, dass die Bekanntmachungen der Gesellschaft zwingend im **elektronischen Bundesanzeiger** zu veröffentlichen sind. Die Satzungsregelung meint die jeweils einschlägige Publikationsform des Bundesanzeigers; mithin vorliegend nicht mehr die Papierform.

217 Eine **betragsmäßige Begrenzung nach § 7 Nr. 7 SigG im Zertifikat** beschränkt nicht die Einsatzmöglichkeiten im elektronischen Rechtsverkehr, auch wenn Streitwert oder Kostenrisiko die Grenze überschreiten sollten. Der **BFH** hat zu Recht eine Entscheidung des **FG Münster**[117] aufgehoben und festgestellt, dass diese **Beschränkung nur auf den unmittelbar anschließenden Rechtsakt, nicht** aber auf indirekt damit verbundene Folgen bezogen sind.[118] Die mögliche Gefahr, dass der Prozessbevollmächtigte bei fehlender Vollmacht für Gerichtskosten einstehen muss, blieb daher außer Betracht.[119]

218 Im Falle der **Rücknahme einer Klage,** an die sich der Prozessbevollmächtigte nicht mehr gebunden fühlen wollte, hat das Finanzgericht Brandenburg sogar einer eigentlich nicht vorhandenen Signatur volle Wirksamkeit als Prozesserklärung zukommen lassen.[120]

219 Die Verwendung einer qualifizierten elektronischen Signatur ist für die Einlegung von **Rechtsmitteln beim BFH** nicht vorgeschrieben.[121] Bei der in § 52a Abs. 1 Satz 3 FGO vorgesehenen Regelung handelt es sich nach der Rechtsprechung des BFH um keine „muss"-Vorschrift.[122] Es genügt daher, wenn sich aus dem elektronischen Dokument in Verbindung mit den es begleitenden Umständen keine Zweifel über den Aussteller und seinen Willen ergeben, das Dokument in den Rechtsverkehr zu bringen.[123]

220 Bei einer Übermittlung von Schriftsätzen im elektronischen Rechtsverkehr gelten für die Beteiligten in **verwaltungsgerichtlichen Verfahren die gleichen Sorgfaltsanforderungen** und **Kontrollpflichten** wie bei einer Übersendung per Telefax.[124]

221 Ein **bestimmender Schriftsatz,** der lediglich als **einfache E-Mail** eingereicht wird, **wahrt nicht die für bestimmende Schriftsätze vorgeschriebener Form und ist unwirksam.**[125] Aus dem Nebeneinander der Vorschriften von § 130 ZPO und § 130a ZPO folgert der BGH, anders als der BFH für die ähnlich formulierten Regelung in § 52a Abs. 1 Satz 3 FGO, dass für elektronische Dokumente allein die Spezialvorschrift § 130a ZPO gelte. Als elektronisches Dokument ist eine E-Mail folglich nicht geeignet, die vorgeschriebene Schriftform zu wahren.[126] Die prozessuale Schriftform kann nur dann durch die elektronische Form ersetzt werden, wenn und soweit dies durch Rechtsverordnung zugelassen worden ist (§ 130a Abs. 2 ZPO),[127] weil § 130a Abs. 1 Satz 2 ZPO für bestimmende Schriftsätze nicht nur eine Ordnungsvorschrift enthält, diese vielmehr mit einer qualifizierten elektronischen Signatur versehen sein müssen.[128]

---

[117] FG Münster Urt. v. 23.3.2006 – 11 K 990/05 F, EFG 2006, 994; *Viefhues* jurisPR-ITR 2/2007 Anm. 5.
[118] BFH Urt. v. 18.10.2006 – XI R 22/06, MMR 2007, 234.
[119] Vgl. auch BFH Urt. v. 19.2.2009 – IV R 97/06, DB 2009, 1220.
[120] FG Brandenburg Urt. v. 13.10.2004 – 1 K 1574/03, EFG 2005, 1952, Rn. 16.
[121] BFH Beschl. v. 30.3.2009 – II B 168/08, NJW 2009, 1903.
[122] Vgl. jurisPK-Internetrecht/*Bernhardt/Heckmann* Kap. 6, Rn. 139.
[123] Vgl. BFH Urt. v. 26.10.2006 – V R 40/05, BStBl. II 2007, 271 = BFHE 215, 53.
[124] OVG Koblenz Urt. v. 27.8.2007 – 2 A 10 492/07, Rn. 6, NJW 2007, 3224.
[125] BGH Beschl. v. 4.12.2008 – IX ZB 41/08, BRAK-Mitt 2009, 71.
[126] BGH aaO; SG Mainz Urt. v. 20.2.2014 – S 10 AS 1166/13; jurisPK-Internetrecht/*Bernhardt/Heckmann* Kap. 6, Rn. 139. BGH Beschl. v. 4.12.2008 – IX ZB 41/08, BRAK-Mitt 2009, 71.
[127] BGH Urt. v. 9.11.2007 – V ZR 25/07, NJW 2008, 506.
[128] BGH Urt. v. 14.1.2010 – VII ZB 112/08.

II. Recht der elektronischen Signaturen

Die Hoffnung auf großzügigere Behandlung **elektronisch eingereichter Schriftsätze**, die der BGH in einem Sonderfall geweckt hatte, ist daher nicht berechtigt.[129]

Nach einer weiteren Entscheidung des BGH ist zudem erforderlich, dass die qualifizierte 222 elektronische Signatur durch einen zur Vertretung bei dem entsprechenden Gericht **berechtigten Rechtsanwalt persönlich** erfolgt. Dazu genügt es nicht, dass die Signatur durch eine andere Person unter Verwendung der Signaturkarte (und der PIN) des Rechtsanwalts erfolgt, ohne dass dieser den Inhalt des betreffenden Schriftsatzes geprüft und sich zu eigen gemacht hat.[130] Großzügiger wurde durch das Kanzleipersonal im Auftrag des Rechtsanwalts vom Finanzgericht Rheinland-Pfalz bewertet und eine Rücknahme der Klage als wirksam qualifiziert.[131] Nur in Fällen der Rücknahme von Rechtsmitteln sollte man auf derart milde Behandlung von bestimmenden Schriftsätzen rechnen.

Zu Unrecht hat der BGH die **Anforderungen an die qualifizierte elektronische Signa-** 223 **tur** dahingehend erhöht, dass eine „Freischaltung des qualifizierten Zertifikat" erforderlich sei. Allerdings wurde der betreffenden Rechtsanwältin Wiedereinsetzung gewährt.[132] Vor Einsatz der Signaturkarte im elektronischen Rechtsverkehr sollten daher alle von dem kartenausgebenden Zertifizierungsdiensteanbieter vorgegebenen Schritte durchlaufen werden.

Zu den schriftlichen, nicht zu den elektronischen Dokumenten zählen nach Ansicht des 224 BGH[133] auch diejenigen, die **per Telefax** übermittelt werden. Maßgeblich für die Wirksamkeit eines auf diesem Wege übermittelten Schriftsatzes ist allein die auf Veranlassung des Absenders am Empfangsort (Gericht) erstellte **körperliche Urkunde**.[134] Auch wenn ein Telefax zunächst im Empfangsgerät des Gerichts elektronisch gespeichert wird, tritt die Speicherung der Nachricht nicht an die Stelle der Schriftform.[135] Daran ändert es auch nichts, dass es für die Beurteilung des Eingangs eines per Telefax übersandten Schriftsatzes allein darauf ankommt, ob die gesendeten Signale noch vor Ablauf des letzten Tages der Frist vom Telefaxgerät des Gerichts vollständig empfangen (gespeichert) worden sind. Damit wird lediglich dem Umstand Rechnung getragen, dass es der Absender nicht in der Hand hat, wann der Ausdruck eines empfangenen Telefaxes erfolgt und die Gerichte zum Teil dazu übergegangen sind, außerhalb der Dienstzeiten eingehende Faxsendungen erst am nächsten Arbeitstag auszudrucken.[136] § 130 Nr. 6 ZPO trägt der elektronischen Übermittlungsform nur insofern Rechnung, als er an Stelle der – bei bestimmenden Schriftsätzen nach ständiger Rechtsprechung[137] grundsätzlich zwingenden – Unterschrift auf der Urkunde die Wiedergabe dieser Unterschrift in der bei Gericht erstellten Kopie genügen lässt.

Nimmt das Gericht indessen einen auf andere Weise elektronisch übermittelten Schriftsatz 225 entgegen, behinderte es den Zugang zu Gericht in unzumutbarer, aus Sachgründen nicht zu rechtfertigender Weise,[138] würde die Wiedergabe der Unterschrift in der Kopie in diesem Fall nicht für genügend erachtet.

Eine **elektronische** Ausfertigung nach § 317 Abs. 5 ZPO ist für die **vollstreckbare Ausfer-** 226 **tigung** ungeeignet, weil § 733 ZPO vorschreibt, dass grundsätzlich nur eine vollstreckbare Ausfertigung zu erteilen ist.[139] Eine elektronische Ausfertigung kann dagegen (einschließlich

---

[129] BGH Beschl. v. 15.7.2008 – X ZB 8/08, NJW 2008, 2649 (2650), Rn. 10.
[130] BGH Beschl. vom 21.12.2010 – VI ZB 28/10, NJW 2011, 1294 mAnm *Hamm*.
[131] Fg RhPf v. 27.10.2010 – 2 K 2298/10, EFG 2011, 473.
[132] BGH Beschl. vom 14.1.2010 – VII ZB 112/08, NJW 2010, 2134; *Hadidi/Mödl* NJW 2010, 2097.
[133] BGH Beschl. v. 15.7.2008 – X ZB 9/08, CIPR 2008, 130.
[134] GmS-OGB BGHZ 144, 160 (165) [BGH 5.4.2000 – GmS-OGB 1/98].
[135] BGHZ 167, 214 Tz. 21.
[136] BGH aaO Tz. 17 f.
[137] S. nur GmS-OGB Beschl. v. 5.4.2000 – GmS-OGB 1/98, BGHZ 75, 340 (349); BGH Beschl. v. 30.4.1979 – GmS-OGB – 1/78, BGHZ 75, 340; BGH Urt. v. 25.3.1986 – IX ZB 15/86, BGHZ 97, 283 (284 f.); BGH Beschl. v. 25.3.1986 – IX ZB 15/86, BGHZ 97, 283.
[138] BVerfG v. 11.2.1976 – 2 BvR 652/75, BVerfGE 41, 323 (326 f.); BVerfG Beschl. v. 11.2.1976 – 2 BvR 652/75, BVerfGE 41, 323 (326 f.); BVerfG Beschl. v. 11.2.1976 – 2 BvR 652/75, BVerfGE 41, 332 (334 f.); BVerfG Beschl. v. 11.2.1976 – 2 BvR 849/75; BVerfG 14.5.1985 – 1 BvR 370/84, BVerfGE 69, 381 (385); BGH Beschl. v. 4.7.2002 – V ZB 16/02, BGHZ 151, 221 (227).
[139] BGH Beschl. v. 25.10.2007 – I ZB 19/07, AnwBl. 2008, 161.

der Signatur) beliebig oft vervielfältigt werden, ohne dass es noch möglich wäre, zwischen Original und Kopie zu unterscheiden.[140] Des Weiteren ist erforderlich, dass die auf der Ausfertigung des Vollstreckungstitels vermerkte Vollstreckungsklausel von dem zuständigen Bediensteten unterschrieben worden ist.

227 Für eine durch **Computer-Fax** übermittelte Berufungsbegründung hat der Gemeinsame Senat der Obersten Gerichtshöfe des Bundes entschieden,[141] dass in Prozessen mit Vertretungszwang bestimmende Schriftstücke formwirksam durch elektronische Übertragung einer Textdatei mit eingescannter Unterschrift auf ein Faxgerät des Gerichts übermittelt werden können. Auf eine eigenhändige Unterzeichnung von Rechtsmittelbegründungsschriften ist allerdings nur dann und insoweit verzichtet worden, wie technische Gegebenheiten einen solchen Verzicht erforderlich machen. Wird der bestimmende Schriftsatz mittels eines normalen Telefaxgerätes übermittelt, so kann der ausgedruckt vorliegende, per Fax zu übermittelnde Schriftsatz von dem Rechtsanwalt ohne weiteres unterschrieben werden. Mangels technischer Notwendigkeit hat der Bundesgerichtshof es daher seit jeher abgelehnt, in einem solchen Fall auf das Unterschriftserfordernis zu verzichten[142] oder das bloße Einscannen der Unterschrift genügen zu lassen.[143],[144]

228 Private elektronische Dokumente nach § 371a Abs. 1 ZPO können nur dann „Urkunde" im Sinne des § 580 Nr. 7b ZPO sein, wenn sie mit einer qualifizierten elektronischen Signatur gemäß § 2 Nr. 3 SigG versehen sind.[145]

229 In einem Rechtsstreit beim OLG Brandenburg[146] wurde die Berufungsbegründung fristgerecht elektronisch eingereicht, allerdings ergab die Prüfung des Gerichts, das Dokument sei **unsigniert** gewesen. Unter Anwendung der Grundsätze aus dem Beschluss des Bundesgerichtshofes vom 15.7.2008,[147] dass eine Berufungsbegründung in schriftlicher Form (dann) eingereicht ist, sobald dem Berufungsgericht ein Ausdruck der als Anhang einer elektronischen Nachricht übermittelten, die vollständige Berufungsbegründung enthaltenen Bilddatei (PDF-Datei) vorliegt und für den Fall, dass die Datei durch Einscannen eines vom Prozessbevollmächtigten unterzeichneten Schriftsatzes hergestellt worden ist, dies auch dem Unterschriftserfordernis iSd § 130 Nr. 6 ZPO genügt, sah das OLG Brandenburg die Frist als gewahrt an, da die (Bild)Datei mit der Berufungsbegründungsschrift das Bild der Unterschrift des Prozessbevollmächtigten der Beklagten aufwies.

230 Strenger wurde das vom OLG Celle gesehen, welches entschieden hat, dass die als **elektronisches Dokument per E-Mail übersandte** und noch vor Mitternacht bei Gericht eingegangene Berufungsbegründung nicht ausreichend ist.[148]

231 Das Oberverwaltungsgericht Berlin-Brandenburg hat eine **Rechtsmittelbelehrung** für fehlerhaft gehalten, die nicht den Hinweis enthalte, dass die Beschwerde in elektronischer Form begründet werden könne.[149]

232 Ist die elektronische Form vorgeschrieben oder zugelassen, liegen aber die Voraussetzungen für eine qualifizierte elektronische Signatur bei der Behörde (noch) nicht vorlagen, darf dennoch **von den Unternehmen nicht verlangt werden, dass diese die Unterlagen in elektronischer Form und zusätzlich auch schriftlich einreichen müssen.**[150]

233 Ein **Widerspruch per E-Mail ohne qualifizierte elektronische Signatur genügt** nach Ansicht des OVG Niedersachsen **nicht** den Anforderungen an einen wirksamen Widerspruch

---

[140] MüKoZPO/*Wolfsteiner* § 725 Rn. 2.
[141] GemSOGB Beschl. v. 5.4.2000 – GmS-OGB 1/98, BGHZ 144, 160 (164f.).
[142] BGH Beschl. v. 11.10.1989 – IVa ZB 7/89, WM 1989, 1820 (1821).
[143] BGH Beschl. v. 6.7.2006 – V ZR 260/05, BeckRS 2006, 33237.
[144] BGH Urt. v. 10.10.2006 – XI ZB 40/05, AnwBl. 2007, 86.
[145] KG Urt. v. 30.8.2007 – 12 U 34/07, LNR 2007, 41747.
[146] OLG Brandenburg Urt. v. 27.11.2008 – 5 U 179/07, LNR 2008, 29423.
[147] BGH Beschl. v. 15.7.2008 – X ZB 8/08, NJW 2008, 2649, vgl. bereits oben.
[148] OLG Celle Beschl. v. 30.1.2008 – 3 U 264/07, OLGR Celle 2009, 483.
[149] OVG Berlin-Brandenburg Beschl. v. 3.5.2010 – 2 S 106/09, BeckRS 2010, 48910 unter Verweis auf BVerwG Urt. v. 13.12.1978 – 6 C 77.78, BVerwGE 57, 188 (190 f.); anders Landessozialgericht Berlin-Brandenburg Urt. v. 23.1.2014 – L 3 R 1020/08, vgl. auch jurisPK-Internetrecht/*Bernhardt/Heckmann* Kap. 6, Rn. 139.2.
[150] BVerwG Beschl. v. 9.12.2008 – 3 B 85.08, LNR 2008, 29434; vgl. dazu Vorinstanz: OVG Nordrhein-Westfalen Urt. v. 29.4.2008 – 13 A 3183/05, LNR 2008, 16653 = MedR 2008, 609.

im Verwaltungsverfahren.[151] Wird ein elektronisches Dokument gleichwohl ausgedruckt und zur Akte genommen, ändert dies nichts an der Unwirksamkeit.[152] Demgegenüber hat das OVG keinerlei Bedenken dagegen, eine ohne qualifizierte elektronische Signatur per E-Mail übermittelte Allgemeinverfügung einer Behörde als wirksam anzusehen.[153]

Nach Ansicht des OVG Rheinland-Pfalz ist einer Partei, die unverschuldet einen Schriftsatz ohne qualifizierte elektronische Signatur einreiche, **Wiedereinsetzung** zu gewähren.[154] Im Hinblick auf die neuen technischen Anforderungen, die der elektronische Rechtsverkehr an die Beteiligten stellt, erachtete das Oberverwaltungsgericht die fehlende Verwendung einer qualifizierten elektronischen Signatur, wie dies § 55a Abs. 1 S. 3 VwGO vorschreibt, als unverschuldet.[155] Wortlaut, Sinn und Zweck sowie Entstehungsgeschichte des § 55a VwGO – im Vergleich auch zu den einschlägigen Regelungen in anderen Gesetzen – sprechen nach Ansicht des OVG Rheinland-Pfalz klar dagegen, bei gesetzlich vorgesehener Schriftform der Rechtsprechung zur Schriftlichkeit im Sinne des § 81 Abs. 1 Satz 1 VwGO (analog) folgend zumindest unter bestimmten Voraussetzungen auch ein nicht qualifiziert elektronisch signiertes Dokument für formgültig zu erachten.

Demgegenüber hat das Landessozialgericht Rheinland-Pfalz einem Kläger **Wiedereinsetzung verweigert,** der aus Unkenntnis, was eine qualifizierte elektronische Signatur sei, eine Bekannte wegen drohenden Fristablaufs gebeten habe, die Berufung per E-Mail einzureichen.[156] Auch die Angabe, der Kläger leide unter psychischen Störungen, führte nicht zur Wiedereinsetzung.

Wiedereinsetzung war nach Auffassung des Landessozialgerichts Rheinland-Pfalz allerdings einem Kläger zu gewähren, der nach Klageerhebung per E-Mail ohne qualifizierte elektronische Signatur innerhalb der Klagefrist eine **unzureichende Information des Landessozialgerichts** erhalten hatte.[157]

Das Landessozialgericht Berlin-Brandenburg hat festgestellt: „Die Voraussetzungen einer zulässigen elektronischen Übermittlung iSv § 65a SGG liegen bereits mangels Übermittlung der in Rede stehenden E-Mail mit qualifizierter elektronischer Signatur nicht vor."[158] Der Kläger hatte trotz eines entsprechenden unmissverständlichen Hinweises der Beklagten die gesetzlich zwingend erforderliche Schriftform auch innerhalb der Widerspruchsfrist nicht nachgeholt, sondern (frühestens) erst mit dem wesentlich später bei der Beklagten eingegangenen Schreiben. Eine qualifizierte elektronische Signatur ist auch im sozialgerichtlichen Verfahren Voraussetzung für die Einreichung elektronischer Schriftsätze.[159]

Auch im **Strafverfahren genügt eine nicht signierte E-Mail nicht** den gesetzlichen Formvorschriften.[160] Nach dem mit dem Justizkommunikationsgesetz eingeführten § 41a StPO kann eine schriftliche abzufassende Erklärung bei Gericht als elektronisches Dokument eingereicht werden, wenn dieses mit qualifizierter elektronischer Signatur versehen ist und zuvor die Einreichung elektronischer Dokumente durch Rechtsverordnung für dieses Gericht zugelassen wurde.

---

[151] VGH Hessen Beschl. v. 3.11.2005 – 1 TG 1668/05, LNR 2005, 30282 = CR 2006, 498.
[152] OVG Niedersachsen Beschl. v. 17.1.2005 – 2 PA 108/05, LNR 2005, 26287 = NVwZ 2005, 470 = ZAP EN-Nr. 856/2005.
[153] OVG Niedersachsen Beschl. v. 4.8.2009 – 13 LA 153/08, LNR 2009, 19380.
[154] OVG Rheinland-Pfalz Urt. v. 8.3.2007 – 7 A 11 548/06/OVG, LNR 2007, 30820.
[155] LSG Rheinland-Pfalz Beschl. v. 10.9.2007 – L 4 R 447/06, LNR 2007, 48880.
[156] OVG Rheinland-Pfalz Beschl. v. 21.4.2006 – 10 A 11741/05.OVG, LNR 2006, 15151 = NVwZ-RR 2006, 519.
[157] LSG Rheinland-Pfalz Beschl. v. 3.9.2007 – L 5 P 11/07, LNR 2007, 45176.
[158] LSG Berlin-Brandenburg v. 28.9.2010 – L 18 AL 76/10; Anm:. *Pflüger* jurisPK-SGB I, § 36a SGB I; vgl. auch OVG Münster Urt. v. 19.8.2010 – 11 D 26/08.AK, NuR 2010,808 = DVBl 2010, 1392.
[159] LSG Hessen Urt. v. 18.3.2008 – L 3 U 123/05, LNR 2008, 16622 = NJW 2008, 2524; LSG Hessen Beschl. v. 11.7.2007 – L 9 AS 161/07 ER, LNR 2007, 35788 = MMR 2008, 99; LSG Nordrhein-Westfalen Urt. v. 14.5.2008 – L 6 (7) SB 192/06, LNR 2008, 32412; LSG Nordrhein-Westfalen Beschl. v. 15.2.2008 – L 10 SB 53/06, LNR 2008, 32412; LSG Nordrhein-Westfalen Beschl. v. 15.2.2008 – L 10 SB 53/06, LNR 2008, 13598; LSG Nordrhein-Westfalen Beschl. v. 12.12.2007 – L 19 B 126/07 AS, LNR 2007, 47045.
[160] OLG Oldenburg Beschl. v. 14.8.2008 – 1 Ws 465/08, LNR 2008, 19767 = K&R 2008, 746.

239 Eine vom Finanzamt mittels Computer-Fax (sog Ferrari-Fax-Verfahren) übersandte Einspruchsentscheidung ist nach einer Entscheidung des Finanzgericht Köln nichtig, wenn sie mit keiner qualifizierten elektronischen Signatur versehen ist.[161] Sie entfaltet keine Rechtswirkung und setzt damit die Klagefrist nicht in Gang.

240 c) *Justizkommunikation ab 1.1.2016. aa) Das besondere elektronische Anwaltspostfach (beA).* Die BRAK richtet nach § 31a BRAO das beA ein, mit dem ab 1.1.2016 der zum 31.12.2015 angekündigte kostenlose EGVP-Client ersetzt wird.[162] Das beA setzt weiterhin auf die bestehenden Kommunikationssysteme der Justiz (EGVP mit OSCI und SAFE) auf und ist damit in das bestehende Identitätsmanagement eingebunden.[163]

241 Das beA ist verpflichtend für alle zugelassenen Rechtsanwältinnen und Rechtsanwälte, unabhängig von der Art der Berufsausübung. Lediglich die zugelassenen Rechtsanwaltskapitalgesellschaften sind von der Verpflichtung zur Einrichtung des Postfachs ausgenommen. Die BRAK plant dazu eine Kommunikationsplattform, die den elektronischen Rechtsverkehr so anwenderfreundlich wie möglich ausgestaltet. Durch Kooperation mit den Herstellern von Anwaltsprogrammen wird es Schnittstellen zu den Anwaltsprogrammen geben, soweit die jeweiligen Hersteller dies umsetzen. Daneben wird es, auch im Hinblick auf die Rechtsanwältinnen und Rechtsanwälte, die kein Anwaltsprogramm einsetzen, ein internetgestütztes, sicheres System geben.[164] Hierzu werden die Anwälte keine spezielle Software installieren müssen. Dies soll den Wartungsaufwand reduzieren, die Performance steigern und auch den Zugriff über Smartphone oder Tablet und damit die Anwahl von überall ermöglichen. Das beA wird auch barrierefrei ausgestaltet werden.

242 *bb) Vertraulichkeit und Datensicherheit* werden durch das beA, wie auch bisher durch EGVP, gewährleistet. Es wird eine Ende-zu-Ende-Verschlüsselung eingerichtet. Zugang zum beA haben nur die zugelassenen Rechtsanwältinnen und Rechtsanwälte. Dies wird von der BRAK über die örtlichen Rechtsanwaltskammern geprüft. Der Zugang zum Postfach erfolgt über Authentifizierung mit zwei Faktoren, nämlich Besitz und Wissen. Dies entspricht der Regelung beim Signaturgesetz. Dazu wird von der BNotK im Auftrag der BRAK eine „beA-Karte" ausgegeben, die Zugang zum beA eröffnet. Es gibt diese Karte in zwei Ausführungen, entweder mit Signaturfunktion oder nur zur ersten Registrierung und Anmeldung beim beA. Es ist möglich, für das jeweilige Postfach mehrere Zugangsberechtigungen einzurichten, sodass der jeweilige Rechtsanwalt, seine Mitarbeiter oder eine anwaltliche Vertretung zugreifen kann. Für die Mitarbeiter ist dann ein eingeschränkter Zugang für Posteingang und Versand vorgesehen, der die Signatur/Unterzeichnung ausschließt. Anwaltliche Vertreter können über die jeweilige Rechtsanwaltskammer eingerichtet werden. Auch für die Kommunikation zwischen Rechtsanwältinnen und Rechtsanwälten kann das beA eingesetzt werden, sodass die Nutzungsmöglichkeiten über die bisher vom EGVP-Client bereitgestellten Möglichkeiten hinausgehen. Sichere Kommunikation mit Mandanten und anderen Dritten soll dagegen (noch) nicht ermöglicht werden.

243 *cc) Elektronische Dokumente.* Bis zum 31.12.2017 bleibt es bei der oben dargestellten Notwendigkeit, elektronische Dokumente nach § 130a ZPO mit einer qualifizierten elektronischen Signatur nach dem Signaturgesetz (qeS) zu versehen. § 130a Abs. 3 ZPO n. F. bringt hier ab 1.1.2018 eine Erleichterung und erlaubt es, dass Dokumente signiert und auf einem sicheren Übermittlungsweg eingereicht werden. Es genügt dann die einfache Signatur, die in der Wiedergabe des Namens oder Abbildung der Unterschrift bestehen kann.[165] Weder die qeS noch die diese ersetzende sichere Anmeldung beim beA dürfen auf Mitarbeiter delegiert werden.

---

[161] FG Köln Zwischenurteil vom 5.11.2009 – 6 K 3931/08, DB 2010, 320.
[162] Dazu ausführlich BRAK-Magazin 4/2015.
[163] Online Services Computer Interface (OSCI), EGVP und Secure Access to Federated E-Justice/E-Government (SAFE).
[164] Vgl. *Dommer* AnwBl. 2014, 525 (526).
[165] Vgl. *Hoffmann/Borchers* CR 2014, 62, die einen Widerspruch zu § 126a BGB, der in Wahrheit aber nicht besteht, weil § 126a BGB von der Anordnung der gesetzlichen Schriftform ausgeht, während § 130a Abs. 3 ZPO n. F. bei Nutzung eines sicheren Übertragungsweges keine gesetzliche Schriftform mehr vorschreibt.

dd) Notwendige Infrastruktur. Die notwendige Infrastruktur geht unwesentlich über das 244
in den meisten Anwaltskanzleien bereits vorhandene System hinaus.[166] Neben Computern,
Fußgängern, Druckern und leistungsfähiger Internetverbindung wird insbesondere ein Kartenlesegerät erforderlich sein, um die Authentifizierung zu ermöglichen. Elektronische Aktenführung in der Kanzlei ist hilfreich, für die Nutzung allerdings nicht erforderlich.

ee) Vorteile des Systems. Durch flächendeckende elektronische Kommunikation mit den 245
Gerichten kann es zu Verkürzung der Postlaufzeit kommen. Nach Einarbeitung der Mitarbeiter steigt die Sicherheit der Kommunikation, falsche Adressierungen werden vermieden. Die Übertragungszeiten sinken gegenüber Fax deutlich und die unmittelbare Empfangsbestätigung senkt das Risiko von Fristversäumnissen. Die Nachrichten können auch außerhalb der Kanzlei empfangen und versendet werden. Auch Zustellungen von Anwaltsanwalt werden problemlos möglich. Sobald der Standard X-Justiz in der Justiz und bei den Anwaltskanzleien bzw. den Anwaltsprogrammen eingeführt ist, wird die Zuordnung von Dokumenten zur elektronischen Akten und die Übermittlung von weiteren Daten (Aktenzeichen, Beteiligten, Streitwert etc) automatisch erfolgen können. Nicht zuletzt werden auch Portokosten eingespart.

ff) Zeitplan. Die Entwicklung des beA einschließlich des Betriebs und der Einbindung der 246
Hersteller von Anwaltsprogrammen erfolgt im Jahre 2015. Ab 1.1.2016 ist der Echtbetrieb vorgesehen. Zunächst ist die Einreichung elektronischer Schriftsätze nur dort möglich, wo durch entsprechende Rechtsverordnung der Zugang zu dem jeweiligen Gericht bzw. Verfahren eröffnet ist. Der bestehende Flickenteppich soll zwischen 2018 und 2020 abgeschafft werden. Spätestens 2022 wird für Rechtsanwälte die elektronische Kommunikation mit den Gerichten verpflichtend und eine Übermittlung auf Papier nur noch ausnahmsweise zulässig sein. Ab 2022 wird dann die gesamte deutsche Justizkommunikation mit zwei bis drei Millionen Verfahren pro Jahr auf diesem Wege abgewickelt werden.[167]

d) Weitere Anwendungen. *aa) Elektronische Abrechnung und Vorsteuerabzug.* Eine wich- 247
tige und sinnvolle Anwendungsmöglichkeit für qualifizierte elektronische Signaturen sind elektronische Abrechnungen mit Vorsteuerabzugsmöglichkeit.

Elektronische Rechnungen zu erstellen, bietet für Unternehmen eine Reihe von Vorteilen. 248
Die Abläufe können besser organisiert werden, Einsparungen bei Arbeitszeit, Material, Porto kommen hinzu. Auch der Empfänger der Rechnung kann Geld einsparen, da das mittlerweile in vielen Unternehmen praktizierte Scannen der Rechnungen und manuelle Zuordnung zu einzelnen Vorgängen entfallen kann. Die elektronischen Rechnungen können ohne Medienbruch in der Verarbeitungsgang gegeben werden.

Dabei sind jedoch die gesetzlichen Vorgaben zu beachten. Nur dann kann der Vorsteuer- 249
abzug für den Empfänger geltend gemacht werden. Die elektronische Rechnung ist nach § 14 UStG sowie unter Beachtung der Vorgaben im BMF-Schreiben vom 29.1.2004 (BStBl. I S. 258), den Grundsätzen ordnungsgemäßer DV-gestützter Buchführungssysteme („**GoBS**", Anlage zum BMF-Schreiben vom 7.11.1995, BStBl. I S. 738), sowie den Grundsätze zum Datenzugriff und zur Prüfbarkeit digitaler Unterlagen („**GDPDU**", BMF-Schreiben vom 16.7.2001, BStBl. I S. 415) zu erstellen.[168]

Erforderlich für den Vorsteuerabzug als elektronischen Rechnungen ist daher zunächst die 250
Zustimmung des Empfängers in den Empfang elektronisch erzeugter Rechnungen. Diese Zustimmung kann ausdrücklich oder auch konkludent erfolgen und ist an keine Form gebunden. Da der Empfang elektronischer Rechnungen auch für den Empfänger mit etlichen Verpflichtungen verbunden ist, ist diese Notwendigkeit der Zustimmung sinnvoll für den Schutz des Empfängers. Er könnte sich sonst nicht gegen die damit verbundenen zusätzlichen Verpflichtungen wehren. In der Tatsache, dass die elektronische Rechnung zum Vorsteuerabzug geltend gemacht wird, wird man allerdings eine solche konkludente Zustimmung erkennen können.

Die zusätzlichen Pflichten des Empfängers bei der Prüfung elektronisch übermittelter 251
Rechnungen ergeben sich insbesondere aus den **Grundsätzen zum Datenzugriff und zur Prüfbarkeit digitaler Unterlagen** (GDPDU, BMF-Schreiben vom 16.7.2001, BStBl. I S. 415),

---

[166] Vgl. *Dommer* AnwBl. 2014, 525 (526).
[167] Vgl. *Dommer* AnwBl. 2014, 525 (526).
[168] *Lapp* ITRB 2006, 44.

welche durch das Steuervereinfachungsgesetz 2011 deutlich vereinfacht wurden.[169] Als elektronische Rechnung wird gemäß § 14 UStG nunmehr jede Rechnung akzeptiert, die in einem elektronischen Format ausgestellt und empfangen wird. Die Echtheit der Herkunft der Rechnung, die Unversehrtheit ihres Inhalts und ihre Lesbarkeit müssen gewährleistet werden. Echtheit der Herkunft bedeutet die Sicherheit der Identität des Rechnungsausstellers. Unversehrtheit des Inhalts bedeutet, dass die nach diesem Gesetz erforderlichen Angaben nicht geändert wurden. Jeder Unternehmer legt fest, in welcher Weise die Echtheit der Herkunft, die Unversehrtheit des Inhalts und die Lesbarkeit der Rechnung gewährleistet werden. Dies kann durch jegliche innerbetriebliche Kontrollverfahren erreicht werden, die einen verlässlichen Prüfpfad zwischen Rechnung und Leistung schaffen können. Rechnungen sind auf Papier oder vorbehaltlich der Zustimmung des Empfängers elektronisch zu übermitteln. Danach muss der Originalzustand des übermittelten ggf. noch verschlüsselten Dokuments jederzeit überprüfbar sein. Dies setzt weiterhin auch die Einhaltung der GoBS voraus.

252 Zu beachten sind nach wie vor die **Archivierungspflichten** von Rechnungsempfänger und Rechnungsaussteller. Bei elektronischen Rechnungen beziehen sich diese Verpflichtungen auf die elektronische Fassung, sodass es nicht ausreicht, die Rechnung auszudrucken und auf Papier aufzubewahren. Es muss stets auch die elektronische Rechnung archiviert werden.

253 Die Einhaltung dieser Kriterien ist Voraussetzung für die Möglichkeit zum Vorsteuerabzug durch den Rechnungsempfänger. Angesichts der erheblichen wirtschaftlichen Bedeutung der Vorsteuerabzugsberechtigung, insbesondere bei der bald auf 19 % erhöhten Umsatzsteuer, müssen die Unternehmen peinlich genau auf die Einhaltung der Kriterien achten. Andererseits darf man nicht verkennen, dass die kompliziert anmutenden Regelungen weitgehend automatisiert und ohne zusätzlichen Eingriff des Anwenders ablaufen können.

254 *bb) Elektronische Steuererklärung.* Lohnsteuer- und Umsatzsteuervoranmeldungen gemäß § 41a Abs. 1 EStG beziehungsweise § 18 Abs. 1 UStG müssen seit 1.1.2005 aufgrund des Schreibens des BMF vom 29.11.2004 grundsätzlich elektronisch erfolgen.[170] Hierfür wurde das Portal ElsterOnline eingerichtet.[171] Dort werden personalisierte Dienste angeboten, die von Besitzern von Signaturkarten genutzt werden können:[172]
- Einfachere Registrierung zur Nutzung der personalisierten Dienste,
- Authentisierung zum Nachweis der Identität eines Nutzers für den persönlichen Zugang,
- Virtuelles E-Mail Postfach für verschlüsselte Kommunikation mit der Finanzbehörde,
- Elektronische Möglichkeit für einen Antrag auf Steuerkontoeinsicht,
- Funktion der Steuerkontoabfrage.

255 *cc) Vergabe öffentlicher Aufträge.* Angebote für öffentliche Aufträge können nach § 15 VgV auch elektronisch abgegeben werden. Die Angebote sind dann mit einer qualifizierten elektronischen Signatur nach dem Signaturgesetz zu versehen und zu verschlüsseln. In Baden-Württemberg ist die elektronische Vergabe bereits eingeführt.[173] Andere Bundesländer sind noch in der Planungsphase.[174]

256 *dd) Ein- und Ausfuhr geschützter Tiere und Pflanzen.* Die Genehmigung der Ein- und Ausfuhr geschützter Tiere und Pflanzen nach dem Washingtoner Artenschutzübereinkommen (Convention on International Trade in Endangered Species of Wild Fauna and Flora – CITES) erfolgt durch das Bundesamt für Naturschutz (BfN). Das Verfahren wurde vollständig elektronisch abgebildet. Die Antragsformulare werden qualifiziert elektronisch signiert.[175]

257 *ee) Sozialversicherung.* Im Rahmen des Rechnungswesens in der Sozialversicherung finden sich etliche Regelungen, die alternativ eine eigenhändige Unterschrift oder den Einsatz

---

[169] BGBl. 2011 Teil I, 2131.
[170] BMF-Schreiben vom 29.11.2004, IV A 6 – S 7340 – 37/04, IV C 5 – S 2377 – 24/04; BStBl. I 2004. https://www.elster.de/eportal/download/28014.pdf, 2004.
[171] https://www.elster.de/.
[172] Vgl. dazu: Grundlagen der elektronischen Signatur, *Hühnlein/Korte*, Broschüre des Bundesamt für Sicherheit in der Informationstechnik, 2006.
[173] http://www.egovernment-computing.de/projekte/articles/171383/.
[174] http://www.egovernment-computing.de/projekte/articles/147760/.
[175] http://www.bfn.de/0305_antragstellung.html.

von qualifizierten elektronischen Signaturen vorsehen. Zu nennen sind vor allem die Sozialversicherungsrechnungsverordnung (SVRV) in Verbindung mit der dazu erlassenen allgemeinen Verwaltungsvorschrift (SRVwV), sowie die Regelungen zur Aufbewahrung von Unterlagen nach §§ 110a–d SGB IV. Bei der Aufbewahrung kann gemäß § 110d SGB IV durch den Einsatz qualifizierter elektronischer Signaturen ein hoher Grad an Sicherheit gewährleistet werden.

ff) Patent- und Markenanmeldung. Das deutsche Patent- und Markenamt (DPMA) gestattet es, Anträge zur Anmeldung von Patenten und Marken elektronisch einzureichen. Die Anträge werden per Software in einer komprimierten Datei zusammengefasst und sind qualifiziert elektronisch zu resignieren und zu verschlüsseln.[176] 258

Möglich sind:[177] 259
- Patentanmeldung (deutsch, europäisch und PCT),
- Markenanmeldung,
- Gebrauchsmusteranmeldung,
- Einspruch in Patentsachen,
- Beschwerde in Patent- und Markensachen und
- Einzugsermächtigungen.

gg) Meldewesen. Das Melderechtrahmengesetz gestattet seit 2002 etliche Dienste elektronisch abzuwickeln: 260
- Auskünfte aus dem Melderegister über Internet,
- Anmeldungen für Bürger über Internet,
- Datenübermittlung zwischen Meldebehörden.

Wer sich anmelden will, muss sich nach § 11 Abs. 6 MRRG durch qualifizierte elektronische Signatur legitimieren. Dies gilt auch für die Auskunft an den Betroffenen gemäß § 8 Abs. 2 MRRG. Hamburg hat bereits sehr weitgehend auf das elektronische Meldeverfahren umgestellt. 261

hh) Andere Nutzungen der Signaturen. Qualifizierte und fortgeschrittene elektronische Signaturen lassen sich auch für eine Reihe anderer Anwendungen nutzen. Überall dort, wo Integrität und Authentizität von elektronischen Daten wichtig sind, können Signaturen eingesetzt werden. 262

Beispielsweise können Softwareanbieter durch elektronische Signatur der von ihnen verkauften Software nachträgliche Veränderungen, insbesondere Befall mit Viren oder anderer schädlicher Software zwar nicht verhindern, jedoch für den Benutzer erkennbar machen. 263

Es gibt auch Ansätze, beispielsweise die Echtheit von Produkten durch Verfahren der fortgeschrittenen elektronischen Signatur mit eingebauten Chips nachzuweisen.

Welche Auswirkungen die geplante Einführung von DE-Mail sowie der elektronische Brief per Post haben werden, ist noch nicht absehbar. Zum Redaktionsschluss ist das Gesetz zu De-Mail noch nicht im Bundestag eingebracht, so dass darüber nur spekuliert werden kann. Nach der Begründung des Referentenentwurfs soll die qualifizierte elektronische Signatur nicht abgelöst werden. Tatsächlich finden sich keine Regelungen, die im Anwendungsbereich der qualifizierten elektronischen Signatur De-Mail-Nachrichten als ausreichend bezeichnen würden. 264

III. Elektronischer Personalausweis

1. Das Personalausweisgesetz vom 18.6.2009

Am 1.11.2010 trat das – damals neue – Gesetz über Personalausweise und den elektronischen Identitätsnachweis (Personalausweisgesetz – PAuswG)[178] in Kraft.[179] Das PAuswG wird ergänzt durch die Verordnung über Personalausweise und den elektronischen Identi- 265

---
[176] http://www.governikus.de/fastmedia/22/Referenzbericht_DPMA.pdf.
[177] http://www.dpma.de/service/e_dienstleistungen/dpmadirekt/index.html.
[178] BGBl. I, 1346 ff.
[179] *Borges* NJW 2010, 3284.

tätsnachweis (Personalausweisverordnung – PAuswV), welche insbesondere die technischen Detailregelungen enthält (§ 34 PAuswG).[180] Allein schon anhand des Volumens – 35 anstatt bisher 7 Paragraphen – der Regelungen in diesem neuen Gesetz ist zu erkennen, dass der Bundesgesetzgeber versucht, mehrere Ziele zusammen zu bringen.

266 Der Personalausweis soll einerseits weiterhin als hoheitliches Dokument dem **Identitätsnachweis** dienen und in Europa als Reisedokument gültig sein. Es wurde auch die Notwendigkeit gesehen, neue Sicherheitsvorkehrungen gegen eine unbefugte Nutzung oder Fälschungen zu ergreifen.

267 Andererseits ist mit der Gesetzesneuerung auch ein völlig neues und bisher nicht betretenes Feld in Angriff genommen worden: Es wird dem Bürger mit dem neuen Personalausweis ein **Instrument für die Nutzung des Internets** an die Hand gegeben, dass es in dieser Form bis jetzt noch nicht gibt. Die Bundesregierung will den Bürger bestärken, das Internet im Kontakt zur Wirtschaft (eCommerce) und zur Verwaltung (eGovernment) zu nutzen. Bisher gibt es dabei im Vergleich zu den „offline"-Abläufen nämlich wesentliche Probleme. Es existiert im Internet kein dem Personalausweis vergleichbares Instrument, das dem Bürger eine zweifelsfreie Identifikation ermöglichen würde. Eine ähnliche Problemstellung ergibt sich in Bezug auf die Unterschrift – hier existiert zwar das elektronische Äquivalent in Form der qualifizierten elektronischen Signatur, aber sie ist längst noch nicht flächendeckend verbreitet. Der neue elektronische Personalausweis (nPA) soll für all diese Szenarien die richtige Lösung bieten. Darüber hinaus soll er die Möglichkeit der pseudonymen Nutzung von Angeboten im Internet unterstützen.

In Bezug auf die Sicherheitsanforderungen soll der nPA an den elektronischen Reisepass (ePass) angeglichen werden.

2. Verpflichtende und optionale Funktionen

268 Verpflichtend für den Bürger ist nur eine mit dem bisherigen Personalausweis vergleichbare Ausweisfunktion. Der Bürger kann zusätzlich auf dem nPA seine Fingerabdrücke speichern lassen, die Funktion „Identifizierung im Internet-Geschäftsverkehr" nutzen und sich gegenüber (zugelassenen) Geschäftspartnern im Internet identifizieren. Außerdem kann er – wie eingangs bereits erwähnt – zusätzlich eine **qualifizierte elektronische Signatur** aufbringen lassen, um schriftformbedürftige Verträge in elektronischer Form abzuschließen.

3. Technik und Gestaltung

269 Der nPA ist eine **Chipkarte mit kontaktloser Schnittstelle** – RFID nach ISO 14443 –.[181] Wie beim bisherigen Personalausweis, werden auf der Vorder- und Rückseite das Lichtbild und die Daten zur Person aufgedruckt. Zusätzlich wird eine sog Zugangsnummer aufgebracht werden.

270 Der RFID-Chip kann über ein Lesegerät angesprochen werden. Der Chip kontrolliert neben seine Eigenschaft als Datenspeicherung auch die Zugriffe auf diese Daten. Ein Zugriff auf diese Daten ist nur aufgrund eines Berechtigungszertifikats möglich, anhand derer der Chip auch erkennt, welche Funktion genutzt werden soll. Im Prinzip werden hier **vier Funktionen** unterschieden: hoheitliche Identitätsfeststellung unter Zugriff auf die Fingerabdrücke,[182] Zugriff durch Behörden bei vorgelegtem Ausweis, eGovernment und eCommerce.

271 Eine fünfte Funktion – die qualifizierte elektronische Signatur (QES) – arbeitet zwar auch mit Zertifikaten bei der Signaturerstellung, jedoch sind damit keine Zugriffsberechtigungen von außen verbunden.

272 Nach § 22 PAuswG ist der nPA als sichere Signaturerstellungseinheit im Sinne des SigG auszugestalten. Zur Nutzung dieser Funktion muss sich der Ausweisinhaber an einen Signaturanbieter wenden. Diese wird die nPA dann entsprechend „aufrüsten". Es gelten hierfür die **Vorgaben des SigG**. Im Zuge der Einführung des nPA soll aber auch die Identifizierung im Rahmen der Beantragung einer solchen Signatur mittels nPA „am PC" möglich sein.[183]

---

[180] BR-Drs. 204/10.
[181] *Hornung/Horsch/Hühnlein* DuD 2010, 189 (190).
[182] *Borges* NJW 2010, 3334 (3335).
[183] *Schulz* CR 2009, 267 (269).

Im Rahmen der Funktion als Signaturerstellungseinheit können zwei Funktionen unterschieden werden: elektronischer Identitätsnachweis (sog eID-Funktion) und elektronische Signaturfunktion (sog eSign-Funktion).[184]

Die eID-Funktion[185] ist das zentrale und vielseitig einsetzbare Identifizierungselement des nPA dar.[186] Sie dient – wie der bisherige Personalausweis auch – als Identifizierungsmerkmal unter Anwesenden, darüber hinaus aber auch als Instrument des Identitäts- und Datenschutzes.[187] Die eSign-Funktion ist die Grundlage für das „digitale Unterschreiben" elektronischer Dokumente mittels qualifizierter elektronischer Signatur.[188]

4. Der nPA und das Internet

Der nPA soll seinen Besitzern neben der eigenen Identifizierung auch eine eindeutige Identifizierung ihres Gegenübers im Internet ermöglichen und auf diesem Weg die Grundlage für eine vertrauensvolle, digitale Interaktion mit öffentlichen und privaten Stellen schaffen.

a) **Generelle Nutzungsmöglichkeiten.** Der nPA soll es – wie bereits angesprochen – seinem Besitzer ermöglichen, sich im Internet sowohl gegenüber Behörden als auch gegenüber privaten Dienstleistern zu identifizieren.[189]

Während dies auf Seiten des Diensteanbieters beim bisherigen Personalausweis durch Sichtprüfung der Sicherheitsmerkmale und Abgleich des Gesichtsbildes geschehen kann, sind in der „elektronischen Welt" andere Mechanismen erforderlich. In dieser „elektronischen Welt" werden **kryptographische Echtheitsnachweise** genutzt. An Stelle der Überprüfung der Übereinstimmung körperlicher Merkmale tritt in der elektronischen Welt die Eingabe einer geheimen, nur dem Ausweisinhaber bekannten PIN. Durch diesen Prozess beweist der Besitzer des nPA seine rechtmäßige Inhaberschaft des nPA.

Die Polizeivollzugsstellen, die Zollverwaltung, Steuerfahndungsstellen der Länder sowie die Personalausweis-, Pass- und Meldebehörden sind nach § 2 Abs. 2 PAuswG Behörden, welche auf die Funktionen des nPA zugreifen dürfen.[190] Diese dürfen die im Chip des nPA gespeicherten Daten (Lichtbild, ggf. Fingerabdrücke) und zwar ausschließlich zur Überprüfung der Echtheit des Dokumentes oder der Identität des Ausweisinhabers auslesen und verwenden.[191]

Neben den genannten Behörden dürfen nach vorheriger Einwilligung des Ausweisinhabers auch Diensteanbieter, welche den Nachweis der Identität oder einzelner Identitätsmerkmale des Ausweisinhabers zur Erfüllung eigener Zwecke benötigen,[192] die im Chip des nPA gespeicherten Daten auszulesen. Die **Einwilligung** erteilt der Ausweisinhaber durch Eingabe seiner (geheimen) eID-PIN.[193] Hierzu wird dem Ausweisinhaber auch eine sog AusweisApp zur Verfügung gestellt.[194]

Eine weitere Zielsetzung ist, dass sich nicht nur der nPA-Inhaber gegenüber dem Diensteanbieter, sondern auch der Diensteanbieter gegenüber dem nPA-Inhaber zweifelsfrei identifiziert und somit zu einer **höheren Vertrauenswürdigkeit des Internets als Handelsplattform** beiträgt. Dieser umgekehrte Identifikationsnachweis geschieht durch sog Berechtigungszertifikate,[195] welche die Diensteanbieter erhalten können. In diesen ist neben Angaben zur Gül-

---

[184] Hierzu *Hornung/Horsch/Hühnlein* DuD 2010, 189 (190 f.).
[185] Zum Konzept der abgeleiteten ID unter Verwendung des nPA vgl. *Schröder/Morgner* DuD 2013, 530.
[186] *Borges* NJW 2010, 3334 (3335).
[187] *Borges* NJW 2010, 3334 (3336).
[188] *Hornung/Horsch/Hühnlein* DuD 2012, 189 (191).
[189] Potential für den nPA wird auch im Bereich Cloud-Computing gesehen, vgl. *Sädtler* DSRITB 2013, 251.
[190] *Polenz* MMR 2010, 671 (672).
[191] *Polenz* MMR 2010, 671 (672).
[192] Vgl. § 2 Abs. 3 PAuswG, oder wenn sie mit der Wahrnehmung von Aufgaben der öffentlichen Verwaltung betraut sind.
[193] *Selzer/Waldmann* DuD 2012, 200.
[194] Siehe hierzu die Webseiten des BMI: http://www.personalausweisportal.de/DE/Service/Downloads/downloads_node.html; *Borges* NJW 2010, 3334 (3336).
[195] *Schulz* CR 2009, 267 (269).

tigkeit und zum Inhaber des Zertifikats auch die Kategorie der Daten, die der Diensteanbieter vom Chip lesen darf, enthalten.

281 Die **Berechtigung zur Nutzung solcher Zertifikate** erhalten Diensteanbieter von der Vergabestelle für Berechtigungszertifikate (VfB) (§ 7 Abs. 4 PAuswG). Die VfB ist eine staatliche Stelle, welche durch das Bundesverwaltungsamt (BVA) unterhalten wird. Die Verleihung des Berechtigungszertifikates erfolgt durch Verwaltungsakt.[196] Die VfB prüft vor Erteilung der Berechtigung ua die Identität des Diensteanbieters, ggf. bestehende Verträge zur Auftragsdatenverarbeitung, die dargelegten Geschäftszwecke und die Erforderlichkeit der Datenkategorien für die genannten Geschäftszwecke (§ 28 Abs. 1 PAuswG).[197] Nach § 21 Abs. 3 Satz 2 PAuswG ist die Erteilung der Berechtigung auf höchstens drei Jahre befristet. Die VfB veröffentlicht eine Liste über die erteilten Berechtigungen.[198]

282 Eine Erteilung eines Zertifikates das auch zum Auslesen von personenbezogenen Daten ermächtigt, setzt den Nachweis eines **berechtigten Interesses** voraus (§ 21 PAuswG). Die Voraussetzungen, unter denen ein Berechtigungszertifikat zu erteilen ist, sind in § 21 Abs. 2 PAuswG festgelegt. Bei Vorliegen der Voraussetzungen ist das Zertifikat zu erteilen, ein Ermessen besteht nicht.[199] Die Erteilung eines Zertifikats ist insbesondere dann ausgeschlossen, wenn der verfolgte Zweck rechtswidrig oder in der geschäftsmäßigen Übermittlung von Daten besteht. Auch dürfen keine Anhaltspunkte für eine missbräuchliche Verwendung des Zertifikats vorliegen. Das berechtigte Interesse wird durch eine Erforderlichkeitsprüfung festgestellt und stellt die Voraussetzung für die Vergabe eines Zertifikates dar. In dem dann zuteilenden Verwaltungsakt wird durch die VfB genau festgesetzt, auf welche Funktionen (bspw. Altersabfrage, Name, Vorname oder Wohnadresse) der Anbieter Zugriff haben wird.[200] Die eigentlichen Berechtigungszertifikate werden dann den Diensteanbietern von sog **Trustcentern** zur Verfügung gestellt – den sogenannten Berechtigungs-CAs (CA = Certificate Authority). Der datenschutzrechtliche Nutzen zum Schutz des Bürgers hängt daher von dem angelegten Prüfungsmaßstab ab. Je geringer dieser in der Praxis sein wird, umso geringer wird das Vertrauen der Bürger sein. Ob der Maßstab einer „Plausibilitätsprüfung der datenschutzrechtlichen Erforderlichkeit" hierfür genügt, muss die Praxis zeigen, da es sich dabei eben nicht um eine „echte" Erforderlichkeitsprüfung handelt.[201] *Roßnagel/Hornung/Schnabel* weisen allerdings – zu Recht – darauf hin, dass der besondere Wert des Systems wohl nicht in der Entscheidung über die Freigabe einzelner Datenfelder zur Abfrage durch den Diensteanbieter liegen wird, als vielmehr in der Transparenz der Zugriffsberechtigten.[202]

283 Die **konkrete Identifizierung** im Einzelfall zwischen Bürger und Diensteanbieter läuft so ab, dass der Bürger eine Webseite eines Online-Dienstes aufruft, die Funktion „Identifizierung mit dem nPA" anwählt und ihm daraufhin die allgemeinen Informationen zum Diensteanbieter aufgrund dessen Berechtigungszertifikats angezeigt werden. Dann kann der Inhaber des nPA unter Umständen bestimmte Datenfelder wie Vorname oder Geburtsdatum an- und abwählen. Diese Identifikation des Diensteanbieters und die Auswahl der Betroffenen ermöglicht dem Bürger ein dem Datenschutzrecht entsprechende Entscheidung über die Preisgabe der Daten. Schließlich legt der Bürger den nPA auf sein Lesegerät und gibt seine PIN ein. Die PIN wird dem Bürger zusammen mit der Mitteilung, dass sein nPA zur Abholung bereit liegt, übersendet. Ohne die Eingabe der PIN soll ein Auslesen oder Übertragen der Daten schlechthin unmöglich sein. Nach Eingabe der PIN werden die Daten dann übertragen und die Nutzung des Dienstes – bspw. des Rathauses oder eines Onlineversandhauses – steht dem Bürger frei.

---

[196] *Borges* NJW 2010, 3334 (3336).
[197] *Polenz* MMR 2010, 671 (672).
[198] *Polenz* MMR 2010, 671 (672).
[199] *Schulz* CR 2009, 267 (269).
[200] § 21 Abs. 5 PAuswG enthält spezielle Rücknahme- und Widerrufsregelungen; ein Ermessensspielraum verbleibt bei Vorliegen der Voraussetzungen nicht. Subsidiär gelten §§ 48, 49 VwVfG.
[201] Vgl. *Roßnagel/Hornung/Schnabel* DuD 2008, 168 (170); vgl. *Schulz* CR 2009, 267 (271), der darauf hinweist, dass lediglich eine „Plausibilitätsprüfung und keine (strenge) Erforderlichkeitskontrolle" stattfindet, was keine Anhaltspunkte im Gesetz finde.
[202] Vgl. *Roßnagel/Hornung/Schnabel* DuD 2008, 168 (170); vgl. auch *Reisen* DuD 2008, 1 (4).

Als Kritikpunkt wird geltend gemacht, dass die Entscheidung über die Nutzung der Authentifizierungsfunktion nach dem **Opt-Out-Prinzip** erfolgt und Opt-Out-Verfahren datenschutzrechtlich grundsätzlich bedenklich sind.[203]

b) Mobile Nutzung. Eine mobile Anwendung ist aufgrund der NFC-Funktion unter Verwendung eines NFC-fähigen Smartphones denkbar.[204] In einem ersten Schritt ist es denkbar, dass das NFC-fähige Smartphone lediglich als Chipkartenleser fungiert und die eID-App auf einem an das Smartphone angeschlossenen Rechner ausgeführt wird. Künftig ist auch vorstellbar, dass auf dem Smartphone selbst die entsprechende App installiert ist und keine weitere Hardware erforderlich ist.[205] Die weiteren Entwicklungen werden abzuwarten sein.

c) Pseudonym. Eine besondere Nutzungsform des nPA ist das Pseudonym. Diese Funktion ermöglicht es, aus der im Berechtigungszertifikat enthaltenen Sektorkennung des Diensteanbieters und einem auf dem Ausweischip gespeicherten Geheimnis ein **kryptographisches Merkmal** zu erzeugen. Dieses Merkmal ist jeweils für eine Karte und einen Diensteanbieter festgelegt, ändert sich jedoch in Bezug auf jeden Diensteanbieter. Das Pseudonym ermöglicht es damit dem Diensteanbieter einen nPA wiederzuerkennen, ohne dass weitere personenbezogene Daten übermittelt werden müssen (§ 2 Abs. 5 PAuswG). Eine Wiedererkennung wird daher ohne Offenlegung der Identität (Familienname, Vorname etc.) des Ausweisinhabers wird möglich.[206]

Ein Vergleich mit einem anderen Pseudonym, das von einem anderen Diensteanbieter ausgelesen wurde, ist nicht möglich. Ein diensteübergreifendes Nachverfolgen des pseudonymen Nutzers soll demnach nicht möglich sein.[207] Es können also Dienste genutzt werden, ohne dass der Nutzer sich identifizieren muss, aber der Diensteanbieter ihn dennoch wiedererkennen kann.

d) Minderjährige/Altersverifikation. Zum Schutz von Bürgern unter 16 Jahren ist bei diesen der elektronische Identitätsnachweis deaktiviert.[208] Der Grund ist nach der Gesetzesbegründung der Vertrauensverlust in diese Funktion, falls diese einem leichtfertigen Umgang Preis gegeben würde.[209] Im Übrigen dient der nPA auch zur Altersverifikation, diese erfolgt in der Form, dass nicht das genaue Geburtsdatum übermittelt wird, sondern nur der Umstand, ob der Ausweisinhaber vor einem bestimmten Datum geboren ist.[210]

5. Verlust des nPA

Die Rechtsfragen aus dem Verlust und damit möglicherweise einhergehende Missbrauchsmöglichkeiten adressiert das Gesetz nicht explizit. Für den Bürger besteht die Pflicht, **zumutbare Maßnahmen** gegen die Kenntnisnahme der PIN durch Dritte zu treffen und zu gewährleisten, den nPA nur in als sicher anzusehender Umgebung einzusetzen (§ 27 PAuswG). Aufgrund der Vergleichbarkeit der Absicherung – Besitz (ePA) und Wissen (PIN) – wird hierzu eine Orientierung an der Rechtsprechung zum Missbrauch von EC-Karten nahe liegen.[211] Das bedeutet auch, dass der Bürger unverzüglich nach Kenntnis vom Verlust die Sperrung veranlassen muss.[212]

Bei Verlust oder Diebstahl hat das Bundesministerium des Innern (BMI) seit dem 1.1.2014 die Rufnummer 116 geschaltet, über die darüber erreichbare Hotline können die Ausweisinhaber den neuen Personalausweis sperren lassen.[213] Aus den nationalen Fest- und Mobilfunknetzen ist der Anruf kostenfrei.[214]

---

[203] *Roßnagel/Hornung/Schnabel* DuD 2008, 168 (169).
[204] *Hornung/Horsch/Hühnlein* DuD 2010, 189 (191).
[205] Vgl. zu diesem Ansatz ausführlich *Hornung/Horsch/Hühnlein* DuD 2010, 189 (191 ff.).
[206] *Polenz* MMR 2010, 671 (673).
[207] *Polenz* MMR 2010, 671 (673).
[208] Vgl. die Begründung zum Gesetzentwurf BT-Drs. 16/10489, S. 37 f.; *Schulz* CR 2009, 267 (271).
[209] Vgl. *Schulz* CR 2009, 267 (271), der diese Aussage nachvollziehbar kritisiert.
[210] *Polenz* MMR 2010, 671 (674).
[211] Vgl. *Schulz* CR 2009, 267 (270).
[212] Vgl. *Schulz* CR 2009, 267 (270).
[213] ZD-Aktuell 2013, 03856.
[214] Aus dem Ausland ist die Sperr-Hotline gebührenpflichtig zu erreichen; zusätzlich ist mit +49(0) 30-40 50 40 50 eine weitere Rufnummer für die Hotline geschaltet.

IV. De-Mail

291   Das De-Mail-Gesetz (De-Mail-G) ist am 3.5.2011 in Kraft getreten. Mit dem „Gesetz zur Regelung von De-Mail-Diensten und zur Änderung weiterer Vorschriften", dessen Artikel 1 das De-Mail-G einführt, ist das Gesetzgebungsprojekt, das in 16. Legislaturperiode als Bürgerportalgesetz begonnen wurde, abgeschlossen.[215]
Parallel zum Inkrafttreten legte das Bundesamt für Sicherheit in der Informationstechnologie (BSI) in einer technischen Richtlinie die technischen Voraussetzungen fest.[216]

1. Einleitung

292   Bei einem regulären E-Mail-Konto ist es möglich, eine beliebige Identität anzunehmen. Im Regelfall ist unsicher, ob eine Nachricht überhaupt angekommen ist sowie, ob sie ohne Manipulation oder Kenntnisnahme eines Dritten bei dem richtigen Empfänger eingegangen ist.[217] Vorhandene technische Möglichkeiten der Verschlüsselung haben sich nicht flächendeckend durchgesetzt.[218] Diesen Problemen soll durch das De-Mail-G abgeholfen werden.

2. Zweck und Struktur des De-Mail-G

293   Zweck des De-Mail-G ist es, die **Funktionsfähigkeit und Akzeptanz der elektronischen Kommunikation** zu erhalten und auszubauen; dies soll insbesondere trotz steigender Internetkriminalität und wachsender Datenschutzprobleme ermöglicht werden.[219]

294   **a) Zweck des De-Mail-G.** Nach § 1 Abs. 1 De-Mail-G sollen De-Mail-Dienste auf einer elektronischen Kommunikationsplattform einen sicheren, vertraulichen und nachweisbaren Geschäftsverkehr für jedermann im Internet sicherstellen. Daher wird nach § 1 Abs. 2 S. 1 De-Mail-G vorausgesetzt, dass eine sichere Anmeldung, Nutzung eines Postfach- und Versanddienstes für sichere elektronische Post sowie Nutzung eines Verzeichnisdienstes durch den De-Mail-Dienst ermöglicht wird. Die Vertraulichkeit, Integrität und Authentizität der Nachrichten ist im Rahmen des Postfach- und Versanddienstes nach § 5 Abs. 3 De-Mail-G durch **Erfüllung besonderer Pflichten** durch den Anbieter zu gewährleisten. Das wird nach § 1 Abs. 2 S. 2 De-Mail-G durch eine Akkreditierung des Diensteanbieters nach dem De-Mail-G gewährleistet werden.

295   Ziel des De-Mail-G ist es, eine sichere und nachvollziehbare Kommunikation zu schaffen, bei der Versand bzw. Empfang von De-Mails nachgewiesen werden können und die Identität des Kommunikationspartners gesichert ist.[220]

296   Ferner wird durch das De-Mail-G Art. 8 Abs. 1 der **EU-Zugangsrichtlinie** umgesetzt,[221] der verlangt, dass Verfahren und Formalitäten problemlos bei öffentlichen Stellen aus der Ferne und elektronisch durchgeführt werden können.[222] Dies schließt auch eine elektronische Kommunikation mit den Behörden ein.[223] Bei der elektronischen förmlichen Zustellung werden die Beweismöglichkeiten über den Zugang verbessert; hierzu wurde in § 5 Abs. 9 De-Mail-G eine beweissichere Abholbestätigung eingeführt.[224]

297   **b) Struktur des De-Mail-G.** Das De-Mail-G gliedert sich in sechs Abschnitte. Auf die allgemeinen Vorschriften folgen die Regelungen zu Pflichtangeboten und optionalen Angebo-

---

[215] BGBl. 2011, I, Nr. 19, 666.
[216] Bundesamt für Sicherheit in der Informationstechnologie „BSI – Technische Richtlinie" BSI TR 01201; https://www.bsi.bund.de/DE/Themen/EGovernment/DeMail/TechnischeRichtlinien/TechnRichtlinien_node.html (zuletzt eingesehen am 26.5.2011).
[217] *Bisges* MMR Aktuell 307088, unter I. 2.
[218] RegE, BT-Drs. 17/3630, S. 1.
[219] RegE, BT-Drs. 17/3630, S. 1.
[220] RegE, BT-Drs. 17/3630, S. 2; *Schulz* DuD 2009, 601 (602).
[221] *Spindler* CR 2011, 309.
[222] Art. 8 Abs. 1 der Richtlinie 2006/123/EG des Europäischen Parlamentes und des Rates vom 12. Dezember 2006 über Dienstleistungen im Binnenmarkt (EU-Zugangsrichtlinie), L 376/36.
[223] *Spindler* CR 2011, 309 (309).
[224] RegE, BT-Drs. 17/3630, S. 2.

ten des De-Mail-Anbieters. In Abschnitt drei werden die Rechte und Pflichten von Nutzern und De-Mail-Anbietern bei der De-Mail-Dienste-Nutzung dargelegt. Abschnitt vier trifft Regelungen zu Akkreditierung von Anbietern, deren Voraussetzungen sowie der Gleichstellung von ausländischen Diensten. In Abschnitt fünf werden die Aufsichtsmaßnahmen sowie die Informationspflichten der zuständigen Behörde geregelt; nach § 2 De-Mail-G ist das BSI die zuständige Behörde. Abschnitt sechs enthält die Schlussbestimmungen einschließlich der Bußgeldvorschriften, die sich auf Verstöße gegen Pflichten aus Abschnitt zwei bis vier beziehen.

Die Abschnitte und Regelungen sollen insofern den gesamten Prozess – abgesehen von der Technischen Richtlinie – abdecken, damit die Kommunikation in einer gesicherten Umgebung abläuft.

3. De-Mail als Dienst im Sinne des TKG und des TMG

§ 15 De-Mail-G macht neben einer klarstellenden Regelung deutlich, dass in datenschutzrechtlichen Belangen im Übrigen **das BDSG, das TKG und das TMG** eingreifen.[225] Bei Belangen der technischen Sicherheit und der Ausgestaltung des Kommunikationsprozesses – also der Transportebene – ist das TKG maßgeblich.[226] Hiervon abgesehen soll jedoch wie bei E-Mail-Diensten – also auf Anwendungsebene – auch das TMG Anwendung finden.[227]

§ 15 De-Mail-G sieht vor, dass der akkreditierte Diensteanbieter personenbezogene Daten beim Nutzer eines De-Mail-Kontos nur erheben, verarbeiten und nutzen darf, soweit dies zur Bereitstellung der De-Mail-Dienste und deren Durchführung erforderlich ist. Damit soll die Verknüpfung der De-Mail-Daten mit anderen Anwendungen des Diensteanbieters ausgeschlossen werden; es soll eine klar getrennte Datenspeicherung ohne Möglichkeiten der Akkumulierung oder Profilbildung gewährleistet werden.[228] Dies soll eine Auffangregelung für Diensten oder deren Teile darstellen, die weder dem TKG noch dem TMG unterfallen.[229]

Die technische Ausgestaltung der Überwachung dieser E-Mail-Kommunikation wird sich wie auch in anderen Fällen der gewöhnlichen E-Mail-Kommunikation nach §§ 110, 111–113 TKG richten.

4. Akkreditierung der Anbieter

An logisch erster Stelle im Prozess steht die Akkreditierung des Anbieters gemäß § 17 Abs. 1 De-Mail-G, um ein vertrauenswürdiges Netzwerk von Anbietern zu schaffen. Nach § 18 Abs. 1 De-Mail-G muss der Anbieter **Sachkunde, Zuverlässigkeit** (§ 18 Abs. 1 Nr. 1 De-Mail-G) sowie eine Deckungsvorsorge für mögliche Schadensersatzforderungen nachweisen (§ 18 Abs. 1 Nr. 2 De-Mail-G). Außerdem muss der Anbieter belegen, dass er technischen und organisatorischen Anforderungen genügt, um seine Pflichten aus §§ 3–13 sowie § 16 De-Mail-G erfüllen zu können (§ 18 Abs. 1 Nr. 3 De-Mail-G).[230] Diese Anforderungen wurden durch die Technische Richtlinien des BSI („BSI TR 01201 De-Mail") erweitert.[231] Auch wird geprüft, ob der Anbieter bei der Gestaltung und dem Betrieb der De-Mail-Dienste die datenschutzrechtlichen Anforderungen erfüllt (§ 18 Abs. 1 Nr. 4 De-Mail-G). Die erforderlichen Nachweise bestehen im Kern aus dem Sicherheitszertifikat des BSI nach § 9 BSIG und dem Datenschutznachweis des BfDI nach § 18 Abs. 2 Nr. 4 De-Mail-G.

Zuständige Behörde für die Akkreditierung der Anbieter und Aufsicht über diese ist gemäß § 17 Abs. 1 iVm § 2 De-Mail-G das BSI. Die Prüfung der Voraussetzungen wird durch ein zertifiziertes IT-Unternehmen durchgeführt. Nach erfolgreicher Prüfung ist das Gütezeichen zu erteilen.[232]

---

[225] Zum Bürgerportalegesetz insofern: *Warnecke* MMR 2010, 227 (230).
[226] *Spindler* CR 2011, 309 (310); RegE, BT-Drs. 17/3630, S. 19.
[227] *Spindler* CR 2011, 309 (310).
[228] BT-Drs. 14/4145 Stellungnahme BRat und Gegenäußerung der BReg S. 14.
[229] RegE, BT-Drs. 17/3630, S. 36.
[230] *Schumacher* DuD 2010, 302 (303 f.).
[231] *Schumacher* DuD 2010, 302 (303).
[232] S. zu den Details des Akkreditierungsverfahrens unter → Rn. 357 ff.

5. Ausgestaltung der E-Mail-Adresse

304 Auf die gesetzliche Festlegung eines einheitlichen **Domainnamens** wurde – entgegen der ursprünglichen Zielsetzung – verzichtet. Nach § 5 Abs. 1 Nr. 1 De-Mail-G ist jedoch eine Kennzeichnung im Domänenteil der E-Mail-Adresse vorgeschrieben, die ausschließlich für De-Mail-Dienste genutzt werden darf.[233] Diese Kennzeichnung kann im Toplevel- oder Sublevel nach Wahl des Anbieters erfolgen.[234]

305 Durch eine einheitliche Kennung wäre es hingegen zum einen leichter, die sichere De-Mail von normalen E-Mails zu unterscheiden, und zum anderen die Adresse bei Wechsel des Anbieters mitzunehmen. Diese Einschränkung hinsichtlich der Wechselmöglichkeiten könnte zu Marktschranken führen.[235]

306 Für die Registrierung von De-Mail-Adressen wurde eine sog Grandfathering Period bis zum 30.6.2014 vorgesehen. Bis zu diesem Zeitpunkt konnten sich die Inhaber von Second-Level-Domains unter der Top-Level-Domain vorrangig die ihrer de-Domain entsprechende De-Mail-Adresse registrieren. Danach können diese auch von Dritten registriert werden.

307 Es ist zu erwarten, dass mit der Etablierung von De-Mail auch Rechtsstreitigkeiten um die Berechtigung der Nutzung von De-Mail-Adressen analog zu den Rechtsstreitigkeiten bei der Registrierung von Domains ergeben werden. Im Kern ist zu erwarten, dass die im Streit um Domains etablierte Grundsätze hierauf übertragen werden.

6. Identitätsfeststellung des Nutzers und Anmeldeverfahren

Die Nutzung von De-Mail beruht darauf, dass die Identität des Kommunikationspartners ebenso wie der auf ihn beschränkte Zugriff auf die De-Mails sichergestellt ist.

308 a) **Identitätsfeststellung.** Das Verfahren zum Erhalt eines De-Mail-Kontos ist **zweistufig** ausgestaltet: § 3 Abs. 2 S. 1, Abs. 3 De-Mail-G fordert für die Eröffnung eines De-Mail-Kontos die zuverlässige Feststellung der Identität des Nutzers und bei juristischen Personen, Personengesellschaften oder öffentlichen Stellen zusätzlich die Feststellung der Identität ihrer gesetzlichen Vertreter oder Organmitglieder. Eine Freischaltung des De-Mail-Kontos darf nach § 3 Abs. 4 De-Mail-G erst erfolgen, wenn die Identität des Nutzers überprüft ist, er den Erhalt der Anmeldedaten bestätigt und im Rahmen einer Erstanmeldung erfolgreich genutzt hat.

309 Durch § 3 Abs. 5 De-Mail-G wird dem Anbieter die Pflicht auferlegt, die Richtigkeit der zu dem Nutzer gespeicherten Identitätsdaten sicherzustellen und die gespeicherten Identitätsdaten in angemessenen zeitlichen Abständen auf ihre Richtigkeit zu prüfen. Für die Identifizierung kommen verschiedene Verfahren in Betracht. So sieht § 3 Abs. 3 Nr. 1 De-Mail-G durch Verweis auf § 18 PAuswG beispielsweise die Möglichkeit der Identifizierung mittels des nPA vor.[236]

310 Die Sicherstellung der „Richtigkeit" kann für die Anbieter zum Problem werden. Im Gesetzgebungsverfahren wurde auf die Gestaltungsmöglichkeiten gegenüber dem Nutzer im Rahmen der Vertragsfreiheit abgestellt. Es könnte insofern das Sicherstellen der Aktualität als **Obliegenheit** auf den Nutzer übertragen werden.[237] Eine entsprechende Regelung in den AGB des Anbieters dürfte daher der Prüfung des § 307 BGB standhalten.[238]

311 Juristische Personen und Personenhandelsgesellschaften oder öffentliche Stellen sind anhand eines Auszugs aus dem Handels- oder Genossenschaftsregister oder einem vergleichbaren amtlichen Register oder Verzeichnis, der Gründungsdokumente oder gleichwertiger beweiskräftiger Dokumente oder durch Einsichtnahme in die Register- oder Verzeichnisdaten zu identifizieren (§ 3 Abs. 3 Nr. 2 De-Mail-G).

---

[233] *Spindler* CR 2011, 309 (311).
[234] RegE, BT-Drs. 17/3630, S. 28.
[235] *Roßnagel* NJW 2011, 1473 (1475).
[236] *Wrede/Kirsch* ZD 2013, 433; zum nPA s. unter → Rn. 275.
[237] BT-Drs. 14/4145 Stellungnahme BRat S. 4, Gegenäußerung der BReg S. 10.
[238] *Spindler* CR 2011, 309 (312).

b) Anmeldeverfahren. Es ist dem Nutzer die Möglichkeiten zur Wahl zwischen einer sicheren oder einer nicht sicheren Anmeldung einzuräumen.

Der Anbieter muss nach § 4 Abs. 2 De-Mail-G **mindestens zwei Verfahren** zur sicheren 312 Anmeldung anbieten; eines der Verfahren muss bei natürlichen Personen die Nutzung des elektronischen Personalausweises erlauben. Für die sichere Anmeldung sind zwei geeignete und voneinander unabhängige Sicherungsmittel vorauszusetzen, beispielsweise Wissen und Besitz.[239] Diesen Voraussetzungen müsste auch die elektronische Signatur genügen.[240]

Der Zugang ohne sichere Anmeldung erfolgt nach § 4 Abs. 1 De-Mail-G unter Verwendung nur eines Sicherungsmittels, in der Regel Benutzername und Passwort. Auf den geringeren Sicherheitsstandard dieser Alternative hat der Anbieter nach § 9 Abs. 1 Nr. 1 De-Mail-G hinzuweisen. 313

c) Auskunftsanspruch. Um Rechtsansprüche gegenüber einem Kommunikationspartner 314 geltend machen zu können, nutzt allein dessen Identifizierung gegenüber dem Anbieter nichts. § 16 De-Mail-G sieht daher auch einen Auskunftsanspruchs zur Offenlegung der Identität vor.[241]

7. Sicherheit des Transports

Die Anforderungen an die Sicherheit des Transports von De-Mail-E-Mails wurden und 315 werden heftig diskutiert.[242] Stein des Anstoßes ist, dass der Anbieter nach § 4 Abs. 3 De-Mail-G zwar sicherstellen muss, dass die Kommunikationsverbindung zwischen dem Nutzer und seinem Konto verschlüsselt erfolgt (sog **Punkt-zu-Punkt-Verschlüsselung**).[243] Zu einer Ende-zu-Ende-Verschlüsselung bei der Übertragung und dem Transport der Nachrichten ist der Anbieter jedoch *nicht* verpflichtet.[244] Eine durchgehende Verschlüsselung ist nur durch ein Zusammenwirken von Sender und Empfänger möglich, was durch den Anbieter unterstützt werden muss.[245]

Eine grundsätzliche Ende-zu-Ende-Verschlüsselung ist deshalb nicht gewährleistet, weil 316 der Diensteanbieter kurzzeitig die E-Mail entschlüsselt, um sie beispielsweise auf Viren zu prüfen.[246]

Seit April 2015 wird die **PGP-Verschlüsselung von De-Mails** zusätzlich angeboten. Der 317 Unterschied zu Vorstehendem besteht darin, dass damit eine sog Ende-zu-Ende-Verschlüsselung ermöglicht wird – also nur der Absender und der Empfänger den Inhalt zur Kenntnis nehmen konnten bzw. können.

PGP steht für Pretty Good Privacy und geht auf eine Entwicklung Anfang der 1990er zu- 318 rück. PGP liegt ein asymmetrisches Verfahren zugrunde: Es wird ein Schlüsselpaar erzeugt, wovon einer als sog öffentlicher Schlüssel und der andere als sog privater Schlüssel bezeichnet wird. Der öffentliche Schlüssel wird dazu verwendet, die Nachricht zu verschlüsseln, kann aber technisch bedingt nicht zum Entschlüsseln verwendet werden. Der sog private Schlüssel wird zum Entschlüsseln aber nicht zum Verschlüsseln verwendet. Der Absender muss sich also vor der Versendung den sog öffentlichen Schlüssel des späteren Empfängers beschaffen.[247]

Zur Nutzung der PGP-Verschlüsselung im Rahmen von De-Mail muss eine Anmeldung 319 im Sicherheitsniveau hoch durch den Nutzer erfolgen. Der Nutzer muss im Menü des De-

---

[239] *Roßnagel* CR 2011, 26; Zum Bürgerportalegesetz insofern: *Warnecke* MMR 2010, 227 (231).
[240] *Roßnagel* CR 2011, 26.
[241] Zum Bürgerportalegesetz insofern: *Warnecke* MMR 2010, 227 (231 f.).
[242] Vgl. hierzu *Lechtenbörger* DuD 2011, 268; *Schumacher* DuD 2010, 302; *Wrede* DSRITB 2012, 416; *Gerling* DuD 2014, 109; *Roßnagel* NJW 2011, 1463; *Keller-Herder/Dietrich* DuD 2010, 299.
[243] *Ramsauer/Frische* NVwZ 2013, 1505 (1508).
[244] *Wrede* DSRITB 2012, 416 (429); zuletzt äußerte sich die schwarz-rote Regierungskoalition dahingehend, die Ende-zu-Ende-Verschlüsselung bei De-Mail vorantreiben zu wollen, vgl. http://www.heise.de/newsticker/meldung/Safer-Internet-Day-Schwarz-Rot-erwaermt-sich-fuer-durchgehende-De-Mail-Verschluesselung-2111155.html.
[245] Angedeutet in § 5 Abs. 3 S. 2; vgl. *Roßnagel* NJW 2011, 1473 (1475); *Lechtenbörger* DuD 2011, 268.
[246] Kritisch zur fehlenden Ende-zu-Ende-Verschlüsselung: *Warnecke* MMR 2010, 227 (230) sowie die weiteren Verweise in → Fn. 210.
[247] Ausführlich → Rn. 63 ff., 191 ff.

Mail-Clients das Herunterladen der PGP-Verschlüsselung auswählen. Diese basiert auf Open-PGP und Meilvelope.[248]

320 Das durch den Nutzer festgelegte Passwort für PGP kann durch den Support der Anbieter oder sonstige Dritte – anders als beispielsweise Log-In-Daten – nicht zurückgesetzt oder wiederhergestellt werden. Sollte es vergessen werden, sind die so verschlüsselten Inhalte nicht mehr entschlüsselbar.[249]

321 Es besteht die Möglichkeit andere De-Mail-Nutzer „einzuladen". Das ist im Ergebnis nichts anderes als die für die Nutzung von PGP erforderliche Zusendung des sog öffentlichen Schlüssels.[250] Im öffentlichen Verzeichnisdienst wird hingegen derzeit noch nicht angezeigt, ob mit einem De-Mail-Nutzer im Wege der PGP-Verschlüsselung kommuniziert werden kann; es ist anzunehmen, dass sich dies in absehbarer Zeit ändert.[251]

8. Exkurs: Einsatz eines Gateway (mandantenfähige Lösung)

322 Neben der direkten Inanspruchnahme des De-Mail-Dienstes stellt sich für größere Unternehmen und/oder Unternehmen mit einem integrierten/festen IT-Dienstleister ein Bedürfnis nach einer mandantenfähigen Lösung für den De-Mail-Dienst unter Verwendung von Gateways. In dieser Konstellation ist das jeweilige Unternehmen nicht direkt mit dem akkreditierten Anbieter verbunden, sondern der De-Mail-Verkehr wird unter **Mitwirkung eines Intermediären** abgewickelt. Derartige Konstellationen sind in einem Konzernverbund in der Praxis häufig anzutreffen.

Diese Konstellation wird auch durch die Technische Richtlinie 01201 (BSI TR 01210) adressiert. Allerdings sieht sie nur rudimentäre Regelungen hierfür vor.[252]

323 Die BSI TR 01210 legt zunächst fest, dass die „Anbindung von Unternehmen oder Institutionen an De-Mail" auch über ein Gateway möglich ist. Diese Grundaussage ist mit Blick auf § 5 De-Mail-G eine entscheidende Aussage.[253] Das Gateway hat dabei die Authentisierung gegenüber dem DMDA für das Authentisierungslevel „hoch" zu übernehmen. Die BSI TR 01201 geht dabei von einer Realisierung mittels sog **Token** aus.

324 Im Anschluss an diese Vorgabe(n) werden in der BSI TR 01210 die Bedrohungen aufgezeigt, welche von einem Gateway-Szenario ausgehen können:[254] unberechtigte Nutzung von De-Mail-Diensten, Versand unter einem falschen Konto sowie Versand von einer für einen De-Mail-Empfänger bestimmten Nachricht in das Internet.[255]

325 Als eine **unberechtigte Nutzung** des De-Mail-Dienstes beschreibt die BSI TR 01210 sodann im Weiteren die Konstellation, in der eine unberechtigte Person Zugriff auf die hinter dem Gateway liegenden Infrastruktur erlangt und dadurch über das Gateway „die De-Mail-Dienste der angeschlossenen Kunden" nutzen und falsche Identitäten vortäuschen kann. Diese Sicherheitslücke müsse „unbedingt" vermieden werden.[256]

326 Als unberechtigte Datenzugriffe listet die TR folgende Fallbeispiele auf:
- den Versand von De-Mails von beliebigen hinter dem Gateway liegenden Kunden, welche auch mit De-Mail zugestellt werden,
- den unberechtigten Abruf bzw. Empfang von De-Mails inklusive eines Auslösens von Eingangs-/Versand-/Abhol-/Ident-Bestätigungen,
- den Versand von Ident-Nachrichten,
- die unberechtigte Abfrage des öffentlichen Verzeichnisdienstes (ÖVD) des jeweiligen DMDA bzgl. De-Mail-Kunden abzufragen,
- Manipulation der Inhalte der Diensteanbieter.

---

[248] *Borchers* c't 2015, Heft 12, S. 47.
[249] *Borchers* c't 2015, Heft 12, S. 47.
[250] *Borchers* c't 2015, Heft 12, S. 47.
[251] *Borchers* c't 2015, Heft 12, S. 47.
[252] *BSI*, TR 01201 De-Mail, Teil 6.1, Ziff. 10.
[253] Hierzu oben → Ziffer 2a).
[254] *BSI*, TR 01201 De-Mail, Teil 6.1, Ziff. 10.1.
[255] *BSI*, TR 01201 De-Mail, Teil 6.1, Ziff. 10.1.
[256] *BSI*, TR 01201 De-Mail, Teil 6.1, Ziff. 10.1.

Zur Abhilfe bzw. Verhinderung der beschriebenen Sicherheitsverletzungen schlägt die TR – neben dem genannten wohl zwingenden Token – folgende Maßnahmen vor:

Gesteigerte Anforderungen werden an die Autorisierung zur Nutzung des Gateway-Dienstes sowie an die korrekte Zuordnung eines Mandanten an sein De-Mail-Konto gestellt.[257] Beispielhaft zählt die TR folgende **Maßnahmen** auf:[258]

- eine durchgängige sichere Identifizierung des Nutzers von der Anwendung bis zum Gateway (ua durch Prüfung der Absender-Adresse bei ausgehenden Nachrichten)
- die Autorisierung des Gateway-nutzenden Systems
- die Autorisierung des Nutzers mittels eines im Gateway etablierten Identitäts- und Access Management-Systems.

Entscheidend ist allerdings, dass diese dieser Gestaltung immanenten Risiken nach dem Verständnis des BSI offenbar die Wirkung des De-Mail-Gesetzes auch in Bezug auf solche Nutzer nicht entfallen lässt.

Zudem muss in Konstellationen, in denen mehrere Mandanten ein Gateway nutzen, jedenfalls eine korrekte Zuordnung der einzelnen Nutzer zu dem jeweiligen De-Mail-Konto erfolgen.[259] Dies umfasst auch die unverzügliche Sperrung des Tokens, wenn ein Missbrauch durch den Nutzer selbst, den Gatewaybetreiber oder den DMDA festgestellt wurde.[260]

Ferner muss der jeweilige Mandant über die möglichen Gefahren, welche im Rahmen einer Gateway-Nutzung auftreten können, durch den DMDA hingewiesen werden und der Gateway-Betreiber muss durch den DMDA zu einem sicheren Betrieb der Infrastruktur und Anbindung der Mandanten und Nutzer verpflichtet werden.[261] Die (mögliche) Erfüllung dieser Verpflichtung soll durch ein entsprechendes **Sicherheitskonzept** nachgewiesen werden.[262]

9. Zusatzdienste nach dem De-Mail-G

Neben dem Kernbereich der Regelung der sicheren Kommunikation regelt das De-Mail-G drei Dienste. Der Verzeichnisdienst ist obligatorisch, während die Indentitätsbestätigung und der Dokumentenablagedienst freiwillig sind.

a) **Verzeichnisdienst.** Der Anbieter hat obligatorisch einen Verzeichnisdienst nach § 7 De-Mail-G anzubieten, in dem nach ausdrücklichem Verlangen des Nutzers die De-Mail-Adresse, Name und Anschrift, die für die Verschlüsselung von Nachrichten an den Nutzer notwendigen Informationen und die Information über die Möglichkeit der sicheren Anmeldung nach § 4 De-Mail-G des Nutzers zu veröffentlichen sind. § 7 Abs. 4 De-Mail-G sieht vor, dass § 47 TKG entsprechend gilt, sodass die De-Mail-Anbieter jeweils untereinander auf Ihre Verzeichnisse zugreifen können.

Diese Daten sind auf Verlangen des Nutzers unverzüglich zu löschen. Die Nutzung des Verzeichnisses darf nicht an die Nutzung des De-Mail-Dienstes gekoppelt sein, sondern muss **freiwillig** erfolgen.

b) **Identitätsbestätigungsdienst.** Nach § 6 De-Mail-G kann der Anbieter seinen Nutzer zusätzlich und freiwillig anbieten, ihre Identitätsdaten für eine sichere Authentifizierung gegenüber Dritten zu bestätigen. Dieser Dienst kann nur nach einer sicheren Anmeldung genutzt werden, damit für das Gegenüber eine ausreichende Sicherheit besteht. Die Bestätigung erfolgt mittels einer qualifiziert signierten De-Mail des Anbieters.

c) **Dokumentenablage.** Als optionalen Dienst kann der Anbieter nach § 8 S. 1 De-Mail-G einen sicheren Dienst zur Ablage von Dokumenten anbieten. Bietet er den Dienst an, so muss er nach § 8 S. 2, S. 3 De-Mail-G dafür Sorge tragen, dass die Dokumente sicher abgelegt werden und die Vertraulichkeit, Integrität und ständige Verfügbarkeit der abgelegten Dokumente gewährleisten sowie die Dokumente verschlüsseln.

---

[257] *BSI*, TR 01201 De-Mail, Teil 6.1, Ziff. 10.2.
[258] *BSI*, TR 01201 De-Mail, Teil 6.1, Ziff. 10.2.1.
[259] *BSI*, TR 01201 De-Mail, Teil 6.1, Ziff. 10.2.2.
[260] *BSI*, TR 01201 De-Mail, Teil 6.1, Ziff. 10.2.2.1.
[261] *BSI*, TR 01201 De-Mail, Teil 6.1, Ziff. 10.2.2.2.
[262] *BSI*, TR 01201 De-Mail, Teil 6.1, Ziff. 10.2.2.2.

336 Auf Verlangen des Nutzers hat er gemäß § 8 S. 5 De-Mail-G ein Protokoll über die Einstellung und Herausnahme von Dokumenten bereitzustellen, das mit einer qualifizierten elektronischen Signatur gesichert ist.
Das Grundrecht auf Vertraulichkeit und Integrität informationstechnischer Systeme[263] begründet das Recht auf diesen sicheren Speicherplatz.[264]

10. Bestätigungen

337 Beispielsweise bei Daten, die der **Verschwiegenheitspflicht** unterliegen, kann es nötig sein zu gewährleisten, dass nur der richtige Empfänger sie zur Kenntnis nimmt. Hierzu kann der Sender nach § 5 Abs. 4 De-Mail-G bestimmen, dass der Empfänger auf die Nachricht nur zugreifen kann, wenn er das sichere Anmeldeverfahren gewählt hat.[265]

338 Auf Wunsch des Senders müssen Bestätigungen über folgende Faktoren ausgestellt werden:
- Sichere Anmeldung (§ 5 Abs. 5 De-Mail-G)
- Versand (§ 5 Abs. 7 De-Mail-G
- Eingang (§ 5 Abs. 8 De-Mail-G)
- Abholung bei Versand durch öffentliche Stellen mit Berechtigung zur förmlichen Zustellung (§ 5 Abs. 9 De-Mail-G).

339 Die durch den Sender angeforderten Bestätigungen müssen in **qualifiziert signierter Form** folgende Informationen enthalten:
- Sender
- Empfänger
- relevante Zeitpunkte
- Prüfsumme der Nachricht.

11. Zustellung und Zugang

340 Nach § 5 Abs. 6 De-Mail-G ist der inländische Diensteanbieter verpflichtet, die Nachrichten auch nach den Prozessordnungen – einschließlich der Zivilprozessordnung (ZPO) – und dem Verwaltungszustellungsgesetz (VwZG) **förmlich** zuzustellen. Der neu eingefügte § 5a VwZVG sieht die elektronische Zustellung auch ohne den Willen des Empfängers vor. Die durch den Anbieter erzeugte Abholbestätigung hat hoheitlichen Charakter, daher werden deutsche Anbieter mit Hoheitsbefugnissen zu deren Erzeugung beliehen (§ 5 Abs. 6 S. 2 De-Mail-G).[266]

341 Das Dokument gilt nach § 5a Abs. 4 S. 1 VwZG am dritten Tag nach der Absendung an das De-Mail-Postfach des Empfängers als zugestellt, wenn er dieses Postfach als Zugang eröffnet hat und der Behörde nicht spätestens an diesem Tag eine elektronische Abholbestätigung nach § 5 Abs. 9 De-Mail-G zugeht. Diese Fiktion kann der Bürger gemäß § 5a Abs. 4 S. 1 VwZG erschüttern, wenn er nachweist, dass ihm das Dokument nicht oder zu einem späteren Zeitpunkt zugegangen ist.[267]

342 Der Zugang von empfangsbedürftigen Willenserklärungen unter Abwesenden nach § 130 BGB setzt zunächst eine **Widmung des De-Mail-Kontos** voraus. Nach § 7 Abs. 3 De-Mail-G, tritt diese Widmung im Verhältnis zu einer Behörde nicht durch die Veröffentlichung in einem Verzeichnis ein. Im Umkehrschluss wird daraus gefolgert, dass für den nicht-öffentlichen Bereich die Aufnahme in ein Verzeichnis zur Widmung führt.[268] Es wird auch vertreten, dass die Verwendung der Adresse durch ein Unternehmen als Absender gegenüber dem Kommunikationspartner sowie auf Visitenkarten oder im Internetauftritt den Schluss auf die Widmung zulasse.[269]

---

[263] BVerfG Urt. v. 27.2.2008 – 1 BvR 370/07, 1 BvR 595/07, NJW 2008, 822.
[264] *Roßnagel* NJW 2011, 1473 (1476); *Luch* MMR 2011, 75 (78).
[265] *Roßnagel* NJW 2011, 1473 (1475).
[266] *Spindler* CR 2011, 309 (316); *Wrede* DSRITB 2012, 419 (431).
[267] Krit. bzgl. Bürgerportalegesetzentwurf und bzgl. mögl. Zugangvereitelung: *Warnecke* MMR 2010, 227 (229).
[268] Spindler/Schuster/ *Spindler/Anton*, Recht der elektronischen Medien, § 130 Rn. 5.
[269] Spindler/Schuster/*Spindler/Anton* § 130 Rn. 5.

Für den Zugang ist der Zeitpunkt der gewöhnlichen Kenntnisnahme relevant. Im geschäftlichen und privaten Verkehr wird die Möglichkeit der Kenntnisnahme wie bei der sonstigen E-Mail grundsätzlich am Tag des Zugangs im Postfach bestehen.[270] 343

Obgleich De-Mail auch die Zustellung elektronischer Verwaltungsakte erleichtern soll,[271] regelt das De-Mail-G weder die Zugangsvoraussetzungen noch den Zugangszeitpunkt in Abweichung zu den allgemeinen Vorschriften.[272] 344

Öffentliche Stellen, die berechtigt sind, förmlich zuzustellen, können gemäß § 5 Abs. 9 De-Mail-G eine Abholbestätigung anfordern.[273] 345

12. Beweis und Anscheinsbeweis und dessen Erschütterung, Schriftformerfordernis

In Verbindung mit der Beweiserleichterung nach § 371a ZPO werden die jeweiligen Handlungen und der Inhalt der Nachricht durch die Bestätigungen aus § 5 De-Mail-G bewiesen.[274] 346

Der Anscheinsbeweis für die Identität des Versenders und Authentizität der Handlung dürfte jedoch nur bei der **sicheren Anmeldung** anzunehmen sein.[275]

Den Anscheinsbeweis des Zugangs kann der Empfänger durch den Nachweis erschüttern, dass er aufgrund mangelnder Verfügbarkeit durch Zugangsstörungen, deren Gründe beim Provider liegen, die Nachricht nicht abholen konnte;[276] dieser Nachweis wird jedoch praktisch schwer zu führen sein.[277] Ist die Abholung abwesenheitsbedingt unterblieben, so muss er den Zugang jedoch gegen sich gelten lassen.[278] 347

Ab dem Zeitpunkt der Weiterleitung an den Empfänger steht jedoch nicht fest, dass der Inhalt der Nachricht nicht verfälscht wurde.[279] Hier ist lediglich die qualifizierte Signatur beweissicher.[280] 348

Für die Übermittlung im **gerichtlichen Bereich** stellt der neu eingeführte Zusatz in § 174 Abs. 3 ZPO klar, dass dies auch durch De-Mail geschehen kann. Die Möglichkeit der konfrontativen Zustellung wie nach § 5a VwZG an einen unkooperativen Empfänger besteht hier jedoch nicht.[281] 349

Ab dem 1.7.2014 sieht § 3a Abs. 2 Nr. 2 und Nr. 3 VwVfG für **Verwaltungsverfahren** die Ersetzung der Schriftform durch die Versendung eines elektronischen Dokumentes mittels De-Mail vor. Sowohl bei Anträgen und Anzeigen an die Behörde (Nr. 2) als auch bei elektronischen Verwaltungsakten oder sonstigen elektronischen Dokumenten der Behörden (Nr. 3) kann die Schriftform ersetzt werden. Soweit die Behörde elektronische Verwaltungsakte oder sonstige Dokumente an den Adressaten versendet, muss die De-Mail die erlassende Behörde als Nutzer des De-Mail-Kontos erkennen lassen (§ 3a Abs. 2 Nr. 3 VwVfG). 350

Die Beweiskraft von De-Mails wird zudem durch das „Gesetz zur Förderung des elektronischen Rechtsverkehrs mit den Gerichten"[282] gestärkt.[283]

13. Haftung

Aufgrund der Pflichten nach dem De-Mail-G ergeben sich im Dreiecksverhältnis von Sender, Empfänger und Anbieter der De-Mail Besonderheiten bezüglich der Haftung. 351

---

[270] Spindler/Schuster/*Spindler/Anton* § 130 Rn. 7–10; vgl. mwN *Hoeren* Internetrecht, S. 318.
[271] Stelkens/Bonk/Sachs/*Stelkens*, VwVfG § 41 Rn. 95a.
[272] Stelkens/Bonk/Sachs/*Stelkens*, VwVfG § 41 Rn. 95b.
[273] *Wrede* DSRITB 2012, 419 (431).
[274] *Roßnagel* CR 2011, 23 (27).
[275] *Roßnagel* NJW 2011, 1473 (1475).
[276] *Bisges* MMR Aktuell 307 088, unter II. 4.
[277] *Spindler* CR 2011, 309 (315).
[278] *Spindler* CR 2011, 309 (315).
[279] *Spindler* CR 2011, 309 (315).
[280] *Roßnagel* NJW 2011, 1473 (1477); zur Beweiskraft des Hashwertes: *Bisges* MMR Aktuell 307088, unter II. 4.
[281] *Roßnagel* NJW 2011, 1473 (1478).
[282] Gesetz v. 10.10.2013, BGBl. I 2013, Nr. 62 v. 16.10.2013, S. 3786.
[283] *Johannes* MMR 2013, 694 (695).

352 a) **Haftung des Anbieters.** Im Verhältnis zwischen Anbieter und dessen Kunden greift primär die vertragliche Haftung ein. Regelungen in den **AGB des Anbieters,** die von den Haftungsrisiken frei zeichnen sollen, werden wohl bezüglich der im De-Mail-G geregelten Kardinalpflichten unwirksam sein.[284]

353 Bestehen hingegen keine vertraglichen Verbindungen mit dem Anbieter, so kommt eine Haftung aufgrund eines **Vertrages mit Schutzwirkung zugunsten Dritter** oder **deliktischer Ansprüche** aus Verletzung eines Schutzgesetzes in Gestalt des De-Mail-G in Betracht. In beiden Fällen muss aber gerade der Zweck der verletzten Pflicht in dem Schutz des Dritten bestehen.[285] Bei einem Vertrag mit Schutzwirkung zugunsten Dritter müsste die Schutzwirkung auch gerade von dem Willen der Vertragsparteien gedeckt gewesen sein. Ob eine so weite vertragliche Haftung angenommen werden darf ist zweifelhaft.[286]

354 Bei der Wertung muss auch berücksichtigt werden, dass der Anbieter beispielsweise die Identitätsdaten seines Vertragspartners zwar „in angemessenen zeitlichen Abständen" nach § 3 Abs. 5 prüfen muss. Er kann dies aber zum einen vertraglich auf den Nutzer abwälzen und zum anderen kann er dies ohne Mitwirkung des Kunden kaum vornehmen. Eine Haftung für Änderungen zwischen diesen angemessenen zeitlichen Abständen wäre also nicht zu rechtfertigen.[287]

355 b) **Haftung des Nutzers.** Die Verletzung von Sorgfaltspflichten durch den Nutzer, beispielsweise durch **unzureichende Sicherung** vor fremder Kenntnisnahme oder nicht erfolgter Sperrung nach Verlust des Besitzes des Sicherungsmittels, kann eine Haftung des Nutzers gegenüber Dritten auslösen.[288] Hier könnte sich eine Haftung aufgrund eines Vertrages mit Schutzwirkung zugunsten Dritter mit den oben unter Punkt → 12.1 dargelegten Problemstellungen ergeben. Ferner käme eine deliktische Haftung nach § 823 BGB iVm den Pflichten aus dem De-Mail-G in Betracht.

356 Im Vergleich zu einer Haftung für den Anscheinsbeweis bei den als ähnlich erachteten EC-Kartenfällen muss berücksichtigt werden, dass bei diesen eine Verletzung einer vertraglichen Pflicht gegenüber der Bank und eine darauf bezogenen Haftung vorliegt. Bei De-Mail würde die Haftung nicht gegenüber dem Anbieter sondern jedermann bestehen sollen.[289]

14. Exkurs: Zulassungsvoraussetzungen für einen Anbieter von De-Mail-Diensten

357 a) **Gesetzliche Vorgaben für die Akkreditierung von De-Mail-Dienstanbietern.** Die Akkreditierung von De-Mail-Dienstanbietern (DMDA) ist in den **§§ 17 ff.** De-Mail-G geregelt. Gemäß § 17 Abs. 1 Satz 2 De-Mail-G ist eine Akkreditierung zu erteilen, wenn der Dienstanbieter nachweist, dass er die Voraussetzungen des § 18 De-Mail-G erfüllt und die Aufsicht über den Anbieter durch die zuständige Behörde gewährleistet ist. Bei erfolgter Akkreditierung erhält der Dienstanbieter ein Gütezeichen, mit dem dieser auch werben und sich als akkreditierter Dienstanbieter bezeichnen darf (§ 17 Abs. 1 Satz 3, 4 De-Mail-G).

358 Gemäß § 18 Abs. 1 De-Mail-G wird nur akkreditiert, wer
- die erforderliche Zuverlässigkeit und Fachkunde besitzt (Nr. 1)
- eine geeignete Deckungsvorsorge trifft, um seinen gesetzlichen Verpflichtungen zum Ersatz von Schäden nachzukommen,
- die technischen und organisatorischen Anforderungen an die Pflichten der §§ 3 bis 13 und § 16 De-Mail-G erfüllt (Nr. 3) in der Weise, dass er die Anforderungen zuverlässig und sicher erbringt, er mit anderen akkreditierten Dienstanbietern zusammenwirkt und er die Dienste ausschließlich über Geräte erbringt, welche sich im Gebiet der EU oder eines anderen Vertragsstaates des Abkommens über den EWR befindet (Nr. 3).

359 § 18 Abs. 2 De-Mail-G sieht vor dabei die **Einhaltung des Standes der Technik** vor. Die Einhaltung des Standes der Technik wird vermutet, soweit der Dienstanbieter die

---

[284] *Spindler* CR 2011, 309 (317).
[285] *Spindler* CR 2011, 309 (317).
[286] *Spindler* CR 2011, 309 (317).
[287] *Spindler* CR 2011, 309 (318).
[288] *Roßnagel* CR 2011, 23 (26).
[289] *Spindler* CR 2011, 309 (313, 314).

IV. De-Mail

Anforderungen der Technischen Richtlinie des BSI, die TR 01201 De-Mail,[290] erfüllt (Satz 2).[291]

§ 18 Abs. 3 De-Mail-G enthält Vorgaben zum Nachweis der Erfüllung der Vorgaben aus § 18 Abs. 1 De-Mail-G. Danach ist die erforderliche Zuverlässigkeit und Fachkunde der bei dem jeweiligen Unternehmen Angestellten durch Nachweise in Form von Zeugnissen oder sonstigen Nachweisen über Kenntnisse, Erfahrungen und Fertigkeiten (Nr. 1) darzulegen. Eine ausreichende Deckungsvorsorge ist entweder durch den Abschluss einer entsprechenden Versicherung oder eine Freistellungs- oder Gewährleistungsverpflichtung eines Kreditunternehmens mit einer Mindestdeckungssumme von jeweils 250.000 EUR für den verursachten Schaden nachzuweisen (Nr. 2 Satz 1).[292]

Zum Nachweis der Erfüllung der technischen und organisatorischen Anforderungen an die Pflichten des § 18 Abs. 1 Satz 3 De-Mail-G ist ein Testat eines durch das BSI zertifizierten IT-Sicherheitsdienstleisters erforderlich (§ 18 Abs. 2 Nr. 3 De-Mail-G). § 18 Abs. 3 Nr. 4 De-Mail-G sieht schließlich für die Erfüllung der datenschutzrechtlichen Vorgaben vor, dass der Diensteanbieter ein Zertifikat des BfDI einzuholen hat.

Gemäß § 18 Abs. 4 De-Mail-G kann sich der Diensteanbieter auch Dritter bei der Erfüllung der genannten Pflichten bedienen.

Zum Ablauf der Akkreditierung liegen umfängliche Unterlagen des BSI vor.[293]

b) An der Akkreditierung beteiligte Stellen. Neben dem BSI sind zur Überprüfung der gesetzlichen Voraussetzungen weitere Stellen bzw. Personen an dem Akkreditierungsverfahren beteiligt.[294]

- Die **Prüfstelle De-Mail** nimmt die Prüfung der Voraussetzung der BSI TR 01201 vor. Diese Prüfung dient der Bestätigung der Umsetzung der Vorgaben zur Funktionalität und Interoperabilität für den De-Mail-Dienst.[295]
- Der **Auditor De-Mail** führt analog ISO 27001 auf Basis von IT-Grundschutz ergänzt um De-Mail-spezifischen Anforderungen ein Audit durch.[296]
- Der **IT-Sicherheitsdienstleister** für Aufgaben im Umsetzungsplan Bund (ITD-UP) führt den Penetrationstest durch und erstellt einen Testbericht.[297]
- Der **IT-Sicherheitsdienstleister für die Ausstellung von Testaten für De-Mail (Testierungsstelle)** bewertet die durch die anerkannten Prüfstellen De-Mail und die zertifizierten Auditoren De-Mail durchgeführten Prüfungen hinsichtlich Vollständigkeit, Plausibilität, Korrektheit und Vergleichbarkeit. Es handelt sich dabei um privatwirtschaftliche Stellen, die vom BSI für den Geltungsbereich „Ausstellung von Testaten für De-Mail" zertifiziert wurden.[298]
- Die/der **Bundesbeauftragte für den Datenschutz und die Informationsfreiheit (BfDI)** führt die Datenschutz-Zertifizierung durch und erstellt ein entsprechendes Zertifikat. Eine öffentlich bestellte oder beliehene sachverständige Stelle für den Datenschutz nimmt die eigentliche Datenschutzprüfung vor und erstellt ein Datenschutzgutachten, auf dem die Zertifizierung durch den BfDI basiert.[299]

---

[290] *BSI*, Technische Richtlinie 01201 De-Mail vom 23.3.2011, eBAnz AT40 2011 B1.
[291] Zur Abgrenzung zwischen dem „Stand der Technik" und den „allgemein anerkannten Regeln der Technik" vgl. *Seibel* NJW 2013, 3000.
[292] § 18 Abs. 2 Nr. 2 Satz 2 De-Mail-G sieht darüber hinaus noch weitere Voraussetzungen für eine Deckungsvorsorge durch den Abschluss einer Versicherung vor.
[293] Die Dokumente sind auf der Internetpräsenz des BSI zu finden, https://www.bsi.bund.de/DE/Themen/EGovernment/DeMail/Akkreditierung/Akkreditierung_node.html;jsessionid=837ADBF23A31CA06D86A627 064E66DF3.2_cid368.
[294] *BSI*, Verfahrensbeschreibung zur Akkreditierung von De-Mail-Diensteanbietern, vers. 1.0, Stand: 25.10.2011, abrufbar unter: https://www.bsi.bund.de/SharedDocs/Downloads/DE/BSI/Egovernment/De_Mail/ Verfahrensbeschreibung-zur-Akkreditierung-De-Mail-Dienstanbieter.pdf?__blob=publicationFile.
[295] *BSI* (s. Fn. 257), S. 7.
[296] *BSI*, Akkreditierung von De-Mail-Diensteanbietern, S. 2, abrufbar unter: https://www.bsi.bund.de/ SharedDocs/Downloads/DE/BSI/Egovernment/De_Mail/De-Mail-Akkreditierung-Prozessuebersicht.pdf;jses sionid=F140ED33A9BA22CBAECED0FC138C2C94.2_cid294?__blob=publicationFile.
[297] *BSI* (s. Fn. 293), S. 2.
[298] *BSI* (s. Fn. 289), S. 6.
[299] *BSI* (s. Fn. 293), S. 2.

- **Das BSI** nimmt die eigentliche Akkreditierung vor und setzt sodann den Schlusspunkt unter das Akkreditierungsverfahren.

363 c) **Akkreditierungsverfahren.** Das Akkreditierungsverfahren ist aufgeteilt in ein Vorverfahren, in dem die Akkreditierungskandidaten verschiedene Zertifikate, Testate und Gutachten bei den soeben genannten Stellen beauftragen bzw. einholen müssen und die eigentliche Akkreditierung durch das BSI. Die Akkreditierung ist in **drei Verfahrensschritte** unterteilt.

364 Vor der Durchführung der eigentlichen Akkreditierung müssen die potentiellen DMDA verschiedenste Prüfnachweise beibringen, welche Voraussetzung für den späteren Antrag beim BSI sind.[300] Hierzu gehören unter anderem: Penetrationstest (durch den IT-Sicherheitsdienstleister UP Bund) mit Testbericht; IS-Revision durchzuführen mit Dokumentation; Interoperabilitäts- und Funktionalitätsprüfung durch die De-Mail-Prüfstelle sowie Audit durch den De-Mail-Auditor; danach Erstellung eines Datenschutzgutachtens.

Diese Tests, Gutachten und Prüfungen müssen dann durch die Testierungsstelle bestätigt werden.

365 Im Rahmen der eigentlichen Akkreditierung sind drei Verfahrensstufen zu unterscheiden:[301]
- die Antragsphase
- die Begutachtungsphase
- die Betriebsphase

366 Die sog **Antragsphase** beginnt mit einem informellen Gespräch zwischen dem künftigen DMDA und dem BSI zur Klärung von Verfahrens- und Kostenfragen.[302] Der Antrag auf Durchführung des Akkreditierungsverfahrens[303] muss neben den Angaben zum Antragsteller (Firma, Anschrift, Ansprechpartner, De-Mail-Domain etc.) als Anlage die zuvor erwähnten Nachweise enthalten.[304] Weiter beizufügen sind allgemeine Nachweise (bspw. Registerauszug (in Abhängigkeit von der Rechtsform des Unternehmens)).[305] Darüber hinaus sind Nachweise über die weiteren gesetzlichen Vorgaben wie der Zuverlässigkeit, der Fachkunde und der Deckungsvorsorge einzureichen. Soweit der Antragsteller einen Dritten zur Umsetzung der Vorgaben und Erfüllung der genannten Pflichten einsetzen möchte, muss die Beauftragung ebenfalls entsprechend nachgewiesen werden.[306]

367 In der sog **Begutachtungsphase** wird durch das BSI geprüft, ob die Vorgaben des § 18 De-Mail-G erfüllt sind und ob eine Ausübung der Aufsicht über den DMDA durch das BSI gewährleistet ist. Das BSI muss innerhalb einer Frist von drei Monaten nach Antragseingang entscheiden. Eine etwaige Fristverlängerung muss das BSI gemäß § 17 Abs. 2 De-Mail-G begründen und rechtzeitig mitteilen. Beispielsweise kann die Frist zur Durchführung einer Anhörung verlängert werden.[307]

368 Mit Beginn der sog **Betriebsphase** darf der DMDA seine De-Mail-Dienste anbieten.[308] Den DMDA treffen im Rahmen der Aufsicht durch das BSI verschiedene Mitwirkungspflichten. Beispielsweise hat der Diensteanbieter das BSI unverzüglich über Sicherheitsschwachstellen zu informieren, welche durch ihn oder Dritte festgestellt wurden. Den Mitarbeitern des BSI ist während den üblichen Betriebszeiten Zutritt zu den Geschäftsräumen und den relevanten Dokumenten zu gewähren. Bezüglich Änderungen der Akkreditierungsvoraussetzungen oder der Eröffnung eines Insolvenzverfahrens hat der DMDA unverzüglich Mitteilung gegenüber dem BSI zu machen.

---

[300] Vgl. *BSI* (s. Fn. 293), S. 1 f.
[301] *BSI* (s. Fn. 289), S. 8.
[302] *BSI* (s. Fn. 289), S. 9, Ziff. 2.2.1, zuständig ist das Referat S 24 des BSI.
[303] Ein entsprechendes Formblatt ist auf der Webpräsenz des BSI abrufbar, https://www.bsi.bund.de/SharedDocs/Downloads/DE/BSI/Egovernment/De_Mail/Antrag_Akkreditierung_De-Mail-Diensteanbieter_pdf.pdf;jsessionid=FDA1A971D2BCE84CBFB4DB2C28A5A64B.2_cid368?__blob=publicationFile.
[304] *BSI* (s. Fn. 289), S. 9, Ziff. 2.2.2.
[305] *BSI* (s. Fn. 289), S. 10, Ziff. 2.2.2.3.
[306] *BSI* (s. Fn. 289), S. 11, Ziff. 2.2.2.7.
[307] *BSI* (s. Fn. 289), S. 13, Ziff. 2.2.1.
[308] *BSI* (s. Fn. 289), S. 14, Ziff. 2.4.

Die Akkreditierung ist nach spätestens drei Jahren zu erneuern, eine Verlängerung ist nicht möglich.[309]

V. E-Postbrief

Die Deutsche Post AG (DPAG) bietet den sog E-Postbrief an. Dieser entfaltet aufgrund seiner Ausgestaltung durch die DPAG Wirkungen, welche eine normale E-Mail nicht bietet. Der E-Postbrief ist kein durch das BSI zertifizierter[310] De-E-Mail-Dienst.[311]

1. Einführung

Ziel der DPAG ist es, einen für den Kunden handhabbaren, mit höherer Verbindlichkeit als der herkömmlichen E-Mail ausgestatteten Dienst bereit zustellen, welcher in Bezug auf das Sicherheits- und Verbindlichkeitsniveau zwischen physikalischem Brief und herkömmlicher E-Mail liegt.[312] Weiteres Ziel dürfte gewesen sein, einen Konkurrenzdienst zum De-Mail-Verfahren zu implementieren.[313] Die DPAG scheint mit dem E-Postbrief auch ein mit einem höheren Sicherheitsniveau versehenes elektronisches Nachrichtensystem anzustreben.

Erleichtert ist die Umsetzung durch das durch die DPAG etablierte **Postident-Verfahren**, welches ein weit verbreitetes Verfahren zur Identitätsüberprüfung von Kunden darstellt.[314]

Allerdings war auch gerade dieses etablierte Verfahren eine Bruchstelle in Bezug auf die Beteiligung der DPAG an De-Mail. Denn im Rahmen des Postident-Verfahrens wird ua auch die Personalausweisnummer und die ausstellende Behörde abgefragt wird.[315] Aus diesem Grund wurde der DPAG der Einsatz dieses Verfahrens bei der Identitätsfeststellung im Rahmen von De-Mail und damit das für die Akkreditierung als De-Mail-Anbieter erforderliche Datenschutzzertifikat verweigert.[316]

2. Zweck und Struktur

Entscheidender Unterschied zu De-Mail ist, dass der E-Postbrief zwei Zustellungsvarianten kennt:[317] Einmal den **E-Postbrief mit elektronischer Zustellung** und den **E-Postbrief mit klassischer Zustellung** (Hybridbrief).[318]

Erfolgt der Versand von Nachrichten bei der ersten Variante über das elektronische E-Postbrief-Portal, besteht beim E-Postbrief mit klassischer Zustellung die Möglichkeit, dass die elektronische Nachricht durch die DPAG ausgedruckt, kuvertiert, frankiert und schließlich dem Empfänger „klassisch" auf dem Postweg zugestellt wird. Dies hat für die Nutzer den Vorteil, dass sie nicht bereits bei der Erstellung des Schreibens zwischen physikalischem und elektronischem Versand differenzieren müssen, sondern einen einheitlichen Unternehmensprozess nutzen können.

Beide Dienste werden sowohl Privatkunden als auch Geschäftskunden über eine einheitliche Internet-Plattform zur Verfügung gestellt.[319]

3. E-Postbrief als Dienst iSd TMG und TKG bzw. des PostG

Hinsichtlich der Einordnung des E-Postbrief-Dienstes gilt – soweit es bei einer elektronischen Übermittlung der Nachricht bleibt – das zum De-Mail-Verfahren Ausgeführte.

---

[309] *BSI* (s. Fn. 289), S. 15, Ziff. 2.4.4.
[310] http://www.epost.de/privatkunden/epostbrief.html.
[311] MMR-Aktuell 2013, 345015.
[312] NZS 2012, 254.
[313] S. Meldung, dass Post das E-Government-Gesetz für unionsrechtswidrig hält, MMR-Aktuell 2013, 345510.
[314] Vgl. LG Köln Urt. v. 31.3.2011 – 88 O 49/10, MMR 2011, 555.
[315] Insbesondere die Ausweisnummer wird aufgrund des Geldwäschegesetzes (GwG) abgefragt.
[316] Vgl. entsprechende Pressemitteilungen: http://www.golem.de/news/wegen-postident-deutsche-post-gibt-de-mail-auf-1304–98704.html; http://www.heise.de/newsticker/meldung/PostIdent-verhindert-De-Mail-bei-der-E-Post-1817939.html.
[317] *Hoffmann/Tallich/Warnecke* MMR 2011, 775; *Schulz* DuD 2011, 263.
[318] Vgl. *Cebulla* DuD 2010, 308.
[319] *Hoffmann/Tallich/Warnecke* MMR 2011, 775.

374 Bei der hybriden Form des Brief-Versandes ändert sich die Betrachtung; Der ausschließlich elektronische Online-Brief ist im Prinzip eine **E-Mail mit Zusatzfunktionen**.[320] E-Mails unterfallen sowohl dem TMG (bzgl. Inhalt) und dem TKG (bzgl. technischer Versand).[321] Der Hybridbrief „verlässt" mit dem Zeitpunkt seines Ausdrucks den (elektronischen) Bereich der Telemedien. Bei der rechtlichen Einordnung des Hybridbriefes teilweise wird vorgeschlagen, den Dienst in seine einzelnen Phasen zu unterteilen.[322] Unterscheidbar ist die Phase des elektronischen Transports (1), die Phase der Umwandlung des elektronischen Briefs in einen Papierbrief (ausdrucken, kuvertieren, frankieren) (2) und die Versendung des Papierbriefs an den Adressaten (3).[323] Solange ein E-Postbrief ausschließlich elektronisch unterwegs ist, dürfte es sich um einen Telemediendienst handeln. Die reine Transportleistung unterfällt dem TKG.

375 Der **Vorgang des Ausdruckens** könnte den allgemeinen datenschutzrechtlichen Regeln (BDSG) unterfallen, da der elektronische Übermittlungsvorgang abgeschlossen und der Briefversand noch nicht begonnen hat.[324] Andererseits könnte man in Anlehnung an das Telefax der Auffassung sein, dass der Ausdruck noch den speziellen telekommunikationsrechtlichen Regelungen (§§ 88 ff. TKG) unterfällt.[325] Soweit der Ausdruck als eine der Beförderung des (physischen) Briefs vorgelagerte Dienstleistung gesehen wird, kann auch diese „Verfahrensstufe" als dem PostG unterfallend angesehen werden.[326] Gemäß § 4 Nr. 3 PostG wird jedoch unter den der Beförderung „das Einsammeln, Weiterleiten oder Ausliefern der Postsendung" verstanden, der Ausdruck des E-Postbriefs dürfte selbst kein Postdienst iSd § 4 PostG sein.[327] Dies spricht eher für eine Anwendung des BDSG.

376 Aus Sicht des Nutzers, welcher sowohl beim E-Postbrief mit elektronischer Zustellung als auch bei der klassischen Zustellung das E-Postbrief-Portal nutzt, stellt sich dies einfacher dar. Bei der elektronischen Zustellung erwartet der Nutzer den Weiterversand in Form einer E-Postbrief-E-Mail und bei der Inanspruchnahme der klassischen Zustellung, geht er davon aus, dass seine Nachricht als physischer Brief weitergeleitet wird. Aus Nutzersicht ist die Nachricht mit dem Anklicken des Senden-Buttons in den Herrschaftsbereich der DPAG entlassen und die Weichenstellung des weiteren Versands schon an dieser Stelle gestellt. Vor diesem Hintergrund erscheint das Ausdrucken der Nachricht (bei klassischer Zustellung) jedenfalls als der Beförderung vorgelagerte Dienstleistung.

4. Akkreditierung Anbieter

377 Die DPAG bietet Geschäftskunden auch die Möglichkeit der Nutzung eines „Geschäftskundengateways" an. Geschäftskunden soll auf diese Weise die Möglichkeit eingeräumt werden, über ihre bestehende E-Mail-Infrastruktur den E-Postbrief-Dienst zu nutzen.[328] Über das Geschäftskunden-Gateway können Geschäftskunden den E-Postbrief-Dienst beliebigen Mitarbeiter- und Organisationspostfächern zugänglich zu machen. Das Geschäftskunden-Gateway wird innerhalb des E-POST Systems der DPAG betrieben. Zur Authentifizierung gegenüber dem Gateway ist ein nicht kopierbarer kryptographischer Schlüssel in Form einer Smartcard erforderlich.[329]

5. Ausgestaltung der E-Postbrief-Adresse

378 Die Ausgestaltung der E-Postbrief-Adresse erfolgt bei natürlichen Personen mittels Vor- und Nachnamen (zB max.mustermann@epost.de).[330] Bei der Registrierung von Nutzern mit

---

[320] *Cebulla* DuD 2010, 308.
[321] *Cebulla* DuD 2010, 308.
[322] *Schulz* DuD 2011, 263 (265); *Schulz/Tischer* NZS 2012, 254 (256).
[323] *Schulz/Tischer* NZS 2012, 254 (256); *Cebulla* DuD 2010, 308 (309); *Schulz* DuD 2011, 263 (265).
[324] So im Ergebnis *Cebulla* DuD 2010, 308 (310).
[325] *Schulz* DuD 2011, 263 (266).
[326] *Schulz* DuD 2011, 263 (266); vgl. auch die Pressemitteilung der BNetzA vom 23.2.2010, abrufbar unter: http://www.bundesnetzagentur.de/cln_1931/SharedDocs/Pressemitteilungen/DE/2010/100223EntgeltHybriderOnlinebrief.html?nn=315132.
[327] Zumindest unterliegt dieser Verfahrensschritt nicht den entgeltgenehmigungspflichtigen Postdienstleistungen, vgl. BNetzA Beschl. v. 5.12.2012, BK 5b-12/038.
[328] *Deutsche Post AG*, Leistungsbeschreibung E-POST, S. 2.
[329] *Deutsche Post AG*, Leistungsbeschreibung E-POST, S. 2.
[330] *Deutsche Post AG*, Leistungsbeschreibung E-POST, S. 1.

identischen Vor- und Nachnamen wird hinter dem Nachnamen eine Nummer eingefügt (zB max.mustermann.2r@epost.de). Selbst gewählte Namen oder Pseudonyme können von Privatkunden nicht registriert werden.[331]

Geschäftskunden wird bei ihrer E-Postbrief-Adresse eine Subdomain eingerichtet, welche einen „klaren" Bezug zur Firma, dem Tätigkeitsbereich oder der eigenen Homepage aufweisen muss (zB ...@Musterfirma.epost.de).[332] Wenn ein Geschäftskunde eine eigene Domain auf den eigenen Namen bei der DeNIC e. G. registriert hat (Top-Level-Domain „.de"), kann er diese Domain als Subdomain verwenden (zB ...@Musterfirma.de.epost.de). Bei ausländischen Domains wird die Domainendung der Firmendomain entsprechend angepasst (zB musterfirma.com/-org/.net etc).[333] Auch Sub-Subdomains können Berücksichtigung finden.

Bei Registrierung muss der Geschäftskunde versichern, dass die gewünschte Subdomain einen direkten Bezug zur Firmenbezeichnung aufweist und er zur Nutzung der Subdomain, des local-parts (Teil der E-Postbrief-Adresse vor dem „@") sowie ggf. weiterer Sub-Subdomains berechtigt ist.[334] Die DPAG verneint in ihren AGB eine Pflicht zur Prüfung durch die DPAG.[335]

6. Identitätsfeststellung des Nutzers und Anmeldeverfahren

Zur Authentifizierung des Nutzers dient das POSTIDENT-Verfahren.[336] Dies ermöglicht – nach Aussage der Deutschen Post AG – die eindeutige Identifikation der Nutzer des E-POST-Portals.[337]

Im Rahmen des POSTIDENT-Verfahrens wird in drei Varianten angeboten:
- Postident Basic
- Postident Comfort
- Postident Special

In allen drei Varianten identifiziert sich der Nutzer **mittels seines Personalausweises** gegenüber einem Post-Mitarbeiter identifiziert. Entweder geschieht dies in einer Post-Filiale (Basic) oder durch Zusteller (Comfort, Special).

Die Anmeldung zum Nutzerkonto kann mit normalem oder hohem Ident-Nachweis erfolgen. Beim normalen Ident-Nachweis gibt der Nutzer seine E-Postbrief-Adresse und sein persönliches Passwort ein. Beim hohen Ident-Nachweis wird zusätzlich eine HandyTAN an die verifizierte Mobilfunknummer des Nutzers gesendet, die dann zusätzlich eingegeben werden muss.

7. Mitwirkungspflichten des Nutzers

Die Nutzer sind nach den AGB verpflichtet, alle für die Registrierung erforderlichen Daten **vollständig und wahrheitsgemäß** anzugeben und die geforderten Nachweise zu erbringen.[338]

Der Nutzer erkennt ferner sein Nutzerkonto als „seinen Machtbereich" an, zu dem er Zugang hat und das für die Kommunikation mit anderen Nutzern bestimmt ist.[339] Der Nutzer wird durch die AGB auch dazu aufgefordert, „mindestens einmal werktäglich den Posteingang in seinem Nutzerkonto zu kontrollieren".[340]

---

[331] *Deutsche Post AG*, Leistungsbeschreibung E-POST, S. 1.
[332] *Deutsche Post AG*, Leistungsbeschreibung E-POST, S. 1.
[333] *Deutsche Post AG*, Leistungsbeschreibung E-POST, S. 1; dieselbe, Allgemeine Geschäftsbedingungen zur Nutzung des E-POST Portals Geschäftskunden, Ziff.I.4. Abs. 1, abrufbar unter: http://www.epost.de/content/dam/dp/dokumente/rechtliches/agb-e-postbrief-gk.pdf.
[334] *Deutsche Post AG*, Allgemeine Geschäftsbedingungen zur Nutzung des E-POST Portals Geschäftskunden, Ziff. I.4. Abs. 2.
[335] *Deutsche Post AG*, Allgemeine Geschäftsbedingungen zur Nutzung des E-POST Portals Geschäftskunden, Ziff. I.4. Abs. 3.
[336] *Deutsche Post AG*, Leistungsbeschreibung E-POST, S. 1, abrufbar unter: http://www.epost.de/content/dam/dp/service/FAQ/leistungsbeschreibung_epost_20130207.pdf.
[337] *Deutsche Post AG*, Leistungsbeschreibung E-POST, S. 1.
[338] *Deutsche Post AG*, Allgemeine Geschäftsbedingungen zur Nutzung des E-POST Portals Geschäftskunden, Ziff. I.7. Abs. 1.
[339] *Deutsche Post AG*, Allgemeine Geschäftsbedingungen zur Nutzung des E-POST Portals Geschäftskunden, Ziff. I.7. Abs. 3.
[340] *Deutsche Post AG*, Allgemeine Geschäftsbedingungen zur Nutzung des E-POST Portals Geschäftskunden, Ziff. I.7. Abs. 3 Satz 2.

8. Sicherheit des Transports

387 Zur Sicherheit des Transports der Nachricht sieht die Leistungsbeschreibung der DPAG vor, dass ein E-Postbrief direkt nach der Erstellung bzw. des Versands „mit dem Portalschlüssel integritätsgeschützt und stets **verschlüsselt übertragen und gespeichert**" wird.[341] Dabei ist auch zu beachten, dass die Übertragung eines E-Postbriefs „in einem geschlossenen Nutzerraum, der nicht öffentlich zugänglich ist und damit auch vor Malware aus dem Internet schützt" ist, erfolgt.[342] Die eingehenden E-Postbriefe werden dabei automatisch auf Viren und andere schadhafte Inhalte geprüft. Die Verbindungsstrecke vom Nutzer zum E-Post-Portal ist über den TLS-Standard (Transport Layer Security) verschlüsselt.[343] Inhalte sollen auf diese Weise „zu keiner Zeit von Dritten" einsehbar sein.[344]

388 Die Beschreibungen zur Sicherheit des Transports des E-Postbriefs in den AGB und Leistungsbeschreibungen sind recht allgemein gehalten und beschreibe die konkreten Sicherheitsmaßnahmen kaum. Allerdings würde eine detaillierte Wiedergabe gerade den Schutz konterkarieren. Die Prüfung auf Viren und sonstige schädlichen Inhalte bedeutet allerdings, dass **keine Ende-zu-Ende-Verschlüsselung** durchgeführt wird. Würde diese verwendet, wäre eine derartige Überprüfung des Inhalts nicht möglich.[345]

Der Betrieb des E-Post-Portals erfolgt in einem nach BM/BSI-IT-Grundschutz zertifizierten Rechenzentrum.

9. Zusatzdienste im Rahmen des E-Postdienstes

389 Als Zusatzleistungen können der Versand als Einschreiben Einwurf und als Einschreiben mit Empfangsbestätigung hinzugebucht werden.[346]

Beim Einschreiben Einwurf erhält der Absender eine Versandbestätigung und eine Zustellbestätigung durch das System.

390 Beim Einschreiben mit Empfangsbestätigung findet der Empfänger zunächst nur eine Mitteilung in seinem elektronischen Briefkasten, dass ein Einschreiben für ihn bereitgehalten wird. Beim Öffnen des Einschreibens wird der Empfänger aufgefordert, den Empfang anzunehmen oder abzulehnen.

391 Für beide Varianten muss der Empfänger mit hohem Ident-Nachweis angemeldet sein. Wird der E-Postbrief angenommen, so erhält der Empfänger dauerhaft Zugriff auf das Einschreiben. Lehnt er ihn hingegen ab, wird das Schreiben gelöscht. Der Versender erhält in beiden Fällen eine entsprechende Bestätigung.[347]

10. Zustellung und Zugang, Beweiswirkung

392 Hinsichtlich der Zustellung bzw. des Zugangs von über den E-Postbrief-Dienst versandten Nachrichten sehen die E-Postbrief-AGB vor:[348]

„Es liegt im Verantwortungsbereich des Nutzers zu prüfen, inwiefern die angebotenen Dienste geeignet sind, etwaige angestrebte Rechtswirkungen im Verhältnis zwischen ihm und anderen Nutzern bzw. Kommunikationspartnern herbeizuführen, insbesondere auch inwiefern es zulässig ist, die angebotenen Dienste in diesem Verhältnis zu nutzen. Die Deutsche Post AG leistet diesbezüglich keine Rechtsberatung.

Es wird aber darauf hingewiesen, dass insbesondere gesetzliche oder vertraglich vereinbarte Schriftformerfordernisse durch die Nutzung der Dienste nicht erfüllt werden. Soweit

---

[341] Vgl. *Deutsche Post AG*, Leistungsbeschreibung E-POST, S. 1.
[342] *Deutsche Post AG*, Leistungsbeschreibung E-POST, S. 1.
[343] *Deutsche Post AG*, Leistungsbeschreibung E-POST, S. 1.
[344] *Deutsche Post AG*, Leistungsbeschreibung E-POST, S. 1.
[345] Ist eine Ende-zu-Ende-Verschlüsselung auch nicht Bestandteil des standardmäßigen Angebots des E-Postbriefs, kann diese jedoch zusätzlich eingerichtet werden.
[346] *Deutsche Post AG*, Leistungsbeschreibung E-POST, S. 1.
[347] *Deutsche Post AG*, Leistungsbeschreibung E-POST, S. 1.
[348] *Deutsche Post AG*, Allgemeine Geschäftsbedingungen zur Nutzung des E-POST Portals Geschäftskunden, Ziff. I.6. Abs. 2.

der Gesetzgeber einen Ersatz der Schriftform durch elektronische Form zulässt, ist eine zusätzliche qualifizierte digitale Signatur erforderlich. Ebenso wenig können förmliche Zustellungen im Gerichts- oder Verwaltungsverfahren vorgenommen werden."

In diesem Kontext ist zu beachten, dass die AGB den Nutzer dazu verpflichten, das E-Postbrief-Postfach einmal werktäglich zu prüfen. Daher wird von einer regelmäßigen Kenntnisnahme eines E-Postbriefes mit elektronsicher Zustellung durch den Privatkunden spätestens am Werktag nach dem Eingang im Nutzerkonto auszugehen sein. Bei Geschäftskunden ist von einer regelmäßigen Kenntnisnahme bei Eingang innerhalb der üblichen Geschäftszeiten am gleichen Werktag auszugehen; ansonsten mit Beginn der Geschäftszeiten am darauf folgenden Werktag.

Die Werbeaussage „Der E-Postbrief ist so sicher und verbindlich wie der Brief" wurde der DPAG durch das LG Bon gleichwohl untersagt.[349] Denn das LG Bonn war der Auffassung, dass diese Aussage geeignet sei, „bei einem erheblichen Teil der umworbenen Verkehrskreise irrige Vorstellungen über das Angebot hervorzurufen und die zu treffende Marktentschließung in wettbewerblich relevanter Weise zu beeinflussen". Denn der Verbraucher gehe aufgrund der Werbeaussage davon aus, dass der E-Postbrief dem Schriftformerfordernis genüge, was jedoch nicht der Fall sei.[350] Zur Begründung zog das LG Bonn bemerkenswerterweise die Gesetzesbegründung des De-Mail-Gesetzes heran, welche besagte, dass durch den De-Mail-Dienst allein das Schriftformerfordernis nicht eingehalten wird.[351] Neben einer Reihe von Aspekten wurde an dieser Sichtweise des LG Bonn vor allem auch kritisiert, dass es außer Acht ließ, dass der E-Postbrief in seiner hybriden Form auch den Versand per herkömmlicher Briefpost umfasst.[352]

11. Haftung und Verantwortlichkeit

a) Haftung des Anbieters. Die DPAG hat ihre Haftung unter Bezugnahme auf § 44a TKG in den E-Postbrief-AGB ausgestaltet. Sie unterliegt dabei denselben **Grenzen des AGB-Rechts** wie jeder Anbieter eines solchen Dienstes.

b) Verantwortlichkeit des Nutzers. Der Nutzer hat dafür Sorge zu tragen, dass seine Zugangsdaten – der Anmeldename, das Passwort sowie das Mobiltelefon, auf das die HandyTAN gesendet wird – **gegen unbefugte Verwendung durch Dritte geschützt** ist. Passwort und die übermittelte HandyTAN muss der Nutzer geheim halten.[353] Ferner hat der Nutzer dafür zu sorgen, dass durch seine Inanspruchnahme des E-Postbrief-Dienstes keinerlei Beeinträchtigungen für die DPAG oder Dritte entstehen. Insoweit treffen ihn keine überraschenden Pflichten.

Explizit untersagt ist eine Nutzung des E-Postbriefs insbesondere:[354]
- zum Versand gesetzlich verbotener oder „nicht angeforderter Inhalte" (als Beispiel wird hier Werbung explizit genannt)
- zur rechtswidrigen Kontaktaufnahme (iS eines Nachstellens, § 238 StGB)
- zur Einstellung rechts- oder sittenwidriger Inhalte (zB iSd §§ 130, 130a, 131 StGB).

---

[349] LG Bonn Urt. v. 30.6.2011 – 14 O 17/11, MMR 2011, 747.
[350] LG Bonn Urt. v. 30.6.2011 – 14 O 17/11, MMR 2011, 747 (748).
[351] LG Bonn Urt. v. 30.6.2011 – 14 O 17/11, MMR 2011, 747; BT-Drs. 17/3630, S. 2.
[352] Zu diesem und weiteren Kritikpunkten am Urteil des LG Bonn: *Schulz* MMR 2011, 748.
[353] *Deutsche Post AG,* Allgemeine Geschäftsbedingungen zur Nutzung des E-POST Portals Geschäftskunden, Ziff. I.7. Abs. 4.
[354] *Deutsche Post AG,* Allgemeine Geschäftsbedingungen zur Nutzung des E-POST Portals Geschäftskunden, Ziff. I.7. Abs. 6.

Teil E. Telekommunikationsrecht

§ 31 Das Recht der Kommunikationsnetze und -dienste

Übersicht

	Rn.
I. Die sektorspezifische Regulierung der Telekommunikation – Grundlagen	1–12
1. Die Liberalisierung und Harmonisierung der Telekommunikationsmärkte	2–10
a) Die europäische Rechtsentwicklung	3–7
b) Der geltende europäische Rechtsrahmen	8/9
c) Umsetzung und Entwicklung in Deutschland	10
2. Die Regulierungsbehörden und deren Zuständigkeiten	11
3. Das Telekommunikationsrecht als sektorspezifisches Kartellrecht	12
II. Die Telekommunikationsregulierung nach dem TKG 2012	13–87
1. Marktzutritt	15
2. Marktregulierung	16–52
a) Marktdefinition und Marktanalyse	18–26
b) Regulierungsverfügung	27–51
c) Ausblick	52
3. Frequenzordnung	53–67
a) Frequenzplanung	56–60
b) Frequenzzuteilung	61–64
c) Frequenzflexibilisierung	65
d) Gebühren und Beiträge	66
e) Überwachung der Frequenznutzung	67
4. Nummerierung	68–80
a) Internationaler Ordnungsrahmen der Nummerierung	71–73
b) Zuteilung von Rufnummern	74–77
c) Gebühren	78/79
d) Rufnummernübertragbarkeit	80
5. Weitere relevante Bestimmungen des TKG 2012 im Überblick	81–85
a) Wegerechte	81/82
b) Universaldienste	83/84
c) Netzneutralität	85
6. Rechtsschutz	86
a) Öffentlich-rechtlicher Rechtsschutz	86
b) Zivilrechtlicher Rechtsschutz	87
III. Vertragsrecht und besonderer Kundenschutz	88–209
1. Rechtsnatur von Verträgen über Telekommunikationsdienstleistungen	88–98
a) Festnetzverträge	94/95
b) Mobilfunkverträge	96/97
c) Datendienste	98
2. Zustandekommen	99–127
a) Vertragsparteien	100–111
b) Vertragsschluss	112–124
c) Widerruf des Vertrages	125–127
3. Pflichten der Parteien von Telekommunikationsverträgen	128–168
a) Pflichten des Anbieters	129–154
b) Pflichten des Kunden	155–168
4. Leistungsstörungen und Haftung im Rahmen von Telekommunikationsverträgen	169–179
a) Leistungsstörungen in der Sphäre und Haftung des Anbieters – Leistungsunterbrechung	170–175
b) Leistungsstörungen in der Sphäre des Kunden, insbesondere Zahlungsverzug	176–179
5. Beendigung von Telekommunikationsverträgen	180–185
a) Laufzeitklauseln	181/182

	Rn.
b) Deaktivierungsentgelte	183
c) Sperr- und Kündigungsklauseln im Falle übermäßiger Nutzung von Flatrates	184
d) Verfall von Prepaid-Guthaben	185
6. Sonderfall: Dauerschuldverhältnisse bei Kurzwahldiensten	186
7. Besonderes Datenschutzrecht	187–209
a) Das Datenschutzrecht im TKG 2004	189–206
b) Datenschutzklauseln	207–209

Schrifttum: *Bender,* Regulierungsbehörde quo vadis, K&R 2001, 506; *Berger-Kögler,* Regulierung des Auslandsroaming-Marktes, MMR 2007, 294; *Berger/Sassenberg,* Der Lizenzübergang nach TKG 1996, CR 2009, 707; *Berliner Kommentar zum Telekommunikationsgesetz,* 3. Aufl. 2013; *Brinkel/Lammers,* Innere Sicherheit auf Vorrat?, ZUM 2008, 11; *Dienstbühl,* Die Ausweitung der Beauftragtenhaftung am Beispiel des Telekommunikationsresales, CR 2009, 568; *Ditscheid,* Unterschiedliche Abrechnungssysteme in Zusammenschaltungsverhältnissen im Wandel?, CR 2006, 316; *Eckhardt,* Datenschutz und Überwachung im Regierungsentwurf zum TKG, CR 2003, 805; *Ellger/Kluth,* Das Wirtschaftsrecht der Internationalen Telekommunikation in der Bundesrepublik Deutschland, 1992; *Erman,* Kommentar zum BGB, 14. Aufl., 2014; *Eschweiler,* Die Regulierungsbehörde im Spannungsfeld zwischen Unabhängigkeit und Weisungsunterworfenheit, K&R 2001, 238 ff.; *Fuchs,* Das Fernabsatzgesetz im neuen System des Verbraucherschutzes, ZIP 2000, 1273; *Geppert/Ruhle/Schuster,* Handbuch Recht und Praxis der Telekommunikation, 2. Aufl. 2002; *Gercke, Gersdorf,* Telekommunikationsrecht, Stand April 2008, 2008, http://www.gersdorf.uni-rostock.de/fileadmin/Jura_KR/KRSkript2008.pdf (6.6.2010); *Graf von Westphalen/Grote/Pohle,* Der Telefondienstvertrag, 2001; *Gramlich,* Die Tätigkeit der BNetzA in den Jahren 2008 und 2009 im Bereich der Telekommunikation, CR 2010, 289; *Härting,* Die Gewährleistungspflichten von Internet-Dienstleistern, CR 2001, 37; *ders.,* Fernabsatzgesetz, Köln, 2000; *ders.,* Informationspflichten der Anbieter von Mehrwertdiensten, CR 2003, 204; *Hahn,* AGB in TK-Dienstleistungsverträgen, MMR 2009, 251; *Hahn,* AGB in TK-Dienstleistungsverträgen, MMR 2009, 586 ff.; *Heun,* Das neue Telekommunikationsgesetz 2004, CR 2004, 893; *Heun,* Handbuch des Telekommunikationsrechts, 2. Aufl., 2007; *Hoeren,* Recht der Access-Provider, 2004; *Holznagel/Enaux/Nienhaus* Telekommunikationsrecht, 2. Auflage, 2006; *Holznagel/Hombergs,* Das SMP-Regulierungsverfahren in der Review 2006, MMR 2006, 285; *Jenny,* Rechtsschutz gegen die Anordnung eines Vergabeverfahrens nach § 55 Abs. 9 TKG CR 2009, 502; *Kessel,* Die neuen Kundenschutzbestimmungen im TKG – Folgen für die Klauselgestaltung, K&R 2007, 506; *Klees,* Der Erwerb von Handyklingeltönen durch Minderjährige, CR 2005, 626; *Klotz/Brandenburg,* Der novellierte EG-Rechtsrahmen für elektronische Kommunikation, MMR 2010, 147; *Koenig/Loetz/Neumann,* Telekommunikationsrecht, 2. Aufl., 2013; *Kuhla/Hüttenbrink,* Der Verwaltungsprozess, 3. Aufl. 2002; *Ladeur,* Das Europäische Telekommunikationsrecht im Jahre 2009, K&R 2010, 308; *Lindacher,* Zur Zulässigkeit des formularmäßigen Ausbedingens von Vertragsabwicklungsgebühren bei Dauerschuldverhältnissen im Dienstleistungsbereich, ZIP 2002, 49; *Lüddemann,* Das neue Entgelt für die „letzte Meile" – Weiche für die weitere Breitbandentwicklung, MMR 2009, 145; *Lütcke,* Fernabsatzrecht, 2002; *Mankowski,* Die Beweislastverteilung in „0190er-Prozessen", CR 2004, 185; *Mankowski,* Inanspruchnahme von Mehrwertdiensterufnummern, MMR 2006, 585; *Nacimiento,* Telekommunikationsrecht: Rechtsprechungsbericht 2009, K&R 2010, 87; *Ohlenburg,* Das neue Telekommunikationsdatenschutzgesetz, MMR 2004, 431; *Petri/Göckel,* Vertragsstruktur der Internet-Backbone-Betreiber: Backbone-Access, CR 2002, 329; *Pohle/Dorschel,* Entgeltnachweise und technische Prüfung, CR 2007, 153; *dies.,* Verantwortlichkeit und Haftung für die Nutzung von Telekommunikationsanschlüssen, CR 2007, 628; *Rädler/Elspaß,* Regulierung im Winterschlaf?, CR 2004, 418; *Redeker,* Provider-Verträge – Ihre Einordnung in die Vertragstypen des BGB, ITRB 2003, 82 ff.; *Robert,* Die besondere Missbrauchsaufsicht nach § 42 TKG, K&R 2005, 354; *Rössel,* Unwirksamkeit einer Verfügbarkeitsklausel bei Hosting, ITRB 2007, 106 ff.; *Salevic,* Bindungswirkung von Kommissionsempfehlungen für die Entgeltregulierung der BNetzA, CR 2009, 427 ff.; *Scherer/Mögelin,* Regulierung im Übergang, K&R-Beil. 4/2004, 3 ff.; *Schmitz,* Inhalt und Gestaltung von Telekommunikationsverträgen, MMR 2001, 150 ff.; *ders.,* Zur Zulässigkeit der Speicherung von IP-Adressen durch Access-Provider, MMR 2003, 214 ff.; *ders.,* Abrechnung von tk-gestützten Diensten nach § 97 TKG, CR 2012, 577 ff.; *Schmitz/Eckhardt,* AGB – Einwilligung in Werbung, CR 2006, 533 ff.; *Schmitz/Eckhardt,* Vertragsverhältnisse und CRM bei Mehrwertdiensten, CR 2006, 323 ff.; *Schöpflin,* Der Mobilfunkvertrag, BB 1997, 106; *Schütz,* Kommunikationsrecht, 1. Aufl., 2005; *Schütze,* Endkundenentgeltregulierung in der Übergangsphase zum neuen TKG, CR 2004, 816; *ders./Eckhardt,* Die Vielseitigkeit der Rechtsprechung zur Vorratsdatenspeicherungspflicht, CR 2009, 775 ff.; *ders./Salevic,* Die Eingriffsbefugnisse/-pflichten von Kartellbehörden bei sektorspezifisch regulierten Entgelten, CR 2008, 483 ff.; *Spindler,* Anmerkung zum Access-Provider-Vertrag, EWiR 2005, 627 ff.; *Spindler,* Neues Vertragsrehecht der Internet-Provider, CR 2004, 203 ff.; *ders./Schmitz/Geis,* TDG, München 2004; *Struck,* Beweislast des Gläubigers für Verbindungsentgeltforderungen, CR 2002, 35 ff.; *Statz,* Das neue Fernmeldebenutzungsrecht, ArchivPT 1992, 97 ff.; *Taeger/Wiebe* DSRI Tagungsband Herbstakademie 2009, Oldenburg 2009; *Topel,* Das Verhältnis zwischen Regulierungsrecht und allgemeinem Wettbewerbsrecht nach dem europäischen Rechtsrahmen in der Telekommunikation und dem TKG, ZWeR 2006, 27 ff.; *Tschentscher/Bosch,* Rechtsfragen im Umfeld des In-Kraft-Tretens des neuen TKG, K&R-Beil. 4/2004, 14/15 ff.; *Ufer,* Aktuelle Gesetzgebungsverfahren gegen unerwünschte Telefonwerbung, K&R 2008, 493; *Ulmer/Brandner/Hensen*, AGB-Recht, 11. Aufl., 2011; *Vander*, Originäre Vergütungsansprüche bei Mehrwertdiensten, K&R 2006, 566; *Vander*, Telefonmarketing im Fadenkreuz, MMR 2008, 639; *Wischmann*, Rechtsnatur des Access-Providing, MMR 2000, 461 ff.; *Zagouras*, Zivilrechtliche Pflichten bei der Verwendung von Sprachmehrwertdiensten, MMR 2005, 80 ff.

I. Die sektorspezifische Regulierung der Telekommunikation – Grundlagen

Aufbauend auf → Teil A § 4 „Technische Grundlagen der Telekommunikation" werden in diesem Kapitel die Grundlagen der Regulierung des Telekommunikationsmarktes dargestellt. Der Rechtsrahmen der Telekommunikationswirtschaft ist wesentlich geprägt von der Überleitung monopolistischer Strukturen hin zu einem marktwirtschaftlichen Wettbewerb, einhergehend mit einem rapiden technischen Wandel und einem ungeahnten Bedeutungszuwachs dieses Sektors innerhalb des gesamtwirtschaftlichen Gefüges der Europäischen Union. Kaum eine Branche steht derart im Fokus der Politik und der Verbraucherschützer. Mit Hilfe der Regulierung des Telekommunikationsmarktes soll unter Berücksichtigung der Verbraucherinteressen **chancengleicher Wettbewerb** hergestellt werden.[1] Die Beschleunigung des Ausbaus von Telekommunikationsnetzen der nächsten Generation spielt hierbei ebenso eine zentrale Rolle, wie die Förderung von Innovationen und die Unterstützung des europäischen Gedankens der Herstellung eines einheitlichen Binnenmarktes. Bis zum 1.1.1998 war an Wettbewerb auf dem Telekommunikationsmarkt nicht zu denken. Hierfür war ein langer Prozess der Liberalisierung und Harmonisierung erforderlich.

1. Die Liberalisierung und Harmonisierung der Telekommunikationsmärkte

Der Prozess der **Liberalisierung** der Telekommunikationsmärkte seit den achtziger Jahren geht in großen Teilen auf Initiativen der Europäischen Union zurück. Bis zu der im Folgenden darzustellenden Öffnung der Märkte war der europäische Telekommunikationssektor, welcher seinerzeit vor allem die Sprachtelefonie beinhaltete, ebenso wie andere Bereiche der leitungs- und schienengebundenen Dienstleistungen (Gas, Elektrizität, Eisenbahn) in der öffentlichen Hand monopolisiert. Hierdurch sollte im Interesse des Gemeinwohls die staatsweite Versorgung der Bevölkerung mit Telekommunikationsdiensten zu einheitlichen Preisen sichergestellt werden. Der monopolistische Sprachtelefondienst diente zugleich als Finanzierungshilfe für den weiteren Aufbau der Netze und der Telekommunikationsdienste.[2] Neben den Diensten selbst und dem Aufbau und Betrieb der Netze waren Einfuhr, Vertrieb und Anschluss von Telekommunikations-Endgeräten in vielen Mitgliedstaaten monopolistisch organisiert. Auch den im Zuge der technischen Entwicklungen entstandenen neuen Nutzungsmöglichkeiten des klassischen Telefonnetzes insbesondere für Datendienste begegneten die staatlichen Post- und Telekommunikationsverwaltungen zunächst mit einer Ausweitung ihrer Monopole für die Sprachtelefonie auf diese neuen Formen der „Telekommunikationsdienste".[3]

a) Die europäische Rechtsentwicklung.[4] Ziele und Maßnahmen in der Entwicklung des Europäischen Rechtsrahmens im Telekommunikationssektor werden in der Regel in zwei Komplexe unterteilt: **Liberalisierung** im Sinne einer Aufhebung besonderer und ausschließlicher Rechte und **Harmonisierung** im Sinne einer Angleichung der rechtlichen Rahmenbedingungen und der Schaffung eines marktwirtschaftlich geprägten Wettbewerbs im Binnenmarkt.

aa) Liberalisierung. In ihrem Grünbuch von 1987[5] forderte die Europäische Kommission erstmals eine vollständige Liberalisierung des Telekommunikationssektors – seinerzeit aller-

---

[1] Siehe § 2 Abs. 2 TKG zu den Zielen der Regulierung.
[2] Beck'scher TKG-Kommentar/*Grussmann/Honekamp* Einl. B Rn. 3.
[3] In Deutschland wurde die Ausweitung des Fernmeldemonopols auf die digitale Nachrichtenübertragung durch das Bundesverfassungsgericht bestätigt, vgl. BVerfG Beschl. v. 12.10.1977 – 1 BvR 216/75, 1 BvR 217/75, BVerfGE 46, 120.
[4] Eingehend hierzu: Beck'scher TKG-Kommentar/*Grussmann/Honekamp* Einl. B, Rn. 1 ff.
[5] Grünbuch über die Entwicklung des gemeinsamen Marktes für Telekommunikationsdienstleistungen und Telekommunikationsgeräte (KOM [87] 290 v. 30.6.1987).

dings mit Ausnahme der Sprachtelefonie. Unterteilt wurde das Vorgehen dabei in drei Bereiche: Endgeräte, Dienste und Netze. Den ersten legislativen Schritt unternahm die Kommission auf dem Endgeräte-Markt in Gestalt der Richtlinie 88/301/EWG.[6] Dieser als **„Endgeräte-Richtlinie"** bezeichnete Rechtsakt zielte darauf ab, die Monopolrechte für den Vertrieb und Betrieb von Telekommunikations-Endgeräten, insbesondere Telefonapparaten und Modems, aufzubrechen. Ergänzt wurde diese Richtlinie später durch die Richtlinien 91/263/EWG[7] und 99/5/EG[8] zur Angleichung der Rechtsvorschriften über Funkanlagen und Telekommunikationsendeinrichtungen einschließlich gegenseitiger Anerkennung ihrer Konformität.

5   Zentraler Ausgangspunkt der Deregulierung der Telekommunikationsdienste war die Richtlinie 90/388/EWG der Europäischen Kommission über den Wettbewerb auf dem Markt für Telekommunikation (**„Diensterichtlinie"**).[9] Diese verlangte von den Mitgliedstaaten die Schaffung freier Wettbewerbsstrukturen zwischen Fernmeldeverwaltungen und alternativen Betreibern auf dem Gebiet der netzgebundenen Kommunikationsdienste, Sprachtelefondienste (einschließlich Telefax) und Betrieb von Telekommunikationsnetzen ausgenommen. Die Richtlinie zielte damit insbesondere auf Dienstleistungen zur Steigerung der Leistungsfähigkeit der Telekommunikationsfunktionen, Informationsdienste für den Zugriff auf Datenbanken und für die Datenfernverarbeitung, Dienste zur Aufzeichnung und Wiedergabe von Nachrichten, Transaktionsdienste und industrielle Anwendungen sowie Fernmessung und Fernwartung ab. Des Weiteren wurde mit der Richtlinie die Entkoppelung der hoheitlichen von den betrieblichen Funktionen der Fernmeldeorganisation angeordnet. Die Diensterichtlinie wurde in den neunziger Jahren von der Kommission mehrfach ergänzt. Ziel der Erweiterungen war es jeweils, durch Einbeziehung weiterer Kommunikationsbereiche schrittweise eine vollständige Liberalisierung der Telekommunikationsmärkte zu erreichen. Diese betrafen zunächst eher die Randbereiche der Infrastruktur: In der Richtlinie 94/46/EG über die **Satellitenkommunikation**[10] schuf die Kommission die Voraussetzungen für die Liberalisierung der Bedingungen für die Bereitstellung von Satellitenfunkgeräten. Gegenstand der **Kabelrichtlinie** (95/51/EG)[11] war es, Einschränkungen bei der Nutzung von Kabelfernsehen für die Erbringung bereits liberalisierter Telekommunikationsdienste aufzuheben. Die Liberalisierung der Märkte für den Mobilfunk und persönliche Kommunikationssysteme erfolgte im Jahr 1996 auf Grundlage der **Mobilnetzrichtlinie** (96/2/EG).[12] Sie gestattete Betreibern von Mobilfunknetzen erstmals, eigene Übertragungswege zur Verbindung ihrer Netze einzurichten. Die endgültige Liberalisierung aller bis dahin noch nicht für den Wettbewerb geöffneten Telekommunikationsinfrastrukturen und Telekommunikationsdienste erfolgte schließlich mit Wirkung zum 1. Januar 1998 durch die Richtlinie hinsichtlich der Einführung des vollständigen Wettbewerbs auf den Telekommunikationsmärkten (96/19/EG).[13] Dieser Liberalisierungsschritt umfasste zugleich die Bereitstellung von Telefonfestnetzen einschließlich öffentlicher Sprachtelefondienste. Die Richtlinie ordnete jedoch noch nicht die **Entbünde-**

---

[6] Richtlinie 88/301/EWG der Kommission vom 16.5.1988 über den Wettbewerb auf dem Markt für Telekommunikations-Endgeräte, ABl. EG 1988 L 131/73.
[7] Richtlinie 91/263/EWG des Rates vom 29.4.1991 zur Angleichung der Rechtsvorschriften der Mitgliedstaaten über Telekommunikationsendeinrichtungen einschließlich der gegenseitigen Anerkennung ihrer Konformität, ABl. EG 1991 L 128/1.
[8] Richtlinie 1999/5/EG des Europäischen Parlaments und des Rates vom 9.3.1999 über Funkanlagen und Telekommunikationsendeinrichtungen und die gegenseitige Anerkennung ihrer Konformität, ABl. EG 1999 L 91/10.
[9] ABl. EG 1990 L 192/10.
[10] Richtlinie 94/46/EG der Kommission vom 13.10.1994 zur Änderung der Richtlinien 88/301/EWG und 90/388/EWG, insbesondere betreffend die Satelliten-Kommunikation, ABl. EG 1994 L 268/15.
[11] Richtlinie der Kommission vom 18.10.1995 zur Änderung der Richtlinie 90/388/EWG hinsichtlich der Aufhebung der Einschränkungen bei der Nutzung von Kabelfernsehnetzen für die Erbringung bereits liberalisierter Telekommunikationsdienste, ABl. EG L 308/59.
[12] Richtlinie 96/2/EG der Kommission vom 16.1.1996 zur Änderung der Richtlinie 90/388/EWG betreffend die mobile Kommunikation und Personal Communications, ABl. EG 1996 L 66.
[13] Richtlinie 96/19/EG der Kommission vom 13.3.1996 zur Änderung der Richtlinie 90/388/EWG hinsichtlich der Einführung des vollständigen Wettbewerbs auf den Telekommunikationsmärkten, ABl. EG L 074/13.

lung der Ortsnetze an, womit Wettbewerbern ehemaliger Monopolisten ein direkter Zugang zum Endkunden über die Teilnehmeranschlussleitung zunächst noch verwehrt war. Diesen letzten wichtigen Schritt in Richtung eines vollständigen Wettbewerbs ging der europäische Gesetzgeber erst im Jahr 2000 im Wege einer **Verordnung über die Entbündelung der Ortsnetze (2887/2000)** an.[14] Die Verordnung verpflichtet Betreiber mit beträchtlicher Marktmacht, Teilnehmeranschlussleitungen im Hinblick auf Anschlussleistung und Verbindungsleistung getrennt anzubieten. Hierdurch bestand für Wettbewerber erstmals die Chance, eigene Verbindungsleistungen über Leitungen anderer Betreiber anzubieten. Ausgehend hiervon trifft Anbieter von Teilnehmeranschlussleitungen heute die Verpflichtung zu veröffentlichen, zu welchen Konditionen sie Zugang zu ihren Teilnehmeranschlussleitungen gewähren. Einen großen Einschnitt in die Rechte der Wettbewerber stellte daher die Ausnahme von der Verpflichtung zur Bereitstellung der entbündelten Teilnehmeranschlussleitung in Bezug auf Vectoring dar.[15]

bb) Harmonisierung. Neben der Liberalisierung, also der Aufhebung der Monopolrechte von ehemaligen Post- und Fernmeldeverwaltungen, führte allem voran die Normierung **einheitlicher Marktzutrittsbedingungen** zu einer Etablierung funktionierender wettbewerblicher Strukturen in der Telekommunikationswirtschaft. Auch hier erließ der Europäische Gesetzgeber eine Reihe von Richtlinien, deren gemeinsames Ziel es war, durch Schaffung gemeinsamer Zutrittsbedingungen und Grundsätze auf lange Sicht einen vollständigen Netzzugang zu gewährleisten. Analog zum Prozedere der Liberalisierung vollzog sich auch der Harmonisierungsprozess schrittweise und bereichsspezifisch.

Ausgangspunkt war zunächst die Richtlinie 90/387/EWG zur Einführung des offenen Netzzugangs (**ONP-Richtlinie**) aus dem Jahre 1990.[16] Gegenstand der Richtlinie war die Angleichung der Bedingungen für den offenen Netzzugang in den Mitgliedstaaten. Diese durften nur anhand objektiver, diskriminierungsfreier und transparenter, vorab veröffentlichter Kriterien festgelegt werden. Verweigerungsrechte wurden auf einen abschließenden Katalog von Gründen, insbesondere Sicherheit des Netzbetriebs, Aufrechterhaltung der Netzintegrität, Dienste-Interoperabilität und Gewährleistung des Datenschutzes beschränkt. Auch enthielt die Richtlinie Grundsätze über die Gestaltung netzzugangsspezifischer Entgelte und den Zugang zu Diensten. In den Folgejahren wurde die ONP-Richtlinie mehrfach ergänzt und optimiert. Die erste spezielle Harmonisierungsrichtlinie war die **Mietleitungsrichtlinie (92/44/EWG)** aus dem Jahr 1992.[17] Sie dehnte die Bestimmungen der Harmonisierungsrichtlinie auf Mietleitungen aus und wurde 1997 dergestalt erweitert, dass sie die Mitgliedstaaten dazu verpflichtete, dafür Sorge zu tragen, dass jeder Nutzer von Telekommunikationsdiensten Zugang zu einem Mindestmaß an Mietleitungen zumindest eines Anbieters beanspruchen konnte.[18] Hierzu sollten Betreiber mit beträchtlicher Marktmacht von den Mitgliedstaaten verpflichtet werden, Mietleitungen bereitzustellen. Beträchtliche Marktmacht sollte einem Provider nach der Definition der Richtlinie dann zukommen, wenn er auf dem durch die Richtlinie vordefinierten Markt für Mietleitungen über mindestens 25 Prozent Marktanteil verfügte. Durch die **Genehmigungsrichtlinie (97/13/EG)** aus dem Jahr 1997[19] wurden grundlegende Anforderungen, die die Harmonisierungsrichtlinie an das nationale Genehmigungsverfahren (Lizenzierungsregime) stellte, im Sinne eines vollständigen und allgemein gültigen

---

[14] Verordnung (EG) Nr. 2887/2000 des Europäischen Parlaments und des Rates vom 18.12.2000 über den entbündelten Zugang zum Teilnehmeranschluss, ABl. EG 2000 L 336/4.
[15] Siehe hierzu näher unter → § 4.
[16] Richtlinie 90/387/EWG des Rates vom 28.6.1990 zur Verwirklichung des Binnenmarktes für Telekommunikationsdienste durch Einführung eines offenen Netzzugangs (Open Network Provision – ONP), ABl. EG 1990 L 192/1.
[17] Richtlinie 92/44/EWG des Rates vom 5.6.1992 zur Einführung des offenen Netzzugangs bei Mietleitungen, ABl. EG L 165/27.
[18] Richtlinie 97/51/EG des Europäischen Parlaments und des Rates vom 6.10.1997 zur Änderung der Richtlinien 90/387/EWG und 92/44/EWG des Rates zwecks Anpassung an ein wettbewerbsorientiertes Telekommunikationsumfeld, ABl. EG 1997 L 295/23.
[19] Richtlinie 97/13/EG des Europäischen Parlaments und des Rates vom 10.4.1997 über einen gemeinsamen Rahmen für Allgemein- und Einzelgenehmigungen für Telekommunikationsdienste, ABl. EG 1997 L 117/15.

Rechtsrahmens vervollständigt. So sollte die Erbringung von Telekommunikationsdiensten weitgehend ohne vorherige staatliche Genehmigung möglich sein. Soweit eine Genehmigungspflicht unumgänglich war, sollte jene im Regelfall per Allgemeingenehmigung erteilt werden. Nur in Ausnahmefällen, insbesondere der Zuteilung knapper Güter (zB bestimmter Frequenzbänder), sollte dies durch offene und diskriminierungsfreie Individualgenehmigung im Wege eines transparenten Verfahrens erfolgen. Grundsätzlich beließ die Genehmigungsrichtlinie den Mitgliedstaaten das Recht, für die Erteilung von Genehmigungen Gebühren zu erheben. Diese durften jedoch die Kosten des für Vergabe, Kontrolle und Durchsetzung notwendigen Verwaltungsaufwandes nicht überschreiten. Ein darüber hinausgehendes Entgelt, das den wirtschaftlichen Wert der Genehmigung mit berücksichtigt, war nur in Ausnahmefällen, etwa der Vergabe knapper Güter, zulässig. Die **Zusammenschaltungsrichtlinie** (97/33/EG),[20] die ebenfalls aus dem Jahr 1997 stammt, zielte sodann auf eine Erleichterung des Marktzugangs für neue Marktteilnehmer ab. Auf ihrer Grundlage wurden Marktteilnehmer mit beträchtlicher Marktmacht verpflichtet, Wettbewerbern im Wege der Zusammenschaltung Zugang zu Netzen und Einrichtungen zu gewähren. Erklärtes Ziel der Zusammenschaltung war, es Wettbewerbern möglich zu machen, ihre Geschäftstätigkeit auch auf solche Endkunden erstrecken zu können, die sie mit eigenen Netzen nicht erreichen konnten. Zusammenschaltungsleistungen hatten hierbei zu objektiven und diskriminierungsfreien Bedingungen – in aller Regel auf Basis eines Standardangebots – zu erfolgen. Aus 1997 stammt ferner die erste **Telekommunikations-Datenschutzrichtlinie** (97/66/EG),[21] die die allgemeine Datenschutzrichtlinie um ein sektorspezifisches datenschutzrechtliches Regelungsregime ergänzte. Hatten die meisten Telekommunikationsrichtlinien die Verbesserung der Wettbewerbsstrukturen auf dem Telekommunikationssektor zum Ziel, konzentrierte sich die 1998 entstammende **Sprachtelefondiensterichtlinie** (98/10/EG)[22] vorrangig auf Belange des Gemeinwohls. Ziel jener Richtlinie war es, allen Endnutzern unabhängig von ihrer geografischen Lage und erbrachten Umsatzleistungen öffentliche Sprachtelefondienstleistungen zu angemessenen Preisen zur Verfügung zu stellen. Hierzu wurden Betreibern von Telekommunikationsdiensten so genannte Universaldienstverpflichtungen wie den Zugang zu Telefon- und Auskunftsdiensten oder die Bereitstellung öffentlicher Telefone, auferlegt. Gleichzeitig erhielten die Mitgliedstaaten die Möglichkeit, betroffenen Unternehmen angemessene Kompensationsleistungen zu gewähren.

8 **b) Der geltende europäische Rechtsrahmen.** Der derzeitige europäische Rechtsrahmen des Telekommunikationsrechts beruht auf einem Richtlinienpaket, mit dem der europäische Gesetzgeber zunehmendem Wettbewerb auf den Märkten für Telekommunikationsdienste, wachsender Konvergenz von Netzen und Diensten und dem damit einhergehenden Bedarf nach mehr Harmonisierung der Regulierung zwischen den Mitgliedstaaten Rechnung tragend, den vorstehend skizzierten Regulierungsrahmen des Telekommunikationsrechts einer vollständigen Überarbeitung unterzog. Das in diesem Zusammenhang verabschiedete Richtlinienpaket besteht aus fünf Harmonisierungsrichtlinien, namentlich einer **Rahmenrichtlinie** (2002/21/EG),[23] welche als „allgemeiner Teil" des Regulierungsrahmens die grundlegenden Zielsetzungen und den Geltungsbereich der Regulierung, die Rolle der Regulierungsbehörden, die Kriterien und das Verfahren für die Marktregulierung und grundlegende Anforderungen an den Rechtsschutz festlegt, sowie vier Einzelrichtlinien, namentlich die **Genehmi-**

---

[20] Richtlinie 97/33/EG des Europäischen Parlaments und des Rates vom 30.6.1997 über die Zusammenschaltung in der Telekommunikation im Hinblick auf die Sicherstellung eines Universaldienstes und der Interoperabilität durch Anwendung der Grundsätze für einen offenen Netzzugang (ONP), ABl. EG 1999 L 199/32.
[21] Richtlinie 97/66/EG des Europäischen Parlaments und des Rates vom 15.12.1997 über die Verarbeitung personenbezogener Daten und den Schutz der Privatsphäre im Bereich der Telekommunikation, ABl. EG 1998 L 24/1.
[22] Richtlinie 98/10/EG des Europäischen Parlaments und des Rates vom 26.2.1998 über die Anwendung des offenen Netzzugangs (ONP) beim Sprachtelefondienst und den Universaldienst im Telekommunikationsbereich in einem wettbewerbsorientierten Umfeld, ABl. EG L 101/24.
[23] Richtlinie 2002/21/EG des Europäischen Parlaments und des Rates vom 7.3.2002 über einen gemeinsamen Rechtsrahmen für elektronische Kommunikationsnetze und -dienste, ABl. EG L 108/33.

gungsrichtlinie (2002/20/EG),[24] die **Zugangsrichtlinie** (2002/19/EG),[25] die **Universaldienstrichtlinie** (2002/22/EG)[26] sowie die **Datenschutzrichtlinie** für elektronische Kommunikation (2002/58/EG),[27] welche einzelne Bereiche der Telekommunikationsregulierung in spezifischer Weise regeln. Das gesamte Richtlinienpaket war bis zum 25.7.2003 von den Mitgliedstaaten in nationales Recht umzusetzen – eine Frist, die von der Mehrzahl der Mitgliedstaaten, hierunter auch Deutschland, teils deutlich überschritten wurde. Auch wurden im Zuge der Überarbeitung des Regulierungsrahmens die verschiedenen Liberalisierungsrichtlinien überarbeitet und in Gestalt einer einzigen „**Wettbewerbsrichtlinie**" (2002/77/EG)[28] zu einem einheitlichen Gesetzeswerk zusammengefasst. Demgegenüber blieb die Verordnung 2887/2000 über den entbündelten Zugang zur Teilnehmeranschlussleitung in Kraft. Allen vorgenannten Richtlinien ist eine hohe Regelungsdichte gemein, die den Gesetzgebern der Mitgliedstaaten nur wenig Spielraum in der Umsetzung belässt. Im Jahr 2007 griff der Europäische Gesetzgeber darüber hinaus unmittelbar in die Europäischen Telekommunikationsmärkte ein, indem er in Gestalt der Verordnung 717/2007 („**Roaming-Verordnung**")[29] Höchsttarife für internationales Roaming innerhalb der Europäischen Union festlegte. Auch hierauf wird im Rahmen der nachfolgenden Ausführungen noch näher einzugehen sein.

Seit Ende 2005 befand sich der geltende Europäische Rechtsrahmen in umfangreicher Überarbeitung.[30] Anfängliche Überlegungen, im Zuge der Überarbeitung des EU-Rechtsrahmens Netze und Dienste trennen zu wollen, dh es Netzbetreibern zu untersagen, gleichzeitig Telekommunikationsdienste anzubieten, konnten sich nicht durchsetzen. Ende Dezember 2009 trat ein überarbeiteter EG-Rechtsrahmen für die elektronische Kommunikation in Kraft. Das Reformpaket umfasste drei Aspekte: Richtlinie 2009/140/EG[31] zur Änderung der Rahmenrichtlinie 2002/21/EG, Zugangsrichtlinie 2002/19/EG und Genehmigungsrichtlinie 2002/20/EG, Richtlinie 2009/136/EG[32] zur Änderung der Universaldienstrichtlinie 2002/58/EG sowie die EG-Verordnung Nr. 1211/2009[33] zur Errichtung eines neuen Gremiums Europäischer Regulierungsstellen für elektronische Kommunikation (GEREK). Ziel der Reform war die weitere Stärkung des Binnenmarktes durch Anpassung des geltenden EG-Rechtsrahmens an die technische und wirtschaftliche Entwicklung. Dies im Blick wurden Regulierungsinstrumentarien konkretisiert, Marktregulierungsverfahren optimiert und der Zugang zu Funkfrequenzen effizienter ausgestaltet. Auch hatte man den Verbraucher stärker im Blick.[34]

c) **Umsetzung und Entwicklung in Deutschland.** Wie dargestellt galt das Post- und Telekommunikationswesen in Deutschland nicht anders als in den übrigen europäischen Mitgliedstaaten zunächst als Bestandteil staatlicher Daseinsvorsorge. Dies schlug sich schon in Art. 87 Abs. 1 GG aF nieder, durch den der Betrieb von Post- und Fernmeldewesen in bundeseigener Verwaltung angeordnet wurde. Insoweit obliegende Aufgaben nahm der Bund durch die Deutsche Bundespost (DBP) wahr, die als Sondervermögen des Bundes Post- und

---

[24] Richtlinie 2002/20/EG des Europäischen Parlaments und des Rates vom 7.3.2002 über die Genehmigung elektronischer Kommunikationsnetze und -dienste, ABl. L 108/21.
[25] Richtlinie 2002/19/EG des Europäischen Parlaments und des Rates vom 7.3.2002 über den Zugang zu elektronischen Kommunikationsnetzen und zugehörigen Einrichtungen sowie deren Zusammenschaltung, ABl. EG L 108/7.
[26] Richtlinie 2002/22/EG des Europäischen Parlaments und des Rates vom 7.3.2002 über den Universaldienst und Nutzerrechte bei elektronischen Kommunikationsnetzen und -diensten, ABl. EG L 108/51.
[27] Richtlinie 2002/58/EG des Europäischen Parlaments und des Rates vom 12.7.2002 über die Verarbeitung personenbezogener Daten und den Schutz der Privatsphäre in der elektronischen Kommunikation, ABl. EG 2002 L 201/37.
[28] Richtlinie 2002/77/EG der Kommission vom 16.9.2002 über den Wettbewerb auf den Märkten für elektronische Kommunikationsnetze und -dienste, ABl. EG 2002 L 249/21.
[29] Verordnung Nr. 717/2007 des Europäischen Parlaments und des Rates vom 27.6.2007 über das Roaming in öffentlichen Mobilfunknetzen in der Gemeinschaft und zur Änderung der Richtlinie 2002/21/EG, ABl. EU L 171/32, zwischenzeitlich durch Art. 21 der neuen Roaming-Verordnung Nr. 531/2012 ABl. EU Nr. L 172 v. 13.6.2012) aufgehoben
[30] Einen Überblick betreffend das Jahr 2009 bietet *Ladeur* K&R 2010, 308.
[31] ABl. EU 2009 L 337/37.
[32] ABl. EU 2009 L 337/11.
[33] ABl. EU 2009 L 337/1.
[34] Einen Großüberblick über die Neuregelungen bieten *Klotz/Brandenburg* MMR 2010, 147.

Telekommunikationsdienstleistungen in Deutschland exklusiv anbieten durfte. Die einfachgesetzlichen Grundlagen dieser Monopolrechte waren im Fernmeldeanlagengesetz (FAG) und im Telegrafenwegegesetz (TWG) geregelt. Die Aufhebung monopolistisch geprägter Strukturen in der Telekommunikationswirtschaft als solcher erfolgte in Umsetzung des europäischen Rechtsrahmens sodann durch drei selbständige Postreformen:[35] Die **Postreform I** im Jahr 1989 beinhaltete zunächst eine wettbewerbsrechtliche und eine organisatorische Komponente. Wettbewerbsrechtlich öffnete sie den Markt für Endgeräte, Firmennetze sowie, in begrenztem Umfang, den Satelliten- und Mobilfunk dem freien Wettbewerb. Organisatorisch wurde das operative Geschäft der DBP auf drei selbständige öffentliche Unternehmen, DBP Postbank, DBP Postdienst und DBP Telekom unter dem Dach der DBP aufgegliedert. Aufsicht und Wahrnehmung hoheitlicher Aufgaben im Zusammenhang mit Post- und Fernmeldewesen oblag dem damals neu gegründeten Bundesministerium für Post und Telekommunikation. 1994 brachte die **Postreform II** jene Änderungen des Grundgesetzes mit sich, die auch dem TKG in seiner heutigen Fassung zu Grunde liegen. Insbesondere wurde Art. 87 Abs. 1 GG dahingehend modifiziert, dass die Bundespost nicht mehr Gegenstand bundeseigener Verwaltung sein musste. Des Weiteren wurden im Wege der Einführung von Art. 87f GG wesentliche Strukturen der Telekommunikationsverwaltung geregelt, die im Sinne einer Aufgabenprivatisierung die Erbringung von Telekommunikationsdienstleistungen (auch) für private Anbieter öffnete. Gleichzeitig wurde dem Bund die Verpflichtung auferlegt, für eine ausreichende, flächendeckende und erschwingliche Versorgung der Bevölkerung mit Post- und Telekommunikationsdienstleistungen zu sorgen. Im Übrigen ordnete Art. 143b Abs. 1 GG die Umwandlung der DBP von einem Sondervermögen des Bundes zu einem Unternehmen privater Rechtsform an, was durch Umwandlung in die Deutsche Telekom AG (DTAG) geschah, deren Anteile in verschiedenen Börsengängen schrittweise zu Händen privater und institutioneller Anleger gegeben wurden. Die Umsetzung europäischen Rechts mit dem Ergebnis eines ersten deutschen Telekommunikationsgesetzes (TKG 1996) vollzog sich 1996 sodann in einer **Postreform III**, in deren Rahmen ferner bisher verbliebene Monopolrechte aufgehoben und eine vollständige Liberalisierung der Telekommunikationsmärkte angeordnet wurde. Zur Umsetzung des Gesetzes wurde eine neue Behörde, die Regulierungsbehörde für Post und Telekommunikation (**RegTP**), mit Sitz in Bonn geschaffen, die ihren Dienst zum 1.1.1998 aufnahm. In Umsetzung des 2002 entstammenden Richtlinienpakets entstand das Telekommunikationsgesetz 2004.[36] Das überarbeitete Richtlinienpaket 2009 war bis zum 25.5.2011 in den Mitgliedstaaten umzusetzen. Deutschland hielt diese Frist nicht ein. Erst am 10.5.2012 trat das reformierte **Telekommunikationsgesetz 2012** in Kraft.[37]

2. Die Regulierungsbehörden und deren Zuständigkeiten

11 Die Regulierung der Telekommunikationsmärkte und die Überwachung der Einhaltung der gesetzlichen Bestimmungen sind hoheitliche Aufgaben, die gem. Art. 3 Abs. 1 Rahmen-RL[38] von „**Nationalen Regulierungsbehörden**" (National Regulatory Authorities, **NRA**) wahrzunehmen sind. Organisation und Struktur und ebenso Aufgaben und Ziele der NRA's sind durch die Rahmen-RL in großen Teilen gemeinschaftsrechtlich vorgegeben. Die nationale Regulierungsbehörde muss rechtlich und funktional unabhängig von Anbietern auf dem Markt sein. Auch muss zwischen der Ausübung hoheitlicher Befugnisse und der Ausübung von Gesellschafterrechten an Telekommunikationsunternehmen zwingend Trennung bestehen. Gegen Entscheidungen der NRA's müssen innerstaatlich kodifizierte Rechtsschutzmöglichkeiten bestehen (Art. 4 Rahmen-RL). Auch müssen nationale Regulierungsbehörden

---

[35] Näher *Holznagel/Enaux/Nienhaus* Rn. 25 ff.
[36] Telekommunikationsgesetz vom 22. Juni 2004 (BGBl. I S. 1190), das durch Artikel 4 Absatz 108 des Gesetzes vom 7. August 2013 (BGBl. I S. 3154) geändert worden ist.
[37] BGBl. I Nr. 19 vom 9. Mai 2012.
[38] Richtlinie 2002/21/EG des Europäischen Parlaments und des Rates vom 7.3.2002 über einen gemeinsamen Rechtsrahmen für elektronische Kommunikationsnetze und -dienste (ABl. Nr. L 108 S. 33) zuletzt geändert durch Art. 1 ÄndRL 2009/140/EG vom 25.11.2009 (ABl. Nr. L 337 S. 37).

I. Die sektorspezifische Regulierung der Telekommunikation – Grundlagen

über umfassende Informationsbefugnisse verfügen (Art. 5 Rahmen-RL). Die allgemeinen Aufgaben der Nationalen Regulierungsbehörden regelt Art. 8 Rahmen-RL, wonach Entscheidungen zur Förderung der Regulierungsziele, namentlich der Förderung des Wettbewerbs im Hinblick auf elektronische Kommunikationsdienste, der Entwicklung des Binnenmarktes sowie der Förderung der Interessen der EU-Bürger, der jeweiligen nationalen Regulierungsbehörde unterstehen. Aufgrund eines Beschlusses der EU-Kommission vom 29.7.2002 wurde die **European Regulators Group (ERG)**[39] errichtet.[40] Die ERG war ein unabhängiges Beratergremium, deren Aufgabe darin bestand, die Kommission bei der Entwicklung des Binnenmarktes in Bezug auf elektronische Kommunikationsdienste zu unterstützen. Dabei sollte die ERG eine Schnittstelle zwischen Kommission und nationalen Regulierungsbehörden bilden und so zu einer einheitlichen Anwendung des gemeinschaftsrechtlichen Rechtsrahmens des Telekommunikationssektors beitragen. Die ERG wurde durch die EG-Verordnung Nr. 1211/2009 vom 25.11.2009[41] durch das GEREK ersetzt. Erklärtes Ziel jenes **Gremiums Europäischer Regulierungsstellen für elektronische Kommunikation** – kurz GEREK (engl. BEREC) – ist es, die nationalen TK-Regulierungsbehörden vor allem in grenzüberschreitenden Regulierungsfragen zu unterstützen und hierdurch auf eine einheitliche Regulierungspraxis in Europa hinzuwirken, um Ausbau und Optimierung von Hochgeschwindigkeitsnetzen sicherzustellen. In diesem Zusammenhang steht auch das Telekommunikationsreformpaket, das die Europäische Kommission am 24.11.2009 gebilligt hatte, wonach entsprechende Ziele insbesondere über neue Wettbewerbsanreize erreicht werden sollen. Sitz des GEREK ist Riga (Lettland). Das Gremium setzt sich aus den Leitern der derzeit 27 nationalen TK-Regulierungsbehörden zusammensetzen und Entscheidungen unterliegen grundsätzlich einer ²/₃-Mehrheit. Nationale Regulierungsbehörde in Deutschland ist gem. § 116 TKG die **Bundesnetzagentur für Elektrizität, Gas, Telekommunikation, Post und Eisenbahnen (BNetzA)**.[42] Aufbau und Organisation der BNetzA bestimmen sich nach dem Gesetz über die Bundesnetzagentur für Elektrizität, Gas, Telekommunikation, Post und Eisenbahnen (BNetzAG) vom 7.7.2005.[43] Die BNetzA ist eine selbständige Bundesoberbehörde im Geschäftsbereich des Bundesministeriums für Wirtschaft und Technologie und unterliegt der Fach-, Rechts- und Dienstaufsicht des Bundeswirtschaftsministers.[44] Die BNetzA ging aus der 1996 gegründeten Regulierungsbehörde für Telekommunikation und Post (kurz RegTP) hervor (§ 1 BNetzAG). Während die RegTP ursprünglich nur für die Regulierung von Telekommunikation und Post zuständig war, umfasst der Aufgabenbereich der BNetzA auch die Bereiche Elektrizität, Gas und Eisenbahnen. All jenen ist die Ausübung von Privatisierungsfolgenrecht auf ehemals monopolistisch geprägten Märkten gemein. Darüber hinaus ist die BNetzA zuständige Behörde nach dem Signaturgesetz, womit auch die **Akkreditierung und Überwachung von Zertifizierungsdiensteanbietern** in ihren Zuständigkeitsbereich fällt. Im Bereich der Telekommunikation ist die BNetzA für die Ausübung sämtlicher sich aus dem TKG ergebender hoheitlicher Befugnisse und aus diesen erwachsenen Rechtsvorschriften zuständig. Ihre Leitung obliegt ihrem Präsidenten (§ 3 Abs. 1 S. 1 BNetzAG), der, ebenso wie die beiden Vizepräsidenten, durch einen Beirat vorgeschlagen und von der Bundesregierung ernannt wird (§ 3 Abs. 3 S. 1 BNetzAG). Der Beirat setzt sich aus jeweils sechzehn Mitgliedern des Bundestags und des Bundesrats zusammen (§ 5 Abs. 1 S. 1 BNetzAG). Entscheidungen der BNetzA werden im Verwaltungsverfahren von sog Beschlusskammern als Verwaltungsakte gefasst (§ 132 Abs. 1 TKG-2012). Für Beschlussfassungen innerhalb der

---

[39] http://erg.eu.int/(6.6.2010).
[40] Beschl. 2002/627/EG der Kommission vom 29.7.2002 zur Errichtung der Gruppe Europäischer Regulierungsstellen für elektronische Kommunikationsnetze und -dienste, ABl. EG 2002 L 200/38, zuletzt geändert durch den Beschl. 2004/641/EG der Kommission vom 14.9.2004 zur Änderung des Beschl. 2002/627/EG zur Einrichtung der Gruppe Europäischer Regulierungsstellen für elektronische Kommunikationsnetze und -dienste, ABl. EU 2004 L 293/30.
[41] ABl. EU 2009 L 337/1 vom 18.12.2009.
[42] www.bundesnetzagentur.de.
[43] Gesetz über die Bundesnetzagentur für Elektrizität, Gas, Telekommunikation, Post und Eisenbahnen vom 7. Juli 2005 (BGBl. I S. 1970, 2009), zuletzt geändert durch Artikel 2 des Gesetzes vom 26. Juli 2011 (BGBl. I S. 1554).
[44] Näher zur Rechtsstellung der BNetzA *Eschweiler* K&R 2001, 238; *Bender* K&R 2001, 506.

Beschlusskammern gelten die §§ 88 ff. VwVfG,[45] die Beschlusskammern sind mit einem Vorsitzenden und zwei Beisitzern justizförmig besetzt (§ 132 Abs. 2 TKG).[46]

3. Das Telekommunikationsrecht als sektorspezifisches Kartellrecht

12 Wie bereits aus der historischen Entwicklung des Telekommunikationsrechts deutlich wird, zielt die Regulierung der deutschen und europäischen Telekommunikationsmärkte im Wesentlichen darauf ab, jene zu öffnen und Chancengleichheit herzustellen. Damit verfolgt das Telekommunikationsrecht in weiten Teilen die gleichen Ziele wie das allgemeine Wettbewerbs- und Kartellrecht. Die Notwendigkeit einer speziellen, „sektorspezifischen" Regulierung ergibt sich daraus, dass die Märkte für Telekommunikationsdienstleistungen in Europa von Unternehmen geprägt sind, denen ursprünglich umfassende Monopolrechte zustanden. Neben der aus der traditionellen Monopolstellung gewachsenen Marktmacht verfügen diese Ex-Monopolisten, in Deutschland die Telekom Deutschland, ferner aufgrund jahrzehntelang größtenteils mit öffentlichen Mitteln aufgebauter Infrastruktur über einen Marktvorsprung, den Wettbewerber mit Eigeninvestitionen kaum aufzuholen in der Lage sind. Der **Aufbau eines funktionierenden Wettbewerbs** setzt daher ein spezifisches Portfolio wettbewerbsrechtlicher Regulierungsinstrumente voraus, das den wirtschaftlichen und technischen Gegebenheiten des Telekommunikationssektors angemessen Rechnung trägt. Hiervor sind die allgemeinen Befugnisse der Kartellbehörden nach dem GWB bis heute nicht ausreichend. Sein Regelungsinstrumentarium ist lediglich auf die Erhaltung bestehender wettbewerblicher Strukturen ausgelegt, während es auf dem Telekommunikationssektor einen Wettbewerb erst einmal herzustellen galt. Das geltende Telekommunikationsrecht verschafft der BNetzA daher die Möglichkeit, im Sinne einer effizienten Wettbewerbsförderung in das Marktgeschehen einzugreifen und es aktiv um- bzw. mitzugestalten. Daher kann sie die Erbringung von Telekommunikationsdiensten ex-ante etwa an bestimmte Verhaltenspflichten knüpfen (**ex-ante-Regulierung**). Kartellbehörden haben diese Möglichkeit nicht. Sie sind auf der Grundlage des GWB lediglich zu nachträglichen Markteingriffen berechtigt, etwa dann, wenn ahndungsfähige Verstöße gegen Verhaltenspflichten nachgewiesen werden können (**ex-post-Regulierung**). Anzumerken ist an dieser Stelle, dass gemäß § 2 Abs. 4 TKG die Vorschriften des GWB neben denjenigen des TKG jedenfalls insoweit Anwendung finden sollen, als das TKG keine abschließenden Regelungen enthält. Damit findet das allgemeine Kartellrecht zunächst auf den Märkten Anwendung, die nicht der sektorspezifischen Regulierung unterliegen.[47] Innerhalb seitens des TKG selbst regulierter Märkte ist die **Anwendbarkeit des GWB** indessen umstritten. Soweit das TKG bestimmte Verpflichtungen detaillierter regelt als das GWB, gehen die Regelungen des TKG nach allgemeinen methodologischen Grundsätzen jedenfalls als leges speciales vor.[48] Zu beachten ist aber, dass die auf SMP-Unternehmen beschränkten Eingriffsbefugnisse des TKG nach Ansicht der Rechtsprechung nur auf solchen Märkten zur Anwendung gelangen, die die Bundesnetzagentur zuvor in einem Marktdefinitions- und Marktanalyseverfahren[49] als regulierungsbedürftig festgelegt hat.[50] Ist dies nicht der Fall, unterliegt der betreffende Markt der Missbrauchsaufsicht nach allgemeinem Wettbewerbsrecht.[51] Hierbei ist zu beachten, dass weder das nationale noch das (sekundäre) europäische Telekommunikationsrecht aufgrund der Normenhierarchie dazu in der Lage sind, Art. 81, 82 EG auszuschließen.[52] Bestimmte Entscheidungen im Bereich der

---

[45] Beck'scher TKG-Kommentar/*Attendorn/Geppert* § 132 Rn. 22.
[46] Einen Überblick über die Tätigkeit der BNetzA in den vergangenen Jahren bietet *Gramlich* CR 2010, 289.
[47] Welche Märkte nach dem TKG zu regulieren sind, bestimmt sich nach der Marktdefinition gem. § 10 TKG. Hierzu näher → Rn. 97 ff.
[48] *Holznagel/Enaux/Nienhaus* Rn. 136.
[49] → Rn. 16 ff.
[50] BVerwG Urt. v. 19.9.2007 – 6 C 34/06, CR 2008, 91; BVerwG Urt. v. 18.4.2007 – 6 C 21/06, NVwZ 2007, 1321 = BVerwGE 128, 305 unter Verweis auf BT-Drs. 15/2316 S. 60.
[51] BVerwG Urt. v. 18.4.2007 – 6 C 21/06, NVwZ 2007, 1321 = BVerwGE 128, 305.
[52] Vgl. hierzu auch die Mitteilung der EU-Kommission über die Anwendung der Wettbewerbsregeln auf Zugangsvereinbarungen im Telekommunikationsbereich – Rahmen, relevante Märkte und Grundsätze, ABl. EG 1998 C 265/02.

Marktregulierung ist die BNetzA gem. § 123 Abs. 1 TKG ferner verpflichtet, im Einvernehmen mit dem Bundeskartellamt zu treffen.

II. Die Telekommunikationsregulierung nach dem TKG 2012[53]

Seit dem 10.5.2012 ist das neue **TKG 2012** in Kraft. Das TKG umfasst 11 Teile. Teil 1 (§§ 1–8) des TKG normiert hauptsächlich Zweck und Ziele (§§ 1 und 2) des Gesetzes und statuiert einen umfangreicheren Definitionskatalog (§ 3). Der folgende Teil 2 (§§ 9 ff. TKG) enthält sodann einzelne Instrumente der Regulierung. Konkretisiert wird das TKG durch zahlreiche Rechtsverordnungen, die insbesondere in Gestalt einer **Telekommunikations-Überwachungsverordnung (TKÜV)** und einer **Telekommunikations-Nummerierungsverordnung (TNV)** existieren. Die TKÜV bestand bereits im Geltungsbereich des TKG 1996, wurde jedoch im November 2005 auf Grundlage des TKG 2004 novelliert[54] und hat auf Grundlage von Art. 13 des Gesetzes zur Neuregelung der Telekommunikationsüberwachung und anderer verdeckter Ermittlungsmaßnahmen sowie zur Umsetzung der Richtlinie 2006/24/EG vom 21.12.2007[55] und Art. 4 des Gesetzes zur Abwehr von Gefahren des internationalen Terrorismus durch das Bundeskriminalamt[56] weitere Änderungen erfahren. Die TNV ist seit dem 15.2.2008 in Kraft.[57] Seit 18.3.2009 existiert ferner eine **Telekommunikations-Notrufverordnung (TNotrufV)**, die die rechtlichen Vorgaben des TKG speziell für Notrufdienste ergänzt.[58] Ihre Verabschiedung ist ua vor dem Hintergrund eines zunehmenden Notrufnummernmissbrauchs, der in Spitzenzeiten bis zu 80 Prozent betrug, erforderlich geworden. Menschen, die wirklich Hilfe benötigten, konnte so vielfach nur verzögert Hilfe bereitgestellt werden. Da Notrufe von Mobilfunkgeräten bisweilen auch ohne SIM-Karte abgesetzt werden konnten, gestaltete sich die Verfolgung von Missbräuchen häufig schwierig. Die TNotrufV sieht daher vor, dass Notrufe von Mobiltelefonen nur noch in Verbindung mit einer betriebsbereiten Mobilfunkkarte zulässig sind (§ 4 Abs. 8 Nr. 1 TNotrufV). Sichergestellt ist jedoch weiterhin, dass Notrufe zur 112 auch dann abgesetzt werden können, wenn sich der Anrufende in einem Gebiet aufhält, das vom eigenen Provider zwar nicht, allerdings von einem Konkurrenten abgedeckt ist (§ 4 Abs. 8 Nr. 2 TNotrufV). Ferner ist – unabhängig von der TNotrufV – zu erwähnen, dass neben den Kurzwahlnummern 110 und 112 mit der 115 eine einheitliche Behördennummer existiert. Nach Start des neuen Service am 24.3.2009 in zahlreichen Städten, Gemeinden und Kreisen Nordrhein-Westfalens und Hessens sowie in Oldenburg, Berlin und Hamburg im Pilotbetrieb, wurde am 14. April 2011 der Regelbetrieb aufgenommen.[59] Die **Telekommunikations-Kundenschutzverordnung**, die lange Zeit die maßgeblichen kundenschutzrechtlichen Vorschriften des Telekommunikationsrechts in separater Form beinhaltete, war im Zuge des TKG-Änderungsgesetzes-2006 (verabschiedet durch den Bundesrat am 8.12.2006)[60] im TKG aufgegangen. Auch wurden andere früher noch auf der Grundlage des TKG 1996 existierende Verordnungen im Zuge von Novellierungen in das TKG übernommen und entfielen somit als eigenständige Regelungen.[61]

---

[53] Soweit im Teil E von TKG die Rede ist, meint dies das TKG 2012, BGBl. I Nr. 19 vom 9. Mai 2012.
[54] BGBl. I 2005 S. 3136.
[55] BGBl. I 2007 S. 3198.
[56] BGBl. I 2008 S. 3083.
[57] BGBl. I 2008 S. 141.
[58] Verordnung über Notrufverbindungen vom 6. März 2009 (BGBl. I S. 481), die zuletzt durch Artikel 1 des Gesetzes vom 26. November 2012 (BGBl. I S. 2347) geändert worden ist.
[59] http://www.115.de/DE/Presse/2011/pressemitteilung2012_node.html (16.1.2014) Einzelheiten unter http://www.115.de. (31.7.2015).
[60] BR-Drs. 886/06.
[61] So die Telekommunikations-Entgeltverordnung (TEntgV), die Netzzugangsverordnung (NZV), Telekommunikations-Universaldienstverordnung (TUDLV), Telekommunikations-Datenschutzverordnung (TDSV), Frequenzzuteilungsverordnung (FreqZutV), Telekommunikations-Lizenzgebührenverordnung 2002 (TLGebV) – aufgegangen im TKG 2004.

14 Das TKGÄndG-2006 umfasste eine Vielzahl von Einzelregelungen und Ergänzungen des seinerzeit geltenden TKG-2004. Hauptstreitpunkt des Gesetzes war die Marktregulierung, hierunter insbesondere § 9a TKG.[62] Eine weitere entscheidende Neuerungen hatte das TKG-2004 durch das Gesetz zur Neuregelung der Telekommunikationsüberwachung und anderer verdeckter Ermittlungsmaßnahmen sowie zur Umsetzung der Richtlinie 2006/24/EG erfahren. Kern der telekommunikationsrechtlichen Neuregelung war der seit dem 1.1.2008 geltende § 113a TKG, der Anbieter, die öffentlich zugängliche Telekommunikationsdienste für die Endnutzer erbringen, verpflichtet, im Rahmen ihres Dienstes anfallende Verbindungsdaten für die Dauer von sechs Monaten auf Vorrat zu speichern. Das BVerfG hat 2010 die Rechtsvorschriften zur **Vorratsdatenspeicherung** für verfassungswidrig erklärt.[63] Der EuGH hat 2014 entscheiden, dass die zugrundeliegende RL 2006/24 EG ungültig ist. Es bleibt abzuwarten, inwieweit die neuen Vorschriften zur Vorratsdatenspeicherung, die der Bundestag im Oktober 2015 beschlossen hat, verfassungs- und europarechtlichen Anforderungen standhalten.

1. Marktzutritt

15 Verlangte das TKG 1996 zur Erbringung von Telekommunikationsdienstleistungen noch den Erwerb einer Lizenz, genügt seit dem TKG-2004 gemäß § 6 TKG die bloße Anzeige entsprechender Dienste gegenüber der Bundesnetzagentur (**Meldepflicht**). Dieser Paradigmenwechsel beruhte auf den Vorgaben der Genehmigungsrichtlinie und hat zur Folge, dass grundsätzlich jeder Anbieter auf dem Markt ohne weitere materiell-rechtliche Voraussetzung Telekommunikationsdienste erbringen darf (**Allgemeingenehmigung**). Unternehmen, denen unter dem TKG 1996 eine Lizenz erteilt wurde oder die der BNetzA (damals noch RegTP) die Tätigkeit nach § 4 TKG-1996 angezeigt hatten, gelten als gemeldet nach § 6 TKG (§ 150 Abs. 2 TKG). Wer gewerblich öffentliche Telekommunikationsnetze betreibt oder Telekommunikationsdienste für die Öffentlichkeit anbietet, muss die Aufnahme, Änderung oder Beendigung seiner Tätigkeit oder die Änderung seiner Firma der Bundesnetzagentur schriftlich anzeigen (§ 6 Abs. 1 S. 1 TKG). Die Anzeige muss diejenigen Angaben enthalten, die zur Identifizierung des Betreibers erforderlich sind. Ihre Vollständigkeit ist von der Bundesnetzagentur binnen einer Woche zu bestätigen. Die Anmeldung allein berechtigt freilich nur dann zum Betrieb, wenn die betreffende Dienstleistung nicht anderweitigen Zulassungsbeschränkungen oder besonderen Genehmigungspflichten unterliegt. Auch bleibt die gewerberechtliche Anzeigepflicht nach § 14 GewO von der Meldepflicht unberührt.[64] Die BNetzA veröffentlich auf ihrer Webseite ein Verzeichnis der gemeldeten Unternehmen.[65] Abgrenzungsschwierigkeiten wirft § 6 TKG im Hinblick auf W-LAN Access-Punkte auf. Während § 6 Abs. 1 TKG 1996 eine Lizenzpflicht davon abhängig machte, dass ein Übertragungsweg eine Grundstücksgrenze überschreitet, kennt § 6 TKG 2004 eine solche Beschränkung nicht mehr. Gleichwohl sind rein private oder aus altruistischen Motiven betriebene **W-LAN-Hotspots** juristisch insofern pflegeleicht, als dass sie bereits aufgrund fehlender Gewerbsmäßigkeit von der Anzeigepflicht befreit sind. Schwierigkeiten bereiten demgegenüber solche Hotspot-Betreiber, die ihren Betrieb über Gebühren oder Unkostenbeiträge finanzieren. Insofern betreiben sie bereits ein Gewerbe.[66]

2. Marktregulierung

16 Eines der wesentlichsten Ziele des Telekommunikationsrechts ist die „Sicherstellung eines chancengleichen Wettbewerbs und die Förderung nachhaltig wettbewerbsorientierter Märkte der Telekommunikation im Bereich der Telekommunikationsdienste und -netze sowie der

---

[62] → Rn. 24.
[63] § 113a ist mit Art. 10 Abs. 1 GG unvereinbar und nichtig, Urteil des BVerfG v. 2.3.2010 – 1 BvR 256/08 – 1 BvR 263/08 – 1 BvR 586/08 (BGBl. I S. 272).
[64] Beck'scher TKG-Kommentar/*Schütz* § 6 Rn. 4.
[65] http://www.bundesnetzagentur.de/cln_1931/DE/Sachgebiete/Telekommunikation/Unternehmen_Institutionen/Anbieterpflichten/Meldepflicht/meldepflicht-node.html (31.7.2015).
[66] Die Absicht der Kostendeckung genügt: Siehe BT-Drs. 15/2316, S. 60.

II. Die Telekommunikationsregulierung nach dem TKG 2012

zugehörigen Einrichtungen und Dienste" (§ 2 Abs. 2 Ziff. 2 TKG). Hierzu dient die sektorspezifische Marktregulierung mit ihren verschiedenen Regulierungsinstrumenten, die im Zweiten Teil des TKG geregelt sind. Wie bereits angeführt, ist der Telekommunikationssektor geprägt von ehemaligen Monopolisten, in Deutschland der Telekom Deutschland GmbH (TDG) (vormals Deutsche Telekom AG – DTAG –), deren (aus öffentlicher Hand finanzierter) Marktvorsprung die Entstehung eines funktionierenden Wettbewerbs auf alleiniger Grundlage des Wettbewerbsrechts verhindern würde. Aus diesem Grunde sah bereits das TKG-1996 zahlreiche ex-ante-Verpflichtungen vor, die nicht für alle Unternehmen gleichermaßen (symmetrisch) sondern lediglich für solche mit marktbeherrschender Stellung galten (**asymmetrische ex-ante-Regulierung**). Das TKG-2004 setzte dieses Konzept der Sonderregulierung marktstarker Anbieter im Grundsatz fort. Anders als im Rahmen des TKG-1996 traf die Regulierung nach dem TKG-2004 jedoch nicht alle Arten von Telekommunikationsdiensten und -netzen gleichermaßen, sondern bleibt auf jene Telekommunikationsmärkte beschränkt, auf denen ein funktionierender Wettbewerb tatsächlich nicht stattfindet und für die ein funktionierender Wettbewerb ohne sektorspezifisches Regulierungsinstrumentarium auch nicht zu erwarten ist. Das geltende TKG differenziert immer noch zwischen verschiedenen Kommunikationsmärkten, die anhand bestimmter, kartellrechtlich determinierter Regeln sodann voneinander abzugrenzen sind (**Marktdefinition, § 10 TKG**). Jeder dieser Märkte ist daraufhin zu untersuchen, ob auf ihm ein funktionierender Wettbewerb stattfindet oder nicht (**Marktanalyse, § 11 TKG**). Nur für den Fall der Verneinung dieser Frage, ist der Markt also als regulierungsbedürftig einzustufen, mit der Folge, dass gegen im Rahmen der Marktanalyse identifizierten marktstarken Unternehmen spezifische Anordnungen in den Bereichen Zugang, Entgelte, Betreiber(vor)auswahl, Mietleitungen und besondere Missbrauchsaufsicht ergehen können (**Regulierungsverfügung**). Marktdefinition und Marktanalyse sind demnach Voraussetzung einer sektorspezifischen Marktregulierung unter dem Regelungsregime des TKG. Wird ein Kommunikationsmarkt nicht als regulierungsbedürftig qualifiziert, unterfällt er nicht der sektorspezifischen Regulierung des TKG, sondern der allgemeinen wettbewerbsrechtlichen Missbrauchsaufsicht des GWB.[67] Hieraus erklärt sich, warum Klagen alternativer Verbindungsnetzbetreiber, die TDG über die bisweilen als regulierungsbedürftig eingestuften Märkte hinaus zu verpflichten, von vornherein zum Scheitern verurteilt waren. Zu regulierende Märkte müssen vorab von der Bundesnetzagentur mit dem Ziel, betroffene Interessen in einen angemessenen Ausgleich zu bringen, definiert werden, so das Bundesverwaltungsgericht ausdrücklich.[68] Zu Fragen der **Missbrauchsaufsicht** argumentierte das Bundesverwaltungsgericht in gleicher Weise.[69] Einzige Ausnahme ist der Bereich der Zugangsregulierung: Hier kann die BNetzA gem. §§ 9 Abs. 3, 18 TKG auch solchen Anbietern Zugangs- und Nichtdiskriminierungsverpflichtungen auferlegen, die zwar nicht über beträchtliche Marktmacht verfügen, aber den Zugang zu Endnutzern kontrollieren. Hintergrund der Regelung ist, in jedem Fall eine End-to-End-Connection sicherzustellen und insofern die Voraussetzung dafür zu schaffen, dass alle Teilnehmer sich zumindest potentiell gegenseitig erreichen können.

Sehr wohl können regulierungsbedürftige Märkte aber auch der **allgemeinen Wettbewerbsaufsicht** unterliegen. Dies hat der EuGH bestätigt und eine Klage der TDG insoweit abgewiesen.[70] Damit der nationale Rechtsrahmen bewirke, dass die Art. 81 und 82 EG auf wettbewerbswidrige Verhaltensweisen von Unternehmen keine Anwendung fänden, müssten die jeweiligen Wettbewerbsbeschränkungen ihre Ursache ausschließlich (!) in den nationalen Rechtsvorschriften haben, so die Richter.[71] Die Kartellbehörden könnten daher in vielen Fällen auch dann eingreifen, wenn das marktbeherrschende Unternehmen Handlungsspielräume ungenutzt lasse, um wettbewerbswidriges Verhalten abzustellen. Verhält sich ein marktbeherrschendes Unternehmen also potentiell wettbewerbswidrig, kann dies durchaus

---

[67] So auch die amtl. Begr. zu § 9 TKG-2004, BT-Drs. 15/2316 S. 60.
[68] BVerwG Urt. v. 28.11.2007 – 6 C 42.06, CR 2008, 291 (293).
[69] BVerwG Urt. v. 18.4.2007 – 6 C 21.06, CR 2008, 161 (164 f.).
[70] EuGH Urt. v. 10.4.2008 – T-271/03, ABl. EU 2008 C 128/29.
[71] Vgl. EuGH Urt. v. 10.4.2008 – T-271/03, ABl. EU 2008 C 128/29 Rn. 87.

die parallele Zuständigkeit regulierungsbehördlicher wie allgemein wettbewerblicher Institutionen nach sich ziehen (**Doppelzuständigkeit**).[72] Vor dem Hintergrund ähnlicher Überlegungen ging auch das OLG Frankfurt aM in einem Urteil von der Anwendbarkeit allgemeiner kartellrechtlicher Regelungen in Ergänzung zu § 44 TKG aus, dies zumindest insoweit als die Voraussetzungen des allgemeinen Missbrauchstatbestandes des § 42 TKG nicht erfüllt seien.[73] Im Übrigen räumen Rahmenrichtlinie wie auch das TKG der EU-Kommission in jeder Phase der Marktregulierung erhebliche Mitspracherechte für den Fall ein, dass Ergebnisse von Marktdefinition oder Marktanalyse „Auswirkungen auf den Handel zwischen den Mitgliedstaaten haben" (sog **Konsolidierungsverfahren**, vgl. §§ 12 Abs. 2, 10 Abs. 3, 11 Abs. 3 TKG, Art. 7 Abs. 3 lit. b Rahmen-RL). Auch hat die BNetzA allen interessierten Parteien Gelegenheit zu geben, innerhalb angemessener Frist zu den Ergebnissen von Marktdefinition und Marktanalyse Stellung zu nehmen (sog **Konsultationsverfahren**, § 12 Abs. 1 TKG, Art. 6 Rahmen-Richtlinie).

18   a) **Marktdefinition und Marktanalyse.** Das Verfahren von Marktabgrenzung und Marktanalyse wird weitestgehend durch Art. 14 bis 16 der Rahmenrichtlinie vorgegeben.[74] Trotz eigenständiger gesetzlicher Regelungen finden beide Verfahren in einem **einheitlichen Arbeitsgang** statt.

19   *aa) Marktdefinitionsverfahren.* Das Marktdefinitionsverfahren nach § 10 TKG, Art. 15 Rahmen-RL, dient der Abgrenzung der einzelnen Kommunikationsmärkte unter sachlichen und räumlichen Gesichtspunkten. Die Marktdefinition obliegt der BNetzA. Die EU-Kommission hat jedoch umfassende Leitlinien[75] und Empfehlungen[76] erlassen, die die BNetzA im Rahmen der Marktdefinition „weitestgehend" zu berücksichtigen hat (§ 10 Abs. 2 S. 3 TKG, Art. 15 Abs. 3 Rahmen-RL). In sachlicher Hinsicht folgt die Marktabgrenzung mit Blick auf die **Substituierbarkeit** (Austauschbarkeit) auf Nachfrage- und Angebotsseite.[77] Hierbei kommen volkswirtschaftliche Analysemethoden zum Einsatz, die in ähnlicher Form auch im Kartellrecht Anwendung finden. Ausgangspunkt ist eine differenzierte Betrachtung von Endkundenmärkten und solchen für Vorleistungen, die Betreiber benötigen, um Endnutzern Dienste und Produkte zur Verfügung stellen zu können (Großkundenmärkte).[78] Innerhalb beschriebener Marktkategorien sind weitere Ausdifferenzierungen möglich. In räumlicher Hinsicht umfasst ein einheitlicher Markt ein Gebiet, „in dem die Unternehmen bei den relevanten Produkten an Angebot und Nachfrage beteiligt sind und die Wettbewerbsbedingungen einander gleichen oder hinreichend homogen sind und von Nachfragegebieten unterschieden werden können, in denen erheblich andere Wettbewerbsbedingungen bestehen."[79] Die für die Telekommunikationsmärkte maßgeblichen Kriterien sind hierbei das vom jeweiligen Netz erfasste Gebiet und bestehende Rechts- und Verwaltungsinstrumente.[80]

20   Auf vorgenannter Grundlage hatte die Kommission in Anhang I der Rahmen-Richtlinie und im Anhang ihrer Empfehlung 2003/311/EG zunächst **18 Märkte** abgegrenzt und definiert, die über eine neue **Märkteempfehlung** vom 17.12.2007 auf **7 Märkte** reduziert wurden.[81] Insoweit ist die Kommission ihrer Verpflichtung aus Art. 15 Abs. 1 S. 4 der Rahmen-

---

[72] EuGH Urt. v. 10.4.2008 – T-271/03, ABl. EU 2008, C 128/29; ausführlich zu den Konsequenzen der Entscheidung *Schütze/Salevic* CR 2008, 483.
[73] OLG Frankfurt aM Urt. v. 1.4.2008 – 11 U 14/07 (Kart), MMR 2008, 679 (680).
[74] Einen kompakten Überblick über das Verfahren liefern *Holznagel/Hombergs* MMR 2006, 285 (286 ff.).
[75] Leitlinien der Kommission zur Marktanalyse und Ermittlung beträchtlicher Marktmacht nach dem gemeinsamen Rechtsrahmen für elektronische Kommunikationsnetze und -dienste (2002/C 165/03), ABl. EG 2002 C 165/6, Tz. 28.
[76] Empfehlung (2003/311/EG) der Kommission vom 11.2.2003 über relevante Produkt- und Dienstmärkte des elektronischen Kommunikationssektors, die aufgrund der Richtlinie 2002/21/EG des Europäischen Parlaments und des Rates über einen gemeinsamen Rechtsrahmen für elektronische Kommunikationsnetze und -dienste für eine Vorabregulierung in Betracht kommen, ABl. EU 2003 L 114/45.
[77] Näher Beck'scher TKG-Kommentar/*Schütz* § 10 Rn. 8.
[78] Vgl. Erwägungsgrund 6 der Empfehlung 2003/311/EG.
[79] Vgl. Tz. 56 der Leitlinien.
[80] Tz. 59 der Leitlinien.
[81] ABl. EU 2007 L 344/65.

II. Die Telekommunikationsregulierung nach dem TKG 2012

richtlinie gefolgt, die Märkteempfehlung in regelmäßigen Abständen zu überprüfen. Bemerkenswert ist zunächst die Aufwertung der sog drei Kriterien, die für eine sektorenspezifische Regulierung eines Marktes kumulativ erfüllt sein müssen. Sie waren in Nr. 2 der Märkteempfehlung nunmehr ausdrücklich aufgeführt, wobei das erste und dritte Kriterium leicht modifiziert wurde. Vor Annahme der neuen Empfehlung festgelegte Marktdefinitionen blieben laut Empfehlung Nr. 3 unberührt. Auch war dem Anhang der Empfehlung folgend zwischen Endkunden- (1.) und Vorleistungsebene (2. bis 7.) zu unterscheiden. Die einzelnen Märkte definierten sich wie folgt:

1. Zugang von Privat- und Geschäftskunden zum öffentlichen Telefonnetz an festen Standorten;
2. Verbindungsaufbau im öffentlichen Telefonnetz an festen Standorten;
3. Anrufzustellung in einzelnen öffentlichen Telefonnetzen an festen Standorten;
4. Vorleistungsmarkt für den (physischen) Zugang zu Netzinfrastrukturen (einschließlich des gemeinsamen oder vollständig entbündelten Zugangs) an festen Standorten;
5. Breitbandzugang für Großkunden;
6. Abschluss-Segmente von Mietleitungen für Großkunden, unabhängig von der für die Miet- oder Standleitungskapazitäten genutzten Technik;
7. Anrufzustellung in einzelnen Mobilfunknetzen.

2014 gab es eine neue **überarbeitete Märkteempfehlung** seitens der EU-Kommission. Richtlinie 2014/710/EU-Empfehlung der Kommission vom 9.10.2014 über relevante Produkt- und Dienstmärkte des elektronischen Kommunikationssektors, die aufgrund der Richtlinie 2002/21/EG des Europäischen Parlaments und des Rates über einen gemeinsamen Rechtsrahmen für elektronische Kommunikationsnetze und -dienste für die Vorabregulierung in Betracht kommen. Eine von der EU-Kommission in Auftrag gegebene Studie[82] kam zu dem Schluss, dass die Märkte 4 und 5 nicht länger nach der Art des Zugangs abzugrenzen seien, dh physischer oder nicht physischer (virtueller) Zugang, sondern nach Zugangspunkten (lokal oder zentral) zu differenzieren seien. Die Anrufzustellung in einzelne Mobilfunknetze (Markt 7) wird weiterhin als regulierungsbedürftig eingestuft. Die Märkte 1 und 2 hingegen, sollten nach Auffassung der Studie aus der Regulierung entlassen werden. Ziel der neuen Märkteempfehlung ist eine weitere deutliche Reduzierung der für regulierungsbedürftig gehaltenen Märkte. Seit 2014 definieren sich die Märkte daher wie folgt:

1. Anrufzustellung auf der Vorleistungsebene in einzelnen öffentlichen Telefonnetzen an festen Standorten (Anrufzustellung Festnetz)
2. Anrufzustellung auf der Vorleistungsebene in einzelnen Mobilfunknetzen
3. a) Auf der Vorleistungsebene an festen Standorten lokal bereitgestellter Zugang zu Teilnehmeranschlüssen
3. b) Für Massenprodukte auf der Vorleistungsebene an festen Standorten zentral bereitgestellter Zugang zu Teilnehmeranschlüssen
4. Auf Der Vorleistungsebene an festen Standorten bereitgestellter Zugang zu Teilnehmeranschlüssen von hoher Qualität.

bb) Marktanalyseverfahren. Jeder der entsprechend dem skizzierten Verfahren definierten Märkte ist nach Maßgabe von § 11 TKG (Art. 16 Rahmen-RL) durch die BNetzA daraufhin zu untersuchen, ob ein wirksamer Wettbewerb besteht. Dies ist gem. § 11 Abs. 1 S. 2 TKG dann nicht der Fall, wenn auf dem jeweiligen Markt ein oder mehrere Unternehmen über beträchtliche Marktmacht verfügen (Der englischen Fassung der Rahmen-RL folgend, spricht man in diesem Zusammenhang von **„significant market power"** bzw. **„SMP-Unternehmen"**). Wann ein Anbieter über beträchtliche Marktmacht verfügt, definiert § 11 Abs. 1 S. 3 TKG (übernommen aus Art. 14 Abs. 2 S. 1 Rahmen-RL). Bei der Analyse sind wiederum die Leitlinien der Kommission von entscheidender Bedeutung (§ 11 Abs. 3 TKG). Sie bestimmen die Kriterien für die Bestimmung einer beherrschenden Position nach dem europäischen Wettbewerbsrecht. Anders als das GWB (§ 18 Abs. 4 GWB) kennt das Europäische

---
[82] Ecorys Netherlands, Future electronic communications markets subject to ex-ante regulation, Final report, Rotterdam, 18. September 2013.

Wettbewerbsrecht jedoch keinen Grenzwert in Bezug auf den Marktanteil, ab dem eine marktbeherrschende Stellung angenommen wird. Nach der Rechtsprechung des EuGH muss neben weiteren Kriterien mindestens ein Marktanteil von 40 % vorliegen, um eine marktbeherrschende Stellung anzunehmen.[83] Ab einem Marktanteil von 50 % geht der EuGH ohne Weiteres von einer solchen aus.[84]

23 Sowohl im Rahmen der Marktdefinition als auch der Marktanalyse gesteht die Rechtsprechung der BNetzA einen **Beurteilungsspielraum** zu.[85] Gleiches gilt für die Feststellung, ob ein Unternehmen auf einem bestimmten Markt über beträchtliche Marktmacht verfügt.[86] Entscheidungen der BNetzA sind insoweit nur eingeschränkt gerichtlich überprüfbar.[87]

24 *cc) Konsultations- und Konsolidierungsverfahren.* Ausgehend von § 12 Abs. 1 TKG und Art. 6 Rahmen-RL hat die BNetzA im Rahmen des so genannten Konsultationsverfahrens den „interessierten Parteien" Gelegenheit zu geben, zu den Ergebnisentwürfen von Marktanalyse und Marktdefinition Stellung zu beziehen. Kristallisiert sich heraus, dass **Auswirkungen auf den Handel zwischen den Mitgliedstaaten** zu befürchten sind, ist gem. §§ 10 Abs. 3, 11 Abs. 3, 12 Abs. 2 TKG, Art. 7 Rahmen-RL ein Konsolidierungsverfahren mit der EU-Kommission durchzuführen. In der Praxis liegen derartige Auswirkungen im Hinblick auf grenzüberschreitende Binnenmärkte regelmäßig vor.[88] Sodann unterzieht die Europäische Kommission die Entscheidungsentwürfe der BNetzA im Hinblick auf potentielle Hemmnisse für den Binnenmarkt oder Kollisionen mit dem Gemeinschaftsrecht einer näheren Überprüfung und macht ggf. von ihrem **Vetorecht** Gebrauch. Ablehnende Entscheidungen sind zu begründen und mit Abhilfevorschlägen zu versehen. Liegen außergewöhnliche Umstände vor, ist die BNetzA laut § 12 Abs. 3 TKG sogar zu vorläufigen Maßnahmen berechtigt, ohne dass ein vorheriges Konsultations- und Konsolidierungsverfahren durchgeführt worden wäre. Allerdings befreit diese Vorschrift nicht von anderen gesetzlichen Vorgaben, die für die betreffende Regulierungsverfügung bestehen. Dies gilt insbesondere für das Erfordernis einer marktmächtigen Stellung.[89]

25 *dd) Regulierungsferien für „Neue Märkte" (§ 9a TKG).* Im TKGÄndG-2006 sollte unabhängig von Marktdefinition und Marktanalyse eine Ausnahme von der Regulierung für „Neue Märkte" gelten. Unter „neuen Märkten" waren nach der ebenfalls im Zuge des TKGÄndG-2006 geschaffenen Legaldefinition des § 3 Ziff. 12b TKG solche Märkte zu verstehen, „die sich von den bislang vorhandenen Diensten und Produkten hinsichtlich der Leistungsfähigkeit, Reichweite, Verfügbarkeit für größere Benutzerkreise (Massenmarktfähigkeit), des Preises oder der Qualität aus Sicht eines verständigen Nachfragers nicht nur unerheblich unterscheiden und diese nicht lediglich ersetzen".

26 Eine sektorspezifische Marktregulierung kam nach § 9a Abs. 2 TKG daher nur ausnahmsweise in Betracht und zwar dann, wenn Tatsachen die Annahme rechtfertigen, dass bei fehlender Regulierung die Entwicklung eines nachhaltig wettbewerbsorientierten Marktes langfristig behindert würde. Regelungsintention einer solchen auch als **„Regulierungsferien"** bezeichneten **temporären Monopolstellung** war die Auffassung des Gesetzgebers, Anbietern Investitionsanreize in neue, effiziente Telekommunikationsstrukturen bieten zu müssen. Eigentlicher Anlass der Neuregelung waren Pläne der TDG zum Ausbau eines breitbandigen Glasfasernetzes, über das breitflächig VDSL2-Angebote zur Verfügung gestellt werden sollten.[90] Hierfür erforderliche Investitionen wurden vorab auf etwa drei Mrd. Euro geschätzt, wofür die TDG eine gewisse Investitionssicherheit verlangte, die dadurch erreicht werden sollte, dass der VDSL2-Markt zumindest für eine Übergangszeit von der

---

[83] Vgl. EuGH Urt. v. 15.12.1994 – C-250/92, Slg. 1994, I-5641 – „DLG".
[84] Vgl. EuGH Urt. v. 3.7.1991 – C-62/86, Slg. 1991, I-3359 – „AKZO".
[85] VG Köln Urt. v. 8.3.2007 – 1 K 4314/06, MMR 2007, 744; das Verfahren ist beim BVerwG unter dem Az. 6 C 14.07 anhängig.
[86] VG Köln Urt. v. 8.3.2007 – 1 K 3918/06, MMR 2007, 744.
[87] Instruktiv insoweit VG Köln aaO.
[88] *Holznagel/Enaux/Nienhaus* Rn. 116.
[89] VG Köln Beschl. v. 2.2.2005 – 1 L 3522/04, MMR 2005, 340.
[90] Zu den technischen Grundlagen → § 4.

Regulierung ausgenommen werden sollte. Kritiker sahen in der Regelung daher eine „Lex Telekom",[91] zumal § 9a TKG-2006 innerhalb des gemeinschaftsrechtlichen Rechtsrahmens kein direktes Vorbild fand. Derartige „Regulierungsferien" wurden jedoch seitens der Kommission im Wege des Vertragsverletzungsverfahrens beanstandet[92] und durch den EuGH indes als rechtswidrig eingestuft.[93] § 9a TKG stellte danach eine einseitige Bevorzugung der TDG dar, die für andere Anbieter keinerlei Mehrwert bringe. Im aktuellen TKG-2012 ist § 9a TKG nicht mehr enthalten.

b) Regulierungsverfügung. Die im Rahmen der Marktanalyse identifizierten marktstarken Anbieter sind Adressaten der im zweiten Teil des TKG vorgesehenen Sonderverpflichtungen, welche diesen gem. §§ 9 Abs. 2, 13 TKG in der Form einer so genannten „Regulierungsverfügung" auferlegt werden können. Die Regulierungsverfügung stellt einen Verwaltungsakt iSd § 35 S. 1 VwVfG dar.[94] Damit ergeben sich die Marktverhaltenspflichten von SMP-Unternehmen – anders als im alten Recht – nicht mehr unmittelbar aus dem Gesetz sondern erst aus ihrer behördlichen Anordnung. SMP-Unternehmen, welchen gegenüber eine Regulierungsverfügung nicht ergeht, unterliegen lediglich der allgemeinen Missbrauchsaufsicht der §§ 42, 43 TKG. Auf Grundlage einer Regulierungsverfügung kann die BNetzA weitere konkrete Entscheidungen treffen, beispielsweise über Zusammenschaltungsanordnungen oder Entgeltgenehmigungen. Zu beachten ist, dass gem. § 13 Abs. 1 S. 1 TKG auch für Regulierungsverfügungen ein Konsultationsverfahren und – lässt die Verfügung Auswirkungen auf den Handel zwischen den Mitgliedstaaten befürchten – ein Konsolidierungsverfahren durchzuführen ist. Allerdings besteht gegen die Regulierungsverfügung als solche **kein Vetorecht** der EU-Kommission.[95]

Um für den Übergangszeitraum zwischen einzelnen TKG-Änderungen keinen regulierungsfreien Rechtszustand zu schaffen, ordnet § 150 Abs. 1 TKG an, dass seitens der BNetzA (bzw. seinerzeit der RegTP) vor Inkrafttreten sowohl des TKG als auch TKG-2004 getroffene Feststellungen marktbeherrschender Stellungen in gleicher Weise wie an ihnen anknüpfende Verpflichtungen bis zum Abschluss des Regulierungsverfahrens den jeweiligen Markt betreffend, in Kraft bleiben.

aa) Zugangsregulierung. Unter dem Begriff Zugangsregulierung versteht das TKG sowohl den Zugang der Anbieter von Telekommunikationsdiensten zu fremden Netzen als auch die Zusammenschaltung von Telekommunikationsnetzen verschiedener Betreiber. Gemeinschaftsrechtlich ist die Zugangsregulierung in der Zugangsrichtlinie geregelt. Dem entsprechende nationale Vorschriften finden sich in den §§ 16 ff. TKG. Ziel der Zugangsregulierung ist es einerseits, nachhaltigen Wettbewerb zu fördern, andererseits aber auch, die Interoperabilität elektronischer Kommunikationsdienste sicherzustellen (Art. 1 Abs. 1 S. 2 Zugangs-RL). Vor allem soll durch die Zugangsregulierung sichergestellt werden, dass jeder Marktteilnehmer Zugang zum Endgerät des Kunden erhält. Nur ein solcher Zugang ermöglicht es Anbietern letztlich, eigene Dienste am Markt zu etablieren. Dementsprechend richten sich die Verpflichtungen der §§ 16ff. TKG nicht nur an SMP-Unternehmen. Besondere Pflichten können auch jenen Unternehmen auferlegt werden, die **Teilnehmeranschlussleitungen**, dh die „letzte Meile" zu Kunden, kontrollieren, da andere Provider auf ihre Mitwirkung angewiesen sind, um Endkunden eigene Telekommunikationsdienstleistungen zur Verfügung stellen zu können. Insoweit werden SMP-Unternehmen als Erfüllungsgehilfen des Telekommunikationsdiensteanbieters im Verhältnis zum Endkunden tätig, was insoweit auch haftungsrechtliche Konsequenzen hat. Hier haften etwa Telekommunikationsdiensteanbieter ihren Kunden gegenüber uU für Fehler von Mitarbeitern der TDG.[96]

Der Gesetzestext differenziert in diesem Zusammenhang zwischen „Zugang" und „Zusammenschaltung". **Zugang** ist in § 3 Ziff. 32 TKG definiert als „die Bereitstellung von Ein-

---

[91] *Ufer* K&R 2010, 100.
[92] Vgl. ABl. EG 2007 C 283/19; näher hierzu unten → Rn. 48 f.
[93] EuGH Urt. v. 3.12.2009 – C-424/07, CR 2010, 24.
[94] § 132 Abs. 1 S. 2 TKG.
[95] § 13 Abs. 1 S. 1 TKG verweist auf § 12 Abs. 1, 2, Ziff, 1, 2 und 4 TKG, nicht aber auf Ziff. 3.
[96] OLG Düsseldorf Urt. v. 14.7.2009 – I-20 U 108/08, MMR 2010, 265.

richtungen oder Diensten für ein anderes Unternehmen unter bestimmten Bedingungen zum Zwecke der Erbringung von Telekommunikationsdiensten." Demgegenüber versteht das TKG unter dem Begriff der **Zusammenschaltung** denjenigen Zugang „der die physische und logische Verbindung öffentlicher Telekommunikationsnetze herstellt, um Nutzern eines Unternehmens die Kommunikation mit Nutzern desselben oder eines anderen Unternehmens oder die Inanspruchnahme von Diensten eines anderen Unternehmens zu ermöglichen." Die Zusammenschaltung ist folglich ein besonderer Fall des Zugangs, der zwischen öffentlichen Telekommunikationsnetzen hergestellt wird (§ 3 Ziff. 34 S. 3 TKG). Nach § 16 ist jeder Betreiber eines öffentlichen Kommunikationsnetzes verpflichtet, anderen Betreibern auf Verlangen ein Angebot auf Zusammenschaltung zu unterbreiten. Diese Pflicht trifft alle Unternehmen und damit nicht nur solche marktbeherrschender Stellung. Ziel der Regelung ist es, Unternehmen zu verpflichten, Zusammenschaltungsvereinbarungen nach Treu und Glauben auszuhandeln und so auf gewerblicher Grundlage zu agieren.[97] Für den Fall, dass über eine Zusammenschaltungsleistung eine Einigung nicht erzielt wird, begründet § 16 TKG keinen Kontrahierungszwang.[98] Im Rahmen von Verhandlungen wechselseitig ausgetauschte Informationen unterliegen jedoch strikter Geheimhaltung (§ 17 TKG).

31 *(1) Besondere Zugangsregulierung der Teilnehmeranschlussleitungen.* Betreiber öffentlicher Kommunikationsnetze, die den Zugang zu Endnutzern kontrollieren, können gem. § 18 TKG von der BNetzA verpflichtet werden, ihre Netze mit Netzen anderer Betreiber zusammenzuschalten. Der Begriff der Kontrolle über den **Zugang zu Endnutzern** umfasst sowohl feste als auch mobile physische Verbindungen.[99] Voraussetzung ist, dass eine Zusammenschaltung erforderlich ist, um die Kommunikation der Nutzer und die Bereitstellung von Diensten sowie deren Interoperabilität zu gewährleisten. Über die reine Zusammenschaltung hinaus kann die BNetzA den betroffenen Unternehmen weitere Zugangsverpflichtungen auferlegen, soweit dies zur Gewährleistung einer Ende-zu-Ende-Verbindung zwischen den Nutzern erforderlich ist (§ 18 Abs. 1 S. 2 TKG). Dies gilt auch im Hinblick auf Informationspflichten, soweit dies für die effektive Umsetzung der mit der auferlegten Zugangsverpflichtung verfolgten Regulierungsziele notwendig erscheint.[100] § 18 Abs. 1 S. 1 TKG-2004 knüpfte noch an das Fehlen beträchtlicher Marktmacht an. Mit dem Verzicht auf die Bezugnahme wird im § 18 Abs. 1 S. 1 TKG-2012 klargestellt, dass die Verpflichtung aus § 18 TKG unabhängig vom Bestehen von Marktmacht gilt.[101] Darüber hinaus dürfte die Möglichkeit einer mittelbaren Zusammenschaltung, etwa über einen dritten Netzbetreiber, nicht genügen, um das Merkmal „**Erforderlichkeit**" zu verneinen.[102]

32 *(2) Besondere Zugangsregulierung von SMP-Unternehmen.* Die gegenüber SMP-Unternehmen möglichen Zugangspflichten sind in den §§ 19 ff. TKG geregelt. Die eigentliche Zugangsverpflichtung zu Infrastrukturen bestimmt sich nach § 21 TKG. Dieser räumt der BNetzA sowohl hinsichtlich der Entschließung, ob überhaupt Maßnahmen zu treffen sind, als auch hinsichtlich der Auswahl der konkret aufzuerlegenden Verpflichtungen im Grundsatz einen **Ermessensspielraum** ein. Allerdings hat der Gesetzgeber zahlreiche ermessensleitende Anordnungen getroffen, die die BNetzA in etlichen Fällen binden. Selbiges gilt im Hinblick auf § 21 Abs. 1 S. 2 Ziff. 1–7 TKG, der einen umfassenden Katalog von **Abwägungsgesichtspunkten** enthält, die die Behörde im Rahmen ihrer Ermessensausübung zu berücksichtigen hat. Die der BNetzA im Einzelnen zur Verfügung stehenden Maßnahmen sind in § 21 Abs. 2 und 3 geregelt. Die Zugangspflichten des § 21 Abs. 3 sind als **Soll-Bestimmungen** ausgestaltet. Nach der üblichen verwaltungsrechtlichen Interpretationspraxis würde hier das Ermessen der BNetzA deutlich eingeschränkt, dh bei Vorliegen der tatbestandlichen Voraussetzungen dürfe die BNetzA nur in atypischen Sonderfällen von einer entsprechenden Verpflichtung

---

[97] Vgl. Erwägungsgrund (5) Zugangs-RL.
[98] Beck'scher TKG-Kommentar/*Geppert/Attendorn* zu § 16 Rn. 2.
[99] Vgl. Erwägungsgrund (6) Zugangs-RL.
[100] VG Köln Beschl. v. 10.1.2008 – 21 L 1178/07 – MMR 2008, 706.
[101] Siehe Begründung zum Regierungsentwurf, BT-Drs. 17/5707, 58.
[102] Siehe BT-Drs. 15/2316, S. 64.

absehen.[103] Diese Interpretation wurde jedoch vom EuGH abgelehnt.[104] Über Anordnungsverfügung erhalten Wettbewerber zB **Zugang zu Multifunktionsgehäusen**, die die TDG im Rahmen des Breitbandausbaus an Straßenrand- und Kreuzungen aufgestellt. In diese können konkurrierende Netzbetreiber ausweislich der Anordnung nun eigene DSLAMs einbauen.[105] Den zugrundeliegenden Anordnungsantrag hatte Anfang August 2009 die Vodafone AG & Co. KG (Vodafone) bei der Bundesnetzagentur eingereicht. Verhandlungen mit TDG waren zuvor gescheitert.

Unternehmen können gemäß § 19 TKG ferner mit einem **Diskriminierungsverbot** belegt werden, wodurch sichergestellt werden soll, dass es im Rahmen der Zugangsgewährung nicht zu einseitigen Benachteiligungen kommt und der Verpflichtete anderen Unternehmen keine schlechtere Dienstequalität anbietet, als er seinen eigenen Kunden gewährt. Darüber hinaus können SMP-Unternehmen auf der Grundlage des § 20 TKG verpflichtet werden, zugangsberechtigten Unternehmen solche Informationen zu veröffentlichen, die für die Inanspruchnahme der Zugangsleistung dringend benötigt werden (**Transparenzverpflichtung**).

(3) Verfahren. Das Verfahren der Zugangsregulierung bestimmt sich nach § 25 TKG. Hiernach kommen Anordnungen zu Zugangsgewährung und Zusammenschaltung nur so lange in Betracht, wie seitens der Unternehmen vertragliche Verpflichtungen nicht selbst getroffen wurden. Anordnungen können auf Antrag oder von Amts wegen erfolgen. Welchen inhaltlichen Anforderungen ein entsprechender Antrag genügen muss, regelt § 25 Abs. 3 S. 2 Ziff. 1–5 TKG.

bb) Entgeltregulierung. Die Entgeltregulierung ist neben der Zugangsregulierung das zweite zentrale Instrument zur Schaffung und Erhaltung nachhaltiger Wettbewerbsstrukturen auf den Telekommunikationsmärkten. Gegenstand der Regulierung sind sowohl Entgelte für Zugangsleistungen, die zugangsverpflichtete Anbieter von begünstigten Unternehmen verlangen können, als auch die Endkundenentgelte und mithin solche, die SMP-Unternehmen ihren Endkunden gegenüber erheben. Die maßgeblichen Regelungen finden sich in §§ 27 ff. TKG. Supranationale Vorgaben in Sachen Entgeltregulierung, deren zentralen Elemente Transparenz und Kostenorientierung lauten, finden sich vor allem in der Zugangs- und der Rahmenrichtlinie.[106] Eine Regulierung von Entgelten ist letztlich auf zwei Arten möglich: **ex-ante**, also im Rahmen vorheriger Genehmigungspflichten, und **ex-post**, dh im Rahmen nachträglicher Überprüfung. Die ex-ante Regulierung ist im Vergleich die effektivere Regulierungsform, da sie missbräuchliche Monopolgewinne von Anfang an verhindert, gleichzeitig aber auch stärker in die Rechte des Adressaten der Regulierungsverfügung eingreift.[107] Eine ex-ante-Regulierung sieht das TKG daher für all jene Bereiche vor, in denen die Verhinderung missbräuchlicher Entgeltgestaltung für die Etablierung funktionsfähigen Wettbewerbs von besonderer Bedeutung ist.

Allgemeine Bestimmungen in Sachen Entgeltregulierung enthalten die §§ 27–29 TKG: § 27 Abs. 1 TKG definiert die **Ziele der Entgeltregulierung** als die Verhinderung missbräuchlicher „Ausbeutung, Behinderung oder Diskriminierung" von Wettbewerbern und Endnutzern durch „preispolitische Maßnahmen" von SMP-Unternehmen (Abs. 1). Insofern ist die BNetzA verpflichtet, die Gesamtheit aller getroffenen Maßnahmen zeitlich und inhaltlich aufeinander abzustimmen (Abs. 2). Zur Wahrung dieses sog „**Konsistenzgebotes**" befinden sich besondere Verfahrensbestimmungen in der Geschäftsordnung der BNetzA (vgl. § 132 Abs. 4 S. 1 TKG). § 28 TKG untersagt es SMP-Unternehmen, ihre Marktmacht bei der Forderung und Vereinbarung von Entgelten „missbräuchlich auszunutzen". Demnach beschreibt § 28 Abs. 1 S. 2 TKG drei Regelbeispiele einen Missbrauch begründender Verhaltensweisen. Missbräuchlich ist es insbesondere, aufgrund marktbeherrschender Stellung überhöhte Entgelte zu fordern (Ziff. 1), zu niedrige Endkundenpreise und ungerechtfertigte Produktbündelungen festzusetzen (Ziff. 2) und einzelne Nachfrager in sachlich ungerecht-

---

[103] VG Köln Urt. v. 8.3.2007 – 1 K 4314/06, MMR 2007, 744.
[104] EuGH zu § 9aTKG, Urt. v. 3.12.2009 – C-424/07, Slg. 2009, I-11431, Rn. 61, 74, 89 ff., 92.
[105] BNetzA Beschluss vom 4.12.2009 BK3d-09/051.
[106] Vgl. Art. 9, 11 und 13 Zugangs-RL sowie Art. 13 Rahmen-RL.
[107] *Holznagel/Enaux/Nienhaus* Rn. 275 f.

fertigter Weise zu benachteiligen (Ziff. 3). Hierbei erfährt Ziff. 2 insbesondere durch § 28 Abs. 2 TKG weitere Ergänzung, der drei exemplarische Vermutungstatbestände wettbewerbsbehindernder Maßnahmen beinhaltet. § 28 Abs. 1 S. 3 TKG wurde mit der TKG-Novelle 2012 neu eingefügt. Dieser konkretisiert § 28 Abs. 1 S. 2 Nr. 3 TKG, wonach Differenzierungen von Entgelten im Rahmen von **Risikobeteiligungsmodellen**[108] bei Projekten zur Errichtung von Netzen der nächsten Generation[109] in der Regel nicht missbräuchlich sind. Voraussetzung ist jedoch, dass alle tatsächlichen und potentiellen Nachfrager bei Berücksichtigung des jeweiligen Risikos gleich behandelt werden. Die Einhaltung des § 28 TKG spielt bei der ex-ante Entgeltregulierung im Rahmen des § 35 Abs. 2 S. 1 TKG und bei der ex-post-Regulierung bei § 38 Abs. 4 TKG eine Rolle. Als weitere zentrale Norm ist § 29 Abs. 1 TKG zu nennen, der die BNetzA ermächtigt, von SMP-Unternehmen Daten über Angebote, Absatzmengen und solcher Informationen einzufordern, die sie zur effektiven Entgeltregulierung benötigt. Auch kann die BNetzA SMP-Unternehmen vorschreiben, besondere Kostenrechnungsmethoden oder Tarifsysteme einzuhalten (29 Abs. 2 und 3 TKG).

37 *(1) Regulierung von Zugangsentgelten.* Entgelte für die Gewähr von Zugangsleistungen, zu denen marktbeherrschende Unternehmen nach § 21 TKG im Regelfall verpflichtet sind, unterliegen gemäß § 30 Abs. 1 S. 1 TKG der **Genehmigungspflicht.** Allerdings kann die BNetzA eine nachträgliche Regulierung anordnen, wenn die ex-post-Regulierung für ein Erreichen der Regulierungsziele (§ 2 TKG) als ausreichend angesehen werden kann. Tatbestandlich betroffen vom hier der BNetzA eingeräumten Ermessen, waren vor allem Mobilfunkunternehmen, die unter dem TKG 1996 noch von der damaligen RegTP nicht als marktbeherrschend eingestuft wurden, da die Regulierungsbehörde alle Mobilfunknetze seinerzeit als einen Markt betrachtete. Da die EU-Kommission in ihrer Märkteempfehlung die Märkte für Terminierungsleistungen in die einzelnen **Mobilfunknetze** jeweils jedoch als separate Märkte ansah, liegt seit den von der Bundesnetzagentur 2006 getroffenen Marktdefinition und Marktanalyse eine marktbeherrschende Stellung einzelner Mobilfunkunternehmen heute vor.[110]

38 Die BNetzA hatte in ihrer daraufhin erlassenen Regulierungsverfügung[111] bezüglich der Terminierungsentgelte für die Anrufzustellung in Mobilfunknetze von der Bestimmung des § 30 Abs. 1 S. 2 TKG keinen Gebrauch gemacht, da sie die gesetzlichen Voraussetzungen nicht als erfüllt ansah. Eine nachträgliche Entgeltkontrolle wurde nicht für ausreichend erachtet, da erklärte Regulierungsziele wie Wahrung von Verbraucherinteressen und Sicherstellung chancengleicher Wettbewerbsstrukturen auf diesem Wege nicht zuverlässig zu erreichen seien. Es wurde als erforderlich erachtet, die **Terminierungsentgelte** auf einen **Absenkungspfad** zu bringen. Dies könne im Wege nachträglicher Entgeltkontrolle, deren Prüfungstiefe sich auf eine Missbrauchskontrolle beschränke, jedoch nicht sichergestellt werden. Eine andere Beurteilung hielt die BNetzA lediglich für den Fall für möglich, dass man sich im Kreise der Mobilfunknetzbetreiber auf freiwilliger Basis auf eine Fortsetzung des Absenkungspfades verständige. Erwartungsgemäß konnte eine solche Einigung auf freiwilliger Basis jedoch nicht erzielt werden. Die Rechtsauffassung der BNetzA hatte vor dem Verwaltungsgericht Köln jedoch keinen Bestand.[112] Es ergebe sich aus dem Verhältnismäßigkeitsgrundsatz, dass die Behörde das eingriffsstärkere Mittel der ex-ante-Regulierung erst anwenden dürfe, wenn feststehe, dass eine ex-post-Regulierung nicht ausreichend ist. Ein Beurteilungsspielraum komme der BNetzA insoweit nicht zu. Das Bundesverwaltungsgericht hat die Entscheidung der Bundesnetzagentur demgegenüber in vollem Umfang bestätigt. An der marktbeherrschenden Stellung der vier Mobilfunknetze und ihrer Regulierungsbedürftigkeit bestanden keinerlei Zweifel. Auch lägen die Entgelte der Mobilfunkterminierung bedingt durch monopolähnliche Strukturen deutlich über denjenigen Preisen, die unter gesunden Wettbewerbs-

---

[108] Bsp.: Vorläufige Einstellungsverfügung der BNetzA vom 17.12.2013, BK3-13-047, S. 31 ff.
[109] Begriff siehe unter → § 4 Rn. 34.
[110] BNetzA, Anlage 1 und 2 zu Beschluss BK4c-06-001 bis 004 vom 30.8.2006 bestätigt durch BVerwG Urteile v. 2.4.2008 – 6 C 14.07 – 6 C 15.07 – 6 C 16.07 und 6 C 17.07.
[111] BNetzA Beschluss vom 30.8.2006, BK4c-06-001 bis 004.
[112] VG Köln Urt. v. 8.3.2007 – 1 K 3918/06.

bedingungen zu erzielen wären.[113] Diese Entscheidung folgte bereits dem Gedanken, dass der BNetzA eine umfassende **Ermessensentscheidung** zukommt, was sich im heutigen Wortlaut des § 30 Abs. 1 S. 2 TKG konkret widerspiegelt. Noch das TKG-2004 sah in § 30 Abs. 1 S. 2 eine Soll-Bestimmung.

Entgelte für Zusammenschaltungsleistungen von Teilnehmernetzbetreibern nach § 18 TKG unterliegen hingegen in der Regel der ex-post-Regulierung (§ 30 Abs. 2 S. 1 Nr. 1 TKG). Gleichwohl ist die BNetzA unter bestimmten Voraussetzungen auch berechtigt, die ex-ante-Genehmigungspflicht nach § 31 TKG anzuordnen (§ 30 Abs. 2 S. 2 TKG).

Voraussetzungen und Verfahren der Entgeltgenehmigung (**ex-ante Regulierung**) sind in den §§ 31–37 TKG geregelt. Durch das TKG-2012 wurde § 31 umstrukturiert und zur Grundvorschrift für Entgeltgenehmigungen ausgebaut.[114] Gemäß § 31 Abs. 1 S. 1 Nr. 1 TKG sind Entgelte genehmigungsfähig, wenn sie die **Kosten der effizienten Leistungsbereitstellung** (**KeL**) nicht überschreiten. Wie diese Kosten zu ermitteln sind, ergibt sich aus § 32 TKG.

Was das im Zweijahresturnus von der BNetzA zu entscheidende monatliche Entgelt für den Zugang zu Teilnehmeranschlussleitungen (TAL) betrifft, hat die BNetzA in ihrer Spruchpraxis stets auf den **Wiederbeschaffungswert** abgestellt, was bedeutet, dass in jedem **TAL-Entgeltgenehmigungsverfahren** fingiert wird, dass die TDG ihr Anschlussnetz neu aufbaut, was auch Kosten für Tiefbauarbeiten und die Neuverlegung von Kupferkabeln wiederholt mit einschließt.[115] Dass eine solche Berechnungsgrundlage ua mit Blick auf den Ausbau hochleistungsfähiger Glasfasernetze und die damit schwindende Bedeutung von Hauptverteilern nicht mehr zeitgemäß ist, berücksichtigt die Rechtsprechung, dahingehend, dass die BNetzA im Rahmen ihrer Ermessensentscheidung die tatsächlichen Kosten („**historische Kosten**") des regulierten Unternehmens unter Berücksichtigung bereits getätigter Abschreibungen als auch die **Wiederbeschaffungskosten** zu berücksichtigen hat.[116] Im Übrigen hat auch das Bundesverwaltungsgericht in einer Entscheidung darauf aufmerksam gemacht, dass Entgelte für weitgehend vereinheitlichte, häufig wiederkehrende Leistungspositionen im Rahmen der Zugangsgewährung als Festtarif vorab zu kalkulieren und in entsprechend standardisierter Form zur Genehmigung vorzulegen sind.[117]

Genehmigungsbedürftige Entgelte sind von der BNetzA grundsätzlich genehmigen zu lassen (Genehmigungsantrag), wobei nur solche Leistungen genehmigungsfähig sind, die der Betreiber tatsächlich erbringt. Eine Entgeltregulierung für nicht angebotene Leistungen kommt nur in Betracht, wenn diese über allgemeine Zugangsverpflichtungen nach § 21 TKG hinaus zuvor konkret auferlegt worden sind.[118] Wird ein **Genehmigungsantrag** nicht gestellt, kann die BNetzA ein Genehmigungsverfahren von Amts wegen einleiten (§ 31 Abs. 4 S. 2 TKG). Wie sich aus § 31 Abs. 1 S. 1 Ziff. 2 TKG ergibt, kann eine Genehmigung der Entgelte im Wege des sog Price-Cap-Verfahrens erfolgen. Im sog **Price-Cap-Verfahren** werden Dienstleistungen ähnlicher Wettbewerbsintensität zu so genannten „Körben" zusammengefasst (§§ 31 Abs. 1 S. 1 Ziff. 2, 33 TKG). Die Prüfung sie betreffender Entgelte erfolgt sodann nicht mehr anhand von Einzelleistungen sondern errechnet sich aus dem Durchschnitt der in einem Korb zusammengefassten Entgeltforderung. Damit gibt das Price-Cap-Verfahren dem betroffenen Unternehmen mehr Flexibilität im Rahmen der Entgeltgestaltung. Hierauf aufbauend bestehen aber auch größere Missbrauchsmöglichkeiten, da nicht ausgeschlossen werden kann, dass ein Unternehmen einzelne Leistungen eines Korbes kostenunterdeckend anbietet und dies über andere Leistungen quersubventioniert.[119]

Mit dem Genehmigungsantrag sind der BNetzA **Kostenunterlagen** vorzulegen (§ 34 TKG). Sind die durch das regulierte Unternehmen vorgelegten Kostenunterlagen nicht ausreichend, ist die BNetzA berechtigt, auf Preise von Vergleichsmärkten (**Vergleichsmarktbetrachtung**) zurückgreifen (§ 35 Abs. 1 S. 1 Ziff. 1 TKG) oder zu modellartigen Kostenrechnungen (zB

---

[113] BVerwG Urteile v. 2.4.2008 – 6 C 14.07 – 6 C 15.07 – 6 C 16.07 und 6 C 17.07.
[114] Vgl. Begründung zum Regierungsentwurf, BT-Drs. 17/5707, S. 62.
[115] Hierzu *Lüddemann* MMR 2009, 145.
[116] VG Köln Urt. v. 27.11.2008 – 1 K 1749/99, MMR 2009, 211, BVerwG 6 C 11.10.
[117] BVerwG Urt. v. 25.11.2009 – 6 C 34/08.
[118] Ausführlich hierzu VG Köln Urt. v. 14.2.2008 – 1 K 3043/07, CR 2008, 368 (369 f.).
[119] *Holznagel/Enaux/Nienhaus* Rn. 293.

analytisches Kostenmodell) ermächtigt, die sie zur Grundlage ihrer Entscheidung machen kann (§ 35 Abs. 1 S. 1 Ziff. 2 TKG).[120] Entsprechen die verfahrensgegenständlichen Entgelte den gesetzlichen Bestimmungen, erteilt die BNetzA ihre Genehmigung, die in der Regel mit einer Befristung ergeht (§ 35 Abs. 4 TKG). Ist das genehmigungspflichtige Entgelt bereits vertraglich vereinbart, wirkt die Genehmigung auf den Zeitpunkt der erstmaligen Leistungsbereitstellung zurück (§ 35 Abs. 5 S. 1 TKG). In verwaltungsprozessualer Hinsicht ist insbesondere § 35 Abs. 5 S. 2 TKG zu beachten. Hiernach kann das Verwaltungsgericht im Verfahren des **einstweiligen Rechtsschutzes** nach § 123 VwGO in Fällen, in denen die BNetzA ein niedrigeres Entgelt genehmigt als von dem regulierten Unternehmen beantragt, die vorläufige Zahlung des beantragten höheren Entgelts anordnen, wenn überwiegend wahrscheinlich ist, dass das Unternehmen einen Anspruch auf Genehmigung dieses höheren Entgelts hat. Diese Regelung weicht von dem allgemeinen prozessualen Grundsatz ab, dass im einstweiligen Verfügungsverfahren die Hauptsache nicht vorweggenommen werden darf.[121] Die Vorschrift wird von der Rechtsprechung jedoch insoweit einschränkend ausgelegt, dass Zahlungsanordnungen durch das Gericht nicht erfolgen dürfen.[122] In Betracht gezogen wird im Allgemeinen daher eine Verpflichtung der BNetzA zur Erteilung einer vorläufigen Entgeltgenehmigung. In diesem Zusammenhang ist auch § 35 Abs. 5 S. 3 TKG zu beachten, der die **Rückwirkung** des § 35 Abs. 5 S. 1 TKG ausschließt, wenn eine Anordnung nach § 35 Abs. 5 S. 2 TKG nicht ergangen ist. Der Gesetzgeber begründet dies mit der Gefahr der existenzgefährdenden wirtschaftlichen Belastung für Wettbewerber im Falle einer Rückwirkung.[123] Allerdings trifft diese Regelung auf verfassungsrechtliche Bedenken, eine abschließende richterliche Entscheidung liegt jedoch noch nicht vor.

44 § 37 TKG regelt die zivil- und öffentlich-rechtlichen **Rechtsfolgen** einer erteilten bzw. fehlenden Genehmigung. In diesem Rahmen statuiert § 37 Abs. 1 TKG zunächst ein an das regulierte Unternehmen gerichtetes öffentlich-rechtliches Verbot, andere Entgelte zu verlangen als genehmigt sind. Allgemein wird hierin eine Verbotsnorm iSd § 134 BGB gesehen.[124] Verträge über Dienstleistungen, die andere als die genehmigten Entgelte enthalten, werden lediglich mit der Maßgabe wirksam, dass an Stelle des vereinbarten das genehmigte Entgelt tritt (§ 37 Abs. 2 TKG). Gleichwohl und unabhängig von einer Entgeltgenehmigung behält der Vertragspartner des regulierten Unternehmens seinen Anspruch auf die vereinbarte Gegenleistung (§ 37 Abs. 3 S. 1 TKG). § 37 Abs. 3 S. 2 TKG stattet die BNetzA mit den nötigen Eingriffsbefugnissen aus. Hier kommt der Behörde ua das Recht zu, nicht genehmigte Entgelte bereits im vorvertraglichen Stadium – so lange also noch kein „Verlangen" von Entgelten iSd § 37 Abs. 1 TKG gegeben ist – zu untersagen.

45 Für die nachträgliche Regulierung von Zugangsleistungen (ex-post Regulierung) ist § 38 TKG demgegenüber die richtige Anlaufstelle. Der entscheidende Unterschied zwischen nachträglicher und genehmigungsbasierter Regulierung ist, dass bei Erstgenannter zu überprüfende Entgelte so lange wirksam sind, bis sie von der BNetzA aufgehoben werden. Auch findet bei der nachträglichen Entgeltregulierung keine Kostenkontrolle iSd § 31 statt. Stattdessen prüft die BNetzA lediglich, ob ein Missbrauch iSd § 28 TKG vorliegt. Hierzu sind der nachträglichen Regulierung unterliegende Entgelte der BNetzA zwei Monate vor Inkrafttreten anzuzeigen (§ 38 Abs. 1 S. 1 TKG). Besteht der auf Tatsachen zu gründende Verdacht, dass der Überprüfung unterliegende Entgelte den Anforderungen des § 28 TKG nicht gerecht werden, leitet die BNetzA ein förmliches Überprüfungsverfahren ein (§ 38 Abs. 2 und 3 TKG). Führt jenes zu dem Ergebnis, dass Entgelte den gesetzlichen Bestimmungen nicht entsprechen, untersagt die BNetzA das betreffende Entgelt und erklärt es ex nunc für unwirksam (§ 38 Abs. 4 TKG). Auch kann die BNetzA den Maßstäben des § 28 TKG entsprechende Entgelte anordnen (§ 38 Abs. 4 S. 2 TKG). Bei offensichtlichen Verstößen hat die BNetzA gemäß § 38 Abs. 1 S. 2 TKG ein vorläufiges Untersagungsrecht.

---

[120] Die BNetzA kann in einem solchen Fall die Genehmigung versagen, vgl. § 35 Abs. 3 S. 3 TKG.
[121] Siehe hierzu nur Kuhla/Hüttenbrink/*Kuhla*, Der Verwaltungsprozess, Rn. 213 ff.
[122] VG Köln Urt. v. 24.5.2007 – 1 K 3109/06; die Entscheidung des VG Köln, die Revision gegen das Urteil nicht zuzulassen, wurde durch BVerwG mit Beschl. v. 14.1.2008 – 1 K 3109/06 aufgehoben.
[123] BT-Drs. 15–2316, S. 69 f. zu TKG-2004, damals noch § 33 TKG.
[124] Kritisch dazu Beck'scher TKG-Kommentar/*Cornils* § 37 Rn. 3.

(2) Regulierung von Endkundenentgelten. Die Regulierung der Endkundenentgelte ist in § 39 TKG geregelt. Gemäß § 39 Abs. 1 S. 1 TKG, der Art. 17 Abs. 1 der Universaldienst-RL umsetzt, ist eine Genehmigungspflicht von Endkundenentgelten nur dann vorgesehen, wenn die Zugangsregulierung zur Erreichung der Regulierungsziele nicht ausreichend ist und auf dem betreffenden Markt in absehbarer Zeit nicht mit einem nachhaltigen Wettbewerb zu rechnen ist. Die **ex-ante-Regulierung** von Endkundenentgelten nimmt daher eine bloß nachgeordnete Rolle ein.

Sind die Voraussetzungen der ex-ante-Regulierung von Endkundenentgelten erfüllt, gelten gemäß § 39 Abs. 1 S. 3 TKG die Vorschriften über das Genehmigungsverfahren im Rahmen der Regulierung von Zusatzentgelten (§§ 31–37 TKG) entsprechend. Ob die BNetzA die betreffenden Entgelte der Genehmigungspflicht unterwirft, steht in ihrem Ermessen. Sind die vorgenannten Voraussetzungen demgegenüber nicht erfüllt, unterliegen Endkundenentgelte § 39 Abs. 3 TKG zufolge lediglich noch einer ex-post-Kontrolle. Auch hier gelten die Verfahrensbestimmungen des zweiten Unterabschnitts, namentlich § 38 Abs. 2 bis 4, entsprechend. Wie bei der Zugangsregulierung ist auch hier der Missbrauchstatbestand des § 28 TKG alleiniger Prüfungsmaßstab. Abweichend besteht lediglich keine obligatorische Anzeigepflicht. Eine solche kann die BNetzA unter Beachtung des § 39 Abs. 1 S. 1 TKG anordnen, wenn andere Regulierungsinstrumente nicht ausreichend erscheinen (§ 39 Abs. 2 S. 3 TKG). Sind die Voraussetzungen allerdings erfüllt, hat die BNetzA gemäß § 39 Abs. 3 S. 3 TKG auch hier ein vorläufiges Untersagungsrecht. Als weiteres Instrument der Wettbewerbsförderung sieht § 39 Abs. 4 TKG vor, dass SMP-Unternehmen, die gemäß § 21 TKG verpflichtet sind, Wettbewerbern Zugang zu solchen Leistungen zu gewähren, die als Vorleistungsprodukte für Endkundenprodukte der Wettbewerber wesentlich sind, mit einer geplanten Entgeltmaßnahme im Endkundenbereich ein Angebot für das entsprechende Vorleistungsprodukt zu Gunsten anderer Wettbewerber vorlegen sollen. Auch jenes Angebot soll den Anforderungen des § 28 TKG genügen. Kommt das regulierte Unternehmen dieser Verpflichtung nicht nach, ist die BNetzA ohne weitere Prüfung berechtigt, die geplante Entgeltmaßnahme zu untersagen. Ziel der Regelung ist es, Wettbewerber in die Lage zu versetzen, Angebote eines marktmächtigen Anbieters nachbilden und zeitgleich mit diesen auf den Markt bringen zu können.

Jenseits der dargestellten Regulierungsinstrumente des geltenden Telekommunikationsrechts nimmt der europäische Gesetzgeber im Rahmen der sog **Roaming-Verordnung**[125] seit dem 30.6.2007 auf die Tarifgestaltung der Anbieter unmittelbaren Einfluss. Hintergrund der genannten Verordnung sind Einschätzungen der Kommission, wonach die Tarife der Netzbetreiber für internationale Roamingdienste die tatsächlichen Bereitstellungskosten in der Vergangenheit in nicht gerechtfertigter Weise überstiegen.

Gegen die Verordnung hatten mehrere Mobilfunkanbieter Klage erhoben. Sie bezweifelten ihre ausreichende Rechtsgrundlage und sehen in ihr eine unverhältnismäßige Beschränkung des Wettbewerbs. Am 28.4.2009 hat der **Europäische Gerichtshof** auf Vorlage des Obersten Gerichtshofs in London erstmalig über die Roaming-Verordnung verhandelt. Mit Urteil vom 8. Juni 2010 stellte der EuGH fest das die Prüfung nichts ergeben hat, was die Gültigkeit der Verordnung (EG) Nr. 717/2007 des Europäischen Parlaments und des Rates vom 27. Juni 2007 über das Roaming in öffentlichen Mobilfunknetzen in der Gemeinschaft und zur Änderung der Richtlinie 2002/21/EG berühren könnte.[126]

cc) Sonstige Verpflichtungen. Als weitere Instrumente der Marktregulierung sieht das TKG in § 21 Abs. 3 Ziff. 6 Regelungen zur Betreiberauswahl und Betreibervorauswahl vor. Danach kann die BNetzA Unternehmen, die bei der Bereitstellung des Anschlusses an das öffentliche Telefonnetz und dessen Nutzung an festen Standorten als Unternehmen mit beträchtlicher Marktmacht eingestuft wurden, dazu verpflichten, ihren Teilnehmern den Zugang zu den Diensten aller unmittelbar zusammengeschalteten Anbieter von Telekommunikationsdiensten für die Öffentlichkeit zu ermöglichen. Dies kann erfolgen durch **Be-**

---

[125] Verordnung 717/2007, ABl. EU 2007 L 171/32, zwischenzeitlich durch Art. 21 der neuen Roaming-Verordnung Nr. 531/2012 ABl. EU Nr. L 172 v. 13.6.2012) aufgehoben.
[126] EuGH Urt. v. 8.7.2010 – C-58/08, Slg. 2010, I-4999.

treiberauswahl (Def. § 3 Nr. 4a TKG), also das Wählen der Betreiberkennziffer (sog Call-by-call) oder durch **Betreibervorauswahl** (Def. § 3 Nr. 4b TKG), also der Wahl des Anbieters durch dauerhafte Voreinstellung (Preselection). Insofern können Voreinstellungen auch derart ausgeführt werden, dass Leistungen anderer Anbieter in Anspruch genommen werden können. Führt der Anbieter derartige Kundenaufträge nicht auftragsgemäß aus, sondern beschränkt die Voreinstellung ausschließlich auf eigene Dienste, liegt hierin eine gezielte Marktbehinderung von Mitbewerbern (§ 4 Nr. 10 UWG).[127]

51   dd) *Besondere Missbrauchsaufsicht.* Neben der speziellen Missbrauchsaufsicht in Bezug auf die Entgeltgestaltung sehen die §§ 42 f. TKG einen **allgemeinen Missbrauchstatbestand** vor, der neben dem allgemeinen Wettbewerbsrecht in Form einer besonderen sektorspezifischen Missbrauchsaufsicht Wettbewerbsbehinderung durch Ausnutzung einer marktbeherrschenden Stellung – etwa ungünstige Vertragsbedingungen oder Verzögerungen bei der Bereitstellung von Zugangsleistungen – verhindern soll.[128] § 42 Abs. 1 S. 2 TKG normiert den Begriff des Missbrauchs einer marktmächtigen Stellung zunächst generalklauselartig. Ein solcher liegt vor, wenn ein SMP-Unternehmen andere Wettbewerber unbillig behindert oder ihre Wettbewerbsmöglichkeiten ohne sachlichen Grund erheblich beeinträchtigt. Gemäß § 42 Abs. 2 und 3 TKG wird ein derartiger Missbrauch vermutet, wenn SMP-Unternehmen sich selbst oder ihren Tochter- oder Partnerunternehmen den Zugang zu intern genutzten oder am Markt angebotenen Leistungen zu günstigeren Konditionen, zeitlich früher oder zu einer besseren Qualität bereitstellen als anderen Unternehmen oder die Bearbeitung von Zugangsanträgen ohne sachlichen Grund verzögern. In diesem Zusammenhang gibt § 42 Abs. 4 TKG als zentrale Ermächtigungsgrundlage der BNetzA das Recht, die missbräuchliche Ausnutzung marktbeherrschender Stellungen zu unterbinden und bemächtigt die BNetzA, dem regulierten Unternehmen ein bestimmtes Verhalten aufzuerlegen oder zu untersagen oder Verträge ganz oder teilweise für unwirksam zu erklären. Als zusätzliche Rechtsfolge gewährt § 43 TKG der BNetzA das Recht, durch missbräuchliches Verhalten erlangte Mehrerlöse abzuschöpfen. Voraussetzung ist, dass das Unternehmen gegen eine Verfügung der BNetzA schuldhaft verstoßen hat. Verstößt das Unternehmen gegen eine vollziehbare Missbrauchsverfügung, kann die BNetzA ferner ein Bußgeld verhängen (§ 149 Abs. 1 Ziff. 4a TKG), dessen Höhe nach § 149 Abs. 2 S. 1 TKG auf maximal 500.000,– EUR begrenzt ist.

52   c) **Ausblick.** Aufgrund sich zunehmend stabilisierender Wettbewerbsbedingungen ist vermehrt das Bestreben der Bundesnetzagentur zu erkennen, sich aus einzelnen Teilbereichen der TK-spezifischen Marktregulierung zurückzuziehen. Mit § 2 Abs. 3 Nr. 5 TKG wurde in Umsetzung des Art. 8 Abs. 5e Rahmenrichtlinie die Möglichkeit geschaffen, stärker regionale besondere Wettbewerbsbedingungen in Regulierungsentscheidungen, insbesondere Marktdefinition und Markanalyse zu berücksichtigen. Unter dem Begriff „**Regionalisierung**" wird daher zunehmend eine regionale Marktabgrenzung diskutiert. Im Rahmen der regionalisierten Betrachtung wäre es möglich, dass in bestimmten Gebieten die TDG gegebenenfalls nicht mehr marktbeherrschend ist und damit keine Regulierungsbedürftigkeit besteht. Man erhofft sich, hierdurch könnte der bestehende Regulierungsaufwand schneller abgebaut werden, als dies in einem nationalen Rahmen möglich wäre.[129] Unterschiedliche Vorleistungs- und Endkundenentgelte zwischen Ballungsgebieten und ländlichen Räumen können hierbei die Folge sein.[130] So lang jedoch die Masse der Wettbewerber auf Vorleistungen der TDG angewiesen ist, dürfte eine regionalisierte Betrachtung beim Wettbewerb auf Kritik stoßen, denn bei fehlender Marktbeherrschung könnten Vorleistungen wie die Teilnehmeranschlussleitung entweder teurer oder gar nicht mehr angeboten werden.

---

[127] BGH Urt. v. 5.2.2009 – I ZR 119/06, CR 651.
[128] Zum Verhältnis der Missbrauchsaufsicht nach §§ 42 ff. TKG und der entgeltbezogenen Missbrauchsaufsicht nach § 28 TKG und zur ex-ante Regulierung vgl. Beck'scher TKG-Kommentar/*Schütz* § 42 Rn. 8 ff.
[129] So die Monopolkommission in ihrem Sondergutachten 66 unter Ziff. 35 § 121 TKG, vom 16.12.2013.
[130] Näher Siehe cepStudie, Regionalisierung der Regulierung im Bereich der Telekommunikation: Notwendigkeit und Chancen. Eine ordnungspolitische Untersuchung vom 13.10.2011.

3. Frequenzordnung

Funkgestützte Kommunikationsdienste basieren auf Aussendung und Empfang elektromagnetischer Wellen einer bestimmten Frequenz. Da innerhalb desselben Gebiets jede Frequenz nur für einen physikalischen Übertragungsweg genutzt werden kann, bedarf die Verteilung von Frequenzen auf die einzelnen Kommunikationsdienste einer zentralen, in der Regel hoheitlichen Planung und Organisation (Frequenzplanung und Frequenzzuteilung). Dies geschieht in Deutschland durch die Bundesnetzagentur. Da elektromagnetische Wellen zumindest in Grenzgebieten regelmäßig territoriale Grenzen überschreiten, kann sich die Frequenzorganisation nicht auf nationale Zuteilungsregelungen beschränken, sondern bedarf auch einer internationalen Koordination, welche im Wesentlichen durch zwei internationale Organisationen, der **International Telecommunication Union (ITU)** und der **European Conference of Telecommunications and Postal Administrations (CEPT)** gewährleistet werden. Die Frequenzplanung stellt jedoch nicht nur sicher, dass sich einzelne Funkanwendungen nicht gegenseitig stören. Vielmehr kann das verfügbare Frequenzspektrum durch effektive Planungsmechanismen wesentlich effizienter genutzt werden. Insbesondere ermöglichen örtliche oder zeitliche Entkoppelung oder Partagierung von Frequenzen ihre Mehrfachnutzung.

Das **Frequenzband**, in dem funkgestützte Kommunikation stattfindet, liegt zwischen 9 kHz und 3.000 GHz.[131] Für viele Anwendungen stehen jedoch schon aufgrund technischer Anforderungen weitaus engere Frequenzbänder zur Verfügung. Zwar erhöhen neue technische Verfahren, etwa die Möglichkeiten der digitalen Komprimierung, die Effizienz der Nutzung von Funkfrequenzen um ein Vielfaches und stetig. Gleichzeitig steigt in der Praxis jedoch der Bedarf an immer hochwertigeren und datenintensiveren Sendungen überproportional an. Dies hat zur Folge, dass Frequenzen schon heute ein **knappes Gut** sind, ein Umstand, der, wie im Folgenden näher verdeutlicht wird, sich entscheidend auf die Zuteilungsmechanismen auswirkt.

Zu unterscheiden sind allgemeine **Frequenzplanung** und individuelle **Frequenzzuteilung**, die einem konkreten Anbieter das Recht verleiht, in einem geografisch begrenzten Raum ein bestimmtes Frequenzband exklusiv zu nutzen.

a) Frequenzplanung. *aa) International.* Die Internationale Frequenzplanung erfolgt durch die International Telecommunication Union (ITU)[132] mit Sitz in Genf. Die ITU wurde im Jahr 1865 als Internationaler Telegraphenverein in Paris gegründet.[133] Rechtsgrundlage der ITU sind die Konstitution und die Konvention, beide aus dem Jahre 1992, welche von Deutschland 1996 ratifiziert wurden.[134] Die Konstitution ist der völkerrechtliche Vertrag, in dem die Ziele und die Arbeitsweise der ITU auf Dauer festgelegt wurden. Die Konvention entspricht einer Art Geschäftsordnung der ITU. Die ITU übernimmt Aufgaben der Standardisierung von Netzen, Geräten und Betriebsverfahren im Bereich der Telekommunikation. Die Frequenzplanung gehört zu ihren zentralen Aufgaben. Grundsätzliches Ziel ist es, schädliche Störungen zwischen Funkstellen verschiedener Länder zu vermeiden und bestehende Störungen zu beseitigen. Zu diesem Zweck weist die ITU einzelnen Funkdiensten bestimmte **Frequenzbänder** zu, trifft Frequenzzuweisungen zugunsten von Staaten und Regionen sowie Regelungen und Qualitätsstandards für eine effiziente Ressourcennutzung. Zu beachten ist freilich, dass Maßnahmen der ITU nur die nicht-militärische Frequenznutzung betreffen und dies auch nur betreffend grenzüberschreitender Sachverhalte. Die innerstaatliche Frequenzplanung obliegt der ausschließlichen Obhut des jeweiligen Mitgliedstaates.

---

[131] Dementsprechend definiert § 3 Ziff. 9 TKG den Begriff der „Frequenznutzung" als „jede gewollte Aussendung oder Abstrahlung elektromagnetischer Wellen zwischen 9 kHz und 3.000 GHz zur Nutzung durch Funkdienste und andere Anwendungen elektromagnetischer Wellen".

[132] www.itu.int (1.2.2014).

[133] Zur Geschichte der ITU *Ellger/Kluth*, Deutsches und Internationales Wirtschaftsrecht der grenzüberschreitenden Telekommunikation, in: Ellger/Kluth, Das Wirtschaftsrecht der Internationalen Telekommunikation in der Bundesrepublik Deutschland, S. 171, 178 ff.

[134] BGBl. II 1996, S 1306.

57 Als Instrumente zur Umsetzung planerischer Entscheidungen stehen der ITU so genannte **Vollzugsordnungen** zur Verfügung. Sie werden im Rahmen von Verwaltungskonferenzen verabschiedet (World Radiocommunications Conference, **WRC**). Jede Vollzugsordnung bedarf der Ratifikation durch die Mitgliedstaaten. Die für den Bereich der Frequenzplanung wichtigste Vollzugsordnung ist der weltweite **Frequenzbereichszuweisungsplan**, in der deutschen Übersetzung auch als Vollzugsordnung für den Funkdienst (**VO-Funk**) bekannt. Sie weist den einzelnen Staaten konkrete Frequenzbereiche für bestimmte Dienste zu. Hierzu ist die Welt in drei Regionen aufgeteilt. Europa, der afrikanische Kontinent und einige Gebiete des asiatischen Teils der ehemaligen UdSSR bilden Region 1, Amerika die Region 2 und Asien mit Australien bilden die Region 3.

58 Neben der ITU ist in Europa die **European Conference of Telecommunications and Postal Administrations** (**CEPT**) mit der Frequenzplanung befasst.[135] Die CEPT besteht derzeit aus 48 Ländern einschließlich der Mitgliedstaaten der Europäischen Union. Die Europäische Union selbst ist nicht Mitglied der CEPT, hat aber einen Beraterstatus. Aufgabe der CEPT ist die Harmonisierung der nationalen Frequenznutzungskonzepte in Europa und die Sicherstellung einer optimalen Nutzung des Spektrums, um auch in überfüllten Frequenzbändern innovative Technologien unterbringen zu können. Hierbei übernimmt die CEPT auch Aufgaben der Feinabstimmung für den Bereich der Funk-VO, so dass Funkkonferenzen für die gesamte Region 1 praktisch nie zu Stande kommen. Als Arbeitsgremium der CEPT ist das **European Communication Committee** (**ECC**) tätig, (Nachfolgegremium des Europeanan Radiocommunication Committee (**ERC**)). Das ECC übernimmt die operativen Aufgaben der CEPT. Die Arbeitsergebnisse des ECC dienen den Mitgliedstaaten der CEPT als wesentliche Grundlage zur nationalen Frequenzplanung, haben jedoch, anders als die VO-Funk, nicht den Status rechtsverbindlicher Normen. Die **Europäische Union** selbst verfügt nicht über eigene umfassende Frequenzplanungsstäbe. Sie gibt lediglich den Rechtsrahmen zur nationalen Frequenzplanung vor.[136] Nichtsdestotrotz strebt auch die Europäische Kommission bereits seit Längerem nach einer Vereinheitlichung der Europäischen Frequenzpolitik.[137] Erstmals brachte die Kommission dies im Jahre 1998 in ihrem Grünbuch zur Frequenzpolitik dezidiert zum Ausdruck.[138] Mit der **Frequenzentscheidung** von 2002[139] wurde diesem Ziel ein regulativer Rahmen gegeben. Die Frequenzentscheidung zielt darauf ab, die Nutzung von Funkfrequenzen zur Verwirklichung der Gemeinschaftspolitik und des Binnenmarktes zu harmonisieren und zu rationalisieren. Art. 4 Abs. 3 dieser Entscheidung ermächtigt die Kommission, zur Durchsetzung dieser Ziele verbindliche Entscheidungen zu treffen und Fristen zu deren Umsetzung zu setzen. In institutioneller Hinsicht wurde auf Grundlage der Frequenzentscheidung der so genannte **Funkfrequenzausschusses** (**Radio Spectrum Committee – RSC**) eingerichtet und einer gemeinschaftsweiten Frequenzpolitik insoweit ein organisationeller Rahmen geschaffen. Die Kommission ist verpflichtet, vor Ergreifen konkreter Umsetzungsmaßnahmen jenes Gremium zu konsultieren.

59 Auf Grundlage ihr verliehener Regelungskompetenzen erließ die Kommission indes eine Reihe von Entscheidungen hinsichtlich einer gemeinschaftsweiten Nutzung bestimmter Frequenzbänder und Funkanwendungen.[140] Als eigenständiges beratendes Gremium beschäftigt sich daneben die **Radio Spectrum Policy Group** (**RSPG**) mit Fragen der Europäischen Frequenzpolitik. Die RSPG wurde durch den Beschluss 2002/622/EG der Kommission errich-

---

[135] http://www.cept.org/cept (1.2.2014).
[136] Umfassende Vorgaben in Bezug auf das nationale Frequenzregime, insbesondere die Zuteilung von Frequenzen enthält die Richtlinie 2002/19/EG (Genehmigungs-Richtlinie), vgl. hierzu bereits oben.
[137] Beck'scher TKG-Kommentar/*Riegner/Kühn/Korehnke* Vorbem. zu § 52 Rn. 46.
[138] Grünbuch zur Frequenzpolitik in Verbindung mit Maßnahmen der Europäischen Gemeinschaft für Bereiche wie Telekommunikation, Rundfunk, Verkehr und FuE, KOM (1998) 596 endg.
[139] Entscheidung Nr. 676/2002/EG des Europäischen Parlaments und des Rates vom 7.3.2002 über einen Rechtsrahmen für die Funkfrequenzpolitik in der Europäischen Gemeinschaft, ABl. EG 2002 L 108/1.
[140] Vgl. etwa die Entscheidung 2006/804/EG der Kommission vom 23.11.2006 zur Harmonisierung der Frequenzbänder für Geräte zur Funkfrequenzkennzeichnung (RFID-Geräte) im Ultrahochfrequenzband (UHF), ABl. EU 2006 L 329/64–66 sowie die Entscheidung 2006/771/EG der Kommission vom 9.11.2006 zur Harmonisierung der Frequenznutzung durch Geräte mit geringer Reichweite, ABl. EU 2006 L 312/66–70.

tet.[141] Aufgabe der RSPG als Beratungsgremium ist es, vorausschauende Konsultationen in Bezug auf markt- und regulierungsbezogene Entwicklungen im Hinblick auf Frequenznutzungen durchzuführen. Mit eigenen Rechtssetzungs- oder Entscheidungsbefugnissen ist die RSPG nicht ausgestattet.

bb) National. Die nationale Frequenzverwaltung ist in den §§ 52 bis 65 TKG geregelt. Sowohl Frequenzplanung als auch -zuteilung fallen in den Zuständigkeitsbereich der Bundesnetzagentur. Ziel der nationalen Frequenzordnung ist die effiziente und störungsfreie Nutzung von Frequenzen (§§ 2 Abs. 2 Ziff. 7, 52 Abs. 1 TKG). Grundlage der nationalen Frequenzplanung in Deutschland ist der Frequenzbereichszuweisungsplan, der auf Basis der VO-Funk der ITU erstellt wird. Der Frequenzbereichszuweisungsplan wird als Rechtsverordnung durch die Bundesregierung erlassen.[142] Die erforderliche Verordnungsermächtigung ergibt sich aus § 53 Abs. 1 TKG. Aufgrund verfassungsrechtlicher Zuständigkeitsregelungen ist die Zustimmung des Bundesrates zu dieser Verordnung erforderlich (§ 53 Abs. 1 S. 2 TKG). Der **Frequenzbereichszuweisungsplan** einschließlich besonderer Nutzungsbestimmungen sind als Anlagen Teil dieser Verordnung. Inhaltlich weist der Frequenzbereichszuweisungsplan einzelnen Funkdiensten zunächst bestimmte Frequenzbereiche zu. Hierbei erfolgt in Teil A die grundsätzliche Zuweisung bestimmter Frequenzbänder. Teil B des Frequenzbereichszuweisungsplans enthält sodann bestimmte Nutzungsbestimmungen für Frequenzbänder bzw. Funkdienste. § 53 Abs. 1 S. 3 TKG folgend sind die „**betroffenen Kreise**" in die Aufstellung des Plans einzubeziehen. Hierzu gehören alle, deren Interessen und Aufgaben von den Auswirkungen der Frequenzbereichszuweisung in irgendeiner Weise tangiert werden.[143] Auf Grundlage des Frequenzbereichszuweisungsplanes erstellt die Bundesnetzagentur sodann einen Frequenznutzungsplan (§ 54 TKG). Er ist verglichen mit dem Frequenzbereichszuweisungsplan wesentlich detaillierter und sieht auch konkrete Nutzungsbestimmungen vor. So enthält er beispielsweise Festlegungen darüber, welches spezielle Funksystem in einem bestimmten Frequenzbereich des Frequenzbandes verwendet werden darf. Anders als der Frequenzbereichszuweisungsplan ist der Frequenznutzungsplan keine Rechtsnorm, bildet aber die planerische Grundlage für die konkreten Frequenzzuteilungen ab.

b) **Frequenzzuteilung.** Während die Frequenzplanung die Grundlagen der Frequenzordnung abstrakt festlegt, erfolgt im Rahmen der Frequenzzuteilung eine konkrete Zuweisung bestimmter Frequenzbänder an die einzelnen Telekommunikationsdiensteanbieter. Damit ist die Frequenzzuteilung die eigentliche Voraussetzung der Frequenznutzung. In Deutschland gilt die Nutzung von Frequenzen betreffend ein grundsätzliches **Verbot mit Erlaubnisvorbehalt** (§ 55 Abs. 1 S. 1 TKG): Damit bedarf jede Frequenznutzung einer ausdrücklichen vorherigen Zuteilung, soweit gesetzlich nichts anderes bestimmt ist. Als Frequenzzuteilung definiert § 55 Abs. 1 S. 2 TKG eine behördliche oder durch Rechtsvorschrift erteilte Erlaubnis zur Nutzung bestimmter Frequenzen unter festgelegten Bedingungen. Das Verfahren der Frequenzzuteilung ist gemeinschaftsrechtlich determiniert. Gemäß Art. 9 Abs. 1 S. 2 der Rahmen-Richtlinie muss diese auf „objektiven, transparenten, nichtdiskriminierenden und angemessenen Kriterien" beruhen. Die einzelnen Rahmen einer Zuteilung von Funkfrequenzen sind in der Art. 5 ff. der **Genehmigungsrichtlinie** enthalten. Die Bedingungen, an die Mitgliedstaaten eine Frequenzzuteilung knüpfen können, werden durch Art. 6 Abs. 1 S. 1 RL iVm Teil A und B des Anhangs abschließend vorgegeben. Weitere Vorgaben existieren in Gestalt spezieller Informationspflichten und hinsichtlich solcher Maßnahmen (Art. 10 und 11 Genehmigungs-RL), die Transparenz und Nachvollziehbarkeit des nationalen Zuteilungsregimes (Art. 15 Genehmigungs-RL) sowie eine nachträgliche Änderung von Rechten und Pflichten betreffen (Art. 14 und 17 Genehmigungs-RL). Auf Grundlage der angesprochenen Vorgaben hat der deutsche Gesetzgeber den Anspruch auf Frequenzzuteilung in § 55

---

[141] Beschluss 2002/622/EG der Kommission vom 26.7.2002 zur Einrichtung einer Gruppe für Frequenzpolitik; ABl. EG 2002 L 198/49–51.
[142] Vormals Frequenzbereichszuweisungsplanverordnung (FreqBZPV) v. 28.9.2004, BGBl. I 2004 S. 2499, aufgehoben durch § 5 Frequenzverordnung (FreqV) 27.8.2013 BGBl. I S. 3326 27.8.2013; Geltung ab 31.8.2013.
[143] Beck'scher TKG-Kommentar *Riegner/Kühn* § 53 Rn. 11.

Abs. 5 TKG als **gebundene Verwaltungsentscheidung** ausgestaltet. Erfüllt ein Anbieter die gesetzlichen Voraussetzungen, so steht ihm ein gerichtlich durchsetzbarer Anspruch auf Frequenzzuteilung zu.[144] Diese Voraussetzungen definiert § 55 Abs. 5 TKG.

62 Gemäß § 55 Abs. 9 S. 1 TKG erfolgt die Zuteilung von Frequenzen in der Regel befristet. Sie kann auf Grundlage des § 55 Abs. 5 S. 2 TKG versagt werden, wenn die beabsichtigte Frequenznutzung mit den in § 2 Abs. 2 TKG normierten Regulierungszielen nicht in Einklang steht. Dies kann etwa bei „**Hortung**" von Frequenzen auf Vorrat oder der **ineffizienten Gestaltung von Telekommunikationsanlagen** der Fall sein.[145] Den Vorgaben der Genehmigungs-RL folgend werden Frequenzen gemäß § 55 Abs. 2 S. 1 TKG „in der Regel" im Rahmen einer Allgemeinzuteilung von Amts wegen vergeben. Anders als bei der individuellen Zuteilung richtet sich eine Allgemeinzuteilung nicht an einen konkreten Anbieter sondern, wie ihre Bezeichnung vermuten lässt, an die Allgemeinheit bzw. einen nach abstrakten Merkmalen bestimmten Adressatenkreis. Denklogisch zieht eine Allgemeinzuteilung keine Exklusivität der Nutzung nach sich, so dass Mehrfachnutzungen der gleichen Frequenz am gleichen Ort nicht ausgeschlossen sind. Für Allgemeinzuteilungen kommen daher nur Funkanwendungen mit geringem **Störpotential** in Frage, etwa Bluetooth oder W-LAN oder Funkfernsteuerungen.[146] Kommt eine Allgemeinzuteilung – etwa weil funktechnische Störungen drohen oder eine effiziente Frequenznutzung nicht sichergestellt werden kann – nicht in Betracht, vergibt die BNetzA Frequenzen per Einzelzuteilung (§ 55 Abs. 3 und 4 TKG, § 35 S. 1 VwVfG). Anders als Allgemeinzuteilungen erfolgen Einzelzuteilungen nicht von Amts wegen sondern werden lediglich auf Antrag vergeben (Zum Antragsverfahren vgl. § 55 Abs. 4 TKG). Unabhängig von der Art der Zuteilung sind Beginn und Beendigung der Frequenznutzung nach § 55 Abs. 7 S. 1 gegenüber der BNetzA anzuzeigen. Übersteigt die Nachfrage nach einem bestimmten Frequenzband das verfügbare Angebot, kann die BNetzA nach §§ 55 Abs. 10, 61 TKG ein Vergabeverfahren durchführen. Zur Verfügung steht insoweit ein **Versteigerungsverfahren** nach § 61 Abs. 4 TKG und ein **Ausschreibungsverfahren** nach § 61 Abs. 5 TKG. Im Rahmen des Versteigerungsverfahrens erfolgen Frequenzzuteilungen gegen Höchstgebot. Im Ausschreibungsverfahren werden Bewerber anhand verschiedener Kriterien, namentlich Fachkunde und Leistungsfähigkeit, der Eignung vorgelegter Planungsleistungen zur Erbringung des betreffenden Telekommunikationsdienstes und allgemein der Gewährleistung eines funktionierenden Wettbewerbs, ausgewählt. Das **Versteigerungsverfahren** ist dem Ausschreibungsverfahren gegenüber **vorrangig** (§ 61 Abs. 2 S. 1 TKG). Ein Versteigerungsverfahren kommt nur dann nicht in Betracht, wenn es zur Erreichung der Regulierungsziele ungeeignet erscheint.[147]

63 In der Vergangenheit kam das Versteigerungsverfahren bereits mehrfach zur Anwendung. Das bislang bekannteste Versteigerungsverfahren betraf die Vergabe von UMTS-Frequenzen für den Zeitraum bis 2020, das sich im Sommer 2000 ereignet hat. Dabei wurden sechs Lizenzen zu je ca. EUR 8 Milliarden an sechs Mobilfunkanbieter vergeben. Insgesamt nahm der Bund im Rahmen dieser Versteigerung EUR 49 Milliarden ein. Auswahl und Durchführung der „UMTS-Versteigerung" waren seinerzeit fundamentaler verfassungsrechtlicher und wirtschaftspolitischer Kritik ausgesetzt. Verfassungsrechtlich wurde insbesondere die Zuteilung nach Höchstgebot als sachfremdes und damit willkürliches Kriterium angesehen, da es über Qualität und Quantität seitens der Bewerber zu erbringender Telekommunikationsdienste keine Aussage treffe, woraus eine Verletzung von Art. 3 Abs. 1 und 12 Abs. 1 GG begründet wurde.[148] Weiterhin seien finanzverfassungsrechtliche Vorschriften betreffend

---

[144] So die amtl. Begründung, BT-Drs. 15/2316 S. 77; der Anspruch bezieht sich jedoch, wie § 55 Abs. 6 TKG klarstellt, auf die grundsätzliche Frequenzzuteilung, nicht auf eine bestimmte Frequenz.
[145] Diese möglichen Versagungsgründe nennt die amtl. Begr. BT-Drs. 15/2316 S. 78.
[146] Eine Liste der aktuell per Allgemeinzuteilung vergebenen Frequenzbänder ist abrufbar unter www.bundesnetzagentur.de.
[147] Ungeeignet wäre ein Versteigerungsverfahren etwa dann, wenn in einem bestimmten Marktsegment bereits Frequenzen per Ausschreibung vergeben würden. Die Durchführung einer Versteigerung mit den entsprechenden Kosten für die betroffenen Unternehmen würde hier zu Wettbewerbsverzerrungen führen, Beispiel bei *Schütz* Rn. 69.
[148] Näher hierzu und zum Folgenden *Schütz* Rn. 78 mwN.

die Ertragszuständigkeit von Bund und Ländern (Art. 106 f. GG) verletzt, da die Länder nicht zur Hälfte am Versteigerungserlös beteiligt worden seien.[149] Wirtschaftspolitisch wurden vor allem die hohen Kosten kritisiert, die die Versteigerung bei den Bewerbern verursacht hatte und die zu den für Netzausbau und Engagement im UMTS- Markt erforderlichen Investitionen zusätzlich anfalle, was gerade erst wenige Jahre auf dem TK-Markt tätigen Unternehmen besondere Schwierigkeiten bereite.[150]

Auch bei der Vergabe von Frequenzbändern für den Broadband Wireless Access (**BWA** oder auch **WiMAX**) wurde 2006 auf das Versteigerungsverfahren zurückgegriffen.[151] Eine weitere wichtige Versteigerung von Mobilfunkfrequenzen fand am 20.5.2010 ihren Abschluss und betraf neben 1,8 GHz-, 2 GHz- und 2,6 GHz-Frequenzen insbesondere den begehrten Bereich der 800 MHz-Frequenzen, der sog „Digitalen Dividende", der im Wege der Abschaltung des analogen Rundfunks frei geworden ist.[152] BNetzA sieht in der „Digitalen Dividende" ein großes Potenzial insbesondere zur Versorgung ländlicher Regionen,[153] da vielfach ländliche Regionen mit Glasfaserkabeln wirtschaftlich nicht erschlossen werden können.

c) **Frequenzflexibilisierung.** Mit dem TKG wurde der ursprünglich als „Frequenzhandel" benannte § 62 TKG in „Frequenzflexibilisierung" umbenannt. Grund hierfür ist das Ziel den Nutzern einen flexibleren Umgang mit zugeteilten Frequenzen zu ermöglichen.[154] Danach wurde nun neben der Möglichkeit des Frequenzhandels auch die Möglichkeit zur Vermietung oder zur kooperativen, gemeinschaftlichen Nutzung (**Frequenzpooling**) aufgenommen. § 62 TKG dient der Umsetzung des Art. 9b der Rahmen-Richtlinie. Die BNetzA hat durch Mitteilung 458/2010[155] Rahmenbedingungen für das Frequenzpooling gesetzt. Zu beachten ist jedoch die Übergangsvorschrift des § 150 Abs. 8 TKG, wonach ein Handel mit Frequenzen, die unter dem TKG 1996 zugeteilt wurden, grundsätzlich nicht zulässig ist.

d) **Gebühren und Beiträge.** Gemäß § 142 Abs. 1 S. 1 Ziff. 1 TKG erhebt die BNetzA für Entscheidungen über die Zuteilung eines Nutzungsrechts an Frequenzen „Gebühren und Auslagen". Die Höhe der Gebühren wird durch Rechtsverordnung bestimmt (§ 142 Abs. 3 S. 1 TKG), wobei die Verordnungsermächtigung auf die BNetzA übertragen werden kann (§ 142 Abs. 3 S. 2 TKG).[156] Grundsätzlich ist die Gebührenhöhe so zu bemessen, dass die mit den Amtshandlungen der BNetzA verbundenen Kosten gedeckt sind (§ 142 Abs. 2 S. 1 TKG). Abweichend hiervon kommt den Gebühren bei der Zuteilung von Frequenzen – selbiges gilt für Rufnummern – ein **Lenkungszweck** zu. Jene sind so zu bemessen, dass sie eine den Regulierungszielen entsprechende effiziente Nutzung der Frequenzbänder sicherstellen (§ 142 Abs. 4 S. 1 TKG). Werden Frequenzen im Wege des Versteigerungsverfahrens vergeben, wird eine Zuteilungsgebühr nur erhoben, wenn sie den erzielten Versteigerungserlös übersteigt (§ 142 Abs. 7 TKG). Sie kommt denklogisch mangels Zurechenbarkeit der von Amts wegen ergehenden Amtshandlung nicht in Betracht, wenn Frequenzen per Allgemeinzuteilung erteilt werden.[157] Gemäß § 143 TKG erhebt die BNetzA von Unternehmen, an die Frequenzen erfolgreich zugeteilt wurden, Jahresbeiträge. Die Abgabe stellt einen aufwandsbezogenen Beitrag zur Kostendeckung von Auslagen dar, wie sie im Wege der Verwaltung,

---

[149] Diesem Argument trat das BVerfG mit seiner UMTS-Entscheidung vom 28.3.2003 – 2 BvG 1/01, NJW 2002, 2020, entgegen, indem es feststellte, dass es keine verfassungsrechtliche Grundlage für die Beteiligung der Länder gebe. Das Grundgesetz regle in den §§ 106 f. die Verteilung des Steueraufkommens. Außerhalb dieser Normen folge die Ertragszuständigkeit der Verwaltungszuständigkeit, welche im Bereich der Telekommunikation beim Bund liege. Die Vereinbarkeit des UMTS-Versteigerungsverfahrens mit den Grundrechten der betroffenen Unternehmen wurde durch das BVerfG nicht geprüft.
[150] Anders Handbuch Telekommunikationsrecht/*Jenny* in Teil 2 Abschnitt D Rn. 243 der auf die Eigenverantwortlichkeit der international operierenden TK-Unternehmen setzt.
[151] BNetzA Verfügung 42/2006, ABl. BNetzA 2006, S. 3051.
[152] BNetzA, BK 1a-09/002.
[153] http://www.bundesnetzagentur.de/cln_1911/DE/Sachgebiete/Telekommunikation/Unternehmen_Institutionen/Breitband/MobilesBreitband/MobilesBreitband.html (2.2.2014).
[154] Siehe Begründung zum Regierungsentwurf, BT-Drs. 17/5707, 74.
[155] ABl. BNetzA 2010, S. 2731.
[156] Frequenzgebührenverordnung v. 21.5.1997, BGBl. I 1997 S. 1226 zuletzt geändert durch Sechste Verordnung zur Änderung der Frequenzgebührenverordnung vom 6. Februar 2012, BGBl. I 2012 S. 130.
[157] Beck'scher TKG-Kommentar/*Schütz* § 142 Rn. 30.

Kontrolle und Durchsetzung von Allgemeinzuteilungen und individuellen Frequenznutzungsrechten anfallen. In diesem Zusammenhang werden die Kosten den einzelnen Nutzergruppen möglichst aufwandsbezogen zugeordnet. Die Beitragshöhen bestimmen sich durch Rechtsverordnung.[158] Wie im Falle von Zuteilungsgebühren kann die Verordnungsermächtigung auch hier auf die BNetzA übertragen werden (§ 143 Abs. 4 S. 3 TKG).

67 e) **Überwachung der Frequenznutzung.** Zur Sicherstellung einer mit geltendem Gesetzesrecht in Einklang stehenden Frequenznutzung, trifft die BNetzA nach Maßgabe des § 64 TKG umfangreiche Überwachungsmaßnahmen. In diesem Zusammenhang ist sie nötigenfalls sogar dazu befugt, Eingriffe in das Fernmeldegeheimnis vorzunehmen, oder sich Kenntnis von den näheren Umständen eines Telekommunikationsvorgangs zu verschaffen. Auch kann die BNetzA zur Sicherstellung und Aufrechterhaltung der Frequenzordnung Anordnungen in Bezug auf Geräte, einschließlich deren Außerbetriebnahme treffen (§ 64 Abs. 2 S. 1 TKG). Sie können mit einem **Zwangsgeld** von bis zu 500.000,– EUR durchgesetzt werden (§ 64 Abs. 2 S. 2 TKG). Einzelheiten der Durchsetzung bestimmt das **Verwaltungsvollstreckungsgesetz.**

4. Nummerierung

68 Erklärtes Ziel der Regulierung ist es ferner, die effiziente Nutzung knapper Nummerierungsressourcen sicherzustellen (§ 2 Abs. 2 Ziff. 8 TKG). Dem liegt die Erkenntnis zu Grunde, dass ein Zugang zu Rufnummern nach transparenten, objektiven und nichtdiskriminierenden Kriterien eine wesentliche Voraussetzung für den Wettbewerb auf dem Telekommunikationsmarkt darstellt.[159] So wird der Zugang zu Telekommunikationsnetzen und -diensten nicht minder wie die Abrechnung von Telekommunikationsdienstleistungen über Nummern realisiert. Dementsprechend sind Anbieter darauf angewiesen, Rufnummern an ihre Kunden vergeben zu können, welche daher ebenfalls als zumindest potentiell knappes Gut gelten.[160] Das TKG differenziert zwischen „Nummern" und „Rufnummern". **Nummern** werden in § 3 Ziff. 13 TKG als „Zeichenfolgen, die in Telekommunikationsnetzen Zwecken der Adressierung dienen" definiert. Hierzu zählen neben Endkundennummern, Netzkennzahlen und Ortskennzahlen etc auch **IP-Adressen.**[161] Dem liegt die Erkenntnis zu Grunde, dass auch das Internet als Telekommunikationsnetz iSd § 3 Nr. 27 TKG anzusehen ist.[162] Ob dies auch auf **Domainnamen** zutreffen soll, ist mit Blick auf die Charakteristik des Domain Name Systems (DNS) umstritten.[163] Gleichwohl beließ der Gesetzgeber die Verwaltung von Domainnamen in den Händen der DENIC eG und übertrug sie nicht der Bundesnetzagentur (§ 66 Abs. 1 S. 4 TKG).[164] Der Begriff der **Rufnummer** ist gegenüber dem Begriff der Nummer enger und umfasst nach § 3 Ziff. 18 TKG „eine Nummer, durch deren Wahl im öffentlichen Telefondienst eine Verbindung zu einem bestimmten Ziel aufgebaut werden kann." Damit finden Rufnummern grundsätzlich nur im Bereich der Sprachtelefonie Verwendung.[165] Eine Rufnummer setzt sich zusammen aus der Landeskennzahl, der nationalen Bereichskennzahl (Ortskennzahl, Netzkennzahl oder Dienstekennzahl) sowie der Teilnehmerrufnummer.

69 Die gesetzlichen Definitionen in Bezug auf Rufnummern wurden durch das TKGÄndG-2006 um weitere zentrale Begriffsbestimmungen erweitert. Aktuell unterscheiden die Ziffern 13a–13d des § 3 TKG heute daher zwischen Nummernart, Nummernbereich, Nummernraum und Nummernteilbereich. Die Begriffsbestimmungen bezeichnen jeweils Teilmengen bzw. Unterteilmengen des in § 3 Ziff. 13 niedergelegten Nummernbegriffs. Die größte Teilmenge ist der **Nummernraum** (§ 3 Ziff. 13c TKG), unter dem die Gesamtheit

---

[158] Vgl. Frequenzschutzbeitragsverordnung v. 13.5.2004, BGBl. I 2004 S. 958 i.d.F. der Verordnung vom 12.11.2009, BGBl. I 2009, S. 3772.
[159] *Holznagel/Enaux/Nienhaus* Rn. 509.
[160] *Holznagel/Enaux/Nienhaus* Rn. 509.
[161] Beck'scher TKG-Kommentar *Büning* zu § 3 Rn. 49.
[162] So ausdrücklich BT-Drs. 15/2316 S. 58.
[163] Beck'scher TKG-Kommentar/*Büning* zu § 66 Rn. 50 sieht Domainnamen als „Nummern" iSd § 3 Nr. 13 TKG.
[164] Vgl. BT-Drs. 15/2316 S. 118.
[165] *Holznagel/Enaux/Nienhaus* Rn. 513.

aller Nummern zu verstehen ist, die für eine bestimmte Art der Adressierung verwendet werden. Wichtigster Nummernraum ist der Nummernraum für öffentliche Telefonnetze.[166] Der Nummernraum wird für jede **Nummernart**, also alle Nummern, die für einen bestimmten Dienst oder eine bestimmte technische Adressierung Verwendung finden (§ 3 Ziff. 13a TKG), in verschiedene **Nummernbereiche** (§ 3 Ziff. 13b TKG) aufgeteilt. Im Nummernraum für das öffentliche Telefonnetz werden etwa Rufnummern für den Ortsnetzbereich, für Mobilfunkdienste, Auskunftsdienste usw. unterschieden.[167] Nummernbereiche können nach § 3 Ziff. 13d TKG wiederum in **Nummernteilbereiche** unterteilt werden, für die die BNetzA besondere Nutzungsbeschränkungen, beispielsweise Höchstpreise, festlegen kann (vgl. § 67 Abs. 2). Das eigentliche Nummerierungsregime des TKG ist in Abschnitt 2 des 5. Teils (§§ 66 bis 67 TKG), § 46 Abs. 3 TKG sowie der jüngst in Kraft getretenen TNV[168] geregelt. Zentrale Norm des TKG die Nummerierung betreffend ist **§ 66 TKG**. Durch die nummerierungsrechtlichen Vorschriften des TKG wird Art. 10 der Rahmen-RL umgesetzt, der den Ordnungsrahmen der Nummerierung in die Hand der nationalen Regulierungsbehörden legt und die Mitgliedstaaten verpflichtet, für eine adäquate Bereitstellung von Nummern und Nummerierungsbereichen zu sorgen. Weitere Vorgaben machen die zT bereits im Rahmen der Frequenzordnung angesprochenen Art. 5 Abs. 2 bis 4 und Art. 6 iVm Teil C des Anhangs der Genehmigungs-RL, welche auch für den Bereich der Nummerierung eine abschließende Aufzählung von Bedingungen enthalten, an die ein Nummernnutzungsrecht geknüpft werden kann, sowie zB Art. 27 Universaldienste-RL in Bezug auf den europäischen Nummernraum.

In Deutschland obliegt die **Strukturierung und Gestaltung** des Nummernraumes der BNetzA (§ 66 Abs. 1 S. 2 TKG, § 3 TNV). § 67 TKG stattet die BNetzA hierzu mit umfassenden Befugnissen aus, um die Einhaltung der gesetzlichen Bestimmungen im Zusammenhang mit Nummern zu überwachen und geeignete Maßnahmen zur Durchsetzung des Nummerierungsregimes zu treffen. Hierbei ist der weite Wortlaut des § 67 Abs. 1 S. 1 TKG Ausdruck des gesetzgeberischen Willens, jegliche Verstöße im Rahmen der Nummernnutzung, insbesondere Verbraucher- und Kundenschutzbelange, strikt zu verfolgen.[169] Auf Grundlage von § 67 TKG hat die BNetzA Nummern, über die lästige Werbeanrufe abgesetzt wurden, in der Vergangenheit geradezu massenhaft gesperrt. Die genannten Befugnisse wurden im Zuge des TKGÄndG-2006 ferner um ein **Auskunftsrecht** im Hinblick auf die Identität von Nummernnutzern (§ 67 Abs. 1 S. 2 und 3 TKG) erweitert. Rechtswidrig genutzte Nummern können von der BNetzA entzogen werden (§ 67 Abs. 1 S. 4 TKG), wovon jene inzwischen auch regen Gebrauch macht.[170] Effektive Praxis der BNetzA ist es vielfach auch, Rechnungslegungs- und Inkassoverbote auszusprechen, mit der Folge, dass Anrufe auf jene Nummern nicht mehr in Rechnung gestellt werden dürfen. Sind sie bereits in Rechnung gestellt, greift das Inkassoverbot, so dass die Forderung nicht mehr beigetrieben werden kann. Seit 4.8.2009 verleiht das UWG der BNetzA zudem ordnungsbehördliche Befugnisse (§ 20 Abs. 3 UWG iVm § 36 Abs. 1 Nr. 1 OWiG), was ihr die Ergreifung effektiver Gegenmaßnahmen zusätzlich erleichtert.

a) Internationaler Ordnungsrahmen der Nummerierung. Wie die Frequenzplanung bedarf auch die Verwaltung von Rufnummern einer internationalen Koordination, um die Funktionsfähigkeit des internationalen Kommunikationsnetzes sicherzustellen. International wie auch innerhalb Europas sind zahlreiche Organisationen und Gremien mit Fragen der Nummerierung befasst. Hervorzuheben sind hier zunächst die Vorgaben der **ITU**, bei der

---

[166] Beck'scher TKG-Kommentar/*Büning* § 3 Rn. 52 mit weiteren Beispielen für Nummernräume.
[167] Näher Beck'scher TKG-Kommentar/*Büning* § 3 Rn. 51.
[168] TNV vom 5. Februar 2008 (BGBl. I S. 141), die durch Artikel 4 Absatz 110 des Gesetzes vom 7. August 2013 (BGBl. I S. 3154) geändert worden ist.
[169] BT-Drs. 15/2316 S 83 u. 119, dem folgend bereits OVG NW Beschl. v. 25.6.2008 – 13 B 668/08, DVBl. 2008, 1129; OVG NW Beschl. v. 26.9.2008 – 13 B 1396/08, CR 2009, 654 (655) sowie Beck'scher TKG-Kommentar/*Büning* § 67 Rn. 2.
[170] Maßnahmenliste der BNetzA unter http://www.bundesnetzagentur.de/cln_1912/DE/Sachgebiete/Telekommunikation/Verbraucher/Rufnummernmissbrauch/Massnahmenliste/Massnahmenliste-node.html (Stand: 31.7.2015).

das ITU-T (ITU Telecommunication Standardization Sector), vormals Comitée Consultatif International Téléfonique et Télégraphique (CCITT), Empfehlungen zur Strukturierung des Nummernraums in den Mitgliedstaaten und auch die meisten Standards entwickelt. Die Empfehlungen der ITU sind für die Mitgliedstaaten rechtlich nicht verbindlich, wird aber im Sinne eines funktionierenden internationalen Telefonverkehrs und einer internationalen Erreichbarkeiten in der Praxis befolgt.[171] Von besonderer Bedeutung ist die Empfehlung E.164 für den ISDN-Rufnummernraum, welche beispielsweise regelt, dass eine Rufnummer aus **höchstens 15 Ziffern** bestehen darf. Auch vergibt die ITU die **Landeskennzahlen** für nationale Telefonnetze.

72 Auf europäischer Ebene kann die CEPT durch den Europäischen Ausschuss für Regulierungsfragen Telekommunikation (**European Committee for Telecommunications Regulatory Affairs, ECTRA**) zumindest Nummerierungsempfehlungen aussprechen. Anders als die Empfehlungen der ITU entfalten diese den Mitgliedstaaten gegenüber Bindungswirkung. Auch erarbeitet das von der CEPT gegründete Europäische Institut für Telekommunikationsnormen (**European Telecommunications Standards Institute, ETSI**) Empfehlungen zur Nummerierungsordnung. Mit ECTRA verbunden ist das **European Numbering Forum (ENF)**, das durch Entschließung des Rates im Jahr 1992 gegründet wurde.[172] Das ENF, das die Kommission, ECTRA, ETS I und andere Vereinigungen repräsentiert, dient vornehmlich einem Informationsaustausch in Nummerierungsfragen.

73 In der Vergangenheit hat aber auch die **Europäische Union** selbst immer wieder Vorgaben zu Strukturierung und Gestaltung von Rufnummern in den Mitgliedstaaten erarbeitet.[173] Jene wurden im Rahmen der Neugestaltung des Europäischen Rechtsrahmens durch das Richtlinienpaket 2002 erstmals in der **Universaldienst-RL** kodifiziert.[174] Von besonderer Bedeutung sind die Bestimmungen der Richtlinie bezüglich des **Europäischen Telefonnummernraum**, welche in § 46 Abs. 6 TKG umgesetzt wurden. Hiernach müssen Betreiber öffentlicher Telefonnetze in ihren Netzen ua sicherstellen, dass alle Anrufe in den Europäischen Telefonnummernraum ausgeführt werden.

74 **b) Zuteilung von Rufnummern.** Auch obliegt die Verwaltung des Nummernraumes wie dargestellt der BNetzA. Grundlage der **Nummernverwaltung** ist ein ihrerseits als Allgemeinverfügung für jeden Nummernraum zu erlassender **Nummernplan**, dessen obligatorischer Inhalt sich aus § 1 TNV ergibt. Gleichwohl gelten bestehende Zuteilungsregeln gem. § 12 S. 1 TNV übergangsweise fort. Vor Erlass eines Nummernplans ist eine öffentliche Anhörung durchzuführen (§ 1 Abs. 3 TNV). Änderungen an einem einmal erlassenen Nummernplan sind nur unter den engen Voraussetzungen des § 3 TNV möglich. Als planerische Grundlage der Nummerierung veröffentlicht die BNetzA jährlich ein **Nummerierungskonzept**, das über Entwicklungen und ihre Auswirkungen auf den Nummernplan Auskunft gibt. Die Inhalte des Nummerierungskonzepts ergeben sich aus § 2 TNV.

75 Das Verfahren der Zuteilung von Nummern ist in §§ 4 ff. TNV geregelt. Demnach gelten Rufnummern als **öffentliches Gut**.[175] Hieraus folgt, dass die Zuteilung einer Rufnummer durch die BNetzA die Einräumung eines **beschränkten Nutzungsrechtes** und **keine Übertragung von „Eigentum"**, dh eines dauerhaften Ausschließlichkeitsrechts, beinhaltet.[176] Diesem Regelungsansatz folgend ist, abgesehen von der Möglichkeit der originären oder abgeleiteten Zuteilung, eine **rechtsgeschäftliche Übertragung** von Rufnummern zwischen Zuteilungsnehmern **nicht möglich** (§ 4 Abs. 5 TNV). Rechtstechnisch stellt die Zuteilung einer

---

[171] Handbuch Telekommunikationsrecht/*Jenny* in Teil 2 Abschnitt E Rn. 5.
[172] Entschließung 92/C3189/02 des Rates der Europäischen Gemeinschaften.
[173] So wurde beispielsweise festgelegt, dass das Präfix „00" als Verkehrsausscheidungsziffer für den internationalen Verkehr dient (Entscheidung 92/264/EWG des Rates vom 11.5.1992 zur Einführung einer gemeinsamen Vorwahlnummer für den internationalen Fernsprechverkehr in der Gemeinschaft, ABl. EG 1992 L 137/21 f.), im Weiteren wurde die Ziffernfolge „112" als einheitliche Notrufnummer festgeschrieben (Entscheidung 91/396/EWG des Rates vom 29.7.1991 zur Einführung einer einheitlichen europäischen Notrufnummer, ABl. L 217 v. 6.8.1991, S. 31 f.).
[174] Vgl. Art. 26 u. 27 Universaldienst-RL.
[175] *Holznagel/Enaux/Nienhaus* Rn. 521.
[176] *Holznagel/Enaux/Nienhaus* Rn. 521.

Rufnummer durch die BNetzA einen **begünstigenden Verwaltungsakt** dar.[177] Je nach Art der beabsichtigten Nutzung können Rufnummern einzeln oder blockweise zugeteilt werden. Hierbei sind vier Wege der Zuteilung zu unterscheiden: Die **direkte Zuteilung**, die **originäre Zuteilung**, die **abgeleitete Zuteilung** und die Zuteilung im Wege der **Allgemeinverfügung** (§ 4 Abs. 2 TNV).

Im Rahmen des direkten Zuteilungsverfahrens nach § 4 Abs. 2 Ziff. 1 TNV erwirbt der Zuteilungsnehmer das Nutzungsrecht an einer Nummer unmittelbar von der BNetzA. Das Verfahren ist jedoch sehr aufwendig, da die BNetzA die Daten der Zuteilungsnehmer im Einzelnen erfassen und in Datenbanken vorhalten muss. In der Regel werden Rufnummern daher in größeren Blöcken an Betreiber von Telekommunikationsnetzen vergeben, die diese wiederum an ihre Endnutzer „weiterreichen" (**Zweistufiges Zuteilungsverfahren**, § 4 Abs. 2 Ziff. 2. und 3 TNV). Die Zuteilung von Nummerierungsressourcen an den Netzbetreiber bezeichnet man als **originäre**, ihre Weitergabe an den Endnutzer als **abgeleitete Zuteilung**. Zu beachten ist in diesem Zusammenhang, dass nur die originäre Zuteilung eine hoheitliche Maßnahme der BNetzA darstellt. Die abgeleitete Zuteilung beruht auf Rechtsgeschäft (§ 4 Abs. 5 S. 1, Abs. 2 Nr. 3 TNV). Eine mehrstufig abgeleitete Zuteilung, dh die Weitergabe der Rufnummer durch den Zuteilungsnehmer der abgeleiteten Zuteilung an einen weiteren Abnehmer ist gem. § 4 Abs. 5 S. 1 TNV ausgeschlossen. Eine Zuteilung von Nummern im Wege der Allgemeinverfügung ist, wie sich aus § 4 Abs. 2 Ziff. 4 TNV ergibt, nur in Ausnahmefällen vorgesehen. Das Antragsverfahren für die Zuteilung von Nummern ist in § 5 TNV geregelt. Hier steht es der BNetzA vor allem frei, Anträge auf Nummernzuteilung bestimmten Antragsformalien zu unterwerfen und Zeitrahmen vorzuschreiben, innerhalb derer Anträge im Hinblick auf einen gewünschten Freischalttermin gestellt werden müssen.

Gründe, deren Vorliegen die BNetzA zur Ablehnung von Anträgen auf Nummernzuteilung ermächtigt, normiert § 6 TNV. Demgegenüber trifft § 8 TNV nähere Bestimmungen im Hinblick auf das beschriebene abgeleitete Zuteilungsverfahren. Hier wird insbesondere der Vorgabe des Art. 10 Abs 2 S. 2 Rahmen-RL Rechnung getragen, indem dem Zuteilungsnehmer einer abgeleitet zugeteilten Rufnummer Ansprüche auf **diskriminierungsfreie Zuteilung** und dauerhafte, vom Zuteilungsnehmer der originären Zuteilung unabhängige Nutzungsrechte gewährt werden (vgl. § 8 Abs. 1 und 2 TNV). Gemäß § 8 Abs. 4 TNV ist der originäre Zuteilungsnehmer nur zur Geltendmachung der mit der Zuteilung verbundenen Kosten berechtigt. Rufnummern werden grundsätzlich **unbefristet** zugeteilt. Ihre Zuteilung kann jedoch mit Auflagen und Nebenbestimmungen versehen werden (§ 4 Abs. 4 TNV). **Auflagen** können sich insbesondere auf die Verwendung der Rufnummer beziehen, etwa bei Zuteilung von Nummernblöcken aus Nummerngassen, die für eine bestimmte Nutzungsart (zB Mehrwertdienste, Auskunftsdienste, Freephone-Dienste etc) vorgesehen sind. Sonstige **Nebenbestimmungen** beziehen sich hauptsächlich auf Rufnummernänderungen, den Widerruf der zugeteilten Rufnummer, ihre Wiederverwendung oder Veröffentlichung.[178]

c) **Gebühren.** Für die Zuteilung von Rufnummern nach der TNV erhebt die BNetzA Gebühren, deren Höhe durch Rechtsverordnung geregelt werden kann (§ 142 Abs. 1 S. 1 Ziff. 2 TKG). Geltende Rechtsgrundlage für die Gebührenerhebung bei der Zuteilung von Rufnummern ist die Telekommunikations-Nummerierungsgebührenverordnung (**TNGebV**).[179] Wie im Rahmen der Frequenzverwaltung kommt auch der Nummernverwaltung gebührenrechtlich **Lenkungsfunktion** zu. Ziel ist es, eine effiziente Verwendung der knappen Nummerierungsressourcen auch über den Gebührenweg sicherzustellen (so auch § 142 Abs. 4 S. 1 TKG sowie Art. 13 Genehmigungs-RL). Aus diesem Grund kann die Höhe der Gebühr an dem wirtschaftlichen Wert der zugeteilten Rufnummern orientiert werden, statt an dem bei der Zuteilung üblicherweise anfallenden Verwaltungsaufwand.[180] Die Berücksichtigung des

---

[177] Holznagel/Enaux/Nienhaus Rn. 523.
[178] Holznagel/Enaux/Nienhaus Rn. 523 mwN.
[179] Telekommunikations-Nummerngebührenverordnung vom 16. August 1999 (BGBl. I 1999 S. 1887), die durch Artikel 1 der Verordnung vom 24. Oktober 2013 (BGBl. I S. 3896) geändert worden ist.
[180] Näher dazu Beck'scher TKG-Kommentar/Schütz § 142 Rn. 98 ff.

wirtschaftlichen Wertes einer Rufnummer ist nach der Rechtsprechung des BVerwG ein zulässiges Gebührenbemessungskriterium.[181]

79 Als problematisch gilt insoweit, dass die **TDG** aufgrund ihrer vormaligen Monopolstellung über ein **Kontingent** von 400 Mio. Nummern verfügt, für die sie als ehemals staatliches Sondervermögen keine Gebühren entrichten musste.[182] Gleichzeitig sind Wettbewerber, die neu in den Markt eintreten, auf die Zuteilung neuer Rufnummern angewiesen und unterfallen den Gebührensätzen der TNGebV. Das BVerwG legte in vorstehend zitiertem Beschluss die Frage der Vereinbarkeit dieser Sachlage mit der damaligen Lizenzierungs-Richtlinie 97/13/EG dem EuGH zur Vorabentscheidung vor. Dieser entschied, dass die BNetzA auf Grundlage der gemeinschaftsrechtlichen Bestimmungen über die Zuteilung von Rufnummern von Marktteilnehmern, die neu in den Markt einträten, keine Gebühren verlangen dürfe, da dies den Wettbewerb zwischen neuen Marktteilnehmern und Ex-Monopolisten verfälsche und insoweit dem Gemeinschaftsrecht widerspreche.[183] Auch unter dem neuen EU-Rechtsrahmen ist eine solche wettbewerbsverfälschende Gebührengestaltung als gemeinschaftsrechtswidrig anzusehen.[184] Die BNetzA senkte daraufhin die Gebühren erheblich, eine grundsätzliche Gebührenpflicht blieb jedoch bestehen.

80 **d) Rufnummernübertragbarkeit.** Wechselt ein Nutzer den Anbieter, kann er seine Rufnummer gemäß § 46 Abs. 3 S. 1 TKG zu seinem neuen Anbieter mitnehmen (Rufnummernübertragbarkeit). Ziel der Regelung ist es, Endnutzern Anbieterwechsel zu erleichtern und hierdurch den Wettbewerb zu beleben. Insbesondere war bei geschäftlich genutzten Rufnummern ein Rufnummernwechsel mit deutlichen Vertriebsnachteilen verbunden.[185] Bei **geografisch gebundenen Rufnummern**, insbesondere Festnetzrufnummern eines bestimmten Ortsnetzes, setzt die Rufnummernübertragung allerdings einen Verbleib des Nutzers „am selben Standort" voraus (§ 46 Abs. 3 S. 1 Ziff. 1 TKG). Nicht geografisch gebundene Rufnummern können hingegen auch bei Standortwechseln beibehalten werden (§ 46 Abs. 3 S. 1 Ziff. 2 TKG). § 46 Abs. 3 S. 2 TKG gestattet die Mitnahme von Rufnummern allerdings nur innerhalb ihrer Nummerngasse. Die Übertragung ehemaliger Mobilfunknummern ins Festnetz und umgekehrt ist nicht möglich (§ 46 Abs. 3 S. 3 TKG). Gem. § 46 Abs. 5 S. 1 TKG können einem Teilnehmer, der die Möglichkeit der Rufnummernübertragung in Anspruch nimmt, nur die einmalig beim Wechsel entstehenden Kosten auferlegt werden. Dies gilt gem. § 46 Abs. 5 S. 2 TKG auch im Verhältnis von Netzbetreibern und Diensteanbietern ohne eigenes Netz. § 46 Abs. 4 S. 3 TKG regelt zudem, dass der Endnutzer im Rahmen von Mobilfunkverträgen jederzeit die Übertragung („Portierung") der Rufnummer verlangen kann. Für das Festnetz fehlt eine solche klarstellende Regelung, so dass davon auszugehen ist, dass die Rufnummernübertragung nur bei Beendigung eines Festnetzvertrages verlangt werden kann.

5. Weitere relevante Bestimmungen des TKG 2012 im Überblick

81 **a) Wegerechte.** Die Errichtung eines Telekommunikationsnetzes setzt die Errichtung von Kommunikationslinien und insoweit auch den Zugang zu fremden Grundstücken voraus. Zum Aufbau physikalischer Telekommunikationsnetzwerke und zum Zwecke der Förderung eines infrastrukturellen Wettbewerbs zwischen den Netzbetreibern muss der Gesetzgeber den Netzbetreibern daher auch das Recht gewähren, fremden Grund und Boden zu betreten und ggf. zu nutzen. Derartige „Wegerechte" sind Gegenstand der §§ 68–77e TKG. Doch bestehen auch für den Bereich der Wegerechte zunächst gemeinschaftsrechtliche Vorgaben. Art. 11 Rahmen-RL zufolge sind Wegerechte an öffentlichen und privaten Grundstücken auf Grundlage eines transparenten, öffentlich zugänglichen und nichtdiskriminie-

---

[181] BVerwG Beschl. v. 30.4.2003 – 6 C 6/02, NVwZ 2003, 1508 f.
[182] Zwar ging der Verordnungsgeber der TNGebV grundsätzlich von einer Gebührenpflicht der DTAG auch in Bezug auf deren Altbestand an Rufnummern aus, da die DTAG jedoch zu keinen Zeitpunkt einen Antrag auf Zuteilung der entsprechenden Rufnummern gestellt hatte und nur die Entscheidung über einen solchen Antrag die Gebührenpflicht auslöst, ist es zu einer Zahlung der DTAG niemals gekommen.
[183] EuGH Urt. v. 20.10.2005 – C-327/03 u. C-328/03, NJW 2006, 37; vgl. nachfolgend BVerwG Urt. v. 15.12.2005 – 6 C 16/05 (n. v.).
[184] *Holznagel/Enaux/Nienhaus* Rn. 523.
[185] *Holznagel/Enaux/Nienhaus* Rn. 532.

renden Verfahrens zu vergeben. Art. 13 Genehmigungs-RL ermächtigt die Mitgliedstaaten den zuständigen Behörden zu gestatten, zum Zwecke einer effizienten Ressourcennutzung für die Vergabe von Wegerechten Gebühren zu erheben. Eine Verpflichtung der Gewährung von Wegerechten folgt auch aus dem verfassungsrechtlichen Infrastrukturauftrag des Art. 87f Abs. 1 GG.[186]

Das TKG selbst unterscheidet regelungstechnisch zwischen Inanspruchnahme öffentlicher Verkehrswege und Nutzung sonstiger Grundstücke: Demnach können **öffentliche Verkehrswege** seitens des Bundes unentgeltlich für öffentlichen Zwecken dienende Telekommunikationslinien genutzt werden (§ 68 Abs. 1 TKG). Er überträgt die Nutzungsbefugnis auf Antrag an Betreiber öffentlicher Kommunikationsnetze (§ 69 Abs. 1 TKG). Der Verlust des Nutzungsrechts des Netzbetreibers – etwa aufgrund der Entwidmung des Verkehrsweges, stellt einen enteignungsentschädigungspflichtigen Eingriff in dessen Rechte dar.[187] Demgegenüber regelt § 76 TKG **Duldungspflichten** und Ausgleichsansprüche **privater Grundeigentümer.** Sie sind Errichtung, Betrieb und Erneuerung von Telekommunikationslinien zu dulden verpflichtet, soweit auf dem Grundstück eine durch ein Recht gesicherte Leitung oder Anlage auch für die Errichtung, den Betrieb und die Erneuerung einer Telekommunikationslinie genutzt und hierdurch die Nutzbarkeit des Grundstücks nicht dauerhaft zusätzlich eingeschränkt oder das Grundstück durch die Benutzung nicht wesentlich beeinträchtigt wird. Derartige Duldungspflichten stellen nach der Rechtsprechung des BVerfG eine Eigentumsinhaltsbestimmung iSd Art. 14 Abs. 1 S. 2 GG dar.[188] Mit dem TKG-2012 wurde § 76 um einen Anspruch auf Zugang zum Gebäude ergänzt („**Hausstichregelung**"), soweit hier der Anschluss des Gebäudes an Telekommunikationsnetze der nächsten Generation erzielt werden soll (§ 76 Abs. 1 TKG). Diese Regelung soll den Breitbandausbau in Deutschland erleichtern und den Netzbetreibern einen kompletten Ausbau-Rollout ermöglichen. Ein **Entschädigungsanspruch** des Grundstückseigentümers besteht nach § 76 Abs. 2 TKG dann, wenn Errichtung oder Betrieb der Telekommunikationslinie zu unzumutbaren Beeinträchtigungen führen oder im Falle erweiterter Nutzung kein Leitungsweg existierte, der zu Zwecken der Telekommunikation genutzt werden konnte. Entsprechende Nachentschädigungsansprüche kann der Netzbetreiber nicht im Wege Allgemeiner Geschäftsbedingungen auf den Betreiber der Telekommunikationslinie abwälzen.[189] Das TKG-2012 brachte ebenfalls neu den § 77a TKG hervor, welcher Artikel 12 der RahmenRL umsetzt. Die **gemeinsame Nutzung von Infrastrukturen** soll insbesondere da wo sich ein Breitbandausbau als unwirtschaftlich zeigt, die Kosten für den Ausbau senken. Adressat dieser Verpflichtung sind nicht nur Telekommunikationsnetzbetreiber sondern jegliche Eigentümer von Verkabelungen oder Kabelkanälen (§ 77a Abs. 1 Ziff. 3 TKG). Zu starken Diskussionen hat zudem § 77a Abs. 3 TKG in Umsetzung des Art. 12 Abs. 4 RahmenRL geführt. Hier wird der sog „**Infrastrukturatlas**" eingeführt.[190] Danach können Unternehmen und juristische Personen des öffentlichen Rechts, die über Infrastrukturen verfügen, die zu Telekommunikationszwecken genutzt werden können, verpflichtet werden, Auskunft über Lage, Art und Verfügbarkeit zu geben (§ 77a Abs. 3 TKG). Hierbei sollen die Daten in einem bei der BNetzA zu führenden Verzeichnis aufgenommen werden. Die BNetzA erließ hierauf ein entsprechendes Umsetzungskonzept und Einsichtnahmebedingungen.[191] Der zunächst auf freiwilliger Basis errichtete „Infrastrukturatlas" stieß bei den Telekommunikationsnetzbetreibern auf **Sicherheitsbe-**

---

[186] Holznagel/Enaux/Nienhaus Rn. 554.
[187] BGH Urt. v. 23.3.2006 – III ZR 141/05, DÖV 2006, 827.
[188] BVerfG Beschl. v. 25.8.1999 – 1 BvR 1499/97, NJW 2000, 798 (799); BVerfG Beschl. v. 18.1.2001 – 1 BvR 1700/0, NJW 2001, 2960 (2961); BVerfG Beschl. v. 26.8.2002 – 1 BvR 142/00, NJW 2003, 196 (198).
[189] BGH Urt. v. 17.7.2009 – V ZR 254/08, CR 2009, 780.
[190] Näher bei BNetzA: http://www.bundesnetzagentur.de/DE/Sachgebiete/Telekommunikation/Unternehmen_Institutionen/Breitband/Infrastrukturatlas/infrastrukturatlas-node.html.
[191] Das Umsetzungskonzept liegt lediglich im Entwurf mit einer Zusammenfassung der hierauf eingegangenen Stellungnahmen vor: http://www.bundesnetzagentur.de/cln_1911/DE/Sachgebiete/Telekommunikation/Unternehmen_Institutionen/Breitband/Infrastrukturatlas/Konsultationen/konsultationen-node.html; Einsichtnahmebedingungen in finaler Fassung: http://www.bundesnetzagentur.de/cln_1911/SharedDocs/Downloads/DE/Sachgebiete/Telekommunikation/Unternehmen_Institutionen/Breitband/Infrastrukturatlas/Konsultationen/abgeschlossen/ISA_ENB_Final_Phase_3.html?nn=352742#download=1 (Stand: 31.7.2015).

denken, so dass die BNetzA die Lieferung nur per Verfügung herbeiführen konnte. Das Verwaltungsgericht Köln lehnte jedoch Anträge der Netzbetreiber auf Wiedereinsetzung der aufschiebenden Wirkung der entsprechenden verpflichtenden Verfügungen ab.[192] Die Telekommunikationsnetzbetreiber sind daher zunächst verpflichtet entsprechende Daten zu ihren Infrastrukturen an die BNetzA zu liefern. Weitere Mitbenutzungsregeln legen die §§ 77b bis e TKG fest.

83 b) **Universaldienste.** Die verfassungsrechtliche Infrastrukturgewährleistungspflicht verpflichtet den Bund, für eine flächendeckende angemessene und ausreichende Versorgung der Bevölkerung mit Telekommunikationsdienstleistungen zu sorgen (Art. 87f Abs. 1 GG). Der geltende gemeinschaftsrechtliche Rechtsrahmen regelt Inhalt und Finanzierung solcher Universaldienste in einer eigenen Richtlinie (**Universaldienst-RL**). Ihre Bestimmungen sind, soweit sie die Bereitstellung von Universaldiensten im engeren Sinne betreffen, in den §§ 78–87 TKG aufgegangen.

84 § 78 Abs. 1 TKG definiert Universaldienstleistungen als ein Mindestangebot an Diensten für die Öffentlichkeit, für die eine bestimmte Qualität festgelegt ist und zu denen alle Endnutzer zu einem erschwinglichen Preis Zugang haben müssen und deren Erbringung für die Öffentlichkeit als Grundversorgung ferner unabdingbar geworden ist. Welche Telekommunikationsdienstleitungen zu Universaldiensten zu zählen sind, ergibt sich aus § 78 Abs. 2 S. 1 TKG. Was unter einem erschwinglichen Entgelt zu verstehen ist, wird in § 79 TKG näher spezifiziert. Im Falle tatsächlicher oder potentieller **Unterversorgung** sind Telekommunikationsunternehmen, die über einen Marktanteil von mindestens 4 Prozent oder auf dem räumlich relevanten Markt über beträchtliche Marktmacht verfügen (§ 80 TKG) zur Erbringung von Universaldiensten verpflichtet. Ob und ggf. in welchen Bereichen Unterversorgung besteht, wird von der BNetzA förmlich festgestellt und veröffentlicht. Sodann ist abzuwarten, ob ein Unternehmen sich freiwillig bereiterklärt, die erforderlichen Universaldienste zu erbringen (§ 81 Abs. 1 S. 1 TKG). Ist dies nicht der Fall, kann die BNetzA eines oder mehrere der vorgenannten Unternehmen explizit verpflichten. Gelingt es insoweit hoheitlich verpflichteten Unternehmen **Ausgleichsansprüche** nach § 82 TKG glaubhaft zu machen, schreibt die BNetzA die Universaldienstleistung aus. Den Zuschlag erhält dasjenige Unternehmen, das die geringste Ausgleichsabgabe fordert (§ 82 Abs. 3 TKG). Im Rahmen der Diskussionen um die TKG-Novelle 2012 kam von politischer Seite vermehrt der Ruf einen **hochbitratigen Internetanschluss** als Universaldienst in § 78 Abs. 2 TKG zu definieren. Die TK-Branche trat dem mit der Begründung, dass ein Breitbandanschluss für jeden Bürger nicht durch die Anbieter finanzierbar sei, vehement entgegen. Letztlich verblieb es bei der Regelung des § 78 Abs. 2 S. 1 Nr. 1 TKG, der lediglich einen **funktionalen Internetzugang** als Universaldienst definiert. Welche Datenübertragungsrate hierfür gewährleistet werden muss, ist nicht festgelegt. Die UniversaldienstRL geht hier in Erwägungsgrund 25 davon aus, dass „... Dienste ..., die der großen Mehrheit der Bevölkerung zur Verfügung stehen, ..." für einen Universaldienst in Betracht kommen. In einer Mitteilung der Kommission vom 23.11.2011[193] geht diese davon aus, dass die „... Mitgliedstaaten zum gegenwärtigen Zeitpunkt gebeten werden" könnten, „eine Einbeziehung von Breitbandanschlüssen in den Universaldienst in Betracht zu ziehen, wenn die betreffende Übertragungsrate auf nationaler Ebene (i) von mindestens der Hälfte aller Haushalte und ii) von mindestens 80 % der Haushalte genutzt wird."[194]

85 c) **Netzneutralität.** „Netzneutralität i. e. S. liegt vor, wenn der gesamte Verkehr in einem Netz gleich (neutral) behandelt wird, unabhängig von (i) Inhalt, (ii) Anwendung, (iii) Dienst, (iv) Absender sowie (v) Empfänger."[195] In Deutschland wird eine rege Diskussion über

---

[192] VG Köln 20.11.2013 – 1 L 969/13.
[193] Mitteilung der Kommission: Universaldienst im Bereich der elektronischen Kommunikation: Bericht über die Ergebnisse der öffentlichen Konsultation und die dritte regelmäßige Überprüfung des Universaldienstumfangs entsprechend Artikel 15 der Richtlinie 2002/22/EG.
[194] Zur Breitbandverfügbarkeit in Deutschland Siehe: TÜV Rheinland/BMWi 2012, Bericht zum Breitbandatlas Mitte 2012 im Auftrag des Bundesministeriums für Wirtschaft und Technologie (BMWi).
[195] BNetzA unter http://www.bundesnetzagentur.de/cln_1911/DE/Sachgebiete/Telekommunikation/Unternehmen_Institutionen/Breitband/Netzneutralitaet/Netzneutralitaet-node.html (Stand: 31.7.2015).

Netzneutralität geführt.[196] Aus diesem Grund sah es der Gesetzgeber als erforderlich an, § 41a TKG aufzunehmen. Hierüber erhält die Bundesregierung die Ermächtigung zum Erlass einer Rechtsverordnung, die grundsätzlichen Anforderungen an eine diskriminierungsfreie Datenübermittlung und diskriminierungsfreien Zugang zu Inhalten und Anwendungen festzulegen. Seit Juli 2013 liegt der 2. Entwurf des BMWI vor 2013.[197]

6. Rechtsschutz

a) **Öffentlich-rechtlicher Rechtsschutz.** Gegen Entscheidungen der BNetzA eröffnet die VwGO den Rechtsweg zu den Verwaltungsgerichten. Ergänzend sieht das TKG einige verfahrensrechtliche Besonderheiten vor. So etwa findet, soweit streitgegenständliche Entscheidung der BNetzA im Beschlusskammerverfahren getroffen wurden, ein Vorverfahren nach § 68 VwGO nicht statt (§ 137 Abs. 2 TKG). Ein Beschlusskammerverfahren ist für alle Entscheidungen der Marktregulierung nach dem Zweiten Teil des TKG vorgesehen. Gleiches gilt im Rahmen der förmlichen Vergabe von Frequenzen. Widerspruch und Klage gegen Entscheidungen der BNetzA haben § 137 Abs. 1 TKG dem zufolge **keine aufschiebende Wirkung**. Eine weitere Besonderheit ist, dass Beschlusskammerentscheidungen der BNetzA nur in einer Tatsacheninstanz vor dem VG angegriffen werden können. Die **Berufung** ist **ausgeschlossen** (§ 137 Abs. 3 TKG). Auch ist im einstweiligen Rechtsschutzverfahren eine Beschwerde zum Oberverwaltungsgericht nicht möglich. Hierdurch soll Marktteilnehmern schneller Rechtssicherheit gewährleistet werden.[198] Die Möglichkeit einer Revision zum BVerwG im Hauptsacheverfahren bleibt demgegenüber bestehen. Alle übrigen Entscheidungen der BNetzA unterliegen unverändert dem bekannten zwei- bzw. dreistufigen Instanzenweg der VwGO. Einsprüche gegen Bußgeldentscheidungen der BNetzA unterliegen der instanziellen Zuständigkeit des Amtsgerichts (§ 68 Abs. 1 OWiG). 86

b) **Zivilrechtlicher Rechtsschutz.** In Ergänzung der Rechtsschutzmöglichkeiten, die das TKG regulierten Unternehmen gegen Maßnahmen der BNetzA gewährt, gibt es Marktteilnehmern auch zivilrechtliche Rechtsschutzmittel an die Hand, auf deren Grundlage sie privatrechtlich gegen die Verletzung telekommunikationsrechtlicher Vorschriften vorgehen können. Zentrale Anspruchsgrundlage ist insoweit § 44 TKG, der sowohl betroffenen Endverbrauchern als auch Wettbewerbern verschuldensunabhängige Beseitigungs- und – besteht zudem Wiederholungsgefahr – **Unterlassungsansprüche** gewährt. Drohen Zuwiderhandlungen erstmalig, bestehen ggf. vorbeugende Unterlassungsansprüche (§ 44 Abs. 1 S. 2 TKG). Beruht die Zuwiderhandlung auf Vorsatz oder Fahrlässigkeit, können ferner **Schadensersatzansprüche** bestehen (§ 44 Abs. 1 S. 4 TKG), auf die entsprechende Haftungsbegrenzung des § 44a TKG sei hingewiesen.[199] 87

III. Vertragsrecht und besonderer Kundenschutz

1. Rechtsnatur von Verträgen über Telekommunikationsdienstleistungen

Die Liberalisierung der Telekommunikationsmärkte hat das Recht der Telekommunikationsdienste um eine privatrechtliche Komponente ergänzt, welche, der zunehmenden Vielfalt der am Markt angebotenen Dienstleistungen folgend, ständig an Komplexität gewinnt. 88

„Telekommunikationsdienstleistungen" waren bis zum Ende der 1980er Jahre im wesentlichen Sprachtelefondienstleistungen im Festnetz. Diese wurden in Deutschland ausschließlich von der DBP angeboten.[200] Vormals öffentlich-rechtlich ausgestaltet[201] sind Verträge über Telekommunikationsdienstleistungen zwischen Telekommunikationsanbieter und End- 89

---

[196] Eingehend Beck'scher TKG-Kommentar/*Nolden* § 41a Rn. 6 ff.
[197] http://m.bmwi.de/BMWi/Redaktion/PDF/M-O/netzneutralitaet-zweiter-entwurf,property=pdf,bereich=bmwimobile2012,sprache=de,rwb=true.pdf (31.7.2015).
[198] So die amtl. Begr. BR-Drucks. 755/03 S. 136.
[199] Siehe näher nachfolgend → Rn. 175.
[200] Zur Liberalisierung der Telekommunikationsmärkte im Einzelnen s. o.
[201] *Graf von Westphalen/Grote/Pohle* S. 17.

nutzer seit der Postreform I, also ab dem 1.7.1991, in den neuen Bundesländern ab dem 1.1.1992, privatrechtlicher Natur. Seither verwenden Telekommunikationsanbieter weitgehend allgemeine Geschäftsbedingungen.[202]

90   Dies gilt auch für den Mobilfunk, der seit der Etablierung der digitalen Netze im Laufe der 1990er Jahre eine stetig wachsende Bedeutung erlangt hat.[203] Neben dem Wandel der Rechtsnatur der Telekommunikationsverträge führte die mit der Liberalisierung der Telekommunikationsmärkte einhergehende wachsende Zahl von Anbietern dazu, dass der Begriff der Telekommunikationsdienstleistung in seiner vertragsrechtlichen Dimension sich nicht mehr auf das bilaterale Verhältnis zwischen einem Telekommunikationsanbieter, welcher gleichzeitig Netzbetreiber und Diensteanbieter ist, und dem Endnutzer beschränkt. Vielmehr treten auf nahezu allen Produktionsstufen einer Telekommunikationsdienstleistung verschiedene Anbieter in Erscheinung, die über komplexe vertragliche Beziehungen miteinander verbunden sind. Systematisch sind dabei Verträge im **Vorleistungsbereich** und solche im **Endkundenbereich** zu unterscheiden:

91   Verträge im Vorleistungsbereich bestehen zwischen Telekommunikationsdienstleistern und/oder Netzbetreibern, soweit diese auf eine Zusammenarbeit angewiesen sind, um dem Endnutzer Telekommunikationsdienste anbieten zu können. Häufige Vertragstypen im Vorleistungsbereich sind solche über **Zugangs- und Zusammenschaltungsleistungen**, also beispielsweise Festnetz-Carrierverträge, Zusammenschaltungsverträge oder Resellerverträge.[204] All diesen Vertragstypen ist gemein, dass die ihnen zu Grunde liegenden Leistungen (insbesondere Zugang und Zusammenschaltung sowie die diesbezüglichen Entgelte) bei Beteiligung der DTAG als vormaligem Monopolisten auf Grund öffentlich-rechtlicher Verpflichtungen auch gegenwärtig noch häufig auf Grundlage von Regulierungsentscheidungen erfolgen. Die inhaltliche Gestaltung der Verträge ist dabei geprägt von Vorgaben der sektorspezifischen Marktregulierung.[205]

92   Im Endnutzerbereich wird ein Telekommunikationsanschlussvertrag mit dem **Netzbetreiber,** im Festnetzbereich der **DTAG** oder einem **alternativen Teilnehmernetzbetreiber** abgeschlossen, im Mobilfunkbereich mit einem der vier bzw. zukünftig drei in Deutschland tätigen **Mobilfunknetzbetreibern.** Diese Vertragsbeziehungen werden ergänzt durch eine Vielzahl möglicher Verträge über Telekommunikationsdienste mit Anbietern, welche, auf Grundlage vertraglicher Vereinbarungen mit einem Netzbetreiber, Endnutzern eigene Dienstleistungen unter Nutzung der Teilnehmeranschlüsse der Netzbetreiber anbieten. Im Festnetzbereich sind dies typischerweise Verträge mit **alternativen Verbindungsnetzbetreibern** auf Call-by-call- oder Preselection-Basis sowie Verträge über den Zugang zum Internet. Im Mobilfunkbereich kommen ua Vertragsbeziehungen mit **Resellern** oder **Mobile Virtual Network Operators (MVNOs)** in Betracht.

93   Auch im Endnutzerbereich ist die Privatautonomie der Vertragsparteien in Teilen beschränkt. Neben den allgemeinen Bestimmungen des AGB- und sonstigen zivilen Verbraucherschutzrechts enthalten insbesondere die Bestimmungen des telekommunikationsrechtlichen Kundenschutzes (§§ 43a ff. und §§ 66a ff. TKG) detaillierte und zwingende Vorgaben zur Ausgestaltung der Leistungsbeziehungen zwischen Telekommunikationsdienstleistern und Endkunden. Daneben sind auch die Vorschriften des Telekommunikationsdatenschutzes und des Fernmeldegeheimnisses von erheblichem Einfluss auf die Vertragsgestaltung. In der Rechtspraxis hat die Mehrzahl der faktisch unüberschaubaren Rechtsstreitigkeiten Endnutzerverträge zum Gegenstand. Für die Anwaltspraxis sind daher die Rechtsprobleme im Endnutzerbereich von weitaus größerer Bedeutung als solche im Vorleistungsbereich. Die nachfolgenden Betrachtungen fokussieren sich demzufolge auf das Vertragsrecht im Endnutzerbereich. Hinsichtlich der im Vorleistungsbereich bestehenden vertragsrechtlichen Probleme sei auf die einschlägige Literatur verwiesen. Neben den bereits aufgezeigten Differenzierungen zwischen Vorleistungs- und Endkundenbereich einerseits und Festnetz und

---

[202] Näher hierzu *Statz* Archiv PT 1992, 97.
[203] Vgl. zur technischen Entwicklung des Mobilfunks → § 4.
[204] Beispiele nach *Schmitz* MMR 2001, 150.
[205] Zu Haftungsfragen gegenüber dem Endkunden siehe bereits oben.

Mobilfunk andererseits ist für die vertragsrechtliche Bewertung von Telekommunikationsdienstleistungen eine weitere Differenzierung bezüglich der Leistungsinhalte erforderlich. So können Telekommunikationsdienstleistungen zum einen in der Bereitstellung klassischer **Sprachtelefondienste** bestehen, zum anderen in der Übertragung von **Daten**[206] sowie der Zugangsgewährung zum Internet. Diese Unterscheidung betrifft **sowohl den Bereich des Festnetzes als auch den des Mobilfunks**. Die vertragstypologische Einordnung von Telekommunikationsverträgen ist seit jeher umstritten. Keiner der Vertragstypen des BGB lässt eine eindeutige Subsumtion ohne jede Einschränkung zu. Auch ist eine differenzierte Behandlung der einzelnen Dienstearten erforderlich. Aufgrund der unterschiedlichen Gewährleistungsvorschriften und der Leitbildfunktion der einzelnen Vertragstypen des BGB für die AGB-Kontrolle ist eine Typifizierung der einzelnen Verträge jedoch erforderlich.[207] Grundsätzlich können Verträge über Telekommunikationsdienste Dienst- oder Werkverträge sein.[208]

a) **Festnetzverträge.** Im Bereich der Festnetztelekommunikation ist zu unterscheiden zwischen der Überlassung des Telekommunikationsanschlusses, dh der Bereitstellung der Teilnehmeranschlussleitung durch den Teilnehmernetzbetreiber und der Herstellung einer konkreten Telekommunikationsverbindung. Die isolierte Bereitstellung eines Teilnehmeranschlusses wird heute allgemein als **Dienstvertrag** typisiert.[209]

In Bezug auf die Herstellung einer konkreten Verbindung ist wiederum zu differenzieren: Erfolgt diese durch einen anderen Anbieter als den Teilnehmernetzbetreiber, so kann dies auf einem Dauerschuldverhältnis (**Preselection**) oder auf einer Einzelvereinbarung über die konkrete Verbindung (**Call-by-call**) beruhen. In jedem Fall ist ein Verbindungsentgelt nur dann geschuldet, wenn eine Verbindung erfolgreich aufgebaut wurde. Dies spricht dafür, den Vertrag über die Verbindungsleistung dem **Werkvertragsrecht** zuzuordnen.[210] Demgegenüber qualifiziert die Rechtsprechung auch Verträge über einzelne Telefonverbindungen zT ohne nähere Begründung als **Dienstverträge**, und stützt den Entgeltanspruch des Anbieters auf § 611 BGB.[211] Entsprechend beurteilt die Rechtsprechung das Vertragsverhältnis eines Telekommunikationsvertrages im Bereich der Festnetzsprachtelefonie insgesamt nach **Dienstvertragsrecht** zu beurteilen – sei es hinsichtlich der Bereitstellung des Telekommunikationsanschlusses, sei es hinsichtlich der einzelnen Verbindung.[212]

b) **Mobilfunkverträge.** Leistungsgegenstand eines Mobilfunkvertrages ist – ähnlich dem Festnetzvertrag –, die Zugangsgewährung zu Mobilfunknetzen sowie die Ermöglichung der Nutzung mobiler Telekommunikationsverbindungen gegen Zahlung eines Entgelts. Auch beim Mobilfunkvertrag ist die bürgerlich-rechtliche Vertragstypisierung von der Rechtsprechung geklärt. Die Mehrzahl der Entscheidungen stützt den Entgeltanspruch des Mobilfunkanbieters ohne Weiteres auf § 611 BGB, so dass die Anwendbarkeit von Dienstvertragsrecht zumindest stillschweigend unterstellt wird.[213] Hierbei wird vernachlässigt, dass man den Mobilfunkvertrag als **gemischt-typischen Vertrag** begreifen könnte, der im Wesentlichen Elemente des **Dienstvertrages**, daneben aber auch solche des **Mietvertrages** enthält.[214] Das

---

[206] Freilich kann auch die Datenübertragung der Übertragung von Sprache dienen. Dies ist insbesondere bei VoIP bzw. Internettelefonie der Fall.
[207] *Graf von Westphalen/Grote/Pohle* S. 17.
[208] Palandt/*Weidenkaff* Einf. v. § 611 Rn. 22.
[209] BGH Urt. v. 4.3.2004 – III ZR 96/03, NJW 2004, 1590 (1591); BGH Urt. v. Urteil vom 16.11.2006 – III ZR 58/06, CR 2007, 85; Palandt/*Sprau* Einf. v. § 631, Rn. 28; aA noch *Graf von Westphalen/Grote/Pohle* S. 20 (Mietvertrag unter Hinweis auf die Bereitstellung der der Teilnehmeranschlussleitung bzw. -einheit (TAE).
[210] Ebenso *Graf von Westphalen/Grote/Pohle* S. 20.
[211] So etwa BGH Urt. v. 28.7.2005 – III ZR 3/05, NJW 2005, 3636; BGH Urt. v. 4.3.2004 – III ZR 96/03, NJW 2004, 1590 (1591); AG Frankfurt Urt. v. 15.6.2004 – 30 C 718/04 – 32, MMR 2005, 488; ebenso die Nachweise bei Palandt/*Sprau* Einf. v. § 631 Rn. 28.
[212] BGH Urt. v. 16.11.2006 – III ZR 58/06, CR 2007, 85; BGH Urt. v. 28.7.2005 – III ZR 3/05, NJW 2005, 3636; BGH Urt. v. 4.3.2004 – III ZR 96/03, NJW 2004, 1590, 1591.
[213] BGH Urt. v. 18.4.2002 – III ZR 199/01, NJW 2002, 2386, 2387 mwN; OLG Köln Urt. v. 15.5.1998 – 6 U 72/97, Magazindienst 1998, 947 (Ls.); ebenso aus der Literatur *Schöpflin* BB 1997, 106.
[214] Näher *Graf von Westphalen/Grote/Pohle* S. 170 ff.

mietvertragliche Element des Mobilfunkvertrages ergibt sich aus dem Umstand, dass dem Kunden vom Mobilfunkanbieter zur Ermöglichung des Netzzuganges eine Chip-Karte, oder auch SIM-Karte genannt, überlassen wird. Bei dieser Chip-Karte handelt es sich um einen körperlichen Gegenstand iSd § 90 BGB. Dieser wird dem Kunden für die Laufzeit des Mobilfunkvertrags von Mobilfunkanbietern zur Nutzung zur Verfügung gestellt und ist nach den üblichen vertraglichen Vereinbarungen bei Beendigung des Vertrages zurückzugeben. Auch für die Überlassung der SIM-Karte zahlt der Mobilfunkkunde sein Entgelt und die Überlassung dieses technischen Schlüssels in das Mobilfunknetz hat auch neben den im Übrigen geschuldeten, telekommunikationsbezogenen Leistungen des Anbieters durchaus eine eigenständige Bedeutung.

97 Dienstvertraglichen Charakter (und keinen werkvertraglichen) weist der Mobilfunkvertrag hingegen in jedem Fall insoweit auf, als unter Benutzung der Chip-Karte nach Freischaltung des Anschlusses von Seiten des Mobilfunkanbieters technisch-tatsächlich **Zugang** zu dem vertraglich bestimmten Mobilfunknetz geschuldet wird. Dienstvertraglich einzuordnen ist schließlich auch die dem Kunden vertraglich geschuldete Möglichkeit, unter Nutzung des Mobilfunknetzes **Telekommunikationsverbindungen** zu bzw. von dritten Teilnehmern eines beliebigen Mobilfunk- oder Festnetzes aufzubauen bzw. entgegenzunehmen. Entscheidend ist, dass der Mobilfunkanbieter aufgrund der nach wie vor limitierten technischen Kapazitäten eines jeden Mobilfunknetzes einerseits sowie im Einzelfall naturbedingter Hindernisse der Mobilfunktelefonie, die wirtschaftlich vertretbar nicht umgangen werden können, kein vertragliches Versprechen abgibt, unter allen Umständen den Erfolg eines erfolgreichen Netzzugangs sowie den Erfolg der Herstellung einer abgehenden Mobiltelefonverbindung, mithin ein Werk, schulden zu wollen.

98 c) **Datendienste.** Anders als bei Verträgen über Sprachtelefondienstleistungen hatte sich die höchstrichterliche Rechtsprechung mit der Typisierung von Verträgen über die Gewährung von Zugang zum Internet (Internet-Access-Verträge) bereits auseinanderzusetzen und ordnete diese dem Dienstvertragsrecht zu.[215] Eine Anwendung der **mietvertraglichen** Regeln kam für den BGH nicht in Betracht. Schwerpunkt der Leistung sei nicht die Nutzung des Rechners des Providers sondern der Transport von Daten in das und aus dem Internet. Eine Anwendung der **werkvertraglichen** Vorschriften sei ebenfalls nicht angezeigt, da die Leitungskapazitäten des Providers begrenzt seien und die Übertragungsgeschwindigkeit je nach Netzauslastung schwanke, so dass der Provider das jederzeitige Zustandekommen einer Verbindung in das Internet mit einer festen Datenübertragungsgeschwindigkeit als vertraglich geschuldeten Erfolg nicht versprechen könne. Diese grundsätzlichen Überlegungen des BGH dürften sich auf **sämtliche Telekommunikationsdienste zur Übertragung von Daten** übertragen lassen – unabhängig davon, ob diese über Festnetz- oder Mobilfunkverbindungen realisiert werden, so lange sie auf einem Dauerschuldverhältnis beruhen. Im Bereich der **Call-by-call-Verbindungen** (etwa sog Internet by call) sprechen indes die besseren Gründe für eine Anwendung von Werkvertragsrecht. Gleiches gilt für Verträge, deren Entgeltberechnung vom übertragenen **Datenvolumen** abhängt.[216]

2. Zustandekommen

99 Verträge über den Zugang zu Telekommunikationsnetzen und über die Inanspruchnahme von Telekommunikationsdienstleistungen sind vertragliche Vereinbarungen, die den Regelungen des Privatrechts unterfallen. Anders als im Falle der früheren öffentlich-rechtlichen Ausgestaltung ist daher stets zu prüfen, zwischen welchen **Parteien** im Einzelfall und mit welchem Inhalt ein Mobilfunkvertrag zustande kommt. Dieser allgemeine rechtliche Befund wirft im Telekommunikationsbereich, der von einer Vernetzung verschiedener, dem Endverbraucher nur zum Teil bekannter Anbieter geprägt ist, besondere Schwierigkeiten auf. Dar-

---

[215] BGH Urt. v. 23.3.2005 – III ZR 338/04, NJW 2005, 2076; dies entspricht der bereits vorher herrschenden Auffassung in der Literatur, vgl. *Spindler* CR 2004, 203 (207 f.); *Spindler*, VertragsR der Internetprovider, Teil IV, Rn. 93; *Ernst*, Vertragsgestaltung im Internet, Rn. 547; *Redeker* ITRB 2003, 82 (83); *Petri/Göckel* CR 2002, 329 (331 f.); *Härting* CR 2001, 37 (38); *Wischmann* MMR 2000, 461 (465).
[216] *Spindler* EWiR 2005, 627.

über hinaus ist eine notwendige Konsequenz der Geltung des allgemeinen privatrechtlichen Grundsatzes der Vertragsfreiheit, dass stets im Einzelfall zu klären ist, welche **spezifischen vertraglichen Regelungen** in Abgrenzung zum dispositiven Gesetzesrecht den Inhalt solcher Telekommunikationsverträge prägen.

a) Vertragsparteien. Eine der Parteien eines Telekommunikationsvertrages ist der gewerbliche oder private Kunde, der das Angebot Telekommunikation und die damit verbundene Dienstleistung nutzen will und nutzt. Kunde kann jede beliebige natürliche oder juristische Person sein. Komplexer ist die Festlegung der anderen Parteien des spezifischen Telekommunikationsvorganges. Dies resultiert aus dem Nebeneinander von **Teilenehmernetz- und Verbindungsnetzbetreibern, Serviceprovidern** und Anbietern **telekommunikationsgestützter Inhalte (Mehrwertdienste).** 100

Vertragspartner des Endkunden im Bereich des **Festnetzes** ist zunächst der Anbieter, der dem Kunden den Telekommunikationsanschluss bereitstellt. Hierbei handelt es sich regelmäßig um dasjenige Unternehmen, das die operativ-wirtschaftliche Kontrolle über die Teilnehmeranschlussleitung, also die Linie vom Hauptverteiler bis zum Hausanschluss ausübt. Dies kann der eigentliche Betreiber des Netzes selbst sein – also regelmäßig noch die DTAG – oder ein Anbieter, dem der Netzbetreiber, meist auf Grundlage einer Regulierungsverfügung, Zugang zu dem Teilnehmeranschluss des Kunden gewährt. Daneben hat der Endkunde im Festnetzbereich die Möglichkeit, die Verbindungen über vom Teilnehmernetzbetreiber verschiedene Verbindungsnetzbetreiber zu realisieren. Zwischen dem Teilnehmernetzbetreiber und dem Verbindungsnetzbetreiber besteht in der Regel eine Zusammenschaltungsvereinbarung.[217] Zwischen dem Endkunden und dem Verbindungsnetzbetreiber kommt ein selbstständiger schuldrechtlicher Vertrag zu Stande. Dieser kann als Dauerschuldverhältnis (Preselection) oder Einmalleistung (call by call) ausgestaltet sein. 101

Im Bereich des **Mobilfunks**[218] steht dem Endnutzer ein einheitlicher Anbieter gegenüber – die Möglichkeit der Auswahl eines von Teilnehmernetzbetreiber unterschiedlichen Verbindungsnetzbetreibers besteht hier nicht. Bedient sich der Mobilfunkanbieter zur Erbringung der Telekommunikationsleistung alleine eines fremden Netzes (so etwa bei MVNOs), beruht die Nutzung fremder Übertragungskapazitäten auf einer vertraglichen Abrede zwischen dem Anbieter und dem Mobilfunknetzbetreiber. Unmittelbare vertragliche Beziehungen zwischen dem Netzbetreiber und dem Endkunden entstehen hier nicht. Der Mobilfunkanbieter bedient sich in einem solchen Fall dem Mobilfunknetzbetreiber als Erfüllungsgehilfen. Nichts anderes gilt, wenn sich der Kunde nicht unmittelbar an den Mobilfunknetzbetreiber wendet sondern sich für einen netzunabhängigen Serviceprovider[219] entscheidet. Letztere erbringen gegenüber dem Kunden Mobilfunkdienstleistungen im eigenen Namen und auf eigene Rechnung in Gestalt des Weiterverkaufs „fertiger" Mobilfunkprodukte des Mobilfunknetzbetreibers. Auch in diesem Fall hat der jeweilige Mobilfunknetzbetreiber rechtlich die Stellung eines Erfüllungsgehilfen. Im Verhältnis zum Kunden ist § 278 BGB anzuwenden. Die Stellung des Mobilfunknetzbetreibers, sonstigen Mobilfunkanbietern respektive Serviceprovidern als Vertragspartner des Kunden aus dem Mobilfunkvertrag wird nicht dadurch berührt, dass der Kunde bei der Inanspruchnahme von Mobilfunkdienstleistungen im Ausland die Netze dritter ausländischer Mobilfunkanbieter nutzt (sog internationales Roaming). Zwar schaltet sich der Kunde dabei in Mobilfunknetze ausländischer Netzbetreiber tatsächlich ein, um Mobilfunkdienstleistungen zu nutzen. Auch werden die anfallenden nutzungsabhängigen Entgelte in der Abrechnung des inländischen Netzbetreibers bzw. Serviceproviders regelmäßig gesondert unter Benennung des konkreten ausländischen Netzbetreibers ausgewiesen. Gleichwohl wird der ausländische Mobilfunknetzbetreiber hierdurch nicht zum Vertragspartner des Kunden, er ist lediglich der Erfüllungsgehilfe des inländischen Vertragspartners des Kunden hinsichtlich der Erbringung von Mobilfunkleistungen.[220] 102

---

[217] Ausführlich hierzu siehe bereits oben.
[218] Vgl. hierzu ausführlich *Graf von Westphalen/Grote/Pohle* S. 176 ff.
[219] ZB: mobilcom-debitel GmbH etc.
[220] Vgl. LG Rostock Urt. v. 27.11.2003 – 1 S 100/03, NJW 2004, 133 (Ls.).

103 Vorstehende Ausführungen lassen sich ohne weiteres auf **Datendienste** übertragen. Datendienste über das Festnetz, zB eine DSL-Verbindung, können vom Teilnehmernetzbetreiber oder einem dritten Provider bereitgestellt werden. Die jeweiligen Vertragsverhältnisse sind voneinander grundsätzlich unabhängig. Dass Daten- und Sprachverbindung technisch über dieselbe Telefonleitung realisiert werden (Line Sharing), die Leistung des Teilnehmernetzbetreibers mithin Voraussetzung der Leistungen des Zugangsproviders ist, ist für die grundsätzlichen vertraglichen Beziehungen unerheblich.

104 Im **Mobilfunk** erfolgt in der Regel keine Trennung zwischen Sprach- und Datendiensten. Leistungen wie der Zugang zu Internet werden neben der Sprachübertragung sowohl von den Mobilfunknetzbetreibern als auch sonstigen Mobilfunkanbietern und Serviceprovidern angeboten. Insofern bestehen hier gegenüber der Sprachtelekommunikation keine Besonderheiten.

105 Die vertraglichen Beziehungen bei der Inanspruchnahme von **Mehrwertdiensten** gestalten sich, trotz mehrerer höchstrichterlicher Entscheidungen, nach wie vor schwierig: Mehrwertdienste sind telekommunikationsgestützte Dienste iSd § 3 Ziff. 25 TKG, also solche Dienste, die keine Telekommunikationsleistung zum Gegenstand haben sondern diese vielmehr als Transportleitung nutzen um eigene Inhalte („Mehrwert") anzubieten. Die wichtigsten Arten von Mehrwertdiensten finden sich im Katalog der Legaldefinitionen des § 3 TKG. Hierzu zählen Auskunftsdienste (Ziff. 2a), Leistungen, die unter der entgeltfreien Nummer 0800 („entgeltfreie Telefondienste", Ziff. 8a) zu erreichen sind, Kurzwahl-Datendienste (Ziff. 11a), Kurzwahldienste (Ziff. 11b), Kurzwahl-Sprachdienste (Ziff. 11c) und Massenverkehrsdienste (0137-Dienste, Ziff. 11d) sowie Premium-Dienste (0900er-Dienste, Ziff. 17b) und, unter bestimmten Voraussetzungen, neuartige Dienste iSd Ziff. 12b.[221] Für (0)180er-Rufnummern gelten seit dem 1.3.2010 Preisansagepflichten und für Anrufe aus dem Mobilfunknetz preisliche Obergrenzen von max. EUR 0,42 pro Minute.[222]

106 Ausgangspunkt der vertragsrechtlichen Auseinandersetzung ist der Umstand, dass Mehrwertdienstleistungen in der Praxis nicht unbedingt von einem Netzbetreibe, sondern von **Drittfirmen** (Mehrwertdiensteanbieter) erbracht werden. Der bzw. die beteiligten Netzbetreiber beschränken sich darauf, fernmeldetechnisch die Verbindung zu dem jeweiligen dritten Diensteanbieter herzustellen. Wird die Verbindung zum Mehrwertdiensteanbieter über das Festnetz realisiert, ist auf Seiten der Netzbetreiber zwischen Teilnehmernetzbetreiber und Verbindungsnetzbetreiber zu differenzieren.[223] Aufgabe des **Teilnehmernetzbetreibers** ist es – wie bei normalen Ferngesprächen auch – den Zugang zum öffentlichen Telefonnetz bereitzustellen und den Anruf des Endkunden aus dem Ortsnetz in das Netz des **Verbindungsnetzbetreibers** zu überführen, in dessen Netz die Mehrwertdiensterufnummer realisiert wird. Der Verbindungsnetzbetreiber nimmt den Anruf entgegen und leitet diesen dem Zielanschluss zu, unter dem der Mehrwertdienst erbracht wird. Gegebenenfalls bedient er sich hierbei wiederum der Dienste anderer Netzbetreiber, etwa wenn der Zielanschluss in einem fremden Ortsnetz liegt. Der **Mehrwertdiensteanbieter** schließlich stellt dem Endkunden die nachgefragten Inhalte über die so realisierte Telefonverbindung bereit.

107 Unstreitig besteht zwischen dem Vertragspartner des Kunden im Rahmen des Telekommunikationsvertrages – von der Rechtsprechung in den einschlägigen Entscheidungen häufig undifferenziert als Teilnehmernetzbetreiber bezeichnet – und dem Endkunden ein Vertragsverhältnis über die Bereitstellung des Telekommunikationsanschlusses. In Bezug auf die konkrete Verbindung zum Mehrwertdiensteanbieter beschränkt sich die Leistung des Teilnehmernetzbetreibers jedoch auf die Zuführung des Anrufs in das Netz des Verbindungsnetzbetreibers. Diese Transportleistung ist bereits durch das Entgelt für die Bereitstellung des Telekommunikationsanschlusses abgegolten. Vertragsrechtlich ist das zwischen dem Endnutzer und dem Teilnehmernetzbetreiber bestehende Dauerschuldverhältnis mithin

---

[221] Vgl. zu den Einzelheiten: Beck'scher TKG-Kommentar/*Cornils ua* § 3 TKG Rn. 1 ff.
[222] BNetzA, Pressemitteilung v. 1.3.2010, Bundesnetzagentur weist auf Änderungen bei (0)180er Rufnummern hin, http://www.bundesnetzagentur.de/media/archive/18276.pdf (7.3.2010).
[223] Instruktiv hierzu, *Schmitz/Eckhardt* CR 2006, 323.

unabhängig von der konkreten Verbindung zum Mehrwertdiensteanbieter.[224] Zusätzliche Vertragsbeziehungen zwischen Endnutzer und Teilnehmernetzbetreiber entstehen durch die Inanspruchnahme des Mehrwertdienstes nicht.[225] Weitgehend unproblematisch sind auch die Vertragsbeziehungen zwischen Endnutzer und Mehrwertdiensteanbieter: Wählt der Endkunde eine Mehrwertdiensterufnummer an, kommt zwischen ihm und dem Mehrwertdiensteanbieter ein Vertrag über die Erbringung des Mehrwertdienstes zu Stande. Der Mehrwertdiensteanbieter gibt durch die Bereithaltung des Mehrwertdienstes eine Realofferte ab. Diese nimmt der Anschlussinhaber durch die Anwahl der Mehrwertdiensterufnummer zumindest konkludent an.[226]

Problematisch war die Frage, ob durch die Inanspruchnahme des Mehrwertdienstes eigene Vertragsbeziehungen zwischen dem Verbindungsnetzbetreiber, in dessen Netz der Mehrwertdienst realisiert wird, und dem Endkunden entstehen. Der BGH hat dies in zwei grundlegenden Entscheidungen zu Recht verneint.[227] Maßgeblich für die Bestimmung der vertraglichen Beziehungen sei gem. §§ 133, 157 BGB der objektive Empfängerhorizont aus Sicht des Endnutzers im Zeitpunkt der Inanspruchnahme des Mehrwertdienstes. Dabei sei das Leistungsgeflecht zwischen den beteiligten Anbietern dem Endnutzer nicht bekannt und damit für die Bestimmung der vertraglichen Beziehungen unerheblich. Jedenfalls könne der Anwahl einer Mehrwertdiensterufnummer nicht der Erklärungswert entnommen werden, neben dem Vertrag mit dem Mehrwertdiensteanbieter einen weiteren Vertrag mit dem Verbindungsnetzbetreiber über die Erbringung von Transportleistungen abschließen zu wollen. Ob der Verbindungsnetzbetreiber in diesem Verhältnis Erfüllungsgehilfe des Mehrwertdiensteanbieters oder des Teilnehmernetzbetreibers ist, ließ der BGH offen. Vorgenannte Rechtsprechung hat zur Folge, dass dem Verbindungsnetzbetreiber ein eigener Entgeltanspruch nicht, auch nicht hinsichtlich des die Transportleistung betreffenden Anteils des Entgelts, gegen den Nutzer zusteht.

Dem Verbindungsnetzbetreiber steht jedoch die Möglichkeit offen, Vergütungsansprüche des Mehrwertdiensteanbieters auf Grundlage einer wirksamen Abtretung, Einziehungsermächtigung, Forderungskauf oder Inkassobefugnis geltend zu machen, sofern er nachweisen kann, mit welchen Personen derartige Absprachen getroffen wurden.[228] Allerdings trifft den Verbindungsnetzbetreiber damit auch die Pflicht, geltend gemachte Forderungen substantiiert darzulegen und zu beweisen. Nach der Rechtsprechung muss der Verbindungsnetzbetreiber dem Kunden hierzu eine Telefonrechnung vorlegen, die ihm ein qualifiziertes Bestreiten ihres Inhalts ermöglicht. Eine bloße Auflistung der Rufnummern der jeweiligen Mehrwertdiensteanbieter genügt nicht.[229] Die vorstehend für das Rechtsverhältnis zwischen dem Endkunden und dem Verbindungsnetzbetreiber dargestellten Grundsätze sind jedoch nicht auf die Vertragsbeziehungen zwischen Teilnehmernetzbetreiber und Endkunden übertragbar. Zwar besteht der transportbezogene Telekommunikationsvertrag zwischen Teilnehmer und Teilnehmernetzbetreiber grundsätzlich unabhängig von dem inhaltsbezogenen Mehrwertdienstevertrag. Dennoch ist der Teilnehmernetzbetreiber berechtigt, in seinen all-

---

[224] So schon BGH Urt. 22.11.2001 – III ZR 5/01, NJW 2002, 361; BGH Urt. v. 4.3.2004 – III ZR 96/03, MMR 2004, 308 (309); deutlich auch BGH Urt. v. 16.11.2006 – III ZR 58/06, CR 2007, 85; hierzu und zum Folgenden auch *Schmitz/Eckhardt* CR 2006, 323 (327 f.); *Schmitz* CR 2002, 170 (171); *Skrobotz* CR 2005, 100 (101).
[225] Gleiches gilt auch bei Inanspruchnahme eines vom Teilnehmernetzbetreiber verschiedenen Verbindungsnetzbetreibers im Wege des Call by call, vgl. hierzu *Schmitz* CR 2006, 170 (171).
[226] BGH Urt. v. 28.7.2005 – III ZR 3/05, NJW 2005, 3636 (3637); BGH Urt. v. 4.3.2004 – III ZR 96/03, NJW 2004, 1590 (1591); BGH Urt. v. 22.11.2001 – III ZR 5/01, NJW 2002, 361 (362); s auch LG Saarbrücken Urt. v. 22.6.2011 – 10 S 99/10, CR 2012, 93 ff. (Rn. 31 ff.), das bei der Erbringung von Mehrwertdiensten bei der Abrechnung von Mehrwertdiensten mittels Premium-Dienst iSd § 3 Nr. 17a TKG zudem zwischen dem telekommunikationsrechtlichen „Inkassogeschäft" und dem sonstigen „Kausalgeschäft" unterscheidet.
[227] BGH Urt. v. 20.10.2005 – III ZR 37/05, NJW 2006, 286; BGH Urt. v. 28.7.2005 – III ZR 3/05, NJW 2005, 3636.
[228] LG Koblenz Urt. v. 6.3.2007 – 6 S 316/0, CR 2007, 513, 514.
[229] LG Augsburg Urt. v. 24.4.2007 – 3 O 678/06, MMR 2007, 672; zu den Nachweispflichten im Falle streitiger Telefonrechnungen vgl. unten.

gemeinen Geschäftsbedingungen zu regeln, dass er auch Vergütungen, die für die Nutzung von Mehrwertdienstangeboten Dritter über den Telefonanschluss des Endkunden verschuldet werden, als eigene Forderungen geltend machen kann.[230] Teilnehmernetzbetreiber und Mehrwertdiensteanbieter treten dem Teilnehmer in diesem Fall als Gesamtgläubiger (§ 428 BGB) gegenüber.[231] Allerdings kann der Teilnehmer in diesem Falle einer Entgeltforderung des Teilnehmernetzbetreibers auch alle **Einwendungen** entgegenhalten, die ihm eigentlich nur gegenüber dem Mehrwertdiensteanbieter zustünden. Wenngleich der BGH den Telekommunikationsdienstvertrag als „neutrales Hilfsgeschäft" betrachtet, das Einwendungen, die sich aus der inhaltsbezogenen Leistung des Mehrwertdiensteanbieters ergeben, nicht zulasse,[232] wird diese Rechtsprechung in dieser spezifischen Konstellation der Geltendmachung von Ansprüchen aus Mehrwertdiensteverträgen durch den Teilnehmernetzbetreiber dahingehend revidiert, dass sich der Teilnehmernetzbetreiber die im Verhältnis des Endkunden zu dem dritten Mehrwertdiensteanbieter bestehenden Einwendungen entgegenhalten lassen muss.[233] Dieses Einwendungsrecht kann auch formularvertraglich nicht ausgeschlossen werden.[234]

110   **Exkurs: Fakturierung und Inkasso von Verbindungsentgelten.** Ungeachtet der vorstehend angesprochenen differenzierten Vertragsbeziehungen erfolgt die Abrechnung sämtlicher über einen bestimmten Teilnehmeranschluss in Anspruch genommenen Leistungen in der Regel in einer einheitlichen Rechnung, welche der Teilnehmernetzbetreiber ausstellt und einzieht. Grundlage dieser Praxis sind regelmäßig Fakturierungs- und Inkassovereinbarungen zwischen den Anbietern, welche als Teil der Zusammenschaltungsvereinbarung auch der Regulierung unterliegen können.[235] Zu unterscheiden ist hier das so genannte Online-Billing vom sog Offline-Billing-Verfahren:[236] Das Online-Billing-Verfahren kommt derzeit im Rahmen der Abrechnung von Verbindungen zu Rufnummern der Nummerngassen 0137 und 0180 sowie zu Verbindungen zu 0900er-Mehrwertdiensten und Auskunftsdiensten (118xy), die aus Mobilfunknetzen getätigt werden, zum Einsatz. Bei diesem Abrechnungsverfahren wird der Endkundenpreis vom Teilnehmernetzbetreiber festgelegt. Der Teilnehmernetzbetreiber fakturiert die Leistung gegenüber dem Endkunden als eigene Leistung im eigenen Namen und auf eigene Rechnung. Weder der Verbindungsnetzbetreiber noch der Mehrwertdiensteanbieter machen in diesem Verfahren einen eigenen Zahlungsanspruch dem Endkunden gegenüber geltend. Das Ausfallrisiko liegt hier beim Teilnehmernetzbetreiber. Im Innenverhältnis leitet der Teilnehmernetzbetreiber das Entgelt für den Mehrwertdienst, abzüglich seiner im Rahmen des Zusammenschaltungsvertrags vereinbarten Aufwendungen für Transport, Rechnungsstellung und Forderungsausfall an den Verbindungsnetzbetreiber weiter.

111   Im Offline-Billing-Verfahren werden derzeit **Call-by-call** und **Preselection**-Verbindungen, Verbindungen zu **Online-Diensten** sowie 0900er-Verbindungen aus dem **Festnetz** abgerechnet. Bei diesem Verfahren legt der Verbindungsnetzbetreiber, ggf. nach Vorgabe des Mehrwertdiensteanbieters, die Entgelte fest. Die Abrechnung mit dem Endkunden nimmt der Teilnehmernetzbetreiber nach dem Leitbild des § 45h TKG[237] **im Namen des Verbindungsnetzbetreibers bzw. sonstigen Anbieters** auf Grundlage eines Fakturierungs- und Inkasso-Vertrages mit dem Verbindungsnetzbetreiber vor. In der Abrechnung werden diese Verbindungen als solche „anderer Anbieter" ausgewiesen. Der Teilnehmernetzbetreiber zieht die Entgelte gegenüber dem Endkunden ein und leitet diese an den Verbindungsnetzbetreiber weiter. Mahnung und Inkasso obliegen dem Verbindungsnetzbetreiber. Der Teilnehmernetzbetreiber teilt dem Endkunden auf der Rechnung den Namen und die Adresse des Verbin-

---

[230] BGH Urt. v. 16.11.2006 – III ZR 58/06, CR 2007, 85, anders noch die Vorinstanz OLG Koblenz Urt. v. 9.2.2006 – 2 U 42/05, MMR 2006, 627; zust. hierzu *Mankowski* MMR 2006, 585; *Vander* K&R 2006, 566 (568).
[231] BGH Urt. v. 16.11.2006 – III ZR 58/06, CR 2007, 85.
[232] BGH Urt. v. 22.11.2001 – III ZR 5/01, NJW 2002, 361.
[233] BGH Urt. v. 16.11.2006 – III ZR 58/06, CR 2007, 85.
[234] BGH Urt. v. 16.11.2006 – III ZR 58/06, CR 2007, 85.
[235] Siehe hierzu bereits oben.
[236] Siehe hierzu und zum Folgenden *Schmitz/Eckhardt* CR 2006, 323 (324 f.); *Ditscheid* CR 2006, 316.
[237] Hierzu im Einzelnen noch im Folgenden.

dungsnetzbetreibers mit, an den er Fragen und Einwendungen in Bezug auf die Rechnung richten kann. Das **Ausfallrisiko** liegt bei diesem Abrechnungsverfahren beim **Verbindungsnetzbetreiber bzw. den sonstigen Anbietern.**

b) Vertragsschluss. Der Abschluss eines Telekommunikationsvertrages richtet sich nach den allgemeinen zivilrechtlichen Regeln von Angebot und Annahme, §§ 145 ff. BGB. Erfolgt der Vertragsschluss in den Räumen des Anbieters, so weist ein Telekommunikationsvertrag keine Besonderheiten gegenüber anderen Vertragsarten auf. Insbesondere im Bereich der Mobilfunk-Anbieter sowie des Internet-Access hat sich neben dem Vertrieb über Filialnetze jedoch das **Internet** als Vertriebskanal etabliert. Es gelten die gleichen Regeln wie für den Bezug sonstiger Waren oder Dienstleistungen über das Internet. Zu beachten ist die Anwendbarkeit der **§§ 312b ff. BGB.**

Ab welchem Zeitpunkt von einem Vertragsschluss auszugehen ist, hängt von der gewählten Vertriebsform ab. Ein Vertragsschluss ist spätestens dann anzunehmen, wenn der Kunde **zum ersten Mal Telekommunikationsleistungen des Anbieters in Anspruch nimmt** bzw. im Falle von Mobilfunkdienstleistungen mit Kauf der SIM-Karte im sog Prepaid-Modell und mit der **Freischaltung der SIM-Karte**[238] nach entsprechender Auftragserteilung durch den Kunden im sog Postpaid-Modell.[239] Hat der Kunde die SIM-Karte über das Internet bestellt, so kommt ein Vertrag in aller Regel aufgrund der **Auftragsbestätigung** des Anbieters oder, gem. § 151 BGB, durch **Versand der Karte** zu Stande.[240] Vorstehende rechtliche Wertungen, die sich aus den allgemeinen Regeln zu Angebot und Annahme des BGB ergeben, werden von Anbietern im Rahmen ihrer Allgemeinen Geschäftsbedingungen häufig in sog **Vertragsabschlussklauseln** festgeschrieben. Gelegentlich bestimmen die Allgemeinen Geschäftsbedingungen abweichend, dass eine Vertragsannahme im Wege der Freischaltung der SIM-Karte lediglich eine von mehreren Möglichkeiten zur Annahme des Angebots des Kunden auf Abschluss eines Telefondienstvertrages sein soll. Solche Klauseln sind auch vor dem Hintergrund der §§ 307 ff. BGB zulässig, da sie mit Blick auf die §§ 145 ff. BGB lediglich deklaratorischen Charakter haben.[241] Im Falle von Mehrwertdiensten oder Verbindungsleistungen auf Call-by-call-Basis erfolgt der Vertragsschluss durch Anwahl der Nummer des Anbieters. Der Anbieter gibt durch die Bereithaltung seiner Leistung im Netz eine **Realofferte** ab. Diese nimmt der Teilnehmer durch Anwahl der entsprechenden Nummer konkludent an.[242] Anders stellt sich die Rechtslage bei der Inanspruchnahme von Datendiensten über **Premium-SMS** dar – etwa dem Download von Handy-Klingeltönen. Der Handynutzer gibt hier ein Angebot auf Abschluss des Content-Vertrages ab, indem er eine SMS an eine Kurzwahl versendet, seine Verbindungsdaten auf dem Internetportal eines Klingeltonanbieters eingibt und absendet oder eine Mehrwertdiensterufnummer wählt. Dieses Angebot nimmt der Klingeltonanbieter durch die Eröffnung der Download-Möglichkeit bzw. die Versendung des Klingeltons an.[243]

Besondere Informationspflichten. Erfolgt der Vertrieb von Telekommunikationsdienstleistungen im Wege des Fernabsatzes oder mit Hilfe elektronischer Kommunikationsmittel, so hat der Anbieter die Informationspflichten der §§ 312c ff. BGB iVm Art. 246 §§ 1–2 EGBGB zu beachten. Deren Einhaltung ist vor allem für Anbieter von Mehrwertdiensten und Call-by-call-Verbindungsleistungen problematisch, da hier Möglichkeiten zur Kundeninformation, technisch begrenzt sind.[244] Bedeutsam ist in diesem Zusammenhang insbesondere

---

[238] *Graf von Westphalen/Grote/Pohle* S. 183.
[239] AG Tempelhof-Kreuzberg Urt. v. 28.12.2012 – 24 C 166/12, CR 2013, 303 f.
[240] In der bloßen Bestätigung des Zugangs der Bestellung gem. § 312e Abs. 1 Ziff. 3 ist dagegen keine Annahmeerklärung des Mobilfunkanbieters zu sehen, vgl. LG Hamburg Urt. v. 9.7.2004 – 317 S 130/03, CR 2005, 227.
[241] Vgl. *Hahn* MMR 1999, 251 (252); *Hahn* ZAP 1999 Nr. 6, 279 (282).
[242] BGH Urt. v. 28.7.2005 – III ZR 3/05, NJW 2005, 3636 (3637); BGH Urt. v. 4.3.2004 – III ZR 96/03, NJW 2004, 1590 (1591); BGH Urt. v. 22.11.2001 – III ZR 5/01, NJW 2002, 361 (362).
[243] *Klees* CR 2005, 626 (629); s. auch LG Saarbrücken Urt. v. 22.6.2011 – 10 S 99/10, CR 2012, 93 (Rn. 31 ff.).
[244] Zur Problematik wie auch möglichen Lösungsansätzen *Härting* CR 2003, 204; *Wüstenberg* TKMR 2004, 65.

§ 312c Abs. 1 BGB, Art 246 § 2 Abs. 2 EGBGB, der die Informationspflichten des Art. 246 § 2 Abs. 1 S. 2 und damit mittelbar auch diejenigen des Art. 246 § 1 Abs. 1 EGBGB im Fernabsatz für unmittelbar, in einem Mal durch den Einsatz von Fernkommunikationsmitteln erbrachte Dienstleistungen, welche über den Betreiber des Fernkommunikationsmittels abgerechnet werden, auf ein Mindestmaß reduziert. Mit § 43a TKG werden dem Anbieter weitere Informationspflichten auferlegt, die sich zum Teil mit den bestehenden Informationspflichten überschneiden, zum Teil jedoch auch über diese hinausgehen. Die bereitzustellenden Informationen sollen den Verbrauchern und auf Verlangen sonstigen Endnutzern den Vergleich der Angebote verschiedener Anbieter erleichtern.[245] Nach der gesetzlichen Regelung müssen die betreffenden Informationen im Vertrag zur Verfügung gestellt werden. Welches konkrete Dokument hier im Einzelfall gemeint ist, lässt das Gesetz ebenso wie dessen Begründung offen. Entsprechend spricht nichts dagegen, dass der Anbieter die erforderlichen Informationen nach eigener Wahl in seinen AGB, seiner Leistungsbeschreibung oder seiner Preisliste erfüllen kann.[246] Ob die Informationspflichten auch für Anbieter von Call-by-call-Verbindungsleistungen oder Mehrwertdiensten gelten, ist nicht geklärt. Dagegen spricht, dass bei diesen Diensten in der Regel kein schriftlicher Vertrag zu Stande kommt, so dass eine Erfüllung der Informationspflichten „im Vertrag" im Sinne eines schriftlichen Vertrages nicht möglich, im übrigen nicht praktikabel ist. Es dürfte insofern nahe liegen, die zu § 312c Abs. 1 BGB, Art. 246 § 2 Abs. 2 EGBGB entwickelten Grundsätze entsprechend heranzuziehen.[247] Werden Vertragsbestimmungen (dh allgemeine Geschäftsbedingungen) lediglich veröffentlicht und in der Geschäftsstelle des Anbieters zur Ansicht bereitgehalten,[248] kann die Bereitstellung der in § 43a TKG geforderten Informationen im Rahmen dieser Veröffentlichung erfolgen.[249]

115 **Einbeziehung allgemeiner Geschäftsbedingungen.** Im Massenverkehr der Telekommunikation kommen Allgemeinen Geschäftsbedingungen zur Regelung der vertraglichen Beziehung zwischen Telekommunikationsanbieter und Endkunden zentrale Bedeutung zu. Damit die AGB des Anbieters die Leistungspflichten der Parteien zu gestalten vermögen, müssen sie gem. §§ 305 ff. BGB grundsätzlich nach den allgemeinen Regeln wirksam in den Vertrag einbezogen werden. Hinzuweisen ist auf die Bestimmung des § 305a Ziff. 2 lit. b BGB. Diese sieht ein erleichtertes Einbeziehungsverfahren vor, es sich um Verträge handelt, die durch den Einsatz von Fernkommunikationsmitteln und während der Erbringung einer Telekommunikationsdienstleistung in einem Mal erbracht werden. Bei Erfüllung der weiteren Voraussetzungen der gesetzlichen Regelung werden abweichend von § 305 BGB die AGB des Anbieters schon dann wirksam, wenn sie im Amtsblatt der BNetzA veröffentlicht sind und in dessen Geschäftsstellen zur Ansicht bereitgehalten werden.

116 **Wirksamkeit des Vertrages nach dem Allgemeinen Teil des BGB.** Verträge über Telekommunikationsdienstleistungen unterliegen den Wirksamkeits- bzw. Nichtigkeitsanordnungen des allgemeinen Teils des BGB. In der Rechtspraxis von besonderer Bedeutung sind in diesem Zusammenhang die Vorschriften über die Geschäftsfähigkeit (§§ 104 ff. BGB), die Nichtigkeit sittenwidriger Verträge (§ 138 BGB) und in jüngerer Zeit § 134 BGB im Zusammenhang mit dem Abschluss von Telekommunikationsverträgen im Nachgang zu ungebetenen Werbeanrufen (sog Cold Calls).[250] Das Minderjährigenrecht spielt vor allem im Zusammenhang mit Mobilfunkverträgen und Mehrwertdienste-Angeboten eine wichtige Rolle. Unabhängig von der Einwilligung der Eltern bieten die in Deutschland tätigen Mobilfunkanbieter Minderjährigen keinen sog Postpaid-Mobilfunkvertrag an. Ein Vertragsschluss im eigenen Namen des Minderjährigen kommt daher nur in Bezug auf sog Prepaid-Mobilfunkverträge in Betracht. Erfolgt der Abschluss eines solchen Vertrages mit Einwilligung der ge-

---

[245] So die amtl. Begr. des Entwurfs BT-Drs. 16/2581 S. 24.
[246] Ebenso *Kessel* K&R 2007, 506 (508).
[247] Ähnlich *Kessel* K&R 2007, 506 (508); auch die amtliche Begründung des TKGÄndG verweist auf die Parallelen des § 43a TKG mit den Bestimmungen der BGB-Info-VO, vgl. BT-Drs. aaO; zur Problematik der BGB-Informationspflichten bei Mehrwertdiensten *Härting* CR 2003, 204.
[248] Siehe hierzu sogleich im Folgenden.
[249] *Kessel* aaO.
[250] AG Bremen Urt. v. 21.11.2013 – 9 C 573/12, ITRB 2014, 35.

setzlichen Vertreter, ist der Vertrag gem. § 107 BGB ohne Weiteres wirksam. Gleiches gilt gem. § 110 BGB, wenn der Minderjährige eine Prepaid-Karte mit Mitteln erwirbt, die ihm von seinem gesetzlichen Vertreter oder mit dessen Zustimmung zur freien Verfügung überlassen wurden.[251] Fehlt es an diesen Voraussetzungen, ist der Vertrag unwirksam.

Nimmt der Minderjährige mit seinem Prepaid-Guthaben Mehrwertdienste in Anspruch, so gelten die vorstehend skizzierten Grundsätze entsprechend. Erwirbt der Minderjährige etwa einen Klingelton im Wege des **Einzelkaufs**, so steht der Wirksamkeit des Vertrages nicht entgegen, dass es sich bei dem Prepaid-Guthaben nicht mehr um die ihm originär überlassenen Mittel sondern ein Surrogat handelt, sofern die erkennbare Zweckbestimmung des gesetzlichen Vertreters dem nicht entgegensteht.[252] Im Einzelfall kann sich hier jedoch eine Nichtigkeit des Vertrages aus § 138 BGB ergeben.[253] Anders stellt sich die Rechtslage bei **Abonnement-Verträgen** dar, soweit diese von dem Minderjährigen noch nicht bewirkt sind, dh das Entgelt noch nicht vom Guthabenkonto des Minderjährigen abgebucht wurde. Eine vollständige Wirksamkeit setzt hier grundsätzlich eine Einwilligung des gesetzlichen Vertreters voraus. 117

Im Bereich der Mehrwertdienste spielten in der Vergangenheit Erotik-Angebote, insbesondere **Telefonsex**, eine wesentliche Rolle. Solche Verträge sind an § 138 BGB zu messen. Noch im Jahr 2001 wurden Verträge über Telefonsex-Leistungen vom BGH als sittenwidrig und damit nichtig eingestuft.[254] Durch die Verabschiedung des Gesetzes zur Regelung der Rechtsverhältnisse von Prostituierten vom 20.12.2001 sind derlei Überlegungen weitgehend obsolet geworden.[255] Der Vergütungsanspruch des Mehrwertdiensteanbieters kann nach der Rechtsprechung des BGH gem. § 104 Ziff. 2 BGB indes dann entfallen, wenn der Teilnehmer auf Grund sexueller und emotionaler Abhängigkeit von der Telefonsexpartnerin zu einer freien Willensbildung bei der Wahl einer bestimmten 0900-Sondernummer nicht in der Lage war.[256] Auch kann sich eine Sittenwidrigkeit von Verträgen über Telekommunikationsdienstleistungen aus der Höhe des Entgeltes ergeben.[257] Soweit sich die von einem Anbieter geforderten Entgelte in den Grenzen der durch § 66d TKG normierten Höchstpreise[258] halten, dürfte eine Anwendung des § 138 BGB dagegen in aller Regel ausscheiden. Es bleiben bestimmte Vertrags- und Abrechnungskonstellationen, die im Einzelfall vor dem Hintergrund des § 138 BGB relevant sein können.[259] 118

Automatisierter Vertragsschluss durch Anwählprogramme (Dialer). Die Anwahl einer Rufnummer kann sowohl per Hand als auch über Anwählprogramme (Dialer) erfolgen. Dialer kommen zum Einsatz, um eine Internetverbindung über das analoge Telefonnetz oder eine ISDN-Verbindung aufzubauen und abzurechnen; entsprechend spielen diese Programme heute eine weit geringere Rolle in der Praxis, soweit Internetverbindung via DSL-Techniken aufgebaut werden. Rechtsprobleme waren in der Vergangenheit vor allem im Zusammenhang mit so genannten Premium-Rate-Dialern entstanden, welche Internetverbindungen zu Mehrwertdiensterufnummern der Nummerngassen 0900 aufbauen. Obgleich entwickelt zur einfachen Abrechnung von kostenpflichtigen Online-Dienste über die Telefonrechnung, häuften sich Missbrauchsfälle, insbesondere in Fällen, in denen Programme vom Nutzer unbemerkt Verbindungen zu Mehrwertdiensten aufbauten. Besonders problematisch waren solche Dialer-Programme, die die Standardeinstellungen des DFÜ-Netzwerks auf den Rechner des Nutzers dergestalt veränderten, dass vom Zeitpunkt ihrer Installation sämtliche Internetverbindungen über eine Mehrwertdienste-Rufnummer realisiert wurden. 119

---

[251] *Klees* CR 2005, 626 (629); aus der Tatsache allein, dass der gesetzliche Vertreter dem Minderjährigen ein Handy mit Prepaid-Karte überlassen hat, kann eine solche Mittelüberlassung zur freien Verfügung jedoch nicht geschlossen werden, AG Düsseldorf Urt. v. 2.8.2006 – 52 C 17765/05 – n. v.
[252] Palandt/*Ellenberger* § 110 Rn. 2.
[253] LG Saarbrücken Urt. v. 22.6.2011 – 10 S 99/10, CR 2012, 93.
[254] BGH Urt. v. 20.11.2001 – III ZR 5/01, NJW 2002, 361.
[255] BGH Urt. v. 8.11.2007 – III ZR 102/07, CR 2008, 93.
[256] BGH Urt. v. 13.6.2002 – III ZR I 156/01, NJW-RR 2002, 1424.
[257] BGH Urt. v. 16.3.2006 – III VR 152/05, MMR 2006, 453 (457 f.).
[258] Siehe hierzu noch im Folgenden.
[259] AG Bingen Urt. v. 17.12.2012 – 22 C 225/11, CR 2013, 227; AG Kempten Urt. v. 25.5.2011 – 1 C 542/11, CR 2012, 518.

Der Gesetzgeber reagierte bereits im Jahr 2003 mit dem „Gesetz zur Bekämpfung des Missbrauchs von (0)190er/(0)900er Mehrwertdiensterufnummern" auf den zunehmenden Entgeltmissbrauch, die gesetzgeberischen Regularien wurden später fortentwickelt. Zentrales Eingriffsinstrument der BNetzA in Bezug auf den rechtswidrigen Einsatz von Dialer-Programmen ist der Entzug entsprechender Mehrwertdienste-Rufnummern und das Verbot der Inkassierung über sie realisierter Verbindungsentgelte (§§ 66d, 66h TKG). Bis zum Eingriff des Gesetzgebers ist zur Handhabung der vertragsrechtlichen Seite, insbesondere der aufgrund einer Dialer-Einwahl entstandenen Entgeltforderungen, eine umfangreiche und in vielen Bereichen uneinheitlichen Kasuistik ergangen.[260] Einige grundsätzliche Fragen im Zusammenhang mit Premium-Rate-Dialern hat der BGH in seiner Entscheidung vom 4.3.2004[261] einer Klärung zugeführt. Wenngleich sich die Dialer-Problematik im Zuge der weitgehenden Etablierung von DSL-Anschlüssen technisch heute häufig erledigt hat, reicht die Bedeutung der zu dieser Problematik ergangenen Rechtsprechung über diese unmittelbare technische Sachverhaltskonstellation hinaus und führt einige grundsätzliche Fragen der Haftung für die Entstehung von Telekommunikationsverbindung einer ersten, grundsätzlichen Klärung zu.[262] **Nach der Rechtsprechung des BGH steht** dem Teilnehmernetzbetreiber ein eigener Anspruch gegen den Endnutzer in Bezug auf die Verbindungsentgelte zu der Mehrwertdiensterufnummer nicht zu, sofern nicht auszuschließen ist, dass diese auf einer heimlichen Dialer-Einwahl beruht. Ausgangspunkt **der Argumentation des BGH ist die seit der grundlegenden Entscheidung des Dritten Senats aus dem Jahr 2001**[263] **feststehende Rechtsprechung,** dass ein Vertrag mit einem Mehrwertdiensteanbieter über die Erbringung eines Mehrwertdienstes ein von dem Telefondienstvertrag (bzw. Telekommunikationsvertrag) des Endnutzers mit dem Teilnehmernetzbetreiber zu trennendes Rechtsverhältnis darstellt.[264] Aus dem Rechtsverhältnis zwischen dem Teilnehmernetzbetreiber und dem Endnutzer, dh dem Telefondienstvertrag (bzw. Telekommunikationsvertrag), folgt nicht, dass der Endnutzer dem Teilnehmernetzbetreiber eine Vergütung nach den erhöhten Tarifen für Mehrwertdiensterufnummern schulde, die auf einen heimlich installierten Dialer zurückgingen. Ausschlaggebend für jene Entscheidung war der nunmehr in § 45i Abs. 4 TKG enthaltene Rechtsgedanke, der dem Anbieter und nicht dem Kunden das Risiko der unbemerkten Herstellung einer Verbindung durch heimliche Manipulationen Dritter, die der Kunde nicht zu vertreten habe, zuweise und bei ergänzender Auslegung des Vertrages zwischen dem Teilnehmernetzbetreiber und dem Endkunden herangezogen werden könne. Den Anschlussinhaber trifft auch keine Pflicht, sein System proaktiv bzw. durch entsprechende Schutzprogramme auf missbräuchliche Dialer hin zu untersuchen. Auch sei der Anschlussinhaber nicht gehalten, seinen Anschluss ohne konkreten Verdacht für sämtliche Mehrwertdienste-Rufnummern sperren zu lassen. Ferner stehen auch dem Mehrwertdiensteanbieter nach Ansicht des BGH keine Entgeltansprüche aus dem Vertrag über die Erbringung von Mehrwertdiensten zu. Hierbei ließ der Senat ausdrücklich offen, ob zwischen dem Endnutzer und dem Mehrwertdiensteanbieter durch die Dialer-Einwahl überhaupt ein Vertrag zu Stande gekommen sei oder ob ein solcher nicht schon am mangelnden Erklärungsbewusstseins des Teilnehmers scheitere[265] bzw. wegen arglistiger Täuschung nach § 123 BGB anfechtbar sei. Jedenfalls könne der Endnutzer einer Entgeltanforderung einen Schadensersatzanspruch nach §§ 826, 249 Abs. 1 BGB entgegenhalten, der sich daraus ergebe, dass der Anbieter den Verbindungsaufbau durch eine vorsätzliche sittenwidrige Täuschung in Form der missbräuchlichen Gestaltung des Dialers erwirkt habe.

120 Nach geltender Gesetzeslage entfällt unabhängig von der Argumentation des BGH bei dem Einsatz missbräuchlicher Dialer gem. § 66h Ziff. 5 iVm § 66f TKG der Entgeltanspruch des Mehrwertdiensteanbieters.[266] Gleiches ergab sich bis zum Inkrafttreten dieser Vorschrif-

---

[260] Zur Rechtslage vor der BGH-Entscheidung auch *Mankowski* CR 2004, 185.
[261] BGH Urt. v. 4.3.2004 – III ZR 96/03, CR 2004, 355.
[262] Vgl. hierzu noch im Folgenden.
[263] BGH Urt. v. 22.11.2001 – III ZR 5/01, NJW 2002, 361.
[264] Hierzu bereits oben.
[265] Siehe hierzu AG München Urt. v. 25.7.2005 – 163 C 13 423/05, MMR 2006, 184.
[266] Hierzu auch noch im weiteren Verlauf dieser Darstellung.

ten²⁶⁷ aus § 43b TKG iVm § 134 BGB.²⁶⁸ Dass der Verbindungsaufbau zu der Mehrwertdiensterufnummer auf einem Dialer beruht, ist freilich vom Endkunden zu beweisen.²⁶⁹ Die Schwierigkeiten in der Praxis liegen auf der Hand.

Nutzung von Teilnehmeranschlüssen durch Dritte. Problematisch sind die Vertragsbeziehungen und Entgeltansprüche der Beteiligten ferner dann, wenn Dritte ohne Wissen und Wollen des Anschlussinhabers Telekommunikationsdienstleistungen über dessen Teilnehmeranschluss in Anspruch nehmen. In der Judikatur trat diese Frage insbesondere im Zusammenhang mit der Annahme sogenannter R-Gespräche sowie zur Klauselgestaltung in Telekommunikationsverträgen betreffend eine unbefugte Drittnutzung auf. Bei R-Gesprächen handelt es sich um Gespräche, bei denen der Angerufene und nicht der Anrufer das Verbindungsentgelt entrichtet, meist deutlich über dem Entgelt für ein entsprechendes reguläres Telefongespräch. Der Ablauf gestaltet sich dabei in der Regel wie folgt: Der Anrufer ruft eine kostenlose Rufnummer an, nennt seinen Namen und wählt dann die Rufnummer des Anschlusses, mit dem er verbunden werden möchte. Der Angerufene hat sodann die Möglichkeit, das Gespräch durch drücken einer bestimmten Tastenkombination anzunehmen oder kostenfrei zu beenden. Rechtlich problematisch sind solche Gespräche dann, wenn nicht der Anschlussinhaber selbst sondern ein Mitglied seines Haushalts auf vorgenanntem Weg ein R-Gespräch annimmt. In der instanzengerichtlichen Rechtsprechung war umstritten, ob in einem solchen Fall ein Entgeltanspruch des Anbieters, dh des Verbindungsnetzbetreibers besteht.²⁷⁰ Der BGH urteilte, dass ein solcher Anspruch nach dem geltenden Recht, nicht anzunehmen sei.²⁷¹ So sei in der Gestattung der Benutzung des häuslichen Telefonanschlusses keine positive Bevollmächtigung zu sehen, Verträge über R-Gespräche abzuschließen. Auch bestehe mangels Vertrauenstatbestands keine Bevollmächtigung kraft Rechtsscheins (Anscheinsvollmacht), es sei denn, der Nutzer hat wiederholt und über eine gewisse Dauer diese Telefonate angenommen und der Anbieter konnte auf Grund vom Anschlussinhaber beglichener Rechnungen davon ausgehen, dieser kenne und dulde die Inanspruchnahme der Leistungen. Aus der Unterhaltung eines funktionsfähigen Telefonanschlusses allein ergebe sich gleichfalls kein solcher Vertrauenstatbestand.

Mangels Vertretung des Abschlussinhabers durch den Nutzer zieht der BGH, anknüpfend an die Rechtsprechung zur Haftung für Verbindungen zu Mehrwertdiensten auf Grund unbemerkt installierter Dialer-Software,²⁷² eine Verpflichtung des Anschlussinhabers nach dem Rechtsgedanken des **§ 45i Abs. 4 TKG** in Betracht.²⁷³ Die Einstandspflicht des Anschlussinhabers für Telekommunikationsdienste, die von seinem Anschluss aus in Anspruch genommen wurden, hängt hiernach entscheidend davon ab, ob der Anschlussinhaber die Anwahl des Dienstes iSd § 276 BGB **zu vertreten** hat.²⁷⁴ Grundsätzlich muss der Anschlussinhaber alle aber auch nur die ihm zumutbaren geeigneten Vorkehrungen treffen, um eine von ihm nicht gebilligte Nutzung seines Telefons zu unterbinden.²⁷⁵

---

²⁶⁷ Siehe hierzu noch im Folgenden.
²⁶⁸ LG Frankfurt Urt. v. 26.8.2005 – 2-31 O 465/04, MMR 2005, 856, zu den zivilrechtlichen Wirkungen der §§ 43a ff. TKG in ihrer noch geltenden Fassung auch *Zagouras* MMR 2005, 80.
²⁶⁹ AG Karlsruhe Urt. v. 24.5.2005 – 5 C 35/05, MMR 2005, 869; wohl auch BGH Urt. v. 23.11.2006 – III ZR 65/06, CR 2007, 235.
²⁷⁰ Für einen solchen Anspruch etwa: AG Fürth/Odenwald Urt. v. 11.10.2004 – 1 C 59/04 (13), MMR 2005, 489; AG Nettetal Urt. v. 9.6.2004 – 19 C 91/04, MMR 2005, 490; i.E. auch LG Paderborn Urt. v. 30.11.2004 – 5 S 152/04, MMR 2005, 480; dagegen AG Braunschweig Urt. v. 17.3.2003 – 114 V 5637/03, MMR 2004, 705 (706); AG Regensburg Urt. v. 30.11.2004 – 5 C 3681/04, MMR 2005, 200; AG Völklingen Urt. v. 23.2.2005 – C 575/04 MMR 2005, 482 (483) mit zust. Anm. *Grabe* MMR 2005, 483; AG Hamburg-Altona Urt. v. 16.12.2004 – 316 C 369/04, MMR 2005, 485 (486); AG Menden Urt. v. 24.2.2005 – 3 C 531/04, NJW-RR 2005, 850 (851); AG Kassel Urt. v. 13.5.2005 – 430 C 955/04, NJW-RR 2005, 1142; LG Potsdam Urt. v. 19.5.2005 – 7 S 17/05, NJW-RR 2006, 192 (193); i.E. auch AG Limburg Urt. v. 8.12.2004 – 4 C 1366/04 (11), MMR 2005, 488; AG Crailsheim Urt. v. 4.1.2005 – 4 C 393/04, NJW-RR 2005, 851 (852).
²⁷¹ BGH Urt. v. 16.3.2006 – III ZR 152/05, MMR 2006, 453.
²⁷² Hierzu siehe bereits oben.
²⁷³ Eingehend hierzu *Pohle/Dorschel* CR 2007, 628.
²⁷⁴ LG Saarbrücken Urt. v. 28.4.2009 – 9 O 312/08, CR 2010, 173; hierzu auch *Pohle/Dorschel* aaO.
²⁷⁵ BGH Urt. v. 19.7.2012 – III ZR 71/12, CR 2012, 586, Rn. 15 f. zugleich auch zu der Frage eines etwaigen Mitverschuldens des Anschlussinhabers an der Höhe der entstandenen Anschlusskosten, Rn. 27 f.

123 Auf dieser Grundlage sah der BGH eine Einstandspflicht des Anschlussinhabers für R-Gespräche nach geltender Rechtslage sowie dem Standes der Technik im Urteilszeitpunkt als nicht gegeben an. Anders als im Falle der aktiven Anwahl von Mehrwertdienste-Rufnummern bestehe bei der passiven Annahme von R-Gesprächen derzeit **keine zumutbare Möglichkeit, diese auf technischem Weg zu unterbinden.** Allerdings stellte der Senat damals schon heraus, dass diese Wertung im Hinblick auf eine Sperrliste der BNetzA gem. § 66j Abs. 2 TKG[276] auch anders ausfallen könne. Sobald die Möglichkeit zur Aufnahme in die Sperrliste bestehe und dies in der Öffentlichkeit bekannt sei, sei es einem Anschlussnehmer zuzumuten, sich auf diese Weise vor unerwünschten R-Gesprächen zu schützen. Daher muss auf Grundlage des heute geltenden Rechtszustandes nach Inkrafttreten des § 66j TKG, von einer grundsätzlichen Verantwortlichkeit des Anschlussinhabers für die durch R-Gespräche verursachten Verbindungskosten ausgegangen werden. Eine Verantwortlichkeit des Anschlussinhabers entfällt jedoch in jedem Fall, wenn die streitgegenständliche Verbindung auf technischen Umständen außerhalb seines Kontrollbereichs beruht. Gleiches gilt, wenn grundsätzlich wirksame Schutzmaßnahmen des Anschlussinhabers umgangen werden. Aus diesem Grund scheidet eine Verpflichtung des Anschlussinhabers in Bezug auf Verbindungen zu 0900er-Rufnummern dann aus, wenn dieser auf seiner Telefonanlage eine Sperre für solche Nummern eingerichtet hat, jene durch Manipulation von außen jedoch gebrochen wird.[277] Erfolgt die Anschlussnutzung durch den Ehegatten des Anschlussinhabers, so stellt sich weiterhin die Frage nach einer Verpflichtung des Anschlussinhabers gem. **§ 1357 BGB.** So ist nach § 1357 Abs. 1 BGB jeder Ehegatte berechtigt, **Geschäfte zur angemessenen Deckung des Lebensbedarfs** der Familie zu besorgen. Durch solche Geschäfte werden beide Ehegatten berechtigt und verpflichtet, es sei denn, dass sich aus den Umständen etwas anderes ergibt. Zu einem Geschäft zur angemessenen Deckung des Lebensbedarfs zählt **auch der Abschluss eines Telefondienstvertrages** für einen in der Wohnung befindlichen Festnetzanschluss.[278] Soweit die aufgrund der Nutzung des Telefonanschlusses begründeten Verbindlichkeiten über die Deckung des täglichen Lebensbedarfs jedoch hinausgehen, scheidet eine Mitverpflichtung des Ehegatten über § 1357 Abs. 1 BGB aus. Anders als bei sonstigen Dauerschuldverhältnissen (zB Energielieferungsverträgen) ist bei einem Telefondienstvertrag nicht ausschließlich auf den Zeitpunkt des Vertragsschlusses abzustellen. Soweit etwa auf Grund der Nutzung von 0900er-Mehrwertdiensten die Entgelte den finanziellen Rahmen der Familie exorbitant sprengen, scheidet eine Mitverpflichtung des Ehegatten nach § 1357 Abs. 1 BGB in aller Regel aus.[279]

124 Nach alledem sind auch formularvertragliche Klauseln, die eine unbefugte Nutzung von Telefonanschlüssen bzw. SIM-Karten durch Dritte dem Verantwortungsbereich ihres jeweiligen Inhabers auferlegen, nach der Rechtsprechung nicht zu beanstanden, vorausgesetzt derart begründeten Einstandspflichten führen nicht zu verschuldensunabhängigen Regressansprüchen sondern orientieren sich am Vertretenmüssen des Kunden. Gleiches gilt für Fälle des Verlusts der SIM-Karte.[280]

125 **c) Widerruf des Vertrages.** Nach wohl herrschender Ansicht handelt es sich bei Verträgen über Telekommunikationsdienstleistungen, die bei Kontrahierung im Call-by-call-Verfahren oder sonst durch Drücken einer Tastenkombination abgeschlossen werden, um Fernabsatzverträge iSd § 312c BGB.[281] Damit stellt sich die Frage nach einem möglichen Widerrufs-

---

[276] Einzelheiten noch im weiteren Verlauf der Darstellung.
[277] So schon OLG Frankfurt Urt. v. 19.4.2004 – 1 U 235/03, MMR 2004, 485.
[278] BGH Urt. v. 11.3.2004 – III ZR 213/03, NJW 2004, 1593 (1594).
[279] BGH aaO (1595).
[280] BGH, Urt. v. 17.2.2011 – III ZR 35/10, CR 2011, 300, Rn. 9 ff.; OLG Köln Urt. v. 22.1.2010 – 6 U 119/09, CR 2010, 369.
[281] AG Braunschweig Urt. v. 17.3.2003 – 114 V 5637/03, MMR 2004, 705 (706); BeckOK BGB/*Schmidt-Räntsch* § 312b Rn. 49; *Fuchs* ZIP 2000, 1273 (1274 f.); *Härting* Fernabsatzgesetz § 1 Rn. 169; *Lütcke* Fernabsatzrecht § 312b Rn. 139; aA: LG Paderborn Urt. v. 30.11.2004 – 5 S 152/04, MMR 2005, 480; offen BGH Urt. v. 16.3.2006 – III ZR 152/05, MMR 2006, 453 (457), dies gilt nach der Rechtsprechung des BGH auch, wenn ein Mobilfunk-Laufzeitvertrag telefonisch unter Zuhilfenahme des Post-Ident-Verfahrens abgeschlossen wird, vgl. BGH Urt. v. 21.2.2004 – III ZR 380/03, MMR 2005, 44.

recht des Kunden gemäß § 355 iVm § 312g Abs. 1 BGB, welches freilich problematisch wäre, da der Anbieter von Call-by-call-Dienstleistungen in der Regel unmittelbar nach Vertragsschluss mit der Erfüllung des Vertrages beginnt. Nach Ansicht des BGH erlosch jedoch in solcherlei Konstellationen das Widerrufsrecht gem. **§ 312d Abs. 3 BGB** aF **nunmehr § 356 Abs. 4 BGB** mit vollständiger Erbringung der Leistung auf ausdrücklichen Wunsch des Verbrauchers vor Ausübung des Widerrufsrechts der Leistung durch den Endnutzer; dies betrifft praktisch im Wesentlichen Call-by-Call-Verbindungsverträge.

Ferner ist in diesem Zusammenhang zu beachten, dass bislang Stimmen in der Rechtsprechung ein Widerrufsrecht aus §§ 506, 495 BGB bejahen, wenn der Kauf eines Mobilfunkendgeräts bei gleichzeitigem Abschluss eines Mobilfunkvertrages deutlich verringert und so eine sonstige Finanzierungshilfe gewährt wird.[282] Weitergehend wird dieses (Teil-)Widerrufsrecht hinsichtlich des Kaufgegenstandes Mobilfunkendgerät über § 139 BGB auf den Mobilfunkvertrag erstreckt.[283]

Hinzuweisen ist zudem auf § 312h BGB, der die Kündigung von Dauerschuldverhältnissen oder hierzu ermächtigenden Vollmachten der Textform unterwirft, wenn ein zwischen einem Verbraucher und einem Unternehmer bestehendes Dauerschuldverhältnis durch ein neu zu begründendes Dauerschuldverhältnis mit einem anderen Unternehmer ersetzt werden soll. Für die Einrichtung oder Änderung der Betreibervorauswahl (Preselection) tritt § 46 Abs. 7 TKG neben § 312h TKG. Diese Normen sollen die Praxis unterbinden, dass TK-Anbieter Kundenverträge mit bisherigen Anbietern unaufgefordert kündigen.

3. Pflichten der Parteien von Telekommunikationsverträgen

Die im Rahmen eines Vertrages über Telekommunikationsdienstleistungen zwischen den Parteien bestehenden **Haupt- und Nebenleistungspflichten** bestimmen sich wesentlich nach den **vertraglichen Vereinbarungen** der Beteiligten. Daneben legen die besonderen kundenschützenden Bestimmungen des Telekommunikationsrechts (§§ 43a ff. TKG und §§ 66a ff. TKG) Verpflichtungen zu Lasten des Telekommunikationsunternehmens fest, die im Rahmen der vertraglichen Verbindung zum Kunden zu beachten sind und nicht im Wege vertraglicher Regelungen zu Lasten des Kunden verändert oder umgangen werden dürfen (vgl. § 47b und § 66l TKG). Hierdurch wird die inhaltliche Vertragsfreiheit der Parteien des Telekommunikationsvertrages im Interesse des Kundenschutzes eingeschränkt.

a) **Pflichten des Anbieters.** Die Vereinbarungen der Parteien eines Telekommunikationsvertrages schaffen ein komplexes System vertraglicher Haupt- und Nebenpflichten in der Person des Anbieters. Soweit die Inhalte der §§ 43a ff. TKG und §§ 66a ff. TKG nicht durch die vertraglichen Regelungen der Parteien zu Gunsten des Kunden modifiziert oder sonst wie inhaltsgleich in den Telekommunikationsvertrag übernommen werden, schaffen die dort normierten Bestimmungen daneben als privatrechtsgestaltendes Gesetzesrecht unmittelbar Verpflichtungen des Anbieters im Verhältnis zum Kunden.

aa) *Hauptleistungspflichten.* Welche Hauptleistungspflichten den Anbieter eines Telekommunikationsvertrages treffen ist abhängig von der konkret in Anspruch genommenen Dienstleistung. Als Hauptleistungspflichten werden per Definitionem diejenigen Vertragspflichten angesehen, die dem jeweiligen Vertrag seine Prägung geben.[284] Dies wiederum sind diejenigen vertraglichen Pflichten, die nach dem Vertragszweck unter Berücksichtigung des Parteiwillens wesentlich sind.[285] Während bei klassischen Telefondienstverträgen bzw. sonstigen Telekommunikationsverträgen die Übermittlung von Sprache bzw. Daten im Vordergrund steht, geht es bei Mehrwertdiensten vorrangig um die Bereitstellung bestimmter Inhalte.

Die **Kernpflicht** des Anbieters eines **Telefondienst- bzw. Telekommunikationsvertrages** ist es, dem Kunden den **Zugang zu dem öffentlichen Telekommunikationsnetz zu eröffnen und zu ermöglichen**, unter Aufbau abgehender und Entgegennahme ankommender Telefonver-

---
[282] LG Lüneburg, Beschl. v. 13.1.2011 – 2 S 86/10, CR 2013, 29.
[283] AG Karlsruhe Urt. v. 12.10.2007 – 12 C 169/07 (Volltext: BeckRS 2008, 23033).
[284] Vgl. statt aller: Palandt/*Grüneberg* § 241 Rn. 5.
[285] Palandt/*Grüneberg* Einf. vor § 320 Rn. 17.

bindungen mit anderen Teilnehmern eines Telefonfest- oder Mobilfunknetzes Sprache und Daten auszutauschen.[286] Hierzu gehört auch die Pflicht, dem Teilnehmer die vereinbarte **Rufnummer** in dem betreffenden Teilnehmernetz zur Verfügung zu stellen. Bei Mobilfunkverträgen ist auch die Übergabe der **SIM-Karte** sowie der zugehörigen **PIN/PUK** Teil der Hauptleistungspflicht des Anbieters. Gleiches gilt, sofern vertraglich vorgesehen, für die Ermöglichung des internationalen Roaming.[287] Diese Hauptleistungsverpflichtungen des Telefondienstvertrages werden in der Vertragspraxis regelmäßig in sog **Leistungsbeschreibungsklauseln** näher definiert, gelegentlich nehmen die Vertragsunterlagen der Telekommunikationsanbieter, namentlich die Allgemeinen Geschäftsbedingungen (AGB), auch pauschal auf eine **Leistungsbeschreibung** Bezug. Diese Leistungsbeschreibungen stellen grundsätzlich Allgemeine Geschäftsbedingungen iSd § 305 BGB dar. Vertragsklauseln, die eine echte Leistungsbeschreibung beinhalten, sind jedoch der Inhaltskontrolle gem. §§ 307–309 BGB entzogen;[288] gleichwohl gilt das AGB-rechtliche Transparenzgebot auch für solche Leistungsbeschreibungen[289] und sie können zudem im Einzelfall überraschend sein.[290] Die Freistellung von Leistungsbeschreibungen von der Inhaltskontrolle gemäß §§ 307–309 BGB gilt jedoch nur für vertragliche Hauptkonditionen und nicht für Nebenabreden.[291] Darüber hinaus unterfallen auch all diejenigen Vertragsklauseln der Inhaltskontrolle gemäß §§ 307–309 BGB, die vertragliche Hauptleistungsversprechen einer Vertragspartei einschränken, verändern, ausgestalten oder modifizieren.[292]

132 Ausgehend von diesen Grundsätzen haben sich Rechtsprechung und Literatur mit der AGB-rechtlichen Wirksamkeit von Leistungsbeschreibungsklauseln in Telefondienstverträgen in der Vergangenheit mehrfach auseinandergesetzt. Beispielhaft sei hier eine ältere Entscheidung des **AG Offenburg vom 12. 3. 1996**[293] genannt. Unabhängig von der strengen Inhaltskontrolle gemäß §§ 307–309 BGB hat das Gericht eine leistungsbeschreibende Klausel dergestalt für unwirksam erachtet, dass die streitgegenständlichen Mobilfunkdienstleistungen räumlich auf den Empfangs- und Sendebereich seitens des Mobilfunkanbietern in der Bundesrepublik Deutschland betriebener Funkstationen beschränkt waren. Das Gericht erachtete den Mobilfunkanbieter für verpflichtet, dem Kunden im Einzelfall eine Liste der von ihm in der Bundesrepublik Deutschland betriebenen Sendestationen auszuhändigen. Diese Entscheidung ist mit Recht dahingehend kritisiert worden, dass das Gericht die Anforderung des AGB-rechtlichen Transparenzgebots überspannt.[294] Unzulässig sind insbesondere solche Klauseln, die es dem Verwender erlauben, Allgemeine Geschäftsbedingungen, Leistungsbeschreibungen oder Preislisten und sonstige Sondervereinbarungen einseitig abzuändern und diese Möglichkeiten jeweils nur allgemein auf das dem Kunden zumutbare Maß beschränken. Eine solche Bestimmung enthält nicht die vor dem Transparenzgebot des § 307 Abs. 1 S. 2 BGB gebotene Konkretisierung. Zwar seien Klauseln derartigen Inhalts vor der Regelung des § 308 Nr. 4 BGB grundsätzlich zulässig, soweit sie sich unter Berücksichtigung der Interessen des Verwenders im Rahmen des Zumutbaren halten. Jene Bedingung sei jedoch nur dann erfüllt, wenn die Klausel im Hinblick auf das von § 307 Abs. 1 S. 2 BGB gebotene Klarheits- und Verständlichkeitsgebot triftige Gründe für ein einseitiges Leistungsbestimmungsrecht anführe. Preisanpassungsklauseln erachtet der BGH sogar nur

---

[286] So bereits *Graf von Westphalen/Grote/Pohle* S. 21 u. 25; hieran anknüpfend BGH Urt. v. 4.3.2004 – III ZR 96/03, NJW 2004, 1950 (1951); für Mobilfunkverträge BGH Urt. v. 22.11.2001 – III ZR 5/01, NJW 2002, 361, 362.
[287] *Graf von Westphalen/Grote/Pohle* S. 196.
[288] Vgl. BAG Urt. v. 18.1.2006 – 7 AZR 191/05, n. v.; zuvor bereits BGH Urt. v. 19.11.1991 – X ZR 63/90, NJW 1992, 688 (689); BGH Urt. v. 23.6.1993 – IV ZR 153/92, NJW 1993, 2369; BGH Urt. v. 30.11.1993 – XI ZR 80/93, NJW 1994, 318; Ulmer/Brandner/Hensen/*Fuchs* § 307 Rn. 37.
[289] Vgl. Ulmer/Brandner/Hensen/*Fuchs* Vorb. v. § 307 Rn. 40.
[290] LG Kiel Urt. v. 7.9.2012 – 1 S 25/12, CR 2013, 202, Rn. 9 ff. = ITRB 2013, 81.
[291] Vgl. Ulmer/Brandner/Hensen/*Ulmer* § 305 Rn. 7.
[292] Vgl. BGH Urt. v. 23.6.1993 – IV ZR 153/92, NJW 1993, 2369; LG Köln Urt. v. 30.10.2013 – 26 O 211/13, CR 2014, 38, Rn. 37 ff.; Ulmer/Brandner/Hensen/*Fuchs* § 307 Rn. 38.
[293] AG Offenburg Urt. v. 12.3.1996 – 1 C 596/95, NJW-RR 1996, 1014.
[294] Vgl. *Schöpflin* BB 1997, 106 (107); *Hahn* ZAP 1999, Fach 6, 278 (282 f.); *Hahn* MMR 1999, 251, (253 f.).

für zulässig, wenn Preisanhebungen von Kostenerhöhungen abhängig gemacht werden und Kostenelemente wie deren Gewichtung offengelegt werden. Sollen Änderungsklauseln den Verwender sogar zur Modifizierung von Vertragsessentialia ermächtigen, ist der Vertragspartner vor den Regelungen der §§ 145 ff. jedenfalls unangemessen benachteiligt (§ 307 Abs. 1 S. 1, Abs. 2 Nr. 1 BGB).[295] Entsprechendes gilt erst recht für Klauseln, die den Anwender zu Eingriffen in jegliche Vertragsbestandteile ermächtigen sollen. Mögliche Veränderungen müssen für den Verbraucher – zumindest in vertretbarem Umfang – vorhersehbar sein. Sind Änderungsgründe nicht angeführt, würde eine entsprechende Klausel den Anbieter dazu in die Lage versetzen, einseitig und voraussetzungslos wesentliche Bestandteile des Vertragsverhältnisses umzugestalten, was vor § 307 Abs. 1 BGB keinen Bestand haben kann.[296]

Nicht zu den vertraglichen Hauptleistungsverpflichtungen eines **Mobilfunkanbieters** aus dem Mobilfunkvertrag zählen etwaige vertragliche Verpflichtungen auf Eigentums- und Besitzverschaffung oder auch Nutzungsüberlassung an einem **Endgerät**. Diese Verpflichtungen sind Gegenstand eines spezifischen **Kauf- oder Mietvertrags**. Dieser ist grundsätzlich und regelmäßig von dem eigentlichen Mobilfunkvertrag tatsächlich und rechtlich zu trennen, mögen beide Verträge auch regelmäßig in zeitlichen und wirtschaftlichen Zusammenhang abgeschlossen werden,[297] was nach Teilen der Rechtsprechung Widerrufsrechte hinsichtlich des Kaufvertrages über das Endgerät und ggf. gar des Mobilfunkvertrages begründen kann.[298]

133

bb) Allgemeine Nebenpflichten: Neben den Hauptleistungspflichten treffen den Anbieter auch verschiedene allgemein zivilrechtlich begründetet Nebenpflichten, namentlich in Gestalt von Aufklärungs- und Schutz- bzw. Warnpflichten. Die von der Rechtsprechung entschiedenen Fälle sind dabei vielfältig. Aus der jüngeren Rechtsprechung seien hervorgehoben die Aufklärungspflichten des Anbieters hinsichtlich der Preisgestaltung im Rahmen des Vertragsverhältnisses[299] und die Hinweispflicht des Anbieters bei Anzeichen für eine übermäßige Anschlußnutzung.[300]

134

cc) Besondere kundenschutzspezifische Pflichten §§ 43a ff. TKG. Das TKG normiert eine Reihe besonderer und zugunsten der Kunden zwingender Rechte und Pflichten der Anbieter von Telekommunikationsdienstleistungen (§ 47b TKG). Diese kundenschutzspezifischen Pflichten sind größtenteils durch das TKGÄndG 2007 aus der vormaligen TKV in das TKG überführt worden und haben gegenüber der unter der TKV bestehenden Rechtslage zum Teil entscheidende Änderungen erfahren.[301] Soweit einzelne Bestimmungen der §§ 43a ff. TKG Pflichten des Kunden in Bezug auf den Telekommunikationsvertrag oder Leistungsstörungen in diesem Vertragsverhältnis betreffen, erfolgt die Darstellung an entsprechender Stelle in den nachfolgenden Kapiteln. Die §§ 43a ff. TKG verpflichten alle Anbieter von Telekommunikationsdiensten, gewisse Grundstandards des Kundenschutzes einzuhalten. Darüber hinaus werden marktbeherrschenden und universaldienstverpflichteten Unternehmen weitergehende Verpflichtungen auferlegt, um eine für den Kunden nachteilige Ausnutzung von Marktmacht zu verhindern.[302]

135

---

[295] BGH Urt. v. 11.10.2007 – III ZR 63/07, CR 2008, 104 ff. zum Ganzen auch: LG Köln Urt. v. 30.10.2013 – 26 O 211/13, CR 2014, 38, Rn. 37 ff.
[296] LG Itzehoe Urt. v. 19.9.2008 – 10 O 91/08.
[297] Näher *Graf von Westphalen/Grote/Pohle* S. 201 sowie S. 176 und S. 249 f.; s. auch AG Düsseldorf Urt. v. 12.11.1999 – 235 C 8761/99, MMR 2000, 177.
[298] LG Lüneburg Beschl. v. 13.1.2011 – 2 S 86/10, CR 2013, 29 f.; AG Karlsruhe, Urt. v. 12.10.2007 – 12 C 169/07 (Volltext: BeckRS 2008, 23033).
[299] BGH Urt. v. 15.3.2012 – III ZR 190/11, CR 2012, 448, Rn. 13 ff.; LG Potsdam Urt. v. 21.8.2012 – 4 O 55/12CR 2013, 380; LG München Urt. v. 14.2.2013 – 12 O 16908/12, CR 2013, 505, Rn. 36; AG Düsseldorf Urt. v. 7.9.2012 55 C 4816/12, CR 2013, 29.
[300] BGH Urt. v. 19.7.2012 – III ZR 71/12, CR 2012, 586, Rn 18 ff.; auch OLG Schleswig Urt. v. 15.9.2011 – 16 U 140/10, CR 2011, 797, Rn. 14; LG Bonn Urt. v. 1.6.2010 – 7 O 470/09, CR 2011, 21; AG Frankfurt aM Urt. v. 2.11.2007 – 32 C 1949/07-48, CR 2008, 225.
[301] BGBl. I 2007, 106.
[302] *Holznagel/Enaux/Nienhaus* Rn. 356.

136 • **Informationspflichten**
Die telekommunikationsrechtlichen Kundenschutzbestimmungen erlegen den Anbietern in § 43a TKG und § 45n TKG spezifische Informationspflichten auf, deren gemeinsames Ziel es ist, Endnutzern den Vergleich am Markt verfügbarer Angebote zu erleichtern. Neben die **vertraglichen Informationspflichten** nach § 43a TKG – zu erfüllen zur Vermeidung eines Bußgelds (§ 149 Abs. 1 Ziff. 7b TKG) stets gegenüber Verbrauchern und auf Verlangen gegenüber sonstigen Endnutzern – treten die **allgemeinen Veröffentlichungspflichten** der Anbieter von Telekommunikationsdiensten in **§ 45n TKG**. Hiernach können alle Telekommunikationsanbieter durch Rechtsverordnung verpflichtet werden, bestimmte Informationen über sich zu veröffentlichen. Die BNetzA kann darüber hinaus entscheiden, jede Informationen zu veröffentlichen, die für den Endnutzer Bedeutung haben kann, § 45n Abs. 7 TKG. Anbieter öffentlich zugänglicher Telekommunikationsdienste, die Rechnungen ausstellen, die zugleich Leistungen Dritter enthalten, werden in **§ 45p TKG** – ebenfalls bei Meidung eines Bußgeldes (§ 149 Abs. 1 Ziff. 7e und 7f TKG) – verpflichtet, auf Verlangen den Endnutzer bestimmte Informationen über den dritten Leistungserbinger zu erteilen und über Grund und Gegenstand des weitergehenden Entgeltanspruchs zu informieren, wenn die erbrachten Dienste über die bloße Verbindungsleistung hinausgehen (**Mehrwertdienste**).

137 • **Nutzung von Grundstücken**
Der Netzbetreiber braucht die Einwilligung des Grundstückseigentümers oder des sonst dinglich Berechtigten, um Telekommunikationseinrichtungen auf privaten Grundstücken zu errichten und zu warten. Für Telekommunikationslinien gelten hier die Vorschriften des TKG über Wegerechte (§§ 68 ff. TKG). Für die Installation eines Netzzugangs, also für die Anschließung eines einzelnen Grundstücks an das Netz, bedarf es der Einwilligung des Grundstücksinhabers. Diesbezüglich sieht § 45a TKG bestimmte Kündigungsrechte in Bezug auf Verträge über die Bereitstellung einer Teilnehmeranschlussleitung für den Fall vor, dass eine solche Einwilligung nicht beigebracht werden kann. Nach dieser Regelung sollen die Rechtsbeziehungen zwischen dem Teilnehmernetzbetreiber und dem Grundstücksinhaber durch einen einheitlichen **Nutzungsvertrag** geregelt werden. Statt, wie unter der Geltung des vormalige § 10 TKV, bereits den Vertragsschluss über die TAL von einer Einwilligung des Grundstückseigentümers abhängig machen zu können, erhält der Zugangsanbieter nach § 45a Abs. 1 TKG ein **Kündigungsrecht,** wenn ein solcher Nutzungsvertrag nicht zu Stande kommt. Ein solches Kündigungsrecht steht gem. § 45a Abs. 2 TKG auch dem Teilnehmer zu, wenn der Anbieter das Angebot des dinglich Berechtigten auf Abschluss eines Nutzungsvertrages nicht innerhalb eines Monats annimmt. § 45a Abs. 3 TKG regelt die Mitbenutzung vorhandener Infrastrukturen durch andere Anbieter. § 45a Abs. 4 TKG erklärt für den Fall der Veräußerung des Grundstücks § 566 BGB für entsprechend anwendbar („Kauf bricht nicht Miete").

138 • **Anforderungen an den Netzzugang; Übermittlung von Kündigungserklärungen**
Ein Anbieter, der einem Teilnehmer einen Netzzugang zur Verfügung stellt, hat des Weiteren die Bestimmungen des § 45d TKG zu beachten. Hiernach ist der Netzzugang an einer mit dem Teilnehmern vereinbarten, geeigneten Stelle anzubringen (§ 45d Abs. 1 TKG). Festnetzanbieter müssen ihren Teilnehmern die Möglichkeit gewähren, bestimmte Rufnummernbereiche für diesen Anschluss unentgeltlich zu sperren (§ 45d Abs. 2, diese Regelung zielt insbesondere auf die Nummerngasse 0900 ab).[303] Eine in die gleiche Richtung zielende Regelung für den Mobilfunkbereich enthält § 45d Abs. 3 TKG.

139 • **Entstörung**
Gemäß § 45b TKG haben marktbeherrschende Anbieter öffentlich zugänglicher Telefondienste auf Verlangen des Kunden einer Störung unverzüglich, auch nachts und an Sonn- und Feiertagen nachzugehen. Die vertraglichen Bedingungen für den Entstörungsdienst müssen in vertragsrelevanten Informationen des Anbieters aufgenommen werden (§ 43a Abs. 1 Ziff. 4 TKG).

---

[303] So die amtl. Begr. BT-Drs. 16/2581 S. 25.

- **Teilnehmerverzeichnisse**

Nach § 45m TKG hat der Teilnehmer eines öffentlichen Telefondienstes einen Anspruch auf unentgeltliche und diskriminierungsfreie Eintragung in ein allgemein zugängliches Teilnehmerverzeichnis. Hierbei muss es sich freilich nicht um ein eigenes Verzeichnis des Anbieters handeln.[304] Der Eintrag muss Namen, Vornamen, Anschrift und Rufnummer des Teilnehmers umfassen. Entsprechendes gilt für die Aufnahme in Verzeichnisse für Auskunftsdienste (§ 45m Abs. 3 TKG). Der Anspruch steht gem. § 45m Abs. 2 TKG auch Resellern in Bezug auf ihre eigenen Kunden (Endnutzer) zu.

- **Rechnungserstellung und Einzelverbindungsnachweis**

Anbieter von Telekommunikationsdienstleistungen sind grundsätzlich zur Abrechnung ihrer Leistungen verpflichtet. Dies muss nicht zwingend in Papierform geschehen. Eine Online-Rechnung – sofern zuvor entsprechend vereinbart – genügt.[305] Die Grundsätze, die der Anbieter im Rahmen der Rechnungsstellung zu beachten hat, sind in § 45g TKG niedergelegt. Hiernach hat der Anbieter die Genauigkeit der Abrechnung sicherzustellen und regelmäßig zu kontrollieren. Der BNetzA sind entsprechende Prüfbescheinigungen vorzulegen. Die Regelungen des § 45g TKG sollen gewissermaßen eine „Eichung" der Entgeltabrechnung gewährleisten.[306] Neben dem Schutz des Kunden vor falschen Abrechnungen rechtfertigt dies auch eine Vermutung zu Gunsten des Anbieters in Bezug auf die Richtigkeit der ermittelten entgeltrelevanten Daten.[307] Die gesetzliche Regelung umfasst auch **volumenabhängig tarifierte Datendienste**. Die Verfahren und Systemanforderungen zur volumenabhängigen Entgeltermittlung werden gem. § 45 Abs. 3 TKG von der BNetzA im Einvernehmen mit dem Bundesamt für Sicherheit in der Informationstechnik (BSI) festgelegt.

§ 45h TKG regelt in seinem Abs. 1 inhaltliche Vorgaben an die von Anbietern öffentlich zugänglicher Telekommunikationsdiensten zu erstellenden Rechnungen, sofern in diesen auch Entgelte für Leistungen Dritter enthalten sind. Die Verpflichtung zur Fakturierung der Forderungen anderer Anbieter selbst ergibt sich aus vertraglichen Vereinbarungen zwischen dem Teilnehmernetzbetreiber und dem anderen Anbieter. Zahlungen des Kunden an den Teilnehmernetzbetreiber als Rechnungssteller auf eine in der Rechnung ausgewiesene Forderung eines anderen Anbieters haben gem. § 45g Abs. 1 S. 3 TKG **befreiende Wirkung** auch gegenüber diesem anderen Anbieter. Vorbehaltlich einer Tilgungsbestimmung des Teilnehmers werden Teilzahlungen gem. § 45h Abs. 2 TKG im Zweifel anteilig auf die Forderungen der einzelnen Anbieter angerechnet. § 45h Abs. 3 TKG verpflichtet den Rechnungsersteller darüber hinaus, den Kunden auf sein Recht hinzuweisen, **begründete Einwendungen** gegen einzelne in der Rechnung gestellte Forderungen zu erheben.

Anbieter von Sprachtelekommunikationsdiensten haben gem. § 45e TKG auf Verlangen des Kunden unentgeltlich einen **Einzelverbindungsnachweis** zu erstellen, dh eine für den maßgeblichen Abrechnungszeitraum nach Einzelverbindungen aufgeschlüsselte Rechnung. Dieser Einzelverbindungsnachweis muss alle Informationen enthalten, die für eine Nachprüfung der in Rechnung gestellten Teilbeträge erforderlich sind. Mit Verfügung Nr. 35 vom 23.4.2008 hat die Bundesnetzagentur erstmals Mindestangaben und Form des Einzelverbindungsnachweises festgelegt.[308] Demnach muss der Anbieter in jedem Fall Datum, Rufnummer, Zielrufnummer und weiterhin solche Angaben auführen, welche zur Berechnung des Entgelts erforderlich sind (Länge der jeweiligen Verbindung, Datenvolumen ua). Pauschalleistungen („Flatrates") müssen nicht aufgeschlüsselt werden. Grundsätzlich ist der Einzelverbindungsnachweis in Papierform zu erbringen. Die elektronische Form ist nur in Ausnahmefällen zulässig, etwa wenn im Rahmen der Vertragsbeziehungen Verbindungen regelmäßig über das Internet abgerechnet werden. Der Nachweis im Rahmen des § 45k TKG ist hingegen ausschließlich in Papierform auszustellen.[309]

---

[304] *Holznagel/Enaux/Nienhaus* Rn. 376.
[305] BGH Urt. v. 16.7.2009 – III ZR 299/08, CR 2009, 710.
[306] *Holznagel/Enaux/Nienhaus* aaO Rn. 380 zur Vorgängerregelung des § 5 TKV.
[307] Beck'scher TKG-Kommentar/*Ditscheid/Rudloff* § 45g TKG-E Rn. 23.
[308] Vgl. ABl. BNetzA 7/2008 v. 23.4.2008.
[309] Vgl. hierzu im Einzelnen *Dorschel* CR aktuell 2008, R51 f.

144 Die Rechtspflicht des § 45e trifft grundsätzlich alle Anbieter öffentlich zugänglicher Telekommunikationsdienste, es sei denn, dass technische Hindernisse der Erteilung eines Einzelverbindungsnachweises entgegenstehen oder wegen der Art der Leistung eine Rechnung grundsätzlich nicht erteilt wird. Der Ausnahmetatbestand der **technischen Hindernisse** hat seine Ursache darin, dass bei Verwendung analoger Vermittlungstechnik eine Aufschlüsselung der entsprechenden Verbindungsdaten nicht möglich ist. Obgleich diese Technik heute flächendeckend von der digitalen Vermittlungstechnik abgelöst worden ist, wurde die Regelung in § 45e TKG, wie auch § 45i Abs. 2 S. 1 TKG, übernommen. Eine **Leistung, bei der eine Rechnung üblicherweise nicht erteilt wird**, ist zB anzunehmen, wenn von öffentlichen Telefonstellen telefoniert wird oder – spezifisch im Mobilfunkbereich – **Pre-Paid-Karten** abtelefoniert werden.[310]

145 • **Anbieterwechsel und Umzug**
Mit der Neufassung des § 46 TKG hat der Gesetzgeber in 2012 nicht nur europarechtliche Vorgaben umgesetzt, sondern zugleich darauf gezielt, die Praxis des Telekommunikationsmarkts im Interesse der Nutzer von Telekommunikationsleistungen zu verbessern.[311] Nunmehr stellt die Regelung ein detailliertes Regulierungsregime dar, das sich mit einer Mehrzahl von Rechtsfragen im Zusammenhang mit Anbieterwechsel von Nutzern von Telekommunikationsleistungen (§ 46 Abs. 1 bis 7 TKG) und Umzug des Verbrauchers (§ 46 Abs. 8 TKG) befasst.

146 § 46 Abs. 1 und Abs. 2 zielen darauf ab, zugunsten des Teilnehmers einen **unterbrechungsfreien Anbieterwechsel** zu gewährleisten. Anbieterwechsel meint hierbei die Beendigung eines bestehenden Vertragsverhältnisses durch den Kunden verbunden mit der Begründung eines neuen Vertragsverhältnisses mit einem dritten Anbieter.[312] Bis die technischen und vertraglichen Voraussetzungen für den Anbieterwechsel gegeben sind, hat der abgebende Anbieter öffentlich zugänglicher Telekommunikationsdienste bzw. die Betreiber öffentlicher Telekommunikationsnetze grundsätzlich die Leistung weiterhin unterbrechungsfrei zu erbringen, § 46 Abs. 1 S. 1 TKG. Liegen diese Voraussetzungen vor, hat der übernehmende Anbieter ein Zeitfenster von 24 Stunden den Wechsel tatsächlich zu vollziehen, § 46 Abs. 1 S. 3 TKG; schlägt dies fehl, hat wiederum der abgebende Anbieter bzw. Betreiber die Versorgung des Teilnehmers mit Telekommunikationsdienstleistungen zu übernehmen, § 46 Abs. 1 S. 3 TKG. Trotz dieser „Fall-Back"-Regelung gibt es Stimmen in der Rechtsprechung, die die Durchsetzung einer Freischaltungsverpflichtung des § 46 Abs. 1 S. 3 TKG im Wege der einstweiligen (Leistungs-)Verfügung bejahen, wenn auch ohne nähere Begründung.[313] Hieran anknüpfend regelt § 46 Abs. 2 TKG differenziert die **finanziellen Auswirkungen** für die Beteiligten. Der abgebende Anbieter behält auch nach Ende seiner vertraglichen Leistungspflicht bis zum tatsächliche Ende einer Leistungspflicht einen Entgeltanspruch, der sich der Höhe nach an den ursprünglichen vertraglichen Vereinbarungen richtet; es ist taggenau abzurechnen. Allerdings reduziert sich sein Anspruch auf vereinbarte, regelmäßig monatlich wiederkehrende Anschlußentgelte auf die Hälfte des vertraglich vereinbarten es sei denn der Anbieter weist nach, dass der Teilnehmer das Scheitern des Anbieterwechsels zu vertreten hat. Im Gegenzug kann der übernehmende Anbieter Entgelte erst dann von dem Teilnehmer verlangen, wenn der Anbieterwechsel erfolgreich abgeschlossen ist. Trotz dieser relativen Dichte der Regelungen zur Handhabung der finanziellen Folgen für die Beteiligten rund um den Anbieterwechsel, ist die Regelung des § 46 Abs. 2 TKG keinesfalls abschließend, vielmehr bleiben weitergehenden Ansprüche des Teilnehmers ua auf Schadensersatz gegenüber dem abgebenden wie dem übernehmenden Anbieter unberührt.[314]

147 Anknüpfend an die Regelungen zum Anbieterwechsel nach § 46 Abs. 1 und Abs. 2 regeln **§ 46 Abs. 3 und Abs. 4** Einzelheiten zur **Rufnummernübertragbarkeit (Rufnummernportie-**

---
[310] *Graf von Westphalen/Grote/Pohle* S 203, vgl. auch die Begründung der Bundesregierung zur TKV 1997, BR-Drs. 551/97 vom 24.7.1997 S. 33, B zu § 13.
[311] Vgl. Beck'scher TKG-Kommentar/*Büning* § 46 Rn. 2 ff.
[312] Einzelheiten: Beck'scher TKG-Kommentar/*Büning* § 46 Rn. 10 ff.
[313] AG Lüneburg, Beschl. v. 20.2.2013 – 53 C 22/13.
[314] Vgl. Beck'scher TKG-Kommentar/*Büning* § 46 Rn. 45 mwN.

rung) im Zusammenhang mit Anbieterwechseln. Hervorzuheben ist die Regelung des § 46 Abs. 4 S. 3 TKG, wonach Kunden von Mobilfunkanbietern jederzeit die Übertragung ihrer Mobilfunknummer beanspruchen könne, mithin auch während eines laufenden Vertragsverhältnisses und insbesondere vor Auslaufen einer Mindestvertragslaufzeit oder Kündigungsfrist;[315] der bestehende Vertrag bleibt hiervon jedoch unberührt, der Kunde ist vom abgebenden Anbieter über sämtliche anfallenden Kosten zu informieren und dem Kunden ist auf Verlangen für seinen Bestandsvertrag eine neue Rufnummer zu erteilen, § 46 Abs. 4 S. 4 bis 6 TKG. Jenseits des Regelungsbereichs des § 46 Abs. 4 S. 3 TKG, dh insbesondere bei der Beendigung von Telekommunikationsverträgen mit anderen Anbietern als Mobilfunkanbietern, bestehen zugunsten des Anbieters **keine Zurückbehaltungsrechte** an zu portierenden Rufnummern, da dies dem Sinn und Zweck der grundsätzlichen Möglichkeit der Rufnummernmitnahme entgegenstehen würde.[316] Zudem kann dem Teilnehmer ein außerordentliches Kündigungsrecht des Telekommunikationsvertrages mit dem neuen Anbieter aus § 626 BGB bzw. § 314 BGB zustehen, wenn dieser es im Rahmen des Anbieterwechsels übernimmt, „alles weitere" und damit auch alles für eine erfolgreiche Rufnummernportierung Notwendige im Verhältnis zum bisherigen Anbieter zu veranlassen, der erfolgreiche Anbieterwechsel dann jedoch an einem technischen Fehler des bisherigen Anbieters (Versäumnis der Aktualisierung der Teilnehmerdatenbank) weitgehend scheitert.[317]

§ 46 Abs. 5 TKG bestimmt schließlich, dass dem Teilnehmer die im Rahmen eines Wechsels entstehenden **einmaligen Kosten** einschließlich der Kosten in Rechnung gestellt werden können, die ein Netzbetreiber hierfür berechnet.[318]

Schließlich befasst sich die Regelung des **§ 46 Abs. 8 TKG** mit infolge verbreitet vereinbarten festen Vertragslaufzeiten in hohem Maße relevanten Rechtsfragen, die im Zusammenhang mit dem **Umzug eines Teilnehmers** mit Blick auf die Fortführung eines bestehenden Telekommunikationsvertrages ergeben. Der Grundsatz der gesetzlichen Regelung ist ebenso denkbar einfach, wie selbstverständlich: Der Anbieter öffentlich zugänglicher Telekommunikationsdienste hat seinen Vertragspartner auch an seinem neuen Wohnsitz entsprechend den bestehenden vertraglichen Vereinbarungen, insbesondere zu Leistungsinhalt und Vertragslaufzeit, zu versorgen, soweit die vertraglich vereinbarte Leistung dort angeboten wird; für den umzugsbedingten Aufwand kann ein angemessenes Entgelt beansprucht werden. Wird die vertraglich vereinbarte Leistung am neuen Wohnort nicht angeboten, hat der Kunde ein Sonderkündigungsrecht mit einer Frist von drei Monaten zum Ende eines Kalendermonats. Dennoch ergeben sich in der Praxis mannigfaltige Probleme zum Anwendungsbereich der gesetzlichen Regelung. Beispielsweise da die Leistung am alten wie am neuen Wohnsitz tatsächlich in Qualität und Preis identisch angeboten werden muss, um ein Angebot der Leistung am alten wie neuen Wohnsitz im Sinne des § 46 Abs. 8 S. 1 TKG zu bejahen.[319] Auch wird gefordert, dass ausschließlich der bisherige Anbieter diese spezifische vertragliche Leistung am neuen Wohnort anbietet, dh tatsächlich bereits vorhält.[320] Ist dies alles der Fall, hat der Anbieter die Leistung am neuen Wohnsitz unverändert zu erbringen, mangelt es hieran, wird das Sonderkündigungsrecht ausgelöst, das auch weitere Vertragsbestandteile erfasst, insbesondere bei sog Bündelprodukten von Fest- und Mobilfunkprodukten.[321] Zudem wird man mit Blick auf den Wortlaut der gesetzlichen Regelung und den tatsächlichen Befund, dass Mobilfunk- mehr und mehr Festnetzanschlüsse als einzig genutzten Telekommunikationsweg ablösen, das Eingreifen des Sonderkündigungsrechts des § 46 Abs. 8 TKG auch in den seltenen Fällen bejahen müssen, als ein Nutzer eines Mobilfunkanschlusses an seinem neuen Wohnsitz diesen nicht nutzen kann, weil der neue Wohnsitz in einem Funkloch oder -schatten liegt.

---

[315] Vgl. Beck'scher TKG-Kommentar/*Büning* § 46 Rn. 66.
[316] So auch: Beck'scher TKG-Kommentar/*Büning* § 46 Rn. 60 mwN.
[317] BGH Urt. v. 7.3.2013 – III ZR 231/12, CR 2013, 376, Fn. 15 ff.
[318] Einzelheiten: Beck'scher TKG-Kommentar/*Büning* § 46 Rn. 78 mwN.
[319] Vgl. Beck'scher TKG-Kommentar/*Büning* § 46 Rn. 99 f.
[320] Vgl. Beck'scher TKG-Kommentar/*Büning* § 46 Rn. 102.
[321] Vgl. Beck'scher TKG-Kommentar/*Büning* § 46 Rn. 110.

150 Zudem gilt die Regelung des § 48 Abs. 8 TKG nach dem klaren Gesetzeswortlaut ausschließlich im Verhältnis zu **Verbrauchern**. Gegenüber **Unternehmen** gilt damit die Rechtslage vor Novellierung des § 46 TKG und Einfügung des § 46 Abs. 8 TKG fort. Entsprechend gelten die Leitlinien der Rechtsprechung des BGH, die unmittelbar vor der Gesetzesnovelle formuliert wurden. Danach hat ein Kunde kein Sonderkündigungsrecht respektive kein Recht zur außerordentlichen Kündigung eines Telekommunikationsvertrages vor Ablauf einer fest vereinbarten Vertragslaufzeit, sei es aus § 314 BGB oder § 313 Abs. 2 BGB, wenn er an einen Ort zieht, an dem die vertragliche vereinbarten Leistung nicht verfügbar ist. Der Kunde hat das entsprechende Risiko des Wohnortwechsels nach Abwägung der beiderseitigen Interessen letztlich zu tragen.[322] Ist jedoch die vertraglich geschuldete Leistung auch am neuen Wohnort technisch verfügbar, besteht nach untergerichtlicher Rechtsprechung nach den Grundsätzen der ergänzenden Vertragsauslegung ein entsprechender Erfüllungsanspruch des Kunden auch jenseits des Anwendungsbereichs des § 48 Abs. 8 TKG fort; zusätzliche Aufwendungen des Anbieters sind angemessen zu entschädigen.[323]

151 *dd) Nummerierungsspezifischer Kundenschutz.* Insbesondere im Zusammenhang mit Mehrwertdiensterufnummern (zB Premium Rate-, Kurzwahl- oder Auskunftsdiensten)[324] besteht ein besonderes Bedürfnissen nach Kundenschutz. In der Vergangenheit haben sich bestimmte Dienstearten, die über spezifische Nummernbereiche angeboten werden, als besonders anfällig für missbräuchliche bis hin zu betrügerischen Angebotsformen herausgestellt. Bereits im Jahr 2003 schuf der Gesetzgeber in Gestalt des Gesetzes zur Bekämpfung des Missbrauchs von 0190er/0900er-Mehrwertdiensterufnummern ein erstes nummerierungsspezifisches Kundenschutzregime. Im Zuge des TKGÄndG 2007 wurden diese Bestimmungen durch die §§ 66a ff. TKG ersetzt, deren Regelungsgehalt erheblich über das alte Recht hinausgeht und der in den Folgejahren weiter ausdifferenziert wurde, zuletzt mit der Einfügung der Regelung zu Warteschleifen in § 66g TKG. Gemeinsames Ziel der nummerierungsspezifischen Kundenschutzvorschriften ist es, den Nutzer vor unkontrollierbaren Entgeltforderungen insbesondere im Zusammenhang mit der Inanspruchnahme von Mehrwertdiensten zu schützen.

152 § 66a TKG regelt eine **Preisangabepflicht** für Premium-Dienste, Auskunftsdienste, Massenverkehrsdienste, Service-Dienste, Neuartige Dienste oder Kurzwahldienste. Die Anbieter vorgenannter Dienste haben die Nutzer in unmittelbarem Zusammenhang mit der Rufnummer über die tatsächlich durch die Nutzung entstehenden Kosten zu informieren. Dies gilt auch für den Abschluss eines Dauerschuldverhältnisses. Auf abweichende Preisgestaltungen bei Anrufen aus Mobilfunknetzen ist gleichfalls hinzuweisen.[325] Verstößt ein Anbieter eines Premiumdienstes trotz mehrfacher Beanstandung gegen Preisangabepflichten, rechtfertigt dies die Anordnung zur Abschaltung der betreffenden Nummer durch die Bundesnetzagentur gem. § 67 TKG.[326] Bei Premium-Diensten (§ 3 Nr. 17b TKG) sowie im Bereich des Call-by-Call iS § 3 Nr. 4a TKG sowie Massenverkehrs- (§ 3 Nr. 11b TKG) und sprachgestützten Auskunftsdiensten (§ 3 Nr. 2a TKG) bestehen nach § 66b TKG besondere Regeln zu Art und Inhalt von **Preisansagepflichten,** die der Anbieter vor Beginn der Entgeltpflicht zu erfüllen hat.[327] Für Kurzwahl Datendienste (Premium-SMS) normiert § 66c TKG eine entsprechende **Preisanzeigepflicht**.[328] § 66d TKG regelt bestimmte **Preishöchstgrenzen** für Premium- und Service Dienste.[329] Nach § 66e TKG ist ein Netzbetreiber, in dessen Netz eine Rufnummer für Premium-Dienste oder Kurzwahl-Sprachdienste eingerichtet ist, verpflichtet, eine zeitabhängig abgerechnete Verbindung nach sechzig Minuten zu trennen.[330]

---

[322] BGH Urt. v. 11.11.2010 – III ZR 57/10, CR 2011, 163.
[323] AG Kehl Urt. v. 4.2.2013 – 5 C 441/12, CR 2013, 507, Fn. 18 f. mwN.
[324] Näheres bereits oben.
[325] Einzelheiten bei Beck'scher TKG-Kommentar/*Ditscheid/Rudloff* § 66a Rn. 1 ff.
[326] Hierzu VG Köln Beschl. v. 13.12.2007 – 11 L 1693/07, CR 2008, 298 f.
[327] Einzelheiten bei Beck'scher TKG-Kommentar/*Ditscheid/Rudloff* § 66b Rn. 1 ff.
[328] Einzelheiten bei Beck'scher TKG-Kommentar/*Ditscheid/Rudloff* § 66c Rn. 1 ff.
[329] Einzelheiten bei Beck'scher TKG-Kommentar/*Ditscheid/Rudloff* § 66d Rn. 1 ff.
[330] Einzelheiten bei Beck'scher TKG-Kommentar/*Ditscheid/Rudloff* § 66e Rn. 1 ff.

III. Vertragsrecht und besonderer Kundenschutz

Diese Vorschrift richtet sich an den **Netzbetreiber**, da er über die technische Herrschaft über die Verbindung verfügt.[331]

§ 66f enthält Bestimmungen in Bezug auf Dialer-Programme. Diese müssen vor ihrer Inbetriebnahme bei der BNetzA **registriert** werden, die Programme die von der Behörde vorgegebene Mindestvoraussetzungen erfüllen und schriftlich versichert werden, dass eine rechtswidrige Nutzung nicht erfolgt. Die BNetzA sieht für Dialer-Programme einen eigenen Nummernbereich vor, der von den Betreibern solcher Programme ausschließlich zu nutzen ist.[332] Die Registrierung eines Dialers kann von der BNetzA verweigert werden, wenn Anhaltspunkte für eine Unzuverlässigkeit des Betreibers bestehen (§ 66f Abs. 3 TKG). § 66g TKG reguliert nunmehr umfassend den Einsatz von **Warteschleifen**, auch hier in dem gesetzgeberischen Bemühen, in der Vergangenheit aufgetretenen Missbrauch zu Lasten von Endnutzern einzudämmen. § 66g Abs. 1 TKG legt die Voraussetzungen fest, unter denen sog Warteschleifen betrieben werden dürfen, hieran anschließend normiert § 66g Abs. 2 TKG spezifische Informationspflichten. Ergänzend normiert die Legaldefinition des § 3 Nr. 30c TKG, dass unter Warteschleife jeder Zeitraum im Rahmen einer Verbindung zu begreifen ist, in dem das Anliegen des Anrufers nicht behandelt wird. Dies erfasst sowohl die **initiale Warteschleife** im Zeitraum vom Rufaufbau bis zu dem Zeitpunkt, an dem mit der Bearbeitung des Anliegens des Anrufers begonnen wird, als auch die **nachgelagerte Warteschleife**, dh die Zeitspanne, die anlässlich einer Weiterleitung zwischen Beendigung der vorhergehenden Bearbeitung des Anliegens und der weiteren Bearbeitung vergeht, ohne dass der Anruf technisch unterbrochen wird.[333] Die Umsetzung der gesetzgeberischen Vorgaben hat in der Praxis zu erheblichen Problemen geführt,[334] so dass sich die BNetzA letztlich gezwungen sah, für Service-Dienste mit 01806 und 01807 zwei Teilrufnummernbereiche zur Verfügung zu stellen, die die gesetzlichen Voraussetzungen erfüllen.[335] § 66i TKG regelt einen besonderen Auskunftsanspruch. Nach § 66h Abs. 1 TKG besteht zunächst ein **Auskunftsanspruch zu Gunsten Jedermann** gegenüber der BNetzA hinsichtlich des Namens und der ladungsfähigen Anschrift von Personen, denen eine Rufnummer von der BNetzA direkt oder originär, nicht jedoch hiervon abgeleitet zugeteilt wurde.[336] Nach § 66h Abs. 2 TKG werden alle zugeteilten 0900er- Rufnummern einschließlich des Namens und der ladungsfähigen Anschrift des Anbieters in einer **Datenbank** gespeichert, welche im Internet veröffentlich wird. § 66h Abs. 3 TKG erweitert die Auskunftsrechte auf weitere Dienstearten, dh Massenverkehrsdienste (§ 3 Nr. 11d TKG), Neuartige Dienste (§ 3 Nr. 12b TKG) und Kurzwahldienste (§ 3 Nr. 11b TKG). § 66j TKG enthält Regelungen zu R-Gesprächen. Bei solchen Gesprächen dürfen **keine Zahlungen an den Angerufenen** erfolgen (§ 66j Abs. 1 TKG). Die BNetzA führt gem. § 66j Abs. 2 TKG eine **Sperr-Liste**, auf der Endkunden ihre Rufnummer eintragen lassen können. An Rufnummern, die auf dieser Liste eingetragen sind, dürfen keine R-Gespräche vermittelt werden, Verstöße lassen gem. § 66h Ziff. 6 und 7 TKG die Entgeltpflicht entfallen. § 66j TKG unterfallen nach Ansicht des VG Köln auch solche Fälle, in denen Verbraucher unter Verwendung von Telefoncomputern angerufen und veranlasst werden, zwecks Abholung von Gewinnen eine Taste oder Tastenkombination zu wählen, woraufhin eine Verbindung zu einem teuren Mehrwertdienst hergestellt wird. Einen gegen eine Verbotsverfügung der BNetzA gerichteten Antrag wies das VG ab.[337] Die Entscheidung wurde durch das OVG NW bestätigt, welches entsprechende Vorgehensweisen als Verstoß gegen § 66l TKG, nunmehr § 66m TKG bewertete.[338] Zwar setze § 66j TKG ein Drei-Personen-Verhältnis

153

---

[331] So bereits die amtl. Begründung des Gesetzes zur Bekämpfung des Missbrauchs von 0190er/0900er-Mehrwertdiensterufnummern vom 15.8.2003, BT-Drs. 15/907 S. 10.
[332] Eine Nutzung anderer Nummernbereiche für Dialer-Programme ist grundsätzlich unzulässig, vgl. VG Köln Urt. v. 4.8.2006 – 11 K 3833/05, BeckRS 2006, 27213 – für die Nummerngasse 0193.
[333] Hierzu Beck'scher TKG-Kommentar/*Ditscheid* § 3 Rn. 100 ff.
[334] Vgl. Beck'scher TKG-Kommentar/*Ditscheid/Rudloff* § 66g Rn. 13 ff.
[335] Pressemitteilung der BNetzA vom 28.5.2013 „Warteschleifen bei Sonderrufnummern ab 1. Juni 2013 kostenlos", abrufbar unter http://www.bundesnetzagentur.de/SharedDocs/Pressemitteilungen/DE/2013/305 28_RegelungWarteschleife.html
[336] Vgl. Beck'scher TKG-Kommentar/*Ditscheid/Rudloff* § 66i Rn. 7.
[337] VG Köln Beschl. v. 16.4.2008 – 11 L 307/08, CR 2008, 431 (432 f.).
[338] OVG NW Beschl. v. 25.6.2008 – 13 B 668/08, CR 2008, 780.

voraus, wohingegen die automatenmäßige Veranlassung des Angerufenen, durch Drücken bestimmter Tasten die Anwahl einer Premium-Dienst-Rufnummer über einen Anrufcomputer auszulösen, lediglich ein Zwei-Personen-Verhältnis begründe. Insofern verstoße dieses „Tastendrückmodell" jedoch gegen das Umgehungsverbot des § 66m TKG.[339] § 66k TKG regelt die Übermittlung der Rufnummer des Anrufers im Zeichengabeprotokoll. Grundsätzlich muss als Rufnummer des Anrufers eine Rufnummer übermittelt werden, die dem Teilnehmer für den Dienst zugeteilt ist, im Rahmen dessen die Verbindung aufgebaut wird. Eine Übermittlung von Rufnummern für Auskunftsdienste, Massenverkehrsdienste, Neuartige Dienste, Premium Dienste oder Kurzwahl-Sprachdienste ist unzulässig. Hierdurch sollen Missbrauchshandlungen durch so genannte **Lock- oder Pinganrufe** verhindert werden.[340] Nach § 66l TKG müssen Anrufe bei Nummern der Nummerngasse (00)800 für den Anrufer grundsätzlich **unentgeltlich** sein.

154 Ein Verstoß gegen die Pflichten nach §§ 66b–g TKG und § 66i und j TKG kann gem. § 66h TKG zu einem Verlust des Entgeltanspruchs führen. Im Übrigen ist die BNetzA nach § 67 TKG befugt, im Rahmen der Nummernverwaltung Anordnungen und andere geeignete Maßnahmen zu treffen, um die Einhaltung gesetzlicher Vorschriften und der von ihr erteilten Bedingungen über die Zuteilung von Nummern sicherzustellen. Schließlich sind Verstöße gegen die Vorschriften zum nummernspezifischen Kundenschutz zwischenzeitlich auch in nicht unerheblichen Umfang bußgeldbewährt, § 149 Abs. 1 Ziff. 13a–13o TKG.

155 **b) Pflichten des Kunden.** Auch der Kunde als Partei eines Telekommunikationsvertrages unterliegt vertraglich begründeten Haupt- und Nebenpflichten. Die Inhalte der vorstehend dargestellten kundenschutzspezifischen Vorschriften als privatrechtsgestaltende Rechtsnormen beeinflussen die vertraglichen Verpflichtungen des Kunden unmittelbar oder mittelbar durch die Notwendigkeit der Parteien zu entsprechend angepasster Gestaltung der Inhalte des Telekommunikationsvertrages. Daneben werfen diese Vorschriften im Zusammenhang mit dem Pflichtenkreis des Kunden rechtliche Fragestellungen auf, die – ohne selbst vertragliche Verpflichtungen des Kunden unmittelbar zu begründen – für dessen Rechtsstellung von solcher Erheblichkeit sind, dass sie in diesem Zusammenhang ebenfalls darzustellen sind.

156 *aa) Pflicht zur Entgeltzahlung.* Die zentrale Hauptpflicht des Kunden aus dem Telekommunikationsvertrag ist es, die vertraglich vereinbarten Entgelte gegenüber dem jeweiligen Anbieter als seinem Vertragspartner auszugleichen. Dabei ist zu beachten, dass nur diejenigen Entgeltzahlungspflichten des Kunden als dessen Hauptleistungsverpflichtung anzusehen sind, die im Rahmen des Telekommunikationsdienstvertrages gerade im Gegenseitigkeitsverhältnis der korrespondierenden Leistung des Anbieters stehen.[341] Im Rahmen von Festnetz- und Mobilfunkverträgen fallen hierunter in erster Linie die vertraglich zwischen den Parteien im Einzelfall vereinbarten nutzungsunabhängigen Grundentgelte und/oder die nutzungsabhängigen Verbindungspreise. In diesem Sinne im Gegenseitigkeitsverhältnis stehen auch diejenigen Geldleistungen, die vom Kunden aufgrund vertraglicher Vereinbarung mit dem Anbieter als Einmalbeträge vor respektive bei Freischaltung des Festnetz- oder Mobilfunkanschlusses zu entrichten sind, wie zB einmalige Anschluss- oder Freischaltungsentgelte. Entsprechendes gilt schließlich auch, soweit der Kunde unter Nutzung so genannter Prepaid-Cards seine vertraglich geschuldeten Entgelte erbringt mit der Maßgabe, dass nach den einschlägigen Vertragsgestaltungen der Kunde regelmäßig nur nutzungsabhängige Entgelte zu leisten hat und darüber hinaus mit der Entrichtung seiner vertraglich geschuldeten Entgeltzahlungspflicht in Vorlage tritt.[342] Von den im Gegenseitigkeitsverhältnis stehenden Entgeltzahlungspflichten des Kunden sind die einfachen vertraglichen Zahlungspflichten des Kunden zu unterscheiden. Beispielhaft genannt seien wirksam vertraglich vereinbarte Entgelte für die Zuteilung von Wunschrufnummern, die Erstellung eines Einzelverbindungsnachweises oder sonstige Entgelte für Leistungen, die beispielsweise im Zusammenhang mit

---

[339] OVG NW Beschl. v. 25.6.2008 – 13 B 668/08, CR 2008, 780 (782 f.).
[340] So die amtl. Begr. BT-Drs. 16/2581 S. 32.
[341] Was freilich die Parteien nicht daran hindert, Nebenleistungspflichten in das Austauschverhältnis mit einzubeziehen und so zu Hauptleistungspflichten zu erheben, vgl. Bamberger/Roth/*Grothe* § 320 Rn. 10.
[342] So *Graf von Westphalen*/*Grote*/*Pohle* S. 205 ff.

Sperrung und Wiederanschluss von Telefonanschlüssen entstehen.[343] Wie die Hauptleistungspflichten des Anbieters unterliegen auch die vereinbarten Entgelte nicht der Inhaltskontrolle der §§ 307–309 BGB.[344] Dennoch wird die Privatautonomie der Vertragsparteien eines Telekommunikationsvertrages hinsichtlich der Entgeltgestaltung in vielfältiger Weise eingeschränkt. Die äußere Grenze bildet der Wuchertatbestand des § 138 BGB, dessen Anwendung bislang vor allem im Zusammenhang mit der Tarifierung von Mehrwertdiensten von der Rechtsprechung in Betracht gezogen wird, jüngst jedoch auch beispielsweise im Zusammenhang mit sog „verdeckten Tarifwechseln".[345] Daneben setzt § 66d TKG für Premium- und ServiceDienste bestimmte Preishöchstgrenzen fest. Auch können nach § 39 TKG die Endkundenentgelte unter bestimmten Voraussetzungen der Genehmigungspflicht oder der nachträglichen Regulierung unterliegen. Im Fall der Genehmigungspflicht schuldet der Kunde unabhängig von seiner vertraglichen Abrede mit dem Anbieter nach § 39 Abs. 1 S. 3 iVm § 37 Abs. 2 TKG nur das von der BNetzA im Rahmen des Regulierungsverfahrens genehmigte Entgelt. Im Fall der nachträglichen Regulierung können Entgelte für unwirksam erklärt werden, § 39 Abs. 3 S. 1 2. Hs., iVm § 38 Abs. 4 TKG. Schließlich können einzelne Tarifgestaltungen auch den AGB-rechtlichen Anforderungen im Einzelfall nicht standhalten, sei es als überraschende Klausel iSd § 305c BGB[346] oder sei es den Vorgaben der Inhaltskontrolle nach § 307 BGB und namentlich dem Transparenzgebot des § 307 Abs. 3 S. 2 BGB.[347] In der Vertragspraxis des Massenmarktes Telekommunikation versuchen Anbieter zudem regelmäßig, ihre Kunden aus Rationalisierungsgründen über so genannte **Lastschriftklauseln** zur Begleichung der Entgelte im Lastschriftverfahren zu zwingen. Gelegentlich sind diese Klauseln derart gestaltet, dass der Kunde gebeten wird, zur Vermeidung unnötigen Verwaltungsaufwands am Lastschrifteinzugsverfahren teilzunehmen, jedwede andere Zahlungsweise jedoch mit einem zusätzlichen Bearbeitungsentgelt in vergleichsweise erheblicher Höhe zu Gunsten des Anbieters verbunden ist. Wieder in anderen Fällen wird die Teilnahme des Kunden am Lastschrifteinzugsverfahren in den entsprechenden Vertragsklauseln vorausgesetzt und jedwede andere Zahlungsart von einer – in der Praxis in aller Regel fehlenden – schriftlichen Vereinbarung der Parteien des Telekommunikationsvertrags, jedoch ohne zusätzliche Gebühr, abhängig gemacht.

Die Zulässigkeit solcher Lastschriftklauseln ist in der Vergangenheit in Rechtsprechung und Literatur insbesondere für Mobilfunkverträge kontrovers diskutiert worden. Unstreitig unterliegen solche Klauseln der **Inhaltskontrolle** nach §§ 307–309 BGB, da sie nicht die Preisgestaltung des Anbieters selbst sondern bloße Zahlungsmodalitäten betreffen.[348] Streitig ist dagegen, inwieweit Klauseln, die eine Teilnahme am Lastschriftverfahren obligatorisch vorsehen, den Kunden **unangemessen benachteiligen.** In der Literatur und in der instanzengerichtlichen Rechtsprechung wurden Lastschriftklausel jedenfalls dann AGB-rechtlich für zulässig erachtet, wenn sie dem Kunden, ggf. auch gegen Aufpreis, eine andere Zahlungsmöglichkeit zur Wahl ließen.[349] Nach der Rechtsprechung des BGH sind Lastschriftklauseln, unabhängig davon, ob sie die einzig mögliche Zahlungsweise darstellen oder dem Kunden gegen ein Zusatzentgelt andere Wege belassen werden, das Entgelt zu entrich-

---

[343] Zur Wirksamkeit solcher Klauseln in AGB's sogleich noch im Folgenden.
[344] Statt vieler *Graf von Westphalen/Grote/Pohle* S. 206 f.
[345] AG Kempten Urt. v. 25.5.2011 – 1 C 542/11, CR 2012, 518.
[346] LG Kiel Urt. 7.9.2012 – 1 S 25/12, CR 2013, 202, Rn 9 ff. = ITRB 2013, 81, Rn. 1.
[347] LG München I Urt. v. 14.2.2013 – 12 O 16908/12, CR 2013, 505 Rn. 29 ff. zu sog Negativsalden in Prepaid-Verträgen unter unzureichender Klärung, ob es sich iSd § 307 abs. 3 S. 1 BGB um eine grds. kontrollfreie Abrede betreffend eine Hauptleistungspflicht handelt oder eine, auch jenseits des Transparenzgebots kontrollfähige Nebenabrede.
[348] BGH Urt. v. 23.1.2003 – III ZR 54/02, NJW 2003, 1237 (1238); BGH Urt. v. 10.1.1996 – XII ZR 271/94, NJW 1996, 988.
[349] OLG Düsseldorf Urt. v. 31.10.1996 – 6 U 206/95, NJW-RR 1997, 374 (377 f.); Spindler/*Fuchs*, Vertragsrecht der Telekommunikations-Anbieter Teil IV Rn. 136; Spindler/*Kropf/Harder*, Vertragsrecht der Telekommunikations-Anbieter, Teil V, Rn. 130 ff.; Spindler/*Imping*, Vertragsrecht der Telekommunikations-Anbieter, Teil VI, Rn. 33; Heun/*Sörup*, Handbuch Telekommunikationsrecht, K, Rn. 1560 ff.; *Graf v. Westphalen/Grote/Pohle* S. 110 f. sowie 210 f.; *Schöpflin* BB 1997, 106 (110); aA LG Düsseldorf Urt. v. 27.7.1995 – 12 O 96/95, NJW-RR 1996, 308 (309); *Hahn* MMR 1999, 586 (588).

ten, nur dann AGB-rechtlich zulässig, wenn durch eine entsprechende Gestaltung der AGB dem Kunden eine bestimmte **Mindestfrist** (etwa ab dem Tag des Rechnungsdatums) eingeräumt wird, die so bemessen ist, dass den Kunden zwischen dem Zugang der Rechnung und dem Einzug des Rechnungsbetrags ausreichend Zeit – **mindestens fünf Werktage** – verbleibt, die Rechnung zu prüfen und gegebenenfalls für ausreichende Deckung seines Girokontos zu sorgen.[350] Unzulässig ist jedoch eine Klausel, mit der eine bestimmte „Bearbeitungsgebühr für Rücklastschrift" (im zu entscheidenden Fall ca. EUR 17,-) gefordert wird jedenfalls dann, wenn sie nicht den Vorgaben § 309 Nr. 5 lit. b BGB zur Pauschalierung von Schadensersatzansprüchen genügt.[351]

158 • **Einwendungen gegen die Abrechnung, Beweislast**
Streitigkeiten im Zusammenhang mit der Entgeltpflicht des Kunden betreffen in aller Regel die Höhe der in Rechnung gestellten Entgelte. Die entscheidende Frage ist in diesem Zusammenhang, welche Partei die Richtigkeit bzw. Unrichtigkeit der Höhe der Rechnung nachzuweisen hat. Diese Problematik hat in den §§ 45i, j TKG, die auf §§ 16, 17 TKV zurückgehen, eine wegen der Besonderheiten des Massenmarktes Telekommunikation eigenständige Regelung erfahren.[352] Die §§ 45i, j TKG gelten für **alle Anbieter von Telekommunikationsdiensten** iSd § 3 Nr. 24 TKG (§ 45i Abs. 1 TKG) bzw. **öffentlich zugänglicher Telekommunikationsdienste** iSd § 3 Nr. 17a TKG (§ 45i Abs. 3 und Abs. 4 TKG) also insbesondere auch für Mobilfunkanbieter sowie Online- und Datendienste. Grundsätzlich trägt der Anbieter öffentlich zugänglicher Telekommunikationsdienste entsprechend den allgemeinen Regeln jedoch nach Maßgabe der Regelungen in § 45i Abs. 3 und Abs. 4 TKG die Darlegungs- und Beweislast dafür, dass der Kunde eine bestimmte Leistung tatsächlich in Anspruch genommen und er die Leistung bis zu dem Übergabepunkt, an welchem dem Teilnehmer der Netzzugang bereitgestellt wird, technisch fehlerfrei erbracht hat.[353]

159 Zunächst ist in diesem Zusammenhang die Aufstellung der einzelnen Verbindungen Teil der **Substantiierungslast** des Anbieters nach § 138 ZPO.[354] In diesem Kontext steht dem Kunden, der eine Rechnung binnen einer Frist von acht Wochen nach Zugang beanstandet, gemäß § 45i Abs. 1 TKG ein Anspruch auf **Vorlage** eines **nach Einzelverbindungen aufgeschlüsselten Entgeltnachweises** zu. Dies gilt auch dann, wenn er keinen Einzelverbindungsnachweis nach § 45e TKG verlangt hat. Die Pflicht zur Erteilung eines Entgeltnachweises und damit auch die Nachweispflicht des Anbieters für die erbrachten Verbindungsdaten entfällt gemäß § 45i Abs. 2 TKG, wenn der Anbieter die für einen solchen Nachweis erforderlichen **Verkehrsdaten** berechtigterweise nicht gespeichert oder nachträglich gelöscht hat. Diese Ausnahme korrespondiert mit den Bestimmungen des Telekommunikations-Datenschutzes in § 97 Abs. 3 und 4 TKG. Hat die Nichtspeicherung bzw. Datenlöschung ihren Grund in einem ausdrücklichen Verlangen des Teilnehmers, so ist Voraussetzung der Ausnahme des § 45i Abs. 2 TKG, dass dieser vorher ausdrücklich mittels eines deutlich erkennbaren Hinweises auf diese Folgen hingewiesen wurde. Dass ein solcher Hinweis erfolgt ist, unterliegt ebenfalls der Darlegungs- und Beweislast des Anbieters.[355] Der weitere Ausnahmetatbestand der **technischen Gründe für eine unterbliebene Speicherung** entspricht der Reglung des § 45e TKG, so dass auf die dortigen Ausführungen verwiesen werden kann. Des Weiteren ist der Anbieter verpflichtet, eine **technische Prüfung** durchzuführen, deren Dokumentation dem Kunden ebenfalls auf Verlangen vorzulegen ist.[356] Hierdurch erbringt der Anbieter den

---

[350] BGH Urt. v. 23.1.2003 – III ZR 54/02, NJW 2003, 1237, 1239.
[351] OLG Düsseldorf Urt. v. 18.7.2002 – 6 U 218/01, NJW-RR 2002, 1716.
[352] Eingehend zu diesen Vorschriften *Pohle/Dorschel* CR 2007, 153 ff.
[353] BGH Urt. v. 24.6.2004 – III ZR 104/03, NJW 2004, 3183; OLG Dresden Urt. v. 25.1.2001 – 9 U 2729/00, CR 2002, 34; OLG Celle Urt. v. 28.8.1996 – 20 U 67/95, NJW-RR 1997, 568 (569); LG Hof Urt. v. 20.3.2003 – 12 O 502/02, MMR 2003, 414; LG Frankfurt a.d. Oder Urt. v. 14.12.2001 – 6 (b) S 76/01, MMR 2002, 249 (250); LG Oldenburg Urt. v. 27.6.1997 – 6 O 3627-94, NJW-RR 1998, 1365; *Struck* CR 2002, 35.
[354] LG Trier Urt. v. 6.7.2004 – 1 S 104/04, MMR 2004, 626 (627).
[355] LG Trier aaO.
[356] Vgl. OLG Bremen Urt. v. 15.6.2011 – 1 U 6/11, CR 2012, 98, Rn. 5. Das Verlangen hat der Kunde zeitnah zu äußern. Jedenfalls nach Ablauf eines Zeitraums von mehr als 2 Jahren nach Durchführung der techni-

Nachweis, dass die Leistung innerhalb seines Verantwortungsbereichs, namentlich bis zum Kundenanschlusspunkt, iSd § 45 Abs. 3 TKG technisch einwandfrei erbracht und richtig berechnet wurde. Ergibt diese Prüfung keinen technischen Fehler, so streitet der **Beweis des ersten Anscheins** für eine Richtigkeit der ermittelten Entgelte.[357] Ergibt diese technische Prüfung dagegen Mängel, die sich zu Lasten des Teilnehmers auf die Berechnung des beanstandeten Entgelts ausgewirkt haben können oder wird die technische Prüfung verspätet abgeschlossen, so wird widerleglich vermutet, dass der Anbieter die Verbindungsentgelte unrichtig berechnet hat, § 45i Abs. 3 S. 2 TKG. In diesem Fall bleibt es dem Anbieter jedoch nach bestrittener Ansicht der Rechtsprechung unbenommen, unabhängig von der Vorlage des Ergebnisses der technischen Prüfung auf anderem Wege den Nachweis zu erbringen, dass die in Rechnung gestellten Verbindungsentgelte richtig berechnet wurden.[358]

Allerdings wird der Kunde von einer Entgeltpflicht dann frei, wenn der Anbieter seiner Darlegungs- und Beweislast im Rahmen des § 45i Abs 3 TKG genügt hat, dh die in Rechnung gestellten Verbindungen grundsätzlich durch Vorlage des Entgeltnachweises und der technischen Prüfung hinreichend substantiiert und nachgewiesen hat, wenn er gemäß § 45i Abs. 4 TKG wiederum nachweist, dass ihm die Inanspruchnahme der Leistungen des Anbieters nicht zugerechnet werden kann oder Tatsachen die Annahme rechtfertigen, dass die Höhe der Entgelte auf **Manipulationen Dritter** am öffentlichen Telekommunikationsnetz zurückzuführen ist. Der dieser Bestimmung zu Grunde liegende Rechtsgedanke wurde von der Rechtsprechung in den letzten Jahren dahingehend angewandt, dass der Inhaber eines Telefonanschlusses nur für diejenigen Entgelte haftet, die in seiner Risikosphäre liegen und deren Entstehung er nach Maßgabe des § 276 BGB zu vertreten hat,[359] was den Kunden im Einzelfall jedenfalls bei Auftreten konkreter Hinweise dazu verpflichtet, von sich aus Schutzmaßnahmen zu ergreifen.[360] § 45j TKG regelt schließlich den Fall, dass davon auszugehen ist, dass im Fall des § 45i Abs. 3 S. 2 TKG die Verbindungsentgelte unrichtig berechnet wurden und **eine korrekte Berechnung nicht mehr möglich** ist. In diesem Fall wird für die Abrechnung die **durchschnittliche Entgeltforderung** des Anbieters aus den unbeanstandet gebliebenen sechs zurückliegenden Abrechnungszeiträumen zu Grunde gelegt. Dem Teilnehmer verbleibt allerdings der Nachweis, dass sein Netzzugang in dem jeweiligen Abrechnungszeitraum überhaupt nicht oder in geringerem Umfang genutzt wurde.

In der Vertragspraxis sind nach wie vor Klauseln von Bedeutung, welche Einwendungen tatsächlicher und/oder rechtlicher Art des Kunden gegen die Entgeltforderung ab einem gewissen Zeitpunkt ausschließen bzw. die Beweislast für die Richtigkeit der Höhe der Rechnung nach Ablauf einer bestimmten Einwendungsfrist zu Lasten des Kunden umkehren (**Einwendungsausschlussklauseln**). Nach der Rechtsprechung des BGH war eine Klausel in den AGB eines Anbieters von Telekommunikationsdienstleistungen, die dem Kunden nach Ablauf einer achtwöchigen Frist ab Rechnungsdatum die Beweislast für Einwendungen, die in den Anwendungsbereich des § 16 Abs. 2 und 3 TKV aF fielen, aufbürdete, indem sie nach Ablauf dieser Frist eine **pauschale Genehmigung der Rechnung fingierte**, unwirksam.[361] Eine solche Klausel weiche zum Nachteil des Kunden von § 16 Abs. 2 und 3 TKV aF ab und sei daher gem. § 1 Abs. 2 TKV (jetzt § 47b TKG) ohne Wirkung. Nach der Neuregelung, de-

---

schen Prüfung kann eine Vorlage der Prüfungsdokumentation nicht mehr verlangt werden, vgl. AG Cochem Urt. v. 21.12.2004 – 2 C 449/04, CR 2005, 644 f.

[357] Vgl. etwa OLG Bremen Urt. v. 15.6.2011 – 1 U 6/11, CR 2012, 98, Rn. 8 (für den Fall der Vollprüfung); OLG Koblenz Urt. v. 14.11.2003 – 8 U 824/02, CR 2005, 196 (197); AG Cochem Urt. v. 21.12.2004 – 2 C 449/04, CR 2005, 644 f.; Beck'scher TKG-Kommentar/*Ditscheid/Rudloff* § 45i Rn. 64. Der Umfang der erforderlichen Prüfung ist jedoch nach wie vor unklar: vgl. OLG Bremen Urt. v. 15.6.2011 – 1 U 6/11, CR 2012, 98, Rn. 8; Beck'scher TKG-Kommentar/*Ditscheid/Rudloff* § 45i Rn. 39 und 64; *Pohle/Dorschel* CR 2007, 153 (156 f.) mwN.

[358] Vgl. OLG Bremen Urt. v. 15.6.2011 – 1 U 6/11, CR 2012, 98, Rn. 10; aA Beck'scher TKG-Kommentar/*Ditscheid/Rudloff* § 45i Rn. 65.

[359] Vgl. zuletzt BGH Urt. v. 19.7.2012 – III ZR 71/12, CR 2012, 586 Rn. 27; Beck'scher TKG-Kommentar/*Ditscheid/Rudloff* § 45i Rn. 67 f. sowie oben → Rn. 141 ff.

[360] BGH Urt. v. 19.7.2012 – III ZR 71/12, CR 2012, 586 Rn. 27; weitergehend: Beck'scher TKG-Kommentar/*Ditscheid/Rudloff* § 45i Rn. 70.

[361] BGH Urt. v. 24.6.2004 – III ZR 104/03, NJW 2004, 3183.

ren endgültige Fassung auf eine Anregung des Bundesrates im Rahmen des Gesetzgebungsverfahrens zurückgeht,[362] besteht nunmehr eine achtwöchige gesetzliche Ausschlussfrist, unabhängig davon, ob ein Einwendungsausschluss vertraglich vereinbart wurde.[363] Lässt der Teilnehmer diese Frist verstreichen, wird der Anbieter von seiner Nachweispflicht frei. Die Formulierung „mindestens" macht deutlich, dass längere Ausschlussfristen vertraglich ohne Weiteres möglich sind.[364] Die Vereinbarung einer kürzeren Frist ist demgegenüber wegen § 47b TKG ausgeschlossen. Auch der Anspruch des Teilnehmers, die Vorlage des Entgeltnachweises und der technischen Prüfung verlangen zu können, wurde auf acht Wochen befristet. Erfolgt die von Seiten des Teilnehmers fristgemäß verlangte Vorlage des Entgeltnachweises und des Prüfungsergebnisses nicht binnen acht Wochen nach Beanstandung, erlöschen nach § 45i Abs. 1 S. 4 1. Hs. TKG die bis dahin entstandenen Ansprüche des Anbieters aus Verzug. Des Weiteren ordnet § 45i Abs. 1 S. 4 2. Hs. TKG an, dass in diesem Fall die mit der Abrechnung geltend gemachte Forderung erst mit dieser Vorlage fällig wird.

162 • **Prepaid- und Telefon-Karten**
Ein Sonderproblem der Entgeltpflicht betrifft den Einsatz von Prepaid-Karten zur Zahlung von Mobilfunk-Leistungen. In AGB vieler Mobilfunkanbieter, die Prepaid-Produkte anbieten, fanden sich Klauseln, nach welchen das auf die Karte übertragene Guthaben ein Jahr nach dessen Übertragung **verfallen** soll, sofern es nicht durch eine weitere Aufladung wieder nutzbar gemacht wird. Solche Klauseln werden von der bislang einhelligen instanzengerichtlichen Rechtsprechung als iSd § 307 BGB **unangemessene Benachteiligung** des Kunden und insofern als unwirksam angesehen.[365] Nach der Rechtsprechung ergibt sich ein Verstoß derartiger Verfallsklauseln gegen § 307 Abs. 1 iVm Abs. 2 Ziff. 1 BGB daraus, dass sie unter Verletzung des Äquivalenzverhältnisses von Leistung und Gegenleistung in nicht mehr zumutbarer Weise von **wesentlichen Grundgedanken des Schuldrechts** abweichen. Die beobachtete **Branchenüblichkeit** ebensolcher Klauseln stehe dieser Bewertung nicht entgegen, da eine von Verwender wie Verbraucher gleichermaßen als maßgeblich erachtete Verkehrssitte in jedem Fall nicht anzunehmen sei. Mit einer ähnlichen Rechtsfrage hatte sich der BGH bereits im Jahr 2001 hinsichtlich AGB auseinanderzusetzen, die eine **Befristung von Telefonkarten** für Münzfernsprecher vorsahen, ohne zumindest die Anrechnung unverbrauchter Guthaben beim Kauf einer neuen Telefonkarte vorzusehen, und urteilte, dass diese Klauseln gem. § 9 Abs. 1 AGBG aF unwirksam seien, da sie den Karteninhaber entgegen dem Gebot nach Treu und Glauben unangemessen benachteiligen.[366] Demgegenüber wird die nachträgliche Befristung der Gültigkeitsdauer älterer Telefonkarten bei fortbestehendem Eintauschrecht unter Anrechnung noch nicht abtelefonierten Guthabens von der Rechtsprechung für wirksam gehalten.[367]

163 Ein entsprechendes Recht des Anbieters ergebe sich aus einem im Wege ergänzender Vertragsauslegung entwickelten einseitigen Bestimmungsrecht iVm § 315 BGB. Ein durchschnittlicher Erwerber einer Telefonkarte könne angesichts der ständigen Fortentwicklung der Informationstechnologie, die den Betreiber schon allein aus Missbrauchsgesichtspunkten von Zeit zu Zeit zu technischen Neuerungen zwinge, unmöglich davon ausgehen, Telefonkarten seien unbegrenzte Zeit gültig (§§ 133, 157 BGB). Ein Eingriff in das vertragliche Äquivalenzverhältnis besteht nach Ansicht der Rechtsprechung aufgrund der Eintauschmöglichkeit und Anrechenbarkeit noch nicht verbrauchten Guthabens nicht. Allerdings müssen entsprechende Karten auch eingetauscht werden. Eine generelle Rücknahmeverweigerung ist mit dem Hinweis auf die Verjährung etwaiger Erstattungsansprüche nicht zulässig.[368]

---

[362] Beachte hierzu die Stellungnahme des Bundesrates, BT-Drs. 16/2581 S. 36 f.
[363] Anders noch der RegE BT-Drs. 16/2581.
[364] Beschlussempfehlung und Bericht des Ausschusses für Wirtschaft und Technologie v. 29.11.2006, BT-Drs. 16/3235.
[365] OLG München Urt. v. 22.6.2006 – 29 U 2294/06, NJW 2006, 2416; ebenso die Vorinstanz LG München I Urt. v. 26.1.2006 – 12 O 16098/05, CR 2006, 332 mAnm *Köhler;* wohl auch LG Düsseldorf Urt. v. 23.8.2006 – 12 O 458/05, CR 2007, 25.
[366] BGH Urt. v. 12.6.2001 – XI ZR 274/00, MMR 2001, 806.
[367] OLG Köln Urt. v. 27.2.2007 – 3 U 113/06, MMR 2007, 382.
[368] OLG Köln Urt. v. 3.6.2009 – 11 U 213/08, K&R 2009, 496.

• **Einziehungsermächtigung und Abtretung von Entgeltforderungen** 164
Bis in die jüngste Zeit war die Erteilung von Einzugsermächtigungen und die Abtretung von Entgeltforderungen durch den Anbieter an Dritte, zB Inkassoinstitute, erheblich rechtlich problematisch, insbesondere in Gestalt einer Forderungsabtretung im Rahmen des sog echten Factoring. Zwar gelten auch für Telekommunikationsentgelte die allgemeinen bürgerlich-rechtlichen Bestimmungen zum Forderungseinzug durch Dritte, so dass eine Einzugsermächtigung entsprechend § 185 BGB bzw. eine Forderungsabtretung nach Maßgabe der §§ 398 ff. BGB in diesem Kontext im Grundsatz möglich ist. Problematisch ist jedoch der Umstand, dass die Geltendmachung einer solchen Forderung bzw. der Erfüllung der Auskunftspflicht nach § 402 BGB in der Regel die Übermittlung von Daten voraussetzt, die dem Fernmeldegeheimnis (§ 88 TKG, § 206 StGB) unterliegen.

So wurde, namentlich in der instanzgerichtlichen Rechtsprechung grundsätzlich vertreten, 165
dass § 97 Abs. 1 S. 3 eine solche Forderungsabtretung nicht zu legitimieren vermöge, da die Vorschrift ausdrücklich nur von Einzug, nicht aber von der Geltendmachung einer Forderung im eigenen Namen spreche. Mit dieser Begründung wurde in der Rechtsprechung eine Abtretungsvereinbarung zwischen einem Telekommunikationsanbieter und einem Inkassoinstitut als Verstoß gegen § 134 BGB iVm § 206 StGB für nichtig erklärt.[369] Zu diesem Themenkomplex hat sich zwischenzeitlich der BGH, teilweise nach Vorlageentscheidung des EuGH in mehreren Entscheidungen differenziert geäußert: Zunächst ist der BGH mit dem EuGH der Auffassung, dass § 134 BGB iVm § 206 StGB, § 88 TKG der Abtretung einer Entgeltforderung aus einem Telekommunikationsvertrag nicht entgegenstehe, da § 97 Abs. 1 S. 3 TKG nicht nur die Datenübermittlung im Rahmen einer Einzugsermächtigung oder fiduziarischen Inkassozession legitimiere, sondern auch einen echten Forderungskauf, wie er im Rahmen des echten Factoring vereinbart wird. Die Datenübermittlung muss sich dabei im Rahmen des Erforderlichen halten und zudem muss der Vertrag zwischen Zessionar und Zedenten inhaltlich dergestalt ausgestaltet sein, dass eine rechtmäßige Verarbeitung der Verkehrsdaten durch den Zessionar gewährleistet ist und der Diensteanbieter dies jederzeit überprüfen könne.[370] Gleichzeitig hat der BGH jüngst ausgesprochen, dass § 97 Abs. 1 S. 3 TKG die Datenübermittlung zum Zwecke des Forderungseinzugs gleich in welcher Form, sei es im Wege der Einzugsermächtigung, der fiduziarischen Inkassozession oder im Rahmen des echten Factoring ausschließlich einmalig erlaubt, nicht jedoch mehrfach im Rahmen einer sog „Inkassokette". Dies wiederum gilt nicht nur im Verhältnis des Telekommunikationsanbieters zu dritten Inkassounternehmen, sondern auch im Verhältnis zu anderen, dritten Telekommunikationsanbietern.[371]

Rechtlich vergleichsweise unproblematisch und nicht zu beanstanden sind hingegen AGB- 166
vertragliche Risikozuweisungen, durch die ein mit dem Inkasso von Forderungen beauftragtes Unternehmen das Risiko der Einbringlichkeit der Forderung dem Gläubiger zuweist. Dies gilt auch dann, wenn es sich um einen TK-Netzbetreiber handelt, der anderen Unternehmen Rufnummern zur Erbringung von Dienstleistungen gegenüber Dritten zur Verfügung stellt und sich verpflichtet, Anrufe zu den betreffenden Angeboten durchzuschalten sowie die für deren Inanspruchnahme angefallenen Vergütungen unter Einschaltung anderer TK-Unternehmen einzuziehen.[372]

bb) Sonstige Pflichten. Neben den einzelnen Entgeltzahlungspflichten treffen den Kunden 167
regelmäßig weitere Verpflichtungen aufgrund entsprechender Vereinbarungen zwischen den Parteien im Einzelfall. Diese Pflichten sind als vertragliche Nebenpflichten einzuordnen. Zu den typischen Pflichten dieser Art zählen Mitteilungs- und Hinweispflichten. Diese sind als allgemeine Geschäftsbedingungen iSd § 305 BGB zu qualifizieren. Ihre Inhalte unterliegen

---

[369] So etwa AG Tempelhof-Kreuzberg Urt. v. 06.10.2011- 18 C 128/11, CR 2012, 590 = ITRB 2012, 199; AG Meldorf Urt. v. 21.7.2011 – 81 C 241/11, CR 2012, 258; AG Hamburg-Altona Urt. v. 8.8.2006 – 316 C 59/06, CR 2007, 238.
[370] BGH Urt. v. 7.2.2013 – III ZR 200/11, CR 2013, 160; EuGH Urt v. 22.11.2012 – C-119/12, CR 2013, 25 (Vorlageentscheidung); BGH Urt. v. 16.2.2012 – III ZR 200/11, CR 2012, 255 (Vorlagebeschluss).
[371] BGH Urt. v. 16.2.2012 – III ZR 200/11, CR 2012, 255, Fn. 18; BGH Urt. v. 14.6.2012 – III ZR 227/11, CR 2012, 584; *Schmitz* CR 2012, 577, Fn. 16.
[372] BGH Urt. v. 8.3.2007 – III ZR 129/06, MMR 2007, 367.

der Inhaltskontrolle gem. §§ 305–307 BGB. Beispielhaft seien an dieser Stelle Klauseln genannt, die den Kunden zur Mitteilung von Änderungen seines Namens, seiner Anschrift, seiner Bankverbindung etc verpflichten. In den allgemeinen Geschäftsbedingungen von Mobilfunkanbietern finden sich zudem Klauseln, welche den Kunden dazu verpflichten, die ihm überlassene SIM-Karte vor unberechtigtem Zugriff Dritter zu schützen und PIN und PUK geheim zu halten. Hiermit korrespondiert die Pflicht des Kunden, einen etwaigen Diebstahl sowie eine unberechtigte Drittnutzung gegenüber dem Mobilfunkunternehmen unverzüglich anzuzeigen. Derartige Klauseln konkretisieren in aller Regel Pflichten, die als Obliegenheiten des Kunden auch ohne ausdrückliche Vereinbarung aus dem Vertragsverhältnis folgen würden und sind daher AGB-rechtlich nicht zu beanstanden.[373]

168 cc) Weitervermietung von Telefonanschlüssen? Innerhalb welcher rechtlicher Grenzen § 540 BGB die Möglichkeit eröffnet, Telefonanschlüsse entgeltlich auch anderen Personen zur Verfügung zu stellen, ist letztlich davon abhängig, ob man Telekommunikationsverträge mietrechtlichen oder dienstvertraglichen qualifiziert.[374] Das OLG Köln verneint ein solches Vorhaben jedenfalls unabhängig von solcherart rechtlicher Qualifizierung aus wettbewerbsrechtlicher Sicht im Hinblick auf Geschäftsmodelle, wonach DSL-Kunden sich als registrierte Mitglieder einer Nutzergemeinschaft anschließen und ihren Breitbandanschluss anderen Mitgliedern als Hotspot freigeben können, um im Gegenzug selbst kostenfreien Internetzugang über Anschlüsse anderer Mitglieder zu erhalten oder an Tagestickets zu verdienen, die Nichtmitglieder bei dem Betreiber entgeltlich erwerben können. Das Geschäftsmodell der Beklagten nutze eine von anderen Anbietern geschaffene Infrastruktur „schmarotzend" aus, um sich mit einem eigenen Angebot am Markt zu etablieren, das von anderen DSL-Anbietern durch ein erhöhtes Aufkommen von Daten zu tragen sei. Deren Flatrates orientieren sich kalkulatorisch jedoch am Verhalten durchschnittlicher Internetnutzer. Insofern sei das streitgegenständliche Geschäftsmodell wettbewerbsrechtlich unzulässig (§§ 3, 8 Abs. 1 und Abs. 3 Nr. 1 UWG).[375]

4. Leistungsstörungen und Haftung im Rahmen von Telekommunikationsverträgen

169 Die Erfüllung der vertraglichen Verpflichtungen eines Telekommunikationsvertrages kann tatsächlich wie rechtlich Störungen unterliegen. Die gesetzlichen Regelungen des BGB stellen für diese Fälle ein differenziertes Regelungssystem zur Verfügung. Diese werden durch einschlägige Regelungen des Telekommunikations-Kundenschutzes ebenso ergänzt bzw. modifiziert, wie durch vertragliche Regelungen zwischen Anbieter und Kunden in der Rechtspraxis.

170 a) Leistungsstörungen in der Sphäre und Haftung des Anbieters – Leistungsunterbrechung. Rechtlich bedeutsam sind hier die Fälle der Nichterbringung der vertraglich geschuldeten Leistungen, dh die der Unmöglichkeit und des Verzugs. Daneben treten Fälle der Leistungsstörung in Gestalt der Schlechtleistung sowie übrige Verletzungen vertraglicher Pflichten.[376] Eine Form der Leistungsstörung im Rahmen von Verträgen über Telekommunikationsdienstleitungen ist die Unterbrechung der Verbindung, dh die zeitweise Nichterfüllung der vertraglich geschuldeten Leistung. Die Unterbrechung kann als Leistungsstörung sowohl in Telekommunikationsdienstverträgen vorkommen, die als Dauerschuldverhältnis ausgestaltet sind (so beim Festnetz- und Mobilfunkvertrag ebenso wie im Rahmen von Preselection-Verträgen mit alternativen Verbindungsnetzbetreibern) als auch bei einem einzelnen Vertrag über eine einzelne Verbindung (Call by call) oder bei der Inanspruchnahme eines einzelnen Mehrwertdienstes. Bei einem gemischttypischen Dauerschuldverhältnis, das sich über den Anschluss und die möglichen Telefonverbindungen erstreckt, ergeben sich die Rechtsfolgen auf Grundlage des dienstvertraglichen Verständnisses dieser vertraglichen Vereinbarungen aus §§ 611, 280 BGB. Sofern eine einzelne Verbindung oder ein einzelner

---

[373] Graf von Westphalen/Grote/Pohle S. 217 ff.
[374] Zur Rechtsnatur von Telefondienstverträgen ausführlich bereits oben.
[375] OLG Köln Urt. v. 5.6.2009 – 6 U 223/08, GRUR-RR 2009, 339.
[376] Umfassend zu möglichen Leistungsstörungen und deren Rechtsfolgen nach dem BGB: Graf von Westphalen/Grote/Pohle S. 52 ff. sowie S. 227 ff.

Mehrwertdienst unterbrochen ist, bestimmen sich die Rechtsfolgen nach der hier vertretenen Ansicht[377] nach Werkvertragsrecht (§§ 633, 634 ff. BGB). Bei der rechtlichen Beurteilung einer Unterbrechung der Leistung durch den Anbieter bzw. aus Gründen, die seiner Sphäre zuzurechnen sind, sind zudem § 45b, § 46 Abs. 1 und § 85 TKG zu beachten.

- **Dauerschuldverhältnisse**

Nach herrschender Auffassung schulden Anbieter von Telefonfestnetz- und Mobilfunkverträgen in der Regel keine 100prozentige Verfügbarkeit ihrer Leistung, dh des Netzzugangs sowie der Möglichkeit, Verbindungen zu anderen Teilnehmern herzustellen und entgegenzunehmen.[378] Dem liegt der Befund zu Grunde, dass es ein **störungsfreies Netz nicht geben kann** bzw. ein solches jedenfalls mit wirtschaftlich angemessenem Aufwand nicht bereitzustellen ist. Welche Verfügbarkeit der Anbieter schuldet, hängt neben dem jeweiligen Stand der Technik vor allem von den vertraglichen Vereinbarungen im Einzelfall ab. Ob und inwieweit diese Auffassung in der Rechtsprechung Bestand haben wird, ist durchaus fraglich. So sieht die Rechtsprechung etwa einen Anbieter von Webhosting-Services als verpflichtet an, sicherzustellen, dass über ihn gehostete Seiten permanent aufgerufen werden können.[379] Einschränkende Verfügbarkeitsklauseln – wie etwa 99 Prozent im Jahresmittel – seien AGB-rechtlich nicht zulässig (§ 307 Abs. 1 iVm Abs. 2 Nr. 2 BGB) wie ein in solchen Klauseln zu sehender Haftungsausschluss für grobe Fahrlässigkeit (§ 309 Nr. 7b BGB). Ob und inwieweit diese Tendenz in der Rechtsprechung auch die Bewertung von Telekommunikationsverträgen beeinflusst, ist nach wie vor grundsätzlich ungeklärt, wenngleich in Einzelfällen Nichtverfüg- oder -erreichbarkeiten als Pflichtverletzung qualifiziert werden.[380] Der technisch bedingten Störungsanfälligkeit von Telekommunikationsnetzen trägt § 45b TKG zu Gunsten des Teilnehmers Rechnung, der marktmächtigen Anbietern öffentlich zugänglicher Telefondienste – jedoch auch nur diesen – eine **Entstörungspflicht** auch außerhalb der regulären Arbeitszeiten auferlegt. § 46 Abs. 1 S. 3 TKG bestimmt eine maximale **Leistungsunterbrechung** von einem Kalendertag im Fall des **Anbieterwechsels**. Umgekehrt regeln § 85 Absatz 1 und 2 TKG, unter welchen Voraussetzungen universaldienstverpflichtete Anbieter von Telekommunikationsdienstleistungen für die Öffentlichkeit ihre **Leistungen einstellen oder beschränken** können. So weit eine Leistungsunterbrechung von diesen Bestimmungen erfasst ist, stellt diese Unterbrechung keine Verletzung vertraglicher Pflichten des Anbieters dar, Gewährleistungsansprüche scheiden mithin aus.[381]

Hat der jeweilige Telekommunikationsvertrag auch sog Anschlussumzugsleistungen des Anbieters zum Gegenstand, haftet der Anbieter für verspätete Umstellungsleistungen aus § 280 BGB auf Schadensersatz. Einen entsprechenden Fall hat das LG Frankfurt aM entschieden und einem gewerblichen Kunden Ersatzansprüche iHv 13.396,60 EUR zugestanden. In Anbetracht der Bedeutung von Telekommunikationsleistungen und ihrer ständigen Aufrechterhaltung im geschäftlichen wie privaten Verkehr, bewertete das Gericht Bearbeitungszeiträume von 25 und 17 Tagen als eindeutig zu lange und sprach dem Kunden Kompensationsansprüche in Höhe des entgangenen Gewinns zu.

- **Einzelleistungen**

Liegt dem Vertrag mit dem Telekommunikationsanbieter kein Dauerschuldverhältnis zu Grunde, ist zu differenzieren: Sofern eine Verbindung überhaupt nicht zu Stande kommt, vermag diese Nichtverfügbarkeit der Leistung in der Regel **keine Ansprüche**, auch Nicht- oder Schlechterfüllung, zu begründen. Insbesondere im Bereich der Call-by-call-Verbindungen kommt der Vertrag durch die Bereithaltung der Dienstleitung seitens des Anbieters (Realofferte) sowie deren Inanspruchnahme durch den Kunden durch Anwahl der entsprechenden Nummer zu Stande. In der Herstellung der Verbindung liegt danach sowohl die

---

[377] Vgl. hierzu die eingehende Darstellung oben.
[378] Eingehend hierzu *Graf von Westphalen/Grote/Pohle* S. 17 ff. (Festnetz) u. S. 196 (Mobilfunk).
[379] OLG Düsseldorf Urt. v. 26.2.2003 – I-18 U 192/02, MMR 2003, 474; LG Karlsruhe Urt. v. 12.1.2007 – 13 O 180/04 KfH I, CR 2007, 396 ff.; *Rössel* ITRB 2007, 106 mwN.
[380] Auch die Entscheidung des BGH Urt. v. 24.1.2013 – III ZR 98/12, CR 2013, 294 ff. enthält zu diesem Problemkreis keine Aussagen; vgl. aber: OLG Naumburg Urt. v. 11.7.2013 – 2 U 4/13, CR 2013, 275 f.; LG Köln Beschl. v. 4.6.2010 – 1 W 8/10, ITRB 2011, 6 f.
[381] *Graf von Westphalen/Grote/Pohle* S. 53.

Annahme des Angebots als auch der Beginn der Vertragserfüllung. Wenn der Vertrag somit durch die Erbringung der Leistung zustande kommt, haben vorübergehende Unterbrechungen der Verfügbarkeit des Telekommunikationsdienstes als solchem keine Einschränkung der Leistungspflicht zur Folge, da überhaupt kein Vertrag geschlossen worden ist und Ansprüche wegen Nichterfüllung scheiden aus. Kommt eine Verbindung zunächst zu Stande, wird sie sodann aber unterbrochen, hängen die Gewährleistungsansprüche des Kunden davon ab, welches Leistungsversprechen der Anbieter im Rahmen der Realofferte abgegeben hat. Bei Sprachkommunikationsdienstleistungen, spricht vor allem die technisch bedingte und vom Anbieter nur eingeschränkt zu beeinflussende Störungsanfälligkeit von Netzwerken dafür, das Leistungsversprechen nur auf die tatsächlich bestandene Verbindungsleistung zu beschränken, so dass eine nachträgliche Verbindungsunterbrechung keine Gewährleistungsansprüche des Kunden auslöst. Im Falle von Mehrwertdiensten, die für den Kunden nur bei einem ordnungsgemäßen Aufrechterhalten der Verbindung bis zur Beendigung der inhaltlichen Leistungserbringung nutzbar sind (zB dem Download eines Klingeltons), richten sich die Ansprüche des Kunden im Falle einer vorzeitigen Verbindungsunterbrechung nach den §§ 434 ff. BGB bzw. 634 ff. BGB.

174 • **Haftung des Anbieters**
Im Allgemeinen finden sich Anspruchsgrundlagen für Schadensersatz- und Unterlassungsansprüche gegen Anbieter öffentlich zugänglicher Telekommunikationsdienstleistungen in den allgemeinen gesetzlichen Bestimmungen insbesondere des BGB und § 44 TKG. Dabei bestimmt sich die Haftung auf Schadenersatz nach den allgemeinen zivilrechtlichen Grundsätzen der §§ 249 ff. BGB. Konkretisierend hat die Rechtsprechung auf dieser Grundlage Grundsätze zur Ersatzfähigkeit eines **Schadens wegen Nutzungsausfalls** einer Telekommunikationsverbindung herausgearbeitet. So begründet die fehlende Nutzbarkeit eines Festnetztelefonanschlusses bzw. eines Telefaxgerätes jedenfalls im privaten Bereich keinen Schadensersatzanspruch. In beiden Fällen liegt eine ersatzfähiger Vermögensschaden deshalb nicht vor, weil es sich jeweils nicht um ein Wirtschaftsgut handelt, dessen ständige Verfügbarkeit für den Einzelnen bei seiner eigenwirtschaftlichen Lebenshaltung typischerweise von zentraler Bedeutung ist und dessen Funktionsstörung sich als solche auf die materielle Grundlage der Lebenshaltung signifikant auswirkt. Hinsichtlich des Festnetzanschlusses gilt das jedoch nur dann, wenn der Betroffene im Einzelfall auf einen Mobilfunkanschluss ausweichen kann und ihm hier erhöhte Kosten ersetzt werden. Das Telefax bewirkt im Allgemeinen im Vergleich zu herkömmlichen Post- und Kurierwegen lediglich eine Erhöhung der Bequemlichkeit und Beschleunigung, so dass hier stets ein Schadensersatzanspruch wegen Nutzungsausfalls ausscheidet. Anders liegen die Dinge jedoch grundsätzlich hinsichtlich der Verfügbarkeit eines Internetzugangs. Infolge der Eigenschaft des Internet als weltweiter Informations- und Kommunikationsquelle, welches nach und nach auch herkömmliche Kommunikations- und Informationsmedien ersetzt bzw. verdrängt, ist es für weite Teile der Bevölkerung ein entscheidend prägendes Medium. Entsprechend berechtigt der Nutzungsausfall des Internetanschlusses zum Schadenersatz.[382] Zudem hat die Rechtsprechung im Zusammenhang mit der verspäteten Bereitstellung von Telekommunikationsanschlüssen bzw. der Nichtverfügbarkeit von Telekommunikationsleistungen in Einzelfällen **entgangenen Gewinn** zugesprochen bzw. entgangene Einnahmen jedenfalls nicht ausgeschlossen.[383]

175 § 44a TKG enthält eine spezielle zur **Haftungshöchstgrenze** im Zusammenhang mit der Erbringung von Telekommunikationsdienstleistungen. Hiernach ist ein Anspruch auf Ersatz von Vermögensschäden von Endnutzern gegenüber Anbietern öffentlich zugänglicher Telekommunikationsdiensten auf 12.500,- EUR je Endnutzer sowie, falls die Schadensersatzpflicht durch eine einheitliche Handlung oder ein einheitliches Schaden verursachendes Ereignis gegenüber mehreren Endnutzern entsteht, auf insgesamt EUR 10 Mio. für die Gesamtheit der Anspruchsberechtigten begrenzt. Übersteigt der Gesamtbetrag der Ansprüche aller Geschädigten diese Höchstgrenze, wird der Schadensersatzanspruch in dem Verhältnis

---

[382] Zum Ganzen: BGH Urt. v. 24.1.2013 – III ZR 98/12, CR 2013, 294. Fn. 11 ff.
[383] Vgl. OLG Naumburg Urt. v. 11.7.2013 – 2 U 4/13, CR 2013, 275 f.; LG Köln Beschl. v. 4.6.2010 – 1 W 8/10, ITRB 2011, 6 f.; vgl. auch LG Frankfurt aM Urt. v. 11.6.2008 – 3-13 O 61/06, CR 2008, 783.

gekürzt, in dem die Summe aller Schadensersatzansprüche zur Höchstgrenze steht. Die Haftungsbegrenzung entfällt, wenn die Schadensersatzpflicht durch vorsätzliches Verhalten ausgelöst wurde. Damit sollen Anbieter vor kaum abschätzbaren wirtschaftlichen Risiken geschützt werden, die sich bei einem Verzicht auf Haftungshöchstgrenzen ergeben könnten.[384] Gegenüber Endnutzern, die keine Verbraucher sind, besteht darüber hinaus die Möglichkeit, die Haftung einzelvertraglich zu begrenzen. Andere Schadensarten als Vermögensschäden werden von § 44a TKG nicht erfasst. Außerhalb des Geltungsbereichs des § 44a TKG, dh jenseits des Verhältnisses eines Telekommunikationsanbieters zum Endnutzer, dh im Verhältnis von Telekommunikationsanbietern untereinander, hält zudem das OLG Köln eine summenmäßige Haftungsbegrenzung in AGB im Einzelfall bezogen auf die Verletzung von Kardinalpflichten für rechtswirksam.[385]

b) Leistungsstörungen in der Sphäre des Kunden, insbesondere Zahlungsverzug. In Person des Kunden sind gleichfalls Haupt- und Nebenverpflichtungen begründet, bezüglich derer Leistungsstörungen und sonstige Vertragspflichtverletzungen relevant werden können. Praktisch tritt die zentrale vertragliche Verpflichtung des Kunden zur Zahlung der vertraglich vereinbarten Entgelte und damit Fragestellungen des Schuldnerverzugs in den Vordergrund. Da die Zahlungspflicht des Kunden mit der Leistungspflicht des Anbieters, Verbindungen über den Anschluss des Kunden zu ermöglichen, im **Gegenseitigkeitsverhältnis** steht, berechtigt § 320 Abs. 1 BGB den Anbieter im Grundsatz dazu, im Falle des Zahlungsverzugs des Kunden, seine **Leistung zu verweigern.** Entsprechende Leistungsverweigerungsrechte im Falle des Zahlungsrückstands des Kunden sehen auch die meisten AGB der Anbieter vor. Diese sind, da Ausdruck der allgemeinen schuldrechtlichen Prinzipien, AGB-rechtlich regelmäßig nicht zu beanstanden und haben praktische Relevanz im Wesentlichen im Bereich der Datendienste im Festnetz wie Mobilfunk.[386]

Unwirksam sind jedoch im Anwendungsbereich des § 45k TKG Klauseln, die den Anbieter im Falle des Zahlungsverzugs zur Verweigerung seiner Leistung durch Sperrung des Anschlusses berechtigen.[387] Denn erfolgt die Leistungsverweigerung in Bezug auf öffentlich zugängliche Telefondienste, dh Festnetz- und Mobilfunktelefonie,[388] wegen Zahlungsverzuges oder durch **Sperrung des Zugangs**, hat der Anbieter die Vorschrift des **§ 45k TKG** zu beachten. Er erlaubt eine Sperre wegen Zahlungsverzuges mit Ausnahme des Falls des Rufnummernmissbrauchs nach § 45o TKG und vorbehaltlich des Zugangs zu Notfallrufnummern (§ 108 TKG) nur, wenn ein Zahlungsverzug von mindestens **75,– EUR** beträgt. Zudem muss eine Sperre des Anschlusses mindestens zwei Wochen im Voraus schriftlich angedroht werden und der Teilnehmer muss auf die Möglichkeit hingewiesen werden, dass ihm gegen die Maßnahme Rechtsschutz bei den ordentlichen Gerichten offen stehe.[389] Bei der Berechnung des ausstehenden Betrages bleiben unbestrittene und nicht titulierten Forderungen außer Betracht, die der Teilnehmer nach § 45i Abs. 1 TKG fristgemäß beanstandet hat, es sei denn, der Anbieter hat den Teilnehmer zu vorläufiger Zahlung des Durchschnittsbetrages nach § 45j TKG aufgefordert und jener hat diesen nicht binnen 2 Wochen entrichtet. Vorstehende Einschränkungen gelten jedoch ausschließlich für Sperren, mit denen ein Zurückbehaltungsrecht wegen Zahlungsverzugs geltend gemacht wird. Eine Leistungseinstellung aufgrund wirksamer außerordentlicher,[390] aber auch ordentlicher[391] Kündigung ist jederzeit möglich

---

[384] So die amtl. Begr. der TKV BR-Drs. 551/97 S. 28.
[385] OLG Köln Beschl. v. 15.11.2012 – I-19 U 124/12, VR 2013, 153 ff., Fn. 24 ff. (konkret belief sich der summenmäßige Haftungsausschluss auf EUR 15.000).
[386] Vgl. Beck'scher TKG-Kommentar/*Ditscheid/Rudloff* § 45k Rn. 11 f.
[387] BGH Urt. v. 17.2.2011 – III ZR 35/10, CR 2011, 300 = K&R 2011, 256; OLG Köln Urt. v. 22.1.2010 – 6 U 119/09, MMR 2010, 238 (240); LG Itzehoe Urt. v. 19.9.2008 – 10 O 91/08 jeweils noch zur Rechtslage vor Novellierung des § 45k TKG in 2012 im Hinblick auf die Einbeziehung von Mobiltelefonie.
[388] Vgl. Beck'scher TKG-Kommentar/*Ditscheid/Rudloff* § 45k Rn. 6 ff. sowie BGH Urt. v. 17.2.2011 – III ZR 35/10, CR 2011, 300 = K&R 2011, 256 zur Rechtslage vor Novellierung des § 45k TKG in 2012.
[389] Die untergerichtliche Rechtsprechung verneint jedoch jenseits der Existenzgefährdung den Anspruch auf Erlass einer einstweiligen Verfügung gegen eine Sperre: AG Brühl Urt. v. 13.11.2012 – 7 C 275/12, CR 2013, 103 f.
[390] Einzelheiten bei: Beck'scher TKG-Kommentar/*Ditscheid/Rudloff* § 45k Rn. 36 ff.
[391] Vgl. BGH, Urt. v. 12.2.2009 – III ZR 179/08, CR 2009, 302 Fn. 17 ff. zur Zulässigkeit einer sechstägigen Frist zur ordentlichen Kündigung im Spannungsfeld zu § 45k TKG.

(§ 45k Abs. 3 TKG). § 45k Abs. 4 regelt darüber hinaus ein besonderes Recht zur Sperre, für den Fall, dass das **Entgeltaufkommen in sehr hohem Maße ansteigt** und Tatsachen zur Annahme berechtigen, dass der Teilnehmer eine entsprechende Entgeltforderung später beanstanden wird.

178 Sperren sind – soweit technisch möglich – **auf bestimmte Leistungen zu beschränken** und aufzuheben, wenn die ihnen zu Grunde liegenden Umstände entfallen (§ 45k Abs. 5 S. 1 und 2 TKG). Eine **Vollsperrung** des allgemeinen Netzzugangs ist gem. § 45 Abs. 5 S. 3 TKG erst nach Durchführung einer mindestens einwöchigen Sperre für abgehende Gespräche (sog **Abgangssperre**) zulässig.

179 Trotz der an sich klaren Rechtslage rund um die Anschlusssperrung im Bereich der Telefonie muss sich die Rechtsprechung immer wieder im Detail mit unwirksamen Klauselgestaltungen von Telekommunikationsanbietern befassen. So sind Klauseln in allgemeinen Geschäftsbedingungen von Telekommunikationsdienstleistern wegen Verstoßes gegen § 307 Abs. 1 S. 1 BGB unwirksam, die eine anlasslose Sperre für den Fall vorsehen, dass ein zulässigerweise vertraglich vereinbartes Kreditlimit während der Laufzeit des Vertrages überschritten wird oder hinsichtlich fälliger Forderungen eine Rücklastschrift zu verzeichnen ist.[392] Entsprechendes gilt für Klauseln, die den Verwender berechtigen, unabhängig von der Höhe des Zahlungsrückstands des Kunden seine Leistung von der Stellung einer Sicherheitsleistung durch den Kunden wegen Zahlungsverzugs in anderen Rechtsverhältnissen abhängig zu machen.[393]

5. Beendigung von Telekommunikationsverträgen

180 Liegt dem Telekommunikationsvertrag ein Dauerschuldverhältnis zu Grunde, so wird dieses in der Regel durch **Kündigung** beendet. Entsprechend räumen die AGB eines Anbieters regelmäßig ein **ordentliches Kündigungsrecht** nach Ablauf einer gewissen **Mindestvertragslaufzeit** und bei Einhaltung einer bestimmten **Kündigungsfrist** ein. Mindestvertragslaufzeiten sind in Telekommunikationsverträgen nach wie vor weit verbreitet namentlich im Zusammenhang mit Bündelangeboten im Festnetz- wie auch Mobilfunkbereich, da derartige Vereinbarungen dem Anbieter eine Amortisation derjenigen Kosten ermöglichen, die ihm durch die Subventionierung des Hardwareverkaufs (insbes. Smartphones oder Router, Splitter) zu Beginn des Vertragsverhältnisses entstehen. Neben solchen **Laufzeitklauseln** sind in der Judikatur vor allem vertraglich vereinbarte Entgelte im Zusammenhang mit der Vertragsbeendigung (**Deaktivierungsentgelte**) sowie **Verfallsklauseln** in Bezug auf Prepaid-Guthaben von Bedeutung.

181 a) **Laufzeitklauseln.** Mobilfunkanbieter, die ihren Kunden bei Vertragsschluss den Erwerb eines verbilligten Endgerätes anbieten, bestehen in aller Regel auf der Vereinbarung fester Mindestvertragslaufzeiten, während derer die ordentliche Kündigung des Mobilfunkvertrags ausgeschlossen ist.[394] Diese Mindestlaufzeiten betragen heute max. **24 Monate**.

182 Soweit diese Laufzeitklauseln, wie regelmäßig, als Allgemeine Geschäftsbedingungen iSd § 307 BGB zu qualifizieren sind, ist ihr Inhalt gegenüber Verbraucher im Grundsatz gemäß § **43b S. 1 TKG** nicht zu beanstanden. Dies gilt jedenfalls soweit der Anbieter seiner Verpflichtung aus § 43b S. 2 TKG nachkommt und einen Vertrag mit einer Laufzeit von maximal 12 Monaten über ein in seinem Produktportfolio verfügbares reguläres Telefon-, Breitband- oder Mobilfunkprodukt[395] anbietet. Entsprechendes wird für den kaufmännischen Verkehr mit Blick auf die Übungen und Gebräuchlichkeiten des Mobilfunkmarkts gelten müssen, wenngleich längeren Laufzeiten als 24 Monate nicht von vornherein die Gültigkeit mit Blick auf den insoweit geltenden § 307 BGB versagt werden kann.[396] Die Entscheidung des AG Lüdenscheid, wonach eine 36-monatige Laufzeit wegen Verstoßes gegen § 138 BGB

---

[392] BGH Urt. v. 9.6.2011 – III ZR 157/10, CR 2011, 506 ff.
[393] BGH Urt. v. 9.6.2011 – III ZR 157/10, CR 2011, 506 ff.
[394] Siehe hierzu und zum Folgenden *Graf von Westphalen/Grote/Pohle* S. 245 f.
[395] Einzelheiten bei: Beck'scher TKG-Kommentar/*Ditscheid/Rudloff* § 43b Rn. 2 f.
[396] Ebenso *Schöpflin* BB 1997, 106 (108); aA: *Hahn* ZRP 1999, Fach 6, 275 (285 f.).

als sittenwidrig und nichtig anzusehen ist,[397] ist vor diesem Hintergrund in ihrer Pauschalität nicht gerechtfertigt.[398] AGB-rechtlich problematisch sind dagegen Laufzeitklauseln, die **nur den Kunden langfristig binden**, während dem Anbieter ein ordentliches Kündigungsrecht belassen wird (sog asymmetrische Laufzeitklauseln). So ist nach einer Ansicht in der Rechtsprechung eine Klausel in AGB eines Internetproviders, wonach dieser Verträge mit einer Frist von vier Wochen kündigen kann, während für den Kunden eine Mindestlaufzeit von 12 Monaten gilt, als unangemessene Benachteiligung des Kunden anzusehen und damit gem. § 307 Abs. 1 S. 1 BGB unwirksam.[399] Demgegenüber benachteiligt eine Klausel, wonach das Vertragsverhältnis für beide Seiten zwar täglich kündbar, die Kündigungserklärung dem Anbieter jedoch mindestens sechs Werktage vor dem gewünschten Abschalttermin zugehen soll, den Kunden nicht unangemessen.[400] Unwirksam sind auch allgemeine Geschäftsbedingungen, die dem Anbieter das Recht einräumen, die Vertragslaufzeit einseitig **per E-Mail zu verlängern**, auch wenn die entsprechende Vertragsänderung mit einem Kündigungsrecht verbunden ist.[401]

b) **Deaktivierungsentgelte.** In seiner Entscheidung vom 18.4.2002 hat der BGH Deaktivierungsgebühren, dh eine Bearbeitungsgebühr für die „Deaktivierung" dh Stilllegung eines Telekommunikationsanschlusses, als Verstoß gegen § 307 Abs. 1 S. 1 und Abs. 1 Nr. 2 BGB für unwirksam erachtet.[402] Durch die Deaktivierungsgebühr, eine Allgemeine Geschäftsbedingung und keine kontrollfreie Preisvereinbarung, solle der Arbeitsaufwand abgegolten werden, der mit der Abschaltung des Anschlusses und der Abwicklung des jeweiligen Vertragsverhältnisses entstehe. Diese Verrichtungen stünden **in keinem Zusammenhang zu den vertraglichen Hauptleistungspflichten** aus dem Mobilfunkvertrag. Mit der Deaktivierungsgebühr werde daher **kein Entgelt für Leistungen** verlangt, die der Mobilfunkanbieter auf rechtsgeschäftlicher Grundlage für seine Kunden erbringe, sondern es würden Aufwendungen für die Wahrnehmung eigener Interessen des Anbieters auf den Kunden abgewälzt. Dies benachteilige den Kunden in unangemessener Weise iSd § 307 Abs. 2 Ziff. 1 BGB, da es zu den wesentlichen Grundgedanken des Gesetzes gehöre, dass **jeder Rechtsunterworfene seine eigenen Pflichten zu erfüllen habe, ohne hierfür ein gesondertes Entgelt verlangen zu können.**

c) **Sperr- und Kündigungsklauseln im Falle übermäßiger Nutzung von Flatrates.** Die Rechtsprechung hatte sich ferner mit AGB-Klauseln zu beschäftigen, welche die Nutzung von Internet- und/oder Telefonflatrates auf eine marktübliche Nutzung für Privatkunden beschränken und dem Anbieter das Recht vorbehalten, den Anschluss des Kunden bei einer Nutzung über jenes für Privatkunden übliche Maß hinaus, zu sperren und/oder das Vertragsverhältnis zu kündigen. Eine solche Klausel ist als Verstoß gegen das Transparenzgebot nach § 307 Abs. 1 S. 2 BGB unwirksam. Auch läuft eine Beschränkung des Nutzungsvolumens dem Charakter einer Flatrate zuwider, so dass ferner von einem Verstoß gegen § 307 Abs. 2 Nr. 2 BGB auszugehen ist.[403] Im Übrigen dürfte eine solche Klausel auch als überraschend im Sinne des § 305c Abs. 1 BGB zu qualifizieren sein.

d) **Verfall von Prepaid-Guthaben.** AGB-rechtlich ebenso problematisch sind Klauseln, wonach das auf ein Prepaid-Konto eingezahlte Guthaben mit dem Ende des Mobilfunkvertrages verfallen soll. Ebenso wie eine Verfallsregelung, die einen Guthabenverfall nach einem Jahr vorsieht,[404] sind auch „Restguthaben-Verfallsklauseln" nach der Rechtsprechung

---

[397] AG Lüdenscheid Urt. v. 21.6.1995 – 8 C 139/05, CR 1996, 298 (Ls.).
[398] *Hahn* ZRP 1999, Fach 6, 279 (286).
[399] OLG Koblenz Urt. v. 30.10.2003 – 2 U 504/03, MMR 2004, 106.
[400] BGH Urt. v. 12.2.2009 – III ZR 179/08, K&R 2009, 335.
[401] LG Frankfurt Urt. v. 15.12.2005 – 2/03 O 352/05, MMR 2006, 489.
[402] BGH Urt. v. 18.4.2002 – III ZR 199/01, NJW 2002, 2386; ebenso OLG München Urt. v. 22.6.2006 – 29 U 2294/06, NJW 2006, 2416 (2418); OLG Düsseldorf Urt. v. 18.7.2002 – 6 U 128/01, K&R 2003, 35; LG Düsseldorf Urt. v. 11.7.2001 – 12 O 506/00, MMR 2002, 178; vgl. zu dieser Problematik auch *Lindacher* ZIP 2002, 49; mit derselben Argumentation im Hinblick auf Mobilfunkverträge indessen auch AG Meldorf Urt. v. 18.1.2008 – 84 C 1380/07, CR 2008, 223.
[403] So etwa LG Düsseldorf Urt. v. 28.3.2007 – 12 O 265/06, MMR 2007, 674.
[404] Siehe hierzu oben.

wegen Verstoßes gegen § 307 Abs. 1 iVm Abs. 2 Ziff. 1 BGB unwirksam.[405] Neben den bereits in Bezug auf die jährliche Verfallsklausel dargelegten Argumenten fällt bei Restguthaben-Verfallsklauseln entscheidend ins Gewicht, dass diese die, vertraglich vorgesehene, **ordentliche Kündigungsmöglichkeit** des Kunden **erschweren**. Darüber hinaus läuft eine solche Klausel § 308 Ziff. 7 BGB zuwider, weil sie im Hinblick darauf, dass der Verfall von Guthaben in beliebiger Höhe bei auch nur kurzer Laufzeit des Vertrags vorgesehen werde, jedenfalls in bestimmten Fällen eine **unangemessen hohe Vergütung** für erbrachte Leistungen bzw. **einen unangemessen hohen Ersatz von Aufwendungen** vorsehe. Anders gestaltet sich die Rechtslage im Falle von Gutschriften, die dem Teilnehmer auf dessen Wunsch hin als Ersatz für ein ihm eigentlich zustehendes Endgerät gewährt werden.[406]

6. Sonderfall: Dauerschuldverhältnisse bei Kurzwahldiensten

186 Ein besonderes Gefährdungspotential in Bezug auf unkontrollierte Entgeltforderungen gegenüber Verbrauchern sieht der Gesetzgeber bei über Kurzwahlnummern erbrachten Mehrwertdiensten, insbesondere **Premium-SMS** sowie **MMS-Diensten,** die im Rahmen von **Abonnementverträgen** angeboten werden.[407] Diesem Missstand ist der Gesetzgeber durch § 45l TKG begegnet, welcher spezifische Regelungen zur Stärkung der Transparenz in Bezug auf Dauerschuldverhältnisse bei Kurzwahldiensten iSd § 3 Nr. 11b TKG trifft. Nach § 45l Abs. 1 TKG kann der Kunde vom jeweiligen Anbieter verlangen, darauf hingewiesen zu werden, wenn Entgeltforderungen aus Kurzwahl-Abonnement-Diensten einen Betrag von 20,– EUR kalendermonatlich überschreiten. Nach der Intention des Gesetzgebers soll dieser Hinweis unverzüglich, dh in der Regel durch eine entsprechende **Warn-SMS** erfolgen. Erteilt der Anbieter einen entsprechenden Hinweis nicht, kann er für den jeweiligen Monat ein über 20,– EUR hinausgehendes Entgelt nicht verlangen. § 45l Abs. 2 TKG gibt dem Teilnehmer die Möglichkeit, sich mit kurzer Frist von einem Dauerschuldverhältnis im Anwendungsbereich des § 45l TKG zu lösen. So besteht ein gesetzliches Kündigungsrecht mit einer Frist von einem Monat zum Ende des Abrechnungszeitraums, welcher einen Monat nicht überschreiten darf. So genannte ereignisbasierte Dienste kann der Teilnehmer jederzeit fristlos kündigen. § 45l Abs. 3 TKG normiert bestimmte **Informationsansprüche** des Kunden, welche der Mehrwertdienste- Anbieter vor Vertragsschluss zu erfüllen hat. Diese umfassen die wesentlichen Inhalte des Abonnementvertrages, insbesondere den zu zahlenden Preis einschließlich Steuern und Abgaben je eingehender Kurzwahlsendung, den Abrechnungszeitraum, die Höchstzahl der eingehenden Kurzwahlsendungen im Abrechnungszeitraum, sofern diese Angaben nach Art der Leistung möglich sind, das Kündigungsrecht sowie die notwendigen praktischen Schritte für eine Kündigung. Die Erfüllung dieser Informationspflichten ist **Voraussetzung des wirksamen Zustandekommens eines Dauerschuldverhältnisses.** Hat der Kunde bereits Zahlungen geleistet, sind diese zurückzuzahlen. Nach der Begründung des Entwurfs soll die Erfüllung der Informationspflichten in der Regel im so genannten **Handshake-Verfahren** erfolgen, bei dem eine Handshake-SMS durch eine weitere SMS des Kunden bestätigt wird. Die Kündigung des Dauerschuldverhältnisses soll durch einen so genannten **Stop-Code** erfolgen, welcher wohl ebenfalls per SMS zu übermitteln ist.

7. Besonderes Datenschutzrecht

187 Die Pflicht zur Wahrung des **Fernmeldegeheimnisses** (Art. 10 GG) sowie des Rechts auf **informationelle Selbstbestimmung** als Ausprägungsform des allgemeinen Persönlichkeitsrechtes (Art. 2 Abs. 1 iVm Art. 1 Abs. 1 GG) trifft nicht nur den Staat als Hoheitsträger sondern, zumindest mittelbar, auch die Anbieter von Telekommunikationsdiensten und -netzen. Einfachgesetzlich beschränkt sich diese Drittwirkung nicht auf die grundrechtskonforme Auslegung des Zivilrechts, sondern hat in Form der **allgemeinen und sektorspezifischen**

---

[405] Vgl. OLG München Urt. v. 22.6.2006 – 29 U 2294/06, NJW 2006, 2416 (2418); ebenso OLG Köln Urt. v. 1.12.2000 – 6 U 63/00, CR 2001, 232.
[406] OLG Düsseldorf Urt. v. 5.12.2006 – I-20 U 182/05, MMR 2007, 388.
[407] Vgl. hierzu die amtl. Begr. BT-Drs. 16/2581 S. 30.

Datenschutzgesetze sowie einer **besonderen einfachgesetzlichen Normierung des Fernmeldegeheimnisses in § 88 TKG** einen spezialgesetzlichen Niederschlag gefunden. Die Beachtung des Fernmeldegeheimnisses ist zudem über § 206 StGB strafbewährt.

Die allgemeinen Grundprinzipien des Datenschutzrechts, insbesondere des BDSG, sowie die auf Tele- und Mediendienste anwendbaren sektorspezifischen Vorschriften sollen an dieser Stelle nicht weiter erörtert werden. Die nachfolgenden Betrachtungen beschränken sich daher auf eine überblicksweise Darstellung der **datenschutzrechtlichen Bestimmungen des TKG** (a) sowie die im Zusammenhang mit vertraglichen Vereinbarungen in Bezug auf die Verarbeitung personenbezogener Daten (**Datenschutzklauseln**) sich ergebenden Rechtsprobleme (b).

a) **Das Datenschutzrecht im TKG 2004.**[408] Die datenschutzrechtlichen Bestimmungen des TKG waren bis zum Jahr 2004 über eine Verordnungsermächtigung (§ 89 TKG 1996) in der Telekommunikations-Datenschutzverordnung (TDSV)[409] geregelt. Im Zuge der Novellierung des TKG[410] wurde ein **eigener, abschließender Datenschutzteil** (Teil 7) geschaffen.[411] Die Neuregelung beruht in wesentlichen Teilen auf der **Kommunikations-Datenschutzrichtlinie** aus dem Jahre 2002,[412] welche Teil des Richtlinienpakets 2002 ist, das den geltenden gemeinschaftsrechtlichen Rechtsrahmen des Telekommunikationsrechts bestimmt. Das Fernmeldegeheimnis ist in Abschnitt 1 des 7. Teils des TKG (§§ 88 ff. TKG) geregelt. Dessen Zentralnorm, **§ 88 TKG**, verbietet allen Diensteanbietern iSd § 3 Ziff. 6 TKG, „sich oder anderen über das für die geschäftsmäßige Erbringung der Telekommunikationsdienste einschließlich des Schutzes ihrer technischen Systeme erforderliche Maß hinaus Kenntnis vom Inhalt oder den näheren Umständen der Telekommunikation zu verschaffen." Wie auch der Schutzbereich des Art. 10 GG umfasst § 88 TKG damit auch die **näheren Umstände der Telekommunikation,** was nach § 88 Abs. 1 TKG insbesondere die Tatsache mit einschließt, ob jemand an einem Telekommunikationsvorgang beteiligt ist oder war. Der Schutzbereich ist zudem gemäß § 88 TKG auch insoweit weit gefasst, als die **geschäftsmäßige** Erbringung der Telekommunikationsdienste erfasst wird, was gemäß § 3 Nr. 10 TKG das nachhaltige Angebot von Telekommunikation für Dritte mit oder ohne Gewinnerzielungsabsicht erfasst und mithin begrifflich weiter geht als „gewerblich". In der Praxis führt dieser weite Begriff dazu, dass auch Arbeitgeber gegenüber Arbeitnehmern das Fernmeldegeheimnis etwa dann zu beachten haben, wenn und soweit sie privaten E-Mail-Verkehr im Betrieb gestatten oder zumindest dulden.[413]

aa) *Allgemeine Grundlagen.* Die sektorspezifischen Datenschutzbestimmungen sind im 2. Abschnitt des 7. Teils (§§ 91 ff. TKG) geregelt. Der Anwendungsbereich dieses Abschnitts wird in § 91 TKG definiert. Dem sektorspezifischen Datenschutzrecht unterworfen sind hiernach alle Unternehmen, die geschäftsmäßig Telekommunikationsdienste, einschließlich Telekommunikationsnetzen, erbringen oder an deren Erbringung mitwirken. Sachlich umfasst ist die Verarbeitung von personenbezogenen Daten der Teilnehmer und Nutzer von Telekommunikationsdiensten, was auch juristische Personen und Personengesellschaften mit einschließt. Zudem ist der sektorspezifische Datenschutz insofern weit gefasst, als auch er, wie § 88 TKG für das Fernmeldegeheimnis, lediglich die Geschäftsmäßigkeit des Erbringens von Telekommunikationsdiensten iSd § 3 Nr. 10 TKG voraussetzt. Nach § 91 Abs. 2 TKG gilt das sektorspezifische Datenschutzrecht auch für geschlossene Benutzergruppen.

§ 93 TKG ist Ausdruck des datenschutzrechtlichen Unterrichtungsgrundsatzes und normiert bestimmte Informationspflichten bezüglich Art und Umfang der Datenverarbeitung, welche der Anbieter bereits bei Vertragsschluss zu erfüllen hat.[414]

---

[408] Vgl. hierzu überblicksweise *Ohlenburg* MMR 2004, 431 ff.
[409] Verordnung v. 18.12.2000, BGBl. I 2000 S. 1740.
[410] Telekommunikationsgesetz v. 22.6.2004, BGBl. I 2004 S. 1190; s. hierzu *Heun* CR 2004, 893; *Eckhardt* CR 2003, 805.
[411] Siehe hierzu *Ohlenburg* MMR 2004, 431.
[412] Richtlinie 2002/58/EG des Europäischen Parlaments und des Rates vom 12.7.2002 über die Verarbeitung personenbezogener Daten und den Schutz der Privatsphäre in der elektronischen Kommunikation, ABl. EG 2002 L 201/37 ff.; s. hierzu *Ohlenburg* MMR 2003, 82.
[413] Zum Stand der Diskussion: *Tiedemann* ZD 2011, 45 f. mwN.
[414] Näher hierzu *Bizer* DuD 2005, 451.

192 Unter den Voraussetzungen des § 94 TKG ist es möglich, eine datenschutzrechtliche Einwilligung des Kunden auf elektronischem Weg herbeizuführen. Dabei muss der Anbieter sicherstellen, dass der Nutzer die Einwilligung **bewusst und eindeutig erteilt** und den Inhalt der Einwilligung **jederzeit abrufen** kann. Des Weiteren muss der Nutzer die Möglichkeit haben, seine Einwilligung jederzeit auf elektronischem Weg zu **widerrufen**. Da der Anbieter hinsichtlich der Erteilung der Einwilligung darlegungs- und beweispflichtig ist, muss er die Einwilligung in geeigneter Weise **protokollieren**. Die allgemeinen Anforderungen des § 4a BDSG an eine wirksame Einwilligung bleiben durch diese Vorschrift unberührt.

193 Die §§ 95 ff. TKG enthalten einen abschließenden Katalog von Erlaubnistatbeständen, nach welchen eine Datenverarbeitung ohne Einwilligung des Nutzers zulässig ist. Dabei differenziert das Gesetz zwischen **Bestands- und Verkehrsdaten**.

194 Bestandsdaten sind gem. § 3 Ziff. 3 „Daten eines Teilnehmers, die für die Begründung, inhaltliche Ausgestaltung, Änderung oder Beendigung eines Vertragsverhältnisses über Telekommunikationsdienste erhoben werden". Hierzu zählen insbesondere Name und Anschrift des Vertragspartners, Kontoverbindung und die Art des abgeschlossenen Vertrages. Die Verarbeitung von Bestandsdaten ist zulässig, soweit eine solche zu diesen Zwecken erforderlich ist (§ 95 Abs. 1 TKG). Dies gilt auch für die Daten eines anderen Anbieters, wenn eine vertragliche Vereinbarung zwischen diesen Diensteanbietern (zB eine Zusammenschaltungsvereinbarung) eine solche Datenverarbeitung erforderlich macht. Eine Nutzung von Bestandsdaten zu **Werbezwecken** ist grundsätzlich nur mit Einwilligung des Nutzers zulässig (**Opt-in-Prinzip**, vgl. § 95 Abs. 2 S. 1 TKG). Abweichend hiervon gilt nach § 95 Abs. 2 S. 2 TKG für die Nutzung der Rufnummer sowie der Post- und E-Mailadresse des Nutzers **im Rahmen einer bestehenden Kundenbeziehung** das Opt-out-Prinzip.

195 Verkehrsdaten sind gem. § 3 Ziff. 30 TKG Daten, die während der Nutzung des Dienstes erhoben und verwendet werden. Der Begriff der Verkehrsdaten entspricht inhaltlich jenem der „**Verbindungsdaten**" nach der TDSV. Die §§ 96 ff. TKG normieren unterschiedliche Verwendungszwecke, nach denen, differenziert nach Art und Umfang, eine Nutzung von Verkehrsdaten zulässig ist. Generell ist eine Verarbeitung von Verkehrsdaten, zu denen auch Standortdaten zu zählen sind, ohne Einwilligung des betroffenen Nutzers zulässig, soweit diese zur **Erbringung der Telekommunikationsdienstleistung**, zu deren **Abrechnung** sowie zur **Störungsbeseitigung** und **Missbrauchsbekämpfung** (§ 96 Abs. 2 S. 1 TKG iVm §§ 97, 99, 100, 101 TKG) oder „für die durch andere gesetzliche Vorschriften begründeten" Zwecke erforderlich ist. Die Erweiterung der Verarbeitungszwecke um solche, die durch andere gesetzliche Vorschriften begründet werden, soll nach der amtlichen Begründung lediglich klarstellende Bedeutung dahingehend haben, dass einer aufgrund strafprozessualer und vergleichbarer Vorschriften (im Einzelnen soll es um die §§ 100g, 100h StPO, § 8 Abs. 8 und 10 BVerfSchG, § 10 Abs. 3 MAD-Gesetz und § 8 Abs. 3a BND-Gesetz sowie durch Landesrecht geregelte Erteilung von Auskünften über Verkehrsdaten an die Strafverfolgungs- und Sicherheitsbehörden gehen) zulässigen Datenverarbeitungen die Bestimmungen des Datenschutzrechts nicht entgegenstehen. Verkehrsdaten, deren weitere Nutzung nach vorgenannten Grundsätzen nicht zulässig ist, sind nach § 96 Abs. 2 S. 2 TKG **unverzüglich nach dem Ende der Verbindung zu löschen**.

bb) Insbesondere: Die Speicherung von Verkehrsdaten

- **Rechtslage**

196 Diese vorgenannte Bestimmung des § 96 Abs. 2 S. 2 TKG war in der Vergangenheit zunächst bei der Speicherung dynamischer **IP-Adressen** im Zusammenhang mit Flatrate-Vereinbarungen, genauer gesagt der Konkordanztabellen, aus denen sich ablesen lässt, welchem Nutzer zu welchem Zeitpunkt eine dynamische IP-Adresse zugeteilt worden ist, von praktischem Interesse. Nach einer Entscheidung des **LG Darmstadt**, der insoweit Präzedenzcharakter zukam,[415] war eine Speicherung dieser Konkordanzdaten über das Bestehen der Verbindung hinaus datenschutzrechtlich unzulässig. Eine solche Löschungspflicht war bereits

---

[415] LG Darmstadt Urt. v. 25.1.2006 – 25 S 118/2005, CR 2006, 249; vgl. auch AG Berlin Mitte Urt. v. 27.3.2007 – 5 C 314/06, K&R 2007, 600.

III. Vertragsrecht und besonderer Kundenschutz

von der Vorinstanz[416] wie auch weitgehend von der Literatur[417] angenommen worden, da die Kenntnis der Zuordnung einer bestimmten IP-Adresse zu einem Nutzer weder für die Entgeltermittlung und -abrechnung noch für sonst irgendeine vertragsrelevante Maßnahme des Providers von Belang ist. Lediglich eine kurzfristige Speicherung für wenige Tage wurde für zulässig erachtet.[418]

Später wurde die Regelung des § 96 Abs. 2 S. 2 TKG im Zusammenhang mit der Realisierung von Auskunftsansprüchen nach § 101 UrhG aufgrund von Urheberrechtsverletzungen in Online-Tauschbörsen praktisch. Die Rechtsprechung hat mehrfach ausgesprochen, dass die Regelungen der §§ 96 ff. TKG keine Rechtsgrundlage für eine anlasslose, generelle Vorratsspeicherung sämtlicher zugewiesener IP-Adressen und Verbindungszeiten über die Verbindungsdauer hinaus beinhalten.[419] Diese Rechtsprechung ist jedoch jüngst dahingehend konkretisiert worden, dass eine anlasslose, generelle Speicherung von bis zu 7 Tagen nach Verbindungsende nicht zu beanstanden ist, wenn dies mit Blick auf § 100 Abs. 1 TKG erforderlich ist.[420] Auch besteht kein Anspruch auf vorbeugende Speicherung von Verkehrsdaten auf Zuruf, dh mit Blick auf zukünftig zu erwartende Rechtsverletzungen.[421]

197

- **Vorratsdatenspeicherung**

Aufgrund des Gesetzes zur Neuregelung der Telekommunikationsüberwachung und anderer verdeckter Ermittlungsmaßnahmen, sowie zur Umsetzung der Richtlinie 2006/24/EG,[422] welches das Bundesverfassungsgericht mit Datum vom 2.3.2010 in seiner konkreten Ausgestaltung für verfassungswidrig erklärt hat,[423] waren Anbieter, die öffentlich zugängliche Telekommunikationsdienste für Endnutzer erbringen, seit dem 1.1.2008 verpflichtet, im Rahmen der Nutzung ihres Dienstes anfallende Verbindungsdaten für die Dauer von sechs Monaten auf Vorrat zu speichern (§ 113a Abs. 1 S. 1 TKG). Anbieter, die öffentlich zugängliche Telekommunikationsdienste für Endnutzer erbringen, ohne selbst Verkehrsdaten zu erzeugen oder zu verarbeiten, waren verpflichtet, sicherzustellen, dass entsprechende Daten tatsächlich gespeichert werden (§ 113a Abs. 1 S. 2 TKG). Der Bundesnetzagentur war auf Nachfrage mitzuteilen, wer diese Daten speichert (§ 113a Abs. 1 S. 2 TKG), so dass etwa Reseller nicht zur Speicherung von Verkehrsdaten verpflichtet gehalten wurden, soweit ihre Speicherung bereits durch den Netzbetreiber normgemäß erfolgte.[424] Welche Daten konkret zu speichern waren, ergab sich aus den Absätzen 2 ff. des § 113a TKG. Sie unterschieden zwischen Anbietern von Telekommunikationsdiensten (Abs. 2), Anbietern von E-Mail-Diensten (Abs. 3) und Anbietern von Internetzugangsdiensten (Abs. 4), deren Pflichten aufgrund der Eigenart der jeweiligen Dienstegattung nach dem Gesetz leicht variierten. Eine Speicherpflicht für „erfolglose Anrufversuche" bestand nur, soweit der Verpflichtete Daten hierüber ohnehin zu eigenen Zwecken speicherte oder protokollierte (§ 113a Abs. 5 TKG), wovon etwa auszugehen war, wenn Diensteanbieter Teilnehmer per SMS informierten, dass für sie bestimmte Anrufe nicht entgegengenommen werden konnten, weil der angewählte Anschluss belegt war oder sich das Mobiltelefon zur Zeit des Anrufversuchs außerhalb des Versorgungsbereichs einer Funkzelle (in einem „Funkloch") befand. In Fällen gescheiterten

198

---

[416] AG Darmstadt Urt. v. 30.6.2005 – 300 C 397/04, CR 2006, 38 = MMR 2005, 634 m. zust. Anmerkung *Kazemi;* aA Regierungspräsidium Darmstadt, Datenschutzrechtliche Beurteilung vom 14.1.2003 – II 21.4-3v-04/03 – 043/02, MMR 2003, 213 mAnm *Schmitz.*
[417] Vgl. nur Spindler/Schmitz/Geis/*Schmitz* TDG § 6 TDDSG Rn. 86; Hoeren/Sieber/Holznagel/*Schmitz* 16.4 Rn. 128; *Schmitz* MMR 2003, 214, 216; *Gercke* CR 2005, 599 (601); *Hoeren,* Recht der Access-Provider, 2004 Rn. 57.
[418] AG Bonn Urt. v. 5.7.2007 – 9 C 177/07, CR 2007, 640.
[419] OLG Karlsruhe Urt. v. 4.12.2008 – 4 U 86/07, MMR 2009, 412; AG Meldorf Urt. v. 29.3.2011 – 81 C 1403/10, CR 2011, 517.
[420] BGH Urt. v. 13.1.2011 – III ZR 146/10, CR 2011, 176, Fn. 28 ff.; vgl. auch OLG Frankfurt aM Urt. v. 28.8.2013 – 13 U 105/07, CR 2013, 710.
[421] OLG Hamm Beschl. v. 2.11.2010 – 4 W 119/10, CR 2011, 516 mwN.
[422] Siehe BGBl. I 2007 S. 3198, 3205 ff.
[423] BVerfG Urt. v. 2.3.2010 – 1 BvR 256/08, 1 BvR 263/08 u. 1 BvR 586/08, www.bundesverfassungsgericht.de (7.3.2010).
[424] Hierzu auch *Brinkel/Lammers* ZUM 2008, 11 (14).

199 Verbindungsaufbaus bestand eine Verpflichtung zur Speicherung von Verkehrsdaten demgegenüber nicht.[425]

199 Besondere Regeln galten überdies Anbietern, die der Speicherpflicht unterfallende Daten verändern. Sie sollten sowohl ursprüngliche als auch veränderte Daten speichern (vgl. § 113a Abs. 6 TKG), was in besonderer Weise auf Anonymisierungsdienste zutraf.[426] Mobilfunkanbieter sollten sogar die geographische Lage der die jeweilige Funkzelle versorgenden Funkantennen und deren Hauptabstrahlrichtung speichern (§ 113a Abs. 7 TKG). Was die gespeicherten Verbindungsdaten als solche betraf, waren diese seitens zur Speicherung verpflichteter Provider mit äußerster Sorgfalt zu behandeln (§ 113a Abs. 10 TKG). Demgegenüber war die Speicherung von Kommunikationsinhalten von vornherein verboten (§ 113a Abs. 8 TKG). Verstöße wurden mit Bußgeldern geahndet (§ 149 TKG), wobei Verstöße gegen Speicherungs- und Sicherungspflichten gem. § 113a Abs. 1 S. 1 und 2 sowie Abs. 6 TKG erst seit dem 1.1.2009 verfolgt wurden (vgl. § 150 Abs. 12b S. 1 TKG).

200 Für Anbieter von Internetzugangs-, E-Mail- oder Internettelefondiensten galten besondere Regeln. Sie mussten der Übergangsregelung des § 150 Abs. 12b S. 2 TKG zufolge bis zum 1.1.2009 den ihnen obliegenden Speicherverpflichtungen erstmalig nachkommen.[427] Die Vorhaltezeit zu speichernder Verbindungsdaten belief sich auf sechs Monate (§ 113a Abs. 1 S. 1 TKG). Ihre Löschung musste spätestens einen Monat nach Ablauf der Vorhaltezeit erfolgen (§ 113a Abs. 11 TKG).

201 Auf Vorrat gespeicherte Verbindungsdaten sollten ausweislich § 113b StGB sodann sowohl zu Strafverfolgungszwecken (vgl. § 113b Nr. 1 TKG) als auch – und insoweit schoss die Norm deutlich über die zugrunde liegende Richtlinie des Europäischen Parlamentes und des Rates vom 15.3.2006[428] hinaus – zur Abwehr erheblicher Gefahren für die Öffentliche Sicherheit (vgl. § 113b Nr. 2 TKG) Verwendung finden. Auch sollten unter Vorliegen weiterer gesetzlicher Voraussetzungen Verfassungsschutzbehörden, Bundesnachrichtendienst und Militärischer Abschirmdienst im Rahmen der Erfüllung ihrer gesetzlichen Aufgaben Zugriff erhalten (vgl. § 113b Nr. 3 TKG). Privaten Rechteinhabern blieb der Zugriff verwehrt.[429] Insbesondere waren Access Provider nicht dazu verpflichtet, private Unternehmen mit Verkehrsdaten zu versorgen. Zu diesem Ergebnis kam das OLG Frankfurt im Mai 2009 in einem Filesharing-Verfahren, in dessen Rahmen Inhaber urheberrechtlicher Ausschließlichkeitsrechte über Dritte die dynamische IP-Adresse der Rechtsverletzer ermittelt hatten, um sodann über § 101 Abs. 9 UrhG Zugriff auf Verkehrsdaten zu erhalten. Da der Provider Verkehrsdaten jedoch ausschließlich in Erfüllung seiner Verpflichtung zur Vorratsdatenspeicherung erhob, nicht zu Abrechnungs- oder sonstigen eigenen Zwecken, sah das OLG Frankfurt keinen Anlass, dem Begehren der Klägerin Rechnung zu tragen und stellte sich auf den Standpunkt, § 101 Abs. 9 UrhG bilde einen datenschutzrechtlichen Erlaubnistatbestand allenfalls für die Übermittlung nach § 96 TKG gespeicherter, nicht jedoch allein auf Grundlage des § 113a TKG gespeicherter Verkehrsdaten.[430] Wie vom Bundesverfassungsgericht letztlich bestätigt, stößt das Gesetz zur Neuregelung der Telekommunikationsüberwachung und anderer verdeckter Ermittlungsmaßnahmen sowie zur Umsetzung der Richtlinie 2006/24/EG[431] auf erhebliche verfassungsrechtliche Bedenken.

202 Supranational wurde zunächst die Richtlinienkompetenz des europäischen Gesetzgebers zum Erlass einer entsprechenden Richtlinie in Frage gestellt, was Irland am 6.7.2006 zu einer Nichtigkeitsklage gegen die Entscheidung des Rates bewog,[432] die seitens des EuGH mit Urteil vom 10.2.2009 allerdings zurückgewiesen wurde.[433] In Deutschland – und damit na-

---

[425] So BT-Drs. 16/5846 S. 71.
[426] Vgl. BT-Drs. 16/5846 S. 72.
[427] BT-Drs. 16/6979 S. 71.
[428] Richtlinie 2006/24/EG, ABl. EU 2006 L 105/54.
[429] Vgl. BT-Drs. 16/6979 S. 71; zur Europarechtskonformität vgl. EuGH Urt. v. 29.1.2008 – C 275/06, CR 2008, 381 ff.
[430] OLG Frankfurt Beschl. v. 12.5.2009 – 11 W 21/09, CR 2010, 99.
[431] BGBl. I 2007 S. 3198.
[432] Rs. C-301/06, ABl. EU C 237/5 v. 30.9.2006 S. 5.
[433] EuGH Urt. v. 10.2.2009 – C-301/06, CR 2009, 151.

III. Vertragsrecht und besonderer Kundenschutz   203–205   § 31

tionalrechtlich – stieß eine derart breit angelegte und verdachtsunabhängige Speicherung von Telekommunikationsverkehrsdaten vor allem auf verfassungsrechtliche Bedenken.

Zunächst gab das BVerfG einem mit der Verfassungsbeschwerde verbundenen ersten Eilantrag teilweise statt und beschränkte die Übermittlung von Vorratsdaten zu Strafverfolgungszwecken (§ 113b S. 1 Nr. 1 TKG) auf die Verfolgung von Katalogstraftaten im Sinne des § 100a Abs. 1 StPO.[434] In Anbetracht geänderter Polizeiaufgaben- und Verfassungsschutzgesetze in den Ländern Bayern und Thüringen wurde seitens der Verfassungsrichter in einem zweiten Schritt jedoch auch eine Übermittlung auf Vorrat gespeicherter Verkehrsdaten zur Abwehr erheblicher Gefahren für die öffentliche Sicherheit (§ 113b S. 1 Nr. 2 TKG) und die Erfüllung gesetzlicher Aufgaben von Verfassungsschutzbehörden, Bundesnachrichtendienst und Militärischem Abschirmdienst (§ 113b S. 1 Nr. 3 TKG) für zulässig gehalten und entscheidungstechnisch mehrmals verlängert.[435] In diesem Zusammenhang erklärte das BVerfG eine Übermittlung an ersuchende Behörden jedoch nur zur Abwehr dringender Gefahren für Leib, Leben oder Freiheit einer Person, Bestand oder Sicherheit des Bundes oder eines Bundeslandes oder zur Abwehr einer gemeinen Gefahr für zulässig. Eine Übermittlung zum Zwecke der Erledigung von Aufgaben des Verfassungsschutzes sollte neben dem Vorliegen der Voraussetzungen der Abrufnorm ferner zur Voraussetzung haben, dass die Anforderungen von § 1 Abs. 1 und § 3 Art. 10-Gesetz[436] erfüllt sein mussten. In beiden Fällen durften übermittelte Daten ausschließlich zu Zwecken verwendet werden, zu denen sie abgerufen worden waren.[437] Anträge auf Erlass einer Einstweiligen Anordnung im Hinblick auf durch das Gesetz zur Vorratsdatenspeicherung von Telekommunikations-Verkehrsdaten zu Zwecken der öffentlichen Sicherheit eingeführten § 100a Abs. 2 u. 4; § 100f; § 110 Abs. 3 und § 160a StPO im Rahmen einer weiteren Verfassungsbeschwerde hatte das Gericht abgelehnt.[438]

Schließlich erklärte das Bundesverfassungsgericht das Gesetzes zur Neuregelung der Telekommunikationsüberwachung und anderer verdeckter Ermittlungsmaßnahmen sowie zur Umsetzung der Richtlinie 2006/24/EG[439] für verfassungswidrig. Die Normen der §§ 113a und 113b TKG sowie § 100g Abs. 1 S. 1 StPO seien nichtig und auf Vorrat gespeicherte Daten unverzüglich zu löschen:[440]

Die eingelegten Verfassungsbeschwerden seien zulässig, soweit sie gegen die Umsetzung der Richtlinie 2006/24/EG gerichtet seien. Eine Vorlage an den Europäischen Gerichtshof, wie sie teils gefordert wurde, lehnten die Richter jedoch ab, da es im Rahmen der rechtlichen Würdigung auf einen eventuellen Vorrang gemeinschaftsrechtlicher Regelungen nicht ankomme. Zwar sei dem nationalen Gesetzgeber die Umsetzung der Speicherpflicht als solcher vorgeschrieben. Dies gelte im Wesentlichen jedoch nur für deren Umfang. Was Datenzugang und Verwendung beträfe, seien den Mitgliedstaaten weite Entscheidungsspielräume eröffnet, was eine Grundrechte achtende Umsetzung der Richtlinie ohne Weiteres ermögliche. Materiell-rechtlich greifen die §§ 113a und 113b TKG sowie § 100g Abs. 1 S. 1 StPO nach Ansicht der Verfassungsrichter in den Schutzbereich von Art. 10 Abs. 1 GG ein, dies jedoch in einer Streubreite, wie es die Rechtsordnung bisher nicht kenne. Dies allein nehme einer Norm zwar nicht schon ihre Verfassungsmäßigkeit. Problematisch sei jedoch ihre unzureichende gesetzgeberische Ausgestaltung im Hinblick auf den Grundsatz der Verhältnismäßigkeit, was den angegriffenen Regelungen in ihrer bis zuletzt vorhandenen Form ihre Verfassungskonformität nehme. In Sachen Verhältnismäßigkeit misst der Senat zunächst der Datensicherheit besondere Bedeutung bei, die der Gesetzgeber klar und verbindlich vorgeben müsse. Sicherzustellen sei vor allem, dass Entscheidungen über Art und Ausmaß zu treffender Schutzvorkehrungen nicht unkontrolliert in Händen zur Speicherung verpflichteter Telekommunikationsanbieter liegen dürften, was ggf. auf aufsichtsbehördlichem Wege sicher-

---

[434] BVerfG Beschl. v. 11.3.2008 – 1 BvR 256/08, CR 2008, 287.
[435] BVerfG Beschl. v. 1.9.2008 – 1 BvR 256/08; BVerfG Beschl. v. 28.10.2008 – 1 BvR 256/08.
[436] Gesetz zur Beschränkung des Brief-, Post- und Fernmeldegeheimnisses.
[437] BVerfG Beschl. v. 28.10.2008 – 1 BvR 256/08.
[438] BVerfG Beschl. v. 15.10.2008 – 2 BvR 236/08, Rn. 87 ff.
[439] Siehe BGBl. I 2007 S. 3198, 3205 ff.
[440] BVerfG Urt. v. 2.3.2010 – 1 BvR 256/08, 1 BvR 263/08 u. 1 BvR 586/08, CR 2010, 232 mAnm *Heun*.

zustellen sei. Auch komme vor dem Hintergrund des Verhältnismäßigkeitsprinzips eine Verwendung gespeicherter Daten nur für überragend wichtige Aufgaben des Rechtsgüterschutzes in Betracht, was im Bereich des Strafrechts nur für besonders schwerwiegende Straftaten gelten könne, die der Gesetzgeber im Einzelnen gesetzlich festzulegen habe. Für den Bereich der Gefahrenabwehr ergebe sich aus dem Verhältnismäßigkeitsgrundsatz, dass der Abruf vorsorglich gespeicherter Telekommunikationsverbindungsdaten auf durch bestimmte Tatsachen hinreichend belegte, konkrete Gefahren für Leib, Leben, Freiheit einer Person sowie Sicherheit und Bestand des Bundes oder eines Landes zur Abwehr gemeiner Gefahren zu begrenzen sei. Gleiches gelte für nachrichtendienstliche Verwertungsformen. Darüber hinaus gebiete der Verhältnismäßigkeitsgrundsatz die Einschränkung, die Übermittlung bestimmter Telekommunikationsverbindungsdaten, insbesondere zu Institutionen, die besonderen Verschwiegenheitspflichten unterlägen, grundsätzlich zu verbieten. Ebenso seien Übermittlung und Nutzung anlasslos gespeicherter Daten zumindest im Grundsatz einem Richtervorbehalt zu unterstellen. Geringere Anforderungen billigten die Verfassungsrichter allenfalls der mittelbaren Verwendung von Daten zur Identifizierung von IP-Adressen zu, da Behörden insoweit nicht Kenntnis vorsorglich gespeicherter Daten als solcher sondern allenfalls eines von vornherein festgelegten Informationsausschnittes erhielten, dessen Speicherung geringes Eingriffsgewicht zukomme. Im Übrigen sei jeweils Betroffenen eine jedenfalls nachträgliche gerichtliche Kontrollmöglichkeit zu eröffnen. Aufgetragen hat der Senat dem Gesetzgeber ferner, der durch die breit angelegte Speicherung künstlich geschaffenen Bedrohlichkeit durch besondere Transparenzvorschriften entgegen zu wirken. Auch insoweit habe der Gesetzgeber deutlich nachzubessern, will er Verwendung und Nutzung auf Vorrat gespeicherter Verkehrsdaten verfassungskonform ausgestalten. Seit dem Urteil des Verfassungsgerichts existiert in Deutschland keine Rechtsgrundlage für eine anlasslose Speicherung von Verkehrsdaten.

206   Letztlich hat der EuGH die der Gesetzgebung des deutschen nationalen Gesetzgebers zugrunde liegende Richtlinie RL 2006/24/EG des Europäischen Parlaments und des Rates vom 15.3.2006 über die Vorratsspeicherung von Daten, die bei der Bereitstellung öffentlich zugänglicher elektronischer Kommunikationsdienste oder öffentlicher Kommunikationsnetze erzeugt oder verarbeitet werden, und zur Änderung der Richtlinie 2002/58/EG auf Vorabentscheidungsersuchen des irischen High Courts sowie des Österreichischen Verfassungsgerichtshofes für ungültig erklärt. Zur Begründung führt das Gericht im Kern aus, dass der schwerwiegende Eingriff des Europäischen Gesetzgebers in die Grundrechte gemäß Art. 7 (Achtung des Privat- und Familienlebens) und Art. 8 (Schutz personenbezogener Daten) der Charta der Grundrechte der Europäischen Union zwar dem Gemeinwohl diene, als die Richtlinie zum Ziel habe, schwere Kriminalität zu bekämpfen. Jedoch sei der Eingriff nicht verhältnismäßig, weil die Richtlinie keine klaren und Präzise Regeln zur Tragweite des Eingriffs in die Grundrechte beinhalte und die Richtlinie somit nicht gewährleiste, dass sich der Eingriff auf das tatsächlich absolut Notwendige beschränke.[441] Trotz dieses Befunds des EuGH und der so begründeten engen Gestaltungsgrenzen des Europäischen Gesetzgebers prüft die EU-Kommission unter dem Eindruck des Anschlags in Paris vom Januar 2015 eine neuerliche Initiative zur Einführung der Vorratsdatenspeicherung.[442,443]

Auch der deutsche Bundestag hat trotz aller Bedenken am 16.10.2015 die Vorratsdatenspeicherung beschlossen. Danach sollen Verkehrsdaten für 10 Wochen, Standarddaten für 4 Wochen durch Erbringer öffentlich zugänglicher Telekommunikationsdienste gespeichert werden.

207   **b) Datenschutzklauseln.** Art und Umfang der Datenverarbeitung werden in der Vertragspraxis in der Regel in Datenschutzerklärungen bzw. Datenschutzklauseln in den AGB des

---

[441] EuGH Urt. v. 8.4.2014 – C-293/12, C-594/12, MMR 2014, 412 = NJW 2014, 2169 = K&R 2014, 405 = RDV 2014, 148, hierzu ua: *Simitis* NJW 2014, 2158; *Roßnagel* MMR 2014, 32; *Boehm* ZD 2014, 1275.

[442] https://netzpolitik.org/2015/vorratsdatenspeicherung-auf-eu-ebene-kommission-prueft-neue-richtlinie-und-ausweitung-auf-social-media/.

[443] Vgl. http://www.heise.de/newsticker/meldung/Bundesregierung-wartet-mit-Vorratsdatenspeicherung-auf-EuGH-Urteil-2088482.html.

Anbieters abgebildet. Hierdurch tut der Anbieter zum einen seiner Unterrichtungspflicht genüge, zum anderen bilden solche Datenschutzklauseln die nach § 4 Abs. 1 BDSG erforderliche Einwilligung in jene Formen der Datenverarbeitung, deren Zulässigkeit sich nicht unmittelbar aus gesetzlichen Erlaubnistatbeständen ergibt.[444] Da das Telekommunikations-Datenschutzrecht wie auch das AGB-Recht den Anbietern hinsichtlich der Gestaltung rechtsgeschäftlicher Datenschutzvereinbarungen enge Grenzen setzt, sind die in der Rechtspraxis anzutreffenden Datenschutzerklärungen vielfach **eng an den einschlägigen gesetzlichen Erlaubnistatbeständen orientiert.** Materiell-rechtlich kommt diesen Erklärungen regelmäßig lediglich deklaratorische Wirkung zu, so dass hinsichtlich ihrer Zulässigkeit weder in datenschutzrechtlicher noch in AGB-rechtlicher Hinsicht Bedenken bestehen.[445] Soweit eine rechtsgeschäftliche Einwilligung über die gesetzlich zulässige Datenverarbeitung hinausgeht, ist die Einwilligung nur wirksam erteilt, wenn diese in **formaler** Hinsicht die Anforderungen des **§ 4a BDSG** und, im Falle der Erteilung einer Einwilligung in elektronischer Form, **§ 93 TKG** erfüllt.[446]

In **materieller** Hinsicht sind solche Erklärungen in der Regel als AGB zu qualifizieren und damit der Inhaltskontrolle der §§ 307–309 BGB unterworfen.[447] Dementsprechend unzulässig sind etwa Klauseln, die den Verwender zu einer uneingeschränkten Verwendung personenbezogener Daten zum Zwecke der telefonischen Werbung berechtigen. Eine derart formularmäßig ersuchte Einwilligung verstößt nach der Rechtsprechung sowohl gegen §§ 4 und 41 BDSG als auch gegen § 307 Abs. 1 S. 2 BGB.[448] Als Quelle von Rechtsstreitigkeiten haben sich dabei vor allem Klauseln erwiesen, die die **Bonität** des Kunden sowie die Entbindung seiner kontoführenden Bank vom **Bankgeheimnis** betreffen. Insbesondere in der Vertragspraxis der Mobilfunkanbieter spielen **Schufa- und Bankauskunftsklauseln** eine große Rolle. Dem liegt der Umstand zu Grunde, dass insbesondere Mobilfunkanbieter, jedoch auch andere Marktteilnehmer, im Falle von Laufzeitverträgen in der Regel vorleistungspflichtig sind und insofern ein gesteigertes Interesse an der Prüfung der Bonität ihrer Kunden haben. Schufa-Klauseln sind seit Längerem in der Vertragspraxis üblich und gebräuchlich, und aus vorgenannten Gründen inhaltlich nicht zu beanstanden.[449] Dies gilt auch, wenn die Klausel die Einholung von Bonitätsauskünften bzgl. des Kunden von dritten Wirtschaftsauskunfteien mit einschließt.[450] Zulässig sind auch Klauseln, in denen der Kunde formularmäßig seine kontoführende Bank ermächtigt, bankübliche Auskünfte hinsichtlich seiner Bonität zu erteilen.[451] Allerdings darf eine Meldung an die SCHUFA, den Fraud Prevention Pool und andere Wirtschaftsauskunfteien nicht erfolgen, wenn der Kunde Zahlungspflichten mit ernst zu nehmenden Argumenten bestreitet.[452]

AGB-rechtlich problematisch sind dagegen Klauseln, die dem Kunden eine Einwilligung in die Abfrage der **Richtigkeit seiner im Rahmen des Antrags gemachten Angaben zu seiner EC-und/oder Kreditkarte** bei seiner Hausbank abverlangt.[453] So weit nämlich diese Angaben im Rahmen der allgemeinen Angaben des Kunden zur „Legitimation" (Personalausweisnummer etc) erfolgen, wird aus Sicht des Kunden nicht hinreichend deutlich, dass die hierzu erteilte Einwilligung der Prüfung seiner Bonität und nicht seiner Identifizierung dient. Eine pauschal gefasste Einwilligung ohne konkreten Hinweis auf den Verarbeitungszweck sei mit den wesentlichen Grundgedanken des Datenschutzrechts nicht zu vereinbaren und daher nach §§ 305c Abs. 2, 307 Abs. 1 S. 2 BGB unwirksam.

---

[444] Siehe hierzu *Schmitz/Eckhart* CR 2006, 533.
[445] *Graf von Westphalen/Grote/Pohle* S. 221.
[446] Instruktiv hierzu AG Elmshorn Urt. v. 25.4.2004 – 49 C 54/05, MMR 2005, 870; für die Einwilligung in die Datennutzung zu Marketingzwecken vgl. OLG Köln Urt. v. 11.2.2002 – 6 U 125/01, MMR 2002, 635 (Ls.).
[447] Ebenso *Graf von Westphalen/Grote/Pohle* S. 220 f.
[448] LG Bonn Urt. v. 31.10.2006 – 11 O 66/06, CR 2007, 237.
[449] HM vgl. ua BGH Urt. v. 23.1.2003 – III ZR 54/02, NJW 2003, 1237 (1240) m. zahlreichen Nachweisen auf die Literatur.
[450] *Graf von Westphalen/Grote/Pohle* S. 223.
[451] OLG Köln Urt. v. 11.1.2002 – 6 U 125/01, MMR 2002, 635 (Ls.).
[452] AG Plön Urt. v. 10.12.2007 – 2 C 650/07, CR 2008, 225.
[453] BGH Urt. v. 23.1.2003 – III ZR 54/02, NJW 2003, 1237.

§ 32 WAN- und VPN-Verträge

Übersicht

	Rn.
I. Hintergrund und wirtschaftliche Bedeutung	1–4
II. Begriffe, Typen der Datennetzverträge und Schwerpunkte der Leistungen	5–28
1. Infrastruktur-Verträge und deren Technik	6–10
2. Abgrenzung zu Internetzugang, LAN, Zusammenschaltung und Dark Fiber	11–14
3. Leistungsmerkmale bei WAN- und VPN-Vertrag	15–23
a) Der WAN-Vertrag	15
b) Der VPN-Vertrag	16–18
c) Mischformen wie TDN-Verträge oder IntraSelect von T-Systems	19–23
4. Vertragstypologie	24–28
III. Regulatorische Vorgaben des TKG	29–31
1. TK-Dienste und Kundenschutz	30
2. Regulierung Markt mächtiger Anbieter	31
IV. Vertragsaufbau eines WAN/VPN-Vertrags und ausgewählte Regelungen	32–59
1. Aufbau	32
2. Präambel	33
3. Leistungsbeschreibung, Definitionen und Vertragsgegenstand	34–40
4. „Abnahme" der Leistungen	41
5. Gewährleistung (Service Level)	42–50
a) Service Level bei WAN	44–46
b) Service Level bei VPN	47
c) Vertragsgestaltung allgemein bezüglich Service Level	48–50
6. Organisation der Zusammenarbeit	51
7. Mitwirkung des Kunden	52
8. Rechtseinräumung	53
9. Change Management	54
10. Schadensersatz	55/56
11. Datenschutz	57
12. Vertragslaufzeit und Beendigung	58
13. Schlussbestimmungen, Exit	59

Schrifttum: *Conrad/Grützmacher*, Recht der Daten und Datenbanken, 2014; *Schuster/Reichl*, Cloud Computing & SaaS: Was sind die wirklich neuen Fragen?, Die eigentlichen Unterschiede zu Outsourcing, ASP & Co liegen im Datenschutz und der TK-Anbindung, CR 2010, 38.

I. Hintergrund und wirtschaftliche Bedeutung

1 Verträge über Leistungen, die die Herstellung von Netzen oder Telekommunikationsverbindungen zum Inhalt haben, haben in den letzten Jahren in der Wirtschaftspraxis erheblich an Bedeutung gewonnen, wenngleich sie etwas wie eine Art „Commodity" (ein ziemlich gewöhnliches Wirtschaftsgut) geworden sind. Insbesondere das im Vordringen begriffene **Cloud Computing** (in seiner Natur nichts anderes als das altbekannte ASP)[1] führt dazu, dass sowohl die „arbeitende" Software als auch die Daten nicht mehr unbedingt beim Nutzer (etwa in dessen Rechenzentrum), sondern irgendwo (entweder in einem ausgelagerten Rechenzentrum oder direkt beim Anbieter in dessen Rechenzentrum) sind. Die dazu erforderliche, breitbandige Verbindung zwischen Datenquelle/Software und dem Nutzer/Verwender oder der Transport von Daten zum Nutzer ist Telekommunikation. Verträge, die diese Verbindung sicherstellen, sind Datennetzverträge und in der Regel werden diese zwischen Unternehmen vereinbart.[2] Im Kern gewährleisten solche Verträge also, dass die Unternehmen

---

[1] Vgl. *Schuster/Reichl* CR 2010, 38.
[2] Dazu bereits Conrad/Grützmacher/*Schuster* § 52 Rn. 1 ff.

II. Begriffe, Typen der Datennetzverträge und Schwerpunkte der Leistungen

den Zugang zu solchen Daten erhalten, die anderswo als der Nutzer sind, und gegebenenfalls dort auch durch die Software verarbeitet werden.

Privatkunden nutzen für solche Applikationen (etwa ICloud, Google Maps etc) das allgegenwärtige Internet (über ihren Kabel-/Mobilfunk-/DSL-Anschluss), allerdings ohne entsprechende Zusagen hinsichtlich der Verfügbarkeit oder gar der garantierten Bandbreite.[3] Demgegenüber sind Unternehmen gerade hinsichtlich Verfügbarkeit und Sicherheit der Verbindungen deutlich anspruchsvoller. Daher schließen Firmen entsprechende Verträge über die **Zurverfügungstellung von Datennetzen**, etwa WAN-Verträge.[4] Erst diese Leistungen bzw. die zu Grunde liegenden Verträge ermöglichen also die Nutzung der Software aus der Ferne bzw. den Zugriff auf die dort liegenden Unternehmensdaten.

Diese Datennetzverträge haben sehr **unterschiedliche Ausprägungen und Leistungen** zum Inhalt. Bei Konzernen, die eher zentral organisiert sind, kann sich ein solches WAN auf zwei oder drei Standorte (Hauptsitz, große Niederlassung und Rechenzentrum) beschränken, bei dezentralisierten Unternehmungen kann ein solches Netzwerk eine Vielzahl von Filialen umfassen. Dementsprechend kann ein Datennetzvertrag nur wenige Standleitungen enthalten und/oder eben Hunderte von Anbindungen, die dann verschiedene Verbindungstypen enthalten (etwa für die Anbindung der Hauptverwaltung an das Rechenzentrum eine Standleitung, für die kleineren Niederlassungen eine DSL-Anbindung).[5]

Ein Problem bei der **Gestaltung solcher modernen Verträge** ist, dass – wie häufig bei B2B-Verträgen im Telekommunikationsbereich, aber anders als etwa bei B2C-AGB von Telekommunikations-Anbietern[6] – wenig Literatur und noch weniger Rechtsprechung zu finden ist.[7]

II. Begriffe, Typen der Datennetzverträge und Schwerpunkte der Leistungen

Verträge über Datennetze sind Verträge[8] über die Erbringung bzw. Zurverfügungstellung von Telekommunikationsinfrastruktur oder zur Nutzung dieser Infrastruktur. Man kann sie wie folgt untergliedern:

1. Infrastruktur-Verträge und deren Technik

- „Passive Infrastruktur": Unter Telekommunikations-Anbietern sind Verträge über die exklusive Nutzung eines Kabels oder einer Glasfaser (etwa bei Dark Fiber-Verträgen)[9] üblich. Solche Infrastrukturen werden aber von anderen Wirtschaftsunternehmen nur im Ausnahmefall angemietet und werden daher hier nicht berücksichtigt.
- „Aktive Infrastruktur": Auf der nächsten Ebene der „Netzwerke-Infrastruktur" findet man die bereits nicht mehr „körperlichen" Verbindungstypen, die aber dennoch eine physikalisch reservierte Verbindung beinhalten. Bei diesem Leistungen finden sich die festge-

---

[3] Weswegen der Gesetzgeber auch für diesen Bereich an einer Transparenzverordnung arbeitet.
[4] WIDE-AREA-NETWORK; → Rn. 9 unten. Im Sprachgebrauch der Deutschen Telekom/T-Systems „Telekom Designed Network" bzw. „TDN-Vertrag", „Intra-Select" usw.; dazu Conrad/Grützmacher/*Schuster* § 52 Rn. 2.
[5] S. Conrad/Grützmacher/*Schuster* § 52 Rn. 3.
[6] Zu den AGB-rechtlichen Aspekten im Telekommunikationsbereich Spindler/Schuster/*Schuster*, 3. Auflage 2015, § 307 Rn. 52 ff.
[7] S. dazu bereits *Schuster* CR 2005, 730 ff.; etwas Literatur, aber auch nicht zu allen Vertragstypen, findet sich in *Schuster* (Hrsg.), Vertragshandbuch Telemedia. Das führt zu gewissen Defiziten bei der Vertragsgestaltung: Im Internet findet man beispielsweise einen „VPN-Rahmenvertrag", bei dem allenfalls der Vertragsgegenstand mit der Installation der Router leistungsspezifisch ausgestaltet ist, der Rest ist irgendwo von Endkunden-AGB oÄ abgeschrieben (wie etwa auch eine Sperre bei einem Zahlungsrückstand von mehr als 80 EUR).
[8] Zu den Infrastrukturverträgen im Bereich der Telekommunikation etwa *Schuster* (Hrsg.), Vertragshandbuch Telemedia, S. 313 ff.
[9] Zu Kabelüberlassungsverträgen Schuster/*Geppert*, Vertragshandbuch Telemedia, S. 315 ff.; *Müller/Kemper* MMR 2002, 434 ff.; *Rau* MMR 2003, 87 ff.; auf der Wertschöpfungsebene „darunter" gibt es in der Praxis auch noch Verträge über die Nutzung von Kabelschutzrohren (KSR) oder Teilen hiervon.

schalteten Leitungen (auch Datendirektverbindungen, Übertragungswege, Stand- oder Mietleitungen oder auch Leased Lines genannt) wie Standard- oder Carrier-Festverbindungen.[10] Diese Standleitungen sind dedizierte, dauerhafte Verbindungen zweier Endpunkte über ein Telekommunikationsnetz. Aus physikalischer Sicht sind auch diese Standleitungen virtuell, wegen der „stehenden Verbindung" gewährleisten sie aber eine feste Bandbreite. Sie werden ihrer Bandbreite entsprechend klassifiziert; die bekanntesten sind die Mietleitungen E1 (mit einer Bandbreite von 2 Mbit/s), E3 (34 Mbit/s) und STM1 (155 Mbit/s).[11]

8 • **„Virtuelle Infrastruktur"**: Noch „virtueller" sind die Vereinbarungen über Leistungen, bei denen keine feste Leitung mehr geschaltet wird, sondern ein verschlüsselter Transport der Daten über entsprechende Technologien (etwa **VPN**) erfolgt.

9 • **Unternehmensdatennetze** bilden ein Wide-Area-Network (WAN), das verschiedene Unternehmensnetze (LANs) miteinander verbindet. In der üblichen technischen Definition ist ein solches WAN ein Rechnernetz. In der Praxis der Unternehmen ist ein solches WAN das Netz, das die unterschiedlichen Standorte einer Firma miteinander verbindet. Dabei kann das WAN auf verschiedenen Protokollen basieren, etwa IP, MPLS und Ethernet, aber auch PDH, SDH und (dem älteren) ATM.

10 • **VPNs** sind innerhalb eines (häufig öffentlichen) Netzes (wie das Internet) in sich geschlossene rein virtuelle (Teil-)Netze. Durch diese Virtualisierung (mit entsprechenden Sicherheitsmechanismen) entsteht in dem öffentlichen Netzwerk (etwa dem Internet) ein separates „Netzwerk". Der Nutzer eines solchen VPN ist zwar physisch an das öffentliche Netz angeschlossen, wird jedoch über das VPN an ein bestimmtes Netz angebunden (etwa an das LAN eines Unternehmens), das seinen eigenen Regeln folgt (etwa bezüglich Adressierung, Kommunikationsprotokoll, Rechteverwaltung usw.).[12] VPNs sind daher Ergebnis von Software, weil sie die Verbindung über eine Art „exklusiven Tunnel" („Tunneling") rein virtuell generieren. Solche Verträge über ein echtes VPN sind daher keine Telekommunikationsverträge, denn idR wird gerade nicht der Transport von Daten als Leistung erbracht.

2. Abgrenzung zu Internetzugang, LAN, Zusammenschaltung und Dark Fiber

11 Einen Datentransport auf einer Infrastruktur ermöglichen auch zahlreiche andere Verträge, die von den hier diskutierten Datennetzverträgen abzugrenzen sind:
• Der **Internetzugangsvertrag** (Internet Access) ermöglicht den Zugang zum Internet.[13] War dies früher eine Leistung, die Bestandteil des Sprachtelefonievertrages war (anfangs mit Modem und später mit ISDN-Karte), ist der Internet-Access heute bei Privatkunden in aller Regel ein Vertrag über eine DSL-Anbindung (gegebenenfalls auch in einem Breitbandkabelnetz). Diese allgemeine Art der Internetanbindung ist aber nicht dazu gedacht, Unternehmensstandorte miteinander zu verbinden. Dennoch kommt es gerade bei kleinteiligen Unternehmensorganisationen (etwa mit einem großen Filialnetz) vor, dass in einem Datennetzvertrag auch DSL-Bestandteile (etwa zum Anschluss von kleineren Niederlassungen des Kunden) enthalten sind.[14]

12 • Hosting/Housing-, Rechenzentrums- oder anderen Outsourcing-Verträge beinhalten häufig ungeschrieben die Leistung der **LAN-Nutzung** (sowie idR die Anbindung an das Internet oder WAN). Als eigenständiger Vertragstyp mit der Hauptleistungspflicht der Zurverfügungstellung des LAN kommt diese Leistung in der Praxis so gut wie nicht vor.

---

[10] Die CFV-Verträge der DTAG hatten früher (Anfang der Nuller Jahre) gut 100 Seiten (inkl. Anlagen).
[11] Conrad/Grützmacher/*Schuster* § 52 Rn. 5.
[12] Conrad/Grützmacher/*Schuster* § 52 Rn. 7.
[13] Zum Internet-Access-Vertrag (Vertragstyp) BGH Beschl. v. 23.3.2005 – III ZR 338/04, CR 2005, 816 mAnm *Schuppert*; kritisch dazu *Schuster* CR 2006, 47 ff.; grundsätzlich zu diesen Verträgen: Schuster/*Schmitz/v. Netzer*, Vertragshandbuch Telemedia, S. 628 ff.; *Schneider* O. Rn. 146 ff.; *Cichon*, Internet-Verträge, S. 9 ff.
[14] Conrad/Grützmacher/*Schuster* § 52 Rn. 8.

- Unter TK-Netzbetreibern findet sich dann noch die besondere Form der Zusammenschaltung von Telekommunikationsnetzen (auch **Interconnection** genannt).[15] Hierzu gehört auch das Internet-Peering.
- Daneben ist die Anmietung passiver Infrastruktur, insbesondere von Glasfasern (Dark Fiber) zu erwähnen (→ Rn. 6), wozu systematisch auch der Zugang zur Teilnehmeranschlussleitung (in Form des TAL- Vertrages) gehört.[16]

3. Leistungsmerkmale bei WAN- und VPN-Vertrag

Aus diesen Inhalten folgen wesentliche Unterschiede beim **Leistungsinhalt** bzw. **Vertragstyp**, die bei der Vertragsgestaltung zu beachten sind:

a) Der WAN-Vertrag. Bei den Verträgen über eine festgeschaltete Verbindung bzw. dedizierte Leitungen ist die Möglichkeit des Datentransportes zwischen zwei Endpunkten (oder geographischen Standorten) einschließlich einer vereinbarten Bandbreite geschuldet. Dies ist der klassische „WAN-Vertrag". Dieser Vertragstyp ist in der Praxis wohl eher auf dem Rückzug, weil das Netzmanagement der Netzbetreiber die darin enthaltene „Bandbreiten-Exklusivität", die eine Kapazitätsbeschränkung in den Netzen bewirkt, vorzugsweise durch dynamisierte Netze mit Priorisierung bzw. QoS auf MPLS- oder IP-Basis ersetzt.[17]

In der Telekom-Leistungsbeschreibung „EthernetConnect im TDN/TDS"[18] finden sich beispielsweise folgende (auftragnehmerfreundliche und vermutlich mit Blick auf eine gewisse Intransparenz nicht mit dem AGB-Recht vereinbare) Formulierungen, die auch einen gewissen Hang zur Verkehrspriorisierung (Stichwort: Netzneutralität) erkennen lassen:

„Die Telekom überlässt dem Kunden im Rahmen der bestehenden technischen und betrieblichen Möglichkeiten Ethernet-Connect als dauernd bereitgestellte Verbindung zwischen zwei Standorten mit Ethernet-Schnittstellen entsprechend der Normung IEEE 802.3. EthernetConnect wird in den nachfolgenden Ausprägungen (Gruppen) angeboten: [hier folgen dann diverse Übertragungsgeschwindigkeiten/Bandbreiten]. ... Der tatsächlich erreichte Ethernet-Durchsatz bei EthernetConnect hängt unter anderem ab von der verwendeten Framegröße und den auf dem Ethernetprotokoll aufgesetzten Diensten (zB TCP) sowie weiteren Einstellungen (zB Flow-Control, Verkehrspriorisierung) an der jeweiligen Ethernet-Verbindung."

b) Der VPN-Vertrag. Dies ist bei einem VPN-Vertrag dann anders, wenn nicht eine Mischform (→ c) vorliegt: In diesem Fall schuldet der Vertragspartner die Elemente, die den Datentransport über das öffentliche Internet sicherstellen. Dabei handelt es sich um Router (und ggf. Switches) sowie die erforderliche Software. Der wesentliche Inhalt des Vertrages ist hier die Vorbereitung des gesicherten Transportes, während der Transport selbst dann aber ggf. von einem anderen durchgeführt wird (zum Beispiel durch den Telekommunikationsnetzbetreiber, der dem Kunden den Internetzugang zur Verfügung stellt). In der Praxis arbeitet der Anbieter zunächst ein Konzept aus, aus dem sich Struktur des VPN, die Teilnehmer und Rechte sowie die Standorte ergeben. Den Anschluss der Kundenstandorte an das Datennetz stellen konfigurierte Router an den jeweiligen Standorten her.[19] Das VPN selbst wird durch die Software auf den Routern umgesetzt.

Als Beispiel mag hier die Formulierung aus einer Leistungsbeschreibung der Telekom für das Produkt VPN Business dienen:[20]

„Diese Leistungsbeschreibung regelt die Überlassung von Unternehmensnetzen auf IP-Basis (VPN Business) an den Kunden durch die Telekom sowie die Anbindung dieses Unternehmensnetzes über VPN Business-Zugänge an das öffentliche Internet. Die Verbindung zwischen den VPN Business-Zugängen erfolgt über das öffentliche Internet. Das bundesweit flächendeckend ausgebaute IP-Backbone der Te-

---

[15] Umfassend zu diesen Verträgen Schuster/*Piepenbrock/Müller*, Vertragshandbuch Telemedia, S. 332 ff.; zum Vertrag nach § 22 TKG *Heun*, Handbuch Telekommunikationsrecht, S. 1003 ff.; zum Peering-Vertrag *Petri/Göckel* CR 2002, 418 ff.
[16] Grundsätzlich zu diesen Verträgen Schuster/*Piepenbrock/Müller*, Vertragshandbuch Telemedia, S. 413 ff.
[17] Conrad/Grützmacher/*Schuster* § 52 Rn. 10.
[18] Stand 2.5.2014.
[19] S. dazu auch *Roth/Haber* ITRB 2004, 20; *Schumacher* CR 2006, 230.
[20] Stand 1.9.2012.

lekom bildet die Basisinfrastruktur für die IP-Kommunikation. Auf dieser Produktionsplattform wird das VPN Business (Unternehmensnetz auf Basis des Internet Protokolls – TCP/IP –) realisiert. Die Kundenlokationen werden mit VPN Business-Zugängen an das IP-Backbone angebunden. Die Kundenlokation (Net-Filiale) wird mit der Kundenzentrale (Net-Zentrale) über das IP-Backbone verbunden und für die logische Verbindung wird jeweils ein Tunnel aufgebaut. Die zwischen Kundenlokation und Kundenzentrale transportierten und mit Kunden-IP-Adressen versehenen IP-Datagramme werden in IP-Paketen zusammengefasst, die die IP-Adressen der WAN-seitigen Interfaces der Tunnelendrouter als Ziel und Absender haben. Die durch den Tunnel transportierten IP-Datagramme werden dabei nach IPSec verschlüsselt."

17 Der Transport der Daten selbst von Punkt A zu Punkt B ist damit nicht Leistungsinhalt bzw. Vertragsgegenstand des VPN-Vertrages. Der Anbieter schuldet lediglich die **Handhabung der Daten** („Verpackung" bzw. „Entpacken") am Absende- und am Empfangsort, insbesondere die Verschlüsselung, aber nicht den Transport der Daten selbst. Dementsprechend schließen professionelle Bedingungen für solche Leistungen den Transport bzw. die Verantwortung dafür auch (zumindest konkludent) aus.

So heißt es beispielsweise in der Leistungsbeschreibung von T-Systems für das Produkt „IntraSelect" für die Zugangsvariante „Remote Connect":

„Hinsichtlich der Verfügbarkeit und Leistung des Internet und der Verfügbarkeit der VPN-Verbindung über das Internet kann die T-Systems keine Verantwortung übernehmen".

18 An einem physischen Beispiel verdeutlicht: Ein Dienstleister übernimmt den Betrieb der Poststellen in verschiedenen Niederlassungen eines Unternehmens sowie das Verpacken und Versenden der Pakete (beim VPN dann der Datenpakete). Er schuldet also genau diese Leistung (das **Verpacken und Absenden** vom Punkt A – beim VPN dem Router A – und Übergabe an den Transporteur (beim VPN dem TK-Netzbetreiber) sowie Übernahme vom Transporteur und Empfang am Punkt B (– beim VPN dem Router B –), aber eben nicht die Transportleistung zwischen diesen beiden Punkten. Für diese beauftragt er entsprechende Paketdienste (zB DHL). Naturgemäß kann auch DHL den Betrieb der Poststellen und den Transport der Pakete übernehmen, dann liegt eine integrierte Leistung vor (und die damit nachfolgend beschriebene Mischform).[21]

19 c) **Mischformen wie TDN-Verträge oder IntraSelect von T-Systems.** Bei Netzbetreibern, die über große Netzwerke verfügen und ein flexibles Netzmanagement fahren, findet man eine Mischform (wie etwa bei den „IntraSelect"-Verträgen der T-Systems). Hier sind zwar keine Festverbindungen inkludiert, dennoch verpflichtet sich der Anbieter aber zum Transport der Daten und zum Betrieb eines VPN. Große Netzbetreiber wie etwa die Deutsche Telekom gewähren dann bestimmte Leistungsmerkmale wie Datenpriorisierung und QoS hinsichtlich der Qualität des Transportes der Daten. Diese Mischformen – etwa der Telekom – binden dann auch Anschlüsse mit unterschiedlichen Technologien ein (zum Beispiel über DSL, Mobile, SDH und Ethernet).

20 Allerdings ist zu beachten, dass ein solcher Anbieter, der dergestalt Bandbreiten bei einem VPN-Vertrag zusagt, regelmäßig über einen großen Anteil der für den Kunden erforderlichen Netzinfrastruktur verfügt. Möglicherweise kann er aber auch bei den Teilen des Netzwerkes, die er nicht selbst betreibt (etwa den DSL-Anschluss des Kunden zum Internet), die SLA anderweitig sicherstellen oder mit dem entsprechenden Risiko statistisch umgehen. Ein Blick auf die Technologie von Mobilfunknetzen kann das verdeutlichen: Mobilfunkfrequenzen sind ein sog Shared-Medium, bei die Bandbreite einer Funkzelle von den Nutzern geteilt wird. Befindet sich zum Zeitpunkt A nur ein Nutzer in der Funkzelle, so kann er ggf. LTE mit bis zu 300 Mbit/s nutzen, während bei 1.000 zeitgleichen Nutzern der Funkzelle zum Zeitpunkt B die Bandbreite deutlich niedriger liegt. Das ist vergleichbar mit VPN-Verbindungen, die ein und dasselbe Kabel (oder Faser oder Festverbindung) für ihre Tunnel benötigen: je mehr von diesen Tunneln die gleiche Infrastruktur nutzen, umso mehr geht die verfügbare Bandbreite bei paralleler Nutzung durch die Kunden herunter. Eine **Priorisierung von Daten** oder eine Mindestbandbreite kann der Anbieter nur dort sicherstellen, wo er In-

---

[21] Zum Ganzen bereits Conrad/Grützmacher/*Schuster* § 52 Rn. 13.

haber der Technik ist (dh im Regelfall die komplette Infrastruktur sein eigen nennt, also passive Technik – vor allem Kabel oder Fasern – und aktive Technik).[22]

Auch die Telekom unterscheidet in ihren Datennetzverträgen (zB „IntraSelect" der T-Systems) zwar zwischen „Fixed Connect" (als Standortkoppelung mit ortsfesten Anschlüssen) und etwa „Remote Connect". Hinsichtlich der technischen Lösung, insbesondere der verwendeten Protokolle, legt sie diese in der Regel jedoch nicht fest. Stattdessen enthalten die Beschreibungen nur Allgemeinplätze wie „hohe Datensicherheit durch ein privates, vom Internet getrenntes Geschäftskundennetz" (das trifft sowohl auf festgeschaltete Verbindungen als auch auf ein VPN zu) oder „Datenpriorisierung in unterschiedlichen Qualitätsklassen". Selbst beim Teilprodukt „Fixed Connect" finden sich in der Leistungsbeschreibung alle denkbaren Protokolle wie ATM (eigentlich eine Festverbindung) oder MPLS (eigentlich lediglich eine Art „Priorisierungsprotokoll"). Unabhängig davon gibt es dann Zusagen hinsichtlich der **Qualitäts- oder Service Level** (in diesem Bereich eher „QoS" bzw. „Quality of Service" genannt) oder es werden bestimmte IP-Bandbreiten (Commited Access Rate) zugesichert. In diesen Fällen obliegt es ihrem Netzmanagement und der Priorisierung im Netz, dass der Kunde die garantierten Bandbreiten erhält.[23]

Dies ist deswegen überraschend, weil die Zusage solcher Leistungseigenschaften eigentlich die Herrschaft über zumindest wesentliche Teile des Netzes erfordert. Denn wie gesagt funktioniert die **Zusage einer bestimmten Mindestbandbreite oder Verfügbarkeit** nur dann mit hoher Wahrscheinlichkeit, wenn der Betreiber entweder eine feste Verbindung schaltet oder, soweit das Protokoll als eine Art „Shared-Medium" die Nutzung einer Infrastruktur durch verschiedene Kunden ermöglicht, wenn der Betreiber anhand seiner Statistiken weiß, dass die durchschnittliche Nutzung durch die jeweiligen Kunden zu (fast) jeder Zeit eine virtuelle Verbindung mit der vertraglich zugesicherten Eigenschaft ermöglicht. Den großen Netzbetreibern fällt eine solche Zusage in der Regel leichter als anderen Anbietern, weil sie über große Teile an eigener Infrastruktur verfügen. Anders gesagt: werden die Daten innerhalb der Infrastruktur des Netzbetreibers transportiert, hat dieser mehrere Möglichkeiten, die vertraglich vereinbarten Service-Level sicherzustellen,[24] aber eben auch nur dann.

Bei dieser Mischform liegt daher eine Fallgestaltung vor, bei der der Anbieter den Transport der Daten übernehmen will. Anders ist dies aber dort, wo der Kunde seine Anbindung an das Internet (etwa in der Form einer SDSL-Verbindung) beispielsweise bei einem anderen Provider angemietet hat: hier fallen Einrichtung des VPN-Netzes einerseits und Transport der Daten (Verbindung zum Internet) andererseits in die Leistungspflichten von zwei verschiedenen Vertragspartnern.[25]

4. Vertragstypologie

Nach der Rechtsprechung des BGH zu den Endkunden-Telekommunikationsverträgen stellt die **Hauptleistungspflicht** „Transport der Daten" **Dienstvertragsrecht** dar. Dies ist vom Verfasser bereits an anderer Stelle ausführlich kritisiert worden und soll daher vorliegend nicht weiter vertieft werden.[26] Für die Vertragsgestaltung ist im vorliegenden Zusammenhang davon beachtlich, dass von den Vertragstypen des BGB der Dienstvertrag am wenigsten geeignet ist, das Leistungsgefüge bei solchen modernen Verträgen adäquat abzubilden, zumal wenn diese zwischen Unternehmen geschlossen werden. Zwar passen auch die anderen Vertragstypen des BGB (also neben dem Dienstvertrag insbesondere noch der Werk- und der Mietvertrag) nicht wirklich, sie werden aber dem Charakter der Leistung häufig gerechter. Am meisten spricht nach hier vertretener Auffassung für einen Vertrag sui generis mit

---

[22] Zum Ganzen Conrad/Grützmacher/*Schuster* § 52 Rn. 13.
[23] So wirbt die T-Systems (http://www.t-systems.de/referenzen) beispielsweise (heruntergeladen am 18.7.2013) mit der Referenz der Zurverfügungstellung eines IP-VPN „mit garantierten Mindestbandbreiten in beide Übertragungsrichtungen" zur Datenübertragung für die Firma ivv Informationsverarbeitung für Versicherungen GmbH. Zum Ganzen Conrad/Grützmacher/*Schuster* § 52 Rn. 17 ff.
[24] So zutreffend auch *Roth/Haber* ITRB 2004, 20.
[25] Vgl. Conrad/Grützmacher/*Schuster* § 52 Rn. 19.
[26] S. dazu mit ausführlicher Diskussion und vielen Nachweisen zum Meinungsstand *Schuster* CR 2006, 444 ff.

den jeweiligen Modulen aus den BGB-Vertragstypen.[27] Von den dargelegten Gründen abgesehen spricht bei den Datennetzverträgen insbesondere der Parteiwille für eine solche Einstufung des Vertragstyps: Dieser Wille spiegelt sich insbesondere in den üblichen Service-Level-Agreements wieder, in denen Verfügbarkeit, Ausfallzeiten, Datenverlustraten, Datenlaufzeiten, Jitter und Ähnliches vereinbart werden.[28]

25 Die Vertragsarten in diesem Kapitel lassen sich wie folgt den BGB-Vertragstypen zuordnen:

Soweit es sich um **festgeschaltete Verbindungen** (etwa Standleitungen) handelt, entweder als alleinige vertragliche Leistung oder als Teilleistung im Rahmen eines umfassenderen WAN, spricht aufgrund der Physik Überwiegendes für die **Anwendung des Mietrechts**, also der §§ 535 ff. BGB. Denn es handelt sich dabei um die Gebrauchsüberlassung einer festgeschalteten Punkt-zu-Punkt-Datenverbindung mit einer definierten Übertragungsbandbreite.[29]

26 Sind die vertraglich vereinbarten Leistungen dadurch definiert, dass der Anbieter ein **VPN** zu errichten und zu betreiben hat, so kommt aufgrund des Installationscharakters Werkvertragsrecht[30] und bei dauerhafter Zurverfügungstellung von Hardware (insbesondere der Router) Mietvertragsrecht in Betracht (ggf. bei Verkauf der Router naturgemäß auch Kaufvertragsrecht). Da beide Vertragstypen einen ähnlichen Schutz des Kunden, insbesondere bei der Mängelhaftung, bieten, dürfte eine abschließende Festlegung auf einen Vertragstyp nicht unbedingt erforderlich sein. Aus Sicht des Verfassers spricht aber mehr dafür, insgesamt **Werkvertragsrecht** anzuwenden, da der Kern der Leistungspflicht das ordnungsgemäße Verpacken und Entpacken der Daten (Verschlüsselung) auf beiden Seiten des Transportweges ist. Dies ist eine erfolgsbezogene Tätigkeit.[31]

27 Etwas schwieriger fällt die Einordnung bei dem vorstehend beschriebenen **Mischvertrag**. Hinsichtlich der Verschlüsselungsleistung verbleibt es bei dem werkvertraglichen Charakter. Der vom Anbieter mit bestimmten Kriterien (Priorisierung, QoS) zugesagte Datentransport stellt dann wieder eine Telekommunikationsleistung dar, auf die nach der Meinung des BGH bei Endkunden-AGB das Recht des Dienstleistungsvertrages anzuwenden ist. Nach hier vertretener Auffassung handelt es sich um einen **Vertrag sui generis**.[32]

28 Es spricht im Übrigen – außer der möglicherweise größeren Arbeit bei einer AGB-Prüfung – nichts dagegen, abgrenzbare Leistungsbereiche unterschiedlichen BGB-Vertragstypen zuzuführen.[33] Allerdings folgt aus den sich ergebenden Unsicherheiten bezüglich des anzuwendenden BGB-Vertragstyps zugleich, dass bei individuell verhandelten Großkundenverträgen diese Unsicherheiten durch entsprechende Gestaltung der Vertragsklauseln zu vermeiden sind.[34]

III. Regulatorische Vorgaben des TKG

29 Das (regulatorische) **Telekommunikationsrecht** nach dem Telekommunikationsgesetz (TKG) spielt bei Datennetzverträgen eine eher untergeordnete Rolle, wobei zwei Bereiche unterschieden werden können:

1. TK-Dienste und Kundenschutz

30 Zahlreiche Vorschriften des TKG sind unabhängig von der Marktstellung des TK-Anbieters, so dass bei vielen Diensten allgemeine Regelungen in Betracht kommen. Der Betreiber kann etwa der Meldepflicht nach § 6 TKG unterfallen, es ist allerdings für den Kunden un-

---

[27] Vgl. *Schuster* CR 2006, 450 ff. mwN; ähnlich *Petri/Göckel* CR 2002, 331; aA *Redeker* ITRB 2010, 112 ff.: Werkvertrag mit stark mietrechtlichem Einschlag.
[28] Vgl. *Schuster* CR 2006, 452; s. auch *Roth/Haber* ITRB 2004, 20.
[29] Vgl. dazu Schuster/*Geppert*, Vertragshandbuch Telemedia, S. 554 ff. mwN.
[30] So auch *Roth/Haber* ITRB 2004, 20, hinsichtlich der Einrichtung des VPN; *Schumacher* CR 2006, 230.
[31] S. auch BGH Urt. v. 13.9.2007 – I ZR 207/04, NJW 2008, 1072 – Werkvertrag bei Verpackungsleistungen.
[32] S. *Schuster* CR 2006, 450 ff. mwN.
[33] S. *Schuster* CR 2006, 452 f.
[34] Conrad/Grützmacher/*Schuster* § 52 Rn. 23.

erheblich, ob der Betreiber diese Pflicht erfüllt hat. Relevanter für den Kunden könnte allenfalls sein, ob die Kundenschutzvorschriften der §§ 43a ff. TKG Anwendung finden, aber auch das spielt in der Praxis kaum eine Rolle, weil die Vorschriften eher auf Telefonieleistungen passen. Der TK-Datenschutz (§§ 91 ff. TKG) wird ebenso zwar möglicherweise anwendbar sein, da aber regelmäßig bei derartigen Verträgen keine Verkehrs- oder Standortdaten erhoben oder Einzelverbindungsnachweise erstellt werden, kommt auch diesen Umstand in der Praxis nur eine untergeordnete Rolle zu.

2. Regulierung Markt mächtiger Anbieter

Andere Vorschriften des TKG, die sich einmal bei Datennetzverträgen auswirken könnten, setzen eine Marktmacht des Anbieters voraus. Denkbar ist dies etwa dann, wenn der ausgewählte Anbieter ein Unternehmen der Deutschen Telekom (also auch T-Systems) ist. Denn hier könnten dann ggf. dem Kunden gewährte, zu günstige Entgelte gegen die Vorschriften der Entgeltregulierung verstoßen und damit missbräuchlich sein.[35] Falls solche Preise von der Bundesnetzagentur oder einem Gericht als missbräuchlich (zu niedrig) festgestellt würden, könnte der Kunde einer (rückwirkenden) Erhöhung der vertraglichen Entgelte ausgesetzt sein. Aber auch dies ist in der Praxis bisher nur vereinzelt zu beobachten gewesen, etwa bei den sogenannten TDN-Verträgen, aber im Ergebnis auch immer im Sande verlaufen.

IV. Vertragsaufbau eines WAN/VPN-Vertrags und ausgewählte Regelungen

1. Aufbau

Der Aufbau eines Datennetz-Vertrages bietet gegenüber anderen Verträgen vergleichbarer Natur, also insbesondere Telekommunikations-Verträgen, keine Besonderheiten. Insofern kann auf andere Veröffentlichungen hierzu[36] und auf andere Kapitel in diesem Buch verwiesen werden. Wichtig ist, dass auch bei diesen Verträgen zunächst einmal die Leistung von Bedeutung ist, der sich dann die Frage anschließt, welcher Vertragstyp vorliegt. Möglicherweise müssen auch regulatorische Fragen, also nach dem Telekommunikationsgesetz (s. dazu soeben) geprüft werden, das dürfte allerdings die Ausnahme sein.

2. Präambel

Viele WAN/VPN-Verträge sind Standard-AGB-Produkte, bei denen sich die Frage nach der Gestaltung der Präambel nicht stellt. In den Fällen, in denen solche Verträge für größere (gerade internationale) Unternehmensnetze individuell verhandelt werden, sollte der ursprüngliche Zweck der Präambel ernst genommen werden, nämlich die daraus mögliche Auslegungshilfe bei offenen Fragen. Hier können dann Angaben gemacht werden zu der Bedeutung des Netzwerks und des Datenverkehrs für die Zwecke des Kunden und sonstige individuelle Besonderheiten, die der Betreiber bei der Konzeption und Konfiguration des Netzwerkes zu beachten hat.

3. Leistungsbeschreibung, Definitionen und Vertragsgegenstand

Aus den Anmerkungen zu den verschiedenen Vertragsarten und dem Unterschied zwischen physikalischen Leitungen einerseits und rein virtuellen Verbindungen andererseits folgt, dass der Kunde ermitteln muss, wie wichtig ihm Bandbreite, Verfügbarkeit und sonstige Service-Level sind und darauf aufbauend, welche konkrete Leistung er braucht. Insoweit ist die eigentliche (und auch im Regelfall wohl eher unproblematische) Leistungsbeschreibung in diesem Zusammenhang weniger das Thema, sondern mehr das gegenseitige

---

[35] S. dazu auch *Schuster* CR 2005, 732 f. mwN; Spindler/Schuster/*Müller*, Recht der elektronischen Medien, § 28 Rn. 3 ff.
[36] Zu den Bausteinen eines Telemedia-Vertrages etwa Schuster/*Schuster*, Vertragshandbuch Telemedia, S. 993 f.

Verständnis der Parteien, was der Kunde braucht bzw. möchte, und was der Anbieter bieten kann. Ist dieses Verständnis gefunden, hat sich die Leistungsbeschreibung daran zu orientieren, was bei vielen TK/IT-Verträgen in der Praxis leider trotz der scheinbaren Banalität dieses Umstandes allzu häufig versäumt wird. Wenn man so möchte: eigentlich müsste auch bei diesen Verträgen der Kunde sich ein Lastenheft erstellen, dem dann der Anbieter ein Pflichtenheft gegenüberstellt. Ist diese Arbeit getan, steht einer vernünftigen Leistungsbeschreibung bei Individualverträgen (also nicht bei AGB-Produkten) nichts mehr im Wege.[37] Dies gilt insbesondere für die konkret geschuldeten Leistungen einerseits und deren Leistungsfähigkeit andererseits.

35 Insoweit ist es natürlich auch denkbar, dass dem Projekt selbst eine **Konzeptionsphase** vorangestellt wird, in dem das „Lastenheft" durch den Anbieter bzw. gemeinsam erstellt wird. Allerdings sind nur ganz wenige, große oder internationale Unternehmensnetzwerke so kompliziert, dass sie einen solchen Schritt benötigen. Die Komplexität von Datennetzen ist in der Regel deutlich geringer als die von Individualsoftware. Daher wird in aller Regel der Anbieter zuvor ermitteln, welche Anwendungen der Kunde über welche Strecke fahren möchte (zum Beispiel Cloud-Lösungen mit einem erheblichen Bedarf an Bandbreite oder aber schlanke Citrix/RDP-Lösungen mit geringeren Anforderungen an Stabilität oder Bandbreite). Darauf aufbauend wird er dann als Teil seiner Angebotserstellung die jeweiligen Leistungselemente definieren. Hier ist dann bei der Vertragsgestaltung wichtig, dass der Anbieter die Verantwortung dafür übernimmt, dass diese Leistungsfestlegung bzw. Definition als vertragliche Pflicht definiert wird. Anderenfalls wird es schwierig, den Anbieter darauf zu verpflichten, seine Produkte bzw. Leistungen zu ändern, falls zum Beispiel die Bandbreite nicht ausreicht, um eine vernünftige Antwortzeit beim Nutzer zu gewährleisten.

36 Wichtiger ist aber bei diesen Leistungen, an denen es **Schnittstellen zwischen verschiedenen Dienstleistern** bzw. Anbietern gibt (Übergabepunkte), dass die unterschiedlichen Leistungsbereiche bzw. Verantwortlichkeitssphären definiert bzw. voneinander abgegrenzt werden. Dazu kann es zum einen hilfreich sein, die wesentlichen technischen Merkmale und auch technischen Begriffe klar zu definieren (wie etwa das verwendete Protokoll, die Diensteklassen usw.).

37 Dies betrifft zunächst einmal die an die Kabel angeschlossene **Hardware,** auch wenn dies auf den ersten Blick möglicherweise überraschend erscheint. Allerdings wird häufig nicht berücksichtigt, dass die Kabel als solche „dumm" (= passiv) sind und diesen daher abgesehen von seltenen Kabelbrüchen, Schäden durch Bagger oder (bei Glasfaser) dem „Blindwerden" nicht viel passieren kann. Ausfälle oÄ gibt es dagegen viel mehr und eher bei der Hardware (etwa bei den Netzteilen eines Routers) bzw. der darauf installierten Software. Demonstrieren lässt sich der Aspekt bei der unbeleuchteten (Dark Fiber) bzw. beleuchteten (Lit Fiber) Glasfaser: erst die angeschlossenen Laser sorgen für die Übertragung der Daten (die Beleuchtung) und sind die Elemente, die bei einem (Glasfaser-)Netzwerk Ärger verursachen können.[38] Daher ist bei der Vertragsgestaltung darauf Rücksicht zu nehmen, dass auch diese Hardware Leistungsbestandteil ist bzw. dass sich die Service Level hierauf beziehen müssen. Dementsprechend sind die Schnittstellen bzw. Leistungsübergabepunkte zu definieren:

38 Übernimmt der Anbieter eine wirkliche **Ende-zu-Ende-Verantwortung** (etwa wenn er sowohl die Rechenzentrumsleistungen als auch die Übertragungswege zu den Standorten des Kunden betreibt), so ist die relevante Schnittstelle der Punkt, an dem der Kunde die Daten in sein eigenes LAN übernimmt (die „Steckdose" aus der Kundenperspektive, wenn man so möchte). Bis dahin trägt der Anbieter die Verantwortung und es ist unerheblich, ob der Strom oder die Hardware im Rechenzentrum oder ein Router unterwegs ausgefallen ist. Einzige Frage ist, ob die Router am Standort des Kunden vom Anbieter oder vom Kunden verantwortet werden. Dementsprechend wäre im ersten Fall (Zuständigkeit des Anbieters) in der Regel der LAN-seitige Port des Routers Übergabepunkt, im zweiten Fall der WAN-seitige Port.[39]

---

[37] Zur Problematik im Bereich IT etwa *Schneider* S. 860 ff.
[38] Vgl. Conrad/Grützmacher/*Schuster* § 52 Rn. 26.
[39] Conrad/Grützmacher/*Schuster* § 52 Rn. 26.

Im Fall eines **VPN-Vertrages** sind jeweils die **LAN-seitigen Ports** der Router die Leistungsübergabepunkte, da die Router zur vertraglichen Leistung der Verschlüsselung der Datenpakete bzw. der „Tunnelung" erforderlich sind. Soweit die VPN-Verschlüsselung durch andere Geräte bzw. Lösungen (etwa bei Außendienstmitarbeitern oder Home Offices) erfolgt, ist dies entsprechend zu berücksichtigen und insoweit abzugrenzen.

Handelt es sich um einen **WAN-Vertrag**, ist das gleiche mit der Maßgabe anzuwenden, dass für die jeweiligen Leistungsbestandteile unterschiedliche Übergabepunkte definiert werden müssen.

4. „Abnahme" der Leistungen

Auch wenn manche Leistungen etwa bei VPN-Verträgen Werkvertragscharakter haben, ist den Datennetzverträgen eine Abnahme fremd. Die Inbetriebnahme ergibt sich bei Standleitungen durch die erfolgreiche Schaltung der Festverbindung sowie bei VPNs durch einen erfolgreichen Aufbau des Tunnels und der nachfolgend erfolgreichen Übertragung von Datenpaketen.

5. Gewährleistung (Service Level)

Auch bei den Datennetzverträgen spielt sich das Thema Gewährleistung, ähnlich wie bei anderen Telekommunikations- aber auch bei IT-Verträgen, unter dem Stichwort Service Level ab.[40] Klassische IT-Themen wie Pflege oder Wartung gibt es hier naturgemäß nicht, weil Hardware und Software nicht die Bedeutung hat, wie etwa bei einem Softwareprodukt oder einer Rechenzentrumsleistung. Dem entspricht, dass im vorliegenden Zusammenhang die Leistungen Dauerschuld- und zu einem Großteil Mietvertragscharakter haben, sodass sich auch Themen wie Nachbesserung im Regelfall nicht ergeben. Der Anbieter steht dafür ein, dass seine Leistung (häufig eben die Mietsache) dauerhaft funktioniert (und damit mangelfrei ist).

Dementsprechend finden sich auch bei Datennetzverträgen die wesentlichen Regelungen in Sachen Gewährleistung in den Service Level wieder. Diesbezüglich ist bei der Vertragsgestaltung auch zwischen den beiden Hauptarten der Datennetzverträge zu unterscheiden:

a) Service Level bei WAN. Bei den WAN-Verträgen kommen vor allem der Service-Level-Verfügbarkeit und Antwortzeit große Bedeutung zu. Je nach Netzeigenschaften und Diensten sind zusätzlich Service-Level wie Round-Trip-Delay, Packet-*Loss*-Ratio und Jitter zu beachten.[41] Teilweise – etwa bei der Telekom – findet man auch noch Unterscheidungen der zugesagten Service Level danach, um welche Serviceklasse („Class of Service") es sich handelt.[42]

Die Telekom verwendete früher[43] etwa folgende durchschnittliche Messwerte im Rahmen der Leistung mit Ende-zu Ende-Kommunikation:

Klasse	RTD	Jitter	Packet Loss
1	80ms	–	1 %
2	50ms	–	0,1 %
3	40ms	–	0,5 %
4	35ms	10 ms	0,5 %

Der Wert der **Verfügbarkeit**, die der Anbieter zusichert, ist in der Regel zunächst einmal eine Frage des Preises; eine Verfügbarkeit unter 99,5 % stellt wohl bei vielen Anwendungen die Untergrenze dar. Zahlreiche Betreiber versuchen in diesem Rahmen immer noch, bei der relevanten Bezugsgröße zur Ermittlung der Verfügbarkeit auf das Kalenderjahr abzustellen.

---

[40] Zum Thema Service Level *Schuster* CR 2009, 205 ff.
[41] S. zu diesen drei Kriterien *Schumacher* CR 2006, 231 f.
[42] Früher gab es etwa bei der Telekom bei bestimmten Produkten eine General Purpose Class, zu der etwa E-Mail, FTP und HTTP-Anwendungen gehörten, für die lediglich das Service Level Bandbreite zugesagt wurde, während für die Voice Class (zum Beispiel Voice over IP) die Service Level Bandbreite, Delay, Jitter und Packet Loss Bestandteil waren.
[43] Leistungsbeschreibung FixConnect, Stand 1.4.2009.

Da dies aber zu langen Ausfallzeiten an einem Stück führen kann, wird in der Praxis bei einem verständigen Kunden nur eine Verfügbarkeit bezogen auf den Kalendermonat akzeptabel sein. Werden über die Datennetzleitungen geschäftskritische Anwendungen genutzt, zum Beispiel eine betriebsnotwendige Unternehmenssoftware, so finden sich (zusätzlich zur Antwortzeit, dazu sogleich) häufig auch Vereinbarungen hinsichtlich maximaler Ausfallzeiten (in Stunden) oder der maximalen Länge einzelner Ausfälle. Diesbezüglich sind diese Elemente von Datennetzverträgen wieder mit Rechenzentrumsverträgen vergleichbar.

> **Praxistipp:**
>
> Die **Antwortzeit** ist dann eine wichtige Größe für die Service Level, wenn über das vertragsgegenständliche Netzwerk wesentliche Anwendungen genutzt werden, bei denen die zeitnahe Ausgabe auf dem Nutzerbildschirm relevant ist. Beträgt die Zeit zwischen der Eingabe des Nutzers und der Ausgabe des Ergebnisses auf dessen Bildschirm zum Beispiel eine Sekunde (Antwortzeit) und verschlechtert sich diese aufgrund schlechter Charakteristika der Leitung (etwa Latenzzeit), so ist davon die Arbeitsleistung des Nutzers unmittelbar beeinträchtigt. Allerdings hängt die Antwortzeit naturgemäß auch sehr stark von der verwendeten Software/Hardware ab, sodass hier die Leistungsabgrenzung bzw. Zuordnung der Verantwortlichkeiten sehr schwer ist, wenn die Leistungen von unterschiedlichen Anbietern bezogen werden. Wegen dieser Problematik finden sich in den üblichen Datennetzverträgen in der Regel keine Bestimmungen hinsichtlich der Antwortzeit.

46 Ob die vorstehenden Service Level dann mit Konsequenzen verbunden werden (**etwa Pönalen, pauschalierten Schadensersatz oder Minderungen**),[44] ist der Praxis zunächst einmal davon abhängig, ob es sich um ein AGB-Produkt oder um einen individuell verhandelten Vertrag handelt. Bei AGB-Produkten neigen die Anbieter dazu, nichts zu verschenken, was manchmal zu dem (etwas albernen) Ergebnis führt, dass Gutschriften erteilt werden, die in der Höhe der guten alten Minderung des Mietrechts (und damit bereits dem gesetzlichen Anspruch des Kunden) entsprechen. Bei Individualverträgen können die Pönalen aber durchaus, je nach Bedeutung des Datennetzes, nennenswerte Höhe erreichen.

47 **b) Service Level bei VPN.** Bei den VPN-Verträgen ist weniger die Qualität des Datentransportes als vielmehr die eigentliche Fehlerbeseitigung relevant, insbesondere wenn die Router bzw. die dort installierte Software fehlerhaft ist. Hier sind dann mehr Regelungen zum Störungsmanagement (also insbesondere zu Reaktions- und Wiederherstellungs-Fristen) wichtig.[45] Auch hier kann bei der Vertragsgestaltung ein Blick auf Rechenzentrums- oder Outsourcing-Verträge helfen.

Die Telekom unterscheidet etwa im Bereich VPN Business[46] bei der einfachsten Servicestufe folgende Reaktionszeiten und Entstörfristen:

„c) Reaktionszeit

Die Telekom teilt auf Wunsch des Kunden während der unter Buchstabe b) genannten Servicebereitschaft ein erstes qualifiziertes Zwischenergebnis (Vorprüfungsergebnis, eingeleitete Maßnahmen und voraussichtliche Störungsdauer) mit, wenn eine Rückrufnummer angegeben wurde. Diese Mitteilung erfolgt innerhalb von einer Stunde (Reaktionszeit) ab der Störungsmeldung. Zeiten außerhalb der Servicebereitschaft werden auf die Reaktionszeit nicht angerechnet. Die Reaktion kann auch durch Antritt des Servicetechnikers vor Ort beim Kunden erfolgen.

f) Entstörfrist

Bei Störungsmeldungen, die werktags (Montag bis Samstag) zwischen 8.00 und 20.00 Uhr eingehen, beseitigt die Telekom die Störung innerhalb von 24 Stunden nach Erhalt der Störungsmeldung des Kunden, es sei denn, die Leistungserbringung ist aus von dem Kunden zu vertretenden Gründen nicht möglich. Bei Störungsmeldungen, die außerhalb der Servicebereitschaftszeit (montags bis samstags in der Zeit von 20.00 bis 8.00 Uhr, sonntags oder feiertags) eingehen, beginnt die 24-stündige Entstörfrist

---

[44] Dazu auch *Schuster* CR 2009, 205 ff.
[45] S. dazu im Übrigen *Schumacher* CR 2006, 232 f.
[46] Stand 1.9.2012.

mit Beginn der darauf folgenden Servicebereitschaft. Fällt das Ende der Entstörungsfrist auf einen Sonntag oder auf einen gesetzlichen Feiertag, so wird die Entstörungsfrist pro Sonn- oder Feiertag um 24 Stunden ausgesetzt. Die Entstörungsfrist ist eingehalten, wenn innerhalb der 24 Stunden die Funktionalität wiederhergestellt ist oder dem Kunden ein adäquater Ersatz zur Verfügung gestellt wurde."

Unterstellt man wie hier Werkvertragsrecht bei solchen VPN-Leistungen, so stellt sich mit Blick auf das AGB-Recht die Frage, ob derartige Fristen für die Nachbesserung bzw. Fehlerbeseitigung angemessen und zumutbar sind. Da die nächste Serviceklasse der Telekom in der genannten Leistungsbeschreibung bereits eine Störungsbeseitigung innerhalb von acht Stunden vorsieht, dürfte die Dauer daher nicht objektiv so lang sein, sondern eine Frage des Preises und damit subjektiv. Ob dies entsprechende Unterschiede bei der Dauer der Fehlerbeseitigung in AGB rechtfertigt, ist zumindest zweifelhaft.

c) Vertragsgestaltung allgemein bezüglich Service Level. Bei der Vertragsgestaltung ist ansonsten noch zu berücksichtigen, dass bestimmte Regelungen zu Service Level wie Verfügbarkeit ggf. keine Gewährleistungsregeln, sondern eine Leistungsbeschreibung darstellen oder sich möglicherweise Interdependenzen zwischen diesen Vertragsbereichen ergeben.[47] Ansonsten kann auch hier auf die allgemeine IT-Literatur, insbesondere für die Aspekte Vertragsstrafe oder pauschalierter Schadensersatz,[48] Monitoring und Berichtspflichten verwiesen werden.[49] Diesbezüglich ergeben sich bei den Datennetzverträgen in der Praxis keine wesentlichen Unterschiede. 48

Besondere Vereinbarungen hinsichtlich des Reporting des Anbieters bezüglich der Service Level sind auch nicht üblich. Dies mag zum einen daran liegen, dass die Qualität von solchen Datenverbindungen relativ einfach durch Ping-Tests u. ä. überprüft werden kann. Mess-PCs oder andere Messverfahren sind eher in Verbindung mit Rechenzentrumsverträgen zu finden. 49

Bezüglich sonstiger Größen der Gewährleistung bzw. der Mängelbeseitigung wie Störungsmeldungen, Support, Reaktions- und Beseitigungszeiten und Pönalen/pauschalierter Schadensersatz/Minderungen (auch Service Credits genannt) ergeben sich bei diesen Verträgen keine Besonderheiten. Das gilt auch für Aspekte wie Monitoring und sonstige Regelungen zum Service (Service Manager, Service Meetings etc). Bei Bedarf kann hier auf einschlägige Literatur zu Rechenzentrums- bzw. Outsourcing-Verträgen zurückgegriffen werden. Für die Leistung IntraSelect im Rahmen eines TDN-Vertrages[50] bietet die Telekom in ihren AGB etwa folgende Erstattungsregelungen beim Nichteinhalten der zugesagten Verfügbarkeiten: 50

Die folgende Tabelle zeigt die Erstattungsregelung für IntraSelect Remote Connect Office Connect und customer based Gateways. Es erfolgt eine Erstattung von x% des monatlichen Service-Preises, wenn die Summe aller Serviceausfallzeiten pro Service Point und Kalendermonat die in der Tabelle dargestellte Serviceausfallzeit überschreitet.

Bronze	Erstattung (in % des Service- Preises)
42 min	5%
8 h	10%
16 h	20%
24 h	30%
32 h	40%
40 h	50%
48 h	100%

---

[47] Dazu bereits Conrad/Grützmacher/*Schuster* § 52 Rn. 28; zur Problematik auch *Hartung/Stiemerling* CR 2011, 618; *Schuster* CR 2009, 206 ff.; s. dazu beispielsweise auch die Entscheidung des BGH zur klauselmäßigen Zugangsbeschränkung beim Online-Banking, Urt. v. 12.12.2000 – XI ZR 138/00, CR 2001, 181 mAnm *Stogmüller*.
[48] Zu Vertragsstrafe, Vergütungsminderung, pauschaliertem Schadensersatz und Kündigungsregelungen bei IT-Verträgen *Schuster* CR 2009, 207 ff.
[49] Zur Rechtsnatur von Service-Levels bei IT-Verträgen *Schuster* CR 2009, 205 ff. mit vielen weiteren Nachweisen; allgemein zu SLA Bräutigam/*Mahr*, IT-Outsourcing, S. 809 ff.; *Beyer* ITRB 2005, 287 ff.; *Hartung/Stiemerling* CR 2011, 617 ff.
[50] Stand 13.2.2012.

Da sich bei diesen Verträgen nach hier vertretener Auffassung um mietvertragliche Vereinbarungen handelt und die vorstehenden Erstattungen höher sind als eine sich rechnerisch ergebende Minderung bei Nichtverfügbarkeit der Mietsache, spricht auf den ersten Blick nichts für eine Unvereinbarkeit mit dem AGB-Recht. Etwas anderes dürfte wohl nur gelten, wenn die Begrenzung auf 100 Prozent auch für den Fall gelten soll, dass die Leitung länger als 100 Prozent der Dauer der Referenzzeit (also zB für mehr als einen Monat im Falle der monatlichen Betrachtung) ausfällt.

6. Organisation der Zusammenarbeit

51 Der Organisation der Zusammenarbeit kommt bei Datennetzverträgen keine besondere Bedeutung zu, weil das Produkt nicht so komplex ist wie etwa bei einem Softwareprojekt. Daher sind Regelungen zu Projektmanagement oder auch zur Servicequalität eher Nebensache. Allenfalls bei größeren internationalen Unternehmensnetzwerken ist dies gebräuchlich, dann kann aber auf entsprechende Regelungen aus dem Bereich Software/Outsourcing zugegriffen werden.

7. Mitwirkung des Kunden

52 Auch die Mitwirkungspflichten des Kunden spielen in der Praxis keine hervorgehobene Rolle. Sind etwa für die Leistungen Geräte des Anbieters (Router) aufzustellen, so können sich Mitwirkungspflichten des Kunden etwa dahingehend ergeben, dass diese Aufstellungsorte entsprechend geeignet (trocken, gegen Diebstahl gesichert, mit Stromversorgung usw.) sind und der Kunde diese Aufstellungsorte kostenfrei zur Verfügung stellt. Darüber hinaus finden sich teilweise auch Regelungen hinsichtlich der Pflicht des Kunden, die bezogenen Leistungen bzw. die Infrastruktur nicht missbräuchlich zu nutzen (wie häufig im Bereich Internet-Zugang uÄ).

8. Rechtseinräumung

53 Teilweise findet sich in AGB zu VPN-Verträgen die Regelung, dass der Anbieter dem Kunden an der benutzten Software ein entsprechendes Nutzungsrecht an den Betriebssystemen einräumt. Besondere Bedeutung kommt diesem Aspekt aber nicht zu.

9. Change Management

54 Ein Change Management im klassischen IT-Sinn ist in diesem Datennetzverträgen ebenfalls nicht üblich. Häufig gibt es aber bei Individual-Verträgen Regelungen dahingehend, dass der Kunde – naturgemäß im Falle einer Mindestlaufzeit – innerhalb eines bestimmten Zeitraums Leistungen „abkündigen" kann, zum Beispiel den Anschluss von Niederlassungen, die der Kunde schließt. Im Regelfall wird das dann in Relation zum Gesamtumsatz gemacht, dass also der Kunde pro Kalenderjahr X Prozent an Leistungen im Wert vom Y % Umsatz abbestellen kann.

10. Schadensersatz

55 Bei der Haftung[51] ist bei Datennetzverträgen folgendes zu bedenken: Anbieter von Telekommunikationsleistungen versuchen regelmäßig, ihre Haftung für „indirekte Schäden", „Vermögensschäden", „Folgeschäden" oder „mittelbare Schäden" auszuschließen.[52] Ein solcher Haftungsausschluss ist wegen des in aller Regel anwendbaren AGB-Rechts allerdings nur in Individualklauseln und nicht den AGB möglich.[53] Soweit derartige Regelungen verhandelt werden, ist zu berücksichtigen, dass die bei Telekommunikationsleistungen (und damit auch bei den hier diskutierten Verträgen) entstehenden Schäden in der Regel genau solche „indirekten" Schäden sind, weil Sach- und Personenschäden die absolute Ausnahme darstellen (schön zu illustrieren an dem Beispiel des in der juristischen Ausbildung berüch-

---

[51] Zu dem Thema Haftung, Aufwendungsersatz und Rückabwicklung bei IT-Verträgen *Schuster* CR 2011, 215 ff. mwN.
[52] Zur Problematik dieser unscharfen Begriffe *Schuster* CR 2011, 217 f.
[53] So zutreffend *Schumacher* CR 2006, 232.

tigten Baggerfalls: für den Eigentümer eines von einem Bagger beschädigten Kabels stellt sich der Schaden am Kabel als Sachschaden dar, für den Kunden einer auf diesem Kabel geschalteten Standleitung wäre ein entgangener Gewinn dann aber ein solcher „mittelbarer Schaden").[54]

In diesem Zusammenhang findet sich auch regelmäßig der Versuch der Anbieter, die **Haftungsprivilegierung** nach § 44a TKG einzubeziehen. Nach dieser Bestimmung ist die Haftung im Falle von öffentlich zugänglichen Telekommunikationsdiensten bei Ersatz eines Vermögensschadens gegenüber einem Endbenutzer im Falle von Fahrlässigkeit auf höchstens 12.500 EUR beschränkt. Es ist aber sehr zweifelhaft, ob diese Bestimmung bei Datennetzverträgen für Unternehmen anwendbar ist: zwar mag ein Geschäftskunde noch Endbenutzer nach § 3 Ziff. 8 TKG sein und ggf. könnte man Datennetz-Leistungen auch als öffentlich zugänglichen Telekommunikationsdienst im Sinne dieser Vorschrift verstehen – das ist aber schon sehr zweifelhaft –, aber die Vorschrift passt bei Datennetzverträgen mit Geschäftskunden nicht wirklich: Sie stellt eine Privilegierung dar, die dem AGB-Recht fremd ist und ihre Grundlage im Telefon-Massengeschäft findet. Von diesem Telefonie-Geschäft für eine Vielzahl von Endkunden unterscheiden sich die hier erörterten Verträge jedoch grundsätzlich, so dass eine derartige Beschränkung oder auch ein Verweis auf diese Norm zumindest bei Individualverträgen in der Praxis zumindest sehr ungewöhnlich ist.

11. Datenschutz

Ob mit Blick auf § 11 Abs. 5 BDSG möglicherweise eine Vereinbarung über Auftragsdatenverarbeitung zwischen den Parteien eines Datennetzvertrages erforderlich ist, hängt naturgemäß zum einen von der vertraglichen Leistung, zum anderen aber namentlich von den Funktionen der verwendeten Hardware ab. Im Regelfall wird der Anbieter technisch keinen Zugriff auf personenbezogene Daten haben, weil die einzelnen Datenpakete entweder ohnehin verschlüsselt oder aber getrennt übermittelt werden und damit keinen Rückschluss auf zusammenhängende personenbezogene Daten erlauben. Etwas anderes könnte dann der Fall sein, wenn über das Netz übertragene Daten auf der Hardware des Anbieters unverschlüsselt und für den Anbieter einsehbar als zusammenhängende Dateien abgelegt bzw. abgespeichert werden. Bei E-Mails etwa geschieht auf den Systemen regelmäßig eine Zwischenspeicherung vor der Zustellung an den Empfänger. Ob in solchen Konstellationen ein Fall von § 11 Abs. 5 BDSG vorliegt, kann an der vorliegenden Stelle nicht vertieft erörtert werden, aus praktischer Sicht ist der Abschluss solcher Vereinbarungen bei Datennetzverträgen jedenfalls nicht üblich.

12. Vertragslaufzeit und Beendigung

Auch bei der Vertragslaufzeit finden sich keine Besonderheiten etwa gegenüber Outsourcing-Verträgen. Einzige Ausnahme ist die bereits oben (→ Rn. 54) angesprochene Möglichkeit des Kunden im Rahmen von Individualverträgen bestimmte Teilleistungen auch unabhängig von einer Mindestlaufzeit flexibel zu kündigen.

13. Schlussbestimmungen, Exit

Auch hinsichtlich der Schlussbestimmungen finden sich in den Datennetzverträgen grundsätzlich keine Besonderheiten mit vielleicht der Ausnahme, dass bei größeren Unternehmensnetzen eine Exit-Unterstützung analog zu Outsourcing-Verträgen sinnvoll ist. Dies betrifft zum einen den Schwenk der Leitungen zum neuen Anbieter, zum anderen aber auch den Fall, dass der alte Anbieter möglicherweise seine Leistungen noch einen gewissen Zeitraum nach Ablauf des gekündigten Vertrages weiter anbieten muss, weil der Kunde noch keinen Vertrag mit einem neuen Anbieter geschlossen hat. Hier kann auf die Literatur zu den Outsourcing-Verträgen zurückgegriffen werden.

---

[54] Dazu bereits Conrad/Grützmacher/*Schuster* § 52 Rn. 29.

Teil F. Datenschutz, Sicherheit und Insolvenz, Compliance und Sicherheitsrecht

§ 33 Compliance, IT-Sicherheit, Ordnungsmäßigkeit der Datenverarbeitung

Übersicht[1]

	Rn.
I. Einleitung *(Conrad)*	1–15
1. Entwicklungen und aktuelle Bedrohungen	1–7
2. Überblick über das IT-Sicherheitsrecht	8–15
II. Risikomanagement, Haftung der Geschäftsleitung, Compliance *(Conrad)*	16–170
1. Begriffsbestimmung und Stand der Diskussion zum Spannungsfeld	16–28
a) Risikomanagement	17–20
b) Abgrenzung zur Compliance	21/22
c) Spannungsfeld zum Persönlichkeits- und Datenschutz	23–26
d) Leitungsorganisation und Matrix	27/28
2. IKS, Compliance-Pflicht und Risikomanagementsystem	29–63
a) §§ 91, 93 AktG (Früherkennungssystem und Sorgfaltspflichten) und Compliance-Management-System	29–44
b) Abgrenzung zum Risikomanagementsystem im Sinne von § 107 Abs. 3 AktG	45–50
c) Verschärfte gesetzliche Vorgaben und neuere Entwicklungen	51–62
d) Spezialgesetzliche Pflichten zur Einrichtung von Risikomanagementsystemen	63
3. Haftung der Geschäftsleitung	64–82
a) Ressortverantwortlichkeit des IT-Vorstands	64/65
b) Haftung von GmbH-Geschäftsführern (beispielhaft)	66–70
c) Haftung im Konzern	71–80
d) Schadenspositionen/Schadensrisiko	81/82
4. Matrix-Strukturen in Konzernen	83–100
a) Fachliche und disziplinarische Weisungsrechte	83–85
b) Typische Risikopotentiale von Matrix-Strukturen	86–92
c) Haftung der Geschäftsleitung in der „Sandwich"-Position	93/94
d) Organisationsverschulden	95/96
e) Steuer- und handelsrechtliche Buchhaltungs-/Buchführungspflichten, Archivierung, Datenschutzpflichten	97–100
5. Compliance-Pflichten des Vorstands im Konzern	101–135
a) Gesetzliche Compliance-Tatbestände	101–118
b) OECD-Grundsätze zur Corporate Governance	119–127
c) Deutscher Corporate Governance Kodex (DCGK)	128–135
6. Verantwortlichkeit von betrieblichen Beauftragten (Compliance Officer, betrieblicher Datenschutzbeauftragter, Rechtsabteilungs- und Revisionsleiter u. ä.)	136–155
a) Urteil des BGH v. 17.7.2009 und Aufgabengebiet des Compliance Officers	136–139
b) Dokumentationspflichten	140/141
c) Delegation von Compliance-Pflichten, Compliance-Verpflichtungserklärungen	142–144
d) Abgeleitete (Überwacher-)Garantenstellung bei betrieblichen Datenschutzbeauftragten u. ä. gesetzlichen Beauftragten	145–148
e) Mindestens bedingter Vorsatz	149/150
f) Aufklärungs- und Informationspflichten	151–155
7. Risikobewertungskriterien bei unternehmenskritischen Anwendungen	156–170
a) Allgemeines	156–163
b) IT-Risikomanagement-Standards und -bewertungskriterien	164–170

---

[1] Mitautor dieses Kapitels in der 1. Auflage: Rechtsanwalt *Dr. Jyn Schultze-Melling*.

	Rn.
III. Weitere gesetzliche und vertragliche Grundlagen der IT-Sicherheit *(Conrad)* ..	171–256
1. Technische und organisatorische Maßnahmen nach § 9 BDSG und Anlage zu § 9 BDSG	172–214
a) Die Grundregel des § 9 BDSG	172–178
b) Die konkreten Vorgaben der Anlage des § 9 BDSG	179–193
c) Überprüfung der Ordnungsmäßigkeit	194–198
d) Umsetzung Anlage zu § 9 BDSG in der Praxis	199–202
e) Technische und organisatorische Sicherheitsmaßnahmen bei Auftragsdatenverarbeitung	203–210
f) Technische und organisatorische Sicherheitsmaßnahmen bei internationaler Auftragsdatenverarbeitung (anwendbares Recht)	211–214
2. Datensicherheitsvorschriften in TMG und TKG	215–/216
3. Privacy by Design / Privacy by Default	217–220
4. Zugangskontrolldiensteschutz-Gesetz (ZKDSG)	221/222
5. Insiderverzeichnisse unter § 15b WpHG	223
6. IT-Sicherheit als Konsequenz der Vermeidung strafrechtlicher Haftung	224–228
a) § 106 UrhG (Unerlaubte Verwertung urheberrechtlich geschützter Werke)	225/226
b) § 27 JuSchG (jugendgefährdende Medien)	227/228
7. Öffentlich-rechtliche Regelungen zur IT-Sicherheit	229–240
a) § 9 Bundesdatenschutzgesetz und vergleichbare Regelungen der Landesdatenschutzgesetze	230/231
b) Sonstige öffentlich-rechtliche Datenschutzbestimmungen mit Bezug auf IT-Sicherheit	232
c) BSI-Gesetz	233
d) Nationaler Plan zum Schutz der Informationsinfrastrukturen (NPSI) ..	234
e) IT-Sicherheitsgesetz	235–240
8. Orientierungshilfen der Datenschutzbehörden	241–253
a) Bayerisches Landesamt für Datenschutzaufsicht (BayLDA)	242
b) Bundesamt für Informationssicherheit in der Informationstechnologie (BSI) Grundschutzbaustein B1.5 (BSI-Grundschutz)	243–247
c) Bundesamt für Informationssicherheit in der Informationstechnologie (BSI) Eckpunktepapier: Sicherheitsempfehlungen für Cloud Computing Anbieter – Mindestanforderungen in der Informationssicherheit (BSI-Empfehlungen)	248
d) Düsseldorfer Kreis bzw. Arbeitskreise der Konferenz der Datenschutzbeauftragten des Bundes und der Länder (AK Technik)	249–253
9. Vertragliche Verpflichtungen zur Etablierung von IT-Sicherheit	254–256
IV. Beispiele ausländischer und internationaler Anforderungen an IT-Compliance und IT-Security *(Huppertz)*	257–301
1. Sarbanes-Oxley Act	258–281
a) Anwendungsbereich	259/260
b) Sec. 404 und 302 SOA – Internes Kontrollsystem zur Sicherstellung einer effektiven Finanzberichterstattung	261–266
c) Recognized Internal Control Framework und Auswirkungen auf IT-Verträge	267–271
d) Verhältnis KonTraG zu SOA	272/273
e) Friktionen zwischen SOA-Compliance (va Whistleblowing) und europäischem Datenschutzrecht	274–281
2. Weitere US-Regelungen zu IT Security	282
3. Basel II und III	283–291
4. MiFID/KWG	292/293
5. Solvency II	294/295
6. Auswirkungen auf den IT-Bereich und auf IT-Verträge	296–301
V. Anerkannte Standards, Best practices, ISO- und DIN-Normen *(Conrad)*	302–316
1. DIN-Normen	302
2. Standards und Best Practices im Überblick	303–316
a) IT-Grundschutz-Kataloge des BSI	304/305
b) ISO/IEC 27001	306–308
c) ISO/IEC 27018 für Cloud Computing	309–311
d) Commom Criteria (CC)	312–314
e) IT Infrastructure Library (ITIL)	315/316

	Rn.
VI. Ordnungsmäßigkeit der Datenverarbeitung, IT-Compliance-Anforderungen insbesondere an den betrieblichen E-Mail-Einsatz *(Conrad)*	317–356
1. IT-Compliance-Anforderungen an betriebliche E-Mails	317–319
2. Archivierungspflichten, insb. Anforderungen aus GoBD	320–332
a) Reichweite der Aufbewahrungspflichten	321/322
b) Revisionssichere Aufbewahrung	323–332
3. Schnittstelle zum technischen Datenschutzrecht	333–335
4. Direktmarketing, Spam, Spamfilter	336–339
5. Löschpflichten, Löschkonzepte	340–356
a) Differenzierung nach Art des Datenträgers	341/342
b) Datenschutzrechtlicher Löschanspruch, Löschgebot und Löschverbot	343–353
c) Auftragsdatenverarbeitung gem. § 11 BDSG	354/355
d) Tätigkeitsberichte der Datenschutzbehörden zu Datenlöschung/ Entsorgung (nicht-öffentlicher Bereich)	356
VII. Spezielle Techniken, spezielle Gefährdungen, Einzelfragen *(Conrad)*	357–384
1. Authentifizierungssysteme	357–366
a) Funktionsweise und Abgrenzung zu Identifizierungssystemen	357/358
b) Zweckbindung und Datenübermittlung bei Authentifizierungssystemen	359–361
c) Datensicherheitsrechtliche Fragen	362–364
d) Nutzungsprofile bei Authentifizierungssystemen	365/366
2. RFID, Big Data, Internet der Dinge, Industrie 4.0	367–379
3. Anwendung sonstiger Vorschriften aus dem Bereich der Produkthaftung und -sicherheit	380–384

Schrifttum: Grundlegend: *Bartels,* Bezugspunkte des IT-Sicherheitsgesetzes, ITRB 2015, 92; *Barton,* Risiko-Management und IT-Sicherheit, Der europäische Gesetzgeber will die Überwachung des Internetarbeitsplatzes weitgehend einschränken, K&R 2004, 305; *ders.,* Der Compliance-Officer im Minenfeld des Strafrechts – Folgewirkungen des Urteils des BGH vom 17.7.2009 – 5 StR 394/08 – auch für den Datenschutzbeauftragten?, RDV 2010, 16; *Beck,* Aufbau eines neuronalen Netzes zur Schwachstellenaggregation, DuD 2014, 752; *Behrendt/Kaufmann,* Whistle-Blowing-Hotlines aus arbeits- und datenschutzrechtlicher Sicht – Lösungswege im Unternehmen, CR 2006, 642; *Bierekoven,* Aufbewahrungspflichten und Compliance bei elektronischen Dokumenten, ITRB 2008, 141; *Böhme,* Die Aufbewahrungspflicht von E-Mails, K&R 2006, 176; *Bongers/Krupna,* Haftungsrisiken des internen Datenschutzbeauftragten. Zivilrechtliche Haftung, Bußgelder, Strafen, ZD 2013, 594; *Büllingen,* Die Umsetzungslücke: Warum IT-Sicherheit im Mittelstand ein zentrales Thema bleibt. Ergebnisse einer empirischen Erhebung, DuD 2013, 173; *Brauckmann,* Zukunft der WEB-PKI? Wege aus der Vertrauenskrise, DuD 2014, 452; *Bräutigam/Klindt,* Industrie 4.0, das Internet der Dinge und das Recht, NJW 2015, 1137; *Bräutigam/Wilmer,* Big brother is watching you? – Meldepflichten im geplanten IT-Sicherheitsgesetz, ZRP 2015, 38; *Conrad/Hausen,* Datenschutzrechtliche Löschung personenbezogener Daten, ITRB 2011, 35; *Drexler/Hoffmann,* Krypto-Angriffe über Seitenkanäle, DuD 2014, 734; *Eckhardt,* Rechtliche Grundlagen der IT Sicherheit, DuD 2008, 330, *ders., Das sollten Sie zum IT-SiG wissen,* Datensicherheit 2.0 2015, 3; *ders.,* IT-SiG – Was regelt das IT-Sicherheitsgesetz?, Datenschutzpraxis 2014, 17; *ders.,* Der Referentenentwurf zum IT-Sicherheitsgesetz – Schutz der digitalen Zukunft? – Eine Bestandsaufnahme, ZD 2014, 599; *ders.,* Die Neuregelung der Telekommunikationsüberwachung und anderer verdeckter Ermittlungsverfahren, CR 2007, 339; *Ernst/Schmittmann,* Kaufmännische Aufbewahrungspflichten im Computerzeitalter, RDV 2006, 189; *Esslinger,* Sichere E-Mail mit S/MIME. Eine Anleitung aus Anwenderperspektive, DuD 2014, 305; *Feik/von Lewinski,* Der Markt für Datenschutz-Zertifizierungen. Eine Übersicht, ZD 2014, 59; *Fibíková/Müller,* Entwicklung einer Informationssicherheitsstrategie im Rahmen von ISO 27002, DuD 2013, 7; *Fiedler/Thiel,* Certificate Transparency. Google baut neuen Vertrauensraum für SSL-PKI auf, DuD 2014, 679; *Fox,* Social Engineering im Online-Banking und E-Commerce, DuD 2014, 523; *Freund,* IT-Sicherheitsgesetz. Zum neuen Entwurf eines Gesetzes gegen Cyberattacken, ITRB 2014, 256; *ders.,* VoIP-Sicherheit – oder: Wie ein blinder Passagier in die Leitung kommt, DuD 2014, 523; *Gaycken/Karger,* Entnetzung statt Vernetzung. Paradigmenwechsel bei der IT-Sicherheit, MMR 2011, 3; *Gliss,* IT-Sicherheitsgesetz – Kabinettsentwurf beschlossen, Datenschutzberater 2015, 15; *González Robles/Pohlmann,* Sichere mobile Identifizierung und Authentisierung. Das Roaming in der e-Mobility am Beispiel von Ladesäulen, DuD 2014, 684; *Hallermann,* Vorabkontrollen nach dem BDSG: Handlungsempfehlungen für die praktische Umsetzung, RDV 2015, 23; *Härting,* IT-Sicherheit in der Anwaltskanzlei, NJW 2005, 1248; *Hauschka,* Compliance – Stand der Diskussion, Anwaltsblatt 2010, 629; *ders., Corporate Compliance,* 2. Auflage 2010; *Heckmann,* Rechtspflichten zur Gewährleistung von IT-Sicherheit im Unternehmen, Maßstäbe für ein IT-Sicherheitsrecht, MMR 2006, 280; *ders.,* Rechtliche Grenzen (Quasi-)verbindlicher Technologievorgaben, CR 2006, 1; *Heider,* Die Gretchenfrage: Wie halten Sie's mit der App-Sicherheit? Herausforderungen und Strategien für den Umgang mit Apps im Arbeitsumfeld, DuD 2014, 15; *Heinemann,* Stichprobenpflicht bei automatisierten Datenabrufen. Prüfung und Glaubhaftmachung des berechtigten Interesses, ZD 2014, 291; *Heinickel/Feiler,* Der Entwurf für ein IT-Sicherheitsgesetz – europarechtlicher Kontext und die (eigentlichen) Bedürfnisse der Praxis, CR 2014, 708;

Heinrich, Penetrationstester als Unterstützung der internen Revision, DuD 2014, 519; *Hornung/Hartl,* Datenschutz durch Marktanreize – auch in Europa? Stand der Diskussion zu Datenschutzzertifizierung und Datenschutzaudit, ZD 2014, 219; *Hoeren,* Das Telemediengesetz, NJW 2007, 801; *Hof,* Practical Limitations of Technical Privacy Protection. On the Current State of IT Security Mechanisms Used for Privacy Protection in the Field, DuD 2014, 601; *Hoeren/Ernstschneider,* Das neue Geräte- und Produktsicherheitsgesetz und seine Anwendung auf die IT-Branche, MMR 2004, 507; *Holleben/Menz,* IT-Risikomanagement in Unternehmen, CR 2010, 63; *Hundsdoerfer/Siegmund,* ELSTER: Vorteile, Nachteile und IT-Sicherheitsrisiken der elektronischen Einkommensteuererklärung, DB 2003, 2460; *Illek,* Wirtschaftsprüfer sind ideale Multiplikatoren für IT-Sicherheit, WPg 2013, 596; *Jaeger,* Die Zukunft der Kryptographie. Über Quantencomputer und den Einsatz von Kryptographie in der Praxis, DuD 2014, 445; *Jaeger/Lenzer/Schneider/Wißner,* Begutachtung und rechtliche Bewertung von EDV-Mängeln, Augsburg 2003, S. 161 ff.; *Janssen/Barton,* Risikomanagement und IT-Sicherheit, NIP 2004, 29; *Jendrian,* Der Standard ISO/IEC 27001:2013, DuD 2014, 552; *Jendrian/Schäfer,* Sicher Surfen mit Firefox. Selbstschutz durch Browser-Konfiguration, DuD 2014, 295; *ders.,* Sicheres Instant Messaging. Alternativen zu WhatsApp und iMessage, DuD 2014, 301; *Kieselmann/Koal/Wacker,* „Löschen" im Internet. Ein neuer Ansatz für die technische Unterstützung des Rechts auf Löschen, DUD 2015, 31; *Kiometzis,* E-Mail made in germany. Wie man E-Mail wirklich sicher machen könnte, DuD 2014, 709; *Klindt,* Das neue Geräte- und Produktsicherheitsgesetz, NJW 2004, 465; *Kloos/Wagner,* Vom Eigentum zur Verfügbarkeit, CR 2002, 865; *Koch,* Rechtliche und ethische Verschlüsselungspflichten? Am Beispiel der Rechtsanwaltschaft, DuD 2014, 691; *ders.,* Versicherbarkeit von IT-Risiken in Sach-, Vertrauensschaden- und Haftpflichtversicherung, Berlin 2005; *ders.,* Versicherbarkeit von IT-Risiken aus Erstellung und Vertrieb von Software, in: Schneider/von Westphalen (Hrsg.), Softwareerstellungsverträge, 2006, S. 1092 ff. (Kap. M); *ders.,* Vertraulichkeit für den Auskunftsdienst im Internet? Überlegungen zur Verschlüsselung und anderen Ergänzungen zum Domain Name System (DNS), DuD 2014, 458; *Krüger,* Beteiligung durch Unterlassen an fremden Straftaten, ZIS 1/2011, 1; *Leisterer/Schneider,* Der überarbeitete Entwurf für ein IT-Sicherheitsgesetz – Überblick und Problemfelder, CR 2014, 574; *Liesching,* Anforderungen an Altersverifikationsunternehmen, K&R 2006, 394; *Marschall,* Datenpannen – „neue" Meldepflicht nach der europäischen DS-GVO?, DuD 2015, 183; *ders.,* Wann drohen schwerwiegende Beeinträchtigungen im Rahmen von § 42a BDSG? Mehr Rechtssicherheit durch mehr Information?, RDV 2015, 17; *Meister/Summerer,* Mobile ID, DuD 2014, 666; *Merkt,* Überprüfung des Compliance-Management-Systems zwischen Wirtschaftsprüfern und Juristen (Teil 1), DB 2014, 2271; *ders.,* Überprüfung des Compliance-Management-Systems zwischen Wirtschaftsprüfern und Juristen (Teil 2), DB 2014, 2331; *Meyer/Harland,* Haftung für softwarebezogene Fehlfunktionen technischer Geräte am Beispiel von Fahrzeugassistenzsystemen, CR 2007, 689; *Michalke,* Haftung des Compliance Officers, Anwaltsblatt 2010, 666; *Moosmayer,* Compliance Officer, Anwaltsblatt 2010, 634; *Müller, H.,* eJustice – Die Justiz wird digital, JuS 2015, 609; *Nguyen,* Authentification and Identification – Taking the User into Account, DuD 2014, 467; *Oberthür,* Auskunftspflichten des Arbeitnehmers im Rahmen von Compliance-Maßnahmen, ArbRB 2011, 184; *Orthwein/Obst,* Embedded Systems – Updatepflichten für Hersteller hardwarenaher Software, CR 2009, 1; *Pehl/Seuschek,* Herausforderungen der ganzheitlichen Absicherung eingebetteter Systeme, DuD 2014, 757; *Peter,* Verfügbarkeitsvereinbarungen beim ASP-Vertrag, CR 2005, 404; *Peters,* IT-Sicherheitspflege bei Bewerbern um öffentliche Aufträge, CR 2004, 868; *Petersen/Barchnicki/Pohlmann,* Schutz- und Frühwarnsysteme für mobile Anwendungen. Angriffspotentiale, Schutzmechanismen und Forschungsaspekte für Smart Mobile Devices, DuD 2014, 7; *Philipp,* Hardware-Sicherheitsmodule. Vertrauensanker im Hintergrund, DuD 2014, 739; *Pohlmann,* Die Vertrauenswürdigkeit von Software. Eine Analyse und Diskussion über die Beurteilung und den Aufbau von Vertrauenswürdigkeit in Software, DuD 2014, 655; *Preusche,* Compliance durch Anwälte, Anwaltsblatt 2010, 637; *Rath,* IT-Compliance: Wenn Recht und Wirklichkeit aufeinander stoßen, Anwaltsblatt 2010, 660; *Rath/Kuss/Bach,* Das neue IT-Sicherheitsgesetz, K&R 2015, 437; *Roos,* Der neue Entwurf eines IT-Sicherheitsgesetzes Bewegung oder Stillstand?, MMR 2014, 723; *Roth,* Neuer Referentenentwurf zum IT-Sicherheitsgesetz, ZD 2015, 17; *Roth/Schneider,* IT-Sicherheit und Haftung, ITRB 2005, 19; *Rössel Markus/Rössel, Martina,* Filterpflichten des Providers, CR 2005, 809; *Roßnagel/Müller,* Ubiquitous Computing – neue Herausforderungen für den Datenschutz, CR 2004, 625; *Roth,* Neuer Referentenentwurf zum IT-Sicherheitsgesetz, ZD 2015, 17; *Ruhmann,* NSA, IT-Sicherheit und die Folgen. Eine Schadensanalyse, DuD 2014, 40; *Runte/Potinecke,* Software und GPSG. Anwendbarkeit und Auswirkungen des Geräte- und Sicherheitsgesetzes auf Hersteller und Händler von Computerprogrammen, CR 2004, 725; *Sauer,* Der Einsatz von Spamfiltern am Arbeitsplatz, K&R 2008, 399; *Schaar,* Datenschutz bei Web-Services, RDV 2003, 59; *Scherer/Wimmer,* Vertrauensförderung in E-Partizipation. Analyse von Gefahrpotentialen und Sicherheitsanforderungen, DuD 2015, 295; *Schimmel/Hennig,* Kopier- und Manipulationsschutz für eingebettete Systeme, DuD 2014, 742; *Schlotthauer,* Kein Buch mit sieben Siegeln. Wie effizienter Datenschutz in Unternehmen gelingen kann, DuD 2015, 37; *Schmidl,* Aspekte des Rechts der IT-Sicherheit, NJW 2010, 476; *ders.,* Datenschutzrechtliche Anforderungen an innereuropäische Personaldatenübermittlungen in Matrixorganisationen, DuD 2009, 364; *Schmitz/Dierking,* Inhalte- und Störerverantwortlichkeit bei Telekommunikations- und Telemediendiensten – auch im Hinblick auf Privilegierung für fremde Inhalte bzw. Zugangsvermittlung, CR 2005, 420; *Schneider,* Die Beschreibung des Vertragsgegenstandes bei Standardsoftware-Beschaffung, ITRB 2004, 41; *Schreiber,* Penetrationstests planen, DuD 2014, 511; *Schultze-Melling,* IT-Sicherheit in der anwaltlichen Beratung, Rechtliche, praktische und wirtschaftliche Aspekte eines effektiven Information Security-Managements, CR 2005, 73; *Selk/Gierschmann,* Stellungnahme der DGRI zum Entwurf eines Gesetzes zur Erhöhung der Sicherheit informationstechnischer Systeme (IT-Sicherheitsgesetz), CR 2015,

273; *Simitis,* BDSG, 6. Aufl. 2006; *Schulz,* Privacy by Design. Datenschutz durch Technikgestaltung im nationalen und europäischen Kontext, CR 2012, 204; *Schütte,* NFC? Aber sicher. Wie sicher ist das kontaktlose Bezahlen, DuD 2014, 20; *Singh/Ormazábal/Schulzrinne,* Heterogeneous Networking. Security Challenges and Considerations, DuD 2014, 25; *Söbbing,* Backuplizenz vs. Sicherheitskopie, ITRB 2007, 50; *ders.,* Zulässigkeit von sog Hostingklauseln in Lizenzbedingungen, MMR 2007, 479; *Spindler,* Datenschutz- und Persönlichkeitsrechte im Internet. Der Rahmen für Forschungsaufgaben und Reformbedarf, GRUR-Beilage 2014, 101; *ders.,* IT-Sicherheit und Produkthaftung – Sicherheitslücken, Pflichten der Hersteller und der Softwarenutzer, NJW 2004, 3145; *ders.,* Haftung und Verantwortlichkeit im IT-Recht, CR 2005, 741; *ders.,* Authentifizierungssysteme, CR 2003, 535; *ders.,* IT-Sicherheit – Rechtliche Defizite und rechtspolitische Alternativen, MMR 2008, 7; *Staub,* Datenschutzstandard und Datenschutzsiegel. Zertifizierung am Beispiel des DS-BvD-GDD-01, DuD 2014, 159; *Theisen,* Aufstieg und Fall der Idee vom Deutschen Corporate Governance Kodex, DB 2014, 2057; *Toutziaraki,* Ein winziger kleiner Chip, eine riesengroße Herausforderung für den Datenschutz, DuD 2007, 107; *Vassilaki,* Strafrechtliche Anforderungen an Altersverifikationssysteme, K&R 2006, 211; *Völker,* Passwörter sicher verwalten, DuD 2014, 314; *Weise/Brühl,* Auswirkungen eines künftigen IT-Sicherheitsgesetzes auf Betreiber Kritischer Infrastrukturen, CR 2015, 290; *Wiebusch,* Fernadministration in Windows-Netzen. Empfehlungen zur Risikominimierung, DuD 2014, 515; *Werder,* EU-Empfehlung für das Corporate Governance Reporting: Zehn Thesen zur Kodexpublizität, DB 2015, 847; *Werder/Turkali,* Corporate Governance Report 2015: Kodexakzeptanz und Kodexanwendung, DB 2015, 1357; *Wischhöfer,* Koordinierung der IT-Sicherheitsnormung. Initiativen des DIN, DuD 2013, 30; *Wisskirchen/Glaser,* Unternehmensinterne Untersuchungen (Teil I), DB 2011, 1392; (Teil II) DB 2011, 1447; *Wollmert/Oser/Orth,* Reformüberlegungen zum Corporate Governance Framework in Europa, DB 2011, 1432; *Wulf,* Serververträge und Haftung für Serverausfälle, CR 2004, 43; *Wybitul,* Strafbarkeitsrisiken für Compliance-Verantwortliche, BB 2009, 2590; *de Wyl/Weise/Bartsch,* Neue Sicherheitsanforderungen für Netzbetreiber – IT-Sicherheitsgesetz und IT-Sicherheitskatalog, N&R 2015, 23; *Zuck,* Die acht Gebote des Datenschutzes und ihre Umsetzung – ein Beitrag zum Verständnis von § 9 BDSG, in: *Conrad* (Hrsg.), Inseln der Vernunft, 2008, S. 145 ff.

Sarbanes-Oxley Act: *Büssow/Taetzner,* Sarbanes-Oxley Act Section 404: Internes Kontrollsystem zur Sicherstellung einer effektiven Berichterstattung im Steuerbereich von Unternehmen – Pflicht oder Kür?, BB 2005, 2437 ff.; *Duisberg/Ohrtmann,* Basel II und seine Auswirkungen auf die IT-Infrastruktur der Banken, ITRB 2005, 160 ff.; *Fischer/Petri/Steidle,* Outsourcing im Bankbereich – neue aufsichtsrechtliche Anforderungen nach § 25a KWG und MaRisk, WM 2007, 2313 ff.; *Gennen/Schreiner,* Neue Anforderungen für das Outsourcing im Finanzdienstleistungssektor, CR 2007, 757 ff.; *Hanten/Görke,* Outsourcing-Regelungen unter Geltung des § 25a Abs. 2 KWG in der Fassung des FRUG, BKR 2007, 489 ff.; *von Holleben/Menz,* IT-Risikomanagement – Pflichten der Geschäftsleitung, CR 2010, 63 ff.; *Holzborn/Israel,* Die Neustrukturierung des Finanzmarktes durch das Finanzmarktrichtliniengesetz (FRUG), NJW 2008, 791 ff.; *Jordans,* Die Umsetzung der MiFID in Deutschland und die Abschaffung des § 37d WpHG, WM 2007, 1827 ff.; *Kaetzler/Weirauch,* Bankenaufsichtsrechtliche Aspekte von Outsourcingverhältnissen – Neue Anforderungen an die Auslagerungspraxis durch die Neufassung des KWG und der MaRisk, BKR 2008, 265 ff.; *Lensdorf,* IT-Compliance – Maßnahmen zur Reduzierung von Haftungsrisiken mit IT-Verantwortlichen, CR 2007, 413 ff.; *Lensdorf/Steger,* IT-Compliance im Unternehmen, ITRB 2006, 206 ff.; *Nolte/Becker,* IT-Compliance, BB-Spezial Compliance (zu BB 2008, Heft 25), 23 ff.; *Regelin/Fisher,* Zum Stand der Umsetzung des Sarbanes-Oxley Act aus deutscher Sicht, IStR 2003, 276 ff.; *Schäfer,* SOX zum Wohle der IT, InformationsWeek, 11/12, 13. Juli 2006, 10 ff.; *Schürrle/Fleck,* „Whistleblowing Unlimited" – Der U.S. Dodd-Frank Act und die neuen Regeln der SEC zum Whistleblowing, CCZ 2011, 218 ff.; s. allgemein zu IT-Compliance, *Steger,* Rechtliche Verpflichtungen zur Notfallplanung, CR 2007, 137 ff.

I. Einleitung

1. Entwicklungen und aktuelle Bedrohungen

Bis etwa 2005 waren vor allem Bedrohungen von außen, wie zB Malware (ua Viren, Würmer, Trojaner), Spam, Phishing und gezielte Hackerangriffe auf IT-Systeme von Unternehmen und Regierungen regelmäßige Themen in der Presse.[2] Seitdem rücken zunehmend auch die Gefahren, die Unternehmen von „innen" drohen, in den Fokus der Aufmerksamkeit. Nach einer Studie haben 59 % der Mitarbeiter, die 2008 ihren Arbeitsplatz verloren haben, vertrauliche Daten mitgenommen.[3] Dieses Risiko wird in vielen Unternehmen unterschätzt. Schnell ist die Kundendatenbank auf einen USB-Stick kopiert oder per Webmail ans

---

[2] Siehe zB zu Malware beispielhaft Meldung unter www.sophos.de/pressoffice/news/articles/2005/08/va_breakingnews.html. Zu Gefahrenpotential und Gegenmaßnahmen bei einzelnen Angriffsarten siehe im Einzelnen *Spindler,* Verantwortlichkeit von IT-Herstellern, Nutzern und Intermediären, Studie im Auftrag des BSI, 2007, abrufbar unter www.bsi.bund.de/cae/serblet/contentwlds/486890/publicationFile/30962/Gutachten_pdf. Zu der strafrechtlichen Bewertung → § 43 Strafrecht im Bereich der Informationstechnologien.

[3] Vgl. Ponemon Institute, Data Loss During Downsizing – As Employees Exit, so does Corporate Data, Februar 2009.

eigene Postfach versandt. Auch Global Sourcing-Strategien, Outsourcing in Drittländern und Joint-Ventures mit anderen Unternehmen bergen Risiken für die Datensicherheit. Die Schäden, die der Wirtschaft Jahr für Jahr durch Mängel in der IT-Sicherheit entstehen, schwanken zwar in ihrer Höhe stark, sind aber stets gewaltig.[4]

2   Die meisten Verantwortlichen sind sich bewusst, dass nicht nur die IT-Infrastrukturen die Achillesverse moderner Unternehmen darstellen, sondern auch die zum Großteil unzureichende Schulung von Mitarbeitern im verantwortungsvollen Umgang mit den IT-Infrastrukturen des Arbeitgebers. Vor diesem Hintergrund etabliert sich – zunächst zögerlich, nun mit zunehmender Geschwindigkeit – das Thema IT-Sicherheit und IT-Compliance als ernstzunehmender Faktor bei der Berechnung der **operationellen Risiken**. IT-Sicherheit und IT-Compliance werden damit zu einem Kernbestandteil des unternehmensinternen **Risikomanagements**.

3   Diese Entwicklung hat mittlerweile ihren Eingang in die rechtliche Diskussion gefunden. Bislang oft verdrängte oder fahrlässig missachtete Haftungsrisiken können sich zu einem ernsthaften juristischen Problem entwickeln. Hierfür sorgen nicht nur die von den USA beeinflussten Entwicklungen im Bereich der Voraussetzungen bei der wirtschaftlichen Überprüfung von Unternehmen. Auch die hierzulande teils erst durch neue Gesetze geschaffenen Haftungsansprüche nehmen die Vorstände und Geschäftsführer von Unternehmen sogar in die **persönliche Haftung,** wenn es zu Problemen mit der IT-Sicherheit kommt. Ein Urteil des BGH aus dem Jahr 2009 zur strafrechtlichen Verantwortung des sog Compliance-Officers[5] hat zu heftigen Diskussionen im Schrifttum geführt.[6] Es ist unklar, inwieweit dieses Urteil auf IT-Sicherheitsbeauftragte oder Datenschutzbeauftragte übertragbar ist.

4   IT-Sicherheit ist nicht nur ein Thema für technische Leiter und Systemadministratoren oder „nur" ein Wettbewerbsvorteil für das Unternehmen, sondern sie gehört zur Geschäftsleitungsaufgabe.[7] Die Unternehmensleitung muss realisieren, dass – entgegen der üblichen Einschätzung – erkannte Gefahren nicht zwangsläufig auch gebannt sind. IT-Sicherheit erfordert grundlegende Entscheidungen, deren sorgfältige und vorausdenkende Umsetzung und die **regelmäßige Kontrolle** der erreichten Ergebnisse. Die Haftung, der sich die Unternehmensführung ausgesetzt sieht, wird nur vermieden, wenn Geschäftsführer oder Vorstände nachweisen können, alles in ihrer Macht stehende für die Absicherung ihrer Systeme getan zu haben. Die Ernennung eines betriebsinternen IT-Sicherheitsbeauftragten mit entsprechender Kompetenz und Ausstattung kann dazu beitragen. Bloße Delegation der Verantwortungen auf diesen stellt allerdings keine ausreichende Lösung dar. Vielmehr muss IT-Sicherheit als eine der Hauptpflichten des Unternehmens erkannt werden, wenn es um die Vermeidung von Bedrohungen und Risiken geht.

5   Vornehmlich finanziell motivierte Zugriffe auf gesicherte und ungesicherte Unternehmensdaten spielen seit einigen Jahren eine nicht unerhebliche Rolle in der polizeilichen Kriminalstatistik (PKA).[8] Fälle von Datenklau durch interne oder externe Mitarbeiter werden nicht selten durch zu weite Zugriffsrechte und Exportfunktionen in ERP-Systemen begünstigt.[9]

6   Kommt es zu einer Weiterveräußerung entsprechender Daten bzw. wurde die Tat in Bereicherungs- oder Schädigungsabsicht ausgeführt, so soll nach Planungen des Gesetzgebers[10] in

---

[4] Für einen Überblick über die Risikofaktoren siehe BSI, Die Lage der IT-Sicherheit in Deutschland 2014, abrufbar unter bsi.bund.de.
[5] BGH Urt. v. 17.7.2009 – 5 StR 394/08, CR 2009, 699 = DB 2009, 2143.
[6] *Barton* RDV 2010, 19.
[7] Zur wirtschaftlichen Bedeutung von IT-Sicherheit für mittelständische Unternehmen *Büllingen* DuD 2013, 173.
[8] Gemäß Tabelle 05 der Polizeilichen Kriminalstatistik wurden 11.287 Fälle für den Berichtszeitraum 2012 unter der Tatbezeichnung: Ausspähen von Daten gemäß § 202a StGB registriert., abrufbar unter: http://www.bka.de/DE/Publikationen/PolizeilicheKriminalstatistik/2012/2012Standardtabellen/pks2012Standard tabellenFaelleUebersicht.html.
[9] Siehe etwa Süddeutsche Zeitung vom 13.9.2013: „Riesiger Datendiebstahl bei Vodafone".
[10] Entwurf eines Gesetzes zur Strafbarkeit der Datenhehlerei Gesetzentwurf des Bundesrates vom 13.6.2013. Deutscher Bundestag, Drucksache 17/14362 v. 10.7.2013; Elektronische Vorab-Fassung: http://dip21.bundestag.de/dip21/btd/17/143/1714362.pdf.

I. Einleitung

Zukunft nicht nur der **neu zu schaffende § 202d Strafgesetzbuch StGB** (*Datenhehlerei*) sondern auch eine **Erweiterung des bestehenden § 202a StGB** für den strafrechtlich geeigneten Schutz sorgen. Nach dem Willen des Gesetzgebers soll demnach als „zweites Kernstück" des Gesetzes nicht nur die Versuchsstrafbarkeit des § 202a StGB eingeführt werden sondern im Falle des Handelns mit Bereicherungs- oder Schädigungsabsicht bzw. banden- oder gewerbsmäßigem Vorgehens zudem eine Erhöhung des Strafrahmens erfolgen sowie im Fall des 4. Absatzes auch die Folge des § 73d (Erweiterter Verfall) eintreten.[11] Bislang ist das Gesetzgebungsvorhaben jedoch nicht umgesetzt.

Das Ende der gegenwärtigen Entwicklung im Bereich IT-Compliance und IT-Sicherheit, die Unternehmen bzw. die Geschäftsleitung unter Haftungsgesichtspunkten stärker in die Pflicht zu nehmen, ist bislang nicht absehbar. Es ist eher damit zu rechnen, dass künftig auch auf europäischer Ebene die Bedeutung des Themas IT-Sicherheit im Zusammenhang mit E-Commerce, Datenschutz und ähnlichen IT-Themen steigen wird.[12]

2. Überblick über das IT-Sicherheitsrecht

Sicherheit in der Informationstechnologie – oder IT-Sicherheit – ist eine Umschreibung für technische und rechtliche Maßgaben im Hinblick auf die IT-Infrastruktur eines Unternehmens oder eines öffentlich-rechtlichen Anwenders, die auf **Gefährdungslagen** aus verschiedenen Richtungen (intern, extern) reagiert.

Ein „Recht der IT-Sicherheit" im eigentlichen Sinne gibt es nicht. Vielmehr sind diverse Rechtsgebiete berührt.[13] Das IT-Sicherheitsrecht umfasst alle rechtlichen Regelungen und Bestimmungen, die sich auf die Sicherheit von Daten im Sinne einer Wahrung der Verfügbarkeit, Vertraulichkeit und Integrität dieser Daten richten:

- Die **Verfügbarkeit** eines technischen Systems ist die Wahrscheinlichkeit oder das Maß, dass das System bestimmte Anforderungen zu bzw. innerhalb eines vereinbarten Zeitrahmens erfüllt, und ist somit eine Eigenschaft des Systems.
- Die **Vertraulichkeit** bezeichnet die Eigenschaft eines Systems, berechtigten Subjekten den Zugriff auf bestimmte Objekte zu gestatten und unberechtigten Subjekten den Zugriff auf diese Objekte zu verwehren.
- **Integrität** steht für die Eigenschaft von Daten und Informationen, nicht verändert worden zu sein. Integrität bezeichnet also die Unversehrtheit und Korrektheit von elektronischen Daten.[14]

§ 2 Abs. 2 des Gesetzes über die Errichtung des Bundesamtes für Sicherheit in der Informationstechnik (BSIG) lautet insoweit:

„(2) Sicherheit in der Informationstechnik im Sinne dieses Gesetzes bedeutet die Einhaltung bestimmter Sicherheitsstandards, die die Verfügbarkeit, Unversehrtheit oder Vertraulichkeit von Informationen betreffen, durch Sicherheitsvorkehrungen
1. in informationstechnischen Systemen oder Komponenten oder
2. bei der Anwendung von informationstechnischen Systemen oder Komponenten."

Es gibt eine Vielzahl an Gesetzen,[15] die unmittelbar oder mittelbar Vorgaben an die Sicherheit der Informationstechnik enthalten. Wesentlich dabei ist, dass die IT-Sicherheit im Hause eines Unternehmens (Anwenders) nicht etwa dessen ureigenes Problem bleibt, sondern in vielen Facetten Außenwirkung entfalten kann bzw. Interessen Dritter betrifft. Solche Dritten können etwa sein:

- Natürliche Personen (zB Beschäftigte), die aus Gründen des Persönlichkeitsschutzes ein hohes Interesse haben, dass Ihre Daten nicht zweckentfremdet, zu unterschiedlichen Zwecken getrennt verarbeitet oder nicht unbefugt weitergegeben werden (siehe va § 9 BDSG).

---

[11] *Hassemer*, Der unbefugte Zugriff auf gesicherte Daten und Datenbanken unter näherer Betrachtung des § 202a StGB, in: Conrad/Grützmacher (Hrsg.), Recht der Daten und Datenbanken im Unternehmen, 1097 f.
[12] Siehe auch IT-Sicherheitsgesetz 2015 → Rn. 238.
[13] Siehe auch Überblick bei *Hauschka*/Schmidt § 29 Rn. 37 ff.
[14] Weiteres zu den Grundlagen des IT-Sicherheitsrechts bei *Schmidl* NJW 2010, 476 oder bei *Schultze-Melling* CR 2005, 73.
[15] → Rn. 16 ff., 171 ff.

- Vertragspartner, Interessenten des Unternehmens u. ä., die zB im E-Mail-Kontakt mit dem Unternehmen stehen und darauf vertrauen, dass sie zB nicht unbemerkt Schadsoftware erhalten.
- Vertragspartner des Unternehmens, die Produkte/Dienstleistungen in Anspruch nehmen und zB unter dem Gesichtspunkt Gerätesicherheit, Produkthaftung oder auch vertragliche Ausfallsicherheit (bei Providerverträgen uä)[16] Wert auf einen hohen Sicherheitsstandard legen.
- Banken, Versicherungen etc, die Kreditrisiken/Risikodeckung u. ä. gegenüber dem Unternehmen eingehen und unter diesem Aspekt auch IT-Sicherheitsrisiken bewerten.
- Banken, Finanzdienstleister oder Versicherungen, die Teile der IT-Infrastruktur auslagern und aus diesem Grunde (entsprechend Basel II, Solvency II bzw. entsprechend der Vorgaben der BaFin) das Risiko der Auslagerung an den Outsourcing-Anbieter bewerten müssen.

11 Zur IT-Sicherheit werden in diesem Zusammenhang auch Themen gerechnet, die nicht unmittelbar die technische Sicherheit, sondern mehr die **Ordnungsmäßigkeit**, die Übereinstimmung mit sonstigen Anforderungen zum Gegenstand haben. Diese Fallgruppen werden in der Literatur regelmäßig unter IT-Compliance zusammengefasst.[17] Typisch sind dabei die **Grundsätze zur ordnungsmäßigen Führung und Aufbewahrung von Büchern, Aufzeichnungen und Unterlagen in elektronischer Form sowie zum Datenzugriff (GoBD)**.[18] Sie stellen Anforderungen an die Ausgestaltung der IT im Hause des Anwenders im Hinblick auf seine **handels- und steuerrechtliche** Beurteilung im Hinblick auf die Datenzugriffsrechte der Finanzverwaltung im Rahmen von Betriebsprüfungen. Die Ausgestaltung der IT im Hause des Anwenders muss diesen Anforderungen bzw. Grundsätzen genügen. Dies kann zB **problematisch** sein bei **Altsystemen** bzw. bei **Migration** von steuerlich relevanten Systemen, auch bei der Frage der Art der **Archivierung** und deren Ausgestaltung hinsichtlich des Datenformats im Hinblick auf die Datenträgerüberlassung. Naturgemäß gibt es heikle Schnittstellen gegenüber dem betrieblichen **Geheimhaltungsinteresse** und dem **Datenschutz**.

12 Die Einhaltung von Sicherheitsnormen wird immer mehr zu einem Gradmesser für die Qualität und Verlässlichkeit des Unternehmens. Während die Einhaltung von **DIN-Normen** ebenso wie die **Regeln der Technik** eher eine Frage im Verhältnis zu den Vertragspartnern ist, dienen andere Vorschriften zB der Transparenz des Marktes und/oder dem Schutz der Aktionäre. Zu diesem zweiten Bereich gehören etwa **KronTraG** und **Basel II**, aber auch die Erfüllung von Auflagen der Börsenaufsicht, so etwa **Sarbanes Oxley Act** (für Unternehmen, die an US-Börsen notiert sind und deren Konzernunternehmen). Die Gesamtheit dieser Vorschriften bildet nicht etwa ein konsistentes System von Anforderungen an die IT-Infrastruktur bzw. an den entsprechenden Anwender. Zu einem erheblichen Teil stehen die einzelnen Regelungskomplexe schlicht nebeneinander oder können in Konflikt miteinander geraten (etwa beim Whistleblowing).[19] Jedem Risikomanagement ist ein Kontroll- und Überwachungselement immanent.

13 Der Schutz vor Risiken der IT führt zugleich dazu, dass mit technischen Einrichtungen die **Leistungen bzw. das Verhalten von Mitarbeitern überwacht** und ggf. ausgewertet werden. Was einerseits der Risikovorsorge dient, macht andererseits die Mitarbeiter transparent, wovor gerade der Datenschutz, teilweise auch die Mitbestimmung des Betriebsrats (§ 87 Abs. 1 Nr. 6 BetrVG), schützen sollen. Zum Teil muss daher im konkreten Fall ein ausgewogenes Verhältnis zwischen den Normen der IT-Sicherheit und anderen Vorschriften, die etwa dem Schutz des Rechts auf informationelle Selbstbestimmung bzw. des Persönlichkeitsrechts dienen, hergestellt werden.[20]

Typisch ist dies etwa für eine Anwaltskanzlei.[21] Dort ist dem Datenschutz Rechnung zu tragen, aber es kann sein, dass das „Anwaltsgeheimnis" sogar höher zu stellen ist, etwa wenn es um die Frage der Kontrolle der Kanzlei von außen durch die Aufsichtsbehörden geht.[22]

---

[16] Zu Providerverträgen → § 21 Providerverträge.
[17] *Rath* AnwBl. 2010, 660.
[18] Einzelheiten → Rn. 320 ff.
[19] → Rn. 274 ff.
[20] Zum Datenschutz → § 34 Recht des Datenschutzes und → § 35 Grenzüberschreitende Datenverarbeitung.
[21] Zum Datenschutz in der Anwaltskanzlei siehe etwa *Kazemi* BAV Mitgliederbrief 04/2011, 6.

Eine besondere Bedeutung gewinnen die verschiedenen Normen der IT-Sicherheit, wenn 14
sie – ggf. allzu pauschal – **in Verträgen in Bezug genommen** werden, die etwa die Erstellung von Software oder deren Nutzung zum Gegenstand haben oder die Nutzung auslagern (Outsourcing). In manchen Fällen machen es sich die Auftraggeber leicht und vereinbaren vertraglich, dass der Auftragnehmer dafür verantwortlich sei, dass er mit seiner Leistung sämtliche, jeweils einschlägigen Gesetze einhält und er sich damit diesen Vorschriften konform verhält. Dies übersieht aber, dass **grundsätzlich der Auftraggeber dafür verantwortlich** ist, nicht nur diese Anforderungen zu spezifizieren, sondern auch ggf. die Prioritäten und die genauen Umsetzungsmöglichkeiten festzulegen. Wichtig ist, dass solche Regelwerke der IT-Sicherheit, die sich häufig ändern, einerseits einbezogen werden, andererseits geregelt wird, wie die Risiken der Änderung zugeordnet werden (etwa bei Pflege von Software oder Wartung von Hardware).[23]

Des Weiteren ist zu beachten, dass selbst diese Einbeziehung noch keine klaren Bedingungen 15
schafft, etwa bezüglich DIN-Normen oder Regeln der Technik. Z. B. ist es in der Rechtsprechung klar, dass zwar die DIN-Normen auch dann Berücksichtigung finden können, wenn sie nicht explizit einbezogen sind, dass jedoch deren Erfüllung auch bei expliziter Bezugnahme nicht ausreichend ist. So kann etwa ein Werk mangelhaft sein, obwohl es die DIN erfüllt. Bekannt geworden ist in diesem Zusammenhang va die vom BGH zur Revision nicht angenommene Entscheidung des OLG Frankfurt vom 25.5.1981 zum Stand der Technik.[24]

II. Risikomanagement, Haftung der Geschäftsleitung, Compliance

1. Begriffsbestimmung und Stand der Diskussion zum Spannungsfeld

Seit etwa 2004 dreht sich die juristische Diskussion im Zusammenhang mit der Haftung 16
der Geschäftsleitung im Wesentlichen um folgende drei, modern gewordene Begriffe:[25]
- Risikomanagement,
- Compliance,
- Matrix-Strukturen.

a) **Risikomanagement.** Betriebswirtschaftlich betrachtet ist **Risikomanagement** va ein 17
proaktiver Umgang bzw. eine aktive Steuerung des Unternehmens unter Risiko- und Renditegesichtspunkten im Hinblick auf **alle** operativen, strategischen und finanziellen Werte eines Unternehmens.[26] Nach Ansicht der Betriebswirtschaftslehre soll Risikomanagement nicht nur dazu dienen, die Überlebensfähigkeit des Unternehmens zu sichern, sondern weit darüber hinaus einen zusätzlichen Wertbeitrag für das Unternehmen zu liefern. Dieser Wertbeitrag erstreckt sich, so die Ansicht der Betriebswirtschaftslehre, nicht nur auf finanzielle Vermögenswerte des Unternehmens. Es geht auch um nicht-finanzielle und evtl. heute noch nicht qualifizierbare Unternehmenswerte.[27]

Die Betriebswirtschaft sieht als einen Kernbereich des Risikomanagements die unternehmensübergreifenden Ebenen an, va **Haupt- und Querschnittsfunktionen** in Konzernen.[28] 18
Naturgemäß bezieht sich der Risikobegriff der Betriebswirtschaft insbesondere auf **vermögensmindernde unsichere Ereignisse**. Insoweit spielt gerade das Controlling beim betriebswirtschaftlichen Risikomanagement eine wichtige Rolle.

Der rechtliche Begriff des Risikomanagements ist enger. Ausdrücklich erwähnt wird ein 19
Risikomanagementsystem in § 107 Abs. 3 AktG. Nach herrschender Ansicht[29] wird dieses

---

[22] → § 30 Berufsspezifische Regelungen, Recht der elektronischen Signaturen, elektronischer Personalausweis, DE-Mail.
[23] S. im Übrigen → § 11 Erstellung von Software, → § 14 Softwarepflege, → § 19 IT-Outsourcing und – speziell zu Pflichtenheft → § 18 IT-Projekte.
[24] OLG Frankfurt Urt. v. 25.5.1981 – 17 U 82/80, NJW 1983, 456.
[25] Siehe auch *Thüsing*, Arbeitnehmerdatenschutz und Compliance, S. 9.
[26] Siehe mit weiteren Nachweisen: *Arbeitskreis Externe und Interne Überwachung der Unternehmen der Schmalenbach-Gesellschaft für Betriebswirtschaft e. V.* DB 2010, S. 1245 ff.
[27] *Arbeitskreis Externe und Interne Überwachung*, aaO.
[28] *Arbeitskreis Externe und Interne Überwachung*, aaO.
[29] Einzelheiten → Rn. 29 ff.

allgemeine Risikomanagementsystem abgegrenzt vom Früherkennungssystem im Hinblick auf bestandsgefährdende Entwicklungen im Sinne von § 91 Abs. 2 AktG.

20 Während der Fokus der Betriebswirtschaftslehre eher auf den positiven Komponenten und Chancen des Risikomanagements liegt, dreht sich die **juristische Diskussion** im Wesentlichen um

- eine möglichst präzise Bestimmung der Reichweite und Grenzen der gesetzlichen Überwachungs-, Kontroll- und Risikomanagementpflichten und der Ermessensspielräume der Unternehmen und
- das Spannungsverhältnis der gesetzlichen Risikomanagement-/Compliance-Pflichten zu Arbeits-,[30] Datenschutz- und Persönlichkeitsrecht.[31]

21 **b) Abgrenzung zur Compliance.** Der Begriff „Compliance" (deutsch „Einhaltung", „Befolgung") wird erst relativ kurze Zeit im deutschen Recht verwendet.[32] Der **Deutschen Corporate Governance Kodex** (DCGK)[33] regelt Compliance in Ziff. 4.1.3:

„Der Vorstand hat für die Einhaltung der gesetzlichen Bestimmungen und der unternehmensinternen Richtlinien zu sorgen und wirkt auf deren Beachtung durch die Konzernunternehmen hin (Compliance). Die überwiegende Ansicht in der Literatur[34] definiert Compliance als „die Gesamtheit der Maßnahmen, die für das rechtmäßige Verhalten eines Unternehmens, seiner Organe und Mitarbeiter im Hinblick auf alle gesetzlichen und unternehmenseigenen Gebote und Verbote sorgen".

Eine andere Definition von Compliance, die möglicherweise noch weiter ist, stammt vom General Counsel Roundtable der International Bar Association:[35]

„The decisions made and the process created to protect the company from economic and reputational harm stemming from civil or criminal allegations made by private parties or government regulators for arguably improper, unethical, or illegal action or inaction."

Compliance beinhaltet[36]
- sowohl Maßnahmen, die überwachen, ob die Gebote und Verbote eingehalten werden, und auf die Einhaltung hinwirken (**präventives Element**),
- als auch solche Maßnahmen, die Verstöße aufdecken, so dass ein Verstoß ggf. geahndet/sanktioniert werden kann (**repressives Element**).

Diese Definition von Compliance sagt nicht aus, welche Compliance-Maßnahmen
- gesetzlich vorgeschrieben oder zumindest
- rechtlich zulässig sind.

22 Das Verhältnis der Begriffe Risikomanagement und Compliance ist unklar. Ein Teil der juristischen Literatur verwendet die Begriffe Risikomanagement, Compliance (und Corporate Governance) weitgehend synonym.[37] Teilweise wird Compliance – vor allem in der betriebswirtschaftlichen Literatur – als ein Bestandteil des betrieblichen Risikomanagements gesehen, etwa mit folgender Definition:[38]

Risikomanagement umfasst:
- Erfüllung gesetzlicher Anforderungen bzgl. eines Früherkennungssystems für bestandsgefährdende Entwicklungen,

---

[30] Zu den Auskunftspflichten des Arbeitnehmers bei Compliance Maßnahmen *Oberthür* ArbRB 2011, 184.
[31] Einzelheiten dazu, insbesondere zur datenschutzrechtlichen Zulässigkeit von Compliance-Instrumenten wie Screening und zur Relevanz des Gesetzesentwurfs zum Beschäftigtendatenschutz vom 25.8.2010 (va § 32d Abs. 3 und § 32e BDSG-E), → § 34 Recht des Datenschutzes Rn. 205 ff.
[32] *Hauschka* AnwBl. 2010, 629.
[33] In der Fassung vom 5.5.2015.
Der DCGK ist zwar kein Gesetz. Er hat jedoch für Aktiengesellschaften und (über die Verweisungsnormen) auch für Europäische Aktiengesellschaften (SE) eine gewisse Verbindlichkeit, weil sich börsennotierte Unternehmen nach § 161 Abs. 1 S. 1 AktG darüber erklären müssen, ob und weshalb sie den DCGK einhalten oder nicht. Einzelheiten zum DCGK und zur Relevanz für die Compliance-Pflichten im Konzern siehe unten 5.
[34] Statt vieler: *Kammerer-Galah* AnwBl. 2009, 77; *Hauschka* AnwBl. 2010, 629; *Kort* NZG 2008, 81; *Koch* WM 2009, 1013; *Fleischer* NJW 2009, 2337 (2338).
[35] *Schwung* AnwBl. 2007, 14.
[36] *Dann* AnwBl. 2009, 84.
[37] *Hauschka* AnwBl. 2010, 629 ff.
[38] *Arbeitskreis Externe und Interne Überwachung*, aaO, S. 1248.

- Unternehmerisches Risikomanagement durch konsequente Risiko- und Renditesteuerung (im Sinne der betriebswirtschaftlichen Definition),
- Aktives Managen von Megatrends (Nachhaltigkeit, Vergreisung etc).
  Bestandteil des Risikomanagements ist die Compliance mit folgenden Elementen:
- Bewusstsein und Prävention (zB Trainings, Compliance Risk Assessment, Regelwerk),
- Entdeckung und Reaktion (zB Detection Audits, Beschwerde und Ereignis-Management),
- Anti-Fraud-Management.
  Diese Abgrenzung ist jedoch nicht zwingend und vor allem nicht gesetzlich vorgegeben.

c) **Spannungsfeld zum Persönlichkeits- und Datenschutz.** Die Bedeutung der gesetzlichen Reichweite und Grenzen von Compliance-Verpflichtungen ist seit etwa 2008 erheblich gestiegen. Grund dafür ist die sprunghafte Entwicklung des **Beschäftigtendatenschutzes**, der die Zulässigkeit von Compliance-Maßnahmen mitbestimmt und in einem gewissen Widerspruch zur Compliance steht.[39]

In 2009 wurde das Bundesdatenschutzgesetz (BDSG) dreimal novelliert. Eine wichtige Änderung: Die Einführung des § 32, der den **Beschäftigtendatenschutz** regelt. Doch schon wenige Monate später wurde die Reform der Reform eingeleitet. Im November 2010 kritisierte der Bundesrat einen neuen **Gesetzesentwurf** (v. 25.8.2010) zur Regelung des Beschäftigtendatenschutzes in einzelnen Punkten, aber auch hinsichtlich der Verständlichkeit. Am 24.2.2011 hat auch der Bundestag in erster Lesung diesen Gesetzesentwurf kontrovers diskutiert. Gerade für Compliance-Maßnahmen in Unternehmen haben die anstehenden Neuerungen weit reichende Konsequenzen (siehe ua Regelung von automatisierten Datenabgleichen, „Screening" in § 32d Abs. 3 sowie § 32e BDSG-E hinsichtlich der Datenerhebung ohne Kenntnis des Beschäftigten zur Aufdeckung und Verhinderung von Straftaten und anderen schwerwiegenden Pflichtverletzungen). Dies gilt vor allem deshalb, weil die in vielen Unternehmen praktizierten Lösungsansätze, Compliance-Maßnahmen durch Betriebsvereinbarung oder Einwilligung der Beschäftigten zu regeln und zu erlauben, möglicherweise eingeschränkt werden soll. Denn Beschäftigteneinwilligungen sollen nur noch in gesetzlich ausdrücklich geregelten Fällen zulässig sein (§ 32l Abs. 1 BDSG-E). In Betriebsvereinbarungen darf nach wohl überwiegender Ansicht[40] bereits nach geltendem Recht zu ungunsten des Beschäftigten von Datenschutzvorschriften abgewichen werden. Der Gesetzesentwurf vom 25.8.2010 bringt hier kein Mehr an Klarheit (auch nicht in der Gesetzesbegründung), weil sich das Verhältnis der Ergänzung in § 4 Abs. 1 BDSG-E zu § 32l Abs. 5 BDSG-E nicht erschließt.[41] Die bislang übliche Unternehmenspraxis, dass in Betriebsvereinbarungen punktuelle Unterschreitungen des Datenschutzniveaus durch datenschutzrechtliche Vorteile an anderer Stelle ausgeglichen werden, wird mit großer Wahrscheinlichkeit auch weiterhin riskant sein.

Große Rechtsunsicherheit besteht auch (jedenfalls mit Blick auf den Gesetzesentwurf vom 25.8.2010), inwieweit bei Compliance-Maßnahmen Sicherungskopien und Auswertung ua Screening) von **betrieblichen E-Mails** zulässig sind. Der geplante § 32i BDSG-E regelt aber nur den Umgang mit dienstlichen Telekommunikationsdaten. Ob und inwieweit das Unternehmen auf solche Daten zugreifen darf, wenn private und dienstliche Daten zB in den E-Mail-Archiven vermischt sind, klärt der Gesetzesentwurf nicht. Durch die Vermischung fällt die gesamte Kommunikation unter den strengen Datenschutz des Telekommunikationsgesetzes, unter Umständen auch unter das Fernmeldegeheimnis. Folglich sind solche Daten, auch die betrieblichen, dem Zugriff des Arbeitgebers weitgehend entzogen.[42]

Die Novellen im Beschäftigtendatenschutz sind noch nicht abgeschlossen, so dass viele Fragen zur Zulässigkeit von Compliance-Maßnahmen nicht abschließend geklärt sind.[43] Bei

---

[39] Einzelheiten → § 34 Recht des Datenschutzes Rn. 205 ff.; *Wisskirchen/Glaser* DB 2011, 1392 (1447).
[40] Siehe Stellungnahme des *Düsseldorfer Kreises*, Personaldatenfluss im nationalen Konzern; abrufbar unter www.bfdi.bund.de; *Schmidl* DuD 2009, 364.
[41] *Tinnefeld/Petri/Brink* MMR 2010, 727 (729). Siehe auch *Kramer* Ausschuss-Drs. 17(4)252 F, S. 28; *Hornung* Ausschuss-Drs. 17(4)252 D, S. 6, S. 10 ff.
[42] Einzelheiten zu IT-Compliance bei betrieblichen E-Mails und zur privaten und dienstlichen Nutzung → § 37 Arbeitsrechtliche Bezüge Rn. 198 ff.
[43] Einzelheiten → § 34 Recht des Datenschutzes.

den Diskussionen im Zusammenhang mit dem betrieblichen Risikomanagement und der Compliance geht es nicht um die Frage, ob Gesetze und unternehmensinterne Gebote und Verbote einzuhalten sind.[44] Dies zu überwachen und darauf hinzuwirken, ist aufgrund der Legalitätspflicht zweifellos eine Kardinalpflicht jeder Geschäftsleitung.[45] Die Frage ist also nicht, ob insoweit Risikomanagement-/Compliance-Maßnahmen ergriffen werden, sondern **wie**. Fraglich ist insbesondere, inwieweit der Vorstand einer Obergesellschaft zur unternehmensübergreifenden **Konzern-Compliance** verpflichtet ist.[46]

27 d) **Leitungsorganisation und Matrix.** Aus den gesellschaftsrechtlich, kartellrechtlichen u. ä. Compliance-Pflichten einerseits und den arbeitsrechtlichen[47] und datenschutzrechtlichen Vorgaben andererseits ergeben sich interessante Wechselwirkungen, was die konzerninternen Überwachungspflichten betrifft: Jedes Risikomanagement erfordert in gewissem Umfang eine Analyse von Geschäftsvorgängen. Da die meisten Geschäftsvorgänge die Verarbeitung personenbezogener Daten erfordern und seit 1.9.2009 verschärften Datenschutzvorschriften nicht nur für elektronische Daten im Unternehmen gelten, sondern auch für Papierunterlagen, lassen sich über den Datenschutz in vielfältiger Weise die Verhältnisse im Unternehmen und zwischen Unternehmen steuern, strukturieren und kontrollieren. So verlangt beispielsweise § 11 BDSG bei einer konzerninternen Auftragsdatenverarbeitung von personenbezogenen Daten einer Tochtergesellschaft durch die Muttergesellschaft, dass die auftraggebende Tochter die Mutter regelmäßig kontrolliert. Es kann also – auch im Verhältnis von Untergesellschaft zu Obergesellschaft – Überwachungs- und Berichtspflichten geben, die in eine entgegengesetzte Richtung verlaufen wie das Risikomanagementsystem des Vorstands im Konzern. Arbeits- und Datenschutzrecht kann sich auf diese Weise als wichtiges Führungsinstrument der Geschäftsleitung einer Untergesellschaft auswirken.

28 Gerade in grenzüberschreitend tätigen Konzernen ergeben sich besondere Probleme mit der Risikofrüherkennung und -überwachung und somit auch besondere Haftungsrisiken aus sogenannten **Matrix-Strukturen.** Bei einer Matrix-Organisation enden Berichtswege, Kompetenzen von Führungsgremien u. ä. nicht an den gesellschaftsrechtlichen Grenzen einer Gesellschaft.[48] Speziell im Zusammenhang mit dem betrieblichen Risikomanagementsystem stellt sich die Frage, inwieweit Beschäftigte aus Tochterunternehmen Compliance-bezogene Berichtspflichten (sogenanntes dotted line reporting) direkt an die Compliance-Verantwortlichen oder an den CFO der Konzernmutter befolgen müssen.[49]

2. IKS, Compliance-Pflicht und Risikomanagementsystem

29 a) **§§ 91, 93 AktG (Früherkennungssystem und Sorgfaltspflichten) und Compliance-Management-System.** In besonderem Maße gelten nach wohl überwiegender Ansicht die Compliance-Verpflichtungen für **Aktiengesellschaften**, da hier die gesetzlichen Regelungen am stärksten ausgearbeitet sind. Die gesetzliche Verpflichtung des Vorstands zur Risikovorsorge ergibt sich vor allem aus §§ 91, 93 AktG. Diese Vorschriften sind auch auf die Rechtsform der „Societas Europaea" (SE) anwendbar.[50] Ähnliches gilt nach herrschender Ansicht[51]

---

[44] Beim Ob kann allenfalls streitig sein, inwieweit unternehmensinterne Richtlinien oder Weisungen befolgt werden müssen, die rechtswidrig oder unwirksam sind.
[45] → Rn. 29 ff., 64 ff.
[46] → Rn. 83 ff.
[47] Zur arbeitsrechtlichen Compliance siehe *Müller-Bonanni* AnwBl. 2010, 651 ff.; Hauschka/*Pelz* § 20 S. 494 ff.
[48] Zu arbeitsrechtlichen Aspekten siehe *Wisskirchen* DB 2008, 1139 ff.; zu datenschutzrechtlichen Aspekt: *Schmidl* DuD 2009, 364 ff.
[49] Einzelheiten → Rn. 64 f., 101 ff.
[50] Mit Inkrafttreten der Verordnung (EG) Nr. 2157/2001 (kurz: SE-Verordnung) am 8.10.2004 und des nationalen Ausführungsgesetzes SEEG am 29.12.2004 steht den Unternehmen in der EU/EWR die Rechtsform der „Societas Europaea" (SE) zur Verfügung. Das SEEG enthält in Art. 1 das Gesetz zur Ausführung der Verordnung (EG) Nr. 2157/2001 über das Statut der Europäischen Gesellschaft (SE) (SE-Ausführungsgesetz, SEAG) und in Art. 2 das Gesetz über die Beteiligung der Arbeitnehmer in einer Europäischen Gesellschaft (SE-Beteiligungsgesetz, SEBG). Subsidiär zum SEAG gelten gemäß Art. 9 der SE-Verordnung die Vorschriften des deutschen AktG. Somit gelten auch §§ 91, 93, 161 AktG im Hinblick auf Compliance-Pflichten des SE-Vorstands.

II. Risikomanagement, Haftung der Geschäftsleitung, Compliance

für die Geschäftsführer anderer Rechtsformen (va der GmbH) gemäß § 43 Abs. 1 GmbHG und § 347 Abs. 1 HGB, ist dort aber weniger explizit geregelt. Insoweit haben §§ 91, 93 AktG eine „Ausstrahlungswirkung"[52] auf andere Gesellschaftsformen.

Zum 1. Mai 1998 ist das KonTraG (**Gesetz zur Kontrolle und Transparenz im Unternehmensbereich**) in Kraft getreten. Ausschlaggebend waren zahlreiche Unternehmenskrisen, die zunehmende Internationalisierung der Kapitalmärkte sowie eine steigende Globalisierung der Aktionärsstrukturen. Das KonTraG ist ein sogenanntes Artikelgesetz, das Ergänzungen und Änderungen in anderen Wirtschaftsgesetzen wie zB dem Aktiengesetz, dem Handelsgesetzbuch oder dem Gesetz betreffend der Gesellschaften mit beschränkter Haftung bewirkt. Unmittelbar betroffen von den Regelungen des KonTraG sind neben Aktiengesellschaften auch Gesellschaften, die zwei der folgenden drei Kriterien in zwei auf einander folgenden Jahren erfüllen:

- Bilanzsumme > 3,44 Mio. EUR
- Umsatz > 6,87 Mio. EUR
- Mitarbeiterzahl > 50.

Ziel des KonTraG ist es, eine wirtschaftliche Kontrolle und Transparenz va von börsennotierten Gesellschaften zu erreichen. Dazu wurde mit dem KonTraG insbesondere die Haftung von Vorstand, Aufsichtsrat und Wirtschaftsprüfer in börsennotierten Unternehmen erweitert. Im Hinblick auf die IT-Sicherheit gilt dabei speziell eine Vorschrift als Kernelement, welche die Unternehmensleitungen dazu zwingt, ein unternehmensweites Früherkennungssystem für Risiken (Risikomanagementsystem)[53] einzuführen und zu betreiben.

§ 91 Abs. 2 des AktG lautet:

„Der Vorstand hat geeignete Maßnahmen zu treffen, insbesondere ein Überwachungssystem einzurichten, damit den Fortbestand der Gesellschaft gefährdende Entwicklungen früh erkannt werden."

Durch § 91 Abs. 2 AktG wird **keine** ausdrückliche Pflicht begründet, ein **umfassendes Risikomanagementsystem** einzurichten. Ein Risikomanagementsystem hat mehrere Komponenten/Funktionen: Angesprochen wird von der Vorschrift nur die Komponente Einrichtung eines Überwachungssystems zur Früherkennung von bestandsgefährdenden Entwicklungen. Der Begriff „*Risiko*" wird in § 91 AktG nicht verwendet, sondern der Begriff „*gefährdende Entwicklungen*". § 91 Abs. 2 AktG betrifft also nicht jede nachteilige Entwicklung, also nicht jedes Unternehmensrisiko, sondern nur die **bestandsgefährdenden**. Gemeint sind damit nur solche Risiken, die das Bestands- und Insolvenzrisiko für die beteiligten Gesellschaften erheblich steigern oder hervorrufen.

Wie der Vorstand mit erkannten Bestandsrisiken oder -entwicklungen umgeht, wird in § 91 Abs. 2 AktG nicht ausdrücklich geregelt. Allerdings ergibt sich aus den allgemeinen Sorgfalts- und Organisationspflichten (va § 93 Abs. 1 AktG, dazu sogleich), dass ein Vorstand nicht tatenlos bleiben kann, wenn ihm durch das Früherkennungssystem[54] bestandsgefährdende Entwicklungen (oder Risiken) gemeldet werden.

Zur Frage, ob sich aus § 91 Abs. 2 AktG die Pflicht zur Einrichtung eines solchen allgemeinen, über die Früherkennung bestandsgefährdender Entwicklungen hinausgehenden Risikomanagementsystems ergibt, herrscht in der Literatur Uneinigkeit.[55] Der Streit hat zumindest für Unternehmen in manchen Branchen eine geringere praktische Bedeutung als man auf den ersten Blick annehmen könnte, da sich die Pflicht zur Einrichtung eines Risikomanagementsystems auch aus weiteren Vorschriften ableiten lässt.[56] Daher dürfte für diese Branchen ein etwa verbleibendes Leitungsermessen des Vorstandes, ob er ein solches System einführen will oder nicht, beträchtlich eingeschränkt sein.

Obwohl der Wortlaut des **§ 91 Abs. 2 AktG** von „*[...] Maßnahmen [...], insbesondere [...]*" spricht, erfasst nach wohl überwiegender Ansicht diese Regelung über die Risikofrüh-

---

[51] Hauschka/*Epe/Liese* § 10 S. 194 ff.
[52] Hauschka/*Epe/Liese* aaO.
[53] Zu IT-Risikomanagement im Unternehmen siehe etwa *Holleben/Menz* CR 2010, 63.
[54] In der Literatur teilweise auch als Frühwarnsystem bezeichnet, siehe Hauschka/*Greeve* S. 601.
[55] Dieser Streit wurde mit der Einführung des § 107 Abs. 3 AktG noch einmal befeuert, → Rn. 45 ff.
[56] → Rn. 45 ff.

erkennung hinaus nicht die Pflicht des Vorstands, auf die erkannten Risiken angemessen zu reagieren. Firewalls und Antivirenprogramme gehören jedoch nicht zur Risikofrüherkennung, sondern zur Schadensvorbeugung und -verhinderung.

36 Nach wohl überwiegender Auffassung wird die Compliance-Pflicht der Unternehmensleitung, einschließlich der Verpflichtung zur Etablierung effektiver IT-Sicherheitsmaßnahmen zur präventiven Sicherstellung der Gesetzeskonformität der IT, aus der allgemeinen Leitungs- und Sorgfaltspflicht des Vorstands (§§ 76 Abs. 1 und 93 Abs. 1 AktG) abgeleitet.[57] § 93 Abs. 1 AktG regelt:[58]

„(1) Die Vorstandsmitglieder haben bei ihrer Geschäftsführung die Sorgfalt eines ordentlichen und gewissenhaften Geschäftsleiters anzuwenden. Eine Pflichtverletzung liegt nicht vor, wenn das Vorstandsmitglied bei einer unternehmerischen Entscheidung vernünftigerweise annehmen durfte, auf der Grundlage angemessener Information zum Wohle der Gesellschaft zu handeln."

37 Diese Pflichten des Vorstands aus § 93 AktG werden in Rechtsprechung und Literatur[59] aufgeteilt in folgende Komponenten:
- die Pflicht, im Einklang mit der geltenden Rechtsordnung zu handeln (**Legalitätspflicht**),
- die Pflicht zur **sorgfältigen Unternehmensführung im engeren Sinne** sowie
- die **Überwachungspflicht**.

Alle diese Pflichten haben Berührungspunkte zur Verhinderung von gesellschaftsschädigenden Geschäften durch Mitarbeiter des Unternehmens und Konzerns. All dies fasst die aktuelle Diskussion unter dem Stichwort „Compliance" zusammen.

38 Nach § 93 Abs. 1 S. 1 AktG haben die Vorstandsmitglieder bei ihrer Geschäftsführung die Sorgfalt eines ordentlichen und gewissenhaften Geschäftsleiters anzuwenden. Zur sogenannten „Kardinalpflicht" des Vorstands erhebt das Schrifttum die Pflicht, in Einklang mit der geltenden Rechtsordnung zu handeln.[60] Die Unterwerfung des Vorstands unter die Legalitätspflicht lässt sich zudem mit § 93 Abs. 4 AktG begründen, wonach nur ein gesetzmäßiger Hauptversammlungsbeschluss den Vorstand von dessen Haftung aus § 93 Abs. 2 AktG befreit. Bei einem Verstoß gegen Rechtsnormen kann sich der Vorstand einer Aktiengesellschaft nicht zu seiner Verteidigung auf die sogenannte Business Judgement Rule des § 93 Abs. 1 S. 2 AktG berufen.

39 Der genaue Umfang dieser Pflicht zB im Bereich der IT-Sicherheit ist abhängig vom jeweiligen **Einzelfall** und richtet sich insbesondere nach der **Sensibilität der Daten**, den möglichen **Schadensszenarien** und den **Kosten der Schadensbeseitigung**, soweit Schadensbeseitigung überhaupt möglich ist. Da die betrieblichen Daten regelmäßig einen bedeutenden Unternehmenswert darstellen (in manchen Branchen sogar den bedeutendsten) und da bei Verlust dieser Daten irreversible Schäden und empfindliche rechtliche Konsequenzen drohen können,[61] sind die Anforderungen an die IT-Sicherheit regelmäßig hoch.

40 Damit ein Internes Kontrollsystem (IKS) den gewünschten Nutzen bringen kann, muss es auf das einzelne Unternehmen und dessen Risikoprofil zugeschnitten sein. Ein wirksames und effizientes IKS basiert deshalb auf einem systematischen Vorgehen, das auch ein regelmäßiges Hinterfragen der Ergebnisse und einen Abgleich mit den gesetzten Zielen einschließt. Diese Auseinandersetzung mit internen Prozessen und Kontrollen bietet einem Unternehmen auch die Chance, die Effizienz der internen Organisation zu steigern.

41 Die Erfüllung dieser Pflichten erfordert vom Vorstand, sich die mit der Nutzung der IT in seinem Unternehmen verbundenen Gefahren zu vergegenwärtigen und auf der Grundlage dieser Informationen die Entscheidungen zu treffen, von denen er ausgehen kann, dass sie dem Wohle seiner Gesellschaft dienen. Verletzt der Vorstand diese Pflicht, haftet er dem Unternehmen nach § 93 Abs. 2 AktG:

---

[57] *Merkt* DB 2014, 2271 (2272) mwN.
[58] So auch gem. § 43 GmbHG im Hinblick auf die GmbH-Geschäftsführer: Hauschka/*Schmidt* Rn. 48.
[59] *Kort* CG 2008, 81; *Koch* WM 2009, 1013; *Fleischer* NJW 2009, 2337 (2338). Letzterer scheint nur die vorstandliche Überwachungspflicht unter den Begriff der Compliance subsumieren zu wollen. Mit weiteren Nachweisen: *Thüsing*, Arbeitnehmerdatenschutz und Compliance, S. 8.
[60] *Fleischer* NJW 2009, 2337 (2338).
[61] Siehe etwa bei personenbezogenen Daten §§ 38, 42a, 43, 44 BDSG.

II. Risikomanagement, Haftung der Geschäftsleitung, Compliance 42–45 § 33

„(2) Vorstandsmitglieder, die ihre Pflichten verletzen, sind der Gesellschaft zum Ersatz des daraus entstehenden Schadens als Gesamtschuldner verpflichtet. Ist streitig, ob sie die Sorgfalt eines ordentlichen und gewissenhaften Geschäftsleiters angewandt haben, so trifft sie die Beweislast."

Besonders relevant ist in diesem Zusammenhang die **Beweislastumkehr** zu Lasten der 42 Vorstände. Um sich hier gegebenenfalls hinreichend exkulpieren zu können, bedarf es mithin einer ordnungsgemäßen **Protokollierung** der getroffenen Entscheidungen und der daraufhin veranlassten und kontrollierten Maßnahmen. Im Übrigen sei darauf hingewiesen, dass die Haftung nicht beim Vorstand aufhört. Wenn der **Aufsichtsrat** seinerseits nicht den Vorstand entsprechend überwacht, kann dies zu einer Haftung seitens des Aufsichtsrats bzw. dessen Mitglieder führen (**§ 116 AktG**).[62]

Neben der Ableitung der Compliance-Pflicht des Vorstands aus § 93 Abs. 1 AktG stützten 43 manche Autoren die Verpflichtung der Unternehmensleitung zur Einrichtung, Ausgestaltung und Überwachung eines Compliance-Management-Systems (CMS) auf eine Gesamtanalogie aus unterschiedlichen Einzelvorschriften, die Aufsichts-, Überwachungs- und Schutzpflichten regeln oder voraussetzen, etwa § 130 Abs. 1 OWiG, § 14 GwG (Geldwäschegesetz) und § 52a BImSchG.[63]

Der Prüfungsstandard 980 des Instituts der Wirtschaftsprüfer (IDW) regelt in PS 980 44 Tz. 1: *„Die Einrichtung, Ausgestaltung und Überwachung des CMS ist eine im Organisationsermessen der gesetzlichen Vertreter stehende unternehmerische Entscheidung, durch die die gesetzlichen Vertreter vor dem Hintergrund der unternehmensindividuellen Gegebenheiten ihrer Leitungspflicht zur präventiven Sicherstellung der Gesetzeskonformität des Unternehmens nachkommen."* [64] Zusammenfassend hat das CMS nach IDW PS 980 sieben Grundelemente.[65] KPMG empfiehlt folgende Grundelemente:
(1) Compliance-Kultur: Bewusstsein für die Bedeutung der Regelbeachtung als Basis für ein wirksames und angemessenes CMS. Entscheidend dafür ist das Vorbild der Unternehmensleitung.
(2) Compliance-Ziele: Festlegung von CMS-Zielen und Teilbereichen davon als Grundlage allgemeiner Unternehmensziele.
(3) Compliance-Organisation: Festlegung der Aufbau- und Ablauforganisation des CMS einschließlich Rollen, Verantwortlichkeiten, Berichtswege sowie Ressourcen dafür.
(4) Compliance-Risiken: Systematische Früherkennung und Berichterstattung.
(5) Compliance-Programm: Maßnahmen zur Begrenzung und Vermeidung von Compliance-Verstößen sowie Dokumentation der Maßnahmen.
(6) Compliance-Kommunikation: Information der Mitarbeiter und Hinweisgebersystem bei Compliance-Risiken/-Verstößen.
(7) Compliance-Überwachung und -Verbesserung: Fortlaufende Prüfung des CMS hins. Angemessenheit und Wirksamkeit auf Basis der Dokumentation des CMS.[66]

b) Abgrenzung zum Risikomanagementsystem im Sinne von § 107 Abs. 3 AktG. § 91 45 Abs. 2 AktG beinhaltet nach herrschender Meinung eine Verpflichtung.[67] Hinsichtlich des Ob eines Früherkennungssystems im Sinne von § 91 Abs. 2 AktG hat die Unternehmensleitung im Hinblick auf bestandsgefährdende Entwicklungen **kein Organisationsermessen**. Das gilt – wegen der erwähnten Ausstrahlwirkung des § 91 Abs. 2 AktG auf das GmbH-Recht – sinngemäß auch für GmbH-Geschäftsführer im Hinblick auf Entwicklungen, die den Bestand der GmbH gefährden.

---

[62] BGH Urt. v. 21.4.1997 – II ZR 175/95, NJW 97, 1926 und dazu *Götz* NJW 1997, 3275.
[63] *Schneider* ZIP 2013, 645 (648); *Merkt* DB 2014, 2271 (2272).
[64] IDW PS 980 Grundsätze ordnungsmäßiger Prüfung von Compliance Management Systemen v. 11.3.2011 (Stand), WPg Supplement 2/2011, S. 78 ff., FN-IDW 4/2011, S. 203 ff. siehe dazu http://www.idw.de/idw/portal/d642684; weitere Hinweise *Ernest & Young*, Der IDW PS 980 – Standard zur Prüfung von Compliance-Management-Systemen, Stand 2014, abrufbar unter http://www.ey.com/Publication/vwLUAssets/EY_Flyer_zu_IDW_PS_980/$FILE/EY%20Flyer_IDW%20PS%20980.pdf.
[65] KPMG, Prüfung von Compliance-Management-Systemen (CMS) nach dem IDW PS 980, Stand 2012, abrufbar unter https://www.kpmg.com/DE/de/Documents/pruefung-compliance-management-system-2012.pdf.
[66] Speziell zur Prüfung des CMS → Rn. 56–63.
[67] Hauschka/*Pampel/Krolak* S. 416.

46 Mit der sogenannten 8. EU-Abschlussprüferrichtlinie und dem Gesetz zur Modernisierung des Bilanzrechts[68] (BilMoG) sind einige Änderungen bei den gesetzlichen Anforderungen an Compliance-Maßnahmen und Risikomanagement gerade in kapitalmarktorientierten Unternehmen eingetreten.[69] Der Gesetzgeber hat in § 107 Abs. 3 AktG in der Fassung des BilMoG erstmals den Begriff des *„Risikomanagementsystems"* in das Aktiengesetz eingeführt und den Aufsichtsrat in Form des Prüfungsausschusses zu dessen Überwachung verpflichtet. § 107 AktG regelt die *„Innere Ordnung des Aufsichtsrats"*.

Insbesondere wegen des Verhältnisses zu § 91 Abs. 2 AktG stellt sich die Frage, ob es eine Differenzierung zwischen

- den in § 91 Abs. 2 AktG vorgesehenen „geeigneten Maßnahmen […], insbesondere ein Überwachungssystem [zur Früherkennung bestandsgefährdender Entwicklungen]" und
- dem in § 107 Abs. 3 AktG erstmals in das Gesetz aufgenommenen Begriffs des „Risikomanagementsystems"

gibt.

47 Mit der Frage nach einer derartigen **Differenzierung** zwischen Risikomanagementsystem und **Risikofrüherkennungssystem** wurde zugleich die Frage nach dem Unterschied zwischen dem juristischen Verständnis der Begriffe im Sinne von § 91 Abs. 2 AktG und von § 107 Abs. 3 AktG gestellt.[70] Dabei handelt es sich nicht um ein mehr oder weniger theoretisches Problem der Festlegung von Begriffen. Die jeweilige Interpretation des Verhältnisses von § 91 Abs. 2 AktG zu § 107 Abs. 2 AktG hat vielmehr konkrete praktische Auswirkungen auf Fragen des Organisationsverschuldens und damit auch der Haftung.

48 Gegen die Identität von Früherkennungssystem und Risikomanagementsystem sprechen bereits die unterschiedlichen Begrifflichkeiten. Zudem erwähnt § 107 Abs. 3 Satz 2 AktG neben dem Risikomanagementsystem ausdrücklich das interne Kontrollsystem. Das legt nahe, dass das Risikomanagementsystem kein Oberbegriff ist (für internes Kontrollsystem/ Früherkennungssystem und andere Systeme).

49 Wie erwähnt[71] war der Begriff des Risikomanagementsystems lange Zeit eher betriebswirtschaftlich geprägt und wesentlich weiter als die im juristischen Schrifttum vorherrschende Ansicht zur Reichweite des § 91 Abs. 2 AktG. Seit 2009 hat sich mit dem BilMoG bzw. mit Einführung des § 107 Abs. 3 AktG auch die juristische Auffassung von den Compliance-Pflichten des Vorstands erweitert.[72] Die Diskussion dauert in der Rechtswissenschaft bislang noch an.[73] Nach wohl überwiegender Ansicht orientiert sich der Begriff des Risikomanagementsystems im Sinne von § 107 Abs. 3 AktG eher am betriebswirtschaftlichen Verständnis.[74]

50 Der Hauptunterschied zwischen dem Risikomanagementsystem und dem Früherkennungssystem besteht darin, dass beim Ob und Wie des Risikomanagementsystems ein **weites** Ermessen der Geschäftsleitung besteht.[75] Inwieweit auch § 107 Abs. 3 AktG eine Ausstrahlwirkung auf die Rechtsform der GmbH hat, ist noch nicht abschließend geklärt.

51 c) **Verschärfte gesetzliche Vorgaben und neuere Entwicklungen.** Das am 29.5.2009 in Kraft getretene BilMoG stellt hinsichtlich der Risikofrüherkennung und -überwachung erhöhte Anforderungen an das Reporting einer Aktiengesellschaft. Zumindest bei Abgabe der jährlichen Erklärung sind die geänderten Anforderungen zu berücksichtigen. § 161 AktG wurde zu einem echten „comply or explain"-Modell[76] ausgeweitet.

52 Das BilMoG verpflichtet zu weiteren Angaben in Bezug auf die Corporate Governance des Unternehmens.[77] Insbesondere hat jeweils im Lagebericht der Geschäftsjahre, eine Be-

---

[68] Gesetz vom 25.5.2009 (BGBl. I S. 1102), in Kraft getreten am 29.5.2009.
[69] Auch der Deutschen Corporate Government Kodex wurde in diesem Zuge geändert.
[70] Arbeitskreis Externe und Interne Überwachung, aaO, S. 1245.
[71] → Rn. 17.
[72] Siehe Arbeitskreis Externe und Interne Überwachung, aaO, S. 1245.
[73] Thüsing, Arbeitnehmerdatenschutz und Compliance, S. 26 ff.
[74] Arbeitskreis Externe und Interne Überwachung, aaO, S. 1245 ff.
[75] Siehe Arbeitskreis Externe und Interne Überwachung, aaO, S. 1245.
[76] Unger, „comply or explain" – bald neu, 23.10.2008, abrufbar unter: http://blog.beck.de/2008/10/23/comply-or-explain-bald-neu
[77] Im Anhang des Jahres- bzw. Konzernabschlusses ist erstmals für die Geschäftsjahre, die nach dem 31. Dezember 2008 beginnen, unter anderem anzugeben, dass die nach § 161 AktG vorgeschriebene Erklä-

II. Risikomanagement, Haftung der Geschäftsleitung, Compliance

schreibung des internen Kontroll- und Risikomanagementsystems zu erfolgen (§§ 289 Abs. 5, 315 Abs. 2 Nr. 5 HGB). Unternehmen, die nach der novellierten Fassung des § 161 AktG verpflichtet sind, eine Entsprechenserklärung abzugeben, haben ferner als eigenen Bestandteil des Lageberichts eine Erklärung zur Unternehmensführung gemäß § 289a HGB zu veröffentlichen. Alternativ kann die Erklärung auf der Website der Gesellschaft öffentlich zugänglich gemacht werden. Die Verpflichtung zur Abgabe einer Erklärung zur Unternehmensführung gilt für die Abschlüsse der Geschäftsjahre, die nach dem 31. Dezember 2008 begonnen haben. Die Erklärung zur Unternehmensführung hat zu enthalten:
- die Corporate Governance Entsprechenserklärung nach § 161 AktG,
- eine Angabe aller angewandten wesentlichen Unternehmensführungspraktiken sowie einen Hinweis darauf, wo die ihnen zugrunde liegenden Dokumente öffentlich zugänglich sind,
- eine Beschreibung der Arbeitsweise von Vorstand und Aufsichtsrat sowie der Zusammensetzung und Arbeitsweise der Ausschüsse.

Zu den angewandten wesentlichen Unternehmensführungspraktiken zählen unter anderem unternehmensweit gültige ethische Standards, Arbeits- und Sozialstandards sowie Selbstverpflichtungen des Unternehmens oder eines Unternehmensverbandes, dem das Unternehmen angehört.

Fraglich ist, ob die Aktiengesellschaft[78] verpflichtet ist, über sämtliche im Unternehmen vorhandenen, organisatorischen Regelungen beziehungsweise Vorschriften, insbesondere soweit Compliance und Risikofrüherkennung und -kontrollen betroffen sind, zu berichten. Einige Autoren gehen davon aus, dass die Angabepflicht über das Tatbestandsmerkmal der Relevanz in erheblichem Umfang einzuschränken sei und dass Angaben über die Arbeitsweise des Vorstands und des Aufsichtsrats, sowie über die Zusammensetzung und die Arbeitsweise ihrer Ausschüsse grundsätzlich in Anlehnung an die bisherigen Angaben nach § 285 Nr. 10 HGB vorzunehmen seien. Dem widersprechen andere Autoren, die eine Pflicht zur Einführung eines umfassenden Risikomanagementsystems, das nicht nur auf bestandsgefährdende Risiken fokussiert ist, als begründet ansehen.[79]

Im Ergebnis ist wohl (auch mit Blick auf die BDSG-Novellen 2009) anzunehmen, dass Vorstände und Geschäftsführer **seit Juni 2009**[80] **in größerem Umfang prüfen und kontrollieren müssen**, ob etwa die datenschutzrechtlichen Bestimmungen, auch in IT-Sicherheitsrechtlicher Hinsicht, eingehalten werden. Denn gerade die Datenschutzvorschriften sind gesetzliche Regelungen im öffentlichen Interesse, deren Missachtung mit empfindlichen Konsequenzen für die verantwortlichen Unternehmen und Organe geahndet werden können.[81]

Sowohl für die Vorstände von Aktiengesellschaften als auch für die Geschäftsleitung anderer Gesellschaftsformen haben sich die Anforderungen an ihre Risikofrüherkennung und Risikoüberwachung verschärft, auch wenn es um Risiken geht, die nicht bestandsgefährdend sind, wie etwa Datenschutzverstöße. Insbesondere die Anforderungen an Effizienz und Transparenz des Kontrollsystems und an die Transparenz der Verantwortlichkeiten sind gestiegen.[82] Dies hat jedoch das Organisationsermessen der Geschäftsleitung im Hinblick auf

---

rung abgegeben wurde und wo sie öffentlich zugänglich gemacht worden ist (§§ 285 Nr. 16, 314 Nr. 8 HGB), die Höhe des Gesamthonorars des Abschlussprüfers für im Geschäftsjahr erbrachte Leistungen, aufgeschlüsselt nach Abschlussprüfungsleistungen, anderen Bestätigungsleistungen, Steuerberatungsleistungen und sonstige Leistungen, soweit die Angaben nicht in einem das Unternehmen einbeziehenden Konzernabschluss enthalten sind (§§ 285 Nr. 17, 314 Nr. 9 HGB) sowie die nicht zu marktüblichen Bedingungen zustande gekommen Geschäfte zwischen Mutterunternehmen und Tochterunternehmen (§§ 285 Nr. 17, 314 Nr. 13 HGB).

[78] *Freshfields Bruckhaus Deringer*, BilMoG in Kraft getreten, Mai 2009, S. 3, abrufbar unter www.freshfields.com/publications/pdfs/2009/may09/25843.pdf.
[79] *Hemmelhoff/Mattheus* BB 2007, 2787 (2788 ff.); *Theusinger/Liese* NZG 2008, 291. Speziell zu Haftungsrisiken bei falscher, unvollständiger oder nicht abgegebener Entsprechungserklärung: *Vetter* NZG 2008, 121.
[80] Also seit der Geltung des BilMoG.
[81] Die Konsequenzen nach Bundesdatenschutzgesetz sind etwa nach § 38 BDSG Betriebsprüfung durch die Aufsichtsbehörde und Stilllegung von Datenverarbeitungssystemen bei schweren Datenschutzmängeln; nach § 42a BDSG eine Pflicht zur Selbstanzeige bei bestimmten Datenschutzverstößen und ggf. einer Veröffentlichungspflicht in zwei überregionalen Tageszeitungen; nach §§ 43, 44 BDSG Geldbußen bis zu 300.000 EUR im Einzelfall und darüber hinaus Gewinnabschöpfung sowie Geld- und im äußersten Fall Haftstrafen.
[82] Siehe Monatsbericht des Bundesfinanzministeriums (BFM), Oktober 2009.

Compliance-Maßnahmen nicht auf Null reduziert. Die **Einführung und Ausgestaltung eines Systems zum Management von Risiken unterhalb der Bestandsgefährdung steht im Ermessen der jeweiligen Geschäftsleitung.**

57 Von einigen Instanzgerichten wird – zumindest in Teilbereichen – die Differenzierung zwischen dem Früherkennungssystem bei bestandsgefährdenden Entwicklungen (§ 91 Abs. 2 AktG) und dem allgemeinen Risikomanagementsystem im Sinne von § 107 Abs. 3 AktG argumentativ außer Acht gelassen. So hat das LG Berlin[83] im Rahmen eines Prozesses um die Kündigung eines Vorstandsmitglieds wegen mangelhaften Risikomanagements ausgeführt, wegen des Fehlens einer vorausschauenden Risikoanalyse sei das eingerichtete Risikomanagementsystem fehlerhaft gewesen. Allerdings hatte das Gericht dabei geprüft, ob die hierdurch hervorgerufene und dem Vorstandsmitglied vorgeworfene Situation zu einer Insolvenzgefahr (also zu einer bestandsgefährdenden Entwicklung) für das Unternehmen führte. Die Frage, ob es sich um eine Pflichtverletzung nach § 91 Abs. 2 AktG oder um einen Verstoß gegen die kaufmännische Sorgfaltspflicht des § 93 Absatz 1 AktG handelte, blieb vom Gericht unerörtert, ist aber nach herrschender Ansicht von Bedeutung.

58 Als Leitlinie für die gestiegenen Anforderungen können zB die **„Grundsätze für gute Unternehmensführung"** dienen, die die Bundesregierung am 1.7.2009 veröffentlicht hat.[84] Dieser „Public Corporate Governance Kodex" ist von Geschäftsführern, Vorständen und Aufsichtsräten in bundeseigenen Unternehmen einzuhalten. Der Bund orientiert sich mit dem „Public Kodex" an den Standards des „Deutschen Corporate Governance Kodex" (DCGK),[85] will aber bei den bundeseigenen Unternehmen mit gutem Beispiel vorangehen und fasst daher den Public Kodex strenger. Allerdings ist zu vermuten, dass diese strengeren Vorgaben in absehbarer Zeit auch für nicht-bundeseigene Unternehmen gelten werden. Das gilt insbesondere insoweit der Bund Empfehlungen und Anregungen abgibt, um die **Verantwortungsbereiche von Vorständen, Aufsichtsräten und Geschäftsführern genauer zu benennen und abzugrenzen.**

59 Bezüglich des genauen Inhalts dieses Verantwortungsbereichs, was die Compliance-Pflicht der Unternehmensleitung betrifft, hat LG München I[86] im Jahr 2013 eine *„erste richterliche Konkretisierung"*[87] vorgenommen.

60 LG München I Urt. v. 10.12.2013 – 5 HKO 1387/10 – Siemens./.Neubürger: Im Zusammenhang mit §§ 93 AktG hat das Gericht gegen ein Vorstandsmitglied einen Schadensersatzanspruch in Höhe von 15 Mio. Euro wegen Verletzung der Legalitätspflicht bei mangelnder Einrichtung eines Compliance-Systems im Unternehmen zuerkannt. Leitsätze 1–3 des Gerichts:

„1. Im Rahmen seiner Legalitätspflicht hat ein Vorstandsmitglied dafür Sorge zu tragen, dass unternehmen so organisiert und beaufsichtigt wird, dass keine Gesetzesverstöße wie Schmiergeldzahlungen an Amtsträger eines ausländischen Staates oder an ausländische Privatpersonen erfolgen. Seiner Organisationspflicht genügt ein Vorstandsmitglied bei entsprechender Gefährdungslage nur dann, wenn er eine auf Schadensprävention und Risikokontrolle angelegte Compliance-Organisation einrichtet. Entscheidend für den Umfang im Einzelnen sind dabei Art, Größe und Organisation des Unternehmens, die zu beachtenden Vorschriften, die geografische Präsenz wie auch Verdachtsfälle aus der Vergangenheit.

2. Die Einhaltung des Legalitätsprinzips und demgemäß die Einrichtung eines funktionierenden Compliance-Systems gehört zur Gesamtverantwortung des Vorstands.

3. Liegt die Pflichtverletzung eines Vorstandsmitglieds in einem Unterlassen, beginnt die Verjährung im Falle der Nachholbarkeit der unterlassenen Handlung nicht schon dann, wenn die Verhinderungshandlung spätestens hätte erfolgen müssen, sondern erst dann, wenn die Nachholbarkeit endet."

61 Auch wenn das Urteil Stand Juni 2015 noch nicht rechtskräftig ist,[88] dürfte LG München I zur Klärung beigetragen haben, dass ua folgende Parameter *„Einfluss auf Umfang und Intensität der Compliance-Pflicht haben"*:[89]

---

[83] LG Berlin Urt. v. 3.7.2002 – 2 O 358/01, Die Aktiengesellschaft 2002, 682.
[84] Abrufbar unter http://www.bundesregierung.de.
[85] Zum DCGK → Rn. 128 ff.
[86] LG München I Urt. v. 10.12.2013 – 5 HKO 1387/10, DB 2014, 766.
[87] Merkt DB 2014, 2271 (2272).
[88] Berufung bei OLG München 7 U 113/14 Stand Juni 2015 noch anhängig.

- Wahrscheinlichkeit der Normverletzung,
- Branche,
- Größe und Organisationsstruktur des Unternehmens
- seine geographische Präsenz,
- Verstöße und Verdachtsfälle im Unternehmen oder in vergleichbaren Unternehmen in der jüngeren Vergangenheit.

Da das Urteil der LG München I einen internationalen Aktienkonzern betraf, ist im Detail unklar, wie weit die Compliance-Pflicht bei der Unternehmensleitung kleiner und mittlerer Unternehmen (KMU) reicht.[90] Sicher dürfte sein, dass auch KMU die Pflichten zum Compliance-Management trifft. Ebenfalls viel diskutiert wird die Frage, ob zur Überprüfung eines Compliance-Management-Systems eher Wirtschaftsprüfer (mit Blick auf IDW PS 980) oder, wegen der Anforderungen an die juristische Subsumtion von gesetzlichen Pflichten, eher Juristen geeignet sind und wie ggf. die Abgrenzung bei der Prüfung des CMS vorzunehmen ist.[91]

d) Spezialgesetzliche Pflichten zur Einrichtung von Risikomanagementsystemen. Solche spezialgesetzlichen Vorschriften existieren nur für besondere Bereiche.

Beispiele:
- **Rechnungslegung hins. Finanzinstrumenten, Lagebericht (§ 289 HGB):** Dass es mit der Früherkennung von Risiken durch ein entsprechendes Überwachungssystem nicht getan sein kann, folgt bereits aus den ebenfalls mit dem KonTraG eingeführten ergänzenden **Vorschriften zur Rechnungslegung.** § 289 Abs. 1 Satz 4 HGB verlangt eine Beurteilung und Erläuterung der voraussichtlichen Entwicklung mit ihren wesentlichen Chancen und Risiken.
- **Risikomanagement bei Kreditinstituten und Finanzdienstleistern und Versicherungsunternehmen, § 25a KWG und § 64a VAG:** § 25a Kreditwesengesetz (KWG) regelt sehr detaillierte und weitgehende Risikomanagementpflichten für Kreditinstitute, Finanzdienstleistungsunternehmen u. ä. Ähnlich strenge und detaillierte Risikomanagementpflichten gelten gem. § 64a Versicherungsaufsichtsgesetz (VAG) für Versicherungsunternehmen.
- **Wertpapierhandel u. ä., § 33 WpHG:** Verpflichtung zur Einrichtung einer dauerhaften und wirksamen Compliance-Funktion, die ihre Aufgabe unabhängig wahrnehmen kann, § 33 Abs. 1 S. 2 Nr. 1 WpHG.
- **Sicherungsmaßnahmen gegen Geldwäsche und Terrorismusfinanzierung, § 9 GWG:** Ebenfalls sehr strenge Kontrollpflichten im weitesten Sinne betreffend den Bereich des Controlling schreibt § 9 Geldwäschegesetz (GWG) vor.

3. Haftung der Geschäftsleitung

a) Ressortverantwortlichkeit des IT-Vorstands. In der Praxis werden den einzelnen Vorstandsmitgliedern einer Aktiengesellschaft regelmäßig bestimmte Ressorts zugewiesen (etwa für den Bereich IT und/oder Compliance). Zwar führt eine solche Ressortzuständigkeit nicht dazu, dass das entsprechende Vorstandsmitglied allein oder ausschließlich für das zugewiesene Aufgabengebiet verantwortlich ist. Aber der Inhalt der Verpflichtungen der übrigen Vorstandsmitglieder ändert sich: Die Pflicht zur **unmittelbaren geschäftsführenden Tätigkeit für diesen zugewiesenen Aufgabenbereich** besteht nur noch für das zuständige Vorstandsmitglied.[92]

Die anderen Vorstandsmitglieder unterliegen insoweit lediglich einer allgemeinen Überwachungspflicht.[93] Wird diese allgemeine Überwachungspflicht ordnungsgemäß durchgeführt, tritt eine **Haftungsbeschränkung für die übrigen Vorstandsmitglieder** ein. Während einer Krisensituation des Unternehmens oder bei Wahrnehmung der dem Gesamtorgan zugewiesenen Aufgaben sind an die Überwachungspflicht erhöhte Anforderungen zu stellen. Gibt es **Anhaltspunkte,** dass ein Vorstandsmitglied die ihm zugewiesenen Aufgaben nicht ordnungsgemäß wahrnimmt und das Ressort nicht ordnungsgemäß führt, besteht eine

---

[89] *Merkt* DB 2014, 2271 (2272).
[90] *Merkt* DB 2014, 2271 (2272).
[91] *Merkt* DB 2014, 2271; *Merkt* DB 2014, 2331 ff.
[92] Daher ist eine Ressortzuständigkeit für Vorstandsmitglieder grundsätzlich im Hinblick auf das Risiko persönlicher Haftung der Vorstandsmitglieder zu empfehlen.
[93] MüKoAktG/*Spindler* § 93 Rn. 149.

Pflicht zum Einschreiten der übrigen Vorstandsmitglieder. Die allgemeine Überwachungspflicht der übrigen Vorstandsmitglieder korrespondiert mit der Informationspflicht des Ressort-zuständigen Vorstandsmitglieds.

> **Praxistipp:**
> Wesentlich für Haftungsbeschränkung der Vorstandsmitglieder durch Aufgabenverteilung ist, dass die Aufgabenverteilung unter den Vorstandsmitgliedern eindeutig, klar und überschneidungsfrei festgelegt wurde. Hieran mangelt es in manchen Fällen.

66 b) **Haftung von GmbH-Geschäftsführern (beispielhaft).** Die im AktG für Vorstände festgehaltenen Pflichten können über entsprechende Verweisungen auch für **GmbH, OHG, KG** und **andere Gesellschaftsformen** gelten.

Beispielhaft sei für die GmbH auf § 43 GmbHG [Haftung der Geschäftsführer] verwiesen:

„(1) Die Geschäftsführer haben in den Angelegenheiten der Gesellschaft die **Sorgfalt eines ordentlichen Geschäftsmannes** anzuwenden.
(2) Geschäftsführer, welche ihre Obliegenheiten verletzen, haften der Gesellschaft solidarisch für den entstandenen Schaden."

67 Geschäftsführer haften umfassend für ein **deliktisches Handeln oder Unterlassen** nach § 823 Abs. 1 BGB. Ein deliktisches Handeln oder Unterlassen kann auch dann auftreten, wenn die Gesellschaft bzw. die einzelnen Mitarbeiter der Gesellschaft einen Datenschutzverstoß nach §§ 43, 44 BDSG begangen haben. Wenn ein solcher Verstoß begangen wurde, kommt es für die deliktische Haftung der GmbH-Geschäftsführer darauf an, ob die Ansprüche der Betroffenen und die aufsichtsrechtlichen Maßnahmen der zuständigen Datenschutzaufsichtsbehörde verschuldensunabhängig sind oder nicht.

68 Eine Haftung auf Schadensersatz besteht in der Regel nur bei **Verschulden.** Das Verschulden kann darin bestehen, Informations-, Organisations- und Überwachungspflichten nicht ausgeübt zu haben. An die Organisation und die Überwachung von unternehmerischen Entscheidungen/Handlungen sind sehr hohe gesetzliche Anforderungen geknüpft. In der Regel wird ein Verschulden der Geschäftsführer zu bejahen sein. Eine Inanspruchnahme kommt dann in Betracht, wenn der Geschäftsführer zwar nicht unmittelbar an der Schädigung Dritter mitwirkt, aber von dem deliktischen Handeln in seinem Verantwortungsbereich weiß oder zumindest hätte wissen müssen und nichts dagegen unternimmt bzw. organisatorisch nicht entsprechende Vorsorge getroffen hat.

69 Riskanter als die deliktische Haftung ist für Geschäftsführer die Haftung wegen **Organisationsverschuldens.** Dabei muss ein Geschäftsführer noch nicht einmal Kenntnis von einer Rechtsverletzung haben. Ausreichend für eine Haftung ist bereits der Vorwurf, dass er sein Unternehmen in organisatorischer Hinsicht nicht angemessen geführt hat.[94] Dabei ist es irrelevant, ob neben dem in Anspruch genommenen Geschäftsführer noch weitere Mitgeschäftsführer bestellt sind. Grundsätzlich trifft jeden Geschäftsführer die volle Verantwortlichkeit für die eigene Organisation. Ausnahmen sind nur dann denkbar, wenn organisatorisch eine Abgrenzung nach bestimmten Verantwortlichkeiten (Geschäftsbereichen) herbeigeführt wurde und der Geschäftsführer nachweisen kann, dass etwa im Rahmen von Reportings etc er sich über die Tätigkeit seiner Mitgeschäftsführer in ausreichender Weise kundig gemacht hat.

70 Problematisch ist, wenn die GmbH in eine **Matrix-Struktur**[95] eingebunden ist. Dann wird die Organisation des Unternehmens in den seltensten Fällen beim Geschäftsführer liegen. Dieser muss dann unter Umständen sehenden Auges eine eigene Haftung in Kauf nehmen. Verbindliche Vorgaben der Konzernspitze können die Geschäftsführung in die Lage bringen, im Widerspruch zu den Interessen „ihrer" GmbH und unter Gefährdung ihrer eigenen Position handeln zu müssen und ein deliktisches Verhalten oder Unterlassen in der Sphäre der GmbH (evtl. mangels Kenntnis) dulden zu müssen. Haftungsrechtlich trifft die GmbH-Geschäftsführer gleichwohl die volle Verantwortung des deutschen Rechts, selbst wenn es ent-

---

[94] *Wisskirchen* DB 2008, 1139.
[95] → Rn. 83 ff.

sprechende entgegenstehende Konzernvorgaben gibt. Dadurch befindet sich der GmbH-Geschäftsführer ggf. in einer haftungsrechtlich riskanten „Sandwich-Position".[96]

c) Haftung im Konzern. Nach der gesetzgeberischen Konzeption sind Aktiengesellschaften wegen der in § 76 Abs. 1 AktG normierten Weisungsfreiheit des Vorstands grundsätzlich gegen Fremdbeherrschung resistent. Dagegen unterliegen die Geschäftsführer einer GmbH den Weisungen ihrer Gesellschafter, weshalb manche Autoren als ein Merkmal der Geschäftsführung einer GmbH die **„natürlichen Konzernoffenheit"** bezeichnen.[97] Allerdings ist dieser Rechtsformunterschied von Aktiengesellschaft und GmbH für die Kompetenzverteilung in AG-Vorstand und GmbH-Geschäftsführung eher von untergeordneter Bedeutung. Zwar bildet im Konzern vom Grundsatz her der Vorstand der AG-Muttergesellschaft das Leitungsorgan der Gesamtunternehmung (Konzernvorstand). Die Einzelheiten der Kompetenzverteilung im Konzernvorstand und dessen Kompetenzbeziehungen zu den Handlungsträgern auf den tieferen Hierarchieebenen in der AG und zu den Handlungsträgern der GmbH-Tochtergesellschaft ergeben sich jedoch im Wesentlichen

- aus dem AktG und sonstigen Rechtsvorschriften, die im öffentlichen Interesse stehen (etwa datenschutz-, arbeits- und steuerrechtlich Vorschriften),
- aus Satzungen, Geschäftsordnungen und Gesellschafterbeschlüssen,
- aus konzerninternen Vereinbarungen zwischen der Muttergesellschaft und einer Untergesellschaft,
- aus Konzern-, Gesamt- oder lokalen Betriebsvereinbarungen.

> **Praxistipp:**
> Die Vorgaben aus dem AktG unterscheiden im Hinblick auf die Frage, ob und ggf. inwieweit die Geschäftsführer der GmbH Weisungen der AG befolgen müssen, zunächst danach, ob im Verhältnis der AG zu der GmbH
> - ein (zumindest faktischer) **Beherrschungsvertrag** und somit Vertragskonzern vorliegt oder
> - ob kein solcher Beherrschungsvertrag und somit ein sog faktischer **Konzern** besteht.[98]
> Im faktischen Konzern sind die Weisungsrechte des Vorstands der Obergesellschaft begrenzt.

Ein (aktienrechtlicher) Vertragskonzern liegt vor, wenn zwischen herrschender und beherrschter Gesellschaft ein sog **Beherrschungsvertrag** nach § 291 Abs. 1 S. 1, Fall 1 AktG besteht, der eine Unterwerfung der beherrschten Gesellschaft unter die Leitungsmacht der herrschenden regelt und **ins Handelsregister einzutragen** ist. In diesem Fall richten sich Weisungen der herrschenden an die beherrschte Gesellschaft nach §§ 308–310 AktG. Die Regelungen der §§ 291, 308–310 AktG setzen voraus, dass die beherrschte Gesellschaft eine Aktiengesellschaft ist. Das bedeutet aber nicht, dass Beherrschungsverträge mit einer **GmbH als Untergesellschaft** ausgeschlossen wären.[99] Nur handelt es sich dann nicht um einen aktienrechtlichen Vertragskonzern, so dass die §§ 291, 308–310 AktG nicht direkt angewendet werden können. Die herrschende Ansicht[100] wendet diese Vorschriften analog auf eine GmbH als Untergesellschaft an oder orientiert sich zumindest in enger Anlehnung an aktienrechtliche Vorschriften.

Nach § 308 Abs. 1 AktG ist bei Vorliegen eines Beherrschungsvertrages[101] das **Organ des herrschenden** Unternehmens berechtigt, dem Organ des abhängigen Unternehmens Wei-

---

[96] Einzelheiten zur Haftung in Matrix-Strukturen → Rn. 83 ff.
[97] Durch die ausführliche Regelung des Aktienkonzernrechts hat der Gesetzgeber die Aktiengesellschaft jedoch als in hohem Maße konzernoffene Gesellschaft ausgestaltet. Statt vieler: K. *Schmidt*, Gesellschaftsrecht, § 17 IV, S. 507 ff. Zur Leitungsorganisation im Konzern siehe auch *v. Werder*, Führungsorganisation, 2. Aufl. 2008, S. 335 (neue 3. Auflage 2015).
[98] Zur Abgrenzung → Rn. 77 sowie *Hauschka* § 8 Rn. 63 ff., § 10 Rn. 196 ff.
[99] BGHZ 105, 324 (330 f.); BGH NJW 1989, 295; *Lutter/Hommelhoff* GmbHG Anh § 13 Rn. 47.
[100] *Hüffer* AktG § 291 Rn. 6.
[101] Die Grundsätze einer Haftung im Vertragskonzern sind auch bei einem sog faktischen (verdeckten) Beherrschungsvertrag anzuwenden, die die zentralen Elemente einer Unterwerfung unter die herrschende Gesellschaft enthält, auch wenn es an einem entsprechenden Beschluss der Gesellschafterversammlung fehlt und der Vertrag nicht ins Handelsregister eingetragen ist, siehe *Hirte* NJW 2009, 415 (421).

sungen über die Gesellschaftsleitung zu erteilen. Weisungen, die für die Gesellschaft nachteilig sind, dürfen nur erteilt werden, wenn sie den Belangen des herrschenden Unternehmens oder der mit ihm konzernverbundenen Unternehmen dienen. Die Ausübung des Weisungsrechts liegt **im unternehmerischen Ermessen** des herrschenden Unternehmens.[102] Verletzen die gesetzlichen Vertreter des herrschenden Unternehmens bei der Erteilung von Weisungen die ihnen obliegenden Sorgfaltspflichten, sind sie der abhängigen Gesellschaft gemäß §§ 308, 309 Abs. 2 AktG zum Schadensersatz verpflichtet. Ersatzpflichtig ist der jeweils bei der Weisungserteilung tätig gewordene Vertreter.[103] Bei Tätigwerden mehrerer gesetzlicher Vertreter greift die in § 309 Abs. 2 Satz 1 AktG vorgesehene gesamtschuldnerische Haftung.

74 Nach herrschender Auffassung setzt ein Schadensersatzanspruch eine **rechtswidrige Weisung** des Organs des herrschenden Unternehmens voraus.[104] Nach § 308 Abs. 1 Satz 2 AktG darf im Vertragskonzern eine Weisung das abhängige Unternehmen schädigen, wenn die Weisung für den gesamten Konzern vorteilhaft ist. Daraus folgt, dass die Konzernleitung nur dann pflichtwidrig handelt, wenn aus der Schädigung der abhängigen Gesellschaft keine Vorteile resultieren, die der Obergesellschaft mittelbar oder unmittelbar zufließen. Hinsichtlich des Verschuldens wird der Konzernleitung ein relativ weiter Ermessensspielraum zugestanden. Um die Stellung des Konzernwettbewerbs zu behaupten, darf sie geschäftliche Risiken bei Wahrnehmung der Leitungsfunktion in Kauf nehmen.

75 Nach allgemeiner Auffassung finden im Vertragskonzern §§ 308 bis 310 AktG auf die abhängige GmbH entsprechende Anwendung, so dass nach § 308 Abs. 2 Satz 1 AktG die GmbH-Geschäftsführung grundsätzlich verpflichtet ist, die Weisungen des herrschenden Unternehmens zu befolgen. Aus § 308 Abs. 2 Satz 1 AktG iVm § 309 und § 310 AktG folgt jedoch auch eine Pflicht des Geschäftsführers der abhängigen Gesellschaft, die Rechtmäßigkeit von Weisungen zu prüfen.[105] **Rechtswidrig** ist eine Weisung insbesondere, wenn die Angelegenheit **nicht weisungsfähig** ist. Nicht weisungsfähig sind beispielsweise Weisungen bei **Gesetzesverstoß** gegen eine Vorschrift im öffentlichen Interesse, etwa bei einem (bußgeldbewehrten) Verstoß gegen Datenschutzvorschriften. Ein Gesetzesverstoß, der eine Weisung rechtswidrig macht, kann also nicht nur bei Verstößen gegen das Aktienrecht, sondern auch bei einem Widerspruch zu allgemeinen Normen vorliegen.[106]

76 Befolgt der GmbH-Geschäftsführer eine Weisung nicht, obwohl er dazu verpflichtet wäre, kann das herrschende Unternehmen auf **Erfüllung der Weisung** klagen. Diese Möglichkeit folgt aus dem schuldrechtlichen Charakter eines Beherrschungsvertrages. Unter der Voraussetzung der jeweiligen Haftungsnorm bestehen dann uU Regressansprüche der abhängigen Gesellschaft gegen ihre Geschäftsführung. So haftet im Ergebnis die Geschäftsführung der abhängigen Gesellschaft auf Schadensersatz.

> **Praxistipp:**
> Für den Vertragskonzern kann demnach als Ergebnis festgehalten werden, dass die Weigerung der Geschäftsführer einer abhängigen GmbH, eine Weisung umzusetzen, **pflichtwidrig** wäre, wenn die Weisung eine weisungsfähige Materie betrifft, nicht gegen Gesetze (etwa Datenschutz- oder Steuerrecht) verstößt und wenn die Weisung dem Konzernverbund dient. Nach allgemeiner Auffassung kann das herrschende Unternehmen die **abhängige Gesellschaft auf Schadensersatz in Anspruch nehmen**. Schadensersatzansprüche gegen den Geschäftsführer der GmbH selbst kann das herrschende Unternehmen aber regelmäßig nicht geltend machen. Allerdings bleibt das Organ der beherrschten GmbH dieser gegenüber verantwortlich, ist ggf. also auch regresspflichtig.

77 Im AktG sind das Verhältnis und die Weisungsrechte einer Obergesellschaft zu einer Untergesellschaft, mit der **kein** Beherrschungsvertrag besteht, in §§ 311 ff. geregelt. Mit

---

[102] Hauschka/*Epe*/*Liese* S. 233.
[103] Hauschka/*Epe*/*Liese* S. 234.
[104] MüKoAktG/*Altmeppen* § 309 Rn. 68; Hauschka/*Epe*/*Liese* Rn. 186.
[105] *Hüffer* AktG § 308 Rn. 20; Hauschka/*Epe*/*Liese* S. 235.
[106] MüKoAktG/*Altmeppen* § 308 Rn. 100; *Hüffer* AktG § 308 Rn. 14.

II. Risikomanagement, Haftung der Geschäftsleitung, Compliance

§§ 311 ff. AktG hat der Gesetzgeber die Zulässigkeit einer **faktischen Konzernbildung** – also ein Beherrschungsverhältnis ohne Beherrschungsvertrag – gleichsam anerkannt.[107]

Nach § 311 Abs. 1 AktG „*darf ein herrschendes Unternehmen seinen Einfluss nicht dazu benutzen, eine abhängige Aktiengesellschaft oder Kommanditgesellschaft auf Aktien zu veranlassen, ein für sie nachteiliges Rechtsgeschäft vorzunehmen oder Maßnahmen zu ihrem Nachteil zu treffen oder zu unterlassen, **es sei denn**, dass die Nachteile ausgeglichen werden*".

Für die Anwendung von § 311 AktG kommt es nicht auf die Rechtsform des **herrschenden** Unternehmens an. Zu beachten ist jedoch, dass die **§§ 311 ff.** AktG nur für beherrschte Aktiengesellschaften oder Kommanditgesellschaft aA (auf Aktien) gelten, **nicht für eine beherrschte GmbH**. Da sich die Konzeption des Aktienkonzernrechts von der des GmbH-Konzernrechts deutlich unterscheidet, ist im Fall des faktischen Konzerns zudem nach der Rechtsform der betroffenen Unternehmensträger zu unterscheiden. Die Verhaltenspflichten der abhängigen GmbH richten sich nicht nach §§ 311 ff. AktG (nach wohl herrschender Ansicht auch nicht analog),[108] sondern nach **§§ 37, 43 GmbHG**.[109]

> **Praxistipp:**
> Diese in § 311 Abs. 1 AktG vorgesehene Durchbrechung der Treuepflicht durch Ausgleichszahlungen ist auf die GmbH somit nicht anwendbar, so dass es bei der mitgliedschaftlichen Treuepflicht gegenüber dem Minderheitsgesellschafter, die das herrschende Unternehmen als Mehrheitsgesellschafter der GmbH bindet, bleibt.

Nach ganz herrschender Auffassung **haftet das herrschende Unternehmen** gegenüber der abhängigen Gesellschaft auf Schadensersatz, wenn es die Interessenwahrungspflicht schuldhaft verletzt.[110] Neben dem Schadensersatzanspruch nach § 249 BGB kommen auch Unterlassungs- und Beseitigungsansprüche der abhängigen Gesellschaft in Betracht. Ein Beseitigungsanspruch kann etwa auf Widerruf einer unzulässigen Weisung oder auf Rückgängigmachung sonstiger Schäden gerichtet sein. Einen direkten Anspruch der abhängigen GmbH gegen den Vorstand der AG wird von der **herrschenden Ansicht**[111] wegen der Rechtsformunterschiede zwischen GmbH und Aktiengesellschaft nicht anerkannt.[112]

> **Praxistipp:**
> Im Ergebnis kann festgehalten werden, dass nach der ganz herrschenden Auffassung im faktischen Konzernverhältnis der Vorstand der AG nicht verpflichtet und auch nicht berechtigt ist, die GmbH im Gesamtkonzerninteresse – zum Nachteil der GmbH – zu leiten und zu führen. Eine Konzernleitungspflicht, wie sie im Recht der Vertragskonzerne teilweise vertreten wird, scheidet im faktischen Konzern aus. Das heißt, allein die faktische Abhängigkeit der GmbH führt nicht dazu, dass der Vorstand der AG die Geschäfte der GmbH führen darf, va nicht zum Nachteil der GmbH.

Aus **§ 37 Abs. 1 GmbHG** folgt, dass GmbH-Geschäftsführer grundsätzlich weisungsgebunden gegenüber Gesellschafterbeschlüssen sind. Da die AG Mehrheitsgesellschafterin der GmbH ist, ist es ihr möglich, ihre Vorstellungen über die **Geschäftspolitik** der GmbH im

---

[107] Überwiegend wird angenommen, dass das Zulässigkeitsurteil eine Billigung und nicht bloß eine Duldung einfacher faktischer Konzernierung zum Ausdruck bringt, Hauschka/*Epe/Liese* § 10 Rn. 197.
[108] Der Schadensersatzanspruch der beherrschten Gesellschaft gemäß § 317 AktG wird zumindest von einem Teil der Literatur im GmbH-Konzern analog angewendet.
[109] Hauschka/*Epe/Liese* § 10 Rn. 201.
[110] BGH Urt. v. 5.6.1975 – II ZR 23/74, BGHZ 65, 15 (18 ff.) = NJW 1976, 191; BGHZ 95, 330 (340) = NJW 1986, 188 (190); BGHZ 115, 187 (193) = NJW 1991, 3142 (3145); Scholz/*Emmerich* Anh. Konzernrecht Rn. 85; *Raiser* § 54 Rn. 33 ff.; *Orth* DStR 1994, 250 (255 f.).
[111] OLG Bremen AG 1999, 466 (467); LG Bremen v. 19.11.1997 – 4 O 1073/96, NZG 1998, 468 (469); *Luchterhand* ZHR 133 (1970), 1 (13); Hauschka/*Epe/Liese* § 10 Rn. 201.
[112] Dies soll sich va daraus ergeben, dass ein GmbH-Geschäftsführer zur Erstellung eines Abhängigkeitsberichtes nicht verpflichtet ist.

Wege der Beschlussfassung in Gesellschaftsversammlungen durchzusetzen. Befolgt der Geschäftsführer zulässige Weisungen im Sinne des § 37 Abs. 1 GmbHG, kommt seine Haftung auf Schadensersatz nicht in Betracht.[113]

Beispiel:

Eine **Weisung** der Mehrheitsgesellschafterin der AG ist **nur dann rechtmäßig**, wenn sie auf einem **wirksamen Gesellschafterbeschluss** beruht. Das Weisungsrecht steht nur der Gesellschafterversammlung, nicht hingegen einzelnen Gesellschaftern zu. Erteilt **lediglich ein Mehrheitsgesellschafter** den Geschäftsführern eine Weisung, kommt eine **haftungsbefreiende Wirkung** der Weisung für die GmbH-Geschäftsführer **nicht** in Betracht.[114] Sieht der Gesellschaftsvertrag nichts Abweichendes vor, kann der Geschäftsführer der Weisung eines Mehrheitsgesellschafters selbst dann nicht mit haftungsbefreiender Wirkung folgen, wenn der Gesellschafter über die Mehrheit der Stimmen in der Gesellschafterversammlung verfügt und deshalb in der Lage ist, einen entsprechenden Beschluss herbeizuführen. Befolgt ein GmbH-Geschäftsführer eine nichtige Weisung, so handelt er pflichtwidrig im Sinne des § 43 Abs. 2 GmbHG und kann sich daher schadensersatzpflichtig machen.

81 **d) Schadenspositionen/Schadensrisiko.** Der Schaden, der dem Unternehmen entstehen kann, wäre unmittelbarer Art, weil er durch die Inanspruchnahme durch Dritte entsteht. So ist es denkbar, dass Kunden bei nicht rechtzeitiger Lieferung oder nicht richtiger Lieferung im Rahmen von festen Terminen bereits **Betriebsstörungsschaden** geltend machen, auch wenn noch zusätzlich im Rahmen der Mängelhaftung Nacherfüllung begehrt werden kann. Nach Wegfall des § 326 BGB aF steht Schadenersatz dem Kunden unter **wesentlich erleichterten Bedingungen** zu.[115]

82 Auch die rechtzeitige und umfängliche Sorge für die Sicherung des **Quellcodes** im Zusammenhang mit seiner Qualifizierung als Betriebs- und Geschäftsgeheimnis bzw. „Kernstück des Unternehmens" kann dazu gehören. Infolgedessen wird eine Vertriebspolitik in Verbindung eventuell auch mit Hinterlegung oder ähnlichem ebenso zur Vorsorge seitens des Vorstands gehören, wie die entsprechende Vorsorge des Vorstands beim bestellenden Unternehmen, sich den Zugriff auf den Quellcode und die Weiterentwicklung zu sichern.[116] Auch hier kann ggf. verschuldensunabhängig – allerdings mit der Möglichkeit der Entlastung – eine Schadenersatzhaftung drohen, die nicht unerheblich ist und die über das Risiko-Managementsystem im Rahmen der Vorsorge berücksichtigt werden sollte.

4. Matrix-Strukturen in Konzernen

83 **a) Fachliche und disziplinarische Weisungsrechte.** Gerade in grenzüberschreitend tätigen Konzernen ergeben sich besondere Probleme mit der Risikofrüherkennung und -überwachung und somit auch besondere Haftungsrisiken aus sogenannten Matrix-Strukturen. Bei einer Matrix-Organisation enden Berichtswege, Kompetenzen von Führungsgremien u. ä. nicht an den gesellschaftsrechtlichen Grenzen einer Gesellschaft.[117] Stattdessen werden Teams (zB in den Bereichen HR oder Vertrieb) unternehmensübergreifend aus Mitarbeitern unterschiedlicher Gesellschaften zusammengesetzt. Es ist also denkbar, dass zB HR-Mitarbeiter der Gesellschaft A in der Rechtform einer GmbH direkt an einen Vorgesetzten berichten, der bei der Gesellschaft B – oftmals die börsennotierte Muttergesellschaft – ansässig ist. Dieser Vorgesetzte entscheidet zB über Beförderungen u. ä., obgleich zumindest für manche Team-Mitglieder der formale Arbeitgeber nicht die Gesellschaft B ist.

84 Das wesentliche Merkmal einer Matrix-Struktur ist, dass fachliche und disziplinarische Weisungsrechte ganz oder teilweise voneinander getrennt werden.[118] Die Matrix-Strukturen betreffen oft nicht nur die Spitzenorganisation im Konzern, sondern die Unternehmensorganisation insgesamt, also auch die untergeordneten Führungsebenen der einzelnen Unternehmens- und Geschäftsbereiche. Ein Merkmal von Matrix-Strukturen ist somit, dass von den einzelnen Mitarbeitern, auch von den Führungskräften der Untergesellschaften, unter-

---

[113] BGH Urt. v. 14.12.1952 – II ZR 187/57, BGHZ 31, 258 (278).
[114] Scholz/*Schneider* GmbHG § 43 Rn. 94.
[115] → § 10 Vertragliche Grundlagen.
[116] Zu Einzelheiten → § 38 IT in der Insolvenz, Escrow.
[117] *Wisskirchen* DB 2008, 1139.
[118] Abrufbar unter http//www.steuerlinks.de/organisation/lexikon/weisungsbefugnis.html.

schiedliche Berichtswege (Reportings) gefordert werden. Der einzelne Mitarbeiter berichtet nicht nur an seinen jeweiligen Arbeitgeber, sondern auch an die Leiter der jeweiligen globalen/regionalen Geschäftsbereiche.[119]

Die Matrix-Organisation steht somit in einem Widerspruch zur traditionellen Funktionsweise einer zB konzernangehörigen GmbH und ihres Geschäftsführers, der an sich maßgebliche Bezugspunkt für alle unternehmerischen Entscheidungen in der GmbH sein sollte. Stattdessen werden in der Matrix-Struktur die maßgeblichen Entscheidungen auf Hierarchieebenen getroffen, in denen der für den jeweiligen Aufgabenbereich zuständige Geschäftsführer GmbH möglicherweise nicht beteiligt ist. Dieser zuständige Geschäftsführer der GmbH wird insoweit möglicherweise nur „pro forma" informiert.

Weitere Beispiele für Matrix-Strukturen sind:
- Ein leitender Angestellter der Muttergesellschaft (etwa der „Head of HR") wird mit einzelnen Aufgaben des Personalleiters bzw. Geschäftsführers der GmbH betraut, die aber nur mit geringen, tatsächlichen Entscheidungsbefugnissen und Informationen über die GmbH einhergehen.
- Der Geschäftsführer der GmbH ist zumindest im Hinblick auf wesentliche Unternehmensbereiche nur „Plant-Manager", ohne dass die entsprechenden Bereichsleiter an ihn berichten. Das gesamte Finanzwesen (inklusive von G&V-Berechnungen) steuert der Konzern ohnehin zentral, ebenso vielfach die Mitarbeiterdatenverarbeitung und teilweise auch die Mitarbeiterverwaltung.
- Der Konzern bestellt in einer großen Zahl Tochtergesellschaften im In- und Ausland, für die der Konzern evtl. in Personalunion nur einen Geschäftsführer einsetzt, der möglicherweise im Ausland sitzt.
- Die GmbH ist aufgrund des Konzernwunsches nach einer „Reduction of legal entities" in verschiedene Geschäftsbereiche mit jeweils einem eigenen Geschäftsführer unterteilt, die völlig unabhängig voneinander agieren und unterschiedliche Berichtswege haben. Davon ist ein Geschäftsführer in Personalunion Vorstandsmitglied der Konzernmutter. Diese Konstellation vergrößert die Einflussmöglichkeit der Konzernmutter, überdeckt aber zugleich den Matrix-Charakter von Weisungen der Konzernmutter.

b) Typische Risikopotentiale von Matrix-Strukturen (am Beispiel einer konzernangehörigen GmbH). Ein Vorteil einer Matrix-Struktur, die an Geschäftsfeldern orientiert ist, kann sein, dass eine straffere Organisation und evtl. schnellere Entscheidungen möglich sind. Ein weiterer Vorteil aus betriebswirtschaftlicher Sicht kann sein, dass die Aktivitäten auf verschiedenen Ebenen ergänzt werden, Konzentrationen von Unternehmensbereichen auftreten und so Synergieeffekte erzielt werden können.

Riskant ist, dass Matrix-Strukturen regelmäßig wenig Rücksicht nehmen auf (nationale) gesellschaftsrechtliche, arbeitsrechtliche[120] und datenschutzrechtliche Erfordernisse. Denn nicht nur die gesellschaftsrechtlichen Anforderungen an das Risikomanagement im Unternehmen,[121] auch die arbeitsrechtlichen Vorgaben und die seit 1.9.2009 verschärften datenschutzrechtlichen Anforderungen beeinflussen und begrenzen die Spielräume der Unternehmensorganisation, insbesondere die Zulässigkeit von Matrix-Strukturen.

Das hat ein erhebliches Haftungspotential für die Geschäftsführer zB einer Tochter-GmbH zur Folge. Denn ihre Haftung richtet sich gerade nicht nach der Matrix-Struktur, sondern nach den klassischen nationalen Erfordernissen von Gesellschafts- und Datenschutzrecht. Im Konzern kann dies dazu führen, dass Geschäftsführerpositionen nicht adäquat besetzt werden können, was insbesondere im Hinblick auf Compliance-Gesichtspunkte problematisch ist. Die Schwierigkeiten dürften va dann zu Tage treten, wenn Rechtsverletzungen durch Bereichsleiter oder Organe der Konzernmutter in der Sphäre der GmbH begangen werden. Den Gläubigern ist die Matrix-Organisation in der Regel gleichgültig. Dies gilt auch für die Datenschutzbehörden. Sie suchen Haftungsmasse und dabei kann es auch die möglicherweise unzureichend informierten und nicht involvierten Geschäftsführer der GmbH treffen.

---

[119] Zu arbeitsrechtlichen Aspekten von Matrix-Strukturen → § 37 (Arbeitsrechtliche Bezüge) Rn. 192 ff.
[120] → § 37 (Arbeitsrechtliche Bezüge) Rn. 192 ff.
[121] → Rn. 29 ff.

89 In unternehmensübergreifenden Leitungsstrukturen besteht auf Grund der Vergrößerung und gesteigerten Komplexität der Entscheidungs- und Handlungsfelder eine erhöhte Gefahr, dass Sorgfaltspflichten, insbesondere gesellschaftsrechtlicher, arbeitsrechtlicher und datenschutzrechtlicher Art, verletzt werden und somit Haftungstatbestände erfüllt werden.

90 Gemäß § 43 Abs. 1 GmbHG sind die Geschäftsführer einer GmbH verpflichtet, in allen Angelegenheiten die Sorgfalt eines ordentlichen Geschäftsmannes mit den seit Inkrafttreten des BilMoG erhöhte Sorgfalts- und Treuepflichten anzuwenden.[122] Dabei dürfen sich die GmbH-Geschäftsführer nicht auf die Delegation von Verantwortlichkeiten innerhalb der Matrix-Strukturen im Konzern verlassen. Vielmehr sind und bleiben die GmbH-Geschäftsführer dafür verantwortlich, dass das unternehmerische Handeln im Bezug auf die GmbH im Einklang mit Gesetzen, Satzung und Gesellschaftsbeschlüssen steht. Insbesondere Risikogeschäfte sind sorgfältig vorzubereiten und abzuwägen, um den bestehenden Ermessensspielraum haftungsfest auszuüben.

91 Die aus dem amerikanischen Recht übernommene Business Judgement Rule[123] steht dem nicht entgegen. Denn nach dieser Rule scheidet die Haftung eines Vorstands oder Geschäftsführers aus, wenn sich der Vorstand oder Geschäftsführer erstens hinreichend informiert hat und zweitens annehmen kann, dass seine Entscheidung im besten Interesse der Gesellschaft liegt und drittens kein Interessenkonflikt besteht. Vor Haftungsrisiken aufgrund von Matrixstrukturen dürfen die Geschäftsführer somit die Augen nicht verschließen.

92 In Matrix-Strukturen kann es sein, dass der Geschäftsführer zwar noch Kenntnisse von Vorgängen hat, die die Gesellschaft betreffen, da er passiv, also informatorisch, in die Kommunikationsstränge eingeschaltet wird. Er kann die Gesellschaft jedoch oft in den entfernteren Handlungsfeldern mangels eigener Entscheidungsbefugnis bzw. entsprechend rechtzeitiger Informationen im Vorfeld nicht steuern. Rechtlich treffen den Geschäftsführer gleichwohl die genannten gesellschaftsrechtlichen Sorgfaltspflichten. Dies betrifft etwa auch die Sicherheit der IT-Infrastruktur.

93 **c) Haftung der Geschäftsleitung in der „Sandwich"-Position.** Die Geschäftsführer von GmbHs haften umfassend für ein deliktisches Handeln oder Unterlassen nach § 823 Abs. 1 BGB. Ein deliktisches Handeln oder Unterlassen kann auch dann auftreten, wenn die Gesellschaft bzw. die einzelnen Mitarbeiter der Gesellschaft einen Datenschutzverstoß begangen haben, siehe §§ 43, 44 BDSG. Wenn ein solcher Verstoß begangen wurde, kommt es für die deliktische Haftung der GmbH-Geschäftsführer darauf an, ob die Ansprüche der Betroffenen und die aufsichtsrechtlichen Maßnahmen der zuständigen Datenschutzaufsichtsbehörde verschuldensunabhängig sind oder nicht. Einen Anspruch eines Gläubigers auf Unterlassen oder Beseitigung von rechtsverletzenden Handlungen, die sich aus der Matrix-Struktur ergeben, aber der GmbH zuzurechnen sind, müssen die Geschäftsführer der GmbH auch dann gelten lassen, wenn die Geschäftsführer selbst kein Verschulden, insbesondere kein Organisations- oder Überwachungsverschulden trifft.

94 Eine Haftung auf Schadensersatz besteht in der Regel nur bei Verschulden. Das Verschulden kann darin bestehen, Informations-, Organisations- und Überwachungspflichten nicht ausgeübt zu haben.[124] An die Organisation und die Überwachung von unternehmerischen Entscheidungen/Handlungen, die die GmbH betreffen, aber in Matrix-Strukturen ergangen sind, sind sehr hohe gesetzliche Anforderungen geknüpft. In der Regel wird ein Verschulden der Geschäftsführer zu bejahen sein. Eine Inanspruchnahme kommt dann in Betracht, wenn der Geschäftsführer zwar nicht unmittelbar an der Schädigung Dritter mitwirkt, aber von dem deliktischen Handeln in seinem Verantwortungsbereich weiß oder zumindest hätte wissen müssen und nichts dagegen unternimmt bzw. organisatorisch nicht entsprechende Vorsorge getroffen hat.

95 **d) Organisationsverschulden.** Grundsätzlich trifft jeden Geschäftsführer die volle Verantwortlichkeit für die eigene Organisation.[125] Ausnahmen sind nur dann denkbar, wenn orga-

---

[122] Dazu im Einzelnen → Rn. 51 ff.
[123] Siehe Scholz/*Schneider* GmbHG § 43 Rn. 46.
[124] Zur Haftung bei fahrlässiger Unkenntnis der GmbH-Geschäftsführer → Rn. 95.
[125] *Wisskirchen* DB 2008, 1139.

nisatorisch eine Abgrenzung nach bestimmten Verantwortlichkeiten (Geschäftsbereichen) herbeigeführt wurde und der Geschäftsführer nachweisen kann, dass etwa im Rahmen von Reportings etc er sich über die Tätigkeit seiner Mitgeschäftsführer in ausreichender Weise kundig gemacht hat. Die Organisation des Unternehmens wird aber in einer Matrix-Struktur in den seltensten Fällen beim Geschäftsführer liegen. Dieser muss dann unter Umständen sehenden Auges eine eigene Haftung in Kauf nehmen.

Dies ist in einer Matrix-Struktur besonders risikoträchtig/-erhöhend: Verbindliche Vorgaben der Konzernspitze können die Geschäftsführer der GmbH in die Lage versetzen, im Widerspruch zu den Interessen „ihrer" GmbH und unter Gefährdung ihrer eigenen Position handeln zu müssen und ein deliktisches Verhalten oder Unterlassen in der Sphäre der GmbH (evtl. mangels Kenntnis) dulden zu müssen. Haftungsrechtlich trifft die GmbH-Geschäftsführer gleichwohl die volle Verantwortung des deutschen Rechts, selbst wenn es entgegenstehende Konzernvorgaben gibt. 96

e) **Steuer- und handelsrechtliche Buchhaltungs-/Buchführungspflichten, Archivierung, Datenschutzpflichten.** Der Geschäftsführer hat die steuerlichen Pflichten der Gesellschaft zu erfüllen (§ 34 Abs. 1 Abgabenordnung). Er muss die Bücher führen, die Steuererklärung abgeben und die Steuern aus dem Vermögen der GmbH zahlen. Eine Haftung ordnet § 69 AO an, wenn der Geschäftsführer seine Pflichten vorsätzlich oder grob fahrlässig verletzt. Insoweit haftet der Geschäftsführer zB auch, wenn die Buchhaltungs-/Buchführungspflichten, also insbesondere die elektronische Aufbewahrung steuerrelevanter Unterlagen nicht so vorgenommen wird, wie dies nach dem deutschen Recht erforderlich ist. 97

Zwar ist eine zentrale Archivierung von steuerrelevanten Unterlagen (zB geschäftlichen E-Mails) in Archivsystemen und Rechenzentrum der Konzernmutter nicht per se ausgeschlossen. Allerdings hat dann zB die Tochter-GmbH als verantwortliche Stelle für ihre geschäftlichen E-Mails sicherzustellen, dass die datenschutzrechtlichen Vorgaben an die Auslagerung dieser Daten an eine andere bestimmte Konzerngesellschaft eingehalten werden und die Archivierung auch im Übrigen die gesetzlichen Vorgaben etwa von GoBS oder GdPDU erfüllt.[126] Bei einer datenschutzwidrigen zentralen Archivierung durch eine Konzerngesellschaft für alle haften die datenübermittelnde und die datenempfangende Stelle für etwaige Datenschutzverstöße. Das gilt selbst dann, wenn die Konzerntochter aufgrund von Satzung, Geschäftsordnung oder Weisung der Konzernmutter zur Auslagerung von Geschäftsbereichen verpflichtet wurde. 98

Bei der Archivierung von steuerrelevanten Unterlagen ist durch den Geschäftsführer der steuerpflichtigen GmbH weiter Sorge dafür zu tragen, dass der physikalische Speicherort der Daten (Serverstandorte) nicht außerhalb der EU liegt. In den letzten Jahren ist aus Kostengründen in vielen Konzernen die Archivierung/Storage an einen *Cloud-Anbieter*[127] in die USA – und von dort zu einer unüberschaubaren Anzahl an Subdienstleistern – ausgelagert worden. Damit sind die steuerrelevanten Unterlagen im Falle einer Beschlagnahme dem Zugriff der deutschen Steuerbehörden entzogen. Daher sehen die Finanzbehörden eine solche Auslagerung der Archivierung in die USA als höchst kritisch an. Im Zweifelsfall, also im Falle einer Betriebsprüfung oder Beschlagnahme würden die deutschen Geschäftsführer für die GmbH haften. Der Geschäftsführer hat seine steuerlichen Pflichten zu kennen. Unkenntnis ist nach Auffassung des Bundesfinanzhofes immer grob fahrlässig. 99

Für den GmbH-Geschäftsführer besonders problematisch ist, dass die unternehmerischen Entscheidungen, die die Steuerpflichten der GmbH berühren, zB die Auslagerung der steuerrelevanten Unterlagen, von den GmbH-Geschäftsführern kaum beeinflusst und kontrolliert werden können, sondern von der Konzernleitung selbständig vorgenommen werden. 100

5. Compliance-Pflichten des Vorstands im Konzern

a) **Gesetzliche Compliance-Tatbestände.** *aa) Aktienrechtliche Pflichten des Vorstands einer Aktiengesellschaft gegenüber Untergesellschaften.* Nach allgemeiner Ansicht sind die 101

---

[126] → § 22 Cloud Computing.
[127] Zu Datenschutzanforderungen bei Datenauslagerung im Konzern → § 34 Rn. 172 f., 271 ff.; zum Umgang mit betrieblichen E-Mails → § 37 Rn. 198 ff.

Vorstandsmitglieder einer Aktiengesellschaft verpflichtet, geeignete zumutbare Vorkehrungen zur Überwachung
- von nachgeordneten Unternehmensangehörigen (vertikale Überwachungspflicht) sowie
- ihrer Vorstandskollegen (horizontale Überwachungspflicht)

zu treffen.[128] Diese Überwachungspflicht wird abgeleitet aus der Leitungspflicht des Vorstands (§ 76 Abs. 1 AktG).

102 Im Zusammenhang mit dem Spannungsfeld zwischen Compliance und Datenschutz-Vorschriften gibt es eine breite Diskussion in der Literatur,[129] inwieweit eine Muttergesellschaft verpflichtet ist, Verstöße in einem Konzernverbund zu verhindern. Allerdings befindet sich diese Diskussion noch in der Anfangsphase und wird nur zum Aktienrecht und (noch) nicht zum GmbH-Recht geführt.

103 Besteht ein Beherrschungsvertrag, sind Weisungsbefugnisse des Vorstands der herrschenden Aktiengesellschaft nach § 308 AktG denkbar. Auch § 308 AktG ist jedoch nach herrschender Ansicht nicht dazu geeignet, eine konzernweite Compliance-Pflicht zu postulieren.[130]

104 Dem entspricht auch **§ 76 Abs. 1 AktG**, wonach der Vorstand die Geschäfte *„der Gesellschaft"* (nicht des Konzerns) unter eigener Verantwortung zu leiten hat.

105 *bb) Keine analoge Ausdehnung der für Einzelgesellschaften geltenden Spezialtatbestände.* Vor allem wenn Überwachungspflichten im Gesetz ausdrücklich geregelt sind, wie etwa in § 25a KWG, § 33 WpHG oder § 9 GWG, ist zu fragen, ob die Pflichten die einzelne Gesellschaft oder den gesamten Konzern betreffen.

106 Gegen eine analoge Ausdehnung dieser Pflichten zu einem eigenständigen Tatbestand zur Compliance im Konzern spricht bereits, dass spezialgesetzlich ausdrücklich geregelt ist, wenn Compliance-Pflichten nicht nur für die Obergesellschaft gelten, sondern für die gesamte Unternehmensgruppe (siehe etwa § 25a Abs. 1a KWG und § 64a Abs. 2 VAG).

107 Im Bereich des Wertpapierhandels ist dies weniger klar geregelt. § 33 Abs. 2 WpHG spricht nicht von der Unternehmensgruppe, verlangt aber bei der „Auslagerung" von Aktivitäten, dass die Anforderungen des § 25a KWG eingehalten werden. Übertragen auf die GmbH hieße das: Wenn die Tochter-GmbH Geschäfte im Sinne von WpHG an die Konzernmutter auslagert, etwa weil die Konzernmutter zentrale Dienste für den Konzern erbringt, so können sich die GmbH-Geschäftsführer grds. nicht von Compliance-Verpflichtungen, die mit dem Aufgabenbereich verbunden sind, befreien. Insoweit wäre möglicherweise ein **Reporting in umgekehrter Richtung (nämlich zur Informationsbeschaffung für die GmbH-Geschäftsführer)** erforderlich, soweit Unternehmensbereiche an die Konzernmutter ausgelagert wurden.

108 Eine ähnliche Verpflichtung ergibt sich aus **§ 11 BDSG** (BDSG) im Hinblick auf die Auslagerung personenbezogener Daten (zB die Gehaltsabrechnung). § 11 BDSG regelt die sogenannten Auftragsdatenverarbeitung[131] und betrifft bestimmte Fälle des Outsourcing der betrieblichen Datenhaltung oder Datenverarbeitung. Bei einer Auftragsdatenverarbeitung nach § 11 BDSG bleibt das auslagernde Unternehmen vollumfänglich datenschutzrechtlich verantwortlich. § 11 Abs. 2 BDSG verlangt sogar ausdrücklich, dass die verantwortliche Stelle, die ihre personenbezogenen Daten auslagert, den (konzerninternen oder externen) Auftragnehmer regelmäßig kontrolliert und ihm vollumfänglich Weisungen erteilt.

109 Sofern Teile der Verarbeitung der personenbezogenen Beschäftigtendaten der GmbH durch die AG vorgenommen werden (ua mittels einer konzerninternen IT-Gesellschaft), sind auch insoweit umgekehrt Überwachungspflichten denkbar, nämlich eine **Überwachung der Obergesellschaft durch die Untergesellschaft.**

---

[128] *Fleischer* BB 2008, 1070 (1072); *ders.* NJW 2009, 2337 (2338).
[129] *Thüsing*, Arbeitnehmerdatenschutz und Compliance, S. 26.
[130] *Thüsing*, Arbeitnehmerdatenschutz und Compliance, S. 30.
[131] Die Anforderungen des § 11 BDSG sind streng. Werden diese Anforderungen durch das auslagernde Unternehmen und durch den Auftragnehmer eingehalten, dann enthält § 11 eine Privilegierung: Denn an sich dürfen personenbezogene Daten nur dann ausgelagert werden, wenn eine Rechtsvorschrift dies erlaubt oder vorschreibt oder wenn die Betroffenen eingewilligt haben. Werden die Anforderungen des § 11 BDSG erfüllt, dann sind keine Einwilligungen und keine gesonderten Erlaubnisvorschriften erforderlich. → § 22 Cloud Computing.

Zusammenfassend lässt sich aus den genannten Spezialtatbeständen nicht entnehmen, **110**
dass die Konzernmutter per se zu allgemeinen Compliance-Kontrollen bei ihren verbundenen Unternehmen verpflichtet wäre. Einige Vorschriften sprechen sogar dafür, dass in bestimmten Fällen die Untergesellschaft zur Kontrolle der Obergesellschaft verpflichtet ist.

cc) Unternehmensbegriff bei Compliance-Vorschriften. Teilweise wird im Schrifttum[132] **111**
vertreten, es hänge von der Auslegung des Begriffs „**Unternehmen**" ab, ob sich die Überwachungspflicht des Vorstands auf den ganzen Konzern erstreckt. Das ist im Ergebnis zutreffend. Allerdings ist der Unternehmensbegriff im deutschen Recht nicht einheitlich. Er unterscheidet sich je nach Rechtsgebiet und Normzweck.

So steht zB im Kartellrecht[133] (§§ 1 und 19 GWB) im Vordergrund, ein möglichst realistisches Bild einer Gesellschaft einschließlich ihrer Verflechtungen und Einflussnahmemöglichkeiten auf verbundene Unternehmen zu haben. Der Unternehmensbegriff ist dementsprechend tendenziell weit. Evtl. sind daher bei kartellrechtlichen Risiken (zB Aufteilung von Märkten oder Missbrauch einer marktbeherrschenden Stellung des Konzerns) eher Konzern-Compliance-Pflichten des Vorstands der Konzernmutter anzunehmen als in anderen Risikobereichen.[134] Dagegen steht bei Erlaubnisvorschriften im Datenschutzrecht[135] (zB §§ 28–32 BDSG) und Wettbewerbsrecht (§ 7 Abs. 3 UWG) die Transparenz für die Betroffenen im Vordergrund. Der Unternehmensbegriff ist nach herrschender Meinung eng und ein sogenanntes „Konzernprivileg", dh die Ausweitung von Erlaubnisvorschriften auf den Konzern, gibt es nicht. **112**

Sehr umstritten ist, ob die aus **§§ 130, 9 Ordnungswidrigkeitengesetz** (OWiG) folgende **113**
Aufsichtspflicht des Vorstands auf den gesamten Konzern erstreckt werden kann. § 130 OWiG dehnt die Haftung von Führungskräften erheblich aus und gilt nicht zuletzt deshalb als eine der bedeutsamsten und zugleich schwierigsten Vorschriften des deutschen Wirtschaftsstrafrechts.[136] Seiner primären Zielsetzung nach soll § 130 OWiG sicherstellen, dass in Betrieben und Unternehmen bereits im Vorfeld konkreter Pflichtverletzungen Vorkehrungen gegen die Begehung von Straftaten oder Ordnungswidrigkeiten getroffen werden.[137] Vorkehrungen sind nach wohl überwiegender Ansicht vor allem erforderlich gegen strafbare Manipulationen im Bereich der Buchhaltung und der Jahresabschlüsse (Korruptions-, Betrugs-, Geldwäsche- und Steuerstraftaten), Umweltdelikte und Verletzungen von Kartellrechtsvorschriften.[138] Diese ordnungswidrigkeitenrechtliche Aufsichtspflicht trifft zunächst die Gesellschaft als Unternehmensträger. Die Eigenschaft, Unternehmensträger zu sein, stellt ein **besonderes persönliches Merkmal** dar, welches über § 9 OWiG **auf die Geschäftsleitung übertragen** wird.[139]

Außerhalb des Ordnungswidrigkeitenrechts erlangt die Überwachungspflicht Bedeutung **114**
va insoweit, als es im Aktienrecht an einer **Zurechnungsnorm für das Fehlverhalten von Arbeitnehmern** fehlt. Nachgeordnete Unternehmensangehörige sind nicht Erfüllungsgehilfen des Vorstands iSv § 278 BGB, sondern Erfüllungsgehilfen der Aktiengesellschaft. Durch eine

---

[132] *Thüsing*, Arbeitnehmerdatenschutz und Compliance, S. 27.
[133] Siehe zum funktionalen Unternehmensbegriff im Kartellrecht, wonach auch ein Konzern als „Unternehmen" gilt: BGH v. 22.7.1999 – KZR 48/97, NJW-RR 2000, 90; *Bechtold* GWB § 1 Rn. 2. → § 39 Kartellrechtliche Bezüge.
[134] Speziell zur kartellrechtlichen Compliance siehe *Seeliger* AnwBl. 2010, 643; Hauschka/*Lampert*/*Matthey* § 26 S. 610 ff.
[135] *Schmidl* DuD 2009, 364.
[136] *Achenbach* wistra 2003, 285 (286); *Schemmel*/*Ruhmannseder* AnwBl. 2010, 647 (648).
[137] *Schemmel*/*Ruhmannseder* AnwBl. 2010, 647, 648.
[138] Im Falle von Wirtschaftskriminalität können Dritten Schadensersatzansprüche oder Vertragsstrafen gegen die Gesellschaft zustehen. Besonders schmerzhaft kann für eine Gesellschaft, die von Wirtschaftskriminalität betroffen ist, ein Ausschluss von der Vergabe von Aufträgen, insbesondere von öffentlichen Stellen sein. Wettbewerber können Unterlassungsansprüche etwa aus § 13 UWG haben. Weiter können der Gesellschaft steuerliche Nachteile erwachsen. Bei Verletzung von §§ 130, 9 OWiG (→ Rn. 257 ff.) können für die verantwortlichen Führungskräfte hohe Strafen drohen. Hauschka/*Pelz* S. 103 ff. Speziell zur Korruptionsbekämpfung: Hauschka/*Greeve* S. 601. Nicht bestandsgefährdend – obwohl möglicherweise ein Straftatbestand erfüllt ist – wären etwa Diebstahl/Unterschlagung eines Bleistifts und ähnliche Kleinstdelikte.
[139] Weitere Einzelheiten zur strafrechtlichen Verantwortlichkeit bei Compliance-Verstößen → Rn. 136 ff.

Überwachungspflichtverletzung im Sinne von §§ 130, 9 OWiG wird jedoch das Fehlverhalten eines Beschäftigten dem Vorstandsmitglied bzw. dem Vorstand insgesamt zugerechnet. Allerdings wird die Überwachungspflicht vom Grundsatz der **Verhältnismäßigkeit** begrenzt. Diese hängt in erster Linie vom Unternehmensgegenstand, der Rechtsnorm in der Größe und Organisation des Unternehmens und einer Vielzahl von zu beachtenden Vorschriften, insbesondere arbeitsrechtlichen und datenschutzrechtlichen, ab. Insbesondere der **Persönlichkeitsschutz der Unternehmensangehörigen** (va Beschäftigtendatenschutz) setzt Überwachungspflichten Grenzen.

115   Die Geschäftsleitung muss nach §§ 130, 9 OWiG dafür sorgen, dass sie verhältnismäßige Aufsichtsmaßnahmen trifft, um *"im Unternehmen"* die Begehung von Straftaten und Ordnungswidrigkeiten zu verhindern. Ob sich beim Vorstand der AG diese Pflicht auf den gesamten Konzern – also auch auf eine GmbH – erstreckt, hängt von der Auslegung des Begriffs *"Unternehmen"* ab. Die wohl überwiegende Ansicht versteht unter *"Unternehmen"* **ausschließlich die einzelne Gesellschaft**.[140]

116   Teile der Literatur stellen auf die faktische oder rechtliche Möglichkeit der Einflussnahme der Konzernmutter ab.[141] Dies dürfte jedoch schon allein wegen des Analogieverbots und **Bestimmtheitsgebots**[142] im Strafrecht und wegen der empfindlichen Haftungskonsequenzen für den Vorstand zu weit gehen. Nach einer anderen Ansicht ist eine konzernweite Aufsichtspflicht zumindest bei Kartellverstößen zu bejahen, wenn die „Mutter" tatsächlich eine zentrale Leitung unterhält[143] (etwa im sogenannten Vertragskonzern). Eine dritte Auffassung dehnt die Aufsichtspflicht der Konzernleitung auf 100 %-ige Tochterunternehmen aus.[144]

117   Im Ergebnis sind diese Mindermeinungen abzulehnen. Zum einen sind strafrechtliche Vorschriften eng auszulegen. Zum anderen berücksichtigen die Mindermeinungen nicht die gesellschaftsrechtliche Stellung der Tochterunternehmen und die Haftungsgrundsätze, die für die GmbH-Geschäftsführer gelten. Im Konzern ist hinsichtlich der Frage, ob und inwieweit Tochterunternehmen den Weisungen der Obergesellschaft nachkommen müssen, zwischen Vertragskonzern und faktischem Konzern zu unterscheiden.[145]

118   Das Ergebnis, dass der Vorstand der AG grds. keine Compliance-Pflichten im Hinblick auf die GmbH hat, führt nicht etwa zu strafrechtlichen Sanktionslücken. Denn für die Aufsicht der Beschäftigten der GmbH sind die GmbH-Geschäftsführer verantwortlich, auch strafrechtlich nach §§ 130, 9 OWiG.[146] Daher bedarf es keiner Ausdehnung der Aufsichtspflichten des Vorstands auf die GmbH.

119   **b) OECD-Grundsätze zur Corporate Governance.** Die OECD-Grundsätze zur Unternehmensführung wurden 1999 vom Rat der Organisation für die wirtschaftliche Zusammenarbeit und Entwicklung (engl. OECD) auf Ministerebene verabschiedet und im Jahre 2004 neu gefasst.[147] Die OECD-Grundsätze verstehen sich als eine internationale Richtschnur für politische Entscheidungsträger, Investoren und Unternehmen.

Danach folgt eine gute Corporate Governance **sechs Hauptprinzipien**:
I. Sicherung der Grundlagen eines effektiven Corporate-Governance-Rahmens
II. Aktionärsrechte und Schlüsselfunktionen der Kapitaleigner
III. Gleichbehandlung der Aktionäre
IV. Rolle der verschiedenen Unternehmensbeteiligten (Stakeholder) bei der Corporate Governance
V. Offenlegung und Transparenz
VI. Pflichten des Aufsichtsorgans (Board)

---

[140] *Bohnert* OWiG § 130 Rn. 7; *Fleischer/Spindler* § 15 Rn. 127 f.; andeutungsweise BGH WuW/E 1871, 1876 – Mixbeton.
[141] *Mannsdörfer/Timmerbeil* WM 2004, 362 (368 f.).
[142] Art. 103 Abs. 2 GG.
[143] *Wiedemann/Klusmann* § 55 Rn. 41.
[144] *Tiedemann* NJW 1979, 1849 (1852).
[145] → Rn. 71 ff.
[146] So auch *Thüsing*, Arbeitnehmerdatenschutz und Compliance, S. 28 ff.
[147] Abrufbar in der Neufassung 2004 unter http://www.oecd.org/dataoecd/57/19/32159487.pdf.

Bei jedem dieser sechs Hauptprinzipien sehen die OECD-Grundsätze zahlreiche Unterprinzipien vor, die das Hauptprinzip näher bestimmen. Diese Hauptprinzipien und Unterprinzipien sind im Teil 1 der OECD-Grundsätze geregelt. In Teil 2 finden sich umfangreiche Anmerkungen zu diesen Haupt- und Unterprinzipien. Auffallend ist, dass die OECD-Grundsätze ihre Adressaten – nämlich die Staaten (va die Gesetzgeber) und die Unternehmen – ohne Über-/Unterordnungsverhältnis nebeneinander stellen. Es werden den Adressaten keine näher umrissenen Regelungsbereiche zugewiesen, so dass namentlich bei den sechs Hauptgrundsätzen und den zahlreichen Unterprinzipien und Standards offen bleibt, wem die jeweilige Regelungsverantwortung zufallen soll.[148]

Bei der Ausfüllung und Konkretisierung des Corporate Governance Rahmens stellen die OECD-Grundsätze nicht die reaktive Störungsbeseitigung an erste Stelle, sondern einen Regelungsrahmen, der prospektiv darauf angelegt ist, bei den Kapitalanlegern weltweit Vertrauen zu schaffen, aufgebautes Vertrauen aufrecht zu erhalten und zu stärken. Ein Schritt des Gesetzgebers in Richtung mehr Eigenverantwortung der Unternehmen war die Schaffung von sog Anregungsnormen, etwa der zur Einrichtung von Aufsichtsratsausschüssen, § 171 Abs. 2 Satz 2 HS 2 AktG.

Im **Grundsatz zur Offenlegung und Transparenz** geht es zwar um die vorstandsbezogenen Corporate Governance-Regelungen. Die OECD fordert ein *„rigoroses Offenlegungssystem, das Transparenz im echten Sinne fördert"*[149] ua zu folgenden wesentlichen Informationen:
- vorhersehbare Risikofaktoren,
- Fragen im Hinblick auf Beschäftigte und andere Unternehmensbeteiligte sowie
- Corporate-Governance-Strukturen und -Praktiken.

Allerdings sind im Grundsatz V. die Vorstandspflichten nur sehr abstrakt angedeutet und sie beziehen sich in erster Linie auf die **Veröffentlichungspflichten** (also va auf die Information der Aktionäre). Die internen Reportings sind im Grundsatz V. nicht ausdrücklich geregelt und ergeben sich allenfalls indirekt daraus, dass der Vorstand die wesentlichen Informationen zunächst beschaffen muss, bevor er sie veröffentlichen kann. Im Übrigen ist jedoch im Grundsatz V. von *„allen wesentlichen Angelegenheiten, die das Unternehmen betreffen"* sowie von *„Unternehmensführung"* die Rede und **nicht** von „Angelegenheiten, die den Konzern betreffen" oder „Konzernführung".

Der **Grundsatz zu den Pflichten des „Aufsichtsorgans"** (Boards) erfasst auch Corporate-Governance-Praktiken. In Teil 2 der OECD-Grundsätze (Anmerkung zu Unterprinzip D. 7., S. 81) heißt es [Hervorhebung durch die Autorin]:

„Die **Compliance-Kontrolle** muss sich darüber hinaus auf rechtliche und administrative Vorschriften, zB in den Bereichen Wertpapiergeschäfte, Wettbewerb, Arbeitsbedingungen und Arbeitsschutz, beziehen. Derartige **Compliance-Programme** dürften auch die Einhaltung des Verhaltenskodex der Unternehmens. Um wirkungsvoll zu sein, muss die Anreizstruktur des Unternehmens mit dessen ethischen und professionellen Grundsätzen in Einklang stehen, so dass die Beachtung dieser Grundsätze belohnt und Gesetzesverstöße durch Abschreckungs- bzw. Strafmaßnahmen geahndet werden. **In derartige Programme** *sollten, soweit möglich*, **auch die Tochtergesellschaften einbezogen werden.**"

Der letzte Satz dieser Anmerkung deutet ein unternehmensübergreifendes Compliance-Programm im Konzern an, jedoch nur als **relativ unverbindliche Empfehlung** *(„sollten")*. An anderer Stelle formulieren die Anmerkungen wesentlich stärker *„der Board muss"* (s. o.). Zudem sind die Tochtergesellschaften nur *„soweit möglich"* in Compliance-Programme einzubeziehen. Man müsste wohl ergänzen: „soweit insbesondere aufgrund arbeits- und datenschutz- und persönlichkeitsrechtlicher Vorschriften zulässig". Denn der Schutz der Arbeitnehmer, der Persönlichkeits- und der Datenschutz genießt auf EU-Ebene (durch diverse Richtlinien) und auf grundrechtlicher Ebene einen sehr hohen Rang, der zumindest gleichwertig mit den Compliance-Anforderungen ist. **Wie** die Tochtergesellschaften einbezogen werden sollten, wird in den OECD-Grundsätzen und ihren Anmerkungen nicht erwähnt.

---

[148] Weitere Einzelheiten – allerdings noch zur alten Fassung der OECD-Grundsätze – siehe *Hommelhoff* ZGR 2001, 238.
[149] OECD-Grundsätze der Corporate Governance, 2004, S. 59.

126 Ob und wie die OECD-Grundsätze Verbindlichkeit entfalten sollen, war lange Zeit umstritten. Va der EU-Kommission gingen die OECD-Grundsätze nicht weit genug bzw. waren zu abstrakt.[150] Da der deutsche Gesetzgeber aus verfassungsrechtlichen Gründen die Verantwortung für die Aufstellung von Codes of Best Practice für börsennotierte Unternehmen nicht an einen nicht-öffentlichen Dritten abgeben darf, wurde die Möglichkeit der Schaffung eines sogenannten Anerkennungsverfahrens, wie es die Europäische Kommission bereits praktiziert hat,[151] diskutiert. Die Institutionen und Verfahren der Anerkennung transformieren private Regeln ohne Veränderung ihres Aussagegehalts in Rechtssätze, „härten" also das sog „Soft Law". Dazu kam es aber nicht, da die Bundesregierung im September 2001 eine Regierungskommission „Deutscher Corporate Governance Kodex" gebildet hat, die bis Februar 2002 einen Code of Best Practice, den sog **Deutschen Corporate Governance Kodex** erarbeitet hat, der seitdem jährlich überprüft und ggf. angepasst wurde und wird.

127 Die OECD-Grundsätze und ihre Anmerkungen sind somit für Deutschland nicht verbindlich, auch nicht mittelbar über die sogenannte „Comply or Explain"-Regelung in § 161 AktG.

128 **c) Deutscher Corporate Governance Kodex (DCGK).** Im Gegensatz zu den sehr umfangreichen OECD-Grundsätzen (84 Seiten inklusive Anmerkungen) ist der – inzwischen mehrfach novellierte – DCGK, den die *Regierungskommission Deutscher Corporate Governance Kodex* verfasst hat, sehr kurz (19 Seiten in der Fassung vom 5.5.2015). Die Regierungskommission DCGK hat am 5. Mai 2015 drei materielle Kodexänderungen beschlossen, die *„vor allem die weiter zunehmende Bedeutung der Rolle des Aufsichtsrats unterstreichen. Darüber hinaus wurde im Rahmen der Kodexpflege eine Reihe von Anpassungen, insbesondere zur besseren Lesbarkeit und weiteren Verschlankung, vorgenommen. Die neuen Empfehlungen gelten erst ab ihrer Veröffentlichung im Bundesanzeiger."*[152] Die Verkündung erfolgte am 12.6.2015.[153]

129 Der DCGK stellt ausweislich seiner Präambel *„wesentliche gesetzlicher Vorschriften zur Leitung und Überwachung deutscher börsennotierter Gesellschaften (Unternehmensführung) dar und enthält international und national anerkannte Standards guter und verantwortungsvoller Unternehmensführung".*

130 In der Präambel des DCGK gibt die Regierungskommission eine Auslegungshilfe für das Verständnis des DCGK:[154]

„Empfehlungen des Kodex sind im Text durch die Verwendung des Wortes „soll" gekennzeichnet. Die Gesellschaften können hiervon abweichen, sind dann aber verpflichtet, dies jährlich offen zu legen und die Abweichungen zu begründen („comply or explain"). Dies ermöglicht den Gesellschaften die Berücksichtigung branchen- oder unternehmensspezifischer Bedürfnisse. Eine gut begründete Abweichung von einer Kodexempfehlung kann im Interesse einer guten Unternehmensführung liegen. So trägt der Kodex zur Flexibilisierung und Selbstregulierung der deutschen Unternehmensverfassung bei. Ferner enthält der Kodex Anregungen, von denen ohne Offenlegung abgewichen werden kann; hierfür verwendet der Kodex den Begriff „sollte". Die übrigen sprachlich nicht so gekennzeichneten Teile des Kodex betreffen Beschreibungen gesetzlicher Vorschriften und Erläuterungen.

In Regelungen des Kodex, die nicht nur die Gesellschaft selbst, sondern auch ihre Konzernunternehmen betreffen, wird der Begriff „Unternehmen" statt „Gesellschaft" verwendet."

---

[150] Deshalb haben sich in Deutschland Kommissionen gegründet, die eigene Codes of Best Practice vorgelegt haben: die *Frankfurter Grundsatzkommission* im Januar 2000, der *Berliner Initiativkreis* im August 2000, siehe DB 2000, 1573 ff.

[151] Europäische Kommission, Mitteilung „Rechnungslegungsstrategie der EU: Künftiges Vorgehen", KOM (2000), 359.

[152] http://www.dcgk.de/de/kommission/die-kommission-im-dialog/deteilansicht/kodexaenderungen-2015-beschlossen.html. Siehe dazu auch BRAK-Stellungnahme Nr. 18/2015, Stand Mai 2015 abrufbar unter http://www.brak.de/zur-rechtspolitik/stellungnahmen-pdf/stellungnahmen-deutschland/2015/mai/stellungnahme-der-brak-2015-18.pdf.

[153] Einzelheiten zur neuen Fassung und zur Diskussion siehe *Werder/Turkali*, Corporate Governance Report 2015: Kodexakzeptanz und Kodexanwendung, DB 2015, 1357; *Werder*, EU-Empfehlung für das Corporate Governance Reporting: Zehn Thesen zur Kodexpublizität, DB 2015, 847; *Theisen*, Aufstieg und Fall der Idee vom Deutschen Corporate Governance Kodex, DB 2014, 2057.

[154] Vgl. Präambel zum deutschen Corporate Government Kodex (Fassung vom 5.5.2015).

II. Risikomanagement, Haftung der Geschäftsleitung, Compliance

Es steht deutschen börsennotierten Unternehmen frei, ob sie den Empfehlungen oder Anregungen des Kodex folgen wollen. Nach § 161 AktG wird der Vorstand und der Aufsichtsrat einer börsennotierten Gesellschaft allerdings verpflichtet, jährlich zu erklären, *„dass dem DCGK entsprochen wurde oder wird oder welchen Empfehlungen nicht gefolgt wurde oder wird"*. Abweichungen von Anregungen des DCGK müssen nicht offengelegt werden.

Die Pflichten des Vorstands sind vor allem in Ziff. 4 und teilweise in Ziff. 3 des DCGK geregelt [Hervorhebungen durch die Autorin]:

„3.4 [...]
Der Vorstand informiert den Aufsichtsrat regelmäßig, zeitnah und umfassend über alle für das **Unternehmen** relevanten Fragen der Planung, der Geschäftsentwicklung, der **Risikolage**, des **Risikomanagements** und der **Compliance**. Die Pflicht der Information des Aufsichtsrats war gemäß DCGK in der Fassung vom 24.6.2014 gemeinsame Aufgabe von Vorstand und Aufsichtsrat. In der Fassung vom 5.5.2015 wird klargestellt, dass diese Information Aufgabe des Vorstands ist. *„Der Aufsichtsrat hat jedoch seinerseits sicherzustellen, dass er angemessen informiert wird. Zu diesem Zweck soll der Aufsichtsrat die Informations- und Berichtspflichten des Vorstands näher festlegen."*
[...]
4.1.3 Der Vorstand **hat** für die Einhaltung der gesetzlichen Bestimmungen und der unternehmensinternen Richtlinien zu sorgen und wirkt auf deren Beachtung durch die **Konzernunternehmen** hin (Compliance).
4.1.4 Der Vorstand **sorgt** für ein angemessenes Risikomanagement und **Risikocontrolling** im Unternehmen."

Sowohl Ziff. 3.4 (2. Absatz) als auch Ziff. 4.1.3 und 4.1.4 des DCGK sind nicht als Empfehlungen formuliert („soll", „sollte" oder „kann"), sondern als Verpflichtungen. Zudem betreffen die Pflichten „das Unternehmen" bzw. „die Konzernunternehmen" und nicht nur „die Gesellschaft". Die Regierungskommission geht somit (laut der Hinweise in der Präambel) davon aus, dass es sich bei den Verpflichtungen in Ziff. 3.4, 4.1.3 und 4.1.4 um Konzernpflichten des Vorstands handelt, die auch für den Bereich der Tochterunternehmen gelten – und zwar ohne Differenzierung

- nach der Art des Konzerns (Vertragskonzern oder faktischer Konzern)[155] oder
- nach den Beteiligungsrechten[156] oder
- nach der Art des Risiko (bestandsgefährdend oder nicht).

Es ist zumindest nach herrschender Ansicht sehr fraglich, ob tatsächlich eine solche pauschale Pflicht zur Konzern-Compliance aufgrund der geltenden Vorschriften, va im AktG, besteht. Dies ist im Ergebnis abzulehnen.

Gegenüber der Fassung des DCGK vom 24. Juni 2014 ergeben sich in der Fassung vom 5. Mai 2015 beispielhaft folgende weitere Änderungen:
- Ergänzung in Ziff. 4.1.5: *„Für den Frauenanteil in den beiden Führungsebenen unterhalb des Vorstands legt der Vorstand Zielgrößen fest"*, die erstmals zum 30.9.2015 erfolgen müssen.
- Änderung in Ziff. 4.3.1: *„Vorstandsmitglieder sind dem Unternehmensinteresse verpflichtet. Sie dürfen bei ihren Entscheidungen keine persönlichen Interessen verfolgen, unterliegen während ihrer Tätigkeit für das Unternehmen einem umfassenden Wettbewerbsverbot und dürfen Geschäftschancen, die dem Unternehmen zustehen, nicht für sich nutzen."* Der Wortlaut der fassung vom 24. Juni 2014 war: *„Vorstandsmitglieder unterliegen während ihrer Tätigkeit für das Unternehmen einem umfassenden Wettbewerbsverbot."*

6. Verantwortlichkeit von betrieblichen Beauftragten (Compliance Officer, betrieblicher Datenschutzbeauftragter, Rechtsabteilungs- und Revisionsleiter u. ä.)

a) Urteil des BGH v. 17.7.2009 und Aufgabengebiet des Compliance Officers. Der BGH hat mit Urteil vom 17.7.2009[157] den Leiter einer Rechtsabteilung und Revision wegen Beihilfe zum Betrug durch Unterlassen zu einer Geldstrafe von 120 Tagessätzen verurteilt. Trotz Kenntnis der erforderlichen Umstände hatte der Rechtsabteilungs- und Revisionsleiter nichts gegen be-

---
[155] → Rn. 71 ff.
[156] → Rn. 74 f.
[157] BGH Urt. v. 17.7.2009 – 5 StR 394/08, NZG 2009, 1356.

trügerische Manipulationen eines Vorstandsmitglieds unternommen. Über den konkreten Fall hinaus hatte der BGH die Gelegenheit genutzt, erstmals zur Garantenstellung des sogenannten Compliance Officers im privatwirtschaftlichen Unternehmen Stellung zu nehmen.[158]

137 Für eine Strafbarkeit durch Unterlassen muss eine Pflicht zum Handeln bestehen (sog **Garantenpflicht**).[159] Der BGH bejahte das Vorliegen einer Garantenstellung wegen der Stellung des Angeklagten als Leiter der Rechtsabteilung und der Innenrevision (also Leiter eines Vertrauensbereichs). In der Entscheidung vom 17.7.2009 hatte der BGH aus dieser Funktion grundsätzlich eine Garantenstellung im Sinne des § 13 Abs. 1 StGB abgeleitet, mit der Folge, dass der betroffene leitende Angestellte wegen Beihilfe zur Unterlassung im Sinne des § 27 StGB strafbar ist, wenn er betriebsbezogene Straftaten von Mitarbeitern, von denen er Kenntnis erlangt, nicht verhindert. Diese Entscheidung des BGH ist die erste zur strafrechtlichen Einstandspflicht des Leiters eines Vertrauensbereichs im Unternehmen. Die Garantenpflicht folgt, so das Gericht, aus der Überlegung, dass demjenigen, dem Obhutspflichten für eine bestimmte Gefahrenquelle übertragen sind, dann auch eine **„Sonderverantwortlichkeit"** für die Integrität des von ihm übernommenen Verantwortungsbereichs trifft. Maßgeblich sei – so der BGH – die Bestimmung des Verantwortungsbereichs, den der Verpflichtete übernommen habe.

138 Das Gericht erwähnt in seinem Urteil explizit Compliance Officer in Unternehmen:

„... Deren Aufgabengebiet ist die Verhinderung von Rechtsverstößen, insbesondere auch von Straftaten, die aus dem Unternehmen heraus begangen werden und diesem erhebliche Nachteile durch Haftungsrisiken oder Ansehensverlust bringen können (vgl. Hauschka/*Bürkle* aaO S. 128 ff.). Derartige Beauftragte wird regelmäßig strafrechtlich eine Garantenpflicht im Sinne des § 13 StGB treffen, solche im Zusammenhang mit der Tätigkeit des Unternehmens stehende Straftaten von Unternehmensangehörigen zu verhindern. Dies ist die notwendige Kehrseite ihrer gegenüber der Unternehmensleitung übernommenen Pflicht, Rechtsverstöße und insbesondere Straftaten zu verhindern (vgl. *Kraft/Winkler* CCZ 2009, 29, 32). ..."

Das Aufgabengebiet eines Compliance-Verantwortlichen wird vom BGH sehr weit verstanden. Er soll dafür einstehen, dass Straftaten im Unternehmen nicht vorkommen. Dies wird in der Praxis sehr schwer zu erreichen sein. Auch das beste Compliance-System wird nicht verhindern können, dass Unternehmensangehörige Straftaten begehen. Gleichwohl sieht der BGH die Aufgabe von Compliance-Verantwortlichen und auch eines Compliance Officers nicht lediglich darin, organisatorische Voraussetzungen zu schaffen, um das Haftungsrisiko für Unternehmen und Unternehmensleiter zu verringern.

139 Üblicherweise wird die Stellung des Compliance Beauftragten (Officer) im Schrifttum etwa wie folgt charakterisiert:[160] Der Compliance-Beauftragte hat eine Stabsposition unterhalb der Geschäftsleitungsebene inne. Er ist disziplinarisch, organisatorisch und finanziell unabhängig und lediglich gebunden an Weisungen der Geschäftsleitung, sofern es sich dabei nicht um sog „vertuschende Weisungen" handelt. Er hat das Recht zur Eskalation und grundsätzlich ein unbegrenztes Auskunfts- und Einsichtsrecht. Dagegen hat der Compliance-Beauftragte keine Entscheidungs- und Weisungsbefugnisse, zumindest außerhalb seiner Abteilung. Zu den besonders wichtigen Aufgaben eines Compliance-Beauftragten gehört die Schutz- und Überwachungsfunktion. D.h., Vorbeugung von Regelübertretungen zur Vermeidung von Vermögens-, Reputationsschäden sowie Kontrolle der Regelbefolgung. Wichtig dafür ist die Informationssammlung und Auswertung durch den Compliance-Beauftragten. Damit ist der Compliance-Beauftragte ein Hilfsorgan der Unternehmensleitung, das der Eigenüberwachung (im Gegensatz zur Fremdüberwachung durch die Behörde) dient.

140 **b) Dokumentationspflichten.** Da der BGH allein schon aus der Übernahme eines Amtes als Compliance Officer die Vermutung für eine Garantenstellung ableitet, begibt sich jeder,

---

[158] Siehe auch *Michalke* AnwBl. 2010, 666; *Barton* RDV 2010, 247; *Krüger* ZIS 1/2011, 1 (abrufbar unter www.zis-online.de).
[159] BGH aaO Rn. 26 ff.
[160] Siehe auch *Moosmayer* AnwBl. 2010, 634; *ders.*, Compliance – Praxisleitfaden für Unternehmen, 3. Aufl. 2015; Hauschka/*Bürkle* § 10.

der glaubt, diese Aufgaben lediglich beiläufig erfüllen zu können oder zu müssen, leichtfertig in die Gefahr, mit Strafsanktionen konfrontiert zu werden.[161] Dass der BGH von einer solchen Vermutung ausgeht, belegt insbesondere die Formulierung im Urteil, *„dass einen derartigen Beauftragten regelmäßig strafrechtlich eine Garantenpflicht dafür trifft, im Zusammenhang mit der Tätigkeit des Unternehmens stehende Straftaten von Unternehmensangehörigen zu verhindern"*. Dies führt dazu, dass zB in einem Strafverfahren, der Compliance-Verantwortliche den schlüssigen Gegenbeweis dafür antreten muss, alle erforderlichen präventiven Verhinderungsmaßnahmen ergriffen zu haben, um sich zu exkulpieren. Dieser Gegenbeweis ist regelmäßig nur möglich, wenn ein effizientes Compliance-System implementiert wurde und va eine **lückenlose detaillierte Dokumentation** der durchgeführten Kontroll- und Verhinderungsmaßnahmen vorliegt.

Die Prämissen des BGH kommen praktisch einer Umkehr der Beweislast gleich, wie sie im Zivilrecht partiell existiert, insbesondere im Rahmen des § 93 Abs. 2 Satz 2 AktG, wonach der Vorstand zur Überzeugung des Gerichts beweisen muss, dass er alles getan hat, um durch ein entsprechendes Risikomanagement existenzgefährdende Schäden vorzubeugen bzw. diese abzuwenden. Gelingt dies nicht, haftet der Vorstand gegenüber der Gesellschaft auf Schadensersatz.

c) Delegation von Compliance-Pflichten, Compliance-Verpflichtungserklärungen. Compliance ist Teil der Leitungsaufgabe der Geschäftsleitung.[162] Primär trifft eine Garantenpflicht die Geschäftsführung und nicht der Compliance Officer. Das gilt selbst dann, wenn Rechte und Pflichten des Unternehmensbeauftragten spezialgesetzlich geregelt sind (wie etwa beim Gewässerschutzbeauftragten oder beim betrieblichen Datenschutzbeauftragten oder beim Beauftragten nach dem WpHG).

Fraglich ist die Wirksamkeit der Delegation[163] dieser Pflichten auf Personen, die nicht zur Geschäftsführung gehören. Maßgeblich dabei ist zunächst, welche Aufgaben der Person konkret zugewiesen sind. Dies kann etwa bei Arbeitnehmern im Arbeitsvertrag geschehen oder durch wirksame bzw. durch rechtmäßige Weisungen des Arbeitgebers. Allerdings würde durch eine solche Weisung der Aufgabenbereich des Beschäftigten in riskanter Weise ausgedehnt, sofern die Compliance nicht bereits zum arbeitsvertraglichen Aufgabenbereich des Beschäftigten gehört. Es ist fraglich, inwieweit der Beschäftigte durch **faktische Gewährsübernahme** weitere Schutzfunktionen übernimmt als in seinem Arbeitsverhältnis vorgesehen sind. Vom Grundsatz her wird die Haftung eines Mitarbeiters (in einem Vertrauensbereich), durch den übernommenen Aufgabenkreis begrenzt. Selbst wenn dies nicht ausdrücklich und detailliert in seinem Arbeitsvertrag aufgeführt ist, könnte uU eine ergänzende Vertragsauslegung dazu führen, dass angesichts der herrschenden Verhältnisse von einer „Compliance-gerahmten" Stellung auszugehen ist. Unterschreibt der Beschäftigte zB **Compliance-Verpflichtungs- oder Bestätigungserklärungen,** haftet er grundsätzlich für die Richtigkeit der gemachten Angaben. Es ist – soweit ersichtlich – gerichtlich nicht hinreichend geklärt, inwieweit es aus arbeitsrechtlichen oder unter dienstvertraglichen Gesichtspunkten zulässig bzw. wirksam ist, den Mitarbeiter zu der Abgabe solcher Compliance-Verpflichtungserklärungen anzuweisen, insbesondere wenn die Compliance-Verpflichtungserklärungen über den arbeitsvertraglichen Tätigkeitsbereich hinausgehen. Es ist denkbar, dass Beschäftigte, die Compliance-Verpflichtungserklärungen abgeben oder die **Berichtspflichten im Zusammenhang mit Compliance-Aspekten** zu erfüllen haben, sich exkulpieren müssen, wenn sie im Rahmen der Erklärungen oder Berichte nicht hinreichend klar auf für sie erkennbare Compliance-Risiken hingewiesen haben.

Die Literatur[164] geht davon aus, dass der Compliance Officer allenfalls ein Überwachungsgarant sein kann, der dafür Sorge zu tragen hat, dass ein funktionsfähiges Compliance-

---

[161] *Barton* RDV 2010, 19 (20).
[162] → Rn. 16 ff., 29 ff.
[163] Hauschka/*Pelz* § 6 Rn. 11; Hauschka/*Bürkle* § 8 Rn. 58.
[164] *Barton* RDV 2010, 247 (248). Siehe aber BGH Urt. v. 17.7.2009 – 5 StR 394/08, NJW 2009, 3173; → Rn. 136 ff.

System existiert und entsprechend administriert wird.[165] Andernfalls würde er faktisch auf der Ebene der Geschäftsleitung angesiedelt und ihn träfe das uneingeschränkte Risiko, über § 14 Abs. 2 StGB vollumfänglich strafrechtlich zur Verantwortung gezogen zu werden. Dies aber stünde im Widerspruch zu der Ratio dieser Regelung, die entscheidend darauf abstellt, dass jemand damit beauftragt wird, in eigener Verantwortung die Aufgaben wahrzunehmen, die dem Betriebsinhaber obliegen. Fraglich ist, inwieweit das Unterlassen der entsprechenden Garantenperson ursächlich für einen Verstoß gewesen sein muss. Hier bieten sich möglicherweise Ansatzpunkte, die Kausalität des Unterlassens zu verneinen. Ein Risiko für den Garanten besteht gleichwohl.

145 d) **Abgeleitete (Überwacher-)Garantenstellung bei betrieblichen Datenschutzbeauftragten u. ä. gesetzlichen Beauftragten.** Der betriebliche Datenschutzbeauftragte hat eine gesetzliche Pflicht, auf die Einhaltung der Datenschutzvorschriften bei der verantwortlichen Stelle „hinzuwirken (§ 4a Abs. 1 S. 1 BDSG). Gegen eine Garantenstellung des betrieblichen Datenschutzbeauftragten, spricht, dass aufgrund des Fehlens einer Entscheidungs- und Anordnungskompetenz eine Beherrschung der Gefahrenquelle für den Gewässerschutzbeauftragten nicht möglich ist. Seine nur innerbetrieblichen Pflichten begründen keine Garantenpflicht im Außenverhältnis. Diese Argumentation ist prinzipiell auch auf den Compliance-Beauftragten übertragbar.

146 Im Schrifttum wird eine **(Überwachungs-)Garantenstellung des betrieblichen Datenschutzbeauftragten** bejaht,[166] weil der Beauftragte durch seinen Informationsvorsprung eine Gefahrenquelle beherrscht. Hält der Beauftragte Informationen zurück, können seitens der Geschäftsleitung keine Gegenmaßnahmen erfolgen. Die Garantenpflicht des Geschäftsherrn wirkt „nach außen", dh, die innerbetriebliche Übertragung verändert den Charakter der Pflicht nicht. Eine Entlastung des Geschäftsherrn ist mit den Grundgedanken der gesetzlichen Regelung (va zum Organisationsverschulden) nur dann vereinbar, wenn gleichzeitig eine Belastung des Beauftragten erfolgt. Andernfalls würde eine Schutzlücke („organisierte Unverantwortlichkeit") entstehen.

147 Diese Argumentation ist ebenfalls grundsätzlich auf den Gewässerschutzbeauftragten und den Compliance-Beauftragten zu übertragen. In vielen Unternehmen nimmt der allgemeine Compliance-Beauftragte eine Sonderstellung ein, weil seine Stellung im Unternehmen oder Konzern gesetzlich nicht geregelt und häufig finanziell, disziplinarisch und organisatorisch unabhängiger ausgestaltet ist als zB beim betrieblichen Datenschutzbeauftragten. In der Praxis haben, die meisten Compliance Officer ein wirksames Eskalationsrecht zum Vorstand und Aufsichtsrat, dass dem betrieblichen Datenschutzbeauftragten meist nicht ohne Weiteres gewährt wird.

148 Folge der abgeleiteten Garantenstellung kraft freiwilliger Übernahme ist, dass der Beauftragte ein sekundärer Garant ist. Dabei beschränkt sich materiell die Garantenstellung auf die ihm übertragenen Aufgabenkreise, dh, sein „Einstehen müssen" reicht nur so weit, wie er seiner Stellung und Funktion bei der unternehmensinternen Aufteilung der Verantwortungsbereich entspricht (sog **fragmentarische Garantenstellung**). Trotz der Delegation verbleiben bei der Geschäftsleitung (als primärem Garant) Garantenpflichten in Form von Auswahl Instruktions- und Kontrollaufsichtspflichten gegenüber dem Compliance-Beauftragten.

149 e) **Mindestens bedingter Vorsatz.** Im Übrigen ist zu fragen, inwieweit bei dem Garanten ein Vorsatz oder zumindest bedingter Vorsatz bestand, ob also der leitende Mitarbeiter/Beauftragte zumindest billigend in Kauf genommen hat, zB die vorsätzliche begangene Korruptionstat eines anderen Mitarbeiters zu fördern.[167] Dabei muss sich der Vorsatz des Garanten auf die Grundzüge und die wesentlichen Merkmale des Unrechts der Haupttat beziehen, wobei aber

---

[165] Siehe auch OLG Frankfurt/M. Urt. v. 22.5.1987 – 1 Ss 401/86, NJW 1987, 2753; sowie *Giesberts* www.blog. beck.de/trackback/26652.
[166] *Barton* RDV 2010, 247 (248); *Wybitul* BB 2009, 2590 (2592), aA *Bongers/Krupna* ZD 2013, 594 (598).
[167] Beim Beauftragten muss für eine Strafbarkeit ein doppelter Gehilfenvorsatz vorliegen im Hinblick auf die Rechtsverletzung des Dritten und im Hinblick auf die Förderung der fremden Haupttat. Siehe *Barton* RDV 2010, 247, 248. Zu strafrechtlichen Bezügen → § 43.

Detailkenntnisse nicht erforderlich sind. Hinzu kommt, dass der Garant grds. die Möglichkeit gehabt haben muss, den Erfolg zu verhindern und dass dies ihm zumutbar gewesen ist. Die Pflicht zur Verhinderung von Straftaten kann zu nachhaltigen **Interessenkonflikten** führen, insbesondere weil nach Auffassung des BGH die Erfolgsverhinderungspflicht auch deliktisches Handeln von dem Garanten übergeordneten Personen (also etwa Geschäftsführern und CFO) erfassen soll. In einem solchen Fall verlangt der BGH, dass der Vorsitzende des Vorstands bzw. der Aufsichtsrat **informiert** wird, um die Straftat zu verhindern.

Wie aber ist zu verfahren, wenn auf diese Information hin keine Reaktion erfolgt oder wenn etwa Verhalten der Geschäftsleitung bzw. des Aufsichtsrats selbst strafrechtlich relevant sind? Hier stellt sich die Frage nach dem Grundprinzip der Unzumutbarkeit normgerechten Verhaltens. Der BGH geht jedoch davon aus, dass als Faustformel gilt: Je schwerer die drohende Rechtsbeeinträchtigung durch Straftaten am Arbeitsplatz und je höher die Erfolgsaussichten der Erfolgsverhinderung, desto eher ist dem Garanten die Abwendung zuzumuten.[168] Insoweit sind va folgende Aspekte zu berücksichtigen:
- Welche allgemeinen bzw. unternehmensspezifischen Straftatbestände kommen in Betracht, durch die das eigene Unternehmen in seinen Rechtsgütern verletzt werden kann?
- Bei welchen Delikten, die aus dem Unternehmen heraus begangen werden, können außenstehende Dritte betroffen sein?
- Inwieweit sind auch Unternehmensangehörige vor Straftaten zu schützen?
- Inwieweit reicht eine Garantenpflicht sogar über die deutschen Grenzen hinaus, sofern das Unternehmen auch im Ausland tätig wird?

f) Aufklärungs- und Informationspflichten. Die Prämisse, die auch der BGH in seinem Urteil vom 17.7.2009 formuliert hat, lautet, dass die Geschäftsleitung die Strafverhinderungspflicht trifft und diese von der Geschäftsleitung auf den Compliance-Beauftragten delegiert wird. Die Ausgangsfrage lautet also, was genau muss der Compliance-Beauftragte tun, um betriebsbezogene Straftaten von Unternehmensangehörigen zu verhindern? Wichtig ist, dass der Handlungsrahmen durch die Delegation gesetzt wird. Maßgeblich sind die vertraglich übernommenen Aufgaben. Die Pflichten können daher auch nicht weiter reichen als die Rechte. D.h., es gibt keine „rollenübergreifende" Verpflichtung. Dies würde eine rechtliche Unmöglichkeit darstellen. Der Inhalt der Garantenpflicht ist also **abhängig von der Ausgestaltung des Dienstvertrages.**

Was die Pflicht zur Aufklärung des Sachverhaltes betrifft, ist diese grds. Aufgabe des Vorstandes, s. § 46 Abs. 1, § 93 Abs. 1 AktG. Diese Pflichten werden im Rahmen der Delegation vom Compliance-Beauftragten übernommen. Dabei ist das pflichtauslösende Moment jeder nicht vollends vorliegende Verdacht einer Regelmissachtung. Der Maßstab dabei ist der eines ordentlichen und gewissenhaften Geschäftsleiters. D.h., grundsätzlich muss der Compliance-Beauftragte alle ihm übertragenen Rechte ausschöpfen, um einen Verdacht auszuräumen bzw. zu bekräftigen.

Die Handlungspflichten des Compliance-Beauftragten nach Verdachtskonkretisierung bzw. der Aufdeckung des Regelverstoßes sind va die Informationsweitergabe. Weiter das Eskalationsrecht, dh, das Recht zur Anrufung der übergeordneten Instanz sowie die Eskalationspflicht, wobei deren Reichweite anhand eines Koordinatensystems verdeutlicht werden kann. Auf der einen Achse der private Normverstoß bis hin zum betriebsbezogenen Delikt, auf der anderen Achse der bloße Verdacht zum sicher festgestellten Regelverstoß. Es existieren fließende Übergänge. Der Maßstab für die Einzelabwägung sind die potenziellen Folgen für das Unternehmen, wobei in die Abwägung einzustellen sind die Schwere der Tat, Vermögensschäden sowie der drohende Reputationsverlust für das Unternehmen.

Den Compliance-Beauftragten treffen Informationspflichten gegenüber dem zuständigen Vorstandsmitglied nur bei einem hinreichend konkreten Verdacht und ausreichend gewichtiger Verstöße. Andernfalls führte eine zu kleinteilige Unterrichtung zu einer nicht erwünschten Informationsüberflutung. Auch hat ein Bericht an den Vorsitzenden bzw. das Gesamtgremium zu erfolgen bei einem auf ersichtlichem Ermessensfehlgebrauch beruhendem

---

[168] BGH Urt. v. 20.12.1983 – 1 StR 746/83, NStZ 1984, 164.

Nichthandelnden des zuständigen Vorstandsmitglieds.[169] Dies kann aber problematisch sein. Eine Information des Aufsichtsrates bzw. des Prüfungsausschusses hat aber grundsätzlich nicht zu erfolgen. Ein Sonderfall kann gegeben sein, wenn ein mögliches Fehlverhalten beim Vorstand liegt.[170] Ein Bericht an die Hauptversammlung hat grundsätzlich nicht zu erfolgen, außer bei Betroffenheit von Vorstand und Aufsichtsrat.

155   Ein Vorgehen gegen einzelne Mitarbeiter schuldet der Compliance-Beauftragte nicht, da ihm regelmäßig die Anordnungs- und Weisungskompetenz fehlt. Eine **Amtsniederlegung** wurde erwogen von *Bürkle*,[171] wenn alle Sachverhaltsaufklärungsbemühungen mangels Kooperation der Beteiligten vergebens waren, aber es existiert kein strafrechtliches Gebot zu einer Amtsniederlegung. Eine externe Anzeige hat grundsätzlich nicht zu erfolgen, denn die Compliance-Funktion wird im Unternehmensinteresse eingerichtet. Die Reaktion auf aufgedeckte Gesetzesverstöße liegt im Vorstandsermessen. Auch die arbeitsrechtliche Verschwiegenheitspflicht des Compliance-Beauftragten spricht gegen eine externe Anzeige. Die arbeitsrechtliche Verschwiegenheitspflicht des Compliance-Beauftragten ist der Ausgleich zu den ihm zustehenden weitreichenden Informationsrechten. Auch spricht gegen eine Anzeigepflicht ein Umkehrschluss aus abschließend gesetzlich geregelten Anzeigepflichten etwa in § 138 StGB, § 6 Subventionsgesetz, § 11a VAG, § 10 WpHG und § 11 GeldWG.

> **Praxistipp:**
> Besondere Schwierigkeiten ergeben sich im Hinblick auf die Garantenstellung, wenn durch Matrixstrukturen
> - die Kenntnisnahme- und Verhinderungsmöglichkeit eines leitenden Angestellten oder Organs und
> - sein Verantwortungsbereich
>
> diametral auseinanderlaufen. Umfragen belegen, dass in Unternehmen die Bereitschaft abgenommen hat, ausreichend viele Personalstellen für den Compliance-Bereich zu schaffen. Die Folge davon ist, dass Compliance-Aufgaben zB von der Rechtsabteilung oder vom Controlling mit erledigt werden oder in den Bereich Investors Relations angesiedelt werden.[172]
> Angesichts des breiten Spektrums denkbarer Delikte, die von Unternehmensangehörigen im Rahmen ihrer Tätigkeit begangen werden können, sind mit der Aufgabe des Compliance Officers und mit der Garantenstellung eines Leiters eines Vertrauensbereichs nicht zu unterschätzende strafrechtliche Risiken und Haftungsrisiken verbunden. Das wird in vielen Unternehmen unterschätzt und wird häufig nur unzureichend durch klare schriftliche Festlegung von Verantwortungsabgrenzungen (etwa in Risikomanagement-Handbüchern) und Dokumentationen handhabbar gemacht.
> Konsequenz der Entscheidung des BGH v. 17.7.2009 für Compliance Officer, Leiter von Rechtsabteilung und Revision aber auch betrieblichen Datenschutzbeauftragten ist, darauf zu achten, dass die Zuständigkeiten, Aufgaben und Befugnisse im Hinblick auf Compliance-Pflichten klar geregelt werden. Dies kann etwa im Arbeitsvertrag oder einer Stellenbeschreibung erfolgen. Zudem zeigt das Urteil mögliche persönliche Haftungsrisiko eines Compliance Officers, der gut beraten ist, gegenüber seinem Arbeitgeber auf haftungsbeschränkende Organisationsmaßnahmen für seine Person zu drängen.

7. Risikobewertungskriterien bei unternehmenskritischen Anwendungen

156   **a) Allgemeines.** Es gibt verschiedene **Risikodefinitionen** in Corporate Governance Standards.[173] Laut des kanadischen Standards CAN/CSA Q 850 bedeutet Risiko *„die Möglichkeit einer Verletzung oder eines Verlustes als Maß einer Wahrscheinlichkeit und Schwere eines nachteiligen Effekts bzgl. Gesundheit, Vermögen, Umwelt oder anderen Werten."* Der

---

[169] So auch der BGH aaO, Rn. 31.
[170] Sowohl auch BGH aaO, Rn. 31.
[171] Hauschka/*Bürkle* § 8 Rn. 30.
[172] AG-Report AG 2007, S. R. 3326; *Korth* NZG 2008, 8185; *Kostner* DB 2009, 2545.
[173] Siehe zum Überblick über diverse Risikomanagement-Standards (allerdings Stand August 2007): *Winter*, Standards im Risikomanagement, in: Romeike (Hrsg.), Rechtliche Grundlagen des Risikomanagements, S. 71.

britische Standard BS-6079-3:2000 benennt Risiko als „*die planinhärente Unsicherheit und Möglichkeit von Zielbeeinträchtigenden Ereignissen, messbar mit Eintrittswahrscheinlichkeit und Auswirkung*". Der internationale Standard ISO/IEC 73:2002 (internat.) stellt auf „*die Kombination der Eintrittswahrscheinlichkeit eines Ereignisses und dessen Auswirkungen ab*". Im japanischen Standard JIS Q 2001:2001 ist Risiko als „*die Kombi-nation von Eintrittswahrscheinlichkeit und Schadensausmaß eines Ereignisses*" umschrieben.

Im Einklang mit der **klassischen Risikoanalyse** stellen alle diese Risikodefinitionen ab auf das Produkt aus der Eintrittswahrscheinlichkeit und dem Schadenspotential (**R** [Risiko] = **W** [Eintrittswahrscheinlichkeit] * **S** [Schadenspotential]).[174]

Das **Schadensausmaß** und die **Eintrittswahrscheinlichkeit** sind die zentralen Kriterien der klassischen Risikoanalyse. Als weitere Kriterien kommen die **Ungewissheit** (bezogen auf statistische Unsicherheit, echte Ungewissheit oder Unwissenheit), die **Ubiquität** (geographische Reichweite potentieller Schadensausmaße), die **Persistenz** (zeitliche Ausdehnung potentieller Schäden) und die **Reversibilität** (Möglichkeit der Wiederherstellung) hinzu. Des Weiteren ist auf die **Verzögerungswirkung** (die Zeitspanne zwischen dem ursprünglichen Ereignis und den eigentlichen Konsequenzen) sowie das **Mobilisierungspotential** (Verletzung individueller, sozialer oder kultureller Interessen oder Werte) abzustellen.[175]

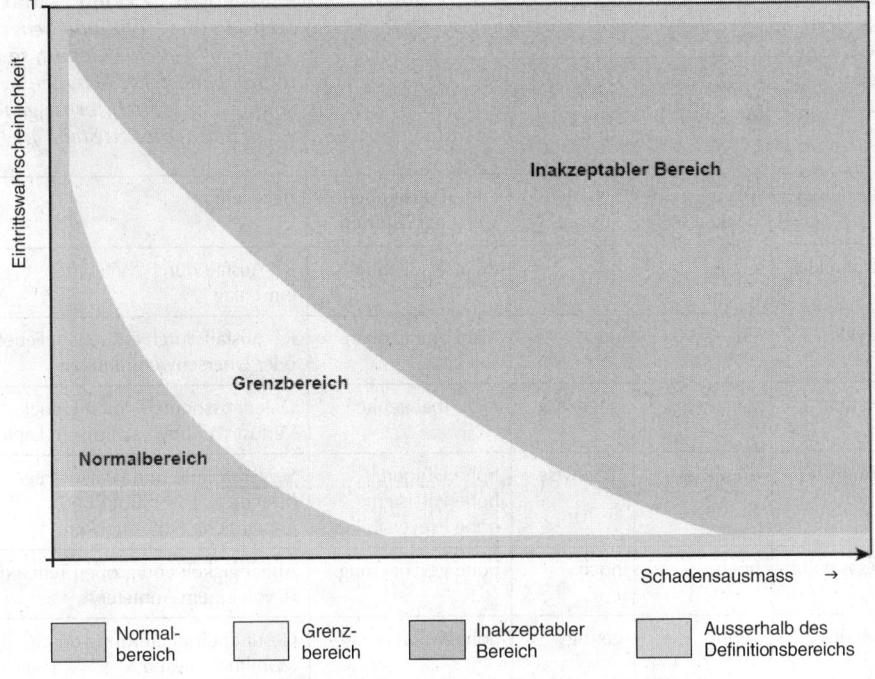

Abb.: Schadensausmaß in Abhängigkeit von der Eintrittswahrscheinlichkeit[176]

---

[174] Siehe statt vieler: Die Europäische Union auf dem Weg zu einer vorsorgenden Risikopolitik?, VS Verlag für Sozialwissenschaften, Wiesbaden, 2009, S. 56.

[175] Vgl. *Klinke/Renn*, Prometheus Unbound – Challenges of Risk Evaluation, Risk Classification and Risk Management. Arbeitsbericht Nr. 153 der Akademie für Technikfolgenabschätzung, Stuttgart 1999, S. 11 ff. Abrufbar unter: http://elib.uni-stuttgart.de/opus/volltexte/2004/1712/pdf/ab153.pdf. Weitere Informationen unter: http://elib.uni-stuttgart.de/opus/volltexte/2004/1712/.

[176] Quelle der Abb.: WBGU (Wissenschaftliche Beirat der Bundesregierung Globale Umweltveränderungen, zitiert aus European Science and Technology Observatory – On Science and Precaution in the Management of Technological Risk, Volume II, Case Studies, European Commission Joint Research Centre Report EU 19056/EN/2, S. 16 (abrufbar unter: ftp://ftp.jrc.es/pub/EURdoc/eur19056IIen.pdf#page=13) sowie aus: Auch zu finden in: „Welt im Wandel: Strategien zur Bewältigung globaler Umweltrisiken. Jahresgutachten 1998", Berlin 1999, S. 8.

159 Im sog **Normalbereich** herrscht wenig statistische Unsicherheit, ein geringes Katastrophenpotential sowie eine geringe Ubiquität und Persistenz von Risikofolgen. Die Reversibilität von potentiellen Risikofolgen ist hier besonders hoch, da die Risiken nur eine geringe Komplexität aufweisen. Der Normalbereich ist gut erfasst von regulatorischen Vorgaben. Im sog **Grenzbereich** und im sog **inakzeptablen Bereich** ist die Abschätzungssicherheit umstritten bzw. unzuverlässig. Es ist eine hohe statistische Unsicherheit verbunden mit einem alarmierenden Katastrophenpotential gegeben. Zudem fehlt es an systematischem Wissen über die Risikofolgen. Die Schäden können grenzüberschreitende oder globale Ausmaße annehmen und irreversibler, akkumulierender Natur sein. Das Mobilisierungsrisiko ist hoch (Imageverlust etc.).

160 Hinsichtlich der **Entscheidungsanalyse** ist im Normalbereich auf **Risiko-Nutzen-Analysen** in Verbindung mit einer risikoneutralen Haltung abzustellen. Im Grenzbereich und im inakzeptablen Bereich hingegen sind Risiko-Nutzen-Analysen unzureichend. Vielmehr ist die Entwicklung von Risikokontroll- und -vermeidungsstrategien zwingend. Ein **vorsorgeorientiertes Risikomanagement** und die Ausarbeitung entsprechend angepasster Haftungsmodelle sind notwendig. Aus **acht** Risikobewertungskriterien und **drei** Risikobereichen lassen sich folgende **sechs** Risikoklassen/-typen ableiten: der Risikotyp „**Schwert des Damokles**" („*dünner Faden*", „*fatale Konsequenzen*", „*enge Verknüpfung*"), der Risikotyp „**Zyklop**" („*nur ein Auge*", „*keine mehrdimensionale Perspektive*"), der Risikotyp „**Pythia**" („*blinde Seherin*", „*Orakel*", „*mehrdeutig*") sowie der Risikotyp „**Büchse der Pandora**" („*keine Gefahr, so lange Büchse verschlossen*", „*offene Büchse: irreversible, ubiquitäre, persistente Schäden*"), der Risikotyp „**Kassandra**" („*Seherin der Trojaner*", „*Prophezeiung wurde nicht ernst genommen*" und der Risikotyp „**Medusa**" („*ihr Anblick verwandelt den Betrachter zu Stein*").[177]

Risikotyp	Wahrscheinlichkeit	Schadensausmaß	andere Risikobewertungskriterien	Beispiele
Damokles	gering	hoch	nicht maßgeblich	RZ-Ausfall durch Meteoriteneinschlag
Zyklop	ungewiss	hoch	nicht maßgeblich	RZ-Ausfall durch Erdbeben, Feuer oder Überschwemmungen
Pythia	ungewiss	ungewiss	nicht maßgeblich	Datenmissbrauch durch Google, Verlust von unverschlüsselt. Laptop
Pandora	ungewiss	ungewiss	hohe Ubiquität hohe Persistenz hohe Irreversibilität	Serverbasierte und Peer-To-Peer basierte Botnet (SBot/PBot), erfolgreiche DoS-Attacken
Kassandra	hoch	hoch	hohe Verzögerung	Abhängigkeit von großen Teilen der IT von einem Anbieter
Medusa	gering	gering	hohe Mobilisierung	Gesundheitsgefährdung durch Mobilfunkmasten

Abb.: Einordnung von Risikotypen

161 Vor allem im Bereich der Ingenieurswissenschaften wird für die Erklärung von Unfällen und für die Beurteilung des Unfallrisikos das sogenannte DEPOSE-Modell verwendet. DEPOSE steht für „design, equipment, procedures, operators, supplies/materials, enviroment", dt.: Konstruktion, Ausrüstung, Abläufe, Operateure, Material/Zubehör, Umwelt. Kennzeichen von **Hochrisikosystemen** sind die Komplexität der Interaktionen im DEPOSE-System und eine höhere Schadenseintrittswahrscheinlichkeit in Abhängigkeit vom Grad der

---

[177] Vgl. *Renn/Klinke*, Risk Evaluation and Risk Management for Institutional and Regulatory Policy, in: European Science and Technology Observatory, On Science and Precaution in the Management of Technological Risk, Volume II, Case Studies, Sussex 2001, S. 11, 16 ff.

Kopplung der einzelnen Bestandteile des DEPOSE-Systems.[178] Bei unternehmenskritischer Software liegt regelmäßig ein komplexes DEPOSE-System vor.

Um so mehr überrascht, dass im IT-Bereich bzw. bei IT-Projekten diese hohen Risiken im Zusammenhang mit unternehmenskritischer Software nicht ausreichend wahrgenommen und dementsprechend häufig zu wenig geplant und geregelt werden. Risiken, die als Typ „Medusa" einzuordnen sind (etwa die Gesundheitsgefährdung durch Mobilfunkmasten, siehe oben Abb.) werden bisweilen viel bedrohlicher wahrgenommen und sind viel präsenter. Diese **selektive Risikowahrnehmung**, die ihrerseits ein Risikobewertungskriterium bei der Planung von IT-Projekten ist, kann zB folgende Ursachen haben:[179]

- Verfügbarkeitsheuristik: Je leichter es fällt, konkrete Beispiele zu finden, umso größer scheint das Risiko. (**Beispiel:** Angst vor Trojaner)
- Wahrscheinlichkeitsvernachlässigung: Nur dem schlimmstmöglichen Fall wird Beachtung geschenkt, selbst wenn dieser höchst unwahrscheinlich ist. (**Beispiel:** Forderung nach höheren Bußgeldern bei Datenschutzverstößen)
- Verlustaversion: Angst vor Veränderung des Status Quo führt zur Überbewertung neuer Risiken. (**Beispiel:** Farbliche Veränderungen auf der Benutzeroberfläche/Frontend)
- Der Glaube an die gütige Natur: Künstliche Prozesse stehen unter einer Art Generalverdacht. (**Beispiel:** Laptop aus Bambus)
- Vernachlässigung systemischer Effekte: Verkennung, dass Risiken in systemischem Zusammenhang stehen und Eingriffe ins System eigene/größere Risiken hervorrufen. (**Beispiel:** isolierte Betrachtung von Outsourcing-Vorteilen)
- **Capability Maturity Model** (kurz CMM): Reifegradmodell zur Beurteilung der Qualität („Reife") des Softwareprozesses (Softwareentwicklung, Wartung, Konfiguration etc)
- **PRINCE2** (**Pr**ojects **in** **C**ontrolled **E**nvironments): Projektmanagement-Methode (Management, Steuerung und Organisation eines Projekts)
- **ITIL** (IT Infrastructure Library)
- **COBIT** (**C**ontrol **O**bjectives for **I**nformation and Related **T**echnology)

Bereits der Name legt nahe, dass im IT-Bereich tendenziell die größte Risikosensibilität und systematische Risikowahrnehmung im Hinblick auf die IT-Sicherheit besteht. In der IT-rechtlichen Literatur werden zunehmend Frühwarnsysteme zur IT-Sicherheit diskutiert.[180] Eine Art Frühwarnsystem und Maßnahme zur gezielten Verhinderung von bewusstem oder versehentlichem Daten-/Know-How-Verlust sind zB sogenannte Data Loss Prevention (DLP)[181]- und Information Rights Management (IRM)-Systeme. Allerdings können beim Einsatz solcher Systeme datenschutzrechtliche Risiken bestehen (etwa hins. § 32 BDSG), weil eine Echtzeitüberwachung der Computernutzung stattfindet.[182] Auch wenn nach § 9 BDSG technische und organisatorische (Sicherheits-)Maßnahmen datenschutzrechtlich ausdrücklich verlangt sind, sind nicht alle Sicherheitsmaßnahmen datenschutzrechtlich zulässig. Im Ergebnis sind datenschutzfreundliche Risikomanagement-Lösungen (zB restriktive Zugriffsberechtigungskonzepte und anonyme/pseudonyme Maßnahmen) vorzuziehen, siehe auch § 3a BDSG.

Beispiele für Risikobewertungskriterien aus dem COBIT-Standard für die Projektphase bzw. den Projektbereich Lieferung und Unterstützung (auch zB Pflege, Wartung, Services):

---

[178] Siehe statt vieler *Erzinger*, Risikobewertung im Fall von Hochrisikosystemen, abrufbar unter http://zambolandia.com/papers/hochrisikosysteme.pdf.

[179] Risikowahrnehmungsursachen sowie Definitionen und Beispiele zitiert nach *Hensel*, 15 Jahre IT-Grundschutz, 2009, S. 7, 8, abrufbar unter https://www.bsi.bund.de/SharedDocs/Downloads/DE/BSI/Veranstaltungen/15JahreGrundschutz/15JahreITGrundschutz_Hensel_pdf.pdf?__blob=publicationFile.

[180] Betreffend IT-Sicherheitsrisiken im Internet siehe zB: *Petersen/Pohlmann* DuD 2011, 241; *Engelbert/Freiling/Göbel/Gorecki/Holz/Hund/Trinius/Willems* DuD 2011, 247; *Brunner/Hofinger/Roblee/School/Todt* DuD 2011, 253; zur Anomalieerkennung in Computernetzen siehe *Winter/Lampesberger/Zeilinger/Hermann* DuD 2011, 235.

[181] Im Einzelnen → § 34 Recht des Datenschutzes Rn. 259 ff.

[182] Einzelheiten zum DLP-Einsatz siehe *Conrad/Hausen* in Büchner/Briner (Hrsg), DGRI-Jahrbuch 2009, S. 21; *Conrad/Hausen* in Schweighofer/Kummer (Hrsg), Europäische Projektkultur als Beitrag zur Rationalisierung des Rechts, 2011, S. 419; speziell zum unternehmensübergreifenden Austausch von sicherheitsrelevantem Wissen siehe *Birkholz/Elfers/Samjeske/Sohr* DuD 2011, 258.

164 b) **IT-Risikomanagement-Standards und -bewertungskriterien.** Projektrisiken können aus dem **Projektmanagement** und dem **Projektgegenstand** resultieren.[183] Projektmanagementrisiken liegen zB in einer unzureichenden Projektorganisation oder in einem unzureichenden Projektcontrolling. In der Folge kommt es zur Überschreitung von Kosten- und Zeitbudgets.

Bewertungskriterien in IT-Risikomanagement-Standards finden sich beispielhaft in:[184]
- **ISO 9000-Normenreihe:** nicht speziell für Software, allgemeine Qualitätsmanagementprozesse und -bewertung
- **ISO Norm 15504** (Spice): Bewertung der Prozessreife speziell in der Softwareentwicklung (kann mit ISO 9001 kombiniert werden)

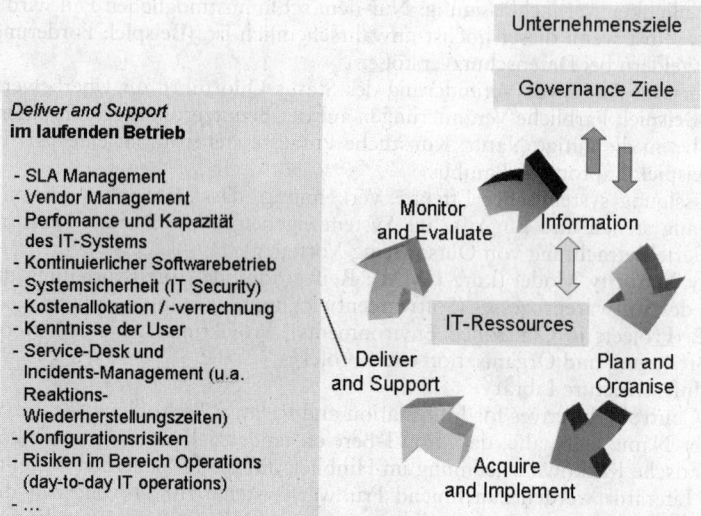

Abb.: Graphische Darstellung einiger Anforderungen aus COBIT 4.0 (deutsche Übersetzung und Auszug zu „Deliver and Support")[185]

165 Projektrisiken bei der Erstellung von **Individualsoftware** betreffen zB einen unzureichenden Funktionsumfang der Software, eine unzureichende Ausgestaltung der Funktionalitäten, eine unzureichende anwendungsbezogene Eingabe-, Verarbeitungs- und Ausgabekontrolle der IT, unzureichende Dokumentationen, eine unzureichende Umsetzung von gesetzlichen Anforderungen (zB GoBD) oder die Anpassung der Geschäftsprozesse des Kunden (eher weniger erforderlich).

166 Hinsichtlich von Projektrisiken bei der Einführung von **Standardsoftware** ist zu beachten, dass die funktionalen Risiken zwar zunächst in der Verantwortung des Softwareherstellers liegen, aber dennoch eine evtl. unzureichende Umsetzung von gesetzlichen Anforderungen auf den **Käufer/Verwender** durchschlagen kann. O. g. Projektrisiken betreffen zB die fehlerhafte Auswahl einer Software aufgrund unzureichender Beschreibung der Funktionalitäten im Pflichtenheft, eine unzureichende Berücksichtigung von bestehenden Abhängigkeiten und Interdependenzen zwischen IT-Teilsystemen sowie eine mangelhafte Integration der Standardsoftware aufgrund unzureichender Analyse bzw. Anpassung der Geschäftsprozesse und des Kontrollsystems.

---

[183] Einzelheiten zur Projektorganisation → § 18 IT-Projekte.
[184] Zu Standards und Best Practice im Bereich IT-Sicherheit → Rn. 303 ff.
[185] Dt. Version von COBIT 4.0 abrufbar unter http://www.isaca.ch/files/DO5_COBIT/CobiT%204.0%20Deutsch.pdf; Achtung: inzw. ist COBIT 4.1 veröffentlicht, abrufbar (allerdings nur nach vorheriger Registrierung) über http://www.isaca.org/Knowledge-Center/cobit/Pages/Overview.aspx.

II. Risikomanagement, Haftung der Geschäftsleitung, Compliance 167–169 § 33

Obgleich nicht alle IT-Projekte über einen Kamm geschert werden können, gibt es doch 167 typische Projektrisiken, die bereits bei der Vorbereitung des Projekts, teilweise aber auch in der Vertragsgestaltung, berücksichtigen werden müssen.[186]

Häufig wird unterschätzt, dass in Projekten und beim Outsourcing der Auftraggeber – evtl. 168 auch der GU und bei Forschungs- und Entwicklungskooperation möglicherweise beide Parteien – einige **Compliance-Risiken der (Sub-)Auftragnehmer** mit tragen. Denn **Auftraggeber** und **GU** werden uU **haftbar** gemacht, wenn die (Sub-)Auftragnehmer bestimmte Compliance-Pflichten nicht einhalten. Dies ist etwa für bestimmte arbeits-, datenschutz- und insolvenzrechtliche Compliance-Risiken ausdrücklich geregelt. In vielen IT-Projekten, va auch bei Outsourcing-Projekten, werden Arbeitnehmer entsandt bzw. überlassen. Nach § 14 Arbeitnehmerentsendegesetz (AEntG) trifft den Auftraggeber (sofern er Unternehmer ist) eine Bürgenhaftung für das Nettomindestgehalt.[187] Gem. § 23 Abs. 2 AEntG können Verstöße mit Geldbuße bis zu 500.000 EUR geahndet werden. Das Mindestarbeitsbedingungsgesetz enthält einen vergleichbaren Bußgeldtatbestand für den Generalunternehmer in § 18 Abs. 2 MiArbG. Speziell für den GU eines Bauprojekts gilt § 28e Abs. 3a SGB IV, wonach der Bauunternehmer (ab einer Auftragsgröße von 275.000 EUR) wie ein selbstschuldnerischer Bürge haftet, wenn der Subunternehmer Steuern und Sozialversicherungsbeiträge nicht abführt.[188]

Im Datenschutzrecht regelt § 11 Abs. 1 BDSG im Falle einer Auftragsdatenverarbeitung[189] 169 bzw. bei Prüfung, Wartung und Pflege[190] von IT-Systemen, dass – zumindest im Außenverhältnis – der Auftraggeber für die Zulässigkeit der Datenverarbeitung verantwortlich ist. Das gilt auch im Hinblick auf die Sicherheit der personenbezogenen Daten. Selbst wenn zB ein Datenverlust tatsächlich durch den Auftragnehmer verursacht wurde, ist der Auftraggeber uU den Betroffenen gegenüber zur Auskunft u. ä. und zum Schadensersatz verpflichtet (§§ 6, 7 BDSG). Nach wohl überwiegender Ansicht in der Literatur[191] gelten die Selbstanzeige- und Veröffentlichungspflichten gem. § 42a BDSG[192] (entsprechend § 15a TMG und § 93 Abs. 3 TKG) nur für den Auftraggeber der Auftragsdatenverarbeitung. Im Regelfall haben jedoch bei Sicherheitsproblemen im Rahmen einer Auftragsdatenverarbeitung nicht der Auftraggeber, sondern der Auftragnehmer bzw. dessen Mitarbeiter oder Subunternehmer die Datengefährdungen tatsächlich herbeigeführt. Auf ein Verschulden des Auftraggebers kommt es bei §§ 42a, BDSG 15a TMG und 93 Abs. 3 TKG nicht an. Der Auftragnehmer ist grds. nur im Innenverhältnis zum Auftraggeber verpflichtet: Z.B. muss der Auftragnehmer den Auftraggeber über den Datenschutzverstoß informieren, vgl. § 11 Abs. 2 S. 2 Nr. 8 BDSG. Evtl. hat der Auftraggeber Regressansprüche. Wird im Auftragsdatenverarbeitungsvertrag festgelegt (siehe § 11 Abs. 2 S. 2 Nr. 6 BDSG), dass der Auftragnehmer berechtigt ist, Subunternehmer einzuschalten und zwar in Form einer Kettenauftragsdatenverarbeitung, dann wird der Hauptauftragnehmer regelmäßig verpflichtet, die Regelungen seines (Haupt-)Auftragsdatenverarbeitungsvertrages entsprechend an den Subunternehmer weiterzugeben. Geschieht dies unzureichend, verspätet oder gar nicht, ist – soweit ersichtlich – noch im Einzelnen ungeklärt, inwieweit datenschutzrechtlich der Auftraggeber und/oder der GU haften.[193]

---

[186] Einzelheiten zu häufigen „Projektsünden" → § 18 IT-Projekte.
[187] *Unger*, GU trägt Compliancerisiken seiner Subunternehmer häufig mit, Blog-Eintrag vom 12.11.2009, abrufbar unter www.blog.beck.de/trackback/27092.
[188] § 28e Abs. 3d SGB IV wurde zum 1.11.2009 novelliert und die Wertgrenze für das Eingreifen der GU-Haftung wurde von 500 000 EUR auf 275 000 EUR abgesenkt, so dass der Anwendungsbereich der Vorschrift erweitert wurde.
[189] Siehe ausführlich zur Auftragsdatenverarbeitung → § 34 Recht des Datenschutz Rn. 271 ff.
[190] Spezielle zur Auftragsdatenverarbeitung bei Pflege → § 14 Software-Pflege Rn. 110 ff.
[191] *Karger* ITRB 2010, 161 (162); *Duisberg/Picot* CR 2009, 823 (825); *Gabe* BB 2009, 245 (246); weitere Einzelheiten zu § 42a BDSG siehe *Eckhart/Schmitz* DuD 2010, 390; *Ernst* DuD 2010, 472; *Hornung* NJW 2010, 1841; *Bierkoven* ITRB 2010, 88.
[192] § 42a BDSG gilt nur bei speziellen Datenkategorien, etwa bei Abhandenkommen oder Missbrauchsrisiko von personenbezogenen Kreditkarten-/Bankkontodaten oder besonderen Arten von personenbezogenen Daten. Die Anwendungsbereiche von § 15a TMG und § 93 TKG sind dagegen weiter und betreffen alle Bestands-, Nutzungs- und Verkehrsdaten.
[193] *Gola/Schomerus* BDSG § 11 Rn. 18e gehen davon aus, dass nur die Berechtigung zum Ob und Wie der Unterbeauftragung durch den Auftraggeber spezifiziert werden muss, aber nicht der einzelne Unterauftragnehmer. Fraglich ist insoweit, wer zB für die sorgfältige Auswahl des Subunternehmers entsprechend § 11 Abs. 2 S. 1

170 Insolvenzrechtliche Risiken der Auftragnehmer oder Zulieferer werden teilweise unter dem englischen Schlagwort Supplier Risk Management behandelt. Eine der typischen IT-rechtlichen Fragen im Falle einer Insolvenz des Herstellers/Zulieferers sind die Zugriffsmöglichkeiten auf den Quellcode (einschließlich der erforderlichen Dokumentationen u. ä.) sowie die Nutzungs-/Bearbeitungs-/Verbreitungsrechte bzgl. des Quellcodes.[194] Strafbarkeitsrisiken wegen Gläubigerbenachteiligung oder Beihilfe zur Insolvenzverschleppung können bestehen, wenn zB der Gläubiger in einer finanziellen Krise des Zulieferers Kredite gewährt oder sich Sicherheiten geben lässt, ohne dass Sanierungsaussichten bestehen.[195] Im Ergebnis müsste der Gläubiger zur Vermeidung dieser Strafbarkeitsrisiken, bevor er Kredite ausgibt, ein Sanierungsgutachten einholen. Fraglich ist, ob ein Strafbarkeitsrisiko für den Gläubiger besteht, wenn der Gläubiger einem in die Krise geratenen Auftragnehmer hohe Sonderzahlungen gewährt, damit der Auftragnehmer etwa den aktuellen Quellcode übergibt (was seitens des Auftraggebers bei Vertragsschluss übersehen wurde).

Weitere **Beispiele** für typische Projektrisiken sind etwa:

- **Missverständnisse über (neue) Technologien**: Leistungsbeschreibung/SLA passen nicht (**Beispiel**: Was heißt „redundante Sicherheitsarchitektur"? Redundante Server/Storagesysteme/Kommunikationsleistungen oder Cold/Hot Stand By?)
- **Testdaten/Echtdaten** – personenbezogene Daten? (Genügt die Pseudonymisierung/Anonymisierung den Anforderungen des § 3 Abs. 6, Abs. 6a BDSG?)
- **Phasen-Einteilung** im Projekt: Rechtliche Klärung von Konzepten und schwierige Aufgaben/Entwicklungen müssen in der 1. Phase erfolgen (**Beispiel**: Erfolgt die einfachste Entwicklung in Phase 1, werden durch Phasen 2 und 3 häufig Arbeitsergebnisse der Vorphasen obsolet. Mehraufwand ist die Folge)

Beispiel: Bewertungskriterien[196] im laufenden Betrieb

- Ausreichende Richtlinien/Vereinbarungen für die **private Nutzung** (ua wegen § 32 BDSG, Compliance-Prüfungen!).
- Adäquate **Auftragsdatenverarbeitungskonzepte/-verträge** (§ 11 BDSG) im Einkauf und Vertrieb.
- Datenschutz bei **E-Payment-Diensten** (§ 13 Abs. 5 TMG beachten! Differenzierung zwischen Diensten mit Datenweitergabe und ohne: § 11 BDSG ? § 42a BDSG!).
- Systematisches **Dokumenten-Management** (va Datensparsamkeit § 3a BDSG; Regellöschungsfristen?! Archivierung GoBD).
- Lizenzmanagement bei Standby-Systemen: Cold/**Hot Stand-By**.[197]
- **Virtualisierung/Capping-Methoden bei Serverkapazitäten** (Ist Trennungsgebot § 9 BDSG gewahrt? Lizenzierung klären zB von Soft Capping; Neue Nutzungsarten?).
- Hosting/Cloud und SaaS (SLA, Compliance, Datenschutz).[198]
- **Web 2.0-Funktionen** (Blogs, Communities, Kundenfotos, Bewertungsportale) auf Firmenhompages aufnehmen: Nutzungsrechte an „Fanfiktion"regeln; Trennungsgebot im Sinne des § 9 BDSG: keine Auswertung zusammen mit Warenkorb des Nutzers; UWG/GWB: uU Neutralitätspflicht hins. negativer Meinungsäußerungen).
- Besondere technische Anforderungen und Haftungsrisiken bei **Embedded Systems** und **hardwarenaher Software**[199]

Beispiel: Bewertungskriterien von Software im Bereich Automotive

- Verwaltung aller Konfigurationsparameter der Motoren-Steuergeräte
- unternehmenskritische Anwendung, externer Lieferant und dadurch hohe Abhängigkeit

---

BDSG verantwortlich ist – der Auftraggeber oder der GU? Nach *Gola/Schomerus* trifft die Auswahlpflicht möglicherweise den GU. Weiter gehen die Autoren davon aus, dass die Kontrollpflichten nach § 11 Abs. 2 S. 2 Nr. 7 sowie Abs. 2 S. 4 und S. 5 BDSG den Auftraggeber auch gegenüber den Subunternehmern treffen.

[194] Zur Quellcodeübergabe → § 11 Erstellung von Software Rn. 129 sowie § 38 IT in der Insolvenz, Escrow.
[195] Im Hinblick auf Banken als Kreditgeber siehe *Neuhof* NJW 1998, 3225; zur Strafbarkeit des externen Steuerberaters siehe OLG Köln Beschl. v. 3.12.2010 – 1 Ws 146/10, BeckRS 2011, 03078.
[196] Die folgenden Beispiele sollen nicht ausdrücken, dass die genannten Techniken oder Geschäftsmodelle per se unzulässig sind oder in unverantwortlicher Weise die unternehmerischen Risiken erhöhen. Vielmehr soll zum Ausdruck gebracht werden, dass bei den genannten Beispielen besondere rechtliche oder vertragliche Anforderungen zu beachten sind, die in der Praxis häufig übersehen werden. Weitere Beispiele siehe Hauschka/Schmidl § 29.
[197] *Söbbing* ITRB 2007, 50.
[198] *Söbbing* MMR 2007, 479.
[199] *Orthwein/Obst* CR 2009, 1; *Meyer/Harland* CR 2007, 689.

- Maßnahme seitens des Automobil-Herstellers: regelmäßige Überprüfung des Quellcodes hinsichtlich folgender Kriterien:
  - Überprüfung des **Sourcecodes** auf Vollständigkeit und Kompilierbarkeit (*Ziel:* Vollständigkeit und Kompilierung ohne Fehler, Warnings < 50)
  - Einhaltung von **Programmierrichtlinien** des Automobil-Herstellers zur Sicherstellung der unternehmenseigenen Wartung der Software (*Ziel:* Abweichungen von diesem Standard mit weniger als x% aller Lines of Code, für alle Abweichungen müssen Begründungen geliefert werden)
  - Identifizierung potentieller Schwachstellen durch **statische Code-Analyse** (*Ziel:* Bereinigungsrate auf 100 %)
  - Bewertung der implementierten **Fehlerbehandlungsroutinen** (*Ziel:* Code-Audit durch externen Dritten/Sachverständigen und Freigabe durch Sachverständigen)

Beispiel: Bewertungskriterien[200] im Bereich IT-Sicherheit

- IT-Sicherheit ist speziell bei **personenbezogenen Daten** (hohe Anforderungen des § 9 BDSG und neues Risiko § 42a BDSG!) zu beachten.
- **Data Loss Prevention**[201] (Gibt es ein ausreichendes Berechtigungskonzept auf Need-to-Know-Basis).
  Beispiel: Network Computing 4/2009: 59 % der Mitarbeiter, die 2008 ihren Arbeitsplatz verloren haben, haben vertrauliche Daten mitgenommen.
  Risikowahrnehmung: „Glaube an die Güte der Natur"?
- Notfall/Katastrophenpläne (**Disaster Recovery** Journal 2000: 43 % aller Unternehmen, die einem Disaster Fall ausgesetzt waren, konnten nie wieder ein Geschäft eröffnen, etwa 29 % mussten nach 2 Jahren schließen).
- **Internet-Sicherheitsrisiken**
  Beispiele: (Networking Computing 4/2009: „größte Sicherheitsrisiken für 2010").
  - Angriffe auf das Web 2.0 nehmen an Intensität und Häufigkeit zu.
  - Botnet-Gangs (organisierte Kriminalität).
  - E-Mails sind das häufigste Transportmittel für kriminelle Aktivität (aber Achtung bei Black Listing Filtern!).
  - Schwarzmarkt für Konto-, E-Mail-, Skype-, eBay-Konto-Daten.
  - Verstärkt Angriffe auf Windows 7 und Internet Explorer 8.
  - Gezielte Manipulation des Rankings gefährlicher Websites (zB Fußball-WM 2010).
  - Smartphones Tummelplatz für Hacker.

III. Weitere gesetzliche und vertragliche Grundlagen der IT-Sicherheit

Im Zusammenhang mit IT-Sicherheit gibt es eine ganze Reihe von gesetzlichen Vorschriften, die sich mehr oder weniger direkt mit der Thematik auseinandersetzen. Da die IT-Sicherheit immer mehr als Grundbestandteil der sogenannten **IT-Compliance**[202] angesehen wird, wird die Thematik auch zunehmend in Compliance-Gesetzen wie dem TransPuG[203] oder in Corporate-Governance-Anforderungen hineininterpretiert. Compliance (englisch für Befolgung) bezeichnet im IT-Bereich die Einhaltung von Rechtsvorschriften und uU auch unternehmensinternen Richtlinien mit Bezug zur IT-Sicherheit. Der Übersichtlichkeit halber wird im Folgenden nur auf Vorschriften eingegangen, die ausdrückliche bzw. eindeutige Hinweise auf die Sicherheit der IT aufweisen.

---

[200] Die folgenden Beispiele sollen nicht ausdrücken, dass die genannten Techniken oder Geschäftsmodelle per se unzulässig sind oder in unverantwortlicher Weise die unternehmerischen Risiken erhöhen. Vielmehr soll zum Ausdruck gebracht werden, dass bei den genannten Beispielen besondere rechtliche oder vertragliche Anforderungen zu beachten sind, die in der Praxis häufig übersehen werden.

[201] *Conrad*/Hausen, Datenschutzrechtliche Aspekte von DLP und Cloud-Computing in: Büchner/Briner (Hrsg.), DGRI Jahrbuch 2009, S. 21 ff.

[202] Zu Compliance allgemein: *Bürkle* DB 2004, 2158; *ders.* BB 2005, 565; *Hauschka* NJW 2004, 257; *ders.* BB 2004, 1178; *Rodewald/Unger* BB 2006, 113; speziell zum Thema IT-Compliance s. *Lensdorf/Steger* ITRB 2006, 206.

[203] Das Gesetz zur weiteren Reform des Aktien- und Bilanzrechts, zu Transparenz und Publizität, Abkürzung: TransPuG) ist ein Artikelgesetz zur Reform des Aktien- und Bilanzrechts. Es ist am 26. Juli 2002 in Kraft getreten.

1. Technische und organisatorische Maßnahmen nach § 9 BDSG und Anlage zu § 9 BDSG

172 **a) Die Grundregel des § 9 BDSG.** Das Bundesdatenschutzgesetz (BDSG) regelt in § 9 sehr dezidiert, wie der Schutz von personenbezogenen Daten technisch und organisatorisch zu gestalten ist:

> **§ 9 Satz 1 BDSG** (Hervorhebungen von den Verfassern):
> „Öffentliche und nicht-öffentliche Stellen, die (...) personenbezogene Daten erheben, verarbeiten oder nutzen, haben die **technischen und organisatorischen Maßnahmen** zu treffen, die erforderlich sind, um die Ausführung der Vorschriften dieses Gesetzes, insbesondere die in der Anlage zu diesem Gesetz genannten Anforderungen, zu gewährleisten. Erforderlich sind Maßnahmen nur, wenn ihr **Aufwand in einem angemessenen Verhältnis zu dem angestrebten Schutzzweck steht.**"

173 Die Norm dient der Umsetzung der Regelungen in Artikel 17 der Richtlinie 95/46/EG des Europäischen Parlaments und des Rates vom 24. Oktober 1995 zum Schutz natürlicher Personen bei der Verarbeitung personenbezogener Daten und zum freien Datenverkehr.[204] Die technischen und organisatorischen Maßnahmen, auf die sich das Bundesdatenschutzgesetz in Anlehnung an Artikel 17 beruft, werden aber nicht nur als abstrakte Forderung aufgestellt, sondern (für heutige gesetzgebungstechnische Verhältnisse vergleichsweise untypisch) detailliert konkretisiert und in einer eigenen Anlage aufgelistet. Dieser Katalog der **Anlage zu § 9 BDSG** enthält dabei jedoch keine spezifischen technischen Vorgaben, sondern stellt allgemeine Sicherheitsregeln für den Umgang mit personenbezogenen Daten dar. Die genaue Ausgestaltung der eigentlichen Maßnahmen bleibt der Entscheidung der sogenannten „verantwortlichen [datenverarbeitenden] Stelle" (siehe § 3 Abs. 7 BDSG) – also etwa dem Unternehmen – im Einzelfall überlassen.[205]

174 Von der Verantwortung der verantwortlichen Stelle für die Ausgestaltung der Maßnahmen zu unterscheiden ist, wer die notwendigen Maßnahmen zum technischen und organisatorischen Schutz personenbezogener Daten in welchem Umfang zu ergreifen hat. Das Gesetz geht wohl, wie § 11 Abs. 2 Satz 1 BDSG nahelegt, davon aus, dass die Auftragsdatenverarbeitung physisch beim Auftragnehmer erfolgt (zB wie beim Webhosting), der Auftraggeber deswegen bei der Auswahl des Auftragnehmers ein von diesem erarbeitetes Sicherheitskonzept zu berücksichtigen hat.

175 Bei IT-Projekten ist es aber häufig der Fall, dass der Auftragnehmer vor Ort beim Auftraggeber tätig wird, zB Durchführung von Wartungsarbeiten an IT-Systemen, Migration von Datenbeständen oder Entwicklung von Backupstrategien und deren Implementierung. In diesen Fällen müssen die zu ergreifenden Maßnahmen in Zusammenarbeit mit dem Auftraggeber entwickelt und abgestimmt werden. So liegt es primär in der Verantwortlichkeit des Auftraggebers, Sicherheitsmaßnahmen hinsichtlich des körperlichen Zugangs zu den Datenverarbeitungsanlagen zu ergreifen, da die Datenverarbeitung bei ihm vor Ort erfolgt. Andere Festlegungen, wie etwa die Anweisung des Auftragnehmers an die eigenen Mitarbeiter, Arbeiten an den Datenverarbeitungsanlagen zB nur unter Beachtung des Vier-Augen-Prinzips durchzuführen und alle durchgeführten Arbeiten zu protokollieren, richten sich dagegen an den Auftragnehmer.

176 Wichtig im Zusammenhang mit § 9 BDSG ist die in der Regelung explizit aufgestellte Grenze der **Angemessenheit** der zu treffenden Maßnahmen (§ 9 Satz 2 BDSG). Diese nicht unerhebliche Einschränkung der im ersten Satz formulierten ansonsten absoluten Gewähr-

---

[204] Artikel 17 (Sicherheit der Verarbeitung) lautet: *(1) Die Mitgliedstaaten sehen vor, daß der für die Verarbeitung Verantwortliche die geeigneten technischen und organisatorischen Maßnahmen durchführen muß, die für den Schutz gegen die zufällige oder unrechtmäßige Zerstörung, den zufälligen Verlust, die unberechtigte Änderung, die unberechtigte Weitergabe oder den unberechtigten Zugang – insbesondere wenn im Rahmen der Verarbeitung Daten in einem Netz übertragen werden – und gegen jede andere Form der unrechtmäßigen Verarbeitung personenbezogener Daten erforderlich sind. Diese Maßnahmen müssen unter Berücksichtigung des Standes der Technik und der bei ihrer Durchführung entstehenden Kosten ein Schutzniveau gewährleisten, das den von der Verarbeitung ausgehenden Risiken und der Art der zu schützenden Daten angemessen ist.* Vgl. ferner Taeger/Gabel/*Schultze-Melling* § 9 Rn. 6.

[205] Zu Einzelheiten der datenschutzrechtlichen Pflichten der verantwortlichen Stelle → § 34 Recht des Datenschutzes.

leistungspflicht[206] ist letztlich eine Reflexion des ungeschriebenen Verfassungsgrundsatzes der Verhältnismäßigkeit.[207] Die Angemessenheit der Maßnahmen (und damit des von der verarbeitenden Stelle zu betreibenden personellen und finanziellen Aufwandes) hängt demnach vom *angestrebten Schutzzweck* ab. Zwingende Voraussetzung zur Feststellung der Angemessenheit ist deshalb stets, dass einerseits der konkrete **Schutzzweck** ermittelt und festgelegt wird, andererseits die konkreten Gefährdungspotentiale sowie die zu deren Vermeidung geeignete Maßnahmen. Beim Schutzzweck spielt außer der datenschutzrechtlichen Kategorisierung der Daten in „normale" personenbezogene Daten und solche, die besonders sensibel sind („besondere Arten personenbezogener Daten" nach § 3 Abs. 9 BDSG), die Risikoanalyse eine wesentliche Rolle. Darüber hinaus wird auch zu berücksichtigen sein, wie tief eine Verarbeitung personenbezogener Daten in das Recht auf informationelle Selbstbestimmung bzw. in das Persönlichkeitsrecht der Betroffenen eingreift, und welche Folgen insoweit der Eintritt eines der Risiken für die Betroffenen hätte.

Schematisch wird man – auch im Schutzinteresse des Anwenders – in Schritten vorgehen, etwa wie folgt: **177**

- Analyse der Art der zu schützenden und zu sichernden Daten,
- Festlegung der Schutzzwecke, Sensitivität der Daten, der Anwendung,
- Analyse der Bedrohungspotentiale, am besten im Lichte der Kontrollen gem. § 9 BDSG in Verbindung mit eigenen Interessen, also etwa
  - Ausfallsicherheit,
  - Abhängigkeiten, Schwachstellen,
  - Zugangssicherheit,
  - Integritätsbedarf, Zugriffssicherheit usw.,
- Analyse geeigneter Maßnahmen und deren
- Kosten-/Nutzen-Relation.

Ähnliche Analyse- und Bewertungsschritte wird der Kunde zwecks Ermittlung der **Eignung der Maßnahmen** beim Auftragnehmer im Rahmen von § 11 BDSG vornehmen und dokumentieren. Allerdings greift dabei nicht die Angemessenheitsprüfung. **178**

b) Die konkreten Vorgaben der Anlage des § 9 BDSG. Die Anlage zu § 9 stellt eine Anzahl von Kontrollkategorien auf, die von der verantwortlichen Stelle einzuhalten sind. Ältere Fassungen des BDSG sahen dabei ursprünglich noch als gesonderten Punkt die sogenannte Organisationskontrolle vor. Diese verlangte eine Ausrichtung der innerbetrieblichen Organisation an den Anforderungen des Datenschutzes, und wurde im Zuge der Reformierung des Datenschutzrechts dem Katalog der heutigen insgesamt acht Kontrollmaßnahmen vorangestellt, um deutlich zu machen, dass der Aufbau angemessener Strukturen und die Etablierung abgestimmter Abläufe unbedingte Voraussetzung für die Umsetzung der in § 9 aufgestellten Anforderungen sind.[208] **179**

Die heutigen Kontrollen unterteilen sich in Gruppen, die nach verschiedenen Schutzzwecken gegliedert wurden: **180**

- Zutrittskontrolle,
- Zugangskontrolle,
- Zugriffskontrolle,
- Weitergabekontrolle,
- Eingabekontrolle,
- Auftragskontrolle,
- Verfügbarkeitskontrolle,
- Datentrennungskontrolle.

Die Anlage konkretisiert jeweils zu diesen Kontrollgruppen Pflichten des Auftragnehmers im Hinblick auf die zum Schutz der personenbezogenen Daten zu ergreifenden Maßnahmen: **181**

---

[206] Vgl. *Schaffland/Wiltfang* § 9 Rn. 6.
[207] Vgl. *Däubler/Klebe/Wedde/Weichert* § 9 Rn. 20.
[208] So auch Rossnagel/*Heibey* S. 579.

182 aa) *Zutrittskontrolle*. Ziel der Zutrittskontrolle ist es, Unbefugten den **körperlichen Zugang zu Datenverarbeitungsanlagen**, mit denen personenbezogene Daten verarbeitet werden, zu verwehren. Als unbefugt werden dabei alle diejenigen verstanden, die zur Verrichtung ihrer Arbeit nicht zwingend in Kontakt mit den Datenverarbeitungsanlagen kommen müssen.[209] Dies wäre beispielsweise der Fall für Besucher oder Kunden, aber selbstverständlich auch für Mitarbeiter der verantwortlichen Stelle, die nicht mit den Datenverarbeitungsanlagen arbeiten. Administratoren, Backup-Operatoren, Sachbearbeiter und natürlich der Datenschutz- und ggf. der (IT-)Sicherheitsbeauftragte müssen demgegenüber Zutritt zu den Datenverarbeitungsanlagen haben, um ihre Aufgaben erfüllen zu können. Hierzu bedarf es der Festlegung und Dokumentation von Zugangsberechtigungen sowie der Kontrolle des Zugangs und der Absicherung der Zugangswege. Es ist wichtig zu berücksichtigen, dass eine Zutrittskontrolle strenggenommen nur die Datenverarbeitungsanlagen und die an sie angehängte Peripherie selbst erfasst, nicht hingegen die Netzwerk- und sonstigen Infrastrukturen oder einzelne Datenträger. Notebooks, Smartphones und andere mobile Endgeräte gelten jedoch in jedem Fall als Datenverarbeitungsanlagen, obwohl sie naturgemäß nicht ständig mit den IT-Systemen der verantwortlichen Stelle verbunden sind.

Beispielhaft kommen dafür folgende Maßnahmen in Betracht:
- Aufstellung von Anlagen und Terminals in Räumen, die nur Berechtigten zugänglich sind,
- Verpflichtung der Benutzer, das Terminal bei Verlassen des Arbeitsplatzes abzumelden,
- Automatische Abmeldung des Terminals bei längerer Untätigkeit des Benutzers,
- Einrichtung von Sicherheitsbereichen,
- Vergabe von Berechtigungsausweisen an Bedienstete und von Besucherausweisen,
- Regelung des Zugangs für Besucher, Reinigungsdienst, Wartung, An- und Ablieferung,
- Abschließen der Geräte, verschlossene Aufbewahrung der Datenträger,
- Objektsicherung (zB Fenster- und Türensicherung durch Spezialglas, einbruchhemmende Türen, Installation von Überwachungsanlagen, Überwachungspersonal).

183 bb) *Zugangskontrolle*. Während die Zutrittskontrolle die Überwachung des räumlichen Zugangs zu den IT-Systemen des Unternehmens betrifft, richtet sich die Zugangskontrolle auf die tatsächliche Benutzung der Systeme. Ziel der Zugangskontrolle ist es daher, die **Benutzung von Datenverarbeitungssystemen durch Unbefugte zu verhindern**. Dies geschieht durch die Festlegung der Benutzerrechte (zB „nur lesen"), die Einrichtung von Legitimationsverfahren sowie die Kontrolle und Dokumentation der Zugriffsberechtigten.

Beispielhaft können hierfür folgende Maßnahmen ergriffen werden:
- Verwendung von sicheren Passwort-Verfahren und Benutzerkennungen,
- Einrichtung von Boot-Passwörtern sowie Verschlüsselung von Daten,
- Zuordnung der einzelnen Arbeitsplätze und Identifizierungsmerkmale zu bestimmten Funktionen, zeitliche Beschränkung der Nutzung von Terminals,
- Abweisung unberechtigter Nutzer mit Protokollierung der Zugriffsversuche,
- Verzicht auf Zugriff über Wählleitung.

184 cc) *Zugriffskontrolle*. Die Zugriffskontrolle fasst heute die in älteren Fassungen des BDSG noch getrennt geführten Datenträger-, Speicher- und Zugriffskontrollen zu einer Kontrolle zusammen. Sie bezieht sich daher auf die zulässige Benutzung der DV-Systeme durch grundsätzlich nutzungsbefugte Nutzer.[210] Ziel der Zugriffskontrolle ist es also, den **Zugriff der Benutzer eines Datenverarbeitungssystems ausschließlich auf die ihrer Zugriffsberechtigung unterliegenden Daten zu beschränken**. Während mit der Benutzerkontrolle die unbefugte Benutzung von Datenverarbeitungssystemen durch Einrichtungen der Datenübertragung generell ausgeschlossen werden soll, ist es Ziel der Zugriffskontrolle, jenen Personen, die zur Benutzung eines Datenverarbeitungssystems an sich berechtigt sind, auf den Zugriff zu jenen Daten zu beschränken, die **zu ihrer konkreten Aufgabenerfüllung erforderlich** sind. Dies geschieht wiederum durch die Festlegung und Dokumentation der Zugriffs-

---

[209] Vgl. Simitis/*Ernestus*/*Geiger* § 9 Rn. 78; *Däubler*/*Klebe*/*Wedde*/*Weichert* § 9 Rn. 37; *Schaffland*/ *Wiltfang* § 9 Rn. 54
[210] Vgl. *Gola*/*Schomerus* § 9 Rn. 25.

berechtigungen sowie die Absicherung und Kontrolle des Zugriffs. Denkbare Maßnahmen hierfür sind die
- Zugriffskontrolle auf Programme und Daten durch Benutzerkennungen und Passwörter,
- Zuordnung der Benutzer zu bestimmten Terminals, Festlegung der Befugnisse, die den Benutzern dieser Terminals zustehen,
- Protokollierung unerlaubter Aktivitäten der Benutzer,
- zeitliche Begrenzung der Zugriffsmöglichkeit.

Passwort-Verfahren sind nur sicher, wenn sichergestellt ist, dass die Passwörter nur dem Benutzer selbst bzw. einem begrenzten Personenkreis bekannt sind. Passwörter dürfen nicht trivial sein, müssen eine ausreichende Länge haben und sind in regelmäßigen Abständen zu ändern.

dd) Weitergabekontrolle. Die Weitergabekontrolle bezieht sich auf jede Übermittlung von personenbezogenen Daten an Dritte (unabhängig davon, ob dies mit Hilfe von magnetischen oder optischen Datenträgern, über Funkverbindungen oder über kabelgebundene Netzwerke geschieht). Für die Umsetzung ist es wichtig zu realisieren, dass die Weitergabekontrolle dabei zwei Zielrichtungen verfolgt: einerseits soll sichergestellt werden, dass Daten während ihrer Übermittlung nicht von unbefugten Dritten eingesehen werden können.[211] Andererseits muss nachvollziehbar sein, an welchen Stellen im Netzwerk der verschiedenen DV-Anlagen überhaupt eine Übermittlung vorgesehen oder auch nur möglich ist. Ziel der Weitergabekontrolle ist es folglich zu verhindern, dass – sowohl bei der **Übertragung personenbezogener Daten** als auch beim **Transport von Datenträgern** – die Daten unbefugt gelesen, kopiert, verändert oder gelöscht werden können. Zudem ist zu gewährleisten, dass jederzeit verlässlich überprüft und festgestellt werden kann, wo und inwieweit personenbezogene Daten durch Einrichtungen zur Datenübertragung übermittelt werden (können).

Die Überprüfung und Feststellung muss jedoch nicht dauernd erfolgen, sondern lediglich möglich sein (zB anhand der Verfahrensdokumentation). Verfahrensschritte hierzu sind die Festlegung möglicher Datenempfänger und der Befugnisse zu Datenübertragungen sowie die Dokumentation der Einrichtungen zur Datenübertragung und der erteilten Befugnisse. Darüber hinaus sind Festlegungen dazu erforderlich, wo sich Datenträger befinden dürfen, sowie welche Personen die Datenträger kopieren, lesen, entfernen oder nutzen dürfen und schließlich zur Kontrolle der Verwendung von Datenträgern. Denkbare Maßnahmen hierfür sind:
- die Kontrolle der Einrichtungen zur Datenübertragung und der zugehörigen Übermittlungsprogramme,
- die Protokollierung von Datenübertragungen,
- Verschlüsselung der jeweils übertragenen Daten mit Hilfe eines hochwertigen kryptografischen Verfahrens,
- Verwendung von verschlüsselten Transportwegen (Virtual Private Network – VPN),
- Zentrale Ausgabe und Verwaltung von Datenträgern,
- Erlass schriftlicher Regelungen über den Umgang mit Datenträgern. Führung von Aufzeichnungen über den Verbleib von Datenträgern mit Kontrollen,
- Einschließen der Datenträger bei Nichtgebrauch,
- Verbot der Verwendung privater Datenträger am Arbeitsplatz und der Mitnahme dienstlicher Datenträger nach Hause,
- Einführung technischer Kopierschutzmaßnahmen,
- Einrichtung von Arbeitsplatzrechnern ohne wechselbare Datenträger,
- Physikalisches Löschen nicht mehr benötigter Daten,
- Vernichtung überflüssiger Ausdrucke und Fehldrucke.

ee) Eingabekontrolle. Die Eingabekontrolle soll es der verantwortlichen Stelle ermöglichen nachvollziehen zu können, wie Daten in ein IT-System gelangt sind. Ziel der Eingabekontrolle ist es also, zu gewährleisten, dass **nachträglich überprüft und festgestellt** werden kann, **welche** personenbezogenen Daten zu **welchem Zeitpunkt** von **wem** in ein Datenver-

---

[211] Vgl. *Däubler/Klebe/Wedde/Weichert* § 9 Rn. 66.

arbeitungssystem eingegeben worden sind. Während die Zugangskontrolle ua verlangt, die unbefugte Eingabe in den Speicher zu verhindern, verlangt die Eingabekontrolle auch eine Kontrolle der näheren Umstände befugter Eingaben in den Speicher, wobei die Überprüfung und Feststellung jedoch nicht dauernd erfolgen muss, sondern lediglich im Bedarfsfalle nachträglich möglich sein muss. Hierzu sind nicht nur maschinelle Aufzeichnungen geeignet, sondern auch sonstige Unterlagen, anhand derer sich die geforderten Feststellungen nachträglich rekonstruieren lassen. Eine ständige Protokollierung aller Eingaben ist dazu geeignet, aber im Regelfall nicht erforderlich. Die Erforderlichkeitsprüfung ist aus Datenschutzgründen notwendig, soweit bei der Eingabekontrolle personenbezogene Daten (etwa von Arbeitsnehmern) erhoben werden.[212]

189 Zwischen den Anforderungen der IT-Sicherheit durch wirksame Eingabekontrolle einerseits und dem Datenschutz andererseits ist im Einzelfall ein angemessener Ausgleich zu schaffen etwa durch die Festlegung und Dokumentation der Eingabeverfahren und Eingabeberechtigungen. Denkbare Maßnahmen hierfür sind:
- Programmgesteuerte Festlegung der Befugnisse zur Kenntnisnahme, Eingabe, Veränderung oder Löschung mit revisionsfähiger Dokumentation,
- Verwendung von sicheren Passwortverfahren und Benutzerkennungen,
- Protokollierung von Eingaben, Zugriffen und Zugriffsversuchen,
- Verschlüsselung von Daten und Programmen,
- Einsatz von Sicherheitssoftware,
- die Festlegung der Zuständigkeiten für die Eingabe,
- der Vermerk der Eingabe in den Erfassungsunterlagen (zB durch Handzeichen),
- Protokollierung der Eingaben durch Speicherung des Eingebenden und des Datums der Eingabe im Datensatz.

190 *ff) Auftragskontrolle.* Die Auftragskontrolle ist eine speziell auf die Auftragsdatenverarbeitung nach § 11 ausgelegte Kontrollmaßnahme. Ziel der Auftragskontrolle ist es zu gewährleisten, dass personenbezogene Daten, die im Auftrag verarbeitet werden, **nur entsprechend den jeweiligen Weisungen** des Kunden verarbeitet werden. Denkbare Maßnahmen hierfür sind:
- Protokollierung der jeweiligen Anweisungen,
- Abgleich der jeweiligen Verarbeitung mit den darauf bezogenen Anweisungen.

191 *gg) Verfügbarkeitskontrolle.* Ziel der Verfügbarkeitskontrolle ist der **Schutz der Daten vor zufälliger Zerstörung** und zielt in erster Linie auf technische Defekte oder Stromausfälle. Aber auch mutwillige Handlungen (wie zB Sabotageakte oder Vandalismus) oder schädliche Umwelteinflüsse (zB Wasserschäden, Blitzschlag oder Feuer) können für einen Ausfall der Verfügbarkeit verantwortlich sein. Denkbare Maßnahmen hierfür sind:
- Regelmäßige Erstellung von vollwertigen Sicherungskopien,
- Auslagerung von Sicherheitskopien,
- Regelmäßiges Umkopieren von Sicherungsmedien,
- Anschaffung von Notstromaggregaten,
- Erstellung von Katastrophenplänen.

192 *hh) Trennungskontrolle.* Das Trennungsgebot soll letztendlich in erster Linie sicherstellen, dass die Einhaltung des datenschutzrechtlichen Gebots der Zweckbindung technisch und organisatorisch unterstützt wird. Ziel der Datentrennungskontrolle ist daher die technische **Sicherstellung der zweckbestimmten Verarbeitung**. Das Trennungsgebot verlangt dabei keine zwingende räumliche Trennung, sondern ist auch bei logischer Trennung erfüllt. Denkbare Maßnahmen hierfür sind:
- Softwaremäßige Mandanten-/Kundentrennung,
- Datenseparierung bei Anwendung von Datenbanken,
- Trennung über Zugriffsregelungen.

---

[212] Zum datenschutzrechtlichen Verbotsprinzip, zum Zweckbindungsgrundsatz und zum Gebot der Datenvermeidung und Datensparsamkeit → § 34 Recht des Datenschutzes.

Durch die BDSG-Novelle 2009 ist schließlich noch ein Nachtrag in die Anlage zu § 9   193
BDSG integriert worden. Speziell im Hinblick auf die Zugangs-, Zugriffs- und Weitergabekontrolle wird dort ausdrücklich die Verwendung von dem Stand der Technik entsprechenden Verschlüsselungsverfahren gefordert. Hierbei handelt es sich aber letztlich nicht wirklich um ein neues gesetzliches Gebot, da kryptografische Verfahren bereits vor der Novellierung zum Repertoire der geeigneten technischen und organisatorischen Maßnahmen zur Zugangs-, Zugriffs- und Weitergabekontrolle gehörten.

c) **Überprüfung der Ordnungsmäßigkeit.** Diese Ordnungsmäßigkeit ist ggf. nach § 9a   194
BDSG (Datenschutzaudit) freiwillig überprüfbar. Als Adressat gilt auch die Stelle (Auftragnehmer/Auftragsdatenverarbeiter), die im **Auftrag** der „verantwortlichen Stelle" personenbezogene Daten erhebt, verarbeitet oder nutzt.[213] Infolge dessen ist § 11 BDSG mit § 9 BDSG im Zusammenhang zu sehen. Der Auftragnehmer ist nach § 11 Abs. 2 Satz 1 BDSG unter **besonderer Berücksichtigung** der **Eignung** der von ihm **getroffenen technischen und organisatorischen** Maßnahmen **sorgfältig auszuwählen.**

Interessant ist insoweit, dass nach § 9 Satz 2 BDSG die Erforderlichkeit der technischen   195
und organisatorischen Maßnahmen einer Abwägung unterliegt. Dagegen unterliegen die organisatorischen und technischen Maßnahmen im Zusammenhang mit der Beurteilung der Eignung des Auftragnehmer nach § 11 Abs. 2 S. 1 BDSG keiner Abwägung. Es ist denkbar, dass an die technischen und organisatorischen Maßnahmen im Zusammenhang mit der Eignung des Auftragnehmers strengere Maßstäbe angelegt werden müssen, als an die technischen und organisatorischen Maßnahmen, die bei der Durchführung der Auftragsdatenverarbeitung festgelegt werden müssen.

Zur Ordnungsmäßigkeit wird auch gehören, dass die Auswahlentscheidung nach § 11   196
Abs. 2 Satz 1 BDSG **schriftlich** fixiert und **Bestandteil des Vertrags** wird, nachdem § 11 Abs. 2 Satz 2 BDSG ausdrücklich besagt, dass der Auftrag nicht nur schriftlich zu erteilen ist, sondern, dass dabei auch die technischen und organisatorischen Maßnahmen und etwaige Unterauftragsverhältnisse festzulegen sind (§ 11 Abs. 2 Satz 2 Nr. 3 und Nr. 6).[214]

Unter ökonomischen Aspekten, va im Hinblick auf die Erforderlichkeitsabwägung nach   197
§ 9 BDSG, wird es sich empfehlen, dass die verantwortliche Stelle die gemäß Anlage zu § 9 BDSG zu treffenden Maßnahmen auch daraufhin prüft, inwieweit diese Maßnahmen – zugleich – einem über die bloße Erfüllung von Datenschutz-/Datensicherheitspflichten hinausgehenden – Interesse des Unternehmens Rechnung tragen können. Dies wird regelmäßig auf die **Zutrittskontrolle, Zugangskontrolle, Zugriffskontrolle** sowie **Weitergabekontrolle** zutreffen, denn die genannten Maßnahmen können auch nicht-personenbezogene Daten, etwa **Betriebs- und Geschäftsgeheimnisse**, schützen. Entsprechendes gilt auch für die Integrität der eigenen Anwendungen im Hinblick auf die **Eingabekontrolle**.

Bei **IT-Outsourcing** wird generell – also nicht nur für personenbezogene Daten – eine   198
Auftragskontrolle, wie sie Nr. 6 der Anlage zu § 9 BDSG vorschreibt, sinnvoll sein, wenn es darum geht, dass der Auftragnehmer die Daten nur entsprechend den Weisungen des Auftraggebers verarbeiten darf. Gleiches gilt für die **Verfügbarkeitskontrolle** (Nr. 7 der Anlage zu § 9 BDSG) und ggf. auch für die Trennungskontrolle (Nr. 8 der Anlage zu § 9 BDSG). Letzteres betrifft regelmäßig Service-Rechenzentrum-Verträge bzw. ASP und IT-Outsourcing, wenn der Kunde selbst im Rahmen des Betreiberkonzepts seine Daten zwar logisch führt, aber der Auftragnehmer den physikalischen Betrieb etwa der Datenbanken mehrerer Outsourcing-Auftraggeber durch die Verwendung Virtueller Maschinen (VM) trennt.

d) **Umsetzung Anlage zu § 9 BDSG in der Praxis.** Aufgrund der Vielzahl möglicher Auf-   199
tragsdatenverarbeitungskonstellationen sowie der möglichen unterschiedlichen Auftragsge-

---

[213] Zur Auftragsdatenverarbeitung gem. § 11 BDSG → § 34 Recht des Datenschutzes.
[214] Mit der Novellierung des BDSG zum 1.9.2009 wurde die Datenverarbeitung im Auftrag detaillierter geregelt. So sind im Einzelnen zehn Punkte schriftlich festzulegen, darunter auch explizit Kontrollrechte des Auftragnehmers, vom Auftragnehmer mitzuteilende Verstöße sowie die Rückgabe überlassener Datenträger und die Löschung der gespeicherten Daten nach Beendigung des Auftrags.

genstände verbieten sich starre schematische Lösungen. Dennoch sind in der Praxis zwei Herangehensweisen denkbar, die je nachdem wer das Thema Auftragsdatenverarbeitung aktiv in die Vertragsverhandlungen einbringt, auch taktische Vorteile mit sich bringen kann. Vereinbaren die Parteien, dass der Auftraggeber dem (potentiellen) Auftragnehmer den Entwurf eines Auftragsdatenverarbeitungsvertrages nebst Anlage zu den technischen und organisatorischen Maßnahmen übermittelt, so sollte die Anlage so gestaltet sein, dass der Auftragnehmer zu jeder der in der Anlage zu § 9 erwähnten Kontrollpflichten entweder
- eine Ausfüllhinweise mit Beispielsmaßnahmen erhält oder
- eine Checkliste mit möglichen Maßnahmen, wobei der Auftragnehmer die bei ihm ergriffenen Maßnahmen durch Ankreuzen auswählen soll.

200 Dies erlaubt dem Auftraggeber in Sachen Auftragsdatenverarbeitung noch unerfahrenere potentielle Auftragnehmer zu unterstützen. Je nachdem wie detailliert der Auftragnehmer Angaben zu technischen und organisatorischen Maßnahmen macht und welcher Qualität die beschriebenen Maßnahmen sind, kann der Auftraggeber Rückschlüsse auf die Geeignetheit des Auftragnehmers iSv § 11 Abs. 2 S. 1 BDSG ziehen und sich ggf. für einen anderen entscheiden.

201 Umgekehrt bedeutet dies, dass es für einen um einen Auftrag werbenden Auftragnehmer von Vorteil sein kann, eine Aufstellung über die am eigenen Standort standardmäßig ergriffenen technischen und organisatorischen Maßnahmen vorzuhalten. Dies signalisiert dem Auftraggeber, dass dessen datenschutzrechtliche Belange ernst genommen werden. Ein proaktives Tätigwerden des Auftragnehmers hat den weiteren Vorteil, dass die Vorlage eines bereits ausgearbeiteten Sicherheitskonzepts die Wahrscheinlichkeit senkt, sich mit uU abweichenden (Standard-)Vorgaben des Auftraggebers zu technischen und organisatorischen Maßnahmen auseinandersetzten zu müssen.

Praxistipp:
Unabhängig davon, wer das Thema Sicherheitskonzept als erstes „besetzt", sollte in jedem Fall vermieden werden, dass die Parteien
- Maßnahmen vereinbaren, die nicht umgesetzt werden können, oder
- vereinbarte Standardmaßnahmen nicht auf die konkrete Auftragsdatenverarbeitungssituation angepasst werden.

202 Andererseits ist eine gewisse Formalisierung des Prozesses zur Erstellung und Einigung auf ein Sicherheitskonzept notwendig, damit Vertragsschlüsse nicht unnötig aufgeschoben werden.

203 e) **Technische und organisatorische Sicherheitsmaßnahmen bei Auftragsdatenverarbeitung.** Fester Bestandteil und Voraussetzung einer wirksamen Auftragsdatenverarbeitung[215] ist das Festlegen von technischen und organisatorischen Maßnahmen, die die Datensicherheit gewährleisten, vgl. § 11 Abs. 2 Satz 2 BDSG iVm § 9 BDSG nebst Anlage. Damit wird die **Datensicherheit** ausdrücklich in den Regelungsbereich des Datenschutzes einbezogen. Unter Datensicherheit wird die Gesamtheit aller organisatorischen und technischen Regelungen und Maßnahmen verstanden, mit denen ein unzulässiger Umgang mit personenbezogenen Daten verhindert werden soll und die Integrität sowie Verfügbarkeit der Daten und die zu deren Verarbeitung eingesetzten technischen Einrichtungen erhalten werden soll.[216]

204 Die Umsetzung der Bestimmungen des § 9 BDSG in Vertragsmustern hat sich – zumindest bislang[217] – häufig in der Wiedergabe des Gesetzeswortlauts erschöpft. Bsp.:

---

[215] Einzelheiten zu den Anwendungsvoraussetzungen und Bedingungen von Auftragsdatenverarbeitung, auch in Abgrenzung zur Funktionsübertragung, → § 34 Recht des Datenschutzes.
[216] Simitis/*Ernestus* BDSG § 9 Rn. 2.
[217] Dem soll die Konkretisierung in § 11 Abs. 2 BDSG durch die BDSG-Novelle II 2009 entgegenwirken. Es bleibt abzuwarten, ob die vom Gesetzgeber erhofften Verbesserung bei der Umsetzung des § 11 BDSG eintreten.

„Der Auftragnehmer hat die technischen und organisatorischen Maßnahmen zu treffen, die erforderlich sind, um die Ausführung der Vorschriften des BDSG zu gewährleisten. Insbesondere hat er dabei [es folgt eine Wiedergabe der Anlage zu § 9 BDSG]."

Vertragliche Regelungen wie die vorstehende überlassen es aber dem Vertragspartner, zu beurteilen und zu ermessen, welche Maßnahmen der Vertragspartner trifft, um den besonderen Anforderungen des Datenschutzes gerecht zu werden. Bisher schon galt nach hM,[218] dass eine solche pauschale und unspezifizierte Regelung den gesetzlichen Anforderungen in mehrfacher Hinsicht nicht genügt. Durch die BDSG-Novelle II 2009[219] wurde dies nunmehr im Wortlaut des § 11 Abs. 2 BDSG 2009 klargestellt. Die von § 9 BDSG vorgegebene Aufgabe ist der technische und organisatorische Schutz von personenbezogenen Daten. § 9 BDSG steht einer Delegation von Maßnahmen nicht entgegen, solange der „Datenherr" der eigentlich Verpflichtete bleibt. Dh der Auftraggeber muss selbst Maßnahmen in technischer und organisatorischer Hinsicht im Hinblick auf die 8 Gebote des Datenschutzes gemäß der Anlage zum BDSG treffen und diese dann auf seinen Vertragspartner übertragen.

Der Auftraggeber muss diese *„technischen und organisatorischen Maßnahmen"* bei Auftragsdatenverarbeitung unter **7 Gesichtspunkten** berücksichtigen:

(1) Bereits bei der **Auswahl** eines Auftragnehmers muss der Auftraggeber **dokumentieren** (und ggf. bei einer Überprüfung der zuständigen Datenschutzbehörde nachweisen), dass der Auftragnehmer *„unter besonderer Berücksichtigung der Eignung der von ihm getroffenen technischen und organisatorischen Maßnahmen sorgfältig ausgewählt hat"* (§ 11 Abs. 2 S. 1 BDSG). Dies kann etwa anhand eines Sicherheitskonzepts geschehen, das der Auftragnehmer in der Angebotsphase vorlegt.
(2) Bei den Maßnahmen nach § 9 BDSG muss zwischen **technischem** (insbes. Hardware-, Software-Lösungen) und **organisatorischem** Datenschutz (Aufbau und Ablauforganisation des Datenschutzes) unterschieden werden.
(3) Im Auftragsdatenverarbeitungsvertrag (AuftragsDV-Vertrag) müssen **schriftlich konkrete Regelungen** in Bezug auf mindestens die acht in der Anlage zum BDSG genannten Bereiche betroffen werden, also Zutrittskontrolle, Zugangskontrolle, Zugriffskontrolle, Weitergabekontrolle, Eingabekontrolle, Auftragskontrolle, Verfügbarkeitskontrolle und Trennungskontrolle. Eine **Wiedergabe des Wortlauts der Anlage zu § 9 BDSG genügt nicht** – obgleich sich in der Praxis viele AuftragsDV-Verträge darauf beschränken!
(4) Die zu treffenden **Maßnahmen** müssen hinreichend **konkretisiert** werden, die unbestimmten Rechtsbegriffe mit Inhalt gefüllt werden. Dies läuft letztlich auf ein **Lastenheft** für den Auftragnehmer hinaus, das, wenn es vollständig gemacht wird, **sehr in die Tiefe geht**.[220]
(5) Die getroffenen Maßnahmen müssen vom Auftraggeber nicht nur vor Beginn der Datenverarbeitung sondern regelmäßig **überprüft** und **kontrolliert** werden, vgl. § 11 Abs. 2 Satz 4 BDSG. D. h., dass die Maßnahmen zwar delegiert werden können, die Verantwortung aber bei der abgebenden Stelle bleibt.
Eine Kontrolle wird erleichtert, wenn die Umsetzung der Maßnahmen in geeigneter Weise **dokumentiert** wird, und der Auftraggeber diese Dokumentation in regelmäßigen Abständen auch überprüft. Die Dokumentationspflicht ist nunmehr[221] in § 11 Abs. 2 Satz 5 BDSG ausdrücklich geregelt. Ein entsprechendes Zutritts- und Kontrollrecht des Auftraggebers muss im AuftragsDV-Vertrag geregelt werden (siehe § 11 Abs. 2 Satz 2 Nr. 7 BDSG).
(6) Stellen Auftraggeber und/oder Auftragnehmer während der Laufzeit des AuftragsDV-Vertrages fest, dass die im AuftragsDV-Vertrag **vereinbarten Maßnahmen nicht ausreichen oder unzweckmäßig** sind, muss der Auftraggeber durch entsprechende **Weisungen** (siehe § 11 Abs. 3 S. 1, § 11 Abs. 2 Satz 2 Nr. 9 BDSG) die Sicherheitslücken schließen.

---

[218] Siehe etwa *Zuck*, Die acht Gebote des Datenschutzes und ihre Umsetzung – ein Beitrag zum Verständnis von § 9 BDSG, in: Conrad (Hrsg.), Inseln der Vernunft, 2008, S. 145 ff.
[219] BT-Drs. 16/12011 mit den Änderungen der BT-Drs. 16/13657.
[220] Siehe *Zuck* in Conrad (Hrsg.), Inseln der Vernunft, 2008, S. 154 ff.
[221] Siehe zur BDSG-Novelle 2009: *Gola* RDV 2009, Sonderbeilage zu Heft 4, S. 4.

Insoweit muss der AuftragsDV-**Vertrag ua offen für entsprechende Anpassungen** sein bis hin zu einem außerordentlichen Kündigungsrecht des Auftraggebers.

Der **Auftragnehmer** muss den Auftraggeber ggf. von sich aus auf Unzulänglichkeiten bei den vereinbarten bzw. angewiesenen Maßnahmen nach § 9 BDSG und Anlage dazu **hinweisen** (§ 11 Abs. 3 Satz 2 BDSG). Außerdem ist bei der Auftragserteilung schriftlich festzulegen, welche Verstöße gegen Datenschutzvorschriften oder Verletzungen des Auftragsdatenverarbeitungsvertrag durch den Auftragnehmer oder die bei ihm beschäftigten Personen der Auftragnehmer in welcher Weise dem Auftraggeber mitzuteilen sind (§ 11 Abs. 2 Satz 2 Nr. 8 BDSG).

(7) Die Nichtbeachtung von vereinbarten Maßnahmen muss vom Auftraggeber effektiv **sanktioniert** werden, zB durch vertraglich vereinbarte Pönalen und/oder eine einfache Kündigungsmöglichkeit durch den Auftraggeber.

207 Zu beachten ist im Übrigen, dass § 11 BDSG seit dem 1.9.2009 ausdrücklich vorschreibt, dass bei der Auftragserteilung (im Auftragsdatenverarbeitungsvertrag) ua Folgendes schriftlich und hinreichend konkret festzulegen ist:
- **Umfang**, **Art** und **Zweck** der vorgesehenen Erhebung, Verarbeitung und Nutzung von **Daten** (§ 11 Abs. 2 S. 2 Nr. 2 BDSG),
- **Art der Daten** und **Kreise der Betroffenen** (§ 11 Abs. 2 S. 2 Nr. 2 BDSG),
- **Berichtigung, Sperrung** und **Löschung** von Daten (§ 11 Abs. 2 S. 2 Nr. 4 BDSG),
- die nach § 11 Abs. 4 bestehenden **Pflichten des Auftragnehmers**, insbesondere seine Kontrollpflichten (§ 11 Abs. 2 S. 2 Nr. 5 BDSG),
- die **Rückgabe** überlassener **Datenträger** und die **Löschung** beim Auftraggeber gespeicherter **Daten nach Beendigung** des Auftrags (§ 11 Abs. 2 S. 2 Nr. 10 BDSG).

208 Neu ins BDSG eingefügt wurde in § 43 Abs. 1 Nr. 2b BDSG ein **Bußgeldtatbestand** bei Verstoß gegen § 11 Abs. 2 Satz 2 BDSG. Nunmehr handelt ordnungswidrig, wer *„entgegen § 11 Abs. 2 Satz 2 BDSG einen Auftrag nicht richtig, nicht vollständig oder nicht in der vorgeschriebenen Weise erteilt oder entgegen § 11 Abs. 2 Satz 4 BDSG sicht nicht vor Beginn der Datenverarbeitung über die Einhaltung der beim Auftraggeber getroffenen technischen und organisatorischen Maßnahmen überzeugt"*. Es kann ein Bußgeld bis zu **50.000 EUR** verhängt werden, § 43 Abs. 2 BDSG.

209 Mängel bei der Auftragserteilung, insbesondere bei Regelung der technischen und organisatorischen Maßnahmen, können auf § 4 Abs. 1 BDSG durchschlagen, dh dass die grds. legalisierende Wirkung einer Auftragsdatenverarbeitung nach § 4 Abs. 1 iVm § 11 BDSG insgesamt auf dem Spiel steht, wenn die technischen und organisatorischen Maßnahmen nicht die Anforderungen des BDSG erfüllen.

210 Mit dem zum 1.9.2009 ins BDSG eingefügten **§ 42a BDSG** können Sicherheitsmängel im Rahmen der Auftragsdatenverarbeitung zu einer Anzeigeverpflichtung des Auftraggebers gegenüber der Datenschutzaufsichtsbehörde und ggf. auch gegenüber Betroffenen führen. Übermittelt der Auftraggeber personenbezogene (Kunden-)Daten an den Auftragnehmer, ohne dass eine wirksame Auftragsdatenverarbeitung besteht, so gilt der Auftragnehmer als Dritter, der unrechtmäßig von Daten Dritter Kenntnis erlangt. Handelt es sich bei den Daten um besonders sensible Daten iSv § 42a BDSG, so ist der Auftraggeber zur Offenlegung des „Datenverlusts" verpflichtet. Diese nach US-amerikanischem Vorbild geschaffene sog „Data Breach Notification" soll primär die Fälle von „Datenklau" und rechtswidrigen „Datenverkauf" erfassen, greift aber auch bei unzureichenden Auftragsdatenvereinbarungen.

211 f) **Technische und organisatorische Sicherheitsmaßnahmen bei internationaler Auftragsdatenverarbeitung (anwendbares Recht).** Ein Anforderung von § 11 BDSG ist, dass die Auftraggeberin die Auftragnehmerin unter Berücksichtigung der Geeignetheit der technischen und organisatorischen Maßnahmen (TOM) der Auftragnehmerin sorgfältig auswählt. Die Prinzipien der Auftragsdatenverarbeitung gelten aufgrund der Harmonisierung durch die Datenschutzrichtlinie 95/46/EG in der ganzen EU. Allerdings haben die EU-Mitgliedstaaten diese Richtlinie im Detail unterschiedlich umgesetzt, so dass auch die Anforderungen an die Auftragsdatenverarbeitung von Mitgliedstaat zu Mitgliedstaat etwas unterschiedlich sind. In

III. Weitere gesetzliche und vertragliche Grundlagen der IT-Sicherheit

Italien beispielsweise wurde von den Datenschutzbehörden eine Vorgabe zu Mindeststandards bei den Sicherheitsmaßnahmen veröffentlicht, die konkrete Maßnahmen enthält und die bei Auftragsdatenverarbeitungsverträgen nach italienischem Recht üblicherweise wörtlich in den Auftragsdatenverarbeitungsvertrag übernommen wird. Etwas Vergleichbares gibt es in Deutschland nicht.

Hat die Auftraggeberin der Auftragsdatenverarbeitung ihren Sitz innerhalb der EU, aber nicht in Deutschland, ist für die Beurteilung des Anwendungsbereichs sowie der Form und der Inhalte des Auftragsdatenverarbeitungsvertrag grundsätzlich das nationale Datenschutzrecht am Sitz der verantwortlichen Stelle (= Auftraggeberin) maßgeblich. Folglich darf ein Auftragnehmer, der Kunden in verschiedenen Mitgliedstaaten hat, nicht mit allen Kunden identische Auftragsdatenverarbeitungsverträge nach deutschem Recht abschließen. Vielmehr müssen die Auftragsdatenverarbeitungsverträge grundsätzlich nach dem Recht der Auftraggeber lokalisiert werden, es sei denn, man verwendet eine Fassung eines Auftragsdatenverarbeitungsvertrags, bei dem die strengsten Anforderungen aus allen relevanten Mitgliedstaaten berücksichtigt sind – was aufwendig ist.

Die Artikel 29-Datenschutzgruppe hat jedoch in ihrem Working Paper 179, Stellungnahme 8/2010 zum anwendbaren Recht, 16.12.2010 (dort S. 17 lit. c. und Fußnote 21) festgestellt, dass speziell für die TOM nicht der Sitz des Auftraggebers, sondern der Sitz des Auftragnehmers der Auftragsdatenverarbeitung maßgeblich ist, wenn letzterer seinen Sitz in der EU hat:

„c. Der für die Verarbeitung Verantwortliche ist in Österreich niedergelassen und beauftragt einen Auftragsverarbeiter in Deutschland mit der Verarbeitung der Daten. Die Datenverarbeitung in Deutschland erfolgt im Rahmen der Tätigkeiten des für die Verarbeitung Verantwortlichen in Österreich. Mit anderen Worten: Die Datenverarbeitung wird für die geschäftlichen Zwecke der österreichischen Niederlassung und nach deren Anweisungen ausgeführt. Die vom Auftragsverarbeiter in Deutschland erledigte Datenverarbeitung unterliegt österreichischem Recht. Darüber hinaus unterliegt der Auftragsverarbeiter in Bezug auf die Sicherheitsmaßnahmen, die er im Zusammenhang mit der Datenverarbeitung treffen muss, den Anforderungen des deutschen Rechts[21]. Wird die Datenverarbeitung in dieser Weise ausgeführt, ist eine zwischen den deutschen und österreichischen Datenschutzbehörden abgesprochene Kontrolle erforderlich."

Fußnote 21: „Nach Artikel 17 Absatz 3 der Richtlinie 95/46/EG ist der Auftragsverarbeiter im Hinblick auf die Sicherheitsmaßnahmen an die Pflichten gebunden, die sich aus dem Recht des Mitgliedstaats ergeben, in dem der Auftragsverarbeiter niedergelassen ist. Im Falle einer Kollision zwischen den materiellrechtlichen Sicherheitspflichten des Rechts des Auftragsverarbeiters und jenen des Rechts des für die Verarbeitung Verantwortlichen geht das Recht des Auftragsverarbeiters (lex loci) vor. Zwar liegt die Haftung letzten Endes bei dem für die Verarbeitung Verantwortlichen, doch muss der Auftragsverarbeiter nachweisen, dass er alle im Vertrag mit dem für die Verarbeitung Verantwortlichen vorgesehenen notwendigen Schritte unternommen hat und den Sicherheitspflichten nachgekommen ist, die im Recht des Mitgliedstaats, in dem der Auftragsverarbeiter niedergelassen ist, vorgeschrieben sind (siehe im Einzelnen III.5)."

Dies stellt im Ergebnis eine erhebliche Erleichterung für international tätige Auftragsdatenverarbeiter da. Anderenfalls müssten sie je nach Sitzland des Kunden andere Sicherheitsmaßnahmen vorhalten – was im Regelfall unpraktikabel ist. Diese Erleichterung gilt aber nicht, wenn der Auftragnehmer seinen Sitz in einem Drittland hat und dürfte wohl auch dann nicht gelten, wenn der Auftragnehmer seinen Sitz in einem sicheren Drittland wie etwa der Schweiz oder Kanada hat.

2. Datensicherheitsvorschriften in TMG und TKG[222]

Auch das TMG kennt eine dem § 9 BDSG entsprechende Regelung. In § 13 regelt das TMG:

„§ 13 Pflichten des Diensteanbieters
(...)

---

[222] → § 36 Datenschutz der Telemedien sowie zum Recht der Kommunikationsnetze und -dienste § 31.

(4) Der Diensteanbieter hat **durch technische und organisatorische Vorkehrungen** sicherzustellen, dass
1. (...)
2. (...)
3. der Nutzer Teledienste **gegen Kenntnisnahme Dritter geschützt** in Anspruch nehmen kann, (...)".

Die Regelung des § 13 Abs. 4 Satz 1 Nr. 3 TMG beinhaltet zwar keine allgemeine Verpflichtung des Anbieters, Daten seiner Kunden im Internet verschlüsselt zu übertragen. Das Gebot, die **Vertraulichkeit** zu schützen, bezieht sich vielmehr auf die internen Verarbeitungsvorgänge des Teledienstanbieters. Der Anbieter muss daher sicherstellen, dass Dritte nicht unbefugt davon Kenntnis nehmen, welcher Nutzer welche Inhalte abruft.

216 Das TMG enthält **keine verbindlichen Vorgaben, welche Schutzmaßnahmen konkret** zu ergreifen sind. Allerdings lassen sich Anhaltspunkte aufgrund der ähnlich gelagerten Interessenlage entweder dem § 9 BDSG oder der Kommentierung zur Regelung in § 109 Abs. 1 Nr. 2 TKG (bzw. zu § 87 TDG aF) entnehmen. § 109 Abs. 1 Nr. 2 TKG schreibt **technische Vorkehrungen oder sonstige angemessene Maßnahmen zum Schutz gegen unbefugte Zugriffe auf die Telekommunikation und Datenverarbeitungssysteme** vor. Ein Beispiel dafür sind etwa Virenschutzprogramme. Dabei ist zu beachten, dass
- die Erhebung personenbezogener Daten bei diesen Maßnahmen soweit wie möglich vermieden werden.
- die Informationen (Protokolle) **nur** zur Wahrung der Datensicherheit verwendet werden dürfen; nur in besonderen Fällen (zB bei Einwilligung des Betroffenen oder strafrechtlicher Verfolgung durch die Strafverfolgungsbehörden) ist eine Durchbrechung der **strikten Zweckbindung** zulässig.
- die entstandenen Protokolle zu vernichten oder zu sperren sind, sobald sie für den genannten Zweck nicht mehr benötigt werden.
- keine sonstigen Vereinbarungen (zB arbeitsvertragliche Regelung, kollektivrechtliche Vereinbarungen oder evtl. betriebliche Übung) entgegenstehen.[223]

3. Privacy by Design / Privacy by Default

217 Im Zuge der stetigen Beschleunigung technischer Fortschritte gilt Datenschutz durch Technik (Privacy by Design bzw. by Default) als zukunftsweisendes und zielführendes Regelungskonzept, um eine weitere Verrechtlichung des Datenschutzes auf staatlicher sowie europäischer Ebene zu vermeiden.[224] Denn im Gegensatz zu dem derzeitig geltenden Recht, wird durch diese präventiven Konzepte bereits „auf der Ebene der Technik und nicht erst repressiv (...), jedenfalls aber so minimalinvasiv wie möglich"[225] in das informationelle Selbstbestimmungsrecht eingegriffen. Bereits bei der Entwicklung der Technik sollen datenschutzrechtliche Belange derart berücksichtigt werden, dass nicht nur IT-Sicherheit gewährleistet, sondern auch der Umfang der Datenerhebung minimiert wird.[226]

218 Dem folgt auch der bereits 2001 eingefügte § 3a BDSG, der den zentralen Grundsatz der Datenvermeidung und -sparsamkeit beinhaltet und durch die frühe Implementation von datenschutzrechtlichen Fragen in Entwicklungsprozessen als „Kernelement"[227] des Privacy by Design Konzepts gilt.

219 Auch in das europäische Recht wird Privacy by Design bzw. Default in Zukunft integriert. Sowohl der Kommissionsentwurf der DS-GVO-E aus dem Jahr 2012,[228] als auch die am 15. Juni 2015 vom europäischen Rat veröffentlichte Version[229] enthält in Art. 23 DS-

---

[223] Zum Datenschutz nach TMG → § 36 Datenschutz der Telemedien. Dem § 13 TMG weitgehend entsprechende Regelungen enthalten der Rundfunkstaatsvertrag (RStV) bzw. die Landesmediengesetze.
[224] vgl. dazu Simitis/*Scholz* BDSG § 3a Rn. 9 ff.
[225] *Schulz* CR 2012, 204; vgl. auch Simitis/*Scholz* BDSG § 3a Rn. 11.
[226] *Schaar* Privacy by Design, in: „Identity in the Information Society", S. 2, abrufbar http://www.bfdi.bund.de/SharedDocs/Publikationen/%22PrivacyByDesign%22.pdf?_blob=publicationFile; *Bräutigam/Klindt*NJW2015,1137(1140f.); *Gaycken/Karger*MMR2011,3(4); *Spindler* GRUR-Beilage 2014, 101 (107).
[227] Simitis/*Scholz* BDSG § 3a Rn. 3.
[228] Abrufbar unter: http://eur-lex.europa.eu/LexUriServ/LexUriServ.do?uri=COM:2012:0011:FIN:DE:PDF.
[229] Abrufbar unter: http://www.cr-online.de/Verabschiedete_deutschsprachige_Fassung_der_allgemeinen_Ausrichtung_des_EU-Rats_zur_Datenschutz-GVO_v._11.6.2015.pdf.

GVO-E unter der Überschrift „Datenschutz durch Technik und datenschutzrechtliche Voreinstellungen" den sog „Systemdatenschutz".[230] Art. 23 Abs. 1 DS-GVO-E verpflichtet zur Vornahme von angemessenen technischen und organisatorischen Maßnahmen, durch die sichergestellt wird, dass die Verarbeitung den Anforderungen der Verordnung genügt und die Rechte der betroffenen Personen geschützt werden (Privacy by Design). § 23 Abs. 2 DS-GVO-E legt fest, dass durch Voreinstellung nur solche Daten verarbeitet werden, die für spezifische Zwecke unbedingt nötig sind (Privacy by Default).

Der wesentliche Unterschied zwischen den beiden Versionen des Art. 23 DS-GVO-E ist die ersatzlose Streichung der – womöglich bereits gegen den deutschen Wesentlichkeitsgrundsatz verstoßenden[231] – Ermächtigungsnorm des § 23 Abs. 3 DS-GVO-E 2012. Dies ist aufgrund des bislang undurchsichtigen Umfangs der Ermächtigung zu begrüßen.[232] Ebenso wurde Art. 23 DS-GVO-E in der Ratsversion 2015 insofern konkretisiert, als die Pseudonymisierung und die Datenminimierung explizit aufgenommen wurden, vgl. Art. 23 Abs. 1 DS-GVO-E 2015.[233] Ob das Datensparsamkeitsprinzip dadurch geschwächt wurde, dass es in der Ratsversion statt in Artikel 5 (grundlegende Prinzipien) nunmehr bei Privacy by Design und by Default steht, ist fraglich.[234] Problematisch bleibt jedoch, dass sich die Vorschrift wie bisher nur an die „für die Verarbeitung Verantwortlichen" und nicht an den Hersteller richtet, was für eine präventive Gestaltung grundsätzlich erforderlich wäre. Denn für einen effektiven Datenschutz ist es in Zeiten von Cloud und Big Data unumgänglich, dass – ähnlich wie bei der Produktsicherheit – der Hersteller und nicht erst der Anwender von IT-Systemen mit in die Pflicht genommen wird.

4. Zugangskontrolldiensteschutz-Gesetz (ZKDSG)[235]

Das Zugangskontrolldiensteschutz-Gesetz (ZKDSG) vom 19.3.2002 birgt manche bislang kaum wahrgenommene Risiken für **Unternehmen in der IT-Sicherheitsbranche**. Das Gesetz dient der Umsetzung der Richtlinie 1998/84/EG des Europäischen Parlaments und des Rates über den rechtlichen Schutz von zugangskontrollierten Diensten und von Zugangskontrolldiensten vom 20.11.1998 (ABl. EG Nr. L 320 S. 54). Das ZKDSG ist recht kurz. In sieben Paragraphen regelt der Gesetzgeber sog Zugangskontrolldienste (siehe Definition in § 2 Nr. 1 ZKDSG). Gem. § 1 ZKDSG ist Zweck des Gesetzes, die Zugangskontrolldienste gegen unerlaubte Eingriffe zu schützen.

Verboten sind nach den ZKDSG:
- die **Herstellung**, die **Einfuhr** und die **Verbreitung von Umgehungsvorrichtungen** (Definition des Gesetzgebers: „*Verfahren oder Vorrichtungen, die dazu bestimmt oder entsprechend angepasst sind, die unerlaubte Nutzung eines zugangskontrollierten Dienstes zu ermöglichen*") zu gewerbsmäßigen Zwecken,
- der **Besitz**, die **technische Einrichtung**, die **Wartung** und der **Austausch** von Umgehungsvorrichtungen zu gewerbsmäßigen Zwecken,
- die **Absatzförderung** (Definition des Gesetzgebers siehe § 2 Nr. 4 ZKDSG) von Umgehungsvorrichtungen.

Für alle diejenigen, die eine solche Umgehungsvorrichtung herstellen, einführen oder verbreiten, sieht der Gesetzgeber **Gefängnisstrafen** bis zu einem Jahr und **Geldstrafen** vor. Diese Regelungen betreffen jedoch **nicht nur** Hacker und Cracker, die zum Beispiel Pay-TV-Karten fälschen oder technische Zugangsschutzeinrichtungen überwinden. Durch die weite Formulierung und das Fehlen eines Ausnahmenkataloges werden auch IT-Security-Spezialisten er-

---

[230] Simitis/*Scholz* BDSG § 3a Rn. 3.
[231] *Schulz* CR 2012, 204 (206).
[232] vgl. dazu *Schulz* CR 2012, 204 (206).
[233] Kritisch zu Art. 23 DS-GVO-E 2012: Simitis/*Scholz* BDSG § 3a Rn. 18a; *Schulz* CR 2012, 204 (206).
[234] So aber *Krempl*, EU-Datenschutzreform: Zweckbindung und Datensparsamkeit ausgehebelt, Heise-Meldung vom 15.6.2015, 18:56 abrufbar unter www.heise.de.
[235] Abrufbar unter: http://www.gesetze-im-internet.de/bundesrecht/zkdsg/gesamt.pdf. Im Zuge der Ablösung des TDG und TDDSG durch das TMG sowie des MDStV durch den Staatsvertrag für Rundfunk und Telemedien wurde § 2 Nr. 1 des ZKDSG gem. Art. 3 ElGVG angepasst.

fasst, die zB als Service-Leistung ihren Kunden (sei es einmalig per E-Mail oder zum Download über die eigene Webseite) einen **Scanner** anbieten, oder die einen Link vorhalten, der das Herunterladen einer solchen Software ermöglicht. Diese und natürlich erst recht **Root-Kits** oder ähnliche **Selbst-Diagnose-Werkzeuge**[236] dürften vor dem Hintergrund des ZDSG für IT-Security-Spezialisten sehr problematisch sein, wenn zugangskontrollierte Dienste betroffen sind.

5. Insiderverzeichnisse unter § 15b WpHG

223   Das Anlegerschutzverbesserungsgesetz, das seit dem 30. Oktober 2004 in Kraft ist, hat neue Regelungen zum Umgang mit Insiderinformationen normiert.[237] Gemäß dem durch das Anlegerschutzverbesserungsgesetz neu eingeführten § 15b des Wertpapierhandelsgesetzes (WpHG) sind Unternehmen zur Führung von Verzeichnissen über solche Personen verpflichtet, die für sie tätig sind und **bestimmungsgemäß Zugang zu Insiderinformationen** haben. Durch das **Führen von Insiderverzeichnissen** kann aber noch nicht sichergestellt werden, dass nur die in diesem Verzeichnis aufgeführten Personen Kenntnis von Insiderinformationen haben. Vielmehr müssen auch Sicherheitstechnologien wie zum Beispiel Datenverschlüsselung im eigenen Netzwerk durch gruppenorientierte Dateiverschlüsselung eingesetzt werden. Nur so kann gewährleistet werden, dass auch in tatsächlicher Hinsicht nur die Personen, die im Insiderverzeichnis aufgeführt sind, Zugang und damit Kenntnis von Insiderinformationen haben.[238]

6. IT-Sicherheit als Konsequenz der Vermeidung strafrechtlicher Haftung

224   Mittelbare gesetzliche Pflichten zur IT-Sicherheit ergeben sich darüber hinaus aus Straftatbeständen. Um eine strafrechtliche Inanspruchnahme zu vermeiden, obliegt es den Verantwortlichen, bestimmte IT-Sicherheitsmaßnahmen zu etablieren. Verschiedene Straftatbestände sind insoweit relevant.[239]

225   a) **§ 106 UrhG (Unerlaubte Verwertung urheberrechtlich geschützter Werke).** Ein anschauliches Beispiel ist dabei die unerlaubte Vervielfältigung von urheberrechtlich geschützten Werken. Ein Unternehmen, das es zulässt, dass Mitarbeiter auf seinen Servern unerlaubt erstellte Audio- oder Videodateien speichern und beispielsweise durch das Betreiben von **Peer-to-Peer (P2P)-Tauschbörsen** zum Abruf durch Dritte bereithalten (illegales Filesharing), setzt die dafür Verantwortlichen im Unternehmen einem erheblichen Strafbarkeitsrisiko aus. In § 106 UrhG heißt es dazu:

„(1) Wer in anderen als den gesetzlich zugelassenen Fällen ohne Einwilligung des Berechtigten ein Werk oder eine Bearbeitung oder Umgestaltung eines Werkes vervielfältigt, verbreitet oder öffentlich wiedergibt, wird mit Freiheitsstrafe bis zu drei Jahren oder mit Geldstrafe bestraft.
(2) Der Versuch ist strafbar."

226   Ohne entsprechende Sicherheitsmaßnahmen, wie zum Beispiel **Speicher-Quotas** (Rationierungen von Speichermengen) zur Begrenzung und Überwachung der durch die eigenen Mitarbeiter gespeicherten Daten oder regelmäßige Überprüfungen der laufenden Serverprogramme und der Netzwerkauslastungen, lassen sich die privaten Tauschbörsen kaum aus dem Unternehmen verbannen. Unternehmen, die derartige Maßnahmen **unterlassen**, können unter Umständen sogar in das Risiko des Vorwurfs eines **Eventualvorsatzes** geraten, und brauchen unter Umständen noch nicht einmal Kenntnis von tatsächlichen Verstößen zu haben.

---

[236] Zur Strafbarkeit des Einsatzes sog Dual-use Programmen siehe BVerfG Beschl. v. 18.5.2009 – 2 BvR 2233/07, 2 BvR 1151/08 – 2 BvR 1524/08. → § 43 Strafrecht im Bereich der Informationstechnologien.
[237] Abrufbar unter: https://ers.equitystory.com/dirDealings/Anlegerschutzverbesserungsgesetz.pdf.
[238] Zur datenschutzrechtlichen Problematik zum Kontonummernabgleich zur Kontrolle verbotener Insidergeschäfte durch die Innenrevision siehe zur Rechtlage vor der Einführung von § 32 BDSG *Gola/Schomerus* BDSG § 28 Rn. 17, siehe zur aktuellen Rechtslage, *Gola/Schomerus* BDSG § 32 Rn. 24 ff.
[239] Einzelheiten → § 43 Strafrecht im Bereich der Informationstechnologien.

b) § 27 JuSchG (jugendgefährdende Medien).[240] Für Arbeitgeber, die Auszubildende beschäftigen, und die damit den Vorschriften des Jugendschutzgesetzes unterliegen, ist zudem § 27 JuSchG relevant:

„(1) Mit Freiheitsstrafe bis zu einem Jahr oder mit Geldstrafe wird bestraft, wer
1. entgegen § 15 Abs. 1 Nr. 1 bis 5 oder 6, jeweils auch in Verbindung mit Abs. 2, ein Trägermedium anbietet, überlässt, zugänglich macht, ausstellt, anschlägt, vorführt, einführt, ankündigt oder anpreist,
2. entgegen § 15 Abs. 1 Nr. 7, auch in Verbindung mit Abs. 2, ein Trägermedium herstellt, bezieht, liefert, vorrätig hält oder einführt, (…)".

Unternimmt der ausbildende Arbeitgeber nichts gegen **jugendgefährdende Medien**, die von seinen Auszubildenden auf seinen Systemen gespeichert und untereinander ausgetauscht werden, gerät er leicht in den Vorwurf, derartige – laut Jugendschutzgesetz verbotene – Inhalte zugänglich zu machen. Auch hier existiert wiederum angesichts der aktuellen Berichterstattung das Risiko einer **eventualvorsätzlichen** Verwirklichung des Tatbestandes **durch Unterlassen von erforderlichen Abwehrmaßnahmen.**

7. Öffentlich-rechtliche Regelungen zur IT-Sicherheit

Neben den bisher beschriebenen Regelungen, die sich im Wesentlichen an Unternehmen und andere nicht-öffentliche Stellen richten, gibt es auch IT-sicherheitsrechtliche Vorschriften, die sich unmittelbar an die öffentliche Hand richten. Dabei ist die deutsche Rechtslage aber weit entfernt von dem Maß an Standardisierung, die im Hinblick auf die IT-Sicherheit des Staates beispielsweise in den Vereinigten Staaten über den Federal Information Security Management Act (FISMA) erreicht wird. Hierzulande ist das IT-Sicherheitsrecht ein Flickenteppich unterschiedlichster Vorschriften, und das gilt ohne Ausnahme auch für den öffentlich-rechtlichen Bereich.

a) § 9 Bundesdatenschutzgesetz und vergleichbare Regelungen der Landesdatenschutzgesetze. Die IT-sicherheitsrechtlichen Vorschriften des BDSG, dessen Grundsätze nicht danach unterscheiden, ob eine nicht-öffentliche oder eine öffentliche verantwortliche Stelle Daten erhebt, verarbeitet oder nutzt, gelten daher zunächst auch für den Bund.

Für die Länder gelten hingegen spezielle Landesdatenschutzgesetze, die aber durchgehend ebenfalls Regelungen zur IT-Sicherheit aufweisen, die im Kern denen des BDSG entsprechen. Beispielsweise regelt das Schleswig-Holsteinische Gesetz zum Schutz personenbezogener Informationen (LDSG) vom 9. Februar 2000[241] in § 5 Abs. 1 allgemeine Maßnahmen zur Datensicherheit. Dabei wird zunächst abstrakt festgehalten, dass die Ausführung der Vorschriften dieses Gesetzes sowie anderer Vorschriften über den Datenschutz „durch technische und organisatorische Maßnahmen" sicherzustellen sind, die nach dem Stand der Technik und der Schutzbedürftigkeit der Daten erforderlich und angemessen sind (§ 5 Abs. 2). Dem LDSG fehlt jedoch der umfangreiche Katalog des § 9 BDSG. Statt dessen verlangt es lediglich, dass
- Unbefugten der Zugang zu Datenträgern, auf denen personenbezogene Daten gespeichert sind, zu verwehren ist,
- es zu verhindern ist, dass personenbezogene Daten unbefugt verarbeitet werden oder Unbefugten zur Kenntnis gelangen können, und
- es schließlich zu gewährleisten ist, dass stets die datenverarbeitende Person, der Zeitpunkt und Umfang der Datenverarbeitung festgestellt werden können.

Andere Landesdatenschutzgesetze weisen ähnliche Regelungen auf und zitieren dabei auch teilweise die Regelung in § 9 BDSG wörtlich (vgl. etwa Art. 7 des Bayerischen Datenschutzgesetzes (BayDSG) vom 23. Juli 1993).[242]

---

[240] Im Zuge der Ablösung von TDG und TDDSG durch das neue TMG sowie des MDStV durch den Staatsvertrag für Rundfunk und Telemedien ist § 1 Nr. 3 des JuSchG gem. Art. 2 des ElGVG angepasst worden.
[241] GS Schl.-H. II, Gl. Nr. 204-4, GVOBl. Schl.-H. 4/2000, S. 169.
[242] Zuletzt geändert am 27. Juli 2009 (GVBl. 2009, S. 380).

232 **b) Sonstige öffentlich-rechtliche Datenschutzbestimmungen mit Bezug auf IT-Sicherheit.** Neben dem Datenschutzrecht gelten aber für den Staat auch noch eine Reihe weiterer Spezialgesetze, die mehr oder weniger ausführlich zum Thema IT-Sicherheit Stellung nehmen. Dabei richtet sich die Anwendbarkeit der einzelnen Vorschriften naturgemäß nach der Aufgabe der jeweiligen Behörde und der Art der durch diese verarbeiteten Informationen. Beispielhaft seien hier lediglich folgende Bereiche erwähnt:

- **Melderechtliche Vorschriften:** § 8 des Baden-Württembergischen Meldegesetzes zum Beispiel regelt, dass es den bei Meldebehörden oder anderen Stellen, die im Auftrag der Meldebehörden handeln, beschäftigten Personen untersagt ist, personenbezogene Daten unbefugt zu verarbeiten. Dies umfasst insbesondere auch die unbefugte Weitergabe dieser Daten an Dritte oder das Unterlassen von angemessenen Sicherheitsvorkehrungen, um eine unbefugte Einsichtnahme Dritter zu verhindern.
- **Sozialrechtliche Vorschriften:** § 78a Sozialgesetzbuch X (SGB X) regelt, dass Stellen, die als Sozialbehörden selbst oder die im Auftrag der Sozialbehörden Sozialdaten erheben, verarbeiten oder nutzen, die technischen und organisatorischen Maßnahmen einschließlich der Dienstanweisungen zu treffen haben, die erforderlich sind, um die Ausführung der Vorschriften dieses Gesetzbuches zu gewährleisten. Ähnlich wie im BDSG gibt es hier auch einen Katalog an Maßnahmen, der in der Anlage zum SGB X festgehalten wurde. Ebenfalls analog zum BDSG gilt der Verhältnismäßigkeitsgrundsatz: Maßnahmen sind dann nicht erforderlich, wenn ihr Aufwand in keinem angemessenen Verhältnis zu dem angestrebten Schutzzweck steht.

233 **c) BSI-Gesetz.** Das Gesetz zur Stärkung der Sicherheit in der Informationstechnik des Bundes novelliert das Gesetz über das Bundesamt für Sicherheit in der Informationstechnik (BSI) (BSI-Gesetz – BSIG). Zur wirksameren Bekämpfung aktueller Bedrohungen und aufgrund der zunehmenden Bedeutung der Informations- und Kommunikationstechnologie in der heutigen Gesellschaft wurden darin dem BSI weitergehende Aufgaben und Befugnisse eingeräumt.

Das BSI, das bereits durch seinen IT-Grundschutzstandard früh umsetzbare Regeln für den sicheren Einsatz von Informationstechnologie entwickelt hat, die zwar nicht verbindlich waren aber dessen ungeachtet weitläufig eingesetzt worden sind, ist danach insbesondere befugt, für die Bundesverwaltung einheitlichere und strengere Sicherheitsstandards zu definieren. Bei Bedarf kann das BSI sogar geeignete Produkte entwickeln lassen und diese bereitstellen (vgl. § 8 BSIG). Dadurch soll im Ergebnis verhindert werden, dass aufgrund von Sicherheitsschwachstellen ungeeignete IT-Produkte oder manipulierte IT-Komponenten in der Bundesverwaltung oder in den Regierungsnetzen zum Einsatz kommen. Auch wenn bislang keinerlei Standards vom BSI als Grundlage verbindlicher Vorgaben vorgeschlagen wurden, kann damit gerechnet werden, dass dies in der Zukunft der Fall sein wird und das Bundesrecht damit um einige IT-Sicherheitsrechtliche Vorschriften reicher sein wird.

Im Juni 2011 wurde das **Cyber-Abwehrzentrum** eröffnet. Unter der Federführung des BSI soll das Cyber-Abwehrzentrum als gemeinsame Plattform für das Bundesamt für Verfassungsschutz, das Bundesamt für Bevölkerungsschutz und Katastrophenhilfe sowie BKA, Bundespolizei, Zollkriminalamt und BND dienen. Ziel ist der schnelle Informationsaustausch zur besseren Koordinierung von Schutz- und Abwehrmaßnahmen gegen IT-Sicherheitsvorfälle.[243] Kritisiert wird ua, dass das kein echtes Notfallzentrum sei, weil es nicht rund um die Uhr besetzt ist, und dass Fragen der äußeren und inneren Sicherheit vermischt werden.[244]

Das BSIG wurde zuletzt durch das am 25.7.2015 in Kraft getretene IT-Sicherheitsgesetz geändert.[245]

234 **d) Nationaler Plan zum Schutz der Informationsinfrastrukturen (NPSI).** Der „Nationale Plan zum Schutz der Informationsinfrastrukturen" (NPSI)[246] wurde im Sommer 2005 unter

---

[243] Siehe Pressemitteilung vom 16.6.2011, abrufbar unter www.bsi.de.
[244] Heise-Meldung vom 16.6.2011, 18:35, abrufbar unter www.heise.de.
[245] → Rn. 236.
[246] Abrufbar unter http://www.bmi.bund.de/cae/servlet/contentblob/121734/publicationFile/13577/Nationaler_Plan_Schutz_Informationsinfrastrukturen.pdf (Abruf vom 10.7.2015).

III. Weitere gesetzliche und vertragliche Grundlagen der IT-Sicherheit

anderem als Reaktion auf die wachsende IT-Bedrohungslage beschlossen. Inhaltlich ist das Bundesministerium des Innern (BMI) mit der weiteren Umsetzung beauftragt. Der NPSI beschreibt die zentrale Strategie der Bundesrepublik Deutschland zur IT-Sicherheit. Dabei spielen die Themen Prävention (Informationsinfrastrukturen in Deutschland sollen angemessen geschützt werden) und Reaktion (die Behörden der Bundesrepublik sollen bei IT-Sicherheitsvorfällen wirkungsvoller handeln können) eine ebenso wesentliche Rolle wie das Prinzip der Nachhaltigkeit (nach Möglichkeit soll deutsche IT-Sicherheitskompetenz internationale Standards setzen oder zumindest beeinflussen).

Zur Realisierung dieser Ziele hat das BMI unter anderem zwei Umsetzungspläne erarbeitet, die im September 2007 vom Bundeskabinett beschlossen wurden. Dabei trägt der so genannte „Umsetzungsplan Bund" den besonderen Anforderungen für den Schutz der Informationsinfrastrukturen des Bundes Rechnung, während sich der **„Umsetzungsplan KRITIS"** auf IT-gestützte so genannte **Kritische Infrastrukturen** außerhalb der öffentlichen Verwaltung richtet. Der Umsetzungsplan Bund betrifft sowohl die Sicherheit von Regierungsnetzen als auch die von Dienstleistungen der Verwaltung, die mit Unterstützung von Informationstechnik erbracht werden und stellt damit letztlich eine verbindliche IT-Sicherheitsleitlinie für die Bundesverwaltung dar.

Nach Information des Bundesamts für Sicherheit in der Informationstechnik und des Bundesamts für Bevölkerungsschutz und Katastrophenhilfe ist der so genannte „UP KRITIS"[247] eine öffentlich-private Kooperation zwischen Betreibern Kritischer Infrastrukturen (KRITIS), deren Verbänden und den zuständigen staatlichen Stellen:[248] *„Der UP KRITIS adressiert acht der neun Sektoren Kritischer Infrastrukturen und basiert auf dem Umsetzungsplan KRITIS. Der Sektor „Staat und Verwaltung" wird durch den UP BUND abgedeckt. Ziel der Kooperation UP KRITIS ist es, die Versorgung mit kritischen Infrastrukturdienstleistungen in Deutschland aufrechtzuerhalten. Das Dokument „UP KRITIS: Öffentlich-Private Partnerschaft zum Schutz Kritischer Infrastrukturen – Grundlagen und Ziele –" wurde am 18.2.2014 vom Plenum des UP KRITIS verabschiedet. Dieses Dokument ist das Ergebnis der Fortschreibung des Umsetzungsplan KRITIS und löst den 2007 veröffentlichten Umsetzungsplan KRITIS ab."*[249]

e) **IT-Sicherheitsgesetz.** aa) *Entwicklung und Kontext.* Am 7.2.2013 hatte die Europäische Kommission den Vorschlag für eine Richtlinie über Maßnahmen zur Gewährleistung einer hohen gemeinsamen Netz- und Informationssicherheit in der Union veröffentlicht.[250] Das EU-Parlament stimmte am 13.3.2014 mit einer großen Mehrheit für eine Richtlinie über Maßnahmen zur Gewährleistung einer hohen gemeinsamen Netz- und Informationssicherheit in der Union (Cybersicherheits-Richtlinie) nahm aber gegenüber dem Entwurf der EU-Kommission deutliche Abschwächungen vor.

Der Deutsche Bundestag hat am 12.6.2015 in 2. und 3. Lesung den Entwurf der Bundesregierung für ein Gesetz zur Erhöhung der Sicherheit informationstechnischer Systeme (IT-SiG) abschließend beraten und angenommen.[251] Betreiber „Kritischer Infrastrukturen" aus den Bereichen Energie, Informationstechnik und Telekommunikation, Transport und Verkehr, Gesundheit, Wasser, Ernährung sowie Finanz- und Versicherungswesen müssen damit künftig einen Mindeststandard an IT-Sicherheit einhalten und erhebliche IT-Sicherheitsvorfälle an das Bundesamt für Sicherheit in der Informationstechnik (BSI) melden, dessen Kompetenzen aufgrund eines ebenfalls vom Bundestag angenommenen Änderungsantrags

---

[247] → Rn. 235.
[248] http://www.kritis.bund.de/SubSites/Kritis/DE/Aktivitaeten/Nationales/UPK/upk_node.html (Abruf com 15.7.2015).
[249] Dokument UP Kritis abrufbar unter http://www.kritis.bund.de/SharedDocs/Downloads/Kritis/DE/UP_KRITIS.pdf;jsessionid=51CB171D551548E3799A02900FE6BF54.1_cid345?__blob=publicationFile (Abruf vom 15.7.2015).
[250] http://eeas.europa.eu/policies/eu-cyber-security/cybsec_directive_de.pdf (Stand: 10.9.2014).
[251] http://www.heise.de/newsticker/meldung/Bundestag-verabschiedet-IT-Sicherheitsgesetz-2689526.html.
Vgl. dazu *Eckhardt* ZD 2014, 599; *Bartels* ITRB 2015, 92; *Roos* MMR 2014, 723; *Freund* ITRB 2014, 256; *Roth* ZD 2015, 17.

der Koalitionsfraktionen weiter gestärkt wurden. Darüber hinaus werden zur Steigerung der IT-Sicherheit im Internet die Anforderungen an die Anbieter von Telekommunikations- und Telemediendiensten erhöht. Parallel dazu werden die Kompetenzen des BSI und der Bundesnetzagentur sowie die Ermittlungszuständigkeiten des Bundeskriminalamtes im Bereich der Computerdelikte ausgebaut. Eckpunkte sind:

- Meldepflicht von Sicherheitsvorfällen ermöglicht ein bundesweites Lagebild und fördert Informationsaustausch.
- Erhöhung des Sicherheitsniveaus und Erleichterung deren Implementierung durch Branchenstandards.
- Regelmäßige Überprüfung (Audits durch das BSI) zur Sicherstellung eines hohen Sicherheitsniveaus; dabei sind von den betroffenen Unternehmen detaillierte Informationen zu offenbaren.

Kritik am IT-Sicherheitsgesetz:[252] Viele Betreiber kritischer Infrastrukturen nach UP KRITIS sind bereits heute aufgefordert entsprechende Schnittstellen umzusetzen und haben diese bereits mit dem BSI abgestimmt. Daher treffen die Maßnahmen des IT-Sicherheitsgesetzes va die bislang nicht regulierten Anbieter von „Informationstechnik". Der Begriff der „Informationstechnik" als „Kritische Infrastruktur" wird kritisiert. Er geht sehr weit und die Abgrenzung ist nicht so leicht möglich wie bei regulierten Bereichen wie Energie und Telekommunikation. Daher besteht das Risiko uferloser Ausdehnung auf Unternehmen aus dem IT-Bereich, *„[...] die von hoher Bedeutung für das Funktionieren des Gemeinwesens sind und durch deren Ausfall oder Beeinträchtigung nachhaltig wirkende Versorgungsengpässe oder erhebliche Störungen der öffentlichen Sicherheit eintreten würden."* (§ 2 IT-SiG).

Ein weiterer Kritikpunkt ist, dass die relevanten Unternehmen ein Warn- und Meldesystem[253] mit einer 24/7-Erreichbarkeit einrichten müssen (§ 8b Abs. 4 IT-SiG: Meldung kritischer Vorfälle unter Nennung des Betreibernamens beim BSI; bei Vorfällen, die kritisch sein könnten, ist der Betreibername nicht notwendigerweise zu nennen). Die Maßnahmen des IT-Sicherheitsgesetzes sind innerhalb von 2 Jahren von den Unternehmen umzusetzen. Zertifizierungen wie ISO 27001 reichen wohl nicht aus.

Am 24.7.2015 wurde das IT-SiG im Bundesgesetzblatt veröffentlicht.[254] Der erste Entwurf wurde am 18.8.2014 durch das Bundesministerium des Inneren (BMI) einen „Entwurf eines Gesetzes zur Erhöhung der Sicherheit informationstechnischer Systeme (IT-Sicherheitsgesetz)" veröffentlicht[255] und heftig diskutiert.[256] Einzelne Regelungen des Entwurfs – so bspw. die Einführung einer Regelung zur Missbrauchsbekämpfung in Anlehnung an § 100 TKG wurden schließlich nicht Bestandteil des IT-SiG. Das Ziel des IT-Sicherheitsgesetzes ist es, die Verfügbarkeit aber auch die Integrität und Vertraulichkeit der IT-Systeme zu schützen.

Das IT-Sicherheitsgesetz sieht allerdings nicht, wie die Bezeichnung vermuten ließe, allgemeine Vorgaben für jegliche IT vor, sondern zielt auf die Aufrechterhaltung von für die digitalisierte Gesellschaft kritischer Infrastrukturen ab, indem für die für diese eingesetzte IT Sicherheitsvorkehrungen festgelegt werden.

Besondere Bedeutung kommt im Bereich der IT-Sicherheit den Infrastrukturen zu, die für das Funktionieren unseres Gemeinwesens von überragender Bedeutung sind. Der Schutz dieser IT-Systeme Kritischer Infrastrukturen und der für diesen Infrastrukturbetrieb nötigen Netze hat daher – nach Ansicht des BMI – höchste Priorität.[257]

---

[252] Siehe auch DAV-Stellungnahme Nr.: 67/2014 zum Entwurf eines Gesetzes zur Erhöhung der Sicherheit informationstechnischer Systeme (IT-Sicherheitsgesetz), Stand Dezember 2014 (abrufbar unter http://www.anwaltverein.de).
[253] Vgl. *Bräutigam/Wilmer* ZRP 2015, 38.
[254] BGBl. I 2015, Nr. 31, S. 1324.
[255] Quelle: http://www.bmi.bund.de/SharedDocs/Downloads/DE/Gesetzestexte/Entwuerfe/Entwurf_IT-Sicherheitsgesetz.pdf;jsessionid=AC4F94AF24829F332F8E513CE5461531.2_cid364?__blob=publicationFile (Stand: 10.9.2014).
[256] *Eckhardt* ZD 2014, 599.
[257] Begründung des IT-SicherheitsG-RefE, Seite 2 (http://www.bmi.bund.de/SharedDocs/Downloads/DE/Gesetzestexte/Entwuerfe/Entwurf_IT-Sicherheitsgesetz.pdf;jsessionid=AC4F94AF24829F332F8E513CE5461531.2_cid364?__blob=publicationFile (Stand: 10.9.2014)).

Das IT-Sicherheitsgesetz ist kein neues eigenständiges Gesetz. Das IT-SicherheitsG enthält als sog. Artikel-Gesetz Änderungen des Gesetzes über das Bundesamt für Sicherheit in der Informationstechnik (BSI-G) (Art. 1 des IT-SiG), des Atomgesetzes (Art. 2 des IT-SiG), des Energiewirtschaftsgesetzes (Art. 3 des IT-SiG),des Telemediengesetzes (TMG) (Art. 4 des IT-SiG), des Telekommunikationsgesetzes (TKG) (Art. 5 des IT-SiG), des Bundesbesoldungsgesetzes (Art. 6 des IT-SiG), des Bundeskriminalamtsgesetzes (BKAG) (Art. 7 des IT-SiG-E), Weiterer Änderungen des BSI-Gesetzes (Art. 8 des IT-SiG) und des Gesetzes zur Strukturreform des Gebührenrechts des Bundes (Art. 9 IT-SiG).

Das IT-Sicherheitsgesetz verfolgt diese Ziele mit zwei Mitteln: Es werden Vorgaben zum Schutz der IT für kritische Infrastrukturen gemacht und gleichzeitig die Pflicht zur Information des Staates über Defizite und Vorfälle geschaffen, um dem Staat die erforderliche Information – ein Lagebild – zu verschaffen, welche Grundvoraussetzung für ein Handeln ist. Das Bundesamt für Sicherheit in der Informationstechnik (BSI) nimmt in diesem Regelungskomplex eine zentrale Rolle – einerseits als Aufsichtsbehörde und andererseits als zentrale Meldestelle – ein.

Darüber hinaus werden Datenschutzregelungen im TMG geschaffen und im TKG erweitert, um den entsprechenden Unternehmen die erforderlichen datenschutzrechtlichen Grundlagen für einen Schutz ihrer Systeme zu geben.

Aktive Handlungskompetenzen im Vorfeld oder im Fall einer Krise werden dem BSI nicht eingeräumt.

Nach Art. 11 des IT-SiG ist es am Tag nach der Verkündung – also am 25.7.2015 – in Kraft getreten. Allein die Änderung durch Art. 8 des IT-SiG – also die Streichung des bereits bestehenden § 10 Abs. 3 BSI-G – tritt erst am 14.8.2016 in Kraft.

bb) Änderung des BSI-Gesetzes. Das BSI wird durch die Änderungen als zentrale Behörde zum Schutz der IT-Sicherheit ins Zentrum gerückt.

Durch die Änderung des BSI-G werden sog. Betreiber Kritischer Infrastrukturen verpflichtet, einen Mindeststandard an IT-Sicherheit einzuhalten und dem BSI IT-Sicherheitsvorfälle zu melden. Den Grund für diese Verpflichtung sieht der Gesetzgeber in den weitreichenden gesellschaftlichen Folgen eines Ausfalls und ihrer besonderen Verantwortung für das Gemeinwohl solcher kritischer Infrastrukturen.[258]

Im Fokus der nachfolgenden Darstellung stehen die Änderungen für die Privatwirtschaft.

Für die Pflichtenstellung – also den persönlichen Anwendungsbereich – ist die Eigenschaft „Betreiber Kritischer Infrastrukturen" entscheidend. Diese treffen die Vorgaben zur IT-Sicherheit und die Meldepflicht in §§ 8a, 8b BSI-G.

Der Terminus **„Kritische Infrastrukturen"** wird durch § 2 Abs. 10 BSI-G legaldefiniert. Der Referentenentwurf enthielt darüber hinaus auch noch in § 2 Abs. 11 BSI-G-RefE eine Definition der Betreibereigenschaft.[259]

Nach § 2 Abs. 10 Satz 2 BSI-G wird durch die nach § 10 Abs. 1 BSI-G zu erlassende Rechtsverordnung konkret festgelegt, was Kritische Infrastrukturen im Sinne des BSI-G sind. § 2 Abs. 10 Satz 1 BSI-G enthält Maßgaben enthält, welche Infrastrukturen durch die Rechtsverordnung festgelegt werden können.[260]

Der Begriff „Kritische Infrastrukturen" ist durch § 2 Abs. 10 BSI-G legaldefiniert. Nach dieser Legaldefinition werden diese durch folgende kumulativen Merkmale gekennzeichnet:
- Einrichtungen, Anlagen oder Teile davon, die
- den Sektoren Energie, Informationstechnik und Telekommunikation, Transport und Verkehr, Gesundheit, Wasser, Ernährung sowie Finanz- und Versicherungswesen angehören und
- von hoher Bedeutung für das Funktionieren des Gemeinwesens sind

---

[258] Begründung des IT-SicherheitsG-RefE, Seite 3 (http://www.bmi.bund.de/SharedDocs/Downloads/DE/Gesetzestexte/Entwuerfe/Entwurf_IT-Sicherheitsgesetz.pdf;jsessionid=AC4F94AF24829F332F8E513CE5461531.2_cid364?__blob=publicationFile (Stand: 10.9.2014)).
[259] → Rn. 235.
[260] *Eckhardt* ZD 12/2014.

- weil durch ihren Ausfall oder ihre Beeinträchtigung erhebliche Versorgungsengpässe oder Gefährdungen für die öffentliche Sicherheit eintreten würden.

Der Referentenentwurf in § 2 Abs. 10 BSI-G-RefE[261] stellte noch darauf ab, dass „durch deren Ausfall oder Beeinträchtigung nachhaltig wirkende Versorgungsengpässe oder erhebliche Störungen der öffentlichen Sicherheit eintreten würden." Die Relevanzschwelle ist demgegenüber in § 3 Abs. 10 BSI-G verringert.

Das Betreiben wird weder legaldefiniert noch in der Entwurfsbegründung angesprochen. Hier bietet sich aufgrund der sachlichen Nähe ein Rückgriff auf die Begrifflichkeit des TKG an.[262]

Der Terminus „Betreiber Kritischer Infrastrukturen" war im Referentenentwurf durch § 2 Abs. 11 BSI-G-RefE legaldefiniert. Was betreiben bedeutet, war auch danach nicht definiert. Dies sind nach Halbsatz 1 „alle Unternehmen, die Kritische Infrastrukturen betreiben". Halbsatz 2 des § 2 Abs. 11 BSI-G-RefE[263] nahm allerdings solche Unternehmen von der Verpflichtung aus, die als sog. Kleinstunternehmen im Sinne der Empfehlung 2003/361/EG der Kommission vom 6. Mai 2003 betreffend die Definition der Kleinstunternehmen sowie der kleinen und mittleren Unternehmen (ABl. L 124 vom 20.5.2003, S. 36) Kritische Infrastrukturen betreiben. Dieser Ansatz, der dem Grundsatz der Verhältnismäßigkeit dient, hat so keinen Einzug in das Gesetz gefunden. § 8c Abs. 1 BSI-G nimmt diese nicht generell aus, sondern nur von den Regelungen der §§ 8a, 8b BSI-G.[264]

237 § 8a BSI-G regelt die **Vorgaben der IT-Sicherheit**. Betreiber Kritischer Infrastrukturen sind nach § 8a Abs. 1 S. 1 BSI-G verpflichtet, „angemessene organisatorische und technische Vorkehrungen zur Vermeidung von Störungen der Verfügbarkeit, Integrität, Authentizität und Vertraulichkeit ihrer informationstechnischen Systeme, Komponenten oder Prozesse zu treffen, die für die Funktionsfähigkeit der von ihnen betriebenen Kritischen Infrastrukturen maßgeblich sind.". Im Referentenentwurf war die Bezugnahme der Störungen auf solche der „Verfügbarkeit, Integrität, Authentizität und Vertraulichkeit" noch nicht enthalten, dient aber der Konkretisierung. Gleichwohl ist der Umfang damit weitreichend.

§ 8a BSI-G regelt nicht den Schutz der Kritischen Infrastruktur in ihrer Gesamtheit. Erfasst sind (nur) die für die Funktionsfähigkeit maßgeblichen informationstechnischen Systeme, Komponenten oder Prozesse. Dabei adressiert die Regelung wiederum nur die „informationstechnischen".

Die Verpflichteten haben „organisatorische und technische Vorkehrungen und sonstige Maßnahmen" zu ergreifen. Diese Maßgabe ist der in § 109 Abs. 2 S. 1 TKG vergleichbar,[265] geht über diese jedoch insoweit hinaus, als dass auch organisatorische Vorkehrungen zu treffen sind. Gleichwohl ist eine Auslegung analog zu § 109 Abs. 1 und Abs. 2 TKG möglich. Es müssen nur angemessene Maßnahmen ergriffen werden.[266] Die Kriterien für die Angemessenheitsbewertung sind in § 8a Abs. 1 S. 3 BSI-G festgelegt: „Organisatorische und technische Vorkehrungen sind angemessen, wenn der dafür erforderliche Aufwand nicht außer Verhältnis zu den Folgen eines Ausfalls oder einer Beeinträchtigung der betroffenen Kritischen Infrastruktur steht.".

Eine weitere Konkretisierung erfolgt durch § 8a Abs. 1 S. 2 BSI-G, wonach der „Stand der Technik zu berücksichtigen" ist. Berücksichtigen bedeutet, keine Pflicht zur Realisierung entsprechend dem Stand der Technik sondern nur seine Einbeziehung in die Entscheidungsfindung.[267]

---

[261] Quelle: http://www.bmi.bund.de/SharedDocs/Downloads/DE/Gesetzestexte/Entwuerfe/Entwurf_IT-Sicherheitsgesetz.pdf;jsessionid=AC4F94AF24829F332F8E513CE5461531.2_cid364?__blob=publicationFile (Stand: 10.9.2014).
[262] Geppert/Schütz/*Eckhardt* § 109 Rn. 37.
[263] Quelle: http://www.bmi.bund.de/SharedDocs/Downloads/DE/Gesetzestexte/Entwuerfe/Entwurf_IT-Sicherheitsgesetz.pdf;jsessionid=AC4F94AF24829F332F8E513CE5461531.2_cid364?__blob=publicationFile (Stand: 10.9.2014).
[264] → Rn. 237 f.
[265] Hierzu Geppert/Schütz/*Eckhardt* § 109 Rn. 24 ff. und 40 ff.
[266] Vgl. zu § 109 Abs. 2 TKG: Geppert/Schütz/*Eckhardt* § 109 Rn. 45 ff.
[267] Vgl. zur inhaltsgleichen Regelung in § 109 Abs. 1 Satz 2 TKG: Geppert/Schütz/*Eckhardt* § 109 Rn. 31 ff.

Durch § 8a Abs. 2 BSI-G ist die Möglichkeit eröffnet, branchenspezifisch die Sicherheitsstandards nach Abs. 1 zu konkretisieren (§ 8a Abs. 2 Satz 3 BSI-G). Voraussetzung hierfür ist: 1. „Betreiber Kritischer Infrastrukturen und ihrer Branchenverbände"[268] können branchenspezifische Standards vorschlagen. 2. Die Anerkennung durch das BSI erfolgt „im Benehmen mit dem Bundesamt für Bevölkerungsschutz und Katastrophenhilfe" und „im Einvernehmen mit der zuständigen Aufsichtsbehörde des Bundes oder im Benehmen mit der sonst zuständigen Aufsichtsbehörde". 3. Geeignetheit zur Gewährleistung der Anforderungen nach § 8a Abs. 1 BSI-G. Die konkretisierende Wirkung leitet sich also im Ergebnis aus der Anerkennung durch das BSI ab. Die Rechtsnatur dieser anerkannten Branchenstandards ergibt sich weder aus dem Gesetzesentwurf noch aus dessen Begründung.[269] Dem Wortlaut nach hat das BSI kein Ermessen, sondern ist zur Feststellung verpflichtet, ob diese geeignet sind die Anforderungen zu erfüllen.

§ 8a Abs. 3 BSI-G sieht im Kern vor, dass die Verpflichteten alle zwei Jahre gegenüber dem BSI die Erfüllung der Anforderungen im Sinne des § 8a Abs. 1 (ggf. iVm mit Branchenstandards nach Abs. 2) BSI-G nachweisen müssen. Der Nachweis ist dadurch zu erbringen, dass dem BSI mindestens alle zwei Jahren *„Aufstellung der durchgeführten Audits, Prüfungen oder Zertifizierungen einschließlich der dabei aufgedeckten Sicherheitsmängel"* übermittelt wird.

Der eigentlich kostenintensive Bestandteil der Pflicht aus § 8a BSI-G wird damit nur indirekt konstituiert: Durchführung von Sicherheitsaudits, Prüfungen oder Zertifizierungen.

Das BSI kann nach § 8a Abs. 4 BSI-G zur Ausgestaltung des Verfahrens der Sicherheitsaudits, Prüfungen und Zertifizierungen nach § 8a Abs. 3 BSI-G Anforderungen an die Art und Weise der Durchführung, an die hierüber auszustellenden Nachweise sowie fachliche und organisatorische Anforderungen an die prüfende Stelle nach Anhörung von Vertretern der betroffenen Betreiber und der betroffenen Wirtschaftsverbände festlegen.[270]

Das BSI ist nach § 8b Abs. 1 BSI-G die zentrale Meldestelle für Betreiber Kritischer Infrastrukturen in Angelegenheiten der Sicherheit der informationstechnischen Systeme, Komponenten oder Prozesse nach § 8a Abs. 1 Satz 1 BSIG.

Aufgabe des BSI ist nach § 8a Abs. 2 BSI-G das Sammeln und Auswerten der für die Abwehr von Gefahren für die Sicherheit in der Informationstechnik wesentlichen Informationen, Analyse der potentiellen Auswirkungen auf die Verfügbarkeit der Kritischen Infrastrukturen, das Fortschreiben des Lagebilds bezüglich der Sicherheit in der Informationstechnik der Kritischen Infrastrukturen sowie die Unterrichtung der Betreiber Kritischer Infrastrukturen, die zuständigen Aufsichtsbehörden sowie die sonst zuständigen Bundesbehörden über die Erkenntnisse des BSI.

Nach § 8b Abs. 3 BSI-G haben die Betreiber Kritischer Infrastrukturen dem BSI sog. Warn- und Alarmierungskontakte zu benennen, damit die unverzügliche Benachrichtigung durch das BSI bei Beeinträchtigungen der informationstechnischen Systeme, Komponenten oder Prozesse Kritischer Infrastrukturen möglich ist. Für die Umsetzung ist eine Übergangsregelung von sechs Monaten nach Inkrafttreten der Verordnung nach § 10 Abs. 1 BSI-G-E vorgesehen.

Nach § 8b Abs. 6 BSI-G können zusätzlich, aber nicht alternativ zu den sog. Warn- und Alarmierungskontakten alle oder ein Teil der Betreiber Kritischer Infrastrukturen, die dem gleichen Sektor angehören, einen gemeinsamen Ansprechpartner benennen, über den der Informationsaustausch in der Regel erfolgt.

Ein zweites Kernelement der Neuerungen im BSI-G ist die Meldepflicht der Betreiber Kritischer Infrastrukturen nach § 8 Abs. 4 BSI-G: Betreiber Kritischer Infrastrukturen haben erhebliche Störungen der Verfügbarkeit, Integrität, Authentizität und Vertraulichkeit ihrer informationstechnischen Systeme, Komponenten oder Prozesse, die zu einem Ausfall oder

---

[268] Nach dem Wortlaut ist unklar, ob das Vorschlagsrecht beide nur gemeinsam haben oder die Aufzählung im Gesetzestext die Möglichkeit sowohl den Betreiber Kritischer Infrastrukturen als auch ihren Branchenverbänden ermöglichen soll.
[269] Ref-E, Seite 38. Weiterführend zur möglichen Rechtsnatur: *Eckhardt* ZD 12/2014; zur vergleichbaren Diskussion zur den sog. Technischen Richtlinien nach § 110 TKG: Geppert/Schütz/*Eckhardt* § 110 Rn. 91.
[270] § 8a Abs. 4 BSI-G war im Referentenentwurf noch nicht enthalten.

einer Beeinträchtigung der Funktionsfähigkeit der von ihnen betriebenen Kritischen Infrastrukturen führen können (§ 8 Abs. 4 S. 1 Nr. 1 BSI-G) oder geführt haben (§ 8 Abs. 4 S. 1 Nr. 2 BSI-G), über die Kontaktstelle unverzüglich an das Bundesamt zu melden.

Es besteht eine zweistufige Meldepflicht. Denn nur im Fall, dass tatsächlich eine Störung im Sinne des § 8 Abs. 4 BSI-G eingetreten ist, muss der Betreiber benannt werden, bei dem es zu dieser Störung gekommen ist. Im Referentenentwurf war die Zweistufigkeit noch deutlicher dadurch, dass die beiden Stufen auf die Absätze 4 und 5 des BSI-G-RefE aufgegliedert waren. Gleichwohl hat die Regelung gegenüber dem Referentenentwurf eine inhaltliche Präzisierung erfahren. Denn in § 8 Abs. 4 BSI-G ist – im Gegensatz zum Referentenentwurf – sprachlich durch die Wahl des Tempus Perfekt eindeutig, dass die Nennung nur erfolgen muss, wenn es tatsächlich zu einem Vorfall kam und nicht nur hätte kommen können.

Beide Meldepflichten haben die gemeinsame Voraussetzungen: 1. Beeinträchtigungen der informationstechnischen Systeme, Komponenten oder Prozesse mit 2. Kausalität für einen Ausfall oder eine Beeinträchtigung der Kritischen Infrastruktur. Der entscheidende Unterschied ist, ob Beeinträchtigungen zu einem solchen Ausfall „führen können" oder ob eine Beeinträchtigung hierzu „führt". Die Meldung muss unverzüglich gegenüber dem BSI erfolgen.[271]

Soweit erforderlich kann Das BSI kann nach § 8b Abs. 8 BSI-G von dem Hersteller der betroffenen informationstechnischen Produkte und Systeme die Mitwirkung an der Beseitigung oder Vermeidung einer Störung nach § 8b Abs. 4 BSI-G verlangen.

Durch § 8b Abs. 7 BSI-G wird indirekt klargestellt, dass § 8b BSI-G als Rechtsgrundlage im Sinne des Datenschutzrechts für die Erhebung und Verwendung personenbezogener Daten zu dem Zwecken des § 8b BSI-G verstanden werden. Soweit im Rahmen § 8b BSI-G personenbezogene Daten erhoben, verarbeitet oder genutzt werden, ist eine über diesen hinausgehende Verarbeitung und Nutzung zu anderen Zwecken unzulässig (§ 8b Abs. 7 S. 1 BSI-G). § 5 Abs. 7 S. 3 bis 8 BSI-G ist entsprechend anzuwenden (§ 8b Abs. 7 S. 2 BSI-G). Im Übrigen sind die Regelungen des Bundesdatenschutzgesetzes anzuwenden (§ 8b Abs. 7 S. 3 BSI-G).

Sollte die Ursache, welche zur einer Meldung nach § 8b BSI-G führt, eine sanktionsbewehrte Handlung oder ein sanktionsbewehrtes Unterlassen des Betreibers der Kritischen Infrastruktur sein, tritt die Meldepflicht in Konflikt zum grundgesetzlich garantieren Verbot der Pflicht zur Selbstbelastung *(nemo-tenetur-Grundsatz)*.[272]

Ausnahme von der Anwendung der §§ 8a, 8b BSI-G (§ 8c BSI-G): Während im Referentenentwurf noch jeweils in § 2 Abs. 11, 8a, 8b BSI-G.RefE geregelt wurde, auf welche Branchen die Regelungen keine Anwendung finden, wurde dies nun in § 8c BSI-G zusammengefasst und damit die Übersichtlichkeit für den Rechtsanwender gefördert.

Die §§ 8a und 8b sind nicht anzuwenden auf Kleinstunternehmen im Sinne der Empfehlung 2003/361/EC der Kommission vom 6. Mai 2003 betreffend die Definition der Kleinstunternehmen sowie der kleinen und mittleren Unternehmen (ABl. L 124 vom 20.5.2003, S. 36). Artikel 3 Absatz 4 der Empfehlung ist nicht anzuwenden. Dies sind Unternehmen, die weniger als 10 Personen beschäftigen und deren Jahresumsätze bzw. Jahresbilanzen 2 Mio. Euro nicht überschreiten.

Nach § 8c Abs. 3 BSI-G ist § 8a BIS-G nicht anzuwenden auf
- Betreiber Kritischer Infrastrukturen, soweit sie ein öffentliches Telekommunikationsnetz betreiben oder öffentlich zugängliche Telekommunikationsdienste erbringen,
- Betreiber von Energieversorgungsnetzen oder Energieanlagen im Sinne des Energiewirtschaftsgesetzes
- Genehmigungsinhaber nach § 7 Absatz 1 des Atomgesetzes

sonstige Betreiber Kritischer Infrastrukturen, soweit sie auf Grund von Rechtsvorschriften Anforderungen erfüllen müssen, die mit den Anforderungen nach § 8a vergleichbar oder weitergehend sind.

---

[271] Hierzu: Geppert/Schütz/*Eckhardt* § 109 Rn. 75.
[272] *Eckhardt* ZD 12/2014; *Eckhardt*/*Schmitz* DuD 2010, 390, 396; Geppert/Schütz/*Eckhardt* § 109 Rn. 78 ff.

III. Weitere gesetzliche und vertragliche Grundlagen der IT-Sicherheit

§ 8b Abs. 4 BSI-G gilt für Störungen bei Betreibern und Genehmigungsinhabern im Sinne von § 8c Abs. 3 entsprechend.

§ 8c Abs. 3 BSI-G enthält für § 8b BSI-G eine inhaltsgleiche Ausnahme von der Verpflichtung, wobei die Befreiung für sonstige Betreiber auf § 8b Abs. 3 bis 5 BSI-G Bezug nimmt.

Das Bundesamt kann, muss aber nicht **Dritten Auskunft** zu den im Rahmen von § 8a Absatz 2 und 3 anfallenden Informationen sowie zu den Meldungen nach § 8b Absatz 4 und 5 geben (§ 8d BSI-G). Voraussetzung ist: 1. Kein Entgegenstehen schutzwürdiger Interessen der Betreiber Kritischer Infrastrukturen und 2. keine Beeinträchtigung des Verfahrens oder sonstiger wesentlicher Sicherheitsinteressen durch die Auskunft. In den Fällen des § 8a Absatz 3 und des § 8b Absatz 5 ist die Zustimmung des betroffenen Betreibers erforderlich. Zugang zu den Akten des Bundesamtes in Angelegenheiten nach § 8a und , § 8b wird nicht gewährt.

§ 7 BSI ermächtigt das **BSI** bereits heute zu **Warnungen** gegenüber den betroffenen Kreisen oder der Öffentlichkeit sowie zur Empfehlung des Einsatzes bestimmter Sicherheitsprodukte. Diese Kompetenz soll auf den „**Fall des unberechtigten Abflusses von Daten**" erweitert werden. Diese Berechtigung gilt nicht nur für sog. personenbezogene Daten im Sinne des Datenschutzrechts. § 7 Abs. 1 Satz 2 BSI-G soll es dem BSI ermöglichen, im Interesse einer effizienten Warnung der Betroffenen, Informationsintermediäre (insbesondere von den Kunden genutzte Provider, Diensteanbieter etc.) zu Warnung einzuschalten.

§ 7a BSI-G regelt die Zulässigkeit von **Untersuchungen durch das BSI** und soll eine bisher rechtlich nicht geklärte Konfliktlage zum UrhG, zu § 17 UWG und § 202a StGB regeln.

Nach Art. 10 des IT-SiG sind §§ 2 Abs. 10, 8a und 8b BSI-G vier Jahre nach Inkrafttreten der Rechtsverordnung nach § 10 BSI-G unter Einbeziehung eines wissenschaftlichen Sachverständigen, der im Einvernehmen mit dem Deutschen Bundestag bestellt wird, zu **evaluieren**.

cc) Änderungen im TMG. Den Telekommunikations- und Telemediendiensteanbietern kommt nach der Entwurfsbegründung zum IT-SiG-E eine Schlüsselrolle für die Sicherheit des Cyberraums zu.[273] Dieser Betrachtung wird durch spezielle Regelungen im TMG und im TKG Rechnung getragen.

Durch Art. 2 des IT-Sicherheitsgesetz-Referentenentwurfs sollte das TMG[274] um einen neuen § 13 Abs. 7 und § 15 Abs. 8 TMG-E ergänzt; die Einführung des § 15 Abs. 8 TMG-E ist nicht erfolgt:

- In § 13 Abs. 7 TMG-E sollten zwei Regelungen eingefügt. Zum einen sollte vergleichbar den Regelungen in § 109 Abs. 1 TKG und § 9 BDSG durch § 13 Abs. 7 Satz 1, 2 TMG-E die Diensteanbieter im Sinne von § 7 Absatz 1 (sog. Content-Provider) und § 10 Absatz 1 (sog. Host-Provider) TMG in die Pflicht genommen. Diese hätten „für geschäftsmäßig in der Regel gegen Entgelt angebotene Telemedien durch die erforderlichen technischen und organisatorischen Vorkehrungen sicherzustellen, dass ein Zugriff auf die Telekommunikations- und Datenverarbeitungssysteme nur für Berechtigte möglich ist". Nach § 13 Abs. 7 S. 2 TMG-E hätten diese Vorkehrungen den Stand der Technik berücksichtigen müssen. Allerdings wären nur technisch mögliche und zumutbare Vorkehrungen zu treffen gewesen (§ 13 Abs. 7 Satz 1 TMG-E).
- § 13 Abs. 7 Satz 3 TMG-E hätte zum anderen vorgesehen, dass bei „personalisierten Telemediendiensten" den Nutzern „die Anwendung eines sicheren und dem Schutzbedarf angemessenen Authentifizierungsverfahrens anzubieten" seien.
- Mit einem § 15 Abs. 8 TMG-E sollte eine datenschutzrechtliche Rechtsgrundlage zur Störungsbekämpfung für Diensteanbieter im Sinne des TMG geschaffen werden. Danach sollte die Erhebung und Verwendung von Nutzungsdaten zum Erkennen, Eingrenzen oder Beseitigen von Störungen seiner für Zwecke seines Telemedienangebotes genutzten tech-

---

[273] Begründung des IT-SicherheitsG-RefE, Seite 3 (http://www.bmi.bund.de/SharedDocs/Downloads/DE/Gesetzestexte/Entwuerfe/Entwurf_IT-Sicherheitsgesetz.pdf;jsessionid=AC4F94AF24829F332F8E513CE5461531.2_cid364?__blob=publicationFile (Stand: 10.9.2014)).

[274] Zu Datenschutz der Telemedien → § 36.

nischen Einrichtungen im Rahmen des Erforderlichen gestattet sein. Die Regelung war offensichtlich an § 100 Abs. 1 TKG angelehnt.[275]

Die nun erfolgte Regelung in § 13 Abs. 7 TMG bleibt hierhinter zurück und ist an § 109 TKG angelehnt: Diensteanbieter im Sinne der §§ 11 ff. TMG haben, soweit dies technisch möglich und wirtschaftlich zumutbar ist, im Rahmen ihrer jeweiligen Verantwortlichkeit für geschäftsmäßig angebotene Telemedien durch technische und organisatorische Vorkehrungen sicherzustellen, dass 1. kein unerlaubter Zugriff auf die für ihre Telemedienangebote genutzten technischen Einrichtungen möglich ist und 2. diese a) gegen Verletzungen des Schutzes personenbezogener Daten und b) gegen Störungen, auch soweit sie durch äußere Angriffe bedingt sind, gesichert sind. Vorkehrungen nach Satz 1 müssen den Stand der Technik berücksichtigen. Eine Maßnahme nach Satz 1 ist insbesondere die Anwendung eines als sicher anerkannten Verschlüsselungsverfahrens.

240   *dd) Änderungen im TKG.* Die Betreiber öffentlicher Telekommunikationsnetze und die Erbringer öffentlich zugänglicher Telekommunikationsdienste werden verpflichtet, IT-Sicherheit nicht nur wie bisher zum Schutz der Vertraulichkeit und zum Schutz personenbezogener Daten, sondern auch zum Schutz von Telekommunikations- und Datenverarbeitungssystemen gegen unerlaubte Zugriffe zu gewährleisten. Damit soll – so die Entwurfsbegründung zum Referentenentwurf – die Widerstandsfähigkeit der Kommunikationsinfrastruktur insgesamt verbessert und die Verfügbarkeit, Integrität und Authentizität datenverarbeitender Systeme und der dort vorgehaltenen Daten gesichert werden.[276] Hierzu sollen die bestehenden Regelungen in §§ 109, 109a TKG entsprechend den Neuregelungen in §§ 8a, 8b BSI-G durch den IT-SiG erweitert werden.

§ 100 Abs. 1 TKG wurde erweitert. Die datenschutzrechtliche Zulässigkeitsregelung zur Erhebung und Verwendung von Bestands- und Verkehrsdaten zum Erkennen, Eingrenzen oder Beseitigen von Störungen oder Fehlern an Telekommunikationsanlagen wurde um Störungen, die zu einer Einschränkung der Verfügbarkeit von Informations- und Kommunikationsdiensten oder zu einem unerlaubten Zugriff auf Telekommunikations- und Datenverarbeitungssysteme der Nutzer führen können, erweitert. Nach der Entwurfsbegründung wird damit insbesondere auf das Erkennen und Beseitigen von Schadprogrammen und entsprechender Infrastruktur, insbesondere Botnetze, zum Beispiel durch Prüfungen des Netzwerkverkehrs, der Verwendung von sogenannten Honeypots (Fallen für Schadprogramme im Netz) oder Spamtraps (Blockieren der Versendung von Schadprogrammen) abgezielt.[277]

§ 109 TKG enthält für zwei unterschiedliche Adressaten Pflichten: § 109 Abs. 1 TKG sieht für Diensteanbieter Pflichten zum Schutz des Fernmeldegeheimnisses und personenbezogener Daten vor, wohingegen § 109 Abs. 2 bis 7 TKG am Schutz der Infrastruktur ausgerichtet ist und Betreiber öffentlicher Telekommunikationsnetz und Erbringer öffentlich zugänglicher Telekommunikationsdienste in die Pflicht nimmt. Die Regelung über technische Schutzmaßnahmen in § 109 Abs. 2 bis 7 TKG sollen in mehrfacher Hinsicht ergänzt werden. Dies ist im Ergebnis die spiegelbildliche Erweiterung der Pflichten nach dem TKG zur Befreiung von den Pflichten nach §§ 8a, 8b BSI-G durch § 8c BSI-G.

Im Zuge der TKG-Novelle 2012 wurden zur Umsetzung europäische Richtlinienvorgaben Meldepflichten in § 109 Abs. 5 TKG eingeführt.[278] Diese hat bereits erhebliche Kritik erfahren.[279] Bisher mussten jedoch nur tatsächlich aufgetretene Störungen gemeldet werden. Nach den Änderungen durch das IT-SiG ist die Meldung bereits ins Vorfeld verlagert. Denn es genügt, wenn es zu eine Störungen kommen kann, ohne dass diese eingetreten sein muss

---

[275] Zur Auslegung des § 100 Abs. 1 TKG: BGH Urt. v. 3.7.2014 – III ZR 391/13, ZD 2014, 461 ff. mit Anmerkung *Eckhardt.*
[276] Begründung des IT-SicherheitsG-RefE, Seite 4 (http://www.bmi.bund.de/SharedDocs/Downloads/DE/Gesetzestexte/Entwuerfe/Entwurf_IT-Sicherheitsgesetz.pdf;jsessionid=AC4F94AF24829F332F8E513CE5461531.2_cid364?__blob=publicationFile (Stand: 10.9.2014)).
[277] Ref-E, Seite 52. Zur Auslegung des § 100 Abs. 1 TKG: BGH Urt. v. 3.7.2014 – III ZR 391/13, ZD 2014, 461 ff. mit Anmerkung *Eckhardt.*
[278] Ausführlich: Geppert/Schütz/*Eckhardt* § 109 Rn. 67 ff.
[279] Ausführlich: Geppert/Schütz/*Eckhardt* § 109 Rn. 78 ff.

III. Weitere gesetzliche und vertragliche Grundlagen der IT-Sicherheit

(§ 109 Abs. 5 Satz 1 TKG). Falls tatsächlich eine Störung entsteht, kann die BNetzA zukünftig nach § 109 Abs. 5 Satz 5 TKG einen detaillierten Bericht anfordern.

Eine weitere Änderung betrifft den Schutzgegenstand des § 109 Abs. 5 TKG. Während bisher neben Sicherheitsverletzungen auf Störungen von Telekommunikationsnetzen oder -diensten abgestellt wird, soll mit der Neuregelung auf die Verfügbarkeit der über diese Netze erbrachten Dienste oder einen unerlaubten Zugriff auf Telekommunikations- und Datenverarbeitungssysteme der Nutzer abgestellt werden.

§ 109a TKG regelt die Meldepflicht im Fall einer Verletzung des Schutzes personenbezogener Daten (Stichwort „Security Breach Notification"). Die Erbringer öffentlich zugänglicher Telekommunikationsdienste müssen also heute die BNetzA, den BfDI und ggf. den Betroffenen unterrichten, wenn ein Zugriff auf personenbezogene Daten erfolgt – also wenn es zu einem Vorfall in der Sphäre des TK-Unternehmens kommt. Der neue Abs. 4 des § 109s TKG weitet die Hinweispflicht auf solche Störungen aus, die von den Systemen des Nutzers selbst ausgehen. Die Nutzer müssen danach auch – soweit möglich und zumutbar – auf Mittel zur Beseitigung der Störung in den Systemen des Nutzers hingewiesen werden.

Die **Änderungen im TMG und TKG** sind gemäß Art. 10 S. 1 IT-SiG am Tag nach der Verkündung des IT-SiG – also am 25.7.2015 – **in Kraft** getreten.

8. Orientierungshilfen der Datenschutzbehörden

Abkürzung	Quelle
BayLDA	Bayerisches Landesamt für Datenschutzaufsicht, Checkliste Datensicherheit, abrufbar unter (letzter Abruf 24.11.2014): http://www.lda.bayern.de/lda/datenschutzaufsicht/lda_daten/BayLDA_Checkliste_Datensicherheit.pdf
BSI-Grundschutz	Bundesamt für Informationssicherheit in der Informationstechnologie (BSI) Grundschutzbaustein B 1.5 (Datenschutz) einschließlich der darin genannten weiteren Grundschutzbausteine, abrufbar unter: https://www.bsi.bund.de/DE/Themen/ITGrundschutz/ITGrundschutz-Kataloge/Inhalt/_content/baust/b01/b01005.html (letzter Abruf 28.11.2014).
BSI-Empfehlungen	Bundesamt für Informationssicherheit in der Informationstechnologie (BSI), Eckpunktepapier: Sicherheitsempfehlungen für Cloud Computing Anbieter – Mindestanforderungen in der Informationssicherheit, abrufbar unter (letzter Abruf 28.11.2014): https://www.bsi.bund.de/DE/Themen/CloudComputing/Eckpunktepapier/Eckpunktepapier_node.html
AK Technik, OH KIS	Arbeitskreise Gesundheit und Soziales sowie Technische und organisatorische Datenschutzfragen der Konferenz der Datenschutzbeauftragten des Bundes und der Länder, Orientierungshilfe Krankenhausinformationssystem (Teil II), Stand März 2014, abrufbar unter (letzter Abruf 15.12.2014): http://www.lfd.niedersachsen.de/portal/live.php?navigation_id=13016&article_id=95681&_psmand=48
AK Technik, OH Mandanten	Arbeitskreis Technische und organisatorische Datenschutzfragen der Konferenz der Datenschutzbeauftragten des Bundes und der Länder, Orientierungshilfe Mandantenfähigkeit, Version 1.0, Stand Oktober 2012, abrufbar unter (letzter Abruf 15.12.2014): https://www.datenschutz-bayern.de/technik/orient/oh_mandantenfaehigkeit.pdf

Abkürzung	Quelle
AK Technik, OH Protokolle	Arbeitskreis Technische und organisatorische Datenschutzfragen der Konferenz der Datenschutzbeauftragten des Bundes und der Länder, Orientierungshilfe Protokollierung, Stand November 2009, abrufbar unter (letzter Abruf 15.12.2014): http://www.bfdi.bund.de/DE/Infothek/Orientierungshilfen/Artikel/OH_Protokollierung.pdf?__blob=publicationFile&v=3

242 **a) Bayerisches Landesamt für Datenschutzaufsicht (BayLDA).** Die Checkliste Datensicherheit des BayLDA bietet einen Überblick der grundlegenden erforderlichen Maßnahmen und wesentlichen Kriterien für die Prüfungen der technisch organisatorischen Maßnahmen nach § 9 BDSG und Anlage durch die bayerische Datenschutzaufsichtsbehörde.

243 **b) Bundesamt für Informationssicherheit in der Informationstechnologie (BSI) Grundschutzbaustein B1.5 (BSI-Grundschutz).** Die gemäß § 9 Bundesdatenschutzgesetz (BDSG) und der Anlage dazu sowie gemäß den Landesdatenschutzgesetzen zu ergreifenden Maßnahmen werden in diesen Gesetz nicht konkret beschrieben, da ihre Eignung vom jeweiligen Anwendungsfall und dem Schutzbedarf der personenbezogenen Daten abhängig ist und die technischen Maßnahmen einem permanenten Wandel unterliegen.[280] Die in den Landesdatenschutzgesetzen enthaltenen Kontrollziele weichen von den Zielen des BDSG teilweise ab, teilweise werden abstraktere Ziele der informationstechnischen Sicherheit benannt und die konkrete Umsetzung in Sicherheitskonzepten verlangt.[281] Daher wurde der IT-Grundschutzbaustein „Datenschutz" vom Bundesbeauftragten für Datenschutz und Informationsfreiheit (BfDI) gemeinsam mit dem Arbeitskreis Technik der Datenschutzbeauftragten des Bundes und der Länder sowie den Datenschutzaufsichtsbehörden der Länder erstellt und in den Grundschutzkatalogen des BSI integriert:[282]

Der IT-Grundschutz-Baustein „Datenschutz" wurde von den Datenschutzbeauftragten des Bundes und der Länder gemeinsam mit den Datenschutzaufsichtsbehörden der Länder erstellt und verabschiedet. Er richtet sich an die öffentlichen und privaten Anwender für den IT-Grundschutz in Deutschland.

Der Grundschutzbaustein „Datenschutz" wird insbesondere vom BfDI und dem Hessischen Datenschutzbeauftragten als verbindlicher Mindeststandard zur Erfüllung des § 9 BDSG mit Anlage erachtet,[283] vgl.
- BfDI, Arbeitshilfe Technologischer Datenschutz 17.7.2007 – Baustein 1.5[284]
- Hessischer Datenschutzbeauftragter, Anforderungen an ein Datenschutzmanagementsystem Aufbau und Zertifizierung [Zitat]:[285]

---

[280] BSI, B 1.5 Datenschutz, Technische und organisatorische Maßnahmen, abrufbar unter:https://www.bsi.bund.de/DE/Themen/ITGrundschutz/ITGrundschutzKataloge/Inhalt/_content/baust/b01/b01005.html (letzter Abruf 15.12.2014).
[281] BSI, B 1.5 Datenschutz, Beschreibung, abrufbar unter:https://www.bsi.bund.de/DE/Themen/ITGrundschutz/ITGrundschutzKataloge/Inhalt/_content/baust/b01/b01005.html (letzter Abruf 15.12.2014).
[282] BfDI, Infothek – Informationsmaterial – Baustein 1.5 (letzter Abruf 12.12.2014): http://www.bfdi.bund.de/SharedDocs/Publikationen/Arbeitshilfen/ITGrundschutz.html?cms_submit=Senden&cms_templateQueryString=%22+bsi+%22+ma%C3%9Fnahmen.
[283] Siehe dazu auch Meder (Bayerisches Landesamt für Datenschutzaufsicht), Zusammenspiel von Datenschutz und IT-Grundschutz, abrufbar unter (letzter Abruf 24.11.2014): https://www.bsi.bund.de/SharedDocs/Downloads/DE/BSI/Veranstaltungen/Grundschutz/2GS_Tag_2013/2_IT-Grund_2013_Meder.pdf?__blob=publicationFile.
[284] Abrufbar unter: http://www.bfdi.bund.de/SharedDocs/Publikationen/Arbeitshilfen/ITGrundschutz.html?cms_submit=Senden&cms_templateQueryString=%22+bsi+%22+ma%C3%9Fnahmen (letzter Abruf 24.11.2014).
[285] Gisela Quiring-Kock (Referatsleiterin Informatik beim Hessischen Datenschutzbeauftragten), Anforderungen an ein Datenschutzmanagementsystem Aufbau und Zertifizierung, DuD 11/2012; abrufbar unter: https://www.datenschutz.hessen.de/download.php?download_ID=258 (letzter Abruf 28.11.2014).

III. Weitere gesetzliche und vertragliche Grundlagen der IT-Sicherheit

Zur Umsetzung der IT-Sicherheit für Daten mit normalem Schutzbedarf dient der IT-Grundschutz. Hier hat das Bundesamt für Sicherheit in der Informationstechnik (BSI) die IT-Grundschutz-Kataloge (3) entwickelt, in denen Gefährdungen und zugehörige Maßnahmen für verschiedene Bausteine aufgelistet sind. Diese Kataloge werden ständig aktualisiert und ergänzt.

Es herrscht zumindest unter Datenschützern Einigkeit, dass Datenschutz die Umsetzung des IT-Grundschutzes bei der für die Datenverarbeitung verantwortlichen stelle und ggf. bei deren Auftragnehmer erfordert bzw. voraussetzt. Denn ein Angreifer wird alle Schwachstellen in der IT einer Organisation für seine Zwecke nutzen, nicht nur jene, die evtl. ausschließlich personenbezogene Daten betreffen.

Zum Grundschutzbaustein „Datenschutz", Stand 2007, sind beim BfDI folgende Arbeitshilfen abrufbar:
– BSI-Grundschutzbaustein B 1.5
– eine Kreuzreferenztabelle (Verhältnis zwischen Gefahren für den Datenschutz und Datenschutzmaßnahmen); [286]
– ein Formular zur IT-Grundschutzerhebung und eine Zuordnungstabelle aller verfügbaren BSI-Grundschutzbausteine zu den technischen und organisatorischen Maßnahmen nach § 9 BDSG und BDSG-Anhang.[287]

Von 2008 bis 2013 wurde der BSI-Grundschutzbaustein „Datenschutz" überarbeitet. Daher sollten die eben genannten Arbeitshilfen vom Stand 2007 nicht mehr unmittelbar herangezogen werden. Da sich die zu erfüllenden technischen und organisatorischen Maßnahmen gemäß § 9 BDSG am Stand der Technik zu orientieren haben,[288] wird auf den aktuellen beim BSI abrufbaren Grundschutzbaustein B 1.5 „Datenschutz" (Stand 2013) verwiesen.[289]

Der BSI-Grundschutzbaustein B 1.5 „Datenschutz" ist Teil der BSI-Grundschutzkataloge. Diese Grundschutzkataloge beschreiben detailliert Standards für die IT-Sicherheit. Die im Grundschutzbaustein „Datenschutz" geforderten Maßnahmen stellen grundsätzlich einen Standard dafür dar, was vernünftigerweise an Sicherheitsvorkehrungen umzusetzen ist. Die nach dem BSI-Grundschutzbaustein B 1.5 „Datenschutz" explizit als zusätzlich geforderten Maßnahmen richten sich an Anwendungsfälle mit erhöhten Sicherheitsanforderungen.[290] Ob derart **erhöhte Sicherheitsanforderungen** vorliegen, kann durch die Maßnahme des BSI-Grundschutzbausteins M 2.503 „Datenschutzkonzept" ermittelt werden, dort unter „Schutzbedarf der Daten". Dazu verweist der BSI-Grundschutzbaustein M 2.503 auf die Schutzbedarfsanalyse gemäß BSI-Standard 100-2[291] und alternativ auf die Schutzstufenkonzepte der einzelnen Datenschutzbehörden der Länder.[292] Der BSI-Standard 100-2 nimmt eine Einteilung des Schutzbedarfs in die Kategorien „normal", „hoch" und „sehr hoch" vor.

Seit Ende 2005 ist der BSI-Grundschutz mit dem Prüfrahmen nach **ISO/IEC 27001:2005** (jetzt 27001:2013) kompatibel. Der BSI-Grundschutz deckt den Prüfungsrahmen von ISO 27001 mit ab und geht über diesen mit der Bewertung konkreter Sicherheitsmaßnahmen hinaus.[293] Eine ISO 27001-Zertifizierung ist nicht gesetzlich verpflichtend und wird auch

---

[286] Abrufbar unter: http://www.bfdi.bund.de/SharedDocs/Publikationen/Arbeitshilfen/ITGrundschutz.html?cms_submit=Senden&cms_templateQueryString=%22+bsi+%22+ma%C3%9Fnahmen (letzter Abruf 12.12.2014).

[287] Abrufbar unter: http://www.bfdi.bund.de/SharedDocs/Publikationen/Arbeitshilfen/ITGrundschutz.html?cms_submit=Senden&cms_templateQueryString=%22+bsi+%22+ma%C3%9Fnahmen (letzter Abruf 12.12.2014).

[288] Vgl. Polenz in: Kilian/Heussen, Computerrecht, 32. EL 2013, 1. Abschnitt, Teil 13 – Systemdatenschutz, Rn. 5.

[289] Abrufbar unter: https://www.bsi.bund.de/DE/Themen/ITGrundschutz/ITGrundschutzKataloge/Inhalt/_content/baust/b01/b01005.html (letzter Abruf 12.12.2014).

[290] Abrufbar unter: https://www.bsi.bund.de/DE/Themen/ITGrundschutz/ITGrundschutzKataloge/Inhalt/Allgemeines/Einstiegskapitel/einstiegskapitel_node.html; letzter Abruf 12.12.2014).

[291] Dort Ziffer 4.3; BSI-Standard abrufbar unter: https://www.bsi.bund.de/SharedDocs/Downloads/DE/BSI/Publikationen/ITGrundschutzstandards/standard_1002_pdf.pdf?__blob=publicationFile)

[292] Z. B. Schutzstufenkonzept des LDA Niedersachsen abrufbar unter: www.lfd.niedersachsen.de/download/2033/Schutzstufenkonzept_LfD_Niedersachsen_.pdf).

[293] https://www.bsi.bund.de/DE/Themen/ITGrundschutz/FAQ/gs_faq.html#s4q2 (letzter Abruf 15.12.2014).

von den Datenschutzbehörden nicht verlangt, um die Vorgaben des § 9 BDSG mit Anlage zu erfüllen. Allerdings wird die 27001-Zertifizierung vom BSI im Rahmen erhöhter Sicherheitsanforderungen als Nachweis über das Vorliegen eines ausreichenden Informationssicherheits-Managements angesehen.[294]

248 c) **Bundesamt für Informationssicherheit in der Informationstechnologie (BSI) Eckpunktepapier: Sicherheitsempfehlungen für Cloud Computing Anbieter – Mindestanforderungen in der Informationssicherheit (BSI-Empfehlungen).** Das Eckpunktepapier zum Cloud Computing gibt einen kompakten Überblick über die wichtigsten organisatorischen, personellen, infrastrukturellen und technischen Sicherheitsmaßnahmen für Cloud Computing Anbieter. Die Maßnahmen sind im Wesentlichen auf modernes Hosting/RZ-Betrieb im Auftrag übertragbar.

249 d) **Düsseldorfer Kreis bzw. Arbeitskreise der Konferenz der Datenschutzbeauftragten des Bundes und der Länder (AK Technik).** Der Düsseldorfer Kreis ist eine Vereinigung der obersten Aufsichtsbehörden, die die Einhaltung des Datenschutzes im nicht-öffentlichen Bereich (also in der Privatwirtschaft) überwacht. Die Beschlüsse des Düsseldorfer Kreises enthalten gegenüber der Politik, der Fachöffentlichkeit und den Medien die abgestimmten Standpunkte der obersten Aufsichtsbehörden und werden veröffentlicht.

250 Die Konferenz der Datenschutzbeauftragten des Bundes und der Länder ist ebenfalls ein Zusammenschluss der amtlichen Datenschutzbeauftragten und stellt die gemeinsame Arbeitsebene der beteiligten Institutionen dar. Durch die Konferenz wurden besondere Arbeitskreise gebildet, in denen sich Spezialisten mit bestimmten Datenschutzproblemen beschäftigen und Stellungnahmen und Entschließungen der Konferenz vorbereiten.

251 Die Beschlüsse und Stellungnahmen des Düsseldorfer Kreises und der Konferenz der Datenschutzbeauftragten von Bund und Ländern sind für die Aufsichtsbehörden nicht bindend, bilden jedoch einen wichtigen Maßstab bei der Bewertung konkreter Verfahren im Rahmen der Kontrolltätigkeit der Datenschutzbehörden.

252 Die Orientierungshilfe „Mandantenfähigkeit" (Stand 2012) dient der Betrachtung von Verfahren zur Verarbeitung personenbezogener Daten, bei denen im Sinne der Datenschutzgesetze mehrere Daten verarbeitende Stellen eine Datenverarbeitung auf einer gemeinsamen IT-Infrastruktur ausführen, die Datenverarbeitung aus Rechtsgründen aber voneinander zu trennen ist. Die Orientierungshilfe „Protokollierung" (Stand 2009) stellt erprobte Vorgehensweisen zur Protokollierung dar, die den Datenschutzgesetzen von Bund und Ländern Rechnung tragen sollen.

253 Die Orientierungshilfe „Krankhausinformationssystem" (2. Fassung, 2014) richtet sich im Gegensatz zu den anderen beiden genannten Orientierungshilfen vor allem an Krankenhäuser als Anwender unter Berücksichtigung von Gesundheitsdaten. Allerdings ist die Orientierungshilfe auf Branchen bzw. Daten mit besonderem Schutzbedarf übertragbar.

9. Vertragliche Verpflichtungen zur Etablierung von IT-Sicherheit

254 Abschließend soll noch darauf hingewiesen werden, dass im Zusammenhang mit der IT-Sicherheit nicht nur gesetzliche, sondern auch vertragliche Verpflichtungen bestehen können. In bestimmten Bereichen können und sollten die Vertragsparteien IT-Sicherheit **ausdrücklich** zum Gegenstand der vertraglichen Vereinbarung machen. Zu solchen Verträgen, in denen IT-Sicherheit eine erhebliche Rolle spielen kann, gehören zB
- Non Disclosure Agreements (NDAs) und jegliche Vertraulichkeitsvereinbarungen,
- (Auftrags-)Datenverarbeitungs- und -vorhaltungsvereinbarungen,
- Wartungs- und Pflegeverträge,
- Fernadministrierungsverträge,

Vergleich ISO 27001/ 27002 mit den Vorgaben der BSI-Standards: https://www.bsi.bund.de/SharedDocs/Downloads/DE/BSI/Grundschutz/Hilfsmittel/Doku/Vergleich_ISO27001_GS.pdf?__blob=publicationFile (letzter Abruf 15.12.2014).

[294] Bundesamt für Informationssicherheit in der Informationstechnologie (BSI), Eckpunktepapier: Sicherheitsempfehlungen für Cloud Computing Anbieter – Mindestanforderungen in der Informationssicherheit, S. 25 f., Einzelheiten zu Cloud Computing → § 22.

- Outsourcing- und Managed Security Services (MSS) Verträge,
- Application Service Providing (ASP) Verträge,
- Cloud-Services,
- Scan- und Archivierungsdienste.

Eine ausdrückliche vertragliche Regelung empfiehlt sich schon deshalb, weil sich eine Pflicht zur Schaffung und Unterhaltung einer sicheren IT-Infrastruktur auch aus **ungeschriebenen Neben- oder Schutzpflichten** aus einem Vertrag ergeben kann. Riskant für beide Parteien ist, dass die Reichweite dieser Neben- oder Schutzpflichten strittig sein kann. Oft wird auch übersehen, dass die Vorgaben nicht nur von der Fachebene und der IT-Abteilung, sondern auch übergeordnet von der Geschäftsleitung beizusteuern sind.[295]

> **Praxistipp:**
> Vertragliche Regelungen zur IT-Sicherheit erhöhen das Risiko des Unternehmers, weshalb dieses **Dienstvertrag** bevorzugen wird, also etwa:
> „Der Anbieter wird sich – nach Kräften – bemühen, die IT-Infrastruktur für den Kunden gemäß dessen Vorgaben (Referenz ...) in dem vom Kunden gewünschten Zustand zu erhalten. Die Leistungen des Anbieters werden nach Zeitaufwand gemäß Anlage/Preisliste ... vergütet."[296]
> Auch bei solchen „weichen" Regeln wird sich empfehlen, die Maßnahmen, insbesondere zu Kontrolle, Verbesserungen u. ä. Routinen festzulegen und nicht „Wünschen" zu überlassen.

> **Praxistipp:**
> Sehr viel stärker ist die Verpflichtung des Anbieters gemäß folgender **werkvertraglich** orientierter Klausel, die noch um eine **Garantie** verstärkt wird:
> „Der Anbieter sorgt für eine sog 24/7-Verfügbarkeit des ... Systems, beschrieben in .., und garantiert, dass jede vom Kunden an das System gerichtete Eingabe/Anforderung innerhalb von ...(sec.) gemäß Spezifikation ... beantwortet wird."[297]
> Hier haftet der Anbieter für Überschreitung der Antwortzeit verschuldensunabhängig ohne Entlastungsmöglichkeit (außer evtl. in genauer geregelter Fälle). Die Nichteinhaltung könnte über SLA näher geregelt bzw. sanktioniert werden. Das Mängelrecht wird nicht voll dem Werkvertragsrecht entsprechen. Vor allem wäre genau die außerordentliche Kündigung in Anlehnung an § 314 BGB zu regeln (statt Rücktritt).

Varianten können mietvertraglich ausgeprägt sein (Der Anbieter stellt die IT-Infrastruktur zur Nutzung zur Verfügung). Je stärker der Anbieter die Risikofaktoren und die Vermeidung deren Realisierung in seine Sphäre verlagert bzw. der Vertrag die Verlagerung dorthin bestimmt, umso stärker sind auch die sonstigen Pflichten, diese Leistung auch zu bewirken, etwa Kontroll- und Berichtspflichten, auch wenn sie nicht (genau) geregelt sind.

IV. Beispiele ausländischer und internationaler Anforderungen an IT-Compliance und IT-Security

Regelungen zur IT-Sicherheit gerade im ausländischen und internationalen (teils auch im nationalen) Bereich weisen häufig eine ähnliche Grobstruktur mit Anforderungen an das verantwortliche Unternehmen auf, schematisch etwa wie folgt:
- IT-Sicherheitskonzept (IT Security Program);
- Unternehmensinterne Richtlinien (Policies) zur IT-Sicherheit;
- IT-Sicherheitstrainings für Mitarbeiter (Security Awareness Trainings);
- Prozesse zur Implementierung von technischen Sicherheitsstandards;

---

[295] S. zu Rechtslage und Gestaltungshinweisen: *Hartmann/Koch*, Juristische Implementierung von Hochverfügbarkeit; s. a. *Kloos/Wagner* CR 2002, 865; *Hörl/Häuser* CR 2003, 713; *Wulf* CR 2004, 43.
[296] Etwas abgewandelt aus: *Hartmann/Koch*, Juristische Implementierung von Hochverfügbarkeit.
[297] In Anlehnung an *Hartmann/Koch*, Juristische Implementierung von Hochverfügbarkeit.

- Prozesse zur Feststellung der Compliance mit Richtlinien (Policy Assessment) sowie Identifikation von Schwachstellen;
- Prozesse zur Vorfall-Erkennung und -Handhabung (Incident Detection and Management);
- Effektives Access Control and Authorization Management;
- Contingency Planning/Business Continuity Planning.

Diese holzschnittartige Darstellung kann nicht nur auf Rechtsvorschriften angewandt werden, sondern etwa auch auf ISO Standards und Best Practices-Ansätze zur IT-Sicherheit.[298]

1. Sarbanes-Oxley Act

258 Im Zusammenhang mit dem „Sarbanes-Oxley Act[299] of 2002" (SOA) und anderen international zu beachtenden Bilanzierungs- und Buchhaltungsvorschriften stellt sich weniger das Problem der Lokalisierung.[300] Von Bedeutung sind vielmehr die direkten Auswirkungen dieser Regelungen auf die Gestaltung von IT-Verträgen. Insbesondere für solche deutschen Unternehmen, die über eine Börsennotierung in den USA verfügen, stellen sich in diesem Zusammenhang eine Vielzahl von zu lösenden Aufgaben im Bereich „Compliance".[301]

259 a) **Anwendungsbereich.** Durch die spektakulären Bilanzskandale in den Jahren 2001 und 2002 mit den daraufhin folgenden Unternehmenszusammenbrüchen (Fälle Enron und WorldCom) wurde in den USA das Vertrauen der Anleger und der Märkte in die Verlässlichkeit von Kapitalmarktinformationen und der Wirksamkeit von unternehmensinternen Kontrollmechanismen („Corporate Governance") erheblich erschüttert. Als Reaktion darauf wurde 2002 das Gesetz „The Sarbanes-Oxley Act of 2002 (SOA)" verabschiedet, das vor allem den „Securities und Exchange Act" aus dem Jahre 1934 modifiziert und ergänzt.[302] Bei SOA handelt es sich um ein Gesetz von immenser politischer Bedeutung, welches eine der größten Reformen der US-amerikanischen Corporate Governance in den letzten Jahrzehnten bewirkt hat. SOA bezweckt den Schutz von Anlegern durch genauere und verlässlichere wertpapierrechtliche Publizitäts- und Offenlegungspflichten. Die Transparenz von Unternehmensprozessen sowie die korrekte Finanzberichterstattung sollen durch verbesserte interne Kontrollen der betroffenen Unternehmen gewährleistet werden. Zudem werden durch SOA insbesondere die Anforderungen an das Management erhöht.[303]

260 SOA enthält eine Reihe von Regelungen in unterschiedlichen Bereichen für unterschiedliche Adressaten, um die oben genannten gesetzgeberischen Ziele zu realisieren. Neben Errichtung eines Gremiums mit der Aufgabe der Aufsicht über registrierte Wirtschaftsprüfungsgesellschaften (Sec. 101 ff. Sarbanes Oxley Act of 2002) und Vorschriften über die Unabhängigkeit der Wirtschaftsprüfer (Sec. 201 ff. SOA) enthält das Gesetz Bestimmungen zur Corporate Governance (Sec. 301 SOA) und – für den Bereich des IT-Risikomanagements besonders interessant – Bestimmungen über Maßnahmen bezüglich der Einrichtung eines internen Kontrollsystems (Sec. 404 Management Assessment of Internal Controls).[304] Die Vorgaben des SOA sind sowohl von US-amerikanischen börsennotierten Unternehmen, als auch von ausländischen Unternehmen mit einer US-Börsennotierung zu befolgen, siehe Sec. 2 (a) 7; Sec. 404 SOA – sog „Foreign Private Issuers". Der räumliche Anwendungsbereich erstreckt sich in diesem Fall auch auf Unternehmen, bei denen nur die Konzernmutter an der US-Börse notiert ist.

---

[298] Etwa im Rahmen von ITIL → Rn. 315 f.
[299] Benannt wurde es nach seinen Verfassern, dem Senator Paul S. Sarbanes (Demokrat) und dem Abgeordneten Michael Oxley (Republikaner).
[300] Allgemein zum IPR → § 23 Internationales Privatrecht.
[301] Vgl. allgemein zur „IT-Compliance": *von Holleben/Menz* CR 2010, 63; *Lensdorf/Steger* ITRB 2006, 206; *Lensdorf* CR 2007, 413; *Nolte/Becker* BB Special Compliance (zu BB 2008, Heft 25), 23.
[302] Public Law No. 107–204 vom 30.7.2002; online abrufbar unter http://www.gpo.gov/fdsys/pkg/PLAW-107publ204/content-detail.html.
[303] *Gruson/Kubicek*, Der Sarbanes-Oxley Act, Corporate Governance und das deutsche Aktienrecht, Arbeitspapier Nr. 113 des Institut für Bankrecht der J. W. Goethe-Universität Frankfurt am Main, online abrufbar unter http://publikationen.ub.uni-frankfurt.de/frontdoor/index/index/docId/4772, S. 3; siehe Einführungssatz vor dem Gesetz: „An Act to protect investors by improving the accuracy and reliability of corporate disclosures made pursuant to the securities laws, and for other purposes."; siehe auch *Hütten/Stromann* BB 2003, 2223.
[304] Zu Whistleblowing → Rn. 274 ff.

b) Sec. 404 und 302 SOA – Internes Kontrollsystem zur Sicherstellung einer effektiven 261
Finanzberichterstattung. *aa) Anforderungen.* Durch SOA soll die Ordnungsmäßigkeit der von den Unternehmen erstellten Finanzberichte gewährleistet werden. Es soll verhindert werden, dass fehlerhafte oder unzureichende Informationen bzw. Daten Eingang in die Finanzberichterstattung finden und Investoren dadurch irregeführt werden. Da Finanzberichte lediglich Ergebnisse von Geschäftsprozessen darstellen, sind für die Erfüllung der Anforderungen von SOA alle Geschäftsanwendungen im Bereich der Datenverwaltung und der Finanzberichterstellung von besonderer Bedeutung.[305]

Hier ist insbesondere darauf zu achten, dass neben dem Nachweis der Sicherheit der Datenverarbeitung („IT Application Controls") auch die Sicherheit von Kontrollprozessen der IT-Infrastruktur („IT General Controls") gewährleistet werden muss. Dabei müssen für die Erfüllung der Anforderungen von SOA auch Kontrollabläufe nachgewiesen werden, die eine Umgehung der sicheren und ordnungsgemäßen Prozesse verhindern. 262

Gem. Sec. 404 SOA muss ein effektives internes Kontrollsystem zur Sicherstellung einer 263 funktionsfähigen Berichterstattung eingerichtet werden. Jeder Jahresbericht, der gem. Sec. 13 (a) und 15 (d) Securities Exchange Act erstellt wird, muss laut Sec. 404 SOA einen Bericht des Managements („Internal Control Report") über das interne Kontrollsystem enthalten, in dem das Management ua Erklärungen zu seiner Verantwortung für die rechnungslegungsbezogenen internen Kontrollen („Internal Control over Financial Reporting"), zum Rahmenkonzept für die Beurteilung der Effizienz dieser Kontrollen und zum Ergebnis der eigenen Effizienzbeurteilung abgibt.[306] Zusätzlich müssen die Vorstandsvorsitzende oder der Vorstand in der gem. Sec. 302 SOA geforderten sog Zertifizierung („Certification") bestimmte Aussagen zu internen Kontrollen und zu den Prozessen machen, was einen hohen Wissensstand des Vorstands zur Voraussetzung hat. Falsche Erklärungen, die wissentlich oder vorsätzlich abgegeben wurden, werden mit Geldbußen bis zu einer Höhe von 5 Mio. US-Dollar sowie Freiheitsstrafen von bis zu 20 Jahren sanktioniert.

Die Anwendbarkeit des Gesetzes betrifft zunächst einmal Unternehmen, deren Aktien an 264 einer US-Börse gehandelt werden und die daher den SEC-Rules unterliegen. Darüber hinaus erfassen die Vorschriften des Gesetzes auch die Töchter von solchen Konzernen. Für den Fall der Haftung des Managements (CEO und CFO) gilt indes eine Beweislastumkehr und auch eine Haftung mit gestaffelten Obergrenzen bei grober Fahrlässigkeit und Vorsatz. Besonders gravierend dürfte aber die Möglichkeit einer Pflicht zur Rückzahlung von Bezügen sowie von Erlösen aus Aktienverkäufen sein, wenn die im Jahresabschlussbericht angegebenen „wesentlichen Informationen" korrigiert werden müssen.

Es ist anzunehmen, dass die im Rahmen des SOA geforderte Datenverfügbarkeit ein eher 265 generelles Kriterium für die Leistungsfähigkeit bzw. Sicherheit der IT des Unternehmens wird. Zur Bedeutung der IT-Sicherheit in europäischen Unternehmen im Rahmen von SOA liegen in Europa bislang – mit Ausnahme von Whistleblowing (→ Rn. 274 ff.) – relativ wenige Veröffentlichungen zu konkreten Erfahrungen vor.

bb) Umsetzungsfrist. Für kleine Unternehmen hat die United States Securities and Ex- 266 change Commission (SEC) einen einjährigen Aufschub zur Erfüllung bestimmter Anforderungen an das Internal Control System nach Sec. 404 SOA beschlossen. Die Anforderungen waren damit erst für am oder nach dem 15.12.2009 beginnende Geschäftsjahre zu erfüllen. Alle anderen Unternehmen mussten die Bestimmungen nach Sec. 404 SOA, bei einem kalendergleichen Wirtschaftsjahr, bis spätestens zum 31.12.2006 umsetzen.

c) Recognized Internal Control Framework und Auswirkungen auf IT-Verträge. Die SEC 267 hat veranlasst, dass zur Abdeckung der „Internal Control"-Anforderungen aus SOA ein sog „**Recognized Internal Control Framework**" etabliert wurde, das ergänzende bzw. konkretisierende Regelungen zur IT-Sicherheit enthält. Dazu zählen im Wesentlichen folgende Regelungen, die teils erheblich älter sind als SOA selbst:

---

[305] *Hütten/Stromann* BB 2003, 2223 (2224); *Schäfer* Information-Week, 11/12, 13. Juli 2006, 10.
[306] SEC Final Rule v. 5. Juni 2003, Release Nos. 33–8238; *Hütten/Stromann* BB 2003, 2223 (2225).

- **PCAOB Audit Standard #2:** Das Public Company Accounting Oversight Board (PCAOB) hat die Verantwortung, Standards für die Attestierung von Auditoren zu definieren. Auditing Standard #5 deckt die „Internal Controls" ab.
- **COSO** wird von der SEC und von PCAOB #5 genannt, enthält jedoch nicht sehr detaillierte Regelungen.
- **COBIT** (derzeit in der Fassung 5) und **ISO**-Standards[307] machen konkretere Vorgaben an die IT-Sicherheit als COSO, allerdings sind nicht alle Inhalte von SOX gefordert.[308]

268 Zur konkreten Gestaltung des internen Kontrollsystems, welches die Anforderungen von Sec. 404 erfüllt, hat das Committee of the Sponsoring Organizations of the Treadway Commission (COSO) ein Rahmenkonzept entwickelt, dessen Anwendung nicht zwingend ist, auch wenn es von der SEC empfohlen wird.[309] In Anlehnung an COSO-Report wurde ein Kontrollmodell für IT-Prozesse und Management im Bereich der IT-Governance – sog Control Objetives for Information and Related Technology (COBIT) – entwickelt.[310] Neben der unternehmensinternen Umsetzung dieser Anforderungen ist die Auslagerung von IT-Leistungen an externe Dritte (zB IT-Outsourcing, BPO-Outsourcing, ASP) auf vertraglicher Grundlage abzusichern. In den Verträgen mit den externen IT-Dienstleistern sollte insoweit festgeschrieben werden, dass auch diese die im Rahmen der Leistungserbringung einschlägigen Anforderungen von SOA einhalten. Insbesondere sollte auch bei einer Auslagerung von IT-Leistungen die Einhaltung der Sicherheit und die Effektivität des internen Kontrollsystems des auslagernden Unternehmens gewährleistet bleiben.[311]

269 Im Zusammenhang mit der Leistungserbringung durch Dritte empfiehlt die SEC unverbindlich die Möglichkeit der Anwendung von sog „Statements of Auditing Standards (SAS) 70 Type II".[312] Es handelt sich hierbei um vom „American Institute of Certified Public Accountants (AICPA)" entwickelte Auditstandards für die Fälle von Outsourcing Vorhaben. Demnach kann das Vorhandensein effektiver interner Kontrollen beim IT-Dienstleister durch einen unabhängigen Abschlussprüfer (Auditor) zertifiziert werden. Dabei wird der unabhängige Abschlussprüfer in der Regel für den IT-Dienstleister tätig und erstellt für diesen einen sog „SAS 70 Report". Es gibt zwei Arten von SAS 70 Reports. Im sog Type I Report beschreibt der Abschlussprüfer nur die Kontrollprozesse beim IT-Dienstleister. Im sog Type II Report wird zudem die Effektivität der betrieblichen Kontrollprozesse getestet. Nur durch den SAS 70 Report Type II wird die von Sec. 404 SOA geforderte Beurteilung von internen Kontrollen hinreichend gewährleistet.

270 Nachdem dieser Standard seit nunmehr fast zwanzig Jahren ausreichend war, hat das AICPA im April 2010 die Notwendigkeit zur Erneuerung sowohl in US-amerikanischer als auch internationaler Hinsicht erkannt und das „Statement on Standards for Attestation Engagements (SSAE) No. 16 Reporting on Controls at a Service Organization (SSAE 16)" veröffentlicht, das den alten Standard SAS 70 vollständig ablöst. Um die Internationalisierung des bislang global verwendeten US-amerikanischen Standards voranzutreiben, veröffentlichte die AICPA zugleich eine vollständig neue, internationale Version, den „International Standard on Assurcance Engagements (ISAE) 3402 Assurance Reports on Controls at a Service Organization (ISAE 3402)". Auch weiterhin wird in beiden Standards die bereits beschriebene Unterteilung in Berichte nach Type I und II beibehalten.

271 Aus Sicht von Unternehmen, die größere geschäftskritische IT-Outsourcing-Vorhaben durchführen möchten, ist daher zu empfehlen, sich eines IT-Dienstleisters zu bedienen, der über eine entsprechende Zertifizierung auf Basis der neuen Reportstandards SSAE 16 oder ISAE 3402 verfügt. Denn für Geschäftsjahre, die am 15. Juni 2011 oder später enden, sind

---

[307] Zu ISO-Standards → Rn. 306 ff.
[308] Die COBIT 5 Regelungen sind abrufbar unter http://www.isaca.org/COBIT/Pages/COBIT-5-Framework-product-page.aspx; weitere Informationen unter www.isaca.org/cobit; siehe auch *Christof Menzis*, Sarbanes Oxley Act – Professionelles Management interner Kontrollen, Schäffer-Poeschel 2004.
[309] Siehe sog COSO-Report, „Internal Control-Integrated Framework"; http://www.coso.org.
[310] In aktueller Version 5, abrufbar unter http://www.isaca.org/COBIT/Pages/COBIT-5-Framework-product-page.aspx.
[311] *Büssow/Taetzner* BB 2005, 2437 (2441).
[312] http://www.sec.gov/info/accountants/controlfaq.htm (Question 8).

nur noch solche Reports vorzulegen, die diesen Standards entsprechen. In Anbetracht der Anforderungen von Sec. 404 und von anderen SOA-Bestimmungen sollte dies durch eine entsprechende Klausel vertraglich festgeschrieben werden. Die damit zusammenhängenden Mitwirkungspflichten und die Kostenfrage sollten ebenfalls geregelt werden.

Beispiel:
§ ... Einhaltung von SOA durch den IT-Dienstleister
1. Der IT-Dienstleister bestätigt, dass ihm die Regeln des Sarbanes-Oxley Act bekannt sind und verpflichtet sich dazu, sie im Rahmen der Leistungen, die ihm im Zusammenhang mit dem vorliegenden Rahmenvertrag obliegen, strikt anzuwenden.
2. Die Verpflichtung vom IT-Dienstleister, Anforderungen aus dem Sarbanes-Oxley-Act zu erfüllen, gilt als erfüllt, soweit der IT-Dienstleister dem Auftraggeber eine von der United States Securities and Exchange Commission (SEC) anerkannte Zertifizierung vorlegt, welche mindestens die für den Auftraggeber relevanten Prozesse berücksichtigt und den Anforderungen des Sarbanes-Oxley Act genügt.

d) Verhältnis KonTraG zu SOA. Als weitere Bilanzierungs- und Buchführungsvorschrift kommt insbesondere § 91 Abs. 1 AktG in Betracht, wonach der Vorstand einer Aktiengesellschaft ua dafür zu sorgen hat, dass die erforderlichen Handelsbücher geführt werden. Aufgrund des Gesetzes zur Kontrolle und Transparenz im Unternehmensbereich (KonTraG, BGBl. I 1998, 786) wurde in § 91 Abs. 2 AktG eine Bestimmung eingefügt,[313] wonach der Vorstand verpflichtet ist, „geeignete Maßnahmen zu treffen, insbesondere ein Überwachungssystem einzurichten, damit den Fortbestand der Gesellschaft gefährdende Entwicklungen früh erkannt werden".[314]

Das vorrangige Ziel dieser Regelungen ist die frühzeitige Erkennung von bestandsgefährdenden Risiken durch die Unternehmungsleitung. Im Verhältnis zu den SOA Vorgaben besteht der Unterschied darin, dass das Risikofrüherkennungssystem im KonTraG sich nur auf die bestandsgefährdenden Risiken bezieht. Das von dem SOA geforderte Interne Kontrollsystem (IKS) hat für die Richtigkeit und Verlässlichkeit aller wesentlichen Informationen bezüglich der Finanzberichterstattung des Unternehmens zu sorgen und geht somit viel weiter. Darüber hinaus muss die Unternehmensleitung gem. Sec. 404 SOA persönlich die Funktionsfähigkeit und die Effektivität des IKS im Sinne einer Bestätigungspflicht zusichern.[315] Aufgrund der unterschiedlichen Zielsetzung reicht es daher zur Erfüllung der SOA-Anforderungen nicht aus, wenn das betroffene Unternehmen ein Risikofrüherkennungssystem gemäß den Anforderungen des KonTraG eingeführt hat.

e) Friktionen zwischen SOA-Compliance (va Whistleblowing) und europäischem Datenschutzrecht. Die Problematik der Synchronisierung der verschiedenen Regelungen zur IT-Sicherheit mit ihren teilweise kongruenten, teils inkongruenten Anforderungen hin zu einer einheitlichen IT-Sicherheitsinfrastruktur stößt bisweilen auf durchaus gravierende Probleme bzw. an die Grenzen. Ein typisches Beispiel in deutschen Tochterunternehmen US-amerikanischer Konzernmütter könnten Hinweisgeberverfahren im Rahmen des betrieblichen **Compliance Managements** sein, deren Einführung auf dem Sarbanes Oxley Act beruht.[316]

Diese Verfahren sind seit geraumer Zeit unter dem Begriff „**Whistleblowing**" (aus dem englischen „to blow a whistle" – in eine Pfeife blasen/ein Warnsignal geben) in der Diskussion. Potentielle Hinweisgeber (Beschäftigte des Unternehmens, evtl. aber auch externe Dritte wie Lieferanten und Kunden) wird die Möglichkeit eröffnet, über ein bestimmtes Verfahren (zB Nutzung einer anonymen Telefon-Hotline) Informationen über mögliche Compliance-Verstöße etwa an einen betrieblichen **Compliance Officer** weiterzugeben.[317] Die Anforderungen an die Gestaltung und Durchführung solcher Whistleblowing-Verfahren

---

[313] → Rn. 29 ff.
[314] Siehe dazu vertiefend *Gruson/Kubicek*, Der Sarbanes-Oxley Act, Corporate Governance und das deutsche Aktienrecht, Arbeitspapier Nr. 113 des Instituts für Bankrecht der J. W. Goethe-Universität Frankfurt am Main, online abrufbar unter http://publikationen.ub.uni-frankfurt.de/frontdoor/index/index/docId/4772, S. 41.
[315] Siehe dazu auch *Regelin/Fisher* IStR 2003, 276, 278 f.
[316] Zum Begriff der Compliance → Rn. 17 ff., 29 ff.
[317] Zur Beurteilung dieser Whistleblowing-Hotlines aus arbeits- und datenschutzrechtlicher Sicht s. *Behrendt/Kaufmann* CR 2006, 642, sowie *Breinlinger/Krader* RDV 2006, 60.

wurden zudem mit dem U. S. Dodd-Frank Act vom 21.7.2010 und den auf dieser Grundlage von der SEC erstellten „Regeln zur Implementierung der Whistleblower-Bestimmungen der Sec. 21F des Securities and Exchange Acts von 1934" noch weiter ausdefiniert.[318]

276 Nicht selten ist, dass von einem deutschen Tochterunternehmen ggf. „Compliance" mit SOA gefordert wird, unabhängig oft davon, ob das fragliche Unternehmen den SOA-Vorschriften unmittelbar unterliegt, und möglicherweise ohne Berücksichtigung der einschlägigen deutschen bzw. europäischen Datenschutzvorschriften und der relevanten Vorschriften des deutschen Arbeitsrechts.

277 Datenschutzprobleme treten etwa bei der Frage auf, ob die Daten, die über die entsprechende Hotline erhoben werden, vom Unternehmen zulässigerweise verarbeitet und genutzt werden dürfen. Zur Beantwortung dieser Frage ist wohl ua zu differenzieren
- nach den konkreten Nutzungszwecken der – regelmäßig – personenbezogenen Daten sowie
- danach, ob ausschließlich eigene Mitarbeiter des Unternehmens an dem Whistleblowing-Verfahren beteiligt sind oder auch externe Dritte – sei es als Hinweisgeber oder als ausgelagerte Meldestelle.

278 Die Artikel 29 Gruppe (unabhängige beratende Datenschutz-Arbeitsgruppe auf EU-Ebene, eingerichtet auf Grundlage von Artikel 29 der Datenschutzrichtlinie 95/46/EG) hat zur Vereinbarkeit von Whistleblowing-Verfahren in den Bereichen
- Buchhaltung/Bilanzierung;
- Rechnungsprüfung;
- Buchprüfung;
- Kampf gegen Bestechung;
- Bank- und Finanzkriminalität

mit der Datenschutzrichtlinie 95/46/EG Stellung genommen und die Zulässigkeit grundsätzlich bejaht. Ausdrücklich nicht Stellung genommen wurde zur Zulässigkeit für andere Bereiche wie etwa Umweltschutz, Arbeitsschutz etc.[319]

279 Die französische Datenschutzbehörde CNIL (Commission nationale de l'informatique et des libertés) sieht für Whistleblower-Verfahren, mit denen ausschließlich Verletzungen von Banken-, Finanzbuchhaltungsvorschriften sowie Bestechung verfolgt werden, ein erleichtertes Genehmigungsverfahren vor. Allerdings hat die CNIL im Mai 2005 eine anonyme Denunziation von Verfehlungen von Kollegen im Rahmen von Whistleblowing-Verfahren der Unternehmen McDonalds und CEAC kritisiert und eine entsprechende Genehmigung zur Datenübermittlung abgelehnt.

280 Whistleblowing im Bereich Personalwesen (zB Verstoß gegen arbeitsrechtliche Pflichten wie Verletzung der unternehmensinterne Richtlinie zu E-Mail- und Internetnutzung am Arbeitsplatz) dürfte dagegen problematisch sein. Zudem ist zu berücksichtigen, dass eine Zweckänderung von zunächst zulässigerweise erhobenen Whistleblower-Informationen datenschutzrechtlich nur unter sehr eingeschränkten Bedingungen zulässig ist. Wenn es aber ggf. zu Untersuchungen aufgrund von Whistleblower-Hinweisen kommt, kann es sein, dass die entsprechenden Informationen/Unterlagen, also auch die personenbezogenen Daten, in die USA bzw. an die entsprechenden Behörden herauszugeben wären. Dies könnte datenschutzrechtlichen Prinzipien widersprechen. Die Frage ist also, wie in diesen Fällen die Anonymität bzw. Persönlichkeitsrechte zu wahren sind.

281 Des Weiteren ist festzuhalten, dass eine Whistleblower-Hotline bzw. die damit verbundenen Maßnahmen auch der Mitbestimmung nach dem Betriebsverfassungsgesetz unterliegen (können), insbesondere nach § 87 Abs. 1 Nr. 1, evtl. auch nach Nr. 6 BetrVG. Va die Einrichtung einer Telefon-Hotline mit entsprechender Nachverfolgbarkeit würde eine solche mitbestimmungspflichtige Überwachungsmaßnahme iSd § 87 Abs. 1 Nr. 6 BetrVG darstellen.[320]

---

[318] Vgl. Zu den Einzelheiten und insbesondere zur Bedeutung des Dodd-Frank Acts für deutsche Unternehmen *Schürrle/Fleck* CCZ 2011, 218 (221).
[319] S. ARTICLE 29 Data Protection Working Party Opinion 1/2006 v. 1.2.06, 00195/06/EN, WP 117.
[320] AG Wuppertal Urt. v. 15.6.2005 – 5 BV 20/05, DB 2005, 1800; LAG Düsseldorf Urt. v. 14.11.2005 – 10 TaBV 46/05, BB 2006, 162.

2. Weitere US-Regelungen zu IT Security

Der Vollständigkeit halber sei darauf hingewiesen, dass es in den USA zahlreiche bereichsspezifische oder nur in bestimmten Bundesstaaten geltende Vorschriften mit teils ausdrücklichen Anforderungen an die IT Security gibt, ua:
- Government/Federal Contractors: FISMA, NIST Standards;
- Healthcare: HIPAA;
- Pharmaceuticals: 21 CFR Part 11, HIPAA;
- Financial Services: GLBA, HIPAA, USA PATRIOT;
- Energy: FERC Standards, NERC Guidelines;
- Einzelne Länderregelungen zur Meldepflicht von Angriffen auf die IT-Systeme: Ausgehend vom kalifornischen Security Breach Information Act (Senate Bill 1386) im Jahr 2002 mit einer Meldepflicht seit 1.7.2003 (für alle Unternehmen mit Sitz in Kalifornien oder kalifornischen Kunden oder kalifornischen Arbeitnehmern).

3. Basel II und III

Die Ende 2006 in Kraft getretene neue Baseler Eigenkapitalvereinbarung (kurz Basel II) hat als Ausgangsbasis die „Basel I"-Regelungen vom Juli 1988. Der Baseler Ausschuss für Bankenaufsicht[321] (eingesetzt von den Notenbankpräsidenten der G-10-Länder) verfolgte mit Basel I seinerzeit zwei Ziele: Zum einen sollte die Stabilität der internationalen Finanzmärkte gestärkt werden, zum anderen sollten bestehende Unterschiede zwischen den verschiedenen nationalen Bankaufsichtssystemen beseitigt werden, die den Wettbewerb beeinflussen. Diese Grundsätze für eine effektive Bankenaufsicht fußen auf drei Säulen:[322]
- 1. Säule: Mindestkapitalanforderung für Kreditrisiken sowie für Betriebsrisiken (sog operationelle Risiken);
- 2. Säule: Bankaufsichtlicher Überprüfungsprozess der Adäquanz der Kapitalausstattung und des Risikomanagements („Supervisory Review Process") und
- 3. Säule: Leitlinien für Offenlegungspraktiken zum Zweck einer Stärkung der Marktdisziplin.

Basel I führte in mehr als 100 Ländern zur Festlegung von Mindesteigenkapitalvorschriften. Etwa zeitgleich mit Basel I wurde in der EU (damals EWG bzw. EG) eine Reihe von Grundsatzrichtlinien mit vergleichbaren Zielen verabschiedet, namentlich
- 89/299/EWG über die Eigenmittel von Kreditinstituten;
- 89/647/EWG über einen Solvabilitätskoeffizienten für Kreditinstitute;
- 93/6/EWG über die angemessene Eigenkapitalausstattung von Wertpapierfirmen und Kreditinstituten;
- 2000/12/EG über die Aufnahme und Ausübung der Tätigkeit der Kreditinstitute.

Während die Regelungen von Basel I extern vorgegeben, sehr pauschal und speziell im Bereich des Kreditrisikos praktisch unverändert blieben, arbeitete der Bankenausschuss kontinuierlich an der **Weiterentwicklung interner Risikomanagement-Verfahren**. Diese sollen eine individuellere Einschätzung des Kreditrisikos oder auch des operationellen Risikos ermöglichen.

Am 26. Juni 2004 wurde dann das endgültige Rahmenwerk der neuen Baseler Eigenkapitalvereinbarung (Basel II) veröffentlicht. Der europäische Gesetzgeber hat ein Äquivalent zu den Bestimmungen der Baseler Übereinkunft durch die sog Bankenrichtlinie 2006/48/EG und die sog Kapitaladäquanzrichtlinie 2006/49/EG geschaffen. Diese Richtlinien haben die zuvor existierenden Richtlinien 93/6/EWG vom 15. März 1993 und 2000/12/EG ersetzt.[323] Die Umsetzung in Deutschland wird durch das „Gesetz zur Umsetzung der neu gefassten

---

[321] http://www.bis.org/bcbs.
[322] Siehe dazu vertiefend Duisberg/Ohrtmann ITRB 2005, 160.
[323] Richtlinie 2006/48/EG des Europäischen Parlaments und des Rates vom 14.6.2006 über die Aufnahme und Ausübung der Tätigkeit der Kreditinstitute, ABl. L 177/01 vom 30.6.2006; Richtlinie 2006/49/EG des Europäischen Parlaments und des Rates vom 14.6.2006 über die angemessene Eigenkapitalausstattung von Wertpapieren und Kreditinstituten, ABl. L 177/201 vom 30.6.2006.

Bankenrichtlinie und der neu gefassten Kapitaladäquanzrichtlinie" vom 17. November 2006 geregelt, das umfassende Anpassungen des Kreditwesengesetz festschreibt und hauptsächlich zum 1. Januar 2007 in Kraft getreten ist. Die oben erwähnte 2. Säule wird geregelt im Rahmen von „Mindestanforderungen an das Risikomanagement" (**MaRisk**),[324] die 1. und die 3. Säule über die sogenannte **Solvabilitätsverordnung**.[325]

287 Die Regelung richtet sich an Banken und sieht vor, bei Unternehmen vor jeder Kreditentscheidung eines Kreditgebers eine individuelle Einschätzung der Bonität vorzunehmen. Dabei müssen auch sog **operationelle Risiken** des Kreditnehmers beachtet werden. Dazu gehören auch Verlustrisiken, die aufgrund von **inadäquaten oder fehlerhaften internen IT-gestützten Prozesse** entstehen.

288 Im Rahmen von Basel II geht es nach Definition des Basler Ausschusses um die

„Gefahr von Verlusten, die infolge der Unangemessenheit oder des Versagens von internen Verfahren, Menschen und System oder von externen Ereignissen eintreten.".

289 Es handelt sich also bei Basel II und den deutschen Umsetzungsvorschriften nicht primär um eine die Datensicherheit oder die IT-Sicherheit betreffende Regelung, sondern um Regelungen und Verfahren zur **Bewertung und Gewichtung der Kreditrisiken** von Banken (sogenanntes **Rating**), was wiederum spiegelbildlich zu einer entsprechenden Beurteilung der Kreditnehmer hinsichtlich deren Eigenkapital führt. Zur Risikogewichtung werden grundsätzlich vier Stufen unterschieden:[326]

Rating	Bewertung	Risikogewichtung
AAA/AA-	Hohe Wahrscheinlichkeit, dass das Unternehmen seinen Zins- und Tilgungsverpflichtungen nachkommen kann	Geringes Risiko
A+/A-	Große Wahrscheinlichkeit, dass das Unternehmen seine Kapitalverpflichtungen erfüllen wird	Mittleres Risiko
BBB+/BB-	Eingeschränkte Wahrscheinlichkeit, dass den Zins- und Tilgungsverpflichtungen nachgekommen werden kann	Hohes Risiko
unter BB-	Die Erfüllung der Kreditverpflichtungen wird nur im Falle einer vorteilhaften Unternehmensentwicklung erwartet, da ein Risiko der Zahlungsunfähigkeit besteht	Sehr hohes Risiko

290 Zur Bewertung des Ausfallrisikos von Krediten spielen quantitative Unternehmenskennzahlen (wie zB die Höhe und Entwicklung der Kapitalrendite, Umsatzwachstum, Marktposition und Marktentwicklung) eine Rolle, aber auch qualitative Faktoren etwa aus den Bereichen Finanzen & Controlling oder Dokumentation.

291 Als Reaktion auf die Wirtschaftskrise ab 2007 sollten nach dem Willen der G20-Staaten die Kreditinstitute noch strenger reguliert werden. Vor diesem Hintergrund entwickelte der Baseler Ausschuss für Bankenaufsicht den Entwurf eines neuen Reformpakets Basel III vorrangig zu dem Zweck, das Risiko neuer Wirtschaftskrisen zu minimieren. Hierzu verfolgt der Entwurf zwei verschiedene Ansatzpunkte: Auf der Einzelinstitutsebene soll einerseits zur Stärkung der Widerstandskraft der einzelnen Kreditinstitute beigetragen werden (mikroprudenzieller Ansatz), während anderseits systemweite Risiken des gesamten Bankensektors eingedämmt werden sollen (makroprudenzieller Ansatz). Im Einzelnen brachte dies ua verschärfte Anforderungen an die Quantität und Qualität des Eigenkapitals der Kreditinstitute sowie einen Mindeststandard für deren Liquiditätsquote und eine Ver-

---

[324] Zu MaRisk → § 19 Outsourcing-Verträge.
[325] Verordnung über die angemessene Eigenmittelausstattung von Instituten, Institutsgruppen und Finanzholding-Gruppen (Solvabilitätsverordnung – SolvV) vom 14.12.2006, die im Rahmen der Umsetzung von Basel III am 6.12.2013 (BGBl. I S. 4168) neu gefasst wurde und in dieser Fassung ab dem 1.1.2014 in Kraft getreten ist.
[326] Tabelle und Beispiele zitiert aus HR Services 1/2006, S. 18 ff.

schuldensobergrenze (sog „Leverage-Ratio") mit sich. Das Reformpaket wurde auf europäischer und nationaler Ebene weitestgehend umgesetzt und ist seit dem 1.1.2014 in Kraft. Grundlage dafür ist zum einen die unmittelbar geltende Verordnung (EU) Nr. 575/2013[327] und die Richtlinie 2013/36/EU.[328] Die Richtlinie wurde mittels des entsprechenden Gesetzes zur Umsetzung der Richtlinie (CRD-IV-Umsetzungsgesetz)[329] vom 28.8.2013 in deutsches Recht umgesetzt, was vor allem eine umfassende Änderung des KWG zur Folge hatte. In diesem Rahmen wurde vom Bundesministerium der Finanzen aufgrund der verschärften Anforderungen des Basel III-Pakets weiterhin auch die Solvabilitätsverordnung neu gefasst.[330]

Im Dezember 2014 hat das Basel Committee on Banking Supervision einen Vorschlag für die Überarbeitung der Standardangaben zur Messung des Kreditrisikos veröffentlicht,[331] was teilweise als „Basel IV" bezeichnet wird.[332]

4. MiFID/KWG

Die EU-Finanzmarktrichtlinie MiFID (Markets in Financial Instruments Directive) regelt und harmonisiert die Bedingungen für den Wertpapierhandel europaweit. Sie soll den Anlegerschutz in Europa durch neue Verhaltens- und Transparenzpflichten verbessern sowie den Wettbewerb zwischen Handelsplattformen fördern. Die Umsetzung in nationales Recht erfolgt über das Finanzmarktrichtlinien-Umsetzungsgesetz (FRUG), welches am 1.11.2007 in Kraft getreten ist und in erster Linie das Börsen- und Wertpapierhandelsrecht betrifft. Durch das FRUG wurde auch der für das Outsourcing maßgebliche § 25a Abs. 2 KWG neu gefasst.[333] § 25a Abs. 2 KWG enthält branchenspezifische Outsourcing Regelungen für Banken und Finanzdienstleister. Auch erfasst wird die Auslagerung wesentlicher IT-Funktionen auf einen Dienstleister.

§ 25a KWG sieht ein allgemein gehaltenes Risikomanagement zur Früherkennung von den Bestand des Unternehmens bedrohenden Risiken vor. Bestandteil dieses Risikomanagements müssen insbesondere angemessene Sicherheitsvorkehrungen für den Einsatz elektronischer Datenverarbeitung sein.[334]

5. Solvency II

Im November 2002 („*Considerations on the design of a future prudential supervisory system*" Markt/2535/02) und im März 2003 („*Design of a future prudential supervisory system in the EU – Recommendations by the Commission Services*", Markt/2509/03) legte die EU-Kommission Dokumente zur Phase I des Projekts „Solvency II" vor. In dieser ersten Phase sollten die Rahmenbedingungen für ein künftiges europäisches **Versicherungsauf-**

---

[327] Verordnung (EU) Nr. 575/2013 des Europäischen Parlaments und des Rates vom 26.6.2013 über Aufsichtsanforderungen an Kreditinstitute und Wertpapierfirmen und zur Änderung der Verordnung (EU) Nr. 646/2012, ABl. L 176/1 vom 27.6.2013.
[328] Richtlinie 2013/36/EU des Europäischen Parlaments und des Rates vom 26.6.2013 über den Zugang zur Tätigkeit von Kreditinstituten und die Beaufsichtigung von Kreditinstituten und Wertpapierfirmen, zur Änderung der Richtlinie 2002/87/EG und zur Aufhebung der Richtlinien 2006/48/EG und 2006/49/EG, ABl. L 176/338 vom 27.6.2013.
[329] Gesetz zur Umsetzung der Richtlinie 2013/36/EU über den Zugang zur Tätigkeit von Kreditinstituten und die Beaufsichtigung von Kreditinstituten und Wertpapierfirmen und zur Anpassung des Aufsichtsrechts an die Verordnung (EU) Nr. 575/2013 über Aufsichtsanforderungen an Kreditinstitute und Wertpapierfirmen (CRD IV-Umsetzungsgesetz) vom 28.8.2013 (BGBl. 3395).
[330] Verordnung über die angemessene Eigenmittelausstattung von Instituten, Institutsgruppen und Finanzholding-Gruppen (Solvabilitätsverordnung – SolvV) vom 6.12.2013 (BGBl. I S. 4168).
[331] Abrufbar unter www.bis.org/bcbs/publ/d307.htm.
[332] Siehe „Europas Banken bereiten sich auf Basel IV vor", Handelsblatt-Meldung v. 7.8.2015, abrufbar unter www.handelsblatt.com/unternehmen/banken-versicherungen/eigenkapitalregeln-europas-banken-bereiten-sich-auf-basel-iv-vor/12161046.html.
[333] Seitdem wurde § 25a KWG nochmals mehrfach in Einzelheiten abgeändert, zuletzt mit Wirkung zum 1.1.2014 durch das CRD-IV-Umsetzungsgesetz, → Rn. 291.
[334] Siehe *Nolte/Becker* BB-Special (zu BB 2008, Heft 25), 23; *Holzborn/Israel* NJW 2008, 791; *Jordans* WM 2007, 1827; *Hanten/Görke* BKR 2007, 489.

sichtssystem entworfen werden. Eine ähnliche Wirkung wie Basel II für die Banken und damit indirekt auch für die Unternehmen, die Kredite aufnehmen, wird von Solvency II in der Versicherungsbranche ausgehen. Wie Basel II richtet auch Solvency II seine Aufmerksamkeit auf die Aufsichtsbehörden, so dass davon auszugehen ist, dass eine entsprechende Durchsetzung der Vorgaben erfolgen wird. Allerdings wurde die entsprechende EU-Rahmenrichtlinie 2009/138/EG betreffend die Aufnahme und Ausübung der Versicherungs- und der Rückversicherungstätigkeit (Solvency II) in den Umsetzungsfristen mehrfach modifiziert, so dass die Frist zur Umsetzung in nationales Recht nun auf den 31.1.2015 und der Zeitpunkt des Inkrafttretens von Solvency II auf den 1.1.2016 festgelegt sind. Ab dem 1.1.2014 finden aber bereits sogenannte „Vorbereitende Maßnahmen zur Umsetzung von Solvency II" Anwendung.

295 Für die IT bedeutet dies, dass noch wesentlich mehr als bisher, insbesondere aber auch im Zusammenhang mit Outsourcing auf **Katastrophenpläne**, sogenanntes Desaster Recovery und **Business Continuity** zu achten sein wird.[335]

6. Auswirkungen auf den IT-Bereich und auf IT-Verträge

296 Verlustrisiken für Banken, Finanzdienstleister und Versicherungen können sich auch aus dem Einsatz von IT in Unternehmensprozessen ergeben. Folglich ist ein effektives IT-Risiko-Management beim Kreditnehmer erforderlich. Mangelhafte bzw. fehlerhafte Kontrollsysteme können hohe Sollzinsen oder gar Kreditabsagen zur Folge haben.[336] Betreibt ein Outsourcing-Anbieter IT-Prozesse für eine Bank, so muss er sich sehr viel detaillierteren internen Kontrollanforderungen unterwerfen, als das vor Festlegung der nationalen Risikomanagement-Anforderungen im Banken- und Versicherungsbereich der Fall war.[337]

297 Unter dem Stichwort der **operationellen Risiken** werden Aspekte der IT-Sicherheit bewertet. **Unmittelbaren Bezug zur IT-Sicherheit** haben beispielsweise folgende Bewertungskriterien:
- ständige und anforderungsgerechte Verfügbarkeit von geschäftsrelevanten Daten in elektronischer Form;
- Verfügbarkeit von historischen Geschäftsdaten in elektronischer Form;
- GDPdU-konforme Archivierung;
- angemessene Sicherheitsvorkehrungen zum Schutz gespeicherter Daten.

298 Basel II/III etwa kann für den IT-Bereich in mehrfacher Weise von Bedeutung sein:
- Basel II enthält ua konkrete Anforderungen an die Sicherheit von IT-Systemen in Kreditinstituten, an die Verfügbarkeit ihrer Daten etc.
- Das vorgeschriebene Basel II-Rating kann auch mittels einer Rating-Software durchgeführt werden, wobei die Solvabilitätsverordnung Vorgaben an die Plausibilität und Nachvollziehbarkeit des Ratings für das jeweilige Kreditinstitut macht. Eine Reihe von Software-Anbietern hat Rating-Software entwickelt.
- Im Rahmen der Bewertung operationeller Risiken rücken darüber hinaus auch Projekte zur Softwareerstellung, Outsourcing, Rechenzentrums-Betreiber-Verträge von Kreditinstituten mit Auftragnehmern/Anbietern u.ä. in das Licht von Basel II bzw. den daraus resultierenden Pflichten.[338]

---

[335] S.a. auch Veröffentlichung der Münchener Rückversicherungs-Gesellschaft, Topics 1/2006: Solvency II; abrufbar unter: www.munichre.com; WirtschaftsWoche – Unternehmen: Versicherer vor dem Härtetest, Donnerstag 4. Januar 2007, 19:36 Uhr. Der europäische Versicherungsmarkt steht nach Ansicht von Experten vor einer Marktbereinigung. Mitte des Jahres kommt die Rahmen-Richtlinie über die künftig europaweit einheitlichen Eigenkapital- und Aufsichtsregeln für die Assekuranz (Solvency II) auf die Tagesordnung der europäischen Kommission. Das könnte für kleinere Versicherungsgesellschaften das Ende bedeuten.
[336] Siehe dazu *Zimmermann* BKR 2005, 208 (210).
[337] BITKOM, Compliance in IT-Outsourcing-Projekten. Leitfaden zur Umsetzung rechtlicher Rahmenbedingungen, S. 30; vgl. auch zu sektorspezifischen regulatorischen Anforderungen an die IT-Notfallplanung *Steger* CR 2007, 137, 139.
[338] Weitere Informationen zB bei *Haase/Hanau/Harder/ua* in BITKOM (Hrsg.), IT-Risiko- und Chancenmanagement im Unternehmen. Ein Leitfaden für kleine und mittlere Unternehmen.

Praxistipp:
Vor einer entsprechenden Auftragsvergabe bzw. vor endgültiger Vertragsunterzeichnung wird es sinnvoll sein, zu prüfen und genau auszuweisen, in welchem Umfang sich eventuell durch die Auslagerung Risiken erhöhen (und vielleicht auch vermindern).

In diesem Zusammenhang kann die **Haftungsklausel**, über die bei Verträgen häufig gestritten wird und die die Anbieter (gerade aus amerikanischen Unternehmen) äußerst eng halten wollen, von erheblicher Bedeutung sein. Die Frage ist auch, ob die SLA[339] die tatsächlichen Risiken realistisch abbilden bzw. abfedern, vor allem wenn die Regelungen der Nichteinhaltung praktisch den Schadensersatzanspruch ausfüllen und weitere Ansprüche nicht bestehen sollen.

Die den vorstehenden rechtlichen Rahmenbedingungen unterworfenen Unternehmen sind in erster Linie gehalten, diese durch entsprechende unternehmensinterne Maßnahmen umzusetzen. Soweit jedoch IT-Leistungen an externe Anbieter ausgelagert werden (zB IT-Outsourcing, BPO-Outsourcing, ASP), sollte die Einhaltung der jeweiligen rechtlichen Rahmenbedingungen zusätzlich durch entsprechende vertragliche Regelungen zwischen dem auslagernden Unternehmen und dem beauftragten IT-Dienstleister abgesichert werden.

Eine Klausel zur vertraglichen Berücksichtigung dieser Problematik könnte zB wie folgt aussehen:

Beispiel: Einhaltung rechtlicher Rahmenbedingungen:
1. Der Auftragnehmer wird die Leistungen in Übereinstimmung mit den [jeweils geltenden] rechtlichen Rahmenbedingungen erbringen. Der Auftragnehmer gewährleistet, dass der Auftraggeber in der Lage ist, rechtlichen Rahmenbedingungen, die auf die Leistungen Anwendung finden, zu entsprechen.
2. Zur Vermeidung von Zweifeln stellen die Vertragsparteien klar, dass der Auftragnehmer [insbesondere] für die Einhaltung folgender rechtlicher Rahmenbedingungen verantwortlich ist [...]. Der Auftraggeber ist [insbesondere] für die Einhaltung folgender Bestimmungen verantwortlich: [...]

Der Begriff der „rechtlichen Rahmenbedingungen" sollte möglichst weit als „alle Gesetze im formellen und materiellen Sinn (wie zB Verordnungen, behördliche Vorgaben und Bekanntmachungen), Richtlinien und Standards" definiert werden.[340]

V. Anerkannte Standards, Best practices, ISO- und DIN-Normen

1. DIN-Normen

Folgende Normen finden im IT-Bereich mehr oder weniger häufig Anwendung und können daher zur Definition von Begrifflichkeiten im Rahmen der Informationssicherheit herangezogen werden:[341]

Beispiele:
- DGQ–12–52 1952 Methoden und Verfahren der Softwarequalitätssicherung
- DIN 25448, 05.90 – Ausfalleffektanalyse (Fehlermöglichkeits- und Einfluss-Analyse, FMEA), wichtig va im Bereich QS, eher Hardware betreffend
- DIN 32.869, 09.97 – Technische Produktdokumentation
- DIN 1497 – 11 09.78 – Schaltungsunterlagen; Zeitablaufdiagramme, Schaltfolgediagramme
- DIN 4097 – 2 06.78 – Schaltungsunterlagen; Kennzeichnung von elektrischen Betriebsmitteln
- DIN 40041 Zuverlässigkeitsbegriffe, zu „momentaner Verfügbarkeit" (s. Peter CR 2005, 404)
- DIN 44300 Teil 1 – Informationsverarbeitung; Begriffe
- DIN 66001.883 – Informationsverarbeitung: Sinnbilder und ihre Anwendung
- va DIN 66230 01.81 – Daneben Informationsverarbeitung; Programmdokumentation

---

[339] Zu SLA → § 14 Softwarepflegeverträge.
[340] Siehe hierzu im Einzelnen auch BITKOM, Compliance in IT-Outsourcing-Projekten. Leitfaden zur Umsetzung rechtlicher Rahmenbedingungen, S. 47.
[341] Zur Auswahl s. *Jaeger/Lenzer/Schneider/Wißner*, Begutachtung und rechtliche Bewertung von EDV-Mängeln, Augsburg 2003, S. 161 ff. mit den folgenden Beispielen.

- DIN 66231 1110.82 – Informationsverarbeitung; Programmentwicklungsdokumentation
- DIN 66232 05 – Informationsverarbeitung; Datendokumentation
- DIN 66271 05.95 – Informationstechnik; Softwarefehler und ihre Beurteilung durch Lieferanten und Kunden
- DIN 66273 11.91 – Informationsverarbeitung; Messung und Bewertung der Leistungen von DV-Systemen
- DIN 66272 Qualität von Software, Bewertung von Softwareprodukten

2. Standards und Best Practices im Überblick

303 Zur Bewertung und Zertifizierung der Sicherheit von Computersystemen existieren eine Reihe internationaler Normen sowie zahlreiche Best Practices und vergleichbare Standards.[342] Mit Art. 39 DS-GVO-E[343] könnte es erstmals auch eine normative Grundlage für Zertifizierungen auf europäischer Ebene geben.[344] § 9a BDSG wird demgegenüber lediglich als „Platzhalter und Merkposten für den Gesetzgeber"[345] gesehen, da es bisher an den erforderlichen Ausführungsgesetzen fehlt. Aufgrund der großen Bandbreite an unterschiedlichen Zertifizierungsregelwerken gibt es derzeit noch keinen einheitlichen Maßstab zur Bemessung der IT-Sicherheit. Ob Art. 39 DS-GVO zu einer Vereinheitlichung beitragen kann, bleibt abzuwarten.

Beispiele für Regelwerke:
- **IT-Grundschutz-Kataloge** des BSI
- **ISO 27001**: Normenreihe für Informationssicherheitsmanagementsysteme (ISMS)
- Die jeweiligen Vorläufer, die noch vielfach zitiert werden, waren die ISO 17.799:2005 (Leitfaden für das Informationssicherheitsmanagement) und die **British Standards (BS) 7799-1 bzw. 7799-2**
- **ISO 29100**: Normenreihe zu Datenschutzmanagementsystemen
- **BS 10012:** Normenreihe des British Standards Institute zur Umsetzung eines Datenschutzmanagementsystems auf Grundlage des engl. Data protection Act
- **IT-Infrastructure Library (ITIL)**
- CobiT
- **ISO 27799:** Health informatics – Security management in health using ISO 17799 (speziell für den Gesundheitsbereich entwickelte Norm)
- **Common Criteria for Information Technology Security Evaluation** (CC)
- **Trusted Computer System Evaluation Criteria** (TCSEC)
- **DS-BvD-GDD-01:** speziell für die Auftragsdatenverarbeitung entwickelt[346]

304 a) **IT-Grundschutz-Kataloge des BSI.** Das deutsche Bundesamt für Sicherheit in der Informationstechnik (BSI) stellt zahlreiche Werkzeuge zur Verfügung, um ein angemessenes Sicherheitsniveau zu erreichen, wie zB die BSI-Standards zum IT-Sicherheitsmanagement, das GSTOOL und die IT-Grundschutz-Kataloge. Die IT-Grundschutz-Kataloge – dies ist seit der Version 2005 die neue Bezeichnung des früheren „IT-Grundschutzhandbuchs" – beinhalten die Baustein-, Maßnahmen- und Gefährdungskataloge. Die Vorgehensweise nach IT-Grundschutz, Ausführungen zum IT-Sicherheitsmanagement und zur Risikoanalyse finden sich nun unter den BSI-Standards. Die IT-Grundschutz-Kataloge bieten ein mögliches Konzept für ein mittleres Schutzniveau. Dabei werden neben Eintrittswahrscheinlichkeiten und potentieller Schadenshöhe auch die Kosten der Umsetzung berücksichtigt. Durch die Verwendung der IT-Grundschutz-Kataloge entfällt eine aufwändige Sicherheitsanalyse, die Expertenwissen erfordert. Es ist möglich, auch als relativer Laie die zu ergreifenden Maßnahmen zu identifizieren und in Zusammenarbeit mit Fachleuten umzusetzen.

305 Als Bestätigung für das erfolgreiche Umsetzen des Grundschutzes wird vom BSI ein Grundschutz-Zertifikat vergeben: die ISO 27001-Zertifizierung auf Basis von IT-Grund-

---

[342] vgl. allgemein zur Normung *Wischhöfer* DuD 2013, 30; *Fibíková/Müller* DuD 2013, 7.
[343] Abrufbar unter: http://www.cr-online.de/Verabschiedete_deutschsprachige_Fassung_der_allgemeinen_Ausrichtung_des_EU-Rats_zur_Datenschutz-GVO_v._11.06.2015.pdf.
[344] *Hornung/Hartl* ZD 2014, 219.
[345] *Feik/von Lewinski* ZD 2014, 59.
[346] Vgl. hierzu *Staub* DuD 2014, 159.

schutz, die sowohl eine Prüfung des IT-Sicherheitsmanagements als auch der konkreten IT-Sicherheitsmaßnahmen auf Basis von IT-Grundschutz umfasst. In den Stufen 1 und 2 basiert es auf Selbsterklärungen, in der Stufe 3 erfolgt eine Überprüfung durch einen unabhängigen, vom BSI lizenzierten Grundschutz-Auditor. Gleichzeitig mit der Zertifizierung nach IT-Grundschutz kann eine Zertifizierung nach ISO 27001 erfolgen (→ Rn. 306 ff.).

Zum BSI-Grundschutz hat der BfDI eine Kreuzreferenztabelle veröffentlicht, welche Katalogmaßnahmen den Kontrollmaßnahmen nach Anlage zu § 9 BDSG entsprechen.[347]

b) ISO/IEC 27001. Die internationale Norm ISO/IEC 27001:2005, („*Information technology – Security techniques – Information security management systems – Requirements*") wurde aus dem britischen Standard BS 7799-2 und der darauf basierenden ISO/IEC 17799:2000 entwickelt und als internationale Norm erstmals am 15. Oktober 2005 veröffentlicht. 2013 folgte eine insbesondere strukturell stark überarbeitete Version ISO 27001:2013 mit „praxisrelevanten Verbesserungen".[348] ISO 27001 spezifiziert die Anforderungen für Herstellung, Einführung, Betrieb, Überwachung, Wartung und Verbesserung eines dokumentierten ISMS unter Berücksichtigung der Risiken innerhalb der gesamten Organisation. Hierbei werden sämtliche Arten von Organisationen berücksichtigt.

Die ISO/IEC 27001 deckt inhaltlich dabei sehr verschiedene Bereiche ab:

- Formulierung von **Anforderungen und Zielvorgaben**[349] zur IT-Sicherheit;
- Anforderungen an ein **kosteneffizientes Management von Sicherheitsrisiken**;
- Sicherstellung der **Konformität mit Gesetzen und Regulatorien** (Compliance);
- Implementierung und Management von Maßnahmen zur Sicherstellung von **spezifischen Zielen zur Informationssicherheit**;
- Definition von neuen **Informationssicherheits-Managementprozessen**;
- Identifikation und Weiterentwicklung von bestehenden Informationssicherheits-Managementprozessen;
- Definition von **Informationssicherheits-Managementtätigkeiten**;
- Gebrauch durch **interne und externe Auditoren** zur Feststellung des Umsetzungsgrades von Richtlinien und Standards.

Während ISO 27001:2005 wie auch ihr Vorgänger lediglich Anforderungen für die Implementierung von geeigneten Sicherheitsmechanismen regelte, enthält ISO 27001:2013 explizite Zielvorgaben zur IT-Sicherheit.[350] Der am 15. Juni 2005 veröffentlichte Leitfaden ISO/IEC 17799:2005, „Information technology – Security techniques – Code of practice for information security management", liegt mit Ausgabe 9.2008 auch als Leitfaden für die ISO/IEC 27002 vor. Speziell im Hinblick auf den Schutz personenbezogener Daten wurde darüber hinaus eine weitere ISO/IEC-Richtlinie erarbeitet. Die neue Richtlinie 29100:2011 erschien als Teil der ISO-Reihe „Information technology – Security techniques".[351] Sie enthält im Rahmen eines global einsetzbaren Privacy Frameworks auch Bestimmungen zur Datensicherheit.

c) ISO/IEC 27018 für Cloud Computing. Seit längerem besteht ein Bedürfnis nach Zertifizierung von Cloud-Diensten. Die EU-Kommission fördert seit ihrem Strategiepapier „Unleashing the Potential of Cloud Computing in Europe"[352] das Ziel, den „jungle of standards" im Bereich Cloud zu beseitigen, EU-weite Zertifizierungsprogramme zu unterstützen und einheitliche technische Normen für Interoperabilität und Datenübertragbarkeit zu

---

[347] Weitere Einzelheiten zum Zusammenspiel zwischen Datenschutz und BSI-Grundschutz siehe https://www.bsi.bund.de/SharedDocs/Downloads/DE/BSI/Veranstaltungen/Grundschutz/2GS_Tag_2013/2_IT-Grund_2013_Meder.pdf?__blob=publicationFile.
[348] *Jendrian* DuD 2014, 552.
[349] Sog. „information security objectives, vgl. *Jendrian* DuD 2014, 552 (554).
[350] *Jendrian* DuD 2014, 552 (554).
[351] Informationen unter www.iso.org.
[352] COM(2012) 529 final abrufbar unter http://eur-lex.europa.eu/LexUriServ/LexUriServ.do?uri=COM:2012:0529:FIN:EN:PDF; http://www.zdnet.de/88125340/eu-kommission-legt-strategie-fur-cloud-computing-vor/; http://www.heise.de/ct/meldung/EU-Kommission-beschliesst-Cloud-Strategie-1718791.html.

schaffen.³⁵³ Gerade was die neuen Zertifizierungsprogramme betrifft wird kritisiert,³⁵⁴ dass es bereits vielfältig technische Zertifizierungen – va ISO 27001 und 27002 – gibt, die uU mit hohem Aufwand und hohen Kosten für die zertifizierungswilligen Unternehmen verbunden sind. Es wäre somit begrüßenswert, wenn sich die Bestrebungen der Kommission in das Gefüge der ISO-Zertifizierungen einfügen. Allerdings können sich gerade wegen der hohen Kosten häufig nur größere Unternehmen ISO-Zertifizierungen leisten, was für die kleineren Unternehmen bisweilen von Nachteil bei Ausschreibungen ist.

310 Am 1. August 2014 wurde der Standard „ISO/IEC 27018:2014 – Information technology – Security techniques – Code of practice for protection of Personally Identifiable Information (PII) in public clouds acting as PII processors" veröffentlicht.³⁵⁵ Der neue Standard will eine Referenz sein für ausgewählte Datenschutzkontrollen innerhalb der Implementierung eines IT-Sicherheitsmanagement-Systems für Cloud Computing. Er basiert auf ISO 27001. Der ISO 27018 ähnelt ISO/IEC 27015 (information security management guidelines for financial services), weil er ebenso in weiten Teilen auf ISO/IEC 27002 verweist und den eher allgemeinen Ansatz von ISO 27002 konkretisiert. Teilweise wird in ISO 27015 auf die OECD-Datenschutzprinzipien Bezug genommen. Der 27018-Standard beschäftigt sich ausschließlich mit der Regulierung der Verarbeitung von personenbezogenen Daten in der Cloud, indem er datenschutzrechtliche Anforderungen für Cloud-Dienste formuliert. Der Standard orientiert sich im Wesentlichen an Schutz- und Überwachungspflichten der geltenden europäischen Datenschutzgesetze.³⁵⁶ ISO 27018 verlangt umfangreiche Benachrichtigungs-, Informations-, Transparenz- und Nachweispflichten von den Cloud-Anbietern. Diese Pflichten sind auch Gegenstand des Entwurfs zur EU-Datenschutzgrundverordnung.³⁵⁷

311 ISO 27018 soll von dem bislang nicht veröffentlichten „ISO/IEC 27017 – Information technology – Security techniques – Code of practice for information security controls based on ISO/IEC 27002 for cloud services"ergänzt werden, der einen weiteren IT-Sicherheitsansatz verfolgt und nicht auf Datenschutzaspekte beschränkt ist. Stand Juni 2015 befindet sich ISO 27017 noch im Entwurfsstadium.³⁵⁸ Der 27017-Standard basiert auf ISO/IEC 27002:2013 (Information technology – Security techniques – Code of practice for information security controls) und soll sowohl für Cloud-Kunden als auch Cloud-Anbieter Orientierung bei IT-Sicherheit im Zusammenhang mit Cloud-Services bieten.

312 **d) Commom Criteria (CC).** Die **Common Criteria for Information Technology Security Evaluation** (kurz auch Common Criteria oder CC; deutsch etwa: Gemeinsame Kriterien für die Bewertung der Sicherheit von Informationstechnologie) ist ein internationaler Standard über die Kriterien der Bewertung und Zertifizierung der Sicherheit von Computersystemen im Hinblick auf Datensicherheit und Datenschutz. Es handelt sich also in erster Linie um einen Standard zur vergleichbaren Zertifizierung für IT-Produkte und nicht um einen Standard, an dem ein Unternehmen die Sicherheit seiner IT-Prozesse messen könnte.

313 Der Common Criteria-Standard soll eine gemeinsame Grundlage für die Bewertung von IT-Komponenten bieten und damit insbesondere den europäischen ITSEC- und den amerikanischen TCSEC-Standard ablösen. Ziel der Entwicklung war es dabei zunächst, eine Richtschnur für die Entwicklung sicherer, vertrauenswürdiger Systeme zu bieten. Darüber hinaus sollte eine objektive Bewertung dieser Systeme von einer neutralen und kompetenten Instanz (im Gegensatz zur Herstellererklärung) ermöglicht und die Anwender und Benutzer

---

[353] http://www.zdnet.de/88125340/eu-kommision-legt-strategie-fur-cloud-computing-vor/; COM(2012) 529 final (Fn. 1) S. 10 f.
[354] Stellungnahme des Deutschen Anwaltvereins durch den Ausschuss Informationsrecht zur Mitteilung der Europäischen Kommission „Freisetzung des Cloud-Computing-Potenzials in Europa" COM(2012) 529 final, Stellungnahme Nr.: 2/2013, Stand Januar 2013.
[355] http://www.iso.org/iso/home/search.htm?qt=ISO+27018&sort=rel&type=simple&published=on.
[356] *Dinnes*, Der neue ISO/IEC 2018 im Überblick, Computerwoche-Meldung v. 3.11.2014, abrufbar unter http://www.computerwoche.de/a/die-neue-iso-iec-27018-im-ueberblick,3069892.
[357] Einzelheiten zur Grundverordnung → § 34 Rn. 47. Weitere Einzelheiten zu ISO 27018 und technische und organisatorische Sicherheitsmaßnahmen bei Cloud → § 22 Cloud Computing.
[358] http://www.iso27001security.com/html/27017.html.

bei der Auswahl eines geeigneten IT-Sicherheitsprodukts unterstützt werden. Die Bewertung ist, wie bereits bei ITSEC, in die Bewertung der Funktionalität (Funktionsumfang) des betrachteten Systems und der Vertrauenswürdigkeit (Qualität) gegliedert.

Im Jahre 1999 sind die Common Criteria, die seit 2006 in der Version 3.1 vorliegen, zum ISO Standard 15408 erklärt worden. Die CC umfassen drei Teile:
Teil 1: Einführung und allgemeines Modell/Introduction and General Model;
Teil 2: Funktionale Sicherheitsanforderungen/Functional Requirements;
Teil 3: Anforderungen an die Vertrauenswürdigkeit/Assurance Requirements.

e) **IT Infrastructure Library (ITIL)**. Die ITIL wurde von der britischen Regierungsbehörde Central Computing and Telecommunications Agency (CCTA) entwickelt und ist in einer Reihe von Büchern definiert, die vom Office of Government Commerce (OGC) seit 1989 herausgegeben werden.[359] Die ITIL ist ein „best practice" **Referenzmodell für IT-Serviceprozesse** (Support Services) und sieht Sicherheitsaspekte als Bestandteile eines ordnungsgemäßen IT-Betriebs an. ITIL bietet Modelle an, um Verbindungen bezüglich der Sicherheitsanforderungen zwischen Geschäfts- und IT-Prozessen zu erkennen. IT-Security Events sollen, vereinfacht gesagt, etwa durch ein Zusammenspiel von Incident Management, Problem Management und ggf. auch Change Management erkannt, eingegrenzt und beseitigt werden. Dazu gibt ITIL bestimmte Schritte für Vorgehensweisen vor (zB Meldung des Incident, Dokumentation der Meldung, Anweisungen an den Meldenden etc).

Best Practice bedeutet, dass ITIL keine endgültige und umfassende Standardisierung von Prozessen vorgibt, sondern in der Praxis erfolgreiche Modelle und Organisationsformen so (abstrakt) beschreibt, dass Dritte sie adaptieren und auf ihre Bedürfnisse zuschneiden können. Dabei enthält ITIL weniger detaillierte Prozessbeschreibungen als vielmehr Spezifizierungen von Zielvorgaben. Dies führt in der Praxis häufig dazu, dass bei der Anwendbarkeit und Umsetzung von ITIL Unklarheiten bestehen. Ungeachtet dessen hat auch in Deutschland die Bedeutung von ITIL in den letzten Jahren stark zugenommen.

> **Praxistipp:**
> Bei der Vertragsgestaltung (vor allem von IT-Projektverträgen) ist zu beachten, dass die Terminologie von ITIL nicht synchron ist mit der gesetzlichen Mängeldefinition. ITIL verwendet verschiedene Begriffe (zB Incident, Problem), bei denen nicht klar ist, ob es sich um einen Mangel handelt oder um einen Fall der Anwenderunterstützung (weil kein Mangel vorliegt).
> Im Vertrag empfiehlt sich zur Klarstellung eine Verwendung der gesetzlichen Mangeldefinition. Ggf. müssen die Anlagen zum Vertrag, die häufig durch die fachlichen Ansprechpartner entworfen werden, dahingehend vereinheitlicht werden.

VI. Ordnungsmäßigkeit der Datenverarbeitung, IT-Compliance-Anforderungen insbesondere an den betrieblichen E-Mail-Einsatz

1. IT-Compliance-Anforderungen an betriebliche E-Mails

Telefon, E-Mail und Internet ermöglichen eine schnelle Kommunikation und Informationsgewinnung. Dem offensichtlichen Nutzen stehen Risiken gegenüber, die beim Einsatz bedacht werden müssen. Einige mögliche Risiken sind:
- **finanzielle Risiken** in Form von evtl. Produktivitätsverlusten und dadurch entstehenden Kosten,
- **technische Risiken** durch eine Überlastung der IT-Infrastruktur, der Daten- und Anwendungssicherheit, der Verfügbarkeit, Vertraulichkeit und Integrität von IT-Systemen etc,

---

[359] Informationen abrufbar unter www.ogc.gsi.gov.uk.

- **rechtliche Risiken** wie die unternehmensinterne Haftung, Haftung gegenüber Dritten sowie strafrechtlichen Risiken wie etwa bei Verletzung des bei Privatnutzung einschlägigen Fernmeldegeheimnisses,
- **mögliche Interessenskonflikte** wie etwa Schutz von Geschäftsgeheimnissen und des Ansehens des Unternehmens in der Öffentlichkeit gegenüber Mitarbeiterinteressen va bei der Privatnutzung der betrieblichen Kommunikationsmittel.

318 Die Nutzung von E-Mail im Unternehmen befindet sich in einem Spannungsfeld zwischen den gesetzlichen und wirtschaftlichen Anforderungen: Auf der einen Seite IT-Sicherheit, Compliance und Erfüllung des Arbeitsvertragszwecks (zB Leistungs- und Verhaltenskontrolle) und auf der anderen Seite Persönlichkeitsschutz und Datenschutz der Mitarbeiter (als sog Compliance der Compliance).

319 Als einige wichtige IT-Compliance-Anforderungen an den betrieblichen Einsatz von E-Mail sind zu nennen:
- Pflichtangaben in geschäftlichen E-Mails (EHUG, § 6 TMG, § 7 UWG)
- Technische und organisatorische IT-Sicherheitsmaßnahmen, zB Zugangs-, Zutritts-, Zugriffs- und Verfügbarkeitskontrollen bei der IT-Infrastruktur, E-Mail-Filterung zur Ausfilterung von Spam, Viren u. ä.[360]
- Ordnungsgemäße Datenträger- und Aktenvernichtung[361]
- E-Mail-Archivierungspflichten (va aufgrund kaufmännischer Buchführung, Handels- und Steuerrecht, KonTraG, Datenschutz, Beweissicherung),[362]
- Kontrolle und Verhinderung rechtswidriger Nutzung va von E-Mail und Internet (zB Pornographie, Raubkopien[363] etc),[364]

> **Praxistipp:**
> Der Arbeitgeber muss die Privatnutzung von E-Mail und Internet nicht gestatten (BAG Urt. v. 7.7.2005 – 2 AZR 581/04, NZA 2006, 98: *„Bei einer fehlenden ausdrücklichen Gestattung oder Duldung des Arbeitgebers ist eine private Nutzung des Internets grundsätzlich nicht erlaubt."*).
> Das bedeutet im Einzelnen:
> - Dienstliche Ressourcen dürfen nur für dienstliche Zwecke genutzt werden.
> - Auch wenn kein ausdrückliches Verbot besteht, dürfen Arbeitnehmer das Internet grundsätzlich nicht zu privaten Zwecken nutzen.
> - Sog. „dienstlich veranlasste Privatnutzung", zB Arbeitnehmer versendet E-Mail an seine Familie, dass er sich wegen einer Überstunde verspäten wird, ist auch bei Verbot der Privatnutzung erlaubt.
> - Eine Gestattung der Privatnutzung kann erfolgen über
>   - eine ausdrückliche oder konkludente Erlaubnis der Privatnutzung durch den Arbeitgeber oder
>   - mehrjährige unbeanstandete Duldung, die zu einem subjektiven Anspruch des Arbeitnehmers aus betrieblicher Übung führt.

- **Datenschutz- und Sicherheitsanweisungen**/Verpflichtungserklärung für den Systemadministrator
  Beispiel: LAG München Urt. v. 8.7.2009 – 11 Sa 54/09 – Unerlaubter Zugriff auf E-Mails durch Systemadministrator
  Der Administrator meldet dem Geschäftsführer einer GmbH, dass der zweite Geschäftsführer, der plant das Unternehmen zu verlassen, verdächtigerweise Kundendaten an eine externe E-Mail-Adresse sendet.
  Das Gericht befand, dass der Kläger in *„schwerwiegender Weise unter Missbrauch der im übertragenen Befugnisse und technischen Möglichkeiten"* auf interne Korrespondenz zugegriffen habe. Dies rechtfertige eine fristlose Kündigung.

---

[360] Zu E-Mailverschlüsselung *Esslinger* DuD 2014, 305.
[361] Siehe dazu *Conrad/Hausen* ITRB 2011, 35.
[362] → Rn. 320 ff.
[363] Das Haftungsrisiko für den Arbeitgeber ergibt sich aus §§ 97, 100 UrhG. Siehe dazu OLG Karlsruhe Urt. v. 23.4.2008 – 6 U 180/06, CR 2009, 217: Arbeitgeber zu Geldstrafe verurteilt, da Mitarbeiter ohne sein Wissen eine Raubkopie installiert hatte.
[364] → Rn. 224 ff.

- Verwendung von Archivdateien/Sicherheitskopien für unternehmensinterne Ermittlungen:
Beispiel: VGH Urt. v. 30.7.2014 – 1 S 1352/13, DB 2014, 2415: Sind personenbezogene Daten in Archiven/Backups ausschließlich zum Schutz vor Datenverlust gespeichert, dürfen diese Daten nicht zu anderen Zwecken verwendet werden. Geklagt hatte der ehemalige Ministerpräsident von Baden-Württemberg Mappus gegen das Staatsministerium auf Löschung von Daten aus seinem dienstlichen E-Mail-Postfach. Die Entscheidung erging zum Datenschutz im öffentlichen Bereich, ist aber auf den nicht-öffentlichen Bereich übertragbar (siehe auch § 31 BDSG).

2. Archivierungspflichten, insb. Anforderungen aus GoBD

Nach § 238 HGB ist jeder Kaufmann verpflichtet, Bücher zu führen und in diesen seine Arbeitsgeschäfte und die Lage seines Vermögens nach den „Grundsätzen ordnungsgemäßer Buchführung" (GoB) ersichtlich zu machen. Die GoB sind an verschiedenen Stellen im Gesetz nur angesprochen, aber nicht im Einzelnen kodifiziert. § 239 Abs. 4 HGB regelt die Möglichkeit, die Handelsbücher und die sonst erforderlichen Aufzeichnungen auch in einer geordneten Ablage von Belegen oder auf Datenträger zu führen, sofern dies den GoB entspricht.

a) Reichweite der Aufbewahrungspflichten.[365] Kaufleute sind nach § 257 HGB verpflichtet, bestimmte Unterlagen aufzubewahren. Dazu gehören vor allem empfangene sowie Kopien entsandter Handelsbriefe. Unter den Begriff „Handelsbrief" sind auch Telegramme, Faxe, E-Mails und andere Formen der schriftlichen Kommunikation zu fassen.[366] Die Aufbewahrungspflicht betrifft nach § 257 Abs. 2 HGB aber nur sog Handelsgeschäfte iSv § 343 HGB, mithin Rechtsgeschäfte und nicht lediglich interne Organisationsgeschäfte des Kaufmanns. Anlagen sind als Bestandteil eines Handelsbriefs dann aufbewahrungspflichtig, wenn diese zur Dokumentation des Geschäftsvorfalls notwendig sind. Bei E-Mails werden Anlagen in der Regel aufbewahrungspflichtig sein.

Eine weitere zentrale Aufbewahrungspflicht findet sich in **§ 147 Abgabenordnung**. Danach sind neben Handelsbriefen auch eingehende und Kopien ausgehender Geschäftsbriefe geordnet aufzubewahren. Mit Geschäftsbriefen ist die übrige Korrespondenz der Buchführungs- und Aufbewahrungspflichtigen gemeint. Der Begriff des Handelsbriefs ist also enger als der des Geschäftsbriefs. Empfangene Handelsbriefe und Kopien der versendeten sind nach § 257 Abs. 4 iVm Abs. 1 HGB 6 Jahre aufzubewahren. Gleiches gilt für Handels- und Geschäftsbriefe nach § 147 Abs. 3 iVm Abs. 1 Nr. 2 AO.

Beispiel aus der Praxis der Datenschutzbehörden:[367]
Im Zusammenhang mit § 147 AO wurde an den Berliner Landesbeauftragten für Datenschutz und Informationsfreiheit folgender Fall herangetragen: *„Ein Petent teilte uns mit, dass ein Parkgaragenunternehmen Daten zu seiner Person weiter speichern würde, obwohl er dessen Zahlungsaufforderung fristgerecht nachgekommen sei. Auf Nachfrage bestätigte das Unternehmen, dass tatsächlich weiterhin Angaben zur Person des Petenten (Name, Vorname, Kfz-Kennzeichen, Fahrzeughersteller, Fahrzeugfarbe, Kontonummer, Bankleitzahl) gespeichert werden, obwohl der eigentliche Zweck für die Datenspeicherung – Abwicklung des Vertragsverhältnisses – entfallen sei. Begründet wurde die weitere Datenspeicherung ua mit der gesetzlichen Aufbewahrungspflicht aus der Abgabenordnung."*
Die Behörde nahm im Ergebnis wie folgt Stellung: *„Die Personalisierung aller Belege ist keine zwingende Voraussetzung für eine ordnungsgemäße Buchführung. Im Bereich von Alltagsgeschäften des Einzelhandels, der Gastronomie oder der Parkraumbewirtschaftung ist die Bedeutung der Personenbeziehbarkeit von Geschäftsvorfällen nicht offenkundig. Die weitere Speicherung von personenbezogenen (Kunden-)Daten ist hier nicht erforderlich. Der Grundsatz der Verhältnismäßigkeit als Teil des Rechtsstaatsprinzips nach Art. 20 Abs. 3 GG zwingt dazu, diese Daten nicht nach § 35 Abs. 3 Nr. 1 BDSG zu sperren, sondern zu löschen."*

b) Revisionssichere Aufbewahrung. § 257 Abs. 3 HGB schreibt für Handelsbriefe eine Wiedergabe auf einem Bild- oder anderen Datenträger vor, sofern dies den GoB entspricht

---

[365] Zu Aufbewahrungs- und Archivierungspflichten siehe auch Forgó/Helfrich/Schneider/*Conrad*/*Hausen*, Betrieblicher Datenschutz, 2014, S. 182 ff.
[366] *Böhme* K&R 2006, 176.
[367] Zum Verhältnis § 147 AO zu den Datenschutzpflichten siehe LfDI Berlin, TB 2011, Ziff 6.4.

und sichergestellt ist, dass die Wiedergabe bzw. die Daten bildlich bzw. inhaltlich mit dem „Original" übereinstimmen und während der Dauer der Aufbewahrungsfrist in angemessener Frist lesbar gemacht werden können. Gleiches gilt für Handels- und Geschäftsbriefe im Rahmen der steuerrechtlichen Aufbewahrungspflichten wobei in zeitlicher Hinsicht eine „unverzügliche" Lesbarmachung gefordert wird.

324   Eine Spezifizierung und Konkretisierung der GoB auf die Anforderungen der DV-gestützten Buchführung sind die GoBD (Grundsätze zur ordnungsmäßigen Führung und Aufbewahrung von Büchern, Aufzeichnungen und Unterlagen in elektronischer Form sowie zum Datenzugriff). Die GoBD wurden durch das BMF-Schreiben vom 14.11.2014 veröffentlicht und gelten für alle Veranlagungszeiträume, die nach dem 31.12.2014 beginnen. Die GoBD ersetzen mit Wirkung zum 1.1.2015 die GoBS[368] (Grundsätze ordnungsgemäßer DV-gestützter Buchführungssysteme) und die GDPdU[369] (Grundsätze zum Datenzugriff und Prüfbarkeit digitaler Unterlagen).

325   Die GoBD konkretisieren die Ordnungsmäßigkeitsanforderungen der Finanzverwaltung an den Einsatz von IT bei der Buchführung und bei sonstigen Aufzeichnungen. Dabei geht es va darum, die im Bereich der herkömmlichen analogen Buchführung geltenden Anforderungen, insbesondere an die Verfügbarkeit von Informationen, sowie deren Fälschungssicherheit und nachträgliche Unveränderbarkeit, auf eine elektronische Buchführung zu übertragen. Hierzu gehört neben einem ausgeprägten Datensicherheitskonzept, einer detaillierten Dokumentation der angewendeten Verfahren und Datenverarbeitungsprozesse, genauen Organisationsanweisungen an die hiermit befassten Mitarbeiter auch ein internes Kontrollsystem (IKS), das die Einhaltung der maßgeblichen Anforderungen absichert.[370]

326   Die GoBD müssen von allen Buchführungs- bzw. Aufzeichnungspflichtigen beachtet werden. Sie gelten somit nicht nur für die doppelte Buchführung, sondern explizit auch für sonstige Aufzeichnungen steuerrelevanter Daten, zB auch für Einnahmenüberschussrechner. Die GoBD beziehen sich auch auf Vor- und Nebensysteme der Finanzbuchführung (zB Material- und Warenwirtschaft, Lohnabrechnung, Zeiterfassung). Zusammengefasst betreffen die GoBD insbesondere folgende IT-Systeme und Geschäftsprozesse:

– Finanz-, Lohn-, Anlagenbuchhaltung
– PC-Kasse, Registrier-Kasse
– Fakturierung, Rechnungseingangsbuch
– Warenwirtschafts- und Materialwirtschaftssystem
– Zahlungsverkehrssystem
– Microsoft Office und vergleichbare Office-Programme (dort: Mailing/Outlook, Textverarbeitung/Word, Tabellenkalkulation/Excel)
– Archivsystem
– Dokumentenmanagement-System
– Zeiterfassungssystem (zB als Grundlage für Lohnberechnung)
– Taxameter, Fahrtenbuch
– Elektronische Waage
– Geldspielgeräte
– Berechnung von Rückstellungen, Bestandsveränderungen, Darlehen, Eigenverbrauch

327   Ein sehr praxisrelevanter Regelungsbereich der GoBD ist das sogenannte ersetzende Scannen. Mittels ersetzendem Scannen können originale Buchungsbelege digitalisiert werden und müssen nicht mehr in Papierform archiviert werden. Für die Durchführung wird eine individuelle Verfahrensdokumentation dringend angeraten.

---

[368] Zu den GoBS in der Fassung vom 7.11.1995 – IV A 8 – S 0316 – 52/95 – BStBl. 1995 I, 738 – Schreiben des BMF an die Obersten Finanzbehörden der Länder, abrufbar unter http://www.bundesfinanzministerium.de/nn_314/DE/BMF_Starsete/Service/Downloads/Abt_IV/BMF_Schreiben/015,templateId=raw,property=publicationFile.pdf.
[369] Zu den GDPdU Schreiben des BMF vom 16. Juli 2001 – IV D 2 – S 0316 – 136/01 –.
[370] → Rn. 29 ff.

In diesem Zusammenhang heißt es unter Rn. 119, 120 des GOBD-Schreibens des BMF:

„*Rn. 119. Sind aufzeichnungs- und aufbewahrungspflichtige Daten, Datensätze, elektronische Dokumente und elektronische Unterlagen im Unternehmen entstanden oder dort eingegangen, sind sie auch in dieser Form aufzubewahren und dürfen vor Ablauf der Aufbewahrungsfrist nicht gelöscht werden. Sie dürfen daher nicht mehr ausschließlich in ausgedruckter Form aufbewahrt werden und müssen für die Dauer der Aufbewahrungsfrist unveränderbar erhalten bleiben (zB per E-Mail eingegangene Rechnung im PDF-Format oder eingescannte Papierbelege). Dies gilt unabhängig davon, ob die Aufbewahrung im Produktivsystem oder durch Auslagerung in ein anderes DV-System erfolgt. Unter Zumutbarkeitsgesichtspunkten ist es nicht zu beanstanden, wenn der Steuerpflichtige elektronisch erstellte und in Papierform abgesandte Handels- und Geschäftsbriefe nur in Papierform aufbewahrt.*

Rn. 120. Beispiel 9 zu Rn. 119:
Ein Steuerpflichtiger erstellt seine Ausgangsrechnungen mit einem Textverarbeitungsprogramm. Nach dem Ausdruck der jeweiligen Rechnung wird die hierfür verwendete Maske (Dokumentenvorlage) mit den Inhalten der nächsten Rechnung überschrieben. Es ist in diesem Fall nicht zu beanstanden, wenn das Doppel des versendeten Schreibens in diesem Fall nur als Papierdokument aufbewahrt wird. Werden die abgesandten Handels- und Geschäftsbriefe jedoch tatsächlich in elektronischer Form aufbewahrt (zB im File-System oder einem DMS-System), so ist eine ausschließliche Aufbewahrung in Papierform nicht mehr zulässig. Das Verfahren muss dokumentiert werden. Werden Handels- oder Geschäftsbriefe mit Hilfe eines Fakturierungssystems oder ähnlicher Anwendungen erzeugt, bleiben die elektronischen Daten aufbewahrungspflichtig."

Die Regelungen zum Datenzugriff der Finanzverwaltung regeln die Zugriffsberechtigungen im Rahmen steuerlicher Außenprüfungen (§§ 193 ff. AO). Mit anderen Worten ist es nicht mehr ausreichend, den Finanzbehörden lediglich Ausdrucke elektronisch archivierter Informationen zur Verfügung zu stellen, sondern ihnen ist unmittelbarer Zugriff auf elektronische Daten zu gewähren. Dies geschieht entweder an den Systemen des Steuerpflichtigen oder nach Überlassung der angeforderten Daten in Kopie auf einem Datenträger auf den Systemen der Finanzbehörden.

Mit den GoBD sind gewisse Erleichterungen für die Steuerpflichtigen eingetreten, wie etwa Wegfall
– der – in bestimmten Fällen geltenden – Kontierung auf Papierbelegen,
– der Aufbewahrungspflicht von E-Mails, wenn diese den Beleg als Anlage nur transportieren, sowie die Konkretisierung der Anforderungen an ein Ersetzendes Scannen mit anschließender Vernichtung der Papierbelege.

Es überwiegen aber wohl die Konkretisierungen und Verschärfungen im Vergleich zu GoBS/GDPdU:[371]
– Zeitgerechte Erfassung und Ordnung von Aufzeichnungen
– Unveränderbarkeit von Buchungen und Aufzeichnungen
– Aufbewahrungspflicht von elektronischen Belegen, Daten aus sogenannten Vorsystemen und Stammdaten.

Das GoBD-Schreiben des Bundesfinanzministeriums hat im Überblick folgende Inhalte:

1. **Allgemeines**
1.1 Nutzbarmachung außersteuerlicher Buchführungs- und Aufzeichnungspflichten für das Steuerrecht
1.2 Steuerliche Buchführungs- und Aufzeichnungspflichten
1.3 Aufbewahrung von Unterlagen zu Geschäftsvorfällen und von solchen Unterlagen, die zum Verständnis und zur Überprüfung der für die Besteuerung gesetzlich vorgeschriebenen Aufzeichnungen von Bedeutung sind
1.4 Ordnungsvorschriften
1.5 Führung von Büchern und sonst erforderlichen Aufzeichnungen auf Datenträgern
1.6 Beweiskraft von Buchführung und Aufzeichnungen, Darstellung von Beanstandungen durch die Finanzverwaltung
1.7 Aufzeichnungen
1.8 Bücher

---

[371] Weitere Informationen abrufbar unter www.datev.de.

1.9 Geschäftsvorfälle
1.10 Grundsätze ordnungsmäßiger Buchführung (GoB)
1.11 Datenverarbeitungssystem; Haupt-, Vor- und Nebensysteme

2. *Verantwortlichkeit*

3. *Allgemeine Anforderungen*
3.1 Grundsatz der Nachvollziehbarkeit und Nachprüfbarkeit (§ 145 Absatz 1 AO, § 238 Absatz 1 Satz 2 und Satz 3 HGB)
3.2 Grundsätze der Wahrheit, Klarheit und fortlaufenden Aufzeichnung
3.2.1 Vollständigkeit (§ 146 Absatz 1 AO, § 239 Absatz 2 HGB)
3.2.2 Richtigkeit (§ 146 Absatz 1 AO, § 239 Absatz 2 HGB)
3.2.3 Zeitgerechte Buchungen und Aufzeichnungen (§ 146 Absatz 1 AO, § 239 Absatz 2 HGB)
3.2.4 Ordnung (§ 146 Absatz 1 AO, § 239 Absatz 2 HGB)
3.2.5 Unveränderbarkeit (§ 146 Absatz 4 AO, § 239 Absatz 3 HGB)

4. **Belegwesen (Belegfunktion)**
4.1 Belegsicherung
4.2 Zuordnung zwischen Beleg und Grund(buch)aufzeichnung oder Buchung
4.3 Erfassungsgerechte Aufbereitung der Buchungsbelege
4.4 Besonderheiten

5. **Aufzeichnung der Geschäftsvorfälle in zeitlicher Reihenfolge und in sachlicher Ordnung (Grund-(buch)aufzeichnungen, Journal- und Kontenfunktion)**
5.1 Erfassung in Grund(buch)aufzeichnungen
5.2 Digitale Grund(buch)aufzeichnungen
5.3 Verbuchung im Journal (Journalfunktion)
5.4 Aufzeichnung der Geschäftsvorfälle in sachlicher Ordnung (Hauptbuch)

6. **Internes Kontrollsystem (IKS)**

7. **Datensicherheit**

8. **Unveränderbarkeit, Protokollierung von Änderungen**

9. **Aufbewahrung**
9.1 Maschinelle Auswertbarkeit (§ 147 Absatz 2 Nummer 2 AO)
9.2 Elektronische Aufbewahrung
9.3 Elektronische Erfassung von Papierdokumenten (Scanvorgang)
9.4 Auslagerung von Daten aus dem Produktivsystem und Systemwechsel

10. **Nachvollziehbarkeit und Nachprüfbarkeit**
10.1 Verfahrensdokumentation
10.2 Lesbarmachung von elektronischen Unterlagen

11. **Datenzugriff**
11.1 Umfang und Ausübung des Rechts auf Datenzugriff nach § 147 Absatz 6 AO
11.2 Umfang der Mitwirkungspflicht nach §§ 147 Absatz 6 und 200 Absatz 1 Satz 2 AO

12. **Zertifizierung und Software-Testate**

13. Anwendungsregelung

3. Schnittstelle zum technischen Datenschutzrecht

333 Die Datenschutzbehörden haben relativ bald erkannt, dass es eine Art Querverbindung bzw. gemeinsamen Bezug zwischen GoBD (vormals GoBS und GDPdU) einerseits und Datenschutzrecht andererseits über die Ordnungsmäßigkeit der Datenverarbeitung gibt. Das haben die Datenschutzbehörden aufgegriffen, wenn zB aus dem **„Kooperationsausschuss ADV-Bund/Länder/Kommunaler Bereich"** oder ähnlichen Gremien Aussagen zum Thema Ordnungsmäßigkeit getroffen worden sind. Der Kooperationsausschuss ADV (KoopA ADV), dem der Bund, die Länder und die kommunalen Spitzenverbände angehören, ist ein Gremium, in dem gemeinsame Grundsätze des Einsatzes der Informations- und Kommunikationstechniken (IT) und wichtige IT-Vorhaben in der öffentlichen Verwaltung einvernehmlich abgestimmt werden. Der KoopA ADV hat sich insoweit bereits des Öfteren geäußert.

Aufgegriffen wurde dies zB vom Unabhängigen Landeszentrum für Datenschutz Schleswig-Holstein (ULD) bereits im Tätigkeitsbericht 1994, aber auch an anderen Stellen. Einige haben den Begriff der Ordnungsmäßigkeit danach ausdrücklich für die Einhaltung des Datenschutzes übernommen. Der Begriff der Ordnungsmäßigkeit taucht auch in anderen Zusammenhängen auf, die aber eng verwandt sind, so etwa bei der BaFin (Bundesanstalt für Finanzdienstleistungsaufsicht): Z. B. gibt es eine *„Bekanntmachung über die Anforderungen an die **Ordnungsmäßigkeit** des Depotgeschäfts und der Erfüllung von Wertpapierlieferungsverpflichtungen"*.[372]

Noch abstrakter erscheint der Begriff im Zusammenhang mit der Prüfungskompetenz bzw. den Prüfungsmaßstäben des Bundesrechnungshofs. Der Bundesrechnungshof erklärt auf seiner Internetseite *„Prüfungsmaßstäbe sind Ordnungsmäßigkeit und Wirtschaftlichkeit"*. Die Ordnungsmäßigkeit wird in diesem Zusammenhang definiert: *„Bei der Prüfung der **Ordnungsmäßigkeit** achtet der Bundesrechnungshof auf die Einhaltung der Gesetzes, des Haushaltsplans und der Verwaltungsvorschriften ..."*.[373] Zu den Ordnungsmäßigkeitskriterien gehören ua die Verfügbarkeiten der Daten bzw. deren Zugänglichkeit. Dies betrifft ua auch die Ordnungsmäßigkeit bei **Dokumentenmanagementsystemen** gemäß GoBD. Hier können über die Transformationen von Dokumenten bereits vor der Migration auf neue Systeme Probleme entstehen.[374]

- Prozessrechtliche Aufbewahrungspflichten §§ 371, 415 ZPO (Beweisvorschriften).
- Risikovorsorge (IKS), Risk/Notfall Management, § 93 AktG, § 43 GmbHG.

4. Direktmarketing, Spam, Spamfilter

Das **Direktmarketing**[375] ist ein eigener Wirtschaftszweig, zu dem es auch eigene Zeitschriften und Vereinigungen gibt. Bekannt geworden sind vor allem die Stellungnahmen des deutschen Direktmarketing-Verbands zu den verschiedenen Gesetzgebungsvorhaben. Durch eine UWG-Änderung, die zum 30.12.2008 in Kraft getreten ist, wurde insbesondere die RL 2005/29/EG teilweise wörtlich umgesetzt. Aus der UWG-Novelle 2004 stammt va § 7 UWG (**unzumutbare Belästigungen**). In § 6 TMG ist ergänzend eine Ausprägung des Gebots der Transparenz vorgesehen, wenn es sich um kommerzielle Kommunikationen per elektronischer Post handelt. Dieser Charakter darf nicht verschleiert werden, etwa indem der Kopf- oder Betreffzeile nicht die entsprechende Charakteristik entnehmbar ist.

Erstaunlich ist, dass die **unverlangte Werbung** insbesondere über elektronische Medien weitgehend untersagt ist, wenn nicht ausdrücklich eingewilligt wurde oder eine Vertragsbeziehung besteht. Dies verhindert Spam bekanntlich nicht. Die in der Sache selbst gegebenen Schutzmöglichkeiten, die auch Untersagung und Schadenersatz vorsehen, bleiben praktisch ungenutzt, weil der **Spam** im Wesentlichen aus dem Ausland kommt.

Die Funktionsweise und Wirkung von **Spamfiltern** führen zu Problemen im Bereich Datenschutz, zT allerdings noch stärker im Bereich des allg. Persönlichkeitsrechts. U. a. kann der Einsatz von Spamfiltern bewirken, dass sich die Absender von zu Unrecht als Spam qualifizierter Mail diskriminiert bzw. in ihrem Persönlichkeitsrecht verletzt sehen. Ein ähnliches Problem – dort allerdings nicht durch Filtereinsatz – stellt sich bei aBay-Bewertungen. Das OLG Hamm ist der Auffassung, dass der Anbieter von Filtersoftware nicht Adressat eines Unterlassungsverlangens als Störer bzw. nicht auf Unterlassung in Anspruch zu nehmen ist, wenn das Herausfiltern nicht bloß wertend erfolgt, sondern „anhand des objektivierbaren und überprüfbaren Kriteriums der **unzulässigen Suchmaschinenbeeinflussung** beruht".[376]

---

[372] Hier zitiert nach Stand 21.12.1998, abrufbar über www.bafin.de/Bekanntmachungen.
[373] Siehe www.bundesrechnungshof.de.
[374] S. Rossnagel/Fischer-Dieskau/Wilke CR 2005, 903.
[375] Dazu ausführlich → § 25 Webdesign, Online- und E-Mail-Marketing, Online-Auktionen, E-Payment sowie, speziell hins. Einsatz von Tracking-Maßnahmen zu Direktmarketingzwecken → § 36 Datenschutz der Telemedien. Zu Kundenschutz, CRM und Profilbildung → § 34 Recht des Datenschutzes Rn. 419 ff.
[376] OLG Hamm Urt. v. 1.3.2007 – 4 U 142/06, CR 2007, 530; zu eBay-Bewertungen s. etwa OLG Hamburg Urt. v. 27.2.2007 – 5 W 7/07, ITRB 2008, 130.

339 Der Betreiber, insbesondere ein Arbeitgeber, der die Privatnutzung erlaubt, darf weder die Zugriffe ins Internet ohne besondere Regelung (Einwilligung, Betriebsvereinbarung) oder besonderen Notfall kontrollieren, noch E-Mails aussondern, die an Mitarbeiter adressiert sind (→ Rn. 233 ff.).[377]

> **Praxistipp:**
> Dem Provider kann drohen, wenn er nicht filtert, wegen des Transports bzw. Vermittelns rechtswidriger Inhalte als Störer oder Täter in Anspruch genommen zu werden.[378]

5. Löschpflichten, Löschkonzepte

340 Löschen ist gemäß § 3 Abs. 4 Nr. 5 BDSG das Unkenntlichmachen personenbezogener Daten. Diese Unkenntlichmachung muss irreversibel sein, so dass eine Information nicht länger aus den gespeicherten Daten gewonnen werden kann.[379] Wie dies erfolgen soll, ist gesetzlich nicht geregelt. Nach dem BDSG ist grds. unerheblich, um welchen Datenträger es sich handelt (mit Ausnahme der Zutritts- und Zugangskontrolle nach Anlage zu § 9 BDSG). Möglich ist eine Löschung iSd BDSG auch dadurch, dass die Verknüpfung zwischen einem personenbezogenen und einem nicht personenbezogenen Datenbestand irreversibel aufgehoben wird.[380] Auch wenn damit nur eine Löschung des Personenbezugs einhergeht und nicht der gesamten Daten, ist dies unter Datenschutzgesichtspunkten jedoch ausreichend.[381] Wird im unternehmenseigenen CRM-System zB die Historie der Einkäufe eines Kunden in einer anderen Datenbank(-tabelle) gespeichert (zB Tabelle A) als der Name, die Anschrift und die Kontoinformationen (zB Tabelle B), so kann eine datenschutzkonforme Löschung durch irreversibles Überschreiben der Tabelle B bewerkstelligt werden oder, wenn der Kunde noch aktiv ist und damit eine weitere Speicherung der Informationen in Tabelle B zulässig ist, auch durch die alleinige Löschung der Verknüpfung beider Einträge in den Tabellen.[382]

341 **a) Differenzierung nach Art des Datenträgers.** Die Anzahl und die Arten elektronischer, magnetischer und optischer Datenträger, auf denen (auch) personenbezogene Daten gespeichert sind, wachsen ständig. Als Beispiel dafür sind USB-Sticks/Flash-Speichermedium (für Datentransport etc), Festplatten bzw. sonstige magnetische Datenträger (etwa in Arbeitsplatzrechnern, Notebooks oder Servern), CD-ROMs und DVDs (optische Datenträger zur Archivierung) und Magnetbänder (zB in Bandbibliotheken zur Langzeitarchivierung oder zur Aufzeichnung der Bilder von Überwachungskameras) zu nennen. Daneben stellen zB auch Mitarbeiterausweise mit Magnetstreifen, Chipkarten und RFID-Chips zur Zeiterfassung oder zur Realisierung von Zugangs- und Zutrittskontrollen Datenspeicher in diesem Sinne dar.

342 **Personenbezogene Daten** auf elektronischen, magnetischen und optischen Datenträgern unterfallen grundsätzlich den datenschutzrechtlichen Löschvorschriften, soweit das BDSG gem. § 1 Abs. 5 anwendbar ist. Für nicht-öffentliche Stellen (und damit Unternehmen der Privatwirtschaft) ist der Anwendungsbereich des BDSG demgegenüber bei Papierunterlagen etwas eingeschränkter eröffnet. Diese Einschränkung auf „automatisierte" oder „nichtautomatisierte Dateien" hat aber im betrieblichen Alltag nur wenige Auswirkungen, weil sie für Beschäftigtendaten nicht gilt (§ 32 Abs. 2 BDSG) und fast auf allen Datenträgern bzw. den meisten Unterlagen/Akten in Papierform auch Beschäftigtendaten enthalten sind dürf-

---

[377] Zum Problem und zur Vertragslösung s. *Spindler/Ernst* CR 2004, 437; *Härting* ITRB 2007, 242.
[378] Zu Filterpflichten der Provider s. *Rössel/Rössel* CR 2005, 809; s.a. *Sauer* K&R 2008, 399.
[379] Simitis/*Dammann*, BDSG, § 3 Rn. 174. Die Backspace-Taste zB in einem Textverarbeitungsprogramm oder das Löschen einer E-Mail führen regelmäßig nicht zu einer irreversiblen Unkenntlichmachung und daher nicht zu einer Löschung iSd BDSG.
[380] Simitis/*Dammann*, BDSG, § 3 Rn. 179.
[381] Forgó/Helfrich/Schneider/*Conrad*/Hausen, Betrieblicher Datenschutz, S. 193.
[382] Forgó/Helfrich/Schneider/*Conrad*/Hausen, Betrieblicher Datenschutz, S. 193.

ten. Der Anteil der personenbezogenen Daten, die **nicht** den Löschvorschriften des BDSG unterfallen, wird infolgedessen bei der Mehrheit der Unternehmen gering sein.

b) Datenschutzrechtlicher Löschanspruch, Löschgebot und Löschverbot. Art. 12 lit. b) Richtlinie 95/46/EG verpflichtet die Mitgliedstaaten, jeder betroffenen Person das Recht zu garantieren,

„vom für die Verarbeitung Verantwortlichen folgendes zu erhalten:
a) ...
b) je nach Fall die Berichtigung, Löschung oder Sperrung von Daten, deren Verarbeitung nicht den Bestimmungen der Richtlinie entspricht, insbesondere wenn diese Daten unvollständig oder unrichtig sind;".

Dies wurde vom deutschen Gesetzgeber im Wesentlichen in § 35 BDSG umgesetzt, der die Rechte des Betroffenen auf Berichtigung, Löschung, Sperrung und Widerspruch sowie die entsprechenden Pflichten der verantwortlichen Stelle normiert. Eine Sondervorschrift zur Löschung von Daten aus Videoüberwachung von öffentlich zugänglichen Räumen regelt § 6b Abs. 5 BDSG. Danach sind entsprechende Daten unverzüglich zu löschen, wenn sie zur Erreichung des Zwecks nicht mehr erforderlich sind oder schutzwürdige Interessen der Betroffenen einer weiteren Speicherung entgegenstehen. § 35 BDSG regelt dabei die Löscherlaubnis, nicht die Verpflichtung zur Löschung.

Grds. dürfen personenbezogene Daten durch nicht-öffentliche Stellen jederzeit gelöscht werden, § 35 Abs. 2 Satz 1 BDSG (**Löscherlaubnis**). Allerdings kann in bestimmten Fällen eine Pflicht zur Löschung oder ein Verbot der Löschung bestehen. **Löschpflichten** bestehen nach § 35 Abs. 2 Satz 2 BDSG ua, sobald

– die Speicherung unzulässig ist,
– die Kenntnis der Daten für die Erfüllung des Zwecks der Speicherung nicht mehr erforderlich ist oder
– bei Daten, die geschäftsmäßig zum Zweck der Übermittlung verarbeitet werden und eine in bestimmten Zeitabständen zu erfolgende Prüfung ergibt, dass eine längere Speicherung nicht erforderlich ist.
– Der letzte Punkt betrifft vor allem Auskunfteien, die Werbewirtschaft, den Adresshandel, Markt- und Meinungsforschungsinstitute, Detekteien, Warndienste- und Kreditschutzgemeinschaften.

Ein **Löschverbot** gilt gem. § 35 Abs. 2 Satz 1 BDSG, wenn die Daten zwingend gesperrt werden müssen. Dies ist der Fall, wenn einer Löschung gesetzliche oder vertragliche Aufbewahrungspflichten entgegenstehen (Nr. 1) oder Grund zu der Annahme besteht, dass durch die Löschung schutzwürdige Interessen des Betroffenen beeinträchtigt würden (Nr. 2). Aufbewahrungspflichten können sich für bestimmte Berufsgruppen aus einer Reihe von Spezialgesetzen ergeben. Eine entsprechende Sperrung wird dadurch erreicht, dass die Daten in einer Art und Weise gekennzeichnet werden, die die weitere Verarbeitung oder Nutzung einschränkt. Erfolgt die Datenverarbeitung automatisch, kann eine Sperrung programmtechnisch bewirkt werden.

Durch die BDSG-Novelle I 2009 wurde auch § 35 geändert. Damit ging jedoch nicht die Einführung generell erweiterter Löschpflichten einher, sondern es wurden für die neu geschaffenen Regelungen zur Datenübermittlung an Auskunfteien (§ 28a BDSG) und zum Scoring (§ 28b BDSG) entsprechende Löschungspflichten geschaffen. Wichtigste Neuerung dürfte sein, dass nun ausdrücklich geregelt ist, dass der Betroffene eine Löschung seiner Daten bei Auskunfteien nach Beendigung des Vertrags verlangen kann, § 35 Abs. 2 Satz 3 BDSG.

§ 43 Abs. 1 BDSG enthält keinen **Bußgeldtatbestand** speziell für einen Verstoß gegen eine Löschvorschrift. Die fortgesetzte Verarbeitung zu löschender Daten kann jedoch eine **unbefugte Datenverarbeitung** iSd § 43 Abs. 2 Nr. 1 BDSG darstellen, die mit einem Bußgeld von bis zu 300.000 EUR (und ggf. darüber hinaus Gewinnabschöpfung) geahndet werden kann.

Wird ein Lösch- bzw. Entsorgungsdienstleister eingesetzt, kann dies nach § 43 Abs. 1 Nr. 2b BDSG ebenfalls als Ordnungswidrigkeit mit bis zu 50.000 EUR sanktioniert werden, wenn Aufträge an ihn entgegen § 11 Abs. 2 Satz 2 BDSG nicht richtig, nicht vollständig oder nicht in der vorgeschriebenen Weise erteilt wurden oder der Auftraggeber sich nicht vor Beginn der Datenverarbeitung von der Einhaltung der beim Auftragnehmer getroffenen technischen und organisatorischen Maßnahmen überzeugt hat.[383]

350 Die Datenschutzbehörden haben sich wiederholt mit den Löschpflichten befasst. Beispiele aus den Tätigkeitsberichten (TB) der Behörden im nicht-öffentlichen Bereich:[384]
- LfDI Thüringen, TB 2001/2002, Ziff. 8.2.4 (Software verhindert Datenlöschung), Ziff. 8.2.5 (Verkauf gebrauchter PCs ohne physische Löschung der Festplatte)
- ULD, Datenschutzgerechte Entsorgung von Patientenunterlagen, 11.4.2002, abrufbar unter: https://www.datenschutzzentrum.de/material/themen/gesund/entsorg.htm
- ULD, TB 30, Ziff. 4.6.4 (Patientenakten und Computer im Müll), abrufbar unter: https://www.datenschutzzentrum.de/material/tb/tb30/kap04_6.htm
- LfDI NRW, TB 2005 (Berichtszeitraum 2003/2004), Ziff. 2.7.1 (Löschen von personenbezogenen Daten auf Speichermedien)
- LfD Bayern, TB 2006–2008, Ziff. 11.1 (Datenschutzgerechte Altpapierentsorgung in Apotheken), Ziff. 15.1 (Unzulässige Übermittlung bei der Entsorgung von Datenträgern), Ziff. 15.2 (Entsorgung von Alt-Handys)
- LfDI Thüringen, TB 2007/2008, Ziff. 6.3.2 (Entsorgung von Personal- und Bewerbungsunterlagen über den „normalen" Papiermüll)
- ULD, Praxishandbuch Schuldatenschutz, 2. Aufl. 10/2009, S. 14 f., abrufbar unter: https://www.datenschutzzentrum.de/schule/praxishandbuch-schuldatenschutz.pdf
- LfD Baden-Württemberg, TB 2010/2011, Ziff. 2 (Datenentsorgung in der Mülltonne)
- LfD Rheinland-Pfalz, TB 2010/2011, Ziff. 11.5 (Entsorgung von Patientenunterlagen im Müll)

351 Welche Löschmethode zum Einsatz kommen kann bzw. muss, um personenbezogene Daten auf Dauer unkenntlich zu machen, bestimmt sich nach der Art des verwendeten Datenträgers, dem Schutzbedarf der darauf gespeicherten Daten und dem Aufwand bzw. den Kosten für eine mögliche Datenwiederherstellung.[385] In Betracht kommen dafür:
- Löschen durch Überschreiben (sog nicht-destruktives Löschen, da der Datenträger intakt bleibt). Hinsichtlich der für eine dauerhafte Unkenntlichmachung zu verwendenden Überschreibmuster und -zyklen stehen gestuft nach dem Schutzbedarf verschiedene mathematische Verfahren zur Verfügung.
- Magnetische Durchflutung und thermische Zerstörung (etwa durch sog Degausser, Durchflutungslöschgeräte, zB auf Basis DIN 33858).[386]
- Mechanische Zerstörung (zB sieht DIN 32757 für die mechanische Zerstörung personenbezogener Daten mindestens Sicherheitsstufe 3 vor).

352 Die erforderlichen technisch-organisatorischen (Schutz-)Maßnahmen[387] bei der Löschung zu ergreifen, obliegt der verantwortlichen Stelle. § 9 Satz 2 BDSG erfordert solche Schutzmaßnahmen, die in einem angemessenen Verhältnis zum angestrebten Schutzzweck stehen. Je nach der Schutzbedürftigkeit der zu löschenden Daten empfiehlt sich daher eine Dokumentation der festgelegten Schutzmaßnahmen.[388]

---

[383] Forgó/Helfrich/Schneider/*Conrad/Hausen*, Betrieblicher Datenschutz, S. 197.
[384] Weitere Beispiele aus Tätigkeitsberichten der Datenschutzbehörden siehe Forgó/Helfrich/Schneider/*Conrad/Hausen*, Betrieblicher Datenschutz, S. 177 ff.
[385] Forgó/Helfrich/Schneider/*Conrad/Hausen*, Betrieblicher Datenschutz, S. 203 ff.
[386] S. zB Arbeitskreis „Technische und organisatorische Datenschutzfragen", aaO., sowie LfDI Bremen, Entwicklung eines Konzepts zur Löschung und Datenträgervernichtung durch Behörden und Unternehmen v. 16.5.2007, abrufbar unter *www.datenschutz-bremen.de/rtf/datenloeschung.rtf*.
[387] § 9 S. 1 BDSG iVm der dazugehörigen Anlage enthält einen Katalog an zu ergreifenden Maßnahmen, wobei besonders Maßnahmen zur Zugriffs-, Auftrags- und Weitergabekontrolle bei Löschmaßnahmen von Bedeutung sind.
[388] Die Checkliste erhebt keinen Anspruch auf Vollständigkeit. Eingeflossen sind Empfehlungen der Datenschutzbehörden, insb., aber nicht abschließend: Bay LfD, 23. TB 2007/2008, Drs. 16/2100 S. 143 ff.; LfDI Bremen, Entwicklung eines Konzepts zur Löschung und Datenträgervernichtung durch Behörden und Unternehmen, 16.5.2007; LfDI NRW, 15. TB 2001, S. 55 ff.

VI. Ordnungsmäßigkeit der Datenverarbeitung, IT-Compliance-Anforderungen

Checkliste für ein **Löschkonzept** nach *Conrad/Hausen*:[389]

- Erstellen einer Übersicht der im Unternehmen genutzten Datenträger und der darauf gespeicherten Daten.
- Festlegung von Schutzstufen anhand des Schutz- und Vertraulichkeitsbedürfnisses der Daten.[390]
- Auswahl der Löschmethode anhand der Schutzstufe und des Datenträgers, wobei Daten unterschiedlicher Schutzstufen auf einem Datenträger einheitlich entsprechend der höchsten vorhandenen Schutzstufe zu löschen sind.
- Festlegung von Sammelpunkten.
- Absicherung der Transportwege im Unternehmen, zB durch Verwendung verschlossener Behälter.
- Festlegung der Löschverfahren/-geräte.
- Festlegung von Zutritts- und ggf. Zugangsmaßnahmen.
- Festlegung von Verantwortlichkeiten für Löschung und ggf. Vernichtung.
- (Gesonderte schriftliche) Verpflichtung der verantwortlichen Mitarbeiter zur Verschwiegenheit (ggf. mit Bezug zum Datengeheimnis, § 5 BDSG).
- Festlegung von Kontrollmaßnahmen hinsichtlich des Löschkonzepts.
- Dokumentation der Kontrollmaßnahmen.

Verstöße gegen Lösch- oder Sperrpflichten werden häufig dann offenbar (ggf. auch für Datenschutzbehörden), wenn Datenpannen passieren oder wenn Kunden unverlangt Werbung bekommen.[391]

Zum Fall der Datenpanne (je nach Datenart ggf. mit Konsequenz § 42a BDSG) gibt es ein plakatives **Beispiel aus der Praxis des Berliner LfDI**:[392]

„*Eine Bankkundin wollte ihr Konto auflösen und bat deshalb darum, ihr ein Formular zur Kontolöschung per E-Mail zuzuleiten. Sie wunderte sich nicht schlecht, als ihr anstelle des Formulars eine Datei mit dem Namen „Kontoschließung" zugeschickt wurde, die die Namen und Kontonummern von fast 700 Kunden der Bank sowie interne Verarbeitungsvermerke enthielt. Diese dokumentierten Informationen wie Nachlassfall, Konto wiederbelebt, Karten angefordert. Die Daten stammten aus 2008 und 2009. Ein Bankmitarbeiter hatte versehentlich anstelle des gewünschten Formulars die Excel-Datei mit den Kundendaten als Anlage zu seinem Schreiben verschickt. Dabei hatte er die Weisung seiner Bank, jede verschickte Anlage noch einmal zu kontrollieren, nicht beachtet. Der Name der Excel-Datei „Kontoschließung" führte bei ihm zu dem Irrtum, dass es sich um das gewünschte Formular handelte. Die Bank hätte dem Mitarbeiter aber gar nicht die „Gelegenheit" geben dürfen, einen derartigen Fehler zu begehen. Da die Daten aus 2008 und 2009 stammten, hätten sie – da sie für das operative Geschäft nicht mehr erforderlich waren – gelöscht oder gesperrt werden müssen. Die Bank will nun sicherstellen, dass die Kontoschließungsdatei innerhalb von drei Monaten nach ihrer Erstellung automatisch gelöscht wird.*"

Der Berlin LfDI zieht das Fazit: „*Durch aufgabenbezogene Zugriffsberechtigungen und ein Lösch- und Sperrkonzept lässt sich verhindern, dass Flüchtigkeitsfehler von Mitarbeiterinnen und Mitarbeitern gravierende Auswirkungen haben.*"

c) Auftragsdatenverarbeitung gem. § 11 BDSG. Häufig bedienen sich Unternehmen für die Entsorgung ihrer Altgeräte/Datenträger (zB Arbeitsplatzrechner mit Festplatten, Handys, etc) sowie ihrer Akten spezialisierter Dienstleister, die im Rahmen der Entsorgung auch eine

---

[389] Forgó/Helfrich/Schneider/*Conrad/Hausen*, Betrieblicher Datenschutz, S. 207 f.
[390] Als Orientierungshilfe kann die Klassifizierung des LfD Brandenburg dienen, die vier Schutzstufen (A-D) vorsieht, s. „Technisch-organisatorische Aspekte des Datenschutzes", S. 22f, abrufbar unter http://www.lda.brandenburg.de/sixcms/media.php/ 2232/to_aspekte.pdf.
[391] Siehe Rspr. zu Rückrufschreiben an ehemalige Stromkunden, die in der Rechtsprechung unter dem Gesichtspunkt „Listenprivileg" behandelt wurde, aber an sich hins. der Löschpflichten bei Altkundendaten wesentlich interessanter gewesen wären: OLG Köln Urt. v. 14.8.2009 – 6 U 70/09, NJW 2010, 90; OLG München Urt. v. 12.1.2012 – 29 U 3926/11, MMR 2012, 317.
[392] LfDI Berlin, TB 2011, Ziff. 9.1.1, S. 143 f.

datenschutzgerechte Löschung personenbezogener Daten gewährleisten sollen. In § 17 KrWG wurden zum 1.6.2012 die Überlassungspflichten an öffentliche Entsorgungsträger neu geregelt. Dabei wurde insbesondere kritisiert, dass gewerbliche Sammler den Nachweis erbringen müssen, dass sie wesentlich leistungsfähiger sind als die Entsorgungsträger bereits angebotener oder konkret geplanter Leistungen.[393]

355 § 11 BDSG sieht eine Privilegierung für den Einsatz von Dienstleistern vor.[394] Werden die Anforderungen der Auftragsdatenverarbeitung eingehalten (siehe Checkliste sogleich), darf der Lösch-/Entsorgungsdienstleister – auch ohne Einwilligung der Betroffenen – gemäß den Vorgaben des Auftraggebers personenbezogene Daten löschen, sofern der Auftraggeber dazu berechtigt ist.[395] Allerdings entbindet ein Auftragsdatenverarbeitungsvertrag mit dem Lösch-/Entsorgungsdienstleiter den Auftraggeber nicht von seinen Pflichten, die ihm als datenschutzrechtlich verantwortliche Stelle obliegen. So muss zB die auftraggebende Stelle bis zum Abschluss der Löschung uneingeschränkt über ihre Unterlagen verfügen können.

Praxistipp:

Sollen besondere Arten von personenbezogenen Daten, etwa Sozialdaten oder ärztliche Unterlagen oder Daten, die einem **Berufsgeheimnis** oder einer vertraglich vereinbarten Geheimhaltungspflicht unterliegen, gelöscht werden, sind – neben den ggf. vertraglichen Regelungen – spezialgesetzliche Vorschriften zu beachten. UU kann dies dem Einsatz eines Lösch-/Entsorgungsdienstleisters verbieten, auch wenn das BDSG allgemein dem Einsatz von Auftragsdatenverarbeitern im Rahmen Löschung und Entsorgung nicht entgegensteht. Je nach spezialgesetzlicher Regelung (etwa im Gesundheitsbereich) können die konkreten Sicherheitsmaßnahmen eine entscheidende Rolle spielen.[396]

Checkliste Auftragsdatenverarbeitung bei Löschung und Entsorgung nach *Conrad/Hausen*[397]

– Sorgfältige **Auswahl** des Lösch-/Entsorgungsanbieters,[398] zB mittels
  – Vorlage des Sicherheitskonzepts,
  – ggf. Nachweis der Zertifizierung.[399]
– **Schriftliche Beauftragung** unter Festlegung von Gegenstand, Art und Umfang der Löschung/Entsorgung (sowie der nachfolgenden Punkte).
– Festlegung etwaiger **Unterauftragsverhältnisse.**
– Festlegung der **Kontrollrechte** des Auftraggebers.
– Verpflichtung der für die Unterlagenvernichtung zuständigen Beschäftigten vor Aufnahme ihrer Tätigkeit auf das **Datengeheimnis.**
– Festlegung der technisch-organisatorischen Maßnahmen bzgl. **Übergabe und Transport** der Datenträger, zB
  – Quittierung der Übergabe der Datenträger durch den Transporteur (Übergabeprotokoll);
  – Festlegung, dass die Datenträger bis zum Abschluss der Vernichtung im Eigentum des Auftraggebers bleiben;
  – Sicherstellung, dass Unbefugte keine Kenntnis der auf den Datenträgern gespeicherten Daten erhalten können (zB Transport in verschlossenen Behältern, wobei der Transporteur nicht im Besitz des Schlüssels sein sollte);[400]
  – Verbot der Vermischung der Datenträger des Auftraggebers mit Datenträgern anderer Auftraggeber durch den Dienstleister (entsprechende Kennzeichnung der Behälter);

---

[393] Forgó/Helfrich/Schneider/*Conrad/Hausen*, Betrieblicher Datenschutz, S. 208f
[394] Zur Auftragsdatenverarbeitung im Allgemeinen → § 34 Rn. 277 ff.
[395] Zu Einzelheiten zu den Anforderungen der Auftragsdatenverarbeitung, insb. zur notwendigen Festlegung technischer und organisatorischer Maßnahmen, s. statt vieler *Elbel*, RDV 2010, 203; *Lensdorf*, CR 2010, 735; *Vander*, K&R 2010, 292.
[396] Vgl. BSG Urt. v. 10.12.2008 – B 6 KA 37/07 R, zur Unzulässigkeit der Weitergabe von Patientendaten an private Abrechnungsstellen.
[397] Forgó/Helfrich/Schneider *Conrad/Hausen*, Betrieblicher Datenschutz, S. 208 f.
[398] Unter Berücksichtigung der vom Anbieter getroffenen technischen und organisatorischen Maßnahmen, wie angemessenen Zugangs-, Zutritts- und Transportkontrollmaßnahmen.
[399] Z. B. ISO 9001:2000; s. auch Entsorgungsfachbetriebsverordnung (EfbV); Datenschutzaudit Gütesiegel.
[400] Aus dem 23. Tätigkeitsbericht des Bay. LfD, Bay. Landtag Drs. 16/2100, S. 144.

- Festlegung von Lösch-/Entsorgungsort und ggf. Ort einer Zwischenlagerung;
- Festlegung des maximal zulässigen Zeitraums zwischen der Übergabe und dem Abschluss der Löschung/Entsorgung.
- Festlegung der technisch-organisatorischen Maßnahmen bzgl. **Löschung/Entsorgung**, zB
- Festlegung des Zustands, in dem sich die Datenträger befinden müssen, um als gelöscht/entsorgt gelten zu können;[401]
- Schriftliche Bestätigung der Durchführung der Vernichtung unter Angabe des angewendeten technischen Verfahrens (Lösch-/Entsorgungsprotokoll).
- **Kontrolle** der Einhaltung der technischen und organisatorischen Maßnahmen durch regelmäßige Überprüfung und **Dokumentation** des Ergebnisses.
- Regelmäßige Überprüfung des Löschkonzepts, insb. der technischen und organisatorischen Maßnahmen anhand von Schutzbedarf und aktuellem Stand der Technik.

d) Tätigkeitsberichte der Datenschutzbehörden zu Datenlöschung/Entsorgung (nicht-öffentlicher Bereich)[402]

- TB Thüringen 2001/2002, Ziff. 8.2.4: Software verhindert Datenlöschung
- TB Thüringen 2001/2002, Ziff. 8.2.5: Verkauf gebrauchter PCs ohne physische Löschung der Festplatten
- TB Bayern 2006–2008, Ziff. 11.1: Datenschutzgerechte Altpapierentsorgung in Apotheken
- TB Bayern 2006–2008, Ziff. 15.1: Unzulässige Übermittlung bei der Entsorgung von Datenträgern
- TB Bayern 2006–2008, Ziff. 15.2: Entsorgung von Alt-Handys
- TB Thüringen 2007/2008, Ziff. 6.3.2: Entsorgung von Personal- und Bewerbungsunterlagen über den „normalen" Papiermüll
- TB Baden-Württemberg 2010/2011, Ziff. 2: Datenentsorgung in der Mülltonne
- TB Rheinland-Pfalz 2010/2011, Ziff. II.5: Entsorgung von Patientenunterlagen im Müll

VII. Spezielle Techniken, spezielle Gefährdungen, Einzelfragen

1. Authentifizierungssysteme

a) **Funktionsweise und Abgrenzung zu Identifizierungssystemen.** Authentifizierungssysteme sollen es dem Nutzer möglich machen, sich mit Hilfe eines einzigen „digitalen Ausweises" auf allen Websites einzuloggen, die das jeweilige Ausweissystem unterstützen, anstatt sich für jede einzelne Seite Benutzername und Passwort merken zu müssen. Ein Beispiel dafür ist das Passport-System von Microsoft. Datenschützer bemängeln, dass das System ein großes Risiko für den Datenschutz darstellt, da zahlreiche personenbezogene Daten der Nutzer gesammelt und weiterverarbeitet werden.[403] Durch Eingabe einer E-Mail-Adresse und einem Kennwort wird vom Passport-System ein verschlüsselter Cookie[404] beim Nutzer angelegt, der ihn bei späteren Angaben authentifiziert. Gleichzeitig wird eine Liste von Websites erstellt, auf denen der Nutzer authentifiziert wurde. Dem Nutzer wird also eine Identifikationskennung, sog **Passport Unique Identifier (PUID)**, zugeteilt, die jedoch keine persönlichen Daten enthält. Diese PUID wird zusammen mit weiteren Informationen in einem Ticket zusammengefasst und dem jeweiligen Web-Server verschlüsselt zur Verfügung gestellt, wo es wiederum entschlüsselt wird. Welche weiteren Informationen zur Verfügung gestellt werden, kann jeder Nutzer individuell entscheiden. Zu beachten ist jedoch, dass eine Authentifizierung keine Registrierung auf der jeweiligen Website ersetzt.

Daneben gibt es **dezentrale** Authentifizierungssysteme, die es erlauben, sich bei jedem Teilnehmer des Netzwerks anzumelden, ohne dass allen Teilnehmern damit alle Daten zur Verfügung stehen.

---

[401] → Rn 340 ff.
[402] Forgó/Helfrich/Schneider/*Conrad*/Hausen, Betrieblicher Datenschutz, III.1 Rn. 36, S. 179 ff..
[403] Siehe zu Authentifizierungssystemen: *Spindler* CR 2003, 535; *Liesching* K&R 2006, 394; *Vassilaki* K&R 2006, 211 (Strafrechtliche Anforderungen); OLG Düsseldorf Urt. v. 24.5.2005 – 20 U 143/04, CR 2005, 657.
[404] Zu Cookies → § 36 Datenschutz der Telemedien.

> **Praxistipp:**
> Authentifizierungssysteme stellen **keine Identifizierungssysteme** dar. Eine Registrierung kann von jedermann mit Hilfe einer beliebigen E-Mail-Adresse beantragt werden; eine Prüfung der Identität findet gerade nicht statt. Deshalb werden durch Authentifizierungssysteme die Voraussetzungen von **§ 126a BGB** bzw. des **SigG nicht** erfüllt.

359 **b) Zweckbindung und Datenübermittlung bei Authentifizierungssystemen.** Datenschutzrechtliche und datensicherheitsrechtliche Anforderungen an Authentifizierungssysteme können sich ergeben aus dem Recht der **Telemedien**, dem **TKG** und dem **BDSG**.[405] Die personenbezogenen Daten der Nutzer unterliegen dem datenschutzrechtlichen Zweckbindungsgrundsatz, dh sie dürfen etwa vom Betreiber des Authentifizierungssystems nicht für andere Zwecke genutzt und auch nicht unbefugt an Dritte übermittelt werden.

360 Nach der Datenschutzrichtlinie 46/95/EG und entsprechend gemäß § 4b BDSG dürfen personenbezogene Daten nur dann ins Ausland übermittelt werden, wenn ein angemessenes Datenschutzniveau bei Datenverarbeitung und -übermittlung im Empfängerstaat besteht.[406] Dies ist bei Nicht-EU-Staaten – etwa bei Übermittlung in die USA – grundsätzlich problematisch. Viele der Anbieter von Authentifizierungssystemen verarbeiten die personenbezogenen Daten der Kunden zumindest teilweise in den USA.

361 Die datenschutzrechtliche **Einwilligung** des Nutzers von Authentifizierungssysteme in eine bestimmte – über gesetzliche Erlaubnistatbestände hinausgehende Datenerhebung, -verarbeitung und -nutzung – insbesondere Datenübermittlung in ein Drittland – ist nur wirksam, wenn der Einwilligende vorab in verständlicher Weise aufgeklärt wurde. Problematisch ist hierbei oft die **Sprache**, da nicht jeder ausreichende Englischkenntnisse, insbesondere im Bereich von juristischen Fachbegriffen, besitzt. Eine **einmalige** Aufklärung bei Inbetriebnahme des Authentifizierungssystems genügt möglicherweise nicht.[407] Noch schwieriger wird es aber bei der Schriftform. Solange nur Daten für das Authentifizierungssystem erhoben werden, greift die Erleichterung des § 13 Abs. 2 TMG, nämlich elektronische Form. Werden jedoch Daten über diesen Bereich hinaus, etwa bei angeschlossenen Anbietern, erhoben, muss die Einwilligung **schriftlich** erfolgen, § 4a BDSG.

362 **c) Datensicherheitsrechtliche Fragen.** Für die Einhaltung von Datensicherheitsbestimmungen sind zum einen die einzelnen Anbieter selbst zuständig. Andererseits muss aber der Betreiber eines Authentifizierungssystems den Nutzer darauf hinweisen, dass nicht mehr dieser selbst die weitere Datenverarbeitung kontrolliert, wenn im Rahmen einer **Single Sign-On** Anmeldung Daten an einen anderen Anbieter direkt übertragen werden.

363 Schwierig gestaltet sich die Verantwortlichkeit für die Datensicherheit bei dezentralen Authentifizierungssystemen. Zwar sind primär die einzelnen Web-Anbieter verantwortlich. Fraglich ist jedoch, wem zuzurechnen ist, wenn die Systemarchitektur des **dezentralen Authentifizierungssystems** bestimmte Anforderungen nicht einhält. In erster Linie muss der Betreiber eines Authentifizierungssystems gewährleisten, dass unbefugte Dritte keinen Zugriff auf die Daten der Nutzer haben können. Dies verlangt bereits das europäische Datenschutzrecht[408] – umgesetzt auf nationaler Ebene in § 9 BDSG. Erforderlich ist daher die Abwehr von Hacker-Angriffen und die Abwehr von Angriffen, die die Funktionalität von Servern lahm legen (sog **Denial of Service-Attacks**). Konkrete Abwehrmaßnahmen sind (bislang) nicht vorgeschrieben. Zum anderen muss durch die Verwendung von **SSL-Verbindungen**[409] und Verschlüsselungen das Sammeln von Kundeninformationen unterbunden werden. Auch muss verhindert werden, dass sich ein Angreifer als Passport-Betreiber ausgibt, um den Nutzer zur Eingabe von Benutzername und Kennwort zu bewegen (sog **Spoofing**).[410]

---

[405] Zu Datenschutzgrundsätzen → § 34 Recht des Datenschutzes, zu den Datenschutzvorschriften im TMG → § 36 Datenschutz der Telemedien.
[406] → § 35 Grenzüberschreitende Datenverarbeitung.
[407] Dazu im Einzelnen → § 34 Recht des Datenschutzes.
[408] Siehe Art. 17 der Datenschutzrichtlinie 95/46/EG und Art. 4 Abs. 1 2002/58/EG.
[409] Vgl. zu SSL-PKI bei Google *Fiedler/Thiel* DuD 2014, 679.
[410] Zu Sicherheitsrisiken im Zusammenhang mit Cookies → § 36 Datenschutz der Telemedien.

Im Falle von Sicherheitsproblemen im Authentifizierungssystem und daraus resultieren- 364
dem Ausspähen von Daten durch Dritte, stehen **Schadensersatzansprüche** des Nutzers gegen
den Anbieter des Authentifizierungssystems im Raum. Hinsichtlich etwaiger vertraglicher
Ansprüche ist auch die vertragstypologische Einordnung des Vertrages zwischen dem Kunden und dem Betreiber des Authentifizierungssystems fraglich.

> **Praxistipp:**
> Aus Sicht des BGB lässt sich wohl am ehesten die Einordnung als **Werkvertrag** vertreten, da als Erfolg (ua) die Authentifizierung von Nutzungen im System und die Ablehnung von Unberechtigten geschuldet wird. Im Rahmen einer vertraglichen Beziehung der beiden Parteien kommen – neben delikts- und datenschutzrechtlichen Ansprüchen – auch vermögensbezogene Schadensersatzansprüche in Betracht. Im Bereich der dezentralen Authentifizierungssysteme müsste der Betreiber dieses Systems für das Verschulden anderer Mitglieder einstehen.

d) **Nutzungsprofile bei Authentifizierungssystemen.** Bei manchen Authentifizierungssyste- 365
men ist eine Registrierung nur mit einer E-Mail-Adresse möglich. Dies kann im Widerspruch
zu § 13 Abs. 6 TMG stehen. Auch im Rahmen von dezentralen Authentifizierungssystemen
muss sichergestellt sein, dass die Verwendung von Pseudonymen möglich ist. Auch bei der datenschutzrechtlichen Zweckbindung der Daten ergeben sich Probleme. Aus diesem Grund
muss entweder eine Trennung zwischen den Profilen beim Betreiber des Authentifizierungssystems und beim jeweiligen Anbieter erfolgen oder aber der Nutzer muss einwilligen, dass die
erhobenen Daten Bestandteil eines allgemeinen Profils werden. Folglich muss für den Nutzer
auch die Möglichkeit bestehen, seine angegebenen Daten zu ändern oder zu löschen.

Mittels der PUID als Pseudonym für den jeweiligen Nutzer besteht die Möglichkeit, Nut- 366
zungsprofile zu erstellen. Gemäß § 15 Abs. 3 TMG dürfen diese jedoch nur für Zwecke der
Werbung, der Marktforschung oder zur bedarfsgerechten Gestaltung der angebotenen
Dienste erstellt und genutzt werden. Auch dürfen die Profile nicht mit Daten über den Pseudonymträger verbunden werden, § 13 Abs. 4 Satz 1 Nr. 6 TMG. Solange Nutzungsprofile
personenbeziehbar sind, dürfen sie insbesondere nicht an Dritte weitergegeben (etwa verkauft) werden, ohne dass der Nutzer zugestimmt hätte. Etwas anderes gilt erst, wenn die
Nutzungsprofile vollständig anonymisiert und somit nicht mehr personenbeziehbar sind.

2. RFID, Big Data, Internet der Dinge, Industrie 4.0

Die Konvergenz der technischen Systeme (IT – TK – Telemedien), etwa bei IT-Dienst- 367
leistern, die über den Betrieb von „Corporate Networks" oder Corporate Communications
LAN-Dienste und Telefonie (VoIP) anbieten, ist längst Alltag.[411] Diese Unternehmen trifft –
jedenfalls nach Auffassung in der Literatur vor der TKG-Novelle – durch zumindest Mitwirkung bei der Erbringung von TK-Diensten die Pflicht, die TK-Überwachung zu ermöglichen, §§ 100a, 100b StPO, bei Geschäftsmäßigkeit[412] auch die Pflicht, das Fernmeldegeheimnis zu wahren und den Datenschutz zu realisieren, § 88 TKG, §§ 91 ff. TKG. Außerdem
müssen die Anbieter technische Schutzmaßnahmen im Sinne von § 109 TKG implementieren, um das Fernmeldegeheimnis zu schützen und unerlaubte Zugriffe zu verhindern. Bei
gewerblichem Ausmaß sind uU weitere Pflichten zu beachten, va der Kundenschutz einerseits (§§ 43a ff. TKG) und Auskunftserteilungspflichten nach § 111 TKG[413] andererseits. Bei
Diensten für die Öffentlichkeit bzw. öffentlich zugänglichen Diensten sind zudem etwa
§§ 110 und 113a, 113b TKG zu beachten.[414]

Ubiquitäres Computing, allgegenwärtige Datenverarbeitung, Internet der Dinge, Big Data 368
– diese und ähnliche Schlagworte sind bereits seit einigen Jahren Gegenstand der daten-

---

[411] S. *Heun* CR 2008, 79.
[412] S. dazu krit. *Eckhardt* CR 2007, 339; s. a. *Heun* CR 2008, 79 (83).
[413] S. zur Einteilung und den jeweiligen Kriterien *Heun* CR 2008, 79.
[414] Zu §§ 111–113 TKG siehe BVerfG Beschl. v. 24.1.2012 – 1 BvR 1299/05.

schutzrechtlichen Diskussion.[415] Internet der Dinge durchdringt alle Lebensbereiche. Smartphones und Tabletts sind ubiquitäre Begleiter mit **Sensorik** (Lage, Licht, GPS, Mikrophon ...) und die idealen Echtdatenproduzenten. Weitere Datentreiber sind zB Cloud Computing, Collaboration und IP-basierte Kommunikation (Web Conferencing, File Sharing, VOIP, Chats/Messenger Dienste), Machine-to-Machine (M2M)-Kommunikation, E-Commerce, Social Media, Streaming-Dienste, Online-Spiele.[416] In unserer digitalen Welt werden Sachen zunehmend durch Software bzw. Daten ersetzt (zB eReader und eBook statt Buch und Zeitung; Online-Banking statt Bankfiliale um die Ecke). Der Begriff „Pervasive Computing" etwa beschreibt die Durchdringung von Alltagsgegenständen mit Sensoren, Prozessoren und Aktuatoren. Alltagsgegenstände bekommen so zusätzliche Eigenschaften. Evtl. können sie miteinander kommunizieren und Aktionen auslösen (zB der Kühlschrank bestellt automatisch im Internet fehlende Lebensmittel nach). Soweit Alltagsgegenstände mit Funkchips ausgestattet werden, könnten zB Träger von einzelnen Kleidungsstücken, Geldscheinen etc lückenlos rückverfolgt werden.[417]

369 Die datenschutzrechtliche Brisanz von Techniken, die ursprünglich keinen Personenbezug vermitteln, ergibt sich durch eine Kombination aus erhöhter Mobilität von Computing-Geräten und Medienkonvergenz (zB Smartphones), durch verstärkte Einbettung miniaturisierter Computer, durch vielfältige elektronische Identifizierungsmöglichkeiten des Einzelnen (etwa durch Kreditkarten) und Verknüpfung all dessen mit den Profilbildungsmöglichkeiten im Internet. Gerade das Urteil des BVerfG zur Online-Durchsuchung mit Ausführungen zum „Grundrecht auf Gewährleistung der Vertraulichkeit und Integrität informationstechnischer Systeme"[418] aber auch das BVerfG-Urteil zur GPS-Ortung und Verknüpfung verschiedener Ermittlungstechniken bei der Strafverfolgung[419] geben Anlass, die qualitativ neuen Risiken[420] der RFID-Technik für den Datenschutz zu untersuchen.

370 Nicht nur bei den IP-Adressen,[421] auch im Zusammenhang mit RFID (Radio Frequency Identification) wird der Begriff der „personenbezogenen Daten" kontrovers diskutiert.[422] RFID-Systeme sind Funkanlagen, die regelmäßig aus einem kleinen Funkchip (synonym Tag, Label oder Transponder genannt) und einem oder mehreren Lesegeräten bestehen und elektronische Identifikation, kontakt- und sichtlose Datenübertragung per Funk sowie Senden von Daten auf Abruf (on call) ermöglichen.[423] Im Bereich der Logistik und auch in der Landwirtschaft spielt der Einsatz von RFID-Technologie schon seit längerem eine wichtige Rolle bei Rückverfolgbarkeit von Waren bzw. Nutztieren. Im Einzelhandel soll RFID den Barcode ersetzen, was momentan wohl noch durch die relativ hohen Kosten der RFID-Technik erschwert wird.

371 In datenschutzrechtlicher Hinsicht geht es um die Frage, ob und unter welchen Voraussetzungen ein Personenbezug bei Daten besteht, die mittels RFID-Chips (etwa in Kleidungsstücken, Einkaufswagen-Pfandmünzen, Eintrittskarten, Zugangskontrollsystemen etc) erhoben werden. RFID-Anwendungen können die informationelle Selbstbestimmung[424] gefährden, wenn personenbezogene Daten auf dem RFID-Chip selbst gespeichert werden oder wenn

---

[415] S. etwa *Roßnagel* CR 2004, 625 sowie die TAUCIS-Studie im Auftrag des Bundesministeriums für Bildung und Forschung zu „Technikfolgenabschätzung Ubiquitäres Computing und Informationelle Selbstbestimmung" aus dem Jahre 2006.
[416] Siehe Experton Group, Multi-Client Studie „Big Data 2012", http://www.experton-group.de/research/ict-news-dach/news/article/multiclient-studie-big-data-2012-der-experton-group-vorgestellt.html.
[417] Näheres dazu sogleich bei RFID.
[418] BVerfG Urt. v. 27.2.2008 – 1 BvR 370/07, NJW 2008, 822; BVerfG Urt. v. 27.2.2008 – 1 BvR 595/07, NJW 2008, 822.
[419] BVerfG Urt. v. 12.4.2005 – 2 BvR 581/01, NJW 2005, 1338.
[420] BSI, vgl. Fn. 1, S. 22; *Müller/Handy* DuD 2004, 655 (657).
[421] Einzelheiten zu Personenbeziehbarkeit von IP-Adressen → Rn. 269.
[422] Statt vieler: *Toutziaraki* DuD 2007, 107. Siehe zur Zurechnung von Zusatzwissen bzgl. des Personenbezugs von IP-Adressen EuGH-Vorlage durch BGH Beschl. v. 28.10.2014 – VI ZR 135/13. Einzelheiten → § 36 Datenschutz des Telemedien.
[423] Bundesamt für Sicherheit in der Informationstechnik BSI (Hrsg.), Risiken und Chancen des Einsatzes von RFID-Systemen, 2004, S. 37.
[424] Vgl. auch BVerfG Urt. v. 15.12.1983 – 1 BvE 209/83 n. a., BVerfGE 65, 1; BVerfG Urt. v. 17.7.1984 – 2 BvE 11/83, 2 BvE 15/83, BVerfGE 67, 100; BVerfG Urt. v. 9.3.1994 – 2 BvL 43/92 n. a., BVerfGE 90, 145.

der RFID-Chip mittels seiner Seriennummer (UID) einer Person und den über sie im sog Backend des RFID-Systems (also nicht auf dem Chip selbst) gespeicherten Daten zugeordnet werden kann.[425] Die Art. 29-Datenschutzgruppe geht davon aus, dass ein die Anwendbarkeit der Datenschutzvorschriften auslösender Personenbezug auch ohne die Speicherung „traditioneller (Personen-)Kenndaten" gegeben sei, wenn die Daten eine Identifikation auf „assoziativer Ebene" ermöglichen und zwar „über die Masse der sie umgebenden bzw. über sie gespeicherten Informationen".[426] Mit dieser Begründung bejahte die Art. 29-Datenschutzgruppe ua einen hinreichenden Personenbezug bei einer Sammlung von Informationen über Einkaufsgewohnheiten (erworbene Artikel, Häufigkeit der Einkäufe, besuchte Filialen etc), die sich auf eine bestimmte (mittels RFID-Tag individualisierte) Einkaufswagen-Pfandmünze beziehen.

Diese Ansicht ist umstritten, denn bei dem Pfandmünzen-Beispiel beziehen sich die gewonnenen Daten streng genommen lediglich auf eine bestimmte Pfandmünze und können (für sich genommen) nicht einer bestimmten Person zugeordnet werden, solange sich entsprechende Individualisierungsmerkmale weder aus den erhobenen (Einkaufs)-Daten selbst noch aus der Pfandmünze ergeben. Die Tatsache, dass frühere Einkäufe einem Einkaufswagen-Chip zugeordnet werden können, den eine ansonsten unbekannte Person aktuell für ihren Einkauf nutzt, ermöglicht noch keine Identifizierung der Person. Außerdem ließe sich argumentieren, dass diese Einkaufswagen-Chips keineswegs mit hinreichender Sicherheit einer einzigen Person zugeordnet sein müssen. Denkbar wäre es etwa, dass verschiedene Familienmitglieder diese Pfandmünze nutzen. Beziehen sich Informationen aber auf eine Gruppe von Personen, ohne dass Einzelpersonen individualisiert werden können, weisen die Daten keinen Personenbezug im datenschutzrechtlichen Sinne auf.[427]

Richtig ist daher die Ansicht der Art. 29-Datenschutzgruppe, dass diese Anonymität der Daten auf dem Einkaufswagen-Chip nur relativ ist. Für den Kassierer des Supermarkts beispielsweise, der sich bei jedem Einkauf mit dem Verwender des Chips unterhält und der möglicherweise viele Informationen über ihn besitzt (Aussehen, Geschlecht, Alter, Wohnort, familiäre Situation, Beruf etc), ist dieser keineswegs anonym, sondern unter Umständen leicht „bestimmbar". Gleiches gilt etwa, wenn der Inhaber der Pfandmünze an der Kasse mit seiner Kreditkarte oder EC-Karte bezahlt. Auch dann wäre eine Individualisierbarkeit und somit ein Personenbezug der mittels RFID gesammelten Daten leicht herzustellen, so dass der Umgang mit diesen Daten den Anforderungen des BDSG unterliegt.

Industrie 4.0 ist gekennzeichnet durch Digitalisierung und Vernetzung, eine starke Individualisierung der Produkte und eine hoch flexibilisierte (Großserien-)Produktion – auch im Mittelstand und bei kleinen und mittleren Unternehmen (KMU).[428] Durch die Individualisierung sind Kunden und Geschäftspartner unmittelbarer als je zuvor in Geschäfts- und Wertschöpfungsprozesse eingebunden. „*Die Produktion wird mit hochwertigen Dienstleistungen verbunden. Mit intelligenteren Monitoring- und Entscheidungsprozessen sollen Unternehmen und ganze Wertschöpfungsnetzwerke in nahezu Echtzeit gesteuert und optimiert werden können.*"[429] Dadurch soll eine „vierte industrielle Revolution" erreicht werden. Das Bundesministerium für Bildung und Forschung hat zum „Zukunftsprojekt Industrie 4.0" Leitfäden und Broschüren veröffentlicht.[430]

„*Die Wirtschaft steht an der Schwelle zur vierten industriellen Revolution. Durch das Internet getrieben, wachsen reale und virtuelle Welt zu einem Internet der Dinge zusammen. Mit dem Zukunftsprojekt Industrie 4.0 wollen wir diesen Prozess unterstützen.*"[431]

---

[425] Zur Gefährdung des Fernmeldegeheimnisses s. *Müller* DuD 2004, 215; *Müller/Handy* DuD 2004, 655.
[426] Art. 29-Datenschutzgruppe, Arbeitspapier Datenschutzfragen im Zusammenhang mit RFID-Technik, WP 105.
[427] Zur Diskussion im Zusammenhang mit IP-Adressen siehe EuGH-Vorlage BGH-Beschl. v. 28.10.2014 – VI ZR 135/13; Einzelheiten → § 36 Datenschutz der Telemedien.
[428] http://www.bmbf.de/de/9072.php.
[429] http://www.bmbf.de/de/9072.php.
[430] Abrufbar unter: http://www.bmbf.de/de/9072.php; Broschüre des Bundesministerium für Bildung und Forschung, abrufbar unter: http://www.bmbf.de/pub/broschuere_Industrie-4.0-gesamt.pdf (Abruf vom 16.6.2014).
[431] *Grünwald/Nüßing* MMR 2015, 378 (383).

375 Kernstück von Industrie 4.0 sind sogenannte **cyber-physische Systeme** (CPS).

„CPS sind Netzwerke kleiner mit Sensoren und Aktoren ausgestatteter Computer, die als sogenannte Eingebettete Systeme in Materialien, Gegenstände, Geräte und Maschinenteile eingebaut und über das Internet miteinander verbunden werden. [...] Anlagen, Maschinen und einzelne Werkstücke tauschen kontinuierlich Informationen aus. Sämtliche Produktions- und Logistikprozesse werden integriert. [...] Voraussetzung dafür ist die Standardisierung und Modularisierung vieler einzelner Prozessschritte und die Programmierung von virtuell bearbeitbaren Modellen dieser Module. Mit ihrer Hilfe werden künftig betriebliche Prozesse geplant, gesteuert und kontrolliert. Die Vernetzung schafft die Voraussetzung für den kontinuierlichen Austausch von Daten, aus denen automatisch situationsgerechte Prozessanpassungen abgeleitet werden. Der Einsatz von CPS erlaubt zudem die Dezentralisierung der Prozesssteuerung, die dann beispielsweise von den Werkstücken selbst übernommen wird, indem sie mittels eingebetteter Systeme Umgebungsdaten verarbeiten und daraus Steuerungsbefehle ableiten. Auf diese Weise wird Produktion erheblich flexibler werden."[432]

376 Die Idee von Industrie 4.0 bzw. Big Data basiert auf dem sogenannten OODA (Orient – Observe – Decide – Act)-Entscheidungsmodell, das der US-Militärstratege John Boyd (1927–1997) entwickelt hat.[433] Das wichtigste Element dieses Modells ist die **Feedback-Schleife**. Durch kontinuierliche, schnelle Entscheidungsschleifen am Datenstrom (**Streaming data/Complex Event Processing**) werden Entscheidungsprozesse nicht nur beschleunigt, sondern auch qualitativ erheblich verbessert. IT-Anforderungen an Industrie 4.0 sind zB:

- **Datenintegration:** Identifikation neuer Datenquellen und Transformation unstrukturierter Daten.
- **Erhöhung der Verarbeitungsgeschwindigkeit und Skalierbarkeit vorhandener Ressourcen:** zB In-Memory-Technologien (Arbeitsspeicher wird als Datenspeicher genutzt; Vorteil: höhere Zugriffsgeschwindigkeit, einfachere Algorithmen); Appliances für transaktionale Systeme.
- **Analyse und Speicherung großer Datenmengen:** zB auf OSS (Apache) basierende Hadoop-Systeme (MapReduce Framework; MapReduce = Programmiermodell für hochgradig verteilte Datenverarbeitung) können sehr große unstrukturierte Daten (> 1000 Terabyte) auf losen Clustern günstiger Server speichern und analysieren.
- **Neue Entscheidungsfindungsmethoden:** zB CEP (Complex Event Processing)-Technologien zur Erkennung, Analyse, Gruppierung und Verarbeitung von Daten aus unterschiedlichen Datenströmen.

377 Durch diese Entwicklung sind nicht nur neue Anwendungen möglich. Industrie 4.0 soll den Weg zu mehr Effizienz, Geschäftsbereichsoptimierung und Anomalie-Erkennung ebnen. Denn die Effizienz und die Optimierung resultieren aus konstanten, iterativen, zunehmend schneller werdenden Feedbacks. Das Ziel sind möglichst kostenneutrale – da weitgehend automatisierte – Prozesse, die vertikal integriert sind – „*von der Bearbeitung der Auftragseingänge, über das Ressourcenmanagement und die Fertigung bis hin zur Auslieferung.* [...] *Die Prozessebenen des Unternehmens werden durchgängig miteinander verknüpft und können auf Grundlage der jeweils aktuellsten Prozessdaten immer wieder neu aufeinander abgestimmt werden.*".[434] Industrie 4.0 kann Antrieb für Innovation- und Wettbewerbsfähigkeit sein durch

- Möglichkeiten für neue intelligente Anwendungen (zB Auswertung von Echtzeit-Sensordaten im Auto: Verminderung Verkehrsunfälle, automatische Steuerung von Fahrzeugen, Optimierung von Fahrverhalten, usw.)
- bessere Anomalie-Erkennung (zB für Finance/Controlling, Fraud Detection im Internet, Kredit Scoring, Arznei-Nebenwirkungserkennung)
- bessere Management-Entscheidungen durch bessere Datengrundlage/-analyse (zB neue Formen der Datenauswertung/-aggregation, Prozessoptimierung, Kundenkenntnis, Time-to-Market, neue/verbesserte Geschäftsmodelle usw.).

---

[432] Bundesministerium für Bildung und Forschung, Zukunftsbild „Industrie 4.0", S. 6.
[433] *Alistair Croll* in: O'Reilly Radar Team, Planning for Big Data, A CIO's Handbook to the Changing Data Landscape, 2012, S. 1.
[434] Bundesministerium für Bildung und Forschung, Zukunftsbild „Industrie 4.0", S. 6.

Problematisch in diesem Zusammenhang ist insbesondere, inwieweit Telekommunikations- bzw. Datenschutzrecht auf diese neue Form der Prozesse und Zusammenarbeit (etwa Machine-to-Machine-Kommunikation) anwendbar sind, und wie im Rahmen dessen die IT-Sicherheit, der Schutz des geistigen Eigentums und der Schutz von Betriebs- und Geschäftsgeheimnissen gewährleistet werden kann.[435] IT-Sicherheit für Industrie 4.0 ist ein Schwerpunkt im IT-Sicherheitsforschungsprogramm der Bundesregierung. 378

In diesen Zusammenhang sind beispielsweise **3-D-Drucker** zu nennen, bei denen sich ua urheber-, marken-, gebrauchsmuster-, geschmacksmuster-, patentrechtliche Fragen stellen können.[436] Im Einzelfall kann auch Geheimnisschutz und Datenschutz relevant sein. Interessant ist in diesem Zusammenhang auch, wer welche Rechte an den Produktionsdaten des 3-D-Drucks hat. Möglicherweise ergeben sich Parallelen zu den Rechten am Ensemble der Parametereinstellungen von parametrierbarer Software. Insoweit sind Datenbankrechte denkbar, deren Inhaber nicht identisch sein muss mit dem Software-Lizenzgeber. 379

3. Anwendung sonstiger Vorschriften aus dem Bereich der Produkthaftung und -sicherheit[437]

Es ist wohl die weitgehend herrschende Meinung,[438] *„dass die Haftung nach §§ 823 ff. BGB auch auf Software … Anwendung findet, da anders als im Produkthaftungsgesetz der Streit um die Sacheigenschaft der Software keine Rolle spielt …".*[439] 380

Angesichts der Bedrohung der IT-Sicherheit durch Viren, Mängel der Software, Lücken – seien sie versehentlich, seien sie sogar vorsätzlich eingebaut – und sogenannten Würmern ist die Thematik ausgesprochen virulent,[440] was Software betrifft. Zwar gibt es relativ viel Literatur, aber wenig Rechtsprechung zu diesem Thema. Eine der Entscheidungen, die dieser Thematik relativ nahe kamen, war die des BGH zur Programmsperre III. Dieser Fall war aber über § 826 BGB abgehandelt worden und insofern wenig geeignet, ihn für die Produkthaftungsproblematik heranzuziehen.[441] 381

Die verschuldensabhängige Produkthaftung – gerade bei Eingebetteten Systemen (embedded systems etwa in Kfz, Zügen, Flugzeugen) ist im Zusammenhang mit Software in diversen Konstellationen denkbar. Soweit ersichtlich, gibt es dazu jedoch keine Gerichtsentscheidung. Fälle, etwa wenn ein Hersteller eine Software-Lücke bekannt gibt oder sie anderweitig bekannt gegeben wird, aber der Hersteller nicht rechtzeitig – am besten zugleich – auch die geeignete Gegenmaßnahme parat hält (in Form eines Patches oÄ), werden zwar in der Literatur diskutiert aber wohl selten vor Gericht entschieden. Die IT-Sicherheitslücken können sich als Konstruktionsfehler erweisen. Die Hinweise darauf können sich aus Produktbeobachtungs- und Warnpflichten ergeben.[442] Speziell bei hardwarenaher Software ergeben sich besondere Risikofaktoren, technische und rechtliche Anforderung (zB Zertifizierung des Herstellers) an sog Embedded Systems.[443] 382

Zu den Pflichten des Herstellers gehört zudem – bei Auftreten eines entsprechenden Produktfehlers – die Rückrufpflicht. Das Produktsicherheitsgesetz vom 8. November 2011 383

---

[435] Zum Ganzen: *Grünwald/Nüßing* MMR 2015, 378; *Wulf/Burgenmeister* CR 2015, 404.
[436] *Brinkert*, Plastikparagrafen – Welche Rechte bei der Arbeit mit 3D-Objekten zu beachten sind, c't 16/13, S. 162 (erschienen am 13.7.2013), abrufbar unter http://www.heise.de/ct/ausgabe/2013-16-Inhaltsverzeichnis-2318561.html.
[437] S. a. *Eidamm* NJW 2005, 1021; *Hoeren/Ernstschneider* MMR 2004, 507; *Klindt* NJW 2004, 465; *Runte/Potinecke* CR 2004, 725; *Spindler* NJW 2004, 3145; *ders.* CR 2005, 741; *Ernst* (Hrsg.), Hacker, Cracker & Computerviren, 2004.
[438] Nach Ansicht von *Spindler* ist es sogar unstrittig.
[439] S. *Spindler* NJW 2004, 3145 mwN.
[440] Zum Jahr-2000-Fehler s. va *Bartsch*, Software und das Jahr 2000, 1998; im Zusammenhang mit einem „Wartungsvertrag" für Software abgelehnt etwa von OLG Nürnberg Urt. v. 5.12.2003 – 5 U 2546/02, CR 2005, 260 – Jahrtausendfähigkeit von Software: Scheidet als Anspruchsgrundlage aus!
[441] S. BGH Urt. v. 15.9.1999 – ZR 98/97, CR 2000, 94 = NJW 2000, 1719.
[442] S. a. *Spindler* NJW 2004, 3146.
[443] *Orthwein/Obst* CR 2009, 1; *Meyer/Harland* CR 2007, 689; speziell zum Jahr 2000-Problem s. *Spindler* NJW 1999, 3737.

(ProdSG) hat das Geräte- und Produktsicherheitsgesetz (GPSG) abgelöst. Das ProdSG kann, ebenso wie das Produkthaftungsgesetz (ProdHG), auch für Software relevant sein. Über die Kombination mit § 823 Abs. 2 BGB können sich zivilrechtliche Ansprüche ergeben.[444]

384   Nach nicht unumstrittener Auffassung unterfällt Software auch der Produkthaftung nach dem Produkthaftungsgesetz. Dies wird zumindest für Standardsoftware gelten. Des Weiteren besteht die Einschränkung dahingehend, dass nur Schäden an privat genutzten Sachen sowie Personenschäden ersatzpflichtig machen. Personenschäden über Software sind etwa in den Bereichen Krankenhaus, Atomkraftwerk, automatische Lagersteuerung, PKW-Elektronik u. ä. denkbar. Soweit die Software im gewerblichen bzw. im kommerziellen Bereich eingesetzt wird, scheidet die Anwendung ohnehin aus.[445] Zu Elektroschrottregelungen, insbesondere zum Elektro- und Elektronikgesetz, das 2005 in Kraft getreten ist und zwei IT-Richtlinien zum Elektroschrott (Richtlinie 2002/96/EG über Elektro- und Elektronik-Altgeräte und Richtlinie 2002/95/EG zur Beschränkung der Verwendung bestimmter gefährlicher Stoffe in Elektro- und Elektronikgeräten) in deutsches Recht umgesetzt hat: → § 15 Hardware-Verträge.[446]

---

[444] S. *Spindler* NJW 2004, 3148 f.

[445] Siehe dazu auch: BGH Urt. v. 5.10.2005 – VIII ZR 16/05, CR 2006, 221 – Inhaltskontrolle allgemeiner Einkaufsbedingungen, hier: Der Lieferant ist verpflichtet, uns auf Anforderung seine Vorlieferanten mitzuteilen und diese durch uns genehmigen zu lassen sowie deren Qualifikation nachzuweisen. Ist nicht durch das Interesse gerechtfertigt, Produkthaftung zu vermeiden; BGH Urt. v. 23.9.2003 – VI ZR 335/02, CR 2004, 48: Haftung des Internetproviders für fremde Inhalte: Produkthaftung erwähnt in der Anmerkung unter Erwähnung auch von BGH Urt. v. 17.3.1981 – VI ZR 191/79, NJW 1981, 1603, im Hinblick auf die objektive Pflichtwidrigkeit (mAnm *Spindler*); *Günther*, Produkthaftung für Informationsgüter, 2001; *Schmitz/Dierking* CR 2005, 420 (423); *Spindler/Ernst* CR 2004, 437; *Heussen* CR 2004, 1.

[446] Siehe dazu auch S. *Schlautmann*, Elektroschrott belastet Konzernplanung, Handelsblatt v. 21.7.2005, S. 12; *Runte/Potinecke* CR 2004, 725.

§ 34 Recht des Datenschutzes

Übersicht

	Rn.
I. Einleitung	1–14
II. Persönlichkeitsrecht, Datenschutz und verfassungsrechtliche Grundlagen	15–107
1. Schutzgüter und Abgrenzungen	15–28
2. Entwicklung der Datenschutzgesetzgebung	29
a) Die erste Fassung des BDSG (1977)	29–31
b) Volkszählungsurteil des BVerfG und die zweite Fassung des BDSG 1990	32–35
c) Europäisches Datenschutzrecht	36/37
d) Dritte Fassung des BDSG 2001	38
e) Drei BDSG-Novellen in 2009	39/40
f) Entwurf eines Gesetzes zur Regelung des Beschäftigtendatenschutzes	41–46
g) Datenschutz-Grundverordnung	47–77
h) Zweites Gesetz zur Änderung des BDSG v. 6.2.2015	78
3. Querverbindungen zu anderen Rechtsgebieten	79–107
a) Verfassungsrecht und (zivilrechtliches) allgemeines Persönlichkeitsrecht	79
b) Grundrecht auf Gewährleistung der Vertraulichkeit und Integrität informationstechnischer Systeme	80–96
c) E-Commerce (Telemedien- und TK-Recht) und Datenbankenschutz	97
d) Digital Rights Management	98
e) UWG, Stiftung Datenschutz und UKlaG	99–107
III. Überblick über das Bundesdatenschutzgesetz	108–170
1. Systematik des Datenschutzrechts	108–119
a) Verhältnis des BDSG zu anderen Datenschutzvorschriften und -regelungen	108–115
b) Anwendungsbereich des BDSG im öffentlichen und nicht-öffentlichen Bereich	116/117
c) Geltung des BDSG bei Auslandsbezug	118/119
2. Aufbau des BDSG	120/121
3. Grundbegriffe des BDSG	122–141
a) Personenbezogene Daten	122–126
b) Ansätze von BDSG und Richtlinie 95/46/EG im Hinblick auf besondere Kategorien personenbezogener Daten und Phasen des Datenumgangs	127–132
c) „Verantwortliche Stelle" und „nicht automatisierte Dateien"	133/134
d) Adressat datenschutzrechtlicher Pflichten	135–137
e) Abgrenzung zwischen Datenschutz und Datensicherung/Datensicherheit	138
4. Grundprinzipien des BDSG	139–141
a) Transparenz gegenüber dem Betroffenen	142–145
b) Erweiterte Verarbeitungsbeschränkungen, va automatisierte Einzelentscheidung und Abrufverfahren	146–152
c) Schadensersatz	153–160
d) Behördliche Datenschutzaufsicht	161–170
IV. Zulässigkeit des Umgangs mit personenbezogenen Daten – Beispiel Beschäftigtendatenschutz	171–311
1. Ausgangssituation zum Konzerndatenschutz	172–174
2. Erlaubnisvorschriften außerhalb des BDSG	175–182
a) § 1 Abs. 3 S. 1 BDSG	175–179
b) „Andere Rechtsvorschrift" im Sinne des § 4 Abs. 1 BDSG	180–182
3. „Normalfall" des § 32 Abs. 1 S. 1 BDSG bei der Erhebung, Verarbeitung und Nutzung von Beschäftigtendaten	183–204
a) Anwendungsbereich	183–185
b) Zwecke des Beschäftigungsverhältnisses und besondere Arten von Beschäftigtendaten	186–191

	Rn.
c) Datenerhebung zur Begründung und Durchführung eines Beschäftigungsverhältnisses	192–204
4. Kontrollen von Beschäftigtendaten und interne Ermittlungen	205–270
a) Regelungsinhalt des § 32 Abs. 1 S. 2 BDSG	205/206
b) Verhältnis von § 32 zu § 28 BDSG speziell bei präventiven Kontrollen	207–209
c) Qualifikations- und Abrechnungsnachweise gegenüber Dritten	210/211
d) Tätigkeit der Innenrevision, Screening, Whistleblowing	212–219
e) Präventive Hintergrundüberprüfungen von internen und externen Mitarbeiter, Terrorlistenabgleich	220–242
f) Firmenkreditkarte	243
g) E-Learning, Gesundheitstests, Video- und TK-Datenüberwachung	244–258
h) Data Loss Prevention (DLP)	259–262
i) Ortungssysteme, Flottenmanagement	263–267
j) Datenschutzrecht und Mindestlohn	268–270
5. Konzerndatenschutz, Auftragsdatenverarbeitung (§ 11 BDSG) und Funktionsübertragung	271–294
a) Kein Konzernprivileg, Probleme bei Matrix-Strukturen	271/272
b) Zulässigkeit der Datenübermittlung im Konzern nach §§ 32 und 28 BDSG	273–276
c) Auftragsdatenverarbeitung (§ 11 BDSG) in Abgrenzung zur Funktionsübertragung	277–285
d) Funktionsübertragungsverträge	286–294
6. Arbeitnehmereinwilligungen und Beteiligung des Betriebsrats	295–311
a) Einwilligung von Arbeitnehmern	295–298
b) Beteiligung des Betriebsrats, Betriebsvereinbarungen	299–311
V. Betrieblicher Beauftragter für den Datenschutz	312–370
1. Europarechtliche Vorgaben und Entwicklung	312–319
2. Pflichten bei der Bestellung eines Beauftragten für den Datenschutz	320–328
3. Fachkunde und Zuverlässigkeit	329–337
4. Aufgaben des Datenschutzbeauftragten	338–343
5. Rechte des betrieblichen Datenschutzbeauftragten	344–364
a) Unabhängigkeit und unmittelbare Unterstellung unter die Geschäftsleitung	344–351
b) Unterstützung durch die verantwortliche Stelle	352–354
c) Kündigungsschutz des Datenschutzbeauftragten	355–361
d) Weiterbildungsanspruch	362/363
e) Verschwiegenheitspflicht	364
6. Externer Datenschutzbeauftragter als gewerbliche Tätigkeit	365–370
VI. Datenschutzrechtliche Einwilligung	371–418
1. Einwilligung nach BDSG	371–392
a) Abgrenzung der Anforderungen und Transparenz	371–375
b) OLG Frankfurt v. 13.12.2000 – Haushaltsumfrage	376–383
c) BGH v. 16.7.2008 – Payback	384–390
d) BGH v. 11.11.2009 – Happy Digits	391/392
2. Einwilligung nach TMG	393–395
3. Einwilligung nach TKG	396–402
4. Einwilligung im (Direkt-)Marketing	403–413
5. Übertragbarkeit und Gültigkeitsdauer von Einwilligungen	414–418
VII. Kundendatenschutz (Adresshandel, CRM, Scoring uÄ)	419–551
1. Verbotsprinzip, Zweckbindung und Trennungsgebot	421–426
2. Adresshandel und Werbung	427–429
3. Profilbildung und Customer Relationship Management (CRM), Zentralisierung der IT, Datenbankpflege/Doublettenprüfung	430–465
a) Profilbildung	431–444
b) Zentralisierung und Auslagerung der IT innerhalb eines Konzerns	445–449
c) Doubletten-Prüfung in gemeinsamen Kundendatenbanken	450–456
d) Regelspeicherfristen bei CRM-Daten	457–465
4. Bonitätsprüfung, Scoring, Geo-Scoring	466–502
a) Warndatei	466–473
b) Bonitätsprüfung	474–480
c) Scoring	481–498
d) Google Street View	499–502
5. Datenschutz und Marketing	503–535

	Rn.
a) Das Zusammenspiel von UWG und BDSG	503–505
b) Unzulässige Formen der Kundenansprache	506–509
c) Wettbewerbsmaßnahmen per Telefon, E-Mail, SMS und Fax gegenüber Verbrauchern	510–517
d) Unerwünschte Kundenansprache mittels Briefen, Prospekten und Katalogen	518–523
e) Wettbewerbsrechtliche Relevanz von Verstößen gegen datenschutzrechtliche Informationspflichten	524–527
f) Verstoß gegen die eigene Datenschutzerklärung als wettbewerbswidrige Nichteinhaltung eines Verhaltenskodex?	528/529
g) Verwendung von Datenschutz-Gütesiegeln ohne Genehmigung	530
h) Kundendaten und Gewinnspiele	531–535
6. Datenschutzanforderungen im CallCenter	536–551
a) Outsourcing des Callcenters als Funktionsübertragung	537–542
b) Outsourcing des Callcenters als Auftragsdatenverarbeitung	543–549
c) Umfang der Datenerhebung durch Callcenter-Agenten	550/551
VIII. Weitere Datenschutz-Anwendungsfelder	552–591
1. Mautdaten	554–556
2. Vorratsdatenspeicherung und Anti-Terror-Datei	557–562
3. Fluggastdaten	563–572
a) Europäische Union	564–568
b) USA	569–572
4. Smart Metering	573–578
5. Smart Cars – Datenschutz in Pkws und Nutzfahrzeugen	579–585
6. Tests mit Echtdaten bei Systemeinführungen	586–591
IX. Informationsfreiheitsgesetz	592–597
1. Allgemeines	592/593
2. Informationszugangsmöglichkeiten vor Inkrafttreten des IFG	594/595
3. Aufbau des IFG und wesentliche Folgerungen	596/597

Anhang: Ausgewählte Verfahren mit Rechtsprechungs- und Literaturbeispielen

Schrifttum: *Abel*, Nutzung von Meldedaten in der Wirtschaft – Möglichkeiten und Grenzen, RDV 2008, 195; *Backu*, Geolokalisation und Datenschutz, ITRB 2009, 88; *Balsmeier/Weißnicht*, Überwachung am Arbeitsplatz und deren Einfluss auf die Datenschutzrechte Dritter, K&R 2005, 537; *Bäumler*, Audits und Gütesiegel im Datenschutz, CR 2001, 795; *Beisenherz/Tinnefeld*, Aspekte der Einwilligung, DuD 2011, 110; *Bella*, Entwurf eines Gesetzes zur Regulierung des Beschäftigtendatenschutzes, RDG 11, 38; *Boehme-Neßler*, Datenschutz in der Informationsgesellschaft, Vom Datenschutz zum Informationswirtschaftsrecht, K&R 2002, 217; *Borgmann*, Von Datenschutzbeauftragten und Bademeistern – Der strafrechtliche Schutz am eigenen Bild durch den neuen § 201a StGB, NJW 2004, 2133; *Bräutigam/Sonnleitner*, Stiftung Datenschutz, AnwBl 2011, 240; *Breinlinger/Krader*, Whistleblowing – Chancen und Risiken bei der Umsetzung von anonym nutzbaren Hinweisgebersystemen im Rahmen des Compliance-Managements von Unternehmen, RDV 2006, 60; *Brisch/Laue*, E-Discovery und Datenschutz, RDV 2010, 1; *Bull*, Zweifelsfragen um die informationelle Selbstbestimmung – Datenschutz als Datenaskese?, NJW 2006, 1617; *Büllesbach*, Datenschutz bei Data Warehouses und Data Mining, CR 2000, 11; *ders.*, Datenschutz in einem globalen Unternehmen, RDV 2000, 1; *ders.*, Datenschutzrechtliche Aspekte des Digital Rights Managements in: *ders./Dreier*: Wem gehört die Information im 21. Jahrhundert?, 2004, S. 163; *ders.*, Finanzdatenschutz in Europa, CR 2000, 544; *Busch*, Täter-Opfer-Ausgleich im Datenschutz, NJW 2002, 1326; *Conrad*, Geschäftsbesorgungsvertrag externer betrieblicher Beauftragter für den Datenschutz, in: Redeker (Hrsg.), Handbuch der IT-Verträge, Loseblatt, Stand 2015; *dies.*, Editorial: Inkompatibilitäten zwischen Kartell-, Datenschutz- und Softwarerecht, Multimedia und Recht 7/2013, 413; *dies.*, Neuer Wind im Datenschutz durch Stiftung und Wettbewerb(srecht)?, NJW-aktuell 2012, 14; *dies.*, Big Data und ByoD (Bring your own Device) – Datenschatz und Datenschutz, Informatik-Spektrum 2013, 407; *dies.*, Einsatz von Data Loss Prevention-Systemen im Unternehmen, CR 2011, 797; *dies.*, RFID-Ticketing aus datenschutzrechtlicher Sicht, CR 2005, 537; *dies.*, Transfer von Mitarbeiterdaten zwischen verbundenen Unternehmen, Fragen der zentralen Personaldatenverwaltung im Hinblick auf die Datenschutzaufsichtsprüfung, ITRB 2005, 164; *dies./Antoine*, Betriebsvereinbarungen zu IT- und TK-Einrichtungen, Betriebsverfassungs- und datenschutzrechtliche Aspekte im Überblick, ITRB 2006, 90; *dies./Filip*, BCR für Auftragsdatenverarbeiter, in: dies./Grützmacher (Hrsg.), Recht der Daten und Datenbanken im Unternehmen, 2014, S. 734; *dies./Hausen*, Archivierung und Entsorgung, in: Forgó/Helfrich/Schneider (Hrsg.), Betrieblicher Datenschutz, 2014, S. 167; *dies./ders.*, Externe Mitarbeiter im Einkauf – Schutz von Betriebs- und Geschäftsgeheimnissen und Datenschutzanforderungen, in: Redeker/Hoppen (Hrsg.), DGRI-Jahrbuch, 2012, S. 302; *dies./Klatte*, Datenweitergabe an Handelspartner und Offenlegungspflichten, Shophosting, in: Forgó/Helfrich/Schneider (Hrsg.), Betrieblicher Datenschutz, 2014, S. 711; *dies./Schneider*, Eine Datenschutz-Grundverordnung für Europa, in: dies./Grützmacher (Hrsg.), Das Recht der Daten und Datenbanken im Unternehmen, 2014, S. 1119;

dies./Schneider/Dovas, Kapitel 15 Datenschutz, in: Schwarz/Peschel-Mehner (Hrsg.), Recht im Internet, Loseblattwerk, Stand 2014; *dies./Witzel*, Auslagerung von IT-Leistungen und § 203 StGB, in: dies./Grützmacher (Hrsg.), Das Recht der Daten und Datenbanken im Unternehmen, 2014, S. 182; *Däubler*, Betriebsübergang, Personaldaten und Mandat des betrieblichen Datenschutzbeauftragten, RDV 2004, 55; *ders.*, Neue Unabhängigkeit für den betrieblichen Datenschutzbeauftragten?, DuD 2010, 20; *Deutsch/Diller*, Die geplante Neuregelung des Arbeitnehmerdatenschutzes in § 32 BDSG, DB 2009, 1462; *Dieckmann*, Die Verpflichtung externer Personen- insbesondere externer Prüfer- zur Einhaltung datenschutzrechtlicher Vorschriften, RDV 2004, 256; *Dieckmann/Eul/Klevenz*, Verhindert der Datenschutz Fusionen?, – Fusionen aus der Sicht der betrieblichen Datenschutzbeauftragten, RDV 2000, 149; *Ehmann*, Der weite Weg zur Datenschutzgrundverordnung, ZD 2015, 6; *Engel-Flechsig*, Zur Reichweite der Kontrollkompetenz behördlicher Datenschutzbeauftragter bezogen auf Daten über die Gesundheit, RDV 2005, 7; *Fassbender*, Die Umsetzung der EG-Datenschutzrichtlinie als Nagelprobe für das Demokratieprinzip deutscher Prägung, RDV 2009, 96; *Fischer*, Datenschutz in der Apotheke, RDV 2005, 93; *Flisek*, Datenschutzrechtliche Fragen des E-Learning an Hochschulen, Lernplattformen im Spannungsfeld zwischen didaktischem Nutzen und datenschutzrechtlichen Risiken, CR 2004, 62; *Franck/Krause*, Datenschutzrechtliche Aspekte des Mindestlohngesetzes, DB 2015, 1285; *ders./Reif*, Pluralistische Datenschutzkontrolle, ZD 2015, 405; *ders.*, Reichweite des Sozialgeheimnisses nach § 78 SGB X, ZD 2015, 155; *Gola*, Beschäftigtendatenschutz und EU-Datenschutz-Grundverordnung, EuZW 2012, 332; *ders.*, Die Erhebung von Bewerberdaten – ein Vergleich der geltenden Rechtslage mit (eventuellem) künftigen Recht, RDV 2011, 109; *ders./Reif*, Datenschutzrelevante Aspekte des novellierten UWG, RDV 2009, 104; *ders./Reif*, Kundendatenschutz, 3. Aufl. 2011: *ders./Wronka*, Das neue BDSG und der Arbeitnehmerdatenschutz, RDV 1991, 165; *Härting*, Datenschutz in der Anwaltskanzlei – das große Mysterium, ITRB 2004, 279; *ders.*, Datenschutz und Anwaltsgeheimnis – Subsidiarität oder Spezialität?, Erwiderung zu Rüpke, AnwBl 2004, 552 und Schneider, AnwBl 2004, 618, AnwBl 2005, 131; *Gounalakis/Klein*, Zuverlässigkeit von personenbezogenen Bewertungsplattformen, NJW 2010, 566; *Grosskreutz/Lemmen/Rüping*, Privacy-Preserving Data-Mining, Informatikspektrum 2010, 380; *Haase/Heermann/Rottwinkel*, Der neue Beschäftigtendatenschutz im Bewerbungs- und Einstellungsverfahren, DuD 2011, 83; *Hanloser*, Dialogmarketing und Adresshandel – Möglichkeiten und Grenzen nach der BDSG-Novelle, RDV 2010, 155; *Heil*, Neues Wettbewerbsrecht: Wechselwirkungen zwischen UWG und Datenschutz, RDV 2004, 205; *Hilber*, Die datenschutzrechtliche Zulässigkeit intranetbasierter Datenbanken internationaler Konzerne, RDV 2005, 143; *Hilpert*, Der Austausch von Seriositätsdaten durch Auskunfteien, ZD 2015, 259; *Hoeren*, Rechtliche Grundlagen des SCHUFA-Scoring-Verfahrens, RDV 2007, 93; *ders.*, Die Vereinbarkeit der jüngsten BDSG-Novellierungspläne mit der europäischen Datenschutzrichtlinie, RDV 2009; *Hornung*, Informationen über „Datenpannen" – Neue Pflichten für datenverarbeitende Unternehmen, NJW 2010, 1841; *ders.*, Eine Datenschutz-Grundverordnung für Europa? Licht und Schatten im Kommissionsentwurf vom 25.1.2012, ZD 2012, 99; *ders./Desoi*, „Smart Cameras" und automatische Verhaltensanalyse, K&R 2011, 153; *ders./Knieper*, Überwachung im Betrieb aus Sicht der Beschäftigten. Ergebnisse einer Online-Befragung zur Schutzbedürftigkeit personenbezogener Daten am Arbeitsplatz, ZD 2014, 383; *Hüpers*, Zum beamtenrechtlichen Datenschutz in den sogenannten Denunziantenfällen – Eine Kritik der neueren Rechtsprechung des Bundesverwaltungsgerichts, RDV 2004, 62; *Klug*, Internationalisierung der Selbstkontrolle im Datenschutz, RDV 2005, 163; *ders./Gola*, Die Entwicklung des Datenschutzrechts in den Jahren 2009/2010, NJW 2010, 2483; *Kort*, Rechte des Betriebsrats auf Daten der elektronischen Personalakte, ZD 2015, 3; *Kosmides*, Zivilrechtliche Haftung für Datenschutzverstöße, München 2010; *Kühling*, Datenschutzrechtlicher Überarbeitungsbedarf beim „Steuerehrlichkeitsgesetz", ZRP 2005, 196; *ders.*, Rückkehr des Rechts: Verpflichtung von „Google & Co." zu Datenschutz, EuZW 2014, 527; *Lepperhoff/Tinnefeld*, Aussagewert der Verkehrsdaten – Aspekte der Sicherheitspolitik des Datenschutzes und der Wirtschaft, RDV 2004, 7; *von Lewinski*, Persönlichkeitsprofile und Datenschutz bei CRM, RDV 2003, 122; *Lohse/Janetzko*, Technische und juristische Regulationsmodelle des Datenschutzes am Beispiel von P3P, CR 2001, 55; *Losano*, Das italienische Datenschutzgesetz, CR 1997, 308; *Lüdemann*, Connected Cars, ZD 2015, 247; *ders./Sengstacken/Vogelpohl*, Schlaue Schilder – Kommt das intelligente Autokennzeichen, ZD 2015, 55; *Lüttge*, Unternehmensumwandlungen und Datenschutz, NJW 2000, 2463; *Mantz*, Unternehmensumwandlungen und Datenschutz, CR 2006, 90; *Meyer/Brocks/Nordmann*, Gericht kontra Datenschutz: Kein strafrechtlicher Schutz mehr für Fahrzeugalterdaten?, RDV 2000, 11; *Moos*, Die Entwicklung des Datenschutzrechts im Jahr 2009, K&R 2010, 166; *ders.*, Die Entwicklung des Datenschutzrechts im Jahr 2010, K&R 2011, 145; *ders.*, Die Entwicklung des Datenschutzrechts im Jahr 2011, K&R 2012, 151; *ders.*, Die Entwicklung des Datenschutzrechts im Jahr 2012, K&R 2013, 150; *ders.*, Die Entwicklung des Datenschutzrechts im Jahr 2013, K&R 2014, 149; *ders.*, Die Entwicklung des Datenschutzrechts im Jahr 2014, K&R 2015, 158; *ders.*, Update Datenschutz, DSRITB 2013, 235; *ders.*, Update Datenschutz, DSRITB 2014, 250; *Müller-Thele*, Hartz IV – Eine datenschutzrechtliche Risikoanalyse, NJW 2005, 1541; *Nguyen*, Die zukünftige Datenschutzaufsicht in Europa, ZD 2015, 265; *Niedermeier/Schröcker*, Asset-Tracking – datenschutzrechtlicher Zündstoff?, CR 2002, 241; *ders./ders.*, Die „Homogene Datenschutzzelle", Ein Company-to-Company-Agreement als Lösungsansatz für die Übermittlung personenbezogener Daten im Finanzkonzern, RDV 2001, 91; *Oberwetter*, Soziale Netzwerke im Fadenkreuz des Arbeitsrechts, NJW 2011, 417; *Ötzbek*, Datenschutzkonformer Einsatz von E-Discovery Systemen, DuD 2010, 576; *Patzak/Beyerlein*, Adresshandel zu Telefonmarketingzwecken, MMR 2007, 687; *Peltier*, (IT-)Revision und Beauftragter für den Datenschutz – Personalunion oder zwingende Funktionstrennung?, RDV 2002, 121; *Peters/Kersten*, Technisches Organisationsrecht im Datenschutz – Bedarf und Möglichkeiten, CR 2001, 576; *Petri*, Datenschutz im Krankenhaus, DuD 2010, 206; *ders.*, Wertewandel im Datenschutz und die Grundrechte, DuD 2010, 25; *Peukert,* Beauftragte für die Gemeinfreiheit, MMR 2011, 73; *Pohle/Zoch,* eCall = Der gläserne Fahrer?, Datenschutz in Kraftfahrzeugen im Rahmen von eCall und anderen kommunizierenden Bordsystemen, CR 2014, 409; *Rasmussen-Bonne/Ralf,* Neues beim Beschäftigtendatenschutz – Worauf sich Unternehmen einstellen müssen, GWR 11, 80; *Renz/Frankenberger,* Compliance und Datenschutz, ZD 2015, 158; *Roos,* Die Entwicklung des Datenschutzrechts im Jahr 2014, ZD 2015, 162; *Roßnagel,* Die Novellen zum Datenschutzrecht – Scoring und Adresshandel, NJW 2009, 2716; *ders.,* Modernisierung des Datenschutzrechts für eine Welt allgegenwärtiger Datenverarbeitung, MMR 2005, 71; *ders.,* Unabhängigkeit der Datenschutzaufsicht, ZD 2015, 106; *ders.,* Konflikte zwischen Informationsfreiheit und Datenschutz?, MMR 2007, 16; *ders./Desoi/Hornung,* Noch einmal: Spannungsverhältnis zwischen Datenschutz und Ethik, ZD 2012, 459; *ders./Müller,* Ubiquitous Computing – neue Herausforderungen für den Datenschutz, Ein Paradigmenwechsel und die von ihm betroffenen normativen Ansätze, CR 2004, 625; *ders./Scholz,* Datenschutz durch Anonymität und Pseudonymität, Rechtsfolgen der Verwendung anonymer und pseudonymer Daten, MMR 2000, 721; *Runte/Schreiber/Held/Bond/Dana/Flower,* Anonymous Hotlines für Whistleblowers, CRi 2005, 135; *Rüpke,* Das Anwaltsgeheimnis auf dem Prüfstand des Strafrechts – ein quasidatenschutzrechtliches Missverständnis zu § 203 StGB?, NJW 2002, 2835; *ders.,* Ein Beauftragter für den Datenschutz in der Anwaltskanzlei?, RDV 2004, 252; *Sasse,* Der Gesetzentwurf zur Regelung des Beschäftigtendatenschutz, ArbRB 2010, 309; *Schaar,* Herausforderung und Perspektiven für die Arbeit des neuen Bundesbeauftragen für den Datenschutz, RDV 2004, 1; *ders.,* Datenschutz im Spannungsfeld von Privatsphärenschutz, Sicherheit und Informationsfreiheit, RDV 2006, 1; *Schaffland,* Datenschutz und Bankgeheimnis bei Fusion – (k)ein Thema?, NJW 2002, 1539; *Schild,* Der interne Datenschutzbeauftragte – Neue Aufgaben durch neues BDSG in Betrieb und Verwaltung, RDV 1998, 52; *Schilde-Stenzel,* „Lehrevaluation" oder Prangerseite im Internet: www.meinprof.de – Eine datenschutzrechtliche Bewertung, RDV 2006, 104; *Schilmar/Breiteneicher/Wiedenhofer,* Veräußerung notleidender Kredite – Aktuelle rechtliche Aspekte bei Transportaktionen von Non-Performing Loans, DB 2005, 1367; *Schläger,* Datenschutz in Netzen, DuD 1995, 270; *Schleipfer,* Datenschutzgerechte Gestaltung von Web-Eingabeformularen, RDV 2005, 56; *Schneider,* Datenschutz und Beauftragte für den Datenschutz in der Anwaltskanzlei, AnwBl 2004, 618; *ders.,* 12 Thesen zum Datenschutz, AnwBl 2011, 233; *ders./Härting,* Wird der Datenschutz nun endlich internettauglich? – Warum der Entwurf einer Datenschutz-Grundverordnung enttäuscht, ZD 2012, 199; *ders./ders.,* Datenschutz in Europa – Plädoyer für einen Neubeginn, CR 2014, 306; *Schulz,* Datenschutz als überindividuelles Interesse? Anmerkungen zur geplanten Reform des UKlaG, ZD 2014, 510; *Seifert,* Videoüberwachung im künftigen Beschäftigtendatenschutz, DuD 2011, 98; *ders.,* Neue Regeln für die Videoüberwachung DuD 2013, 650; *Seffer/Horter,* Datenschutzrechtliche Aspekte des EDV-Outsourcing privater Versicherungsunternehmen, ITRB 2004, 165; *Selk,* Datenschutz in der EU, AnwBl 2011, 244; *Steinau-Steinrück/Mosch,* Datenschutz für Arbeitnehmer – Bestandsaufnahme und Ausblick, NJW-Spezial 2009, 450; *Simitis,* Übermittlung der Daten von Flugpassagieren in die USA: Dispens vom Datenschutz?, NJW 2006, 2011; *Spiecker,* Big Data intelligent genutzt: Rechtskonforme Videoüberwachung im öffentlichen Raum, K&R 2014, 549; *Spies,* Transatlantischer Datenschutz: Turbulenzen und sichere Häfen, MMR 2002, 641; *Spindler,* Authentifizierungssysteme, Datenschutz- und sicherheitsrechtliche Anforderungen sowie zivilrechtliche Auswirkungen, CR 2003, 534; *ders.,* Datenschutz- und Persönlichkeitsrechte im Internet. Der Rahmen für Forschungsaufgaben und Reformbedarf, GRUR-Beilage 2014, 101; *Taeger,* Videoüberwachung von Bürohäusern, ZD 2013, 571; *Tauss/Özdemir,* Umfassende Modernisierung des Datenschutzrechts in zwei Stufen, RDV 2000, 143; *Thüsing,* Verbesserungsbedarf beim Beschäftigtendatenschutz, NZA 2011, 16; *Tinnefeld,* Menschenwürde, Biomedizin und Datenschutz, Zur Aufklärung neuer Risiken im Arbeits- und Versicherungswesen, ZRP 2000, 10; *dies./Petri/Brink,* Aktuelle Fragen um ein Beschäftigtendatenschutzgesetz MMR 2010, 727; *dies./Petri/Brink,* Aktuelle Fragen zur Reform des Beschäftigtendatenschutzgesetzes, MMR 2011, 427; *dies./Trappehl/Schmidl,* Der Gemeinschaftsbetrieb als datenschutzrechtlicher „Erlaubnistatbestand", RDV 2005, 100; *Ulmer,* IT-Outsourcing und Datenschutz bei der Erfüllung öffentlicher Aufgaben, Über die datenschutzrechtliche Zulässigkeit von Outsourcing-Vorhaben in der öffentlichen Verwaltung und Grundlagen der Umsetzung, CR 2003, 701; *Vogel/Glas,* Datenschutzrechtliche Probleme unternehmensinterner Ermittlungen, DB 2009, 1747; *von Steinau-Steinrück/Mosch,* Datenschutz für Arbeitnehmer – Bestandsaufnahme und Ausblick, NJW-Spezial 2009, 450; *Wagner,* Datenschutz und Mandatsgeheimnis – der Umgang mit personenbezogenen Daten im Anwaltsmandat, BRAK-Mitt. 2011, 2; *Weichert,* Der Bodyscanner und die menschliche Scham, RDV 2009, 154; *ders.,* Regulierte Selbstregulierung – Plädoyer für eine etwas andere Datenschutzaufsicht, RDV 2005, 1; *ders.,* Datenschutzrechtliche Anforderungen an Data-Warehouse-Anwendungen bei Finanzdienstleistern, RDV 2003, 113; *Wengert/Widmann/Wengert,* Bankenfusion und Datenschutz, NJW 2000, 1289; *dies.,* Bankenfusion und Datenschutz, RDV 2000, 47; *Wieczorek,* Smart Metering und Smart Grids – Der Rechtsrahmen für intelligente Netze und Messsysteme, DSRITB 2014, 437; *Wybitul,* Streit um den neuen Beschäftigtendatenschutz, MMR-Aktuell 2011, 315091; *ders./Rauer,* EU-Datenschutz-Grundverordnung und Beschäftigtendatenschutz – Was bedeuten die Regelungen für Unternehmen und Arbeitgeber in Deutschland, ZD 2012, 160; *Wittig,* Die datenschutzrechtliche Problematik der Anfertigung von Persönlichkeitsprofilen zu Marketingzwecken, RDV 2000, 59; *Wohlfahrt,* Elektronische Verwaltung – Vorgaben und Werkzeuge für datenschutzgerechte Anwendungen, RDV 2002, 231; *Wronka,* Datenschutzrechtliche Aspekte beim Postversand, RDV 2011, 122; *Zscherpe,* Videoüberwachung in Bürogebäuden, DuD 2015, 172; *Zilkens,* Arbeitszeiterfassungssysteme und Datenschutz, RDV 2005, 50.

I. Einleitung

1 Datenschutz ist Schutz personenbezogener Daten bei deren Erhebung, Verarbeitung und Nutzung. Neben dem Missbrauch beim Umgang mit personenbezogenen Daten geht es va um die Sorge vor permanenter Beobachtung und gläsernen Bürgern/Kunden/Arbeitnehmern. Die Sicherheit der Daten ist nur ein Aspekt des Datenschutzes, stand aber für viele Techniker bis 2007 meist im Vordergrund.

2 Ursprünglich (in den 70er und 80er Jahren) ging es beim Datenschutz im Wesentlichen um Bedrohungsszenarien der – damals zentralen und va staatlichen – Datenbanken und DV-Systeme. 1983 sprach das BVerfG im sog Volkszählungsurteil[1] von den Gefährdungspotentialen der „modernen Datenverarbeitung". Die Bedrohung sah man in zunehmenden Kontrollverlust, welche Daten va der Staat über den Einzelnen sammelt und zu welchen Zwecken.

3 Seit den 90er Jahren hat sich das Bedrohungspotential gewandelt. Zunehmend sind spezielle Techniken und Geschäftspraktiken in das Blickfeld der Datenschützer gerückt. Zu nennen sind etwa öffentliche Video-Aufnahme, Internet-, TK- und Telefonüberwachung, GPS, Maut, Kundenbindungsprogramme und Gesundheitskarte. Stichworte zum Bedrohungspotential sind Persönlichkeits-, Bewegungs- und Interessenprofile. Der Effekt, dass letztlich jedes Datum jederzeit überall verfügbar gemacht werden kann, ist nun unter anderem dank des Internets erreicht. Das Vollbild der Bedrohungen ist etwa im Hinblick auf die Zulässigkeit von Ermittlungsmethoden relevant.[2] Sowohl der Staat als auch die Wirtschaft sind an möglichst umfassenden Erkenntnissen über einzelne Bürger bzw. Mitarbeiter und Kunden interessiert. Das Risikopotential wird va in der Vernetzung und der Ubiquität[3] der Datenverarbeitung gesehen, aber auch in der Heimlichkeit der Datenerhebung und -verarbeitung (zB Online-Durchsuchung, unbemerkte Datenerhebung bei DRM, Aktivierung/Registrierung, „trusted computing"). Das Bundesverfassungsgericht[4] betonte in seiner Entscheidung zur Online-Durchsuchung die Risiken speziell der allgegenwärtigen Vernetzung von IT-Systemen und entwickelte das Grundrecht auf Gewährleistung der Vertraulichkeit und Integrität informationstechnischer Systeme.[5]

4 Die Infiltration und das heimliche Ausspähen über vernetzte Systeme bedrohen nicht nur das Persönlichkeitsrecht, sondern auch die wirtschaftlichen Unternehmensinteressen. Für die Unternehmen steht unter Sicherheits- und Compliance-Aspekten die Sorge vor einem geschäftskritischen Datenverlust und Know-How-Abfluss im Vordergrund. Speziell im Zusammenhang mit dem Risikomanagement in IT-Projekten und im laufenden Betrieb hat sich eine große Anzahl an Standards entwickelt.[6] Als Schutz-/Sicherheitsmaßnahmen werden auch zB „Entnetzung"[7] und Verwendung verschiedener Pseudonyme im Internet empfohlen.[8] Nicht zuletzt Wikileaks[9] hat gezeigt, dass höchst sensible Daten all zu leicht auf Veröffentlichungsplattformen im Internet auftauchen können. Eine technische Lösung, die angeboten wird, um ungewollten Abfluss und Missbrauch von Unternehmensdaten zu verhindern, ist Data Loss Prevention (DLP).[10] Gleichzeitig birgt DLP Datenschutzrisiken, die angesichts der aktuellen Entwicklung des Beschäftigtendatenschutzes weiter steigen werden.

---

[1] BVerfG Urt. v. 15.12.1983 – 1 BvR 209/83; 1 BvR 269/83; 1 BvR 362/83; 1 BvR 420/83; 1 BvR 440/83; 1 BvR 484/83, BVerfGE 65, 1.
[2] Zu GPS s. etwa BVerfG Urt. v. 12.4.2005 – 2 BvR 581/01.
[3] *Roßnagel/Müller* CR 2004, 625.
[4] BVerfG Urt. v. 27.2.2008 – 1 BvR 370/07, 1 BvR 595/07.
[5] Als Facette des allgemeinen Persönlichkeitsrechts ist dieses Grundrecht (zumindest in erster Linie) auf den einzelnen Bürger anzuwenden. Noch ist unklar, inwieweit das neue Grundrecht auch im Verhältnis zwischen Privaten – also etwa zwischen Arbeitgeber und Arbeitnehmer oder zwischen zwei Unternehmen – Anwendung findet. Vgl. statt vieler: *Spindler*: „*Evtl. macht sich jemand sogar haftbar, der auch nur fahrlässig eine Sicherheitslücke öffnet.*" (in: Der Spiegel 10/2008 v. 3.3.2008, S. 43).
[6] ZB ISO 9000-Normenreihe, ISO Norm 15 504, CMM, PRINCE2, ITIL, COBIT.
[7] *Gaycken/Karger* MMR 2011, 3.
[8] Zu Datenschutz durch Anonymität und Pseudonymität siehe *Roßnagel/Scholz* MMR 2000, 721; Stellungnahme 5/2014 zu Anonymisierungstechniken, Artikel-29-Datenschutzgruppe, WP 216.
[9] Siehe unter www.wikileaks.com.
[10] → Rn. 259 ff.

I. Einleitung

Die kostengünstigen Dienste aus den „Datenwolken", die Social Networks und der Siegeszug der Smartphones und der location based services[11] scheinen am Rande zu einer Art „Post Privacy"-Diskussion geführt zu haben: Die einen betonen die Kommunikations- und Meinungsfreiheit als Gegengewicht zur informationellen Selbstbestimmung und zum Datenschutz,[12] andere sehen in der Datenvermeidung im Web 2.0 ein Indiz für asoziales Verhalten, wieder andere resignieren ob der abnehmenden Realisierbarkeit von Datenschutz und der steigenden Komplexität von Datenschutzvorschriften.[13]

Je größer und unüberschaubarer die Datenmenge ist, die ein Unternehmen nicht nur beherrschen und sichern, sondern va effektiv und kostengünstig verwalten und nutzen muss, umso eher locken Angebote, die kostenintensive IT-Infrastruktur der Datenhaltung auszulagern und den Datenstrom (wie manche Cloud-Angebote versprechen) kostengünstig „aus der Steckdose"[14] zu beziehen. Dass Unternehmen sich mit der Nutzung von Cloud-Diensten oft auch einer gewissen Kontrolle über ihre Daten begeben, wird teilweise (noch) zu wenig als Problem wahrgenommen und adressiert. Das gilt va im Hinblick auf besondere Arten von personenbezogenen Daten und im Hinblick auf § 203 StGB.

In den letzten beiden Jahren war **Big Data** eines der Buzz-Wörter der IT-Branche und ein Oberbegriff für verschiedene Technologien (etwa In-memory-Datenbanken, Hadoop, Complex-Event-Processing etc.), denen gemeinsam ist, dass neue Dimensionen von Datenmengen aus unterschiedlichsten Quellen und verschiedensten Formaten ohne Zeitverlust verarbeitet und ausgewertet werden sollen. Auch SAP ist in die Technologie eingestiegen und hat mit **SAP HANA** eine Big Data-Datenbank auf den Markt gebracht, die selbst für klassische SAP-Anwender neuen Nutzen bringen soll, vor allem im Bereich E-Commerce. HANA erfordert spezielle, teure Hardware und auch große Anwender haben häufig nicht die geeigneten IT-Mitarbeiter, um HANA in-house betreiben zu können. Daher ist HANA nicht selten mit einem IT-Outsourcing (Rechenzentrumsbetrieb/Hosting) verbunden. Das Ergebnis der Entwicklung ist, dass sich im ERP- und Retail-Bereich bei Software-Einführungsprojekten zunehmend die Themen Big-Data und **Cloud** stellen. Eine weitere Konsequenz der Entwicklung – die nicht ganz neu ist, aber sich bei Big Data verstärkt stellt – ist die Frage der datenschutzrechtlichen Zulässigkeit der sog **Mandantenfähigkeit** bei gemeinsamer IT-Infrastruktur (etwa im Konzern) vor dem Hintergrund des datenschutzrechtlichen Trennungsgebots. Speziell SAP sieht im Wesentlichen zwei Arten vor, wie Daten unterschiedlicher verantwortlicher Stellen („Mandanten") logisch voneinander getrennt werden können: die Mandantentrennung und die Buchungskreistrennung. Der Hauptunterschied liegt darin, wie sehr Transaktionen und Konfigurationsänderungen eines „Mandanten" Einfluss auf einen anderen Mandanten haben. Bei der Mandantentrennung ist die Unabhängigkeit der Mandanten insoweit relativ groß (mit Nachteilen für die gemeinsame IT-Administration), bei Buchungskreistrennung weniger groß. Die Idee einer Big-Data-Datenbank ist, dass Daten/Datensätze nicht doppelt eingegeben werden (müssen) und dass eine mandantenübergreifende Datenbankpflege möglich ist. Die datenschutzrechtliche Realisierung des Konzepts ist alles andere als trivial, denn die Datenschutzbehörden gehen davon aus, dass **mandantenübergreifende Datenzugriffe zweckgebunden als Datenübermittlungen ausgestaltet** werden müssen. Die Idee des gemeinsamen Daten-Pools ist dem europäischen und deutschen Datenschutzrecht fremd.

Der Begriff **Open Data**[15] wird in Deutschland weniger im Hinblick auf den eben angesprochenen gemeinsamen Daten-Pool verwendet, sondern im Zusammenhang mit den

---

[11] Siehe etwa Heise-News-Meldung vom 14.1.2011 (10:00): iPhone überträgt bei jedem Kontakt zu einem IPv6-tauglichen Server/WLAN eine eindeutige Hardware-ID.
[12] Siehe zur Diskussion statt vieler: *Härting* AnwBl 2011, 246; *Feldmann* AnwBl 2011, 250; *Weichert* AnwBl 2011, 252.
[13] Am 24.2.2011 hat der Bundestag einen Gesetzentwurf zur Regelung des Beschäftigtendatenschutzes, den die Bundesregierung am 25.8.2010 beschlossen hatte, in erster Lesung kontrovers diskutiert. Zuvor hatte der Bundesrat den Gesetzesentwurf am 5.11.2010 in einzelnen Punkten, aber auch hinsichtlich der Verständlichkeit kritisiert.
[14] *Pohle/Ammann* CR 2009, 273 mwN.
[15] *Bayer*, Computerwoche 28–29/2014, S. 20.

Datenschätzen von Behörden, an denen das Interesse der Wirtschaft ungebrochen groß ist.[16] Durch neue Big Data-Technologien ließen sich die Datenschätze für interessante neue Anwendungen nutzen, etwa Verkehrsdaten im Bereich der Telematik.

9 Während zB für den Marketing-Bereich die Aktualität von personenbezogenen Daten eine große Rolle spielt, wird dieser Aspekt in der datenschutzrechtlichen Literatur wenig diskutiert. Etwa bei den Treffern von Personensuchmaschinen sieht man bisweilen ein kunterbuntes Nebeneinander und Durcheinander von aktuellen und veralteten oder unkorrekten personenbezogenen Angaben. „Verslummung"[17] beschreibt das unkontrollierte, wenn nicht gar unkontrollierbare Anwachsen und Fließen von personenbezogenen Daten. Verslummung impliziert Instabilität und Missbrauch. Die Gefahr dieser Entwicklung ist in verfassungs- und datenschutzrechtlicher Hinsicht nicht nur eine fortschreitende und irreversible Transparenz aller Lebensbereiche des Menschen,[18] sondern auch – genau gegenteilig – eine zunehmende Intransparenz was Umfang, Qualität und Ab- und Zuflüsse von personenbezogenen Daten betrifft. Die Ergebnisliste einer Suchmaschine kann einen strukturierten Überblick bis hin zu einem detaillierten persönlichen Profil über die betreffende Person abbilden.[19] Im Mai 2014 hat der EuGH daher die Ansätze für ein „Grundrecht auf Vergessenwerden" formuliert und der betroffenen Person unmittelbar einen Anspruch gegen den Suchmaschinenbetreiber zugesprochen, wonach diese die im Anschluss an eine anhand des Namens einer Person durchgeführte Suche angezeigten Links zu von Dritten veröffentlichten Internetseiten mit Informationen zu dieser Person von der Ergebnisliste zu entfernen haben.[20]

10 Viele Unternehmen registrierten erst seit der öffentlichen Debatte um die großen Datenskandale der Jahre 2007–2009, dass eigentlich schon seit Jahrzehnten folgendes Prinzip im Datenschutzrecht herrscht: Jeder Umgang mit personenbezogenen Daten ist gemäß § 4 Abs. 1 BDSG grundsätzlich verboten, soweit keine ausdrückliche Erlaubnis vorliegt. Die Einhaltung datenschutzrechtlicher Vorschriften haben noch mehr an Bedeutung zugenommen, seitdem diese von der Rechtsprechung als Marktverhaltensregel iSd § 4 Nr. 11 UWG gewertet werden und Konkurrenten somit der Weg zu wettbewerbsrechtlichen Abmahnungen eröffnet ist. Die ins Leben gerufene „Stiftung Datenschutz"[21] brachte bislang nicht den gewünschten Durchbruch. In Deutschland wird diskutiert, ein Verbandsklagerecht der Verbraucherschutzverbände bei Datenschutzverstößen einzuführen.[22] Der Gesetzesvorschlag[23] ist aber bislang nicht in Kraft.

11 Dieses Verbotsprinzip mit Erlaubnisvorbehalt ist auch in der europäischen Datenschutzrichtlinie verankert. Persönlichkeitsrecht und informationelle Selbstbestimmung sind verfassungsrechtlich geschützt. Personenbezogene Daten sind aber gleichzeitig Wirtschaftsgüter und bedeutende Unternehmenswerte. So finanzieren sich beispielsweise kostenlose Apps über personalisierte Werbung auf Basis von personenbezogenen Daten des App-Nutzers. Das Grundgesetz schützt auch das Eigentum und die berufliche Entfaltung der Arbeitgeber. Erforderlich ist ein gerechter, effektiver und rechtssicherer Ausgleich der Grundrechtspositionen der Beteiligten – dh zum einen des im Datenschutzrecht manifestierten Persönlichkeitsrechts des im datenschutzrechtlichen Sinn Betroffenen und zum anderen das Eigentum und die berufliche Entfaltung der Unternehmen. Dies versuchte der Gesetzgeber bislang teilweise durch generalklauselartige, weite, auslegungsfähige Erlaubnistatbestände zu erreichen. Im Ergebnis lässt das den Unternehmen Spielräume, aber die

---

[16] Siehe zur Diskussion um die sogenannten Schatten-Meldeämter: *Abel* RDV 2008, 195.
[17] Zum Begriff im Zusammenhang mit den Risiken einer nicht ausreichend strukturierten und dokumentierten komplexen Standardsoftware siehe *Weizenbaum*, Kurs auf den Eisberg, S. 94 f.; Conrad/*Conrad*, Inseln der Vernunft, S. VII f.
[18] So schon 1983 das BVerfG (BVerfGE 65, 1) im Zusammenhang mit dem Volkszählungsurteil.
[19] EuGH Urt. v. 13.5.2014 – C-131/12, NVwZ 2014, 857 (859).
[20] EuGH Urt. v. 13.5.2014 – C-131/12, NVwZ 2014, 857; vgl auch *Kühling* EuZW 2014, 527; *Moos* K&R 2014, 159 (161 ff.).
[21] *Bräutigam/Sonnleithner* AnwBl 2011, 240.
[22] → Rn. 99 ff. (106).
[23] → Rn. 106 f.

Rechtslage ist sehr unklar und – wie auch die Datenskandale zeigen – teilweise nicht effektiv genug. Der Gesetzesentwurf zum Beschäftigtendatenschutz vom 28.5.2010 – der angesichts der EU-Datenschutzgrundverordnung wohl auf Eis liegt – regelt viele Einzelfälle sehr detailliert.[24] Ob dies in der Vielzahl von Fallgestaltungen, etwa bei der Videoüberwachung, zu angemessenen Lösungen führt, bleibt abzuwarten. Nicht erst seit die europäische Datenschutzrichtlinie 95/46/EG auf dem Prüfstand ist[25] und durch eine EU-Datenschutzgrundverordnung abgelöst werden soll, wird überlegt, ob das Verbotsprinzip noch zeitgemäß[26] ist. Für mehr Rechtssicherheit versuchen auf europäischer Ebene die Gruppe von europäischen Datenschutzbeauftragten – die sog Art. 29-Gruppe – sowie auf nationaler Ebene das gemeinsame Gremium der Datenschutzbehörden in Deutschland – der sog Düsseldorfer Kreis – in ihren Stellungnahmen zu sorgen. Diese Stellungnahmen haben zwar keinen gesetzlichen Stellenwert, können jedoch als Leitlinien in bestimmten Fällen herangezogen werden.

Des Weiteren waren bislang vornehmlich Datenschutzbehörden zuständig und legitimiert, die Einhaltung der datenschutzrechtlichen Vorschriften innerhalb von Unternehmen zu prüfen und Datenschutzverstöße zu sanktionieren. Insbesondere aufgrund der fortschreitenden Technik und der hierdurch erleichterten Datenansammlung aber auch dem steigenden Wirtschaftswert von personenbezogenen Daten, insbesondere für die Werbebranche, sind die Datenschutzbehörden überfordert. Der Gesetzesentwurf zur Verbesserung der zivilrechtlichen Durchsetzung von verbraucherschützenden Vorschriften des Datenschutzrechts von Juni 2014 soll dem Abhilfe schaffen und auch Verbraucherverbänden die Möglichkeit einräumen, gegen Unternehmen im Falle von Datenschutzrechtsverstößen vorzugehen. Die Gerichte haben den zunehmenden Marktwert personenbezogener Daten zum Anlass genommen, datenschutzrechtliche Vorschriften zunehmend als Marktverhaltensregel im Sinne von § 4 Nr. 11 UWG einzustufen. Die Einhaltung datenschutzrechtlicher Vorschriften wird hierdurch zunehmend auch durch Konkurrenten überwacht. Im Januar 2013 wurde zudem die „Stiftung Datenschutz" gegründet, deren satzungsmäßiger Zweck die gemeinnützige Förderung der Belange des Datenschutzes ist.

Weitere gesetzliche Entwicklungen mit Relevanz für den Datenschutz sind die Einführung des **Mindestlohns**[27] und damit einhergehend ggf. Änderungen bei der Zeiterfassung sowie das **IT-Sicherheitsgesetz**.[28]

Beispiele:
Praxisrelevante Themen sind im öffentlichen (staatlichen) Bereich vor allem:[29]
- Ausweitung der Videoüberwachung von Plätzen durch die Sicherheitsbehörden, Smart Cameras
- Polizeiliche Rasterfahndung auf der Grundlage von Täterprofilen
- Elektronische Kfz-Kennzeichenerfassung
- LKW-Maut, PKW-Maut und Zweckentfremdung
- Einheitliche Steuernummer und Steuerdatenübermittlung
- Biometrische Pässe, Fingerabdrücke in Pässen
- E-Gesundheitskarte
- E-Government[30]
- BKA-Datei „Gewalttäter Sport"[31] und Akkreditierungsverfahren für die Leichtathletik-Weltmeisterschaft: Abgleich der Journalistendaten mit den Datenbanken von Polizei, Verfassungsschutz und Bundesnachrichtendienst (Screening)[32]

---

[24] Einzelheiten → Rn. 36 ff.
[25] *Selk* AnwBl 2011, 244; zur EU-Datenschutzgrundverordnung → Rn. 47 ff.
[26] *Schneider* AnwBl 2011, 233.
[27] → Rn. 268 ff.
[28] → § 33 Compliance, IT-Sicherheit, Ordnungsmäßigkeit der Datenverarbeitung Rn. 235 ff.
[29] Nachweise → Anhang nach Rn. 597.
[30] → § 30 Berufsspezifische Regelungen, Recht der elektronischen Signaturen, elektronischer Personalausweis, DE-Mail.
[31] Siehe MMR-Aktuell 2010, 304414 mwN; BVerwG Urt. v. 9.6.2010 – 6 C 5.09: Speicherung in Gewalttäter-Datei ist rechtmäßig; VG Hannover Urt. v. 22.5.2008 – 10 A 2412/07; OVG Lüneburg Urt. v. 16.12.2008 – 11 LC 229/08.
[32] Abrufbar unter: http://www.heise.de/ct/news/meldung/143539.

- Zugriff des US-Geheimdienstes auf Finanzdaten von EU-Bürgern (S. W. I. F. T.),[33]
- Die Ausdehnung der Anti-Terrorgesetze und der gläserne Nutzer,[34] Anti-Terror-Datei teilweise verfassungswidrig[35]
- Vorratsdatenspeicherung[36]
- NSA-Abhörmethodik nach dem 11.9.2001 und Relevanz für das Safe Harbour-Abkommen[37]
- Veröffentlichung von Subventionsempfängern im Internet[38]
- Wikileaks

Aktuelle praxisrelevante Themen im nicht-öffentlichen Bereich (Privatwirtschaft) sind unter anderem:
- Ermittlung der Kreditwürdigkeit durch Scoring-Verfahren[39]
- Schufa gibt mehr[40]
- Kundenprofile durch Data Warehouse-Verfahren[41]
- Ticketing (zB Fußball-WM 2006-Tickets mit RFID)[42]
- elektronische Kundenkarte (Payback,[43] Happy Digits)[44]
- Metro Future Store, Smart Home[45]
- Asset Tracking[46]
- Datenschutz bei Smart Metering[47]
- Smart Cars,[48] Dash Cams[49]
- Bewertungsportale im Internet,[50] anonyme „Plagiatsjäger" im Internet[51]

---

[33] Siehe http://netzpolitik.org/2009/eu-will-weiter-finanzdaten-an-die-us-geheimdienste-geben/. Das Europäische Parlament hat am 11.2.2010 das Interimsabkommen mit den USA abgelehnt, siehe http://www.heise.de/newsticker/meldung/928630.html.

[34] Abrufbar unter www.heise.de/newsticker/meldung/75621, siehe auch Stellungnahme des DAV zum BKA-Gesetz v. 4.3.2008 unter http://www.anwaltverein.de/interessenvertretung/pressemitteilungen/2008-07.

[35] BVerfG v. 24.4.2013 – 1 BvR 1215/07; *Petri* ZD 2013, 348.

[36] EuGH Urt. v. 8.4.2014 – C-293/12 und C-594/12.

[37] Siehe Pressemitteilung der Konferenz der Datenschutzbeauftragten des Bundes und der Länder 2013 v. 24.7.2013; siehe auch Vorschlag eines Zusatzprotokolls zu Art. 17 IPbürgR (dazu Gutachten des Sachverständigen *Aust* v. 27.5.2014 im Rahmen einer Anhörung des Untersuchungsausschusses des Deutschen Bundestags, https://www.bundestag.de/blob/282870/fc52462f2ffd254849bce19d25f72fa2/mat_a_sv-4-1_aust-pdf-data.pdf); www.telemedicus.info/article/2613-Die-Drohung-mit-der-Aussetzung-von-Safe-Harbor.html; Vorabentscheidungsersuchen des High Court of Ireland (Irland), eingereicht am 25.7.2014 – Maximilian Schrems/Data Protection Commissioner, EuGH Urt. v. 6.10.2015 – C-362/14: EuGH erklärt die Kommissionsentscheidung 2000/520 über die Angemessenheit des von den Grundsätzen des „sicheren Hafens" und der diesbzgl. FAQ gewährleisteten Schutzes für ungültig. → § 35 Rn. 68.

[38] Dagegen VG Wiesbaden Beschl. v. 21.4.2009 – 6 L 359/09; VG Mainz Beschl. v. 2.6.2009 – 1 L 471/09; dafür OVG Münster Beschl. v. 24.4.2009 – 16 B 485/09.

[39] Siehe auch neuen § 28b BDSG, eingeführt durch sog BDSG-Novelle I (BT-Drs. 16/10529 vom 10.10.2008 idF der Beschlussempfehlung des Innenausschusses vom 27.5.2009, BT-Drs. 16/13 219.

[40] Zum Auskunftsanspruch bei Bonitätsauskunft der SCHUFA siehe BGH Urt. v. 28.1.2014 – VI ZR 156/13; Verbraucherzugang zur Online-Auskunft siehe www.meineschufa.de.

[41] → Rn. 430 ff.

[42] Siehe *Conrad* CR 2005, 537 sowie zu RFID-Technik → § 33 Compliance, IT-Sicherheit, Ordnungsmäßigkeit der Datenverarbeitung.

[43] BGH Urt. v. 16.7.2008 – VIII ZR 348/06 – Payback.

[44] BGH Urt. v. 11.11.2009 – VIII ZR 12/08 – Happy Digits.

[45] *Raabe/Weis* RDV 2014, 177 ff. *Voßhoff*, Sonderveröffentlichung zu RDV 2/2015, 17.

[46] *Niedermeier/Schröder* CR 2002, 241.

[47] → Rn. 573 ff.

[48] → Rn. 579 ff. 88. Konferenz der Datenschutzbeauftragten des Bundes und der Länder v. 8./9.10.2014, Entschließung zum Datenschutz im Kraftfahrzeug – Automobilindustrie ist gefordert; *Pohle/Zoch* CR 2014, 409.

[49] Düsseldorfer Kreis, Beschl. v. 25./26.2.2014. Unzulässigkeit von Videoüberwachung aus Fahrzeugen (sog Dashcams); VG Ansbach Urt. v. 12.8.2014 – AN 4 K 13.01634: Bayer. Landesamt für Datenschutzaufsicht hat Ermessen bei Untersagungsverfügung nicht ordnungsgemäß ausgeübt, weil kein Fall des „intendierten Ermessens" vorliege. Untersagungsverfügung genüge auch nicht dem Bestimmtheitsgrundsatz. VG bestätigt aber, dass permanenter Einsatz von Dashcams zur Beweisführung bei Unfällen gegen BDSG verstößt. AG Nieburg Urt. v. 20.1.2015 – 4 Ds 155/14, 4 DS 520 Js 39473/14: Weder Beweiserhebungs- noch -verwertungsverbot. LG Heilbronn Urt. v. 3.2.2015 – I 3 S 19/14 mAnm *Atzert/Franck* RDV 2015, 158.

[50] Siehe *Greve/Schärdel* MMR 2008, 644; BGH Urt. v. 23.6.2009 – VI ZR 196/08 – Zur Zulässigkeit der Erhebung, Speicherung und Übermittlung von personengebundenen Daten im Rahmen eines Bewertungsforums im Internet (www.spickmich.de), BGH Urt. v. 1.7.2014 – VI ZR 345/13 – Keine Herausgabepflicht von Nutzerdaten durch Bewertungsportale, → § 36 Datenschutz der Telemedien.

[51] Spiegel online vom 20.4.2011, abrufbar unter http://www.spiegel.de/unispiegel/studium/anonyme-plagiatsjaeger-der-schwarm-bin-ich-a-757791.html.

- „Nackt-Scanner" an Flughäfen[52]
- Google Street View,[53] Mobile Bilderkennung durch Google Goggles[54]

Im Folgenden beziehen sich Zitate von Vorschriften des BDSG, die ohne nähere Bestimmung angegeben werden, auf die Fassung der Bekanntmachung vom 14.1.2003, zuletzt geändert durch Art. 5 des Gesetzes vom 29.7.2009 und Art. 1 des Gesetzes vom 14.8.2009.

II. Persönlichkeitsrecht, Datenschutz und verfassungsrechtliche Grundlagen

1. Schutzgüter und Abgrenzungen

Seit dem hessischen Datenschutzgesetz (aus dem Jahre 1970) und dem Beitrag von *Simitis* (NJW 1971, 673) wird der Schutz des Einzelnen vor den Bedrohungen durch die Verarbeitung seiner Daten **„Datenschutz"** genannt. Dies hat sich auch im Bundesdatenschutzgesetz 1977 niedergeschlagen und ist bis heute so geblieben.

Ziel und Zweck des Datenschutzes ist es, den Einzelnen vor Beeinträchtigungen seines Persönlichkeitsrechts (und in seinem Recht auf informationelle Selbstbestimmung) zu schützen. Datenschutz soll dem Einzelnen einen Bereich selbstbestimmter Lebensführung vor dem Eingriff staatlicher und privater datenverarbeitender Stellen sichern. Das formelle Datenschutzrecht (BDSG, Landes-DSG) hat ein enger gefasstes Ziel im Rahmen einer Zweck-/Mittel-Relation:

„Zweck dieses Gesetzes ist es, den Einzelnen davor zu schützen, dass er durch den Umgang mit seinen personenbezogenen Daten in seinem Persönlichkeitsrecht beeinträchtigt wird." (§ 1 Abs. 1 BDSG).

Daneben bestehen – auch nach den diversen Novellierungen des BDSG – das Recht auf informationelle Selbstbestimmung, das allgemeine Persönlichkeitsrecht sowie zahlreiche Sonderregelungen, etwa zu Fernmeldegeheimnis, Amts- und Berufsgeheimnissen.

Beim „Datenschutz" sind das eigentliche Schutzgut gerade nicht die Daten. Diese dogmatische Ungenauigkeit ist zuletzt sogar in die **Grundrechte-Charta**[55] **der EU** gewandert, wobei das Ergebnis – Schutz der personenbezogenen Daten – vom Rang her sehr zu begrüßen ist.[56] Bei der Diskussion um das Schutzgut sind voneinander abzugrenzen:
- Privatsphäre,
- Selbstbestimmung und/oder
- Persönlichkeitsrecht und/oder
- Datengeheimnis.

Im allgemeinen Sprachgebrauch, aber zum Teil auch im rechtlichen Bereich, werden die Begriffe Daten, Informationen und Nachrichten häufig synonym oder mit unklarer Abgrenzung gebraucht. Allerdings müsste etwa bei (mobiler) Kommunikation im Hinblick auf die Frage nach Rechtsgütern, Schutzgütern und anwendbaren Vorschriften differenziert werden zwischen (wobei sich die Bereiche teilweise überlappen):
- personenbezogenen Daten (APR, informationelle Selbstbestimmung, formeller Datenschutz, Schutzgut ist die Persönlichkeit des Individuums)
- Nachrichten („Content" in Abgrenzung zu Verkehrs- und Nutzungsdaten, geschützt durch TKG, teilweise auch TMG, § 88 TKG und TK-/TM-Datenschutz; Art. 10 GG: Brief- und Fernmeldegeheimnis)

---

[52] Abrufbar unter: http://www.heise.de/newsticker/meldung/928567.html; *Weichert* RDV 2009, 154.
[53] Abrufbar unter: http://www.heise.de/ct/meldung/Hamburgs-Datenschuetzer-stellt-Google-Street-View-Ultimatum-219427.html.
[54] *Gaschke*, Die Zeit v. 14.1.2010; www.datenschutzbeauftragter-info.de: Meldung v. 25.1.2013.
[55] Siehe Art. 8 („Schutz personenbezogener Daten") und Art. 7 („Achtung des Privat- und Familienlebens") der Charta der Grundrechte der Europäischen Union (2000/C 364/01). Zu den Charta-Grundrechten unter Berücksichtigung der EuGH-Rspr. zu Digital Rights, Seitlinger und Google Spain *von Danewitz* DuD 2015, 581 ff.
[56] *Schneider*, CompR IT- und Computerrecht, 11. Aufl. 2014, S. XVII.

- Information (der Begriff ist sehr unterschiedlich besetzt; siehe etwa IFG[57] und TMG;[58] Schutzgut kann auch der Wert der Information, evtl. das Geheimnis, Schutz zB über UrhG, PatG, evtl. Geheimhaltungsvereinbarungen)
- Bildnis, Video (APR, Recht am eigenen Bild, KUG,[59] ggf. auch nach UrhG geschützt)
- dem gesprochenen Wort (APR,[60] § 201 StGB)
- bereichsspezifischen Datengeheimnissen (zB § 203 StGB: Berufsgeheimnis, § 30 AO: Steuergeheimnis, § 6 Hess. MeldeG: Meldegeheimnis, § 35 SGB I: Sozialgeheimnis, § 16 Hess. LStatG: Statistikgeheimnis).

20 Der Schutz der Persönlichkeit ist wesentlich älter als der „Datenschutz". In grober Einteilung lässt sich die Entwicklung dreier Rechtsinstitute nach dem 2. Weltkrieg ausmachen, innerhalb derer sich letztlich vier zum großen Teil überschneidende Schutzkreise herausgebildet haben:

(a) **Allgemeines Persönlichkeitsrecht,**[61] entwickelt aus Art. 2 Abs. 1 iVm Art. 1 Abs. 1 GG und § 823 BGB;[62] die Dogmatik unterscheidet insoweit – von „Innen" nach „Außen" – zwischen
- Intimsphäre
- Privatsphäre und
- Individual-/Sozialsphäre.

Dieses Modell ist für den Einzelfall geeignet, die Tiefe des Eindringens zu beurteilen und somit die Abwägung mit den für eine Rechtfertigung vorgebrachten Rechtsgütern zu erleichtern. Nur im Einzelfall können diesen Sphären jeweils als konzentrische Kreise Datenarten einigermaßen klar zugeordnet werden: „Relativität der Privatsphäre". Die Daten sind kontextabhängig und somit situativ unterschiedlich „sensitiv". Dies zwingt dazu, bei zwangsläufig pauschalisierenden Regelungen weitgehend ohne Abstufungen und Sphären auszukommen: Es gibt kein per se belangloses Datum.[63]

---

[57] Das Informationsfreiheitsgesetz (IFG) enthält ausdrücklich auch Regelungen zur Wahrung des Datenschutzes als evtl. konträrem, aber auf gleicher Ebene liegendem Regelungsgehalt → Rn. 592 ff.

[58] Siehe etwa §§ 7–10 TMG. Einzelheiten zum Datenschutz der Telemedien → § 36.

[59] Das KUG verwendet nicht den Begriff der personenbezogenen Daten, sondern spricht von „Bildnis". Der Begriff des „Bildes" wird im KUG dann benutzt, wenn Personen nur eine untergeordnete Rolle spielen, siehe § 23 Abs. 1 Nr. 2, 3 KUG. *Möhring/Nicolini/Gass* UrhG, 3. Aufl., § 22 KUG Rn. 19. Zum strafrechtlichen Schutz des Rechts am eigenen Bild siehe *Borgmann* NJW 2004, 2133.

[60] BGH Urt. v. 18.2.2003 – XI ZR 165/02, NJW 2003, 1727.

[61] Zum Persönlichkeitsschutz BVerfG Urt. v 2.5.2006 – 1 BvR 507/01 – Persönlichkeitsschutz bei der Verbreitung von Luftaufnahmen bei der Anwesenheit Prominenter (Luftbilder von auf Mallorca gelegenen Wohnhäusern prominenter Personen, Überlassung an Presseunternehmen zusammen mit Angaben zur Identität der Betroffenen und zur Lage der Anwesen (evtl. auch Anfahrtsbeschreibungen) zwecks Veröffentlichung). Allgemein bekannt geworden war die gesamte Thematik der Bild-Berichterstattung über Prominente im Zusammenhang mit der Veröffentlichung von Fotos von Prinz Ernst August von Hannover. Dies war von besonderer Brisanz insofern, als dieser gerade der Ehemann derjenigen Person ist, zu deren Gunsten zu dem entsprechenden Problem früher bereits Entscheidungen des Gerichts ergangen waren, sogenannte „Caroline-Entscheidungen" (BVerfG Urt. v. 26.4.2001 – 1 BvR 758/97; BVerfG Urt. v. 13.6.2006 – 1 BvR 1622/05 zu Prinz Ernst August von Hannover; BVerfG Urt. v. 6.6.2006 – 1BvR 3/05; s.a. BVerfG Urt. v. 31.3.2000 – 1 BvR 1454/97, 1 BvR 1353/99 im Hinblick auf die Rechte des Kindes hinsichtlich Fotos und bestimmter Äußerungen vor Veröffentlichungen). Die Grundsatzentscheidung war wohl die vom 15.12.1999 – 1 BvR 653/96 – mit den Fotos von diversen Kindern in verschiedenen Konstellationen. Danach wurde das Verfahren zur erneuten Entscheidung an den BGH zurückverwiesen, soweit es um Bilder ging, die die Beschwerdeführerin mit ihren Kindern zeigten. Der BGH hatte nach Ansicht des Gerichts den das allgemeine Persönlichkeitsrecht verstärkenden Einfluss von Art. 6 GG nicht berücksichtigt. Der EGMR (Beschwerde-Nr. 59 320/00, 24.6.2004, NJW 2004, 2647 ff.) entschied letztinstanzlich, dass durch die Veröffentlichung der Bilder das *Recht auf Achtung des Privatlebens* (Art. 8 der EMRK) verletzt worden sei. Der sich daraus ergebende Anspruch auf Schadensersatz wurde außergerichtlich vereinbart. Die deutsche Bundesregierung zahlte Caroline im Jahre 2005 Schadensersatz wegen nicht ausreichenden Schutzes durch die deutschen Gerichte und zusätzlich eine Kostenerstattung. Insgesamt belief sich die Zahlung auf 115.000 EUR. Seit 2008 gibt es weitere Urteile zu Caroline und ihren mittlerweile erwachsenen Kindern. In seinem Urteil vom 26.2.2008 – 1 BvR 1602, 07 – hatte das BVerfG die Entscheidung des BGH vom 6.3.2007 – VI ZR 52/06 aufgehoben und die Pressefreiheit gestärkt.

[62] Der zivilrechtliche Persönlichkeitsschutz ist wesentlich älter als der grundrechtliche; Palandt/*Sprau*, BGB § 823 Rn. 83 ff. mwN.

[63] BVerfG Urt. v. 15.12.1983 – 1 BvR 209/83 ua, BVerfGE 65, 1 = NJW 1984, 419 (422).

(b) **Formeller Datenschutz**, ausgeprägt **in EU-Richtlinien, BDSG (Datengeheimnis gemäß § 5 BDSG)**, den Landesdatenschutzgesetzen und einer Vielzahl von Spezialdatenschutzregelungen und
(c) **Recht auf informationelle Selbstbestimmung**, va gegründet auf dem Urteil des BVerfG zum Volkszählungsgesetz 1983 (sogenanntes Volkszählungsurteil),[64] das in der Zwischenzeit auch von BVerfG und BGH „weiterentwickelt" wurde.[65] Beim Recht auf informationelle Selbstbestimmung handelt es sich nach wohl überwiegender Meinung nicht um eine Facette des Allgemeinen Persönlichkeitsrechts.[66]
(d) **Grundrecht auf Gewährleistung der Vertraulichkeit und Integrität informationstechnischer Systeme**, postuliert im Urteil des BVerfG vom 27.2.2008 (1 BvR 370/07) zur Online-Durchsuchung sowie zur Aufklärung des Internet.[67]

Zumindest die drei Komplexe (a) bis (c) überlagern sich. Insbesondere (b) hat jedoch (formal) einen anderen Schutzgegenstand, nämlich „personenbezogene Daten". Dabei darf nicht verkannt werden, dass **im Datenschutzrecht** der **Schutz der Daten nicht Selbstzweck** ist. Vielmehr dient der Schutz der personenbezogenen Daten vor Beeinträchtigungen des Persönlichkeitsrechts des Betroffenen (siehe § 1 Abs. 1 BDSG).

Teilweise in Abgrenzung, meist jedoch als Verstärkung des Allgemeinen Persönlichkeitsrechts sind zu sehen: **Art. 6 GG** (Ehe und Familie),[68] **Art. 10 GG** (Brief-, Post- und Fernmeldegeheimnis), **Art. 13 GG** (Unverletzlichkeit der Wohnung).

Häufig in einem gewissen Gegensatz zu oben genannten grundrechtlichen Positionen stehen – etwa im Zusammenhang mit Meinungsäußerungen in Bewertungsforen[69] – **Art. 5 GG** (Meinungsäußerungsfreiheit, Medienfreiheit, Kunst- und Wissenschaftsfreiheit).[70] Speziell im Beschäftigungsverhältnis sind als konfligierende Grundrechtspositionen auch **Art. 12 GG** (Berufsausübungsfreiheit)[71] und **Art. 14 GG** (Eigentumsfreiheit) denkbar.

Die Verflechtung und gegenseitige Verstärkung von Grundrechten hat *Hufen*[72] im Zusammenhang mit den Konsequenzen aus dem BVerfG-Urteil[73] zur akustischen Wohnraumüberwachung am Beispiel des Art. 13 GG wie folgt dargelegt:

„[...]
- *Bei jeder Maßnahme hängt deren Verfassungsmäßigkeit von einer Feststellung der Intensität und Intimität der beobachteten Kommunikation ab.*
- *Bei bestimmten Privaträumen – anders als bei Geschäftsräumen – spricht eine Vermutung für die durch die Menschenwürde geschützte Intimsphäre und damit gegen die Verfassungsmäßigkeit akustischer Maßnahmen.*

---

[64] BVerfG Urt. v. 15.12.1983 – 1 BvR 209/83 ua, BVerfGE 65, 1 = NJW 1984, 419.
[65] *Schneider*, Handbuch des EDV-Rechts, Kap. B Rn. 8 ff.; zur für 2011 geplanten Volkszählung: *Forgó/Heermann* K&R 2011, 617.
[66] *Hufen* Staatsrecht II – Grundrechte, 4. Aufl. 2009, § 12 Rn. 1 ff.
[67] Einzelheiten → Rn. 42 ff.
[68] BVerfG Urt. v. 15.12.1999 – 1 BvR 653/96 – zu Fotos von Kindern von Caroline. Das BVerfG hatte das Verfahren an den BGH zurückverwiesen, weil der BGH den das allgemeine Persönlichkeitsrecht verstärkenden Einfluss von Art. 6 GG nicht berücksichtigt hatte.
[69] BGH Urt. v. 23.6.2009 – VI ZR 196/08 – spickmich.de.
[70] Zu den Schranken der Meinungsfreiheit: BVerfG Beschl. v. 4.11.2009 – 1 BvR 2150/08, K&R 2010, 648; dazu *Ladeur* K&R 2010, 642. Zu Meinungsfreiheit durch Datenschutz: *Timefeld* ZD 2015, 22 ff.
[71] Siehe auch BVerfG Beschl. v. 8.12.2010 – 1 BvR 1287/08, NJW 2011, 665 zur Teilnahme eines Zahnarztes an einem dem Preisvergleich dienenden Internetportal. Ein Berufsgericht für Zahnärzte hatte dem Zahnarzt einen Verweis erteilt, ua weil er aus berufsrechtlichen Gründen ohne persönliche Untersuchung keine Kostenschätzung abgeben dürfe. Aus Sicht des BVerfG verletzt das Urteil des Landesberufsgerichts BW den Zahnarzt in Art. 12 II GG. Aus den Leitsätzen: „[...] 2. *Allein die Wahl des Mediums Internet erlaubt es vom Grundsatz her nicht, die Grenzen erlaubter Außendarstellung von freiberuflich Tätigen enger zu ziehen. 3. Es ist nicht mit Art. 12 I GG vereinbar, eine im Internet abgegebene Kostenschätzung eines Zahnarztes generell als berufsrechtliche Werbung [...] zu qualifizieren.* [...]".
[72] *Hufen*, Der Menschenwürdegehalt der Wohnungsfreiheit, Statement im Rahmen des Symposiums: „Folgerungen aus dem Urteil des Bundesverfassungsgerichts zur akustischen Wohnraumüberwachung: Staatliche Eingriffsbefugnisse auf dem Prüfstand", 8.11.2004 Berlin, abrufbar unter: http://www.bfdi.bund.de/SharedDocs/Publikationen/PM37-04ThesenpapierHufen.pdf?__blob=publicationFile.
[73] BVerfG Urt. v. 3.3.2004 – 1 BvR 2378/98 und 1 BvR 1084/99, NJW 2004, 999.

- *Dasselbe gilt, wenn der Betroffene allein oder mit einem „privilegierten" Kommunikationspartner (Ehepartner, Kinder, Geschwister aber auch Rechtsanwälte und Priester) sich im geschützten Raum der Privatwohnung aufhält.*
- *Auf eine Aufzeichnung muss verzichtet werden, um die Verletzung der Menschenwürde auszuschließen bzw. jederzeit abbrechen zu können."*

25   *Gallwas* hat das Verhältnis des Rechts auf informationelle Selbstbestimmung zu anderen grundrechtlich geschützten Informationsinteressen als „informationelles Drittverhältnis" bezeichnet,[74] das ausdrücklich auch zwischen Privaten gilt.[75] Diese informationellen Rechte anderer, die das Recht auf informationelle Selbstbestimmung beschränken, sind nach *Gallwas* insbesondere Forschungsfreiheit (Art. 5 Abs. 3 S. 1 GG) und speziell dazu das Recht, sich aus allgemein zugänglichen Quellen zu unterrichten (Art. 5 Abs. 1 S. 1 GG).[76] *Gallwas* sieht einen entscheidenden Unterschied zwischen der Beeinträchtigung der informationellen Selbstbestimmung durch den Staat und durch Private. Im Verhältnis zum Staat gelte ein Regel-Ausnahme-Verhältnis. *„Danach ist die informationelle Selbstbestimmung die Regel, informationelle Fremdbestimmung die Ausnahme. Es besteht somit dem Staat gegenüber eine grundrechtliche Vermutung zugunsten der informationellen Selbstbestimmung".*[77] Gegenüber **privaten** Informationsinteressen bestehen jedoch – so *Gallwas* – gerade kein Regel-Ausnahme-Verhältnis und **keine Vermutung zugunsten der informationellen Selbstbestimmung**, weil hier auch keine unmittelbare Grundrechtsbindung gelte, sondern eine Grundrechtskollision eintritt.[78] Zwischen Privaten müsse *„in jedem Konfliktfall eine Gewichtung der widerstreitenden informationellen Interessen im Wege einer verfassungskonformen Abwägung der gegenseitigen Schutzbedürfnisse und der entsprechenden Schutzpflichten"*[79] erfolgen. Es ist nicht per se das Recht auf informationelle Selbstbestimmung vorrangig. Vielmehr kann es Fälle von Vorrangigkeit anderer Informationsinteressen bzw. Freiheitsrechte (va der Forschungsfreiheit, aber auch der Meinungsfreiheit)[80] oder Gleichrangigkeit geben. Im Falle Gleichrangigkeit haben die beteiligten Privaten eine *„gegenseitige grundrechtliche Verpflichtung zur Rücksichtnahme"* und der Staat *„eine korrespondierende Verpflichtung zur Konkretisierung dieses Gebots im Sinne einer praktischen Konkordanz".*[81] Welche Kriterien, neben der Intensität der Betroffenheit und der Missbrauchsmöglichkeit,[82] in die genannte Abwägung im Falle eines Konflikts im informationellen Drittverhältnis einzustellen sind, ergibt sich aus den Funktionen der grundrechtlich geschützten Positionen. Das Recht auf informationelle Selbstbestimmung ist eine Facette des allgemeinen Persönlichkeitsrechts, das sich aus verschiedenen Grundrechten speist oder – nach *Gallwas*[83] – *„im Dienste [verschiedener] Grundrechtspositionen"* steht und somit je nach Einzelfall unterschiedliche Funktionen haben kann:
- Schutz der Entfaltung der Persönlichkeit, insbesondere der Privatsphäre,
- dazu gehört auch der Schutz vor Rundum-Überwachung, weil das Unbeobachtet-Sein eine Voraussetzung der Ausübung von Freiheitsrechten ist;
- Schutz vor Diskriminierung, insbesondere vor ungerechtfertigter Differenzierung bei individueller, von der Mehrheit abweichender Wahrnehmung von Freiheitsrechten,
- Schutz der Menschenwürde,
- Schutz vor Infiltration und Ausspähung der informationstechnischen Systeme (Gewährleistung der Vertraulichkeit und Integrität).

---

[74] Conrad/Grützmacher/*Gallwas*, Recht der Daten und Datenbanken, S. 347 (348).
[75] Conrad/Grützmacher/*Gallwas*, Recht der Daten und Datenbanken, S. 350.
[76] Conrad/Grützmacher/*Gallwas*, Recht der Daten und Datenbanken, S. 349.
[77] Conrad/Grützmacher/*Gallwas*, Recht der Daten und Datenbanken, S. 356.
[78] Conrad/Grützmacher/*Gallwas*, Recht der Daten und Datenbanken, S. 357.
[79] Conrad/Grützmacher/*Gallwas*, Recht der Daten und Datenbanken, S. 358. Siehe S. 359–360 zu den Kriterien der Abwägung.
[80] BGH Urt. v. 23.6.2009 – VI ZR 196/08 – spick.mich; Verfassungsbeschwerde dagegen vom BVerfG (Beschl. v. 16.8.2008 – 1 BvR 1750/09) nicht angenommen.
[81] Conrad/Grützmacher/*Gallwas*, Recht der Daten und Datenbanken, S. 359.
[82] Conrad/Grützmacher/*Gallwas*, Recht der Daten und Datenbanken, S. 360.
[83] Conrad/Grützmacher/*Gallwas*, Recht der Daten und Datenbanken, S. 359.

Bei einer Grundrechtskollision zwischen Privaten hat also zwingend eine Abwägung zu 26 erfolgen, und zwar auf verfassungsrechtlicher und ggf. auch auf nachrangiger einfachgesetzlicher, etwa privatrechtlicher Ebene.[84] Man darf zweifeln, ob diese Abwägung im formellen Datenschutzrecht des nicht-öffentlichen Bereichs ausreichend gelungen ist,[85] weil (auch) dort auf erster Stufe das Verbotsprinzip steht, das einen gewissen Absolutheitsanspruch hat. Beim formellen Datenschutzrecht geht es um eine Mittel-Zweck-Relation, deren Grundlage das datenschutzrechtliche Verbot mit Erlaubnisvorbehalt ist: Jede Erhebung, Verarbeitung und Nutzung personenbezogener Daten ist im Geltungsbereich der Norm verboten, es sei denn, sie ist – durch eine Norm oder die Einwilligung des Betroffenen – erlaubt (Verbotsprinzip). Prinzipien und Abwägungen, wie sie beim allgemeinen Persönlichkeitsrecht und ggf. bei anderen Grundrechten eine Rolle spielen, wie zB der Kernbereich der Menschenwürde bzw. der selbstbestimmten Lebensführung oder die Privatheit und Intimität, spielen wegen des Verbotsprinzips beim formellen Datenschutz grundsätzlich keine Rolle.

Dies gilt jedoch nur eingeschränkt. Zum einen ist auch im formellen Datenschutzrecht für 27 den nicht-öffentlichen Bereich die Erhebung, Verarbeitung und Nutzung von Daten für ausschließlich „persönliche oder familiäre Tätigkeiten" privilegiert (§ 1 Abs. 2 Nr. 3 BDSG). Zum anderen lösen die Datenschutzgesetze die Strenge des Verbotsprinzips und seinen potentiellen Konflikt mit den Grundrechten der datenverarbeitenden Stellen über relativ weite Erlaubnisnormen. Um diese wiederum im Lichte des Rechts auf informationelle Selbstbestimmung einzugrenzen, sehen einige Erlaubnisnormen Abwägungen vor (siehe etwa § 28 Abs. 1 S. 1 Nr. 2 und Nr. 3 BDSG, § 32 Abs. 1 Satz 1 BDSG).[86] Durch das Verbotsprinzip auf erster Stufe in Verbindung mit dem **Erforderlichkeitsprinzip** ist das Prinzip der **Datenvermeidung und Datensparsamkeit** (§ 3a BDSG) entwertet.[87] Mit der Entwicklung des Beschäftigtendatenschutzes werden das datenschutzrechtliche Erforderlichkeitsprinzip und das Prinzip der Datenvermeidung und Datensparsamkeit zunehmend durch das **Verhältnismäßigkeitsprinzip** abgelöst.

Nach seiner eigentlichen Konzeption gehören zum **Instrumentarium** des Datenschutzes 28 Zulässigkeitsvoraussetzungen, Kontrollinstitutionen, Rechte des Betroffenen und **technisch/organisatorische Maßnahmen**. Letztere sind inhaltlich weitgehend deckungsgleich mit der IT-Sicherheit. Jedoch ist der Fokus des Rechts der IT-Sicherheit ein anderer. Dort geht es tatsächlich um Vorschriften zum Schutz von (automatisierten) Daten und IT-Systemen, um Verluste bzw. Risiken für Unternehmen vor allem in deren Interesse und im Dritt-Interesse zu vermeiden.[88] Daraus ergibt sich naturgemäß ein Spannungsfeld zwischen den Kontroll-, Überwachungs- und Protokolliergeboten der IT-Sicherheit und dem Schutz vor solchen Maßnahmen (jedenfalls wenn sie unverhältnismäßig sind) durch den Datenschutz. Gleichwohl ist der technisch-organisatorische Datenschutz, ausgeprägt va im Grundsatz der Datenvermeidung und Datensparsamkeit (§ 3a BDSG) und in den technischorganisatorischen Maßnahmen des § 9 BDSG iVm Anlage[89] dazu, eines der Grundprinzipien und Voraussetzung für einen funktionsfähigen Datenschutz.[90]

2. Entwicklung der Datenschutzgesetzgebung

a) **Die erste Fassung des BDSG (1977).** Das Datenschutzrecht hat sich seit Anfang 29 der siebziger Jahre weitgehend unabhängig vom eigentlichen EDV-(Vertrags-)Recht ent-

---

[84] *Conrad/Grützmacher/Gallwas*, Recht der Daten und Datenbanken, S. 363.
[85] Im öffentlichen Bereich ist dagegen das Verbotsprinzip wegen des oben erwähnten Regel-Ausnahme-Verhältnisses verfassungsrechtlich geboten.
[86] Teilweise wird vertreten (so wohl auch Simitis/*Simitis* BDSG § 28 Rn. 21), man müsse die Abwägung auch als ungeschriebenes Merkmal in § 28 Abs. 1 S. 1 Nr. 1 BDSG hineinlesen.
[87] *Schneider/Härting* ZD 2011, 63 ff.; *ders./ders.* DR 2014, 306; *Schneider* ZD 2015, 245.
[88] Zum Schutz der Daten im Recht der IT-Sicherheit → § 33 Compliance, IT-Sicherheit, Ordnungsmäßigkeit der Datenverarbeitung Rn. 171 ff.
[89] Siehe speziell für Telemedien die technisch-organisatorischen Maßnahmen in § 13 Abs. 3–7 TMG.
[90] *Enzmann/Scholz*, Technisch-organisatorische Gestaltungsmöglichkeiten, in: *Roßnagel* (Hrsg.), Datenschutz beim Online-Einkauf, 2002, 73. Zu Datenschutz durch Anonymität und Pseudonymität: *Roßnagel/Scholz* MMR 2000, 721.

wickelt.[91] Auslöser war der Fortschritt bei der automatisierten Erhebung und Verarbeitung von Daten durch die EDV in den 60er Jahren, die eine bis dahin nicht gekannte Auswertung von Daten und damit die Erstellung aussagekräftiger Persönlichkeitsprofile ermöglichte. Angesichts wachsender Schnelligkeit und Umfang der EDV, die nicht an nationale Grenzen gebunden ist und potentiell jeden Lebensbereich erfassen kann, sollte der Mensch vor unbefugter Sammlung, Verarbeitung und Verwendung seiner privaten, beruflichen oder sonstigen Daten geschützt werden.

30 Nachdem bereits 1970 das Land Hessen ein Landesdatenschutzgesetz, und zwar das erste allgemeine Datenschutzgesetz der Welt überhaupt, verabschiedet hatte (das Land Rheinland-Pfalz folgte 1974), wurde 1971 ein erster Referentenentwurf für ein Bundesdatenschutzgesetz vorgelegt. Mehrjährige Beratungen und Neufassungen der Texte folgten, bis schließlich die erste Fassung des BDSG am 1.2.1977 verkündet wurde und am 1.1.1979 in vollem Umfang in Kraft trat. Nachfolgend haben dann auch alle anderen Bundesländer teils neue, teils novellierte Datenschutzgesetze erlassen.

31 In den folgenden Jahren, in denen der Datenschutz in der Praxis Gestalt annahm, vollzogen sich durch die technische Entwicklung in der Datenverarbeitung wesentliche Änderungen. Die Großrechenzentren waren nicht mehr vorrangig Gegenstand datenschutzrechtlicher Überlegungen. Der Computer hatte am individuellen Arbeitsplatz aber auch im häuslich privaten Bereich seinen Platz gefunden. Gleichzeitig vollzog sich ein andauernder Wandel der Verarbeitungstechniken. Die Möglichkeiten des Direktzugriffs, der Verwendung freier Abfragesprachen, die fortschreitende, inzwischen weltweite Vernetzung verschiedener Informationssysteme sowie die zunehmende Dezentralisierung der Verarbeitungen sind Beispiele hierfür.

32 **b) Volkszählungsurteil des BVerfG und die zweite Fassung des BDSG 1990.** Auch das rechtliche Umfeld wurde wesentlich verändert. Das ist vorrangig dem Urteil des BVerfG zum Volkszählungsgesetz 1983 und dem damit geschaffenen „Recht auf informationelle Selbstbestimmung"[92] zu verdanken.[93]

„Freie Entfaltung der Persönlichkeit setzt unter den Bedingungen moderner Datenverarbeitung den Schutz des Einzelnen gegen unbegrenzte Erhebung, Speicherung, Verwendung und Weitergabe seiner persönlichen Daten voraus. Dieser Schutz ist daher von dem Grundrecht des Art. 2 Abs. 1 iVm mit Art. 1 Abs. 1 GG (= Schutz der Menschenwürde) umfasst."[94]

33 Mit einer Vielzahl von Veränderungen im positiven Recht, etwa durch neue „bereichsspezifische" Vorschriften, und einer das Datenschutzrecht präzisierenden und fortschreibenden Rechtsprechung ging auch ein gewandeltes Rechtsempfinden der Bürger einher. Die Mehrzahl der Bundesländer hat das Grundrecht auf Datenschutz in die Landesverfassungen übernommen.

34 Im Hinblick auf die technischen und rechtlichen Veränderungen des Datenschutzumfeldes wurden sodann verschiedene Anläufe zu einer Novellierung des BDSG gemacht. Insgesamt lagen den Parlamenten zehn Gesetzentwürfe vor, bis dann im Jahr 1990 das BDSG in der zweiten Fassung verabschiedet wurde.[95] Der Schwerpunkt der Änderungen lag im öffentlichen Bereich. Vor dem Hintergrund des Volkszählungsurteils sollte dem Bürger in erster Linie ein Recht auf informationelle Selbstbestimmung vor staatlichen Informationsansprüchen eingeräumt werden.

35 Andererseits wurde mehr und mehr erkennbar, dass die insoweit subsidiären Regelungen des BDSG durch die fortschreitende bereichsspezifische Gesetzgebung zunehmend an Be-

---

[91] Zu den Anfängen des EDV-Rechts siehe *Geiger*, Der Weg zur Rechtsinformatik – erste praktische Schritte in den Jahren 1969 bis 1972 in: Conrad (Hrsg.), Inseln der Vernunft, 2008.
[92] Aktuell zum Recht auf informationelle Selbstbestimmung siehe BVerfG Urt. v. 11.3.2008 – 1 BvR 2074/05; 1 BvR 1254/07 – zur polizeilichen Kfz-Kennzeichenerfassung → Rn. 555.
[93] Siehe zum Volkszählungsurteil und Recht auf informationelle Selbstbestimmung: *Garstka* DuD 1994, 243; *Schrader* CR 1994, 427.
[94] BVerfG Urt. v. 15.12.1983 – 1 BvR 209/83 ua, BVerfGE 65, 1 = NJW 1984, 419.
[95] Zu BDSG 1991 siehe *Dammann*, Das neue Bundesdatenschutzgesetz. Überblick über die am 1.6.1991 in Kraft getretene Neufassung (BGBl. 1990 I S. 2954), NVwZ 1991, 640; *Büllesbach* NJW 1991, 2593.

II. Persönlichkeitsrecht, Datenschutz und verfassungsrechtliche Grundlagen 36–38 § 34

deutung verloren.[96] Etwa für den Multimediabereich wurden datenschutzrechtliche Bestimmungen zum einen im Telekommunikationsgesetz (TKG) erlassen und zum anderen im Teledienstedatenschutzgesetz (TDDSG vom 22.7.1997), das 2007 durch das Telemediengesetz (TMG) abgelöst wurde.[97]

c) Europäisches Datenschutzrecht. Maßgebend für die weitere Entwicklung des Datenschutzrechts war die Erkenntnis, dass Datenschutz an den Grenzen eines Staates nicht Halt macht. Allein durch die wirtschaftlichen Verpflichtungen und die Erfordernisse des Transborder Data Flows bedarf Datenschutz als grenzüberschreitende Problemstellung sowohl internationaler, als auch insbesondere im Hinblick auf den europäischen Binnenmarkt europaeinheitlicher Regelungen. Die EG-Kommission hat im Rahmen eines Datenschutzpaketes bereits 1990 einen Vorschlag für eine Datenschutzrichtlinie vorgelegt, die in überarbeiteter Fassung im Jahr 1995 als *Richtlinie zum Schutz natürlicher Personen bei der Verarbeitung personenbezogener Daten und zum freien Datenverkehr* verabschiedet wurde. Die EU-Staaten wurden verpflichtet, ihr Datenschutzrecht innerhalb von drei Jahren den Vorgaben der Richtlinie anzupassen. 36

Der europarechtliche Rahmen für den Datenschutz sieht auszugsweise wie folgt aus: 37
- **Richtlinie 95/46/EG**[98] des Europäischen Parlamentes und des Rates vom 24.10.1995 zum Schutz natürlicher Personen bei der Verarbeitung personenbezogener Daten und zum freien Datenverkehr – Datenschutzrichtlinie, ABl. L 281 vom 23.11.1995, S. 31. Mitte 2009 hat die europäische Kommission eine erste Konsultationsphase zur Novellierung der Richtlinie erlassen.[99]
- **Richtlinie 97/66/EG**[100] des Europäischen Parlaments und des Rates vom 15.12.1997 über die Verarbeitung personenbezogener Daten und den Schutz der Privatsphäre im Bereich der Telekommunikation, ABl. L 24 vom 30.1.1998, S. 1–8.
- **Richtlinie 2000/31/EG** des Europäischen Parlaments und des Rates vom 8.6.2000 über bestimmte rechtliche Aspekte der Dienste der Informationsgesellschaft, insbesondere des elektronischen Geschäftsverkehrs, im Binnenmarkt – Richtlinie über den elektronischen Geschäftsverkehr, ABl. L 178 vom 17.7.2000, S. 1.
- **Richtlinie 2002/58/EG**[101] des Europäischen Parlaments und des Rates vom 12.7.2002 über die Verarbeitung personenbezogener Daten und den Schutz der Privatsphäre in der elektronischen Kommunikation – Datenschutzrichtlinie für elektronische Kommunikation, ABl. L 108 vom 24.4.2002, S. 33; die überarbeitete Richtlinie 2009/136/EG enthält Regelungen zu Cookies und Opt-ins, deren Umsetzung in Deutschland nach wie vor strittig ist.[102]
- Nicht zum Datenschutzrecht im eigentlichen Sinne gehört die 2006 in Kraft getretene und heftig umstrittene **Richtlinie 2006/24/EG**[103] über die Vorratsspeicherung von Daten.
- An die Stelle der Datenschutzrichtlinie 95/46 EG soll die geplante „Datenschutz-Grundverordnung" (DS-GVO) treten.[104]

d) Dritte Fassung des BDSG 2001. Im Mai 2001 wurde in Umsetzung der Datenschutzrichtlinie 95/46/EG die dritte Fassung des BDSG verabschiedet. In der Folgezeit erfolgten 38

---

[96] Zum Reformbedarf siehe etwa: *Roßnagel/Pfitzmann/Garstka*, Modernisierung des Datenschutzrechts. Gutachten im Auftrag des Bundesministeriums des Innern, 2001.
[97] Einzelheiten zum Datenschutz der Telemedien → § 36.
[98] Zu den Prinzipien des deutschen Datenschutzrechts unter Berücksichtigung dieser Datenschutzrichtlinie der EG vom 24.10.1995 – (1. Teil), RDV 1998, 235 (I), RDV 199, 12 (2); *Gounalakis/Mand* CR 1997, 431 (I), 497 (II); *Eul/Godefroid* RDV 1998, 185; *Ehmann/Helfrich* EG-Datenschutzrichtlinie, 1999; *Ehmann/Sutschet* RDV 1997, 3. Zu Rechtsstellung, Aufgaben und Befugnissen der Datenschutzkontrollstellen nach Art. 28 der RL 95/46/EG: *Giesen* RDV 1998, 15.
[99] *Selk* AnwBl 2011, 244.
[100] Zur sog ISDN-Datenschutzrichtlinie siehe *Rihaczek* DuD 1994, 488.
[101] *Ohlenburg* MMR 2003, 82; *Roy* RDV 1995, 53; *Ohlenburg* MMR 2003, 82; *Krader* RDV 2000, 251.
[102] Einzelheiten → § 36 Datenschutz der Telemedien Rn. 9 ff.
[103] → Rn. 557 ff.
[104] → Rn. 47 ff.

nur kleinere Änderungen, wie etwa durch ein **Gesetz zum Abbau bürokratischer Hemmnisse** vom Juni 2006.[105]

Auch nach der dritten Fassung des BDSG gab es diverse „offene" bzw. „strittige" Punkte, wofür bzw. wie der Datenschutz gelten soll. Einige werden kurz aufgelistet:

- Privater/Öffentlicher Bereich
- Natürliche Personen/Juristische Personen
- Bedrohungen durch „elektronische" Medien/jede Verarbeitung personenbezogener Daten
- Phasenweise Schutz-Konzepte und Zulässigkeitsvoraussetzungen (so das BDSG) oder flexibles Schutzgut
- Bei Schutz personenbezogener Daten: Abstufung nach „Sensitivität"? (jetzt: Besondere Arten personenbezogener Daten nach § 3 Abs. 9 BDSG 2001)
- Komplettes Verbot oder weitgehende Einschränkung des Handels mit Daten
- Selbstregulierung und/oder Kontroll- und Sanktionensystem
- va interner/externer betrieblicher Datenschutzbeauftragter und/oder Aufsichtsbehörden, Unabhängigkeit der Aufsichtsbehörden.[106]

39 **e) Drei BDSG-Novellen in 2009.**[107] Einige der strittigen Punkte wurden im Rahmen der aktuellen Überarbeitungen des BDSG in Angriff genommen. Der Bundestag hat kurz vor Ende der 16. Legislaturperiode drei Novellen zum BDSG verabschiedet.

Die **BDSG-Novelle I** (Gesetz zur Änderung des Bundesdatenschutzgesetzes vom 29.7.2009, BGBl. I S. 2254, in Kraft seit **1.4.2010**) beschäftigt sich va mit

- der Datenübermittlung an Auskunfteien[108] (§ 28a BDSG, neu) und
- dem Kredit-Scoring (§ 28b BDSG, neu).

Damit zusammenhängend steht auch die **BDSG Novelle III** (Gesetz zur Änderung des Bundesdatenschutzgesetzes vom 29.7.2009, BGBl. I S. 2355, in Kraft seit **11.6.2010**).

40 Die **BDSG-Novelle II** (Gesetz zur Änderung datenschutzrechtlicher Vorschriften vom 14.8.2009, BGBl. I S. 2814, in Kraft seit 1.9.2009) enthält ein Kessel Buntes und ist maßgeblich durch Datenschutzskandale motiviert gewesen. Die Neuerungen in Stichpunkten:

- Auftragsdatenverarbeitung (siehe § 11 Abs. 2 BDSG: Klarstellung der Anforderungen an die Festlegung im Auftragsdatenverarbeitungsvertrag)
- Adresshandel und Werbung (siehe § 28 Abs. 3 BDSG sowie § 28 Abs. 3a und 3b BDSG, Abs. 3a und 3b sind neu)
- Beschäftigtendatenschutz (§ 32 BDSG, neu)
- Stellung des betrieblichen Datenschutzbeauftragten (Kündigungsschutz und Recht auf Fort- und Weiterbildung, § 4f BDSG)
- Behördliche Datenschutzkontrolle (Anordnungen nach § 38 Abs. 5 BDSG bei Datenschutzverstößen sowie Erhöhung des Bußgeldrahmens § 43 BDSG)
- Informationspflicht bei unrechtmäßiger Kenntniserlangung von Daten (§ 42a BDSG, neu)

Die geplanten Regelungen zum **Datenschutzauditgesetz** liegen – soweit ersichtlich – auf Eis.

41 **f) Entwurf eines Gesetzes zur Regelung des Beschäftigtendatenschutzes.** Nachdem das BDSG in 2009 in drei „Schnellverfahren" novelliert wurde, begann bereits wenige Tage nach Inkrafttreten die Reform der Reform. Im September 2009 wurde vom damaligen Arbeitsminister ein Entwurf eines Arbeitnehmerdatenschutzgesetzes veröffentlicht.[109] In 2010 wurden

---

[105] Zur Entwicklung des Datenschutzrechts in den Jahren 2000–2005 siehe: *Gola/Jaspers* RDV 1998, 47; *Gola/Klug* NJW 2001, 3747; *dies.* NJW 2002, 2431; *dies.* NJW 2003, 2420; *dies.* NJW 2004, 2428; *dies.* NJW 2005, 2434.
[106] → Rn. 78, 163.
[107] Für einen zusammenhängenden Überblick über die Neuerungen: *Gola* NJW 2009, 2577, *Abel* RDV 2009, 147, *Roßnagel* NJW 2009, 2716. Zum europarechtlichen Aspekt: *Fassbender* RDV 2009, 96.
[108] Siehe zu datenschutzrechtlichen Fragen der Datenübermittlungen an die Schufa und dem Schufa-Verfahren, allerdings nach altem Recht: *Kamlah* MMR 1999, 395; *Kloepfer/Kutzschbach* MMR 1998, 650.
[109] Siehe etwa Entwurf für ein Gesetz zum Datenschutz im Beschäftigungsverhältnis (Beschäftigtendatenschutzgesetz – BDatG) vom 4.9.2009.

II. Persönlichkeitsrecht, Datenschutz und verfassungsrechtliche Grundlagen 42, 43 § 34

seitens der Bundesregierung diverse Referentenentwürfe vorgelegt.[110] Das Bundeskabinett hat am 25.8.2010 den Entwurf eines Gesetzes zur Regelung des Beschäftigtendatenschutzes[111] beschlossen, zu dem der Bundesrat am 5.11.2010 kritisch Stellung nahm.[112] Die Bundesregierung hat am 15.12.2010 eine Gegenäußerung abgegeben, in der sie einen Großteil der Vorschläge des Bundesrats ablehnte.[113] Am 24.2.2011 wurde der Entwurf im Bundestag in erster Lesung kontrovers diskutiert. Am 23.5.2011 fand im Innenausschuss des Bundestages eine öffentliche Anhörung zum Thema Beschäftigtendatenschutz statt, für die Sachverständige und Interessenvertreter schriftliche Stellungnahmen abgegeben hatten.[114] Im Februar 2013 wurde das Gesetzesvorhaben durch die Bundesregierung vorläufig gestoppt. Ob und wann der Gesetzesentwurf verabschiedet wird, ist angesichts der anstehenden EU-Datenschutzgrundverordnung nicht absehbar.[115] Da jedoch die vorliegenden Entwürfe der Datenschutzgrundverordnung[116] Öffnungsklauseln für Mitgliedsstaaten vorsehen, bereichsspezifische Regelungen gerade für den Bereich Beschäftigtendatenschutz zu schaffen (Art. 82 EU-DSVO-E), ist der deutsche Gesetzesentwurf möglicherweise noch nicht ganz vom Tisch.

Die Bestrebungen zur Schaffung eines Sonderrechts für den Arbeitnehmerdatenschutz gehen bereits weiter zurück – bis zu den Anfängen des BDSG.[117] Als Bestandteil der BDSG-Novelle II aus 2009 ist § 32 BDSG eingeführt worden und zum 1.9.2009 in Kraft getreten.[118] Die BDSG-Novellen 2009 haben das Bewusstsein erhöht, dass ein unkontrolliertes Sammeln von Beschäftigtendaten seinerseits Risiken schafft und somit zu begrenzen ist. Dennoch ist sich die Literatur weitgehend einig, dass § 32 BDSG mehr Fragen aufgeworfen als bestehende Rechtsunsicherheiten geklärt hat.[119]   42

§ 32 BDSG sollte nach dem Gesetzentwurf vom 25.8.2010 durch einen eigenen Unterabschnitt (13 Paragraphen, §§ 32–32l BDSG-E), der die Erhebung, Verarbeitung und Nutzung   43

---

[110] Der Regierungsentwurf vom 25.8.2010 ist der sechste Entwurf eines Gesetzes zur Regelung des Beschäftigtendatenschutzes in 2010. Der erste Referentenentwurf in 2010 stammt vom 23.3.2010, die drei nachfolgenden Referentenentwürfe vom 28.5., 28.6. (mit Korrektur vom 7.7.) und 11.8.2010. Daneben gibt es einen Fraktionsentwurf von Bündnis 90/Die Grünen vom 22.7.2010. Zumindest der erste Referentenentwurf vom 23.3. weicht teilweise erheblich vom Regierungsentwurf vom 25.8.2010 ab. Siehe auch die Synopse von *Zimmer-Helfrich/Hanloser* im MMR-Forum Beschäftigtendatenschutz, abrufbar unter www.blog.beck.de. Am 22.2.2011 haben verschiedene Abgeordnete und Bündnis 90/Die Grünen einen Entwurf eines Gesetzes zur Verbesserung des Schutzes personenbezogener Daten der Beschäftigten in der Privatwirtschaft und bei öffentlichen Stellen vorgelegt (BT-Drs. 17/4853).
[111] Vorliegend in der überarbeiten Fassung unter der Bundestags-Drucksache 17/4230 vom 15.12.2010, abrufbar unter http://dip21.bundestag.de/dip21/btd/17/042/1704230.pdf.
[112] Stellungnahme des Bundesrats zum Entwurf eines Gesetzes zur Regelung des Beschäftigtendatenschutzes, BR-Drs. 535/10, abrufbar unter http://www.bundesrat.de/SharedDocs/Drucksachen/2010/0501-600/535-10, templateId=raw,property=publicationFile.pdf/535-10.pdf.
[113] BT Drs. 17/4230 (dort Anlage 4).
[114] Siehe ua Stellungnahme des DGB (AusschussDrs. 17 (4) 252 A), der GDD (*Jaspers* AusschussDrs. 17 (4) 252 B), des BDA/BDI (17 (4) 252 C), der DVD (*Hilbrans* AusschussDrs. 17 (4) 252 G); sehr interessant: *Hornung* (AusschussDrs. 17 (4) 252 D) sowie *Kramer* (AusschussDrs. 17 (4) 252 F).
[115] So hatte die Fraktion Bündnis 90/Die Grünen am 22.2.2011 einen konkurrierenden Gesetzesentwurf eingebracht, Entwurf eines Gesetzes zur Verbesserung des Schutzes personenbezogener Daten der Beschäftigten in der Privatwirtschaft und bei öffentlichen Stellen, BT-Drs. 17/4853 vom 22.2.2011, abrufbar unter http://dipbt.bundestag.de/dip21/btd/17/048/1704853.pdf.
[116] → Rn. 47 ff. Sowohl der Kommissionsentwurf vom 25.1.2012 als auch der Kompromissvorschlag des EP v. 22.10.2013 (https://www.janalbrecht.eu/fileadmin/material/Dokumente/DPR-Regulation-inofficial-consolidated-LIBE.pdf) und auch der gemeinsame Standpunkt des Rats v. 15.6.2015 sehen jeweils in Artikel 82 Abs. 1 EU-DSGVO-E eine Öffnungsklausel vor. Es ist also relativ wahrscheinlich, dass die Erlaubnis für eine nationale Konkretisierung des Beschäftigtendatenschutzes im Trilog Einigkeit findet. Der Vorschlag des EP ist jedoch hins. der Regelungen zum Beschäftigtendatenschutz bereits sehr konkret, so dass insoweit der nationale Spielraum eher klein wäre.
[117] Siehe dazu etwa *Simitis* AuR 1977, 97 ff.; *Simitis* NJW 1998, 2397; BfD, 17. TB 1997–1998, S. 131. Zum Umsetzungsbedarf der EU-Datenschutzrichtlinie und den Auswirkungen aus der Sicht des Arbeitsrechts: *Ehmann/Sutschet* RDV 1997, 3.
[118] → Rn. 39 f.
[119] *Gola/Jaspers* RDV 2009, S. 212; siehe etwa zur Streitfrage, ob § 28 Abs. 1 S. 1 Nr. 2 BDSG neben § 32 BDSG anwendbar bleibt, → Rn. 186 ff., 207 ff.

personenbezogener Daten von Beschäftigten für Zwecke des Beschäftigtenverhältnisses abschließend regelt, ersetzt werden. Mit der geplanten Neuregelung sollte sowohl die betriebliche Praxis wie auch die bis dahin ergangene Rechtsprechung der Arbeitsgerichte zum Thema Datenschutz im Beschäftigtenverhältnis im Gesetz abgebildet werden.[120] In der Literatur hat eine intensive Auseinandersetzung mit den inhaltlichen Regelungen des Entwurfs stattgefunden.[121]

44 Der Regierungsentwurf wollte „die Schaffung einer **umfassenden** Regelung für den **Arbeitnehmer**datenschutz verwirklich[en]", sich aber gleichzeitig auf „**die** in der betrieblichen Praxis relevanten Datenschutzfragen" konzentrieren und „[b]estehende Schutzlücken" schließen.[122] Das Bundeskabinett nannte folgende „*Grundprinzipien*" als „*kennzeichnend*"[123] für den Regierungsentwurf 2010: Transparenz, Erforderlichkeit und Löschungspflicht für Daten, die für den erhobenen Zweck nicht mehr erforderlich sind. Transparenz und Erforderlichkeit gehören seit jeher zu den grundlegenden Prinzipien des BDSG. Die wesentlichen Regelungen des Gesetzesentwurfs vom 25.8.2010 sind:[124]

§ 32 Datenerhebung vor Begründung eines Beschäftigungsverhältnisses
§ 32a Ärztliche Untersuchungen und Eignungstests vor Begründung eines Beschäftigungsverhältnisses
§ 32b Datenverarbeitung und -nutzung vor Begründung eines Beschäftigungsverhältnisses
§ 32c Datenerhebung im Beschäftigungsverhältnis
§ 32d Datenverarbeitung und -nutzung im Beschäftigungsverhältnis
§ 32e Datenerhebung ohne Kenntnis des Beschäftigten zur Aufdeckung und Verhinderung von Straftaten und anderen schwerwiegenden Pflichtverletzungen im Beschäftigungsverhältnis
§ 32f Beobachtung nicht öffentlich zugänglicher Betriebsstätten mit optisch-elektronischen Einrichtungen
§ 32g Ortungssysteme
§ 32h Biometrische Verfahren
§ 32i Nutzung von Telekommunikationsdiensten
§ 32j Unterrichtungspflichten
§ 32k Änderungen
§ 32l Einwilligung, Geltung für Dritte, Rechte der Interessenvertretungen, Beschwerderecht, Unabdingbarkeit.

45 § 32 bis § 32e BDSG-E orientieren sich inhaltlich an den verschiedenen Phasen des Beschäftigtenverhältnisses und unterscheiden teilweise zwischen der Bewerberphase („vor der Begründung") und der Anstellungsphase („im Beschäftigungsverhältnis") einschließlich ihrer Beendigung. Teilweise differenzieren die Vorschriften zwischen der Datenerhebung einerseits sowie der Verarbeitung und Nutzung andererseits, was an sich auch Art. 6 Abs. 1 lit. b) der Richtlinie 95/46/EG nahe legt. Diese Differenzierung ist den bisherigen Datenschutzvorschriften weitgehend fremd.

---

[120] Siehe Eckpunktepapier des BMI zum Beschäftigtendatenschutz vom 31.3.2010.
[121] Siehe zB *Tinnefeld/Petri/Brink*, Aktuelle Fragen um ein Beschäftigtendatenschutzgesetz, MMR 2010, 727; *Beckenschulze/Natzel*, Das neue Beschäftigtendatenschutzgesetz – Eine Darstellung des aktuellen Gesetzesentwurfs vom 25.8.2010, BB 2010, 2368; *Forst*, Der Regierungsentwurf zur Regelung des Beschäftigtendatenschutzes, NZA 2010, 1043; *Sasse*, Der Gesetzesentwurf zur Regelung des Beschäftigtendatenschutzes, ArbRB 2010, 309; *Thüsing*, Verbesserungsbedarf beim Beschäftigtendatenschutz, NZA 2011, 16; *Heinson/Sörup/Wybitul*, Der Regierungsentwurf zur Neuregelung des Beschäftigtendatenschutzes, CR 2010, 751; *Vietmeyer/Byers* MMR 2010, 807; *Gola* RDV 2011, 109; *Tinnefeld/Petri/Brink* MMR 2011, 427.
[122] Siehe Hintergrundpapier zum Entwurf eines Gesetzes zur Regelung des Beschäftigtendatenschutzes – Kabinettsbeschluss vom 25.8.2010, Stand des Hintergrundpapiers: 25.8.2010. Hervorhebungen von der Verfasserin.
[123] Hintergrundpapier zum Reg.-E vom 25.8.2010, S. 1.
[124] Zur Entstehungsgeschichte dieser Reform bis zur Sachverständigenanhörung im Bundestag am 23.5.2011 siehe Rn. 36. Stellungnahmen der Sachverständigen *Göhner, Hilbrans, Hornung, Jaspers, Kramer, Nielebook, Thüsing, Wedde*, abrufbar unter www.bundestag.de/bundestag/ausschuesse17/a04/Anhoerungen/Anhoerung 08/Stellungnahmen_SV/.index.html.

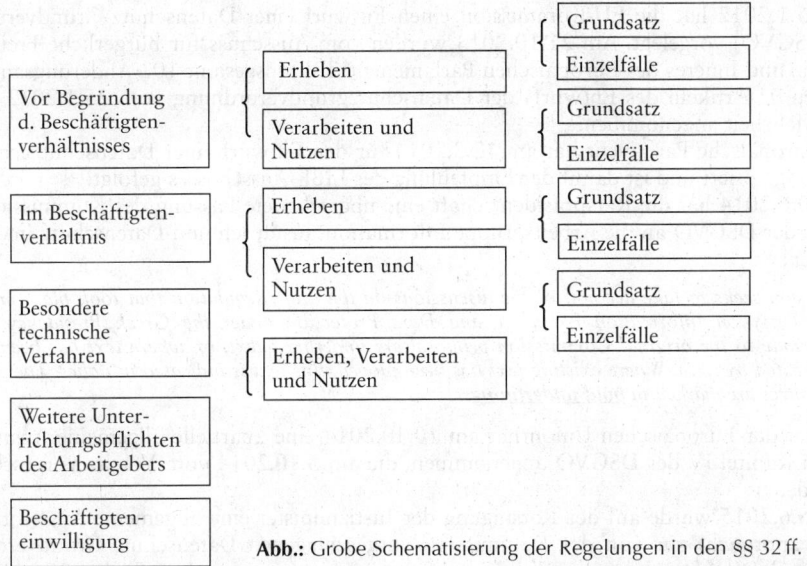

Abb.: Grobe Schematisierung der Regelungen in den §§ 32 ff. BDSG-E

46 Bereits aus dem Recht auf informationelle Selbstbestimmung ergibt sich ein Zweckbindungsgebot bzw. ein Zweckentfremdungsverbot.[125] Das Grundprinzip, das den Datenumgang – zumindest bislang – am stärksten eingeschränkt hat, ist das **Verbotsprinzip** (§ 4 Abs. 1 BDSG „... *nur zulässig, soweit* ..."). Dieses Grundprinzip nannte das Hintergrundpapier zum Regierungsentwurf 2010 zumindest nicht ausdrücklich. Eine geplante Abkehr vom Verbotsprinzip lässt sich damit wohl nicht begründen. Nicht ohne weiteres transparent ist zB das Verhältnis des restriktiven § 31 BDSG zu den geplanten Beschäftigtendatenschutzregelungen (va zu § 32d Abs. 3 BDSG-E). Im Ergebnis hätte der Gesetzesentwurf vom 25.8.2010 nur teilweise mehr Klarheit schaffen, teilweise die Probleme verlagert und neue kreiert.[126]

47 **g) Datenschutz-Grundverordnung.** *aa) Entwicklung.* Der Hessische Landesdatenschutzbeauftragte *Ronellenfitsch* hat im April 2012 eine Datenschutztagung eingeleitet mit dem „Datenschutz-Mythos", der darin bestehe, dass die Hessen den Datenschutz erfunden haben (1971), von dort aus habe der Datenschutz einen Siegeszug durch Deutschland und dann durch ganz Europa angetreten, was man an der Datenschutzrichtlinie 95/46/EG ablesen könne, und nun werde das erfolgreiche Konzept in die ganze Welt exportiert. Von daher scheint es den deutschen Mythos eher zu befeuern, dass die Richtlinie 94/46/EG zwar abgelöst werden soll, aber die Entwürfe der EU-Datenschutzgrundverordnung,[127] die von der EU-Kommission und vom Europäischen Parlament vorgelegt wurden, sowie der gemeinsame Standpunkt des Rates wenig neue Instrumente vorsehen, sondern im Wesentlichen mehr vom Gleichen darstellen, doch mit unmittelbarer Geltung in den Mitgliedstaaten.[128] Die Bundesregierung wünscht sich mehr Spielraum für die Mitgliedstaaten, va im öffentlichen Sektor. Doch dem hat EU-Justizkommissarin *Reding* am 6.8.2012 eine klare Absage erteilt und sie fühlt sich durch den Streit um das **deutsche Meldegesetz** mit Ermächtigungen zum Datenhandel der Meldebehörden bestätigt.[129]

---

[125] *Schneider* Handbuch des EDV-Rechts Kap. B Rn. 108 mit Verweis auf BVerfG Urt. v. 15.5.1984 – 2 BvE 11/83; 2 BvE 15/83, NJW 1984, 2271 – *Flickausschuss* – iVm BVerfG Urt. v. 27.6.1991 – 2 BvR 1493/89, NJW 1991, 2129 (2132) – *Quellensteuer*.
[126] Einzelheiten zu einigen Regelungen des Entwurfs → Rn. 44. Zu Bewerberdaten: *Gola* RDV 2011, 109 ff.
[127] Vorschlag für eine Verordnung des Europäischen Parlaments und des Rates zum Schutz natürlicher Personen bei der Verarbeitung personenbezogener Daten und zum freien Datenverkehr (Datenschutz-Grundverordnung).
[128] Conrad/Grützmacher/*Conrad*/*Schneider*, Recht der Daten und Datenbanken im Unternehmen, S. 1119 ff.
[129] Der Bundestag hatte im Juni 2012 den Regierungsentwurf zum MeldFortG beschlossen. Im September 2012 hat der Bundesrat den Vermittlungsausschuss angerufen und einen Änderungsantrag bzw. Verschärfung

48 Am 25.1.2012 hat die EU-Kommission einen Entwurf einer Datenschutz-Grundverordnung (DSGVO) vorgelegt. Am 21.10.2013 wurden vom Ausschuss für bürgerliche Freiheiten, Justiz und Inneres des Europäischen Parlaments (LIBE) insgesamt 102 Änderungsanträge zu den 91 Artikeln des Entwurfs der Datenschutzgrundverordnung vom 25.1.2012 mit großer Mehrheit angenommen.[130]

Das Europäische Parlament hat am 12.3.2014 für den Entwurf einer Datenschutzgrundverordnung votiert und ist damit der Empfehlung des LIBE-Ausschusses gefolgt.[131]

49 Am 30.6.2014 hat die Ratspräsidentschaft eine überarbeitete Fassung des Kommissionsentwurfs der DSGVO an die Arbeitsgruppe Informationsaustausch und Datenschutz im Rat übergeben:

„This version seeks to take account of the discussions on the draft Regulation that took place in the Working Party on Information Exchange and Data Protection under the Greek Presidency. **All changes made to the original Commission** *proposal are underlined text, or, where text has been deleted, indicated by (. . .). Where existing text has been moved, this text is indicated in italics. The most recent changes are marked in* **bold underlining**.*"*[132]

50 Der Rat der Europäischen Union hat am 10.10.2014 eine „partielle allgemeine Ausrichtung" zu Kapitel IV der DSGVO angenommen, die am 3.10.2014 vom Vorsitz vorgeschlagen wurde.

51 Am 15.6.2015 wurde auf der Ratstagung der Justizminister eine allgemeine Ausrichtung (general approach) zur von der Kommission vorgeschlagenen Datenschutz-Grundverordnung festgelegt.[133] Damit hat der **Rat** einen „**Gemeinsamen Standpunkt**" iSd Art. 294 Abs. 4 AEUV beschlossen und an das Parlament geleitet. Am 19.6.2015 hat die Artikel-29-Gruppe umfangreiche Empfehlungen für EP und Rat bzgl. des Gemeinsamen Standpunktes des Rats vom 15.6.2015 zur Vorbereitung der Trilog-Verhandlungen veröffentlicht.[134]

52 Die Trilog-Verhandlungen mit Parlament und Rat haben am 24.6.2015 begonnen; gemeinsames Ziel ist eine endgültige Einigung bis Ende 2015.[135] Laut Pressemitteilung[136] wurde eine Einigung zu folgenden Punkten erzielt:

„Ein Kontinent, ein Recht: Die Verordnung wird eine einheitliche Datenschutzregelung schaffen, die EU-weit gültig ist. Unternehmen müssen damit nur noch ein Gesetz anstelle von 28 befolgen. Dies wird ihnen Einsparungen von rund 2,3 Mrd. EUR pro Jahr bringen. Durch die Verringerung des Verwaltungsaufwands werden die neuen Regeln zudem insbesondere kleinen und mittleren Unternehmen (KMU) zugutekommen. Unnötige Verwaltungsanforderungen, wie Meldepflichten für Unternehmen, werden beseitigt. Allein durch diese Maßnahme werden Unternehmen jährlich 130 Mio. EUR einsparen.

– Gestärkte und zusätzliche Rechte: Das Recht auf Vergessenwerden wird gestärkt. Wenn Bürger keine weitere Verarbeitung ihrer Daten wünschen und kein legitimer Grund für die Speicherung der Daten vorliegt, muss der Verantwortliche die Daten löschen, es sei denn, er kann nachweisen, dass sie weiterhin erforderlich oder relevant sind. Außerdem werden die Bürger im Fall eines Hacker-Angriffs besser informiert. Das Recht auf Datenübertragbarkeit wird es Benutzern erleichtern, personenbezogene Daten zwischen Diensteanbietern zu übertragen.

– Europäische Regeln auf europäischem Boden: Unternehmen mit Sitz außerhalb Europas werden dieselben Regeln befolgen müssen, wenn sie Dienstleistungen in der EU anbieten.

---

der Datenweitergabe eingereicht, der im März 2013 von Bundestag und Bundesrat gebilligt wurde. Siehe zur Änderung des deutschen Bundesmeldegesetzes bzgl. Adressverifizierung und die Schwierigkeiten für den E-Commerce: *Schulz*, Vortrag auf dem 1. OSE Berliner Summertalk am 19.6.2015 in Berlin; siehe auch Heise-Meldung v. 1.3.2014, 13:43 „Datenschutz: Kaum Widerspruch zur Datenweitergabe".

[130] Vgl. zu diesem Entwurf *Gola* EuZW 2012, 332; *Schneider/Härting* ZD 2012, 199; *Hornung* ZD 2012, 99.

[131] Zu den primärrechtlichen Vorgaben an eine EU-Datenschutzgrundverordnung: *Pötters* RDV 2015, 10 ff.

[132] Siehe https://www.bmi.bund.de/SharedDocs/Downloads/DE/Themen/IT_Netzpolitik/Digitale_Agenda/datenschutzgrundverordnung.pdf?_blob=publicationFile.

[133] Abrufbar unter: http://data.consilium.europa.eu/doc/document/ST-9565-2015-INIT/en/pdf (Abruf v. 16.6.2015); dazu außerdem die Pressemitteilung IP/15/5176, abrufbar unter: http://europa.eu/rapid/press-release_IP-15-5176_de.htm (Abruf vom 16.6.2015).

[134] http://ec.europa.eu/justice/data-protection/article-29/press-material/press-release/art29_press_material/20150619_wp29_press_release_-_opinion_in_view_of_trilogue.pdf.

[135] *Will* ZD 2015, 345.

[136] Pressemitteilung IP/15/5176, abrufbar unter: http://europa.eu/rapid/press-release_IP-15-5176_de.htm.

- *Erweiterte Befugnisse für unabhängige nationale Datenschutzbehörden:* Die Behörden werden gestärkt, damit sie die Regeln wirksam durchsetzen können, und sie werden befugt, Geldbußen über Unternehmen zu verhängen, die gegen die EU-Datenschutzbestimmungen verstoßen. Dies kann Strafzahlungen von bis zu 1 Mio. EUR bzw. 2 % des Jahresumsatzes des Unternehmens nach sich ziehen.
- *Zentrale Anlaufstellen:* Die Regeln sehen zentrale Anlaufstellen für Unternehmen und Bürger vor. Unternehmen müssen sich nur noch an eine einzige Aufsichtsbehörde statt an 28 richten, wodurch es für sie einfacher und günstiger wird, EU-weit Geschäfte zu tätigen. Einzelpersonen können sich an die nationale Datenschutzbehörde ihres Landes in ihrer eigenen Sprache wenden, selbst wenn ihre personenbezogenen Daten außerhalb dieses Landes verarbeitet werden."[137]

bb) Ausgewählte Neuerungen. Ein einheitlicher Rechtsrahmen und damit mehr Rechtssicherheit für den innereuropäischen Datenverkehr ist sicherlich ebenso zu begrüßen wie im Prinzip die Stärkung des technik-orientierten Datenschutzes. Leider stellen die Verordnungsentwürfe (va von Kommission und Rat) viele Programmsätze auf (Data Protection by Design und Data Protection by Default), ohne konkrete Regelung der Ausgestaltung/Durchsetzbarkeit oder neue durchgängige Konzepte zu enthalten. Ein Beispiel sind Facetten eines risikobasierten Ansatzes, die sowohl im EP- als auch im Ratsentwurf enthalten sind.[138] Diese finden sich in den Verordnungsentwürfen teils in der Begründung (Erwägungsgründe), teils reduzieren oder skalieren sie die Pflichten für die verantwortlichen Stellen.[139] Die Regelungen des Verordnungsentwurfs sind vom Abstraktionsniveau her selten „self executing". Vieles wird also der Ausgestaltung durch nationale Rechtsprechung vorbehalten bleiben, was den aus Unternehmenssicht günstigen europaweiten Vereinheitlichungsgedanken schwächen kann.

Die Ausdehnung des Geltungsbereichs der EU-Datenschutzverordnung auf verantwortliche Stellen außerhalb der EU – wenn die Datenverarbeitung dazu dient, Betroffenen in der EU Waren oder Dienstleistungen anzubieten oder ihr Verhalten zu beobachten – ist nicht unumstritten. Das Kriterium „auf ... Mittel zurückgreift, die [in der EU] belegen sind" (Art. 4 Abs. 1 lit. c RL 95/46/EG) wurde aufgegeben.[140]

In Nuancen gibt es sehr viele Unterschiede zum geltenden Recht. Vieles ist noch unklar. Leider gibt es bei der – sehr praxisrelevanten – **Definition von „Personenbeziehbarkeit"** (Artikel 4 (1)) keine Verbesserung. Ähnlich wie im Parlamentsentwurf der Grundvorordnung heißt es beim Rat „an identifiable person is one who can be identified directly or indirectly [...], in particular by reference to an identifier [...]". Hier wird der zu definierende Begriff zweimal mit dem zu definierenden Begriff umschrieben. Das kann nicht funktionieren. Ob Identifizierungstechniken wie IP-Adressen und Cookies der Datenschutzverordnung unterfallen, war im Kommissionsentwurf relativ klar (Erwägungsgrund 24 und Art. 3 Ziff. 1 EU-DSVO-E v. 25.1.2012), im gemeinsamen Standpunkt des Rates ist es wieder unklarer. Es wird wohl der EuGH mit seiner bevorstehenden Vorlageentscheidung zum Personenbezug von IP-Adressen[141] Hilfestellung liefern müssen.

Bei der **Einwilligung** hatte das EP am Wortlaut der Datenschutzrichtlinie 95/46/EG festgehalten und einen „explicit consent" gefordert. Der Rat schlägt eine Differenzierung zwischen „unambiguous consent" und „explicit consent" vor, was von der Artikel-29-Gruppe kritisiert wird.[142]

„*Article 7 Conditions for consent*
1. Where Article 6(1)(a) applies the controller shall be able to demonstrate that unambiguous consent was given by the data subject.

---

[137] Pressemitteilung IP/15/5176, abrufbar unter: http://europa.eu/rapid/press-release_IP-15-5176_de.htm (Abruf vom 16.6.2015); siehe außerdem Memo MEMO/15/5170, abrufbar unter: http://europa.eu/rapid/press-release_MEMO-15-5170_en.htm (Abruf vom 16.6.2015).
[138] *Veil* ZD 2015, 347 ff.: *Siehe* in den Verordnungsentwürfen ua Begriffe „risk" und „appropriate".
[139] *Veil* ZD 2015, 347 (352).
[140] Siehe zur erweiterten internationalen Anwendbarkeit auch EuGH Urt. v. 13.5.2014 – C-131/12 – Google Spain.
[141] BGH Beschl. v. 28.10.2014 – VI ZR 135/13, GRUR 2015, 192.
[142] http://ec.europa.eu/justice/data-protection/article-29/press-material/press-release/art29_press_material/20150619_wp29_press_release_-_opinion_in_view_of_trilogue.pdf. *Ehmann* ZD 2015, 6 (9).

1a. Where article 9(2)(a) applies, the controller shall be able to demonstrate that explicit consent was given by the data subject.
2. If the data subject's consent is to be given in the context of a written declaration which also concerns other matters, the request for consent must be presented in a manner which is clearly distinguishable (...) from the other matters.
3. The data subject shall have the right to withdraw his or her consent at any time. The withdrawal of consent shall not affect the lawfulness of processing based on consent before its withdrawal (...).
4. (...)."

57 Stimmen in Deutschland halten das für eine Lockerung, weil zB § 4a BDSG eine schriftliche Einwilligung vorschreibt und die konkludente Einwilligung im deutschen Datenschutzrecht weitgehend ausgeschlossen ist. Möglicherweise hat der Rat – mit Blick auf das Working Paper 203 der Artikel-29-Datenschutzgruppe[143] – nicht nur eine Änderung, sondern auch eine Klarstellung beabsichtigt. Die Artikel-29-Datenschutzgruppe hatte in ihrem WP 203 festgestellt, dass der Begriff des „explicit", den auch die Richtlinie 95/46/EG verwendet, in den mitgliedstaatlichen Fassungen der Richtlinie unterschiedlich übersetzt wird, teilweise im Sinne unzweideutig (unambiguous) und teilweise mit ausreichend Aufklärung (explained).

58 Die Kommission hatte vorgeschlagen, dass Einwilligung bei signifikantem Ungleichgewicht zwischen Betroffenen und Datenverarbeiter unwirksam sein soll (Art. 7 Ziff. 4 EU-DSVO-E v. 25.1.2012), was praktisch der Beschäftigteneinwilligung, ggf. auch der Verbrauchereinwilligung in vielen Fällen eine Absage erteilen würde.

59 Ebenfalls neu ist die Stärkung des **Jugendschutzes**.[144] Die Kommission hat vorgeschlagen, die Verarbeitung von Daten von Kindern bis 13 Jahren, deren direkt „Dienste der Informationsgesellschaft angeboten werden", dem Einwilligungsvorbehalt der Eltern oder des Vormunds zu unterstellen (Artikel 8 Abs. 1 EU-DSGVO-E v. 25.1.2012). Der Rat dehnt das etwas aus auf die Einwilligung der **„holder of parental responsibility over the child"** oder Einwilligung des Kindes **„in circumstances where it is treated as valid by Union or Member State law"** (Art. 8 Abs. 1 Standpunkt des Rates v. 15.6.2015), was sinnvoll sein kann, aber die EU-weite Vereinheitlichung verkompliziert.

60 Während das Europäische Parlament (EP) den Kommissionsvorschlag eines **„Rechts auf Vergessenwerden"** zurückgedreht hat, hat der Rat die Idee wieder aufgegriffen (Artikel 17). Das überrascht, weil speziell zu diesem Punkt im Kommissionsentwurf auf 2012 über 3.000 Änderungsanträge aus den Mitgliedstaaten kamen.[145] Hinsichtlich des Auskunftsrechts der Betroffenen siehe Artikel 15 (va Art. 15 Abs. 1b des gemeinsamen Standpunkt des Rats v. 16.5.2015): Recht des Betroffenen, auf Anfrage und „without an excessive charge" eine Kopie der Daten zu erhalten, die Gegenstand einer Datenverarbeitung sind. Bereits nach geltendem Recht sind Auskunftsansprüche in der betrieblichen Praxis mit einigem Aufwand für die Unternehmen verbunden. Eine Datenkopie dürfte darüber hinausgehen.

61 Eine Neuerung der Grundverordnung ist die Datenschutzfolgenabschätzung (Artikel 33), die sich aber schon im Kommissionsentwurf abzeichnete. Dadurch wird sicherlich Zusatzaufwand auf die Unternehmen zukommen. Ähnlich verhält es sich mit dem Recht auf **Datenportabilität** (Artikel 18), mit dem offene Standards und das **„Switching"** zwischen Anbietern, somit also der Wettbewerb, gefördert werden soll. Dadurch kommen unter Umständen nicht unerhebliche technische Umstellungsanforderungen zB auf Cloud-Provider zu. Jedenfalls scheint sich das europäische Datenschutzrecht mit einer engeren Verzahnung von Daten- und Verbraucherschutz anzufreunden, wie man ua am Recht auf Datenportabilität auch außerhalb von sozialen Netzwerken erkennen kann. Sicherlich ist die Abhängigkeit von der Verfügbarkeit der Daten und somit die Vulnerabilität des Kunden eines der Risiken

---

[143] Artikel 29-Datenschutzgruppe, WP 203 v. 2.4.2013, Opinion 03/2013 on purpose limitation, S. 10. → § 36 Datenschutz der Telemedien Rn. 199 ff.
[144] Zur Diskussion siehe etwa Spielzeugangebot „Hello Barbie", das Gespräche des Kindes über Mikrophon aufzeichnet und in der Cloud speichert, http://www.faz.net/aktuell/feuilleton/big-brohter-award-negativpreisfuer-barbie-und-bnd-13544967.html.
[145] Erweiterte Pflicht zur Datenlöschung bei Internetsachverhalten (Art. 17 Nr. 2 EU-DSVO-E v. 25.1.2012): alle vertretbaren Schritte, auch technischer Art, zur Information Dritter, die die Daten verarbeiten (auch bzgl. Löschung von Querverweisen, Kopien und Replikationen).

der Digitalisierung va im Cloud Computing-Zeitalter. Allerdings ist das an sich kein Thema des Persönlichkeitsschutzes bzw. der informationellen Selbstbestimmung. Ob Daten in einer Datenkopie in einem offenen Standard dem Schutzbedürfnis des Kunden genügen, dürfte fraglich sein. Gerade für Unternehmen wird es häufig auf die „Business Continuity" ankommen, was aber ebenfalls kein datenschutzrechtlicher Anspruch ist.

Auch in das europäische Recht wird **Privacy of Design** bzw. **Default** in Zukunft integriert. Sowohl der Kommissionsentwurf der DSGVO aus dem Jahr 2012 als auch die Ratsversion verlangen mit „Datenschutz durch Technik und datenschutzrechtliche Voreinstellungen" den sog. Systemdatenschutz. In der Ratsversion wurden Pseudonymisierung und Datenminimierung explizit aufgenommen. Problematisch bleibt jedoch, dass sich die Vorschrift wie bisher nur an die „für die Verarbeitung Verantwortlichen" und nicht an den Hersteller richtet. Für einen effektiven Datenschutz ist es in Zeiten von Cloud und Big Data unumgänglich, dass – ähnlich wie bei der Produktsicherheit – der Hersteller und nicht erst der Anwender von IT-Systemen mit in die Pflicht genommen wird. Was uns fehlt, ist ein wirksamer Vorfeldschutz, ähnlich wie ihn das Bundesverfassungsgericht im „Computer-Grund" 2008 postuliert, was aber von den Gerichten im nicht-öffentlichen Bereich bislang weitgehend unbeachtet blieb.

Der Rat hat sich an diversen Stellen in den Erwägungsgründen intensiv mit dem Thema **Profiling** beschäftigt.[146] Es gibt auch eine Definition von Profiling und diverse Transparenzpflichten. Gemäß Artikel 20 soll der Betroffene das Recht haben, dass er nicht Gegenstand einer automatisierten Einzelentscheidung, etwa im Wege Profiling, wird, wenn das rechtliche Auswirkungen für ihn hat. Das spielt im Bereich Scoring und Fraud Detection va bei Zahlungsdienste-Angeboten im Internet eine große Rolle. Beim Direktmarketing favorisieren Kommission und Rat eine Widerspruchslösung (Art. 19 Abs. 2) mit Hinweispflicht für die verantwortliche Stelle.

Mit großer Spannung wurde erwartet, ob die Datenschutzgrundverordnung ein **Konzernprivileg** bringen wird. Die Kommission hat sich nicht ausdrücklich dazu durchgerungen. Das EP hat einen Vorschlag gemacht, der jedoch viele Fragen offen lässt (Artikel 22 Abs. 3a des EP-Vorschlags v. 22.10.2013):

„*Article 22 Responsibility and accountability of the controller*
...
3a. The controller shall have the right to transmit personal data inside the Union within the group of undertakings the controller is part of, where such processing is necessary for legitimate internal administrative purposes between connected business areas of the group of undertakings and an adequate level of data protection as well as the interests of the data subjects are safeguarded by internal data protection provisions or equivalent codes of conduct as referred to in Article 38."

Der Rat hat diese Regelung nicht übernommen. In einem neuen Erwägungsgrund 38a des gemeinsamen Ratsstandpunkts heißt es lediglich:

„Für die Verarbeitung Verantwortliche, die Teil einer Unternehmensgruppe oder einer Einrichtung sind, die einer zentralen Stelle zugeordnet ist, können ein berechtigtes Interesse haben, personenbezogene Daten innerhalb der Unternehmensgruppe für interne Verwaltungszwecke, einschließlich der Verarbeitung personenbezogener Daten von Kunden und Mitarbeitern, zu übermitteln. Die Grundprinzipien für die Übermittlung personenbezogener Daten innerhalb von Unternehmensgruppen an ein Unternehmen in einem Drittland (...) bleiben unberührt."

Das dürfte im Ergebnis der geltenden Rechtslage nach BDSG entsprechen, die in der Praxis als unbefriedigend empfunden wird.

Was Kommission, EP und Rat befürworten (Artikel 24 EU-DSGVO-E), ist die Stärkung der Figur der **„gemeinsamen verantwortlichen Stelle"**, die zwar bereits in der RL 95/46/EG angelegt ist (Artikel 2 lit. d der Richtlinie „jede ... Stelle, die allein oder gemeinsam mit anderen ... "), aber bislang – jedenfalls in Deutschland – kaum Beachtung findet.[147] Unklar ist,

---
[146] *Ehmann* ZD 2015, 6 (10).
[147] Siehe zu den wenigen Ausnahmen in der Literatur am Beispiel eines arbeitsrechtlichen Gemeinschaftsbetriebs als Erlaubnistatbestand *Trappehl/Schmidl* RDV 2005, 100.

ob mittels dieser Figur Fälle gelöst werden können, die bislang in Deutschland als sog Funktionsübertragung[148] (etwa auch im Konzern) behandelt wurden.

66 Bei der viel kritisierten, sehr umfassenden „Data Breach Notification", also der Pflicht zur Selbstanzeige bei der Behörde im Falle von Datenschutzverstößen, hat der Rat den sehr weiten Anwendungsbereich, den das EP vorgeschlagen hat, und das sehr enge Meldefenster der Kommission[149] reduziert. Allerdings wird die Meldepflicht wesentlich häufiger zum Einsatz kommen, als dies bislang nach deutschem Recht der Fall ist.

67 Auch der Rat unterstützt das Prinzip des „One Stop Shop", also die zentrale behördliche Anlaufstelle für Unternehmen und Betroffene und damit auch Bündelung der Zuständigkeiten bei grenzüberschreitenden Datenschutzverstößen:[150] Es ist die Datenschutzaufsichtsbehörde des EU-Mitgliedsstaates zuständig, in der das Unternehmen seine Hauptniederlassung hat (Art. 51 Abs. 2 Kommissionsentwurf v. 25.1.2012, siehe Änderungen im Ratsstandpunkt v. 15.6.2015 Artikel 51a). Gerade für international tätige Unternehmen ist es eine Erleichterung, dass sie sich nicht mehr an 28 oder noch mehr Behörden wenden müssen. Abzuwarten bleibt, ob seitens der Unternehmen ein „shopping" hinsichtlich der liberalsten Behörde eintritt.[151]

68 Bei der Regelung zum **Datenschutzbeauftragten** (Artikel 35) bevorzugt der Rat das System, das bereits jetzt gilt, nämlich dass im Wesentlichen die Mitgliedstaaten entscheiden dürfen, ob die Bestellung verpflichtend ist oder nicht.[152] Manche sehen das als Einfallstor für unterschiedliche Datenschutzniveaus bei den Mitgliedstaaten, was ja bislang ein Hauptkritikpunkt an der Richtlinie 95/46/EG ist und internationale E-Commerce-Konzerne zum „shopping" des Sitzlandes mit dem niedrigsten Datenschutzniveau verleiten mag. Es ist jedoch zweifelhaft, ob speziell die Regelungen zum Datenschutzbeauftragten das Datenschutzniveau heben oder senken. Denn auch dort, wo die Bestellung nicht gesetzlich vorgeschrieben ist, muss es einen Datenschutz-Kontrolleur und -Hauptansprechpartner im Unternehmen geben. Die behördliche und gerichtliche Entscheidungspraxis hat wesentlich größere Auswirkungen auf das nationale Datenschutzniveau. Gegenwärtig ist der EuGH der Hüter der Harmonisierung des europäischen Datenschutzrechts. Aber für viele Detailfragen der täglichen Datenschutzpraxis gibt es leider noch keine europaweite Judikatur. Das birgt erhebliche Rechtsunsicherheiten für die Unternehmen.

69 Das EP hatte **Geldbußen** bis zu 100 Mio. EUR oder 5 % der jährlichen weltweiten Umsätze des Unternehmens (je nachdem welches höher ist) gefordert. Der Rat staffelt die Maximalbeträge nach verschiedenen Verstößen und schraubt die Beträge herunter auf 250.000, 500.000 und 1 Mio EUR bzw. 0,5 %, 1 % und 2 % der jährlichen weltweiten Umsätze. Damit wären die Geldbußen zwar nicht in der Größenordnung von Strafzahlungen bei Kartellverstößen, aber deutlich höher als derzeit in Deutschland üblich ist. Eines der höchsten Bußgelder in Deutschland wurde gegen Lidl verhängt, in der Summe knapp 1,5 Mio. EUR. Allerdings betraf das etwa 35 Gesellschaften gegen die jeweils ein Bußgeld zwischen 10.000,– und 310.000,– EUR festgesetzt wurde. Daneben hat die Kommission ein **Verbandsklagerecht** für Datenschutzorganisationen nach dem Vorbild aus dem Verbraucherschutz vorgeschlagen (Art. 73 EU-DSVO-E v. 25.1.2012).[153]

70 *cc) Empfehlungen der Artikel-29-Gruppe und des European Data Protection Supervisor.* Am 19. Juni 2015 hat die Artikel-29-Datenschutzgruppe eine Pressemitteilung veröffentlicht,[154] in der sie den bedeutenden Punkt betont, an dem der Überarbeitungsprozess des Datenschutzrechts nunmehr angekommen sei und an dem die Arbeitsgruppe ihre Ansichten zu den nunmehr vorliegenden Textfassungen mitteilen will. Besonders warnt die Artikel-29-Datenschutzgruppe davor, dass die Neuregelungen nicht dazu führen dürfen, dass das be-

---

[148] → Rn. 277 ff.
[149] Meldefenster von maximal 24 Stunden für Benachrichtigung (Art. 31, 32 EU-DSVO-E v. 25.1.2012), keine Beschränkung auf bestimmte Arten von Daten, Dokumentationspflichten.
[150] *Nguyen* ZD 2015, 265 ff.; *Ehmann* ZD 2015, 6 (10 f.).
[151] *Schultze-Melling* ZD 2015, 397.
[152] → Rn. 312 ff.
[153] Zur vergleichbaren Gesetzesinitiative in Deutschland → Rn. 106 ff.
[154] http://ec.europa.eu/justice/data-protection/article-29/press-material/press-release/art29_press_material/20150619_wp29_press_release_-_opinion_in_view_of_trilogue.pdf.

stehende Schutzniveau gesenkt und die Kernprinzipien und Rechte, welche die Richtlinie 95/46/EG enthält, ausgehöhlt werden. Diese haben sich nach Ansicht der Artikel-29-Gruppe im Laufe der Zeit als beständig erwiesen. Einzelheiten der Datenschutz-Compliance sollen nach Ansicht der Artikel-29-Guppe nicht in der Verordnung geregelt werden, sondern Leitlinien des European Data Protection Board (EDPB) oder der Datenschutzaufsichtsbehörden vorbehalten bleiben. Unter rechtsstaatlichen Gesichtspunkten hins. Einbindung der Legislative ist das nicht unproblematisch. An der Kommissionsfassung der DSGVO v. 25.1.2012 war besonders kritisiert worden, dass sie so viele Ermächtigungen für „delegierte Rechtsakte" der Kommission vorsieht.

In einem Kernpunktepapier[155] (Stand 17.6.2015) geht die Artikel-29-Gruppe auf wesentliche Neuregelungen ein. Zum Verhältnis der DSGVO und der vorgeschlagenen Richtlinie führt die Artikel-29-Datenschutzgruppe aus, dass sich die grundlegenden Regeln des europäischen Datenschutzrechts aus der DSGVO ergeben, während die Richtlinie lediglich eine Ausnahme ausschließlich für den Datenschutz im Rahmen der Strafverfolgung für die Vorbeugung, Ermittlung, Aufdeckung oder Verfolgung von Straftaten oder die Vollstreckung strafrechtlicher Sanktionen gelten soll. Eine darüber hinausgehende Anwendung der Richtlinie sei nicht zulässig, weil diese das bestehende Schutzniveau in Bereichen, die derzeit von der Richtlinie 95/46/EG abgedeckt sind, erheblich senken würde. Nach Ansicht der Datenschutzgruppe ist nicht denkbar, warum etwa die öffentliche Sicherheit aus dem Anwendungsbereich der DSGVO herausgenommen werden solle. Außerdem soll daneben auch dafür gesorgt werden, dass die DSGVO und die Richtlinie konsistent sind, insbesondere was Definitionen, Prinzipien, Betroffenenrechte und die Zuständigkeiten der Aufsichtsbehörden betrifft, damit ein einheitliches Regelwerk zur Verfügung steht. Der Anwendungsbereich der Ausnahme der „persönlichen und familiären Zwecke" sollte nicht erweitert werden. Die Artikel-29-Datenschutzgruppe spricht sich insgesamt für eine restriktive Auslegung und Formulierung von Ausnahmen zu Grundsätzen aus. Hinsichtlich des örtlichen Anwendungsbereichs betont die Datenschutzgruppe, dass weiterhin eine Regelungslücke dahingehend besteht, dass sich die Haftung des Processors, der sich außerhalb der EU befindet, lediglich nach den vertraglichen Regelungen mit dem Controller richtet, unabhängig davon, ob auf den Controller EU-Recht Anwendung findet.

Nach Ansicht der Datenschutzgruppe müssen bestimmte Definitionen wie Einwilligung, personenbezogene Daten und Pseudonymisierung angepasst werden. So fordert die Datenschutzgruppe einen Erwägungsgrund, in dem klargestellt wird, dass die Fähigkeit, eine einzelne Person auszuwählen und unterschiedlich zu behandeln, ein Mittel darstellt, mit dem ein Betroffener identifiziert werden kann. Daneben stellt die Datenschutzgruppe klar, dass IP-Adressen, Online Identifier etc generell als personenbezogene Daten behandelt werden und zitiert dabei EuGH-Urteile.[156] Die Pseudonymisierung von Daten soll dagegen keine neue Datenkategorie darstellen, sondern lediglich eine Sicherheitsmaßnahme.

Die Artikel-29-Datenschutzgruppe hält an der Notwendigkeit des Zweckbindungsgrundsatzes[157] fest und betont, dass eine weitere Verarbeitung und Nutzung für neue kompatible Zwecke zulässig sein soll, sofern eine gesetzliche Grundlage dafür vorliegt. Mit den Erhebungszwecken inkompatible Verarbeitungs- und Nutzungszwecke sollen dagegen – anders als im Kommissions- und Ratsvorschlag vorgesehen – weiterhin nicht erlaubt sein.

Sie betont außerdem, dass die DSGVO als Grundlage für eine Einführung stärkerer Betroffenenrechte dienen soll, hinsichtlich umfassender Informationsrechte als auch hinsichtlich des Rechts der Betroffenen, über ihre Daten zu verfügen, dh ein Portabilitätsrecht. Datenportabilität soll als eigenständiges Recht – unabhängig vom Zugangsrecht des Betroffenen zu seinen Daten – eingeführt werden. Zudem stelle es eine Einschränkung des Zu-

---

[155] Letters from Art. 29 WP to MEP Jan Philipp Albrecht, to LV Ambassador Ilze Juhansone and to Commissioner Věra Jourová in view of the trilogue (17.6.2015), Annex to letters: „Core topics in view of the trilogue"; http://ec.europa.eu/justice/data-protection/article-29/documentation/other-document/files/2015/20150617_appendix_core_issues_plenary_en.pdf.
[156] EuGH Urt. v. 29.1.2008 – C-275/06 – Promusicae; EuGH Urt. v. 8.1.2014 – C-293/12 – Digital Rights Ireland ltd.
[157] Art. 6 Abs. 1 lit. b Richtlinie 95/46/EG.

gangsrechts dar, wenn dem Betroffenen der Zugang zu seinen Daten aus dem Grund verwehrt werde, dass auch personenbezogene Daten Dritter betroffen sein können.

75 Nicht zuletzt betont die Datenschutzgruppe die Notwendigkeit der Bereitstellung der Mittel und der entsprechenden Befugnisse der Aufsichtsbehörden, um eine effektive Durchsetzung des Datenschutzrechts ermöglichen zu können. Die Rechtssicherheit werde durch entsprechende Leitlinien der Aufsichtsbehörden sichergestellt. Sinn der Durchsetzung soll die Nähe zu den Bürgern sein und die Effektivität für Unternehmen. Vor allem die Zusammenarbeit zwischen den Aufsichtsbehörden, insbesondere durch eine Aufsichtsbehörde, die den „Lead" übernimmt und, sofern notwendig, das EDPB (European Data Protection Board), soll die funktionierende Aufsicht sicherstellen.

76 Auch der Europäische Datenschutzbeauftragte hat Stand 27.7.2015 eine Empfehlung zum Trilog veröffentlicht.[158] In einem sehr lesenswerten Annex zur Empfehlung hat er auf 520 Seiten in tabellarischer Form eine Synopse erstellt mit dem Kommissionsvorschlag, dem EP-Vorschlag, dem gemeinsamen Standpunkt des Rats und eigenen Änderungsvorschlägen des Europäischen Datenschutzbeauftragten.[159] Insgesamt sind diese eigenen Vorschläge eher eine Straffung des Kommissionsvorschlags, teilweise unter Berücksichtigung von Anregungen aus EP und Rat. Beim Konzernprivileg geht der Europäische Datenschutzbeauftragte den progressiven aber unklaren Vorschlag des EP nicht mit. Bei der Bestellpflicht des betrieblichen/behördlichen Datenschutzbeauftragten soll die DSGVO die Bestellpflicht verbindlich vorsehen (also keine Öffnungsklausel für die Mitgliedstaaten). Allerdings soll die Bestellpflicht in der Privatwirtschaft nur bei – gegenüber dem Kommissionsvorschlag erweiterten – „core activities" gelten. Eine feste zahlenmäßige Grenze (etwa Zahl der Beschäftigten oder Betroffenen) soll es nicht geben.

77 *dd) Weiterer Zeitplan, Übergangsregelung sowie weitere EU-Richtlinien zum Datenschutz.* Nach dem Willen des Rats soll es für bereits bestehende Datenverarbeitungsverfahren eine Übergangszeit von zwei Jahren nach Inkrafttreten der DSGVO geben (Erwägungsgrund 134). Datenschutzrisikofolgenabschätzung oder behördliche Meldepflichten, die an sich vor Beginn der Datenverarbeitung von der verantwortlichen Stelle befolgt werden müssen, müssen für bereits bestehende Datenverarbeitungsverfahren nicht nachgeholt werden, vorausgesetzt, die Verfahren sind im Einklang mit der (noch geltenden) Richtlinie 95/46/EG. Ebenso wenig müssen für bestehende Datenverarbeitungsverfahren Einwilligungen von Betroffenen nachgeholt oder wiederholt werden, sofern bei Inkrafttreten der DSGVO bereits eine datenschutzrechtliche Erlaubnis im Sinne der Richtlinie 95/46/EG bestand. Vielleicht löst das bei manchen Unternehmen einen „Run" aus, geplante Datenverarbeitungssysteme noch dieses Jahr in Betrieb zu nehmen.

Datenschutz im Bereich des Sicherheitsrechts (also die Datenverarbeitung durch Polizei und Justiz in der früheren „Dritten Säule") ist in der EU bislang deutlich weniger reguliert als in den Bereichen der übrigen staatlichen Verwaltung und der Wirtschaft. Für diesen Bereich soll die EU-Datenschutzgrundverordnung nicht gelten. Vielmehr plant die Kommission eine „*Richtlinie zum Schutz natürlicher Personen bei der Verarbeitung personenbezogener Daten durch die zuständigen Behörden zum Zwecke der Verhütung, Aufdeckung, Untersuchung oder Verfolgung von Straftaten oder der Strafvollstreckung sowie zum freien Datenverkehr*".[160]

78 *h) Zweites Gesetz zur Änderung des BDSG v. 6.2.2015.* Art. 28 Abs. 1 Unterabs. 2 der Richtlinie 95/46/EG fordert die „völlige Unabhängigkeit" der Datenschutzkontrollstellen der Mitgliedstaaten.[161] Das Amt der Bundesbeauftragten für den Datenschutz und die Informationsfreiheit (BfDI)[162] untersteht nach § 22 Abs. 4 S. 3 BDSG der Rechtsaufsicht der Bun-

---

[158] https://secure.edps.europa.eu/EDPSWEB/webdav/site/mySite/shared/Documents/Consultation/Opinions/2015/15-07-27_GDPR_Recommendations_EN.pdf.
[159] https://secure.edps.europa.eu/EDPSWEB/webdav/site/mySite/shared/Documents/Consultation/Opinions/2015/15-07-27_GDPR_Recommendations_Annex_EN.pdf.
[160] http://eur-lex.europa.eu/LexUriServ/LexUriServ.do?uri=COM:2012:0010:FIN:DE:HTML.
[161] → Rn. 163.
[162] Seit Januar 2014 ausgeübt durch Andrea Voßhoff.

II. Persönlichkeitsrecht, Datenschutz und verfassungsrechtliche Grundlagen 79 § 34

desregierung, wobei jedoch in der Praxis keine Dienst- oder Rechtsaufsicht ausgeübt wird.[163] Nach Auffassung des EuGH[164] ist dies jedoch nicht Richtlinienkonform und verstößt gegen das Gebot der „völligen Unabhängigkeit". Am 6.2.2015 hat der Bundesrat den Beschluss des Bundestags zur Änderung der Vorschriften des BDSG, die die Rechtsstellung der BfDI unmittelbar regeln (§§ 22–26 BDSG), gebilligt. Die Rechtsänderung tritt zum 1.1.2016 in Kraft und umfasst im Wesentlichen:[165]
- Status der BfDI als oberste Bundebehörde,
- parlamentarische Kontrolle,
- Aussageregelungen,
- personelle und finanzielle Ausstattung,
- Stellvertretung durch den „Leitenden Beamten" bzw. die „Leitende Beamtin",
- Dienstsitz in Bonn.

Auch wenn die Änderung angesichts der klaren Vorgaben der RL 95/46/EG und des EuGH längst überfällig ist, überrascht der Zeitpunkt mit Blick auf die EU-DSGVO.[166] Kritisiert wird, dass die Änderung nicht ausreicht, um der BfDI wirksame Aufsichts-, Einwirkungs- und Sanktionsbefugnisse zu geben, was für eine effektive Ausübung der „völligen Unabhängigkeit" erforderlich wäre.[167]

3. Querverbindungen zu anderen Rechtsgebieten

a) Verfassungsrecht und (zivilrechtliches) allgemeines Persönlichkeitsrecht. Ungeachtet der 79 Streitfragen im Zusammenhang mit dem Begriff „Datenschutz" gibt es ein riesiges Rechtsgebiet, das sich um den Datenschutz im weiteren Sinne gebildet hat bzw. zu diesem gehört. Der Datenschutz im weiteren Sinne ist geprägt durch eine Vielschichtigkeit der gesetzlichen Regelungen und Rechtsinstitutionen. Grob umrissen umfasst dieses Gebiet
- den **formellen Datenschutz**, insbesondere im BDSG
- und in Landesdatenschutzgesetzen mit zahlreichen Verordnungen,
- sowie in spezialgesetzlichen Datenschutzvorschriften etwa im TMG[168] und TKG,[169]
- teils mit starker Überschneidung zu den vorgenannten Bereichen: das (zivilrechtliche) **Allgemeine Persönlichkeitsrecht** (§ 823 Abs. 1 BGB), das zugleich die Schnittstelle zu verwandten Bereichen wie dem **Medienrecht** und dem damit verknüpften **Recht auf Gegendarstellung** bildet,
- den **materiellen Datenschutz** aus **verfassungsrechtlichen** Wurzeln in Form des Allgemeinen Persönlichkeitsrechts (**Art. 2 Abs. 1, Art. 1 Abs. 1 GG**) in seiner Ausprägung als **Recht auf informationelle Selbstbestimmung,** begründet in dem verfassungsrechtlichen Datenschutz, wie er seit dem Urteil des BVerfG vom 15.12.1983 (BVerfGE 65, 1) entwickelt wurde.[170]
- Zum verfassungsrechtlichen Persönlichkeits- und Datenschutz kommt das **Grundrecht auf Gewährleistung der Vertraulichkeit und Integrität informationstechnischer Systeme** hinzu, postuliert im Urteil des BVerfG vom 27.2.2008 (1 BvR 370/07).[171]

---

[163] *Roßnagel* ZD 2015, 106. BT-Drs. 18/2848, S. 1 (13).
[164] EuGH (Große Kammer) Urt. v. 9.3.2010 – C-518/07, MMR 2010, 373 = K&R 2010, 326 mAnm *Taeger* = EuZW 2010, 296 mAnm *Roßnagel*.
[165] *Roßnagel* ZD 2015, 106 (108 f.).
[166] → Rn. 47 ff.
[167] *Roßnagel* ZD 2015, 106 (110 f.) behandelt v.a. das Verhältnis zur G-10-Kommission, BNetzA und (hins. §§ 43, 44 BDSG) zur Staatsanwaltschaft.
[168] Siehe etwa *Schaar*, Datenschutz im Internet; zu den Datenschutzregelungen für Telemedien im TMG → Rn. 393 ff.; → § 36 Datenschutz der Telemedien.
[169] Zu TK-Datenschutz → § 32 WAN- und VPN-Verträge; zur Einwilligung nach TKG → Rn. 396 ff., zum Fernmeldegeheimnis → Rn. 85 f. Siehe auch *Breyer* RDV 2004, 147; *Ohlenburg* K&R 2003, 265; *Ohlenburg* MMR 2004, 431; *Koenig/Neumann* ZRP 2003, 5; *Koenig/Neumann* K&R 2000, 417; *Koenig/Röder* CR 2000, 668.
[170] Siehe im Zusammenhang mit TDDSG *Schmitz*, 2000; Aktuelle BVerfG-Urteile zum Recht auf informationelle Selbstbestimmung im Zusammenhang mit polizeilicher Kfz-Kennzeichenerfassung, → Rn. 554 ff. und zur Vorratsdatenspeicherung, → Rn. 557 ff.
[171] → Rn. 80 ff.

- Eine weitere Querverbindung des Datenschutzrechts besteht zum **Informationsfreiheitsgesetz IFG**.[172]

80 **b) Grundrecht auf Gewährleistung der Vertraulichkeit und Integrität informationstechnischer Systeme.** Der Erste Senat des BVerfG hat mit Urteil vom 27.2.2008[173] nicht nur die Vorschriften des Verfassungsschutzgesetzes Nordrhein-Westfalen (§§ 5 ff. VSG NRW) zur Online-Durchsuchung sowie zur Aufklärung des Internet für verfassungswidrig und nichtig erklärt, sondern auch ein neues **Grundrecht auf Gewährleistung der Vertraulichkeit und Integrität informationstechnischer Systeme** postuliert.[174] So heißt es in der entsprechenden Pressemitteilung des BVerfG:

„§ 5 Abs. 2 Nr. 11 Satz 1 Alt. 2 VSG, der den heimlichen Zugriff auf informationstechnische Systeme regelt („Online-Durchsuchung"), verletzt das allgemeine Persönlichkeitsrecht in seiner besonderen Ausprägung als Grundrecht auf Gewährleistung der Vertraulichkeit und Integrität informationstechnischer Systeme und ist nichtig."[175]

81 *aa) Verfassungswidrigkeit der angegriffenen Normen.* Angesichts der Schwere des Eingriffs ist die **heimliche Infiltration eines informationstechnischen Systems**, mittels derer die Nutzung des Systems überwacht und seine Speichermedien ausgelesen werden können, verfassungsrechtlich nur zulässig, wenn auch
- der Grundsatz der Verhältnismäßigkeit gewahrt wird, insbesondere:
- tatsächliche Anhaltspunkte einer konkreten Gefahr
- für ein überragend wichtiges Rechtsgut bestehen,
- der Eingriff grundsätzlich unter den Vorbehalt richterlicher Anordnung gestellt wird
- und insgesamt das Gebot der Verhältnismäßigkeit gewahrt wird,
- insbesondere hinreichende gesetzliche Vorkehrungen getroffen werden, um Eingriffe in den absolut geschützten Kernbereich privater Lebensgestaltung zu vermeiden, und
- der Grundsatz der Normenbestimmtheit und Normenklarheit gewahrt ist.

82 Die Ermächtigung zum **heimlichen Aufklären des Internet** in § 5 Abs. 2 Nr. 11 Satz 1 Alt. 1 VSG NRW verletzt ebenfalls die Verfassung und ist nichtig. Das heimliche Aufklären des Internet greift in das **Telekommunikationsgeheimnis** ein, wenn die Verfassungsschutzbehörde zugangsgesicherte Kommunikationsinhalte überwacht, indem sie Zugangsschlüssel nutzt, die sie ohne oder gegen den Willen der Kommunikationsbeteiligten erhoben hat. Ein derart schwerer Grundrechtseingriff setzt grundsätzlich zumindest die Normierung einer qualifizierten materiellen Eingriffsschwelle voraus. Gerade im Vorfeld konkreter Gefährdungen ist das Gewicht der möglichen Rechtsgutsverletzung, auch gegenüber Dritten, zu berücksichtigen. Insbesondere sind Vorkehrungen zum Schutz des Kernbereichs privater Lebensgestaltung zu treffen.

83 Nimmt der Staat im Internet dagegen öffentlich zugängliche Kommunikationsinhalte wahr oder beteiligt er sich an öffentlich zugänglichen Kommunikationsvorgängen, greift er grundsätzlich nicht in Grundrechte ein.

84 *bb) Abgrenzung von anderen Grundrechten und Rangverhältnis.* Zur Begründung des neuen Grundrechts führt das BVerfG[176] aus:

Die Nutzung informationstechnischer Systeme sei für die Persönlichkeitsentfaltung vieler Bürger von zentraler Bedeutung, begründe gleichzeitig aber neuartige Gefährdungen der Persönlichkeit. Eine Überwachung der Nutzung solcher Systeme und eine Auswertung der auf den Speichermedien befindlichen Daten können weitreichende Rückschlüsse auf die Persönlichkeit des Nutzers bis hin zu einer Profilbildung ermöglichen. Hieraus folgert das BVerfG ein grundrechtlich erhebliches Schutzbedürfnis. Die Gewährleistungen der Art. 10 GG (Fernmeldegeheimnis) und Art. 13 GG (Unverletzlichkeit der Wohnung) wie auch die bisher in der Rechtsprechung des Bundesverfassungsgerichts entwickelten Ausprägungen

---

[172] → Rn. 592 f.
[173] BVerfG Urt. v. 27.2.2008 – 1 BvR 370/07 und 1 BvR 595/07 – MMR 2008, 315.
[174] Aktuell zum Urteil selbst: *Hoeren*, Das Urteil des Bundesverfassungsgerichts vom 27.2.2008, Jusletter.ch v. 3.3.2008; s. a. *Buermeyer* RDV 2008, 8; BVerfG-Pressemitteilung Nr. 22/2008 vom 27.2.2008, abrufbar unter http://www.bundesverfassungsgericht.de/pressemitteilungen/bvg08-022.html.
[175] BVerfG Urt. v. 27.2.2008 – 1 BvR 370/07 und 1 BvR 595/07, Rn. 166.
[176] BVerfG aaO Rn. 169 ff.

des allgemeinen Persönlichkeitsrechts – insbesondere „Schutz der Privatsphäre" und „Recht auf informationelle Selbstbestimmung" – tragen, so das BVerfG, dem durch die Entwicklung der Informationstechnik entstandenen Schutzbedürfnis nicht hinreichend Rechnung.

Die Reichweite des Fernmeldegeheimnisses ist immer wieder Gegenstand von Urteilen.[177] 2009 hat das BVerfG[178] im Zusammenhang mit einer Beschlagnahme von E-Mails klargestellt, dass die Sicherstellung/Beschlagnahme auf dem Mailserver eines Providers in den Schutzbereich von Art. 10 GG eingreift. **Art. 10 Abs. 1 GG knüpft nicht an den rein technischen TK-Begriff im Sinne des TKG an**, sondern an die Schutzbedürftigkeit des Grundrechtsträgers. Der Schutzbereich des Art. 10 GG gilt, solange E-Mails nicht im **Herrschaftsbereich des Nutzers** sind: solange E-Mails beim Provider „ruhen" und weiter, auch wenn E-Mails nach Kenntnisnahme weiter beim Provider gespeichert bleiben. Das VG Frankfurt/M.[179] hatte 2009 entschieden, dass das Fernmeldegeheimnis endet, wenn E-Mails von Mitarbeitern an **selbst gewählter Stelle** archiviert oder gespeichert werden.

Im Einzelfall kann jedoch die Reichweite des grundrechtlichen Schutzes des Art. 10 Abs. 1 GG unklar sein. Im Zusammenhang mit der Onlinedurchsuchung stellte das BVerfG klar, Art. 10 GG erstrecke sich **nicht** auf die nach Abschluss eines Kommunikationsvorgangs im Herrschaftsbereich eines Kommunikationsteilnehmers gespeicherten Inhalte und Umstände der Telekommunikation, sofern dieser Kommunikationsteilnehmer **eigene Schutzvorkehrungen** gegen den heimlichen Datenzugriff treffen kann. Art. 10 GG erfasse auch nicht Fälle, in denen die Nutzung eines informationstechnischen Systems als solche überwacht wird oder die Speichermedien des Systems durchsucht werden. Allerdings würden diese Fälle regelmäßig durch das Recht auf informationelle Selbstbestimmung geschützt (bzw. einfachgesetzlich durch den formellen Datenschutz).

Gleichwohl sieht das BVerfG eine **Schutzlücke**, die durch das neue Grundrecht zu schließen sei.

„Wird ein komplexes informationstechnisches System zum Zweck der Telekommunikationsüberwachung technisch infiltriert („Quellen-Telekommunikationsüberwachung"), so ist mit der Infiltration die entscheidende Hürde genommen, um das System insgesamt auszuspähen. Die dadurch bedingte Gefährdung geht weit über die hinaus, die mit einer bloßen Überwachung der laufenden Telekommunikation verbunden ist. Insbesondere können auch die auf dem Personalcomputer abgelegten Daten zur Kenntnis genommen werden, die keinen Bezug zu einer telekommunikativen Nutzung des Systems aufweisen."[180]

Auch die Garantie der **Unverletzlichkeit der Wohnung** belässt Schutzlücken gegenüber Zugriffen auf informationstechnische Systeme. Art. 13 Abs. 1 GG vermittelt dem Einzelnen keinen generellen, von den Zugriffsmodalitäten unabhängigen Schutz gegen die Infiltration seines informationstechnischen Systems, auch wenn sich dieses System in einer Wohnung befindet. Denn der Eingriff im Wege der Onlinedurchsuchung kann unabhängig vom Standort erfolgen. Ein raumbezogener Schutz ist nicht in der Lage, die spezifische Gefährdung des informationstechnischen Systems abzuwehren. Soweit die Infiltration die Verbindung des betroffenen Rechners zu einem Rechnernetzwerk ausnutzt, lässt sie – so das BVerfG – die durch die Abgrenzung der Wohnung vermittelte **räumliche Privatsphäre unberührt**.

Auch die bisher in der Rechtsprechung des BVerfG anerkannten Ausprägungen des allgemeinen Persönlichkeitsrechts, insbesondere die Gewährleistungen des **Schutzes der Privatsphäre** und des **Rechts auf informationelle Selbstbestimmung**, genügen dem besonderen Schutzbedürfnis nicht ausreichend. Das Schutzbedürfnis des Nutzers eines informationstechnischen Systems beschränkt sich nicht allein auf Daten, die seiner Privatsphäre zuzuordnen sind. Zwar schützt das Recht auf informationelle Selbstbestimmung auch sonstige personenbezogene Informationen. Allerdings kann sich ein Dritter, der auf ein solches System

---

[177] Einzelheiten → § 37 Arbeitsrechtliche Bezüge Rn. 198 ff.
[178] BVerfG Urt. v. 16.6.2009 – 2 BvR 902/06, NJW 2009, 2431. Im konkreten Fall war der Eingriff nach Ansicht des BVerfG verhältnismäßig.
[179] VG Frankfurt aM Urt. v. 6.11.2008 – 1 K 628/08.F (3), WM 2009, 948.
[180] BVerfG Urt. v. 16.6.2009 – 2 BvR 902/06, NJW 2009, 2431, Rn. 188.

Conrad

zugreift, einen potentiell äußerst großen und aussagekräftigen Datenbestand verschaffen, ohne noch auf weitere Datenerhebungs- und Datenverarbeitungsmaßnahmen angewiesen zu sein. Ein solcher Zugriff geht in seinem Gewicht für die Persönlichkeit des Betroffenen über einzelne Datenerhebungen, vor denen das Recht auf informationelle Selbstbestimmung schützt, weit hinaus.[181]

90   cc) *Auswirkungen des Grundrechts im nicht-öffentlichen Bereich.* Das „Computer"-Grundrecht ist nicht nur Abwehrrecht des Bürgers gegen staatliche Online-Zugriffe. Auch bislang schon sind über die sogenannte mittelbare Drittwirkung[182] Grundrechte etwa im Wege der Auslegung unbestimmter Rechtsbegriffe auch im nicht-öffentlichen Bereich zur Anwendung gekommen. Als Teil der sogenannten objektiven Wertordnung ist das „Computer"-Grundrecht auch eine Art Orientierungsmarke für die Gewährleistung von IT-Sicherheit bei der staatlichen, unternehmerischen und privaten IT-Nutzung.

91   Das BVerfG hat zu Recht herausgestellt, dass die allgegenwärtige IT-Nutzung permanenten Gefährdungen ausgesetzt ist und dass dieser hohen Verletzlichkeit der IT-Infrastrukturen durch Schutzmaßnahmen zu begegnen ist. Dabei genügt der zweifellos wichtige Beitrag der IT-Sicherheitsbranche wohl nicht. Neben den Anstrengungen jedes einzelnen Nutzers ist auch der Staat gefordert, den wirksamen Gebrauch dieses Grundrechts zu gewährleisten. Wie er seiner Schutzpflicht genügt, bleibt abzuwarten. Möglicherweise sind auch die Sorgfaltsmaßstäbe und Haftungsregeln im IT-Sicherheitsrecht zu überdenken.

92   Im nicht-öffentlichen Bereich ist die Auswirkung der Grundrechte im Arbeitsverhältnis, also im Verhältnis zwischen Arbeitgeber und Arbeitnehmer, besonders groß. Die Rechtsprechung des BAG hat jedem Grundrecht – auch dem Recht auf informationelle Selbstbestimmung – eine besondere Ausprägung im Arbeitsverhältnis verliehen. Es ist davon auszugehen, dass auch das Grundrecht auf Gewährleistung der Vertraulichkeit und Integrität informationstechnischer Systeme zwischen Privaten, insbesondere auch im Arbeitsverhältnis, zur Anwendung kommen wird. Welche Auswirkungen dieses Grundrecht zwischen Privaten jedoch im Detail haben wird, ist noch weitestgehend ungeklärt.[183]

93   Es soll **subsidiär** in seinem Schutzbereich gelten, nachrangig gegenüber den Grundrechten auf Fernmeldegeheimnis (Art. 10 GG), Unverletzlichkeit der Wohnung (Art. 13 GG) sowie Recht auf informationelle Selbstbestimmung.[184]

94   Unklar ist va, welche Systeme durch das „Computer"-Grundrecht geschützt sind bzw. **bei welchen Systemen das Grundrecht zur Anwendung** kommt. Das BVerfG stellt nämlich fest, dass die Gebote, die das BVerfG in seinen Leitsätzen festhält, nicht etwa bei allen Systemen zum Tragen kommen, sondern nur bei bestimmten. Insoweit stellt das BVerfG folgende Voraussetzungen auf:[185]

„Dieses Grundrecht ist anzuwenden, wenn die Eingriffsermächtigung Systeme erfasst, die allein oder in ihren technischen Vernetzungen personenbezogene Daten des Betroffenen in einem Umfang und in einer Vielfalt enthalten können, dass ein Zugriff auf das System es ermöglicht, einen Einblick in wesentliche Teile der Lebensgestaltung einer Person zu gewinnen oder gar ein aussagekräftiges Bild der Persönlichkeit zu erhalten."

95   Das BVerfG hat somit die Vertraulichkeit der Daten auf persönlichen Computing-Geräten zum Grundrecht erhoben. Fraglich ist, ob auch der Firmenrechner, der zwar eigentlich dem Arbeitgeber gehört, aber auf dem der Arbeitnehmer personenbezogene Daten speichert, vom Schutzbereich erfasst ist. Insbesondere bedürfen in Zukunft viele Anwendungen des sogenannten Ubiquitären Computing, etwa RFID-Chips sowie Software-Tools, die eine weitgehend lückenlose Mitarbeiter- oder Kundenorganisation und -überwachung ermöglichen (zB Workflow-Management), der Überprüfung.

---

[181] Siehe auch *Hohmann-Dennhardt,* Informationeller Selbstschutz als Bestand des Persönlichkeitsrechts, RDV 2008, 1.
[182] Zur Drittwirkung der Grundrechte siehe auch: BVerfG Urt. v. 15.5.1984 – 2 BvE 11/83 und 2 BvE 15/83, NJW 1984, 2271 – Flickausschuss; BVerfG Urt. v. 27.6.1991 – 2 BvR 1493/89, NJW 1991, 2129 – Quellensteuer; BVerfG Urt. v. 7.2.1990 – 1 BvR 26/84, NJW 1990, 1469 – Handelsvertreter.
[183] Siehe dazu etwa *Darnstädt/Hipp* Spiegel 10/2008, S. 42.
[184] → Rn. 20 ff., 25 ff.
[185] BVerfG Urt. v. 27.2.2008 – 1 BvR 370/07 und 1 BvR 595/07, Rn. 203.

Tendenziell kritisch sind sämtliche Funktionen, die evtl. in einer Software enthalten sind, **96**
sich automatisch online schalten und unbemerkt für den Nutzer/Anwender zB Updates herunterladen und installieren, oder zu DRM-Zwecken Daten über das Nutzungsverhalten an den Lizenzgeber übermitteln.[186] Wahrscheinlich wird es Überarbeitungsbedarf bei nahezu allen Nutzungsbedingungen geben, die nicht anvisierte Datenspeicherungen – und sei es nur im Rahmen der Zulässigkeit des TMG – vertraglich regeln wollen.
Beispiele für offene Fragen:
- Dürfen Netzriesen wie Google oder Amazon den Gewohnheiten ihrer Kunden weiterhin nachspüren?
- Muss der Staat dem Bürger gegen Störer sogar helfend zur Seite stehen?
- Wie sind die Konsequenzen für das Abhören von Internet-Telefonie?
- Wie sind die Konsequenzen für den Bereich Produktpiraterie, Urheberrechtsverletzung, DRM-Schutz (etwa von Napster etc.)?

Konsequenzen **im Arbeitsverhältnis** (mittelbare Drittwirkung), sind zB in folgenden Zusammenhängen denkbar:
- Ist eine Durchsuchung von Mitarbeiter-PCs (zB keyword search nach bestimmten Kundendokumenten) selbst dann für den Arbeitgeber unzulässig, wenn die Privatnutzung verboten ist?
- Bestehen evtl. Unterschiede, wenn das Unternehmen intern Thin clients statt Notebooks/PCs für Mitarbeiter einsetzt?
- Besondere Brisanz bei der Rückgabe von Firmen-Notebooks/PCs: Besteht eine Pflicht des Arbeitsgebers zur Datenlöschung bei Ausscheiden von Mitarbeitern?

c) E-Commerce (Telemedien- und TK-Recht) und Datenbankenschutz. In seinen Außen- **97**
grenzen ragt das Datenschutzrecht in das Feld der Informationspflichten der Outsourcing-Anbieter im Bereich des E-Commerce bzw. der Portale und Plattformen hinein.[187] Denn die Anbieter haben sowohl die Informationspflichten im Sinne des Telemedienrechts[188] bzw. des E-Commerce als auch des Datenschutzes zu beachten. Das wird in der Praxis nicht selten vernachlässigt.[189]

> **Praxistipp:**
> Im Rahmen von E-Commerce-Prozessen fällt eine Fülle von Daten an. Diese können datenschutzrechtlich relevant sein, zB Nutzungs-, Bestands- oder Verkehrsdaten. Zugleich können diese Daten dem **Rechtsschutz als Datenbank**[190] unterliegen. Datenschutz und Datenbanken-Rechtsschutz können sich ins Gehege kommen, etwa derart, dass der Datenschutz die Weitergabe der Daten an Dritte eher behindert, während unter Rechtsschutzaspekten die Daten vielleicht dem Dritten „gehören".[191]
> Wird dies übersehen, können Probleme etwa bei Beendigung des Vertragsverhältnisses entstehen. Relevanz hat dies beispielsweise für das **Webshop-Outsourcing**.[192] Häufig ist dort nicht genau geklärt, wem was bei Beendigung zusteht bzw. „gehört" und wem was herauszugeben ist.
> Die Klarstellung in § 11 Abs. 2 S. 2 Nr. 10 BDSG, die zum 1.9.2009 in Kraft getreten ist, hat die Notwendigkeit verstärkt, transparente vertragliche Regelungen hinsichtlich der Rückgabe der Da-

---

[186] DRM steht für Digital Rights Management und erfasst zB urheberrechtsrelevante Schutzmechanismen. Zur kartellrechtlichen Relevanz → § 39 Rn. 305 ff. mit Beispielen. *Spindler:* Evtl. macht sich jemand sogar haftbar, der auch nur fahrlässig eine Sicherheitslücke öffnet (in: Der Spiegel 10/2008 v. 3.3.2008, S. 43).
[187] Keine Herausgabepflicht von Nutzerdaten durch Bewertungsportale: BGH Urt. v. 1.7.2014 – VI ZR 345/13.
[188] Zum Telemediengesetz → Rn. 393 sowie → § 36 Datenschutz der Telemedien. Bei internetbasierten Angeboten kann die Abgrenzung zwischen Telemedien und TK-Dienst und folglich die Frage nach dem Anwendbaren spezialgesetzlichen Datenschutzrecht schwierig sein. → § 31 Recht der Telekommunikation.
[189] Siehe etwa *Ernst* ITRB 2002, 265; *Lorenz* K&R 2008, 340.
[190] Zu Datenbankenschutz im UrhG → § 6 Der Rechtsschutz von Datenbanken.
[191] Zum Spannungsfeld zwischen Datenschutz und sonstigen Verfügungsrechten an Daten unter dem Gesichtspunkt „Personal Data Economy" *Reiners* ZD 2015, 51 ff.
[192] Zum Webshop-Outsourcing-Vertrag → § 20.

ten schriftlich festzulegen.[193] Allerdings ist beim Webshop-Outsourcing – je nach Ausgestaltung des Auslagerungsmodells – gelegentlich nicht klar, ob eine Auftragsdatenverarbeitung oder eine Funktionsübertragung vorliegt und wer verantwortliche Stelle im Hinblick auf die personenbezogenen Daten ist. Die Frage hängt letztlich davon ab, wer auf der Website „Diensteanbieter" im Sinne des TMG ist (ob insbesondere der Auftraggeber oder der Auftragnehmer im Impressum steht) und wer Vertragspartner des Internetnutzers ist (etwa im Hinblick auf Nutzungsbedingungen oder Einkaufs-AGB).[194]

Erhebt, verarbeitet und nutzt der Auftragnehmer die Daten der Internetnutzer **zu eigenen Geschäftszwecken** (etwa weil er selbst Vertragspartner der Internetnutzer ist), dann ist konkret im Hinblick auf diese Daten ein Auftragsdatenverarbeitungskonstrukt (insbesondere eine Weitergabe von Nutzerdaten vom Auftraggeber an den Auftragnehmer) regelmäßig nicht möglich. Allerdings hat der Auftragnehmer eine selbständige Erlaubnis (etwa nach § 28 Abs. 1 S. 1 Nr. 1 BDSG im Hinblick auf die Einkaufs-AGB). Dies würde allerdings einen Datentransfer zwischen Auftraggeber und Auftragnehmer grds. nicht erlauben.

Anders wäre es, wenn der Auftraggeber im Rahmen der erstmaligen Erstellung der Website und des Webshops Nutzerdaten dem Auftragnehmer weitergibt, damit der Auftragnehmer zB ein Zugriffsberechtigungssystem für Internetnutzer einrichtet (etwa für den Fall, dass nur bestimmte Nutzer im Webshop einkaufen dürfen). Insoweit ist denkbar, dass der Auftragnehmer dieselben Datenkategorien zu unterschiedlichen Zwecken verarbeitet: einerseits im Rahmen der Auftragsdatenverarbeitung und andererseits im Rahmen der eigenen Geschäftszwecke. Allerdings ist dafür eine saubere und sichere Trennung der Datenbestände und der Datenverarbeitungsprozesse erforderlich (§ 9 BDSG mit Anlage, Kontrollgebot Nr. 8), was je nach Verarbeitungs-/Nutzungszweck (auch im Falle des erwähnten Berechtigungskonzepts) schwierig ist.

Bei einer Auftragsdatenverarbeitung muss der Auftraggeber – auch bei Vertragsbeendigung – vollständig „Herr über seine Daten" sein. Dazu gehört eine sichere Rückgabe und jederzeitige Herausgabemöglichkeit im Hinblick auf die personenbezogenen Daten des Auftraggebers. Insoweit kann dem Auftraggeber § 11 BDSG als Argument bei den Vertragsverhandlungen entgegen kommen – etwa bei der Frage, in welcher Form/welchem Format die Daten herauszugeben sind.[195]

98   **d) Digital Rights Management.** Digital Rights Management (DRM) stellt eine Technologie dar, die vor allem von der Medienindustrie unterstützt wird. DRM umfasst allgemein formuliert elektronische Abrechnungs- und Kontrollmechanismen wie zB Einweg-CD oder Einweg-DVD oder Einmal-Musik-Download. Vor allem soll das Dauerproblem Kopierschutz gelöst werden (zB Napster-Datei ist nur so lange abspielbar, wie das Napster-Abo besteht).[196] Diese Technologie kann darüber hinaus für Einmal-E-Mails verwendet werden. Datenschutzrechtliche Probleme kann DRM-Technologie bereiten, soweit sie – ohne entsprechende Erlaubnis – benutzt wird, um personenbezogene Daten vom Computer des Kunden (unbemerkt) an den Anbieter zu übermitteln (siehe auch Stichwort „trusted computing").[197]

99   **e) UWG, Stiftung Datenschutz und UKlaG.** *aa) Verhältnis zum UWG.* Am 30.12.2008 sind eine Reihe von Änderungen des UWG in Kraft getreten, die im Wesentlichen eine Verschärfung mit sich gebracht haben.[198] Datenschutzrechtliche Vorschriften werden zuneh-

---

[193] Einzelheiten zu § 11 BDSG → Rn. 271 ff.
[194] Zum Datenschutz beim Webservice siehe auch *Schaar* RDV 2003, 59.
[195] Die Problemlage war auch bei der Entscheidung des OLG München Urt. v. 22.4.1999 – 6 U 1657/99, CR 1999, 484 gegeben (Datenherausgabeanspruch bei laufendem Rechenzentrumsbetrieb), wurde jedoch nicht unter den erwähnten dogmatischen Kategorien (Datenschutz contra Datenbankschutz) behandelt; s. dann aber dazu KG Berlin Urt. v. 9.6.2000 – 5 U 2172/00, CR 2000, 812, betreffend den Datenbankschutz; siehe auch zu Kundendaten und Löschungspflichten BGH Urt. v. 17.4.1996 – VIII ZR 5/95, NJW 1996, 2159; BGH Urt. v. 26.10.1997 – 5 StR 223/97, NJW 1998, 390. Siehe auch *Grützmacher*, Außervertragliche Ansprüche auf Herausgabe von Daten gegenüber dem Outsourcing-Anbieter, ITRB 2004, 282; *ders.*, Vertragliche Ansprüche auf Herausgabe von Daten gegenüber dem Outsourcing-Anbieter, ITRB 2004, 260.
[196] Zur Patentierbarkeit von Geschäftsprozessen und Software → § 5 Rechtsschutz von Computerprogrammen und digitalen Inhalten.
[197] Zur Frage, ob solche DRM-Technologie verfassungsrechtlich (noch) akzeptabel ist → Rn. 96.
[198] So waren etwa nach alter Fassung des UWG unlautere geschäftliche Handlungen nicht per se unzulässig. Unzulässig waren sie grundsätzlich nur dann, wenn die Interessen von Mitbewerbern, Verbrauchern oder sons-

mend von der Rechtsprechung als Marktverhaltensregel im Sinne von § 4 Nr. 11 BDSG gewertet (bspw. § 13 TMG,[199] § 15 Abs. 3 TMG[200] § 4 Abs. 1 BDSG,[201] § 28 Abs. 3 BDSG).[202] Dies wird vielfach wegen des Datenschutzvollzugsdefizits für erforderlich erachtet und scheint zwischen Privaten auch konsequent.[203]

Darüber hinaus gibt es insbesondere im Bereich des erweiterten Datenschutzes, hier des Persönlichkeitsrechts, Querverbindungen zu wettbewerbsrechtlichen Aktivitäten. Der Bereich **"unverlangter Werbung"** verknüpft sich zunehmend mit dem Datenschutz.[204] Dies hatte schon mit der Fernabsatzrichtlinie begonnen, sich in der insoweit neutralen E-Commerce-Richtlinie fortgesetzt, und einen – angesichts der Datenschutzgrundverordnung evtl. vorläufigen – Schlusspunkt in der Richtlinie über den Datenschutz bei der elektronischen Kommunikation gefunden. Dort spricht sich die EU im Prinzip gegen die unverlangte Werbung aus, erweitert allerdings den Bereich, in dem sie unter bestimmten Voraussetzungen – jedoch sehr eingeschränkt – nicht verboten ist. Danach soll beispielsweise unter bestimmten Voraussetzungen im Rahmen einer bereits bestehenden Kundenbeziehung Werbung für eigene Waren oder Dienstleistungen zulässig sein, soweit diese der bereits erworbenen Ware oder Dienstleistung des Kunden ähnlich sind.[205] Nicht nur, dass die Richtlinie selbst diese Querverbindung zwischen Datenschutz und unverlangter Werbung herstellt, vielmehr bildet die unverlangte Werbung bis zu einem gewissen Grade das Rückgrat einer Reihe von Einrichtungen im Bereich der elektronischen Geschäftsmodelle. Diese erhalten damit einen Regelungsrahmen, der letztlich nicht nur vertragliche Regelungen ermöglicht, sondern va eine Reihe von Ausnahmen.[206]

bb) Stiftung Datenschutz. **Selbstregulierungmechanismen** im Datenschutzrecht sind modern und erforderlich. US-Präsident Obama hat das mit seiner Consumer Privacy Bill of Rights vorgemacht, in Japan beispielsweise wird seit langem auf Datenschutzgütesiegel gesetzt. Am 28.6.2012 hat der deutsche Bundestag auf Antrag von Abgeordneten der CDU/CSU-Fraktion und der FDP (BT-Drs. 17/10092)[207] beschlossen, die lange geplante **Stiftung Datenschutz** in Leipzig zu errichten.[208] Schon der Name erinnert an die Stiftung Warentest und lange Zeit hoffte man auf eine Erfolgsgeschichte für den Verbraucherschutz und die Produktverbesserung. Die Stiftung Datenschutz war bereits im Koalitionsvertrag der CDU, CSU und FDP aus Oktober 2009 vorgesehen und ist mit 10 Mio. EUR Startkapital ausgestattet. Die Wirtschaft kann sich mit Zustiftungen und Spenden beteiligen, wobei die Unabhängigkeit der Stiftung nicht gefährdet werden soll. Im Februar 2012 hatte die Bun-

---

tigen Marktteilnehmern spürbar beeinträchtigt wurden (sog Bagatellklausel). Nach neuer Fassung des UWG ist eine sogenannte „schwarze Liste" von geschäftlichen Handlungen gegenüber Verbrauchern ins UWG eingeführt worden. Die auf dieser Liste aufgeführten Geschäftspraktiken sind ohne Rücksicht auf die Erheblichkeit (Bagatellschwelle) stets unzulässig. Auf eine spürbare Beeinträchtigung von Verbraucherinteressen kommt es insoweit nicht an. Siehe etwa *Köhler* GRUR 2008, 841; *Kuntz* JurPC Web.-Dok. 8/2009.
[199] OLG Hamburg Urt. v. 27.6.2013 – 3 U 26/12.
[200] LG Frankfurt/Main Urt. v. 18.2.2014 – 3–10 O 86/12, K&R 2014, 614.
[201] OLG Köln Urt. v. 19.11.2010 – 6 U 73/10 zur Datenschutz- und Wettbewerbswidrigkeit von Rückgewinnungsschreiben an ehemalige Stromkunden. Der BGH hat mit Beschl. v. 23.5.2012 – I ZR 224/10 die Revision zugelassen, die aber nicht mehr anhängig ist und wohl ohne BGH-Urteil endet. Wie OLG Köln Marktverhaltensregeln bejahend: OLG Naumburg Urt. v. 10.10.2003 – 1 U 17/03; OLG Stuttgart Urt. v. 22.2.2007 – 2 U 132/06; OLG Karlsruhe Urt. v. 9.5.2012 – 6 U 38/11. Ähnlich OLG Karlsruhe Urt. v. 9.5.2012 – 6 U 38/11. Ausdrücklich ablehnend OLG München Urt. v. 12.1.2012 – 29 U 3926/11, ZD 2012, 330 m. Anm. *Schröder*. Ebenfalls ablehnend: OLG Frankfurt Urt. v. 30.6.2005 – 6 U 168/04; OLG Düsseldorf Urt. v. 20.2.2004 – I-7 U 149/03.
[202] OLG Köln Urt. v. 17.1.2014 6 U 167/13, NJW 2014, 1820; OLG Karlsruhe Urt. v. 9.5.2012 – 6 U 38/11, NJW 2012, 3312; KG Urt. v. 24.1.2014 – 5 U 42/12, ZD 2014, 412 (414).
[203] *Galetzka* K&R 2015, 77 (83).
[204] Siehe dazu den lesenswerten Aufsatz von *Gola/Reif* RDV 2009, 104. Einzelheiten dazu siehe → Rn. 503 ff.
[205] Zu Anforderungen an eine datenschutzrechtliche Einwilligung sowie an eine Einwilligung nach UWG wegen Direktmarketing siehe BGH Urt. v. 16.7.2008 – VIII ZR 348/06 – Payback.
[206] Siehe zur datenschutzrechtlichen Einwilligung in Marketingmaßnahmen → Rn. 403 ff.; weitere Einzelheiten zum Verhältnis von UWG und Datenschutz → Rn. 506 ff.
[207] http://dip21.bundestag.de/dip21/btd/17/100/1710092.pdf.
[208] Heise-Meldung vom 29.6.2012, 08:25: „Bundestag beschließt Konzept für Stiftung Datenschutz".

desregierung teilweise ihre Planung zur Umsetzung der Stiftung offengelegt (BT-Drs. 17/ 8513) und damit teilweise Kritik von manche Datenschutzaufsichtsbehörden und Verbänden hervorgerufen. Nach Ansicht des ULD Schleswig-Holstein, das selbst ein von der EU-Kommission gefördertes Datenschutzgütesiegel (EuroPriSe) vergibt, ist ein 33köpfiger Beirat mit 15 Mitgliedern „aufgebläht" und die Standortwahl (Leipzig) sei ausschließlich unter dem Aspekt der Wirtschaftsförderung erfolgt.[209] Dass den Beiräten entstandene Aufwendungen nicht erstattet werden sollen, kann die Unabhängigkeit des Beirats gefährden. Der Bundesverband der Verbraucherzentralen (vzbv) und andere befürchten laut Heise-Meldung vom 29.6.2012 „eine Machtfülle des Innenressort" durch Stiftungsorgane ohne ausreichende demokratische Legitimierung. Angesichts der Umsetzungspläne zweifelt Branchenverband BITKOM an einem Erfolg à la Stiftung Warentest.

102 Aufgabe der Stiftung ist, den Selbstdatenschutz durch schulische und außerschulische Bildung und Aufklärung zu stärken und so zu einem Wandel der Datenschutzkultur beizutragen. Darüber hinaus soll die Stiftung zur Entwicklung bundesweit anerkannter Datenschutzaudits und eines eigenen Datenschutzgütesiegels beitragen. Insoweit würde die Stiftung, nach Möglichkeit zusammen mit Dritten, an der Prüfung von Waren und Dienstleistungen mitwirken, nicht nur, aber gerade auch im Mobile- und E-Commerce. Die Stiftung will nicht nur auf das Know-How der Datenschutzaufsichtsbehörden der Länder und den Bundesbeauftragten für Datenschutz und Informationsfreiheit zurückgreifen, sondern über einen Beirat unterschiedliche Akteure, auch Bundestagsvertreter, einbinden und zur Anerkennung von Sachverständigen für die Auditierungen beitragen. Eine der wichtigsten Aufgaben der Stiftung dürfte die Stärkung des Vertrauens in neue Technologien sein. Die Bedeutung dessen hat das Bundesverfassungsgericht[210] in seinem Online-Durchsuchungsurteil mit einem „Grundrecht auf Vertraulichkeit und Integrität informationstechnischer Systeme" herausgestellt.

103 Vergleichende Waren- und Dienstleistungstests liegen grds. im Allgemeininteresse, weil sie die Markttransparenz und den Wettbewerb fördern und damit zugleich im wohlverstandenen Interesse der Hersteller und Anbieter liegen. Sie haben erfahrungsgemäß für den Absatz der beurteilten Unternehmen eine ganz erhebliche Bedeutung, wie zahlreiche Gerichtsentscheidungen zeigen.[211] Gesetzliche Vorgaben und anwaltliche Empfehlungen gelten nur so lange als umsatzhindernd, bis Unternehmen erkennen, dass sie mit der Übererfüllung von gesetzlichen Mindestforderungen erfolgreiches Marketing betreiben und Umsatz generieren können. Ein sog Rühmen mit Selbstverständlichkeiten, nämlich mit der Einhaltung von Gesetzen, wäre dagegen wettbewerbswidrig. Die kritische Berichterstattung über unternehmerische Leistungen, insbesondere zum Zwecke der Verbraucherinformation, gehört zur Funktionsfähigkeit des Wettbewerbs. Unternehmen müssen in den Grenzen von ua § 6 UWG (vergleichende Werbung) und § 5 UWG (Irreführungsverbot) eine sachliche Kritik von Wettbewerbern grundsätzlich hinnehmen und können für sich kein ausschließliches Recht auf eigene Außendarstellung und uneingeschränkte Selbstdarstellung auf dem Markt in Anspruch nehmen. Auf die Stiftung Datenschutz wäre zwar das UWG weitgehend unanwendbar. Doch Veröffentlichungen von Test-, Ranking- oder Benchmarking-Ergebnissen der Stiftung wären nur dann durch das Grundrecht auf Meinungsäußerungsfreiheit geschützt, wenn die Untersuchung **objektiv, sachkundig** und **neutral** durchgeführt wird und sowohl die **Art des Vorgehens** bei der Prüfung als auch die aus den Untersuchungen **gezogenen Schlüsse vertretbar** sind.

104 Das einfachgesetzliche formelle Datenschutzrecht krankt teilweise an einer nicht zeitgemäßen, unpraktikablen oder fehlenden Konkretisierung des Ausgleichs von informationeller Selbstbestimmung, Privatsphärenschutz und Fernmeldegeheimnis im Verhältnis zu Meinungs-, Berufs- und Eigentumsfreiheit und anderen Grundrechten der datenverarbeitenden Unternehmen. Personenbezogene Daten sind nicht nur Ausdruck der Persönlichkeit, son-

---

[209] Pressemitteilung des ULD vom 17.2.2012.
[210] BVerfG Urt. v. 27.2.2008 – 1 BvR 370/07, 1 BvR 595/07.
[211] Vgl. etwa zu www.pflegelotse.de SG Bayreuth Beschl. v. 11.1.2010 – S 1 P 147/09 ER, BeckRS 2010, 65752 und SG Münster Beschl. v. 18.1.2010 – S 6 P 202/09 ER.

II. Persönlichkeitsrecht, Datenschutz und verfassungsrechtliche Grundlagen 105–107 § 34

dern auch Datenverkehrsgut. An Daten gibt es eigentumsähnliche Positionen. Daten, Datenbanken und Datenbankwerke mit personenbezogenen Daten können urheberrechtlich geschützt sein. Die Hoffnung ist, dass eine Stiftung Datenschutz einen Beitrag zur praktischen Konkordanz mit wirtschaftseminenten und daher effizienten Mitteln schafft.

cc) Abmahnung von Datenschutzverstößen durch Wettbewerber und Verbraucherschutzverbände. Die Einhaltung des US-amerikanischen Sarbanes-Oxley-Acts, der Compliance-Aspekte in börsennotierten Unternehmen und deren Töchtern regelt, rentiert sich angesichts drakonischer Strafen bei Zuwiderhandlungen. Bei der Durchsetzung des Verbraucherschutzes geht Deutschland einen anderen Weg, was regulative und administrative Stellen und Prozesse entlastet: Vieles regelt der Wettbewerb bzw. das Wettbewerbsrecht. Was die Datenschutzqualität von Waren und Dienstleistungen und von Arbeitgebern betrifft, gibt es etablierte Siegel (etwa für Webshops), es gibt einen jährlichen Big Brother Award „für" Datenschutzsünder und in Internetforen wird zB vor Apps gewarnt, die Smartphone-Daten ausspionieren. Trotzdem kommt der Datenschutz nur langsam in Schwung und noch langsamer beim Verbraucher an. Von einem harten Wettbewerb um datenschutzfreundliche Angebote, Datenschutz-Benchmarkingverfahren und guten Datenschutzbewertungen in Internetvergleichsportalen kann man wohl (noch) nicht sprechen. 105

Durch eine **geplante Gesetzesänderung des UKlaG**[212] soll für Verbände und Kammern ein Klagerecht bei Datenschutzverstößen durch Unternehmen eingeführt werden. Bisher können Verbände und Kammern Datenschutzverstöße nur über Umwege – bei Verstößen gegen AGB-Recht[213] – rügen, wenn die vom Unternehmer gegenüber Verbrauchern verwendeten AGB gegen Datenschutzrecht verstoßen (vgl. § 1 UKlaG). Das ist häufig bei Einwilligungsfiktionen[214] oder formularmäßigen „Datenschutzbestimmungen" in Webshop-AGB oder AGB sonstiger Telemediendienste relevant oder wenn die – als gesetzliche Pflichtinformation an sich der Einbeziehungs- und Inhaltskontrolle entzogene[215] – Datenschutzunterrichtung einen rechtsgeschäftlichen Charakter erhält, etwa weil der Kunde als Bedingung für den Vertragsschluss zustimmen muss.[216] 106

Vielfach aber geschieht eine Verletzung des Datenschutzrechts auf andere Weise, wie etwa durch die **unzulässige Weitergabe rechtmäßig erhobener Daten.** Um die Verbände in diesem Bereich umfassend für Klagen zu befähigen, will der Referentenentwurf[217] des Bundesjustizministeriums aus 2014 § 2 Abs. 2 UKlaG derart erweitern, dass auch alle *„Vorschriften, die für die Erhebung, Verarbeitung oder Nutzung personenbezogener Daten eines Verbrauchers durch einen Unternehmer gelten"* als „Verbraucherschutzgesetze" im Sinne des § 2 Abs. 1 UKlaG erfasst werden. Darüber hinaus sieht der Entwurf auch Änderungen am UWG und an den AGB-Regelungen im BGB vor. Wichtig für die Praxis ist zudem, dass die neuen Ansprüche nicht nur Verbraucherverbänden, sondern gem. § 3 Abs. 1 S. 1 und 3 UKlaG auch den Wirtschaftsverbänden und Kammern zustehen.[218] Unklar ist unter anderem, inwiefern sich die Verschärfungen am UKlaG mit europarechtlichen Vorgaben vereinbaren lassen.[219] Denn 107

---

[212] Rn. 107.
[213] Siehe etwa LG Berlin Urt. v. 30.4.2013 – 15 O 92/12 – Apple und LG Berlin Urt. v. 19.11.2013 – 15 O 402/12 – Google.
[214] Dass auch datenschutzrechtliche Einwilligungserklärungen grundsätzlich in Allgemeine Geschäftsbedingungen aufgenommen werden können, ist seit längerem klar, siehe etwa BGH Urt. 16.7.2008 – VII ZR 348/06 – Payback (Tz. 25). LG Berlin Urt. v. 30.4.2013 – 15 O 92/12 – Apple; LG Berlin Urt. v. 19.11.2013 – 15 O 402/12 – Google. Einzelheiten → Rn. 369; → § 36 Datenschutz der Telemedien sowie → § 22 Cloud Computing.
[215] BGH Urt. v. 25.10.2012 – I ZR 169/10 – Werbeanrufe II; LG Berlin v. 26.10.2012 – 15 O 449/09.
[216] In anderem Zusammenhang, aber mit gleichem Ergebnis hat die Rechtsprechung entschieden: (Einseitige) Teilnahmebedingungen sind der Inhaltskontrolle grundsätzlich entzogen, es sei denn, die Einwilligungserklärung ist Bedingung für die Teilnahme, vgl. KG Urt. v. 26.8.2010 – 23 U 34/10, NJW 2011, 466; BGH Urt. v. 25.10.2012 – I ZR 169/10.
[217] Gesetzesinitiative des BMJV. Beschl. der BReg v. 4.2.2015; Stellungnahme des BR v. 16.3.2015; endgültige Fassung der BReg v. 15.4.2015; abrufbar unter www.er-online.de/36818.htm.
[218] *Weidlich-Flatten* ZRP 2014, 196; *Schulz* ZD 2014, 510.
[219] http://www.delegedata.de/2014/06/referentenentwurf-des-bmjv-klagemoeglichkeiten-fuer-verbaende-bei-datenschutzrechtsverletzungen/.

nach einer EuGH-Entscheidung[220] aus 2011 dürfen die Mitgliedsstaaten weder nach oben noch nach unten von den Vorgaben der Richtlinie 95/46/EG abweichen. Ein weiterer Kritikpunkt ist, dass durch die neuen Kompetenzen der Verbraucherschutzverbände die Rolle der Datenschutzaufsichtsbehörden entwertet wird. Ob dieses Argument stichhaltig ist, ist fraglich. Denn die Datenschutzaufsichtsbehörden sind kaum ausgestattet, das wirtschaftliche Verhalten der Unternehmen großflächig zu kontrollieren. Insoweit liegen wettbewerbsinhärente Instrumente näher. Bei der Stiftung Datenschutz hoffte man, der Wettbewerb bzgl. datenschutzfreundlicher Angebote würden dadurch gefördert, dass der Verbraucher besser informiert entscheiden kann, was sich bislang wohl kaum bewahrheitet hat.

Im Regierungsentwurf aus März 2015 wurden die Änderungspläne des Referentenentwurfs abgeschwächt. In § 2 Abs. 2 UKlaG soll folgende Nr. 11 angefügt werden:

„11. *die Vorschriften, welche die Zulässigkeit regeln*
  a) *der Erhebung personenbezogener Daten eines Verbrauchers durch einen Unternehmer oder*
  b) *der Verarbeitung oder der Nutzung personenbezogener Daten, die über einen Verbraucher erhoben wurden, durch einen Unternehmer, wenn die Daten zu Zwecken der Werbung, der Markt- und Meinungsforschung, des Betreibens einer Auskunftei, des Erstellens von Persönlichkeits- und Nutzungsprofilen, des Adresshandels, des sonstigen Datenhandels oder zu vergleichbaren kommerziellen Zwecken erhoben, verarbeitet oder genutzt werden.*"

Zudem soll folgender Satz angefügt werden:

„Eine Datenerhebung, Datenverarbeitung oder Datennutzung zu einem vergleichbaren kommerziellen Zweck im Sinne des Satzes 1 Nummer 11 liegt insbesondere nicht vor, wenn personenbezogene Daten eines Verbrauchers von einem Unternehmer ausschließlich für die Begründung, Durchführung oder Beendigung eines rechtsgeschäftlichen oder rechtsgeschäftsähnlichen Schuldverhältnisses mit dem Verbraucher erhoben, verarbeitet oder genutzt werden."

III. Überblick über das Bundesdatenschutzgesetz

1. Systematik des Datenschutzrechts

108 a) **Verhältnis des BDSG zu anderen Datenschutzvorschriften und -regelungen.** Aufgrund der Verteilung der Gesetzgebungskompetenz zwischen Bund und Ländern und der Forderung des BVerfG, zumindest Bereiche sensibler Verarbeitung in konkret regelnden Normen festzuschreiben, rekrutiert sich das Datenschutzrecht aus einer diffus nebeneinander stehenden Vielzahl unterschiedlicher Normen. Haben der Bund oder die Länder bestimmte Bereiche personenbezogener Daten speziell, dh „bereichsspezifisch" geregelt, so verdrängen diese Regelungen die Bestimmungen der allgemeinen Datenschutzgesetze. Dabei wird das BDSG ebenso verdrängt wie die Landesdatenschutzgesetze mit ihrem Geltungsbereich in der öffentlichen Verwaltung des jeweiligen Landes inklusive der Kommunalverwaltung.[221] Die Bundesverwaltung und die Privatwirtschaft fallen also in den Anwendungsbereich des BDSG, die Landesverwaltung und die Kommunen etc in den Anwendungsbereich der LDSG. **Vorrangig** gelten **bereichsspezifische** Regelungen wie etwa im TMG, TKG, SGB,[222] PassG, GewO, StGB.

109 Das BDSG ist zwar eine der wesentlichen Grundlagen des Datenschutzes, insbesondere auch der Umsetzung der EU-Datenschutzrichtlinie 95/46/EG, jedoch in verschiedener Hinsicht nachgiebig:

110 *aa) Landesrechtliche Vorschriften.* Zum einen gilt das BDSG nicht für öffentliche Stellen der Länder, deren Datenschutz durch Landesgesetz geregelt ist. Inzwischen haben alle Bundesländer eigene Landesdatenschutzgesetze bzw. eigenes Landesdatenschutzrecht. Infolge dessen ist im öffentlichen Bereich die Wirkung des BDSG im Wesentlichen auf den Bund be-

---

[220] EuGH Urt. v. 24.11.2011 – C-468, 469/10.
[221] Siehe allgemein zu Datenschutz und Datensicherheit in der Kommunalverwaltung: *Zilkens/Werhahn* RDV 1999, 60; zum behördlichen Datenschutzbeauftragten: *Abel* MMR 2002, 289.
[222] Zur Reichweite des Sozialgeheimnisses nach § 78 SGB X *Franck* ZD 2015, 151; zum Krankengeldfallmanagement *Petri/Kettinger* ZD 2015, 49; zu Big Data im Gesundheitswesen *Becker/Schwab* ZD 2015, 151.

schränkt. Die Landesdatenschutzgesetze haben in ihrem Anwendungsbereich Vorrang vor dem Bundesdatenschutzgesetz. Das ergibt sich insbesondere auch aus § 1 Abs. 2 Nr. 2 BDSG. Darin heißt es:

„Dieses Gesetz (Bundesdatenschutzgesetz) gilt für die Erhebung, Verarbeitung und Nutzung personenbezogener Daten durch öffentliche Stellen der Länder, soweit der Datenschutz nicht durch Landesgesetz geregelt ist und soweit sie Bundesrecht ausführen oder als Organe der Rechtspflege tätig werden und es sich nicht um Verwaltungsangelegenheiten handelt."

bb) *Bereichsspezifische Vorschriften des Bundes.* Nach § 1 Abs. 3 gehen andere Rechtsvorschriften des Bundes, die den Umgang mit personenbezogenen Daten einschließlich deren Veröffentlichungen regeln, dem BDSG vor. § 1 Abs. 3 Satz 1 beginnt *„Soweit andere Rechtsvorschriften ...".*

Wahrscheinlich herrschend ist die Meinung, va angeführt von *Simitis,* dass die Vorrangigkeit nur soweit gilt, wie im Kern Datenschutzregelungen geschaffen sind, soweit keine geschaffen sind, gilt dann wieder das BDSG, zB im Hinblick auf Rechte des Betroffenen, Beauftragung eines Datenschutzbeauftragten uÄ.[223]

Zum vorrangigen bereichsspezifischen Datenschutzrecht gehören neben den Spezialregelungen im Telekommunikationsgesetz (TKG)[224] und Telemediengesetz (TMG),[225] insbesondere Teile der Sozialgesetze (SGB) und bestimmte §§ im Betriebsverfassungsgesetz (BetrVG).[226]

Beispiele:
In der folgenden Tabelle sind Beispiele von datenschutzrelevanten Vorschriften außerhalb des BDSG zusammengestellt:[227]

EG-Vorschriften, Leitlinien	Fürsorgepflicht des Arbeitgebers
Datenschutzrichtlinie 95/46/EG	Allgemeines Gleichbehandlungsgesetz
E-Commerce-Richtlinie 2002/58/EG	(§§ 1–33 AGG)
Richtlinie zur Vorratsdatenspeicherung 2006/24/EG[228]	Arbeitsmedizinische Vorsorge-Verordnung (§§ 1, 2, 4, 5, 6, Anhang Teil 1–4 ArbMedVV)
EU-Förderprogramme (zB Verordnung Nr. 1083/2006 mit Durchführungsverordnung Nr. 1828/2006)	Arbeitsschutzgesetz (§§ 1, 2, 6, 8, 11, 23 ArbSchG)
(Richtlinie 2009/136/EG)	Arbeitssicherheitsgesetz (§§ 1, 3, 6, 11, 13 ASiG)
	Arbeitszeitgesetz (§§ 1, 2, 16 ArbZG)
Allgemein Datenschutz/Persönlichkeitsschutz	Berufsgenossenschaftliche Vorschrift A1 (§§ 1, 2, 3, 4, 6, 7, 9, 10, 24 BGV A1)
Grundgesetz (GG)	Berufskrankheiten-Verordnung (§§ 1, 3, 4 BKV)
Bundesdatenschutzgesetz (BDSG)	Bildschirmarbeitsverordnung (§§ 1, 2, 6 BildscharbV)
Landesdatenschutzgesetze	
Bürgerliches Gesetzbuch (BGB)	Fahrerlaubnis-Verordnung (§§ 1, 2, 3, 23 FeV)
Kunsturhebergesetz (KunstUrhG)	Gefahrstoffverordnung (§§ 1, 2, 3, 15 GefStoffV)
Strafgesetzbuch (StGB)	Infektionsschutzgesetz (§§ 1, 2, 3, 6, 7, 8, 10, 42, 43 IfSG)
Strafprozessordnung (StPO)	
Personalverwaltung	Jugendarbeitsschutzgesetz (§§ 1, 2, 3, 4, 32, 33, 34, 37, 38, 39, 40, 41, 45, 49, 50, 52 JArbSchG)
Abgabenordnung (§§ 19, 30, 31, 31a, 31b, 78, 90, 93, 93a, 93b, 94, 95, 96, 102, 103, 104 AO)	Straßenverkehrsgesetz (§ 21 StVG)
Altersteilzeitgesetz (§§ 1–3, 8, 8a, 9–14 AltTZG)	

---

[223] Siehe *Simitis* BDSG § 1 Rn. 158 ff.
[224] Allgemein zum TK-Datenschutz siehe: *Wuermeling/Felixberger* CR 1997, 230; *Löwnau-Iqbal* RDV 1999, 210; *Ulmer/Schrief* RDV 2004, 3. → § 31 Das Recht der Kommunikationsnetze und -dienste, insbesondere das Recht der Telekommunikation und deren Dienste.
[225] Siehe zu Telemediendatenschutz sowie zu Medienkonvergenz: *Jörn* CR 2006, R 125; *Fetzer* DRiZ 2007, 206; *Flisek* CR 2004, 949; *Lorenz* K&R 2008, 340; → § 36 Datenschutz der Telemedien.
[226] Siehe zB zu § 87 Abs. 1 Nr. 6 BetrVG und den Datenschutzaufgaben des Betriebsrats, *Wächter* DuD 1994, 428; *Kort* ZD 2015, 3.
[227] Eine sehr hilfreiche Zusammenstellung dieser Vorschriften inklusive RL 95/46/EG (mit Ausnahme von speziellen EG-Richtlinien, Krankenhausgesetze, RöntgenVO und kirchlichem Datenschutz) wurde herausgegeben vom Bundesverband der Datenschutzbeauftragten Deutschlands (BvD) e. V., Datenschutz – Eine Vorschriftensammlung, 2. Aufl. 2012.
[228] Für ungültig erklärt durch EuGH Urt. v. 8.4.2014, C-293/12 und C-594/12; → Rn. 557 ff. Zur Vorratsdatenspeicherung von TK-Daten *Dix/Kipler/Schaar* ZD 2015, 300.

Arbeitnehmer-Entsendegesetz
(§§ 1–25 AEntG)
Arbeitnehmerüberlassungsgesetz (§§ 1–19 AÜG)
Aufenthaltsgesetz (§§ 1, 2, 77, 78, 86, 87, 88, 89, 89a, 90, 90a, 91–91e AufenthG)
Aufstiegsfortbildungsförderungsgesetz
(§§ 1, 2, 21, 27 AFBG)
Berufsbildungsgesetz
(§§ 1, 2, 3, 84 85, 86, 87, 88 BBiG)
Betriebsverfassungsgesetz
(§§ 1–5, 74–13 BetrVG)
Datenerfassungs- und -übermittlungsverordnung
(§§ 1–42 DEÜV)
Einkommensteuergesetz (§§ 38–42f EStG)
Entgeltfortzahlungsgesetz (§§ 1, 5 EntgFG)
Freizügigkeitsgesetz/EU (§§ 1–15 FreizügG/EU)
Heimarbeitsgesetz (§§ 1, 2, 3, 6, 7, 7a, 8, 9, 15, 23, 28 HAG)
Ladenschlussgesetz (§§ 1, 2, 21, 22, 23 LadSchlG)
Sozialgesetzbuch Zweites Buch – Grundsicherung für Arbeitsuchende (§§ 50, 51, 51a, 51b, 51c, 52, 52a, 61, SGB II)
Sozialgesetzbuch Drittes Buch – Arbeitsförderung (§§ 394, 395, 396, 397 SGB III)
Sozialgesetzbuch Viertes Buch – Gemeinsame Vorschriften für die Sozialversicherung (§§ 18f, 18g, 18h SGB IV)
Sozialgesetzbuch Fünftes Buch – Gesetzliche Krankenversicherung (§§ 198, 199, 202, 307 SGB V)
Sozialgesetzbuch Sechstes Buch – Gesetzliche Rentenversicherung (§§ 147–152 SGB VI)
Sozialgesetzbuch Siebtes Buch – Gesetzliche Unfallversicherung (§§ 199–208 SGB VII)
Sozialgesetzbuch Neuntes Buch – Rehabilitation und Teilhabe behinderter Menschen (§§ 80–84 SGB IX)
Zivilprozessordnung (§§ 383, 840 ZPO)

E-Mail und Internet im Unternehmen
Telekommunikationsgesetz (§§ 1, 3, 88, 91–107, 109, 111, 113, 115 TKG)
Telemediengesetz (§§ 1–16 TMG)

Geschäfts- und Kundenbeziehungen
Abgabenordnung (§§ 30a, 143, 144, 145, 147, 193–203 AO)
Aktiengesetz (§ 91 AktG)
Außenwirtschaftsgesetz
(§§ 26, 26a, 27, 37, 44, 45, 45b AWG)
Gefahrgutbeförderungsgesetz
(§§ 1, 2, 9, 9a GGBefG)
Genossenschaftsgesetz (§§ 1, 30, 31, 151 GenG)
Gewerbeordnung (§§ 14, 139b, 150 GewO)
Gesetz gegen unlauteren Wettbewerb[229]
Handelsgesetzbuch (§§ 238, 258, 339 HGB)
Luftsicherheitsgesetz (§§ 1, 7, 8, 9 LuftSiG)
Sicherheitsüberprüfungsgesetz (§§ 1–39 SÜG)Urheberrechtsgesetz (§§ 4, 55a, 56, 87a, 87b, 87c, 87d, 87e, 101, 108, 127a UrhG)
Versicherungsvertragsgesetz
(§§ 31, 202, 213 VVG)
Landeskrankenhausgesetze[230]
Röntgenverordnung (§§ 17a, 27, 28, 35a RöV)

Kirchlicher Datenschutz[231]
Evangelisches Datenschutzgesetz (EDSG)
Katholisches Datenschutzgesetz (KDSG)

114 *cc) Berufsgeheimnisse uÄ.* Nach § 1 Abs. 3 Satz 2 BDSG bleibt die Verpflichtung zur Wahrung gesetzlicher Geheimhaltungspflichten oder von Berufs- oder besonderen Amtsgeheimnissen, die nicht auf gesetzlichen Vorschriften beruhen, unberührt. Dazu gehören zB § 203 StGB (Schweigepflicht der Rechtsanwälte, Ärzte, Apotheker etc.) oder § 206 StGB (Post- und Fernmeldegeheimnis).

115 Bei den Berufsgeheimnissen stellt sich das besondere Problem, in welchem Rangverhältnis diese zum Datenschutz stehen. Nach mancher Auffassung sollen die berufsspezifischen Regelungen vorrangig und abschließend sein.[232] Dies erscheint aber angesichts des Wortlauts nicht angemessen. Wenn also ein Geheimnis unberührt bleiben soll (§ 1 Abs. 3 Satz 2 BDSG), so bedeutet dies, dass der Datenschutz so anzuwenden ist, dass diese Geheimnisse unberührt bleiben, andererseits aber der Datenschutz nicht durch die Geheimnisse „ausgehebelt" wird. Dies ist insbesondere für die Rechtsanwälte diskutiert worden. Weitgehend sind diese Beden-

---

[229] Zum Verhältnis von UWG und Datenschutz → Rn. 384 ff. und 503 ff.
[230] Siehe speziell zum Datenschutz im Krankenhaus, LBfD Bayern, Orientierungshilfe: Krankenhausinformationssysteme (KIS), abrufbar unter: http://www.datenschutz-bayern.de/technik/orient/oh-kis.html.
[231] *Grammann*, Das neue kirchliche Datenschutzrecht, 2004; *Preuß* ZD 2015, 217 ff.
[232] *Rüpke* AnwBl 2004, 552; *Härting* AnwBl 2005, 131; aA *Schneider* AnwBl 2004, 618; Stellungnahmen des Informationsrechtsausschusses des DAV 2008-58, 2008-09, 2011-04 – jeweils abrufbar unter www.dav.de; *Kazemi* BAV-Mitgliederbrief 04/11, S. 6.

ken durch die Regelungen im Rahmen des 1. Gesetzes zum Abbau bürokratischer Hemmnisse vom Juni 2006, zugunsten einer Geltung des BDSG, auch in der Anwaltskanzlei, ausgeräumt worden.[233]

> **Praxistipp:**
> Grundsätzlich unberührt von den Datenschutzgesetzen, also ohne Einschränkung gültig, bleiben Geheimhaltungsvereinbarungen in Verträgen **(Non Disclosure Agreements)**.
> Umgekehrt kommt es für den Schutz personenbezogener Daten nicht darauf an, ob diese geheim oder offenkundig sind. Die öffentliche Zugänglichkeit der Daten (§ 28 Abs. 1 S. 1 Nr. 3 BDSG) kann zwar im Verhältnis zum Betroffenen im Rahmen einer datenschutzrechtlichen Erlaubnis eine Rolle spielen. Dies gilt jedoch nicht im Verhältnis von Auftraggeber zu Auftragnehmer im Rahmen einer Auftragsdatenverarbeitung (§ 11 BDSG). Selbst öffentlich zugängliche Daten muss der Auftragnehmer gemäß den Bestimmungen des Auftragsdatenverarbeitungsvertrages verarbeiten. Die Verarbeitung nach § 28 Abs. 1 S. 1 Nr. 3 BDSG ist ein anderer Zweck, der vom Auftragsdatenverarbeitungszweck zu trennen ist (§ 11 iVm § 9 BDSG mit Anlage dazu, Kontrollgebot Nr. 8).
> Es empfiehlt sich in Verträgen, Geheimhaltung und Datenschutz zumindest in unterschiedlichen Klauseln zu regeln und die Klauseln zu synchronisieren. Insbesondere müsste bei der Geheimhaltungspflicht klargestellt werden, inwieweit sich diese auch auf personenbezogene Daten bezieht.

b) Anwendungsbereich des BDSG im öffentlichen und nicht-öffentlichen Bereich. Das 116 BDSG beginnt mit einem **allgemeinen Teil für alle datenverarbeitenden Stellen**, unabhängig ob diese dem öffentlichen Bereich angehören (etwa eine Behörde) oder dem nicht öffentlichen Bereich (zB ein Unternehmen der Privatwirtschaft).[234] Das BDSG hat jedoch gemäß § 1 Abs. 2 Nr. 3 BDSG bei öffentlichen und nicht-öffentlichen Stellen einen unterschiedlichen Anwendungsbereich. Insoweit wird der nicht-öffentliche Bereich privilegiert. Denn im nicht-öffentlichen Bereich schützt das BDSG nur

- die personenbezogenen Daten, die die nicht-öffentliche Stelle **unter Einsatz von Datenverarbeitungsanlagen** verarbeitet, nutzt oder dafür erhebt oder
- die Daten, die die nicht-öffentliche Stelle in oder aus **nicht automatisierten Dateien** verarbeitet nutzt oder dafür erhebt.[235]
- Bei Beschäftigtendaten ist das BDSG gem. § 32 Abs. 2 BDSG auch im nicht-öffentlichen Bereich auf herkömmliche Papierakten anwendbar.

Demgegenüber kommt es im öffentlichen Bereich für die Geltung des BDSG nicht auf die 117 Organisationsform der Daten an. Im nicht-öffentlichen Bereich werden zudem durch das BDSG personenbezogene Daten, die **ausschließlich für persönliche oder familiäre Tätigkeiten** erhoben, verarbeitet oder genutzt werden, **nicht** geschützt.[236]

Rechtsprechungsbeispiel
EuGH Urt. v. 11.12.2014 – C-212/13: Videoüberwachung[237] des öffentlichen Raums durch Private zum privaten Schutz ist keine ausschließlich persönliche oder familiäre Tätigkeit. *„In der Zeit vom 5. Oktober 2007 bis 11. April 2008 setzte Herr Ryneš eine Kamera ein, die er unterhalb des Dachgesimses des Hauses seiner Familie angebracht hatte. Sie war fest installiert, nicht schwenkbar und zeich-*

---

[233] Andere Ansicht AG Berlin-Tiergarten Urt. v. 5.10.2006 – 317 OWi 3235/05, NJW 2007, 97: BRAO verdrängt BDSG vollständig. KG Beschl. v. 20.8.2010 – Ws (B) 51/07, 2 Ss 23/07, MMR 2010, 864 = DStR 2010, 2375 mAnm *Weitze* (zur anwaltlichen Verschwiegenheitspflicht und dem Verhältnis zum BDSG). Zu berufsspezifischen Regelungen → S. 30.
[234] Siehe zum Aufbau des BDSG im Einzelnen → Rn. 120 f. und zum Begriff der „verantwortlichen Stelle" (der Datenverarbeitung) → Rn. 133 f.
[235] Zum Begriff „nicht automatisierte Datei" im Einzelnen → Rn. 133 f.
[236] In der EU-Datenschutzgrundverordnung (→ Rn. 47 ff.) plant der Rat die sog household exemption gegenüber der Richtlinie 95/46/EG zu erweitern. Der Rat hat sowohl die Einschränkung „without any gainful interest" als auch „exclusively" gestrichen. Damit können auch Datenverarbeitungsverfahren, die zu gemischten Zwecken erfolgen, vom Anwendungsbereich der Verordnung ausgenommen sein. Die Artikel-29-Gruppe kritisiert das in ihrem Empfehlung zum Trilog (siehe dort S. 3; → Rn. 52).
[237] Zur Videoüberwachung → Rn. 244 ff.

nete den Eingang seines Hauses, den öffentlichen Straßenraum sowie den Eingang des gegenüberliegenden Hauses auf. Die Anlage ermöglichte nur eine Videoaufzeichnung auf einer kontinuierlichen Speichervorrichtung, der Festplatte. Sobald deren Kapazität erreicht war, wurde die vorhandene Aufzeichnung mit einer neuen überschrieben. Die Aufzeichnungsvorrichtung hatte keinen Bildschirm, so dass das Bild nicht in Echtzeit betrachtet werden konnte. Allein Herr Ryneš hatte unmittelbaren Zugang zu der Anlage und den aufgezeichneten Daten. Das vorlegende Gericht führt aus, einziger Grund für den Betrieb dieser Kamera durch Herrn Ryneš sei es gewesen, das Eigentum, die Gesundheit und das Leben seiner selbst und seiner Familie zu schützen. Sowohl er selbst als auch seine Familie waren nämlich während mehrerer Jahre Ziel von Angriffen eines Unbekannten gewesen, der nicht hatte entlarvt werden können. Darüber hinaus waren die Fenster des Hauses seiner Familie in der Zeit zwischen 2005 und 2007 mehrfach eingeschlagen worden. [...]

Kann der Betrieb eines Kamerasystems, das an einem Einfamilienhaus zum Zweck des Schutzes des Eigentums, der Gesundheit und des Lebens der Besitzer des Hauses angebracht ist, unter die Verarbeitung personenbezogener Daten, „die von einer natürlichen Person zur Ausübung ausschließlich persönlicher oder familiärer Tätigkeiten vorgenommen wird", im Sinne von Art. 3 Abs. 2 der Richtlinie 95/46 gefasst werden, obschon dieses System auch den öffentlichen Raum überwacht?"

Entscheidung des Gerichts:
„Art. 3 Abs. 2 zweiter Gedankenstrich der Richtlinie 95/46/EG [...] ist dahin auszulegen, dass der Betrieb eines von einer natürlichen Person an ihrem Einfamilienhaus zum Zweck des Schutzes des Eigentums, der Gesundheit und des Lebens der Besitzer des Hauses angebrachten Kamerasystems, das Videos von Personen auf einer kontinuierlichen Speichervorrichtung wie einer Festplatte aufzeichnet und dabei auch den öffentlichen Raum überwacht, <u>keine</u> Datenverarbeitung darstellt, die im Sinne dieser Bestimmung zur Ausübung ausschließlich persönlicher oder familiärer Tätigkeiten vorgenommen wird."

118 **c) Geltung des BDSG bei Auslandsbezug.** Für die Anwendung des Gesetzes bei Aktivitäten von EU/EWR-Inländern soll zunächst das **Sitzprinzip** maßgebend sein, dh, das anzuwendende nationale Recht richtet sich nicht nach dem Ort der Erhebung, Verarbeitung etc., sondern nach dem Sitz der verantwortlichen Stelle.[238] Eine Ausnahme von diesem Sitzprinzip gilt dann, wenn die Erhebung, Verarbeitung oder Nutzung personenbezogener Daten durch eine Niederlassung innerhalb der EU/EWR erfolgt (sog Niederlassungsprinzip). In diesem Fall ist der Ort der Niederlassung maßgebend.[239] Der Begriff der Niederlassung ist im BDSG nicht definiert. Nach Erwägungsgrund 19 der Datenschutzrichtlinie 95/46/EG ist von einer Niederlassung auszugehen, wenn die Tätigkeit effektiv und tatsächlich von einer „festen Einrichtung" aus betrieben wird.[240] Die Rechtsform ist nicht maßgeblich. Insoweit kann auch die Begriffsbestimmung der Niederlassung in § 4 Abs. 3 GewO herangezogen werden: „*Eine Niederlassung besteht, wenn eine selbständige gewerbsmäßige Tätigkeit auf unbestimmte Zeit und mittels einer festen Einrichtung von dieser aus tatsächlich ausgeübt wird.*" Die Voraussetzungen, unter denen eine effektive und tatsächliche Datenverarbeitung vorliegt, sind bislang nicht abschließend geklärt. Überwiegend wird das Vorliegen einer tatsächlichen Entscheidungsbefugnis bezüglich der Datenverarbeitung verlangt.[241] Die Frage der erforderlichen Reichweite dieser tatsächlichen Entscheidungsbefugnis und der ihr zugrundeliegenden Datenverarbeitung war bislang lediglich Gegenstand von Einzelfallentscheidungen. Es wurde bereits für ausreichend erachtet, dass sich der Tätigkeits- und Verantwortungsbereich der Niederlassung auf Aufgaben erstreckt, die mit der in Frage stehenden

---

[238] Zu Einzelheiten → § 35 Grenzüberschreitende Datenverarbeitung. Zur Richtlinie der griechischen Datenschutzkommission zum Arbeitnehmerdatenschutz: *Agadakou* RDV 2003, 67; zur Besonderheiten des österreichischen Datenschutzrechts: *Andréewitch/Steiner* ITRB 2005, 260; *Knyrim/Haidinger* RDV 2005, 208; *Gärtner*, Harte Negativmerkmale auf dem Prüfstand des Datenschutzrechts. Ein Rechtsvergleich zwischen deutschem, englischem und österreichischem Recht; zu USA: *Kochinke* K&R 2011, 183; *Seffer* ITRB 2002, 66; zum „Privacy Bridge Project" *Hladjk* ZD 2015, 101; eine Übersicht über das Datenschutzrecht diverser Europäischer und außereuropäischer Staaten sowie einiger internationaler Organisationen siehe *Gilbert*, Global Privacy and Security Law, 2010 (Loseblatt).

[239] EuGH Urt. v. 13.5.2014 – C-131/12, GRUR 2014, 895 – Google Spain, → § 36 Datenschutz der Telemedien und § 35 Grenzüberschreitende Datenverarbeitung.

[240] *Gola/Schomerus* BDSG § 1 Rn. 28; *Dammann* RDV 2002, 70; KG Urt. v. 24.1.2014 – 5 U 42/12, ZD 2014, 412; OVG Schleswig Beschl. v. 22.4.2013 – 4 MB 11/13, ZD 2013, 364.

[241] KG Urt. v. 24.1.2014 – 4 MB 11/13, ZD 2014, 412, das eine tatsächliche Entscheidungsbefugnis einer Tochtergesellschaft aufgrund gesellschaftsrechtlicher Überlegenheit des Mutterunternehmens ablehnte.

III. Überblick über das Bundesdatenschutzgesetz

Datenverarbeitung lediglich verknüpft sind, diese jedoch nicht unmittelbar beinhaltet.[242] Für nicht ausreichend erachtet wurde hingegen die Tätigkeit einer Niederlassung im Bereich Anzeigenakquise und Marketing im Rahmen streitgegenständlicher Sperrung von Nutzerkonten.[243]

Bei EU/EWR-Ausländern ohne Niederlassung im Sinne des Niederlassungsprinzips, ist das BDSG anwendbar, wenn personenbezogene Daten in Deutschland erhoben oder verarbeitet werden (Territorialprinzip). Das Territorialprinzip ist mithin subsidiär gegenüber dem Niederlassungsprinzip.[244] Für die Bestimmung des Orts der Datenerhebung ist bei europarechtskonformer Auslegung auf den Ort der zum Zwecke der Verarbeitung personenbezogener Daten belegenen eingesetzten automatisierten oder nicht automatisierten Mittel („equipment") abzustellen.[245] Ein Beispiel dafür ist die Datenverarbeitung mittels einer in Deutschland belegenen Hardware, wobei es auf die zivilrechtliche Zuordnung der Hardware nicht ankommt. Nach überwiegender Ansicht ist grundsätzlich auch das Setzen von Cookies auf den Rechnern von deutschen Nutzern ausreichend, um den Anwendungsbereich deutschen Datenschutzrechts zu begründen.[246] Nach Ansicht von *Dammann* soll es darauf ankommen, ob der Nutzer in der Lage ist, die Verarbeitung von Cookies eigenverantwortlich in die Hand zu nehmen, und ob sich der ausländische Anbieter darüber vergewissert.[247] Zu Kollisionsnorm der Datenschutzvorschriften im TMG siehe § 3 Abs. 3 Nr. 4 TMG.

2. Aufbau des BDSG

Erster Abschnitt:	Allgemeine und gemeinsame Bestimmungen, ua Geltungsbereich, Definitionen, Prinzipien, Geheimnis, Überwachung
Zweiter Abschnitt:	DV der öffentlichen Stellen
Dritter Abschnitt:	DV nicht-öffentlicher Stellen
Vierter Abschnitt:	Sondervorschriften
Fünfter Abschnitt:	Schlussvorschriften (Bußgeld-, Strafvorschriften)
Sechster Abschnitt:	Übergangsvorschriften
Anlage zu § 9 Satz 1	

Einzelne Regelungsbereiche/Instrumente:

Die linke Spalte listet wesentliche Instrumente des Datenschutzes auf. Anhand dieser Liste können auch andere Datenschutzregelungen auf ihre jeweiligen Ausprägungen hin analysiert werden.[248]

Instrument	BDSG
Zweck und Anwendungsbereich	§§ 1, 12 und 27
Adressaten, öffentliche und nicht-öffentliche Stellen	§§ 2, 12 und 27
Schutzgut	§ 1 (Schutz vor Beeinträchtigungen des Persönlichkeitsrechts bei Verarbeitung personenbezogener Daten)
Begriffsbestimmungen	§ 3
Verbotsprinzip	§ 4 Abs. 1

---

[242] EuGH Urt. v. 13.5.2014 – C-131/12, ZD 2014, 350.
[243] OVG Schleswig Urt. v. 22.4.2013 – 4 MB 11/13, ZD 2013, 364.
[244] WP 179, 23/24.
[245] Art. 4 Abs. 1 lit. c RL 95/46/EG; KG Urt. v. 24.1.2014 – 5 U 42/12, ZD 2014, 412 (414); Simitis/*Dammann* BDSG § 1 Rn. 217 ff.; *Karg* ZD 2013, 371 (373).
[246] WP 56, 10 f.; WP 179, 26; KG Urt. v. 24.1.2014 – 5 U 42/12, ZD 2014, 412 (414).
[247] Simitis/*Dammann* BDSG § 1 Rn. 227.
[248] Siehe auch den tabellarischen Vergleich von Datenschutzinstrumenten des BDSG und des TMG in → § 36 Datenschutz der Telemedien.

Instrument	BDSG
Prinzip der Datenvermeidung und Datensparsamkeit	§ 3a
Erforderlichkeit	zB § 28 Abs. 1 S. 1 Nr. 1, Abs. 2 Nr. 2, Nr. 3, § 32 Abs. 1 S. 1
Zweckfestlegung	§ 28 Abs. 1 S. 2
Grundsatz der Direkterhebung	§ 4 Abs 2
Einwilligung und Einwilligungsformen	§ 4a, § 28 Abs. 3a, 3b
Datengeheimnis	§ 5
Rechte des Betroffenen – Auskunft – Berichtigung – Löschung – Sperrung	§ 4 Abs. 3, § 6, §§ 33, 34, 35
Selbstanzeigepflicht (sog Data Breach Notification)	§ 42a BDSG
– Pflichten der datenverarbeitenden Stelle, – Haftung – Löschung/Sperrung	Meldepflicht §§ 4d, e Verbot der automatischen Einzelentscheidung § 6a
Kontrolle, Institutionen, Aufgaben und Befugnisse	§§ 4f, g, §§ 22 ff., Datenschutz-Audit: § 9a
besondere Rechte des Betroffenen, insbesondere Schadensersatz	§§ 7 und 8
technische und organisatorische Maßnahmen	§ 9 und Anlage
Abrufverfahren	§ 10
Auftragsdatenverarbeitung	§ 11
Strafbarkeit/Bußgeld	§§ 43, 44
Zulässigkeitstatbestände	§ 4, §§ 13 ff. öffentlich, §§ 28 ff. nicht-öffentlich
besondere technische Ausprägungen	– automatisierte Einzelentscheidung § 6a BDSG – Video in öffentlichen Räumen § 6b – Mobile Speicher- und Verarbeitungsmedien § 6c

3. Grundbegriffe des BDSG

122 a) **Personenbezogene Daten.** § 3 Abs. 1 BDSG definiert „personenbezogene Daten" als:

„Einzelangaben über persönliche oder sachliche Verhältnisse einer bestimmten oder bestimmbaren natürlichen Person (Betroffener)."

123 Das betrifft nicht nur private Angaben, sondern auch berufliche und sonstige Informationen über einen Menschen. Der/die Betroffene ist also eine natürliche Person, über die Daten verarbeitet werden, zB Arbeitnehmer, freie Mitarbeiter, Kontaktpersonen/Ansprechpartner bei Kunden, Interessenten, Lieferanten, Käufer, Mieter, Bürger etc. Datenschutzgesetze schützen dagegen **nicht** juristische Personen, wie zB Aktiengesellschaften, GmbH uÄ.

124 Lange umstritten ist der Begriff der „Bestimmbarkeit" (auch „Personenbeziehbarkeit" oder „Identifizierbarkeit"[249] genannt) und die Frage, ob ein sogenannter absoluter Begriff des Per-

---

[249] Der Entwurf der EU-Datenschutzgrundverordnung scheint insoweit auch nicht mehr Klarheit zu bringen, → Rn. 47 ff. Sowohl die Fassung des Europäischen Parlaments als auch der gemeinsame Standpunkt des Rats definieren „Bestimmbarkeit" (Artikel 4 (1)): „*an identifiable person is one who can be identified directly or indirectly [...], in particular by reference to an identifier [...]*". Die Definition bringt keine Klarheit, weil der

sonenbezugs gilt oder ein relativer.[250] Die Datenschutzaufsichtsbehörden vertreten überwiegend einen absoluten Begriff, wonach die Bestimmbarkeit sehr weit und objektiv auszulegen ist. Danach kommt es auf die Identität und die Intentionen der verantwortlichen Stelle sowie deren subjektives Wissen oder die Zwecke der Verarbeitung nicht an.[251] Der verantwortlichen Stelle ist somit sämtliches Zusatzwissen Dritter, das zur Identifizierung führen kann, zuzurechnen, selbst wenn die verantwortliche Stelle keine Möglichkeit hat oder es ihr oder dem Dritten strafrechtlich untersagt ist, an dieses Zusatzwissen heranzukommen. Im Ergebnis ist nach dieser Ansicht zB die dynamische IP-Adresse für den Internet-Service-Provider, der ansonsten keine Identifizierungsmerkmale über den Betroffenen erhebt, ein personenbezogenes Datum, weil ihm das Wissen des Telekommunikationsanbieters (Access Provider) zuzurechnen ist.[252] Der BGH[253] hat die Frage der Zurechnung von Zusatzwissen dem EuGH zur Vorabentscheidung vorgelegt. Ob diese absolute Ansicht vom EuGH gekippt wird, bleibt abzuwarten. Nachdem teilweise ältere Rechtsprechung des EuGH[254] so ausgelegt wurde, als vertrete der EuGH die absolute Theorie, scheinen neuere Urteile eher in Richtung Eingrenzung der uferlosen Ausdehnung der personenbezogenen Daten zu zeigen. Im Zusammenhang mit der Reichweite des Begriffs „personenbezogene Daten" in einer rechtlichen Stellungnahme einer Behörde hat der EuGH[255] eine Eingrenzung vorgenommen.

Rechtsprechungsbeispiel:
EuGH – Personenbezug einer rechtlichen Analyse: Hintergrund dieser Entscheidung ist, dass mehrere Drittstaatsangehörige in den Niederlanden einen Antrag auf eine befristete Aufenthaltserlaubnis gestellt hatten. Diese Anträge wurden in einem Fall abgelehnt und in zwei weiteren Fällen zwar gewährt, jedoch ohne weitergehende Begründung. In sämtlichen Fällen beantragten die späteren Kläger, gestützt auf den datenschutzrechtlichen Auskunftsanspruch, die Übersendung der sog „Entwurfsschrift", was ihnen jedoch verweigert wurde. Gegen diese Ablehnung wandten sich die Kläger mit ihrer Klage. Die Kläger machten geltend, dass die Entwurfsschrift personenbezogene Daten enthalte und dass sie daher im Rahmen ihres datenschutzrechtlichen Auskunftsanspruchs ein Recht auf Herausgabe der Entwurfsschrift – einschließlich der rechtlichen Analyse – hätten. Die zuständigen niederländischen Gerichte hatten daraufhin das Verfahren ausgesetzt und dem EuGH bestimmte Fragen zur Vorabentscheidung vorgelegt, nämlich insbesondere:

(1) ob es sich bei der in der Entwurfsschrift enthaltenen rechtlichen Analyse um personenbezogene Daten handelt und
(2) ob ein Recht des Betroffenen auf Erhalt einer Kopie von Schriftstücken besteht, in denen personenbezogene Daten verarbeitet worden sind, oder ob es genügt, eine Übersicht über diese Daten in verständlicher Form zu übermitteln.[256]

Der EuGH hat sich im Ergebnis einer eher *restriktiven* Sichtweise angeschlossen. Zwar handele es sich bei den in der rechtlichen Analyse (Entscheidung über Aufenthaltstitel) enthaltenen Daten über den Antragsteller (etwa sein Name oder Staatsangehörigkeit) um personenbezogene Daten. Diese *„Einstufung gilt allerdings nicht für die Analyse als solche".*[257] Begründet hat der EuGH diese Entscheidung damit, dass insbesondere das *datenschutzrechtliche Auskunftsrecht* dem Betroffenen die Möglichkeit eröffnen solle, sich darüber zu

---

zu definierende Begriff zweimal mit dem zu definierenden Begriff umschrieben wird. Auch ist nicht klar, inwieweit Zusatzwissen Dritter der verantwortlichen Stelle zuzurechnen ist. Im Kommissionsentwurf vom 25.1.2012 wird klargestellt, dass Zusatzwissen Dritter zugerechnet werden soll (Art. 4 Abs. 1 DSGVO-E, Hervorhebung durch die Autorin): „... *eine natürliche Person, die direkt oder indirekt mit Mitteln bestimmt werden kann, die der für die Verarbeitung Verantwortliche **oder jede sonstige natürliche oder juristische Person** nach allgemeinem Ermessen aller Voraussicht nach einsetzen würde, etwa mittels Zuordnung zu einer Kennnummer, zu Standortdaten, zu einer Online-Kennung oder zu einem oder mehreren besonderen Merkmalen, die Ausdruck ihrer physischen, physiologischen, genetischen, psychischen, wirtschaftlichen, kulturellen oder sozialen Identität sind".*

[250] Ausführlich dazu → § 36 Datenschutz der Telemedien.
[251] Däubler/Klebe/Wedde/Weichert/*Weichert*, BDSG, § 3 Rn. 13–15.
[252] → § 36 Datenschutz der Telemedien.
[253] BGH Beschl. v. 28.10.2014 – VI ZR 135/13 – LG Berlin, AG Berlin-Mitte.
[254] EuGH Urt. v. 19.4.2012 – C-461/10.
[255] EuGH Urt. v. 17.7.2014 – C-141/12 u. C-372/12.
[256] EuGH Urt. v. 17.7.2014 – C-141/12 u. C-372/12, Rn. 22, 31.
[257] EuGH Urt. v. 17.7.2014 – C-141/12 u. C-372/12, Rn. 48.

vergewissern, ob seine personenbezogenen Daten richtig und in zulässiger Weise verarbeitet werden. Würde dieses Auskunftsrecht nun auf die gesamte rechtliche Analyse ausgedehnt, so wäre dies nicht mehr mit dem (begrenzten) Ziel des Schutzes der Privatsphäre des Betroffenen vereinbar.[258]

126 Eine wichtige Konsequenz aus der Entscheidung ist, dass der EuGH den Begriff der „personenbezogenen Daten" nicht isoliert bestimmt, sondern funktional mit Blick auf die daraus folgenden Ansprüche. Dies heißt gleichzeitig, dass unter Umständen in einer anderen Sachverhaltskonstellation auch ein anders gewichtetes Verständnis des Begriffs der „personenbezogenen Daten" denkbar bleibt. Hins. der Vorlageentscheidung zu den IP-Adressen spricht vieles dafür, dass der EuGH auch bei der Zurechnung von Zusatzwissen Dritter eine differenzierte Auffassung vertritt und dem absoluten Begriff des Personenbezugs eine Absage erteilt.[259]

127 **b) Ansätze von BDSG und Richtlinie 95/46/EG im Hinblick auf besondere Kategorien personenbezogener Daten und Phasen des Datenumgangs.** Gemäß § 4 Abs. 1 BDSG muss **jede Phase** des Umgangs mit personenbezogenen Daten für sich genommen erlaubt sein. Eine pauschale Erlaubnis zu jeglichem Umgang mit personenbezogenen Daten – allenfalls abhängig von der Art des Datums (also von der Datenkategorie) – sieht das Datenschutzrecht aus Gründen der Transparenz gerade **nicht** vor.

128 Im Gegenteil: Das BDSG 2001 kennt – indem Art. 8 der RL 95/46/EG umgesetzt wird – erstmalig „**besondere Arten personenbezogener Daten**", bei denen grundsätzlich jeglicher Umgang aufgrund ihrer besonderen Sensibilität restriktiven Zulässigkeitsregelungen unterliegt. Diese besonderen Arten sind gemäß § 3 Abs. 9 BDSG und entsprechend der EU-RL Angaben über

- rassische oder ethnische Herkunft,
- politische Meinung,
- religiöse oder philosophische Überzeugung,
- Gewerkschaftszugehörigkeit,
- Gesundheit oder
- Sexualleben.

129 Im Hinblick auf den Umgang mit personenbezogenen Daten kommen **in der Praxis** etwa folgende Phasen in Betracht:
1) Erhebung/Hingabe von Daten
   Anträge, Verträge, Umfragen
2) Erfassen/Digitalisieren, Eingeben („Daten entstehen, Datenspur")
   Bargeldlose Zahlungen, Bankautomat, „Besuche" auf der Website iVm identifizierenden Merkmalen, Mobilfunkstandort, Auto-Standort
3) Speichern/Datenbank
   Bestandsführung, Abrechnungen vorbereiten, Aufträge verwalten
4) Zugriff auf vorhandenes Datenmaterial, Wiederauffinden
   Abrechnen, Einblick in das „Konto"
5) Nutzen/Verwerten, Warnhinweise, Auswertung
   Ändern, Zusammenstellen, Profilbildung
   iVm Zweckänderungen
   va für Zwecke der Beratung, Planung, Frühwarnsysteme
6) Weitergabe an Dritte (Übermitteln)
   Abruf von Dritten
   Onlineverfahren
7) Sperren, Löschen, Richtigkeits-Vermerke bzw. Berichtigen,
8) Zusatzinformation wie Datum der Entstehung, Speicherung, Weitergabe, „Rechtskraft", Zweck(e)

---

[258] EuGH Urt. v. 17.7.2014 – C-141/12 u. C-372/12, Rn. 44.
[259] Zur Bestimmbarkeit als Grundproblem im Datenschutz *Bergt* ZD 2015, 365; *Brink/Eckhardt* ZD 2015, 1.

9) Registrierung der Herkunft, des Verbleibs der Daten, Registrierung der Zugriffe „Datenkonto"
10) Registrierung des Response seitens des Betroffenen, Dritter

Das **BDSG** definiert in § 3 Abs. 3 bis 6a folgende Phasen und „Unterphasen" des Datenumgangs:

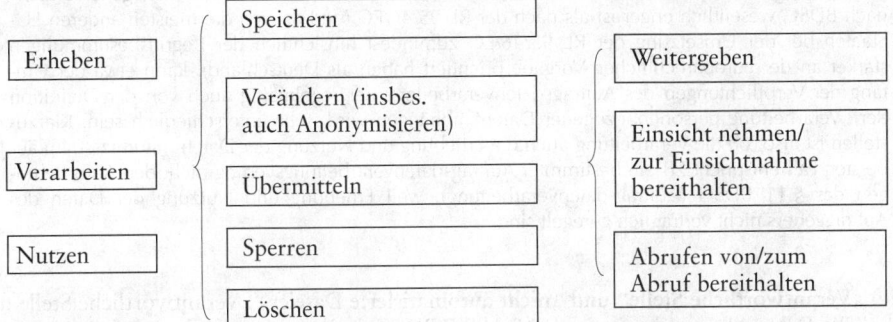

Im Rahmen von **Datenübermittlungen** ist nicht nur die übermittelnde Stelle für die datenschutzrechtliche Zulässigkeit der Datenerhebung und Datenübermittlung verantwortlich, sondern auch der Empfänger personenbezogener Daten. Auf die Kenntnis des Datenempfängers von einer datenschutzrechtlichen Unzulässigkeit kommt es nicht an. Für eine Übermittlung im Sinne des Datenschutzrechts ist kein (physikalischer) Transport von Daten erforderlich. Ausreichend ist vielmehr, dass zB ein Konzernunternehmen (als verantwortliche Stelle) eigene personenbezogene Daten seiner Kunden oder Mitarbeiter in einer gemeinsamen CRM- oder HR-Datenbank **zum Abruf durch andere Konzernunternehmen zu deren Zwecken bereit hält** und diese anderen Stellen die Daten abrufen (bzw. lesend oder schreibend auf die Daten zugreifen). Die Datenverarbeitung im Auftrag (§ 11 BDSG) bzw. die Datenweitergabe an einen Auftragsdatenverarbeiter gilt nicht als Datenübermittlung, sondern als Datenverarbeitung des Auftraggebers.[260]

Im BDSG 2001 wurde der Begriff des **Pseudonymisierens** (Ersetzen des Namens und anderer Identifikationsmerkmale zwecks Ausschluss oder wesentlicher Erschwernis, den Einzelnen bestimmen zu können, § 3 Abs. 6a) eingeführt. Die Hauptphasen nach BDSG sind also Erheben, Verarbeiten und Nutzen von personenbezogenen Daten, dh also, dass nach BDSG „Verarbeitung" das Erheben und das Nutzen gerade **nicht** mit umfasst. Die RL 95/46/EG definiert dagegen in Art. 2 lit. b) als „Verarbeitung personenbezogener Daten" („Verarbeitung") [Hervorhebungen von der Autorin]:

„jeden mit oder ohne Hilfe automatisierter Verfahren ausgeführten Vorgang oder jede Vorgangsreihe im Zusammenhang mit personenbezogenen Daten wie das **Erheben**, das Speichern, die Organisation, die Aufbewahrung, die Anpassung oder Veränderung, das Auslesen, das Abfragen, die **Benutzung**, die Weitergabe durch Übermittlung, Verbreitung oder jede andere Form der Bereitstellung, die Kombination oder die Verknüpfung sowie das Sperren, Löschen oder Vernichten."

Nach der Datenschutzrichtlinie 95/46/EG ist die Verarbeitung der Oberbegriff für jeden Umgang mit personenbezogenen Daten. Andere Mitgliedstaaten der EU als Deutschland haben die Definition der Verarbeitungsphasen im Wesentlichen wie die RL umgesetzt (siehe zB österreichisches, luxemburgisches oder französisches Datenschutzgesetz). Die Verwerfung zwischen den deutschen Definitionen und dem europäischen Datenschutzrecht bzw. dem nationalen Datenschutzrecht anderer Mitgliedstaaten können zB bei Datenübermittlungen ins Ausland (etwa bei Anwendung der EU-Standardvertragsklauseln für Datenübermittlung in Drittländer) relevant werden.[261]

---

[260] Im Einzelnen → Rn. 277.
[261] → § 35 Grenzüberschreitende Datenverarbeitung. Sammlung von Links zu nationalen und internationalen Datenschutzbehörden weltweit abrufbar unter: www.dsk.gv.at/.

> **Praxistipp:**
> Bei der Gestaltung von Datenschutzklauseln, Datenübermittlungsverträgen, Auftragsdatenverarbeitungsverträgen etc., insbesondere mit Auslandsbezug, empfiehlt es sich, auf die Begriffsbestimmungen – insbesondere der Datenverarbeitungsphasen – zu achten und diese ggf. ausdrücklich in den Vertragstext aufzunehmen. Da der Begriff der „Verarbeitung von personenbezogenen Daten" nach BDSG wesentlich enger ist als nach der RL 95/46/EG (und da sich die meisten anderen EU-Staaten bei der Umsetzung der RL 95/46/EG zumindest hinsichtlich der Begriffsbestimmungen stärker an der europarechtlichen Vorgabe orientiert haben als Deutschland), kann etwa der Umfang der Verpflichtungen des Auftragsdatenverarbeiters, der regelmäßig auch von der Definition der „Verarbeitung personenbezogener Daten" abhängen wird, sehr unterschiedlich sein. Klarzustellen ist also, ob die Verarbeitung auch die Erhebung und Nutzung der Daten mitumfasst. Im äußersten Fall entspricht zB ein bestimmter Auftragsdatenverarbeitungsvertrag nicht den Anforderungen des § 11 BDSG (Auftragsdatenverarbeitung), weil Erhebung und Nutzung der Daten des Auftraggebers nicht vertraglich geregelt sind.

133   c) „Verantwortliche Stelle" und „nicht automatisierte Dateien". Verantwortliche Stelle im Sinne des Datenschutzrechts ist nach § 3 Abs. 7 BDSG dasjenige Unternehmen, das personenbezogene Daten **für eigene** Zwecke erhebt, verarbeitet oder nutzt oder dies durch andere im Auftrag durchführen lässt. Daten für eigene Zwecke erhebt, verarbeitet und nutzt insbesondere das Unternehmen, das mit dem Betroffenen (Kunden) einen Vertrag begründet, durchführt oder beendet. Von der Datenverarbeitung für eigene Zwecke ist die Auftragsdatenverarbeitung (§ 11 BDSG) zu unterscheiden, die nicht für eigene Geschäftszwecke des Auftragsdatenverarbeiters, sondern ausschließlich für den Auftraggeber, der die verantwortliche Stelle und „Herr der Daten" ist, erfolgt. Verantwortliche Stellen im Sinne des BDSG können sein:

- („öffentliche") Stellen des Bundes und der Länder; Beispiele: Behörden, Gerichte, Kommunen etc und
- nicht-öffentliche Stellen; Beispiele: juristische Personen des Privatrechts (zB GmbH) oder natürliche Personen wie Mitarbeiter, Partner, Kunden, Lieferanten etc.

134   Das BDSG differenziert bei öffentlichen und nicht-öffentlichen Stellen danach, welche personenbezogenen Daten zu schützen sind. Bei nicht-öffentlichen Stellen, insbesondere bei Unternehmen der Privatwirtschaft, schützt das BDSG nur die personenbezogenen Daten, die die nicht-öffentliche Stelle unter Einsatz von Datenverarbeitungsanlagen verarbeitet, nutzt oder dafür erhebt oder die Daten in oder aus nicht automatisierten Dateien verarbeitet nutzt oder dafür erhebt. Eine nicht automatisierte Datei ist gem. § 3 Abs. 2 S. 2 BDSG jede nicht automatisierte Sammlung personenbezogener Daten, die gleichartig aufgebaut ist und nach bestimmten Merkmalen zugänglich ist und ausgewertet werden kann. Beispiele dafür sind etwa die Karteikarten der Patientenkarteien von Ärzten oder Sammlungen von Formularen.[262]
Durch die Einführung von § 32 Abs. 2 BDSG wurde diese Privilegierung für den nicht-öffentlichen Bereich weitgehend beseitigt.

135   d) Adressat datenschutzrechtlicher Pflichten. Adressat datenschutzrechtlicher Regelungen ist zunächst die „verantwortliche Stelle" (§ 3 Abs. 7 BDSG), dh etwa das Unternehmen (bzw. die Geschäftsleitung), das die Erhebung, Verarbeitung oder Nutzung personenbezogener Daten vornimmt.

136   Indirekt verpflichten Datenschutzvorschriften auch die einzelnen bei der Verarbeitung tätigen Mitarbeiter. Deshalb schreibt das BDSG den Unternehmen vor, die bei der Verarbeitung personenbezogener Daten tätigen Personen durch geeignete Maßnahmen mit den Vorschriften dieses Gesetzes sowie anderen Vorschriften über den Datenschutz vertraut zu machen (s. § 5 BDSG). Datenschutz im Unternehmen wird nicht nur durch das BDSG ge-

---

[262] *Gola/Schomerus* BDSG § 3 Rn. 18: Danach ist charakteristisch die äußere Form der Datei; bestimmend ist die einheitliche und gleichartige Gestaltung, entscheidend dafür, dass die Datensammlung nach bestimmten Personenbezeichnungen, Merkmalen zugänglich ist, dh ausgewertet werden kann. Danach gehören dazu Karteikarten, Lochkarten, Sicht-Lochkarten, Formulare auch Gehaltslisten.

regelt, sondern auch durch eine Vielzahl sog bereichsspezifischer Vorschriften, zu denen im Bereich des Arbeitnehmerdatenschutzes ggf. ua Tarifverträge und Betriebsvereinbarungen zählen können.

Für den einzelnen Mitarbeiter geht es nicht nur darum, diese Vorschriften zu kennen und zu beachten, vielmehr ist es ihm generell untersagt, personenbezogene Daten unbefugt zu erheben, zu verarbeiten oder zu nutzen. Das sog Datengeheimnis des § 5 BDSG verpflichtet ihn ua dazu, Unbefugten – auch innerhalb des Unternehmens – keine Daten bekannt zu geben oder zugänglich zu machen. Die Befugnis der verantwortlichen Stelle zur Verarbeitung von Daten ergibt sich zunächst aus den Regelungen des BDSG selbst, darüber hinaus aus spezielleren Datenschutzvorschriften. Für den einzelnen Mitarbeiter ergibt sich die Befugnis zur Datenverarbeitung aus seiner Aufgabenstellung im Betrieb und den zur Wahrung des Datenschutzes bestehenden betrieblichen Richtlinien. Ein Missbrauch von Daten liegt daher auch vor, wenn dienstlich bekannt gewordene Angaben zu privaten Zwecken verwandt werden. § 44 iVm § 43 Abs. 2 BDSG stellen den Verstoß gegen bestimmte Vorschriften des Datenschutzgesetzes unter Strafe. Weitere Konsequenzen wären zivilrechtliche Folgen sowie Kündigung und Schadensersatz. Grundsätzlich ist der Mitarbeiter als Teil der verantwortlichen datenverarbeitenden Stelle zu sehen. Insoweit ist er mitverantwortlich für den Datenschutz anderer Betroffener. Betroffene in diesem Zusammenhang können andere Mitarbeiter, Kunden oder Lieferanten (bzw. deren Ansprechpartner) etc sein. Der Mitarbeiter muss sich bewusst sein, dass eine unbefugte Nutzung der Daten und Verstöße gegen Datenschutznormen als Straftat oder Ordnungswidrigkeit geahndet werden können oder Schadensersatzpflichten und arbeitsrechtliche Konsequenzen bis hin zur fristlosen Kündigung[263] auslösen können.

e) **Abgrenzung zwischen Datenschutz und Datensicherung/Datensicherheit.** Das Datenschutzrecht schützt natürliche Personen vor der Gefahr der Verletzung des Persönlichkeitsrechts. Die Datensicherheit schützt IT-Systeme, also insbesondere Hardware, Software und Daten vor der Gefahr des Verlustes, der Zerstörung oder des Missbrauchs durch Unbefugte. Im BDSG werden beide Bereiche durch § 9 BDSG nebst Anlage insoweit verknüpft, als die technischen und organisatorischen Sicherheitsmaßnahmen sowohl dem Schutz des Persönlichkeitsrechts als auch dem Schutz der Daten und IT-Anlagen dienen.[264]

4. Grundprinzipien des BDSG

Das BDSG geht zur Gewährleistung des informationellen Selbstschutzrechts ebenso wie andere Datenschutznormen von sieben Grundregeln aus:

1) **Verbotsprinzip**,[265] dh, Zulässigkeit des Umgangs mit personenbezogenen Daten grundsätzlich nur mit gesetzlicher Erlaubnis oder Einwilligung; soweit eine **Datenvermeidung** nicht möglich ist, gilt das **Gebot der Datensparsamkeit;**
2) **Zweckbindung**/Zweckentfremdungsschutz
3) **Transparenz** (Informationen, Benachrichtigung, Auskunftsanspruch)
4) **Korrekturrechte** (Berichtigung, Sperrung, Löschung, Widerspruch)
5) **Datensicherung** (Schutz vor Verlust, Sabotage, unbefugtem Zugriff)
6) **Kontrolle** (intern/extern)
7) Bußgeld, Strafe, Schadensersatz

Das BDSG realisiert den Schutz des Betroffenen vor unzulässigen Eingriffen in sein Persönlichkeitsrecht, indem es die Erhebung, Verarbeitung und Nutzung personenbezogener Daten nur bei Vorliegen eines Erlaubnistatbestandes gestattet und den Betroffenen zur Kontrolle der Einhaltung dieser Voraussetzungen bestimmte Rechte einräumt.

---

[263] Grundsätzlich jedoch nur nach erfolgter Abmahnung, LAG Berlin-Brandenburg Urt. v. 11.4.2014 – 17 Sa 2200/13, ZD 2014, 481.
[264] Zu § 9 BDSG mit Anlage im Einzelnen → § 33 Compliance, IT-Sicherheit, Ordnungsmäßigkeit der Datenverarbeitung.
[265] → Rn. 26 ff.

141 Im Übrigen enthält das BDSG einige Grundsätze modernen Datenschutzrechts („privacy by design")[266] wie das dem sog **Systemdatenschutz** zuzuordnende Prinzip der Datenvermeidung und Datensparsamkeit (§ 3a BDSG), des Datenschutzes durch Technik oder eines Datenschutzaudits. Ebenso sind erste Ansätze zu einer Selbstregulierung des Datenschutzes durch den Anwender vorhanden, in dem ggf. nach Genehmigung durch die Aufsichtsbehörde allgemeine Standesgrundsätze oder unternehmensinterne Codes of Conduct Datenschutzgefährdungen vermeiden sollen. Ferner gibt es Regelungen zur Videoüberwachung und zu sog mobilen Speicher- und Verarbeitungsmedien (Chipkarten).
Im Folgenden wird auf wesentliche Einzelheiten im BDSG eingegangen.

142 a) **Transparenz gegenüber dem Betroffenen.** Zur Gewährleistung von Transparenz dient die **Benachrichtigungspflicht**, wonach die verantwortliche Stelle bei Datenerhebung beim Betroffenen ihre Identität und den Zweck der Erhebung und nachfolgenden Verarbeitung nennen muss (§ 4 Abs. 3 BDSG). Werden Daten nicht beim Betroffenen erhoben, besteht für öffentliche Stellen (§ 19a) und nicht öffentliche Stellen (§ 33) eine entsprechende Benachrichtigungspflicht bei erstmaliger Speicherung bzw. Übermittlung. Aufgrund des Ausnahmekatalogs finden in der Praxis Benachrichtigungen so gut wie nicht statt.

143 Eine besondere Informationspflicht besteht bei der **Nutzung von Daten zu eigenen Werbezwecken.** Danach ist der Betroffene über das ihm zustehende Widerspruchsrecht und dessen Adressaten, die für die Verarbeitung der verantwortlichen Stellen, zu unterrichten (§ 28 Abs. 4 Satz 2 BDSG).

144 Es steht jedem Interessenten offen, sich durch Einsicht in das durch den betrieblichen Datenschutzbeauftragten zu führende **Verfahrensverzeichnis** darüber zu informieren, ob ihn betreffende Verarbeitungen stattfinden.
Erweitert wurde auch das **Auskunftsrecht** des Betroffenen, indem es grundsätzlich die Empfänger von Daten umfasst und die bisherigen Ausnahmetatbestände reduziert.

145 Bei **automatisierten Einzelentscheidungen** ist dem Betroffenen auch Auskunft über den logischen Aufbau der Verarbeitung zu geben (§ 6a Abs. 3 BDSG). Automatisierte Einzelentscheidungen sind zB bei sogenannten Self-Service-Anwendungen relevant, wenn etwa der Beschäftigte elektronisch einen Urlaubsantrag in der Anwendung stellt und die Software anhand Belegung, Qualifikationen (Skills), Auftragslage etc entscheidet, ob der Urlaubsantrag gewährt wird oder nicht. Auch Arbeitsvermittlungen setzen teilweise Programme ein, mit denen automatisiert Entleiher und Leiharbeitnehmer vermittelt werden. § 6a Abs. 1 BDSG verlangt im Grundsatz, dass eine negative Entscheidung des Programms (etwa Urlaubsantrag wird abgelehnt), nicht ausschließlich auf die automatisierte Verarbeitung gestützt werden darf. Es muss also grds. ein Mensch die Entscheidung überprüfen, was aber in einigen Bereichen den Sinn der Automatisierung konterkarieren kann. Quasi als Sonderfall der automatisierten Entscheidung ist seit 1.1.2009 das Scoring ausdrücklich in § 28b BDSG geregelt.[267]

146 b) **Erweiterte Verarbeitungsbeschränkungen, va automatisierte Einzelentscheidung und Abrufverfahren.** Dem Betroffenen wird ausdrücklich ein allgemeines Widerspruchsrecht für ihn betreffende Datenverarbeitung eingeräumt (§ 20 Abs. 5, § 35 Abs. 5 BDSG). Das Widerspruchsrecht greift aber nur dann, wenn der Betroffene dartun kann, dass ihm aufgrund von der verantwortlichen Stelle bislang nicht bekannten, konkreten persönlichen Umständen ein Schutzinteresse einzuräumen ist. Umfangreich geregelt sind die Rechtmäßigkeitsvoraussetzungen der Datenerhebung mit dem Vorrang der Direkterhebung beim Betroffenen und detaillierten Informationspflichten (§ 4 Abs. 2 und 3 BDSG).

147 Besonderen Zulässigkeits- und Verbotsregelungen unterworfen sind ferner **automatisierte Einzelentscheidungen** (§ 6a BDSG), dh Verarbeitungen, die eine ausschließlich automatisiert herbeigeführte, für den Betroffenen nachteilige Entscheidung bewirken. Automatisierte Einzelentscheidungen sind zB bei sogenannten Self-Service-Anwendungen relevant, wenn etwa

---

[266] Siehe zu „Privacy by Design und die Neuen Schutzziele" des Datenschutzes: *Rost/Bock* DuD 2011, 30.
[267] → Rn. 466 ff. Zu den Transparenzpflichten bei Scoring bzgl. Score-Wert (Wahrscheinlichkeitswert) aber nicht bzgl. der Score-Formel (geschützt als Geschäftsgeheimnis): BGH v. 28.1.2014 – VI ZR 156/13.

der Beschäftigte elektronisch einen Urlaubsantrag in der Anwendung stellt und die Software anhand Belegung, Qualifikationen (Skills), Auftragslage etc entscheidet, ob der Urlaubsantrag gewährt wird oder nicht. Auch Arbeitsvermittlungen setzen teilweise Programme ein, mit denen automatisiert Entleiher und Leiharbeitnehmer vermittelt werden. § 6a Abs. 1 BDSG verlangt im Grundsatz, dass eine negative Entscheidung des Programms (etwa Urlaubsantrag wird abgelehnt) nicht ausschließlich auf die automatisierte Verarbeitung gestützt werden darf. Es muss also grds. ein Mensch die Entscheidung überprüfen, was aber in einigen Bereichen den Sinn der Automatisierung konterkarieren kann.

Gesondert geregelt sind auch sog **mobile** personenbezogene **Speicher- und Verarbeitungsmedien** (§ 3 Abs. 10 BDSG). Damit sind ausschließlich Medien gemeint, die mit einem **Prozessorchip** ausgestattet sind, wie Mobiltelefone oder Notebooks, und **nicht** reine Speichermedien, wie CDs oder Magnetkarten.

§ 6b BDSG regelt gesondert die Zulässigkeit, erforderliche Transparenz und Löschung der Aufzeichnung bei **Videoüberwachung**.[268]

Gerade bei konzerninternen Datenbanken (zB einer gemeinsame Kundendatenbank, auf die mehrere Konzernunternehmen zugreifen) wird häufig § 10 BDSG übersehen, obwohl dieser eine große praktische Relevanz hat. Der Betrieb einer gemeinsamen Datenbank stellt regelmäßig ein **automatisiertes Abrufverfahren** dar, durch das eine verantwortliche Stelle Daten für andere verantwortliche Stellen bereitstellt und selbst keine Datenherrschaft darüber hat, wann die anderen verantwortlichen Stellen die Daten abrufen. Der Betrieb eines automatisierten Abrufverfahrens (§ 10 BDSG) hat zweistufig zu erfolgen. Zum einen sind – vor Inbetriebnahme – die Festlegungen des § 10 Abs. 2 BDSG schriftlich zu treffen:

1. Anlass und Zweck des Abrufverfahrens,
2. Dritte, an die übermittelt wird,
3. Art der zu übermittelnden Daten,
4. nach § 9 erforderliche technische und organisatorische Maßnahmen.

Zum anderen ist gem. § 10 Abs. 1 Satz 2 BDSG eine Erlaubnis zur Übermittlung der Daten erforderlich. § 10 BDSG enthält keine Erlaubnis zur Datenübermittlung, vielmehr ist § 10 BDSG kumulativ neben der jeweiligen Erlaubnisnorm zu beachten. Die Erlaubnis müsste sich zB aus § 28 Abs. 1 S. 1 Nr. 1 oder Nr. 2 BDSG – je nach Art der Daten und der Übermittlungszwecke – ergeben. Bei Datenübermittlung in Drittländer sind zusätzlich §§ 4b, 4c BDSG zu beachten.[269] Ist der Abrufende eine verantwortliche Stelle mit Sitz in einem anderen EU/EWR-Land, richtet sich die Zulässigkeit des Abrufs nach dem Sitzland des Abrufenden. Die Verantwortung für die Zulässigkeit der Übermittlung trägt zwar der Abrufende, jedoch muss der Bereitstellende seinerseits zum Übermittlung befugt sein (§ 10 Abs. 1 S. 2 BDSG) und – soweit Anlass dazu besteht – auch die Zulässigkeit der Abrufe prüfen (§ 10 Abs. 4 S. 2 BDSG). Weitere Anforderungen an den Bereitstellenden (in § 10 Abs. 4 BDSG „speichernde Stelle" genannt), wie etwa Stichprobenverfahren bzgl. der Zulässigkeit der Abrufe und Anforderungen bei Stapelverarbeitung, ergeben sich aus § 10 Abs. 4 S. 3–4 BDSG. Ggf. ist zwischen Übermittler und Abrufendem (Datenempfänger) ein Funktionsübertragungsvertrag zu schließen, was jedenfalls im Zusammenhang mit § 28 Abs. 1 S. 1 Nr. 2 BDSG empfohlen wird.[270]

§ 10 BDSG findet – wie schon der Wortlaut in § 10 Abs. 2 Nr. 2 BDSG *(„Dritte, an die übermittelt wird")* nahe legt – im Verhältnis zwischen Auftraggeber und (abrufendem) **Auftragsdatenverarbeiter** (§ 11 BDSG) **keine** Anwendung. Allerdings sind die Festlegungen nach § 10 Abs. 2 BDSG ohnehin vom Auftragsdatenverarbeitungsvertrag abzudecken. Denkbar ist auch die Konstellation, dass ein Konzernunternehmen die gemeinsame Datenbank nicht nur als verantwortliche Stelle nutzt, sondern daneben auch (als Auftragsdatenverarbeiter) für die anderen Gesellschaften hostet und betreibt. Es ist nicht ausgeschlossen, dass eine Gesellschaft zugleich verantwortliche Stelle und Auftragsdatenverarbeiter ist, die beiden Bereiche müssen aber sauber getrennt werden.

---

[268] Zur Videoüberwachung am Arbeitsplatz → Rn. 244 ff.
[269] Plath/*Plath* BDSG § 10 Rn. 9.
[270] → Rn. 277 ff.

152 Zudem gelten § 10 Abs. 1–4 BDSG nicht bei „**allgemein zugänglichen Daten**", bei denen nach § 28 Abs. 1 S. 1 Nr. 3 BDSG eine erleichterte Übermittlungsbefugnis besteht. Denn die Übermittlungsbefugnis besteht nur dann nicht, wenn schutzwürdige Interessen der Betroffenen „offensichtlich überwiegen". Allerdings herrscht in der Praxis häufig Unklarheit, was „allgemein zugänglich Daten" sind.[271] Telefonbuchdaten gehören dazu. Allerdings wird eine betriebliche Kunden-/CRM-Datenbank regelmäßig weit mehr Datenkategorien umfassen, als im Telefonbuch allgemein zugänglich sind. Deshalb ist der Anwendungsbereich von § 28 Abs. 1 S. 1 Nr. 3 und § 10 Abs. 5 BDSG häufig nicht oder nur für eine Teilmenge der Daten erfüllt.

153 **c) Schadensersatz.** Die Problematik des Persönlichkeitsschutzes vor Einführung des BDSG bestand insbesondere in der **Geldentschädigung**, die nur unter besonderen Voraussetzungen bzw. bei schwerem Eingriff gewährt wurde. In § 7 BDSG ist zwar ein Schadensersatzanspruch geregelt, der aber schon allein wegen des schwierigen Kausalitätsnachweises kaum durchsetzbar ist. Der Kausalitätsnachweis ist ein generelles Problem der Durchsetzung von Schadensersatzansprüchen. Bei Datenschutzverletzungen kommt hinzu, dass häufig nicht einmal der Nachweis eines (materiellen) Schadens gelingt.[272] Auch im Rahmen der weiter anhaltenden Modernisierungsbestrebungen im Datenschutz fordern daher Datenschützer eine Effektivierung des Datenschutzes mit zivilrechtlichen Mitteln, etwa mittels eines lizenzähnlichen Schadensersatzanspruches, den der Betroffene bei unrechtmäßiger Verwendung seiner Daten oder bei Zweckentfremdung ohne konkreten Schaden beziffern und geltend machen könnte.[273]

154 § 7 BDSG gewährt nach hM keinen Anspruch auf Ersatz immaterieller Schäden (siehe § 253 Abs. 1 BGB, wonach Geldersatz für Nicht-Vermögensschäden nur in den ausdrücklich vorgesehenen Fällen verlangt werden kann).[274] Ein Anspruch auf Ersatz immaterieller Schäden kann sich über Umwege aus § 823 Abs. 1 BGB (idR mit §§ 30, 31 BGB) in Verbindung mit der Verletzung des allgemeinen Persönlichkeitsrechts ergeben, der allerdings neben § 7 BDSG nur eine „Hilfsfunktion"[275] hat und unter Umständen gerade bei Persönlichkeitsverletzungen nur auf Ersatz immaterieller Schäden gerichtet ist. Das BAG[276] hat dazu in einem Mobbing-Fall, also nicht speziell im Zusammenhang mit informationeller Selbstbestimmung, entschieden:

„Schließlich kommt ein Ersatz der geltend gemachten materiellen Schäden wegen einer Verletzung des Persönlichkeitsrechts – unabhängig davon, ob im Streitfall das allgemeine Persönlichkeitsrecht des Klägers durch die Beklagte selbst oder ihre Verrichtungsgehilfen verletzt worden ist – nicht in Betracht. Der materielle Schaden fällt nicht in den Schutzbereich des allgemeinen Persönlichkeitsrechts. So führt auch das Landesarbeitsgericht Rheinland-Pfalz (4. Oktober 2005 – 5 Sa 140/05 – PflR 2006, 416) in seiner Entscheidung ausdrücklich aus, dass die Zahlung von Verdienstausfall und Entschädigung für den Verlust des Arbeitsplatzes vom Schutzzweck des § 823 Abs. 1 BGB iVm. den Art. 1 und 2 Abs. 1 GG nicht erfasst wird.
Nach der Rechtsprechung des Bundesgerichtshofs (1. Dezember 1999 – I ZR 49/97 – BGHZ 143, 214) dienen das allgemeine Persönlichkeitsrecht und seine besonderen Erscheinungsformen in erster Linie dem Schutz ideeller Interessen, insbesondere dem Schutz des Wert- und Achtungsanspruches der Persönlichkeit. Dieser Schutz werde dadurch verwirklicht, dass bei einer Verletzung dieser Rechte neben Abwehransprüchen auch Schadensersatzansprüche in Betracht kämen, die nicht nur auf den Ersatz materieller, sondern – wenn es sich um einen schwerwiegenden Eingriff handele und die Beeinträchtigung nicht in anderer Weise befriedigend ausgeglichen werden könne – auch auf den Ausgleich immaterieller

---

[271] Plath/*Plath* BDSG § 28 Rn. 76 mit vielen Beispielen.
[272] So lange beispielsweise die Übermittlung falscher SCHUFA-Angaben für den Betroffenen folgenlos bleibt, scheidet ein Schadensersatz aus. OLG Frankfurt Urt. v. 21.7.1988 – 6 U 30/88, CR 1989, 18 mAnm *Ulbricht*. Siehe zum Umfang des Schadens etwa LG Paderborn Urt. v. 5.3.1981 – 5 S 3/81.
[273] *Schneider* AnwBl 2011, 233 (239).
[274] Gola/*Schomerus* BDSG § 7 Rn. 12; Taeger/Gabel/*Gabel* BDSG § 7 Rn. 10; Däubler/Klebe/Wedde/Weichert/*Däubler* BDSG § 7 Rn. 19.
[275] Simitis/*Simitis* BDSG § 7 Rn. 33, 60, zum Schmerzensgeld unter Bezugnahme auf BGH Urt. v. 15.11.1994 – VI ZR 56/94 – Caroline von Monaco I.
[276] BAG Urt. v. 16.5.2007 – 8 AZR 709/06, Rn. 111, 112; zu Schmerzensgeld wegen Mobbing BAG Urt. v. 11.12.2014 – 8 AZR 838/13.

III. Überblick über das Bundesdatenschutzgesetz   155–160   § 34

Schäden gerichtet seien. Darüber hinaus schützten das allgemeine Persönlichkeitsrecht und seine besonderen Ausprägungen aber auch vermögenswerte Interessen der Person. So könne der Abbildung, dem Namen sowie sonstigen Merkmalen der Persönlichkeit wie etwa der Stimme ein beträchtlicher wirtschaftlicher Wert zukommen. Durch eine unerlaubte Verwertung ihrer Persönlichkeitsmerkmale würden daher häufig weniger ideelle als kommerzielle Interessen der Betroffenen beeinträchtigt. Nach dieser Rechtsprechung kommt ein auf den Ersatz materieller Schäden gerichteter Schadensersatzanspruch wegen der Verletzung des allgemeinen Persönlichkeitsrechts nur dann in Betracht, wenn in dessen vermögenswerte Bestandteile eingegriffen wird. Aus ihr geht weiterhin hervor, dass der Schutz des Wert- und Achtungsanspruches der Persönlichkeit eher dem ideellen Schutzbereich zuzuordnen ist."

Verdienstausfall und sonstige Vermögensschäden aufgrund Verlust des Arbeitsplatzes dürften in einem Fall, in dem einem Arbeitnehmer unter Verstoß gegen Datenschutzrecht (etwa unzulässiges Screening) unberechtigt gekündigt wurde, gerade die materiellen Schäden sein, die für den Betroffenen nachweisbar sind und die er über § 7 BDSG geltend machen würde.   155

§ 8 BDSG regelt speziell den Schadensersatz bei Datenverarbeitung durch öffentliche Stellen. Dort ist der Ersatz immaterieller Schäden ausdrücklich geregelt (§ 8 Abs. 2 BDSG). Allerdings ist der Ersatzanspruch insgesamt summenmäßig begrenzt (§ 8 Abs. 3 BDSG).   156

Anspruchsberechtigt im Sinne von § 7 und § 8 BDSG ist ausschließlich der Betroffene und die Ansprüche sind weder übertragbar noch vererblich.[277] Anspruchsgegner ist ausschließlich die verantwortliche(n) Stelle(n), also im Falle einer Auftragsdatenverarbeitung (§ 11 BDSG) der Auftraggeber und nicht der Auftragnehmer.[278] Die Haftung nach § 7 BDSG erstreckt sich grds. nicht auf die Beschäftigten der verantwortlichen Stelle, auch nicht auf den betrieblichen Datenschutzbeauftragten,[279] es sei denn, diese sind im Einzelfall (etwa bei Datenklau oder sonstigem Missbrauch im Eigeninteresse oder Interesse Dritter) selbst verantwortliche Stelle. Allerdings können einzelne Mitarbeiter der verantwortlichen Stelle nach allgemeinen vertrags- und deliktsrechtlichen Grundsätzen (§ 831 iVm § 823 Abs. 1 BGB) haften.[280] Der Anwendungsbereich von § 7 und § 8 BDSG wird zusätzlich dadurch begrenzt, dass nur Schäden „aus der unzulässigen oder unrichtigen Erhebung, Verarbeitung und Nutzung personenbezogener Daten" (also etwa bei unbefugter Übermittlung) ersatzpflichtig sind. Andere Schadensursachen wie Kontrolldefizit oder Fehlentscheidungen externer Beauftragter sind nicht ersatzfähig; insoweit kommt ggf. ein Rückgriff auf § 823 BGB in Betracht.[281]   157

In § 7 S. 2 BDSG ist eine Exkulpation vorgesehen: *„Die Ersatzpflicht entfällt, soweit die verantwortliche Stelle die nach den Umständen des Falles gebotene Sorgfalt beachtet hat"*. Die Beweislast trägt also die verantwortliche Stelle, nicht etwa muss der Betroffene ein Verschulden nachweisen. Der Sorgfaltsmaßstab ist fallbezogen individuell, was im Einzelfall höher aber auch niedriger sein kann als die standardisierte „im Verkehr erforderlich Sorgfalt".   158

Anders als § 8 Abs. 6 BDSG wird die Verjährung in § 7 BDSG nicht ausdrücklich geregelt. Sie ergibt sich bei § 7 BDSG aus §§ 195, 199 BGB (3 Jahre nach Kenntnis oder Kennenmüssen).[282]   159

Teilweise wird diskutiert,[283] ob § 7 BDSG richtlinienkonform umgesetzt ist, denn § 7 BDSG bleibt deutlich hinter den Vorgaben in Art. 23 Abs. 1 der RL 95/46/EG zurück. Die Richtlinie erweitert den Kreis der Anspruchsberechtigten auf „jede Person, der … ein Schaden entsteht". Das ist nicht notwendigerweise nur der Betroffene. Zudem schließt die Richtlinie den Ersatz immaterieller Schäden gerade nicht aus. Allerdings muss die Umsetzung ins deutsche Recht nichts notwendigerweise im BDSG erfolgen. Da unter Berücksichtigung von   160

---

[277] Simitis/*Simitis* BDSG § 7 Rn. 44 f., der betont, dass auch die Pfändung und Aufrechnung ausscheidet und der Anspruch auch nicht zur Insolvenzmasse des Betroffenen gehört.
[278] Däubler/Klebe/Wedde/Weichert/*Däubler* BDSG § 7 Rn. 8.
[279] Simitis/*Simitis* BDSG § 7 Rn. 12, 26.
[280] Däubler/Klebe/Wedde/Weichert/*Däubler* BDSG § 7 Rn. 9.
[281] Simitis/*Simitis* BDSG § 7 Rn. 60.
[282] Simitis/*Simitis* BDSG § 7 Rn. 48.
[283] Simitis/*Simitis* BDSG § 7 Rn. 5; Däubler/Klebe/Wedde/Weichert/*Däubler* BDSG § 7 Rn. 5.

§ 823 Abs. 1 BGB (iVm APKR) ein richtlinienkonformer Zustand besteht, besteht wohl kein Bedürfnis nach einer richtlinienkonformen Auslegung von § 7 BDSG.

161 d) **Behördliche Datenschutzaufsicht.** *aa) Kontrollen und Bußgelder.* Bereits 2001 wurden im BDSG die aufsichtsrechtlichen Maßnahmen durch folgende Neuerungen gestärkt:
- Aufsicht generell von Amts wegen,
- Strafantragsrecht der Behörden bei strafbaren Datenschutzverstößen,
- Erhebliche Erweiterung der Bußgeldtatbestände.

162 Durch die BDSG Novelle II 2009 wurde die behördliche Datenschutzkontrolle weiter ausgebaut:[284] Aufsichtsbehörden können neben der Verhängung von Bußgeldern nun auch anordnen, dass Verstöße eingestellt werden. Das Anordnungsrecht der Aufsichtsbehörden in § 38 Abs. 5 BDSG beschränken sich nicht mehr nur auf die Beseitigung festgestellter technischer und organisatorischer Mängel im Sinne von § 9 BDSG, sondern erstrecken sich generell auf die Beseitigung von Datenschutzverstößen. Bei Nichtabhilfe schwerwiegender Verstöße oder Mängel kann dies sogar zu einer Untersagungsverfügung führen. Überdies wurde der Bußgeldrahmen auf 50.000,– EUR bei formalen Verstößen und auf 300.000,– EUR bei materiellen Datenschutzverstößen erhöht (§ 43 Abs. 3 BDSG).

163 Die Aufsichtsbehörden unterstehen nach der gegenwärtigen Regelung der staatlichen Aufsicht. Nach Auffassung des EuGH[285] verstößt dies gegen das Erfordernis des Art. 28 Abs. 1 Unterabs. 2 der Richtlinie 95/46/EG des Europäischen Parlaments und des Rates vom 24.10.1995 zum Schutz natürlicher Personen bei der Verarbeitung personenbezogener Daten und zum freien Datenverkehr, dass diese Stellen ihre Aufgaben „in völliger Unabhängigkeit" wahrnehmen.[286]
- **Erweiterung der Anordnungsrechte** von der Beseitigung technischer und organisatorischer Mängel im Sinne von § 9 BDSG auf die generelle Beseitigung von Datenschutzverstößen, § 38 Abs. 5 BDSG,
- bei Nichtabhilfe schwerwiegender Verstöße oder Mängel ein Recht zum **Erlass von Untersagungsverfügungen,**
- Erweiterung der Bußgeldtatbestände (so etwa neu auch bei Verstößen gegen die Anforderungen an die Auftragserteilung bei Auftragsdatenverarbeitung gem. § 11 Abs. 2 S. 2 BDSG und die regelmäßigen Kontrollen der technischen und organisatorischen Maßnahmen des Auftragnehmers durch den Auftraggeber gem. § 11 Abs. 2 S. 4 BDSG), siehe § 43 Abs. 2 Nr. 2b BDSG[287]
- **Erhöhung des Bußgeldrahmens** auf 50.000,– EUR bei formalen Verstößen und auf 300.000,– EUR bei materiellen Verstößen, § 43 Abs. 3 BDSG.[288]

164 *bb) Data breach notification (§ 42a BDSG).* Die Vorschrift des § 42a BDSG soll es dem Betroffenen und den Datenschutzbehörden erleichtern, zB bei Datenverlusten, Folgeschäden zu vermeiden.[289] Die Pflicht des Unternehmens zur Information der Vorgenannten besteht nur, wenn die „Datenschutzpanne" die in § 42 Satz 1 BDSG enumerativ aufgeführten – sensiblen – Daten betrifft. Hierzu gehören besondere Arten von personenbezogenen Daten (ua Gesundheitsdaten), Mandantendaten, die dem Anwaltsgeheimnis unterliegen (§ 42a Nr. 2 BDSG), personenbezogene Daten zu Bank- oder Kreditkartenkonten (§ 42a Nr. 4 BDSG).

165 Die Kenntniserlangung der verantwortlichen Stelle muss unrechtmäßig erfolgt sein. Zudem müssen dem Betroffenen schwerwiegende Beeinträchtigungen materieller oder immaterieller Art drohen. Die Informationspflicht nach § 42a BDSG trifft für den Fall einer

---

[284] Zu den Grenzen der Informationstätigkeit der behördl. Datenschutzaufsicht *Born* RDV 2015, 125.
[285] EuGH (Große Kammer) Urt. v. 9.3.2010 – C-518/07, MMR 2010, 373 = K&R 2010, 326 mAnm *Taeger* = EuZW 2010, 296 mAnm *Roßnagel*; siehe auch zur Neugestaltung der Datenschutzkontrolle in Hessen: *Ronellenfitsch* DuD 2010, 438.
[286] *Roßnagel* ZD 2015, 106 (110 f.).
[287] Diese BDSG-Änderung ist am 1.4.2010 in Kraft getreten, siehe BT-Drs. 16/13 657, Art. 5.
[288] Diese BDSG-Änderung ist am 1.4.2010 in Kraft, siehe BT-Drs. 16/13 657, Art. 5.
[289] Lesenswert zu § 42a BDSG: *Hornung* NJW 2010, 1841; *Marschall* RDV 2015, 17.

Auftragsdatenverarbeitung den Auftraggeber.[290] Die Information an die Aufsichtsbehörde, wie auch an die Betroffenen hat unverzüglich, also ohne schuldhaftes Zögern, zu erfolgen.

> **Praxistipp:**
> Die verantwortliche Stelle sollte sorgfältig dokumentieren, weshalb in welchem Zeitpunkt welche Unterrichtung erfolgt ist, da die verantwortliche Stelle für die Unverzüglichkeit der Unterrichtung beweispflichtig ist.[291]

§ 42a BDSG gilt wie erwähnt nur bei speziellen Datenkategorien, etwa bei personenbezogenen Kreditkarten-/Bankkontodaten oder besonderen Arten von personenbezogenen Daten. Die Anwendungsbereiche von entsprechenden Selbstanzeigepflichten in § 15a TMG und § 93 TKG sind dagegen weiter und betreffen alle Bestands-, Nutzungs- und Verkehrsdaten. Auf ein Verschulden des Auftraggebers kommt es bei §§ 42a BDSG, 15a TMG und 93 Abs. 3 TKG nicht an.

Häufig haben bei Sicherheitsproblemen im Rahmen einer Auftragsdatenverarbeitung nicht der Auftraggeber, sondern der Auftragnehmer bzw. dessen Mitarbeiter oder Subunternehmer die Datengefährdungen tatsächlich herbeigeführt. Nach wohl überwiegender Ansicht in der Literatur[292] gelten die Selbstanzeige- und Veröffentlichungspflichten gem. § 42a BDSG[293] (entsprechend § 15a TMG und § 93 Abs. 3 TKG) im Falle einer Auftragsdatenverarbeitung nur für den Auftraggeber. Der Auftragnehmer soll grds. nur im Innenverhältnis zum Auftraggeber verpflichtet sein: ZB muss der Auftragnehmer den Auftraggeber über den Datenschutzverstoß informieren, vgl. § 11 Abs. 2 S. 2 Nr. 8 BDSG. Allerdings hat der Auftraggeber evtl. Regressansprüche.

Diese Literaturansicht ist zwar plausibel, denn § 42a BDSG ist teilweise mit §§ 6–8 BDSG (Betroffenenrechte und Schadensersatz der Betroffenen) vergleichbar und hins. §§ 6–8 sieht § 11 Abs. 1 S. 2 BDSG ausdrücklich vor, dass allein der Auftraggeber der zuständige Ansprechpartner der Betroffenen ist. Allerdings regelt der zum 1.9.2009 – also zeitgleich mit § 42a BDSG – novellierte § 11 BDSG die Selbstanzeige nach § 42a nicht. Außerdem spricht der Wortlaut des § 42a Satz 1 BDSG von „nichtöffentliche Stelle" und nicht von „verantwortliche Stelle" („verantwortliche Stelle" wäre bei Auftragsdatenverarbeitung allein der Auftraggeber").

Gegenüber den Betroffenen muss die Unterrichtung eine Darlegung der Art der unrechtmäßigen Kenntniserlangung und Empfehlungen für Maßnahmen zur Minderung möglicher nachteiliger Folgen enthalten, § 42a S. 3 BDSG. Gegenüber der Aufsichtsbehörde müssen darüber hinaus gem. § 42a S. 4 BDSG mögliche nachteilige Folgen der Kenntniserlangung und die von der verantwortlichen Stelle ergriffenen Maßnahmen mitgeteilt werden.

Bei Unterlassung der Mitteilung, einer fehlerhaften, verspäteten oder unvollständigen Mitteilung an die Aufsichtsbehörde droht ein Bußgeld bis 300.000,– EUR, § 43 Abs. 2 Nr. 7, Abs. 3 BDSG. Eckhardt/Schmitz verweisen darauf, dass die Regelung gegen deutsches Verfassungsrecht und die Europäische Menschenrechtskonvention (EMRK) verstößt, da es hierdurch zu einer Selbstbelastungspflicht der verantwortlichen Stelle kommt.[294]

IV. Zulässigkeit des Umgangs mit personenbezogenen Daten – Beispiel Beschäftigtendatenschutz

Der **schematische Prüfungsaufbau** der Zulässigkeit des Umgangs mit personenbezogenen Daten wird im Folgenden am Beispiel des Austausches von personenbezogenen Beschäftigtendaten zwischen verbundenen Unternehmen (zentrale Personaldatenverarbeitung im Kon-

---

[290] *Eckhardt/Schmitz* DuD 2010, 390 (393).
[291] *Eckhardt/Schmitz* DuD 2010, 390 (394).
[292] *Karger* ITRB 2010, 161, 162; *Duisberg/Picot* CR 2009, 823 (825); *Gabe* BB 2009, 245 (246).
[293] Weitere Einzelheiten zu § 42a BDSG siehe *Eckhart/Schmitz* DuD 2010, 390; *Ernst* DuD 2010, 472; *Hornung* NJW 2010, 1841; *Bierkoven* ITRB 2010, 88.
[294] *Eckhardt/Schmitz* DuD 2010, 390 (396).

zern)²⁹⁵ dargestellt. In diesem Zusammenhang werden einige **typische Praxisprobleme** im **privaten Bereich** erläutert.

1. Ausgangssituation zum Konzerndatenschutz

172 Unternehmenszusammenschlüsse liegen nach wie vor im Trend. Um die Fusion/den Unternehmenskauf organisatorisch abzuwickeln und um Synergie-Effekte zu nutzen, bringt der Zusammenschluss von Unternehmen oder gar Konzernen regelmäßig den **„Merger" von IT-Systemen** mit sich. Je nach Konzernstruktur werden möglicherweise neue sog Reporting lines in Konzernobergesellschaften etabliert, entlang derer personenbezogene Daten über Mitarbeiter oder Kunden an Vorgesetzte weitergegeben (reportet) werden.²⁹⁶

173 Werden personenbezogene Daten zwischen – hier speziell: verbundenen – Unternehmen ausgetauscht bzw. weitergegeben, ist im Regelfall von ganz erheblicher Bedeutung, ob bzw. unter welchen Voraussetzungen dies datenschutzrechtlich zulässig ist. Die Erhebung, Verarbeitung (einschließlich Übermittlung) und Nutzung personenbezogener Daten durch Unternehmen der Privatwirtschaft unterliegt nach § 38 BDSG der Überwachung durch die zuständige Datenschutzaufsichtsbehörde. Gerade ein Unternehmenszusammenschluss, über den ggf. in der Presse berichtet wird, kann Anlass sein, dass die beteiligten Unternehmen in den Fokus der Behörden rücken. Zudem werden eventuell – spätestens wenn aufgrund des Zusammenschlusses Personalabbau droht – der Betriebsrat/die Betriebsräte in den beteiligten Unternehmen versuchen, umfassende Reporting- und Monitoring-Systeme mit den Mitteln des BetrVG und des BDSG zu beschränken.

174 Der Austausch von Beschäftigtendaten zwischen verbundenen Unternehmen oder die zentrale Verarbeitung oder Verwaltung von Beschäftigtendaten durch eine Konzerngesellschaft bedarf grundsätzlich einer Erlaubnis. Für den Tatbestand der **Datenübermittlung** (§ 3 Abs. 4 Nr. 3 BDSG) spielt es keine Rolle, ob Beschäftigtendaten zwischen zwei Konzernunternehmen zB durch Übergabe von Datenträgern weitergegeben werden oder ob etwa eine zentrale Datenbank geführt wird, in der Beschäftigtendaten für verschiedene Konzernunternehmen zum Abruf bereit gehalten werden.²⁹⁷ In beiden Fällen kann sich nach § 4 Abs. 1 BDSG eine Erlaubnis nur

- aus dem BDSG,
- aus einer „anderen Rechtsvorschrift" oder
- aus einer Einwilligung des Betroffenen²⁹⁸

ergeben. Vorrangig zu prüfen ist jedoch, ob der Anwendungsbereich des BDSG überhaupt eröffnet ist:

- Datenschutzvorschriften finden keine Anwendung auf nicht-personenbezogene oder **anonyme Daten**.²⁹⁹ Die Abgrenzung kann im Einzelnen schwierig und streitig sein.³⁰⁰ Dabei

---

²⁹⁵ Zum Arbeitnehmerdatenschutz allgemein siehe: *Gola/Wronka*, Handbuch Arbeitnehmerdatenschutz; zum neuen § 32 BDSG siehe etwa: *von Steinau-Steinrück/Mosch* NJW-Spezial 2009, 450, *Deutsch/Diller* DB 2009, 1462; *Vogel/Glas* DB 2009, 1747; *Wybitul/Rauer* ZD 2012, 160; *Gola* RDV 2015, 133; *Brink* ZD 2015, 295; *Bommer* ZD 2015, 123.
²⁹⁶ Zur datenschutzrechtlichen Zulässigkeit einer intranet-basierten Datenbank: *Hoeren* ZD 2014, 441; *Hilber* RDV 2005, 143 ff. Siehe zum Problem Datenschutz und Due Diligence: *Göpfert/Meyer* NZA 2011, 486 ff.; *Diller/Deutsch* K&R 1998, 16 ff.; allg. zum Konzerndatenschutz *Feige* ZD 2015, 116.
²⁹⁷ Abschlussverfügung des Unabhängigen Landeszentrums für Datenschutz Schleswig-Holstein zur Einführung eines unternehmensübergreifenden Konzern-Telefonbuchs vom 22.8.2002, abrufbar unter: https://www.datenschutzzentrum.de/wirtschaft/praxis/20020822.htm.
²⁹⁸ Zur Frage der Einwilligung eines Beschäftigten gegenüber seinem Arbeitgeber als datenschutzrechtlicher Erlaubnistatbestand → Rn. 295 ff.
²⁹⁹ Erweiterungen des Anwendungsbereichs können sich jedoch aus Spezialvorschriften ergeben, wie bspw. § 1 Abs. 1 S. 2 PDSV, wonach Einzelangaben über juristische Personen personenbezogenen Daten gleichstehen.
³⁰⁰ Mit der Stellungnahme 4/2007 zum Begriff „personenbezogene Daten", WP 136, hat die Art-29-Datenschutzgruppe Leitlinien entwickelt, anhand derer der Begriff auszulegen ist; speziell zur Frage der Personenbeziehbarkeit von IP-Adressen → Rn. 122 ff. sowie § 36 Datenschutz der Telemedien. Ebenfalls streitig ist dies in Teilen der Literatur etwa für die UID von RFID-Chips.

ist zu berücksichtigen, dass eine nicht-personenbezogene Angabe durch Verknüpfung mit einem personenbezogenen Datum personenbezogen werden kann (zB ist eine Firma[301] grds. nicht personenbezogen, wird jedoch durch die Verknüpfung „Arbeitgeber von ..." zum personenbezogenen Datum).
- Anders als anonyme Daten unterliegen Pseudonyme oder pseudonym genutzte Daten den Datenschutzvorschriften (siehe auch § 15 Abs. 3 TMG). Auch der Vorgang der Anonymisierung (§ 3 Abs. 6 BDSG) ist datenschutzrelevant. Allerdings ist die Anonymisierung oder Pseudonymisierung bzw. pseudonyme Nutzung regelmäßig zugunsten der verantwortlichen Stelle als datenschutzfreundlich zu berücksichtigten (etwa im Rahmen der technischen-organisatorischen Maßnahmen nach § 9 BDSG oder im Rahmen der Abwägung von § 28 Abs. 1 S. 1 Nr. 2 BDSG). Siehe dazu auch § 32d Abs. 3 des Gesetzesentwurfs zur Regelung des Beschäftigtendatenschutzes vom 25.8.2010.
- Ist die verantwortliche Stelle eine ausländische Gesellschaft, kann ggf. auch § 1 Abs. 5 BDSG relevant sein.[302]

2. Erlaubnisvorschriften außerhalb des BDSG

a) § 1 Abs. 3 S. 1 BDSG. Ein spezielles „Arbeitnehmerdatenschutzgesetz" gibt es – zumindest bislang – nicht.[303] Der Beschäftigtendatenschutz ist allenfalls in Teilbereichen gesondert geregelt, so vor allem 175

- die Definition von „Beschäftigter" in § 3 Abs. 11 BDSG,
- die Spezialbefugnisnorm für den „Normalfall" der Erhebung, Verarbeitung und Nutzung von Beschäftigtendaten (einschließlich Bewerberdaten), § 32 Abs. 1 S. 1 BDSG,
- die Befugnis speziell zur Aufdeckung von Straftaten bei tatsächlichen Anhaltspunkten für einen Verdacht (§ 32 Abs. 1 S. 2 BDSG),
- die Erweiterung des Anwendungsbereichs des BDSG im nicht-öffentlichen Bereich speziell bei Beschäftigtendaten (§ 32 Abs. 2 BDSG).

Daneben gibt es gerade im Bereich der Personalverwaltung zahlreiche Vorschriften **außerhalb** des BDSG, etwa zu Melde- oder Vorlagepflichten bei Arbeitnehmerdaten.[304] 176

Beispiele:[305]
- **Zuverlässigkeitsüberprüfungen** von Beschäftigten:[306] zB § 12b Atomgesetz, § 7 Luftsicherheitsgesetz, SÜG des Bundes, § 34a GewO für das Bewachungsgewerbe.

---

[301] Ausnahmsweise kann ein Personenbezug vorliegen, wenn zB die Firma zugleich der Name des Inhabers ist.
[302] → Rn. 118 f., 69 f.
[303] Das Bundesministerium für Arbeit und Soziales hatte am 4.9.09 einen Entwurf eines Arbeitnehmerdatenschutzgesetzes veröffentlicht (abrufbar unter: http://www.bmas.de/coremedia/generator/37288/property=pdf/2009_09_04_eckpunkte_datenschutz.pdf). In der Folge hat die Bundesregierung mehrere Entwürfe für eine Gesetz zur Regelung des Beschäftigtendatenschutzes vorgelegt, die jedoch eine Integration der Beschäftigtendatenschutzvorschriften in einen eigenen Abschnitt im BDSG vorsehen. Das gilt auch für den Entwurf vom 25.8.2010, der am 24.2.2011 im Bundestag in erster Lesung behandelt kontrovers diskutiert wurde. Im Februar 2013 wurde das Gesetzesvorhaben durch die Bundesregierung vorläufig gestoppt, siehe auch oben Rn. 36.
[304] Diese Spezialvorschriften differenzieren regelmäßig nicht nach elektronischen Personaldaten oder Daten, die nur in Papierform geführt werden. Diese Differenzierung ist durch § 32 Abs. 2 BDSG ohnehin obsolet geworden. Vgl. allgemein zur Datenübermittlung im Personalwesen: *Hentschel/Jaspers*, Auskunfts-, Bescheinigungs- und Meldevorschriften im Personalwesen, 7. Aufl. 2007.
[305] Zum Überblick über die datenschutzrelevanten Vorschriften außerhalb des BDSG → Rn. 79 ff.
[306] Ein Zuverlässigkeitsüberprüfung von Mitarbeitern und die Erlaubnis für eine dabei stattfindende Datenübermittlung stellt – speziell im **Bewachungsgewerbe** – § 34a GewO und die dazu ergangene Bewachungsverordnung dar. Zur Erteilung einer Gewerbeerlaubnis muss der Gewerbetreibende einzustellendes Wachpersonal bei der zuständigen Behörde melden. Allerdings ist diese Vorschrift nur auf das gewerbsmäßige Bewachen von Leben und Eigentum fremder Personen anwendbar (zB Werk- und Objektschutz, Fluggastkontrollen). Nicht erfasst wird dagegen, wer sein Eigentum überwacht oder eigenes Personal überwacht um fremdes Vermögen betreut wird. Rechtsnormen für **Sicherheitsüberprüfungen** enthalten auch die bereichsspezifischen Regelungen des SÜG des Bundes und die entsprechenden Normen der Bundesländer. Taeger/Gabel/*Schmidt*, BDSG, § 1 Rn. 36 nennt als lex specialis ua auch AGG, AuslG, BKAG, KrW/AbfG, PostG, SGB I–X; StUG.

- Verwendung von **Haushaltsmitteln**: zB § 95 BHO, Sparkassengesetze der Länder.
- **Kontrolle der zweckkonformen Verwendung von Fördermitteln**: zB Art. 60, 62, 72 Verordnung (EG) Nr. 1083/2006 mit Durchführungsverordnung (EG) Nr. 1828/2006.

177 Die Konkurrenz von Vorschriften des Bundes[307] außerhalb und innerhalb des BDSG, deren Gegenstand die Erhebung, Verarbeitung und Nutzung von personenbezogenen Daten ist, wird in § 1 Abs. 3 S. 1 BDSG zugunsten der **außerhalb** des BDSG liegenden Vorschriften geklärt, soweit die konkurrierenden Vorschriften denselben Sachverhalt betreffen („Tatbestandskongruenz").[308] Dass die außerhalb des BDSG liegenden Vorschriften spezieller im Sinne von detaillierter oder restriktiver sein müssen, besagt der Wortlaut von Absatz 3 Satz 1 zunächst nicht.[309] Folglich qualifizieren manche Autoren das BDSG als „Auffanggesetz".[310] Gerade im Bereich Übermittlung von Personaldaten finden sich aber, wie erwähnt, zahlreiche spezialgesetzliche Vorschriften außerhalb des BDSG, die man im Verhältnis zu dem allgemein gehaltenen § 32 Abs. 1 S. 1 BDSG wohl als „spezieller" bezeichnen kann. Allerdings wurde schon vor Einführung des § 32 BDSG vertreten, der Begriff „Auffanggesetz" vereinfache das „komplexe Verhältnis zwischen den allgemeinen und den spezialgesetzlichen Bestimmungen zu stark".[311] Keine Tatbestandskongruenz bestehe etwa trotz einheitlichem Verarbeitungsvorgang dann, wenn unterschiedliche Datenarten anfallen, die unterschiedlichen Regelungen unterliegen.[312]

178 *Dix*[313] vertritt, dass bei jeder Vorschrift außerhalb des BDSG, die relevant für eine Erhebung, Verarbeitung oder Nutzung von personenbezogenen Daten ist, geprüft werden müsse, ob diese Vorschrift in verfassungskonformer Weise das Recht auf informationelle Selbstbestimmung einschränkt. Sei dies nicht der Fall, dann dürfe nicht sofort auf die „Auffangnormen" des BDSG zugesteuert werden, sondern es müsse zunächst versucht werden, die Vorschrift außerhalb des BDSG verfassungskonform zu interpretieren. Befugnisnormen außerhalb des BDSG seien also restriktiv auszulegen unter Berücksichtigung von Art. 1 Abs. 1, Art. 2 Abs. 1 GG. Das OVG Münster[314] hat in diesem Zusammenhang entschieden, dass die Vorlage von Personal- und Disziplinarakten eines Beamten dessen Recht auf informationelle Selbstbestimmung verletzt und zu unterbleiben habe, weil *„Geheimhaltungsgründe iSd § 31 des Gesetzes nach Art. 45c GG*[315] *bestehen. Diese Gründe ergeben sich daraus, dass die Personalakten eine Sammlung von Urkunden und Vorgängen sind, die die persönlichen und dienstlichen Verhältnisse des Beamten betreffen."*

179 Die Frage, welche inhaltlichen Anforderungen an Vorschriften außerhalb des BDSG zu stellen sind (insbesondere wie konkret die Vorschriften im Hinblick auf personenbezogene Daten sein müssen), ist nicht neu und Bestand schon vor Einführung des § 32 BDSG.[316]

---

[307] Dazu gehören nicht nur formelle Gesetze, sondern zB auch Rechtsverordnungen des Bundes, was etwa bei Subventionen eine Rolle spielen kann. Siehe *Gola/Schomerus* BDSG § 1 Rn. 23.
[308] *Gola/Schomerus* BDSG § 1 Rn. 24.
[309] *Gola/Schomerus* BDSG § 1 Rn. 24; aA Simitis/*Dix* BDSG § 1 Rn. 171.
[310] Statt vieler *Gola/Schomerus* BDSG § 1 Rn. 24; Däubler/Klebe/Wedde/Weichert/*Weichert* BDSG § 1 Rn. 12.
[311] Simitis/*Dix* BDSG § 1 Rn. 158.
[312] *Dix* (Simitis/*Dix* Rn. 170) nennt als Beispiel das Online-Banking: Regelungen, die die Nutzungsdaten des Telemediendienstes regeln, sind nicht vorrangig gegenüber den BDSG-Vorschriften, die die Inhaltsdaten (Kontobewegungen etc.) des zugrundeliegenden Bankgeschäfts regeln. Zur Firmenkreditkarte → Rn. 243.
[313] Simitis/*Dix* BDSG Rn. 171; aA *Gola/Schomerus* BDSG § 1 Rn. 24.
[314] OVG Münster Beschl. v. 3.6.1988 – 1 B 426/88, NJW 1988, 2496 = RDV 1086, 24.
[315] Gemäß § 31 des Gesetzes nach Art. 45c GG vom 19.7.1975 haben die Bundesregierung und die Behörden des Bundes dem Petitionsausschuss des Bundestages Akten vorzulegen sowie Auskunft zu erteilen und Zutritt zu gewähren, es sei denn, es bestehen *„zwingende Geheimhaltungsgründe"*. OVG Münster Beschl. v. 3.6.1988 – 1 B 426/88, NJW 1988, 2496.
[316] Allerdings dürfte sich diese Problematik verschärfen, sollte der **Gesetzesentwurf** zur Regelung des Beschäftigtendatenschutzes vom 25.8.2010 in Kraft treten, was angesichts der DS-GVO nicht absehbar ist. Zwar sieht § 32c Abs. 1 S. 2 Nr. 1 iVm § 32d Abs. 1 Nr. 1 BDSG-E vor, dass der Arbeitgeber Beschäftigtendaten erheben, verarbeiten und nutzen darf, soweit dies erforderlich ist, um *„gesetzliche oder auf Grund eines Gesetzes bestehende Erhebungs-, Melde-, Auskunfts-, Offenlegungs- oder Zahlungspflichten"* zu erfüllen. Im Einzelfall kann jedoch ua fraglich sein, was erforderlich ist.

IV. Zulässigkeit des Umgangs mit personenbezogenen Daten

Rechtsprechungsbeispiele:

- Nach § 95 Bundeshaushaltsordnung (BHO)[317] sind dem Bundesrechnungshof und seinen Beauftragten auf Verlangen die *„Unterlagen"* und *„erbetenen Auskünfte"* vorzulegen bzw. zu erteilen, die *„der Bundesrechnungshof zur Erfüllung seiner Aufgaben für erforderlich hält"*. Das BAG[318] sah 1988 eine **Vorlage von Fahrtenschreiber-Schaublättern** durch den Arbeitgeber (in diesem Fall die Bundespost) an den Bundesrechnungshof aufgrund von § 95 Abs. 1 BHO als gerechtfertigt an und führte dazu aus: *„Der Verhältnismäßigkeitsgrundsatz erfordert im Einzelfall die Abwägung der in Betracht kommenden Interessen. ... Diese Interessenabwägung führt im vorliegenden Fall dazu, dass der Kläger es hinnehmen muss, wenn der Staat die Bundespost durch § 95 Abs. 1 BHO verpflichtet, die Schaublätter dem Bundesrechnungshof vorzulegen. ..."*.
Sollte der Gesetzesentwurf vom 25.8.2010 in Kraft treten – wie müsste dann ein Gericht diesen Fall entscheiden? § 95 BHO regelt zumindest nicht ausdrücklich die Übermittlung von **personenbezogenen** Personaldaten. Denkbar ist, dass im Einzelfall anonyme oder zumindest pseudonyme Übermittlungen von Personaldaten ausreichend sind, jedenfalls sofern keine Anhaltspunkte für den Verdacht einer Unregelmäßigkeit vorliegen. Unklar ist, ob der Arbeitgeber im Einzelfall prüfen muss, ob die angeforderten Unterlagen in personenbezogener Form **objektiv** erforderlich sind und ob der Arbeitgeber – falls es an der objektiven Erforderlichkeit fehlt – die Unterlagen anonymisieren oder pseudonymisieren muss. Selbst wenn man den grundsätzlichen Vorrang des § 95 BHO bejaht, spricht einiges dafür, dass § 95 BHO insoweit verfassungskonform ausgelegt werden muss, als die angeforderten Unterlagen hins. Art und Umfang von personenbezogene Beschäftigtendaten verhältnismäßig sein müssen. Das bedeutet aber nicht, dass personenbezogene Datenübermittlungen zum Zwecke von Stichproben verdachtsunabhängig per se unzulässig sind. Allerdings besteht insoweit einige Rechtsunsicherheit, die auch durch den anstehenden Gesetzentwurf nicht beseitigt wird.

- Nach Ansicht des BAG[319] verstößt es nicht gegen das verfassungsrechtlich geschützte Persönlichkeitsrecht eines Arbeitnehmers einer städtischen Sparkasse, wenn zur Verschwiegenheit verpflichtete Mitarbeiter der **Innenrevision** dieser Stadtsparkasse und der **externen Prüfstelle** des Verbands der Sparkassen **im Einzelfall** zur Überprüfung der Personalausgaben des Arbeitgebers **Einsicht in die Personalakte** nehmen. Das BAG stützte seine Entscheidung darauf, dass die Innenrevision und die externe Prüfstelle zur Einsicht in die Personalakten zur Überwachung der ordnungsgemäßen Verwendung der Haushaltsmittel der städtischen Sparkasse gemäß § 28 Abs. 2 und § 29 Abs. 2 Sparkassengesetz NRW vom 2.7.1975 berechtigt und verpflichtet seien.[320] Zudem seien die Prüfer verpflichtet, über Prüfungsergebnisse gegenüber unbeteiligten Dritten innerhalb und außerhalb des Hauses des Arbeitgebers **strengstes Stillschweigen** zu bewahren. Im Hinblick auf §§ 28, 29 SparkG NRW ist die Situation insoweit scheinbar anders gelagert als bei § 95 BHO, als es sich nicht um eine Vorschrift des Bundes handelt. § 1 Abs. 3 S. 1 BDSG gilt also nicht. Denkbar ist jedoch, dass §§ 28, 29 SparkG NRW eine „andere Rechtsvorschrift" iSv § 4 Abs. 1 BDSG sind.[321]

b) „Andere Rechtsvorschrift" im Sinne des § 4 Abs. 1 BDSG. Die wohl hM geht davon aus, dass sich die inhaltlichen Anforderungen an die „andere Rechtsvorschrift des Bundes" in § 1 Abs. 3 Satz 1 und an die „andere Rechtsvorschrift" im Sinne von § 4 Abs. 1 BDSG grundsätzlich nicht unterscheiden. Als „Rechtsvorschrift" im Sinne des § 4 Abs. 1 BDSG gelten – anders als bei § 1 Abs. 3 S. 1 BDSG – nicht nur förmliche Gesetze und Rechtsverordnungen des Bundesrechts. **Auch landesrechtliche** Gesetze und Verordnungen fallen darunter, soweit der Landesgesetzgeber eine nach der Kompetenzverteilung des Grundgesetzes bestehende Zuständigkeit in Anspruch genommen hat.[322] Auch Satzungen der bundesunmit-

180

---

[317] § 95 BHO lautet: „(1) Unterlagen, die der Bundesrechnungshof zur Erfüllung seiner Aufgaben für erforderlich hält, sind ihm auf Verlangen innerhalb einer bestimmten Frist zu übersenden oder seinen Beauftragten vorzulegen. (2) Dem Bundesrechnungshof und seinen Beauftragten sind die erbetenen Auskünfte zu erteilen."
[318] BAG vom 12.1.1988 – 1 AZR 352/86, RDV 1988, 197 (LAG München).
[319] BAG Urt. v. 4.4.1990 – 5 AZR 299/89, AP BGB § 611 Persönlichkeitsrecht Nr. 21 (LAG Düsseldorf).
[320] Das Sparkassengesetz NRW ist mittlerweile novelliert. Ähnliche Einsichtsrechte von Revisionsstellen und Aufsichtsbehörden finden sich auch in den meisten Sparkassengesetzen anderer Bundesländer.
[321] In diesem Zusammenhang auch interessant: OLG Köln Urt. v. 9.6.2009 – 15 U 79/09. Das OLG hat § 19 Abs. 5 SparkassenG NRW, der eine Verpflichtung zur Vorlage von Vorstandsbezügen vorsieht, für verfassungswidrig erklärt. Der Vorstandsvorsitzende einer niederrheinischen Sparkasse hatte seinem Arbeitgeber per einstweiliger Verfügung verbieten lassen wollen, die Höhe seiner Bezüge in der Jahresbilanz, im Geschäftsbericht oder an anderer Stelle individualisiert offen zu legen. Nach Ansicht des OLG Köln ist der Eingriff in das Persönlichkeitsrecht nicht gerechtfertigt, weil dem Land die Gesetzgebungskompetenz fehle, denn der Bundesgesetzgeber habe eine Offenlegungspflicht im HGB geregelt.
[322] Simitis/*Scholz*/*Sokol* BDSG § 4 Rn. 9.

telbaren Körperschaften, Anstalten und Stiftungen des öffentlichen Rechts sind „Rechtsvorschriften" in diesem Sinne, sofern sich die Datenverarbeitungs- und Datennutzungsbefugnis im Rahmen der gesetzlich eingeräumten Satzungsautonomie hält.[323]

181 Europarechtliche Richtlinien und Verordnungen können als Rechtsvorschriften in diesem Sinne gelten, **nicht** jedoch **ausländische** Rechtsvorschriften.[324] Ebenso wenig zu den Rechtsvorschriften zählen Normen ohne unmittelbare Außenwirkung, wie etwa **Erlasse und Verwaltungsvorschriften.** Diese können jedoch insoweit für die Datenübermittlung von Bedeutung sein, als sie Rechtsvorschriften konkretisieren bzw. interpretieren.[325] Inwieweit **Tarifverträgen** und **Betriebsvereinbarungen**[326] hinsichtlich ihrer normativen Teile als „Rechtsvorschriften" zu behandeln sind, ist seit langem umstritten.[327] Das BAG[328] hatte in einer älteren Entscheidung vertreten, dass Betriebsvereinbarungen den Datenschutz im Verhältnis zum BDSG einschränken können. Teile der Literatur[329] und der Aufsichtsbehörden[330] vertreten, dass Betriebsvereinbarungen keine Eigenschaft als „andere Rechtsvorschrift" iSd § 4 Abs. 1 BDSG haben und nur das BDSG unternehmensindividuell konkretisieren können. Denn durch untergesetzliche Normen könne nicht vom BDSG abgewichen werden, sondern nur die Spielräume des BDSG können genutzt werden.

182 *Taeger*[331] vertritt mit Blick auf § 32 (BDSG 2009), dass andere Rechtsvorschriften, die die Erhebung und Verwendung personenbezogener Daten regeln, ein Höchstmaß an Normklarheit haben müssen und dass sehr allgemeine Vorschriften zur Einrichtung eines Überwachungssystems (wie § 91 AktG, § 10 WpHG) nicht als andere Rechtsvorschrift im Sinne von § 4 Abs. 1 BDSG gelten. Soweit keine andere Rechtsvorschrift außerhalb des BDSG zur Anwendung kommt,[332] verbleibt es hinsichtlich der Verarbeitung von Beschäftigtendaten bei den Befugnisnormen des BDSG.

3. „Normalfall" des § 32 Abs. 1 S. 1 BDSG bei der Erhebung, Verarbeitung und Nutzung von Beschäftigtendaten

183 a) **Anwendungsbereich.** Im nicht-öffentlichen Bereich schützt das BDSG gemäß § 1 Abs. 2 Nr. 3 BDSG
- nur die personenbezogenen Daten, die die nicht-öffentliche Stelle **unter Einsatz von Datenverarbeitungsanlagen** verarbeitet, nutzt oder dafür erhebt oder
- die Daten, die die nicht-öffentliche Stelle in oder aus **nicht automatisierten Dateien** verarbeitet nutzt oder dafür erhebt.[333]

184 Bis zum 31.8.2009 war das BDSG bei Unternehmen der Privatwirtschaft auf herkömmliche Personalakten in Papierform **nicht** anwendbar, es sei denn, die Akte war in Form einer „nicht automatisierten Datei" aufgebaut.[334] Das Datenschutzrecht wurde damals grds. erst relevant, soweit personenbezogene Daten mittels EDV verarbeitet, genutzt oder dafür erhoben wurden oder die Daten in oder aus nicht automatisierten Dateien verwandt wurden, also nicht nur Personalakten sondern auch **Personaldaten** in diesem Sinne vorlagen (zB eingescannte Personalakten; Mitarbeiterübersichten bzw. Organigramme in Excel).[335] Es kann gleichsam als Bruch

---

[323] Simitis/*Scholz/Sokol* BDSG § 4 Rn. 10.
[324] Ausdrücklich verneint etwa bei Übermittlung von Wirtschaftsprüfungsdaten im Hinblick auf den Sarbanes-Oxley Act 2002; Simitis/*Scholz/Sokol*, BDSG § 4 Rn. 9.
[325] Simitis/*Dix* BDSG § 1 Rn. 168.
[326] → Rn. 299 ff.
[327] Dafür: *Sassenberg/Bamberg* DuD 2006, 226. Däubler/Klebe/Wedde/Weichert/*Weichert* BDSG § 4 Rn. 2.
[328] BAG Urt. v. 27.5.1986 – 1 ABR 48/84, NJW 1987, 674.
[329] Simitis/*Scholz/Sokol* BDSG § 4 Rn. 17.
[330] Regierungspräsidium Darmstadt, Arbeitsbericht Ad-hoc-Arbeitsgruppe „Konzerninterner Datentransfer", S. 11 → Rn. 302.
[331] Taeger/Gabel/*Taeger*, BDSG § 4 Rn. 29.
[332] Zu Betriebsvereinbarungen und Einwilligungen → Rn. 295 ff.
[333] Zum Geltungsbereich des BDSG → Rn. 116 f., zum „nicht-öffentlichen Bereich" und zu „nicht automatisierte Datei" im Einzelnen → Rn. 133 ff.
[334] Vgl. Erwägungsgrund 27, letzter Satz 95/46/EG sowie § 1 Abs. 2 Nr. 3 BDSG.
[335] Zum Datenschutz bei elektronischer Personalakte, *Diller/Schuster* DB 2008, 928.

der ursprünglichen Systematik des BDSG angesehen werden, dass mit der BDSG-Novelle 2009 nunmehr gem. § 32 Abs. 2 BDSG bei Beschäftigtendaten das Erfordernis einer automatisierten oder nicht-automatisierten Datei durchbrochen und somit die Anwendung des BDSG im nicht-öffentlichen Bereich ausgedehnt wird. Uneinheitlich ist die Literatur bei der Frage, wie weit § 32 Abs. 2 BDSG den Anwendungsbereich des BDSG ausdehnt. Die wohl überwiegende Ansicht[336] geht davon aus, dass nunmehr **alle Papierunterlagen** mit Beschäftigtendaten (zB Protokolle über ein Bewerbungsgespräch, Notizen für einen Arbeitszeugnisentwurf, Telefonnotizen) – auch handschriftliche – vom Anwendungsbereich des § 32 BDSG erfasst werden.[337] Ein Teil der Literatur[338] dehnt die Reichweite des § 32 Abs. 2 BDSG auch auf **tatsächliche Handlungen** oder **verbale Äußerungen** aus (zB auf Gespräche mit dem oder über den Beschäftigten, Tor- und Taschenkontrollen, Beobachtungen durch einen Hausdetektiv). Versteht man das formelle Datenschutzrecht als einfachgesetzliche Ausprägung des Rechts auf informationelle Selbstbestimmung, dann dürfte die zuletzt genannte Auslegung des § 32 Abs. 2 BDSG wohl zu weit gehen. Das bedeutet aber nicht, dass der Beschäftigte im Hinblick auf tatsächliche Handlungen oder verbale Äußerungen ungeschützt ist. Bereits vor Einführung des § 32 Abs. 2 BDSG ergab sich der Persönlichkeitsschutz des Beschäftigten hinsichtlich herkömmlicher Personalakten[339] in Papierform und sonstiger (auch mündlicher) Informationen individualrechtlich im Wesentlichen aus dem Vertrags- und Deliktsrecht bzw. aus dem **Arbeitsrecht**.

Als Rechtsgrundlage für die Erhebung, Verarbeitung und Nutzung von Daten, welche im Rahmen von Verträgen und Anbahnungsverhältnissen, die zu einem „Beschäftigungsverhältnis" führen, benötigt werden, tritt seit 1.9.2009 an die Stelle des § 28 Abs. 1 Satz 1 Nr. 1 BDSG der Zulässigkeitstatbestand des § 32 Abs. 1 S. 1 BDSG.[340] Dieser erfasst alle in einem abhängigen Beschäftigungsverhältnis stehenden Personen gemäß § 3 Abs. 11 BDSG. Die nach § 28 Abs. 1 Satz 1 Nr. 1 BDSG maßgebende Zweckbestimmung wird für das Beschäftigungsverhältnis dahingehend konkretisiert, dass Beschäftigtendaten erhoben, verarbeitet oder genutzt werden dürfen, wenn dies im Rahmen der verschiedenen Phasen eines Beschäftigungsverhältnisses, dh seiner Begründung, Durchführung oder Beendigung erforderlich ist. Welche Daten vom Arbeitgeber insoweit benötigt werden, bestimmt sich nach wie vor anhand der vom Bundesarbeitsgericht entwickelten Kriterien, dh unter Beachtung des Verhältnismäßigkeitsprinzips ist das objektive Informationsinteresse des (potentiellen) Arbeitgebers mit dem Anspruch des Beschäftigten auf Persönlichkeitsrechtsschutz abzuwägen (siehe auch § 75 Abs. 2 BetrVG).

b) Zwecke des Beschäftigungsverhältnisses und besondere Arten von Beschäftigtendaten. Neben den in § 32 Abs. 1 S. 1 BDSG genannten drei Zweckbestimmungen bestehen noch andere im Zusammenhang mit dem Beschäftigungsverhältnis stehende Bedürfnisse nach Erhebung, Nutzung und Verarbeitung von Beschäftigtendaten. Auch schon vor Inkrafttreten des § 32 BDSG war lange Zeit streitig, ob gerade im Hinblick auf Beschäftigtendaten § 28 Abs. 1 Satz 1 Nr. 2 BDSG neben § 28 Abs. 1 Satz 1 Nr. 1 BDSG zur Anwendung kommt und ob man also eine Interessenabwägung mit berechtigten Interessen des Arbeitnehmers durchführen darf.[341] Einige Stimmen der Literatur waren der Auffassung, diese Ansicht würde den Schutzpflichten des § 75 Abs. 2 BetrVG zuwiderlaufen.

---

[336] *Gola/Schomerus* BDSG § 32 Rn. 7, 9; *Bausewein* DuD 2011, 94 (95, 97).
[337] Simitis/*Seifert* BDSG § 32 Rn. 15.
[338] *Deutsch/Diller* DB 2009, 1462; *Grentzberg/Schreibauer/Schuppert* K&R 2009, 535 (539); *Vogel/Glas* DB 2009, 1747; *Hanloser* MMR 2009, 595 (596).
[339] Der Begriff der Personalakte ist gesetzlich nicht definiert, sondern orientiert sich am Schutzzweck der jeweiligen gesetzlichen oder tariflichen Bestimmungen. Grds. steht es dem Arbeitgeber frei, Urkunden/Vorgänge in die Personalakten aufzunehmen, sofern sie persönliche und dienstliche Verhältnisse eines Arbeitnehmers betreffen und in einem inneren Zusammenhang mit dem Arbeitsverhältnis stehen, siehe BAG Urt. v. 2.9.1977 – 1 AzR 302/74, AP 83 zu 611 BGB; BAG Urt. v. 7.5.1980 – 4 AZR 214/78, ArbuR 1981, 124; BVerwG Urt. v. 27.1.1987 – 2 C 56/84, NJW 1987, 1657.
[340] Siehe dazu etwa: *von Steinau-Steinrück/Mosch* NJW-Spezial 2009, 450; *Deutsch/Diller* DB 2009, 1462; *Gola/Jaspers* RDV 2010, 212.
[341] S. va Simitis/*Seifert* BDSG § 32 Rn. 17.

187 Eine derartige Interessenabwägung findet nach dem Wortlaut des § 32 Abs. 1 Satz 1 BDSG nicht statt, wenn die Erhebung, Verarbeitung oder Nutzung in Bezug zum Beschäftigungsverhältnis steht, aber nicht der Begründung, Durchführung und Beendigung dienen soll. Dies wurde bei der Anwendung der Alternativen des § 28 Abs. 1 BDSG auch bisher von einem Teil der Literatur bestätigt.[342]

188 Nach dem Wortlaut der Gesetzesbegründung werden die übrigen einschlägigen allgemeinen bereichsspezifischen Zulässigkeitsregelungen nicht verdrängt.[343] Weiter heißt es in der Gesetzesbegründung sehr vage, dass § 28 BDSG nur bei anderen, dh, nicht für Zwecke des Beschäftigungsverhältnisses, erhobenen oder verarbeiteten und genutzten Daten zum Zuge kommen könne. Einige Autoren[344] legen daher § 32 BDSG so aus, dass § 28 Abs. 1 Satz 1 Nr. 2 BDSG auf „beschäftigungsfremde Zwecke" Anwendung finden darf, wobei jedoch dunkel bleibt, welche Fälle das sind und ob etwa der Test eines IT-Systems im Rahmen eines IT-Projekts[345] dazu zählt. Andererseits wird die Eingrenzung auf beschäftigungsfremde Zwecke bei den als beispielhaft aufgezählten weiter geltenden Normen nicht vorgenommen. Genannt werden als Beispiele § 28 Abs. 1 Satz 1 Nr. 2 BDSG und die Datenübermittlungsbefugnisse zur Wahrung berechtigter Interessen eines Dritten nach § 28 Abs. 2 Nr. 1 BDSG sowie die Vorschrift des § 28 Abs. 6 bis 8 BDSG für die Verarbeitung von besonderen Arten von Beschäftigtendaten. Gerade die Verarbeitung von besonderen Arten von Beschäftigtendaten – so etwa die Konfession im Rahmen der Gehaltsabrechnung – ist jedoch kein Fall einer beschäftigungsfremden Verwendung. Im Gegenteil: § 28 Abs. 6 BDSG begrenzt unmittelbar den Zulässigkeitsrahmen des § 32 Abs. 1 BDSG. § 28 Abs. 2 Nr. 2 BDSG kann Datenübermittlungen betreffen, die im Zusammenhang mit dem Beschäftigungsverhältnis stehen.[346]

189 *Gola/Jaspers*[347] betonen, dass eine Lesart des § 32 BDSG im Sinne einer **abschließenden** lex specialis für den Beschäftigtendatenschutz das Schutzniveau des Beschäftigtendatenschutzes absenken würde. Denn würde man eine Anwendbarkeit des § 28 in Gänze ablehnen, so wäre auch § 28 Abs. 6–9 nicht anwendbar. Diese Absätze regeln sehr restriktiv – wesentlich restriktiver als § 32 Abs. 1 S. 2 – den Umgang mit besonderen Arten von personenbezogenen Daten. Solche werden im Arbeitsverhältnis etwa im Zusammenhang mit der Gehaltsabrechnung (Angabe zur Konfession) oder im Zusammenhang mit den Sonderregelungen für Schwerbehinderte uÄ erhoben, verarbeitet und genutzt. Ziel des Gesetzgebers war es jedoch, den bisherigen Schutz zu konkretisieren, die bisher von der Rechtsprechung erarbeiteten Grundsätze zu kodifizieren und nicht den Arbeitnehmerschutz abzusenken. Ein anderes Verständnis des Konkurrenzverhältnisses wäre bezüglich § 28 Abs. 6 auch im Hinblick auf Art. 8 Abs. 1 RL 95/46/EG nicht europarechtskonform, da die nationalen Gesetzgeber durch diesen verpflichtet werden, die in § 3 Abs. 9 geregelten sensitiven Daten besonders zu schützen.[348] Folglich muss § 28 Abs. 6–9 weiterhin als lex specialis im Rahmen von Vertragsverhältnissen und speziell in Beschäftigungsverhältnissen greifen können. Das führt zur weiteren Geltung von § 28 BDSG auch hinsichtlich Abs. 1 und bezüglich der Beschäftigtendaten trotz des § 32 BDSG.

190 Im Ergebnis ist nach hM § 32 Abs. 1 Satz 1 BDSG keine abschließende Regelung, so dass Beschäftigtendaten auch für außerhalb des Beschäftigungsverhältnisses liegende Zwecke im

---

[342] *Däubler,* Gläserne Belegschaften?, 6. Aufl. 2015 Rn. 185. Ein Beispiel dafür sind Fälle des Unternehmenskaufs, Fälle der Verarbeitung von Arbeitnehmerdaten im Zusammenhang mit der Produktion oder aber Mitarbeiterdaten, die im Zusammenhang mit dem Erwerb von Aktien erhoben werden, oder Daten im Rahmen der Erfüllung allgemeiner Compliancevorgaben (zB Sarbanes-Oxley-Act, Governent Codex) oder Daten von Arbeitnehmern, die für Not und Unfälle erhoben werden, etwa private Mobiltelefonnummern von Angehörigen von Mitarbeitern.
[343] S. BT-Drs. 16/13657.
[344] Ausführlich zum Meinungsstand: *Gola*/Jaspers RDV 2009, 212 mit weiteren Nachweisen.
[345] Zu Datenschutzanforderungen bei Tests mit personenbezogenen Daten im Rahmen von IT-Projekten → § 18 IT-Projekte.
[346] *Gola/Jaspers* RDV 2009, 212 nennen als Beispiel für eine Information im Drittinteresse, dass der Arbeitgeber im Rahmen polizeilicher Ermittlungen (§ 161 StPO) einen zuständigen Beamten über die Anwesenheit eines Mitarbeiters informieren kann, ohne dass dazu eine Pflicht besteht.
[347] RDV 2009, 212 ff.
[348] *Gola/Jaspers* RDV 2009, 212 ff. mwN.

überwiegenden Eigen- oder Drittinteresse (vgl. § 28 Abs. 1 Satz 1 Nr. 2 und 3, Abs. 2 Nr. 1 und 2 BDSG) bzw. auf Basis einer wirksamen Einwilligung oder auch aufgrund bereichsspezifischer Regelungen verwendet werden können.

Bisher nehmen die Stimmen in der Literatur nicht dazu Stellung, ob ein Rückgriff auch auf § 31 BDSG erforderlich ist. Es war insbesondere nicht Bestrebung des Gesetzgebers, Datenerhebungen und Datenverarbeitungen zu untersagen, die der Sicherheit der Datenverarbeitung und den Datensicherungszwecken dienen. Dies würde die Grundgedanken der gesetzlichen Regelung konterkarieren. **191**

c) Datenerhebung zur Begründung und Durchführung eines Beschäftigungsverhältnisses. **192**
Das Verbotsprinzip bedingt, dass für jede einzelne Datenkategorie die Zulässigkeit der Erhebung zu prüfen ist und zwar abhängig von
- der Zweckbestimmung und
- der Identität der verantwortlichen Stelle (bzw. der Datenempfänger).

Beispielsfall: Beurteilen Sie anhand folgenden fiktiven Fragebogens, was zum Spektrum zulässiger Datenerhebung gehören könnte,
- für Werbezwecke (einzugeben vom Nutzer beim Anlegen eines kostenlosen Webmail-Accounts) oder
- für die Begründung eines Arbeitsverhältnisses.[349]

NAME ....
VORNAME ....
GEBURTSNAME ....
GEBURTSORT/-LAND ....
GEBURTSDATUM ....
ADRESSE
PRIVAT ....
• TELEFON ....
• TELEFAX ....
• MOBIL ....
• E-MAIL ....
DIENSTLICH ....
• TELEFON ....
• TELEFAX ....
• MOBIL ....
• E-MAIL ....
ABTEILUNG ....
AUSBILDUNG/STUDIUM ....
AKADEMISCHER GRAD ....
BERUF/DIENSTSTELLUNG ....
EINTRITTSDATUM ....
RELIGIONSZUGEHÖRIGKEIT ....
FAMILIENSTAND ....
KINDER, MINDERJÄHRIG ....
(UNTERHALTSBERECHTIGT) ....
GEWERKSCHAFT ....
PARTEI ....
RAUCHER/NICHTRAUCHER ....
BEHINDERUNGSPROZENT ....
SCHWANGERSCHAFT ....
BUNDESWEHR/ERSATZDIENST ....
FÜHRERSCHEIN ....
PKW-NUMMER UND MARKE ....
VORSTRAFEN ....
SICHERHEITSSTUFE ....

---

[349] Zu Bewerberdaten de lege lata und ferrenda siehe *Gola* RDV 2011, 109. Zu Blutuntersuchungen im Bewerbungsverfahren: *Haase/Heermann/Klüngel* DuD 2010, 819.

193 Auch wenn zB unter Marketinggesichtspunkten sehr viele, wenn nicht sogar alle Kategorien von personenbezogenen Daten interessant sind, so ist etwa bei einem Angebot eines kostenlosen Webmail-Account kaum mehr als eine E-Mail-Adresse[350] erforderlich (§ 28 Abs. 1 S. 1 Nr. 1 BDSG). Die Erforderlichkeit von anderen Daten ist fraglich.[351]

194 Anders ist es dagegen bei Begründung und Durchführung eines Beschäftigungsverhältnisses (§ 32 Abs. 1 S. 1 BDSG).[352] Eine gewisse Besonderheit bei Arbeitsverträgen ist, dass (etwa unter dem Gesichtspunkt des **AGG**) manche Daten nicht für die Einstellungsentscheidung herangezogen werden dürfen, dagegen können im bestehenden Arbeitsverhältnis Angaben zB zur Konfession aus steuerlichen Gründen oder zur Schwangerschaft wegen § 5 MuSchG erforderlich sein. Während Alter bzw. Geburtsdatum, Geburtsname und -ort, Familienstand und Nationalität regelmäßig zu den Stammdaten eines bestehenden Arbeitsverhältnisses gehören (dazu sogleich), können solche Frage im Bewerbungsverfahren Indiz für eine Diskriminierung des Bewerbers und Verstoß gegen AGG sein.[353] Zu Rechtfertigungsgründen siehe § 8 AGG. Das AGG verdrängt das BDSG nicht vollständig, allerdings hat das BDSG nur eine „Komplementärfunktion", dh dass eine Datenerhebung nicht gemäß § 32 Abs. 1 S. 1 BDSG zulässig sein kann, wenn ein Verstoß gegen AGG vorliegt.[354]

Beim Tatbestandsmerkmal der Erforderlichkeit der Datenerhebung, ist regelmäßig danach zu differenzieren, ob die Datenerhebung
- im **Anbahnungsverhältnis** erfolgt mit dem Zweck, die Entscheidung über die Begründung des Beschäftigungsverhältnisses zu treffen, oder
- nach Abschluss des Beschäftigungsvertrages (also **im bestehenden** Beschäftigungsverhältnis).

195 De lege lata regeln §§ 28 und 32 BDSG diese Differenzierung nicht ausdrücklich.[355] Allerdings gilt die Verpflichtung zur Festlegung der Zwecke und zur Prüfung der Erforderlichkeit anhand der Zweckbestimmung bereits jetzt. Die Rechtsprechung wendet die Formel des BAG zum Fragerecht des Arbeitgebers („berechtigtes, billigenswertes und schutzwürdiges Interesse") inzwischen für die gesamte Datenerhebung, -verarbeitung und -nutzung von Bewerberdaten an.[356]

196 Regelmäßig erforderlich sind auch im Anbahnungsverhältnis **Kontaktdaten**. Bei den privaten Kontaktdaten ist neben der Postanschrift im Regelfall eine weitere Möglichkeit zur schnellen Kontaktaufnahme erforderlich (regelmäßig eine private Telefonnummer). Ob daneben auch weitere Kontaktdaten erhoben werden dürfen (etwa neben der privaten Handynummer auch die private Festnetznummer und die private E-Mail-Adresse) ist streitig.[357] Weitere Kontaktmöglichkeiten können ggf. mit Einwilligung erhoben werden.[358] Dienstliche Kontaktdaten eines Bewerbers (also Kontaktdaten beim früheren Arbeitgeber) sind regelmäßig nicht für die Einstellungsentscheidung erforderlich.[359] Im bestehenden Beschäftigungsverhältnis ist der Arbeitgeber berechtigt, alle (auf diesen Arbeitgeber bezogenen) dienstlichen Kontaktdaten seiner Arbeitnehmer, auch Angaben zur Abteilungszugehörigkeit uÄ, zu erheben

---

[350] Zur Frage des Personenbezugs von E-Mail-Adressen und IP-Adressen und zu den Anforderungen an ein Pseudonym → § 36 Datenschutz der Telemedien.
[351] Siehe auch § 13 Abs. 6 TMG zur Pflicht des Telemedien-Diensteanbieters – soweit zumutbar und umsetzbar – eine anonym oder pseudonyme Nutzung von Telemedien vorzusehen.
[352] Zum Gesetzesentwurf vom 25.8.2010 und den dort vorgesehenen speziellen Regelungen für das Bewerbungs- und Einstellungsverfahren (§§ 32–32b BDSG-E) siehe *Haase/Heermann/Rottwinkel* DuD 2011, 83.
[353] Conrad/Grützmacher/*Kort*, Recht der Daten und Datenbanken im Unternehmen, S. 368 (371) mit vielen einzelnen Beispielen der Datenerhebung bei Bewerbern und Arbeitnehmern.
[354] Simitis/*Seifert* BDSG § 32 Rn. 27; Conrad/Grützmacher/*Kort*, Recht der Daten und Datenbanken im Unternehmen, S. 368 (373).
[355] Der Gesetzesentwurf zum Beschäftigtendatenschutz vom 25.8.2010 sieht eine entsprechende Differenzierung ausdrücklich vor (siehe §§ 32–32e BDSG-E).
[356] BAG Urt. v. 5.12.1957 – 1 AZR 594/56, NJW 1958, 516; Simitis/*Seifert* BDSG § 32 Rn. 22; Conrad/Grützmacher/*Kort*, Recht der Daten und Datenbanken im Unternehmen, S. 368 (371).
[357] Der Gesetzesentwurf zum Beschäftigtendatenschutz vom 25.8.2010 regelt ausdrücklich, dass der Arbeitgeber neben Name und Anschrift auch „*die Telefonnummer und die Adresse der elektronischen Post*" erheben darf.
[358] Unklar ist, ob § 32l BDSG-E des Gesetzesentwurfs vom 25.8.2010 einschränken würde.
[359] Im Hinblick auf Daten des Bewerbers, die im Internet abrufbar sind, siehe § 32 Abs. 6 BDSG-E des Gesetzesentwurfs 25.8.2010.

IV. Zulässigkeit des Umgangs mit personenbezogenen Daten

und zu speichern. Anders ist es grundsätzlich bei konzerninternen **Telefon- und E-Mail-Verzeichnissen.** Hier kommt es auf den Einzelfall an, ob etwa Durchwahldaten und E-Mail-Adressen öffentlich zugänglich sind oder ob Arbeitnehmer bestimmungsgemäß konzernweite Aufgaben wahrnehmen. Häufig streitig ist, inwieweit **Fotos** von Beschäftigten auf der Website oder im Intranet veröffentlicht werden dürfen.[360] Da aus dem Foto Angaben zu Geschlecht, Alter, Hautfarbe und evtl. Religion (zB wegen eines Kopftuchs) entnommen werden können, wird empfohlen, dass der Arbeitgeber bei Stellenausschreibungen auf die ausdrückliche Anforderung eines Lichtbildes verzichtet, damit nicht der Anschein einer Diskriminierung entsteht.[361]

Ähnlich verhält es sich bei diversen anderen Stammdaten und Sozialdaten des Beschäftigten. Viele dieser Daten sind im Hinblick auf die Einstellungsentscheidung diskriminierungsrelevant, können aber im bestehenden Arbeitsverhältnis erforderlich sein: Geschlecht, Familienstand, Fachrichtung, Schule, Ausbildung, Abschlüsse und Sprachkenntnisse gehören zu den sogenannten **Stammdaten,** die vom Arbeitgeber regelmäßig erhoben und gespeichert werden dürfen.[362] Alter, Betriebszugehörigkeit (also Eintrittsdatum), Unterhaltspflichten und Schwerbehinderung gehören zu den sogenannten **Sozialdaten,** die ua bei einer Kündigung von Arbeitnehmern berücksichtigt werden müssen.[363] Anders wäre es ggf. im Rahmen von § 28 Abs. 1 S. 1 Nr. 1 BDSG bei Organanstellung als Geschäftsführer einer GmbH oder Vorstand einer AG,[364] weil es bei Organen auf die Sozialauswahl regelmäßig nicht ankommt. Sehr problematisch ist, welche Gesundheitsdaten im Anbahnungsverhältnis erhoben werden dürfen. Nach *Gola/Wronka* ist die Erhebung von Gesundheitsdaten gemäß der Rechtsprechung der Arbeitsgerichte nur insoweit zulässig, als gezielt die Beschäftigung unzumutbar machende Beeinträchtigungen der Verwendung auf dem vorgesehenen Arbeitsplatz ermittelt werden sollen.[365] Schwierig ist die Frage, ob eine Behinderung die Eignung für die vorgesehene Tätigkeit so stark einschränkt, dass die Einschränkung für den Arbeitgeber – auch unter Berücksichtigung des AGG – unzumutbar ist. Eine Frage des Arbeitgebers nach einer absehbaren längeren Arbeitsunfähigkeit (zB aufgrund einer anstehenden Operation oder Kur oder einer AIDS-Erkrankung),[366] wird teilweise für zulässig erachtet.[367] Unzumutbar kann eine ansteckende Krankheit des Bewerbers sein, die Kollegen oder Kunden gravierend gefährden würde.[368]

Einzelne **besondere Arten von personenbezogenen Daten** sind regelmäßig im Arbeitsverhältnis erforderlich, soweit für den Arbeitgeber damit spezifische arbeits- und sozialgesetzliche Pflichten[369] verbunden sind. Dies gilt etwa für die Schwerbehinderteneigenschaft sowie – aus kirchensteuerlichen Gründen – für die Angabe „evangelisch oder katholisch". Nicht erforderlich ist dagegen regelmäßig die Religionszugehörigkeit im Übrigen und die Gewerkschafts- und Parteizugehörigkeit, es sei denn in sogenannten Tendenzbetrieben, die politisch, philosophisch, gewerkschaftlich oder religiös ausgerichtet sind (siehe § 28 Abs. 9 BDSG). Ähnlich ist es bei der Frage nach **Wehr-/Ersatzdienst,** weil diese Frage eine weltanschauliche Komponente hat und ggf. eine diskriminierende Wirkung.[370]

---

[360] *Gola/Wronka,* Handbuch Arbeitnehmerdatenschutz, Rn. 46 ff., 222 ff.
[361] Statt vieler *Wisskirchen* DB 2006, 1491.
[362] *Gola/Wronka,* Handbuch Arbeitnehmerdatenschutz, Rn. 2005 ff. mwN. auch zur Frage, ob der Arbeitgeber anfechten kann, wenn eine Entziehungskur im Lebenslauf nicht angeben wird (bejahend LAG Köln Urt. v. 13.11.1995 – 3 Sa 832/95 RDV 1996, 142, sehr str.) oder wenn Stationen im Lebenslauf, die eine berufliche „Überqualifikation" nahelegen, nicht angeben werden (bspw. ein Architekt, der sich auf eine Hilfsarbeiterstelle bewirbt).
[363] *Gola/Wronka,* Handbuch Arbeitnehmerdatenschutz, Rn. 340.
[364] §§ 3 Abs. 11, 32 BDSG sind insoweit nicht einschlägig.
[365] Vgl. *Gola/Wronka,* Handbuch Arbeitnehmerdatenschutz, Rn. 130 ff.
[366] *Richardi* NZA 1988, 75. Anders ist es wohl bei einer HIV-Infektion, wenn sich der Ausbruch der AIDS-Erkrankung nicht vorhersagen lässt.
[367] *Gola/Wronka,* Handbuch Arbeitnehmerdatenschutz, Rn. 130 ff., 524 ff.
[368] Sehr str. im Hinblick auf eine HIV-Infektion. Zur Zulässigkeit eines HIV-Tests im Rahmen einer Einstellungsuntersuchung s. mwN *Gola/Wronka,* Handbuch Arbeitnehmerdatenschutz, Rn. 575 ff.
[369] Eine Übersicht über datenschutzrelevante Vorschriften im Bereich des Personalwesens → Rn.113.
[370] Zur Problematik siehe *Gola* RDV 2000, 202 (206).

199 Es gibt eine umfangreiche Rechtsprechung der Arbeitsgerichte zur grundsätzlichen Unzulässigkeit der Frage nach einer **Schwangerschaft** im Rahmen der Bewerbung.[371] Strittig ist, ob dies auch für Beschäftigungen zutrifft, bei denen für die Dauer einer Schwangerschaft ein gesetzliches Beschäftigungsverbot gilt.[372] Nach Rechtsprechung des EuGH ist der Arbeitgeber selbst dann nicht zur Irrtumsanfechtung berechtigt, wenn seitens der Bewerberin bewusst eine falsche Vorstellung über die volle Arbeitsfähigkeit der Bewerberin erzeugt wird.[373] Das gilt selbst bei befristeten Verträgen, die wegen der Schwangerschaft der Mitarbeiterin teilweise oder insgesamt nicht erfüllt werden können.[374] Im bestehenden Arbeitsverhältnis gilt gemäß § 5 MuSchG eine Obliegenheit der Arbeitnehmerin, die Schwangerschaft frühzeitig mitzuteilen.

200 Ähnlich wie bei Fragen nach der Schwangerschaft verhält es sich bei sogenannten Life-Style-Daten.[375] Teilweise laufen Fragen zur Lebensweise auf gesundheitsrelevante Daten hinaus, zB **Raucher/Nichtraucher**.

201 Bei **Angaben zum PKW** kommt es für die Zulässigkeit der Datenerhebung im Beschäftigungsverhältnis zB darauf an, ob es sich um den Dienstwagen oder um das Privatfahrzeug handelt und ob das Kfz-Kennzeichen zB erforderlich ist, um dem Beschäftigten einen Firmenparkplatz zu reservieren uÄ. Im Anbahnungsverhältnis kann die Frage, ob der Bewerber einen **Führerschein** hat und ob ein privater Pkw zur Verfügung steht, zulässig sein, wenn dies für die konkrete Tätigkeit erforderlich ist. Für die Einstellungsentscheidung sind Angaben zur privaten Pkw-Nummer und -Marke regelmäßig nicht erforderlich.

202 Es gibt eine umfangreiche Rechtsprechung zur Frage des Arbeitgebers nach **Vorstrafen**.[376] Als zulässig erachtet wird eine Erhebung von Angaben zu einschlägigen Vorstrafen, wobei ein objektiver Maßstab anzulegen ist. Strittig ist, inwieweit nach schwebenden Strafverfahren gefragt werden darf, zumindest wenn sie arbeitsplatzbezogen sind.[377] Im Ergebnis kommt es auf die Art der Tätikeit bzw. die Art des Arbeitsplatzes an. Bei Aufnahme in einen sicherheitsrelevanten Staatsdienst (zB in einen Nachrichtendienst) oder bei Tätigkeiten, für die eine Sicherheitsüberprüfung gesetzlich vorgeschrieben ist,[378] sind in relativ weitem Umfang Überprüfungen der Bewerber zulässig. Fraglich ist, inwieweit sicherheits-relevante Angaben auch ohne Kenntnis der Bewerber eingeholt werden dürfen. Die Datenschutzaufsichtsbehörden rügen, dass teilweise polizeiliche und nachrichtendienstliche Erkenntnisse außerhalb der gesetzlichen Grundlagen an Arbeitgeber übermittelt werden.[379]

203 Zu beachten ist der **Grundsatz der Direkterhebung** (§ 4 Abs. 2 S. 1 BDSG). Es macht also einen Unterschied, ob die verantwortliche Stelle die Daten direkt beim Betroffenen erhebt oder zB im Internet oder beim ehemaligen Arbeitgeber.[380] Erkundigungen beim ehemaligen Arbeitgeber sind wegen des Direkterhebungsgrundsatzes nur mit Einwilligung des Bewerbers zulässig.[381] Zu löschen[382] sind personenbezogene Daten insbesondere,

---

[371] Das BAG (Urt. v. 22.9.1961 – 1 AZR 241/60, DB 1961, 1522 = BB 1961, 1237) hatte in den 60er Jahre das berechtigte Interesse des Arbeitgebers prinzipiell anerkannt. Aufgrund des Aspekts der geschlechtsbezogenen Diskriminierung iSv § 611a BGB und der Rechtsprechung des EuGH (Urt. v. 4.10.2001 – C-109/00, MDR 2000, 400 = DB 2001, 2451) ist die Frage jedoch im Rahmen einer Bewerbung grds. unzulässig.

[372] Ausführlicher Überblick über die Rspr. mwN siehe *Gola/Wronka*, Handbuch Arbeitnehmerdatenschutz, Rn. 524 ff.

[373] EuGH Urt. v. 27.2.2003 – C-320/01, RDV 2003, 135.

[374] EuGH Urt. v. 4.10.2001 – C-109/00, RDV 2002, 81.

[375] Schneider/*Conrad*, Handbuch des EDV-Rechts, Kap. B. Rn. 549.

[376] Statt vieler: BAG Urt. v. 20.5.1999 – 2 AZR 320/98, NJW 1999, 3653. Siehe auch *Wedde* CR 1992, 681.

[377] Bejahend: ArbG Frankfurt Urt. v. 7.1.2002 – 15 Ca 5437/01, RDV 2002, 318; vereinend wegen Verstoß gegen die Unschuldsvermutung in Art 6 Abs. 2 EMRK: ArbG Münster, Urt. v. 28.7.1988 – 2 Ca 142/88, DB 1988, 2209.

[378] Zuverlässigkeitsüberprüfungen von Beschäftigten sehen zB § 12b Atomgesetz, § 7 Luftsicherheitsgesetz, SÜG des Bundes, die Sicherheitsüberprüfungsgesetze der Länder und § 34a GewO (speziell für das Bewachungsgewerbe) vor (→ Rn. 175 ff.).

[379] Keine Daten der Sicherheitsbehörden an Arbeitgeber zur Überprüfung von Arbeitnehmern RDV 2008, 131.

[380] Siehe dazu auch § 32 Abs. 6 des Gesetzesentwurfs zum Beschäftigtendatenschutz vom 25.8.2010.

[381] Conrad/Grützmacher/Kort, Recht der Daten und Datenbanken im Unternehmen, S. 368 (377). Taeger/Gabel/Zöll BDSG § 32 Rn. 21 mwN.

- wenn ihre Speicherung von vornherein unzulässig war oder
- wenn die Daten für die festgelegten Zwecke nicht mehr erforderlich sind.

Zunehmend setzten größere Unternehmen sogenannte **E-Recruiting**-Plattformen ein, die teilweise von externen Dienstleistern betrieben werden und regelmäßig zentral für den gesamten Konzern Anwendung finden. Eine Datenerhebung des Arbeitgebers liegt uU nicht vor, wenn der Bewerber unaufgefordert Bewerbungen einreicht.[383] Das gilt aber nur, sofern der Arbeitgeber nicht zielgerichtet Informationsbeschaffung betreibt. Hat jedoch das Unternehmen auf seiner Homepage „Stellenangebote" veröffentlicht un der Internetnutzer wird von dort aus zum E-Recruiting-Portal weitergeleitet, wird man von einer Datenerhebung des Arbeitgebers ausgehen müssen. Häufig sind die Systeme so eingerichtet, dass Bewerbungen automatisch abgelehnt werden, wenn die Bewerbung bestimmte Punktzahlen, die automatisiert vergeben werden, nicht erreicht oder der Bewerber bestimmte Kriterien (Skills) nicht erfüllt.[384] Neben der Frage, ob und inwieweit die Datenweitergabe an den externen Dienstleister und an die einzelnen Konzernunternehmen als Auftragsdatenverarbeitung gestaltet werden kann oder ob es sich um Datenübermittlungen (Funktionsübertragung) handelt und ggf. auch § 10 BDSG – automatisierte Abrufverfahren – zu beachten ist, ist in aller Regel § 6a BDSG (automatisierte Einzelentscheidung) einschlägig. Werden die Daten der Bewerber in einer Bewerberdatenbank/Skilldatenbank gespeichert, müssen die Bewerber einwilligen, wenn die Speicherung auch nach Abschluss des Bewerbungsverfahrens (und Ablauf etwaiger AGG-relevanter Fristen) fortbestehen soll.[385]

Bei Datenerhebung durch private Arbeitsvermittler gilt § 298 SGB III.[386]

Der datenschutzrechtliche Anspruch auf **Berichtigung** unrichtiger Daten ergibt sich aus § 35 Abs. 1 BDSG. Die **Löschung** von Daten ist in § 35 Abs. 2 BDSG geregelt.

4. Kontrollen von Beschäftigtendaten und interne Ermittlungen

a) Regelungsinhalt des § 32 Abs. 1 S. 2 BDSG. § 32 Abs. 1 Satz 2 BDSG trifft spezielle Aussagen zur **Aufdeckung** im Zusammenhang mit dem Beschäftigungsverhältnis begangener **Straftaten** (zB Diebstahl oder Korruption). Grundvoraussetzung ist das Vorliegen eines konkreten Verdachts, wobei der Arbeitgeber entsprechende Anhaltspunkte zu dokumentieren hat. Der Verwendung der Daten dürfen ferner keine überwiegenden schutzwürdigen Interessen des Beschäftigten entgegenstehen. Insbesondere dürfen Art und Ausmaß der Erhebung, Verarbeitung und Nutzung der Daten im Hinblick auf den Anlass nicht unverhältnismäßig sein. Unklar ist, ob nur im Rahmen des § 32 Abs. 1 Satz 2 BDSG eine **Verhältnismäßigkeitsprüfung** stattfindet (so der Wortlaut) oder auch bei § 32 Abs. 1 **Satz 1** BDSG. Begründet wird die Verhältnismäßigkeitsprüfung im Rahmen des § 32 Abs. 1 S. 1 BDSG mit Verweis auf die ältere Literatur, weil teilweise auch bei § 28 Abs. 1 BDSG vertreten wird, die Abwägung des § 28 Abs. 1 Satz 1 Nr. 2 BDSG sei auch in Nr. 1 hineinzulesen.[387]

Im Beschäftigungsverhältnis können Maßnahmen, die der (präventiven, anlassunabhängigen) Abwehr von Pflichtverletzungen dienen (zB Zeiterfassung, offene Videoüberwachung, Taschenkontrolle, Kontrolle rechtmäßiger Internetnutzung etc.) erforderlich sein. Werden verdachtsunabhängige Kontrollmaßnahmen durchgeführt, etwa präventives Mitarbeiter-Screening oder Kontodatenabgleiche zur Prävention (Verhinderung) von Straftaten, ist streitig, ob § 32 Abs. 1 S. 2 BDSG oder § 32 Abs. 1 S. 1 BDSG Anwendung findet und – wenn beides nicht – ob auf § 28 Abs. 1 S. 1 Nr. 2 und § 28 Abs. 2 Nr. 2a BDSG zurückgegriffen werden darf. Unklar ist ua, welche Vorschrift(en) des BDSG anzuwenden ist bzw. sind, wenn eine Arbeitgeberkontrolle repressiven **und zugleich** präventiven Zwecken dienen soll.

---

[382] Einzelheiten zu Lösch- und Aufbewahrungspflichten siehe *Conrad/Hausen* ITRB 2011, 35. Siehe auch § 33 Compliance, IT-Sicherheit, Ordnungsmäßigkeit der Datenverarbeitung.
[383] *Gola/Wronka*, Handbuch Arbeitnehmerdatenschutz, Rn. 197.
[384] Conrad/Grützmacher/*Kort*, Recht der Daten und Datenbanken im Unternehmen, S. 368 (382).
[385] Conrad/Grützmacher/*Kort*, Recht der Daten und Datenbanken im Unternehmen, S. 368 (382).
[386] *Däubler*, Gläserne Belegschaft, S. 190.
[387] So wohl *Gola/Jaspers*, RDV 2009, 212.

207 **b) Verhältnis von § 32 zu § 28 BDSG speziell bei präventiven Kontrollen.** Nach wohl hM vor dem 1.9.2009 waren dem Arbeitgeber in Risikobereichen präventive Stichprobenkontrollen auf Basis von § 28 Abs. 1 Satz 1 **Nr. 1** BDSG erlaubt.[388] Nach *Gola/Schomerus*[389] sollen bestimmte Kontrollen *„stichprobenartig oder bei Verdacht auf Durchführung verbotener Insidergeschäfte"* weiterhin zulässig sein. Dagegen vertrat der *Berliner Datenschutzbeauftragte*[390] schon vor Inkrafttreten des § 32 BDSG: *„Private Mitarbeiterkonten darf die Innenrevision nur überprüfen, wenn sie als normale Kundenkonten für die Revision von Bedeutung sind. ... Lediglich bei konkreten Verdachtsmomenten im Einzelfall können Kontrollmaßnahmen gerechtfertigt sein, bevor die Bank als Arbeitgeber die Strafverfolgungsbehörden einschaltet, um das betrügerische Verhalten eines Mitarbeiters zu unterbinden."* Nach einer Mindermeinung bezieht sich die Zweckbestimmung des Vertragsverhältnisses im Sinne von § 28 Abs. 1 Satz 1 Nr. 1 BDSG **nur auf Hauptleistungspflichten** und nicht auf vertragliche Schutzpflichten.[391]

208 Ob und wie weit sich diese Mindermeinung auch auf § 32 Abs. 1 Satz 1 BDSG übertragen lässt, ist fraglich. Seit der Einführung des § 32 BDSG zum 1.9.2009 wird heftig gestritten, auf welcher Rechtsgrundlage präventive Kontrollen – und wenn ja, in welchem Umfang – noch zulässig sind. Manche Autoren[392] vertreten eine weite Auslegung der Erforderlichkeit in § 32 Abs. 1 Satz 1 BDSG anhand des unternehmerischen Konzepts des Arbeitgebers. Die Erforderlichkeit der Datenerhebung, -verarbeitung und -nutzung in Beschäftigungsverhältnisse orientiere sich an dem Geschäftszweck der verantwortlichen Stelle. Die derzeit wohl überwiegende Meinung vertritt eine enge Auslegung der Erforderlichkeit, sieht aber **§ 32 BDSG** als nicht abschließend an. Ein Rückgriff auf § 28 Abs. 1 Satz 1 Nr. 2 und Abs. 3 Nr. 1 BDSG müsse ggf. zulässig sein. *Petri*[393] legt § 32 BDSG so aus, dass ohne konkrete Verdachtsmomente gegen den Betroffenen nur ein massenhafter maschineller, weitgehend anonymer Abgleich zulässig sein soll. *Zöll*[394] differenzierte zwischen „beschäftigungsfremden" Zwecken und nichtbeschäftigungsfremden Zwecken. Für „beschäftigungsfremde" Zwecke werde § 28 Abs. 1 BDSG bei Beschäftigtendaten nicht verdrängt.

209 Zu beachten ist jedoch, dass die amtliche Überschrift für den gesamten § 32 BDSG lautet: *„Datenerhebung, -verarbeitung und -nutzung für Zwecke des Beschäftigungsverhältnisses"*. Zumindest die Aufdeckung von Straftaten (§ 32 Abs. 1 S. 2 BDSG) scheint also aus Sicht des Gesetzgebers kein beschäftigungsfremder Zweck zu sein. Es ist fraglich, ob für präventive Maßnahmen etwas anderes gelten kann. Im Ergebnis wäre dann wohl die richtige Rechtsgrundlage für präventive Maßnahmen des Arbeitgebers § 32 Abs. 1 S. 1 BDSG, mit der Unklarheit, ob eine Verhältnismäßigkeitsprüfung durchzuführen ist und – wenn ja – wie sich diese zum Erforderlichkeitsprinzip verhält. Erhebt, verarbeitet oder nutzt ein Dritter (zB die Konzernmutter) Beschäftigtendaten zu Kontrollzwecken, gilt § 32 BDSG nur ausnahmsweise.[395]

210 **c) Qualifikations- und Abrechnungsnachweise gegenüber Dritten.** Im Zusammenhang mit Zuwendungen durch Dritte wird der Arbeitgeber regelmäßig aufgefordert, **Qualifikations- und Abrechnungsnachweise** (etwa Fahrtenschreiber, Zeugnisse, Time Sheets, Personalakten etc.) an den Dritten oder an eine Kontrollstelle (zB an einen Fördermittelgeber, an eine Prüfbehörde wie etwa den Bundesrechnungshof oder die Rechnungshöfe der Länder oder an einen Investor) zu übermitteln. Teilweise gibt es dafür spezielle Vorschriften, die eine Datenübermittlung an Externe regeln. In zwei älteren Entscheidungen[396] – die bereits lange vor

---

[388] BAG vom 22.10.1986 – 5 AZR 660/85, NJW 1987, 2459.
[389] *Gola/Schomerus* BDSG § 32 Rn. 58.
[390] Jahresbericht 1995, S. 192.
[391] *Bisges* MMR 2009, Heft 6, XX.
[392] Mindermeinung: *Deutsch/Diller* DB 2009, 1462.
[393] Tagungsband 13. IRIS 2010, S. 309.
[394] *Taeger/Gabel/Zöll* BDSG § 32 Rn. 6.
[395] Zum Konzerndatenschutz → Rn. 271 ff. Zu Compliance-Maßnahmen im Einzelnen → § 33 – IT-Sicherheit, Compliance, Ordnungsmöglichkeit der Datenverarbeitung.
[396] BAG Urt. v. 12.1.1988 – 1 AZR 352/86, RDV 1988, 197 und BAG Urt. v. 4.4.1990 – 5 AZR 299/89, RDV 1990, 184 = NJW 1990, 2272. Ausführlich zu diesen beiden Urteilen → Rn. 179.

IV. Zulässigkeit des Umgangs mit personenbezogenen Daten

Einführung des § 32 BDSG ergangen sind – hatte das BAG die Vorlage von Fahrtenschreiber-Daten beim Bundesrechnungshof und die Einsichtnahme der internen und externen Revision in Personalakten für zulässig gehalten. Im Hinblick auf die Personalakten hatte das BAG betont, dass vertrauliche Informationen besonders zu schützen sind (etwa durch einen verschlossenen Umschlag in der Akte). Im Hinblick auf EU-Fördermittel regeln beispielsweise Art. 60, 62, 72 Verordnung (EG) Nr. 1083/2006 in Verbindung mit Durchführungsverordnung (EG) Nr. 1828/2006, welche Datenkategorien welchen Stellen, zu welchen Zwecken vorzulegen sind.

Die Datenübermittlung an einen Investor oder im Rahmen einer **Due Diligence** ist gesetzlich nicht ausdrücklich geregelt und wurde bereits vor Einführung des § 32 BDSG kontrovers diskutiert.[397] Als Rechtsgrundlage wird überwiegend § 28 Abs. 1 S. 1 Nr. 2 herangezogen. Für die Datenübermittlung und für die Datennutzung durch den Investor bzw. Erwerber dürfte wohl auch § 28 Abs. 2 Nr. 2a BDSG gelten. Fraglich ist jedoch, von welchen Beschäftigten und in welchem Umfang Daten personenbezogen übermittelt werden dürfen. Um dies zu beurteilen muss geprüft werden, inwieweit der Erwerber/Investor ein berechtigtes Interesse an personenbezogenen Daten hat und ob insoweit schutzwürdige Interessen der Betroffenen entgegenstehen. Dabei ist zu berücksichtigen, dass einerseits die Beschäftigten ein Interesse am Erhalt des Arbeitgebers haben und kaum ein Investor/Unternehmenserwerber größere Investitionen ohne Informationen über die Geschäftsbeziehungen und das Personal tätigt. Anderseits sind Unternehmenskäufe und Fusionen regelmäßig mit Entlassungen verbunden. An Informationen über Sozialdaten dürfte der Unternehmenserwerber regelmäßig ein berechtigtes Interesse haben, um beurteilen zu können, welche langfristigen Verpflichtungen/Bindungen auf ihn zukommen. Allerdings dürften insoweit regelmäßig nicht-personenbezogene bzw. statistische Angaben ausreichen (zB Übersicht über die Betriebszugehörigkeit und das Alter der Beschäftigten in Jahren ohne Personenbezug). Bei sogenannten Know-How-Trägern (etwa Mitarbeiter des leitenden Managements und besonders relevante Fachkräfte etwa im Bereich der Forschung und Entwicklung) hat der Erwerber/Investor regelmäßig ein berechtigtes Interesse, Angaben über Qualifikationen, beruflichen Werdegang und über die Regelungen der Arbeitsverträge zu erhalten.[398] Eine umfassende Übermittlung der Personalakten dürfte dagegen regelmäßig unzulässig sein. Ähnliche Fragen stellen sich beim **Betriebsinhaberwechsel**. Unklar ist hier, ob § 613a BGB als Spezialnorm auch für die Datenweitergabe an den neuen Betriebsinhaber gilt. Dann würden sich die Probleme des §§ 32 bzw. 28 Abs. 1 S. 1 Nr. 2 BDSG nicht stellen. Diskutiert wird dies va im Zusammenhang mit der Veräußerung einer ärztlichen Privatpraxis.[399]

d) Tätigkeit der Innenrevision, Screening, Whistleblowing. Vor allem im Zusammenhang mit Beschäftigtendaten in ERP-Systemen stellt sich die Frage nach der Zulässigkeit der Tätigkeit der **Innenrevision**.[400] Prüfungen durch die Innenrevision unterliegen in datenschutzrechtlicher Hinsicht im Ergebnis ähnlichen Anforderungen und Beschränkungen wie Prüfungen durch externe Prüfer. Werden Prüfungspflichten für bestimmte Unternehmungen durch den Gesetzgeber auferlegt, ist der Mindestinhalt dieser Prüfungen durch die betreffenden Vorschriften determiniert. Solche Vorschriften können bei hinreichender Bestimmtheit eine gesetzliche Erlaubnis zur Verarbeitung personenbezogener Daten im Sinne von § 4 Abs. 1 BDSG enthalten. Gesetzliche Prüfpflichten existieren zB im Rahmen von **Jahresabschlussprüfungen** (vgl. §§ 316 ff. HGB),[401] die durch Jahresabschlussprüfer vorzunehmen sind. Für die Prüftätigkeit der Innenrevision existiert dagegen keine vergleichbare klare ge-

---

[397] *Diller/Deutsch* K&R 1998, 16; *Däubler* RDV 2004, 55.
[398] Siehe auch *Liese* DB 2010, 1806; *Duisberg* RDV 2004, 104.
[399] Nach Ansicht des *Berliner LDSB* (Jahresbericht 2002, S. 86) kann eine Patientendokumentation nur mit Zustimmung der Patienten an den Praxisnachfolger übergeben werden. *Däubler* (Gläserne Belegschaften?, 6. Aufl. 2015, Rn. 489b ff.) diskutiert § 613a BGB im Zusammenhang für den Fall, dass der neue Betriebsinhaber einen neuen Betriebsarzt einsetzt.
[400] → § 33 Compliance, IT-Sicherheit, Ordnungsmäßigkeit der Datenverarbeitung Rn. 16 ff.
[401] In diesem Zusammenhang empfiehlt etwa ISA 250 (International Standard on Auditing) iVm §§ 316 ff. HGB, dass Wirtschaftsprüfer anlassbezogen (also wenn bereits ein Korruptionsverdacht besteht) bei unstimmigen Zahlenwerken einen Datenabgleich durchführen.

setzliche Grundlage. Compliance-Verpflichtungen wie etwa die Einrichtung eines internen Kontrollsystems (IKS)[402] sind als datenschutzrechtliche Erlaubnis[403] für Datenzugriffe zu unbestimmt.[404] Es ist datenschutzrechtlich nicht abschließend geklärt und mit vielen Rechtsunsicherheiten verbunden, inwieweit die Innenrevision zur Überprüfung unternehmensinterner Vorgänge auf personenbezogene Beschäftigtendaten zugreifen darf.[405] Grund dafür ist das insoweit ungeklärte Verhältnis von § 32 Abs. 1 S. 2 zu § 32 Abs. 1 S. 1 und zu § 28 Abs. 1 S. 1 Nr. 2 BDSG.[406] Die Beurteilung der Zulässigkeit der Zugriffsmöglichkeiten und des tatsächlichen Zugriffs der Innenrevision auf Beschäftigtendaten ist nur für den Einzelfall möglich. Denn die Zulässigkeit hängt insbesondere ab von

a) abschließenden(!) festgelegten Prüfzwecken,
b) dem konkreten Umfang des von der Innenrevision begehrten Datenzugriffs,
c) der Möglichkeit und dem Aufwand, der für die verantwortliche Stelle mit dem Ergreifen von technischen und organisatorischen Sicherheitsmaßnahmen, insb. der Realisierung eines anonymisierten bzw. pseudonymisierten Zugriffs verbunden ist (Grundsatz der Datenvermeidung und Datensparsamkeit, § 3a BDSG).

213 Eine allgemeingültige, abstrakte Aussage, auf welche IT-Systeme und Datenfelder die Innenrevision generell zugreifen darf, ist nicht möglich. Häufige Prüfbereiche einer internen Revision sind:[407]
- Systematische Überwachung aller Geschäftsgänge auf ordnungsgemäße Bearbeitung,
- Prüfung auf Einhaltung von gesetzlichen, satzungsmäßigen oder sonstigen Vorschriften und Weisungen,
- Erarbeitung von Verbesserungsvorschlägen zur innerbetrieblichen Organisation,
- Prüfung der internen Kontrollsysteme (IKS),
- Untersuchung der Wirtschaftlichkeit und
- Prüfung der (IT-)Sicherheit.

214 Inwieweit die genannten Prüfbereiche einen Zugriff der Innenrevision auf personenbezogene Daten erfordern, lässt sich abstrakt nicht bestimmen. Allerdings werden manche Prüfbereiche mit größerer Wahrscheinlichkeit einen Zugriff auf personenbezogene Daten erfordern (zB Prüfung des Personalwirtschaftssystems) als andere (zB abstrakte Prüfung der Wirtschaftlichkeit von Arbeitsabläufen in der Abteilung Personal). Ob personenbezogene (Beschäftigten-)Daten selbst Gegenstand der Prüfung sind oder diese nur als Teil der Prüfung zB der Wirtschaftlichkeit eines Personalverwaltungssystems betroffen sind, hängt nicht zuletzt davon ab, auf welche Veranlassung hin Prüfungen erfolgen. Handelt es sich um eine Routinekontrolle, im Rahmen derer die Innenrevision stichprobenartig prüft, so ist eher denkbar, dass eine anonyme oder zumindest pseudonyme Prüfung ausreichend ist als bei konkreten Verdachtsfällen (zB Hinweise auf Unregelmäßigkeiten in der Abrechnung). Vorab zu klären und festzulegen wäre insbesondere im Rahmen von technischen und organisatorischen Maßnahmen (§ 9 BDSG), inwieweit zB im Rahmen einer Wirtschaftlichkeitsprüfung eine Verhaltens- und Leistungskontrolle von Beschäftigten – zumindest auf der ersten Stufe der Prüfung (dazu sogleich) – weitgehend ausgeschlossen werden kann. Denkbar wären pseudonyme Auszüge aus Datenbanken oder zB spezielle Prüferrollen im Rahmen des Zugriffsberechtigungskonzepts, die eine eingeschränkte Stichprobenprüfung zulassen – wobei jedoch unklar ist, inwieweit personenbezogene Stichproben nach § 32 BDSG zulässig sind. Grundsätzlich müsste bei Datenprüfungen der Innenrevision ein mehrstufiges Verfahren

---

[402] Etwa im Sinne des KonTraG, siehe insbesondere §§ 91 Abs. 2, 93 Abs. 1, 107, 161 AktG iVm Nr. 4.1.3 des Deutschen Corporate Governance Kodex sowie sinngemäße Anwendung dieser Prinzipien auch auf andere Gesellschaftsformen (etwa § 43 Abs. 1 GmbHG).
[403] Im Sinne von § 4 Abs. 1 BDSG.
[404] Einzelheiten → § 33 IT-Sicherheit, Compliance, Ordnungsmäßigkeit der Datenverarbeitung.
[405] Siehe auch *Kamp/Körfler* RDV 2010, 72; *Koch* ITRB 2010, 164; *Wisskirchen/Glaser* DB 2011, 1392 (Teil I) und 1447 (Teil II); zu arbeitsrechtlichen Fragen bei Compliance-Maßnahmen: *Oberthür* ArbRB 2011, 184.
[406] Der Gesetzesentwurf zur Änderung des Beschäftigtendatenschutzes vom 25.8.2010 sieht insoweit teilweise spezielle Regelungen vor (siehe § 32d Abs. 3 und § 32e BDSG-E).
[407] Siehe BaFin-Rundschr. 15/2009 (BA) – Mindestanforderungen an das Risikomanagement – MaRisk.

IV. Zulässigkeit des Umgangs mit personenbezogenen Daten

vorgesehen werden. Denn es ist denkbar, dass eine Datenprüfung, die zunächst als reine Wirtschaftlichkeitskontrolle geplant war, Anhaltspunkte für das Vorliegen beispielsweise einer Korruptionsstraftat liefert (sog **„Zufallsfunde"**). Welche Daten/Datenfelder von der Innenrevision erhoben, verarbeitet und genutzt werden dürfen, ist – selbst bei Vorliegen von tatsächlichen Anhaltspunkten für den Verdacht einer Straftat – streitig. Die wohl überwiegende Ansicht geht davon aus, dass ein **Abgleich von Bankkontodaten** der Beschäftigten zur Kontrolle verbotener Insidergeschäfte durch die Innenrevision zulässig ist.[408] Evtl. restriktiver sehen dies manche Autoren zumindest seit 1.9.2009: *Petri*[409] hält wohl nur einen massenhaften maschinellen, weitgehend anonymen Abgleich für zulässig. Insgesamt geht die wohl überwiegende Ansicht in der datenschutzrechtlichen davon aus, dass ein massenhafter anonymer oder pseudonymer Datenabgleich (sog anonymes oder pseudonymes **Screening**) eher zulässig ist, als eine personenbezogene Stichprobe. Dieses Ergebnis ist unter dem Gesichtspunkt des § 3a BDSG zumindest zweifelhaft.[410]

Praxistipps bei Kontroll- und Compliance-Maßnahmen:

1. Die **Prüfzwecke** der Innenrevision und auch sonstige Compliance-Maßnahmen müssen **abschließend** und vor Beginn der Datenverarbeitung bzw. des Datenzugriffs **im Einzelnen konkret festgelegt** werden.[411]
2. Eine **Kumulation von Prüfzwecken** oder eine **Zweckänderung** ist nur unter eingeschränkten Voraussetzungen zulässig. Das gilt vor allem, wenn eine Prüfung der Ordnungsmäßigkeit/Wirtschaftlichkeit von IT-Systemen erweitert wird um (oder geändert wird in) eine Aufdeckung von Straftaten/Pflichtverletzungen von Beschäftigten. Datenzugriffe/Auswertungen „auf Vorrat" sind unzulässig.
3. Ebenfalls festgelegt werden müssen der konkrete **Umfang** und die **Dauer der Prüfung** (va hins. Umfang der zu prüfenden Systeme, Datenarten und Personen, die Gegenstand/Betroffene der Prüfung sind). Die „Streubreite" der Kontrollmaßnahme muss möglichst gering gehalten werden (also möglichst wenig Beschäftigte und möglichst wenig Daten sollen von der Maßnahme betroffen sein).
4. Weiter festgelegt werden müssen der Kreis der Personen, **die die Prüfung durchführen**, und der Kreis der Personen, die **personenbezogene Daten oder Ergebnisse aus der Prüfung erhalten.**
5. Im Hinblick auf § 32 Abs. 1 S. 2 BDSG ist bei Prüfzwecken zur Aufdeckung von Fehlverhaltens von Beschäftigten zu differenzieren zwischen
    - einer (repressiven) Aufdeckung einer **Straftat** (also nicht nur arbeitsvertragliche Pflichtverletzung) bei Vorliegen von dokumentierten tatsächlichen Anhaltspunkten für einen **Verdacht** (zB Korruptionsermittlungen)
    - und anderen Prüfzwecke (dazu gehören auch präventive Korruptionskontrollen).
6. Nach dem **Erforderlichkeitsgrundsatz** darf eine personenbezogene Datenverarbeitung nur insoweit erfolgen, als dies zur Erreichung des Zwecks erforderlich ist. Bei jedem Prüfzweck ist die Erforderlichkeit einer personenbezogenen Auswertung im Zweifel nachzuweisen[412] (zB erfordert die Prüfung der Wirtschaftlichkeit und technischen Ordnungsmäßigkeit von IT-Systemen nicht in jedem Fall eine personenbezogene Prüfung; denkbar sind Prüfungen mit anonymen Testdaten).

---

[408] Zur alten Rechtslage vor Einführung des § 32 BDSG: BerlinLDSB, Jahresbericht 1995, S. 192. *Gola/Schomerus*, BDSG § 32 Rn. 58.
[409] Tagungsband 13. IRIS 2010, S. 309.
[410] Ebenso *Tinnefeld/Petri/Brink* MMR 2010, 727.
[411] § 28 Abs. 1 S. 2 BDSG verlangt ausdrücklich eine (hinreichend transparente und konkrete) Festlegung der Zweckbestimmung bei der Datenerhebung. In § 32 BDSG wird dies zwar nicht ausdrücklich erwähnt. Doch die Zweckbestimmung ist ein allgemeines Datenschutzprinzip (→ Rn. 139 ff.). Von der Zweckbestimmung hängen die Rechtsgrundlage ab und der konkret zulässige Umfang der Kontrollen (Art und Umfang der Daten, der Betroffenen, der Datenempfänger).
[412] ZB für den Fall einer Betriebsprüfung durch die Datenschutzaufsichtsbehörde oder im Hinblick auf mögliche gerichtliche Auseinandersetzungen mit dem Betriebsrat sollte daher die verantwortliche Stelle ihre Überlegungen zur Erforderlichkeit im Einzelfall dokumentieren.

7. Nach dem **Gebot der Datenvermeidung und Datensparsamkeit** muss seitens des Arbeitgebers die Auswahl und Gestaltung von IT-Systemen[413] und Prüfverfahren so ausgerichtet werden, dass möglichst wenig personenbezogene Daten erhoben, verarbeitet und genutzt werden bzw. dass auf möglichst wenig personenbezogene Daten zugegriffen wird. Insbesondere sind Prüfverfahren anonym oder pseudonym auszugestalten, soweit dies nach dem Prüfzweck möglich ist und keinen im Verhältnis zum Schutzzweck unverhältnismäßigen Aufwand erfordert. An die Unverhältnismäßigkeit werden von den Aufsichtsbehörden überwiegend hohe Anforderungen gestellt (insbesondere bei „heimlichen" Prüfmaßnahmen).
8. Soweit ein mögliches Fehlverhalten von Beschäftigten Gegenstand der Prüfung der Innenrevision ist, ohne dass bereits vorab tatsächlich dokumentierte Anhaltspunkte für einen Verdacht vorliegen, ist das Prüfverfahren der Innenrevision **gestuft (kaskadenartig)** so auszugestalten, dass die erste Prüfstufe grundsätzlich anonym oder pseudonym erfolgt.[414] Dies gilt insbesondere bei Routinekontrollen. Siehe dazu auch als Anhaltspunkt § 32d Abs. 3 des Gesetzesentwurfs vom 25.8.2010 zur Regelung des Beschäftigtendatenschutzes.
9. Nach Korruptionsmustern sollte nur in den („strukturierten") Daten aus Buchhaltungs- und Buchführungssystemen gescreent werden (auch Kontodatenabgleich bei Insidern scheint datenschutzrechtlich zulässig regelbar), nicht aber zB in E-Mails. Beim Screening bzw. bei Suchabfragen in Datenpools müsste für jeden Suchvorgang festgelegt werden, mit welcher **Prognosewahrscheinlichkeit** sich ein Treffer als Verdachtsfall erweist.
10. Ergibt das Prüfverfahren auf erster Stufe hinreichende tatsächliche Anhaltspunkte für einen Verdacht, darf in der zweiten Prüfstufe grundsätzlich personenbezogen geprüft werden, wobei jedoch der Kreis der Daten und der Betroffenen soweit wie möglich einzuschränken sind.
11. **Heimliche** personenbezogene Verhaltenskontrollen (also ohne Aufklärung der Beschäftigten, etwa mittels einer konkreten Festlegung der Zwecke und Prüfverfahren in einer Betriebsvereinbarung) sind weitgehend unzulässig.[415] Besteht keine Verdunklungsgefahr (mehr) müssen die Betroffenenrechte (va Auskunft und Benachrichtigung) gewahrt werden. Schon vor dem Hintergrund der **Informationspflichten** des Arbeitgebers empfehlen sich Regelungen zu Kontrollmaßnahmen etwa als Anlage zu Arbeitsverträgen oder in Betriebsvereinbarungen.
12. Für besondere Compliance-Risikobereiche (für typische sog „Red Flags"-Bereiche wie etwa Zahlungen an Vermittler im Rahmen von Ausschreibungen und Fördergeldern) empfiehlt sich die Entwicklung und Einrichtung gesonderter Systeme (etwa zur **Risikoklassifikation** und zur **Integritäts-/Freigabeprüfung**), in den Daten ausschließlich zum Zwecke des Risikomanagements erhoben, verarbeitet und genutzt werden. Solche Ansätze sind teilweise von den Datenschutzbehörden genehmigt worden.
13. Personenbezogene **Übermittlungen** von Beschäftigtendaten an externe Prüfstellen, die **speziell zur Verschwiegenheit verpflichtet** sind (zB **Wirtschaftsprüfung/Externe Revision**), sind eher zulässig als Compliance-Maßnahmen durch sonstige Dritte.[416]

215 Ähnliche Probleme wie bei der Innenrevision stellen sich – zumindest in datenschutzrechtlicher Hinsicht – bei der Tätigkeit des **Compliance Officers**[417] (teilweise auch Compliance Beauftragter oder Ombudsmann genannt). Manche Unternehmen haben daneben einen sog **Informationssicherheitsbeauftragten,** der va für den Geheimnisschutz verantwortlich ist, zB in Unternehmen mit Forschungsabteilungen. Neben der Zulässigkeit des Screenings von vorhandenen Datenbeständen wird in Compliance- und sicherheitsrelevanten Unternehmensbereichen regelmäßig auch die Frage der Erhebung von Daten zu prüfen sein – etwa

---

[413] Zu IT-gestützten Compliance-Systemen siehe *Heinson/Schmidt* CR 2010, 540.
[414] Dazu auch im Hinblick auf Kontrollen der E-Mail- und Internetnutzung am Arbeitsplatz: → § 37 Arbeitsrechtliche Bezüge.
[415] Nach wohl überwiegender Ansicht sind heimliche Kontrollen im präventiven Bereich per se unzulässig, da der mit einer Information über die Kontrollen einhergehende Abschreckungseffekt gerade gewollt ist (*Gola/Wronka,* Handbuch Arbeitnehmerdatenschutz, Rn. 860). Im repressiven Bereich müsste eine Benachrichtigung und Auskunft spätestens dann erfolgen, wenn keine Verdunkelungsgefahr besteht.
[416] BAG Urt. v. 4.4.1990 – 5 AZR 299/89, → Rn. 179.
[417] *Kamp/Körffer* RDV 2010, 72; ausführlich zur strafrechtlichen Verantwortlichkeit des Compliance Officers → § 33 Compliance, IT-Sicherheit, Ordnungsmäßigkeit der Datenverarbeitung Rn. 136 ff.

IV. Zulässigkeit des Umgangs mit personenbezogenen Daten

die Datenerhebung per **Whistleblowing**.[418] Im Bereich der Privatwirtschaft richten Unternehmen oder Unternehmensgruppen eine sog Whistleblowing-Hotline ein, so dass die Mitarbeiter, ggf. auch Externe (etwa Kunden und Lieferanten) Unregelmäßigkeiten, Missstände oder mögliches Fehlverhalten melden können. Manche Unternehmen lassen (nur) anonyme Whistleblowing-Meldungen zu, in anderen ist die Identifikation des Whistleblowers Voraussetzung dafür, dass die Meldung (in einem **Audit**)[419] weiterverfolgt wird. In der Praxis sind für solche Hotlines unterschiedliche Kommunikationswege üblich (Telefon, E-Mail, Portal-Lösungen etc.). Manche Unternehmen vergeben den Betrieb ihrer Hotline und/oder die Durchführung des Audit nach Eingang einer Whistleblowing-Meldung an Externe (zB externe Anwälte, Wirtschaftsprüfer).

Im **kontinentaleuropäischen** Bereich, va in Deutschland, hat Whistleblowing traditionell einen eher negativen Beigeschmack („Denunziantentum"). Deutsches nationales und EU-Gesellschaftsrecht sehen (bislang) keine gesetzliche Verpflichtung zur Einrichtung einer Whistleblowing-Hotline vor. In frühen Entscheidungen bestätigten manche Arbeitsgerichte[420] in Deutschland eine fristlose Kündigung des „Whistleblowers", wenn dieser einen unternehmensinternen Sachverhalt an Externe gemeldet hatte. Diese Rechtsprechung hat sich weiter entwickelt.[421] Im **angelsächsischen** Bereich hat Whistleblowing traditionell einen grundsätzlich positiven Stellenwert als **Compliance-Instrument**. Daher dürfen und sollen in diesen Staaten üblicherweise umfassend verschiedenste Kategorien von Unregelmäßigkeiten (Hinweiskategorien) gemeldet werden (etwa auch sog „unethisches" Verhalten wie zB private Treffen mit untergebenen Mitarbeitern).[422] Spätestens mit Inkrafttreten des Sarbanes-Oxley-Act[423] (SOA) hat die Einrichtung eines **anonymen** Whistleblowing-Systems durch Unternehmen eine Rechtsgrundlage im US-Börsenaufsichtsrecht.[424]

216

Auszug aus Sec. 301 (4) SOA:

„[...] Each audit committee shall establish procedures for –
(A) the receipt, retention, and treatment of complaints received by the issuer regarding accounting, internal accounting controls or auditing matters; and
(B) the confidential, anonymous submission by employees of the issuer of concerns regarding questionable accounting or auditing matters."

Der Normzweck von Sec. 301 SOA ist die Gewährleistung der Korrektheit von Geschäftsberichten durch Whistleblowing. Sec. 301 SOA umfasst daher:

- nur Buchführungs- und Buchprüfungsvorgänge;

---

[418] Zu Whistleblowing siehe: BAG Urt. v. 23.10.1969 – 2 AZR 127/69, NJW 1970, 827 (zu Zulässigkeit der fristlosen Kündigung von Betriebsratmitgliedern); BAG Urt. v. 13.4.2000 – 2 AZR 259/99, NZA 2001, 277; BAG Urt. v. 3.7.2003 – 2 AZR 235/02 (Vorinstanz LAG Hessen v. 27.11.2001 – 15 Sa 411/01, NZA-RR 2002, 637, Strafanzeige gegen Vorgesetzten und verhaltensbedingte Kündigung); *Arbeitskreis „Externe und interne Überwachung der Unternehmung"* der Schmalenbach Gesellschaft BB 2004, 2399; *Behrendt/Kaufmann* CR 2006, 642; *Berndt/Hoppler* BB 2005, 2623; *Bonanni/Schell* ArbRB 2006, 299; *Breinlinger/Krader* RDV 2006, 60; *Bürkle* DB 2004, 2158; *ders.* BB 2007, 1797; *Büssow/Taetzner* BB 2005, 2437; *Capellaro/Füser* Die Bank 2005, 68; *Fleischer* AG 2003, 291; *Gach/Rützel* BB 1997, 1959; *Gramt/Colin* Journal of Business ethics 2002, Vol. 39, Nr. 4, 391; *Heldt/Ziemann* NZG 2006, 652; *Herbert/Oberrath* NZA 2005, 193; *Hütten/Strohmann* BB 2003, 2223; *Junker* BB 2005, 602; *Mengel* BB 2006, 1386; *Müller* NZA 2002, 424; *Runte/Schreiber/Held/Bond/Dana/Flower* CRi 2005, 135; *Schmidl* DuD 2006, 353; *Schuster/Darsow* NZA 2005, 273; *Tinnefeld/Rauhofer* DuD 1998, 1; *Wisskirchen/Körber/Bissels* BB 2006, 1567; *von Zimmermann* RDV 2006, 242; *Leisinger*, Whistleblowing und Corporate Reputation Management, 2003; *Gola/Wronka*, Handbuch Arbeitnehmerdatenschutz, Rn. 747 ff., 1024.

[419] Z. B. durch die Innenrevision oder eine externe Wirtschaftsprüfungsgesellschaft.

[420] Siehe dazu ua LAG Hamm Urt. v. 28.11.2003 – 10 Sa 1036/03; BAG Urt. v. 3.7.2003 – 2 AZR 235/02; LAG Hessen Urt. v. 27.11.2001 – 15 Sa 411/01. → Rn. 299 ff.

[421] Statt vieler *Behrendt/Kaufmann* CR 2006, 642 (643 f.).

[422] Solche Hinweiskategorien dagegen ablehnend: AG Wuppertal v. 11.6.2005 – 5 BV 20/05, BB 2005, 1800.

[423] Ausführlich zum Sarbanes-Oxley-Act und zu den Friktionen mit dem deutschen Datenschutzrecht → § 33 Compliance, IT-Sicherheit, Ordnungsmäßigkeit der Datenverarbeitung Rn. 258 ff.

[424] Siehe va Section 301, 302 und 806 des US Sarbanes-Oxley-Act von 2002 sowie Abschnitt 202A. 00 des New York Stock Exchange (NYSE)-Pflichtenkatalog.

- nicht andere Vorgänge, die keinen Einfluss auf die Richtigkeit von Geschäftsberichten haben (zB „unethisches Verhalten" im engeren Sinne);
- Personenkreis möglicher Beschuldigten: Einschränkung auf Personen, deren individueller Einfluss auf Geschäftsberichte spürbar ist (wegen Normzweck Sec. 301 SOX);
- Personenkreis der Whistleblower: zumindest aus US-Sicht keine Eingrenzung.

217 Die *Securities and Exchange Commission (SEC)* hatte eine Einschränkung des Kreises der Personen, die die Whistleblowing-Hotline nutzen dürfen und sollen, erwogen aber verworfen (siehe dazu auch Ausführungsbestimmungen zu SOA).[425] Anderer Auffassung ist die französische Datenschutzbehörde *CNIL* in ihrem *Guideline document for the implementation of whistle blowing systems*.[426] Diese Guideline hat die *CNIL* mit der *SEC* verhandelt.

Allgemein anerkannt ist ein *right of response* zu Gunsten des beschuldigten Mitarbeiters, sofern dieser Gegenstand eine Untersuchung der Whistleblowing-Meldung wird.[427]

218 Strittig[428] wird die Frage beurteilt, ob SOA die **Anonymität** der Whistleblowing-Hotline verlangt. Die wohl herrschende Meinung in Europa geht davon aus, dass zumindest bei einem der möglichen Hotline-Kommunikationswege Anonymität als Option gewährleistet sein muss.[429] Nach anderer Ansicht dürfen ausschließlich anonyme Kommunikationswege zur Verfügung stehen. Grund dafür sei, dass ansonsten Mitarbeiter befürchten müssten, dass anonyme Anzeigen bei der Hotline weniger Gewicht erhalten. (Dagegen könnte der gesetzliche Whistleblower-Schutz aus Sec. 806 SOA[430] sprechen. SOA geht also davon aus, dass die Identität des Whistleblowers bekannt werden könnte.) Die sog *Art. 29-Gruppe*[431] (Gruppe von europäischen Datenschutzbeauftragten, so benannt, weil die Institution in Art. 29 der EG-Datenschutz-Richtlinie geregelt ist) geht davon aus, dass Anonymität nicht erforderlich ist.[432]

219 Wenn ein Unternehmen in Deutschland Whistleblowing einführt bzw. betreibt, wird es sich an den Maßgaben orientieren, die es dazu einerseits in den USA und andererseits in Deutschland und der EU gibt. Allerdings divergieren diese Maßgaben, nicht zuletzt bei Datenschutz und Arbeitsrecht. Die bekannteste behördliche Richtlinie zu datenschutzrechtlichen Vorgaben bei Whistleblowing stammt von der französischen Datenschutzbehörde CNIL.[433] Auch die Art. 29-Datenschutzgruppe[434] der EU und der Düsseldorfer Kreis[435] (ein gemeinsames Gremium der Datenschutzbehörden in Deutschland) haben Leitlinien für einen datenschutzkonformen Whistleblowing-Einsatz veröffentlich. Diese Leitlinien gehen in eine ähnliche Richtung, wie die Empfehlungen zum datenschutzkonformen Screening (siehe auch oben Praxistipp bei Rn. 129). Die behördlichen Stellungnahmen, speziell auch des Düsseldorfer Kreises, stammen aus einer Zeit vor Einführung des § 32 BDSG. Es bleibt abzuwarten, ob die Maßgaben des Düsseldorfer Kreises mit Blick auf die anstehenden Neuregelungen zum Beschäftigtendatenschutz angepasst werden.

220 e) **Präventive Hintergrundüberprüfungen von internen und externen Mitarbeitern, Terrorlistenabgleich.** *aa) Praktische Relevanz und Vorschriften zu Hintergrundüberprüfungen.* Gerade in sensiblen Unternehmensbereichen, wie Banken und der Sicherheitswirtschaft,

---

[425] Zu den Ausführungsregeln siehe *Maul/Lanfermann* BB 2004, 1861.
[426] Guideline abrufbar unter: http://www.cnil.fr/fileadmin/dokuments/uk/CNIL-recommandations-whistleblowing-VA.pdf.
[427] Siehe *Breinlinger/Krader* RDV 2006, 60 (67).
[428] Siehe Empfehlungen der Art. 29-Gruppe WP 117.
[429] Siehe *Runte ua* CRi 2005, 135.
[430] Wegen des persönlichen Anwendungsbereichs des SOX schützt Sec. 806 nur Mitarbeiter in den USA.
[431] Stellungnahme 1/2006 der *Article 29 Data Protection Working Party* (Working Paper 117).
[432] Ebenso Guideline der CNIL; *Breinlinger/Krader* RDV 2006, 67; *Bürkle* DB 2004, 2158 ff.
[433] Französische Datenschutzbehörde CNIL empfiehlt Guideline zum Whistleblowing: RDV 2006, S. 28. Guideline abrufbar unter: http://www.cnil.fr/fileadmin/dokuments/uk/CNIL-recommandations-whistleblowing-VA.pdf.
[434] Stellungnahme 1/2006 der *Article 29 Data Protection Working Party* (Working Paper 117).
[435] Arbeitsbericht der Ad-hoc-Arbeitsgruppe „Beschäftigtendatenschutz" des *Düsseldorfer Kreises*, Whistleblowing-Hotlines: Firmeninterne Warnsysteme und Beschäftigtendatenschutz.

IV. Zulässigkeit des Umgangs mit personenbezogenen Daten

werden zunehmend Hintergrundüberprüfungen (auch präventives Screening,[436] Staff Vetting oder Pre-Employment Checks genannt) nicht nur der eigenen Arbeitnehmer, sondern auch der Mitarbeiter von Dienstleistern durchgeführt, sofern diese zB eine Kenntnisnahme-Möglichkeit von Bankkundendaten haben oder haben können. Nicht selten führen Kreditinstitute selbst Screenings durch, setzen aber auch spezialisierte Dienstleister ein. Teilweise sind Datenabgleiche gesetzlich geregelt (siehe etwa Sicherheitsüberprüfungsgesetz SÜG des Bundes,[437] §§ 15a, 15b WpHG bzgl. Insiderhandel, Terrorlistenabgleiche nach § 25c Kreditwirtschaftsgesetz KWG iVm Verordnungen Nr. 881/2002/EG,[438] Nr. 2580/2001/EG[439] und Nr. 753/2011/EU).[440] Gemäß deutschem Bankenaufsichtsrecht (§ 25h Abs. 5 KWG) dürfen Kreditinstitute zur Sicherstellung der gesetzlichen Vorschriften gegen Geldwäsche, Terrorismusfinanzierung oder zur Verhinderung *„sonstiger strafbarer Handlungen, die zu einer Gefährdung des Vermögens des Kreditinstituts führen können"*, interne Sicherheitsmaßnahmen mit vorheriger Zustimmung der BaFin im Rahmen von vertraglichen Vereinbarungen durch einen Dritten durchführen lassen. Darüber hinaus verlangen einige Kreditinstitute, dass durch spezialisierte Vetting-Dienstleister ua folgende Risiken hins. Identität und Zuverlässigkeit interner und externer Mitarbeiter geprüft werden, was mitunter auch von den Wirtschaftsprüfern[441] empfohlen wird:
- Identität (Personalausweis, Melderegister),
- Führungszeugnis,
- SCHUFA-Auskunft, Insolvenz,
- Arbeitserlaubnis bei ausländischen Mitarbeitern,
- Kinderarbeit.

Teilweise wird auch nach der Qualifikation (Vorlage von Zeugnissen)[442] oder nach Familienangehörigen des internen oder externen Mitarbeiter geforscht.

Art. 2 Abs. 1 Buchst. B der **Verordnung (EG) Nr. 2580/2001** sowie Art. 2 Abs. 2 und 3 der **Verordnung (EG) Nr. 881/2002** verbieten, dass den im Anhang zu diesen Verordnungen gelisteten Personen direkt oder indirekt Gelder oder andere wirtschaftliche Ressourcen zur Verfügung gestellt werden. Das Bundesamt für Wirtschaft und Ausfuhrkontrolle (BAFA) empfiehlt, für den EU-Terrorlistenabgleich eine kostenlos nutzbare Datenbank der EU-Kommission zu verwenden.[443] Die EU-Datenbank, die nur auf Englisch verfügbar ist, kann unter folgender Adresse abgerufen werden: http://eeas.europa.eu/cfsp/sanctions/consol-list/index_en.htm. Alternativ kann die Website der EU über einen Link auf der Homepage des BAFA erreicht werden: Stichworte „Externe Links", „Allgemeine Internetseiten zum Thema Ausfuhrkontrolle", „Europäische Union (consolidated list)".

Daneben gibt es kommerzielle **Screening-Tools** mit etlichen **ausländischen (va US-amerikanischen) Terrorlisten**, zB *Denied Persons List (DLP)*, *Entity List* u. *Unverified List* des US Department of Commerce, *Specially Designated National and Blocked Persons List (SDN-List)* des Office of Foreign Assets Control (OFAC), *List of Statutorily Debarred Parties* (Department List des Directorate of Defence Trade Controls DDTC).

Um als „anerkannte Wirtschaftsbeteiligte" zugelassen zu werden und Erleichterungen bei den Zoll-Formalitäten zu erhalten, was für exportierende Unternehmen unabdingbar ist, können Unternehmen bei den Zollbehörden sog **AEO-Zertifizierungen** beantragen („Authorized Economic Operator"). Das AEO-Zertifikat ist in den USA anerkannt durch US

---

[436] Zu Screenings → Rn. 212 ff.
[437] Siehe auch Sicherheitsüberprüfungen von Beschäftigten zB § 12b Atomgesetz, § 7 Luftsicherheitsgesetz, § 34a GewO hins. Bewachungsgewerbe.
[438] ABl. 2002/L 139/9.
[439] ABl. 2001/L 344/70.
[440] Abl. L199 vom 2. August 2011, zuletzt geändert durch DVO Nr. 263/2014/EU, ABl. L 76 vom 15. März 2014 – „Taliban.
[441] CIFAS/CIPD, Staff fraud and dishonesty. Managing and mitigating the risks, Guide June 2012, abrufbar unter www.dipd.co.uk/.
[442] → Rn. 210 ff.
[443] Bundesamt für Wirtschaft und Ausfuhrkontrolle (BAFA), Merkblatt Länderunabhängige Embargomaßnahmen zur Terrorismusbekämpfung, Stand 28.8.2009, S. 9, abrufbar unter: http://www.ausfuhrkontrolle.info/ausfuhrkontrolle/de/embargos/terrorismus/index.html.

Customs-Trade Partnership Against Terrorism (**C-TPAT**) und umgekehrt.[444] Um ein AEO-Zertifikat zu erlangen, müssen Unternehmer ua die Einhaltung der Zollvorschriften nachweisen. Die Voraussetzungen und das Verfahren zur Gewährung eines AEO-Zertifikats sind in der Durchführungsverordnung zum Zollkodex (EG) Nr. 1875/2006 vom 18. Dezember 2006 (ABl. 2006/L 360/64) (ZK-DVO) geregelt. **Artikel 14k ZK-DVO** enthält die Voraussetzungen, unter denen die für die AEO-Zulassung zu erfüllenden Sicherheitsstandards des antragstellenden Unternehmens als angemessen gelten. Hinsichtlich der erforderlichen personenbezogenen Sicherheitsüberprüfungen schreibt Artikel 14k Abs. 1 lit. f) ZK-DVO vor: „*der Antragsteller unterzieht, soweit gesetzlich zulässig, künftig in Sicherheitsbereichen tätige Bedienstete einer Sicherheitsüberprüfung und nimmt regelmäßige Hintergrundüberprüfungen vor*". In den „Leitlinien zu zugelassenen Wirtschaftsbeteiligten" empfiehlt die Europäischen Kommission[445] unter dem Stichwort „*Sicherheitsüberprüfungen von Bewerbern*" zur Verhinderung des Risikos, dass Mitarbeiter, die ein Sicherheitsrisiko darstellen, eingeschleust werden:

„*Wenn die nationalen Rechtsvorschriften dies zulassen, sollte der Antragsteller die in sicherheitsrelevanten Bereichen tätigen neuen Mitarbeiter einer Hintergrundüberprüfung unterziehen. Bereits im Unternehmen beschäftigte Mitarbeiter, die aus anderen, nicht sicherheitsrelevanten Abteilungen kommen und eine Tätigkeit in einem sensiblen Bereich übernehmen sollen, sollten ebenfalls überprüft werden.*
Für die Sicherheitsüberprüfungen bieten sich folgende Methoden an: Vor der Einstellung Nachforschungen auf Grundlage unbestreitbarer und/oder amtlicher Angaben zum bisherigen beruflichen Werdegang sowie Referenzen. Für hohe und/oder unter Sicherheitsaspekten kritische Posten könnte ein polizeiliches Führungszeugnis verlangt werden.
Neu einzustellende Mitarbeiter könnten ihren Arbeitgeber über eine polizeiliche Verwarnung/Freilassung gegen Kaution, anhängige Gerichtsverfahren und/oder Verurteilungen unterrichten. Ferner sollten sie alle sonstigen Beschäftigungsverhältnisse oder Tätigkeiten offenlegen, die mit einem Sicherheitsrisiko verbunden sind.
Wenn Mitarbeiter das Unternehmen verlassen oder entlassen werden, müssen strikte Maßnahmen getroffen werden, um künftig jede Form des Eindringens – physisch oder „virtuell" – zu verhindern (Sperrung des Zugangs zu Computern, Rückforderung von Sicherheitspass oder Zugangsausweis).

224 Das BMF hat die Vorschrift „Zugelassener Wirtschaftsbeteiligter – AEO" erlassen, welche in Absatz 253 die antragstellenden Unternehmen zur Überprüfung ihrer Mitarbeiter mit den Anti-Terrorverordnungen verpflichtet: *„Nach Artikel 14k Abs. 1 Buchstabe f) ZK-DVO sind Unternehmen verpflichtet, Sicherheits- und regelmäßige Hintergrundüberprüfungen ihrer in sicherheitsrelevanten Bereichen tätigen Beschäftigten vorzunehmen. Hierzu hat der Antragsteller nachvollziehbar darzulegen, dass er seine Beschäftigten anhand der Namenslisten der o. g. Terrorismusverordnungen überprüft. (...)"*.

225 Die deutschen Zollämter haben auf ihrer Website[446] eine „Liste der wichtigsten Risiken im Zusammenhang mit Bewilligung und Überwachung des AEO-Status" veröffentlicht. Dort heißt es unter „Einstellung neuer Mitarbeiter einschließlich Zeitarbeitskräfte":

- *„Hintergrundüberprüfungen angehender Mitarbeiter, zB beruflicher Werdegang und Referenzen;*
- *Zusatzüberprüfungen von bereits bestehenden Mitarbeiten, die an sicherheitsrelevante Stellen wechseln, zB polizeiliches Führungszeugnis;*
- *Verpflichtung der Mitarbeiter zur Offenlegung weiterer Beschäftigungsverhältnisse, polizeilicher Verwarnungen/Freilassung gegen Kaution, anhängiger Gerichtsverfahren und/oder Verurteilungen;*
- *regelmäßige Hintergrundüberprüfungen/erneute Untersuchungen bei bestehenden Mitarbeitern;*

---

[444] EU-Pressemitteilung v. 4.5.2012. Am 4.5.2012 haben die EU und die USA ein Abkommen zur gegenseitigen Anerkennung der Handelspartnerprogramme „Customs and Trade Partnership Against Terrorism" (C-TPAT) und „Authorised Economic Operator" (AEO) unterzeichnet. Das Abkommen wurde in Form eines Beschlusses des Gemischten Ausschusses EU-USA für die Zusammenarbeit im Zollbereich, im Amtsblatt (EU) Nr. L 144/2012 veröffentlicht, https://www.bmf.gv.at/zoll/fuer-unternehmen/zugelassener-wirtschaftsbeteiligter/technische-umsetzung-aeo.html.
[445] TAXUD 2006/1450 v. 29.6.2007, S. 80 f.
[446] http://www.zoll.de/DE/Fachthemen/Zoelle/Zugelassener-Wirtschaftsbeteiligter-AEO/Allgemeines/allgemeines_node.html.

- *Entzug des Zugangs zu EDV-Systemen, Rückgabe von Sicherheitspass, Schlüsseln und/oder Badges, wenn Mitarbeiter das Unternehmen verlassen oder entlassen werden;*
- *für die Sicherheitsüberprüfungen von Zeitarbeitskräften gelten die gleichen Standards wie für feste Mitarbeiter;*
- *Verträge mit Leiharbeitsagenturen enthalten genaue Angaben zu den erforderlichen Sicherheitsüberprüfungen;*
- *Verfahren zur Gewährleistung, dass die Leiharbeitsagenturen diese Standards einhalten."*

Als Sicherheitsanforderung bei Einsatz von Dritten wird ua verlangt:

- *„Einsatz von Hintergrundüberprüfungen bei der Auswahl der regelmäßigen Handelspartner, zB über das Internet oder Rating-Agenturen".*

Zum 2.6.2014 hat sich die Dienstvorschrift des Bundesfinanzministerium zum „Zugelassenen Wirtschaftsbeteiligten – AEO" (E-VSF Z 05 20), kurz AEO-DV, geändert.[447] Hinsichtlich der Überprüfungen der Beschäftigten und Handelspartner des Antragstellers anhand der Sanktionslisten wird die Verordnung (EU) 753/2011 vom 1. August 2011 – „Afghanistan" (ABl. L 199 vom 2. August 2011, zuletzt geändert durch DVO (EU) Nr. 263/2014, ABl. L 76 vom 15. März 2014 – „Taliban") gem. Artikel 14k Abs. 1 lit. e) und f) der ZK-DVO in die Prüfung einbezogen. Eine Überprüfung anhand der Terrorismusverordnungen kann der Antragsteller von einem Dritten durchführen lassen, dieser darf jedoch seinerseits keine weitere Person mit der Überprüfung beauftragen (Verbot der „Auslagerungskette"). Durch diese Maßnahmen soll eine wirksame und effiziente Überprüfung der Beschäftigten anhand der Namenslisten der Terrorismusverordnungen gewährleistet werden. Wichtig ist, diesbezüglich klare Verantwortlichkeiten zu definieren und ihre Einhaltung fortlaufend zu überwachen.

Das **Luftfahrtbundesamt** setzt für den mit AEO vergleichbaren Status **„bekannter Versender"** keinen Terrorlisten-Abgleich voraus.

bb) Datenschutzrechtliche Bewertung. In Deutschland sind präventive Abgleiche von Beschäftigtendaten seit langem umstritten und nach überwiegender Ansicht nur in sehr engen Grenzen erlaubt.[448]

Die Antiterrorverordnungen Nr. 2580/2001/EG, Nr. 881/2002/EG und Nr. 753/2011/EU kommen als Rechtsgrundlagen für den Abgleich von Mitarbeiterdaten im Sinne von § 1 Abs. 3 BDSG bzw. § 4 Abs. 1 BDSG („andere Rechtsvorschrift") nicht in Betracht.[449] Die Verordnungen fordern das Einfrieren von Geldern und anderen Finanzmitteln sowie alle Formen der direkten und indirekten Bereitstellung von Finanzmitteln und wirtschaftlichen Ressourcen an gelistete natürliche und juristische Personen. Die Verbote der Bereitstellung sind sehr weit auszulegen; auch die Auszahlung von Löhnen und Gehältern sind hierunter zu fassen. Diese Verordnungen sind in Deutschland unmittelbar geltendes Recht, es bedarf also keiner weiteren gesonderten Umsetzung. Juristische Konsequenzen bei einer Verletzung reichen von Freiheitsstrafen bis zu fünf Jahren, Umsatzabschöpfung, Einzug der eingesetzten Mittel, hohen Geldstrafen bei Ordnungswidrigkeiten, Eintragung in das Gewerbezentralregister bis hin zur Untersagung der Fortführung des Gewerbes. Die Verordnungen lassen indes die Frage offen, wie sichergestellt wird, dass den gelisteten Personen keine wirtschaftlichen Ressourcen zu Verfügung gestellt werden. Das Bundesamt für Wirtschaft und Ausfuhrkontrolle schreibt in seinem Merkblatt:[450] *„(...) Die EG-Verordnungen zur Bekämpfung des Terrorismus lassen die Frage offen, wie sichergestellt wird, dass gelisteten Personen keine Gelder oder wirtschaftlichen Ressourcen zur Verfügung gestellt werden. Insbesondere im Hinblick auf die unternehmensinterne Umsetzung der Pflicht zur Einhaltung der Verbote lassen sich daher keine allgemeingültigen Aussagen treffen. Vielmehr ist dies im Interesse der spezifischen Unter-*

---

[447] N 29 2014 E-VSF-Nachrichten, abrufbar unter https://www.datenschutz-notizen.de/wp-content/uploads/2015/01/E-VSF-N292014121.pdf.
[448] Siehe dazu auch Beschluss der obersten Aufsichtsbehörden für den Datenschutz im nicht-öffentlichen Bereich (Düsseldorfer Kreis) vom 23./24.4.2009, „Datenschutzrechtliche Aspekte des Mitarbeiter-Screenings in international tätigen Unternehmen". *Brink/Schmidt* MMR 2010, 592.
[449] Zu den Anforderungen an eine „andere Rechtsvorschrift" → Rn. 180 ff.
[450] Merkblatt http://www.ausfuhrkontrolle.info/ausfuhrkontrolle/de/embargos/terrorismus/index.html, S. 9.

nehmenssituation, die flexible Lösungen erfordert, von der Ausgestaltung der betriebsinternen Abläufe des jeweiligen Unternehmens abhängig. Unabhängig von der individuellen Situation des einzelnen Unternehmens ist jedoch zu beachten, dass die Namenslisten regelmäßig aktualisiert werden (...)". Die EU-Terrorverordnungen regeln also nicht hinreichend konkret und spezifisch den Umgang mit personenbezogenen Daten der Beschäftigten und Handelspartner, um als datenschutzrechtliche Erlaubnis zu gelten.

229 Auch die „Leitlinien zu zugelassenen Wirtschaftsbeteiligten" der EU- Kommission[451] lassen sich nicht als Rechtsgrundlage heranziehen. Der EuGH hat die Leitlinien zwar als nicht rechtsverbindlich beurteilt,[452] jedoch die EU-Terrorverordnungen (zumindest bislang) nicht insgesamt für nichtig erklärt.[453] § 1 Abs. 3 BDSG und § 4 Abs. 1 BDSG verlangen, dass die Erlaubnis den Charakter einer Rechtsvorschrift hat. Zwar haben die Leitlinien der EU-Kommission eine maßgebliche Rolle bei der Auslegung und Anwendung europäischer Rechtsvorschriften, jedoch keinen normativen Charakter. Vielmehr konkretisieren die Leitlinien die Voraussetzungen der Sicherheitsüberprüfungen, indem sie etwa beispielhaft Maßnahmen auflisten, die als angemessen im Sinne der ZK-DVO anzusehen sind (zB Nachforschungen auf Grundlage unbestreitbarer oder amtlicher Angaben zum bisherigen Werdegang).

230 Die Dienstvorschrift des Bundesfinanzministeriums zum „Zugelassenen Wirtschaftsbeteiligten – AEO" hat ebenso wenig den Charakter einer Rechtsvorschrift, wie von § 4 Abs. 1 BDSG und § 1 Abs. 3 BDSG vorausgesetzt. So geht auch der Bundesbeauftragte für den Datenschutz und die Informationsfreiheit davon aus, dass die AEO-DV durch diese Beschränkung der nach Artikel 14k ZK-DVO existierenden Möglichkeiten geltendes Recht verletzt, da aufgrund der Lehre vom Vorbehalt des Gesetzes und der Wesentlichkeitstheorie ein förmliches Gesetz als Rechtsgrundlage erforderlich ist.[454]

231 Da Terrorlistenabgleiche von Beschäftigtendaten präventiv – also zur etwaigen Verdachtsgewinnung und nicht weil „zu dokumentierende tatsächliche Anhaltspunkte den Verdacht [bereits] begründen" – durchgeführt werden, scheidet § 32 Abs. 1 S. 2 BDSG als Rechtsgrundlage aus. Auch § 32 Abs. 1 S. 1 BDSG kommt nach hM nicht in Betracht, weil der Arbeitgeber die Listenabgleiche nicht zur Erfüllung seiner arbeitsvertraglichen Pflichten gegenüber dem Beschäftigten durchführt, zB im Zusammenhang mit Lohn- und Gehaltsabrechnungen. Ohnehin ist § 32 BDSG nur im Verhältnis von Arbeitgeber zu Beschäftigten anwendbar und grds. nicht, wenn ein Unternehmen personenbezogene Daten seiner Kunden und Lieferanten mit Terrorlisten abgleicht.

232 Damit bleibt ein Rückgriff auf § 28 Abs. 1 S. 1 Nr. 2 BDSG, der nach überwiegender Auffassung im Bereich der Beschäftigungsverhältnisse gerade bei Überwachungsmaßnahmen anwendbar bleibt.[455] Soweit die Terrorlistenabgleiche dazu dienen, gesetzliche oder behördliche Vorgaben zu erfüllen bzw. behördliche Zertifikate zu erlangen, ist von einem berechtigten Interesse des Arbeitgebers/Unternehmens auszugehen. Hinsichtlich der schutzwürdigen Interessen der Betroffenen ist zu berücksichtigen, dass nicht selten Probleme bezüglich der Listenqualität auftreten, die ggf nichtgerechtfertigte Treffer und damit falsche Verdachtsmomente begründen können. Bei einigen Namen existieren kulturell bedingt verschiedene Schreibweisen, die nur sehr schwer zu identifizieren und konkreten Personen zuzuordnen sind.[456] Zudem werden zahlreiche Eigen- und Städtenamen in den relevanten Sprachen unterschiedlich geschrieben.[457] Hinzukommend verhindern kleinste Abweichungen in den Datenelementen (zB bei Zusätzen in Firmennamen) eine eindeutige Identifikation. Schließlich führen Akronyme wie ETA (zB Euskadi Ta Askatasuna) sehr schnell zu einer fälschlicherweise positiven Identifikation. Auch wenn der bloße Namensabgleich ein lediglich interner

---

[451] TAXUD 2006/1450 vom 29.6.2007, S. 80 f.
[452] EuGH Urt. v. 11.2.2010 – Rs. C-373/08, Rn. 39.
[453] Der EuGH hatte mit Urt. v. 3.9.2008 – C-402/05 P und C-415/05 P, Slg. 2008, I-6351 die VO Nr. 881/2002/EG nur hinsichtlich der dortigen Kläger für nichtig erklärt.
[454] Stellungnahme an den Verband der chemischen Industrie vom 2.11.2009, S. 5.
[455] Streitig; vgl. BT-Drs. 16/13657, S. 35. → Rn. 207 ff.
[456] Beispiel: Name „Muhammad" existiert in 14 verschiedenen Schreibweisen und wird in unterschiedlichen Regionen lokal variiert.
[457] Beispiele: Den Haag vs. The Hague, Wien vs. Vienna.

IV. Zulässigkeit des Umgangs mit personenbezogenen Daten

Vorgang ist, bei dem zunächst keine Namen und Daten an externe Stellen übermittelt werden, wächst vor diesem Hintergrund das Risiko für die betroffenen Mitarbeiter, die möglicherweise zu Unrecht identifiziert werden. Im Übrigen muss berücksichtigt werden, dass die vorgesehene Verwendung der Daten gemäß § 28 Abs. 1 S. 1 Nr. 2 BDSG nicht nur dienlich, sondern tatsächlich auch erforderlich sein muss (dazu sogleich). Ähnliche Aspekte sind auch im Rahmen § 28 Abs. 2 Nr. 2a und Nr. 2b BDSG zu berücksichtigen.

Ob eine Einwilligung von Beschäftigten wirksam eingeholt werden kann, ist ebenfalls fraglich. Problematisch erscheint vor allem das Kriterium der „Freiwilligkeit".[458] Unter dem Gesichtspunkt der „Freiwilligkeit" wird im Zusammenhang mit Beschäftigungsverhältnissen vielfach angeführt, dass den Arbeitnehmern im Verhältnis zu ihren Arbeitgebern die Entscheidung unter Ausnutzung einer wirtschaftlichen Position „abgepresst" wird. Stark in Zweifel gezogen werden kann in jedem Fall das erforderliche Verhandlungsgleichgewicht. Grds müssen die Beschäftigten eine echte Wahlmöglichkeit haben und ihre Handlungen zu einem späteren Zeitpunkt auch wieder widerrufen können, ohne dass ihnen Nachteile entstehen. Die Koppelung der Einwilligung zum Terrorlistenabgleich etwa an das „ob" der Einwilligung oder die Lohnzahlung würde zur Unwirksamkeit der Einwilligung führen.

Ein Terrorlistenabgleich zur Beachtung der in den EU-Terrorverordnungen enthaltenen Verbote ist nach Meinung des Bundesbeauftragten für den Datenschutz und die Informationsfreiheit keine taugliche Maßnahme. So seien die Verordnungen vor allen Dingen zu unbestimmt, um einen Erlaubnistatbestand zur Verarbeitung und Nutzung personenbezogener Daten darzustellen.[459] Im Übrigen bedürften derart massive Eingriffe in die Persönlichkeitsrechte einer speziellen, besonders begründeten und vor allen Dingen hinreichend klaren Normenstruktur.[460]

Der Düsseldorfer Kreis hat in seinem Beschluss vom 22./23.11.2011 im Hinblick auf den massenhaften Abgleich mit Terrorlisten Stellung genommen.[461] Nach Ansicht des Düsseldorfer Kreises mangelt es va an klaren Regelungen, wie mit den Ergebnissen von Datenscreenings umzugehen ist (Treffermanagement). Der Düsseldorfer Kreis bemängelt auch den Einsatz spezialisierter Screening-Dienstleister zur Durchführung der Prüfungen.[462] Auch mit Blick auf die zahlreichen Terrorlisten aus Drittländern fordert der Düsseldorfer Kreis, dass *„die Rechtsstaatlichkeit des Zustandekommens der Listen nachvollziehbar und gesichert sein muss, sowie Rechtsschutzmöglichkeiten bestehen müssen"*[463] – was allerdings zB für exportierende Unternehmen, die aber uU auf den Listenabgleich angewiesen sind, um Zollerleichterungen zu erhalten, kaum zu bewerkstelligen sein dürfte. Im Ergebnis betont der Düsseldorfer Kreis, dass weder die EU-Antiterrorverordnungen noch andere Terrorlisten die Anforderungen an eine datenschutzrechtliche Rechtsgrundlage erfüllen. Vielmehr stellen sie nur eine allgemeine Handlungspflicht dar. Datenabgleiche durch Arbeitgeber sind auch **nicht erforderlich**, da Lohnzahlungen nur unbar erfolgen und Kreditinstitute nach § 25c KWG ohnehin Abgleiche mit den Terrorlisten vornehmen. Folglich sind weder **§ 32 Abs. 1 S. 1 BDSG** (sofern dieser nach teilweiser vertretener Ansicht einschlägig ist) noch **§ 28 Abs. 1 S. 1 Nr. 2 BDSG** erfüllt:

„Auch die Bundesregierung ist der Auffassung, dass die Terrorismusverordnungen keinen systematischen, anlassunabhängigen Abgleich von Mitarbeiterdateien mit den Sanktionslisten verlangen. Allenfalls nach Maßgabe von Sorgfaltspflichten und differenzierend nach verschiedenen Verkehrskreisen und Risikolagen seien solche Abgleiche zulässig. Es bleibe den Unternehmen überlassen, wie sie die Einhaltung der Terrorismusverordnungen sicherstellen (Bundestags-Drucksache 17/4136 vom 3.12.2010). Vor diesem Hintergrund empfiehlt und fordert der Düsseldorfer Kreis:

---

[458] Art. 2h) RL 95/46 EG spricht davon, dass die Einwilligung „ohne Zwang" zu erfolgen hat. Einzelheiten zur Einwilligung von Beschäftigten → Rn. 295 ff.
[459] Stellungnahme an den Verband der chemischen Industrie vom 2.11.2009, S. 5.
[460] Vgl. dazu auch 22. Tätigkeitsbericht des BfDI 2007/2008, Punkt 13.6.
[461] Siehe auch Beschluss der obersten Aufsichtsbehörden für den Datenschutz im nicht-öffentlichen Bereich (Düsseldorfer Kreis) vom 23./24.4.2009, „Datenschutzrechtliche Aspekte des Mitarbeiter-Screenings in international tätigen Unternehmen" sowie Entschließung der 71. Konferenz der Datenschutzbeauftragten des Bundes und der Länder v. 16./17. März 2006.
[462] Düsseldorfer Kreis Beschl. v. 22./23.11.2011: *„In diesem Geschäftsfeld betätigen sich bereits spezialisierte Dienstleister, die sich die bestehende Unsicherheit bei den Unternehmen zunutze machen."*
[463] Düsseldorfer Kreis Beschl. v. 23./24.4.2009.

- Unternehmen sollten Datenscreenings nicht pauschal und anlasslos durchführen. Da die Lohnzahlung nur unbar erfolgt, die Kreditinstitute nach § 25c Kreditwesengesetz (KWG) ohnehin Abgleiche mit den Terrorlisten vornehmen, ist ein Datenabgleichverfahren innerhalb des Unternehmens mit Mitarbeiterdaten nicht geboten.
- Die Zollbehörden werden aufgefordert, die rechtsstaatlichen Vorgaben im Rahmen der AEO-Zertifizierung zu beachten. Eine einheitliche Praxis nach diesen Vorgaben gibt den Unternehmen Rechtssicherheit.
- Die Bundesregierung wird gebeten, die derzeitige AEO-Zertifizierungspraxis einer baldigen und umfassenden Evaluation zu unterziehen."[464]

Rechtsprechungsbeispiele:

FG Düsseldorf:[465] Geklagt hatte ein Unternehmen, das das AEO-Zertifikat beantragt hatte und dem das Hauptzollamt die Erteilung verweigert hatte, weil das Unternehmen die Listenabgleiche aus Datenschutzgründen nicht durchführen wollte. Das FG verneint eine Erlaubnis nach § 32 Abs. 1 BDSG, weil die Daten nicht (unmittelbar) für Zwecke des Beschäftigungsverhältnisses genutzt werden. Allerdings bejaht das FG eine Erlaubnis nach § 28 Abs. 2 Nr. 2b BDSG und weist die Klage ab.

BFH:[466] Aus der Begründung (Hervorhebungen durch die Autorin):
- „selbst dann ..., falls man die mit dem Wortlaut der gesetzlichen Vorschrift nicht zu begründende Ansicht des FG teilte, die Daten müssten ‚unmittelbar' für Zwecke des Beschäftigungsverhältnisses genutzt werden ... [ist die] Überprüfung des Personals und Nutzung entsprechender Daten für die Entscheidung über die Begründung eines solchen Beschäftigungsverhältnisses bzw. für dessen Durchführung unmittelbar erforderlich."
- „... seitens der Revision vertretene Ansicht, bei Listenabgleich würden personenbezogene Daten der Beschäftigten ‚außerhalb des Beschäftigungsverhältnisses verwendet', ist nicht nachvollziehbar. [...] Hinweise der Revision auf BVerfG zur automatischen Kennzeichenerfassung, Rasterfahndung oder Vorratsdatenspeicherung und insoweit erforderlichen gesetzlichen Eingriffsgrundlagen liegen neben der Sache ... "
- „Falls die Klägerin weiterhin Bedenken hat, ob der Vergleich der Stammdaten ihrer Beschäftigten mit den Listen der VO Nr. 2580/2001 und VO Nr. 881/2002 gemäß § 32 Abs. 1 Satz 1 BDSG zulässig ist, kann sie eine entsprechende Einwilligung der betroffenen Beschäftigten einholen, durch die datenschutzrechtliche Bedenken jedenfalls ausgeräumt werden (§ 4 Abs. 1 BDSG)."
- „Falls diese Bedingungen der Klägerin nicht akzeptabel oder erfüllbar erscheinen, steht es ihr frei, auf das Zertifikat zu verzichten."

236   Die Begründung, mit der der BFH eine Erlaubnis nach § 32 Abs. 1 S. 1 BDSG bejaht, verfassungsrechtliche Bedenken beiseite wischt und Ausführungen zur Beschäftigteneinwilligung macht (ohne die ggf. fehlende Freiwilligkeit zu berücksichtigen), ist datenschutzrechtlich zweifelhaft. Wie geht der Arbeitgeber mit dem Widerruf von Einwilligungen um bzw. welche Auswirkungen hätte das auf das AEO-Zertifikat? Auch der Satz, dass es der Klägerin freistehe, auf das AEO-Zertifikat zu verzichten, wirkt angesichts der dringenden Notwendigkeit für exportierende Unternehmen, Erleichterungen bei der Zollabfertigung zu erhalten, zynisch. Das Ergebnis der Entscheidung des BFH ist jedoch für die Unternehmen begrüßenswert, weil nunmehr zumind. hins. Terrorlistenabgleichen im Rahmen AEO-Zertifizierung gewisse Rechtssicherheit besteht. In anderen Bereichen von Hintergrundüberprüfungen besteht diese Rechtssicherheit häufig nicht.

237   Selbst Identitätsprüfungen (und zu diesem Zweck Übermittlung einer Kopie des Ausweises) sind nach Ansicht der Datenschutzbehörden nur eingeschränkt zulässig. So wird beispielsweise empfohlen, die zur Identitätsfeststellung nicht erforderlichen Daten in der Ausweiskopie zu schwärzen.[467] Der Landesbeauftragte für Datenschutz und Informationsfreiheit Nordrhein-Westfalen hat in einem Informationsblatt mit Stand 10/2014 verschiedene Fallgestaltungen zum Thema **Personalausweis** und Datenschutz und den **Umgang mit**

---

[464] Düsseldorfer Kreis Beschl. v. 22./23.11.2011.
[465] FG Düsseldorf Urt. v. 1.6.2011 – 4 K 3063/10 Z, ZD 2012, 297 mAnm Strau.
[466] BFH Urt. v. 19.6.2012 – VII R 43/11.
[467] Filip, Datenschutz-Praxis 11/2014, 1 ff. Der Verfasser kommt zu dem Ergebnis, dass eine Anfertigung einer Ausweiskopie auf Papier zum Zwecke der Identifikation zulässig sei. § 20 PAuswG stehe dem nicht entgegen. Siehe zu europäischem Datenschutz und US-amerikanische (e-)Discovery-Pflichten Deutlmoser/Filip ZD-Beil. 2012, (Heft 6).

Ausweiskopien erstellt. Eine Fallgestaltung sind Kredit- und Finanzdienstleistungsinstitute. Nach dem Geldwäschegesetz (GwG) haben Kredit- und Finanzdienstleistungsinstitute ua für die Begründung einer Geschäftsbeziehung ihren Vertragspartner zu identifizieren. Hierfür seien bei einer natürlichen Person folgende Angaben zu erheben und aufzuzeichnen:
- Vor- und Nachname
- Geburtsort
- Geburtsdatum
- Staatsangehörigkeit
- Anschrift
- Die Art, die Nummer und die ausstellende Behörde des zur Überprüfung der Identität vorgelegten Dokuments, ggf. Gültigkeitsdauer des Ausweises.

Nach § 8 Abs. 1 S. 3 GwG kann diese Aufzeichnungspflicht auch durch eine Kopie des Personalausweises erfolgen. Da der Ausweis jedoch mehr Daten enthält, als nach dem GwG zu erheben und aufzuzeichnen sind, können und sollen darüber hinausgehende Informationen geschwärzt werden. In § 1 Abs. 3 GwG ist der Begriff der Geschäftsbeziehung wie folgt definiert: *„Geschäftsbeziehung im Sinne dieses Gesetzes ist jede geschäftliche oder berufliche Beziehung, die unmittelbar in Verbindung mit den geschäftlichen oder beruflichen Aktivitäten der Verpflichteten unterhalten wird, und bei der beim Zustandekommen des Kontakts davon ausgegangen wird, dass sie von gewisser Dauer sein wird."* Nach den Auslegungs- und Anwendungshinweisen der Deutschen Kreditwirtschaft vom 16. Dezember 2011 zur Verhinderung von Geldwäsche, Terrorismusfinanzierung und sonstigen strafbaren Handlungen gelten folgende Vorgaben: Geschäftsbeziehung umfasst die Gesamtheit der vom Kunden genutzten bzw. dem Kunden zur Verfügung stehenden Leistungen/Produkte. Anknüpfungspunkt ist der Vertragspartner. **Nicht** erfasst sollen sein: Allgemeine, nicht banktypische Rechtsbeziehungen (also zB der Aufrechterhaltung des Betriebes als solches dienend). Als Beispiel werden auch IT-Wartungs-/Dienstleistungsverträge genannt. Somit ist fraglich, ob das Verhältnis zB zwischen den Mitarbeitern des externen IT-Dienstleisters der Bank und der Bank eine solche Geschäftsbeziehung gemäß § 8 GwG darstellt. Diese Ansicht berücksichtigt aber nicht, dass gerade bei bankspezifischen IT-Wartungs-/Dienstleistungsverträgen Geschäftsbeziehungen vorliegen, die die Risiken, die das GwG bekämpfen will, begründen können.

Praxistipp:

Mit Blick auf die Grundsätze der Erforderlichkeit und Datensparsamkeit genügen zum Identitätsnachweis in aller Regel die oben genannten Datenkategorien und die übrigen Daten auf der Ausweiskopie, die übermittelt wird, sind zu schwärzen. Die Ausweiskopie (auch die geschwärzte) ist nach erfolgter Identitätsprüfung von den Empfängern zu vernichten, denn auch bei einer teilgeschwärzten Ausweiskopie kann ein Missbrauchsrisiko bestehen. Um die Prüfung zu dokumentieren, genügt die Anfertigung eines entsprechenden Vermerks. Die Verpflichtung zur Vernichtung der Kopie schließt allerdings nicht die Möglichkeit aus, die einzelnen Daten aus dem Personalausweis bzw. der Ausweiskopie zu speichern, wobei Regelspeicherfristen bzw. Löschpflichten zu beachten sind.

Arbeitsrechtlich und auch datenschutzrechtlich problematisch sind regelmäßig Angaben zu Familienangehörigen, insbesondere wenn die Fragen nach Verwandtschaftsverhältnissen so pauschal und allgemein gehalten sind, dass die Betroffenen sie überhaupt nicht erfüllen können. Das gilt insbesondere, wenn der Betroffene angeben soll, welche seiner Verwandten für Kunden, Lieferanten, sonstige Vertragspartner oder Wettbewerber eines Unternehmens tätig sind – was im Rahmen sog Compliance-Verpflichtungserklärungen bisweilen abgefragt und in den USA nicht unüblich ist. Fragen zu **Angehörigen** sind nur in seltenen Ausnahmefällen (etwa bei Beamten hins. verfassungsschutzrelevanter Fragen) zulässig.[468]

---

[468] Landtag von BW, Drs. 15/955, v. 1.12.2011, 30. Tätigkeitsbericht des LfD BW 2010/2011, S. 134 ff.; BfDI, Datenschutz in der Arbeitswelt, abrufbar unter www.bfdi.bund.de/bfdi_wiki/.

240 Das Fragerecht des Arbeitgebers hinsichtlich Vermögensverhältnissen ist personell auf die Personen beschränkt, die ein besonderes Vertrauensverhältnis bzw. eine *Vermögensbetreuungspflicht* beim Arbeitgeber innehaben (ähnlich den Informationen nach WpHG bzgl. Insiderinformationen). Hinsichtlich des Führungszeugnisses sind nur bestimmte Straftaten für das Arbeitsverhältnis relevant, beispielsweise Untreue, Vermögensdelikte, Delikte des Wirtschaftsstrafrechts, Korruption, Insolvenzstraftaten, Begünstigung etc. Daher können und sollten weitere Angaben zu Straftaten geschwärzt werden, die für die Identitäts- und Zuverlässigkeitsprüfung nicht relevant sind.

241 Sollen externe Mitarbeiter zB von Banken geprüft werden (etwa Arbeitnehmer von IT-Dienstleistern der Bank), stellt sich zunächst die Frage, wie das **Dreiecksverhältnis** (Bank – **externer Vetting-Dienstleister** – Lieferant der Bank, dessen Mitarbeiter überprüft werden) und die Datenweitergabe zwischen diesen Beteiligten datenschutzrechtlich zu beurteilen ist. Führt die Bank[469] selbst Hintergrundüberprüfungen bzgl. der Beschäftigten des Lieferanten durch, scheidet Auftragsdatenverarbeitung (§ 11 BDSG) regelmäßig aus, weil die Datenverarbeitung zu eigenen Zwecken der Bank erfolgt und nicht ausschließlich im Auftrag und auf Weisung des Lieferanten. Hins. des Vetting-Dienstleisters kommen grds. zwei Fallgestaltungen in Betracht: Auftragsdatenverarbeitung oder Funktionsübertragung.

242 Führt der Vetting-Dienstleister lediglich einen fest umrissenen Auftrag aus, ohne dabei über Ermessensspielraum zu verfügen, ist er Auftragsdatenverarbeiter. Es müssten dann aber sämtliche Datenverarbeitungsverfahren im Rahmen der Hintergrundüberprüfung im Einzelnen festgelegt werden und der Vetting-Anbieter müsste alle Ergebnisse des Abgleichs an den Auftraggeber (was grds. die Bank oder der Lieferant sein kann) melden. Wie mit den Ergebnissen weiter verfahren wird, entscheidet allein der Auftraggeber. Anders bei der Funktionsübertragung, bei der der Vetting-Anbieter im Wesentlichen selbständig und mit eigenen Entscheidungsspielräumen tätig wird, wobei aber im Einzelfall fraglich sein kann, ob eine Erlaubnis zur Funktionsübertragung nach § 28 Abs. 1 S. 1 Nr. 2 und Abs. 2 Nr. 2a BDSG vorliegt.[470]

Praxistipp:

Mitunter behalten sich Kreditinstitute vor, die Beauftragung eines Lieferanten zu beenden, falls dieser keine Hintergrundüberprüfungen bei den vom Kreditinstitut zugelassenen Vetting-Anbietern (häufig auf Kosten des Lieferanten!) durchführt oder falls der Lieferant das Ergebnis der Überprüfung nicht an das Kreditinstitut übermittelt. Daher sollte der Lieferant mit dem Kreditinstitut regeln:
- Notwendigkeit (Anlass), auch Negativabgrenzung, Umfang, Anzahl und Häufigkeit,
- Art und Weise der Durchführung der Hintergrundüberprüfungen,
- die hierfür erhobenen Datenkategorien,
- Kostentragungspflicht,
- Konsequenzen, wenn der externe Vetting-Anbieter die datenschutzrechtlichen Anforderungen (etwa Abschluss eines Auftragsdatenverarbeitungsvertrags) nicht einhält,
- Konsequenzen für das Hauptvertragsverhältnis, wenn das Kreditinstitut im Zusammenhang mit dem Vetting den Hauptvertrag aussetzt oder kündigt (etwa Relevanz für Pflegeverträge, Reaktions-/und Beseitigungszeiten, falls der Lieferant ein IT-Anbieter ist).

243 f) **Firmenkreditkarte.** Gerade wenn der Arbeitgeber Vertriebsmitarbeiter beschäftigt, die viel – auch international – dienstlich reisen, werden regelmäßig zur Vereinfachung der Reise- und Spesenkostenabrechnung Firmenkreditkarten eingesetzt.[471] Die Einführung einer Firmenkreditkarte unterliegt zunächst § 32 Abs. 1 S. 1 BDSG, da der Arbeitgeber die für die

---

[469] Zum Datenschutz bei Banken: *Weichert* DuD 2015, 16; zu IT-Sicherheit *Amendola/Kraus* DuD 2015, 12; Biometrie-Einsatz im Banking *Grudzien* DuD 2015, 7.
[470] Einzelheiten zum Funktionsübertragungsvertrag → Rn. 277 ff.
[471] Ausführlich auch zur Differenzierung zwischen Haupt-/Zusatzkartenvertrag und separatem Kreditkartenvertrag und zu den betriebsverfassungsrechtlichen Aspekten siehe *Lunk/Hinrichs* DB 2007, 2144 ff.; Schneider/*Conrad*, Handbuch des EDV-Rechts, Kap. B. Rn. 634 ff.

Einführung der Kreditkarte relevanten personenbezogenen Daten des Arbeitnehmers (zB Geburtsdatum und -ort sowie Wohnanschrift des Arbeitnehmers, evtl. auch Daten zur Bonität) selbst erhebt bzw. aus der Personalakte entnimmt und an die kartenausgebende Bank übermittelt. Ob diese Datenverarbeitung gemäß § 32 Abs. 1 S. 1 BDSG zulässig ist, hängt von den konkreten Umständen ab, insbesondere ob der Arbeitgeber dem Beschäftigten eine Wahlmöglichkeit lässt. Eine Wahl hätte der Beschäftigte zB wenn er betriebliche Ausgaben wie Spesen entweder über eine Firmenkreditkarte abrechnen kann oder im Wege der nachträglichen Kostenerstattung. Die Ausgabe der Firmenkreditkarte birgt für den Arbeitgeber das Risiko, dass der Arbeitnehmer die Karte auch zur privaten Lebensführung nutzt und der Arbeitgeber für diese Umsätze gegenüber der Bank gesamtschuldnerisch haftet.[472] Zwar steht dem Arbeitgeber im Innenverhältnis gegen den Arbeitnehmer ein Ausgleichsanspruch zu. Dieser Ausgleichsanspruch läuft jedoch etwa bei überschuldeten Arbeitnehmern ins Leere. Daher sind für den Arbeitgeber und auch für die kartenausgebende Bank Informationen zu wirtschaftlichen Verhältnissen und zum Zahlungsverhalten des Arbeitnehmers interessant. Im Hinblick auf die Bonitätsprüfung durch das kartenausgebende Kreditinstitut ist das Verhältnis von § 32 BDSG zu § 28b BDSG fraglich. Nach Ansicht des BAG[473] darf der Arbeitgeber den Arbeitnehmer konkret nach dessen wirtschaftlichen Verhältnissen befragen, wenn der Arbeitnehmer eine besondere Vertrauensstellung innehat.[474] Ob der Arbeitgeber einen Anspruch auf die Informationen hat, die eine Bank im Rahmen einer zulässigen „Bonitätsprüfung" bzw. eines Kredit-Scoring vor Ausstellung einer Kreditkarte an einen Kunden erheben darf, ist fraglich. Jedenfalls sind zum Schutz des Persönlichkeitsrechts des Arbeitnehmers Vorkehrungen zu treffen. Dem Arbeitnehmer (zumindest sofern er keine leitende Funktion im Unternehmen innehat) sollte ein **Wahlrecht** bleiben, ob er an dem Firmenkreditkarten-Programm teilhaben möchte oder nicht. Die Einführung einer Firmenkreditkarte gegen den Willen des Mitarbeiters ist nicht zulässig, wenn dies mit Fragen über seine Bonität oder sein Zahlungsverhalten einhergeht.[475] Aus datenschutzrechtlichen Gründen (Erforderlichkeit) müssen die Daten über die Bonität des Arbeitnehmers vom Umfang her auf die Informationen beschränkt sein, die für die Beurteilung des wirtschaftlichen Risikos einerseits des Arbeitgebers und andererseits der Bank erforderlich sind. Die Bonitätsdaten des Arbeitnehmers müssen sowohl beim Arbeitgeber als auch bei der Bank streng vertraulich behandelt werden. Sie dürfen nur einem eingeschränkten Personenkreis zugänglich sein, der diese Daten zur Abwicklung des Kreditkartenvertrages mit dem Arbeitnehmer benötigt und zur vertraulichen Behandlung der Daten verpflichtet ist. Die Daten dürfen grundsätzlich nicht weitergegeben werden, insbesondere nicht an verbundene Unternehmen und Dritte, die nicht Partei des Kreditkartenvertrages sind. Auch eine Übermittlung dieser Daten zwischen dem Arbeitgeber und der Bank ist grundsätzlich unzulässig.

g) E-Learning, Gesundheitstests, Video- und TK-Datenüberwachung. *aa) E-Learning.* In diversen Bereichen (zB Kartellrecht, Datenschutzrecht, Außenwirtschaftsrecht) treffen den Arbeitgeber Verpflichtungen, die Mitarbeiter zu schulen und dies ggf. im Falle einer behördlichen Über-prüfung nachzuweisen. Verstärkt werden dafür E-Learning-Systeme eingesetzt. Teilweise werden die Systeme als **Portallösungen durch einen externen Anbieter** betrieben. Fraglich ist, inwieweit der Arbeitgeber die Durchführung der Lernprogramme kontrollieren darf. E-Learning-Portale, die über das Internet nutzbar sind, sind Telemediendienste nach § 1 Abs. 1 TMG. Wegen § 11 Abs. 1 Nr. 1 TMG richten sich Speicherung und Nutzung der Daten nach § 32 Abs. 1 S. 1 BDSG. *Filsek*[476] differenziert bei der Prüfung der datenschutzrechtlichen Zulässigkeit zutreffend zwischen:

---

[472] Siehe zur unbefugten privaten Nutzung einer Firmenkreditkarte: OLG Brandenburg Urt. v. 20.2.2007 – 6 U 22/6 und 6 U 61/06, OLGR Brandenburg 2007, 786.
[473] Vgl. etwa BAG Urt. v. 18.1.2000 – 9 AZR 932/98, DB 2000, 2276.
[474] Nach Ansicht eines Teils der Literatur ist eine solche Befragung auch zulässig, wenn der Arbeitnehmer eine leitende Funktion hat oder wenn lediglich nach bestehenden Pfändungen und zu erwartenden Pfändungs- und Überweisungsbeschlüssen gefragt wird.
[475] Siehe auch *Lunk/Hinrichs* DB 2007, 2144 ff.
[476] Ausführlich zu den datenschutzrechtlichen Fragen (allerdings noch zur Rechtslage vor Einführung des TMG und des § 32 BDSG) siehe *Filsek* CR 2004, 62.

- Aufruf der Seite und Registrierung,
- Zugriff auf Lerninhalte (insbesondere Nutzerprofile),
- Kommunikationsdaten (Serviceelemente des Lernportals wie zB Foren) und Klausuren- und Prüfungsmanagement.

245 Nur wenn eine Teilnahmepflicht (und ein berechtigtes Interesse des Arbeitgebers am Lernerfolg) besteht, ist es zulässig, wenn der Vorgesetzte (evtl. auch ein „Tutor" des Lernenden) das Ergebnis des Tests (Bestanden/Nicht bestanden) erfährt. Auswertung von Lerndauer, Zahl der Wiederholungen etc ist jedenfalls unzulässig.

246 *bb) Gesundheitstests am Arbeitsplatz.* Bei **Alkohol-/Drogentests** und ähnlichen Untersuchungen ist bereits unklar, ob § 32 anzuwenden ist oder § 28 Abs. 6 BDSG (Gesundheitsdaten!). Streitig ist, ob von Bewerbern ein Blut-/Drogentest verlangt werden darf, zumindest wenn dies wesentlich für die Eignung des Bewerbers ist (Schadensneigung der konkreten Beschäftigung).[477]

247 Das BAG[478] hat entschieden, dass Arbeitnehmer nicht verpflichtet sind, routinemäßigen Blutuntersuchungen zuzustimmen. Dies gilt selbst bei Arbeitsplätzen mit einem Sicherheitsrisiko wie etwa bei einem bewaffneten Wachmann.[479]

248 Seit 31.7.2009 regelt das Gendiagnostikgesetz genetische Untersuchungen von Beschäftigten.[480] Gemäß § 19 GenDG lautet: *„Der Arbeitgeber darf von Beschäftigten weder vor noch nach Begründung des Beschäftigungsverhältnisses*
1. *die Vornahme genetischer Untersuchungen oder Analysen verlangen oder*
2. *die Mitteilung von Ergebnissen bereits vorgenommener genetischer Untersuchungen oder Analysen verlangen, solche Ergebnisse entgegennehmen oder verwenden."*

249 *cc) Videoüberwachung.* Intelligente Videoüberwachung, ggf. mit Zoom-Funktion und Gesichtserkennung zB als Zugangskontrolle, zur Überwachung des Übertragungsverbots von Tageskarten an Skiliften oder zur täglichen Arbeitsunterstützung in Krankenhäusern, Pflege- und Senioreneinrichtungen nehmen zu.[481] Die Videoüberwachung in öffentlich zugänglichen Räumen ist in § 6b BDSG geregelt. Das Verhältnis von § 6b BDSG zu § 32 BDSG ist nach dem Gesetzeswortlaut unklar.[482] Unklar, ist insbesondere, ob bei Videoaufzeichnung von Beschäftigten an **allgemein** zugänglichen Arbeitsplätzen (etwa in einem Friseursalon) § 32 oder § 6b BDSG oder § 28 Abs. 1 S. 1 Nr. 2 BDSG Anwendung findet. Ein Teil der Literatur geht davon aus, dass 6b BDSG in solchen Fällen nicht zur Anwendung komme, da wegen des Hausrechts des Arbeitgebers keine öffentliche Zugänglichkeit gegeben sei; allerdings sei § 28 Abs. 1 S. 1 Nr. 2 BDSG uU denkbar.[483] Das BAG[484] hat aber entschieden, dass § 6b BDSG beispielsweise bei Videoüberwachung in den Verkaufsräumen eines Einzelhandelsunternehmens zu Anwendung kommt. Inzwischen unterscheidet die wohl überwiegende Ansicht bei Videoüberwachung am Arbeitsplatz nach dem Zweck. Ist der Zweck die präventive Verhaltenskontrolle bei besonders gefahrgeneigter Arbeit, ist § 32 Abs. 1 S. 1 BDSG einschlägig (aber rein zur Überwachung des ordnungsgemäßen Dienstablaufs regelmäßig nicht erfüllt).[485] Zur Aufdeckung von Straftaten von Mitarbeitern bei Vorliegen von An-

---

[477] *Forst* RDV 2010, 8; *Haase/Heermann/Klugl* DuD 2010, 819.
[478] BAG Urt. v. 12.8.1999 – 2 AZR 55/99, NJW 2000, 604 .
[479] *Gola/Wronka* Rn. 555 mwN auch zur Genom-/DNA-Analyse (Rn. 531 ff.). Im Gesetzesentwurf vom 25.8.2010 werden Gesundheitstests ausdrücklich geregelt.
[480] *Däubler*, Gläserne Belegschaft, S. 179.
[481] Zu letzterem *Bretthauer/Krempel/Birnstill* CR 2015, 239. Zu Videoüberwachung im ÖPNV *Bergfink* DuD 2015, 145; Videoüberwachung im Bürogebäude *Zscherpe* DuD 2015, 172; am Arbeitsplatz *Jerchel/Schubert* DuD 2015, 151; *Mester* DuD 2015, 194.
[482] Siehe mwN: *Schneider/Conrad*, Handbuch des EDV-Rechts, Kap. B. Rn. 631 ff. Nach dem Gesetzentwurf vom 25.8.2010 zur Regelung des Beschäftigtendatenschutzes soll die heimliche Videoüberwachung von Beschäftigten künftig per se verboten sein (siehe § 32f BDSG-E); siehe auch *Tinnefeld/Petri/Brink* MMR 2011, 427 (429).
[483] *Gola/Schomerus*, BDSG, § 6b mwN; andeutungsweise wohl BAG Urt. v. 27.3.2003 – 2 AZR 51/02, RDV 2003, 293. Str. aA Düsseldorfer Kreis (Orientierungshilfe „Videoüberwachung durch nicht-öffentliche Stellen" v. 19.2.2014, S. 13), der bei Videoüberwachung im Gastraum einer Gaststätte § 6b BDSG anwendet.
[484] BAG Urt. v. 21.6.2012 – 2 AZR 153/11.
[485] Düsseldorfer Kreis OH Videoüberwachung, S. 14.

IV. Zulässigkeit des Umgangs mit personenbezogenen Daten

haltspunkten für einen Verdacht ist § 32 Abs. 1 S. 2 BDSG anzuwenden. In den übrigen Fällen der Videoüberwachung, wenn es als nicht um Leistungs- und Verhaltenskontrolle, sondern zB Schutz vor Schädigung durch Dritte geht, ist nicht § 32 BDSG sondern § 28 Abs. 1 S. 1 Nr. 2 BDSG anzuwenden.[486] Bei Videoüberwachung im Außenbereich (etwa eines Kaufhauses) ist regelmäßig § 6b BDSG einschlägig.[487]

Große Sorgfalt ist bei der Zweckbestimmung und Zweckbindung von Videoaufzeichnungen erforderlich.

Beispiel:
Ein Unternehmen bringt Videokameras am Firmenhaupteingang an, der zugleich durch einen Pförtner bzw. Empfangspersonal besetzt ist. Ein Hinweisschild informiert, dass die Videoüberwachung zu Sicherheitszwecken erfolgt. Nachdem sich Besucher/Anrufer über sehr lange Wartezeiten am Empfang beschweren, werden die Videoaufzeichnungen ausgewertet. Darauf ist erkennbar, dass die Beschäftigte am Empfang häufige Raucherpausen macht und sich längere Zeit mit anderen Beschäftigten unterhält. Der Arbeitgeber kündigt verhaltensbedingt. Aus Sicht der Artikel-29-Gruppe[488] durfte der Betroffene davon ausgehen, dass Zweck nur Sicherheitsgründe
- Leistungs- und Verhaltenskontrolle ist ein „**unrelated purpose**"

Andere Faktoren der Inkompatibilität:
- Nachteile für die Beschäftigten (disziplinarische Maßnahmen),
- Art der Daten (Videos),
- Verhältnis zw. verantwortl. Stelle und Betroffenen (Ungleichgewicht im Beschäftigungsverhältnis) und keine technischen/organisatorischen Sicherheitsmaßnahmen (zB Berichtigung des Hinweisschilds)."

Das BAG[489] hat entschieden (allerdings vor Einführung des § 32 BDSG), dass im Innenbereich eines Postzustellbetriebs nur bei konkretem personenbezogenem Verdacht einer strafbaren Handlung und nur stellenweise Videoüberwachung zulässig ist. Rein präventive Videoüberwachung ist nicht zulässig. Dieses Ergebnis ist jedoch umstritten.[490] Die Artikel-29-Gruppe[491] hat zB Bedenken dahingehend geäußert, dass eine Videoüberwachung am Firmenhaupteingang (mangels Erforderlichkeit) unzulässig ist, wenn zugleich der Empfang durch einen Pförtner bzw. Empfangspersonal besetzt ist. Im Beispielsfall war ein Hinweisschild angebracht, wonach die Videoüberwachung zu Sicherheitszwecken erfolgt. Nach aA[492] ist zur Gewährleistung der Sicherheit (zB in Serverräumen) präventive Videoüberwachung zulässig, sofern sie verhältnismäßig ist. Zur Erforderlichkeit bzw. Verhältnismäßigkeit der Videoüberwachung gibt es uferlose Rechtsprechung und Beispiele in Tätigkeitsberichten der Datenschutzaufsichtsbehörden und mitnichten ist das Urteil der Gerichte und Behörden einheitlich. Auch scheinen die Meinungen auseinanderzugehen, ob zB die Tiefgarage eines Betriebs zum Schutz des Personals und zur Verhinderung und Aufdeckung von Beschädigungen und Diebstählen videoüberwacht werden darf.

Beispiele:
AG Berlin-Mitte Urt. v. 18.12.2003 – 16 C 427/02: Ein Hauseigentümer darf, um Beschädigungen durch **Graffiti** uÄ zu verhindern, den öffentlichen Gehweg um das Gebäude in einer Breite von etwa einem Meter überwachen. Die Befugnis ergibt sich aus § 6b BDSG.
LfD Bremen, 22. Tätigkeitsbericht 1999, S. 63, 64 – Videoüberwachung einer Großwohnanlage:[493] Installation hoch über den Dächern der Wohnanlage mit Blick in die Wohnräume ist unzulässig. Der LfD Bremen weist darauf hin, dass die „[...] *Wohnraumüberwachung ebenso wenig in Betracht kommen kann wie die Überwachung öffentlicher, nicht im Eigentum des Wohnungsunternehmens stehender Flächen. Ich habe aber auch deutlich gemacht, dass ich keine Bedenken habe, wenn nach Anbringung entsprechender Hinweisschildern die im Eigentum des Wohnungsbauunternehmens befindliche* **Tiefgarage** *videoüberwacht würde.*"

---

[486] Düsseldorfer Kreis OH Videoüberwachung, S. 15.
[487] AG Berlin-Mitte Urt. v. 18.12.2003 – 16 C 427/02.
[488] Artikel-29-Datenschutzgruppe, Working Paper 203 (Opinion on purpose limitation) v. 2.4.2013, S. 56.
[489] BAG v. 26.8.2008 – 1 ABR 16/07, MDR 2008, 1401.
[490] *Wolff/Brink* DuD 2011, 447; *Abate* DuD 2011, 451; *Wilke* RDV 2005, 96; *Forst* RDV 2009, 204. Zu automatischer Verhaltensanalyse mittels „Smart Cameras": *Hornung/Desoi* K & R 2011, 153.
[491] Working Paper 203 (Opinion on purpose limitation) v. 2.4.2013, S. 56.
[492] *Saarl.* LDSB RDV 2008, 83.
[493] Siehe auch lfD Hessen, 41. TB 2012, Videoüberwachung in Schulen.

Landesamt Datenschutzaufsicht Bayern, Tätigkeitsbericht 2011/2012, S. 84: Bejaht § 28 Abs. 1 S. 1 Nr. 2 BDDG bei Videoüberwachung in einer Tiefgarage. Anlass waren Diebstähle und Sachbeschädigung an Kfz. Unbefugte schlüpften bei geöffnetem Tor in die Garage. *„Zunächst waren keine geeigneten Alternativen zur Kameraüberwachung erkennbar. Die örtlichen Verhältnisse machten es den aus der Garage herausfahrenden Autofahrern unzumutbar, unmittelbar nach Passieren des Tores so lange stehen zu bleiben, bis dieses geschlossen ist, um auf diese Weise das Eindringen Unbefugter zu verhindern."*

LG München I, Beschl. v. 11.11.2011 – 1 S 12752/11, ZD 2012, 52: Videoaufzeichnung in der Tiefgarage einer WEG ist nicht durch § 28 Abs. 1 S. 1 Nr. 2 BDSG erlaubt. Die Videoüberwachung wird auch nicht dadurch gerechtfertigt, dass es in der Vergangenheit zu Autoaufbrüchen und Diebstählen von gelagerten Gegenständen in der Tiefgarage gekommen ist. Die hohe Anzahl der verschiedener Nutzer der Tiefgarage und die dadurch gegebene Anonymität [?] sprechen gegen die Effektivität der Maßnahme. Zur Abschreckung seien Hinweisschilder auf Videoüberwachung und Installation von Kamera-Attrappen ausreichend.

BGH Urt. v. 24.5.2013 – V ZR 220/12: Bejaht Videoüberwachung im Wohnungseigentum bei wechselndem Überwachungsmotiv. Ursprünglicher Zweck war 2008 eine temporäre Lösung wegen Farbverunreinigung nach Renovierung des Eingangsbereichs, die aufgeklärt werden sollte. Mit Hilfe der Videoüberwachung wurden später Fahrraddiebstähle aufgeklärt. 2010 hat die Wohnungseigentümerversammlung den Antrag eines Bewohners, die Kameras abzubauen, abgelehnt.

OVG Lüneburg Urt. v. 29.9.2014 – 11 LC 114/13, RDV 2014, 337: Videoüberwachung im Eingangsbereich und Treppenaufgängen eines Bürogebäudes richtet sich nach § 6b BDSG; festinstallierte **Minidome-Kameras ohne Zoom-Funktion** und **kurzfristige Speicherung der Aufnahmen im sog black-box-Verfahren** kann zur Verhinderung von Straftaten erforderlich sein.

Düsseldorfer Kreis Beschl. v. 26.2.2014:[494] **"Dash-Cams"** sind nach Ansicht des Düsseldorfer Kreises unzulässig, weil die schutzwürdigen Interessen der anderen Verkehrsteilnehmer überwiegen (§ 6 Abs. 3 BDSG).[495]

251 Bei der Abwägung ist auch relevant, *„ob den Beschäftigten überhaupt ein kontrollfreier und damit unbeobachteter Arbeitsbereich verbleibt. Zur Kontrolle von Arbeitsleistungen, Sorgfalt und Effizienz sind Kameras keinesfalls erlaubt. Sensible Bereiche wie Umkleidekabinen, sanitäre Räumlichkeiten oder Pausen- und Aufenthaltsräume sind ebenfalls von der Überwachung auszunehmen."*[496]

252 Heimliche Überwachung ist stets ultima ratio und im präventiven Bereich per se unverhältnismäßig.[497] Das BAG[498] hat vor Einführung von § 32 BDSG entschieden (Leitsätze des Gerichts):

„1. Die heimliche Videoüberwachung eines Arbeitnehmers durch den Arbeitgeber stellt einen Eingriff in das durch Art 2 Abs 1 GG geschützte allgemeine Persönlichkeitsrecht des Arbeitnehmers dar.
2. Dieser Eingriff führt jedoch dann nicht zu einem Beweisverwertungsverbot, wenn der konkrete Verdacht einer strafbaren Handlung oder einer anderen schweren Verfehlung zu Last des Arbeitgebers besteht, weniger einschneidende Mittel zur Aufklärung des Verdachts ausgeschöpft sind, die verdeckte Video-Überwachung praktisch das einzig verbleibende Mittel darstellt und insgesamt nicht unverhältnismäßig ist.
3. Ist die Videoüberwachung entgegen § 87 Abs 1 Nr 6 BetrVG ohne vorherige Zustimmung des Betriebsrates durchgeführt worden, so ergibt sich aus diesem Verstoß jedenfalls dann kein eigenständiges Beweisverwertungsverbot, wenn der Betriebsrat der Verwendung des Beweismittels und der darauf gestützten Kündigung zustimmt und die Beweisverwertung nach den allgemeinen Grundsätzen gerechtfertigt ist."

---

[494] Düsseldorfer Kreis Beschl. v. 26.2.2014, „Unzulässigkeit von Videoüberwachung aus Fahrzeugen (sog Dashcams)", abrufbar unter http://www.bfdi.bund.de/SharedDocs/Publikationen/Entschliessungssammlung/DuesseldorferKreis/26022014_UnzulaessigkeitDashcams.html.
[495] Siehe auch EuGH Urt. v. 11.12.2014 – C-212/13 zur Videoaufzeichnung öffentlichen Straßenraums durch den Besitzer eines Einfamilienhauses → Rn. 117.
[496] Düsseldorfer Kreis OH Videoüberwachung, S. 15.
[497] Entscheidend ist auch, ob der Arbeitgeber eine berechtigtes Interesse hat, was aber im Regelfall vorliegen dürfte. Zur Videoüberwachung am Arbeitsplatz siehe auch BAG Urt. v. 29.6.2004 – 1 ABR 21/03, RDV 2005, 21. Tendenziell restriktiver, va was heimliche Videoüberwachung betrifft: Düsseldorfer Kreis, Orientierungshilfe „Videoüberwachung durch nicht-öffentliche Stellen" v. 19.2.2014, S. 15
[498] BAG Urt. v. 27.3.2003 – 2 AZR 51/02.

IV. Zulässigkeit des Umgangs mit personenbezogenen Daten 253 § 34

In einer jüngeren Entscheidung hat das BAG[499] hinsichtlich der Grundrechtskollision bei Videoüberwachung klargestellt:

„Allerdings regelt § 6b Abs. 2 BDSG, dass der Umstand der Beobachtung und die verantwortliche Stelle bei Videoaufzeichnungen in öffentlich zugänglichen Räumen durch geeignete Maßnahmen erkennbar zu machen sind. Daraus wird teilweise gefolgert, eine verdeckte Videoüberwachung in öffentlich zugänglichen Räumen sei ausnahmslos unzulässig (ArbG Frankfurt 25. Januar 2006 – 7 Ca 3342/05 – RDV 2006, 214; Bayreuther NZA 2005, 1038, 1040 f.; Lunk NZA 2009, 457, 460; Otto Anm. zu BAG 27. März 2003 – 2 AZR 51/02 – AP BetrVG 1972 § 87 Überwachung Nr. 36). Diese Auffassung überzeugt nicht. Falls die verdeckte Videoüberwachung das einzige Mittel zur Überführung von Arbeitnehmern ist, die der Begehung von Straftaten konkret verdächtig sind, kann vielmehr eine heimliche Videoaufzeichnung auch in öffentlich zugänglichen Räumen nach § 6b Abs. 1 Nr. 3 BDSG zulässig sein (so auch Bergwitz NZA 2012, 353, 357 f.; Byers Die Videoüberwachung am Arbeitsplatz 2010 S. 79; Forst RDV 2009, 204, 209; Gola/Schomerus BDSG 10. Aufl. § 6b BDSG Rn. 28; Grimm/Schiefer RdA 2009, 329, 334 f.; Grimm/Strauf ZD 2011, 188; Maschmann FS Hromadka 2008, 233, 244 f.; Müller Die Zulässigkeit der Videoüberwachung am Arbeitsplatz 2008 S. 126 f.; Oberwetter NZA 2008, 609, 610; Thüsing Arbeitnehmerdatenschutz und Compliance 2010 Rn. 358; Vietmeyer DB 2010, 1462, 1463).
Das Kennzeichnungsgebot gem. § 6b Abs. 2 BDSG ist weder in § 6b Abs. 1 BDSG noch in § 6b Abs. 3 BDSG als Voraussetzung für die Zulässigkeit einer Verarbeitung oder Nutzung der nach § 6b Abs. 1 BDSG erhobenen Daten aufgeführt. Auch aus der Gesetzesbegründung (vgl. BT-Drucks. 14/4329 S. 28, 30 und 38) ergibt sich nicht, dass die Einhaltung des Gebots nach § 6b Abs. 2 BDSG Voraussetzung für die materiellrechtliche Zulässigkeit der Maßnahme wäre. Nach dem Bericht des Innenausschusses normieren die Absätze 1, 3 und 5 der Vorschrift die Zulässigkeitsvoraussetzungen in den verschiedenen Verarbeitungsphasen (BT-Drucks. 14/5793 S. 61), während die Kennzeichnungspflicht des Abs. 2 lediglich die nach dem Gesetz bestehenden allgemeinen Verfahrenssicherungen ergänzt (BT-Drucks. 14/5793 S. 62).
Im Hinblick auf die ihrerseits durch Art. 12 Abs. 1, Art. 14 Abs. 1 GG geschützten Integritätsinteressen des Arbeitgebers begegnete ein absolutes, nur durch bereichsspezifische Spezialregelungen (vgl. etwa § 100c und § 100h StPO) eingeschränktes Verbot verdeckter Videoaufzeichnungen in öffentlich zugänglichen Räumen verfassungsrechtlichen Bedenken [...]
Die nach § 6b Abs. 2 BDSG gebotene Erkennbarkeit der Videoüberwachung öffentlich zugänglicher Räume ist auch für die Verarbeitung oder Nutzung der nach § 6b Abs. 1 BDSG erhobenen Daten nicht zwingende materielle Voraussetzung. [...]
Im Hinblick auf eine Unionsrechtskonformität besteht kein Klärungsbedarf. Die Richtlinie 95/46/EG [...] enthält keine § 6b BDSG vergleichbare Regelung für die Videoüberwachung. Zweifel daran, dass diesbezüglich die Regelungen des Bundesdatenschutzgesetzes den allgemeinen Vorgaben für die Zulässigkeit der Verarbeitung personenbezogener Daten gem. Art. 7 RL 95/46/EG gerecht werden, sind nicht veranlasst. Art. 7 Buchst. f) RL 95/46/EG lässt die Verarbeitung personenbezogener Daten in der Sache ebenso wie das nationale Recht dann zu, wenn sie zur Verwirklichung eines berechtigten Interesses des für die Verarbeitung Verantwortlichen erforderlich ist und das Interesse oder die Grundrechte und Grundfreiheiten der betroffenen Person nicht überwiegen."

Zum **Beweisverwertungsverbot** schlussfolgert das BAG[500] in seinem Leitsatz:

„Das aus einer verdeckten Videoüberwachung öffentlich zugänglicher Arbeitsplätze gewonnene Beweismaterial unterliegt nicht allein deshalb einem prozessualen Beweisverwertungsverbot, weil es unter Verstoß gegen das Gebot in § 6b Abs. 2 BDSG gewonnen wurde, bei Videoaufzeichnungen öffentlich zugänglicher Räume den Umstand der Beobachtung und die verantwortliche Stelle durch geeignete Maßnahmen kenntlich zu machen."

Das Mitbestimmungsrecht des Betriebsrats (§ 87 Abs. 1 Nr. 6 BetrVG) bei der Einführung von Videoüberwachung ist bisweilen streitig, weil gemäß § 87 Abs. 1 BetrVG (1. HS) das Mitbestimmungsrecht gegeben ist, *„soweit eine gesetzliche oder tarifliche Regelung nicht besteht"*. Eine gesetzliche Regelung in § 6b BDSG besteht zwar, diese ist aber nicht abschließend und lässt Spielräume, weshalb das Mitbestimmungsrecht im Regelfall vorliegt.[501]

---

[499] BAG Urt. v. 21.6.2012 – 2 AZR 153/11.
[500] BAG Urt. v. 21.6.2012 – 2 AZR 153/11.
[501] LAG Rheinland-Pfalz Beschl. v. 15.6.2012 – 9 TaBV 10/12.

Wichtig ist, dass Betriebsvereinbarungen[502] zur Videoüberwachung insbesondere folgende Punkte adressieren:[503]

- Gegenstand, Art und Umfang der Datenerhebung, -verarbeitung und -nutzung
- Zweckbindung
- Datenvermeidung und Datensparsamkeit
- Empfänger der Videos/Daten
- Rechte der Betroffenen (va Benachrichtigung, Auskunft)[504]
- Löschfristen
- Technische und organisatorische Maßnahmen, insbesondere Zugriffsberechtigungskonzept (siehe auch Empfänger).

Beispiel:

Das BAG[505] hat sich in einer Entscheidung aus 2008 mit einer Betriebsvereinbarung im Innen- und Außenbereich eines Briefverteilzentrums auseinandergesetzt. Der Wortlaut der Betriebsvereinbarung ist in der Entscheidung in weiten Teilen angegeben. Die Betriebsvereinbarung im Beispielsfall des BAG gliedert sich wie folgt:

§ 1 Geltungsbereich
§ 2 Zweck
§ 3 Ausschluss der Leistungs- und Verhaltenskontrolle
§ 4 Technische Ausstattung
§ 5 [...]
§ 6 Betrieb der Videoanlage
§ 7 Auswertung der Erkenntnisse
§ 8 Aufbewahrung und Vernichtung der Aufzeichnungen
§ 9 Datenschutz
§ 10 Rechte des Betriebsrats
§ 11 Recht und Informationen der Beschäftigten
§ 12 Konfliktlösung und Schlussbestimmungen.

Aus Anlage 1 zu dieser Betriebsvereinbarung ergibt sich Anzahl und Position der Kameras.
Die Betriebsvereinbarung war durch Einigungsstellenspruch zustande gekommen. Der Betriebsrat kritisiert ua, dass die Voraussetzungen in § 6 Abs. 3 der BV im Innenbereich nicht nachvollziehbar und nur oberflächlich ausgestaltbar seien. Vor allem aber sei die in § 6 Abs. 7 der BV vorgesehene Ausdehnung der Videoüberwachung auf den gesamten Betrieb unangemessen. Zudem verstoße § 12 der BV gegen § 76 Abs. 2 BetrVG. Die fraglichen Regelungen lauten:

„*§ 6 Betrieb der Anlage*

(3) Voraussetzung für den Betrieb der Videoanlage im Aufzeichnungsmodus im Innenbereich während der Betriebszeiten ist ein auf konkrete Personen bezogener Verdacht einer strafbaren Handlung aufgrund von:
a) Beschädigungen, Verluste oder Inhaltsschmälerungen von Sendungen, die den Verdacht auf eine strafbare Handlung im Briefzentrum rechtfertigen oder
b) Feststellungen zu Entwendungen und/oder Beschädigungen von Eigentum der Beschäftigten oder der Deutsche Post AG im Briefzentrum.

(4) Über entsprechende Feststellungen gemäß Abs. 3 ist der Betriebsrat vor Einsatz der Videoanlage durch die NLL bzw. durch die Mitarbeiter der Konzernsicherheit zu informieren. Alle Informationen zu vorliegenden Verdachtsmomenten sowie die Art, Weise und Dauer des vorgesehenen Betriebs der Anlage unterliegen der Geheimhaltungspflicht gemäß § 79 BetrVG.

(5) Um den Eingriff in das Persönlichkeitsrecht der Beschäftigten durch die Videoüberwachung so gering wie möglich zu halten, soll die Durchführung der Videoüberwachung im Aufzeichnungsmodus im jeweiligen Fall abhängig vom ermittelten Sachverhalt zunächst auf den räumlichen Bereich, dem der Vorfall gemäß Abs. 4a) oder b) [gemeint ist wohl Abs. 3a) oder b)] zugeordnet werden kann, beschränkt werden. Zu diesem Zweck können max. 6 Kameras eingesetzt werden.

---

[502] Allgemein zu datenschutzkonformen Betriebsvereinbarung → Rn. 299 ff.
[503] Düsseldorfer Kreis OH Videoüberwachung, S. 16.
[504] Speziell dazu *Rothmann* DuD 2014, 405 ff.
[505] BAG Beschl. v. 26.8.2008 – 1 ABR 16/07, DuD 2009, 115 ff.

(6) Die Dauer der Videoaufzeichnung hat sich auf den erforderlichen Umfang zu beschränken. Sobald der Täter oder die Täterin ermittelt ist, der oder die für den die Videoaufzeichnung auslösenden Vorfall iSd Abs. 3a) oder b) verantwortlich ist, ist die Aufzeichnung unverzüglich einzustellen.
(7) Hat die Videoaufzeichnung des überwachten Bereichs iSd Abs. 5 zu keiner Überführung des Täters oder der Täterin geführt, kann die Videoaufzeichnung auf weitere Bereiche oder ggf. das gesamte Briefzentrum erstreckt werden, wobei die Überwachung mit Aufzeichnung insgesamt 4 Wochen nicht überschreiten darf. Eine darüber hinaus gehende Videoüberwachung im Aufzeichnungsmodus aufgrund des auslösenden Vorfalls ist nur mit Zustimmung des BR zulässig.
[...]

§ 12 Konfliktlösung und Schlussbestimmungen
(1) Sofern diese Betriebsvereinbarung das Einvernehmen mit dem BR bzw. die Zustimmung des BR erfordert und innerhalb von drei Tagen das Einvernehmen nicht hergestellt bzw. die Zustimmung nicht erteilt wurde (zB zum Betrieb der Anlage gem. § 6), entscheidet auf Antrag die Einigungsstelle. Die Einigungsstelle tritt in diesem Fall am Tag nach Ablauf der Dreitagefrist zusammen. Als Vorsitzende der Einigungsstelle werden die in der Anlage 3 aufgeführten Einigungsstellenvorsitzenden benannt. Für die jeweils erforderliche Einigungsstelle führt der zuoberst Genannte den Vorsitz, in dessen Verhinderungsfall der nächstgenannte, usw. [...]"

Das BAG bejaht hins. § 12 Abs. 1 S. 2–4 der BV den Verstoß gegen § 76 Abs. 2 BetrVG. Weiter ist das BAG der Ansicht, dass § 6 Abs. 3 bis Abs. 6 der BV einer **Verhältnismäßigkeits- und Angemessenheitsprüfung** standhalten, § 6 Abs. 7 der BV jedoch nicht.

Eine typische Frage in der Praxis ist, ob die Unsicherheiten bei der Zulässigkeit der Videoüberwachung durch **Einwilligungen der Beschäftigten** beseitigt werden können.

Beispiel:

Ein Hersteller von exklusiver Hardware, va von mobilen Endgeräten, hat durchgängige Videoaufzeichnung in Verkaufsräumen, aber wohl auch in Managerbüros, Lager-, Techniker- und Pausenräume sowie vor Toiletten eingeführt.[506] Die Videobänder werden nach Angabe des Arbeitgebers 30 Tage gespeichert und zwar 14 Tage zentral am Standort Frankfurt. Danach werden die Videos zur Auswertung an die Sicherheitszentrale in Großbritannien übermittelt. Zweck der Videoüberwachung ist nach Angabe des Arbeitgebers Aufklärung bei Verdacht auf Diebstahl, Unterschlagung oder vergleichbare Straftat; nicht Überwachung des Arbeitsverhaltens von Mitarbeitern. Unklar ist, ob anlasslose Kontrollen stattfinden. Der Arbeitgeber beruft sich auf Einwilligungen, die alle Beschäftigten zusammen mit dem Arbeitsvertrag unterzeichnet haben. Im Text der Einwilligungserklärung ist ein **Freiwilligkeitshinweis**. Im Zusammenhang mit einer Nachprüfung rügt die zuständige Datenschutzaufsichtsbehörde, dass unklar sei und vom Arbeitgeber nicht dargelegt werden könne, **wie praktisch sichergestellt werden soll, dass Beschäftigte, die keine Einwilligung erteilen oder widerrufen, nicht (mehr) gefilmt werden.** Daneben rügt die Behörde, dass die Hinweisschilder unter Verstoß gegen § 6b Abs. 2 BDSG deutlich unterhalb der Augenhöhe angebracht sind.

Die Artikel-29-Datenschutzgruppe hat im „Arbeitsdokument zum Thema Verarbeitung personenbezogener Daten aus der Videoüberwachung" ausführlich und auch zu den einzelstaatlichen Bestimmung der Mitgliedstaaten[507] Stellung genommen. Am 15.3.2011 hat die Landesbeauftragte für Datenschutz und Informationsfreiheit Bremen eine Orientierungshilfe für Videoüberwachung durch nichtöffentliche Stellen herausgegeben.[508] Aktueller ist die Orientierungshilfe „Videoüberwachung durch nicht-öffentliche Stellen" des Düsseldorfer Kreises vom 19.2.2014.

dd) Kontrolle von Telefon- und E-Mail-Daten. Im Hinblick auf die Erhebung, Verarbeitung und Nutzung von Telefon- und E-Mail-Daten ist zu differenzieren, ob der Arbeitgeber eine Privatnutzung (in begrenztem Umfang) erlaubt oder zumindest duldet und ob die privaten und die dienstlichen Nutzungs-/Verbindungsdaten technisch getrennt erhoben und ge-

---

[506] www.bigbrotherawards.de, www.zeit.de/digital/datenschutz/2013-04/apple-stores-videoueberwachung/; www.sz.de/1.1582561.
[507] Artikel-29-Datenschutzgruppe, WP 67 v. 25.11.2022, S. 8 ff.
[508] Abrufbar unter www.datenschutz_bremen.de/pdf/video_2.pdf.

speichert werden:[509] Selbst wenn die Privatnutzung konsequent verboten wird, sind nach überwiegender Ansicht für stichprobenartige Kontrollen – unter Rückfrage beim Arbeitnehmer – die Vorwahl und Teile der Rufnummer regelmäßig ausreichend.[510] Eine Aufzeichnung von Telefongesprächen (zB im **Callcenter**) darf grds. nicht heimlich erfolgen und ist auf Stichproben oder Auffälligkeiten zu beschränken.[511] Auch bei Betriebsratsmitgliedern ist dem Arbeitgeber gemäß einer älteren Entscheidung des BAG das Festhalten von Zeitpunkt, Dauer und Zielnummer bei Ferngesprächen zur Kostenkontrolle erlaubt.[512] Gezielte anlasslose Kontrollen von BR-Mitgliedern (insbes. eingehende Telefonate und E-Mails) an den BR sind jedoch unzulässig.[513] Im Zusammenhang mit der Kontrolle von E-Mail-Daten genügen nach Ansicht der Datenschutzbehörden anlassbezogene, stichprobenartige Überprüfungen regelmäßig zur Missbrauchskontrolle (Verhältnismäßigkeitsprinzip).[514] Eine Vollprotokollierung und entsprechende Auswertung würde zu einem unzulässigen „Persönlichkeitsprofil" führen.[515] Interessant ist insoweit allerdings eine Entscheidung des LAG Rheinland-Pfalz:[516] *„Allein die Missachtung des Verbots der privaten Internetnutzung rechtfertigt nicht eine Kündigung. Es müssen weitergehende Pflichtverletzungen wie ein unbefugter Download, Verursachung zusätzlicher Kosten und Verletzung einer Arbeitspflicht hinzukommen. [...] Das gilt auch, wenn der Mitarbeiter eine schriftliche Erklärung abgegeben hat, das Internet nur zu dienstlichen Zwecken zu nutzen. [...] Der Arbeitgeber hat eine Darlegungslast hins. der Feststellung einer erheblichen Beeinträchtigung. Ist ihm das nicht möglich [weil er die Internetzugriffe nicht entsprechend speichert], kann dies für ihn zu zivilprozessualen Nachteilen führen."*

257 Die Entscheidung verdeutlicht die Zwickmühle, in der sich der Arbeitgeber befindet. Denn was aus zivilprozessualen Gründen gefordert ist, ist dem Arbeitgeber möglicherweise aus datenschutzrechtlichen Gründen gar nicht erlaubt.

258 Datenschutzrechtliche Besonderheiten – auch im Hinblick auf die zulässigen Kontrollmaßnahmen – sind zB bei **Telearbeit/Homeoffice**[517] zu beachten. Hier stellen sich viele ähnliche Fragen wie bei Bring Your Own Device.[518] Zum einen fehlt dem Arbeitgeber in der Wohnung des Arbeitnehmers mangels Zutrittsrechten die Verfügungsgewalt. Zum anderen können weitere Bewohner, Familienangehörige oder Besucher Schaden anrichten. Neben dem Recht auf informationelle Selbstbestimmung ist das Grundrecht auf Unverletzlichkeit der Wohnung relevant. Gerade was die Frage der Datenschutz- und IT-Sicherheitsanforderungen (zB VPN-Zugang/Terminal-Lösung) und was die datenschutzrechtliche Beurteilung der Zulässigkeit betrifft (Ist ein Auftragsdatenverarbeitungsvertrag mit dem Arbeitnehmer erforderlich? Ist Homeoffice wegen Sensibilität der Daten per se verboten? Rückabwicklung

---

[509] Einzelheiten zu E-Mail-Kontrollen → § 37 Arbeitsrechtliche Bezüge; vgl. dort umfangreiche Rspr. und Lit. speziell zu E-Mail- und Internetnutzung am Arbeitsplatz: etwa LAG Mainz Urt. v. 12.7.2004 – 7 Sa 1243/03, MMR 2005, 176 (Surfen am Arbeitsplatz); LAG Hamm, Urt. v. 16.1.2012 – 7 Sa 1201/11; OLG Nürnberg vom 23.01.2013 – 1 Ws 445/12; VG Karlsruhe Urt. v. 27.5.2013 – 2 K 3249/12, CR 2013, 428, Rn. 72f.; Unabhängiges Landeszentrum für den Datenschutz Schleswig-Holstein (ULD), in RDV 2003, 260f.; *Lindemann/Simon* BB 2001, 1950 (1954ff.); *Nägeler* ArbRB 2002, 55ff.; *Hörl/Buddee* ITRB 2002, 160ff.; *Hoß* ArbRB 2002, 315; *Beckschulze* DB 2003, 2777ff.; *Ueckert* ITRB 2003, 158 (160ff.); *Kossens* ArbRB 2004, 215ff.; *Schmidl* MMR 2005, 343ff.; *Möller* ITRB 2005, 142 (145); *Rath/Karner* K&R 2010, 469; *Fülbier/Splittgerber* NJW 2012, 1995; *Culmsee/Dorschel* CR 2013, 290–294; *Scheben/Klos* CCZ 2013, 88; *Schuster* CR 2014, 21–27; *Gola*, Datenschutz am Arbeitsplatz, Handlungshilfen beim Einsatz von Intranet und Internet, E-Mail und Telefon, Big Data und Social Media, 5. Aufl. 2014.
[510] *Gola/Wronka*, Handbuch zum Arbeitnehmerdatenschutz, 6. Aufl., Rn. 1155.
[511] *Gola*, Datenschutz am Arbeitsplatz, 5. Aufl., Rn. 405ff., mwN Zur Stimmungsanalyse durch Call Center siehe *Zoebisch* DuD 2011, 394. Zu Beschäftigten- und Kundenschutzaspekten: *Gola*, Datenschutz im Call-Center, 2. Aufl. 2006.
[512] BAG Beschl. v. 1.8.1990, 7 ABR 99/88, RDV 1991, 81; BVerwG Urt. v. 26.8.1981 – 7 C 27.79, RDV 1990, 24; aA *Däubler*, Gläserne Belegschaft? Rn. 808ff.
[513] LAG Sachsen-Anhalt Urt. v. 23.11.1999 – 8 TaBV 6/99, RDV 2001, 28.
[514] BayLDSB v. 27.7.09, abrufbar unter http://www.datenschutz-bayern.de/technik/orient/privmail.html.
[515] HessLDSB, 29. Tätigkeitsbericht (2000), 164 = RDV 2001, 207.
[516] LAG Rheinland-Pfalz Urt. v. 26.2.2010 – 6 Sa 682/09.
[517] Zum Datenschutz bei Telearbeit siehe: *Gola/Jaspers* RDV 1998, 243; *Gola/Wronka*, Handbuch Arbeitnehmerdatenschutz, Rn. 452ff.; siehe auch *Altenburg/v. Reinersdorff/Leister* MMR 2005, 135, 222.
[518] → § 37 Arbeitsrechtliche Bezüge.

von Homeoffice bei Kündigung des Arbeitsverhältnisses?) kann auf die Ausführungen zu BYOD verwiesen werden. Zusätzlich relevant sind ua Arbeitsschutzes und der Arbeitssicherheit, Einhaltung des Arbeitszeitgesetzes,[519] Berücksichtigung von Homeoffice im Rahmen der Unfall- und Betriebshaftpflichtversicherung, Einhaltung des Heimarbeitsgesetzes etwa hins. Arbeits- und Gefahrenschutz (siehe Bußgeld in § 32a Abs. 2 HeimArbG). Letzteres dürfte wohl in der Praxis am schwierigsten umzusetzen sein.[520]

h) Data Loss Prevention (DLP). Begriffe wie Data Leakage Prevention, Extrusion Prevention System, Content Monitoring and Filtering sowie vor allem Data Loss Prevention (im Folgenden zusammen DLP genannt) bezeichnen Softwarelösungen, die ungewollten Datenabfluss im Unternehmen verhindern und kontrollieren sollen.[521] Zum einen soll der gezielte **Datendiebstahl** durch Mitarbeiter oder Dritte verhindert werden, zum anderen soll das **unbewusste Abhandenkommen** von Daten durch unbedarfte Anwender möglichst effektiv unterbunden werden (etwa wenn versehentlich vertrauliche Daten an die falsche E-Mail-Adresse versendet werden).[522] DLP-Systeme erkennen in der Regel nicht nur, wenn zB ein nicht autorisierter Nutzer als geschützt definierte Daten am Endgerät verarbeitet oder auf einen als unzulässig definierten Speicherort abspeichern will (etwa auf einem USB-Stick). Das DLP-System kann auch Übertragungen im Netzwerk (etwa von E-Mails, Instant Messaging, Datei-Uploads auf Speicherplatzanbieter im Internet) oder Datenabrufe aus firmeninternen File Servern oder Archiven auswerten. DLP-Lösungen verwenden dazu lokale Agenten, die den Zugriff auf USB-Geräte oder das lokale CD/DVD-Laufwerk in Echtzeit überwachen.[523] Zu den Kernfunktionalitäten von DLP-Lösungen gehören neben Deep Packet Inspection[524] und Session Tracking über einfaches Keyword Matching hinausgehende linguistische Analysefunktionalitäten, die es ermöglichen, gemäß der vordefinierten sog. Policies bestimmte Inhalte und deren autorisierte Verarbeitungs- und Nutzungsmöglichkeit (zB Speicherung, Ausdruck, Weitergabe) zu erkennen, zu kontrollieren und ggf. zu blockieren. Bei DLP-Produkten kann es sich um reine Softwarelösungen handeln, aber auch um Systeme bestehend aus Soft- und Hardware. DLP ermöglicht im Ergebnis anhand von Policies bestimmte Nutzer/Nutzergruppen[525]

- Rechte zu definieren und zu überwachen (zB Zugriffs- und Versendeberechtigungen),
- zu dokumentieren/protokollieren, wie system- bzw. unternehmensübergreifend bestimmte Daten wann und von wem verarbeitet (abgerufen, übermittelt, verändert gespeichert) werden,
- Nutzer durch Popup-Informationen oder E-Mail auf richtlinienwidriges Verhalten hinzuweisen und somit zu sensibilisieren,
- Vorgesetzte oder zentrale Stellen bei Regelverstößen zu alarmieren sowie
- den Zugriff auf die Versendung und Speicherung von sensiblen Daten zu blockieren.

Die mit DLP-Technik einhergehende Nutzerüberwachung wirft arbeitsrechtliche und va datenschutzrechtliche Fragen auf. § 4 Abs. 2 S. 1 BDSG regelt den **Grundsatz der Direkterhebung.** Dieser bedeutet, dass personenbezogene Daten grds. direkt beim Betroffenen, mithin mit Kenntnis oder Mitwirkung des Betroffenen, zu erheben sind.[526] DLP-Lösungen sind

---

[519] Im Zusammenhang mit BYOD → § 37 Arbeitsrechtliche Bezüge.
[520] *Brandl/Modlinger,* Best Practice Homeoffice, Datenschutz-Praxis v. 21.7.2015.
[521] Zur Übersicht über verschiedene Hersteller siehe *Friedmann* in Computerwoche vom 13.3.2008, abrufbar unter http://www.computerwoche.de/1858466: Trend Micro (DLP-Produkt „Leakproof"), Symantec („Vontu"), EMC/RSA („RSA DLP"), weitere Angebote ua von McAfee, Clearswift, Cisco und Ironport. Siehe auch *Veith,* Data-Loss-Prevention: Gefangen zwischen Notwendigkeit und Komplexität, abrufbar unter www.crn.de/datacenter/artikel-7589.html.
[522] Siehe etwa Kompendium zu Data Loss Prevention, 2008, S. 6 ff., abrufbar unter www.searchsecurity.de.
[523] Sog. Host-basierte Überwachung, von Herstellern oft als Endpoint Protection bezeichnet.
[524] Teilweise auch Deep Content Inspection genannt.
[525] *Conrad/Hausen,* Jahrbuch DGRI 2009, S. 21.
[526] Umkehrschluss aus § 4 Abs. 2 und 3 BDSG, vgl. auch *Gola/Schomerus* BDSG § 4 Rn. 21. Ob einer der Ausnahmefälle vom Direkterhebungsgrundsatz (siehe § 4 Abs. 2 BDSG) beim DLP-Einsatz vorliegt, kann nur im Einzelfall beurteilt werden und ist ua abhängig von Art und Zweck der jeweiligen DLP-Policy und den durch DLP geschützten Datenarten.

ihrer Konzeption nach regelmäßig auf eine Überwachung der Nutzung im Hintergrund ausgelegt. Eine ggf. in dem DLP-System vorgesehene Benachrichtigung des Beschäftigten, zB über einen blockierten Versand einer E-Mail, ist nur das Ergebnis einer zuvor im Verborgenen erfolgten Datenverarbeitung. § 4 Abs. 3 BDSG verlangt eine Information der Person über die Zweckbestimmung der Datenverarbeitung sowie die Kategorien von Empfängern, an die Daten übermittelt werden sollen. Eine Erhebung ohne Kenntnis des Betroffenen ist abgesehen von dem Fall, dass eine Rechtsvorschrift dies explizit vorsieht, insb. nur dann zulässig, wenn eine *„Erhebung beim Betroffenen einen unverhältnismäßigen Aufwand erfordern würde und keine Anhaltspunkte dafür bestehen, dass überwiegende schutzwürdige Interessen des Betroffenen beeinträchtigt werden."* (§ 4 Abs. 2 S. 2 BDSG).[527]

261 DLP-Systeme sehen verschiedene Reaktionen auf Abweichungen von vordefinierten Policies vor. Besteht die Reaktion eines DLP-Systems lediglich in Warnhinweisen an den Nutzer selbst, ist § 6a BDSG (**Verbot automatisierter Einzelentscheidung**) regelmäßig nicht berührt. Ein Verstoß gegen § 6a BDSG kann zB vorliegen, wenn E-Mails aufgrund komplexer, für den Einzelnen nicht durchschaubarer Kriterien blockiert werden und ein Mitarbeiter – ggf. ohne sein Wissen – an der Versendung von E-Mails und Ähnlichem gehindert wird, ohne dass eine inhaltliche Bewertung dieser „Systementscheidung" durch eine natürliche Person erfolgt. Werden „Verstöße" gegen DLP-Policies durch das DLP-System protokolliert und, ohne dass dem Mitarbeiter zB Gelegenheit zur Anhörung gegeben wird, abgemahnt, ist dieses Vorgehen des Unternehmens regelmäßig nicht nur datenschutzrechtlich, sondern auch arbeitsrechtlich bedenklich. Ein Verstoß gegen § 6a BDSG liegt va dann nahe, wenn die Grundlage für die DLP-Reaktionen nicht die Sicherheitsrichtlinien im Unternehmen sind, sondern, wenn die Policies, die Grundlage für die Reaktionen des DLP-Systems sind, auf komplexen mathematischen Funktionen und Analyseergebnissen von Betrugsmustern beruhen und für den Einzelnen nicht nachvollziehbar sind.

262 DLP stellt regelmäßig eine **präventive Maßnahme** dar, durch die evtl. tatsächliche Anhaltspunkte für einen Verdacht geschaffen werden. Inwieweit für eine präventive Erhebung, Verarbeitung und Nutzung von Beschäftigtendaten auf § 32 Abs. 1 S. 1 BDSG und/oder § 28 Abs. 1 S. 1 Nr. 2 BDSG zurückgegriffen werden darf, ist fraglich.[528] Ist der präventive Einsatz von DLP-Systemen an § 32 Abs. 1 Satz 1 BDSG zu messen, dann wird die Grenze des Einsatzes durch die Erforderlichkeit zur Durchführung des Beschäftigungsverhältnisses bestimmt. Zu beachten ist jedoch, dass DLP nicht auf Stichprobenbasis protokolliert und filtert, sondern zumindest bei einem Einsatz zur Netzwerküberwachung auf die fortlaufende Echtzeitüberwachung des gesamten Netzwerkverkehrs („Screening") ausgelegt ist. Denkbar ist, dass DLP bei besonders schutzbedürftigen Daten (zB geheime Forschungsdaten) auf Basis von § 32 Abs. 1 S. 1 oder § 28 Abs. 1 S. 1 Nr. 2 BDSG erlaubt ist. Allerdings müssen diese Daten vorrangig auch durch datenschutzfreundliche technische und organisatorische Maßnahmen (etwa restriktive Zugriffsberechtigungssysteme) hinrei-

---

[527] Der Gesetzesentwurf zur Regelung des Beschäftigtendatenschutzes vom 25.8.2010 modifiziert den allgemeinen Direkterhebungsgrundsatzes des § 4 Abs. 2 BDSG für Beschäftigtendaten, so etwa für Bewerberdaten in § 32 Abs. 6 BDSG-E oder in § 32f BDSG-E für die Videoüberwachung nicht öffentlich zugänglicher Betriebsstätten. Letztere soll in Abweichung von der aktuellen Rechtslage nur zulässig sein, wenn der Arbeitgeber den Umstand der Videoüberwachung durch geeignete Maßnahmen wie zB Hinweisschilder, erkennbar macht. Damit wäre eine heimliche und somit ohne Kenntnis des Beschäftigten erfolgende Videoüberwachung ohne Ausnahme unzulässig. Dies scheint eine Verschärfung gegenüber § 4 Abs. 2 S. 2 BDSG zu sein. Nicht abschließend beurteilen lässt sich die Auswirkung der Regelung in § 32e BDSG-E, die mit *„Datenerhebung ohne Kenntnis des Beschäftigten zur Aufdeckung und Verhinderung von Straftaten und anderen schwerwiegenden Pflichtverletzungen im Beschäftigungsverhältnis"* überschrieben ist. § 32e Abs. 1 BDSG-E enthält den Grundsatz, dass der Arbeitgeber Beschäftigtendaten nur mit Kenntnis des Beschäftigten erheben darf. Unklar ist, wie konkret bzw. detailliert die Mitarbeiter über die Funktionsweisen und Richtlinien des vom Arbeitgeber eingesetzten DLP-Systems aufgeklärt werden müssen. Eine allgemeine Information über den DLP-Einsatz reicht jedenfalls nicht aus. Auch ist unklar, ob bei einer Dauerüberwachung, wie sie vom DLP-System automatisiert vorgenommen wird, eine einmalige Aufklärung ausreicht oder ob bei (oder sogar vor) jedem einzelnen Datenerhebungsvorgang aufgeklärt werden müsste. In letzterem Fall wäre wohl der Sinn des DLP-Einsatzes insgesamt in Frage zu stellen.
[528] Siehe dazu *Gola/Jaspers* RDV 2009, 212; im Einzelnen → Rn. 207 ff. zur Rechtsgrundlage für präventive Kontrollen.

chend geschützt werden. Eine Rundumüberwachung ist mit dem verfassungsrechtlich garantierten Persönlichkeitsschutz nicht vereinbar.[529] Ein DLP-Einsatz ohne hinreichende Information der Betroffenen ist nach wohl hM unzulässig.[530] Nicht abschließend geklärt ist, ob bei präventiven Maßnahmen eine einmalig eher allgemein gehaltene Information ausreichend ist. Da die verantwortliche Stelle im Zweifel dahingehend beweisbelastet ist, dass sie ausreichend informiert hat, empfehlen sich schon aus diesem Grund regelmäßige (zB jährliche), konkrete Informationen (etwa im Zusammenhang mit Mitarbeiterschulungen zu Datenschutz und IT-Sicherheit). Neu eintretende Mitarbeiter könnten eine Information zusammen mit dem Arbeitsvertrag erhalten. Weitere datenschutzrechtliche Aspekte sind zu beachten, wenn das DLP-System auch den E-Mail-Verkehr oder die Internetnutzung überwacht.[531]

i) **Ortungssysteme, Flottenmanagement.** Seit dem 1.5.2006 ist durch die EG-Verordnung Nr. 561/2006 der digitale Tachograph für Neufahrzeuge mit einem zulässigen Gesamtgewicht von mehr als 3,5 Tonnen sowie in Bussen mit mehr als neun Sitzen einschließlich des Fahrers obligatorisch vorgeschrieben. Hintergrund der Regelung ist, dass die Einhaltung von Lenk- und Ruhezeiten bei Fernfahrern besser überwacht werden soll, um Unfälle aufgrund von Übermüdung zu vermeiden. Gleichzeitig ermöglichen Flottenmanagement-Systeme eine Überwachung von Beschäftigten bis hin zu Bewegungsprofilen. Bei der Zulässigkeit einer Erhebung, Verarbeitung und Nutzung von Beschäftigtendaten im Rahmen des Flottenmanagements ist zwischen dem gesetzlich vorgeschriebenen Einsatz des Tachographen und sonstigen technischen (Ortungs-)Systemen zu unterscheiden.[532] Zu letzteren gehören zB:

- GPS-gestütztes Flottenmanagement,
- Positionsmanagement-Systeme und
- integrierte Logistik-Dispositions-Systeme.

Ein Tachograph, auch Fahrtenschreiber genannt, ist ein Tachometer mit einer Protokolleinrichtung, die folgende Daten speichert:

- Identität des Fahrers,
- Lenk-, Ruhe- und Arbeitszeiten für Fahrer und Beifahrer,
- Fahrzeugidentifikationsnummer,
- Fahrzeugkennzeichen,
- Sicherheitselemente,
- besondere Ereignisse (zB Verfälschungen, Fehler),
- Fehler/Probleme mit der Fahrerkarte/dem Kontrollgerät,
- gefahrene Geschwindigkeit, Geschwindigkeitsüberschreitungen,
- zurückgelegte Wegstrecke (Kilometerstand),
- Werkstattdaten, Kalibrierung (Eichung des Geräts),
- Kontrollaktivitäten.

Das Transportunternehmen ist zur Datenerfassung, zum regelmäßige Kopieren, Auslesen und Dokumentieren der Daten aus Gerätespeicher und Fahrerkarte verpflichtet (§ 4 Abs. 3 Fahrpersonalgesetz). Die auf der Fahrerkarte gespeicherten Aufzeichnungen über die Arbeits-, Lenk- und Ruhezeiten der Arbeitnehmer müssen für zwei Jahre sicher aufbewahrt werden (siehe § 21a ArbZG).

Mit **GPS-Technik** können Fahrzeug und Fahrer geortet werden.[533] Üblicherweise werden Routendaten (zu Ort, Zeit, Strecke, Geschwindigkeit und Standzeit) erhoben und ge-

---

[529] Siehe zB zu Bewegungsprofilen mittels GPS: BGH v. 24.1.2002 – 3 StR 324/00, NJW 2001, 1658; BVerfG v. 12.4.2005 – 2 BvR 581/01, CR 2005, 569. Siehe auch BAG v. 29.6.2004 – 1 ABR 21/03, *Gola/Wronka*, Handbuch zum Arbeitnehmerdatenschutz, Rn. 1126 ff.
[530] *Gola/Wronka*, Handbuch Arbeitnehmerdatenschutz, Rn. 860.
[531] Dazu im Einzelnen → Rn. 212 sowie → § 33 IT-Sicherheit, Compliance, Ordnungsmäßigkeit der Datenverarbeitung.
[532] *Kiesche/Wilke* Computer und Arbeit 5/2007, 8.
[533] Zur GPS-Überwachung eines Mietwagens AG München Urt. v. 15.4.2014 – 182 C 21134/13, ZD 2015, 281.

speichert. Positionsmanagement-Systeme werden beispielsweise in Speditions- und Transportunternehmen, Taxiunternehmen, in Dienstwagen von Außendienstmitarbeitern sowie zur Verwaltung von Fahrzeugen bei Sicherheitsunternehmen oder im Rahmen der Lagerhaltung (zB Gabelstapler), für die Überwachung von Gefahrguttransporten und zur Ortung gestohlener Fahrzeuge genutzt.[534] Integrierte Logistik-Dispositions-Systeme werden vor allem von Speditionen, Reedereien und Paketdiensten eingesetzt. Sie bieten ua Funktionen wie etwa Disposition, Auftragsverwaltung, Warenverfolgung sowie weitere Datenerfassungen und -auswertungen.[535] Bereits der Tachograph und erst recht die GPS-gestützten Systeme erfassen eine Vielzahl an personenbezogenen Angaben, die potentiell zur Auswertung für Zwecke der Leistungs- und Verhaltenskontrolle geeignet sind. Das gilt zB für Positionsdaten, Treibstoffverbrauch, Ladegewichte, gefahrene Zeiten, Kilometerzahlen, Geschwindigkeitsübertretungen, ungeplante Stopps, Fahrzeugverschleiß, Abweichungen von vorgegebenen Routen, Treibstoffverbrauch und Fahrstil. Flottenmanagementsysteme bieten vielfältige Möglichkeiten zu Auswertungen und Reports (etwa im Wege modulweiser Erweiterungen). Bei Einführung eines Ortungssystems ist regelmäßig eine **Vorabkontrolle** durch den betrieblichen Beauftragten für den Datenschutz erforderlich (§ 4d Abs. 5 BDSG). Soweit gesetzlich der Einsatz des Tachographen vorgeschrieben ist, liegt insoweit eine datenschutzrechtliche Erlaubnis zur Erhebung der Verarbeitung der vorgeschriebenen Daten zu den vorgeschriebenen gesetzlichen Zwecken vor (§ 4 Abs. 1 BDSG). Bei darüber hinausgehenden Zwecken (insbesondere GPS-Ortung) ist eine konkrete Zweckfestlegung und Erforderlichkeitsprüfung nötig, um den Anforderungen des § 32 Abs. 1 S. 1 BDSG zu genügen. Zu prüfen ist insbesondere, inwieweit anonyme oder pseudonyme Daten ausreichend sind und – je nachdem – das Flottenmanagementsystem entsprechend eingerichtet werden müsste. Eine **Rundumüberwachung** der Fahrer ist jedenfalls unzulässig.[536]

Die Datenschutzbehörden machen insoweit klare Vorgaben:[537]

„Einsatz von Ortungssystemen und Beschäftigtendatenschutz
Das Global Positioning System (GPS) ermöglicht eine satellitengestützte Positionsbestimmung. Sogenannte standortbezogene Dienste im Mobilfunk (Location Based Services) erlauben eine Orts- und Zeiterfassung des Handys in Abhängigkeit von den Funkzellen des Mobilfunkdienstanbieters. Diese beiden Ortungsmöglichkeiten werden mittlerweile in vielen Bereichen genutzt, beispielsweise für Navigationssysteme oder bei Notruf-Ortungssystemen von Rettungsleitstellen. Die Technik wird allerdings auch von Arbeitgeberinnen und Arbeitgebern zur Lokalisierung ihrer Beschäftigten und damit zu Überwachungszwecken eingesetzt. Oftmals werden dabei leider die datenschutzrechtlich und arbeitsrechtlich einzuhaltenden Grenzen überschritten.
Die folgenden Hinweise und Empfehlungen sollen darüber informieren, was Unternehmen beachten müssen, die den Einsatz solcher Ortungstechnik planen. [...]
*Auswertungsfunktionalitäten, die nur der allgemeinen persönlichen Überwachung von Beschäftigten dienen können (wie etwa Geschwindigkeitsaufzeichnungen, Dauer von Fahrtunterbrechungen), sind regelmäßig **technisch zu unterbinden**. Ein System zum Beispiel, das über eine **Alarmierungsfunktion** verfügt, die die Arbeitgeberin oder den Arbeitgeber informiert, wenn Beschäftigte eine definierte Zone verlassen oder sich zu lange in einer solchen aufhalten, würde einen permanenten Kontrolldruck erzeugen. Es ist deswegen **nicht zulässig**. [...]"*

266   GPS-Ortung wird nicht nur zum Flottenmanagement eingesetzt, sondern zB auch durch Detekteien. Bisweilen beschäftigen Unternehmen Hausdetektive, um Diebstähle von Beschäftigten aufzudecken.[538] Nicht immer sind den Unternehmen der Sicherheitsbranche

---

[534] Zum Big Brother Award 2009 gegen Landmaschinen Claas wegen sehr weitreichendem GPS-Tracking siehe https://www.bigbrotherawards.de/2009/.lab.
[535] *Kiesche/Wilke* Computer und Arbeit 5/2007, 8 (10).
[536] Siehe auch BAG Beschl. v. 29.6.2004 – 1 ABR 21/03. Der Gesetzesentwurf vom 25.8.2010 sieht im Hinblick auf Ortungsysteme eine ausdrückliche Regelung vor (§ 32g BDSG-E).
[537] Datenschutzaufsichtsbehörde NRW, Stand 09/2012, abrufbar unter https://www.ldi.nrw.de/mainmenu _Datenschutz/submenu_Datenschutzrecht/Inhalt/Personalwesen/Inhalt/4_Ortungssysteme_und_Beschaeftigten datenschutz/Ortungssysteme.pdf.
[538] Zur Ortung durch Mobilfunkdaten siehe *Tinnefeld/Petri/Brink* MMR 2011, 427 (430).

etwa im Zusammenhang mit heimlicher Videoüberwachung oder GPS-Ortung die datenschutzrechtlichen Vorschriften geläufig. Unter Verstoß gegen Datenschutzvorschriften gewonnene Beweise können uU im Kündigungsschutzverfahren einem Beweisverwertungsverbot unterliegen und ggf. wird der Betroffene, sobald er im gerichtlichen Verfahren von der rechtswidrigen Überwachung erfährt, gegen den Arbeitgeber eine Anzeige bei der Datenschutzbehörde machen, was zu einem Bußgeld gegen den Arbeitgeber als verantwortliche Stelle (und auch gegen die Detektei bei Funktionsübertragung) führen kann. 2012 hat der Hamburgische Landesdatenschutzbeauftragte ein Bußgeld von 54.000 Euro gegen das Autovermietungsunternehmen Europcar wegen unzulässigem GPS-Tracking der Fahrer verhängt.[539]

Das Problem der verbotenen Verhaltenskontrolle stellt sich praktisch bei allen Compliance-Maßnahmen, bei der Arbeit der internen Revision und sonstigen Ermittlungen im Unternehmen.[540] Im Ergebnis muss daher der Datenschutz ein zentrales Prüf- und Bewertungskriterium in allen Fällen der Verhaltenskontrolle sein und es sollten im Unternehmen Maßstäbe zur Bewertung von Unbefugtheit und Vorgaben an die Erlangung, Zugriffsmöglichkeit und Verwertung von Überwachungsergebnissen festgelegt werden.

Rechtsprechungsbeispiel:

BGH Urt. v. 4.6.2013 – 1 StR 32/13: **GPS-Ortung als strafbarer Datenschutzverstoß**
Die Angeklagten waren als Detektive tätig. Sie wurden „häufig von Privatpersonen beauftragt, andere Personen (Zielpersonen) zu überwachen." Unter anderem bestand die Tätigkeit im **Erstellen von Bewegungsprofilen** der jeweiligen Zielpersonen. Dies erfolgte nachdem die Angeklagten, einen GPS-Sender an den Fahrzeugen der Zielpersonen bzw. soweit die Zielperson mehrere Fahrzeuge nutzte auch an Fahrzeugen aus dem familiären Umfeld anbrachten. „Die GPS-Empfänger zeichneten im Durchschnitt alle zwei Minuten, teils sogar minütlich, das Datum, die Uhrzeit, die geographischen Breiten- und Längenkoordinaten sowie die jeweilige Momentangeschwindigkeit des Fahrzeugs auf. Diese Daten wurden über Mobiltelefone der Angeklagten auf deren Notebooks übertragen und dort mittels eines speziellen Softwareprogramms automatisch zu Bewegungsprotokollen und Kartendarstellungen verarbeitet, wobei auch „Fahrweg und Aufenthaltsort der Zielpersonen" dokumentiert wurden." Die so gewonnenen Bewegungsprofile wurden den jeweiligen Auftraggebern überlassen.

Entscheidung des Gerichts[541]

„(...)[Es] zählen nicht nur einer Person als solcher zukommende Eigenschaften und Merkmale zu deren persönlichen und sachlichen Verhältnissen, sondern auch ihre Beziehungen zur Umwelt, wie ua ihr Aufenthaltsort. (...) Gemessen hieran stellten die durch den Angeklagten und seine Mitarbeiter gewonnenen GPS-Positionsdaten der von den Zielpersonen benutzten Fahrzeuge *personenbezogene Daten im Sinne des § 3 Abs. 1 BDSG* dar. (...) Die Erhebung und die Verarbeitung dieser Daten war nur konkret mit Hilfe technischer Mittel erhoben personenbezogenen Daten waren lediglich *unter Überwindung rechtlicher Zugangshindernisse möglich.* (...) Das steht einer *allgemeinen Zugänglichkeit entgegen.* Bereits der Anbringung eines GPS-Empfängers als notwendige technische Voraussetzung für die Gewinnung der Personenbezug aufweisenden Geodaten an einem fremden Fahrzeug stehen aber grundsätzlich rechtliche Grenzen entgegen. (...) Indem die Angeklagten mittels der GPS-Empfänger minütlich oder alle zwei Minuten in geografischen Breiten- und Längenkoordinaten ausgedrückte Positionsdaten der GPS-Empfänger sammelten, *erhoben sie im Sinne des § 3 Abs. 3 BDSG Daten.* Durch die Erfassung dieser Positionsdaten über Mobiltelefone auf ihren Notebooks speicherten sie – im Zuge ihrer Erhebung – diese Daten im Sinne von § 3 Abs. 4 Satz 2 Nr. 1 BDSG. Da diese Daten computergestützt mittels der von den Angeklagten eingesetzten Software automatisch zu Bewegungsprotokollen und Kartendarstellungen einschließlich der Dokumentation von Fahrweg und Aufenthaltsort des GPS-Empfänger zusammengefügt wurden, verarbeiteten die Angeklagten diese Daten zudem im Sinne des § 3 Abs. 4 Satz 2 Nr. 2 BDSG automatisiert weiter. (...)"*

j) Datenschutzrecht und Mindestlohn. Anfang 2015 wurde in Deutschland flächendeckend und branchenübergreifend der Mindestlohn (Mindestlohngesetz, MiLoG) eingeführt. Zweck des Mindestlohns war es, die Arbeitnehmer vor unangemessen niedrigen Löhnen zu

---

[539] Heise-Meldung vom 17.7.2012: http://heise.de/-1643710.
[540] *Wybitul* ZD 2013, 509.
[541] BGH v. 4.6.2013 – 1 StR 32/13, NJW 2013, 2530. Hervorhebungen durch die Verfasserin.

schützen, den Wettbewerb zwischen den Unternehmen nicht zu Lasten der Arbeitnehmerinnen und Arbeitnehmer durch die Vereinbarung immer niedrigerer Löhne, sondern um die besseren Produkte und Dienstleistungen stattfinden zu lassen und nicht zuletzt, um zu vermeiden, dass ein Lohnunterbietungswettbewerb zwischen den Unternehmen auch zu Lasten der sozialen Sicherungssysteme geführt wird, weil nicht existenzsichernde Arbeitsentgelte durch staatliche Leistungen der Grundsicherung für Arbeitsuchende „aufgestockt" werden können.[542]

269   Die Einführung des Mindestlohngesetzes hat ua betriebsverfassungsrechtliche[543] und datenschutzrechtliche[544] Aspekte. Angesichts der Tatsache, dass auch solche Unternehmen für die Zahlung des Mindestlohns haften, die andere Unternehmen mit der Erbringung von Werk- oder Dienstleistungen beauftragen, müssen auch die beauftragenden Unternehmen geeignete Maßnahmen ergreifen, damit die Regelungen des Mindestlohngesetzes eingehalten werden (§ 13 MiLoG iVm § 14 AEntG). Gerade in der IT-Branche ist Arbeitnehmerüberlassung von großer Bedeutung. Ggf. haftet zB der Entleiher verschuldensunabhängig für die Zahlung des Mindestentgelts durch den Verleiher an den Arbeitnehmer.[545] Verstöße gegen das MiLoG sind auch bußgeldbewehrt (§ 21 MiLoG) und ggf. kommen bei Bußgeldverstößen Einträge in das Gewerbezentralregister in Betracht (§ 18 MiLoG), was zu einem vorübergehenden Ausschluss von öffentlichen Vergabeverfahren führen kann.[546] Um diesen Risiken zu begegnen, vereinbaren zunehmend Auftraggeber/Entleiher mit ihren Dienstleistern/Verleihern Auskunfts- und Nachweispflichten sowie Einsichtsrechte in beschäftigtenbezogene Unterlagen des Dienstleisters/Verleihers (zB als Anlage zu einem Projektvertrag). Datenschutzrechtlich wird der Mindestlohn relevant, weil nicht selten zum Nachweis der Einhaltung des Mindestlohngesetzes (sensible) Beschäftigtendaten beispielsweise von einem Verleiher an den Entleiher weitergegeben werden. Oft erfolgt dies auf der Grundlage der erwähnten vertraglichen Vereinbarung ohne Prüfung der einschlägigen datenschutzrechtlichen Regelungen. § 28 Abs. 1 S. 1 Nr. 1 BDSG kommt als Rechtsgrundlage für eine Übermittlung von Beschäftigtendaten zur Erfüllung eines B2B-Vertrags grds. nicht in Betracht, wie der Wortlaut „Vertrag mit dem Betroffenen" klarstellt.[547] Denkbar sind aber § 28 Abs. 1 S. 1 Nr. 2 sowie Abs. 2 Nr. 2a BDSG, wobei jedoch die Anforderungen an die Erforderlichkeit (also nur sehr eingegrenzte Datenkategorien) und an die Abwägung streng sind. Das Unabhängige Landeszentrum für Datenschutz Schleswig-Holstein hat in einer Stellungnahme[548] ausgeführt, dass es weniger eingreifende Möglichkeiten gibt, die Einhaltung des Mindestlohngesetzes sicherzustellen. Ein Auftraggeber muss zunächst auf solche Maßnahmen zurückgreifen, bei denen eine Erhebung von personenbezogenen Daten nicht notwendig ist. Der Zugriff auf die vollständigen Personalakten und insbesondere auf ungeschwärzte Gehaltsabrechnungen sei dadurch jedenfalls nicht gedeckt. Dabei handelt es sich in der Regel um Angaben, die für die Einhaltung des Mindestlohngesetzes nicht relevant sind.

270   Neben dieser Datenübermittlung zwischen Unternehmen sind im Rahmen MiLoG auch Datenübermittlungen an Behörden (Zollbehörden, Finanzkontrolle Schwarzarbeit relevant), die die Einhaltung der Arbeitgeberpflichten kontrollieren (§ 14 MiLoG). Der Arbeitgeber hat dabei Mitwirkungs-, Dokumentations- und Meldepflichten.[549] Hinsichtlich der Befugnisse der Behörden sind die Vorschriften des Sozialdatenschutzes zu beachten (siehe § 35 Abs. 1 SGB I).

---

[542] Vgl. BT-Drucks. 18/1558, S. 2.
[543] Zur Kontrolle der Zahlung des gesetzlichen Mindestlohns durch den Betriebsrat: *Kleinebrink* DB 2015, 375, der nur beschränkte Kontrollmöglichkeiten, Einsicht des Betriebsrats in die Bruttoentgeltlisten sowie eine Pflicht des Arbeitgebers zur Vorlage von MiLoG-Unterlagen zu den tatsächlich geleisteten Stunden der Arbeitnehmer bejaht.
[544] *Franck* DB 2015, 1285. *Gola/Jaspers* RDV 2015, 113.
[545] *Franck* DB 2015, 1285.
[546] *Franck* DB 2015, 1285 f.
[547] AA *Franck* DB 2015, 1285 (1286).
[548] https://www.datenschutzzentrum.de/artikel/871-.html.
[549] *Franck* DB 2015, 1285 (1288).

5. Konzerndatenschutz, Auftragsdatenverarbeitung (§ 11 BDSG) und Funktionsübertragung

a) Kein Konzernprivileg, Probleme bei Matrix-Strukturen. Für die konzern- bzw. gruppeninterne Weitergabe von Daten ist entscheidend, ob das Datenschutzrecht den Konzern/die Unternehmensgruppe als eine „einheitliche speichernde Stelle" betrachtet oder ob im Grundsatz der Datenaustausch mit einem anderen Konzern-/Gruppenmitglied eine „Übermittlung" darstellt. Das Datenschutzrecht sieht grds. jede juristische Person als „verantwortliche Stelle" für die Datenverarbeitung an.[550] Eine Privilegierung des Datenverkehrs innerhalb eines Konzerns findet nicht statt. Normadressat im Datenschutzrecht ist immer nur das einzelne am Konzern beteiligte Unternehmen, ggf. die Konzernobergesellschaft, nicht jedoch der Konzern selbst. Die Form der Verbindung ist dabei genauso gleichgültig wie ihre Intensität. Es macht datenschutzrechtlich keinen Unterschied, ob es sich um einen Unterordnungs-, Gleichordnungs- oder faktischen Konzern handelt. Eine noch so ausgeprägte **ökonomische Einheit begründet keine datenschutzrechtliche Informationseinheit.** Das Datenschutzrecht trifft insoweit eine andere Wertung als das Kartellrecht[551] oder in bestimmten Fällen das Betriebsverfassungsrecht (§§ 54 ff. BetrVG). Diese Wertung des Datenschutzrechts kann grundsätzlich auch nicht durch Verträge zwischen den Konzernunternehmen umgangen werden, es sei denn, es liegt ein Fall der Auftragsdatenverarbeitung nach § 11 BDSG vor. Weisungen, die das abhängige Konzernunternehmen veranlassen sollen, bestimmte, von ihm verarbeitete personenbezogene Daten zu übermitteln, sind grundsätzlich rechtswidrig.[552]

Probleme mit Datenübermittlungen zwischen Konzerngesellschaften ergeben sich nicht nur bei Compliance-Maßnahmen im Konzern,[553] sondern auch bei operativen Geschäftsprozessen, zB bei **Matrix-Strukturen** im Konzern.[554] Bei Matrixstrukturen im Konzern werden die Konzernunternehmen regelmäßig in verschiedene Geschäftsbereiche (zB HR, Vertrieb, IT) unterteilt. Jeder Geschäftsbereich bekommt einen eigenen „Direktor". Die Direktoren agieren unabhängig voneinander und erhalten unterschiedliche Berichtswege. Häufig werden Vorstandsmitglieder der Konzernmutter (in Personalunion) als Vorstandsmitglied oder als einer von mehreren eingetragenen Geschäftsführern der Tochtergesellschaften bestellt. Datenschutzrechtliche Fragen können auftreten, wenn beispielsweise die Muttergesellschaft für alle Konzernunternehmen die Personaldaten zentral verwaltet (und zentral bei der IT-Tochter des Konzerns speichert; die IT-Tochter betreibt das konzerninterne Rechenzentrum). Zu diesem Zweck geben die beteiligten Tochterunternehmen ihre Mitarbeiterdaten an die Zentrale weiter oder sehen Personaldaten bei der Zentrale ein bzw. rufen Daten ab.

---

[550] Siehe Definition der verantwortlichen Stelle in § 3 Abs. 7 BDSG. Gem. § 1 Abs. 5 S. 1 BDSG kann auch die Niederlassung relevant sein (→ Rn. 118 f.). Zum Datenschutz im Konzern siehe auch *Düsseldorfer Kreis*, Arbeitsbericht der Ad-hoc-Arbeitsgruppe „Konzerninterner Datentransfer".
[551] Zum funktionalen Unternehmensbegriff im Kartellrecht → § 39 Kartellrechtliche Bezüge.
[552] Ebenso *Däubler*, Gläserne Belegschaften?, 6. Aufl. 2015, Rn. 454; *Gola/Schomerus* BDSG, 11. Aufl. 2012, § 27 Rn. 4; *Ruppmann* Der konzerninterne Austausch personenbezogener Daten, 2000, S. 48 ff.; *Büllesbach* RDV 2001, 4; *Biesalski* BB 1978, 68; *Simitis/Simitis* BDSG § 2 Rn. 142 ff.
[553] Ausführlich zu Compliance im Konzern → § 33 IT-Sicherheit, Compliance, Ordnungsmäßigkeit der Datenverarbeitung.
[554] Im Einzelnen zu den Haftungsfragen bei Matrix-Strukturen → § 33 sowie → § 37 Arbeitsrechtliche Bezüge. Zu Datenschutz: *Feige* ZD 2015, 116. *Schmidl* DuD 2009, 364.

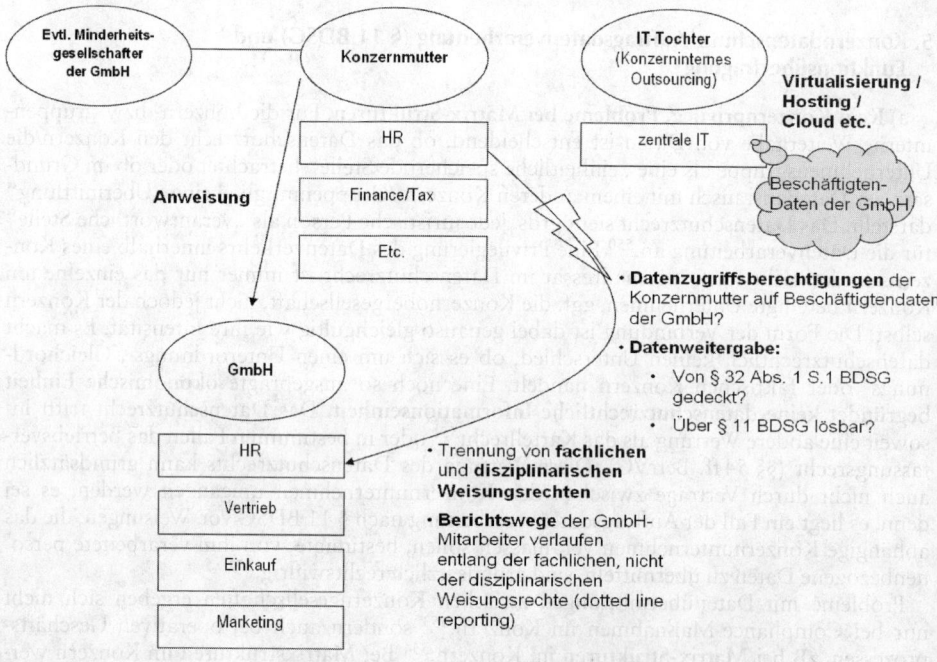

Abb.: Datenzugriff von Fachabteilungen der Konzernmutter in konzerninternen Matrix-Organisationen[555]

Bei internationalen Konzernen ergeben sich Sonderprobleme mit Datenübermittlungen ins Ausland und insbesondere in sog Drittländer.[556]

Praxistipp:

Ein Transfer von personenbezogenen Daten eines Mitarbeiters in Drittstaaten kann gem. § 32 Abs. 1 S. 1 BDSG zulässig sein, wenn der Arbeitsvertrag dieses Mitarbeiters Auslandseinsätze vorsieht.

273   **b) Zulässigkeit der Datenübermittlung im Konzern nach §§ 32 und 28 BDSG.** Nach überwiegender Ansicht müssen für eine konzern-/gruppeninterne zentrale Personaldatenverwaltung ohne Einwilligung der betroffenen Mitarbeiter die Voraussetzungen für eine Datenübermittlung nach § 32 BDSG vorliegen.[557] Auf Sachverhalte vor dem 1.9.2009 war und ist § 28 BDSG auch in Arbeitsverhältnissen anwendbar. Inwieweit seit 1.9.2009 § 32 BDSG den § 28 BDSG speziell im Hinblick auf Datenübermittlungen im Konzern verdrängt, ist streitig.[558] Vom Einzelfall ist abhängig, ob eine Personaldatenübermittlung auf der Grundlage von § 32 Abs. 1 Satz 1 BDSG gerechtfertigt ist.[559] Zumindest nach alter Rechtslage vor Einführung des § 32 BDSG galt: Wenn sich das Beschäftigungsverhältnis des Betroffenen

---

[555] Einzelheiten zu Matrix-Organisationen und ihren Risiken → § 33 Compliance, IT-Sicherheit, Ordnungsmäßigkeit der Datenverarbeitung sowie § 37 Arbeitsrechtliche Bezüge.
[556] Zur internationalen Datenübermittlung → § 35 Grenzüberschreitende Datenverarbeitung.
[557] Siehe *Diller/Schuster* DB 2008, 928 zur Vorgängerregelung.
[558] → Rn. 183 ff., 205 ff.
[559] Ob der durch die BDSG-Novelle 2009 neu eingeführte § 32 BDSG auch materiell eine andere Prüfung erforderlich macht, als § 28 Abs. 1 S. 1 Nr. 1 BDSG, ist noch nicht geklärt. Die Gesetzesmaterialien sprechen eher dagegen, siehe BT-Drs. 16/13 657.

IV. Zulässigkeit des Umgangs mit personenbezogenen Daten

nur auf ein einzelnes Konzern- bzw. Gruppenunternehmen bezieht, stellt § 28 Abs. 1 S. 1 Nr. 1 BDSG in der Regel keine ausreichende Grundlage für eine konzernweite Übermittlung von Personaldaten dar. Die Zweckbestimmung eines Arbeitsverhältnisses begründet nur in den wenigsten Fällen eine Datenweitergabe zwischen Konzerngesellschaften außerhalb einer Auftragsdatenverarbeitung.

> **Praxistipp:**
> Nach § 32 Abs. 1 S. 1 BDSG kann eine Übermittlung von Beschäftigtendaten legitimiert sein, wenn und soweit die betroffenen Beschäftigten zur Leistungserbringung in einem/mehreren anderen konzernangehörigen Unternehmen verpflichtet sind.[560] Dies wird jedoch nur bei einzelnen Beschäftigten der Fall sein. Zur Klarstellung empfiehlt sich eine entsprechende Regelung im Arbeitsvertrag, wobei jedoch arbeitsrechtliche Risiken zu beachten sind (etwa Doppelarbeitsverhältnisse oder Aufteilung der Arbeitgeberfunktion mit den entsprechenden kündigungsrechtlichen Nachteilen für den Arbeitgeber).[561]

Fraglich ist, welche Anwendungsbereiche für § 28 Abs. 1 S. 1 Nr. 2 und § 28 Abs. 3 S. 1 Nr. 1 BDSG verbleiben, zumal einer der Hauptfälle – nämlich die Aufdeckung von Straftaten am Arbeitsplatz – ausdrücklich in § 32 Abs. 1 Satz 2 BDSG geregelt ist. Bei § 28 Abs. 1 S. 1 Nr. 2 BDSG sind die **schutzwürdigen Interessen** des Beschäftigten hinsichtlich der Verwendung seiner Personaldaten Ausfluss seines allgemeinen Persönlichkeitsrechts.[562] § 28 Abs. 1 S. 1 Nr. 2 (und auch Nr. 3) BDSG sind daher – sofern überhaupt neben § 32 Abs. 1 S. 1 BDSG anwendbar – eng auszulegen. Die schutzwürdigen Belange des Beschäftigten sind regelmäßig nur dann **nicht beeinträchtigt**, wenn ein **Verzicht** auf eine Datenübermittlung an ein anderes Unternehmen für die beteiligten Gesellschaften **unzumutbar** ist.[563]

Konzerninterne Arbeitsteilung ist regelmäßig darauf ausgerichtet, Kosten zu sparen, vorhandene Kapazitäten besser zu nutzen und die Tätigkeit der verbundenen Unternehmen effizienter zu koordinieren. Gleichwohl überwiegen nach herrschender Ansicht grundsätzlich die Schutzpflichten des Arbeitgebers gegenüber dem Mitarbeiter. Allerdings haben zB in einer ökonomisch kritischen Situation, in der Arbeitsplätze aus Rationalisierungsgründen wegzufallen drohen, möglicherweise auch die betroffenen Mitarbeiter ein Interesse an einem konzerninternen Austausch ihrer Daten, etwa zur Prüfung, ob ein Mitarbeiter konzernintern versetzt werden kann. Die Abwägung im Rahmen des § 28 Abs. 1 S. 1 Nr. 2 BDSG ist im Ergebnis strittig und unsicher. Ähnliches gilt für die Abwägung im Rahmen des § 28 Abs. 2 Nr. 2a BDSG.

Auch § 28 Abs. 1 S. 1 Nr. 3 BDSG hilft insoweit nicht weiter. Nr. 3 enthält eine Zulässigkeitserleichterung für allgemein zugängliche Daten und Daten, die die verantwortliche Stelle veröffentlichen dürfte. „Allgemein zugänglich" sind Informationsquellen, *„die sich sowohl ihrer Ausgestaltung als auch ihrer Zielsetzung nach dazu eignen, einem individuell nicht bestimmbaren Personenkreis Informationen zu vermitteln"*.[564] Dazu zählen: Zeitungen, Zeitschriften, Rundfunk- und Fernsehsendungen, Internet, Telefonbücher, öffentliche Register (soweit die Einsichtnahme nicht von einem besonderen berechtigten Interesse abhängt). Auch in diesen Fällen hat grundsätzlich eine **Interessenabwägung** stattzufinden. In die Abwägung fließt mit ein, dass das allgemeine Persönlichkeitsrecht des Betroffenen nur wenig beeinträchtigt wird, wenn und soweit bestimmte Daten öffentlich

---

[560] Roßnagel/*Büllesbach*, Handbuch Datenschutzrecht, S. 1073.
[561] Einzelheiten zu Risiken in Konzern-Matrixstrukturen → § 33 Compliance, IT-Sicherheit, Ordnungsmäßigkeit der Datenverarbeitung.
[562] Vgl. BVerfG Urt. v. 15.12.1983 – 1 BvR 209/83 ua, BVerfGE 65, 1 = NJW 1984, 419; BGH Urt. v. 17.12.1985 – VI ZR 244/84, NJW 1986, 2505. Ausführlich zu den verfassungsrechtlichen Aspekten → Rn. 80 ff.
[563] Vgl. BVerfG Urt. v. 15.12.1983 – 1 BvR 209/83 ua, BVerfGE 65, 1 = NJW 1984, 419; BGH Urt. v. 17.12.1985 – VI ZR 244/84, NJW 1986, 2505; vgl. auch Aufsichtsbehörde Baden-Württemberg, Hinweis zum BDSG Nr. 3, Staatsanzeiger BW, 1978 Nr. 52, S. 3.
[564] BVerfG Beschl. v. 3.10.1969 – 1 BvR 46/65, BVerfGE 27, 71 = NJW 1970, 235.

zugänglich sind. Dies kann jedoch für den überwiegenden Teil der Personaldaten nicht gelten.

277 c) **Auftragsdatenverarbeitung (§ 11 BDSG) in Abgrenzung zur Funktionsübertragung.** Liegen weder eine gesetzliche Erlaubnis (etwa gem. § 28 Abs. 1 Nr. 1 BDSG: Zweckbestimmung eines Vertrages mit dem Betroffenen) noch eine Einwilligung des Betroffenen vor, ist eine Weitergabe oder Zugänglichmachung von personenbezogenen Daten (etwa von Mitarbeitern oder Kunden) an Dritte grundsätzlich verboten. Dies gilt auch für Outsourcing/Fremdvergabe zB von Marketingaktionen oder der Systemadministration eines Unternehmens an einen Auftragnehmer.[565] Dies gilt aber auch innerhalb eines Konzerns bei arbeitsteiligem Zusammenwirken verbundener Unternehmen oder gemeinsamer oder zentraler Datenverarbeitung/Datenverwaltung (zB konzernweiten Kunden- oder Mitarbeiterdatenbanken).

278 Günstig für Unternehmen kann hierbei § 11 BDSG,[566] die sog **Auftragsdatenverarbeitung**, sein. Von Auftragsdatenverarbeitung spricht man, wenn sich eine Stelle für ihre Datenverarbeitung eines in ihrem Auftrag stehenden „Hilfsorgans" bedient, um die Datenverarbeitung außer Haus durchführen zu lassen. Zu diesem Zweck wird etwa ein Vertrag mit einem Servicerechenzentrum geschlossen, das für die technische Durchführung der Datenverarbeitung verantwortlich ist. Der Auftragnehmer erhält die notwendigen Unterlagen bzw. Daten vom Auftraggeber, die üblicherweise mit den Programmen und vom Personal des Auftragnehmers verarbeitet werden. Es kann auch ein Konzernmitglied für andere verbundene Unternehmen als Auftragsdatenverarbeiter tätig werden.

279 Das beauftragende Unternehmen ist verpflichtet, den Auftragsdatenverarbeiter sorgfältig auszuwählen. Die sorgfältige Auswahl wird ua dadurch erfolgen, dass sich der Auftraggeber vom Auftragsdatenverarbeiter ein **Sicherheitskonzept** vorlegen lässt, aus dem ersichtlich ist, welche konkreten Sicherheitsmaßnahmen der Auftragnehmer getroffen hat.[567]

280 Datenschutzrechtlich ist es unerheblich, ob die Daten erst beim Auftragnehmer oder bereits beim Auftraggeber gewonnen (zB eingescannt) werden. § 11 BDSG umfasst auch das Erheben der Daten im Auftrag und stellt darauf ab, ob das beauftragende Unternehmen „Herr der Daten" und Adressat der datenschutzrechtlichen Pflichten bleibt bzw. wird. Ein Auftragsdatenverarbeiter, der sich innerhalb der EU oder eines anderen Mitgliedstaats des Europäischen Wirtschaftsraums befindet (§ 3 Abs. 8 Satz 2 BDSG), ist im Verhältnis zum Auftraggeber **kein „Dritter"**.[568] Eine Weitergabe der Mitarbeiterdaten an den Auftragnehmer und zurück stellt also **keine Datenübermittlung** dar, sofern die Anforderungen des § 11 BDSG eingehalten sind.[569] Wesentliche Anforderungen von § 11 BDSG sind va:

- Der Auftraggeber muss den Auftragnehmer unter Berücksichtigung der Eignung und der getroffenen technischen und organisatorischen Maßnahmen sorgfältig auswählen, § 11 Abs. 2 S. 1 BDSG.
- Der Auftragnehmer ist schriftlich zu beauftragen, § 11 Abs. 2 S. 2 BDSG. Dabei hält nunmehr ein 10-Punkte-Katalog die Mindestanforderungen für den Inhalt des Auftrages fest.[570] Unter anderem ist danach zu regeln, wann Verstöße des Auftragnehmers oder seiner Mitarbeiter gegen Datenschutzvorschriften dem Auftraggeber mitzuteilen sind und welche Weisungs- und Kontrollbefugnisse sich der Auftraggeber vorbehält.

---

[565] Einzelheiten zum Outsourcing, va zum Outsourcing Vertrag → § 19.
[566] § 11 BDSG ist durch die BDSG-Novelle II 2009 präzisiert bzw. konkretisiert worden. Dadurch sollte auf die in der Praxis festgestellte Mängel bei der Auftragsdatenverarbeitung reagiert werden, siehe *Gola* RDV 2009, Sonderbeilage zu Heft 4, S. 4. Inhaltlich dürfte sich jedoch keine wesentliche Änderung gegenüber der bisherigen hM zu den Anforderungen bei Auftragsdatenverarbeitung ergeben.
[567] Zur Auswahl werden Checklisten empfohlen, vgl. *Wächter* CR 1991, 333.
[568] Zu Datenübermittlung und Auftragsdatenverarbeitung in Drittländer → § 35 Grenzüberschreitende Datenverarbeitung.
[569] Weitere Einzelheiten zu den Anforderungen durch die BDSG-Novelle II 2009 konkretisierten Anforderungen des § 11 BDSG – insbesondere auch im Hinblick auf technische und organisatorische Maßnahmen. → § 33 IT-Sicherheit, Compliance, Ordnungsmäßigkeit der Datenverarbeitung.
[570] Dieser Katalog entspricht bereits der von den Aufsichtsbehörden geforderten Praxis und ist damit eigentlich nicht Neues. Die Neuregelung im Rahmen der BDSG-Novellen 2009 stellt eine Reaktion auf in der Praxis festgestellte Mängel bei der Auftragserteilung dar.

IV. Zulässigkeit des Umgangs mit personenbezogenen Daten

- Der Auftraggeber muss dem Auftragnehmer Weisungen zur Verarbeitung und/oder Nutzung der Daten erteilen, §§ 11 Abs. 3 S. 1 und 11 Abs. 2 S. 2 BDSG.
- Der Auftraggeber muss die Einhaltung der erteilten Weisungen überprüfen, § 11 Abs. 2 S. 2 Nr. 9 und S. 4 BDSG.[571]

Selbst wenn die Datenweitergabe an den Auftragsdatenverarbeiter keine Übermittlung darstellt, bleibt zu prüfen, ob sich die Daten rechtmäßig beim Auftraggeber befinden und ob sich der Auftragnehmer im Rahmen der Weisungen bewegt.

> **Praxistipp:**[572]
> Bei Auftragsdatenverarbeitung innerhalb eines Konzerns/einer Unternehmensgruppe handelt es sich um den Fall, in dem mehrere Unternehmen datenschutzrechtlich als Einheit gesehen werden. Daher ist zwischen Auftraggeber und Auftragnehmer der Transfer der Personaldaten zulässig. Dies gilt jedoch nicht für die sonstigen Fälle konzerninterner Datenübermittlung, etwa von einer Tochtergesellschaft an die Konzernmutter und von dieser weiter an eine andere Tochter. Der Auftragsdatenverarbeiter ist grds. weder befugt, die Daten für eigene Zwecke zu verwenden, noch darf er sie ohne weiteres Dritten (etwa anderen Konzernunternehmen) zugänglich machen. Sein Handlungsspielraum ist auf die **Weisungen des beauftragenden Konzernunternehmens** beschränkt. Die Rechtmäßigkeit der Weisungen richtet sich nach den für den Auftraggeber geltenden Anforderungen.

Zwar ist eine Auftragsdatenverarbeitung nach § 11 BDSG auch zwischen verbundenen Unternehmen möglich. Allerdings deckt § 11 BDSG regelmäßig nicht die zentrale Personalverwaltung (etwa durch die Konzernobergesellschaft) ab. Darin läge ein **Outsourcing** der Personalverwaltungsaufgaben, was nach hM eine Funktionsübertragung und damit eine Datenübermittlung nach § 28 BDSG darstellt (dazu sogleich).

Eine zulässige Auftragsdatenverarbeitung liegt nach hM zB vor, wenn lediglich die Datenverarbeitungsanlage und das EDV-Personal „outgesourct" werden. Wird **der gesamte Aufgabenbereich der Personalverwaltung** ausgelagert, verbunden zB mit der Funktionszuständigkeit eines Konzernmitglieds für die konzerninterne zentrale Personalverwaltung, so liegt eine sog Funktionsübertragung vor.[573]

Nach einer Mindermeinung in der Literatur liegt selbst dann, wenn ein Unternehmen eine bislang selbst ausgeübte Aufgabe an ein anderes Unternehmen zur selbständigen Erledigung vergibt, eine Auftragsdatenverarbeitung vor.[574] Auf eine Auslagerung der Funktion kommt es nach dieser Ansicht nicht an, da auch in diesem Falle das funktionsübernehmende Unternehmen im Auftrag des funktionsübertragenden Unternehmens, also nicht für eigene Zwecke, tätig wird.

Bei der Auftragsdatenverarbeitung von Arbeitnehmerdaten kann der Betriebsrat die Einhaltung der zu Gunsten der Arbeitnehmer geltenden Datenschutzregeln überprüfen. Der Betriebsrat kann hierzu vom Arbeitgeber verlangen, mit dem Auftragsdatenverarbeiter entsprechende vertragliche Vereinbarungen zu treffen, die einen direkten Zugang im Sinne einer Vorortkontrolle nach § 11 Abs. 2 S. 4 BDSG auch für den Betriebsrat ermöglichen.[575]

---

[571] *Gaulke* (DuD 2011, 417) empfiehlt eine Prüfung der Einhaltung der technischen und organisatorischen Maßnahmen und eine Bescheinigung des datenschutzrelevanten Kontrollsystems nach Prüfungsstandard ISAE 3000.

[572] Muster-Auftragsdatenverarbeitungsverträge zur Aktenvernichtung und zur Datenträgervernichtung hat zB veröffentlicht: LFD Sachsen-Anhalt in RDV 2006, Beilage „Special – Datenträgervernichtung", S. 14. Die Muster stammen noch aus der Zeit vor Änderung des § 11 BDSG im Rahmen der Novellen 2009, sind aber nach wie vor anwendbar, da nach herrschender Ansicht die Änderung in § 11 BDSG lediglich klarstellende Funktion haben und inhaltlich schon vorher galten.

[573] → Rn. 277 ff.

[574] *Sutschet* RDV 2004, 97 (103); *Wächter* CR 1991, 333.

[575] BAG Beschl. v. 13.6.1989 – 1 ABR 4/88 – AP Nr. 36 zu § 80 BetrVG 1972, NZA 1989, 934.

Das Mitbestimmungsrecht erfasst auch die technischen/organisatorischen Maßnahmen zur Datensicherung gem. § 9 BDSG. Da diese idR Verhaltens- und Leistungskontrollen ermöglichen, ist daneben § 87 Abs. 1 Ziff. 6 BetrVG einschlägig. Von § 80 Abs. 1 Ziff. 1 BetrVG erfasst werden zudem Datenschutzaudits gem. § 9a BDSG, wenn der Arbeitgeber diese auf freiwilliger Basis durchführt. Erfolgt grenzüberschreitende Verarbeitung von Arbeitnehmerdaten, beinhaltet das Mitbestimmungsrecht der Überwachung auch die Einhaltung der Vorgaben des § 4b und § 4c BDSG.

286 **d) Funktionsübertragungsverträge.** Bei der Funktionsübertragung wird die für die konkrete Datenverarbeitung notwendige rechtliche Zuständigkeit mit übertragen, so dass das Unternehmen, an das die Daten transferiert werden, die Daten für eigene Zwecke verarbeitet.[576] Das lässt sich am Beispiel der Inkasso-Dienstleistungen verdeutlichen. Insoweit gibt es drei Konstellation: Forderungseinziehung, Factoring und unechtes Factoring. Beim Factoring wird die Forderung an den Inkasso-Dienstleister verkauft; beim echten Factoring trägt der Dienstleister auch das Ausfallrisiko (weshalb echtes Factoring relativ teuer ist); beim unechten Factoring wird die Forderung zurückverkauft, wenn sie nicht liquidiert werden kann. Während die Forderungseinziehung als Auftragsdatenverarbeitung gestaltbar ist, ist dies beim Factoring nicht der Fall. Denn der Factoring-Anbieter ist Inhaber der Forderung, verarbeitet daher die Daten des Endkunden, gegenüber dem die Forderung besteht, zu eigenen Zwecken. Gerade beim unechten Factoring erfolgt die Verarbeitung zwar in gewisser Weise auch für den Auftraggeber (ursprünglichen Forderungsinhaber), allerdings sind diese Zwecke bzw. Verarbeitungsverfahren nicht trennbar, weshalb auch keine teilweise Auftragsdatenverarbeitung in Betracht kommt.

Weitere **Erkennungsmerkmale** der Funktionsübertragung sind zB
- Auslagerung der Zuständigkeit für eine Aufgabe (etwa Business Process Outsourcing BPO) und nicht nur der technischen Mittel
- eigenes Ermessen im Hinblick auf das „Ob" und das „Wie" der Datenverarbeitung
- Überlassung von Nutzungsrechten an Daten
- eigenverantwortliche Sicherstellung von Zulässigkeit und Richtigkeit der Daten durch den Dienstleister
- Sicherstellen der Rechte von Betroffenen (Benachrichtigungspflicht, Auskunftsanspruch).

Weitere Beispiele für Funktionsübertragung sind:
- Steuerberatung durch einen Steuerberater (anders: Lohn-/Gehaltsabrechnung als Service für Mandanten, was als Auftragsdatenverarbeitung gestaltbar ist),
- Auslagerung der Kundenbetreuung einer Bank
- Versicherungsbetreuung/-beratung durch einen selbständigen Handelsvertreter

287 Auch bei einer **konzerninternen Aufgabenteilung** – etwa bei einer zentralen Personalverwaltung – geht die hM daher von einer Datenübermittlung aus, die eigens datenschutzrechtlich erlaubt und gesondert geprüft werden muss.[577] Bei Funktionsübertragung gilt nach überwiegender Ansicht das Auftragsdatenverarbeitungsprivileg nicht, dh auslagerndes Unternehmen und Datenempfänger sind keine einheitliche Stelle.

288 Die Richtlinie 95/46/EG kennt zwar die sog „gemeinsame verantwortliche Stelle", die allerdings nur in der Definition geregelt wird (Art. 2 lit. d „gemeinsam mit anderen") und nicht als Erlaubnistatbestand zur Datenübermittlung ausgestaltet ist. In der Literatur[578] gibt es Ansätze, zB dem arbeitsrechtlichen „Gemeinschaftsbetrieb" zumindest eine Erlaubnis gemäß § 28 Abs. 1 S. 1 Nr. 2 BDSG zur Datenübermittlung zuzubilligen. Im Rahmen der EU-Datenschutzgrundverordnung ist geplant, die gemeinsame Verantwortlichkeit stärker in den Fokus zu rücken und speziell zu regeln.[579]

289 Bei der Funktionsübertragung steht als Erlaubnis im Regelfall (nur) § 28 Abs. 1 S. 1 Nr. 2 und Abs. 2 Nr. 2a BDSG zur Verfügung. Vertragliche Datenschutzregelungen zwischen Da-

---
[576] Zur Abgrenzung: Conrad/Grützmacher/*Roth-Neuschild*, Recht der Daten und Datenbanken im Unternehmen, S. 695.
[577] Statt vieler Simitis/*Simitis* BDSG § 2 Rn. 153 ff.
[578] → Rn. 65. *Trappehl/Schmidl* RDV 2005, 100.
[579] → Rn. 65.

tenübermittler und Datenempfänger sind im Rahmen der Abwägung zur berücksichtigen. In der betrieblichen Praxis haben sich Auftragsdatenverarbeitungsverträge allmählich durchgesetzt. Es werden aber vergleichsweise wenig Datenübermittlungs-/Funktionsübertragungsverträge abgeschlossen. Die Datenschutzaufsichtsbehörden gehen überwiegend davon aus, dass Funktionsübertragungsverträge einen ähnlichen Inhalt wie Auftragsdatenverarbeitungsverträge haben müssen:

*„Die insoweit mit dem Aufgabenübernehmer zu treffenden vertraglichen Vereinbarungen müssen im Hinblick auf die zu berücksichtigenden Interessenlagen der betroffenen Personen und die Zweckbindung für die Daten (vgl. § 28 Abs. 5 BDSG) oft einen **vergleichbaren Inhalt wie Verträge nach § 11 BDSG** haben."*[580]

Der Landesdatenschutzbeauftragte Baden-Württemberg führt aus:[581]

„Dazu ist der Verarbeitungszweck ähnlich wie im Falle der Auftragsdatenverarbeitung nach § 11 BDSG in einer Vereinbarung zwischen diesen beiden Stellen festzulegen. Auch muss sichergestellt werden, dass bei der Stelle, die die Funktion nunmehr wahrnimmt, eine datenschutzgerechte Organisation der Datenverarbeitung gewährleistet ist. Das gilt insbesondere dann, wenn es sich um sensible Informationen wie Personaldaten handelt. Besonders schutzwürdige Daten iS des § 3 Absatz 9 BDSG dürfen nur übermittelt, genutzt und verarbeitet werden, wenn die gesetzlichen Voraussetzungen des § 28 Absätze 6 bis 8 BDSG vorliegen. [...] In der Vereinbarung müssen ferner auch Regelungen iS des § 11 Absatz 2 Satz 2 Nrn. 1, 2, 3, 4, 5, 6 und 10 BDSG getroffen werden. Solcher Absprachen bedarf es allerdings dann nicht, wenn in der Berufsordnung der beauftragten Stelle (zB für Ärzte, Rechtsanwälte, Steuerberater) Vorschriften vorgesehen sind, die ein ausreichendes Datenschutzniveau sicherstellen."

Danach sind Regelungen zu Kontrollrechten, vom Datenempfänger mitzuteilende Verstöße sowie Weisungsbefugnisse im Funktionsübertragungsvertrag – anders als im Auftragsdatenverarbeitungsvertrag – *nicht* erforderlich. Ob diese Beschränkung mit der Rspr. des EuGH[582] vereinbar ist, bleibt abzuwarten. Der EuGH hatte einen Fall zu entscheiden, der BGH vorgelegt hatte.[583] Darin ging es um einen echten Forderungsverkauf (**also kein ADV!**) zwischen einem Mobilfunkprovider und einem Inkasso-Anbieter, ebenfalls TK-Unternehmen. Zum Zwecke des Inkasso wurden auch **Verkehrsdaten**, die dem **Fernmeldegeheimnis** unterliegen, übermittelt. Die Vorlage des BGH ging im Kern um die Reichweite und Richtlinien-Konformität der Erlaubnis in § 97 Abs. 1 S. 3 TKG. Zwischen dem TK-Diensteanbieter und dem Zessionar bestand

- ein *„Vertrag über Dienstleistungen im Rahmen der Call-by-Call-Abrechnungen"* (*„Grundvertrag"*),
- der eigentliche Factoringvertrag war hierzu **Anlage 4**,
- eine *„Datenschutz- und Vertraulichkeitsvereinbarung"* **Anlage 5**.

Gemäß Anlage 5 dürfen die *„geschützten Daten"* genutzt und verarbeitet werden *„nur im Rahmen der o. g. Zusammenarbeit und ausschließlich zu dem diesem Vertragsschluss zugrunde liegenden Zweck"* und *„zur Erfüllung des zwischen den Vertragsparteien geschlossenen Vertrags"* – unpräzise Formulierungen bzw. Verweisungen, die einem in Auftragsdatenverarbeitungsverträgen häufig begegnen.

Der EuGH hat entschieden, dass diese Datenübermittlung nur zulässig ist, sofern die Anforderungen RL 2002/58/EG gewahrt werden (va „auf Weisung" des TK-Anbieter). Bei der Auslegung des Begriffs der *„Weisung"* sind die Vorschriften zur **Auftragsdatenverarbeitung**(!) in RL 95/46/EG heranzuziehen:
1. Verarbeitung nur durch weisungsabhängige, für Gebührenabrechnungen zuständige Personen
2. Verarbeitung auf das *„erforderliche Maß"* beschränkt
3. *„tatsächliche Kontrollbefugnis"*.

---

[580] BayLDA, Auftragsdatenverarbeitung nach 11 BDSG – Gesetzestext mit Erläuterungen.
[581] http://www.baden-wuerttemberg.datenschutz.de/wp-content/uploads/2013/02/Auftragsdatenverarbeitung-und-Funktionsübertragung.pdf.
[582] EuGH Urt. v. 22.11.2012 – C-119/12.
[583] BGH Beschl. v. 16.2.2012 – III ZR 200/11.

293 Nach der Vorlageentscheidung hat der **BGH**[584] ans LG Deggendorf zurückverwiesen. Hauptkritikpunkt des BGH war, dass die Zweckbestimmung der Datenübermittlung nicht auf Forderungseinziehung (die in Anlage 4 geregelt war) begrenzt war. Zu pauschal ist die Verweisung auf „den Vertrag" und nicht auf konkrete Regelungen im Factoringvertrag. Der Grundvertrag lag dem BGH nicht vor. Daher muss das LG Deggendorf tatsächlichen Feststellungen nachholen, ob die Abtretung nach § 134 BGB wegen Datenschutzverstoß nichtig ist.

294 Noch ist unklar, inwieweit die EuGH-Entscheidung nur bei Verkehrsdaten/TK-Diensteanbietern oder **auch bei anderen Funktionsübertragungs-/Datenübermittlungsverträgen** (zB allgemein bei Factoring) zu beachten ist – tendenziell wohl eher ja mit Blick auf RL 95/46/EG. Aus der EuGH-Entscheidung leiten sich folgende Anforderungen an die Vertragsgestaltung bei **BPO (Business-Prozess-Outsourcing)** von Inkassoleistungen jedenfalls für TK-Diensteanbieter ab, weil die *„tatsächliche Kontrollbefugnis"* des Auslagerers zwingende Voraussetzung (trotz nationaler Befugnisnorm zur Datenübermittlung!) ist:

1. **Weisungsgebundenheit** (auch der Mitarbeiter von Auftraggeber und Auftragnehmer) und Zweckfestlegung
2. **Sicherheitsmaßnahmen** (Angemessenheit, Stand der Technik)
3. **Auswahlkriterien** für den Auftragnehmer (va ausreichend Gewähr für Sicherheitsmaßnahmen)
4. **Kontrolle** (Auftraggeber hat sich von der Einhaltung zu überzeugen)
5. **Dokumentation** (sämtliche datenschutzrelevanten Elemente des Vertrags schriftlich oder in anderer Form zu dokumentieren)
6. **Löschpflichten** (oder Anonymisierung, sobald Daten nicht mehr benötigt).

Es empfiehlt sich, diese Anforderungen allgemein bei Funktionsübertragungsverträgen zu beachten.

6. Arbeitnehmereinwilligungen und Beteiligung des Betriebsrats

295 **a) Einwilligung von Arbeitnehmern.** Ausführlich zu den datenschutzrechtlichen Anforderungen an Einwilligungen (nach BDSG, TMG und TKG) siehe unten Rn. 225 ff.[585] Die Einwilligung im Sinne von §§ 4 Abs. 1, 4a BDSG ist **vor** der Weitergabe von Daten grundsätzlich **schriftlich** einzuholen.[586] Eine nachträgliche Zustimmung des Betroffenen hat **keine** legalisierende Wirkung. Dies kann von erheblicher Bedeutung sein, da gemäß §§ 43 und 44 BDSG eine unzulässige Erhebung, Verarbeitung und Nutzung von personenbezogenen Daten möglicherweise mit Bußgeld und Strafen geahndet werden kann. Der betroffene Mitarbeiter muss vor Abgabe der Einwilligung umfassend über ihre Bedeutung aufgeklärt werden.[587]

296 Problematisch ist speziell im Rahmen von Arbeitsverhältnissen insbesondere die **Freiwilligkeit** der Einwilligungserklärung des Arbeitnehmers.[588] Auf dem Arbeitnehmer lastet in der Regel ein erheblicher Druck, die Einwilligung zu erteilen. Die wohl hM geht davon aus, dass trotz Abhängigkeitsverhältnis die Einwilligung eines Arbeitnehmers Legitimationswirkung haben kann.[589] Allerdings sind die Anforderungen an die Freiwilligkeit streng und zB bei Einwilligungen in Kontroll- und Überwachungsmaßnahmen häufig nicht gegeben. Eine Einwilligung – und ebenso eine Betriebsvereinbarung – ist als rechtsmissbräuchlich und unwirksam anzusehen, wenn sie gegen **zwingende Schutzprinzipien** verstößt. Eine Einwilligung des Arbeitnehmers darf nicht dazu führen, dass der Arbeitgeber Arbeitnehmerdaten verarbeitet oder übermittelt, die er nach **arbeitsrechtlichen** Grundsätzen nicht verarbeiten darf. Im Bereich der privaten E-Mail- und Internutzung oder bei Fotos von Arbeitnehmern gehen

---
[584] BGH Urt. v. 7.2.2013 – III ZR 200/11.
[585] Zu Einwilligung in Beschäftigungsverhältnis siehe auch *Tinnefeld/Petri/Brink* MMR 2011, 427 (428).
[586] Zum Vergleich der Einwilligung nach BDSG, TMG und TKG → Rn. 371 ff.
[587] *Riesenhuber* RdA 2011, 257.
[588] Nach § 32l des Gesetzesentwurfs zum Beschäftigtendatenschutz vom 25.8.2010 sollen Einwilligungen von Beschäftigten nur noch in gesetzlich ausdrücklich geregelten Fällen zulässig sein.
[589] Vgl. *Gola* RDV 2002, 109; *Lejeune* ITRB 2005, 94 (96).

IV. Zulässigkeit des Umgangs mit personenbezogenen Daten

die Gerichte häufig davon aus, dass eine freiwillige Einwilligung vorliegt, wenn dem Arbeitnehmer eine echte Wahlmöglichkeit bleibt. Bei Überwachungsmaßnahmen wird häufig die Drucksituation überwiegen.

Beispiel:
BAG Urt. v. 11.12.2014 – 8 AZR 1010/13: „Die Parteien streiten um die Unterlassung der weiteren Veröffentlichung eines Videos zu Werbezwecken im Internet." Der Arbeitnehmer (Kläger) ist Monteur bei der Beklagten. „Durch Unterschrift auf einer Namensliste [hatte er eingewilligt], dass Filmaufnahmen von seiner Person zur freien Nutzung im Rahmen der Öffentlichkeitsarbeit der Beklagten „verwendet und ausgestrahlt werden dürfen". Auf dieser Grundlage ließ die Beklagte 2008 einen Werbefilm fertigen, in welchem ihr Unternehmen dargestellt wurde. Am Anfang des Videos sieht man kurz einen vom Kläger gesteuerten Pkw." [...] „Der Kläger hat die Auffassung vertreten, die Anfertigung und Veröffentlichung der Videoaufnahme stelle die Erhebung personenbezogener Daten im Sinne des § 3 BDSG dar, zu der der Kläger nicht formwirksam im Sinne des § 4a BDSG seine Einwilligung erteilt habe. Die Formvorschriften des BDSG seien nicht eingehalten worden, sodass die Beklagte die Daten des Klägers von Anfang an nicht habe nutzen dürfen. Daraus resultiere sowohl der Unterlassungsanspruch des Klägers nach § 35 BDSG als auch ein Anspruch auf Schmerzensgeld aus den §§ 611, 242 BGB aufgrund der mehrjährigen Persönlichkeitsrechtsverletzung. Selbst wenn von einer wirksam erteilten Einwilligung auszugehen wäre, sei diese von vornherein auf die Zeit des Bestandes des Arbeitsverhältnisses begrenzt gewesen. Zudem ergebe sich der Unterlassungs- und Schmerzensgeldanspruch auch aus den §§ 823, 1004 BGB."
Entscheidung des Gerichts: „[...] die Klage ist unbegründet. Eine nach § 22 KUG erforderliche Einwilligung hat der Kläger wirksam erteilt. Sie war nicht auf die Dauer des Arbeitsverhältnisses befristet. Einen Grund für seinen vorsorglich erklärten Widerruf der Einwilligung hat der Kläger nicht dargelegt." [...] „Auch im Rahmen eines Arbeitsverhältnisses können Arbeitnehmer sich grundsätzlich „frei entscheiden", wie sie ihr Grundrecht auf informationelle Selbstbestimmung ausüben wollen. Dem steht weder die grundlegende Tatsache, dass Arbeitnehmer abhängig Beschäftigte sind noch das Weisungsrecht des Arbeitgebers, § 106 GewO, entgegen. Mit der Eingehung eines Arbeitsverhältnisses und der Eingliederung in einen Betrieb begeben sich die Arbeitnehmer nicht ihrer Grund- und Persönlichkeitsrechte. Die zu § 4a BDSG formulierte Gegenauffassung (Simitis in Simitis BDSG 8. Aufl. § 4a Rn. 62) verkennt, dass schon nach § 32 BDSG Datenverarbeitung im Arbeitsverhältnis möglich ist, unter den Voraussetzungen des § 32 BDSG sogar einwilligungsfrei. Löste die Verweigerung einer außerhalb von § 32 BDSG erforderlichen schriftlichen Einwilligung Benachteiligungen aus, so stellte dies einen groben Verstoß gegen die arbeitgeberseitigen Pflichten aus § 241 Abs. 2 und § 612a BGB dar, der zum Schadensersatz nach §§ 282, 280 Abs. 1 BGB verpflichtete. Eine Nebenpflicht des Arbeitnehmers aus dem Arbeitsverhältnis, der Erhebung, Verarbeitung und Veröffentlichung seiner Daten – soweit erforderlich – zuzustimmen, besteht nicht."

Bei formularmäßigen Einwilligungserklärungen stellen sich **AGB-rechtlich** große Schwierigkeiten.[590] Tendenziell unwirksam (mangels Transparenz, § 307 BGB, und mangels Vorhersehbarkeit der Tragweite der Einwilligung, kein „informed consent") sind Einwilligungen, mit denen der Arbeitgeber versucht, sich über den konkreten Anlass hinaus vorsorglich weitere Datenverarbeitungsformen und -nutzungen durch Einwilligung **auf Vorrat** „absegnen" zu lassen.[591]

Zu beachten ist auch § 4a Abs. 3 BDSG. Bei **besonderen Arten** von personenbezogenen Daten (§ 3 Abs. 9 BDSG) muss die Einwilligung ausdrücklich auf diese Datenarten Bezug nehmen. Ob das bedeutet, dass – wie im Gesundheitsdatenschutz teilweise gefordert – nicht die Datenkategorie (zB Krankheit), sondern das konkrete Datum (zB HIV-Infektion oder Schnupfen) in der Einwilligungserklärung anzugeben ist oder ob der Einwilligungstext lediglich die Erklärung enthalten muss, dass sich die Einwilligung (auch) auf besondere Arten bzw. Gesundheitsdaten bezieht, ergibt sich aus dem Gesetzeswortlaut nicht.[592] Zu diesen

---

[590] Siehe etwa *Ayad/Schaft* BB 2002, 1711 ff. Siehe zur Wirksamkeit der Datenschutzklausel eines Mobilfunkanbieters: AG Elmshorn Urt. v. 25.4.2005 – 49 C 54/05, RDV 2005, 174; OLG Düsseldorf Urt. v. 14.12.2006 – I-10 U 69/06, zu den (nicht erfüllten) Anforderungen an eine Einwilligung zur Weiterleitung persönlicher Daten an die Schufa bei einem Leasingvertrag.
[591] Zu den Transparenzanforderungen → Rn. 371 ff.
[592] *Gola* RDV 2001, 126. Däubler/Klebe/Wedde/Weichert/*Däubler* BDSG § 4a Rn. 42 fordert sowohl eine Verschärfung des Bestimmtheitserfordernisses durch schriftliche Angabe der sensitiven Daten als auch den Hinweis, dass es sich um besonders geschützte Daten handelt.

"besonderen Arten", die regelmäßig im Arbeitsverhältnis erhoben und verarbeitet werden, zählen beispielsweise Gewerkschaftszugehörigkeit, Konfessionszugehörigkeit, Schwerbehinderteneigenschaft und andere Gesundheitsdaten des Mitarbeiters.[593]

> **Praxistipp:**
> Bei der Gestaltung von Einwilligungen sollte **differenziert** werden zwischen
> - aufgrund BDSG, TMG und/oder TKG erlaubter Datenverarbeitung,
> - Datenverarbeitung, die nicht bereits aufgrund Gesetz erlaubt ist,
> - unzulässiger Datenverarbeitung (wo selbst Einwilligungen nicht weiterhelfen, weil entsprechende Einwilligungen nicht wirksam gestaltet werden können).
>
> Die Aufklärung (Information) des Einwilligenden sollte in der textlichen Gestaltung getrennt werden von der eigentlichen Einwilligungserklärung. Etwa wenn die verantwortliche Stelle erläutern will, was sie bereits aufgrund von gesetzlicher Erlaubnis darf und wofür sie – in Abgrenzung davon – eine Einwilligung benötigt, sollte dies textlich etwas getrennt in der Aufklärung/Information geschehen.
>
> Die Einwilligung muss umfassen:
> - welche Datenkategorien des Nutzers verwandt werden sollen,
> - welche Nutzungszwecke und Datenverarbeitungsphasen (erheben, speichern, verknüpfen etc.) beabsichtigt sind,
> - ob die Daten und die Auswertungen an Dritte (etwa Werbepartner des Anbieters oder verbundene Unternehmen) weitergegeben werden sollen und – wenn ja – zu welchen **Zwecken**.
>
> Anders als bei Telemedien (vgl. Abs. 2, Abs. 3 TMG) ist gemäß § 4 Abs. 1 BDSG (also im Offline-Bereich) bei der datenschutzrechtlichen Einwilligung **kein ausdrücklicher Hinweis auf die Widerrufsmöglichkeit erforderlich**.
>
> Für eine zentrale Personaldatenverwaltung müssen alle Mitarbeiter an ein anderes Konzernunternehmen übermittelt werden. Daher sollte eine zentrale Personalverwaltung nicht von der Einwilligung einzelner Mitarbeiter abhängig sein. Bei Verweigerung der Einwilligung oder bei Widerruf wäre die Übermittlung und anschließende Verarbeitung der betreffenden Daten an bzw. durch ein anderes Konzernmitglied unzulässig.
>
> Denkbar wären evtl. Teillösungen unter differenzierter Behandlung von
> - Mitarbeitern mit Bezug zu anderen konzern-/gruppenangehörigen Unternehmen, bei denen die Personaldatenübermittlung nach § 32 BDSG erlaubt ist,
> - Mitarbeitern, bei denen reine Auftragsdatenverarbeitung nach § 11 BDSG ausreicht,
> - Mitarbeitern, die individuell nach § 4a BDSG einwilligen, und
> - ggf. Betriebsvereinbarungen.

299   b) Beteiligung des Betriebsrats, Betriebsvereinbarungen. Bei Einführung und Änderung von IT-Systemen hat der Betriebsrat[594] allgemeine Informationsrechte (§ 80 BetrVG) und weitere Beteiligungsrechte (ua § 90 und § 91 BetrVG). Zu diesem Zweck muss der Arbeitgeber dem Betriebsrat rechtzeitig die erforderlichen Unterlagen vorlegen.[595] Im Gegensatz zur bloßen Anhörung muss der Arbeitgeber in einer Verhandlung mit dem Betriebsrat die Initiative ergreifen, um Argumente für und gegen das IT-Projekt gegeneinander abzuwägen.[596] Ist in einem Unternehmen ein Betriebsrat vorhanden und wird die Einführung/Änderung/Nutzungsänderung eines IT-Systems beabsichtigt, sollten frühzeitig folgende Punkte geklärt werden:[597]

---

[593] Anders möglicherweise beim Passbild eines Brillenträgers, sofern insoweit keine besondere Auswertungsabsicht besteht; vgl. *Gola/Schomerus* BDSG § 3 Rn. 56a.
[594] Ähnliches gilt für den Personalrat gem. §§ 68, 75, 76 BPersVG. Soweit in einem Unternehmen oder Konzern ein Gesamtbetriebsrat bzw. ein Konzernbetriebsrat besteht, fallen IT-bezogene Beteiligungsrechte und Betriebsvereinbarung ggf. in dessen Zuständigkeitsbereich (siehe etwa § 58 BetrVG).
[595] *Richardi* BetrVG § 90 Rn. 21 ff. (Alternative: *Kania* in Erfurter Kommentar, ArbR, 14. Aufl., § 90 BetrVG, Rn. 6).
[596] *Richardi* BetrVG § 90 Rn. 24. (Alternativ: Vgl. *Kania* in Erfurter Kommentar, ArbR, 14. Aufl., § 90 BetrVG Rn. 8 ff.).
[597] In diesem Zusammenhang interessant BAG v. 16.11.2006 – 1 ABR 4/06 = RDV 2007, 165; s. a. *Conrad/Antoine* ITRB 2006, 90 ff.; ähnlich *Pulte/Bigos*, Betriebsvereinbarungen in der Praxis, S. 21.

- Inwieweit liegt ein mitwirkungs- bzw. mitbestimmungspflichtiger Tatbestand vor?[598]
- Welches betriebsverfassungsrechtliche Organ (Betriebsrat, Gesamtbetriebsrat oder Konzern-Betriebsrat) ist im konkreten Fall zuständig? Bei welchen Änderungen des IT-Systems ist der Betriebsrat in welcher Weise zu beteiligen?
- Welche weiteren Stellen im Unternehmen/Konzern sind etwa einzubinden (etwa der betriebliche Datenschutzbeauftragte,[599] die Konzernleitung, andere verbundene Unternehmen)?
- Zu welchem Zeitpunkt und in welchem Umfang ist der Betriebsrat zu beteiligen (insbes. § 90 BetrVG)?
- Ist ein Abschluss einer (neuen) Betriebsvereinbarung erforderlich oder ist ggf. eine Ergänzung/Anlagenerweiterung einer bestehenden oder gar eine formlose Zustimmung des Betriebsrats ausreichend?

Zur Klarstellung kann es sich empfehlen, in einer IT-**Rahmenbetriebsvereinbarung** zu konkretisieren, zu welchem Zeitpunkt und mittels welcher Unterlagen der Betriebsrat über die Planung bzw. wesentliche Änderung von (bestimmten) IT-Systemen zu unterrichten ist. *Kort*[600] betont, dass der Betriebsrat kein gesetzlich bestehendes Online-Zugriffsrecht auf IT-Systeme des Arbeitgebers hat. Ein solches lasse sich insbesondere nicht aus § 40 Abs. 2 oder § 83 BetrVG herleiten. *Kort* untersucht dies im Einzelnen anhand der elektronischen Personalakte. Auch die Datenverarbeitung durch den Betriebsrat muss datenschutzrechtlichen Anforderungen (insbes. § 32 und § 28 Abs. 6–9 BDSG) genügen. *„Eine anlasslose Vorratsdatenspeicherung beim Betriebsrat verstößt gegen § 32 Abs. 1 S. 1 BDSG.*[601] Deshalb ist es datenschutzrechtlich unzulässig, wenn der Betriebsrat parallel zu den IT-Systemen des Arbeitgebers – zB Personalakten oder „Schatten"-Datenbanken mit Beschäftigtendaten anlegt.[602] Es ist jedoch denkbar, durch Betriebsvereinbarung ein beschränktes, aufgabenbezogenes Online-Zugriffsrecht des Betriebsrats auf bestimmte IT-Systeme zu regeln, soweit hinreichende Wahrscheinlichkeit besteht, dass der Betriebsrat die entsprechenden Daten zur Aufgabenerfüllung benötigt.[603]

Soweit IT-Systeme eine „**technische Kontrolleinrichtung**" darstellen (§ 87 Abs. 1 Nr. 6 BetrVG, § 75 Abs. 3 Nr. 17 BPersVG) – was regelmäßig der Fall ist – gilt ein Mitbestimmungsrecht bereits bei Pilotprojekten.[604] Belegschaftsvertretungen können ggf. vor Inbetriebnahme des Systems den Abschluss einer Betriebsvereinbarung erzwingen. Auch im Hinblick auf etwaige Rationalisierungsfolgen bestehen Beteiligungsrechte[605] des Betriebsrats (zB § 92a, § 111, § 112 BetrVG). Informationen über ein Fehlverhalten der Arbeitnehmer, die unter Verletzung gesetzlicher oder in Betriebsvereinbarungen niedergelegter Bestimmungen gewonnen werden, dürfen nicht verwertet werden.[606] Personalmaßnahmen, die sich auf Daten und Auswertungen unter Umgehung der abgeschlossenen Betriebsvereinbarung beziehen, wären unwirksam.

Neben diesen kollektivarbeitsrechtlichen Fragen gibt es einen spezifisch datenschutzrechtlichen Grund, der dafür spricht, das Erfordernis und die Möglichkeit einer Betriebsvereinba-

---

[598] *Kort* RDV 2012, 8. LAG Düsseldorf Beschl. v. 12.1.2015 – 9 Ta BV 51/14, ZD 2015, 282 mAnm *Stück* – Mitbestimmung bei betriebl. Facebook-Seite.
[599] Unabhängig von der Anzahl der befassten Mitarbeiter ist ein betrieblicher Datenschutzbeauftragter zu bestellen, soweit im Unternehmen eine automatisierte Verarbeitung vorgenommen wird, die der Vorabkontrolle gem § 4d Abs. 5 BDSG unterliegt (zB Warndatei der Versicherungswirtschaft, Videoüberwachung, Data-Warehouse-Auswertungen; s. *Gola/Schomerus* BDSG § 4d Rn. 13 mwN) oder bei geschäftsmäßiger (ggf. anonymisierter) Datenübermittlung (zB Auskunfteien, Adresshandelsunternehmen, Markt- und Meinungsforschungsinstitute. Als Faustregel gilt, dass zumindest bei solchen Systemen neben dem Datenschutzbeauftragten auch der zuständige Betriebsrat zu beteiligen ist.
[600] *Kort* ZD 2015, 3.
[601] *Kort* ZD 2015, 3 (4).
[602] *Kort* ZD 2015, 3 (5).
[603] *Kort* ZD 2015, 3 (4, 5).
[604] AG Frankfurt/M. Beschl. v. 20.1.2004 – 5 BVGa 14/04, MMR 2004, 344: Untersagung der Einführung neuer T-Mobile MDA Mobiltelefone im Betrieb aus datenschutzrechtlichen Gründen; Mitbestimmung des Betriebsrats erforderlich.
[605] Im Hinblick auf den Personalrat siehe §§ 76 Abs. 2, 78 BPersVG.
[606] *Conrad/Antoine* ITRB 2006, 90.

rung im Rahmen von Datenverarbeitungsanlagen zu prüfen. Denn nach wohl überwiegender Ansicht, zumindest in der Literatur, gehören zu den „anderen Rechtsvorschriften" im Sinne von § 4 Abs. 1 BDSG auch **Tarifverträge** und **Betriebsvereinbarungen**, soweit sie Regelungen zur Datenverarbeitung bzw. zum Datenschutz beinhalten.[607] Teile der Literatur[608] und der Aufsichtsbehörden[609] vertreten, dass Betriebsvereinbarungen keine Eigenschaft als „andere Rechtsvorschrift" iSd § 4 Abs. 1 BDSG haben und nur das BDSG unternehmensindividuell konkretisieren können. Denn durch untergesetzliche Normen könne nicht vom BDSG abgewichen, sondern nur die Spielräume des BDSG können genutzt werden. Folgt man dieser Ansicht, kann eine Betriebsvereinbarung (allein) keinen Erlaubnistatbestand zB für eine Datenübermittlung im Konzern darstellen und man dürfte auch nicht einzelne Regelungen des BDSG unterschreiten, auch nicht wenn dieses Defizit durch besonders datenschutzfreundliche Regelungen an anderer Stelle der Betriebsvereinbarung „ausgeglichen" würde.

Rechtsprechungsbeispiele:

Das BAG[610] hatte in einer älteren Entscheidung vertreten, dass Betriebsvereinbarungen den Datenschutz im Verhältnis zum BDSG einschränken können (amtliche Leitsätze, Hervorhebung durch die Autorin):

„*1. Die Erfassung von Daten über die von Arbeitnehmern geführten Telefongespräche unterliegt der Mitbestimmung des Betriebsrats nach § 87 Abs. 1 Nr. 6 BetrVG.*
2. Daten über von Arbeitnehmern geführte Telefongespräche sind personenbezogene Daten des Arbeitnehmers im Sinne des BDSG. Sie können, wenn die Zielnummer erfaßt wird, auch personenbezogene Daten des Angerufenen sein.
*3. Die Verarbeitung von personenbezogenen Daten der Arbeitnehmer ist **datenschutzrechtlich schon dann zulässig, wenn sie durch eine Betriebsvereinbarung oder durch einen Spruch der Einigungsstelle erlaubt wird. Betriebsvereinbarung oder Spruch der Einigungsstelle können auch zuungunsten der Arbeitnehmer von den Vorschriften des BDSG abweichen.** Sie müssen sich im Rahmen der Regelungskompetenz der Betriebspartner halten und den Grundsätzen über den Persönlichkeitsschutz des Arbeitnehmers im Arbeitsverhältnis Rechnung tragen.*
4. Gegen eine Betriebsvereinbarung, die die Erfassung der vollen Zielnummer bei Dienstgesprächen und Privatgesprächen aus dienstlichem Anlaß erlaubt, bestehen jedenfalls dann keine Bedenken, wenn daneben Privatgespräche geführt werden dürfen, bei denen die Zielnummer nicht erfaßt wird.
5. Ob die Erfassung der Zielnummer im Verhältnis zum Angerufenen datenschutzrechtlich zulässig ist, bleibt unentschieden. Eine Betriebsvereinbarung oder ein Spruch der Einigungsstelle, der die Erfassung von Telefondaten regelt, ist nicht deswegen unwirksam, weil die geregelte Telefondatenerfassung gegenüber dem Angerufenen datenschutzrechtlich unzulässig ist.
6. Es stellt keine unzulässige Behinderung der Betriebsratstätigkeit dar, wenn für Betriebsratsgespräche bei Ferngesprächen auch Zeitpunkt und Dauer des einzelnen Gesprächs erfaßt werden."

303 In späteren Entscheidungen hat das BAG[611] wiederholt in Betriebsvereinbarungen geregelte Kontrollmaßnahmen als zulässig erachtet, jedoch – soweit ersichtlich – nicht mit vergleichbarer Deutlichkeit wiederholt, dass die Betriebsvereinbarung selbst eine Erlaubnis darstellen kann und Abweichungen vom BDSG wirksam bzw. rechtmäßig sind. Allerdings hat das BAG in einem Urteil aus 2013 betont, dass das allgemeine Persönlichkeitsrecht außerhalb des absolut geschützten Kernbereichs privater Lebensführung nicht nur durch verfassungsmäßige Gesetze, sondern auch **durch Betriebsvereinbarungen, die den Grundsatz der Verhältnismäßigkeit wahren, eingeschränkt werden kann**. In der erwähnten Entscheidung des BAG lautet die Betriebsvereinbarung zu Torkontrollen (BV-Torkontrolle) auszugsweise:

---

[607] BAG Beschl. v. 27.05.1986 – 1 ABR 48/84, DB 1986, 2080 . Zu Betriebsvereinbarungen als datenschutzrechtliche Erlaubnis sowie als Vereinbarungen zu technischen Überwachungseinrichtungen i. S. v. § 87 Abs. 1 Nr. 6 BetrVG siehe *Gola/Schomerus*, BDSG, § 4 Rn. 7.
[608] Simitis/*Scholz/Sokol* BDSG § 4 Rn. 17.
[609] Regierungspräsidium Darmstadt, Arbeitsbericht der Ad-hoc-Arbeitsgruppe „Konzerninterner Datentransfer", S. 11; *Schmidl* DuD 2009, 364 mwN.
[610] BAG Urt. v. 27.05.1986 – 1 ABR 48/84, NJW 1987, 674.
[611] BAG Urt. v. 9.7.2013 – 1 ABR 2/13 – Betriebsvereinbarung zu Torkontrollen. *Wybitul* ZD 2014, 258.

IV. Zulässigkeit des Umgangs mit personenbezogenen Daten   304 § 34

"... wird vor dem Hintergrund der aktuellen, im September 2009 in Kraft getretenen arbeitsrechtlich relevanten Änderungen des Bundesdatenschutzes, insbesondere des § 32 BDSG, ist eine Anpassung der derzeitigen betrieblichen Regelung über die Durchführung von Torkontrollen, wie folgt erforderlich:
...
2. *Geltungsbereich:*
   Diese Vereinbarung gilt für alle Beschäftigten am Standort DC W und alle dort eingesetzten Arbeitnehmer von Zeitarbeitsunternehmen.
   ...
4. *Durchführung der Torkontrollen:*
4.1. *Zum Schutze des persönlichen und betrieblichen Eigentums werden aus den Ausgangsdrehkreuzen durch dazu bestimmten Personen Kontrollen durchgeführt. Alle Betriebsangehörigen haben auf Verlangen über Betriebsprodukte in ihrem Besitz einen Nachweis vorzuzeigen (Kassenbon Personalverkauf).*
4.2. *Durch die beim Verlassen des Werkes notwendige Öffnung der Drehkreuze mittels des Werksausweises wird eine Auswahl der zu kontrollierenden Personen über einen Zufallsgenerator getroffen. Der Kontrollzyklus wird dem Betriebsrat mitgeteilt. Bei Verlassen des Werksgeländes über die Pforte, kann ebenfalls jederzeit eine Kontrolle durchgeführt werden.*
4.3. *Die Kontrolle findet im Pförtnerraum an einer nicht einsehbaren Stelle statt. Die Kontrolle bezieht sich auf die Durchsicht mitgeführter Behältnisse, Jacken- und Manteltaschen. In begründeten Verdachtsfällen wird der Mitarbeiter aufgefordert sämtliche Kleidertaschen (Hosen und Kleider) zu leeren. Weigert sich der Mitarbeiter dem nachzukommen, kann die Kontrolle auf Veranlassung der Firma, durch die zuständige Polizei durchgeführt werden. Über jede durchgeführte Kontrolle wird ein Protokoll angefertigt. Dieses Protokoll ist von demjenigen zu unterzeichnen, der die Kontrolle durchgeführt hat und von dem/der betroffenen Mitarbeiter/in gegenzuzeichnen. Es dient als Nachweis der Durchführung sowie hinsichtlich etwaig beschlagnahmter Gegenstände.*
5. *Zusätzliche Kontrollmaßnahmen:*
   Bei Verdacht des Diebstahls von Firmen- oder Privateigentum können außerhalb der Zufallskontrolle weitergehende Kontrollmaßnahmen an den Werkstoren und im Werk angeordnet werden. Der Betriebsrat ist hierüber zu informieren. ...
6. *Schlußbestimmung:*
   Diese Betriebsvereinbarung tritt mit Unterzeichnung in Kraft und ist erstmals mit einer Frist von 3 Monaten zum 1.8.2012 und sodann mit einer Frist von 3 Monaten jeweils zum Folgejahr kündbar. Im Falle der Kündigung wirkt die Betriebsvereinbarung bis zum Abschluss einer neuen Vereinbarung nach.
   Mit Unterzeichnung dieser Betriebsvereinbarung tritt die Betriebsvereinbarung über die Durchführung von Torkontrollen vom 30.6.2006 außer Kraft."

Die Position des BR zu dieser Betriebsvereinbarung ist ua, dass „... *die Betriebsvereinbarung in unverhältnismäßiger Weise in das allgemeine Persönlichkeitsrecht der Arbeitnehmer ein[greift]."*   304

Entscheidung des Gerichts [siehe va ab Tz. 20–31]:

- *„Die in Nr. 4 BV-Torkontrolle vereinbarten Taschenkontrollen sind materiell-rechtlich nicht zu beanstanden. Sie dienen dem **repressiven wie dem präventiven** Schutz der Arbeitgeberinnen vor Diebstählen. Die mit den Kontrollen einhergehenden Beeinträchtigungen des Persönlichkeitsrechts der Arbeitnehmer erfolgen unter Wahrung des Verhältnismäßigkeitsgrundsatzes"*
- *„Die Betriebsparteien haben mit den in dieser Betriebsvereinbarung geregelten Kontrollen nicht die ihnen nach **§ 75 Abs. 2 Satz 1 BetrVG** obliegende Pflicht verletzt, die freie Entfaltung der Persönlichkeit der im Betrieb beschäftigten Arbeitnehmer zu schützen und zu fördern."*
- *„Nach dieser Bestimmung haben die Betriebsparteien beim Abschluss von Betriebsvereinbarungen das aus Art. 2 Abs. 1 iVm. Art. 1 Abs. 1 GG abgeleitete allgemeine Persönlichkeitsrecht zu beachten (BAG 26. August 2008 – 1 ABR 16/07 – Rn. 14, BAGE 127, 276). Dieses gewährleistet Elemente der Persönlichkeit, die nicht Gegenstand der besonderen Freiheitsgarantien des Grundgesetzes sind, diesen aber in ihrer konstituierenden Bedeutung für die Persönlichkeit nicht nachstehen. Die Zuordnung eines konkreten Rechtsschutzbegehrens zu den verschiedenen Aspekten des Persönlichkeitsrechts richtet sich vor allem nach der Art der Persönlichkeitsgefährdung (BVerfG 27. Februar 2008 – 1 BvR 370/07, 1 BvR 595/07 – Rn. 151, BVerfGE 120, 274). **Außerhalb des absoluten Kernbereichs privater Lebensgestaltung** wird das allgemeine Persönlichkeitsrecht in den Schranken der verfassungsmäßigen Ordnung garantiert. Es kann deshalb **durch verfassungsgemäße Gesetze** eingeschränkt werden. **Derartige Regelungen können auch die von den Betriebsparteien im Rahmen ihrer Regelungskompetenz geschlossenen Betriebsvereinbarungen enthalten.** Der Gesetzgeber genügt in-*

soweit seiner Pflicht, die Arbeitnehmer als Grundrechtsträger vor einer unverhältnismäßigen Beschränkung ihrer Grundrechte durch privatautonome Regelungen zu bewahren, indem er die Betriebsparteien in § 75 Abs. 2 Satz 1 BetrVG verpflichtet, die freie Entfaltung der Persönlichkeit der im Betrieb beschäftigten Arbeitnehmer zu schützen (BAG 26. August 2008 – 1 ABR 16/07 – Rn. 16 f., aaO). Das zulässige Maß einer Beschränkung des allgemeinen Persönlichkeitsrechts zugunsten schützenswerter Belange eines anderen Grundrechtsträgers richtet sich nach dem <u>Grundsatz der Verhältnismäßigkeit</u> (BAG 26. August 2008 – 1 ABR 16/07 – Rn. 17, BAGE 127, 276). [...]"

- *"Die Taschenkontrollen greifen allerdings in die Privatsphäre der betroffenen Arbeitnehmer ein. Diese umfasst Angelegenheiten, die wegen ihres Informationsinhalts typischerweise als „privat" eingestuft werden, weil ihre öffentliche Erörterung oder Zurschaustellung als unschicklich gilt, das Bekanntwerden als peinlich empfunden wird oder nachteilige Reaktionen der Umwelt auslöst [...]. Der Inhalt mitgeführter Taschen oder auch von Mantel- und Jackentaschen ist in diesem Sinne privat. [...]"*

- *"Die in der BV-Torkontrolle vereinbarten Taschenkontrollen sind* **geeignet**, *das Eigentum der Arbeitgeberinnen zu schützen. Da hierdurch Diebstähle aufgedeckt werden können und durch die Auswahl der zu kontrollierenden Arbeitnehmer über einen* **Zufallsgenerator** *die Beschäftigten jederzeit damit rechnen müssen, kontrolliert zu werden, entfaltet dieses Überwachungssystem repressive wie präventive Wirkung. Dieser Annahme steht nicht entgegen, dass die Anzahl der bislang aufgedeckten Diebstähle gering ist.* **Dieser Annahme steht nicht entgegen, dass die Anzahl der bislang aufgedeckten Diebstähle gering ist.***"*

- *"Aus der Rechtsprechung des Bundesgerichtshofs zu AGB-Klauseln im Einzelhandel, nach denen eine nicht anlassbezogene Sichtkontrolle mitgeführter Taschen der Kunden unzulässig ist, lässt sich entgegen der Auffassung des Betriebsrats nicht die Unwirksamkeit der in der BV-Torkontrolle vorgesehenen Taschenkontrollen herleiten (dazu BGH 3. Juli 1996 – VIII ZR 221/95 – BGHZ 133, 184). Dem steht schon entgegen, dass die Arbeitgeberinnen nicht einseitig die Taschenkontrollen angeordnet haben, sondern im Zusammenwirken mit dem Betriebsrat einen rechtlichen Rahmen geschaffen haben, der die Voraussetzungen und die Durchführung der Taschenkontrollen regelt. Diese Regelung ist keine Allgemeine Geschäftsbedingung iSd. § 305 Abs. 1 Satz 1 BGB und unterliegt auch nicht den Grundsätzen einer darauf bezogenen Inhaltskontrolle."*

- *"Entgegen der Ansicht des Betriebsrats steht die Protokollierungsregelung in Nr. 4.3 BV-Torkontrolle in Einklang mit dem Bundesdatenschutzgesetz. Die mit der Protokollierung einer durchgeführten Taschenkontrolle verbundene nicht automatisierte Erhebung, Nutzung und ggf. auch Verarbeitung personenbezogener Daten von Beschäftigten der Arbeitgeberinnen sowie der bei ihnen eingesetzten Leiharbeitnehmer ist mit dem Bundesdatenschutzgesetz vereinbar."*

- *"Dabei bedarf es keiner Entscheidung, ob eine solche Protokollierung über die Verweisung in § 32 Abs. 2 BDSG überhaupt dem Anwendungsbereich des § 32 Abs. 1 Satz 1 BDSG unterfällt [...] oder unter den Voraussetzungen des § 32 Abs. 1 Satz 2 BDSG als repressive sowie unter Beachtung von § 32 Abs. 1 Satz 1 BDSG als präventive Maßnahme erlaubt ist [...]."*

- *"Ebenso wenig ist zu entscheiden, ob Leiharbeitnehmer im Entleiherbetrieb dem Anwendungsbereich des § 32 BDSG unterliegen oder für sie mangels eines Beschäftigtenverhältnisses zum Entleiher die Vorschriften des Bundesdatenschutzgesetzes nur bei einer automatisierten Erhebung, Nutzung oder Verarbeitungen ihrer personenbezogenen Daten gemäß § 28 BDSG greifen (vgl. ErfK/Franzen § 32 BDSG Rn. 5). Denn in allen Fällen ist die BV-Torkontrolle eine Rechtsvorschrift iSd. § 4 Abs. 1 BDSG, die sowohl die automatisierte als auch die nicht automatisierte Erhebung, Nutzung oder Verarbeitung personenbezogener Daten von Arbeitnehmern der Arbeitgeberinnen sowie der in ihrem Gemeinschaftsbetrieb eingesetzten Leiharbeitnehmer erlaubt [...]."*

305 Nach § 310 Abs. 4 S. 1 BGB finden die AGB-rechtlichen Bestimmungen auf Betriebsvereinbarungen keine Anwendung. Jedoch unterliegen sie ggf. einer gerichtlichen Rechtskontrolle auf Übereinstimmung mit Verfassung, Gesetz und guten Sitten sowie einer Billigkeitskontrolle,[612] wie sie in § 75 BetrVG beschrieben ist.[613] Ob Betriebsvereinbarungen die geeignete Grundlage sein können, um vom Schutzstandard des Datenschutzrechts abzuweichen, ist sehr fraglich.[614] Nach allgemeiner Meinung dürfen **unabdingbare Rechte** des Be-

---

[612] Maßstab der Billigkeitskontrolle ist die Verpflichtung der Betriebsorgane, dem Wohle des Betriebs und seiner Arbeitnehmer unter Berücksichtigung des Gemeinwohls zu dienen.
[613] *Pulte/Bigos*, Betriebsvereinbarungen in der Praxis, S. 9 f.
[614] So wohl *Roßnagel/Büllesbach* aaO, 965; kritisch die wohl hM: *Simitis/Dix* § 1 BDSG Rn. 165; *Gola/Wronka*, Handbuch Arbeitnehmerdatenschutz, Rn. 332 ff.

troffenen **nicht abweichend** geregelt werden. Nach Ansicht des *Düsseldorfer Kreises*[615] darf in Betriebsvereinbarungen das Schutzniveau des BDSG nur unternehmensspezifisch konkretisiert werden. Danach wäre die häufig anzutreffende Praxis, dass in einer Betriebsvereinbarung punktuell das Datenschutzniveau der Datenschutzgesetze unterschritten, dieser Nachteil aber an anderer Stelle in der Betriebsvereinbarung durch besonders datenschutzfreundliche Regelungen „ausgeglichen" wird, unzulässig. Datenverarbeitungsregelungen in Tarifverträgen oder Betriebsvereinbarungen sind also immer unter Heranziehung der Vorschriften des BDSG zu prüfen.[616] Eine datenschutzrelevante Betriebsvereinbarung kann – betriebsverfassungsrechtlich gesehen – insbesondere folgende Bereiche regeln, wobei häufig mehrere Aspekte betroffen sein werden:

- Allgemeine personelle Angelegenheiten, §§ 92 ff. BetrVG,[617]
- Berufsbildung, §§ 96 ff. BetrVG,[618]
- Gestaltung von Arbeitsplatz, Arbeitsablauf und Arbeitsumgebung, §§ 90 f. BetrVG,
- betriebliche Ordnung § 87 Abs. 1 Nr. 1 BetrVG,[619]
- technische Überwachungseinrichtung nach § 87 Abs. 1 Nr. 6 BetrVG,[620]
- Sozialeinrichtungen, § 87 Abs. 1 Nr. 8 BetrVG.[621]

Wenn die Betriebsvereinbarung auch einen datenschutzrechtlichen Erlaubnistatbestand im Sinne von § 4 Abs. 1 BDSG bilden soll, sind hinreichend konkrete Festlegungen bzw. Konkretisierungen erforderlich. Es empfiehlt sich, diese Festlegungen/Konkretisierungen ähnlich transparent zu gestalten, wie dies im Rahmen der Auftragsdatenverarbeitung von § 11 Abs. 2 Nr. 1 bis Nr. 3 BDSG gefordert wird. Dazu gehören folgende Festlegungen/Konkretisierungen:

Checkliste zum Inhalt von Betriebsvereinbarungen über Datenverarbeitungsverfahren

☐ Präzise Bestimmung der grundrechtlichen Position von AG und AN; Vorgaben zur Verhältnismäßigkeit (va Eingriffsintensität nach Anlass/Verdacht staffeln)!

☐ Klare/transparente und offen kommunizierte Regelung zu den Verfahrensabläufen; Gewährleistung Datensicherheit; Protokollierung (erleichtert Überprüfbarkeit der Rechtmäßigkeit).

☐ Soll die BV Erlaubnis iSv § 4 Abs. 1 BDSG sein, empfehlen sich konkrete Festlegungen ähnlich § 11 Abs. 2 Nr. 1 bis Nr. 3 BDSG:

☐ Komponenten des Systems (zB Hardware, Betriebssystem, Applikationen, vor- und nachgelagerte Datenbanken, interne und externe Schnittstellen, wie zB Archivsysteme etc.)

☐ Kreis der Betroffenen

☐ Datenkatalog personenbezogener Arbeitnehmerdaten („data dictionary")

☐ ggf. Schnittstellen (Import/Export von Arbeitnehmerdaten)

☐ Festlegung der Nutzungszwecke (auch Auswertungen, Reports)

☐ Überblick über Zugriffsrechte (evtl. Informationen zu Rollenbeschreibungen des Berechtigungskonzepts)

☐ speziell im Falle von Datenübermittlung (zB an verbundene Unternehmen): Auflistung der Datenempfänger mit jeweiligen Nutzungszwecken

---

[615] *Schmidl* DuD 2009, 364 mwN; *Hornung*, Stellungnahme zur Sachverständigenanhörung im BT, AusschussDrs. 17 (4) 252 D, S. 3.
[616] Speziell zu Mitarbeiterdatenschutz im Call Center und entsprechende Regelungen in Betriebsvereinbarungen: *Menzler-Trott* RDV 1999, 257.
[617] Etwa elektronische Personalakte oder Personalinformationssysteme, siehe auch *Fitting* BetrVG § 92 Rn. 25.
[618] ZB E-Learning.
[619] Einzelfälle s. *Fitting* BetrVG § 87 Rn. 71 mwN, zB elektronische Zugangskontrollen und/oder Zeiterfassung; betrieblicher Datenschutz im Allgemeinen.
[620] ZB Personalinformationssysteme; Telefondatenerfassung; Videoüberwachung; Einführung/Änderung von Betriebssystem und/oder Anwendungen; elektronische Zeiterfassung; Internet-/E-Mail-Nutzung.
[621] Beispiele sind Einrichtung betriebseigener Internet-Terminals, die den Mitarbeitern zur privaten Internetnutzung außerhalb der Arbeitszeit zur Verfügung gestellt werden; vgl. auch *Möller* ITRB 2005, 142 (143).

☐ Regelung zu Updates/Upgrades von Software: Änderung der BV grds. nicht erforderlich, wenn weder das Frontend noch der Funktionsumfang und auch nicht der Art und Umfang der personenbezogenen Beschäftigtendaten (die mit dem System erhoben, verarbeitet oder genutzt werden) geändert werden.

307 Ähnlich wie bei einem Auftragsdatenverarbeitungsvertrag empfiehlt es sich, technische Details (die sich zB bei einem **Update/Upgrade** ändern können) in einer Anlage zu regeln. Grundsätzlich ist keine neue Betriebsvereinbarung und auch keine Änderung einer bestehenden erforderlich, wenn bei einem Update weder das Frontend noch der Funktionsumfang und auch nicht Art und Umfang der personenbezogenen Beschäftigtendaten (die mit dem System erhoben, verarbeitet oder genutzt werden) geändert werden.

308 Auf Rechte aus einer Betriebsvereinbarung kann ein Arbeitnehmer nur mit vorheriger Zustimmung des Betriebsrats verzichten. Allerdings sind für den Arbeitnehmer günstigere Individualvereinbarungen im Arbeitsvertrag zulässig (**Günstigkeitsprinzip**).[622] Bei einer „verschlechternden" Betriebsvereinbarung sind auch die Grundsätze der Verhältnismäßigkeit und des Vertrauensschutzes zu beachten. Ggf. ist ein Günstigkeitsvergleich zwischen der Regelung im Arbeitsvertrag und der Regelung in der Betriebsvereinbarung durchzuführen. Dies ist im Einzelfall umstritten, denn die Einführung von IT-Einrichtungen bringt für die Arbeitnehmer regelmäßig Vor- und Nachteile (ua Modernisierung der Arbeitsmittel und zusätzliche Überwachungsmöglichkeiten). Sehr strittig ist, ob bei der Einführung einer IT-Einrichtung, die zB geeignet ist, eine **konzernweite Performance-Kontrolle** von Arbeitnehmern zu ermöglichen, der Aspekt Sicherung von Arbeitsplätzen (in Deutschland) in den Günstigkeitsvergleich einbezogen werden kann.[623]

> **Praxistipp:**
> Das Datenschutzrecht regelt den Umgang mit **personenbezogenen** Beschäftigtendaten. **Verhaltensbezogene** Arbeitnehmerdaten sind dagegen Daten über das Tun oder Unterlassen des Arbeitnehmers im betrieblichen, aber auch im außerbetrieblichen Bereich, soweit dieses für das Arbeitsverhältnis erheblich sein kann.[624] **Leistungsbezogene** Arbeitnehmerdaten sind Daten über die vom Arbeitnehmer in Erfüllung seiner vertraglichen Arbeitspflicht geleisteten Arbeiten.[625] Personenbezogene Daten können, müssen aber nicht verhaltens- oder leistungsbezogen sein (zB Telefonnummer des Arbeitnehmers). Verhaltens- oder leistungsbezogene Daten können, müssen aber nicht personenbezogen sein. **Gruppenbezogene Leistungsdaten** sind nicht personenbezogen, wenn der einzelne Gruppenangehörige nicht bestimmbar ist (Beispiel: durchschnittlicher Monatsumsatz des Vertriebsteams Deutschland mit 1000 Mitarbeitern).[626] Um Unklarheiten im Anwendungsbereich der Betriebsvereinbarung zu vermeiden, sollten die genannten Begriffe unter Bezugnahme der Legaldefinitionen (insbes. in § 3 BDSG) und der Definitionen des BAG festgelegt werden.

309 Eine sehr interessante Entscheidung des BAG[627] zum **Verhältnis von Betriebsverfassungsrecht und Datenschutzrecht**, genauer gesagt im Verhältnis Arbeitszeitschutz zu Arbeitnehmerdatenschutz, ist im Jahr 2003 ergangen. Im Fall des BAG setzte die Arbeitgeberin ein

---

[622] Zum Günstigkeitsprinzip vgl. ErfK/*Kania*, 14. Aufl., § 77 BetrVG Rn. 68.
[623] ArbG Düsseldorf Urt. v. 6.6.1997 – 3 Ca 414/97, BB 1997, 1585; dagegen wohl BAG Urt. v. 20.4.1999 – AP Nr. 89 zu Art. 9 GG; *Richardi* DB 2000, 47.
[624] BAG Urt. v. 11.3.1986, AP Nr. 14 zu § 87 BetrVG 1972; *Fitting* BetrVG § 87 Rn. 221; aA *Müllner* DB 1984, 1677.
[625] BAG Urt. v. 23.4.1985 – 1 ABR 2/82, NZA 1985, 671, 18.2.1986 – 1 ABR 21/84, NJW 1986, 2069 zu § 87 BetrVG 1972; *Fitting* BetrVG § 87 Rn. 221.
[626] Zu betriebsverfassungs- und datenschutzrechtlichen Aspekten von Betriebsvereinbarungen zu IT- und TK-Einrichtungen siehe auch *Conrad/Antoine* ITRB 2006, 90.
[627] BAG Beschl. v. 3.6.2003 – 1 ABR 19/02, RDV 2003, 193.

IV. Zulässigkeit des Umgangs mit personenbezogenen Daten

elektronisches Zeiterfassungssystem ein. Der Betriebsrat hat nach einer Betriebsvereinbarung zu Kontrollzwecken Zugang zu dem Zeiterfassungssystem. Nachdem es bei einzelnen Arbeitnehmern zu Überschreitungen der zulässigen Höchstarbeitszeit gekommen war, wandte sich der Betriebsrat in der Folge zweimal an das Amt für Arbeitsschutz und Sicherheitstechnik. Leitsatz des Gerichts: *„Die dem Betriebsrat nach § 89 Abs. 1 Satz 2 BetrVG obliegende Pflicht, die für den Arbeitsschutz zuständigen Behörden zu unterstützen, berechtigt ihn nicht stets und einschränkungslos, den Aufsichtsbehörden die vom Arbeitgeber elektronisch erfaßten tatsächlich geleisteten Arbeitszeiten der Arbeitnehmer namensbezogen mitzuteilen. Aus Gründen des Datenschutzes muß er vielmehr im Einzelfall die Erforderlichkeit der Datenweitergabe prüfen und hierbei die Interessen der betroffenen Arbeitnehmer berücksichtigen."* Wegen des Gebots der vertrauensvollen Zusammenarbeit sei der Betriebsrat bei Verstößen gegen arbeitszeitrechtliche Bestimmungen verpflichtet, sich zunächst an die Arbeitgeberin zu wenden, bevor er Behörden einschalte. Das Urteil ist auch interessant im Zusammenhang mit der Frage, ob bzw. wann ein Beschäftigter zu **Whistleblowing** berechtigt ist.[628]

Das Verhältnis von Betriebsverfassungsrecht zu Datenschutzrecht ist immer wieder Gegenstand von Entscheidungen. Das BAG[629] hat zB 2012 entschieden, dass Betriebsräte einen Anspruch auf einen Internetzugang ohne Personalisierung haben (sog Gruppen-Accounts für Betriebsratsmitglieder). Dieser Anspruch ergebe sich aus § 40 Abs. 2 BetrVG. Im konkreten Fall waren Gruppen-laufwerke in einer Gesamtbetriebsvereinbarung über die „Einführung und Anwendung von Hard- und Software zur Nutzung eines Intranet-/Internetanschlusses und zur Möglichkeit der Kommunikation mit E-Mails" geregelt, nicht jedoch die Art des Zugangs bzw. Zugriffs auf das Laufwerk (personalisiert oder nicht personalisiert über Grupp-Account). Das BAG führt dazu aus: *„Es kann daher dahinstehen, ob der Sachmittelanspruch des Betriebsrats nach § 40 Abs. 2 BetrVG durch eine mit dem Gesamtbetriebsrat geschlossene Vereinbarung eingeschränkt werden könnte. Daran bestehen nicht unerhebliche Zweifel."*[630]

Weil jedoch bei Gruppen-Accounts die Eingabekontrolle, für die an sich der Arbeitgeber im Rahmen von § 9 BDSG verantwortlich ist, Arbeitgeberseitig kaum (datenschutzkonform) realisierbar ist, muss der Betriebsrat selbst für eine angemessene Eingabekontrolle sorgen:

„Das BDSG verlangt vom Nutzer des Internets keine gesonderten Maßnahmen zum Schutz personenbezogener, im Internet öffentlich zugänglicher Daten. Zwar haben öffentliche und nicht-öffentliche Stellen, die selbst oder im Auftrag personenbezogene Daten erheben, verarbeiten oder nutzen, nach § 9 BDSG die technischen und organisatorischen Maßnahmen zu treffen, die erforderlich sind, um die Ausführung der Vorschriften des BDSG, insbesondere die in der Anlage zu § 9 Satz 1 BDSG genannten Anforderungen, zu gewährleisten. Recherchen im Internet stellen aber allein keine Verarbeitung oder Nutzung personenbezogener Daten im Sinn der Anlage zu § 9 Satz 1 BDSG dar.
Werden dagegen auf dem Rechner des Betriebsrats personenbezogene Daten automatisiert verarbeitet oder genutzt, ist die innerbetriebliche Gestaltung nach der Anlage zu § 9 Satz 1 BDSG so zu organisieren, dass sie den besonderen Anforderungen des Datenschutzes gerecht wird. Dabei sind insbesondere Maßnahmen zu treffen, die je nach der Art der zu schützenden personenbezogenen Daten oder Datenkategorien geeignet sind zu gewährleisten, dass nachträglich überprüft und festgestellt werden kann, ob und von wem personenbezogene Daten in das Datenverarbeitungssystem eingegeben, verändert oder entfernt worden sind (Nr. 5 der Anlage zu § 9 Satz 1 BDSG). Die Verantwortung dafür trägt aber der Betriebsrat, der die geeigneten und erforderlichen Sicherungen festzulegen hat. Als Teil der verantwortlichen Stelle iSv. § 3 Abs. 7 BDSG ist der Betriebsrat selbst für den Datenschutz verpflichtet und hat eigenständig über Maßnahmen zu beschließen, um den Anforderungen des BDSG Rechnung zu tragen (vgl. BAG 12. August 2009 – 7 ABR 15/08 – Rn. 27 mwN, BAGE 131, 316). Aus der Eigenverantwortlichkeit des Betriebsrats folgt dessen Pflicht, ua. für die in Satz 2 Nr. 5 der Anlage zu § 9 Satz 1 BDSG vorgesehene Eingabekontrolle Sorge zu tragen und zu gewährleisten, dass nachträglich überprüft und festgestellt werden kann, ob und von wem personenbezogene Daten eingegeben, verändert oder entfernt worden sind. Die danach grundsätzlich gebotene individuelle Zugangsregelung zum gemeinsam genutzten Betriebsrats-PC setzt jedoch nicht zwingend einen für die Arbeitgeberin erkennbaren personalisier-

---

[628] Siehe aber § 32l Abs. 4 BDSG-E des Gesetzentwurfs v. 25.8.2010. Zum Whistleblowing → Rn. 212 ff.
[629] BAG Beschl. v. 18.7.2012 – 7 ABR 23/11.
[630] BAG Beschl. v. 18.7.2012 – 7 ABR 23/11, Rn. 33.

ten Zugang zum PC voraus. Eine geeignete Eingabekontrolle lässt sich auch anders konfigurieren, etwa über Eingaben, deren persönliche Zuordnung nicht dem Arbeitgeber, sondern nur dem Betriebsrat bekannt ist (zB durch die Bezeichnungen als BR 1, BR 2, BR 3 usw.)."[631]

V. Betrieblicher Beauftragter für den Datenschutz

1. Europarechtliche Vorgaben und Entwicklung

312 Die europäische **Datenschutzrichtlinie 95/46/EG** geht vom **Grundsatz der Fremdkontrolle** des betrieblichen Datenschutzes aus. So sieht Artikel 18 Abs. 1 der Richtlinie eine staatliche Vorabkontrolle der privatwirtschaftlichen Datenverarbeitung vor, indem automatisierte Datenverarbeitungen einer unabhängigen Kontrollstelle iSv Artikel 28 der Richtlinie gemeldet werden müssen.[632] Als **Alternative** zur umfassenden Fremdkontrolle nach Artikel 18 Abs. 1 eröffnet die Datenschutzrichtlinie in Abs. 2 die Möglichkeit für eine **betriebliche Selbstkontrolle**. So dürfen Mitgliedstaaten als Ausnahme zur Meldepflicht die Bestellung eines betrieblichen Datenschutzbeauftragten durch die verantwortliche Stelle vorsehen, dem dann die *„unabhängige Überwachung der Anwendung der zur Umsetzung dieser Richtlinie erlassenen einzelnen Bestimmungen"* obliegt. **Deutschland** hat von dem Wahlrecht insoweit Gebrauch gemacht, als es ein **zweistufiges Kontrollsystem** eingerichtet hat, auf dessen erster Stufe die betriebliche Selbstkontrolle steht und nur unter bestimmten Bedingungen eine externe Kontrolle durch staatliche Aufsichtsbehörden (vgl. § 38 BDSG) stattfindet.[633] Das bedeutet für die Stellung des betrieblichen Beauftragten für den Datenschutz, dass er va eine Funktion als neutrale Aufsicht hat, die in Teilbereichen – sofern sie wirksam und ordnungsgemäß ausgeführt wird – die behördliche Aufsicht ersetzt (zumindest auf erster Stufe). Alle Fragen im Zusammenhang mit Stellung und Aufgaben des Beauftragten sind an dieser gesetzlichen Funktion des Beauftragten auszurichten.

313 Das BAG hat in einer älteren Entscheidung – ergangen zu BDSG 1990 – verneint, dass der Beauftragte eine ausreichend neutrale Position hat, um den Betriebsrat zu kontrollieren.[634] Aus Sicht des BAG schließt die *„vom Betriebsverfassungsgesetz geforderte Unabhängigkeit der Betriebsräte vom Arbeitgeber [...] eine Kontrolle durch den Datenschutzbeauftragten"*[635] aus. Als Voraussetzung für die Kontrolle durch den Beauftragten sah das BAG an, dass dieser *„etwa aufgrund entsprechende Mitbestimmungsrechte des Betriebsrats bei seiner Bestellung und Abberufung des Vertrauens beider Seiten in gleicher Weise bedürfte und unabhängig vom Arbeitgeber über eigene Handlungsmöglichkeiten verfügte"*.[636] Zwar wurde die Stellung des Beauftragten seit BDSG 1990 fortentwickelt und verbessert. Doch das Verhältnis zwischen Betriebsrat und Beauftragtem ist nach wie vor ungeklärt. Bei Richtlinienkonformer Auslegung ist die vom BAG seinerzeit bemängelte fehlende Unabhängigkeit vom Arbeitgeber zu hinterfragen. In der Praxis ist häufig zu beobachten, dass der Beauftragte zwischen allen Stühlen sitzt und weder dem Lager des Arbeitgebers noch dem Lager der Betriebsräte zugeordnet werden kann.

314 Die Entwicklung der deutschen Umsetzung dieser europäischen Vorgaben im BDSG zeigt, dass die Bedeutung des Beauftragten als innerbetriebliches Aufsichtsorgan seit 1990 erheblich zugenommen hat und voraussichtlich (angesichts der anstehenden Novelle zum Beschäftigtendatenschutz) weiter an Bedeutung gewinnen wird:

---

[631] BAG Beschl. v. 18.7.2012 – 7 ABR 23/11, Rn. 30, 31.
[632] Siehe Antrag von Bündnis 90/Die Grünen ua zur völligen Unabhängigkeit für den Bundesdatenschutzbeauftragten, BT-Drs. 17/6345 vom 29.6.2011.
[633] Der EuGH hat das deutsche System staatlicher Aufsicht als nicht mit der Datenschutzrichtlinie vereinbar erklärt, Urt. v. 9.3.2010 – C-518/07, NJW 2010, 1265. Wie die Bundesländer den Anforderungen des Gerichts nachkommen, ist noch unklar, vgl. *Gola/Klug* NJW 2010, 2483 (2488) mwN, → Rn. 108 ff.
[634] BAG Beschl. v. 11.11.1997 – 1 ABR 21/97.
[635] BAG Beschl. v. 11.11.1997 – 1 ABR 21/97, Rn. 46.
[636] BAG Beschl. v. 11.11.1997 – 1 ABR 21/97, Rn. 53.

V. Betrieblicher Beauftragter für den Datenschutz

- Für den nicht-öffentlichen Bereich fanden sich bereits in den §§ 28, 29 BDSG 1977[637] sowie in den §§ 36, 37 BDSG 1990[638] Regelungen zur Bestellung und den Aufgaben des betrieblichen Beauftragten für den Datenschutz. Fachkunde und Zuverlässigkeit als Voraussetzung für eine Bestellung, die direkte Unterstellung unter die Geschäftsleitung, die Weisungsfreiheit, das Benachteiligungsverbot, die Verschwiegenheitspflicht sowie die Unterstützungspflicht durch die verantwortliche Stelle waren bereits Bestandteil der Erstregelung.
- Mit der Änderung des BDSG im **Mai 2001**[639] wurden die Regelungen zum Beauftragten in den ersten Abschnitt des BDSG (§§ 4f und g BDSG 2001) verlagert, so dass damit erstmals **einheitliche** Bestimmungen für die Institution des Datenschutzbeauftragten im öffentlichen wie im nicht-öffentlichen Bereich geschaffen wurden.
- Die Änderung des BDSG im **August 2006**[640] brachte neben einer Anhebung des Schwellenwertes in § 4f Abs. 1 Satz 4 BDSG für die Bestellung eines Datenschutzbeauftragten von mehr als vier auf mehr als neun Arbeitnehmer ua auch eine Präzisierung der Fachkunde iSv § 4f Abs. 2 BDSG[641] sowie ein Beratungsrecht des Beauftragten gegenüber der Aufsichtsbehörde, § 4g Abs. 1 Satz 2 BDSG.[642]
- Mit der zum **1.9.2009** in Kraft getretenen **BDSG-Novelle III**[643] wurde ua die Position des Datenschutzbeauftragten durch die Aufnahme eines Kündigungsschutzes (über den bereits zuvor bestehenden Abberufungsschutz hinaus) sowie die Verpflichtung der verantwortlichen Stelle zur Übernahme von Kosten für Fort- und Weiterbildungsmaßnahmen in § 4f Abs. 3 BDSG weiter gestärkt. Zudem wurde der Bußgeldrahmen für eine nicht, nicht richtig oder zu spät erfolgte Bestellung erhöht.

In den Bestrebungen zum Erlass einer EU-Datenschutzgrundverordnung[644] werden die sehr unterschiedlichen Regelungsentwürfe zum betrieblichen Datenschutzbeauftragten kontrovers diskutiert:

Am 25.1.2012 hat die EU-Kommission einen Entwurf der Datenschutz-Grundverordnung veröffentlicht, in dem die Position und die Aufgaben des Datenschutzbeauftragten in den Art. 35–37 geregelt sind. Danach soll der Beauftragte zum einen zusätzliche Aufgaben erhalten (zB Pflicht zur Erstellung der Verfahrensübersicht und nicht mehr Anspruch auf Zurverfügungstellung durch die verantwortliche Stelle und insgesamt umfangreiche Dokumentationspflichten des Beauftragten, vgl. Art. 37 Abs. 1 lit. d DS-GVO). An anderer Stelle wird der Aufgabenbereich des Beauftragten – jedenfalls im Verhältnis zur Regelung im BDSG – reduziert. So sollen zB Vorabkontrollen nicht mehr zum zukünftigen Aufgabenkreis des Beauftragten gehören.

Die im Kommissionsentwurf v. 25.1.2012 vorgeschlagene Grenze von 250 Beschäftigten wird im Kompromissvorschlag des Europäischen Parlaments v. 22.10.2013 zugunsten eines dynamischen Berechnungsschemas in Abhängigkeit von der Betroffenen-Anzahl aufgegeben. Neues Kriterium für die Bestellung eines Datenschutzbeauftragten im nicht-öffentlichen Bereich soll die Anzahl der von einer personenbezogenen Datenverarbeitung betroffenen Personen während einer 12-Monatsperiode sein.[645] Die Grenze für die Bestellung eines Datenschutzbeauftragten liegt grundsätzlich bei 5.000 Betroffenen. Im Übrigen soll – wie im

---

[637] Gesetz zum Schutz vor Mißbrauch personenbezogener Daten bei der Datenverarbeitung (BDSG) vom 27. Januar 1977, BGBl. I S. 201, verkündet am 1.2.1977.
[638] Artikel 1 des Gesetzes zur Fortentwicklung der Datenverarbeitung und des Datenschutzes vom 20.12.1990, BGBl. I S. 2954, in Kraft getreten am 30.12.1990.
[639] Artikel 1 des Gesetzes zur Änderung des Bundesdatenschutzgesetzes und anderer Gesetze vom 18.5.2001, BGBl. I 2001, S. 904, in Kraft getreten am 23.5.2001.
[640] Artikel 1 des Ersten Gesetzes zum Abbau bürokratischer Hemmnisse insb. in der mittelständischen Wirtschaft vom 22.8.2006, BGBl. I S. 1970, in Kraft getreten am 26.8.2006.
[641] → Rn. 29 ff.
[642] → Rn. 344 ff.
[643] Artikel 1 des Gesetzes zur Änderung datenschutzrechtlicher Vorschriften vom 14.8.2009, BGBl. I S. 2814, in Kraft getreten am 20.8.2009.
[644] → Rn. 47 ff.
[645] Conrad/Grützmacher/*Conrad/Schneider*, Recht der Daten und Datenbanken im Unternehmen, S. 1137 f.

Kommissionsentwurf – die Bestellpflicht bei bestimmten „core activities" unabhängig von einer Personengrenze gelten. Aus Perspektive des Datenschutzrechts ist die Bezugnahme auf die Zahl der Betroffenen grundsätzlich sachgerechter als die Bezugnahme auf die Zahl der Beschäftigten. Doch wie soll und muss man die Zahl der Betroffenen im Einzelnen berechnen? Die Schwierigkeit für die Unternehmen dürfte sehr groß sein, etwa wenn sich Doubletten in Adressbeständen befinden, Unklarheiten über Löschpflichten bestehen etc. Wie ist etwa der Fall zu beurteilen, in dem ein Unternehme zunächst 5.000 Adressdatensätze ankauft, diese Daten aber – zB aufgrund Beanstandung des betrieblichen Datenschutzbeauftragten – nach 4 Monaten löscht. Zählen solche vorübergehenden Daten zur Berechnung des Grenzwerts hinzu? Ob sich die Grenze von 5.000 Betroffenen als praktikabel erweist, wird sich zeigen müssen. Die neue definierte Grenze dürfte voraussichtlich die Bestellpflicht ausdehnen – evtl. sogar über die Grenze des § 4f Abs. 1 BDSG hinaus. Va auch Startups mit nur wenigen Mitarbeitern, die aber Internetdienste einer Vielzahl von Nutzern anbieten, wäre gemäß dem Vorschlag des LIBE-Ausschusses verpflichtet, einen Beauftragten zu bestellen. Im Zweifel wird man jedem Unternehmen, das zumindest vorübergehend größere Datenmengen verarbeitet, raten müssen, einen betrieblichen Datenschutzbeauftragten zu bestellen, zumal bei bestimmten „core activities"[646] die Bestellpflicht ohnehin unabhängig von der Betroffenenzahl sein soll und die Auslegung von „core activity" im Einzelfall streitig sein dürfte.

318 Beim Mindestbestellzeitraum[647] will das Europäische Parlament differenziert zwischen internem (4 Jahre) und externem Datenschutzbeauftragen (2 Jahre). Im Prinzip ist eine Klarstellung wünschenswert, weil bereits die Forderungen der deutschen Datenschutzbehörden zwischen 3 und 5 Jahren variieren. Die Differenzierung leuchtet ein, da der interne üblicherweise stärker geschützt werden muss und ein 4jähriger Zwangsvertrag mit einem Externen unangemessen ist. Fraglich ist jedoch, ob die Regelung eine kürzere Befristung mit ausreichendem Sachgrund (etwa Elternzeit des internen Datenschutzbeauftragten oder längere Krankheit oder sonstige vorübergehende Vertretungsfälle etwa, weil nach Ausscheiden eines lokalen Datenschutzbeauftragten aus Altergründen ein Konzerndatenschutzbeauftragter gesucht wird, dessen neue Stelle jedoch erst binnen Jahresfrist besetzt werden kann). Die deutschen Datenschutzaufsichtsbehörden haben bislang solche kürzeren Befristungszeiträume bei entspechendem Sachgrund akzeptiert.

319 Im gemeinsamen Standpunkt des Rats zur Datenschutzgrundverordnung v. 15.6.2015 wird ein anderer Weg eingeschlagen und eine Öffnungsklausel für die Mitgliedstaaten hins. der Bestellpflicht vorgesehen: *„Der für die Verarbeitung Verantwortliche oder der Auftragsverarbeiter kann – bzw. sofern im Unionsrecht oder im nationalen Recht vorgesehen, muss – einen Datenschutzbeauftragten benennen (…)."*[648] Die weitere Regelung im gemeinsamen Ratsstandpunkt bzgl. der Stellung, Rechte und Aufgaben des Beauftragten erinnert sehr stark an die Regelung im BDSG.

2. Pflichten bei der Bestellung eines Beauftragten für den Datenschutz

320 In zwei Fällen muss ein betrieblicher Datenschutzbeauftragter verbindlich und **unabhängig von der Anzahl** der Mitarbeiter bestellt werden:
- bei einer automatisierten Erhebung, Verarbeitung oder Nutzung von personenbezogenen Daten durch eine **öffentliche Stelle**, § 4f Abs. 1 Satz 1 BDSG,
- wenn eine **nicht-öffentliche Stelle** automatisierte Verarbeitungen vornimmt, die einer Vorabkontrolle unterliegen (§ 4d Abs. 5 BDSG), oder wenn die verantwortliche Stelle personenbezogene Daten geschäftsmäßig zum Zweck der Übermittlung, der anonymisierten Übermittlung oder für Zwecke der Markt- oder Meinungsforschung automatisiert erhebt, verarbeitet oder nutzt, § 4f Abs. 1 Satz 6 BDSG.

---

[646] Art. 32 Abs. 1 lit. c) und d) des LIBE-Entwurfs v. 22.10.2013.
[647] Art. 35 Abs. 7 des LIBE-Entwurfs v. 22.10.2013.
[648] Art. 35 Abs. 1 gemeinsamer Standpunkt des Rats v. 15.6.2015.

V. Betrieblicher Beauftragter für den Datenschutz

Im Übrigen hängt gem. § 4f Abs. 1 Satz 3 BDSG die Pflicht der Bestellung eines betrieblichen Datenschutzbeauftragten **von der Anzahl** der mit der Datenverarbeitung beschäftigten Arbeitnehmer der verantwortlichen Stelle ab: **321**

- Bei **nicht-öffentlichen** Stellen besteht die Pflicht der Bestellung eines betrieblichen Datenschutzbeauftragten, wenn **mehr als neun** Personen **ständig** mit der **automatisierten** Verarbeitung personenbezogener Daten beschäftigt sind.
- Soweit die Verarbeitung bei **nicht-öffentlichen** Stellen **nicht automatisiert** stattfindet, müssen **mindestens 20 Personen** mit der Verarbeitung personenbezogener Daten beschäftigt sein.
- Soweit die Verarbeitung bei **öffentlichen** Stellen **nicht automatisiert** stattfindet, müssen ebenso **mindestens 20 Personen** mit der Verarbeitung personenbezogener Daten beschäftigt sein.

> **Praxistipp:**
> Es wird bei der Berechnung der mit der Verarbeitung von personenbezogenen Daten beschäftigten Personen (§ 4f Abs. 1 S. 3 und S. 4 BDSG) nicht zwischen **Teilzeitkräften** und **Vollzeitkräften** unterschieden. **Auszubildende** und **Praktikanten** sowie **Leiharbeitnehmer** sind ebenso mitzuzählen. Nicht hinzugezählt wird, wer als Arbeitgeber ein unternehmerisches Risiko trägt, Mitglieder des gesetzlichen Vertretungsorgans wie Vorstand, Geschäftsführer etc.[649]

Bei kleinen und mittleren Unternehmen war immer schon die Frage umstritten, ob und wie ggf. eine Datenschutzbeauftragten-Bestellung zu erfolgen hat und wie genau die Stellung des Beauftragten ausgefüllt werden kann (intern oder extern). Das „Gesetz zum Abbau bürokratischer Hemmnisse insbesondere in der mittelständischen Wirtschaft" vom Juni 2006 hat gewisse Erleichterungen mit sich gebracht. Insbesondere wurde die Grenze der Pflicht zur Bestellung eines Datenschutzbeauftragten auf **zehn Personen** heraufgesetzt. Die BDSG-Novellen 2009 haben insoweit klargestellt, dass ein Datenschutzbeauftragter schon zu bestellen ist, wenn „in der Regel" mehr als neun Personen **ständig** mit der automatisierten Erhebung, Verarbeitung oder Nutzung personenbezogener Daten beschäftigt sind. **Vorübergehende Schwankungen** nach unten lassen die Pflicht zur Bestellung damit nicht (mehr) entfallen. **322**

In § 4g Abs. 2a BDSG heißt es: **323**
„Soweit bei einer nicht-öffentlichen Stelle keine Verpflichtung zur Bestellung eines Beauftragten für den Datenschutz besteht, hat der **Leiter der nicht-öffentlichen Stelle** die Erfüllung der Aufgaben nach Abs. 1 und 2 **in anderer Weise** sicherzustellen" (Art. 1 Nr. 3 des erwähnten ersten Gesetzes zum Abbau bürokratischer Hemmnisse).

Praktisch wird die Datenschutzkontrolle insoweit wieder auf die Geschäftsleitungsebene rückverlagert.

Bei den Personen gem. 4f Abs. 1 S. 3 und 4 BDSG muss es sich, jedenfalls vom Wortlaut her, nicht um „Angestellte" handeln. Das bedeutet, dass etwa freie Mitarbeiter durchaus mitzuzählen sind. Der Vorteil ist, dass Personen, die nur gelegentlich (die Begründung nennt Urlaubsvertretungen) personenbezogene Daten automatisiert verarbeiten, nicht mitzuzählen sind. **324**

§ 4f Abs. 2 BDSG stellt klar: **325**
„Das Maß der erforderlichen Fachkunde bestimmt sich insbesondere nach dem Umfang der Datenverarbeitung der verantwortlichen Stelle und dem Schutzbedarf der personenbezogenen Daten, die die verantwortliche Stelle erhebt oder verwendet."

Das bedeutet, dass verantwortliche Stellen zB im Gesundheitswesen Detekteien, Auskunfteien uÄ einen betrieblichen Datenschutzbeauftragten mit spezialisiertem Know-how bestellen müssen. **326**

---

[649] Däubler/Klebe/Wedde/Weichert/*Däubler* BDSG § 4f Rn. 15.

> **Praxistipp:**
>
> **Ausländische Unternehmen**, die im Inland eine rechtlich unselbstständige Zweigstelle betreiben, sind (soweit im Übrigen die Voraussetzungen des § 4f BDSG vorliegen) ebenso zu der Bestellung eines betrieblichen Datenschutzbeauftragten verpflichtet.
>
> Jedes zu einem **Konzern** gehörende Unternehmen muss einen betrieblichen Datenschutzbeauftragten bestellen. Eine Bestellung allein in der Muttergesellschaft reicht hier nicht aus. Möglich ist aber, dass mehrere Unternehmen einen gemeinsamen (Konzern-)Datenschutzbeauftragten bestellen (der von jedem einzelnen Unternehmen formal bestellt wird) und der über den notwendigen „Unterbau" verfügen muss, so dass Beschäftigte, Kunden und Lieferanten im Grunde in jedem Betrieb einen Ansprechpartner finden können. Zudem muss gewährleistet sein, dass bei Interessenskollisionen (zB wenn die Muttergesellschaft personenbezogene Daten von Tochterunternehmen erhalten will) die Unabhängigkeit der Kontrolle durch den Datenschutzbeauftragten erhalten bleibt.[650]

327 Die **Bestellung hat schriftlich** zu erfolgen.[651] Günstig für die datenverarbeitenden Stellen ist, dass Beauftragter für den Datenschutz eine Person **außerhalb** der verantwortlichen Stelle, also extern, sein kann, § 4f Abs. 2 Satz 3 BDSG. **Nicht-öffentliche** verantwortliche Stellen müssen gem. § 4f Abs. 1 Satz 2 BDSG den betrieblichen Datenschutzbeauftragten **innerhalb eines Monats** nach Aufnahme ihrer Tätigkeit zu bestellen, sofern der Schwellenwert von Satz 3 bzw. 4 überschritten ist. Bei **öffentlichen** Stellen gilt die Monatsfrist des § 4f Abs. 1 Satz 2 BDSG nicht. Hier ist die Bestellung vorzunehmen, sobald sich entsprechende Verarbeitungsabsichten abzeichnen.[652] Wird in einem bestehenden Arbeitsverhältnis ein Arbeitnehmer zum Datenschutzbeauftragten bestellt, liegt darin regelmäßig das Angebot des Arbeitgebers, den Arbeitsvertrag um die mit dem Amt verbundenen Aufgaben für die Dauer des Amtes nach Maßgabe der gesetzlichen Bestimmungen zu erweitern.[653]

328 Der betriebliche Datenschutzbeauftragte muss über **Fachkunde** und **Zuverlässigkeit** verfügen. Es wird jedoch keine bestimmte Ausbildung vorausgesetzt. Der Datenschutzbeauftragte muss in der Lage sein, die Aufgaben des Datenschutzbeauftragten (siehe Rn. 193 ff., 201 ff. ordnungsgemäß zu erfüllen und sich im Datenschutzrecht und den aktuellen Verarbeitungstechnologien auskennen. Verbunden mit der Bestellung eines Beauftragten für den Datenschutz sind Vorteile für die verarbeitende Stelle hinsichtlich ihrer Meldepflichten. Nach § 4d Abs. 2 BDSG entfällt die Meldepflicht, wenn die verantwortliche Stelle einen Beauftragten für den Datenschutz bestellt hat.

329 Es wird in § 4f Abs. 2 Satz 3 Hs. 2 BDSG klargestellt, dass sich die Kontrolle auch auf personenbezogene Daten erstreckt, die einem Berufs- oder besonderem Amtsgeheimnis, insbesondere dem Steuergeheimnis nach § 30 der Abgabenordnung, unterliegen. Sozusagen im Gegenzug regelt § 4f Abs. 4a, dass zu Gunsten des Beauftragten für den Datenschutz ein **Zeugnisverweigerungsrecht** besteht. Soweit das Zeugnisverweigerungsrecht des Beauftragten für den Datenschutz reicht, unterliegen seine Akten und andere Schriftstücke zudem einem Beschlagnahmeverbot.

> **Praxistipp für Anwaltskanzleien:**
>
> Es war zwischen Bundesrechtsanwaltskammer (BRAK) und DAV strittig, ob auch Anwaltskanzleien einen Datenschutzbeauftragten zu bestellen haben. Nach Ansicht der BRAK unterliegen Anwälte ua dem Berufsgeheimnis und somit einer Spezialregelung und nicht den Datenschutzvorschriften.[654]

---

[650] Däubler/Klebe/Wedde/*Weichert*/*Däubler* BDSG 3. Aufl., § 4f Rn. 7 mwN.
[651] Zu den Beteiligungsrechten des Betriebsrats bei der Bestellung eines internen Beauftragten, soweit sie mit Einstellung oder Versetzung verbunden ist *Gola/Schomerus* BDSG § 4f Rn. 33. Die Bestellung allein macht den Arbeitnehmer nicht zu einem leitenden Angestellten, *Gola/Schomerus* BDSG § 4f Rn. 33.
[652] Simitis/*Simitis* BDSG § 4f Rn. 30.
[653] BAG Urt. v. 29.9.2010 – 10 AZR 588/09, NJW 2011, 476.
[654] Zum Anwendungsbereich des BDSG speziell bei Berufsgeheimnisträgern und zum Meinungsstreit → Rn. 116 f.

> Der Streit ist zwar noch nicht endgültig entschieden, allerdings wurde die Position des betrieblichen Datenschutzbeauftragten durch das Zeugnisverweigerungsrecht und das Beschlagnahmeverbot erheblich verbessert.[655] Dadurch ist die Frage, wer, wenn keine geeignete Person gefunden wird, bei einer Kanzlei dieses Amt intern ausübt, leichter lösbar. Soll ein interner Beauftragter bestellt werden, so stehen in der Kanzlei häufig nicht viele Personen zur Verfügung, die die gesetzlich erforderliche Zuverlässigkeit va keine Interessenkollisionen haben. Ein Sozius etwa ist grds. nicht bestellbar.

3. Fachkunde und Zuverlässigkeit

Das BDSG bestimmt, dass zum Datenschutzbeauftragten nur bestellt werden darf, wer die zur Erfüllung seiner Aufgaben erforderliche Fachkunde und Zuverlässigkeit besitzt, § 4f Abs. 2 Satz 1 BDSG. Die Anforderungen an Fachkunde und Zuverlässigkeit bestehen nicht nur zum Zeitpunkt der Auswahl und Bestellung, sondern müssen dauerhaft vorliegen. Ist der Beauftragte nicht ausreichend fachkundig und/oder nicht zuverlässig, so gilt die Bestellung als nicht wirksam. Die Geschäftsleitung muss den Beauftragten in seiner Fachkunde und Zuverlässigkeit unterstützen. Unterstützung der Fachkunde besteht ua darin, dass dem bDSB ausreichend Fortbildungsmöglichkeit gegeben wird (vgl. § 4f Abs. 3 S. 7 BDSG).

Der Gesetzgeber hat keine harten Kriterien aufgestellt, welche inhaltlichen Voraussetzungen für die „erforderliche Fachkunde und Zuverlässigkeit" gegeben sein müssen. § 4f Abs. 2 Satz 2 BDSG gibt den Hinweis, dass die Anforderungen in Abhängigkeit vom Umfang der konkreten Datenverarbeitung und dem Schutzbedarf der personenbezogenen Daten zu bestimmen sind.[656] Nach einem Teil der Literatur soll Leitlinie und Maßstab sämtlicher Überlegungen zur gesetzlich geforderten Fachkunde die Trias rechtlicher, organisatorischer und technischer Kenntnisse sein.[657] Diese ist aus dem Aufgabenbereich des Beauftragten abzuleiten und umfasst regelmäßig:[658]

- Kenntnis und sichere Anwendung der gesetzlichen Regelungen (Grundrechte mit Datenschutzbezug, BDSG, einschlägige spezielle datenschutzrechtliche Regelungen wie zB die im Telemediengesetz und Telekommunikationsgesetz).
- Kenntnisse der betrieblichen Organisation und der betrieblichen Verfahrensabläufe der verantwortlichen Stelle, damit datenschutzrechtliche Folgen bei Einführung oder Änderung von Datenverarbeitungsprozessen adäquat beurteilt werden können.
- Allgemeine Kenntnisse der Organisationslehre, der Unternehmensführung, der Unternehmensplanung und -kontrolle, des Personalwesens sowie ggf. der Produktion. Der Bundesfinanzhof (BFH) hat mit einer Entscheidung aus dem Jahr 2003[659] hohe Anforderungen an die notwendige Fachkunde gestellt. So handele es sich beim Datenschutzbeauftragten um ein eigenes Berufsbild,[660] das das theoretische Grundwissen verschiedener Hoch- bzw. Fachhochschulstudiengänge (Ingenieur-, Rechtswissenschaften, Betriebswirtschaftslehre und Pädagogik) erfordere. Eine Ausbildung nur als Ingenieur oder nur als Betriebswirt reiche nicht aus.
- Grundlegende Kenntnisse der IT, damit zB Maßnahmen zum technischen Datenschutz im Rahmen von Vorabkontrollverfahren auf ihre Wirksamkeit hin beurteilt werden können.

Der *Düsseldorfer Kreis* als Gremium der obersten Aufsichtsbehörden für den Datenschutz im nicht-öffentlichen Bereich hat in einem Beschluss vom 24./25. November 2010[661]

---

[655] Andere Ansicht AG Berlin-Tiergarten Urt. v. 5.10.2006 – 317 OWi 3235/05, NJW 2007, 97: BRAO verdrängt BDSG vollständig; noch nicht rechtskräftig. (siehe auch oben III 3. a)).
[656] Diese Regelung wurde erst im Zuge der Gesetzesänderung 2006 (siehe oben I. 5.) in das BDSG aufgenommen, um den *„vom Betrieb zu tragenden Schulungsaufwand für die zum Beauftragten für den Datenschutz zu bestellende Person"* zu begrenzen, vgl. BT-Drs. 16/1407, S. 10.
[657] Siehe Simitis/*Simitis* BDSG § 4f Rn. 84.
[658] Vgl. auch *Tinnefeld* CR 1991, 30 ff.
[659] BFH Entsch. v. 5.6.2003 – IV R 34/01. Der BFH hat aus steuerrechtlicher Sicht speziell auf externe bDSB abgestellt. Die Entscheidung ist aber, da verallgemeinerungsfähig, wohl auch auf interne bDSB übertragbar.
[660] So auch schon LG Ulm Beschl. v. 31.10.1990 – 5 T 153/90, RDV 1991, 40.
[661] Abrufbar unter: http://www.bfdi.bund.de/SharedDocs/Publikationen/Entschliessungssammlung/DuesseldorferKreis/24112010-MindestanforderungenAnFachkunde.pdf?__blob=publicationFile.

seine Anforderungen an die erforderliche Fachkunde formuliert. Diese decken sich grds. mit den von der Literatur aufgestellten Kriterien, wobei der Düsseldorfer Kreis unterscheidet zwischen allgemeinen Anforderungen, die unabhängig von der Branche und der Größe der verantwortlichen Stelle gelten sollen, und solchen, die branchenspezifisch, dh abhängig von der Branche, Größe oder IT-Infrastruktur der verantwortlichen Stelle und der Sensibilität der zu verarbeitenden Daten gelten sollen.

Allgemeine Anforderungen sind:
- Grundkenntnisse zu verfassungsrechtlich garantierten Persönlichkeitsrechten der Betroffenen und Mitarbeiter der verantwortlichen Stelle.
- Umfassende Kenntnisse zum Inhalt und zur rechtlichen Anwendung der für die verantwortlichen Stellen einschlägigen Regelungen des BDSG, auch technischer und organisatorischer Art.
- Kenntnisse des Anwendungsbereiches datenschutzrechtlicher und einschlägiger technischer Vorschriften, der Datenschutzprinzipien und der Datensicherheitsanforderungen insbesondere nach § 9 BDSG.

Branchenspezifische Anforderungen sind:
- Umfassende Kenntnisse der spezialgesetzlichen datenschutzrelevanten Vorschriften, die für das eigene Unternehmen relevant sind.
- Kenntnisse der Informations- und Telekommunikationstechnologie und der Datensicherheit (physische Sicherheit, Kryptographie, Netzwerksicherheit, Schadsoftware und Schutzmaßnahmen etc.).
- Betriebswirtschaftliche Grundkompetenz (Personalwirtschaft, Controlling, Finanzwesen, Vertrieb, Management, Marketing etc.).
- Kenntnisse der technischen und organisatorischen Struktur sowie deren Wechselwirkung in der zu betreuenden verantwortlichen Stelle (Aufbau- und Ablaufstruktur bzw. Organisation der verantwortlichen Stelle).
- Kenntnisse im praktischen Datenschutzmanagement einer verantwortlichen Stelle (zB Durchführung von Kontrollen, Beratung, Strategieentwicklung, Dokumentation, Verzeichnisse, Logfile-Auswertung, Risikomanagement, Analyse von Sicherheitskonzepten, Betriebsvereinbarungen, Videoüberwachungen, Zusammenarbeit mit dem Betriebsrat etc.).

333 Laut *Düsseldorfer Kreis* müssen die erforderlichen rechtlichen, technischen sowie organisatorischen Mindestkenntnisse grds. bereits zum Zeitpunkt der Bestellung zum Beauftragten in ausreichendem Maße vorliegen. Dort wo entsprechende Kenntnisse noch fehlen, muss der Beauftragte die Bereitschaft und Befähigung besitzen, diese zu erwerben.[662] Umgekehrt hat der betriebliche Datenschutzbeauftragte gegen die verantwortliche Stelle einen Anspruch auf Fortbildung zur Erhaltung der zur Erfüllung seiner Aufgaben erforderlichen Fachkunde inkl. Kostenübernahme, vgl. § 4f Abs. 3 Satz 7 BDSG. In welcher Form sich der Beauftragte die erforderliche Sachkunde aneignet, bleibt grds. ihm selbst überlassen.[663] Eine fehlende Fachkunde des bestellten Beauftragten berechtigt die Aufsichtsbehörde gem. § 38 Abs. 5 Satz 3 BDSG zu dessen Abberufung.

334 Das LG Ulm hat in einem Urteil aus dem Jahr 1990[664] vom Beauftragten einen Wissensstand gefordert, der ihn zum „Computerexperten" macht, ohne die Voraussetzungen näher auszuführen. Das Urteil ist nicht ohne Weiteres übertragbar. Zwar hat seit 1990 die elektronische Datenverarbeitung rasant zugenommen, die Beherrschbarkeit ist aber teilweise dank grafischer Benutzeroberflächen gestiegen, so dass das Fachwissen eines Informatikexperten wohl nicht unbedingt erforderlich ist, um datenschutzrechtliche Zusammenhänge einschätzen zu können. Das LG Köln hat im Jahr 2000[665] hinsichtlich der betriebsspezifischen

---

[662] Vgl. *Schaar* in: Informationsbroschüre des Bundesbeauftragten für Datenschutz und die Informationsfreiheit „Die Datenschutzbeauftragten in Behörde und Betrieb", BfDI - Info 4, 8. Auflage Mai 2010, S. 10. Der TÜV Nord bietet zB einen Zertifikatslehrgang Datenschutzbeauftragter an, weitere Informationen www.tuevnordakademie.de.
[663] Vgl. MMR aktuell 10/2006, Die Neuregelungen zum betrieblichen Datenschutzbeauftragten, S. XIV.
[664] LG Ulm Urt. v. 31.10.1990 – 5 T 153/90, CR 1991, 103.
[665] LG Köln Urt. v. 19.5.2000 – 84 O 49/00, RDV 2000, 174.

Kenntnisse festgestellt, dass ein einwöchiges Seminar nur Anstöße hinsichtlich der formellen Organisations- und Entscheidungsstrukturen vermitteln kann.

Die für die **Zuverlässigkeit** erforderliche persönliche Integrität ist eine wichtige Voraussetzung, damit der Beauftragte seine Unabhängigkeit behaupten und gleichzeitig neutral gegenüber unterschiedlichen Interessenlagen sein kann. Das Gesetz selbst nennt die Verschwiegenheitspflicht des Beauftragten. Nach § 4f Abs. 4 BDSG ist er verpflichtet, Verschwiegenheit über die Identität der Betroffenen sowie die Umstände, die Rückschlüsse auf den Betroffenen zulassen, zu wahren. Die strikte Beachtung der Verschwiegenheitspflicht ist Grundvoraussetzung für die Stellung des Datenschutzbeauftragten als Vertrauensperson.[666] Zur Zuverlässigkeit gehört nicht nur die persönliche Integrität des Beauftragten, sondern auch seine Stellung als Vertrauensperson sowohl gegenüber der Geschäftsleitung als auch gegenüber den Mitarbeitern. 335

Ein Beauftragter kann dann unzuverlässig sein, wenn ihm aufgrund von Interessenkollisionen eine unabhängige Ausübung seiner Tätigkeit nicht möglich ist. Zweifel an der erforderlichen Neutralität des Beauftragten bestehen zB, wenn dieser als Beauftragter Entscheidungen datenschutzrechtlich überwachen soll, die er zuvor operativ selbst empfohlen und umgesetzt hat. Vergleichbar mit der Rolle der Jahresabschlussprüfer sind daher die Aufgaben des Beauftragten möglichst auf die gesetzlich vorgeschriebenen Pflichten zu beschränken. Sonstige operative Datenschutzaufgaben sind davon abzugrenzen und organisatorisch an anderer Stelle anzusiedeln. Ein Datenschutzbeauftragter wird auch dann als unzuverlässig anzusehen sein, wenn ihm die notwendige Akzeptanz und Autorität für die Ausübung seiner Tätigkeit im Unternehmen fehlt. Während zu hohe Anforderungen an die Vermeidung von Interessenskollisionen besonders in kleinen Unternehmen mit wenigen Mitarbeitern die vom Gesetzgeber gerade eröffnete betriebliche Selbstorganisation zu sehr einschränken würde, sind an große Unternehmen erhöhte Anforderungen zu stellen.[667] Für Interessenskonflikte, die sich besonders aus der nur nebenamtlichen Wahrnehmung ergeben können, siehe unten Rn. 206. 336

Die hinreichende Arbeitskapazität, um die datenschutzrechtliche Überwachungsaufgabe erfüllen zu können, muss durch die verantwortliche Stelle sowohl bei der Entscheidung, ob eine haupt- oder nur nebenamtliche Wahrnehmung der Aufgabe erfolgen soll, berücksichtigt werden als auch im Rahmen der personellen Ausstattung. Die Folgen fehlender Fachkunde und/oder Zuverlässigkeit des Beauftragten kann ua eine bußgeldbewehrte Ordnungswidrigkeit der verantwortlichen Stelle gem. § 43 Abs. 1 Nr. 2, Abs. 3 BDSG sein. Die zuständige Aufsichtsbehörde kann nach § 38 Abs. 5 S. 2 BDSG, die Abberufung des unzuverlässigen oder unkundigen Beauftragten verlangen. 337

4. Aufgaben des Datenschutzbeauftragten

Alle Fragen im Zusammenhang mit Stellung und Aufgaben des Beauftragten sind an der gesetzlichen Funktion als „neutrale Kontrollstelle" auszurichten. Das gilt insbesondere mit Blick auf alle – verständlichen – Bestrebungen in den verantwortlichen Stellen, den Beauftragten nicht nur mit der Kontrolle sondern auch mit der Verantwortlichkeit für Entwurf und Umsetzung des Datenschutz-Managements zu beaufschlagen. Im Ergebnis gilt eine ähnlich Faustregel wie für die Jahressabschlussprüfer: Wer für die Umsetzung von Maßnahmen (mit-)verantwortlich ist, kann die Umsetzung nicht unabhängig kontrollieren. Eine personelle Trennung des Amts des Beauftragten von den Datenschutz-Konzeptions- und Umsetzungsaufgaben ist somit erforderlich. In großen Unternehmen wird dies zunehmend realisiert und der Wortlaut der Richtlinie 95/46/EG ist insoweit klar (Art. 18 Abs. 2). In kleinen Unternehmen fehlt es häufig an einer ausreichenden Trennung, was durch den weniger klaren Wortlaut in § 4g Abs. 1 BDSG (der bDSB hat „insbesondere" ...) begünstigt wird. 338

---

[666] → Rn. 344 ff. sowie *Schaar* in: Informationsbroschüre des BfDI, aaO, dort S. 11.
[667] Zur Frage, ob eine Interessenidentifizierung zwangsweise zur Unzuverlässigkeit führt *Giesen* CR 2007, 202.

339 Der betriebliche Datenschutzbeauftragte unterstützt das Unternehmen und die Mitarbeiter bei der Einhaltung der Datenschutzvorschriften.[668] Das BDSG differenziert nicht zwischen einem internen betrieblichen Beauftragten für den Datenschutz, der selbst Mitarbeiter der datenverarbeitenden Stelle ist, und einem sog externen betrieblichen Beauftragten für den Datenschutz, der ein vom Unternehmen beauftragter Spezialist, häufig ein Rechtsanwalt oder IT-Sachverständiger ist. In der Praxis kommen (auch bei größeren Unternehmen) vermehrt externe Beauftragte für den Datenschutz vor. Während der interne betriebliche Datenschutzbeauftragte in der Regel die Geschäftsprozesse des Unternehmens kennt und damit möglicherweise auch datenschutzrechtliche Problembereiche unmittelbar erkennt, verfügt ein externer oder technischer Datenschutzbeauftragter häufig über eine besondere Fachkunde, insbesondere in rechtlicher Hinsicht. Im Regelfall wird es erforderlich sein, dass gerade bei datenschutzrechtlich besonders riskanten Bereichen die Tätigkeit des Datenschutzbeauftragten durch ein Team bestehend aus internen Personen und externen Spezialisten unterstützt wird.

340 Bereits im BDSG 2001 wurden dem DSB folgende Aufgaben zugewiesen (siehe § 4g BDSG):
- die **Kontrolle** der ordnungsgemäßen Anwendung der EDV im Unternehmen im Hinblick auf personenbezogene Daten – auch mittels einer **internen Verarbeitungsübersicht,**
- die **Schulung** der Kenntnis **der Mitarbeiter** von den Datenschutzvorschriften,
- die sog **Vorabkontrolle** bei besonders risikoreichen Verarbeitungen,
- die Führung des von jedermann einsehbaren **Verfahrensverzeichnisses,**
- die Rolle als Ansprechpartner der Datenschutzbehörde.

341 Die wichtigste Aufgabe des Datenschutzbeauftragten – auch im Hinblick auf eine mögliche Aufsichtsprüfung durch die zuständige Datenschutzbehörde – besteht darin, **Datenflüsse transparent** und somit **kontrollierbar** zu machen. In einem Konzern stellt dies den Datenschutzbeauftragten regelmäßig vor große Herausforderungen. Da dem Datenschutzrecht eine Privilegierung von verbundenen Unternehmen im Sinne eines Konzernprivilegs fremd ist,[669] muss der Datenschutzbeauftragte auch das häufig enge und schwer überschaubare Netz der konzerninternen Datenflüsse transparent und kontrollierbar machen.

342 Ob das **Führen**[670] des Verfahrensverzeichnisses[671] Aufgabe des Datenschutzbeauftragten ist, ist umstritten – nicht zuletzt auch deshalb, weil nicht klar umrissen ist, was unter einem „Führen" zu verstehen ist. § 4g Abs. 2 s. 1 BDSG verlangt, dass die verantwortliche Stelle dem bDSB „eine Übersicht über die in § 4e S. 1 BDSG genannten Angaben sowie über die zugriffsberechtigten Personen zur Verfügung stell[t]". Während *Simitis* davon ausgeht, dass es sich bei der Bereitstellung der Übersicht um eine fortlaufende Verpflichtung der verantwortlichen Stelle handelt,[672] spricht der Düsseldorfer Kreis in einem Beschluss davon, dass der Beauftragte in alle relevanten Planungs- und Entscheidungsabläufe eingebunden werden muss, da er das Verfahrensverzeichnis *„führt"* und hierfür *„die erforderlichen Unterlagen zu erhalten"* habe. Der vermeintliche Widerspruch lässt sich auflösen, wenn man § 4d Abs. 6 Satz 2 BDSG[673] zu Hilfe zieht. Danach ist die Zurverfügungstellung der Verfahrensübersicht Voraussetzung für die Prüftätigkeit des Beauftragten. Dieser Prüftätigkeit kann der Beauftragte nur nachkommen, wenn er (auch fortgesetzt) über die von der verantwortlichen Stelle eingesetzten Verfahren informiert wird. Das „Führen" des Verfahrensverzeichnisses durch den Beauftragten kann daher allenfalls als eine dem Beauftragten obliegende administrative Tätigkeit iSv Aufbewahren des Verfahrensverzeichnisses, Prüfung auf offensichtliche Unvollständigkeiten und Ergänzung um von der verantwortlichen Stelle mitgeteilte neue Verfahren

---

[668] Der Beauftragt gemäß BDSG, auch im Vergleich zu den geplanten Regelungen in der Datenschutzgrundverordnung: *Hoeren* ZD 2012, 355; *Jaspers/Reif* RDV 2012, 78.
[669] → Rn. 183 ff.
[670] Art. 18 Abs. 2, 4. Spiegelstrich RL 95/46/EG; in der englischen Fassung „keeping".
[671] Im Einzelnen zu den Anforderungen an ein öffentliches Verfahrensverzeichnis und eine sog interne Verfahrensübersicht Conrad/Grützmacher/Senftner, Recht der Daten und Datenbanken im Unternehmen, S. 997.
[672] Siehe auch Simitis/*Simitis* BDSG § 4g Rn. 61.
[673] Siehe auch Simitis/*Simitis* BDSG § 4g Rn. 60 ff.

VI. Betrieblicher Beauftragter für den Datenschutz

verstanden werden. „Führen" bedeutet nicht, dass sich der Beauftragte die Informationen über von der verantwortlichen Stelle (neu) eingesetzte Verfahren selbst beschaffen muss. Treffender ist es daher, von einem Führen des Verfahrensverzeichnisses beim Beauftragten zu sprechen (organisatorische Festlegung) als von einem Führen von oder durch den Beauftragten. Der Beauftragte führt in der Regel zwei Verzeichnisse bzw. Übersichten (nämlich das sog öffentliche Verfahrensverzeichnis und die – darüber hinausgehende – interne Verfahrensübersicht, die auch Angaben zu den Zugriffsrechten enthält).[674]

Das Bundesarbeitsgericht hatte in einer (umstrittenen) Entscheidung[675] die Kontrollbefugnis des betrieblichen Datenschutzbeauftragten beim **Betriebsrat** im Wesentlichen deswegen verneint, weil sich das BDSG „*insoweit als lückenhaft [erweist], als es keine Vorschriften über das Verhältnis der beiden Organe zueinander enthält*".[676]

5. Rechte des betrieblichen Datenschutzbeauftragten

a) Unabhängigkeit und unmittelbare Unterstellung unter die Geschäftsleitung. Der betriebliche Datenschutzbeauftragte ist nur dann in der Lage, seine Aufgaben ordnungsgemäß zu erfüllen, wenn er in seiner Position unabhängig von Weisungen und Vorgaben der verantwortlichen Stelle ist.[677] Das Konzept des betrieblichen Datenschutzbeauftragten macht also nur Sinn, wenn der Datenschutzbeauftragte auch bei „unbequemem" Verhalten keinerlei negative Konsequenzen befürchten muss.[678] Eine Abhängigkeit kann sich bei einem internen Datenschutzbeauftragten aus der Arbeitnehmerstellung ergeben. Bei einem externen Datenschutzbeauftragten kann aufgrund der wirtschaftlichen Zusammenarbeit und dem bestehenden Interesse an einer langfristigen Fortführung der Geschäftsbeziehungen eine Abhängigkeit von der verantwortlichen Stelle entstehen. Der Datenschutzbeauftragte ist gem. § 4f Abs. 3 S. 2 BDSG bei der „Ausübung seiner Fachkunde auf dem Gebiet des Datenschutzes „**weisungsfrei**". Eine inhaltliche Beeinflussung der Tätigkeit des Datenschutzbeauftragten durch die verantwortliche Stelle ist unzulässig.[679] Ob in der Praxis eine derartige, vom Gesetzgeber vorgesehene, Unabhängigkeit der betrieblichen Datenschutzbeauftragten tatsächlich gegeben ist, muss aufgrund der geschilderten Ausgangssituation wohl kritisch hinterfragt werden.

§ 4f Abs. 3 Satz 1 BDSG gibt vor, dass der Datenschutzbeauftragte dem Leiter der nichtöffentlichen Stelle „*unmittelbar*" zu unterstellen ist.[680] Wie das **Merkmal „unmittelbar"** auszulegen ist, ist umstritten. Das BDSG macht keine ausdrücklichen Vorgaben, wie der Beauftragte formal in ein betriebliches Organisationsschema einzubinden ist. Dies eröffnet eine gewisse Flexibilität für die Geschäftsleitung. Allerdings ist die Anbindung des Beauftragten bei der Leitung der verantwortlichen Stelle vorgeschrieben, so dass die **Anbindung an einen Bereichs- oder Abteilungsleiter** – zumindest nach Ansicht der Datenschutzaufsichtsbehörde Baden-Württemberg – **ausscheidet**:

„Wir halten daran fest, daß ein betrieblicher Datenschutzbeauftragter nicht einem unterhalb des Vorstandes oder der Geschäftsführung angesiedelten Bereichs- oder Abteilungsleiter im Rahmen eines Prokuristen bzw. Direktor unterstellt werden darf. Wir haben keinen Zweifel daran, dass § 36 Abs. 3 BDSG so zu verstehen ist, daß der betriebliche Datenschutzbeauftragte direkt der Unternehmensleitung zu unterstellen ist".[681]

---

[674] Ein externes Verfahrensverzeichnis, welches vom bDSB für interessierte Dritte zur Einsichtnahme bereit gehalten wird, vgl. § 4g Abs. 2 S. 2 BDSG und eine interne Verfahrensübersicht, die dem bDSB und der Aufsichtsbehörde als Grundlage ihrer Kontrolltätigkeit dient.
[675] *Gola/Schomerus* BDSG § 4g Rn. 11.
[676] Siehe BAG Beschl. v. 11.11.1997 – 1 ABR 21/97, AP Nr. 1 zu § 36 BDSG 1990. Das BAG stützt sein Urteil ua darauf, dass „*die zuständigen Verfassungsorgane immer wieder bekundet [hatten], dass eine bereichsspezifische Regelung für den Arbeitnehmerdatenschutz zum noch unerledigten Gesetzgebungsprogramm gehört.*" *Aßmus* ZD 2011, 27.
[677] Übersichtlich hierzu *Däubler* DuD 2010, 20; *Brink* ZD 2012, 55.
[678] *Däubler* DuD 2010, 20 (20).
[679] *Däubler* DuD 2010, 20 (21).
[680] So auch das Bayerische Landesamt für Datenschutz in der Regierung von Mittelfranken in den Hinweisen „Der betriebliche Datenschutzbeauftragte" mit Stand Januar 2010, S. 4.
[681] Auskunft der Aufsichtsbehörde Baden-Württemberg für den nicht-öffentlichen Bereich auf eine Anfrage der Gesellschaft für Datenschutz und Datensicherung e. V. (GDD), abgedruckt in RDV 1994, 105.

346 Damit sollen Kompetenz- und Kommunikationskonflikte vermieden werden. Aus der unmittelbaren „Unterstellung" unter die Geschäftsleitung folgt keine unbegrenzte Informationspflicht des Beauftragten gegenüber der Geschäftsleitung. D. h. eine umfassende Information der Geschäftsleitung über die konkret verarbeiteten Daten und über die Betroffenen ist mit der gesetzlich vorgeschriebenen Stellung des Beauftragten nicht vereinbar. „Unterstellung" ist weniger im Sinne einer Über-/Unterordnung zu verstehen als vielmehr im Sinne einer **Vorgabe an die Ausgestaltung des Berichtswesens/Reportings**.[682] Der Berichtsweg des Beauftragten zur Geschäftsleitung muss möglichst kurz und die Koppelung an die Geschäftsleitung möglichst eng sein.

347 In Datenschutzbelangen soll sich der Datenschutzbeauftragte unmittelbar an die Geschäftsleitung der verantwortlichen Stelle wenden dürfen, damit die Stellungnahmen des Beauftragten nicht auf dem Weg nach oben versickern.[683] Das Recht zur unmittelbaren Anrufung der Geschäftsleitung hat eine **Verkürzung von Kommunikationswegen** zur Folge, bedeutet aber umgekehrt auch, dass der Beauftragte **ausschließlich der Geschäftsleitung rechenschaftspflichtig** ist. Die unmittelbare Ansiedlung bei der Geschäftsleitung soll zudem dafür sorgen, dass der Beauftragte bei der Wahrnehmung seiner Aufgaben nicht den Weisungen der Organisationseinheiten unterliegt, die er zu kontrollieren hat.[684] Das BDSG integriert damit einerseits den Beauftragten in die Organisation der verantwortlichen Stelle, nimmt ihn jedoch auch gezielt aus dem hierarchischen Aufbau heraus.[685]

348 Der *Düsseldorfer Kreis* gibt vor, dass der betriebliche Datenschutzbeauftragte dem Leiter der verantwortlichen Stelle „*organisatorisch unmittelbar zu unterstellen*" sei,[686] ohne jedoch dazu erläuternde Ausführungen zu machen. Der Bundesbeauftragte für Datenschutz und Informationsfreiheit vertritt die Ansicht, dass die Ansiedlung bei der Geschäftsleitung in Form einer **Stabsfunktion** erfolgen kann.[687] Weiter fordert der BfDI, dass eine Klarstellung der besonderen Stellung des betrieblichen Datenschutzbeauftragten in der Hierarchie für alle Mitarbeiter erkennbar sein müsse, zB in einem Organigramm. Dies müsse insb. dann gelten, wenn der Beauftragte seine Funktion nicht hauptamtlich wahrnimmt und damit zugleich in die hierarchische Organisation eingebunden ist.

349 Sind die **Geschäftsleitungsfunktionen aufgeteilt**, wird der Beauftragte häufig dem Bereichsleiter Personalwesen oder dem Bereichsleiter Revision/Controlling unterstellt.[688] Bei der Frage, welchem Leitungsbereich der bDSB zuzuordnen ist, muss berücksichtigt werden, dass **mögliche Interessenkollisionen** von vorneherein **zu vermeiden** sind.[689] Der *Düsseldorfer Kreis* verweist in einem Beschluss darauf, dass eine Vermeidung von Interessenskonflikten uU auch durch „*entsprechende Regelungen innerhalb der verantwortlichen Stelle bzw. vertragliche Regelungen*" sichergestellt werden kann und diese „*sowohl innerhalb der verantwortlichen Stelle als auch nach außen hin publik zu machen [sind]*".[690] Bei einem Arbeitnehmer, der das Amt des Beauftragten im Nebenamt ausübt (und daneben zB Aufgaben im Bereich der Kundenbetreuung wahrnimmt), ist eine organisatorische Angliederung im Vertrieb grundsätzlich zulässig, soweit die Kundenbetreuungsaufgaben betroffen sind. Bei sämtlichen Fragen im Zusammenhang mit dem Nebenamt als Beauftragter (etwa auch Budget-Fragen, Berichtspflichten uÄ) müsste unmittelbar die Geschäftsleitung zuständig sein.

---

[682] Siehe Taeger/Gabel/*Scheja* BDSG § 4f Rn. 84.
[683] Vgl. auch *Tinnefeld*, aaO, S. 32.
[684] → Rn. 345.
[685] Simitis/*Simitis* BDSG § 4f Rn. 116.
[686] Vgl. Düsseldorfer Kreis, Beschluss vom 24./25. November 2010, dort II. 1.
[687] Siehe *Schaar* in: Informationsbroschüre des Bundesbeauftragten für Datenschutz und die Informationsfreiheit „Die Datenschutzbeauftragten in Behörde und Betrieb", BfDI – Info 4, 8. Auflage Mai 2010, S. 13.
[688] Vgl. zB den Artikel unter www.datenschutz-praxis.de/datenschutzbeauftragter/datenschutzbeauftragter.html.
[689] So auch der Düsseldorfer Kreis in seinem Beschluss vom 24./25. November 2010, dort II. 1.
[690] Siehe Düsseldorfer Kreis, Beschluss vom 24./25. November 2010, dort II. 1. *Wybitul* (MMR 2011, 372 (375)) versteht den Beschluss des Düsseldorfer Kreises vom 24./25.11.2010 so, dass die verantwortlichen Stellen verpflichtet seien zu veröffentlichen, mit welchen Mitteln sie die Unabhängigkeit des Datenschutzbeauftragten sicherstellen. Die gesetzliche Regelung fordert dies, jedenfalls nach ihrem Wortlaut, nicht.

Bei sehr großen Unternehmen oder Unternehmen, die geschäftsmäßig in datenschutzrechtlich riskanten Bereichen tätig sind (etwa medizinische Forschung) oder die viele Standorte haben, empfiehlt sich, dass der Beauftragte dieses Amt Vollzeit oder zumindest hauptamtlich ausübt.

Der betriebliche Datenschutzbeauftragte darf gem. § 4f Abs. 3 Satz 3 BDSG **nicht** wegen der Ausübung seines Amtes **benachteiligt werden.** Zudem kann dem betrieblichen Datenschutzbeauftragen sein Amt nur unter spezifischen Voraussetzungen entzogen werden. Nach § 38 Abs. 5 Satz 3 BDSG kann die Aufsichtsbehörde die Abberufung durch die verantwortliche Stelle verlangen, „wenn er die zur Erfüllung seiner Aufgaben erforderliche Fachkunde und Zuverlässigkeit nicht besitzt."

Der Arbeitgeber eines internen Datenschutzbeauftragten kann gem. § 4f Abs. 3 Satz 4 BDSG auch ohne Verlangen der Aufsichtsbehörde den Datenschutzbeauftragten abberufen, wenn ein wichtiger Grund entsprechend § 626 BGB gegeben ist. Hiervon kann jedoch wohl nur bei weitreichender Untätigkeit sowie bei schweren Pflichtverletzungen ausgegangen werden. Es ist hier die Zwei-Wochen-Frist des § 626 Abs. 2 BGB zu beachten.[691] Zum Kündigungsschutz siehe unten Rn. 217.

b) Unterstützung durch die verantwortliche Stelle. Gem. § 4f Abs. 5 Satz 1 BDSG hat die verantwortliche Stelle die Pflicht, *„den Beauftragten für den Datenschutz bei der Erfüllung seiner Aufgaben zu unterstützen und ihm insbesondere, soweit dies zur Erfüllung seiner Aufgaben erforderlich ist, Hilfspersonal sowie Räume, Einrichtungen, Geräte und Mittel zur Verfügung zu stellen."* Die verantwortliche Stelle muss also, ähnlich wie in § 40 BetrVG, dem Datenschutzbeauftragten die zur Aufgabenerfüllung erforderliche Ausstattung, wie Fachliteratur, inklusive personeller Unterstützung, zur Verfügung stellen. Der interne betriebliche Datenschutzbeauftragte ist insbesondere von eventuellen sonstigen Arbeitsaufgaben insoweit zu entlasten, als dies für die Erfüllung seiner Aufgaben innerhalb seiner regulären Arbeitszeit notwendig ist.

Mit **Hilfspersonal** sind Beschäftigte gemeint, die den Beauftragten in seiner Aufgabenerfüllung unterstützen, diesen aber nicht verdrängen. Das Hilfspersonal hat ebenfalls eine entsprechende Fachkunde aufzuweisen, wobei eine Spezialisierung einzelner Mitarbeiter auf bestimmte Fachbereiche sinnvoll sein kann, auch um das Fachwissen des Beauftragten zu ergänzen. Das BDSG enthält keine entsprechende Regelung zu einem **Vertreter** für den Beauftragten, wobei eine Vertreterregelung zwecks effizienterer organisatorischer Ausstattung des Amtes des Beauftragten sinnvoll ist. So trifft die verantwortliche Stelle die Pflicht, sicherzustellen, dass für Zeiten von Urlaub, Krankheit und sonstigen (längeren) Abwesenheiten des Beauftragten ein Vertreter zur Verfügung steht, sofern nicht der Beauftragte zB durch telefonische Erreichbarkeit im Urlaub uÄ ausnahmsweise Urlaubszeiten überbrückt. Bei der Auswahl des Vertreters sind grds. die gleichen Anforderungen an Zuverlässigkeit und Unabhängigkeit zu stellen sind wie an den Beauftragten selbst.

Das BDSG gibt keine feste Regel vor, wie viel Prozent der Arbeitszeit der Beauftragte in der Regel zur pflichtgemäßen Erfüllung seiner Funktion verwenden muss, bzw. ab wann eine Unterstützung durch Hilfspersonal notwendig wird. Eine starre Regelung verbietet sich schon aus folgendem Grund: Der Umfang der Kontrolltätigkeit des Beauftragten hängt im Wesentlichen davon ab, in welchem Umfang die verantwortliche Stelle welche Arten von personenbezogenen Daten zu welchen Zwecken wie verarbeitet. Die Anforderungen an eine Kontrolle der Einhaltung des Datenschutzes in einem Unternehmen, welches geschäftsmäßig in großer Zahl Abrechnungen im Gesundheitsbereich erstellt, können – auch bei nur geringer Beschäftigtenanzahl – ungleich höher sein, als bei Unternehmen mit ungleich mehr Beschäftigten, die aber personenbezogene Daten in einem weitaus geringeren Umfang verarbeiten. Zudem kann die Ausgestaltung der Datenschutzorganisation in der verantwortlichen Stelle darauf Einfluss nehmen, wie viele Personen mit der Datenschutzkontrolle zu befassen sind. Stellt die verantwortliche Stelle zB sicher, dass der Beauftragte in Außenstellen feste Ansprechpartner in Datenschutzfragen zugeordnet bekommt, so ist uU eine geringere Anzahl an Hilfspersonen erforderlich, als wenn die verantwortliche Stelle außer dem Beauf-

[691] *Däubler* DuD 2010, 20 (21).

tragten nur eine geringe Anzahl von Personen hat, die mit der Datenschutzaufsicht befasst sind.

> **Praxistipp:**
> In Betrieben mit mehr als 500 Bildschirmarbeitsplätzen und mehr als 30 Programmierern wird ein Vollzeit-Datenschutzbeauftragter notwendig sein.[692] In einem Betrieb mit weniger als 300 Beschäftigten wurde von dem ArbG Offenbach[693] im Jahr 1993 ein Zeitbudget von 20 % einer Vollzeittätigkeit als noch angemessen angesehen. Dieser Richtwert kann jedoch nicht ohne Weiteres auf die Anforderungen der heutigen Zeit übertragen werden.[694] Es ist vermutlich mit einem erheblich höheren Anteil für die Ausübung des Amtes des betrieblichen Datenschutzbeauftragten zu rechnen.

355 **c) Kündigungsschutz des Datenschutzbeauftragten.** Speziell die Kündigung des betrieblichen Datenschutzbeauftragten ist in der betrieblichen Praxis immer wieder Gegenstand von Meinungsverschiedenheiten, wie diverse Urteile zeigen.[695] Mit der Novellierung des BDSG 2009 wurde der Status des betrieblichen Datenschutzbeauftragten aufgewertet und durch einen echten **Kündigungsschutz**, vergleichbar mit dem Kündigungsschutz von Betriebsräten, abgesichert (§ 4f Abs. 3 Satz 5 und 6 BDSG). Dadurch wurde die interne Datenschutzkontrolle gestärkt. Durch diese Kündigungsschutzregelung kann auch einem Teilzeitdatenschutzbeauftragten nur bei Vorliegen eines wichtigen Grundes im Sinne von § 626 BGB gekündigt werden. Ein derartiger Fall kann beispielsweise bei strafrechtlich relevanten Handlungen gegenüber dem Arbeitgeber, einschließlich des Verrats von Betriebs- und Geschäftsgeheimnissen, angenommen werden. Eine ordentliche Kündigung ist ausgeschlossen.[696]

356 In jüngerer Zeit sind mehrere Entscheidungen zur Kündigung und Abberufung des betrieblichen Datenschutzbeauftragten ergangen.

Rechtsprechungsbeispiele:
BAG Urt. v. 23.3.2011 – 10 AZR 562/09:[697]
- Nach BAG stellen weder die Entscheidung des Arbeitgebers, zukünftig die Aufgaben eines Beauftragten für den Datenschutz durch einen externen Dritten wahrnehmen zu lassen, noch die Mitgliedschaft im Betriebsrat einen wichtigen Grund für den Widerruf dar. Im Fall des BAG wurde die Klägerin im Jahr 1992 zur betrieblichen Datenschutzbeauftragten der Muttergesellschaft und deren 100%iger Tochtergesellschaft berufen. Diese Aufgabe nahm ca. 30 % ihrer Arbeitszeit in Anspruch. Seit 1994 ist die Klägerin auch Mitglied im Betriebsrat bei der Muttergesellschaft. Am 12.8.2008 beschlossen die Muttergesellschaft und ihr Tochterunternehmen, die Aufgaben des Beauftragten für den Datenschutz zukünftig konzernweit einheitlich durch einen externen Dritten wahrnehmen zu lassen. Sie widerriefen deshalb die Bestellung der Klägerin. Die Muttergesellschaft sprach zudem gegenüber der Klägerin eine Teilkündigung dieser Aufgabe aus. Die Klägerin hat sich mit ihrer Klage gegen diese Maßnahmen gewandt und obsiegt.
- § 4f Abs. 3 Satz 4 BDSG iVm § 626 BGB gewährt dem Beauftragten für den Datenschutz einen besonderen Abberufungsschutz. Damit soll dessen Unabhängigkeit und die weisungsfreie Ausübung des

---

[692] *Schierbaum* AiB 2001, 516.
[693] ArbG Offenbach, RDV 1993, 83.
[694] Däubler/Klebe/Wedde/Weichert/*Däubler* BDSG, 3. Aufl., § 4f Rn. 55.
[695] ArbG Dortmund Urt. v. 5.12.1996 – 6 BV 84/96, RDV 1998, 77 – Nebenamtlicher betrieblicher Datenschutzbeauftragter: Mitbestimmung bei Bestellung; VG Sigmaringen Urt. v. 29.7.1997 – P 9 K 1/97, RDV 1998, 75 – Externer Datenschutzbeauftragter: Mitbestimmung bei Einstellung; LAG Berlin Urt. v. 27.10.1997 – 17 Sa 87/97, RDV 1998, 73 – Betrieblicher Datenschutzbeauftragter: Kündigungsschutz; LAG Hannover Urt. v. 16.6.2003, 8 Sa 1968/02, RDV 2004, 177 – Kein besonderer Kündigungsschutz für Datenschutzbeauftragte; LAG Sachsen (Sächsisches LAG): s. „LAG Chemnitz" Urt. v. 29.7.2004 – 3 Sa 1123/03, RDV 2005, 121 – Widerruf einer Bestellung zum behördlichen Datenschutzbeauftragten bedarf der arbeitsrechtlichen Umsetzung, etwa durch direktionsrechtliche Maßnahme, Änderungsvertrag oder Änderungskündigung. Zur außerordentlichen Kündigung mit Auslauffrist BAG Urt. v. 23.1.2014 – 2 AZR 372/13, ZD 2015, 92 mAnm *Sörup*. Zur Wirksamkeit einer Änderungskündigung LAG Düsseldorf Urt. v. 4.3.2015 – 12 Sa 136/15.
[696] Däubler/Klebe/Wedde/Weichert/*Däubler* BDSG, § 4f Rn. 73.
[697] BAG Urt. v. 23.3.2011 – 10 AZR 562/09, DB 2011, Heft 13, M 20. Auch die Vorinstanz (LAG Berlin-Brandenburg – 5 Sa 425 und 434/09) hatte der Klage stattgegeben. *Conrad/Hausen* ZD 2011, XIII.

VI. Betrieblicher Beauftragter für den Datenschutz

Amtes gestärkt werden. Eine Abberufung ist nur aus wichtigem Grund möglich, wenn eine Fortsetzung des Rechtsverhältnisses für den Arbeitgeber unzumutbar ist.
- Zwar ist der Arbeitgeber bei der erstmaligen Bestellung frei, ob er einen internen oder externen Datenschutzbeauftragten bestellt. Hat er hingegen einen internen Beauftragten bestellt, kann er nicht dessen Bestellung allein mit der Begründung widerrufen, er wolle nunmehr einen Externen konzernweit mit dieser Aufgabe beauftragen. Allein in einer solchen Organisationsentscheidung liegt kein wichtiger Grund. Ebenso wenig rechtfertigt die bloße Mitgliedschaft im Betriebsrat, die Zuverlässigkeit eines Beauftragten für den Datenschutz in Frage zu stellen. Auf konkrete Pflichtverstöße haben sich die Beklagten nicht berufen.
- Nach BAG Urt. v. 29.9.2010[698] erlischt das Amt des betrieblichen Beauftragten für den Datenschutz bei einer Fusion.

Fraglich ist, wie die Gerichte im Falle der **Abberufung eines externen betrieblichen Datenschutzbeauftragten** entscheiden würden, wenn die verantwortliche Stelle sich entschließen sollte, die Aufgabe an einen internen Datenschutzbeauftragten zu übertragen. Sollte die Rechtsprechung des BAG hierauf analog anwendbar sein, würde dies faktisch auf eine Unkündbarkeit des Vertrages mit dem Externen hinauslaufen, es sei denn bei Vorliegen schwerer Pflichtverletzungen des Externen oder sonstiger wichtiger Gründe.

Die Regelung des § 4 Abs. 3 Satz 6 BDSG beinhaltet auch einen nachwirkenden Kündigungsschutz, in dem der Kündigungsschutz auf ein Jahr nach Beendigung des Amtes als Datenschutzbeauftragter erstreckt wird. Auch in diesem Zeitraum ist eine ordentliche Kündigung unzulässig.

Vor dem 1.9.2009 konnte sich der betriebliche Datenschutzbeauftragte nur auf einen Abberufungsschutz nach § 4f Abs. 3 Satz 3 BDSG berufen. In der Literatur war strittig, inwieweit die Einschränkung des Widerrufs eines in einem Arbeitsverhältnis beschäftigten Datenschutzbeauftragten einen besonderen Kündigungsschutz zur Folge hat.[699] Das BAG hat in dem vergleichbaren Fall eines Betriebsarztes entschieden, dass Hindernisse, die der Beendigung des „Amtsverhältnisses" entgegenstehen, auch vor einer Kündigung des Arbeitsverhältnisses schützen. Dies soll jedenfalls dann gelten, wenn der Anlass für die Auflösung des Arbeitsverhältnisses ein Tatbestand ist, der sich nicht von der Tätigkeit als Betriebsarzt trennen lässt.[700] Diese Ansicht wurde entsprechend auch für den betrieblichen Datenschutzbeauftragten überwiegend angenommen und vom Gesetzgeber durch Einfügung des § 4f Abs. 3 Satz 5 und 6 BDSG umgesetzt.

In dem Verhältnis zwischen verantwortlicher Stelle und **externem Datenschutzbeauftragten** bezieht sich der Dienst- oder Geschäftsbesorgungsvertrag zwischen den Beteiligten alleine auf die Tätigkeit als betrieblicher Datenschutzbeauftragter.[701] Die Tätigkeit als externer Datenschutzbeauftragter unterliegt dem Schutz des § 4f Abs. 3 Satz 4 BDSG. Hiernach kann die Tätigkeit als betrieblicher Datenschutzbeauftragter nur entzogen werden, wenn ein wichtiger Grund iSd § 626 BGB vorliegt. Das Verbot der ordentlichen Kündigung bezieht sich dem Wortlaut nach lediglich auf das Arbeitsverhältnis. Dies kann im Umkehrschluss jedoch nicht bedeuten, dass durch eine ordentliche Kündigung des Vertragsverhältnisses mit dem externen Datenschutzbeauftragten diesem die Basis seiner Tätigkeit entzogen werden kann. Das begründete „Amtsverhältnis" bleibt erhalten. Fraglich ist lediglich, aufgrund welcher Anspruchsgrundlage Entgelt für die Tätigkeit gefordert werden kann. Hier wird vertreten, dass die verantwortliche Stelle die Mittel für die Tätigkeit des betrieblichen Datenschutzbeauftragten gem. § 4f Abs. 5 Satz 1 BDSG zur Verfügung stellen muss.[702]

---
[698] BAG Urt. v. 29.9.2010 – 10 AZR 588/09, NJW 2011, 476 zur Fusion einer gesetzlichen Krankenkasse.
[699] Vgl. nur *Gola/Schomerus* BDSG § 4f Rn. 40 ff. mwN.
[700] BAG Urt. v. 24.3.1988 – 2 AZR 386/37, DB 1989, 227.
[701] *Henkel*, Vertrag über die Beauftragung eines externen Datenschutzbeauftragten, in: Moos (Hrsg.), Datennutzungs- und Datenschutzverträge, 2014, S. 40 ff.; *Kremer/Sander*, Dienstvertrag mit einem externen betrieblichen Datenschutzbeauftragten, in: Koreng/Lachenmann (Hrsg.), Formularbuch Datenschutzrecht, 2015; *dies.*, Beratungsvertrag mit einem Dienstleistungsunternehmen, in: Koreng/Lachenmann (Hrsg.), Formularbuch Datenschutzrecht, 2015; *Lücke*, Muster: Geschäftsbesorgungsvertrag zur Bestellung eines externen Datenschutzbeauftragten, in: Hümmerich/Lücke/Mauer (Hrsg.), Arbeitsrecht – Vertragsgestaltung, Prozessführung, Personalarbeit, Betriebsvereinbarungen, 8. Aufl. 2014.
[702] *Däubler* DuD 2010, 20 (24).

361 Eine interessante Frage ist, ob der Kündigungsschutz dadurch umgangen werden kann, dass dem ggf. unbequemen Datenschutzbeauftragten gleichrangig ein zweiter Beauftragter an die Seite gestellt wird. Eine solche **Doppelbestellung** kann auch im Interesse des/der Beauftragten sein, der bzw. die beispielsweise aus familiären Gründen nur halbtags arbeiten oder für Krankheit, Urlaub oder sonstige längere Abwesenheiten einen Ersatz benötigen. Bei sehr großen verantwortlichen Stellen ist das Amt uU nicht durch eine Person allein ausübbar. Ein externer Beauftragter hat ggf. eigenes Hilfspersonal. Bei einem internen Beauftragten muss an sich der Arbeitgeber bzw. die verantwortliche Stelle geeignetes Hilfspersonal zur Verfügung stellen, das – zumindest wenn es den Beauftragten auch vertreten soll – über ausreichend Fachkunde und Zuverlässigkeit (va hins. Vermeidung von Interessenkollisionen) verfügen muss. Soll kein Hilfspersonal eingesetzt werden, sondern eine Doppelbestellung erfolgen, stellt sich die Frage nach der datenschutzrechtlichen Zulässigkeit. § 4 Abs. 1 S. 1 BDSG regelt ausdrücklich, dass öffentlich und nicht-öffentliche Stellen „einen Beauftragten" zu bestellen haben. Jedenfalls dann, wenn die Zweitbestellung die Rechte und Amtsausübung des ersten Beauftragten beeinträchtigt, insbesondere wenn die Zweitbestellung zu dem Zweck erfolgt, dass der erste Beauftragte „kalt gestellt" wird, dürfte die Zweitbestellung unwirksam sein und verstößt gegen das Benachteiligungsverbot. Das Benachteiligungsverbot und damit subjektive Rechtspositionen eines bereits bestellten Datenschutzbeauftragten sind berührt, wenn sich beeinträchtigende Maßnahmen der verantwortlichen Stelle als eine unmittelbare Reaktion auf eine bestimmte Aufgabenerfüllung des Beauftragten darstellen.[703] Ob jedoch im gegenseitigen Einvernehmen (bzw. mit Zustimmung des ersten Beauftragten) und mit klarer Abgrenzung (jedenfalls zeitlich) eine Zweitbestellung zB bei einem halbtags arbeitenden Beauftragten erfolgen darf, ist – soweit ersichtlich – nicht entschieden. Das Risiko zB von sich abweichenden/sich widersprechenden Prüfungsergebnissen im Rahmen der Kontrolltätigkeit der beiden Beauftragten oder divergierenden Schulungsinhalten, liegt nahe – was dem Amt nicht förderlich ist. Hilfspersonal ist somit vorzugswürdig.

Rechtsprechungsbeispiel:[704]
VG Düsseldorf Beschl. v. 8.2.2012 – 26 L 36/12[705] Leitsatz des Gerichts: *„Die Bestellung eines weiteren Datenschutzbeauftragten liegt allein in der Zuständigkeit und Verantwortung des Leiters der datenverarbeitenden Stelle. Dem bereits bestellten Datenschutzbeauftragten stehen in diesem Zusammenhang grundsätzlich keine subjektiven Rechtspositionen zur Seite."* Im konkreten Fall war die Datenschutzbeauftragten von einer Fachhochschule in NRW bestellt. Wegen Überlastung plante die Hochschulleitung zunächst die Beauftragten abzuberufen, entschied sich dann jedoch für die Bestellung eines gleichrangigen weiteren Beauftragten. Dagegen stellte die (erste) Beauftragte Antrag auf einstweilige Anordnung. *„Wie die Antragstellerin insoweit übereinstimmend mit den Angaben der Hochschule ausgeführt hat, resultiert diese Arbeitsbelastung aus vielen (neuen) Aufgaben durch zahlreiche eingesetzte Verfahren, die immer wieder Änderungen unterliegen und aus neuen Lehrformen mit gesteigerten datenschutzrechtlichen Fragen, wobei jedenfalls zum Ende des Jahres 2010 ein Rückstand von über 100 zu prüfenden Fällen bestanden hat. Dies sowie die eigene Bewertung ihrer Arbeitsbelastung durch die Antragstellerin macht deutlich, dass die Entscheidung der Hochschule zur Bestellung eines zweiten Datenschutzbeauftragten auf objektiven Umständen beruht und nicht etwa darauf abzielt, die Antragstellerin ‚kalt zu stellen'".* Das Gericht lehnt den Antrag ab, wobei die Besonderheit des Falles ist, dass § 32a Abs. 1 S. 3 des einschlägigen Landesdatenschutzgesetzes NRW[706] eine Mehrfachbestellung ausdrücklich erlaubt. Die Übertragbarkeit der Entscheidung auf das BDSG ist also fraglich. Das Gericht führt aus: *„Angesichts der in die Organisations- und damit Entscheidungshoheit der insoweit letztverantwortlichen Hochschulleitung gestellten Bestellung eines oder mehrerer Datenschutzbeauftragter sowie ggf. Stellvertreter ist nicht ersichtlich, aus welchem Grunde ein weiterer Datenschutzbeauftragter der Hochschule nur mit Zustimmung der Antragstellerin sollte bestellt werden können. Denn hierdurch wird lediglich der Umfang der von ihr wahrzunehmenden Aufgaben reduziert, nicht jedoch in die kraft*

---

[703] AG Düsseldorf Urt. v. 20.8.2008 – 4 Ca 3598/08.
[704] *Zilkens/Eikel* RDV 2012, 138; *Ehmann* Datenschutz-Praxis v. 3.7.2012.
[705] http://www.justiz.nrw.de/nrwe/ovgs/vg_duesseldorf/j2012/26_L_36_12beschluss20120208.html.
[706] § 32a Abs. 1 DSG NRW: *„Öffentliche Stellen, die personenbezogene Daten verarbeiten, haben einen internen Beauftragten für den Datenschutz sowie einen Vertreter zu bestellen. Der Beauftragte muss die erforderliche Sachkenntnis und Zuverlässigkeit besitzen. Mehrere Stellen können gemeinsam einen Beauftragten für den Datenschutz bestellen, wenn dadurch die Erfüllung seiner Aufgabe nicht beeinträchtigt wird. Bei Bedarf kann eine Stelle auch mehrere Beauftragte sowie mehrere Vertreter bestellen. [...]"*

Gesetzes bestehende Weisungsfreiheit eingegriffen. Es ist vielmehr Sache beider Datenschutzbeauftragter, die anfallenden Aufgaben so untereinander aufzuteilen, dass feste Zuständigkeiten bestehen und damit eine Doppelprüfung identischer Vorgänge vermieden wird. Dass im Vertretungsfalle möglicherweise unterschiedliche Interpretationen des Datenschutzrechts zum Tragen kommen, ist gerade Folge der bestehenden Weisungsfreiheit und damit hinzunehmen. Da es im Übrigen keinen Unterschied machen kann, ob mehrere Datenschutzbeauftragte zeitgleich oder zeitlich nachfolgend bestellt werden, ist auch nicht ersichtlich, warum die beabsichtigte Bestellung eines weiteren Beauftragten an der Hochschule O unter diesem Gesichtspunkt der Zustimmung der Antragstellerin bedürfen sollte. – Schließlich kann angesichts der von der Antragstellerin selbst geltend gemachten erheblichen Überlastung von einer Teilabberufung als Datenschutzbeauftragte von vornherein keine Rede sein. – Soweit die Antragstellerin desweiteren die Auffassung vertritt, die Hochschule sei zu ihrer Entlastung zur Bestellung eines Vertreters verpflichtet, so verkennt sie, dass es sich hierbei nicht um einen Vertreter iS des § 32a Abs. 1 S. 1 handeln würde. Denn hier ist ersichtlich die Abwesenheitsvertretung gemeint, während es der Antragstellerin tatsächlich um die Zuordnung eines von ihr weisungsabhängigen Mitarbeiters geht. Dass ein Datenschutzbeauftragter kein subjektives Recht dahin besitzt, alle datenschutzrelevanten Vorgänge einer dem Datenschutzgesetz unterworfenen öffentlichen Stelle allein und ausschließlich zu begutachten/zu prüfen, folgt aber schon daraus, dass § 32a Abs. 1 S. 4 DSG NRW im Falle eines bestehenden Bedarfs auch die Bestellung mehrerer Beauftragter ermöglicht, die dann selbstverständlich die Aufgabenwahrnehmung auch untereinander regeln – dh aufteilen – müssen."

d) Weiterbildungsanspruch. Der betriebliche Datenschutzbeauftragte hat gem. § 4f Abs. 3 Satz 7 BDSG einen Anspruch, auf Kosten der verantwortlichen Stelle an Fort- und Weiterbildungsmaßnahmen teilzunehmen. Zu den zu tragenden Kosten gehören neben den Teilnahmegebühren auch die Anfahrt, Unterbringung und Verpflegung. Diese Regelung hat, vom Gesetzgeber so vorgesehen, eine große Ähnlichkeit mit § 37 Abs. 6 BetrVG. Der Fortbildungsbedarf variiert dabei nach dem Umfang und der Art der personenbezogenen Daten, welche von der verantwortlichen Stelle erhoben, verarbeitet oder genutzt werden. Es besteht jedoch ein „Grundbedarf" an Schulung aufgrund der stetigen Fortentwicklung von Recht und Technik. Die mit den Schulungen veranlassten Kosten, welche die verantwortliche Stelle zu tragen hat, müssen jedoch verhältnismäßig sein. Dies hat beispielsweise die Konsequenz, dass von zwei gleichwertigen Schulungsangeboten das preisgünstigere zu wählen ist.

Die Teilnahme an Fort- und Weiterbildungsmaßnahmen sind Bestandteil der Tätigkeit des betrieblichen Datenschutzbeauftragten. Er hat hierfür Anspruch auf Entgelt, da er Arbeitnehmer der verantwortlichen Stelle ist. Die Frage, ob auch externe Datenschutzbeauftragte einen Weiterbildungsanspruch erheben können, wurde vom Gesetzgeber offen gelassen.[707]

e) Verschwiegenheitspflicht. Der Datenschutzbeauftragte ist gem. § 4f Abs. 4 BDSG zur Verschwiegenheit über die Identität des Betroffenen und über die Umstände, die Rückschlüsse auf den Betroffenen ermöglichen, verpflichtet. Es handelt sich hierbei um ein Berufsgeheimnis, welches wie bei Rechtsanwälten oder Ärzten behandelt wird. Die Verschwiegenheitspflicht dauert auch nach Beendigung des Amtes fort.[708] Der Betroffene kann den betrieblichen Datenschutzbeauftragten jedoch von dieser Verschwiegenheitspflicht befreien, § 4f Abs. 4 BDSG aE.

6. Externer Datenschutzbeauftragter als gewerbliche Tätigkeit

Gerade bei kleinen verantwortlichen Stellen zeigt sich häufig das Problem, dass der betriebliche Datenschutzbeauftragte nicht nur Kontrolleur sondern va Datenschutzberater und -implementierer ist, was aus Gründen der Interessenkollision zu vermeiden ist, um nicht die wirksame Bestellung zu kompromittieren. Der Vertrag mit einem externen Datenschutzbeauftragten bietet Unternehmen, die über keine Arbeitnehmer mit ausreichenden datenschutzrechtlichen und technischen Kenntnissen verfügen oder bei denen die fachlich geeigneten Arbeitnehmer mit Aufgaben betraut sind, die mit Amt des Beauftragten inkompatibel sind, ein relativ flexibles Mittel, um die Bestellpflicht nach BDSG zu erfüllen. Selbst wenn ein Unternehmen der Bestellpflicht nicht unterliegt, kann sich gerade bei kleinen Unternehmen im E-Commerce-Bereich, die häufig wenig Arbeitnehmer haben, aber in großem Um-

---

[707] Verneinend *Däubler* DuD 2010, 20 (22).
[708] Däubler/Klebe/Wedde/Weichert/*Däubler* BDSG § 4f Rn. 51.

fang personenbezogene Daten der Internetnutzer verarbeiten, der Einsatz eines externen Beauftragten empfehlen, um die Datenschutzkontrolle zu gewährleisten. Ein weiterer Vorteil eines externen Beauftragten ist die Möglichkeit, die fachliche Fortbildung auf den Dienstleister auszulagern und die Dienstzeiten nach Aufwand zu regeln.

366 Ob ein Vertrag mit einem externen Beauftragten auch im Hinblick auf den Kündigungsschutz eines internen Beauftragten Vorteile bietet, ist derzeit noch unklar. Einen nachwirkenden Kündigungsschutz gibt es bei einem externen nicht. Allerdings verlangen die deutschen Datenschutzbehörden bei externen Beauftragten Mindestvertragslaufzeiten zwischen 3 und 5 Jahren.[709] Ob diese Mindestlaufzeiten auch für jede Verlängerung des Vertrags mit dem externen gelten sollen, ist nicht klar. Jedenfalls ist es bei einem externen – mindestens ebenso wie bei einem internen – Beauftragten wichtig, für den Fall seines Ausscheidens vorzusorgen, so dass nicht (ggf. sehr kurzfristig) sein Know how über die betrieblichen Verfahren und das Management seines Amtsausübung verloren geht. Generell ist es unter dem Gesichtspunkt Interessenkollision nicht unkritisch, dem Beauftragten, über die im BDSG geregelten hinaus, zusätzliche Aufgaben aufzuerlegen. Eine Dokumentationspflicht, evtl. auch im Sinne eines Handbuchs der Beauftragten-Tätigkeit, die einen reibungslosen Übergang auf den Nachfolger sicherstellt sowie ggf. auch Einweisungspflichten bzgl. des neuen Beauftragten, sind nicht per se inkompatibel mit dem Amt. Soweit dadurch die Weisungsfreiheit bei der Amtsausübung nicht beeinträchtigt wird, sollte solche Pflichten mit dem Beauftragten ausdrücklich vereinbart werden.[710]

367 Neben den üblichen Bestimmungen zur Tätigkeit eines Datenschutzbeauftragten sollte ein Augenmerk auch auf die Bestimmungen zur Verschwiegenheit und zur Berichterstattung gelegt werden, da hier einerseits die Betroffenenrechte und andererseits die Interessen des Auftraggebers (verantwortliche Stelle) gewahrt werden müssen, über alle Vorkommnisse informiert zu sein und einen Verlust von Betriebs- und Geschäftsgeheimnissen zu verhindern (siehe aber § 203 Abs. 2a StGB).

368 Die Ausübung des Amts des betrieblichen Beauftragten für den Datenschutz ist überwiegend eine entgeltliche Geschäftsbesorgung.[711] Die entgeltliche Geschäftsbesorgung (§ 675 Abs. 1 BGB) ist kein selbständiger Vertragstyp. Vielmehr verdrängt § 675 BGB bei einem Dienst- oder Werkvertrag einzelne Vorschriften und ersetzt sie mit Regelungen aus dem Auftragsrecht. Es entsteht – je nach Einzelfall – ein „Hybrid" aus Dienstvertrag und Auftrag bzw. aus Werkvertrag und Auftrag). Diese Verweisung auf das Auftragsrecht dient vor allem der Wahrung der Interessen des Auftraggebers. Da der Tätigkeit des Beauftragten im Regelfall der Erfolgscharakter fehlt, dürfte sie zumindest überwiegend dienstvertraglich einzuordnen sein. Das gilt jedenfalls für alle gesetzlich normierten Aufgaben (etwa Schulungs- und Prüfungsaufgaben). Werkvertragliche Elemente kommen in Betracht, wenn der Beauftragte – was an sich gesetzlich nicht vorgesehen ist und daher tendenziell im Hinblick auf die unabhängige Stellung des beauftragten nicht unkritisch – überschießende Pflichten hat, etwa Erstellung der Verfahrensverzeichnisse oder umfangreiche Berichts- und Dokumentationspflichten gegenüber der Geschäftsleitung. Wo die dienst- bzw. werkvertraglichen Regeln nicht verdrängt werden, gelten sie weiterhin neben den Auftragsrecht. Wie bei anderen Vertragstypen auch gelten primär die (wirksamen) vertraglichen Vereinbarungen der Parteien,[712] ferner das für die einzelnen Vertragstypen (zB Handelsvertreter, Kommissionär, Spedi-

---

[709] Der LIBE-Ausschuss des Europäischen Parlaments schlägt im Rahmen der Datenschutzgrundverordnung bei einem externen bDSB 2 Jahre und bei einem internen 4 Jahre vor. → Rn. 68.
[710] Simitis/*Simitis* BDSG § 4g Rn. 94 f.
[711] Hümmerich/*Lücke*/Mauer (Hrsg.), Arbeitsrecht, Muster 23; im Ergebnis wohl auch Koreng/Lachenmann/*Kremer/Sander*, Formularhandbuch Datenschutzrecht, A. I. 2.
[712] Musterverträge mit externen Beauftragten siehe: *Kremer/Sander*, Dienstvertrag mit einem externen betrieblichen Datenschutzbeauftragten, in: Koreng/Lachenmann (Hrsg.), Formularbuch Datenschutzrecht, 2015; *dies.*, Beratungsvertrag mit einem Dienstleistungsunternehmen, in: Koreng/Lachenmann (Hrsg.), Formularbuch Datenschutzrecht, 2015; *Lücke*, Muster: Geschäftsbesorgungsvertrag zur Bestellung eines externen Datenschutzbeauftragten, in: Hümmerich/Lücke/Mauer (Hrsg.), Arbeitsrecht – Vertragsgestaltung, Prozessführung, Personalarbeit, Betriebsvereinbarungen, 8. Aufl. 2014; *Henkel*, Vertrag über die Beauftragung eines externen Datenschutzbeauftragten, in: Moos (Hrsg.), Datennutzungs- und Datenschutzverträge, 2014, S. 40 ff.; Redeker/*Conrad*, Handbuch IT-Verträge, Loseblatt. Siehe auch *Hoeren* ZD 2012, 355.

VI. Betrieblicher Beauftragter für den Datenschutz

teur) bestehende handels- oder berufsrechtliche (zB BRAO) Sonderrecht. Erst sekundär gilt nach Maßgabe des § 675 BGB *Auftragsrecht*. Soweit das Auftragsrecht keine Regelung trifft gelten Dienst- und Werkvertragsrecht, zB hinsichtlich der Vergütung (§§ 612, 632 BGB) oder der Kündigung (anstelle von § 671 Abs. 1 grds. die §§ 620ff., 643, 649; § 671 Abs. 2 BGB ist jedoch anwendbar, wenn der Geschäftsbesorger ohne Einhaltung einer Kündigungsfrist kündigen kann, zB im Fall der §§ 621 Nr. 5, 626, 627 Abs. 1 BGB).[713]

In der Literatur[714] werden AGB-Probleme in Verträgen mit internen Beauftragten behandelt (AGB-Kontrolle von Arbeitsverträgen). Auch in Standardverträgen mit externen Beauftragten, die der Auftraggeber (verantwortliche Stelle) stellt, können Klauseln unwirksam sein, etwa – wegen Verstoß gegen das gesetzliche Leitbild – Berichtswege (hins. der Amtsausübung) nicht direkt zur Geschäftsleitung oder Interessenkollisionen bei den in AGB geregelten Pflichten/Aufgaben des Beauftragte oder – allgemein für AGB typisch – überraschende Klauseln (Verfallsklausel unter der Überschrift „Schlussbestimmungen"), AGB-widrige Schriftform- und salvatorische Klauseln oder sonstige Intransparenzen. Inwieweit die Verpflichtung eines externen Beauftragten zu Leistungen, die über seine gesetzlichen Pflichten hinausgehen und im Widerspruch zu seinen gesetzlichen Aufgaben (zB wegen Interessenkollision) stehen, AGB-widrig sind (wegen § 307 Abs. 2 Nr. 1), wird in der Literatur bislang wenig behandelt.[715]

Ein externer, selbstständiger Datenschutzbeauftragter ist nach Auffassung des Bundesfinanzhofs in der Regel gewerblich tätig. Nach Ansicht des BFH übt der Datenschutzbeauftragte weder den Beruf eines beratenden Betriebswirtes oder eines Ingenieurs, noch einen diesen beiden „Katalogberufen" ähnlichen Beruf iSd § 18 Abs. 1 Nr. 1 Satz 2 des Einkommensteuergesetzes, aus. Ein selbstständig tätiger Datenschutzbeauftragter ist aus diesen Gründen **gewerbesteuerpflichtig** (BFH-Urt. vom 5.6.2003, Az. IV R 34/01). Dies wird wohl in der Regel anzunehmen sein, insbesondere wenn das Tätigkeitsfeld den gesetzlichen Aufgaben des Datenschutzbeauftragten entspricht. Je nach Ausgestaltung des Tätigkeitsbereiches muss jedoch auf den konkreten Einzelfall abgestellt werden.

> **Praxistipp:**
> Wenn die Tätigkeit des externen Datenschutzbeauftragten durch einen Rechtsanwalt durchgeführt wird, ist auf sog **Mischfälle** zu achten. Eine Person kann grds. freiberufliche und gewerbliche Einkünfte nebeneinander haben. Steuerrechtlich werden dann beide Einkommensarten für sich beurteilt, soweit sich diese Tätigkeiten nach der Verkehrsauffassung trennen lassen. Dies ist gegeben, wenn zwischen den freiberuflichen und gewerblichen Einkünften kein sachlicher und wirtschaftlicher Zusammenhang oder nur gewisse sachliche und wirtschaftliche Berührungspunkte bestehen. Problematisch ist jedoch der Fall, wenn die freiberuflichen und gewerblichen Tätigkeiten in einer Art und Weise miteinander verflochten sind, dass sie sich gegenseitig bedingen. In diesem Fall muss die gesamte Tätigkeit einheitlich beurteilt werden und entweder als freiberufliche oder als gewerbliche Tätigkeit angesehen werden. Hier entscheidet, welcher Anteil (freiberuflich oder gewerblich) der Tätigkeit ihr „Gepräge" gibt.
>
> Eine Verflechtung von „anwaltlicher Beratung" und der Tätigkeit als externer Datenschutzbeauftragter ist durchaus vorstellbar.
>
> Gerade in Mischfällen, wenn ein Rechtsanwalt neben der Tätigkeit als Rechtsanwalt auch die Tätigkeit eines externen Datenschutzbeauftragten ausübt, kann sich ggf. auch die Notwendigkeit zusätzlicher Berufshaftpflichtversicherungen ergeben.

---

[713] *Jauernig*, BGB, 12. Aufl. 2007, § 675 Rn. 9f.
[714] Zum Arbeitsvertrag mit einem Datenschutzbeauftragten siehe *Moos/Weberndörfer/Zieger*, Datennutzungs- und Datenschutzverträge, S. 1 ff.
[715] Zur Inhaltskontrolle im Datenschutzbereich siehe *Conrad*, Vortrag bei den Kölner Tagen des IT-rechts 2014, in Köln. Speziell zur Inhaltskontrolle bei Datenschutzerklärungen siehe LG Berlin 30.4.2012 – 15 O 92/12 – Apple; LG Berlin 15 O 402/12 – Google. → Rn. 393.

VI. Datenschutzrechtliche Einwilligung

1. Einwilligung nach BDSG

371 **a) Abgrenzung der Anforderungen und Transparenz.** Für datenverarbeitende Stellen liegt der Gedanke nahe, sich vorsorglich über die gesetzlich erlaubten Tatbestände hinaus weitere Datenverarbeitungsformen und -nutzungen durch Einwilligung „absegnen" zu lassen. Dies ist insbesondere interessant im Hinblick auf geplante „Werbemaßnahmen" oder neuerdings verstärkt auch Scoring-Verfahren.[716]

372 Zu erwähnen ist aber, dass das Verlangen einer pauschalen Einwilligungserklärung, die auch die Bereiche umfasst, die ohnehin erlaubt sind, wettbewerbswidrig sein kann. Es kann ein Fall des Werbens mit Selbstverständlichkeiten gegeben sein.[717]

373 Nach Ansicht des Düsseldorfer Kreises ist es in Fällen, in denen das Unternehmen Daten aufgrund eines gesetzlichen Erlaubnistatbestandes (etwa Zweckbestimmung des Vertragsverhältnisses mit dem Kunden, § 28 Abs. 1 Nr. 1 BDSG) erhebt, verarbeitet oder nutzt, irreführend, wenn das Unternehmen versucht, diesen Umgang mit personenbezogenen Daten auf eine Einwilligung des Betroffenen zu stützen.[718] Durch die Bitte um Einwilligung gewinnt der Betroffene den Eindruck, er habe eine echte Wahl und könne seine Einwilligung zu einem späteren Zeitpunkt widerrufen. Darf jedoch das Unternehmen bereits aufgrund gesetzlicher Erlaubnis die Daten des Betroffenen verarbeiten und nutzen, wäre ein Widerruf des Betroffenen wirkungslos, denn das Unternehmen dürfte auch nach Widerruf bzw. ohne Einwilligung mit den Daten operieren. Eine irreführende Einwilligung ist jedoch mangels Transparenz für den Betroffenen bereits nach AGB-rechtlichen Grundsätzen unwirksam (§ 307 Abs. 1 BGB).[719]

374 Es ist bei der Erstellung einer datenschutzrechtlichen Einwilligung also genau zu differenzieren zwischen

- aufgrund BDSG,[720] TMG[721] und/oder TKG[722] erlaubter Datenverarbeitung,
- mit Einwilligung erlaubter Datenverarbeitung,
- unzulässiger Datenverarbeitung (wo selbst Einwilligungen nicht weiterhelfen, weil entsprechende Einwilligungen nicht wirksam gestaltet werden können).

Dafür dürfte wohl erforderlich sein, dass der Anbieter den Nutzer direkt **vor** Abgabe der Einwilligung konkret darüber informiert,

- was der Anbieter bereits aufgrund gesetzlicher Erlaubnis darf und wofür die Einwilligung benötigt wird,
- welche Datenkategorien des Nutzers verwandt werden sollen,
- welche Nutzungszwecke und Datenverarbeitungsphasen (erheben, speichern, verknüpfen etc.) beabsichtigt sind,
- ob die Daten und die Auswertungen an Dritte (etwa Werbepartner des Anbieters oder verbundene Unternehmen) weitergegeben werden sollen und – wenn ja – zu welchen Zwecken.

375 Wenn es nur darum geht, zur Optimierung der Werbung das Verhalten der Nutzer zu erfassen, zu analysieren, und auszuwerten, ist grundsätzlich eine **anonyme** Erfassung ausreichend. Diese ist datenschutzrechtlich unproblematisch.

---

[716] → Rn. 481 ff.
[717] → Rn. 406.
[718] Siehe im Zusammenhang mit Einwilligung von Mitarbeitern zum konzerninternen Datenaustausch: Regierungspräsidium Darmstadt, Arbeitsbericht der Ad-hoc-Arbeitsgruppe „Konzerninterner Datentransfer", S. 11; dieser Ansicht auch Art.-29-Datenschutzgruppe, Stellungnahme 8/2001.
[719] Im Einzelnen zu AGB-Anforderungen an Datenschutzbestimmungen und datenschutzrechtliche Einwilligungen → Rn. 393 sowie § 22 Cloud Computing.
[720] Insbesondere etwa § 28 Abs. 1 S. 1 Nr. 1 BDSG (Datenverarbeitung aufgrund der Zweckbestimmung eines Vertrages mit dem Betroffenen) und § 28 Abs. 3 S. 2 Nr. 1–3 BDSG (sog „Listenprivileg" zu Werbezwecken und Marktforschung).
[721] Siehe etwa § 15 Abs. 4 und Abs. 5 TMG (Verarbeitung von Nutzungsdaten für Abrechnungszwecke).
[722] ZB § 95 TKG (Verarbeitung von Bestandsdaten) und § 97 TKG (Verarbeitung von Verkehrsdaten für Abrechnungszwecke).

VI. Datenschutzrechtliche Einwilligung

b) OLG Frankfurt v. 13.12.2000 – Haushaltsumfrage. Bei vielen unentgeltlichen Angeboten, Gewinnspielen uÄ hat die Unentgeltlichkeit der Dienste des Anbieters eine Art „Tausch" zur Grundlage. Dieser Tausch lautet sinngemäß: „Hingabe der personenbezogenen eigenen Daten, evtl. auch die der Mitbewohner/Partner (was besonders problematisch ist) gegen zusätzliche, va gegen unentgeltliche Leistungen". Man spricht auch von der „Ökonomisierung" des Rechts auf informationelle Selbstbestimmung.[723]

Unter dem Aspekt fehlender Einwilligung wäre eine solche, über das Erforderliche hinausgehende Verarbeitung von Daten, die letztlich zu noch mehr Manipulationen bei der Werbung führen kann, verboten. Insofern stellt sich die Frage, ob diese Tauschform eine Art Umgehung des Verbotsprinzips ist. Der Hauptansatz hierfür wäre, dass die „Freiwilligkeit" der Einwilligung fehlt. Die EU-Richtlinie, in deren Lichte auch die deutsche Regelung auszulegen ist, legt nahe, dass die Einwilligung nicht nur ohne Zweifel (was nicht unbedingt Schriftform heißt), sondern schon per definitionem „ohne Zwang, für den konkreten Fall und in Kenntnis der Sachlage" erfolgen muss. Hieran dürften erhebliche Zweifel bestehen. Es ist fraglich, ob einerseits diese Bedingungen der EU-Richtlinie erfüllt sind und andererseits entsprechende Einwilligungsklauseln, gemessen am Datenschutzrecht AGB-rechtlich wirksam sind.

Nach der Entscheidung „Haushaltsumfrage" des OLG Frankfurt[724] soll das Schriftformerfordernis für die Einwilligung lediglich Ordnungsvorschrift sein und der Verstoß gegen die Schriftform nicht zur Nichtigkeit und Unwirksamkeit der Einwilligung führen. Im Rahmen einer Verbraucherbefragung hatte das OLG folgende Einwilligungserklärung für wirksam gehalten [Hervorhebung durch die Verfasserin]:

„Die Beantwortung der Fragen ist völlig freiwillig. Die Informationen, die Sie in diesem Fragebogen geben, werden bei der (...) gespeichert und unterliegen bei der Verarbeitung den Vorschriften des Bundesdatenschutzgesetzes. (...) wird Ihre Angaben auswerten und für Direktmarketing und Marktforschung verwenden. Ihre Angaben über andere Erwachsene im Haushalt werden in jedem Fall nur anonymisiert weiterverarbeitet.

Einige Ihrer Angaben werden **auch anderen angesehenen Organisationen und Unternehmen zur Verfügung gestellt,** damit diese sich an Sie mit schriftlichen Angeboten und Informationen über Produkte und Dienstleistungen, die nach Ihren Angaben für Sie von Interessen sein könnten, wenden können. Wenn Sie dies nicht wollen, können Sie jederzeit der Verwendung Ihrer Angaben widersprechen, indem Sie an die unten angegebene Adresse von (...) schreiben."

Nicht berücksichtigt hatte das OLG, dass die Einwilligungserklärung wohl insoweit **unwirksam** ist, als sie eine Weitergabe an unbestimmte Dritte erlaubt. Zwar dürfen unter den Voraussetzungen des § 28 Abs. 3 BDSG bestimmte Kategorien von zusammengefassten Listendaten auch ohne Einwilligung zu Adresshandel und Werbung verarbeitet werden. Allerdings ist der oben angegebene Einwilligungstext intransparent, weil weder die Datenkategorien noch die Datenempfänger konkret benannt sind.

Schafft/Ruoff weisen in diesem Zusammenhang darauf hin, dass das OLG Frankfurt in seiner Entscheidung zur Haushaltsumfrage die grundsätzliche Verfügungsbefugnis des Einzelnen über „seine" Daten festgestellt hat. Zwar ist vom Recht des Einzelnen auf informationelle Selbstbestimmung auszugehen. Zudem sind die zum Schutz der informationellen Selbstbestimmung aufgestellten Regeln zu beachten. Dazu gehört, dass hohe Anforderungen an die Einwilligung gestellt werden, wenn der Einzelne sich der Zweckbindung für seine Daten begibt. Deshalb begegnet die Entscheidung des OLG Frankfurt Bedenken, auch wenn sie im Rahmen des UWG erging. Der BGH hat die Revision gegen das Urteil nicht angenommen.[725]

Hier wird vertreten, dass der eigentliche Kernpunkt die Frage ist, ob die konstituierenden Merkmale einer aufgeklärten Willenserklärung/Einwilligung gegeben sind. Diese lauten:
- Freiwilligkeit, dh ohne Zwang; im Regelfall daher **Kopplungsverbot**, es sei denn, der Kunde hat eine Wahlmöglichkeit (zB unter alternativen Vertriebsformen/Bezugsmöglich-

---

[723] *Weichert* NJW 2001, 1463; *Reimers* ZD 2015, 51.
[724] OLG Frankfurt aM Urt. v. 13.12.2000 – 13 U 204/98, CR 2001, 294 – Haushaltsumfrage.
[725] OLG Frankfurt aM Urt. v. 13.12.2000 – 13 U 204/98, CR 2001, 294; BGH Urt. v. 15.11.2001 – I ZR 47/01, ITRB 2002, 73.

keiten oder alternativen Anbietern) – seit 1.1.2009 nunmehr ausdrücklich in § 28 Abs. 3b BDSG geregelt,
- **für den konkreten Fall** und
- in **Kenntnis der Sachlage**,
- grundsätzlich **Schriftform** (§ 4a BDSG), es sei denn, es liegen besondere Umstände vor oder ein Fall des § 13 Abs. 2 TMG oder § 94 TKG (dann elektronische Form zulässig). Zu beachten ist jedoch, dass nunmehr seit 1.1.2009 eine Formerleichterung in § 28 Abs. 3a BDSG geregelt ist, sofern die dort genannten Voraussetzungen erfüllt sind. Im Ergebnis gelten nunmehr bei § 13 Abs. 2 TMG und beim Regelfall der Einwilligung im nicht-öffentlichen Bereich nach BDSG ähnliche Formanforderungen.

382 Damit eine Einwilligung wirksam ist, müssen diese Kriterien **kumulativ** vorliegen. Das Kriterium „für den konkreten Fall" ist von besonderer Bedeutung, wenn der Kunde/Nutzer in ein sehr komplexes System von Reaktionen mit Verzweigungen einwilligen soll, die der Kunde/Nutzer in der Regel überhaupt nicht überblickt. Kann der Kunde die Sachlage und Konsequenzen, in die er einwilligen soll, nicht erfassen, fehlt es am „informed consent" und damit an einem konstitutiven Merkmal der Einwilligung. Die Gefahr, dass das Merkmal „konkreter Fall" weit überschritten wird, besteht vor allem dann, wenn die Reaktionen/Auswirkungen weit über die konkrete Situation und den Dialog im Moment hinaus gehen und die Wirkungen für die Zukunft nicht erkennbar sind.

383 Gerade im anglo-amerikanischen Rechtskreis wird häufig die Auffassung vertreten, eine Opt-out-Lösung, also eine Widerspruchsmöglichkeit des Nutzers, sei als Einwilligung ausreichend. Dem ist nicht zuzustimmen. Opt-out ist keine Einwilligung, denn Opt-out ist keine bewusste Erklärung, sondern ein (möglicherweise unbewusster) Verzicht auf Widerspruch.[726] Für eine Einwilligung ist zumindest das aktive Ankreuzen/Anklicken eines „Ja"-Kästchens durch den Nutzer erforderlich.

384 **c) BGH v. 16.7.2008 – Payback.** Klarstellend ist insoweit eine viel beachtete, aber in der Praxis noch verstärkt umsetzungsbedürftige BGH-Entscheidung vom 16.7.2008.[727] Darin hat der 8. Zivilsenat des Bundesgerichtshofs (in Abstimmung mit dem für Rechtsstreitigkeiten über Ansprüche aus dem Gesetz gegen den unlauteren Wettbewerb zuständigen I. Zivilsenat des BGH) entschieden, dass Einwilligungsklauseln, die so gestaltet sind, dass der Kunde tätig werden und ein Kästchen ankreuzen muss, wenn er seine Einwilligung in die Zusendung von Werbung unter Verwendung von elektronischer Post **nicht** erteilen will („Opt-out"-Erklärung), mit dieser Vorschrift nicht vereinbar sind. § 7 Abs. 2 Nr. 3 UWG verlangt, dass die Einwilligung durch eine gesonderte Erklärung erteilt wird („Opt-in"-Erklärung).[728]

385 Das Erfordernis einer gesonderten Erklärung ergibt sich – so der BGH – aus der EG-Datenschutzrichtlinie für elektronische Kommunikation (2002/58/EG), die der deutsche Gesetzgeber mit der Regelung des § 7 UWG umsetzen wollte. Nach dieser Richtlinie kann die Einwilligung in jeder geeigneten Weise gegeben werden, durch die der Wunsch des Nutzers in einer „spezifischen Angabe" zum Ausdruck kommt. Nach Ansicht des BGH mache diese Formulierung deutlich, dass eine gesonderte, nur auf die Einwilligung in die Zusendung von Werbung mittels elektronischer Post bezogene Zustimmungserklärung des Betroffenen erforderlich sei. Eine solche Erklärung sei nicht schon in der Unterschrift zu sehen, mit der der Kunde das auf Rabattgewährung gerichtete Angebot annimmt.[729]

386 In mehreren Bereichen gibt es eine Überlagerung des Datenschutzes mit den Prinzipien eines anderen Rechtsgebietes. Dies spielt zB für das Verhältnis von Geschäftsgeheimnis, Berufsgeheimnis oder auch zB Bankgeheimnis eine Rolle. Die Folge dieser Parallelität des Datenschutzes zu anderen Rechtsgebieten ist, dass evtl. im konkreten Fall die relevanten datenschutzrechtlichen Anforderungen erfüllt sind (etwa durch Einwilligung), dass jedoch

---

[726] Anders ist es beim Schweigen auf ein kaufmännisches Bestätigungsschreiben.
[727] BGH Urt. v. 16.7.2008 – VIII ZR 348/06 – Payback. Siehe auch LG München I Urt. v. 1.2.2001, CR 2001, 470.
[728] Zu Einwilligung in Direktmarketing gem. UWG → § 36 Datenschutz der Telemedien.
[729] Pressemitteilung des Bundesgerichtshofs Nr. 135/2008.

VI. Datenschutzrechtliche Einwilligung

die weiteren, sich aus dem Geschäfts- oder Berufsgeheimnis oder aus UWG ergebenden Anforderungen, damit noch oder gerade nicht erfüllt sind.

Konkret hat dies der BGH in der Payback-Entscheidung vom 16.7.2008 für die Einwilligung in Werbung entschieden. Der BGH geht davon aus, dass die Einwilligungsklausel datenschutzrechtlich (unter dem Gesichtspunkt §§ 4 Abs. 1, 4a Abs. 1 BDSG) nicht zu beanstanden ist, jedoch unter Aspekten des UWG (unverlangte Werbung), soweit es in der Einwilligungsklausel um die Werbung durch E-Mail oder SMS ging (sog Direktmarketing).

Klauselbeispiel:
Die fragliche Klausel hatte den Wortlaut:
„Mit meiner Unterschrift erkläre ich mich einverstanden, dass die von mir oben angegebenen Daten sowie die Rabattdaten (Waren/Dienstleistungen, Preis, Rabattbetrag, Ort und Datum des Vorgangs) für an mich gerichtete Werbung (zB Information über Sonderangebote, Rabattaktionen) per Post und mittels ggf. von mir beantragter Services (SMS oder E-Mail-Newsletter) sowie zu Zwecken der Marktforschung ausschließlich von der L. Partner GmbH und den Partner-Unternehmen gem. Nr. 2 der beiliegenden Hinweise zum Datenschutz gespeichert und genutzt werden. [...].
Hier ankreuzen, falls die Einwilligung nicht erteilt wird. [...]"[730]

Die Klausel war mit *„Einwilligung in Werbung und Marktforschung"* überschrieben. Der BGH hat nicht beanstandet, dass die Einwilligung nicht gesondert zu unterzeichnen war. Auch hat er nicht verlangt, dass für die Erteilung der Einwilligung ein vorzusehendes Kästchen gesondert anzukreuzen sei. Das eigentliche Problem war also nicht die datenschutzrechtliche Konformität, sondern § 7 Abs. 2 Nr. 3 UWG. Dieser betrifft die Werbung unter Verwendung elektronischer Post, hier E-Mail und SMS. Wenn keine Einwilligung des Adressaten vorliegt, stellt diese Werbung eine unzumutbare Belästigung dar. Im konkreten Fall war anzukreuzen, falls der Adressat die Einwilligung nicht erteilen will. Diese „Opt-out"-Möglichkeit ist mit § 7 Abs. 2 Nr. 3 UWG „nicht vereinbar".[731] Die Notwendigkeit einer „Opt-in"-Erklärung resultiert aus der EG-Datenschutz-RL für elektronische Kommunikation (2002/58/EG), die in Deutschland mit § 7 UWG umgesetzt wurde.

Weiter ist fraglich, ob die entsprechende Einwilligung schriftlich abgegeben werden muss (siehe § 4a BDSG), oder ob die elektronische Form (Opt-in) ausreichend ist. Grundsätzlich greift die Erleichterung der elektronischen Form gem. § 13 Abs. 2 TMG, wenn die Daten nur für einen bestimmten Telemediendienst erhoben werden. Werden jedoch Daten über diesen Bereich hinaus, etwa bei angeschlossenen Anbietern, erhoben, muss die Einwilligung schriftlich erfolgen, § 4a BDSG.

Das Vorliegen der erforderlichen Einwilligungen gehört zur Werthaltigkeit und Ordnungsmäßigkeit beim Erwerb von Adress- und Kontaktdaten für Werbezwecke. Dabei kommt es darauf an, dass die Einwilligungen für den vorgesehenen Zweck, etwa Werbeanrufe, vorliegen. Dessen hat sich das erwerbende Unternehmen zu vergewissern.[732]

d) **BGH v. 11.11.2009 – Happy Digits.**[733] In dieser Entscheidung hatte der BGH eine Einwilligungsklausel des Kundenkartensystems Happy Digits zu beurteilen. Der BGH urteilte in Fortführung der Payback-Entscheidung, dass eine Klausel in einem Anmeldeformular, mit der ein Verbraucher in die Zusendung von Postwerbung dadurch einwilligt, dass er eine entsprechende Klausel nicht durchstreicht (Opt-out-Regelung), wirksam ist, wenn sie dem Hervorhebungserfordernis des § 4a Abs. 1 BDSG entspricht. Der fettgedruckte Hinweis zur Möglichkeit der Streichung der Klausel sei ausreichend. Die Möglichkeit zur Abwahl durch Ankreuzen sei nicht zwingend. An der Beurteilung hat sich nach Auffassung des BGH durch die Novellierung des BDSG nichts geändert. Nach dem jetzt geltenden § 28 Abs. 3 S. 1 BDSG ist die Verarbeitung oder Nutzung personenbezogener Daten für Zwecke des Adresshandels oder der Werbung zulässig, soweit der Betroffene eingewilligt hat. Soll die Einwilligung zusammen mit anderen Erklärungen schriftlich erteilt werden, ist sie gemäß § 28 Abs. 3a S. 2 BDSG in drucktechnisch deutlicher Gestaltung hervorzuheben. Nach Ansicht

---

[730] BGH Urt. v. 16.7.2008 – VIII ZR 348/06 – Payback.
[731] BGH Urt. v. 16.7.2008 – VIII ZR 348/06 – Payback.
[732] LG Traunstein Urt. v. 20.5.2008 – 7 O 318/08, MIR 2008, 221.
[733] BGH Urt. v. 11.11.2009 – VIII ZR 12/08, K&R 2010, 116 ff.

des BGH sollen die in dieser Regelung enthaltenen Anforderungen denen entsprechen, die der BGH bereits in seiner „Payback-Entscheidung" an die Hervorhebung der Einwilligungserklärung gestellt hat.

Klauselbeispiel:

Die fragliche Klausel hatte den Wortlaut:

„Einwilligung in Beratung, Information (Werbung) und Marketing

Ich bin damit einverstanden, dass meine bei HappyDigits erhobenen persönlichen Daten (Name, Anschrift, Geburtsdatum) und meine Programmdaten (Anzahl gesammelte Digits und deren Verwendung; Art der gekauften Waren und Dienstleistungen; freiwillige Angaben) von der D GmbH [...] als Betreiberin des HappyDigits Programms und ihren Partnerunternehmen zu Marktforschungs- und schriftlichen Beratungs- und Informationszwecken (Werbung) über Produkte und Dienstleistungen der jeweiligen Partnerunternehmen gespeichert, verarbeitet und genutzt werden. [...] **Sind Sie nicht einverstanden, streichen Sie die Klausel** [...]"[734]

392   In der Payback-Entscheidung des BGH war die fragliche Einwilligungserklärung in weiten Teilen (ausgenommen des Aspekts zum § 7 UWG) vorbildlich. Insbesondere waren die Zwecke, Datenkategorien und die Empfänger hinreichend konkret und detailliert angegeben. In einem gewissen Widerspruch dazu steht die Entscheidung BGH – Happy Digits.[735] Dort kommt der BGH zum ähnlichen Ergebnis. Der Wortlaut der Einwilligungserklärung unterscheidet sich jedoch erheblich. Insbesondere sind die Datenempfänger nicht im Einzelnen identifiziert sondern mit „*D GmbH ... als Betreiberin des HD Programms und ihren Partnerunternehmen*" angegeben. In der Folge wurde diskutiert, ob in Einwilligungen eine pauschale Angabe der Kategorie/Gruppe der Empfänger ausreiche.[736] Dem hat die Rechtsprechung wiederholt eine klare Absage erteilt.

Beispiele:

OLG Köln Urt. v. 29.4.2009 – 6 U 218/08 – Gewinnspiel; ähnlich OLG Hamburg Urt. v. 4.3.2009 – 5 U 260/08.
Text der Einwilligung: *„Ja, ich bin einverstanden, dass ich telefonisch/per Mail/SMS/Post über interessante Angebote ... – auch durch Dritte und Partnerunternehmen – informiert werde. ... die personenbezogene Nutzung ausschließlich auf die Organisationen aus den verschiedensten Branchen beschränkt ..., die meinen erkennbaren Interessen entgegenkommen ..."*
Entscheidung des OLG Köln: *„Ein Bezug zum konkreten Gewinnspiel wird nicht hergestellt. ... nicht überschaubarer Kreis von Dritten. Dadurch ist für den Verbraucher insbesondere nicht erkennbar, wer sich ihm gegenüber auf seine der Beklagten erteilte Einwilligung beruft"*
LG Berlin Urt. v. 18.11.2009 – 4 O 90/09: *„Es ist auch kein schützenswertes Interesse des Verwenders erkennbar, einen Vertragspartner mittels AGB zur Abgabe einer nach BDSG unwirksamen Einwilligung zu veranlassen"*

393   Ob das hins. besonderer Arten personenbezogener Daten bedeutet, dass – wie im Gesundheitsdatenschutz teilweise gefordert – nicht die Datenkategorie (zB Krankheit), sondern das konkrete Datum (zB HIV-Infektion oder Schnupfen) in der Einwilligungserklärung anzugeben ist oder ob der Einwilligungstext lediglich die Erklärung enthalten muss, dass sich die Einwilligung (auch) auf besondere Arten bzw. Gesundheitsdaten bezieht, ergibt sich aus dem Gesetzeswortlaut nicht.[737]

OLG Köln, Urt. v. 17.6.2011 – 6 U 8/11 – Einwilligung in Direktmarketing. Die fraglichen Klauseln, die Gegenstand der Entscheidung sind, lauten: „*Die Q-Gruppe bietet ihren Kunden eine umfassende Beratung und Betreuung rund um die Themen Geld, Haus, Vorsorge. Um diese Beratung – auch über den Zweck des jeweils abgeschlossenen Vertrages hinaus – in allen Fragen zu Finanzdienstleistungen der Q-Gruppe zu ermöglichen, bin ich damit einverstanden, dass die Q den unten aufgeführten Gesellschaften der Q-Gruppe die dafür erforderlichen Angaben zur dortigen Datenverarbeitung und Nutzung*

---

[734] BGH Pressemitteilung Nr. 228/09 vom 11.11.2009.
[735] BGH Urt. v. 11.11.2009 – VIII ZR 12/08 – Happy Digits. → Rn. 391.
[736] Siehe auch zur Frage der Übertragbarkeit von Einwilligungen → Rn. 414 ff.
[737] *Gola* RDV 2001, 126. Däubler/Klebe/Wedde/Weichert/*Däubler* BDSG § 4a Rn. 42 fordert sowohl eine Verschärfung des Bestimmtheitserfordernisses durch schriftliche Angabe der sensitiven Daten als auch den Hinweis, dass es sich um besonders geschützte Daten handelt.

VI. Datenschutzrechtliche Einwilligung

übermittelt. *Soweit die genannten Gesellschaften für diese Zwecke Berater einsetzen, die ausschließlich für die Q-Gruppe tätig sind, können diese Angaben zum gleichen Zweck auch an diese zuständigen Berater zur dortigen Datenverarbeitung und Nutzung übermittelt werden.*
Übermittelt werden dürfen:
- *Personalien (Name, Anschrift, Geburtsdatum, Familienstand, Beruf oder vergleichbare Daten)*
- *Kontokorrent (Saldo/Limit oder vergleichbare Daten)*
- *Karten (Produkt/Anzahl oder vergleichbare Daten)*
- *Einlagen (Produktart, Guthaben, Verzinsung, Laufzeit oder vergleichbare Daten)*
- *Kredite (Produktart, Verzinsung, Laufzeit oder vergleichbare Daten)*
- *Verwahrungsgeschäfte (Kurswert oder vergleichbare Daten)*

Beschränkt auf diesen Zweck entbinde ich die Deutsche Q AG zugleich vom Bankgeheimnis. Hiermit verbunden ist jedoch keine generelle Befreiung vom Bankgeheimnis.
Gesellschaften im Sinne dieser Einwilligungserklärung: Deutsche Q AG, Q Finanzberatung AG, C Bausparkasse AG, C Immobilien GmbH, C Direktservice GmbH
Die vorstehende Einwilligungserklärung ist freiwillig und kann – ohne Einfluss auf die Geschäftsbeziehung – jederzeit für die Zukunft widerrufen werden."

Entscheidung des Gerichts: Kein Anspruch auf Unterlassung und Ersatz der Abmahnkosten, denn die Klauseln halten der Inhaltskontrolle nach §§ 307 bis 309 BGB Stand. Maßstab der Prüfung ist § 4a BDSG.

OLG Hamm, Urt. v. 17.2.2011 – I-4 U 174/10 – Einwilligung in Direktmarketing. Folgende Klausel ist aufgrund eines Verstoßes gegen §§ 4 Abs. 1, 4a Abs. 1, S. 1 BDSG gemäß § 307 Abs. 2 Nr. 1 iVm Abs. 1 BGB unwirksam; insbesondere ist das Erfordernis der besonderen Hervorhebung gemäß § 4a Abs. 1, S. 4 BDSG nicht erfüllt: *„Ich bin widerruflich damit einverstanden, dass der Anbieter meine Kontaktdaten (Post-, e-Mail-Adresse sowie Fax- und Rufnummer) zur Beratung und Werbung ausschließlich für eigene Zwecke nutzt und mir auf diesem Wege aktuelle Produktinformationen bzw. den Newsletter zukommen lässt. Meine Einwilligung kann ich jederzeit zurückziehen."*

Entscheidung des Gerichts: *„Die hier in Rede stehende Klausel (GA 12) befindet sich in dem letzten Abschnitt „14. Allgemeine Informationen". Dieser Abschnitt hat 5 Absätze, von denen der erste, der dritte und der fünfte Abschnitt in „Fettschrift" hervorgehoben sind. Die streitgegenständliche Klausel bildet aber den zweiten Abschnitt, der lediglich in normaler, kleingedruckter Schrift gehalten ist. Es ist auch nicht so, dass sich dieser zweite Absatz direkt über der Zeile für die Unterschrift des Bestellers befinden würde.*

LG Bonn, Urt. v. 31.10.2006 – 11 O 66/06 – Einwilligung in Direktmarketing. Streitig ist ein § 4 in Gewinnspiel-AGB: *„Wenn der Nutzer seine Einwilligung auf den Webseiten zur Datenverwendung erteilt, erklärt er sich damit einverstanden, dass seine Angaben für Marketingzwecke verwendet werden dürfen und er per Post, Telefon, SMS oder E-Mail interessante Informationen erhält. Die Daten werden unter Beachtung des BDSG (Bundesdatenschutzgesetzes) elektronisch verarbeitet und genutzt. Die Richtlinien bei der Bearbeitung personenbezogener Daten gemäß BDSG werden eingehalten."*

Entscheidung des Gerichts: *„§ 4 der AGB ist nicht mit dem Transparenzgebot (§ 307 Abs. 1 S. 2 BGB) vereinbar. [...] §§ 1 – 3 befassen sich mit dem Gewinnspiel der www ...... de. Dass in § 4 etwas gänzlich anderes geregelt wird, wird in keiner Weise vorangekündigt oder hervorgehoben."* Zudem macht der Klausel-Verwender die Einwilligung von der Einhaltung des BDSG abhängig, verstößt aber tatsächlich bereits beim Einwilligungstext gegen das BDSG. *„[Die Einwilligung] lässt den vorgesehenen Zweck der Datennutzung entgegen § 4a Abs. 1 S. 1 BDSG nicht hinreichend erkennen. Eine Kategorie von Empfängern der personenbezogenen Daten des Einwilligenden wird nicht genannt. Die von § 4 Abs. 3 Nr. 3 BDSG geforderte Differenzierung nach Kategorien von Empfängern, bezüglich derer der Betroffene mit der Datenermittlung [gemeint ist wohl: Datenübermittlungen] rechnen muss, ist so von vornherein nicht möglich. Für den Verbraucher wird bei solcher Sachlage unüberschaubar, wer sich auf ein Einverständnis berufen könnte."*

LG Dortmund, Urt. v. 23.2.2007 – 8 O 194/06 – Einwilligung in Direktmarketing. In diesem Fall ging es um Bestimmungen in Vereinbarungen über die Teilnahme an einem Service-System mit der Bezeichnung T., die sowohl über das Internet als auch über ein schriftlich auszufüllendes Antragsformular erfolgen. In beiden Fällen gibt der Kunde folgende Daten an: Name, Anschrift, Geburtsdatum, E-Mail-Adresse, Telefonnummer und Bankverbindung. Die AGB lauten auszugsweise:

„(Internetplattform)
1. T ist bevollmächtigt, Daten im Rahmen der Leistungserbringung an Dritte weiterzugeben. Die Daten dienen als Basis zur Formulierung von bedarfsgerechten Angeboten und Informationen, welche in schriftlicher oder elektronischer sowie fernmündlicher Form dem Mitglied unterbreitet werden können. Im Rahmen dieser Angebotserstellung können die Daten an beauftragte Dritte weitergege-

ben werden. *(Falls sie damit nicht einverstanden sind, schicken sie einfach eine kurze formlose Mitteilung*
(...)
(Textformverarbeitung)
3. *Ich bin damit einverstanden, dass meine Daten zur Erbringung von Dienstleistungen an Dritte weitergegeben werden.*
4. *Darüber hinaus bin ich damit einverstanden – unabhängig von meiner T-Mitgliedschaft – schriftlich oder telefonisch an Haushaltsbefragungen teilzunehmen oder über interessante Produkte und Dienstleistungen informiert zu werden. Diese Einwilligung kann ich jederzeit formlos widerrufen."*

Entscheidung des Gerichts: „*Die Klausel 1. verstößt gegen § 307 Abs. 1, Abs. 2 Nr. 1 BGB iVm den §§ 4 Abs. 1, 4a Abs. 1 BDSG. Die Voraussetzungen des hier in Betracht kommenden Erlaubnistatbestandes § 28 Abs. 1, Satz 1 Nr. 1, Satz 2 BDSG liegen nicht vor. [...]Die Klausel verpflichtet die Beklagte aber entgegen der berechtigten Erwartungen des Kunden gerade nicht, ausschließlich die für den späteren konkreten Zweck erforderlichen Daten, gegebenenfalls in anonymisierter Form, weiterzuleiten. [...]Hinsichtlich der Klausel 3. gelten die Ausführungen zu Klausel 1. entsprechend, wobei die Klausel 3. noch weiter und unbestimmter gefasst ist als die andere. Eine wirksame Einwilligung des Kunden nach § 4a BDSG liegt schon deshalb nicht vor, weil die Klausel nicht besonders hervorgehoben ist. Sie findet sich eher versteckt in dem Bedingungswerk des Textformulars unter Ziffer 4. Sie ist auch schwarz gedruckt wie die Ziffern 1., 2., 5. und 8. Farblich hervorgehoben sind lediglich Ziffer 3. (rot) und die Ziffern 6. und 7. (blau). Die Klausel 4. dürfte überraschend im Sinne des § 305c Abs. 1 BGB sein, so dass sie schon deshalb nicht Vertragsgegenstand geworden wäre. Dies braucht jedoch nicht vertieft zu werden, denn sie verstößt jedenfalls gegen § 307 Abs. 1, Abs. 2 Nr. 1, § 4a BDSG.*"

AG Elsmhorn, Urt. v. 25.4.2005 – 49 C 54/05 – Einwilligung zur Datenübermittlung an Auskunfteien in Antrag zum Abschluss eines Mobilfunkvertrags.[738]

AG Elmshorn Beschl. v. 2.6.2005 – 50 C 60/05 – Datenübermittlung an die Schufa ohne rechtskräftigen Titel.[739]

OLG Düsseldorf, Urteil vom 14.12.2006 – Az. I-10 U 69/06 – Einwilligung in AGB zu Datenübermittlungen an die Schufa ohne vorherige Interessenabwägung.[740]

2. Einwilligung nach TMG

394 Nach § 13 Abs. 2 TMG ist die datenschutzrechtliche Einwilligung – anders als nach § 4a BDSG[741] – ausdrücklich elektronisch zulässig, wenn der Diensteanbieter sicherstellt, dass
a) der Nutzer seine Einwilligung bewusst und eindeutig erteilt hat,
b) die Einwilligung protokolliert wird,
c) der Nutzer den Inhalt der Einwilligung jederzeit abrufen kann und
d) der Nutzer die Einwilligung jederzeit mit Wirkung für die Zukunft widerrufen kann.

395 Im Übrigen muss der Diensteanbieter nach § 13 Abs. 3 TMG auf die Rechte des Nutzers nach Abs. 2 Nr. 4 (Widerrufsmöglichkeit) hinweisen, und dieser Hinweis muss für den Nutzer jederzeit abrufbar sein. Dies ist eine Verschärfung gegenüber § 4a BDSG, der den ausdrücklichen Hinweis auf die Widerrufsmöglichkeit nicht vorsieht.

Beispiele:
LG Berlin, Urt. v. 30.4.2013, 15 O 92/12 – Apple: Einwilligungsfiktionen in Datenschutzrichtlinie Onlinehandel.[742]

LG Berlin Urt. v. 19.11.2013 – 15 O 402/12 – Google-Datenschutzrichtlinie.[743]

3. Einwilligung nach TKG

396 Auch das TKG bietet die Möglichkeit der Einwilligung im elektronischen Verfahren, § 94 TKG. Die Sicherstellung durch den Diensteanbieter muss in vergleichbarer Weise wie beim TMG erfolgen, dass nämlich
a) der Teilnehmer oder Nutzer seine Einwilligung bewusst und eindeutig erteilt hat,

---

[738] → Rn. 498.
[739] → Rn. 491 ff. zur Datenübermittlung an Auskunfteien.
[740] → Rn. 491 ff.
[741] Siehe aber ausnahmsweise § 28 Abs. 3a BDSG bei Einwilligung in Werbung.
[742] → § 36 Datenschutz der Telemedien.
[743] → § 36 Datenschutz der Telemedien.

VI. Datenschutzrechtliche Einwilligung

b) die Einwilligung protokolliert wird,
c) der Teilnehmer oder Nutzer den Inhalt der Einwilligung jederzeit abrufen kann und
d) der Teilnehmer oder Nutzer die Einwilligung jederzeit mit Wirkung für die Zukunft widerrufen kann.

Grundsätzlich gilt ebenso wie auch außerhalb des TKG das Verbotsprinzip hinsichtlich der Verarbeitung personenbezogener Daten. In § 91 Abs. 1 Satz 2 TKG wird der Datenschutz insoweit noch erweitert, als dem Fernmeldegeheimnis unterliegende Einzelangaben über Verhältnisse einer bestimmten oder bestimmbaren juristischen Person oder Personengesellschaft, sofern sie mit der Fähigkeit ausgestattet ist, Rechte zu erwerben oder Verbindlichkeiten einzugehen, den personenbezogenen Daten gleichgestellt werden.

Die Erlaubnisse für die personenbezogenen Daten werden primär differenziert nach sogenannten Bestandsdaten in Vertragsverhältnissen, § 95 TKG, und Verkehrsdaten, § 96 TKG. Eine Besonderheit bilden die Standortdaten, § 98 TKG, mit einer Spezialregelung zur Einwilligung (§ 98 Abs. 2 TKG). Die Erfordernisse bei der Einwilligung sind jeweils unterschiedlich je nach Art der Daten.

Nach § 95 TKG ist einerseits die Erhebung und Verwendung der Bestandsdaten erlaubt, soweit dies zur Erreichung des in § 3 Nr. 3 TKG genannten Zwecks erforderlich ist (§ 95 Abs. 1 Satz 1 TKG). Der Diensteanbieter darf die Bestandsdaten zur Beratung der Teilnehmer, zur Werbung für eigene Angebote und zur Marktforschung nur verwenden, soweit dies für diese Zwecke erforderlich ist und der Teilnehmer eingewilligt hat, § 95 Abs. 2 Satz 1 TKG. Es ist also insoweit auch das Erforderlichkeitsprinzip parallel zum sonstigen Konzept des Datenschutzes vorgesehen und zusätzlich die Einwilligung. Die Übermittlung der Bestandsdaten an Dritte erfolgt, soweit nicht ausdrücklich im TKG selbst schon zugelassen, „nur mit Einwilligung des Teilnehmers".

Insoweit unterliegt aber die Einwilligung keinem Formgebot. Anders als bei der elektronischen Einwilligung sind hier keine besonderen Voraussetzungen an die Einwilligung geknüpft. Wichtig ist aber, dass die Einwilligung bereits vorliegen muss, bevor eine entsprechende Verwendung der Daten erfolgt.[744]

Die Frage ist insofern, ob auf die Regelungen des BDSG, insbesondere hinsichtlich Schriftlichkeit, zurückzugreifen ist. In früheren Fassungen bzw. Vorschriften in diesem Zusammenhang (TDS V) war ausdrücklich vorgesehen, dass bei Fehlen entsprechender Vorschriften im TKG bzw. in der TDS V auf die Vorschriften des BDSG zurückzugreifen ist. Eine entsprechende Vorschrift fehlt im TKG n. F. Daraus wäre also zu schließen, dass eine Einwilligung zum einen unter Einbeziehung von AGB erfolgen kann, wobei daraus bestimmte Anforderungen an die Transparenz resultieren.[745] Zum anderen ist auch eine mündliche, insbesondere telefonische Einwilligung nicht ausgeschlossen.[746] Allerdings wird hier die Schwierigkeit für die verantwortliche Stelle bestehen, die Einwilligung jeweils konkret auch nachweisen zu können. Dies betrifft auch den Umfang der Daten, für die die Einwilligung erteilt wird.

Eine Besonderheit hinsichtlich der Reichweite bzw. der Voraussetzungen der Einwilligung liegt im Verhältnis von BDSG und UWG. Danach kann es sein, dass Nutzungsvorgänge datenschutzrechtlich erlaubt sind, die gleichwohl wettbewerbswidrig sind. Der BGH befand zu der Einwilligungserklärung bei Payback, dass diese den Erfordernissen des § 4a BDSG entspricht, obwohl sie einen Opt-Out-Mechanismus beinhaltete.[747] Gleichwohl war sie wettbewerbsrechtlich zu beanstanden. Dies wird auch im Bereich der Einwilligung des TKG gelten.

Beispiel:
OLG Köln, Urt. v. 23.11.2007 – 6 U 95/07 – Datenschutzeinwilligung in Mobilfunk-AGB: *„Ich bin damit einverstanden, dass meine Vertragsdaten von den Unternehmen des U AG zur Kundenberatung, Werbung, Markforschung und bedarfsgerechten Gestaltung der von mir genutzten Dienstleistungen*

---

[744] Siehe auch Scheurle/Meyen/*Kannenberg* (Hrsg.) TKG, 2. Aufl., § 95 Rn. 21 u. Hinw. a. *Ulmer/Schrief* RDV 2004, 3 (6).
[745] Siehe Scheurle/Meyen/*Kannenberg* (Hrsg.) TKG 2. Aufl., § 95 Rn. 22 u. Hinw. hinsichtlich der zu fordernden Klarheitserklärung auf OLG Bremen Beschl. v. 16.8.2001 – 5 U 23/2001, 5 U 23/2001c, 5 U 23/01, 5 U 23/01c, DuD 2002, 433.
[746] Siehe auch § 28 Abs. 3a BDSG.
[747] BGH Urt. v. 16.7.2008 – VIII ZR 348/06, Pressemitteilung des BGH.

verwendet werden. (Meine Vertragsdaten sind die zur gegenseitigen Vertragserfüllung [Vertragsabschluss, -änderung, -beendigung; Abrechnung von Entgelten] erforderlichen und freiwillig angegebenen Daten [ggf. ganzen Absatz streichen, s. a. Hinweise zum Datenschutz in den angehefteten Allgemeinen Geschäftsbedingungen für den Mobilfunk-Dienst U])."

Die Entscheidung ist interessant, weil die Klausel den Wortlaut in § 95 Abs. 2 S. 1 Halbsatz 1 TKG wiederholt, der wiederum im TK-Bereich das Einwilligungserfordernis bei Werbung und Marktforschung vorschreibt. Allerdings reicht die Wiederholung des Gesetzestextes nicht aus, um § 7 UWG zu genügen und in der konkreten Klausel ist Direktmarketing (via E-Mail, Telefon, Fax, SMS) nicht ausgeschlossen. Somit besteht ein gewisser Zusammenhang dieser Entscheidung mit den BGH-Urteilen zu Payback und Happy Digits. Entscheidung des OLG Köln: „*Bei der angegriffenen Klausel handelt es sich um eine der Inhaltskontrolle zugängliche allgemeine Geschäftsbedingung i. S. des § 305 Abs. 1 BGB, auch wenn die Regelung eine im Zusammenhang mit einem Vertragsverhältnis stehende vorformulierte einseitige rechtsgeschäftliche Erklärung des Kunden betrifft (vgl. BGH GRUR 2000, 818, 819 – Telefonwerbung VI). [...] Diese Bedenken können aber letztlich dahinstehen, und es kommt auch nicht darauf an, ob die fragliche Klausel unter sonstigen Gesichtspunkten einer Inhaltskontrolle im Lichte des § 4a Abs. 1 BDSG standhält. Sie führt nämlich bereits deshalb zu einer unangemessenen Benachteiligung des Verbrauchers, weil sie auch dessen Einverständnis zu telefonischer Werbung umfasst und hierbei den von der Rechtsprechung insbesondere zu § 7 Abs. 2 Nr. 2 UWG entwickelten Kriterien nicht genügt. [...] Nach § 4a Abs. 1 Satz 2 BDSG ist der Betroffene „auf den vorgesehenen Zweck" der Datenverwendung hinzuweisen. Die angegriffene Klausel gibt insoweit den Gesetzestext des § 95 Abs. 2 TKG wieder, indem pauschal auf eine Verwertung unter anderem „zur Werbung" verwiesen wird. Der Oberbegriff der „Werbung" erfasst indes alle denkbaren Formen und Medien und also auch Verlautbarungsmöglichkeiten einer werblichen Äußerung, dh, soweit im Streitfall von Interesse, nicht nur eine solche via Post oder E-Mail oder auch SMS, sondern gerade auch eine solche über Telefonanrufe – eine um so naheliegendere Möglichkeit im Hinblick auf die Verwendung der Klausel in einem Antragsformular für einen Mobilfunkvertrag. Anzumerken ist, dass auch die ausführlicheren „Hinweise zum Datenschutz in dem Mobilfunk-Dienst UN" (Anlagenkonvolut B 1, GA 40) der Beklagten, die dem Antragsformular beigefügt werden, keinen entsprechenden Ausschluss enthalten.*"

4. Einwilligung im (Direkt-)Marketing

403 Das Direktmarketing[748] ist ein eigener Wirtschaftszweig, zu dem es auch eigene Zeitschriften und Vereinigungen gibt. Bekannt geworden sind vor allem die Stellungnahmen des deutschen Direktmarketing Verbands zu den verschiedenen Gesetzgebungsvorhaben. Die aktuelle Rechtssituation besteht seit dem 30.12.2008. Mit dem „Ersten Gesetz zur Änderung des Gesetzes gegen den unlauteren Wettbewerb" vom 22.12.2008 hat das zuletzt 2004[749] novellierte UWG eine Reihe von Änderungen erfahren.[750] Auch § 7 UWG, *unzumutbare Belästigungen*, hat geringfügige Änderungen erfahren. So ist E-Mail-Werbung fortan nur noch mit vorheriger „ausdrücklicher" Einwilligung der Adressaten zulässig, sofern keine Vertragsbeziehung besteht. Dies verhindert bekanntlich nicht, dass Spam ein unheimliches Volumen bei jedermanns E-Mail-Account erreicht. Die in der Sache selbst gegebenen Schutzmöglichkeiten, die auch Untersagung und Schadensersatz vorsehen, bleiben praktisch ungenutzt, weil der Spam im Wesentlichen aus dem Ausland kommt.

404 Im TMG ist in § 6 Abs. 2 eine Ausprägung des Gebots der Transparenz geregelt, wenn es sich um kommerzielle Kommunikationen per elektronischer Post handelt. Dieser Charakter darf nicht verschleiert werden, etwa indem der Kopf- oder Betreffzeile nicht die entsprechende Charakteristik entnehmbar ist.

---

[748] Siehe zu Einschränkungen im Direktmarketing: *Wuermeling* CR 2001, 303; siehe zu den Formen bzw. Differenzierungen trotz technischer Veraltung auch *Holland,* Direktmarketing, CR 1995, 184.
[749] Damals in Umsetzung der Richtlinie 2002/58/EG des Europäischen Parlaments und des Rates vom 12.7.2002 über die Verarbeitung personenbezogener Daten und den Schutz der Privatsphäre in der elektronischen Kommunikation, ABl. EG Nr. L 201 S. 37.
[750] Das Gesetz dient der Umsetzung der Richtlinie 2005/29/EG des Europäischen Parlaments und des Rates vom 11. Mai 2005 über unlautere Geschäftspraktiken im binnenmarktinternen Geschäftsverkehr zwischen Unternehmern und Verbrauchern und zur Änderung der Richtlinie 84/450/EWG des Rates, der Richtlinien 97/7/EG, 98/27/EG und 2002/65/EG des Europäischen Parlaments und des Rates sowie der Verordnung (EG) Nr. 2006/2004 des Europäischen Parlaments und des Rates (Richtlinie über unlautere Geschäftspraktiken) – ABl. EG Nr. L 149 S. 22.

VI. Datenschutzrechtliche Einwilligung

Bei reinen „Online"-Werbemaßnahmen, die erst zur Datenbeschaffung führen und nicht 405
auf bereits vorhandenem, legal erworbenem Datenmaterial aufbauen, liegt für Anbieter der
Gedanke nahe, sich vorsorglich über die gesetzlich erlaubten Tatbestände hinaus weitere
Datenverarbeitungsformen und -nutzungen durch Einwilligung „absegnen" zu lassen. Da
die Einwilligung unter erleichterten Bedingungen auch elektronisch gegeben werden kann,
bereitet dies grundsätzlich keine Probleme.

Das Verlangen einer pauschalen Einwilligungserklärung, die auch die Bereiche umfasst, die 406
ohnehin erlaubt sind, kann, wie bereits dargelegt, wettbewerbswidrig sein. Es kann ein Fall des
Werbens mit Selbstverständlichkeiten gegeben sein.[751] Es wäre also genau zu differenzieren

- aufgrund BDSG, TMG und/oder TKG erlaubte DV,
- mit Einwilligung erlaubte DV,
- unzulässige DV.

Wenn es nur darum geht, zur Optimierung der Werbung das Verhalten der Benutzer zu 407
analysieren, zu erfassen und auszuwerten, ist grundsätzlich eine anonyme Erfassung ausreichend. Diese ist datenschutzrechtlich unproblematisch. Gemäß TMG bzw. MDStV ist auch
eine pseudonyme Verarbeitung erlaubt, ohne dass es einer Einwilligung bedarf. Allerdings
hat der Nutzer, wie bereits dargestellt, die Möglichkeit zu widersprechen. Auf dieses Widerspruchsrecht ist der Nutzer hinzuweisen, § 15 Abs. 3 TMG.

Für eine Adressaten-orientierte bzw. individualisierte Werbung ist das Auswerten des On- 408
lineverhaltens alleine nicht ausreichend. Deshalb versuchen viele Anbieter, durch (unentgeltliche) zusätzliche Leistungen den Kunden zur Abgabe zusätzlicher Daten zu bringen, ohne
dafür die Einwilligung (die immer als Werbehindernis gesehen wird) einzuholen. Bei dem
von *Schafft/Ruoff*[752] erwähnten Fall wird dem Kunden ein kostenloser E-Mail-Account mit
praktisch unbegrenztem Speicherplatz gewährt, wobei im Gegenzug das System („Gmail"
oder „Google-Mail") automatisch die Inhalte der E-Mails analysiert und passende Anzeigen
zwischenschaltet. Das wäre etwa auf Telefonate übertragen, als würde dem Telefonpartner
auf die Frage, welches Hotel er für den Urlaub nutzen wolle, Hotelwerbung eingeblendet.
Im Fall der E-Mail würden die Anzeigen wohl erst beim nächsten Mal erscheinen, also nicht
in das „Gespräch" eingeblendet.

Im Zusammenhang mit der Zulässigkeit der Kopplung einer Einwilligung in Direktmar- 409
ketingmaßnahmen mit dem Angebot eines Dienstes (§ 28 Abs. 3b BDSG), könnte evtl. zugunsten des Werbetreibenden berücksichtigt werden, dass die personalisierte/gezielte Werbung für den Einwilligenden angenehmer, informativer und erträglicher ist als massenhafte
ungezielte Werbung (str.). Dies gilt vor allem dann, wenn dadurch die Werbeflut durch
Spam eingedämmt werden kann. In vielen Fällen ist zudem die Speicherung zur Abwicklung
oder zur Sicherheit des Services erforderlich, so dass die datenschutzrechtlichen Probleme
zwar nicht völlig beiseite zu lassen sind, aber eher gering erscheinen. Bei der E-Mail-Auswertung verhält sich die Angelegenheit allerdings völlig anders. Dies gilt besonders, wenn
man die laufende E-Mail-Kommunikation – wohl zu Recht – unter das Telekommunikationsgeheimnis, sowie die abgeschlossene Kommunikation unter das Recht auf informationelle
Selbstbestimmung stellt.[753]

Für die Werbung mittels E-Mail, Fax, SMS und Telefon ist jeweils eine gesonderte 410
(„ausdrückliche") Einwilligung (opt-in) nötig, vgl. § 7 Abs. 2 Nr. 2 und Nr. 3 UWG. Datenschutzrechtliche Einwilligungen müssen grds. schriftlich erfolgen. Für das **elektronische Erklären einer Einwilligung** ist zur Bestätigung der Willenserklärung des Betroffenen
eigentlich das Double-Opt-In-Verfahren geboten.[754] Jedoch ist dies nach dem Urteil des

---

[751] Siehe etwa LG München I Urt. v. 1.2.2001 – 12 O 13009/00, CR 2001, 470 – Einwilligung in die Nutzung und Verarbeitung der Teilnehmerdaten eines Kundenbindungs-Systems (Kundenkarte). Rechtsprechungsbeispiele → Rn. 393.
[752] Siehe *Schafft/Ruoff* CR 2006, 499.
[753] BVerfG Urt. v. 2.3.2006 – 2 BvR 2099/04, NJW 2006, 976 – Wohnungsdurchsuchung zur Ermittlung von Kommunikationsdaten.
[754] Je nach konkreter Art des Kontaktes per E-Mail oder SMS: Düsseldorfer Kreis, Anwendungshinweise der Datenschutzaufsichtsbehörden zur Erhebung, Verarbeitung und Nutzung von personenbezogenen Daten für werbliche Zwecke, S. 10 mit Hinweis auf Nachweis-Anforderungen des BGH (Urteil vom 10. Februar 2011,

LG München umstritten, das darin eine unzumutbare Belästigung gemäß § 7 UWG gesehen hat.[755]

411 Die Einwilligung zu Werbezwecken in „anderer Form" als der schriftlichen oder elektronischen, ist gemäß § 28 Abs. 3a BDSG wirksam, soweit diese schriftlich bestätigt wird. Die Bestätigung muss im unmittelbaren zeitlichen Zusammenhang zur Einwilligung erfolgen, wobei ein Zeitraum von bis zu drei Monaten noch als vertretbar angesehen wird.[756] Visitenkarten, die auf Messen oder sonstigen Veranstaltungen ausdrücklich zur Informationszusendung und weiteren geschäftlichen Kontaktaufnahme hinterlassen werden, können eine solche anderweitig erteilte Einwilligung darstellen. Allerdings trägt derjenige die Beweislast, der sich auf die Einwilligung beruft.

412 Der Betroffene ist auf die Folgen der Verweigerung der Einwilligung hinzuweisen. Selbst eine potentielle vom Kunden eingeräumte Einwilligung in eine Kontaktierung stellt **nicht auch gleichzeitig eine (weitergehende) Befugnis zur Erhebung, Verarbeitung und Nutzung von seinen Daten** zu Marketingzwecken dar.[757]

413 Der Weg über die Einwilligung ist somit gerade bei Data Warehouse und Data Mining schwierig und häufig kaum praktikabel. Allerdings gibt es in begrenztem Umfang gesetzliche Erlaubnistatbestände für Marktforschung und Werbung, die teilweise auch eine Datenübermittlung erlauben (etwa § 28 Abs. 3 S. 2 BDSG sog Listenprivileg).

5. Übertragbarkeit und Gültigkeitsdauer von Einwilligungen

414 Die Bestimmtheitsanforderungen an datenschutzrechtliche Einwilligung sind hoch. Eine Generaleinwilligung reicht nicht aus. Formulierungen wie „interne Zwecke", „spätere Informations- und Beratungszwecke", „schriftlicher und telefonischer Kontakt" sind genauer zu fassen.[758] Die Einwilligung ist unwirksam, wenn der Kunde nicht erkennen kann, welche Unternehmen sich auf die Einwilligung berufen dürfen.[759] Eine generische Beschreibung oder auch funktionale Eingrenzung auf die „mit dem Cross-Selling befassten Konzerngesellschaften" genügt für eine informierte Einwilligung im Rahmen des § 4a BDSG nicht.[760] Unzulässig wäre daher zB folgender Einwilligungstext:[761]

„Ja, ich bin einverstanden, dass ich telefonisch/per Mail/SMS/Post über interessante Angebote ... – auch durch Dritte und Partnerunternehmen – informiert werde. ...

die personenbezogene Nutzung ausschließlich auf die Organisationen aus den verschiedensten Branchen beschränkt ..., die meinen erkennbaren Interessen entgegenkommen ..."

415 *Plath*[762] und auch *Duisberg*[763] diskutieren die Frage der **Übertragbarkeit** von Einwilligungen im Falle von Umstrukturierungen von Unternehmen. Bei einer Veräußerung eines Unternehmensanteils an ein anderes Unternehmen (**share deal**), bleibt die Identität der verantwortlichen Stelle, von der ein Anteil verkauft wurde, erhalten. Somit hat die Veräußerung grds. keinen Einfluss auf die datenschutzrechtliche Einwilligung gegenüber der verantwortlichen Stelle. Werden dagegen die Vermögenswerte einer verantwortlichen Stelle an

---

I ZR 164/09), die bei der Protokollierung zu berücksichtigen sind: Das bloße Abspeichern der IP-Adressen von Anschlussinhabern und die Behauptung, dass von diesen eine Einwilligung vorliege, genüge danach nicht. Der Nachweis der Einwilligung erfordert mehr, zB den Ausdruck einer E-Mail des Betroffenen mit der entsprechenden Willenserklärung.

[755] LG München I, Urt. v. 27.9.2012 – 29 U 1682/12.
[756] Düsseldorfer Kreis, Anwendungshinweise der Datenschutzaufsichtsbehörden zur Erhebung, Verarbeitung und Nutzung von personenbezogenen Daten für werbliche Zwecke, S. 9f. „Dabei ist auch die schriftliche Bestätigung der Einwilligung in Verbindung mit der ersten Werbezusendung möglich, wenn beide Bestandteile (Bestätigung der Einwilligung und Werbetext) klar getrennt sind und die Bestätigung der Einwilligung entsprechend deutlich herausgestellt wird."
[757] 25. Tätigkeitsbericht LfD Bayern 2012, S. 163 f.
[758] 25. Tätigkeitsbericht LfD Bayern 2012, S. 164.
[759] OLG Köln Urt. v. 29.4.2009 – 6 U 218/08 – Gewinnspiel; ähnl. OLG HH Urt. v. 4.3.2009 – 5 U 260/08.
[760] Vgl. *Duisberg* RDV 2004, 104, 106.
[761] OLG Köln Urt. v. 29.4.2009 – 6 U 218/08 – Gewinnspiel.
[762] Plath/*Plath* BDSG § 4a Rn. 76 f.
[763] *Duisberg* RDV 2004, 104.

VI. Datenschutzrechtliche Einwilligung

einen Dritten übertragen (**asset deal**), ist wohl zu differenzieren. *Plath*[764] vertritt, dass die datenschutzrechtliche Einwilligung regelmäßig geschäftsbezogen abgegeben wird und wohl auch gegenüber dem neuen Erwerber gilt, soweit er das Geschäft fortführt. Etwas anderes soll gelten, wenn der Betroffene seine Einwilligung einer bestimmten juristischen Person gegenüber abgibt, weil diese sein besonderes Vertrauen genießt. Da die Bestimmtheitsanforderungen bei der Einwilligung sehr streng sind und eine Auslegung des Inhalts der Einwilligung über den Wortlaut hinaus nur sehr eingeschränkt zulässig sein dürfte, liegt es näher, beim asset deal – wenn überhaupt – die Datenweitergabe auf § 28 Abs. 1 S. 1 Nr. 2 BDSG zu stützen und bei Geschäftsfortführung die weitere Verarbeitung und Nutzung als nicht inkompatibel mit dem ursprünglichen Erhebungszweck zu betrachten.

Duisberg[765] vertritt, dass die Weitergabe von Kundendaten an bei Abgabe der Einwilligungserklärung noch nicht bekannte Konzerngesellschaften auch ohne Ergänzung bzw. nachträgliche Erweiterung der Einwilligungserklärung zulässig sei. Voraussetzung sei, dass zu den in der Einwilligungserklärung bereits benannten Konzerngesellschaften nur solche, zum damaligen Zeitpunkt noch nicht existierende oder seinerzeit für die Datenweitergabe nicht vorgesehene Konzerngesellschaften hinzutreten, die ihrerseits die betreffenden Kundendaten in voller Übereinstimmung mit den operativen Inhalten bzw. der Zweckbestimmung der Einwilligungserklärung nutzen.[766] Diese Mindermeinung zu vertreten ist jedoch wegen entgegenstehender Rechtsprechung eher riskant. Zudem müssen die Betroffenen über die Erweiterung des Nutzerkreises um die neu gegründete Gesellschaft gemäß § 33 BDSG unverzüglich informiert werden.

Nach *Simitis*[767] lässt sich § 28 Abs. 1 S. 1 Nr. 1 BDSG nicht auf die Umwandlung von Unternehmen anwenden. Die **Gesamtrechtsnachfolge** (§ 20 UmwG) schließe von vornherein jeden Versuch aus, eine Übermittlung der Kunden ebenso wie der sonstigen personenbezogenen Daten anzunehmen, selbst wenn nur die Vermögenshülle gewechselt werde und keine (physikalische) Datenweitergabe stattfinde. Das UmwG sei auch keine „andere Rechtsvorschrift" iSd § 4 Abs. 1 BDSG. Unternehmen müssten sich daher im Vorfeld einer Umwandlung (Due Diligence) auf anonymisierte Daten beschränken. Die Betroffenen müssten rechtzeitig informiert werden, damit sie (erneut) datenschutzrechtlich einwilligen können, soweit Einwilligung für Datenverarbeitungsverfahren etwa Marketingmaßnahmen erforderlich sind. Nach *Simitis*[768] ist es zB Bankkunden nicht gleichgültig, welche Identität die verantwortliche Stelle hat. Sie müssten also – ähnlich wie beim Betriebsübergang die Beschäftigten (§ 324 UmwG und § 613a Abs. 5 und 6 BGB) – rechtzeitig informiert werden, damit sie in die weitere Verwendung ihrer Daten einwilligen oder ggf. das Vertragsverhältnis beenden können. Da die Kundenbeziehungen regelmäßig einen, wenn nicht den entscheidenden Wert bei Transaktionen ausmachen, ist diese strenge datenschutzrechtliche Sicht in der Konsequenz für die beteiligten Unternehmen sehr unbefriedigend.[769]

Im Hinblick auf das Datenschutzrecht wird angenommen, dass eine Einwilligung 2 Jahre nach dem letzten geschäftlichen Kontakt ihre Gültigkeit verliert,[770] im Hinblick auf das UWG ist anzunehmen, dass die Einwilligung bereits 1½ Jahre nach dem letzten geschäftlichen Kontakt ihre Gültigkeit verliert.[771]

---

[764] Plath/*Plath* BDSG § 4a Rn. 77.
[765] *Duisberg* (RDV 2004, 104, 106), der einen Erlaubnis nach § 28 Abs. 1 Satz 1 Nr. 2 BDSG diskutiert.
[766] *Duisberg*, Fortbestand der Einwilligung nach Unternehmenskauf?, RDV 2004, 104, 106.
[767] Simitis/*Simitis* BDSG § 28 Rn. 66–68.
[768] Simitis/*Simitis* BDSG § 28 Rn. 68.
[769] Nach OLG Karlsruhe (Urt. v. 25.6.2001 – 9 U 143/00) kann nach Fusion zweier Banken gem. UmwG die Schuldnerin eines langfristigen Kreditvertrags ein fristloses Kündigungsrecht haben, sofern sie wichtige Gründe gegen den Vertragseintritt der anderen Bank (aufgrund Universalsukzession) hat. Im konkreten Fall war die andere Bank Mitglied des Aufsichtsrats der WP-Gesellschaft, deren Vorstand der Ehemann der Schuldnerin war. Die Schuldnerin wollte nicht, dass die andere Bank umfassenden Einblick in ihre wirtschaftlichen Verhältnisse und die ihres Mannes erhält. Ob dies als wichtiger Grund ausreicht, ließ das Gericht dahinstehen, weil die ao Kü nicht in angemessener Frist erklärt wurde. Im Regelfall gelten 2 Wochen als angemessen, 2 Monate sind jedenfalls zu lang.
[770] Düsseldorfer Kreis, Anwendungshinweise der Datenschutzaufsichtsbehörden zur Erhebung, Verarbeitung und Nutzung von personenbezogenen Daten für werbliche Zwecke, S. 5 f.
[771] Vgl. LG München I Urt. v. 8.4.2010, 17 HK O 138/10.

VII. Kundendatenschutz (Adresshandel, CRM, Scoring uÄ)

419 Bei B2C-Kunden (Verbrauchern) ist der Betroffene identisch mit dem Kunden. Bei B2B-Kunden ist der Betroffene im Regelfall ein Ansprechpartner (zB aus der Einkaufsabteilung des Kunden). Die Erhebung, Verarbeitung und Nutzung **anonymer** Daten unterliegt keinen Datenschutzvorschriften. Allerdings können auch nicht-personenbezogene Daten Vorschriften oder Regelungen unterliegen, die die Zugriffsmöglichkeit – auch innerhalb eines Konzerns – einschränken (etwa Geheimhaltungsvorschriften oder -vereinbarungen). Anonym sind zB statistische Daten oder Daten, die sich ausschließlich auf juristische Personen beziehen. Zu beachten ist, dass bei B2B-Kunden grds. in der Kundendatenbank der Ansprechpartner beim Kunden (zB Kundenkontakt mit Anrede, Titel, Name, Position im Unternehmen, Telefon-/Fax-Durchwahl, E-Mail-Adresse) erfasst wird. Somit sind auch B2B-Datensätze grds. nicht anonym.

420 Bei Verbraucher-Kunden (**B2C**) ist grds. der gesamte Datensatz der Kundendatenbank personenbezogen, also nicht nur Name und Anschrift, sondern zB auch die Bestellhistorie und die Kundennummer. Allerdings kann der Datensatz **anonymisiert** werden, wenn alle personenbeziehbaren Merkmale entfernt werden. Ein Datensatz, der zB nur zeigt, welche Produkte durch PDV im August verkauft wurden (ohne Rückschluss/Rückführbarkeit auf einzelne Kunden), ist zB nicht-personenbezogen. Im Regelfall reicht es **nicht** aus, bei einem Datensatz lediglich die Namen von Kunden zu entfernen/„auszublenden", um eine Anonymisierung zu erreichen, denn zB über die Kundennummer, die Anschrift und/oder die Kontoinformationen wäre der Personenbezug wiederherstellbar. Die Bestimmbarkeit von Personen muss nicht zwingend über den Namen erfolgen. Ausreichend ist aus Sicht des BDSG, wenn andere Identifikationsmerkmale (wie zB Anschrift, Kundennummer, Kontoinformationen, Geburtsdatum) die Personenbeziehbarkeit mit verhältnismäßigem Aufwand ermöglichen. Nach der Definition in § 3 Abs. 6 BDSG ist Anonymisieren „das Verändern personenbezogener Daten derart, dass die Einzelangaben über persönliche oder sachliche Verhältnisse nicht mehr oder nur mit einem unverhältnismäßig großen Aufwand an Zeit, Kosten und Arbeitskraft einer bestimmten oder bestimmbaren natürlichen Person zugeordnet werden können." Das Rückidentifizierungsrisiko nach einer anonymisierten Datenweitergabe muss im Einzelfall beurteilt werden.[772]

1. Verbotsprinzip, Zweckbindung und Trennungsgebot

421 Eine Bewertung der datenschutzrechtlichen Zulässigkeit des Umgangs mit personenbezogenen Daten erfordert eine Betrachtung des Datenflusses von der Erhebung beim Betroffenen über alle Zwischenschritte der Verarbeitung und Nutzung, einschließlich einer etwaigen Übermittlung an andere Unternehmen. Der Konzern hat beim Umgang mit Kundendaten insbesondere folgende Grundprinzipien zu beachten:
- Personenbezogene Daten dürfen nur erhoben, verarbeitet und genutzt werden, soweit eine Erlaubnis aufgrund Gesetz oder Einwilligung der Betroffenen vorliegt (**Verbotsprinzip**).[773] Die Erlaubnis ist jeweils an konkrete Zwecke gekoppelt.
- Personenbezogene Daten dürfen nur für Zwecke verarbeitet und genutzt werden, die mit den Zwecken der Datenerhebung kompatibel sind (sogenannte **Zweckbindung**).[774]
- **Personenbezogene Daten**, die zu unterschiedlichen Zwecken oder von unterschiedlichen verantwortlichen Stellen erhoben wurden, müssen getrennt verarbeitet und genutzt werden (**Trennungsgebot**).[775]

---

[772] Conrad/Grützmacher/*Selk*, Recht der Daten und Datenbanken im Unternehmen, S. 448 ff.
[773] Siehe § 4 Abs. 1 BDSG.
[774] Siehe Artikel 6 Abs. 1 lit. b) Datenschutzrichtlinie 95/46/EG.
[775] Siehe § 9 BDSG iVm Nr. 8 der Anlage zum BDSG. Die Vorschrift beinhaltet, ähnlich wie die Regelungen der §§ 11–15 Telemediengesetz (TMG) für Online-Angebote, ein grundsätzliches Gebot zu unterschiedlichen Zwecken erhobenen Daten getrennt zu verarbeiten und zu nutzen. Simitis/*Ernestu* BDSG § 9 Rn. 160 f.

VII. Kundendatenschutz (Adresshandel, CRM, Scoring uÄ)

Der Zweck der Datenverwendung spielt also im Datenschutzrecht eine entscheidende 422
Rolle. Im Ergebnis kann man die Frage der Zulässigkeit nicht losgelöst von konkreten Zwecken prüfen.

Die datenschutzrechtliche Befugnis gemäß § 28 Abs. 1 Satz 1 Nr. 1 BDSG (Befugnis zum 423 Erheben, Speichern, Verändern oder Übermitteln personenbezogener Daten zwecks Begründung, Durchführung oder Beendigung eines rechtsgeschäftlichen oder rechtsgeschäftsähnlichen Schuldverhältnisses mit dem Betroffenen) ist grds. auf das Unternehmen beschränkt, das mit dem jeweiligen Betroffenen (Kunden) einen Vertrag schließt oder anbahnt. Andere Unternehmen, auch konzernangehörige, sind grundsätzlich nicht zum Zugriff auf die Daten des Kunden berechtigt.

Eine vertragliche Vereinbarung zwischen zwei Unternehmen ist grds. keine datenschutz- 424 rechtliche Erlaubnis, dass sie untereinander Endkundendaten übermitteln. § 28 Abs. 1 S. 1 Nr. 1 BDSG gilt insoweit nicht. Umgekehrt können datenschutzrechtliche Übermittlungsverbote oder Löschgebote dazu führen, dass Unternehme Ansprüche verlieren, die zB einen Datenaustausch oder eine Verfügungsbefugnis über fremde Daten voraussetzen.

Rechtsprechungsbeispiel:
BGH Urt. v. 5.2.2015 – VII ZR 315/13: Anforderungen an Verpflichtung von Vertragshändlern zur Übergabe von Kundendaten an Hersteller
„Ein Ausgleichsanspruch in entsprechender Anwendung des § 89b HGB steht dem Vertragshändler nicht zu, wenn der Hersteller oder Lieferant nach den vertraglichen Vereinbarungen verpflichtet ist, die ihm vom Vertragshändler überlassenen Kundendaten bei Beendigung des Vertrags zu sperren, ihre Nutzung einzustellen und auf Verlangen des Vertragshändlers zu löschen (Fortführung von BGH, Urt. v. 17.4.1996 – VIII ZR 5/95 , MDR 1996, 1122 = NJW 1996, 2159)."[776]
Konsequenzen aus der Entscheidung: Der BGH lässt in seiner Entscheidung offen, ob ein Ausgleichsanspruch des Vertragshändlers analog § 89b HGB bereits daran scheitert, dass die Verpflichtung zur Weitergabe von Kundendaten in einer gesonderten Vereinbarung geregelt ist, zu deren Abschluss keine Pflicht besteht. Relevant ist vielmehr, ob sich der Hersteller/Lieferant bei Vertragsende die Vorteile des Kundenstamms sofort und ohne weiteres nutzbar machen konnte. Dabei geht der BGH nicht darauf ein, ob der Hersteller/Lieferant evtl. wegen gesetzlicher Datenschutzanforderungen die Kundendaten ohnehin nicht nutzen darf.

Im Rahmen von Datenübermittlungen bzw. des Zugriffs auf eine gemeinsame Kundenda- 425 tenbank ist nicht nur das erstmals datenerhebende Konzernunternehmen für die datenschutzrechtliche Zulässigkeit der Datenerhebung und Datenübermittlung verantwortlich, sondern auch das jeweils zugriffsberechtigte andere Unternehmen. Zudem sind die Anforderungen an ein automatisiertes Abrufverfahren (§ 10 BDSG) zu beachten.[777]

Solange es im Datenschutzrecht kein Konzernprivileg gibt, sind rechtlich selbständige 426 Konzernunternehmen im Verhältnis zueinander grundsätzlich Dritte im datenschutzrechtichen Sinn.[778] Gesellschaftsrechtliche Verflechtungen zwischen Konzernunternehmen, auch Beherrschungsverträge, haben grundsätzlich keine unmittelbare Bedeutung für den Datenschutz.[779]

Mit den BDSG-Novellen 2009 sind verschiedene Änderungen im Bereich Kundendatenschutz in Kraft getreten:
- Änderung des Listenprivilegs (und Einführung einer Herkunftsangabe für Listendaten, § 28 Abs. 3 BDSG)
- Erleichterung der elektronischen Einwilligung außerhalb von TMG und TKG (§ 28 Abs. 3a BDSG),

---

[776] BGH v. 5.2.2015 – VII ZR 315/13, LS.
[777] → Rn. 149 ff.
[778] Simitis/*Ehmann* BDSG § 10 Rn. 14.
[779] Bereits bei der Verabschiedung des ersten BDSG hat sich der Gesetzgeber trotz entsprechender Forderungen aus Wirtschaftskreisen bewusst gegen ein Konzernprivileg entschieden. Auch auf EU-Ebene konnte sich die Wirtschaft mit ihrer Forderung nach einem Konzernprivileg in der EG-Datenschutzrichtlinie 95/46/EG nicht durchsetzen. Siehe hierzu ausführlich *Ruppmann*, Der konzerninterne Austausch personenbezogener Daten, Frankfurter Studien zum Datenschutz, Band 16, S. 88 ff. Zur Umstrukturierung als Lösungsmöglichkeit für den Datenschutz → Rn. 415 ff. Zu aktuellen Entwicklungen im Zusammenhang mit der EU-Datenschutzgrundverordnung, → Rn. 47 ff.

- Klarstellung des Kopplungsverbots bei der Einwilligung in Werbung (§ 28 Abs. 3b BDSG),[780]
- Erlaubnisvorschrift für die Datenübermittlung an Auskunfteien (§ 28a BDSG)[781] unter begrenzten Voraussetzungen,
- Erlaubnisvorschrift für Scoring (§ 28b BDSG).[782]

Praxistipp:

Als Instrumentarien[783] für den Kundendatenschutz/Datenweitergabe im Konzern kommen zusammengefasst folgende Maßnahmen in Betracht, die aber jeweils nur punktuelle Lösungsansätze bieten und nicht – auch nicht in der Summe – pauschal den freien Datenfluss im Konzern erlauben:

- § 28 Abs. 1 S. 1 Nr. 1 BDSG: Dazu muss Inhalt des Vertragsverhältnisses mit dem Betroffenen sein, dass mehrere Unternehmen direkt ihm gegenüber Leistungen erbringen (etwa im Rahmen von Vermittlungsverhältnissen, zB Reisebüro, Fluggesellschaft oder Hotel). Insoweit empfehlen sich Klarstellungen in den Antragsformularen, AGB und Auftragsbestätigungen.
- Ausnützen des, allerdings schmalen, Erlaubnistatbestands § 28 Abs. 3 BDSG („Listenprivileg").
- Einwilligungen von B2C-Kunden und B2B-Ansprechpartnern (wegen hohen Anforderungen an Einwilligung und Widerruflichkeit bzw. Alternativen bei Verweigerung/Widerruf als Lösung häufig unpraktikabel)
- Bei B2B-Kunden bevorzugt: Anonymisierung des Datensatzes bzw. sehr beschränkte Zugriffsberechtigungen auf die personenbezogenen im Unterschied zu den nicht personenbezogenen Daten.
- Allgemein bei Kundendaten: Aggregierung/statistische Auswertungen durch Dienstleister im Auftrag, so dass im Konzern nur die Auswertungen und nicht die zugrunde liegenden personenbezogene Daten übermittelt werden.
- Pseudonyme Nutzerprofile § 15 Abs. 3 TMG.
- Gemeinsame Plattform/Market-Place-Lösungen im Internet-Auftritt des Konzerns.
- Auftragsdatenverarbeitung im Konzern zB in den Bereichen Produktion, Logistik, Fakturierung, Call-Center, Werbeagentur-Leistungen.
- Mit eher großem Aufwand verbunden: gesellschaftsrechtliche Umstrukturierungen, so dass die Kundendaten nur noch einer oder wenigen Gesellschaften im Konzern „gehören", die stets Vertragspartner der Kunden ist.

2. Adresshandel und Werbung

427 Die Novelle II 2009 hat zu einer Änderung des sogenannten Listenprivilegs (§ 28 Abs. 3 BDSG) geführt. Zwar bleibt Werbung in eingeschränktem Umfang auch ohne ausdrückliche Einwilligung des Betroffenen möglich. Das Listenprivileg für bestimmte (in § 28 Abs. 3 S. 2 BDSG abschließend aufgezählte) Kategorien von listenmäßig zusammengefassten geringfügig erweiterten Adressdaten bleibt eingeschränkt erhalten.[784] Es wurde jedoch ua eine Herkunftsangabe für Listendaten eingeführt (§ 28 Abs. 3 S. 4 BDSG).

428 Zukünftig sind die Verarbeitung und Nutzung personenbezogener Daten für Zwecke des Adresshandels oder der Werbung zulässig, wenn der Betroffene schriftlich oder elektronisch unter Wahrung der Formerfordernisse nach § 4a Abs. 1 bzw. § 28 Abs. 3 Satz 1 iVm § 28 Abs. 3a BDSG eingewilligt hat. Ohne Einwilligung zulässig ist weiterhin aber auch die Verarbeitung oder Nutzung von sogenannten Listendaten (§ 28 Abs. 3 Satz 2 BDSG), wenn dies erforderlich ist für

- Zwecke der Eigenwerbung, sofern die verantwortliche Stelle die Listendaten beim Betroffenen im Zusammenhang mit der Begründung, Durchführung oder Beendigung eines

---

[780] Zu Kopplungsverbot → Rn. 381.
[781] → Rn. 466 ff.
[782] → Rn. 481 ff.
[783] Siehe auch Conrad/Grützmacher/*Selk*, Recht der Daten und Datenbanken im Unternehmen, S. 428.
[784] Zur Unvereinbarkeit der ursprünglich im Regierungsentwurf vorgesehenen Ersetzung des sog Listenprivilegs durch ein generelles Einwilligungserfordernis mit der EG-Datenschutzrichtlinie vgl. *Hoeren* RDV 2009, 89 sowie *Breinlinger* RDV 2008, 223.

VII. Kundendatenschutz (Adresshandel, CRM, Scoring uÄ)

rechtsgeschäftlichen oder rechtsgeschäftsähnlichen Schuldverhältnisses mit dem Betroffenen bei diesem oder aus allgemein zugänglichen Adress-, Rufnummern-, Branchen- oder vergleichbaren Verzeichnissen erhoben hat, oder
- berufsbezogene Werbung an die berufliche Anschrift oder
- für Spendenwerbung zugunsten steuerbegünstigter Vereinigungen.

Die Übermittlung von Listendaten für Werbezwecke ist zulässig, wenn Herkunft und Empfänger der Daten für zwei Jahre gespeichert werden (§ 28 Abs. 3 S. 4 iVm § 34 Abs. 1a BDSG). In diesem Fall muss die Stelle, die die Daten erstmalig erhoben hat, aus der Werbung eindeutig hervorgehen. Im Übrigen dürfen personenbezogene Daten auch für Zwecke der Werbung für fremde Angebote benutzt werden, wenn für den Betroffenen bei der Ansprache zum Zwecke der Werbung die für die Nutzung der Daten verantwortliche Stelle eindeutig erkennbar ist. 429

3. Profilbildung und Customer Relationship Management (CRM), Zentralisierung der IT, Datenbankpflege/Doublettenprüfung

Grundsätzlich begegnet im Rahmen einer Kundenbeziehung eine über die Erfüllung von Vertragszwecken oder Anbahnung von Verträgen (siehe § 28 Abs. 1 Nr. 1 BDSG) hinausgehende Verwendung von Daten erheblichen Bedenken. Es ist zwar umstritten, ob § 28 Abs. 1 Nr. 1 BDSG Vorrang vor § 28 Abs. 1 Nr. 2 und Nr. 3 insoweit einzuräumen ist, als etwa die Erforderlichkeit der Datenerhebung und -verarbeitung und -nutzung bei Vorliegen eines Vertragsverhältnisses allein durch dieses bestimmt wird – und nicht etwa (auch) durch das „berechtigte Interesse" der verantwortlichen Stelle. Die überwiegende Ansicht geht wohl davon aus, dass § 28 Abs. 1 Nr. 2 BDSG nicht als Auffangtatbestand, sondern restriktiv auszulegen ist.[785] Kommt man gleichwohl bei Vorliegen einer Kundenbeziehung zur Anwendung von § 28 Abs. 1 Nr. 2 BDSG und bejaht auch ein „berechtigtes Interesse" der verantwortlichen Stelle, so besteht jedoch Grund zu der Annahme, dass das schutzwürdige Interesse des Betroffenen überwiegt mit der Folge, dass § 28 Abs. 1 Nr. 2 BDSG keine Erlaubnis bietet. Unter Datenschutz-Autoren begegnet aus diesen Gründen nach wohl hM Data Mining bzw. Data Warehouse durchgreifenden Bedenken.[786] In der Praxis werden diese Argumente allerdings weniger berücksichtigt, obwohl in vielen Berichten von Datenschutzbeauftragten hierzu Stellung genommen wurde.[787] 430

a) Profilbildung. Eine Profilbildung,[788] speziell eine Persönlichkeitsrechtsprofilbildung, dürfte in der Regel ähnlichen Bedenken begegnen. Diese Bedenken lassen sich für den öffentlichen Bereich ohne Weiteres verfassungsrechtlich begründen, sind aber auch im privaten Bereich mittelbar entsprechend zu beurteilen. Profile aus der pseudonymen Nutzung werden in § 15 Abs. 3 TMG besonders behandelt.[789] Nach § 15 Abs. 3 Satz 1 TMG ist eine Verwendung von personenbezogenen Nutzungsdaten für Werbezwecke nur zulässig, wenn der Diensteanbieter die Nutzungsprofile unter Verwendung eines Pseudonyms erstellt und der Nutzer nicht widersprochen hat. Stellte der Anbieter personenbezogene Nutzungsprofile her oder hat er den Nutzer nicht auf sein Widerspruchsrecht hingewiesen, ist das Nutzungsprofil nur zulässig, soweit der Betroffene wirksam darin eingewilligt hat. Grundsätzlich dürfte zumindest die Vollprofilierung verboten sein. Dies gilt auch für die sog „Totalerfassung". 431

---

[785] So auch Simitis/*Simitis* BDSG § 28 Rn. 98 ff.
[786] Siehe va *Weichert* RDV 2003, 113.
[787] Zur Darstellung s. a. *Gola/Schomerus*, BDSG § 28 Rn. 11.
[788] Zur datenschutzrechtlichen Problematik der Anfertigung von Persönlichkeitsprofilen zu Marketingzwecken siehe *Wittig* RDV 2000, 59; zu Programmführern und Nutzungsprofilen in „virtuellen Videotheken" siehe *Ladeur* MMR 2000, 715; zu Kundenprofilen im Internet siehe auch *Rasmussen* CR 2002, 36; *Taeger* K&R 2003, 220.
[789] Nach § 15 Abs. 3 TMG dürfen Nutzungsdaten für Zwecke der Werbung, der Marktforschung oder zur bedarfsgerechten Gestaltung der Teledienste verwendet werden. Sogar Nutzungsprofile dürfen bei Verwendung von Pseudonymen erstellt werden, allerdings gilt dies nur, soweit der Nutzer dem nicht widerspricht. Eine entsprechende Regelung fand sich auch in § 19 Abs. 4 MDStV. Zum Datenschutzrecht der Telemedien → § 36.

432 Unentgeltlich nutzbare Internet-(Telemedien-)Services oder zu besonders günstigen Bedingungen zugängliche Leistungen „refinanzieren sich" häufig dadurch, dass der Nutzer gleichzeitig Daten über sich abgibt oder zu Handlungen veranlasst wird, die zusätzlichen Umsatz generieren. Das Hauptschlagwort in diesem Zusammenhang ist „Kundenbindung". Das bedeutet auch, dass Firmen sich an Portalen mit hohen Besucherströmen beteiligen, um ihrerseits Aufschluss über Kundeninteressen und -verhalten sowie die Kundendaten zu erhalten. Daraus resultieren Maßnahmen zur Gestaltung sowohl dieser Portale als auch ihrer eigenen sonstigen Webauftritte.

433 Grundsätzlich dürfte gerade bei und gegenüber elektronischen Diensten die **Zusammenführung von Daten,** insbesondere, wenn sich daraus Nutzerprofile oder sogar Bewegungsprofile (über Mobile-Commerce) ergeben, ohne Einwilligung des Betroffenen nicht wirksam sein.[790] Man kann wohl davon ausgehen, dass es ein verfassungsrechtlich verankertes Verbot der völligen Transparenz der Privatsphäre auch dann gibt, wenn der Betroffene selbst sich seiner Daten entledigt (s. a. Urteile BVerfG zu GPS und Rasterfahndung, auch zu Tagebuch-Auswertung).[791]

434 Die Datenschutzaufsichtsbehörden betonen, dass das TMG die Anbieter dazu verpflichtet, das Handeln in Online-Communities anonym oder unter Pseudonym zu ermöglichen (§ 13 Abs. 6 TMG). Dies gilt unabhängig von der Frage, ob ein Nutzer sich gegenüber dem Anbieter des sozialen Netzwerks mit seinen Echtdaten identifizieren muss. Darüber hinaus hat der Anbieter gemäß § 13 Abs. 4 Nr. 6 TMG durch technische und organisatorische Vorkehrungen sicherzustellen, dass pseudonyme Nutzerprofile nicht mit Daten zusammengeführt werden können, die die Identifizierung des Nutzers ermöglichen.

435 Nach § 13 Abs. 4 Nr. 4 iVm § 15 Abs. 2 TMG muss der Anbieter ebenfalls technisch und organisatorisch sicherstellen, dass Nutzerdaten, die aus unterschiedlichen Telemediendiensten stammen – etwa einerseits aus dem (kostenlosen) Blog und andererseits aus dem Online-Shop des Anbieters – getrennt verwendet werden können. Gleiches gilt für die Zusammenführung von Nutzungsdaten aus verschiedenen Telemedien mit Abrechnungsdaten (siehe § 13 Abs. 4 Nr. 5 TMG). Damit ist gesetzlich denjenigen Anbietern ein Riegel vorgeschoben, die einen kostenlosen oder sehr kostengünstigen Blog nur deshalb anbieten, um – im Hinblick auf den Onlineshop – aussagekräftige Kundenprofile zu erlangen.

436 Darüber hinaus sind die Anbieter verpflichtet, die erforderlichen technisch-organisatorischen Maßnahmen zur Gewährleistung der Datensicherheit zu treffen. Sie müssen insbesondere einen systematischen oder massenhaften Export oder Download von Profildaten aus dem sozialen Netzwerk verhindern.

437 Verwendet der Anbieter keine Nutzungsdaten, sondern Inhaltsdaten, etwa aus Blog-Einträgen eines Nutzers, ist nicht das TMG, sondern das BDSG einschlägig. Das BDSG sieht zwar in § 28 Abs. 3 Satz 2 eine Erleichterung für die Nutzung bestimmter „listenmäßig oder sonst zusammengefasster Daten" zu Werbezwecken oder für Markt- und Meinungsforschung vor (sog Listenprivileg). Allerdings hat auch hier der Nutzer vorab einzuwilligen, wenn der Anbieter mehr Daten verknüpft bzw. auswertet als in § 28 Abs. 3 Satz 2 BDSG abschließend aufgezählt. Zumindest steht dem Betroffenen gemäß § 28 Abs. 4 BDSG eine Widerspruchsmöglichkeit zu, über die der Betroffene „bei der Ansprache zu Werbezwecken" zu unterrichten ist. Nicht ausreichend ist also, wenn der Nutzer einmalig bei der Registrierung des Nutzers für den Blog über diese Widerspruchsmöglichkeit aufgeklärt wird.

438 Die Datenschutzaufsichtsbehörden empfehlen,[792] dass die Anbieter die Nutzer selbst darüber entscheiden lassen, ob – und wenn ja, welche – Profil- oder Nutzungsdaten zur zielgerichteten Werbung durch den Anbieter genutzt werden. Dafür dürfte wohl eine entsprechende Einwilligung erforderlich sein (informed consent), die hohen rechtlichen Anforderungen an Verständlichkeit, Widerspruchsfreiheit und Detaillierungsgrad genügen

---

[790] *Lewinski, Kai,* Persönlichkeitsprofile und Datenschutz bei CRM, RDV 2003, 122.
[791] BVerfG Urt. v. 12.4.2005 – 2 BvR 581/01 – GPS; BVerfG Beschl. v. 4.4.2006 – 1 BvR 518/02 – Rasterfahndung; BVerfG Beschl. v. 1.2.2006 – 2 BvR 147/06 – Tagebuch.
[792] Siehe Düsseldorfer Kreis, Beschluss „Datenschutzkonforme Gestaltung sozialer Netzwerke" vom 17./18.4.2008.

muss.[793] Darüber hinaus weisen die Aufsichtsbehörden[794] darauf hin, dass der Nutzer die Möglichkeit erhalten muss, sein Profil auf einfache Weise selbst zu löschen. Die Anbieter sozialer Netzwerkdienste sollten die Einführung von Verfallsdaten oder zumindest automatische Sperrungen erwägen, die von den Nutzern selbst festgelegt werden können.

Kundendaten, insbesondere aussagekräftige Kundenprofile, stellen einen erheblichen Unternehmenswert dar. Daher stellen Kundendaten nach hM ein Geschäftsgeheimnis im Sinne von § 17 UWG dar – unabhängig davon, ob ihnen ein bestimmter Vermögenswert zukommt.[795] Zweck der Datengewinnung und -verknüpfung, vor allem über CRM, Data Warehouse und Data Mining[796] ist unter anderem die Verwendung im „Direktmarketing".[797] Dahinter steht die Idee, dass zum einen Firmen/Dienstanbieter, die über eine Fülle von Daten verfügen, diese intern so aufbereiten, dass sie daraus auch **andere Verwendungen** ziehen können. Damit wird vom eigentlichen Verwendungszweck der Daten abgewichen. Typisch ist etwa zu versuchen, aus einer Personaldatenbank auch Kundeninformationen zu beziehen oder eine Datenbank für die Weiterentwicklung der Mitarbeiter zu nutzen (was durchaus ehrenhafte Anliegen sein können). Der konkrete Problempunkt ist die Entfremdung der Daten aus ihrem Kontext bzw. aus dem ursprünglichen Zweckzusammenhang („Planung" statt „Verwaltung"). Da die Daten ohnehin dieses Kontextes entkleidet sind, ist diese Zweckentfremdung häufig schwer oder nicht feststellbar.

439

Unterhalb des Verbotsprinzips ist die Zweckbindung eines der höchstrangigen Prinzipien des Datenschutzes. Dies ergibt sich aus einer Fülle von Vorschriften, etwa im Rahmen der grundsätzlichen Erlaubnisnorm des § 28 BDSG, wo ständig von „Geschäftszweck", „Zweckbestimmung", „Zwecken" die Rede ist. **Vorratsdatenspeicherung**, die nicht von § 113a und § 113b TKG abgedeckt ist, lässt sich kaum rechtfertigen. Zum Vergleich im öffentlichen Recht siehe das BVerfG-Urteil zur präventiven „Rasterfahndung".[798]

440

Früher bestand das datenschutzrechtliche Problem, dass bei der restriktiven Ausgestaltung der erlaubten Phasen die Phase der **Nutzung nicht geregelt** war. Dies hat sich aber in der Zwischenzeit grundsätzlich geändert. Das dogmatische Problem ist aufgelöst: Das Zusammenführen von Daten innerhalb einer Sammlung von zulässig gespeicherten Daten ist eine eigene erlaubnisbedürftige Kategorie der Nutzung, auch wenn man noch nicht von Profilbildung oÄ spricht.

441

Als besonderer Aspekt kommt bei Data Mining bzw. dem Data Warehouse die im Hinblick auf andere Zwecke spezielle Auswertung bzw. Auswertungsmöglichkeit hinzu. Dabei werden Facetten der Person des Betroffenen beleuchtet, die dieser bei der Abgabe der Daten überhaupt nicht sichtbar machen wollte. Somit wurde die informationelle Selbstbestimmung beschränkt bzw. umgangen.

442

Zur Sicherheit des E-Commerce sind unter Umständen vom Betreiber zu seiner eigenen Absicherung verschiedenste Datenarten heranzuziehen. Die Rechtsprechung mancher Gerichte lässt beispielsweise hinsichtlich der unter fremdem Account abgegebenen Bestellungen Schutzmaßnahmen auch in dem Sinne angeraten erscheinen, sich von den Bestellern, nicht zuletzt zum Zwecke der Rechtsverfolgung, mehr Daten übermitteln zu lassen. Ein Trivialbeispiel ist auch, dass man zur eigenen Absicherung Systeme bildet, damit Jugendliche mit bestimmten Webseiten bzw. -adressen nicht in Berührung kommen können.[799] Unter dem Aspekt des Jugendschutzes, des Pornographieverbots, der Kreditwürdigkeit uÄ gibt es ein erhebliches Spektrum an Daten, das mehr oder weniger nur zur Sicherheit im E-Commerce erhoben und verarbeitet wird.

443

---

[793] Zu Einwilligungserklärungen im Internet → Rn. 393.
[794] Siehe Düsseldorfer Kreis, Beschluss „Datenschutzkonforme Gestaltung sozialer Netzwerke" vom 17./18.4.2008.
[795] So BGH Urt. v. 27.4.2006 – I ZR 126/03; siehe auch BGH Urt. v. 19.12.2002 – I ZR 119/00, GRUR 2003, 453 = WRP 2003, 642 – Verwertung von Kundenlisten.
[796] *Büllesbach* CR 2000, 11.
[797] → Rn. 371 ff., 403 ff.
[798] BVerfG Urt. v. 4.4.2006 – 1 BvR 518/02.
[799] Zu Altersverifikationssystemen → § 33 Compliance, IT-Sicherheit, Ordnungsmäßigkeit der Datenverarbeitung sowie → § 36 Datenschutz der Telemedien und § 35 Grenzüberschreitende Datenverarbeitung.

444 Ein typisches Datenspektrum in diesem Zusammenhang sind die **Nutzungsdaten**, im Bereich der Telekommunikation, die sog Verbindungsdaten. Bekannt geworden sind dabei Entscheidungen, bei denen es um die Löschung von durch die erfolgreich abgeschlossene Abrechnung zB eines Teledienstes nicht mehr erforderlich erscheinenden Daten geht.[800] In diesem Zusammenhang ist von Bedeutung, dass nach § 15 Abs. 6 TMG die Abrechnung über die Inanspruchnahme von Telediensten Anbieter, Zeitpunkt, Dauer, Art, Inhalte und Häufigkeit bestimmter von einem Nutzer in Anspruch genommener Teledienste nicht erkennen lässt. Etwas anderes gilt nur, wenn der Nutzer einen Einzelnachweis verlangt. Es sei nur kurz angemerkt, dass hiergegen wahrscheinlich relativ häufig verstoßen wird.

445 **b) Zentralisierung und Auslagerung der IT innerhalb eines Konzerns.** Im Rahmen des konzerninternen Outsourcings und der Vereinheitlichung der Systemarchitektur wird regelmäßig eine zentrale Administrationsebene für dieses (gemeinsame/zentrale) System geschaffen. Die Eingriffsrechte und -möglichkeiten dieser Administrationsebene müssen definiert werden und kontrollierbar sein. Die Zentralisierung und Auslagerung der Funktion der IT-Administration, des Hosting und der Pflege/Wartung auf ein oder mehrere Konzernunternehmen, kann – vor allem in der Summe und Kumulation – die Grenzen der Auftragsdatenverarbeitung sprengen. Das ist nicht unkritisch.[801] Ggf. sind die Anforderungen der Funktionsübertragung[802] einzuhalten und möglichst sogar besonders streng umzusetzen.

446 Die hohe Abstraktionsebene solcher Outsourcing-Netze im Konzern erfordert „objektive Messverfahren" für Datenschutz und IT-Sicherheit. Diese Verfahren können beispielsweise durch die Schaffung eines IT-Sicherheits- und Datenschutz-Managementhandbuchs geschaffen werden, das Kennzahlen (KPI – Key Performance Indicators oder Leistungskennzahlen) zur Messung des Erfüllungsgrads von Prozessen oder kritischen Erfolgsfaktoren sowie die entsprechenden Qualitätskriterien definiert.[803]

447 Die datenschutzrechtliche Verantwortung der speichernden Stellen muss innerhalb der zentralisierten Strukturen (weiterhin) faktisch wahrnehmbar sein. Datenschutzrechtlich verantwortliche Stelle ist jedes (Konzern-)Unternehmen, das personenbezogene Daten für eigene Zwecke verarbeitet oder dies durch andere im Auftrag vornehmen lässt. Diese verantwortlichen Stellen müssten bei der Verarbeitung personenbezogener Daten ihre Daten untereinander abschotten und die Kontrolle über ihre Daten ausüben. Hierbei bildet die Schutzbedürftigkeit der in den einzelnen Verarbeitungsprozessen verarbeiteten personenbezogenen Daten die Grundlage zur Bewertung der erforderlichen Maßnahmen.[804]

448 Es müssen datenschutzrechtliche Steuerungsinstrumente innerhalb des Standardisierungsservices, der die ganze Infrastrukturkette vom Endgerät über die Netzwerke bis zum Rechenzentrum umfasst, festgelegt werden und die Modalitäten ihrer Durchführung müssen beschrieben werden. Es ist dabei in Bezug auf Organisation und Technik zu beschreiben, wie die datenschutzrechtlichen Verantwortlichkeiten der verantwortlichen Stellen und ihren Abteilungen sowie auch des gruppeninternen IT-Dienstleisters wahrgenommen werden müssen.[805]

449 Für den Ausbau der Standardisierung fordert das Gesamtkonzept Klarheit und Transparenz von Rollen, Verantwortung und Kompetenz zur Planung, Umsetzung und Überwachung der Sicherheitsinfrastruktur. Es sind danach schriftliche Weisungen zu technischen und organisatorischen Maßnahmen bezüglich der datenschutzrechtlichen Konformität der Auftragsdatenverarbeitung sowie Sicherheitskonzepte zu erstellen und vertraglich zu regeln. Zur Gewährleistung eines datenschutzgerechten Betriebs werden ua folgende Voraussetzungen für notwendig erachtet:[806]

---

[800] BGH Vorlageentscheidung v. 28.10.2014 – VI ZR 135/13, NJW 2015, 368.
[801] → Rn. 277 ff.
[802] Siehe im Einzelnen zu Funktionsübertragung → Rn. 286 ff.
[803] 32. Tätigkeitsbericht LfD Bremen 2009 S. 19 f. iVm 34 Tätigkeitsbericht LfD Bremen 2011 S. 13 f. Zum Outsourcing-Vertrag → § 19 Outsourcing.
[804] 32. Tätigkeitsbericht LfD Bremen 2009 S. 19 f. iVm 34 Tätigkeitsbericht LfD Bremen 2011 S. 13 f. Zur Rechtsfigur der „gemeinsamen verantwortlichen Stelle" deren Abgrenzung zur Funktionsübertragung unklar ist, → Rn. 288.
[805] 33. Tätigkeitsbericht LfD Bremen 2009 S. 28 f. iVm 34 Tätigkeitsbericht LfD Bremen 2011 S. 13 f.
[806] 33. Tätigkeitsbericht LfD Bremen 2009 S. 28 f. iVm 34 Tätigkeitsbericht LfD Bremen 2011 S. 13 f.

- Die Beschreibung und Berücksichtigung grundsätzlicher Auswirkung der Zentralisierung auf Kunden- und Beschäftigtendaten.
- Die klare Definition von Verantwortlichkeiten unter Berücksichtigung der geltenden Rechtslage und der zentralisierten IT-Strukturen und den Aufbau eines entsprechenden Sicherheitsmanagements.
- Die Erstellung systematisch aufgebauter und inhaltlich bis auf die operative Ebene eindeutiger IT-Sicherheitsdokumente, die auf einer Analyse der eigenen Infrastruktur aufsetzen.
- Eine datenschutzkonforme Umsetzung der mit der Entwicklung der zusammenhängenden Projekte, wie beispielsweise der Aufbau eines sicheren Active Directory (Verzeichnisdienst) und das Sicherheitsmanagement lokaler und dezentraler Netzinfrastrukturen; dabei sind insbesondere Konzepte für die Organisation, die Systemadministration und die Herstellung der Revisionssicherheit zu entwickeln.
- Berücksichtigung der Kosten der Sicherheit und Datenschutzkonformität des Betriebs als Teilaspekt des Budgets für das Gesamtprojekt.

c) Doubletten-Prüfung in gemeinsamen Kundendatenbanken. Ziel zentraler Kundendatenbanken ist ua Vollintegration unternehmensübergreifender Systeme, Doubletten zu vermeiden und bereinigte/verifizierte Adressbestände zu haben. Bei IT-Systemen mit integrierter Datenhaltung läuft die Doubletten-Prüfung häufig für die Anwender unbemerkt im Hintergrund ab. Es gibt auch Tools, um die Doubletten-Prüfung und Adressdatenverifizierung zu erleichtern.

Unternehmensübergreifende Datenzugriffe oder Abgleiche in Datenbanken mit personenbezogenen (Kunden-)Daten sind nur sehr restriktiv zulässig. Konkret zum sehr praxisrelevanten Fall der Doubletten-Prüfung gibt es – soweit ersichtlich – kaum Literatur[807] und keine Behördenstellungnahmen. Sollen Adressdaten (zB eines Neukunden) nicht einzelfallbezogen beim Kunden erhoben (etwa telefonisch abgefragt und eingegeben) werden, kann der Grundsatz der Direkterhebung verletzt sein (§ 4 Abs. 2 Satz 1 BDSG). Eine Ausnahme vom Direkterhebungsgrundsatz ist nur in engen Grenzen möglich (vgl. § 4 Abs. 2 S. 2 BDSG), zB wenn dies der Geschäftszweck der verantwortlichen Stelle erforderlich macht.

War der Betroffene bereits Kunde eines Unternehmens, so müssen zB die Stammdaten von diesem Unternehmen nicht erneut erhoben/eingegeben werden. Es liegt kein Verstoß gegen den Direkterhebungsgrundsatz vor, da die Kundendaten bereits beim vorherigen Vertragsschluss unter direkter Mitwirkung des Kunden erhoben wurden. Die Doubletten-Prüfung innerhalb einer verantwortlichen Stelle ist somit weitgehend unproblematisch. Das spätere Abrufen der Daten stellt lediglich eine Nutzung der Daten dar, § 3 Abs. 5 BDSG.[808]

Sollen jedoch die Daten von anderen Konzernunternehmen abgerufen werden oder will der Auftragsdatenverarbeiter die Doubletten-Prüfung mit Datenbeständen anderer Auftraggeber vornehmen bzw. die Daten insoweit abgleichen, kann ein Verstoß gegen den Direkterhebungsgrundsatz und die Zweckbindung vorliegen und die Datenübermittlung bzw. Zweckentfremdung ist ohne Einwilligung des Kunden grds. nicht legitimiert. Die unternehmensübergreifende Doubletten-Prüfung ist im datenschutzrechtlichen Sinne eine Datenübermittlung. Die Doubletten-Prüfung ist weder für den Geschäftszweck (Begründung und Durchführung eines Vertrags mit dem Kunden) erforderlich, noch erfordert die Dateneingabe durch den Callcenter-Agenten unverhältnismäßigen Aufwand. Gerade hinsichtlich des Verwaltungsaufwands genügt nicht schon jede Zeit-, Arbeits- oder Kostenersparnis.[809] Denkbar wäre eine Erlaubnis gemäß **§ 28 Abs. 1 S. 1 Nr. 2 BDSG** („berechtigte Interessen der verantwortlichen Stelle", das wäre die Stelle, deren Daten zwecks Doublettenprüfung abgerufen/übermittelt werden) und **§ 28 Abs. 2 Nr. 2a BDSG** („berechtigte Interessen eines Dritten", das wäre die Stelle, die Daten eines Dritten zwecks Doublettenprüfung abruft). Daneben ist § 10 BDSG (**automatisierte Abrufverfahren**) zu beachten.

---

[807] *Gola*, Datenschutz im Callcenter, 2006, S. 103.
[808] Vgl. zum Datenabgleich: Simitis/*Dammann* BDSG § 3 Rn. 192.
[809] Vgl. Simitis/*Scholz/Sokol* BDSG § 4 Rn. 35.

454 Damit eine Erlaubnis nach § 28 Abs. 1 S. 1 Nr. 2 BDSG vorliegt, dürfen keine Anhaltspunkte bestehen, dass überwiegende schutzwürdige Interessen des Betroffenen beeinträchtigt werden.[810] Ein schutzwürdiges Interesse des Kunden an der Direkterhebung und am Ausschluss der Doubletten-Prüfung ist evtl. gering, wenn der Kunde ohnehin sogleich seine Adressdaten mitteilen möchte. Allerdings bestehen erheblich Risiken für den Datenschutz, wenn durch die Doubletten-Prüfung das Trennungsgebot unterlaufen würde.

455 Anders ist möglicherweise der Fall zu beurteilen, wenn der Mitarbeiter eines Konzernunternehmens, der die Daten erheben soll, nicht erkennen kann, ob unternehmensübergreifend eine Doublette vorliegt. Er muss stets die Daten von Neukunden in die Bildschirmmaske eingeben. Im Hintergrund erkennt jedoch das System, ob eine Doublette vorhanden ist und speichert die Daten nicht erneut ab, sondern erstellt nur eine Zuordnung zum jeweiligen Konzernunternehmen im Wege der Zugriffsberechtigung auf die entsprechenden Datenfelder. Der Zweck dieser Doubletten-Prüfung wären also technische Gründe (va Ersparnis von Speicherkapazität). Diese Art der Doubletten-Prüfung wäre evtl. eher nach § 28 Abs. 1 S. 1 Nr. 2 BDSG zulässig, auch wenn zumindest die IT-Administratoren bzw. Wartungspersonal erkennen können, inwieweit unternehmensübergreifende Doubletten vorliegen. Allerdings ist die Frage der Erlaubnis sehr ungewiss, weil Rechtsprechung und Behördenentscheidungen fehlen.

456 Zudem wäre zu hinterfragen, ob der Vorteil dieser Doubletten-Prüfung die Risiken aufwiegt. Denn unternehmensübergreifende Adress-Inkonsistenzprüfungen lassen sich wohl nicht auf Basis von § 28 Abs. 1 S. 1 Nr. 2 BDSG rechtfertigen. Der Kunde hat ein berechtigtes Interesse, zB zum Zwecke der Datenschutzkontrolle, leicht geänderte Adressdaten anzugeben (zB leichte Schreibfehler beim Namen oder bei der Straße). Manche Kunden prüfen so, ob Unternehmen in unzulässiger Weise Adressdaten übermitteln. Der Konzern müsste also bereits leichte Abweichungen in den Adressdaten wie neue Daten und nicht wie Doubletten behandeln.

457 **d) Regelspeicherfristen bei CRM-Daten.** Ein Telemedien-Diensteanbieter darf Abrechnungsdaten, die für die Erstellung von Einzelnachweisen über die Inanspruchnahme bestimmter Angebote auf Verlangen des Nutzers verarbeitet werden, höchstens bis zum Ablauf des 6. Monats nach Versendung der Rechnung speichern (§ 15 Abs. 7 S. 1 TMG).[811] Nur wenn dem Dienstanbieter tatsächlich Anhaltspunkte vorliegen, dass seine Dienste von bestimmten Nutzern in der Absicht in Anspruch genommen werden, das Entgelt nicht oder nicht vollständig zu entrichten, darf er die personenbezogenen Daten dieser Nutzer über das Ende des Nutzungsvorgangs sowie über die in § 15 Abs. 7 S. 1 TMG genannte Speicherfrist hinaus verarbeiten und nutzen. Das gilt nur, soweit dies zur Durchsetzung seiner Ansprüche erforderlich ist. Fraglich war öfter, ob dies auch den Fall betrifft, dass jemand bereits bezahlt hat, aber die Gefahr besteht, dass spätere Rechnungen nicht bezahlt werden und stattdessen aufgerechnet wird, weil frühere Abrechnungen zu Unrecht erfolgt seien. *Enzmann/Roßnagel*[812] empfehlen im Hinblick auf die Prüfung der Datenschutzanforderungen für den Einkauf im Internet eine Differenzierung nach:

- Suchphase,
- Bestellphase,
- Bezahlphase,
- Auslieferungsphase.

458 Eine Speicherung von Kundendaten zu Marketingzwecken stellt eine Datenverarbeitung für Werbezwecke nach § 28 Abs. 3 iVm § 3 Abs. 4 Nr. 1 BGSG dar. Die Speicherung ist danach solange zulässig, wie zur Zweckerreichung erforderlich (§ 28 Abs. 3 S. 2 BDSG) und keine schutzwürdigen Interessen des Betroffenen entgegenstehen (§ 28 Abs. 3 S. 6 BDSG).[813]

---

[810] Vgl. 2. Tätigkeitsbericht LfD Bayern 2004/2005, S. 43 47, dazu müssen weniger belastende Maßnahmen vorrangig ergriffen werden.
[811] BGH Vorlageentscheidung v. 28.10.2014 – VI ZR 135/13, NJW 2015, 368.
[812] *Enzmann/Roßnagel* CR 2002, 141.
[813] Düsseldorfer Kreis, Anwendungshinweise der Datenschutzaufsichtsbehörden zur Erhebung, Verarbeitung und Nutzung von personenbezogenen Daten für werbliche Zwecke, S. 3 zur Nutzungsdauer von Listendaten.

VII. Kundendatenschutz (Adresshandel, CRM, Scoring uÄ)

459 Das BDSG sieht keine konkrete Speicher- und Nutzungsdauer vor. Daraus lässt sich jedoch nicht der Schluss ziehen, dass eine dauerhafte Speicherung zulässig ist. Es gibt eine Gerichtsentscheidung,[814] nach der eine Einwilligung in den Erhalt eines Newsletters bereits nach 17 Monaten verwirkt ist, wenn der Diensteanbieter in diesen 17 Monaten keinen Newsletter versendet. Das Gericht war der Ansicht, dass bei einem Zuwarten von 17 Monate bis zum erstmaligen Versand die Aktualität der Einwilligung entfällt. Bei der versendeten E-Mail handelte es sich deshalb um eine unzumutbare Belästigung. Diese Rechtsprechung bietet eine grobe Richtgröße.

460 Bei Alt-Kunden dürften berechtigte Interessen bereits 1 ½ Jahr nach dem letzten geschäftlichen Kontakt entgegenstehen, wenn die Datenverarbeitung auf eine Kontaktaufnahme zum Kunden für Werbezwecke gerichtet ist. In diesem Fall ist davon auszugehen, dass die nötige wettbewerbsrechtliche Einwilligung des Kunden zur Kontaktaufnahme nach § 7 UWG ihre Gültigkeit verloren hat und damit ein überwiegendes Interesse auf Seiten des Kunden besteht, nicht mehr kontaktiert zu werden.[815]

461 Im Übrigen ist **spätestens 2 Jahre** nach dem letzten geschäftsmäßigen Kontakt des Kunden nicht mehr von der Erforderlichkeit der Datenverarbeitung auszugehen, weil nicht mehr mit einem Interesse des Kunden am Angebot des Werbenden zu rechnen ist.[816]

462 Die Verwendung von übermittelten Listendaten[817] für Werbezwecke ist an der Erforderlichkeit zu messen, dh daran, ob überhaupt noch von einem Interesse des Kunden nach dem letzten geschäftsmäßigen Kontakt ausgegangen werden kann. Reine Interessenanfragen bei Betroffenen rechtfertigen in der Regel keine Nutzungsdauer von beispielsweise zwei Jahren.[818] **Die Datenspeicherung von Marketingdaten ist insoweit nicht für 10 Jahre möglich**, was aber in der Praxis nicht unüblich ist.

463 Zu beachten ist, dass ein- und dasselbe Datum unterschiedlichen Speicherfristen unterliegen kann. Daten im ERP-System, die aus steuerlichen und buchhalterischen Gründen aufbewahrt werden müssen, dürfen länger gespeichert werden (Handelsbriefe und Rechnungen im Regelfall 6 Jahre). Das gilt jedoch nicht für die CRM-Daten.

464 Personenbezogene Daten sind grundsätzlich zu löschen, soweit sie nicht mehr für die Erfüllung des festgelegten Zwecks erforderlich sind, § 35 Abs. 2 S. 2 Nr. 3 BDSG. Eine Sperrung der Daten – an Stelle einer Löschung – ist nur in den Fällen des § 35 Abs. 3 und Abs. 4 BDSG möglich, dh

- wenn einer Löschung von für eigene Zwecke verarbeiteten Daten gesetzliche, satzungsmäßige oder vertragliche Aufbewahrungsfristen entgegenstehen,
- wenn Grund zu der Annahme besteht, dass durch eine Löschung schutzwürdige Interessen des Betroffenen beeinträchtigt würden,
- wenn eine Löschung wegen der besonderen Art der Speicherung nicht oder nur mit unverhältnismäßig hohem Aufwand möglich ist oder

---

[814] LG München Urt. v. 8.4.2010 – 17 KH O 138/10.
[815] Vgl. LG München Urt. v 8.4.2010, 17 HK O 138/10.
[816] Düsseldorfer Kreis, Anwendungshinweise der Datenschutzaufsichtsbehörden zur Erhebung, Verarbeitung und Nutzung von personenbezogenen Daten für werbliche Zwecke, S. 4; BfDI, Datenschutz-WIKI, Datennutzung zu Werbezwecken (http://www.bfdi.bund.de/bfdi_wiki/index.php/Datennutzung_zu_Werbezwecken): „Eine konkrete Frist hat der Gesetzgeber in § 28 Abs. 3 Satz 2 Nr. 1 BDSG nicht vorgesehen. § 34 Abs. 1a BDSG sieht zwar bei der transparenten Übermittlung von Werbedaten eine Dokumentationspflicht von Herkunft und Empfänger der Daten für zwei Jahre vor. Diese Frist kann bei § 28 Abs. 3 Satz 2 Nr. 1 BDSG aber lediglich ein erster Anhaltspunkt sein und nicht ohne Prüfung des Einzelfalles unkritisch übernommen werden, da – je nach individuellem Sachverhalt – auch kürzere (zB bei reinen Interessentenanfragen) oder längere Nutzungsfristen rechtmäßig sein können. Entscheidend ist, ob noch eine Erforderlichkeit für die weitere werbliche Nutzung der Daten von der verantwortlichen Stelle nachvollziehbar dargelegt werden kann. Als Kriterium für die Entscheidung über die Erforderlichkeit kann auf den Regelungsinhalt der Löschungsvorschrift bei einer nicht mehr erforderlichen Datenspeicherung in § 35 Abs. 2 Nr. 3 BDSG zurückgegriffen werden. Weiterhin dürfen keine schutzwürdigen Interessen der Betroffenen einer werblichen Nutzung entgegenstehen."
[817] → Rn. 427 ff.
[818] Düsseldorfer Kreis, Anwendungshinweise der Datenschutzaufsichtsbehörden zur Erhebung, Verarbeitung und Nutzung von personenbezogenen Daten für werbliche Zwecke, S. 4; BfDI, Datenschutz-WIKI, Datennutzung zu Werbezwecken (http://www.bfdi.bund.de/bfdi_wiki/index.php/Datennutzung_zu_Werbezwecken).

- soweit die Richtigkeit der Daten vom Betroffenen bestritten wird und sich weder die Richtigkeit noch die Unrichtigkeit feststellen lässt.

465 Löschungen, von denen wegen eines unverhältnismäßig hohen Aufwands abgesehen werden kann, stellen eine seltene Ausnahme dar. Die Ansicht, dass hierunter zB einmalig beschreibbare Datenträger wie CD-Rs fallen, dürfte als überholt gelten, selbst wenn auf diesen Datenträgern Daten gespeichert sind, die nicht zu löschen sind.[819] Auch innerhalb eines SAP-Systems ist grundsätzlich von der Möglichkeit zur Löschung auszugehen.[820]

4. Bonitätsprüfung, Scoring, Geo-Scoring

466 **a) Warndatei.** Die Erstellung einer konzerninternen Warndatei zur Bonitätsprüfung und Identifikation von „betrügerischen" Kunden ist grundsätzlich zulässig. Eine Datenübermittlung zum Aufbau einer Warndatei innerhalb des Konzerns ist allerdings nur dann rechtmäßig, wenn der Datenempfänger ein berechtigtes Interesse hat und kein Grund zu der Annahme besteht, dass der Betroffene ein schutzwürdiges Interesse an dem Ausschluss der Übermittlung hat.[821] Dabei kann relevant sein, zu welchem Zweck bzw. für welche Branche eine Warndatei aufgesetzt wird: Hausinterne Warndateien können zB Personen aufzählen, die wegen Ladendiebstahls Hausverbot erhalten oder betrügerisch Waren bestellt haben, zu deren Zahlung sie nicht willens oder nicht in der Lage bereit waren. Auch Haushaltsdaten können dabei relevant sein, wenn säumige Schuldner mit gleicher Adresse und gleichem Nachnamen aufgetreten sind. In der Versicherungsbranche hat sich ein System zur Identifizierung von geschäftsschädlichen Verhalten (HIS) etabliert, bei dem der Sachverhalt des Versicherungsnehmers an die informa Insurance Risk and Fraud Prevention GmbH gemeldet wird, insbesondere atypische Schadenhäufigkeiten, besondere Schadenfolgen, erschwerte Risiken und Auffälligkeiten im Schaden-/Leistungsfall.[822] Die zu einem Versicherungsnehmer hinterlegten Daten können einzelne Versicherungsanbieter abrufen, wenn diese ein berechtigtes Interesse vorweisen können.[823] Für Telekommunikationsanbieter existiert zB der Fraud Prevention Pool, der neben Grunddaten zum Vertragspartner des Anbieters auch Informationen über das Zustandekommen eines Telekommunikationsvertrags und über die Vertragskündigung oder Sperrung wegen Nichtzahlung enthält. Für Vermieter, zB von Wohnraum, bestehen Mieterwarndateien, die bereits in der Kritik stehen wenn darin über die Mietbranche hinaus Fehlverhalten von potentiellen Mietern (zB nicht bezahlte Handy-Rechnungen) oder rein subjektiv beurteiltes Fehlverhalten aus Mietverhältnissen (zB Lärm) erfasst werden.[824]

467 Die Übermittlung von **harten Negativmerkmalen** ist im Regelfall rechtmäßig.[825] Diese harten Negativmerkmale liegen zB vor, wenn die Betroffenen rechtskräftig verurteilt wurden. Im Übrigen ist eine konzernweite Warnmeldung nur dann zulässig, wenn ein hinreichend erhärteter Tatverdacht besteht. Hierzu sollte das warnende Unternehmen ggf. zuvor Anzeige wegen der vermuteten Straftat gestellt haben.[826]

---

[819] Vgl. *Simitis*, BDSG, 8. Aufl., § 35 Rn. 50; Däubler/Klebe/Wedde/Weichert/*Däubler* BDSG § 35 Rn. 27.

[820] SAP selbst hat bzgl. der Konzeption und Implementierung veröffentlicht Lehnert/Otto/Stelzner, Datenschutz in SAP-Systemen, 2. Aufl. 2010.

[821] Vgl. zur Warndatei eines Ärztevereins für seine Mitglieder: 2. Tätigkeitsbericht LfD Bayern 2004/2005, S. 40; *Plath* BDSG § 28a Rn. 7, 9: Die unternehmensübergreifende Warndatei unterliegt ua den gesetzlichen Bestimmungen für Auskunfteien gemäß § 29 BDSG. Auskunfteien sind überwachungspflichtige Gewerbe nach § 38 Abs. 1 Nr. 2 GewO. Nach § 29 Abs. 2 Nr. 1a BDSG ist die Erteilung von Bonitätsauskünften beispielsweise nur zulässig, wenn der Anfragende ein berechtigtes Interesse hieran hat und wenn kein Grund zu der Annahme besteht, dass der betroffene Kunde ein schutzwürdiges Interesse an dem Ausschluss der Übermittlung hat.

[822] Gesamtverband der Deutschen Versicherungswirtschaft e. V., Hinweis- und Informationssystem der deutschen Versicherer – HIS, S. 4 ff., abrufbar unter: http://www.gdv.de/wp-content/uploads/2013/10/GDV_Info blatt_zum_HIS_2013n.pdf (letzter Abruf 28.1.2015).

[823] Pressemitteilung des IM Baden-Württemberg vom 31.3.2011, S. 2, abrufbar unter: http://www.gdv.de/wp-content/uploads/2012/06/PM_2011_HIS_Innenministerium_Baden-Wuerttemberg.pdf (letzter Abruf 28.1.2015).

[824] *Gola*, Kundendatenschutz, 3. Aufl., Rn. 528–534.

[825] Zur Bankenbranche: 30. Tätigkeitsbericht des Landesdatenschutzbeauftragten Berlin, 2008, S. 81.

[826] Ebd., 2. Tätigkeitsbericht, LfD Bayern 2004/2005, S. 44.

VII. Kundendatenschutz (Adresshandel, CRM, Scoring uÄ)

Ferner liegen nach Ansicht des hamburgischen Datenschutzbeauftragten harte Negativ- **468**
merkmale vor bei Zwangsvollstreckung, Insolvenz, Haftbefehl, Abgabe einer Eidesstattlichen Versicherung, Pfändung oder Inanspruchnahme einer Lohnabtretung gegen den Kunden. Diese Daten sind jederzeit nachprüfbar und deuten darauf hin, dass der betroffene Kunde zahlungsunfähig oder zahlungsunwillig ist.

Weitere Negativmerkmale müssen folgende Kriterien erfüllen:
- offensichtlich unstreitiger Forderungsrückstand,[827]
- wiederholte vergebliche Zahlungsaufforderungen,
- Hinweise auf Zahlungsunfähigkeit oder -unwilligkeit und
- sorgfältige Einzelfallabwägung.[828]

Dabei müssen die zu speichernden Merkmale jeweils für den Vertragszweck relevant sein, **469**
dh für das damit verbundene Risiko eine Aussagekraft besitzen.[829] Grundsätzlich muss eine Interessenabwägung unter Berücksichtigung der Interessen des betroffenen Kunden stattfinden, bevor eine Meldung in die Warndatei erfolgt.[830]

Werden Wahrscheinlichkeitswerte für ein zukünftiges Verhalten des Kunden mittels der Warndatei erstellt, gelten die gesetzlichen Regeln zum Scoring (§ 28b BDSG).[831]

Den betroffenen Kunden ist grundsätzlich die Möglichkeit einzuräumen, der Datener- **470**
fassung in der Warndatei und der konzern- oder gruppenweiten Übermittlung wirksam zu **widersprechen**, va wenn die Daten unrichtig sind. Die Widerspruchsmöglichkeit erfordert, dass Kunden über die geplante Datenübermittlung informiert werden. Ob der Kunde über das Widerspruchsrecht im Rahmen von AGB informiert werden kann, ist umstritten. Beispielsweise das OLG Koblenz stellt eine solche Information per se nicht in Abrede, fordert jedoch eine klare inhaltliche und drucktechnische Gestaltung eines solchen Hinweises.[832] Das OLG Köln hat eine formularmäßig eingeholte Einwilligung samt Hinweis auf das Widerrufsrecht als wirksam angesehen.[833] Dagegen sieht der Düsseldorfer Kreis das „Verstecken" der Unterrichtung in „langen" AGB nicht als Unterrichtung über das Widerspruchsrecht an. Von einer wirksamen Unterrichtung ist nur auszugehen, wenn ein durchschnittlicher Verbraucher beim üblichen Umgang mit Vertragsinformationen von der Unterrichtung Kenntnis erlangt.[834] Von welchen Informationen ein durchschnittlicher Verbraucher beim Umgang mit AGB Kenntnis erlangt, hängt davon ab, welche Verkehrskreise mit einem bestimmten Produkt oder einer bestimmten Dienstleistung angesprochen werden. Generell empfiehlt sich, den Hinweis drucktechnisch vom übrigen Text abgesetzt zu gestalten.[835]

Heimliche unternehmensübergreifende Blacklists sind im Regelfall unzulässig. Falls eine **471**
vorherige Mitteilung im Einzelfall nicht möglich ist (zB in dringenden Fällen), sind die Betroffenen nach § 33 BDSG nachträglich zu benachrichtigen, sofern nicht ausnahmsweise auf eine Benachrichtigung verzichtet werden kann. Dabei sind dem Betroffenen der Zweck der Datenspeicherung, die verantwortliche Stelle und die Empfänger von möglichen Datenübermittlungen mitzuteilen. Die **Form der Benachrichtigung** liegt im Ermessen der verantwortlichen Stelle. Von einer telefonischen oder mündlichen Benachrichtigung sollte jedoch

---

[827] Bei Mietern in Höhe von mindestens 1500 EUR (ca. 3 durchschn. Monatsmieten): 2. Tätigkeitsbericht, LfD Bayern 2004/2005, S. 44.
[828] vgl. zur Datenübermittlung an Auskunfteien: 19. Tätigkeitsbericht des Landesbeauftragten für Datenschutz Hamburg, S. 98 f.
[829] Anschaulich: *Simitis* BDSG § 28 Rn. 77 ff. wonach zB detaillierte Angaben zum Beruf für einen Berufshaftpflichtversicherer relevant sind, nicht jedoch für den Anbieter ein Hausratversicherung.
[830] Vgl. 23. Tätigkeitsbericht LfD Hessen, S. 13; 30. Tätigkeitsbericht des Landesdatenschutzbeauftragten Berlin, 2008, S. 81: Unternehmen, wie zB Banken sollten über verfahrenssichernde Compliance-Regelungen verfügen, die auch die Dokumentation der Gründe für die Warnmeldung vorsehen.
[831] → Rn. 481 ff.
[832] OLG Koblenz Urt. v. 26.3.2014 – 9 U 1116/13, GRUR-RR 2014, 407, zu § 95 TKG „deutlich sichtbar und gut leserlich".
[833] OLG Köln Urt. v. 17.6.2011 – 6 U 8/11, ZD 2011, 34.
[834] Düsseldorfer Kreis, Anwendungshinweise der Datenschutzaufsichtsbehörden zur Erhebung, Verarbeitung und Nutzung von personenbezogenen Daten für werbliche Zwecke, S. 14
[835] Vgl. *Gola/Schomerus* BDSG § 4a Rn. 31, § 28 Rn. 44.

aufgrund von Beweisschwierigkeiten abgesehen werden. Bei einer schriftlichen Benachrichtigung sollte ein verschlossener Brief gewählt werden, um den technisch-organisatorischen Maßnahmen nach Nr. 4 der Anlage zu § 9 BDSG gerecht zu werden. Strittig ist, inwieweit Hinweise in AGB die Benachrichtigungspflicht erfüllen und dazu dienen, dem Betroffenen auf andere Art und Weise von der Datenverarbeitung in Kenntnis zu setzen.[836] Sollen E-Mails zur Benachrichtigung verwendet werden, so müssen diese insbesondere verschlüsselt übertragen werden, wobei sichergestellt werden muss, dass es sich bei dem Empfänger tatsächlich um den Betroffenen handelt.[837] Es sollte die Löschung der Daten vorgesehen sein, falls die Betroffenen von einem Tatvorwurf gerichtlich freigesprochen oder das Verfahren mangels Tatverdachts eingestellt wird.

472 Widerspruchsmöglichkeit und Benachrichtigung sind insbesondere erforderlich, wenn die gespeicherten Daten Dritte betreffen, deren Identität vom Kunden missbraucht wurde. Nach § 35 Abs. 2 Satz 2 Nr. 3 BDSG sind personenbezogene Daten zu löschen, die für eigene Zwecke verarbeitet werden, sobald ihre Kenntnis für die Erfüllung des Zwecks der Speicherung nicht mehr erforderlich ist. Soweit es bei den Warnmeldungen um Straftaten geht, ist außerdem das Bundeszentralregistergesetz zu beachten. Danach sind Angaben zu Straftaten, die im Bundeszentralregister bereits getilgt sind, unzulässig.[838]

473 Zudem wäre unzulässig, wenn Kunden nach automatisierten Abgleichen mit der Warndatei abgelehnt würden, ohne dass ein Mitarbeiter des Anbieters oder des Callcenters die Negativentscheidung überprüft (sog **automatisierte Einzelentscheidung**, § 6a BDSG).

Zusammenfassung zu den Anforderungen an eine Warndatei:
- Zu einer Warndatei dürfen nur „harte Negativmerkmalen" hinzugespeichert werden (zB Zwangsvollstreckung, Konkurs, Haftbefehl, Abgabe einer Eidesstattlichen Versicherung, Pfändung oder Inanspruchnahme einer Lohnabtretung).
- Soll eine Warndatei in einer Unternehmensgruppe gemeinsam genutzt werden, sind die Regeln für Auskunfteien anzuwenden.
- Die Betroffenen sind vor Datenübermittlung grds. zu informieren und haben ggf. ein Widerspruchsrecht.
- Nachträgliche Änderungen der Tatsachen, die einer Übermittlung zugrunde liegen, müssen innerhalb eines Monats vom „einmeldenden Unternehmen" nachgemeldet werden, § 28a Abs. 3 BDSG. Verstöße dagegen sind mit einem Bußgeld belegt (§ 43 Abs. 1 Nr. 4a BDSG).
- Die Datenschutzaufsichtsbehörden fordern eine Löschung der Warndatei-Daten nach spätestens 4 Jahren.

474 b) **Bonitätsprüfung.**[839] Bonitätsprüfungen dürfen nicht heimlich erfolgen. Beispielsweise bei Online-Käufen ist – abhängig von der Gestaltung des Bestellprozesses – entweder die Einwilligung des Kunden zur Bonitätsprüfung einzuholen oder die Bonitätsabfrage ist erst bei einem tatsächlichen Ausfallrisiko vorzunehmen.[840] Eine Bonitätsprüfung kann auf zwei Arten datenschutzkonform gestaltet werden:
- Soll bereits das Angebot der Zahlungsart von der Bonität des Kunden abhängig sein, so muss eine entsprechende Einwilligung zur Bonitätsprüfung seitens des Kunden eingeholt werden. Die Einwilligung muss eingeholt werden, bevor mit der Datenübermittlung an eine Auskunftei begonnen wird. Inhalt und Umfang der Einwilligung müssen genau bezeichnet werden. Die Einwilligung muss über eine Check-Box eingeholt und protokolliert werden.[841]
- Soweit der Kunde den Bestellvorgang abschließt und dabei eine Zahlungsart auswählt, bei der der Online-Shop das Ausfallrisiko trägt (dh nicht die Bezahlung per Vorkasse, Nach-

---

[836] Verneinend Simitis/*Dix* BDSG § 33 Rn. 55; aA je nach AGB-Gestaltung: *Gola/Schomerus* BDSG § 33 Rn. 18
[837] Simitis/*Dix* BDSG § 33 Rn. 40; *Schaar*, Datenschutz im Internet, Rn. 516.
[838] Vgl. 23. Tätigkeitsbericht LfD Hessen, S. 13; 30. Tätigkeitsbericht des Landesdatenschutzbeauftragten Berlin, 2008, S. 81.
[839] Düsseldorfer Kreis, Beschl. vom 22.10.2009.
[840] *Born* ZD 2015, 66.
[841] 33. Tätigkeitsbericht LfD Berlin 2012, S. 131 f.

nahme oder PayPal), darf die Bonitätsprüfung ohne Einwilligung des Kunden durchgeführt werden, soweit er über das Verfahren transparent aufgeklärt wird.[842]

Ob Bonitätsprüfung durch einen Dienstleister als Auftragsdatenverarbeitung gestaltet werden kann, hängt ua davon ab, ob die anfragenden auftraggebenden Unternehmen Einfluss auf die Gewichtung der ausschlaggebenden Kriterien haben sollen (was erforderlich wäre für Auftragsdatenverarbeitung).[843] **475**

Des Weiteren gilt: Besteht zwischen dem anfragenden Unternehmen und dem Betroffenen (Kunden) ein Dauerschuldverhältnis, aufgrund dessen das anfragende Unternehmen während der gesamten Dauer des Bestehens des Schuldverhältnisses ein finanzielles Ausfallrisiko trägt (zB Zeitungs-Abo), so dürfen Bonitätsauskünfte während der gesamten Laufzeit des Vertragsverhältnisses und bis zur Erfüllung sämtlicher Pflichten des Betroffenen erteilt werden.[844] **476**

Ein Versandhandelsgeschäft (zB Webshop-Bestellungen) stellt kein solches Dauerschuldverhältnis dar. Erwartungen, dass der Kunde wiederholt bestellen wird, oder die Einrichtung eines „Kundenkontos" rechtfertigten es nicht, ein Versandhandelsgeschäft mit einem Dauerschuldverhältnis gleichzusetzen. Ein berechtigtes Interesse seitens des Versandhandels gem. § 29 BDSG ist demnach nur gegeben, wenn aufgrund eines konkreten Bestellvorgangs ein finanzielles Ausfallrisiko vorliegt. Nach Vertragsschluss sind Bonitätsauskünfte an Versandhändler dann nicht zu beanstanden, wenn zB ein Ratenzahlungskredit vereinbart wurde oder noch ein offener Saldo besteht. In allen anderen Fällen ist das Rechtsgeschäft nach Abwicklung des einzelnen Kaufgeschäftes für den Versandhandel abgeschlossen, ein berechtigtes Interesse an Bonitätsauskünften ist dann nicht mehr zu belegen. Damit sind Nachmeldungen oder sonstige Auskünfte in dieser Konstellation rechtlich unzulässig.[845] **477**

Für die Übermittlung von Daten an eine Auskunftei gilt Folgendes:[846] § 28a Abs. 1 BDSG enthält einen abschließenden Katalog der Fallgruppen, in denen eine Datenübermittlung über eine Forderung statthaft ist.[847] Nach § 28a Abs. 1 Satz 1 Nr. 4 BDSG müssen vier Voraussetzungen erfüllt sein, um eine nicht titulierte und nicht ausdrücklich anerkannte Forderung bei einer Auskunftei einmelden zu können:[848] **478**

- Der Betroffene muss nach Eintritt der Fälligkeit mindestens zweimal schriftlich gemahnt worden sein.
- Der Gläubiger muss den Betroffenen rechtzeitig (frühestens jedoch mit der ersten Mahnung) über die geplante Meldung an die Auskunftei informieren.
- Zwischen der ersten Mahnung und der Meldung an die Auskunftei müssen mindestens vier Wochen liegen.
- Die Forderung darf durch den Betroffenen nicht bestritten worden sein.

Nach § 28a Abs. 1 Satz 1 Nr. 1 BDSG ist bei der Einmeldung von Forderungen, die durch ein rechtskräftiges oder für vorläufig vollstreckbar erklärtes Urteil festgestellt worden sind oder für die ein Schuldtitel nach § 794 der Zivilprozessordnung vorliegt, folgendes zu beachten: Dem Schuldner muss vor Einmeldung der Forderung bei der Auskunftei eine reale Möglichkeit gegeben werden, die Forderung nach der Titulierung (unverzüglich) zu begleichen.[849] Gleiches gilt nach Ansicht der Hessischen Datenschutzbehörden bei der Einmel- **479**

---

[842] 33. Tätigkeitsbericht LfD Berlin 2012, S. 131 f.
[843] Vgl. zur Warndatei: 9. TB LfD Hamburg, S. 100 f.; str. Simitis/*Petri* BDSG § 11 Rn. 27 mwN.
[844] Zu den Pflichten eines Kreditgebers hins. Kreditwürdigkeitsprüfung bei einem Verbraucherkreditvertrag (Art. 5, 8 RL 2008/48/EG) EuGH Urt. v. 18.12.2014 – C-449/13, ZD 2015, 175. Zur Bonitätsprüfung im Online-Handel *Born* ZD 2015, 66.
[845] Düsseldorfer Kreis, Beschl. v. 18.4.2008.
[846] 23. Tätigkeitsbericht LfD Hessen, S. 11 f.; 2. Tätigkeitsbericht LfD Bayern 2004/2005, S. 41 f.
[847] § 28 Abs. 1 S. 1 Nr. 1 BDSG genügt dazu grds. nicht, vgl. Simitis/*Simitis* BDSG § 28 Rn. 73 mit Verweis auf BGH v. 28.01.2013, VI ZR 156/13; eine Ausnahme kommt allerdings in Betracht, wenn durch die Übermittlung nicht das konkrete Geschäft bewertet, sondern die mit den Geschäften allgemein verbundenen Risiken beschränkt werden sollen: ebd. § 28 Rn. 75 mwN zur Bankenbranche.
[848] Zur datenschutz- und wettbewerbswidrigen Drohung mit einer Einmeldung LG Darmstadt Urt. v. 16.10.2014 – 27 O 133/14.
[849] Vgl. Stellungnahme der Bundesregierung im Gesetzgebungsverfahren, BT-Drs. 16/10581, Seite 2.

dung von Forderungen, die der Schuldner ausdrücklich anerkannt hat, siehe § 28a Abs. 1 Satz 1 Nr. 3 BDSG.[850]

480 Daten, die nicht im Einzelfall konkret festgestellt wurden, sondern auf bloßen Schätzungen beruhen, sind entsprechend gegenüber dem Empfänger zu kennzeichnen, § 35 Abs. 1 S. 2 BDSG. Der Betroffene kann einmal pro Jahr von Auskunfteien eine kostenlose Auskunft verlangen (§ 34 Abs. 8 Satz 2 BDSG).[851]

481 c) Scoring. Entscheidungen über Kredite, Kreditkartenanträge, aber auch zahlreiche andere Unternehmensentscheidungen in Vertrieb und Marketing sind regelmäßig abhängig von dem Ergebnis einer Kennzahl des Kunden, dem sog „Scorewert".[852] Unter Scoring versteht man allgemein mathematisch-statistische Verfahren zur Einschätzung der Bonität von Verbrauchern.[853] Ein Score-Wert bzw. Bonitätsindex stellt einen Richtwert dar, mit welcher Wahrscheinlichkeit ein Vertrag insbesondere bei wiederkehrenden Zahlungen vom jeweiligen Kunden ohne Ausfall erfüllt werden wird. Dieser Wert stellt im Wirtschaftsleben einen maßgeblichen Entscheidungsparameter dar, zB über die Gewährung eines Kredites.[854] Der Scorewert wird gebildet aus Erfahrungswerten vergleichbarer Kreditnehmer sowie anderen Informationen wie beispielsweise Geschlecht, Familienstand, Alter, Zahl der Kinder, Wohndauer, Haushaltstyp, Angaben über das Kfz oder soziodemographischen Daten des Wohnumfeldes des Kunden. Bei diesen Daten handelt es sich entweder von vorneherein um personenbezogene Daten des Kunden oder die Daten werden durch Verknüpfung mit dem Namen des Kunden personenbezogen, so bei den soziodemographischen Daten.

482 Deshalb müssen Scoring-Systeme datenschutzrechtlichen Anforderungen genügen.[855] Sowohl die Datenverknüpfung als auch die Auswertung und Nutzung des Score-Wertes muss datenschutzrechtlich erlaubt sein.

483 aa) Regelung des Scoring vor der BDSG-Novelle I und III. Bis zum 1.1.2009 richtete sich die Zulässigkeit des Scoring nach den allgemeinen Vorschriften, also insbesondere §§ 28 und 6a BDSG. Eine Erlaubnis nach § 28 Abs. 1 Satz 1 Nr. 1 BDSG liegt im Regelfall nicht vor, weil das Scoring-System (auch) Daten auswertet, zB soziodemographische Angaben, die für das Kreditinstitut zwar interessant sein können, aber für die Kreditentscheidung nicht erforderlich sind. In die Scorewerte werden nicht nur Angaben über das tatsächliche Verhalten der Betroffenen einbezogen, sondern auch soziodemographische Daten wie Alter oder beruflicher Status, Wohnumfeldanalysen oder von Dritten angekaufte Daten wie etwa Kfz-Daten aus dem Kraftfahrzeugbundesamt. Die Bonität des Einzelnen wird dabei auch ohne relevante individuelle Informationen etwa über konkretes Zahlungsverhalten oder Einkommens- und Vermögensverhältnisse bewertet. § 28 Abs. 1 Satz 1 Nr. 1 BDSG scheidet jedoch als Rechtsgrundlage für die Auswertung von Daten aus, die für die Vertragsbeziehung mit dem Kunden nicht (unmittelbar) erforderlich sind.

---

[850] 23. Tätigkeitsbericht LfD Hessen, S. 11 f.
[851] 23. Tätigkeitsbericht LfD Hessen, S. 12; 20. Tätigkeitsbericht LfD Niedersachsen, S. 48 ff.
[852] Im Auftrag des Bundesministeriums für Ernährung, Landwirtschaft und Verbraucherschutz hat das Unabhängige Landeszentrum Schleswig-Holstein (ULD) in einer am 27.2.2006 veröffentlichten Studie Chancen und Risiken von Scoring-Systemen zur Beurteilung der Kreditwürdigkeit von Verbrauchern untersucht. Die Untersuchung des ULD hat ergeben, dass die Praxis des Scoring häufig gegen das Datenschutzrecht verstößt. Siehe auch Pressemitteilung des Bundesbeauftragten für Datenschutz und Informationsfreiheit vom 16.7.2008, abrufbar unter www.bfdi.bund.de (Stand: 25.8.2008); im übrigen siehe auch Heise-Meldung vom 16.7.2008 zu Google Street View, abrufbar unter www.heise.de (Stand: 19.8.2008).
[853] S. auch www.heise.de/newsticker/meldung/70657 v. 10.3.2006 (Stand:25.8.2008); Möller/Florax MMR 2002, 806; Petri DuD 2001, 290; Abel RDV 2006, 108; im Auftrag des Bundesministeriums für Ernährung, Landwirtschaft und Verbraucherschutz hat das Unabhängige Landeszentrum Schleswig-Holstein (ULD) am 27. Februar 2006 eine Studie zu „Scoringsysteme zur Beurteilung der Kreditwürdigkeit – Chancen und Risiken für Verbraucher" veröffentlicht, abrufbar unter www.datenschutzzentrum.de/scoring/; siehe auch folgende Beschlüsse des Düsseldorfer Kreises: Gesetzesinitiative der Bundesregierung zu Auskunfteien und Scoring (8./9.11.2007), Anwendbarkeit des Bundesdatenschutzgesetzes auf Rechtsanwälte (8./9.11.2007), Weitergabe von Kundendaten durch Versandhandelsunternehmen an Auskunfteien (19./20.4.2007), Kreditscoring/Basel II (19./20.4.2007); Erhebung von Positivdaten zu Privatpersonen bei Auskunfteien (19./20.4.2007).
[854] 20. Tätigkeitsbericht LfD Niedersachsen, S. 48 ff.
[855] Siehe auch AG Hamburg Urt. v. 27.6.2001 – 9 C 168/01 – Datenschutzrechtlich relevante Übermittlung von „Score Werten" bei Bonitätsprüfung (eines Anwalts).

VII. Kundendatenschutz (Adresshandel, CRM, Scoring uÄ)

484 Ob trotz Vorliegen eines Vertragsverhältnisses (§ 28 Abs. 1 Nr. 1 BDSG) ein Rückgriff auf § 28 Abs. 1 Nr. 2 BDSG als Rechtsgrundlage für Scoring gestattet ist, wenn mit dem Kunden ein Vertragsverhältnis oder ein vertragsähnliches Vertrauensverhältnis (zB Anbahnungsverhältnis) besteht, war nach alter Rechtslage streitig. Gewichtige Stimmen in der Literatur lehnten dies, wohl zu Recht, ab. Der Kunde, der dem Unternehmen Daten zur Durchführung eines Vertragsverhältnisses zur Verfügung stellt, muss auf diese Zweckbestimmung der Daten vertrauen können. Zweckänderungen sind datenschutzrechtlich nur unter restriktiven Voraussetzungen zulässig, denn Zweckbestimmung und Transparenz sind zwei wesentliche datenschutzrechtliche Prinzipien. Wäre dem Unternehmen über § 28 Abs. 1 Nr. 1 BDSG hinausgehend eine Auswertung der Kundendaten auch dann gestattet, wenn das Unternehmen ein berechtigtes Interesse hat und schutzwürdige Belange des Kunden nicht entgegenstehen (= § 28 Abs. 1 Nr. 2 BDSG), würde der strenge Zweckbindungsgrundsatz unterlaufen und für den Kunden wäre der Umgang des Unternehmens mit seinen Daten intransparent.

485 Aber selbst wenn man eine Anwendung von § 28 Abs. 1 Nr. 2 BDSG neben Nr. 1 bejaht, wäre § 28 Abs. 1 Nr. 2 BDSG bei Scoring im Regelfall nicht erfüllt, weil regelmäßig schutzwürdige Belange des Kunden dem Scoring entgegenstehen. Denn es besteht die Gefahr, dass Scoring-Systeme, die zB soziodemographische Daten auswerten, Kunden schematisieren und diskriminieren. Dem Betroffenen wird damit die Möglichkeit genommen, durch eigenes rechtstreues Verhalten sein Erscheinungsbild in der Öffentlichkeit zu beeinflussen. Häufig sind es unvorhersehbare individuelle Lebensumstände wie Arbeitslosigkeit, Scheidung oder Krankheit, die die wirtschaftliche Situation des Kunden beeinträchtigen. Dem wird eine Kreditentscheidung allein aufgrund statistischer Auswertungen nicht gerecht. Diese Schematisierung verletzt das Persönlichkeitsrecht des Kunden selbst dann, wenn die Kreditentscheidung positiv ausfällt.

486 Auch wenn einige der Daten, die in das Scoring einfließen, aus allgemein zugänglichen Quellen stammen, für die die erleichterten Verarbeitungs- und Nutzungsvoraussetzungen des § 28 Abs. 1 Nr. 3 BDSG gelten, führt im Regelfall bereits die Verknüpfung mit anderen Datenkategorien zu einem Ausschluss des § 28 Abs. 1 Nr. 3 BDSG. Im Übrigen sind auch bei Nr. 3 die schutzwürdigen Interessen der Betroffenen zu berücksichtigen, allerdings müssen diese Interessen die berechtigten Interessen des Unternehmens offensichtlich überwiegen.

487 Werden Kreditanträge allein aufgrund eines negativen Scoring-Wertes automatisiert abgelehnt, ohne dass eine individuelle Prüfung erfolgt, verstößt dies gegen § 6a BDSG. Kritisch beim Scoring ist zudem, dass Verbraucher häufig nicht ausreichend über die Bedeutung des Scoring und seine Zusammensetzung informiert werden. Denn auch bei Scoring sind das datenschutzrechtliche Transparenzgebot sowie Benachrichtigungs- und ggf. Auskunftspflichten nach §§ 33 und 34 BDSG zu beachten.

488 *bb) Gesetzesregelung zur Datenübermittlung an Auskunfteien (§ 28a BDSG) und zum Scoring (§ 28b BDSG).* Das Bundeskabinett hat am 30.7.2008 einen überarbeiteten Entwurf zur Änderung des BDSG vorgelegt, der als BDSG-Novelle I und III zum 1.1.2009 in Kraft getreten ist. Kernstück sind die Spezialregelung der „Datenübermittlung an Auskunfteien" (§ 28a BDSG) und des „Scoring" (§ 28b BDSG) sowie eine flankierende Erweiterung der „Auskunft an den Betroffenen" (§ 34 BDSG). Mit § 28b BDSG wurden Vorgaben dazu geschaffen, welche Voraussetzungen bei der Bildung von Score-Werten einzuhalten sind. Die Vorschrift richtet sich an Score-Verwender, ist jedoch auch von Auskunfteien zu beachten, die Scores berechnen und an ihre Vertragspartner übermitteln.[856] § 28b BDSG legt die Voraussetzungen fest, unter denen ein Score-Wert zum Zwecke der Entscheidung über die Begründung, Durchführung oder Beendigung eines Vertragsverhältnisses mit dem Betroffenen erhoben oder verwendet werden darf. Danach darf ein Wahrscheinlichkeitswert nur zu dem vorgenannten Zwecken erhoben oder verwendet werden, wenn

(1) die zur Berechnung des Wahrscheinlichkeitswerts genutzten Daten unter Zugrundelegung eines wissenschaftlich anerkannten mathematisch-statistischen Verfahrens nach-

---

[856] 23. Tätigkeitsbericht LfD Hessen, S. 12.

weisbar für die Berechnung der Wahrscheinlichkeit des bestimmten Verhaltens erheblich sind und

(2) für die Berechnung des Wahrscheinlichkeitswerts nicht ausschließlich Anschriftendaten genutzt werden, wobei im Falle der Nutzung (auch) von Anschriftendaten der Betroffene vor Berechnung des Wahrscheinlichkeitswerts über die vorgesehene Nutzung dieser (so genannten Geo-)Daten zu unterrichten ist.

489 Ferner schreibt § 28b BDSG vor, dass nur solche Daten für die Berechnung verwendet werden dürfen, die von dem Unternehmen auch zulässigerweise nach den allgemeinen Vorschrift des § 28 BDSG genutzt werden dürfen. Daraus ergibt sich beispielsweise in Verbindung mit § 28a Abs. 2 S. 3 BDSG, dass Konditionenanfragen des Kunden nicht für die Berechnung seines Scores herangezogen werden dürfen.[857]

490 Das Scoring-Verfahren muss wissenschaftlichem Standard entsprechen. Dies betrifft sowohl die Auswahl des Verfahrens als auch dessen Durchführung. ZB stellt die „logistische Regression" eine fundierte, seit langem praxiserprobte mathematisch-statistische Methode zur Prognose von Risikowahrscheinlichkeiten. Negativ ausgedrückt sollte von der Verwendung folgender Parameter abgesehen werden:
- die Einholung von Selbstauskünften,
- bestrittene Daten, auch nicht das Merkmal „bestrittene Daten in Prüfung",
- die Ausübung sonstiger datenschutzrechtlicher Rechte des Betroffenen,
- Adresse (zB für soziodemographischen Komponenten), es wird beispielsweise nicht ermittelt und nicht berücksichtigt, ob die Adresse dem sozialen Wohnungsbau zuzuordnen ist,
- Nationalität; wird sie als solche nicht gespeichert, wäre sie evtl. aus dem Geburtsort ableitbar.[858]

Mithilfe von Ex-post-Analysen lässt sich die Richtigkeit der Prognose, die das Ergebnis der Score-Ermittlung ist, überprüfen.[859]

Seitens des Score-Verwenders sind Arbeitsanweisungen und Sicherungsmaßnahmen zu treffen, die eine Personenverwechslung unterbinden.[860]

491 Die Gesetzesänderung aus 2009 sieht ausdrückliche Regelungen im Rahmen von Bonitätsprüfungsverfahren vor. Für diese Geschäftsprozesse soll also einerseits ein **gesetzlicher Erlaubnistatbestand** etabliert werden, andererseits soll die Transparenz für den Betroffenen erhöht werden.[861]

492 Die Übermittlung von „Angaben über eine Forderung an Auskunfteien" soll zulässig sein, wenn eine der Voraussetzungen des § 28a Abs. 1 Nr. 1 bis Nr. 5 BDSG vorliegt.[862] Der Hauptanwendungsfall in der Praxis dürfte wohl § 28a Abs. 1 Nr. 4 BDSG sein, wonach eine Übermittlung an die Auskunftei zulässig ist, wenn „*der Betroffene nach Eintritt der Fälligkeit der Forderung mindestens zweimal schriftlich gemahnt worden ist, [...] zwischen der ersten Mahnung und der Übermittlung mindestens vier Wochen liegen [...]*", der Betroffene rechtzeitig, jedoch nicht vor der ersten Mahnung, über die bevorstehende Übermittlung unterrichtet wurde und der Betroffene die Forderung nicht bestritten hat. § 28a Abs. 2 BDSG erleichtert die Voraussetzungen für die Übermittlung an Auskunfteien im Hinblick auf bestimmte Bankgeschäfte von Kreditinstituten.

493 Nach § 28b Nr. 1 BDSG soll die Erhebung und Verwendung eines „*Wahrscheinlichkeitswertes*" zum Zwecke der „*Entscheidung über die Begründung, Durchführung oder Beendigung eines Vertragsverhältnisses mit dem Betroffenen*" zulässig sein, wenn bestimmte Voraussetzungen vorliegen, insbesondere ein „*wissenschaftlich anerkanntes mathematisch-statistisches Verfahren*" zugrunde liegt. Fließen auch Geo-Daten, insbesondere Wohnfeld-

---

[857] 23. Tätigkeitsbericht LfD Hessen, S. 12.
[858] 16. Bericht der Landesregierung über die Tätigkeit der für den Datenschutz im nicht öffentlichen Bereich in Hessen zuständigen Aufsichtsbehörden, LT-Drucks. 16/1680, Nr. 10.1.
[859] 17. Tätigkeitsbericht Hessen 2003, S. 10 ff.: Aufgrund eines Monitorings werden eine Validierung und gegebenenfalls auch eine Anpassung der Score-Karten, soweit dies beispielsweise aufgrund der Änderung der wirtschaftlichen Gegebenheiten oder Verhaltensweisen der Menschen erforderlich ist, durchgeführt.
[860] 17. Tätigkeitsbericht Hessen 2003, S. 13 f.
[861] *Taeger* K&R 2008, 513; *Abel* ZD 2015, 314.
[862] → Rn. 471.

analysen, in das Scoring ein, ist eine Unterrichtung des Betroffenen erforderlich, denn § 28b Nr. 4 BDSG sieht vor, dass *„im Falle der Nutzung von Anschriftdaten der Betroffene vor Berechnung des Wahrscheinlichkeitswertes über die vorgesehene Nutzung dieser Daten unterrichtet worden ist; die Unterrichtung ist zu dokumentieren."* Geo-Scoring ist nicht zuletzt aufgrund des „Google Street View"-Projekts umstritten.[863]

494 Die Durchführung von Scorings wird durch die Neuregelung aus 2009 wohl erleichtert. Ähnliches dürfte im Ergebnis für die Datenübermittlung an Auskunfteien gelten.[864] Allerdings ist die Neuregelung an einigen Stellen zumindest klärungsbedürftig. So wird etwa der Begriff der „Auskunftei" im BDSG nicht definiert. Weggefallen im Vergleich zu einem früheren Referentenentwurf ist die Verpflichtung, die zur Berechnung der Wahrscheinlichkeitswerte genutzten Datenarten „in absteigender Reihenfolge ihrer Bedeutung für das im Einzelfall berechnete Ergebnis aufzuführen". Im Übrigen hat die Bundesregierung in ihrem Entwurf die Frist, innerhalb der Angaben über eine ausstehende Forderung nach der ersten Mahnung an Auskunfteien übermittelt werden dürfen, von acht auf vier Wochen halbiert. Bislang wohl nicht gesetzlich gelöst sind Fälle, in denen sich zB Arbeitgeber bei Auskunfteien über die finanziellen Verhältnisse ihrer Mitarbeiter informieren wollen. Unklar ist weiter, ob von der Regelung neben dem Kredit-Scoring zB auch Data Mining-Verfahren für Marketingzwecke erfasst werden (etwa zur Selektierung von Adressdaten im Rahmen eines Werbe-Mailings).

495 Im Hinblick auf die Auswertung von Anschriftdaten zum Zwecke des Scoring ist unklar, welchen Anforderungen die Unterrichtungspflicht genügt, ob etwa eine Unterrichtung in AGB ausreichend ist. Eine Vorschrift vergleichbar mit den Vorgaben an eine datenschutzrechtliche Einwilligung (§ 4a Abs. 1 Satz 4 BDSG), wonach die Einwilligung „besonders hervorzuheben" ist, wenn sie zusammen mit anderen Erklärungen schriftlich erteilt wird, gibt es bei der Unterrichtungspflicht nicht.

496 *cc) Auskunft an den Betroffenen bei Scoring.* Wird der Auftrag eines Kunden aufgrund seines Score-Werts abgelehnt, ist dies dem Kunden mitzuteilen und auf dessen Verlangen die wesentlichen Gründe dieser Entscheidung zu erläutern.[865]

Nach § 34 Abs. 1 BDSG hat die jeweilige verantwortliche Stelle dem Betroffenen auf dessen Verlangen Auskunft zu erteilen
(1) über die zu seiner Person gespeicherte Daten,
(2) woher die Daten bezogen wurden,
(3) an wen die Daten weitergegeben werden und
(4) zu welchem Zweck sie gespeichert wurden.[866]

497 Das Unternehmen, das über die Annahme des Kundenauftrags entschieden hat bei der Verwendung eines Wahrscheinlichkeitswerts dem Kunden gegenüber Auskunft zu erteilen über:[867]
(1) die innerhalb der letzten sechs Monate vor Antragstellung erhobenen oder erstmalig gespeicherten Wahrscheinlichkeitswerte und
(2) die zur Berechnung der Wahrscheinlichkeitswerte genutzten Datenarten sowie
(3) das Zustandekommen und die Bedeutung der Wahrscheinlichkeitswerte einzelfallbezogen und nachvollziehbar in allgemein verständlicher Form.[868]

Ergänzend gilt im Fall der Score-Wertbildung durch Auskunfteien, dass sie dem Betroffenen Auskunft zu erteilen haben über

---

[863] → Rn. 499 ff.
[864] *Abel* ZD 2015, 314. → Rn. 478 ff.
[865] 20. Tätigkeitsbericht LfD Niedersachsen, S. 49.
[866] 20. Tätigkeitsbericht LfD Niedersachsen, S. 49.
[867] 20. Tätigkeitsbericht LfD Niedersachsen, S. 49 f.
[868] BGH Urt. v. 28.1.2014 – VI ZR 156/13; ursprünglich verlangt von den Datenschutzbehörden, vgl. 23. Tätigkeitsbericht LfD Hessen, S. 12. Das umfasst jedoch nicht die Art und Weise, in welcher der Score zustande kommt. Eine allgemeine Beschreibung des Zustandekommens des Score-Werts genügt. Die Nachvollziehbarkeit des Zustandekommens des Score-Werts bedeutet nicht dessen Nachrechenbarkeit und Überprüfbarkeit der Berechnung, sondern nur die schlüssige Erkenntnismöglichkeit, welche Faktoren die ausgewiesene Bewertung beeinflusst haben.

(1) die innerhalb der letzten zwölf Monate vor Antragstellung übermittelten Score-Werte sowie die Namen und letztbekannten Anschriften der Dritten, an die die Werte übermittelt worden sind, und
(2) die sich zum Zeitpunkt des Auskunftsverlangens nach den von der verantwortlichen Stelle zur Berechnung angewandten Verfahren ergebenden aktuellen Wahrscheinlichkeitswerte.[869]

498 Auskunfteien sind verpflichtet, konkret anzugeben, bei welchen der zur Score-Wertbildung genutzten Daten es sich um Schätzdaten handelt. Die Mitteilung, dass über die Betroffenen gesperrte Daten vorliegen, ist nach § 35 Abs. 4a BDSG rechtswidrig. Die Auskunft darf weder die Tatsache der Sperrung noch Hinweise auf eine Sperrung enthalten.[870] Die Aufsichtsbehörden vertreten die Ansicht, dass die Auskunftserteilung erst nach Vorlage einer Ausweiskopie nur noch in konkreten Zweifelsfällen, zB bei sonst drohender Namensverwechselung in Betracht kommen kann.[871] Zu gewährleisten ist bei Auskunftsansprüchen im Bereich des Scoring die Erkennbarkeit der in das Berechnungsergebnis einfließenden Daten, die Score-Formel (die abstrakte Methode/mathematische Formel) kann jedoch als Geschäftsgeheimnis geschützt sein und ist vom Auskunftsanspruch nicht umfasst.[872]

Rechtsprechungsbeispiele:
BGH Urt. v. 28.1.2014 – VI ZR 156/13: Auskunftsanspruch bei Bonitätsauskunft der SCHUFA
Die Klägerin machte gegenüber der Wirtschaftsauskunftei SCHUFA einen datenschutzrechtlichen Auskunftsanspruch geltend. [Die] „(...) SCHUFA sammelt und speichert im Rahmen ihrer Tätigkeit personenbezogene Daten, die für die Beurteilung der Kreditwürdigkeit der Betroffenen relevant sein können. Darüber hinaus erstellt sie, ua auch unter Berücksichtigung der hinsichtlich des jeweiligen Betroffenen vorliegenden Daten, sog **Scorewerte**. Ein Score stellt einen **Wahrscheinlichkeitswert** über das künftige Verhalten von Personengruppen dar, der auf der Grundlage statistisch-mathematischer Analyseverfahren berechnet wird. Die von der Beklagten ermittelten Scores sollen aussagen, mit welcher Wahrscheinlichkeit der Betroffene seine Verbindlichkeiten vertragsgemäß erfüllen wird."
Leitsätze des Gerichts:[873]
„*a) Ein durch eine Bonitätsauskunft der SCHUFA Betroffener hat gemäß § 34 Abs. 4 Satz 1 Nr. 4 BDSG einen Anspruch auf Auskunft darüber, welche personenbezogenen, insbesondere kreditrelevanten Daten dort gespeichert sind und in die den Kunden der Beklagten mitgeteilten Wahrscheinlichkeitswerte (Scorewerte) einfließen.*
b) Die sogenannte Scoreformel, also die abstrakte Methode der Scorewertberechnung, ist hingegen nicht mitzuteilen.
c) Zu den als Geschäftsgeheimnis geschützten Inhalten der Scoreformel zählen die im ersten Schritt in die Scoreformel eingeflossenen allgemeinen Rechengrößen, wie etwa die herangezogenen statistischen Werte, die Gewichtung einzelner Berechnungselemente bei der Ermittlung des Wahrscheinlichkeitswerts und die Bildung etwaiger Vergleichsgruppen als Grundlage der Scorekarten."
OLG Karlsruhe Urt. v. 3.6.2014 – 12 U 24/14: Die Klägerin verlangt von der beklagten Auskunftei Richtigstellung von Dritten gegenüber erteilten Bonitätsauskünften sowie Zahlung einer Geldentschädigung hilfsweise Schadensersatz. Ein Telekommunikationsunternehmen hatte gegen die Klägerin einen Vollstreckungsbescheid erwirkt und dies der Auskunftei gemeldet. Auf Anfrage einer Bank, bei der die Klägerin einen Kredit aufnehmen wollte, hat die Auskunftei dies in einer Bonitätsauskunft zur Klägerin weitergegeben. Der Kreditantrag wurde mehrfach abgelehnt. Die Klägerin forderte daraufhin von der Auskunftei eine Selbstauskunft. Darin heißt es „Vertragspartner (...) mitgeteilt [habe], dass die Vertragsbeziehung inzwischen beendet wurde oder die Forderung inzwischen ausgeglichen wurde." Die Klägerin verlangt Löschung des Eintrags mit der Begründung, dass der Eintrag nicht erkennen lasse, ob das Vertragsverhältnis beendet wurde und/oder die Forderung bezahlt wurde. Zudem sei die weitere Speicherung nicht erforderlich, da das Vertragsverhältnis mit dem TK-Unternehmen beendet ist. Das Gericht weist die Klage ab, da zwar die Formulierung des Bonitätsauskunft für sich genommen missverständlich sei, sich aber aus dem Kontext der Auskunft ergebe, dass die Forderung ausgeglichen wurde.
AG Elsmhorn, Urt. v. 25.4.2005 – 49 C 54/05 – Im Formular zum Abschluss eines Mobilfunkvertrags steht folgende Datenschutzklausel:

---

[869] 20. Tätigkeitsbericht LfD Niedersachsen, S. 49 f.
[870] 20. Tätigkeitsbericht LfD Niedersachsen, S. 49 f.
[871] 20. Tätigkeitsbericht LfD Niedersachsen, S. 50.
[872] *Lang* K&R 2014, 273.
[873] BGH Urt. v. 28.1.2014 – VI ZR 156/13, ITRB 2014, 100.

VII. Kundendatenschutz (Adresshandel, CRM, Scoring uÄ)   § 34

„Datenschutz.
Der Auftraggeber ist damit einverstanden und willigt nach Maßgabe der Ziff. 19 der AGB ein, dass T seine Bestandsdaten an die S sowie andere in Ziff. 19 genannte Wirtschaftsauskunfts- und Warendienste zur Überprüfung der Kreditwürdigkeit oder Ermittlung bereits eingegangener Vertragsverhältnisse mit anderen Diensteanbietern, die nicht vertragsgemäß abgewickelt wurden, übermittelt und Auskünfte einholt. Er willigt ferner in die Übermittlung der Bestands- und Verbindungsdaten an die H GmbH, die R GmbH & Co. oder die I GmbH zum Zwecke der Abtretung und des Einzugs der Forderung ein. Die anliegenden AGB wurden gelesen und anerkannt."

Entscheidung des Gerichts: „Datenschutzklausel" unwirksam wegen Verstoßes gegen § 4a Abs. BDSG § 4 Absatz 1 Satz 2 BDSG. „Eine freie Entscheidung des Betroffenen liegt nur vor, wenn der Betroffene Tragweite und Folgen seiner Einwilligung übersehen kann, also „in Kenntnis der Sachlage" handelt (Artikel 2 lit. h RL 95/46/EG). Dazu ist erforderlich, dass der Betroffene entsprechend den gesetzlichen Vorschriften aufgeklärt wird. [...]Vorliegend hätte der Kl. über die Folgen einer Verweigerung der in der „Datenschutzklausel" der Bekl. vorgesehenen Einwilligung unterrichtet werden müssen, weil die Folgen für ihn nicht bereits aus den Umständen klar erkennbar waren. [...] Die „Datenschutzklausel" der Bekl. ist weiter unwirksam wegen Verstoßes gegen § 307 Absatz 1 Satz 2 BGB. [...] Die Überschrift „Datenschutz" lässt Angaben über den Schutz personenbezogener Daten erwarten, wohingegen eine Einwilligung keinen Schutz personenbezogener Daten begründet, sondern die Erhebung, Verarbeitung und Nutzung personenbezogener Daten legitimiert (§ BDSG § 4 Abs. BDSG § 4 Absatz 1 BDSG). Die „Datenschutzklausel" der Bekl. ist weiter unwirksam wegen Verstoßes gegen § 4a Absatz 1 Satz 4 BDSG, denn sie ist zusammen mit anderen AGB und Erklärungen abgedruckt, ohne ggü. diesen Klauseln hervorgehoben zu sein. [...]
Jedoch ist eine Einwilligung des Kl. zur Rechtfertigung einer Übermittlung ... nicht erforderlich. Bereits § 28 Absatz 3 Nr. 1 BDSG ergibt sich ein Recht der Bekl. zur Übermittlung personenbezogener Daten über den Kl. hinsichtlich der Abwicklung des zwischen den Parteien abgeschlossenen Vertragsverhältnisses an Wirtschaftsauskunfteien. Die Übermittlung erfolgt nicht für die Erfüllung eigener Geschäftszwecke der Bekl. (§ 28 Absatz 1 BDSG), sondern für einen anderen Zweck iSd § 28 Absatz 3 BDSG, nämlich zur Identifizierung kreditunwürdiger Personen durch Unternehmen, welche die jeweilige Wirtschaftsauskunftei in Anspruch nehmen. Die Übermittlung von Daten über die Vertragsabwicklung ist auch nicht zur Wahrung berechtigter Interessen der Bekl. erforderlich, sodass § 28 Absatz 1 Nr. 2 BDSG nicht einschlägig ist. [...]"

AG Elmshorn Beschl. v. 2.6.2005 – 50 C 60/05 – Datenübermittlung an die Schufa ohne rechtskräftigen Titel[874]
OLG Düsseldorf, Urteil vom 14.12.2006 – Az. I-10 U 69/06 – Einwilligung in AGB zu Datenübermittlungen an die Schufa ohne vorherige Interessenabwägung.[875]
LG Darmstadt Urt. v. 16.10.2014 – 27 O 133/14 – Datenschutz- und Wettbewerbswidrigkeit eines als „letzte Mahnung" bezeichnetes Schreiben mit Schufa-Drohung.
OLG Frankfurt/M. Urt. v. 19.3.2015 – 7 U 187/13 – Speicherfrist für Auskunftei nach Aufhebung eines Insolvenzverfahrens; Prüffrist nach § 35 Abs. 2 Nr. 4 BDSG nicht auf 3 Jahre ab Beginn des Insolvenzverfahrens verkürzt.

d) **Google Street View.** Mitte 2008 ist das Projekt „Google Street View" des Suchmaschinen-Anbieters Google erstmals in der deutschen Öffentlichkeit kontrovers diskutiert worden, denn Google hat auch in deutschen Städten mit Digitalkameras, die auf Fahrzeugen befestigt werden, Straßenzüge und Häuser fotografiert und die Bilder in die Google-Datenbank integriert. Nicht nur diejenigen Fotos sind datenschutzrechtlich und persönlichkeitsrechtlich kritisch, auf denen identifizierbare Personen (etwa vor ihren Häusern oder in ihren Gärten) abgebildet werden. Ebenso kritisch ist es, wenn etwa über die Hausnummer oder über das Kfz-Kennzeichen des in der Garage parkenden Fahrzugs oder über die Verknüpfung von Google Street View-Daten zB mit Satellitenfotos, Adressdatenbanken und weiteren personenbezogenen Daten das Häuserfoto auf natürliche Personen rückgeführt werden kann. Die Aussagekraft des Häuserfotos über die persönlichen Lebensumstände des Bewohners oder Eigentümers ist dann nicht nur für Privatpersonen interessant, sondern ebenso für Unternehmen im Rahmen von Marketing oder Scoring oder für Behörden, etwa Steuerbehörden, im schlimmsten Fall sogar für Kriminelle. Datenschützer stehen dieser Geodatensammlung durch Google sehr kritisch gegenüber.

[874] → Rn. 297 ff., 393.
[875] → Rn. 297 ff., 393.

500 Mitte Juni 2009 hat Hamburgs Datenschutzbeauftragter Caspar nach langen Gesprächen mit Google einen Kompromiss aushandeln können.[876] Dieser sieht vor, dass Google künftig
- bei allen Aufnahmen von Personen, Grundstücken oder Autos, für die ein Widerspruch eingelegt wird, in einer bestimmten Frist bereits die Rohdaten unkenntlich macht, also vor einem Transfer der Bilder auf Server in den USA;
- Betroffene schon vor der Veröffentlichung der Bilder Widerspruch einlegen können.

Bereits zuvor haben europäische Datenschützer erreicht, dass Google in Europa öffentlich die Routen der Kameraautos ankündigt, bevor sie in einer Gegend ihren Einsatz beginnen.

501 Die rheinland-pfälzische Landesregierung hat die rechtlichen Grundlagen des Internetdienstes Google Street View untersuchen lassen und dazu ein Gutachten beim Institut für Informations- und Wirtschaftsrecht der Universität Karlsruhe eingeholt.[877] Das Gutachten kommt zu dem Ergebnis, dass der Dienst von Google Street View nur unter gewissen Einschränkungen zulässig ist. Diese Einschränkungen gehen teilweise über die dem Internetdienst Google Street View von den Datenschutzbeauftragten des Bundes und der Länder erteilten Auflagen hinaus. Danach dürfen insbesondere Ansichten von Ein- oder kleineren Mehrfamilienhäusern, von größeren Mehrfamilienhäusern mit individualisierenden Eigenschaften sowie von Gebäuden in ländlichen Gegenden grundsätzlich nicht von Google Street View fotografiert und im Internet verbreitet werden. Ansichten von Mehrfamilienhäusern ohne individualisierende Eigenschaften dürfen dagegen grundsätzlich fotografiert und im Internet einer breiten Öffentlichkeit zugänglich gemacht werden.

502 War ein unmittelbares Verbot der Kamerafahrten bis Mitte 2009 nicht durchsetzbar, da das BDSG bisher keine direkten Eingriffsmöglichkeiten vorsah,[878] so hat sich dies zum 1.9.2009 geändert. Nach § 38 Abs. 5 BDSG haben Datenaufsichtsbehörden die Möglichkeit, bei schwerwiegenden Verstößen oder Mängeln, die mit einer besonderen Gefährdung des Persönlichkeitsrechts verbunden sind, bereits die Erhebung zu untersagen, wenn die Verhängung eines Zwangsgeldes erfolglos bleibt.

5. Datenschutz und Marketing

503 **a) Das Zusammenspiel von UWG und BDSG.** Die UWG-Regelungen enthalten Verbraucherschutztatbestände, die zum Teil an einen bereits nach BDSG unzulässigen Datenumgang anknüpfen.[879] Das kann zur Folge haben, dass der vom BDSG geschützte „Betroffene" ggf. in seiner parallelen Rolle als Verbraucher zusätzlich und möglicherweise effektiver durch das UWG[880] geschützt wird. Zwischen dem UWG und dem BDSG besteht also kein Vor- oder Nachrangigkeitsverhältnis, sondern UWG und BDSG bilden – insbesondere in den Fällen des § 7 UWG – eine gemeinsame „Schnittmenge".[881] In dieser Schnittmenge sind die vom UWG geschützten Verbraucher immer auch Betroffene im Sinne des BDSG und somit kumulativ wettbewerbs- und datenschutzrechtlich geschützt. Sehen UWG und BDSG – zB im Hinblick auf die Einwilligungserklärung bei E-Mail-Marketing – unterschiedlich strenge Anforderungen vor,[882] so gelten im Ergebnis die jeweils strengeren.

---

[876] http://www.heise.de/ct/news/meldung/140573.
[877] http://www.heise.de/newsticker/meldung/Neues-Gutachten-fordert-strenge-Auflagen-fuer-Google-Street-View-943586.html; Ein kurz zuvor veröffentlichtes Gutachten Googles, das vom Institut für Rechtsinformatik der Leibniz Universität Hannover erstellt wurde, hält den Dienst dagegen weitgehend für datenschutzrechtlich unbedenklich, siehe http://www.heise.de/newsticker/meldung/Google-sieht-keine-rechtlichen-Huerden-mehr-fuer-Street-View-938130.html.
[878] So auch der hamburgische Datenschutzbeauftragte http://www.heise.de/ct/news/meldung/139899.
[879] *Gola/Reif*, Datenschutzrelevante Aspekte des novellierten UWG, RDV 2009, 104 → Rn. 99 ff.
[880] Zu UWG-Ansprüchen im Gesundheitsbereich: *Leible* GRUR 2010, 183; *von Jagow* GRUR 2010, 190.
[881] *Gola/Reif* Datenschutzrelevante Aspekte des novellierten UWG, RDV 2009, 104.
[882] Nachdem seit 30.12.2008 auch § 7 Abs. 2 Nr. 2 UWG die ausdrückliche Einwilligung in E-Mail-Marketing verlangt (also eine mutmaßliche Einwilligung nicht ausreichend ist), haben sich die Unterschiede zwischen der Einwilligung nach UWG und BDSG bzw. TMG zumindest bei Marketing durch „elektronische Post" weitgehend angenähert, zumal jetzt auch nach § 28 Abs. 3b BDSG 2009 die Einwilligung nach BDSG unter bestimmten Voraussetzungen in einer anderen Form als Schriftform erklärt werden kann. Siehe dazu auch unten VII.4. c).

Auch wenn einige UWG-Tatbestände datenschutzrechtlich relevant sind, so werden nach wohl überwiegender Ansicht[883] die Mehrzahl der Regelungen des BDSG nicht als Marktverhaltensregelungen zum Verbraucherschutz eingestuft. Das bedeutet, dass bei einer Verletzung von Datenschutzvorschriften im geschäftlichen Verkehr nicht per se eine Unlauterkeit angenommen werden kann (§ 4 Nr. 11 UWG). Selbst bei einem Verstoß gegen die Pflicht zur Belehrung über das bei Werbung bestehende Widerspruchsrecht (§ 28 Abs. 4 S. 2 BDSG) wird von einigen Gerichten[884] die verbraucherschützende Funktion dieser Regelung verneint.

Im Hinblick auf das Sanktionenregime von BDSG und UWG galt lange Zeit das BDSG als „stumpfes Schwert" im Vergleich zum UWG. Allerdings wurden im BDSG durch die Novellierung 2009 die Sanktionen verschärft. Zum einen wurden die Bußgeldtatbestände ausgeweitet. Zum anderen wurde die Höhe des Bußgeldes angehoben. Das UWG enthält bei Wettbewerbsverstößen Ansprüche auf Beseitigung, Unterlassung, Schadensersatz und Abschöpfung des unlauter erzielten Gewinns. Schadensersatz gem. § 9 UWG kann nur von einem geschädigten Mitbewerber geltend gemacht werden. Beseitigungs- und Unterlassungsansprüche ebenso wie die Gewinnabschöpfung können von klageberechtigten Institutionen eingefordert werden. Eine nach § 17 UWG strafbare Verschaffung, Mitteilung bzw. Verwertung von geheimen geschäftlichen Unterlagen ist regelmäßig auch eine nach § 44 BDSG strafbare Datenerhebung, soweit personenbezogene Daten betroffen sind. Es bleibt abzuwarten, ob die Datenschutzbehörden die höheren Bußgeldtatbestände des BDSG ausschöpfen werden. Zu vermuten ist jedoch, dass das UWG auch in Zukunft im Regelfall die größere Abschreckungswirkung entfaltet.

b) Unzulässige Formen der Kundenansprache. Zu beachten ist, dass der wettbewerbsrechtliche Begriff der „**Werbung**" sehr weit zu verstehen ist.[885] Jede Maßnahme, die auf Absatzförderung gerichtet ist, ist als Werbung zu qualifizieren. So hat das OLG Köln[886] im Zusammenhang mit § 7 Abs. 1 und Abs. 2 Nr. 1 UWG entschieden, dass eine **Zufriedenheitsbefragung** von Kunden der Absatzförderung dient und damit Werbung ist, auch wenn sie auf den Erhalt eines bereits vorhandenen Kundenstamms gerichtet ist.

Sowohl ein Wettbewerbsverstoß als auch ein Verstoß gegen BDSG liegt vor, wenn Daten unter Vorspiegelung einer Meinungsumfrage zu Werbezwecken erhoben werden.[887] Hier liegt nicht nur eine wettbewerbsrechtlich relevante Verschleierung des Werbecharakters von geschäftlichen Handlungen vor (§ 4 Nr. 3 UWG), vielmehr handelt es sich auch um eine nach dem BDSG unzulässige Datenerhebung. Gleiches gilt, wenn solche Teilnahmebedingungen, die den Umgang mit personenbezogenen Daten betreffen, bei Preisausschreiben oder Gewinnspielen mit Werbecharakter verschleiert werden (§ 4 Nr. 5 UWG).[888]

Im Rahmen eines sog „Anreißens" – wenn also zB Passanten an öffentlichen Orten gezielt angesprochen werden – beschaffte personenbezogene Daten sind datenschutzwidrig erhoben und dürfen grundsätzlich nicht gespeichert oder genutzt werden, es sei denn, die Kundenansprache hat zu einem entsprechenden Vertragsschluss[889] oder zumindest zu einer (wirksamen) Einwilligung[890] in die Zusendung von Informationsmaterial oÄ geführt. Ein „Anreißen" kann auch eine unzumutbare Belästigung nach § 7 Abs. 1 UWG darstellen, nämlich wenn sich der Passant nicht durch bloßes Ignorieren der Ansprache entziehen kann und/oder der Werber sich nicht als solcher zu erkennen gibt.[891]

---

[883] *Köhler/Bornkamm*, UWG, 32. Aufl. 2014, § 4 Rn. 11.42.
[884] OLG Hamburg Urt. v. 9.6.2004 – 5 U 186/03, RDV 2005, 119; OLG Düsseldorf Urt. v. 20.2.2004 – I 7U 149/03, RDV 2002, 222 → Rn. 99.
[885] → Rn. 384 ff., 403 ff.
[886] OLG Köln Urt. v. 12.12.2008 – 6 U 41/08, RDV 2009, 120.
[887] *Gola/Reif* RDV 2009, 104 (105).
[888] *Gola/Reif* RDV 2009, 104 (105).
[889] Im Rahmen eines solchen Vertragsschlusses dürfen Daten auch dann gemäß § 28 Abs. 1 S. 1 Nr. 1 BDSG verarbeitet werden, wenn der Vertrag aufgrund Wettbewerbswidrigkeit anfechtbar oder zumindest widerrufbar wäre.
[890] → Rn. 510 ff.
[891] BGH Urt. v. 1.4.2004 – I ZR 227/01, RDV 2004, 218.

509 Das OLG Hamburg[892] hatte in einem Fall zum Heilmittelwerberecht dem werbetreibenden Unternehmen per einstweiliger Verfügung untersagt, personenbezogene Daten von Internetnutzern zu erheben und/oder erheben zu lassen, ohne gleichzeitig eine Datenschutzunterrichtung gemäß § 13 Abs. 1 TMG zur Verfügung zu stellen. Ausführlich zum Zusammenhang zwischen AGB-Recht und § 13 Abs. 1 TMG (Datenschutzunterrichtung) und missverständlichen Angaben sowie Einwilligungsfiktionen: LG Berlin Urt. v. 19.11. 2013 – 15 O 402/12, K&R 2014, 56 – Google, LG Berlin Urt. v. 30.4.2013 – 15 O 92/12 – Apple.[893]

510 c) Wettbewerbsmaßnahmen per Telefon, E-Mail, SMS und Fax gegenüber Verbrauchern. Eine sog Kaltakquise unter Einsatz elektronischer Kommunikationsmittel ist wettbewerbsrechtlich gegenüber Verbrauchern[894] nur unter sehr eingeschränkten Voraussetzungen zulässig, siehe § 7 Abs. 1 S. 1 iVm § 7 Abs. 2 Nr. 2 und 3 UWG. Solche Aktionen setzen vielmehr eine Einwilligung des Betroffenen voraus. Soweit die Werbung mittels Fax bzw. elektronischer Post (dh E-Mail und SMS) betroffen ist, verlangt das novellierte UWG nunmehr explizit eine „vorherige ausdrückliche Einwilligung". Dass eine notwendige Einwilligung vor der jeweiligen Werbeaktion vorliegen muss, war auch bisher schon der Fall.

511 Nach Ansicht des BGH[895] kann bereits die einmalige unverlangte Zusendung einer E-Mail mit Werbung einen rechtswidrigen Eingriff in das Recht am eingerichteten und ausgeübten Gewerbebetrieb (§ 823 Abs. 1 BGB) darstellen und Beseitigungs- bzw. Unterlassungsansprüche (§ 8 UWG, § 1004 Abs. 1 S. 2 BGB) begründen.

512 Unklar war vereinzelt, inwieweit die Einwilligung in gewerbliche Ansprache mittels elektronischer Kommunikationsmittel auch konkludent, dh durch schlüssiges Handeln, erfolgen kann.[896] Soweit man der Ansicht der Datenschutzbehörden folgt, die davon ausgehen, dass die Vorschrift über die datenschutzrechtliche Einwilligung neben den Vorschriften zur unzumutbaren Belästigung im UWG zur Anwendung kommt, war eine konkludente Einwilligung schon vor der Änderung des UWG zum 30.12.2008 wegen des im BDSG enthaltenen Schriftformerfordernisses (§ 4a BDSG) regelmäßig ausgeschlossen.[897] Ausführlich zu den Anforderungen an eine Opt-in-Erklärung, konkretisiert durch die Payback-Entscheidung des BGH, insbesondere auch zu den Anforderungen an die Identifizierung/Konkretisierung der Datenempfänger, siehe oben Rn. 384 ff.

513 Das OLG Köln[898] hat in einer bereits oben zitierten Entscheidung vom 12.12.2008 klargestellt, dass die Einwilligungserfordernisse in § 7 Abs. 2 und Abs. 3 UWG nicht etwa dadurch umgangen werden können, indem bei einer Kundenzufriedenheitsumfrage die Kundenbefragung zuvor unter Hinweis auf eine Widerspruchsmöglichkeit schriftlich angekündigt wird (sog Opt-out). Im genannten Fall hat das Gericht eine unzumutbare Belästigung gemäß § 7 Abs. 1 und Abs. 2 Nr. 1 UWG bejaht.

514 Für Telefonwerbung galt – zumindest bis Ende Juli 2009 – bei Verbrauchern im Ergebnis dasselbe, nämlich das Erfordernis einer ausdrücklich, ggf. gesonderten Opt-in-Erklärung.[899] Bei sonstigen Marktteilnehmern war wegen der Erleichterung in § 7 Abs. 2 Nr. 2 Alt. 2 UWG möglicherweise zu unterscheiden, ob die Telefonwerbung personalisiert ist (also etwa eine – personenbezogene – Durchwahlnummer genutzt wird) oder ob eine allgemeine – evtl. nicht personenbezogene – Firmennummer genutzt wird. In ersterem Fall dürfte wohl wegen der strengeren Anforderungen der §§ 4a, 28 Abs. 3a BDSG die Erleichterung des § 7 Abs. 2 Nr. 2 Alt. 2 UWG ins Leere laufen.

---

[892] OLG Hamburg Urt. v. 27.6.2013 – 3 U 26/12, K&R 2013, 016, ZD 2013, 511; Galetzka K&R 2015, 77 (81).
[893] → § 36 Datenschutz der Telemedien. Weitere Beispiele → § 22 Cloud Computing.
[894] Gegenüber sonstigen Marktteilnehmern gelten bei Telefonwerbung gem. § 7 Abs. 2 Nr. 2 UWG etwas weniger strenge Voraussetzungen.
[895] BGH Urt. v. 20.5.2009 – I ZR 218/07.
[896] → Rn. 384 ff.
[897] Zum Rechtsrahmen bei E-Mail-Marketing siehe auch: Hanloser DB 2009, 663.
[898] OLG Köln Urt. v. 12.12.2008 – 6 U 41/08, RDV 2009, 120.
[899] Gola/Reif RDV 2009, 104 ff.

VII. Kundendatenschutz (Adresshandel, CRM, Scoring uÄ)

Am 4.8.2009 ist das Gesetz gegen unlautere Telefonwerbung in Kraft getreten, das einen besseren Schutz gegen unerwünschte Telefonwerbung bieten soll.[900] Das novellierte UWG sieht ua vor, dass Verstöße gegen das Verbot der unlauteren Telefonwerbung gegenüber Verbrauchern mit einem Bußgeld bis zu 50.000,- EUR geahndet werden können. Seit dem 4.8.2009 ist eine Rufnummernunterdrückung bei Werbeanrufen nicht mehr statthaft (Bußgeld von bis zu 10.000,- EUR bei Zuwiderhandlung). Auch sind Verbraucher seit dem 4.8.2009 besser davor geschützt, dass ihnen im Zusammenhang mit Werbeanrufen Verträge untergeschoben werden.

Das Verhältnis zwischen UWG und BDSG bei Werbung mittels Telefon oder elektronischer Post ist wie folgt: Lässt der Beworbene sich zB auf einen unzulässigen Werbeanruf oder eine unzulässige Werbe-E-Mail ein und nimmt das Angebot zum Abschluss eines Vertrages über einen Kauf oder eine Dienstleistung an, so ist dieser Vertrag grundsätzlich wirksam. Auch somit wäre eine hiermit im Zusammenhang stehende Datenerhebung, -verarbeitung und -nutzung nach BDSG gerechtfertigt (§ 28 Abs. 1 S. 1 Nr. 1 BDSG). Insbesondere führt eine telefonische Kaltakquise gegenüber Verbrauchern nicht dazu, dass ein gleichwohl zustande gekommener Vertrag unwirksam wäre. So greifen die Vorschriften des BGB über die Nichtigkeit von Rechtsgeschäften wegen Verstoßes gegen ein gesetzliches Verbot (§ 134 BGB) oder wegen Sittenwidrigkeit (§ 138 BBGB) nicht ein, solange nur die Marketingmaßnahme, nicht aber der daraufhin abgeschlossene Vertrag mit einem Makel behaftet sind. Selbst wenn der Kunde während des Telefonats durch eine arglistige Täuschung zum Vertragsschluss bewegt worden wäre, führte dies nicht zu einer unmittelbaren Unwirksamkeit, sondern lediglich zur Anfechtbarkeit dieser Erklärung (§§ 123, 142 BGB).

Sofern bei dem Telefonat zwar noch kein Vertrag zustande gekommen ist, sich der Angerufene jedoch von den angebotenen Produkten interessiert zeigt, ist die transparent gemachte Aufnahme personenbezogener Daten in eine Interessentendatei oder die Zusendung eines Vertragsangebotes datenschutzrechtlich erlaubt (§ 28 Abs. 1 S. 1 Nr. 1 BDSG). Anders ist es jedoch, wenn der Angerufene sich gerade nicht auf das Angebot einlässt bzw. das Gespräch, nachdem dessen Werbecharakter erkannt wurde, abgelehnt bzw. abgebrochen wird. In diesem Fall wären während des Gesprächs gewonnene personenbezogene Daten datenschutzwidrig erhoben und dürften nicht gespeichert oder in sonstiger Weise genutzt werden.

d) Unerwünschte Kundenansprache mittels Briefen, Prospekten und Katalogen. Mit der Novellierung des UWG wurde die Annahme einer unzumutbaren Belästigung dahingehend eingeschränkt, dass nunmehr nur noch Werbung unter Verwendung ganz bestimmter Mittel der kommerziellen Kommunikation (insb. Briefe, Prospekte und Kataloge) erfasst wird (§ 7 Abs. 2 Nr. 1 UWG).[901] Ein Tatbestandsmerkmal ist, dass der Verbraucher hartnäckig angesprochen wird, obwohl er dies erkennbar nicht wünscht. Dies ist bei der Direktwerbung zweifelsohne der Fall, wenn der Adressat die Ablehnung einer werblichen Ansprache durch Verweigerung einer für die Datenverarbeitung und Nutzung nach BDSG ggf. erforderlichen Einwilligungserklärung oder, sofern eine Einwilligungsbedürftigkeit nicht besteht, durch Ausübung seines Widerspruchsrechts (§ 28 Abs. 4 BDSG) zum Ausdruck gebracht hat. Gegen nicht adressierte Werbung ist zB ein Sperrvermerk am Briefkasten („keine Werbung", „keine Reklame") eine gängige Ablehnungserklärung.

Eine weitere Möglichkeit zur Abwehr adressierter Werbung ist, sich in die sogenannte Robinsonliste des Deutschen Dialogmarketing Werbeverbands (DDV) eintragen zu lassen. Es handelt sich hierbei um eine Schutzliste mit Kontaktdaten von Personen, die keine unaufgeforderte (Brief-)Werbung erhalten wollen. Zur Ausübung des Widerspruchsrechts genügt der Eintrag in diese Liste nicht, da dieser Widerspruch gegenüber der verantwortlichen Stelle zu erfolgen hat. Ob die Robinsonliste deshalb nur angeschlossene Unternehmen ver-

---

[900] BT-Drs. 16/10734; weitere Informationen unter: www.bmj.bund.de/cold-calling; der Branchenverband Call Center Forum Deutschland e. V. (CCF) hat sich positiv zur Gesetzesänderung geäußert, siehe direktmarketing, 09/09, S. 20.
[901] Nach alter Fassung des UWG war eine unzumutbare Belästigung durch Werbung bereits dann anzunehmen, wenn der Empfänger die Werbung erkennbar nicht wünschte. Briefwerbung war damit bereits bei erstmaliger Missachtung eines Werbewiderspruchs wettbewerbswidrig.

pflichtet oder ob prinzipiell vor jeder Nutzung oder Übermittlung personenbezogener Daten zu Werbezwecken ein Abgleich mit der Robinsonliste vorzunehmen ist (also auch von Unternehmen, die dem DDV nicht angeschlossen sind), ist datenschutzrechtlich nicht abschließend geklärt. Zumindest bestimmte Stimmen in der Literatur gehen davon aus, dass es wegen der gebotenen Sorgfalt im Rahmen von §§ 28 und 29 BDSG erforderlich ist, einen solchen Abgleich vorzunehmen. Ebenfalls nicht abschließend geklärt ist, ob die Nichtberücksichtigung der Robinsonliste ein erkennbarer Abwehrwunsch ist, mit der Folge, dass bei Zuwiderhandlung ein Wettbewerbsverstoß vorliegt (§ 7 Abs. 2 Nr. 1 UWG).

520   Das UWG definiert nicht, wann ein „*hartnäckiges Verhalten*" anzunehmen ist. Klar dürfte wohl sein, dass ein einmaliger Verstoß nicht ausreichend ist. Ein wiederholtes Verhalten gegenüber dem konkreten Betroffenen dürfte wohl auf jeden Fall als hartnäckiges Verhalten zu sehen sein. Möglicherweise ist aber Hartnäckigkeit auch dann schon erfüllt, wenn eine einzelne Werbeaktion gegen eine Reihe von Verbrauchern trotz deren entgegenstehenden Wunsches durchgeführt wird. Briefwerbung ist nach dem BDSG regelmäßig solange zulässig, wie sie nicht durch Ausübung des Widerspruchs nach § 28 Abs. 4 BDSG für unerwünscht erklärt wurde. Zu beachten ist jedoch, dass für die Ausübung des Widerspruchs, anders als bei der Einwilligungserklärung, keine bestimmte Form vorgeschrieben ist. Daher sind auch konkludent erklärte Widersprüche wirksam. Dazu gehören zB die Mitteilung über einen Abbruch der Geschäftsbeziehung ebenso wie die Verweigerung der Annahme von Werbesendungen. **Bei einer Ansprache eines Verbrauchers mittels Briefen, Prospekten und Katalogen (§ 7 Abs. 2 Nr. 1 UWG) liegt damit in allen Fällen der personalisierten Werbung immer auch ein Verstoß gegen das BDSG vor.** Ein Datenschutzverstoß kann sich jedoch auch schon bei einmaliger Missachtung des Widerspruchs des Betroffenen ergeben. Denn im Rahmen des BDSG ist kein hartnäckiges Verhalten erforderlich.

521   Durch die Novelle des BDSG, die am 1.9.2009 in Kraft getreten ist, wurde die Nutzung von Daten zu Werbezwecken zusätzlich eingeschränkt. Danach ist für Briefwerbung für fremde Produkte, dh auch für Produkte, die von einer anderen Konzerngesellschaft[902] stammen, regelmäßig eine Einwilligung erforderlich. Die Einwilligung ist nur wirksam, wenn der entsprechende Wunsch, für fremde Produkte Werbung zu erhalten, zweifelsfrei zum Ausdruck kommt. So heißt es in § 28 Abs. 3a Satz 2 BDSG nF:

„Soll die Einwilligung zusammen mit anderen Erklärungen schriftlich erteilt werden, ist sie in drucktechnisch deutlicher Gestaltung besonders hervorzuheben."

In § 28 Abs. 3 Satz 1 und 2 BDSG heißt es:

„Die Verarbeitung oder Nutzung personenbezogener Daten für Zwecke des Adresshandels oder der Werbung ist zulässig, soweit der Betroffene eingewilligt hat und im Falle einer nicht schriftlich erteilten Einwilligung die verantwortliche Stelle nach Abs. 3a verfährt. Darüber hinaus ist die Verarbeitung oder Nutzung personenbezogener Daten zulässig, soweit es sich um listenmäßige oder sonst zusammengefasste Daten über Angehörige einer Personengruppe handelt, die sich auf Zugehörigkeit des Betroffenen zu dieser Personengruppe, seine Berufs-, Branchen- oder Geschäftsbezeichnung, seinen Namen, Titel, akademischen Grad, seine Anschrift und sein Geburtsjahr beschränken und die Verarbeitung oder Nutzung erforderlich ist für 1) Zwecke der Werbung für eigene Angebote der verantwortlichen Stelle, die diese Daten mit Ausnahme der Angaben zur Gruppenzugehörigkeit beim Betroffenen nach Abs. 1 Satz 1 Nr. 1 oder aus allgemein zugänglichen Adress-, Rufnummern-, Branchen- oder vergleichbaren Verzeichnissen erhoben hat, 2) für Zwecke der Werbung im Hinblick auf die berufliche Tätigkeit des Betroffenen und unter seiner beruflichen Anschrift [...]".

522   Die novellierte Fassung des BDSG sieht darüber hinaus vor, dass bei Missachtung von Werbewidersprüchen ein Bußgeld verhängt werden kann (§ 43 Nr. 8a BDSG). Dies war vor 2009 nicht möglich. Zusätzlich können Geld- und Haftstrafen verhängt werden. Dies kann insbesondere für Werbeaktionen zutreffen, die für den Absatz von Produkten und somit mit Bereicherungsabsicht durchgeführt werden. Dies dürfte wohl für die Mehrzahl von Werbeaktionen gelten.

---

[902] Für eine weite Auslegung des Begriffs des „Unternehmers" und der „eigenen Angebote" in § 7 Abs. 3 UWG, allerdings noch zu UWG aF: *Schmoll* JurPC Web.-Dok. 283/2004; *Mohr*, Internetspezifische Wettbewerbsverstöße, Karlsruhe 2010, S. 81 ff.

Es wurden jedoch für die Anwendbarkeit des novellierten § 28 BDSG großzügige Übergangsfristen geschaffen. Für Zwecke der Werbung galt für § 28 BDSG eine Übergangsfrist bis zum 31.8.2012.

e) **Wettbewerbsrechtliche Relevanz von Verstößen gegen datenschutzrechtliche Informationspflichten.** Aus datenschutzrechtlicher Sicht interessant ist die Frage, inwieweit ein Verstoß der verantwortlichen Stelle, den Betroffenen im Falle einer Direkterhebung seiner Daten über ihre Identität, die Zweckbestimmung der Datenverarbeitung und Nutzung sowie Kategorien von Datenempfängern zu informieren (§ 4 Abs. 3 S. 1 BDSG), gleichzeitig – als irreführende Handlung bzw. Unterlassung – einen Wettbewerbsverstoß begründet.[903] Irreführende geschäftliche Handlungen oder Unterlassungen sind nach UWG unlauter und somit wettbewerbswidrig (§§ 5, 5a UWG).

Grundsätzlich entfällt diese datenschutzrechtliche Informationspflicht nur dann, wenn der Betroffene von Umständen, über die er zu informieren wäre, bereits auf andere Weise Kenntnis erlangt hat. Eine Information über die Kategorien von Datenempfängern darf allerdings bereits dann unterbleiben, wenn der Kunde nach den Umständen des Einzelfalles mit einer Übermittlung an diese rechnen muss. Wesentlicher Zweck der datenschutzrechtlichen Informationspflicht ist es, den Betroffenen Entscheidungsfähigkeit in der Auswahl ihrer Kommunikationspartner zu verschaffen, denen sie ihre Daten überlassen. Die Informationen sollen es dem Betroffenen ermöglichen, in Kenntnis aller relevanten Umstände eine selbstbestimmte Entscheidung über die Preisgabe von eigenen Daten zu treffen. Soweit personenbezogene Daten im Zusammenhang mit einer geschäftlichen Handlung, also zB im Zusammenhang mit einem Vertragsschluss erhoben werden, dienen die Informationen also durchaus dazu, „eine an Informationen ausgerichtete geschäftliche Entscheidung treffen zu können." Das Vorenthalten von Informationen nach § 4 Abs. 3 BDSG kann also uU einen Verstoß gegen das Wettbewerbsrecht begründen.

Werden unzutreffende Informationen über die verantwortliche(n) Stelle(n) erteilt, kommt ein Verstoß gegen das wettbewerbsrechtliche Gebot, nicht über die Identität des Unternehmers zu täuschen, in Betracht (§ 5 Abs. 1 S. 2 Nr. 3 UWG), soweit sich die Falschangabe auf die Identität der verantwortlichen Stelle bezieht. Im Übrigen kommt ein Rückgriff auf das wettbewerbsrechtliche Verbot, einer gesetzlichen Vorschrift zuwiderzuhandeln, die dazu bestimmt ist, im Interesse der Marktteilnehmer das Marktverhalten zu regeln (§ 4 Nr. 11 UWG), in Frage. Allerdings führt nicht jeder Verstoß gegen die datenschutzrechtliche Informationspflicht (§ 4 Abs. 3 S. 1 BDSG) zu einem UWG-Verstoß. Eine Verletzung von Informationspflichten bei der Datenerhebung macht nur dann die spätere Datenverarbeitung und -nutzung rechtswidrig, wenn durch die Nichtbeachtung der Informationspflicht der Grundsatz von Treu und Glauben verletzt wird.[904] Das wäre dann der Fall, wenn aus objektiver Sicht zumindest ein Teil der durchschnittlichen Verbraucher bei Mitteilung der gesetzlich vorgesehenen Informationen die Daten ganz oder teilweise nicht mitgeteilt hätte. Dies dürfte jedenfalls dann der Fall sein, wenn Daten an andere verantwortliche Stellen, etwa im außereuropäischen Ausland übermittelt werden. Folge eines Verstoßes gegen Treu und Glauben bei der Datenerhebung ist, dass die Daten nicht weiter verarbeitet oder genutzt werden dürfen und der Betroffene einen Anspruch auf Löschung der Daten hat (§ 35 Abs. 1 Nr. 1 BDSG). Zugleich liegt auch eine Ordnungswidrigkeit nach § 43 Abs. 2 Nr. 1 BDSG vor, da die Daten unbefugt erhoben wurden.

Um Mängel bei der Datenerhebung zu bereinigen, kann es in bestimmten Konstellation unter Umständen ausreichen, den Betroffenen entsprechend § 33 BDSG zu benachrichtigen, wobei dieser sich nunmehr auf den ihm ggf. zustehenden Löschungsanspruch berufen kann. Soweit die Nicht- oder Falschinformation bewusst erfolgt ist, um den Betroffenen zur Preisgabe von Informationen zu veranlassen, die er sonst nicht zur Verfügung gestellt hätte, ist dagegen die Löschungspflicht evident und ohne weiteres umzusetzen. Allerdings besteht keine Löschungspflicht, wenn die Daten zugleich erhoben wurden, um ein abgeschlossenes Rechtsgeschäft abzuwickeln (§ 28 Abs. 1 S. 1 Nr. 1 BDSG). Dies gilt selbst dann, wenn der Vertragsschluss aufgrund einer arglistigen Täuschung erfolgte, solange der Betroffene den

---

[903] Siehe dazu *Gola/Reif* RDV 2009, 104 ff. → Rn. 99.
[904] Innenministerium Baden-Württemberg Hinweis Nr. 41, RDV 2004, 234.

Vertrag nicht angefochten hat. Darauf hinzuweisen ist, dass bei einem Verstoß gegen Informationspflichten nach Datenschutzrecht die Datenschutzbehörde befugt wäre, den Betroffenen oder die Gewerbeaufsicht zu informieren (gemäß § 38 Abs. 1 S. 6 BDSG), so dass der Betroffene oder die Gewerbeaufsicht eigene Maßnahmen einleiten können.

528 **f) Verstoß gegen die eigene Datenschutzerklärung als wettbewerbswidrige Nichteinhaltung eines Verhaltenskodex?** Das UWG sieht vor, dass eine geschäftliche Handlung irreführend und damit wettbewerbswidrig ist, wenn sie unwahre Angaben oder sonstige zur Täuschung geeignete Angaben über die Einhaltung eines Verhaltenskodex enthält, auf den sich das Unternehmen verpflichtet hat, vorausgesetzt, das Unternehmen weist auf die Verbindlichkeit des Verhaltenskodex hin (§ 5 Abs. 1 Nr. 6 UWG). Das Unternehmen soll den vertrauensbildenden Effekt, der mit dem Hinweis auf die Einhaltung des Verhaltenskodex verbunden ist, nur nutzen dürfen, wenn es sich dann auch tatsächlich an die Spielregeln des Verhaltenskodex hält. § 2 Abs. 1 Nr. 5 UWG definiert den Begriff „Verhaltenskodex" als „Vereinbarungen oder Vorschriften über das Verhalten von Unternehmern, zu welchen diese sich in Bezug auf Wirtschaftszweige oder einzelne geschäftliche Handlungen verpflichtet haben, ohne dass sich solche Verpflichtungen aus Gesetzes- oder Verwaltungsvorschriften ergeben".

529 Unklar ist, ob zB die in allgemeinen Geschäftsbedingungen oder in Datenschutzerklärungen oder Privacy Policies enthaltenen Datenschutzbedingungen, die über den Standard des BDSG hinausgehen, als Verhaltenskodex im Sinne des UWG zu sehen sind. Ebenso unklar ist derzeit, ob verbindliche Unternehmensrichtlinien (Codes of Conduct), wie sie von manchen Unternehmen zur Rechtfertigung von Datentransfer in Drittländer geschaffen werden, als Verhaltenskodex im Sinne des UWG anzusehen sind. Nach wohl hM[905] dienen Datenschutzerklärungen und Codes of Conduct regelmäßig dazu, die Anforderungen der Datenschutzvorschriften umzusetzen, nicht aber darüber hinaus zu gehen. Sie sind somit nicht als Verhaltenskodex im Sinne des § 2 Abs. 1 Nr. 5 UWG anzusehen.

530 **g) Verwendung von Datenschutz-Gütesiegeln ohne Genehmigung.** Gerade im E-Commerce-Bereich sind plakativ auf Websites untergebrachte Datenschutzgütesiegel beliebt und verbreitet. Nach UWG ist es ausdrücklich irreführend, wenn das Unternehmen sich auf Zertifikate, Auszeichnungen von öffentlichen Stellen beruft, ohne zertifiziert zu sein. Dies gilt auch für Datenschutzsiegel[906] oder ein Datenschutzaudit.[907]

531 **h) Kundendaten und Gewinnspiele.** Weder das Datenschutzrecht noch das Wettbewerbsrecht differenzieren zwischen Gewinnspielen im Sinne von Bilderrätseln, die in Zeitungen integriert sind, und Preisausschreiben auf gesonderten Coupon/Teilnahmekarten. Die folgenden Ausführungen zu Gewinnspielen gelten daher auch für Preisausschreiben. Die Datenschutzbehörden[908] haben Online-Gewinnspiele beanstandet, bei denen der Betroffene auf der Online-Erhebungsmaske zunächst seine Daten für die Teilnahme am Gewinnspiel einträgt. Dann drängt ein blinkender Weiter-Button zum Abschluss des Vorgangs. Unterhalb des Buttons folgt ein Fließtext, der zunächst Informationen zum Gewinnspiel enthält und anschließend auf die beabsichtigte werbliche Nutzung der Daten hinweist. In manchen Gewinnspielen war dieser Text auch dem Weiter-Button vorangestellt. Die Aufsichtsbehörde hat diese Praxis beanstandet und gefordert, die gesetzlichen Bestimmungen der §§ 12 und 13 TMG einzuhalten.[909]

532 Voraussetzung für eine Übermittlungsbefugnis von Daten aus Gewinnspielen an Dritte – insbesondere Partner- und Tochterunternehmen – ist eine ausdrückliche Einwilligung der Betroffenen. Diese Einwilligung kann nach § 13 Abs. 2 TMG auch elektronisch abgegeben werden. Sie muss allerdings genau aufführen, an welche Unternehmen im Einzelnen die Daten weitergegeben werden. Eine allgemeine Formulierung „Dritte und Partnerunternehmen"

---

[905] *Gola/Reif* RDV 2009, 104 (110).
[906] Das Unabhängige Landeszentrum für Datenschutz Schleswig-Holstein bietet zB das Europäische Datenschutz-Gütesiegel EuroPriSe an.
[907] *Gola/Reif* RDV 2009, 104 (111).
[908] 22. Tätigkeitsbericht Hessen 2008, S. 23.
[909] 22. Tätigkeitsbericht Hessen 2008, S. 23.

ist unzureichend, weil die Teilnehmenden völlig im Unklaren darüber gelassen werden, an wen die Daten übermittelt werden.[910]

Anders als bei Online-Gewinnspielen ist die datenschutzrechtliche Lage bei sonstigen Gewinnspielen teilweise strittig. Die Baden-Württembergischen Aufsichtsbehörden sehen in der bloßen Teilnahme an Gewinnspielen keine Einwilligung, wonach diese Daten zu anderen Zwecken verarbeitet werden dürfen.[911]

Dagegen sieht die Stellungnahme des Düsseldorfer Kreises wegen der weiten Fassung der Definition von rechtsgeschäftlichen und rechtsgeschäftsähnlichen Schuldverhältnissen in § 311 BGB eine Anwendung von § 28 Abs. 3 Satz 2 Nr. 1 Alt. 1 BDSG für eine werbliche Verarbeitung oder Nutzung von Adressdaten auch bei Preisausschreiben, Gewinnspielen, gegeben, wenn dabei die Adressdaten vom Betroffenen selbst für eine Kontaktaufnahme genannt werden. Eine Einwilligung der Betroffenen sei bei solchen Sachverhalten nicht erforderlich.[912]

Im Ergebnis ist diese etwas liberalere Auffassung des Düsseldorfer Kreises jedoch unbeachtlich. Denn wettbewerbsrechtlich gilt, dass die Teilnahmebedingungen klar und eindeutig angegeben werden müssen (§ 4 Nr. 5 UWG) und die Teilnahme von Verbrauchern an dem Gewinnspiel nicht von dem Erwerb einer Ware oder der Inanspruchnahme einer Dienstleistung abhängig gemacht werden darf, es sei denn, das Gewinnspiel ist naturgemäß mit der Ware oder Dienstleistung verbunden. Soll der Teilnehmer anschließend zu Werbezwecken kontaktiert werden, gilt § 7 UWG. Zusammenfassend gilt:

- Zumindest aus wettbewerbsrechtlichen Gründen erfordert jede über die Teilnahme am Gewinnspiel hinausgehende Nutzung von Teilnehmerdaten zu Marketingzwecken eine informierte Einwilligung (opt-in) des Gewinnspielteilnehmers.
- Unternehmensübergreifende Marketingmaßnahmen (die als Datenübermittlungen zu bewerten sind) erfordern darüber hinaus auch aus datenschutzrechtlichen Gründen eine informierte Einwilligung des Gewinnspielteilnehmers.
- Der Einwilligende muss konkret und im Detail aufgeklärt werden, wie und zu welchen Zwecken die Daten verarbeitet und genutzt werden sollen und an welche Unternehmen welche Daten zu welchen Zwecken übermittelt werden. Eine allgemeine Formulierung „Dritte und Partnerunternehmen" ist unzureichend.
- Erfolgt die Einwilligung weder schriftlich noch elektronisch, ist die (fern-) mündlich erteilte Einwilligung schriftlich zu bestätigen.
- Die Einwilligung darf nicht Voraussetzung für die Gewinnspielteilnahme sein (sog Koppelungsverbot); damit die Einwilligung als freiwillig nach § 4a Abs. 1 BDSG erklärt gilt, muss es möglich sein, an dem Gewinnspiel ohne Einwilligung teilzunehmen.
- Die Einwilligung muss gestalterisch von den sonstigen Texten im Gewinnspiel, va den Teilnahmebedingungen, deutlich getrennt und hervorgehoben werden.

6. Datenschutzanforderungen im CallCenter

Die telefonische Auftragsannahme und -änderung durch ein ausgelagertes Callcenter kann als Auftragsdatenverarbeitungsvertrag oder als Funktionsübertragung gestaltet werden.[913] Bei einem Callcenter, das für mehrere (Konzern-)Unternehmen tätig wird, geht die Befugnis des Callcenters zum unternehmensübergreifenden Zugriff oder zur unternehmensübergreifenden Nutzung von Daten **nicht weiter, als die eigene Befugnis des Unternehmens**, das im Einzelfall Auftraggeber des Callcenters ist.

a) **Outsourcing des Callcenters als Funktionsübertragung.** Eine Funktionsübertragung liegt immer dann vor, wenn der Dienstleister im eigenen Namen selbständig alle erforderlichen Entscheidungen trifft (sog Business Process Outsourcing).[914] Bei der Funktionsübertragung ist der Dienstleister weitgehend selbständig in der Aufgabenerfüllung. Beim Callcenter liegt Funktionsübertragung insbesondere dann vor, wenn das Callcenter zB Marketingak-

---

[910] 19. Tätigkeitsbericht LfD NRW 2007/2008, S. 34.
[911] 14. Tätigkeitsbericht Baden-Württemberg 2006/2007, S. 27.
[912] Düsseldorfer Kreis, Anwendungshinweise der Datenschutzaufsichtsbehörden zur Erhebung, Verarbeitung und Nutzung von personenbezogenen Daten für werbliche Zwecke, S. 5.
[913] Gola, Datenschutz im Callcenter, 2006, S. 117 ff.
[914] → Rn. 277 ff.

tionen und Meinungsbefragung mit eigenen oder von ihm selbst beschafften Daten selbständig organisieren und durchführen soll.

538 Eine Funktionsübertragung kann im Rahmen des § 28 Abs. 1 Satz 1 Nr. 2 BDSG im Einzelfall legitimiert sein,[915] soweit kein Grund zu der Annahme besteht, dass das schutzwürdige Interesse des Betroffenen an dem Ausschluss der der Verarbeitung oder Nutzung seiner Daten im Rahmen der Funktionsübertragung überwiegt. Dies lässt sich nur im Einzelfall feststellen.

539 Der Auftraggeber muss sicherstellen, dass die personenbezogenen Daten beim Auftragnehmer (Callcenter) zu keinen fremden Zwecken verarbeitet und genutzt werden. Ferner muss gewährleistet sein, dass nur in dem Maße personenbezogene Daten durch den Callcenter-Dienstleister erhoben und verarbeitet werden, wie dies angemessen ist.[916] Dazu ist der Verarbeitungszweck ähnlich wie im Falle der Auftragsdatenverarbeitung nach § 11 BDSG in einer Vereinbarung zwischen diesen beiden Stellen festzulegen. Auch muss sichergestellt werden, dass beim Dienstleister eine datenschutzgerechte Organisation der Datenverarbeitung gewährleistet ist.[917] Diese Gesichtspunkte sind im Rahmen der Abwägung der schutzwürdigen Interessen der Betroffenen (§ 28 Abs. 1 S. 1 Nr. 2 BDSG) abzuwägen.[918]

540 Ein Nachteil der Funktionsübertragung ist (neben der Unklarheit über die datenschutzrechtlichen Zulässigkeit), dass spätestens beim ersten telefonischen Kontakt[919] diese gegenüber dem Kunden ausdrücklich offengelegt werden muss (§ 33 BDSG). Der Callcenter-Dienstleister müsste sich also gegenüber den Kunden unter der eigener Firma melden (etwa mittels klarstellender Telefonansage).

541 Kunden, die nicht beim Callcenter angerufen haben, sondern deren Auftrag auf anderem Wege angenommen wurde und deren Daten erst später an den Callcenter-Dienstleister übermittelt werden, müssten im Rahmen der Auftragsannahme ebenfalls benachrichtigt werden. Beispielsformulierung für die **Benachrichtigung**:[920]

„Ihre Daten werden von uns ... [Firma des Unternehmens, das Vertragspartner des Kunden] für ... [Zweck] erhoben, verarbeitet und genutzt. Zu diesem Zweck werden ihre ... [Arten der Daten] an unseren externen Callcenter-Dienstleister ... [Firma] weitergegeben, dem wir die Kundenbetreuung übertragen haben."

542 Sofern sich der telefonische Kontakt nicht nur auf die laufende Geschäftsbeziehung bezieht, sondern wenn das Callcenter zB die **Kundenzufriedenheit ermitteln** soll, ist im Regelfall eine vorherige Kundeneinwilligung einzuholen. Diese Einwilligung kann grds. nicht telefonisch erfolgen, weil selbst Anrufe zum Zwecke, Einwilligungen einzuholen, als **Werbeanrufe** gelten. Gemäß § 7 Abs. 2 Nr. 2 UWG erfordern Telefonanrufe gegenüber einem Verbraucher die vorherige Einwilligung des Verbrauchers. Anderenfalls sind Werbeanrufe wettbewerbswidrig und abmahnfähig. Eine solche Einwilligung ist nicht nur erforderlich, wenn das Callcenter anruft, sondern zB auch wenn ein Unternehmen seine Kunden selbst anrufen würde.

Ein Formulierungsbeispiel[921] könnte lauten:

---

[915] Im Versicherungsbereich kritisch: 2. Tätigkeitsbericht LfD Bayern 2004/2005, S. 30.
[916] Ein weiteres typisches Beispiel für Funktionsübertragung ist das Verhältnis eines Mandanten (Auftraggeber) zu seinem Anwalt oder Steuerberater. So kann beispielsweise ein Anwalt alles recherchieren, was der Prozessführung für seinen Mandanten dienlich ist. Er ist aber ohne ausdrücklichen „Auftrag" durch diesen nicht berechtigt, den verurteilten Gegner bei einer Auskunftei als „zahlungsunwillige" Person anzumelden, weil dies für die eigentliche Prozessführung nicht notwendig ist.
[917] Hinweis des LfD Baden-Württemberg v. 31.12.2012, Auftragsdatenverarbeitung und Funktionsübertragung, S. 4 f.
[918] "Beschattet" zB ein Privatdetektiv im Rahmen eines „Auftrages" eine bestimmte Person, richtet sich dies nach § 28 Absatz 1 Satz 1 Nr. 2 BDSG. Für die Rechtmäßigkeit dieser Datenerhebung, insbesondere was die Zulässigkeit der eingesetzten Mittel anbetrifft, kommt es neben der Frage, welchen Ermittlungsumfang ein erfahrener Detektiv für erforderlich halten darf, auch darauf an, wie wichtig das Ergebnis der Observation für den „Auftraggeber" ist. So darf der Detektiv keinen GPS-System zur Ortung der zu beobachtenden Person einsetzen, wenn es „nur" darum geht festzustellen, ob ein Arbeitnehmer, der sich krank gemeldet hat, tatsächlich zum Arzt und nicht auf dem Tennisplatz geht, während der Mitteleinsatz anders zu beurteilen ist, wenn der Verdacht einer handfesten Industriespionage abzuklären ist.
[919] *Gola*, Datenschutz im Callcenter, 2006, S. 119.
[920] Angelehnt an *Gola*, Datenschutz im Callcenter, 2006, S. 136.
[921] vzbv/ULD (Hrsg.), Datenschutz für Verbraucher, S. 15.

„Wir, ... [Firma des Unternehmens], sind bestrebt, unsere Vertragsleistungen noch stärker an Ihren Bedürfnissen auszurichten. Deshalb würden wir Sie gerne durch das Callcenter ... [Firma des Callcenters] befragen, ob Sie mit unserem Service zufrieden sind. Ihre Angaben aus der Befragung werden ... [Einzelheiten zur Verarbeitung und Nutzung und zu den Zwecken und Datenempfängern]. Anrufe erfolgen nur, wenn Sie durch Ankreuzen und Unterschrift Ihre Einwilligung erteilen.

☐ Ja, ich willige ein.

_____
(Unterschrift)"

b) Outsourcing des Callcenters als Auftragsdatenverarbeitung. Speziell beim Callcenter gibt es bestimmte Gestaltungsspielräume im Rahmen der vertraglichen Beziehung. Je nachdem ist das Verhältnis als Auftragsdatenverarbeitung oder Funktionsübertragung zu qualifizieren. Ist das Verhältnis im Ergebnis als Auftragsdatenverarbeitung zu bewerten, muss jedoch der Auftragsdatenverarbeitungsvertrag rechtzeitig, richtig und vollständig abgeschlossen werden. Anderenfalls macht sich das bzw. machen sich die auftraggebenden Unternehmen bußgeldpflichtig (§ 43 Abs. 1 Nr. 2b BDSG).

Ein Vorteil der Auftragsdatenverarbeitung ist, dass sie gegenüber den Kunden nicht offengelegt werden muss. Auftragsdatenverarbeitung schließt nicht aus, dass das Callcenter Daten in unmittelbarem Kontakt mit den Kunden erhebt. Zudem hat der Auftraggeber bei einer Auftragsdatenverarbeitung größere Sicherheit, dass das Callcenter die Daten nicht zu eigenen Zwecken verwendet, nach Beendigung des Vertrags mit dem Dienstleister zurückgibt oder löscht und auch im Übrigen die Daten nicht missbraucht oder datenschutzwidrig verwendet.

Eine Auftragsdatenverarbeitung im Sinne des § 11 BDSG kann in der Regel nur dann angenommen werden, wenn die Erhebung, Verarbeitung oder Nutzung personenbezogener Daten als Hilfstätigkeit oder technische Unterstützung durchgeführt wird. Ist Gegenstand der Auftragsdatenverarbeitung der Betrieb eines Callcenters, so dürfen dem Auftragsdatenverarbeiter (Auftragnehmer) auf Grund enger Vorgaben keine Spielräume bleiben.[922]

Wird ein Callcenter als Auftragsdatenverarbeiter tätig, sind die Auftraggeber zur datenschutzrechtlichen Kontrolle des Callcenters – auch vor Ort in dessen Geschäftsräumen – verpflichtet.[923] Dazu muss ein aktuelles Verfahrensverzeichnis und ein ausreichendes Sicherheitskonzept dem Auftraggeber vorliegen und dessen Datenschutzbeauftragter sollte eingebunden sein. Zertifizierungen zum Datenschutzstandard sind nur bedingt aussagekräftig, sofern sie sich auf Selbsteinschätzungen stützen.[924] Die Geschäftsleitung des auftraggebenden Unternehmens ist letztlich für den Umgang mit personenbezogenen Daten im Callcenter verantwortlich.[925]

Werden Kundentelefonate zu Beweiszwecken (zB zur Dokumentation von Vertragsabschlüssen) aufgezeichnet, so muss dieser Umstand den Kunden deutlich gemacht werden. Eine **Aufzeichnung** in Unkenntnis des Gesprächspartners kann den Straftatbestand des § 201 StGB erfüllen, wenn das nicht öffentlich gesprochene Wort ohne Einwilligung aufgezeichnet wird. Eine ordnungsgemäß erteilte Einwilligung am Telefon erfordert eine deutliche Aufklärung über den Zweck der Aufzeichnung und über den Umstand, dass aufgezeichnet wird. Aus der Reaktion des Angerufenen muss klar erkennbar sein, dass dieser die Unterrichtung verstanden hat und die Aufnahme des Gesprächs akzeptiert. Betreiber von Callcentern müssen daher durch Arbeitsanweisungen und gegebenenfalls durch Schulungen der Mitarbeiter sicherstellen, dass bei Aufnahmen von Telefongesprächen vorab von der Kundin bzw. vom Kunden eine wirksame Einwilligung eingeholt wird.[926]

Es müssen **Maßnahmen** getroffen werden, um einen Zugriff von Unbefugten auf die Kundendaten zu verhindern (zB gesicherte Schnittstelle; Benutzer-ID, Passwort). Idealerweise

---

[922] Tätigkeitsbericht LDA Bayern 2009/2010 S. 35; zur weiteren Abgrenzung: Simitis/*Petri* BDSG § 11 Rn. 29. Einzelheiten zu Auftragsdatenverarbeitungsverträgen → Rn. 277 ff.
[923] 20. Tätigkeitsbericht LfD Niedersachsen S. 33.
[924] Ebd.
[925] Vgl. 31. Tätigkeitsbericht LfD Bremen, S. 60; zum Callcenter bei Krankenkassen: 23. Tätigkeitsbericht BfDI Bund S. 123 f.
[926] 34. Tätigkeitsbericht ULD Schleswig-Holstein, S. 88.

wird der Zugang auf die Kundendaten für den jeweiligen Mitarbeiter nur auf den Zeitpunkt einer Kundenanfrage beschränkt. Jedenfalls sollte es zu einer Zwangstrennung des Dienstleisters vom Zugriff auf die Kundendaten außerhalb der Betriebszeiten des Callcenters kommen. Ferner sind Sicherheitsvorkehrungen zu treffen, die ein unerlaubtes bzw. unnötiges Entnehmen der Kundendaten durch die Callcenter-Agents verhindert, zB Sperrung von lokalen Laufwerken, CD-Brennern, USB- und Druckerschnittstellen.[927]

549 Der **Datenzugriff der Callcenter-Agenten** ist entsprechend zu deren Aufgabenkreis und der mit dem Dienstherrn vereinbarten Callcenter-Tätigkeit auf das Nötigste zu beschränken. So ist zB der Vollzugriff auf alle Kundendaten nicht für Agents nötig, die nur einfache Kundenanfragen beantworten.[928] Auch muss der Dienstherr dafür sorgen, dass alle dem Dienstleister zur Verfügung gestellten und erhobenen Daten nach Abschluss des Auftrags dort gelöscht werden.[929]

550 c) **Umfang der Datenerhebung durch Callcenter-Agenten.** Callcenter-Agenten dürfen grds. nur die Daten erheben (speichern), die für die konkrete Geschäftsbeziehung mit dem Kunden erforderlich sind. Häufig sind Callcenter-Agenten geschult, durch ausgefeilte Fragetechnik gerade Daten (Interessen des Kunden), die mit der Geschäftsbeziehung unmittelbar nichts zu tun haben, zu erfragen, um eine gute Gesprächsatmosphäre zu erzeugen oder die Daten für künftige Verkaufsgespräche zu nutzen.[930] Die Datenschutzbehörden haben dazu bereits mehrfach entschieden.[931] Im Ergebnis ist die Speicherung und Nutzung von Daten, die für die Geschäftsanbahnung oder Vertragsdurchführung oder sonstige Anfrage des Kunden nicht erforderlich sind, die aber im mündlichen Gespräch „nebenbei" mitgeteilt werden (zB Hobbys, anstehender Urlaub uÄ), in zwei Fällen grds. zulässig:
- Entweder liegt eine entsprechende – wirksame(!) – Kundeneinwilligung vor, die mündlich eingeholt und dokumentiert werden müsste, oder
- die entsprechenden Kundendaten werden vollständig und dauerhaft anonymisiert.

551 Ähnliche Anforderungen stellen sich, wenn Callcenter zwecks Kundenzufriedenheitsanalyse Anrufe bei den Kunden tätigen und diese auswerten. Selbst wenn Telefonbefragungen im Vergleich zu schriftlichen Befragungen besser geeignet sein sollten, stellen sie einen erheblich größeren Eingriff in die Privatsphäre der Betroffenen dar.[932] Im Übrigen sind bei Anrufen durch das Callcenter die wettbewerbsrechtlichen Anforderungen des § 7 Abs. 2 UWG zu beachten, wonach für Werbeanrufe grds. vorherige Einwilligungen der Kunden erforderlich sind.[933]

VIII. Weitere Datenschutz-Anwendungsfelder

552 Zu den Bedrohungsszenarien der „virtuellen" Welt gehören – gegenüber dem Einzelnen/Betroffenen:
- ständige Überwachung,

---

[927] 31. Tätigkeitsbericht LfD Bremen, S. 60; zum Callcenter bei Krankenkassen: 23. Tätigkeitsbericht BfDI Bund S. 123 f.
[928] Zum Callcenter bei Krankenkassen: 23. Tätigkeitsbericht BfDI Bund S. 124.
[929] 20. Tätigkeitsbericht LfD Niedersachsen S. 33; 33. Tätigkeitsbericht LfD Bremen 2009 S. 28 f. iVm. 34 Tätigkeitsbericht LfD Bremen 2011 S. 13 f.
[930] *Gola*, Datenschutz im Call Center, S. 102 f.
[931] LfD Niedersachsen, 16. Tätigkeitsbericht 2001/2002, S. 145: „Besonders Daten, wie sie nur bei einem telefonischen, dh mündlichen Kundenkontakt anfallen und die nicht unmittelbar den Geschäftszweck betreffen, sondern ‚nebenbei' mitgeteilt werden [...]. Es ist unstrittig, dass die Speicherung dieser Daten [nämlich Interessen des Kunden, die durch ausgefeilte Fragetechnik im Callcenter ermittelt und ausgewertet wurden] ohne Einwilligung des Betroffenen, wenn sie nicht vollständig anonymisiert werden, unzulässig ist." Zum Kundenbetreuungsprogramm der Berliner Banken siehe Berliner LfD, Jahresbericht 2003, S. 100: „Um eine gute Gesprächsatmosphäre mit dem Kunden sicherzustellen, sollten die Kundenberater Daten zu Ess- und Trinkgewohnheiten (Kaffee oder Tee) speichern; außerdem sollten Informationen zu möglichen einleitenden Gesprächsthemen wie Hobbys (Golf oder Segeln) festgehalten werden. Da die Speicherung derartiger Daten sich nicht im Rahmen der Zweckbestimmung des Vertragsverhältnisses mit dem Betroffenen bewegt, haben wir die Banken aufgefordert, diesen Datensatz nicht mehr zu verwenden."
[932] 25. Tätigkeitsbericht LfD Bayern 2012, S. 162 f.
[933] LfD Bayern zitiert OLG Köln Urt. v. 12.12.2008 – 6 U 41/08; OLG Köln Urt. v. 30.3.2012 6 U 191/11, WRP 2012, 725.

- vollständige Transparenz,
- Manipulierbarkeit und
- Missbrauch.

Explizit geht es beim Datenschutz um die Verhütung von Missbräuchen unter Perspektiven des Rechts auf informationelle Selbstbestimmung, die Würde des Menschen, aber auch um die Vermeidung völliger Transparenz („Totalerfassung"), insbesondere gestützt auf einige Entscheidungen des Bundesverfassungsgerichtes. Die gesetzliche Handhabe hierfür können § 3a BDSG (Datenvermeidung und Datensparsamkeit) und das Verbotsprinzip iVm der Einwilligung nach § 4a BDSG bieten.

Die ständige Beobachtung mit *Datenspuren,* die zulässigerweise erhoben und verarbeitet werden, lässt sich dadurch nicht aushebeln.

1. Mautdaten

Als eines der wesentlichen Schutzinstrumente wurde – völlig zurecht – immer wieder die Zweckbestimmung angesehen. Allerdings ist diese immer wieder auch gefährdet, wie das aktuelle Beispiel der Mautdaten zeigt. Beim **Mautgesetz** war die Zweckbestimmung (und ist derzeit noch) eindeutig geregelt. Diese Daten stehen zu anderen Zwecken, auch den Strafverfolgungsbehörden, nicht zur Verfügung. Zusammen mit einer generellen Kennzeichenerfassung wären die Systeme geeignet, ein Vollbild der Autobewegungen entstehen zu lassen. Derzeit wird allerdings nur in Betracht gezogen, das Datenmaterial den Strafverfolgungsbehörden zur Verfügung zu stellen. Ähnlich wie bei den Telekommunikationsdaten ist diese Überlegung ein erneutes und aktuelles Beispiel dafür, dass immer das Argument auftaucht, der Staat solle und dürfe sich nicht „blind" gegenüber bereits vorhandenen Informationen machen. Zahlreiche Stellungnahmen, beispielsweise über die Zweckbestimmung im Autobahnmautgesetz,[934] zeigen aber, dass die Aufhebung der Anonymität der Nutzung von Autobahnen ein schwerwiegender Eingriff wäre, dem gegenüber die Effekte bei der Bekämpfung schwerer Kriminalität eher gering wären. Im Gegenteil wird sogar vermutet, dass dann die Kennzeichenfälschung eher zunehmen wird.

Heutzutage mindestens ebenso wichtig wie die – unkontrollierte – Mobilität im physischen Sinne ist die Mobilität im kommunikativen Sinne, also der Schutz vor Transparenz durch die Aufzeichnung und Auswertung der Kommunikationsdaten. In diesem Zusammenhang interessant ist ein Urteil des BVerfG vom 11. März 2008 – 1 BvR 2074/05 – zu den polizeirechtliche Vorschriften in Hessen und Schleswig-Holstein, die zur automatisierten Erfassung der amtlichen Kfz-Kennzeichen ermächtigen. Der Erste Senat des BVerfG hat die angegriffenen Vorschriften für nichtig erklärt, da sie das allgemeine Persönlichkeitsrecht der Beschwerdeführer in der Ausprägung als Grundrecht auf informationelle Selbstbestimmung verletzen.

Die beanstandeten Regelungen genügen nicht dem Gebot der Normenbestimmtheit und Normenklarheit, da sie weder den Anlass noch den Ermittlungszweck benennen, dem die Erhebung und der Abgleich der Daten dienen sollen. Darüber hinaus genügen die angegriffenen Vorschriften in ihrer unbestimmten Weite auch dem verfassungsrechtlichen Gebot der Verhältnismäßigkeit nicht. Sie ermöglichen schwerwiegende Eingriffe in das informationelle Selbstbestimmungsrecht der Betroffenen, ohne die für derart eingriffsintensive Maßnahmen grundrechtlich geforderten gesetzlichen Eingriffsschwellen hinreichend zu normieren.[935]

2. Vorratsdatenspeicherung und Anti-Terror-Datei

Vorratsdatenspeicherung im engeren Sinne meint die Speicherung von Telekommunikationsverbindungsdaten (Verkehrsdaten) für behördliche Strafverfolgungszwecke.[936] Davon

---

[934] Wie zB 27. Tätigkeitsbericht 2005 des unabhängigen Landeszentrums für Datenschutz in Schleswig-Holstein, https://www.datenschutzzentrum.de/material/tb/tb27/kap04_5.htm#45.
[935] Siehe Pressemitteilung des BVerfG Nr. 27/2008 vom 11.3.2008, abrufbar unter: http://www.bundesverfassungsgericht.de sowie das Urteil unter http://www.bundesverfassungsgericht.de/entscheidungen/rs20080311_1bvr207405.html.
[936] → § 31 Das Recht der Kommunikationsnetze und -dienste.

unterscheidet sich teilweise die Speicherpraxis von IP-Adressen.[937] Internet-Service-Provider dürfen die IP-Adressen ihrer Kunden für interne Zwecke bis zu sieben Tage lang speichern.[938]

558 Zum 1. Januar 2008 trat in Deutschland das „Gesetz zur Neuregelung der Telekommunikationsüberwachung und anderer verdeckter Ermittlungsmaßnahmen sowie zur Umsetzung der Richtlinie 2006/24/EG" in Kraft. Dieses regelte die sog Vorratsdatenspeicherung (Speicherung von Telekommunikationsdaten[939] für Strafverfolgungszwecke, ohne dass dafür der Verdacht einer Straftat erforderlich ist). Gegenstand der Speicherung waren die Verkehrsdaten und Standortdaten, nicht aber die Inhaltsdaten.[940] Die Umsetzung der Richtlinie der Europäischen Union über die Vorratsdatenspeicherung[941] in deutsches Recht erfolgte über das Gesetz zur Neuregelung der Telekommunikationsüberwachung vom 21.12.2007.[942] Zu diesem Zweck enthielt Art. 2 des Gesetzes Änderungen des TKG.

559 In der Folge waren die neu geschaffenen §§ 113a, 113b TKG Gegenstand von mehreren Verfassungsbeschwerden. § 113a TKG regelt die Speicherungspflicht für Daten. Anbieter von Telekommunikationsdiensten werden verpflichtet, bestimmte Verkehrs- und Standortdaten, die bei der Nutzung von Telefon, Handy, E-Mail und Internet anfallen, für einen Zeitraum von sechs Monaten zu speichern. § 113b TKG regelt die Verwendung der gespeicherten Daten. Danach kann der bevorratete Datenbestand zum Zwecke der Verfolgung von Straftaten, der Abwehr erheblicher Gefahren für die öffentliche Sicherheit und der Erfüllung nachrichtendienstlicher Aufgaben abgerufen werden. Die Norm enthält keine eigenständige Abrufbefugnis, sie setzt vielmehr gesonderte gesetzliche Bestimmungen über einen Datenabruf unter Bezugnahme auf § 113a TKG voraus.

560 Die Strafprozessordnung nimmt in § 100g StPO auf § 113a TKG Bezug und ermöglichte zum Zweck der Strafverfolgung ein Auskunftsersuchen über solche Telekommunikations-Verkehrsdaten, die ausschließlich aufgrund der in § 113a TKG geregelten Bevorratungspflicht gespeichert sind. Neben §§ 113a und 113b TKG sind von Telekommunikations-Dienstleistern auch die Pflichten des § 110 TKG iVm TKÜV (Telekommunikations-Überwachungsverordnung) im Hinblick auf konkrete technische Maßnahmen zur TK-Überwachung zu beachten.

561 Nachdem das Bundesverfassungsgericht zunächst einem Eilantrag von Gegnern der TK-Überwachung teilweise stattgegeben hatte,[943] erklärte es mit Urteil vom 2.3.2010[944] die §§ 113a, 113b TKG für nichtig. Die wissenschaftliche Auseinandersetzung mit dem umfangreichen und in seinen Auswirkungen wohl auch europarechtlich bedeutenden Urteil befindet

---

[937] → § 36 Datenschutz der Telemedien.
[938] BGH Urt. v. 3.7.2014 – III ZR 391/13.
[939] Allgemein zum TK-Datenschutz siehe: *Wuermeling/Felixberger*, Fernmeldegeheimnis und Datenschutz im Telekommunikationsgesetz, CR 1997, 230; *Löwnau-Iqbal*, Aktuelle Entwicklungen im Datenschutz der Telekommunikation, RDV 1999, 210; *Ulmer/Schrief*, Datenschutz im neuen Telekommunikationsrecht – Bestandsaufnahme eines Telekommunikationsdienstleisters zum aktuellen Entwurf des Telekommunikationsgesetzes, RDV 2004, 3. Siehe im Übrigen § 29 Recht der Telekommunikationsnetze und -dienste.
[940] Siehe auch BGH Urt. v. 26.10.2006 – III ZR 40/06, K&R 2006, 578 = MMR 2007, 37: Teilnehmer-Datenspeicherung bei DSL-Flatrate unzulässig.
[941] Richtlinie 2006/24/EG des Europäischen Parlaments und des Rates vom 15.3.2006 über die Vorratsspeicherung von Daten, die bei der Bereitstellung öffentlich zugänglicher elektronischer Kommunikationsdienste erzeugt oder verarbeitet werden, und zur Änderung der Richtlinie 2002/58/EG.
[942] Gesetz zur Neuregelung der Telekommunikationsüberwachung und anderer verdeckter Ermittlungsmaßnahmen sowie zur Umsetzung der Richtlinie 2006/24/EG vom 21.12.2007, verkündet am 31.12.2007.
[943] Siehe Pressemitteilung des BVerfG Nr. 37/2008 vom 19.3.2008 (abrufbar unter: www.bundesverfassungsgericht.de). Der Antrag der Beschwerdeführer, §§ 113a, 113b TKG im Wege der einstweiligen Anordnung bis zur Entscheidung über die Verfassungsbeschwerde außer Kraft zu setzen, hatte teilweise Erfolg. Der Erste Senat des BVerfG ließ die Anwendung von § 113b TKG, soweit er die Verwendung der gespeicherten Daten zum Zweck der Strafverfolgung regelt, bis zur Entscheidung in der Hauptsache nur modifiziert zu. Aufgrund eines Abrufersuchens einer Strafverfolgungsbehörde hat der Anbieter von Telekommunikationsdiensten die verlangten Daten zwar zu erheben und zu speichern. Sie sind jedoch nur dann an die Strafverfolgungsbehörde zu übermitteln, wenn Gegenstand des Ermittlungsverfahrens eine schwere Straftat im Sinne des § 100a Abs. 2 StPO ist, die auch im Einzelfall schwer wiegt, der Verdacht durch bestimmte Tatsachen begründet ist und die Erforschung des Sachverhalts auf andere Weise wesentlich erschwert oder aussichtslos wäre (§ 100a Abs. 1 StPO).
[944] BVerfG Urt. v. 2.3.2010 – 1 BvR 256/08.

VIII. Weitere Datenschutz-Anwendungsfelder

sich noch in seinen Anfängen.[945] Gesichert ist, dass das Bundesverfassungsgericht eine Vorratsdatenspeicherung nicht schlechthin als mit Art. 10 GG für unvereinbar erachtet. Stimmen in der Politik drängen auf eine schnelle Nachfolgeregelung, die die Maßgaben des Bundesverfassungsgerichts an eine vorsorglich anlasslose Speicherung von Telekommunikationsverkehrsdaten durch private Diensteanbieter umsetzt.[946] Differenzen innerhalb der Parteien der Regierungskoalition über den Sinn der Vorratsdatenspeicherung[947] als auch über eine konkrete Ausgestaltung haben bislang eine Neuauflage der Vorratsdatenspeicherung verhindert.

Bereits 2008 berief die Kommission eine Expertengruppe zur Evaluierung der Richtlinie zur Vorratsdatenspeicherung 2006/24/EG ein. Artikel 15 der Richtlinie sieht eine klare Verpflichtung für die Europäische Kommission vor, „nicht später als bis 15. September 2010" einen Evaluierungsbericht über die Richtlinie und seine Auswirkungen auf Betreiber und Konsumenten vorzulegen. Am 18.4.2011 hat die EU-Kommission einen Bericht zur Bewertung der RL Vorratsdatenspeicher vorgelegt. Das deutsche Justizministerium hat am 7.6.2011 einen Diskussionsentwurf eines „Gesetzes zur Sicherung vorhandener Verkehrsdaten und Gewährleistung von Bestandsdatenauskünfte im Internet" vorgelegt.[948]

Am 8.4.2014 erklärte der EuGH[949] die EU-Richtlinie zur Vorratsdatenspeicherung für ungültig. In Deutschland wurde im Oktober 2015 ein neues Gesetz zur Vorratsdatenspeicherung verabschiedet, das erneut heftige Kontorversen auslöste und gegen das Klagen angekündigt wurden.[950]

Der BGH[951] hatte 2013 die sog Anti-Terror-Datei für teilweise verfassungswidrig erklärt. Beide Entscheidungen sind auch für die betriebliche Praxis wichtig, weil sich daraus **Zulässigkeits- und Abwägungskriterien für Compliance-Maßnahmen** ableiten lassen. Vor allem aus den Ungültigkeitsgründen des EuGH lassen sich im Umkehrschluss die Vorgaben ableiten, die zB eine Betriebsvereinbarung zur E-Mail-Auswertung/-Kontrolle mindestens erfüllen muss. Der BGH betont zudem, abgeleitet aus dem **Recht auf informationelle Selbstbestimmung**, ein **informationelles Trennungsprinzip**, wonach personenbezogene Daten grds. nicht zwischen Nachrichtendiensten und Polizeibehörden ausgetauscht werden dürfen.[952] Bereits die Verknüpfung von Daten aus verschiedenen Quellen in einer Verbunddatei durch gesetzliche Anordnung stellt einen rechtfertigungsbedürftigen Grundrechtseingriff dar.

Rechtsprechungsbeispiele:
EuGH Urt. v. 8.4.2014 – C 293/12 und C 594/12: VorratsdatenspeicherungsRL ist ungültig
Aus den Gründen:
- Die Richtlinie erstreckt sich generell auf sämtliche Personen, elektronische Kommunikationsmittel und Verkehrsdaten, ohne irgendeine Differenzierung, Einschränkung oder Ausnahme hins. des Ziels der Bekämpfung schwerer Straftaten.
- Objektive Kriterien fehlen, die es ermöglichen, den Zugang der zuständigen nationalen Behörden zu den Daten und deren Nutzung zwecks Verhütung, Feststellung oder strafrechtlicher Verfolgung auf Straftaten zu beschränken. Die RL nimmt lediglich allgemein auf die von jedem Mitgliedstaat in seinem nationalen Recht bestimmten „schweren Straftaten" Bezug.
- Materiell- und verfahrensrechtlichen Voraussetzungen für den Zugang der zuständigen nationalen Behörden zu den Daten und deren spätere Nutzung fehlen. Va keine vorherige Kontrolle durch ein Gericht oder eine unabhängige Verwaltungsstelle.
- Vorratsspeicherung der Daten von mindestens sechs Monaten, ohne dass eine Unterscheidung zwischen den Datenkategorien anhand der betroffenen Personen oder nach Maßgabe des etwaigen Nut-

---

[945] Siehe zB www.telemedicus.info/article/711-Die-Entscheidung-zur-Vorratsdatenspeicherung-im-Detail.html.
[946] Siehe zB www.heise.de/newsticker/meldung/Vorratsdatenspeicherung-CDU-Politiker-draengen-auf-schnelle-Nachfolgeregelung-947982.html.
[947] www.heise.de/newsticker/meldung/Bundestagsanalyse-Vorratsdatenspeicherung-hilft-Ermittlern-nicht-wirklich-1223876.html.
[948] Dazu siehe Spiegel-Online v. 10.6.2011: „Union lehnt FDP-Kompromiss zur Vorratsdatenspeicherung ab".
[949] EuGH Urt. v. 8.4.2014 – C 293/12 und C 594/12.
[950] Zur Zukunft der TK-Vorratsdatenspeicherung *Brink/Kipler/Schaar* ZD 2015, 300 ff. Zur Verfassungswidrigkeit der belgischen Regelung zur Vorratsdatenspeicherung BelgVerfGH Urt. v. 11.6.2015 – Nr. 84/2015, ZD 2015, 371 ff.
[951] BVerfG Urt. v. 24.4.2013 – 1 BvR 1215/07.
[952] *Petri* ZD 2013, 348.

zens der Daten für das verfolgte Ziel getroffen wird. Die Speicherungsfrist liegt zudem zwischen mindestens sechs und höchstens 24 Monaten, ohne dass die Richtlinie objektive Kriterien festlegt, die gewährleisten, dass die Speicherung auf das absolut Notwendige beschränkt wird.
- Die Richtlinie bietet keine hinreichenden Garantien für Missbrauchsschutz. U. a. können Diensteanbietern bei Sicherheitsniveau wirtschaftliche Erwägungen (insbesondere hinsichtlich der Kosten für die Durchführung der Sicherheitsmaßnahmen) berücksichtigen. Nach Ablauf der Speicherungsfrist keine unwiderrufliche Vernichtung gewährleistet.
- Die Speicherung der Daten im Unionsgebiet ist nicht vorgeschrieben.

BVerfG Urt. v. 24.4.2013 – 1 BvR 1215/07: Anti-Terror-Datei teilweise verfassungswidrig

Der Beschwerdeführer wendet sich gegen das als Art. 1 des Gesetzes zur Errichtung gemeinsamer Dateien von Polizeibehörden und Nachrichtendiensten des Bundes und der Länder (Gemeinsame-Dateien-Gesetz) vom 22. Dezember 2006 (BGBl I S. 3409) erlassene Gesetz zur Errichtung einer standardisierten zentralen Antiterrordatei von Polizeibehörden und Nachrichtendiensten von Bund und Ländern (Antiterrordateigesetz – ATDG). Bei sachgerechtem Verständnis des Beschwerdevorbringens wendet sich der Beschwerdeführer unmittelbar gegen die §§ 1 bis 6 ATDG über die Speicherung und Verwendung von Daten; ausgenommen ist insoweit allerdings § 2 Satz 1 Nr. 4 ATDG. Mittelbar richtet sich die Verfassungsbeschwerde auch gegen die diese Vorschriften flankierenden §§ 8 bis 12 ATDG, die insbesondere die datenschutzrechtliche Verantwortung und Kontrolle betreffen.

Entscheidung des BGH:[953]

„1. *Die Errichtung der **Antiterrordatei** als Verbunddatei verschiedener Sicherheitsbehörden zur Bekämpfung des internationalen Terrorismus, die im Kern auf die Informationsanbahnung beschränkt ist und eine Nutzung der Daten zur operativen Aufgabenwahrnehmung nur in dringenden Ausnahmefällen vorsieht, ist **in ihren Grundstrukturen mit der Verfassung vereinbar**.*
2. *Regelungen, die den Austausch von Daten der Polizeibehörden und Nachrichtendienste ermöglichen, unterliegen hinsichtlich des Grundrechts auf informationelle Selbstbestimmung gesteigerten verfassungsrechtlichen Anforderungen. Aus den Grundrechten folgt ein **informationelles Trennungsprinzip**, das diesen Austausch nur ausnahmsweise zulässt.*
3. *Eine Verbunddatei zwischen Sicherheitsbehörden wie die Antiterrordatei bedarf hinsichtlich der zu erfassenden Daten und ihrer Nutzungsmöglichkeiten einer **hinreichend bestimmten** und dem **Übermaßverbot entsprechenden** gesetzlichen Ausgestaltung. Das Antiterrordateigesetz **genügt dem nicht vollständig**, nämlich hinsichtlich der Bestimmung der beteiligten Behörden, der Reichweite der als terrorismusnah erfassten Personen, der Einbeziehung von Kontaktpersonen, der Nutzung von verdeckt bereitgestellten erweiterten Grunddaten, der Konkretisierungsbefugnis der Sicherheitsbehörden für die zu speichernden Daten und der Gewährleistung einer wirksamen Aufsicht.*
4. *Die **uneingeschränkte Einbeziehung** von Daten in die Antiterrordatei, die durch Eingriffe in das Brief- und Fernmeldegeheimnis und das Recht auf Unverletzlichkeit der Wohnung erhoben wurden, verletzt Art. 10 Abs. 1 und Art. 13 Abs. 1 GG.*"

3. Fluggastdaten

a) **Europäische Union.** Eine anlasslose und langfristige Vorratsdatenspeicherung für Fluggastdaten wird auf EU-Ebene seit 2007 diskutiert. Zur Bekämpfung von schwerer Kriminalität und Terrorismus hat die EU-Kommission am 2.2.2011 einen Richtlinienvorschlag[954] zur Nutzung von Fluggastdatensätzen (sog Passenger Name Records – PNR) vorgelegt. Danach sollen Fluggesellschaften verpflichtet werden, bei internationalen Flügen die in ihren Buchungssystemen erfassten Daten der Fluggäste, die in die EU ein- oder aus ihr ausreisen, an die EU-Mitgliedstaaten weiterleiten. Sensible Daten, etwa über die ethnische Herkunft, die politische Einstellung oder die religiösen Überzeugungen, dürfen nicht von den Fluggesellschaften an die Mitgliedstaaten übermittelt werden. Die Mitgliedstaaten sollen zuständige Stellen aus dem Bereich Gefahrenabwehr und Terrorismusbekämpfung benennen, die befugt sind, PNR-Daten übermittelt zu bekommen bzw. anzufordern. Die Daten sollen nur zur Bekämpfung von schwerer Kriminalität und terroristischen Straftaten verwendet werden und müssen nach höchstens fünf Jahren gelöscht werden. Der Vorschlag ersetzt den Rahmenbeschlussvorschlag KOM(2007) 654 der Kommission von 2007, da das entsprechende Gesetzgebungsverfahren nicht vor Inkrafttreten des Vertrags von Lissabon vollendet worden war.

---

[953] BVerfG v. 24.4.2013 – 1 BvR 1215/07, ZD 2013, 328. Hervorhebungen durch die Verfasserin.
[954] COM(2011) 32, abrufbar unter: http://ec.europa.eu/home-affairs/news/intro/docs/com_2011_32_en.pdf.

VIII. Weitere Datenschutz-Anwendungsfelder

Eine Initiative Großbritanniens strebt eine Verschärfung des Vorstoßes der EU-Kommission an. Zum einen sollen auch innereuropäische Flüge erfasst werden. Zum anderen wird gefordert, PNR-Daten auch für „andere Zwecke" als die der Bekämpfung von Terrorismus und schweren Straftaten heranzuziehen. PNR-Daten schließen 19 Datenkategorien ein, zu denen neben Name, E-Mail-Adresse, Telefon-, Konten- und Kreditkartennummern etwa auch Essenswünsche gehören. PNR hingegen wurden von den Fluggesellschaften zur Abwicklung ihrer Geschäfte entwickelt. Sie können je nach Fluggesellschaft mehrere Duzend Felder enthalten.

Erhebliche Einwände gegen das Vorhaben haben Datenschützer und EU-Abgeordnete angemeldet. Der EU-Datenschutzbeauftragte Peter Hustinx hat bereits deutlich gemacht, dass die Notwendigkeit einer solch einschneidenden anlasslosen Überwachung in keiner Weise nachgewiesen sei.[955] Die Artikel-29-Datenschutzgruppe hat in einem Working Paper vom 5.4.2011 ebenfalls schwere Bedenken gegen den Richtlinienvorschlag angemeldet.[956] Auch der deutsche Bundesrat hat „erhebliche Bedenken" gegen den Vorstoß der EU-Kommission angemeldet.[957] Im April 2013 hatte der Innenausschuss des Europäischen Parlaments die Fluggastdaten-Vorratsspeicherung abgelehnt. Unter dem Eindruck der Terroranschläge von Paris verpflichtete sich jedoch das EP im Februar 2015 in einer Entschließung vom 11.2.2015 zu Maßnahmen zur Terrorismusbekämpfung (2015/2530 (RSP)) auf die „*Verabschiedung einer Richtlinie über EU-Fluggastdatensätze bis Ende des Jahres hinzuarbeiten*".

Die Kritik setzt zum einen an der Erforderlichkeit einer Fluggastdatenübermittlung zur Bekämpfung von schwerer Kriminalität und Terrorismus an. So sei nach wie vor nicht der Nachweis erbracht, dass eine großangelegte Speicherung personenbezogener Daten zur systematischen und unterschiedslosen Bewertung aller Passagiere effizient und zweckdienlich sei. Ein Eingriff in die Persönlichkeitsrechte von Reisenden sei daher nicht verhältnismäßig. Auch sei die Speicherfrist von 5 Jahren zu lang, die erfassten Datenkategorien zu umfangreich und Möglichkeiten der Rechtshilfe für Betroffene nicht ausreichend gegeben.

Unabhängig von PNR-Daten sind Fluggesellschaften schon heute verpflichtet, den Sicherheitsbehörden der EU-Mitgliedsländer die sogenannten erweiterten Fluggastdaten (API – Advance Passenger Information) zu schicken. Allerdings gilt dies nur im Einzelfall und auf konkrete Anforderung der Bundespolizei hin. Auch sind die API-Daten hauptsächlich die im Pass enthaltenen Informationen und werden nach 24 Stunden wieder gelöscht. Risikoprofile lassen sich damit nicht anfertigen. Das würde sich jedoch mit der Einführung des PNR-Systems ändern.[958]

b) USA. Die Übermittlung von Fluggastdaten (PNR) europäischer Fluggesellschaften an die USA hat bereits eine längere Historie. Bereits im Frühjahr 2003 gab es eine diesbezügliche Übereinkunft, die im Frühjahr 2004 durch ein bindendes Abkommen ersetzt wurde. Im Sommer 2006 hat der Europäische Gerichtshof das Abkommen für nichtig erklärt.[959] Es fehlt nach Ansicht des EuGH an einer geeigneten Rechtsgrundlage.

Obwohl die Daten ursprünglich von den Fluggesellschaften für eine Tätigkeit erhoben wurden, die unter das Gemeinschaftsrecht fällt (Verkauf der Flugscheine als Dienstleistung), greift dies nicht als Rechtsgrundlage. Denn die Übermittlung der Daten sei nicht hierfür, sondern zur Bekämpfung des Terrorismus erfolgt. Damit sei das Strafrecht und folglich die

---

[955] Stellungnahme abrufbar unter: www.edps.europa.eu/EDPSWEB/webdav/site/mySite/shared/Documents/Consultation/Opinions/2011/11-03-25_PNR_EN.pdf.
[956] Opinion 10/2011 on the proposal for a Directive of the European Parliament and of the Council on the use of passenger name record data for the prevention, detection, investigation and prosecution of terrorist offences and serious crime, abrufbar unter: http://ec.europa.eu/justice/policies/privacy/docs/wpdocs/2011/wp181_en.pdf.
[957] www.heise.de/newsticker/meldung/Viel-Kritik-im-Bundesrat-an-europaeischer-Fluggastdaten-Auswertung-1206588.html. Siehe auch Heise-Meldung vom 4.7.2011 (15:35) und 5.7.2011 (10:39).
[958] Siehe Heise-Meldung v. 8.8.2008, Nr. 114039.
[959] EuGH Urt. v. 30.5.2006 – C317, 318/04, NJW 2006, 2029, Urteilsbesprechung von *Simitis* NJW 2006, 2011, Übermittlung der Daten von Flugpassagieren in die USA: Dispens vom Datenschutz? Sowie Anmerkung von *Schaar* EuGH-Entscheidung zur Fluggastdatenspeicherung – Grund zur Begeisterung?, MMR 2007, Heft 7, Editorial.

Justiz als dritte Säule der EU betroffen. Es bedarf deshalb einer geeigneten, hier noch fehlenden Rechtsgrundlage. Die Kommission wird aber auf der Basis der Kompetenz zu öffentlicher Sicherheit und Strafverfolgung das bisherige Verfahren im Prinzip fortsetzen, ohne dass dem Parlament dazu ein Mitspracherecht zustünde.

571   Regierungsvertreter der EU und der USA haben sich auf ein **Interimsabkommen** zur Übermittlung von Flugpassagierdaten verständigt. Es baut bei der Festlegung der Datenfelder im Wesentlichen auf dem Vorläuferabkommen aus 2004 auf. Im Juni **2007** hat die EU ein **neues Abkommen** zur Übermittlung von Fluggastdaten in die USA ausgehandelt, welches die bis dahin bestehende Interimsvereinbarung ersetzt.[960] Deutschland hat das Abkommen noch im selben Jahr ratifiziert. Gemäß dem Abkommen aus 2007 werden PNR standardmäßig fünfzehn statt bislang dreieinhalb Jahre in den USA vorgehalten. Die Zahl der Datenfelder, welche die Fluglinien über den Atlantik schicken, ist dagegen von 34 auf 19 reduziert worden. Die übermittelten PNR sind die folgenden:
1. Ein Code zur Identifizierung der PNR
2. Datum der Reservierung und der Ausstellung des Flugscheins
3. Geplante Abflugdaten
4. Name(n) des Passagiers
5. Informationen über Vielflieger- und Bonusprogramme und gewährte Rabatte
6. Namen von Mitreisenden
7. Kontaktinformationen (Adressen, Telefonnummern)
8. Zahlungs-/Abrechnungsinformationen
9. Reiseverlauf für die jeweiligen PNR
10. Reisebüro/Sachbearbeiter des Reisebüros, bei dem das Ticket gebucht wurde
11. Code-Sharing-Informationen (gemeinsamer Flug mehrerer Fluggesellschaften; ein einzelner Flug erhält hierbei verschiedene Flugnummern)
12. Informationen über Aufspaltung/Teilung einer Buchung
13. Reisestatus des Fluggastes (einschließlich Bestätigungen und Eincheckstatus)
14. Information über das Ticket, einschließlich Flugscheinnummer, Angabe, ob Flugschein für einfachen Flug, sowie Automatic Ticket Fare Quote (automatische Tarifabfrage)
15. Sämtliche Informationen zum Gepäck
16. Sitzplatzinformationen
17. Allgemeine Bemerkungen (enthalten Information zB für Passagiere mit Behinderungen, besonderen Essenswünschen oÄ)
18. Etwaig erfasste APIS-Daten (Advance Passenger Information System – beinhaltet Daten zu Namen, Adressen und Passnummern)
19. Alle Änderungen der PNR

572   Die EU-Kommission hat Ende 2010 in einer Mitteilung die Grundlagen für die künftige Weitergabe von Fluggastdaten an Drittländer und damit auch die USA umrissen.[961] Danach setzt die Kommission zukünftig ua auf ein Push-System, in dem Fluglinien die personenbezogenen Informationen selbst an Strafverfolgungsbehörden übermitteln, während bislang die Fluglinien Behörden direkten Zugriff auf die PNR gewähren mussten. Zugleich hat die Kommission ein Mandat für die Aushandlung neuer Abkommen mit Australien, Kanada und den USA erteilt.

4. Smart Metering

573   Gegenwärtig dominieren Stromnetze mit zentraler Stromerzeugung. Der Verbrauch wird in diesen Netzen durch (oft noch analoge) Messvorrichtungen (sog Stromzähler, eigentlich Energiezähler), beim Endverbraucher erfasst und in festen Zeitabständen abgerechnet. Eine gleichmäßige Auslastung der Stromnetze können Netzbetreiber nur durch eine unterschied-

---

[960] Das Abkommen ist abrufbar unter: http://register.consilium.europa.eu/pdf/en/07/st11/st11595.en07.pdf.
[961] Mitteilung der Kommission über das sektorübergreifende Konzept für die Übermittlung von Fluggastdatensätzen (PNR) an Drittländer, 21.9.2010, KOM(2010) 492, abrufbar unter: http://ec.europa.eu/commission_2010–2014/malmstrom/archive/COMM_NATIVE_COM_2010_0492_F_DE_COMMUNICATION.pdf.

liche Tarifierung des Energieverbrauchs in Abhängigkeit von der Tageszeit erreichen (Tag- und Nachttarife).

Der schrittweise Umbau der vorhandenen Stromnetze hin zu sog intelligenten Stromnetzen (engl. Smart Grids) erlaubt in zunehmendem Maße die kommunikative Vernetzung und Steuerung von Stromerzeugern und elektrischen Verbrauchern. Stark vereinfacht ausgedrückt könnte man sagen, dass das bisherige Stromnetz einen Rückkanal bekommen soll. Dies erlaubt es Netzbetreibern zusammen mit intelligenten Stromzählern (engl. Smart Meter), die Verfügbarkeit von elektrischer Energie besser an den aktuellen Bedarf anzupassen. Realisiert wird dies über variable Leistungsentgelte in Abhängigkeit von der Gesamtnachfrage und Netzauslastung.

Der realisierbare Funktionsumfang intelligenter Zähler ist breit gefächert und reicht von der bloßen Möglichkeit, die jährliche Ablesung aus der Ferne zu ermöglichen, über die Erfassung des sekundengenauen Energieverbrauchs einzelner Endgeräte des Kunden bis hin zu einer programmierten Steuerung und Fernsteuerung(!) von einzelnen Verbrauchern.

Intelligente Netze und Zähler können dazu beitragen, dass der Kunde den Energieverbrauch im Haushalt besser überwachen und damit steuern kann. So besteht die Möglichkeit, über intelligente Zähler den aktuellen Stromverbrauch sowie den Verlauf des Stromverbrauchs über eine Periode anzeigen zu lassen. Diese Möglichkeit hat aber nicht nur der Kunde, sondern im Rahmen intelligenter Netze auch der Energielieferant. Werden aber Verbrauchsprofile an den Energielieferanten übertragen, besteht die Gefahr eines gläsernen Kunden. Eine hohe zeitliche Auflösung und Auswertung von Verbrauchsdaten gestattet weitreichende Rückschlüsse auf die Lebensgewohnheiten des Kunden. Aus den Lastkurven unterschiedlicher Haushaltsgeräte lassen sich präzise Rückschlüsse auf den Tagesablauf und über die Auswertung von Dusch- und Waschintervallen (in Verbindung mit dem Wasserverbrauch) über die Anzahl der Personen in einem Haushalt treffen. Weiter besteht die Gefahr der Anreicherung von Verbrauchsprofilen mit anderen Daten, wie zB statistischen Informationen oder Kommunikationsinformationen (TK/Internet) zur Vorhersehbarkeit menschlicher Reaktionen (Scoring).

In Deutschland müssen Smart Meter seit Januar 2010 laut Energiewirtschaftsgesetz (§ 21b Abs. 3 EnWG) nur bei Neubauten und bei Totalsanierungen für Strom und Gas eingebaut werden. Im Übrigen ist der Einsatz nicht verpflichtend. Da intelligente Stromzähler vor allem Energieversorgern ua durch eine bessere Lastplanung Vorteile bieten, ist damit zu rechnen, dass Energieversorger durch eine entsprechende Tarifgestaltung hohe Anreize für die Nutzung der neuen Technik schaffen werden und diese daher in den nächsten Jahren zunehmen wird.

Die datenschutzrechtliche Diskussion um die mit intelligenten Stromnetzen und Zählern verbundenen Probleme wird rege geführt.[962] Die breite Akzeptanz dieser Technik wird nicht zuletzt davon abhängen, welche tragfähigen Konzepte die großen Energieversorger zum Schutz der Persönlichkeitsrechte ihrer Kunden entwickeln.[963] Das Bundesamt für Sicherheit in der Informationstechnik (BSI) hat im März 2011 den zweiten Entwurf eines Schutzprofils für die Kommunikationseinheit intelligenter Stromzähler vorgestellt.[964] Zweck des Profils ist es, die Einhaltung von Datenschutz- und Sicherheitsstandards beim Betrieb intelligenter Zähler sicherzustellen. Am 21.9.2015 hat das BMWi einen Referentenentwurf für ein „Gesetz zur Digitalisierung der Energiewende" vorgelegt.

5. Smart Cars – Datenschutz in Pkws und Nutzfahrzeugen

Kraftfahrzeuge sind längst nicht mehre eine Domäne der Maschinenbau-Ingenieure sondern sind mit vielfältigen IT-Systemen ausgestattet.[965] Alle Bereiche des Fahrzeugs (Motor, Bremsen, Unterhaltungselektronik etc.) sind Software-gestützt und es werden bei der Fahr-

---

[962] Vgl. bspw. *Wieczorek* DSRITB 2014, 437; *Wiesemann* ZD 2012, 447.
[963] Siehe zu den datenschutzrechtlichen Implikationen von intelligenten Stromzählern: *Müller*, Gewinnung von Verhaltensprofilen am intelligenten Stromzähler, DuD 2010, 359. *Wiesemann* MMR 2011, 355.
[964] Siehe auch www.heise.de/newsticker/meldung/Zweiter-BSI-Entwurf-fuer-Smart-Meter-vorgelegt-12158 77.html.
[965] Zu Dashcams (mwN) → Rn. 13. Dazu *Schweda* MMR-Aktuell 2014, 361827, *Lachenmann/Schwiering* ZD-Aktuell 2014, 04300; *Graupe/Pfeiffenbring* ZD-Aktuell 2014, 04280; *Reibach* DuD 2015, 157.

zeugnutzung umfangreichen Daten erhoben und ausgewertet.[966] Die Bordcomputer haben inzwischen häufig Betriebssysteme wie Android, iOS oder Windows, die auch in Smartphones und Tablets eingesetzt werden. Bisweilen wird deshalb nicht mehr von Pkws, sondern von „Smartphones auf Rädern" oder „rollenden Computern"[967] und „gläsernen Autofahrern" gesprochen.[968]

580 Die Daten über den Zustand und die Umgebung des Fahrzeugs und über den Fahrer bzw. sein Verhalten werden von den Fahrzeugherstellern bzw. im Fahrzeug ua genutzt

a. für das Zugangskontrollsystem (va für Nutzfahrzeuge relevant; es werden zB der Führerschein und sonstige Daten zum Fahrer hinterlegt)

b. für das Management von Wartung/Reparaturen, ggf. auch zur Auswertung bzw. um proaktiv dem Kunden melden zu können, welches Fahrzeug (unter Bezugnahme auf die Fahrgestellnummer) welche Reparatur als nächstes benötigt;

c. aus Sicherheitsgründen (Vermeidung von Kollisionen und Fahrfehlern) und zur Unterstützung des Fahrverhaltens (etwa bei großen Nutzfahrzeugen, die von Fahrern schlecht überblickt werden können); siehe in diesem Zusammenhang auch das automatische Notrufsystem für Fahrzeuge eCall, das auf Initiative der EU bis Ende März 2018 eingeführt werden muss: „*Notrufgeräte, die Rettungsdienste bei Autounfällen automatisch benachrichtigen, müssen bis zum 31. März 2018 in allen neuen Modellen von Pkw und leichten Nutzfahrzeugen installiert sein, so ein Gesetzentwurf, über den das Parlament am Dienstag [28.4.2015] angenommen hat. Im vergangenen Jahr kamen bei Verkehrsunfällen 25.700 Menschen ums Leben. Mit dem eCall-Notrufsystem könnte die Zahl der Unfalltoten um 10% pro Jahr verringert werden.*"[969]

d. zur Auswertung des Fahrverhaltens (im Nutzfahrzeugbereich ggf. zur Leistungs- und Verhaltenskontrolle von Fahrern);

e. im Rahmen der Entwicklung und des Vertriebs von Fahrzeugen (zu Test- und Demonstrationszwecken).

581 Einige Zwecke, insbesondere wenn die Daten erhoben, verarbeitet und genutzt werden, um Sicherheits-/Gesundheitsrisiken für den Fahrer zu senken (siehe oben a.–c.) sind unproblematischer als andere. Im Rahmen von Zweck c. und d. werden ggf. sogar Gesundheitsdaten von Fahrern, Fahrzeug-Insassen erhoben.[970] Zweck d. kann im Arbeitsverhältnis ggf. zu einer Rund-um-Überwachung des Arbeitnehmers (Fahrers) führen. Zweck e. ist im Regelfall nur mit anonymen Spieldaten/Testdaten bzw. eigens zu Test- und Demonstrationszwecken (und nicht für den produktiven Einsatz beim Kunden) erhobenen Testdaten zulässig.[971]

582 Dass Pkws im Rahmen der Navigation oder Nutzfahrzeuge zum Flottenmanagement (zB Koordinierung des Einsatzsatzes von Außendienst-/Service-Mitarbeitern) geortet werden,[972] ist nicht neu. In Bereichen wie Logistik oder Versorgungs-, Sozial- und Rettungsdienste spielten Ortung, Vernetzung und Mobilität schon immer eine große Rolle, was sich noch verstärken wird.[973] Neu ist jedoch der Grad der Vernetzung selbst der Pkws sowie Art und Anzahl potentieller Datenempfänger, die sich grob in drei Gruppen einteilen lassen: C2C = „Car to Car", C2I = „Car to Infrastructure" und C2X = „Car to Anything", jeweils als wechselseitige Kommunikation.[974] Zu den Datenempfängern bzw. Kommunikationspartnern gehören nach *BITKOM*[975] zB:

---

[966] *Roßnagel* DuD 2015, 353; *Hornung* DuD 2015, 359; *Hansen* DuD 2015, 367; *Buchner* DuD 2015, 372; zu pay-as-you-drive: *Schwichtenberg* DuD 2015, 378; zu Privacy by Design für Automobile: *Rieß/Greß* DuD 2015, 402; *Bönninger* DuD 2015, 388.
[967] http://digibuzz.de/verbraucherschutzminister-heiko-maas-aus-autos-werden-rollende-computer/.
[968] *Schonschek* Datenschutz-Praxis 08/2015, S. 12.
[969] http://www.europarl.europa.eu/news/de/news-room/content/20150424IPR45714/html/eCall-Automatisches-Notrufsystem-in-allen-neuen-Automodellen-ab-Fr%C3%BChling-2018.
[970] Ausführlich zu den Datenarten *Kremer* RDV 2014, 240 (243).
[971] → Rn. 590 f.
[972] → Rn. 263 ff.
[973] https://www.bitkom.org/Publikationen/2015/Leitfaden/Aktionsplan-Intelligente-Mobilit%C3%A4t/2015-02-23_Aktionsplan_Intelligente_Mobilitaet.pdf.
[974] *Kremer* RDV 2014, 240 (241).
[975] *Schonschek* Datenschutz-Praxis 08/2015, S. 12.

- der Fahrer selbst und ggf. Mitfahrer (zB Navigation, Car Entertainment, WLAN)
- Fahrassistenzsysteme (zB automatisches Einparken, autonomes Fahren)
- andere Fahrer/Fahrzeuge (zB Abstandkontrolle, Kollisionswarnung)
- Werkstatt/Hersteller (zB Diagnose, Frühwarnung)
- Taxis, Autovermietung, Car-Sharing-Anbieter (zB Abrechnung)[976]
- Versicherungen (zB Pay as you drive Police)
- Infrastruktur-Betreiber/Verkehrszentrale/Polizei (zB Verkehrsmeldungen, Maut, eCall).

Im Rahmen dieser Vernetzung werden teilweise Cloud-Dienste[977] und Big-Data-Technologie[978] genutzt. Gerade für die Fahrassistenz ist umfangreiche Sensorik erforderlich (etwa Achslast, Motorbelastung, Reifendrehzahl, Reifendruck, Temperatur, Geschwindigkeit, Querbeschleunigung, Verformung, Glasbruch etc sowie weitere Daten aus dem Bremssystem und der Stabilitätskontrolle und auch Umgebungsdaten, die durch Kamera- und Radarsysteme aufgenommen werden).[979] Um die Vernetzungsdienste, gerade im Bereich der Infrastruktur, zu verbessern, sind ua intelligente Verkehrssysteme erforderlich (siehe RL 2010/40/EU v. 7.7.2010 zum Rahmen für die Einführung intelligenter Verkehrssysteme im Straßenverkehr und für deren Schnittstellen zu anderen Verkehrssystemen sowie in Deutschland „Gesetz über Intelligente Verkehrssysteme im Straßenverkehr und deren Schnittstellen zu anderen Verkehrsträgern" IVSG).

583

Ein weiterer Aspekt ist die Datensicherheit.[980] Bei vielen modernen Fahrzeugen ist kein mechanischer Schlüssel erforderlich. Wird zB das Passwort des Fahrzeugassistenzsystems gestohlen, kann der Täter ferngesteuert den Standort des Fahrzeugs ermitteln und die Türen öffnen.[981] Auch vor Manipulation von Fahrassistenzfunktionen muss die Fahrzeugsoftware hinreichend geschützt sein.

584

Bei den vernetzten Systemen ist in datenschutzrechtlicher Hinsicht zu differenzieren, inwieweit TMG, TKG und BDSG zur Anwendung kommen und inwieweit es sich um grenzüberschreitende Sachverhalte handelt.[982] Naturgemäß sind nicht alle im Fahrzeug erhobenen Daten für alle Zwecke erforderlich. Eine Methode, um die Datenschutzprobleme in diesem Bereich zu reduzieren, ist das Anonymisieren/Aggregieren von Daten durch den Hersteller. So lange jedoch die Datenschutzaufsichtsbehörden einen sehr weiten und absoluten Begriff des Personenbezugs vertreten und der EuGH die Vorlage des BGH zu den IP-Adressen noch nicht entschieden hat,[983] ist wohl davon auszugehen, dass selbst die Fahrzeuggestell-Nummer oder sonstige Fahrzeug-Hardware-Kennungen bzw. Daten, die zusammen mit diesen Kennungen gespeichert werden, jedoch beispielsweise ohne Name und Adressdaten des Fahrers, gleichwohl personenbezogen/personenbeziehbar sein können.[984]

585

Praxistipp:
In einer Entschließung zum „Datenschutz im Kraftfahrzeug aus 2014 empfehlen die Datenschutzbehörden[985]
- „Bereits in der Konzeptionsphase sind bei der Entwicklung neuer Fahrzeugmodelle und neuer auf Fahrzeuge zugeschnittene Angebote für Kommunikations- und Teledienste die Datenschutzgrundsätze von privacy by design bzw. privacy by default zu verwirklichen.
- Datenverarbeitungsvorgängen im und um das Fahrzeug muss das Prinzip der Datenvermeidung und Datensparsamkeit zu Grunde liegen. Daten sind in möglichst geringem Umfang zu erheben und umgehend zu löschen, nachdem sie nicht mehr benötigt werden.

---

[976] Siehe etwa www.drivelog.de.
[977] → § 22 Cloud Computing.
[978] → Rn. 7.
[979] *Kremer* RDV 2014, 240 (241).
[980] *Krauß/Waidner* DuD 2015, 383 ff.
[981] *Schonschek* Datenschutz-Praxis 08/2015, S. 12 (13).
[982] *Kremer* RDV 2014, 240 (246 ff.).
[983] BGH, Beschl. v. 28.10.2014 – VI 135/13, NJW 2015, 368 → Rn. 126.
[984] *Kremer* RDV 2014, 240 (244).
[985] Entschließung der 88. Konferenz der Datenschutzbeauftragten des Bundes und der Länder am 8./9.10.2014 in Hamburg, „Datenschutz im Kraftfahrzeug – Automobilindustrie ist gefordert".

- Die Datenverarbeitungen müssen entweder vertraglich vereinbart sein oder sich auf eine ausdrückliche Einwilligung stützen.
- Für Fahrer, Halter und Nutzer von Fahrzeugen muss vollständige Transparenz gewährleistet sein. Dazu gehört, dass sie umfassend und verständlich darüber zu informieren sind, welche Daten beim Betrieb des Fahrzeugs erfasst und verarbeitet sowie welche Daten über welche Schnittstellen an wen und zu welchen Zwecken übermittelt werden. Änderungen sind rechtzeitig anzuzeigen.
- Die Betroffenen müssen in die Lage versetzt werden, weitere Nutzer ebenfalls zu informieren.
- Auch bei einer vertraglich vereinbarten oder von einer Einwilligung getragenen Datenübermittlung an den Hersteller oder sonstige Diensteanbieter sind Fahrer, Halter und Nutzer technisch und rechtlich in die Lage zu versetzen, Datenübermittlungen zu erkennen, zu kontrollieren und ggf. zu unterbinden. Zudem muss Wahlfreiheit für datenschutzfreundliche Systemeinstellungen und die umfangreiche Möglichkeit zum Löschen eingeräumt werden.
- Schließlich muss durch geeignete technische und organisatorische Maßnahmen Datensicherheit und -integrität gewährleistet sein. Dies gilt insbesondere für die Datenkommunikation aus Fahrzeugen heraus."

6. Tests mit Echtdaten bei Systemeinführungen

586　Im Rahmen von IT-Systemeinführungen werden Programme und Sicherheitsmaßnahmen vor der Aufnahme der Verarbeitung personenbezogener Daten, also vor Produktivstart oder nach Produktivstart zB bei Einspielen von Updates/Upgrades, getestet. Häufig wird in diesen Testphasen die volle Funktionalität mit Echtdaten für einen begrenzten Zeitraum getestet.[986]

587　Das BDSG regelt den Umgang mit personenbezogenen Daten im Rahmen von Tests bei Systemeinführungen nicht ausdrücklich. In den Regelungen des BDSG besteht keine Differenzierung zwischen Test- und Echtdaten. Der Schutz personenbezogener Daten ist vor der Freigabe eines Systems gleich streng wie nach der Freigabe, da jede Verarbeitung von personenbezogenen Daten den gesetzlichen Vorgaben unterliegt. Aus diesem Grund ist die Verarbeitung von personenbezogenen Daten zu Testzwecken unzulässig, wenn der Produktivbetrieb eines IT-Systems oder ein konkreter Einsatz eines IT-Systems datenschutzrechtlich von vorneherein als unzulässig einzustufen ist. Die Zulässigkeit der Verwendung von Echtdaten für Testzwecke ist also von den konkreten Voraussetzungen im Einzelfall abhängig.

588　Bei der Verwendung von **anonymisierten** Daten im Rahmen der Tests bestehen keine datenschutzrechtlichen Vorgaben. Bei **pseudonymisierten** Daten gelten grds. dieselben Grundsätze für die datenschutzrechtliche Zulässigkeit der Tests (wenn auch die Pseudonymisierung im Rahmen der Abwägung/Verhältnismäßigkeitsprüfung zu berücksichtigen ist und ggf. geringfügig abgesenkte Anforderungen bzgl. der Zulässigkeit gelten).

589　Im Hinblick auf das **Gebot der Datenvermeidung und Datensparsamkeit (§ 3a BDSG)** muss vor Durchführung der Tests geprüft werden, ob der Test auch mit anonymisierten oder sogar fiktiven Daten möglich ist. Häufig ist aber gewünscht, dass aus Gründen der Wirtschaftlichkeit Tests mit Echtdaten durchgeführt werden.[987] Maßgeblich für die Beurteilung der Zulässigkeit der Tests ist damit der Zweck des Tests und die Phase, in welcher sich das Projekt befindet. Ebenso muss beachtet werden, von welchen Personen (Abteilungen/Unternehmen) der Test durchgeführt werden soll und damit wer Zugriff auf die Daten hat. Insbesondere ist hierbei darauf zu achten, ob externe Stellen in Kontakt mit den Daten kommen können. Echtdatentests können mit Sicherheitsrisiken verbunden sein, insbesondere wenn das Projektteam, das auch Zugriff auf die Daten und Testergebnisse haben soll, sehr groß ist und aus diversen externen Dienstleistern besteht und/oder wenn der Test sogar beim Dienstleister durchgeführt werden soll und nicht im Hause des Auftraggebers, wo später das neue IT-System betrieben werden soll. Für bestimmte Arten von Tests sind Echtdaten unvermeidbar, um den Testzweck zu erreichen. Das gilt insbesondere für den Test der fehlerfreien

---

[986] → § 18 IT-Projekte Rn. 243 ff.
[987] Lensdorf/Züllich CR 2015, 2.

Migration. Für Produktauswahlentscheidungen dagegen (also vor Beginn der Einführung) sind regelmäßig keine Echtdaten erforderlich. Soll mit besonderen Arten personenbezogener Daten getestet werden, gelten besonders strenge Anforderungen.

Mangels Erforderlichkeit sind Tests mit Echtdaten, deren Testzwecke auch mit Testdaten erreicht werden können, unzulässig. Wenn ein Test mit Echtdaten hingegen als präventive technische/organisatorische Sicherheitsmaßnahme iSv § 9 BDSG mit Anlage erforderlich ist, weil anders zB eine Verfügbarkeitskontrolle oder eine Zugriffs- und Auftragskontrolle nicht vor Inbetriebnahme des IT-Systems sichergestellt werden kann (insbesondere beim Test des Zugriffsberechtigungskonzepts), kann eine Verarbeitung der personenbezogenen Daten zulässig sein. In diesem Fall sollte das IT-System vor Testbeginn mit Echtdaten umfassend mit nicht-personenbezogenen Testdaten getestet werden.

Es müssen während des Testbetriebs die erforderlichen technischen und organisatorischen Maßnahmen getroffen werden und die Dauer sowie der Umfang des Tests auf das zwingend erforderliche Maß begrenzt werden. Es muss vor Testbeginn eine Sicherungskopie der Echtdaten erfolgen und der Test muss unter Produktionsbedingungen ablaufen, so dass die personenbezogenen Daten gleichwertig gegen unberechtigte Zugriffe und Manipulation geschützt sind, wie dies im Echtbetrieb der Fall ist. Werden für den Test Echtdaten erhoben, verarbeitet und/oder genutzt, so dürfen diese grds. nur für den Testzweck verwendet werden.

Praxistipp:
Es muss, unabhängig von der Phase, in der sich ein IT-Projekt befindet, eine Dokumentation erstellt werden, aus der sich Folgendes ergibt:[988]
- die definierten Ziele des Tests,
- die technischen Mittel und Instrumente,
- die Festlegung der einzelnen Projektphasen mit Beginn und Ende,
- die Benennung der verantwortlichen Personen sowie der Personen, welche mit den Daten in Kontakt kommen können, und
- die Entscheidung der verantwortlichen Person über den Beginn einer Projektphase, die Dokumentation des Projektverlaufs sowie die Ergebnisse und Schlussfolgerungen.

Beispiel:
Folgende Regelung zu testbezogenen Sicherheitsmaßnahmen in einem Auftragsdatenverarbeitungsvertrag mit einem IT-Dienstleister ist denkbar:
1. Das zu testende IT-System muss vom AUFTRAGNEHMER nach den Regeln der Softwaretechnik umfassend mit anonymen (nicht personenbezogenen) Testdaten getestet werden (insbesondere hins. Programmverzweigungen, Fehlerrobustheit etwa bei falschen Eingaben, Fehlerbehandlung und Zusammenspiel mit anderen Programmen/Modulen), bevor – soweit erforderlich und verhältnismäßig – Tests mit Echtdaten durchgeführt werden.
2. Die Gründe, warum ein Test mit anonymen (nicht personenbezogenen) Testdaten nicht ausreicht und Echtdaten benötigt werden, ist vom AUFTRAGNEHMER detailliert schriftlich zu dokumentieren und rechtzeitig vor Beginn des Tests dem Auftraggeber zur Freigabe vorzulegen.
3. Echtdaten für Tests und Echtdaten für den Produktivbetrieb sind vom AUFTRAGNEHMER strikt getrennt zu halten und dürfen nicht zusammengeführt werden.
4. Der AUFTRAGNEHMER darf die für den Test bestimmten Echtdaten ausschließlich für den Testzweck verarbeiten und nutzen und es darf keine Zweckentfremdung der für den Test erhobenen, verarbeiteten und genutzten Echtdaten erfolgt.
5. Der AUFTRAGNEHMER stellt sicher, dass die personenbezogenen Daten während des Tests mindestens genauso gegen unberechtigte Zugriffe und Manipulation geschützt sind, wie im Produktivbetrieb.
6. Unverzüglich nach Testende sind alle beim Test eingesetzten personenbezogenen Daten vom AUFTRAGNEHMER datenschutzkonform zu löschen.

---

[988] 32. Tätigkeitsbericht des ULD (2009), Kap. 6.1., abrufbar unter https://www.datenschutzzentrum.de/material/tb/tb31/kap06.htm.

IX. Informationsfreiheitsgesetz

1. Allgemeines

592 In einigen Bundesländern gibt es bereits seit längerer Zeit Informationsfreiheitsgesetze:
- Brandenburg (seit 1998),
- Berlin (seit 1999),
- Schleswig-Holstein (seit 2000),
- Nordrhein-Westfalen (seit 2001).

Häufiger mussten sich die Gerichte mit der Frage der **Zugänglichkeit von Gerichtsurteilen** beschäftigen.[989]

593 Zum 1.1.2006 ist das Informationsfreiheitsgesetz des Bundes (IFG) in Kraft getreten. Nunmehr wird jeder Person – jetzt auch auf Bundesebene – ein Rechtsanspruch auf Zugang zu amtlichen Informationen eingeräumt.[990] Da sich der Datenschutz immer mehr zum Informationsrecht entwickelt,[991] ist ungeachtet der teilweise sehr unterschiedlichen dogmatischen Einordnung eine starke Konvergenz der beiden Rechtsgebiete festzustellen. Insofern scheint es folgerichtig, dass die Zuständigkeit des Bundesbeauftragten für den Datenschutz nunmehr erweitert wurde hin zum **Bundesbeauftragten für den Datenschutz und Informationsfreiheit** (siehe entsprechend auf Landesebene zB Berliner Beauftragter für Datenschutz und Informationsfreiheit).[992]

Die Informationsfreiheit soll eine Ergänzung, nicht ein Gegensatz zum Grundgedanken des Datenschutzes sein.[993] Das zeigen auch die Motive des IFG, nämlich:
- Auskunft des Einzelnen über personenbezogene Daten/Informationen,
- Transparenz der Verwaltung, Abschreckungseffekt bei der Korruptionsbekämpfung,
- Verbesserung demokratisch legitimierter Entscheidungsprozesse in der Verwaltung („Bürgerbeteiligung").

2. Informationszugangsmöglichkeiten vor Inkrafttreten des IFG

594 Schon vor Inkrafttreten des IFG gab es für den Bürger Möglichkeiten, Zugang zu den bei Behörden gespeicherten Daten/Informationen zu erhalten. Neben **bereichsspezifischen Zugangsmöglichkeiten** (zB das 1994 nach einer EG-Richtlinie umgesetzte Umweltinformationsgesetz) gibt es insbesondere

a) allgemein zugängliche Register:
- Handels-,
- Genossenschafts-,
- Vereins-,
- Güterrechts-,
- Schiffs- und
- Musterregister;

b) Register, für die ein berechtigtes Interesse erforderlich ist:
- Grundbuch (§ 12 GBO),
- Melderegister (sofern nicht lediglich Grunddaten mitgeteilt werden, § 21 Abs. 1 MRRG),
- Gewerbezentralregister (§ 149 GewO),
- Schuldnerverzeichnis (§ 915b Abs. 1 iVm § 915 Abs. 3 ZPO).

Register, bei denen sowohl Bestand als auch Auskunftsansprüche immer wieder öffentlich diskutiert und kritisiert werden, sind insbesondere Schufa und die Stasiunterlagen.

---

[989] OVG Bremen Urt. v. 25.10.1988 – 1 BA 32/88, CR 1989, 418 – Sorge für angemessene Veröffentlichung ist Amtspflicht; OLG Celle Beschl. v. 12.6.1990 – 1 VAs 4/90, CR 1990, 718: Anspruch auf Aushändigung von Abschriften in anonymisierter Form.
[990] Zum Überblick siehe *Sokol* CR 2005, 835; *Weichert* DuD 2000, 262; *Boehme-Neßler* K&R 2002, 217; zum Trend beim Datenbankschutz zur Informationsfreiheit siehe *Wiebe* CR 2005, 169.
[991] Siehe *Klöpfer*, Informationsrecht, München 2002.
[992] Einzelheiten siehe www.bfdi.bund.de.
[993] Siehe dazu *Roßnagel*, Konflikte zwischen Informationsfreiheit und Datenschutz?, MMR 2007, 16.

Des Weiteren ist es mittlerweile üblich, dass Bundes- und Obergerichte Entscheidungen online zugänglich machen

Siehe schon OVG Bremen v. 25.10.1988, CR 1989, 418: (Entscheidung über die Übersendung veröffentlichungswürdiger Entscheidungen: Verwaltungsakt): „*Veröffentlichung (ober-)gerichtlicher Entscheidungen in Fachpublikationen hat – in der Summe des Geschehens – gravierende Auswirkungen auf die Funktionsfähigkeit der Rechtspflege in allen ihren Bereichen, die ohne fachöffentliche Information, Diskussion und Kritik nicht gewährleistet werden kann*".
Zur Abwägung bei der Medienöffentlichkeit der Gerichte im Strafverfahren siehe BGH v. 10.1.2006, 1 StR 527/05.

oder dass Behörden online sind (E-Government).[994] Auch der E-Rechtsverkehr mit den Gerichten entwickelt sich. Auf europäischer Ebene hat der Bürger gem. Art. 15 AEUV (ex-Art. 15 EGV) Zugang zu Dokumenten des Europäischen Parlaments, Rates und der Europäischen Kommission. Auch Art. 42 der Grundrechtecharta sieht ein Auskunftsrecht vor.

3. Aufbau des IFG und wesentliche Folgerungen

Das IFG ist im Überblick wie folgt aufgebaut:

§ 1	Grundsatz: Anspruch auf Informationszugang ohne ein rechtliches oder berechtigtes Interesse nachweisen zu müssen
§ 2	Begriffsbestimmungen
§§ 3–6	Ausschlussgründe:
§ 3	Schutz besonderer öffentlicher Belange (internationale Beziehungen, Militär, Nachrichtendienste etc.)
§ 4	laufende behördliche Entscheidungen
§ 5	personenbezogene Daten
§ 6	Betriebs- und Geschäftsgeheimnisse
§§ 7–14	Verfahren
§ 7	formfreier Antrag
§ 8	Beteiligung Dritter
§ 9	Rechtsweg: Widerspruch und Verpflichtungsklage
§ 10	Gebühren und Auslagen
§ 11	Veröffentlichungspflichten
§ 12	Beauftragter für Informationsfreiheit

...

Das IFG ist nur auf Bundesbehörden anwendbar. Der Auskunftsanspruch nach IFG ist als subjektiv-öffentliches Recht ausgestaltet. Probleme bereitet insbesondere das **Verhältnis zum Datenschutzrecht** der Personen, über die Auskünfte erteilt werden. Grundsätzlich besteht kein Schutz von Sachbearbeitern. Im **Verhältnis zu Betriebs- und Geschäftsgeheimnissen** ist dagegen klar, dass keine Abwägung mit dem Interesse an der Auskunft erfolgen darf. Damit sind Auskünfte über Betriebs- und Geschäftsgeheimnisse nur mit Einwilligung der Geheimnisträger zulässig. Allerdings dürfte in der Praxis bereits die Bestimmung von Betriebs- und Geschäftsgeheimnissen mit erheblichen Schwierigkeiten verbunden sein. Kritisiert wurde das IFG auch dahingehend, dass für Auskünfte **Gebühren** verlangt werden dürfen (gem. IFGGebV Gebühren bis zu 500,- EUR zuzüglich Auslagen). Zwar dürfen die Gebühren nicht prohibitiv sein. Es ist jedoch zu erwarten, dass die drohenden Gebühren die Auskunftsansprüche drosseln. Gleichwohl ergeben sich auch durch das IFG **neue anwaltliche Betätigungsfelder** – etwa bei der Durchführung von behördlichen/gerichtlichen Auskunftsverfahren nach IFG oder im Vorfeld von anderweitigen Verwaltungsverfahren (zB zur Vorbereitung von Nachbarschaftsstreitigkeiten).[995]

---

[994] Zu E-Government → § 30 Berufsspezifische Regelungen etc.
[995] *Heise* Meldung v. 8.4.2008, Nr. 106207 mit Beschwerdestatistik zum IFG.

Anhang: Ausgewählte Verfahren mit Rechtsprechungs- und Literaturbeispielen

Abofallen	BGH vom 24.8.2011, 2 StR 109/11, Strafbarkeit wegen Abofallen-Betrugs, K&R 2012, 285 (Ls.)
ACD, Call Center	*Schierbaum*, Automatic, Call Distribution, RDV 1998, 154 *Gola*, Datenschutz im Call Center, 2. Aufl. 2006 *Conrad* in: Schneider (Hrsg), Handbuch des EDV-Rechts, 4. Aufl. 2009, S. 199
Adresshandel	OLG Celle vom 28.11.2012, 9 U 77/12, Unwirksame AGB zur Vertragsstrafe – Adresshandel, ZD 2013, 132 OLG Düsseldorf vom 30.7.2004, I-23 U 186/03, RDV 2005, 169: Online-Handel mit Adressdateien – (1) Durch gekoppelte Internet-Angebote generierte Adressen sind gegenüber eigens für den Verwendungszweck erhaltene Adressen minderwertig; (2) Weitergabe solcher Adressen verstößt gegen datenschutzrechtliche Bestimmungen *Hanloser*, Dialogmarketing und Adresshandel – Möglichkeiten und Grenzen nach der BDSG-Novelle II, RDV 2010, 155 *Wronka*, Reglementierung des Adressenhandels im novellierten BDSG, RDV 2010, 159
Akustische Wohnraumüberwachung, Gesprächsaufzeichnung	BVerfG vom 3.3.2004, I BvR 2378/98; NJW 2004, 333 – „Großer Lauschangriff" BVerfG vom 11.5.2007, 2 BvR 543/06: Die Verfassungsbeschwerde richtet sich unmittelbar gegen § 100c stopp in der Fassung des Art. 1 des Gesetzes zur Umsetzung des Urteils des BVerfG vom 3.3.2004 BVerfG vom 7.12.2011, 2 BvR 2500/09 und 2 BvR 1857/10, Verwertbarkeit rechtswidrig erhobener personenbezogener Daten im Strafprozess, ZD 2012, 375 BGH vom 22.12.2011, 2 StR 509/10, Unverwertbarkeit eines aufgezeichneten Selbstgesprächs, ZD 2012, 232
Apps, iTunes, iPhone, „Handyparken" (s. a. Location Based Services)	*Heckmann*, Datenschutz und Verbraucherrechte bei iTunes, CR 2006, R51 *Thurm/Kane*, Your App is watching you, Wall Street Journal (WSJ)-online v. 17.12.2010 *Sutter*, iPhones secretly track their users' locations, CNN-Report vom 21.4.2011, abrufbar unter www.edition.cnn.com *Kühling/Klar*, Datenschutz bei Mehrwertdiensten – Abgrenzungsschwierigkeiten am Beispiel des „Handyparkens", RDV 2011, 71
ASP	Zur Verfügbarkeitsvereinbarung beim ASP-Vertrag, *Peter*, CR 2005, 404 (zu SLA) *Bräutigam*, CR 2004, 248
Asset-Tracking, DRM (Identifikation von SW-Nutzern auch im Rahmen Authentifikation; bei heimlicher Infiltration: BVerfG zu Onlinedurchsuchung?)	*Niedermeier/Schröder*, CR 2002, 241 – Umfassende Erfassung der Unternehmensassets, ua Aufspüren der Hardware und Software, nicht zuletzt zur Lizenzverwaltung; *Büllesbach*, Datenschutzrechtliche Aspekte des Digital Rights Managements in: Büllesbach/Dreier: Wem gehört die Information im 21. Jahrhundert?, 2004, S. 163; *Stieper*, Ferngesteuerte Löschung urheberrechtswidrig vertriebener E-Books, AfP 2010, 217 ff.

Auskunfts-ansprüche gegen Kreditinsitute	OLG Naumburg vom 15.3.2012, 9 U 208/11, Zeugnisverweigerungsrecht für Kreditinstitute bei Auskunftsverlangen, ZD 2012, 565 OLG Stuttgart vom 23.11.2011, 2 W 56/11, Kein markenrechtlicher Auskunftsanspruch unter Verletzung des Bankgeheimnisses, ZD 2012, 234 BGH vom 17.10.2013, I ZR 51/12, Zeugnisverweigerungsrecht für Kreditinstitute bei Auskunftsverlangen – Davidoff Hot Water, ZD 2014, 140
Auskunft nach § 34 BDSG (sa „Sonstige Auskunfts- und Einsichtsansprüche")	LG Heilbronn vom 4.1.2013, 2 O 261/12: Auskunft über gespeicherte Daten nach Werbeanruf, ZD 2013, 513 LG Ulm vom 1.12.2004, 1 S 89/04, MMR 2005, 265: Auskunft nach § 34 BDSG *Heinemann/Wäßle*, Datenschutzrechtlicher Auskunftsanspruch bei Kreditscoring, Inhalt und Grenzen des Auskunftsanspruchs nach § 34 BDSG, MMR 2010, 600
Autocomplete-Funktion, Suchmaschinen	BGH vom 14.5.2013, VI ZR 269/12, „Autocomplete"-Funktion: Verantwortlichkeit eines Suchmaschinenbetreibers für persönlichkeitsrechtsverletzende Begriffsvorschläge, ZD 2013, 405 EuGH vom 13.5.2014, C-131/12, Löschungsanspruch gegen Google – „Recht auf Vergessen", Google Spain und Google, ZD 2014, 350 LG Berlin vom 19.11.2013, 15 O 402/12, Klauseln in Google-Nutzungsbedingungen und Datenschutzerklärung verstoßen gegen AGB-Recht, MMR 2014, 563 OLG Hamburg vom 16.8.2011, 7 U 51/10, Haftung eines Suchmaschinenbetreibers für rechtsverletzende Äußerungen, MMR 2012, 62 OLG Köln vom 8.4.2014, 15 U 199/11, Pflicht zur Löschung persönlichkeitsrechtsverletzender Autocomplete-Vorschläge, MMR 2015, 204 OLG Köln vom 10.5.2012, 15 U 199/11, Autocomplete-Funktion, MMR 2012, 840
Arbeitszeiterfassung im Beschäftigungsverhältnis	BVerwG vom 19.3.2014, 6 P 1.13, Kein Anspruch des Personalrats auf personenbezogene Informationen der elektronischen Arbeitszeiterfassung, ZD 2015, 41 EuGH vom 30.5.2013, C-342/12, Aufzeichnung über Arbeitszeiten als personenbezogene Daten, ZD 2013, 437 BAG vom 10.7.2013, 7 ABR 22/12, Teilnahme des Betriebsrats an der Zeiterfassung, ArbR 2013, 303
Beschäftigungsverhältnisse (sa Video sowie Überwachung)	BAG vom 3.2.2014, 10 AZB 77/13, Rechtsweg bei Anspruch auf Auskunft über personenbezogene Daten, ZD 2014, 630 BAG vom 29.1.2014, 6 AZR 642/12, Positive Kenntnis des Arbeitgebers von der Arbeitnehmerinsolvenz, GWR 2014, 157 BAG vom 25.9.2013, 10 AZR 270/12, Verpflichtung zur Nutzung einer elektronischen Signaturkarte, ZD 2014, 154 BAG vom 25.4.2013, 8 AZR 287/08, Auskunftsanspruch des abgelehnten Bewerbers nur bei verbotener Benachteiligung, ZD 2014, 311 BAG vom 14.12.2011, 10 AZR 283/10, Herausgabe von Geschäftsunterlagen, ZD 2012, 385

	EuGH vom 19.4.2012, C-415/10, Kein Anspruch auf Auskunft des abgelehnten Bewerbers über anderweitige Stellenbesetzung, ZD 2012, 325 LAG Hamm vom 10.7.2012, 14 Sa 1711/10, Verwertung von Erkenntnissen aus privaten Chatprotokollen des Arbeitnehmers, ZD 2013, 135 LAG Hessen vom 29.1.2013, 13 Sa 263/12, Auskunftsansprüche des Arbeitnehmers aus § 34 BDSG, ZD 2013, 413 LAG Rheinland-Pfalz vom 21.2.2013, 2 Sa 386/12, Reichweite einer Verschwiegenheitspflicht, ZD 2013, 460 LAG Sachsen vom 14.1.2014, 1 Sa 266/13, Löschungs- und Entfernungsanspruch aus Personalakten, ZD 2014, 482 LAG Sachsen vom 8.11.2013, 4 Ta 207/13 (2), Rechtsweg bei Auskunft nach dem BDSG, ZD 2014, 268 (Ls.) LAG Schleswig-Holstein vom 17.4.2014, 5 Sa 385/13, Einsicht in Personalakte durch bevollmächtigten Rechtsanwalt, ZD 2014, 577 OLG Nürnberg vom 23.1.2013, 1 Ws 445/12, Schutz der Datenverfügungsbefugnis, ZD 2013, 282 OVG Lüneburg vom 14.9.2011, 18 LP 15/10, Datenauswertung zum Nachweis unzulässiger privater Internetnutzung am Arbeitsplatz, ZD 2012, 44 SG Berlin vom 15.2.2012, S 107 AS 1034/12 ER, Speicherung von Daten aus Personalfragebogen bei Vorstellungsgespräch, ZD 2012, 444 VG Berlin vom 14.1.2014, VG 36 K 448.12, Einrichtung eines alternierenden Telearbeitsplatzes, ZD 2014, 324 (Ls.) VG Berlin vom 13.1.2014, 1 K 220.12, Speicherung von Mitarbeiterdaten für eine mögliche spätere Zeugenbenennung, ZD 2014, 316 VG Karlsruhe vom 27.5.2013, 2 K 3249/12, Anspruch auf Löschung eines Outlook-Postfachs, ZD 2014, 492 (Ls.) VGH Baden-Württemberg vom 30.7.2014, 1 S 1352/13, Anspruch auf Löschung von Daten aus Amtszeit, ZD 2014, 579
Betriebliche Datenschutzbeauftragte	ArbG Cottbus vom 14.2.2013, 3 Ca 1043/12, Betriebsübergang erfasst nicht Datenschutzbeauftragten, ZD 2013, 289 BAG vom 23.1.2014, 2 AZR 372/13, Sonderkündigungsschutz als Datenschutzbeauftragter, ZD 2015, 92 LAG Berlin-Brandenburg v. 28.5.2009, Widerruf der Bestellung zum betrieblichen Datenschutzbeauftragten, MMR 2010, 61 LAG Düsseldorf vom 23.7.2012, 9 Sa 593/12, Betriebsbedingte Kündigung eines DSB, ZD 2013, 357 LAG Hamm vom 8.4.2011, 13 TaBV 92/10, Mitbestimmung des Betriebsrats bei der Bestellung zum Datenschutzbeauftragten, ZD 2012, 83 LAG Sachsen vom 14.2.2014, 3 Sa 485/13, Bestellung eines betrieblichen Datenschutzbeauftragten, ZD 2014, 631 LAG Sachsen v. 19.6.2009, Beschäftigungsanspruch eines Dienstordnungsangestellten als Datenschutzbeauftragter, NJOZ 2010, 1136 OVG NRW vom 23.4.2012, 6 B 273/12, Bestellung eines weiteren behördlichen Datenschutzbeauftragten, ZD 2012, 397

	VG Düsseldorf vom 8.2.2012, 26 L 36/12, Bestellung eines weiteren Datenschutzbeauftragten nach § 32 DSG NRW, ZD 2012, 186
Betriebs-/Dienst-geheimnisse	BGH vom 23.2.2012, I ZR 136/10, Verletzung von Betriebs-geheimnissen, ZD 2012, 524 AG Koblenz vom 6.9.2011, 2050 Js 56362/08.26 Ds, Verrat von Geschäfts- und Betriebsgeheimnissen, ZD 2012, 435 OLG Köln vom 20.12.2011, III-1 RVs 218/11, Verletzung des Dienstgeheimnisses durch private Einsicht in Polizei-Systeme, ZD 2012, 332 BGH vom 13.12.2012, 4 StR 33/12, Verletzung von Dienst-geheimnissen – POLIS, ZD 2013, 131 BGH vom 15.11.2012, 2 StR 388/12, Verletzung von Dienst-geheimnissen, ZD 2013, 144 (Ls.)
Betriebsrat/ Personalrat	BAG vom 10.12.2013, 1 ABR 43/12, Mitbestimmung des Betriebsrats bei Einsatz eines Routenplaners zu Abrechnungszwecken, ZD 2014, 370 BAG vom 25.9.2012, 1 ABR 45/11, Zuständigkeit des Konzernbe-triebsrats bei zentraler Personaldatenverarbeitung, ArbR 2013, 107 BAG vom 18.7.2012, 7 ABR 23/11, Internetzugang ohne Personalisierung für Betriebsrat, ZD 2013, 36 BAG vom 16.8.2011, 1 ABR 22/10, Online-Lesezugriff des Gesamt-betriebsrats auf Dateien mit personenbezogenen Arbeitnehmerdaten, ZD 2012, 180 BAG vom 9.3.2011, 7 ABR 137/09, Auskunftsrecht des Betriebsrats an Namen einzustellender Leiharbeitnehmer, ZD 2012, 81 LAG Baden-Württemberg vom 23.1.2013, 13 TaBV 8/12, Kein Anspruch des Betriebsrats auf kostenpflichtigen Internetanschluss, MMR 2013, 336 LAG Berlin-Brandenburg vom 12.11.2012, 17 TaBV 1318/12, Betriebsratsausschluss wegen unbefugten Zugriffs auf Personal-informationssystem, ZD 2013, 239 LAG Düsseldorf vom 7.3.2012, 4 TaBV 11/12, Einsichtsrecht des Betriebsrats in Protokolldateien für Zugriffe auf den Betriebsrats-server, ZD 2012, 338 LAG Düsseldorf vom 7.3.2012, 4 TaBV 87/11, Verwertung von Angaben aus einer unbefugt eingesehenen Datei des Betriebsrats durch den Arbeitgeber, ZD 2012, 340 LAG Köln vom 29.1.2013, TaBV 82/12, Kein Unterlassungsanspruch des Betriebsrats auf Überprüfung von „Wirtschaftlichkeitsfahrern" durch die Konzernrevision, ZD 2014, 91 LAG Niedersachsen vom 30.7.2014, 16 TaBV 92/13, Keine Bereitstellung eines separaten Telefon- und Internetanschlusses für den Betriebsrat, ArbR 2014, 473 LAG Niedersachsen vom 18.4.2012, 16 TaBV 39/11, Einblicksrecht des Betriebsrats in Lohn- und Gehaltslisten, ZD 2012, 487 OVG Hamburg vom 29.11.2011, 8 Bf 138/11.PVL, Einsichtsrecht des Personalrats in Bruttolohn- und Gehaltslisten, DuD 2012, 280 BVerwG vom 14.6.2011, 6 P 10.10, Mitbestimmung bei der Einführung des EOSS-Verfahrens in Berlin, ZD 2012, 390

	VG Wiesbaden vom 23.5.2005 – 23 LG 560/05 (v), Unterlassungsanspruch des Personalrats bei mangelhaftem und nicht datenschutzkonformen Verfahrensverzeichnis, RDV 2005, 177
(Beweis-)Verwertungsverbote	AG München vom 10.7.2014, 222 C 1187/14, Beweisverwertungsverbot bei heimlich mitgehörtem Telefonat, ZD 2014, 595 (Ls.) BVerwG vom 20.3.2012, 5 C 1.11, Kein Verwertungsverbot von Daten eines eingestellten strafrechtlichen Ermittlungsverfahrens, RDV 2012, 149 (Ls.) OLG Hamm vom 26.2.2014, 3 UF 184/13, Kein Beweisverwertungsverbot trotz heimlichen Aufzeichnens einer Kindesanhörung durch Elternteil, ZD 2014, 544 (Ls.)
Bewertungsportale	BGH vom 23.9.2014, VI ZR 358/13, Anspruch auf Löschung personenbezogener Daten aus einem Bewertungsportal, MMR 2015, 106 BGH vom 1.7.2014, VI ZR 345/13, Kein Anspruch auf Herausgabe von Nutzerdaten bei Persönlichkeitsrechtsverletzung in Bewertungsportal, MMR 2014, 704 EGMR vom 10.10.2013, 64569/09, Haftung eines Forenbetreibers für anonyme Nutzerkommentare, MMR 2014, 35 LG Berlin vom 24.5.2012, 27 O 864/11, Haftung eines finnischen Bewertungsportalbetreibers für Persönlichkeitsrechtsverletzung, MMR 2012, 706 LG Berlin vom 5.4.2012, 27 O 455/11, Haftung eines Hostproviders für Persönlichkeitsrechtsverletzungen, ZUM 2012, 712 LG Düsseldorf vom 9.4.2013, 5 O 141/12, Bewertungsportal für Ärzte, ZD 2013, 638 (Ls.) LG Duisburg vom 6.11.2012, 32 Qs-245 Ujs 89/11–49/12, Zeugnisverweigerungsrecht eines Journalisten für Daten von Forennutzern, MMR 2013, 334 LG Kiel vom 6.12.2013, 5 O 372/13, Ärztebewertungsportal, ZD 2014, 323 (Ls.) LG Köln vom 8.5.2013, 28 O 452/12, Kundenbewertung auf amazon.de, IPRB 2013, 178 LG München I vom 3.7.2013, 25 O 23782/12, Herausgabe personenbezogener Daten durch Bewertungsplattform-Betreiber, ZUM 2013, 979 LG Nürnberg-Fürth vom 8.5.2012, 11 O 2608/12, Haftung eines Hostproviders für persönlichkeitsrechtsverletzende Äußerung auf Bewertungsportal, ZUM 2013, 70 OLG Frankfurt aM vom 8.3.2012, 16 U 125/11, Kein Löschungsanspruch gegen Bewertungsportal für Ärzte, ZD 2012, 274 OLG Hamm vom 3.8.2011, I-3 U 196/10, Anonymes Posting in Bewertungsportalen, ZD 2011, 179 AG München vom 12.10.2012, 158 C 13912/12, Kein Anspruch auf Einschränkung eines Ärzte-Bewertungsportals, ZD 2013, 638 (Ls.) *Iraschko-Luscher/Kiekenbeck*, Internetbewertungen von Dienstleistern – praktisch oder kritisch? Meinungsäußerungen zu Lehrer, Arzt & Co. vor dem Hintergrund des § 30a BDSG, ZD 2012
Bewerbungsverfahren; Fragerecht	BAG vom 15.11.2012, 6 AZR 339/11, Frage an Stellenbewerber nach eingestelltem Ermittlungsverfahren, ZD 2013, 235

	BAG vom 6.9.2012, 2 AZR 270/11, Fragerecht und Offenbarungspflicht hinsichtlich Vorstrafen und Ermittlungsverfahren, ArbR 2013, 213 BAG vom 16.2.2012, 6 AZR 553/10, Frage nach der Schwerbehinderung im Arbeitsverhältnis, ZD 2012, 478 LAG Hamm vom 4.7.2014 – 10 Sa 171/14, Arbeitgeber verlangt erweitertes Führungszeugnis
Biometrische Verfahren, DNA-Untersuchung	EuGH vom 17.10.2013, C-291/12, Aufnahme von Fingerabdrücken in Reisepässe, ZD 2013, 608 BVerfG Beschl. v. 13.5.2015 – 2 BvR 616/13 – § 81h StPO über Verwertungsverbote bzgl. Beinahetreffern iRv DNA-Reihenuntersuchungen ist verfassungsgemäß VG Hannover vom 23.9.2013, 10 A 2018/11, Körperzellenentnahme zur DNA-Identitätsfeststellung, ZD 2014, 164 (Ls.) OVG Sachsen vom 11.4.2013, 3 A 778/11, Biometrischer Reisepass ohne genügend informationelle Selbstbestimmung, CR 2013, 427 VG Dresden vom 14.9.2011, 6 K 1234/09, Elektronische Speicherung von Fingerabdrücken im Reisepass, DuD 2012, 56 VG Gelsenkirchen vom 15.5.2012, 17 K 3382/07, Biometrischer Reisepass, ZD 2012, 588 (Ls.) VG Hannover vom 28.11.2013, 10 A 5342/11, Datenschutzrechtliche Beurteilung des Einscannens von Personalausweisen, ZD 2014, 266 BVerfG vom 18.9.1995, NJW 1996, 771 – STOPP-Analyse ohne Offenlegung der Erbinformationen BVerfG vom 15.3.2001, NJW 2001, 2320 – genetischer Fingerabdruck/STOPP zur Identitäts-Feststellung OVG Mannheim vom 28.11.2000, NJW 2001, 1082 – Verdachtskündigung aufgrund einer STOPP-Analyse, die ohne Einwilligung erstellt wurde BGH vom 12.1.2005, XII ZR 60/03 und XII ZR 227/03 – Anfechtung der Vaterschaft kann nicht auf heimlich eingeholten STOPP-Vaterschaftstest gestützt werden *Weichert*, Biometrie – Freund oder Feind des Datenschutzes?, CR 1997, 369 Im Bereich der Medizin (bildgebende Verfahren bzw. medizinische Bildverarbeitung), s. a. *Tinnefeld/Möncke*, Datenschutz und Video in der Medizin, CR 1998, 368 BVerfG vom 15.3.2001, NJW 2001, 2320 zur verfassungsgerichtlichen Beurteilung der STOPP-Identitätsfeststellungen („genetischer Fingerabdruck") *Schaar*, Peter, Biometrische Reisekontrolle – Ein maßloser Plan, MMR 2008, Heft 3, Editorial *Hornung*, Die digitale Identität. Rechtsprobleme von Chipkartenausweisen: Digitaler Personalausweis, elektronische Gesundheitskarte, JobCard-Verfahren, Baden-Baden, 2005 *Hornung*, Biometrische Systeme – Rechtsfragen eines Identifikationsmittels der Zukunft, KJ 2004, 344. *Hornung/Steidle*, Biometrie am Arbeitsplatz – sichere Kontrollverfahren versus ausuferndes Kontrollpotential, AuR 2005, 201. *Ronellenfitsch*, Genanalysen und Datenschutz, NJW 2006, 321

	Roßnagel/Hornung, Reisepässe mit elektronischem Gesichtsbild und Fingerabdruck. Die EG-Verordnung 2252/2004, DÖV 2005, 983 *Busch,* Biometrie und Datendiebstahl, DuD 2009, 317 *Busch/Reimer,* Biometrie – zwischen Pragmatik und Forschung, DuD 2011, 159 *Pocs,* Gestaltung von Fahndungsdateien, DuD 2011, 163 *Drahansky/Dvorak/Vana,* Personenerkennung mittels 3 D-Handgeometrie, DuD 2011, 169 *Koller,* Kontaktlose dreidimensionale Erfassung eines Fingerabdrucks, DuD 2011, 175 *Weigmann/Deimer/Leininger/Turba/Jurran,* Biometrie am BBI – Chancen und Randbedingungen *Busch et. al.,* Biometric Template Protection, DuD 2011, 183 *Dotzler,* Eine datenschutzrechtlich motivierte Untersuchung von auf Tippverhalten basierender Authentifizierungssysteme, DuD 2011, 192 *Tillenburg,* Stimmt die Stimme?, DuD 2011, 197 *Heibey/Quiring-Kock,* Biometrische Authentisierung – Möglichkeiten und Grenzen, DuD 2010, 332
Blogs (sa Social Media)	BGH vom 25.10.2011, VI ZR 93/10, Verantwortlichkeit eines Host-Providers für verletzenden Blog-Eintrag, MMR 2012, 124 OLG Dresden vom 8.2.2012, 4 U 1850/11, Auskunftsanspruch gegenüber Blogbetreiber, ZD 2012, 388 LG Hamburg vom 18.5.2012, 324 O 596/11, Haftung eines Linksetzers bei „embedded video", MMR 2012, 554
Bodyscanner	*Weichert,* Der Bodyscanner und die menschliche Scham, RDV 2009, 154
Cloud Computing	→ § 22 Cloud Computing *Biesekoven,* Die neue Orienteriungshilfe Cloud Computing Version 2.0, ITRB 2015, 1169 *Borgas,* Cloud Computing und Datenschutz, DuD 2014, 165 *Birk/Wegener,* Über den Wolken: Cloud Computing im Überblick, DuD 2010, 641 *Heidrich/Wegener,* Sichere Datenwolken. Cloud Computing und Datenschutz, MMR 2010, 803 *Helmbrecht,* Data Protection and Legal Compliance in Cloud Computing, DuD 2010, 554
Cookies	AG Ulm vom 29.10.1999, CR 2000, 469: „Eine mangelhafte „Zugangsvermittlung" des Kaufhausbetreibers durch Verwendung von nicht zu deaktivierenden Cookies, die vom Kunden akzeptiert werden müssen, um Zugang zum Shop zu erhalten, stellt einen außerordentlichen Kündigungsgrund dar." *Woitke,* Web-Bugs – Nur lästiges Ungeziefer oder datenschutzrechtliche Bedrohung?, MMR 2003, 310 *Ihde,* CR 2000, 413

CRM, Kunden-bindungs-programme (s. a. Data Mining)	BGH vom 16.7.2008, Az. VIII ZR 348/06: Payback-Urteil – (Un-)Wirksamkeit verschiedener Klauseln betreffend der Einwilligung in Werbung und der Datennutzung sowie -weitergabe in den AGB eines Kundenbindungs- und Rabattsystems BGH vom 11.11.2009, Az. VIII ZR 12/08: Happy Digits – Zur Unwirksamkeit einer Einwilligungsklausel eines Kundenkartensystems *Naujokat*, Datenschutz im Internet: Customer-Relationship-Management-Systeme, NIP 2005, 40 *Taeger*, Kundenprofile im Internet, Customer Relationship Management und Datenschutz, K&R 1997, 220 *Schmidt*, Das Payback-Urteil des BGH, DuD 2009, 107 *Wagner*, Datenschutz bei Kundenkarten, DuD 2010, 30
Data Mining, Data Warehouse (s. a. Kunden-bindungs-programme, CRM)	*Schumann*, Anonymität bewahrendes Data Mining, DuD 2010, 709
Datenbankschutz	EuGH vom 9.11.2004, CR 2005, 412 – Spielplan von Fußball-begegnungen als Datenbank; zur Frage der wesentlichen Investition: Nicht die Mittel, die der Festlegung der Daten, der Uhrzeiten und der Mannschaftspaarungen dienen OLG Frankfurt vom 22.3.2005, ITRB 2006, 7 – Kein Urheberrechts-schutz für digitale Herstellungsprozesse, nicht für HTML, auch nicht Datenbank aA: OLG Frankfurt vom 17.9.2002, CR 2003, 50 – Leistungsschutz für Datenbank für pharmazeutische Industrie VG Karlsruhe vom 3.11.2011, 3 K 2289/09, Überlassung von Entscheidungen an eine juristische Online-Datenbank, ZD 2012, 191
Datenerhebung	OVG NRW vom 28.10.2013, 14 A 316/13, Datenschutzrechtliche Zulässigkeit einer Beherbergungsabgabe, ZD 2014, 209
Datenfreigabe, Veröffentlichung	EuGH v. 9.11.2010 – C-92/09 und C-93/09 – Veröffentlichung von Informationen über Empfänger von Agrarbeihilfen LG Köln vom 27.9.2011, 27 O 142/11, Herausgabe von Mitgliederlisten an Vereinsmitglieder, ZD 2012, 39 OLG Brandenburg vom 9.7.2012, 1 U 19/11, Bekanntgabe von Firmenkennzahlen eines Vertragspartners an Gläubigerversammlung eines Insolvenzverwalters, ZD 2012, 469
Datenschutz-behörden	OVG Schleswig vom 28.2.2014, 4 MB 82/13, Grenzen des Äußerungsrechts einer Aufsichtsbehörde, ZD 2014, 536 VG Bremen v. 30.3.2010, Akteneinsicht bei Datenschutzbehörde, BeckRS 2010, 50195 *Ronellenfitsch*, Rechtsgutachten zur Neugestaltung der Datenschutz-kontrolle in Hessen, DuD 2010, 438
Datenverlust	OLG Dresden vom 5.9.2012, 4 W 961/12, Schadensersatz bei Löschung von Daten in E-Mail-Account, ZD 2013, 232 OLG Oldenburg vom 24.11.2011, 2 U 98/11, Datenverlust als Eigentumsverletzung, ZD 2012, 177

	LG Duisburg vom 25.7.2014, 22 O 102/12, Schadensersatz für Datenverlust durch Server-Crash, MMR 2014, 735
Deep Links	LG Berlin vom 29.6.2004, CR 2005, 382 (Nutzungsbedingungen erlauben nur Links, nicht „Deep Links")
	BGH vom 17.7.2003, CR 2003, 920 – Paperboy, kein urheberrechtlicher Störungszustand, wenn der Zugang zu dem Werk durch das Setzen von Hyperlinks, auch in der Form von Deep Links erleichtert wird (LS 2.B)
	Sobola/Kohl, Haftung von Providern für fremde Inhalte, CR 2005, 443 (zu § 11 TDG)
Digitale Signatur, JobCard	*Herchenbach*, Datenschutz und digitale Signatur, K&R 2000, 235
	Roßnagel/Hornung, Die JobCard – „Killer-Application" für die elektronische Signatur?, K&R 2004, 263
DLP-Systeme	*Conrad/Hausen*, Einsatz von Data Loss Prevention Systemen in Unternehmen, CR 2011, 797
DRM, Sperren (s.a. Asset-Tracking)	
eBay-Bewertung, Abwehr, Löschung schlechter Bewertungen? Sperrung wegen schlechter Bewertungen?	AG Koblenz vom 2.4.2004, CR 2005, 72
	LG Potsdam vom 21.7.2004, CR 2004, 350
	LG Berlin vom 28.12.2004, CR 2005, 372 (Sperrung)
	LG Berlin vom 27.10.2005, MMR 2006, 46: Bewertungsdatenbank
	VG Berlin vom 17.3.2014, VG 14 L 410.13, Verbraucherinformation mittels Smiley-Liste, ZD 2014, 324 (Ls.)
E-Discovery	*Brisch/Laue*, E-Discovery und Datenschutz, RDV 2010, 1
	Özbek, Datenschutzkonformer Einsatz von E-Discovery-Systemen, DuD 2020, 576
E-Health (s.a. Karteien)	OLG Brandenburg vom 11.6.2014 – 11 U 2/13, Anfechtung eines Versicherungsvertrags wegen rechtswidrig beschafften Gesundheitsdaten
	Goetz, eHealth: Welchen Nutzen erwartet der Bürger?, DuD 2010, 811
	Balfanz/Laue, Transformation und elektronische Patientenakte, DuD 2010, 815
	Haase/Heermann/Klügel, Blutuntersuchungen im Bewerbungsverfahren, DuD 2010, 819
	Petri, Datenschutz im Krankenhaus, DuD 2010, 2006
	Spohr, Elektronisches Patientendossier, DSRI Tagungsband Herbstakademie 2010, 119
Einwilligungserklärung von Kunden/im Internet	LG Berlin vom 28.10.2014 – 16 O 60/13, Einwilligung in die Datenweitergabe bei Facebook
	LG Berlin vom 30.4.2013, 15 O 92/12, Datenschutzklauseln von Apple
	AG Elmshorn vom 25.4.2005, Az. 49 C 54/05: Nach § 4a Abs. 1 S. 2 BDSG ist ein Hinweis auf die Folgen der Verweigerung einer Einwilligungserklärung erforderlich, wenn sich die Folgen einer Weigerung nicht schon klar aus den Umständen ergeben. Eine Einwilligungserklärung, die lediglich mit „Datenschutz" überschrieben ist, vermittelt

	dem Verbraucher nicht ausreichend transparent, dass es sich um eine Einwilligung nach § 4a BDSG handelt. OLG München vom 12.1.2012, 29 U 3926/11, Datenschutznormen sind keine Marktverhaltensregeln, ZD 2012, 330 LG Köln vom 8.6.2011, 28 O 859/10, Fotowerbung eines ehemaligen Callgirls, ZUM 2012, 511 *Ohly*, Zwölf Thesen zur Einwilligung im Internet, GRUR 2012, 983
E-Learning	*Gola/Wronka*, Handbuch Arbeitnehmerdatenschutz, 6. Aufl. 2013, S. 317f.
Elektronische Gesundheitskarte	LSG Hessen vom 26.9.2013, L 1 KR 50/13, Pflichtangaben auf elektronischer Gesundheitskarte nicht rechtswidrig, ZD 2014, 160 SG Berlin vom 7.11.2013, S 81 KR 2176/13 ER, Foto und Unterschrift auf elektronischer Gesundheitskarte, ZD 2014, 207 SG Düsseldorf vom 28.6.2012, S 9 KR 111/09, Einführung der elektronischen Gesundheitskarte (eGK), ZD 2012, 532
ELENA	*Warga*, Das ELENA-Konzept, DuD 2010, 216
E-Mail-Werbung	BGH vom 17.7.2008 – I ZR 187/05: FC Troschenreuth – Zur konkludenten Einwilligung in den Erhalt von Werbung durch Bereitstellung einer E-Mail-Adresse auf einer Vereinswebsite.
Entmündigung	BVerfG vom 9.3.1988, NJW 1988, 2031 – Entmündigung I: Öffentliche Bekanntmachung der Entmündigung wegen Verschwendung oder wegen Prunksucht nach § 687 ZPO ist mit dem allgemeinen Persönlichkeitsrecht nicht vereinbar BVerfG vom 11.6.1991, CR 1992, 368 – Entmündigung II: Verletzung des allgemeinen Persönlichkeitsrechts, wenn das Gericht ohne hinreichende Abwägung der betroffenen Belange von einer Offenbarungspflicht seitens des Mieters, der entmündigt war, ausgeht.
E-Payment	*Werner*, Datenschutzprobleme des elektronischen Zahlungsverkehrs, CR 1997, 48 *Pausch*, Risikobetrachtung des elektronischen Zahlungsverkehrs mit EC-Karten und Kreditkarten, CR 2004, 308 (mit Besonderheiten bei der Internet-Nutzung und zum Ausspähen am Geldausgabeautomaten) *Appt*, Rechtsfragen bei der Abwicklung von Zahlungsströmen über E-Commerce-Plattformen, DSRI Tagungsband Herbstakademie, 2010, S. 769 *Brandenburg/Leuthner*, Local Commerce-Einsatz von Mobile Payment-Lösungen, ZD 2015, 111
E-Postbrief	*Schulz*, Datenschutz beim E-Postbrief, DuD 2011, 263
„E-Pranger", Schuldnerspiegel, Online-Archive, Persönlichkeitsrecht (auch in Verbindung mit Schmerzensgeld), Meinungsfreiheit (s. a. Scoring)	BVerfGE 35, 202 – „Lebach" – Recht des Einzelnen, selbst bestimmen zu können, ob über ihn und eine bestimmte Tat in der Öffentlichkeit dargestellt werden darf. Auch eine Straftat, die öffentliches Aufsehen erregte, reicht als Rechtfertigung für eine spätere Darstellung dieser Tat nicht aus. (Möglicherweise eine der interessantesten Referenzstellen zum Vergleich mit modernem Persönlichkeits-Bild, letzteres orientiert an „Big-Brother" und anderen Shows. Eine Art Schritt in Richtung auf das Volkszählungsurteil BVerfGE 65, 1.)

BVerfGE 56, 37 – Auskunftspflicht im Konkursverfahren/Selbstbezichtigung. Auskunftspflicht des Gemeinschuldners im Konkursverfahren besteht ungeachtet der Tatsache, dass die entsprechenden Auskünfte eine strafgerichtliche Relevanz haben (können). Gegenüber den Gläubigern ist also ein etwaiges Interesse des Gemeinschuldners nachrangig, während evtl. anderweitige Verwendung dieser Informationen zu einer Zweckentfremdung und somit evtl. zu einem (analogen) Verwertungsverbot führen kann.

BVerfG vom 24.3.1998, NJW 1998, 2889: Öffentliche Nennung des eigenen Namens im Fall des sexuellen Missbrauchs durch den Vater: Die Nennung des eigenen Namens im Zusammenhang mit einer von Art. 5 I 1 GG geschützten Äußerung nimmt am Schutz der Meinungsfreiheit und des allgemeinen Persönlichkeitsrechts teil.

BVerfG 25.11.1999, NJW 2000, 1859: Kein Anspruch von Straftätern nach Verbüßung der Straftat darauf, in der Öffentlichkeit nicht mehr mit der Straftat konfrontiert zu werden. Keine Verletzung des allgemeinen Persönlichkeitsrechts oder des Resozialisierungsanspruchs in erheblicher Weise, wenn der Täter nur für Personen, die ihn ohnehin kennen, identifizierbar ist.

AG Charlottenburg vom 22.3.2000, MMR 2000, 772: Anprangerung durch Einstellen der Informationen über Verurteilungen ins Internet, Schmerzensgeldanspruch

OLG Saarbrücken vom 12.9.2001, 1 BvR 1806/98, DB 2002, 526: Weitergabe der Information über 233 DM Forderungsrückstand

AG Bielefeld vom 2.10.2001, 41 C 549/01, DB 2002, 525: Kein Anspruch des Schuldners gegenüber der Schufa auf Untersagung der Weitergabe dieser Information nach Zahlungsausgleich

zum „Schuldnerspiegel": BVerfG vom 9.10.2001, CR 2002, 363 (Unterlassungsgebot bei Schuldnerspiegel im Internet); zivilrechtliche Verwertung von Zeugenaussagen über Inhalte mitgehörter Telefonate: BVerfG vom 9.10.2002, NJW 2002, 3619

AG Düsseldorf vom 13.11.2002, 232 C 5842/02, MMR 2003, 204: Keine Unterlassungserklärung gegen Schufa-Scoring;

LG Kassel, Beschluss v. 10.5.2007 – Az.: 1 T 75/07:
Die Veröffentlichung eines Kfz-Kennzeichens auf einer Webseite verletzt den betreffenden Fahrzeuginhaber nicht in seinem Allgemeinen Persönlichkeitsrecht.

Dies wäre nur bei Vorliegen weiterer Umstände der Fall, zB wenn die Informationen mit einem Aufruf veröffentlicht würden, den PKW zu beschädigen. Es liegt auch keine Datenschutzverletzung vor, da keine automatisierte Verarbeitung iSd § 1. Abs. 2 Nr. 3 BDSG gegeben ist.

BVerfG vom 11.7.2007, 1 BvR 1025/07: Berücksichtigung des Datenschutzes bei der Abtretung von Forderungen

AG Ploen, Urteil v. 10.12.2007 – Az.: 2 C 650/07: Die Meldung an die SCHUFA stellt einen schweren Eingriff in das Persönlichkeitsrecht dar. Deshalb darf eine Meldung eines Unternehmens dann nicht erfolgen, wenn die Zahlungsverpflichtung bestritten wird.

LG Koblenz, Urteil v. 17.4.2008 – Az.: 1 O 484/07:
Die Veröffentlichung personenbezogener Daten im Web in Form eines Schuldnerverzeichnisses ist unzulässig und begründet einen Löschungs- und Unterlassungsanspruch.

LG Köln, Urteil v. 30.1.2008 – Az.: 28 O 319/07: Ein Internet-Portal, auf dem Lehrer bewertet werden (hier: spickmich.de), ist grundsätzlich rechtlich erlaubt, soweit dort nur wahre Tatsachenbehauptungen oder zulässige Meinungsäußerungen der Schüler veröffentlicht werden.
BGH, Urt. v. 23.6.2009 – VI ZR 196/08 – spickmich.de
BGH Urt. v. 1.2.2011 – VI ZR 345/09, K&R 2011, 331: Bereithalten identifizierender Berichterstattung über Straftäter zulässig
Schilde-Stenzel, „Lehrevaluation" oder Prangerseite im Internet: www.meinprof.de – Eine datenschutzrechtliche Bewertung, RDV 2006, 104
Greve/Schärdel, Der digitale Pranger – Bewertungsportale im Internet, MMR 2008, 644
Feldmann, Internet-Archive, DSRI Tagungsband Herbstakademie 2010, 207
Schmidtz/Siry, Online-Archive – „Die ewige Pranger im Internet?", DSRI Tagungsband Herbstakademie 2010, 217
BGH vom 11.12.2012, VI ZR 315/10, Berichterstattung über angebliche Tätigkeit als inoffizieller Mitarbeiter, ZUM 2013, 207
BGH vom 13.11.2012, VI ZR 330/11, Berichterstattung im Internet – Online-Archiv, MMR 2013, 194
BGH vom 30.10.2012, VI ZR 4/12, Bereithalten von Altmeldung im „Online-Archiv" einer Zeitung, MMR 2013, 195
BGH vom 8.5.2012, VI ZR 217/08, Internationale Zuständigkeit bei Internetveröffentlichungen, MMR 2012, 703
BGH vom 17.4.2012, VI ZR 140/11, Örtliche Zuständigkeit bei Internetveröffentlichungen mit persönlichkeitsrechtsverletzenden Inhalten, MMR 2012, 486
BGH vom 27.3.2012, VI ZR 144/11, Überprüfungspflichten eines Informationsportalbetreibers – RSS-Feeds, MMR 2012, 623
BGH vom 20.12.2011, VI ZR 261/10, Online-Berichterstattung über die Zugehörigkeit zu einer politischen Vereinigung, MMR 2012, 256
BGH vom 25.10.2011, VI ZR 332/09, Verletzung des allgemeinen Persönlichkeitsrechts bei Berichterstattung über Mitwirkung in kommerziellem Erotikfilm, ZD 2012, 130
BVerfG vom 3.3.2014, 1 BvR 1128/13, Nicht anonymisierte Veröffentlichung einer berufsgerichtlichen Entscheidung im Ärzteblatt, ZD 2014, 408
BVerfG vom 17.9.2012, 1 BvR 2979/10, Bezeichnung eines Rechtsanwalts als „rechtsextrem" und „rechtsradikal", MMR 2013, 127
BVerfG vom 7.12.2011, 1 BvR 2678/10, Unterlassungsanspruch bei kritischen Äußerungen gegen Vertreter der „grünen Gentechnik", NJW 2012, 1643
BVerfG vom 12.9.2011, 2 BvR 1206/11, Verfassungsrechtlicher Eilrechtsschutz gegen im Internet abrufbare ehrverletzende Äußerung des Dienstherrn, ZD 2012, 35
EGMR vom 19.2.2013, 40397/12, Einschränkung der Meinungsfreiheit bei der Geltendmachung von urheberrechtlichen Ansprüchen, ZD 2013, 394
EuGH vom 25.10.2011, C-509/09 und C-161/10, Gerichtliche Zuständigkeit und Heimatstaat-Kontrolle bei Verletzung von Persönlichkeitsrechten im Internet, MMR 2012, 45

KG vom 8.11.2012, 10 W 81/12, Zum Streitwert einer mit einer Printveröffentlichung inhaltsgleichen Online-Veröffentlichung, GRUR-Prax 2013, 348

KG vom 30.1.2012, 10 U 85/11, Verfassungsmäßigkeit der Anforderungen an eine ordnungsgemäße Wiedergabe einer Gegendarstellung im Internet, AfP 2012, 474

LG Berlin vom 26.7.2012, 27 O 14/12, Persönlichkeitsrechtsverletzung durch Bearbeitung von Aufnahmematerial für eine Fernsehserie mit dem Ziel, eine Person lächerlich zu machen und zu verspotten, GRUR-Prax 2012, 514

LG Berlin vom 27.3.2012, 15 O 377/11, Haftung des Anbieters einer Internetenzyklopädie, ZUM-RD 2012, 399

LG Braunschweig vom 5.10.2011, 9 O 1956/11, Hyperlink auf persönlichkeitsrechtsverletzende Inhalte, MMR 2012, 64

LG Essen vom 30.8.2012, 4 O 263/12, Eilrechtsschutz gegen „Porno-Pranger", MMR 2012, 845

LG Hamburg vom 21.10.2011, 324 O 283/11, Unterlassungsanspruch bzgl. der Berichterstattung über ein durchgeführtes Insolvenzverfahren den Anspruchsteller betreffend, AfP 2012, 79

LG Köln vom 29.2.2012, 28 O 840/11, Identifizierende Berichterstattung über Betrugsverdacht, ZUM-RD 2013, 143

LG Köln, vom 28.10.2011, 28 O 557/11, Festhalten an Tatvorwurf gegenüber einem von der Tat Freigesprochenen in einem veröffentlichten Interview, GRUR-Prax 2012, 13

LG Köln vom 11.5.2011, 28 O 72/11, Wiedergabe eines Zeitungsberichts in Internetforum, ZUM 2012, 900

LG Münster vom 26.11.2013, 04 O 13/13, Identifizierende Berichterstattung im Internet, MMR 2014, 494

LG Rostock vom 4.4.2012, 3 O 748/11, Verbreiten einer ehrverletzenden Äußerung durch Wiedergabe eines Zitats, AfP 2012, 492

LG Saarbrücken vom 14.2.2014, 13 S 4/14, „Virtuelle Grabstätte" und Kondolenzeinträge im Internet, ZD 2014, 423

OLG Braunschweig vom 24.11.2011, 2 U 89/11, Nichtgenehmigte textliche Wiedergabe einer E-Mail in einer Presseveröffentlichung, ZD 2012, 526

OLG Frankfurt aM vom 7.2.2011, 25 W 41/10, Gerichtsstand bei Verbreitung einer Presseäußerung im Internet, MMR 2012, 259

OLG Hamburg vom 29.11.2011, 7 U 80/11, Verpflichtung zur Anonymisierung eines im Internet abrufbaren älteren Artikels über ein eingestelltes Strafverfahren, AfP 2012, 172

OLG Hamm vom 23.5.2011, II-8 UF 77/11, Anwendbarkeit des Gewaltschutzgesetzes bei Kontaktaufnahme über Fernkommunikationsmittel, MMR 2012, 129

OLG Karlsruhe vom 14.10.2011, 14 U 56/11, Internetveröffentlichung in Romanform, ZUM 2012, 490

OLG Koblenz vom 15.1.2014, 5 U 1243/13, Einstellen von Videos eines Bordellbesuchers ins Internet, ZD 2014, 197

OLG Köln vom 22.11.2011, 15 U 91/11, Laienprivileg eines Forenbetreibers, MMR 2012, MMR 197

	OLG Köln vom 15.11.2011, 15 U 62/11, Recht am eigenen Bild eines Inhaftierten beim Hofgang in der Justizvollzugsanstalt, ZUM 2012, 703
OLG Saarbrücken vom 13.6.2012, 5 U 5/12, Ungenehmigte Veröffentlichung von E-Mails im Internet, ZD 2014, 56 (Ls.)
Krüger/Backer, Online-Archive und Persönlichkeitsschutz – gesetzgeberischer Handlungsbedarf?, WRP 2012, WRP Jahr 2012, 1211
Spindler, Persönlichkeitsrecht und Datenschutz im Internet – Anforderungen und Grenzen einer Regulierung, NJW-Beil. 2012, 98
Erhebung von Arbeitnehmerdaten zu Zwecken der Mitgliederwerbung	BSG vom 28.11.2002, B 7/1 A 2/00 R, RDV 2003, 142: Kein Recht der Ersatzkassen zur Erhebung von Arbeitnehmerdaten zu Zwecken der Mitgliederwerbung
Erkennungsdienstliche Daten (s. a. Speicherung personenbezogener Daten durch die Polizei)	
Erschleichen von personenbezogenen Daten	LG Münster vom 14.9.2011, 016 O 150/10, Erschleichen einer Übermittlung personenbezogener Daten, ZD 2012, 476
Falschauszeichnung (des Preises) im Internet	BGH vom 26.1.2005, CR 2005, 355 (§ 119 BGB)
Fernsehaufnahmen im Gericht	BVerfG vom 31.7.2014, 1 BvR 1858/14, Beschränkung von Ton- und Bildaufnahmen im Gerichtssaal, ZD 2014, 519
BVerfG vom 30.3.2012, 1 BvR 711/12, (Einstweilige) Zulassung von Fernsehaufnahmen anlässlich eines Strafverfahrens, ZD 2012, 329
BVerfG vom 24.1.2001, NJW 2001, 1633: (Un-)Zulässigkeit von Fernsehaufnahmen in Gerichtsverhandlungen.
Firmenkreditkarte	*Conrad* in Schneider, Handbuch des EDV-Rechts, 4. Aufl. 2009, S. 200
Fotoaufnahmen, Lichtbildabgleich (s. a. Biometrie sowie Fotoaufnahmen im Beschäftigungsverhältnis)	BVerfG vom 31.3.2000 – 1 BvR 1454/97, 1 BvR 1353/99: Besonders bekannt wurde diese Entscheidung des BVerfG im Hinblick auf die Rechte des Kindes hinsichtlich Fotos und bestimmter Äußerungen vor Veröffentlichungen. Die Grundsatzentscheidung war wohl die vom 15.12.1999, 1 BvR 653/99 mit den Fotos von diversen Kindern bzw. von verschiedenen Konstellationen. Gemäß dieser Entscheidung wurde das Verfahren zur erneuten Entscheidung an den BGH zurückverwiesen, soweit es um Bilder ging, die die Beschwerdeführerin mit ihren Kindern zeigen. Der BGH hatte nach Ansicht des Gerichts den das allgemeine Persönlichkeitsrecht verstärkenden Einfluss von Art. 6 GG nicht berücksichtigt.
BVerwG vom 9.3.2005, Az. 6 C 3.04: das Recht auf informationelle Selbstbestimmung schützt auch vor der unberechtigten Weitergabe personenbezogener Daten von einer staatlichen Stelle zu einer anderen.

	BVerfG vom 2.5.2006 – 1 BvR 507/01: Persönlichkeitsschutz bei der Verbreitung von Luftaufnahmen bei der Anwesenheit Prominenter
BayObLG vom 27.8.2003, 1 ObOWi 310/03, NJW 2004, 241: Fahreridentifizierung durch zwischenbehördlichen Lichtbildabgleich: (1) Unzureichende Beachtung der datenschutzrechtlichen Bestimmungen ist kein Verfahrenshindernis; (2) idR kein Beweisverwertungsverbot – 2b II, III PersAuswG; 46 I. II OWiG, 161 I 1 StPO
BGH vom 8.4.2014, VI ZR 197/13, Bildberichterstattung über das Mieterfest einer Wohnungsbaugenossenschaft – Recht auf Vergessen, ZD 2014, 468
BVerwG vom 28.3.2012, 6 C 12.11, Untersagung von Bildaufnahmen eines Polizeieinsatzes – Anonymitätsschutz für SEK, ZD 2012, 535
EuGH vom 15.3.2012, C-292/10, Gerichtsstand bei Klage wegen unzulässiger Fotoveröffentlichung im Internet, MMR 2012, 560
KG vom 28.4.2011, 10 U 196/10, Haftung einer Presseagentur für nicht vollständig verpixeltes Fotomaterial, MMR 2012, 258
LG Berlin vom 27.9.2011, 16 O 484/10, Unberechtigte Nutzung von Fotografien geschützter Werke, ZUM 2012, 64
LG Düsseldorf vom 16. November 2011, 12 O 438/10, Veröffentlichung eines Nacktbildes eines Modells in Programmheft, ZUM-RD 2012, 407
LG Köln vom 11.1.2012, 28 O 627/11, Veröffentlichung von Fotos eines einen Prominenten fotografierenden Journalisten, AfP 2012
OLG Koblenz vom 20.5.2014, 3 U 1288/13, Anspruch auf Löschung intimer Aufnahmen nach Beziehungsende, ZD 2014, 568
OVG Berlin-Brandenburg vom 29.4.2014, OVG 12 S 23.14, Abrufbarkeit von Beweisfotos im Internet, ZD 2014, 488
OVG Lüneburg vom 19.6.2013, 11 LA 1/13, Identitätsfeststellung beim Anfertigen von Nahaufnahmen bei Polizeieinsätzen, ZD 2013, 523
Fotoaufnahmen im Beschäftigungsverhältnis/ Firmenwebsite	ArbG Frankfurt/M. vom 20.6.2012, 7 Ca 1649/12, Mitarbeiterfoto auf Firmenwebsite, ZD 2012, 530
LAG Hessen vom 24.1.2012, 8 A 1303/11, Löschungsanspruch von persönlichen Daten eines ausgeschiedenen Arbeitnehmers auf Website, ZD 2012, 284
LAG Rheinland-Pfalz vom 30.11.2012, 6 Sa 271/12, Belegschaftsfoto im Internet, ZD 2013, 286
Framing (s. a. Deep Link)	LG vom Berlin vom 29.6.2004, CR 2005, 3822
Zum „unzulässigen" Frauming s. LG München I vom 14.11.2002, CR 2003, 526: Zulässig, da derjenige, der Webseiten ins Internet stellt mit Verweisen rechnen muss und hiermit grundsätzlich einverstanden ist. Auch Framing rechtfertigt weder wettbewerbsrechtliche noch urheberrechtliche Ansprüche im konkreten Fall.
Frühwarnsysteme	*Winter/Lampesberger/Zeilinger/Hermann*, Anomalieerkennung in Computernetzen, DuD 2011, 235
Petersen/Pohlmann, Ideales Internet-Frühwarnsystem, DuD 2011, 241
Engelbert/Freiling/Göbel/Gorecki/Holz/Hund/Trinius/Willems, Das Internet-Malware-Analyse-System (InMAS), DuD 2011, 247

Anhang: Ausgewählte Verfahren mit Rechtsprechungs- und Literaturbeispielen   597   § 34

	Brunner/Hofinger/Roblee/Schoo/Todt, DuD 2011, 253
	Birkholz/Elfers/Samjeske/Sohr, Unternehmensübergreifender Austausch von sicherheitsrelevantem Wissen, DuD 2011, 258
Gegnerliste einer Kanzlei (Eingriff in Allg. PersönlichkeitsR der Gegner)	LG Essen vom 26.9.2012, 4 O 263/12, Unterlassungsanspruch gegen Veröffentlichung einer „Gegnerliste" auf der Homepage einer Rechtsanwaltskanzlei, K&R 2012, 830 KG Berlin vom 30.9.2005, MMR 2005, 169
Gesundheitstest (HIV-, Alkohol-, Drogentest) (Auch zur Frage, ob bei Gesundheitsdaten § 32 anzuwenden ist oder § 28 Abs. 6 BDSG.)	Sehr streitig, ob von Bewerbern ein Blut-/Drogentest verlangt werden darf, zumindest wenn dies wesentlich für die Eignung des Bewerbers ist (Schadensneigung der konkreten Beschäftigung). BAG NJW 2000, 604 ff.: Arbeitnehmer sind nicht verpflichtet, routinemäßigen Blutuntersuchungen zuzustimmen. *Gola/Wronka*, Handbuch Arbeitnehmerdatenschutz, 6. Aufl. 2013, S. 143 ff.
GPS, IMSI-Catcher, Handy-Ortung, Überwachung uÄ	BGH vom 4.6.2013, 1 StR 32/13, Überwachung von Personen mittels GPS-Empfänger am Fahrzeug, ZD 2013, 502 BGH vom 15.5.2013, XII ZB 107/08, Detektivkosten als erstattungsfähige Parteikosten im Unterhaltsprozess (GPS), NJW 2013, 2668 BGH vom 21.11.2012, 1 StR 310/12, Verwertbarkeit von Erkenntnissen mittels ausländischer Telefonüberwachung, ZD 2013, 278 BVerfG vom 17.9.2013, 2 BvR 2436/10 und 2 BvE 6/08, Beobachtung eines Abgeordneten durch den Verfassungsschutz, ZD 2014, 596 (Ls.) BVerfG vom 8.11.2012, 1 BvR 22/12, Observation eines aus der Sicherungsverwahrung Entlassenen, ZD 2013, 126 LG Ellwangen vom 28.5.2013, 1 Qs 130/12, Überwachung der Internetkommunikation und Verwertung von Gesprächen mit dem Verteidiger, ZD 2014, 33 LG Köln vom 21.8.2013, 34 T 179/13, Unzulässige Observierung eines Klägers im Haftungsprozess, ZD 2014, 477 LG Mannheim vom 18.10.2012, 4 KLs 408 Js 27973/08, Überwachung eines PKW mittels GPS, ZD 2013, 638 (Ls.) OLG Köln vom 3.8.2012, 20 U 98/12, Observierung des Versicherungsnehmers bei Verdacht auf Unrichtigkeit der Angaben, ZD 2013, 191 BVerfG vom 12.4.2005, 2 BvR 581/01; CR 2005, 569 (noch keine „Totalerhebung", noch kein „Vollbild"); s.a. BVerfG zum Problem der pauschalen Daten- „Vorsorge" durch Überwachung und Aufzeichnung der Telekommunikation; BVerfG vom 27.7.2005, 1 BVR 668/04 (Niedersächsisches Gesetz über die öffentliche Sicherheit und Ordnung) BVerfG vom 22.8.2006 – 2 BvR 1345/03: IMSI-Catcher zur Handy-Ortung verstößt nicht gegen Grundrechte, K&R 2007, 32 BVerfG vom 12.3.2003, CR 2003, 504: Fernmeldegeheimnis GG 10 und richterliche Anordnung der Auskunftserteilung über Verbindungsdaten; „Großer Lauschangriff": Verfassungsrechtliche Bewertung, zum Teil verfassungswidrig geregelt: BVerfG vom 3.3.2004, CR 2004, 343 = NJW 2004, 333

	BGH vom 24.1.2001, NJW 2001, 1658: Beweisermittlung mittels heimlich am Kfz angebrachten GPS-Recorder; BGH vom 21.2.1001, NJW 2001, 1587 – Positionsmeldung per Mobiltelefon; *Ernst,* CR 2003, 898: Bei WLAN wird „meist ... auch ein GPS-Empfänger hinzu gefügt, um die genaue Positionierung des Opfers („bei War-Driving") zu ermöglichen." Digitale Spurensicherung, Zentraler Diskussionspunkt auf der Innenministerkonferenz, 23./24.11.2000, CR 2001, 143 (Abwägung gegenüber der Rundum-Beobachtung); dazu auch „Datenschutzbeauftragte gegen Protokollierungspflicht für Provider", CR 2001, 65 *Abdallah/Gercke,* Verwertbarkeit privat veranlasster GPS-Peilung von gestohlenem Gut. Ist die privat veranlasste GPS-Peilung eines Fahrzeugs strafprozessual zulässig?, CR 2003, 298 *Dodel,* Weltweite Satellitensysteme für die persönliche Telekommunikation, Unterhaltung und Funkortung, CR 1997, 567 *Mörs,* Datenschutz beim Einsatz von Satelliten, CR 1996, 42 *Danckwerts,* Funkzellenabfrage gemäß § 100h Abs. 1 Satz 2 dann, CR 2002, 539, juristisch verglichen mit BverfG vom 2.8.1996, JZ 1996, 1175 – DANN-Vergleichsuntersuchung, Reihenuntersuchung (Blutprobe)
Honorarabtretung	BGH vom 10.7.1991, NJW 1991, 2955: Zahnarzthonorarabtretung BGH vom 17.5.1995: Factoring Anwalthonorar
Identifikation von Internet-Usern, IP-Adressen	OLG Köln vom 13.1.2006, MMR 2006, 321: keine Haftung für Käufe Dritter über den Account Begr. zu Personenbezug str. Es kommt nicht auf die Rechtmäßigkeit des Auskunftsersuchens an, sondern auf Möglichkeit/Aufwand der Zuordnungsmöglichkeit zu einer Person (s. a. § 3 Abs. 6 BDSG). OLG Hamburg, Beschl. v. 3.11.2010 – 5 W 126/10 – RDV 2011, 34: IP-Adresse kein personenbezogenes Datum. „*Dass das Ermitteln der IP-Adressen nach deutschem Datenschutzrecht rechtswidrig sein könnte, ist nicht ersichtlich, da bei den ermittelten IP-Adressen ein Personenbezug mit normalen Mitteln ohne weitere Zusatzinformation nicht hergestellt werden kann. Der Personenbezug wird erst durch die seitens der Staatsanwaltschaft nach §§ 161 Abs. 1 S. 1 und 163 StPO angeforderte oder gem. § 101 Abs, 9 UrhG gerichtlich angeordnete Auskunft des Providers ermöglicht. Das Erteilen derartiger Auskünfte hat der BGH in der vorerwähnten Entscheidung „Sommer unseres Lebens"* (dort Tz. 29) *ausdrücklich als rechtmäßig angesehen."* BVerfG vom 13.11.2010 – 2 BvR 1124/10, K&R 2011, 321: Auskunftersuchen zu IP-Adressen auch ohne Richtervorbehalt zulässig; nur punktueller Eingriff in Fernmeldegeheimnis; Art. 10 Abs. 1 GG knüpft nicht an TK-Begriff des TKG an (grundrechtl. Fernmeldegeheimnis kann auch für Telemediendienste gelten?). Je leichter eine Auskunft über IP-Adresse erlangt werden kann, um so eher spricht dies dafür, dass Personenbezug mit verhältnismäßigem Aufwand hergestellt werden könnte BVerfG vom 17.2.2011 – 1 BvR 3050/10: von einem Internetprovider kann nicht verlangt werden, dass er künftige IP-Adressen und Verbindungsdaten jeweils „auf Zuruf" speichert, bis das Gericht eine Anordnung an § 101 Abs. 2, 9 UrhG erlassen bzw. entspr. Antrag rechtskräftig zurückgewiesen hat.

	LG Frankfurt/M. vom 18.2.2014, 3–10 O 86/12, Datenschutz bei Webtracking mit Piwik, CR 2014, 266
	AG Bamberg vom 1.3.2012, 101 C 1912/11, Weitergabe unbestimmter dynamischer IP-Adressen, ZD 2013, 630
	BGH vom 28.10.2014 – VI ZR 135/13, Speicherung von IP-Adressen; Vorlage an den EuGH
	BGH vom 3.7.2014, III ZR 391/13, Kein Anspruch auf sofortige Löschung von IP-Adressen, ZD 2014, 461
	BGH vom 19.4.2012, I ZB 80/11, Voraussetzungen zur Geltendmachung eines urheberrechtlichen Auskunftsanspruchs gegen Internet Service Provider auf Zuordnung von IP-Adressen, MMR 2012, 689
	EuGH vom 24.11.2011, C-70/10, Keine allgemeine Verpflichtung zur Überwachung übermittelter Informationen, ZD 2012, 29
	LG Bamberg vom 24.5.2012, 3 S 44/12, Weitergabe unbestimmter dynamischer IP-Adressen, ZD 2013, 628
	LG Berlin vom 31.1.2013, 57 S 87/08, Allein (dynamische) IP-Adresse mit Zugriffszeitpunkt beim Website-Betreiber kein personenbezogenes Datum, ZD 2013, 618
	LG München I vom 12.1.2012, 17 HK O 1398/11, Pflicht zur Identifikation von WLAN-Hotspot-Nutzern, ZD 2012, 281
	OLG Düsseldorf vom 7.3.2013, I-20 W 121/12, I-20 W 5/13, Keine Erhebung und Speicherung von IP-Adressen durch Access-Provider, MMR 2013, 392
	OLG Frankfurt/M. vom 28.8.2013, 13 U 105/07, Anlassloses Speichern von IP-Adressen beim Provider für 7 Tage, ZD 2013, 614
	OLG Köln vom 23.1.2012, 6 W 13/12, Gewerbliches Ausmaß der Rechtsverletzung nur in der Verwertungsphase – IP-Daten-Abfrage, MMR 2012, 482
	OLG Köln vom 20.1.2012, 6 W 242/11, Keine Rechtsverletzung durch bloßen Einsatz von IP-Adressen, MMR 2012, 483
	OLG München vom 21.11.2011, 29 W 1939/11, Aufrechterhaltung einer Speicherung von Verkehrsdaten, MMR 2012, 764
	AG Koblenz vom 9.1.2015 – 411 C 250/14, Datenschutzverstoß bei Übermittlung von IP-Adressen
	Heidrich/Wegener, Datenschutzrechtliche Aspekte bei der Weitergabe von IP-Adressen, DuD 2010, 172
Informant/ Informationsquelle, Informationsfreiheit (siehe auch Staatlicher Umgang mit Daten)	FG Düsseldorf vom 1.6.2011, 4 K 3063/10 Z, Interner Abgleich von Mitarbeitern mit Namenslisten der EU-Verordnungen, ZD 2012, 297
	BayVGH vom 27.3.2014, 7 CE 14.253, Presserechtlicher Auskunftsanspruch bei „Schwabinger Kunstfund", ZD 2014, 379 (Ls.)
	BayVGH vom 14.5.2012, 7 CE 12.370, Presserechtlicher Auskunftsanspruch über das Geschäftsführergehalt, ZD 2012, 395
	BGH vom 27.11.2013, III ZB 59/13, Rechtsweg für die Geltendmachung des Akteneinsichtsrechts nach dem WpÜG, ZD 2014, 195
	BGH vom 30.11.2011, I ZB 56/11, Keine Einsicht in markenrechtliche Verfahrensakten Dritter nach IFG, ZD 2012, 175
	BGH vom 17.8.2011, V ZB 47/11, Recht von Presseorganen auf Grundbucheinsicht, ZD 2012, 37

BVerwG vom 27.11.2013, BVerwG 6 A 5.13, Einsichtsrecht in Akten des BND zu Uwe Barschel, ZD 2014, 430

BVerwG vom 18.7.2013, 4 CN 3.12, Bekanntgabe umweltbezogener Stellungnahmen vor Auslegung des Bebauungsplanentwurfs, ZD 2014, 323 (Ls.)

BVerwG vom 27.5.2013, 7 B 30.12, Informationspflicht einer öffentlich-rechtlichen Rundfunkanstalt, ZD 2014, 98

BVerwG vom 20.2.2013, 6 A 2.12, Presserechtlicher Auskunftsanspruch unmittelbar aus GG, ZD 2013, 463

BVerwG vom 15.11.2012, 7 C 1.12, Zugang zu Informationen des Bundesrechnungshofs, ZD 2013, 242

BVerwG vom 14.5.2012, 7 B 53.11, IFG-Anspruch eines Insolvenzverwalters gegen Finanzamt, ZD 2012, 534

BVerwG vom 3.11.2011, 7 C 4.11, Einsichtsrecht in Stellungnahme eines Bundesministeriums gegenüber dem Petitionsausschuss des Deutschen Bundestags, ZD 2012, 84

BVerwG vom 3.11.2011, 7 C 3.11, Bundesministerium als anspruchsverpflichtete Behörde nach dem IFG, ZD 2012, 346

BVerwG vom 23.6.2011, 20 F 21.10, Informationen über Trägerschaft und Handlungsfähigkeit einer Sparkasse, ZD 2012, 492 (Ls.)

EuGH vom 3.7.2014, C-350/12 P, Zugang zu Gutachten des Juristischen Dienstes des Rates, ZD 2014, 595 (Ls.)

EuGH vom 28.11.2013, C-576/12 P, Zugang zu Dokumenten der EU-Organe, ZD 2014, 192

EuGH vom 15.1.2013, C-416/10, Zugangsmöglichkeit der Öffentlichkeit zu Informationen über Anlagenstandort, ZD 2013, 326

EuGH vom 21.6.2012, C-135/11 P, Geheimhaltung eines Schreibens des damaligen Bundeskanzlers zum Airbus-Bau, ZD 2013, 24

EuGH vom 14.2.2012, C-204/09, Recht auf Zugang zu Umweltinformationen, ZD 2012, 269

EuG vom 12.9.2013 – T-331/11, Zugang zu EU-Dokumenten

FG Münster vom 25.6.2012, 15 K 874/10 AO, Verwaltungsrechtsweg für Ansprüche gegen die Finanzverwaltung aus dem IFG, ZD 2012, 443

LG Hamburg vom 2.9.2013, 629 Qs 34/13, Veröffentlichung von Akteilen aus strafrechtlichen Verfahren – Fall Mollath, ZD 2014, 146

LG Potsdam vom 24.1.2012, 51 O 53/11, Auskunftsanspruch eines Wettbewerbsvereins gegen Online-Plattformbetreiber, ZD 2012, 389

OLG Schleswig vom 24.5.2012, 15 WF 191/12, Akteneinsicht bei beendetem Verfahren, ZD 2012, 472

OLG Stuttgart vom 27.6.2012, 8 W 228/12, Einsichtsrecht von Presseorganen in Grundbuch, ZD 2012, 431

OVG NRW vom 6.5.2015, 8 A 1943/13, Informationszugang zu gerichtlichem Telefonverzeichnis

OVG Berlin-Brandenburg vom 7.3.2014, OVG 6 S 48.13, Presserechtlicher Auskunftsanspruch zu Flughafen BER, ZD 2014, 648 (Ls.)

OVG Berlin-Brandenburg vom 10.12.2013, OVG 6 S 36.13, Presserechtlicher Auskunftsanspruch zu Schreiben von Edward Snowden, ZD 2014, 539

OVG Berlin-Brandenburg vom 13.11.2013, OVG 12 B 21.12, Einsicht in Ausarbeitung der Wissenschaftlichen Dienste des Deutschen Bundestags, ZD 2014, 434

OVG Berlin-Brandenburg vom 12.9.2013, OVG 6 S 46.13, Presserechtlicher Auskunftsanspruch gegen Bundestagsverwaltung wegen Tablets und Smartphones, ZUM 2014, 260

OVG Berlin-Brandenburg vom 7.6.2012, OVG 12 B 34.10, Auskunft zu Sachleistungen für Bundestagsabgeordnete, ZD 2013, 638 (Ls.)

OVG Berlin-Brandenburg vom 14.5.2012, OVG 12 S 12.12, Berechtigter Zugang zu Umweltinformationen, ZD 2012, 441

OVG Berlin-Brandenburg vom 20.3.2012, OVG 12 B 27.11, Zugang zu Informationen des Bundeskanzleramts, ZD 2012, 581 (Ls.)

OVG Berlin-Brandenburg vom 28.10.2011, OVG 10 S 33.11, Auskunftsanspruch wegen früherer Dienste für die Stasi, ZD 2012, 349

OVG Lüneburg vom 20.2.2013, 5 LA 101/12, Information der Presse über Ermittlungsverfahren gegen Beamten, ZD 2013, 468

OVG Münster vom 22.11.2001, 1 A 4855/99: Datenschutzrechtlicher Auskunftsanspruch eines Beamten gegenüber dem Dienstherrn auf Benennung eines Informanten

OVG NRW vom 15.1.2014, 8 A 467/11, Anwendbarkeit des IFG auf den Gemeinsamen Bundesausschuss des Bundesrats, ZD 2014, 324 (Ls.)

OVG NRW vom 18.12.2013, 5 A 413/11, Gesetzgebungskompetenz für den presserechtlichen Auskunftsanspruch gegenüber Bundesbehörden, K&R 2014, 144

OVG NRW vom 4.1.2013, 5 B 1493/12, Landesrechnungshof als auskunftsverpflichtete Stelle, ZD 2013, 639 (Ls.)

OVG NRW vom 27.6.2012, 5 B 1463/11, Presserechtlicher Auskunftsanspruch hinsichtlich Razzia der Steuerfahndung, ZD 2013, 45

OVG NRW vom 9.2.2012, 5 A 166/10, Informationsansprüche eines Journalisten gegen den WDR, ZD 2012, 288

OVG NRW vom 26.10.2011, 8 A 2593/10, Bundesrechnungshof als auskunftsverpflichtete Behörde nach dem IFG, ZD 2012, 400 (Ls.)

OVG Schleswig vom 6.12.2012, 4 LB 11/12, Abgeschlossene Steuerakten unterliegen dem datenschutzrechtlichen Auskunftsanspruch und dem Informationsfreiheitsrecht, ZD 2013, 290

VG Aachen vom 17.7.2013, 8 K 532/11, Informationszugang zu einem gerichtlichen Telefonverzeichnis, ZD 2014, 109

VG Ansbach vom 27.5.2014, AN 4 K 13.01194, Kein Anspruch auf Telefonlisten/E-Mail-Adressen von BfA-Beschäftigten, ZD 2014, 492

VG Augsburg vom 29.1.2014, Au 7 E 13.2018, Auskunft über beschlagnahmte Nazi-Raubkunst, ZD 2014, 324 (Ls.)

VG Berlin vom 27.6.2014, VG 27 L 274.14, Reichweite des presserechtlichen Auskunftsanspruchs, ZUM 2014, 918

VG Berlin vom 14.9.2012, VG 2 K 185.11, Anspruch auf Zugang zu Dokumenten des Deutschen Bundestags, ZD 2013, 640 (Ls.)

VG Berlin vom 31.7.2012, VG 27 L 137/12, Bekanntgabe der Zielvereinbarungen für Olympia, ZD 2012, 537

	VG Berlin vom 1.12.2011, VG 2 K 91.11, Einsicht in Ausarbeitung der Wissenschaftlichen Dienste des Deutschen Bundestages, ZD 2012, 399
	VG Braunschweig vom 26.6.2013, 5 A 33/11, Wissenschaftsfreiheit und geistiges Eigentum begrenzen die Informationsfreiheit, ZD 2014, 318
	VG Bremen vom 28.7.2014, 4 K 362/13, Zugang zu Schriftwechsel eines LfDI, ZD 2014, 648 (Ls.)
	VG Cottbus vom 19.9.2013, 1 L 219/13, Pressrechtlicher Informationsanspruch, ZUM 2014, 411
	VG Düsseldorf vom 16.11.2011, 26 L 1431/11, Auskunftsrecht über Steuerfahndungs-Einsatz, ZD 2012, 188
	VG Koblenz vom 13.6.2013, 4 K 191/13.KO, Auskunft über den Inhalt eines Landpachtvertrags, ZD 2014, 56 (Ls.)
	VG Köln vom 18.7.2013, 13 K 5610/12, Herausgabe von Gesetzgebungsunterlagen zum Kernenergieausstieg, ZUR 2013, 559
	VG Köln vom 4.7.2013, 13 K 5751/12, Herausgabe von Notrufmitschnitten, ZD 2014, 380
	VG Köln vom 13.9.2012, 13 L 1121/12, Tonbandmitschnitte von Notrufen, ZD 2013, 96 (Ls.)
	VG Leipzig vom 10.1.2013, 5 K 981/11, Informationsanspruch auf Bekanntgabe von Behörden-Durchwahlnummern, ZD 2013, 193
	VG München vom 5.9.2013, M 17 K 12.4719, Nichtanwendbarkeit des IFG auf Behörden und landesunmittelbare Körperschaften des Freistaats Bayern, ZD 2014, 216
	VG Stuttgart vom 12.7.2012, 4 K 3842/11, Gleichbehandlungsanspruch bei Informationsherausgabe, ZD 2012, 585
	VG Wiesbaden vom 15.3.2013, 6 K 1374/11.WI, Einsicht in die Haushaltsbücher der Einkommens- und Verbraucherstichprobe 2008, ZD 2014, 648 (Ls.)
	VG Wiesbaden vom 7.3.2013, 6 K 1423/11.WI, Anspruch auf Informationen nach dem IFG, ZD 2014, 164 (Ls.)
	VGH Baden-Württemberg vom 25.3.2014, 1 S 169/14, Medienrechtlicher Auskunftsanspruch über Ergebnisse von Vergabeverfahren, ZD 2014, 588
	VGH Baden-Württemberg vom 25.10.2011, 3 S 1616/11, Gewährung von Akteneinsicht an Dritte, ZD 2012, 352 (Ls.)
	VGH Hessen vom 23.2.2012, 8 A 1303/11, Kein journalistischer Auskunftsanspruch gegen Ministerium, ZD 2012, 285
	VGH Kassel vom 3.7.2012, 6 B 1209/12, Informationszugang im Wege der einstweiligen Anordnung, ZD 2013, 43
	Zum Recht auf Eröffnung einer Informationsquelle, Huff, NJW 2001, 1622; Zuck, NJW 2001, 1623; Ernst, NJW 2001, 1624
Internationale Bezüge	Bezirksgericht Southern District of New York (SDNY) vom 25.4.2014, 13 Mag. 2814, US-Beschlagnahmebeschluss kann auch Cloud-Daten im Ausland umfassen, ZD 2014, 346
	EuGH vom 2.10.2014, C-101/13, Geburtsname auf Personaldatenseite im Pass, ZD 2014, 626
	EuGH vom 6.5.2014, C-43/12, Richtlinie zum grenzüberschreitenden Informationsaustausch bei Verkehrsdelikten nichtig, ZD 2014, 405

	EuGH vom 7.11.2013, C-473/12, Ausnahmen von der Informationspflicht bei Verarbeitung personenbezogener Daten, ZD 2014, 137
	EuGH vom 30.5.2013, C-270/11, Verspätete Umsetzung des EuGH-Urteils zur Vorratsdatenspeicherung durch Schweden, ZD 2013, 637 (Ls.)
	EuGH vom 16.10.2012, C-614/10, Unabhängigkeit der österreichischen Datenschutzkommission, ZD 2012, 563
	EuGH vom 12.7.2012, C-138/11, Verwertung von Daten im österreichischen Firmenbuch, ZD 2012, 522
	EuGH vom 24.11.2011, C-468/10 und C-469/10, Verarbeitung personenbezogener Daten und unmittelbare Wirkung des Art. 7 lit. f der DS-RL, ZD 2012, 33
	LG Barcelona vom 17.7.2014, 364/2014, Konturen des „Rechts auf Vergessenwerden", GRURPrax 2014, 537
	Schweiz. BG vom 31.5.2012, 1C_230/2011, Google Street View, ZD 2012, 492
	Schweiz. BG vom 17.4.2012, 4A_688/2011, Datenschutzrechtlicher Auskunftsanspruch des Kunden gegen seine Bank, K&R 2012, 843
	United States Foreign Intelligence Surveillance Court (FISC) vom 15.7.2013, Docket No. 105B(g) 07-01, Deklassifizierung von Dokumenten (PRISM), ZD 2013, 501
	US District Court, Southern District of California vom 11.3.2013, Civil No. 10-cv-1345-L (DHB), Datenübermittlung in die USA zu Beweiszecken, ZD 2013, 271
	VG Wiesbaden vom 9.8.2013, 6 L 778/13.WI, Sperrung personen bezogener Daten im Schengener Informationssystem, ZD 2014, 380 (Ls.)
	VG Wiesbaden vom 19.7.2013, 6 K 993/12.WI, Ausschreibung Unionsbürger zur Festnahme, ZD 2014, 380 (Ls.)
Karteien (Krankenkartei/ Patientenkartei/ Beratungskartei) s. a. E-Health	BGH vom 7.11.1973, NJW 1974, 602 – Praxisverkauf I.
	Dagegen: BGH vom 11.12.1991, NJW 1992, 737 – Praxisverkauf II: mit einem amtlichen Leitsatz der von den Gründen nicht getragen wird, wonach (...) die Veräußerung einer Arztpraxis, die den Veräußerer auch ohne Einwilligung der betroffenen Patienten verpflichtet, die Patienten- und Beratungskartei zu übergeben, (...) das informationelle Selbstbestimmungsrecht der Patienten und die ärztliche Schweigepflicht (Art. 2 Abs. 1 GG, § 203 StGB) verletzt, weshalb die Veräußerung wegen Verstoßes gegen ein gesetzliches Gebot nach § 134 BGB nichtig ist.
	BGH vom 22.5.1996, DB 1995, 1513: zu Verkauf Steuerberaterkanzlei.
	BVerfGE 27, 344: Scheidungsakten;
	BVerfGE 32, 373: Patientenkartei
	BVerfG vom 9.1.2006, NJW 2006, 1116: Recht auf Einsicht in Krankenunterlagen
	OLG München vom 6.9.2012, 14 U 4805/11, Einsicht des Versicherers in Patientenakte, DuD 2012, 908
Keyword, AdWords uÄ	LG Hamburg vom 16.2.2000, CR 2000, 392 (zur Rufausbeutung)
	LG Berlin vom 12.1.2001, K&R 2001, 171

	OLG Dresden vom 30.8.2005, MMR 2006, 326: Ad-Words als Markenrechtsverletzung *Härting/Schirmbacher* zu Hidden Content, Pop-Ups, Keyword Advertising ua Online-werbemethoden, ITRB 2005, 16
Kfz-Kennzeichen-erfassung, Kfz-Daten	AG Pforzheim vom 3.2.2014, 3 C 368/13, Datenspeicherung im Hinweis- und Informationssystem (HIS), ZD 2014, 577 BayVGH vom 17.12.2012, 10 BV 09.2641, Automatisierte Kennzeichenerfassung, ZD 2014, 544 (Ls.) BVerfG vom 11.3.2008 – 1 BvR 2074/05 und 1 BvR 1254/07: Automatisierte Erfassung von Autokennzeichen; LG Kassel vom 25.2.2014, 1 S 172/13, Speicherung von Fahrzeugdaten des Geschädigten in Meldesystem der Haftpflichtversicherer, ZD 2014, 363 LG Kassel, Beschluss v. 10.5.2007 – Az.: 1 T 75/07, Veröffentlichung eines KfZ-Kennzeichens auf einer Webseite OLG Naumburg vom 27.8.2014, 6 U 3/14, Rohdaten aus Geschwindigkeitsmessanlage, ZD 2014, 628 *Buschkamm/Rosak*, Kfz-Kennzeichenerfassung in Parkhäusern, ZD 2015, 354
KIS Kranken-hausinforma-tionssysteme	*Paul/Gendelev*, Outsourcing von Krankenhausinformationssystemen. Praxishinweise zur rechtskonformen Umsetzung, ZD 2012, 315
Kontonummern-Abgleich	Zur alten Rechtslage: BerlinLDSB, Jahresbericht 1995, S. 192 evtl. restriktiver seit 1.9.2009: *Petri*, Tagungsband 13. IRIS 2010, S. 309: nur massenhafter maschineller, weitgehend anonymer Abgleich zulässig
Kryptografie	DuD 2010, 747 ff.
Kündigung des Arbeitsver-hältnisses (Abmahnungen)	ArbG Duisburg vom 26.9.2012, 5 Ca 949/12, Beleidigende Äußerungen in Facebook, ZD 2013, 95 LAG Berlin-Brandenburg vom 11.4.2014, 17 Sa 2200/13, Kündigung wegen Veröffentlichung von Patientenfotos auf Facebook, ZD 2014, 481 LAG Hamm vom 16.9.2011, 10 TaBV 17/11, Außerordentliche Kündigung eines Organisationsprogrammierers wegen unbefugten Datenabrufs, ZD 2012, 183 LAG Hessen vom 5.8.2013, 7 Sa 1060/10, Kündigung eines Account-Managers wegen Datenlöschung, ZD 2014, 377 LAG Hessen vom 29.8.2011, 7 Sa 248/11, Kopieren von Kundendaten auf Privat-PC als Kündigungsgrund, ZD 2012, 139 LAG Köln vom 18.7.2012, 9 Sa 209/12, Kündigung wegen Missbrauchs des Dienstcomputers bei gelegentlicher erlaubter Privatnutzung, MMR 2013, 478 LAG Köln vom 2.2.2012, 6 Sa 304/11, Fristlose Kündigung wegen Strafanzeige gegen Arbeitgeber, RDV 2012, 258 LAG Rheinland-Pfalz vom 10.11.2011, 10 Sa 329/11, Kündigung wegen missbräuchlicher Verwendung von Kundendaten, ZD 2012, 437 LAG Rheinland-Pfalz vom 16.9.2011, 6 Sa 278/11, Kündigung wegen Verstoßes gegen Verschwiegenheitspflicht, ZD 2012, 133

	ArbG Berlin vom 19.9.2013, 59 Ca 179/13, Entfernungsanspruch von Abmahnungen im Kündigungsschutzprozess, ZD 2014, 94 BAG vom 19.4.2012, 2 AZR 186/11, Abmahnungserfordernis bei privater Internetnutzung durch leitenden Angestellten, MMR 2013, 199 LAG Hamm vom 17.2.2012, 10 TaBV 63/11, Auskunftsanspruch des Betriebsrats bei Abmahnungen, ZD 2012, 487
Lastschriftverfahren	BGH vom 23.1.2003, III ZR 54/02, NJW 2003, 1237: Lastschriftverfahren bei Mobilfunkverträgen, Datenschutzklausel, Transparenzproblem
Löschung/ Löschkonzepte	VG Frankfurt vom 2.7.2014 – 7 K 4000/13F, Löschung von personenbezogenen Daten in BaFin-Datenbank *Gassner/Schmidl*, Datenschutzrechtliche Löschungsverpflichtung und zivilrechtliche Verjährungsvorschriften, RDV 2004, 153; *Conrad/Hausen*, Datenschutzgerechte Löschung personenbezogener Daten, ITRB 2011, 35
Location Based Services s. a. Scoring, Geodaten sowie Apps	*Jandt/Laue*, Voraussetzungen und Grenzen der Profilbildung bei Location Based Services, K&R 2006, 316 *Hellmich*, Location Based Services – Datenschutzrechtliche Anforderungen, MMR 2002, 152
Mehrwertdienste	*Kühling/Klar*, Datenschutz bei Mehrwertdiensten, RDV 2011, 71
Nachtsichtgeräte	*Alich*, „Tak Force" im Kinosaal. Zur datenschutzrechtlichen Zulässigkeit des Einsatzes von Nachtsichtgeräten, DuD 2010, 44
Meta Tags (Gegenposition: Marke, Name)	OLG Düsseldorf vom 17.2.2004, CR 2004, 936 Kein kennzeichenmäßiger Gebrauch; s. a. OLG Karlsruhe vom 22.10.2003, CR 2004, 535 zur Mitstörerhaftung bei rechtswidriger Kennzeichenverwendung in Meta Tags; Störerhaftung LG Köln vom 6.10.2005, MMR 2006, 115 (Namen von Wettbewerbern als Metatags); OLG München vom 9.2.2012, 6 U 2488/11, Zulässige Verwendung fremder Namen als Metatag, MMR 2012, 463
Mobile Commerce (M-Commerce)	*Taeger*, Informationspflicht über den Datenschutz von M-Commerce, DuD 2010, 246
Online-Archive s. „E-Pranger"	
Online-Durchsuchung, Trojaner (Schutz vor heimlicher Infiltration vernetzter IT-Systeme)	BVerfG vom 27.2.2008 – 1 BvR 370/07 und 1 BvR 595/07: Das allgemeine Persönlichkeitsrecht (Art. 2 Abs. 1 iVm Art. 1 Abs. 1 GG) umfasst das Grundrecht auf Gewährleistung der Vertraulichkeit und Integrität informationstechnischer Systeme. *Buermeyer*, Verfassungsrechtliche Grenzen der „Online-Durchsuchung", RDV 2008, 8 *Hornung*, Ein neues Grundrecht, CR 2008, 299 *Popp*, Die „Staatstrojaner"-Affäre: (Auch) ein Thema für den Datenschutz. Kurzer Überblick aus strafprozessualer und datenschutzrechtlicher Sicht, ZD 2012, 51 *Skistims/Roßnagel*, Rechtlicher Schutz vor Staatstrojanern? Verfassungsrechtliche Analyse einer Regierungs-Malware, ZD 2012, 3 *Stadler*, Zulässigkeit der heimlichen Installation von Überwachungssoftware. Trennung von Online-Durchsuchung und Quellen-Telekommunikationsüberwachung möglich?, MMR 2012, 18

Open Source Software	*Köhntopp*, Open Source, in: Bäumler/Breinlinger/Schrader (Hrsg.): Datenschutz von A–Z, Neuwied, Kriftel 1999 *Köhntopp/Köhntopp/Pfitzmann*. Sicherheit durch Open Source? Chancen und Grenzen, DuD 2000, … *LfD Berlin Arbeitskreis „Technische und organisatorische Datenschutzfragen"*, Transparente Software – eine Voraussetzung für datenschutzfreundliche Technologien, Stand 26.9.2000, abrufbar unter www.datenschutz-berlin.de
Opt-In/Opt-Out (s. a. Einwilligungserklärung)	OLG München vom 27.9.2012, 29 U 1682/12, Double-Opt-in-Verfahren – Bestätigungsaufforderung, ZD 2013, 89 OLG Karlsruhe vom 21.12.2000, 4 U 99/99, MMR 2001, 558: Opt-In/Opt-Out bei Telefonwerbung *Behling*, Das „Opt-In"-Verfahren für den Adresshandel – eine Begutachtung der Auswirkungen auf die Unternehmenstransaktion, RDV 2010, 107
Phishing, Pharming (Herauslocken von Passwörtern uÄ auf falsche Webseiten, bei Pharming ohne E-Mail durch bösen Anklick-/Öffnungsversuch)	*Popp*, NJW 2004, 3518; *ders.*, MMR 2006, 84 (StrR) *Gehrcke*, CR 2005, 606 KG vom 2.5.2012, (3) 121 Ss 40/12 (26/12), Versuchter Computerbetrug durch Phishing, MMR 2012, 845
Prepaid-Handys, Kundendaten (siehe auch TK-Daten)	VG Köln vom 22.9.2000, 11 K 240/00, RDV 2000, 275/MMR 2001, 116: TKG verpflichtet nicht dazu, bei Prepaid-Handys die Kundendaten zu erheben; datenschutzrechtlich sehr bedenklich; aM: OVG Münster vom 17.5.2002 AG Coburg vom 7.11.2013, 12 C 179/12, Speicherung von Verkehrsunfalldaten im Informationssystem der Kfz-Versicherung, ZD 2013, 458 AG Dortmund, 26.11.2013, 512 C 42/13, Ausstattung von Wohnungen mit Energiemessgeräten auf Funkbasis, ZD 2014, 151 AG Hagen vom 30.6.2014, 10 C 172/14, Gesetzes- und sittenwidriger Vertrag über Kundendaten, ZD 2014, 480 AG Mannheim vom 21.9.2011, 10 C 102/11, Unwirksame Abtretung von Arztforderungen an Abrechnungsunternehmen, ZD 2012, 42 AG München vom 17.4.2013, 212 C 8172/11, Datenschutz bei Factoring-Vertrag zwischen TK-Unternehmen, ZD 2014, 153 AG Münster vom 14.1.2013, 48 C 2651/12, SCHUFA-Meldung nach Nichtzahlung von Mobilfunkgebühren, ZD 2014, 153 BGH vom 9.2.2012, VII ZB 49/10, Kontopfändung und Recht des Schuldners auf Geheimhaltung, ZD 2012, 273 BGH vom 22.1.2014, I ZR 218/12, Erheben von Daten Minderjähriger bei Gewinnspiel – Nordjob-Messe, ZD 2014, 469 BGH vom 10.10.2013, III ZR 325/12, Abtretung einer Zahnarztforderung – Teilbare Klauseln, ZD 2014, 250 BGH vom 25.9.2013, VII ZB 26/11, Beschwer des Unterlassungsschuldners wegen Aufzeichnungen von Kundendaten, ZD 2014, 32

	BVerfG vom 17.7.2013, 1 BvR 3167/08, Datenschutz im privaten Versicherungsrecht, ZD 2014, 84
LG Augsburg vom 19.8.2011, 3 HK O 2827, Nutzung von Kundendaten für Eigenwerbung, ZD 2012, 476
LG Berlin vom 13.8.2013, 54 S 24/12, Datenschutzanforderungen bei Abtretung von TK-Forderungen, ZD 2014, 475
LG Düsseldorf vom 20.12.2013, 33 O 95/13 U, Gesetzeswidriger Adresshandelsvertrag, ZD 2014, 200
LG München I vom 27.10.2011, 29 O 17282/10, Ungenehmigte Adressveröffentlichung durch TK-Unternehmen, ZD 2012, 473
LG Oldenburg vom 6.8.2014, 5 O 2226/12, Weitergabe von Geschädigtendaten durch Haftpflichtversicherer, ZD 2014, 574
LG Oldenburg vom 3.4.2014, 5 O 2164/12, Weitergabe eines Schadensgutachtens durch Haftpflichtversicherer an die DEKRA, ZD 2014, 476
LSG Berlin-Brandenburg vom 1.12.2011, L 3 U 7/10, Berechtigung des Unfallversicherungsträgers zur Erhebung und Speicherung von Sozialdaten, ZD 2012, 490
OLG Düsseldorf vom 27.9.2012, I-6 U 241/11, Schicksal von Newsletter-Kundendaten bei Insolvenz des technischen Dienstleisters, CR 2012, 801
OLG Hamm vom 20.9.2012, I-4 U 85/12, Erhebung von Daten Minderjähriger bei Gewinnspielen, ZD 2013, 29
OLG Karlsruhe vom 9.5.2012, 6 U 38/11, Verstoß gegen Datenschutzbestimmungen zur Rückgewinnung ehemaliger Kunden ist wettbewerbswidrig, ZD 2012, 432
OLG Koblenz vom 26.3.2014, 9 U 1116/13, Datenschutzrechtliche Voraussetzungen einer Einwilligung für Werbekontakte, ZD 2014, 524
OLG Köln vom 17.1.2014, 6 U 167/13, Unzulässige Datenverwendung zur Mandatsakquise – Anlegerbrief, ZD 2014, 421
OLG Köln vom 17.6.2011, 6 U 8/11, Freiwilligkeit einer Zustimmung zur Datenweitergabe, ZD 2011, 34
OLG München vom 24.5.2012, 8 U 4881/11, Ungenehmigte Adressveröffentlichung durch TK-Unternehmen, ZD 2012, 471
OLG Saarbrücken vom 10.10.2012, 5 U 408/11–57, Einwilligung in die Erhebung personenbezogener Gesundheitsdaten durch Versicherer, ZD 2013, 637 (Ls.)
VG Berlin vom 7.5.2014, VG 1 K 253.12, Telefonische Einholung von Einwilligungen in Werbung durch Service-Calls, ZD 2014, 540
VG Köln vom 28.11.2013, 1 K 6230/11, Rufnummernweitergabe durch Netzbetreiber zu Abrechnungszwecken, ZD 2014, 210
Prominente Personen	BGH vom 5.11.2013, VI ZR 304/12, Zulässige Veröffentlichung von Informationen über Prominententochter, GRUR-Prax 2013, 542
BGH vom 28.5.2013, VI ZR 125/12, Bildberichtstattung über die Teilnahme eines Kindes an einer Sportveranstaltung, NJW 2013, 2893
BGH vom 18.9.2012, VI ZR 291/10, Zulässige Berichterstattung über die Erkrankung einer Entertainerin, GRUR 2013, 91
BGH vom 31.5.2012, I ZR 234/10, Fiktive Lizenzgebühr wegen werblicher Vereinnahmung von Gunter Sachs, GRUR-Prax 2013, 17

	BGH vom 22.11.2011, VI ZR 26/11, Zulässige Berichterstattung über Politiker als Lebensgefährte einer Schauspielerin, GRUR-Prax 2012, 34

BVerfG vom 25.1.2012, 1 BvR 2499/09 und 1 BvR 2503/09, Internetbericht über Randale junger Erwachsener, MMR 2012, 338

BVerfG vom 8.12.2011, 1 BvR 927/08, Grenzen zulässiger Wort- und Bildberichterstattung über prominente Personen – Caroline von Hannover, JuS 2012, 571

EGMR vom 19.9.2013, 8772/10, Caroline von Hannover scheitert mit dritter Beschwerde, MMR-Aktuell 2013, 351397

EGMR vom 7.2.2012, 40660/08 und 60641/08, Deutsche Rechtsprechung zum Persönlichkeitsrecht einer prominenten Person, GRUR 2012, 745

EGMR vom 7.2.2012, 39954/08, Presseberichte über Drogendelikt eines bekannten Schauspielers, GRUR 2012, 741

KG vom 12.4.2012, 10 U 127/11, Persönlichkeitsrechtsverletzung durch Tendenzberichterstattung in einer Sport-Fachzeitschrift, SpuRt 2012, 158

LG München I vom 29.5.2013, 9 O 659/13, Geldentschädigung wegen Presseberichterstattung über Schwangerschaft einer Schauspielerin, AfP 2013, 434

OLG Frankfurt/M. vom 11.10.2012, 16 U 25/12, Kritik einer Politikerin an journalistischer Berichterstattung im Internet, MMR 2013, 268

OLG Hamburg vom 31.1.2012, 7 U 92/11, Bildnisveröffentlichung eines Prominenten mit perspektivischer Verzerrung auf Buchcover, ZUM 2013, 582

OLG Köln vom 14.2.2012, 15 U 125/11, Berichterstattung über sexuelle Verhaltensweisen einer angeklagten Person, K&R 2012, 360 |
| Prozessuale Einsichtnahme- und Auskunftsrechte | AG Bonn vom 18.1.2012, 51 Gs 53/09, Akteneinsicht in Kartellamtsakten, ZD 2012, 237

AG Hildesheim vom 29.12.2011, 31 OWi 27/11, Akteneinsichtsrecht in Bedienungsanleitung von Geschwindigkeitsmessgeräten, ZD 2012, 239

BGH vom 7.12.2011, X ZR 84/11, Zum Begriff des schutzwürdigen Interesses bei dem Recht auf Einsicht in Akten eines Patentnichtigkeitsverfahrens, ZD 2012, 175

EuGH vom 14.6.2011, C-360/09, Einsichtsrecht geschädigter Dritter in Dokumente eines Kronzeugenverfahrens, ZD 2012, 219

EuG vom 15.12.2011, T-437/08, Anspruch auf Zugang zum Inhaltsverzeichnis der Verwaltungsakten eines Kartellverfahrens, ZD 2012, 327

EuG vom 21.10.2010, T-474/08, Zugang zu Akten und Dokumenten für gerichtliches Verfahren, ZD 2012, 192 (Ls.)

LG Magdeburg vom 28.9.2011, 7 O 545/11, Auskunftspflicht eines Kreditinstituts über Kontoinhaber bei Markenrechtsverletzung, ZD 2012, 39

OLG Celle vom 8.12.2011, 10 UF 283/11, Einsichtsrecht eines Dritten in familiengerichtliche Akten, ZD 2012, 244 (Ls.) |

	VG Braunschweig vom 3.4.2012, 5 B 199/11, Eilrechtsschutz gegen Auskunftspflicht nach dem Zensusgesetz 2011, ZD 2012, 538 VG Frankfurt/M. vom 2.11.2011, 7 K 1621/10.F, Kein Anspruch auf uneingeschränkte Akteneinsicht nach § 1 IFG und § 29 VwVfG, ZD 2012, 586
Rasterfahndung	BVerfG vom 4.4.2006, 1 BvR 518/02: Die Verfassungsbeschwerde richtet sich gegen gerichtliche Entscheidungen über die Anordnung einer präventiven polizeilichen Rasterfahndung, PolG NRW 1990
Rechtspfleger-Maßnahmen; Überprüfung, insb. Datenschutzkontrolle	BVerfG vom 18.1.2000, 1 BvR 321/96, CR 2000, 725: Überprüfung von Maßnahmen des Rechtspflegers, insb. Datenschutzkontrolle
RFID	*Holznagel/Bonnekoh*, MMR 2006, 17 *Westerholt/Döring*, CR 2004, 710 *Conrad*, CR 2005, 537 *Schmidt/Hanloser*, CR 2006, 75
Scoring, Auskunfteien, Geodaten (automatisierte Einzelentscheidung § 6a BDSG) (s. a. E-Pranger, Schuldnerspiegel)	AG Ahlen vom 8.10.2013, 30 C 209/13, Eilrechtsschutz gegen SCHUFA-Meldung, ZD 2014, 202 AG Frankfurt/M. vom 27.2.2013, 31 C 1001/12 (17), Widerruf einer Mitteilung über eine Forderung an die SCHUFA, ZD 2013, 350 AG Halle (Saale) vom 28.2.2013, 93 C 3289/12, Unberechtigter SCHUFA-Eintrag führt zu Schadensersatzanspruch, ZD 2013, 456 BGH vom 28.1.2014, VI ZR 156/13, Umfang einer von der SCHUFA zu erteilenden Auskunft, ZD 2014, 306 KG vom 7.2.2013, 10 U 118/12, Auskunftei darf Restschuldbefreiung drei Jahre speichern, ZD 2013, 189 LG Berlin vom 27.11.2013, 10 O 125/13, Unterlassung einer nachteiligen Bonitätsauskunft, ZD 2014, 366 LG Berlin vom 31.10.2013, 6 O 479/10, Erfüllung und Vollstreckung des Auskunftsanspruchs nach § 34 Abs. 4 Nr. 4 BDSG, ZD 2014, 89 LG Berlin vom 1.11.2011, 6 O 479/10, Umfang des Auskunftsanspruchs beim Scoring, ZD 2012, 74 LG Berlin vom 27.4.2011, 4 O 97/11, Schufa-Negativeintrag durch Inkassounternehmen, ZD 2012, 41 LG München I vom 8.8.2012, 25 O 13635/12, Unterlassungsanspruch wegen unzutreffender Bonitätsauskunft, ZD 2013, 135 LG Wiesbaden vom 1.12.2011, 8 O 100/11, Auskunft über den Schufa-Scorewert, ZD 2012, 283 OLG Celle vom 19.12.2013, 13 U 64/13, Unzulässige „SCHUFA-Drohung" durch ein Inkassounternehmen, ZD 2014, 198 OLG Frankfurt/M. vom 19.11.2012, 23 U 68/12, Unzulässige SCHUFA-Mitteilung bei verjährter Forderung, ZD 2013, 134 OLG Frankfurt/M. vom 9.1.2012, 16 U 126/11, Schufa-Eintrag wegen Nichtzahlung einer Forderung, ZD 2012, 473 OLG Karlsruhe vom 3.6.2014, 12 U 24/14, Berichtigungsanspruch gegen eine Auskunftei wegen missverständlicher Bonitätsauskunft, ZD 2014, 474

	OLG München vom 12.3.2014, 15 U 2395/13, Gewerbsmäßige Kreditauskünfte mittels Scoring, ZD 2014, 570
OLG Nürnberg vom 30.10.2012, 3 U 2362/11, Auskunftsanspruch über Scorewert, ZD 2013, 26
OLG Stuttgart vom 25.7.2013, 2 U 9/13, Faxanfrage einer Kreditschutzinstitution nach Wirtschaftsdaten, ZD 2014, 144
OLG Düsseldorf vom 13.2.2015 – I-16 U 41/14, Schufa-Meldung durch Inkassounternehmen
SG Berlin vom 19.9.2013, S 89 KR 1636/13 ER, Veröffentlichung von Daten und Bewertungen aus der Qualitätssicherung mit Routinedaten (QSR), ZD 2014, 96
VG Darmstadt vom 21.5.2013, 5 L 304/13.DA, Auskunftserteilung von Auskunfteien bei Datenteil- oder -vollsperrungen eines Betroffenen, ZD 2013, 469
VG Karlsruhe vom 5.9.2012, 6 K 1782/12, Löschungsanspruch von gespeicherten Daten einer Wirtschaftsauskunftei, ZD 2013, 142
VG Köln vom 18.11.2013, 1 L 967/13, Aufnahme von georeferenzierten Daten in den Infrastrukturatlas, ZD 2014, 213
AG Hamburg vom 27.6.2001, 9 C 168/01, ITRB 2002, 179 – Datenschutzrechtlich relevante Übermittlung von „Score-Werten" bei Bonitätsprüfung (eines Anwalts), OVG NRW v. 3.12.2009, MMR 2010, 350
Möller/Flora, MMR 2002, 806
Wuermeling, NJW 2002, 3508
Schaar, Geodaten – Werkzeug der Verbraucherdiskriminierung?, K&R 2008, Heft 9, Seite 1
Abel, § 28a Abs. 1 BDSG: Eine (weitgehend) gelungene Novelle, ZD 2015, 314
Ernst, Google Street View: Urheber- und persönlichkeitsrechtliche Fragen zum Straßenpanorama, CR 2010, 178
Fickert, Geodaten im Spannungsfeld zwischen Datenschutz und Informationsfreiheit, DuD 2009, 495
Weichert, Geodaten – datenschutzrechtliche Erfahrungen, Erwartungen und Empfehlungen, DuD 2009, 347
Karg, Datenschutz für Geodaten. Bedarf es eines datenschutzrechtlichen Rubikons bei der digitalen Erfassung des öffentlichen Raumes?, DuD 2010, 824
Karg, Datenschutz für Geodaten, DuD 2011, 824
Gürtler/Kriese, Die Umsetzung der Scoringtransparenz bei Banken, RDV 2010, 47
Behm, Datenschutzrechtliche Anforderungen an Scoringverfahren unter Einbeziehung von Geodaten, RDV 2010, 61
Backu, Geolokalisation und Datenschutz, ITRB 2009, 88
Spiecker gen. Döhmann, Datenschutzrechtliche Fragen und Antworten in Bezug auf Panorama-Abbildungen im Internet. Google Street View und die Ansichten, CR 2010, 311
Screening	LG Berlin vom 21.10.2010 – 52 O 229/10: Kein Screening von User-Bewertungen vor Einpflege in Hotelbewertungsportal
Brink/Schmidt, Die rechtliche (Un-)Zulässigkeit von Mitarbeiterscreenings, MMR 2010, 592

Selbstanzeige	*Bierekoven,* Schadensersatzansprüche bei Verletzung von Datenschutzanforderungen nach der BDSG-Novelle, ITRB 2010, 88
Eckhardt/Schmitz, Informationspflicht bei „Datenschutzpannen", DuD 2010, 390
Ernst, Datenverlust und die Pflicht zur Öffentlichkeit, DuD 2010, 472
Hornung, Informationen über „Datenpannen" – Neue Pflichten für datenverarbeitende Unternehmen, NJW 2020, 1841
Karger, Informationspflichten bei Data Breach, ITRB 2010, 161
SmartGrid	*Raabe,* Datenschutz im SmartGrid, DuD 2010, 379
SmartMetering	*Müller,* Gewinnung von Verhaltensprofilen am intelligenten Stromzähler, DuD 2010, 359
Social Media, Social Networks (s. a. Blogs)	*Birk/Reimer/Wegener,* Soziale Netze – neue Impulse zum Datenschutz, DuD 2010, 492
Bräutigam, Das Nutzungsverhältnis bei sozialen Netzwerken. Zivilrechtlicher Austausch von IT-Leistungen gegen personenbezogene Daten, MMR 2012, 635
Fox, Social Networks, DuD 2009, 53
Reimer, Soziale Netzwerke und europäischer Datenschutz, DuD 2009, 624
Ladeur/Gostomzyk, Der Schutz von Persönlichkeitsrechten gegen Meinungsäußerungen in Blogs, NJW 2012, 710
Rosengarten/Römer, Der „virtuelle verdeckte Ermittler" in sozialen Netzwerken und Internetboards, NJW 2012, 1764
AG Duisburg vom 19.11.2011, 105 K 75/10, Behördliche Auskunftsverpflichtung zur Bodenbeschaffenheit, ZD 2012, 344
AG Reutlingen vom 31.10.2011, 5 Ds 43 Js 18155/10 jug, Beschlagnahme von Facebook-Daten, ZD 2012, 178
ArbG Bochum vom 29.3.2012, 3 Ca 1283/11, Beleidigung des Arbeitgebers durch Azubi über Facebook, ZD 2012, 343
ArbG Dessau-Roßlau vom 21.3.2012, 1 Ca 148/11, Fristlose Kündigung wegen Zustimmung einer Schmähkritik über „Gefällt mir"-Button, ZD 2012, 344
BayVGH vom 29.2.2012, 12 C 12/264, Private Mitarbeiteräußerungen bei Facebook, MMR 2012, 422
BGH vom 25.10.2011, VI ZR 93/10, Verantwortlichkeit eines Host-Providers für verletzenden Blog-Eintrag, MMR 2012, 124
KG vom 24.1.2014, 5 U 42/12, Datenschutz- und AGB-rechtliche Probleme mit dem „Facebook-Freunde-Finder", ZD 2014, 412
LAG Hamm vom 10.10.2013, 3 Sa 644/12, Beleidigung des Arbeitgebers über Facebook, ZD 2013, 93
LG Berlin vom 13.8.2012, 33 O 434/11, Verbreitung ehrverletzender Äußerungen in sozialen Netzwerken, ZUM 2012, 997
LG Berlin vom 6.3.2012, 16 O 551/10, Datenschutz- und AGB-rechtliche Probleme mit dem „Facebook-Freunde-Finder", ZD 2012, 276
LG Essen vom 10.7.2014, 4 O 157/14, Identifizierende Bildberichterstattung durch YouTube-Video, ZD 2014, 575

	LG Hamburg vom 18.5.2012, 324 O 596/11, Haftung eines Linksetzers bei „embedded video", MMR 2012, 554
OLG Dresden vom 8.2.2012, 4 U 1850/11, Auskunftsanspruch gegenüber Blogbetreiber, ZD 2012, 388
OLG Hamburg vom 4.2.2013, 7 W 5/13, Veröffentlichung privater Facebook-Nachrichten, MMR 2013, 674
OLG Hamburg vom 2.8.2011, 7 U 134/10, Meinungsäußerung bei Veröffentlichung personenbezogener Daten, ZD 2011, 138
OVG Schleswig vom 4.9.2014, 4 LB 20/13, Facebook-Fanpages für Unternehmen weiterhin erlaubt, ZD 2014, 643
OVG Schleswig vom 22.4.2013, 4 MB 11/13, Keine Anwendbarkeit deutschen Datenschutzrechts auf Facebook, ZD 2013, 364
VG Köln vom 19.4.2011, 10 L 488/11, Versetzung eines Schülers wegen Internet-Mobbing, MMR 2012, 275
VG Schleswig vom 9.10.2013, 8 A 14/12, Datenschutzrechtliche Untersagung von Facebook-Fanpage rechtswidrig, ZD 2014, 51
VG Schleswig vom 14.2.2013, 8 B 60/12, Keine Anwendbarkeit deutschen Datenschutzrechts auf Facebook, ZD 2013, 245
LG Tübingen vom 18.7.2012, 7 O 525/10, Nennung persönlicher Daten in Wikipedia, ZD 2013, 91
Sonstige Auskunftsansprüche und Einsichtsnahmerechte (s. auch Auskunft § 34 BSDG sowie Staatliche Auskunftsansprüche und Prozessuale Auskunftsansprüche)	AG Bremen vom 20.2.2014, 9 C 30/13, Auskunftsklage nach § 34 BDSG im Verkehrsunfallhaftungsprozess, ZD 2014, 535
AG Düsseldorf vom 27.10.2014, 20 C 6875/14, Umfang des datenschutzrechtlichen Auskunftsanspruchs gegenüber Spam-Unternehmen, CR 2014, 816
AG Leipzig vom 18.7.2014, 107 C 2154/14, Reichweite und Erfüllung des Auskunftsanspruchs nach § 34 BDSG, ZD 2014, 533
BFH vom 19.3.2013, II R 17/11, Auskunftsanspruch des Insolvenzverwalters gegenüber dem Finanzamt – Kontoauszug, ZD 2013, 521
BGH vom 2.7.2014, XII ZB 201/13, Auskunft über möglichen Kindsvater, ZD 2014, 491 (Ls.)
BGH vom 20.5.2014, VI ZR 381/13, Recht auf Nichtwissen der eigenen genetischen Veranlagung, ZD 2014, 465
BGH vom 29.4.2014, VI ZR 137/13, Bekanntgabe des Verwandtschaftsverhältnisses zwischen Kind und bekannter Persönlichkeit, ZD 2014, 544 (Ls.)
BGH vom 26.2.2013, VI ZR 359/11, Einsicht in Pflegeunterlagen, ZD 2014, 87
BGH vom 5.2.2013, II ZR 136/11, Anspruch des Anlegers auf Auskunft ggü. den übrigen Anlegern einer Publikumsgesellschaft, ZD 2013, 450
BGH vom 5.2.2013, II ZR 134/11, Auskunftsanspruch eines Treugebers ggü. übrigen Gesellschaftern, ZD 2013, 442
BSG vom 13.11.2012, B 1 KR 13/12 R, Auskunftsanspruch gegen Krankenkasse betreffend den Umgang mit Sozialdaten, ZD 2013, 360
EuGH vom 17.7.2014, C-141/12 und C-372/12, Personenbezogene Daten in rechtlicher Analyse, ZD 2014, 515

	EuGH vom 12.12.2013, C-486/12, Kosten für eine Auskunft über personenbezogene Daten, ZD 2014, 248
OLG Hamm vom 7.3.2014, 13 WF 22/14, Anspruch des Samenspenders auf Auskunft über das gezeugte Kind, ZD 2014, 529
OLG Hamm vom 26.11.2013, III – 1 VAs 116/13 – 120/13 und 122/13, Akteneinsicht von Strafakten an ein Zivilgericht, ZD 2014, 268 (Ls.)
OLG Hamm vom 6.2.2013, I-14 U 7/12, Auskunft über Samenspender, ZD 2013, 185
OLG Karlsruhe vom 19.9.2012, 13 W 90/12, Anspruch auf Akteneinsicht bzw. Abschriften aus Gerichtsakten, ZD 2013, 31
VG Köln vom 27.3.2014, 13 K 602/13, Auskunftsanspruch eines Insolvenzverwalters gegen Finanzbehörden, ZD 2014, 648 (Ls.)
Speicherung personenbezogener Daten durch die Polizei (s. a. Rasterfahndung)	OVG Mannheim vom 20.2.2001, 1 S 2054/00, NJW 2002, 161: StPO – Speicherung personenbezogener Daten durch die Polizei.
OVG Rheinland-Pfalz vom 5.9.2013, 7 F 10930/13.OVG, Verdeckter Zugriff der Polizei auf den Inhalt von E-Mails, ZD 2014, 99
VGH Thüringen vom 21.11.2012, VerfGH 19/09, Ermächtigung zur heimlichen polizeilichen Datenerhebung, ZD 2013, 79
VG Karlsruhe vom 19.11.2014 – 4 K 2270/12, Datenspeicherung bei polizeilichen Ermittlungsverfahren
VG Gießen vom 29.4.2002, 10 E 141/01, Rechtswidrige Aufbewahrung erkennungsdienstlicher Daten, CR 2002, 721
Staatliche Auskunftsansprüche	BFH vom 16.5.2013, II R 15/12, Sammelauskunftsersuchen der Steuerfahndung zu Nutzerdaten einer Internethandelsplattform, ZD 2013, 518
BFH vom 4.12.2012, VIII R 5/10, Persönlichkeitsverletzung durch Auskunftsersuchen der Steuerfahndung, ZD 2013, 411
BFH vom 23.10.2012, VII R 41/10, Taxizentrale als auskunftspflichtiger Auftraggeber, ZD 2013, 128
BGH vom 26.2.2013, KVZ 57/12, Auskunftsverpflichtung gegenüber Landeskartellbehörde, ZD 2013, 273
BVerfG vom 21.10.2014, 2 BvE 5/11, Informationsanspruch des Bundestags und einzelner Abgeordneter, ZD 2014, 647 (Ls.)
BVerwG vom 21.1.2014, 6 B 43.13, Geheimhaltungsbedürfnis in einem Frequenzversteigerungsverfahren, ZD 2014, 483
LSG Sachsen vom 28.2.2013, L 7 AS 745/11, Auskunftsverpflichtung des möglicherweise Unterhaltspflichtigen gegenüber Sozialbehörde, ZD 2013, 462
OLG Brandenburg vom 11.9.2012, Kart W 2/12, Auskunftsverpflichtung gegenüber Landeskartellbehörde, ZD 2013, 33
Sächsisches OVG vom 17.7.2013, 3 B 470/12, Auskunftspflicht bei Verarbeitung personenbezogener Daten gegenüber Landesdatenschutzbeauftragtem, ZD 2014, 48
VG Köln vom 13.3.2014, 13 K 162/14, Auskunft über Daten im - Nationalen Waffenregister, ZD 2014, 489

Staatlicher Umgang mit Daten (s. auch Informationsfreiheit sowie Speicherung personenbezogener Daten durch die Polizei)	BayVGH vom 15.5.2014, Vf. 8-VII-12, Vf. 24-VII-12, Verfassungsgemäßheit der Rundfunkbeitragserhebung, ZD 2014, 456
	BayVGH vom 18.4.2013, Vf. 8-VII-12, Vf. 24-VII-12, Meldedatenabgleich gem. Rundfunkbeitragsstaatsvertrags – Eilrechtsschutz, ZD 2013, 440
	BFH vom 18.1.2012, II R 49/10, Zuteilung der ID-Nummer und Datenspeicherung mit GG vereinbar, ZD 2012, 380
	BGH vom 20.12.2012, 3 StR 117/12, Verwertbarkeit von Beinahetreffern aus Massengentest, ZD 2013, 273
	BSG vom 25.1.2012, B 14 AS 65/11 R, Verletzung des Sozialgeheimnisses durch Offenbarung des Arbeitslosenbezugs, ZD 2012, 573
	BVerfG vom 6.3.2014, 1 BvR 3541/13, 1 BvR 3543/13, 1 BvR 3600/13, Beiziehung staatsanwaltschaftlicher Ermittlungsakten im Zivilprozess, ZD 2014, 454
	BVerfG vom 24.4.2013, 1 BvR 1215/07, Teilweise Verfassungswidrigkeit der Antiterrordatei, ZD 2013, 328
	BVerfG vom 23.1.2013, 2 BvR 2392/12, Eilrechtsschutz gegen die Feststellung eines DNA-Identifizierungsmusters bei einem Jugendlichen, ZD 2013, 228 (Ls.)
	EuGH vom 28.5.2013, C-239/12 P, Fortbestehendes Rechtsschutzinteresse nach Streichung von Terror-Liste, ZD 2014, 80
	EuGH vom 25.4.2013, C-212/11, Übermittlungspflichten von notwendigen Daten zur Terrorismusbekämpfung, ZD 2013, 398
	FG Münster vom 12.2.2014, 6 K 2434/13 AO, Datenübermittlung nach dem SchwarzArbG, ZD 2014, 428
	FG Münster vom 7.11.2011, 11 V 2705/11, Auskunftsanspruch der Finanzverwaltung gegen den (vorläufigen) Insolvenzverwalter, ZD 2012, 91
	FG Niedersachsen vom 23.2.2012, 5 K 397/10, Sammelauskunftsersuchen der Finanzbehörden, ZD 2012, 296 LSG Niedersachsen-Bremen vom 23.1.2012, L 11 AS 500/11 B, Bekanntgabe von Akteninhalten an einen Bevollmächtigten, ZD 2012, 436
	LSG Bayern vom 17.6.2013, L 7 AS 48/13, Überweisungsvermerk „BG" an Hartz-IV-Empfänger, ZD 2014, 44
	LSG Nordrhein-Westfalen vom 8.6.2011, L 12 AS 201/11 B ER, Zur Verwertbarkeit von Ermittlungen des Sozialamts, RDV 2012, 90
	OLG Celle vom 2.2.2012, 4 W 17/12, Versagung der Akteneinsicht in Referendarsgutachten, ZD 2012, 234
	OVG Berlin-Brandenburg vom 17.11.2011, OVG 12 B 12.08, Einsicht in Verfassungsschutzakten, ZD 2012, 239
	Sächsisches OVG vom 7.3.2014, 3 A 798/13, Anspruch auf Löschung personenbezogener Daten, ZD 2014, 432
	VerfGH Rheinland-Pfalz vom 24.2.2014, VGH B 26/13, Verwertung angekaufter Steuerdaten-CDs, ZD 2014, 596 (Ls.)
	VG Berlin vom 31.1.2014, VG 1 L 17.14, Anspruch auf Löschung einer Pressemitteilung der Berliner Strafverfolgungsbehörden, ZD 2014, 380 (Ls.)
	VG Bremen vom 23.5.2012, 4 V 320/12, Unzulässige Befragung von Eheleuten über das Bestehen einer ehelichen Lebensgemeinschaft, RDV 2012, 259

	VG Göttingen vom 6.11.2013, 1 A 246/11, Anspruch auf Löschung von Daten des Verfassungsschutzes, ZD 2014, 162 VG Göttingen vom 3.9.2013, 2 B 785/13, Meldedatenabgleich nach § 14 Abs. 9 RBStV, ZD 2014, 106 VG Düsseldorf vom 24.10.2011, 22 K 4905/08, Speicherung personenbezogener Daten durch Verfassungsschutzbehörden, ZD 2012, 88 VG Gießen vom 13.10.2011, 4 L 2533/11.Gl, Erhebung personenbezogener Daten bei Zensus 2011, ZD 2012, 243 VG Köln vom 21.8.2014, 20 K 1468/08, Löschung der über einen Abgeordneten durch Verfassungsschutzbehörden gespeicherten Daten, ZD 2014, 589 VG Magdeburg vom 6.2.2013, 1 A 376/11, Löschung personenbezogener Daten eines Verwaltungsvorgangs, ZD 2013, 418 VG Neustadt a. d. W. vom 21.11.2011, 4 K 817/11.NW, Erhebung personenbezogener Daten bei Zensus 2011, ZD 2012, 240 VG Sigmaringen vom 30.11.2011, 1 K 2307/10, Heranziehung zur Strukturerhebung im Dienstleistungsbereich und Speicherung im Unternehmensregister, ZD 2012, 292 VG Wiesbaden vom 4.4.2013, 6 K 910/12.WI.A, Verwertungsverbot bei unzulässig gespeicherten Daten, ZD 2013, 367
Standardisierung	DuD 2011, 7 ff.
Suchmaschinen (s. a. Autocomplete-Funktion)	OLG Hamburg vom 16.8.2011, 7 U 51/10, Haftung eines Suchmaschinenbetreibers für rechtsverletzende Äußerungen, MMR 2012, 62
Telefonbucheintragung trotz entgegenstehenden Willens	LG Hanau vom 4.4.2003, 2 S 395/2002, K&R 2003, 474: Telefonbucheintragung trotz entgegenstehenden Willens des Kunden ist keine schwere Verletzung des APR. OVG NRW vom 6.5.2015, 8 A 1943/13 gerichtliches Telefonverzeichnis
Telefondatenspeicherung (s. auch TK-Daten sowie Prepaid-Handy)	BVerfG vom 12.3.2003, CR 2003, 504 Auskunftserteilung über Verbindungsdaten; BVerfG vom 27.7.2005, 1 BvR 668/04; NJW 2005, 2603; Schutz durch RiSB: BVerfG vom 2.3.2006, NJW 2006, 976: Wohnungsdurchsuchung zur Ermittlung von Kommunikationsdaten: Das Recht auf informationelle Selbstbestimmung (nicht Fernmeldeheimnis, Art. 10 I GG) schützt im Herrschaftsbereich des Teilnehmers (PC und Mobile Phone) gespeicherte Telekommunikationsverbindungsdaten nach Abschluss des Übertragungsvorgangs. BVerfG vom 11.3.2008 – 1 BvR 256/08: Eilentscheidung zur Vorratsdatenspeicherung. Nur in Fällen schwerer Straftaten dürfen die Daten vorerst genutzt werden. Für die Aufklärung von einfachen oder per Telekommunikation begangenen Straftaten dürfen die Daten nicht genutzt werden. Verlängerung der Einschränkungen bei der Vorratsdatenspeicherung mit Anordnung vom 1.9.2008 bis zum 10.3.2009. BVerfG vom 2.3.2010 – 1 BvR 256/08: Vorratsdatenspeicherung LG Darmstadt, 25.1.2006, MMR 2006, 330: Datenspeicherung bei Flatrate-Tarif unzulässig *Roßnagel*, Das Bundesverfassungsgericht und die Vorratsdatenspeicherung in Europa, DuD 2010, 544

Telefonwerbung	OLG Karlsruhe vom 21.12.2000, 4 U 99/99, MMR 2001, 558: Opt-in/Opt-out bei Telefonwerbung
TK-Daten (s. auch Telefondatenspeicherung)	AG Bonn vom 26.11.2013, 104 C 146/13, Anspruch auf Erstellung eines Einzelverbindungsnachweises, ZD 2014, 148 AG Bremen vom 20.10.2011, 9 C 0430/11, Nichtigkeit einer Forderungsabtretung aus TK-Vertrag, ZD 2012, 42 BGH vom 18.2.2014, StB 8/13, Pflicht zur unverzüglichen Löschung aufgezeichneter Telefonate, ZD 2014, 304 BGH vom 7.2.2013, III ZR 200/11, Übermittlung von Verkehrsdaten bei TK-Entgeltforderung, MMR 2013, 471 BGH vom 15.1.2013, 4 StR 385/12, Strafprozessuale Verwertung von heimlich erhobenen TK-Daten, ZD 2013, 232 BGH vom 25.10.2012, I ZB 13/12, Verwendung von Verkehrsdaten abhängig vom gewerblichen Ausmaß der Rechtsverletzung, MMR 2013, 110 BGH vom 10.10.2012, 2 StR 591/11, Strafrechtlicher Schutz des Fernmeldegeheimnisses – „Telekom-Spitzelaffäre", ZD 2013, 611 BGH vom 14.6.2012, III ZR 227/11, Keine Übermittlung von Verkehrsdaten ohne wirksame Einzugsermächtigung – Premium-Dienste, ZD 2012, 429 BGH vom 16.2.2012, III ZR 200/11, Übermittlung von Verkehrsdaten einer Entgeltforderung für TK-Leistungen – Vorabentscheidungsersuchen, ZD 2012, 229 BVerfG vom 24.1.2012, 1 BvR 1299/05, Speicherung und Verwendung von TK-Daten, MMR 2012, 410 BVerfG vom 12.10.2011, 2 BvR 236/08, 2 BvR 237/08 und 2 BvR 422/08, Verfassungsmäßigkeit von Vorschriften des Gesetzes zur Neuregelung der Telekommunikationsüberwachung, ZD 2012, 123 BVerwG vom 25.7.2012, 6 C 14.11, Gesetzliche Pflicht zur Weitergabe von Telefon-Teilnehmerdaten mit Unionsrecht vereinbar, ZD 2012, 576 EuGH vom 8.4.2014, C-293/12 und C-594/12, Richtlinie über Vorratsdatenspeicherung ungültig, MMR 2014, 412 EuGH vom 22.11.2012, C-119/12, Übermittlung von Verkehrsdaten bei TK-Entgeltforderung, ZD 2013, 77 EuGH vom 19.4.2012, C-461/10, Vorratsdatennutzung gegen Filesharer, MMR 2012, 471 OLG Celle vom 24.2.2012, 2 Ws 43/12 und 2 Ws 44/12, Benachrichtigung von TK-Überwachungsmaßnahmen, MMR 2012, 626 OLG Köln vom 22.3.2013, 16 Wx 16/12, Präventive Überwachung der Telekommunikation mit Verteidiger durch Zollkriminalamt, NJW 2013, 2365 *Stadler*, Zulässigkeit der heimlichen Installation von Überwachungssoftware. Trennung von Online-Durchsuchung und Quellen-Telekommunikationsüberwachung möglich?, MMR 2012, 18
Todesanzeigen-Auswertung zu Werbezwecken	BGH Urt. v. 22.4.2010 – I ZR 29/09, RDV 2011, 85 mit Anmerkung *Gola*: postalische Werbung für Grabmale, die zwei Wochen nach Todesfall erfolgt ist keine unzulässige Belästigung (kein Verstoß gegen § 7 UWG)

	(Evtl. Verstoß gegen § 28 Abs. 3 BDSG, da Listendaten nicht aus „allgemein zugänglichem Verzeichnis"; evtl. UWG-Verstoß, wenn § 28 Abs. 3 BDSG Verbraucherschutznorm; str. wohl überwiegend ja)
Übermittlung eines Strafurteils an die Fahrerlaubnisbehörde	VGH Mannheim vom 14.9.2004 – 10 S 1283/04, NJW 2005, 234: Zulässige Übermittlung eines Strafurteils vom Gericht an die Fahrerlaubnisbehörde
Überwachung/ Kontrolle im Beschäftigungsverhältnis (s.a. Video)	ArbG Frankfurt/M. vom 8.11.2013, 22 Ca 9428/12, Schmerzensgeld wegen unzulässiger Videoüberwachung am Arbeitsplatz, ZD 2014, 633 BAG vom 15.4.2014, 1 ABR 2/13, Zulässigkeit von Torkontrollen, ZD 2014, 426 BAG vom 21.11.2013, 2 AZR 797/11, Zufallsfund bei heimlicher Videoaufzeichnung, ZD 2014, 371 BAG vom 9.7.2013, 1 ABR 2/13 (A), Zulässigkeit von Torkontrollen, ZD 2014, 256 BAG vom 20.6.2013, 2 AZR 546/12, Beweisverwertungsverbot bei heimlicher Spindkontrolle, ZD 2014, 260 BAG vom 11.12.2012, 1 ABR 78/11, Videoüberwachung in Spielbank entgegen der Betriebsvereinbarung, ZD 2013, 352 BAG vom 21.6.2012, 2 AZR 153/11, Verdeckte Videoüberwachung durch den Arbeitgeber, ZD 2012, 568 BAG vom 7.2.2012, 1 ABR 46/10, Überwachungsrecht des Betriebsrats beim betrieblichen Eingliederungsmanagement, ZD 2012, 481 LAG Baden-Württemberg vom 9.9.2011, 17 Sa 16/11, Außerordentliche Kündigung nach heimlich übertragener Betriebsratssitzung, ZD 2013, 39 LAG Berlin-Brandenburg vom 31.7.2013, 17 TaBV 222/13, Mitbestimmungsrecht des Konzernbetriebsrats bei Überwachungseinrichtungen, ZD 2013, 514 LAG Berlin-Brandenburg vom 9.9.2011, 6 TaBV 851/11, Videoüberwachung in einer Spielbank, ZD 2012, 134 LAG Hamm vom 11.7.2013, 11 Sa 312/13, Schmerzensgeld wegen heimlicher Observierung eines Arbeitnehmers zur Krankenkontrolle, ZD 2014, 204 LAG Hamm vom 30.10.2012, 9 Sa 158/12, Geldentschädigung bei unzulässiger Videoüberwachung, ZD 2013, 355 LAG Hamm vom 15.7.2011, 10 Sa 1781/10, Verwertung heimlicher Videoaufnahmen im Kündigungsschutzprozess, ZD 2012, 141 LAG Köln vom 18.5.2011, 8 Sa 364/11, Kündigung wegen heimlichen Aufzeichnens von Personalgesprächen, RDV 2012, 87 LAG Rheinland-Pfalz vom 11.7.2013, 10 SaGA 3/13, Untersagung und Herausgabe von Fotoaufnahmen mit einer Handykamera, ZD 2013, 631 LAG Rheinland-Pfalz vom 23.5.2013, 2 Sa 540/12, Anspruch des Arbeitnehmers auf Schmerzensgeld bei unzulässiger Videoüberwachung, ZD 2014, 41
UWG (siehe Wettbewerbsrecht)	

Verdeckter Einsatz technischer Mittel	BVerfG vom 25.4.2001 – I BvR 1104/92
Veröffentlichung von Hygienemängeln	Bayerischer VGH vom 18.3.2013, 9 CE 12.2755, Internet-„Hygienepranger", ZD 2013, 416
	EuGH vom 11.4.2013, C-636/11, Behördliche Warnung vor verzehrungeeigneten Lebensmitteln unter Nennung des Unternehmens, ZD 2013, 403
	OVG NRW vom 24.4.2013, 13 B 192/13, Veröffentlichung von Hygienemängeln, ZD 2013, 639 (Ls.)
	OVG Lüneburg vom 18.1.2013, 13 ME 267/12, Veröffentlichung beseitigter lebensmittelrechtlicher Mängel, ZD 2013, 368 (Ls.)
	OVG Rheinland-Pfalz vom 13.2.2013, 6 B 10035/13.OVG, Einstweiliger Rechtsschutz bei Veröffentlichung von Hygienemängeln, ZD 2013, 638 (Ls.)
	VG Aachen vom 4.2.2013, 7 L 569/12, Eilrechtsschutz gegen Veröffentlichung von lebensmittelrechtlichen Verstößen im Internet, ZD 2013, 420 (Ls.)
	VG Trier vom 29.11.2012, 1 L 1339/12.TR, Veröffentlichung von Hygieneverstößen im Internet, ZD 2013, 419
	VGH Baden-Württemberg vom 28.1.2013, 9 S 2423/12, Lebensmittelrechtliche Verstöße im Internet, ZD 2013, 639 (Ls.)
Video, Smart Cameras, Dashcams (s. a. Webcams sowie Überwachung im Beschäftigungs-verhältnis)	EuGH vom 11.12.2014 – C 212/13, Private überwachte Straße vor seinem Einfamilienhaus
	BVerfG vom 23.2.2007 – Az. 1 BvR 2368/06: Videoüberwachung an öffentlich zugänglichen Plätzen kann das Recht auf informationelle Selbstbestimmung von Bürgern verletzen. Eine Einwilligung potenziell betroffener Bürger folgt nicht bereits aus dem Umstand, dass mit Schildern auf die Überwachung hingewiesen wird.
	OLG Düsseldorf vom 16.2.2006 – Az.: I-10 U 116/05
	Auch die Installation einer Videoattrappe kann einen Eingriff in das allgemeine Persönlichkeitsrecht darstellen.
	OLG Düsseldorf vom 5.1.2007 – Az.: I-3 Wx 199/06: Das Recht am eigenen Bild als besonderer Ausfluss des allgemeinen Persönlichkeits-rechts schützt auch vor Videoaufzeichnungen.
	BayObLG vom 27.10.2004, 2 Z BR 124/04, RDV 2005, 70: Anforderungen an Eigentümerbeschlüsse über die Einführung einer Videoüberwachung des Hauseingangsbereichs;
	BAG vom 19.2.2015 – 8 AZR 1011/13, Videoaufnahmen eines Arbeitsnehmers im Internet
	BAG vom 11.12.2014 – 8 AZR 1010/13, Einwilligung in Videoaufnahme bei Firmenvideo
	LAG Mecklenburg-Vorpommern vom 12.11.2014 – 3 TaDV 5/14, Kameraatrappe im Außenbereich einer Klinik
	BAG vom 26.8.2008 – 1 ABR 16/07, MDR 2008, 1401: im Innen-reich eines Postzustellbetriebs nur bei konkretem personenbezogenem Verdacht einer strafbaren Handlung und nur stellenweise zulässig. Rein präventiv nicht zulässig. Strittig.

	Saarl. LfDI, RDV 2008, 83: Zur Gewährleistung der Sicherheit (zB in Serverräumen) präventiv zulässig, sofern verhältnismäßig. Heimliche Überwachung stets ultima ratio. AG Meldorf vom 11.7.2011, 83 C 568/11, Private Videoüberwachung des Grundstücks mit einer „Dome-Kamera", ZD 2012, 79 AG München vom 13.8.2014, 345 C 5551/14, Beweisverwertungsverbot für Dash-Cam-Aufnahmen, ZD 2014, 530 AG München vom 6.6.2013, 343 C 4445/13, Private Videoaufnahme als Beweismittel im Zivilprozess verwendbar, ZD 2014, 39 AG Köln vom 6.5.2013, 142 C 227/12, Unerlaubte Fernsehaufnahmen am Arbeitsplatz, ZD 2014, 253 BGH vom 24.5.2013, V ZR 220/12, Videoüberwachung des Eingangsbereichs einer Wohnungseigentumsanlage, ZD 2013, 447 BGH vom 21.10.2011, V ZR 265/10, Überwachungskamera in Reihenhaussiedlung, ZD 2012, 176 BVerwG vom 25.1.2012, 6 C 9.11, Offene Videoüberwachung der Reeperbahn, ZD 2012, 438 LG Koblenz vom 19.12.2013, 3 O 205/13, Einwilligung in Videoüberwachung eines Fitnessclubs durch AGB, ZD 2014, 202 LG München I vom 11.11.2011, 1 S 12752/11 WEG, Kameraüberwachung mit Videoaufzeichnung, ZD 2012, 528 LG München I vom 21.10.2011, 20 O 19879/10, Private Videoüberwachung darf nach Interessenabwägung öffentlichen Bürgersteig erfassen, ZD 2012, 76 LG Heilbronn vom 3.2.2015 – I 3 S 19/14, Verwertbarkeit von Dashcam-Aufzeichnungen im Zivilprozess OLG München vom 13.2.2012, 20 U 4641/11, Zulässigkeit der Videoüberwachung zum Gebäudeschutz, CR 2012, 335 OLG Zweibrücken vom 8.3.2012, 3 W 36/12, Verdeckte Videoüberwachung eines Wohnhauses, ZD 2012, 568 OVG Berlin-Brandenburg vom 9.9.2011, OVG 1 S 157.11, Polizeiliche Videoaufnahmen bei Demonstrationen, ZD 2012, 47 OVG Niedersachsen vom 29.9.2014, 11 LC 114/13, Videoüberwachung eines privaten Bürogebäudes, ZD 2014, 636 VG Ansbach vom 12.8.2014, 4 K 13.01634, Betrieb einer Dash-Cam in einem PKW, ZD 2014, 590 VG Hannover vom 14.7.2014, 10 A 226/13, Vorhalten einer Mastkamera durch Polizeibehörde, ZD 2014, 596 (Ls.) VG Oldenburg vom 12.3.2013, 1 A 3850/12, Beseitigung von Videokameras in Bürogebäude, ZD 2013, 296 *Hornung/Desoi*, Smart Cameras, K&R 2011, 153 *Forst*, Videoüberwachung am Arbeitsplatz und der neue § 32 BDSG, RDV 2009, 204 *Hilpert*, Zulässigkeit der Videoüberwachung nach § 6 BDSG am Beispiel des ÖPNV, RDV 2009, 160
Webcam	VG Schwerin vom 18.6.2015 – 6 B 1637/15 SN, Einsatz von Webcams in der Nähe von Ferienwohnungen *Wrede*, Rechtliche Einordnung von Webcams, DuD 2010, 225
Webtracking	*Kopp*, Datenschutzherausforderung Webtracking, DuD 2010, 787

Wettbewerbs-recht, UWG	OLG Hamburg vom 27.6.2013, 3 U 26/12, Fehlender Datenschutzhinweis als Wettbewerbsverstoß, ZD 2013, 511
Whistleblowing	LAG Schleswig-Holstein vom 20.3.2012, 2 Sa 331/11, Auflösung des Arbeitsverhältnisses wegen Whistleblowings, ZD 2012, 336 BAG vom 22.7.2008, Az.: 1 ABR 40/07, Whistleblower-Klauseln in Ethikrichtlinien unterliegen der betrieblichen Mitbestimmung, sofern diese die betriebliche Ordnung betreffen, nicht dagegen, wenn sie lediglich die geschuldete Arbeitsleistung konkretisieren. Dies gilt auch, wenn ihre Einführung auf ausländische Rechtsnormen, insbesondere den Sarbanes-Oxley-Act, zurückgeht. LAG Düsseldorf vom 14.11.2005, Az.: 10 TaBV 46/05 – Walmart-Beschluss, Ethikrichtlinien einer US-amerikanischen Muttergesellschaft, die über die deutsche Arbeitgeberin in den Betrieben in Deutschland eingeführt werden, unterliegen der betrieblichen Mitbestimmung. BAG vom 7.12.2006, Az.: 2 AZR 400/05, hat es dem Grunde nach für zulässig erachtet, wenn ein Arbeitnehmer seinen Arbeitgeber bei der Staatsanwaltschaft anzeigt, weil interne Klärungsversuche nicht erfolgversprechend sind und der Anzeigenerstatter nicht leichtfertig handelt. LAG Rheinland-Pfalz vom 30.10.2002, Az.: 9 Sa 857/02, Kündigung des Hinweisgebers zulässig, wenn der Mitarbeiter den Arbeitgeber bei einer Aufsichtsbehörde „anschwärzt", ohne dass der Arbeitnehmer zuvor selbst versucht hat, den Arbeitgeber von zu missbilligenden Verhaltensweisen abzubringen. Artikel 29 Gruppe, Opinion 1/2006 zu Whistleblowing vom 1. Februar 2006, Workingpaper 117 Französische Datenschutzbehörde **CNIL**, Guideline zum Whistleblowing, RDV 2006, 28 und Entscheidungen vom 26.5.2007 Request No. 1 065 767, decision relating to a request for authorization by McDonald's France to put in place a system of professional integrity, Request No. 1045938, decision relating to a request for authorization by the Compagnie europeénne d'accumulateurs to put in place ethic hotlines *Breinlinger/Krader*, Whistleblowing – Chancen und Risiken, RDV 2006, 60 ff. *Zimmermann*, Whistleblowing und Datenschutz, RDV 2006, 242 *Wisskirchen*, Whistleblowing und Ethikhotlines, BB 2006, S. 1567 ff. *Runte ua*, Cri 2005, 135 *Zimmermann*, Strafrechtliche Risiken des „Whisteblowing", ArBR 2012, 58
Wireless LAN (evtl. + GPS)	Zur Einstandspflicht bei unberechtigter WLAN-Nutzung, OLG Frankfurt 11 U 52/07, *Heise,* Meldung Nr. 110632 Zur Strafbarkeit des „Abhören" ungesicherter Kommunikation *Ernst,* CR 2003, 898: WirelessLan und das Strafrecht – zur Strafbarkeit des „Abhörens" ungesicherter Kommunikation *Knopp,* WLAN-Haftung, DuD 2010, 653
Wohnungsdurchsuchung	BVerfG vom 2.3.2006, NJW 2006, 976: Wohnungsdurchsuchung zur Ermittlung von Kommunikationsdaten: Das Recht auf informationelle Selbstbestimmung (nicht Fernmeldegeheimnis, Art. 10 I GG) schützt im Herrschaftsbereich des Teilnehmers (PC und Mobile Phone) gespeicherte Telekommunikationsverbindungsdaten nach Abschluss des Übertragungsvorgangs.

§ 35 Grenzüberschreitende Datenverarbeitung

Übersicht

	Rn.
I. Die Harmonisierung des Datenschutzrechts innerhalb der EU	1–19
1. Die EU-Datenschutzrichtlinie	1–10
a) Definitionen	2
b) Sachlicher Anwendungsbereich	3
c) Internationaler Anwendungsbereich	4–9
d) Verarbeitungsgrundsätze	10
2. Bereichsspezifischer Datenschutz	11–14
a) Europäischer Rechtsrahmen für die Telekommunikation	11/12
b) Neuere Entwicklungen	13/14
3. Aktuelle Reformbemühungen	15–19
II. Der internationale Anwendungsbereich des deutschen Datenschutzrechts	20–30
1. Die Regelungen des BDSG	20–27
2. Bereichsspezifischer Datenschutz	28
3. Praktische Probleme	29/30
III. Die Rechtmäßigkeit der Übermittlung personenbezogener Daten in das Ausland nach deutschem Datenschutzrecht	31–86
1. Vorbemerkung	31
2. Übermittlung personenbezogener Daten an Stellen in anderen Mitgliedstaaten der EU und den Vertragsstaaten des EWR	32–35
3. Übermittlung personenbezogener Daten an Stellen außerhalb der Mitgliedstaaten der EU und der Vertragsstaaten des EWR	36–70
a) Angemessenes Schutzniveau	37–39
b) Ausnahmen	40–42
c) Die Bestimmung des angemessenen Schutzniveaus in der Praxis	43–69
4. Auftragsdatenverarbeitung	70–84
a) Abgrenzung zwischen Auftragsdatenverarbeitung und Funktionsübertragung	70
b) Auftragsdatenverarbeitung innerhalb der Europäischen Union und des EWR	71/72
c) Auftragsdatenverarbeitung in Drittstaaten	73–79
d) Auftragsdatenverarbeitung durch Auftragnehmer im Inland	80/81
e) Binding Coporate Rules für Auftragsdatenverarbeiter	82
f) Auftragsdatenverarbeitung und Safe Harbor	83/84
IV. Spezialprobleme	85–106
1. Cloud Computing	85–88
a) Zum Begriff	85
b) Auftragsdatenverarbeitung innerhalb von EU/EWR	86
c) Grenzen des Territorialprinzips	87/88
2. E-Discovery	89–106
a) Pre-trial Discovery	89/90
b) Elektronische Dokumente	91
c) Auswirkungen auf deutsche Unternehmen	92/93
d) Kollision von E-Discovery und Datenschutzrecht	94–100
3. SWIFT	101–106

Schrifttum: *Backes/Eul/Guthmann/Martwich/Schmidt,* Entscheidungshilfe für die Übermittlung personenbezogener Daten in Drittländer, RDV 2004, 156; BITKOM-Schriftenreihe Recht & Steuer, Band 2 Übermittlung personenbezogener Daten – Inland, EU-Länder, Drittländer, 2008, abrufbar unter www.bitkom.de; *Bräutigam/Leupold,* Online-Handel, 2003; *Brisch/Laue,* E-Discovery und Datenschutz, RDV 2010, 1; *Büllesbach, Achim,* Transnationalität und Datenschutz, 2008; *Burianski/Reindl,* Truth or Dare? The Conflict Between E-Discovery in International Arbitration and German Data Protection Rules, SchiedsVZ 2010, 187; *Busche,* Internationaler Datenverkehr und Bundesdatenschutzgesetz („BDSG"), in: Inside the Cloud, Tagungsband Herbstakademie 2009 der Deutschen Stiftung für Recht und Informatik, S. 63 ff.; *Conrad,* Transfer von Mitarbeiterdaten zwischen verbundenen Unternehmen, ITRB 2005, 164; *Ellinghaus,* Das Telekom-Reformpaket der EU, CR 2010, 20; *Erkeling,* Datenschutz in Online-Spielen und anderen Virtuellen Welten, DuD 2011,

116; *Filip*, Binding Corporate Rules (BCR) aus der Sicht einer Datenschutzaufsichtsbehörde, Praxiserfahrungen mit der europaweiten Anerkennung von BCR, ZD 2013, 51; *Fischer/Steidle*, Brauchen wir neue Standardvertragsklauseln für das „Global Outsourcing"?, CR 2009, 632; *Gebhardt*, Pre-Trial Discovery von elektronisch gespeicherten Dokumenten: Aktuelle Entwicklungen in der US-amerikanischen Rechtsprechung und Gesetzgebung und ihre Praxisfolgen, IDR 2005, 30; *Genz*, Datenschutz in Europa und den USA, 2004; *Gliss/ Kramer*, Skill-Datenbank, DSB 2005, 12; *Giesen*, Datenverarbeitung im Auftrag in Drittstaaten – eine misslungene Gesetzgebung, CR 2007, 543; *Götz*, Zulässigkeit der grenzüberschreitenden Datenübermittlung zwischen Konzernunternehmen gemäß BDSG und dem Entwurf der Europäischen Datenschutzgrundverordnung, DSRI Tagungsband Herbstakademie 2013, 21 ff.; *Gola/Schomerus*, Bundesdatenschutzgesetz, 12. Aufl. 2015; *Grapentin*, Datenschutz und Globalisierung – Binding Corporate Rules als Lösung?, CR 2009, 693; *dies.* Haftung und anwendbares Recht im internationalen Datenverkehr, CR 2011, 102; *Heidel/Hüßtege/Mansel/ Noack*, BGB Allgemeiner Teil/EGBGB, 2. Auflage 2011; *Hilber*, Die datenschutzrechtliche Zulässigkeit intranet-basierter Datenbanken in internationalen Konzernen, RDV 2005, 143; *Jotzo*, Gilt deutsches Datenschutzrecht auch für Google, Facebook & Co. bei grenzüberschreitenden Datenverkehr?, MMR 2009, 232; *Kahler/ Werner*, Electronic Banking und Datenschutz, 2008; *Kautz*, Schadensersatz im europäischen Datenschutzrecht – Die Umsetzung von Art. 23 der EG-Datenschutzrichtlinie in Großbritannien und Deutschland, 2006; *Klinger*, Vernichtet und verloren?, RIW 2007, 108 ff.; *Klug*, Internationalisierung der Selbstkontrolle im Datenschutz, RDV 2005, 163; *Königshofen/Ulmer*, Datenschutz-Handbuch Telekommunikation, 2006; *Koós*, Das Vorhaben eines einheitlichen Datenschutzes in Europa, Aktueller Stand des europäischen Gesetzgebungsverfahrens, ZD 2014, 9; *Kuner*, European Data Protection Law, 2. Aufl. 2007 (Oxford University Press); *ders.* Transborder Data Flows and Privacy Regulation, 2013; *Kuner/Hladjk*, Die alternativen Standardvertragsklauseln der EU für internationale Datenübermittlung, RDV 2005, 193; *Lejeune*, Datentransfer in das außereuropäische Ausland, ITRB 2005, 94; *Lensdorf/Mayer-Wegelin/Mantz*, Outsourcing unter Wahrung von Privatgeheimnissen, CR 2009, 62; *Moos*, Die EU-Standardvertragsklauseln für Auftragsdatenverarbeiter 2010, CR 2010, 281; *Moritz/Winkler*, Datenschutz und Online-Dienste, NJW CoR 1997, 43; *Müthlein/Heck*, Outsourcing und Datenschutz, 4. Aufl. 2010; *Nielen/Thum*, Auftragsdatenverarbeitung durch Unternehmen im Nicht-EU-Ausland, K&R 2006, 171; *Pauly/Ritzer/Geppert*, Gilt europäisches Datenschutzrecht auch für Niderlassungen ohne Datenverarbeitung? Weitreichende Folgen für europäische Konzerne, ZD 2013, 423; *Pohle/ Ammann*, Über den Wolken ... – Chancen und Risiken des Cloud Computing, CR 2009, 273; *Rath/Klug*, e-Discovery in Germany?, K&R 2008, 596; *Reindl*, Cloud Computing und Datenschutz, in: Inside the Cloud, Tagungsband Herbstakademie 2009 der Deutschen Stiftung für Recht und Informatik, S. 441 ff.; *Rippert*, Das Beweisverfahren im amerikanischen Recht, RIW 1993, 626; *Robinson/Graux/Botterman/Valeri*, Review of the European Data Protection Directive, abrufbar unter www.ico.gov.uk; *Schaffland/Wiltfang*, BDSG, Stand April 2012; *Scheja*, Datenschutzrechtliche Zulässigkeit einer weltweiten Kundendatenbank, 2005; *Schmidl*, Datenschutzrechtliche Anforderungen an innereuropäische Personaldatenübermittlungen in Matrixorganisationen, DuD 2009, 364; *Schröder*, Die Haftung für Verstöße gegen Privacy Policies und Codes of Conduct nach US-amerikanischem und deutschem Recht, 2007; *ders.*, Verbindliche Unternehmensregelungen, DuD 2004, 462; *Schröder/Haag*, Stellungnahme der Art. 20-Datenschutzgruppe zum Cloud Computing, Gibt es neue datenschutzrechtliche Anforderungen für Cloud Computing?. ZD 2012, 495; *Schuppert/v. Reden*, Einsatz internationaler Cloud-Anbieter: Entkräftung der Mythen, Rechtlich zulässige Einschaltung von Cloud-Diensten in Deutschland möglich, ZD 2013, 210; *Scirocco*, The Lisbon Treaty and the Protection of Personal Data in the European Union, abrufbar unter www.epds.europa.eu, „Vorträge & Artikel 2008";*Simitis*, Übermittlung der Daten von Flugpassagieren in die USA: Dispens vom Datenschutz, NJW 2006, 2011; *Söbbing*, Cloud und Grid Computing: IT-Strategien der Zukunft rechtlich betrachtet, MMR 2008, Heft 5, XII ff.; *Spiess*, Keine „Genehmigungen" mehr zum USA-Datenexport nach Safe Harbor? Übertragung personenbezogener Daten aus Deutschland in die USA, ZD 2013, 535; *Spies/Schröder*, Auswirkungen der elektronischen Beweiserhebung (e-discovery) in den USA auf deutsche Unternehmen, MMR 2008, 275; *Spies/Schröder*, Cloud Computing und EU/US Safe Harbor Principles – US-Handelsministerium bezieht Stellung, ZD-Aktuell 2013, 03566; *Widmer*, Die globale Informationsgesellschaft: Ist der Datenschutz noch zu retten? AnwBl. 2011, 278; *Voigt*, Internationale Anwendbarkeit des deutschen Datenschutzrechts, Eine Darstellung anhand verschiedener Fallgruppen, ZD 2014, 15; *Weber/Voigt*, Internationale Auftragsdatenverarbeitung, Praxisempfehlungen für die Auslagerung von IT-Systemen in Drittstaaten mittels Standardvertragsklauseln, ZD 2011, 74; *Wissmann* (Hrsg.), Praxis Handbuch Telekommunikationsrecht, 2. Aufl. 2006; *Wisskirchen*, Grenzüberschreitender Verkehr von Arbeitnehmerdaten, CR 2004, 862; *Wybitul*, Interne Ermittlungen auf Anforderungen von US-Behörden – ein Erfahrungsbericht, BB 2009, 606; *v. Zimmermann*, Whistleblowing und Datenschutz, RDV 2006, 242.

I. Die Harmonisierung des Datenschutzrechts innerhalb der EU

1. Die EU-Datenschutzrichtlinie

1   Mit der **Richtlinie 95/46/EG** zum Schutz natürlicher Personen bei der Verarbeitung personenbezogener Daten und zum freien Datenverkehr[1] wurde das Datenschutzrecht EU-weit

---

[1] ABl. EG vom 23.11.1995, Nr. L 281/3.

I. Die Harmonisierung des Datenschutzrechts innerhalb der EU

harmonisiert und ein Rechtsrahmen für die Gewährleistung eines gleichwertigen Schutzes auf hohem Niveau geschaffen. Die EU-DSRL wurde in Deutschland durch das BDSG 2001 umgesetzt.[2] Inzwischen ist die Ablösung der EU-DSRL durch eine neue Datenschutzgrundverordnung in Vorbereitung.[3]

Durch die EU-DSRL harmonisiert wurden insbesondere die folgenden Elemente des Schutzsystems:

a) Definitionen. Art. 2 EU-DSRL enthält Definitionen der Begriffe „personenbezogene Daten", „Verarbeitung", „Datei", „verantwortliche Stelle", „Auftragsverarbeiter", „Dritter", „Empfänger", „Einwilligung der betroffenen Person". Zu beachten ist allerdings, dass diese Definitionen im deutschen Recht nicht immer exakt umgesetzt wurden. Signifikante Abweichungen gibt es beispielsweise bei dem Begriff der „Verarbeitung": Gemäß Art. 2b der EU-DSRL erfasst der Begriff der „Verarbeitung" auch die Erhebung und Nutzung personenbezogener Daten. § 3 Abs. 3-5 BDSG hingegen unterscheidet zwischen der Verarbeitung einerseits und der Erhebung bzw. Nutzung andererseits.[4]

b) Sachlicher Anwendungsbereich. Gemäß Art. 3 EU-DSRL gilt die Richtlinie für die (ganz oder teilweise) **automatisierte Verarbeitung** personenbezogener Daten und für die **nicht automatisierte Verarbeitung** personenbezogener Daten, die in **Dateien** gespeichert sind oder werden sollen. Wichtige Ausnahmen bilden aber

- die Verarbeitung personenbezogener Daten, die für die Ausübung von Tätigkeiten erfolgt, die nicht in den Anwendungsbereich des Gemeinschaftsrechts fallen, zB Verarbeitungen betreffend die öffentliche Sicherheit, die Landesverteidigung, die Sicherheit des Staates, den strafrechtlichen Bereich,[5]
- der Privatbereich, dh die Verarbeitung personenbezogener Daten durch natürliche Personen ausschließlich zu familiären oder persönlichen Zwecken.

c) Internationaler Anwendungsbereich. Gemäß Art. 4 EU-DSRL ist für Verarbeitungen[6] personenbezogener Daten, die im Rahmen der Tätigkeiten einer **Niederlassung** ausgeführt werden, grundsätzlich das nationale Datenschutzrecht des Mitgliedsstaates anwendbar, in dessen Geltungsgebiet sich die **Niederlassung** befindet. Gemäß Erwägungsgrund 19 der EU-DSRL setzt eine Niederlassung dabei die effektive und tatsächliche Ausübung einer Tätigkeit mittels einer festen Einrichtung voraus. Die Rechtsform einer solchen Niederlassung, die eine Agentur oder eine Zweigstelle sein kann, ist nicht maßgeblich.[7] Bei mehreren Niederlassungen ist für deren Tätigkeiten das Recht des EU-Mitgliedsstaates maßgeblich, in dem die datenverarbeitende Niederlassung jeweils belegen ist. Nach bisherigem Verständnis bedeutete dies, dass entweder die Datenverarbeitung als Ganzes oder zumindest einzelne Verarbeitungsphasen Bestandteil der Tätigkeit der Niederlassung sein musste.[8]

Allerdings hat der EuGH diesen engen Zusammenhang zwischen der **Tätigkeit der Niederlassung** und der Datenverarbeitung kürzlich aufgelöst. Gemäß dem EuGH werden personenbezogene Daten im Rahmen der Tätigkeit einer Niederlassung in der EU (Spanien) verarbeitet, wenn ein Suchmaschinenbetreiber aus den USA in Spanien für die Vermarktung und den Verkauf von Werbeflächen eine Niederlassung einrichtet, deren Tätigkeit sich an die Einwohner Spaniens richtet. Dies gilt auch dann, wenn die datenverarbeitende Tätigkeit selbst nicht von der spanischen Niederlassung ausgeführt wird. Die Entscheidung betrifft

---

[2] Vgl. → § 34 Rn. 38.
[3] → Rn. 17 f.
[4] Zu den unterschiedlichen Begrifflichkeiten bei der „Auftragsdatenverarbeitung" → Rn. 76.
[5] Vgl. dazu die Fluggastdatenentscheidung des EuGH (große Kammer) Urt. v. 30.5.2006 – verbundene Rechtssachen C-317/04 und C-0318/04, NJW 2006, 2029 mit Anm. *Simitis* NJW 2006, 2011.
[6] Zur von der Begrifflichkeit des BDSG abweichenden Definition der „Verarbeitung" → Rn. 2.
[7] Vgl. Art. 29 Datenschutzgruppe, WP 179 „Stellungnahme 08/2010 zum anwendbaren Recht" vom 16.12.2010, S. 15: Ein mit einer Person besetztes Büro, das aktiv in Tätigkeiten einbezogen ist, in deren Rahmen personenbezogene Daten verarbeitet werden, genügt. Ein Server oder Computer hingegen genügt nicht.
[8] Vgl. zB die Art. 29 Datenschutzgruppe im Jahre 2010 für **innergemeinschaftliche Fälle** (WP 179 „Stellungnahme 08/2010 zum anwendbaren Recht" vom 16.12.2010, S. 16 und 17).
Zu den bisherigen Anforderungen an die datenverarbeitende Tätigkeit der Niederlassung s. OVG Schleswig, ZD 2014, 364 (365) sowie teilweise abweichend KG ZD 2014, 412 (415 f.).

somit einen Fall, in dem der **räumliche Anwendungsbereich** der EU-DSRL nur betroffen sein konnte, wenn die in Rede stehende Datenverarbeitung im Rahmen der Tätigkeit der Niederlassung in der EU erfolgte.[9] Diese Auslegung nimmt Art. 3 Abs. 2 E-DS GVO vorweg, wonach europäisches Datenschutzrecht auch dann Anwendung finden wird, wenn Stellen außerhalb der EU personenbezogene Daten verarbeiten, um den betroffenen Personen in der EU Waren oder Dienstleistungen anzubieten oder diese zu beobachten.

6 Bezüglich der EU-DSRL erweitert diese Entscheidung das bislang maßgebliche Kriterium der datenverarbeitenden Tätigkeit der in der EU belegenen Niederlassung. Im Vorlagefall wäre insoweit nämlich eine deutliche Unterscheidung der Tätigkeit der in der EU belegenen Google Spain SL von der der Google Inc. (USA) möglich gewesen, da erstere als Handelsvertreter nur für Werbung und Vertrieb zuständig ist, während die datenverarbeitenden Aktivitäten bezüglich der Suchmaschine von der außerhalb der EU belegenen Google, Inc. durchgeführt werden.[10] Der EuGH bezog sich jedoch darauf, dass gemäß Art. 4 Abs. 1a der EU-DSRL die in Rede stehende Datenverarbeitung nicht „von" der betreffenden Niederlassung, sondern nur „im Rahmen der Tätigkeiten" der Niederlassung ausgeführt werden müsse. Dies könne im Hinblick auf das Ziel der EU-DSRL nicht eng ausgelegt werden. Vielmehr seien die Tätigkeiten des Suchmaschinenbetreibers und seiner Niederlassung in Spanien untrennbar miteinander verbunden, da die die Werbeflächen betreffenden Tätigkeiten das Mittel darstellten, um die in Rede stehende Suchmaschine wirtschaftlich rentabler zu machen und die Suchmaschine gleichzeitig das Mittel sei, das diese Tätigkeiten ermögliche. Zudem würden die die personenbezogenen Daten beinhaltenden Suchmaschinenergebnisse auf derselben Seite wie die mit den Suchbegriffen verknüpften Werbemittel angezeigt. Die Anzeige der Suchergebnisse, die schon für sich genommen eine Verarbeitung personenbezogener Daten darstelle, erfolge daher im Rahmen der Werbetätigkeit der Niederlassung. Der EuGH wendet dabei explizit im Interesse der Gewährleistung eines erweiterten Schutzes von Grundrechten und Grundfreiheiten natürlicher Personen Zurechnungskriterien an, die den **bisherigen räumlichen Anwendungsbereich** der EU-DSRL deutlich **ausdehnen**.[11]

7 Soweit der EuGH auf die **Gewährleistung des Schutzes von Grundrechten und Grundfreiheiten** abstellt,[12] deutet sich dabei eine mögliche Unterscheidung zwischen innergemeinschaftlichen Fällen, bei denen die Grundrechtsbeeinträchtigung wegen des harmonisierten Schutzniveaus nicht zu befürchten wäre, und Fällen mit außereuropäischer Beteiligung an, bei denen die EU-DSRL ansonsten räumlich nicht mehr anwendbar wäre.[13] Die weitere Rechtsentwicklung bleibt hier abzuwarten.

8 Hat die verantwortliche Stelle keine Niederlassung in einem Mitgliedstaat (oder an einem Ort, an dem gemäß dem internationalen öffentlichen Recht das Recht eines Mitgliedstaates maßgeblich ist), so findet das Datenschutzrecht eines EU-Mitgliedsstaates Anwendung, wenn die verantwortliche Stelle in seinem Hoheitsgebiet auf **automatisierte oder nicht automatisierte Mittel** zurückgreift, die zur Verarbeitung personenbezogener Daten eingesetzt werden. Dies gilt aber nicht für Mittel, die nur zum Zweck des Transits („Durchfuhr") der Daten eingesetzt werden.

9 In der erwähnten **Google-Entscheidung**[14] hat der EuGH allerdings – obschon naheliegend – offenbar nicht geprüft, ob die Aktivitäten der Google, Inc. selbst in den Anwendungsbereich der Richtlinie fallen, und zwar durch den Einsatz von im Binnenmarkt gelegenen Mitteln gemäß Art. 4 Abs. 1c EU-DSRL.[15]

---

[9] Vgl. EuGH Urt. v. 13.5.2014 – C-131/12 (Google Spain SL/Google Inc. gegen Agencia Española de Protección de Datos [AEPD]/Maria Costeja González); insoweit den Schlussanträgen von *Generalanwalt Jääskinen* folgend (Schlussanträge vom 25.6.2013, C-131/12, Rn. 138). Die Entscheidung wurde unter dem Stichwort „Recht auf Vergessen" bekannt.
[10] Kritisch daher bereits zu den Schlussanträgen des Generalanwalts, aaO Fn. 9, *Pauly/Ritzer/Geppert* ZD 2013, 423 (424) und *Voigt* ZD 2014, 15 (17 f.).
[11] EuGH Urt. v. 13.5.2014 → Rn. 52–58.
[12] EuGH Urt. v. 13.5.2014 → Rn. 53.
[13] Dazu bereits *Pauly/Ritzer/Geppert* ZD 2013, 423 (426). Zu möglichen Konsequenzen der EuGH-Entscheidung für das deutsche Recht → Rn. 22 ff.
[14] → Rn. 5 f.
[15] ZB Spiders und Robots, s. *Pauly/Ritzer/Geppert* ZD 2013, 423 (426).

d) Verarbeitungsgrundsätze. Einen wichtigen Beitrag zur Harmonisierung des Datenschutzrechts bilden die Verarbeitungsgrundsätze. Diese sind im Einzelnen:
- **Zweckbestimmung, Zweckbindung** und **Rechtmäßigkeit** der Verarbeitung (Art. 6 lit. a und b und 7 EU-DSRL).
- **Verhältnismäßigkeit** und **Erheblichkeit** (Art. 6c und e EU-DSRL).
- **Richtigkeit** und **Aktualität** der Daten und der **Vertraulichkeit** und **Sicherheit** ihrer Verarbeitung (Art. 6d, 16 und 17 EU-DSRL).
- **Rechtmäßige Verarbeitung nach Treu und Glauben:** Zulässig ist die Datenverarbeitung insbesondere bei Einwilligung des Betroffenen und, soweit dafür erforderlich, für die Erfüllung eines Vertrages oder einer rechtlichen Verpflichtung sowie für die Wahrung lebenswichtiger Interessen einer Person oder öffentlicher oder berechtigter Interessen (Art. 7 EU-DSRL).
- Verarbeitungsverbot für **besondere Kategorien personenbezogener Daten,** aus denen die rassische und ethnische Herkunft, politische Meinungen, religiöse oder philosophische Überzeugungen oder die Gewerkschaftszugehörigkeit hervorgehen, sowie von Daten über Gesundheit oder Sexualleben. Wichtige **Ausnahmen** sind – mit zahlreichen in der Richtlinie genannten konkreten Schranken, die unter anderem aus den Grundsätzen der Erforderlichkeit und Verhältnismäßigkeit abgeleitet sind – die ausdrückliche Einwilligung des Betroffenen, das Arbeitsrecht, lebenswichtige Interessen einer Person (sofern diese außerstande ist, einzuwilligen), Datenverarbeitung durch politische, philosophische, religiöse und gewerkschaftliche Stiftungen, vom Betroffenen öffentlich bekannt gemachte Daten, Durchsetzung rechtlicher Ansprüche vor Gericht, die Datenverarbeitung im Gesundheitswesen und Daten im Zusammenhang mit Straftaten. Die Mitgliedsstaaten dürfen zur Wahrung des öffentlichen Interesses weitere Ausnahmen vorsehen (Art. 8 EU-DSRL).
- Rechte über die **Information der betroffenen Person** (Identität der verantwortlichen Stelle, Zweckbestimmung der Datenverarbeitung, Empfängerkategorien etc; Art. 10 EU-DSRL), sowie entsprechende Informationsrechte für den Fall, dass die Daten nicht bei der betroffenen Person selbst erhoben wurden (Bestimmung der Herkunft der Daten; Art. 11 EU-DSRL).
- **Auskunftsrechte und Widerspruchsrechte des Betroffenen** (Art. 12 und 14 EU-DSRL) sowie das Recht, nicht einer Entscheidung unterworfen zu werden, die sich allein auf die automatisierte Erstellung eines Verhaltensprofils stützt (Art. 15 EU-DSRL).
- Befugnisse der **unabhängigen Kontrollstellen** (Art. 18–20 EU-DSRL) einschließlich der datenschutzrechtlichen Selbstkontrolle.[16]
- **Haftungsregelung und Sanktionen** (Art. 23–25 EU-DSRL): Verpflichtung der Mitgliedsstaaten, dafür zu sorgen, dass durch eine rechtswidrige Datenverarbeitung entstandene Schäden ersetzt und Verstöße gegen rechtliche Regelungen, die die Richtlinie umsetzen, sanktioniert werden.
- Bestimmungen über die **Übermittlung personenbezogener Daten in Drittländer** im EU-Inland und -Ausland (Art. 25 und 26). Diese Vorschriften wurden in der Bundesrepublik Deutschland durch die §§ 4b und 4c BDSG umgesetzt und werden dort ausführlich behandelt werden.[17]
- Eine aktuelle Entwicklung stellt das Urteil des Europäischen Gerichtshofs vom 9.3.2010 dar, wonach die Bundesländer, in denen die datenschutzrechtlichen Aufsichtsbehörden in die Landesverwaltung eingegliedert sind (zB Hessen), gegen Art. 28 EU-DSRL verstoßen. Nach Auffassung des EuGH wird damit den Anforderungen der Richtlinie im Hinblick auf eine „vollständige Unabhängigkeit" der Aufsichtsbehörden nicht genügt.[18]

2. Bereichsspezifischer Datenschutz

a) Europäischer Rechtsrahmen für die Telekommunikation. Die EU-Datenschutzrichtlinie wird im Bereich der Telekommunikation durch die „**Datenschutzrichtlinie für elektronische**

---

[16] Zur Internationalisierung der Selbstkontrolle im Datenschutz ausführlich und mit tabellarischer Übersicht über einige EU-Länder: *Klug* RDV 2005, 163.
[17] → Rn. 31 ff.
[18] EuGH Urt. v. 9.3.2009 – C-518/07, abrufbar unter www.curia.europa.eu.

Kommunikation"[19] ergänzt. Diese war Bestandteil des so genannten „TK-Richtlinienpakets", vom 7.3.2002, mit dem das Europäische Parlament und der Rat den Mitgliedstaaten verbindliche Vorgaben für die Modernisierung des Telekommunikationsrechts gemacht haben. Die Umsetzung der Datenschutzrichtlinie für elektronische Kommunikation erfolgte in Deutschland durch den Erlass des Telekommunikationsgesetzes 2004, das am 26.6.2004 in Kraft trat.[20] Von einer Zusammenführung der Datenschutzbestimmungen für Telekommunikations- und Teledienste wurde bedauerlicherweise abgesehen.[21] Die Richtlinie harmonisiert den TK-Datenschutz insbesondere in den folgenden Punkten:
- Begriffsbestimmungen;
- Betriebssicherheit;
- Vertraulichkeit der Kommunikation (einschließlich einer Regelung über Cookies);
- Verkehrsdaten;
- Einzelgebührennachweis;
- Rufnummernanzeige des Anrufers und des Angerufenen und deren Unterdrückung;
- Andere Standortdaten als Verkehrsdaten;
- Automatische Anrufweiterschaltung;
- Teilnehmerverzeichnisse;
- Unerbetene Nachrichten;
- Technische Merkmale und Normung.

12   Zu beachten ist, dass das TK-Richtlinienpaket den Anwendungsbereich **des Telekommunikationsrechtes** insgesamt neu definiert und – im Verhältnis zum früheren deutschen Telekommunikationsrecht – erweitert hatte, insbesondere durch die sogenannte „Rahmenrichtlinie".[22] Aufgrund des dabei gewählten technologieneutralen Ansatzes sind alle Kommunikationsnetze gleich zu behandeln, ob es sich nun um die „traditionellen" Bereiche des TK-Rechts (Telefonie-Festnetze, Mobilfunknetze) oder um sonstige Netze handelt. Dem Telekommunikationsrecht unterworfen sind damit auch die Kabelfernsehnetze, Rundfunknetze über Satellit oder Antenne, Netze, die über das Internet-Protokoll funktionieren, und alle sonstigen Netze, die in der Lage sind, elektronische Kommunikationsdienste zu den Endkunden zu transportieren.[23] Bei datenschutzrechtlichen Sachverhalten, die sich in einem „Grenzbereich" bewegen, zB zwischen dem Telekommunikationsrecht und dem Rundfunkrecht, muss dabei auch für die Bestimmung des anwendbaren bereichsspezifischen Datenschutzrechts (§§ 91 ff. TKG oder §§ 47 ff. RStV) auf die durch die Rahmenrichtlinie vorgegebenen und im TKG 2004 umgesetzten Abgrenzungen zurückgegriffen werden. Die Harmonisierung im Binnenmarkt umfasst somit nicht nur den Inhalt, sondern auch den **sachlichen Anwendungsbereich des TK-Datenschutzrechts.**

13   **b) Neuere Entwicklungen.** Das TK-Richtlinienpaket ist im November 2009 durch zwei neue Richtlinien geändert und **erweitert** worden. Insbesondere wurde die Datenschutzrichtlinie für elektronische Kommunikation durch Richtlinie 2009/136/EG (sog „e-Privacy Directive") ergänzt.[24]

14   Dabei wurden die Pflichten der Telekommunikationsbetreiber und Internet-Diensteanbieter im Hinblick auf die Datensicherheit verschärft, unter anderem durch die Verpflichtung zur Erstellung eines Sicherheitskonzepts (Art. 4 Abs. 1a Richtlinie 2002/58/EG nF). Neu eingeführt wurden Informationspflichten bei Datenschutzverletzungen im Rahmen von elektronischen

---

[19] Richtlinie 2002/58/EG des Europäischen Parlaments und des Rates vom 12.7.2002 über die Verarbeitung personenbezogener Daten und den Schutz der Privatsphäre in der elektronischen Kommunikation; ABl. EG vom 31.7.2002, Nr. L 201/37.
[20] BGBl. I 2004, S. 1190.
[21] Wissmann/*Meister*/*Laun* Kap. 14 Rn. 39.
[22] Richtlinie 2002/21/EG des Europäischen Parlaments und des Rates über einen gemeinsamen Rechtsrahmen für elektronische Kommunikationsnetze und -dienste; ABl. EG 2002 Nr. L 108/33.
[23] Säcker/*Klotz* Einl. II Rn. 58 ff.
[24] Richtlinie 2009/136/EG des Europäischen Parlaments und des Rates zur Änderung der Richtlinie 2002/22/EG über den Universaldienst und Nutzerrechte bei elektronischen Kommunikationsnetzen und -diensten, der Richtlinie 2002/58/EG über die Verarbeitung personenbezogener Daten und den Schutz der Privatsphäre in der elektronischen Kommunikation und der Verordnung (RG) Nr. 2006/2004 über die Zusammenarbeit im Verbraucherschutz; ABl. EG 2009 Nr. L 337/11.

Kommunikationsdiensten. Diese reichen weiter als §§ 93 Abs. 3 TKG iVm § 42a BDSG, da sie gegenüber den Behörden bereits bei einfachen Datenschutzverstößen bestehen, ohne dass eine schwerwiegende Beeinträchtigung der Rechte oder schutzwürdigen Interessen des Betroffenen erforderlich ist. Zudem wird der verantwortlichen Stelle die Pflicht auferlegt, ein Verzeichnis ihrer Datenschutzverletzungen zu führen, um Prüfungen durch die Datenschutzaufsicht zu erleichtern (Art. 4 Abs. 4 Richtlinie 2002/58/EG nF).[25] Hervorzuheben ist auch die Einführung einer Zustimmungspflicht für Cookies (Art. 5 Abs. 3 Richtlinie 2002/58/EG nF). Gemäß Erwägungsgrund Nr. 66 der Richtlinie 2009/136/EG soll die Einwilligung unter anderem auch im Wege entsprechender Browsereinstellungen abgegeben werden können, was das strenge Opt-in des Art. 5 Abs. 3 (neue Fassung) abzuschwächen scheint. Die Auswirkungen für § 15 TMG werden derzeit diskutiert, hierzu → § 27 Rn. 8.

3. Aktuelle Reformbemühungen

Die Europäische Datenschutzrichtlinie 95/46/EG ist derzeit Gegenstand umfassender Reformüberlegungen. Dabei hat sich der europäische Rechtsrahmen durch den Vertrag von Lissabon insoweit geändert, als Art. 16 AEUV[26] den Datenschutz nunmehr als subjektives Recht an prominenter Stelle im EU-Primärrecht verankert.[27] 15

Auf Veranlassung des britischen Datenschutzbeauftragten („Information Commissioner") wurde im Jahre 2009 eine Studie der RAND Corporation veröffentlicht, die sich kritisch mit dem Schutzansatz der Europäischen Datenschutzrichtlinie auseinandersetzt.[28] Ebenfalls im Jahre 2009 führte die Europäische Kommission eine öffentliche Konsultation durch, die Unternehmen, Behörden und Interessengruppen die Gelegenheit gab, ihre Standpunkte im Hinblick auf die Reformbemühungen darzulegen. Am 4.11.2010 veröffentlichte die EU-Kommission dann eine Mitteilung über ein Gesamtkonzept für den Datenschutz in der EU.[29] Auch die Konferenz der Datenschutzbeauftragten des Bundes und der Länder verabschiedete am 18.3.2010 ein Eckpunktepapier „Ein modernes Datenschutzrecht für das 21. Jahrhundert".[30] 16

Am 25.1.2912 wurde dann der **Entwurf einer Datenschutzgrundverordnung** („E-DS GVO") veröffentlicht.[31] Diese soll die EU-DSRL ersetzen und als EU-Verordnung, unmittelbare Geltung in der gesamten EU entfalten. Flankiert werden soll sie durch eine Richtlinie über den Datenschutz im Rahmen der Strafverfolgung.[32] Das ursprüngliche Ziel, die Verordnung bereits vor der Europawahl 2014 zu finalisieren, wurde allerdings nicht erreicht. Neben der umfangreichen rechtlichen und politischen Diskussion trugen hierzu auch Zweifel an der Rechtmäßigkeit des Verordnungsentwurfs bei, die zu einer Subsidiaritätsrüge unter anderem durch den Deutschen Bundesrat und durch Frankreich führten. Nachdem auch das Europaparlament und der Rat der Europäischen Union jeweils überarbeitete Entwürfe vorgelegt haben, befindet sich das Verfahren nunmehr in der Abstimmung, dem sogenannten „Trilog".[33] 17

In Bezug auf **internationale Datenübermittlungen** behält die E-DS GVO die bisherige „zweistufige" Konzeption bei, die zwischen Datentransfers innerhalb von EU/EWR und Da- 18

---

[25] Für einen Überblick über das TK-Reformpaket s. *Ellinghaus* CR 2010, 20.
[26] Vertrag über die Arbeitsweise der Europäischen Union, ABl. EU v. 9.5.2008, C 115/47.
[27] Für Einzelheiten s. *Scirocco* S. 2 ff.
[28] *Robinson/Graux/Botterman/Valeri*, Review of the European Data Protection Directive, 2009, abrufbar unter www.ico.gov.uk.
[29] Sämtliche Dokumente sind abrufbar unter www.ec.europa.eu.
[30] Abrufbar unter www.baden-wuerttemberg.datenschutz.de.
[31] Vorschlag für eine Verordnung des europäischen Parlaments und des Rates zum Schutz natürlicher Personen bei der Verarbeitung personenbezogener Daten und zum freien Datenverkehr (Datenschutz-Grundverordnung); KOM(2012) 11 endg.
[32] „Richtlinie des Europäischen Parlaments und des Rates zum Schutz natürlicher Personen bei der Verarbeitung personenbezogener Daten durch die zuständigen Behörden zum Zwecke der Verhütung, Aufdeckung, Untersuchung oder Verfolgung von Straftaten oder der Strafvollstreckung sowie zum freien Datenverkehr"; KOM(2012) 10 endg.
[33] Zur Subsidiaritätsrüge s. *Koós* ZD 2014, 9 (10); zur Datenschutzgrundverordnung s. ausführlich → § 34 Rn. 47 ff.

tentransfers in Drittländer unterscheidet,[34] und befasst sich in Kapitel V. Art. 40 ff. mit der Übermittlung personenbezogener Daten in Drittländer und an internationale Organisationen. Dabei wird es – jedenfalls nach dem aktuellen Entwurf der E-DS GVO – weiterhin kein Konzernprivileg geben. In Bezug auf die für Datentransfers in Drittländer vorgesehenen Rechtsinstrumente (zB Angemessenheitsentscheidungen der EU-Kommission, Standardvertragsklauseln, verbindliche Unternehmensregelungen) gibt es im Vergleich zur geltenden Rechtslage zwar Ergänzungen und Fortentwicklungen, jedoch insgesamt keine grundlegenden Änderungen.[35]

19 Auch außerhalb der EU stellt die Globalisierung der Datenströme eine große Herausforderung dar. Wichtig ist hier insbesondere das Verhältnis der Europäischen Datenschutzrichtlinie zu anderen Schutzansätzen, etwa der OECD-Richtlinie[36] und den darauf teilweise basierenden Schutzansätzen der APEC-Staaten.[37] Im Bereich der Binding Corporate Rules[38] gibt es dabei Kooperationsansätze zwischen den europäischen Aufsichtsbehörden und der APEC.[39] Zudem gibt es Bemühungen um eine internationale „globale" Rechtsvereinheitlichung mit hohem Datenschutzniveau. Vor diesem Hintergrund ist die von der Konferenz der internationalen Datenschutzbeauftragten („Internationale Datenschutzkonferenz") im Jahre 2009 verabschiedete „Madrid Resolution" zu sehen, die die Schaffung eines internationalen „Soft Law" mit einheitlichen Schutzstandards anstrebt. Seither hat die Internationale Datenschutzkonferenz diverse weitere Resolutionen verabschiedet mit dem Ziel der Verbesserung der internationalen datenschutzrechtlichen Schutzstandards sowie der Rechtsdurchsetzung.[40]

II. Der Internationale Anwendungsbereich des deutschen Datenschutzrechts

1. Die Regelungen des BDSG

20 Grundsätzlich gilt im deutschen Datenschutzrecht das – im BDSG stillschweigend vorausgesetzte – **Territorialprinzip**, das auf den Ort abstellt, an dem die Erhebung, Nutzung und Verarbeitung personenbezogener Daten stattfindet: Das BDSG ist daher grundsätzlich bei jeder Verwendung personenbezogener Daten innerhalb Deutschlands zu beachten.[41] Für die EU-Mitgliedstaaten wird das Territorialprinzip allerdings seit der Umsetzung der EU-DSRL in den EU-Mitgliedstaaten durch das so genannte „**Sitzlandprinzip**" verdrängt.[42] Danach richtet sich das anzuwendende nationale Recht – und damit auch die Anwendbarkeit des BDSG – im EU-Binnenmarkt grundsätzlich nach dem Sitz der verantwortlichen Stelle bzw. der datenverarbeitenden Niederlassung. Das Sitzlandprinzip will erreichen, dass sich ein international tätiges Unternehmen im Bereich des Binnenmarktes nicht mit vielen ggf. unterschiedlichen Datenschutzrechten auseinander setzen muss, sondern sein Handeln an seinem eigenen Datenschutzrecht ausrichten kann.[43]

21 Gemäß § 1 Abs. 5 BDSG ist im Anschluss an Art. 4 EU-DSRL (aber ohne wortgetreue Umsetzung desselben) zu unterscheiden zwischen (i) einer verantwortlichen Stelle mit Sitz im Binnenmarkt und (ii) einer verantwortlichen Stelle außerhalb des Binnenmarkts. Zu be-

---

[34] → Rn. 31 ff.
[35] Vgl. auch *Götz*, DSRI Herbstakademie Tagungsband 2013, 21 (25).
[36] OECD Document C (80) 58 (Final), abrufbar unter www.oecd.org.
[37] Für einen Überblick über die internationalen Schutzansätze s. *Kuner*, Transborder Data Flows and Privacy, Kap. 1. B.
[38] → Rn. 51 ff.
[39] Pressemitteilung der Artikel 29 Datenschutzgruppe „Verstärkte Kooperation zwischen Europa und der Asien-Pazifik Region in Bezug auf Systeme zur Datenübermittlung" v. 26.3.2013.
[40] Entschließung der 31. Konferenz vom 4.–6. November 2009 in Madrid über Internationale Standards zum Schutz der Privatsphäre sowie weitere Entschließungen der Internationalen Datenschutzkonferenz; in deutscher Übersetzung abrufbar unter www.bfdi.de.
[41] Simitis/*Simitis* § 4b BDSG Rn. 8 ff.
[42] → Rn. 4; kritisch zur Terminologie Simitis/*Damman* § 1 BDSG Rn. 199: „Niederlassungsprinzip" oder „abgeschwächtes Sitzlandprinzip".
[43] Gola/*Schomerus* § 1 BDSG Rn. 27.

achten ist, dass auch der europäische Wirtschaftsraum (EWR) in diesem Falle zum Binnenmarkt zählt, dh die Länder Norwegen, Island und Liechtenstein, die ebenfalls die EU-Datenschutzrichtlinie übernommen haben. Hingegen gilt dies insbesondere nicht für die Schweiz, die weder Mitglied der EU noch des EWR ist.

Allerdings erfolgte die Umsetzung der Vorgaben der EU-DSRL in das deutsche Recht nicht ohne einige Änderungen, die vor allem im Lichte der „Google-Entscheidung" des EuGH vom 13.5.2014 problematisch geworden sind.[44] Art. 4 Abs. 1a EU-DSRL stellt nämlich eine allseitige Kollisionsnorm dar.[45] Ohne Ansehung eines spezifischen nationalen Rechtes gilt danach für **Niederlassungen im Binnenmarkt** das Datenschutzrecht des Landes, in dessen **Hoheitsgebiet** sich die Niederlassung befindet, sofern die Datenverarbeitung im Rahmen von deren Tätigkeit erfolgt. § 1 Abs. 5 Satz 1 BDSG setzt diese allseitige Regelung jedoch als einseitige Kollisionsnorm um, die sich nur mit der Frage befasst, wann das deutsche Recht zur Anwendung kommt: Deutsches Datenschutzrecht gilt nicht für verantwortliche Stellen aus EU und EWR, die außerhalb von Deutschland belegen sind, es sei denn die Erhebung, Verarbeitung oder Nutzung der personenbezogenen Daten im Inland erfolgt durch eine **Niederlassung in Deutschland.** Dabei weicht die deutsche Umsetzung in zweifacher Hinsicht vom Wortlaut der EU-DSRL ab. Für die Berufung des deutschen Rechts stellt § 1 Abs. 5 BDSG auf eine Niederlassung in Deutschland nur in Fällen ab, in denen diese einer verantwortlichen Stelle aus der EU oder dem EWR zugeordnet ist.[46] Zudem setzt der deutsche Gesetzeswortlaut – im Unterschied zur EU-DSRL – ausdrücklich eine eigene datenverarbeitende Tätigkeit der Niederlassung voraus.[47]

Zu dieser restriktiven Umsetzung der allseitigen Kollisionsnorm des Art. 4 Abs. 1a EU-DSRL passt die bereits erwähnte neue „Google-Entscheidung" des EuGH vom 13.5.2014 nicht, in der es um die Frage ging, ob die werblichen Aktivitäten der Niederlassung eines in den USA, dh außerhalb des Binnenmarktes, belegenen Unternehmens in den Anwendungsbereich der EU-DSRL fallen, und zwar auch dann, wenn nicht die EU-Niederlassung (dh Google Spain SL) die fragliche Datenverarbeitung durchführt, sondern das US-Unternehmen (Google, Inc.). Der EuGH entschied, dass die betreffenden Datenverarbeitungsvorgänge der US-Suchmaschine aufgrund des werblichen Zusammenhangs in den „Rahmen der Tätigkeiten" der spanischen EU-Tochter fielen.[48] Der EuGH hat die Datenverarbeitung daher der spanischen Google-Niederlassung zugerechnet und gelangte auf diesem Weg zur Anwendung des europäischen (spanischen) Datenschutzrechts.

Nach deutschem Recht würde es auf diese Frage gar nicht ankommen. Für verantwortliche Stellen außerhalb der EU oder des EWR gilt das **deutsche Datenschutzrecht** de lege lata nämlich nur, sofern sie (im Sinne der Definitionen des § 3 BDSG) personenbezogene Daten **im Inland** erheben, verarbeiten oder nutzen (§ 1 Abs. 5 Satz 2 BDSG). Die Existenz einer inländischen Niederlassung, die daran nicht beteiligt ist, ist insoweit ohne Belang.[49] Selbst wenn man den innergemeinschaftlichen Kollisionsgrundsatz des § 1 Abs. 5 S. 1 BDSG im Rahmen einer richtlinienkonformen Auslegung „allseitig wenden" würde,[50] wäre der vom EuGH entschiedene Sachverhalt schon deswegen nicht erfasst, weil die Norm auf eine datenverarbeitende Tätigkeit der jeweiligen Niederlassung im Inland abstellt. Vor dem Hintergrund der genannten Google-Entscheidung wird diese Umsetzung des Art. 4 EU-DSRL daher möglicherweise überdacht werden müssen (sofern die Verabschiedung der E-DS GVO dem nicht zuvorkäme). Eine richtlinienkonforme Auslegung erscheint hier angesichts des Wortlauts des § 1 Abs. 5 S. 1 BDSG kaum noch möglich; de lege lata wird man auf die Richtlinie direkt zugreifen müssen.

---

[44] EuGH Urt. v. 13.5.2014 → Rn. 5.
[45] Zum Begriff s. Heidel/Hüßtege/Mansel/Noack/*Freitag* § 3 EGBGB Rn. 36.
[46] Zum Problem der Abgrenzung zwischen „Niederlassung" und „verantwortlicher Stelle" im Rahmen der EU/EWR-weiten Umsetzung der EU-DSRL s. weiterführend Simitis/*Dammann* § 1 BDSG Rn. 205.
[47] S. auch Gola/Schomerus § 1 BDSG Rn. 28; Taeger/*Gabel* § 1 BDSG Rn. 55.
[48] EuGH Urt. v. 13.5.2014 → Fn. 9.
[49] Vgl. Taeger/*Gabel* § 1 Rn. 58 unter Verweis auf Art. 29 Datenschutzgruppe, WP 179 „Stellungnahme 08/2010 zum anwendbaren Recht" vom 16.12.2010, S. 24.
[50] Dazu Taeger/*Gabel* § 1 BDSG Rn. 56 mN; Simitis/*Dammann*, § 1 BDSG Rn. 206.

25 Ein weiterer Unterschied der deutschen Umsetzung zu Art. 4 EU-DSRL besteht darin, dass § 1 Abs. 5 S. 2 BDSG für ausländische Stellen außerhalb der EU (oder des EWR) im Rahmen des Territorialprinzips eine Anwendung des nationalen Rechts des Mitgliedsstaates nur vorschreibt, wenn für die Verarbeitung personenbezogener Daten auf **automatisierte oder nicht-automatisierte Mittel** zurückgegriffen wird, die im Hoheitsgebiet des betreffenden Mitgliedsstaates eingesetzt werden. Das BDSG 2001 hingegen sieht für jede Erhebung, Verarbeitung und Nutzung personenbezogener Daten in deutschem Hoheitsgebiet eine Anwendung des deutschen Datenschutzrechtes vor, ohne dass es auf die dabei verwendeten Mittel ankommt. Es wird daher zutreffend vertreten, dass die Voraussetzungen von Art. 4 EU-DSRL bei der Auslegung von § 1 Abs. 5 BDSG zu berücksichtigen sind. Nach den Grundsätzen der richtlinienkonformen Auslegung sind die in der Richtlinie genannten Voraussetzungen in die Regelung hineinzulesen.[51]

26 In Anschluss an Art. 4 EU-DSRL besteht eine Ausnahme vom Territorialprinzip, wenn ausländische Stellen außerhalb der EU bzw. des EWR Datenträger lediglich zum Zwecke des Transits durch das Inland einsetzten.[52] Die Regelung ist weit auszulegen und bezieht sich nicht nur auf den physischen Transport von Datenträgern, sondern auch auf sonstige (zB leitungsgebundene oder funktechnische) Transportwege.[53] Werden die Daten dabei nur durchgeleitet und nicht zur Kenntnis genommen, dann kommt das deutsche Datenschutzrecht nicht zur Anwendung (§ 1 Abs. 5 S. 4 BDSG).

27 Gilt das deutsche Datenschutzrecht und ist das Daten verarbeitende ausländische Unternehmen verpflichtet, seine Identität bekannt zu geben (zB im Rahmen einer Belehrung des Betroffenen oder gegenüber der Aufsichtsbehörde), so ist auch ein im Inland ansässiger Vertreter zu benennen, der gegenüber dem Betroffenen und der Aufsichtsbehörde als Ansprechpartner dienen kann.[54]

2. Bereichsspezifischer Datenschutz

28 In der praktischen Anwendung ist zu beachten, dass § 1 Abs. 5 BDSG in der Regel für das gesamte deutsche Datenschutzgesetz gilt, da das bereichsspezifische deutsche Datenschutzrecht zumeist keine besonderen Bestimmungen über den internationalen Geltungsanspruch enthält. Auf § 1 Abs. 5 BDSG muss daher auch bei Sachverhalten zurückgegriffen werden, die (wegen der ansonsten subsidiären Geltung des BDSG) überwiegend vom bereichsspezifischen Datenschutzrecht erfasst werden, also etwa den §§ 91 ff. TKG für den Bereich der Telekommunikation, den §§ 11 ff. TMG für den Bereich der Telemedien, den §§ 47 ff. des Rundfunkstaatsvertrags für den Rundfunk und § 57 des Rundfunkstaatsvertrags bei journalistisch-redaktionellen Zwecken.

3. Praktische Probleme

29 In der Praxis oft schwierig ist die **Bestimmung des anwendbaren Rechtes** auf die Erhebung personenbezogener Daten über das **Internet**. Meldet sich beispielsweise ein Nutzer einer über das Internet zugänglichen Website von einem in Deutschland belegenen PC aus über ein Anmeldeformular auf einem Server in den USA an, so kann wohl nicht angenommen werden, dass die Erhebung der Daten in Deutschland stattfindet oder der Nutzer bei der Angabe seiner personenbezogenen Daten auf „Mittel" des Website-Inhabers zugreift, die in Deutschland belegen sind (zB Hosting der Website oder spezielle Einwahlknoten im Inland).[55] Dasselbe gilt, wenn Daten über ein mobiles Endgerät an einen M-Commerce-Anbieter übermittelt werden.[56]

30 Anders verhält es sich aber, wenn der Website-Anbieter Programme auf der Festplatte des Nutzers in Deutschland hinterlässt, die in der Folgezeit Daten über die Installation des PC

---

[51] Simitis/*Dammann* § 1 BDSG Rn. 218; KG ZD 2014, 412 (414 f.).
[52] → Rn. 8.
[53] Taeger/*Gabel* § 1 BDSG Rn. 62.
[54] *Gola/Schomerus* § 1 BDSG Rn. 29.
[55] So bereits *Moritz/Winkler* NJW CoR 1997, 43 (45); Taeger/*Gabel* § 1 BDSG Rn. 59 mwN.
[56] Bräutigam/Leupold/*Grapentin* Kap. B. X. Rn. 87.

oder über Aktivitäten des Benutzers übermitteln sollen, ohne dass der Benutzer dem zugestimmt hat. Dazu gehören insbesondere so genannte „Spyware", Viren, Würmer, trojanische Pferde und auch „Cookies". Hier kann argumentiert werden, dass der ausländische Website-Anbieter personenbezogene Daten unter Verwendung in Deutschland belegener „Mittel" erhebt.[57]

III. Die Rechtmäßigkeit der Übermittlung personenbezogener Daten in das Ausland nach deutschem Datenschutzrecht

1. Vorbemerkung

Sollen personenbezogene Daten in das Ausland übermittelt werden, so ist es erforderlich, in eine **zweistufige Prüfung** einzutreten: 31
- Im Anwendungsbereich des deutschen Datenschutzrechts gelten für die Zulässigkeit der Übermittlung personenbezogener Daten an Dritte die Regelungen des BDSG sowie des bereichsspezifischen Datenschutzrechts.[58] § 92 TKG enthält eine Sonderregelung für die Datenübermittlung an ausländische nicht-öffentliche Stellen durch Anbieter von Telekommunikationsdiensten.[59]
- Zusätzlich müssen die datenschutzrechtlichen Sonderregelungen für die Übermittlung von personenbezogenen Daten in das Ausland geprüft werden. Dies sind insbesondere die §§ 4b und 4c BDSG. Diese unterscheiden zwischen der Übermittlung von Daten in das EU-Inland und die Staaten des EWR (→ Ziff. 2, Rn. 32 ff.) sowie der Übermittlung von Daten in Länder, die weder der EU noch dem EWR angehören (→ Ziff. 3, Rn. 36 ff.). Besondere Probleme stellen sich außerdem im Bereich der Auftragsdatenverarbeitung (→ Ziff. 4, Rn. 71 ff.).[60]

2. Übermittlung personenbezogener Daten an Stellen in anderen Mitgliedsstaaten der EU und den Vertragsstaaten des EWR

§ 4b Abs. 1 BDSG sieht vor, dass für die Übermittlung personenbezogener Daten an **Mit-** 32 **gliedsstaaten der EU, Vertragsstaaten des EWR** sowie an **Organe und Einrichtungen der Europäischen Gemeinschaften** die §§ 15 Abs. 1, 16 Abs. 1 und 28–30 BDSG gelten, soweit die Übermittlung im Rahmen von Tätigkeiten erfolgt, die ganz oder teilweise in den Anwendungsbereich des EG-Rechts fallen (sog „**innergemeinschaftliche Übermittlung**").

Bezüglich des Anwendungsbereichs des EG-Rechts ist auf Art. 3 der EU-DSRL zu verweisen (→ Ziff. I.1.b, Rn. 3), der insoweit auch die Tragweite des § 4b BDSG bestimmt. Es reicht aber schon aus, wenn ein Datentransfer dem EG-Recht nur teilweise unterfällt – die Anwendbarkeit des BDSG wurde hier bewusst ausgedehnt.[61] 33

Im praktischen Ergebnis bedeutet dies, dass **grundsätzlich die Erlaubnistatbestände des** 34 **BDSG Anwendung finden.** Für die Datenübermittlung durch nicht-öffentliche Stellen (private Wirtschaft!) sind dabei insbesondere die §§ 28–30 BDSG maßgebend. In § 4b Abs. 1 BDSG nicht ausdrücklich geregelt ist die Frage, ob auch **sonstige Spezialvorschriften** An-

---

[57] Für Cookies s. KG ZD 2014, 412 (415) sowie Art. 29 Datenschutzgruppe, WP 163 „Stellungnahme zu Nutzung sozialer Online-Netzwerke, angenommen am 12.6.2009, S. 5 mwN; alle Arbeitsdokumente (Working Papers) der Art. 29 Datenschutzgruppe sind abrufbar unter http://ec.europa.eu; Simitis/*Dammann* § 1 BDSG Rn. 226 f.; ausführlich zum anwendbaren Recht bei Datentransfers im Internet *Jotzo* MMR 2009, 232 (233 ff.).
[58] → Rn. 11 ff.
[59] Dazu Beck'scher TKG-Kommentar/*Büttgen* § 92 TKG Rn. 16 ff.; für eine „europarechtskonforme Reduktion" der Regelung auf Drittländer *Königshofen/Ulmer* S. 22.
[60] Zur Thematik insgesamt vgl. auch den Beschluss „Internationaler Datenverkehr" der obersten Aufsichtsbehörden für den Datenschutz im nicht öffentlichen Bereich („Düsseldorfer Kreis") vom 19./20. April 2007 (abrufbar zB bei der Datenschutzaufsicht in Hessen unter www.rp-darmstadt.de [Link Ordnung & Sicherheit]). Er beinhaltet die abgestimmten Positionen der Aufsichtsbehörden zu einigen Fragestellungen, die in einer Sitzung der Arbeitsgruppe Internationaler Datenverkehr des Düsseldorfer Kreises im Juni 2006 erörtert worden waren.
[61] Simitis/*Simitis* § 4b BDSG Rn. 33 und 34.

wendung finden, zB gesetzliche Erlaubnistatbestände gemäß dem Telemediengesetz oder dem Telekommunikationsgesetz. Nach Sinn und Zweck der Regelung wird dies aber der Fall sein. Dasselbe gilt für den Fall, dass der Betroffene in eine innergemeinschaftliche Übermittlung personenbezogener Daten **eingewilligt** hat.[62]

35 Die innergemeinschaftliche Übermittlung wird daher nach Maßgabe des BDSG nicht anders behandelt als eine Übermittlung an Datenempfänger im Inland, nachdem durch die Harmonisierung in allen EU-Mitgliedsstaaten ein angemessenes datenschutzrechtliches Schutzniveau erreicht ist.[63] Dies entspricht insbesondere auch dem **Harmonisierungsziel des „freien Datenverkehrs"** innerhalb der EU, der auch im Titel der EU-DSRL zum Ausdruck kommt. Nach Erreichung des einheitlichen datenschutzrechtlichen Schutzniveaus sollen dem freien Datenverkehr möglichst wenige rechtliche Hindernisse entgegenstehen.

3. Übermittlung personenbezogener Daten an Stellen außerhalb der Mitgliedsstaaten der EU und der Vertragsstaaten des EWR

36 Schwieriger wird es für die Übermittlung personenbezogener Daten, wenn die Voraussetzungen des § 4b BDSG nicht vorliegen. Praktisch relevant ist insbesondere die Übermittlung an Stellen außerhalb der EU und des EWR. Zu beachten ist dabei, dass es im deutschen **Datenschutzrecht kein „Konzernprivileg"** gibt, sodass jede Überlassung personenbezogener Daten an eine ausländische (zB US-) Konzernmutter die für die Übermittlung personenbezogener Daten an Dritte geltenden datenschutzrechtlichen Anforderungen erfüllen muss. Bereits die Ermöglichung des Zugriffs auf die Daten reicht in diesem Zusammenhang aus, da der datenschutzrechtliche Begriff der „Übermittlung" den Abruf personenbezogener Daten durch Dritte einschließt (§ 3 Abs. 4 Nr. 3 lit. b BDSG).[64] In der Praxis ist dies insbesondere ausländischen Unternehmen häufig nicht bewusst.

37 a) **Angemessenes Schutzniveau.** Gemäß § 4b Abs. 2 Satz 1 BDSG sind zunächst die Voraussetzungen des § 4b Abs. 1 zu beachten – dh sämtliche auch für eine **Datenübermittlung im Inland und innerhalb der EU/des EWR** geltenden Anforderungen.

38 Die Übermittlung hat aber zu unterbleiben, wenn der Betroffene ein schutzwürdiges Interesse an dem Ausschluss der Übermittlung hat, und dies ist – so § 4b Abs. 2 Satz 2 BDSG – insbesondere dann der Fall, wenn beim **Übermittlungsempfänger** ein **angemessenes Schutzniveau** nicht gewährleistet ist. Diesbezüglich präzisiert § 4b Abs. 3 BDSG:

39 „Die Angemessenheit des Schutzniveaus wird unter Berücksichtigung aller Umstände beurteilt, die bei einer Datenübermittlung oder einer Kategorie von Datenübermittlungen von Bedeutung sind; insbesondere können die Art der Daten, die Zweckbestimmung, die Dauer der geplanten Verarbeitung, das Herkunfts- und das Endbestimmungsland, die für den betreffenden Empfänger geltenden Rechtsnormen sowie die für ihn geltenden Standesregeln und Sicherheitsmaßnahmen herangezogen werden."

40 b) **Ausnahmen.** § 4c Abs. 1 BDSG hält dann allerdings sogleich einen ganzen Katalog von Ausnahmen bereit.[65] Eine Übermittlung an Stellen, bei denen kein angemessenes Datenschutzniveau gewährleistet ist, ist danach in den folgenden Fällen zulässig:
- Es liegt eine **Einwilligung des Betroffenen** vor. Gemäß § 4a Abs. 1 BDSG muss jede Einwilligung auf einer freien Entscheidung des Betroffenen beruhen, der daher informiert sein muss. Die Übermittlung von Daten in ein Land ohne angemessenes Schutzniveau muss daher mindestens in den Datenschutzhinweisen (Unterrichtung des Betroffenen ge-

---

[62] *Schaffland/Wiltfang* Nr. 5001, § 4b BDSG Rn. 2.
[63] *Gola/Schomerus* § 4b BDSG Rn. 3; allerdings ist die innergemeinschaftliche Übermittlung im Rahmen der Erlaubnistatbestände des BDSG zu berücksichtigen, dazu *Schmidl* DuD 2009, 6 für innereuropäische Personaldatenübermittlungen.
[64] → § 34 Rn. 130; zum internationalen Transfer von Mitarbeiterdaten s. *Conrad* ITRB 2005, 164; *Gliss/Kramer* DSB 2005, 12. Zum Problem intranet-basierter Arbeitnehmerdatenbanken in internationalen Konzernen s. *Hilber* RDV 2005, 143.
[65] Neben den einschlägigen Kommentierungen zu § 4c BDSG s. dazu auch WP 114 der Art. 29 Datenschutzgruppe „Arbeitspapier über eine gemeinsame Auslegung des Artikels 26 Absatz 1 der Richtlinie 95/46/EG vom 24. Oktober 1995" v. 25.11.2005.

mäß § 4 Abs. 3 BDSG) oder – dies ist die sicherere Lösung – direkt in der Einwilligungserklärung erwähnt werden.
- Die Übermittlung ist für die **Erfüllung eines Vertrags zwischen dem Betroffenen und der verantwortlichen Stelle** oder zur Durchführung von **vorvertraglichen Maßnahmen**, die auf **Veranlassung des Betroffenen** getroffen worden sind, erforderlich.
Klassischer Beispielsfall ist die Hotelbuchung durch das Reisebüro im Ausland. Das Reisebüro darf die Kundendaten in dem für die Buchung erforderlichen Umfang in das Ausland übermitteln.
- Die Übermittlung ist zum **Abschluss oder zur Erfüllung eines Vertrags** erforderlich, der **im Interesse des Betroffenen** von der **verantwortlichen Stelle mit einem Dritten** geschlossen wurde oder geschlossen werden soll.
- Die Übermittlung ist für die **Wahrung eines wichtigen öffentlichen Interesses** oder zur **Geltendmachung, Ausübung oder Verteidigung von Rechtsansprüchen** vor Gericht erforderlich.
- Die Übermittlung ist für die **Wahrung lebenswichtiger Interessen** des Betroffenen erforderlich.
- Die Übermittlung erfolgt aus einem **Register,** das zur Information der Öffentlichkeit bestimmt ist und entweder der gesamten Öffentlichkeit oder allen Personen, die ein berechtigtes Interesse nachweisen können, zur Einsichtnahme offen steht, soweit die gesetzlichen Voraussetzungen im Einzelfall gegeben sind.

Der Datenempfänger ist darauf hinzuweisen, dass die übermittelten Daten nur zu dem Zweck verarbeitet oder genutzt werden dürfen, zu dessen Erfüllung sie übermittelt werden (§ 4c Abs. 1 S. 2 BDSG).[66]

> **Praxistipp:**
> Zu betonen ist nochmals, dass die Frage der Zulässigkeit der Übermittlung personenbezogener Daten in das Ausland getrennt zu beurteilen ist von den Erlaubnistatbeständen des innerstaatlichen Datenschutzrechts. Im Falle der innergemeinschaftlichen Übermittlung fallen die innerstaatlichen Anforderungen zwar mit denen des § 4b Abs. 1 BDSG durch den darin enthaltenen (unvollständigen) Verweis insbesondere auf die §§ 28–30 BDSG zusammen. Im Falle der Übermittlung von Daten in Staaten, die nicht der EU oder dem EWR angehören, stellt das angemessene Schutzniveau jedoch eine **zusätzliche Voraussetzung** dar. Dies bedeutet, dass die Prüfung, ob beim Übermittlungsempfänger ein angemessenes Schutzniveau vorliegt, zusätzlich zu der Prüfung erfolgen muss, ob die Datenübermittlung nach dem deutschen Datenschutzrecht überhaupt zulässig ist.

> **Formulierungsvorschlag:**
> Für eine datenschutzrechtliche Einwilligung in die Übermittlung personenbezogener Daten in ein Land ohne angemessenes Schutzniveau könnte die folgende Formulierung verwendet werden:
> Ich willige ein, dass meine personenbezogenen Daten, die ich [zB auf dem Antragsformular ......] angegeben habe, für die Zwecke [genaue Angabe des Übermittlungszwecks] an die XYZ, Inc. in Kalifornien, USA, übermittelt werden. Es ist mir dabei bekannt, dass die XYZ, Inc. dort einem Datenschutzrecht unterliegt, das mir möglicherweise keinen dem Datenschutzrecht in der Europäischen Union vergleichbaren Schutz bietet.

c) Die Bestimmung des angemessenen Schutzniveaus in der Praxis. In der Praxis ist die Bestimmung des angemessenen Schutzniveaus außerordentlich schwierig, insbesondere wenn – wie häufig – die Ausnahmetatbestände des § 4c Abs. 1 BDSG nicht vorliegen. Diesbezüglich hat es in der Vergangenheit erhebliche politische Verwerfungen ua mit den USA gegeben, da das Datenschutzrecht der USA die EU-Schutzstandards eindeutig nicht erfüllt. Auch in Bezug auf viele andere Länder stellen sich Zweifelsfragen. Insbesondere ist es den in

---

[66] Weiterführend zum Umfang der Hinweispflicht *Gola/Schomerus* § 4c Rn. 9.

der freien Wirtschaft tätigen Unternehmen nicht möglich (und es wäre auch nicht bezahlbar), für jedes Land, in das personenbezogene Daten übermittelt werden sollen, feststellen zu lassen, ob es die datenschutzrechtlichen Schutzstandards der EU erfüllt. Im Einzelnen haben sich daher die nachfolgend beschriebenen Lösungswege herausgebildet, die teilweise bereits durch das Datenschutzrecht vorgegeben und teilweise das Ergebnis politischer Verhandlungen sind:

44   *aa) Individuelle Vertragsklauseln.* Gemäß § 4c Abs. 2 Satz 1 BDSG kann die zuständige Aufsichtsbehörde **einzelne Übermittlungen oder bestimmte Arten von Übermittlungen** personenbezogener Daten genehmigen, wenn die verantwortliche Stelle ausreichende Garantien hinsichtlich des Schutzes des Persönlichkeitsrechts und der Ausübung der damit verbundenen Rechte gemäß dem Schutzzweck der Richtlinie vorweist. Diese Garantien können sich insbesondere aus **individuellen Vertragsklauseln** ergeben. Es besteht somit die Möglichkeit, individuelle Verträge der Aufsichtsbehörde vorzulegen. Diese Lösung ist mit einem erheblichen Aufwand verbunden.

45   *bb) EU-Standardvertragsklauseln.* Die EU-Datenschutzstandards sind im weltweiten Vergleich als sehr hoch zu bewerten. Dies hat die EU-Kommission veranlasst, **Standardvertragsklauseln** zu beschließen, deren Verwendung ein angemessenes datenschutzrechtliches Niveau gewährleistet.

46   Die EU-Standardvertragsklauseln unterscheiden zwischen Datentransfers an verantwortliche Stellen und Datentransfers an Auftragsverarbeiter. Nachdem die erste Fassung der Standardvertragsklauseln für die **Übermittlung an verantwortliche Stellen** aus dem Jahre 2001[67] insbesondere wegen der Haftungsregelung in der Wirtschaft keine Akzeptanz gefunden hatte, wurde 2004 eine zweite Fassung verabschiedet, die alternativ verwendet werden kann und insbesondere die beanstandeten Haftungsregelungen abmildert.[68]

47   Im Bereich der Auftragsdatenverarbeitung gilt nur noch die 2010 herausgegebene neueste Fassung der Standardvertragsklauseln, die insbesondere auch Unterauftragsverhältnisse berücksichtigt. Die erste Fassung aus dem Jahre 2001 kann seit dem 15.5.2010 nicht mehr verwendet werden.[69]

48   Die Standardvertragsklauseln selbst befinden sich jeweils in den Anhängen zu den genannten Entscheidungen der EU-Kommission.[70] Sofern sich der Datenempfänger in einem Drittstaat (dh außerhalb der EU und des EWR) auf die Einhaltung der EU-Standardvertragsklauseln verpflichtet, ist damit nach deutschem Datenschutzrecht ein angemessenes Datenschutzniveau gewährleistet. Eine aufsichtsbehördliche Genehmigung ist nach der derzeit herrschenden Meinung nicht erforderlich, sofern die Standardvertragsklauseln unverändert eingesetzt werden.[71] Anderes gilt jedoch, wenn die Standardvertragsklauseln modifiziert werden, wobei in der Praxis gewisse Abweichungen im Genehmigungsverfahren zugelassen wurden.[72] Die Aufsichtsbehörden haben aber in jedem Fall unter bestimmten Voraussetzungen eine Interventionsmöglichkeit.[73]

49   Zu beachten ist, dass die EU-Standardvertragsklauseln die Terminologie der EU-Datenschutzrichtlinie 95/46/EG verwenden, die von der des Bundesdatenschutzgesetzes abweichen kann.[74]

---

[67] Entscheidung 2001/497/EG der EU-Kommission vom 15.6.2001 hinsichtlich Standardvertragsklauseln für die Übermittlung personenbezogener Daten in Drittländer nach der Richtlinie 95/46/EG; ABl. EG vom 4.7.2001, Nr. L 181/19.
[68] Entscheidung 2004/915/EG der EU-Kommission vom 27.12.2004 zur Änderung der Entscheidung 2001/497/EG bezüglich der Einführung alternativer Standardvertragsklauseln für die Übermittlung personenbezogener Daten in Drittländer; ABl. EG vom 29.12.2004, Nr. L 385/74. Zur Haftung s. *Grapentin* CR 2011, 102.
[69] Zu den Fundstellen und zu den Einzelheiten → Rn. 76 ff.
[70] Weitere Einzelheiten bei *Lejeune* ITRB 2005, 94 (95); *Kuner/Hladjk* RDV 2005, 194.
[71] Innenministerium Baden-Württemberg, Hinweise zum BDSG für die Privatwirtschaft Nr. 40, B 2.8, RDV 2002, 148.
[72] Einzelheiten bei *Gola/Schomerus* § 4c BDSG Rn. 14.
[73] Art. 4 Entscheidung 2001/497/EG; Art. 1 Ziff. 2 Entscheidung 2004/915/EG; Art. 4 Entscheidung 2002/16/EG.
[74] Zum unterschiedlichen Bedeutungsgehalt des Begriffes „Verarbeitung" → Rn. 2. Zum Begriff „Auftragsverarbeitung" → Rn. 76.

Wenngleich sich die EU-Standardvertragsklauseln von ihrer Konzeption her bilateral verstehen, so sind doch auch Mehrparteienverträge möglich, etwa wenn verschiedene Unternehmen einer Unternehmensgruppe auf der Basis der Standardvertragsklauseln einen gruppeninternen Vertrag schließen. Dabei sind aber die jeweils anwendbaren formellen und materiellen Voraussetzungen der Standardvertragsklauseln stets zu beachten. 50

cc) Binding Corporate Rules. Im Unterschied dazu sind verbindliche Vereinbarungen zwischen Unternehmen (engl. „Binding Coporate Rules", häufig abgekürzt als „BCR") grundsätzlich multilateral. Dieses Rechtsinstrument, das § 4c Abs. 2 BDSG vorsieht, aber nicht näher ausgestaltet, ist insbesondere zur Regelung von über Europa hinausreichenden häufig wechselnden, netzartigen Datentransfers innerhalb einer Unternehmensgruppe geeignet, zB bei multinationalen Konzernen. Die Art. 29 Datenschutzgruppe gab in den Jahren 2008 und 2009 mehrere Arbeitsdokumente *("Working Documents")* zu BCR heraus, die formelle und materielle Leitlinien für die Herstellung eines angemessenen Schutzniveaus beim konzerninternen Empfänger von Datentransfers zwischen verantwortlichen Stellen beinhalten.[75] BCR können inhaltlich individuell ausgestaltet werden und ermöglichen daher mehr Flexibilität als die Vorgaben der EU-Standardvertragsklauseln. Anders als unter den EU-Standardvertragsklauseln ist ein Konzern unter der Geltung von BCR aber verpflichtet, ein konzernweites Datenschutzregime einzurichten, zB durch die Einrichtung eines Netzwerkes von betrieblichen Datenschutzbeauftragten, Kontrollrechte, Schulungsmaßnahmen etc. Haftungsrechtlich bedeutsam ist, dass nach den Vorgaben der Art. 29 Datenschutzgruppe grundsätzlich ein der Unternehmensgruppe angehöriges Mitglied in der EU oder dem EWR für Verstöße gegen die BCR in einem Drittland einzustehen hat.[76] 51

In den Jahren 2012 und 2013 gab die Art. 29 Datenschutzgruppe weitere Arbeitsdokumente heraus, die sich mit dem neuen Instrument „BCR für Auftragsdatenverarbeiter" befassen (sogenannte „Processor BCR").[77] 52

Im Unterschied zu den EU-Standardvertragsklauseln bedürfen BCR einer **Genehmigung**. Die für die Genehmigung von BCR zuständige nationale Aufsichtsbehörde hat dabei einen wesentlichen Einfluss auf den Prüfungsmaßstab und die Dauer des Genehmigungsverfahrens. Die Art. 29 Datenschutzgruppe hat deswegen ein Abstimmungsverfahren („Co-Operation Procedure") festgelegt, das einer nach festgelegten Kriterien zu bestimmenden Aufsichtsbehörde die Federführung zuweist („Lead Authority").[78] Weitere Arbeitsdokumente befassen sich mit den Antragsvoraussetzungen,[79] die aber trotz der hierdurch erzielten Vereinheitlichung von Land zu Land unterschiedlich sein können, etwa hinsichtlich der vorzulegenden Dokumente und Übersetzungen. Inzwischen besteht diesbezüglich auch eine gewisse Transparenz durch eine von den Datenschutzaufsichtsbehörden der EU erstelle Übersicht über die in den einzelnen EU-Mitgliedstaaten geltenden Voraussetzungen.[80] 53

Innerhalb von Deutschland war es lange streitig, ob BCR der Genehmigung durch die zuständige Aufsichtsbehörde bedürfen. Dies muss daher mit der Aufsichtsbehörde des jeweili- 54

---

[75] ZB WP 154 „Rahmen für verbindliche unternehmensinterne Datenschutzregelungen" v. 24.6.2008 und WP 155 „Häufig gestellte Fragen über verbindliche unternehmensinterne Datenschutzregelungen (BCR)", letzte Fassung v. 8.4.2009.
[76] Für Einzelheiten s. die in → Fn. 75 genannten Arbeitsdokumente sowie *Grapentin* CR 2009, 693 mwN.
[77] WP 195 „Working Document 02/2012 setting up a table with the elements and principles to be found in Processor Binding Corporate Rules" v. 6.6.2012; WP 195a „Recommendation 1/2012 on the Standard Application form for Approval of Binding Corporate Rules for the Transfer of Personal Data for Processing Activities" v. 17.9.2012; WP 204 „Explanatory Document on the Processor Binding Corporate Rules" v. 19.4.2013; → Rn. 82.
[78] WP 107 „Festlegung eines Kooperationsverfahrens zwecks Abgabe gemeinsamer Stellungnahmen zur Angemessenheit der verbindlich festgelegten unternehmensinternen Datenschutzgarantien" v. 14.4.2005.
[79] WP 108 „Muster-Checkliste für Anträge auf Genehmigungen verbindlicher unternehmensinterner Datenschutzregelungen" v. 14.4.2005; WP 133 „Recommendation 1/2007 on the Standard Application for Approval of Binding Corporate Rules for the Transfer of Personal Data" v. 10.1.2007 (nur in englischer Sprache verfügbar).
[80] „National filing requirements for authorisation of transfers on the basis of BCR", abrufbar unter http://ec.europa.eu/justice/data-protection/document/international-transfers/files/table_nat_admin_req_en.pdf.

gen Bundeslandes abgeklärt werden.[81] In der Praxis erfolgt in Deutschland aber ohnehin eine Abstimmung innerhalb des sog „Düsseldorfer Kreises",[82] sodass diese Streitfrage im Ergebnis keine Rolle spielt.[83]

55 Genehmigungen von BCR gelten nur innerhalb des jeweiligen EU-Mitgliedstaates, in dem die Genehmigung erteilt wurde. Da dies teilweise jahrelange Genehmigungsverfahren nach sich zog, haben sich zwischenzeitlich insgesamt 21 EU- und EWR-Staaten bereit gefunden, die Genehmigungen anderer Mitgliedstaaten auf Gegenseitigkeitsbasis anzuerkennen (sog „mutual recognition").[84] Allerdings basiert diese gegenseitige Anerkennung bislang auf keiner Rechtsgrundlage und erfolgt daher informell. Ein diesbezüglicher Rechtsanspruch der Antragsteller besteht nicht.

56 Da BCR nur innerhalb von Unternehmensgruppen gelten, stellt sich die Frage, wie mit der etwaigen Weiterleitung von Daten zu verfahren ist, etwa durch ein gruppenangehöriges Unternehmen im Drittland an einen gleichfalls in einem Drittland belegenen Unterauftragsdatenverarbeiter. In der Praxis wird hier häufig wiederum mit den EU-Standardvertragsklauseln gearbeitet.

57 Das Rechtsinstrument der BCR bzw. „verbindlichen Unternehmensregelungen" hatte in Deutschland wegen der langen und aufwendigen Genehmigungsverfahren lange einen eher schlechten Ruf. Allerdings besteht angesichts der starken Unterstützung dieses Instruments auf EU-Ebene zu einem grundsätzlichen Abraten von BCR wohl kein Anlass mehr, jedenfalls aus EU-weiter Perspektive. Die Liste der im Rahmen des Abstimmungsverfahrens[85] genehmigten BCR[86] weist nämlich inzwischen über 40 genehmigte BCR-Regelwerke auf, wobei aber bislang nur zwei Genehmigungen (BCR der Deutschen Post AG und der Siemens AG) von deutschen federführenden Aufsichtsbehörden erteilt wurden. Die Bedeutung, die diesem Rechtsinstrument auf EU-Ebene zugemessen wird, zeigt sich auch darin, dass Binding Coporate Rules in Art. 43 des Entwurfs der Datenschutzgrundverordnung[87] ausführlich geregelt sind.

58 *dd) Anerkennung durch die EU-Kommission.* Die EU-Kommission hat eine Reihe von Staaten als mit einem angemessen Schutzniveau ausgestattet anerkannt. Bei diesen Staaten ist es somit nicht mehr erforderlich in eine Prüfung einzutreten, ob diese ein angemessenes Datenschutzniveau aufweisen. Im Einzelnen handelt es sich derzeit um die folgenden Staaten:
- Schweiz;[88]
- Kanada;[89]
- Argentinien;[90]
- Guernsey;[91]
- Isle of Man;[92]
- Jersey;[93]

---

[81] Für ein Genehmigungserfordernis zB Simitis/*Simitis* § 4c BDSG Rn. 66; differenzierend *Gola/Schomerus* § 4c BDSG Rn. 16; weitere Einzelheiten bei *Lejeune* ITRB 2005, 94 (96).
[82] Informelles Abstimmungsgremium der Aufsichtsbehörden für den nicht-öffentlichen Bereich mit dem Ziel der Sicherstellung einer einheitlichen Anwendung des BDSG. Die Beschlüsse des Düsseldorfer Kreises sind unter www.datenschutz.de abrufbar.
[83] *Gola/Schomerus* § 4c BDSG Rn. 16; Taeger/Gabel/*Gabel* § 4c BDSG Rn. 31; Filip, ZD 2013, 51 (52).
[84] So die Website der EU-Kommission unter ec.europa.eu/justice/data-protection/document/international-transfers/binding-corporate-rules/mutual_recognition/index_en.htm.
[85] → Rn. 53.
[86] Stand v. 4.11.2013, abrufbar unter ec.europa.eu/justice/data-protection/document/international-transfers/binding-corporate-rules/bcr_cooperation/index_en.htm.
[87] → Rn. 17.
[88] ABl. EG vom 25.8.2000, Nr. L 215/1.
[89] ABl. EG vom 4.1.2002, Nr. L 2/13; die Anerkennung beschränkt sich auf Datenempfänger, die dem „*Personal Information Protection and Electronic Documentation Act*" („PIPEDA") unterfallen. Ob dies der Fall ist, muss im Einzelfall jeweils geprüft werden und trifft zB auf Datenempfänger in Quebec nicht zu.
[90] ABl. EG vom 5.7.2003, Nr. L 168/19.
[91] ABl. EG vom 25.11.2003, Nr. L 308/27.
[92] ABl. EU vom 30.4.2004, Nr. L 151/51 sowie Berichtigung in ABl. EU vom 10.6.2004, Nr. L 208/47.
[93] ABl. EU vom 28.5.2008, Nr. L 138/21.

III. Übermittlung personenbez. Daten in das Ausland nach dt. Datenschutzrecht

- Färöer Inseln;[94]
- Andorra;[95]
- Israel;[96]
- Uruguay[97]
- Neuseeland.[98]

ee) Safe Harbor. In Bezug auf die **USA** wurde mit den sogenannten „Safe Harbor"- **59** Grundsätzen eine **Sonderlösung** gefunden, um einen erleichterten transatlantischen Datenverkehr zu ermöglichen. Nach langen und schwierigen politischen Verhandlungen zwischen der US-amerikanischen Regierung und der EG-Kommission wurde ein vom US-Handelsministerium (Department of Commerce) ausgearbeiteter Text akzeptiert, der durch eine Liste „häufig gestellter Fragen" (FAQ) ergänzt wird.[99] Im Einzelnen handelt es sich dabei um die folgenden Grundsätze:[100]
- *Notice:* Bekanntgabe der Datenverarbeitung an den Betroffenen;
- *Choice:* Wahlmöglichkeit des Betroffenen, die Daten nicht weiterleiten zu lassen;
- *Onward Transfer:* Der Datenempfänger muss bei erneuter Weiterleitung seinerseits hinreichenden Datenschutz gewährleisten;
- *Access:* Der Betroffene hat Anspruch auf Zugang zu seinen Daten und deren Berichtigung;
- *Security:* Personenbezogene Daten müssen vor Verlust, Missbrauch, unbefugtem Zugriff, Bekanntgabe, Veränderung und Zerstörung geschützt werden;
- *Data Integrity:* Personenbezogene Daten müssen für ihren Zweck relevant, genau, vollständig und aktuell sein.

US-amerikanische Unternehmen, die personenbezogenen Daten aus der EU bzw. dem **60** EWR empfangen wollen, können sich gegenüber dem US-Handelsministerium schriftlich verpflichten, diese Grundsätze einzuhalten. Dies beinhaltet ua auch die Veröffentlichung von mit den Safe Harbor Prinzipien vereinbaren **Datenschutzrichtlinien** *(„Privacy Policy")* sowie die Einrichtung von Konfliktlösungsmechanismen. Werden die Anforderungen von Safe Harbor erfüllt, so ist die von der Verpflichtung erfasste Datenübermittlung an das jeweilige US-Unternehmen gemäß dem EU-Datenschutzrecht rechtmäßig. Die unter Safe Harbor fallenden Unternehmen werden auf einer im Internet abrufbaren Liste geführt.[101] Der Beitritt zu Safe Harbor steht allerdings nur denjenigen US-Unternehmen offen, die der Federal Trade Commission oder dem US-Verkehrsministerium (Department of Transport) unterstehen, sodass die Telekommunikations- und die Finanzbranche ausgenommen sind. Die Anzahl der beigetretenen Unternehmen hat sich inzwischen verachtfacht, von 400 im Jahre 2004 auf 3246 im Jahre 2013. Bei 51 % dieser Unternehmen findet ein Transfer von Arbeitnehmerdaten in die USA statt.[102]

Die durch Safe Harbor erzielte Privilegierung der USA im Hinblick auf die datenschutz- **61** rechtlichen Schutzstandards hat in den letzten Jahren zunehmend zu Kontroversen geführt. Der Düsseldorfer Kreis vertritt seit 2010 die Auffassung, dass **deutsche Unternehmen,** die auf der Basis von Safe Harbor personenbezogene Daten in die USA übermitteln, **Kontrollpflichten** unterliegen, solange eine flächendeckende Kontrolle durch die Kontrollbehörden

---

[94] ABl. EU vom 10.3.2010, Nr. L 58/17.
[95] ABl. EU vom 21.10.2010, Nr. L 277/27.
[96] ABl. EU vom 1.2.2011, Nr. L 27/39.
[97] ABl. EU vom 23.8.2012, Nr. L 227/11.
[98] ABl. EU vom 30.1.2013, Nr. L 28/12.
[99] Entscheidung der Kommission vom 26. Juli 2000 gemäß der Richtlinie 95/46/EG des Europäischen Parlaments und des Rates über die Angemessenheit des von den Grundsätzen des „sicheren Hafens" und der diesbezüglichen „Häufig gestellten Fragen" (FAQ) gewährleisteten Schutzes, vorgelegt vom Handelsministerium der USA; ABl. EG L 215/7 v. 25.8.2000. Zur kurz vor Drucklegung erfolgten Feststellung der Ungültigkeit dieser Entscheidung s. u. Rn. 68.
[100] Abrufbar unter www.export.gov; Übersicht von *Wisskirchen* CR 2004, 862 (864 f.); kritisch zur Vereinbarkeit mit der DSRL Simitis/*Simitis* § 4b BDSG Rn. 70 ff.
[101] www.safeharbor.export.gov/list.aspx.
[102] Vgl. Communication from the Commission to the European Parliament and the Council on the Functioning of Safe Harbor from the Persepctive of EU Citizens and Companies established in the EU v. 27.11.2013, COM(2013) 847 final (nachfolgend „EU-Kommission, Communication"), S. 3, 5.

in Europa und den USA nicht gewährleistet ist.[103] So dürfen sich Unternehmen in Deutschland nicht allein auf Behauptungen ihres US-Vertragspartners verlassen, sondern müssen sich die Safe Harbor-Zertifizierung (dh die Übermittlung einer schriftlichen Selbstverpflichtung an das US-Handelsministerium) und die Einhaltung der Safe Harbor-Grundsätze nachweisen lassen, mindestens hinsichtlich des Zertifizierungszeitpunktes und der Erfüllung der Informationspflichten gegenüber den Betroffenen *(„Notice")*.[104]

62   *Schuppert/v. Reden* weisen allerdings zu Recht darauf hin, dass eigene Informationspflichten zB eines **Cloud-Anbieters** gegenüber den Betroffenen nicht bestehen können, wenn der Cloud Anbieter keine Beziehungen zu den Betroffenen hat, sondern vielmehr als reiner Auftragsdatenverarbeiter tätig wird. In einem solchen Fall müsse aber der Datenexporteur dafür Sorge tragen, dass er vom Cloud-Anbieter ausreichende Informationen erhält, um seinen eigenen Informationspflichten nachkommen zu können.[105]

63   Der Düsseldorfer Kreis[106] fordert außerdem, dass deutsche Unternehmen ihre Kontrollen dokumentieren und der Aufsichtsbehörde auf Anforderung nachweisen. Bei Verstößen gegen die Safe Harbor Grundsätze soll die Aufsichtsbehörde informiert werden. Bestehen nach der Prüfung Zweifel an der Einhaltung der Safe Harbor-Kriterien durch das US-Unternehmen, empfiehlt der Düsseldorfer Kreis die Verwendung von Standardvertragsklauseln oder BCR.[107]

64   Auf EU-Ebene fordert die Art. 29 Datenschutzgruppe in ihrem Arbeitsdokument über Cloud Computing aus dem Jahre 2012 unter Verweis auf den Düsseldorfer Kreis gleichfalls erweiterte Prüfungspflichten und äußert grundsätzliche Bedenken bezüglich der Eignung von Safe Harbor zum Schutz der Betroffenen im Falle der Übermittlung ihrer Daten an Cloud Provider in den USA. Das datenexportierende Unternehmen in der EU müsse daher sicherstellen, dass der Vertrag des Cloud Providers den jeweiligen Anforderungen des betroffenen EU-Mitgliedstaates genüge und zB über den Ort der Unterbeauftragung informiere sowie die Nachverfolgbarkeit der jeweiligen Datenströme gewährleiste. Das angemessene Schutzniveau des jeweiligen Cloud Providers müsse zudem „gegebenenfalls" auch durch Auditierungen und Zertifizierungen externer Dritter verifiziert werden.[108] Zwar lesen sich die Ausführungen der Art. 29 Datenschutzgruppe nicht in gleicher Weise apodiktisch wie die des Düsseldorfer Kreises, dennoch ist dem Arbeitspapier ein deutliches Unbehagen über die Schutzstandards von Safe Harbor zu entnehmen.

65   Die Auffassungen der Aufsichtsbehörden blieben allerdings nicht unwidersprochen bzw. veranlassten das US Handelsministerium zu der Feststellung, dass bezüglich der inhaltlichen Reichweite und Konsequenzen von WP 196 der Art. 29 Datenschutzgruppe Klärungsbedarf bestehe.[109] In Bezug auf die Überprüfung der Safe Harbor Zertifizierung verweisen die ITA Clarifications[110] dabei auf die im Internet abrufbare Liste der Safe Harbor-zertifizierten US-Unternehmen.[111] Indirekt wird damit auch den vom Düsseldorfer Kreis statuierten zusätzlichen Prüfungsanforderungen eine Absage erteilt. An anderer Stelle verneinen die ITA Clari-

---

[103] Beschluss der obersten Aufsichtsbehörden für den Datenschutz im nicht-öffentlichen Bereich am 28./29. April 2010 in Hannover (überarbeitete Fassung vom 23.8.2010), abrufbar zB unter www.datenschutzaufsicht.de/aufsicht_privat/.

[104] „Organizations must notify individuals about the purposes for which they collect and use information about them. They must provide information about how individuals can contact the organization with any inquiries or complaints, the types of third parties to which it discloses the information and the choices and means the organization offers for limiting its use and disclosure." Entscheidung der Kommission vom 26. Juli 2000, aaO → Rn. 59 Fn. 99.

[105] ZD 2013, 210 (213).

[106] → Zum Begriff → Fn. 82.

[107] Ebenso die Orientierungshilfe des Arbeitskreises Technik und Medien der Konferenz der Datenschutzbeauftragten des Bundes und der Länger, Version 1.0 v. 26.9.2011, Ziffer 3.4.2, S. 11 f.

[108] *„Additional Safeguards for data security may thus be deployed ...",* WP 196 v. 1.7.2012 „Opinion 05/2912 on Cloud Computing", Ziffer 3.5.1; Zusammenfassung bei *Spiess,* ZD-Aktuell 2013, 03566.

[109] US Department of Commerce, International Trade Administration („ITA") „Clarifications Regarding the U.S.-EU Safe Harbor Framework and Cloud Computing" (nachfolgend „ITA Clarifications"), abrufbar unter www.export.gov; Zusammenfassung bei *Spies/Schröder,* ZD-Aktuell 2013, 03566.

[110] AaO → Fn. 109, S. 5 f.

[111] AaO → Rn. 60 Fn. 101.

III. Übermittlung personenbez. Daten in das Ausland nach dt. Datenschutzrecht

fications ausdrücklich die Befugnis der nationalen Aufsichtsbehörden, die Anerkennung von Safe Harbor zu verweigern.[112]

Als Folge der 2013 publik gewordenen diversen Abhör-Skandale der National Security Agency in den USA forderte die Konferenz der Datenschutzbeauftragten des Bundes und der Länder vom 24.7.2013 die Aussetzung von Safe Habor sowie der Standardvertragsklauseln.[113] Entsprechende politische Folgen hatten die NSA-Abhörskandale jedoch nicht.[114]

Im November 2013 veröffentlichte die EU-Kommission einen detaillierten Bericht über das Funktionieren von Safe Habour aus Sicht der EU Bürger und dort gegründeten Gesellschaften. In diesem wies sie eingangs darauf hin, dass die Aufsichtsbehörden der Mitgliedstaaten in begründeten Einzelfällen berechtigt sind, Datentransfers auszusetzen. Zudem könne die EU-Kommission unter anderem im Falle von systematischen Versäumnissen bei der Durchsetzung der Safe Harbor-Prinzipien durch die US-Behörden Safe Harbor einschränken oder die betreffende Entscheidung der EU-Kommission ganz zurückziehen. Aus deutscher Sicht bemerkenswert ist, dass die EU-Kommission dabei zur Kontroverse um die Rechtmäßigkeit des Beschlusses des Düsseldorfer Kreises vom 28.4.2010[115] keine Stellung nimmt.[116] Erwartungsgemäß stellte die EU-Kommission dann im weiteren Verlauf des Berichts deutliche Durchsetzungsdefizite in den USA fest und sprach Empfehlungen zu deren Behebung aus.

Das EU-Parlament hingegen, dessen datenschutzrechtliche Auffassungen bekanntlich von denen der EU-Kommission abweichen, forderte im Januar 2014 ohne Erfolg die Kündigung von Safe Harbor.[117] Mit Urteil vom 6.10.2015, das unmittelbar vor der Drucklegung dieses Beitrags erging, hat der Europäische Gerichtshof dann jedoch die „Safe Harbor" Entscheidung der EU-Kommission für ungültig erklärt.[118] Datenübermittlungen aus der EU in die USA können damit nicht mehr auf Safe Harbor gestützt werden.

Auch die **Schweiz** hat am 9.12.2008 ein „*U.S.-Swiss Safe Harbor Framework*" mit den USA unterzeichnet und damit die Übermittlung personenbezogener Daten aus der Schweiz in die USA erleichtert. Inwieweit dies nach Erlass der o.g. EuGH-Entscheidung noch Bestand haben wird, bleibt abzuwarten.

Praxistipp:

Die Entscheidung, wie ein angemessenes Schutzniveau beim Übermittlungsempfänger am Besten herzustellen ist, kann nicht einheitlich beantwortet werden. Dies hängt von vielen Faktoren ab, etwa der Struktur des Mandanten (zB multinationaler Großkonzern oder deutscher Mittelständler?), der rechtlichen Struktur des Datenempfängers, dem nationalen Datenschutzrecht des Empfängerlandes, einschließlich etwaiger Registrierungserfordernisse, der Art der zu übertragenden Daten, dem Übertragungszweck (zB Outsourcing/Auftragsdatenverarbeitung). Im Einzelfall ist daher eine sehr genaue Sachverhaltserhebung erforderlich. Insbesondere wenn aufsichtsrechtliche Genehmigungen erforderlich sind, sollte außerdem die Aufsichtsbehörde frühzeitig eingebunden werden.[119]

---

[112] AaO → Rn. 65 Fn. 109, S. 5.
[113] Pressemitteilung „Datenschutzkonferenz: Geheimdienste gefährden massiv den Datenverkehr zwischen Deutschland und außereuropäischen Staaten" vom 24.7.2013, abrufbar auf der Website des Bundesdatenschutzbeauftragten www.bfi.bund.de; kritisch dazu *Spiess*, Keine „Genehmigungen" mehr zum USA-Datenexport nach Safe Harbor? Übertragung personenbezogener Daten aus Deutschland in die USA, ZD 2013, 535.
[114] Allerdings verlangen einige deutsche Aufsichtsbehörden von datenexportierenden Unternehmen aus der EU Informationen über den Schutz dieser Daten vor dem Zugriff der NSA; EU-Kommission, Communication (aaO [→ Rn. 60 Fn. 102]), S. 5.
[115] AaO → Rn. 61 Fn. 103.
[116] EU-Kommission, Communication (aaO → Rn. 60 Fn. 102, S. 5).
[117] Meldung abrufbar bei www.heise.de/-2087185.html.
[118] EuGH Az. C-362/14.
[119] Einzelheiten bei *Backes ua* RDV 2004, 156 (162).

4. Auftragsdatenverarbeitung

70 **a) Abgrenzung zwischen Auftragsdatenverarbeitung und Funktionsübertragung.** Wegen der starken Zunahme des länderübergreifenden Outsourcing von Geschäftsprozessen und -funktionen kommt der Auftragsdatenverarbeitung eine immer größere Bedeutung zu. Eines der schwierigsten Probleme des europäischen Datenschutzrechts ist dabei die Abgrenzung zwischen der Auftragsdatenverarbeitung und der Funktionsübertragung. Die Art. 29 Datenschutzgruppe hat hierzu im Jahre 2010 ein Arbeitsdokument (Working Paper) herausgegeben, das sich mit dieser Abgrenzung intensiv befasst und Leitlinien für die Praxis aufstellt. Danach kommt es bei der Abgrenzung insbesondere auf die tatsächlichen Umstände an, die vertragliche Zuordnung tritt demgegenüber zurück.[120]

71 **b) Auftragsdatenverarbeitung innerhalb der Europäischen Union und des EWR.** Die Vereinbarung einer Auftragsdatenverarbeitung gemäß § 11 BDSG innerhalb der Europäischen Union und des EWR ist unproblematisch möglich.[121] Dies ergibt sich aus § 3 Abs. 8 BDSG, wonach „Dritte" im Sinne des Bundesdatenschutzgesetzes nicht der Betroffene sowie Personen und Stellen sind, die im Inland, in einem anderen Mitgliedstaat der EU oder in einem anderen Vertragsstaat des EWR personenbezogene Daten im Auftrag erheben, verarbeiten oder nutzen. Für die Auftragsdatenverarbeitung von Auftragnehmern in Mitgliedsstaaten der EU oder Vertragsstaaten des EWR gelten daher dieselben Regelungen wie für Auftragnehmer im Inland. In Bezug auf das anwendbare Datenschutzrecht gilt wiederum § 1 Abs. 5 BDSG.[122]

72 § 1 Abs. 5 BDSG ist nicht ganz konsistent mit Art. 17 Abs. 3 (2. Spiegelstrich) EU-DSRL, wonach im Rahmen einer Auftragsdatenverarbeitung in Bezug auf die technischen und organisatorischen Maßnahmen das Recht des Sitzlandes des Auftragnehmers (und nicht das der verantwortlichen Stelle) anzuwenden ist. Soweit ersichtlich, ist diese Regelung im BDSG nicht ausdrücklich umgesetzt worden, so dass sich die Frage stellt, auf der Basis welchen Rechts die verantwortliche Stelle dem Auftragnehmer die technischen und organisatorischen Maßnahmen vorzuschreiben hat. Zutreffender Auffassung nach ist die Wertung des Art. 17 EU-DSRL diesbezüglich zu berücksichtigen, so dass es maßgeblich auf das Recht des Auftragnehmers ankommt. Neben den Vorgaben der EU-DSRL entspricht dies auch den Bedürfnissen der Praxis. Typische Auftragnehmer wie zB Rechenzentren werden ihre technischen und organisatorischen Maßnahmen ohnehin an ihrem eigenen Datenschutzrecht ausrichten.

> **Praxistipp:**
> Im Rahmen der technischen und organisatorischen Maßnahmen ist – entgegen § 1 Abs. 5 BDSG – das Datenschutzrecht des Sitzlandes des Auftragnehmers maßgeblich zu berücksichtigen.

73 **c) Auftragsdatenverarbeitung in Drittstaaten.** Größere Probleme stellen sich bei einer Auftragdatenverarbeitung in Drittstaaten, die weder Mitgliedstaaten der EU noch Vertragsstaaten des EWR sind. Gemäß § 3 Abs. 8 BDSG stellt die Übermittlung personenbezogener Daten an „Auftragsdatenverarbeiter" in solchen Drittstaaten datenschutzrechtlich stets eine Übermittlung an „Dritte" dar.[123] Die Privilegierung des § 11 BDSG greift daher nicht.[124]

---

[120] WP 169 „Stellungnahme 1/2010 zu den Begriffen ‚für die Verarbeitung Verantwortlicher' und ‚Auftragsverarbeiter'" v. 16.2.2010.
[121] Zur Auftragsdatenverarbeitung im Einzelnen → § 25 Rn. 143 ff.
[122] → Rn. 20 ff. Eine Übersicht zum jeweils anwendbaren nationalen Datenschutzrecht findet sich in *Müthlein/Heck* S. 64 ff. (In der Tabelle auf S. 67 wird allerdings in der rechten Spalte versehentlich auf „Auftragnehmer" statt „Auftraggeber" Bezug genommen).
[123] Für Einzelheiten s. *Giesen* CR 2007, 543.
[124] „Orientierungshilfe-Cloud Computing" des Arbeitskreises Technik und Medien der Konferenz der Datenschutzbeauftragten des Bundes und der Länder, Version 1.0 v. 26.9.2011, Ziffer 3.4.2, S. 11 f. Kritisch dazu *Weber/Voigt* ZD 2011, 74.

III. Übermittlung personenbez. Daten in das Ausland nach dt. Datenschutzrecht 74–77 § 35

Im Rahmen der zweistufigen Prüfung[125] ist der Datentransfer daher zunächst anhand der **Zulässigkeitsvoraussetzungen nach deutschem Recht** zu überprüfen, wobei neben der Einwilligung des Betroffenen (§ 4a BDSG) insbesondere die Rechtfertigungstatbestände des § 28 Abs. 1 Nr. 1 und 2 BDSG in Betracht kommen. Im Rahmen der Interessenabwägung des § 28 Abs. 1 Nr. 2 BDSG werden die Voraussetzungen des § 11 BDSG, die in der seit dem 1.9.2009 geltenden Fassung deutlich verschärft wurden,[126] entsprechend angewendet.[127] Das Bayerische Landesamt für den Datenschutz hat dabei klargestellt, dass die Anforderungen des § 11 BDSG bei der Weitergabe von Daten an Auftragsdatenverarbeiter in Drittstaaten immer einzuhalten sind, damit die Personen, deren Daten verarbeitet werden, bei einer Auftragsdatenverarbeitung im Drittstaat nicht schlechter stehen als bei einer Verarbeitung im Inland oder in der EU/EWR.[128] Nicht in Betracht kommt allerdings – wegen des Analogieverbotes des § 3 OWiG – eine entsprechende Anwendung des § 43 Abs. 1 Nr. 2b BDSG, so dass dieser speziell auf die Auftragsdatenverarbeitung gemäß § 11 BDSG bezogene Bußgeldtatbestand bei Auftragnehmern in Drittstaaten nicht greift. 74

In einem zweiten Schritt ist bei Auftragnehmern in Drittstaaten stets zu prüfen, ob die Datenübermittlung den **Voraussetzungen der §§ 4b und 4c BDSG** genügt.[129] Hier bestehen die oben unter Ziffer III.3 beschriebenen Möglichkeiten der Datenübermittlung in Drittstaaten. 75

Insbesondere hat die EU-Kommission am 5.2.2010 **neue EU-Standardvertragsklauseln für Auftragsdatenverarbeiter**[130] beschlossen, wobei die Terminologie (dh die Verwendung des Begriffes „Auftragsverarbeitung") diejenige von Art. 17 iVm Art. 2 lit. f EU-DSRL (und nicht die des BDSG) widerspiegelt. Danach können auch Auftragnehmer außerhalb der EU/des EWR Auftragsverarbeiter sein. Dieser Beschluss beseitigt eine wesentliche Unzulänglichkeit der bisherigen Standardvertragsklauseln aus dem Jahre 2001,[131] die am 15.5.2010 außer Kraft getreten sind,[132] da nunmehr die in der Praxis häufigen Unterauftragsverhältnisse Berücksichtigung finden. 76

Nach den neuen Standardvertragsklauseln kann der Auftraggeber gegenüber Auftragsverarbeitern in Drittstaaten in die Vergabe von Unteraufträgen schriftlich einwilligen.[133] Daher ist es nicht mehr – wie vorher – erforderlich, dass der Auftraggeber mit jedem Unterauftragnehmer einen eigenen Vertrag schließt. Diese Erleichterung ist jedoch an einige Bedingungen im Hinblick auf den Inhalt des Unterauftrags geknüpft. Unter anderem muss der Unterauftragnehmer denselben datenschutzrechtlichen Pflichten unterworfen sein wie der Auftragnehmer nach Maßgabe des Hauptvertrages mit dem Auftraggeber (Klausel 11 Abs. 1 S. 1). Das Recht des Auftraggebers (Datenexporteurs) findet auf die datenschutzrechtlichen Aspekte des Unterauftrags Anwendung (Klausel 11 Abs. 3). Der Datenexporteur muss eine Liste sämtlicher Unteraufträge führen und diese einmal jährlich aktualisieren; die 77

---

[125] → Rn. 31.
[126] → § 34 Rn. 40, 280.
[127] Däubler/Klebe/Wedde/Weichert/*Wedde* § 11 Rn. 20; kritisch zur Qualifizierung als Übermittlung *Mühlein/Heck* S. 73 f.; zum Streitstand s. *Gola/Schomerus* § 11 BDSG Rn. 16.
[128] „Umsetzung des § 11 BDSG bei Auftragsdatenverarbeitung in Drittstaaten", zuletzt geändert am 11.1.2012, abrufbar unter www.lda.bayern.de/lda/datenschutzaufsicht/lda_11bdsg_drittstaaten.htm.
[129] Zu Fallgruppen s. den Beschluss der obersten Aufsichtsbehörden für den Datenschutz im nicht öffentlichen Bereich („Düsseldorfer Kreis") vom 19./20. April 2007 (abrufbar zB bei der Datenschutzaufsicht für den nicht-öffentlichen Bereich in Hessen unter www.rp-darmstadt.de [Link „Sicherheit & Ordnung"]).
[130] Beschluss der Kommission vom 5.2.2010 über Standardvertragsklauseln für die Übermittlung personenbezogener Daten an Auftragsverarbeiter in Drittländern nach der Richtlinie 95/46/EG des Europäischen Parlamentes und des Rates; ABl. EG vom 12.2.2010, Nr. L 39/5.
[131] Entscheidung 2002/16/EG der EU-Kommission vom 27.12.2001 für die Übermittlung personenbezogener Daten an Auftragsverarbeiter in Drittländern nach der Richtlinie 95/46/EG; ABl. EG vom 10.1.2002, Nr. L 6/52.
[132] Art. 7 des Beschlusses der Kommission vom 5.2.2010 (→ Fn. 130).
[133] Ob die Zustimmung generell erteilt werden kann oder für konkrete Unteraufträge jeweils erneut zu erteilen, ist unklar. Die offizielle englische Fassung von Klausel 5h *(„in the event of subprocessing")* legt ersteres nahe, während nach der offiziellen deutschen Fassung die Benachrichtigung des Datenexporteurs und die Einholung der vorherigen Einwilligung „bei der Vergabe eines Verarbeitungsauftrags" zu erfolgen hat; dazu *Moos* CR 2010, 281 (283).

Liste ist den Aufsichtsbehörden zur Verfügung zu stellen (Klausel 11 Abs. 4). Der Auftragsverarbeiter (und Datenimporteur) muss dem Auftraggeber (und Datenexporteur) in der EU außerdem unverzüglich eine Kopie jedes nach den Standardvertragsklauseln geschlossenen Unterauftrags zusenden (Klausel 5 lit. j). Der Datenexporteur wiederum muss auch dem Betroffenen auf Antrag eine Kopie des Unterauftrags zur Verfügung stellen, wobei „Geschäftsinformationen" („commercial information") jedoch herausgenommen werden können. Was die Haftung betrifft, so haftet gegenüber dem Betroffenen vor allem der Datenexporteur. Direktansprüche des Betroffenen gegen den Datenimporteur für dessen Datenschutzverstöße bestehen nur, sofern der Datenexporteur faktisch oder rechtlich nicht mehr besteht oder zahlungsunfähig ist und (dies ist neu) kein gesetzlicher oder vertraglicher Rechtsnachfolger für sämtliche Verbindlichkeiten einsteht (Klausel 6 Abs. 2). Der Unterauftragnehmer wiederum haftet für seine eigenen Datenschutzverstöße nur, wenn die vorgenannten Voraussetzungen sowohl beim Datenimporteur als auch beim Datenexporteur vorliegen (Klausel 6 Abs. 3 iVm Klausel 11 Abs. 2).[134]

78 Zu beachten ist, dass Unterauftragsverhältnisse, die **Auftragsdatenverarbeiter innerhalb der EU/des EWR** an **Unterauftragnehmer in Drittstaaten** erteilen, nicht von den EU-Standardvertragsklauseln erfasst sind.[135]

79 Die Art. 29 Datenschutzgruppe hat sehr schnell nach Veröffentlichung der neuen Standardvertragsklauseln für Auftragsverarbeiter ein Arbeitsdokument herausgegeben, das sich mit einigen Auslegungsschwierigkeiten befasst.[136] Außerdem veröffentlichte die Arbeitsgruppe „Internationaler Datenverkehr" der deutschen Aufsichtsbehörden für den Datenschutz eine Gegenüberstellung der Anforderungen des § 11 BDSG mit denen der alten und neuen Standardvertragsklauseln für Auftragsverarbeiter.[137] Soweit die Anforderungen des § 11 BDSG über diejenigen der Standardvertragsklauseln hinausgehen, können letztere ergänzt werden, sodass ein einheitliches Vertragsdokument entsteht, ohne dass die betreffenden Datenübermittlungen wegen einer Änderung der EU-Standardvertragsklauseln gemäß § 4c Abs. 2 BDSG genehmigungspflichtig werden.[138]

80 **d) Auftragsdatenverarbeitung durch Auftragnehmer im Inland.** Im Falle einer Auftragsdatenverarbeitung, bei der der Auftraggeber seinen Sitz in einem Drittland hat (das kein Mitgliedstaat der EU ist und auch nicht dem EWR angehört), ist auf die Tätigkeit des im Inland belegenen Auftragnehmers das Bundesdatenschutzgesetz anzuwenden (Territorialprinzip gemäß § 1 Abs. 5 BDSG). Die Aufsichtsbehörden haben hier allerdings eine Einschränkung vorgenommen. Danach trifft den inländischen IT-Dienstleister nur eine beschränkte Verantwortlichkeit, während im Übrigen der ausländische Auftraggeber verantwortlich bleibt:

„Der DV-Dienstleister [im Inland] ist für die von ihm durchgeführte Datenverarbeitung verantwortlich. Im Übrigen bleibt der Auftraggeber im Drittland selbst verantwortlich (§ 11 iVm § 9 BDSG, Art. 17 Europäische Datenschutzrichtlinie). Er ist Adressat der übrigen Vorschriften des BDSG. Der DV-Dienstleister hat selbst keine Verantwortung iSd §§ 4b, 4c BDSG. UU [nämlich bei Verstößen gegen den ‚ordre public'] trifft den inländischen Auftragsdatenverarbeiter aber eine „Remonstrationspflicht."[139]

81 Nach anderer Auffassung findet § 11 BDSG nur in Bezug auf seine „formalen Aspekte" Anwendung, während sich die „materielle Zulässigkeit" der Verarbeitung oder Nutzung

---
[134] Für eine ausführliche Darstellung der neuen Standardvertragsklauseln s. Moos CR 2010, 281.
[135] Gemäß Erwägungsgrund 22 des Beschlusses der Kommission vom 5.2.2010 (→ Fn. 130) steht es den EU-Mitgliedsstaaten frei, solche Vertragsverhältnisse dem Rechtsrahmen der neuen Standardvertragsklauseln zu unterwerfen.
[136] WP 176 „FAQs in order to address some issues raised by the entry into force of the EU Commission Decision 2010/87/EU of 5 February 2010 on standard contractual clauses for the transfer of personal data to processors established in third countries under Directive 95/46/EC" v. 12.7.2010.
[137] Abrufbar unter www.lda.bayern.de/lda/datenschutzaufsicht/lda_11bdsg_drittstaaten.htm.
[138] Bayerisches Landesamt für Datenschutzaufsicht, ebd.
[139] Zitat aus dem Beschluss „Internationaler Datenverkehr" der obersten Aufsichtsbehörden für den Datenschutz im nicht öffentlichen Bereich („Düsseldorfer Kreis") vom 19./20. April 2007 (abrufbar zB bei der Datenschutzaufsicht in Hessen unter www.rp-darmstadt.de [Link Ordnung & Sicherheit]), Fallgruppe H „Daten, die nicht aus der EU/EWR, sondern aus dem Drittland der verantwortlichen Stelle stammen, werden von einem Auftragsdatenverarbeiter im Inland verarbeitet und dann zurückübermittelt".

ebenso wie die Rückgabe der Ergebnisse nach dem Recht des Ortes der Erhebung (dh des Auftraggebers im Drittland) richtet.[140]

Praxistipp:
Bei den Standardvertragsklauseln für Auftragsverarbeiter gemäß Beschluss der Kommission vom 5.2.2010 ist zu beachten, dass diese die Vergabe eines Unterauftrags nur dann gestatten, wenn sich bereits der Auftragnehmer in einem Drittstaat befindet. Die Fallgruppe. dass ein Auftragnehmer innerhalb des EWR einen Unterauftrag in ein Drittland vergibt, wird hingegen nicht erfasst. In einer entsprechenden Konstellation können BCR für Auftragsdatenverarbeiter geeignet sein.

Praxistipp:
Bei einer Auftragsdatenverarbeitung durch einen Auftragnehmer im Drittland stellt sich die Frage, ob der EU-Auftraggeber nach Maßgabe von § 11 Abs. 1 BDSG für die Verarbeitung der Daten durch diesen Auftragnehmer verantwortlich bleibt. Im Fall einer Übermittlung gemäß § 3 Abs. 8 BDSG wäre dies nicht der Fall. Die EU-Standardvertragsklauseln für Auftragsdatenverarbeiter (die sich auf die Auftragsdatenverarbeitung gemäß Art. 17 EU-DSRL beziehen) enthalten Anhaltspunkte dafür, dass eine solche Verantwortlichkeit im Falle der Auftragsdatenverarbeitung weiterhin besteht. Da in solchen Fällen aber die Privilegierung des § 11 BDSG nicht greift (der zufolge ein Auftragsdatenverarbeiter kein „Dritter" im Sinne des Bundesdatenschutzgesetzes ist), könnte es jedenfalls für den EU-Auftraggeber uU vorteilhafter sein, den Datentransfer als Datenübermittlung auszugestalten,[141] sofern dies unter Beachtung des jeweiligen Einzelfalls möglich ist.

e) Binding Coporate Rules für Auftragsdatenverarbeiter. Wie bereits erwähnt, hat die Art. 29 Datenschutzgruppe in den Jahren 2012 und 2013 zusätzliche Arbeitsdokumente über Binding Corporate Rules für Auftragsdatenverarbeiter herausgegeben.[142] Solche sog „Processor BCRs" ermöglichen konzerninterne Datentransfers über mehrstufige Unterauftragsketten. Dies schließt den von den Standardvertragsklauseln für Auftragsverarbeiter[143] nicht erfassten Fall ein, dass eine innerhalb der EU belegene verantwortliche Stelle (in der ersten Stufe) einen in der EU belegenen Auftragsdatenverarbeiter einsetzt, der (in der zweiten Stufe) wiederum einen Unterauftragnehmer außerhalb der EU beauftragt.[144] 82

f) Auftragsdatenverarbeitung und Safe Harbor. Im Zusammenhang mit Safe Harbor ist ua die Frage relevant, unter welchen Umständen Safe Harbor-zertifizierte US-Unternehmen Subunternehmer als Auftragsdatenverarbeiter einschalten dürfen, die sich ihrerseits in einem Land befinden, dessen Schutzniveau von der EU-Kommission nicht anerkannt wurde. Diesbezüglich lautet der Safe Harbor-Grundsatz „Onward Transfer": 83

„… Where an organization wishes to transfer information to a third party that is acting as an agent, … it may do so if it first either ascertains that the third party subscribes to the [Safe Harbor] Principles or is subject to the Directive or another adequacy finding or enters into a written agreement with such third party requiring that the third party provide at least the same level of privacy protection as is required by the relevant Principles. If the organization complies with these requirements, it shall not be held responsible (unless the organization agrees otherwise) when a third party to which it transfers such information processes it in a way contrary to any restrictions or representations, unless the organization knew or should have known the third party would process it in such a contrary way and the organization has not taken reasonable steps to prevent or stop such processing."[145]

Dies bedeutet, dass entsprechende Subunternehmer eingeschaltet werden dürfen, wenn sie (im Falle von US-Unternehmen) ebenfalls Safe Harbor-zertifiziert sind oder wenn sie sich 84

---

[140] *Müthlein/Heck* S. 75.
[141] Vgl. *Müthlein/Heck* S. 73 f.
[142] → Rn. 52 Fn. 77.
[143] → Fn. 130.
[144] *Filip* ZD 2013, 51 (58).
[145] Entscheidung der Kommission vom 26. Juli 2000, aaO → Rn. 59 Fn. 99.

vertraglich verpflichtet haben, einen Schutzstandard zu gewährleisten, der mindestens den Safe Harbor-Grundsätzen entspricht. In einem solchen Falle wird das betreffende US-Unternehmen nur dann für Verstöße des Subunternehmers haftbar, wenn es trotz gegenteiligen Wissens oder ihm anzulastender Unkenntnis keine angemessenen Maßnahmen zur Verhinderung der Verstöße ergriffen hat. Im Zusammenhang mit ihrer Auseinandersetzung mit WP 196 der Art. 29 Datenschutzgruppe[146] nimmt das des US Handelsministerium in den bereits erwähnten „ITA Clarifications" zu einigen diesbezüglichen Fragen Stellung.[147] Dabei erkennt es unter Verweis auf die EU-DSRL ausdrücklich an, dass verantwortliche Stellen bei Einschaltung eines Safe Harbor-zertifizierten Auftragnehmers einen Vertrag über die Auftragsdatenverarbeitung abschließen müssen, der ausreichende Datenschutzgarantien in Bezug auf die technisch-organisatorischen Maßnahmen beinhaltet. Bei Einschaltung eines weiteren Subunternehmers bestehe im Rahmen von Safe Harbor aber keine geographische Beschränkung der Weiterübertragung personenbezogener Daten, solange sich der Unterauftragnehmer ebenfalls auf die Safe Harbor-Grundsätze verpflichtet habe. Letzteres steht im Gegensatz zur Auffassung der Art. 29 Datenschutzgruppe, die die Auswirkungen von Safe Harbor als Entscheidung der EU-Kommission über die Angemessenheit des Schutzniveaus („adequacy finding") auf die USA beschränkt wissen möchte.[148] Mit Erlass des „Safe-Harbor"-Urteils des EuGH vom 6.10.2015 (→ Rn. 68) dürfte sich diese Streitfrage allerdings erledigt haben.

IV. Spezialprobleme

1. Cloud Computing

85 **a) Zum Begriff.** Das Cloud Computing beinhaltet die Möglichkeit, auf der Basis informationstechnischer Virtualisierungslösungen IT-Infrastruktur, Plattformen und Anwendungen on-demand und hochskalierbar zu nutzen, wobei in der Regel nach Verbrauch abgerechnet wird. Der Nutzer muss diese nicht mehr selbst vorhalten, was ihm unter anderem ersparen kann, seine eigenen IT-Systeme auf Belastungsspitzen auszurichten. Die flexible Struktur des Cloud Computing kann es aber erfordern, dass Rechenprozesse und personenbezogene Daten zwischen verschiedenen Rechenzentren und „Serverfarmen" in unterschiedlichen Ländern hin- und hergeschoben werden, je nachdem wo gerade Speicherplatz und andere benötigte Ressourcen vorhanden sind.[149]

86 **b) Auftragsdatenverarbeitung innerhalb von EU/EWR.** Um die Vorteile des Cloud Computing zu nutzen, schließt der Nutzer Verträge mit einem oder mehreren Cloud-Dienstleistern. Werden dabei personenbezogene Daten verarbeitet, so geht die herrschende Meinung davon aus, dass innerhalb der EU/des EWR im Verhältnis zwischen Nutzer und dem Diensteanbieter eine Auftragsdatenverarbeitung gemäß § 11 BDSG besteht.[150] Dies zugrunde gelegt, sind die Anforderungen des § 11 BDSG zu berücksichtigen, einschließlich der Prüfungs- und Kontrollpflichten des Auftraggebers sowie der Anforderungen an Subunternehmerverhältnisse.[151] Sofern im Rahmen des Cloud Computing verschiedene Dienstleister hintereinandergeschaltet werden oder vernetzt zusammenarbeiten, können die – auch im EU-weiten Vergleich – hohen Anforderungen des deutschen Datenschutzrechts an die Auftragsdatenverarbeitung daher schwer überwindbare Hürden aufrichten.

87 **c) Grenzen des Territorialprinzips.** Im Falle über die EU/den EWR hinausreichender Datenübermittlungen im Rahmen des Cloud Computing sind die unter → Ziffer III.3. be-

---

[146] → Rn. 64.
[147] AaO → Rn. 65 Fn. 109, S. 2 ff.
[148] WP 196, aaO → Rn. 64 Fn. 108, Ziffer 3.5.1.
[149] Vgl. ausführlich Taeger/Wiebe/*Reindl* S. 441 ff.
[150] *Reindl* aaO → Rn. 85 Fn. 149, S. 441, 444; *Söbbing* MMR 2008, Heft 5, XII (XIV); *Pohle/Ammann* CR 2009, 273 (276 f.).
[151] Zu den Anforderungen des § 11 BDSG im Einzelnen → § 25.

schriebenen Rechtsinstrumente einzusetzen. Dabei ist zu beachten, dass die Bestimmung des Ortes, an dem die Daten jeweils belegen sind, jedenfalls *ex ante* schwierig sein kann. Gerade bei weltweit vernetzten Datenflüssen können die für den grenzüberschreitenden Datenverkehr zur Verfügung stehenden Instrumente des EU-Rechts eine hohe Komplexität verursachen. Die auf Globalität ausgerichtete Technik des Cloud Computing führt das Territorialprinzips des Datenschutzrechts hier an seine Grenzen.

Vor dem Hintergrund der großen wirtschaftlichen Bedeutung des Cloud Computing und hohen rechtlichen Komplexität haben sich inzwischen zahlreiche Aufsichtsbehörden zum Cloud Computing geäußert.[152] Das Cloud Computing bot insbesondere Anlass für eine Auseinandersetzung mit grundlegenden Fragen der Auftragsdatenverarbeitung durch Cloud Provider in den USA, auf die an anderer Stelle bereits eingegangen wurde.[153]

2. E-Discovery

a) **Pre-trial Discovery.** Eine spezielle datenschutzrechtliche Problematik entsteht durch die Besonderheiten des Zivilprozessrechts der USA. Anders als in Deutschland werden **Beweisverfahren** in den USA fast ausschließlich vorab außergerichtlich im Rahmen der sog *pre-trial discovery* durchgeführt.[154] Hiernach kann jede Partei verlangen, dass die jeweilige Gegenseite umfassend alle Tatsachen offen legt, die für ihren Anspruch potentiell relevant sein könnten.[155] Ausgenommen sind nur besonders sensible Informationen, zB aus einem Anwalt-Mandantenverhältnis.

Im Unterschied zum deutschen Zivilprozessrecht kann eine Partei daher verlangen, dass die Gegenpartei für sie nachteilige Beweise selbst beibringt. Diese Verpflichtung wird weit ausgelegt, sodass sie sich nicht nur auf bereits konkret fest stehende Beweise bezieht, sondern auch auf Informationen, die erst zur Auffindung konkreter Beweise beitragen können.[156] Zwar sind Unternehmen nicht verpflichtet, alle in ihrem Besitz befindlichen Dokumente für eine potentielle *pre-trial discovery* aufzuheben. Sobald ein Unternehmen aber von einem drohenden Gerichtsverfahren Kenntnis erhält (oder dieses kennen müsste), sind alle vernünftigerweise relevanten Dokumente aufzubewahren (sog *„litigation hold"*).[157] Kommt ein Unternehmen dieser Aufbewahrungspflicht nicht nach, drohen zivilprozessuale und ordnungsrechtliche Sanktionen.[158]

Die *pre-trial discovery* existiert im US-Recht nicht nur in der zivilprozessualen Ausprägung, sondern auch bei behördlichen Ermittlungsverfahren.

b) **Elektronische Dokumente.** Nach einer Ergänzung der *Federal Rules of Civil Procedure* (FRCP) um elektronisch gespeicherte Daten im Jahre 2006 besteht eine Aufbewahrungs- und Vorlagepflicht nicht nur für Emails und Texte, sondern auch für elektronische Zeichnungen, Grafiken, Tabellen, Fotos, Tonbandaufzeichnungen, Bilder und anderen Daten oder Datensammlungen. Dies gilt nicht nur für Endfassungen, sondern auch für Entwürfe, Anmerkungen oder Notizen.[159]

---

[152] Z. B. Beschluss des Düsseldorfer Kreises vom 22./23.11.2013 „Datenschutzkonforme Gestaltung und Nutzung von Cloud Computing" mit Verweis auf die „Orientierungshilfe Cloud Computing" der Arbeitskreise Technik und Medien der Konferenz der Datenschutzbeauftragten des Bundes und der Länder, Version 1.0 v. 26.9.2011; „Arbeitspapier Cloud Computing – Fragen des Schutzes der Privatsphäre und des Datenschutzes (‚Sopot Memorandum')" der International Working Group on Data Protection in Telecommunications v. 23./24.4.2012; Art. 29 Datenschutzgruppe WP 196 „Opinion 05/2012 on Cloud Computing" v. 1.7.2012; Entschließung zum Cloud Computing der 34. Internationalen Konferenz der Beauftragten für den Datenschutz und für die Privatsphäre in Punte del Este, Uruguay, v. 25./26.10.2012.
[153] → Rn. 85 ff.
[154] Rule 26 (b) (1) Federal Rules of Civil Procedure (FRCP); vgl. *Rippert* RIW 1993, 626 (627).
[155] *Rath/Klug* K&R 2008, 596.
[156] *Rath/Klug* K&R 2008, 596.
[157] Zubulake v. UBS Warburg, United States District Court for the Southern District of New York (2003), zit. durch *Gebhardt* IDR 2005, 30 (31).
[158] Vgl. etwa United States v. Philip Morris USA Inc., No. 99–2496, D.D.C. (2004), zit. durch *Gebhardt* IDR 2005, 30 (35).
[159] Art. 34 (a) FRCP, vgl. *Rath/Klug* K&R 2008, 596.

92 **c) Auswirkungen auf deutsche Unternehmen.** Deutsche Unternehmen können auf zwei Weisen mit einer E-Discovery in Berührung kommen: Entweder sind sie selbst in den USA Prozesspartei – wobei die US-Gerichte weitreichende Möglichkeiten haben, ihre Zuständigkeit anzunehmen[160] – oder sie werden als Teil eines US-amerikanischen Konzerns in die *pre-trial discovery* einbezogen.

93 In den USA klagende oder verklagte deutsche Unternehmen erleiden somit selbst prozessuale Nachteile, wenn sie die im Rahmen einer *pre-trial discovery* geforderten Dokumente nicht offen legen (zB eine gerichtliche Anordnung der Beweislastumkehr). Für nicht am Verfahren beteiligte deutsche Tochterunternehmen wirkt sich hingegen nachteilig aus, dass eine Prozesspartei (zB die US-Muttergesellschaft) im Rahmen der *pre-trial discovery* nicht nur Unterlagen vorlegen muss, die sich in ihrem Besitz befinden, sondern auch solche, über die sie eine faktische Kontrolle ausübt. Eine deutsche Konzerntochter kann daher mit den Rechtsproblemen der E-Discovery schon dann konfrontiert werden, wenn ihre Muttergesellschaft in den USA als Klägerin oder Beklagte in einem Gerichtsverfahren in Erscheinung tritt.[161]

94 **d) Kollision von E-Discovery und Datenschutzrecht.** Herausgabeverlangen auf der Grundlage der US-amerikanischen E-Discovery können im Widerspruch zum deutschen Datenschutzrecht stehen, da die im Rahmen einer *pre-trial discovery* an die jeweilige Gegenseite herauszugebenden Unterlagen vielfach personenbezogene Daten beinhalten. Die Zulässigkeit der Übermittlung ist daher in zwei Stufen zu überprüfen,[162] und zwar anhand der materiellen Anforderungen des deutschen Datenschutzrechts und – da es sich bei den USA um ein Land ohne anerkanntes Schutzniveau iSd Art. 25 EU-DSRL bzw. § 4b Abs. 2 BDSG handelt – im Hinblick auf die Voraussetzungen des Datentransfers in Länder außerhalb der EU und des EWR (Drittstaatentransfer).[163]

95 Ist ein deutsches Unternehmen selbst **Prozesspartei**, kann die Übermittlung personenbezogener Daten gem. § 28 Abs. 1 S. 1 Nr. 2 BDSG zur Wahrung wichtiger eigener Interessen zulässig sein, wenn kein Grund zur Annahme besteht, dass entgegenstehende schutzwürdige Interessen des Betroffenen überwiegen und der strenge Maßstab des Erforderlichkeitsgrundsatzes beachtet wird. Zur Wahrung des Erforderlichkeitsgrundsatzes kann eine unternehmensinterne Richtlinie (*„Document Retention Policy"*) beitragen, die dafür sorgt, dass unter Beachtung des Prinzips der Datensparsamkeit nur die erforderlichen Daten gespeichert werden.[164]

96 Ist ein deutsches Unternehmen dagegen nicht selbst Prozesspartei, sondern wird mit dem Herausgabeverlangen seiner US-amerikanischen Muttergesellschaft konfrontiert, so kann die Datenübermittlung aufgrund des berechtigten Interesses eines Dritten (§ 28 Abs. 2 Nr. 2 lit. a BDSG) zulässig sein, sofern der Erforderlichkeitsmaßstab gewahrt wird. Dies ist nicht der Fall, wenn Daten ungefiltert und/oder ohne Differenzierung im Hinblick auf den Datenempfänger (Mutterunternehmen, deren Anwalt, Gegenpartei, Gericht) übermittelt werden.[165]

97 Nachdem die USA kein „angemessenes Schutzniveau" iSd § 4b Abs. 2 S. 2 BDSG bieten, bedarf es eines besonderen Rechtfertigungsgrundes. Hier kommt die Übermittlung zur Geltendmachung, Ausübung oder Verteidigung von Rechtsansprüchen vor Gericht (§ 4c Abs. 1 S. 1 Nr. 4 BDSG) in Betracht. Nach allgemeiner Ansicht darf die Übermittlung gemäß § 4c BDSG an alle verfahrensbeteiligten Personen erfolgen.[166] Problematisch ist dabei jedoch, dass eingebrachte Dokumente in einem US-Prozess auf Antrag der Öffentlichkeit zugänglich gemacht werden müssen.[167] Ansonsten könnte die Datenübermittlung durch die

---

[160] Vgl. *Klinger* RIW 2007, 108.
[161] Vgl. *Brisch/Laue* RDV 2010, 1 (2).
[162] → Rn. 31.
[163] → Ziffer III.3. Zur Problematik insgesamt s. auch WP 158 „Arbeitsunterlage 1/2009 über Offenlegungspflichten im Rahmen der vorprozessualen Beweiserhebung bei grenzübergreifenden zivilrechtlichen Verfahren (pre-trial discovery)" v. 11.2.2009 der Art. 29 Datenschutzgruppe.
[164] Vgl. *Rath/Klug* K&R 2008, 596 (598).
[165] Vgl. *Brisch/Laue* RDV 2010, 1 (5); zur Interessenabwägung s. auch WP 158, aaO → Fn. 163, S. 11.
[166] Vgl. *Brisch/Laue* RDV 2010, 1 (7) mwN.
[167] So *Spies/Schröder* MMR 2008, 275 (278); *Rath/Klug* K&R 2008, 596 (597f.).

IV. Spezialprobleme

in → Rn. 36 ff. beschriebenen Instrumente gerechtfertigt werden, zB durch die EU-Standardvertragsklauseln oder durch Binding Corporate Rules. Allerdings wird hierdurch jeweils nur der Datentransfer an den Vertragspartner der EU-Standardvertragsklauseln bzw. der BCR gerechtfertigt und damit ggf. nicht der Weitertransfer an die gegnerische Prozesspartei.

Nicht als Rechtfertigungsgrund kommt hingegen das Haager Beweisübereinkommen (HBÜ) in Betracht, da Deutschland gemäß dessen Artikel 23 einen Vorbehalt gegen die „*pre-trial discovery of documents*" (und somit auch gegen die E-Discovery) erklärt hat. Ein deutsches Unternehmen kann daher zur Übermittlung von personenbezogenen Daten in die USA nicht gezwungen werden – jedenfalls nicht durch im Wege der Rechtshilfe agierende deutsche Behörden. Allerdings lassen US-Gerichte durchaus auch die Beweiserhebung direkt bei der ausländischen Partei zu, unter Umgehung des HBÜ, so dass dessen Schutz in der Praxis schwach ist.[168] 98

Um eventuelle prozessuale Nachteile des deutschen Unternehmens zu vermeiden, schlägt der Düsseldorfer Kreis ein **zweistufiges Verfahren** vor, nach dem in einem ersten Schritt die Übermittlung pseudonymisierter Daten und in einem zweiten Schritt und nur im Bedarfsfalle die Übermittlung personenbezogener Daten erfolgen soll.[169] 99

Zu beachten ist in diesem Kontext auch der Straftatbestand des § 206 StGB (Verletzung des Post- und Fernmeldegeheimnisses), zB wenn Computer am Arbeitsplatz auch privat genutzt werden dürfen und der Arbeitgeber dadurch selbst zum TK-Anbieter wird.[170] 100

> **Praxistipp:**
> Unternehmen, die im Handelsverkehr zur USA stehen, sollten einen Notfallplan für den Fall einer Anforderung von Unterlagen im Rahmen einer E-Discovery ausarbeiten,[171] damit ab dem Zeitpunkt des *litigation hold* unter Einhaltung des deutschen Datenschutzrechts alle notwendigen Daten konserviert werden können. Dies macht bereits im Vorfeld eine enge Zusammenarbeit der Rechtsberater mit den IT-Administratoren erforderlich. Dazu bieten die Vorschläge der Sedona Conference *(„Sedona Principles Addressing Electronic Document Protection")* wichtige Anhaltspunkte.[172]

3. SWIFT

SWIFT (Kurzbezeichnung für „*Society for Worldwide Interbank Financial Telecommunication*") ist eine Genossenschaft mit Sitz in Belgien, deren Mitglieder international tätige Banken, Börsen und andere Finanzinstitute sind. SWIFT betreibt ein eigenes Telekommunikationsnetz für einen standardisierten Nachrichtenaustausch ihrer Mitglieder, über das im Rahmen des internationalen Zahlungsverkehrs täglich mehrere Millionen Nachrichten transferiert werden. 101

Nach den Terroranschlägen des 11. September 2001 übermittelte SWIFT auf Anforderung der USA jährlich mehrere Millionen vertraulicher Daten über Finanztransaktionen an US-Behörden für Zwecke der Terrorabwehr. Diese Praxis hat die Art. 29 Datenschutzgruppe beanstandet. 102

Formal gesehen ist SWIFT zwar nur ein Auftragsdatenverarbeiter der jeweiligen Bank.[173] Da SWIFT faktisch gesehen jedoch spezifische Verantwortlichkeiten übernommen hat, die über das normale Maß an Pflichten eines Auftragsdatenverarbeiters hinausgehen, bewertete die Art. 29 Datenschutzgruppe SWIFT nicht als reinen Auftragsdatenverarbeiter iSd Art. 2 103

---

[168] Société Nationale Industrielle Aérospatiale gegen United States District Court, 482 U. S. 522, 544 Nr. 28 (1987), zit. nach WP 158, aaO → Fn. 163, S. 6. Nachweise auch bei *Spies/Schröder* MMR 2008, 275 (277).
[169] Bericht des Berliner Beauftragten für Datenschutz und Informationsfreiheit. Zum 31. Dezember 2006 („BlnBDI 2006") S. 170 f.; BlnBDI 2007, S. 191, abrufbar unter www.datenschutz-berlin.de.
[170] *Rath/Klug* K&R 2008, 596 (598 f.).
[171] Vgl. auch *Wybitul* BB 2009, 606 (608).
[172] Siehe bei http://www.thesedonaconference.org.
[173] *Kahler/Werner* S. 238 mN.

lit. e EU-DSRL, sondern gemeinsam mit den sie beauftragenden Finanzinstituten als „verantwortliche Stelle" iSd Art. 2 lit. d EU-DSRL.[174] Übermittelt SWIFT Daten an US-Behörden, so sei dies eine Datenübermittlung in ein Nicht-EU-Land, das kein angemessenes Schutzniveau gemäß Art. 25 EU-DSRL aufweise. Der einzig in Frage kommende Ausnahmetatbestand der Übermittlung für die Wahrung eines wichtigen öffentlichen Interesses (Art. 26 Abs. 1 lit. d) biete keine Rechtsgrundlage, da die bisher praktizierte umfangreiche Datenübermittlung nicht der kommerziellen Zweckbindung und dem Gebot der Verhältnismäßigkeit von Art. 6 Abs. 1 lit. b EU-DSRL entspreche.[175]

104 Die Art. 29 Datenschutzgruppe beanstandete außerdem, dass die Betroffenen entgegen Art. 10 und 11 EU-DSRL nicht über die Verarbeitung ihrer personenbezogenen Daten informiert wurden. Auch die unabhängigen Prüfungen durch eine Kontrollstelle gemäß Artikel 28 EU-DSRL seien nicht in hinreichendem Umfang gewährleistet worden.

105 Um der zur Terrorbekämpfung notwendigen Datenübermittlung eine Rechtsgrundlage zu verschaffen, handelte die EU-Kommission mit den USA Ende 2009 ein Abkommen aus, das aber im Februar 2010 vom Europäischen Parlament mit Verweis auf ein unausgewogenes Verhältnis zwischen Sicherheit und Datenschutz außer Kraft gesetzt wurde. Am 28.7.2010 trat das SWIFT-Abkommen schließlich in einer etwas abgeschwächten Form in Kraft.[176]

106 Auch in Bezug auf das SWIFT-Abkommen hat das EU-Parlament als Reaktion auf die NSA-Abhörskandale im Rahmen einer Entschließung die Aussetzung gefordert, bislang jedoch ohne Erfolg.[177]

---

[174] WP 128 „Verarbeitung von personenbezogenen Daten durch die Society for Worldwide Interbank Financial Telecommunication (SWIFT)" v. 22.11.2006, S. 13 ff., 17.

[175] WP 128, aaO Fn. 174, S. 18 f.

[176] „Agreement between the European Union and the United States of America on the processing and transfer of Financial Messaging Data from the European Union to the United States for purposes of the Terrorist Finance Tracking Program", ABl. EU Nr. L 195/1 v. 27.7.2010; zur Kritik s. zB die Stellungnahme Nr. 41/2010 des Ausschusses Informationsrecht des Deutschen Anwaltsvereins vom August 2010, abrufbar unter www.anwaltsverein.de.

[177] EU-Parlament fordert Aussetzung des SWIFT-Abkommens, ZD-Aktuell 2013, 03787; zu entsprechenden Forderungen in Bezug auf Safe Harbor → Rn. 68.

§ 36 Datenschutz der Telemedien

Übersicht

	Rn.
I. Allgemeines	1–40
1. Historie und Entwicklung	2–20
a) IuKDG und TDDSG	2
b) TMG	3
c) TMGÄndG im Zuge der BDSG-Novellen 2009	4–8
d) E-Privacy-Richtlinie 2009/139/EG	9–15
e) Strategie für einen digitalen Binnenmarkt in Europa	16
f) Änderungsbestrebungen zum TMG in 20011	17–19
g) Datenschutz-Grundverordnung	20
2. Anwendungsbereich und Abgrenzung	21–34
a) Verhältnis von Teledienst, Mediendienst und Telemedien	21–23
b) Definition von Telemedien sowie Verhältnis zu TKG und RStV und BDSG	24–29
c) Verhältnis von TMG zu BDSG und Steuervorschriften	30/31
d) Anwendbares Datenschutzrechts bei Access-Providern	32–34
3. Datenschutzregelungen im TMG	35–40
a) Überblick über die Datenschutzprinzipien	35
b) Speziell zu Auskunftserteilung über Bestandsdaten	36–39
c) Tabellarischer Vergleich von BDSG und TMG	40
II. Allgemeine Datenschutzanforderungen an die Ausgestaltung von Websites	41–169
1. Überblick zur Erhebung personenbezogener Daten von Internet-Nutzern, insbesondere Zweckbindung	41–51
a) Gesetzliche Erlaubnistatbestände	41–47
b) Einwilligungsbedürftige Datenerhebung	48–51
2. Tracking und Profilbildung	52–124
a) Bestandaufnahme	52–58
b) Personenbeziehbarkeit von IP-Adressen	59–88
c) Web-Analyse mit Cookies, Einwilligung zu Cookies (Artikel-29-Gruppe, WP 208 v. 2.10.2013 „consent for cookies")	89–120
d) Tracking ohne Cookies wie Device ID oder Canvas Finger-Printing	121–124
3. Datenschutzunterrichtung des Providers	125–140
a) Unterrichtungsverpflichtung	125/126
b) Umfang und Detaillierungsgrad	127–135
c) AGB-Kontrolle der Datenschutzunterrichtung (LG Berlin zu Apple und Google)	136–140
4. Einwilligungserklärung und Kopplungsverbot	141–152
a) Anforderungen nach § 13 Abs. 2 und 3 TMG	141–143
b) Newsletter	144–147
c) Gültigkeitsdauer von Einwilligungen	148–150
d) Kopplungsverbot	150–152
5. Volljährigkeitserklärung, Altersverifikation, Schutz von Minderjährigen	153–163
6. Datenschutzfreundliche Standardeinstellungen (Privacy by Design und Privacy by Default)	164–166
7. Datenschutzkonforme Sicherungspflichten von WLAN-Betreibern	167–169
a) Grundsätze zur Störerhaftung im Bereich TMG	167
b) Sicherungspflichten von WLAN-Betreibern – datenschutzfreundliche Schutzmaßnahmen aus der Rechtsprechung	168/169
III. Datenschutz bei ausgewählten Telemedien	170–203
1. Webshops	170–186
a) Plausibilitätsprüfungen mittels Adressvalidierung und Adressverifizierung	170–178
b) Fortgeschrittene Methoden zur Betrugsprävention	179–186
2. Suchmaschinen	187/188
a) Auto-Complete-Funktion	187
b) EuGH-Urteil zu Google Spain	188
3. Messenger Dienste	190–197

	Rn.
a) Anwendbarkeit des TKG	191–193
b) Sicherheitsrisiken	194–196
c) Dienstliche Nutzung	197
4. Social Scoring	198–203
a) Anwendbarkeit des deutschen Datenschutzrechts	199/200
b) Profilbildung	201
c) Einwilligung	202/203
IV. User Generated Content	204–217
1. Bewertung von Einzelpersonen in Internetportalen	204–206
2. Blogs und soziale Netzwerke	207–217
a) Allgemeines	207–209
b) Unterrichtungspflichten der Anbieter über ihren Umgang mit Nutzerdaten	210–212
c) Aufklärung der Nutzer über datenschutzkonformes Verhalten im Netzwerk	213–217
V. Checkliste: Wesentliche Anforderungen an die Gestaltung von Websites	218

Schrifttum: *Ayad/Schaft,* Einwilligung ins Direktmarketing – formularmäßig unwirksam?, BB 2002, 1711; *Banzhaf* in: Roßnagel/Banzhaf/Grimm, Datenschutz im Electronic Commerce, 2003, S. 281; *Becker/Becker,* Virtuelle Festplatten als Sharehoster. Prüfungspflichten im Spannungsfeld zwischen Urheberrecht, Datenschutz und legitimen Nutzerinteressen, WRP 2013, 41; *Backu,* Geolokalisation und Datenschutz, ITRB 2009, 88; *Ballhausen/Roggenkamp,* Personenbezogene Bewertungsplattformen, K&R 2008, 403; *Barnitzke,* Herausgabe von IP-Adressen, DuD 2010, 482; *Bauer,* Personalisierte Werbung auf Social Community-Websites; – Datenschutzrechtliche Zulässigkeit der Verwendung von Bestandsdaten und Nutzungsprofilen, MMR 2008, 435; *Bender/Kahlen,* Neues TMG verbessert den Rechtsrahmen für Neue Dienste und Schutz vor Spam-Mails, MMR 2006, 590; *Bierekoven,* Die BDSG-Novelle II und ihre Folgen für die Werbung, Erste Erfahrungen, ITRB 2010, 15; *Dietrich,* Canvas Fingerprinting, ZD 2015, 199; *Dittmayer,* Fallstricke für Blogger – Datenschutz bei Telemedien, DuD 2012, 526; *Eckhardt,* K&R 2007, 602, Anm. zu AG Berlin-Mitte v. 27.3.2007 – 5 C 314/06, K&R 2007, 600; *ders.,* Datenschutzerklärungen und Hinweise auf Cookies, ITRB 2005, 46; *ders.,* Datenschutz im Direktmarketing nach dem BDSG – Quo vadis, CR 2009, 337; *ders.,* Datenschutz und Überwachung im Regierungsentwurf zum TKG, CR 2003, 805; *ders.,* Datenschutzerklärungen und Hinweise auf Cookies, ITRB 2005, 46; *ders.,* Datenschutzrichtlinie für elektronische Kommunikation, Auswirkungen auf Werbung mittels elektronischer Post, MMR 2003, 557; *ders.,* K&R 2008, 768, Anm. zu AG München v. 30.9.2008 – 133 C 5677/08, K&R 2008, 767; *ders.,* IP-Adresse als personenbezogenes Datum – neues Öl ins Feuer, CR 2011, 339; *Engels/Jürgens/Kleinschmidt,* Die Entwicklung des Telemedienrechts im Jahr 2006, K&R 2007, 57; *dies.,* Die Entwicklung des Telemedienrechts im Jahr 2007, K&R 2008, 65; *Baumgartner/Ewald,* Apps und Recht, 2013; *Feldmann,* Mobile Apps: Zivilrecht – Telemedienrecht – Datenschutz, DSRI-Tagungsband 2011, 47; *Fox,* Webtracking, DuD 2010, 787; *Fuchs-Galilea,* Altersverifikation durch elektronischen Personalausweis, ITRB 2009, 263; *Freund/Schnabel,* Bedeutet IPv6 das Ende der Anonymität im Internet?, MMR 2011, 495; *Gietl/Manz,* Die IP-Adresse als Beweismittel im Zivilprozess, CR 2008, 810; *Gola/Schomerus,* BDSG, 11. Aufl. 2012; *Gola/Klug,* Die Entwicklung des Datenschutzrechts in den Jahren 2008/2009, NJW 2009, 2577; *Gola/Reif,* Kundendatenschutz, 3. Aufl. 2011; *Gola/Reif,* Datenschutzrelevante Aspekte des novellierten UWG, RDV 2009, 104; *Greve/Schärdel,* Der digitale Pranger – Bewertungsportale im Internet, MMR 2008, 644; *Härting,* Datenschutz im Internet, CR 2008, 743; *ders.,* Schutz von IP-Adressen, ITRB 2009, 35; *Härting,* Anonymität und Pseudonymität im Datenschutzrecht, NJW 2013, 2065; *Heidrich/Wegener,* Datenschutzrechtliche Aspekte bei der Weitergabe von IP-Adressen, DuD 2010, 172; *Hoeren,* Das Telemediengesetz, DB 2007, 801; *Hoffmann,* Die Entwicklung des Internet-Rechts bis Mitte 2009, NJW 2009, 2649; *ders.,* Die Entwicklung des Internet-Rechts bis Mitte 2008, NJW 2008, 2624; *Jung/Vander,* Der Versand von Produktempfehlungen und Newslettern im Wege des sog „tell-a-friend"-Verfahrens, IPRB 2010, 141; *Karg,* IP-Adressen als personenbezogene Verkehrsdaten, MMR-Aktuell 2011, 315811; *Kirchberg-Lennartz/Weber,* Ist die IP-Adresse ein personenbezogenes Datum?, DuD 2010, 479; *Kitz,* Kommerzielle Kommunikation per E-Mail im neuen Telemediengesetz, DB 2007, 385; *Koch,* Schutz der Persönlichkeitsrechte im Internet: spezifische Gefährdungen, ITRB 2011, 158; *Köcher,* MMR 2007, 801, Anm. zu LG Berlin v. 6.9.2007 – 23 S 3/07, MMR 2007, 800; *Knopp,* Datenschutzherausforderung Webtracking, DuD 2010, 783; *Kühling/Schwuchow,* Das datenschutzrechtliche Vollzugsdefizit im Bereich der Telemedien – ein Schreckensbericht, DuD 2009, 335; *Kühn,* Geolokalisierung mit personenbezogenen IP-Adressen, DuD 2009, 747; *Kremer,* Datenschutz bei Entwicklung und Nutzung von Apps für Smart Devices, CR 2012, 438; *Krüger/Maucher,* Ist die IP-Adresse wirklich ein personenbezogenes Datum?, MMR 2011, 433; *Kulow,* Die Spickmich-Entscheidung des BGH: roma locuta – causa infinita, NJW 2009, 678; *Ladeur,* Datenverarbeitung und Datenschutz bei neuartigen Programmführern in „virtuellen Videotheken", Zur Zulässigkeit der Erstellung von Nutzerprofilen, MMR 2000, 715; *Lepperhoff/Petersdorf,* Umgang mit Datenschutzerklärungen im Internet, Ergebnisse einer empirischen Untersuchung, DuD 2009, 15; *dies.,* Datenschutz auf Webpräsenzen, Ergebnisse des Xamit Datenschutzbarometers 2008, DuD 2009, 607; *Liesching,* „Sicherstellung" des Erwachsenenzugangs bei pornographischen und sonst jugendgefährdenden Telemedien, MMR 2008, 802; *ders.,* Anforderungen an Altersverifikationssysteme, K&R 2006, 394; *Lorenz,* Die Anbieterkennzeichnung nach dem TMG und RStV, K&R 2008, 340; *Lundevall/Tranvik,* Was sind personenbezogene Daten? Die Kontroverse um IP-Adressen, ZD-Aktuell 2012, 03004; *Maisch,* Nutzertracking im Internet, ITRB 2011, 13; *Martens,* Neues Telemediengesetz, ITRB 2006, 173; *Maume,* Bestehen und Grenzen des virtuellen Hausrechts, MMR 2007, 620; *Meyer,* Aktuelle Rechtsentwicklungen bei Suchmaschinen im Jahr 2007, K&R 2008, 201; *ders.,* Google & Co. – Aktuelle Rechtsentwicklungen bei Suchmaschinen, K&R 2007, 177; *ders.,* Aktuelle Rechtsentwicklungen bei Suchmaschinen im Jahr 2008, K&R 2009, 217; *ders.,* Aktuelle Rechtsentwicklungen bei Suchmaschinen im Jahre 2009, K&R 2010, 226; *ders.,* Aktuelle Rechtsentwicklungen bei Suchmaschinen im Jahre 2010, K&R 2011, 217; *Meyerdircks,* Sind IP-Adressen personenbezogene Daten?, MMR 2009, 8; *Minnerup,* Datenschutzgerechte Weitergabe von IP-Adressen, ITRB 2010, 119; *Moos,* Die Entwicklung des Datenschutzrechts im Jahr 2007, K&R 2008, 137; *ders.,* Die Entwicklung des Datenschutzrechts im Jahr 2008, K&R 2009, 154; *ders.,* Die Entwicklung des Datenschutzrechts im Jahr 2009, K&R 2010, 166; *ders.,* Die Entwicklung des Datenschutzrechts im Jahre 2010, K&R 2011, 145; *Nordemann/Dustmann,* To Peer Or Not To Peer, Urheberrechtliche und datenschutzrechtliche Fragen der Bekämpfung der Internet-Piraterie, CR 2004, 380; *Ott, Stephan,* Impressumspflicht für Webseiten. Die Neuregelungen nach § 5 TMG, § 55 RStV, MMR 2007, 354; *ders.,* Suchmaschinen und Jugendschutz, K&R 2008, 578; *ders.,* Das Internet vergisst nicht – Rechtsschutz für Suchobjekte, MMR 2009, 158; *ders.,* Schutz der Nutzerdaten bei Suchmaschinen. Oder: Ich weiß, wonach du letzten Sommer gesucht hast ..., MMR 2009, 448; *ders.,* Datenschutzrechtliche Zulässigkeit von Webtracking?, K&R 2009, 308; *Pahlen-Brandt,* Zur Personenbezogenheit von IP-Adressen, K&R 2008, 288; *Plath/Frey,* Online-Marketing nach der BDSG-Novelle, Auswirkungen für die Praxis, CR 2009, 613; *Rammos,* Datenschutzrechtliche Aspekte verschiedener Arten „verhaltensbezogener" Onlinewerbung, K&R 2012, 692; *Rasmussen,* Datenschutz im Internet, Gesetzgeberische Maßnahmen zur Verhinderung der Erstellung ungewollter Nutzerprofile im Web – Zur Neufassung des TDDSG, CR 2002, 36; *Redeker,* Datenschutz und Internethandel, ITRB 2009, 204; *Roßnagel/Scholz,* Datenschutz durch Anonymität und Pseudonymität – Rechtsfolgen der Verwendung anonymer und pseudonymer Daten, MMR 2000, 721; *Rössel,* ITRB 2008, 244, Anm. zu AG München v. 30.9.2008 – 133 C 5677/08, ITRB 2008, 245; *Sachs,* Datenschutzrechtliche Bestimmbarkeit von IP-Adressen, CR 2010, 547; *Schaar,* Datenschutz im Internet, 2002; *ders.,* Datenschutzfreier Raum Internet?, CR 1996, 170; *ders.,* Datenschutzrechtliche Einwilligung im Internet, MMR 2001, 644; *ders.,* Datenschutz im Internet, München, 2002; *ders.,* Neues Datenschutzrecht für das Internet, RDV 2002, 4; *Scherer,* Die Entwicklung des Telekommunikationsrechts in den Jahren 2003 bis 2006, NJW2006, 2016; *Scheurle/Mayen* (Hrsg.), TKG, 2. Aufl. 2008; *Schleipfer,* Nutzungsprofile unter Pseudonym – Die datenschutzrechtlichen Bestimmungen und ihre Anwendung im Internet, RDV 2008, 143; *ders.,* Ist die IP-Adresse zu löschen? – Eine Erörterung im Kontext von Nutzungsprofilen, DuD 2010, 168; *Schleipfer,* Die sog Cookie-Bestimmungen in der ePrivacy-Richtlinie und ihre Umsetzung in deutsches Recht. RDV 2011,170; *Schmittmann/Lorenz,* Zum virtuellen Hausrecht als Abwehrrecht, K&R 2006, 563; *Schmittmann/Lorenz,* Die rechtliche Beurteilung von E-Mail-Werbung nach Inkrafttreten des TMG, K&R 2007, 609; *Schmitz,* Übersicht über die Neuregelung des TMG und des RStV, K&R 2007, 135; *Schnabel/Freund,* „Ach wie gut, dass niemand weiß ..." – Selbstdatenschutz bei der Nutzung von Telemedienangeboten, CR 2010, 718; *Schulz,* Privacy by Design, CR 2012, 204; *Seidel/Nink,* Personensuchmaschinen, CR 2009, 666; *Schwenke,* Nutzungsbedingungen sozialer Netzwerke und Onlineplattformen, WRP 2013, 37; *Siber/Liesching,* Die Verantwortlichkeit der Suchmaschinenbetreiber nach dem Telemediengesetz, MMR 2007, Beilage 8/07, 1–30; *Solmecke/Dam,* Wirksamkeit der Nutzungsbedingungen Sozialer Netzwerke, MMR 2012, 71; *Spiegel,* Spuren im Netz, Welche Spuren der Internet-Nutzer hinterlässt und wie man sie vermeiden kann, DuD 2003, 265; *Spindler,* Das neue Telemediengesetz – Konvergenz in sachten Schritten, CR 2007, 239; *ders.,* Haftung für private WLANs im Delikts- und Urheberrecht, CR 2010, 592; *Strömer,* Altersverifikationssysteme und Jugendschutz im Internet, NIP 2005, Heft 2, 9; *Taeger,* Informationspflicht über den Datenschutz im M-Commerce, DuD 2010, 246; *Ulmer/Schrief,* Datenschutz im neuen Telekommunikationsrecht, RDV 2004, 3; *Vassilaki,* Strafrechtliche Anforderungen an Altersverifikationssysteme, K&R 2006, 211; *Weichert,* BDSG-Novelle zum Schutz von Internet-Inhaltsdaten, DuD 2009, 7; *Solmecke/Taeger/Feldmann* (Hrsg.), Mobile Apps, 2013; *Wigoutschnigg,* Anonymisierungsprotokolle, DuD 2012, 515; *Wronka,* BDSG-Novelle II und Direktwerbung: Ein kritisches Verhältnis, RDV 2009, 247.

I. Allgemeines

Eine Hauptschwierigkeit beim Auffinden und beim Umgang mit den Datenschutzrechtvorschriften, die auf den Bereich E-Commerce Anwendung finden, liegt darin, dass die relevanten Vorschriften auf verschiedene Spezialgesetze verteilt sind und subsidiär bzw. ergänzend das BDSG gilt. Damit sind diffizile und teils streitige Abgrenzungsfragen verbunden (→ Rn. 21 ff.).

1. Historie und Entwicklung

a) IuKDG und TDDSG. 1997 wurde auf Basis des **IuKDG** (Informations- und Kommunikationsdienstegesetz) das Teledienstegesetz (**TDG**) erlassen, ein Spezialgesetz für den Bereich der **Teledienste**,¹ das erstmalig auch eine Spezialregelung für die Haftung (mit Privileg für fremde Inhalte und die Zugangsvermittlung) beinhaltete. Die Datenschutzvorschriften der Teledienste waren in ein eigenes Gesetz, das Teledienstedatenschutzgesetz (**TDDSG**), ausgelagert. Von den Telediensten abgegrenzt wurden die sog **Mediendienste**, für die – aus kompetenzrechtlichen Gründen – auf Ebene der Bundesländer etwa zeitgleich zum Erlass des TDG/TDDSG der Mediendienstestaatsvertrag (MDStV) verabschiedet wurde. In der Folge haben die Bundesländer jeweils für ihren Geltungsbereich eigene Landesmediengesetze geschaffen oder entsprechende Regelungen in bereits bestehende Gesetze eingebaut. Im MDStV waren die Datenschutzregelungen inkorporiert aber ähnlich ausgeprägt wie im TDDSG.

3   b) **TMG.** Am 26.2.2007 wurde das „Gesetz zur Vereinheitlichung von Vorschriften über bestimmte elektronische Informations- und Kommunikationsdienste" (ElGVG) verkündet mit seinem Kernstück, dem Telemediengesetz (**TMG**). Hintergrund dieser Novellierung des Rechts der Tele- und Mediendienste war nicht zuletzt die Richtlinie 2000/31/EG des Europäischen Parlamentes und des Rates vom 8.6.2000 im Hinblick auf bestimmte rechtliche Aspekte, insbesondere des elektronischen Geschäftsverkehrs im Binnenmarkt. Notwendig wurde eine Vereinheitlichung der Anforderungen für Teledienste und Mediendienste. Mit Inkrafttreten des TMG am 1.3.2007 wurde das Recht der Teledienste und der Mediendienste unter dem neuen Begriff „**Telemedien**" zusammengeführt und TDG sowie TDDSG sind außer Kraft getreten. Parallel dazu haben die Bundesländer den MDStV aufgehoben und die im MDStV geregelten inhaltlichen Anforderungen in den Staatsvertrag für Rundfunk und Telemedien (RStV) aufgenommen. Das TMG und der **Neunte Rundfunkänderungsstaatsvertrag** sind zeitgleich in Kraft getreten (siehe Artikel 5 ElGVG).

4   c) **TMGÄndG im Zuge der BDSG-Novellen 2009.** Seit Inkrafttreten des TMG ist dieses viermal geändert, aber nicht grundlegend überarbeitet worden. Durch das Gesetz zur Abwehr von Gefahren des internationalen Terrorismus durch das Bundeskriminalamt vom 25.12.2008 (**BKATerrorG**)² wurde das bereits für einzelne Behörden bestehende Zugriffsrecht auf die Bestandsdaten von Nutzern von Telemediendiensten zum Zwecke der Terrorabwehr auf das Bundeskriminalamt ausgedehnt.³

5   Das Gesetz zur Änderung datenschutzrechtlicher Vorschriften vom 14.8.2009 (**DSÄndG**)⁴ hat die Angleichung des TMG an im BDSG erfolgte Änderungen notwendig gemacht. So konnte das bislang bereichsspezifische Kopplungsverbot in § 12 Abs. 3 TMG aufgehoben werden, da mit § 28 Abs. 3b BDSG dieses in das allgemeine Datenschutzrecht transportiert wurde. Der neu eingeführte § 15a TMG setzt die für das BDSG eingeführte Informationspflicht bei unrechtmäßiger Kenntniserlangung von Daten (dort § 42a BDSG)⁵ auch für das TMG um. Im Vergleich zu § 42a BDSG enthält § 15a TMG eine Verschärfung, denn § 15a gilt nicht nur bei besonders sensiblen Datenkategorien, sondern bei allen Bestands- oder Nutzerdaten.⁶

6   Die geplante Novellierung des TMG im Rahmen eines Ende 2008 in den Bundestag eingebrachten Telemediengesetzänderungsgesetzes (**TMGÄndG**)⁷ hat in der 16. Legislaturperiode nicht mehr stattgefunden und wurde auch durch die neue Bundesregierung bislang nicht wieder aufgegriffen. Der Gesetzesentwurf hatte schwerpunktmäßig die Bekämpfung des sog „Forum-Shopping" zum Gegenstand. Die Landesregierungen sollten ermächtigt werden, Schwerpunktgerichte für Internetstreitigkeiten zu ernennen. Weiter hatte der Gesetzesentwurf zum Ziel, die Verantwortlichkeit von Providern für fremde Inhalte durch die Regelung von Lösch- und Sperrverpflichtungen weiter auszudifferenzieren. Suchmaschinenbetreiber sollten expressis verbis von einer Haftung für Suchergebnisse ausgeschlossen werden; für Hyperlinks sollte nur bei positiver Kenntnis gehaftet werden und proaktiven Überwachungspflichten eine Absage erteilt werden.

---

[1] Zur Abgrenzung von Teledienst und Mediendienst sowie dem Verhältnis zu Telemedien → Rn. 21 ff.
[2] BGBl. I S. 3083, in Kraft getreten zum 1.1.2009.
[3] Vgl. § 14 Abs. 2 TMG.
[4] BGBl. I S. 2814; in Kraft getreten zum 1.9.2009.
[5] → § 34 Recht des Datenschutzes.
[6] *Schwarz/Peschl-Mehner/Conrad/Schneider/Davos*, Recht im Internet EL 2015, § 15.
[7] BT-Drs. 16/11 173 vom 2.12.2008.

I. Allgemeines

Sperrverpflichtungen von Providern kamen im Bundestagswahlkampf 2009 im Zusammenhang mit der Bekämpfung von dokumentiertem Kindesmissbrauch im Internet wieder ins Gespräch und gipfelten in einem Gesetz zur Erschwerung des Zugangs zu kinderpornografischen Inhalten in Kommunikationsnetzen (Zugangserschwerungsgesetz, **ZugErschwG**)[8] welches am 23.2.2010 in Kraft trat, dessen Anwendung aber durch Nichtanwendungserlass des Bundesinnenministeriums bis zur Aufhebung des Gesetzes Ende 2011[9] ausgesetzt wurde. Laut Erlass ist das Löschen von Webseiten mit kinderpornografischem Inhalt an der Quelle als „erfolgversprechende" Maßnahme mit Vorrang vor dem Sperren des Zugangs zu solchen Angeboten anzusehen. Aktuelle Zahlen belegen dies. So ist nach Angaben des Parlamentarischen Staatssekretärs im Bundesministerium für Justiz und Verbraucherschutz, Ulrich Kelber (SPD), selbst bei Inhalten aus dem Ausland eine Löschquote von mehr als 97 Prozent innerhalb von vier Wochen erreicht worden.[10]

2010 erfuhr das TMG durch das Gesetz zur Änderung des Telemediengesetzes vom 31.5.2010 seine dritte Änderung.[11] In Umsetzung der Audiovisuelle-Mediendienste-Richtlinie (Richtlinie 2007/65/EG vom 11.12.2007) wurde mit dem Ziel einer weitestgehenden Harmonisierung in der EU das TMG um wirtschaftsbezogene Sonderregeln zum Geltungsbereich des TMG (§ 1 Abs. 6 TMG), eine Erweiterung der Begriffsbestimmungen (§ 2 S. 1 Nr. 1 und Nr. 5 TMG) sowie Regelungen zum Sitzland (§ 2a TMG) bei audiovisuellen Mediendiensten zum Abruf erweitert.

Mit dem Inkrafttreten des IT-Sicherheitsgesetzes im Sommer 2015[12] erfolgt die bislang letzte Änderung des TMG. Auch wenn Adressaten des Gesetzes primär die Betreiber sog. kritischer Infrastrukturen sind, finden sich auch für geschäftsmäßige Anbieter von Telemediendiensten im neu gefassten § 13 Abs. 7 TMG die Verpflichtung, durch technische und organisatorische Vorkehrungen sicherzustellen, dass (1) kein unerlaubter Zugriff auf die für ihre Telemedienangebote genutzten technischen Einrichtungen möglich ist (etwa durch sog. Drive-by-Downloads), (2) diese gegen Verletzungen des Schutzes personenbezogener Daten (zB durch Verschlüsselung per TLS/SSL), sowie (3) gegen Störungen, auch soweit sie durch äußere Angriffe bedingt sind (etwa DDoS-Attacken), gesichert sind. Alle Maßnahmen stehen unter dem Vorbehalt, dass diese „technisch möglich und wirtschaftlich zumutbar" sein müssen. Verstöße gegen (1) und (2) können mit einem Bußgeld von bis zu 50.000 EUR geahndet werden (§ 16 Abs. 2 Nr. 3 TMG nF). Ob Gerichte die Anforderungen nach § 13 Abs. 7 TMG nF als Marktverhaltensregel im wettbewerbsrechtlichen Sinne ansehen werden,[13] bleibt mit Spannung abzuwarten.

d) E-Privacy-Richtlinie 2009/136/EG. Am 25.11.2009 hat das Europäische Parlament und der Rat die Änderungsrichtlinie 2009/136/EG verabschiedet, die am 19.12.2009 in Kraft getreten ist.[14] Artikel 2 der Richtlinie ändert die Datenschutzrichtlinie für die elektronische Kommunikation (Richtlinie 2002/58/EG) in einigen Punkten ab mit dem Ziel, mehr Transparenz und Sicherheit für die Verbraucher zu schaffen.[15] Die sog E-Privacy-Richtlinie[16] enthielt zwei für den Bereich der Telemedien relevante Neuerungen:

---

[8] BGBl. I S. 78, in Kraft getreten am 23.2.2010.
[9] Gesetzentwurf der Bundesregierung zur Aufhebung des ZugErschwG vom 25.5.2011, Gesetz zur Aufhebung von Sperrregelungen bei der Bekämpfung von Kinderpornographie in Kommunikationsnetzen, veröffentlicht im BGBl. I S. 2958 am 22.12.2011.
[10] Aussage von Hr. Kelber vor dem Ausschuss Digitale Agenda am 12.3.2014, siehe www.bundestag.de/presse/hib/2014_03/2014_126/01.html.
[11] BT-Drs. 17/718, BGBl. I S. 692, Inkrafttreten zum 5.6.2010.
[12] Gesetz zur Erhöhung der Sicherheit informationstechnischer Systeme (IT-Sicherheitsgesetz – ITSiG) v. 17.7.2015 BGBl. I S. 1324; Geltung ab 25.7.2015.
[13] So zuletzt OLG Hamburg, Urt. v. 27.6.2013 – 3 U 26/12, ZD 2013, 511, für § 13 Abs. 1 TMG, siehe auch Rn. 129.
[14] Vgl. Artikel 5 der Richtlinie, ABl. EU Nr. L 337 vom 18. Dezember 2009.
[15] Die Änderungsrichtlinie sieht in Artikel 1 Änderungen an der Universaldiensterichtlinie (2002/22/EG) vor, die mit dem Gesetz zur Änderung telekommunikationsrechtlicher Regelungen v. 3.5.2012, BGBl. I S. 958 (Nr. 19) in nationales Recht umgesetzt wurde.
[16] Richtlinie über die Verarbeitung personenbezogener Daten und den Schutz der Privatsphäre, sog. E-Privacy-Richtlinie (RL 2002/58/EG), geändert durch RL 2009/136/EG, Artikel 2.

- Diensteanbieter werden erstmals zur Information über Datenpannen verpflichtet (sog „Data Breach Notifications", Art. 4 Abs. 3 RL 2002/58/EG). Die in § 42a BDSG, § 15a TMG zum 1.9.2009 im Rahmen der BDSG-Novellierung in Kraft getretenen Regelungen blieben in der Folge unverändert. Die ebenfalls zum 1.9.2009 in § 93 Abs. 3 TKG aufgenommene Informationspflicht hat 2012 durch die Neuschaffung von § 109a TKG eine inhaltliche Umgestaltung und TK-spezifische Ausdifferenzierung erfahren.[17]
- Relevant für den Bereich Web-Analytics ist vor allem die Neufassung von Artikel 5 Abs. 3 der Richtlinie 2002/58/EG. Cookies dürfen in der Regel nur noch mit vorheriger Einwilligung des Internetnutzers auf dessen Computer abgelegt werden (Art. 5 Abs. 3 RL 2002/58/EG). Ob es diesbezüglich ausreicht, dass der Diensteanbieter den Nutzer auf die Möglichkeit hinweist, seinen Browser so zu konfigurieren, dass er keine Cookies akzeptiert, ist fraglich.[18]

10 Danach soll zukünftig das Setzen von Cookies sowie andere Tracking-Maßnahmen auf den Internetgeräten von EU-Bürgern einwilligungsbedürftig werden (opt-in). Die bislang geltende Regelung verlangte lediglich einen Hinweis auf die Widerspruchsmöglichkeit (opt-out). Ausgenommen von der Neuregelung sind weiterhin sog Session-Cookies, sofern diese allein zur Diensterbringung eingesetzt werden oder dafür unbedingt erforderlich sind.

11 Die deutsche Regelung erlaubte bereits in der Vergangenheit die Speicherung personenbezogener Daten grds. nur mit ausdrücklicher gesetzlicher Erlaubnis oder Einwilligung (opt-in). Lediglich bei der Verwendung von Pseudonymen erachtet das TMG eine Opt-out-Lösung als zulässig.

Fassung Artikel 5 Abs. 3 Richtlinie 2002/58/EG seit dem 19.12.2009	Fassung Artikel 5 Abs. 3 Richtlinie 2002/58/EG vor dem 19.12.2009
Die Mitgliedstaaten stellen sicher, dass die Speicherung von **Informationen** oder der Zugriff auf Informationen, die bereits im Endgerät eines Teilnehmers oder Nutzers gespeichert sind, **nur gestattet ist, wenn der betreffende Teilnehmer oder Nutzer auf der Grundlage von klaren und umfassenden Informationen, die er gemäß der Richtlinie 95/46/EG ua über die Zwecke der Verarbeitung erhält, seine Einwilligung gegeben hat.** Dies steht einer technischen Speicherung oder dem Zugang nicht entgegen, wenn der alleinige Zweck die Durchführung einer Nachricht über ein elektronisches Kommunikationsnetz ist oder wenn dies unbedingt erforderlich ist, damit der Anbieter eines Dienstes der Informationsgesellschaft, der vom Teilnehmer oder Nutzer ausdrücklich gewünscht wurde, diesen Dienst zur Verfügung stellen kann.	Die Mitgliedstaaten stellen sicher, dass die Benutzung elektronischer Kommunikationsnetze für die Speicherung von **Informationen** oder den Zugriff auf Informationen, die im Endgerät eines Teilnehmers oder Nutzers gespeichert sind, **nur unter der Bedingung gestattet ist, dass der betreffende Teilnehmer oder Nutzer gemäß Richtlinie 95/46/EG klare und umfassende Informationen insbesondere über die Zwecke der Verarbeitung erhält und durch den für diese Verarbeitung Verantwortlichen auf das Recht hingewiesen wird, diese Verarbeitung zu verweigern.** Dies steht einer technischen Speicherung oder dem Zugang nicht entgegen, wenn der alleinige Zweck die Durchführung oder Erleichterung der Übertragung einer Nachricht über ein elektronisches Kommunikationsnetz ist oder, soweit dies unbedingt erforderlich ist, um einen vom Teilnehmer oder Nutzer ausdrücklich gewünschten Dienst der Informationsgesellschaft zur Verfügung zu stellen.

(Hervorhebungen durch die Verfasser)

---

[17] Der Verweis auf § 42a BDSG in § 93 Abs. 3 TKG wurde weitgehend ersetzt durch einen Verweis auf § 109a TKG, vgl. Artikel 1 Gesetz zur Änderung telekommunikationsrechtlicher Regelungen G. v. 3. Mai 2012, BGBl. I S. 958, 1717 mit Wirkung vom 10. Mai 2012.

[18] Siehe Erwägungsgrund Nr. 66 der RL 2009/136/EG (die Einwilligung kann „über die [...] Einstellungen eines Browsers oder einer anderen Anwendung ausgedrückt werden") im Vergleich zum ausdrücklichen Zustimmungserfordernis in Art. 5 Abs. 3 der Richtlinie sowie Stellungnahme der Artikel-29-Datenschutzgruppe zur Werbung auf Basis von Behavioural Advertising (WP 171, angenommen am 22.6.2010). Zu den Selbstregulierungsansätzen der Werbewirtschaft siehe zB das britische Internet Advestising Bureau unter www.iabuk.net. Zum aktuellen Stand der Umsetzung → Rn. 12.

Die Frist zur Umsetzung in das nationale Recht der Mitgliedsstaaten ist zum 25.5.2011 abgelaufen. Die Transformation der Vorgaben für Cookies in der E-Privacy-Richtlinie in das deutsche Recht hat einigen Wirbel ausgelöst. Unklarheit herrscht wohl nach wie vor, ob das europäische Datenschutzrecht strengere Anforderungen an Web-Analyse stellt, als es bislang in Deutschland gemäß § 15 Abs. 3 TMG praktiziert wird. Das Bundesministerium des Inneren ließ 2010 verlautbaren, eine Änderung des TMG sei zur Umsetzung der Cookie-Vorgaben der Richtlinie nicht erforderlich.[19] In der Folge ließ die Bundesregierung die Frist zur Umsetzung der europäischen Vorgaben ungenutzt verstreichen. In einer Stellungnahme der Bundesregierung zu einem am Widerstand der schwarz-gelben Koalition gescheiterten Gesetzesvorstoß des Bundesrates vom Sommer 2011,[20] der mit § 13 Abs. 8 TMG-E ua auf die Umsetzung der E-Privacy-Richtlinie abzielte, hieß es noch: *„Die Bundesregierung prüft derzeit, wie durch eine Regelung im TMG Artikel 5 Absatz 3 der E-Privacy-Richtlinie umgesetzt werden kann."*[21] Diese Formulierung lässt das Bewusstsein für eine Notwendigkeit zur Anpassung des TMG erkennen. Wie Anfang 2014 bekannt wurde,[22] hatte die Bundesrepublik Deutschland bereits im Oktober 2011 in einer Antwort auf einen von der Europäischen Kommission versendeten Fragebogen zur Umsetzung der E-Privacy-Richtlinie 2002/58/EG in der Fassung der Änderungsrichtlinie 2009/136/EG die Auffassung vertreten,[23] das Opt-in-Erfordernis sei mit den bisherigen Regelungen in §§ 12 und 15 Abs. 1 TMG bereits ausreichend umgesetzt.[24] Auch die EU-Kommission geht wohl davon aus, dass die bisherigen Regelungen im TMG und BDSG die Einschränkungen für die Verwendung von Cookies bereits richtig wiedergeben.[25] Diese Auffassung hätte zur Folge, dass für die Speicherung von Cookies höhere Anforderungen gelten als für die Erstellung von Nutzungsprofilen.[26] Der Düsseldorfer Kreis[27] wie auch der damalige Bundesbeauftragte für den Datenschutz und die Informationsfreiheit *Peter Schaar*[28] halten eine Änderung des TMG zur Umsetzung der E-Privacy-Richtlinie nicht zuletzt wegen der notwendigen Differenzierung zwischen Cookies mit und ohne Einwilligungserfordernis für zwingend.

Die Cookie-Vorgaben der E-Privacy-Richtlinie haben nicht nur in Deutschland Kontroversen ausgelöst. Auch in den anderen europäischen Mitgliedsstaaten haben die europäischen Vorgaben zu großer Verunsicherung hinsichtlich der Voraussetzungen für den zulässigen Einsatz von Cookies geführt. Die nicht widerspruchsfreie Regelung der Anforderungen an eine Einwilligung in das Speichern von Cookies in der Richtlinie (Ausdrückliches Einwilligungserfordernis ja oder nein?) resultieren in einer uneinheitlichen Gesetzgebung in den verschiedenen Ländern.[29] Inzwischen haben die meisten EU-Mitgliedstaaten – anders als Deutschland – die Einwilligung in Cookies als strenges Opt-in gesetzlich umgesetzt.[30] Viele Mitgliedstaaten dulden aber Praktiken, die eher als Opt-out zu bewerten sind.[31]

---

[19] Siehe Darstellung im Beschluss des Düsseldorfer Kreises vom 24./25.11.2010.
[20] Die Gesetzesinitiative geht auf einen Antrag des Landes Hessen zurück, BR-Drs. 156/11 v. 21.3.2011.
[21] BT-Drs. 17/6765 v. 17.6.2011, S. 14/15.
[22] Telemedicus e. V. hat die Antworten der BRD auf den Fragebogen der EU-Kommission aus dem Jahr 2011 auf eine Anfrage auf dem Internetportal „Frag den Staat" (https://fragdenstaat.de/anfrage/umsetzung-der-e-privacy-richtlinie/) hin erhalten und unter, http://tlmd.in/a/2722 veröffentlicht.
[23] Antwort der Bundesregierung abrufbar unter www.telemedicus.info/uploads/Dokumente/COCOM11-20QuestionnaireonArt.53e-PrivacyDir.pdf.
[24] Zu den Schwächen in der Begründung der BRD siehe Analyse von Telemedicus unter http://tlmd.in/a/2716.
[25] Laut Angaben von Telemedicus hat die deutsche Pressestelle der EU-Kommission in Berlin mitgeteilt: "Yes, we can confirm that Germany has transposed the revised ePrivacy Directive into national law." Vgl. dazu auch die Heise Online-Meldung vom 7.2.2014 unter http://heise.de/-2107770.
[26] Die Erstellung von Nutzungsprofilen ua zu Werbezwecken wird von § 15 Abs. 3 TMG privilegiert, da hier in Ausnahme von dem allgemeinen Einwilligungserfordernis in § 12 TMG nur ein Recht zum Widerspruch besteht.
[27] Siehe Beschluss des Düsseldorfer Kreises vom 24./25.11.2010 zur Notwendigkeit der Anpassung von § 15 Abs. 3 TMG.
[28] Vgl. Meldung von Heise Online v. 8.5.2012, http://heise.de/-1570745
[29] *Hinzpeter*, „Cookie-Richtlinie" in Europa, Computerwoche Meldung vom 7.1.2015, abrufbar unter http://www.computerwoche.de/a/cookie-richtlinie-in-europa,2518064,2 (Abruf v. 5.5.2015).
[30] *Hinzpeter*, „Cookie-Richtlinie" in Europa, Computerwoche Meldung vom 7.1.2015, abrufbar unter http://www.computerwoche.de/a/cookie-richtlinie-in-europa,2518064,2 (Abruf vom 5.5.2015).
[31] Siehe etwa die Website der britischen Datenschutzbehörde https://ico.org.uk/.

14 Die Art-29-Datenschutzgruppe[32] hat Leitlinien für die Einholung der Einwilligung zur Verwendung von Cookies und andere Tracking-Möglichkeiten erstellt, die bei der technischen Umsetzung auf den Websites zu beachten sind. Danach ist der Einwilligungsmechanismus unter Einbeziehung folgender wesentlicher Elemente auszugestalten:
- Informationen über Cookies unter Angabe des genauen Zwecks der Verarbeitung,
- Einholung der Einwilligung vor dem Setzen oder Lesen von Cookies,
- Erklärung der Einwilligung durch eine aktive Handlung des Nutzers (Opt-In),
- Gewährung einer echten Wahlmöglichkeit des Nutzers (ohne Zwang, Täuschung, Einschüchterung oder Nötigung), ob der Nutzer alle oder einzelne Cookies ablehnt und welche.

15 Es haben sich in der Praxis unterschiedliche Einwilligungsmechanismen etabliert, mit dem Ziel der Umsetzung vorstehender Anforderungen. Zu beachten ist, dass Browser-Lösungen bei Cookies denkbar sind, aber bei modernen Tracking-Methoden[33] wie DeviceID und Fingerprinting – für das WP 208 der Artikel-29-Gruppe auch gilt – nicht weiterhelfen.

16 **e) Strategie für einen digitalen Binnenmarkt in Europa.** Die EU-Kommission hat am 6.5.2015 ihre Mitteilung „Strategie für einen digitalen Binnenmarkt für Europa"[34] sowie ein ausführliches Arbeitsdokument[35] veröffentlicht. Diese Binnenmarktstrategie umfasst sechzehn Maßnahmen in verschiedenen Bereichen wie beispielsweise Verbraucherschutz, Urheberrecht und Mehrwertsteuerrecht, die bis Ende des kommenden Jahres umgesetzt werden sollen.[36] Sie beruht auf drei Säulen: Einem besseren Zugang für Verbraucher und Unternehmen zu digitalen Waren und Dienstleistungen in ganz Europa, den richtigen Bedingungen für florierende digitale Netze und innovative Dienste und der bestmöglichen Ausschöpfung des Wachstumspotenzials der digitalen Wirtschaft.[37] Zwei Eckpunkte der Strategie, die erhebliche Auswirkungen auf den Telemediendatenschutz haben können, sind:
- Die Kommission wird eine europäische Cloud-Initiative vorstellen, in der es um die Zertifizierung von Cloud-Diensten, die Möglichkeit des Wechsels des Cloud-Diensteanbieters und um eine Forschungs-Cloud gehen wird.[38]
- Möglicherweise steht eine Überprüfung der Richtlinie 2002/58/EG (Datenschutzrichtlinie für elektronische Kommunikation) an, sobald die geplanten EU-Datenschutz-Vorschriften (Grundverordnung und Richtlinie) verabschiedet sind.[39] Die meisten Artikel der geltenden Datenschutzrichtlinie für elektronische Kommunikation gelten nur für Betreiber elektronischer Kommunikationsdienste (dh herkömmliche Telekommunikationsunternehmen). Telemedien-Dienste-Anbieter sind dagegen im Allgemeinen vom Anwendungsbereich dieser Richtlinie ausgeschlossen. Wesentliche Ausnahme davon sind die Cookie-Regelungen, die auch für Telemedien-Anbieter gelten.

17 **f) Änderungsbestrebungen zum TMG in 2011.** Der bislang letzte, aber gescheiterte Anlauf für eine Änderung des TMG stammt vom Sommer 2011.[40] Die Gesetzesinitiative des Bundesrates befasste sich nur am Rande mit der der Cookie-Thematik. Ein wesentlicher Punkt der angestrebten Änderungen war, zusätzliche Pflichten für Anbieter von Telemedien mit nutzergenerierten Inhalten – zuvorderst von sozialen Netzwerken – aufzustellen. Der Regelungsentwurf sah für die betroffenen Diensteanbieter in § 13a TMG-E vor,

---

[32] Art-29-Datenschutzgruppe, Arbeitsunterlage 02/2013 WP 208 v. 2.10.2013 „Guidance on obtaining consent for cookies".
[33] Einzelheiten → Rn. 121 ff.
[34] Mitteilung der Kommission an das Europäische Parlament, den Rat, den Europäischen Wirtschafts- und Sozialausschuss und den Ausschuss der Regionen – Strategie für einen digitalen Binnenmarkt für Europa v. 6.5.2015 – COM(2015) 192 final.
[35] Commission Staff Working Document – A Digital Single Market Strategy for Europe – Analysis and Evidence v. 6.5.2015 – SWD(2015) 100 final.
[36] Siehe Pressemitteilung der EU-Kommission vom 6.5.2015 abrufbar unter http://europa.eu/rapid/press-release_IP-15-4919_de.htm.
[37] Commission Staff Working Document – A Digital Single Market Strategy for Europe – Analysis and Evidence v. 6.5.2015 – SWD(2015) 100 final S. 3; siehe auch Pressemitteilung der EU-Kommission vom 6.5.2015 abrufbar unter http://europa.eu/rapid/press-release_IP-15-4919_de.htm.
[38] Nr. 12 Pressemitteilung, S. 57 ff. Arbeitsdokument.
[39] S. 15 Mitteilung, S. 45 ff. Arbeitsdokument.
[40] → Rn. 12.

I. Allgemeines

- Sicherheitseinstellungen auf der höchsten Sicherheitsstufe gemäß dem Stand der Technik voreinzustellen,
- zu unterrichten, welche Sicherheitseinstellungen zum Schutz der Privatsphäre des Nutzers voreingestellt sind,
- die Einstellungsmöglichkeit anzubieten, dass das Nutzerkonto sowie sonstige vom Nutzer erstellte Inhalte nicht von externen Suchmaschinen[41] gefunden oder ausgelesen werden können und die entsprechende Voreinstellung für Nutzer unter 16 Jahren,
- die Nutzer über Risiken für Datenschutz und Persönlichkeitsrechte der Nutzer und Dritter zu unterrichten und
- alle nutzergenerierten Inhalte des Nutzers im Fall der Löschung des Nutzerkontos zu löschen bzw. anonymisieren.

Die Bundesregierung setzte auf die zum damaligen Zeitpunkt laufenden Selbstverpflichtungsbestrebungen der Anbieter sozialer Netzwerke und verwies auf ein befürchtetes Leerlaufen nationaler Regelungen, da deutsches Datenschutzrecht auf den größten Anbieter Facebook aufgrund seines Sitzes in Irland nicht anwendbar sei.[42]

Auch mochte die Bundesregierung beim zweiten großen Thema des Gesetzesentwurfs, Regelungen zum Umgang mit Nutzerkonten, keinen gesetzgeberischen Handlungsbedarf sehen.

g) Datenschutz-Grundverordnung. Die aktuell nur im Entwurfsstadium[43] vorliegende EU-Datenschutz-Grundverordnung (EU-DSGVO) wird mit ihrem Inkrafttreten[44] in der Gestalt einer europäischen Verordnung unmittelbare Geltung in den Mitgliedsstaaten erlangen. Die Regelungen der EU-DSGVO genießen in ihrem Regelungsbereich Anwendungsvorrang vor nationalen Datenschutzbestimmungen und damit grds. auch vor den datenschutzrechtlichen Bestimmungen des TMG (§§ 11–15a). Allerdings gehen die Regelungen in den §§ 11 ff. TMG nicht allein auf die RL 95/46/EG zurück, sondern auch auf die sog E-Commerce-Richtlinie (RL 2002/58/EG).[45] Das Verhältnis zwischen EU-DSGVO und RL 2002/58/EG regelt Art. 89 EU-DSGVO-E. Danach soll die EU-DSGVO keine über die E-Commerce-RL hinausgehenden Pflichten für Telemedienanbieter aufstellen, *„soweit sie [die Telemedienanbieter] besonderen in der Richtlinie 2002/58/EG festgelegten Pflichten unterliegen, die dasselbe Ziel verfolgen"*. Diese nicht sehr trennscharfe Abgrenzung kann in der praktischen Anwendung Probleme be-

---

[41] Zum EuGH-Urteil zu Google Spain → Rn. 188 f.
[42] OVG Schleswig Beschl. v. 22.4.2013 – 4 MB 11/13, NJW 2013, 1977: „(...) *Für das Bundesdatenschutzgesetz ist davon auszugehen, dass eine Niederlassung zumindest in der Regel keine (eigene) verantwortliche Stelle darstellt, weil die dafür von der Richtlinie geforderte Kompetenz über die Zwecke und Mittel der Verarbeitung von personenbezogenen Daten zu entscheiden, bei Niederlassungen nicht generell unterstellt werden kann. (...) Hat der für die Verarbeitung Verantwortliche nur eine für die Verarbeitung der relevanten personenbezogenen Daten zuständige Niederlassung in der EU bzw. im EWR, findet nur das Recht, das sich nach dem Ort der Niederlassung bestimmt, Anwendung. (...)"*. Das Unabhängige Landeszentrum für Datenschutz Schleswig-Holstein (ULD) hatte Facebook auf Basis des deutschen Datenschutzrechts in Anspruch genommen und die Aufhebung des Klarnamenzwangs angeordnet. Dabei war es davon ausgegangen, dass sowohl Facebook Ireland Ltd. als auch Facebook Inc. verantwortliche Stelle iSd § 3 Abs. 7 BDSG seien. Facebook Ireland Ltd. und auch Facebook Inc. waren dagegen verwaltungsrechtlich gem. § 38 Abs. 5 BDSG (im Rahmen des Eilrechtsschutzes) vorgegangen.
[43] Mit einer Verabschiedung der EU-DSGVO kann frühestens Ende 2015 gerechnet werden. Das Plenum des Europäischen Parlaments hat am 12.3.2014 den Entwurf der EU-DSGVO in der vom Ausschuss für bürgerliche Freiheiten, Justiz und Inneres (LIBE) geänderten Fassung vom 21.10.2013 angenommen. Damit wurde der Weg für Gesetzgebungsverhandlungen zwischen der Europäischen Kommission, dem EU-Parlament und dem Rat der Europäischen Union (sog. Trilog) frei gemacht. Der Rat der Europäischen Union hat am 10.10.2014 eine „partielle allgemeine Ausrichtung" zu Kapitel IV der DSGVO angenommen, die am 3.10.2014 vom Vorsitz vorgeschlagen wurde. Am 15.6.2015 wurde auf der Ratstagung der Justizminister eine allgemeine Ausrichtung (general approach) zur von der Kommission vorgeschlagenen Datenschutz-Grundverordnung festgelegt. Die Trilog-Verhandlungen mit Parlament und Rat werden noch im Juni 2015 beginnen; gemeinsames Ziel ist eine endgültige Einigung bis Ende 2015. Die erste Trilogsitzung soll am 24. Juni 2015 stattfinden. Einzelheiten zu den Entwicklungen im Zusammenhang mit der EU-DSGVO → § 34 Recht des Datenschutzes.
[44] Der aktuelle Entwurf sieht ein Inkrafttreten 20 Tage nach Veröffentlichung der Verordnung Amtsblatt im Europäischen Union vor, allerdings sollen die EU-Mitgliedsstatten eine Übergangsfrist von zwei Jahren haben, nach deren Ablauf die Regelungen der Verordnung erst verpflichtend anzuwenden sind, vgl. Art. 91 EU-DSGVO-E.
[45] Die E-Commerce-Richtlinie enthält zB in Art. 5 Abs. 3 Vorgaben zur Verwendung von Cookies durch Websitebetreiber, die im TMG umgesetzt wurden.

reiten. Bedeutsam könnte die Abgrenzung des Anwendungsbereichs zwischen EU-DSGVO und E-Commerce-Richtlinie va hinsichtlich des Umgangs mit Cookies und anderen Möglichkeiten des Profiling sein. So enthält sowohl die EU-DSGVO in Art. 20 EU-DSGVO–E als auch RL2002/58/EG in Art. 5 Abs. 3 Regelungen, mit Überschneidungspotential.

2. Anwendungsbereich und Abgrenzung

21 **a) Verhältnis von Teledienst, Mediendienst und Telemedien.** Die am 1.3.2007 außer Kraft getretenen, aber für Altfälle noch relevanten Spezialgesetze TDG und TDDSG[46] sowie der MDStV differenzierten – wie erwähnt (siehe oben Rn. 2) – zwischen Telediensten und Mediendiensten. Die einfachste Differenzierungsmöglichkeit zwischen Teledienst und Mediendienst ist,
- dass Mediendienste sich im Rahmen von Verteildiensten, daneben aber auch bei Abrufdiensten eher an die **Allgemeinheit** wenden,
- während bei Telediensten der **individuelle** Charakter im Vordergrund steht.[47]

22 Das Telebanking wäre demnach – nach alter Rechtslage vor Einführung des TMG – ein typischer Teledienst. Warum dagegen ein Wetter- oder Börsendatendienst als Datendienst und damit als Teledienst qualifiziert wurde, obwohl wegen der Verbreitung der Messergebnisse und Datenermittlungen in Text oder Bild mit oder ohne Begleitton an sich ein Verteildienst und damit ein Mediendienst vorliegt, ist nicht so recht klar.

23 Diese dogmatisch schwierigen Abgrenzungsfragen waren bereits vor Einführung des TMG in der Praxis nur in seltenen Fällen relevant. Denn die Regelungen (insbesondere die datenschutzrechtlichen) in TDG/TDDSG und MDStV waren weitgehend – aber eben nicht völlig – aneinander angeglichen (zB gibt es das Gegendarstellungsrecht nur beim Mediendienst). Mit Einführung des TMG ist die Differenzierung zwischen Teledienst und Mediendienst zugunsten des einheitlichen Begriffs „Telemedien" aufgegeben worden. §§ 11 bis 15 TMG enthalten nun die Datenschutzbestimmungen, die vormals in TDDSG und MDStV geregelt waren. Sie wurden, abgesehen von erforderlichen redaktionellen Anpassungen und den Änderungen bei der Auskunftserteilung, unverändert übernommen.

24 **b) Definition von Telemedien sowie Verhältnis zu TKG und RStV und BDSG.** Zwar ist die Unterscheidung zwischen Tele- und Mediendiensten hinfällig. Allerdings bestehen hinsichtlich des Anwendungsbereichs des TMG gleichwohl Schwierigkeiten. Bei der Frage des anwendbaren Datenschutzrechts muss nämlich die richtige Abgrenzung zwischen **Rundfunk, Telekommunikation** und den **Telemedien** getroffen werden.

Das TMG definiert den Anwendungsbereich in § 1 Abs. 1:

„Dieses Gesetz gilt für alle elektronischen Informations- und Kommunikationsdienste, soweit sie nicht Telekommunikationsdienste nach § 3 Nr. 24 des Telekommunikationsgesetzes, die ganz in der Übertragung von Signalen über Telekommunikationsnetze bestehen, telekommunikationsgestützte Dienste nach § 3 Nr. 25 TKG oder Rundfunk nach § 2 des Rundfunkstaatsvertrages sind (Telemedien)."

25 Da das TMG die früheren Regelungen des TDG/TDDSG und MDStV ersetzen sollte, ohne deren Anwendungsbereich zu verändern, lässt sich die Literatur und Rechtsprechung zum Geltungsbereich der früheren Regelungen als Indiz für den Anwendungsbereich des TMG heranziehen.[48]

26 Der Begriff „Telemedien" wird negativ abgegrenzt. Telemedien sind – vereinfacht ausgedrückt – alle Informations- und Kommunikationsdienste, die nicht durch speziellere Regelungen, va im Telekommunikationsgesetz (TKG) und im Rundfunkstaatsvertrag (RStV) erfasst werden, wobei dies hinsichtlich der Telekommunikationsdienste nur der Fall ist, soweit sie ausschließlich § 3 Nr. 24 TKG unterfallen. Insofern ist also die Definition dessen, was **Telemedien** sind, nur in Abgrenzung von **Telekommunikation**/Telekommunikationsdiens-

---

[46] Auch die Kommentarliteratur zum TDG und TDDSG kann heute noch teilweise herangezogen werden, da etliche Vorschriften ohne Veränderung in das TMG übernommen wurden und die Kommentarliteratur zum TMG selbst (noch) sehr übersichtlich ausfällt.
[47] Vgl. § 2 Abs. 2 MDStV einerseits und § 2 Abs. 2 TDG andererseits.
[48] Zum Anwendungsbereich der TMG-Datenschutzvorschriften siehe Kommentierungen zu § 11 und § 12 Abs. 3 TMG.

ten, evtl. auch telekommunikationsgestützten Diensten (siehe § 3 Nr. 22, 24, 25 TKG) sowie **Rundfunk** gemäß § 2 Abs. 1 S. 1 RStV möglich. Beispiele für Telemedien sind Online-Angebote von Waren/Dienstleistungen mit unmittelbarer Bestellmöglichkeit, Werbe-E-Mails und Internet-Suchmaschinen. Nicht zu den Telemedien sollen demnach gehören: herkömmlicher Rundfunk, Live-Streaming, Webcasting und Internet-Telefonie.[49]

Ausdrücklich heißt es in § 1 Abs. 3 TMG – obwohl dies wohl aufgrund der Definition des Begriffs „Telemedien" zumindest im Hinblick auf das TKG nicht erforderlich wäre (siehe oben) –, dass das **TKG** und die **Pressegesetze unberührt** bleiben (§ 1 Abs. 3 TMG). Darin liegt aber insofern ein wichtiger Hinweis, als – ähnlich wie etwa beim Verhältnis von Datenschutzrecht zu Berufsgeheimnissen in § 1 Abs. 3 BDSG[50] – hiermit eine Parallelität der Regelungsmaterien angedeutet wird. Die Anwendung des TMG darf aber nicht zur Einengung bzw. zum Eingriff in die beiden anderen Rechtsmaterien führen. Umgekehrt ist dies sehr wohl der Fall, schränkt also das TKG, evtl. das TMG ein.

Die Abgrenzung zwischen Telemedien und **Telekommunikation/TK-Diensten** ist in der Praxis wichtig, denn TMG und TKG unterscheiden sich auch in den Datenschutzvorschriften nicht unerheblich, insbesondere was die datenschutzrechtliche Einwilligung betrifft. So geht etwa das TMG im Grundsatz vom Opt-in-Prinzip[51] aus, während im TKG stärker Opt-out[52] verankert ist. Die Schwierigkeit in der Abgrenzung von TMG und TKG besteht va darin, dass (technische) Grundlage jedes Telemedien-Angebots die Telekommunikation bzw. eine TK-Leistung ist, was das Internetangebot nicht zwingend zum TK-Dienst macht. TKG und TMG betreffen somit unterschiedliche Leistungsebenen. Im Regelfall realisiert die Ebene der TK-Leistungen in technischer Hinsicht den Bereich, der dann als Telemediendienst behandelt wird. Die Trennlinie zwischen Telemedien und TK-Diensten kann im Einzelfall fließend sein, etwa wenn bei dem Dienst E-Mails eine Rolle spielen.[53] Praktische Abgrenzungsschwierigkeiten im Verhältnis TMG zu TKG gibt es va bei allen Diensten, in denen entweder die Internet-Zugangsvermittlung eine Rolle spielt (etwa bei WLAN an öffentlichen Plätzen oder Hotels) oder bei Plattformen, die auch Kommunikationsdienste anbieten (etwa Messenger-Dienste wie iMessage oder WhatsApp).[54]

Im Datenschutzrecht von TMG und TKG sind – im Vergleich zum BDSG – andere spezifische Arten von Datenkategorien ausgeprägt und unterschiedlich geregelt. Dies ist wohl auch die Rechtfertigung für die Bildung von jeweils speziellen Datenschutzvorschriften. Der Sprachgebrauch ist insoweit nicht einheitlich. Das TMG spricht von Bestands- und Nutzungsdaten (§§ 14, 15 TMG), das TKG von Bestands- und Verkehrsdaten (§§ 95, 96 TKG).

c) Verhältnis von TMG zu BDSG und Steuervorschriften. Besonders verwirrend für die Abgrenzung zum Datenschutzrecht nach BDSG ist, dass in § 12 Abs. 3 TMG der Anwendungsbereich des BDSG wie folgt erweitert wird [Hervorhebung durch die Verfasser]:

„Soweit nichts anderes bestimmt ist, sind die jeweils geltenden Vorschriften für den Schutz personenbezogener Daten anzuwenden, **auch wenn** die Daten **nicht automatisiert** verarbeitet werden."

Zu den „geltenden Vorschriften für den Schutz personenbezogener Daten" gehört grundsätzlich auch das BDSG. Gemäß § 1 Abs. 3 BDSG geht die Regelung des § 12 Abs. 3 TMG dem § 1 Abs. 2 Nr. 3 BDSG insoweit vor. Eine Erweiterung des Anwendungsbereichs des BDSG erfolgt durch § 12 Abs. 3 TMG deshalb, weil gemäß § 1 Abs. 2 Nr. 3 BDSG das Bundesdatenschutzgesetz im nicht-öffentlichen Bereich (also va in Unternehmen der Privatwirtschaft) nur ausnahmsweise auf nicht automatisierte Daten anwendbar ist, nämlich dann,

---

[49] Auch IP-Telefonie (Internet-Protokoll-Telefonie) oder kurz VoIP (Voice over IP).
[50] Einzelheiten zu § 1 Abs. 3 BDSG und ergänzend zu Berufsgeheimnissen → § 34 Recht des Datenschutzes.
[51] → Rn. 35 ff.
[52] Einzelheiten zu den datenschutzrechtlichen Vorschriften im TKG → § 31 Recht der Kommunikationsnetze und -dienste.
[53] Zu Abgrenzungsfragen hinsichtlich IT/TK-Systemen siehe *Heun*, Vortrag Kölner Tage Informationsrecht 2010 am 12.3.2010, Konvergenz IT/TK-Systeme und -Verträge.
[54] Im Einzelnen → Rn. 190 ff.

wenn eine sog „nicht automatisierte Datei" (etwa eine Patientenkartei) vorliegt.[55] Das bedeutet, dass das TMG die Regelungen des BDSG auf Daten erweitert, die zB (nur) in Papierform geführt werden, ohne dass eine „nicht-automatisierte Datei" vorliegen muss. Der Vollständigkeit halber sei beim Anwendungsbereich des TMG darauf hingewiesen, dass sich das TMG selbst für den Bereich der Besteuerung für nicht anwendbar erklärt (§ 1 Abs. 2 TMG).[56]

32 d) **Anwendbares Datenschutzrecht bei Access-Providern.** Auf die grundsätzliche Schwierigkeit, den Anwendungsbereich von TMG und TKG trennscharf abzugrenzen, ist bereits unter → Rn. 24 ff. eingegangen worden. Diese Schwierigkeit zeigt sich exemplarisch bei der Tätigkeit von sog Internet-Service-Providern.[57] Diese können als Gesamtdienstleister verstanden werden, die ihren Kunden eine Komplettlösung anbieten. Die in einem Paket angebotenen Dienstleistungen könne umfassen die
- Bereitstellung des Internet-Zugangs;
- Erstellung und Pflege von Websites;
- Erstellung und Pflege von E-Shoplösungen;
- Zurverfügungstellung von Online-Speicherplatz (sog Online-Festplatte);
- Registrierung von Domainnamen;
- Bereitstellung von E-Mail-Diensten;
- Bereitstellung von Telefondiensten (VoIP);
- Bereitstellung von Inhalten (zB Videofilme).

Je nach angebotener Dienstleistung kann der Internet-Service-Provider
- Access-Provider, etwa bei der Bereitstellung des Internet-Zugangs,
- Content-Provider bei der Bereitstellung eigener Inhalte und/oder
- Host-Provider bei der Zurverfügungstellung von Speicherplatz sein.

33 Soweit es um die reine Zugangsvermittlung (Access-Provider) im Bereich des Internet geht, stellt der Internet-Service-Provider eine reine Transportleistung in Form des technischen Vorgangs des Aussendens, Übermittelns und Empfangens von Signalen über Telekommunikationsnetze, bereit. Insoweit erbringt der Internet-Service-Provider einen Telekommunikationsdienst iSv § 3 Nr. 24 TKG. Allerdings lässt die Regelung in § 11 Abs. 3 TMG im Wege eines Umkehrschlusses erkennen, dass eine Dienstleistung, die nicht ausschließlich in der Übertragung von Signalen über Kommunikationsnetze besteht, grds. vom Regelungsbereich des TMG erfasst wird. Die so notwendige Abgrenzung zwischen TMG und TKG ist anhand der jeweiligen Funktion der Dienste, je nachdem ob die Transportleistung oder der transportierte Inhalt im Vordergrund steht, vorzunehmen. Dabei können TMG und TKG auch parallel zur Anwendung kommen, zumal das TKG gemäß § 1 Abs. 3 TMG von der Anwendung des TMG unberührt bleibt. Dies ist etwa dann der Fall, wenn der Internet-Service-Provider auch inhaltliche Dienstleistungen, wie zB E-Mail-Übertragung anbietet, die nicht ausschließlich in der Übertragung von Signalen über Telekommunikationsnetze bestehen.

34 Um in diesen Fällen mehr Klarheit hinsichtlich der anzuwendenden Datenschutzvorschriften zu schaffen, hat der Gesetzgeber in § 11 Abs. 3 TMG bestimmt, dass auf solche Fälle[58] neben den ohnehin anzuwendenden Datenschutzvorschriften des TKG nur bestimmte Datenschutzvorschriften des TMG anzuwenden sind. Im Einzelnen sind dies:
- Die Möglichkeiten der Datenverarbeitung zur Bekämpfung von missbräuchlichen Nutzungen, § 15 Abs. 8 TMG
- Die dazugehörige Sanktion, § 16 Abs. 2 Nr. 4 TMG.

---

[55] Seit dem 1.9.2009 unterfällt die Verarbeitung personenbezogener Daten von Beschäftigten aber generell dem BDSG, ohne dass eine „nicht automatisierte Datei" vorliegen muss, dazu im Einzelnen → § 34 Recht des Datenschutzes.
[56] Siehe auch *Heckmann* Kapitel 1 Rn. 68.
[57] Vgl. zum Begriff und der typologischen Einordnung auch *Heckmann* Kapitel 10 Rn. 56 ff.; zur Vertragsgestaltung → § 21 Providerverträge.
[58] Der Gesetzgeber nennt in der Gesetzesbegründung (BT-Drucks. 16/3078, 15) ausdrücklich „Internet-Access" und „E-Mail-Übertragung", wobei nicht klar ist, ob er unter den Begriff des Internet-Access nur die reine Zugangsvermittlung fasst oder auch Leistungen, wie zB die Übertragung von E-Mails.

I. Allgemeines

Inwieweit die Speicherung von IP-Adressen im Rahmen der Bereitstellung eines Internet-Zugangs zulässig ist, bestimmt sich damit primär nach dem TKG.[59]

3. Datenschutzregelungen im TMG

a) **Überblick über die Datenschutzprinzipien.** Schematisch lassen sich die Datenschutzinstrumente im TMG wie folgt zusammenfassen:

- Der **Geltungsbereich** der Datenschutzvorschriften wird in § 11 Abs. 1 TMG durch zwei Bereichsausnahmen eingeschränkt. Praxisrelevant ist vor allem, dass die Bereitstellung von Telemedien im Dienst- und Arbeitsverhältnis zu ausschließlich beruflichen oder dienstlichen Zwecken nicht dem bereichsspezifischen Datenschutz im TMG unterfällt. Weiter gelten die Datenschutzvorschriften im TMG nur sehr eingeschränkt für Telemedien, die überwiegend in der Übertragung von Signalen über Telekommunikationsnetze bestehen, § 11 Abs. 3 TMG.
- Während das BDSG beim Datenschutzsubjekt (also beim Träger der durch die Datenschutzvorschriften geschützten Persönlichkeits- und Datenschutzrechte) von dem „Betroffenen" spricht (vgl. § 3 Abs. 1 BDSG), ist im TMG das **Datenschutzsubjekt** der „**Nutzer**" und im TKG der „**Teilnehmer oder Nutzer**".
- § 12 Abs. 3 TMG enthält einen **Rückverweis** auf die allgemeinen Vorschriften für den Schutz personenbezogener Daten, also auch auf das **BDSG**:

  „Soweit nichts anderes bestimmt ist, sind die jeweils geltenden Vorschriften für den Schutz personenbezogener Daten anzuwenden, auch wenn die Daten nicht automatisiert verarbeitet werden." (§ 12 Abs. 3 TMG), siehe oben → Rn. 31.

- **Verbot mit Erlaubnisvorbehalt**, § 12 Abs. 1 TMG: Der Diensteanbieter darf personenbezogene Daten zur Bereitstellung von Telemedien nur erheben und verwenden, soweit das TMG „*oder eine andere Rechtsvorschrift, die sich ausdrücklich auf Telemedien bezieht, es erlaubt oder der Nutzer eingewilligt hat*".
- § 12 Abs. 2 TMG enthält eine **Zweckbindung** für die für die Bereitstellung von Telemedien erhobenen personenbezogenen Daten. §§ 14 und 15 TMG enthalten allgemeine Zulässigkeitstatbestände.
- **Einwilligung**
  - Freiwilligkeit der Einwilligung, § 4a BDSG
    Das sich ursprünglich in § 12 Abs. 3 TMG aF befindliche Kopplungsverbot ist mit den BDSG-Novellen 2009 aus dem TMG gestrichen worden und findet sich nun nur noch für den Bereich des Adresshandels und der Werbung in § 28 Abs. 3b BDSG.
  - Elektronische Einwilligungserklärung, § 13 Abs. 2 TMG
    Vier Voraussetzungen müssen kumulativ erfüllt sein, damit eine elektronisch eingeholte Einwilligung wirksam ist. Neben der bewussten und eindeutigen Erteilung durch den Nutzer muss die Einwilligung vom Diensteanbieter protokolliert werden, der Inhalt muss für den Nutzer jederzeit abrufbar sein sowie die Erklärung jederzeit für die Zukunft widerruflich sein, worauf der Diensteanbieter nach § 13 Abs. 3 S. 1 TMG bereits vor Abgabe der Einwilligung hinzuweisen hat.
    Das TMG (ebenso wie das TKG in § 94) weicht damit bewusst vom Grundsatz des BDSG ab, dass Einwilligungserklärungen grds. schriftlich abzugeben sind, vgl. § 4a Abs. 1 Satz 3 BDSG. Eine Hinweispflicht auf die Widerruflichkeit der Erklärung findet sich aber in § 4a BDSG ebenso wenig wie im neu geschaffenen § 28 Abs. 3a BDSG.
- **Technische und organisatorische Vorkehrungen** des Diensteanbieters (Gestaltungsprinzipien für Telemedien), § 13 Abs. 4 TMG und § 13 Abs. 7 TMG:
  - Jederzeitige Abbruchmöglichkeit
  - Löschung oder Sperrung nach Ablauf des Zugriffs oder der Nutzung

---

[59] Zur Personenbeziehbarkeit von IP-Adressen → Rn. 39 ff. Siehe zur Speicherung von IP-Adressen durch den Internet-Service-Provider und der Frage des Personenbezugs von IP-Adressen: BGH Beschl. v. 28.10.2014 – VI ZR 135/13: Vorlage an den EuGH bzgl. einer Klage auf Unterlassung der Speicherung über Nutzungsdauer hinaus (AG Tiergarten Urt. v. 13.8.2008 – 2 C 6/08; LG Berlin Urt. v. 31.1.2013 – 57 S 87/08).

- Schutz vor Kenntnisnahme Dritter bei der Inanspruchnahme
- Getrennte Verarbeitung der Daten über die Nutzung verschiedener Telemedien durch denselben Nutzer
- Verwendung von Nutzungsdaten nur für Abrechnungszwecke
- Getrennte Haltung von Nutzungsprofilen und Daten über den Träger des Pseudonyms,
- Abrufbarkeit der Unterrichtung über Art, Umfang und Zweck der Erhebung und Verwendung personenbezogener Daten sowie der im Rahmen von Informationspflichten hingegebenen Daten (§ 13 Abs. 1 Satz 3, § 13 Abs. 2 Nr. 3 sowie § 13 Abs. 3 Satz 2 TMG).
- Maßnahmen zum Schutz vor unerlaubtem Zugriff, von personenbezogenen Daten und vor Störungen von außen (§ 13 Abs. 7 TMG).

- **Informationspflichten**, § 13 Abs. 1, Abs. 5 und Abs. 6 TMG: Insbesondere besteht die Pflicht, die Inanspruchnahme von Telediensten anonym oder unter Pseudonym zu ermöglichen, soweit dies technisch möglich und zumutbar ist. Darüber hat der Diensteanbieter auch zu informieren (§ 13 Abs. 6 TMG).
- **Auskunftspflichten**, § 13 Abs. 8 Satz 1 TMG: Pflicht zur Erteilung einer Auskunft über die zur Person des Nutzers gespeicherten Daten, auf Verlangen auch elektronisch (§ 13 Abs. 8 Satz 2 TMG). § 34 Abs. 6 BDSG erlaubt seit der Novellierung 2009 eine Unterrichtung in Textform, die weniger strenge Anforderungen stellt als die vormals geltende Schriftform.
- Trennung bzw. Differenzierung von **Bestandsdaten** (§ 14 TMG) und **Nutzungsdaten** (§ 15 TMG)
- **Bußgeldvorschriften** in § 16 Abs. 2 Nr. 2 bis Nr. 5 TMG mit einer Bußgeldhöhe von bis zu 50.000 EUR pro Ordnungswidrigkeit.

36 **b) Speziell zu Auskunftserteilung über Bestandsdaten.** Bestandsdaten können zu Zwecken der vorbeugenden Straftatenbekämpfung bei den Diensteanbietern angefordert werden. § 14 Abs. 2 TMG sieht vor, dass eine Auskunft im Einzelfall erteilt werden darf, soweit dies *„für Zwecke der Strafverfolgung, zur Gefahrenabwehr durch die Polizeibehörden der Länder, zur Erfüllung der gesetzlichen Aufgaben der Verfassungsschutzbehörden des Bundes und der Länder, des Bundesnachrichtendienstes oder des Militärischen Abschirmdienstes sowie des Bundeskriminalamtes, zur Durchsetzung der Rechte am geistigen Eigentum oder zur Abwehr der Gefahren des internationalen Terrorismus erforderlich ist"*. Danach können beim Diensteanbieter – soweit gespeichert – Name, Adresse, Telefonnummer, Bankdaten, Login-Informationen und andere ggf. vorhandenen Bestandsdaten[60] abgefragt werden.

37 § 14 Abs. 2 TMG ist in der Literatur heftig kritisiert[61] worden. Dieser führe zu einer Aushöhlung der Privatsphäre des Einzelnen, da nicht näher benannte „zuständige Stellen" die Möglichkeit hätten, ohne richterliche Anordnung Bestandsdaten anzufordern. Zudem sei es nicht hinnehmbar, dass privatrechtliche Auskunftsansprüche im Bereich des Urheberrechts durchsetzbar seien, ohne dass dabei den datenschutzrechtlichen Mindestanforderungen genügt wird.[62] Insbesondere wird bemängelt, dass es an den erforderlichen Verfahrensregelungen sowie an der Dokumentationspflicht, wer Daten welcher Nutzer erhalten hat, fehle. Dies stelle einen Eingriff in das Recht auf informationelle Selbstbestimmung dar. Durch die Möglichkeit der Anforderung von Bestandsdaten für die präventive Strafverfolgung könnten Bestandsdaten praktisch unbegrenzt genutzt werden.

38 Dem wird entgegengehalten, dass § 14 Abs. 2 TMG selbst keine Ermächtigungsgrundlage für die zuständigen Stellen darstelle, sondern es dem Diensteanbieter lediglich ermögliche, ohne Verstoß gegen Datenschutzrecht Auskünfte an zuständige Stellen zu erteilen.[63] Die Ermächtigungsgrundlage sei vielmehr in den jeweils einschlägigen Gesetzen aufzusuchen. § 14 Abs. 2 TMG schaffe auch keine erleichterten Voraussetzungen zur Geltendmachung

---

[60] Zur Einordnung von IP-Adressen als Bestands- oder Verkehrsdatum → Rn. 36 ff.
[61] S. zB heise online, Meldung vom 1.3.2007, abrufbar unter http://heise.de/-151783 mit weiteren Nachweisen sowie *Spindler/Schuster* Recht der elektronischen Medien, § 14 TMG Rn. 8.
[62] Mit Wirkung vom 1.9.2008 existiert nun auch im Urheberrechtsgesetz (UrhG), dort in § 101 Abs. 9 UrhG, ein zivilrechtlicher Auskunftsanspruch, der mit dem Gesetz zur Verbesserung der Durchsetzung von Rechten des geistigen Eigentums vom 7.7.2008 (BGBl. I S. 1191) eingeführt wurde.
[63] *Heckmann* Kapitel 9, Rn. 331 ff.

I. Allgemeines

bestehender Auskunftsansprüche. Außerdem seien private Auskunftsersuchen, etwa zur Durchsetzung der Rechte am geistigen Eigentum nicht zu fürchten, da der Wortlaut von „Anordnung" spricht und eine solche typischerweise nur durch öffentliche Stellen erfolgen könne.[64]

Neben der Frage der datenschutzrechtlichen Mindestanforderungen kann § 14 Abs. 2 TMG – zumindest nach Ansicht eines Teils der Literatur[65] – auch bei der Beurteilung des Personenbezugs von IP-Adressen eine Rolle spielen. Denn je leichter es tatsächlich möglich ist, die Anforderungen des § 14 Abs. 2 TMG zu erfüllen und eine Identifizierung des Nutzers zu erreichen, um so mehr spricht für die Ansicht der Datenschutzbehörden und eines Teils der Lit., dass auch dynamische IP-Adressen personenbezogene Daten sind.[66]

c) Tabellarischer Vergleich von BDSG und TMG. Schematisch und vereinfacht gesehen lassen die Datenschutzvorschriften in TMG und BDSG[67] im Hinblick auf ihre Systematik und den Umfang der jeweiligen gesetzlichen Nutzungsbefugnisse etwa wie folgt vergleichen:

Regelungsgegenstand	BDSG	TMG
Zweck und Anwendungsbereich	§§ 1, 12 und 27	§ 1, 11
Adressaten, öffentliche und nicht-öffentliche Stellen	§§ 2, 12 und 27	Definition Diensteanbieter in § 2 Nr. 1
Schutzgut	§ 1 (Schutz vor Beeinträchtigungen des Persönlichkeitsrechts bei der Verarbeitung personenbezogener Daten)	wie BDSG: Schutz begrenzt auf „personenbezogene Daten", vgl. § 12 Abs. 1
Begriffsbestimmungen	§ 3	§ 2
Verbot mit Erlaubnisvorbehalt	§ 4 Abs. 1	§ 12 Abs. 1
Gestaltungsprinzipien	§ 3a (Datenvermeidung und Datensparsamkeit)	§ 13 Abs. 4 (technische und organisatorische Vorkehrungen)
Einwilligung und Einwilligungsformen	§ 4a (grundsätzlich **schriftlich**); kodifizierte Anforderungen an mündliche oder elektronische Einwilligung bei § 28 Ausdrücklicher Hinweis auf die Widerrufsmöglichkeit grds. **nicht** erforderlich Ausnahme in § 28 Abs. 4 bei Werbung, Markt- und Meinungsforschung	§ 13 Abs. 2 (**elektronisch** als Regelfall vorgesehen), § 13 Abs. 3 (Hinweis auf Widerrufsmöglichkeit erforderlich); § 12 Abs. 3 (Freiwilligkeit der Einwilligung)
Datengeheimnis	§ 5	
Rechte des Betroffenen	§ 6 Auskunft Berichtigung Löschung Sperrung	Informationspflichten in § 13 Abs. 1 und Abs. 6; Auskunft in § 13 Abs. 8
Pflichten der datenverarbeitenden Stelle, Haftung Löschung/Sperrung	Meldepflicht, §§ 4d, e Verbot der automatischen Einzelentscheidung, § 6a	§ 13 Abs. 4, § 15a

---

[64] Vgl. *Hoeren* NJW 2007, 801 (805).
[65] Einzelheiten → Rn. 31 ff., 51.
[66] Ausführlich zum Meinungsstand → Rn. 31 ff.
[67] Zum BDSG im Einzelnen → § 34 Recht des Datenschutzes.

Regelungsgegenstand	BDSG	TMG
Kontrolle, Institutionen, Aufgaben und Befugnisse	§§ 4f, g, §§ 22 ff., § 38 Datenschutzaudit, § 9a	
Besondere Rechte des Betroffenen, insbesondere Schadensersatz	§§ 7 und 8	
Technische und organisatorische Maßnahmen	§ 9 und Anlage	§ 13 Abs. 4
Abrufverfahren	§ 10	
Auftragsdatenverarbeitung	§ 11	
Strafbarkeit/Bußgeld	§§ 43, 44	§ 16
Zulässigkeitstatbestände	§ 4, öffentlich §§ 13 ff., nicht-öffentlich §§ 28 ff.	§§ 14, 15
Besondere technische Ausprägungen	Video in öffentlichen Räumen, § 6b Mobile Speicher- und Verarbeitungsmedien, § 6c	
Profilbildung	§ 28b (Scoring)	§ 15 Abs. 3

II. Allgemeine Datenschutzanforderungen an die Ausgestaltung von Websites

1. Überblick zur Erhebung personenbezogener Daten von Internet-Nutzern, insbesondere Zweckbindung

41 a) **Gesetzliche Erlaubnistatbestände.** Im TMG gilt wie im BDSG das sog Verbotsprinzip mit Erlaubnisvorbehalt. D. h. ein Website-Betreiber als Diensteanbieter im Sinne des TMG darf personenbezogene Daten zur Bereitstellung der Website bzw. der darunter angebotenen Dienste nur erheben und verwenden, wenn dies das TMG oder ein anderes Gesetz oder Rechtsvorschrift, welche(s) sich ausdrücklich auf Telemedien beziehen muss (!), dies erlaubt oder eine Einwilligung des Betroffenen vorliegt, vgl. § 12 Abs. 1 TMG. Eine Legitimierung der Datenverarbeitung durch Einwilligung scheidet jedenfalls in den Fällen aus, in denen ein Website-Betreiber mittels des Website-Nutzers Daten über Dritte erheben möchte.

42 Hinsichtlich der Verwendung zulässig erhobener Nutzerdaten für andere Zwecke als die der Bereitstellung der Website und der darunter angebotenen Dienste, gibt § 12 Abs. 2 TMG eine strenge **Zweckbindung** vor. Nur aufgrund einer Erlaubnisvorschrift, die eine Verwendung zu anderen Zwecken erlaubt, darf eine zweckändernde und damit eine gegenüber dem ursprünglichen Erhebungszweck, zweckfremde Verwendung erfolgen. Nicht ausreichend ist der Wunsch des Website-Betreibers, auch nicht nach Abwägung der beidseitigen Interessen, erhobene Daten (nachträglich) zu anderen Zwecken nutzen zu wollen. Insoweit besteht möglicherweise ein Unterschied zum BDSG, welches in § 28 Abs. 1 Nr. 2 die Möglichkeit einer Datenverarbeitung auf Basis einer – unter Beachtung von Verhältnismäßigkeitsaspekten durchgeführten – Abwägungsentscheidung grds. vorsieht.

43 Gemäß Art. 6 (1) lit. b) der Richtlinie 95/46/EG ist eine Verarbeitung und Nutzung personenbezogener Daten nur zulässig, soweit die Zwecke der Verarbeitung und Nutzung mit den Erhebungszwecken kompatibel sind. Die Artikel-29-Gruppe (WP 203 v. 2.4.2013 „Opinion on purpose limitation") hat ausgeführt, dass die Kompatibilität im Wesentlichen vom Verhältnis der Zwecke zueinander, dem Kontext, der Sensibilität der Daten, den Auswirkungen auf den Betroffenen und den Sicherheitsmaßnahmen abhängt. Danach ist eine Zweckänderung bzw. Zweckentfremdung nur unter sehr eingeschränkten Bedingungen zulässig, etwa wenn gesundheitliche Risiken für den Betroffenen drohen, der Betroffene entsprechend benachrichtigt werden muss und die verantwortliche Stelle sicherstellt, dass die Daten unmittelbar nach der Benachrichtigung gelöscht und nicht anderweitig verwendet

II. Datenschutzanforderungen an die Ausgestaltung von Websites

werden (siehe Beispielsfälle in Annex 1 zu WP 203). In Beispielsfall 22 (des Annex 1 von WP 203) hatte ein soziales Netzwerk, auf dem Nutzer ua private Nutzer-Fotos hochladen konnten, in der ursprünglichen Privacy Policy festgelegt, dass die Fotos nur für „Freunden" bestimmt seien, „wem Du willst und wenn Du willst". Das Netzwerk änderte nach einiger Zeit seine Privacy Policy (per E-Mail Information an Nutzer). Die Änderung soll gelten, wenn nicht der Nutzer innerhalb von 30 Tagen seine Fotos entfernt. Der Nutzer muss „Ich stimme zu" klicken bzgl. einer Lizenzvereinbarung ua zur Fotonutzung für Werbezwecke, bevor er das Netzwerk weiter nutzen kann. Zu Frage der Kompatibilität der Zweckänderung für die Artikel-29-Gruppe aus, dass sie Bedenken hins. der Wirksamkeit der Einwilligung, der Verhältnismäßigkeit und der Rechtmäßigkeit habe. Der geänderte Nutzungszweck sei inkompatibel (*„purpose of the initial processing (allowing customers to share their photos with their friends) is clearly unrelated to the – excessive – further use by the company"*). Der Kontext und die Zusicherung in der alten Privacy Policy (die Nutzer wurden dadurch angeworben private Fotos hochzuladen, weil Beschränkung auf Freunde und Nutzerentscheidung zugesagt wurde), bestätigen Inkompatibilität.

Eine gesetzliche Erlaubnis zur Datenerhebung enthält das TMG für Bestands- und Nutzungsdaten zu den dort angegebenen Zwecken. Beide Datenarten werden in § 14 bzw. § 15 TMG legaldefiniert. Nur die Gesamtschau beider Definitionen erlaubt eine verhältnismäßig trennscharfe Abgrenzung beider Datenarten.

Zu den Bestandsdaten zählen solche personenbezogenen Daten, die für die Begründung (Vertragsanbahnung), inhaltliche Ausgestaltung (Vertragsdurchführung) oder Änderung eines Vertragsverhältnisses zwischen dem Diensteanbieter und dem Nutzer **über die Nutzung von Telemedien** erforderlich sind, vgl. § 14 Abs. 1 TMG. Wichtig ist die Beschränkung auf Vertragsverhältnisse betreffend die Nutzung von Telemedien.

Klassische **Bestandsdaten** sind zB Benutzername und Passwort für ein Nutzerkonto oder die Information, dass der Website-Nutzer das Nutzungsrecht an einem bestimmten eBook erworben hat. Auch das Geburtsdatum kann ein Bestandsdatum sein, wenn dieses zB erhoben werden muss, um entscheiden zu können, ob ein Website-Nutzer den Telemediendienst in Anspruch nehmen können soll oder nicht. Keine Bestandsdaten im Sinne des TMG sind in der Regel solche personenbezogenen Daten, welche nicht die Nutzung von Telemedien selbst betreffen (Diensteebene), sondern die Abwicklung eines Rechtsgeschäfts, welches lediglich unter Nutzung eines Telemediums zustande gekommen ist, im Übrigen aber keinen Bezug zu Telemedien aufweist (Inhaltsebene). Als Beispiel sei die Bestellung einer Ware über eine Website genannt, die dann per Post zum Kunden versendet wird. Auf dieses Geschäft findet primär das BDSG Anwendung. Die Abgrenzung ist in den meisten Fällen aber nicht trennscharf zu leisten, da erhobene Datenkategorien zum Teil überschneidend beiden Ebenen zuzuordnen sind.

Nutzungsdaten sind in Abgrenzung zu den Bestandsdaten solche, die vom Diensteanbieter nur erhoben und verwendet werden dürfen, soweit dies erforderlich ist, um die Inanspruchnahme von Telemedien zu ermöglichen und abzurechnen, vgl. § 15 Abs. 1 Satz 1 TMG. Abschließend aufgezählte Beispiele befinden sich in § 15 Abs. 1 Satz 2 TMG. Umfasst sind mithin *„Daten, die sämtliche Informationen betreffen, die bei der Interaktion zwischen Nutzer und Anbieter während und durch die Dienstenutzung notwendigerweise entstehen."*[68]

b) Einwilligungsbedürftige Datenerhebung. Der Wortlaut „oder" in § 12 Abs. 1 TMG sowie § 4 Abs. 1 BDSG zeigt, dass die gesetzlichen Erlaubnistatbestände und die Einwilligung „formal auf einer Stufe"[69] stehen. Das Verhältnis zwischen Erlaubnistatbestand und Einwilligung ist jedoch umstritten. Dabei geht es um die Frage, ob Einwilligung und Erlaubnistatbestand nebeneinander Anwendung finden können. Einerseits wird vertreten, dass eine Einwilligung auch eingeholt werden dürfe, wenn ein gesetzlicher Erlaubnistatbestand besteht.[70] Allerdings müsse dabei gleichzeitig darauf hingewiesen werden, dass die Datenverwendung auch ohne die Einwilligung zulässig sein könnte.[71] Nach anderer Ansicht darf eine Einwilli-

---

[68] *Kipker/Voskamp* ZD 2013, 119.
[69] Simitis/*Scholz/Sokol* BDSG § 4 Rn. 6.
[70] BeckOK Datenschutzrecht/*Bäcker* BDSG § 4 Rn. 20.
[71] BeckOK Datenschutzrecht/*Bäcker* BDSG § 4 Rn. 20.

gung nicht eingeholt werden, wenn ein gesetzlicher Tatbestand die Datenerhebung bereits zulässt.[72] Denn der Betroffene könne unter Umständen sonst davon ausgehen, dass die Verarbeitung „voll und ganz im Rahmen seines informationellen Selbstbestimmungsrechts"[73] liege. Eine Einwilligung sei irreführend, wenn dem Betroffenen suggeriert würde, er habe die Wahl hinsichtlich des „Obs" der Datenverarbeitung.[74] Diese Wahl bestünde jedoch nur, wenn „tatsächlich und rechtlich [...] mehrere Verarbeitungsalternativen"[75] bestehen. Zudem stelle sich die Frage, ob im Falle einer unwirksamen Einwilligung ein Rückgriff auf die gesetzlichen Erlaubnistatbestände – im Hinblick auf § 242 BGB – noch möglich ist.[76]

49   Im Hinblick auf die Umsetzung des Einwilligungserfordernisses in der Praxis gibt die Richtlinie 2009/136/EG in Erwägungsgrund 66 den Hinweis, die *„Methoden der Information und die Einräumung des Rechts, diese abzulehnen, [so] benutzerfreundlich wie möglich [zu] gestalt[en]"*. Für einzelfallbezogene Einwilligungen besteht die Möglichkeit, diese direkt bei Aufruf der Webseite (etwa durch ein Pop-Up Fenster, das die Nutzung der Website vor Abgabe der Einwilligung unterbindet) einzuholen. Die Richtlinie zeigt aber in besagtem Erwägungsgrund 66 auch die Möglichkeit auf, die Einwilligung des Nutzers *„über die Handhabung der entsprechenden Einstellungen eines Browsers"* einzuholen, wenn dies *„technisch durchführbar und wirksam [möglich] ist"*. Nachdem gegenwärtig die meisten Browser Cookies standardmäßig ohne Nachfrage akzeptieren, werden die Voraussetzungen für eine aktive Willensbetätigung (opt-in) – wenn überhaupt – nur schwer herbeiführbar sein. Auch die Selbstregulierungsbemühungen,[77] haben insoweit nicht zu einem greifbaren Ergebnis geführt.

50   Die von der EU eingesetzte Artikel-29-Datenschutzgruppe hat ob der bestehenden Unsicherheiten im Oktober 2013 „Leitlinien für die Einholung der Einwilligung zur Verwendung von Cookies" herausgegeben.[78] Sie sah dazu Veranlassung, da der Begriff der Einwilligung in den unterschiedlichen Mitgliedsstaaten unterschiedlich ausgelegt wird. Als wesentliche Elemente für einen Einwilligungsmechanismus wurden identifiziert:
- Spezifische Information,
- Vorherige Einwilligung,
- durch aktives Verhalten des Nutzers geäußerte Willensbekundung,
- Möglichkeit der Entscheidung ohne Zwang.

51   Leider bleiben die Leitlinien insb. hinsichtlich des geforderten aktiven Verhaltens recht schwammig und äußern sich insbesondere nicht dazu, inwieweit die aktuell diskutierten Lösungsansätze, etwa im Rahmen von DoNotTrack, geeignet sind diese Anforderungen zu erfüllen.

2. Tracking und Profilbildung

52   **a) Bestandsaufnahme.** Die Nachverfolgung von Nutzerverhalten im Internet (Tracking) durch Diensteanbieter oder von ihnen eingeschaltete Dritte erzeugt auf Betroffenenseite oft ein latentes[79] Gefühl der Beobachtung, Verfolgung und Überwachung. Ursache sind Be-

---

[72] Simitis/*Scholz/Sokol* BDSG § 4 Rn. 6; *Gola/Schomerus* BDSG § 4 Rn. 16; Taeger/Gabel/*Taeger* BDSG § 4 Rn. 50.
[73] *Gola/Schomerus* BDSG § 4 Rn. 16.
[74] Vgl. auch Art. 29-Datenschutzgruppe, Stellungnahme 8/2001 zur Verarbeitung personenbezogener Daten von Beschäftigten, 13.9.2011, 5062/01/DE/endg., WP 48.
[75] Simitis/*Scholz/Sokol* BDSG § 4 Rn. 6. Siehe auch Art. 29-Datenschutzgruppe, Arbeitsunterlage 02/2013 mit Leitlinien für die Einholung der Einwilligung zur Verwendung von Cookies, WP 208 v. 2.10.2013.
[76] *Gola/Schomerus* BDSG § 4 Rn. 16; *Gola* RDV 2002, 109.
[77] → Rn. 55.
[78] Artikel-29-Datenschutzgruppe, Working Paper 208, abrufbar unter http://ec.europa.eu/justice/data-protection/article-29/documentation/opinion-recommendation/index_en.htm mit Verweisen auf Working Paper 187 zur Definition von Einwilligung und Working Paper 194 zur Ausnahme von Cookies von der Einwilligungspflicht.
[79] Greifbar wird Tracking meist dann, wenn zB beim sog. **Behavioural Advertising** der Nutzer bemerkt, dass Werbung anhand seines Verhaltens in der Vergangenheit geschaltet wird, zB das bekundete Interesse für ein Reiseziel dazu führt, dass vermehrt Reisewerbung eingeblendet wird. Werbevermarkter haben bei der Auswahl der zu präsentierenden Werbung ua den sog. **Creepiness-Faktor** zu berücksichtigen. Dh, ist es zu offensichtlich, dass das Nutzungsverhalten zu Werbezwecken ausgewertet wird, sinkt beim Nutzer oft die Akzeptanz für diese Art der Werbung.

II. Datenschutzanforderungen an die Ausgestaltung von Websites

fürchtungen und Ängste, dass mit dem Tracking ein umfassendes Ausspionieren der eigenen Aktivitäten im Internet verbunden ist. Diese Befürchtungen sind nicht unbegründet. So erlauben moderne Tracking-Techniken eine nahezu **lückenlose Nachverfolgung** des Surfverhaltens von Internetnutzern, in der Regel über Website-Grenzen hinweg[80] und dies ohne, dass der Nutzer sich dessen gewahr wird. Mit den aus dem Tracking gewonnenen Daten können Verhaltensmuster und im Endeffekt auch **Persönlichkeitsprofile** erstellt werden. Dies gilt nicht nur bei der Nutzung von Websites, sondern grds. auch bei der Nutzung von Apps auf Mobile Devices.[81]

Die technischen Möglichkeiten werden von Website-Betreibern und Werbevermarktern weithin genutzt. Häufig herrscht der Eindruck vor: Was technisch möglich ist, wird auch gemacht.[82] Dies liegt zum einen daran, dass viele Diensteanbieter wegen der im Internet oft beklagten Gratiskultur, sich gezwungen sehen, ihre Angebote über Werbung zu finanzieren und Werbung desto wirksamer ist, je zielgenauer sie auf die Bedürfnisse der Beworbenen zugeschnitten werden kann. **53**

Zum anderen gibt es für Tracking im Internet keine allgemeingültige **Wertevorstellung** was erlaubt sein soll und was nicht und welche Spielregeln (Opt-in oder Opt-out oder bloße Information?) gelten sollen. Hinzu kommt, dass Tracking bisweilen – zumindest von den Website- und Tool-Anbietern – als wenig persönlichkeitsrechtsrelevant eingeordnet wird, zumindest soweit weder der Name noch der Wohnort oder andere direkt identifizierende Daten über den Betroffenen erhoben, sondern „nur" das Surfverhalten zB unter einer pseudonymen Cookie-ID oder einem anderen eindeutig identifizierenden Kennung erfasst werden. Zudem wird – zum Teil auch von Betroffenenseite – argumentiert, dass auf die Interessen des Nutzers zugeschnittene Werbung weniger störend und daher mit einer höheren Akzeptanz verbunden sei. **54**

Vor diesem Hintergrund ist es nicht verwunderlich, dass ein weltweit einheitlich regulativer Rahmen für Tracking und Profilbildung fehlt. Selbst innerhalb der EU werden bestehende Regelungen zum Tracking, siehe etwa die **Cookie-Gesetzgebung** der EU in Art. 5 Abs. 3 E-Commerce-Richtlinie (RL 2002/58/EG in der durch die e-Privacy-Richtlinie 2009/136/EG geänderten Fassung) unterschiedlich interpretiert und in der Konsequenz auch unterschiedlich gelebt.[83] Selbstregulierungsversuche der Werbebranche treten auf der Stelle und werden für gescheitert erklärt.[84] Ein Ende 2010 von der US-amerikanischen FTC, Federal Trade Commission, vorgestellter Datenschutzbericht schlägt die Einführung eines sog **DoNot-Track**-Systems vor. Danach soll der Internetnutzer durch eine Einstellung im Webbrowser anderen Websites mitteilen können, dass er nicht verfolgt werden möchte (DNT-Anfrage). Dabei wird das Tracking nicht auf technischer Seite unterbunden, sondern der Internetnutzer ist auf die Mitwirkung der Website-Betreiber und Werbeanbieter angewiesen. Mittlerweile haben viele große Webbrowser-Hersteller DoNotTrack integriert, ein Webstandard ist das Verfahren bislang nicht geworden, nicht zuletzt weil Websites gegenwärtig gesetzlich nicht verpflichtet sind, DNT-Anfragen zu respektieren. **55**

---

[80] Ein Beispiel mag als Erläuterung dienen: Website-Betreiber vermieten zum Teil Werbeflächen auf ihren Websites (sog. **Display Advertising**), welche Vermarkter von Werbeplätzen oft in Werbenetzwerken zusammengeschlossen im Auftrag ihrer Kunden mit Werbung bespielen. Hat ein Nutzer einen Werbebanner auf Website A angeklickt und damit sein Interesse für ein Produkt oder eine Produktgruppe bekundet kann das Werbenetzwerk den Nutzer beim Besuch von Website B, welche dem gleichen Werbenetzwerk angehört, mit Werbung aus der gleichen Produktgruppe bespielen. Andere Formen der Website-übergreifenden Marketings sind zB der Austausch von Interessentendaten zwischen Website-Betreibern (etwa die Veräußerung sog. Re-Marketing-Listen), zB Website A generiert einen sog. Lead, der an Website B weitergegeben wird, damit Website B dem Interessenten das Produkt verkaufen kann.

[81] → § 28 Rn. 64 f. Im Einzelnen siehe auch Art. 29-Datenschutzgruppe, Stellungnahme 02/2013 zu Apps auf intelligenten Endgeräten, WP 202 v. 27.2.2013.

[82] Siehe http://www.zdnet.de/88200448/canvas-fingerprinting-tappten-websites-mit-ligatus-die-tracking-falle/ und die zugrundeliegende Studie: https://securehomes.esat.kuleuven.be/~gacar/persistent/the_web_never_for gets. pdf.

[83] Siehe zB Überblick unter http://www.fieldfisher.com/pdf/cookie-consent-tracking-table.pdf und den Rn. 9 ff.

[84] Siehe https://www.datenschutzzentrum.de/presse/20121019-selbstregulierung-do-not-track.htm.

56 Internetnutzer üben sich derweil in „digitaler Selbstverteidigung", indem sie versuchen Tracking-Maßnahmen auf technischer Ebene zu unterbinden oder ins Leere laufen zu lassen. Dabei findet ein regelrechtes Katz-und-Maus-Spiel statt, welches keinen Gewinner kennt. Blocken Nutzer „Cookies" per Webbrowser oder nutzen die von Webbrowsern häufig bereitgestellten Privat-Surf-Modi, werden von Tracking-Seite quasi nicht löschbare **Super-Cookies**, sog Evercookies[85] eingesetzt oder **Canvas-Fingerprinting**,[86] ein unsichtbares Tracking mit Bildern, welches auf den Einsatz von Cookies zur Nutzerverfolgung nicht angewiesen ist.

57 Tracking erfolgt oft nicht nur zum Einblenden von Werbung, sondern auch zu Zwecken der **Reichweitenanalyse**. Website-Betreiber haben ein Interesse daran, die Nutzung des eigenen Internet-Angebots auszuwerten, um dieses gegebenenfalls nutzerfreundlicher zu gestalten oder neue Kundengruppen ansprechen zu können. Die Reichweitenanalyse kann der Website-Betreiber entweder mit eigenen technischen Mitteln betreiben, etwa durch die Installation einer entsprechenden Software[87] auf dem eigenen Server oder, was weitaus häufiger der Fall ist, unter Einsatz eines Dienstleisters wie zB Google Inc., welche zu diesem Zweck den SaaS-Dienst Google Analytics zur (kostenfreien) Nutzung bereitstellt. Letzteres bedingt eine Datenübermittlung an den Dienstleister, welche wiederum datenschutzrechtliche Fragen aufwirft.[88]

58 Die Reichweitenanalyse muss nicht auf die eigene Website beschränkt sein.[89] Die Verwertungsgesellschaft Wort (VG Wort) bietet Websitebetreibern die Erfassung der Zugriffe auf journalistische Artikel des eigenen Webangebots an, damit die jeweiligen Autoren an den Ausschüttungen der VG Wort partizipieren können. Daneben führen auch Soziale Netzwerke wie Facebook, Google+ oder Twitter websiteübergreifende Reichweitenanalysen mit Hilfe von sog **Social Plugins** durch.[90]

59 **b) Personenbeziehbarkeit von IP-Adressen.** Auch solche Nutzer, die aktiv keine personenbezogenen Daten eingeben/übermitteln wollen, etwa bewusst keinen Newsletter bestellen, keine Bestellung aufgeben oder kein Nutzerkonto anlegen, sondern Informationen nur passiv rezipieren, hinterlassen bei den Betreibern der genutzten Webdienste unabhängig von den bereits thematisierten Tracking-Verfahren Datenspuren, welche der Webbrowser des Nutzers automatisiert an den Webserver des Diensteanbieters übermittelt, allen voran die vom Nutzer genutzte IP-Adresse. Um den Personenbezug von IP-Adressen gibt es seit etlichen Jahren zum Teil leidenschaftlich geführte Diskussionen, wobei Datenschutzaufsichtsbehörden – national wie auch auf europäischer Ebene – regelmäßig von einem Personenbezug (auch dynamischer IP-Adressen) ausgehen, während deutsche Gerichte einen Personenbezug dynamischer IP-Adressen zum Teil ablehnen. Wichtig ist die Frage des Personenbezugs von IP-Adressen va deshalb, weil es sich bei der IP-Adresse um ein Datum handelt, welches nicht bei jeder Nutzung von Telemedien zwangsnotwendig anfällt, sondern von den meisten Diensteanbietern zusammen mit anderen Daten, die im Rahmen der Kommunikation des Webbrowsers mit dem Webserver ausgetauscht werden,[91] standardmäßig gespeichert wird.

60 *aa) Grundlagen.* Im Internet ist die IP-Adresse[92] ein Datum, das technisch bedingt bei jeder Nutzungsform, bei jedem Dienst, **bei jedem Website-Zugriff anfällt**. Ohne den Austausch der IP-Adressen zwischen den IT-Systemen von Diensteanbieter und Nutzer wäre zB

---

[85] Siehe http://www.heise.de/newsticker/meldung/User-Tracking-Werbefirmen-setzen-bereits-haeufig-nicht-loeschbare-Cookie-Nachfolger-ein-2264381.html.
[86] Siehe http://de.wikipedia.org/wiki/Canvas_Fingerprinting; siehe auch *Dieterich* ZD 2015, 199; Einzelheiten → Rn. 122.
[87] Häufig kommt hier die OpenSource Software Piwik zum Einsatz. Das Unabhängige Landeszentrum für Datenschutz Schleswig-Holstein hat Hinweise und Empfehlungen zum datenschutzkonformen Einsatz erteilt, abrufbar unter https://www.datenschutzzentrum.de/tracking/piwik/20110315-webanalyse-piwik.pdf.
[88] → Rn. 112 ff.; siehe auch *Härting*, Internetrecht Kapitel B Rn. 281.
[89] So bietet die INFOnline GmbH nach dem Skalierbaren Zentralen Messverfahren (SZM) im Auftrag der **Informationsgemeinschaft zur Feststellung der Verbreitung von Werbeträgern e. V. (IVW)** Websitebetreibern die Durchführung einer Reichweitenanalyse zur Messung von Zugriffen auf Werbemittel an.
[90] → § 28 Rn. 82 ff. sowie https://www.datenschutzzentrum.de/facebook/facebook-ap-20110819.pdf für eine datenschutzrechtliche Bewertung der Reichweitenanalyse durch Facebook.
[91] → Rn. 89 ff.
[92] Zur technischen Erläuterung von IP-Adresse → Vor § 1 Technisches Glossar.

II. Datenschutzanforderungen an die Ausgestaltung von Websites

der Aufruf einer Website durch den Nutzer nicht möglich, da der Webserver des Diensteanbieters nicht wüsste, an welchen Computer/Internetzugang er den Inhalt der durch Eingabe einer URL angeforderten Webseite ausliefern sollte.[93]

Bei einer Einordnung der IP-Adresse als personenbezogenes Datum[94] wäre die Erhebung und Verarbeitung der IP-Adresse des anfragenden Rechners von der datenschutzrechtlichen Erlaubnis nach § 15 Abs. 1 S. 1 TMG gedeckt, da die Erhebung und Verwendung „[…] *erforderlich ist, um die Inanspruchnahme von Telemedien zu ermöglichen* […]". Jede anderweitige Nutzung dieses Datums über die rein technische Notwendigkeit hinaus, steht unter dem Vorbehalt des § 12 Abs. 2 TMG. D. h. eine Rechtsvorschrift, die sich explizit auf Telemedien bezieht, müsste die Verwendung der für die Bereitstellung von Telemedien erhobenen personenbezogenen Daten für andere Zwecke explizit erlauben oder der Nutzer müsste in eine weitergehende Nutzung wirksam einwilligen.[95] Liegt eine solche Erlaubnis nicht vor, hat der Diensteanbieter die IP-Adresse unmittelbar nach Beendigung des Nutzerzugriffs zu löschen. Dafür hat er gem. § 13 Abs. 4 Satz 1 Nr. 2 TMG die technischen und organisatorischen Voraussetzungen zu schaffen. 61

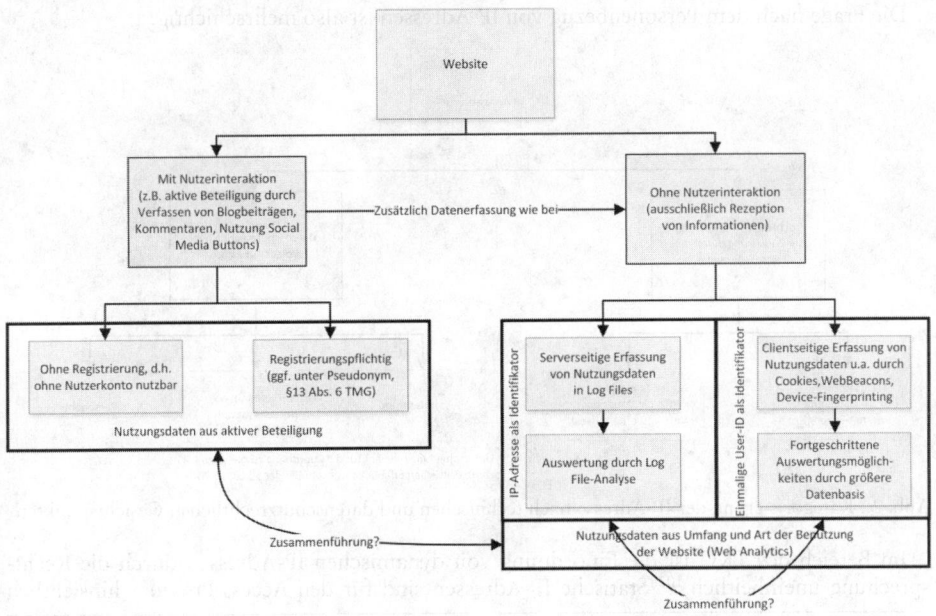

Abb. 1: Schematischer Überblick zur Erfassung von Nutzungsdaten auf Websites

Eine über das Internet erreichbare IP-Adresse[96] ist zu jedem beliebigen Zeitpunkt nur einem Internet-Anschluss zugeordnet und damit eine eindeutige Kennung. Dabei unterscheidet man zwischen statischen und dynamischen IP-Adressen. Während dynamische IP-Adressen bei jeder Internet-Einwahl neu vergeben werden und nur für die Dauer einer Internet-Sitzung[97] dem Anschluss des Nutzers zugeordnet bleiben, werden statische IP-Adressen vom 62

---

[93] → Rn. 89 ff.
[94] → Rn. 37 ff.
[95] Zu den Anforderungen an eine rechtswirksame Einwilligung → § 34 Recht des Datenschutzes.
[96] Zur Abgrenzung von IP-Adressen aus dem öffentlichen Adresspool zu IP-Adressen, die nur zur Verwendung in sog. privaten Netzen (LAN) freigegeben sind → Vor § 1 Technisches Glossar.
[97] Die meisten Internet-Access-Provider begrenzen bei privat genutzten Internetanschlüssen die Dauer einer Internet-Sitzung auf 24 Stunden. Danach wird der Internet-Zugang zwangsweise getrennt und bei erneuter Einwahl eine neue IP-Adresse vergeben. Hauptgrund ist, dass beim gegenwärtig zum Einsatz kommenden Internet-Protokoll v4 mit 32-bitigen IP-Adressen gearbeitet wird und damit nicht genügend öffentliche IP-

Internet-Access-Provider einem Internet-Anschluss für die gesamte Vertragslaufzeit fest zugewiesen.

63 Sofern sich der Nutzer bei einem Telemediendienst nicht registriert/anmeldet und auch sonst nicht aktiv Daten preisgibt, die seine direkte Identifizierung ermöglichen, könnte durch den Diensteanbieter im Regelfall allenfalls über die IP-Adresse – wenn auch nicht direkt – ein Rückschluss auf die Identität des jeweiligen Nutzers der Website erfolgen.[98] Sowohl im Verhältnis Kunde zu Internet-Access-Provider als auch im Verhältnis Nutzer zu Telemedien-Diensteanbieter kann die IP-Adresse zunächst nur einen Internet-Anschluss identifizieren bzw. bestenfalls den Anschlussinhaber als Vertragspartner des Internet-Access-Providers aber nicht zwingend den Nutzer des Anschlusses als natürliche Person. Relevant ist dies zB in einem Firmennetzwerk mit hunderten von Arbeitsplätzen, bei dem alle Beschäftigten über dieselbe öffentliche IP-Adresse mit dem Internet verbunden sind.[99] Im Verhältnis Nutzer zu Telemedien-Diensteanbieter ist weiter zu beachten, dass der Diensteanbieter die IP-Adresse eines Nutzers oft nur mit Hilfe des Internet-Access-Providers einer natürlichen Person zuordnen kann, wenn er nicht selbst die Personalien seiner Nutzer, etwa im Rahmen einer Registrierung, erfasst.[100]

64 Die Frage nach dem Personenbezug von IP-Adressen ist also mehrschichtig.

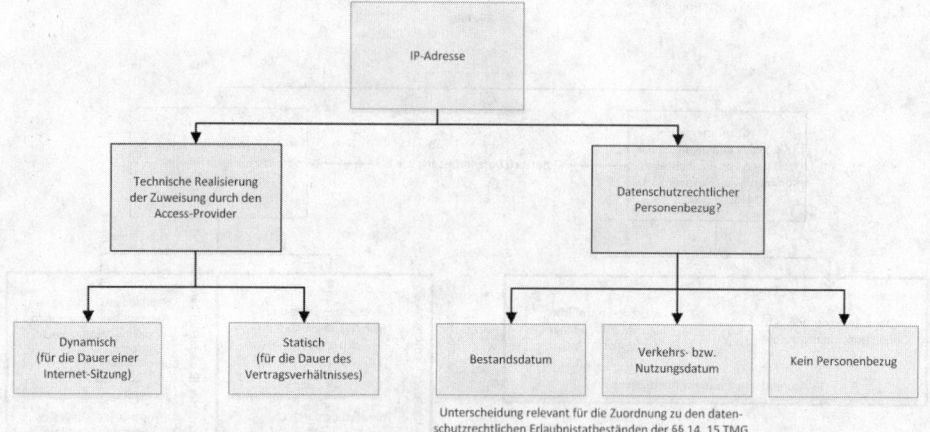

Abb. 2.: Kategorisierung der IP-Adresse nach technischen und datenschutzrechtlichen Gesichtspunkten

65 Im Bereich des TKG ist die Einordnung von dynamischen IP-Adressen durch die Rechtsprechung uneinheitlich.[101] Statische IP-Adressen sind für den Access-Provider hinsichtlich

Adressen zur Verfügung stehen, um jedem Internet-Nutzer dauerhaft eine eigene IP-Adresse zuzuordnen. Mit der Umstellung auf IPv6 (128-Bit-Adressen) ist die Vergabe dynamischer IP-Adressen nicht mehr zwingend notwendig, da mit IPv6 2^{128} IP-Adressen verfügbar sein werden, genug um jedem Menschen und jedem elektronischen Gerät dauerhaft eine eigene IP-Adresse zuzuweisen (Zum Aufbau von IPv6-Adressen und der Auswirkungen auf eine Identifizierbarkeit im Internet siehe *Endres*, Ist IPv6 privat genug?, c't 3/2011, S. 146 ff.). Die Zwangstrennung wird von Internet-Access-Providern auch genutzt, um verschiedener Geschäftsmodelle zu realisieren. Ohne Zwangstrennung könnten Kunden der Access-Providers Dienste bereitstellen (zB einen Web- oder FTP-Server) die immer unter derselben IP-Adresse erreichbar sind. Diese Funktionalität wollen Internet-Access-Provider regelmäßig den teureren Business-Paketen vorbehalten.

[98] Zu den Möglichkeiten der Identifizierung von Nutzern allein über Profilbildung → Rn. 89 ff.
[99] Ermöglicht wird dies durch NAT (Network Address Translation), das typischerweise in DSL-Routern zum Einsatz kommt und das Bindeglied zwischen Firmennetzwerk (privater IP-Adressraum) und dem Internet darstellt. Zur Unterscheidung zwischen IP-Adressen aus öffentlichen und privaten Adressbereichen → vor § 1 Technisches Glossar.
[100] Details → Rn. 80 ff.
[101] Dynamische IP-Adressen als **Verkehrsdatum** eingeordnet haben AG Berlin Urt. v. 27.3.2007 – 5 C 314/06, ZUM 2008, 83; LG Berlin Urt. v. 6.9.2007 – 23 S 3/07, MMR 2007, 799; LG Offenburg Urt. v. 17.4.2008 – 3 Qs 83/07, MMR 2008, 480; LG Frankenthal Urt. v. 21.5.2008 – 6 O 156/08, MMR 2008, 687; OLG Karlsruhe Urt. v. 4.12.2008 – 4 U 86/07, MMR 2009, 412. Zuletzt hatte auch der dritte Senat des BGH in seinem Urt. v.

ihrer festen Zuweisung als Bestandsdaten nach § 95 TKG einzuordnen. Für Anbieter von Telemedien sind aber auch statische IP-Adressen grds. Nutzungsdaten iSv § 15 TMG. Anderes kann gelten, wenn zB die Nutzung des Telemediums an eine feste IP-Adresse des Nutzers gebunden wird (zB Nutzung eines kostenpflichtigen Recherchedienstes ist nur mit einer im Vertrag hinterlegten IP-Adresse möglich). In diesem Fall wird die IP-Adresse (auch) als Bestandsdatum anzusehen sein.

bb) Relativer Personenbezug. Die datenschutzrechtlichen Vorschriften (insbesondere das Verbot mit Erlaubnisvorbehalt) gelten nur für den Umgang mit **personenbezogenen** oder zumindest **personenbeziehbaren** Daten (siehe § 3 Abs. 1 BDSG, § 15 Abs. 1 TMG). Dabei ist jedoch zu beachten, dass ein ursprünglich nicht-personenbezogenes Datum personenbezogen werden kann, wenn es mit einem personenbezogenen Datum verknüpft wird und dadurch Aufschluss über eine bestimmte natürliche Person gibt. Für Telemedien-Diensteanbieter wie etwa Website-Betreiber als auch für Internet-Access-Provider ist es somit von großem Interesse, ob ein Personenbezug von IP-Adressen im rechtlichen Sinne bejaht wird oder nicht.[102] Denn je nachdem unterliegt der jeweilige Dienst (etwa der Einsatz von Cookies etc) bestimmten Datenschutzvorschriften oder eben nicht. Im ersten Fall kann es sein, dass der Einsatz von Cookies einer Einwilligung des Nutzers bedarf, im zweiten Fall möglicherweise nicht.

Die Frage, wodurch bzw. ab wann ein Datum personenbeziehbar ist, ist gesetzlich nur sehr abstrakt, ua im Umkehrschluss zur Definition des Anonymierens (§ 3 Abs. 6 BDSG), geregelt. Aus dem Merkmal „bestimmbar" in § 3 Abs. 1 BDSG folgert die wohl überwiegende Ansicht in Lit. und Rspr.,[103] dass der Begriff des Personenbezugs vom Gesetzgeber als relativer Begriff verstanden wird. Dies gilt sogar in **zweifacher Hinsicht**.

Zum einen muss differenziert werden, für wen ein Datum personenbeziehbar ist. Ein Datum kann für die verantwortliche Stelle nicht personenbeziehbar sein, für einen (zB der verantwortlichen Stelle nicht bekannten) Dritten aber schon. Für den Internet-Access-Provider (der Internet-Service-Provider ist, soweit es um die Realisierung des reinen Internet-Zugangs geht, als Access-Provider einzuordnen) gilt zB nach hM, dass sowohl dynamische als auch statische IP-Adressen personenbeziehbar sind.[104] Für Website-Betreiber ist das dagegen umstritten, sofern diese nicht selbst über identifizierende Informationen über die Besucher der Website verfügen.

Zum anderen ist bei der Relativität des Personenbezugs eine zeitliche Komponente zu berücksichtigen. Ein für die verantwortliche Stelle zum Zeitpunkt der Erhebung nicht personenbeziehbares Datum kann durch die Möglichkeit der Verknüpfung mit später hinzugewonnen Informationen nachträglich personenbezogen werden.[105]

Die Bestimmbarkeit der Person, auf die sich eine Information bezieht, hängt von den individuellen Kenntnissen, Mitteln und Möglichkeiten der jeweiligen verantwortlichen Stelle ab.[106] Nach herrschender Meinung[107] muss die **verantwortliche Stelle** den Betroffenen **mit verhältnismäßigem Aufwand** identifizieren können. Dabei spielt die tatsächliche oder mögliche Verknüpfung mit anderen Datenbeständen oder Programmen der verantwortlichen Stelle oder Dritter eine wesentliche Rolle.[108] Auch spezielles Zusatzwissen, das sich die verantwortliche Stelle zurechnen lassen muss, oder Zusatzwissen aus allgemein zugänglichen

---

13.1.2011 – III ZR 146/10, MMR 2011, 341 – dynamische IP-Adressen als Verkehrsdatum eingeordnet. Dynamische IP-Adressen als **Bestandsdatum** eingeordnet haben LG Stuttgart Urt. v. 22.12.2004 – 9 Qs 80/04, MMR 2005, 628; LG Stuttgart Urt. v. 4.1.2005 – 13 Qs 89/04, MMR 2005, 624; LG Hamburg Urt. v. 23.6.2005 – 631 Qs 43/05, MMR 205, 711; LG Würzburg Urt. v. 20.9.2005 – 5 Qs 248/05, NStZ-RR 2006, 46; OLG Zweibrücken Urt. v. 26.9.2008 – 4W 62/08, MMR 2009, 45; BGH Urt. v. 12.5.2010 – I ZR 121/08, MMR 2010, 565 – Sommer unseres Lebens; zur berechtigten Kritik an der vom BGH vorgenommenen Einordnung siehe *Spindler* CR 2010, 592 (598), insb. der Hinweis auf die Regelung des § 101 Abs. 9 UrhG.

[102] Vgl. *Härting* Internetrecht Kapitel B Rn. 274 ff.
[103] Einzelheiten zum Meinungsstand sogleich.
[104] Vgl. LG Darmstadt Urt. v. 7.12.2005 – 25 S 118/2005, K&R 2006, 290.
[105] → Rn. 80 ff.
[106] *Gola/Schomerus* § 3 Rn. 10; *Moos* K&R 2008, 137 (139).
[107] *Simitis/Dammann* BDSG § 3 Rn. 33; *Gola/Schomerus* § 3 BDSG Rn. 10.
[108] *Simitis/Dammann* BDSG § 3 Rn. 20 ff.

Quellen (zB Publikationen im Internet, Suchmaschinen[109] etc) sind zu berücksichtigen. Bei unverhältnismäßigem Aufwand scheidet eine Personenbeziehbarkeit aus (siehe § 3 Abs. 6 BDSG). Bei der Beurteilung, wann ein Aufwand als unverhältnismäßig gilt, ist auch der aktuelle Stand der Technik zu berücksichtigen. Auswertungen, die heute technisch noch nicht möglich sind oder wegen des hohen Aufwands unverhältnismäßig, können in Zukunft mit verhältnismäßigen Mitteln möglich sein.

71   In letzter Zeit wird verstärkt die Auffassung vertreten, dass eine Person auch dann bestimmbar sein soll, wenn ein Dritter, dh ein außerhalb der verantwortlichen Stelle Stehender, mit der IP-Adresse den Anschlussinhaber identifizieren kann.[110] Die Vertreter eines solchen eher absolut verstandenen Personenbezugs stützen ihre Auffassung ua auf Erwägungsgrund 26 der Europäischen Datenschutzrichtlinie (Richtlinie 95/46/EG), der in Satz 2 für eine Bestimmbarkeit explizit auch auf die Mittel Dritter abstellt. Die Datenschutzrichtlinie macht aber insoweit eine wichtige Einschränkung, als nur „vernünftigerweise" zur Bestimmung einer Person eingesetzte Mittel zu berücksichtigen sind.[111] Damit ist auch bei der Annahme einer absoluten Bestimmbarkeit des Personenbezugs eine Einzelbetrachtung vorzunehmen. Es bleibt jedoch abzuwarten, wie der EuGH die Frage beurteilt.[112]

72   *cc) Internet-Access-Provider und Speicherpraxis.* Der Internet-Access-Provider weist dem Internetanschluss aus dem ihm zugeteilten öffentlichen Adresspool[113] eine IP-Adresse zu, so dass der Access-Provider grds. durch Einsichtnahme in die eigenen IT-Systeme ermitteln kann, welchem Anschluss zu welcher Zeit eine bestimmte IP-Adresse zugeordnet ist.[114] Bei statischer Vergabe der IP-Adresse ist die Zuordnung für die gesamte Vertragslaufzeit gegeben.[115] Bei dynamischer IP-Adressvergabe wird dem Anschluss grds. mit jeder Internet-Einwahl eine neue IP-Adresse zugeteilt, in der Regel aber spätestens nach 24 Stunden durch eine providerseitige Zwangstrennung.[116] Für den Access-Provider ist die IP-Adresse nach hM[117] personenbezogen oder zumindest personenbeziehbar, da er über Name, Anschrift und Kontoinformationen seines Kunden (Anschlussinhaber) verfügt. Anderes gilt regelmäßig, wenn es sich bei dem Anschlussinhaber nicht um eine natürliche Person, sondern etwa um eine Firma handelt. In diesem Fall ist die IP-Adresse grds. nur auf die durch Datenschutzrecht nicht geschützte juristische Person als Anschlussinhaber rückführbar (vgl. § 3 Abs. 1 BDSG). Ein Rückschluss auf die uU Vielzahl an Nutzern eines Firmen-Internet-Anschlusses ist dem Access-Provider in aller Regel nicht ohne zusätzliche Informationen möglich,[118] zumal der reine Internet-Access-Provider[119] regelmäßig nicht über Log files, Cookies und andere Informationen zum Nutzungsverhalten verfügt. Website-Betreiber haben dagegen zB über den Einsatz von Cookies oÄ Techniken die Möglichkeit, selbst bei gemeinsamer IP-

---

[109] EuGH Urt. v. 13.5.2014 – C-131/12, GRUR 2014, 895 – Google Spain.
[110] Siehe etwa *Pahlen-Brandt* K&R 2008, 288; Art. 29 Datenschutzgruppe, Stellungnahme 136 und 148; Unabhängiges Landeszentrum für Datenschutz Schleswig-Holstein, abrufbar unter https://www.datenschutzzentrum.de/ip-adressen.
[111] Siehe auch *Sachs* CR 2010, 547.
[112] Zum Vorlagebeschluss des BGH hins. des Personenbezugs von IP-Adressen und der Frage, ob sich der Telemedien-Diensteanbieter Zusatzwissen Dritter (etwa des Access Providers) zurechnen lassen muss, → Rn. 87.
[113] Zur Vergabe von öffentlichen IP-Adressen und Netzbereichen durch öffentliche Vergabestellen → vor § 1 Technisches Glossar.
[114] Die Nutzungsdaten sind allein schon zu Abrechnungszwecken regelmäßig mit den Bestandsdaten (Name, Adresse) korreliert.
[115] Die IP-Adresse ist bei statischer Vergabe nach herrschender Meinung als Bestandsdatum iSv § 14 TMG einzuordnen, dynamische IP-Adressen dagegen als Nutzungsdaten gem. § 15 TMG, vgl. *Barnitzke* DuD 2010, 482 (484) mwN sowie Fn. 41.
[116] → Fn. 96.
[117] AG München Urt. v. 30.9.2008 – 133 C 5677/08, MMR 2008, 860; OLG Karlsruhe Urt. v. 4.12.2008 – 4 U 86/07, MMR 2009, 412; LG Frankenthal Urt. v. 21.5.2008 – 6 O 156/08, MMR 2008, 687; *Sachs* CR 2010, 547; *Meyerdierks* MMR 2009, 8; Taeger/Gabel/*Zscherpe* § 15 TMG Rn. 23; *Krüger/Mancher* MMR 2010, 433.
[118] Vgl. auch Unabhängiges Landeszentrum für Datenschutz Schleswig-Holstein, FAQ IP-Adressen und andere Nutzungsarten, I. 1., Stand 28.1.2011, letzter Abruf am 11.5.2011. Anders kann sich die Situation darstellen, wenn es sich bei dem Unternehmen zB um eine Ein-Mann-Gesellschaft handelt und der Internet-Anschluss ausschließlich durch den Inhaber genutzt wird.
[119] Anderes gilt für den Internet-Service-Provider.

II. Datenschutzanforderungen an die Ausgestaltung von Websites

Adresse unterschiedliche Rechner zu identifizieren darüber ggf. auch deren Nutzer.[120] Im Regelfall sind diese Differenzierungen im Zusammenhang mit dem Personenbezug der IP-Adresse wenig hilfreich. Sowohl für die Access-Provider als auch die Website-Betreiber ist eine technische Umsetzung dieser Differenzierungen, also etwa eine unterschiedliche Verarbeitungs-/Speicherpraxis je nach Art des Anschlussinhabers, kaum praktikabel.

Die Frage, inwieweit die Personenbeziehbarkeit eines Datums auch temporär zu bestimmen ist und wie die **Dauer der Personenbeziehbarkeit** der IP-Adresse für den Access-Provider zu ermitteln ist, hängt bei dynamischer Vergabe entscheidend von der, nicht zuletzt zur Verfolgung von Urheberrechtsverletzungen wichtigen Speicherpraxis der Access-Provider ab.

Soweit der Internet-Zugang vom Access-Provider nutzungsabhängig abgerechnet wird, ist die Speicherung der einem Kunden jeweils zu einem bestimmten Zeitpunkt zugewiesenen IP-Adresse auch über den Zeitpunkt der konkreten Nutzung bereits auf Basis von § 97 TKG zu Abrechnungszwecken zulässig. Sofern der Kunde nicht von seinem Wahlrecht nach § 97 Abs. 4 Satz 1 Nr. 2 TKG Gebrauch gemacht hat, gilt im Regelfall eine Speicherdauer für Verkehrsdaten, soweit diese für Abrechnungszwecke erforderlich sind, von **höchstens 6 Monaten** nach Versendung der Rechnung, vgl. § 97 Abs. 3 Satz 1 und 2 TKG. Nicht für die Abrechnung erforderliche Daten sind nach § 97 Abs. 3 Satz 3 Halbsatz 1 TKG **unverzüglich zu löschen**.[121]

Soweit der Access-Provider den Internet-Zugang aber auf Basis eines Pauschaltarifs zur Verfügung stellt (sog Internet-Flatrate), rechtfertigt sich die Speicherung der IP-Adresse des Nutzers über die Zeit der reinen Verbindung hinaus grds. nicht nach §§ 96 Abs. 1, 97 Abs. 2 Ziffer 1 TKG, da für die Abrechnung der gegen eine Pauschale erbrachten Leistung die Speicherung gerade nicht erforderlich ist.

Während manche Anbieter bei Flatrate-Kunden die IP-Adresse nicht über den Nutzungszeitraum hinweg speichern, dh bei dynamischer IP-Adressvergabe nur solange der Nutzer mit dieser Adresse online ist, speichern andere Access-Provider die dynamisch vergebenen IP-Adressen auch bei pauschaler Abrechnung über den reinen Nutzungszeitraum hinaus. Die Speicherpraxis der Deutschen Telekom als einer der bundesweit größten Internet-Access-Provider sieht zB eine siebentätige Speicherung der IP-Adressen auch bei pauschal abgerechneten Internet-Zugängen vor.[122] Diese siebentätige Speicherpraxis der Deutschen Telekom ist nach einer Ansicht des Bundesbeauftragten für den Datenschutz datenschutzrechtlich nicht zu beanstanden.[123] Die Deutsche Telekom begründet diese Speicherfrist ua mit der Notwendigkeit, das eigene Telekommunikationsnetz vor Missbrauch zu schützen und Störungen frühzeitig erkennen, eingrenzen und beheben zu können.[124] Die sofortige Löschung der IP-Adressen würde dies unmöglich machen.

Die **Rechtsprechung** zur Löschverpflichtung von Internet-Access-Providern ist bislang **uneinheitlich**. Während das Landgericht Darmstadt[125] eine Verpflichtung der Deutschen Tele-

---

[120] → Rn. 92 ff.
[121] Mit der Entscheidung des BVerfG v. 2.3.2010 – 1 BvR 256/08, 1 BvR 263/08, 1 BvR 585/08, hat dieses den § 113a und § 113b TKG in der aktuellen Fassung für nichtig erklärt und damit der Vorratsdatenspeicherung die gesetzliche Grundlage entzogen. Zuvor sah § 113a Abs. 1 S. 1, Abs. 4 TKG vor, dass Internetzugangsanbieter abschließend aufgezählte Datenkategorien, zu denen auch die IP-Adresse des Kunden gehört, für sechs Monate speichern müssen. Allerdings galt die Vorratsdatenspeicherung nur für Anbieter „öffentlich zugänglicher Telekommunikationsdienste für Endnutzer". Eine Vorratsdatenspeicherung (etwa nach §§ 113a, 113b TKG) war aber auch schon vor der Entscheidung des BVerfG auf Telemedien-Diensteanbieter nicht, auch nicht analog, anwendbar. Zur Nichtigkeit der europäischen Vorratsdatenspeicherungsrichtlinie siehe EuGH Urt. v. 8.4.2014 – C-293/12 und C-594/12. Dazu im Einzelnen → § 34 Recht des Datenschutzes.
[122] Die Telekom speicherte von 2007 die IP-Adressen auch von Flatrate-Kunden bis zu 80 Tage nach Rechnungsversand, gab diese Praxis aber aufgrund eines Urteils des LG Darmstadt vom 6.6.2007 – 10 O 562/03, CR 2007, 574 (bestätigt durch OLG Frankfurt Urt. v. 16.6.2010 – 13 U 105/07, MMR 2010, 645) zugunsten einer 7-tägigen Speicherfrist auf.
[123] Schreiben des Bundesbeauftragten für Datenschutz vom 16.3.2007 an die Arbeitsgemeinschaft Vorratsdatenspeicherung, abrufbar unter: http://www.vorratsdatenspeicherung.de/content/view/89/79/lang,de/.
[124] Der BGH hat darin einen zulässigen Speicherzweck und eine zulässige Speicherdauer gesehen → Rn 78.
[125] LG Darmstadt Urt. v. 7.12.2005 – 25 S 118/2005, MMR 2006, 330. Dieses Urteil ist rechtskräftig. Die Telekom hat nach eigener Aussage für diesen Kunden eine eigene Software entwickelt, die eine schnellere Löschung der IP-Adresse als die sonst angewandte Siebentagesfrist ermöglicht.

kom zur Löschung unmittelbar nach Verbindungsende angenommen hat (weder §§ 96 Abs. 1, 97 Abs. 2 Ziffer 1 TKG bei Flatrate-Kunden noch § 100 Abs. 1 und Abs. 3 TKG böten eine rechtliche Grundlage für eine weitergehende Speicherung), haben das AG Bonn[126] sowie das OLG Frankfurt[127] die siebentätige Speicherung der IP-Adressen durch die Deutsche Telekom für zulässig erachtet. § 100 Abs. 1 TKG erlaube im Unterschied zu § 100 Abs. 3 TKG zur Erkennung, Eingrenzung und Beseitigung von technischen Fehlern oder Störungen an den Einrichtungen und Anlagen die Speicherung der IP-Adresse auch ohne das Vorliegen konkreter Verdachtsmomente. Für das OLG Frankfurt war darüber hinaus auch §§ 96 Abs. 1, 97 Abs. 2 Ziffer 1 TKG erfüllt, da es sich bei dem von der Deutschen Telekom angebotenen Flatrate-Tarif um eine Kombination von Dienstleistungen handelte.[128] Einzelne Dienstleistungen sind bei Inanspruchnahme entgeltpflichtige Zusatzleistungen, die nicht von der Pauschale für den Internetzugang abgedeckt seien. Die IP-Adresse dürfe daher auch über das unmittelbare Ende der Verbindung hinaus gespeichert werden. Ein Anspruch auf sofortige Löschung scheide aus, allenfalls sei eine unverzügliche Löschung denkbar. Insoweit habe der darlegungs- und beweispflichtige Kläger aber nicht vortragen, dass es der Deutschen Telekom möglich sei, die IP-Adressen schneller als nach einem Zeitraum von sieben Tagen zu löschen, ohne zugleich die Abrechnung samt Erkennung, Eingrenzung und Beseitigung von technischen Fehlern oder Störungen an den Einrichtungen und Anlagen zu gefährden.

78 Der BGH hat mit Urteil vom 13.1.2011 (III ZR 146/10) das Urteil des OLG Frankfurt/M. aufgehoben und zurückverwiesen. Der BGH widerspricht dem OLG Frankfurt/M., indem er einen Anspruch des Klägers auf sofortige Löschung gem. § 96 Abs. 1 S. 3 TKG nicht von vorneherein ausschließt. Ein solcher Anspruch sei bei Vorliegen der Voraussetzungen in Abhängigkeit der technischen Möglichkeiten der Beklagten durchaus gegeben. Dies habe das Berufungsgericht weiter aufzuklären. In Bezug auf die Speicherung zum Erkennen, Eingrenzen und Beseitigen von Störungen nach § 100 Abs. 1 TKG schließt sich der BGH der Rechtsansicht des Bundesbeauftragten für den Datenschutz hinsichtlich der siebentägigen Speicherfrist an. Nach Ansicht des BGH wahrt eine *„anlasslose, jedoch auf sieben Tage begrenzte Speicherung der jeweils genutzten IP-Adressen […] – ihre technische Erforderlichkeit für die Zwecke des § 100 Abs. 1 TKG vorausgesetzt – die Verhältnismäßigkeit."* (Rn. 25). In der Folge hat das OLG Frankfurt/M. nach Durchführung einer Beweisaufnahme die Berufung des Klägers zurückgewiesen (Urteil vom 28.8.2013 – 13 U 105/07). Die dagegen gerichtete Revision des Klägers hat der BGH mit Urteil vom 3.7.2014 (III ZR 391/13) zurückgewiesen. Danach darf die Deutsche Telekom weiterhin IP-Adressen sieben Tage lang speichern, um im Einklang mit dem TKG Netzstörungen und Fehler an TK-Anlagen abzuwehren. Auch das Urteil des Europäischen Gerichtshofs (EuGH) zur Vorratsdatenspeicherung vom 8.4.2014 (C-293/12 und C-594/12) führe zu keiner abweichenden Bewertung, denn die Speicherung bei der Deutschen Telekom geschehe nicht für Zwecke der Strafverfolgung, sondern im Interesse des Netzbetreibers. Im Gegensatz zum Bundesverfassungsgericht, das nicht davon ausging, dass eine sechsmonatige, vorsorglich anlasslose Speicherung von TK-Verkehrsdaten durch private Diensteanbieter, wie sie die RL 2006/24/EG vorsieht, mit dem GG nicht schlechthin unvereinbar sei,[129] hatte der EuGH die Richtlinie zur Vorratsdatenspeicherung für ungültig erklärt.[130] Es bleibt abzuwarten, wie eine neue Richtlinie zu dieser Thematik ausgestaltet wird und vor allem, wie sie den Anforderungen des EuGH an die Verhältnismäßigkeit des Eingriffs gerecht wird.

---

[126] AG Bonn Urt. v. 5.7.2007 – 9 C 177/07, MMR 2008, 203.
[127] OLG Frankfurt Urt. v. 16.6.2010 – 13 U 105/07, MMR 2010, 645.
[128] → Rn. 32 ff.
[129] BVerfG Urt. v. 2.3.2010 – 1 BvR 256/08, 1 BvR 263/08, 1 BvR 586/08, Rn. 185 ff.
[130] EuGH Urt. v. 8.4.2014 – C-293/12 u. C-594/12 – Digital Rights Ireland Ltd. Diese Entscheidung ist in der Datenschutz-Literatur begrüßt worden (s. etwa Anm. zum Urteil des EuGH *Petri* ZD 2014, 296; *Kühling* NVwZ 2014, 681), wobei besonders angeführt wurde, dass der Nachweis, dass die Vorratsdatenspeicherung zur Bekämpfung schwerer Straftaten ausgeblieben ist. Obwohl im Koalitionsvertrag der Großen Koalition die Umsetzung der Richtlinie zur Vorratsdatenspeicherung vereinbart wurde,[130] hat sich der Bundesjustizminister Heiko Maas dagegen entschieden, schon vor der Entscheidung des EuGH einen Gesetzesentwurf vorzulegen (siehe http://www.heise.de/newsticker/meldung/Justizminister-Heiko-Maas-legt-Vorratsdatenspeicherung-auf-Eis-2075205.html, Stand: 30.9.2014).

Entscheidend für den Personenbezug ist nach überwiegender Ansicht nicht die gesetzliche Löschpflicht, sondern die tatsächliche Löschung und somit die tatsächliche Unkenntlichmachung oder die unverhältnismäßige Erschwerung der Rückführung auf eine natürliche Person.[131]

dd) Telemedien-Diensteanbieter. Ist eine Zuordnung der IP-Adresse zu einer natürlichen Person für den Access-Provider ohne weiteres möglich,[132] muss dies für Telemedien-Diensteanbieter nicht unbedingt gelten. Soweit der Nutzer sich nicht namentlich beim Diensteanbieter registriert hat, kann der Diensteanbieter eine Zuordnung der IP-Adresse zu einer bestimmten Person ohne Rückgriff auf Dritte in der Regel nicht vornehmen. Es kommt darauf an, ob der Diensteanbieter mit den ihm zur Verfügung stehenden technischen Mitteln und ohne unverhältnismäßigen Aufwand den Personenbezug herstellen kann.[133] Für den reinen Telemedien-Diensteanbieter ist der Personenbezug lange Zeit verneint worden, denn für ihn ist ein Personenbezug nur dann möglich, wenn er die entsprechenden Informationen von dem Access-Provider erhält. Ob dies ausreicht, einen Personenbezug zu bejahen, ist fraglich, denn es ist dem Access-Provider aus datenschutzrechtlichen Gründen untersagt, IP-Adressen an den Telemedien-Provider zu geben.[134]

Die **Artikel-29-Datenschutzgruppe** setzt sich in ihrer Stellungnahme 4/2007 vom 20.6.2007 mit dem Konzept der personenbezogenen Daten auseinander.[135] In dieser Stellungnahme analysiert die Art. 29-Gruppe die Definition der Datenschutzrichtlinie 95/46/EG für den Begriff „personenbezogene Daten". Dabei nimmt die Art. 29-Gruppe auch Stellung zur **RFID-Technologie,** bei der sich im Hinblick auf die Identifikationsnummer (Unique Identifier UID) der RFID-Chips ein ähnliches Problem ergibt wie bei den IP-Adressen. Die Art. 29 Gruppe führt zu dynamischen IP-Adressen aus, dass es sich dabei für Internet-Zugangsanbieter und Internet-Diensteanbieter (Internet-Service-Provider)[136] per se um personenbezogene Daten handele.[137] Über Telemedien-Diensteanbieter wird aber keine Aussage getroffen. Einer neueren Stellungnahme[138] der Artikel-29-Datenschutzgruppe kann aber entnommen werden, dass die Artikel-29-Gruppe dynamische IP-Adressen als für Telemedien-Diensteanbieter personenbezogene Daten wertet. So führt die Datenschutzgruppe aus: *„Werbung auf Basis von Behavioural Targeting umfasst üblicherweise das Sammeln von IP-Adressen und die Verarbeitung eindeutiger Kennungen (durch den Cookie). Die Verwendung solcher Instrumente mit einer eindeutigen Kennung ermöglicht die Verfolgung von Nutzern eines bestimmten Computers, selbst wenn dynamische IP-Adressen verwendet werden."*[139]

Aufsehen erregten im Jahr 2007 zwei Urteile Berliner Gerichte im Zusammenhang mit IP-Adressen.[140] In beiden Urteilen ging es um die Frage des Personenbezugs von IP-Adressen. Durch die beiden Urteile wurde das Bundesjustizministerium verurteilt, die IP-Adressen, die das Ministerium von Nutzern gespeichert hatte, die auf die Ministeriumswebsites im Internet

---

[131] Vgl. *Conrad/Hausen* ITRB 2011, 35.
[132] → Rn. 72.
[133] S. etwa *Schaar* Datenschutz im Internet, Rn. 168; *Taeger/Gabel* § 12 TMG Rn. 7 f., und jüngst auch zu den Berlin-Urteilen *Eckhardt* K&R 2007, 602.
[134] KG Berlin Urt. v. 27.9.2006 – 10 U 262/05, K&R 2007, 168; OLG Hamburg Urt. v. 28.4.2005 – 5 U 156/04, MMR 2005, 453; OLG Frankfurt Urt. v. 25.1.2005 – 11 U 51/04, MMR 2005, 241 mAnm. *Spindler*; OLG München Urt. v. 24.3.2005 – 6 U 4696/04, MMR 2005, 616; vgl. EuGH Urt. v. 29.1.2008 – C 275/06 – *Promusicae* K&R 2008, 165 ff.
[135] Working Paper 136, Opinion 4/2007 on the concept of personal data.
[136] Zum Begriff und zur Abgrenzung des Internet-Service-Providers vom reinen Access-Provider oder Telemedien-Provider → Rn. 32 ff.
[137] Das Working Paper 136 verweist auf Seite 19 (Beispiel 15) auf das Working Paper 37: Privacy on the Internet – An integrated EU Approach to On-line Data Protection, angenommen am 21.1.2000. In Working Paper 159, Stellungnahme 1/2009 über die Vorschläge zur Änderung der Richtlinie 2002/58/EG (Datenschutzrichtlinie für die elektronische Kommunikation), angenommen am 10.2.2009 bekräftigt die Artikel-29-Datenschutzgruppe seine Position hinsichtlich des Personenbezugs von IP-Adressen.
[138] Stellungnahme 2/2010 zur Werbung auf Basis von Behavioural Advertising (WP 171, angenommen am 22.6.2010).
[139] WP 171, Seite 11.
[140] AG Berlin-Mitte Urt. v. 27.3.2007 – 5 C 314/06, K&R 2007, 600, sowie des LG Berlin Urt. v. 6.9.2007 – 23 S 3/07, K&R 2007, 601.

zugegriffen hatten, zu löschen. Sowohl das **AG Berlin Mitte** als auch das LG Berlin vertraten die Ansicht, dass es bei einer dynamischen IP-Adresse generell um ein personenbezogenes Datum im Sinne von § 15 TMG bzw. § 3 Abs. 1 BDSG handle. Dies gelte auch für die Betreiber von Websites, selbst wenn diese allenfalls durch Einschaltung dritter Personen, etwa des Access-Providers, eine Zuordnung zu den Nutzern vornehmen können. Es komme nicht darauf an, ob der Betroffene mit legalen oder illegalen Mitteln ermittelt werden könne. Das Datenschutzrecht solle gerade auch vor einem Missbrauch von Daten schützen, so dass eine Einschränkung des Begriffs der Bestimmbarkeit von Personen nicht gerechtfertigt sei. Auch bestimme die EG-Richtlinie 95/46/EG unter Erwägungsgrund Ziffer 26, dass bei der Entscheidung, ob eine Person bestimmbar sei, alle Mittel berücksichtigt werden müssen, die vernünftigerweise entweder von dem Verantwortlichen für die Verarbeitung oder von einem Dritten eingesetzt werden können, um die betreffende Person zu bestimmen. Die Zusammenführung personenbezogener Daten mit Hilfe Dritter sei ohne großen Aufwand in den meisten Fällen möglich.

83 Konträr entschied dagegen das **AG München** im Jahr 2008 in bewusster Abgrenzung zur Entscheidung des AG Berlin.[141] Dynamische IP-Adressen seien für Website-Betreiber keine personenbezogenen Daten im Sinne des § 3 Abs. 1 BDSG, weil es an der notwendigen Bestimmbarkeit fehle. Im Unterschied zum Access-Provider habe der Website-Betreiber keine Möglichkeit zur Identifikation des Nutzers. Allenfalls mit Hilfe des Access-Providers könnte er den Nutzer identifizieren, für eine Weitergabe der Daten durch den Access-Provider bestehe aber keine gesetzliche Erlaubnis. Die rein theoretisch gegebene Missbrauchsmöglichkeit durch illegales Zusammenwirken von Access-Provider und Website-Betreiber reiche nicht aus, um einen Personenbezug anzunehmen. An der Bestimmbarkeit fehle es, da mit den normalerweise zur Verfügung stehenden Kenntnissen und Hilfsmitteln der Nutzer gerade nicht ohne unverhältnismäßigen Aufwand bestimmt werden könne. Zu einem ähnlichen Ergebnis kommt auch das LG Wuppertal.[142]

84 Interessant ist insoweit auch die Entscheidung des OLG Hamburg vom 3.11.2010, die in einem File-Sharing-Fall ergangen ist.[143] Das Gericht führt aus: *„Dass das Ermitteln der IP-Adressen nach deutschem Datenschutzrecht rechtswidrig sein könnte, ist nicht ersichtlich, da bei den ermittelten IP-Adressen ein Personenbezug mit normalen Mitteln ohne weitere Zusatzinformation nicht hergestellt werden kann. Der Personenbezug wird erst durch die seitens der Staatsanwaltschaft nach §§ 161 Abs. 1 S. 1 und 163 StPO angeforderte oder gem. § 101 Abs. 9 UrhG gerichtlich angeordnete Auskunft des Providers ermöglicht. Das Erteilen derartiger Auskünfte hat der BGH in der vorerwähnten Entscheidung „Sommer unseres Lebens" (dort Tz. 29) ausdrücklich als rechtmäßig angesehen."* Die Begründung zu dem fehlenden Personenbezug ist zumindest strittig. Es kommt nicht auf die Rechtmäßigkeit des Auskunftsersuchens an, sondern darauf, ob die Zuordnung zu einer Person nicht oder nur mit unverhältnismäßig Aufwand erreicht werden kann (siehe auch § 3 Abs. 6 BDSG).[144] Je leichter eine Auskunft über IP-Adresse erlangt werden kann, um so eher spricht dies dafür, dass Personenbezug mit verhältnismäßigem Aufwand hergestellt werden könnte.

85 Ein Urteil des **AG Bamberg** aus dem Jahr 2012,[145] bestätigt durch das LG Bamberg,[146] bejaht bei dynamischen IP-Adressen den unverhältnismäßigen Aufwand der Zuordnung für den Websitebetreiber – ohne dies genauer zu erläutern – und lehnt den Personenbezug solcher IP-Adressen ab.

86 Das **LG Berlin** liefert in einem Urteil aus dem Jahr 2013[147] die Begründung nach: Der Umstand, dass ein Personenbezug unter Mitwirkung des Access-Providers hergestellt wer-

---

[141] AG München Urt. v. 30.9.2008 – 133 C 5677/08, MMR 2008, 860.
[142] LG Wuppertal Beschl. v. 19.10.2010 – 25 Qs 10 Js 1977/08 – 177/10, MMR 2011, 66 zur Strafbarkeit des Einwählens in unverschlüsselte WLAN-Netzwerke.
[143] OLG Hamburg Beschl. v. 3.11.2010 – 5 W 126/10, MMR 2011, 281: IP-Adresse kein personenbezogenes Datum; siehe auch *Eckhardt* CR 2011, 339; *Krüger/Mancher* MMR 2011, 433.
[144] Siehe dazu auch BVerfG Beschl. v. 13.11.2010 – 2 BvR 1124/10, K&R 2011, 320: Auskunftsersuchen zu IP-Adressen auch ohne Richtervorbehalt zulässig.
[145] AG Bamberg Urt. v. 1.3.2012 – 101 C 1912/11, ZD 2013, 630.
[146] LG Bamberg Beschl. v. 25.5.2012 – 3 S 44/12, ZD 2013, 628.
[147] LG Berlin Urt. v. 31.1.2013 – 57 S 87/08, ZD 2013, 618.

II. Datenschutzanforderungen an die Ausgestaltung von Websites 87–89 § 36

den kann, sei es auf Grund zivilrechtlicher Auskunftsansprüche, strafprozessualer Ermächtigungen oder gar missbräuchlich, ändere nichts daran, dass der Aufwand zur Bestimmung der betroffenen Person außer Verhältnis zum Nutzen der Information für die verarbeitende Stelle stehe. Denn das Zusammenführen der beim Websitebetreiber anfallenden IP-Adresse mit den beim Access-Provider gespeicherten Bestandsdaten sei eine datenschutzrechtlich relevante Handlung und nur aufgrund gesetzlicher Erlaubnis oder Einwilligung zulässig. Dadurch werde der Betroffene ausreichend geschützt, einer Vorverlagerung des Schutzes auf nicht oder „noch nicht" personenbezogene Daten sei nicht erforderlich. Diese Auffassung ist durchaus angreifbar; so haben insbesondere die Auskunftsverfahren nach § 101 UrhG gezeigt, dass bei dem nach § 101 Abs. 9 UrhG vorgesehenen Richtervorbehalt bei der Abfrage tausender IP-Adressen pro Antrag, allenfalls eine kursorische Prüfung möglich ist und die formal rechtlich hohen Hürden in der Praxis oft keine Hürden von einer solchen Qualität darstellen, dass mit einer Zusammenführung der Daten vernünftigerweise praktisch nicht zu rechnen ist.[148]

Der BGH hat inzwischen ein Verfahren zur Zulässigkeit der Speicherung von dynamischen IP-Adressen ausgesetzt und dem EuGH vorgelegt.[149] Dreh- und Angelpunkt ist die lange umstrittenen Frage der Auslegung des Begriffs „personenbezogene Daten" (siehe Art. 2 lit. a der RL 95/46/EG). Bei früheren EuGH-Urteilen hat die Literatur diskutiert, ob der EuGH die Frage der Relativität oder Absolutheit des Begriffs des Personenbezugs entschieden hat.[150] Ist der Begriff des personenbezogenen Datums dahingehend auszulegen, dass eine IP-Adresse, die ein Diensteanbieter im Zusammenhang mit einem Zugriff auf seine Internetseite speichert, für diesen schon dann ein personenbezogenes Datum darstellt, wenn (lediglich) ein Dritter (im Fall des BGH: Zugangsanbieter) über das zur Identifizierung der betroffenen Person erforderliche Zusatzwissen verfügt? Der Wortlaut der Richtlinie ist insoweit nicht eindeutig, aber für die Auslegung des nationalen Rechts maßgebend. Erwägungsgrund 26 Satz 2 der Richtlinie besagt, dass für die Bestimmbarkeit einer Person auch Mittel zu berücksichtigen seien, die „von einem Dritten" eingesetzt werden können, um die Person zu bestimmen. Das könne so verstanden werden, so der BGH, dass *„der Personenbezug auch für einen Verantwortlichen, der eine Information lediglich speichert, schon dann zu bejahen ist, wenn ausschließlich ein Dritter (...) den Betroffenen ohne unverhältnismäßigen Aufwand identifizieren könnte. Andererseits könnte ein solches Verständnis des Erwägungsgrunds nicht zwingend sein."*[151] Denn würde man für die Bestimmbarkeit nur Mittel, die „vernünftigerweise" eingesetzt werden könnten, berücksichtigen, wäre ebenso ein relativer Personenbezug denkbar.[152] Ob ein Personenbezug daher auch bei dynamischen IP-Adressen vorliegt, bei denen das Zusatzwissen von den IP-Adressen getrennt ist, wird daher nun der EuGH zu entscheiden haben. 87

Der **Düsseldorfer Kreis** hält in einem Beschluss[153] aus dem Jahr 2009 die Analyse des Nutzungsverhaltens unter Verwendung vollständiger IP-Adressen für einwilligungsbedürftig, da IP-Adressen personenbezogen seien. Die Datenschutzbehörden vertreten weitgehend einheitlich, dass IP-Adressen durchweg als personenbezogene Daten zu behandeln sind – auch für Telemedien-Provider.[154] 88

c) Web-Analyse mit Cookies, Einwilligungsbedürftigkeit. *aa) Server-basierte Erfassung von Daten in Logfiles.* Webserver haben die Aufgabe, aufgerufene Webseiten an Nutzer „auszuliefern". Dies erledigt eine spezielle Software (wie zB der weitverbreitete Apache HTTP Server), die Anfragen der Nutzer entgegennimmt, verarbeitet und beantwortet. Stan- 89

---

[148] Vgl. Simitis/*Dammann* BDSG § 3 Rn. 26.
[149] BGH Beschl. v. 28.10.2014 – VI ZR 135/13, MMR 2015, 131.
[150] Evtl. eher für den absoluten Begriff des Personenbezugs: EuGH Urt. v. 19.4.2012 – C-461/10; möglicherweise eher für eine differenzierte Betrachtungsweise: EuGH Urt. v. 17.7.2014 – C-141/12 u. C-372/12.
[151] BGH Beschluss v. 28.10.2014 – VI ZR 135/13, MMR 2015, 131 Rn. 27.
[152] BGH Beschluss v. 28.10.2014 – VI ZR 135/13, MMR 2015, 131 Rn. 28.
[153] Beschluss der obersten Aufsichtsbehörden für den Datenschutz im nicht-öffentlichen Bereich am 26./27. November 2009 in Stralsund – Datenschutzkonforme Ausgestaltung von Analyseverfahren zur Reichweitenmessung bei Internet-Angeboten.
[154] Mit weiterer Begründung *Weichert* VuR 2009, 323; *Pahlen-Brandt* K&R 2008, 288; *ders.* DuD 2008, 34.

dardmäßig führt die Software über die eigene Tätigkeit ein Ereignisprotokoll im Textformat, im Englischen Logfile genannt. Durch die Konfiguration der Webserver-Software kann festgelegt werden, welche Informationen mitprotokolliert werden. Die Webserver-Software kann nur Informationen protokollieren, die der Nutzer bzw. der Internet-Browser des Nutzers (clientseitig) im Rahmen der Anfrage einer Website überträgt, oder die wie die IP-Adresse zur Erbringung des Dienstes zwangsweise ausgetauscht werden müssen.

Beispiel: Kommunikation mit Webserver und Logfiles

Das Aufrufen der Website www.heise.de mit einem Webbrowser hat zur Folge, dass der Webbrowser Informationen im sog HTTP-Header an den Webserver schickt. Einen Ausschnitt der Kommunikation mit dem Webserver geben die folgenden Zeilen beispielhaft wieder:

Anfrage Webbrowser:
GET/HTTP/1.1
Host: www.heise.de
User-Agent: Mozilla/5.0 (Windows; U; Windows NT 5.1; de; rv:1.9.2.6) Gecko/20.100625 Firefox/3.6.6 (.NET CLR 3.5.30.729)
Accept: text/html,application/xhtml+xml,application/xml;q=0.9,*/*;q=0.8
Accept-Language: de,en-us;q=0.7,en;q=0.3
Accept-Encoding: gzip,deflate
Accept-Charset: ISO-8859-1,utf-8;q=0.7,*;q=0.7
Keep-Alive: 115
Connection: keep-alive

Antwort Webserver:
HTTP/1.1 200 OK
Date: Wed, 21 Jul 2010 16:59:17 GMT
Server: Apache
Vary: Accept-Encoding,User-Agent
Content-Encoding: gzip
Content-Length: 15350
Connection: close
Content-Type: text/html; charset=utf-8

Anfrage Webbrowser:
GET/image/bild.jpg HTTP/1.1
Host: www.heise.de
User-Agent: Mozilla/5.0 (Windows; U; Windows NT 5.1; de; rv:1.9.2.6) Gecko/20.100625 Firefox/3.6.6 (.NET CLR 3.5.30.729)
Accept: image/png,image/*;q=0.8,*/*;q=0.5
Accept-Language: de,en-us;q=0.7,en;q=0.3
Accept-Encoding: gzip,deflate
Accept-Charset: ISO-8859-1,utf-8;q=0.7,*;q=0.7
Keep-Alive: 115
Connection: keep-alive

Antwort Webserver:
HTTP/1.1 200 OK
Date: Wed, 21 Jul 2010 16:59:18 GMT
Server: Apache
Last-Modified: Sat, 17 Jul 2010 06:02:06 GMT
Accept-Ranges: none
Content-Length: 2980
Connection: close
Content-Type: image/jpeg

... usw. für jedes zu übertragende Element der Website.

In dem ersten Block fragt der Webbrowser die Webseite www.heise.de an und sendet einige technische Informationen, darunter den verwendeten Browser und das verwendete Betriebssystem, mit. Der Webserver beantwortet die Anfrage sinngemäß mit „Website existiert". Daraufhin fragt der Webbrowser im obigen Beispiel eine Grafikdatei mit dem Namen „bild.jpg" an. Der Webserver beantwortet die Anfrage wie-

derum positiv. Bei dem Aufruf einer Website folgen für jedes Element der Website, wie zB weitere Grafiken, weitere Anfragen bis der Inhalt der angefragten Webseite komplett an den Nutzer übermittelt ist.
Die IP-Adresse des für die Anfrage benutzten Internet-Anschlusses wird nicht im HTTP-Header übermittelt. Eine Übermittlung erfolgt netzwerktechnisch auf einer anderen Ebene, die durch das TCP/IP-Protokoll beschrieben wird.
Ein typischer Eintrag im Logfile des Webservers für die Anfrage der Grafikdatei mit dem Namen „bild.jpg" könnte wie folgt aussehen:
213.114.127.89 - - [21/July/2010:16:59:18 +0200] „GET/image/bild.jpg HTTP/
1.1" 200.8423 „http://heise.de/" „Mozilla/5.0 (Windows; U; Windows NT 5.1; de; rv:1.9.2.6)
Gecko/20100625 Firefox/3.6.6 (.NET CLR 3.5.30.729)"

Protokolliert wird:
  IP-Adresse des anfragenden Internet-Anschlusses, hier „213.114.127.89"
  Benutzername und Passwort bei Zugriff auf zugangsgeschützte Elemente, hier nicht gegeben, daher „- -"
  Datum und Uhrzeit der Anfrage
  Angefragtes Element (hier Datei „bild.jpg") und verwendetes Protokoll (hier „HTTP/1.1")
  Antwort-Code, hier „200", bedeutet, dass die Datei vorhanden ist, bei fehlender Datei lautete der Antwort-Code 404
  Übertragene Datenmenge in Bytes, hier 8423
  Verweisende Seite (= Referrer URL), dh die Seite von der die Aufforderung zum Laden der Datei „bild.png" gesendet wurde, hier „http://heise.de"
  User Agent, dh die Software, die genutzt wurde, um die Anfrage abzusenden, hier: Mozilla/5.0 in Form von Firefox Version 3.6.6 mit weiteren technischen Angaben. Auch das verwendete Betriebssystem (hier Windows NT 5.1 = Windows XP) wird mitprotokolliert.

Wie dem Beispiel entnommen werden kann, ist HTTP ein zustandsloses Protokoll.[155] Jede Anfrage des Webbrowsers an den Webserver stellt eine eigenständige in sich abgeschlossene Aktion dar, die grds. nicht verknüpft ist mit anderen Anfragen. Anders ausgedrückt: Klickt sich der Benutzer durch eine Website, so hat der Webserver grds. keine Kenntnis davon, dass die Anfragen von demselben Nutzer stammen. Eine Verknüpfung wollen Website-Betreiber durch Analyse der Logfiles vornehmen, um den Aufbau und die Struktur der Website optimieren zu können oder etwa den Erfolg von Marketingaktionen zu messen.

Als verknüpfender Identifikator bietet sich die IP-Adresse an, weil sie bei jeder Anfrage des Webbrowsers zwangsläufig mit übertragen wird. Dabei ist aber zu bedenken, dass die IP-Adresse grds. nur einem Internetanschluss zugeordnet ist.[156] Besuchen mehrere Nutzer über dieselbe IP-Adresse (zB in einer Firma hinter einem gemeinsamen Router) Websites, können diese Nutzer grds. nicht allein anhand der IP-Adresse voneinander unterschieden werden. Vergeben Internet-Access-Provider an ihre Kunden dynamische IP-Adressen, wird eine Zuordnung des Nutzungsverhaltens über mehrere Website-Besuche hinweg (Sessionübergreifend) erschwert. Hier zeigen sich die Grenzen der IP-Adresse als alleiniger Identifikator für Zwecke der Auswertung des Nutzungsverhaltens von Website-Nutzern.

Einen zuverlässigeren Rückschluss auf einzelne Nutzer ist uU möglich, wenn der Website-Betreiber nicht (nur) die IP-Adresse, sondern auch die weiteren in dem Logfile erfassten Informationen, wie zB verwendeter Browser und Betriebssystemversion, die für sich gesehen nicht personenbezogen sind, auswertet. Durch die Kombination mehrerer Kriterien kann die Zuordenbarkeit von Webbrowser-Anfragen zu einem Nutzer und damit auch die Wiedererkennbarkeit des Nutzers, auch über einen Wechsel der IP-Adresse hinweg signifikant erhöht werden (sog **Fingerprinting**).[157] Über den Einsatz von Javascript, das jeder Webbrowser

---

[155] Dies bedeutet, dass Anfragen (auch desselben Website-Nutzers) ohne Bezug zu früheren Anfragen behandelt werden, eine Zuordnung somit grds. nicht erfolgt. Beim FTP-Protokoll (File Transfer Protocol) ist dies anders. Dort gibt es eine sog. „Session" oder Sitzung, die über eine Authentifizierung aufgebaut wird. Jede daraufhin erfolgende Datenübertragung ist dieser Session zugeordnet. HTTP in der noch aktuellen Fassung 1.1 wird über die nächsten Jahre sukzessiv von HTTP/2 abgelöst werden, welches dann wie FTP Sessions unterstützen wird.
[156] → Rn. 31 ff.
[157] Nach einer Untersuchung der Electronic Frontier Foundation haben 84 % der Webbrowser einen einzigartigen digitalen Fingerabdruck. Dieser erlaubt die Sammlung von Nutzungsdaten unter einem einmaligen

standardmäßig ausführt, können automatisiert weitere Informationen wie zB Bildschirmauflösung, installierte Schriftarten und Browser Plug-ins abgefragt werden, die eine weitergehende Individualisierung und damit höhere Wiedererkennbarkeit des Nutzers erlauben. Bemühungen, Fingerprinting zu verhindern, indem der verwendete Browser und die darüber gesendeten Informationen verschleiert werden,[158] führen oft dazu, dass diese Nutzer erst recht aus der Masse hervorstehen und damit leichter individualisierbar werden, als wenn Gegenmaßnahmen nicht ergriffen worden wären.

93 *bb) Client-basierte Erfassung von Nutzungsdaten.* Neben der Speicherung und Auswertung von serverseitigen Logfiles,[159] kann der Website-Betreiber Daten über die Nutzung der Website auch direkt über den Webbrowser des Nutzers erheben und verarbeiten. Dazu ist allerdings eine Anpassung des Quellcodes der Website nötig. Gängig ist die Einbindung eines unsichtbaren Bildes (sog **1-Pixel-Bilder** oder auch **Web-Bugs** genannt) auf jeder Seite der Website. Ein Abruf der Grafik bedeutet einen Seitenaufruf und findet sich in den serverseitig erfassten Log-Dateien zur weiteren Auswertung. Häufig setzt der Website-Betreiber Dienstleister ein, die die Erfassung und Auswertung der Nutzungsdaten übernehmen. In diesen Fällen wird das 1-Pixel-Bild nicht vom Webserver des Betreibers geladen, sondern von dem Server des Dienstleisters. Damit fallen die zur Auswertung benötigten Daten – datenschutzrechtlich bedeutsam – direkt beim Dienstleister des Website-Betreibers und nicht beim Website-Betreiber selbst an.[160]

94 Neben 1-Pixel-Bildern kommen auch sog **Javascript-Tags** zum Einsatz, die zusätzliche Informationen über den verwendeten Webbrowser (zB Bildschirmauflösung, verwendete Plugins) abfragen können. Javascript ist eine Programmiersprache, die gegenüber HTML und CCS eine weitergehende Möglichkeit zur Interaktion mit dem Nutzer und dem von ihm verwendeten System bietet. So kann Javascript auch zur Aufzeichnung von Mausbewegungen oder Tastatureingaben eingesetzt werden.

95 **Cookies** sind Informationen, die in der Regel über Javascript auf dem Rechner des Nutzers erzeugt und gespeichert werden und bei späteren Zugriffen auf den Webserver im HTTP-Header an den Webserver gesendet werden (sog HTTP-Cookies). Cookies verdanken Ihre Daseinsberechtigung einer technischen Eigenheit des HTTP-Protokolls – seiner Zustandslosigkeit.[161] In Cookies lassen sich ua vom Webserver vergebene eindeutige Kennungen, sog Session-IDs, speichern, die die Identifizierung einzelner Nutzers über mehrere Zugriffe hinweg ermöglichen. Cookies werden zum Teil dazu verwendet, dem Nutzer einer Website Komfortfunktionen bereitzustellen, zB die Bereitstellung eines virtuellen Einkaufskorbs bei Online-Shops. Bei passwortgeschützten Seiten dienen Cookies dazu, dass der Nutzer nicht bei jedem Aufruf einer Unterseite erneut das Passwort eingeben muss.

96 Cookies können dafür eingesetzt werden, das Nutzungsverhalten eines Nutzers zu erfassen – und dies präziser, als es über die reine Zuordnung über eine IP-Adresse möglich wäre.[162] Cookies bilden quasi eine Klammer um die client-basierte Erfassung von Nutzungsdaten durch 1-Pixel-Bilder und Javascript-Tags, indem sie eine Verfolgbarkeit der Aktionen eines Nutzers durch die Zuweisung eines Kennzeichens ermöglichen. Beim Einsatz sog **Drittanbieter-Cookies** kann eine Nachverfolgung sogar über die Grenzen der eigenen Website hinaus erfolgen. Dies ist etwa der Fall, wenn ein auf der besuchten Website geschaltetes Werbebanner eines Werbeanbieters einen Cookie setzt. Besucht der Nutzer eine andere Website, auf der ebenfalls ein Werbebanner desselben Werbeanbieters zu finden ist, kann der Werbeanbieter das Nutzungsverhalten des Nutzers über verschiedene Webauftritte hinweg erfassen.

Kennzeichen, siehe Pressemeldung und detaillierte Untersuchungsergebnisse unter https://www.eff.org/deeplinks/2010/05/every-browser-unique-results-fom-panopticlick.

[158] ZB können Nutzer die Ausführung von Javascript verhindern und gewisse Kategorien von standardmäßig im HTTP-Header übertragenen Informationen wie zB „Verweisende Seite" und „User Agent" gezielt manipulieren.

[159] → Rn. 89 ff.

[160] Zur der sich daraus ergebenden Problematik → Rn. 112 ff.

[161] → Rn. 90.

[162] So können zB einzelne Clients, die sich nach außen hin eine gemeinsame IP-Adresse teilen, mit Hilfe von Cookies differenziert erfasst werden.

II. Datenschutzanforderungen an die Ausgestaltung von Websites

Alle gängigen Browser bieten die Option, Javascript zu deaktivieren. Manche Webseiten sind dann aber nicht mehr oder nur noch eingeschränkt benutzbar. Auch Cookies werden ausschließlich vom Webbrowser verwaltet, dh der Nutzer kann durch Einstellung des Webbrowsers entscheiden, ob Cookies überhaupt angelegt werden dürfen und wie lange diese gespeichert werden dürfen.[163] In beschränktem Umfang besteht für den Nutzer die Möglichkeit, die Daten eines Cookies anzusehen[164] und alle oder gezielt einzelne Cookies zu löschen. **97**

cc) Relevanz der IP-Adresse für Web-Analytics. Nutzungsdaten können bereits für sich genommen personenbezogen sein, wenn sie identifizierende Informationen, wie zB eine E-Mail-Adresse, enthalten. Für sich genommen anonyme Einzeldaten (wie zB User Agent Informationen, Referrer URL), deren Erfassung und Speicherung keinen datenschutzrechtlichen Beschränkungen unterliegen, können, sofern sie zur Erstellung von Nutzungsprofilen verwendet werden und/oder mit personenbezogenen Daten verknüpft werden, unter Umständen einen Personenbezug erhalten. **98**

Datenschutzrechtlich[165] relevant ist ua das Aufzeichnen und damit Speichern der IP-Adressen der Nutzer von Telemedien in Logfiles. Website-Betreiber protokollieren die IP-Adresse, da häufig neben einer Geolokalisierung[166] als Identifikator eine Korrelation der einzelnen Anfragen des Webbrowsers an den Server erlaubt und damit auch ohne Einsatz von Web-Bugs und JavaScript die Grundlage für eine rudimentäre Profilbildung schafft. **99**

Daten aus der Nutzung der Website können, auch wenn sie nicht die IP-Adresse enthalten, Datenschutzrelevanz erlangen. Dies ist etwa der Fall, wenn **100**
- der Nutzer dem Diensteanbieter anderweitig bekannt ist (etwa über ein **Nutzerkonto** bei Telemediendiensten mit Registrierungsfunktion), oder
- der Nutzer personenbezogene Angaben in Eingabeformularen macht, oder
- anonyme Einzeldaten mit Hilfe von Fingerprinting[167] einem Identifikator zugeordnet werden können (Pseudonym) und mit der Zeit durch immer weitergehender Auswertung des Nutzungsverhaltens (Erstellung eines Nutzungsprofils) ein Personenbezug erstmalig entsteht.

In solchen Fällen sind die besonderen datenschutzrechtlichen Vorschriften der §§ 11 ff. TMG zu berücksichtigen.

dd) Datenschutzrechtliche Anforderungen an Nutzungsprofile. § 12 Abs. 1 TMG ist die spezialgesetzliche Ausprägung des aus dem BDSG bekannten Verbotsprinzips mit Erlaubnisvorbehalt. Danach bedarf jede Erhebung und Verwendung[168] personenbezogener Daten zur Bereitstellung von Telemedien einer gesetzlichen Erlaubnis oder der Einwilligung des Betroffenen. Praktisch relevant ist bei der serverseitigen Datenspeicherung mit Hilfe von Logfiles nur die gesetzliche Erlaubnis, da eine fallabhängige Protokollierung, je nachdem ob eine Einwilligung erteilt oder verweigert wurde, von der zur Protokollierung eingesetzten Software regelmäßig nicht vorgesehen und damit technisch derzeit kaum realisierbar ist. Man findet nur wenige Websites, die das Setzen eines Cookies von der expliziten vorherigen Einwilligung des Nutzers abhängig machen. Häufig werden Nutzer in der Datenschutzerklärung lediglich darauf hingewiesen, wie sie das Setzen von Cookies durch eine Anpassung der Webbrowser Einstellungen verhindern können (Opt-Out).[169] **101**

Die **Erhebung** der in dem Logfile aus dem Beispiel (→ Rn. 89) wiedergegebenen Daten ist – ein Personenbezug unterstellt – wohl von der Erlaubnisnorm des § 15 Abs. 1 TMG abgedeckt. Sowohl IP-Adresse als auch Dateiname und -größe sind Informationen, die eine Inan- **102**

---

[163] Etwas anderes gilt für Flash-Cookies oder Local Shared Objects (LSO), die nicht vom Webbrowser, sondern vom Flash-Plugin verwaltet werden.
[164] Dabei enthält ein Cookie, das die Nutzung einer Website einzelnen Personen zuordnen soll, auf der Client-Seite oft nur eine eindeutige Kennung wie zB 26073a0dd7f5770473912802I1325997. Die eigentlichen Nutzungsdaten werden meist serverseitig erfasst und sind durch den Nutzer nicht einsehbar.
[165] Zu Datenschutz bei Webtracking siehe auch *Knopp* DuD 2010, 783.
[166] Siehe dazu *Kühn* DuD 2009, 747.
[167] → Rn. 92.
[168] Das TMG verwendet die Begrifflichkeit „Verwendung", die sich nicht im vom BDSG bekannten Dreiklang aus Erheben, Verarbeiten und Nutzen wiederfindet. § 3 Abs. 5 BDSG spricht dafür unter „Verwendung" den Oberbegriff für „Verarbeitung" und „Nutzung" zu sehen.
[169] Zu den Vorgaben der Cookie-Richtlinie → Rn. 55 und 9 ff.

spruchnahme des Telemediums überhaupt erst ermöglichen. Auch die Erfassung des vom Nutzer verwendeten Webbrowsers und das beim Nutzer zum Einsatz kommende Betriebssystem können ggf. erforderlich sein, um zB die für den Nutzer passende Webseite auszuliefern, wenn der Webserver verschiedene Varianten vorrätig hält, die verschiedene Eigenheiten der Webbrowser berücksichtigt.[170]

103 Nach § 15 Abs. 4 TMG ist eine **Speicherung** von personenbezogenen Nutzungsdaten in einem Logfile und damit über das Ende der Verbindung hinaus ohne Einwilligung der Nutzer nur gestattet, soweit die Daten zu Abrechnungszwecken gegenüber dem Nutzer erforderlich sind. Nach § 15 Abs. 8 TMG ist eine weitergehende Speicherung auch zur Verfolgung von Fällen der Leistungserschleichung zulässig. Dies gilt aber nur bei Vorliegen zu dokumentierender tatsächlicher Anhaltspunkte für einen solchen Missbrauch des Telemediendienstes. Eine pauschale Mitprotokollierung der Nutzungsdaten wird durch § 15 Abs. 8 TMG nicht legalisiert.

104 Praktisch wichtigste gesetzliche Erlaubnisnorm im Zusammenhang mit der Speicherung von Nutzungsdaten dürfte § 15 Abs. 3 TMG sein. Danach darf der Diensteanbieter für Zwecke der Werbung, der Marktforschung oder zur bedarfsgerechten Gestaltung des Dienstes **Nutzungsprofile** bei Verwendung von Pseudonymen erstellen, sofern der Nutzer dem nicht widerspricht. Hier hat der Gesetzgeber eine **Opt-out-Lösung** gewählt, die zunächst die Speicherung von Nutzungsdaten bei Verwendung von Pseudonymen zu den genannten Nutzungszwecken auch ohne Einwilligung erlaubt. Allerdings hat der Diensteanbieter darüber hinaus folgende spezielle Anforderungen zu beachten:
- Zusammenführungsverbot, § 15 Abs. 3 S. 3 TMG;
- Unterrichtungspflicht, § 13 Abs. 1 S. 2 TMG;
- Technische und organisatorische Maßnahmen, § 13 Abs. 4 S. 1 Nr. 6 TMG.

105 Fraglich ist, wie das Tatbestandsmerkmal „bei Verwendung von Pseudonymen" zu verstehen ist. Eine gesetzliche Definition findet sich im TMG nicht. Das BDSG definiert in § 3 Abs. 6a Pseudonymisieren als

„[...] das Ersetzen des Namens und anderer Identifikationsmerkmale durch ein Kennzeichen zu dem Zweck, die Bestimmung des Betroffenen auszuschließen oder wesentlich zu erschweren."

106 Der Gesetzgeber hat wohl das Leitbild vor Auge, dass ein einmal bestehender Personenbezug nachträglich durch einen Vorgang, der als Pseudonymisierung bezeichnet wird, soweit gelockert wird, dass eine Zuordnung des Kennzeichens (= **Pseudonym**) zu der Person nur noch mit Kenntnis der Zuordnungsregel möglich ist. Eine Zuordnungsmöglichkeit bei Websites wäre, wenn der Diensteanbieter den Website-Nutzer etwa durch Login in ein Nutzerkonto namentlich identifizieren kann. In einem solchen Fall darf der Diensteanbieter ein Nutzungsprofil ohne Einwilligung des Nutzers nur bei der Verwendung eines Pseudonyms anlegen, dh es muss durch technische und organisatorische Sicherheitsmaßnahmen sichergestellt sein, dass die Daten aus der Nutzung der Website nicht mit dem personenbezogenen Nutzerkonto zusammengeführt werden können, vgl. §§ 15 Abs. 3 S. 3, 13 Abs. 4 Nr. 6 TMG.

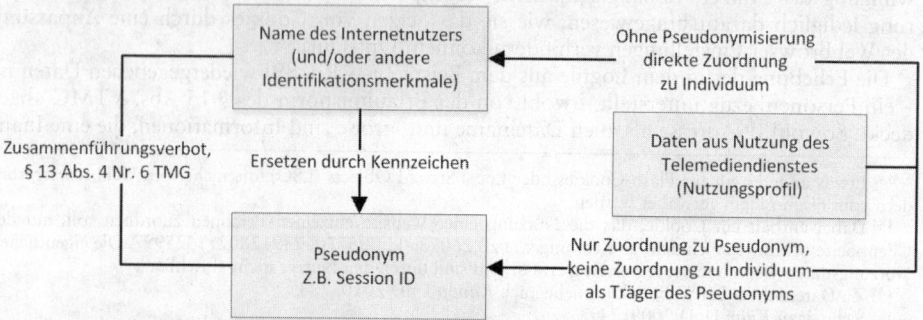

Abb. 3: Schematische Darstellung des Vorgangs des Pseudonymisierens entsprechend § 3 Abs. 6a BDSG

---

[170] Im HTML-Code von Webseiten findet sich oft eine sog. Webbrowser-Weiche, die dem Nutzer je nach verwendetem Browser eine für seinen Webbrowser optimierte Website ausliefert.

ee) IP-Adresse als Pseudonym im Sinne des § 15 TMG? Die Frage, ob die IP-Adresse als Pseudonym im Sinne von § 15 Abs. 3 TMG einzuordnen ist, hängt in der juristischen Diskussion eng mit der Frage zusammen, ob IP-Adressen personenbezogene Daten sind.[171] So hat sich der Düsseldorfer Kreis darauf festgelegt, dass eine IP-Adresse nicht als Pseudonym iSv § 15 TMG anzusehen sei und damit die Erleichterung des § 15 Abs. 3 TMG für IP-Adressen nicht gelte.[172] Dies ist insoweit konsequent als die IP-Adresse nicht zugleich ein Identifikationsmerkmal und ein Kennzeichen zum Ersatz eines Identifizierungsmerkmals darstellen kann.[173] Die Folge ist, dass nach Ansicht des Düsseldorfer Kreises eine ungekürzte Speicherung der IP-Adresse zu Zwecken der Werbung, der Marktforschung sowie der bedarfsgerechten Gestaltung der Telemedien ohne Einwilligung des Betroffenen nicht zulässig ist. Sollte der EuGH die Vorlage des BGH (Beschl. v. 28.10.2014 – VI ZR 135/13) dahingehend beantworten, dass Zusatzwissen Dritter (also von TK-Diensteanbietern) nicht ohne weiteres Telemediendiensteanbietern zurechenbar ist, kann zB eine dynamische IP-Adresse ein Pseudonym sein. Anders wäre es, wenn dieser Telemediendienstanbieter mit anderen Mitteln (etwa durch Zusammenführen mit den Anmeldedaten / Benutzerkonto) den Personenbezug herstellt.

Unter Zugrundelegung der Relativität des Personenbezugs[174] kann eine IP-Adresse aber zugleich personenbezogenes Datum sein und als Pseudonym begriffen werden – je nachdem aus welcher Perspektive bzw. im Hinblick auf welche verantwortliche Stelle das betrachtet wird. Für den Website-Betreiber, der die IP-Adresse des Website-Nutzers erfasst und sonst über kein Zusatzwissen (etwa direkt personenbezogene Registrierungsinformationen) verfügt, ist eine Identifizierung des Nutzers in der Regel nur über den Internet-Access-Provider möglich, denn nur dieser verfügt über direkt identifizierende Merkmale wie Name und Anschrift des Anschlussinhabers (der nicht in jedem Fall mit den Nutzer identisch sein muss). Eine Rückführung der IP-Adresse des Website-Nutzers auf den Nutzer selbst ist dem Website-Betreiber wesentlich erschwert, da der Internet-Access-Provider seinerseits nicht ohne weiteres die zu der IP-Adresse gespeicherten Vertragsdaten herausgeben darf.[175]

Dagegen könnte argumentiert werden, dass die Gefahr einer (Re-)Identifizierung des Website-Nutzers (weiter) gesenkt werden könnte, wenn der Website-Betreiber darauf verzichtet, die IP-Adresse als Pseudonym heranzuziehen und statt dessen, die IP-Adresse durch ein anderes Kennzeichen (zB zufällige Zahlen- und/oder Ziffernfolge) ersetzt. In diesem Fall, wäre der Nutzer auch vor einer Identifizierung durch den Internet-Access-Provider geschützt, etwa im Falle des Abhandenkommens des gespeicherten Kennzeichen beim Website-Betreiber.[176]

---

[171] Dazu ausführlich → Rn. 60 ff.
[172] Siehe zB Beschluss der obersten Aufsichtsbehörden für den Datenschutz im nicht-öffentlichen Bereich am 26./27. November 2009 in Stralsund – Datenschutzkonforme Ausgestaltung von Analyseverfahren zur Reichweitenmessung bei Internet-Angeboten, → Rn. 88 sowie *Knopp* DuD 2010, 783 (785) Rn. 18.
[173] *Knopp* DuD 2010, 783 (785) weist zurecht darauf hin, dass sich die gleiche Problematik bei der in Cookies zur Wiedererkennung verwendeten individuellen Nummer stellt, die evtl. ein neues identifizierungstaugliches Datum schafft und damit nicht als Pseudonym fungieren kann.
[174] → Rn. 66 ff.
[175] → Rn. 80 ff.
[176] Zur Vorlageentscheidung des BGH → Rn. 87.

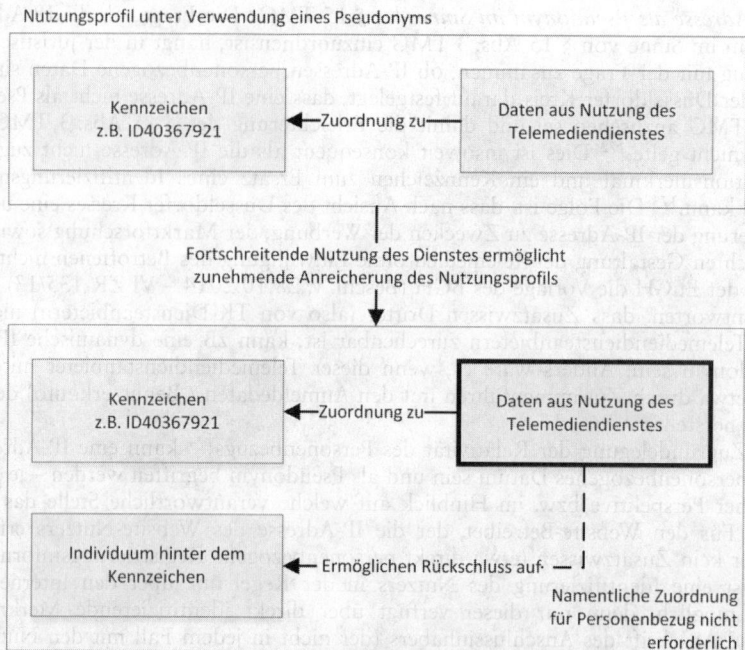

Abb. 4: Veranschaulichung Anwendungsbereich von § 15 Abs. 3 TMG.

110 Vom Schutzzweck des § 15 Abs. 3 TMG umfasst ist auch der Fall, dass der Nutzer, dessen Nutzungsverhalten erfasst wird, dem Diensteanbieter nie namentlich bekannt war. Denn die datenschutzrechtliche Gefahr einer Re-Identifizierung, nachdem der Name durch ein Kennzeichen ersetzt wird, ist nicht höher zu bewerten als die Gefahr einer erstmalig möglichen Identifizierung, indem der Nutzer personenbezogene Angaben in Eingabefeldern macht oder das unter einem Kennzeichen geführte Profil durch die Ansammlung immer weiterer Daten zunehmend individualisierter wird bis die Grenze zum Personenbezug überschritten ist.[177]

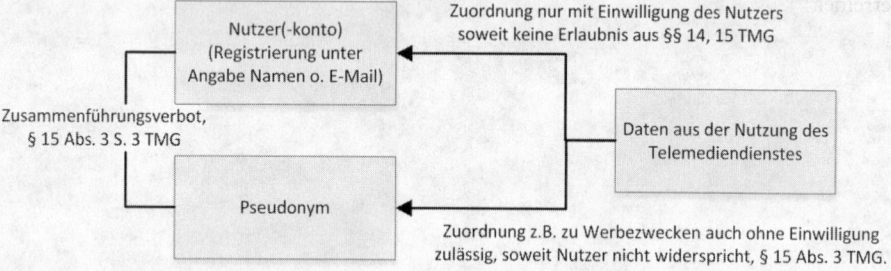

Abb. 5: Schematische Darstellung der erstmaligen Identifizierung des Nutzers eines Telemediendienstes über fortschreitende Profilbildung

---

[177] Siehe auch *Steidle/Prodesch* DuD 2008, 324 (327) und *Schleipfer* RDV 2008, 143. Die nicht umgesetzte Novelle zum Beschäftigtendatenschutz aus 2010 enthielt in § 32d Abs. 3 BDSG-E eine Bestimmung nach der der Arbeitgeber einen automatisierten Abgleich von Beschäftigtendaten nur in *„anonymisierter oder pseudonymisierter Form"* durchführen darf. Mag die Erlaubnis zur Vornahme anonymisierter Auswertungen zunächst überraschen, da bei fehlendem Personenbezug Datenschutzrecht nicht einschlägig ist, so ergibt die Regelung dann Sinn, wenn der Gesetzgeber davon ausgeht, dass das für eine Auswertung herangezogene Datenmaterial selbst personenbezogen ist und deren Verarbeitung – wenn auch zur Generierung anonymer Reports – daher dem Datenschutz unterliegt.

II. Datenschutzanforderungen an die Ausgestaltung von Websites

§ 15 Abs. 3 TMG enthält eine Rechtsgrundlage für Werbung, Marktforschung uä Wie ist aber der in der Praxis wohl häufig vorkommende Fall zu beurteilen, dass der Webserver Webseitenaufrufe mitprotokolliert, weil dies die Standardeinstellung im gebuchten Hosting-Paket ist, der Websitebetreiber allerdings nicht die Absicht hat, Nutzungsprofile zu erstellen? In einem solchen Fall greift § 15 Abs. 3 TMG nach dem Wortlaut nicht. Soweit die IP-Adresse mitprotokolliert wird, hängt die rechtliche Beurteilung der Speicherung von Logfiles davon ab, ob die IP-Adresse ein personenbezogenes Datum darstellt.[178] Enthalten die Logfiles dagegen nur anonyme Daten, ist eine Auswertung iSv § 15 Abs. 3 TMG nicht geplant und ist sichergestellt, dass eine Verknüpfung mit anderweitig erhobenen personenbezogenen Daten (etwa dem Nutzerkonto) nicht möglich ist, ist Datenschutzrecht im Ergebnis nicht einschlägig.

Praxistipp: Speicherung von Logfiles und Umsetzung des Widerspruchsrechts

Wegen der wohl einhelligen Ansicht der Datenschutzbehörden und zumindest einiger Gerichte, muss vor der Erhebung ungekürzter IP-Adressen in Logfiles eine Nutzereinwilligung eingeholt werden.

Das Einholen einer Einwilligung der Nutzer vor Beginn der Protokollierung ist mit den üblicherweise zum Einsatz kommenden Standard-Softwareprodukten technisch nicht oder nur mit hohem Aufwand umsetzbar und damit häufig nicht praktikabel.

Gegen eine nur verkürzte Speicherung der IP-Adresse (etwa Entfernung der letzten 8 Bit), sofern dies die eingesetzte Webserver-Software erlaubt, bestehen grds. keine datenschutzrechtlichen Bedenken. Die verkürzte Speicherung beseitigt regelmäßig einen Personenbezug, erlaubt aber trotzdem eine (rudimentäre) Geolokalisation zur geografischen Auswertung von Besucherströmen.[179]

Die Speicherung von Logfiles zur Auswertung des Nutzungsverhaltens unter der Verwendung eines Pseudonyms ist zulässig, solange der Nutzer dem nicht widerspricht. Das Widerspruchsrecht gem. § 15 Abs. 3 TMG setzt voraus, dass der Websitebetreiber ein erstelltes Nutzungsprofil einer natürlichen Person zuordnen kann. Sofern anfänglich ein direkter Personenbezug bestand, der durch Pseudonymisierung gelockert wurde und fortan unter dem Pseudonym Nutzungsdaten gespeichert wurden (siehe Abb. 4), ist dies möglich.

Sofern aber anfänglich anonyme Daten unter einem Pseudonym aggregiert wurden (siehe Abb. 5), kann der Websitebetreiber das Widerspruchsrecht des Nutzers faktisch erst umsetzen, wenn über die Gesamtheit der angesammelten Daten eine Identifizierung des Nutzers erstmals möglich ist. Davor besteht aber wohl auch kein Rechtsschutzbedürfnis für ein Widerspruchsrecht, da ein Personenbezug mangels Identifizierbarkeit nicht vorliegt.

Die Umsetzung des Widerspruchsrechts des Nutzers gem. § 15 Abs. 3 TMG bereitet in der Praxis Probleme, da die Webserver-Software eine häufig fallweise Protokollierung grds. nicht vorsieht. Selbst die bei einer clientseitigen Erfassung von Nutzungsdaten gegebene Möglichkeit zur Umsetzung des Widerspruchsrechts per sog „No-track-Cookie"[180] ist hier technisch bedingt nicht ohne Weiteres gegeben.

Auf die Speicherung ungekürzter IP-Adressen in Logfiles sollte daher außer in Fällen des § 15 Abs. 8 TMG möglichst verzichtet werden.

ff) Datenschutzanforderungen an den Einsatz von Web Analytics-Dienstleistern. Die bisherigen Ausführungen haben den Fall vor Augen, dass der Telemedien-Diensteanbieter die

---

[178] → Rn. 60 ff.
[179] Vgl. *Kühn* DuD 2009, 747; *Backu* ITRB 2009, 88. Zu Datenschutzgesichtspunkten bei Geolokalisationsdiensten auf Smartphones siehe Working Paper 185 der Artikel 29 Datenschutzgruppe, angenommen am 16.5.2011.
[180] Ob der Einsatz eines sog. No-track-Cookies ausreichend ist, ist fraglich, denn das Risiko, dass der vom Nutzer wirksam erklärte Widerspruch auch technisch dauerhaft umgesetzt wird, wird so auf den Nutzer abgewälzt. Wird der Browser gewechselt oder der Cache geleert, geht in der Regel auch das No-track-Cookie verloren. Der Landesbeauftragte für den Datenschutz Rheinland-Pfalz geht sogar davon aus, dass die Umsetzung des Widerspruchsrechts zwingend serverseitig zu erfolgen hat, die Installation eines Browser-Addons oder das Setzen eines No-track-Cookies nicht ausreichend ist (Hinweise zum Einsatz von Google Analytics bei Internetangeboten, Stand Januar 2010).

Daten aus der Nutzung der Website selbst erhebt und auswertet. In der Praxis bedienen sich Websitebetreiber häufig der Dienste Dritter zur Erfassung und Auswertung des Nutzungsverhaltens.[181] Solche Dienstleister haben in der Regel keinen Zugriff auf den vom Webseiten-Betreiber betriebenen Server, so dass die klassische Auswertung von Server-Logfiles ausscheidet. Statt dessen muss der Website-Betreiber auf die unter → Rn. 93 ff. beschriebene Methoden zurückgreifen, um Informationen über das Nutzungsverhalten der Website-Nutzer an den Analysedienstleister zu übermitteln. Der Analysedienstanbieter wertet die gesammelten Nutzungsdaten für den Websitebetreiber aus und bereitet die Ergebnisse grafisch auf.

113   Manche Webanalyseanbieter verlangen zum Teil in ihren (teilweise US-amerikanischen) Nutzungsbedingungen von den Website-Betreibern die wortwörtliche Aufnahme eines Passus in die eigene Webpräsenz, mit der Nutzer über die Datenverarbeitung zu Analysezwecken aufgeklärt werden soll. Dieser Passus lautet bisweilen etwa wie folgt [Achtung: keine Musterformulierung]:

Beispiel:

Diese Website benutzt [X], einen Webanalysedienst der [Y]. [X] verwendet sog „Cookies", Textdateien, die auf Ihrem Computer gespeichert werden und die eine Analyse der Benutzung der Website durch Sie ermöglichen. Die durch den Cookie erzeugten Informationen über Ihre Benutzung dieser Website (einschließlich Ihrer IP-Adresse) wird an einen **Server von [Y] in den USA übertragen und dort gespeichert.** [Y] wird diese Informationen benutzen, um Ihre Nutzung der Website auszuwerten. Auch wird [Y] diese Informationen gegebenenfalls an Dritte übertragen, sofern dies gesetzlich vorgeschrieben oder soweit Dritte diese Daten im Auftrag von [Y] verarbeiten. [Y] wird in keinem Fall Ihre IP-Adresse mit anderen Daten von [Y] in Verbindung bringen. **Sie können die Installation der Cookies durch eine entsprechende Einstellung Ihrer Browser Software verhindern**; wir weisen Sie jedoch darauf hin, dass Sie in diesem Fall gegebenenfalls nicht sämtliche Funktionen dieser Website vollumfänglich nutzen können. **Durch die Nutzung dieser Website erklären Sie sich mit der Bearbeitung der über Sie erhobenen Daten durch [Y] in der zuvor beschriebenen Art und Weise und zu dem zuvor benannten Zweck einverstanden.**

(Hervorhebungen durch die Verfasser)

114   Fraglich ist, ob der Website-Betreiber durch die Wiedergabe des obigen Textes seinen telemedienrechtlichen Verpflichtungen nachkommt. So ist die Erstellung von Nutzungsprofilen ohne die wirksame Umsetzung des Widerspruchsrechts nach § 15 Abs. 3 Satz 2 TMG unwirksam. Der Hinweis auf die Möglichkeit, den Webbrowser so zu konfigurieren, dass dieser keine Cookies annimmt, ist wohl nicht ausreichend, da nicht der Nutzer die Umsetzung des Widerspruchsrechts technisch realisieren muss.[182]

115   Auch ist unklar, ob der Websitebetreiber das Trennungsgebot des § 15 Abs. 3 Satz 3 TMG sowie dessen Absicherung durch technische und organisatorische Maßnahmen nach § 13 Abs. 4 Nr. 6 TMG bei einem Einsatz des Analysedienstes achtet. Denn auch wenn der Dienstanbieter versichert, dass er die IP-Adresse des Nutzers nicht mit Daten aus anderen angebotenen Telemediendiensten zusammenführen wird, so ist eine Zusammenführung über die Cookie-ID für den Dienstanbieter theoretisch möglich und durch den Websitebetreiber nicht überprüfbar.

116   Weiter verarbeitet der Websitebetreiber die Nutzungsdaten nicht selbst, sondern lässt dies durch den Analysedienst des Diensteanbieters erledigen. Das „Application Service Providing" (ASP) ist. uU – bei sehr restriktiver Handhabung – als Auftragsdatenverarbeitung gestaltbar.[183] Häufig werden jedoch die Anforderungen der Auftragsdatenverarbeitung nach § 11 BDSG nicht vorliegen,[184] zumal bei Analyse-Anbietern in Drittländern EU-Standardvertragsklauseln oder – speziell in den USA möglich – eine Safe-Harbour-Zertifizierung vor

---

[181] → Rn. 93.
[182] Dazu auch die Vorgaben in der E-Privacy-Richtlinie → Rn. 9 ff.
[183] Der Auftragsdatenverarbeiter ist kein Dritter iSv § 3 Abs. 8 Satz 2 BGSG, so dass nur eine Datenweitergabe innerhalb der verantwortlichen Stelle vorliegt und keine erlaubnispflichtige Übermittlung. Zum Konzept der Auftragsdatenverarbeitung ausführlich → § 34 Recht des Datenschutzes.
[184] Siehe dazu im Detail „Datenschutzrechtliche Bewertung des Einsatzes von Google Analytics", Unabhängige Landeszentrum für Datenschutz Schleswig-Holstein (ULD), Januar 2009, abrufbar unter https://www.datenschutzzentrum.de.

liegen müsste. Anderenfalls ist eine Datenübermittlung außerhalb des Geltungsbereichs der EG-Datenschutzrichtlinie nur mit ausdrücklicher Einwilligung des betroffenen Nutzers zulässig.[185]

Die vom Analyseanbieter dem Websitebetreiber in → Rn. 113 beispielhaft vorgegebene Einwilligungserklärung entspricht nicht den Anforderungen an eine datenschutzrechtliche Einwilligung – weder an eine elektronische nach § 13 Abs. 2, 3 TMG noch an eine schriftliche nach § 4a BDSG.[186] So wird der Nutzer nicht hinreichend detailliert über den Gegenstand und den Umfang der beabsichtigten Datenverarbeitung aufgeklärt. Der Hinweis auf eine ggf. stattfindende Übermittlung an Dritte zu nicht näher genannten Zwecken lässt die notwendige Transparenz für eine informierte Einwilligung vermissen. Hinzu kommt, dass die bloße Nutzung einer Website für sich keinen Erklärungswert hat und der Nutzer den vom Analyseanbieter vorgegebenen Text, der die Einwilligungserklärung enthält, oft erst nach Beginn der Datenerhebung zur Kenntnis nehmen kann. Dies ist etwa dann der Fall, wenn die Erfassung der Nutzungsdaten – wie regelmäßig der Fall – bereits mit dem Aufruf der Website beginnt, der Website-Betreiber die Einwilligung aber erst im Rahmen der Datenschutzerklärung einholen will.

Würde sich somit der Einsatz des Webanalysedienstes auf den oben genannten Beispielspassus stützen, wäre der Einsatz mangels Rechtsgrundlage datenschutzrechtlich unzulässig. Selbst wenn der Website-Betreiber versuchen sollte, durch einen Einwilligungstext (Opt-in) die Datenübermittlung an den Analyseanbieter zu legalisieren, wäre die Einwilligung mit hoher Wahrscheinlichkeit unwirksam. Denn eine wirksame Einwilligungserklärung des Nutzers in eine Datenübermittlung an den Analysedienst scheitert daran, dass der Website-Betreiber Zweck der Erhebung, Verarbeitung und Nutzung der Nutzungsdaten durch den Analyseanbieter mangels eigener Kenntnis nicht hinreichend genau beschreiben kann.

Analysediensteanbieter haben zum Teil auf die anhaltende Kritik von Datenschützern reagiert und bieten Website-Betreibern an, durch eine Änderung des in die Website eingebetteten Javascript-Codes IP-Adressen um die letzten 8 Bit gekürzt zu erfassen. Flankierend dazu hat ein Analysediensteanbieter ein Webbrowser Add-on veröffentlicht, welches nach Installation im Webbrowser die Erfassung von Nutzungsdaten durch den Analyseanbieter verhindert.

Die Kürzung der IP-Adresse um 8 Bit (dh in der Regel um die letzten drei Stellen) lässt nach wohl überwiegender Ansicht den „direkten" Personenbezug entfallen,[187] nicht aber die Anwendbarkeit des TMG, insb. nicht die des § 15 Abs. 3 TMG.[188] Für das Web-Browser-Add-on zur Umsetzung des Widerspruchsrechts gilt daher bereits das für das Abschalten von Cookies Gesagte: Der Nutzer ist für die technische Umsetzung des Widerspruchsrechts nicht verantwortlich, so dass Nutzer, die von ihrem Recht nach § 15 Abs. 3 TMG Gebrauch machen, nicht bloß auf das Add-on verwiesen werden dürfen. Dieses Ergebnis ist für Website-Betreiber, die Besucherströme auswerten wollen, unpraktikabel aber hinzunehmen. Kann das Widerspruchsrecht technisch nicht gesetzeskonform umgesetzt werden, müsste im Zweifel eine Auswertung des Nutzungsverhaltens ohne Einwilligung der Nutzer unterbleiben.

d) Tracking ohne Cookies wie Device ID oder Canvas Finger-Printing. Zur Erstellung von Nutzerprofilen basierend auf dem Surfverhalten eines Internetnutzers werden inzwischen neben der Cookie-Methode weitere, jedoch für den Nutzer regelmäßig „unsichtbare" Methoden, wie das Canvas Fingerprinting oder die sog Device ID verwendet.

aa) Funktionsweise des Canvas Fingerprinting. Im Gegensatz zu Cookies, bei deren Verwendung eine Textdatei auf dem jeweiligen Endgerät gespeichert wird, wird beim sog Canvas Fingerprinting gerade keine Datei auf dem Endgerät des Internetnutzers abgespeichert.[189] Ein Canvas-Element ist ein – in der Sprache HTML – mit Höhen- und Breiten-Angaben beschriebener Bereich, in den per JavaScript gezeichnet werden kann.[190] Beim

---
[185] Zu internationalem Datenschutzrecht → § 35 Grenzüberschreitende Datenverarbeitung.
[186] → § 34 Recht des Datenschutzes. Die schriftliche Einwilligung ist bei Websites kaum relevant.
[187] Zu den Möglichkeiten einer Geolokalisierung mit gekürzten IP-Adressen siehe *Kühn* DuD 2009, 747.
[188] → Rn. 101 ff.
[189] *Dietrich* ZD 2015, 199 f.
[190] http://www.w3.org/TR/html5/scripting-1.html#the-canvas-element

Canvas Fingerprinting wird der Effekt ausgenutzt, dass bei Canvas-Elementen die Darstellung von Text ua je nach Betriebssystem, Browser, Grafikkarte und Grafiktreiber des auf die Internetseite zugreifenden Endgeräts leicht unterschiedlich ist. Diese Unterschiede sind optisch kaum wahrnehmbar, umgewandelt in Binärcode jedoch deutlich als einzigartiger „Fingerabdruck" erkennbar.[191] Um bei einem Seitenaufruf eines Internetnutzers einen spezifischen Fingerabdruck zum Zeitpunkt des Seitenaufrufs zu erstellen, wird dem Browser ein versteckter Text zur Anzeige übergeben. Durch die einzigartige Darstellung kann ab diesem Zeitpunkt der Benutzer mit hoher Wahrscheinlichkeit anhand des Binärcodes wiedererkannt werden (Fingerprint). Somit ist bei jedem Besuch einer Website unter Verwendung der Fingerprinting-Technik Wiedererkennung des Endgeräts und eine Profilbildung möglich. Da keine Datei zwischengespeichert wird, wird die Methode als „nicht-löschbare" Tracking-Technik bezeichnet.[192] Eine Speicherung von Zusatzinformationen im Fingerabdruck ist beim Canvas Fingerprinting wohl nicht möglich. Wenn beim Canvas Fingerprinting keine Datei auf dem Endgerät des Internetnutzers abgespeichert wird, stellt sich die Frage, ob überhaupt deutsches bzw. EU-Datenschutzrecht Anwendung finden, sofern die für das Canvas Fingerprinting verantwortliche Stelle ihren Sitz außerhalb der EU hat (etwa der Betreiber eine US-amerikanischen Website). Gemäß § 1 Abs. 5 BDSG findet das BDSG auch dann Anwendung, „*sofern eine verantwortliche Stelle, die nicht in einem Mitgliedstaat der Europäischen Union oder in einem anderen Vertragsstaat des Abkommens über den Europäischen Wirtschaftsraum belegen ist, personenbezogene Daten im Inland erhebt, verarbeitet oder nutzt.*" Inwieweit diese Regelung von der Vorgabe des Art. 4 Abs. 1c) der Richtlinie 95/46/ abweicht, ist unklar.[193] Die Richtlinie verlangt, dass die im Drittland ansässige verantwortliche Stelle „*zum Zwecke der Verarbeitung personenbezogener Daten auf automatisierte oder nicht automatisierte Mittel zurückgreift, die im Hoheitsgebiet des betreffenden Mitgliedsstaats belegen sind*". Ob beim Canvas Fingerprinting durch einen US-Website-Betreiber irgendwelche Mittel in Deutschland belegen sind, wenn der deutsche Nutzer die US-Website aufruft, ist sehr fraglich. Schon beim Einsatz von Cookies durch ausländische Unternehmen wird der Begriff der „in der EU belegen Mittel" ausgedehnt. Aber bei Cookies findet zumindest eine Datenspeicherung auf dem Endgerät des EU-Bürgers statt.

123 bb) *Anwendbarkeit der Cookie-RL.* Gem. Art. 5 Abs. 3 S. 1 der Cookie-RL ist die Speicherung von Informationen oder der Zugriff auf Informationen, die bereits im Endgerät eines Teilnehmers oder Nutzers gespeichert sind, nur gestattet, wenn der betreffende Teilnehmer oder Nutzer auf der Grundlage von klaren und umfassenden Informationen seine Einwilligung gegeben hat. Informationen sind in diesem Kontext nicht ausschließlich personenbezogene Daten, sondern Daten aller Art.[194] Das ist aber nicht unumstritten, denn Art. 1 der E-Privacy-Richtlinie nennt als Ziel den Schutz personenbezogener Daten. Fingerprinting ist nach Ansicht der Art. 29-Datenschutzgruppe[195] von Art. 5 Abs. 3 der Cookie-RL umfasst, da die Technologie dazu führt, dass der Zugang zu Informationen auf dem Endgerät, nämlich Informationen über Browser, Grafikkarte uä, möglich sind. Infolgedessen ist gem. Art 5 Abs. 3 Satz 1 der Cookie-RL eine Einwilligung des Internetnutzers grundsätzlich erforderlich.

124 cc) *Anwendbarkeit des TMG.* Für die deutsche Rechtslage kommt es entscheidend auf die Anwendbarkeit des § 15 Abs. 3 Satz 1 TMG an, wonach der Diensteanbieter für Zwecke der Werbung, der Marktforschung oder zur bedarfsgerechten Gestaltung der Telemedien Nutzungsprofile bei Verwendung von Pseudonymen erstellen darf, sofern der Nutzer dem nicht widerspricht. Eine Einwilligung gem. § 12 Abs. 1 TMG wäre dann nicht erforderlich.

---

[191] *Dietrich* ZD 2015, 199 (200).
[192] http://www.heise.de/newsticker/meldung/User-Tracking-Werbefirmen-setzen-bereits-haeufig-nicht-loeschbare-Cookie-Nachfolger-ein-2264381.html.
[193] Siehe auch Simitis/*Dammann* BDSG § 1 Rn. 217.
[194] *Dietrich* ZD 2015, 199 (200) mit Verweis auf Art. 29-Gruppe, WP 171, Stellungnahme 2/2010 zur Werbung auf Basis von Behavioral Targeting, S. 10.
[195] Art. 29-Datenschutzgruppe, Opinion 09/2014 on the application of Directive 2002/58/EC to device fingerprinting, WP 224, S. 11, abrufbar unter http://ec.europa.eu/justice/data-protection/article-29/documentation/opinion-recommendation/files/2014/wp224_en.pdf.

II. Datenschutzanforderungen an die Ausgestaltung von Websites

Dem Nutzer stünde bei der unerkannten Verwendung der Fingerprinting-Technologie aber grundsätzlich ein Widerrufsrecht zu. § 15 Abs. 3 Satz 1 TMG und im Übrigen auch § 13 Abs. 1 Satz 1 TMG ist allerdings nicht anwendbar, da es bei den §§ 11 ff. TMG um „personenbezogene" Daten handeln muss.[196] Um solche personenbezogene Daten handelt es sich bei Canvas oder Device Fingerprinting indes nicht. Denn der „Fingerabdruck" alleine lässt noch keine Rückschlüsse auf eine bestimmbare Person zu. Insoweit ist der Fingerprint mit der Cookie-ID vergleichbar, bei der die hM einen generellen Personenbezug ablehnt.[197] Der Fingerprint kann nur mit sog Zusatzwissen zu einem Personenbezug iSv § 15 Abs. 3 Satz 1 TMG iVm § 3 Abs. 1 BDSG führen.[198] Da eine „direkte Speicherung von Zusatzwissen im Fingerabdruck"[199] wohl derzeit noch nicht möglich ist, dürfte eine Anwendbarkeit des § 15 Abs. 3 Satz 1 TMG wohl ausscheiden. Zudem liegt wohl keine „Verwendung eines Pseudonyms" vor, so dass § 15 Abs. 3 TMG schon deshalb ausscheidet, sofern nicht unter Verwendung des Fingerprints Daten durch den Website-Betreiber abgespeichert werden, die der Nutzer auf der Website eingibt und die ihn identifizieren.[200] Denn bei dem Fingerprint wird zwar durch Sammeln von Endgeräte-Informationen eine Individualisierung des Endgeräts erzielt. Diese Endgeräte-Informationen wie Browsertyp, Graphikkarte etc sind jedoch für sich genommen nicht personenbezogene Daten. Eine Pseudonymisierung setzt begrifflich voraus, dass personenbezogene Daten vorhanden sind.[201]

3. Datenschutzunterrichtung des Diensteanbieters[202]

a) Unterrichtungsverpflichtung. Nach § 13 Abs. 1 S. 1 und S. 2 TMG hat der Diensteanbieter den Nutzer zu Beginn des Nutzungsvorgangs[203] über Art, Umfang und Zweck der Erhebung und Verwendung seiner personenbezogenen Daten in allgemein verständlicher Form zu **unterrichten**. Der Inhalt dieser allgemein als „Datenschutzerklärung" bezeichneten Unterrichtung muss für den Nutzer jederzeit abrufbar sein (§ 13 Abs. 1 S. 3 TMG). Nicht verwechselt werden darf die Datenschutzerklärung nach § 13 Abs. 1 TMG mit der elektronischen Einwilligungserklärung[204] nach § 13 Abs. 2 TMG sowie den häufig anzutreffenden Nutzungsbedingungen für den Telemediendienst (die ua § 13 Abs. 4 und 5 TMG zu beachten haben). Die **Einwilligungserklärung** ist **zusätzlich** zur Datenschutzerklärung erforderlich, soweit die Datenerhebung und -verwendung nicht ausdrücklich gesetzlich erlaubt ist. Von der Einwilligungserklärung nach TMG wiederum zu unterscheiden ist eine Einwilligung nach § 7 UWG in bestimmten Formen der werblichen Ansprache wie zB durch Newsletter oder ähnliches.[205]

Von vielen Anbietern übersehen wird, dass die Vermischung von Unterrichtung, Einwilligung und ggf. Nutzungsbedingungen unter dem Begriff „Datenschutzerklärung" schon in Hinblick auf Wirksamkeits- und Einbeziehungsrisiken nicht sinnvoll ist. Während eine Einbeziehung der Datenschutzerklärung im Umfang von § 13 Abs. 1 TMG als reine Unterrichtung nicht notwendig ist, gelten für elektronische Einwilligungserklärungen die strengen Einbeziehungs- und Wirksamkeitsvoraussetzungen des § 13 Abs. 2 und 3 TMG sowie – AGB-rechtlich – des § 305 Abs. 2 und 3 BGB. Die Einbeziehung von Nutzungsbedingungen unterliegt ebenfalls § 305 Abs. 2 und 3 BGB; ein einfacher Hinweis am unteren Rand einer Website dürfte den gesetzlichen Anforderungen an die Einbeziehung nicht genügen.

---

[196] Spindler/Schuster/*Spindler/Nink*, Recht der elektronischen Medien TMG § 11 Rn. 6.
[197] Simitis/*Dammann* BDSG § 3 Rn. 65.
[198] Insoweit wird mit Spannung die EuGH-Entscheidung zur BGH-Vorlage bzgl. des Personenbezugs von IP-Adressen und der Berücksichtigung von Zusatzwissen erwartet: BGH Beschl. v. 28.10.2014 – VI ZR 135/13, MMR 2015, 131; dazu auch *Ohst* GRUR-Prax 2015, 38.
[199] *Dietrich* ZD 2015, 199 (202).
[200] *Dietrich* ZD 2015, 199 (202).
[201] *Karg/Kühn* ZD 2014, 285 (289).
[202] Teilweise Zitat Schwarz/Peschel-Mehner/*Conrad/Schneider* Recht im Internet, EL 2015, § 15.
[203] In der Vorgängervorschrift zu § 13 Abs. 1 TMG, in § 3 Abs. 5 IuKDG sowie in § 4 Abs. 1 TDDSG war der Nutzer noch „vor der Erhebung umfassend zu unterrichten". Dies war aber nicht umsetzbar, da eine Unterrichtung des Nutzers vor Aufruf der Website nur schwer möglich war. Mit dem Elektronischen Geschäftsverkehr-Gesetz wurde 2001 die jetzige Formulierung gewählt.
[204] Zur Einwilligungserklärung → § 34 Recht des Datenschutzes.
[205] Zu E-Mail-Marketing → § 25 Webdesign, Online- und E-Mail-Marketing, Online-Autionen.

127 **b) Umfang und Detaillierungsgrad.** Häufig besteht Unklarheit, welchen **Umfang** und **Detaillierungsgrad** die Datenschutzerklärung aufweisen muss, damit die Datenschutzerklärung zwar umfassend genug aber gleichzeitig „allgemein verständlich" ist. Eine in alle Einzelheiten gehende Darstellung der Techniken und Geschäftsprozesse, die über mehr als ca. zwei Seiten geht, verfehlt im Regelfall ihren Informationszweck, weil sie der Verständnismöglichkeit und Auffassungsbereitschaft des durchschnittlichen, juristisch nicht vorgebildeten Verbrauchers nicht gerecht wird. Dem Informationsbedürfnis des durchschnittlichen Verbrauchers wird eine zusammenfassende, aber gleichwohl datenschutzrechtlich präzise Darstellung gerecht.[206]

128

Checkliste zu Inhalt und Gestaltung einer Datenschutzunterrichtung:

Inhalt:

(1) **Abschließend** aufgezählt werden sollten
 – die erhobenen Datenkategorien des Nutzers,
 – die Identität der Datenempfänger, an die personenbezogene Daten übermittelt werden (zB Marketingpartner oder Zahlungspartner des Anbieters oder verbundene Unternehmen) und
 – die Nutzungszwecke des Anbieters und ggf. der anderen Datenempfänger.
 Oft nutzen Telemedienanbieter die „Datenschutzerklärung", um sich als vertrauensbildende Maßnahme gegenüber den Nutzern ihres Dienstes Verpflichtungen aufzuerlegen, die über die gesetzliche Pflicht zur Unterrichtung hinausgehen. So finden sich zB häufig Selbstbeschränkungen, Nutzerdaten nur zu sehr eng gefassten Zwecken zu verwenden, obwohl das Gesetz selbst ohne Einwilligung eine größere Nutzungsmöglichkeit gestatten würde.[207]
(2) Weiter ist darüber zu unterrichten, ob personenbezogene Daten außerhalb des Anwendungsbereichs der Datenschutzrichtlinie 95/46/EG verbracht werden.
(3) Bei den Verarbeitungsphasen und Techniken ist ein Konzentrieren auf die wesentlichen Aspekte zweckmäßig.
(4) Werden besondere Arten von personenbezogenen Daten im Sinne von § 3 Abs. 9 BDSG erhoben (also zB bei einer Online-Apotheke oder einem Gesundheitsportal Daten über Gesundheit oder Sexualleben), ist auf deren Verarbeitung und Nutzung besonders sorgfältig einzugehen. Im Regelfall wird bei diesen besonderen Datenkategorien zusätzlich eine Einwilligung nach § 13 Abs. 2 TMG erforderlich sein.
(5) Knapp gefasst werden können die Bereiche der Datenerhebung und -verwendung, die für den Anbieter aufgrund gesetzlicher Erlaubnis zulässig sind. Für die darüber hinausgehenden Bereiche der Datenerhebung und -verwendung, also etwa personenbezogenes Customer Relationship Management (CRM)[208] (zB Analyse einer Call-Center-Nutzung des Kunden, „click-stream"-Auswertung, Verkehrsstromanalyse, Bewegungsprofile etc) für die eine Einwilligung erforderlich ist, ist die Datenschutzerklärung allein ohnehin nicht ausreichend, sondern (zusätzlich) eine gesonderte Opt-in-Lösung erforderlich. Dann kann es zweckmäßig sein, wenn die entsprechende Unterrichtung in der Datenschutzerklärung eher knapp ist und zugleich auf die ausführliche Erläuterung im unmittelbaren Zusammenhang mit der Einwilligungserklärung verwiesen wird. Allerdings sollte diese Einwilligungserklärung (auch) über einen Link in der Datenschutzerklärung jederzeit abrufbar sein. Dies ist jedoch nicht ausdrücklich vorgeschrieben.
(6) Eine „Änderungsklausel" ist nicht erforderlich, soweit die Datenschutzerklärung – was dringend anzuraten ist – keine einwilligungsbedürftigen Teile umfasst und keinen rechtsgeschäftlichen Charakter hat, etwa nicht der Eindruck vermittelt wird, der Nutzer müsste einer Änderung der Datenschutzerklärung iSv § 13 Abs. 1 TMG zustimmen. Ein Vermischung von

---

[206] Einzelheiten zur Gestaltung der Datenschutzunterrichtung siehe Forgó/Helfrich/Schneider/*Conrad/Klatte*, Betrieblicher Datenschutz, Teil VIII, Kap. 4. Datenweitergabe an Handelspartner, Shophosting, Rn. 45 ff.
[207] Holt der Dienstanbieter eine Einwilligung ein, ohne dazu verpflichtet zu sein, ist strittig, ob die Einwilligung mangels ausreichender Transparenz unwirksam ist (so wohl die Ansicht des Düsseldorfer Kreises, Arbeitsbericht der Ad-hoc-Arbeitsgruppe „Konzerninterner Datentransfer, S. 11). Nach aA ist die Einwilligung zwar nicht unwirksam, aber der Anbieter muss sich bei Widerruf daran festhalten lassen (Simitis/*Simitis* BDSG § 28 Rn. 20). Siehe auch oben → Rn. 48.
[208] Einzelheiten zu CRM → § 34 Recht des Datenschutzes.

reiner einseitiger Information des Diensteanbieters (was die Datenschutzunterrichtung gem. § 13 Abs. 1 TMG an sich ist und auf die eine AGB-Kontrolle an sich nicht anwendbar ist) mit rechtsgeschäftlichen Komponenten (etwa indem der Nutzer der „Datenschutzerklärung" zustimmen muss oder indem die Datenschutzunterrichtung als „Datenschutzbestimmungen" bezeichnet und ausgestaltet wird) ist nicht zuletzt angesichts der Entscheidungen des LG Berlin zu Apple und Google dringend abzuraten.[209] Eine reine gesetzliche Pflichtinformation kann und muss der Dienstanbieter einseitig anpassen. Unabhängig davon sollte jede Änderung der Datenschutzerklärung sichtbar gemacht werden, indem zB die alte Fassung der Datenschutzerklärung neben der aktuellen weiter zum Abruf bereitsteht oder gar Änderungen farblich hervorgehoben werden und der jeweilige Stand der Datenschutzunterrichtung (Datum) kenntlich gemacht wird. Von einem ausdrücklichen Änderungsvorbehalt (das AGB-rechtlich häufig problematisch ist) ist jedoch – ebenso wie von allen anderen Zusätzen, die über die Pflichtinformationen in § 13 Abs. 1 TMG hinausgehen (etwa Disclaimer oder Hinweise zu Phishing uä), abzuraten.

Gestaltung:
(1) Weniger ist oft mehr: Eine knappe aber gut verständliche Information über die auf der Website durchgeführte Datenverarbeitung ist regelmäßig wirkungsvoller als allgemeine Ausführungen dazu, welchen Stellenwert der Datenschutz beim Diensteanbieter einnimmt.
(2) Keine Werbung mit Selbstverständlichkeiten: Die Einhaltung der Datenschutzvorschriften ist eine Selbstverständlichkeit. Sofern personenbezogene Daten ohne die Einwilligung der Nutzer nicht an Dritte weitergegeben werden dürfen, sollte schon aus wettbewerbsrechtlichen Gründen das gesetzestreue Verhalten nicht besonders herausgestellt werden.
(3) Formulierungen wie „Durch die Nutzung dieser Website erklären Sie sich mit folgenden Datenschutzbestimmungen einverstanden" sind Fiktionen und keine wirksame Einwilligung und sollten in der Folge vermieden werden. Eine Erklärung iSv § 13 Abs. 1 TMG ist nicht einwilligungsbedürftig. Sofern die Datenschutzerklärung auch einwilligungsbedürftige Erklärungen enthalten soll, müssen diese optisch besonders hervorgehoben werden, um die Voraussetzung für eine bewusste und eindeutige Erteilung zu schaffen, § 13 Abs. 2 Nr. 1 TMG.[210]
(4) Eine Gliederung der Datenschutzerklärung verschafft Überblick und hilft dem Nutzer, die für ihn persönlich relevanten Informationen schnell aufzufinden.
(5) Eine schnelle und unbürokratische Möglichkeit zur Kontaktaufnahme bei Datenschutzfragen (etwa durch die Einrichtung einer speziell dafür vorgesehenen E-Mail-Adresse) kann beim Nutzer Vertrauen schaffen. Gleichzeitig können darüber auch Anträge der Nutzer auf Auskunft (§ 34 BDSG, § 13 Abs. 7 TMG) und auf die Berichtigung, Sperrung oder Löschung personenbezogener Daten (§ 35 BDSG) entgegengenommen werden.
(6) Überarbeitungen der Datenschutzerklärung sollten aus Transparenzgründen inhaltlich mit dem Zeitpunkt der Änderung kenntlich gemacht werden. Denkbar wäre, ein „Archiv" für älteren Fassungen der Datenschutzerklärung unter Hinweis auf die jeweilige Geltungsdauer auf der Website zu verlinken.

Ob ein Verstoß gegen die Unterrichtungspflicht nach § 13 Abs. 1 TMG als Wettbewerbsverstoß abmahnfähig ist, wird unterschiedlich beurteilt. Gerichte haben – soweit ersichtlich – § 13 Abs. 1 TMG mehrheitlich eine marktverhaltensregelnde Eigenschaft im Sinne von § 4 Nr. 11 UWG abgesprochen.[211]

Das OLG Brandenburg hat in einem Urteil vom 11.1.2006[212] zum alten TDDSG (aber auf die neue Rechtslage nach TMG übertragbar) entschieden, dass eine Darstellung der Datenschutzerklärung in einem fünf Zeilen großen Pop-up-Fenster, das Scrollen erfordert, den

---

[209] → Rn. 136ff.
[210] Zu den weiteren Anforderungen an eine elektronische Einwilligungserklärung → Rn. 141ff.
[211] So das LG Essen mit Urt. v. 4.6.2003 – 44 O 18/03, JurPC Web-Dok, 312/2003 und das LG München I Urt. v. 23.7.2003 – 1 HK 1755/03, JurPC Web-Dok. 246/2003, beide noch zum alten UWG, in neuerer Zeit das LG Hamburg Urt. v. 11.3.2011 – 406 O 166/10, MMR 2011, 389 mit Anm. *Becker* zum wettbewerbsrechtlichen Unterlassungsanspruch bei datenschutzwidriger Verwendung des Facebook „Like"-Buttons, bestätigt durch KG Berlin, siehe nächste Fn.
[212] OLG Brandenburg Urt. v. 11.1.2006 – 7 U 52/05, K&R 2006, 234f.

datenschutzrechtlichen Anforderungen (nach damals § 4 Abs. 1 TDDSG) genügt, wenn zusätzlich die Möglichkeit besteht, die Erklärung auszudrucken.

131 Das LG Hamburg hat in einem Urteil vom 7.8.2009[213] etliche Teile von Google's „Datenschutzerklärung" in der bis Mitte 2008 geltenden Fassung wegen Verstoßes gegen § 307 Abs. 1 Satz 1, Abs. 2 Nr. 1 BGB iVm § 4a Abs. 1 BDSG, §§ 12 Abs. 1, § 13 Abs. 2 TMG für unwirksam erklärt. Dabei hat das Gericht die angegriffenen Bestimmungen in der Datenschutzerklärung einer AGB-Kontrolle unterzogen, da diese über § 13 Abs. 1 TMG hinausgingen und zumindest bei der gebotenen verwenderfeindlichen Auslegung den Eindruck erweckt haben, selbst eine vorformulierte Einwilligungserklärung für die Erhebung von Daten darzustellen.

132 Eine der angegriffenen Bestimmungen lautete wie folgt:

„Wir können die Daten, die Sie unter ihrem Account angeben, mit Daten von anderen Google-Services oder anderen Unternehmen kombinieren, um unser Angebot für Sie und die Qualität unserer Services zu verbessern. Für bestimmte Dienste geben wir Ihnen die Möglichkeit, diese Kombination von Daten abzulehnen."

133 Hier fehlt es schon an der nach BDSG geforderten besonderen Hervorhebung der Einwilligung nach § 4 Abs. 1 iVm § 4a Abs. 1 BDSG sowie an der Berücksichtigung der Anforderungen nach § 12 Abs. 1 und § 13 Abs. 2 TMG.

134 Aber auch folgende Bestimmung hielt der gerichtlichen Überprüfung nicht stand:

„[Partner-Webseiten – Wir bieten bestimmte Services in Verbindung mit anderen Websites an.] Personenbezogene Daten, die Sie diesen Websites zur Verfügung stellen, können an Google gesendet werden, um den Service auszuführen."

135 Eine Unterrichtung über eine Datenerhebung, die zur Ermöglichung der Inanspruchnahme des Telemediendienstes erforderlich ist, ist nach § 15 Abs. 1 TMG gesetzlich erlaubt und somit nicht zustimmungspflichtig. Das Gericht sah aber durch die Verwendung der Formulierung „um den Service auszuführen" im Unterschied zur vom Gesetz gewählten Formulierung „zu ermöglichen" keine ausreichende Beschränkung auf die Erforderlichkeit iSd § 15 Abs. 1 TMG.

136 **c) AGB-Kontrolle der Datenschutzunterrichtung (LG Berlin zu Apple und Google).**[214] Das LG und das KG Berlin haben in den Jahren 2013 bis 2015 mehrmals zur AGB-Kontrolle von Datenschutzunterrichtungen Stellung genommen.

137 In seiner Entscheidung vom 30.4.2013 stellte das LG Berlin fest, dass die „Datenschutz-Vereinbarung" von Apple AGB darstellt, da der eine Bestellung vornehmende Verbraucher im Apple Store aufgrund der mit Häkchen-Voreinstellung versehenen folgenden Formulierung und ihrer Darstellung „nach der verbaucherfeindlichsten Auslegung"[215] davon ausgehen musste, dass „dies vorformulierte Bestimmungen [seien], die Gegenstand der zu tätigenden Bestellung werden würden."[216] Bei jeder Online-Bestellung im Apple Store erschien die bereits per Häkchen ausgewählte Passage: „Am Ball bleiben! Haltet mich auf dem Laufenden mit den aktuellen Apple Infos. (Um zu erfahren, wie Apple Ihre persönlichen Informationen schützt, lesen Sie bitte die Datenschutz-Vereinbarung von Apple.)"[217]

138 Auch Google verwendete für seinen „Google Play" Store vorformulierte Bedingungen in unterschiedlichster Form, die allesamt AGB darstellten.[218] Jede Registrierung wurde durch das Ankreuzen von den „Nutzungsbedingungen" sowie der „Datenschutzerklärung" abhängig gemacht. Mit Verweis auf das Apple-Urteil vom 30.4.2013 wurde auch hier das Vorliegen von AGB infolge „verbraucherfeindlichster Auslegung" angenommen. Im Übrigen stellte das LG Berlin fest, dass die Verwendung der entsprechenden Klauseln nicht durch § 15 TMG gedeckt sei. Denn § 15 TMG erlaube „lediglich die Erhebung und Verarbeitung von Nutzungsdaten

---

[213] LG Hamburg Urt. v. 7.8.2009 – 324 O 650/08, K&R 2009, 735.
[214] → § 22 Rn. 225 ff. sowie → § 34 Rn. 371 ff.
[215] LG Berlin Urt. v. 30.4.2013 – 15 O 92/12, GRUR-RR 2013, 406 (407).
[216] LG Berlin Urt. v. 30.4.2013 – 15 O 92/12, GRUR-RR 2013, 406 (407).
[217] Vgl. LG Berlin Urt. v. 30.4.2013 – 15 O 92/12, GRUR-RR 2013, 406.
[218] Vgl. LG Berlin Urt. v. 19.11.2013 – 15 O 402/12, MMR 2014, 563.

vorrangig zur Erfüllung des Dienstes und zu Abrechnungszwecken. Nutzungsprofile dürfen dagegen nur unter Pseudonym erstellt werden, wobei der Verbraucher jeweils auf sein Widerspruchsrecht zu verweisen ist. Dies ist vorliegend nicht gewährleistet."[219]

In einer weiteren Entscheidung vom 28.10.2014 beschäftigte sich das LG Berlin mit der Internetplattform Facebook.[220] Über das sog „App-Zentrum" bietet Facebook kostenlos Spiele Dritter an, die der Benutzer durch den Button „Sofort Spielen" aufrufen kann. Es handelte sich bei den Regelungen um AGB, da sie das Verhältnis zwischen Facebook und seinen Benutzern, bezogen auf den Sonderfall, regeln, „dass der Nutzer sich von der Plattform (…) aus auf eine fremde Internetseite begibt, um dort kostenlos ein Spiel zu spielen."[221] Beim Anklicken des „Sofort Spielen" – Buttons wurde der Benutzer darüber informiert, dass er dadurch den AGB und Datenschutzrichtlinien des jeweiligen Spieleanbieters zustimmen würde. Durch die Betätigung des Buttons gab der Benutzer insbesondere eine Einwilligung dahingehend ab, „dass der Betreiber des Spiels über das Netzwerk (…) personenbezogene Daten erhält und ermächtigt ist, diese in seinem, des Verbrauchers, Namen zu übermitteln (zu posten)."[222] Eine wirksame Einwilligung iSv § 4a Abs. 1 Satz 1 BDSG lag hingegen nicht vor, da es an einer freien Entscheidung des Betroffenen fehlte, der nicht hinreichend darüber informiert wurde, welche Daten übertragen wurden.[223] Der Nutzer wurde dadurch iSv § 307 BGB unangemessen benachteiligt, weil er „keine informierte Entscheidung über die Weitergabe seiner Daten treffen kann, denn er gibt seine Daten einer umfassenden und ihm im Einzelnen unbekannten Verwendung preis, ohne dass die Teilnahme am Spiel oder der Spielverlauf einen Datentransfer in diesem Umfang erforderte."[224]

Das KG Berlin beschäftigte sich schließlich am 24.1.2014 als Berufungsinstanz mit der sog „Freunde finden"-Option von Facebook.[225] Das Netzwerk ermöglicht seinen Mitgliedern über die Angabe ihrer Zugangsdaten ihr E-Mail-Konto von Facebook durchsuchen zu lassen. Durch Betätigung des Buttons „Freunde finden", werden die E-Mail-Adressen der Kontakte, die nicht bereits Facebook-Mitglieder sind, importiert und einzeln aufgeführt. Nutzer können dann durch Häkchen bestimmen, welchen Kontakten sie Einladungen für den Beitritt zum Netzwerk zusenden wollen. Dies ist eine unzumutbare Belästigung iSv § 7 Abs. 2 Nr. 3 UWG, da die Einladungen ohne die erforderliche ausdrücklicher Einwilligung des Adressaten versandt würden. Denn die Verarbeitung oder Nutzung personenbezogener Daten ist nur dann zum Zwecke der Werbung zulässig, soweit der Betroffene eingewilligt hat, vgl. § 28 Abs. 3 Satz 1 BDSG. „Die Auswahl der Empfänger durch den einladenden Nutzer führt nicht zu der erforderlichen Einwilligung."[226] Die Einladungs- und Erinnerungsemails an die bisherigen Nicht-Nutzer sind außerdem deswegen als unerlaubte Werbung einzustufen, da sie zwar auch einem sozialen Zweck, vorrangig „aber der Förderung des Absatzes von Dienstleistungen"[227] des Internetportals dienen. Facebook und die einladenden Nutzer sind dabei als Mittäter iSv § 830 Abs. 1 Satz 1 BGB einzustufen.[228] Indem die Beklagte Werbe-E-Mails als private Einladungs-E-Mails tarnt, verschafft sie sich zudem „mit dieser gezielten und systematischen Irreführung der Empfänger einen ganz erheblichen Werbe- und Wettbewerbsvorteil,"[229] iSv § 5 Abs. 1 Satz 1, Satz 2 Nr. 1 UWG.

4. Einwilligungserklärung und Kopplungsverbot

a) Anforderungen nach § 13 Abs. 2 und 3 TMG. Die Anforderungen an eine Einwilligungserklärung im Bereich der Telemedien werden durch die Grundnorm des § 4a BDSG

---

[219] LG Berlin Urt. v. 19.11.2013 – 15 O 402/12, MMR 2014, 563, 565.
[220] Vgl. LG Berlin Urt. v. 28.10.2014 – 16 O 60/13, BeckRS 2014, 20557.
[221] LG Berlin Urt. v. 28.10.2014 – 16 O 60/13, BeckRS 2014, 20557 unter 2.
[222] LG Berlin Urt. v. 28.10.2014 – 16 O 60/13, BeckRS 2014, 20557 unter 1
[223] Vgl. LG Berlin Urt. v. 28.10.2014 – 16 O 60/13, BeckRS 2014, 20557 unter 1.
[224] LG Berlin Urt. v. 28.10.2014 – 16 O 60/13, BeckRS 2014, 20557 unter 2.
[225] KG Berlin Urt. 24.1.2014 – 5 U 42/12, BeckRS 2014, 03648.
[226] LG Berlin Urt. v. 6.3.2012 – 16 O 551/10, BeckRS 2012, 05714.
[227] LG Berlin Urt. v. 6.3.2012 – 16 O 551/10, BeckRS 2012, 05714.
[228] LG Berlin Urt. v. 6.3.2012 – 16 O 551/10, BeckRS 2012, 05714.
[229] KG Berlin Urt. 24.1.2014 – 5 U 42/12, BeckRS 2014, 03648.

bestimmt und durch § 13 Abs. 2 TMG modifiziert, vgl. § 12 Abs. 3 TMG.[230] So ist neben der Einwilligung in Schriftform auch eine elektronische Einwilligung gem. § 13 Abs. 2 TMG zulässig, solange der Nutzer sie bewusst und eindeutig erklärt hat (Nr. 1), die Einwilligung protokolliert wird (Nr. 2), der Inhalt der Einwilligung durch den Nutzer jederzeit abgerufen werden kann (Nr. 3) und der Nutzer die Einwilligung jederzeit mit Wirkung für die Zukunft widerrufen kann (Nr. 4). Der Diensteanbieter muss den Nutzer zudem gem. § 13 Abs. 3 TMG auf sein Widerrufsrecht hinweisen und dieser Hinweis muss für den Nutzer jederzeit zum Abruf vorgehalten werden. Weitere Vorgaben macht daneben § 7 Abs. 2 UWG, der telefonische bzw. elektronische Werbung ohne ausdrückliche vorherige Einwilligung für unzulässig erklärt. § 7 Abs. 2 UWG ist neben § 4a BDSG iVm § 13 Abs. 2 TMG anwendbar, so dass die Voraussetzungen an die Einwilligungserklärung nach TMG/BDSG und UWG kumulativ erfüllt sein müssen.[231]

142 Das Urteil des OLG Brandenburg (→ Rn. 130) enthält auch interessante Ausführungen zu datenschutzrechtlichen Einwilligungserklärungen, vornehmlich zu den Anforderungen an eine bewusste und eindeutige Einwilligung. So hatte das beklagte Internetauktionshaus zutreffenderweise (vermutlich in dem **Pop-up** mit der Datenschutzerklärung) mehrere Einwilligungserklärungen vorgesehen, bei denen der Kunde jeweils ein einfaches Häkchen in eine Checkbox setzen konnte. Hatte der Kunde das Häkchen gesetzt, wurde ein weiteres Schaltfeld eingeblendet mit dem Text „Ich akzeptiere und willige ein". Dies sollte der Kunde erneut durch Häkchen bestätigen. Nach Ansicht des Gerichts war diese **wiederholende Bestätigung** durch aktives Tun des Kunden ausreichend, den Anforderungen des § 4 Abs. 2 Nr. 1 TDDSG (nach neuer Rechtslage § 13 Abs. 2 Nr. 1 TMG) an eine „bewusste und eindeutige" Einwilligungserklärung zu genügen.[232]

143 Der Text dieser Einwilligungserklärungen lautete:

„Ich willige ein, dass e. meine personenbezogenen Daten für e.-Marketing-Maßnahmen wie zB zur Versendung von E-Mails mit allgemeinen Informationen oder werbendem Charakter (Newsletter) verarbeitet und nutzt".

Eine weitere Einwilligungserklärung besagte:

„Ich bin damit einverstanden, dass e. meine personenbezogenen Daten auch verarbeitet und nutzt, um mir auf persönliche Interessen zugeschnittene Angebote in ‚mein e.' zu präsentieren".

Wenn diese Erklärungen in unmittelbarem Zusammenhang mit der Datenschutzerklärung stehen, in der die Datenkategorien genannt werden, dürfte der Text insoweit hinreichend präzise sein, auch wenn beispielhafte Aufzählungen in Einwilligungserklärungen („… wie zB …") vermieden werden sollten.

144 **b) Newsletter.** Der Begriff des Newsletters findet häufig Verwendung im Zusammenhang mit dem mehr oder weniger regelmäßigen Versand von E-Mails von Diensteanbietern an ihre Kunden oder Interessenten. Viele kommerzielle Websites setzen die Schwelle für das „Abonnieren" eines Newsletters niedrig an. Mehr als die Angabe einer E-Mail-Adresse sowie des Drückens eines „Newsletter bestellen"-Knopfes bedarf es meist nicht. Evtl. findet sich in der Nähe des Bestell-Knopfes noch der Hinweis, dass die Abbestellung des Newsletters jederzeit möglich ist. Nach Durchlaufen des verbreiteten Double-Opt-in-Verfahrens erhält der Besteller in mehr oder weniger regelmäßigen Abständen elektronische Post vom Diensteanbieter. Doch ist dieses skizzierte Verfahren in rechtlicher Hinsicht ausreichend?

145 In den überaus meisten Fällen dürften Newsletter als werbliche Kommunikation einzuordnen sein. Für diese sieht das UWG eine ausdrückliche Einwilligung vor, vgl. § 7 Abs. 2 Nr. 3 UWG. Auch das TMG verlangt in Verbindung mit § 28 Abs. 3 BDSG eine bewusste und eindeutige Einwilligung in die Nutzung der hingegebenen E-Mail-Adresse zu den vom Diensteanbieter beabsichtigten Werbezwecken. Es stellt sich zunächst die Frage, ob der

---

[230] *Kartheuser/Klar* ZD 2013, 500 (503 f.).
[231] *Kartheuser/Klar* ZD 2013, 500 (504); *Roßnagel/Jandt/Schaar/Schulz*, Recht der Telemediendienste, § 13 TMG Rn. 68.
[232] Im Einzelnen zu den Anforderungen und Gestaltungsmöglichkeiten bei Einwilligung, ua zu den BGH-Entscheidungen „Payback" und „Happy Digits" → § 34 Recht des Datenschutzes Rn. 152.

durchschnittliche Internetnutzer überhaupt davon ausgehen darf, bei der Anforderung eines „Newsletters" werbliche Kommunikation zu erhalten. Daran schließt sich die Frage an, ob mit der Bezeichnung „Newsletter" dem Nutzer ausreichend klar ist, welche Art von werblicher Kommunikation er zu erwarten hat (zB Werbung für eigene Produkte des Diensteanbieters oder auch für Produkte von Dritten) und in welcher Häufigkeit (quartalsweise, monatlich, wöchentlich).

Es darf davon ausgegangen werden, dass einem durchschnittlichen Internetnutzer bei der Anforderung eines auf einer kommerziellen Website wie einem Webshop angebotenen Newsletters bewusst ist, zumindest auch kommerzielle Kommunikation in Form von Werbung zu erhalten. Newsletter mit rein informatorischem – und nicht werblichem – Charakter sind eher bei den Internetangeboten von Kirchen, Vereinen und Verbänden anzutreffen. Zu einer Aufweichung des Begriffs des Newsletters als werbliche Kommunikation führt aber zum Teil die undifferenzierte Verwendung des Begriffs Newsletters für jegliche Form der Kundenkommunikation. So werden zum Teil im Nachgang zu einer Online-Registrierung versandte Bestätigungs-E-Mails, die keinen werblichen Charakter haben, vom Versender ebenso als Newsletter bezeichnet, weil die zum Versand von E-Mails verwendete Software jegliche Form der E-Mail-Kommunikation gleich behandelt und als „Newsletter" bezeichnet. Insoweit wird die Frage, ob in der Bestellung eines „Newsletters" eine Einwilligung in den Erhalt von E-Mail-Werbung gesehen werden kann, immer eine Frage des Einzelfalls bleiben. Zweifel an der Ausdrücklichkeit der Einwilligung dürften aufgrund der bewussten und aktiven Hingabe der E-Mail-Adresse speziell zum Zweck des Newsletter-Versands eher nicht bestehen.

Ist für den Nutzer die Frequenz der Newsletter-Zusendungen bei Bestellung des Newsletters nicht ersichtlich, so trägt der Werbende das Risiko, dass zu häufige Zusendungen als nicht mehr von der Einwilligung umfasst angesehen werden. Die Grenze dürfte jedenfalls bei der Zusendung von mehr als einem Newsletter pro Woche überschritten sein.

c) **Gültigkeitsdauer von Einwilligungen.** Weder das BDSG noch das TMG oder UWG sehen für Einwilligungen eine feste Gültigkeitsdauer vor, so dass die Verwendung der von der Einwilligung umfassten personenbezogenen Daten grds. ohne zeitliche Begrenzung zulässig ist. Unter bestimmten Voraussetzungen können einmal erteilte Einwilligungen auch ohne Widerruf durch den Einwilligenden keine Rechtswirkungen zugunsten des Einwilligungsempfängers entfalten. So haben verschiedene Gerichte eine begrenzte Gültigkeit von Werbeeinwilligungen angenommen:
– Das LG Berlin entschied 2004,[233] dass die Gültigkeitsdauer einer Einwilligung bei Inaktivität bei zwei Jahren liegt.
– Das LG Hamburg entschied ebenfalls 2004,[234] dass eine vor 10 Jahren erhobene, zwischenzeitlich nicht genutzte Einwilligungserklärung ihre Gültigkeit verliert.
– Das LG München entschied 2010,[235] dass eine vor 17 Monaten erteilte Werbeeinwilligung nicht mehr die erstmalige Versendung elektronischer Werbepost legitimieren kann.

Nach den von den Gerichten aufgestellten Maßgaben bilden Werbeeinwilligungen keine rechtliche Grundlage für Werbemaßnahmen, sofern
– von der Einwilligung für einen längeren Zeitraum kein Gebrauch gemacht wird und
– der Betroffene darauf vertrauen darf, dass die Einwilligung nicht mehr als Rechtsgrundlage für eine Datenverarbeitung herangezogen wird.

d) **Kopplungsverbot.** Das bereits erwähnte Urteil des OLG Brandenburg[236] ist auch hinsichtlich der Frage der Zulässigkeit einer Kopplung aufschlussreich. Nach § 12 Abs. 3 TMG aF ist es dem Diensteanbieter untersagt, die Bereitstellung von Telemedien von der datenschutzrechtlichen Einwilligung des Nutzers abhängig zu machen, wenn dem Nutzer ein anderer Zugang zu dem jeweiligen Dienst nicht oder nicht zumutbar möglich ist. Dieses sog Kopplungsverbot ist va für Monopolisten relevant. Stehen dem Nutzer mehrere Anbieter zur

---

[233] LG Berlin Urt. v. 2.7.2004 – 15 O 653/03.
[234] LG Hamburg Urt. v. 17.2.2004 – 312 O 645/02.
[235] LG München Urt. v. 8.4.2010 – 17 KH O 138/10.
[236] OLG Brandenburg Urt. v. 11.1.2006 – 7 U 52/05, K&R 2006, 235 f.

Verfügung, ist es grundsätzlich zulässig, wenn der Anbieter den Vertragsschluss mit dem Kunden davon abhängig macht, dass der Kunde datenschutzrechtlichen Einwilligungserklärungen (etwa zum Empfang von Newslettern) abgibt.[237] Im konkreten Fall des OLG Brandenburg hatte das Internetauktionshaus einen Anteil auf dem relevanten Markt von 76%. Gleichwohl sah das Gericht eine § 28 Abs. 3b BDSG (bzw. nach damaliger Rechtslage § 3 Abs. 4 TDDSG) auslösende Monopolstellung[238] als nicht gegeben an.

151   Das bereichsspezifische Kopplungsverbot ist durch das DSÄndG[239] aufgehoben und durch den neu geschaffenen § 28 Abs. 3b BDSG in das allgemeine Datenschutzrecht transportiert worden. Dabei hat der Gesetzgeber das Kopplungsverbot auf Einwilligungserklärungen zu Zwecken der Werbung oder des Adresshandels beschränkt. Die Gesetzesbegründung schweigt dazu, warum diese Einschränkung vorgenommen wurde. Unklar ist, ob Versuche einer Kopplung, die nicht zu Zwecken der Werbung oder des Adresshandels erfolgt, über das Kriterium der Freiwilligkeit in § 4a Abs. 1 S. 1 BDSG abgefangen werden können.[240] § 95 Abs. 5 TKG enthält nach wie vor ein § 12 Abs. 3 TMG aF entsprechendes Kopplungsverbot für den Bereich der Telekommunikation. Auch das Gesetz zur Novellierung des TKG vom 15.9.2009 hat zu keiner Streichung dieser Regelung geführt.

152   Im Jahr 2008 fand eine Entscheidung des BGH zu Payback[241] viel Beachtung. Das eigentliche Problem war dort weder die datenschutzrechtliche Konformität noch Anforderungen an die Einwilligungserklärung nach TMG (es wurde ein papiergebundenes Anmeldeformular verwendet), sondern § 7 Abs. 2 Nr. 3 UWG. Dieser betrifft die Werbung unter Verwendung elektronischer Post, hier E-Mail und SMS.[242]

5. Volljährigkeitserklärung, Altersverifikation, Schutz von Minderjährigen

153   Neben diesen datenschutzrechtlichen Einwilligungserklärungen hatte im oben genannten Urteil des OLG Brandenburg[243] das Internetaktionshaus folgende Erklärung abgefragt:

„Ich ... erkläre, dass ich volljährig und unbeschränkt geschäftsfähig bin".

154   Das OLG Brandenburg stellte fest, dass darin kein Verstoß gegen § 309 Nr. 12b BGB (AGB-rechtliche Unwirksamkeit wegen Beweislastumkehr) zu sehen ist. Denn die beschränkte Geschäftsfähigkeit hat der zu beweisen, der sich darauf beruft.

155   Auch unter datenschutzrechtlichen Vorschriften ist diese Abfrage der Volljährigkeit zulässig, denn das Internetauktionshaus hat ein berechtigtes Interesse, Verträge nur mit Volljährigen zu schließen. Ggf. ist unter Jugendschutzgesichtspunkten sogar eine solche Abfrage erforderlich. Eine Abfrage des vollständigen Geburtsdatums wäre dagegen nicht erforderlich und daher im Regelfall datenschutzrechtlich unzulässig.

156   Im Zusammenhang mit jugendschutzrechtlichen Anforderungen an Altersverifikationssysteme ist eine Entscheidung des BGH[244] interessant. Die Anbieter von Altersverifikationssystemen für Betreiber von Internetseiten mit pornographischen Inhalten sind verpflichtet, durch Altersverifikationssysteme den Zugang Minderjähriger zu diesen Angeboten auszuschließen. Nach Ansicht des BGH genügt nicht, wenn pornographische Internet-Angebote den Nutzern nach der Eingabe einer Personal- oder Reisepassnummer zugänglich gemacht

---

[237] Eine abweichende Ansicht stellt wegen der Formulierung „diese Telemedien" in § 12 Abs. 3 TMG aF nur darauf ab, ob der Nutzer zu dem jeweils nachgefragten Dienst eine andere Zugangsmöglichkeit hat. Durch die Neuformulierung des Kopplungsverbots in § 28 Abs. 3b BDSG (es heißt jetzt „Zugang zu gleichwertigen vertraglichen Leistungen" anstatt „Zugang zu diesen Telemedien") dürfte dieser Ansicht aber wohl die Grundlage entzogen worden sein, vgl. *Spindler/Schuster*, Recht der elektronischen Medien, § 12 TMG Rn. 9 ff.
[238] Einzelheiten zu kartellrechtlichen Aspekten im E-Commerce → § 39 Kartellrechtliche Bezüge.
[239] → Rn. 35.
[240] So Simitis/*Simitis* BDSG § 4a Rn. 63, aA *Hanloser* MMR 2008, XIII, *Pauly/Ritzer* WM 2010, 8 (18).
[241] BGH Urt. v. 16.7.2008 – VIII ZR 348/06, NJW 2008, 3055 – Payback.
[242] Im Hinblick auf das Direktmarketing per E-Mail unter UWG-Gesichtspunkten → § 25 Web-Design, Online- und E-Mail-Marketing, Online-Auktionen sowie § 34 Recht des Datenschutzes, dort Rn. zur Payback-Entscheidung. Zu den Anforderungen an eine wettbewerbsrechtlich zulässige E-Mail und Telefonwerbung siehe auch BGH v. 14.4.2011 – I ZR 38/10 – MIR 2011, Dok. 050.
[243] OLG Brandenburg Urt. v. 11.1.2006 – 7 U 52/05, K&R 2006, 234 f.
[244] BGH Urt. v. 18.10.2007 – I ZR 102/05, K&R 2008, 361 – ueber18.de.

werden. Auch wenn zusätzlich eine Kontobewegung erforderlich ist oder eine Postleitzahl abgefragt wird, genügt ein solches System den gesetzlichen Anforderungen nicht. Im Fall, den der BGH zu entscheiden hatte, verlangt die Beklagte, bei einer Version seines Altersverifikationssystems vor der Zugangsgewährung eine Personal- oder Reisepassnummer und die Postleitzahl des Ausstellungsortes anzugeben. Bei einer anderen Version ist außerdem die Eingabe eines Namens, einer Adresse und einer Kreditkartennummer oder Bankverbindung erforderlich. Die Beklagte verweist auf ihrer Homepage auf die Internetangebote ihrer Kunden, die ihr Altersverifikationssystem benutzen. Mit einem Link gelangt der Nutzer auf diese Weise direkt zu den pornographischen Internetangeboten ihrer Kunden. Die Klägerin, die selbst ein Altersverifikationssystem anbietet, bei dem sich die Internetnutzer im sog **Post-Ident-Verfahren** identifizieren müssen, hat geltend gemacht, dass die Beklagte mit ihrem System gegen den Jugendmedienschutz-Staatsvertrag (**JMStV**) und gegen das Strafgesetzbuch verstoße und damit auch wettbewerbswidrig handle. Der BGH hat die Verurteilung der Beklagten bestätigt. Nach § 4 Abs. 2 JMStV sind Angebote sog weicher Pornographie – „harte" Pornographie, die Gewalttätigkeiten, den sexuellen Missbrauch von Kindern oder Jugendlichen oder sexuelle Handlungen von Menschen mit Tieren zum Gegenstand hat, unterliegt einem generellen Verbot (§ 4 Abs. 1 Nr. 10 JMStV und §§ 184a bis 184c StGB) – in Telemedien unzulässig, sofern der Anbieter nicht sicherstellt, dass sie nur Erwachsenen zugänglich gemacht werden. Danach ist erforderlich, dass eine „effektive Barriere" für den Zugang Minderjähriger besteht. Einfache und naheliegende Umgehungsmöglichkeiten müssen ausgeschlossen sein.

Der BGH hat entschieden, dass das Altersverifikationssystem der Beklagten in beiden Versionen diesen Sicherheitsstandard nicht erfülle. Jugendliche könnten sich leicht die Ausweisnummern von Familienangehörigen oder erwachsenen Bekannten beschaffen. Sie verfügten auch häufig über ein eigenes Konto. Das System der Beklagten errichte daher keine effektive Barriere für den Zugang Minderjähriger zu pornographischen Angeboten im Internet. Den Einwand, mit den hohen Anforderungen werde der Zugang Erwachsener zu pornographischen Angeboten unverhältnismäßig eingeschränkt, hat der BGH nicht gelten lassen. Es bestünden zahlreiche Möglichkeiten, ein Altersverifikationssystem zuverlässig auszugestalten, wie etwa die verschiedenen von der Kommission für Jugend- und Medienschutz (KJM) positiv bewerteten Konzepte zeigten. Erforderlich sei danach eine einmalige persönliche Identifizierung der Nutzer etwa durch einen Postzusteller und eine Authentifizierung bei jedem Abruf von Inhalten (zB durch einen USB-Stick in Verbindung mit einer PIN-Nummer). Auch eine Identifizierung mit technischen Mitteln (Webcam-Check, biometrische Merkmale) sei nicht ausgeschlossen, müsse aber entsprechende Sicherheit bieten.

Der BGH hat auch das Argument der Beklagten zurückgewiesen, dass deutsche Anbieter pornographischer Inhalte durch die Jugendschutzbestimmungen gegenüber ausländischen Anbietern diskriminiert würden. Die Zugangsbeschränkungen des deutschen Rechts für pornographische Inhalte im Internet erfassten grundsätzlich auch ausländische Angebote, die im Inland aufgerufen werden könnten. Die Schwierigkeiten der Rechtsdurchsetzung bei Angeboten aus dem Ausland führten nicht zu einem Verstoß gegen das Gleichheitsgebot. Die Beklagte ist aufgrund des Vertriebs ihres Altersverifikationssystems an den jugendschutzrechtlich unzulässigen Angeboten ihrer Kunden beteiligt. Darüber hinaus biete sie mit dem Angebot auf ihrer Homepage selbst pornographische Inhalte ohne ausreichende Alterssicherung an. Im Hinblick auf diesen Rechtsverstoß stehe der Klägerin ein wettbewerbsrechtlicher Unterlassungsanspruch gegen die Beklagte zu.

Bei der datenschutzfreundlichen Gestaltung von sozialen Netzwerken kommt den Standardeinstellungen – zB für die Verfügbarkeit von Profildaten für Dritte – eine zentrale Bedeutung zu. § 3a BDSG fordert ausdrücklich den Einsatz datenvermeidender und datensparsamer Techniken und Geschäftsprozesse. Die Aufsichtsbehörden fordern die Anbieter sozialer Netzwerke auf, datenschutzfreundliche Standardeinstellungen für ihre Dienste zu wählen, durch die die Privatsphäre der Nutzer möglichst umfassend geschützt wird.[245] Der

---

[245] S. Düsseldorfer Kreis, Beschluss „Datenschutzkonforme Gestaltung sozialer Netzwerke" vom 17./18.4.2008 sowie Artikel 29 Datenschutzgruppe Working Paper 163 „Opinion 5/2009 on social networking",

Zugriff durch Suchmaschinen[246] darf jedenfalls nur vorgesehen werden – so die Datenschutzaufsichtsbehörden –, soweit der Nutzer ausdrücklich eingewilligt hat. Das Gebot, dass bei einer Einwilligung das Opt-in-Kästchen nicht bereits in der Voreinstellung angekreuzt sein darf, ist jedoch nicht nur ein Gebot der Datenschutzfreundlichkeit. Bei „Vorankreuzen" ist die entsprechende Erklärung nach wohl überwiegender Meinung nicht als Einwilligung zu werten, da es an einer aktiven Willensäußerung des Nutzers fehlt.[247]

160 Datenschutzunfreundliche Standardeinstellungen für Kinder und Jugendliche können aber auch aus wettbewerbsrechtlicher Sicht problematisch sein. § 4 Nr. 2 UWG stuft geschäftliche Handlungen als unlauter ein, die geeignet sind, das Alter, die geschäftliche Unerfahrenheit, die Leichtgläubigkeit oder die Zwangslage von Verbrauchern auszunutzen.[248] Gerade bei sozialen Netzwerken, von denen eine nicht geringe Anziehungskraft – verstärkt durch Gruppendruck – auf Jugendliche ausgeht, ist die Grenze unlauteren Geschäftsgebarens schnell überschritten. Auch die Erhebung von Daten von Kindern als Mitglieder in einem Kinder-Automobil-Club durch einen Autohersteller zwecks frühzeitiger Kundenbindung ohne Einwilligung der Eltern ist unlauter.[249]

161 Die Standardeinstellungen in sozialen Netzwerken müssen aus datenschutzrechtlicher Sicht besonders restriktiv gefasst werden, wenn sich das Portal an Kinder richtet.[250] In Blogs, die auch von Kindern genutzt werden oder die üblicherweise auch Fotos von Kindern enthalten (zB Blogs für Freunde und Familien), sollten Fotos von Kindern grundsätzlich nicht öffentlich zugänglich sein. Eltern sollten ausdrücklich auf die Schutzbedürftigkeit von Kindern im Internet hingewiesen und zur Verwendung von Jugendschutzsystemen ermutigt werden.

162 Eine Einwilligungserklärung ist nur freiwillig, wenn der Betroffene weiß, worin er einwilligt. Demgemäß ist eine gewisse Einsichtsfähigkeit in die Tragweite seiner Entscheidung Voraussetzung für eine wirksame Einwilligung. Da die Einwilligung sich auf tatsächliche Handlungen – nämlich den Eingriff in das Persönlichkeitsrecht – bezieht, ist – zumindest nach einem Teil der Literatur – Geschäftsfähigkeit nicht erforderlich.[251]

163 Wegen der rechtlichen Probleme bei Einwilligungen von Minderjährigen ist Anbietern sehr zu empfehlen, personenbezogene Daten nicht an Dritte (etwa Werbepartner oder Inkassounternehmen) weiterzugeben. Im Streitfall hat der Anbieter nämlich nicht nur ein Einschreiten der Datenschutzbehörden zu befürchten, sondern auch Maßnahmen der Jugendschutzbehörden. Damit der Anbieter ermitteln kann, ob ein Nutzer minderjährig ist, sollte bei der Registrierung des Nutzers abgefragt werden, ob der Nutzer über 18 Jahre alt ist. Bei kostenpflichtigen Netzwerken empfiehlt sich das für den Anbieter bereits deshalb, weil ein Vertrag mit Kindern unwirksam bzw. schwebend unwirksam ist (siehe §§ 106, 107 BGB). Die Angabe „über 18 Jahre" ist ausreichend, das Abfragen des vollständigen Geburtsdatums ist datenschutzrechtlich nicht erforderlich und daher grundsätzlich unzulässig, zumal gerade das Geburtsdatum geeignet ist, Datenbanken und Kundendaten miteinander zu verknüpfen.

6. Privacy by Design und Privacy by Default

164 Datenschutzfreundliche Grundeinstellungen spielen nicht nur im Zusammenhang mit dem Jugendschutz eine Rolle, sondern wurden im Rahmen der Arbeiten an der Europäi-

---

angenommen am 12.6.2009. Einige Anbieter Sozialer Netzwerke haben sich auf freiwilliger Basis Anfang 2009 einem Verhaltenskodex unterworfen, abrufbar unter https://www.fsm.de/de/Web_2_0.
[246] Zu EuGH Google Spain → Rn. 87.
[247] → § 34 Recht des Datenschutzes.
[248] Zum Zusammenspiel von UWG und BDSG → § 34 Recht des Datenschutzes.
[249] OLG Frankfurt am Main Urt. v. 30.6.2005 – 6 U 168/04, RDV 2005, 270.
[250] Hier ist auch von den Betreibern von sozialen Netzwerken der Handlungsbedarf nach Protesten erkannt worden und mündete Anfang 2009 in der Selbstverpflichtung „Safer Social Networking Principles for the EU", die auch restriktive voreingestellte Datenschutzeinstellungen beinhaltet, siehe auch http://www.heise.de/-193959 und http://www.heise.de/-748385. Dennoch ist noch erheblicher Nachholbedarf zu verzeichnen, vgl. http://www.heise.de/-276533 und http://www.heise.de/-220647.
[251] Siehe etwa mit weiteren Nachweisen, *Gola/Schomerus* BDSG § 4a Rn. 25; *Schafft/Ruoff* CR 2006, 499.

schen Datenschutz-Grundverordnung (EU-DSGVO) als wichtiges Ziel ausgegeben. § 3a BDSG enthält schon seit längerem Vorgaben zur Datenvermeidung und Datensparsamkeit, doch sind diese über den Status reiner Programmsätze nicht hinausgekommen, nicht zuletzt weil an deren Verletzung keine direkten Sanktionen geknüpft sind. Artikel 23 des Entwurfs der EU-DSGVO[252] (EU-DSGVO-E) trägt in der deutschen Fassung die Überschrift „Datenschutz durch Technik und datenschutzfreundliche Voreinstellungen".

Datenschutz durch Technik liegt die Erkenntnis zugrunde, dass die Rahmenbedingungen für die Verarbeitung personenbezogener Daten heute maßgeblich durch die zur Datenverarbeitung verwendete Software und Hardware vorgegeben werden. Erlaubt die von einem Unternehmen eingesetzte CRM-Software nicht die datenschutzgerechte Löschung von Kundendaten, kann das Unternehmen seinen Löschverpflichtungen selbst bei gutem Willen in der Praxis nicht nachkommen.[253] Daher muss ein effektiver Datenschutz früher ansetzen und Datenschutz bereits bei der Schaffung von IT-Systemen mitgedacht werden. Diese Überlegungen sind nicht neu. So prägte der US-amerikanische Rechtsprofessor Lawrence Lessig bereits im Jahr 1999 in seinem Buch „Code and other law of cyberspace"[254] die Formulierung „Code is law", zu übersetzen in etwa mit „Der (Software-)Code ist das Gesetz".[255] Und das beste Beispiel dafür ist das Internet selbst. Dessen grundlegende dezentrale Konzeption und die technische Ausgestaltung mit Software-Protokollen wie zB TCP-IP (1982 vom Verteidigungsministerium der USA als Standard für die militärische Rechnervernetzung festgelegt) legen auch heute noch die Rahmenbedingungen fest, zu denen das Internet heute genutzt werden kann. So ist die Diskussion um die Personenbeziehbarkeit von (dynamischen) IP-Adressen direkter Ausfluss der Konzeption des Internets.

Art. 23 Ziff. 1a EU-DSGVO-E geht einen Schritt weiter, indem Datenschutz durch Technik zukünftig bei Ausschreibungen ein verpflichtend zu berücksichtigendes Kriterium sein wird. Wie dies in der Praxis konkret ausgestaltet werden wird, bleibt abzuwarten.

7. Datenschutzkonforme Sicherungspflichten von WLAN-Betreibern

a) Grundsätze zur Störerhaftung im Bereich TMG. Die in der deutschen Rechtsprechung entwickelte Störerhaftung analog § 1004 BGB ist gerade im Bereich der Telemedien von großer Bedeutung. Angesichts der unter Umständen schwierigen Verfolgung von Tätern oder Teilnehmern, gibt erst die Störerhaftung die Möglichkeit, gegen den Intermediär, einen „Vermittler, der eine Voraussetzung dafür schafft, dass der unmittelbar Handelnde seine Tätigkeit ausüben kann"[256] vorzugehen. Denn sie bietet eine eigene Verantwortlichkeit des Dritten an einer fremden Verletzungshandlung.[257] Im deutschen Recht ist das Verhältnis der Störerhaftung zu §§ 7–10 TMG (Verantwortlichkeit) bislang nicht geklärt.[258] Problematisch ist bereits die Einordnung der Vorschriften, die einerseits Schranken der Haftung darstellen, andererseits bereits im Tatbestand der Störerhaftung berücksichtigt werden.[259] Aufgrund einer Rechtsprechungsänderung des BGH wird das Verhältnis in Zukunft von Relevanz sein und wirkt sich auf die datenschutzrechtlich relevanten Schutzmaßnahmen aus. Bisher bezogen sich die Haftungsprivilegierungen der §§ 7–10 TMG lediglich auf die strafrechtliche und schadensersatzrechtliche Verantwortlichkeit.[260] Der BGH hat sich nun von seiner frü-

---

[252] Vgl. Art. 23 EU-DSGVO-E in der am 12. März 2014 vom Europäischen Parlament angenommenen Fassung.
[253] Als Beispiel mag dienen SAP-Software, die zum Teil die Löschung personenbezogener Daten nicht vorsah, vgl. Tätigkeitsbericht zum Datenschutz für die Jahre 2009 und 2010 des Bundesbeauftragten für Datenschutz und Informationsfreiheit, Seite 61, Ziffer 5.4.
[254] Lawrence Lessig: Code and other laws of cyberspace. Basic Books, New York 1999, ISBN 9780465039128.
[255] Siehe http://harvardmagazine.com/2000/01/code-is-law-html.
[256] *Ohly* ZUM 2015, 308.
[257] Hoeren/Sieber/Holznagel/*Hoeren*, Multimedia-Recht, 40. Ergänzungslieferung 2014, 18.2, Rn. 19.
[258] *Ohly* ZUM 2015, 308 (312).
[259] *Ohly* ZUM 2015, 308 (312).
[260] Köhler/Bornkamm UWG § 8 Rn. 2.28.

heren Rechtsprechung[261] abgewandt.[262] Das ist auf die Rechtsprechung des EuGH zurückzuführen, der eine Nichtanwendbarkeit der Haftungsprivilegierung bei der auf Unterlassung gerichteten Störerhaftung für nicht mit Art. 14 der E-Commerce-RL vereinbar hält.[263] Der BGH lässt daher nun eine Berufung der Diensteanbieter iSv § 2 Satz 1 Nr. 1 TMG auf das Haftungsprivileg des § 10 TMG zu.[264] Er prüft jedoch das Ergebnis der Störerhaftung auf seine Vereinbarkeit mit den zugrundeliegenden Vorschriften der Art. 12–15 E-Commerce-RL.[265] Voraussetzung für die Anwendbarkeit des Haftungsprivilegs ist jedoch, dass der Diensteanbieter ein sog „neutraler" Diensteanbieter iSv Art. 12 ff. der E-Commerce-RL ist, andernfalls ist nach dem EuGH eine Berufung auf Art. 14 der E-Commerce-RL ausgeschlossen.[266]

168 b) **Sicherungspflichten von WLAN-Betreibern – datenschutzfreundliche Schutzmaßnahmen aus der Rechtsprechung.** Vereinzelt wird von der Rechtsprechung verlangt, dass der Anschlussinhaber, der Dritten den Zugang zum Netz gewährt, geeignete Schutzmaßnahmen im zumutbaren Umfang ergreift, um Rechtsverletzungen durch Dritte, denen Zugang zum Netz gewährt wird, auszuschließen. Der Anschlussinhaber schaffe mit der Gewährung des Zugangs ein Gefahrenrisiko, dem er mit geeigneten Maßnahmen im zumutbaren Umfang begegnen müsse. Der Umfang solcher Prüfpflichten bzw. zumutbaren Schutzmaßnahmen kann je nach den Umständen des Einzelfalls unterschiedlich sein.[267] Von der Rechtsprechung wurden bislang insbesondere folgende Maßnahmen thematisiert, die im Ergebnis datenschutzfreundlich sind:
– Sicherung/Verschlüsselung des WLANs[268]
– Sperrung der für das urheberrechtsverletzende Filesharing erforderlichen Ports[269]
– vorheriger Hinweis auf die Einhaltung der gesetzlichen Vorgaben[270]
– Einholung einer vertraglichen Zusicherung, den eingeräumten Zugang zum Internet nicht zu illegalen Zwecken nutzen[271]
– Vergabe befristeter Zugangsdaten[272]

169 Nicht datenschutzfreundlich wären dagegen Filtermaßnahmen, bei denen das Nutzungsverhalten der WLAN-Nutzer überwacht wird. Solche Maßnahmen,[273] etwa zu weitreichend eingestellte DLP-Systeme, bringen für den Betreiber unter Umständen mehr Probleme mit sich, als die Störerhaftung. Für einen Filehosting-Dienst hat der BGH entschieden, dass et-

---

[261] BGH Urt. v. 11.3.2004 – I ZR 304/01, ZUM 2004, 831 (834 f.) – Internet-Versteigerung I; so auch BGH Urt. v. 25.10.2011 – VI ZR 93/10, MMR 2012, 124 (126).
[262] BGH Urt. v. 17.8.2011 – I ZR 57/09, GRUR 2011, 1038 (1040) – Stiftparfüm; BGH Urt. v. 12.7.2012 – I ZR 18/11, MMR 2013, 185.
[263] Vgl. EuGH Urt. v. 12.7.2011 – C-324/09, WRP 2011, 1129 Rn. 107, 108.
[264] BGH Urt. v. 17.8.2011 – I ZR 57/09, GRUR 2011, 1038 (1040) – Stiftparfüm; BGH Urt. v. 12.7.2012 – I ZR 18/11, MMR 2013, 185.
[265] *Ohly* ZUM 2015, 308 (312).
[266] Vgl. EuGH Urt. v. 12.7.2011 – C-324/09, WRP 2011, 1129, Rn. 116. Weitere Einzelheiten zur Störerhaftung → § 42 Verantwortung und Haftung für Inhalte im Internet.
[267] BGH Urt. v. 11.3.2004 – I ZR 304/01, NJW 2004, 3102 (3105); zB Verschlüsselung des WLANs durch Zugangsdaten.
[268] LG Berlin Beschl. v. 3.3.2011 – 16 O 433/10, MMR 2011, 401; LG Frankfurt/M. Urt. v. 18.8.2010 – 2–6 S 19/09; LG Mannheim Beschl. v. 25.1.2007– 7 O 65/06; OLG Hamburg Urt. v. 28.3.2012 – 5 U 176/10, ZUM-RD 2013, 536.
[269] LG Hamburg Beschl. v. 25.11.2010 – 310 O 433/10 – Haftung des Betreibers eines Internetcafés für Urheberrechtsverletzungen; **zu weitgehend:** AG Hamburg Urt. v. 10.6.2014 – 25b C 431/13; *Mantz/Sassenberg:* Betrieb eines öffentlichen WLANs: Der „unbeschränkte" Internetzugang als Vertragsinhalt?, DSRITB 2014, 695 (702): Bei Ermöglichung der entgeltfreien Nutzung des Hotspots kann der Anbieter grundsätzlich die Leistung nach seinem Belieben bestimmen und damit auch einzelne Dienste sperren; Kritisiert von *Füglein/Lagardère*, Technik, die begeistert – Rechtsprechung, die erschreckt? Die Probleme des Hoteliers und der Störerhaftung, MMR-Aktuell 2013, 341464.
[270] LG Frankfurt/M. Urt. v. 18.8.2010 – 2–6 S 19/09, MMR 2011, 401; AG Hamburg Urt. v. 10.6.2014 – 25b C 431/13.
[271] AG München Urt. v. 15.2.2012 – 142 C 10921/11 – Störerhaftung eines Vermieters bei Überlassung des WLAN-Zugangs an Mieter.
[272] AG Hamburg Urt. v. 10.6.2014 – 25b C 431/13.
[273] Zu Datenschutzrisiken bei Data Loss Prevention Systemen, die ua von der Art der Einrichtung des Systems durch den Anwender abhängen, siehe *Conrad* CR 2011, 797.

waige Sicherungspflichten erst ab Kenntnis von der konkreten Rechtsverletzung und für die Zukunft zu ergreifen sind, um gleichartige Rechtsverletzungen wie die konkrete Verletzungshandlung zu verhindern.[274] Eine abschließende höchstrichterliche Klärung erforderlicher Maßnahmen im Einzelnen zum Schutz vor Rechtsverletzungen Dritter durch den Betreiber eines Hotspots steht – soweit diese überhaupt verlangt werden können bzw. nicht bereits der Haftungsausschluss nach § 8 Abs. 1 Satz 1 TMG greift – allerdings noch aus.[275] Bislang nicht abschließend geklärt ist zudem die Frage, inwieweit auch Schutzmaßnahmen gegen anderweitige Rechtsverletzungen durch den Hotspotbetreiber ergriffen werden müssen. Gegenstand der vorliegenden Rechtsprechung waren vornehmlich Urheberrechtsverletzungen durch Filesharing unter Nutzung eines Hotspots. Es bleibt somit abzuwarten und zu beobachten, wie sich die Rechtsprechung zur Frage der Haftung von Hotspotbetreibern entwickelt. Das LG München I hat dem EuGH zur Frage der Verantwortlichkeit des Anbieters eines offenen Netzes einen Fragenkatalog vorlegt.[276] Vom EuGH zu entscheiden ist daher eine Reihe von Rechtsfragen, insbesondere der Eigenschaft des Access-Providers als Diensteanbieter und die Anwendbarkeit der §§ 7–10 TMG auf Unterlassungsansprüche. Auch der BGH wird sich im Rahmen eines Revisionsverfahrens mit entsprechenden Fragestellungen befassen.[277]

III. Datenschutz bei ausgewählten Telemedien

1. Webshops

a) **Plausibilitätsprüfungen mittels Adressvalidierung und Adressverifizierung.** Bei Online-Händlern, die ihre Güter nicht ausschließlich digital vertreiben, sind die Überprüfung von Wohn- und Lieferadressdaten auf Plausibilität ein wichtiger Baustein des Risikomanagements. So kann die im Idealfall bereits vor Vertragsschluss stattfindende Adressüberprüfung helfen, Scherzbestellungen auszusortieren, Identitätsdiebstahl bzw. -missbrauch erschweren und so unterstützend bewirken, das Zahlungsausfallrisiko des Händlers zu minimieren. Die Adressüberprüfung erfolgt je nach Bedarf in zwei Stufen und wird überwiegend in Kooperation mit darauf spezialisierten Dienstleistern durchgeführt.

Die **Adressvalidierung** hat zum Ziel, nicht existente Adressen zu identifizieren, indem die angegebene Adresse auf formale Fehler untersucht wird. Existiert die Adresse überhaupt? Stimmen Postleitzahl und Straße überein? Mit Hilfe der Adressvalidierung können nicht nur Scherzbestellungen identifiziert und verweigert werden, sondern der ehrliche Kunde wird bei Tippfehlern oder Flüchtigkeitsfehlern durch das Webshop-System unterstützt.

Die **Adressverifizierung** geht einen Schritt weiter und überprüft die Adresse nicht nur auf formale Richtigkeit, sondern zusätzlich darauf, ob Kundenname und angegebenen Lieferadresse zusammenpassen, dh zB, ob dem Kunden in der Vergangenheit unter der angegebenen Adresse Postsendungen erfolgreich zugestellt werden konnten.

Da dem Online-Händler die erforderlichen Informationen zur Plausibilisierung jedenfalls bei Neukunden nicht vorliegen, greift dieser auf entsprechende Dienstleistungen von Wirtschaftsauskunfteien zurück. Die Wirtschaftsauskunfteien setzen ihrerseits wiederum häufig auf die Dienste der Deutschen Post, die mit der Postreferenzdatei eine der größten Sammlungen an Privatadressen unterhält. Laut Beschreibung der Deutschen Post auf ihrer Internet-Seite[278] umfasst diese Datei ca. 190 Millionen aktuelle und ehemalige Privatadressen, insb.

- die korrekte Schreibweise von Vor- und Nachnamen,
- Informationen zur Zustellbarkeit/Unzustellbarkeit,
- Informationen über das spezifische Wohnumfeld sowie
- Geoinformationen zur räumlichen Lokalisierung.

---

[274] AG Hamburg Urt. v. 10.6.2014 – 25b C 431/13; BGH Urt. v. 12.7.2012 – I ZR 18/11, GRUR 2013, 370.
[275] vg. hierzu *Füglein/Lagardère*, Technik, die begeistert – Rechtsprechung, die erschreckt? Die Probleme des Hoteliers und der Störerhaftung, MMR-Aktuell 2013, 341464.
[276] LG München I Beschl. v. 18.9.2014 – 7 O 14719/12, ZUM 2015, 344 – Bring mich nach Hause,.
[277] BGH anhängig unter I ZR 174/14; Vorinstanz OLG Köln Urt. v. 18.7.2014 – 6 U 192/11.
[278] Abruf unter https://www.deutschepost.de/de/d/deutsche-post-direkt/postreferenz-datei.html.

174 Letztere beiden Datenarten dürften auch für Bonitätsprüfungen von Interesse sein. Hierbei ist dann zusätzlich insb. § 28b Nr. 3 und 4 BDSG zu beachten, nach der Anschriftendaten nicht alleinig für die Berechnung von Score-Werten verwendet werden dürfen. Adressenüberprüfungen finden zB auch im Rahmen der Betrugsprävention bei der Bezahlung mit Kreditkarte statt. Hier wird überprüft, ob die beim Kreditkartenherausgeber hinterlegte Postanschrift mit der beim Online-Händler angegebenen übereinstimmt. Wenn nicht, kann dies zusammen mit weiteren Prüfungen (ua Velocity-Checks, → Rn. 180) einen Hinweis darauf geben, dass der Kunde die angegebene Kreditkarte evtl. unberechtigt nutzt.

175 Datenschutzrechtlich stellt sich die Frage, welche datenschutzrechtlichen Anforderungen an solche Adressüberprüfungen zu stellen sind. Die Prüfung erfolgt dabei zweistufig.
  1. Stufe: Unter welchen Voraussetzungen darf der Händler überhaupt einen Abgleich von Anschriftendaten mit einem Referenzdatensatz vornehmen?
  2. Stufe: Unter welchen Voraussetzungen darf der Händler Dritte mit dem Abgleich beauftragen und im Rahmen dessen die Anschriftendaten von Kunden an diese Dritte übermitteln?

176 Die Zulässigkeit des Abgleichs ist an § 28 Abs. 1 Satz 1 Nr. 2 BDSG zu messen und bedarf insoweit einer Abwägung der schutzwürdigen Interessen des Käufers mit den berechtigten Interessen des Händlers.[279] Aufgrund des von der Vorschrift vorgegebenen Regel-Ausnahme-Prinzips wonach ohne das Vorliegen gegenteiliger Anhaltspunkte die berechtigten Interessen des Verkäufers an der Durchführung des Abgleichs gegenüber denen des Käufers an einem Ausschluss des Abgleichs grds. überwiegen, kann im Regelfall davon ausgegangen werden, dass für solche Adressüberprüfungen im Rahmen des Risikomanagements eine gesetzliche Erlaubnis vorliegt. Schutzwürdige Interessen des Kunden an einer Überprüfung seiner Anschriftendaten auf Plausibilität sind nicht ersichtlich. Anderes kann gelten, wenn das zum Abgleich eingesetzte Verfahren nachweislich fehlerhaft arbeitet und dazu führt, dass der Kunde trotz zutreffender Anschriftendaten keine Bestellungen aufgeben kann.

177 Die Weitergabe von Anschriftendaten an den den Abgleich vornehmende Dienstleister ist unter den Voraussetzungen des § 11 BDSG zulässig.[280] Soweit der Dienstleister die Anschriftendaten nicht nur zwecks Adressüberprüfung für den Online-Händler nutzt, sondern darüber hinaus zu eigenen Zwecken nutzen möchte, ist die entsprechende Datenübermittlung an § 28 bzw. bei Auskunfteien ggf. auch an § 28a BDSG zu messen.

178 In jedem Fall muss der Händler im Rahmen seiner Datenschutzerklärung nach § 13 Abs. 1 TMG über die Vornahme einer Adressüberprüfung aufklären. Erfahrungsgemäß kommen Online-Händler dieser Pflicht häufig nicht nach, da sie befürchten, dass eine transparente Information über eingesetzte technische Sicherungsmaßnahmen Betrügern Erkenntnisse darüber liefern könnte, wie Betrugspräventionsmechanismen überlistet oder umgangen werden könnten.[281] Diesen Bedenken trägt § 13 Abs. 1 TMG insoweit Rechnung, als dieser nicht verlangt, dass im Rahmen der Datenschutzerklärung eingesetzte Techniken ausführlich erläutert werden. Das Verschweigen des Einsatzes von Technologien zur Adressüberprüfungen ist datenschutzrechtlich jedenfalls unzulässig.

179 **b) Fortgeschrittene Methoden zur Betrugsprävention.** Neben Adressüberprüfungen sind in Webshops eine Reihe weiterer technischer Schutzmaßnahmen anzutreffen, deren datenschutzrechtliche Beurteilung zuweilen Schwierigkeiten bereitet, zumal einige der eingesetzten Methoden eine Nähe zum Kredit-Scoring aufweisen und insoweit zusätzlich die Vorgaben von § 28b BDSG zu beachten sind.

180 Im Rahmen des Risikomanagements kommen häufig Methoden wie die nachfolgenden zum Einsatz, die inhaltliche Überschneidungen aufweisen können:

---

[279] § 28 Abs. 1 Satz 1 Nr. 1 BDSG scheidet aus, da die Adressprüfung zur Abwicklung des Erwerbsvorgangs nicht erforderlich ist. Die Datenbanken, gegen die die Anschrift des Käufers angeglichen wird, ist auch nicht öffentlich zugänglich, so dass auch § 28 Abs. 1 Satz 1 Nr. 3 BDSG ausscheidet. § 28b BDSG ist ebenfalls nicht einschlägig, da die Adressenüberprüfung – jedenfalls allein für sich – zu keiner Bildung eines Wahrscheinlichkeitswertes über ein zukünftiges Verhalten des Käufers führt. Anderes kann gelten, wenn das Ergebnis der Adressenüberprüfung in einen Score-Wert einfließt.
[280] Zu Auftragsdatenverarbeitung → § 34 Rn. 271 ff.
[281] Siehe zu den gesetzlichen Anforderungen an Datenschutzerklärungen → Rn. 125 ff.

- Abgleich von Kundendaten gegen Black- und Whitelists: Positiv- und Negativlisten erstellt auf Basis von Erfahrungen (eigene und/oder derer des eingesetzten Dienstleisters) in der Vergangenheit.
- Velocity Checks: Transaktionskontrolle pro Kunde bezogen auf dessen Kontodaten oder Kreditkartennummer. Checks erfolgen etwa auf Basis von IP-Adresse, Bankkonto, Bank Identifier Number (BIN) und Kreditkarten Verification Code.
- Plausibilisierung angegebener Bankverbindungen: zB passt Wohnort und Ort der Filialbank zusammen?
- Negativdateien: Prüfung auf Vorliegen Inkassofälle oder Eintragungen im Schuldnerregister.
- IP-Geolokalisierung: Bestimmung des Ortes von dem der Kunde die Bestellung durchführt durch Abgleich der IP-Adresse mit Geodatenbanken.
- Device-ID: Eindeutige Bestimmung des für die Bestellung genutzten Gerätes, zB um erkennen zu können, ob ein (betrügerischer) Nutzer vom gleichen Gerät aus versucht, mit vielen unterschiedlichen Kreditkarten zu bezahlen.
- Tippverhaltensanalyse: Auswertung des Tippverhaltens zur Identifizierung von Nutzern über Gerätegrenzen hinweg, etwa zur Entdeckung von Betrügern, welche Device-Tracking durch die Nutzung verschiedener Geräte leerlaufen lassen.
- Klassisches Kredit-Scoring:[282] Abfrage der Kreditwürdigkeit/Bonität einer Person bei einer Auskunftei in Form eines Zahlenwerts errechnet auf Basis einer statistischen Analyse.

Die datenschutzrechtliche Zulässigkeit der aufgeführten Betrugspräventionsprüfungen bzw. Bonitätsabfragen ist – wie bei den Adressprüfungen – grds. an § 28 Abs. 1 Satz 1 Nr. 2 BDSG zu messen und erfordert insoweit eine Abwägung. Wie diese ausfällt, ist eine Frage des Einzelfalls, wenn auch gewisse grundlegende Aussagen getroffen werden können. So dürfte die Abfrage von Bonitätsdaten bei einer Bestellung auf Vorkasse unzulässig sein, da hier der Händler kein kreditorisches Risiko trägt und die Bonität des Kunden irrelevant für die Durchführung des Rechtsgeschäfts ist. Anders verhält sich dies etwa bei einer Lieferung auf Rechnung. Hier geht der Händler in Vorleistung und insoweit werden ihm angemessene Risikominimierungsprüfungen zuzugestehen sein, wobei die Zweck-Mittel-Relation zu wahren ist. Welche Prüfungen noch durch die gesetzliche Erlaubnis abgedeckt sind und ab wann eine Einwilligung des Kunden als Legitimationsgrundlage erforderlich ist, bleibt der gerichtlichen Klärung überlassen.

Bei der Bezahlart Kreditkarte wird die Abwägungsprüfung dadurch kompliziert, dass das kartenausgebende Unternehmen bzw. die bei Visa und Mastercard dahinterstehende Kreditkartenorganisation mit der Akzeptanz das sog Delkredere-Risiko, mithin das Risiko eines Forderungsausfalls übernimmt. Dennoch findet über die vom Händler eingesetzten Zahlungsdienstleister per AGB faktisch eine Verschiebung des Risikos hin zum Händler statt, der dem seinerseits durch umfangreiches Risikomanagement zu begegnen versucht. Wo hier die Grenzen des datenschutzrechtlichen Zulässigen verlaufen wurde – soweit ersichtlich – noch nicht gerichtlich geklärt.

Online-Händler müssen bei der Gestaltung des Webshops darauf achten, im Rahmen der Betrugsprävention nur die Maßnahmen zu ergreifen, die für die gewählte Zahlungsart auch zulässig sind. Eine umfangreiche Überprüfung des Kunden unabhängig von der gewählten Zahlungsart ist nur auf Basis einer – bei sachgemäßer Aufklärung freilich nur schwierig zu erlangenden Einwilligung – zulässig. In jedem Fall muss der Online-Händler seine Kunden transparent über die zu Einsatz kommenden Betrugspräventionsmaßnahmen aufklären. Hier hat es sich bewährt wie folgt vorzugehen:
- Bei der Auswahl der Bezahlarten im Bestellprozess weist der Online-Händler darauf hin, dass bei gewissen Zahlungsarten unter Verwendung von Kundendaten Überprüfungen zwecks Betrugsprävention vorgenommen werden. Die Information enthält auch den Hin-

---

[282] Siehe zu datenschutzrechtlichen Dimension auch den Abschlussbericht des Unabhängigen Landeszentrum für Datenschutz Schleswig-Holstein „Scoring nach der Datenschutz-Novelle 2009 und neue Entwicklungen" aus 2014, abrufbar unter http://www.bmjv.de/SharedDocs/Downloads/DE/pdfs/Scoring-Studie.pdf?__blob=publicationFile.

weis darauf, dass genauere Informationen in der Datenschutzerklärung abgerufen werden können.
- In der Datenschutzerklärung werden die vorgenommenen Überprüfungen soweit beschrieben, dass der Kunde das Ausmaß der Datenverarbeitung ersehen kann. Soweit Dritte als Auftragsdatenverarbeiter eingesetzt werden, kann auf deren namentliche Nennung verzichtet werden, wenn auch eine solche aus Transparenzgründen wünschenswert ist.

184 Darüber hinaus ist sichergestellt, dass der Kunde im Bestellprozess die Zahlungsart in Kenntnis der damit verbundenen personenbezogenen Datenverarbeitung wählen kann.

185 Ob der Online-Händler bzw. der eingeschaltete Dienstleister zusätzlich die Anforderungen an Scoring-Verfahren nach § 28b BDSG beachten muss, hängt davon ab, wie der vom Händler beim Dienstleister eingekaufte Baustein zum Risikomanagement funktioniert. Wenn der Betrugspräventionsmechanismus intern einen Schwellenwert errechnet, ab dem eine Bestellung abgelehnt wird, weil das Risiko eines Zahlungsausfalls zu hoch ist, dann liegt eine Form des Scoring vor und § 28b BDSG dürfte Anwendung finden.

186 Ob der Einsatz von Techniken wie Tippverhaltensanalyse und Device-ID im Rahmen der Betrugsprävention ohne das Vorliegen konkreter Anhaltspunkte für einen Missbrauch ohne die Einwilligung des Kunden zulässig ist, ist fraglich, da der Persönlichkeitseingriff hier schwerer wiegt, da hier das (Tipp-)Verhalten des Kunden und damit ein biometrisches Merkmal aufgezeichnet wird. Bei Device-ID wird das vom Kunden genutzte IT-System vermessen und im Rahmen dessen vielfältige Informationen (eingesetztes Betriebssystem und Betriebssystemversion, Browser, installierte Schriftarten etc) ausgelesen. Jedenfalls muss bei der Bewertung das vom Bundesverfassungsgericht 2008 geschaffene „Grundrecht auf Gewährleistung der Vertraulichkeit und Integrität informationstechnischer Systeme"[283] angemessen berücksichtigt werden.

2. Suchmaschinen

187 **a) Auto-complete Funktion.** Suchmaschinen, allen voran Google, verwenden heute die sog „Autocomplete"-Funktion, die es dem Internetnutzer ermöglicht, bei der Eingabe von Suchbegriffen weitere automatisch erscheinende Suchvorschläge als Wortkombination angeboten zu bekommen. Der BGH entschied 2013, dass diese Funktion geeignet sei, Persönlichkeitsrechte von Betroffenen zu verletzen.[284] Im zugrundeliegenden Fall wurden neben dem Namen eines Unternehmers noch die Begriffe „Scientology" und „Betrug" angezeigt.[285] Google sei Diensteanbieter iSv § 2 Satz 1 Nr. 1 TMG, der durch die Verknüpfung der Begriffe eine Beeinträchtigung des Persönlichkeitsrechts bewirke, da die Ergänzungsvorschläge einen verletzenden Aussagegehalt hätten.[286] Durch die Verbindung mit dem Namen des Betroffenen würde suggeriert, dass eine tatsächliche Verbindung von „Scientology" bzw. „Betrug" zu der Person bestünde.[287] Im Falle einer Inanspruchnahme durch den Betroffenen habe der Suchmaschinenbetreiber die Pflicht, zukünftige Verletzungen dieser Art zu verhindern.[288] Das OLG, das sich nach Zurückverweisung des BGH, erneut mit der Sache zu beschäftigen hatte, führte aus, dass „das Erfordernis der Prüfung einer zur Kenntnis gebrachten Rechtsverletzung [...] kein Selbstzweck [sei], sondern [...] der Unterbindung weiterer Verstöße dienen [solle], was aber eine Reaktion in angemessener Zeit voraussetzt."[289] Ein rund vierwöchiger Prüfungszeitraum sei nicht mehr als angemessen einzuordnen, so das Google seine Pflicht, die Verletzung zügig nach Kenntniserlangung zu unterbinden, verletzt hatte.[290] In dem ebenfalls in der Öffentlichkeit vieldiskutierten Fall der (ehemaligen) Ehefrau des früheren Bundespräsidenten Christan Wulff, Bettina Wulff, die gegen 43 Wortkombinationen vorgegangen war, kam es zu einem Vergleich vor dem Landgericht Hamburg,

---

[283] BVerfG v. 27.2.2008 – 1 BvR 370/07, 1 BvR 595/07.
[284] BGH Urt. v. 14.5.2013 – VI ZR 269/12, GRUR 2013, 751.
[285] BGH Urt. v. 14.5.2013 – VI ZR 269/12, GRUR 2013, 751.
[286] BGH Urt. v. 14.5.2013 – VI ZR 269/12, GRUR 2013, 751 Rn. 20, 12 f.
[287] BGH Urt. v. 14.5.2013 – VI ZR 269/12, GRUR 2013, 751 Rn. 13.
[288] BGH Urt. v. 14.5.2013 – VI ZR 269/12, GRUR 2013, 751 Ls. 3.
[289] OLG Köln Urt. v. 8.4.2014 – 15 U 199/11, ZUM-RD 2014, 361 (368).
[290] OLG Köln Urt. v. 8.4.2014 – 15 U 199/11, ZUM-RD 2014, 361 (368).

wie der Spiegel am 16.1.2015 mitteilte.[291] Da Google seine Autocomplete-Richtlinien überarbeitet habe, sahen die Anwälte kein Erfordernis einer gerichtlichen Entscheidung mehr.[292] Der Suchmaschinenbetreiber hat inzwischen auf die Kritiken und Beschwerden reagiert und stellt auf seiner Webseite ein Formular für Autocomplete-Beschwerden zur Verfügung.[293]

b) EuGH-Urteil zu Google Spain. Der EuGH hat mit seinem Urteil zum sog „Recht zum Vergessenwerden" die vielseits diskutierte Frage nach der Verpflichtung von Suchmaschinen zur Löschung von personenbezogenen Daten beantwortet.[294] Der EuGH entschied sich gegen die vom Generalanwalt Niilo Jääskinen[295] in seinen Schlussanträgen geäußerte Rechtsansicht, dass Suchmaschinenbetreiber nach der Datenschutzrichtlinie 95/46/EG nicht für die personenbezogenen Daten auf den von ihnen verarbeiteten Webseiten verantwortlich sind. Nach geltendem Recht bestehe ein begrenzter Anspruch des Betroffenen auf Löschung der personenbezogenen Daten. Voraussetzung sei ein Antrag des Betroffenen sowie eine Abwägung der schutzwürdigen Interessen des Betroffenen mit dem Informationsinteresse der Öffentlichkeit an der Verbreitung der Information zugunsten des Betroffenen.[296] Denn „nach dieser Bestimmung [Art. 7f der RL] ist die Verarbeitung personenbezogener Daten zulässig, wenn sie zur Verwirklichung des berechtigten Interesses, das von dem für die Verarbeitung Verantwortlichen oder von dem bzw. den Dritten wahrgenommen wird, denen die Daten übermittelt werden, erforderlich ist, sofern nicht das Interesse oder die Grundrechte und Grundfreiheiten der betroffenen Person, insbesondere ihr Recht auf Schutz der Privatsphäre bei der Verarbeitung personenbezogener Daten, die gemäß Art. 1 Abs. 1 der Richtlinie geschützt sind, überwiegen."[297] Dabei überwiegen nach Ansicht des EuGH die „geschützten Rechte der betroffenen Person im Allgemeinen gegenüber dem Interesse der Internetnutzer."[298] Grund dafür sei unter anderem „ein hohes Niveau des Schutzes der Grundrechte und Grundfreiheiten, insbesondere der Privatsphäre, natürlicher Personen bei der Verarbeitung personenbezogener Daten zu gewährleisten."[299]

Das Urteil beschäftigt sich darüber hinaus mit weiteren Fragen wie dem personellen sowie dem materiellen Anwendungsbereich der Datenschutzrichtlinie. Anders als der Generalanwalt befindet es der EuGH im Rahmen des Art. 2 Buchst. a der Richtlinie als ausreichend, dass der Suchmaschinenbetreiber „Informationen, die anderweitig zur Verfügung gestellt wurden, verbreitet oder die Erstellung von Persönlichkeitsprofilen durch das Auffinden und Sortieren der verfügbaren Informationen ermöglicht (Rn. 36 f., 80)."[300] Damit sei Google derjenige, der über Zweck und Mittel der Verarbeitung personenbezogener Daten gem. Art. 2 lit. d der RL entscheidet.[301] Obwohl Google grundsätzlich nicht nur personenbezogene Daten, sondern jegliche im Netz auffindbare Daten sammelt, liegt eine eigenständige Datenerhebung vor. Denn „indem er das Internet automatisch, kontinuierlich und systematisch auf die dort veröffentlichten Informationen durchforstet, „erhebt" der Suchmaschinenbetreiber mithin personenbezogene Daten, die er dann mit seinen Indexierprogrammen „ausliest", „speichert" und „organisiert", auf seinen Servern „aufbewahrt" und gegebenenfalls in Form von Ergebnislisten an seine Nutzer „weitergibt" und diesen „bereitstellt"."[302] Dass die Erhebung im zugrundeliegenden Rechtsstreit vom Mutterkonzern durchgeführt werde, sei für die Anwendbarkeit des EU-Rechts irrelevant, da „Mutter- und Tochtergesellschaft

---

[291] http://www.spiegel.de/netzwelt/web/bettina-wulff-und-google-einigen-sich-aussergerichtlich-a-1013217.html.
[292] http://www.spiegel.de/netzwelt/web/bettina-wulff-und-google-einigen-sich-aussergerichtlich-a-1013217.html.
[293] Siehe https://support.google.com/legal/contact/lr_legalother?product=searchfeature&hl=de.
[294] EuGH Urt. v. 13.5.2014 – C-131/12, GRUR 2014, 895 – Google Spain.
[295] Schlussantrag d. Generalanwalts Jääskinen vom 25.6.2013, C-131/12, Google Spain.
[296] EuGH: Löschungsanspruch gegen Google – „Recht auf Vergessen", mit Anm. *Karg* ZD 2014, 350 (360).
[297] EuGH Urt. v. 13.5.2014 – C-131/12, GRUR 2014, 895 Rn. 74 – Google Spain.
[298] EuGH Urt. v. 13.5.2014 – C-131/12, GRUR 2014, 895 Rn. 81 – Google Spain.
[299] EuGH Urt. v. 13.5.2014 – C-131/12, GRUR 2014, 895 – Google Spain, Rn. 66; vgl. auch *Luch/Schulz/Kuhlmann*, EuR 2014, 698 (706).
[300] EuGH: Löschungsanspruch gegen Google – „Recht auf Vergessen", mit Anm. *Karg* ZD 2014, 350 (360).
[301] EuGH Urt. v. 13.5.2014 – C-131/12, GRUR 2014, 895 – Google Spain, Rn. 33.
[302] EuGH Urt. v. 13.5.2014 – C-131/12, GRUR 2014, 895 – Google Spain, Rz 28.

(mit Sitz in der EU) so eng miteinander verwoben seien." Eine Verarbeitung im Rahmen der Tätigkeit der Niederlassung gem. Art. 4 Abs. 1 der RL läge vor, wenn der Suchmaschinenbetreiber in einem Mitgliedstaat für die Förderung des Verkaufs der Werbeflächen der Suchmaschine und diesen Verkauf selbst eine Zweigniederlassung oder Tochtergesellschaft gründet, deren Tätigkeit auf die Einwohner dieses Staates ausgerichtet ist.

3. Messenger[303]

190 Durch die Verbreitung von internetfähigen Smartphones haben sich neue Kommunikationsplattformen etabliert. Messenger, wie WhatsApp oder Threema, haben dabei erhebliche Bedeutung erlangt. Die Kommunikation erfolgt in Form von der „Versendung von Textnachrichten, die ähnlich wie eine E-Mail per Internet an den Empfänger übermittelt werden können (sog „Instant-Messaging")."[304] Der Unterschied zu den herkömmlichen Kommunikationsmitteln ist lediglich, dass Absender und Empfänger den gleichen Messenger nutzen, zum Beispiel WhatsApp oder iMessage und diese Programme zumeist für Smartphones entwickelt wurden.[305] Die Versendung der Nachrichten ist dabei größtenteils kostenlos.

191 **a) Anwendbarkeit des TKG.** Für die Beurteilung datenschutzrelevanter Vorgänge kommen grundsätzlich die Regeln des BDSG (allerdings subsidiär) sowie die datenschutzrechtlichen Regeln des TMG (§§ 11 ff. TMG) und des TKG (§§ 91 ff. TKG) in Betracht. Entscheidend ist dafür die Unterscheidung zwischen Telemedien- und Telekommunikationsdiensten. Allerdings sind die eindeutige technische sowie datenschutzrechtliche Zuordnung der Messenger-Dienste und damit auch die anzuwendenden Regelungen noch unklar.

192 Messenger-Dienste beinhalten sowohl eine Kommunikationskomponente, als auch eine „inhaltliche Komponente, die dem Angebot klassischer Telemedien entspricht".[306] Nach § 11 Abs. 3 TMG gelten für Telemedien, die überwiegend in der Übertragung von Signalen über Telekommunikationsnetze bestehen, nur noch die ausdrücklich genannten Datenschutzvorschriften.[307] Datenverarbeitung ist danach nur noch zur Bekämpfung missbräuchlicher Nutzungen iSv § 15 Abs. 8 TMG und der dazugehörigen Sanktion iSv § 16 Abs. 2 Nr. 4 TMG erlaubt. Vorrangig für gemischte Dienste sind aus Gründen der „Rechtsklarheit und besseren Handhabung der Datenschutzvorschriften" (BT-Drs. 16/3078, S. 15 f.) die Regelungen des TKG, wenn auch das TMG und das TKG grundsätzlich parallel Anwendung finden.[308]

193 Setzt man einen Messenger wie WhatsApp mit den technisch ähnlich veranlagten E-Mail-Übertragungsdiensten, die nach der Gesetzesbegründung als Beispiel[309] für solche „überwiegenden Kommunikationsdienste" dienen, gleich, so gelten dann auch hierfür die datenschutzrechtlichen Regeln der §§ 91 ff. TKG.[310] Aufgrund der bisher unklaren Rechtslage besteht dringender Regelungsbedarf durch den Gesetzgeber, der zunächst den Messenger an sich im Hinblick auf § 3 Nr. 24 TKG bzw. § 1 Abs. 1 TMG einordnen und in einem zweiten Schritt die anwendbaren datenschutzrechtlichen Regelungen festlegen sollte.[311] Aufgrund der geradezu immensen Bedeutung der Messenger in der heutigen Kommunikation und damit einhergehender datenschutzrechtlicher Risiken für den Verbraucher/Verwender besteht diesbezüglich ein dringender Handlungsbedarf.

---

[303] Siehe zu diesem Thema auch *Schneider* ZD 2014, 231; *Schneider* DSRITB 2013, 89.
[304] *Schneider* ZD 2014, 231 (232).
[305] So auch *Schneider* ZD 2014, 231 (232).
[306] Vgl. Stellungnahme des Deutschen Anwaltvereins durch den Ausschuss Informationsrecht zur Anwendung des TKG auf neue Kommunikationsplattformen (bspw. WhatsApp), Seite 6.
[307] Vgl. auch Taeger/Gabel/*Moos*, BDSG und Datenschutzvorschriften des TKG und TMG, § 11 TMG, Rn. 38.
[308] Vgl. Stellungnahme des Deutschen Anwaltvereins durch den Ausschuss Informationsrecht zur Anwendung des TKG auf neue Kommunikationsplattformen (bspw. WhatsApp), Seite 6; *Schneider* ZD 2014, 231 (233).
[309] BT-Drs. 16/3078, S. 13, S. 15; Hoeren/Sieber/Holznagel/*Schmitz*, Multimedia-Recht, 40. EL, Teil 16.2, Rn. 62.
[310] Vgl. Stellungnahme des Deutschen Anwaltvereins durch den Ausschuss Informationsrecht zur Anwendung des TKG auf neue Kommunikationsplattformen (bspw. WhatsApp), Seite 6.
[311] Vgl. Stellungnahme des Deutschen Anwaltvereins durch den Ausschuss Informationsrecht zur Anwendung des TKG auf neue Kommunikationsplattformen (bspw. WhatsApp), Seite 7.

b) Sicherheitsrisiken. Messenger-Dienste wie WhatsApp haben ihren Stellenwert nicht nur 194
in ihrer Funktionalität, sondern vor allem in der großen Anzahl ihrer Nutzer und den damit
zusammenhängenden Datenmengen.[312] Die Dienste bieten daher reichlich Konfliktpotential
hinsichtlich datenschutzrechtlicher Fragen.

Als datenschutzrechtlich relevant ist schon der Zugriff auf das Telefonbuch des eigenen 195
Mobiltelefons bei der Erstanmeldung zur sog „Adressbuchabfrage" einzustufen. Infolge dieser Abfrage und den dadurch gewonnenen Daten (Telefonnummern und die dazugehörigen
Namen) erstellt der Dienst eine Liste mit den ebenfalls bei WhatsApp befindlichen Kontakten.
Jeder Nutzer kann sehen, wann ein anderer Nutzer, der in seiner Kontaktliste gespeichert ist,
online ist, ohne dass diese Funktion manuell abstellbar wäre. Das ermöglicht unter Umständen eine dauerhafte Aufzeichnung, wann ein Nutzer online ist.[313] Nicht abschließend festgestellt ist bislang, wie sicher die Übertragung der Nachrichten, Fotos, Videos oder Sprachnachrichten ist. Riskant ist dabei vor allem der Zugriff von Dritten während der Übermittlung, da
die Verschlüsselung immer wieder Mängel aufzeigte.[314] Aus diesem Grund und anlässlich des
Verkaufs des Unternehmens an Facebook im Jahr 2014, der für viele Nutzer einen unüberschaubaren Datenaustausch zwischen den Unternehmen bedeutete, wechselten viele Nutzer
zu Diensten wie Threema. Diese werben erfolgreich damit, die Übermittlungen durch effektivere Ende-zu-Ende-Verschlüsselung abzusichern.[315] Stiftung Warentest stuft Threema im Gegensatz zu WhatsApp in seiner Datenschutz-Bewertung als unkritisch ein.[316]

WhatsApp erklärt selbst, dass es die nicht übermittelten Nachrichten 30 Tage auf dem 196
Server speichere; übermittelte Nachrichten verblieben nicht auf dem WhatsApp-Server.[317]
Neue Fragen wirft in diesem Zusammenhang aber auch die neue Telefonie-Funktion des
Diensts auf, die bei bestehender WLAN-Verbindung kostenlose Telefonate mit anderen
Nutzern ermöglicht.[318] Inwieweit die Anrufe ohne Wissen der Nutzer aufgezeichnet und gespeichert werden und dadurch dem Zugriff durch Dritte ausgesetzt werden, wird derzeit allerseits diskutiert.[319] Der Anbieter dementierte solche Vorwürfe.[320]

c) Dienstliche Nutzung. Eine dienstliche Nutzung von Messengern sollte derzeit aufgrund 197
der oben genannten Risiken vermieden werden. Jedenfalls ist eine eingehende Prüfung des
Diensts vorzunehmen. Die Verschlüsselung der Nachrichten sowie der Standort der Server
ist dabei von erheblicher Relevanz, um beurteilen zu können, wer unter Umständen auf die
Daten zugreifen kann, seien es Mutterkonzerne oder Behörden.

4. Social Scoring

Als Social Scoring wird eine auf einem Algorithmus basierende Methode genannt, die die 198
Meinungsmacht eines Menschen im Internet anhand seiner Aktivitäten in sozialen Netzwerken berechnet. Auf einer Skala von 0 bis 100 wird der „social impact" eines jeden Facebook-, Twitter-, etc Nutzers bewertet. Vor allem Unternehmen bedienen sich dieser Scores,
um Bewerber auszuwählen und Mitarbeiter zu bewerten und belohnen.[321] Einer der bekanntesten Anbieter entsprechender Scoring-Anbieter ist „Klout", dessen „Klout-Score"
insbesondere in den USA bereits hohen Stellenwert genießt.

---

312 Vgl. *Schneider* ZD 2014, 231 (232).
313 Vgl. http://www.heise.de/ct/ausgabe/2015-11-WhatsApp-clever-nutzen-Tricks-fuer-Anfaenger-und-Fortgeschrittene-2621480.html.
314 http://www.heise.de/security/meldung/WhatsApp-durchleuchtet-Vorbildliche-Verschluesselung-weitgehend-nutzlos-2629081.html.
315 https://threema.ch/de/
316 https://www.test.de/WhatsApp-und-Alternativen-Datenschutz-im-Test-4675013-0/.
317 http://www.whatsapp.com/legal/.
318 http://www.sueddeutsche.de/digital/whatsapp-anruf-per-app-1.2446899.
319 http://www.t-online.de/computer/sicherheit/id_73827506/whatsapp-zeichnet-jedes-telefonat-mit-whatsapp-call-auf.html.
320 http://www.heise.de/newsticker/meldung/Entwarnung-bei-WhatsApp-Telefonate-werden-nicht-gespeichert-2626962.html.
321 http://www.welt.de/wirtschaft/karriere/article129293898/Wie-Firmen-Social-Media-Multiplikatoren-suchen.html; http://www.zeit.de/2012/37/C-Aufmacher-Klout-Score/.

199 **a) Anwendbarkeit des deutschen Datenschutzrechts.** Ob das deutsche Datenschutzrecht auf einen Social Scoring-Dienst Anwendung findet, der seinen Sitz wie Klout in einem Drittland hat, ist bislang nicht abschließend geklärt. Entscheidend kommt es nach § 1 Abs. 5 Satz 2 BDSG darauf an, dass eine eigenständige Erhebung, Nutzung oder Verarbeitung der Daten im Inland durch eine Stelle im Drittland stattfindet.[322] Damit soll der Schutz des Betroffenen gewährleistet werden, weil „sonst ein verminderter Schutz oder ein schutzloser Zustand eintreten könnte."[323] Ob im Drittland tatsächlich ein minderer Schutzstandard gelten würde, ist unbeachtlich.[324]

200 Fraglich ist, wann eine Datenerhebung oder -verarbeitung im Inland stattfindet. In richtlinienkonformer Auslegung ist darauf abzustellen, dass *„die verarbeitende Stelle mit Sitz im Drittland Einfluss auf Mittel und Zweck der Datenverarbeitung hat."*[325] Inwieweit deutsches Datenschutzrecht Anwendung findet, wird unterschiedlich beurteilt. Da sich der Server zumeist im Drittland befindet, könnte man davon ausgehen, dass eine Verarbeitung der Daten nicht in Deutschland stattfindet und somit deutsches Datenschutzrecht unanwendbar ist.[326] Allerdings erfolgt der Zugriff über deutsche Endgeräte, so dass unter Umständen ein nach Art. 4 Abs. 1 lit. c der Datenschutz-Richtlinie RL 95/46/EG genügendes automatisiertes oder nicht automatisiertes Mittel zur Verarbeitung eingesetzt wurde.[327] Dies führt jedoch zu weit, da sich die Endgeräte der Endnutzer gerade nicht in der Verfügungsgewalt der im Drittland ansässigen verantwortlichen Stelle befinden.[328] Andere stellen darauf ab, an wen sich die Leistungen richten[329] oder darauf, ob ein Nutzer seine Daten bewusst freigegeben hat oder nicht.[330] Anwendung finden soll das deutsche Recht im Falle der bewussten Freigabe. Diese Differenzierung kann jedoch für die Anwendbarkeit deutschen Rechts kaum Relevanz haben und spielt vielmehr bei der Frage, ob eine Einwilligung erteilt wurde, eine Rolle.[331]

201 **b) Profilbildung.** Social Scoring Portale sammeln Daten „aus drei Kategorien: 1. Quantität […], 2. Mobilisierungsfähigkeit […], 3. Güte des eigenen Netzwerks."[332] Gemessen wird daher die Anzahl der Freunde und Follower, der Posts und Tweets, der anerkennenden Likes, Kommentare und Shares sowie wiederum der Erfolg der Freunde und Follower. Anhand dieser gesammelten Daten wird ein Profil samt Bewertung in Form des „Scores" erstellt. Dieses Profil ist datenschutzrechtlich nicht unproblematisch.[333]

202 **c) Erlaubnis.** Die Profilbildung erfolgt sobald jemand Mitglied eines sozialen Netzwerks wird, unabhängig davon, ob er dies weiß oder seine Einwilligung erteilt hat. Sehr zweifelhaft ist, ob eine gesetzliche Erlaubnis (analog § 28 Abs. 1 S. 1 Nr. 3 BDSG?) vorliegt, soweit allgemein zugängliche Daten erhoben werden. Das verbietet an sich bereits der Grundsatz der Zweckbindung und eine mit § 28 Abs. 1 S. 1 Nr. 3 BDSG vergleichbare Abwägung kennt das TMG nicht.

203 Mitglieder eines sozialen Netzwerks können auch aktiv Nutzer eines Social Scoring Portals werden, indem sie einen eigenen Account anlegen und diesen mit den anderen sozialen Netzwerken verknüpfen. In der aktiven Teilnahme durch Eröffnen eines Scoring-Accounts liegt unter Umständen eine Erlaubnis zum Zwecke der Dienstegewährung bzw. Durchführung des Nutzerverhältnisses (§ 15 Abs. 1 TMG). Einer konkludenten datenschutzrechtlichen Einwilligung bedarf es dann nicht, die es im Datenschutzrecht auch nicht gibt.

---

[322] *Voigt* ZD 2014, 15, 17; Hoeren/Sieber/Holznagel/*Schmitz*, Multimedia-Recht, Teil 16.2 Rn. 128; *Jotzo* MMR 2009, 232 (237).
[323] Simitis/*Dammann* BDSG § 1 Rn. 214.
[324] Simitis/*Dammann* BDSG § 1 Rn. 214; *Voigt* ZD 2013, 15 (17).
[325] *Voigt* ZD 2014, 15 (17).
[326] *Voigt* ZD 2014, 15 (20).
[327] *Voigt* ZD 2014, 15 (20).
[328] Anders wäre es evtl., wenn die Datenerhebung mittels Cookies erfolgt, die auf dem Endgerät abgespeichert werden.
[329] *Jotzo* MMR 2009, 232 (236).
[330] *Voigt* ZD 2014, 15 (20).
[331] *Voigt* ZD 2014, 15 (20).
[332] Alvares de Souza Soares, Der gläserne Bewerber, http://www.zeit.de/2012/37/C-Aufmacher-Klout-Score.
[333] Artikel 29-Datenschutzgruppe, WP 203, 00569/13/EN, S. 45.

IV. User Generated Content

1. Bewertung von Einzelpersonen in Internetportalen

Der Düsseldorfer Kreis hat in einem Beschluss vom 17./18.4.2008 Stellung zu datenschutzrechtlichen Problemen von Meinungsforen über einzelne Personen, wie Lehrer oder Professoren, genommen.[334] Die Datenschutzaufsichtsbehörden weisen darauf hin, dass es sich bei Beurteilungen und Bewertungen von Lehrerinnen und Lehrern sowie von vergleichbaren Einzelpersonen in Internet-Portalen vielfach um sensible Informationen und subjektive Werturteile über Betroffene handelt. Diese Wertungen werden in das jeweilige Portal eingestellt und sind somit jederzeit von jedermann abrufbar, ohne dass – etwa zur Verifizierung des Urteils oder zur sachlichen Auseinandersetzung – der Urheber der Bewertung erkennbar ist.[335] Gerade bei anonymen Bewertungsportalen besteht jedoch die Gefahr, dass die Bewerteten diffamiert werden, ohne sich wehren zu können. Anbieter entsprechender Portale haben die Vorschriften des TMG und des BDSG über die geschäftsmäßige Verarbeitung personenbezogener Daten einzuhalten. 204

Hinsichtlich der Meinungsäußerungen[336] über die bewerteten Personen hat sowohl der Anbieter als auch der jeweilige bewertende Nutzer die Anforderungen des § 28 Abs. 1 Nr. 2 BDSG zu beachten. Danach ist gesetzlich eine Abwägung vorgeschrieben, in der den schutzwürdigen Interessen der bewerteten Personen Rechnung zu tragen ist. Das Recht auf freie Meinungsäußerung rechtfertigt es nicht, das Recht der Bewerteten auf informationelle Selbstbestimmung generell als nachrangig einzustufen.[337] 205

Im Juni 2009 hat der BGH in der sog Spickmich.de-Entscheidung[338] ein Portal zur Lehrerbewertung im Internet zu beurteilen gehabt. Auf diesem ist es registrierten Nutzern möglich, die beruflichen Leistungen namentlich benannter Lehrer zu beurteilen. Die mit den Schulnoten 1 bis 6 abzugebenden Bewertungen sind an vorgegebene Kriterien gebunden wie etwa „cool und witzig", „beliebt", „motiviert", „menschlich", „gelassen" und „guter Unterricht". Ein eigener Textbeitrag des Bewertenden ist nicht möglich. Aus dem Durchschnitt der anonym abgegebenen Bewertungen wird eine Gesamtnote errechnet. Der BGH hat die Erhebung, Speicherung und Übermittlung der Daten trotz der fehlenden Einwilligung der klagenden Lehrerin für zulässig gehalten. Im Rahmen der nach § 29 BDSG vorzunehmenden Interessenabwägung hat der BGH kein schutzwürdiges Interesse am Ausschluss der Datenerhebung erkennen können: 206

„Die Bewertungen stellen Meinungsäußerungen dar, die die berufliche Tätigkeit der Klägerin betreffen, bei der der Einzelne grundsätzlich nicht den gleichen Schutz wie in der Privatsphäre genießt. Konkrete Beeinträchtigungen hat die Klägerin nicht geltend gemacht. Die Äußerungen sind weder schmähend noch der Form nach beleidigend. Dass die Bewertungen anonym abgegeben werden, macht sie nicht unzulässig, weil das Recht auf Meinungsfreiheit nicht an die Zuordnung der Äußerung an ein bestimmtes Individuum gebunden ist. Die Meinungsfreiheit umfasst grundsätzlich das Recht, das Verbreitungsmedium frei zu bestimmen."

2. Blogs und soziale Netzwerke

a) Allgemeines. Die Bedeutung von Blogs und sozialen Netzwerken (Online-Communities) für den Geschäftsverkehr hat in den letzten Jahren erheblich an Bedeutung gewonnen. 207

---

[334] Beschluss der obersten Aufsichtsbehörden für den Datenschutz im nicht-öffentlichen Bereich am 17./18. April 2008 in Wiesbaden – Internet-Portale zur Bewertung von Einzelpersonen, abrufbar unter http://www.bfdi.bund.de/SharedDocs/Publikationen/Entschliessungssammlung/DuesseldorferKreis/170408Internetportale.pdf?__blob=publicationFile (Stand 06/2015).
[335] Entscheidungen hierzu: LG Köln Urt. v. 30.1.2008 – 28 O 319/07 K&R 2008, 188; OLG Köln Urt. v. 3.7.2008 – 15 U 43/08 – MMR 2008, 672.
[336] Zur Abwägung zwischen Persönlichkeitsrecht und Kommunikationsfreiheit → § 34 Recht des Datenschutzes, dort mit weiteren Nachweisen, va Rspr. des BVerfG.
[337] Siehe Düsseldorfer Kreis, Beschluss „Internet-Portale zur Bewertung von Einzelpersonen" vom 17./18.4.2008; *Ballhausen/Roggenkamp* K&R 2008, 403.
[338] BGH Urt. v. 23.6.2009 – VI ZR 196/08; *Kulow* NJW 2009, 678.

Die Ausprägungsformen sind vielfältig. Angeschlossene Communities, in denen Freunde und Gleichgesinnte in Tagebuchmanier Urlaubsfotos und Familienereignisse einstellen, Diskussionsforen für Ärzte und Ingenieure, Kennenlern-/Partnerbörsen oder berufliches Online-Networking (zB Xing) sind nur einige wenige Beispiele. Einige sind nur für einen abgeschlossenen Nutzerkreis zugänglich, andere sind öffentlich und auch mittels Suchmaschinen auslesbar. Nicht nur Unternehmen, die im Internet Waren und Dienstleistungen vertreiben, richten Communities ein, um Kunden stärker an sich zu binden. Auch viele Unternehmen, die ihre Produkte üblicherweise im stationärem Verkauf anbieten, stellen mittlerweile auf eigene Kosten sog Firmen-Blogs zur Verfügung, in denen Kunden und/oder Spezialisten themengebunden über die Produkte des jeweiligen Unternehmens diskutieren können.

208 Dafür gibt es vor allem zwei Gründe. Zum einen ist das Internet inzwischen das entscheidende Medium für die Unternehmens-PR, da im Internet innerhalb von wenigen Stunden Millionen von Nutzer erreicht und Meinungen gebildet werden können. Zum anderen offenbaren Nutzer in Blogs vielfältige Daten, die für Marketingzwecke interessant sein können. Der datenschutzgerechten Gestaltung sozialer Netzwerke im Internet kommt daher eine zentrale Bedeutung zu.

209 Der Düsseldorfer Kreis als Zusammenschluss der obersten Aufsichtsbehörden für den Datenschutz im nicht-öffentlichen Bereich hat mit seinem Beschluss „Datenschutzkonforme Gestaltung sozialer Netzwerke" vom 17./18.4.2008 betont, dass auch Anbieter von Blogs in Deutschland (und auch in anderen EU- und EWR-Mitgliedstaaten) zur Einhaltung bestimmter Datenschutzpflichten nach TMG und BDSG verpflichtet sind. Auf die Empfehlungen und Hinweise der Aufsichtsbehörden wird nachfolgend eingegangen.

210 **b) Unterrichtungspflichten der Anbieter über ihren Umgang mit Nutzerdaten.** Anbieter von Blogs/Sozialen Netzwerken müssen ihre Nutzer umfassend gemäß den gesetzlichen Vorschriften über die Verarbeitung ihrer personenbezogenen Daten und ihre Wahl- und Gestaltungsmöglichkeiten nach BDSG und TMG unterrichten. Gesetzliche Unterrichtungspflichten ergeben sich insbesondere aus § 13 Abs. 1 S. 2 und S. 3, § 13 Abs. 6 sowie § 15 Abs. 3 S. 2 TMG.[339]

211 Nach Ansicht der Aufsichtsbehörde umfasst diese Unterrichtungspflicht auch datenschutzrechtliche Risiken für den Betroffenen, die mit der Preisgabe seiner Daten im Blog verbunden sind, etwa die Bildung von Nutzerprofilen. Unklar ist, ob ein einmaliger Hinweis darauf – etwa bei erstmaliger Registrierung des Nutzers – ausreichend ist, oder ob die Unterrichtung etwa bei jeder Anmeldung im Netzwerk oder zumindest in regelmäßigen Abständen wiederholt werden muss.

212 Webseitenbetreiber, die sich **sog Social-Plug-Ins** wie beispielsweise dem „Like"-Button von Facebook bedienen, treffen ebenfalls die Pflichten aus § 13 Abs. 1 TMG. Denn sowohl von Nutzern, die bei Betätigung des Buttons bei Facebook eingeloggt sind als auch von denen, die nicht eingeloggt sind, werden durch Facebook die IP-Adresse erhoben.[340] Dafür genügt schon der Besuch der Seite, die mit einem solchen Plug-In versehen ist.[341] Eine gesetzliche Grundlage iSv § 15 TMG oder §§ 28 Abs. 1, 29 Abs. 1 Nr. 2 BDSG besteht dafür wohl allerdings nicht, ebenso wenig wird im Regelfall eine Einwilligung durch den Webseitenbetreiber eingeholt.[342] Im Rahmen einer Datenschutzunterrichtung iSv § 13 Abs. 1 TMG ist allerdings problematisch, dass eine umfassende Aufklärung kaum möglich sein wird. Um den Social Plugin daher datenschutzrechtlich korrekt einzubinden, ist eine Datenschutzunterrichtung erforderlich, um einen Verstoß gegen § 13 TMG zu verhindern.[343] Zusätzlich sollte bei der Einbindung des „Like"-Buttons und vergleichbaren Social Plugins darauf hingewiesen werden, dass Nutzerdaten außerhalb des Anwendungsbereichs der Datenschutzrichtlinie 95/46/EG verarbeitet werden, da außerhalb der EU unter Umständen nicht derselbe Daten-

---

[339] Zur Auswertung für Werbezwecke → § 25.
[340] Schwarz/Peschel-Mehner/*Conrad/Schneider/Hausen/Dovas*, Recht im Internet, EL 42, 9.2.4 Rn. 28 mit Verweis auf *Koch* ITRB 2011, 158; *Ernst* NJOZ, 2010, 1917; vgl. Facebook-FAQ https://www.facebook.com/help/186325668085084.
[341] *Blochinger* MMR-Aktuell 2010, 303975.
[342] Schwarz/Peschel-Mehner/*Conrad/Schneider/Hausen/Dovas*, Recht im Internet, EL 42, 9.2.4. Rn. 28.
[343] Zum Verstoß gegen § 13 TMG siehe KG Beschl. v. 29.4.2011 – 5 W 88/11, ZUM 2011, 568.

schutz gewährt wird.³⁴⁴ Der Problematik entziehen kann sich jeder Webseitenanbieter, indem er nicht den Social Plugin verwendet, sondern lediglich einen Link für die jeweilige Facebook-Seite auf der eigenen Webseite einfügt. In diesem Fall werden von Facebook bspw. nicht ohne Kenntnisnahme des Webnutzers Daten erhoben. Vielmehr entscheidet der Nutzer selbst, ob er sich durch den angegebenen Link auf die Facebook-Seite leiten lässt.

c) Aufklärung der Nutzer über datenschutzkonformes Verhalten im Netzwerk. Die Datenschutzbehörden gehen davon aus, dass der Anbieter seine Nutzer aufzuklären hat, wie diese im Blog bzw. im Sozialen Netzwerk datenschutzkonform mit personenbezogenen Daten anderer Nutzer oder Dritter zu verfahren haben. Dazu gehört, dass Nutzer Blogdaten (Nutzungs- und Inhaltsdaten anderer Nutzer) ohne Erlaubnis nicht zB für eigene Marketingzwecke zweckentfremden dürfen. Dies ergibt sich für die einzelnen Nutzer aus dem Verbotsprinzip des § 4 Abs. 1 BDSG, die spezialgesetzlichen Datenschutzpflichten der §§ 13 ff. TMG verpflichten nur den jeweiligen Telemedienanbieter.

Des Weiteren dürfen Nutzer grundsätzlich keine Daten Dritter (etwa personenbezogene Informationen über Klassenkameraden oder Partyfotos mit anderen identifizierbaren Personen) ohne vorherige Einwilligung der Dritten ins Netz stellen. Gerade das Recht am eigenen Bild ist spezialgesetzlich an verschiedenen Stellen geregelt und wird in Blogs, die das Einstellen von privaten Fotos oder Videos zulassen, nicht selten verletzt. Dies kann nicht nur datenschutzrechtliche, sondern auch strafrechtliche Konsequenzen haben. Neben dem verfassungsrechtlichen und zivilrechtlichen Schutz des Rechts am eigenen Bild als Teil des allgemeinen Persönlichkeitsrechts in Art. 2 Abs. 1, Art. 1 Abs. 1 GG sowie § 823 Abs. 1 BGB wird das Recht am eigenen Bild insbesondere in §§ 22, 23 iVm § 33 KUG geregelt. Durch § 33 KUG ist das Recht am eigenen Bild nach KUG auch strafrechtlich geschützt. Danach ist das unbefugte Verbreiten oder öffentlich zur Schau stellen von Bildnissen identifizierbarer Personen grundsätzlich verboten, sofern diese Dritten nicht nur Beiwerk (etwa in einer Landschaft) sind und sofern es sich nicht um sog Personen der Zeitgeschichte handelt oder eine andere Ausnahme des § 23 KUG vorliegt.

§ 201a StGB stellt die Verletzung des „höchstpersönlichen Lebensbereichs" durch Bildaufnahmen unter Strafe. Zum höchstpersönlichen Lebensbereich gehören die Wohnung und andere gegen Einblicke geschützte Räume. In diesem Zusammenhang von Bedeutung ist auch § 90 TKG, der Sendeanlagen der Telekommunikation verbietet, die aufgrund spezieller Umstände geeignet sind, das nicht öffentlich gesprochene Wort eines anderen unbemerkt abzuhören oder das Bild eines anderen unbemerkt aufzunehmen.

Auch das BDSG enthält eine Sonderregelung für Bildaufnahmen mit optisch-elektronischen Einrichtungen, nämlich in § 6b BDSG die Videoüberwachung öffentlich zugänglicher Räume. Öffentlich zugängliche Räume sind zB öffentliche Plätze, Supermärkte oder sonstige für den Publikumsverkehr bestimmte Räume. Videoaufnahmen in nicht-öffentlich zugänglichen Räumen, also etwa in Privaträumen, bei geschlossenen Gesellschaften oder in nicht-öffentlich zugänglichen Büros, unterliegen den allgemeinen Bestimmungen des BDSG (für den nicht-öffentlichen Bereich also insbesondere §§ 4 und 28 BDSG). Lediglich wenn der Nutzer Videos ausschließlich für persönliche oder familiäre Zwecke erhebt, verarbeitet und nutzt, dies kann zB bei Einstellen der digitalen Fotos oder Videos in einem nur für Familienmitglieder zugänglichen Blog der Fall sein, ist das BDSG nicht anwendbar (siehe § 1 Abs. 2 Nr. 3 BDSG). Dazu hat der EuGH 2014 entschieden, dass sich eine Videoüberwachung, die sich auch nur teilweise auf den öffentlichen Raum erstreckt und dadurch auf einen Bereich außerhalb der privaten Sphäre desjenigen gerichtet ist, der die Daten auf diese Weise verarbeitet, nicht als eine ausschließlich „persönliche oder familiäre" Tätigkeit iSv Art. 3 Absatz II zweiter Gedankenstrich der RL 95/46/EG angesehen werden kann.³⁴⁵

Sofern – etwa im Zusammenhang mit einer Videoaufnahme – Tonaufnahmen von Kommunikationsinhalten aufgenommen und ins Netz gestellt werden, sei ergänzend darauf hingewiesen, dass auch das „Recht am gesprochenen Wort" als Teil des Persönlichkeitsrechts geschützt ist. Der strafrechtliche Schutz ergibt sich aus § 201 StGB. Danach wird die Verlet-

---

³⁴⁴ Hasselblatt/*Lotze*, MAH Gewerblicher Rechtsschutz, § 31 Rn. 224.
³⁴⁵ EuGH Urt. v. 11.12.2014 – C-212/13, Rn. 33, NJW 2015, 463.

zung der Vertraulichkeit des Wortes durch unbefugte Aufnahme des nicht-öffentlich gesprochenen Wortes auf einen Tonträger oder durch Zugänglichmachung einer solchen Aufnahme für Dritte (also zB in einem Blog) unter Strafe gestellt.

V. Checkliste: Wesentliche Anforderungen an die Gestaltung von Websites (va nach TMG)[346]

Lfd. Nr.	Anmerkung	
A. Impressum		
1.	**Name und Anschrift des Anbieters** Vollständige Firmenbezeichnung inklusive Rechtsformzusatz. Weiterhin müssen Straße, Hausnummer, Postleitzeitzahl und Ort angegeben werden.	Die Angabe eines Postfachs genügt nicht. Bei juristischen Personen und Personenvereinigungen ist der Sitz anzugeben.
2.	**Informationen zur schnellen Kontaktaufnahme** Telefonnummer, Faxnummer und E-Mail-Adresse.	Verfügt der Anbieter zB über keine Faxnummer, so muss eine solche natürlich auch nicht angegeben werden. Eine Telefonnummer muss nicht angegeben werden, wenn der Anbieter neben Faxnummer oder E-Mail-Adresse eine weitere Möglichkeit der schnellen Kontaktaufnahme wie zB ein Kontaktformular bereitstellt. Ausnahme: Handelt es sich bei dem Diensteanbieter – wie in der Regel – um einen Dienstleistungserbringer i. S. der EG-Richtlinie 2006/123/EG ist die Angabe einer Telefonnummer seit 17.5.2010 gemäß § 2 Abs. 1 Nr. 2 DL-InfoV in jedem Fall vorgeschrieben. Sofern es sich bei der Telefon- oder Faxnummer um einen **Mehrwertdienst** handelt sind zusätzlich die Anforderungen des § 66a TKG zu berücksichtigen (ua deutliche Preisangabe). Seit dem 1.3.2010 wurden die Informationspflichten dahin gehend erweitert, dass für Anrufe aus dem Mobilfunknetz Höchstpreise angegeben werden müssen. Allein ein elektronisches Kontaktformular reicht grds. nicht aus. Anderes gilt, wenn sichergestellt ist, dass auf solchermaßen eingegangene Anfragen innerhalb von 30–60 Minuten regiert wird (EuGH Urt. v. 16.10.2008 – C-298/07).
3.	**Angabe des Vertretungsberechtigten** Bei juristischen Personen, Personengesellschaften und sonstigen Personenzusammenschlüssen ist die Angabe des Vertretungsberechtigten erforderlich.	Es müssen **alle Vertretungsberechtigten** genannt werden. Vornamen dürfen nicht abgekürzt werden.

---

[346] Die Checkliste stellt nur einzelne ausgewählte Problemkreise punktuell dar. Bei der Gestaltung eines Webauftritts sind eine Vielzahl anderer Problemkreise und Vorschriften, va im Wettbewerbsrecht, Marken- und Urheberrecht zu berücksichtigen, die hier – wenn überhaupt – allenfalls in Ansätzen dargestellt werden. Ebenfalls nicht berücksichtigt wurden besondere Anforderungen für bestimmte Branchen (zB Batterie, Elektronik). Auch darf diese Checkliste nicht als Anleitung für den Betrieb eines Webshops verstanden werden; die Anforderungen des Fernabsatzrechts sind in dieser Checkliste nicht enthalten und müssen zusätzlich berücksichtigt werden (→ § 26).

: Wesentliche Anforderungen an die Gestaltung von Websites

Lfd. Nr.	Anmerkung	
4.	**Register und Registernummer** Ist der Anbieter im Handelsregister, Vereinsregister, Partnerschaftsregister oder Genossenschaftsregister eingetragen, so ist das entsprechende Register zu benennen und die Registernummer anzugeben.	
5.	**Umsatzsteuer-Identifikationsnummer** Umsatzsteueridentifikationsnummer nach § 27a UStG oder Wirtschaft-Identifikationsnummer nach § 139c AO	Die Angabe ist notwendig, soweit eine solche Nummer vorhanden ist.
6.	**Zusätzliche Pflichten für besondere Berufsgruppen** Ist der Anbieter ein Angehöriger eines Freien Berufes, bei dem die Berufsausübung geregelt oder die Berufsbezeichnung geschützt ist (zB Rechtsanwälte, Steuerberater, Wirtschaftsprüfer, Ärzte, Zahnärzte, Architekten, beratende Ingenieure etc), so sind zusätzlich die Berufsbezeichnung und der Staat, in dem diese verliehen wurde, anzugeben. Schließlich müssen die berufsrechtlichen Regelungen benannt und im Volltext oder vorzugsweise durch entsprechende Links verfügbar gehalten werden.	Für Rechtsanwälte zB: Max Mustermann, Rechtsanwalt Die Zulassung als Rechtsanwalt wurde in der Bundesrepublik Deutschland verliehen. Es gelten folgende berufsrechtliche Regelungen: Bundesrechtsanwaltsordnung (BRAO) Berufsordnung (BORA) Fachanwaltsordnung (FAO) Rechtsanwaltsvergütungsgesetz (RVG) Berufsregeln der Rechtsanwälte der Europäischen Union (CCBE) Einsichtnahme in die genannten Vorschriften ist auf der Webseite der Bundesrechtsanwaltskammer unter <Link> möglich.
7.	**Verantwortlicher im Sinne vom § 55 RStV** Natürliche Person, voll geschäftsfähig und ständiger Aufenthalt im Inland.	Nur notwendig bei **journalistisch-redaktionell gestalteten Angeboten**, in denen insbesondere vollständig oder teilweise Inhalte periodischer Druck-Erzeugnisse in Text oder Bild wiedergegeben werden.
8.	**Optische Gestaltung und Erreichbarkeit im Rahmen der Website Navigation** Das Impressum muss leicht erkennbar, unmittelbar erreichbar und ständig verfügbar sein. Dies bedeutet, dass das Impressum in der Regel ohne weitere Zwischen-Links direkt auf der Homepage vorgehalten werden muss. Das Impressum muss ohne längeres Herunterscrollen über mehrere Bildschirmseiten erreicht werden.	Es bietet sich eine Platzierung auf der Eingangsseite der Website an, idealerweise in einer für den Nutzer ständig erreichbaren Navigationsleiste. Siehe auch BGH, Urt. v. 20.7.2006 I ZR 228/03, MMR 2007, 40
B. „Disclaimer" und „Copyright-Hinweis"		
9.	**Haftungsausschlüsse (oft als „Disclaimer" bezeichnet) sind nicht obligatorisch und, soweit zu weitreichend, sogar schädlich.** Oft finden sich unter dem Punkt Impressum Hinweise zur Haftung für fremde Inhalte. Solche Hinweise sind nicht gesetzlich vorgeschrieben und wirkungslos soweit sie eine pauschale Distanzierung zu den verlinkten Inhalten enthalten.	Die Haftung für **eigene Inhalte** kann nicht einseitig beschränkt werden. Die Haftung für **fremde Inhalte** ist gerichtlich nicht einheitlich entschieden. Vom Grundsatz her wird durch das bewusste Setzen eines Links auf einen fremden rechtswidrigen Inhalt eine eigene Haftung ausgelöst. Andererseits haftet der Websitebetreiber für fremde Inhalte (nach wohl überwiegender Ansicht in der Rechtsprechung) erst ab Kenntnis des rechtswidrigen Inhalts. Daher bietet sich im Hinblick auf eine mögliche Haftungsreduzierung folgendes Vorgehen an:

Lfd. Nr.	Anmerkung	
		1. Prüfung fremder Inhalte bei erstmaliger Verlinkung auf zivilrechtliche und strafrechtliche Unbedenklichkeit. 2. Überprüfung und ggf. Entfernung der Verlinkung, wenn später Hinweise auf unrechtmäßige Inhalte gegeben sind. Diese Vorgehensweise kann dem Nutzer der Website etwa wie folgt nahe gebracht werden: „[Telemediendiensteanbieter] ist als Inhaltsanbieter nach § 7 Abs. 1 Telemediengesetz für die „eigenen Inhalte", die auf [Adresse der Website] zur Nutzung bereitgehalten werden, nach den allgemeinen Gesetzen verantwortlich. Von diesen eigenen Inhalten sind Querverweise („Links") auf die von anderen Anbietern bereitgehaltenen Inhalte zu unterscheiden. Durch den Querverweis hält [Telemediendiensteanbieter] insofern „fremde Inhalte" zur Nutzung bereit, die durch den Hinweis „[extern]" entsprechend gekennzeichnet sind. Diese fremden Inhalte wurden bei der erstmaligen Link-Setzung daraufhin überprüft, ob durch sie eine mögliche zivilrechtliche oder strafrechtliche Verantwortlichkeit ausgelöst wird. Es ist jedoch nicht auszuschließen, dass die Inhalte im Nachhinein von den jeweiligen Anbietern verändert werden. Der [Telemediendiensteanbieter] überprüft die Inhalte, auf die sie in ihrem Angebot verweist, nicht ständig auf Veränderungen, die eine Verantwortlichkeit neu begründen könnten. Sollten Sie der Ansicht sein, dass die verlinkten externen Seiten gegen geltendes Recht verstoßen oder sonst unangemessene Inhalte haben, so teilen Sie uns dies bitte mit."
10.	„Copyright-Hinweise"	Websites können urheberrechtlichen Schutz genießen. Die Seiten einer Webseite können aufgrund ihrer Sammlung, Einteilung und Anordnung (**Design/Layout**) urheberrechtlich schutzfähig sein. Die Schutzfähigkeit kann auch darin begründet sein, dass der Webdesigner die Internetseite für das Auffinden in Suchmaschinen optimiert (LG Köln Urt. v. 12.8.2009 – 28 O 396/09, MMR 2010, 110). Ebenso schutzfähig sind auf der Website eingebundene **Fotos** oder auch **Texte**, soweit diese ein Sprachwerk darstellen. Der Urheberrechtsschutz greift automatisch mit der Erschaffung eines Werks. Eines Hinweises bedarf es dazu nicht. Im Einzelfall kann es dennoch Sinn machen, einen Copyright-Vermerk anzubringen, da dieser im Zweifel Streitfragen dahingehend löst, wer das Werk erstellt hat.

V. Checkliste: Wesentliche Anforderungen an die Gestaltung von Websites § 36

Lfd. Nr.	Anmerkung		
			Vom Gesetz her wird vermutet, dass derjenige rechtmäßiger Urheber ist, der auf dem Original einer Webseite namentlich angegeben ist (§ 10 UrhG). Bei der falschen Angabe eines Copyright-Vermerkes drohen Unterlassungs- und Schadensersatzansprüche aus dem Wettbewerbsrecht (§§ 3, 5 UWG) sowie dem Urheberrecht (§ 97 UrhG). Kostenpflichtige Abmahnungen drohen ebenso. Wichtig ist es beim Einsatz von Copyright-Vermerken, deutlich zu machen, worauf sich diese konkret beziehen (Website-Gestaltung, Fotos, Texte usw.). Die pauschale Aufnahme eines Copyright-Vermerks im Footer der Website erlaubt keine eindeutige Zuordnung und kann sogar unzulässig sein, wenn sich sog User Generated Content auf der Website befindet und nicht eindeutig hervorgeht, dass dieser nicht vom Website-Betreiber erstellt wurde.
C. Datenschutzunterrichtung, § 13 Abs. 1 TMG („Datenschutzerklärung")			
11.	Der Anbieter muss den Nutzer informieren über • Art, • Umfang • Zwecke der Erhebung, Verarbeitung und Nutzung personenbezogener Daten und • über die Verarbeitung seiner Daten in Nicht-EU-Staaten. Insbesondere muss die Erklärung enthalten: • die erhobenen Datenkategorien des Nutzers • die Identität der Datenempfänger • die Nutzungszwecke des Anbieters • falls besondere Arten von personenbezogenen Daten (zB Daten über Krankheit von Nutzern, Suchabfragen nach bestimmten Krankheiten bestimmter Nutzer etc) erhoben werden, ist auf deren Verarbeitung gesondert einzugehen.		Hier muss in einfacher und verständlicher Form dargestellt werden, welche personenbezogenen Daten des Internetnutzers wie erhoben und verarbeitet werden. Dabei bietet es sich an, zwischen einer **Erhebung ohne Mitwirkung des Nutzers** (Werkzeuge zur Analyse von Besucherzahlen und Nutzerverhalten (Web Analytics mittels Einsatz von Cookies, JavaScript, User-Agent, Referrer), Speicherung von IP-Adressen) und einer solchen **unter Mitwirkung des Nutzers** (zB Registrierungs- bzw. Kontoinformationen, User generated content usw.) zu unterscheiden. Datenschutzrechtliche Einwilligungserklärungen sollten aus Transparenzgründen nicht im Rahmen der Datenschutzerklärung eingeholt werden. Wenn dies doch geschehen soll, ist neben inhaltlichen Anforderungen vor allem das Hervorhebungserfordernis aus § 4a Abs. 1 BDSG zu berücksichtigen. Der BGH hat in einer Entscheidung vom 11.11.2009 (VIII ZR 12/08 – „Happy Digits") es als ausreichend angesehen, wenn die Einwilligungserklärung durch eine zusätzliche Umrandung sowie mit einer fett gedruckten Überschrift, welche das Wort „Einwilligung" enthält, gegenüber dem sonstigen Text hervorgehoben wird. Sinnvoll kann es aber sein, den Text einer anderweitig abverlangten Einwilligung in den Text der Datenschutzunterrichtung aufzunehmen. Eine Pflicht zum Vorhalten des Textes einer Einwilligungserklärung ergibt sich aus § 13 Abs. 2 Nr. 3 TMG.

Lfd. Nr.	Anmerkung	
12.	Der Nutzer ist zu Beginn des Nutzungsvorgangs zu unterrichten und die Datenschutzerklärung muss für den Nutzer jederzeit abrufbar sein.	Zu empfehlen ist die Aufnahme in eine – im Rahmen der Website-Navigation – immer erreichbare Navigationsleiste, zB in den sog Footer der Website.
D. Technische und organisatorische Anforderungen an die Gestaltung von Websites, § 13 Abs. 4–7 TMG		
13.	Der Nutzer muss die Nutzung des Dienstes jederzeit abbrechen können, § 13 Abs. 4 Nr. 1 TMG.	Das bedeutet zB, dass sich registrierte und eingeloggte Nutzer jederzeit wieder ausloggen können müssen. Auch darf ein Beenden des Dienstes nicht dadurch erschwert werden, dass die Steuerelemente des Web-Browsers ausgeblendet werden (zB bei erzwungener Fullscreen-Darstellung der Website).
14.	Personenbezogene Daten über den Ablauf des Zugriffs oder der sonstigen Nutzung sind unmittelbar nach deren Beendigung zu löschen oder zu sperren, § 13 Abs. 4 Nr. 2 TMG.	D. h. zB keine personenbezogene Erfassung und Auswertung des Nutzungsverhaltens ohne vorherige Einwilligung der Nutzer.
15.	Sicherstellung, dass der Nutzer Telemedien geschützt gegen die Kenntnisnahme Dritter in Anspruch nehmen kann, § 13 Abs. 4 Nr. 3 TMG.	D. h. zB keine Echtzeitanzeige des Nutzungsverhaltens des Nutzers (zB „Diese Seite sehen sich gerade auch die Nutzer B, C und D an").
16.	Personenbezogene Daten über die Inanspruchnahme verschiedener Teledienste durch einen Nutzer sind getrennt zu verarbeiten, § 13 Abs. 4 Nr. 4 TMG.	D. h. zB, dass die erhobenen Registrierungsdaten des Anbieters 1 auf Portal A nicht mit den Registrierungsdaten des Anbieters 1 auf Portal B zusammengeführt werden dürfen.
17.	Links und Frames: Eine Weiterverlinkung auf fremde Angebote ist dem Nutzer anzuzeigen. (§ 13 Abs. 5 TMG).	Eine mögliche Umsetzung ist die Kenntlichmachung jedes Links auf einen anderen Telemediendienst durch die Hinzufügung eines Klammerzusatzes „[Extern]". Die Kennzeichnung externer Links mit „[Extern]" ist nicht verpflichtend, soweit aus den Umständen, zB der eindeutigen Benennung des Links eindeutig hervorgeht, dass eine Verlinkung zu einem externen Dienstanbieter erfolgt. Auf die Einbindung externer Seiteninhalte über Frames sollte gänzlich verzichtet werden, da der Nutzer nicht ohne weiteres erkennen kann, dass ein fremdes Telemedienangebot eingebunden wurde.
18.	Der Nutzer ist über die Möglichkeit, Telemediendienste anonym oder unter Pseudonym in Anspruch zu nehmen, soweit dies technisch möglich und zumutbar ist, zu informieren, § 13 Abs. 6 TMG.	Diese Maßgabe sollte in der Datenschutzunterrichtung, siehe oben C. erfolgen. Bsp.: „Unser Angebot unter …… ist grundsätzlich unter Pseudonym nutzbar (Ggf. Erläuterung Datenerhebung ohne Mitwirkung des Nutzers). Für folgende Dienste müssen Sie sich mit Ihrem Realnamen und Kennwort registrieren ……"
18a.	Der Diensteanbieter hat durch das Ergreifen von Sicherheitsmaßnahmen	Diese Anforderungen sind Ausfluss des IT-Sicherheitsgesetzes, welches am 25.7.2015 in

V. Checkliste: Wesentliche Anforderungen an die Gestaltung von Websites 218 § 36

Lfd. Nr.	Anmerkung	
	sicherzustellen, dass sein Telemediendienst geschützt ist (§ 13 Abs. 7 TMG) (1) vor unerlaubten Zugriffen auf die technische Basis des Telemediendienstes, (2) gegen Verletzungen des Schutzes personenbezogener Daten und (3) gegen Störungen (von außen).	Kraft trat. Verstöße gegen (1) und (2) können mit einem Bußgeld von bis zu 50.000 EUR geahndet werden, § 16 Abs. 2 Nr. 3 TMG. (1) Hierzu zählen Maßnahmen, die Server und Anwendungen von außen absichern, etwa vor sog Drive-by-Downloads, dh vor Manipulationen seriöser Websites durch die Ausnutzung sog. Cross-Site-Scripting-Schwachstellen, als deren Folge auf den Rechnern der Besucher ohne Wissen des Diensteanbieters automatisiert Schadsoftware ausgeführt wird. (2) Hier nennt das Gesetz als taugliche Maßnahme zB ausdrücklich die Transportverschlüsselung (TLS/SSL) der Datenkommunikation zwischen Website und Nutzer, die ein unbefugtes Abgreifen personenbezogener Daten (ua durch Geheimdienste) erschwert. (3) Hierunter fallen etwa Maßnahmen zur Abwehr von Überlastungsangriffen, sog „Distributed Denial of Service"-Attacken (DDoS), die die Verfügbarkeit des Dienstes beeinträchtigen. Erforderlich sind nur solche Maßnahmen, die technisch und wirtschaftlich zumutbar sind. Welcher Maßstab hier anzulegen ist, bleibt weitgehend unklar. Die Gesetzesbegründung stellt auf den „angestrebten Schutzzweck" ab.
E. Aufzeichnung und Auswertung des Nutzungsverhaltens, § 15 Abs. 3 TMG („Nutzungsprofile")		
19.	Nutzungsprofile für Zwecke der Werbung, der Marktforschung oder zur bedarfsgerechten Gestaltung der Telemedien dürfen nur unter Verwendung von Pseudonymen erstellt werden.	D. h. eine Zusammenführung des Nutzungsverhaltens mit dem Nutzernamen bzw. der Nutzeridentität ist ohne vorherige Einwilligung des Nutzers nicht zulässig. **Pseudonyme** können zB eine in einem Cookie gespeicherte einmalige Kennziffer sein oder andere zur Reidentifizierung des Nutzers geeignete nicht direkt personenbezogene (dh personenbeziehbare) Angaben sein. Mit der Einwilligung des Nutzers ist auch die Erstellung direkt personenbezogener Auswertungen und Profile, auch zu anderen Zwecken möglich.
20.	Es ist technisch und organisatorisch sicherzustellen, dass Nutzungsprofile unter Verwendung von Pseudonymen nicht mit Daten über den Träger des Pseudonyms zusammengeführt werden, § 13 Abs. 4 Nr. 6, § 15 Abs. 3 S. 3 TMG.	Dies ist wichtig, da sonst die Privilegierung, Nutzungsprofile ohne Einwilligung der Nutzer erstellen zu dürfen, nicht gerechtfertigt ist. Eine Zusammenführung ist bei Vorliegen einer wirksamen Einwilligung natürlich zulässig.
21.	Es ist technisch und organisatorisch sicherzustellen, dass Nutzungsdaten, deren Speicherung für die Erstellung der	Anderes gilt, wenn diese Nutzungsdaten zu Abrechnungszwecken oder zur Erfüllung bestehender Aufbewahrungsfristen aufbewahrt

Lfd. Nr.	Anmerkung	
	Nutzungsanalyse nicht mehr erforderlich sind, gelöscht werden.	werden müssen, vgl. § 15 Abs. 4 S. 1 TMG. In letzterem Fall tritt an die Stelle der Löschung die Sperrung, vgl. § 15 Abs. 4 S. 2 TMG.
22.	Es ist technisch und organisatorisch sicherzustellen, dass Nutzungsdaten, deren Löschung der Nutzer wünscht, gelöscht werden.	Dies muss durch den Website-Betreiber schon bei der Auswahl eines Anbieters zur Auswertung von Nutzungsverhalten berücksichtigt werden. Manche Webanalytics-Unternehmen bieten diese Möglichkeit nicht an.
23.	Keine Speicherung der IP-Adressen der Nutzer über die zur Erbringung des Telemediendienstes notwendige Zeit hinaus, insb. nicht zur Erstellung von Nutzungsprofilen.	IP-Adressen werden von den obersten Datenschutzbehörden als personenbezogene Daten eingestuft. Die Rechtsprechung ist uneins, tendiert aber auch in Richtung Personenbezug. Sofern IP-Adressen als personenbezogene Daten bewertet werden, sind diese **kein taugliches Pseudonym,** dh eine Speicherung zu Zwecken der Erstellung von Nutzungsprofilen bedarf der Einwilligung des Nutzers. Eine Speicherung ist auch ohne Einwilligung ausnahmsweise zulässig, sofern eine Speicherung zu Abrechnungszwecken (max. bis 6 Monate nach Rechnungstellung, § 15 Abs. 4 S. 1, Abs. 7 S. 1 TMG) notwendig ist oder dem Diensteanbieter zu dokumentierende tatsächliche Anhaltspunkte vorliegen, dass seine Dienste von bestimmten Nutzern in der Absicht in Anspruch genommen werden, das Entgelt nicht zu entrichten, § 15 Abs. 8 TMG.
F. Auskunftsrecht, Löschung und Sperrung der Daten, §§ 34, 35 BDSG		
24.	Es ist technisch und organisatorisch sicherzustellen, dass Nutzer unentgeltlich und unverzüglich Auskunft über die zu ihrer Person oder zu einem Pseudonym gespeicherten Daten erhalten, § 13 Abs. 7 TMG iVm § 34 BDSG.	Eine elektronische Auskunftserteilung ist auf Verlangen des Nutzers zulässig. Die Auskunft hat zu enthalten: • gespeicherte personenbezogene Daten und deren Herkunft (zB Erhebung im Rahmen der Registrierung) • Sofern diese Daten an Dritte gegeben wurden, sind die Empfänger zu nennen • Zweck der Speicherung der Daten (zB zur Durchführung des Vertragsverhältnisses oder zu Werbezwecken)
25.	Es ist technisch und organisatorisch sicherzustellen, dass auf Wunsch des Nutzers unrichtige personenbezogene Daten berichtigt werden können, § 35 Abs. 1 BDSG.	Am nutzerfreundlichsten kann diese Anforderung umgesetzt werden, wenn Nutzer in ihrem Nutzerkonto ihre eigenen Angaben selbst korrigieren können, etwa die alte Anschrift durch die neue ersetzen können.
26.	Es ist technisch und organisatorisch sicherzustellen, dass personenbezogene Daten von Nutzern gelöscht werden können, wenn deren Speicherung unzulässig geworden ist, sowie wenn der Nutzer eine Löschung oder Sperrung verlangt und die weiteren Voraussetzungen des § 35 BDSG vorliegen.	Insbesondere ist ein Nutzerkonto nicht nur im Frontend zu löschen und damit nur für den Nutzer „unsichtbar" zu machen, sondern die Daten müssen auch im sog Backend (dh regelmäßig in der Datenbank) gelöscht werden, sofern nicht gesetzliche Aufbewahrungspflichten (etwa steuerrechtlicher Art) dem entgegenstehen (siehe auch Ziff. 21).

Lfd. Nr.	Anmerkung	
G. Elektronische Einwilligung des Nutzers, § 13 Abs. 2 TMG, § 4a BDSG		
27.	Die Einwilligung kann nur durch eine eindeutige und bewusste Handlung des Nutzers erteilt werden, § 13 Abs. 2 Nr. 1 TMG.	Fingierte Einwilligungserklärungen wie zB „Durch die Nutzung dieser Website erklären Sie sich damit einverstanden, dass ..." sind unwirksam.
28.	Eine transparente Information des Nutzers über Inhalt, Zweck und Reichweite seiner Einwilligung ist Voraussetzung für eine wirksame, informierte Einwilligung, vgl. § 4a Abs. 1 BDSG.	Daran scheitern in der Praxis viele Einwilligungen.
29.	Die Einwilligung muss protokolliert werden, § 13 Abs. 2 Nr. 2 TMG.	Dies dient auch der Absicherung des Telemedienanbieters, denn dieser ist beweispflichtig dafür, dass der Nutzer eine entsprechende Einwilligung zur Nutzung und Verarbeitung seiner Daten gegeben hat. Protokolliert werden sollte – Zeitpunkt der Anmeldung, – IP-Adresse des Anmeldenden, – Inhalt der Bestätigungsemail, – Zeitpunkt der Bestätigung, – IP-Adresse des Bestätigenden. Verbreitet wird mit dem sog **Double-Opt-in** in Form einer Bestätigungs-E-Mail gearbeitet. Nur durch deren Rücksendung bzw. durch einen Klick auf einen Aktivierungs-Link wird die Newsletter-Bestellung aktiviert. Der BGH hat in seiner Entscheidung vom 10.2.2011 – I ZR 164/09 das Double-Opt-in-Verfahren als durchaus geeignet bezeichnet, „Darlegung und Nachweis einer Einwilligung in den Empfang von Werbemails zu erleichtern." Aufsehen erregte eine Entscheidung des OLG München vom 27.9.2012 – 29 U 168/12 wonach bereits die Bestätigungs-E-Mail unerwünschte Werbung sei. Das OLG Celle (Urt. v. 15.5.2014 – 13 U 15/14) folgt der Auslegung des OLG München nicht und hat entschieden, dass die Bestätigungs-E-Mail des Double-Opt-in-Verfahrens nicht als Werbung einzustufen ist.
30.	Der Inhalt der Einwilligung muss jederzeit vom Nutzer abgerufen werden können, § 13 Abs. 2 Nr. 3 TMG.	Dies kann umgesetzt werden, indem der Einwilligungstext in einem nicht zugangsbeschränkten Bereich auf der Website (etwa in der Datenschutzerklärung) zum Abruf bereitgehalten wird oder dem Nutzer per E-Mail zugesendet wird, siehe dazu auch Ziff. 11.
31.	**Nicht** verwendet werden dürfen Klauseln wie zB folgende in Nutzungsbestimmungen oft anzutreffende Klauseln: „Erlaubnis zur E-Mail Werbung: Ich möchte regelmäßig interessante Angebote per E-Mail erhalten. Meine E-Mail Adresse wird nicht an andere Unternehmen weitergegeben. Diese Einwilligung zur Nutzung	Hier werden die Anforderungen nach Ziff. 28 nicht erfüllt.

Lfd. Nr.	Anmerkung	
	meiner E-Mail Adresse für Werbezwecke kann ich jederzeit mit Wirkung für die Zukunft widerrufen, indem ich den Link „Abmelden" am Ende des Newsletters anklicke." „Als Neukunde bei Ihrer ersten Bestellung werden Sie automatisch in unsere Newsletter-Datenbank eingetragen (lediglich Ihre E-Mail-Adresse)."	
32.	Der Nutzer muss **vor Erteilung einer Einwilligung** vom Diensteanbieter auf sein jederzeit ausübbares Widerrufsrecht hingewiesen werden, § 13 Abs. 2 Nr. 4, Abs. 3 TMG.	Andernfalls ist die elektronische Einwilligung unwirksam.
33.	Der Hinweis auf die Widerruflichkeit der Einwilligung (siehe Ziff. 32.) muss jederzeit abrufbar sein.	Ein solcher Hinweis könnte in der Datenschutzerklärung erfolgen, siehe auch oben Ziff. 11.
H. Newsletter		
34.	Ein Versand von Newslettern zu Werbezwecken ist grundsätzlich nur mit vorheriger ausdrücklicher Einwilligung des Betroffenen zulässig. Es ist demnach sicherzustellen, dass E-Mail-Adressen, die zu anderen Zwecken als zu Werbezwecken erhoben wurden, nicht auch zur Versendung von Newslettern verwendet werden. Gleiches gilt für sog „Bestätigungs-E-Mails", wenn diese im Footer angefügte Werbung enthalten, vgl. AG Stuttgart Urt. v. 25.4.2014 – 10 C 225/14.	Anders als Werbung per Briefpost, ist E-Mail-Werbung nicht ohne ausdrückliche vorherige Einwilligung zulässig, vgl. § 28 Abs. 3, Abs. 3a BDSG, § 7 UWG.
35.	Newsletter sind kommerzielle Kommunikation und müssen als solche klar erkennbar sein.	Werbe-E-Mails sind deutlich als solche zu kennzeichnen. **Die Kennzeichnung** der E-Mail als Newsletter dürfte ein 1. Schritt in diese Richtung sein. So darf weder in der Kopf- noch in der Betreffzeile der kommerzielle Charakter der Nachricht verschleiert oder verheimlicht werden. Eine Verheimlichung oder Verschleierung ist anzunehmen, wenn der Empfänger vor Einsichtnahme in den Inhalt der Nachricht keine oder irreführende Informationen über den kommerziellen Charakter der Nachricht erhält, vgl. § 6 Abs. 2 TMG.
36.	Derjenige, in dessen Auftrag die Versendung des Newsletters erfolgt, muss klar identifizierbar sein.	Am einfachsten kann dieses Erfordernis umgesetzt werden, wenn Name und Anschrift (der natürlichen, ggf. juristische Person) im Newsletter direkt angegeben werden. So darf weder in der Kopf- noch in der Betreffzeile der Absender verschleiert oder verheimlicht werden. Eine **Verheimlichung oder Verschleierung** ist anzunehmen, wenn der Empfänger vor Einsicht-

Lfd. Nr.	Anmerkung	
		nahme in den Inhalt der Nachricht keine oder irreführende Informationen über die tatsächliche Identität des Absenders erhält, vgl. § 6 Abs. 2 TMG.
37.	Angebote zur Verkaufsförderung müssen klar als solche erkennbar sein, und die Bedingungen für ihre Inanspruchnahme müssen leicht zugänglich sein sowie klar und unzweideutig angegeben werden.	Angebote zur Verkaufsförderung sind zB Preisnachlässe, Zugaben und Geschenke, vgl. § 6 Abs. 1 Nr. 3 TMG.
38.	Preisausschreiben und Gewinnspiele mit Werbecharakter müssen klar als solche erkennbar sein und die Teilnahmebedingungen müssen leicht zugänglich sein sowie klar und unzweideutig angegeben werden.	Daneben gilt es weitere wettbewerbsrechtliche Vorgaben zu beachten, vgl. § 6 Abs. 1 Nr. 4 iVm Abs. 3 TMG.
I. Datenübermittlung an Dritte		
39.	Eine Übermittlung personenbezogener Daten an Dritte ist ohne Einwilligung des Betroffenen grds. nur dann zulässig, wenn dies zur Durchführung eines Vertragsverhältnisses mit dem Betroffenen erforderlich ist. In allen anderen Fällen ist grds. die Einwilligung des Nutzers notwendig.	D. h. zB, dass die personenbezogene Auswertung des Nutzungsverhaltens durch Dritte (**Affiliate Marketing Aktionen** oder der Newsletter-Versand durch Dritte) grds. immer der Einwilligung durch den Nutzer bedürfen. Eine Ausnahme besteht nur in den Fällen der sog Auftragsdatenverarbeitung (§ 11 BDSG), also wenn der Dritte auf vertraglicher Basis ausschließlich im Namen und im Auftrag der verantwortlichen Stelle und streng weisungsgebunden (ohne eigene Entscheidungsspielräume) tätig wird.
40.	Es ist sicherzustellen, dass **Social Bookmarking-Funktionen**, ohne Einwilligung des Nutzers nur die URL der besuchten Seite, ggf. ohne personenbezogene Bestandteile wie Login-Name etc an Drittplattformen weiterleiten.	Einige populäre Dienste leiten die Daten inklusive IP-Adresse über eigene Server und behalten sich in den AGB vor, Nutzerdaten zu Werbezwecken an Dritte weiterzuleiten. Die Nutzung solcher Dienste erfordert die Einwilligung des Nutzers.
41.	Es ist sicherzustellen, dass keine **Tell-a-friend-Funktionen** angeboten werden, die eine Empfehlungs-E-Mail an Dritte erlaubt.	Die vom Betreiber an den Dritten gesandte E-Mail wurde von mehreren Gerichten (darunter LG Berlin Beschl. v. 18.8.2009 –15 S 8/09, K&R 2009, 823) als Wettbewerbsverstoß gewertet, da der Empfänger der E-Mail nicht in den Erhalt von Werbung eingewilligt hat. Je nach Ausgestaltung der Tell-a-friend-Funktion erhebt der Website-Betreiber über den Nutzer die E-Mail-Adresse des Empfängers und damit personenbezogene Daten Dritter.
J. User generated content		
42.	**Kommentarfunktion/Nutzerinhalte** (zB Nutzerkommentare, Nutzerfotos etc)	Hier sind besondere Anforderungen zu beachten, wenn Nutzerinhalte veröffentlicht bzw. öffentlich zugänglich gemacht werden sollen, insbesondere Urheberrechte/Nutzungsrechte an den Nutzerinhalten und eine Prüfpflicht des Telemedienanbieters hinsichtl. Schmähkritik und anderen rechtsverletzenden Nutzerinhalten.

§ 37 Arbeitsrechtliche Bezüge

Übersicht

	Rn.
I. Typische IT-bezogene AGB-Klauseln in Arbeitsverträgen *(Maties)*	1–31
1. Anwendbarkeit von AGB-Vorschriften im Arbeitsrecht	1–4
2. Modifikationsvorgaben des § 310 Abs. 4 S. 2 BGB	5
3. Wichtige Klauseln in Arbeitsverträgen	6–31
a) Vertragsstrafen	6
b) Schadenspauschalierungen	7
c) Datenschutzklauseln/Einwilligungen	8
d) Verschwiegenheitspflichten	9/10
e) Wettbewerbsverbote	11–15
f) Softwareklauseln	16
g) Bezugnahmeklauseln	17
h) Freiwilligkeits- und Widerrufsvorbehalte/doppelte Schriftformklausel	18–20
i) Ausbildungs- und Weiterbildungskosten (Rückzahlungsklauseln)	21–23
j) Abbedingung der §§ 615, 616 BGB	24–27
k) Internet- und Telefonnutzung	28/29
l) Rückzahlungsklauseln für überzahltes Arbeitsentgelt	30
m) Verfalls- und Ausschlussklauseln	31/32
II. Freelancer und (Schein-)Selbständige im IT-Bereich *(Maties)*	33–41
1. Freelancer	33/34
2. Rechtliche Einordnung von Freelancern/Abgrenzung zu Arbeitnehmern	35/36
3. Folgeprobleme bei Scheinselbständigkeit von Freelancern	37–41
a) Arbeitsrechtliche Folgen	38/39
b) Sozialrechtliche Folgen	40
c) Strafrechtliche Folgen	41
III. Arbeitnehmerüberlassung bei Business Process Outsourcing *(Venetis)*	42–110
1. Einleitung	42–44
2. Das Arbeitnehmerüberlassungsgesetz (AÜG)	45–110
a) Begriffsbestimmung	45–49
b) Voraussetzungen der Arbeitnehmerüberlassung	50–56
c) Abgrenzung Arbeitnehmerüberlassung zu ähnlichen Vertragsarten	57–69
d) Rechtsfolgen eines Scheinwerkdienstvertrags	70–72
e) Ausnahmen von der Erlaubnispflicht des AÜG	73–76
f) Erlaubnispflicht und Erlaubnisverfahren	77–85
g) Das Fehlen der Erlaubnis	86–101
h) Rechtsbeziehungen zwischen Verleiher und Leiharbeitnehmer	102–107
i) Zum Betriebsverfassungsrecht	108–110
IV. § 613a BGB bei IT-Outsourcing *(Venetis)*	111–179
1. Der Betriebsübergang	111–124
a) Einleitung	111–116
b) Gesetzeszweck	117
c) Historie	118
d) Disposition	119
e) Anwendbarkeit	120–122
f) Öffentlicher Dienst, Kirchen	123/124
2. Voraussetzungen des Betriebsübergangs	125–151
a) Betrieb oder Teilbetrieb	125–133
b) Wirtschaftliche Einheit	134–146
c) Übergang durch Rechtsgeschäft	147/148
d) Inhaberwechsel	149–151
3. Rechtsfolgen des Betriebsübergangs	152–164
a) Arbeitsvertragliche Folgen	153–156
b) Unterrichtspflicht und Widerspruchsrecht	157–163
c) Folgen einer fehlerhaften Unterrichtung	164
4. Betriebsverfassungsrechtliche Fragen	165–172
a) Tarifverträge und Betriebsvereinbarungen	166–168
b) Betriebsrat	169/170

I. Typische IT-bezogene AGB-Klauseln in Arbeitsverträgen § 37

	Rn.
c) Unterrichtungspflichten	171/172
5. Haftungsfragen	173
6. Kündigungsschutz	174–179
V. Arbeitsrechtliche Aspekte in Konzernen *(Maties)*	180–197
1. Versetzungsmöglichkeiten	181–189
a) Unternehmensversetzungsklauseln	182
b) Konzernversetzungsklauseln	183–189
2. Konzerninterne Leiharbeitnehmer	190/191
3. Matrixstrukturen	192–197
VI. Kontrolle der betrieblichen E-Mail- und Internetnutzung – Möglichkeiten und Grenzen *(Conrad/Hausen)*	198–223
1. Betriebliche Praxis und Grundsatz des Verbots der Privatnutzung	198–200
2. Maßgaben des TKG und TMG	201–205
3. Regelungsmöglichkeiten in Rahmen einer „IT-Richtlinie", Mitarbeiter- oder Betriebsvereinbarung	206–210
4. Datenschutzkonforme Protokollierung und kaskadenartiges Kontrollschema	211–219
5. Überblick über ausgewählte Rechtsprechung des BAG seit 2005	220–223
VII. Arbeitnehmererfindungsrecht *(Schrader)*	224–276
1. Relevanz im IT-Sektor	224–230
a) Durch das Arbeitnehmererfindungsrecht zu lösender Interessenkonflikt	224–228
b) Grundsätzliche Unabdingbarkeit, Regelungsmöglichkeiten und praktische Veranlassungen	229/230
2. Sachlicher und persönlicher Anwendungsbereich	231–243
a) Patent- und gebrauchsmusterfähige Erfindungen	232–236
b) Technische Verbesserungsvorschläge und Betriebsgeheimnisse	237–241
c) Persönlicher Anwendungsbereich	242/243
3. Diensterfindung und freie Erfindung	244–263
a) Abgrenzung	244–254
b) Handlungspflichten bei Auftreten einer Erfindung eines Arbeitnehmers	255–263
4. Folgen der Inanspruchnahme der Diensterfindung	264–274
a) Pflicht zur Anmeldung des Schutzrechts	265/266
b) Pflicht zur Zahlung einer angemessenen Vergütung	267–274
5. Besonderheiten im Streitfall	275/276
VIII. BYOD und Social Media-Richtlinien *(Conrad/Huppertz)*	277–348
1. Erscheinungsformen und Schnittmengen *(Conrad)*	277–281
2. Rechtliche Fragen im Zusammenhang mit BYOD *(Conrad)*	282–327
a) Datenschutzrechtliche Beurteilung	282–306
b) Weitere rechtliche Anforderungen an BYOD, insbesondere Haftung und arbeitsrechtliche Aspekte	307–327
3. Social Media-Richtlinien am Arbeitsplatz *(Conrad/Huppertz)*	328–348
a) Chancen und Risiken	330–334
b) Negative Äußerungen durch Arbeitnehmer und Ex-Mitarbeiter	335–340
c) Rechtsgrundlagen und wichtige Inhalte von Social Media-Richtlinien	341–347
Muster	348

Schrifttum: *Däubler,* Das Arbeitsrecht 2: Das Arbeitsverhältnis: Rechte und Pflichten, Kündigungsschutz. Leitfaden für Arbeitnehmer, 2. Aufl. 2009; Erfurter Kommentar zum Arbeitsrecht, 15. Aufl. 2015; *Gola/Wronka,* Handbuch Arbeitnehmerdatenschutz, 6. Aufl. 2013; *Gotthardt,* Arbeitsrecht nach der Schuldrechtsreform, 2. Aufl. 2003; *Henssler,* Der Arbeitsvertrag im Konzern, 1983; *Henssler/v. Westphalen* (Hrsg.), Praxis der Schuldrechtsreform, 2. Aufl. 2002; *Henssler/Willemsen/Kalb,* Arbeitsrecht Kommentar, 6. Aufl. 2014; *Hoyningen-Huene/Boemke,* Die Versetzung, 1991; *Maties,* Die Risikoverteilung nach Vertragsschluss (erscheint 2016) Münchener Handbuch zum Arbeitsrecht, 3. Aufl. 2009; *Preis,* Der Arbeitsvertrag, 4. Aufl. 2011; *Richardi,* Betriebsverfassungsgesetz: BetrVG, 14. Aufl. 2014; *Schmidt/Lutter,* Aktiengesetz: AktG, 2. Aufl. 2010; *Schröder,* Datenschutzrecht für die Praxis, 2012; *v. Hoyningen-Huene/Linck,* Kündigungsschutzgesetz: KSchG, 15. Aufl. 2013; *Wank,* Arbeitnehmer und Selbständige, 1988; *ders.,* Die juristische Begriffsbildung, 1985; *Windbichler,* Arbeitsrechtliche Vertragsgestaltung im Konzern, 1990.

I. Typische IT-bezogene AGB-Klauseln in Arbeitsverträgen

1. Anwendbarkeit von AGB-Vorschriften im Arbeitsrecht

1 Seit der Schuldrechtsreform 2002 findet die AGB-Kontrolle auch auf Arbeitsverträge Anwendung. Dh es sind für die Wirksamkeit der Klauseln in Allgemeinen Arbeitsbedingungen (Arbeitsverträge in Form von AGB) die §§ 305 ff. BGB einzuhalten.[1]

2 Nach der Rspr. des BAG sind Arbeitnehmer **Verbraucher** iSd § 13 BGB,[2] so dass gem. § 310 Abs. 3 Nr. 1 BGB die AGB stets als vom Arbeitgeber gestellt gelten, wenn sie nicht durch den Arbeitnehmer in den Vertrag eingeführt wurden.

3 Nach § 310 Abs. 3 Nr. 2 BGB sind selbst bei Formulierungen zur einmaligen Verwendung der AGB § 305c Abs. 2 und die §§ 306 und 307 bis 309 BGB anwendbar, wenn die Klausel nicht auf den Arbeitnehmer zurückgeht. Aufgrund von § 310 Abs. 3 Nr. 3 BGB sind die Umstände des Vertragsschlusses bei der Beurteilung der unangemessenen Benachteiligung nach § 307 Abs. 1 und 2 BGB zu berücksichtigen.

4 Die AGB-Kontrolle bezieht sich gem. § 310 Abs. 4 S. 1 BGB nicht auf Tarifverträge, Betriebs- und Dienstvereinbarungen. Dies gilt, soweit es sich um eine unmittelbare Kontrolle der kollektivrechtlichen Vereinbarungen handelt, uneingeschränkt. Sollte die Vereinbarung in Gänze aufgrund schuldrechtlicher (arbeitsvertraglicher) Verweisung einbezogen sein (Globalverweis), so findet ebenfalls keine Kontrolle statt.[3] Dies gilt zumindest, wenn auf einen einschlägigen Tarifvertrag verwiesen wird. Für fachfremde Tarifverträge ist dies fraglich.[4] Sofern lediglich auf Auszüge der kollektivrechtlichen Vereinbarungen Bezug genommen wird, so findet – da keine Angemessenheits- und Richtigkeitsgewähr mehr besteht – eine vollumfängliche Inhaltskontrolle satt.[5]

2. Modifikationsvorgaben des § 310 Abs. 4 S. 2 BGB

5 Bei der Beurteilung der (Un-)Wirksamkeit sind nach § 310 Abs. 4 S. 2 BGB die **Besonderheiten des Arbeitsrechts** angemessen zu berücksichtigen. Dh es können an sich unzulässige Klauseln entgegen den allgemeinen Erwägungen der §§ 307 ff. BGB wirksam sein. So können selbst Klauseln, die unter die in § 309 BGB normierten Klauselverbote ohne Wertungsmöglichkeit fallen, wirksam sein, weil das Arbeitsrecht Besonderheiten aufweist, die zu berücksichtigen sind (zB sind Vertragsstrafen in Grenzen entgegen § 309 Nr. 6 BGB rechtlich zulässig,[6] müssen aber dem Transparenzgebot des § 307 Abs. 1 S. 2 BGB gerecht werden[7]).

3. Wichtige Klauseln in Arbeitsverträgen

6 a) **Vertragsstrafen.** Die Vereinbarung formularmäßiger Vertragsstrafen für die Nichteinhaltung des Vertrags ist im Rahmen der **Verhältnismäßigkeit** zulässig. Aber Vertragsstrafenklauseln, die – ohne nähere Konkretisierung – jedes „vertragswidrige schuldhafte Verhalten"[8] sanktionieren, sind wegen Verstoßes gegen das Transparenzgebot gem. § 307 Abs. 1 S. 2 BGB unwirksam. Zudem muss die Vertragsstrafe der Höhe nach angemessen sein, sie darf nicht unverhältnismäßig sein.[9] Grds. sind Vertragsstrafen bis zu einer Höhe von einem Bruttomonatsgehalt verhältnismäßig,[10] hat der Arbeitnehmer die Möglichkeit, sich mit einer

---

[1] ErfK/*Preis* BGB § 310 Rn. 1.
[2] BAG Urt. v. 25.5.2005 – 5 AZR 572/04, NZA 2005, 2131 = NJW 2005, 3305.
[3] BT-Drs. 14/6857 S. 54; BAG Urt. v. 9.2.2011 – 7 AZR 91/10, NZA-RR 2012, 232; LAG Berlin Urt. v. 10.10.2003, LAGReport 2004, 27 f.
[4] Krit. ErfK/*Preis* BGB § 310 Rn. 14; wohl auch LAG Berlin Urt. v. 10.10.2003, LAGReport 2004, 27 f.
[5] BAG Urt. v. 6.5.2009 – 10 AZR 390/08, NZA-RR 2009, 593; *Däubler* NZA 2001, 1329 (1335); *Thüsing* AGB-Kontrolle Rn. 189; *Diehn* NZA 2004, 129 (130).
[6] BAG Urt. v. 21.4.2005 – 8 AZR 425/04, NZA 2005, 1053; BAG Urt. v. 14.8.2007 – 8 AZR 973/06, NJW 2008, 458.
[7] BAG Urt. v. 14.8.2007 – 8 AZR 973/06, NJW 2008, 458.
[8] BAG Urt. v. 21.4.2005 – 8 AZR 425/04, NZA 2005, 1053.
[9] S. BGH Urt. v. 21.3.1990 – VIII ZR 196/89, DB 1990, 1323.
[10] BAG Urt. v. 25.9.2008 – 8 AZR 717/07, NZA 2009, 370; BAG Urt. v. 19.8.2010 – 8 AZR 645/09, AP BGB § 307 Nr. 49.

kurzen Kündigungsfrist vom Vertrag zu lösen, ist bereits diese Summe grds. unverhältnismäßig.[11] Eine Vertragsstrafe, die höher ist als die Vergütung, die für die Zeit zwischen einer vorzeitigen tats. Beendigung und dem rechtl. zulässigen Beendigungszeitpunkt zu zahlen wäre, ist nur ausnahmsweise angemessen iSv § 307 Abs. 1 S. 1 BGB.[12]

b) Schadenspauschalierungen. Vertragsstrafen sind von Schadenspauschalierungen abzugrenzen, § 309 Nr. 5 BGB findet auch im Arbeitsrecht Anwendung und ist nicht über § 310 Abs. 4 BGB modifiziert.[13] Sie will den Schadensbeweis entbehrlich machen. Die Pauschale darf gem. den § 309 Nr. 5a BGB den nach gewöhnl. Lauf der Dinge zu erwartenden Schaden nicht übersteigen und muss gem. § 309 Nr. 5b BGB dem Arbeitnehmer ausdrücklich den Nachweis gestatten, dass kein Schaden oder nur ein erhebl. niedrigerer Schaden entstanden ist als die Pauschale.

c) Datenschutzklauseln/Einwilligungen. Aufgrund von § 32 Abs. 2 BDSG unterliegen die Daten von Arbeitnehmern auch dann dem Schutz des BDSG, wenn die Daten nicht automatisiert iSd §§ 1 Abs. 2 Nr. 3, 3 Abs. 2 S. 1 BDSG erhoben, gespeichert, verwendet oder genutzt werden. Die Rechtfertigung erfolgt nach § 32 Abs. 1 BDSG, wenn die Daten für die Durchführung des Beschäftigungsverhältnisses erforderlich sind, oder gem. §§ 4 Abs. 1, 4a BDSG, wenn eine Einwilligung vorliegt. Es bietet sich an, eine Einwilligungserklärung bereits **im Arbeitsvertrag** aufzunehmen.[14] Die Einwilligung darf nicht in ein Erklärungspaket eingebunden werden.[15] Es ist hierbei gem. § 4a Abs. 1 S. 3, Abs. 3 BDSG darauf zu achten, dass die Einwilligungserklärung **drucktechnisch hervorgehoben** ist (es sollten Absätze, unterschiedliche Schriftarten und/oder Hervorhebungen mittels Kursiv- oder Fettdruck vorgenommen werden und eine separate Überschrift mit dem Titel „Einwilligungserklärung" verwendet werden) oder in einem separaten Schreiben erklärt wird. Soweit die Einwilligung die Erhebung, Verarbeitung und/oder Nutzung personenbezogener Daten abdecken soll, weil eine gesetzliche Erlaubnis fehlt, muss sich die Einwilligung explizit auf diese Daten beziehen.

d) Verschwiegenheitspflichten. Der Arbeitnehmer ist bereits nach § 242 BGB verpflichtet, **Betriebs- oder Geschäftsgeheimnisse** nicht zu offenbaren.[16] Dies sind Tatsachen, die im Zusammenhang mit einem Geschäftsbetrieb stehen, nur einem eng begrenzten Personenkreis bekannt sind, nicht offenkundig sind, nach dem bekundeten Willen des Betriebsinhabers geheim gehalten werden sollen und an deren Geheimhaltung der Unternehmer ein berechtigtes wirtschaftliches Interesse hat.[17] Betriebsgeheimnisse beziehen sich auf den technischen Betriebsablauf, insbesondere Herstellung und Herstellungsverfahren; Geschäftsgeheimnisse betreffen den allg. Geschäftsverkehr des Unternehmens.[18]

In der IT-Branche besteht regelmäßig ein großes Interesse an der Wahrung der Geheimnisse. Aufgrund dessen finden sich in der Praxis oft sog „**All-Klauseln**", die die Verpflichtung enthalten, sämtliche während der Tätigkeit bekannt werdenden Geschäftsvorgänge geheim zu halten. Diese stellen eine unangemessene Benachteiligung des Arbeitnehmers iSd § 307 Abs. 1 BGB dar oder können zu einer sittenwidrigen Vertragsbindung führen.[19] Eine Verschwiegenheitsvereinbarung in AGB oder auch Individualvertrag ist nur zulässig, wenn die

---

[11] BAG Urt. v. 4.3.2004 – 8 AZR 196/03, NZA 2004, 727; BAG Urt. v. 28.5.2009 – 8 AZR 896/07, NZA 2009, 1337; BAG Urt v. 23.9.2010 – 8 AZR 897/08, NZA 2011, 89.
[12] Wenn das Sanktionsinteresse des AG aufgrund bes. Umstände das übl. Interesse eindeutig übersteigt (BAG Urt. v. 18.12.2008 – 8 AZR 81/08, NZA-RR 2009, 519; BAG Urt. v. 19.8.2010 – 8 AZR 645/09, AP BGB § 307 Nr. 49; BAG Urt. v. 23.9.2010 – 8 AZR 897/08, NZA 2011, 89; *Günther/Nolde* NZA 2012, 62 (66)).
[13] ErfK/*Preis* BGB § 310 Rn. 99.
[14] Ein Wirksamkeitshindernis bei Arbeitnehmereinwilligungen kann im Einzelfall die fehlende Freiwilligkeit der Einwilligung sein → § 34 (Recht des Datenschutzes) Rn. 295 ff. Insofern kann es sich anbieten, die Einwilligung bereits bei Abschluss des Arbeitsvertrages einzuholen, weil dann uU der Arbeitnehmer am ehesten eine Wahl hat.
[15] BGH Urt. v. 16.7.2008 – VIII ZR 348/06, BGHZ 177, 253 (260 f.); OLG Celle Urt. v. 14.11.1979 – 3 U 92/79, NJW 1980, 347; LG Stuttgart Urt. v. 23.4.1998 – 17 O 37/98, DuD 1999, 297 (299); Simitis/*Simitis* BDSG § 4a Rn. 40.
[16] ErfK/*Preis* § 611 Rn. 710.
[17] BAG Urt. v. 15.12.1987 – 3 AZR 474/86, NZA 1988, 502.
[18] BAG Urt. v. 15.12.1987 – 3 AZR 474/86, NZA 1988, 502.
[19] LAG Hamm Urt. v. 5.10.1988 – 15 Sa 1403/88, DB 1989, 783; *Preis/Reinfeld* AuR 1989, 361 (364); MüArbR/*Reichold* § 48 Rn. 39.

Geheimhaltung durch berechtigte betriebliche Interessen gedeckt ist.[20] Voraussetzung ist also stets ein Geheimhaltungsinteresse. Die Verschwiegenheitpflicht kann auch durch Vertrag konkretisiert werden und in Grenzen erweitert werden, wenn ein berechtigtes Interesse des Arbeitgebers besteht. Sog „All-Klauseln" sind jedoch der Kontrolle nach § 307 BGB unterworfen. Aufgrund dessen sind solche Klauseln zwar in der Praxis üblich, wohl aber unwirksam.[21] Dh die Arbeitgeberinteressen müssen im Prozess eindeutig und unverwechselbar beschrieben werden.[22]

11 e) **Wettbewerbsverbote.** Aufgrund der erworbenen Kenntnisse im Hinblick auf Kunden und Betriebsgeheimnisse kann es angezeigt sein, ein (nachvertragliches) Wettbewerbsverbot zu vereinbaren. Hier sind Zwei- und Dreipersonenkonstellationen denkbar. Die in der IT-Branche tätigen Arbeitnehmer könnten von Vertragspartnern, in denen zB unternehmensbezogene Software programmiert wird, oder Konkurrenzunternehmen abgeworben werden. Zudem ist es möglich, dass Arbeitnehmer sich mit ihrem Wissen selbstständig machen und die bisher vertraglich vom Arbeitgeber gebotene Leistung selbst anbieten.

12 Bei Wettbewerbsverboten ist zu berücksichtigen, dass der **Inhalt des Verbots** aufgrund der einschränkenden Wirkung auf die Berufsfreiheit den gesetzlichen Anforderungen der §§ 74 ff. HGB unterliegt. Es ist die Vereinbarung von tätigkeitsbezogenen Wettbewerbsverboten möglich (Tätigkeit auf den Gebieten untersagt, auf denen der Arbeitnehmer bei seinem früheren Arbeitgeber gearbeitet hat),[23] was allerdings Probleme bei der Nachweisbarkeit mit sich bringt, da der alte Arbeitgeber idR nicht beweisen kann, welche Tätigkeit verübt wird. Daneben ist die Vereinbarung von unternehmensbezogenen Wettbewerbsverboten möglich (dem Arbeitnehmer ist jede Tätigkeit in einem Konkurrenzunternehmen untersagt).[24] Selbst ein Wettbewerbsverbot iSd § 110 S. 1 GewO kann vereinbart werden, dh der Arbeitnehmer kann zeitlich eingeschränkt verpflichtet sein, keine andere berufliche Tätigkeit aufzunehmen.

13 Wettbewerbsverbote unterliegen einer **doppelten Formvorschrift.** Sie bedürfen der Schriftform und der Aushändigung der Vertragsurkunde an den Arbeitnehmer. Die Schriftform richtet sich nach § 126 BGB. Das Wettbewerbsverbot muss eigenhändig oder mittels notariell beglaubigten Handzeichens auf ders. Vertragsurkunde unterzeichnet werden (§ 126 Abs. 2 S. 1 BGB). Bei Nichteinhaltung der Form ist Nichtigkeit gem. § 125 Abs. 1 BGB die Folge.

14 In allen Fällen ist jedoch gem. § 74 Abs. 2 HGB die Zusage einer **Karenzentschädigung** erforderlich. So ist für jedes Jahr des Verbots mindestens die Hälfte der vom Arbeitnehmer zuletzt bezogenen Vergütung erforderlich. Hierzu zählen alle Vergütungsbestandteile, die der Arbeitnehmer für seine Tätigkeit erhält.[25] Dh auch Gratifikationen, Sonderzuwendungen, Provisionen, Tantiemen, Gewinn- und Umsatzbeteiligungen, Naturalleistungen, insb. auch der Firmenwagen, sind bei der Höhe der Karenzentschädigung zu berücksichtigen.

15 Ist keine Karenzentschädigung vereinbart, so ist das Verbot unwirksam. Im Fall der zu niedrig angesetzten Karenzentschädigung steht dem Arbeitnehmer ein Wahlrecht zu, ob er dem Verbot nachkommen will, was dann den Zahlungsanspruch auslöst oder ob er sich für die Nichteinhaltung entscheidet und keinen Anspruch bekommt. Die Wahl muss bei Beginn der Karenzzeit getroffen werden und ist nicht revidierbar. Bei Streitigkeiten über die Wirksamkeit einer Beendigung des Arbeitsverhältnisses kann die Entscheidung ab Kenntnis getroffen werden.

Zeitlich gesehen ist es erforderlich, dass die Karenzentschädigung bei Vereinbarung des Verbots vorgesehen wird, dh idR bereits bei Vertragsschluss.

16 f) **Softwareklauseln.** Sofern der Arbeitnehmer bei der Entwicklung von Software beteiligt ist, so sind die Schutzrechte der § 69d Abs. 2 und 3 und § 69e UrhG zwingendes Recht. Von ihnen kann weder in AGB noch aufgrund einzelvertraglicher Abrede abgewichen werden.

---

[20] LAG Hamm Urt. v. 5.10.1988 – 15 Sa 1403/88, DB 1989, 783.
[21] So wohl auch ErfK/*Preis* § 611 Rn. 714; ausf. Preis/*Rolfs*, Der Arbeitsvertrag, II V 20 Rn. 31 ff.
[22] BAG Urt. v. 25.4.1989 – 3 AZR 35/88, AP BGB § 611 Betriebsgeheimnis Nr. 7.
[23] BAG Urt. v. 26.5.1992 – 9 AZR 27/91, AP HGB § 74 Nr. 63.
[24] BAG Urt. v. 30.1.1970 – 3 AZR 348/69, AP GewO § 133f Nr. 24; BAG v. 18.2.1967 – 3 AZR 290/66, AP GewO § 133f Nr. 19.
[25] BAG Urt. v. 9.1.1990 – 3 AZR 110/88, NJW 1990, 1870 (1871); BAG Urt. v. 9.1.1990 – 3 AZR 110/88, NJW 2009, 2395.

g) **Bezugnahmeklauseln.** Sofern eine Bezugnahme auf einen Tarifvertrag gewollt ist, so 17
sollte seit der Entscheidung des BAG zur Tarifpluralität[26] noch deutlicher gemacht werden, welche **Verweisungsform** gewollt ist. Es ist zwischen der großen dynamischen, kleinen dynamischen und statischen Verweisung auf einen Tarifvertrag zu unterscheiden. Bei der großen dynamischen Verweisung[27] ist auf den im Betrieb geltenden Tarifvertrag verwiesen, dh sollte dieser wechseln, so ist auch der gewechselte nun in Bezug genommen. Aufgrund der Verabschiedung der Tarifeinheit wird dies selten der Fall sein und müsste klar formuliert werden (zB der Tarifvertrag, dem die meisten Arbeitsverhältnisse im Betrieb normativ unterworfen sind). Bei der kleinen dynamischen Klausel[28] wird auf einen konkreten Tarifvertrag in der zeitlich jeweils geltenden Fassung Bezug genommen (zB „in der jeweils geltenden Fassung"). Bei der statischen Verweisung[29] wird auf den Tarifvertrag mit dem Inhalt zu einem im Vertrag bestimmten Zeitraum verwiesen (zB „in der Fassung vom 1.7.2013").

h) **Freiwilligkeits- und Widerrufsvorbehalte/doppelte Schriftformklausel.** Zur Vermeidung 18
von Vertragsänderungen (insbes. der Entstehung von Ansprüchen aus betrieblicher Übung) finden sich oft Freiwilligkeits- und Widerrufsvorbehalte sowie doppelte Schriftformklauseln. Damit ein Freiwilligkeitsvorbehalt ordnungsgemäß erklärt ist, muss er eindeutig und aus sich heraus zu verstehen sein. Aufgrund von § 305c Abs. 2 BGB ist es zB nicht ausreichend, ein 13. Gehalt als „freiwillige Leistung" zu bezeichnen.[30] Als eindeutig und zulässig wurde vom BAG folgende Klausel beurteilt: „Als freiwillige Leistung – ohne jeden Rechtsanspruch – wird in Abhängigkeit von der Geschäftslage und der persönlichen Leistung im November festgelegt, ob und in welcher Höhe dem Arbeitnehmer ein Weihnachtsgeld gezahlt wird. Auch bei wiederholter Zahlung besteht hierauf kein Rechtsanspruch."[31] Auch kann nach der aktuellen Rspr. eine Sonderzahlung mit Mischcharakter (sowohl Vergütungs- als auch Anreizfunktion) nicht unter einen Freiwilligkeitsvorbehalt gestellt werden.[32]

Widerrufsvorbehalte sind aufgrund von § 308 Nr. 4 BGB unzulässig, soweit sie nicht die 19
Voraussetzungen und den Umfang der vorbehaltenen Änderungen konkretisieren.[33] Das Widerrufsrecht muss wegen der unsicheren Entwicklung der Verhältnisse als Instrument der Anpassung notwendig sein.[34] Zugleich muss der Widerrufsgrund möglichst konkret angegeben werden, damit der Arbeitnehmer seine Lage angemessen beurteilen kann. Sind die wesentlichen Elemente im Rahmen des Möglichen nicht angegeben, so ist die Klausel regelmäßig intransparent und gem. § 307 Abs. 1 S. 2 BGB unwirksam. Auch eine **Kombination** aus Freiwilligkeits- mit einem Widerrufsvorbehalt stellt regelmäßig eine unangemessene Benachteiligung iSd § 307 Abs. 1 BGB dar.[35]

Soweit sich in Arbeitsverträgen sog doppelte Schriftformklauseln finden (dh Vertragsän- 20
derungen bedürfen ebenso wie das Abbedingen des Formerfordernisses der Schriftform), so sind diese Klauseln nach der Rspr. des BAG meist aufgrund des § 307 Abs. 1 BGB unwirksam, da sie den Anschein erwecken können, dass nicht mehr der Vorrang der Individualabrede gem. § 305b BGB stattfinde.[36] Es kommt jedoch auf die eindeutige Formulierung der Klausel an, zB können Individualabreden iSv § 305b BGB ausdrücklich von dem Schriftformerfordernis ausgenommen werden (in der Praxis verbreitet).

---

[26] BAG Urt. v. 7.7.2010 – 4 AZR 549/08, NZA 2010, 1068 ff.
[27] *Giesen* NZA 2006, 625; ErfK/*Preis* § 611 Rn. 80a.
[28] BAG Urt. v. 13.3.2007 – 9 AZR 433/06, NZA-RR 2008, 504; BAG Urt. v. 15.4.2008 – 9 AZR 159/07, NZA-RR 2008, 586; BAG Urt. v. 27.11.2002 – 4 AZR 663/01, NZA 2003, 805; BAG Urt. v. 25.9.2002 – 4 AZR 294/01, NZA 2003, 807; BAG Urt. v. 14.9.2005 – 4 AZR 102/04, NZA 2006, 160; BAG Urt. v. 7.7. 2010 – 4 AZR 120/09, NZA-RR 2011, 137; *Giesen* NZA 2006, 625; *Henssler* FS Wiedemann, 133, 155 f.; *Gaul* ZfA 2003, 75 (100 f.); ErfK/*Preis* § 611 Rn. 80a.
[29] *Giesen* NZA 2006, 625.
[30] BAG Urt. v. 17.4.2013 – 10 AZR 281/12, NZA 2013, 787.
[31] BAG Urt. v. 10.12.2008 – 10 AZR 15/08, NZA 2009, 322.
[32] BAG Urt. v. 13.11.2013 – 10 AZR 848/12, DB 2014, 486.
[33] BAG Urt. v. 11.10.2006 – 5 AZR 721/05, NJW 2007, 536.
[34] BAG Urt. v. 13.4.2010 – 9 AZR 113/09, AP BGB § 308 Nr. 8.
[35] BAG Urt. v. 14.9.2011 – 10 AZR 526/10, AP BGB § 307 Nr. 56.
[36] BAG Urt. v. 20.5.2008 – 9 AZR 382/07, NJW 2009, 316.

21 i) **Ausbildungs- und Weiterbildungskosten (Rückzahlungsklauseln).** Sofern der Arbeitnehmer für die Tätigkeit IT-Schulungen bekommt, kann der Arbeitgeber ein Interesse an der Bindung des Arbeitnehmers an ihn haben. In engen Grenzen sind Rückzahlungsklauseln für erhaltene Schulungen möglich. Die Klauseln unterliegen gem. § 307 Abs. 1 BGB der Verhältnismäßigkeitsprüfung und Transparenzkontrolle.

22 Die Klausel muss danach unterscheiden, ob der **Grund für die Beendigung des Arbeitsverhältnisses** der Sphäre des Arbeitgebers oder der des Arbeitnehmers zuzuordnen ist.[37] Die Verhältnismäßigkeit bestimmt sich nach den Kosten der Ausbildung (soweit vom Arbeitgeber getragen) und der Bindungsdauer des Arbeitnehmers an den Arbeitgeber. Bei einer Lehrgangsdauer von bis zu 1 Monat ohne Verpflichtung zur Arbeitsleistung darf höchstens eine sechsmonatige Bindung,[38] bei einer Lehrgangsdauer von bis zu 2 Monaten eine einjährige Bindung,[39] bei Lehrgangsdauer von 3 bis 4 Monaten eine zweijährige Bindungsfrist[40] und bei einer Lehrgangsdauer von 6 Monaten bis zu einem Jahr ohne Arbeitsverpflichtung im Regelfall keine längere Bindung als 3 Jahre[41] vereinbart werden. Bei einer mehr als zweijährigen Dauer der Fortbildungsmaßnahme ohne Arbeitsleistung wird eine Bindungsdauer von fünf Jahren für zulässig gehalten.[42]

23 Ist eine längere Bindungsdauer vereinbart, ist die Klausel grds. unwirksam; es besteht kein Rückzahlungsanspruch. Eine „geltungserhaltende Reduktion" auf die zulässige Bindungsdauer ist nicht möglich.[43] Der Rückzahlungsbetrag muss sich zudem zeitanteilig zur jeweiligen zulässigen Bindungsdauer reduzieren,[44] dies geschieht typischerweise in jährlichen, quartalsweisen oder monatlichen Zeitabschnitten.[45]

24 j) **Abbedingung der §§ 615, 616 BGB.** Nach nahezu einhelliger Meinung sind die Regelungen der §§ 615, 616 BGB im Dienstvertragsrecht bei Selbständigen **dispositiv**,[46] was sich aus einem Umkehrschluss zu § 619 BGB ergeben soll.

25 *aa) Dispositivität des § 615 BGB.* § 615 BGB erfasst neben dem **Annahmeverzugsrisiko** auch das **Betriebsrisiko**. Eine wirksame Abbedingung des § 615 BGB muss hinreichend deutlich formuliert werden. So reicht die Klausel „Lohn wird nur für geleistete Arbeit bezahlt", nicht aus, um § 615 S. 1 BGB abzubedingen.[47] Erfasst wird von dieser Klausel nur die persönliche Verhinderung iSd § 616 BGB. Inhaltlich ist die Dispositivität des § 615 BGB dahingehend begrenzt, dass der Arbeitgeber grds. das Wirtschafts- und Betriebsrisiko tragen[48] muss; eine Verkehrung in das Gegenteil ist unzulässig.

26 Wegen des hohen Gerechtigkeitsgehalts bestehen Bedenken gegen die Zulässigkeit einer Abbedingung des § 615 BGB in AGB.[49] Eine **pauschale Abbedingung** des § 615 S. 1 BGB in

---

[37] BAG Urt. v. 11.4.2006 – 9 AZR 610/05, NJW 2006, 3083.
[38] BAG Urt. v. 5.12.2002 – 6 AZR 539/01, NZA 2003, 559.
[39] BAG Urt. v. 15.12.1993 – 5 AZR 279/93, NZA 1994, 835; LAG Hessen Urt. v. 8.12.1994 – 12 Sa 1103/94, DB 1995, 1617.
[40] BAG Urt. v. 6.9.1995 – 5 AZR 241/94, NZA 1996, 314; aA LAG Köln Urt. v. 10.9.1992 – 5 Sa 476/92, BB 1993, 223.
[41] BAG Urt. v. 23.2.1983 – 5 AZR 531/80, AP BGB § 611 Ausbildungsbeihilfe Nr. 6; BAG Urt. v. 11.4.1984 – 5 AZR 430/82, NZA 1984, 288; BAG Urt. v. 23.4.1986 – 5 AZR 159/85, NZA 1986, 741; BAG Urt. v. 15.12.1993 – 5 AZR 279/93, NZA 1994, 835.
[42] BAG Urt. v. 19.6.1974 – 4 AZR 299/73, AP BGB § 611 Ausbildungsbeihilfe Nr. 1; BAG Urt. v. 12.12.1979 – 5 AZR 1056/77, AP BGB § 611 Ausbildungsbeihilfe Nr. 4; vgl. a. zusammenfassend BAG Urt. v. 6.9.1995 – 5 AZR 174/94, NZA 1996, 437; BAG Urt. v. 14.1.2009 – 3 AZR 900/07, NZA 2009, 666.
[43] BAG Urt. v. 14.1.2009 – 3 AZR 900/07, NZA 2009, 666.
[44] BAG Urt. v. 23.4.1986 – 5 AZR 159/85, AP BGB § 611 Ausbildungsbeihilfe Nr. 10.
[45] zu streng LAG Hamm Urt. v 9.3.2012 – 7 Sa 1500/11, LAGE § 611 BGB 2002 Ausbildungsbeihilfe Nr. 5, das Monatsschritte fordert.
[46] ErfK/*Preis* BGB § 615 Rn. 8; Staudinger/*Richardi* § 615 Rn. 10; Bamberger/Roth/*Fuchs* § 615 Rn. 6; MüKoBGB/*Henssler* § 615 Rn. 10; aA *Maties*, Die Risikoverteilung nach Vertragsschluss (demnächst).
[47] BAG Urt. v. 8.3.1961 – 4 AZR 223/59, AP BGB § 615 Betriebsrisiko Nr. 13 mAnm *Hueck*; BAG Urt. v. 7.12.1962 – 1 AZR 134/61, AP BGB § 615 Betriebsrisiko Nr. 14; BAG Urt. v. 9.3.1983 – 4 AZR 301/80, AP BGB § 615 Betriebsrisiko 31; ErfK/*Preis* BGB § 615 Rn. 8; Staudinger/*Richardi/Fischinger* § 615 Rn. 13.
[48] LAG Nürnberg Urt. v. 30.3.2006 – 6 Sa 111/06, NZA-RR 2006, 513.
[49] ErfK/*Preis* BGB § 615 Rn. 8.

I. Typische IT-bezogene AGB-Klauseln in Arbeitsverträgen   27–30 § 37

AGB ist gem. § 307 Abs. 2 Nr. 1 BGB unzulässig.[50] Im Rahmen der Inhaltskontrolle ist eine Interessenabwägung dahingehend vorzunehmen, dass eine abweichende Regelung nicht den Kündigungsschutz unterläuft, indem sie von vornherein bestimmt, dass den Arbeitgeber auch bei unwirksamer unbefristeter Kündigung keine Zahlungspflicht trifft.[51] In Leiharbeitsverhältnissen verbietet bereits § 11 Abs. 4 S. 2 AÜG die vertragliche Beschränkung des § 615 BGB bei Gläubigerverzug des Verleihers in jederlei Hinsicht.

bb) *Dispositivität des § 616 BGB.* § 616 BGB ist in der Praxis vollständig abbedingbar.[52] 27
Akzeptiert wurde bereits vom BAG die Klausel: „Bezahlt wird nur die tatsächlich geleistete Arbeitszeit.[53]" Soweit eine Abbedingung in AGB vorgenommen wird, ist die Inhaltskontrolle eröffnet, aber gem. § 310 Abs. 4 BGB modifiziert. In der Literatur wird ein umfassender Ausschluss der Entgeltfortzahlung als Verstoß gegen § 307 Abs. 2 BGB angesehen, der nicht zulässig ist, es sei denn er ist ausnahmsweise durch besondere betriebliche Gründe gerechtfertigt.[54]

k) **Internet- und Telefonnutzung.** Arbeitnehmer haben grds. keinen Anspruch darauf, die 28
modernen Telekommunikationsmöglichkeiten für eigene Zwecke nutzen zu dürfen.[55] Etwas anderes gilt nur in Notfällen. Sollte der Arbeitgeber den Arbeitnehmern die private Internet- und/oder Telefonnutzung gestatten, so sind die **Vorschriften des TKG und BDSG anwendbar.**[56] Es bietet sich daher an, keinen Anspruch auf Nutzung einzuräumen. Zur Vermeidung einer dem entgegenlaufenden betrieblichen Übung bietet es sich an, das Verbot zur privaten Nutzung in den Arbeitsvertrag aufzunehmen.

Der Arbeitgeber ist grds. berechtigt, die äußeren Telefondaten (Tag, Uhrzeit, Beginn und 29
Ende) zu erheben und zu speichern.[57] Dies gilt selbst, wenn private Gespräche zugelassen sind. Problematischer ist dies bei E-Mailverkehr. Dienstliche E-Mails dürfen grds. eingesehen werden.[58] Sollten private E-Mails zugelassen werden, so dürfen diese auf Grund §§ 88 ff. TKG idR nicht eingesehen werden.[59] Aufgrund dessen bietet es sich aus Arbeitgebersicht an, die private Nutzung des Internets zu untersagen, da in diesem Fall auf die E-Mails vom Arbeitgeber stets zugegriffen werden darf, da er nicht damit rechnen muss, das allgemeine Persönlichkeitsrecht in Form des Rechts auf informationelle Selbstbestimmung zu verletzen. Aus Sicht des Arbeitnehmers darf er den Zugriff auf private E-Mails verweigern, wenn der Arbeitgeber diese einsehen will.

l) **Rückzahlungsklauseln für überzahltes Arbeitsentgelt.** Uneingeschränkte Rückzahlungs- 30
pflichten bei Lohnüberzahlungen in Arbeitsvertragsklauseln wurden bis zur Schuldrechtsreform überwiegend für zulässig gehalten.[60] Wegen der Pflicht des Arbeitgebers zur richtigen Lohnberechnung[61] ist dies jedoch zumindest in AGB fraglich. Die Rspr. hat sich bisher noch nicht geäußert,[62] die Literatur hält die Klausel aufgrund der Abkehr von § 818 Abs. 3 BGB

---

[50] BAG Urt. v. 30.6.1976 – 5 AZR 246/75, AP BUrlG § 7 Betriebsferien Nr. 3; MüKoBGB/*Müller-Glöge* § 615 Rn. 11.
[51] MüArbRHdB/*Boewer* § 69 Rn. 6; Staudinger/*Richardi/Fischinger* § 615 Rn. 15.
[52] MüKoBGB/*Müller-Glöge* § 616 Rn. 6 ff.; MünchArbRHdB/*Boewer* § 70 Rn. 7; offen gelassen BAG Urt. v. 20.6.1979 – 5 AZR 479/77, AP BGB § 616 Nr. 49; aA allein *Däubler* II S. 458.
[53] BAG Urt. v. 6.12.1956 – 2 AZR 192/56, AP BGB § 616 Nr. 8.
[54] *Gotthardt*, Arbeitsrecht nach der Schuldrechtsreform, Rn. 321; HWK/*Krause* Rn. 50; für eine zurückhaltende Inhaltskontrolle dagegen *Sibben* DB 2003, 826 (827).
[55] Einzelheiten → Rn. 198 ff.
[56] ErfK/*Franzen* BDSG § 1 Rn. 3; *Beckschulze/Henkel* BB 2001, 1491 (1495 f.); *Gola*, MMR 1999, 322; *Gola/Wronka* Rn. 738; *Hilber/Frik* RdA 2002, 89; *Lindemann* BB 2001, 1950; *de Wolf* NZA 2010, 1207; Einzelheiten → Rn. 201 ff. Nur im Einzelfall kommt das TMG in Betracht → Rn. 205.
[57] BAG Beschl. v. 27.5.1986 – 1 ABR 48/84, AP BetrVG 1972 § 87 Überwachung Nr. 15; BAG Urt. v. 13.1.1987 – 1 AZR 267/85, AP BDSG § 23 Nr. 3; BAG Beschl. v. 1.8.1990 – 7 ABR 99/88, AP ZA-Nato-Truppenstatut Art. 56 Nr. 20; BVerwG Beschl. v. 16.8.1989 – 6 P 10.86, AP BPersVG § 8 Nr. 3; BVerwG Beschl. v. 28.7.1989 – 6 P 1.88, AP LPVG Niedersachsen § 75 Nr. 3; vgl. *Däubler* CR 1992, 754; *Gola/Wronka* Rn. 753 ff.
[58] *Gola/Wronka* Rn. 787; *Beckschulte/Henkel* DB 2001, 1494; *Lindemann/Simon* BB 2001, 1952; *Mengel* BB 2004, 2017.
[59] *Gola/Wronka* Rn. 791; *Wellhöner/Byers* BB 2009, 2310; *Vogel/Glas* DB 2009, 1751.
[60] BAG Urt. v. 30.11.2000 – III ZR 46/00, AP BGB § 611 Lohnrückzahlung Nr. 2; BGH Urt. v. 21.1.1998 – IV ZR 214-96, NJW-RR 1998, 1425.
[61] BAG Urt. v. 30.11.2000 – III ZR 46/00, BGB § 611 Lohnrückzahlung Nr. 2.
[62] Offen gelassen bei BAG Urt. v. 13.10.2010 – 5 AZR 648/09, NZA 2011, 219.

für unzulässig[63] oder (vorzugswürdig) nur dann für zulässig, wenn die Rückzahlungsverpflichtung sich auf Fälle der groben Fahrlässigkeit des Arbeitnehmers (hinsichtlich der Kenntnis der Nichtschuld iSd § 819 Abs. 1 BGB) beschränkt oder die Verpflichtung eingeschränkt auf leichter Fahrlässigkeit des Arbeitgebers bei der Überzahlung.[64] Vorsichtshalber sollten die Rückzahlungsverpflichtungen wegen des Verbots der geltungserhaltenden Reduktion auch auf diese Fälle beschränkt werden.

31 m) **Verfalls- und Ausschlussklauseln.** Ausschluss- und Verfallsklauseln führen dazu, dass (wechselseitige) Ansprüche aus dem Arbeitsverhältnis nach Ablauf der Ausschlussfristen nicht mehr geltend gemacht können, da die Ansprüche untergehen/erlöschen. Es sind ein- und zweistufige Ausschlussfristen möglich. Einstufige Ausschlussklauseln erfordern, dass entweder die schriftliche Geltendmachung des Anspruchs gegenüber der anderen Seite oder seine gerichtliche Geltendmachung innerhalb der Ausschlussfrist erfolgt, damit der Anspruch nicht untergeht. Bei zweistufigen Klauseln muss sowohl die außergerichtliche als auch die gerichtliche Geltendmachung erfolgen, um die rechtsvernichtende Wirkung zu vermeiden.

32 Nach der Rechtsprechung des Bundesarbeitsgerichts sind einstufige Ausschlussfristen in AGB, die kürzer als drei Monate sind, gem. § 307 Abs. 1 BGB unwirksam.[65] Bei einer zweistufigen Ausschlussfrist hat das BAG explizit erklärt, dass eine Frist für die gerichtliche Geltendmachung unter drei Monaten unangemessen ist.[66] Im Interesse der zügigen Abwicklung von Verträgen und der Vermeidung von ausstehenden (unbekannten) Ansprüchen bietet es sich aus Arbeitgebersicht an, eine mind. dreimonatige Ausschlussfrist in den Arbeitsvertrag aufzunehmen. Zu berücksichtigen ist, dass auch die Ansprüche des Arbeitgebers ausgeschlossen würden, da eine einseitige Ausschlussfrist unzulässig ist.

II. Freelancer und (Schein-)Selbständige im IT-Bereich

1. Freelancer

33 Die Bezeichnung Freelancer (englisch: freier Mitarbeiter oder Freischaffender) bedeutet nichts anderes als **Selbstständiger**. Aufgrund des arbeitsrechtlichen Rechtsformzwangs kommt es jedoch nicht auf die Bezeichnung durch die Vertragsparteien an. Es kommt, wie bei der Abgrenzung von Selbstständigen und Arbeitnehmern, darauf an, wie das Vertragsverhältnis gelebt wird. Dh, es ist auf das **tatsächliche Erscheinungsbild** abzustellen.[67]

34 Besonders problematisch ist, dass der Arbeitnehmerbegriff im Arbeitsrecht ein Statusbegriff[68] ist, dh sich alle rechtlichen Folgen des Arbeitsrechts (Kündigungsschutz, Entgeltfortzahlung im Krankheitsfall, Anwendbarkeit des AÜG bei Überlassung etc) nach der Einstufung als Arbeitnehmer richten.

2. Rechtliche Einordnung von Freelancern/Abgrenzung zu Arbeitnehmern

35 Damit eine als Freelancer bezeichnete Person auch rechtlich als Selbstständiger zu qualifizieren ist, muss sie nach der Rspr. **persönlich unabhängig** sein oder **nicht in den Betrieb des Dienstberechtigten eingegliedert** sein; andernfalls ist sie Arbeitnehmer. Im Rahmen der Beurteilung der Arbeitnehmereigenschaft nimmt das BAG eine Gesamtbetrachtung vor, indem es diverse Kriterien auf ihr tatsächliches Erscheinungsbild im Einzelfall hin untersucht. Diese Kriterien sind: vorgegebene Arbeitsbedingungen (Zeit, Ort und Inhalt), umfassende Berichtspflichten, keine Umsatzbeteiligung, keine eigenen Mitarbeiter, fehlende Preis- und Werbegestaltung, kein selbständiges Anwerben von Kunden, keine Belastung mit Personal- und Sachkosten, Tätigkeit nur für einen Dienstherrn, Verpflichtung zur Übernahme aller

---

[63] *Bieder* DB 2006, 1281.
[64] Ausführlich Preis/*Preis*, Der Arbeitsvertrag, II A 80 Rn. 10 ff.
[65] BAG Urt. v. 28.9.2005 – 5 AZR 52/05, AP BGB § 307 Nr. 7.
[66] BAG Urt. v. 27.2.2002 – 9 AZR 543/00, AP BGB § 310 Nr. 1.
[67] BAG Beschl. v. 16.7.1997 – 5 AZB 29/96, AP ArbGG 1979 § 5 Nr. 37.
[68] Vgl. *Wank*, Die juristische Begriffsbildung, 1985, S. 45 f.

II. Freelancer und (Schein-)Selbständige im IT-Bereich 36–41 § 37

Arbeitsaufträge. Eine Indizwirkung sollen aber auch haben: Anwendung tarifvertraglicher Bestimmungen, Teilnahme an Betriebsratswahlen, Abführung von Lohnsteuer und Sozialversicherungsbeiträgen, Entgeltfortzahlung im Krankheitsfall. Letztere sind jedoch nur bei Vorliegen Indizien für eine Arbeitnehmereigenschaft, ihr Fehlen begründet gerade keine Selbstständigkeit, da diese Kriterien Folgen der Arbeitnehmereigenschaft sind und keine Voraussetzungen. Herausragende Bedeutung haben die vorgegebenen Arbeitsbedingungen hinsichtlich Zeit, Ort und Inhalt, wobei bei höherwertigen Tätigkeiten (wie sie auch bei der Programmierung angenommen werden müssen), die inhaltlichen Vorgaben naturgemäß weniger streng ausfallen können, ohne den Arbeitnehmerstatus auszuschließen.[69] Demzufolge kommen zeitlichen und räumlichen Weisungsrechten bei Programmierern stärkere Bedeutung zu.

Nach richtiger – aber in der Rspr. nicht aufgegriffener – Auffassung kommt es neben der persönlichen Abhängigkeit nicht auf die Eingliederung in den Betrieb des Arbeitgebers an, sondern auf die **wirtschaftliche Abhängigkeit**.[70] 36

3. Folgeprobleme bei Scheinselbstständigkeit von Freelancern

Sollte die Bezeichnung als Freelancer nicht dem tatsächlichen Erscheinungsbild eines Selbstständigen entsprechen, sondern die persönliche Abhängigkeit einen zu hohen Grad erreichen und ist der Dienstverpflichtete in den Betrieb eingegliedert, so treffen den Dienstberechtigten ipso iure diverse Folgen, die nicht dispositiv sind. 37

a) **Arbeitsrechtliche Folgen.** *aa) Im Zweipersonenverhältnis.* Das Vertragsverhältnis ist als **Arbeitsverhältnis** zu qualifizieren, dh es ist der Kündigungsschutz nach dem KSchG im Rahmen der §§ 1, 23 KSchG bei der Beendigung zu berücksichtigen. Bei Befristungen (vor allem bei wiederholter Beschäftigung) ist das TzBfG zu berücksichtigen, dh es sind sachgrundlose Befristungen nur bis zu zwei Jahren zulässig (§ 14 Abs. 2 S. 1 TzBfG) und auch nur dann, wenn nicht bereits eine Vorbeschäftigung stattgefunden hat (§ 14 Abs. 2 S. 2 TzBfG[71]); die Entgeltfortzahlung richtet sich nach § 3 EntgFG; es besteht Anspruch auf den gesetzlichen Mindesturlaub von 4 Wochen nach § 3 Abs. 1 BUrlG. Zudem bestehen alle weiteren Verpflichtungen eines Arbeitgebers. 38

bb) Bei Vermittlung durch Recruiter. Bei der in der IT-Branche gerade im Bezug auf Webdesigner, Programmierer und IT-Solutionsspezialisten üblichen Vermittlung von Dienstverpflichteten ist bei einem Arbeitnehmerstatus das AÜG zu berücksichtigen. Dh der Recruiter muss – wenn der „Rahmenvertrag" mit ihm eine Verpflichtung des Dienstverpflichteten vorsieht, nur für ihn zu arbeiten – die erforderliche gesetzliche Erlaubnis (§ 1 AÜG) haben und es gelten die **Besonderheiten des Leiharbeitsrechts**. Allen voran kann der Verleiher sich in der verleihfreien Zeit nicht vom Annahmeverzug gem. § 615 BGB durch vertragliche Vereinbarung lösen, sondern nur einen geringeren Lohn für diese Zeit vereinbaren (§ 11 Abs. 4 S. 2 AÜG). Sollte der Vertrag mit dem Recruiter gem. § 9 AÜG unwirksam sein, so entsteht kraft Gesetzes ein Vertrag mit dem Entleiher (§ 10 Abs. 1 S. 1 AÜG). 39

b) **Sozialrechtliche Folgen.** Sofern (was bei einer Falscheinstufung des Status logische Folge ist) keine Sozialversicherungsabgaben geleistet worden sind, so sind diese vom Arbeitgeber allein zu tragen. Eine Schwarzgeldabrede führt gem. § 134 BGB iVm §§ 370 Abs. 1 Nr. 1 AO, 41a Abs. 1, 41b Abs. 1 EStG, § 28a SGB IV zur Teilnichtigkeit des Vertrags dergestalt, dass nur die Entgeltabrede nichtig ist. Aufgrund von § 14 Abs. 2 S. 2 SGB IV gilt ein Nettoarbeitsentgelt als vereinbart, dh alle Abgaben sind vom Arbeitgeber allein zu tragen. 40

c) **Strafrechtliche Folgen.** Hat der Arbeitgeber die Beiträge zur Sozialversicherung vorsätzlich nicht abgeführt (wusste er also von dem Status als Arbeitnehmer), so macht er sich nach § 266a StGB strafbar. 41

---

[69] BAG Urt. v. 13.11.1991 – 7 AZR 31/91, AP BGB § 611 Abhängigkeit Nr. 60.
[70] So bereits *Wank*, Arbeitnehmer und Selbständige, 1988, S. 128, 132; auch *Maties* in: FS Wank, S. 323 (327 ff.).
[71] Beachte die „neue" Rspr. zum Vorbeschäftigungsverbots bei einer dreijährigen Zäsur: BAG Urt. v. 6.4. 2011 – 7 AZR 716/09, NZA 2011, 905.

III. Arbeitnehmerüberlassung bei Business Process Outsourcing

Schrifttum: *Becker/Wulfgramm* (Hrsg.), Kommentar zum Arbeitnehmerüberlassungsgesetz, 3. Aufl., 1985; Nachtrag zur 3. Aufl. 1986; *Boemke/Lembke,* Arbeitnehmerüberlassungsgesetz, Kommentar, 3. Aufl. 2013; *Brauneisen/Ibes,* Der Tatbestand der Arbeitnehmerüberlassung – Zur Abgrenzung verschiedener Formen des Fremdpersonaleinsatzes in Unternehmen, RdA 2014, 213; *Brors,* Zur Übertragbarkeit der Rechtsprechung zu den CGZP-Tarifverträgen auf die derzeit geltenden Tarifwerke – zugleich Anm. zu BAG v. 13.3.2013 – 5 AZR 954/11, 5 AZR 146/12 und 5 AZR 424/12, RdA 2014, 182; *Deinert,* Kernbelegschaften – Randbelegschaften – Fremdbelegschaften – Herausforderungen für das Arbeitsrecht durch Reduzierung von Stammbelegschaften, RdA 2014, 65; *Francken,* Neuregelung der Darlegungs- und Beweislast in Verfahren nach §§ 9, 10 AÜG, NZA 2014, 1064; *Greiner,* „Personalhoheit" als Schlüsselbegriff der Abgrenzung von echtem Fremdpersonaleinsatz und verdeckter Arbeitnehmerüberlassung, RdA 2014, 262; *Hamann,* „Vorübergehend" iSv § 1 Abs. 1 Satz 2 AÜG – Regelungsauftrag für den Gesetzgeber, RdA 2014, 271; *Hay/Grüneberg,* Berücksichtigung von Leiharbeitnehmern bei den Schwellenwerten in der Unternehmensmitbestimmung?!, NZA 2014, 814; *Henssler/Willemsen/Kalb* (Hrsg.), Arbeitsrecht Kommentar, 6. Aufl. 2014; *Hümmerich/Boecken/Düwell,* AnwaltKommentar Arbeitsrecht, 2 Bände, 2. Aufl. 2010; *Köhler,* Dauerbrenner Scheinselbständigkeit und verdeckte Arbeitnehmerüberlassung, GWR 2014, 28; *Krieger/Kruchen,* Die Drehtürklausel im Konzern – raus, rein, Gehalt hoch?, NZA 2014, 393; *Leuchten,* Das neue Recht der Leiharbeit, NZA 2011, 608; *Maschmann,* Fremdpersonaleinsatz im Unternehmen und die Flucht in den Werkvertrag, NZA 2013, 1305; *Müller-Glöge/Preis/Schmidt (Hrsg.),* Erfurter Kommentar zum Arbeitsrecht, 15. Auflage 2015; *Nießen/Fabritius,* Was ist vorübergehende Arbeitnehmerüberlassung – Das Rätsel weiter ungelöst?, NJW 2014, 263; *Richardi/Wlotzke* (Hrsg.), Münchener Handbuch zum Arbeitsrecht, 2 Bände, 3. Aufl. 2009; *Rolfs/Giesen/Kreikebohm/Udsching* (Hrsg.), Beck'scher Online-Kommentar Arbeits- und Sozialrecht; *Schaub* (Hrsg.), Arbeitsrechts-Handbuch, 15. Aufl. 2013; *Schewiola,* Der neue Anwendungsbereich des Arbeitnehmerüberlassungsgesetzes (AÜG), ArbRB 2013, 182; *Schüren,* Scheinwerk- und Scheindienstverträge mit Arbeitnehmerüberlassungserlaubnis, NZA 2013, 176; *Schüren/Hamann,* Arbeitnehmerüberlassungsgesetz, Kommentar, 4. Aufl. 2010; *Siebert,* Freie Mitarbeit, Werkverträge, Arbeitnehmerüberlassung – Ein Überblick, öAT 2014, 248; *Thüsing/Jan Thieken,* Der Begriff der „wirtschaftlichen Tätigkeit" im neuen AÜG, DB 2012, 347; *Thüsing,* Dauerhafte Arbeitnehmerüberlassung: Neues vom BAG, vom EuGH und auch vom Gesetzgeber, NZA 2014, 10; *Thüsing* (Hrsg.), AÜG, Kommentar, 2. Aufl. 2013; *Urban-Crell/Germakowski/Bissels/Hurst,* Arbeitnehmerüberlassungsgesetz, 2. Aufl. 2013; *Ulber,* Arbeitnehmerüberlassungsgesetz, 4. Aufl. 2011.

1. Einleitung

42   Viele Unternehmen beschäftigen im IT-Bereich, in dem Fachkräftemangel herrscht, externe Dienstleister, die im Unternehmen die erforderlichen Tätigkeiten ausführen. Gerade im Falle des vorherigen internen Outsourcings[72] kommt es häufig vor, dass die bisher von eigenen Angestellten erbrachten Tätigkeiten nun zwar von Mitarbeitern der externen Dienstleister erbracht werden, diese aber nicht zuletzt aufgrund eingespielter Arbeitsprozesse und Gewohnheit immer noch in den Betriebsablauf der Auftraggeber eingegliedert sind. Damit besteht das Risiko, dass rechtlich betrachtet, freie Mitarbeiter gar nicht so frei und Fremdarbeitnehmer gar nicht so fremd sind. Zwar ist seit den gerichtlichen Entscheidungen zum Fremdpersonaleinsatz bei der Daimler AG[73] und der Bertelsmann-Tochter arvato Systems GmbH[74] die Problematik in den Fokus der Unternehmensentscheider gelangt. Viele Unternehmen gehen jedoch immer noch davon aus, dass sie durch die Beauftragung externer Dienstleister aufgrund von atypisch gestalteten Werk- oder Dienstverträgen der Probleme einer unzulässigen Arbeitnehmerüberlassung Dritter enthoben wären. Sie gehen hier aber ein hohes Risiko ein, dass aufgrund einer unzulässigen oder unwirksamen Gestaltung die Mitarbeiter der externen Dienstleister Anspruch auf eine Festanstellung haben und diesen auch geltend machen. Das erst Ende 2011 zum wiederholten Male verschärfte **Arbeitnehmerüberlassungsgesetz (AÜG)**[75] zeigt nämlich genau diese Rechtsfolge, die ja gerade durch die Drittbeauftragung vermieden werden sollte.[76] Die Problematik hat darüber hinaus auch deshalb an Aktualität gewonnen, da zum einen die Rechtsprechung restriktiver wird, und zum anderen die große Koalition für die 18. Legislaturperiode weitere Verschärfungen des AÜG angekündigt hat.[77]

---

[72] Zu den Fallgruppen bei IT-Outsourcing → § 19.
[73] LAG Baden-Württemberg Urt. v. 1.8.2013 – 2 Sa 6/13, NZA 2013, 1017; Revision eingelegt, aber verglichen.
[74] LAG Hamm Urt. v. 24.7.2013 – 3 Sa 1749/12 (Revision nicht zugelassen).
[75] Zu konzerninterner Leiharbeit → Rn. 190 ff.
[76] Zum historischen Hintergrund instruktiv *Deinert* RdA 2014, 65.
[77] Koalitionsvertrag 2013 von CDU, CSU, SPD, S. 49 f.

III. Arbeitnehmerüberlassung bei Business Process Outsourcing

Das Problem der unzulässigen Arbeitnehmerüberlassung tritt dann auf, wenn ein Unternehmen fremde, also von externen Dienstleistern angestellte Mitarbeiter oder von diesen beauftragte Subunternehmer, in die eigene Betriebsorganisation **wie eigene Arbeitnehmer einbindet** und sie **weisungsabhängig** beschäftigt. Immer dann, wenn eine solche Beschäftigung gewollt ist, oder was häufiger vorkommt, auch nur im täglichen Betriebsablauf so gelebt wird, ist zu prüfen, ob es sich in der arbeits- und sozialrechtlichen Konsequenz noch um fremde oder schon um eigene Mitarbeiter handelt. 43

Zu Unrecht genießt die (legale) Arbeitnehmerüberlassung einen schlechten Ruf. Es ist unbestritten, dass Leiharbeit auf der einen Seite einen flexibleren Einsatz von Arbeitskräften sowie die Erprobung von Arbeitnehmern ohne arbeitsvertragliche Bindungen ermöglicht und für Arbeitslose in Form von Zeitarbeit eine Perspektive anbietet, die oftmals auch ein Sprungbrett in eine Dauerbeschäftigung sein kann.[78] Es besteht ein legitimes Interesse der Unternehmen, Tätigkeiten durch qualifizierte und spezialisierte unternehmensfremde Mitarbeiter erbringen zu lassen, ohne für dieses Personal in die Arbeitgeberverantwortung treten zu müssen. Leider hat die Möglichkeit der Arbeitnehmerüberlassung aber auch immer wieder dazu geführt, bestehende Arbeitnehmerrechte einzuschränken oder zu umgehen. Um immer neuen Umgehungen vorzubeugen oder bestehende, wie zB den berühmten „Drehtüreffekt",[79] abzustellen, hat das AÜG seit seiner Einführung im Jahre 1972 eine Vielzahl von Änderungen und Anpassungen erfahren. 44

2. Das Arbeitnehmerüberlassungsgesetz (AÜG)

a) Begriffsbestimmung. aa) *Arbeitnehmerüberlassung*. Arbeitnehmerüberlassung liegt immer dann vor, wenn ein Arbeitgeber als Verleiher einen bei ihm angestellten Arbeitnehmer einem Dritten überlässt und dieser Entleiher den nicht bei ihm angestellten Leiharbeitnehmer nach seinen **eigenen betrieblichen Erfordernissen** und **nach seinen Weisungen** in seinem Betrieb einsetzt.[80] Der Verleiher schließt mit dem Entleiher einen **Arbeitnehmerüberlassungsvertrag**. Im Gegensatz zur **Arbeitsvermittlung**, bei welcher der Arbeitnehmer einen Arbeitsvertrag mit dem ihn beschäftigenden Unternehmen direkt schließt, kommt bei der beabsichtigten Arbeitnehmerüberlassung gerade **kein Arbeitsvertrag** mit dem vermittelten Unternehmen zustande. 45

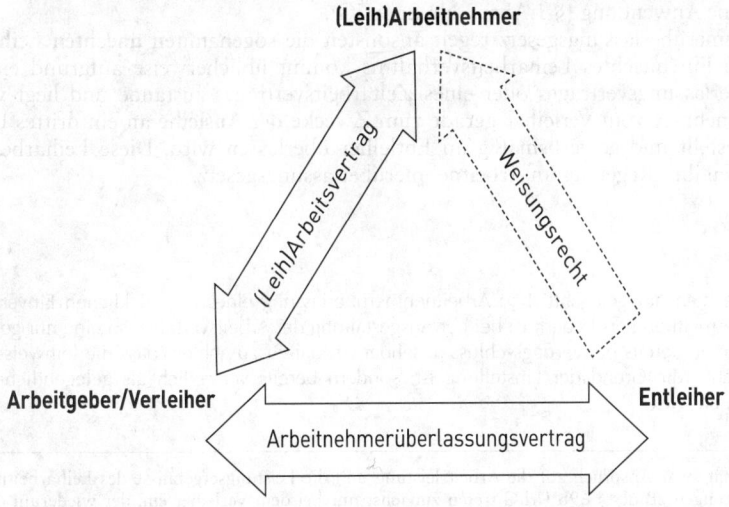

Vertragsdreieck Arbeitnehmerüberlassung

---

[78] 12. Erfahrungsbericht, BT-Drs. 18/573, Seite 38 ff.
[79] Arbeitnehmer wurden entlassen und über eine Leiharbeitsfirma auf ihrem alten Arbeitsplatz zu deutlich schlechteren Arbeitsbedingungen wieder beschäftigt; Instruktiv: *Krieger/Kruchen* NZA 2014, 393.
[80] BAG Urt. v. 30.1.1991 – 7 AZR 497/89, NZA 1992, 19.

46 Die Arbeitnehmerüberlassung ist immer ein **Dreiecksverhältnis**. Es besteht zum einen aus dem **Verleiher** sowie dem **(Leih)Arbeitnehmer**, der bei ihm angestellt ist, und zum anderen dem **Entleiher** und dem **(Leih)Arbeitgeber**, der dessen Arbeitnehmer in seinem Unternehmen nach seinen Weisungen einsetzen möchte. Vertraglich sind dabei nur der (Leih)Arbeitnehmer und der Verleiher (**Arbeitsvertrag**) sowie der Verleiher mit dem Entleiher (**Arbeitnehmerüberlassungsvertrag**) verbunden. Zwischen dem Entleiher und dem Leiharbeitnehmer bestehen keine arbeitsvertraglichen Beziehungen, da nach Sinn und Zweck der Arbeitnehmerüberlassung ein Arbeitsverhältnis zwischen dem Entleiher und dem Leiharbeitnehmer gerade nicht begründet werden soll.

47 Die Arbeitnehmerüberlassung wird dadurch gekennzeichnet, dass Entleiher und Leiharbeitnehmer zwar nicht arbeitsvertraglich verbunden sind, aber im Arbeitnehmerüberlassungsvertrag mit dem Entleiher die **Rechtsbeziehung des Entleihers zum Leiharbeitnehmer** und hier insbesondere die **Weisungsbefugnis** vertraglich geregelt wird. Hierdurch erhält der Entleiher eine **arbeitgeberähnliche Stellung**, ohne tatsächlich Arbeitgeber mit allen Rechten[81] und Pflichten zu sein.

48 *bb) Echtes und unechtes Leiharbeitsverhältnis.* Es ist zwischen einem **echten** und einem **unechten Leiharbeitsverhältnis** zu unterscheiden, da nur das **unechte** Leiharbeitsverhältnis durch das AÜG geregelt wird. Ein **echtes Leiharbeitsverhältnis** liegt vor, wenn ein Arbeitnehmer aufgrund eines nicht zum Zwecke der Verleihe geschlossenen Arbeitsvertrages beschäftigt ist und sein Arbeitgeber ihn nur gelegentlich, zB bei **vorübergehendem Mehrbedarf im Entleiherunternehmen**, dorthin ausleiht und arbeiten lässt.[82] Da in einem echten Leiharbeitsverhältnis der Leiharbeitnehmer **überwiegend im eigenen Unternehmen** des Verleihers tätig ist und hierfür auch arbeitsvertraglich eingestellt wurde, erfordert die Ausleihe an ein anderes Unternehmen die **ausdrückliche arbeitsvertragliche Vereinbarung** oder aber das **Einverständnis des Arbeitnehmers**. Dies umso mehr, als bei der echten Leihe das Direktionsrecht zwischen dem Verleiher und dem Entleiher aufgespalten ist. Der Verleiher/Arbeitgeber bleibt nämlich auch während der Ausleihe **faktisch Arbeitgeber des Arbeitnehmers mit allen Rechten und Pflichten**. Er haftet sowohl für die **Vergütung** als auch für die **Lohnfortzahlung bei Urlaub und Krankheit**. Dem Arbeitnehmer stehen keine Ansprüche gegenüber dem Entleiher zu. Da die Überlassung des Arbeitnehmers nicht im Rahmen der wirtschaftlichen Tätigkeit des Entleihers erfolgt, findet das AÜG auf diese Form der Arbeitnehmerüberlassung ausdrücklich keine Anwendung (§ 1 Abs. 3 Nr. 2a AÜG).

49 Das Arbeitnehmerüberlassungsgesetz regelt ansonsten die sogenannten **unechten Leiharbeitsverhältnisse**. Ein unechtes Leiharbeitsverhältnis kommt üblicherweise aufgrund eines Arbeitnehmerüberlassungsvertrages oder eines Zeitarbeitsvertrages zustande und liegt vor, wenn der Arbeitnehmer vom Verleiher gerade **zum Zwecke der Ausleihe** an ein drittes Unternehmen eingestellt und gewerbsmäßig an Entleiher überlassen wird. Diese Leiharbeitsverhältnisse finden ihre Regelung im Arbeitnehmerüberlassungsgesetz.

Praxistipp:

Da es bei der echten nur gelegentlichen Arbeitnehmerüberlassung eines ausdrücklichen Einverständnisses des Arbeitnehmers bedarf, ist bei der Ausgestaltung der Arbeitsverträge, so eine nur gelegentliche Ausleihe bereits bei Vertragsschluss absehbar ist, darauf zu achten, dass die leihweise Überlassung nicht (Mit-)Grund der Einstellung ist, sondern bereits vertraglich als gelegentliche Ausnahme definiert wird.

---

[81] Der Entleiher hat zwar Anspruch auf die Arbeitsleistung und die Leistungsergebnisse des Leiharbeitnehmers, aber die Wirkungen zB des § 69b UrhG treten zunächst nur bei dem Verleiher ein, der wiederum dem Entleiher die vermögensrechtlichen Befugnisse an den vom Leiharbeitnehmer erstellten Computerprogrammen mit den damit verbundenen Risiken in der Rechtekette einräumen muss. Allgemein zum Rechtsschutz von Computerprogrammen und digitalen Inhalten → § 5; zum Rechtsschutz von Datenbanken → § 6; zum Arbeitnehmererfindungsrecht → Rn. 224 ff.
[82] Schaub/*Koch* ArbR-HdB § 120 Rn. 3.

III. Arbeitnehmerüberlassung bei Business Process Outsourcing

b) Voraussetzungen der Arbeitnehmerüberlassung. *aa) Arbeitnehmerüberlassungsvertrag.* 50
Der Verleiher schließt mit dem Entleiher einen Arbeitnehmerüberlassungsvertrag, der als Vertrag eigener Art dem **Dienstverschaffungsvertragstyp** unterfällt.[83] Der Arbeitnehmerüberlassungsvertrag bedarf der Schriftform und muss die wesentlichen Arbeitsbedingungen wiedergeben (§ 12 Abs. 1 S. 1 AÜG). Aufgrund des Schriftformerfordernisses in § 12 Abs. 1 S. 1 AÜG führt ein Formmangel automatisch zur Nichtigkeit des Vertrages einschließlich aller Nebenabreden (§ 125 BGB). Der Arbeitnehmerüberlassungsvertrag unterliegt der **Klauselkontrolle** nach den §§ 305 ff. BGB, wenn er, wie in der Regel üblich, vom Verleiher vorformuliert wird. Da die Parteien in der Regel **Unternehmer** sind (§ 14 BGB), findet hier die eingeschränkte Klauselkontrolle nach § 310 BGB Anwendung.

> **Praxistipp:**
> Im Arbeitnehmerüberlassungsvertrag sollten die Parteien die Übertragung der Nutzungs- und Verwertungsrechte an eventuell vom Leiharbeitnehmer beim Entleiher geschaffenen urheberrechtlich geschützten Werken an den Entleiher regeln.[84]

Der Entleiher erhält durch den Arbeitnehmerüberlassungsvertrag mit dem Verleiher das 51
Recht, den Leiharbeitnehmer wie eigenen Arbeitnehmern Weisungen zu erteilen und auch ansonsten alle Arbeitgeberrechte für die Dauer der Leihe auszuüben. Der Verleiher verpflichtet sich durch den Arbeitnehmerüberlassungsvertrag zur entgeltlichen Überlassung von Leiharbeitnehmern, wobei sich seine Leistung in der **sachgerechten Auswahl des Leiharbeitnehmers** erschöpft, da er selbst nicht die Erbringung der Arbeitsleistung im Unternehmen des Entleihers schuldet.[85] Der Entleiher schuldet die vereinbarte Vergütung für die Arbeitnehmerüberlassung. Üblicherweise ist das Arbeitnehmerüberlassungsverhältnis mit dem Entleiher befristet und nicht ordentlich kündbar. Dies ist allerdings durch entsprechende Parteivereinbarung abdingbar.[86] Eine fristlose Kündigung ist selbstverständlich immer möglich.

> **Praxistipp:**
> Will ein Unternehmen Leistungen, die bisher von Stammarbeitnehmern erbracht wurden, zukünftig durch Leiharbeitnehmer erbringen lassen, so kann es die Kündigungen der betroffenen Stammarbeitnehmern nicht betriebsbedingt aussprechen, da die Arbeitsplätze nicht wegfallen.[87] Auch muss das Unternehmen in diesem Fall zuvor die Stellen im Unternehmen ausschreiben (§ 93 BetrVG), so Arbeitnehmer des Unternehmens für die Tätigkeit infrage kommen.[88]

bb) Im Rahmen der wirtschaftlichen Tätigkeit. Erforderte die **Erlaubnispflicht** der Arbeit- 52
nehmerüberlassung früher noch eine **Gewerbsmäßigkeit** der Überlassung, gilt seit dem

---

[83] ErfK/*Wank* AÜG Einl. Rn. 14.
[84] § 11 Abs. 7 AÜG statuiert bei Erfindungen und technischen Verbesserungsvorschlägen des Leiharbeitnehmers den Entleiher als Arbeitgeber iSd ArbnErfG. Eine entsprechende Regelung für Urheberrechte besteht nicht. Daher verbleibt es bei den Regelungen des UrhG und vor allem auch bei der Anwendung der Zweckübertragungsregel. Bei Computerprogrammen ist jedoch nach § 69b Abs. 1 UrhG der Arbeitgeber ausschließlich zur Ausübung aller vermögensrechtlichen Befugnisse an dem Computerprogramm berechtigt. Nach § 69b Abs. 2 UrhG gilt dies zwar auch für Dienstverhältnisse, unter denen der Gesetzgeber aber nur öffentlich-rechtliche Dienstverhältnisse und keine freiberuflich-privatwirtschaftlichen gemeint hat. Durch diese ausdrückliche gesetzliche Regelung ist somit kein Platz für die Anwendung der allgemeinen Zweckübertragungsregel. Daher sollte in Fällen der Arbeitnehmerüberlassung eine konkrete Vereinbarung in Bezug auf Übertragung von Nutzungs- und Verwertungsrechte von Arbeitsergebnissen geschlossen werden.
[85] BAG Urt. v. 6.8.2003 – 7 AZR 180/03.
[86] ErfK/*Wank* AÜG Einleitung Rn. 17.
[87] BAG Urt. v. 26.9.1996 – 2 AZR 200/96, NZA 1997, 202.
[88] BAG Beschl. v. 15.10.2013 – 1 ABR 25/12, NZA 2014, 214.

1.12.2011 aufgrund der Neufassung des § 1 Abs. 1 Satz 1 AÜG die Erlaubnispflicht jetzt für alle Arbeitgeber, die im Rahmen ihrer **wirtschaftlichen Tätigkeit** Arbeitnehmerüberlassung betreiben. Grund der Änderung war die Umsetzung der Richtlinie *2008/104/EG* des europäischen Parlaments und des Rates vom 19.11.*2008* über *Leiharbeit*,[89] welche für öffentliche und private Unternehmen, die eine **wirtschaftliche Tätigkeit ausüben, unabhängig von der Verfolgung eines Erwerbszwecks,** eine Erlaubnispflicht vorsieht. Eine Begriffsbestimmung der wirtschaftlichen Tätigkeit wird in der Richtlinie nicht vorgenommen. Es ist jedoch davon auszugehen, dass der Begriff der wirtschaftlichen Tätigkeit weit zu verstehen ist und der bestehenden **wettbewerbsrechtlichen Definition** folgen dürfte.[90] Hiernach liegt eine wirtschaftliche Tätigkeit immer dann vor, wenn **Dienstleistungen auf einem bestimmten Markt angeboten werden,** wovon bei einer gewollten Arbeitnehmerüberlassung regelmäßig auszugehen ist.[91]

53   Eine **wirtschaftliche Tätigkeit** war in der Vergangenheit dann ausgeschlossen, wenn eine Gewinnerzielungsabsicht nicht bestand. Ob dies auch jetzt noch gilt, darf bestritten werden. Daher dürfte nun die Überlassung der Arbeitnehmer ausschließlich und unmittelbar zur **Erfüllung gemeinnütziger, karitativer, wissenschaftlicher, künstlerischer oder sonstiger ideeller Zwecke,** grundsätzlich auch dem AÜG unterfallen.[92]

54   *cc) Keine dauerhafte Arbeitnehmerüberlassung.* Eine weitere Änderung erfuhr § 1 Abs. 1 S. 2 AÜG in der seit dem 1.12.2011 geltenden Fassung dahingehend, dass die Überlassung von Arbeitnehmern an den Entleiher **nur noch vorübergehend und nicht dauerhaft** erfolgen darf. Der Gesetzgeber hat auf die Festlegung einer bestimmte **Höchstüberlassungsfrist** verzichtet und will den Begriff „vorübergehend" stattdessen als **flexible Zeitkomponente** in dem Sinne verstanden wissen, dass die Überlassung an den jeweiligen Entleiher im Verhältnis zum arbeitsvertraglichen Verhältnis zwischen dem Verleiher und dem Leiharbeitnehmer vorübergehend ist.[93] Konnte vor dem 1.12.2011 eine Arbeitnehmerüberlassung zeitlich unbefristet erfolgen, ist dies seit dem 1.12.2011 ausgeschlossen, **ein Arbeitsüberlassungsvertrag muss daher befristet werden.**[94]

55   Die **Grenze zur dauerhaften Arbeitnehmergestellung** ist dort zu ziehen, wo für den Leiharbeitnehmer verleihfreie Einsatzzeiten seitens des Verleihers ausgeschlossen sind. Im Verhältnis zum Entleiher bezweckt das AÜG den Schutz der Stammarbeitnehmer vor Verdrängung im Unternehmen, weshalb nur eine vorübergehende und nicht dauerhafte Überlassung zulässig und erlaubnisfähig ist.[95] Die Abgrenzung einer dauerhaften von einer nur **vorübergehenden Arbeitnehmerüberlassung** ist in der Praxis schwer zu ziehen, entsprechende höchstrichterliche Entscheidungen, die eine zeitliche Grenze festlegen, stehen noch aus. Das Bundesarbeitsgericht hat im Jahr 2005 bei der Beurteilung einer **vorübergehenden Arbeitnehmerüberlassung zwischen Konzernunternehmen** eine **weite Auslegung** des Merkmals vorübergehend angenommen, und auch einen Zeitraum von mehreren Jahren als noch vorübergehend zugelassen.[96] Da das BAG in dieser Entscheidung zum einen das damals noch in § 1 Abs. 3 Nr. 2 AÜG aF enthaltene Merkmal vorübergehend auszulegen hatte und zum anderen in seiner Begründung dann ausschließlich darauf abstellte, ob eine Beschäftigung der entliehenen Arbeitnehmer im eigenen Unternehmen überhaupt vorgesehen war, muss bezweifelt werden, dass das BAG an dieser Rechtsprechung bei der Auslegung des § 1 Abs. 1 S. 2 AÜG aktueller Fassung festhalten wird.[97]

---

[89] ABl. 2008 Nr. L 327 S. 9.
[90] LAG Düsseldorf Urt. v. 26.7.2012 – 15 Sa 788/12, BeckRS 2012, 71608; *Thüsing/Thieken* DB 2012, 347 (350); *Schewiola* ArbRB 2013, 182.
[91] *Thüsing/Thieken* DB 2012, 347 (349).
[92] ErfK/*Wank* AÜG § 1 Rn. 31; aA *Hamann* NZA 2011, 70 f.
[93] BT-Drs. 17/4804, 8.
[94] BAG Urt. v. 10.10.2013 – 9 AZR 51/13, NZA 2014, 196.
[95] Schaub/*Koch* § 120 Rn. 12c; ErfK/*Wank* AÜG § 1 Rn. 37b.
[96] BAG Beschl. v. 20.4.2005 – 7 ABR 20/04, NZA 2005, 1006.
[97] In einer Entscheidung vom 10.7.2013 hat das BAG – 7 ABR 91/11, NZA 2013, 1296 keine zeitliche Grenze festgelegt; sich aber ausdrücklich mit der Problematik befasst; wie auch *Nießen/Fabritius* NJW 2014, 263 und *Thüsing* NZA 2014, 10.

Die Rechtsfolgen aus einer nicht nur vorübergehenden Beschäftigung sind die **Unwirksamkeit des Überlassungsvertrages** nach § 134 BGB, ggf. **Leistungsverweigerungsrechte** des Leiharbeitnehmers und vor allem die Gefahr des **Widerrufs der Erlaubnis** zur Arbeitnehmerüberlassung. Ein **fiktives Arbeitsverhältnis** mit dem Entleiher kommt für den Leiharbeitnehmer hierdurch jedoch **nicht** zustande, da kein Fall des §§ 10, Abs. 1 S. 1, 9 Abs. 1 AÜG vorliegt.[98]

Praxistipp:
Leiharbeitnehmer sollten bis zu einer anderslautenden Entscheidung der Rechtsprechung oder bis zu einer Gesetzesänderung nur zeitlich befristet verliehen werden, wobei als Zeitraum vorsichtshalber entweder die im Koalitionsvertrag anvisierte 18-monatige Befristung[99] oder die Zweijahresfrist für eine sachgrundlose Befristung gemäß § 14 Abs. 2 TzBfG gewählt werden sollte.[100] Im Arbeitnehmerüberlassungsvertrag ist auf die Tätigkeit abzustellen und nicht auf einen konkreten Arbeitsplatz.

c) Abgrenzung Arbeitnehmerüberlassung zu ähnlichen Vertragsarten

Praxisbeispiel (Sachverhalt)
Ein großes Unternehmen mit entsprechender IT-Abteilung hatte sich entschlossen, die Betreuung der hauseigenen Computerarbeitsplätze out zu sourcen. Hiermit wurde ein externer IT-Dienstleister beauftragt, der aufgrund eines schriftlichen Werkvertrags tätig wurde. Für das Unternehmen war es wichtig, dass die Betreuung der Computerarbeitsplätze im Unternehmen selbst erfolgte. Der IT-Dienstleister schickte zwei seiner Mitarbeiter, die aufgrund von Projektverträgen für ihn tätig waren, und zu einem pauschalen Tagessatz von 240,00 Euro bei dem Unternehmen eingesetzt werden sollten. Ihnen wurden zwei Arbeitsplätze in der IT-Abteilung des Unternehmens zur Verfügung gestellt, die jedoch von denen der übrigen Mitarbeiter des Unternehmens getrennt und in einem Raum untergebracht waren, auf dessen Türschild „Fremdfirma" angezeigt war. Inventar und Computerarbeitsplätze wurden vom IT-Dienstleister gestellt. Im Unternehmen mussten sie werktäglich von 08:00 Uhr bis 17:00 Uhr in dem zugewiesenen Raum tätig und erreichbar sein. Im internen Telefonverzeichnis des Unternehmens wurden sie ausdrücklich als externe Mitarbeiter geführt. Sie sollten aufgrund eines Ticketsystems tätig werden. Wenn ein Fehler gemeldet wurde, sollte ein Ticket geöffnet und nach Abarbeitung, sprich Fehlerbeseitigung, wieder geschlossen werden. Hierin bestand auch die vereinbarte werkvertragliche Komponente, da das IT-Unternehmen die erfolgreiche Beseitigung der Funktionsstörung schuldete. Die beiden Mitarbeiter des IT-Dienstleisters wurden auch regelmäßig auf Zuruf der Mitarbeiter des Unternehmens (die persönlich oder per E-Mail Fehler mitteilten und um schnelle Beseitigung baten) außerhalb des Ticketsystems tätig, wenn Probleme an der EDV auftauchten.
Die Mitarbeiter sind der Auffassung, aufgrund unzulässiger Arbeitnehmerüberlassung durch das IT-Unternehmen bei dem Unternehmen fest angestellt zu sein. Zu recht? Lösung → Rn. 69.

aa) Abgrenzung zum Werkvertrag. Nicht alle im Unternehmen ohne Arbeitsvertrag Beschäftigten sind automatisch Leiharbeitnehmer, für welche eine Erlaubnis erforderlich ist. Viele Unternehmen vergeben für Tätigkeiten, die bisher durch eigene Arbeitnehmer erbracht wurden, Werkverträge und lassen die Tätigkeiten durch Arbeitnehmer von **Werkunternehmern** oder auch durch **Selbständige** erbringen. Während bei der Arbeitnehmerüberlassung der Verleiher dem Entleiher die Überlassung von Arbeitnehmern und deren Arbeitsleistung schuldet, schuldet ein Werkunternehmer unmittelbar die geforderten Werkleistungen sogar in Form eines **bestimmten Erfolges** bzw. eines **konkreten Arbeitsergebnisses**, ggf. verbunden mit planerischen Leistungen. Werkverträge werden nicht vom Arbeitnehmerüberlassungsgesetz und seinen Restriktionen erfasst[101] und erfreuen sich daher in vielerlei kreativen Ausformungen großer Beliebtheit, um Dritte im Unternehmen einzusetzen.[102]

---

[98] *Hamann* RdA 2014, 271.
[99] Koalitionsvertrag 2013 von CDU, CSU, SPD, S. 49 f.; dieser sieht eine Höchstdauer der vorübergehenden Beschäftigung von Leiharbeitnehmern im Unternehmen von 18 Monaten vor.
[100] ErfK/*Wank* AÜG § 1 Rn. 37c.
[101] Schaub/*Koch* § 120 Rn. 6.
[102] Siehe auch *Brauneisen/Ibes* RdA 2014, 213.

59 Grundsätzlich **unterscheidet sich der Werkvertrag von der Arbeitnehmerüberlassung** durch die **mangelnde Eingliederung** des Werkunternehmer im Betrieb und die **mangelnde Weisungsbefugnis** des Betriebsinhabers gegenüber dem Werkunternehmer bzw. dessen Erfüllungsgehilfen (§ 278 BGB). Diese unterliegen ausschließlich den Weisungen des Werkunternehmers und sind auch nur in dessen Betriebsorganisation eingegliedert. Leiharbeitnehmer hingegen sind in den Betriebsablauf des Entleihers eingegliedert und weisungsgebunden. Zur Abgrenzung der Vertragstypen muss zwischen **arbeitsrechtlichen und personenbezogenen Weisungen** aufgrund bestehender Personalhoheit[103] auf der einen Seite und **werkbezogenen Anweisungen** im Sinne von § 645 Abs. 1 S. 1 BGB[104] bzw. auch datenschutzrechtlichen Weisungen im Rahmen des § 11 BDSG auf der anderen Seite unterschieden werden.

60 Die Abgrenzung zwischen Arbeitnehmerüberlassungsverträgen und Werkverträgen begegnet in der Praxis dann erheblichen Schwierigkeiten, wenn die Parteien **atypische Gestaltungen** der Werkverträge wählen. Da die Regelungen des Arbeitnehmerüberlassungsgesetzes **nicht zur Disposition der Parteien** stehen, kann deren Geltung auch nicht dadurch umgangen werden, dass die Parteien einen inhaltlichen Arbeitnehmerüberlassungsvertrag als Werkvertrag schließen. Die Rechtsprechung nimmt die **Vertragseinordnung** ausschließlich auf der Grundlage der **tatsächlichen Vertragsdurchführung** vor, weshalb es nicht auf die Bezeichnung des Rechtsverhältnisses ankommt. Sollte ein Widerspruch zwischen der laut Vertragstext vertraglich geschuldeten Leistung aus Werkvertrag und der tatsächlich durchgeführten Leistung in Form einer Arbeitnehmerüberlassung bestehen, ist ausschließlich die tatsächliche Vertragsdurchführung maßgebend. Schließlich lässt das gelebte Vertragsverhältnis am ehesten Rückschlüsse darauf zu, welche Rechte und Pflichten die Vertragsparteien vereinbaren wollten.[105]

61 Zu beachten ist jedoch, dass im Falle des Auseinanderfallens des niedergeschriebenen Vertragsinhalts und der wirklichen Durchführung dann kein Geschäftswille der Vertragspartner abgeleitet werden kann, wenn es sich bei den Abweichungen nur um untypische Einzelfälle handelt und nicht um eine durchgehend geübte Vertragspraxis. Darüber hinaus muss eine tatsächlich regelmäßig abweichende Vertragspraxis den Vertragsparteien bzw. den vertretungs- oder entscheidungsbefugten Repräsentanten der Vertragsparteien in den Unternehmen auch bekannt und von diesen geduldet worden sein. Ist dies nicht der Fall, kann eine anders gelebte Vertragsdurchführung nicht als Ausdruck des wirklichen Geschäftswillens der Vertragspartner angesehen werden.[106]

> **Praxistipp:**
> Zwar kann sich die Geschäftsleitung nicht darauf berufen, keinerlei Kenntnis von den tatsächlichen Geschäftsprozessen im eigenen Unternehmen zu haben, hiergegen spricht schon ihre Leitungs- und Kontrollpflicht. Werden die Einbindungs- und auch Weisungsprozesse gegenüber unternehmensfremden Mitarbeitern aber genau dokumentiert und eine zumindest periodische Kontrolle sichergestellt, kann im Streitfall eine Kenntnis abweichender Praxis ggf. entkräftet werden.

62 Anhand der nachfolgend angeführten Checklisten lässt sich eine Einordnung des konkret gelebten Vertragsverhältnisses vornehmen und der Vertragstypus einschätzen. Zugrunde zu legen ist immer eine **Gesamtschau**, wobei den einzelnen Kriterien wechselseitig Gewicht zukommt, dh ein weniger ausgeprägtes Kriterium kann durch ein mehr ausgeprägtes Kriterium der anderen Seite ausgeglichen oder gar überwogen werden.

---

[103] Instruktiv *Greiner* RdA 2014, 262.
[104] BAG Urt. v. 30.1.1991 – 7 AZR 497/89, NZA 1992, 19.
[105] BAG Urt. v. 18.1.2012 – 7 AZR 793/10, NZA-RR 2012, 455.
[106] BAG Urt. v. 30.1.1991 – 7 AZR 497/89, NZA 1992, 19.

III. Arbeitnehmerüberlassung bei Business Process Outsourcing 63–65 § 37

Checkliste für das Bestehen eines Werkvertrags und gegen das Vorliegen von Arbeitnehmerüberlassung[107]   63

- Unternehmerische Eigenverantwortlichkeit/Dispositionsmöglichkeit des Werkunternehmers gegenüber Besteller.
- Vereinbarung und Erstellung eines qualitativ individualisierbaren und dem Werkunternehmer zurechenbares Werkergebnisses.
- Ein ausschließliches Weisungsrecht des Werkunternehmers gegenüber „seinen" Arbeitnehmern auch im Betrieb des Bestellers (projektbezogene Anweisungen).
- Die Übernahme des Unternehmerrisikos, insbesondere der Gewährleistung.
- Korrespondenz über Meilensteine, Termine, Abnahmen und Mängelbeseitigungsaufforderungen.
- Eine (produkt)herstellungsbezogene Vergütungsregelung.

Checkliste gegen das Bestehen eines Werkvertrags und für das Vorliegen von Arbeitnehmerüberlassung[108]   64

- Planung und Organisation der Arbeitsleistung durch den Besteller.
- Zuweisung von Betriebsräumlichkeiten und – mitteln für die Arbeitnehmer des Werkunternehmers beim Besteller.
- (auch nur zeitweise ausgeübtes) Weisungsrecht durch den Besteller.
- Fehlende Kontrolle der Arbeitsausübung durch den Werkunternehmer.
- Pflicht der eingesetzten Arbeitnehmer zur Vorlage von Personaleinsatz- und Anwesenheitslisten zur Abstimmung der Arbeitszeit, des Urlaubs und zur Abgabe der Arbeitsunfähigkeitsmeldung.
- Benutzung der Sozialräume des Bestellers.
- Übernahme der bisher von Arbeitnehmern des Bestellers ausgeführten Tätigkeiten.

Praxistipp:

Um zu verhindern, dass ein gewolltes Werkvertragsverhältnis als Arbeitnehmerüberlassung qualifiziert werden kann, müssen die Parteien klare vertragliche Regelungen hinsichtlich der zu erbringenden Werkleistung, der Vergütung sowie zur entsprechenden Gewährleistung treffen, wobei pauschale und zeitliche Vergütungen unabhängig von den Werkleistungen zu vermeiden sind. In der Vertragsdurchführung ist dafür Sorge zu tragen und auch entsprechend zu dokumentieren, dass die Leistungen eigenverantwortlich erbracht werden und die Mitarbeiter des Werkunternehmers nicht weisungsgebunden in die betriebliche Organisation des Bestellers eingebunden sind.

bb) Abgrenzung zum Dienstvertrag. Im Gegensatz zum Werkvertrag schuldet beim 65
Dienstvertrag der Dienstnehmer dem Auftraggeber keinen bestimmten Erfolg, sondern nur die vertraglich vereinbarte Tätigkeit.[109] So nicht eine bestimmte Person als Dienstnehmer vertraglich zur **persönlichen Leistungserbringung** verpflichtet ist (§ 613 S. 1 BGB), kann der Dienstnehmer die Aufgabe auch durch eigenes **Personal** erbringen lassen. Wie beim Werkvertrag erfolgt die Abgrenzung zur Arbeitnehmerüberlassung dadurch, dass die vom Dienstleister im Unternehmen des Auftraggebers eingesetzten eigenen Arbeitnehmer ihre Arbeitsleistung **nur auf Weisungen ihres Arbeitgebers** und **nicht auf Weisung des Auftrag-**

---

[107] In Anlehnung an Schaub/*Koch* § 120 Rn. 8; dort mit Nachweisen aus der Rechtsprechung; *Siebert* öAT 2014, 248; *Maschmann* NZA 2013, 1305.
[108] In Anlehnung an Schaub/*Koch* § 120 Rn. 8; dort mit Nachweisen aus der Rechtsprechung; *Siebert* öAT 2014, 248; *Maschmann* NZA 2013, 1305.
[109] Zur Abgrenzung von Dienst- und Werkvertrag, BGH Urt. v. 16.7.2002 – X ZR 27/01, NJW 2002, 3323.

gebers erbringen. Problematisch bei der Abgrenzung ist, dass der Dienstverpflichtete keinen Erfolg schuldet, sondern eben nur die Leistung des geforderten Dienstes. Da die Arbeitnehmerüberlassung ebenfalls von einer Dienstleistung des überlassenen Personals ausgeht, besteht beim Dienstvertrag mit **Einsatz von Erfüllungsgehilfen** eine große Nähe zur Arbeitnehmerüberlassung,[110] was die Abgrenzung im Einzelfall schwierig macht.

66 Das Erbringen von Dienstleistungen auf selbständiger **dienstvertraglicher Basis ist nur in sehr engen Grenzen** möglich. Das Bundessozialgericht hat bereits in einer Entscheidung aus dem Jahr 1982 gefordert, dass nur Dienstleistungen, die in dem Dienstvertrag gegenständlich umschrieben werden können und deren Ausführung keine Integration in die Betriebsorganisation des Auftraggebers bedingen, aufgrund eines selbständigen Dienstverhältnisses erbracht werden können.[111] Diese Rahmenannahmen haben auch heute noch Bestand.

67 Bei der Abgrenzung des Dienstvertrags zur Arbeitnehmerüberlassung ist das tatsächlich gelebte Vertragsverhältnis ausschlaggebend und nicht das schriftlich fixierte. Es gelten dahingehend dieselben Erwägungen wie beim Werkvertrag.

68 **Checkliste für das Bestehen eines Dienstvertrags und keiner Arbeitnehmerüberlassung**[112]

- Ausführung der geschuldeten Dienste durch den Dienstleister entweder in eigener Person oder mittels seiner Erfüllungsgehilfen in eigener Organisation und eigener Verantwortung (zeitliche Disposition, Zahl und Eignung der zur Erfüllung der Dienstleistung angesetzten eigenen Arbeitnehmer, etc).
- Erbringung der Dienstleistung im wesentlichen frei von Weisungen des Auftraggebers.
- Dokumentation von Konflikten zwischen Auftraggeber und Dienstleister wegen Art und Weise sowie Umfang und Qualität der Leistung.

69 **Checkliste gegen das Bestehen eines Dienstvertrags und für das Vorliegen einer Arbeitnehmerüberlassung**[113]

- Fehlen einer vertraglich festgelegten, abgrenzbaren, vom Auftragnehmer als eigene zu erbringenden Leistung.
- Auftragnehmer ist sowohl im Hinblick auf das Volumen der täglich zu erbringenden Arbeit, als auch im Hinblick auf die Lage der Arbeitszeit, weitgehend in den Betriebsablauf des Auftraggebers integriert. Gleichzeitig keine Eingliederung seiner Arbeitnehmer in den Arbeitsablauf des Auftraggebers mehr.
- Auftraggeber oder Arbeitnehmer des Auftraggebers erteilen Weisungen.
- Erbringung einfacher Leistungen, die typischerweise als Arbeitsleistung von eigenen Arbeitnehmern erbracht werden.
- Auftraggeber ist in die Auswahl der dienstleistenden Arbeitnehmer des Auftragnehmers eingebunden und hat ein Entscheidungsrecht.
- Es liegen keine dokumentierten Konflikte hinsichtlich der erbrachten Arbeitsleistung vor.

Praxistipp:
Um zu vermeiden, dass ein gewolltes Dienstvertragsverhältnis ggf. als unzulässige Arbeitnehmerüberlassung qualifiziert wird, müssen die Parteien sowohl klare vertragliche Regelungen hinsichtlich abgrenzbarer Dienstleistungen sowie zur vom Auftraggeber weisungsfreien Leistungserbringung treffen, als auch in der Vertragsdurchführung dafür Sorge tragen, und dies auch so dokumentieren, dass die Mitarbeiter des Dienstleistungsunternehmen nicht weisungsgebunden in die betriebliche Organisation des Auftraggebers integriert sind.

---

[110] LAG Baden-Württemberg Urt. v. 1.8.2013 – 2 Sa 6/13, NZA 2013, 1017.
[111] BSG Urt. v. 23.6.1982 – 7 RAr 98/80.
[112] In Anlehnung an BeckOK ArbR/*Kock/Milenk* AÜG, § 1 Rn. 38–38.3 mwN zur Rechtsprechung.
[113] In Anlehnung an BeckOK ArbR/*Kock/Milenk* AÜG, § 1 Rn. 38–38.3 mwN zur Rechtsprechung.

III. Arbeitnehmerüberlassung bei Business Process Outsourcing

Praxisbeispiel (Einordnung)
Das LAG Baden-Württemberg ging in einem dem Beispielfall ähnlich gelagerten Fall von einer Arbeitnehmerüberlassung aus.[114] In der Gesamtschau der praktischen Durchführung des Vertrages, den die Parteien ausdrücklich als Werkvertrag vereinbart und ausgestaltet hatten, sah das LAG einen Dienstvertrag, da die Mitarbeiter des IT-Dienstleisters nicht nach Anzahl der geschlossenen Tickets vergütet wurden, sondern pauschal nach geleisteten Personentagen. Da sie ansonsten wie Mitarbeiter des Unternehmens eingesetzt worden waren, weder ihre Einsatzzeit, noch ihren Einsatzort frei wählen konnten, und darüber hinaus auch außerhalb des Ticketsystems für das Unternehmen nach dessen Arbeitsanweisung tätig wurden, waren sie in die Arbeitsorganisation des Unternehmens eingegliedert. Dass die Parteien hier etwas anderes schriftlich vereinbart hatten, war unschädlich, da das gelebte Vertragsverhältnis hiervon nicht unerheblich abwich und das Unternehmen dies auch duldete.

d) **Rechtsfolgen eines Scheinwerk- oder Scheindienstvertrags.** Liegt statt eines Werk- oder 70
Dienstvertrages also nur ein so genannter **Scheinwerk-** bzw. **Scheindienstvertrag** vor, so ist von einer **Arbeitnehmerüberlassung** auszugehen, auf die das AÜG Anwendung findet.[115] Greift dann, weil der Auftragnehmer keine Erlaubnis zur Arbeitnehmerüberlassung besitzt, die **Fiktionswirkung** der §§ 9 und 10 AÜG ein, wird zwischen Entleiher und Leiharbeitnehmer ein Arbeitsverhältnis fingiert.

Verfügt der Werk- oder Dienstunternehmer jedoch über eine **Erlaubnis** zur Arbeitnehmer- 71
überlassung, so tritt zumindest nach **derzeitiger Rechtslage** die gesetzliche Fiktion eines Arbeitsvertrages zwischen Entleiher und Leiharbeitnehmer nicht ein, da **kein Verstoß gegen § 9 Nr. 1 AÜG** vorliegt.[116] Viele Unternehmen, die aufgrund von Werk- oder Dienstverträgen Arbeitnehmer für signifikante Zeiträume in andere Unternehmen schicken, halten daher so genannte „**Vorratsarbeitnehmerüberlassungserlaubnisse**" vor.

Ob dieses Konstrukt der so genannten **Fallschirmlösung** auch in Zukunft halten wird, ist 72
ungewiss.[117] Eine erste negative oberlandesgerichtliche Entscheidung wurde durch die vierte Kammer des LAG Baden-Württemberg in seiner Entscheidung vom 3.12.2014 getroffen. Das LAG ging davon aus, dass in der Fallschirmlösung ein widersprüchliches Verhalten der Parteien zu sehen ist, was ein Berufen auf die Erlaubnis ausschließt, wenn statt des von den Parteien gewollten Werkvertrags eine verdeckte Arbeitnehmerüberlassung vorliegt. Das LAG hat daher die Fiktion des § 10 Abs. 1 AÜG, also ein fiktives Arbeitsverhältnis mit dem Entleiher, trotz Vorliegens einer Erlaubnis angenommen.[118] Die Große Koalition hat darüber hinaus im Koalitionsvertrag 2013 vereinbart, die Vorratserlaubnis zu untersagen, da der vermeintliche Werkunternehmer und sein Auftraggeber „auch bei Vorlage einer Verleiherlaubnis nicht bessergestellt sein (dürfen), als derjenige, der unerlaubt Arbeitnehmerüberlassung betreibt".[119] Die Entwicklung ist also zu verfolgen.

> **Praxistipp:**
> Bestehen Zweifel an der Qualifikation des Vertragsverhältnisses als Werkvertrag, so sollte sich der Auftraggeber vom Werkunternehmer jedenfalls das Vorliegen einer für den Vertragszeitraum gültigen Arbeitnehmerüberlassungserlaubnis bestätigen lassen. Eine Änderung der Rechtslage ist im Auge zu behalten und immer wieder neu zu prüfen.

e) **Ausnahmen von der Erlaubnispflicht des AÜG.** Der Gesetzgeber hat vier Fälle geregelt, 73
in denen zwar tatbestandlich Arbeitnehmerüberlassung im Rahmen einer wirtschaftlichen Tätigkeit vorliegt, die Vorschriften des AÜG dennoch keine Anwendung finden sollen und die Verleihern in diesen Fällen auch keine Erlaubnispflicht trifft. Die Ausnahmen gelten für Arbeitnehmerüberlassung,

---

[114] LAG Baden-Württemberg Urt. v. 1.8.2013 – 2 Sa 6/13, NZA 2013, 1017.
[115] Münchner Handbuch ArbR/*Schüren* § 318 Rn. 153.
[116] Wenn auch mit Bedenken ErfK/*Wank* AÜG § 1 Rn. 21b.
[117] *Schüren* NZA 2013, 176; *Köhler* GWR 2014, 28.
[118] LAG Baden-Württemberg Urt. v. 3.12.2014 – 4 Sa 41/14. Hier ist zum Aktenzeichen 9 AZR 51/15 Revision beim BAG eingelegt. Eine Entscheidung ist zum Zeitpunkt der Drucklegung noch nicht ergangen.
[119] Koalitionsvertrag 2013 von CDU, CSU, SPD, S. 49.

- die zwischen Arbeitgebern desselben Wirtschaftszweigs zur Vermeidung von Kurzarbeit oder Entlassungen erfolgt, wenn ein für den Entleiher und Verleiher geltender Tarifvertrag dies vorsieht (§ 1 Abs. 3 Nr. 1 AÜG),
- zwischen Konzernunternehmen im Sinne des § 18 AktG, wenn der Arbeitnehmer nicht zum Zweck der Überlassung eingestellt und beschäftigt wird (§ 1 Abs. 3 Nr. 2 AÜG),
- zwischen Arbeitgebern, wenn die Überlassung nur gelegentlich erfolgt und der Arbeitnehmer nicht zum Zwecke der Überlassung eingestellt und beschäftigt wird (§ 1 Abs. 3 Nr. 2a AÜG),
- ins Ausland, wenn der Leiharbeitnehmer in ein auf der Grundlage zwischenstaatlicher Vereinbarungen begründeten deutsch-ausländisches Gemeinschaftsunternehmen verliehen wird, an dem der Verleiher beteiligt ist (§ 1 Abs. 3 Nr. 3 AÜG).

Die Aufzählung ist abschließend und auch auf ähnlich gelagerte Fälle nicht analog anwendbar.[120]

74 Das in § 1 Abs. 3 Nr. 2 AÜG statuierte **Konzernprivileg** soll zwischen den konzernverbundenen Unternehmen für Flexibilität sorgen, um auf schwankenden Personalbedarf reagieren zu können. Der **Konzernbegriff** entspricht dem aktienrechtlichen. Es müssen mindestens zwei rechtlich selbständige Unternehmen unter einer gemeinsamen Leitung bestehen.[121] Privilegiert ist ausschließlich der vorübergehende Einsatz von Arbeitnehmern in einem anderen Konzernunternehmen, weshalb die **dauernde Entsendung nicht den Privilegierungstatbestand** erfüllt.[122] So genannte Personalführungsgesellschaften, deren Zweck die Einstellung und Überlassung von Personal an andere Konzernunternehmen ist, also eine **konzerninterne Arbeitnehmerüberlassung,** unterfällt nicht dem **Konzernprivileg**.[123]

> **Praxistipp:**
> Im Falle der Konzernausleihe regelt das AÜG zwar die Erlaubnisfreiheit, nicht aber die individuelle Berechtigung des Arbeitgebers, seinen Arbeitnehmer innerhalb des Konzerns in verschiedenen Unternehmen einzusetzen. Ein solcher Versetzungsvorbehalt ist arbeitsvertraglich zu vereinbaren.

75 Das AÜG kommt ebenfalls nicht zur Anwendung, wenn die **Überlassung von nicht zur Ausleihe beschäftigten Arbeitnehmern „nur gelegentlich"** erfolgt. Der Rechtsbegriff „gelegentlich" wird durch die ergangene Rechtsprechung zum Begriff der **Gewerbsmäßigkeit** bestimmt und soll Bagatellfälle sowie die nicht der **Gewinnerzielungsabsicht** unterliegende Entleihe, zB im karitativen oder gemeinnützigen Bereich, nicht der Erlaubnispflicht unterstellen.[124] An einer Gewinnerzielungsabsicht fehlt es, wenn die **Überlassung lediglich gegen Erstattung der Personalkosten** erfolgen soll und dem Verleiher dadurch auch mittelbar keine wirtschaftlichen Vorteile erwachsen.[125] Unter einer gelegentlichen Überlassung im Sinne des § 1 Abs. 3 Nr. 2a AÜG versteht der Gesetzgeber zB die nur gelegentliche Überlassung von Arbeitnehmern zur **Abdeckung eines kurzfristigen Spitzenbedarfs** bei einem anderen Unternehmen.[126] Arbeitnehmer, die nicht zum Zwecke der Überlassung eingestellt und beschäftigt werden, dürfen auch nicht regelmäßig, sprich immer wieder, an einen bestimmten Entleiher oder auch unterschiedliche Entleiher zur Arbeitsleistung überlassen werden.[127]

76 Eine weitere **Ausnahme von der Erlaubnispflicht** besteht für Arbeitgeber mit nicht mehr als 50 Beschäftigten, wenn sie **zur Vermeidung von Kurzarbeit oder Entlassungen** Arbeitnehmer, die sie nicht zur Ausleihe eingestellt haben oder beschäftigen, bis zu 12 Monate an einen anderen Arbeitgeber ausleihen (§ 1a Abs. 1 AÜG). Die Ausleihe ist jedoch vorher der **Bundesagentur für Arbeit anzuzeigen.**

---

[120] Thüsing/Bahrs § 1 Rn. 160, Schüren/Hamann § 1 Rn. 426.
[121] ErfK/Wank § 1 AÜG Rn. 58.
[122] BT-Drs. 10/3206, 33.
[123] BT-Drs. 17/4804, 8.
[124] BAG Urt. v. 2.6.2010 – 7 AZR 946/08, NZA 2011, 351.
[125] BAG Beschl. v. 25.1.2005 – 1 ABR 61/03, NZA 2005, 1199.
[126] BT-Drs. 17/4804, 8.
[127] Leuchten NZA 2011, 608 (609).

f) Erlaubnispflicht und Erlaubnisverfahren. *aa) Erlaubnispflicht.* Eine **wirksame Arbeitnehmerüberlassung** nach dem AÜG erfordert das **Vorliegen einer Erlaubnis** beim Verleiher (§ 1 Abs. 1 Satz 1 AÜG). Besitzt der Verleiher eine solche Erlaubnis nicht, sind die vom Verleiher mit seinen Leiharbeitnehmern sowie mit dem Entleiher geschlossenen Verträge von Gesetzes wegen unwirksam (§ 9 Nr. 1 AÜG).

bb) Erlaubnisverfahren. Die **Erlaubniserteilung** erfolgt im Verwaltungsverfahren. Es findet das **Verwaltungsverfahrensgesetz** (VwVfG) Anwendung. Dieses gilt jedoch nur subsidiär zum AÜG. Sieht das AÜG **Sondervorschriften für das Verwaltungsverfahren** vor, wie zB für die Rücknahme oder den Widerruf der Erlaubnis, so gehen diese Regelungen denen des VwVfG vor (§ 1 Abs. 1 VwVfG). Die **gerichtliche Überprüfung** in Form des Klageverfahrens findet vor den **Sozialgerichten** statt (§ 51 Abs. 1 Nr. 4 SGG).

Die Erlaubnis ist ein **Verwaltungsakt** und es bedarf zur Einleitung des Verwaltungsverfahrens eines **Antrags** des Verleihers auf **Erlaubniserteilung** zur Arbeitnehmerüberlassung. Dieser Antrag ist **schriftlich** zu stellen (§ 2 Abs. 1 AÜG). Der Antragsteller muss den Antrag nicht begründen, da die **Tatsachenermittlung von Amts wegen** zu erfolgen hat (§ 24 Abs. 1 VwVfG). Die Behörde kann im Rahmen der **Mitwirkungspflicht des Antragstellers** diesen zur Auskunft auffordern, allerdings handelt es sich hierbei lediglich um eine so genannte **Obliegenheit** des Antragstellers, deren Befolgung weder zwangsweise durchgesetzt werden kann, noch deren Nichtbefolgung für den Antragsteller **unmittelbare Nachteile** zeitigen darf. Mittelbar kann eine Weigerung natürlich zur Verzögerung und ggf. zur Erteilung einer Erlaubnis mit Auflagen führen.

Für die Erteilung der **Erlaubnis** ist die **Bundesagentur für Arbeit** zuständig (§ 17 AÜG), die auch im Internet entsprechende Formulare zur Antragstellung bereitstellt.[128] Hinsichtlich der Erlaubniserteilung besteht eine **überregionale Zuständigkeit** der Teams für Arbeitnehmerüberlassung in den Agenturen für Arbeit Düsseldorf, Kiel und Nürnberg.[129]

Die **Erlaubnis** wird im Regelfall **ohne Begründung** erteilt, die **Versagung** oder die Erteilung einer **eingeschränkten Erlaubnis** muss **begründet** werden (§ 39 VwVfG). Als Einschränkungen gelten auch **Nebenbestimmungen** im Sinne des § 2 Abs. 2 und 3 AÜG, da mit diesen die Erlaubnis ebenfalls eingeschränkt wird.

Die **Ersterlaubnis**, also die Erlaubnis nach der erstmaligen Beantragung, wird grundsätzlich nur auf **ein Jahr befristet** erteilt (§ 2 Abs. 4 Satz 1 AÜG). Für Antragsteller, die **drei aufeinanderfolgende Jahre** lang mit einer Erlaubnis tätig waren, darf die **Erlaubnis unbefristet** erteilt werden (§ 2 Abs. 5 Satz 1 AÜG). Die Erlaubnis kann **auf Antrag verlängert** werden. Dieser Antrag ist spätestens **drei Monate vor Ablauf** des ersten Jahres zu stellen (§ 2 Abs. 4 Satz 2 AÜG). Die Erlaubnis verlängert sich automatisch um ein weiteres Jahr, wenn die Bundesagentur die Verlängerung nicht vor Ablauf des Jahres ablehnt (§ 2 Abs. 4 Satz 3 AÜG). Sollte die Verlängerung abgelehnt werden, so gilt die Erlaubnis, sozusagen als Abwicklungsfrist der auslaufenden Arbeitnehmerüberlassung, für längstens 12 Monate als fortbestehend (§ 2 Abs. 4 Satz 4 AÜG).

§ 2 Abs. 2 AÜG ermöglicht es der Behörde, die Erlaubnis mit **Bedingungen oder Auflagen** zu versehen. Der behördliche **Ermessensspielraum** ist jedoch vergleichsweise klein, da nur Tatsachen, die die Versagung der Erlaubnis rechtfertigen, einen Ermessensspielraum eröffnen und diesen dann auch definieren. Bedingungen können nur im Ausnahmefall als aufschiebende Bedingungen und nicht als auflösende Bedingungen erteilt werden.[130]

Die Erlaubnis kann auch unter einen **Widerrufsvorbehalt** gestellt werden (§ 36 Abs. 2 Nr. 3 VwVfG). Allerdings ist die Verbindung der Verleiherlaubnis mit einem Widerrufsvorbehalt nur dann statthaft, wenn die Voraussetzungen des § 2 Abs. 2 AÜG vorliegen, also die

---

[128] www.arbeitsagentur.de/web/content/DE/Formulare/Detail/index.htm?dfContentId=L6019022DSTBAI 516547.
[129] www.arbeitsagentur.de/web/content/DE/Unternehmen/Rechtsgrundlagen/Arbeitnehmerueberlassung/ Detail/index.htm?dfContentId=L6019022DSTBAI681398.
[130] Boemke/Lembke/*Boemke* § 2 Rn. 23; ErfK/*Wank* AÜG § 2 Rn. 5; Schüren/Hamann/*Schüren* Rn. 39; Thüsing AÜG/*Kämmerer* § 2 Rn. 14; aA UGBH/Urban-Crell § 2 Rn. 21; zur alleinigen Zulässigkeit der auflösenden Bedingung Ulber AÜG/*Ulber* § 2 Rn. 23.

85 abschließende Prüfung des Antrags noch nicht möglich ist.[131] Wenn noch Tatsachen ermittelt werden müssen, die zur Erteilung der Erlaubnis erforderlich sind, die Behörde bis dahin jedoch eine vorläufige Verleiherlaubnis erteilen möchte, steht ihr ein entsprechender **Ermessungsspielraum** zu.

85 **Auflagen** können gem. § 2 Abs. 2 Satz 2 AÜG auch **nachträglich erlassen, geändert oder ergänzt** werden, ohne dass es eines ausdrücklichen Auflagenvorbehalts bedarf (§ 36 Abs. 2 Nr. 5 VwVfG). Voraussetzung ist, dass ein **Versagungsgrund** gemäß § 3 AÜG vorliegt.[132]

86 **g) Das Fehlen der Erlaubnis. aa)** *Rechtsfolge der fehlenden Erlaubnis.* Fehlt die notwendige Erlaubnis bei einer laufenden Arbeitnehmerüberlassung, so sind die **Verträge** zwischen Verleiher und Entleiher sowie Verleiher und Leiharbeitnehmer **unwirksam** (§ 9 Nr. 1 AÜG). In diesem Fall sieht das Gesetz eine **Vertragsfiktion** vor, nämlich statt der unwirksamen Verträge zwischen dem Entleiher, dem Leiharbeitnehmer und dem Entleiher, gilt ein **Arbeitsverhältnis zwischen dem Entleiher und dem Leiharbeitnehmer** als zustande gekommen (§ 10 Abs. 1 Satz 1 AÜG). Das Arbeitsverhältnis entsteht als ein von Gesetzes wegen begründetes **fiktives Arbeitsverhältnis** ohne weiteres Zutun der Parteien und unabhängig von deren Willen.

87 Zu beachten ist jedoch, dass die **Unwirksamkeit** des Leiharbeitsvertrages oder des Arbeitnehmerüberlassungsvertrages **aus anderen Gründen** als die fehlende Erlaubnis zur Arbeitnehmerüberlassung **nicht zur Fiktion führt.**[133] Die zB **fehlerhafte Vertretung** bei der Vertragsunterzeichnung, **mangelnde Schriftform** oder ähnliches ist unschädlich.

88 Die Fiktion aus § 9 Nr. 1 AÜG ist für die Beteiligten der Arbeitnehmerüberlassung **nicht abdingbar.**[134] Der Arbeitgeberwechsel vom Verleiher zum Entleiher erfolgt, wie bei einem Betriebsübergang nach § 613a BGB, gesetzlich. Im Gegensatz zu § 613a BGB steht dem Arbeitnehmer nach hM jedoch **kein Widerspruchsrecht** wegen des Arbeitgeberwechsels zu.[135]

89 Der Leiharbeitnehmer kann das Zustandekommen eines fiktiven Arbeitsverhältnisses im Wege der **Feststellungsklage** gegenüber dem Entleiher vor dem **Arbeitsgericht** geltend machen, wobei nach derzeitiger Rechtslage den Leiharbeitnehmer die **primäre Darlegungslast** trifft, erleichtert durch die **sekundäre Darlegungslast** des Entleihers.[136]

90 *bb) Beginn des fingierten Arbeitsverhältnisses.* Der Beginn des fingierten Arbeitsverhältnisses ist der Zeitpunkt, zu dem der Leiharbeitnehmer nach dem Arbeitnehmerüberlassungsvertrag die Beschäftigung beim Entleiher aufnehmen soll,[137] sie wirkt also **ggf. rückwirkend**. Da es auf den **vertraglichen Zeitpunkt** der Tätigkeitsaufnahme ankommt und **nicht auf den tatsächlichen**, entsteht die Fiktion jedenfalls, wenn die erforderliche Erlaubnis **zum Zeitpunkt des Vertragsschlusses** nicht vorlag. Eine **spätere Erteilung** der Erlaubnis, gegebenenfalls auch vor Arbeitsbeginn, kann den Mangel nicht heilen und **beseitigt die Fiktion nicht.**[138]

> **Praxistipp:**
> Fehlt die Erlaubnis des Verleihers zur Arbeitnehmerüberlassung und kommt aufgrund der gesetzlichen Fiktion ein Arbeitsvertrag zwischen dem Leiharbeitnehmer und dem entleihenden Unternehmen zustande, welches die Parteien nicht wünschen, so ist dringend anzuraten, einen schriftlichen Aufhebungsvertrag zwischen dem Leiharbeitnehmer und dem entleihenden Unternehmen zu schließen, da nur so das fingierte Arbeitsverhältnis wirksam beendet werden kann.

91 Entsprechendes gilt, wenn der Verleiher **im Zeitpunkt des Vertragsschlusses** zwar eine Erlaubnis zur Arbeitnehmerüberlassung besaß, diese jedoch **nach Abschluss des Arbeitnehmerüberlassungsvertrags verloren** hat. Auch hier gilt natürlich die gesetzliche Fiktion aus

---

[131] Zur mangelnden Beurteilungsreife, siehe BT-Drs. 6/2303, Seite 10 ff.
[132] Schüren/Hahmann/*Schüren* § 2 Rn. 51 mwN.
[133] *Boemke/Lembke* § 10 Rn. 13 f.; ErfK/*Wank* AÜG § 10 Rn. 2, *Schüren/Hamann* § 10 Rn. 33.
[134] *Boemke/Lembke* § 10 Rn. 22, HBK-*Gotthardt* § 10 Rn. 3.
[135] *Becker/Wulfgramm* Art. 1 § 10 Rn. 4, 10, 38; HBK-*Gotthardt* § 10 Rn. 3; *Schüren/Hamann* § 10 Rn. 41 mwN.
[136] Für einen Überblick *Francken* NZA 2014, 1064.
[137] *Schüren/Hamann* § 10 Rn. 46 ff.; *Becker/Wulfgramm* Art. 1 § 10 Rn. 12.
[138] ErfK/*Wank* AÜG § 10 Rn. 3 f., ähnlich *Schüren/Hamann* § 10 Rn. 35, 47.

§ 10 Abs. 1 Satz 1 iVm § 9 Nr. 1 AÜG und das Leiharbeitsverhältnis zwischen Entleiher und Leiharbeitnehmer wandelt sich in ein fiktives Arbeitsverhältnis.[139]

Entfällt die Erlaubnis der Arbeitnehmerüberlassung, **nachdem** der Leiharbeitnehmer seine Tätigkeit beim Entleiher bereits aufgenommen hat, beginnt das fiktive Arbeitsverhältnis **nicht rückwirkend** auf den vertraglichen vereinbarten Tätigkeitsbeginn, sondern erst **zu dem Zeitpunkt, an dem die Erlaubnis erloschen ist,** da zu diesem Zeitpunkt erst die Unwirksamkeit der Verträge nach § 9 Nr. 1 AÜG eintritt.[140]

Anders zu behandeln sind die Fälle der **Rücknahme oder des Widerrufs sowie der Nichtverlängerung der Erlaubnis** (§§ 4, 5 sowie 2 Abs. 4 Satz 3 AÜG). Hier tritt die Unwirksamkeit der Verträge nicht unmittelbar mit Wegfall der Erlaubnis ein, sondern erst nach einer ggf. bis zu **zwölfmonatigen Abwicklungsfrist** gemäß § 2 Abs. 4 S. 4 AÜG.[141] Dadurch soll den Vertragsparteien genügend Zeit eingeräumt werden, die Vertragsverhältnisse abzuwickeln.

> **Praxistipp:**
> Der Entleiher sollte sich die Arbeitnehmerüberlassungserlaubnis des Verleihers nachweisen lassen und ihn vertraglich verpflichten, dass deren Wegfall, aus welchen Gründen auch immer, ihm unverzüglich anzuzeigen ist. Der Verleiher sollte dafür Sorge tragen, dass der Arbeitnehmerüberlassungsvertrag jedenfalls innerhalb der Abwicklungsfrist für ihn kündbar ist.

cc) Inhalt des fingierten Arbeitsvertrages. Der Gesetzgeber schweigt sich über den Inhalt des fiktiven Arbeitsverhältnisses zwischen Leiharbeitnehmer und Entleiher weitgehend aus und verweist mit Ausnahmen zur **Arbeitszeit** und zum **Arbeitsentgelt** pauschal auf die im Entleiherbetrieb bzw. vergleichbaren Betrieben geltenden Regelungen.

Gemäß § 10 Abs. 1 S. 3 AÜG gilt als **Arbeitszeit** diejenige, die zwischen dem Verleiher und dem Entleiher vereinbart war. Bezüglich des **Arbeitsentgelts** sieht § 10 Abs. 1 S. 5 AÜG eine **Mindestentlohnung** auf dem Niveau des zwischen dem Verleiher und Arbeitnehmer vereinbarten Arbeitsentgelts vor. Diese Vorschrift stellt jedoch lediglich einen **Auffangtatbestand** dar, für den Fall, dass das **Vergütungsniveau des Entleihers** unter dem des Verleihers liegt. **Tarifvertragliche Regelungen oder Betriebsvereinbarungen** hinsichtlich der Entlohnung gehen hier vor.[142]

> **Praxistipp:**
> Den Parteien ist angeraten, das fiktive Arbeitsverhältnis durch einen schriftlichen Aufhebungsvertrag zu beenden und ein neues, gegebenenfalls inhaltlich abweichendes Arbeitsverhältnis für die Zukunft zu begründen. In dem neuen Arbeitsvertrag können die Parteien dann gemeinsam die Arbeitsbedingungen rechtssicher festlegen.

dd) Dauer des fiktiven Arbeitsverhältnisses. Grundsätzlich wandelt sich das unwirksame Leiharbeitsverhältnis zum Verleiher bei **Fehlen der Erlaubnis** in ein **unbefristetes Arbeitsverhältnis** zum Entleiher (§ 10 Abs. 1 Satz 1 iVm § 9 Nr. 1 AÜG). War die Tätigkeit des Leiharbeitnehmers beim Entleiher nur für einen **befristeten Zeitraum** vorgesehen, was regelmäßig bei neueren Verträgen der Fall sein dürfte, und besteht darüber hinaus ein **sachlicher Grund für die Befristung**, dann gilt diese Befristung auch bei dem fiktiven Arbeitsverhältnis (§ 10 Abs. 1 S. 2 AÜG). Die beiden Voraussetzungen müssen **kumulativ** vorliegen, damit auch das fiktive Arbeitsverhältnis befristet ist. Die erste Voraussetzung, **zeitlich befristeter Einsatz des Leiharbeitnehmers**, ist dem Arbeitnehmerüberlassungsvertrag zu entnehmen. Sieht dieser eine Befristung vor, ist die erste Voraussetzung erfüllt. Es kommt dabei nicht darauf an, ob

---

[139] ErfK/*Wank* AÜG § 10 Rn. 5.
[140] *Becker/Wulfgramm* Art. 1 § 10 Rn. 16, ErfK/*Wank* AÜG § 10 Rn. 7.
[141] *Becker/Wulfgramm* Art. 1 § 10 Rn. 16, ErfK/*Wank* AÜG § 10 Rn. 7.
[142] Seit dem 1.1.2015 ist jedenfalls der gesetzliche Mindestlohn nach dem MiLoG die unterste Grenze; → § 34 (Recht des Datenschutzes) Rn. 268 ff. zu Datenschutzaspekten des MiLoG.

das Leiharbeitsverhältnis zwischen dem Verleiher und dem Leiharbeitnehmer (wirksam) befristet war, da dies regelmäßig nicht der Fall und sozial auch nicht gewünscht ist.[143] Weitaus problematischer ist in der Praxis die zweite Voraussetzung, nämlich das Vorliegen eines **sachlich rechtfertigenden Grundes** für die Befristung der Arbeitnehmerüberlassung. Es bedarf eines **Befristungsgrundes nach § 14 Abs. 1 TzBfG**.[144] Liegt ein solcher Grund vor und ist das Leiharbeitsverhältnis somit wirksam befristet, so endet das fiktive Arbeitsverhältnis nach den allgemeinen Regeln mit Ablauf der Befristung (§ 15 Abs. 1, Abs. 2 TzBfG) mit dem zwischen dem Verleiher und dem Entleiher **vorgesehenen Ende des Einsatzes des Leiharbeitnehmers**.

97 Das fiktive und befristete Arbeitsverhältnis ist vor seinem Ablauf nur **außerordentlich und nicht ordentlich kündbar** (§ 15 Abs. 3 TzBfG). Allerdings ist es den Parteien unbenommen, durch einen schriftlichen **Aufhebungsvertrag** das fingierte Arbeitsverhältnis vorzeitig zu beenden.

98 Ein fiktives und unbefristetes Arbeitsverhältnis ist nach den im **Entleiherbetrieb geltenden Regeln** ggf. nach den **gesetzlichen Regelungen kündbar.** Das Kündigungsschutzgesetz gilt bei Vorliegen der sonstigen Voraussetzungen erst, wenn das **fiktive Leiharbeitsverhältnis sechs Monate** bestanden hat.[145]

> **Praxistipp:**
>
> Das befristete fiktive Arbeitsverhältnis zwischen Entleiher und Leiharbeitnehmer wandelt sich nach den allgemeinen Regeln in ein unbefristetes Arbeitsverhältnis um, wenn es widerspruchslos über die Befristung hinaus fortgesetzt wird. Soll diese Rechtsfolge vermieden werden, ist dafür Sorge zu tragen, dass das fiktive Arbeitsverhältnis mit Ende der Befristung auch tatsächlich endet und eine ggf. weiter angebotene Arbeitsleistung nicht angenommen wird.

99 *ee) Schadensersatzansprüche des Leiharbeitnehmers.* Dem Leiharbeitnehmer steht nach § 10 Abs. 2 AÜG ein **Schadensersatzanspruch** gegenüber dem Verleiher zu, wenn ihm durch die Unwirksamkeit des Leiharbeitsvertrags wegen Fehlens der Arbeitnehmerüberlassungserlaubnis nach § 9 Nr. 1 AÜG ein Schaden entstanden ist. Voraussetzung ist, dass der Leiharbeitnehmer die Unwirksamkeit, sprich den Mangel einer Erlaubnis, nicht kannte. Vorliegen muss **positive Kenntnis** des Leiharbeitnehmers, ein Kennenmüssen reicht nicht aus.[146]

100 Der Arbeitnehmer kann den Ersatz seines **Vertrauensschadens** verlangen, also des Schadens, der ihm entstanden ist, weil er auf die **Wirksamkeit des Leiharbeitnehmervertrages vertraut** hat. Zu denken ist hier an Schäden wegen Nichtannahme anderer Arbeitsangebote oder auch **Aufwendungen für den konkreten Vertragsschluss**.[147] Der Verleiher muss dem Leiharbeitnehmer auch diejenigen Schäden ersetzen, die dieser dadurch erleidet, dass der Entleiher womöglich seinen **Verpflichtungen aus dem fiktiven Arbeitsverhältnis** nicht nachkommt.[148] So dem Leiharbeitnehmer Schäden aus der Beendigung des Leiharbeitsverhältnisses entstehen, sind auch diese zu ersetzen.

101 *ff) Bußgelder bei fehlender Erlaubnis.* Das AÜG sieht im Falle der **vorsätzlichen oder fahrlässigen** Arbeitnehmerüberlassung ohne die erforderliche Erlaubnis sowohl für den Verleiher, als auch für den Entleiher, empfindliche **Geldbußen** vor (§ 16 Abs. 1 Nr. 1 und 1a AÜG). Für das Fehlen der Erlaubnis bei Überlassung inländischer Arbeitnehmer sind Bußgelder von bis zu **30.000 EUR** vorgesehen, handelt es sich bei Leiharbeitnehmern um Ausländer ohne erforderliche Arbeitserlaubnis, kann das Bußgeld sogar bis zu **500.000 EUR** betragen (§ 16 Abs. 2 AÜG). Bei **leichter Fahrlässigkeit** beträgt der Bußgeldrahmen immerhin noch **die Hälfte der Höchstbeträge** (§ 17 Abs. 2 OwiG).

---

[143] *Becker/Wulfgramm* Artikel 1 § 10 Rn. 35.
[144] *Boemke/Lembke* § 10 Rn. 39; aA *Thüsing/Mengel* § 10 Rn. 39, der die Auffassung vertritt, dass sich der Sachgrund auch aus dem vorm. Verhältnis zum Verleiher ergeben kann.
[145] *Schaub/Koch* § 120 Rn. 75.
[146] *Becker/Wulfgramm* Art. 1 § 10 Rn. 42, *Boemke/Lembke* § 10 Rn. 90, ErfK/*Wank* AÜG § 10 Rn. 23.
[147] *Boemke/Lembke* § 10 Rn. 94; *Schüren/Hamann* § 10 Rn. 206 mwN.
[148] *Becker/Wulfgramm* Art. 1 § 10 Rn. 45 mwN.

h) Rechtsbeziehungen zwischen Verleiher und Leiharbeitnehmer. *aa) (Leih)Arbeitsvertrag.* 102
Der Arbeitsvertrag zwischen dem Leiharbeitnehmer und dem Verleiher folgt den allgemeinen Vorschriften des BGB. In den Vertrag ist zusätzlich zu den vereinbarten Arbeitsbedingungen auch die **Erlaubnisbehörde** sowie der **Ort und die Erteilung der Erlaubnis** sowie ferner **Art und Höhe der Leistungen für Zeiten**, in denen der Leiharbeitnehmer nicht verliehen ist, zu dokumentieren (§ 11 Abs. 1 S. 2 AÜG). Verletzt der Verleiher vorgenannte Pflichten, kann dies zum **Widerruf der Erlaubnis** führen und stellt darüber hinaus auch eine **Ordnungswidrigkeit** dar. Bei dem Leiharbeitsverhältnis handelt es sich um ein **vollwertiges Arbeitsverhältnis**, die Klassifizierung als **Abrufarbeitsverhältnis** oder **Rahmenvertrag** mit Einzelaufträgen wurde bereits vor der Novellierung des AÜG für nicht statthaft gehalten,[149] hieran hat sich nichts geändert.

Als Ausfluss von § 11 Abs. 4 AÜG verbietet es sich, das **Beschäftigungsrisiko auf den** 103 **Leiharbeitnehmer zu übertragen**. Ebenfalls unwirksam sind Vereinbarungen, die für den Leiharbeitnehmer für die Zeit der Überlassung an einen Entleiher schlechtere als die im Betrieb des Entleihers geltenden wesentlichen Arbeitsbedingungen, einschließlich des Arbeitsentgelts, vorsehen (§ 9 Nr. 2 AÜG). Zu beachten sind hier die in § 9 Nr. 2 AÜG enthaltenen **Ausnahmen** wie **tarifvertragliche Abweichungen**. Ebenfalls unwirksam sind Vereinbarungen, die dem Leiharbeitnehmer untersagen, mit dem Entleiher zu einem Zeitpunkt, in dem das Arbeitsverhältnis zwischen Verleiher und Leiharbeitnehmer nicht mehr besteht, ein Arbeitsverhältnis einzugehen (§ 9 Nr. 3 AÜG).

bb) Aufklärungspflichten. Den Verleiher treffen eine Reihe von **Nebenpflichten**. Insbesondere hat er dem Leiharbeitnehmer ein **Merkblatt der Erlaubnisbehörde** über den **wesentlichen Inhalt des AÜG** auszuhändigen, wobei **nicht-deutsche Arbeitnehmer** dieses Merkblatt sowie ihren Arbeitsvertrag in ihrer **Muttersprache** verlangen können (§ 11 Abs. 2 AÜG). Verliert der Verleiher seine Verleiherlaubnis, hat er den Leiharbeitnehmer **unverzüglich** hierüber zu unterrichten, gleiches gilt für die **Rücknahme oder den Widerruf der Erlaubnis** (§ 11 Abs. 3 AÜG). Ebenfalls hat der Arbeitgeber seinen Leiharbeitnehmer über die **Abwicklung und Abwicklungsfrist nach Widerruf der Erlaubnis** zu unterrichten. 104

Eine wichtige Verpflichtung besteht weiter darin, dass der Arbeitgeber/Verleiher seinen 105 (Leih)Arbeitnehmer auf dessen **Leistungsverweigerungsrecht** hinzuweisen hat, welches ihm im Falle eines **Arbeitskampfs** gegen den Entleiher zusteht (§ 11 Abs. 5 AÜG). Letzteres soll verhindern, dass ein Entleiherunternehmen den **Arbeitskampf** durch Einsatz von Leiharbeitnehmern **unzulässig beeinflusst**,[150] bzw. der Leiharbeitnehmer **gegen seinen Willen zum Streikbrecher** wird.[151] Dem Leiharbeitnehmer entsteht insoweit kein finanzieller Schaden, da der Verleiher als Arbeitgeber das Lohnrisiko trägt.[152]

> **Praxistipp:**
> Verletzungen gegen die im AÜG genannten Nebenpflichten führen neben der Verwirklichung von bußgeldbewehrten Ordnungswidrigkeitstatbeständen auch zu einer Schadensersatzpflicht des Verleihers gegenüber dem Leiharbeitnehmer, weshalb der Verleiher alle diese Pflichten kennen und für deren Erfüllung Sorge tragen muss.

cc) Gleichstellungsgebot. § 3 Abs. 1 Nr. 3 AÜG und § 10 Abs. 4 AÜG gewährleisten für 106 den Leiharbeitnehmer dieselben **wesentlichen Arbeitsbedingungen**, die für einen **vergleichbaren Arbeitnehmer** des Entleihers gelten. Vereinbarungen, die hiervon abweichen, sind gemäß § 9 Nr. 2 AÜG unwirksam. Ausschlaggebend sind die **Arbeitsbedingungen im Entleiherbetrieb**, sofern sie für den Leiharbeitnehmer gegenüber den mit dem Verleiher vereinbarten arbeitsvertraglichen Bedingungen **günstiger** sind. Daher haftet auch der Verleiher als Arbeitgeber des Leiharbeitnehmers für die Erfüllung der wesentlichen Arbeitsbedingungen.

---

[149] Schaub/*Koch* § 120 Rn. 47.
[150] Schaub/*Koch* § 120 Rn. 44.
[151] ErfK/*Wank* AÜG § 11 Rn. 20.
[152] BAG Urt. v. 1.2.1973 – 5 AZR 382/72, NJW 1973, 1629.

Abweichungen von diesem Gleichstellungsgebot können seit der Novellierung zum 1.12. 2011 nur noch **durch Tarifvertrag zulasten des Leiharbeitnehmers** getroffen werden.

107 Dem Leiharbeitnehmer steht ein **Auskunftsanspruch** gegenüber seinem Entleiher über die im Betrieb des Entleihers für einen **vergleichbaren Arbeitnehmer** des Entleihers geltenden wesentlichen Arbeitsbedingungen einschließlich des **Arbeitsentgelts** zu (§ 13 AÜG). Zu den wesentlichen Arbeitsbedingungen zählen die Dauer der Arbeitszeit, Ruhezeiten, Nachtarbeit, Urlaub, arbeitsfreie Tage, das Arbeitsentgelt inklusive Sonderzuwendungen und Sachbezügen, die Bedingungen bei der Arbeit von Schwangeren und Stillenden, Kindern und Jugendlichen sowie Maßnahmen zur Bekämpfung jeglicher Diskriminierung aufgrund des Geschlechts, der Rasse oder der ethnischen Zugehörigkeit, der Religion oder Weltanschauung, einer Behinderung, des Alters oder der sexuellen Orientierung. **Vergleichbare Arbeitnehmer in diesem Sinne sind Arbeitnehmer mit gleicher oder ähnlicher Tätigkeit.**

108 **i) Zum Betriebsverfassungsrecht.** Seit 2003 sind eine Reihe von Tarifverträgen zwischen der Tarifgemeinschaft des DGB und dem Bundesarbeitgeberverband der Personaldienstleister e. V., bzw. der Vorgängerorganisation Bundesverband Zeitarbeit Personal-Dienstleistungen e. V. *(BZA)* abgeschlossen worden.[153] Die im Entleiherbetrieb geltenden Tarifverträge gelten nicht für die Leiharbeitnehmer, da diese nicht Arbeitnehmer des Entleihbetriebs sind.[154] Etwas anderes gilt dann, wenn infolge einer unwirksamen Arbeitnehmerüberlassung zwischen Entleiher und Leiharbeitnehmer ein fiktives Arbeitsverhältnis entsteht. Tarifverträge mit der so genannten Tarifgemeinschaft Christlicher Gewerkschaften für Zeitarbeit und Personalserviceagenturen (CGZP) sind nach höchstrichterlicher Rechtsprechung weitgehend unwirksam.[155]

109 Leiharbeitnehmer bleiben Angehörige des Verleihbetriebs und sind dort wahlberechtigt und wählbar (§ 14 Abs. 1 AÜG).[156] Ansonsten haben Leiharbeitnehmer bei einer Einsatzdauer von mehr als drei Monaten im Entleiherbetrieb das aktive Wahlrecht (§ 7 BetrVG), nicht jedoch das passive Wahlrecht.[157] Sie dürfen an Sprechstunden des Betriebsrats sowie an Betriebs- und Jugendversammlungen teilnehmen. Ebenso genießen sie die Individualrechte gemäß §§ 81 bis 86 BetrVG gegenüber dem Entleiher.[158]

110 Da § 1 Abs. 2 Satz 1 AÜG ein Verbotsgesetz im Sinne von § 99 Abs. 2 Nr. 1 BetrVG ist, hat der Betriebsrat ein **Zustimmungsverweigerungsrecht**, wenn ein Leiharbeitnehmer nicht nur vorübergehend überlassen werden soll.[159] Ferner finden Mitbestimmungsrechte im Entleiherbetrieb nach neuerer Rechtsprechung grundsätzlich Anwendung,[160] und auch bei den Schwellenwerten im Entleiherbetrieb werden Leiharbeitnehmer nach jüngster Rechtsprechung grundsätzlich mitgerechnet.[161]

IV. § 613a bei IT-Outsourcing

Schrifttum: *Bauer/v. Steinau-Steinrück*, Neuregelung des Betriebsübergangs: erhebliche Risiken und viel mehr Bürokratie!, ZIP 2002, 457; *Elking/Aszmons*, Die Unterrichtung der Arbeitnehmer über die rechtlichen, wirtschaftlichen und sozialen Folgen des Betriebsübergangs, BB 2014, 2041; *Erman* (Hrsg.), Bürgerliches Gesetzbuch, Handkommentar, 12. Auflage; *Fuhlrott*, Aktuelle Rechtsprechung zum Betriebsübergang – ein Überblick, ArbRAktuell 2014, 431 (433); *Fuhlrott*, Die Übernahme von know-how-Trägern ohne Eingehung von

---

[153] Informationen finden sich insbesondere auch zu den Branchenzuschlagstarifverträgen unter www.personaldienstleister.de; hinzuweisen ist auch auf den Abschluss des bundesweit ersten Equal-Pay-Tarifvertrags zwischen der ABLE GROUP und der IG Metall zum 1.7.2013.
[154] Schaub/*Koch* § 120 Rn. 87.
[155] BAG Urt. v. 13.3.2013 – 5 AZR 954/11, NZA 2013, 680; zur Problematik von Verweisungsklauseln instruktiv *Brors* RdA 2014, 182.
[156] BAG Beschl. v. 22.3.2000 – 7 ABR 34/98, NZA 2000, 1119.
[157] BAG Beschl. v. 10.3.2004 – 7 ABR 49/03, NZA 2004, 1340.
[158] AnwK-ArbR/*Böhm* § 14 AÜG Rn. 5.
[159] BAG Beschl. v. 10.7.2013 – 7 ABR 91/11, NZA 2013, 1296.
[160] BAG Beschl. v. 13.3.2013 – 7 ABR 69/11, NZA 2013, 789.
[161] Grundlegend BAG Beschl. v. 13.3.2013 – 7 ABR 69/11, NZA 2013, 789; zur früheren gegenteiligen Rechtsprechung vgl. BAG Beschl. v. 16.4.2003 – 7 ABR 53/02, NZA 2003, 1345; *Hay/Grüneberg* NZA 2014, 814.

Arbeitsverhältnissen als Betriebsübergang, NZA 2013, 183; *Gaul/Jares*, Aktuelles zum Betriebsübergang – Rechtsfolgen des Betriebsübergangs nach § 613a BGB und Gestaltungsmöglichkeiten, DStR 2013, 658; *Gaul/Ludwig*, Betriebsübergang: Auswirkungen auf Vereinbarungen über nachvertragliche Wettbewerbsverbote, NZA 2013, 489; *Gaul/Otto*, Betriebsnachfolge, Unterrichtung, Neuregelung, DB 2002, 634; *Grobys*, Die Neuregelung des Betriebsübergangs in § 613a BGB, BB 2002, 726; *Insam/Hinrichs*, Die Verwirkung des Klagerechts des Arbeitnehmers zur Geltendmachung des Übergangs seines Arbeitsverhältnisses auf den Betriebserwerber nach § 613a I BGB, ZInsO 2013, 2541; *Küttner*, Personalbuch, 18. Aufl. 2011; *Lakies*, Die Anwendung von Tarifverträgen nach einem Betriebsübergang, ArbRAktuell 2013, 564; *Lemp*, Neues vom BAG zum Betriebsübergang kraft Auftragsnachfolge, NZA 2013, 1391; *Meyer*, „Auftragsnachfolge" und Unterrichtung bei Betriebsübergang, NZA 2012, 1185; *Meyer*, Aktuelle Gestaltungsfragen beim Betriebsübergang, NZA-RR 2013, 225; *Müller-Glöge/Preis/Schmidt (Hrsg.)*, Erfurter Kommentar zum Arbeitsrecht, 15. Auflage 2015; *Nebeling/Kille*, Verwirkung des Widerspruchsrechts bei fehlerhafter Unterrichtung über den Betriebsübergang, NZA-RR 2013, 1; *Prütting (Hrsg.)*, Fachanwaltskommentar Medizinrecht, 2. Aufl. 2012; *Rieble*, Widerspruch nach § 613a VI BGB – die (ungeregelte) Rechtsfolge, NZA 2004, 1; *Schaub (Hrsg.)*, Arbeitsrechts-Handbuch, 15. Aufl., 2013; *Schipp*, Der Übergang von Arbeitsverhältnissen im betriebsmittelarmen Betrieb, NZA 2013, 238; *Soergel*, Bürgerliches Gesetzbuch mit Einführungsgesetz und Nebengesetzen, Schuldrecht III/1 (§§ 516–651 BGB), 12. Aufl. 1997; *Staudinger*, Kommentar zum Bürgerlichen Gesetzbuch, §§ 611–615, Neubearbeitung 2005; *Völksen*, Beendigung fortgeltender freiwilliger Betriebsvereinbarungen nach einem Betriebsübergang, NZA 2013, 1182; *Willemsen/Hohenstatt/Schweibert/Seibt*, Umstrukturierung und Übertragung von Unternehmen, 4. Auflage 2011; *Willemsen*, Aktuelle Rechtsprechung des EuGH zum Arbeits- und Sozialrecht, Befristung, Betriebsübergang, RdA 2012, 291; *Willemsen*, Aufhebungsverträge bei Betriebsübergang – ein „Erfurter Roulette"?, NZA 2013, 242; *Willemsen*, Mehr Klarheit nach „Klarenberg"!, NZA 2014, 1010.

1. Der Betriebsübergang

a) **Einleitung.** Das organisatorische Verlagern von Tätigkeiten (**Outsourcing**)[162] kann Unternehmen im (internationalen) Konkurrenzdruck helfen, ihre Organisations- und Kostenstruktur zu optimieren. Durch das Auslagern sollen IT-Aufgaben, die durch Arbeitnehmer des eigenen Unternehmens erbracht werden, zukünftig durch Arbeitnehmer eines externen IT-Dienstleisters erbracht werden. Unabhängig davon, ob es sich um **internes Outsourcing**, bei dem die Tätigkeiten innerhalb des eigenen Betriebs verbleiben und weiterhin in dessen Räumlichkeiten erbracht werden oder **externes Outsourcing** mit Auftragsvergabe an Drittunternehmen, die die Tätigkeiten zukünftig außerhalb des Unternehmens erbringen, handelt, immer stellt sich die Frage, welche rechtlichen und vertraglichen Konsequenzen dies für die Arbeitnehmer hat, die die auszulagernden Tätigkeiten bisher erbracht haben.

Aus arbeitsrechtlicher Sicht ist beim Outsourcing zu prüfen, ob durch das Auslagern von Tätigkeitsbereichen auf ein anderes Unternehmen die bisherigen Arbeitnehmer womöglich weiterhin Anspruch darauf haben, auch zukünftig ihre Tätigkeit auszuüben, ggf. jedoch dann für einen anderen Arbeitgeber, nämlich denjenigen, der die Tätigkeiten übernommen hat. § 613a BGB sieht vor, dass im Fall der Auslagerung von Tätigkeiten, wenn sie mit einem Betriebs- oder Betriebsteilübergang verbunden sind, die betroffenen Arbeitsverhältnisse auf den Übernehmer der Tätigkeiten übergehen.

Allerdings findet nicht bei jeder Auslagerung von Tätigkeiten automatisch ein (Teil-)Betriebsübergang statt. Vielmehr ist ein Unternehmen in seiner Entscheidung frei, Tätigkeiten zukünftig nicht mehr durch eigene Mitarbeiter erbringen zu lassen. Solange ein beauftragter externer Dienstleister bei der Erbringung der gleichen Tätigkeiten weder auf Personal noch Betriebsmittel wie Räumlichkeiten, Hard- oder Software des abgebenden Unternehmens zurückgreift, sondern die Tätigkeiten mit eigenen Ressourcen ausübt, liegt regelmäßig **kein Betriebsübergang** vor.[163] In diesem Fall des Outsourcings spricht man von einer **klassischen Funktionsnachfolge**.[164] Eine solche liegt immer dann vor, wenn ein Dritter nur die Aufgabe als solches künftig weiterführt, ganz ohne auf die bisherigen Ressourcen zurückzugreifen, damit also ohne Übernahme des bisherigen Personals oder der bisher genutzten Betriebsmittel.

Auch ist es dem Unternehmen unbenommen, bestimmte Tätigkeiten zukünftig durch Leiharbeitnehmer statt durch eigene Mitarbeiter ausführen zu lassen. Am Markt gibt es

---

[162] Ausführlich zu IT-Outsourcing → § 19.
[163] ErfK/*Preis* § 613a Rn. 37.
[164] EuGH Urt. v. 10.12.1998 – C-127/96, C-74/97, C-229/96, NZA 1999, 189.

hoch spezialisierte **Personaldienstleister** und **Zeitarbeitsfirmen,** die über gut qualifizierte Mitarbeiter verfügen. Solange der Dienstleister nicht die ehemaligen Mitarbeiter übernimmt, sondern die Tätigkeiten von **unternehmensfremden Leiharbeitnehmern** erbracht werden, liegt kein Betriebsübergang vor. Hierbei handelt es sich dann jedoch nicht mehr um das klassische Outsourcen von Tätigkeiten, vielmehr sind andere arbeitsrechtliche Fragestellungen im Zusammenhang mit der **Arbeitnehmerüberlassung**[165] aufgeworfen.

115 Beim Outsourcing kommt es nicht selten vor, dass das übernehmende Unternehmen doch Personal und/oder Betriebsmittel übernimmt, um eine reibungslose Fortführung der Tätigkeit zu gewährleisten oder um Kosten einer Neustrukturierung zu vermeiden. Gerade bei der **Auslagerung von IT-Aufgaben** kann es durchaus Sinn machen, diejenigen Mitarbeiter, die die IT-Infrastruktur aufgebaut und betreut haben, auch weiter mit diesen Aufgaben zu betrauen („never change a winning team"),[166] allerdings nicht mehr als eigene Mitarbeiter, sondern als Fremdangestellte. Auch kann eine organisatorische oder technische Notwendigkeit bestehen, bisherige Tätigkeiten weiterhin in den eigenen Räumlichkeiten und vor allem mit der vorhandenen Hard- und Software durch das Fremdunternehmen weiterzuführen. Solche Bedürfnisse können die Prüfung, ob in der Auslagerung von Tätigkeitsbereichen eine reine Funktionsnachfolge vorliegt, oder bereits die Schwelle zum Betriebsübergang überschritten wird, deutlich erschweren.

> **Praxistipp:**
> Sollen Aufgaben weiterhin inhouse und ggf. mit eigenen Betriebsmitteln erbracht werden, ist vorab genau zu prüfen, ob diese Aufgaben durch Leiharbeitnehmer oder in Form von Werk- oder Dienstverträgen ausgelagert werden sollen. In beiden Fällen sind die einschlägigen Voraussetzungen und Regelungen des Arbeitnehmerüberlassungsgesetzes (AÜG) zu prüfen, um eine unwirksame Arbeitnehmerüberlassung auszuschließen.

116 Liegen die Voraussetzungen eines Betriebsübergang vor, dann tritt das übernehmende Unternehmen nach § 613a Abs. 1 S. 1 BGB in alle Rechte und Pflichten der Arbeitsverhältnisse der Mitarbeiter ein, die bisher die übertragenen Tätigkeiten ausgeübt haben. Zumindest dann, wenn die betroffenen Arbeitnehmer dem Übergang ihrer Arbeitsverhältnisses nach ausreichender Information nicht widersprechen (§ 613a Abs. 6 BGB). Eine weitere Folge des Betriebsübergangs ist ein Kündigungsverbot aus Gründen des Betriebsübergangs (§ 613a Abs. 4 S. 1 BGB). Wegen dieser weitreichenden Konsequenzen bestehen im Falle der Freisetzung von Arbeitnehmern im Prozess des Outsourcings ganz erhebliche rechtliche Risiken, sollte ein Betriebsübergang nicht erkannt worden sein.

> **Praxistipp**
> Es ist in den Fällen des Outsourcings dringend anzuraten, rechtzeitig vorab zu prüfen, ob die Voraussetzungen eines Betriebsübergangs nach § 613a BGB vorliegen (können), um so die Konsequenzen in die unternehmerische Entscheidungsfindung und vor allem in die entsprechend auszurichtende Gesamtkonzeption des Outsourcings einfließen zu lassen.

117 **b) Gesetzeszweck.** Die Regelungen des § 613a BGB sollen verhindern, dass bei Fortbestand des Arbeitsplatzes bei einem anderen Inhaber, der Arbeitnehmer dennoch sein Beschäftigungsverhältnis verliert.[167] § 613a BGB stellt eine **Schutzvorschrift** für die Arbeitnehmer dar und soll eine Lücke im Kündigungsschutz schließen.[168] Ziel ist es, einen **Gleichlauf von Arbeitsplatz und Arbeitsverhältnis** zu gewährleisten und den **Besitzstand** des Arbeitnehmers zu erhalten.[169] § 613a BGB sorgt dafür, dass derjenige Arbeitgeber wird, der

---

[165] → Rn. 42 ff. (Arbeitnehmerüberlassung).
[166] Sir Alfred Ernest Ramsey (englischer Fußballspieler und Trainer).
[167] ErfK/*Preis* § 613a BGB Rn. 5.
[168] Staudinger/*Anuß* § 613a BGB Rn. 9.
[169] BAG Urt. v. 22.2.1978 – 5 AZR 800/76, BB 1978, 914.

die wesentlichen Betriebsmittel innehat.[170] Für den Fall einer Betriebs(teil)abgabe soll neben dem **Schutz der bestehenden Arbeitsplätze** auch die **Kontinuität des amtierenden Betriebsrates** gewährleistet und die **Haftung des alten und des neuen Arbeitgebers** geregelt werden.[171]

c) Historie. Die Vorschrift des § 613a BGB wurde bereits 1972 im Rahmen der Novellierung des BetrVG in das BGB aufgenommen. Infolge der Europäischen Richtlinie 77/187/EWG des Rates vom 14. Februar 1977 zur Angleichung der Rechtsvorschriften der Mitgliedstaaten über die Wahrung von Ansprüchen der Arbeitnehmer beim Übergang von Unternehmen, Betrieben oder Betriebsteilen,[172] und der Richtlinie 98/50/EG des Rates vom 29. Juni 1998 zur Änderung der Richtlinie 77/187/EWG zur Angleichung der Rechtsvorschriften der Mitgliedstaaten über die Wahrung von Ansprüchen der Arbeitnehmer beim Übergang von Unternehmen, Betrieben oder Betriebsteilen,[173] sowie der Richtlinie 2001/23/EG des Rates vom 12. März 2001 zur Angleichung der Rechtsvorschriften der Mitgliedstaaten über die Wahrung von Ansprüchen der Arbeitnehmer beim Übergang von Unternehmen, Betrieben oder Unternehmens- oder Betriebsteilen,[174] erfolgten jeweils Ergänzungen und Änderungen, allerdings entsprach dem Grundsatz nach die Regelung aus dem Jahre 1972 bereits weitgehend den in der aktuellen Richtlinie statuierten Anforderungen.

d) Disposition. Der Schutz des § 613a BGB ist **unabdingbar**, da er Ausfluss des grundrechtlichen **Schutzes des Arbeitnehmers** ist. Es handelt sich um zwingendes Recht.[175] Ebenso steht die Frage, ob und ggf. wann ein Betriebsübergang vorliegt, nicht zur Disposition der beteiligten Parteien. Mit dem **Verbot von Umgehungsgeschäften** lässt sich allerdings keine Erweiterung des Anwendungsbereichs von § 613a BGB begründen. Die Vorschrift verbietet nach der Rechtsprechung des Bundesarbeitsgerichts keine Gestaltung von wirtschaftlichen Prozessen, mit denen die tatsächlichen Voraussetzungen eines Betriebsübergangs vermieden werden sollen.[176] Ohne besondere Anhaltspunkte stellt eine entsprechende Gestaltung regelmäßig auch **keine treuwidrig herbeigeführte Sachlage** dar, die gemäß § 162 BGB im Sinne der Verhinderung oder Herbeiführung des Bedingungseintritts zur Bejahung eines Betriebsübergangs führt. Eine Gestaltung des Outsourcing-Prozesses mit dem Ziel, einen Betriebsübergang zu vermeiden, ist unter Beachtung des Schutzbereichs des § 613a BGB also möglich.

Praxistipp:
Beim Outsourcing ist im Vorfeld immer zu prüfen, welche Konsequenzen für das eigene Unternehmen durch die Auslagerung erzielt werden sollen, ob ein Betriebsübergang auf ein anderes Unternehmen wahrscheinlich ist und wenn ja, ob ein Betriebsübergang ggf. gewollt ist, oder vermieden werden muss. Nur so kann realistisch der Rahmen für eine gezielte Gestaltung des Auslagerungsprozesses abgesteckt werden und ein unerwünschter Betriebsübergang, ggf. unter Einsatz finanziellen und organisatorischen Aufwands, vermieden werden.

e) Anwendbarkeit. Unter den Schutz des § 613a BGB fallen alle zum Zeitpunkt des Betriebsübergangs bestehenden **Arbeitsverhältnisse**,[177] ungeachtet, ob diese auf unbestimmte Zeit geschlossen wurden oder befristet sind. Die Vorschrift umfasst alle Arbeitnehmer, ungeachtet ihrer Stellung im Betrieb, also auch **leitende Angestellte** im Sinne des § 5 Abs. 3 BetrVG,[178] **Auszubildende**[179] sowie **Volontäre** und **Praktikanten**.[180] Da es auf den Bestand

---
[170] BAG Urt. v. 22.2.1996 – 8 AZR 1041/94, NZA 96, 980.
[171] Schaub/*Koch* § 117 Rn. 3; BAG Urt. v. 17.1.1989 – 3 AZR 160/79, NJW 1980, 1124.
[172] ABl. EG 1977 L 061, S. 26.
[173] ABl. EG 1998 L 201, S. 88.
[174] ABl. EG 2001 L 82, S. 16.
[175] So schon BAG Urt. v. 2.10.1974 – 5 AZR 504/73, NJW 1975, 1378.
[176] BAG Urt. v. 27.9.2007 – 8 AZR 941/06, NZA 2008, 1130.
[177] BAG Urt. v. 1.12.2004 – 7 AZR 37/04.
[178] BAG Urt. v. 22.2.1978 – 5 AZR 800/76, BB 1978, 914.
[179] BAG Urt. v. 13.7.2006 – 8 AZR 382/05, NZA 2006, 1406.
[180] Küttner/*Kreitner*, Betriebsübergang Rn. 3.

des Arbeitsverhältnisses zum Zeitpunkt des Betriebsübergangs ankommt, sind auch bereits gekündigte und **freigestellte Arbeitnehmer** umfasst,[181] ebenso wie **wegen Altersteilzeit freigestellte Arbeitnehmer**.[182] Der Bestand des aufgrund § 613a BGB übergegangenen Arbeitsverhältnisses wird nicht dadurch beseitigt, dass das Arbeitsverhältnis womöglich formal an Mängeln leidet und der Arbeitsvertrag deshalb unwirksam oder anfechtbar ist.[183]

121 Geht nicht der gesamte Betrieb, sondern nur ein **Betriebsteil** über, so gehen auch nur diejenigen Arbeitsverhältnisse über, die objektiv vor dem Übergang diesem Betriebsteil zuzuordnen waren. Es sind also nur Arbeitnehmer betroffen, die in den übergehenden Betriebsteil eingegliedert waren.[184] Nicht ausreichend ist es, wenn ein Arbeitnehmer nur einzelne Tätigkeiten im oder mit Betriebsmitteln des übertragenen Betriebsteils verrichtet hat, ohne dem Betriebsteil auch tatsächlich anzugehören.[185] Bei der Beurteilung der Zugehörigkeit zu einem Betriebsteil ist vorrangig auf den Arbeitsvertrag abzustellen, da hier der Wille der Arbeitsvertragsparteien niedergelegt ist.[186] Wenn keine ausdrückliche oder konkludente Absprache vorliegt, erfolgt die Zuordnung aufgrund des dem Arbeitgeber zustehenden Direktionsrechts.[187]

122 Nicht anzuwenden ist § 613a BGB auf **selbständige Dienstverhältnisse**, wie die von freien Mitarbeitern,[188] Organmitgliedern wie Geschäftsführern,[189] sowie auf **Beamtenverhältnisse**.[190] Die Abgrenzung von freien Dienstverhältnissen zu abhängigen Beschäftigungsverhältnissen erfolgt nach den gängigen Kriterien des § 7 SGB IV, also vor allem der Feststellung, ob eine **Tätigkeit nach Weisung** und die **Eingliederung in die Arbeitsorganisation** des Unternehmens vorliegt. Eine **Minderheitsbeteiligung** an dem übergehenden Betrieb steht einer Arbeitnehmereigenschaft im Übrigen nicht entgegen.[191]

123 **f) Öffentlicher Dienst, Kirchen.** Im **öffentlichen Dienst** kommt § 613a BGB iVm der Richtlinie 2001/23/EG nur bei wirtschaftlicher Betätigung der Verwaltung in Betracht, nicht aber, wenn es sich um Tätigkeiten in **Ausübung hoheitlicher Befugnisse** handelt.[192] Die Verfolgung eines **Erwerbszwecks** ist nicht notwendig. Tätigkeiten in Ausübung hoheitlicher Befugnisse, wie die Übertragung von Aufgaben im Zuge einer Umstrukturierung von Verwaltungsbehörden, oder bei der Übertragung von Verwaltungsaufgaben von einer Behörde auf eine andere, sind keine wirtschaftlichen Tätigkeiten, § 613a BGB greift dann nicht.[193] Soweit die Richtlinie 2001/23/EG auf den Begriff der „Behörde" abstellt, ist dieser weit auszulegen und umfasst in Deutschland neben den staatlichen Stellen im engeren Sinne, insbesondere in Bund, Ländern und Gebietskörperschaften, auch alle anderen juristischen Personen des öffentlichen Rechts.[194] Der EuGH hat die Ausübung **hoheitlicher Gewalt** in diesem Zusammenhang als eine hinreichend **qualifizierte Ausübung von Sonderrechten, Hoheitsprivilegien** oder **Zwangsbefugnissen** definiert.[195] Dem hat sich das Bundesarbeitsgericht angeschlossen.[196] Es ist also immer dann eine **wirtschaftliche Tätigkeit** einer staatlichen Stelle anzunehmen, wenn diese Tätigkeit ohne Ausübung hoheitlicher Befugnisse im

---

[181] BAG Urt. v. 18.12.2003 – 8 AZR 621/02, NZA 2004, 791; wichtig insbesondere für den Fall, dass die Kündigung unwirksam war.
[182] BAG Urt. v. 31.1.2008 – 8 AZR 27/07, NZA 2008, 705.
[183] ErfK/*Preis* § 613a BGB Rn. 68.
[184] BAG Urt. v. 11.9.1997 – 8 AZR 555/95, NZA 1998, 31.
[185] EuGH Urt. v. 12.11.1992 – C-209/91.
[186] BAG Urt. v. 17.10.2013 – 8 AZR 763/12, NZA-RR 2014, 175; ErfK/*Preis* § 613a BGB Rn. 72.
[187] BAG Urt. v. 21.2.2013 – 8 AZR 877/11, NZA 2013, 617.
[188] BAG Urt. v. 13.2.2003 – 8 AZR 59/02, NZA 2003, 854.
[189] Ausführlich und mwN: BAG Urt. v 13.2.2003 – 8 AZR 654/01, NZA 2003, 552.
[190] ErfK/*Preis* § 613a BGB Rn. 67.
[191] BAG Beschl. v. 31.5.1990 – 2 AZR 13/90.
[192] EuGH Urt. v. 6.9.2011 – C-108/10; EuGH Urt. v. 28.9.2000 – C 175/99, NZA 2000, 1327; BAG Urt. v. 10.5.2012 – 8 AZR 434/11, NZA 2012, 1161.
[193] BAG Urt. v. 22.5.2014 – 8 AZR 1069/12, NZA 2014, 1335.
[194] EuGH Urt. v. 26.9.2000 – C-175/99, NZA 2000, 1327.
[195] EuGH Urt. v. 29.4.2010 – C-160/08.
[196] BAG Urt. v. 22.5.2014 – 8 AZR 1069/12, NZA 2014, 1335; BAG Urt. v. 10.5.2012 – 8 AZR 434/11, NZA 2012, 1161.

allgemeinen Interesse und ungeachtet eines Erwerbszwecks, jedoch im **Wettbewerb** mit den Diensten von Wirtschaftsteilnehmern, die im Gegensatz zur staatlichen Stelle durchaus einen Erwerbszweck verfolgen, erbracht wird.[197] Das Bundesarbeitsgericht weist darauf hin, dass auch eine **Anreicherung der ursprünglich wirtschaftlichen Tätigkeit** durch hoheitliche Verwaltungstätigkeiten nicht die Identität der ursprünglichen wirtschaftlichen Einheit zerstört, sondern ggf. auf dieser aufbaut. Das Bundesarbeitsgericht hält hier, zumindest bei Fortführung der vorherigen Grundtätigkeit, sogar einen Zeitanteil von 35 % für andere (sogar hoheitliche) Tätigkeiten für unschädlich und führt zur Begründung ua aus, dass es schließlich auf den Stand der Dinge zum Zeitpunkt des Übergangs ankommt und nicht auf den Zeitpunkt der Eingliederung in ein anderes **Unternehmen** oder eine andere **staatliche Stelle**.[198]

Auch Einrichtungen der Kirche können, jedenfalls wenn es sich um Betriebe der öffentlichen Daseinsvorsorge wie Krankenhäuser, Schulen oder Rundfunkanstalten handelt, wirtschaftliche Einheiten sein, die nach § 613a BGB übergehen können, soweit dessen Voraussetzungen vorliegen.[199]

> **Praxistipp:**
> Grundsätzlich haben alle juristische Personen des öffentlichen Rechts zu beachten, dass beim Outsourcing einer wirtschaftlichen Tätigkeit keine allgemeine Privilegierung für sie besteht, sondern § 613a BGB bei Vorliegen der Voraussetzungen Anwendung findet.

2. Voraussetzungen des Betriebsübergangs

Ein Betriebsübergang im Sinne des § 613a BGB liegt dann vor, wenn ein Betrieb oder Betriebsteil durch Rechtsgeschäft auf einen anderen Inhaber übergeht.

a) **Betrieb oder Teilbetrieb.** § 613a Abs. 1 Satz 1 BGB setzt den Übergang entweder des gesamten Betriebs oder auch nur eines Teils des Betriebs auf einen Erwerber voraus. Hierbei ist zwischen **Unternehmen** und **Betrieb** zu unterscheiden, da Betrieb und Unternehmen auseinander fallen können. Bei entsprechender Struktur kann ein Unternehmen durchaus aus mehreren Betrieben bestehen, ebenso kann im Falle eines Gemeinschaftsbetriebs auch ein Betrieb mehrere Unternehmen umfassen.

Die europäische Rechtsprechung und hieran anschließend auch die nationale Rechtsprechung hat die Definition des Betriebsbegriffs im arbeits- bzw. betriebsverfassungsrechtlichen Sinne durch die Frage, ob eine **wirtschaftliche Einheit** besteht, die als solche übergehen kann, ersetzt. Diese Prüffrage erleichtert in erster Linie die Abgrenzung eines Betriebsübergangs von der reinen **Funktionsnachfolge**. Für letztere hat der EuGH klargestellt, dass in der reinen Übernahme einer Tätigkeit, ohne hinzutretende Kriterien einer Fortführung der vorherigen wirtschaftlichen Einheit, kein Betriebsübergang im Sinne des § 613a BGB gesehen werden kann.[200]

Die Rechtsprechung definiert den Begriff der wirtschaftlichen Einheit als **organisierte Gesamtheit von Personen und Sachen zur Ausübung einer wirtschaftlichen Tätigkeit mit eigenem Zweck**, die als Einheit hinreichend strukturiert und selbständig ist.[201] Nur wenn die übernommenen Betriebsmittel und/oder Mitarbeiter bereits beim Vorunternehmen eine ausreichend abgrenzbare **organisatorische wirtschaftliche Einheit** gebildet haben und diese auf ein anderes Unternehmen übergeht, kommt überhaupt ein Betriebsübergang im Sinne des § 613a BGB in Betracht.[202] Hinzu kommen muss, dass das die vorgenannte Einheit übernehmende Unternehmen damit auch die vom Vorgänger geschaffene Arbeitsorganisation **unter Wahrung ihrer Identität weiternutzen muss**.[203]

---

[197] EuGH Urt. v. 6.9.2011 – C-108/10; EuGH Urt. v. 10.1.2006 – C-222/04.
[198] BAG Urt. v. 22.5.2014 – 8 AZR 1069/12, NZA 2014, 1335.
[199] EuGH Urt. v. 26.9.2000 – C-175/99, NZA 2000, 1327; Schaub/*Koch* § 117 Rn. 14.
[200] EuGH Urt. v. 20.1.2011 – C-463/09; Schaub/*Koch* § 117 Rn. 12 mwN.
[201] EuGH Urt. v. 11.3.1997 – C-13/95; EuGH Urt. v. 10.12.1998 – C-173/96 und C-247/96.
[202] BAG Urt. v. 13.10.2011 – 8 AZR 455/10 = NZA 2012, 504; Art. 1 I b RL 2001/23/EG.
[203] WHSS/*Willemsen* § 613a Rn. 99.

128 Ob dies der Fall ist, wird in einer **wertenden Gesamtbetrachtung** aller Umstände des Einzelfalles und anhand von **Kriterien** festgestellt, die von der Rechtsprechung, insbesondere der des EuGH, aufgestellt wurden. Zu berücksichtigen sind demnach die Art des Unternehmens sowie die Branche, die Übernahme von materiellen Betriebsmitteln (zB Gebäude, Maschinen, sonstige Sachmittel), der Wert der immateriellen Aktiva im Zeitpunkt des Übergangs (zB Software, Lizenzen, Goodwill), die Übernahme von Personal, die Übernahme von Kundschaft, die Ähnlichkeit der verrichteten Tätigkeiten vor und nach dem Übergang sowie die Dauer einer eventuellen Unterbrechung der Tätigkeit.

129 Da es sich bei den vorgenannten Umständen nur um Teilaspekte der **Gesamtbewertung** handelt, dürfen die einzelnen Aspekte **nicht isoliert betrachtet** werden.[204] Jedoch kann den einzelnen Kriterien je nach Art des Betriebs ein **unterschiedliches Gewicht** zukommen.[205] Das Vorliegen des Übergangs eines Betriebs oder Betriebsteils kann sich aber auch aus anderen Merkmalen wie Anzahl und Auswahl des **übernommenen Personals**, hier vor allem auch der Übernahme von **Führungskräften**, der **individualisierten Arbeitsorganisation und -methode** oder der **konkreten Verwendung von bestimmten Betriebsmitteln**, ergeben.

130 Da der Übergang von Arbeitsverhältnissen **Rechtsfolge und nicht Voraussetzung** eines Betriebsübergangs ist, spielt das Kriterium der Übernahme der Mitarbeiter nur dann eine Rolle, wenn ein Betriebsübergang nicht schon aufgrund der übrigen Kriterien feststeht.[206]

131 Beim IT-Outsourcing wird die bisherige IT-Abteilung ganz oder in Teilen ausgelagert, weshalb üblicherweise nicht der Übergang eines ganzen Betriebs, sondern nur der eines Betriebsteils, hier der IT-Abteilung, zu prüfen sein wird. Auch hier erfolgt eine Gesamtbetrachtung des Einzelfalls unter Anwendung der oben genannten Kriterien, bei der dann jedoch die wirtschaftliche Einheit und die abgrenzbare Identität des übergehenden Betriebsteils im Fokus der Prüfung stehen.[207]

132 Bei der Prüfung, ob ein Betriebsteil mit den Folgen eines Betriebsübergangs nach § 613a BGB übergeht, ist es ebenso erforderlich, dass der betroffene Betriebsteil **im Übergang seine Identität wahrt**.[208] Dies wiederum setzt voraus, dass der betroffene Betreibsteil bereits beim früheren Betriebsinhaber die Qualität eines abgrenzbaren Betriebsteils hatte.[209] Es musste also schon zuvor eine **selbständig abtrennbare organisatorische Einheit** vorgelegen haben, mit der innerhalb des betrieblichen Gesamtzwecks ein **Teilzweck** verfolgt wurde.[210] Das Merkmal des Teilzwecks dient hierbei zur Abgrenzung der organisatorischen Einheit im Betrieb.

133 Wird die gesamte vorher eigenständige IT-Abteilung ausgelagert, dürfte regelmäßig kein vernünftiger Zweifel bestehen, dass hier ein Betriebsteil ausgelagert wird. Werden jedoch nur einzelne Aufgaben der IT-Abteilung auf einen Dritten übertragen, während andere Aufgaben weiterhin selbst erbracht werden, ist die Abgrenzung deutlich schwieriger. Für einen Betriebsteilübergang ist daher immer zuerst eine identifizierbare wirtschaftliche und organisatorische Teileinheit festzustellen, die dann im Wesentlichen auch beim neuen Inhaber unverändert fortbestehen muss.[211] Dieser darf die Teileinheit in seinen Betrieb integrieren und muss den Betriebsteil nicht als eigenständige Organisationseinheit aufrechterhalten. Für die Folgen des § 613a BGB ist es ausreichend, wenn die funktionelle Verknüpfung zwischen den übertragenen Produktionsfaktoren beibehalten wird und der neue Inhaber diese Faktoren nutzt, um derselben oder zumindest einer gleichartigen wirtschaftlichen Tätigkeit nachzugehen.[212]

---

[204] EuGH Urt. v. 18.3.1986 – 24/85 – BeckRS 2004, 72554.
[205] BAG Urt. v. 11.12.1997 – 8 AZR 729/96 = NZA 1998, 534 mwN.
[206] BAG Urt. v. 22.7.2004 – 8 AZR 350/03, NZA 2004, 1383.
[207] BAG Urt. v. 16.5.2002 – 8 AZR 319/01, NZA 2003, 93.
[208] Schaub/*Koch* § 117 Rn. 10.
[209] So auch BAG Urt. v. 16.2.2006 – 8 AZR 204/05, NZA 2006, 794.
[210] BAG Urt. v. 26.8.1999 – 8 AZR 718/98, NZA 2000, 144.
[211] BAG Urt. v. 24.8.2006 – 8 AZR 556/05; *Willemsen* NZA 2014, 1010.
[212] EuGH Urt. v. 12.2.2009 – C-466/07 – Klarenberg; zu den Konsequenzen der Klarenberg-Entscheidung des EuGH instruktiv *Willemsen* RdA 2012, 291.

Praxistipp:
Vor der Auslagerung von Tätigkeiten ist immer festzustellen, ob diese Tätigkeiten eine wirtschaftliche und organisatorische Einheit bilden. Ist dies der Fall, muss bei der Auftragsvergabe an einen externen Dienstleister hierauf hingewiesen werden, um für den Fall, dass ein Betriebsübergang vermieden werden soll, rechtzeitig nach Gestaltungsmöglichkeiten suchen zu können. So kann zB die Organisation, die Struktur oder das Konzept der betrieblichen Tätigkeit so gestaltet werden, dass sie einer Identitätswahrung entgegenstehen.[213] Auch eine Änderung des Betriebszwecks spricht gegen unveränderte Fortführung des Betriebs und damit gegen die für einen Betriebsübergang erforderliche Wahrung der Identität der wirtschaftlichen Einheit.[214]

b) Wirtschaftliche Einheit. Die Prüfung, ob ein Betriebs(teil) vorliegt, erfolgt nach den nachfolgenden näher erläuterten Kriterien:

aa) Art des Unternehmens. Für eine sachgerechte Einschätzung des Vorliegens einer wirtschaftlichen Einheit, ist zuerst festzustellen, wo der Schwerpunkt der Tätigkeit des Betriebs bzw. Betriebsteils liegt. Zu unterscheiden ist zwischen **betriebsmittelintensiven** Unternehmen, wie aus dem produzierenden Gewerbe, welche stark von **materiellen Betriebsmitteln** geprägt werden, wie zB von Maschinen, Anlagen und Rohstoffen, und **betriebsmittelarmen** Unternehmen, wie zB Handels- und Dienstleistungsunternehmen, in denen das Betriebsvermögen hauptsächlich aus **immateriellen Betriebsmitteln wie Know-how und Kundenbeziehungen** besteht.

Im Falle des IT-Outsourcings ist regelmäßig vom Auslagern eines betriebsmittelarmen Betriebsteils auszugehen, da es hier weniger auf die materiellen Betriebsmittel, wie zB Computer und Schreibtische ankommt, als vielmehr auf die Qualifikation und das Know-how der Mitarbeiter, wie zB der Administratoren, Projektleiter und Entwickler, sowie ggf. Softwarelizenzen und -entwicklungen.

bb) Übernahme von materiellen Betriebsmitteln. Auch wenn nach der EuGH-Rechtsprechung eine **Übertragung der materiellen und immateriellen Betriebsmittel** nicht mehr zwingend erforderliche Voraussetzung eines Betriebsübergangs ist, so ist es dennoch von Belang, welche materiellen Betriebsmittel vom übernehmenden Unternehmen konkret übernommen werden, da dies weiterhin als **Indiz** gewertet werden kann, ob ggf. eine funktionierende Einheit übergeht. Da es beim IT-Outsourcing meist nicht auf die Übernahme von materiellen Betriebsmitteln ankommt, spielt dieses Kriterium in der Praxis allerdings eine untergeordnete Rolle. Auf der anderen Seite scheidet ein Betriebsübergang aufgrund Nichtübertragung von materiellen Betriebsmitteln aber auch keinesfalls aus.[215]

cc) Wert der immateriellen Aktiva im Zeitpunkt des Übergangs. Beim IT-Outsourcing werden oft **Lizenzen** und **Programme**, die zur Erbringung der Dienstleistungen unabdingbar sind, bzw. deren Neubeschaffung erhebliche Kosten und zeitliche Verzögerungen nach sich ziehen würde, an den externen Dienstleister übertragen. Die Rechtsprechung geht dann von einem Betriebsübergang aus, wenn immateriellen Betriebsmittel wie **Patent- und Gebrauchsmusterrechte** sowie für die Erfüllung des Geschäftszwecks erforderliche **Schutzrechte und Lizenzen** ebenso wichtig für die Fortführung der Tätigkeit sind, wie zB die Übernahme einer **Marke, der Bekanntheit am Markt sowie des Rufs des Betriebs** und damit des **Goodwills** eines Unternehmens.[216] Der Übergang von Know-how ist an den Übergang der Mitarbeiter gebunden, die über dieses Know-how verfügen, weshalb der Know-how-Übergang untrennbar mit dem Übergang der Arbeitnehmer verbunden ist.[217]

Das Bundesarbeitsgericht hat bereits 1997 entschieden, dass es für einen Teilbetriebsübergang nicht ausreicht, wenn Software und Daten auf einen Erwerber übertragen werden,

---

[213] BAG Urt. v. 21.6.2012 – 8 AZR 181/11; BAG Urt. v. 4.5.2006 – 8 AZR 299/05.
[214] BAG Urt. v. 13.7.2006 – 8 AZR 331/05.
[215] EuGH Urt. v. 11.3.1997 – C-13/95.
[216] ErfK/*Preis* § 613a Rn. 23, mwN.
[217] → Rn. 136.

wenn die Datenverarbeitung mit **bestimmter Software,** auch bei identischen Daten, keinen organisatorisch abgrenzbaren Betriebsteil ausmacht. Dies ist der Fall, wenn Arbeitnehmer bestimmte Software regelmäßig für die Bearbeitung einer **Vielzahl von verschiedenen Aufträgen** nutzen, und die Softwarenutzung **auftragsübergreifend** ist. Dann kann nicht davon ausgegangen werden, dass die Software wesentliches Mittel zur Erreichung des Teilbetriebszwecks ist.[218] Ist jedoch das **Datenverarbeitungssystem unverzichtbare Voraussetzung zur Leistungserbringung,** so ist dessen Übernahme ein starkes Indiz für einen Betriebsübergang.[219]

139 dd) *Übernahme Personal.* Die Unterscheidung zwischen **betriebsmittelgeprägten und betriebsmittelarmen Betrieben** ist auch für die Bewertung, inwieweit die Übernahme von Personal für einen Betriebsübergang spricht, von erheblicher Bedeutung. In betriebsmittelgeprägten Betrieben kann ein Betriebsübergang auch ohne Personalübernahme erfolgen, da die Wertschöpfung in erster Linie aus der Bedienung der Maschinen und der Verarbeitung der Rohstoffe resultiert.[220] Das Bundesarbeitsgericht prüft in wertender Betrachtungsweise, ob der Einsatz der verwendeten Betriebsmittel den **eigentlichen Kern des zur Wertschöpfung erforderlichen Funktionszusammenhangs** ausmacht.[221] Sind die Betriebsmittel also **unverzichtbar, auf dem freien Markt nicht erhältlich** oder ihr **Gebrauch vom Kunden zwingend vorgeschrieben,** kommt ein Betriebsübergang nur bei deren Übernahme in Betracht.

140 In betriebsmittelarmen Betrieben kommt es für die Wertschöpfung hingegen im Wesentlichen auf die Mitarbeiter und weniger auf die materiellen und sonstigen immateriellen Betriebsmittel an. Dies liegt daran, dass das Know-how eines Dienstleistungsunternehmens vor allem in den **Arbeitnehmern mit ihrer Ausbildung und Erfahrung** verkörpert ist. Daher kommt es für die Frage des Betriebsübergangs immer auch neben den anderen Kriterien entscheidend darauf an, ob ein nach **Zahl und Sachkunde wesentlicher Teil des Personals** übernommen wird.[222] In diesem Fall liegt ein Betriebsübergang nahe.[223]

141 Das Bundesarbeitsgericht hat für Betriebe mit Arbeitnehmern, die über entsprechende **Qualifikation und Spezialwissen** verfügen, festgestellt, dass die Übernahme von 30 % der Belegschaft bei weitem für einen Betriebsübergang nicht ausreicht.[224] In einer Entscheidung aus dem Jahre 2013 hat das Bundesarbeitsgericht dann für **IT-Mitarbeiter mit entsprechendem Fachwissen** entschieden, dass die Übernahme von 57,5 % der zuletzt beschäftigten Arbeitnehmer **für** einen Betriebsübergang spricht.[225] Das Bundesarbeitsgericht geht davon aus, dass ein IT-Servicebetrieb in besonderer Weise durch die **Spezialkenntnisse und Qualifikationen seiner Mitarbeiter** geprägt wird und die zu verrichtenden Tätigkeiten nur nach einem **Studium oder einer Ausbildung im IT-Bereich** und nach **Schulungen,** ggf. sogar in Bezug auf einzelne EDV-Produkte, ausgeführt werden können. Ebenso ist zu berücksichtigen, dass die erworbenen Kenntnisse im Hinblick auf die sich ständig verändernde Technik auch auf dem Laufenden gehalten werden müssen.[226]

142 Bei der Prüfung, ob es sich bei dem übernommenen Personal um einen nach Zahl und Sachkunde wesentlichen Teil handelt, ist auch zu berücksichtigen, ob die übernommenen Arbeitnehmer nur den Personalstand des übernehmenden Unternehmens verstärken, oder ob durch die Übernahme des Personals mit seinen wesentlichen Qualifikationen und Funktionen als Führungs- und Fachkräfte, nicht zugleich auch die betriebliche Struktur des abgebenden Unternehmens übernommen wurde. In letzterem Falle wäre dann von einem Betriebsübergang auszugehen.[227]

---

[218] BAG Urt. v. 13.11.1997 – 8 AZR 295/95 = NZA 1998, 253.
[219] BAG Urt. 23.5.2013 – 8 AZR 207/12, BB 2014, 61.
[220] EuGH Urt. v. 20.11.2003 – C-340/01; Schaub/*Koch* § 177 Rn. 22.
[221] BAG Urt. v. 15.2.2007 – 8 AZR 431/06 = NZA 2007, 793.
[222] BAG Urt. v. 11.12.1997 – 8 AZR 729/96 = NZA 1998, 534.
[223] So schon EuGH Urt. v. 11.3.1997 – C 13/95; zur Abgrenzung: *Fuhlrott* NZA 2013, 183.
[224] BAG Urt. v. 21.1.1999 – 8 AZR 680/97.
[225] BAG Urt. v. 24.1.2013 – 8 AZR 706/11; zur Problematik, dass ein gewollter Betriebsübergang durch Widerspruch der qualifizierten Arbeitnehmern verhindert werden kann: *Schipp* NZA 2013, 238.
[226] BAG Urt. v. 24.1.2013 – 8 AZR 706/11.
[227] LAG Baden-Württemberg Urt. v. 16.9.2011 – 12 Sa 23/10.

IV. § 613a bei IT-Outsourcing

Praxistipp:
Durch die Übernahme oder Nichtübernahme von Personal kann erheblicher Einfluss auf das Vorliegen eines Betriebsübergangs genommen werden. Daher ist immer zu prüfen, welche Mitarbeiter für die Fortführung der ausgelagerten Tätigkeit zwingend vom Erwerber/Auftragnehmer übernommen werden müssen und welche durch ggf. noch zu schulendes Personal des übernehmenden Unternehmens abgelöst werden können.

ee) Übernahme Kundschaft. Da die Auslagerung bisher selbst erbrachter Tätigkeiten sozusagen eine **Neuvergabe** der Tätigkeit nach außen ist, gilt das vergebende Unternehmen immer auch als ehemalige „Kundschaft", zumindest wenn die Dienstleistungen zuvor primär dem eigenen Unternehmen zugute kamen.[228] Wird eine Abteilung ausgelagert, die bisher (auch) für Externe Leistungen erbracht hat, ist zu prüfen, ob diese Kundenbeziehungen mit auf den Übernehmer übergehen oder nicht. Gehen sie über, spricht dies unter Berücksichtigung auch der anderen Kriterien für einen Betriebsübergang.[229]

ff) Ähnlichkeit der verrichteten Tätigkeiten vor und nach dem Übergang. Weiter ist ein Vergleich der Tätigkeiten vor und nach der Auslagerung vorzunehmen. Dabei ist nicht auf die bloße Tätigkeit abzustellen, sondern auch auf die sie verrichtenden Arbeitnehmer, das Führungspersonal, die Arbeitsorganisation, die Arbeitsmethoden und die vorher und nachher benutzten Betriebsmittel.[230] Beim Übergang eines Dienstleistungsangebots – wie in der IT üblich – ist zu fordern, dass die Dienstleistungen vorher und nachher zumindest den Geschäftsinhalten nach identisch sind und sich an dieselbe Kundschaft wenden.[231] Alle Faktoren sind gegenüber zu stellen und zu prüfen, um festzustellen, ob ein **Vorher-Nachher-Vergleich** die Fortführung einer organisatorischen Einheit, wie zB der gesamten IT-Abteilung mit ihren konkreten Aufgaben, nahelegt oder nicht.

Praxistipp:
Hier gibt es wiederum einen Gestaltungsspielraum, abhängig davon, ob der zukünftige Auftragnehmer die Tätigkeiten der Betriebsorganisation und Arbeitsmethodik nach übernimmt und fortführt, oder die beauftragten Tätigkeiten in sein Unternehmen so integriert, dass die vormals bestehende Einheit nicht aufrecht erhalten wird. In letztem Fall kann ein ungewollter Betriebsübergang selbst bei Personalübernahme vermieden werden.

gg) Dauer einer eventuellen Unterbrechung der Tätigkeit. Da beim IT-Outsourcing für den Betriebsablauf erforderliche Tätigkeiten ausgelagert werden, kommt dem Merkmal einer längeren Unterbrechung in der Praxis wenig Bedeutung zu. Selbst eine Unterbrechung von wenigen Tagen oder sogar Wochen lässt jedenfalls den Tatbestand des Betriebsübergangs nicht entfallen.[232] Ansonsten ist davon auszugehen, dass erst nach einer sechs- bis neunmonatigen tatsächlichen Stilllegung des Betriebs(teils) kein Betriebsübergang mehr erfolgt.

Checkliste: 7-Punkte-Prüfkatalog[233]

1. Art des Unternehmens & Branche
2. Übernahme von materiellen Betriebsmitteln (zB Gebäude, Maschinen, sonstige Sachmittel)
3. Wert der immateriellen Aktiva im Zeitpunkt des Übergangs (zB Software, Lizenzen, Goodwill)
4. Übernahme Personal
5. Übernahme Kundschaft
6. Ähnlichkeit der verrichteten Tätigkeiten vor und nach dem Übergang
7. Dauer einer eventuellen Unterbrechung der Tätigkeit

---

[228] BAG Urt. v. 13.6.2006 – 8 AZR 271/05, NZA 2006, 1101.
[229] Schaub/*Koch* § 117 Rn. 24.
[230] EuGH Urt. v. 11.3.1997 – C-13/95.
[231] Schaub/*Koch* § 117 Rn. 25.
[232] So schon EuGH Urt. v. 15.6.1988 – C 101/87.
[233] *Angelehnt an die* ständige Rechtsprechung seit EuGH Urt. v. 11.3.1997 – C-13/95.

147 **c) Übergang durch Rechtsgeschäft.** Der Betrieb oder Betriebsteil muss durch **Rechtsgeschäft** auf einen neuen Inhaber übergehen. Dieses Tatbestandsmerkmal dient der Abgrenzung zu **Inhaberwechseln durch Gesetz oder sonstigem Hoheitsakt**. Ein gesetzlicher Übergang findet zB durch Erbfolge oder gesellschaftsrechtliche Umwandlung statt. Ansonsten reicht es aus, wenn das neue Unternehmen die arbeitstechnische Organisations- und Leitungsmacht der auszugliedernden Einheit aufgrund einer gegenseitigen Vereinbarung mit dem bisherigen Unternehmen übernimmt oder zumindest die **betriebliche Fortführungsmöglichkeit** erhält. Die Rechtsnatur der Vereinbarung, die diese Fortführungsmöglichkeit eröffnet, spielt keine Rolle. In Betracht kommen insbesondere **Kauf-, Pacht-, Mietvertrag; Schenkung; Nießbrauch; Vermächtnis; und natürlich Gesellschaftsvertrag.**[234]

148 Es kommt nicht entscheidend darauf an, ob eine rechtsgeschäftliche Vereinbarung ausdrücklich geschlossen wurde, oder ob womöglich Betriebsmittel an verschiedene Erwerber übergegangen sind. Auch die Unkenntnis, dass ein Betriebsübergang erfolgt, schadet nicht.[235] Ebenso wenig schadet die Nichtigkeit eines dem Betriebsübergang zugrundeliegenden Rechtsgeschäfts. Es kommt ausschließlich darauf an, dass der Inhalt des Rechtsgeschäfts dem Erwerber die **betriebliche Fortführungsmöglichkeit** eröffnet.[236] Hiervon ist beim Outsourcing regelmäßig auszugehen, da die bisherigen Tätigkeiten durch vertragliche Auftragsvergabe an ein externes Unternehmen fortgeführt werden.

149 **d) Inhaberwechsel.** Damit überhaupt ein Betriebsübergang beim Outsourcing in Betracht kommt, muss ein **Wechsel der Inhaberschaft** an dem Betriebsteil, der ausgelagert werden soll, stattfinden. Der bisherige Betriebsinhaber muss seine eigenständige wirtschaftliche Betätigung an dem übertragenen Betriebsteil vollständig aufgeben.[237] Inhaber ist immer derjenige, der den Betriebsteil bisher im eigenen Namen geführt hat bzw. in Zukunft dann fortführt,[238] wobei diese **nicht identisch** sein dürfen. Als Inhaber kommen **natürliche Personen** ebenso wie **Personengesellschaften** oder **juristische Personen** des privaten oder öffentlichen Rechts in Betracht. Ausschlaggebend ist allein, dass ein Wechsel der Rechtspersönlichkeit des Betriebsinhabers stattfindet.[239] Dies ist bei gesellschaftsrechtlichen Gestaltungen zu beachten, da ein bloßer **Gesellschafterwechsel** nicht die Identität der Gesellschaft als Rechtssubjekt berührt und ein Betriebsübergang ausscheidet.[240]

150 § 613a BGB gilt im Übrigen auch, wenn der Betrieb oder Betriebsteil als **Sacheinlage** in eine Gesellschaft eingebracht wird, da damit jedenfalls ein Wechsel der Identität des Rechtsträgers einhergeht.[241] Hingegen liegt kein Betriebsübergang vor, wenn ein Wechsel der Rechtsform infolge **formwechselnder Umwandlung** nach §§ 190ff. UmwG stattfindet, da hier kein Wechsel der Identität des Rechtssubjekts erfolgt.

151 Der erworbene Betriebsteil muss auch fortgeführt werden und darf nicht vor dem Übergang stillgelegt worden sein. **Betriebsstilllegung** und Betriebsübergang schließen sich aus.[242] Eine Umgehung der Schutzfunktion des § 613a BGB durch eine **zeitweilige Stilllegung** ist aber ausgeschlossen. Es ist zwar möglich, den Betriebsteil aufzugeben und stillzulegen, die Arbeitnehmer zu entlassen und dann die sächlichen und immateriellen Betriebsmittel als Sachgesamtheit an einen Erwerber zu veräußern. Führt dieser dann jedoch die ursprüngliche Tätigkeit in einem **erkennbaren zeitlichen Zusammenhang** fort, indem er zB die Räume und das Personal übernimmt, liegt wiederum ein Betriebsübergang vor, der einen **Wiedereinstellungsanspruch** der gekündigten Arbeitnehmer zu den vormaligen Bedingungen nach sich zieht.[243]

---

[234] BAG Urt. v. 20.6.2002 – 8 AZR 459/01, NZA 2003, 318.
[235] Zur Problematik eines „schleichenden Betriebsübergangs" bei welchem zB bei Auftragsnachfolge unwissentlich bisherige Arbeitnehmer eingestellt werden *Meyer* NZA 2012, 1185; *Lemp* NZA 2013, 1391.
[236] Statt vieler ErfK/*Preis* § 613a Rn. 59 mwN.
[237] BAG Urt. v. 21.2.2008 – 8 AZR 77/07, NZA 2008, 825.
[238] BAG Urt. v. 15.12.2005 – 8 AZR 202/05, NZA 2006, 597.
[239] BAG Urt. v. 3.5.1984 – 3 AZR 1263/79, NJW 1983, 2283.
[240] BAG Urt. v. 14.8.2007 – 8 AZR 803/06, NZA 2007, 1428.
[241] ErfK/*Preis* § 613a Rn. 43.
[242] BAG Urt. v. 27.2.1987 – 7 AZR 735/85, NZA 1987, 700; Schaub/*Koch* § 117 Rn. 26.
[243] BAG Urt. v. 13.11.1997 – 8 AZR 295/95, NZA 1998, 251.

3. Rechtsfolgen des Betriebsübergangs

Steht fest, dass ein Betriebsübergang vorliegt, gehen die Arbeitsverhältnisse des ehemaligen Unternehmens automatisch qua Gesetz auf das übernehmende Unternehmen über. Dies geschieht unabhängig vom Willen der Vertragspartner und ist ebenso unabhängig von einer Zustimmung der Arbeitnehmer. Diese werden jedoch durch umfangreiche Unterrichtungspflichten und ein Widerspruchsrecht gegen den Arbeitgeberwechsel geschützt. Daneben tritt ein gesetzliches Kündigungsverbot im Zusammenhang mit dem Betriebsübergang.

a) **Arbeitsvertragliche Folgen.** Infolge des gesetzlichen Übergangs treffen das übernehmende Unternehmen **alle Haupt- und Nebenpflichten aus den betroffenen Arbeitsverhältnissen.** Dies umfasst in erster Linie natürlich Vergütungsvereinbarungen mit dem bisherigen Arbeitgeber, inklusive aller arbeitsvertraglich vereinbarten Gratifikationen und Boni, wie auch Arbeits- und Urlaubszeiten. Ein Anspruch auf Angleichung an ggf. höhere Vergütungs- und Urlaubsansprüche der bereits beim Erwerber beschäftigten Arbeitnehmer besteht jedoch auch unter dem Gesichtspunkt der Gleichstellung nicht.[244]

Die Zeit der **bisherigen Betriebszugehörigkeit** wird übernommen, was bei der Berechnung von Wartezeiten zur Geltung des Kündigungsschutzgesetz sowie dem Erwerb von Urlaubsansprüchen, und vor allem der Berechnung von Kündigungsfristen oder Abfindungsansprüchen, von erheblicher Bedeutung ist.[245]

Hat sich im bisherigen Betrieb eine **betriebliche Übung** etabliert, zB die Zahlung eines arbeitsvertraglich nicht vereinbarten Weihnachtsgelds oder die Zahlung von Leistungsprämien oder Fahrtkostenzuschüssen, so hat das übernehmende Unternehmen auch diese Verpflichtungen zu erfüllen, selbst wenn sie solche Leistungen ihren bisherigen Mitarbeitern nicht schuldet.[246] Eine betriebliche Übung besteht, wenn unter Berücksichtigung aller Begleitumstände und vor allem vertraglicher Regelungen, der Arbeitnehmer wegen regelmäßig wiederholter Verhaltensweise des Arbeitgebers darauf vertrauen darf, dass ihm die bisher gewährte Leistung auch in Zukunft zustehen wird.[247]

Ebenfalls sind verbindliche Zusagen des bisherigen Unternehmens auf Versetzung oder Beförderung von dem neuen Unternehmen einzuhalten.[248] Hatten die ehemaligen Arbeitsvertragsparteien ein **nachvertragliches Wettbewerbsverbot** vereinbart und scheidet der Arbeitnehmer nach dem Betriebsübergang aus, so ist das übernehmende Unternehmen auch hieraus berechtigt und verpflichtet.[249]

> **Praxistipp:**
> Dem übernehmenden Unternehmen ist zu empfehlen, mit den übernommenen Arbeitnehmern neue Arbeitsverträge zu verhandeln und abzuschließen. In diese sind die vorbestehende Betriebszugehörigkeit und ggf. andere Alt-/Bestandsrechte zu übernehmen, aber im Übrigen kann und sollte auf diese Art zur Herstellung des Betriebsfriedens versucht werden, gleiche Arbeitsbedingungen wie mit den übrigen Arbeitnehmern des Übernehmers zu vereinbaren.

b) **Unterrichtungspflicht und Widerspruchsrecht.** Das bisherige Unternehmen oder das übernehmende Unternehmen sind verpflichtet, die vom Übergang betroffenen Mitarbeiter **rechtzeitig und umfassend** von der zukünftigen Änderung ihrer Arbeitsverhältnisse in Kenntnis zu setzten. Die Mitarbeiter sind **schriftlich** über den geplanten Zeitpunkt, den Grund, die rechtlichen, wirtschaftlichen und sozialen Folgen, sowie über die für sie in Aussicht genommenen Maßnahmen **zu informieren** (§ 613a Abs. 5 BGB).[250] Die aus der Unter-

---

[244] BAG Urt. v. 31.8.2005 – 5 AZR 517/04, NZA 2006, 265.
[245] Zu Kündigungsfristen siehe auch BAG Urt. v. 18.9.2003 – 2 AZR 330/02, NZA 2004, 319.
[246] BAG Urt. v. 3.11.2004 – 5 AZR 73/04.
[247] BAG Urt. v. 19.10.2011 – 5 AZR 359/10, NZA-RR 2012, 344.
[248] FAKomm-MedR/*Reichold* zu § 613a Rn. 43.
[249] BAG Urt. v. 27.11.1991 – 4 AZR 211/91, NZA 1992, 800; *Gaul/Ludwig* NZA 2013, 489.
[250] *Elking/Aszmons* BB 2014, 2041.

richtung resultierende **Widerspruchsfrist** beginnt nur mit einer **ordnungsgemäßen** und vor allem **vollständigen** Unterrichtung der betroffenen Mitarbeiter zu laufen (§ 613a Abs. 6 BGB).[251]

158 Die Rechtsfolgen des gesetzlichen Betriebsübergangs müssen als solche gekennzeichnet und dürfen nicht zB als **freiwillige Selbstverpflichtung** dargestellt werden.[252] Daneben müssen die Informationen **juristisch fehlerfrei** sein.[253] Die Verwendung eines **Standardschreibens** ist unschädlich, solange etwaige Besonderheiten des konkreten Arbeitsverhältnisses berücksichtigt werden.[254] Die Unterrichtung hat in **Textform** zu erfolgen (§ 126b BGB), weswegen sie in Ermangelung des Erfordernisses einer eigenhändigen Unterschrift auch per Telefax oder E-Mail erfolgen kann.

159 Die Unterrichtung hat **vor dem Übergang** des Betriebs auf ein neues Unternehmen zu erfolgen (§ 613a Abs. 5 BGB). Da die Sanktion einer nicht oder nicht korrekt erfolgten Unterrichtung lediglich darin besteht, dass die Widerspruchsfrist nicht zu laufen beginnt, kann die Unterrichtung auch noch nach dem Übergang erfolgen. Die Widerspruchsfrist wird dann erst mit dem **tatsächlichen Zugang** der Unterrichtung in Gang gesetzt.[255]

> **Praxistipp:**
> Da der Arbeitgeber im Streitfall für den Zugang der Unterrichtung beweispflichtig ist, sollte der taggenaue Zugang nachweisbar dokumentiert sein.

160 Die **Widerspruchsfrist beträgt einen Monat** (§ 613a Abs. 6 S. 1 BGB). Der Widerspruch der Mitarbeiter muss **schriftlich** erfolgen (§ 126 Abs. 1 BGB), das heißt, er muss zu seiner Wirksamkeit **eigenhändig unterschrieben** sein, weshalb eine nicht qualifiziert signierte E-Mail oder ein Fax nicht ausreichen. Der **Widerspruch** muss weder begründet werden, noch muss der Begriff Widerspruch enthalten sein. Der Mitteilung des Mitarbeiters muss nur im Wege der Auslegung zu entnehmen sein, dass dem Übergang des Arbeitsverhältnisses widersprochen wird.[256]

161 Der Widerspruch ist nach Wahl des Arbeitnehmers entweder gegenüber dem bisherigen oder auch gegenüber dem übernehmenden Unternehmen zu erklären (§ 613a Abs. 6 S. 2 BGB).

162 Widerspricht ein Mitarbeiter **wirksam innerhalb der Monatsfrist**, verbleibt sein Arbeitsverhältnis beim alten Unternehmen und geht nicht auf das neue Unternehmen über. Da jedoch der betroffene Arbeitsplatz auf das neue Unternehmen übergegangen ist, besteht im bisherigen Unternehmen im Regelfall keine Weiterbeschäftigungsmöglichkeit. Dieses kann ihn somit fristgemäß, also innerhalb der gesetzlichen oder arbeitsvertraglich vereinbarten Kündigungsfrist, kündigen. Wenn das Kündigungsschutzgesetz Anwendung findet, liegt, zumindest wenn keine anderweitige Weiterbeschäftigungsmöglichkeit im Betrieb besteht, ein betriebsbedingter Kündigungsgrund im Sinne des § 1 Abs. 2 KSchG vor, da der betreffende Arbeitsplatz durch den Betriebsübergang beim ehemaligen Arbeitgeber weggefallen ist.

163 Ein **Verzicht** des Arbeitnehmers auf ein ihm erst in Zukunft **zustehendes Widerspruchsrecht** im Falle eines Betriebsübergangs kann nicht wirksam arbeitsvertraglich vereinbart werden.[257] Möglich ist hingegen, dass der Arbeitnehmer im konkreten Fall des Betriebsübergangs auf sein bereits entstandenes Widerrufsrecht verzichtet.[258] Der Verzicht sollte der Schriftform, analog § 613a Abs. 6 BGB, genügen.[259] Das Widerspruchsrecht als individuel-

---

[251] BAG Urt. v. 14.11.2013 – 8 AZR 824/12, NZA 2014, 610; *Elking/Aszmons* BB 2014, 2041.
[252] BAG Urt. v. 13.7.2006 – 8 AZR 305/05, NZA 2006, 1268.
[253] BAG Urt. v. 13.7.2006 – 8 AZR 305/05, NZA 2006, 1268.
[254] BAG Urt. v. 13.7.2006 – 8 AZR 305/05, NZA 2006, 1273.
[255] ErfK/*Preis* § 613a BGB Rn. 43.
[256] BAG Urt. v. 19.3.1998 – 8 AZR 139/97, NZA 1998, 750.
[257] Soergel/*Raab* § 613a Rn. 162; *Bauer/v. Steinau-Steinrück* ZIP 2002, 457 (464); *Grobys* BB 2002, 726 (730).
[258] BAG Urt. v. 15.2.1984 – 5 AZR 123/82, NZA 1984, 32; Soergel/*Raab* § 613a Rn. 162; *Fuhlrott* ArbR-Aktuell 2014, 431 (433).
[259] *Rieble* NZA 2004, 1.

les Recht des einzelnen betroffenen Arbeitnehmers ist ferner nicht der Disposition durch Tarifvertrag oder Betriebsvereinbarung zugänglich.[260]

c) Folgen einer fehlerhaften Unterrichtung. Wird der Betriebsübergang **nicht formgerecht** 164 angekündigt oder ist diese Mitteilung **unvollständig**, beginnt die Monatsfrist für den Widerspruch durch die betroffenen Arbeitnehmer nicht zu laufen. Es besteht dann **keine zeitliche Begrenzung des Widerspruchsrechts**, sondern nur die Möglichkeit, dieses Recht zu **verwirken**.[261]

> **Praxistipp:**
> Die Parteien sollten vertraglich eindeutig vereinbaren, wer den Betriebsübergang ankündigt, die Widerspruchsfristen überwacht, und im Falle von Widersprüchen durch Arbeitnehmer unverzüglich zu reagieren hat. Gerade die Nichteinhaltung von Kündigungsfristen im Falle des Widerspruchs durch das auslagernde Unternehmen kann zu erheblichen finanziellen Nachteilen führen.

4. Betriebsverfassungsrechtliche Fragen

Im Rahmen eines Praktikerhandbuchs kann nur ein kurzer Überblick der **betriebsverfas-** 165 **sungsrechtlichen Aspekte** eines Betriebsübergangs gegeben werden, da aufgrund der Vielfältigkeit tarifvertraglicher und betriebskollektiver Einzelregelungen eine ebenso große Vielfalt an Rechtsproblemen entstehen kann. Hier sollen daher nur die größeren Linien der betriebsverfassungsrechtlichen Auswirkungen eines Betriebsübergangs dargestellt werden.

a) Tarifverträge und Betriebsvereinbarungen. Grundsätzlich gehen kollektive Regelungen 166 aus **Tarifverträgen** und **Betriebsvereinbarungen** im Falle eines Betriebsübergangs nach § 613a Abs. 1 S. 2 BGB auf die individuellen Arbeitsverhältnisse über, soweit nicht beim Erwerber bereits ein Tarifvertrag oder eine Betriebsvereinbarung die betroffenen Rechte und Pflichten regelt (§ 613a Abs. 1 S. 3 BGB).[262] Diese dürfen vor Ablauf eines Jahres nicht zum Nachteil des Arbeitnehmers verändert werden (§ 613a Abs. 1 S. 2 BGB).[263]

Für den Erwerber gilt dabei keine Pflicht zur **Gleichbehandlung** seiner bisherigen Arbeit- 167 nehmer, die somit keinen Anspruch auf Anpassung ihrer Arbeitsbedingungen an die der eintretenden Arbeitnehmer haben, auch wenn diese besser sind.[264] Die Ungleichbehandlung hat insoweit eine sachliche Rechtfertigung.[265]

> **Praxistipp:**
> Nach Ablauf eines Jahres können die kollektivrechtlichen Regelungen im Wege einer Änderungskündigung beseitigt werden, wenn eine neue kollektivrechtliche Regelung nicht möglich ist.

Bei **Betriebsteilübergängen**, die wenn überhaupt beim IT-Outsourcen in der Regel vorlie- 168 gen werden, wird der Übergang von kollektivrechtlichen Regeln nur dann relevant, wenn **anlässlich des Inhaberwechsels die Identität des Betriebsteils nicht aufgehoben wird**.[266]

---

[260] BAG Urt. v. 2.10.1974 – 5 AZR 504/73, NJW 1975, 1378; Erman/*Edenfeld* § 613a Rn. 53; Staudinger/*Annuß* § 613a Rn. 325; Soergel/*Raab* § 613a Rn. 162; Gaul/*Otto* DB 2002, 634 (638).
[261] BAG Urt. v. 2.4.2009 – 8 AZR 473/07; instruktiv *Nebeling/Kille* NZA-RR 2013, 1; *Insam/Hinrichs* ZInsO 2013, 2541.
[262] Zu den kollektivrechtlichen Konsequenzen eines Betriebsübergangs siehe: *Gaul/Jares* DStR 2013, 658, und *Meyer* NZA-RR 2013, 225.
[263] Zum Umgang mit freiwilligen Betriebsvereinbarungen: *Völksen* NZA 2013, 1182.
[264] BAG Urt. v. 31.8.2005 – 5 AZR 517/04, NZA 2006, 265; Zur Behandlung von Bezugnahmeklauseln: *Lakies* ArbRAktuell 2013, 564.
[265] BAG Beschl. v. 19.1.2010 – 3 ABR 19/08, NZA-RR 2010, 356.
[266] BAG Beschl. v. 5.2.1991 – 1 ABR 32/90, NZA 1991, 639.

Praxistipp:

Soll bei einem Betriebsübergang der Übergang kollektivrechtlicher Regelungen vermieden werden, muss auf Seiten des Erwerbers/Auftragnehmers sichergestellt werden, dass die Identität des übernommenen Betriebsteils **nicht** beibehalten wird, sondern dass der Betriebsteil in der Betriebsorganisation des Erwerbers untrennbar aufgeht.

169 b) **Betriebsrat.** Für den Fall, dass der übergegangene Betrieb identitätswahrend als organisatorische Einheit beim Erwerber fortbesteht, geht auch der bestehende **Betriebsrat** mit allen Rechten über.

170 Liegt allerdings nur ein Teilbetriebsübergang vor, wie es beim Outsourcing regelmäßig der Fall sein dürfte, so ist nicht mehr der Betriebsrat des auslagernden Unternehmens für den Betriebsteil zuständig, sondern ein ggf. vorhandener Betriebsrat des übernehmenden Unternehmens.[267]

171 c) **Unterrichtungspflichten.** Wenn ein Betrieb oder ein Betriebsteil ausgelagert werden soll, muss ein etwaig bestehender **Wirtschaftsausschuss rechtzeitig vor dem Vollzug umfassend unterrichtet** werden (§ 106 Abs. 2 BetrVG). Der Wirtschaftsausschuss, oder in Ermangelung eines solchen der **Betriebsrat**, ist so **rechtzeitig** zu informieren, dass er noch eine Stellungnahme abgeben und durch eigene Vorschläge Einfluss auf die Gesamtplanung nehmen kann.[268] **Der Betriebsrat ist jedenfalls immer zu informieren** (§§ 2 Abs. 1, 74 Abs. 1 BetrVG sowie ggf. auch § 92 BetrVG).

172 Ebenso hat auch der Erwerber einen bei ihm bestehenden Betriebsrat zu informieren, da hier Fragen zur Bildung eines Gesamtbetriebsrats und zur Betriebseingliederung betroffen sind.[269]

5. Haftungsfragen

173 Da der Erwerber infolge eines Betriebsübergangs in alle Rechte und Pflichten des bisherigen Unternehmens eintritt, muss er auch für solche Verbindlichkeiten einstehen, die bereits **vor dem Betriebsübergang entstanden oder fällig** geworden sind, wie vor allem zB Lohnforderungen.[270] Nach § 613a Abs. 2 S. 1 BGB haftet das bisherige Unternehmen neben dem Erwerber als **Gesamtschuldner** für Verpflichtungen, die **vor dem Betriebsübergang entstanden** sind und **innerhalb eines Jahres** hiernach fällig werden. In letzterem Fall allerdings nur **anteilig** und entsprechend des im **Zeitpunkt des Übergangs abgelaufenen Bemessungszeitraums** (§ 613a Abs. 2 S. 2 BGB).[271] Für Verbindlichkeiten, die **vor dem Betriebsübergang** fällig geworden sind, **haftet** das bisherige Unternehmen neben dem Erwerber/Auftragnehmer **vollständig.**[272] Für Ansprüche, die erst **nach dem Betriebsübergang entstanden** sind, haftet der Erwerber grundsätzlich **alleine.**

Praxistipp:

§ 613a Abs. 2 BGB regelt nur die Haftung im Außenverhältnis. Veräußerer und Erwerber sollten daher vertraglich regeln, wer für welche Sachverhalte im Innenverhältnis gegenüber der anderen Partei haftet.

6. Kündigungsschutz

174 Erfolgt ein Betriebsübergang bzw. ist ein solcher in der Zukunft konkret geplant, so sieht § 613a Abs. 4 BGB ein **gesetzliches Kündigungsverbot** vor. Es ist sowohl dem alten als auch

---

[267] ErfK/*Preis* § 613a Rn. 128.
[268] BAG Beschl. v. 22.1.1991 – 1 ABR 38/89), NZA 1991, 649; Schaub/*Koch* § 118 Rn. 28 f.
[269] ErfK/*Preis* § 613a Rn. 132.
[270] BAG Urt. v. 18.8.1976 – 5 AZR 95/75, NJW 1977, 1168.
[271] BAG Urt. v. 22.6.1978 – 3 AZR 832/76.
[272] ErfK/*Preis* § 613a Rn. 136.

dem neuen Unternehmen nur gestattet, Mitarbeiter aus Gründen zu kündigen, die nicht mit dem Betriebsübergang in Zusammenhang stehen. Kündigungen wegen der Auslagerung des Betriebsteils an sich sind unzulässig.

> **Praxistipp:**
>
> Der Kündigungsschutz aus § 613a Abs. 4 BGB steht allen Mitarbeitern zu, unabhängig davon, ob für sie das Kündigungsschutzgesetz gilt. Im Fall eines Betriebsübergangs sind also selbst dann Mitarbeiter nicht kündbar, wenn im alten Unternehmen weniger als fünf bzw. zehn Mitarbeiter beschäftigt sind.

Das Bundesarbeitsgericht hat deutlich gemacht, dass Kündigungen allerdings dann möglich sind, wenn sie neben dem Betriebsübergang als äußerem Anlass auch einen sachlichen Grund **aus sich heraus** haben.[273] Ist der Betriebsübergang also nicht der tragende Grund der Kündigung, sondern nur **äußerer Anlass**, so darf eine Kündigung aus anderen Gründen auch im Betriebsübergang ausgesprochen werden.[274]

Umgehungen des Kündigungsverbots, zB **durch Befristungen und auflösende Bedingungen**, sind regelmäßig **unwirksam**. Gleiches gilt für die Veranlassung von **Eigenkündigungen** und **Aufhebungsverträgen** unter Verweis auf die Einstellung durch das neue Unternehmen als neuen Arbeitgeber.[275] Grundsätzlich sind Aufhebungsverträge aber dann möglich, wenn keine **Umgehungsabsicht** unterstellt werden kann.[276]

Eine Kündigung ist immer möglich, wenn sie aus **betriebsbedingten Gründen** ausgesprochen wird, die nicht im Zusammenhang mit dem Betriebsübergang stehen, zB weil ansonsten eine finanzielle Notlage des Unternehmens nicht vermieden werden kann. Solange noch keine Verhandlungen über eine Auslagerung geführt werden, ist ein späterer Betriebsübergang für die Kündigung nicht ursächlich.[277] Sind jedoch bereits Verhandlungen über die Auslagerung von Tätigkeiten aufgenommen, benötigt das bisherige Unternehmen ein eigenes betriebliches Erfordernis für die Kündigung seiner Arbeitnehmer, welches den Anforderungen des § 1 Abs. 2 KSchG genügen muss. Eine solche Kündigung, die zB einem **Sanierungskonzept** folgt, um das Unternehmen oder den Betriebsteil für einen Verkauf attraktiver zu machen, ist zulässig.[278] Hiervon abzugrenzen ist der Sachverhalt, wenn das bisherige Unternehmen Kündigungen aussprechen möchte, weil ein potentieller Erwerber dies in einem Übernahmekonzept festgelegt hat. Dies ist nach der herrschenden Meinung nur möglich, wenn der Erwerber nicht alle Beschäftigten des bisherigen Betriebs(teils) in seinem Unternehmen integrieren kann und deshalb das Übernahmekonzept erarbeitet wurde.[279] Die alleinige Forderung eines Erwerbers, den Mitarbeiterstamm des bisherigen Unternehmens vor dem Betriebsübergang zu verkleinern, genügt hingegen nicht.[280]

> **Praxistipp:**
>
> Aus personen- oder verhaltensbedingten Gründen (§ 1 Abs. 2 KSchG), die in keinem Zusammenhang mit einem Betriebsübergang stehen, kann auch im Betriebsübergang jederzeit gekündigt werden.

Unter das Kündigungsverbot fällt nicht die Kündigung eines Arbeitnehmers nach dessen Widerspruch gegen den Übergang seines Arbeitsverhältnisses, da hier zwar der Betriebsübergang mitursächlich ist, Grund für die Kündigung aber die Weigerung des Mitarbeiters ist, für den Betriebsübernehmer zu arbeiten.[281]

---

[273] BAG Urt. v. 20.9.2006 – 6 AZR 249/05, NZA 2007, 387.
[274] BAG Urt. v. 20.3.2003 – 8 AZR 97/02, NZA 2003, 1027.
[275] ErfK/Preis § 613a Rn. 157 f. mwN
[276] BAG Urt. v. 29.10.1975 – 5 AZR 444/74; instruktiv: *Willemsen* NZA 2013, 242.
[277] ErfK/*Preis* § 613a Rn. 167.
[278] BAG Urt. v. 18.7.1996 – 8 AZR 127/94, NZA 1997, 148.
[279] ErfK/Preis § 613a Rn. 169 mwN.
[280] BAG Urt. v. 20.9.2006 – 6 AZR 249/05 NZA 2007, 387.
[281] ErfK/*Preis* § 613a Rn. 106.

179 Mitarbeiter, denen im bisherigen Betrieb Kündigungsschutz nach dem KSchG zustand, können diesen Kündigungsschutz im neuen Unternehmen verlieren, wenn wegen der Kleinbetriebsklausel in § 23 KSchG das KSchG im neuen Betrieb keine Anwendung mehr findet. In diesem Fall kann ein übergegangenes Arbeitsverhältnis nach dem Übergang ordentlich gekündigt werden.

> **Praxistipp:**
>
> Werden im insbesondere zeitlichen und personellen Umfeld des Outsourcings Kündigungen ausgesprochen, sind diese nachvollziehbar so zu begründen, dass der gekündigte Arbeitnehmer keinen Zusammenhang mit einem ihm womöglich erst nachträglich bekannt werdenden Betriebsübergang herstellen kann. Ansonsten droht die Unwirksamkeit der Kündigung oder ein Wiedereinstellungsanspruch.

V. Arbeitsrechtliche Aspekte in Konzernen

180 Bei Konzernen besteht oft das Bedürfnis, den Arbeitnehmer nicht nur in einer Konzerntochter einzusetzen, sondern auch in anderen Unternehmen eines Konzerns.[282] Terminologisch sind **drei Stufen** auseinanderzuhalten: **Betrieb, Unternehmen und Konzern.** Ein Betrieb ist die Vereinigung von persönlichen, sächlichen und materiellen Mitteln zur fortgesetzten Verfolgung des von einem oder mehreren Rechtsträgern gemeinsam gesetzten technischen Zwecks.[283] Ein Unternehmen ist die organisatorische Zusammenfassung von Personal- und Sachmitteln zur Verfolgung eines wirtschaftlichen Erfolgs.[284] Ein Konzern besteht gem. § 18 AktG aus mehreren Unternehmen, die miteinander verbunden sind.[285]

1. Versetzungsmöglichkeiten

181 Während der Arbeitgeber innerhalb eines Betriebs im Rahmen seines Direktionsrechts nach §§ 6, 106 GewO seine Arbeitnehmer einsetzen kann, ist eine über den Betrieb hinausgehende Versetzung nicht ohne Weiteres möglich. Um die Flexibilität des Arbeitgebers innerhalb desselben Betriebs möglichst groß zu halten, bietet es sich an, die geschuldete Tätigkeit möglichst wenig im Arbeitsvertrag zu konkretisieren und die Ausgestaltung der Leistungspflicht dem **Direktionsrecht** zu überlassen. Die Beschreibung der Arbeitsverpflichtung kann von ihrer Tätigkeit her oder nach einem Berufsbild umschrieben werden, was dann alle Tätigkeiten umfasst, die typischerweise zu dem Beruf gehören.

182 a) **Unternehmensversetzungsklauseln.** Sollten mehrere Betriebe in einem Unternehmen vorhanden sein, so bietet es sich an, eine sog Unternehmensversetzungsklausel in den Arbeitsvertrag aufzunehmen. Dies erhält dem Arbeitgeber die Möglichkeit spätere Rationalisierungen leichter durchzuführen, organisatorische Maßnahmen zu ergreifen oder aus sozialen Gründen die Arbeitnehmer flexibler einzusetzen. Kündigungsrechtlich ändert sich an der Beurteilung der Rechtslage des Arbeitnehmers nichts, da das KSchG unternehmensbezogen ist (vgl. § 1 Abs. 2 S. 2 Nr. 2 lit. b) KSchG).

183 b) **Konzernversetzungsklauseln.** Sind mehrere Unternehmen in einem Konzern zusammengefasst, so kann ein ähnliches Flexibilisierungsinteresse bestehen. Die Ermöglichung der Flexibilität des Einsatzes von Arbeitnehmern innerhalb eines Konzerns kann durch sog Konzernversetzungsklauseln erreicht werden. Der Konzern als Verbindung rechtlich selbständiger Unternehmen (§ 15 AktG) ist kein Rechtssubjekt und kann daher nicht Arbeitgeber sein. Daher ermöglicht eine Konzernversetzungsklausel keine Versetzung des Ar-

---

[282] Zu Datenschutzaspekten bei Arbeitsteilung/Datenweitergabe im Konzern → § 34 (Recht des Datenschutzes) Rn. 271 ff.
[283] BAG Urt. v. 13.8.2008 – 7 ABR 21/07, NZA-RR 2009, 255 (256).
[284] *V. Hoyningen-Huene* § 1 Rn. 15.
[285] Zu den unterschiedlichen Konzernformen vergleiche Schmidt/Lutter/*Vetter* AktG § 18 Rn. 6 ff.

beitnehmers mittels Direktionsrechts des Arbeitgebers.[286] Bei der Nutzung der Konzernversetzungsklausel soll der Arbeitnehmer in einem anderen Unternehmen für einen anderen Arbeitgeber tätig werden.[287] Dies ist auf mehrere Weisen erreichbar.

aa) Verträge mit drei Personen. Im Mehrpersonenverhältnis ist dies auf zwei Weisen realisierbar. Zum einen kann der Arbeitsvertrag so abgeschlossen werden, dass auf Arbeitgeberseite mehrere Unternehmen stehen.[288] Zum anderen können mehrere Arbeitsverhältnisse abgeschlossen werden, von denen das Stammverhältnis ruht und bei Rückruf zum Stammunternehmen wieder auflebt.[289]

bb) Vertragliche Erweiterung des Direktionsrechts. Zudem kann das Direktionsrecht dergestalt erweitert werden, dass sich der Arbeitgeber vorbehält, den Arbeitnehmer vorübergehend bei einem anderen Unternehmen einzusetzen (**Entsendung oder Abordnung**)[290] ohne, dass der Arbeitgeber wechselt. Ferner soll es denkbar sein, dass eine dauerhafte Versetzung dem Arbeitgeber gestattet ist.

Eine Entsendungsmöglichkeit im eben genannten Sinn ist von der Rspr. mit Blick auf § 1 Abs. 3 Nr. 2 AÜG gebilligt worden,[291] da sich nur der Ort der Arbeitsleistung verändert. De facto darf der Einsatz aber auch nur vorübergehend sein, was im Einzelfall zu bestimmen ist. Maßgeblich ist der **Schwerpunkt der Tätigkeit.** Inhaltlich darf auch keine geringerwertige Tätigkeit zugewiesen werden. Auch die Vergütungshöhe bleibt unberührt.

Ob Konzernversetzungsklauseln mit dauerhafter Versetzung zulässig sind, ist im Einzelfall sehr fraglich und es wird zu Recht von der Verwendung abgeraten,[292] da in die Privatautonomie des Arbeitnehmers eingegriffen wird und diverse Folgeregelungen getroffen werden müssen (zB betr. Altersvorsorge, Sozialleistungen mit Existenz- und Vorsorgecharakter, Anrechnungsvereinbarungen bzgl. Vordienstzeiten, Wiedereinstellungszusagen etc).[293] Wegen der Beeinträchtigung der Berufsfreiheit und der Umgehung des Kündigungsschutzes wird in der Literatur (berechtigt) vertreten, dass eine dauerhafte Versetzung der Zustimmung des Arbeitnehmers bedürfe, was dann die angestrebte Flexibilisierung wieder konterkariert.

Soweit der Konzernversetzungsvorbehalt in AGB geregelt ist, so ist die AGB-Kontrolle eröffnet. Das Klauselverbot des § 309 Nr. 10 BGB findet auf sog „Konzernversetzungsklauseln", die auf eine dauerhafte Versetzung abzielen, keine Anwendung. Dies führt zwar zu einem Wechsel des Arbeitgebers, ist aber wegen der arbeitsrechtlichen Besonderheiten möglich.[294] Eine Konzernversetzungsklausel mit Arbeitgeberwechsel ist anhand der §§ 305c Abs. 1, 307 BGB zu prüfen.[295] Die Abordnung im Konzern mit Einräumung eines Rückkehrrechts des Arbeitnehmers zu den bisherigen Bedingungen ist nicht unangemessen benachteiligend.[296]

Sollte eine Konzernversetzungsklausel wirksam vereinbart worden sein, so ändert dies am **Kündigungsschutz** auf der Ebene der Sozialauswahl zwar nichts, da das KSchG nicht konzernbezogen ist.[297] Nach einer erfolgten betriebsbedingten Kündigung ist der Arbeitgeber aber verpflichtet, sich um eine Unterbringung in einem anderen Konzernunternehmen zu bemühen, wenn eine Beschäftigungsmöglichkeit (etwa wegen Verschiebung des Beschäfti-

---

[286] LAG Köln Urt. v. 11.12.1996 – 7 (11) Sa 710/96 (nV); Vorinstanz ArbG Köln Urt. v. 7.3.1996 – 17 Ca 6257/95, DB 1996, 1342; *Lingemann/v. Steinau-Steinrück* DB 1999, 806.
[287] Preis/*Preis* Der Arbeitsvertrag, II D 30 Rn. 211.
[288] *Windbichler*, Arbeitsrechtliche Vertragsgestaltung im Konzern, S. 10; BAG Urt. v. 27.3.1981 – 7 AZR 523/78, AP BGB § 611 Arbeitgebergruppe Nr. 1; BAG Urt. v. 5.3.1987 – 2 AZR 623/85, AP KSchG 1969 § 15 Nr. 30.
[289] BAG Urt. v. 6.8.1985 – 3 AZR 185/83, AP BetrAVG § 7 Nr. 24; BAG Urt. v. 24.9.1992 – 8 AZR 557/91, KSchG 1969 § 1 Soziale Auswahl Nr. 15.
[290] Terminologie nach Preis/*Preis*, Der Arbeitsvertrag, II D 30 Rn. 217 in Anlehnung an das Beamtenrecht.
[291] BAG Urt. v. 18.6.1997 – 4 AZR 699/95, AP TVG § 1 Tarifverträge Lufthansa Nr. 24; ebenso die Literatur *v. Hoyningen-Huene/Boemke*, Die Versetzung, S. 216; Preis/*Preis*, Der Arbeitsvertrag, II D 30 Rn. 220.
[292] Preis/*Preis*, Der Arbeitsvertrag, II D 30 Rn. 225.
[293] Umfassender Preis/*Preis*, Der Arbeitsvertrag, II D 30 Rn. 227.
[294] HWK/*Gotthardt*, BGB § 309 Rn. 13; ErfK/*Preis*, BGB § 310 Rn. 86; aA PdSR/*Henssler* § 310 Rn. 19.
[295] Vgl. ausf. zu Konzernversetzungsklauseln Preis/*Preis*, Der Arbeitsvertrag, II D 30 Rn. 211 ff.; offen gelassen in BAG Urt. v. 13.4.2010 – 9 AZR 36/09, AP BGB § 307 Nr. 45.
[296] LAG Hamburg Urt. v. 21.5.2008 – 5 Sa 82/07, EzA-SD 2009, Nr. 2; *Hromadka* NZA 2012, 233 (238).
[297] BAG Urt. v. 23.3.2006 – 2 AZR 162/05, AP KSchG 1969 § 1 Konzern Nr. 13.

gungsbedarfs) besteht.[298] Sollte also eine Weiterbeschäftigungsmöglichkeit im Konzern bestehen, so besteht nach hM ein Kündigungshindernis, wenn der Arbeitnehmer sich arbeitsvertraglich mit einer Konzernversetzungsklausel einverstanden erklärt hat.[299] Der Arbeitnehmer kann sich auf eine Weiterbeschäftigungsmöglichkeit in einem konzernangehörigen Unternehmen berufen.[300]

2. Konzerninterne Leiharbeitnehmer

190 Während bei der vorübergehenden Versetzung „nur" der örtliche Einsatzbereich wechselt und bei der dauerhaften Versetzung der Arbeitgeber komplett wechselt, stellt die konzerninterne Leihe etwas anderes dar. Im Leiharbeitsverhältnis[301] (die Verleihbarkeit muss wegen § 613 BGB vertraglich mit dem Arbeitnehmer geregelt sein) bleibt der Verleiher der Arbeitgeber und der Entleiher übt das Direktionsrecht in seinem eigenen Interesse aus. Neben der Vereinbarung im Arbeitsvertrag oder auch nachvertraglich, für einen anderen Arbeitgeber nach dessen Weisungen in dessen Interesse vorübergehend tätig zu werden, bedarf es rechtlich grds. der **Einhaltung der Vorschriften des AÜG**, wenn dieses anwendbar ist. Durch die Streichung des Merkmals der Gewerblichkeit und der Einführung des inhaltlich weiteren Begriffs der wirtschaftlichen Tätigkeit („jede Tätigkeit, die darin besteht, Güter oder Dienstleistungen auf einem konkreten Markt anzubieten"[302]) ist der Anwendungsbereich des AÜG erheblich ausgeweitet worden, da nun selbst gemeinnützige Tätigkeiten erfasst werden. Die Anwendbarkeit des AÜG war bis vor kurzem für die konzerninterne Leihe weitestgehend eingeschränkt.

191 Nach der Neufassung von § 1 Abs. 3 Nr. 2 AÜG (in Kraft seit 1.12.2011) gilt das **Konzernprivileg** bei Leiharbeit nur noch für die **konzerninterne Überlassung** von Arbeitnehmern von einem Konzernunternehmen an ein anderes, wenn das überlassende Konzernunternehmen den entsprechenden Arbeitnehmer ausdrücklich nicht zum Zwecke der Überlassung eingestellt hat und beschäftigt. Hierdurch ist klargestellt, dass der Verleiher einen eigenen Betrieb haben muss, innerhalb dessen der Arbeitnehmer grds. beschäftigt ist. Der Möglichkeit reiner Verleihunternehmen innerhalb eines Konzerns – ohne Anwendung des AÜG – ist somit ein Riegel vorgeschoben.

3. Matrixstrukturen

192 Die Beschäftigung in einer Matrixstruktur[303] (Arbeitsorganisation in Form eines Mehrliniensystems) ist aus arbeitsrechtlicher Sicht eine Mischung aus dem tatsächlichen Erscheinungsbild von Leiharbeit und Versetzung. Eine Matrixstruktur liegt vor, wenn die Arbeitsorganisation nicht klassisch organisiert ist, sondern nach betriebswirtschaftlichen Bedürfnissen. Dies kann (nur dies ist arbeitsrechtlich bedeutsam) bei einer unternehmensübergreifenden Struktur dazu führen, dass der Arbeitnehmer nicht den fachlichen Weisungen des eigenen Arbeitgebers unterliegt, sondern denen des jeweiligen „Matrixmanagers", der einem anderen Unternehmen zugehörig ist. Gemeinsamkeit mit der Leiharbeit ist, dass der Arbeitnehmer einem für ihn **fremden fachlichen Weisungsgeber** untergeordnet wird, während aber bei der Leiharbeit der Verleiher nur die Interessen des Entleihers fördern will.[304] Gemeinsamkeit mit der vorübergehenden konzerninternen Versetzung ist, dass der Arbeitnehmer weiter im Interesse seines Arbeitgebers tätig wird, ohne den vertraglichen Arbeitgeber zu wechseln (der disziplinarisch der Weisungsbefugte bleibt). Sollte ein Unterneh-

---

[298] BAG Urt. v. 23.3.2006 – 2 AZR 162/05, AP KSchG 1969 § 1 Konzern Nr. 13.
[299] *Henssler*, Der Arbeitsvertrag im Konzern, S. 129; *Konzen* RdA 1984, 65.
[300] BAG Urt. v. 27.11.1991 – 2 AZR 255/91, AP KSchG 1969 § 1 Nr. 6; *Windbichler* EWiR 1992, 499.
[301] Zu Leiharbeit bei BPO → Rn. 42 ff.
[302] EuGH Urt. v. 10.1.2006 – C-222/04, EuZW 2006, 306; sa *Thüsing/Thieken* DB 2012, 347.
[303] Zu Begriff, Struktur und den Vor- und Nachteilen vgl. auch *Kort* NZA 2013, 1318; *Bauer/Herzberg* NZA 2011, 713.
[304] *Kort* NZA 2013, 1318 (1320). Zu weiteren Compliance-Aspekten bei Matrixstrukturen im Konzern → § 33 (Compliance, IT-Sicherheit, Ordnungsmäßigkeit der Datenverarbeitung) Rn. 83 ff.

men nur gegründet sein, um im Rahmen einer Matrixstruktur Arbeitnehmer zur Verfügung zu stellen, ohne einen eigenen weiteren Zweck zu verfolgen, so handelt es sich in Wirklichkeit um **verdeckte Leiharbeit**, die nach dem AÜG zu beurteilen ist.

Wegen § 613 S. 2 BGB ist die Übertragung des Weisungsrechts auf einen Dritten ohne Zustimmung des Arbeitnehmers unzulässig, so dass es zur Ermöglichung einer Matrixstruktur einer vertraglichen Vereinbarung bedarf. Eine Konzernversetzungsklausel ist nicht ausreichend, um eine Matrixstruktur zu ermöglichen, da zum einen kein Konzern vorliegen muss und zum anderen bei einer dauerhaften Versetzung im Konzern der Arbeitgeber (samt disziplinarischem Weisungsrecht) wechselt, was bei der Matrixstruktur nicht der Fall ist.

Als Beispiel für eine Matrixklausel könnte Folgendes geregelt werden:

> **Formulierungsvorschlag:**
>
> Der Arbeitgeber behält sich vor, den Arbeitnehmer jederzeit ohne Verschlechterung der persönlichen Bezüge und Veränderung des Arbeitsorts, in einer unternehmensübergreifenden Arbeitsorganisation („Matrixstruktur") einzusetzen. Die zugewiesene Tätigkeit darf in diesem Fall nicht geringerwertig sein als die vertraglich vereinbarte und sie muss den Fähigkeiten und Qualifikationen des Arbeitnehmers entsprechen. Das fachliche Weisungsrecht wird in diesem Fall ggf. nicht vom Arbeitgeber ausgeübt, sondern von dem in der Matrixstruktur für den Bereich vorgesehenen Matrixmanager, der auch einem anderen in der Struktur verbundenen Unternehmen zugehörig sein kann. Das disziplinarische Weisungsrecht obliegt weiterhin dem Arbeitgeber.

Sofern die in der Matrix verbundenen Unternehmen keinen Gemeinschaftsbetrieb bilden,[305] hat die Matrixklausel keine Auswirkung auf den Kündigungsschutz bei der Sozialauswahl, da das KSchG unternehmensbezogen ist und die Sozialauswahl ihrerseits betriebsbezogen.[306]

Datenschutzrechtlich ist mangels Privilegierungen im BDSG für die Übermittlung von personenbezogenen Daten (unabhängig davon, ob sie automatisiert erhoben worden sind, § 32 Abs. 2 BDSG) eine Rechtfertigung idR nur über die **Erlaubnisnorm des § 32 Abs. 1 BDSG** oder eine **Einwilligung der Arbeitnehmer** gem. § 4a BDSG zu erreichen.[307] Dies gilt selbst dann, wenn die in der Matrixstruktur verbundenen Unternehmen einem Konzern zugehörig sein sollten, da kein Konzernprivileg (bis auf § 11 BDSG) im Datenschutz existiert.[308]

Aus Sicht des BetrVG bestehen keine Besonderheiten, wenn der Arbeitnehmer dem Betrieb seines Arbeitgebers zugeordnet wird. Sollte die tatsächliche Eingliederung, die nunmehr alleine gem. § 7 BetrVG maßgeblich ist,[309] ergeben, dass der Arbeitnehmer betriebsverfassungsrechtlich (auch) dem anderen Matrixunternehmen zuzuordnen ist, so kommt es hinsichtlich der Wahl und Vertretung der Interessen des Arbeitnehmer auf den Betrieb dieses Unternehmens an.[310] Zudem kann ein Gesamtbetriebsrat zuständig sein.[311]

---

[305] „Ein Gemeinschaftsbetrieb mehrerer Unternehmen liegt vor, wenn 1. in einer von mehreren Unternehmen unterhaltenen Betriebsstätte die vorhandenen materiellen und immateriellen Betriebsmittel für einen einheitlichen arbeitstechnischen Zweck zusammengefasst, geordnet und gezielt eingesetzt werden und der Einsatz der menschlichen Arbeitskraft in einem einheitlichen Leitungsapparat gesteuert wird und 2. sich die beteiligten Unternehmen zumindest stillschweigend zu einer gemeinsamen Führung rechtlich verbunden haben. Eine lediglich unternehmerische Zusammenarbeit genügt nicht." BAG Urt. v. 21.2.2001 – 7 ABR 9/00, NZA 2002, 56.

[306] Zu Haftungsrisiken der Geschäftsleitung von Matrix-Unternehmen in einer „Sandwich"-Position sowie zu steuer-/handelsrechtlichen Aspekten (va hins. Archivierungspflichten) → § 33 (Compliance, IT-Sicherheit, Ordnungsmäßigkeit der Datenverarbeitung) → Rn. 93 ff.

[307] Ausführlich zur datenschutzrechtlichen Erlaubnis, auch zur Frage der Anwendbarkeit von § 28 Abs. 1 S. 1 Nr. 2 und Abs. 2 Nr. 2a BDSG bei Arbeitnehmerdatenübermittlung im Konzern → § 34 (Recht des Datenschutzes) Rn. 207 ff., 271 ff. Zur Arbeitnehmereinwilligung → § 34 Rn. 295 ff.

[308] *Schröder*, Datenschutzrecht, 3. Kapitel, 2. b).

[309] Vgl. Richardi/*Thüsing* BetrVG § 7 Rn. 5 ff.

[310] Mitbestimmungsrechtlich stellt dies vor erhebliche Probleme, vgl. dazu *Kort* NZA 2013, 1318; *Rieble* NZA-Beilage 2014, 28.

[311] Instruktiv *Kort* NZA 2013, 1318 (1322 ff.).

VI. Kontrolle der betrieblichen E-Mail- und Internetnutzung – Möglichkeiten und Grenzen

Internet und E-Mail am Arbeitsplatz: *Altenburg/Reinersdorff/Leistner,* Telekommunikation am Arbeitsplatz, MMR 2005, 135; *Culmsee/Dorschel,* E-Mails als Nebenpflicht – Treuepflichten bei der Bereitstellung von E-Mail-Accounts, CR 2013, 290; *Däubler,* Gläserne Belegschaften?, 6. Aufl. 2015; *Deiters,* Betriebsvereinbarung Kommunikation – Beschäftigteninteressen und Compliance bei privater Nutzung von Kommunikationsmitteln im Unternehmen, ZD 2012, 109; *Erfurth,* Der „neue" Arbeitnehmerdatenschutz im BDSG, NJW 2009, 2723; *Fischer,* Arbeitnehmerdatenschutz beim E-Mail-Verkehr – Von der funktionalen Bestimmung zum Fernmeldegeheimnis, ZD 2012, 265; *Gola,* Datenschutz am Arbeitsplatz, Handlungshilfen beim Einsatz von Intranet und Internet, E-Mail und Telefon, Big Data und Social Media, 5. Aufl. 2014; *Fülbier/Splittgerber,* Keine (Fernmelde-)Geheimnisse vor dem Arbeitgeber?, NJW 2012, 1995; *Göpfert/Wilke,* Nutzung privater Smartphones für dienstliche Zwecke, NZA 2012, 765; *Greening/Weigl,* Überwachung der Internetnutzung von Arbeitnehmern – Von Webtracking- und Webfiltering-Tools, CR 2012, 787; *Grünanger/Goricnik,* Arbeitnehmer-Datenschutz und Mitarbeiterkontrolle, 1. Aufl. 2014; *Günther/Nolde,* Außerordentliche Kündigung wegen privater Nutzung eines Diensthandys, ArbRAktuell 2012, 599; *Härting,* Internetsurfen am Arbeitsplatz, ITRB 2008, 88; *Howald,* Kündigung bei privater Nutzung von Handy und Internet, öAT 2014, 49; *Hoppe/Braun,* Arbeitnehmer-E-Mails: Vertrauen ist gut – Kontrolle ist schlecht, MMR 2010, 80; *Koch,* Rechtsprobleme privater Nutzung betrieblicher elektronischer Kommunikationsmittel, NZA 2008, 911; *Kramer,* Kündigung eines leitenden Angestellten wegen privater Internetnutzung, NZA 2013, 311; *Koreng/Lachenmann* (Hrsg.), Formularhandbuch Datenschutzrecht, 2015; *Kremer/Meyer-van Raay,* Der Zugriff auf Mitarbeiter-Mails durch den Arbeitgeber und dessen Outsourcing-Provider, ITRB 2010, 133; *Lensdorf/Born,* Die Nutzung und Kontrolle des dienstlichen E-Mail-Accounts und Internetzugangs, CR 2013, 30; *Lutz/Weigl,* Unified Communications as a Service, CR 2014, 85; *Möller,* Löschung des E-Mail-Accounts nach Beendigung des Arbeitsverhältnisses, ITRB 2013, 286; *ders.,* Privatnutzung des Internet am Arbeitsplatz, ITRB 2005, 142; *Moos* (Hrsg.), Datennutzungs- und Datenschutzverträge, 2014; *Panzer-Heemeier,* Der Zugriff auf dienstliche E-Mails – Neubewertung des Arbeitgebers als Provider?, DuD 2012, 48; *Polenz/Thomsen,* Internet- und E-Mailnutzung, DuD 2010, 614; *Pröpper/Römermann,* Nutzung von Internet und E-Mail am Arbeitsplatz, MMR 2008, 514; *Range-Ditz,* Datenschutz am Arbeitsplatz – is big brother watching you?, ArbRB 2005, 154; *Rath/Karner,* Internetnutzung und Datenschutz am Arbeitsplatz, K&R 2010, 469; *dies.,* Private Internetnutzung am Arbeitsplatz – rechtliche Zulässigkeit und Kontrollmöglichkeiten des Arbeitgebers, K&R 2007, 446; *Rolf/Riechwald,* Betriebliche Social Media Richtlinien auf dem arbeitsrechtlichen Prüfstand, RDV 2010, 256; *Sander,* E-Mails und die Beweisführung im Prozess, CR 2014, 292; *Sauer,* Der Einsatz von Spamfiltern am Arbeitsplatz – Eine kritische Analyse, K&R 2008, 399; *Scheben/Klos,* Analyse von Chatprotokollen und E-Mails – Was ist erlaubt? Was ist verwertbar?, CCZ 2013, 88; *Scheben/Klos/Geschonneck,* Evidence and Disclosure Management (EDM) – Eine (datenschutz-)rechtliche Analyse, CCZ 2012, 13; *Schmidl,* E-Mail-Filterung am Arbeitsplatz, MMR 2005, 343; *Schröder,* Anmerkung zur Entscheidung des OLG Nürnberg vom 23.1.2013 (1 Ws 445/12; ZD 2013, 282) – Zum Schutz der Datenverfügungsbefugnis, ZD 2013, 284; *Schuster,* Der Arbeitgeber und das Telekommunikationsgesetz, CR 2014, 21; *Seel,* Aktuelles zum Umgang mit E-Mails und Internet im Arbeitsverhältnis – Was sind die Folgen privater Nutzungsmöglichkeit?, öAT 2013, 4; *Spindler/Ernst,* Vertragsgestaltung für den Einsatz von E-Mail-Filtern, CR 2004, 437; *Thüsing,* Beschäftigtendatenschutz und Compliance, 2. Aufl. 2014; *Wedde,* Arbeitnehmerdatenschutz, 2015; *Weth/Herberger/Wächter,* Daten- und Persönlichkeitsschutz im Arbeitsverhältnis, 1. Aufl. 2014; *Wybitul,* E-Mail-Auswertung in der betrieblichen Praxis – Handlungsempfehlungen für Unternehmen, NJW 2014, 3605; *ders.,* Neue Spielregeln bei E-Mail-Kontrollen durch den Arbeitgeber – Überblick über den aktuellen Meinungsstand und die Folgen für die Praxis, ZD 2011, 69.

1. Betriebliche Praxis und Grundsatz des Verbots der Privatnutzung

198 Viele Arbeitgeber dulden zumeist stillschweigend die **private Nutzung von E-Mail und Internet** am Arbeitsplatz durch ihre Mitarbeiter. Da für den Arbeitgeber mit der Nutzung zu privaten Zwecken meist keine zusätzlichen, über die für die dienstliche Nutzung anfallenden Kosten verbunden sind, besteht für den Arbeitgeber oft kein Anlass, bei Privatnutzung einzuschreiten und diese zu unterbinden. Im Gegenteil: Sofern die private Nutzung nicht Ausmaße annimmt, die mit der Erfüllung arbeitsvertraglicher Pflichten kollidiert, kann privates Surfen und die private E-Mail-Nutzung zB in Arbeitspausen dazu beitragen, ein angenehmes und leistungsförderndes Arbeitsklima für die Mitarbeiter zu schaffen.

199 Oft scheuen Arbeitgeber, ausdrückliche Regeln für die Privatnutzung (auch einschränkende) aufzustellen, da sie damit eine „Verbriefung" des Rechts auf Privatnutzung fürchten. Folgende betriebliche Praxis ist daher nicht selten anzutreffen: Die private Nutzung von E-Mail und Internet wird allenfalls sehr pauschal oder gar nicht geregelt. Die gesamte Nut-

zung wird routinemäßig protokolliert.[312] Der Arbeitgeber wertet diese Protokolldaten in festen Zeitabständen oder ggf. nur bei Verdacht auf eine missbräuchliche Nutzung (etwa exzessive Privatnutzung, die Inanspruchnahme kostenpflichtiger Angebote oder die Nutzung von Angeboten, die den Interessen des Arbeitgebers entgegenstehen oder die gegen strafrechtliche bzw. urheberrechtliche Vorschriften verstoßen) aus, um unerwünschte Entwicklungen in der Privatnutzung zu erkennen und ggf. durch eine Ansprache des/der Mitarbeiter(s) korrigieren zu können.

Per se dürfen Arbeitnehmer die ihnen vom Arbeitgeber zur Verfügung gestellten Arbeitsmittel nur zur Erfüllung ihrer arbeitsrechtlichen Pflichten nutzen.[313] Eine private Nutzung ist damit auch ohne explizit ausgesprochenes Verbot grds. unzulässig. Anders verhält es sich, wenn der Arbeitgeber von einer Privatnutzung Kenntnis erlangt und diese stillschweigend duldet (**ungeregelte private Nutzung**). Dies führt bei fortgesetzter Duldung über einen längeren Zeitraum zu einer „betrieblichen Übung" und damit zu einer Erlaubnis der privaten Nutzung betrieblicher Arbeitsmittel. Die Verpflichtungen des Arbeitgebers als Daten verarbeitende Stelle bestimmen sich im Fall der erlaubten Privatnutzung von E-Mail und Internet primär nach den Bestimmungen des TMG und TKG. Die Anwendung der einschlägigen Vorschriften hat zur Folge, dass dem Arbeitgeber weit weniger Befugnisse zustehen als bei Erlaubnis zur ausschließlich beruflichen Nutzung von E-Mail und Internet.[314]

Praxistipp:
Der Arbeitgeber muss die Privatnutzung von E-Mail und Internet nicht gestatten (BAG Urt. v. 7.7.2005 – 2 AZR 581/04 – NZA 2006, 98: *„Bei einer fehlenden ausdrücklichen Gestattung oder Duldung des Arbeitgebers ist eine private Nutzung des Internets grundsätzlich nicht erlaubt."*).
Das bedeutet im Einzelnen:
- Dienstliche Ressourcen dürfen nur für dienstliche Zwecke genutzt werden.
- Auch wenn kein ausdrückliches Verbot besteht, dürfen Arbeitnehmer das Internet grundsätzlich nicht zu privaten Zwecken nutzen. Ein vom Arbeitgeber ausgesprochenes Verbot der Privatnutzung unterliegt nicht dem Mitbestimmungsrecht des Betriebsrats. Denn es ist ausschließlich das Arbeitsverhalten des einzelnen Mitarbeiters, nicht aber das Ordnungsverhalten der Arbeitnehmer im Betrieb betroffen.[315]
- Sog „dienstlich veranlasste Privatnutzung", zB Arbeitnehmer versendet E-Mail an seine Familie, dass er sich wegen einer Überstunde verspäten wird, ist auch bei Verbot der Privatnutzung erlaubt.
- Eine Gestattung der Privatnutzung kann erfolgen über
  – eine ausdrückliche oder konkludente Erlaubnis der Privatnutzung durch den Arbeitgeber oder
  – mehrjährige unbeanstandete Duldung, die zu einem subjektiven Anspruch des Arbeitnehmers aus betrieblicher Übung führt.

- **Datenschutz- und Sicherheitsanweisungen**/Verpflichtungserklärung für den Systemadministrator

Beispiel:
LAG München vom 8.7.2009 – 11 Sa 54/09 – Unerlaubter Zugriff auf E-Mails durch Systemadministrator
Der Administrator meldet dem Geschäftsführer einer GmbH, dass der zweite Geschäftsführer, der plant das Unternehmen zu verlassen, verdächtigerweise Kundendaten an eine externe E-Mail-Adresse sendet.
Das Gericht befand, dass der Kläger in *„schwerwiegender Weise unter Missbrauch der im übertragenen Befugnisse und technischen Möglichkeiten"* auf interne Korrespondenz zugegriffen habe. Dies rechtfertige eine fristlose Kündigung.

---

[312] Die Protokollierung auch bei rein dienstlicher Nutzung unterfällt der Mitbestimmung des Betriebsrats, siehe unten → Rn. 260.
[313] Ausführlich zu den arbeitsrechtlichen Aspekten: Leupold/Glossner/*Hegewald*, IT-Recht, Teil 8 B ii. 1. Rn. 12 ff.; *Rath/Karner* K & R 2010, 469; *Vietmeyer/Byers* MMR 2010, 807.
[314] Wohl aA VG Karlsruhe Urt. v. 27.5.2013 – 2 K 3249/12, CR 2013, 428, wonach allein die Duldung zumindest nicht dazu führt, dass der Arbeitgeber als TK-Diensteanbieter einzuordnen ist.
[315] LAG Hamm Beschl. v. 7.4.2006 – 10 TaBV 1/06, MMR 2006, 700.

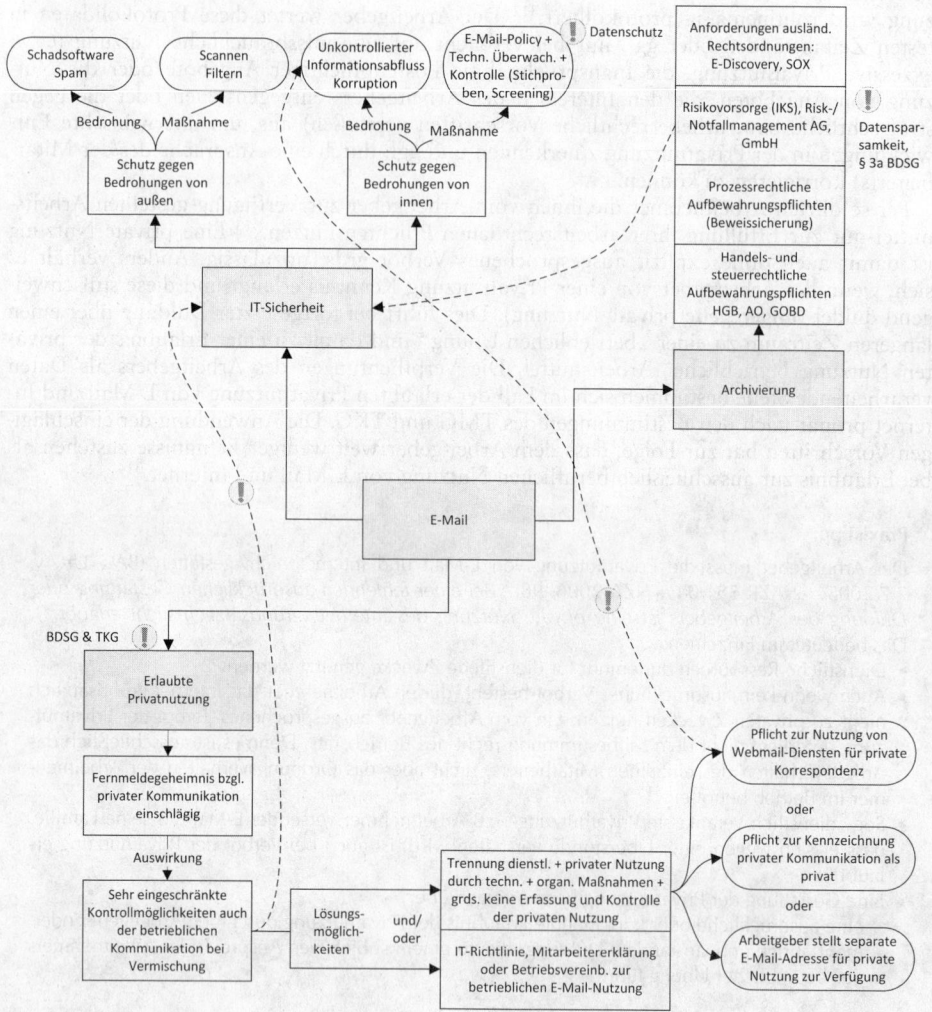

Abb: Übersicht über die Problemkreise im Zusammenhang mit dem Einsatz von E-Mail in Unternehmen

2. Maßgaben des TKG und TMG

201 Die Erlaubnis zur privaten Nutzung von E-Mail und Internet hat zur Folge, dass der Arbeitgeber nach wohl (noch) hM gegenüber seinen Beschäftigten „**geschäftsmäßig Telekommunikationsdienste**" iSv § 3 Nr. 10 TKG erbringt.[316] Ob er eine Vergütung für die Privatnutzung von seinen Beschäftigten verlangt, spielt dabei keine Rolle, da es nicht auf die Erzielung von Einnahmen ankommt. Als Diensteanbieter (vgl. § 3 Nr. 6 TKG) hat der Arbeitgeber aber gegenüber seinen Beschäftigten das Fernmeldegeheimnis zu wahren. Das be-

---

[316] Kritisch zur hM mit ausführlicher Begründung: *Schuster*, CR 2014, 21 ff. Laut *Schuster* lässt sich die hM allein auf eine Gesetzesbegründung zum TKG 1996 (BT-Drs. 13/3609, 53 zu § 89 TKG 1996) stützen (historische Auslegung). Die teleologische Auslegung, auf die sich auch das VG Karlsruhe im Fall Mappus stützt (→ Rn. 203) komme dagegen zu einem anderen Ergebnis. Dem ist hinzuzufügen, dass auch der – allerdings sehr umstrittene und nicht verabschiedete – Regierungsentwurf eines Gesetzes zum Beschäftigtendatenschutz aus 2010 (dort in § 32i BDSG-E) davon ausging, dass für die private Nutzung von E-Mails durch Beschäftigte das TKG gilt (BT-Drs. 17/4230, S. 42, siehe auch → Fn. 318).

VI. Kontrolle der betrieblichen E-Mail- und Internetnutzung

deutet, dass der Inhalt der Kommunikation sowie die näheren Umstände der Kommunikation, also auch die Tatsache, ob jemand an einem Telekommunikationsvorgang beteiligt ist oder war, dem **Fernmeldegeheimnis** unterfällt. § 88 Abs. 3 TKG bestimmt, dass es dem Diensteanbieter untersagt ist, *„sich oder anderen über das für die geschäftsmäßige Erbringung der Telekommunikationsdienste einschließlich des Schutzes ihrer technischen Systeme erforderliche Maß hinaus Kenntnis vom Inhalt oder den näheren Umständen der Telekommunikation zu verschaffen"*. Dies hat zur Folge, dass – zumindest nach wohl (noch) hM – eine Protokollierung der privaten Internet- und E-Mail-Nutzung und damit eine Speicherung von Verbindungs- und Nutzungsdaten außer zu Abrechnungszwecken grds. nicht erlaubt ist.[317]

Auch eine mögliche Einwilligung des Mitarbeiters hilft nicht darüber hinweg, weil vom Fernmeldegeheimnis auch die Kommunikationsempfänger bzw. -absender privater Kommunikation geschützt werden und der Arbeitnehmer für diese keine wirksame Einwilligung erteilen kann.

> **Praxistipp:**
>
> Am privaten E-Mail-Verkehr sind mindestens zwei Personen beteiligt: der Beschäftigte und seine private Kontaktperson (zB Lebensgefährte). Im Zusammenhang mit der erlaubten privaten E-Mail-Nutzung besteht für den Arbeitgeber ein Dilemma, da an sich nicht nur eine Betriebsvereinbarung oder Einwilligung des Beschäftigten erforderlich wäre, sondern im Hinblick auf die Daten der privaten Kontaktpersonen auch eine Einwilligung aller privaten Kontaktpersonen der Beschäftigten. Von diesen Externen Einwilligungen einzuholen ist kaum machbar. Auch wenn es im Datenschutzrecht keine mutmaßliche/konkludente Einwilligung gibt, so sind wohl Absender, die private E-Mails an eine erkennbar dienstliche E-Mailadresse senden, weniger schutzwürdig. Dies scheinen bislang auch die Datenschutzbehörden nicht zu beanstanden.
>
> Ein Verbot der Privatnutzung ist für Unternehmen kein Königsweg. Zum einen sind einer Kontrolle der Tätigkeit der Mitarbeiter auch bei ausschließlich betrieblicher Nutzung Grenzen gesetzt (Stichwort: Leistungs- und Verhaltenskontrolle, § 87 Abs. 1 Nr. 6 BetrVG). Zum anderen wollen Arbeitgeber oft den Einsatz ihrer Mitarbeiter für das Unternehmen „belohnen" und die verantwortungsvolle private Nutzung von Telefon, E-Mail und Internet erlauben.

Sofern die private und dienstliche Nutzung nicht zuverlässig durch technische oder organisatorische Maßnahmen unterschieden und getrennt werden kann (etwa für den Bereich E-Mail durch die Anordnung, private E-Mails ausschließlich über sog Webmailer zu senden, da dort private E-Mails nicht von IT-Systemen des Arbeitgebers erfasst werden), unterfällt auch die dienstliche Nutzung aufgrund Vermischung mit der privaten Nutzung den strengen Anforderungen des TKG. Dies führt zu dem unbefriedigenden Ergebnis, dass im Ergebnis jegliche Kenntnisnahme durch den Arbeitgeber unzulässig ist. Für die rein dienstliche Nutzung gilt das TKG dagegen nicht, da der Arbeitgeber in diesem Fall keinen Telekommunikationsdienst für einen Dritten erbringt, vgl. § 3 Nr. 10 TKG.[318]

---

[317] Siehe aber (entgegen hM) LAG Niedersachsen Urt. v. 31.5.2010 – 12 Sa 875/09, MMR 2010, 639 sowie LAG Berlin-Brandenburg Urt. v. 16.2.2011 – 4 Sa 2132/10, ZD 2011, 43 = ArbRB 2011, 200 mAnm *Grimm*; kritisch zu diesen Entscheidung: *Lensdorf/Born*, CR 2013, 32; siehe auch *Rath/Karner* K&R 2010, 469; *Hoppe/Braun* MMR 2010, 80.

[318] Der nicht verabschiedete Regierungsentwurf eines Gesetzes zur Regelung des Beschäftigtendatenschutzes vom 25.8.2010 sah in § 32i BDSG-E eine Regelung speziell zur Nutzung von Telekommunikationsdiensten durch Beschäftigte am Arbeitsplatz vor. Dabei sollte sich der Anwendungsbereich ausschließlich auf die berufliche Nutzung beschränken. Hinsichtlich der – wegen der umstrittenen Anwendung des TKG dringend regelungsbedürftigen – privaten Nutzung wurde schlicht auf die geltenden Rechtslage nach dem Telekommunikationsgesetz verwiesen (zur Beurteilung der leicht anders lautenden Regelung im Referentenentwurfs vom 28.5.2010 siehe auch *Rath/Karner* K&R 2010, 469 (474 f.)). Die Regelung zur Nutzung von Telefon, E-Mail und Internet sah vor, dass der Arbeitgeber insbesondere zur Gewährleistung des ordnungsgemäßen technischen Betriebs, zu Abrechnungszwecken sowie zu Zwecken der Leistungs- und Verhaltenskontrolle die Nutzung von Telekommunikationsdiensten am Arbeitsplatz im erforderlichen Maß unter Wahrung der schutz-

Eine andere Ansicht vertritt das VG Karlsruhe Urt. v. 27.5.2013 – 2 K 3249/12, CR 2013, 428, Rn. 72 f.:[319]

„72 Gemessen an diesen Vorgaben spricht gegen eine Anwendbarkeit von § 88 TKG insbesondere schon die Tatsache, dass der Beklagte dem Kläger eine private E-Mail-Nutzung nie ausdrücklich gestattet hatte. Eine Erlaubnis privater Nutzung kann durch bloß passives Verhalten der das E-Mail-Postfach stellenden Behörde, also allein durch die Duldung privater Nutzung, nicht entstehen (vgl. Fülbier/Splittgerber, NJW 2012, 1995 [1997, 1998]). Somit konnte das besondere Schutzbedürfnis, dem das Telekommunikationsgesetz Rechnung tragen will, nicht auftreten.

73 Selbst bei Annahme einer erlaubten privaten Nutzung steht zudem der Gesetzeszweck des Telekommunikationsgesetzes einer Heranziehung des § 88 TKG entgegen. § 1 TKG bringt zum Ausdruck, dass es sich um ein Gesetz zur Förderung des privaten Wettbewerbs im Bereich der Telekommunikation handelt, dass also auf die Rechtsbeziehungen zwischen dem Staat und den Telekommunikationsanbietern sowie diejenigen zwischen den Telekommunikationsanbietern untereinander abgezielt wird. Sinn und Zweck des Gesetzes ist es hingegen nicht, die unternehmens- beziehungsweise behördeninternen Rechtsbeziehungen – etwa zwischen Arbeitgeber und Arbeitnehmer – zu regeln (vgl. Fülbier/Splittgerber, NJW 2012, 1995 [1999]; aA insoweit allerdings etwa Naumann in Giesen/Bannasch/Naumann/Mauersberger/Dehoust, Sächs. DSG, 1. Aufl., § 37 Rn. 15; Seifert in Simitis, BDSG, 7. Aufl., § 32 Rn. 92 mwN). Zwischen dem Kläger und dem Beklagten fehlte es somit an einer Beziehung, die eine Qualifizierung als ‚Diensteanbieter' und ‚Dritter' erlaubt."

204 Interessant ist die Entscheidung nicht nur wegen der relativ ausführlich begründeten Ablehnung der Geltung des Fernmeldegeheimnisses, sondern auch wegen der Ausführung zur **strengen Zweckbindung von Sicherungskopien des E-Mail-Postfachs**, die allerdings im konkreten Fall nicht nach BDSG sondern LDSG Baden-Württemberg zu beurteilen war.[320]

Weitere Rechtsprechungsbeispiele zum Fernmeldegeheimnis bei E-Mails:

Eine Hochschule blockiert die Zusendung unerwünschter E-Mails an einen ihrer Mitarbeiter. Der betroffene Mitarbeiter erstattet Strafanzeige wegen Verletzung des Post- und Fernmeldegeheimnisses (§ 206 StGB), der Datenveränderung (§ 303a StGB) sowie der Störung von Telekommunikationsanlagen (§ 317 StGB). Das OLG Karlsruhe nahm in seinem Beschluss vom 10.1.2005 – 1 Ws 152/04 – eine Strafbarkeit wegen Verletzung des Post- und Fernmeldegeheimnisses an, da in der Blockade der E-Mails des Mitarbeiters eine unbefugte Unterdrückung einer anvertrauten Sendung iSv § 206 Abs. 2 Nr. 2 StGB zu sehen sei.

Private E-Mails, die nach dem Übertragungsvorgang auf den Rechnern des Arbeitgebers gespeichert bleiben, unterfallen nicht (mehr) dem Fernmeldegeheimnis. So entschied der VGH Hessen in einem Beschluss vom 19.5.2009 – 6 A 2672/08.Z. Die BaFin hatte im Rahmen der Ermittlungen der US-Wertpapieraufsichtsbehörde wegen des Verdachts des Insiderhandels ein Auskunfts- und Vorlageersuchen gem. Wertpapierhandelsgesetz an ein deutsches Unternehmens gerichtet. Das Unternehmen verweigerte die Herausgabe von E-Mails unter Berufung auf das Fernmeldegeheimnis, zu Unrecht wie der VGH feststellte.[321] Das LAG Hamm urteilte 2012 ebenso in seiner Entscheidung vom 10.7.2012 – 14 Sa 1711/10. Das Fernmeldegeheimnis wird durch die Auswertung von auf dem Firmen-PC abgespeicherten Inhalten eines beendeten Telekommunikationsvorgangs – hier ging es um Chatprotokolle des Unified Communication-Dienstes Skype – nicht berührt.

Das BVerfG entschied in einer Entscheidung vom 16.6.2009 – 2 BvR 902/06, dass die Sicherstellung/Beschlagnahme von E-Mails auf dem Mailserver eines Providers in den Schutzbereich des Fernmeldegeheimnisses eingreift. Der Schutz des Fernmeldegeheimnisses bestehe solange fort, bis die E-Mails in den Herrschaftsbereich des Nutzers gelangt sind. An einer Herrschaft des Nutzers fehle es, so lange die E-Mails beim Provider „ruhen" und auch weiter, wenn die E-Mails nach Kenntnisnahme weiterhin beim Provider gespeichert bleiben.

Die Entscheidung des BVerfG vom 2.3.2010 – 1 BvR 256/08, 1 BvR 263/08, 1 BvR 586/08 – zur Vorratsdatenspeicherung konkretisiert die Abgrenzung des Schutzes nach Art. 13 GG (Unverletzlichkeit der Wohnung) vom Fernmeldegeheimnis nach Art. 10 GG sowie des mit der Entscheidung vom 27.2.2008 – 1 BvR 370/07, 1 BvR 595/07 neu geschaffenen Grundrechts auf Gewährleistung der Vertraulichkeit

---

würdigen Interessen der Beschäftigten kontrollieren darf. So sollte das Gesetz es dem Arbeitgeber erlauben, das Nutzungsverhalten der Beschäftigten ohne Anlass stichprobenhaft zu kontrollieren, um zB festzustellen, ob verbotene Inhalte aufgerufen werden.

[319] Im konkreten Fall begehrte der ehemalige Ministerpräsident von Baden-Württemberg, Mappus, die Löschung von kopierten Daten aus seinem ihm vom Staatsministerium zur Verfügung gestellten E-Mail-Postfach.
[320] Moos K&R 2014, 149 (153).
[321] Siehe auch Vorinstanz VG Frankfurt aM Urt. v. 6.11.2008 – 1 K 628/08.F, WM 2009, 948.

und Integrität informationstechnischer Systeme (sog Computergrundrecht). Die Auswirkungen auf den Schutz privater E-Mails am Arbeitsplatz, insb. die Auswirkung von Art. 10 GG auf die einfachgesetzliche Norm § 88 TKG, sind im Einzelnen – immer noch nicht – absehbar. In der Rechtsprechung wird diese neue grundrechtliche Position bislang kaum beachtet.

> **Praxistipp:**
>
> Dass bereits bei einer Duldung der privaten Nutzung von E-Mail und Internet am Arbeitsplatz eine **Protokollierung** des Nutzungsverhaltens ohne Einwilligung oder Betriebsvereinbarung weitestgehend verboten sein kann, wenn dienstliche und private E-Mails „vermischt" verarbeitet werden, ist dem Arbeitgeber oft unbekannt.
> Auch bei einer „Vermischung" von dienstlich und privaten TK- und Telemediendaten dürfen:
> - Protokolle von Nutzungsdaten in eingeschränktem Umfang erhoben und ausgewertet werden, sofern dies zu Abrechnungszwecken erforderlich ist, was allerdings nur selten der Fall sein wird.
> - Filtermaßnahmen bei E-Mails eingesetzt werden, sofern dies zur Gewährleistung der IT-Sicherheit erforderlich ist (etwa Virenscanner).[322] Für Filtermaßnahmen zu anderen Zwecken (etwa Spam-Filter, Data Loss Prevention-Systeme) gilt der Erlaubnistatbestand des § 100 TKG nach hM nicht.[323]
>
> Probleme mit der Vermischung von dienstlichen und privaten E-Mails ergeben sich auch bei vorübergehender Abwesenheit (Urlaub, Krankheit) oder bei Ausscheiden des Mitarbeiters. Daher sollte der Umfang von notwendigen Einsichtnahmen des Arbeitgebers bzw. Zugriffen auf den E-Mail-Account geregelt werden. Für den Fall des Ausscheidens und der Rückgabe von mobilen Geräten durch den Mitarbeiter sollten Regelungen getroffen werden, wonach der Mitarbeiter bei Ausscheiden bzw. vor Rückgabe alle privaten Daten zu löschen hat. Die vorgenommene Löschung sollte in einem Rückgabeprotokoll dokumentiert werden.

Der Arbeitgeber ist Diensteanbieter iSd TKG als er den Beschäftigten im Rahmen einer privaten Nutzung als **Access-Provider** den Zugang zum Internet vermittelt sowie die Übertragung von E-Mail ermöglicht. Für diese Fälle gilt das TMG gem. § 11 Abs. 3 für Diensteanbieter nur sehr eingeschränkt.[324] Erfolgt die Bereitstellung der Dienste allein zu beruflichen oder dienstlichen Zwecken, sind die datenschutzrechtlichen Bestimmungen des TMG überhaupt nicht anwendbar, vgl. § 11 Abs. 1 Nr. 1 TMG.

3. Regelungsmöglichkeiten im Rahmen einer „IT-Richtlinie", Mitarbeiter- oder Betriebsvereinbarung

Sofern der Arbeitgeber die private Nutzung von E-Mail und Internet grds. erlauben will, sollte er im eigenen Interesse diese Erlaubnis an einschränkende Voraussetzungen knüpfen.[325] Neben zeitlichen und/oder inhaltlichen Beschränkungen sollten auch Regelungen zur Überprüfung dieser Einschränkungen geschaffen werden. Dabei ist insbesondere darauf zu achten, dass die Art und Weise der Kontrolle des Umfangs der privaten Nutzung ausreichend transparent dargestellt wird. Auch das Verfahren einer datenschutzkonformen Protokollierung und Missbrauchskontrolle (dazu unten → Rn. 211 ff.) sollte festgelegt werden.

Daneben bietet es sich an, zugleich Regelungen für einen Zugriff des Arbeitgebers auf die betrieblichen Daten des Beschäftigten bei Abwesenheit zu schaffen.[326] Auch sollten Regeln

---
[322] S. a. *Gola*, Datenschutz Arbeitsplatz, Rn. 236 ff. unter Hinweis auf OLG Karlsruhe (RDV 2005, 67) und den Berliner Beauftragten für Datenschutz und Informationsfreiheit (Tätigkeitsbericht 2004, Kap. 5.2).
[323] Siehe dazu *Breyer*, MMR 2011, 573 (575).
[324] → § 36 Rn. 21 ff. Datenschutz der Telemedien.
[325] Zur Frage ob die Einwilligung der Arbeitnehmer in Kontrollmaßnahmen wirksam ist, wenn die Abgabe der Einwilligung an die Erlaubnis der Privatnutzung gekoppelt ist → § 34 Rn. 295 ff. Speziell bei der Privatnutzung am Arbeitsplatz geht die wohl hM nicht davon aus, dass die Einwilligung (mangels Freiwilligkeit) unwirksam sei. Denn der Arbeitnehmer hat grds. eine zumutbare Wahlmöglichkeit und kann in seiner Freizeit privat mailen oder surfen.
[326] Beispiel einer Richtlinie zur Nutzung von Internet und E-Mail siehe Koreng/Lachenmann/*Bergt*, Formularhandbuch Datenschutzrecht, C. III.1.; Beispiel einer Betriebsvereinbarung Internet- und E-Mail-Nutzung: Moos/*Rücke*, Datennutzungs- und Datenschutzverträge, Teil 4, V.

für die Rückgabe von dienstlich überlassenen Endgeräten wie Notebook und Smartphone aufgestellt werden.[327] Denn mit der erlaubten Privatnutzung einher geht oft auch die Ablage von privaten Dateien auf dem dienstlichen Arbeitsplatzrechner und anderen überlassenen Endgeräten.[328]

208 Lehrreiche Konsequenzen auch für die betriebliche Regelung der E-Mail und Internetnutzung am Arbeitsplatz lassen sich aus der Entscheidung des BAG (Urt. v. 9.7.2013 – 1 ABR 2/13)[329] ziehen, die zwar eine Betriebsvereinbarung über Torkontrollen behandelt, aber aufgrund der ausführlichen Auseinandersetzung mit den persönlichkeits- und datenschutzrechtlichen Aspekten auch bei E-Mail-/Internetkontrollen weiterhilft: Eine betriebliche Regelung, die Eingriffe in grundrechtliche Positionen enthält, muss nicht nur klare/transparente und offen kommunizierte Regelungen zu den Verfahrensabläufen, zu Gewährleistung Datensicherheit und ggf. auch zur Protokollierung enthalten (letztere erleichtert die Überprüfbarkeit der Rechtmäßigkeit der Kontrollmaßnahme). Gegenstand der betrieblichen Regelung sollte ausdrücklich auch die Umsetzung des Verhältnismäßigkeitsgebots sein, das bedeutet vor allem, dass die Eingriffsintensität nach Anlass bzw. Verdacht gestaffelt wird.

209 **Checkliste:**[330] **Hinweise zu sinnvollen Regelungen hinsichtlich der privaten E-Mail- und Internetnutzung**

I. Festlegung der erlaubten und verbotenen Nutzung
  ☐ Einrichtung eines eigenen Benutzerkontos für jeden Beschäftigten welches nur zur privaten Nutzung von E-Mail und Internet genutzt werden darf.
  ☐ Aufnahme einer Regelung zur Beschränkung der Nutzung von E-Mail und Internet auf Pausen oder auf ein festes Zeitkontingent pro Tag.
  ☐ Positive Beschreibung der erlaubten Nutzung (zB Versand von privaten E-Mails nur über Webmail-Dienste)[331] und/oder
  ☐ Beschränkung der erlaubten Nutzung durch
    • Untersagung einer Nutzung von E-Mail und Internet, die den Interessen des Arbeitgebers widerspricht oder gegen Strafrecht bzw. Urheberrecht verstößt.
    • Verbot der Inanspruchnahme kostenpflichtiger Angebote zu Lasten des Arbeitgebers.
    • Untersagung der Verfolgung kommerzieller Zwecke im Rahmen der privaten Nutzung.
    • Verbot der Nutzung der dienstlichen E-Mail-Adresse zu privaten Zwecken.
  ☐ Verpflichtung der Beschäftigten, die Absender privater E-Mails darüber aufzuklären, dass private E-Mails nicht an die dienstliche E-Mail-Adresse gesendet werden dürfen. Fälschlich an die dienstliche E-Mail-Adresse gesendete E-Mails sind unverzüglich dem betroffenen Beschäftigten zur alleinigen Kenntnis zu geben.

II. Festlegung von Sicherheitsmaßnahmen und deren Zweckbestimmung
  ☐ Ergriffene Sicherheitsmaßnahmen:
    • Spam-Filter, URL-Filter und Firewall zur Ausfilterung und ggf. Unterdrückung von Inhalten, E-Mails oder Anlagen von E-Mails umfassen folgende verbotene Nutzungsvorgänge:
      – das Abrufen oder Verbreiten von Inhalten, die gegen persönlichkeitsrechtliche, urheberrechtliche oder strafrechtliche Bestimmungen verstoßen (insbesondere verfassungsfeindliche, rassistische, gewaltverherrlichende, pornographische Äußerungen oder Abbildungen; Raubkopien, Filesharing etc);

---

[327] Konsequenz aus der Entscheidung OLG Dresden Beschl. v. 5.9.2012 – 4 W 961/12, → Rn. 223.
[328] Zu den arbeitsrechtlichen Aspekten von Social Media-Richtlinien siehe *Rolf/Riechwald* RDV 2010, 256; *Forst*, Social Media Guidelines – Regelung durch Betriebsvereinbarung?, ZD 2012, 251.
[329] Ausführlich zur Entscheidung des BAG: *Wybitul*, NZA 2014, 225.
[330] Angelehnt an die Empfehlungen des Unabhängigen Landeszentrum für Datenschutz Schleswig-Holstein in: Private sowie dienstliche Internet- und E-Mail-Nutzung, 1.4.2014.
[331] Dies ist ein zweischneidiges Schwert für den Arbeitgeber. Die Vorgabe, nur Webmail-Accounts zu nutzen hat den Vorteil, dass ein Zugriff des Arbeitgebers auf den dienstlichen E-Mail-Account (etwa bei Abwesenheit des Arbeitnehmers) ohne Weiteres möglich ist. Andererseits könnte die Freischaltung des Zugriffs auf Webmail-Dienste den ungewollten Abfluss betrieblicher Daten befördern, siehe dazu und zu technischen Möglichkeiten einen solchen ungewollten Abfluss von Daten zu unterbinden, *Conrad/Hausen*, Datenschutzrechtliche Aspekte von Data Loss Prevention und Cloud-Computing, DGRI Jahresband 2009.

VI. Kontrolle der betrieblichen E-Mail- und Internetnutzung

- das Verbreiten/Übermitteln von internen Informationen über Mitarbeiter, Mandanten oder andere Interna (zB zusammengefasst in Listen) ohne ausdrückliche Erlaubnis des Arbeitgebers (etwa für private Zwecke);
- das Verbreiten von geschäftsmäßiger Werbung, das Nutzen der dienstlichen E-Mail-Adresse (und ggf. einer dienstlichen User-ID) in sog Chat-Räumen, Blogs uä sowie das Abrufen kostenpflichtiger Informationen, es sei denn, der Mitarbeiter ist vom Arbeitgeber ausdrücklich dazu beauftragt;
- Beschaffungsvorgänge im Internet für den privaten Gebrauch (zB eBay), insbesondere wenn zusätzliche Kosten für den Arbeitgeber entstehen;
- das Einbringen, Installieren, Ausführen oder der Download von Software oder Programmcode aus dem Internet ohne Erlaubnis durch den Arbeitgeber;
- der Download und das Verbreiten/Übermitteln von Dateien bzw. Dateianhängen für private Zwecke.

- Datensicherungen der IT-Systeme, inklusive E-Mails (Verbindungsdaten und Inhalt)
- Mitprotokollierung der Internetnutzung der letzten 6 Monate in Log-Dateien. Diese Log-Dateien enthalten: Datum des Zugriffs, Uhrzeit des Zugriffs, aufgerufene Website, abgerufene Datei, übertragene Datenmenge, IP-Adresse des genutzten Geräts.[332]

☐ Abschließende Festlegung der Zwecke der Sicherheitsmaßnahmen:
- Analyse und Korrektur technischer Fehler,
- Gewährleistung und ggf. Wiederherstellung der Sicherheit der IT-Systeme,
- Vermeidung von Spam,
- Optimierung des Netzes,
- statistische Feststellung des Gesamt-Nutzungsvolumens,
- Compliance, insbesondere Erfüllung von Aufbewahrungspflichten,
- Aufrechterhaltung eines ordnungsgemäßen Geschäftsbetriebs.

III. Festlegungen zur präventiven Kontrolle der erlaubten Nutzung

☐ Darlegung, ob und ggf. welche Websites und Kommunikationswege (zB Instant Messenger, File Sharing uä) technisch unterbunden werden.

☐ Festlegung von Zweck, Umfang und möglichen Anlässen für Kontrollen (siehe dazu auch Stufenmodell unter → Rn. 211 ff.) und Protokollierungen der privaten Internet- und E-Mail-Nutzung. Im Rahmen der Zweckbindung bietet sich eine Begrenzung auf die Missbrauchskontrolle unter Ausschluss einer darüber hinausgehenden Leistungskontrolle an.

☐ Ankündigung, die Einhaltung der zeitlichen Vorgaben durch Protokollierung der Nutzungszeiträume des privaten Nutzungskontos und summarischer Auswertung zu überprüfen.

☐ Festlegung von Aufbewahrungsfristen für Protokolldaten.

☐ Regelung der Zugriffsberechtigung von Administratoren auf personenbezogene Daten.[333]

☐ Aufklärung darüber, ob und ggf. inwieweit private E-Mail- und Internetnutzung von Datensicherungsmaßnahmen erfasst werden.

IV. Verdachtsabhängige Kontrollen und Sanktionen bei unerlaubter Nutzung

☐ Darstellung des Umfangs und der Vorgehensweise bei personenbezogenen Auswertungen.[334]

☐ Festlegung, dass bei verdachtsabhängigen Kontrollen, der Datenschutzbeauftragte anwesend sein muss.

☐ Hinweis auf arbeitsrechtliche Konsequenzen im Fall der Überschreitung der erlaubten Nutzung.

---

[332] Firmeninterne IP-Adresse. Nicht von Internetprovider zugeteilte öffentliche IP-Adresse.
[333] Ein Missbrauch von Zugriffsrechten durch einen EDV-Administrator kann eine fristlose Kündigung rechtfertigen, siehe LAG München Urt. v. 8.7.2009 – 11 Sa 54/09 – CR 2010, 269; zuletzt LAG Köln Urt. v. 14.5.2010 – 4 Sa 1257/09 – CR 2011, 11.
[334] Zur Ausgestaltung verdachtsabhängiger Kontrollen ausführlich → Rn. 211 ff.

V. Regelungen zum Zugriff des Arbeitgebers auf die Arbeitsplatzrechner von Beschäftigten
- ☐ Aufstellen klarer Regeln für eine bestmögliche Trennung von privater und dienstlicher Nutzung:
  - Festlegung, dass private Daten nur in einem speziell dafür eingerichteten Verzeichnis abgelegt werden dürfen, das der Arbeitgeber grds. nicht einsehen darf.
  - Verpflichtung der Beschäftigten beim privaten Surfen im Internet den Webbrowser so einzustellen, dass auf dem Arbeitsplatzrechner keine Surfspuren wie zB Cache oder zuletzt besuchte Seiten gespeichert werden (sog Privat-Modus) oder diese automatisiert nach Beenden des Webbrowsers gelöscht werden.
- ☐ Festlegung, dass der Arbeitgeber auf die als privat vereinbarten Orte/Ordner grds. nicht zugreifen darf. Zu der Aufnahme eines Zugriffsrechts bei einer festgestellten oder vermuteten Überschreitung der erlaubten Nutzung, siehe unter Rn. 261 ff.).
- ☐ Dort wo die dienstliche und private Nutzung nicht durch technische und organisatorische Maßnahmen voneinander getrennt werden kann, Festlegung einer Erlaubnis, bei Abwesenheit von Beschäftigten wegen Krankheit oder Urlaub auf den Arbeitsplatzrechner des betreffenden Beschäftigten zuzugreifen, um die betrieblichen Daten einzusehen.

VI. Regelung bei Ausscheiden des Mitarbeiters
- ☐ Festlegung, dass private personenbezogene Daten vor Rückgabe von überlassenen Endgeräten (unwiderruflich) gelöscht werden.
- ☐ Bestätigung der Löschung aller privaten Daten in einem Rückgabeprotokoll durch Unterschrift des Mitarbeiters.

210 Da bereits die Standardsoftware, die die Nutzung von E-Mail und Internet ermöglicht über Protokollfunktionen verfügt, die eine umfassende Überwachung der Internet- und E-Mail-Nutzung ermöglichen, besteht ein **Mitbestimmungsrecht des Betriebsrats** nach § 87 Abs. 1 Nr. 6 BetrVG beim Einsatz dieser IT-Systeme.[335] War bei der betrieblichen Einführung von E-Mail und Internet die private Nutzung nicht erlaubt und auch nicht vorgesehen, so hat der Betriebsrat diesbezüglich auch nicht sein Mitbestimmungsrecht ausüben können. Die „Öffnung" von IT-Systemen auch für die private Nutzung sind somit gesondert mitbestimmungspflichtig.

4. Datenschutzkonforme Protokollierung und kaskadenartiges Kontrollschema

211 Ist allein die dienstliche Nutzung von E-Mail und Internet erlaubt, so findet das TKG keine Anwendung, da der Arbeitgeber in diesem Fall keine Telekommunikationsdienste gegenüber Dritten erbringt. Die Datenschutzvorschriften des TMG sind gem. § 11 Abs. 1 Nr. 1 TMG nicht anwendbar, es bleibt bei der Anwendbarkeit der allgemeinen Datenschutzvorschriften des BDSG. Danach darf der Arbeitgeber das Verhalten seiner Beschäftigten im Rahmen von technisch-organisatorischen Datenschutzkontrollen prüfen. Zudem ist eine nicht personenbezogene Protokollierung (etwa die Top 10 der abgerufenen Websites) unter Beachtung betriebsverfassungsrechtlicher Vorgaben (vgl. § 87 Abs. 1 Nr. 6 BetrVG) zulässig.

> **Formulierungsbeispiel: Festlegung von Stichprobenkontrollen**
>
> **212** 1. Zur Verhinderung von Missbrauch ist [Unternehmen] berechtigt, gemäß 2. und 3. präventive, stichprobenartige Kontrollen der Einhaltung der Regelungen dieser Vereinbarung durchzuführen. Diese Stichprobenkontrollen erfolgen grundsätzlich halbjährlich. Erweisen sich halbjährliche Stichproben als nicht ausreichend, etwa weil gehäuft Missbrauchsfälle auftreten, ist [Unternehmen] berechtigt, die Häufigkeit der Kontrollen angemessen zu erhöhen.

---

[335] Ausführlich zur Beteiligung des Betriebsrats → § 34 Rn. 299 ff.

VI. Kontrolle der betrieblichen E-Mail- und Internetnutzung

> 2. Zu diesem Zweck wird die richtlinienkonforme Internetnutzung von [Unternehmen], sofern nicht tatsächliche Anhaltspunkte für eine strafbare Internetnutzung vorliegen, zunächst nicht personenbezogen geprüft sondern statistisch, etwa indem eine statistische Top-10-Liste der im zurückliegenden Halbjahr bei [Unternehmen] zehn häufigsten aufgerufenen Websites erstellt wird. Ergibt diese statistische Auswertung, dass der dienstliche Internetzugang unerlaubt privat genutzt wird, etwa weil sich unter den 10 häufigsten aufgerufenen Websites solche befinden, die keiner dienstlichen Nutzung zuordenbar sind, zB private Social Networks, private Webmail-Dienste uä, erfolgt zunächst eine allgemeine, nicht auf konkrete Mitarbeiter bezogene Ermahnung. Sollte sich diese Ermahnung in der Folge als fruchtlos erweisen, so ist [Unternehmen] berechtigt, personenbezogene Stichproben der Internetnutzung durchzuführen.
>
> 3. [Unternehmen] ist berechtigt, ...

Das Formulierungsbeispiel erhebt nicht den Anspruch, die Grenzen einer zulässigen Protokollierung und Kontrollierung derselben aufzustellen, soll aber Regelungsmöglichkeiten aufzeigen. Bei personenbezogenen Stichproben müsste berücksichtigt und geregelt werden, dass erkennbar private E-Mails auch bei einem Verbot der Privatnutzung von E-Mail im Normalfall nicht gelesen werden dürfen.[336]

Ist die private Nutzung von E-Mail und Internet zB aufgrund betrieblicher Übung erlaubt, so scheidet eine Protokollierung sowohl der dienstlichen als auch der privaten Nutzung ohne die Einwilligung der Betroffenen regelmäßig aus. Aufgrund fehlender technischer und organisatorischer Maßnahmen zur Trennung der beiden Nutzungsarten bleibt dem Arbeitgeber auch die an und für sich zulässige Protokollierung der dienstlichen Nutzung verwehrt.

Ist die private Nutzung durch Betriebsvereinbarung oder Richtlinie geregelt, ist eine Protokollierung im begrenzten Umfang erlaubt. Allerdings muss auch die Betriebsvereinbarung ausreichende Garantien zum Schutz der Persönlichkeitsrechte der Beschäftigten vorsehen, um eine personenbezogene Protokollierung und Auswertung legalisieren zu können.

Das Vorgehen des Arbeitgebers bei einer festgestellten oder vermuteten Überschreitung der erlaubten Nutzung von E-Mail und Internet hat unter Wahrung der Rechte der Betroffenen zu erfolgen. Um dies zu gewährleisten, empfiehlt sich eine **abgestufte Vorgehensweise**. Dabei ist sicherzustellen, dass Maßnahmen nach einer höheren, stärker in das Persönlichkeitsrecht der Beschäftigten eingreifenden Stufe erst zulässig sind, wenn sich Maßnahmen auf einer niedrigeren Stufe als wirkungslos erwiesen haben.

> **Formulierungsbeispiel: Maßnahmen bei tatsächlichen Anhaltspunkten für einen Verdacht/ Missbrauchsregelung**
>
> Das Formulierungsbeispiel versucht in Ziff. 1, die Vorgaben von § 32 Abs. 1 S 2. BDSG umzusetzen. Ob die unter Ziff. 2 getroffene Regelung einer richterlichen Kontrolle standhalten würde, ist fraglich, da hier die Schwelle für personenbezogene Auswertungen niedriger liegt als bei Ziff. 1.
>
> 1. Bei Vorliegen tatsächlicher und von [Unternehmen] zu dokumentierender Anhaltspunkte, die einen Verdacht auf eine im Beschäftigungsverhältnis begangene strafbewehrte oder bußgeldbewehrte missbräuchliche Nutzung von IKT-Systemen begründen, erfolgt im erforderlichen Umfang und unter Beachtung von Verhältnismäßigkeitserwägungen eine personenbezogene Auswertung und Überprüfung auch der Protokolldaten durch [Unternehmen]. Soweit ein strafrechtlich relevanter Missbrauch durch [Unternehmen] festgestellt wird, wird der Mitarbeiter mit der Missbrauchsfeststellung konfrontiert und ihm wird Gelegenheit zur Stellungnahme eingeräumt.
> 2. Bei Vorliegen zu dokumentierender tatsächlicher Anhaltspunkte, die einen Verdacht auf eine missbräuchliche Nutzung von IKT-Systemen begründen, die nicht unter 1. fallen, sind ebenfalls im erforderlichen Umfang personenbezogene Auswertungen und Überprüfungen durch [Unternehmen] zulässig, wobei [Unternehmen] bei den konkreten Auswertungs- und Prüfungsmaßnahmen im Einzelfall die Art und Schwere des Verdachts berücksichtigt.

---

[336] Siehe der bayerische Landesdatenschutzbeauftragte, *Petri* unter http://www.datenschutz-bayern.de/technik/orient/privmail.html.

218 In Anlehnung an das vom ULD in Schleswig-Holstein entwickelte **Stufenmodell**,[337] könnten vier Eskalationsstufen festgelegt werden, wobei erst auf Stufe 3 und 4 personenbezogene Kontrollen vorgesehen sind. Die Maßnahmen auf Stufe 1 dienen dazu, die Beschäftigten über einen erkannten Regelverstoß in Kenntnis zu setzen. Oft reicht dies schon aus, um die Mitarbeiter zu sensibilisieren und damit zukünftige Verstöße zu verhindern. Sollten weiterhin Regelverstöße festgestellt werden, so kann in einer 2. Stufe die Protokollierung verschärft werden, um die Art des Regelverstoßes (zB Besuch nicht erlaubter Websites) oder den/die Verursacher (zB eine Abteilung innerhalb eines Unternehmens) einzugrenzen. Die Ergebnisse der nicht personenbezogenen Protokollauswertung sollten der Belegschaft kommuniziert werden, etwa indem eine Top 10-Liste der besuchten Websites veröffentlicht wird. Zudem sollten die Beschäftigten darauf hingewiesen werden, dass bei fortgesetzten Regelverstößen personenbezogene Protokollierungen und Kontrollen durchgeführt werden. Zudem besteht in den meisten Fällen auch die Möglichkeit, Regelverstöße durch technische Maßnahmen zu unterbinden. Dies kann dadurch zB geschehen, dass der Aufruf verbotener Websites durch sog Blacklisting unterbunden wird oder dass die Nutzung bestimmter Dienste wie zB Instant Messaging auf Portebene blockiert wird. Es empfiehlt sich bereits auf der Eskalationsstufe 2 den Datenschutzbeauftragten sowie den Betriebsrat in die Protokollierung und Auswertung mit einzubeziehen.

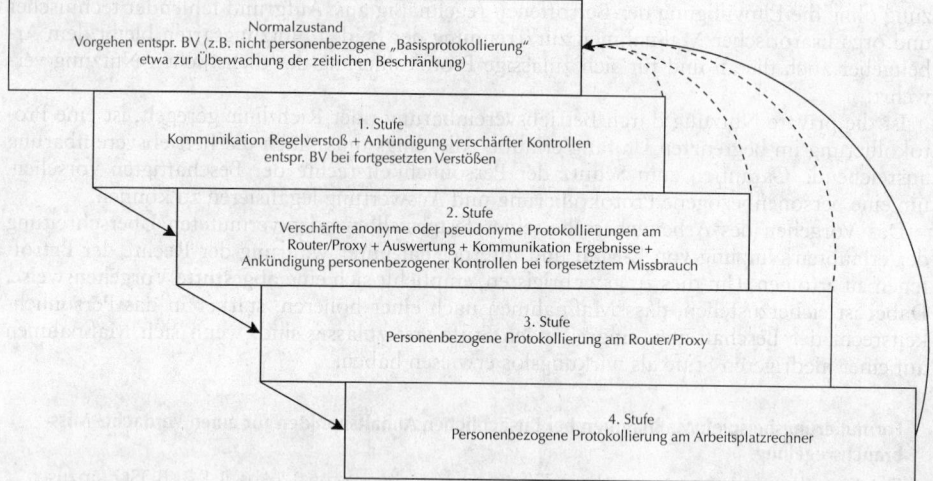

Abb.: Eskalierendes Stufenmodell angelehnt an ULD Schleswig-Holstein

219 Spätestens auf der 3. Stufe sollten Betriebsrat und Datenschutzbeauftragter von Beginn an einbezogen werden. Zweck, Umfang und Dauer der Protokollierung sowie die geplante Auswertung sind festzulegen. Dabei ist darauf zu achten, dass nur eine Überwachung des Kreises der Verdächtigen stattfindet und nicht zB die ganze Belegschaft überwacht wird. Jegliche Auswertung ist zu dokumentieren und Protokolldaten sind nach erfolgter Auswertung zu löschen. Die Mitarbeiter, denen ein Regelverstoß nachgewiesen werden kann, sind mit den Ergebnissen der Auswertung zu konfrontieren und ihnen ist Gelegenheit zur Stellungnahme zu geben. Arbeitsrechtliche Sanktionen sind in Abhängigkeit von der Schwere des Verstoßes zu erwägen. Sollte es zukünftig weiter zu massiven Missbrauch kommen, ist eine Überwachung der Arbeitsplatzrechner Verdächtiger auch ohne Ankündigung als ultima ratio zu erwägen. Je nach Art des Verstoßes sollte der Arbeitgeber auch eine Strafanzeige in Betracht ziehen.

---

[337] Siehe Empfehlungen des Unabhängigen Landeszentrum für Datenschutz Schleswig-Holstein in: Private sowie dienstliche Internet- und E-Mail-Nutzung?, 1.4.2014.

5. Überblick über ausgewählte Rechtsprechung des BAG seit 2005[338]

Zugriff von Arbeitnehmern auf Seiten mit erotischem/pornographischem Inhalt während der Arbeitszeit uä: BAG Urt. v. 7.7.2005 – 2 AZR 581/04, BAG Urt. v. 27.4.2006 – 2 AZR 386/05, BAG Urt. v. 31.5.2007 – 2 AZR 200/06 (Download in erheblichem Umfang mit Virengefahr und potentiell Betriebsstörung). 220

Installation von Anonymisierungssoftware durch den Arbeitnehmer zur Verschleierung der Privatnutzung, BAG Urt. v. 12.1.2006 – 2 AZR 179/05.

Abmahnungserfordernis bei privater Internetnutzung eines leitenden Angestellten, Milderung der schwere der erstmaligen Pflichtverletzung aus der Arbeitszeitautonomie: BAG v. Urt. 19.4.2012 – 2 AZR 186/11. 221

Aus § 40 Abs. 2 BetrVG folgt ein Anspruch des Betriebsrats auf einen nicht-personalisierten Internetzugang, dh Zurverfügungstellung einer einheitlichen Zugangskennung für alle Betriebsratsmitglieder: BAG Beschl. v. 18.7.2012 – 7 ABR 23/11.[339] 222

Ausgewählte Rechtsprechung der Instanzgerichte:[340] 223

- LAG Rheinland-Pfalz Urt. v. 23.4.2008 – 11 Sa 566/08 zum Vorrang der Abmahnung
- LAG Berlin-Brandenburg v. 9.12.2009 – 6 A 2672/08.Z zu den Grenzen der Kontrollrechte des Arbeitgebers: Mitarbeiter löscht über 1.000 Datensätze von Großkunden des Arbeitgebers. Arbeitgeber gewinnt Protokolldaten der Löschung unter Verstoß gegen die IT-Betriebsvereinbarung (zB keine Hinzuziehung des betriebl. Datenschutzbeauftragten). LAG: Kündigung unwirksam, da die aus den Protokolldaten gewonnenen Erkenntnisse wegen Verstoß gegen die Betriebsvereinbarung einem Beweisverwertungsverbot unterliegen.
- OLG Celle Urt. v. 27.1.2010 – 9 U 38/09: Fristlose Kündigung eines Geschäftsführers wegen der Installation einer „Hacker-Software" auf dem Dienst-PC. OLG: Download der Software gem. § 95a Abs. 3 UrhG rechtswidrig. Allein dies rechtfertigt außerordentliche fristlose Kündigung. Gefahr der Betriebsspionage und eines „unternehmensschädigenden Datenskandals". Persönliche Absichten des Arbeitnehmers für die Installation sind unerheblich.
- LAG Rheinland-Pfalz Urt. v. 26.2.2010 – 6 Sa 682/09: Mitarbeiter surft entgegen einer nur die dienstliche Nutzung zulassenden Mitarbeitererklärung, die mehrere Jahre zurückliegt, privat. Der Arbeitgeber stellt einen PC für Mitarbeiter zur Verfügung, auf dem privat gesurft werden darf. LAG: Kündigung ohne vorherige Abmahnung unwirksam, da keine exzessive Privatnutzung festgestellt und die Mitarbeitererklärung selbst eine Sanktionierung mit arbeitsvertraglichen Mitteln vorsieht (nämlich Abmahnung) sowie der zur Verfügung gestellte PC das Verbot der Privatnutzung „aufweiche".
- LAG Niedersachsen Urt. v. 31.5.2010 – 12 Sa 875/09: Ein langjähriger Mitarbeiter verbringt über einen Zeitraum von mehr als 7 Wochen arbeitstäglich mehrere Stunden mit dem Schreiben und Beantworten privater E-Mails – an mehreren Tagen sogar in einem zeitlichen Umfang, der keinen Raum für die Erledigung von Dienstaufgaben zulässt. Unterbrechungen der Arbeitszeit zur Erledigung privater Angelegenheiten sind untersagt. Ausdrückliche Regelungen zur privaten Nutzung der E-Mail-Funktion existieren nicht. Der Arbeitgeber duldete die private Nutzung des E-Mail-Systems in der Pause. LAG: Kündigung ohne vorherige Abmahnung gerechtfertigt, exzessive private Nutzung der E-Mail-Funktion als erhebliche Verletzung der Arbeitspflicht.
- LAG Hessen Urt. v. 25.7.2011 – 17 Sa 153/11: Der Arbeitgeber erlaubt seinen Mitarbeitern über eine sog Twin-Bill-Funktion die Privatnutzung des dienstlichen Mobilfunktelefons. Der Mitarbeiter erhält vom TK-Provider des Arbeitgebers eine gesonderte Rufnummer sowie PIN-Nr. für private Telefonate zugeteilt. Die Abrechnung für die über die TwinBill-Nr. geführten Gespräche nimmt der TK-Provider direkt mit dem Mitarbeiter vor. LAG: Führt der Arbeitnehmer vom Ausland aus über mehrere Monate private Telefonate

---

[338] Siehe für einen Überblick auch *Rath/Karner* K&R 2010, 469.
[339] ZD 2013, 36 mAnm *Gragert*.
[340] Siehe für einen Überblick auch *Rath/Karner* K&R 2010, 469.

in erheblichem Umfang bewusst über die zu Dienstzwecken zugewiesene (Nicht Twin-Bill-)Telefonnummer rechtfertigt dies eine außerordentliche Kündigung ohne dass es einer vorherigen Abmahnung bedarf.
- OVG Lüneburg Beschl. v. 14.9.2011 – 18 LP 15/10: Ein Schulhausmeister hat in erheblichem Umfang das Internet unerlaubt privat genutzt, darunter auch Internetseiten mit pornografischen Inhalten abgerufen. Die unerlaubte Privatnutzung erfolgte in den „Leerphasen" zwischen den zu verrichtenden Hausmeistertätigkeiten. OVG: Eine außerordentliche Kündigung ohne vorherige Abmahnung ist nicht gerechtfertigt.
- LAG Hamm Urt. v. 30.9.2011 – 10 Sa 785/11: Ein Betriebsratsmitglied speicherte auf ihrem dienstlichen PC in einem Netzlaufwerk 287 private Dateien mit einem Speichervolumen von ca. 170 MB. Diese Dateien beinhalteten private Briefe, Urlaubsfotos, eine Kündigung der privaten Tageszeitung, Einkaufsberechtigungen und nach Auffassung des Arbeitgebers auch sittenwidrige, pornografische und diskriminierende Fotos und Texte, des Weiteren Videos, Hörspiele und Spiele. Auch hatte die Arbeitnehmerin sog „Fun-Mails", die ihr als Anhang zugesandt wurden, an andere Arbeitskollegen weitergeleitet. LAG: Eine außerordentliche Kündigung ohne vorherige Abmahnung ist unwirksam, insbesondere bei einem langjährigen bisher unbeanstandetem Arbeitsverhältnis.
- LAG Hamm Urt. v. 16.1.2012 – 7 Sa 1201/11: Ein Arbeitnehmer leitet eine dienstlich erhaltene E-Mail an das eigene private E-Mail-Postfach weiter. Die E-Mail war an den ehemaligen Geschäftsführer des Arbeitgebers gerichtet und enthielt neben der dienstlichen E-Mail-Adresse des Arbeitnehmers sowie zweier weiterer Mitarbeiter des Arbeitgebers Budgetzahlen und Vorstellungen des Arbeitgebers zum Abbau eines Arbeitsplatzes. Dabei werden dienstliche E-Mails auf dem privaten Mobilfunktelefon des Arbeitnehmers mit dem Wissen des Arbeitgebers repliziert. Darüber hinaus hat der Arbeitnehmer die auf seinem dienstlichen Laptop gespeicherten Nachrichten im dienstlichen E-Mail-Account gelöscht. LAG: Die vom Arbeitgeber ausgesprochene außerordentliche Kündigung war unwirksam. Das einmalige Weiterleiten einer E-Mail habe eine nur unwesentliche Zeitspanne eingenommen (keine erhebliche zweckwidrige Verwendung der Arbeitszeit). Auch sei eine Rufschädigung des Arbeitgebers ausgeschlossen gewesen. Das Löschen des E-Mail-Accounts im Rahmen der Übergabe des Laptops sei nachvollziehbar und eine entgegenstehende Praxis nicht erkennbar.
- LAG Köln Urt. v. 18.7.2012 – 9 Sa 209/12: Ein langjährig beanstandungsfrei arbeitender Mitarbeiter hatte bei erlaubter gelegentlicher Privatnutzung des Dienst-PCs in einem Zeitraum von mehr als sechs Jahren von seinem Dienstcomputer aus zwei Dateien mit pornographischen Bildern an einen Arbeitskollegen weitergeleitet, zweimal mit betriebsfremden Personen über zwei und drei Stunden einen E-Mail-Schriftwechsel mit eindeutig sexuellem Inhalt geführt, in geringem Umfang E-Mails über den Verkauf und Ankauf verschiedener Gegenstände und sonstigem privaten Inhalt versandt und von seinem Arbeitsplatz aus eine Betreuungsangelegenheit wahrgenommen. LAG: Kündigung unwirksam. Es hätte einer vorherigen Abmahnung bedurft, da es sich um Einzelverstöße über einen Zeitraum von mehr als sechs Jahren handelt und die schwerwiegenderen Vorgänge (pornografische Bilder, E-Mail-Schriftwechsel mit zwei Frauen und Verkaufsgeschäfte) zum Kündigungszeitpunkt bereits längere Zeit zurücklagen und es weder zu finanziellen Schäden, noch zu Beeinträchtigungen des IT-Systems noch zu Rufschädigungen des Arbeitgebers gekommen ist und auch die Arbeitsleistung des Arbeitnehmers nie beanstandet worden ist.
- OLG Dresden Beschl. v. 5.9.2012 – 4 W 961/12: Für die Annahme und Verwaltung von Aufträgen stellt ein Kurierunternehmen einem selbständigen Fahrradkurier ein Smartphone nebst E-Mail-Account zur Verfügung. Nach Beendigung der Geschäftsbeziehung löschte das Kurierunternehmen den E-Mail-Account und die in dem Account gespeicherten Daten. Unter den gelöschten Daten befanden sich auch private E-Mails. OLG: Das Kurierunternehmen treffe eine vertragliche Nebenpflicht, von einer Löschung des E-Mail-Accounts nach Beendigung der Geschäftsbeziehung so lange abzusehen, bis klar ist, dass die andere Partei für die unter dem Account gespeicherten Daten keine Verwendung mehr hat. Eine Verletzung dieser Pflicht kann einen Schadensersatzanspruch nach § 280 Abs. 1 BGB auslösen.

- OLG Nürnberg Beschl. v. 23.1.2013 – 1 Ws 445/12: Weder § 274 StGB *(Urkundenunterdrückung)* noch § 303a StGB *(Datenveränderung)* liegen vor, wenn leitende Mitarbeiter bei ihrem Ausscheiden Kundendaten (teils Kopie aus Kundendatenbank, teils selbst erstellte Datensätze), die von ihnen auf dienstlichen Laptops gespeichert wurden, von der Festplatte löschen.[341]
- LAG Schleswig-Holstein Urt. v. 6.5.2014 – 1 Sa 421/13: Ein seit mehr als 21 Jahren bei dem Arbeitgeber beschäftigter Mitarbeiter hat während der Arbeitszeit mittels des eigenmächtig installierten Programmes Usenet/UseNEXT Software zu privaten Zwecken heruntergeladen. Der Arbeitgeber stellte Kapazitätsverluste der Internetleitung fest, die durch das Programm verursacht wurden. LAG: Eine ausschweifende private Nutzung des Internets während der Arbeitszeit rechtfertigt eine ordentliche Kündigung ohne vorherige Abmahnung.

VII. Arbeitnehmererfindungsrecht

Schrifttum: *A. Bartenbach/Fock,* Erfindungen von Organmitgliedern – Zuordnung und Vergütung, GRUR 2005, 384; *K. Bartenbach/Volz,* Arbeitnehmererfindungsgesetz – Kommentar zum Gesetz über Arbeitnehmererfindungen, 5. Auflage., 2013; *K. Bartenbach/Volz,* Arbeitnehmererfindungen – Praxisleitfaden mit Mustertexten, 6. Auflage, 2014; *Gärtner/Simon,* Reform des Arbeitnehmererfinderrechts – Chancen und Risiken, BB 2011, 1909; *Gennen,* Management von Arbeitnehmererfindungen – Ausgewählte praktische Auswirkungen der Reform des Arbeitnehmererfinderrechts, ITRB 2010, 280; *Götting/Meyer/Vormbrock,* Gewerblicher Rechtsschutz und Wettbewerbsrecht – Praxishandbuch, 2011; *Keukenschrijver,* Sind bei der Beurteilung der erfinderischen Tätigkeit sämtliche Merkmale im Patentanspruch gleichermaßen zu berücksichtigen?, in: *Ann/Anders/Dreiss/Jestaedt/Stauder* (Hrsg.), Materielles Patentrecht – Festschrift für Reimar König zum 70. Geburtstag, 2003, S. 255; *Kraßer,* Patentrecht – Ein Lehr- und Handbuch zum deutschen Patent- und Gebrauchsmusterrecht, europäischen und internationalen Patentrecht, 6. Auflage 2009; *Ohly,* Geistiges Eigentum?, JZ 2003, 545; *Reimer/Schade/Schippel* (Hrsg.), Das Recht der Arbeitnehmererfindungen – Kommentar zum Gesetz über Arbeitnehmererfindungen und deren Vergütungsrichtlinien, 7. Auflage 2000; *Schrader,* Identität des „Stands der Technik" im Patent- und Gebrauchsmusterrecht, Mitt. dt. PA 2013, 1; *ders.,* Der Handel mit virtuellen Gütern, in: *Leible/Sosnitza,* Onlinerecht 2.0 – Alte Fragen – neue Antworten, 2011, S. 93; *Schulte,* Patentgesetz mit Europäischem Patentübereinkommen, 9. Auflage 2014; *Vollrath,* Die freigewordene Diensterfindung und die benutzten geheimen Erfahrungen des Betriebes, GRUR 1987, 670; *Winterfeldt,* Aus der Rechtsprechung des Bundespatentgerichts im Jahr 2003 – Teil II: Patentrecht, Gebrauchsmusterrecht und Geschmacksmusterrecht, GRUR 2004, 361.

1. Relevanz im IT-Sektor

a) **Durch das Arbeitnehmererfindungsrecht zu lösender Interessenkonflikt.** Erfindungen sind Lösungen zu Aufgaben auf technischem Gebiet.[342] Heutzutage werden technische Aufgaben regelmäßig durch den Einsatz von Software gelöst. Daher haben die Schutzrechte für technische Erfindungen gerade im IT-Sektor erhebliche Bedeutung. Neben dem primär für den Schutz von Software einschlägigen Urheberrecht (§§ 69a ff. UrhG)[343] ist das Patent- und Gebrauchsmusterrecht das Schutzinstrument computerimplementierter Erfindungen (dh Softwarelösungen) mit der größten wirtschaftlichen Bedeutung.

Für neue technische Problemlösungen, die auf erfinderischer Tätigkeit beruhen, kommt grundsätzlich ein Patent- oder Gebrauchsmusterschutz in Betracht. Nach den patentrechtlichen Regelungen steht das Recht an der Erfindung und damit verbunden das Recht auf Erteilung eines Patents dem Erfinder zu, § 6 S. 1 PatG (sog **Erfinderprinzip**).

Erfindungen werden regelmäßig von angestellten Erfindern getätigt. Dadurch eröffnet sich das Spannungsfeld zwischen arbeitsrechtlicher Zuordnung des Leistungsergebnisses des Arbeitnehmers zum Arbeitgeber und dem patentrechtlichen Erfinderprinzip. Das „Gesetz über Arbeitnehmererfindungen"[344] löst diesen Konflikt durch zahlreiche Differenzierungen.

---

[341] Mit Anmerkung *Schröder,* ZD 2013, 282, der sich mit der im Ergebnis vertretbaren Entscheidung auseinandersetzt, die hinsichtlich der Begründung zur Datenverfügungsbefugnis der Arbeitnehmer umstritten ist.
[342] Grundlegend BGH Beschl. v. 27.3.1969 – X ZB 15/67, GRUR 1969, 672 – Rote Taube.
[343] → § 5 (Rechtsschutz von Computerprogrammen und digitalen Inhalten).
[344] Vom 25. Juli 1957, BGBl. I S. 756 (Zuletzt geändert durch Art. 7 des Gesetzes zur Vereinfachung und Modernisierung des Patentrechts vom 31.7.2009 (BGBl. I S. 2521)).

227

> **Checkliste:**
>
> Dabei sind einige Fragen zu unterscheiden:
> ☐ Wem steht die Erfindung zu, dh wer darf für die Erfindung ein Schutzrecht anmelden?
> ☐ Wenn die Erfindung dem Arbeitgeber zusteht: Hat der Arbeitnehmer einen Vergütungsanspruch und in welcher Höhe besteht ein solcher?
> ☐ Wenn die Erfindung dem Arbeitnehmer zusteht: Erhält der Arbeitgeber ein Nutzungsrecht an der Erfindung?

228 Die wohl am meisten (vor allem von KMU) **unterschätzte Folge** des grundsätzlich möglichen Patent- und Gebrauchsmusterschutzes von Softwarelösungen ergibt sich aus den **Fiktionswirkungen** des ArbNErfG, die eintreten, wenn der Arbeitgeber auf eine Meldung einer Erfindung durch einen Angestellten untätig bleibt. Die folgenreichste Konsequenz ist in § 6 II ArbNErfG geregelt. Danach steht die gemeldete Diensterfindung dem Arbeitgeber zu, der dafür (**unabhängig von seiner eigenen Nutzung der Erfindung!**) dem Arbeitnehmer gem. § 9 I ArbNErfG eine angemessene **Vergütung** zu zahlen hat und die Erfindung zudem grundsätzlich zum Patent anmelden muss, § 13 I ArbNErfG.

> **Praxistipp:**
>
> Wird mit (softwarebezogenen) Erfindungen im Betrieb gerechnet, sollte der Umgang mit Erfindungen **im Voraus geplant** werden. Andernfalls droht nach der ersten getätigten und gemeldeten Erfindung erheblicher Zeitverlust und im schlechtesten Fall das Entstehen einer Vergütungspflicht für eine Erfindung, die im Betrieb nicht eingesetzt werden kann.

229 b) Grundsätzliche Unabdingbarkeit, Regelungsmöglichkeiten und praktische Veranlassungen. Das Arbeitnehmererfindergesetz enthält nahezu ausschließlich **zwingende Normen**. Zuungunsten des Arbeitnehmers kann (beispielsweise im Arbeitsvertrag) daher grundsätzlich keine klare Regelung getroffen werden, § 22 S. 1 ArbNErfG. Das bedeutet insbesondere, dass arbeitsvertragliche Regelungen gem. § 134 BGB nichtig sind, die den Arbeitnehmer im Fall einer durch ihn getätigten Diensterfindung dazu verpflichten, diese dem Arbeitgeber (vergütungsfrei) zur Verfügung zu stellen. Ebenso sind Regelungen gleicher Wirkung unwirksam, beispielsweise eine pauschale „Einpreisung" etwaiger Erfindungen in den Arbeitslohn, mit dem Erfindervergütungen abgegolten sein sollen.[345]

230 **Sobald** die Erfindung getätigt und **dem Arbeitgeber ordnungsgemäß gemeldet** wurde, sind **Vereinbarungen** auch zuungunsten des Arbeitnehmers **zulässig**, § 22 S. 2 ArbNErfG. Dies ist der wesentliche Zeitpunkt, in dem die entscheidenden Weichen für den weiteren Umgang mit der Erfindung gestellt werden können und sollten. Es ist zB möglich, eine **pauschale Abgeltung** für die Inanspruchnahme der Erfindung durch den Arbeitgeber zu vereinbaren. Abgesehen von der erst ab diesem Zeitpunkt eröffneten **Regelungsmöglichkeit** ist in diesem **frühen Stadium** die Bereitschaft des (angestellten) Erfinders meist noch vorhanden, handhabbare und ausgewogene Regelungen zur Verwertung der Erfindung herbeizuführen. Mit weiter verstreichender Zeit wird es regelmäßig schwerer, mit dem Erfinder eine Vereinbarung über die Verwertung zu treffen, da sich die persönliche Einschätzung des Erfinders (insbesondere im Hinblick auf den Erfindungswert und die Verwertungsmöglichkeiten) häufig von ökonomischen Gegebenheiten entfernt.

---

[345] Hierzu Götting/Meyer/Vormbrock/*Wündisch* Praxishandbuch Gew. Rechtsschutz § 16 Rn. 25.

> **Praxistipp:**
> Es empfiehlt sich daher, **zum Zeitpunkt der Erfindungsmeldung möglichst viele Fakten zu dokumentieren,** die später für die Bewertung (ua für den Erfindungswert und den Anteilsfaktor) relevant werden können. Zudem sind diese Informationen für die Gestaltung etwaiger Vereinbarungen zwischen dem angestellten Erfinder und dem Arbeitgeber ausgesprochen hilfreich. Daher ist es erforderlich, bereits bevor Erfindungen getätigt oder gemeldet werden, ein **durchdachtes Meldungsverfahren im Betrieb zu etablieren,** anhand dessen einerseits kurz nach der getätigten Erfindung möglichst unkompliziert und schnell eine Meldung der Erfindung erfolgen kann und andererseits möglichst umfassend sämtliche Informationen dokumentiert werden, die für spätere Entscheidungen relevant sind.

2. Sachlicher und persönlicher Anwendungsbereich

Dem Anwendungsbereich des ArbNErfG unterliegen gem. § 1 ArbNErfG: 231
- Erfindungen und technische Verbesserungsvorschläge,
- die von Arbeitnehmern im privaten und im öffentlichen Dienst, von Beamten und Soldaten gemacht wurden.

a) **Patent- und gebrauchsmusterfähige Erfindungen.** Im Gegensatz zu den „technischen 232 Verbesserungsvorschlägen" sind „Erfindungen" im Sinne des ArbNErfG nur solche Erfindungen, die patent- oder gebrauchsmusterschutzfähig sind, §§ 2, 3 ArbNErfG.

aa) *Unterschied zwischen Patent und Gebrauchsmuster.* Eine Erfindung kann als Patent 233 oder Gebrauchsmuster geschützt werden. Der wesentliche Unterschied zwischen den beiden Schutzrechten besteht darin,[346] dass das Patent nur nach vorheriger Prüfung der materiellen Schutzvoraussetzungen erteilt wird, während das Gebrauchsmuster zwar ohne inhaltliche Prüfung registriert wird, dem Inhaber aber im Wesentlichen die gleichen Rechte wie das Patent verleiht. Die maximale Schutzdauer des Gebrauchsmusters beträgt allerdings nur 10 Jahre (§ 23 GebrMG) im Gegensatz zum Patent, das grundsätzlich bis zu 20 Jahre aufrechterhalten werden kann (§ 16 PatG). Im Hinblick auf die qualitativen Anforderungen (insbesondere die erfinderische Tätigkeit (§ 4 PatG) bzw. den erfinderischen Schritt (§ 1 GebrMG)) besteht nach dem BGH[347] kein Unterschied zwischen Patent und Gebrauchsmuster.[348] Wegen der obligatorischen Recherche und vorherigen Prüfung sind die gesamten Amtsgebühren für eine Patenterteilung ca. zehnmal so hoch wie die eines Gebrauchsmusters (ca. 410,– bzw. 40,– Euro).[349]

bb) *Materielle Schutzvoraussetzungen.* Die Patent- bzw. Gebrauchsmusterschutzfähigkeit 234 einer Erfindung richtet sich nach den §§ 1–5 PatG bzw. §§ 1–3 GebrMG. Danach ist eine Erfindung nur schutzfähig, wenn sie neu ist, auf erfinderischer Tätigkeit bzw. einem erfinderischen Schritt beruht und gewerblich anwendbar ist. Bei der Prüfung auf Neuheit und erfinderischer Tätigkeit bzw. dem erfinderischen Schritt wird die Erfindung mit dem (vorbekannten) **Stand der Technik** verglichen. Der Stand der Technik umfasst grundsätzlich alle Kenntnisse, die zum Anmelde- bzw. Prioritätstag öffentlich zugänglich waren, § 3 PatG bzw. § 3 GebrMG. Beim gebrauchsmusterrechtlich relevanten Stand der Technik sind (territoriale und sachliche) Einschränkungen zu beachten, § 3 GebrMG. Die Neuheitsprüfung ist der Vergleich, ob die Erfindung mit allen Merkmalen (dh identisch) bereits im Stand der Technik zu finden ist.[350] Die Prüfung auf erfinderische Tätigkeit geht dagegen der Frage nach, ob sich die Merkmalskombination der beanspruchten Erfindung für den Durchschnittsfach-

---

[346] Umfassend zum Verhältnis beider Schutzrechte *Schrader* Mitt. 2013, 1 (6 ff.); → § 5 Rn. 63 ff., 102.
[347] BGH Beschl. v. 20.6.2006 – X ZB 27/05, GRUR 2006, 842 (845) – Demonstrationsschrank.
[348] Anders die ursprüngliche und letztlich verfestigte gesetzgeberische Intention: Begründung zum Gesetz zur Änderung des Gebrauchsmustergesetzes vom 26.9.1985, BT-Drs. 10/3903 S. 17 f.
[349] Gem. Anlage zum Patentkostengesetz: Gebrauchsmustereintragung: EUR 30,–/40,– (elektronisch/Papierform) (Nr. 321000/321100 GebVerz.); Patentanmeldung: EUR 40,–/60,– (elektronisch/Papierform) (Nr. 311000/311100 GebVerz.) + Prüfungsverfahren: EUR 350,– (Nr. 311400 GebVerz.).
[350] BGH Beschl. v. 17.1.1995 – X ZB 15/93, GRUR 1995, 330 – Elektrische Steckverbindung.

mann in naheliegender Weise aus dem Stand der Technik ergibt, § 4 S. 1 PatG (Mosaikvergleich).[351]

235 *cc) Besonderheiten computerimplementierter Erfindungen.* Im IT-Bereich treten regelmäßig Irritationen im Hinblick auf die generelle Möglichkeit des Patent- oder Gebrauchsmusterschutzes von softwarebezogenen Erfindungen auf. Den Ursprung haben diese Probleme in der gesetzlichen Definition der Gegenstände, die dem Patentschutz (§ 1 III Nr. 3 PatG) bzw. dem Gebrauchsmusterschutz (§ 1 II Nr. 3 GebrMG) **grundsätzlich nicht zugänglich** sein sollen. Danach werden „**Programme für Datenverarbeitungsanlagen**" nicht als patent- oder gebrauchsmusterfähige Erfindungen „angesehen". Allerdings wird dieser generelle Ausschluss im jeweiligen Folgeabsatz **eingeschränkt**. Der Ausschluss steht der Patent- bzw. Gebrauchsmusterfähigkeit „nur insoweit entgegen, als für die genannten Gegenstände oder Tätigkeiten **als solche** Schutz begehrt wird". Bereits vor der Kodifizierung dieser Patentausschlusstatbestände[352] forderte die Rechtsprechung, dass eine schutzfähige Erfindung immer „technisch" sein muss.[353] Dieses Kriterium wird (wenngleich dies zunehmend als wenig zielführend erachtet wird)[354] auch heute noch für die Abgrenzung schutzfähiger von schutzunfähigen Erfindungen angewandt.[355] Daraus ergeben sich terminologisch schwer nachvollziehbare Abgrenzungen und die Annahme, dass Software sowohl technischen als auch untechnischen Charakter haben kann.[356] Hinter diesen Erwägungen steht das Bestreben, den Patent- und Gebrauchsmusterschutz **nur für konkrete Problemlösungen** zuzulassen[357] („eben der technischen"[358]).

236 Im Hinblick auf die Schutzfähigkeit computerimplementierter Erfindungen zeichnet sich daher folgendes Bild ab: Die früher von der Rechtsprechung favorisierte „**Kerntheorie**"[359] („Worin liegt der Kern der Erfindung, wenn man abstrakte Denkanweisungen und Rechenregeln gedanklich wegstreicht?") ist aufgegeben worden.[360] Auch half die zwischenzeitlich entwickelte „Ausnahme von der Kerntheorie" nicht weiter, bei der die Rechtsprechung für die Schutzfähigkeit der computerimplementierten Erfindung forderte, dass die Erfindung mehr sein müsse als der bloße „**bestimmungsgemäße Gebrauch einer Datenverarbeitungsanlage**", dh es musste ein neuer Aufbau der Anlage beansprucht werden oder die Anlage musste auf eine ganz neue Art genutzt werden.[361] Der auch derzeit favorisierte Ansatz der Begrenzung der schutzfähigen Erfindungen bedient sich einer „**wertenden Gesamtbetrachtung**".[362] Dabei sind die lösungsrelevanten technischen und nichttechnischen Elemente zwar nicht zu gewichten, jedoch muss das Ergebnis der wertenden Gesamtbetrachtung sein, dass die Lehre „**der Lösung eines über die Datenverarbeitung hinausgehenden konkreten technischen Problems dient**".[363] Der BGH stellt daher darauf ab, dass ein Computerprogramm

---

[351] Schulte/*Moufang* PatG § 4 Rn. 17.
[352] Eingefügt als Abs. 2 und 3 durch die Neufassung des Patentgesetzes vom 16. Dezember 1980, BGBl. I 1981, 1.
[353] BGH Beschl. v. 22.6.1976 – X ZB 23/74, GRUR 1977, 96 (99) – Dispositionsprogramm; BGH Beschl. v. 17.10.2001 – X ZB 16/00, GRUR 2002, 143 (145) – Suche fehlerhafter Zeichenketten.
[354] *Winterfeldt* GRUR 2004, 361; *Keukenschrijver* in: Festschrift König, 2003, S. 255 (261 ff.); *Kraßer* Patentrecht § 12 I 2 (S. 144).
[355] BGH Beschl. v. 22.4.2010 – Xa ZB 20/08, GRUR 2010, 613 (616), Tz. 22 – Dynamische Dokumentengenerierung; BGH Beschl. v. 20.1.2009 – X ZB 22/07, GRUR 2009, 479 (480), Tz. 11 – Steuerungseinrichtung für Untersuchungsmodalitäten; BGH Urt. v 7.3.2006 – X ZR 213/01, GRUR 2006, 663 (664), Tz. 17 – Vorausbezahlte Telefongespräche; BGH Beschl. v. 24.5.2004 – X ZB 20/03, GRUR 2004, 667 (668) – Elektronischer Zahlungsverkehr.
[356] BGH Beschl. v. 13.5.1980 – X ZB 19/78, GRUR 1980, 849 – Antiblockiersystem.
[357] BGH Beschl. v. 17.10.2001 – X ZB 16/00, GRUR 2002, 143 (145) – Suche fehlerhafter Zeichenketten.
[358] BGH Beschl. v. 22.6.1976 – X ZB 23/74, GRUR 1977, 96 (99) – Dispositionsprogramm.
[359] BGH Beschl. v. 16.9.1980 – X ZB 6/80, GRUR 1981, 39 (40) – Walzstabteilung.
[360] BGH Urt. v. 4.2.1992 – X ZR 43/91, GRUR 1992, 430 – Tauchcomputer.
[361] BGH Beschl. v. 11.6.1991 – X ZB 13/88, GRUR 1992, 33 (34) – Seitenpuffer.
[362] BGH Beschl. v. 24.5.2004 – X ZB 20/03, GRUR 2004, 667 (668) – Elektronischer Zahlungsverkehr; BGH Beschl. v. 13.12.1999 – X ZB 11/98, GRUR 2000, 498 – Logikverifikation; BGH Urt. v. 4.2.1992 – X ZR 43/91, GRUR 1992, 430 – Tauchcomputer.
[363] BGH Beschl. v. 20.1.2009 – X ZB 22/07, GRUR 2009, 479 – Steuerungseinrichtung für Untersuchungsmodalitäten (Leitsatz).

"über die für die Patentfähigkeit unabdingbare Technizität hinaus verfahrensbestimmende Anweisungen enthalten [muss], welche die Lösung eines konkreten technischen Problems mit technischen Mitteln zum Gegenstand haben. Wegen des Patentierungsausschlusses von Computerprogrammen als solchen (§ 1 III Nr. 3 PatG) vermögen regelmäßig erst solche Anweisungen die Patentfähigkeit eines Verfahrens zu begründen, welche eine Problemlösung mit solchen Mitteln zum Gegenstand hat. Nicht der Einsatz eines Computerprogramms selbst, sondern die Lösung eines solchen Problems mit Hilfe eines (programmierten) Computers kann vor dem Hintergrund des Patentierungsverbotes eine Patentfähigkeit zur Folge haben."[364] Die Patentfähigkeit kann bereits dann gegeben sein, wenn nur ein Teilaspekt auf technischem Gebiet liegt, zB wenn „die Lehre Anweisungen enthält, die der Lösung eines konkreten technischen Problems mit technischen Mitteln dienen."[365]

b) *Technische Verbesserungsvorschläge und Betriebsgeheimnisse. aa) Technische Verbesserungsvorschläge.* Neuerungen, die **nicht patent- oder gebrauchsmusterschutzfähig** sind, können technische Verbesserungsvorschläge iSd § 3 ArbNErfG sein. § 20 I ArbNErfG definiert die „technischen Verbesserungsvorschläge" als solche Neuerungen, „die dem Arbeitgeber eine **ähnliche Vorzugsstellung gewähren wie** ein gewerbliches **Schutzrecht**". Dabei kommt es auf die tatsächliche Vorzugsstellung an, die auf der fehlenden Nachahmungsmöglichkeit Dritter beruht, weil diese keine Kenntnis von der Verbesserung haben. Beruht die Vorzugsstellung dagegen auf einem anderen Schutzrecht – wie beispielsweise dem Urheberrecht – liegt keine „ähnliche Vorzugsstellung" vor.[366] Daher haben technische Verbesserungsvorschläge bei der Softwareerstellung durch Angestellte wegen des ipso iure entstehenden Urheberrechtsschutzes eine eher untergeordnete Bedeutung.

> **Praxistipp:**
> Liegt ein technischer Verbesserungsvorschlag vor und hat ein Arbeitnehmer diesen dem Arbeitgeber gemeldet, so hat der Arbeitnehmer einen **Vergütungsanspruch, sobald der Arbeitgeber den technischen Verbesserungsvorschlag verwertet**, § 20 I ArbNErfG. Die Bemessung der Vergütung erfolgt wie bei den Diensterfindungen.

bb) Betriebsgeheimnisse. Unter den Voraussetzungen des § 17 ArbNErfG hat der Arbeitgeber die Möglichkeit, eine ihm gemeldete Diensterfindung eines Arbeitnehmers geheim zu halten und entgegen der Pflicht gem. § 13 I ArbNErfG bewusst nicht zum Patent oder Gebrauchsmuster anzumelden. **Geheimhaltung und Anmeldung schließen sich gegenseitig aus**, da die Schutzrechtsanmeldungen und -erteilung immer offengelegt werden, §§ 31, 32 PatG, § 8 GebrMG. Für Betriebsgeheimnisse besteht kein absoluter Schutz, wie ihn ein Patent oder Gebrauchsmuster verleiht. Ein Betriebsgeheimnis ist nur gegen den Verrat gemäß § 17 UWG geschützt. Ist das Geheimnis offenbart, kann Dritten, die von dem Geheimnis ohne den gem. § 17 UWG verbotenen Bruch der Geheimnissphäre erfahren, die Nutzung der Erfindung nicht untersagt werden. Dies ist der wesentliche Unterschied zu den Schutzrechten mit absoluter Wirkung.[367]

Gerade im **IT-Bereich** ist die **Geheimhaltung** einer Lösung eine häufig **zielführende Strategie**. Verkörpert sich die erfinderische Lehre in einem Erzeugnis, so ist es Dritten durch

---

[364] BGH Beschl. v. 20.1.2009 – X ZB 22/07, GRUR 2009, 479 (480) Tz. 11 – Steuerungseinrichtung für Untersuchungsmodalitäten.
[365] BGH Urt. v. 24.2.2011 – X ZR 121/09, GRUR 2011, 610 (612) Tz. 17 – Webseitenanzeige unter Bezugnahme auf die st. Rspr.: BGH Beschl. v. 20.1.2009 – X ZB 22/07, GRUR 2009, 479 (480) Tz. 11 – Steuerungseinrichtung für Untersuchungsmodalitäten; BGH Beschl. v. 22.4.2010 – Xa ZB 20/08, GRUR 2010, 613 (616) Tz. 22 – Dynamische Dokumentengenerierung.
[366] BGH Urt. v. 23.10.2001 – X ZR 72/98, GRUR 2002, 149 (151) – Wetterführungspläne II; BGH Urt. v. 24.10.2000 – X ZR 72/98, GRUR 2001, 155 (157) – Wetterführungspläne I.
[367] Kritisch dazu *Ohly* JZ 2003, 545; zum Verhältnis absoluter und relativer Rechte am Beispiel „virtueller Güter" in Onlinespielen vgl. *Schrader*, Der Handel mit virtuellen Gütern, in: *Leible/Sosnitza*, Onlinerecht 2.0, S. 93 (97 ff.).

Analyse des Aufbaus eines erworbenen Erzeugnisses häufig möglich, von der Erfindung Kenntnis zu erlangen. Dies ist bei **Verfahrenserfindungen (Ablaufpläne, Steuerungsfunktionen)** dagegen nicht möglich.

240 Die Entscheidung zwischen Geheimhaltung und Schutzrechtsanmeldung sollte daher von der Wahrscheinlichkeit abhängig gemacht werden, dass potentielle Mitbewerber von dem erfinderischen Verfahren Kenntnis erlangen. Bei rein intern genutzten Verfahren (Betriebsweise eines unternehmenseigenen Servers in bestimmter Art und Weise) sollte die Geheimhaltung eher in Betracht gezogen werden als bei der notwendigen Auslieferung der erfinderischen Lehre in Form von vertriebener Software oder gar Hardware.

241 Die Entscheidung zwischen Schutzrechtsanmeldung und Geheimhaltung hat allerdings **kaum wirtschaftliche Auswirkungen** auf die Folgen für das **Verhältnis zwischen Arbeitnehmer und Arbeitgeber**. Gem. § 17 I ArbNErfG muss der Arbeitgeber, der die Erfindung geheim halten und nicht anmelden will, die Schutzfähigkeit gegenüber dem Arbeitnehmer anerkennen (eine Ausnahme besteht, wenn er die Schiedsstelle anruft, Abs. 2). Der Arbeitnehmer hat gegen den Arbeitgeber einen Vergütungsanspruch dergestalt, als handle es sich um eine Diensterfindung. Die wirtschaftlichen Nachteile, die sich aus der Geheimhaltung im Gegensatz zu einer Anmeldung eines Schutzrechts ergeben (beispielsweise nur eingeschränkte Lizenzierungsmöglichkeit), sind bei der Bemessung der Vergütung mit zu berücksichtigen, § 17 III ArbNErfG.

> **Praxistipp:**
>
> Die Entscheidung zwischen Schutzrechtsanmeldung und Geheimhaltung sollte nicht von vermeintlich ökonomischen, sondern allein von der verfolgten Strategie abhängen, wie mit der Erfindung im Betrieb weiter verfahren werden soll. „Wird es gelingen, das erfinderische Verfahren geheim zu halten oder soll der Fall abgesichert sein, dass Dritte davon Kenntnis erhalten?"

242 **c) Persönlicher Anwendungsbereich.** Das ArbNErfG gilt nur für **Arbeitnehmer** im privaten und im öffentlichen Dienst, **Beamte und Soldaten,** § 1 ArbNErfG. Es gelten die arbeitsrechtlichen Definitionen des Arbeitnehmer- und Arbeitgeberbegriffs.[368] Schwierig ist die vom Einzelfall abhängende Einordnung von Auszubildenden, Werkstudenten, Diplomanden etc.,[369] die in der Regel Arbeitnehmer iSd ArbNErfG sind, weil sie weisungsabhängig sind. Dagegen sind Doktoranden und freie Mitarbeiter meist nicht weisungsabhängig und unterfallen damit regelmäßig nicht dem ArbNErfG.[370]

> **Praxistipp:**
>
> Das ArbNErfG gilt **nicht für Organe** einer Gesellschaft, zB den Geschäftsführer einer GmbH.[371] In diesen Fällen ist ein Interessenausgleich auf der Grundlage der vertraglichen Abreden bzw. in Ermangelung solcher anhand gesellschaftsrechtlicher Treuepflichten sowie im Wege ergänzender Vertragsauslegung herbeizuführen, wobei die Wertungen des ArbNErfG herangezogen werden können.[372]

---

[368] Götting/Meyer/Vormbrock/*Wündisch* Praxishandbuch Gew. Rechtsschutz § 16 Rn. 3, 5; *Bartenbach/Volz* ArbNErfG § 1 Rn. 9; BGH Urt. v. 24.10.1989 – X ZR 58/88, GRUR 1990, 193 (195) – Auto-Kindersitz.
[369] *Bartenbach/Volz* ArbNErfG § 1 Rn. 83 f., 91.
[370] *Bartenbach/Volz* ArbNErfG § 1 Rn. 41, 44.
[371] BGH Urt. v. 26.9.2006 – X ZR 181/03, GRUR 2007, 52 – Rollenantriebseinheit II; umfassend A. *Bartenbach/Fock* GRUR 2005, 384.
[372] BGH Urt. v. 26.9.2006 – X ZR 181/03, GRUR 2007, 52 – Rollenantriebseinheit II; anders, wenn Arbeitgeberfunktionen ausgeübt werden: BGH Urt. v. 24.10.1989 – X ZR 58/88, GRUR 1990, 193 (195) – Auto-Kindersitz.

Eine Sonderstellung nehmen **Hochschullehrer** ein. Für sie gelten grundsätzlich die Regeln 243
des ArbNErfG mit den Besonderheiten, die sich aus der verfassungsrechtlich garantierten
Forschungs- und Lehrfreiheit ergeben. Die in § 42 ArbNErfG enthaltenen Sondervorschriften spiegeln sich beispielsweise in der dem Hochschullehrer zustehenden negativen Publikationsfreiheit wider.[373] Außerdem ermöglichen die Regelungen den Abschluss dreiseitiger Forschungs- und Entwicklungsverträge mit Drittmittelgebern.[374]

3. Diensterfindung und freie Erfindung

a) **Abgrenzung.** Nach dem ArbNErfG sind die **Diensterfindungen (gebundene Erfindungen)** 244
von den **freien Erfindungen** zu unterscheiden, § 4 I ArbNErfG. Die Abgrenzung erfolgt negativ. Liegt keine Diensterfindung vor, handelt es sich um eine freie Erfindung, § 4 III 1 ArbNErfG. Die Unterscheidung hat maßgeblichen Einfluss auf die Beantwortung der Frage, wer etwaige Rechte an der Erfindung begründen kann (dh im Hinblick auf das erste „Zugriffsrecht" auf die Erfindung).

Der Fokus liegt daher auf der Bestimmung, ob eine Erfindung eines Arbeitnehmers eine 245
Diensterfindung ist. Eine Diensterfindung ist gem. § 4 II ArbNErfG durch zwei Merkmale gekennzeichnet:
- die Erfindung wurde während der Dauer des Arbeitsverhältnisses gemacht und
- die Erfindung hat einen spezifischen Bezug zum Betrieb (Aufgaben- oder Erfahrungserfindung).

aa) Zeitlicher Bezug der Diensterfindung zum Arbeitsverhältnis. Eine Diensterfindung 246
liegt nur vor, wenn sie „**während der Dauer des Arbeitsverhältnisses gemacht**" wurde. Sie muss während des Bestehens des Arbeitsverhältnisses **fertiggestellt** worden sein. Das ist der Fall, wenn die Lösung zu der technischen Aufgabe aufgefunden wurde. Die (fertige) Erfindung muss **für einen Durchschnittsfachmann ausführbar** sein, sodass sie auch nach den Voraussetzungen des § 34 IV PatG zum Patent oder Gebrauchsmuster angemeldet werden könnte. Die Ausführbarkeit ist aus der Sicht des Fachmanns zu beurteilen, sodass der Annahme einer fertigen Erfindung auch ein Irrtum des Erfinders über die Wirkungszusammenhänge nicht entgegensteht, wenn er nur die zur Lösung der technischen Aufgabe notwendigen Lösungsmittel angibt und der Fachmann in der Lage ist, das Problem zu lösen, ohne selbst erfinderisch tätig zu sein.[375]

> **Praxistipp:**
> Es wird auf die **Dauer des Arbeitsverhältnisses, nicht auf die der Arbeitszeit** abgestellt.[376] Daher ist es unerheblich, ob die Lösung letztlich in der **Freizeit** oder im **Urlaub** des Arbeitnehmers gemacht wurde.[377] Dies ist vor allem bei Programmierarbeiten häufig relevant, wenn **private Interessengebiete** mit der beruflichen Befassung mit entsprechenden Themen verschmelzen.

Der **Arbeitgeber** trägt die **Beweislast** für die Tatsache, dass die Erfindung während der 247
Dauer des Dienstverhältnisses gemacht wurde.[378] Allerdings kommen umfangreiche **Beweiserleichterungen** im Einzelfall in Betracht, wenn beispielsweise zwischen dem Ausscheiden aus dem Dienstverhältnis und der Anmeldung eines Schutzrechts durch den Arbeitnehmer (oder auch durch Angehörige)[379] nur eine relativ kurze Zeit verstrichen ist[380] oder die

---

[373] Vgl. Begründung des Änderungsgesetzes über Arbeitnehmererfindungen, BT-Drcks. 14/5975 S. 7.
[374] *Bartenbach/Volz* ArbNErfG § 42 Rn. 190.
[375] BGH Urt. v. 10.11.1970 – X ZR 54/67, GRUR 1971, 210 (212) – Wildbißverhinderung.
[376] *Bartenbach/Volz* ArbNErfG § 4 Rn. 10, 15.
[377] BGH Urt. v. 18.5.1971 – X ZR 68/67, GRUR 1971, 407 (408) – Schlußurlaub.
[378] BGH Urt. v. 21.10.1980 – X ZR 56/78, GRUR 1981, 128 – Flaschengreifer.
[379] OLG München Mitt. 1995, 316 (318) – Widerrechtliche Entnahme.
[380] BGH Urt. v. 21.10.1980 – X ZR 56/78, GRUR 1981, 128 – Flaschengreifer.

248 Ergebnisse lang andauernder Entwicklungsarbeiten und Versuchsreihen unaufgeklärt bleiben.[381]

248 Eine **Beendigung des Arbeitsverhältnisses** hat **keine Auswirkungen** auf die Rechte und Pflichten, die sich aus dem ArbNErfG ergeben (§ 26 ArbNErfG), dh eine Kündigung oder ein Aufhebungsvertrag nützen weder dem Arbeitgeber noch dem Arbeitnehmer, da das ArbNErfG für bereits gemachte Erfindungen dennoch anwendbar bleibt.

> **Praxistipp:**
> Scheidet ein Mitarbeiter überraschend aus (eigene oder provozierte Kündigung), ist besonders darauf zu achten, in welche Projekte der Arbeitnehmer eingebunden war, um eventuelle Ergebnisse erfinderischer Tätigkeiten lokalisieren zu können, die möglicherweise pflichtwidrig noch nicht gemeldet wurden und handlungsleitend für einen beruflichen Wechsel des Arbeitnehmers sein könnten.

249 *bb) Sachlicher Bezug der Diensterfindung zum Betrieb.* Nicht jede Erfindung, die ein Arbeitnehmer während der Dauer des Dienstverhältnisses macht, steht auch dem Arbeitgeber als Diensterfindung zu. Vielmehr muss ein spezifischer Bezug zwischen der Erfindung und dem Betrieb vorliegen, dh die schöpferische Leistung des Arbeitnehmers muss in einem Bezug zu dem Betrieb stehen, in dem er arbeitet.[382] In § 4 II ArbNErfG sind dafür zwei Varianten genannt:

250 Eine **Aufgabenerfindung** liegt gem. § 4 II Nr. 1 ArbNErfG vor, wenn die Erfindung aus einer dem Arbeitnehmer obliegenden Tätigkeit entstanden ist. Die Erfindung muss in den Aufgabenbereich einzuordnen sein, in dem der Arbeitnehmer durch den Arbeitsvertrag oder durch arbeitsvertragliche Weisung tätig ist. Zwar muss es sich bei der Erfindung nicht um das Ergebnis einer konkreten übertragenen Aufgabe handeln, die (innovativ) gelöst werden sollte, jedoch muss ein Zusammenhang zwischen der dem Arbeitnehmer (generell) obliegenden Tätigkeit und der Problemstellung bzw. den Überlegungen bestehen, die der Erfindung zugrunde liegen.[383]

Beispiel:

Zu dem Aufgabenbereich eines angestellten Programmierers zählt es in der Regel, auch innovative Lösungen zu Problemen zu erarbeiten (zu programmieren), die zudem nicht unmittelbar aus einem konkreten Arbeitsauftrag stammen müssen. Bei einer angestellten Schreibkraft fehlt häufig der Zusammenhang zwischen dem Aufgabengebiet und einer von ihr gemachten Erfindung.

251 Eine **Erfahrungserfindung** liegt gem. § 4 II Nr. 2 ArbNErfG vor, wenn die Erfindung maßgeblich auf „Erfahrungen oder Arbeiten des Betriebes" beruht. Damit ist das innerbetriebliche Know-how gemeint, welches vorhanden sein, aber nicht über den allgemeinen Stand der Technik hinausgehen muss.[384]

252 In der Literatur[385] wird für dieses **„Wissen eines Unternehmens"** exemplarisch genannt die Kenntnis von:
- Produktionsabläufen,
- Fertigungsmethoden,
- Kunstgriffen,
- Verfahrensweisen,
- Rezepturen.

---

[381] *Bartenbach/Volz* ArbNErfG § 4 Rn. 18 ff.
[382] BGH Urt. v. 16.4.2002 – X ZR 127/99, GRUR 2002, 801 (802) – Abgestuftes Getriebe.
[383] LG Düsseldorf Urt. v. 4.12.1973 – 4 O 165/69, GRUR 1974, 275 – Mischröhre.
[384] *Bartenbach/Volz* ArbNErfG § 4 Rn. 36.
[385] *Bartenbach/Volz* ArbNErfG § 4 Rn. 39 unter Bezugnahme auf zahlreiche unveröffentlichte Beschlüsse der Schiedsstellen.

Auch Erfahrungen, die aus Kundenbeanstandungen folgen, gehören zum „Wissen des Unternehmens".[386] Anders als bei den Aufgabenerfindungen muss der Beitrag des Unternehmens nicht bloß kausal für das Auffinden der Erfindung gewesen sein, sondern die Erfahrung des Betriebes muss „**maßgeblich**" zu der Erfindung beigetragen haben.[387] 253

Beispiel:
Der für die Softwarepflege (nicht aber deren Weiterentwicklung) zuständige Arbeitnehmer eines Call-Centers entwirft ein neuartiges Warteschlangen-Verfahren, bei dem die Anrufer in bestimmter Weise sortiert werden, so dass im Ergebnis mehr Anrufer in der Leitung bleiben und bedient werden können. Bei der Lösung dieses Problems orientiert er sich an den vorhandenen Problemlösungsansätzen, die er aus der Tätigkeit in dem Call-Center kennt.

Praxistipp:
Im Arbeitsvertrag sollte neben einer klaren Definition des (weiten) Aufgabengebietes des Arbeitnehmers die Regelung enthalten sein, dass zum Aufgabengebiet des Arbeitnehmers auch die Verbesserung der Produkte und Verfahrensabläufe des Unternehmens zählt. Die weite Fassung des Aufgabengebietes des Arbeitnehmers ermöglicht dem Arbeitgeber, auch Erfindungen als Diensterfindungen zu beanspruchen, die nur einen geringen Bezug zu den innerbetrieblichen Erfahrungen aufweisen.

cc) Freie Erfindungen. Freie Erfindungen sind alle Erfindungen eines Arbeitnehmers, die keine Diensterfindungen sind, § 4 III ArbNErfG. **Frei gewordene Erfindungen** sind Diensterfindungen, die der Arbeitgeber (ausdrücklich) freigegeben hat, § 8 S. 1 ArbNErfG. Dafür reicht eine bloße „Nicht-Inanspruchnahme" im Gegensatz zum früheren Recht nicht aus, da die Erfindung bei Ausbleiben der Freigabeerklärung durch den Arbeitgeber als in Anspruch genommen gilt, § 6 II ArbNErfG. 254

b) Handlungspflichten bei Auftreten einer Erfindung eines Arbeitnehmers. Sobald ein Arbeitnehmer eine Erfindung gemacht hat, entstehen Handlungspflichten, deren konkrete Ausgestaltung davon abhängt, ob der Arbeitnehmer die Erfindung als freie Erfindung oder als gebundene Diensterfindung einschätzt. 255

aa) Freie Erfindung. Geht der Arbeitnehmer davon aus, dass seine Erfindung frei ist (dh keine Diensterfindung vorliegt), muss er die Erfindung dennoch dem **Arbeitgeber unverzüglich** in Textform **melden**, § 18 I ArbNErfG. Der Arbeitnehmer hat die Umstände mitzuteilen, die zu der Erfindung geführt haben, damit der Arbeitgeber beurteilen kann, ob die Erfindung frei ist.[388] Der **Arbeitgeber** hat nach Zugang der Mitteilung drei Monate Zeit, durch Mitteilung in Textform zu **bestreiten**, dass es sich um eine freie Erfindung handelt,[389] andernfalls kann der Arbeitgeber die Erfindung nicht mehr für sich beanspruchen, § 18 II ArbNErfG, selbst wenn sie an sich eine Diensterfindung ist. 256

Der Arbeitgeber hat auch an einer freien Erfindung ein **eingeschränktes Vorrecht**: Der Arbeitnehmer darf die freie Erfindung zwar verwerten, jedoch hat er dem Arbeitgeber zuvor ein **nicht ausschließliches Nutzungsrecht** zu angemessenen Bedingungen anzubieten, § 19 I 1 ArbNErfG. Das Angebot kann vom Arbeitgeber nur innerhalb von drei Monaten angenommen werden, andernfalls erlischt es, § 19 II ArbNErfG. 257

---

[386] Vgl. auch Amtl. Begründung zum Gesetz über Erfindungen von Arbeitnehmern und Beamten (zu § 4), abgedr. BlPMZ 1957, 224 (228 f.).
[387] Mit zahlreichen weiteren Beispielen *Bartenbach/Volz* ArbNErfG § 4 Rn. 44.
[388] Der Umfang der Meldung der freien Erfindung kann daher den Umfang der Meldung einer Diensterfindung erhalten, der für diese durch § 5 ArbNErfG vorgegeben ist: BGH Urt. v. 25.2.1958 – I ZR 181/56, GRUR 1958, 334 (337) – Mitteilungs- und Meldepflicht.
[389] Das Bestreiten, dass die Erfindung frei sei, stellt noch keine Inanspruchnahme dar, vgl. *Bartenbach/Volz* ArbNErfG § 18 Rn. 35.

Praxistipp:

Die Nichtannahme des zeitlich befristeten Angebots des einfachen Nutzungsrechts an der freien Erfindung ist besonders folgenschwer, denn dem Arbeitnehmer wird so die Möglichkeit eröffnet, ein ihm (dann) zustehendes Schutzrecht nicht nur gegen den eigenen Arbeitgeber durchzusetzen, sondern diese Technologie auch an unmittelbare Mitbewerber zu lizenzieren. Dies sollte bei der Entscheidung über die Annahme des Angebots vor allem für evtl. erst später zu erschließende Geschäftsfelder bedacht werden.

258 **bb) Diensterfindung.** Macht ein Arbeitnehmer eine Diensterfindung, begründet dies für ihn eine Pflicht zur **Erfindungsmeldung** (§ 5 ArbNErfG) gegenüber dem Arbeitgeber, während dieser das **Inanspruchnahmerecht** (§ 6 ArbNErfG) erwirbt. Nachdem die Erfindung gemacht wurde, drängt die Zeit: Vor der Schutzrechtsanmeldung besteht kaum Schutz, insbesondere sind andere (Parallelerfinder) nicht daran gehindert, die Erfindung ebenfalls anzumelden oder zu veröffentlichen. Nur der erste Anmelder erwirbt das Recht auf Erteilung des Patents, § 6 S. 3 PatG.

259 Die Diensterfindung ist **unverzüglich** nach ihrer Fertigstellung **zu melden**, § 5 I ArbNErfG. Sie hat „gesondert" in Textform zu erfolgen und ist **als Erfindungsmeldung deutlich zu machen.** Der Eingang der Meldung ist vom Arbeitgeber zu bestätigen. Die **inhaltlichen Anforderungen** an die Meldung definiert § 5 II ArbNErfG. Die anzugebenden Daten sind für zwei Bereiche relevant. Einmal muss die technische Aufgabe und deren Lösung beschrieben werden, damit der Arbeitgeber auf dieser **Grundlage** einschätzen kann, ob er die Erfindung in Anspruch nehmen will und vor allem, ob eine etwaige **Schutzrechtsanmeldung erfolgreich** sein könnte (Grundlage der Recherche des Standes der Technik und Vorbereitung der Formulierung einer Patentanmeldung). Andererseits muss der Arbeitnehmer ua „dienstlich erteilte Weisungen", „benutzte Erfahrungen des Betriebes", „Art und Umfang" der Mitarbeit anderer Mitarbeiter und den eigenen Anteil an der Auffindung der Erfindung angeben. Diese Informationen bilden später die **Grundlage der Bemessung der Erfindervergütung** (vgl. § 9 II ArbNErfG).

260 Der **Arbeitgeber** hat bei der Erfindungsmeldung eine **erhebliche Mitwirkungsobliegenheit** und Unterstützungspflicht. Gibt es Ergänzungsbedarf bei der Meldung, muss der Arbeitgeber dies binnen zwei Monaten erklären, **andernfalls gilt die Meldung als ordnungsgemäß,** § 5 II ArbNErfG. Dies ist für die **Fiktionsfrist der Inanspruchnahme** relevant, die ab ordnungsgemäßer Meldung läuft, § 6 II ArbNErfG. Eine ordnungsgemäße Erfindungsmeldung kann im Einzelfall auch vorliegen, wenn diese nicht den förmlichen Anforderungen gem. § 5 ArbNErfG entspricht. Diesen Ausnahmefall nahm der BGH[390] an, wenn der Arbeitgeber bereits auf anderem Weg von den Informationen Kenntnis erhalten hat, die gem. § 5 ArbNErfG durch die Erfindungsmeldung vermittelt werden sollen. Dies ist der Fall, wenn die Erfindungsmeldung als „treuwidrige Förmelei" erscheint und „der Arbeitgeber die Diensterfindung mit dem Inhalt der von seinen Arbeitnehmern entwickelten Lehre zum technischen Handeln anmeldet und dabei alle an der Entwicklung beteiligten Erfinder benennt".[391]

Praxistipp:

Es empfiehlt sich nicht nur wegen der Rechtspflicht zur Unterstützung bei der Erfindungsmeldung, ein zuvor durchdachtes Verfahren für Erfindungsmeldungen zu etablieren und im Betrieb zu kommunizieren: Je früher die relevanten Informationen abgefragt werden, desto realistischer ist die Einschätzung des Erfinders hinsichtlich der eigenen Leistung bzgl. der getätigten Erfindung. Im Laufe der Zeit gewinnen eigene ökonomische Interessen (Bemessung der Erfindungsvergütung) an

---

[390] BGH Urt. v. 4.4.2006 – X ZR 155/03, GRUR 2006, 754 (757) Tz. 26 – Haftetikett; einschränkend BGH Urt. v. 12.4.2011 – X ZR 72/10, GRUR 2011, 733 Tz. 15 – Initialidee.
[391] BGH Urt. v. 4.4.2006 – X ZR 155/03, GRUR 2006, 754 (757) Tz. 26 – Haftetikett. Diese Entscheidung ist eine Einzelfallentscheidung: BGH Urt. v. 12.4.2011 – X ZR 72/10, GRUR 2011, 733 Tz. 15 – Initialidee.

Bedeutung und das Zustandekommen der Erfindung lässt sich nur noch schwer aufklären.[392] Außerdem sollte in dem Betrieb unbedingt eine Person benannt werden, an die die Erfindung gemeldet wird.[393] Andernfalls kann eine ordnungsgemäße Erfindungsmeldung jeder vertretungsberechtigten Person gegenüber erfolgen. Es droht Zeitverlust.

Der Arbeitgeber kann die Diensterfindung jeweils durch Erklärung in Textform entweder in Anspruch nehmen (§ 6 I ArbNErfG) oder frei geben (§ 8 ArbNErfG). Gibt er innerhalb von vier Monaten nach ordnungsgemäßer Meldung **keine Freigabeerklärung** ab, **gilt** die Erfindung **als in Anspruch genommen**. Diese Folge sollte nicht unterschätzt werden: Ab Inanspruchnahme besteht der Vergütungsanspruch (unabhängig von einer tatsächlichen Nutzung) (§ 9 ArbNErfG) und die Pflicht zur Anmeldung, § 13 ArbNErfG.[394] Eine **spätere Freigabe** ist nur unter den Einschränkungen des § 16 ArbNErfG möglich. Bereits **entstandene Vergütungspflichten entfallen** dadurch **nicht**. 261

Die Inanspruchnahme bewirkt, dass die vermögenswerten Rechte an der Erfindung auf den Arbeitgeber übergehen, § 7 I ArbNErfG. **Zwischenverfügungen** des Arbeitnehmers sind dem Arbeitgeber gegenüber wegen des **relativen Verfügungsverbotes** (§ 135 BGB) unwirksam, sofern sie die Rechte des Arbeitgebers beeinträchtigen, § 7 II ArbNErfG. 262

cc) Frei gewordene Erfindung. Gibt der Arbeitgeber eine Diensterfindung durch Erklärung in Textform frei, kann er über die Erfindung frei verfügen, und zwar ohne die Einschränkungen, die für originär freie Erfindungen gelten, § 8 ArbNErfG. Das bedeutet, dass der Arbeitgeber zwar keine Vergütung gem. § 9 ArbNErfG schuldet, aber auch keinerlei Rechte an der Erfindung (mehr) hat. Insbesondere kann der Arbeitnehmer das Schutzrecht anmelden, es gegen den eigenen Arbeitgeber durchsetzen oder auch an unmittelbare Wettbewerber lizenzieren.[395] 263

> **Praxistipp:**
> Der Arbeitgeber hat keinen Anspruch auf Einräumung eines einfachen Nutzungsrechts, wie er es bei den (originär) freien Erfindungen hat. Dies sollte bedacht werden, wenn die Entscheidung über die Freigabe vor allem im Hinblick auf die Verhinderung der Entstehung der Vergütungspflicht getroffen wird.

4. Folgen der Inanspruchnahme der Diensterfindung

Bereits die Inanspruchnahme, nicht erst die Benutzungsaufnahme der Erfindung durch den Arbeitgeber, löst die **Vergütungspflicht** des Arbeitgebers aus, § 9 I ArbNErfG. Außerdem trifft den Arbeitgeber die **Pflicht**, die Erfindung im Inland zur Erteilung eines **Schutzrechts anzumelden**, § 13 ArbNErfG. 264

a) **Pflicht zur Anmeldung des Schutzrechts.** Kommt für die Diensterfindung ein **Patentschutz** in Betracht, muss der Arbeitgeber sie **im Inland** zum Patent anmelden. Der Arbeitgeber ist darüber hinaus berechtigt (nicht verpflichtet), die Erfindung auch **im Ausland** anzu- 265

---

[392] Die Einführung ist zulässig, BGH Urt. v. 5.10.2005 – X ZR 26/03, GRUR 2006, 141 (143) Tz. 28 – Ladungsträgergenerator und sehr hilfreich: *Bartenbach/Volz* Arbeitnehmererfindungen – Praxisleitfaden Rn. 108.
[393] Einer solchen vertraglichen Regelung steht § 22 ArbNErfG nicht entgegen, *Bartenbach/Volz* ArbNErfG § 5 Rn. 15.
[394] Ob der Arbeitgeber nach der Fiktion der Inanspruchnahme (Ablauf der Viermonatsfrist) die Erfindung (vor der Schutzrechtsanmeldung) noch freigeben kann, ist umstritten: *Bartenbach/Volz* ArbNErfG § 8 Rn. 39 ff. mwN; aA vor allem *Gennen* ITRB 2010, 280 (283); *Gärtner/Simon* BB 2011, 1909 (1911).
[395] Ob sich aus allgemeinen arbeitsvertraglichen Treuepflichten ein Verwertungsverbot der Erfindung durch den Arbeitnehmer ergibt, ist umstritten; vgl. *Bartenbach/Volz* ArbNErfG § 8 Rn. 77; *Götting/Meyer/Vormbrock/Wündisch* Praxishandbuch Gew. Rechtsschutz § 16 Rn. 40; *Reimer/Schade/Schippel/Rother* ArbNErfG § 8 Rn. 20; *Vollrath* GRUR 1987, 670 (673).

melden, § 14 ArbNErfG. Den **alternativ** möglichen und günstigeren Gebrauchsmusterschutz darf er nur dann wählen, wenn „bei verständiger Würdigung der Verwertbarkeit der Erfindung der **Gebrauchsmusterschutz zweckdienlicher erscheint**", § 13 I 2 ArbNErfG. Zweckdienlichkeit liegt nicht bereits darin begründet, dass der Gebrauchsmusterschutz kostengünstiger ist. Vielmehr ist auf den erwarteten Produktlebenszyklus abzustellen.[396] Daher wird bei Software häufig ein Gebrauchsmusterschutz in Betracht kommen, wenn die Erfindung nicht auch Verfahrensansprüche enthält, für die der Gebrauchsmusterschutz nicht möglich ist, § 2 Nr. 3 GebrMG.

> **Praxistipp:**
> Die **Pflicht zur Anmeldung entfällt** nur (§ 13 II ArbNErfG), wenn der Arbeitgeber die Freigabe erklärt, er die Erfindung als Betriebsgeheimnis gem. § 17 ArbNErfG deklariert oder der Arbeitnehmer der Nichtanmeldung zustimmt. Diese Zustimmung kann wegen § 22 ArbNErfG nur nach der Erfindungsmeldung erfolgen.[397]

266 Kommt der Arbeitgeber seiner Pflicht zur Anmeldung nach Fristsetzung durch den Arbeitnehmer nicht nach, „so kann der Arbeitnehmer die Anmeldung der Diensterfindung für den Arbeitgeber auf dessen Namen und Kosten bewirken", § 13 III ArbNErfG. Der Arbeitgeber verliert durch dieses **Ersatzvornahmerecht** die Möglichkeit, auf die Gestaltung der Schutzrechtsanmeldung Einfluss zu nehmen.

267 b) **Pflicht zur Zahlung einer angemessenen Vergütung.** Nimmt der Arbeitgeber die Diensterfindung in Anspruch, hat der Arbeitnehmer einen Anspruch gegen den Arbeitgeber auf Zahlung einer angemessenen Vergütung.

268 *aa) Die Bemessung der angemessenen Vergütung* erfolgt in erster Linie anhand der in § 9 II ArbNErfG genannten Kriterien:
- die wirtschaftliche Verwertbarkeit der Diensterfindung,
- die Aufgaben und die Stellung des Arbeitnehmers im Betrieb sowie
- der Anteil des Betriebes an dem Zustandekommen der Diensterfindung.

269 Die Berechnung orientiert sich im Einzelfall an den (unverbindlichen) Richtlinien für die Vergütung von Arbeitnehmererfindungen im privaten Dienst (ArbNErfRL)[398] (§ 11 ArbNErfG). Trotz ihres Alters sind die Richtlinien bei der Bestimmung der angemessenen Vergütung ausgesprochen hilfreich.

270 Die angemessene Vergütung ist das **Produkt aus dem Erfindungswert und dem Anteilsfaktor** (Nr. 39 ArbnErfRL). Der **Erfindungswert** wird in der Praxis nach der **Lizenzanalogie** bestimmt.[399] In den Nrn. 6ff. ArbNErfRL sind die Besonderheiten beschrieben, die bei der Bestimmung der betrieblich genutzten Erfindung beachtet werden müssen und insoweit eine Abweichung von der Lizenzanalogie bei der Berechnung der Höhe des Schadensersatzes begründen. Nach der Lizenzanalogie wird der marktübliche Lizenzsatz bestimmt, den ein Lizenzsucher für die Nutzung einer entsprechenden Erfindung branchenüblich zahlen müsste.[400] Ferner kann der Erfindungswert alternativ nach dem erfassbaren betrieblichen Nutzen (dh der Ertragssteigerung durch den Einsatz der Erfindung im Betrieb, Nr. 12 ArbNErfRL)

---

[396] *Bartenbach/Volz* ArbNErfG § 13 Rn. 13.
[397] *Bartenbach/Volz* ArbNErfG § 13 Rn. 33.1.
[398] Vom 20. Juli 1959 (Beilage zum BAnz. Nr. 156 S. 1), zuletzt geändert durch die Richtlinie zur Änderung der Richtlinien für die Vergütung von Arbeitnehmererfindungen im privaten Dienst vom 1.9.1983 (BAnz. Nr. 169 S. 9994).
[399] Vgl. BGH Urt. v. 16.4.2002 – X ZR 127/99, GRUR 2002, 801 (802 f.) – Abgestuftes Getriebe; BGH Urt. v. 29.4.2003 – X ZR 186/01, GRUR 2003, 789 – Abwasserbehandlung; BGH Urt. v. 21.12.2005 – X ZR 165/04, GRUR 2006, 401 (404) Tz. 30 – Zylinderrohr.
[400] BGH Urt. v. 12.1.1966 – Ib ZR 5/64, GRUR 1966, 375 (376) – Meßmer-Tee II; BGH Urt. v. 22.3.1990 – I ZR 59/88, GRUR 1990, 1008 (1009) – Lizenzanalogie; BGH Urt. v. 23.6.2005 – I ZR 263/02, GRUR 2006, 143 (145) – Catwalk.

oder durch Schätzung (Nr. 13 ArbnErfRL) ermittelt werden (dh maßgeblich ist der Betrag, den das Unternehmen einem freien Erfinder für die Erfindung hätte zahlen müssen).

Der **Anteilsfaktor** spiegelt den prozentualen Anteil wider, den der Arbeitnehmer für die Erfindung beigetragen hat, ohne dafür bereits entlohnt worden zu sein. Dabei wird der Anteilsfaktor durch drei Kriterien bestimmt:
- die Stellung der Aufgabe,
- die Lösung der Aufgabe und
- die Aufgaben und die Stellung des Arbeitnehmers im Betrieb.

Beispiele:
Ein hoher Anteilsfaktor kommt beispielsweise zustande, wenn der Arbeitnehmer sich eigenständig eine Aufgabe außerhalb seines Aufgabengebietes gestellt hat, diese mit nur geringem Rückgriff auf die betrieblichen Mittel gelöst hat und seine Stellung im Betrieb dadurch gekennzeichnet ist, dass er im Wesentlichen Arbeiten ausführt, für die kaum eine Vorbildung nötig ist. Im Gegensatz dazu ist der Anteilsfaktor besonders gering, wenn der Betrieb die Aufgabe unmittelbar gestellt hat, der Arbeitnehmer bei der Lösung in erheblichem Maße auf betriebliche Hilfsmittel zurückgreift und der Erfinder der Leiter der Forschungsabteilung ist.

Die Kriterien sind im Einzelnen in den Nrn. 30–36 ArbnErfRL aufgezählt und ermöglichen eine gute Orientierung bei der Einordnung. Nr. 39 ArbnErfRL enthält darüber hinaus ein anschauliches Rechenbeispiel für die Höhe und die Art der Berechnung der angemessen Vergütung.

bb) Verfahren zur Feststellung der angemessenen Vergütung.[401] Über die Bemessung der Vergütung entsteht häufig Streit. Der Gesetzgeber verfolgt bei der Feststellung der Art und der Höhe der Vergütung ein gestuftes Konzept mit Fiktionswirkungen, dessen Zielsetzung auf das Zustandekommen einer Vereinbarung zwischen Arbeitgeber und Arbeitnehmer gerichtet ist, § 12 I ArbNErfG. Kommt eine Einigung nicht zustande, hat der Arbeitgeber ein Festsetzungsrecht, § 12 III ArbNErfG. Diese Festsetzung wird für beide verbindlich, wenn der Arbeitnehmer ihr nicht innerhalb von zwei Monaten widerspricht, § 12 IV ArbNErfG. Der Arbeitgeber muss die Vergütung entsprechend seiner Festsetzung zahlen, § 12 III 1 ArbNErfG.

Ändern sich die Umstände wesentlich, die für die Bemessung ausschlaggebend waren, kann eine Anpassung der Vergütung verlangt werden, § 12 VI ArbNErfG. Eine bereits geleistete Vergütung kann jedoch nicht zurückgefordert werden, denn das wirtschaftliche Risiko der Verwertung trägt insoweit der Arbeitgeber.

5. Besonderheiten im Streitfall

Im Streitfall zwischen Arbeitgeber und Arbeitnehmer aufgrund des ArbNErfG kann jederzeit die **Schiedsstelle beim Deutschen Patent- und Markenamt** angerufen werden, § 28 ArbNErfG. Dieses Verfahren ist kostenfrei, § 36 ArbNErfG. Mit Ausnahme einiger in § 37 II ArbNErfG geregelter Einzelfälle stellt das Verfahren vor der Schiedsstelle eine echte Prozessvoraussetzung für ein gerichtliches Verfahren dar, § 37 I ArbNErfG. Das Schiedsverfahren ist besonders hilfreich, wenn die Parteien über die Bemessung der Vergütung streiten. Die Schiedsstelle greift auf umfassende Erfahrung beispielsweise bei den Lizenzsätzen bestimmter Branchen zurück und unterbreitet den Beteiligten gem. § 34 II ArbNErfG einen Einigungsvorschlag. Der Einigungsvorschlag hat Fiktionswirkung. Er gilt als Vereinbarung zwischen den Beteiligten, wenn nicht einer der Beteiligten binnen eines Monats schriftlich Widerspruch bei der Schiedsstelle einlegt, § 34 III ArbNErfG. Die Anrufung der Schiedsstelle beim DPMA hemmt die Verjährung in entsprechender Anwendung des § 204 I Nr. 4 BGB.[402]

---

[401] Für zahlreiche Mustertexte für die Kommunikation zwischen Arbeitnehmererfinder und Arbeitgeber insbesondere bzgl. der Festsetzung bzw. des Widerspruchs gegen die Festsetzung der Erfindungsvergütung ist auf die Sammlung im Anhang *Bartenbach/Volz* Arbeitnehmererfindungen – Praxisleitfaden hinzuweisen.

[402] Nicht gemäß § 204 I Nr. 12 BGB; die Schiedsstelle beim DPMA steht „einer durch die Landesjustizverwaltung eingerichteten oder anerkannten Gütestelle gleich": BGH Urt. v. 26.11.2013 – X ZR 3/13, GRUR 2014, 357 (Tz. 25 ff.).

276 Für Klagen ergeben sich unterschiedliche Zuständigkeiten. Wird eine Erfindungsvergütung eingeklagt, sind die Arbeitsgerichte (arg. § 39 II ArbNErfG.) zuständig. Der Klageantrag kann entgegen § 253 II Nr. 2 ZPO als ein unbestimmter Klageantrag gestellt werden, § 38 ArbNErfG. Der Verwaltungsrechtsweg ist für Erfindungen von Soldaten und Beamten eröffnet. Für alle anderen Klagen sind die für Patentstreitsachen zuständigen Gerichte (§ 143 PatG) streitwertunabhängig ausschließlich zuständig, § 39 I ArbNErfG.

VIII. BYOD und Social Media-Richtlinien

Schrifttum zu BYOD und sozialen Medien: Grundlegend: *Hoeren/Sieber/Holznagel*, Multimedia-Recht, 37. Ergänzungslieferung 2014; *Thüsing*, Beschäftigtendatenschutz und Compliance, 2. Aufl. 2014. BYOD: *Arning/Moos*, Bring Your Own Device – eine Entscheidungshilfe zur datenschutz- und lizenzkonformen Einführung im Unternehmen, DB 2013, 2607; *Arning/Moos/Becker*, Vertragliche Absicherung von Bring Your Own Device, CR 2012, 592; *Bierekoven*, Bring your own Device: Schutz von Betriebs- und Geschäftsgeheimnissen – Zum Spannungsverhältnis zwischen dienstlicher Nutzung privater Mobilgeräte und Absicherung sensibler Unternehmensdaten, ITRB 2012, 106; *Conrad*, Einsatz von Data Loss Prevention-Systemen im Unternehmen – Geheimnis-, Konkurrenz- und Datenschutz in Zeiten von „Consumerization" und „Bring Your Own Device", CR 2011, 797; *Conrad/Schneider*, Einsatz von „privater IT" im Unternehmen – Kein privater USB-Stick, aber „Bring your own device" (BYOD)?, ZD 2011, 153; *Franck*, Bring your own device – Rechtliche und tatsächliche Aspekte, RDV 2013, 185; *Göpfert/Wilke*, Nutzung privater Smartphones für dienstliche Zwecke, NZA 2012, 765; *Hörl*, Bring your own Device: Nutzungsvereinbarung im Unternehmen, ITRB 2012, 258; *Koch*, Arbeitsrechtliche Auswirkungen von „Bring your own Device", ITRB 2012, 35; *Kranig*, Vermischung von privaten und dienstlichen Daten als Herausforderung für Datenschutz und Datensicherheit, in: Conrad/Grützmacher, Recht der Daten und Datenbanken im Unternehmen, 2014, S. 411 ff.; *Kremer/Sander*, Bring your own Device, ITRB 2012, 275; *Minnerup*, Bedrohung und Schutz mobiler Geräte im Unternehmenseinsatz, ITRB 2012, 119; *Schneider*, ByoD – Bring your own Device – Einführung zur Beitragsreihe, ITRB 2012, 14; *Sieling/Lachenmann*, ITRB 2012, 156; *Söbbing*, Rechtsrisiken durch Bring your own device (ByoD) – Wie man mit privatem IT-Equipment rechtssicher im Unternehmen arbeiten kann, RDV 2013, 77; *Söbbing/Müller*, Bring your own Device: Strafrechtliche Rahmenbedingungen – Vorkehrungen gegen Datenmissbrauch bei Nutzung privater Geräte im Unternehmen, ITRB 2011, 263; *dies.*, Bring your own Device: Haftung des Unternehmens bei urheberrechtsverletzenden Inhalt, ITRB 2012, 15; *Spitz*, Vertrauen und Sicherheit bei Smartphones. Wie sicher ist mein neues Smartphone, DuD 2014, 671; *Wisskirchen/Schiller*, Aktuelle Problemstellungen im Zusammenhang mit „Bring Your Own Device", DB 2015, 1163. Social Media: *Bierekoven*, Social Networks am Arbeitsplatz – Einsatzmöglichkeiten, Regelungsbedarf und Lösungsansätze, ITRB 2011, 110; *Braun*, Social Media-Nutzung – Eine Herausforderung (auch) für Unternehmen, NJ 2013, 104; *Determann*, Soziale Netzwerke in der Arbeitswelt – Ein Leitfaden für die Praxis, BB 2013, 187; *Diercks*, Social Media im Unternehmen, K&R 2014, 1; *Ehmann*, Wer die Hölle fürchtet ..., Datenschutz-Praxis Newsletter v. 18.6.2013; *Ernst*, Social Networks und Arbeitnehmer-Datenschutz, NJW 2011, 1712; *Keber*, Rechtskonformer Einsatz von Social Media im Unternehmen – ausgewählte Einzelaspekte im Lichte aktueller Rechtsprechung, RDV 2014, 190; *Lambertz*, Herabsetzende Äußerungen über Mitarbeiter sind rechtswidrig, Datenschutz-Praxis Newsletter v. 18.6.2013; *ders.*, Ist eine Beleidigung über Facebook ein Kündigungsgrund, Datenschutz-Praxis Newsletter v. 18.6.2013; *ders.*, Facebook-Postings am Arbeitsplatz, Datenschutz-Praxis, Ausgabe Oktober 2013; *Leist/Koschker*, Social Media Guidelines: Chancen und Risiken des Mitmach-Webs im Betrieb verbindlich regeln, BB 2013, 2229; *Lexa/Hammer*, Social Media Guidelines – Sichere Kommunikation in den sozialen Medien, CCZ 2014, 45; *Melot de Beauregard/Gleich*, Social Media am Arbeitsplatz – Chancen und Risiken, DB 2012, 2044; *Nebeling/Klumpp*, „Folgen Sie uns (weiterhin) auf Facebook" – Zur Mitbestimmung bei der Facebook-Seite des Arbeitgebers, DB 2015, 746.

1. Erscheinungsformen und Schnittmengen

277 An Universitäten und Forschungseinrichtungen wie etwa dem CERN[403] scheint es seit zwei Jahrzehnten üblich, dass privaten Endgeräten der Zugang zum internen Netz gewährt wird, was wegen der großen Fluktuation der Studenten, Doktoranden, Gastwissenschaftler etc unvermeidlich ist. In der Privatwirtschaft im Übrigen scheint der Trend, dass Arbeitnehmer aufgefordert werden oder ihnen zumindest erlaubt wird, private Smartphones und Tablets zu dienstlichen Zwecken einzusetzen (kurz „Bring Your Own Device"), nach einem großen Boom in den Jahren 2009–2012 eher rückläufig.[404] Dafür mag es mehrere Gründe geben.

---

[403] *Hülsbömer*, „Wir leben YOD seit 20 Jahren", CIO-Meldung v. 24.2.2015, abrufbar unter http://www.cio.de/a/wir-leben-byod-seit-20-jahren,3104071.
[404] Deloitte, Perspektive BYOD – Private Hardware im Unternehmen, 2/2013, abrufbar unter http://www2.deloitte.com/content/dam/Deloitte/de/Documents/technology-media-telecommunications/TMT_Report_Perspektive%20BYOD.pdf.

Viele Unternehmen haben festgestellt, dass – ähnlich wie bei Open Source Software – die Vorteile bei den Beschaffungskosten durch hohen Administrationsaufwand (ua für zusätzliche Sicherheitsmaßnahmen, Mitarbeiter- oder Betriebsvereinbarungen u. ä.) nivelliert werden. Die Bildschirme der neueren Smartphone-Generationen sind größer geworden, weshalb evtl. ein geringeres Bedürfnis ein (privates) Tablet dienstlich zu nutzen. Diverse Mobilfunkanbieter haben Firmenrahmenverträge im Angebot, die dem Kunden ermöglichen, zB alle 2–3 Jahre neue Endgeräte in Anspruch zu nehmen, wodurch nicht mehr an der Tagesordnung ist, dass der Arbeitnehmer privat ein moderneres Smartphone nutzt als dienstlich. Nicht zuletzt haben diverse Smartphone-Hersteller 2-Container-Lösungen nachgerüstet (in einem Container befinden sich die dienstlichen Apps und Daten, in dem anderen die privaten), wodurch im Ergebnis eher die private Nutzung von dienstlichen Devices zugenommen haben könnte.

BYOD steht in engem Zusammenhang zur privaten E-Mail- und Internetnutzung am Arbeitsplatz.[405] Beide Phänomene wurden durch die gestiegenen Anforderungen des Arbeitsmarktes hinsichtlich Mobilität und flexible Arbeitszeiten ausgelöst. Sie haben gemeinsam, dass IT-Sicherheits- und Datenschutzrisiken drohen können, soweit dienstliche und private Nutzung bzw. Daten „vermischt" werden.

Auch zwischen BYOD und der Nutzung von Social Media durch Arbeitnehmer gibt es eine Schnittmenge. Im engeren Sinne denkt man bei BYOD va an die dienstliche Nutzung privater mobiler Endgeräte (Devices). Das erfasst aber nur einen Teilbereich. Für die Verwischung der Grenze zwischen dienstlichem und privatem Endgerät haben kostenlos abrufbare Open-Source-Anwendungen und zumindest für private Zwecke kostenlos nutzbare Cloud-Dienste wie Google-Kalender und Google-Mail gesorgt, deren Funktionalitäten und weltweite Verfügbarkeit teilweise anwenderfreundlicher sind, als Anwendungen und VPN-Lösungen des Arbeitgebers. In der Folge haben Mitarbeiter zB für die dienstliche Terminplanung den Google-Kalender eingesetzt oder für die gemeinsame Projektarbeit schnell ein Wiki bei einem Dienstleister aufgesetzt. Auf solche Weise initiierten Nutzer Outsourcing, das vom Arbeitgeber nicht beauftragt war.[406] Ebenso fließend kann der Übergang zwischen dienstlich und privat bei Beiträgen von Mitarbeitern in Netzwerken, die der Darstellung der beruflichen Qualifikation dienen (zB Xing), oder in Foren und Blogs[407] sein. Je nach Inhalt des Beitrags ergeben sich Konflikte zwischen positivem Marketing und Rufschädigung für den Arbeitgeber, Persönlichkeitsrechten des Arbeitnehmers, seiner Kollegen und Dritter, Meinungsäußerungsfreiheit, Recht am eingerichteten und ausgeübten Gewerbebetrieb, Recht am eigenen Bild, Urheberrechten etc.

Am häufigsten ist „Bring your own device" im Zusammenhang mit Wissensmanagement, Organisation der Zusammenarbeit, Pflege der Unternehmenskultur, Werbung und Kommunikation. Betriebs- und Geschäftsgeheimnisse des Arbeitgebers können davon betroffen sein. Verwenden Rechtsanwälte, Ärzte und andere Berufsgeheimnisträger ihr privates Endgerät, können sich Probleme stellen, wie sie bei Outsourcing durch Kanzleien oder Arztpraxen diskutiert werden.[408] Während bei einem vom Arbeitgeber bewusst als Auslagerung an einen gewerblichen Dritten gesteuerten Outsourcing zB Festlegungen zum Auftrag, zu den SLA uä der Regelfall sind (zumindest bei größeren Kunden-Unternehmen), fehlen oft Vereinbarungen zwischen Arbeitgeber und Mitarbeiter, was Umfang, Grenzen, Sicherheitsmaßnahmen, Verfügbarkeit[409] und Kontrolle bei BYOD betrifft.

Die Cloud-Problematik[410] kann insoweit vergleichend herangezogen werden, als es auch dort um die Beherrschbarkeit – datenschutzrechtlich um die Frage: **Wer ist Herr der Daten?** –

---

[405] Einzelheiten, Rechtsprechung und Checklisten → Rn. 198 ff.
[406] S. kritisch dazu *Conrad/Schneider* ZD 2011, zur Nutzung von Google-Diensten im Unternehmen *Schuster*, Vortrag IRIS 2009 in Salzburg.
[407] Speziell dazu s. *Schuster*, aaO.
[408] S. etwa *Lensdorf/Mayer-Wegelin/Mautz* CR 2009, 62; → § 19 Rn. 222 ff. zum Outsourcing im Gesundheitswesen; → § 22 Rn. 198 im Zusammenhang mit Cloud Computing.
[409] Wie kann etwa die Produktivität bei Verlust oder Reparatur des Endgeräts, zB durch Support-Verträge oder Ersatzhardware, sichergestellt werden?
[410] Abgesehen davon, ob sich Cloud als AuftragsDV wirksam gestalten lässt; s. allg. *Engels* K&R 2011, 548; *Hennrich* CR 2001, 546; *Heidrich/Wegener* MMR 2010, 810.

geht. Einerseits führt der Einsatz privater IT zu weiterer Auslagerung, evtl. auch in die Cloud. Andererseits werden durch den Mitarbeiter fremde Software, Daten und Datenbanken in den Betrieb „mitgebracht", sodass sich fragt, wer jeweils dafür die verantwortliche Stelle ist/wird.

2. Rechtliche Fragen im Zusammenhang mit BYOD

282 **a) Datenschutzrechtliche Beurteilung.** *aa) Verantwortliche Stelle.* § 1 Abs. 2 Nr. 3 BDSG schließt die **Anwendbarkeit** des BDSG explizit für die Erhebung, Verarbeitung und Nutzung „für persönliche oder familiäre Tätigkeiten" aus. Dadurch, dass der Mitarbeiter bei BYOD sein Gerät zu dienstlichen Zwecken nutzt – auch wenn es sich um sein privates Endgerät handelt –, liegt keine Erhebung, Verarbeitung oder Nutzung für persönliche oder familiäre Zwecke vor, sodass das Datenschutzrecht uneingeschränkt Anwendung findet.[411]

283 Entscheidend ist, wer als **verantwortliche Stelle** Adressat der Datenschutzvorschriften ist und die Verantwortlichkeit für die Erhebung, Verarbeitung und Nutzung der Daten trägt. Der Arbeitnehmer ist grundsätzlich dem Verantwortungsbereich des Arbeitsgebers zuzurechnen soweit er bei der Verarbeitung, Erhebung und Nutzung von Daten für betriebliche Zwecke in Erfüllung seiner arbeitsvertraglichen Pflichten handelt.[412] Der Beschäftigte bleibt auch bei Nutzung des privaten Geräts zu dienstlichen Zwecken Teil der verantwortlichen Stelle des Arbeitgebers.[413] In der Folge ergibt sich, dass es keines **Auftragsdatenverarbeitungsvertrags gem. § 11 BDSG** bedarf, soweit die Tätigkeit des Beschäftigten dem Arbeitgeber als verantwortliche Stelle zuzurechnen ist.[414]

284 Eine **Ausnahme** kann sich etwa ergeben, wenn der Arbeitnehmer privat Daten erhebt, verarbeitet oder nutzt, die er dann dem Betrieb zu dienstlichen Zwecken zur Verfügung stellt. Er ist im Hinblick auf die Datenübermittlung an den Arbeitgeber uU nicht Teil von dessen verantwortlicher Stelle.[415]

285 Bei **Leiharbeiternehmern,** die im arbeitsrechtlichen Sinne[416] Arbeitnehmer des Verleihers sind, differenziert die Literatur nach der betrieblichen Eingliederung. Ist der Leiharbeitnehmer in den Betrieb des Entleihers eingegliedert (hat dort zB einen Bildschirmarbeitsplatz, ist dort Mo-Fr tätig, nutzt die Kantine des Entleihers etc), dann wird er datenschutzrechtlich als Teil der verantwortlichen Stelle des Entleihers behandelt, soweit er für den Entleiher tätig ist – selbst soweit er dafür ein privates Endgerät nutzt.

286 Wenn der Arbeitgeber jedoch die dienstliche Nutzung von privaten Geräten ausdrücklich **untersagt,** erfolgt grds. keine Zurechnung der Erhebung, Verarbeitung und Nutzung zum Arbeitgeber und der Arbeitnehmer ist selbst verantwortliche Stelle. Allerdings kann auch hier das Institut der betrieblichen Übung eine Rolle spielen. Wenn der Arbeitgeber mehrjährig duldet (nie abmahnt, nie auf sonstige Weise sanktioniert), dass seine Arbeitnehmer private Hardware, Software oder Dienste zu dienstlichen Zwecken nutzen, muss sich der Arbeitgeber ggf. die Duldung zurechnen lassen.

287 Anders kann dies ggf. zu bewerten sein bei **freien Mitarbeitern.** Bei sogenannten Freelancern ist zu differenzieren, ob diese scheinselbständig und somit als Beschäftigte im datenschutzrechtlichen Sinne und Teil der verantwortlichen Stelle des Arbeitgebers zu behandeln sind oder als Selbständige.[417] Diese Differenzierung wird überwiegend arbeitsrechtlich nicht daten-

---

[411] Dazu etwa *Conrad/Schneider* ZD 2011, 153 (154); Forgó/Helfrich/Schneider/*Helfrich,* IV. 2 Rn. 25 ff; *Göpfert/Wilke* NZA 2012, 765; insgesamt scheint der EuGH (Urt. v. 11.12.2014 – C-212/13) die „Datenverarbeitung zur Ausübung ausschließlich persönlicher oder familiärer Tätigkeiten" im Sinne von Art. 3 Abs. 2 zweiter Gedankenstrich der Richtlinie 95/46/EG eher eng auszulegen. ZB ist Videoüberwachung des öffentlichen Raums durch Private zum privaten Schutz keine solche Datenverarbeitung zur ausschließlich persönlichen oder familiären Tätigkeit.
[412] *Gola/Wronka,* Hdb. Arbeitnehmerdatenschutz, Rn. 991, 5. Aufl. 2010. Forgó/Helfrich/Schneider/ *Helfrich,* Betrieblicher Datenschutz, IV. 2. Rn. 33.
[413] Forgó/Helfrich/Schneider/*Helfrich,* Betrieblicher Datenschutz, IV. 2. Rn. 36 f.
[414] Für durchaus erforderlich hält dies *Koch* ITRB 2012, 35 (39).
[415] Moos/*Arning,* Datenschutz- und Datennutzungsverträge, Teil 4 VI Rn. 12,
[416] Simitris/*Seifert,* BDSG, § 3 Rn. 283.
[417] Forgó/Helfrich/Schneider/*Helfrich,* Betrieblicher Datenschutz, IV. 2. Rn. 36 f.

schutzrechtlich vorgenommen. Bei selbständiger Tätigkeit liegt regelmäßig eine Funktionsübertragung vor, wenn der Auftraggeber die Auslagerung der Daten nicht beherrscht.[418]

bb) Zulässigkeit von Kontrollmaßnahmen. Durch die Nutzung von privaten Devices für betriebliche Zwecke entstehen für den Arbeitgeber Risiken[419] aufgrund derer er sowohl ein berechtigtes Interesse als auch die Pflicht zu Kontrollmaßnahmen haben kann. Um diesen Kontrollpflichten nachkommen zu können, muss die verantwortliche Stelle Zugang zu bzw. Zugriff auf das private Device haben, mit dem der Beschäftige die betrieblichen Daten erhebt, verarbeitet oder nutzt.[420]

Die meisten technischen Sicherheitsmaßnahmen für BYOD, etwa auch **Sandbox- oder Containerlösungen**, geben dem Arbeitgeber Einblick in das Nutzungsverhalten des Arbeitnehmers, weil die Sicherheitsmaßnahmen regelmäßig Dokumentations- bzw. Protokollfunktionalitäten zur Verfügung stellen und automatisiert Daten über das Nutzungsverhalten erheben.[421] Insoweit ist unter betriebsverfassungsrechtlichen Gesichtspunkten § 87 Abs. 1 Nr. 6 BetrVG relevant. Unter datenschutzrechtlichen Gesichtspunkten benötigt der Arbeitgeber eine Erlaubnis. Soweit der Arbeitgeber bei Administrierung des privaten Geräts oder im Rahmen von Sicherheitsmaßnahmen den privaten Datenumgang auf dem Device (etwa Kurznachrichten, Telefonlisten, E-Mails, Daten in Spiele-Apps etc) zB mit-loggt bzw. speichert, kommt § 32 Abs. 1 S. 1 BDSG als Erlaubnis nicht in Betracht. Schon aus diesem Grund empfiehlt sich, den privaten und den dienstlichen Umgang auf dem privaten Gerät zB durch zwei verschieden Container-Apps zu trennen.[422] Denn für den dienstlichen Datenumgang ist § 32 Abs. 1 S. 1 BDSG erfüllt, jedenfalls wenn sichergestellt ist, dass die Arbeitnehmer den dienstlichen Container nur zu dienstlichen und nicht zu privaten Zwecken nutzen.[423]

Will der Arbeitgeber ein Zugriffsrecht auf private Geräte des Beschäftigten, muss ein solches explizit mit diesem – ggf. unter Hinzuziehung des Betriebsrats – vereinbart werden.[424] Bei der vertraglichen Einwilligung zu Kontrollmaßnahmen durch den Arbeitgeber muss stets der **Grundsatz der Verhältnismäßigkeit** gewahrt werden.[425] Die Herausgabedauer sollte vertraglich zum Beispiel auf die tägliche Arbeitszeit[426] beschränkt werden. Soweit es sich bei der BYOD-Regelung um AGB handelt, was regelmäßig der Fall sein dürfte, sind Regelungen unwirksam, die den Arbeitnehmer unangemessen benachteiligen (§ 307 Abs. 2 Nr. 1 BGB). Der Entzug der privaten Nutzungsmöglichkeit kann eine solche unangemessene Benachteiligung darstellen. Allerdings wäre bei der Beurteilung der Unangemessenheit zu berücksichtigen, ob der Arbeitgeber dem Arbeitnehmer für die Zeit der Herausgabe (jedenfalls wenn diese länger, etwa nach Dienstschluss andauert) ein vergleichbares Ersatzgerät zur Verfügung stellt.[427]

Wie die **Einwilligung des Beschäftigten** zur betrieblichen Kontrolle/Administration ausgestaltet werden kann, ist indes problematisch. Neben der generellen Frage, wie die meist fehlende Freiwilligkeit bei Einwilligungen im Arbeitsverhältnis zu bewerten ist,[428] stellt sich bei BYOD häufig das Problem, inwieweit der Beschäftigte überhaupt berechtigterweise einwilligen kann: Häufig werden auf dem Gerät des Beschäftigten auch E-Mails und sonstige Daten (etwa Fotos etc) Dritter gespeichert sein, für die der Beschäftigte keine Einwilligung erklären kann.

Restriktionen für die Kontrollmöglichkeiten des Arbeitgebers können sich aufgrund des **Fernmeldegeheimnisses (§ 88 TKG) und der TK-Datenschutzvorschriften (§§ 91ff TKG)** ergeben, jedoch nur, soweit die SIM-Card des Smartphones/Tabletts vom Arbeitgeber gestellt

---

[418] *Conrad/Schneider* ZD 2011, 153 (154).
[419] Im Einzelnen siehe unten b).
[420] *Conrad/Schneider* ZD 2011, 153 (155).
[421] *Wisskirchen/Schiller* DB 2015, 1163 (1164).
[422] → Rn. 299 ff.
[423] Siehe insoweit auch Parallelen zu privaten E-Mail-Nutzung am Arbeitsplatz → Rn. 198 ff.
[424] Zum Mitbestimmungsrecht des Betriebsrats → Rn. 322 ff.
[425] → Rn. 295 ff.
[426] *Koreng/Lachenmann/Kremer/Sander*, Formularhandbuch Datenschutzrecht, 2015, S. 404.
[427] *Göpfert/Wilke* NZA 2012, 765 (769); zur Nutzungsentziehung von über 24 Stunden Moos/*Arning*, Datenschutz- und Datennutzungsverträge, Teil 4 VI Rn. 101.
[428] Siehe → § 34 Recht des Datenschutzes.

wird. Denn nur dann kommt nach Ansicht der Literatur[429] in Betracht, dass der Arbeitgeber als Diensteanbieter iSv § 3 Nr. 24 TKG zu behandeln ist. Die TK-rechtliche Bewertung weist Parallelen zur privaten E-Mailnutzung am Arbeitsplatz auf.[430] Verwendet der Arbeitnehmer eine eigene SIM-Card, ist das TKG, insbesondere § 88 TKG, nach überwiegender Auffassung nicht anwendbar. Auch **§§ 11 ff. TMG** sind nicht anwendbar, soweit der Arbeitnehmer mittels eines privaten Endgeräts private Apps zu dienstlichen Zwecken oder dienstliche Apps zu dienstlichen Zwecken nutzt (siehe § 11 Abs. 1 TMG).[431] Der Arbeitgeber hat aber die Vorschriften des BDSG etwa hinsichtlich der Daten, die auf einem Endgerät des Arbeitnehmers gespeichert sind, zu beachten.[432]

293   *cc) Technische und organisatorische Sicherheitsmaßnahmen.* Nach Ergebnissen von Stiftung Warentest[433] aus 2012 offenbaren – häufig unbemerkt für den Nutzer – eine erschreckend große Anzahl an getesteten Apps Logins und Passwörter und/oder sonstige personenbezogene Daten oder kommunizieren Apps online mit Dritten, ohne dass dies für die Bereitstellung des Dienstes erforderlich ist. Sicherheitsrisiken stellen sich insbesondere bei Smart Devices mit einem sogenannten „Jailbreak" oder „Rooting". Beim „Jailbreaking" werden auf dem iPhone Softwarekomponenten installiert, die das Sicherheitskonzept (Trennung von Anwendungen) des Betriebssystems (iOS) außer Kraft setzen und ggf. eine Vollzugriffsmöglichkeit aus der Ferne auf das Smartphone eröffnen. Ähnlich verhält es sich beim „Rooting" von Android Smartphones. „Jailbreaking" und „Rooting" nützen Lücken/Programmfehler im Betriebssystem oder Apps der Smartphones aus, können deswegen technisch nicht ohne weiteres unterbunden werden.

294   BYOD ist – jedenfalls nach überwiegender Auffassung[434] – nicht per se unzulässig, kann aber unzulässig sein, wenn die **Kontroll- und Verfügungsgewalt** des Arbeitgebers sowie das **Datenschutz- und Sicherheitsniveau** (Vertraulichkeit, Integrität, Authentizität und Verfügbarkeit) durch BYOD absinken und der Arbeitgeber als verantwortliche Stelle insbesondere das datenschutzrechtliche **Trennungsgebot** (dienstliche – private Datenverarbeitung) nicht wahrt. Gem. § 9 BDSG hat die verantwortliche Stelle, also der Arbeitgeber,[435] durch **technische und organisatorische Maßnahmen** die Einhaltung der datenschutzrechtlichen Pflichten sicherzustellen – dies gilt auch im Verhältnis zu BYOD.

295   Insoweit gibt es Parallelen zur **Telearbeit**: Wenn wegen der Art der Tätigkeit oder Vertraulichkeit der Daten Telearbeit ausgeschlossen ist,[436] dann dürfte wohl auch BYOD unzulässig sein. In der Praxis überschneiden sich häufig die technischen und organisatorischen Maßnahmen und betriebliche Regelung (etwa Richtlinien, Betriebsvereinbarungen) für
- BYOD,
- Telearbeit und
- Privatnutzung von betrieblicher IT.

> **Praxistipp:**
> Für den Arbeitgeber ist es ggf. schon aus Gründen der Transparenz (§ 307 BGB) wichtig, eine **Synchronisierung** zwischen den Maßnahmen und Regelungen zu BYOD, Telearbeit und Privatnutzung von betrieblicher IT herbeiführen.

---

[429] *Göpfert/Wilke* NZA 2012, 765 (767); *Arning/Moos* DB 2013, 2607 (2608); Moos/*Arning*, Datenschutz- und Datennutzungsverträge, Teil 4 VI Rn. 4.
[430] Dazu im Einzelnen → Rn. 201 ff.
[431] *Wisskirchen/Schiller* DB 2015, 1163 (1164).
[432] *Arning/Moos* DB 2013, 2607 (2609).
[433] Testbericht und Meldung vom 24.3.2010, abrufbar unter www.test.de/Soziale-Netzwerke-Datenschutz-oft-mangelhaft-1854798-01. Zu „Datenschutz bei Apps: Welche Apps Ihre Daten ausspähen" siehe Meldung v. 31.5.2015, abrufbar unter www.test.de; neuere Testberichte abrufbar unter www.test.de/thema/datenschutz. Siehe auch Meldung vom 8.10.2012, http://zscaler.com/20121008-press-release-zscaler-threatlabz-launches-free-mobile-app-profiler.html.
[434] → Rn. 302 ff. zu Stellungnahmen der Datenschutzaufsichtsbehörden.
[435] Ausführlich zu den Anforderungen nach § 9 BDSG → § 33 (Compliance, IT-Sicherheit, Ordnungsmäßigkeit der Datenverarbeitung) Rn. 172 ff.
[436] → Rn. 306; *Gola/Wronka*, Handbuch Arbeitnehmerdatenschutz, 6. Aufl. 2013, S. 116, Rn. 52 f.

Bevor jedoch einzelne Sicherheitsmaßnahmen implementiert werden können, sind eine 296 Inventarisierung der privaten Devices sowie Maßgaben für eine zentrale Verwaltung durch die IT-Abteilung des Arbeitgebers erforderlich. Die zentrale Verwaltung der privaten Endgeräte beziehungsweise der darauf installierten Apps ist mithilfe des sog **Mobile Device Management (MDM)** bzw. **Mobile Application Management (MAM)** möglich.[437]

> **Checkliste zum Asset-Management bei BYOD:** 297
>
> - Inventarisierung der privaten Devices
> - Implementierung von Richtlinien für Konfiguration und Betrieb
> - Grundkonfiguration des privaten Devices durch die IT-Abteilung des Arbeitgebers
> - Bevorzugung von Sandboxing Methoden zB Virtualisierung, Browser only-Szenarien.
> - Beschränkung der Zugriffe auf einzelne Datenquellen und notwendige Funktionen.
> - Deaktivierung von nicht genutzten Funkschnittstellen, zB Bluetooth
> - Sicherheitsbewusstsein fördern, zB Sofortiges Remote Wipe bei Verlusten

Was die Absicherung privater Endgeräte betrifft sind im Grundsatz – wie auch sonst bei 298 der Unternehmens-IT – die verschiedenen Ebenen (etwa Hardware, Betriebssystem, Anwendung, Datenbank) zu beachten, wobei bei mobilen Endgeräten der physische Schutz des Geräts (etwa vor Diebstahl) eine besondere Rolle spielt. Bei Servern und PC liegt der Fokus des physischen Schutzes im Wesentlichen auf der Zutrittskontrolle und dem Schutz vor schädlichen Umwelteinwirkungen auf das Gebäude. Bei mobilen Endgeräten gelten besondere Anforderungen. Z. B. sollten die Geräte nicht sichtbar im Innenraum eines Pkw, sondern nur versperrten Kofferraum – und auch das nicht über Nacht – gelagert werden.

> **Übersicht eines Schichten-Modells zur Absicherung privater Endgeräte:**[438]
>
> 1. Absicherung des Netzzugangs, Virtualisierung
> 2. Sicherheit der Daten (zB Verschlüsselung)
> 3. Sicherheit der Anwendungssoftware
> 4. Sicherheit des Betriebssystems
> 5. Hardware-Absicherung
> 6. Sicherheit der Wartungs- und Pflegeprozesse
> 7. Physische Sicherheit
> 8. Prozesse und Sicherheitsbewusstsein
> 9. Verantwortungsbereiche, Organisation und Policies/Richtlinien

In technischer als auch organisatorischer Hinsicht ist die erwähnte **Trennung zwischen** 299 **privaten und dienstlichen Daten** maßgeblich.[439] Der Arbeitgeber muss die erforderlichen technischen Mittel zur Verfügung stellen und gleichzeitig darauf einwirken, dass Arbeitgeber- und Arbeitnehmerdaten vom jeweiligen Mitarbeiter nicht vermischt werden. Als technische Mittel kommen zB **Sandbox- oder Containerlösungen** in Betracht.[440] Üblich ist, dass die betrieblichen Apps und Daten in einem passwortgeschützten Container von den privaten Apps und Daten abgeschottet sind. Noch besser wäre, auf dem Gerät einen zweiten Container für die privaten Apps und Daten zu installieren, auf den der Arbeitgeber keinen

---

[437] Computerwoche vom 13. August 2012, S. 12 f. – So behalten Sie die Fäden in der Hand.
[438] 7-Schichtenmodell von Detecon International, abrufbar unter: http://www.computerwoche.de/a/byod-ja-aber-sicher,2517849 (Abruf vom 28.4.2015); Wesentliche Anforderungen an das Management privater Endgeräte siehe Deloitte, Perspektive BYOD, Stand 2/2013, S. 7.
[439] Koreng/Lachenmann/*Kremer/Sander*, Formularhandbuch Datenschutzrecht, 2015, S. 399.
[440] *Arning/Moos/Becker* CR 2012, 592 (594).

Zugriff hat. Dann gäbe es vergleichbar wenige Datenschutzbedenken für den Fall, dass der Arbeitgeber (bzw. seine IT-Abteilung) das Gerät administrieren oder aus sonstigen Gründen kontrollieren muss. Die Container/Sandbox-Lösungen schließen weitgehend Risiken durch kompromittierende private Apps aus. Allerdings sind Container-Lösungen mit einigem Administrationsaufwand verbunden, so dass die Lösungen eher für größere Unternehmen in Betracht kommen.

> **Praxistipp:**
> Zu empfehlen ist eine 2-Containerlösung, die private und dienstliche Anwendungen und Daten klar voneinander trennt.

300 Weitere technische Sicherheitsmaßnahmen sind zB das Vorschalten einer Passworteingabe bevor eine App gestartet wird, das Sperren von Screenshot- oder Copy-and-Paste-Funktionen, spezielle VPN-Tunnel für Apps oder Geofencing zur Beschränkung der Nutzung bestimmter Apps.

301 Daneben gibt es **DLP(Filter)-artige Lösungen.** Problematisch ist in dieser Hinsicht jedoch, dass DLP-Lösungen mit unterschiedlicher Granularität der Policies uU nicht das Erfordernis der Datensparsamkeit erfüllen, soweit umfassende Filter- und Analysemaßnahmen vorgenommen werden.[441]

> **Praxistipp:**
> Plant ein Unternehmen, BYOD zuzulassen, sollte sich das Unternehmen sorgfältig prüfen, ob es sicherstellen kann, dass – auch bei kurzfristiger – Beendigung von BYOD (etwa aufgrund fristloser Kündigung des Arbeitsvertrags eines Arbeitnehmers) **nachweisbar keine betrieblichen** Daten in der Verfügungsgewalt des Beschäftigten (**oder – je nach Anwendungsbereich von BYOD im konkreten Fall – seiner privaten App, Cloud-, Portal-Anbieter**) zurückbleiben. Nur wenn das sichergestellt werden kann, ist das Unternehmen für BYOD gerüstet.

302 *dd) Stellungnahme der Datenschutzbehörden.* Die deutschen Datenschutzaufsichtsbehörden haben teils unterschiedliche Auffassungen zur Zulässigkeit von BYOD und den Anforderungen an technische und organisatorische Sicherheitsmaßnahmen.[442]

303 Das Bayerische Landesamt für Datenschutzaufsicht fordert, auch **technische Lösungen** zur kontrollierten Geräteverwaltung einzusetzen. Der Landesdatenschutzbeauftragte Bayern bewertet BYOD bei Daten mit besonderem Schutzbedarf als per se unzulässig. Handelt es sich nicht um Daten **mit besonderem Schutzbedarf** muss Datentrennung und die Abschottung gegenüber Familienangehörigen sichergestellt werden.

304 Die Datenschutzaufsichtsbehörde Berlins erachtet BYOD nur als zulässig, wenn dies bei beiderseitiger Freiwilligkeit geschieht. Daneben sind **Regelungen** etwa zum Herunterladen von Apps, Verschlüsselung, Meldung bei Geräteverlust erforderlich.

Die Datenschutzaufsichtsbehörde des Saarlandes fordert eine **Containerlösung** für getrennte Datenhaltung.

305 Das Unabhängige Landesdatenschutzzentrum Schleswig-Holstein (ULD) hält eine **Terminallösung,** bei der die Daten über eine sichere Verbindung lediglich auf dem privaten Gerät angezeigt werden für am sichersten.

Von BYOD-Lösungen ganz abzusehen, raten insbesondere Bremen und Mecklenburg-Vorpommern, die erhebliche Sicherheitsrisiken, insbesondere in Cloud-Umgebungen sehen.

---

[441] Ausführlich zu DLP *Conrad* CR 2011, 797.
[442] Siehe Überblick mwN bei *Kranig,* Vermischung von privaten und dienstlichen Daten als Herausforderung für Datenschutz und Datensicherheit, in: Conrad/Grützmacher, Recht der Daten und Datenbanken im Unternehmen, 2014, S. 411 (422 ff.).

Orientierungshilfe bei BYOD bieten auch – wegen der erwähnten Parallelen – Stellungnahmen der Datenschutzbehörden zu Tele-/Heimarbeit, siehe etwa:
- LfD Niedersachsen, Telearbeit...aber datenschutzgerecht – Orientierungshilfe und Checkliste, Stand 23.8.1999 (abrufbar unter www.lfd.niedersachsen.de)
- BfDI, Telearbeit – Ein Datenschutz-Wegweiser, Stand August 2012 (abrufbar unter www.lfd.niedersachsen.de)
- 35. TB LfDI Hessen, Telearbeit
- 20. TB ULD Schleswig-Holstein, Nr. 6.4, datenschutzrechtliche Einordnung Telearbeit
- 32. TB ULD Schleswig-Holstein, Nr. 6.3, Tele-, Heim- und mobile Arbeit
- 21. TB LfDI Saarland, Nr. 13.6, Prüfung Telearbeitsplätze
- IX. TB LfD Sachsen-Anhalt, Nr. 14.14, Telearbeit
- 22. TB BfDI, Nr. 11.4, Nicht alle Aufgaben eignen sich für Telearbeit
- 14. TB LfD Sachsen, Nr. 14.1.1.4, Mobile Datenträger

b) Weitere rechtliche Anforderungen an BYOD, insbesondere Haftung und arbeitsrechtliche Aspekte. aa) *Eigentum am Gerät contra Verantwortlichkeit für die Daten.* Die Verantwortlichkeit für die betrieblichen **Daten** in privater Hardware, Software oder Diensten trägt somit grds. der Arbeitgeber. Im Gegensatz dazu verbleibt das **Eigentum am mobilen Endgerät** regelmäßig trotz Nutzung für betriebliche Zwecke beim Arbeitnehmer selbst. Soll dies anders sein, bedarf es dafür einer gesonderten Übertragung des Eigentums an den Arbeitgeber.[443] Arbeitnehmer sind nicht aufgrund ihres Arbeitsvertrags verpflichtet, eigene Geräte zu erwerben, in den Betrieb mitzubringen und dort für betriebliche Zwecke zu nutzen.[444] Gemäß § 615 S. 3 BGB bleibt der Arbeitgeber unabhängig von einem BOYD dazu verpflichtet, die erforderlichen Arbeitsmittel bereitzustellen.[445] Daher besteht – außer bei ausdrücklich anders lautenden Vereinbarungen – keine Pflicht des Mitarbeiters bei **Defekt oder Verlust** seines Geräts ein neues Gerät bzw. Ersatz anzuschaffen.[446] Das Risiko für Verlust und Defekt trägt infolgedessen meist der Arbeitnehmer selbst.

> **Praxistipp:**
> Das Risiko des **Auseinanderfallens der Verantwortlichkeiten** wäre etwa durch eine betriebliche Versicherung gegen Verlust und Diebstahl des Geräts sowie darauf gespeicherter Unternehmensdaten mitigierbar – vergleichbar mit einer Unfallversicherung für Dienstfahrten mit einem privaten PKW.[447]

bb) Lizenz- und urheberrechtliche Risiken und Sorgfaltspflichtverletzungen der Organe. Eine Versicherung löst aber nicht das Problem, dass dem Arbeitgeber uU **Nutzungs- bzw. Lizenzrechte** an Software auf privaten Mobilgeräten oder Cloud-Diensten fehlen, weil der Arbeitnehmer gegenüber dem Lizenzgeber nur zur (regelmäßig kostenlosen) privaten Nutzung berechtigt ist.[448] Für die gewerbliche Nutzung gelten regelmäßig andere Lizenz- und Vergütungsmodelle. Meist wird der Arbeitnehmer zur Privatnutzung nur einfach und nicht übertragbare Nutzungsrechte an der betroffenen Software erwerben, was problematisch sein kann, wenn dem Arbeitgeber in irgendeiner Form Partizipationsmöglichkeiten eingeräumt werden bzw. eine gewerbliche Nutzung vorliegt.[449] Bei einer Nutzung im Rahmen der Arbeitstätigkeit besteht einerseits für den Arbeitnehmer das Risiko der Lizenzverletzung, andererseits haftet der Arbeitgeber unter Umständen – jedenfalls bei Einsatz „im Tätigkeits-

---

[443] *Koch* ITRB 2012, 35 (35).
[444] *Koch* ITRB 2012, 35 (36).
[445] Koreng/Lachenmann/*Kremer/Sander*, Formularhandbuch Datenschutzrecht, 2015, S. 401; *Göpfert/Wilke* NZA 2012, 765 (769).
[446] *Koch* ITRB 2012, 35 (38).
[447] BGH BAG Urt. v. 17.7.1997 – 8 AZR 480/95 zur beschränkten Arbeitnehmerhaftung im Rahmen des Aufwendungsersatzanspruchs nach § 670 BGB, wenn der Arbeitnehmer schuldhaft sein mit Billigung des Arbeitgebers dienstlich eingesetztes Fahrzeug beschädigt.
[448] *Conrad/Schneider* ZD 2011, 153 (157); *Göpfert/Wilke* NZA 2012, 765 (767).
[449] *Koch* ITRB 2012, 35 (36); Forgó/Helfrich/Schneider/*Helfrich*, Betrieblicher Datenschutz, IV. 2. Rn. 13 f.

bereich des Unternehmens zu dessen Vorteil"[450] – verschuldensunabhängig gem. § 99 UrhG iVm § 97 Abs. 1 UrhG (Unterlassung) bzw. § 98 UrhG (Vernichtung, Rückruf, Überlassung). § 99 UrhG ist die zentrale Haftungsnorm für Unternehmen bei **Urheberrechtsverletzungen.** Aus § 99 UrhG resultiert jedoch kein Schadensersatzanspruch des Rechtsinhabers gegen den Arbeitgeber. Ein solcher Schadensersatzanspruch kann sich aber ergeben, wenn der Arbeitgeber vorsätzlich oder fahrlässig handelt, etwa wissentlich in Kauf nimmt, dass seine Arbeitnehmer im Rahmen BYOD Lizenzverletzungen begehen.[451] Inwieweit der Arbeitgeber gegen den Arbeitnehmer einen Schadensersatzanspruch hat, wenn der Arbeitgeber BYOD im Grundsatz erlaubt, aber im Rahmen einer BYOD-Vereinbarung die Nutzung nur bestimmter Apps für dienstliche Zwecke erlaubt und der Arbeitnehmer (unter Verstoß gegen die BYOD-Vereinbarung) durch vorsätzliches oder fahrlässiges Handeln Urheberrechtsverletzungen herbeiführt, ist sehr fraglich.

309   Neben § 99 UrhG kommt bei der Verletzung von Sorgfaltspflichten eine **Organhaftung** der entsprechenden Organe zB nach § 43 GmbHG in Betracht, etwa wenn der Geschäftsführer einer GmbH nicht ausreichend dafür Sorge trägt, dass in seinem Unternehmen nur Software eingesetzt wird, für die ausreichend Nutzungsrechte eingeräumt sind.[452] Diese Sorgfaltspflichten bestehen wohl nicht nur darin, die Mitarbeiter auf potentielle Rechtsverstöße hinzuweisen, sondern umfassen auch die Kontrolle der Mitarbeiter.[453] Der BGH ist allerdings entgegen Bestrebungen in der Literatur[454] der Ansicht, dass die Organe einer Gesellschaft Organisationspflichten hinsichtlich der Verhinderung etwaiger Rechtsverletzungen nur gegenüber der Gesellschaft und nicht gegenüber Dritten treffen.[455] Im Zusammenhang mit Wettbewerbsverletzungen hat der BGH[456] entschieden, dass der GmbH-Geschäftsführer nur in bestimmten Ausnahmefällen persönlich haftet. Das OLG Köln[457] hat verneint, dass diese Grundsätze auch für Urheberrechtsverletzungen gelten und hat die persönliche Haftung des Geschäftsführers bejaht.

310   *cc) Haftung des Arbeitnehmers.* Kommt es seitens des Arbeitnehmers zu einer schuldhaften Pflichtverletzung, bestimmt sich die Haftung nach den Grundsätzen zur Arbeitnehmerhaftung.[458] Die Verantwortlichkeit des Arbeitnehmers bei **Sicherheitslücken oder eingebrachte Schadsoftware** durch Familienangehörige des Beschäftigten hängt von seiner Beteiligung ab.

311   Eine Haftung des Arbeitnehmers kann bei **Offenbarung von Betriebs- und Geschäftsgeheimnissen** nach §§ 17, 18 UWG in Betracht kommen. Geschäfts- oder Betriebsgeheimnis ist jede im Zusammenhang mit einem Geschäftsbetrieb stehende nicht offenkundige, sondern nur einem begrenzten Personenkreis bekannte Tatsache, an deren Geheimhaltung der Unternehmensinhaber ein berechtigtes wirtschaftliches Interesse hat und die nach seinem bekundeten oder doch erkennbaren Willen auch geheim bleiben soll.[459] Haben **Familienangehörige** des Arbeitsnehmers nur im Rahmen privater Nutzung Zugriff auf das mobile Endgerät des Arbeitnehmers, kommt regelmäßig kein Verstoß gegen §§ 17, 18 UWG in Betracht, soweit eine etwaige Offenbarung an Familienangehörige nicht *zu Zwecken des Wettbewerbs, aus Eigennutz, zugunsten eines Dritten oder in der Absicht, dem Inhaber des Unternehmens Schaden zuzufügen* geschieht. Ähnliches gilt wohl für die bisher ungeklärte Frage, wie es einstufen ist, wenn Familienangehörige Tablets und andere Endgeräte verwenden, die nicht mehrbenutzerfähig sind.[460]

---

[450] *Göpfert/Wilke* NZA 2012, 765 (767).
[451] *Göpfert/Wilke* NZA 2012, 765 (767, 768).
[452] Beispiel bei *Söbbing/Müller* ITRB 2012, 15 (16) mit Verweis auf *Marly* Rn. 292 (5. Aufl.).
[453] Ausführlich zur Haftung der Geschäftsleitung→ § 33 Rn. 16 ff., 66 ff.
[454] *Werner* GRUR 2009, 820 (822).
[455] BGH Urt. v. 13.4.1994 – II ZR 16/93, NJW 1994, 1801 (1803); BGH Urt. v. 10.7.2012 – VI ZR 341/10, NJW 2012, 3439.
[456] BGH Urt. v. 18.6.2014 – I ZR 242/12.
[457] OLG Köln Urt. v. 5.12.2014 – 6 U 57/14 zur unerlaubten Foto-Übernahme im Online-Bereich.
[458] *Franck* RDV 2013, 185 (189).
[459] Statt vieler Köhler/Bornkamm/*Köhler* UWG § 17 Rn. 4, 33. Auflage 2015.
[460] Koreng/Lachenmann/*Kremer/Sander*, Formularhandbuch Datenschutzrecht, 2015, S. 403.

Gerade in diesen Fällen empfiehlt sich, dass das Unternehmen, das BYOD erlauben will, 312
Thin Clients bzw. eine Terminallösung einsetzt, um das Risiko zu reduzieren, dass außerhalb des Betriebsgeländes Dritte eine Kenntnisnahme-Möglichkeit von betrieblichen Daten haben. „*Noch schwieriger dürfte es aus Unternehmersicht werden, eine Strafbarkeit aus §§ 17, 18 UWG zu begründen, wenn der Mitarbeiter sein mobiles Endgerät nur als Thin Client nutzt und damit allenfalls über die Weitergabe dieses mobilen Endgeräts an einen Dritten die Zugriffsmöglichkeit auf die Unternehmensdaten ermöglichen würde. Dies kann zwar nicht ausgeschlossen werden, müsste jedoch im Einzelfall nachgewiesen werden, was schwierig werden dürfte.*"[461]

In Betracht kommt daneben eine Strafbarkeit des Beschäftigten nach § 203 StGB, wenn 313
er Berufsgeheimnisträger im Sinne von § 203 Abs. 1 StGB ist oder dem gleichgestellten Täterkreis gem. § 203 Abs. 3 StGB oder der Tätergruppe des § 203 Abs. 2 StGB angehört. Eine Strafbarkeit kommt gem. § 15 StGB indes nur bei Vorsatz in Betracht. Das gleiche gilt für § 201 a ff. StGB.

dd) *Aufbewahrungs- und Meldepflichten.* Gem. § 257 Abs. 1 HGB sowie § 147 Abs. 1 314
AO sind Unternehmen verpflichtet, bestimmte geschäftsbezogene Unterlagen für eine bestimmte Aufbewahrungsfrist von sechs bzw. zehn Jahren aufzubewahren. Die Erfüllung dieser handels- und steuerrechtlichen **Aufbewahrungspflichten** kann bei einer Vielzahl von Unterlagen auch durch elektronische Speicherung erfolgen, wenn dies den Grundsätzen ordnungsgemäßer Buchführung, vgl. § 257 Abs. 3 HGB und § 147 Abs. 3 AO entspricht. E-Mails und sonstige geschäftsbezogene Unterlagen auf privaten Endgeräten werden von der zentralen Archivierung meist nicht erfasst. Deswegen muss das Unternehmen gewährleisten, dass auch die dort gespeicherten Unterlagen für die jeweilige Frist ordnungsgemäß und jederzeit abrufbar gespeichert werden.[462]

Um seiner **Meldepflicht** nach § 42a BDSG nachkommen zu können, ist es für den Arbeitge- 315
ber maßgeblich von Bedeutung, dass er bei Diebstahl, Abhandenkommen oder Beschädigung des privaten Endgeräts rechtzeitig davon Kenntnis erlangt. Daher sollte in einer Nutzungsvereinbarung zu BYOD in jedem Fall geregelt sein, auf welche Weise und wie schnell der Arbeitnehmer seinen Arbeitgeber über den Verlust informieren muss.[463] Nur so ist der Arbeitgeber in der Lage dem Betroffenen sowie der zuständigen Aufsichtsbehörde mitzuteilen, wenn Daten zur Kenntnis gelangt sind und schwerwiegende Beeinträchtigungen der Betroffenen drohen.

ee) *Arbeitszeitgesetz.* BYOD birgt im Hinblick auf die Unterscheidung von **Arbeitszeit** 316
und Freizeit Risiken, denn ein Verstoß gegen die Einhaltung der erlaubten Arbeitszeiten ist sowohl bußgeld- als auch strafbewährt, vgl. § 22 Abs. 1 Nr. 1, 23 Abs. 1 ArbZG.

Im arbeitsrechtlichen Kontext problematisch ist insbesondere, wann die Nutzung des pri- 317
vaten Endgeräts als Arbeitszeit und wann als Freizeit zu qualifizieren ist. Denn für eine betriebliche und damit arbeitszeitrechtlich relevante Nutzung genügt es bereits, wenn der Arbeitnehmer E-Mails liest oder Telefonate annimmt.[464] Dadurch kommt es leicht zu einer „unmittelbaren Überlagerung der beiden Lebenssphären des Arbeitnehmers."[465] Unter Umständen kann die tatsächliche Arbeitsaufnahme außerhalb der Regelarbeitszeit eine Beeinträchtigung der Ruhezeit (§ 5 Abs. 1 ArbZG) darstellen. Die Ruhezeit muss mindestens 11 Stunden betragen und dem Arbeitnehmer ununterbrochen gewährt werden. Umstritten ist, ob auch kurze Arbeitsaufnahme (etwa E-Mail-Eingang überprüfen oder kurzes Telefonat mit dem Vorgesetzten) als Unterbrechung der Ruhezeit gelten.[466]

Gemäß § 16 Abs. 2 S. 1 ArbZG ist der Arbeitgeber verpflichtet, die 8 Stunden pro Tag 318
überschreitende Arbeitszeit aufzuzeichnen. Die Form der Aufzeichnung (Stundenblätter, elektronisches Zeiterfassungssystem etc) ist gesetzlich nicht vorgeschrieben. Die Aufzeich-

---

[461] *Bierekoven* ITRB 2012, 106 (108).
[462] *Göpfert/Wilke* NZA 2012, 765 (768).
[463] *Koreng/Lachenmann/Kremer/Sander*, Formularhandbuch Datenschutzrecht, 2015, S. 400.
[464] *Göpfert/Wilke* NZA 2012, 765 (768).
[465] *Koreng/Lachenmann/Kremer/Sander*, Formularhandbuch Datenschutzrecht, 2015, S. 401.
[466] Grds. dagegen *Wisskirchen/Schiller* DB 2015, 1163 (1167), sofern nicht mehrere solche Störungen in der Ruhezeit auftreten.

nungspflicht kann auch an den Arbeitnehmer delegiert werden – was bei BYOD auch nicht anders möglich sein dürfte.[467] Da der Arbeitgeber trotz Delegation für die Aufzeichnung verantwortlich bleibt, empfiehlt die Literatur[468] Stichproben, ob der Arbeitnehmer die Aufzeichnungen ordnungsgemäß durchführt.

319 Ein weiteres Arbeitszeitthema ist die Frage, ob die ständige Erreichbarkeit in der Freizeit des Arbeitnehmers als Bereitschaftsdienst oder Rufbereitschaft zu werten ist. Die Frage stellt sich nicht nur bei BYOD, sondern auch wenn der Arbeitgeber dienstliche Smartphones zur Verfügung stellt. Der Hauptunterschied zwischen Bereitschaftsdienst und Rufbereitschaft ist, dass sich der Arbeitnehmer bei Bereitschaftsdienst an einem vom Arbeitgeber bestimmten Ort aufhalten muss und die Bereitschaftsdienstzeit als vergütungspflichtige Arbeitszeit zu werten ist (in der Folge ist dann auch die Ruhezeit zu beachten). Für Rufbereitschaft gibt es keine Aufenthaltsbeschränkung und die Rufbereitschaftszeit ist solange als Freizeit zu werten, bis der Arbeitgeber den Arbeitnehmer anruft und der Arbeitnehmer die dienstliche Tätigkeit (evtl. vorübergehend) aufnimmt. Ständige Erreichbarkeit hat Nähe zur Rufbereitschaft.[469] Bereitschaftsdienst liegt aber nicht vor, da der Arbeitnehmer den Aufenthaltsort frei bestimmen kann.

320 Arbeitgeber werden sich in Zukunft bei Einführung von BYOD damit auseinandersetzen müssen, wie sie einerseits durch technische Vorkehrungen sicherstellen, dass sie nicht gegen das Arbeitszeitgesetz verstoßen, bspw. § 3 S. 1 sowie § 5 Abs. 1 ArbZG. Ähnlich wie der Betriebsrat des VW-Konzern im Jahr 2011 eine Weiterleitung von E-Mails an das dienstliche Telefon nach Feierabend eingestellt hat, ist zu erwarten, dass Betriebsräte in Zukunft auch im Falle von BYOD im Rahmen von § 87 BetrVG auf entsprechende Maßnahmen bestehen werden.[470] Andererseits kann durch entsprechende Nutzungsvereinbarungen die Einhaltung der Arbeitszeiten festgelegt werden, beispielsweise durch eine Regelung, die es dem Arbeitnehmer überlässt, freiwillig, ohne dass dies als Arbeitszeit gilt, sein Endgerät dienstlich zu nutzen.[471]

321 *ff) BYOD-Regelung im Arbeitsvertrag.* Der Arbeitgeber ist verpflichtet, die erforderlichen Arbeitsmittel – einschließlich IT-Endgeräte – zur Verfügung zu stellen, weshalb er BYOD nicht einseitig durch Direktionsrecht anweisen kann.[472] Somit wäre eine individuelle oder kollektive Vereinbarung erforderlich. Enthält der Arbeitsvertrag ein Pflicht zu BYOD, unterliegt die Regelung der Inhaltskontrolle (§ 304 Abs. 2 Nr. 1 BGB). Die Regelung wäre nur wirksam, wenn der Arbeitgeber einen Ausgleich durch ausreichend Gegenleistung schafft (etwa Beteiligung an den Beschaffungskosten und am laufenden Betrieb, etwa an den Mobilfunkgebühren und ggf. an den Kosten von Apps). Ohne Gegenleistung wäre eine BYOD-Pflicht unwirksam, weil sie den Arbeitnehmer unangemessen benachteiligt und gegen den Grundgedanken, dass der Arbeitgeber die Arbeitsmittel zur Verfügung stellen muss, verstößt.[473]

Praxistipp:

Zwar ergeben sich im Ergebnis evtl. niedrigere Beschaffungskosten für den Arbeitgeber, jedoch ist dieser ua mit höheren Verwaltungskosten konfrontiert, da das Unternehmen sich mit einer Reihe von Fragen hinsichtlich der Kontrolle der IT Mittel auseinandersetzen muss.

---

[467] *Wisskirchen/Schiller* DB 2015, 1163 (1167).
[468] *Wisskirchen/Schiller* DB 2015, 1163 (1167).
[469] *Wisskirchen/Schiller* DB 2015, 1163 (1167).
[470] *Göpfert/Wilke* NZA 2012, 765 (768); zu der Betriebsvereinbarung des VW Konzerns: http://www.spiegel.de/wirtschaft/service/blackberry-pause-vw-betriebsrat-setzt-e-mail-stopp-nach-feierabend-durch-a-805524.html.
[471] Zu einer solchen Regelung: Moos/*Arning*, Datenschutz- und Datennutzungsverträge, Teil 4 VI Rn. 91ff; vgl auch *Arning/Moos/Becker* CR 2012, 592; Koreng/Lachenmann/*Kremer/Sander*, Formularhandbuch Datenschutzrecht, 2015, S. 401.
[472] *Wisskirchen/Schiller* DB 2015, 1163 (1165 f.) mwN.
[473] *Wisskirchen/Schiller* DB 2015, 1163 (1166).

Übersicht typischer BYOD-Kosten und Einsparungen[474]

	Einsparung durch BYOD	BYOD-Kosten
Hardware	Geringere Beschaffungs- und Geräteaustauschkosten bei mobilen Endgeräten	Ggf. Verlust von Mengenrabatten; ggf. Gerätezuschüsse des Arbeitgebers; Abschluss zusätzlicher Geräte-Versicherungen;
Betriebssystem	Geringere Beschaffungskosten bzgl. mobiler Endgeräte (sofern nicht das Unternehmen ohnehin OSS oder eine Unternehmens-/Konzernlizenz nutzt)	Ggf. Verlust von Mengenrabatten, Zusatzkosten durch Administrierung zusätzlicher Android/iOS-Versionen
Anwendungen	Geringere Beschaffungskosten bzgl. mobiler Endgeräte (sofern nicht das Unternehmen ohnehin OSS oder eine Unternehmens-/Konzernlizenz nutzt)	Ggf. zusätzliche Lizenzkosten für die dienstliche Nutzung; Lizenzkosten für Antivirus-Programme etc
Zugang zum betrieblichen Netz	Keine Einsparung	Installation VPN/Clients; insoweit eher keine Zusatzkosten gegenüber betrieblichen Endgeräten, aber evtl. Roll-out-Prozess schlechter standardisierbar
IT Security und Applikation Management	Kaum Einsparung	Kosten für Mobile-Applikation-Management, Kosten für Verschlüsselung, Container-Lösungen, sonstige Security-Tools; zusätzliche Berücksichtigung von Cloud-/Browser-basierten Applikationen; inhomogene Hardware/Software-Landschaft schafft Zusatzkosten bei Roll-outs/Implementierung von Sicherheits- und Applikation-Management-Maßnahmen; Zusatzkosten für Container-Administration
Wartung, IT-Support	Teilweise Self Support durch den Arbeitnehmer bzw. Abwicklung über B2C-Pflege-/Wartungsverträge des Arbeitnehmers	Kosten für Mobile-Device-Management inhomogene Hardware/Software-Landschaft schafft Zusatzkosten bei Updates/Upgrades; zusätzliche Kosten durch Gerätevielfalt (komplexes Device-Management) und Ineffizienz der Wartungsprozesse
Compliance im Übrigen	Keine Einsparung	Evtl. zusätzliche Lizenzkosten bei dienstlich genutzten privaten Anwendungen/Diensten; Neuregelung von Spesen und ggf. steuerlichen Aspekten; Kosten für Awareness-Trainings, schriftliche Regelung (zB Betriebsvereinbarung) und Kontrolle von BYOD

gg) *Unterrichtungs- und Beteiligungsrechte des Betriebsrats.* Möchte der Arbeitgeber BYOD einführen, treffen ihn Unterrichtungs- und Beteiligungspflichten. Gem. § 87 Abs. 1 Nr. 6 BetrVG ist eine Beteiligung des Betriebsrats erforderlich, wenn es um die Einführung und Anwendung von technischen Einrichtungen geht, die dazu bestimmt sind, das Verhalten oder die Leistung der Arbeitnehmer zu überwachen. Von der Beteiligungspflicht umfasst, sind die Einführung, die Anwendung sowie Änderungen.[475] Gem. § 90 Abs. 1 Nr. 2 BetrVG

---
[474] Deloitte, Perspektive BYOD, Stand 2/2013, S. 6.
[475] *Fitting* BetrVG, 27. Aufl. 2014, § 87 Rn. 249.

ist der Arbeitgeber darüber hinaus bereits über die Planung solcher Einrichtungen **rechtzeitig zu unterrichten**.

323 Die Datenschutzbehörde Berlin bejaht richtigerweise das Mitbestimmungsrecht des Betriebsrats bei BYOD.[476] BYOD ist eine technische Einrichtung im Sinne von § 87 Abs. 1 Nr. 6 BetrVG, da der Einsatz privater Endgeräte geeignet ist, den Arbeitnehmer zu überwachen.[477] Indem der Arbeitgeber die betrieblichen Daten im Regelfall synchronisieren und speichern darf, kann er zumindest theoretisch durch eine Auswertung der Daten den jeweiligen Arbeitnehmer kontrollieren.[478] Entgegen dem Wortlaut genügt bereits die bloße objektive Geeignetheit, das Verhalten und die Leistung des Arbeitnehmers zu überwachen.[479] Der Arbeitgeber muss daher die Überwachung weder beabsichtigen noch tatsächlich verfolgen.

324 *hh) Betriebsvereinbarung zu BYOD.* Fraglich ist, ob die betriebliche Nutzung von privaten Geräten Gegenstand einer **Betriebsvereinbarung** sein kann. Dagegen anzuführen ist insbesondere, dass die kollektivrechtliche Regelungskompetenz ihre Grenze in der privaten Lebensgestaltung der betroffenen Mitarbeiter hat,[480] und infolgedessen eine Betriebsvereinbarung nur das Arbeitsverhältnis verbindlich zu gestalten geeignet ist.[481]

325 Eine kollektivrechtliche Regelung ist – zumindest nach einem Teil der Literatur – erst dann möglich, wenn sich die Mitarbeiter mit der Nutzung privater Geräte zu betrieblichen Zwecken durch eine entsprechende individualvertragliche Nutzungsvereinbarung einverstanden erklärt haben.[482] In diesem Fall ist eine Betriebsvereinbarung sinnvoll, da sie zwingend und normativ gilt, mit Wirkung für alle Arbeitnehmer geändert werden kann, wegen § 310 Abs. 4 S. 1 BGB nicht der AGB Kontrolle unterfällt und sich wegen ihrer Eigenschaft als „Rechtsvorschrift" im Sinne von § 4 Abs. 1 BDSD eine Einwilligung zur Erhebung, Verarbeitung und Nutzung von Daten erübrigt.[483] In einer solchen Betriebsvereinbarung können jedoch weder Regelungen zur Freizeitgestaltung noch zu Verpflichtungen hinsichtlich der Wartung, Pflege und des Schutzes des privaten Endgeräts getroffen werden.[484]

326 Nicht ganz klar ist, inwieweit das sogenannte Günstigkeitsprinzip zu beachten ist, wenn der Arbeitsvertrag keine BYOD-Regelung enthält. Dann liegt – zumindest nach früherer Rspr. des BAG – im Falle einer BYOD-Pflicht per Betriebsvereinbarung eine Verschlechterung der Arbeitsbedingungen vor und der Arbeitnehmer kann sich auf die für ihn günstigeren arbeitsvertraglichen Regelungen berufen.[485] Das BAG[486] entschied aber 2013, dass eine sogenannte Betriebsvereinbarungsoffenheit von AGB – also auch von Arbeitsverträgen die AGB enthalten – im Regelfall anzunehmen ist, wenn der in den AGB geregelte Gegenstand einen kollektiven Bezug aufweist.[487] Eine BYOD-Einführung für alle oder einen größeren Teil der Beschäftigten weist einen kollektiven Bezug auf. *Wisskirchen/Schiller*[488] vergleichen den Sachverhalt mit der Kostentragungspflicht für Arbeitskleidung. Eine Regelung in Betriebsvereinbarung wird an der Handlungsfreiheit des Arbeitnehmers (Art. 2 Abs. 1 GG)

---

[476] *Dix* Jahresbericht BlnBDI 2012, S. 33 (abrufbar unter: http://www.datenschutz-berlin.de/attachments/942/2012-JB-Datenschutz.pdf?1363963098)
[477] *Conrad/Schneider* ZD 2011, 153 (157).
[478] *Göpfert/Wilke* NZA 2012, 765 (770).
[479] BAG Beschluss v. 9.9.1975 – 1 ABR 20/74, NJW 1976, 261; BAG Beschl. v. 10.7.1979 – 1 ABR 50/78 – BetrVG 1972 § 87 Überwachung Nr. 3; BAG Beschl. v. 6.12.1983 – 1 ABR 43/81, NJW 1984, 1476; *Fitting* BetrVG, 27. Aufl. 2014, § 87 Rn. 226; *Göpfert/Wilke* NZA 2012, 765 (770); Koreng/Lachenmann/Kremer/Sander, Formularhandbuch Datenschutzrecht, 2015, S. 405; aA Richard/*Richardi*, BetrVG, 13. Auflage 2012, § 87 Rn. 501.
[480] Forgó/Helfrich/Schneider/*Helfrich*, Betrieblicher Datenschutz, IV. 2. Rn. 19 f.; *Conrad/Schneider* ZD 2011, 153 (158); *Franck* RDV 2013, 185 (188).
[481] Richardi/*Richardi*, BetrVG § 77 Rn. 134.
[482] Forgó/Helfrich/Schneider/*Helfrich*, Betrieblicher Datenschutz, IV. 2. Rn. 21; zur Problematik der Einwilligung → Rn. 291.
[483] *Göpfert/Wilke* NZA 2012, 765 (770); *Franck* RDV 2013, 185 (188).
[484] *Conrad/Schneider* ZD 2011, 153 (158f).
[485] *Zöll/Kielkowski* BB 2012, 2625 (2626).
[486] BAG Urt. v. 5.3.2013 – 1 AZR 417/12, DB 2013, 1852.
[487] *Wisskirchen/Schiller* DB 2015, 1163 (1166).
[488] *Wisskirchen/Schiller* DB 2015, 1163 (1166).

gemessen und muss verhältnismäßig sein. Die Verhältnismäßigkeit hängt auch von den Kosten ab, die der Arbeitnehmer tragen muss.[489]

> **Checkliste für eine BYOD-Regelung**[490]
>
> - Freigabeprozess für neue Endgeräte eines Mitarbeiters und Kreis der berechtigten Mitarbeiter.
> - Unterstützungspflichten des Beschäftigten hins. IT-Administration/Support, wie etwa regelmäßige Ablieferung des Geräts, Informationspflichten, Installation von Container-App/Remote-Zugang.
> - Verhaltensregeln bei verlorenen / gestohlenen Geräten.
> - Zulässige Nutzung: zB Positiv-Liste[491] von erlaubten Geräten, Plattformen, Diensten, Apps; wird eine Container-Lösung eingesetzt, wäre denkbar, die Positiv-Liste der Apps nur auf den dienstlichen Container zu beschränken oder dort die Selbstinstallation von Apps durch den Arbeitnehmer ganz zu untersagen.
> - Änderungsverbot hins. bestimmten Konfigurationen/Einstellungen (zB vorgeschaltete Passworteingabe, Bildschirmsperr-Funktion oder Remote Wipe).
> - Pflicht des Beschäftigten zur rein persönlichen Nutzung des privaten Devices (jedenfalls soweit keine passwortgeschützte Container-Lösung eingesetzt wird).
> - Kontrollrechte (zB Betriebsrat, Datenschutzbeauftragter, Datenschutzaufsichtsbehörde).
> - Zugang/Zugriff des Arbeitgebers auf das private Device und Vereinbarung von entsprechenden Zugriffsrechten.
> - Konkrete, detaillierte und eindeutige Zweckfestlegung bzgl. Datenzugriffen des Arbeitgebers (zB Logfiles, GPS-Daten, Diktate).
> - Konsequenzen bei Verstoß gegen die BYOD-Regelung.
> - Datensparsamkeit: Regellöschfristen zur sachgemäßen Löschung.
> - Protokollierung (Protokollumfang/-dichte, abhängig von Datenarten und Container-Lösung).
> - Vertretungsfall (Urlaub/Krankheit/Tod): zeitgerechte/angemessene Verfügbarkeit/Zugriffsmöglichkeit für Arbeitgeber („Spiegelung" von Daten).
> - Regelungen zum Schutz der informationellen Selbstbestimmung und Privatsphäre der Arbeitnehmer.
> - Ggf. Kostenerstattung / Gerätezuschuss durch den Arbeitgeber.
> - Freiwilligkeit der BYOD-Erlaubnis des Arbeitgebers (jederzeitige Widerruflichkeit).
> - Beendigung des Arbeitsverhältnisses oder Widerruf der BYOD-Erlaubnis: Regelung zur Rückabwicklung von BYOD.

3. Social Media-Richtlinien am Arbeitsplatz

Immer mehr Unternehmen geben sich und ihren Mitarbeitern konkrete Richtlinien für den Umgang mit Social Media.[492] Anlass sind regelmäßig Fragen wie:
- Darf der Arbeitnehmer während der Arbeitszeit bzw. am Arbeitsplatz überhaupt in sozialen Medien aktiv werden?
- Welche Äußerungen über den Arbeitgeber, Kollegen, Kunden etc sind zulässig und welche nicht?
- Was sind die möglichen arbeitsrechtlichen Medien, wenn Mitarbeiter-Äußerungen in sozialen Netzwerken Rechte des Arbeitgebers verletzen?

---

[489] *Wisskirchen/Schiller* DB 2015, 1163 (1166) vertreten, dass 120 Euro für die Anschaffungskosten eines Smartphones (ohne Mobilfunkvertrag) noch verhältnismäßig sind, weil die Summe im Wesentlichen den Kosten bei Erstausstattung mit Arbeitskleidung entspricht.
[490] Zu typischen Elementen einer BYOD-Regelung siehe auch Deloitte, Perspektive BYOD, Stand 2/2013, S. 11.
[491] Eine Negativ-Liste ist aufgrund der Vielzahl ständig neu veröffentlichter Apps kaum praktikabel bzw. sicher.
[492] Im Einzelnen zum Begriff „soziale Medien" sowie v. a. zum anwendbaren Recht, zu datenschutz- und telemedienrechtlichen Anforderungen bei Betrieb und Nutzung sozialer Medien und zu Social Media Marketing → § 28 (Apps und Social Media). Zum Überblick über die Anforderungen siehe auch *Deutscher Anwaltsverein*, Anwältinnen und Anwälte kann man jetzt auch im Netz gut finden, Stand April 2015, abrufbar unter www.anwaltsverein.de.

- Haftet der Arbeitgeber für Äußerungen seiner Mitarbeiter in sozialen Medien
- Inwieweit dürfen Daten aus sozialen Medien zu dienstlichen Zwecken ausgewertet oder kontrolliert werden?
- Ergeben sich bei der Nutzung zu dienstlichen Zwecken Besonderheiten, wenn soziale Medien – etwa bei Schulen oder sozialen Einrichtungen für Kinder und Jugendliche – das dominierende Kommunikationsmittel sind?

329 Im Folgenden wird dargestellt, welche Chancen und Risiken mit der Nutzung von Social Media verbunden sind (a), welche Beispiele aus der Rechtsprechung es zu Äußerungen von Mitarbeitern in sozialen Medien gibt (b). Unter (c) wird zusammengefasst, auf welcher Grundlage die Nutzung sozialer Medien gesteuert werden kann und welche Inhalte sich für eine Social Media-Richtlinie empfehlen. Schließlich wird ein Formulierungsbeispiel für eine Social Media-Richtlinie vorgestellt.

330 **a) Chancen und Risiken.** Social Media haben heutzutage einen festen Platz in jeder Marketingstrategie. Kaum ein Unternehmen kann es sich erlauben, sich und seine Produkte nicht in Social Media zu präsentieren und dort eine Präsenz aufzubauen. Dies betrifft nicht nur die übliche „Fanpage" bei Facebook, sondern auch andere Social Media-Kanäle wie Twitter, Google+ oder die berufsbezogenen Netzwerke wie etwa Xing oder LinkedIn. Die Vorteile liegen auf der Hand: Innerhalb von Social Media kann man unkompliziert sein Unternehmen und seine Produkte darstellen und auf diese Weise in der Regel jüngere und attraktive Zielgruppen ansprechen. Die Informationen können dadurch leicht mittels der weiteren Nutzer der Social Media weiterverbreitet werden, so dass idealerweise eine gewisse Eigendynamik bei der Unternehmens- und Produktbewerbung entsteht. Zugleich vereinfachen Social Media die unmittelbare Kontaktaufnahme mit den jeweiligen Nutzern.

331 Daher richten zB viele Unternehmen zu Marketingzwecken eigene Facebook-Seiten ein. In größeren Unternehmen wird die Seite üblicherweise von der Marketing- oder PR-Abteilung betreut. Die Rechtsprechung ist nicht einheitlich, inwieweit ein Mitbestimmungsrecht des Betriebsrats besteht. Das ArbG Düsseldorf[493] hatte 2014 Mitbestimmungsrechte in weitem Umfang bejaht. Die Entscheidung wurde durch das LAG Düsseldorf[494] aufgehoben, das insbesondere ein Mitbestimmungsrecht aus § 87 Abs. 1 Nr. 6 BetrVG ablehnte, was im Ergebnis richtig ist. Allerdings ist denkbar, dass im Hinblick auf die Arbeitnehmer, die die Facebook-Seite administrieren und deren Verhalten auf Facebook nachvollzogen werden kann, ein solches Mitbestimmungsrecht besteht.[495] Fraglich ist, ob die Qualität der so gewonnenen Erkenntnisse über das Verhalten der Administratoren genügt, um § 87 Abs. 1 Nr. 6 BetrVG zu bejahen.[496] Denn der Arbeitgeber hat grds. keine Zugriffsmöglichkeit auf Logfiles über die Facebook-Nutzung – anders als bei in-house betriebener oder in einem vom Arbeitgeber bestimmten Rechenzentrum gehosteter Software.

Rechtsprechungsbeispiel
LAG Düsseldorf (Beschl. v. 12.1.2015 – 9 TaBV 51/14): Auf der Unternehmens-Facebook-Seite ist ein kritischer Kommentar über eine namentlich nicht genannte Mitarbeiterin veröffentlicht worden. Die Seite wird durch die Mitarbeiter der Abteilung Öffentlichkeitsarbeit administriert. Der Betriebsrat verlangt Abmeldung der Facebook-Seite wegen Verletzung von Mitbestimmungsrechten. Das erstinstanzliche Gericht gab dem Antrag statt und bejahte § 87 Abs. 1 Nr. 6 BetrVG wegen der „Pinnwandfunktion", die es Dritten erlaube, für alle sichtbar Kommentare über die Leistung und das Verhalten von Arbeitnehmern zu veröffentlichen und die den Administratoren das überwachen dieser Beiträge erlaubt.
Entscheidung des LAG: *„Allein, dass ein negativer personenbezogener Kommentar auf einer Facebook-Seite gepostet wird, führt aber nicht dazu, dass eine technische Einrichtung einen Überwachungsvorgang auslöst. Facebook selbst erfasst die Tätigkeit der Mitarbeiter nicht. Facebook kennt den Mitarbeiter gar nicht."* Das ist im Ergebnis richtig, allerdings ist der letzte Satz in Zeiten von Big Data eher fraglich. Das LAG stellt weiter klar, dass auch die Suchfunktionen und Auswertungsmöglichkeiten in Facebook keine Mitbestimmung auslösen.

---

[493] ArbG Düsseldorf Beschl. v. 27.6.2014 – 14 BV 104/13, DB 2014, 2352.
[494] LAG Düsseldorf Beschl. v. 12.1.2015 – 9 TaBV 51/14, DB 2015, 746 mAnm *Nebeling/Klumpp*.
[495] *Nebeling/Klumpp* DB 2015, 746 (747).
[496] *Nebeling/Klumpp* DB 2015, 746 (747).

Da sich eine angemessene Darstellung in Social Media ohne Beteiligung der Mitarbeiter 332
und deren eigenen Profile kaum bewerkstelligen lässt, ergeben sich allein schon aus diesem
Grund nicht nur Vorteile für die jeweiligen Arbeitgeber, sondern auch erhebliche Risiken im
Rahmen der Social Media-Nutzung durch Arbeitnehmer. Für die Identifizierung der Risiken
kann zunächst zwischen „gewollter" und „ungewollter" Kommunikation unterschieden
werden.[497] Im letzteren Fall besteht – unabhängig von eigenmächtig erstellten Nachrichten
der Mitarbeiter – vor allem die Gefahr, dass sich einmal erstellte Inhalte verselbständigen.
Im schlechtesten Fall verliert der Unternehmer die Kontrolle über die Kommunikationsinhalte in den Social Media und muss sich der dortigen Diskussion der Community beugen.
So kann bisweilen ein ganz anderes Bild vom Unternehmen und dessen Produkten entstehen
als ursprünglich kommuniziert werden sollte. Darüber hinaus besteht immer das Risiko,
dass von Mitarbeitern Geschäfts- oder Betriebsgeheimnisse sowie fehlerhafte Informationen
über das Unternehmen mitgeteilt werden. Dies betrifft grundsätzlich auch die „gewollte"
Kommunikation. Weitere Problematiken sind das Mobbing von Arbeitskollegen über Social
Media, die Verbreitung rechtswidriger Inhalte, persönliche Beleidigung und vor allem Urheberrechtsverletzungen durch die Mitarbeiter.[498] Schließlich ist auch ein sorgsamer Blick auf
den Aspekt des Datenschutzes zu werfen, da selbst innerhalb von Social Media persönliche
Daten von Mitarbeitern, Kunden, Interessenten etc verarbeitet werden.[499] In diesem Zusammenhang sind insbesondere Risiken im Zusammenhang mit der Datensicherheit, möglicherweise bestehender Verschwiegenheitspflichten oder der Ad-hoc-Publizität börslich gehandelter Unternehmen relevant.[500]

Das jeweilige Unternehmen wird darauf achten müssen, dass es gemäß § 831 BGB grund- 333
sätzlich für jegliches Fehlverhalten seiner Mitarbeiter zu haften hat. Ausschlaggebend für
die Vermeidung dieser Haftung ist der Nachweis über die sorgfältige Auswahl dieser Personen, was in der Praxis eine ebenso sorgfältige Einweisung und Überwachung der Mitarbeiter einschließt.[501] Unabhängig davon kann allerdings auch aus anderen, spezielleren
Gründen gehaftet werden. Insgesamt ergibt sich somit für ein Unternehmen ein nicht zu unterschätzendes Haftungsrisiko durch eine Entscheidung pro Social Media.

Inwieweit ein Mitbestimmungsrecht des Betriebsrats bei Einführung von Social-Media- 334
Richtlinien besteht, ist abhängig von der konkreten Regelung im Einzelfall.[502] Ein Mitbestimmungsrecht an einzelnen Regelungen begründet nicht ohne weiteres ein Mitbestimmungsrecht am Gesamtregelungswerk.[503] Beispielsweise scheidet ein Mitbestimmungsrecht
aus, soweit der Arbeitgeber Leitlinien zum außerdienstlichen Verhalten der Arbeitnehmer
aufstellt, die ohnehin nicht als Handlungspflicht, sondern nur als Appell erfolgen kann.[504]
Anders ist es ggf., wenn der Arbeitnehmer (etwa Lehrer oder Sozialarbeiter) angehalten wird,
seinen Facebook-Account dienstlich zu nutzen, etwa zur Kontaktaufnahme oder Kontrolle
von Jugendlichen. Insoweit sind auch datenschutz- und persönlichkeitsrechtliche Anforderungen zu beachten, etwa die Einwilligung des betroffenen Jugendlichen. Zur Klarstellung
empfiehlt sich, dass der Arbeitgeber einen dienstlichen Facebook-Account einrichtet und
dass nur dieser dienstlich genutzt wird und nicht die privaten Accounts der Arbeitnehmer. In
diesem Zusammenhang ist auch das sog. **Social Scoring**[505] zu nennen, bei dem – zB im
Rahmen von Bewerbungsverfahren – Daten aus sozialen Netzwerken ausgewertet werden.
Inwieweit eine Zweckentfremdung von Daten vorliegt, die ohne Einwilligung des Betroffenen im Regelfall datenschutzrechtlich unzulässig ist,[506] hängt ua von der Art des sozialen

---

[497] Vgl. *Lexa/Hammer* CCZ 2014, 46.
[498] Rechtsprechung zu beleidigenden Äußerungen über andere Mitarbeiter oder den Arbeitgeber → Rn. 335 ff.
[499] Hierzu näher *Braun* NJ 2013, 104.
[500] *Determann* BB 2013, 182.
[501] In diesem Sinne *Lexa/Hammer* CCZ 2014, 46, Einzelheiten zur Geschäftsführerhaftung → Rn. 309.
[502] → Rn. 342. Zum Mitbestimmungsrecht bei BYOD → Rn. 322 ff.
[503] BAG Beschl. v. 22.7.2008 – 1 ABR 40/07 zum Mitbestimmungsrecht bei einer Ethik-Richtlinie.
[504] ArbG Düsseldorf Beschl. v. 21.6.2013 – 14 BvGa 16/13.
[505] Ein Beispiel für Social Scoring-Unternehmen ist der Anbieter Klout. Zum Überblick siehe auch BvD-News 1/2015, S. 22 ff. Zur informationellen Selbstbestimmung in sozialen Netzwerken *Bender* K & R 2013, 218. Ausführlich zu Social Scoring → § 36 Rn. 198 ff.
[506] → § 34 Rn. 46, 249, 421 ff.

Mediums ab (inwieweit es etwa der beruflichen Darstellung dient) und inwieweit die Daten allgemein zugänglich im Sinne von § 28 Abs. 1 S. 1 Nr. 3 BSDG sind.

335 **b) Negative Äußerungen durch Arbeitnehmer und Ex-Mitarbeiter. Im bestehenden Arbeitsverhältnis** hat der Arbeitnehmer relativ weitgehende Loyalitätspflichten, grds. auch was negative Äußerungen betrifft. Zwar können sich im Grundsatz auch Arbeitnehmer – in Grenzen (strittig) – auf Meinungsfreiheit (Art. 5 Abs. 1 GG) und Kunstfreiheit (Art. 5 Abs. 3 GG) berufen.[507] Beleidigende, ruf- und kreditschädigende öffentliche Äußerungen müssen sie aber unterlassen. Allerdings können (und müssen) Arbeitnehmer bei unbefugten ruf- oder kreditschädigenden Äußerungen im Regelfall abgemahnt werden. Im Einzelfall kann in sehr gravierenden Fällen auch eine fristlose Kündigung gerechtfertigt sein.

336 Die arbeitsgerichtliche Rechtsprechung ist uneinheitlich und scheint speziell bei Facebook-Postings zu differenzieren, ob die Äußerung des Arbeitnehmers
– im Chat,
– „Gefällt mir"-Klicken,
– unter nicht-betriebsangehörigen „Freunden",
– unter betriebsangehörigen „Freunden" auf der Facebook-Pinnwand
erfolgte. Je nachdem ist die Äußerung als „vertrauliches Gespräch unter Freunden" oder als öffentliche bzw. „betriebsöffentliche" Äußerung zu würdigen. Sog. „Whistleblowing" kann nach der Rspr. zulässig sein, wenn der Arbeitnehmer zunächst, allerdings erfolglos, interne Abhilfe gesucht hat oder solche interne Abhilfe von vornherein aussichtslos erscheint.[508]

337 Was Postings von **Ex-Mitarbeitern** betrifft gibt es jedenfalls seit BVerfG Urt. v. 23.6.2009 (VI ZR 196/08 – Spickmich) einen „Rechtsprechungstrend" zur Meinungsäußerungsfreiheit im Internet. Werturteile sind in weitem Umfang zulässig, stets unzulässig sind unwahre Tatsachenbehauptungen, strittig ist, wo die Formalbeleidigung beginnt.

338 Nachvertraglich Geheimhaltungs- oder Wettbewerbsvereinbarungen helfen dem Arbeitgeber kaum zum Schutz vor negativen Äußerungen von Ex-Mitarbeitern, zumal weit gefasste nachvertragliche Geheimhaltungs- oder Wettbewerbsklauseln in Arbeitsverträgen (AGB-rechtlich) ohnehin selten wirksam sind. Nachvertragliche Geheimhaltungsklauseln setzen regelmäßig ein Betriebs- oder Geschäftsgeheimnis voraus, wofür strenge Anforderungen gelten. Nachvertragliche Wettbewerbsverbote sind grds. ohne Karenzentschädigung unwirksam.

339 Wenn der Ex-Mitarbeiter als **Wettbewerber** selbständig tätig wird, sind bei negativen Äußerungen ggf. wettbewerbsrechtliche Abmahnung, ein Beseitigungs-/Unterlassungsanspruch sowie Schadensersatz denkbar (§ 4 Nr. 7 UWG "Kennzeichen, Waren, Dienstleistungen, Tätigkeiten oder persönlichen oder geschäftlichen Verhältnisse eines Mitbewerbers herabsetzt oder verunglimpft"; § 824 BGB „Kreditgefährdung"). Ist der Ex-Mitarbeiter als Arbeitnehmer für die Konkurrenz tätig, sind ggf. entsprechende Ansprüche gegen den neuen Arbeitgeber des Ex-Mitarbeiters zu richten, falls ihm die negativen Äußerungen zurechenbar sind.

340 Ein **Plattformbetreiber** (zB eines öffentlichen Bewertungsforums) kann grds. haften, wenn er unwahre Tatsachenbehauptungen verbreitet. Er ist aber nicht verpflichtet, jede Bewertung zu prüfen, die er einstellt. Wenn Plattformbetreiber Kenntnis von einer rechtsverletzenden Äußerung erhält, muss er sie grds. runternehmen (sog Notice-and-Take Down).[509] Evtl. kann also Anwaltsschreiben an Plattformbetreiber weiterhelfen. Möglicherweise richtet aber anwaltliches Vorgehen erst recht Aufmerksamkeit auf die negative Äußerung und ist im Ergebnis (unter PR-Gesichtspunkten) kontraproduktiv (sogenannter Streisand-Effekt).

Rechtsprechungsbeispiele
LAG Hamm (Urt. v. 10.10.2012 –3 Sa 644/12):
Ein 26-jähriger Azubis schreibt auf Facebook über seinen Arbeitgeber: „menschenschinder & ausbeuter"; „Leibeigener – Bochum"; „daemliche scheisse für mindestlohn – 20% erledigen". Infolgedessen kündigte der Arbeitgeber das Ausbildungsverhältnis fristlos. Das ArbG Bochum hatte der Klage stattgegeben.[510]

---

[507] LAG Hamm Urt. v. 15.7.2012 – 13 Sa 436/11.
[508] LAG Köln Urt. v. 2.2.2012 – 6 Sa 304/11: Strafanzeige des Arbeitnehmers wegen angeblich betriebsuntauglicher Linienbusse des Arbeitgebers.
[509] Einzelheiten zur Providerhaftung → § 42.
[510] ArbG Bochum Urt. v. 29.3.2012 – 3 Ca 1283/11, BeckRS 2012, 70844.

Die fristlose Kündigung ist unwirksam, da dem Beklagten zuzumuten war, *„durch eine Abmahnung oder Kritikgespräche zunächst zu versuchen, eine Änderung des Verhaltens des Klägers und eine entsprechende Einsicht hinsichtlich des Fehlverhaltens herbeizuführen."*[511] Strittig war, ob der Azubi selbst den Arbeitgeber auf den Facebook-Eintrag aufmerksam gemacht hat. Bei Gesamtbetrachtung des Facebook-Profils des Azubis (insbesondere der vom Azubi eingetragenen „Lieblingszitate") sei erkennbar gewesen, dass viele Eintragungen nicht ernst gemeint gewesen sein dürften.

Entscheidung des Gerichts: Das Urteil des ArbG Bochum wird aufgehoben und die Kündigungsschutzklage abgewiesen. Nach Ansicht des LAG bezögen sich die Äußerungen auf dem Facebook-Profil unzweifelhaft auf den Arbeitgeber, obwohl keine namentliche Nennung erfolgte. Das Profil des Klägers sei allgemein zugänglich gewesen, so dass Dritte bei Kenntnis des Arbeitgebers die Äußerungen zuordnen konnten. Eine Abmahnung sei entbehrlich gewesen, da ein besonders schwerer Verstoß gegen vertragliche Pflichten vorgelegen habe, bei dem nicht von einer Billigung des Verhaltens ausgegangen werden durfte, nachdem die Rechtswidrigkeit des Verhaltens ohne weiteres erkennbar war. Die Diffamierung im öffentlichen Netz mache sein Verhalten umso schwerwiegender, weil eine Möglichkeit des Beklagten zur Abwehr nicht gegeben war. Das hatte das ArbG Bochum bereits ähnlich gesehen:[512] *„Der Kläger, der sich im Rahmen seiner Ausbildung als Mediengestalter Digital und Print unter anderem mit der Erstellung von Facebook-Profilen auseinanderzusetzen hat, müsste um die Gefahren wissen, die von geschriebenen Worten in sozialen Netzwerken ausgehen können. Und aus diesem Grund muss er wissen, dass man genau abwägen sollte, welche Angaben man in **für jedermann zugänglichen** Facebook-Profilen veröffentlicht. Auch wenn der Kläger nicht unbedingt damit rechnen musste, dass der Beklagte sein privates Facebook-Profil besucht, kann er sich nicht darauf berufen, dass es für ihn vollkommen unvorhersehbar war, dass der Beklagte von den Äußerungen Kenntnis erlangt und diese auf sich bezieht."*

Arbeitsgericht[513] **Bochum** (Urt. v. 9.2.2012 – 3 Ca 1203/11):
Ein ambulanter Pflegedienst kündigt einem Altenpfleger (AP) und einer Familienpflegerin (FP) in der Probezeit. Nach dem Ausspruch der Kündigung steht im Facebook-Profil des AP folgender Dialog:
AP: „Quizfrage: was passiert beim A1, wenn man nicht der meinung des egozentrischen chef ist und dann auch noch die frechheit besitzt dazu zu stehen?"
FP: „man wird gekündigt, per telefon. Armseliger saftladen und arme pfanne von chef. Hat noch nicht mal den arsch in der hose selbst anzurufen."
AP: „Kenn ich ;) und das im Au! Ai Ai Ai was die bg dazu sagt und vor allem... Verdi wird sich auch noch melden ;)"
FP: „Man bedenke ... Ich hab ja ganz normal Au, ist mit auch Latte :-D aber bei dir war's ein Arbeitsunfall:-D egaaaaaal, du bekommst deine Kohle eh ganz normal, und der Chef seinen fett weg ;)"
AP: „nun wird er eben den sturm ernten. Man verarscht mich nicht und die pfeife schon gar nicht. [...]"
FP: „Ich liebe meinen Job auch total, hat aber nix mit diesem Drecksladen zu tun. Den Job kannst du überall ausüben. Aber dieser laden wird es nicht bereuen das mit uns abgezogen zu haben auf diese Art und Weise ;)"

Entscheidung des Gerichts: Der Streitwert wird auf 1.000,00 EUR festgesetzt. Dem Unterlassungsanspruch des früheren Arbeitgebers wird nicht stattgegeben, obwohl „Drecksladen" und „armseliger Saftladen" Formalbeleidigungen sind. Beleidigungen des (Ex-)Arbeitgebers in vertraulichen Gesprächen mit Freunden – wenn auch über das Internet – sind von der Meinungsfreiheit gedeckt und zulässig. Denn „die vertrauliche Kommunikation in der Privatsphäre ist Ausdruck der Persönlichkeit und grundrechtlich gewährleistet. [...] Diese Grundsätze sind auf Dialoge im Internet und geltend gemachte Unterlassungsansprüche zu übertragen. [...] Solange diese Dialoge nicht für jedermann zugänglich sind, sondern nur für einen überschaubaren Kreis von Personen bzw. Freunden, handelt es sich noch um ein vertrauliches „Gespräch", in dem die Wortwahl gegenüber dem Arbeitgeber auch mal drastischer ausfallen kann."[514] Der Kläger hatte nicht substantiiert vorgetragen, dass das Facebook-Profil jeden Internet-Nutzer zugänglich war.

Arbeitsgericht Dessau-Roßlau (Urt. v. 21.3.2012 – 1 Ca 148/11): Der Ehemann der Rechtsabteilungsleiterin einer Sparkasse postete auf seiner Internetseite bei Facebook (für 155 „Freunde", ua zahlreiche Mitarbeiter und Kunden der Beklagten, einsehbar):

---

[511] ArbG Bochum Urt. v. 29.3.2012 – 3 Ca 1283/11, BeckRS 2012, 70844.
[512] Hervorhebung durch die Verfasser.
[513] In 2. Instanz LAG Hamm – 5 Sa 451/12, Verfahren durch Vergleich beendet.
[514] ArbG Bochum Urt. v. 9.2.2012 – 3 Ca 1203/11, BeckRS 2012, 68181; aA: ArbG Duisburg Urt. v. 26.9.2012 – 5 Ca 949/12, NZA-RR 2013, 18.

„Hab gerade mein Sparkassen-Schwein auf ... [Vornamen der Sparkassenvorstände] getauft. [...]. Naja, irgendwann stehen alle Schweine vor einem Metzger".
Der Ehemann veröffentlichte auf dieser Seite zudem eine piktographische Fischdarstellung, bei der das Mittelstück des Fisches durch das Sparkassensymbol dargestellt ist. Neben dem Piktogramm befand sich die Anmerkung *„Unser Fisch stinkt vom Kopf".* Unter dem Fischpiktogramm befand sich mit dem Kommentar „Gefällt mir" der Name der Klägerin.

Entscheidung des Gerichts: Die fristlose Kündigung ist unwirksam, da das Arbeitsverhältnis seit 25 Jahren unbeanstandet blieb. Dass die Rechtsabteilungsleiterin den „Gefällt mir"-Button selbst geklickt hatte (oder ihr Mann) und sich ggf. dadurch die Beleidigungen zu Eigen gemacht hat, hat die Beklagte nicht unter Beweis gestellt. Die Anforderungen an eine Verdachtskündigung waren ebenso nicht erfüllt, da kein dringender Verdacht aus objektiven im Zeitpunkt der Kündigung vorliegenden Umständen vorlag, der die überwiegende Wahrscheinlichkeit begründete. Nach Feststellung des Gerichts, durfte die Klägerin jedoch „nicht darauf vertrauen, dass einem über Facebook verbreiteten Statement der Charakter eines „vertraulichen Gesprächs" unter „Freunden" zukommen würde. Bei einer auf einer Internetplattform getätigten Aussage kann nicht von einer vertraulichen Kommunikation die Rede sein",[515] unabhängig ob die Aussage öffentlich oder nur im privaten Bereich getätigt werde.

Arbeitsgericht Hagen (Urt. v. 16.5.2012 – 3 Ca 2597/11):
Ein Arbeitnehmer (Kaltwalzer) postet: *„Habe mich über diesen scheiss G1 geärgert hat mir zwei abmahnungen gegeben innerhalb von drei monaten wegen rauigkeit. Diesen kleinen scheisshaufen mache ich kaputt, werde mich beschweren über diesen wixxer bin 32jahre hier dabei und so ein faules schwein der noch nie gearbeitet hat in seinem scheissleben gibt mir zwei abmahnungen, da hat er sich im falschen verguckt diese drecksau naja sag mal bis bald" [...] „der G1 hat wahrscheinlich einen draufbekommen wegen mir die personalabteilung hat ihn angerufen, weil ich mich angeblich über ihn beschwert haben soll. War noch garnicht nda bei der personalabteilung, aber egal schadet ihm garnichts, soll er mal ein bisschen von seinem hohen ross runterkommen der doofmann. [...]"*
Entscheidung des Gerichts: Die außerordentliche Kündigung ist unwirksam trotz grober Beleidigung, ausschließlich wegen des ultima-ratio-Prinzips, da im Rahmen der durchzuführenden Interessenabwägung Gesichtspunkte wie Lebensalter, Betriebszugehörigkeit, Unterhaltspflichten und die wirtschaftliche Lage des Unternehmens zu berücksichtigen waren. Die ordentliche Kündigung ist wirksam. „Die Kundgabe der beleidigenden Äußerungen ist quasi betriebsöffentlich, vergleichbar einem Aushang am „Schwarzen Brett" im Betrieb erfolgt, da von den 70 „Freunden" des Klägers bei Facebook, die unmittelbar Zugriff auf seine Pinnwand hatten, 36 zum Zeitpunkt der getätigten Äußerung bei der Beklagten beschäftigt waren und einer bei der Schwesterfirma."[516] Die beleidigenden Äußerungen erfolgten auch nicht vertraulich „unter vier Augen" im „Chat-Modus".

LAG Hamm (Urt. v. 15.7.2012 – 13 Sa 436/11): Ein Arbeitnehmer schreibt einen Roman mit dem Titel *„Wer die Hölle fürchtet, kennt das Büro nicht!"*, in dem Mitarbeiter erkennbar persifliert werden, und bietet den Roman im Betrieb zum Verkauf an.
In dem auf Seite 36 beginnenden Kapitel „Am Morgen 'nen Joint ..." wird eine Person geschildert, die in dem Buch „Zombie" genannt wird.
Eine *„Person, die vom Junior-Chef eingestellt"* und im Buch „Anja" genannt wird (es handelt sich eindeutig um die Kollegin ...) wird im Buch als *„Gewinnerin der internen Stellenausschreibung mit Kenntnissen in Englisch, Französisch, Spanisch und Russisch"* bezeichnet. Aus Sicht des Autors beherrscht „Anja" die o. g. Sprachen nicht *(„eigentlich schade, dass wir beim ersten Besuch eines Kunden einen Dolmetscher heranziehen mussten, da Anjas Sprachkenntnisse wohl doch nicht so prickelnd waren..."),* aber – da sie *„unter dem Protektorat vom Junior steht"* (S. 66), *„sind es die wenigsten, die diese faule Torte mal abwatsch'n"* (S. 66). Im weiteren Kontext sagt der Autor über Anja „die Alte kotzt mich an" (S. 68). Die Kollegin Anja beschäftigt ihn auch auf der Rückfahrt nach Hause: *„Dieses elendige Miststück! Diese faule Sau! Die kriegt wahrscheinlich von ihren Eltern und von ihrem Stecher alles in den Arsch geschoben und braucht sich um nichts zu kümmern! Verzogene, blöde Göre!"*

Entscheidung des Gerichts: Die außerordentliche Kündigung ist unwirksam. Ein als Roman eingestuftes Werk, das zunächst einmal als Fiktion anzusehen ist, erhebt keinen Faktizitätsanspruch. Diese Vermutung gilt auch dann, wenn reale Personen erkennbar sind. Je stärker der Autor seine Romanfigur von ihrem Urbild löst und zu einer Kunstfigur verselbständigt, umso weiter bewegt er sich in den Bereich der durch Art. 5 Abs. 3 Satz 1 GG garantierten Kunstfreiheit.
Daher ist nicht feststellbar, dass der Arbeitnehmer durch seinen Roman bestimmte im Betrieb der Beklagten tätige Personen in einer mit den grundgesetzlichen Vorgaben unvereinbaren Weise beleidigt hat.

---

[515] ArbG Dessau-Roßlau Urt. v. 21.3.2012 – 1 C 148/11.
[516] ArbG Hagen Urt. v. 16.5.2012 – 3 Ca 2597/11, BeckRS 2012, 71401.

Der Arbeitgeber hat nicht belegt, dass der Arbeitnehmer durch den Roman über den ihm durch Art. 5 Abs. 3 Satz 1 GG gesteckten Rahmen zulässiger Kunstausübung hinausgegangen ist und tatsächlich existierende Personen im Betrieb in ihrem durch Art. 2 Abs. 1 iVm Art. 1 Abs. 1 GG geschützten allgemeinen Persönlichkeitsrecht gravierend verletzt hat.

LAG Düsseldorf (Beschl. v. 12.1.2015 – 9 TaBV 51/14)
Die Beteiligten streiten in zweiter Instanz über die Verpflichtung der Arbeitgeberin eine von ihr betriebene Facebook-Seite nicht weiter zu betreiben. Auf der Plattform können Nutzer (auch negative) Kommentare hinterlassen. Der Betriebsrat fordert von der Arbeitgeberin das Betreiben der Seite zu unterlassen, bis er seine Mitbestimmung gem. § 87 Abs. 1 Nr. 1 bzw. 6 BetrVG ausgeübt hat.
Entscheidung des Gerichts: Entgegen der Entscheidung des erstinstanzlichen Gerichts[517] hat das Landesarbeitsgericht den Antrag zurückgewiesen. Ein Unterlassungsanspruch ergäbe sich nicht aus § 87 Abs. 1 Nr. 6 BetrVG, da eine „technische Einrichtung" im Sinne dieser Norm voraussetze, dass sie selbst und automatisch die Daten über bestimmte Vorgänge verarbeitet.[518] Durch das Betreiben der Seite werde aber keine Überwachung unmittelbar durch die technische Einrichtung selbst bewirkt. Die negativen Kommentare über Arbeitnehmer der Arbeitgeberin lösten ebenfalls keine Überwachung aus, auch wenn die Arbeitgeberin gezielt nach Einträgen suchen könnte. Die Kommentare seien vielmehr vergleichbar mit Beschwerdebriefen oder Beschwerde-E-Mails und Facebook, damit eine Art Briefkasten oder jedenfalls Kommunikationsmittel. Eine Überwachung der Mitarbeiter sei schon deswegen ausgeschlossen, da diese zusammen einen Account benützten und sich nicht nachvollziehen lässt, wer wann über den Account gehandelt hat. Da das Betreiben der Seite auch nicht das „Ordnungsverhalten" der Arbeitnehmer betreffe, bestünde auch kein Mitwirkungsrecht aus § 87 Abs. 1 Nr. 1 BetrVG.

c) Rechtsgrundlagen und wichtige Inhalte von Social Media-Richtlinien. Die aufgezeigten **341** Risiken geben Anlass dazu, verbindliche Verhaltensregeln im Arbeitsverhältnis zu schaffen durch eine sog Social Media-Richtlinie. Durch eine solche Richtlinie sollen nicht nur die finanziellen Risiken gemindert werden, die sich hinter den zuvor genannten Haftungsfällen verbergen. Mithilfe von Social Media-Richtlinien lässt sich vielmehr ein allgemeiner Verhaltensmaßstab aufstellen, der in das Gesamtbild der Corporate Identity passt und zugleich klare Verhältnisse in der Beziehung zu den einzelnen Mitarbeitern schafft.[519] Was das Verhältnis zu den Mitarbeiter angeht, können die Richtlinien nicht nur präventiv zur Vermeidung möglicher Risiken dienen. Sie können gleichzeitig klare Verhaltensverstöße definieren und somit belegbar Gründe für mögliche Abmahnungen bzw. Kündigungen liefern.[520]

Rechtsgrundlage für eine verbindliche Vereinbarung von Social Media-Richtlinien kann in **342** erster Linie das arbeitsrechtliche Direktionsrecht des Arbeitgebers sein.[521] Gemäß § 106 GewO ist es dem Arbeitgeber nicht nur gestattet Inhalt, Ort und Zeit der Arbeitsleistung festzulegen, sondern auch Regelungen hinsichtlich der Ordnung und des Verhaltens der Arbeitnehmer näher zu bestimmen. Je nach dem Umfang, der für die Social Media-Richtlinien in einzelnen Unternehmen angezeigt ist, kann jedoch zweifelhaft sein, ob diese allein durch das Direktionsrecht abgedeckt werden. Einhalt ist vor allem dann geboten, wenn im Unternehmen ein Betriebsrat eingerichtet ist. In diesem Fall wird höchstwahrscheinlich eine Vielzahl der Regelungen in den Richtlinien mitbestimmungspflichtig und somit nicht ohne Betriebsvereinbarung durchsetzbar sein.[522] Soweit etwa durch die Richtlinien auch die Privatnutzung von Social Media mitgeregelt wird, ist an ein Mitbestimmungsrecht nach § 87 Abs. 1 Nr. 1 BetrVG zu denken.[523] Werden etwa Regeln über die Überwachung der aufgestellten Verhaltensregeln miteingebracht, so ist auch an ein Mitbestimmungsrecht aus § 87 Abs. 1 Nr. 6 BetrVG wegen einer möglichen technischen Überwachungseinrichtung zu denken.[524] Alles in allem sollten Umfang und Rechtsgrundlage der erstellten Social Media-Richtlinie hinreichend überprüft und ggf. mit der Arbeitnehmervertretung entsprechend abgestimmt werden.

---

[517] ArbG Düsseldorf Beschl. v. 27.6.2014 – 14 BV 104/13.
[518] BAG v. 10.12.2013 – 1 ABR 43/12; BAG v. 8.11.1994 – 1 ABR 20/94.
[519] *Braun* NJ 2013, 109.
[520] Vgl. *Lexa/Hammer* CCZ 2014, 46.
[521] So auch Thüsing/*Traut*/Thüsing Beschäftigtendatenschutz und Compliance 2. Aufl. 2014, § 14 Rn. 42; Hoeren/Sieber/Holznagel/*Solmecke* 21.1 Rn. 57.
[522] → Rn. 331, 334.
[523] *Leist/Koschker* BB 2013, 2229.
[524] *Leist/Koschker* BB 2013, 2229.

343 Bei dem Entwurf einer Social Media-Richtlinie ist generell zu beachten, dass diese individuell auf das jeweilige Unternehmen zugeschnitten sein muss. Eine best practice-Lösung kann es demzufolge nur unter Berücksichtigung der jeweiligen unternehmensspezifischen Anforderungen geben. Einige allgemeine Grundsätze, die in Social Media-Richtlinien immer enthalten sein sollten, lassen sich dennoch leicht formulieren. Im Übrigen ist abzugrenzen von bereichsspezifischen Regelungen, die für ganz bestimmte Unternehmensbereiche gelten sollen, zB Personal (HR) oder IT.[525]

344 In welchem Umfang und zu welchen Punkten Vorgaben in den Social Media-Richtlinien gemacht werden, lässt sich dem Grunde nach an verschiedenen Kriterien festmachen. Dazu gehören die Art der Nutzung, das Eigentum an den eingesetzten Geräten, die Eigenschaften des genutzten Netzwerks, der Zeitpunkt der Nutzung sowie der Ort der Nutzung. Falls nur eines dieser Kriterien sich als betriebsbezogen darstellt (zB Hardware des Arbeitgebers, Nutzung innerhalb der Arbeitszeit bzw. Nutzung am Arbeitsplatz), bietet sich prinzipiell immer eine entsprechende Regelung dazu in den Richtlinien an.[526]

345 Konkret ist Folgendes zu empfehlen: Zunächst sollte sich das Unternehmen festlegen, ob es die Nutzung von Social Media durch die Mitarbeiter generell befürwortet, entweder in Form einer vorgeschriebenen Nutzung, einer einfachen Erlaubnis oder eines strikten Verbots. Ohne klare Positionierung des Unternehmens können die Mitarbeiter ihre Social Media-Nutzung ggf. als „vom Arbeitgeber geduldet" auslegen.[527] Darüber hinaus sollten die Richtlinien klare Regeln zum zeitlichen Umfang der Social Media-Nutzung während der Arbeitszeit und einen Hinweis auf mögliche Überwachung dieser Regeln enthalten. Ebenfalls zwingend ist ein Hinweis auf die bestehenden Geheimhaltungs- und Datensicherheitspflichten der Mitarbeiter. Die Richtlinien sollten ein einheitliches Kommunikationsverhalten definieren und Konkretisierungen vorsehen, insbesondere im Hinblick auf den Umgang mit Produktempfehlungen. Hierzu bieten sich getrennte Vorgaben für Produktbewertung von eigenen Produkten und denen von Wettbewerbern an sowie ggf. die Kennzeichnung der Bewertung als private Meinung des Mitarbeiters.[528] In jedem Fall muss dem Mitarbeiter deutlich gemacht werden, welche Haftungsrisiken in Social Media durch sein Verhalten und seine Äußerungen hervorgerufen werden können, vor allen Dingen mit Blick auf das Datenschutz- und Urheberrecht. Gleichzeitig sind den Mitarbeitern mögliche Konsequenzen für Verstöße gegen die Social Media-Richtlinie mitzuteilen. Schließlich können auch noch verbindliche Regelungen zur Rückgabe von Daten bei Beendigung des Arbeitsverhältnisses aufgenommen werden, etwa wenn die Unternehmensdarstellung über ein Profil des Mitarbeiters verlinkt ist. Gleiches gilt für Hinweise zur Verwertung von Profildaten zu Beweiszwecken im Rahmen streitiger Verfahren.[529]

346 Grenzen finden Social Media-Richtlinien vor allem dann, wenn die Grundrechte der Mitarbeiter in erheblicher Weise betroffen sind und das Direktionsrecht des Arbeitgebers einer Abwägung mit diesen Grundrechten nicht mehr standhält. Der Einfluss des Arbeitgebers erstreckt sich deshalb in aller Regel nur auf die betriebsbezogene Nutzung der Social Media. So ist es dem Arbeitgeber grundsätzlich verwehrt, dem Mitarbeiter umfangreichere Pflichtangaben für das Profil vorzuschreiben (zB Alter, Privatadresse etc) oder Vorgaben für die individuelle Darstellung im privaten Social Media-Bereich zu machen.[530]

347 Insgesamt sollte eine Social Media-Richtlinie gut auf das Unternehmen abgestimmt sein, als eine Art Ratgeber für die Mitarbeiter fungieren und diesem ohne jede Form der Diskriminierung ihre Verantwortlichkeit klar machen. Die Richtlinie sollte leicht verständlich und gleichzeitig bestimmt sein, auch mit Blick auf mögliche Konsequenzen.

---

[525] Siehe hierzu *Determann* BB 2013, 187.
[526] Vgl. hierzu ausführlich *Determann* BB 2013, 183.
[527] → Rn. 200.
[528] Vgl. *Leist/Koschker* BB 2013, 2230.
[529] Vgl. *Determann* BB 2013, 187.
[530] *Determann* BB 2013, 189.

Muster

Social Media-Richtlinie

Das [Unternehmen] möchte die Möglichkeiten, die sich durch Social Media und die neuen Kommunikationswege eröffnet haben, bestmöglich nutzen. Dies kann nur erreicht werden, wenn sich auch die einzelnen Mitarbeiter in Social Media entsprechend beteiligen und sich dort angemessen verhalten bzw. ein einheitliches Kommunikationsverhalten an den Tag legen. Es versteht sich, dass jede Äußerung eines Mitarbeiters entscheidend das Bild des [Unternehmen] in der Öffentlichkeit prägen kann.[531]

Zu diesem Zweck hat [Unternehmen] die folgenden Richtlinien für die Nutzung von Social Media erlassen. Die Richtlinien sollen eine Hilfe für alle Mitarbeiter sein, die beruflich oder privat im Internet aktiv sind und Social Media Angebote nutzen. Sie sind verbindlich, was die Nutzung der Angebote während der Arbeitszeit, die Nennung des [Unternehmen] und die Kommentierung von Vorgängen innerhalb des [Unternehmen] betrifft.

Unter Social Media im vorgenannten Sinn verstehen wir in erster Linie die Angebote von Twitter, Facebook, Google+, Youtube, LinkedIn und XING. Dazu gehören im Übrigen aber auch alle anderen Social Networking Sites (MySpace, Foursquare, etc.), Micro-Blogging Sites (Google Buzz, etc), Blogs (Unternehmensblogs und persönliche Blogs), Video und Foto Sharing Sites (Flickr, etc), Foren bzw. Diskussionsplattformen (Google Groups, Yahoo! Groups, etc) und Online-Enzyklopädien (Wikipedia, Sidewiki, etc.).

Engagieren Sie sich im Web

[Unternehmen] begrüßt ausdrücklich, wenn Sie sich in Social Media engagieren. Insbesondere sind alle Mitarbeiter eingeladen, sich aktiv als Autoren an den eigenen Plattformen und Social Media-Auftritten von [Unternehmen] zu beteiligen. Dies setzt natürlich voraus, dass die weiteren Social Media-Richtlinien verstanden und befolgt werden.

Trennen Sie Privates von Dienstlichem

Soweit nicht anders mit dem Vorgesetzten für den Einzelfall abgestimmt, sollen Social Media ausschließlich in Ihrer Freizeit und ausschließlich unter Verwendung Ihrer eigenen Geräte genutzt werden. Eine Nutzung während der Arbeitszeit ist ebenso wenig zulässig wie eine private Nutzung aller dienstlichen PCs, Notebooks, Mobiltelefone und unserer sonstigen IT- und Telekommunikations-Geräte. Eine solche Privatnutzung wird von [Unternehmen] grundsätzlich nicht gestattet und kann jederzeit überprüft werden.

ODER[532]

Halten Sie Ihre Dienstpflichten im Auge

Die Nutzung von Social Media ist grundsätzlich auch während der Arbeitszeit gestattet. Hierzu können dienstliche IT- und Telekommunikations-Geräte (PCs, Notebooks, Mobiltelefone, etc) verwendet werden. Da eine angemessene Kommunikation in Social Media mitunter jedoch einige Zeit in Anspruch nimmt, sollten Sie während der Arbeitszeit Social Media nur so nutzen, wie es zeitlich angemessen ist. In keinem Fall dürfen Social Media Sie daran hindern, Ihren arbeitsvertraglich vereinbarten Tätigkeiten zeit- und fachgerecht nachzukommen. Das [Unternehmen] kann die Erlaubnis, Social Media während der Arbeitszeit zu nutzen, jederzeit widerrufen.

Seien Sie verantwortungsbewusst

Sie sind für das, was Sie in Social Media tun und veröffentlichen, selbst verantwortlich. Bitte gehen Sie bewusst mit dieser Verantwortung um, in Ihrem eigenen Interesse und im Interesse Ihres Arbeitgebers. Sollten Sie sich einmal unsicher sein, stellen Sie sich die Frage, ob Sie Arbeitskollegen, Vorgesetzten oder möglichen Kunden Ihren Beitrag auch direkt mitteilen würden.

Bitte beachten Sie, dass Beiträge, die einmal in Social Media eingestellt sind, einer breiten Öffentlichkeit zugänglich werden und oftmals nur sehr eingeschränkt wieder gelöscht werden können.

---

[531] An dieser Stelle könnten noch weitere, spezielle Zielsetzungen stehen, die von dem Unternehmen mit der Nutzung von Social Media verfolgt werden.

[532] Alternativ kann die Nutzung der Social Media auch während der Arbeitszeit erlaubt werden. Dies schränkt die Kontrollmöglichkeiten des Arbeitgebers jedoch ganz erheblich ein. Nach herrschender Meinung unterliegt der Arbeitgeber in diesem Fall dem Fernmeldegeheimnis gemäß § 88 TKG, → Rn. 201 ff.

Mit Einstellung von Inhalten verlieren Sie insoweit ein Stück weit die Kontrolle über Ihre Inhalte, zumal sich diese über die beteiligte Öffentlichkeit schnell verselbständigen können. Machen Sie sich klar, dass nach wie vor der Grundsatz gilt: „Das Netz vergisst nicht."

Sprechen Sie nur für sich selbst

Offizielle Statements, Erklärungen und Publikationen des [Unternehmen] geben nur der Vorstand/die Geschäftsführung, die Pressestelle oder andere dafür autorisierte Personen ab.

Wenn Sie sich ohne einen dienstlichen Auftrag in Social Media äußern, machen Sie stets deutlich, in welcher Funktion Sie bei uns tätig sind, und bekennen Sie sich zu Ihrem wahren Namen. Achten Sie dabei auf die korrekte Firmenbezeichnung. Stellen Sie ferner klar, dass Sie Ihre persönliche Meinung vertreten und nicht für das Unternehmen sprechen, zB mittels der Formulierung: „Ich bin bei [Unternehmen] als [____] beschäftigt und vertrete hier meine persönliche Meinung. Diese muss nicht unbedingt der Position von [Unternehmen] entsprechen." Nutzen Sie in diesem Rahmen stets Formulierungen wie „ich" statt „wir". Im Übrigen sollten Sie keine allgemeinen Angaben zu unseren Produkten machen, sondern vielmehr ganz speziell über Ihre eigenen Erfahrungen berichten.

Bei der Kommentierung von aktuellen Meldungen des [Unternehmen] ist zu beachten, dass diese ggf. von der Presse aufgegriffen werden können. Im Zweifel sollten solche Kommentare daher mit den Verantwortlichen abgestimmt werden.

Seien Sie offen und ehrlich

Wenn Sie ein persönliches Interesse an einem Thema haben, über das Sie diskutieren, sollten Sie darauf gleich zu Anfang hinweisen. Informationen sind im Netz meist sofort nachprüfbar. Sollten Ihre Beiträge daher falsch sein oder bewusst Informationen vorenthalten, kann dies umgehend aufgedeckt werden. Trennen Sie hierzu deutlich Ihre Meinung von Fakten und legen Sie Ihre Quellen offen. Das zeugt nicht nur von Respekt gegenüber dem Verfasser der Quelle, sondern sichert Ihnen zugleich ein Mehr an Glaubwürdigkeit.

Falls Ihnen ein Fehler oder eine Ungenauigkeit in einem Ihrer Beiträge unterlaufen ist, sollten Sie diesen zeitnah korrigieren. Es gilt hier mittels der Korrektur, Missverständnisse oder Irreführungen der anderen Nutzer so weit als möglich zu vermeiden. Dies schließt ein, dass Sie zu Ihren Fehlern stehen und Ihre Korrekturen für andere Nutzer nachvollziehbar bleiben. Nur auf diese Weise werden Sie langfristig als ernsthafter Diskussionspartner in Social Media erkannt.

Achten Sie insgesamt sehr genau darauf, was Sie von sich preisgeben. Was Sie veröffentlichen, ist meist für alle sichtbar. Nehmen Sie sich Zeit für die Sicherheitseinstellungen der einzelnen Social Media Accounts und schützen Sie Ihre privaten Daten. Um Probleme am Arbeitsplatz oder mit einzelnen Personen zu diskutieren, sind Social Media grundsätzlich der falsche Ort. Dies sollte eher im direkten Gespräch geschehen.

Seien Sie qualitätsbewusst

Sinnvoll sind nur solche Beiträge in Social Media, die nachhaltig sind und Ihnen gleichermaßen nutzen wie unserem Unternehmen. Achten Sie deshalb auf die Qualität Ihrer Beiträge. Äußern Sie sich nur über Themen, bei denen Sie sich auskennen, und in solchen Fällen, in denen Sie eine Hilfe anbieten können. Fragen Sie sich, ob Ihr Beitrag als Bereicherung der Diskussion angesehen werden kann. Dies soll Sie aber nicht davon abhalten, eigene Diskussionen anzustoßen, um so aktiv neue interessante Themen in Social Media einzubringen.

Behandeln Sie andere freundlich und mit Respekt

Zum Teil werden Diskussionen in Social Media emotional und manchmal sogar persönlich oder beleidigend. Bleiben Sie sachlich und achten Sie in solchen Diskussionen darauf, wie Sie formulieren. Ihr Ton sollte immer höflich und respektvoll gegenüber anderen Nutzern sein. Schreiben Sie nicht im Affekt zurück. Mit Humor, Ironie und Sarkasmus sollte sehr zurückhaltend umgegangen werden, da dies im Netz oftmals nur schwer zu verstehen ist.

Darüber hinaus sollten die Nutzungsregeln der Social Media, in denen Sie aktiv sind, beachtet werden. Informieren Sie sich rechtzeitig vor Nutzung der Social Media über deren eigene Nutzungsbedingungen und deren „Netiquette".

Verraten Sie keine Geheimnisse

Internes soll intern bleiben. Behandeln Sie alle Geschäfts- und Betriebsgeheimnisse sowie alle weiteren geheimhaltungsbedürftigen Informationen von [Unternehmen], unserer Partner, Kunden und Lieferanten streng vertraulich. Insbesondere Rechtsstreitigkeiten, unveröffentlichte Finanzdaten und geheime Produktinfos aus unserem Haus dürfen nicht diskutiert werden. Bei Unsicherheit, ob Sie eine bestimmte Information in einem Beitrag veröffentlichen dürfen, halten Sie Rücksprache mit Ihrem Vorgesetzten oder den Verantwortlichen bei [Unternehmen]. Im Zweifelsfall verzichten Sie auf den Beitrag.

Außerdem müssen Sie das Datengeheimnis wahren. Danach ist es Ihnen untersagt, personenbezogene Daten unbefugt zu erheben, zu verarbeiten oder zu nutzen. Als Maßregel sollten Sie daher nichts über dritte Personen veröffentlichen, ohne nicht vorher mit ihnen darüber gesprochen zu haben.

Tätigen Sie keine unternehmensschädigenden Äußerungen

Selbstverständlich sind Sie eingeladen, Ihre freie Meinung zu äußern. Dies umfasst auch Ihre Meinung über unser Unternehmen. Von geschäfts- oder rufschädigenden Beiträgen ist jedoch generell abzusehen. Drohungen, Beleidigungen, Falschaussagen oder ähnliche Anfeindungen mit anderen Nutzern sind zu unterlassen.

Wenn Sie sich mit unseren Konkurrenten auseinandersetzen, seien Sie fair. Diskreditieren Sie weder unsere Konkurrenten noch unser eigenes Unternehmen. Alle Beiträge in einem solchen Zusammenhang sollten wahr und nicht irreführend sein.[533]

Besondere Vorsicht ist auch bei Äußerungen über Kunden einzuhalten. Bei negativen Beiträgen kann der Ruf unseres Unternehmens leicht in Mitleidenschaft gezogen werden und erhebliche wirtschaftliche Folgen nach sich ziehen.

Erstellen Sie keine eigenen Accounts

Ein Auftritt in Social Media ist am effektivsten, wenn er einheitlich und transparent unter den offiziellen Unternehmens-Seiten und -Accounts erfolgt. Bitte erstellen Sie daher in Eigeninitiative keine eigenen Accounts und Fanseiten oÄ für [Unternehmen], insbesondere wenn im entsprechenden Medium schon offizielle Seiten bzw. Accounts dafür vorhanden sind.

Beachten Sie das geltende Recht[534]

Das Internet ist kein rechtsfreier Raum. Respektieren Sie die daher das geltende Recht und insbesondere die Rechte anderer Nutzer, im Speziellen das Urheberrecht, Persönlichkeitsrechte und das Recht am eigenen Bild. Veröffentlichen Sie keine verleumderischen, beleidigenden oder anderweitig rechtswidrigen Inhalte. Veröffentlichen Sie vielmehr nur Inhalte, die von Ihnen stammen oder bei denen Sie die Zustimmung der jeweiligen Rechteinhaber erhalten haben.

Halten Sie unternehmensbezogene Informationen geheim, die sich auf den Aktienkurs unseres [Unternehmen] auswirken könnten. Falls Sie Zugang zu derartigen Informationen haben, die öffentlich nicht bekannt sind (Insider-Informationen), dürfen Sie dritten Personen den Kauf oder Verkauf unserer Wertpapiere weder empfehlen noch in sonstiger Weise dazu verleiten.[535]

Seien Sie sich der die Konsequenzen bewusst

Im Falle von Rechtsverstößen drohen Ihnen nicht nur Unterlassungs- und Schadensersatzansprüchen der Betroffenen. Im Einzelfall ist auch mit strafrechtlichen Konsequenzen zu rechnen, insbesondere bei Verstößen gegen das Urheberrecht.

Bitte beachten Sie, dass Verstöße gegen diese Richtlinien auch auf [Unternehmen] zurückfallen und einen beträchtlichen wirtschaftlichen Schaden verursachen können. Verstöße gegen diese Richtlinien können daher auch arbeitsrechtliche Konsequenzen haben und im Einzelfall eine Ab-

---

[533] Ggf. bietet es sich an, getrennte Vorgaben für die Diskussion eigener Produkte und der Produkte von Konkurrenten zu machen. Dies hängt allerdings sehr stark von den konkreten Produkten ab und kann nur für den Einzelfall geregelt werden. Alternativ wäre denkbar, Produktempfehlungen durch die Mitarbeiter generell zu untersagen.

[534] Falls im Unternehmen eine allgemeine Verhaltensrichtlinie/Code of Conduct besteht, kann an dieser Stelle zusätzlich auf deren Einhaltung hingewiesen werden. Allgemein gilt, dass die Verhaltensrichtlinie – in allen Einzelheiten – verbindlich (insbesondere wirksam) sein muss. In der Praxis enthalten Verhaltensrichtlinien nicht selten zumindest einzelne intransparente oder unverhältnismäßige Regelungen.

[535] Dieser Absatz betrifft nur börsennotierte Aktiengesellschaften und kann anderenfalls gestrichen werden.

mahnung oder sogar eine Kündigung rechtfertigen. Dies gilt insbesondere für den Umgang mit vertraulichen unternehmens- und personenbezogenen Daten.

Seien Sie sich bewusst, dass Ihre Beiträge im Rahmen von möglichen Rechtsstreitigkeiten als Beweismaterial herangezogen werden können. Sollten Daten von Ihren Accounts dabei eine Rolle spielen, dürfen Sie diese Daten ggf. nicht mehr selbstständig löschen oder verändern.

Wenden Sie sich an die Verantwortlichen

Bei Ungewissheiten oder Fragen aller Art im Zusammenhang mit der Nutzung von Social Media können Sie sich jederzeit an die Social Media-Verantwortlichen von [Unternehmen] wenden. Auch Wünsche, Lob und Anregungen sind dort willkommen. Informieren Sie die Verantwortlichen bitte selbstständig, wenn Sie in Social Media auf besonders negative oder positive Beiträge zu unserem Unternehmen oder unseren Produkten stoßen. Verantwortliche im Sinne dieser Richtlinien sind in unserem Unternehmen: [_____]

§ 38 IT in der Insolvenz, Escrow

Übersicht

	Rn.
I. IT in der Insolvenz	1/2
II. Insolvenzrechtliche Vorüberlegungen	3–25
1. Insolvenzgründe	3–12
a) Eingetretene Zahlungsunfähigkeit	4/5
b) Drohende Zahlungsunfähigkeit	6
c) Überschuldung	7–10
d) Insolvenzgründe im IT-Umfeld	11/12
2. Vorsorge für den Insolvenzfall	13–25
a) Lieferanten-Management	14–16
b) Contingency Plan, Szenarien-Rechnung, Optimised Exit	17/18
c) Sanierungsmaßnahmen im Insolvenzverfahren	19–25
III. Erfüllung und Wahlrecht	26–32
1. Der erfüllte Vertrag	26
2. Anfechtung von Rechtsgeschäften	27
3. Wahlrecht des Insolvenzverwalters	28–32
IV. Einzelne Schuldverhältnisse	33–41
1. Fixgeschäfte	34/35
2. Verkauf unter Eigentumsvorbehalt	36/37
3. Fortbestehen bestimmter Schuldverhältnisse	38–40
4. Erlöschen bestimmter Schuldverhältnisse	41
V. Sonderfall: Lizenzen in der Insolvenz	42–61
1. Insolvenzrechtliche Erwägungen	43–50
2. Entwicklung der Rechtsprechung	51–54
3. Reformbestrebungen	55–61
VI. Software Escrow – Grundlagen	62–68
VII. Interessenlage bei Escrow	69–97
1. Quellcode als Objekt des Escrow	69–72
2. Bedeutung des Quellcodes für den Anwender	73–81
3. Bedeutung des Quellcodes für den Hersteller	82/83
4. Anspruch auf Herausgabe des Quellcodes	84–93
5. Interessenausgleich durch Software-Escrow	94–97
VIII. Escrow Vertragstypen	98–107
IX. Vertragsgestaltung	108–170
1. Auswahl der Hinterlegungsstelle	108/109
2. Synchronisierung	110–122
3. Regelungspunkte im Escrow-Vertrag	123–128
4. Hinterlegung	129–134
5. Herausgabe und Insolvenz	135–140
6. Gestaltungshinweise zur Herausgabe	141–161
7. Nutzungsrechte	162–167
8. Kosten der Hinterlegung	168–170

Schrifttum: *Andres/Leithaus*, Insolvenzordnung, 3. Auflage 2014; *Bitter/Kresser*, Positive Fortführungsprognose trotz fehlender Ertragsfähigkeit? ZIP 2012, 1733, 1743; *Blöse/Wieland-Blöse*, Praxisleitfaden Insolvenzreife, 1. Auflage 2011; *Bork*, Zahlungsunfähigkeit, Zahlungsstockung und Passiva II, ZIP 2008, 1749; *Bömer*, Hinterlegung von Software, NJW 1998, 3321; *Braun*, Insolvenzordnung, 6. Auflage 2014; *Brinkmann*, Der strategische Eigenantrag – Missbrauch oder kunstgerechte Handhabung des Insolvenzverfahrens? ZIP 2014, 197; *Buchalik*, Das Schutzschirmverfahren nach § 270b InsO, ZInsO 2012, 349; *Buchalik/Kraus*, Die Bescheinigung nach § 270b InsO nF als Eintrittsvoraussetzung in das Schutzschirmverfahren, KSI 2012, 60; *Buchalik/Lojowsky*, Vorbesprechungen mit dem Insolvenzgericht – Neue Strategien zur Optimierung der Sanierungschancen von krisenbetroffenen Unternehmen in Eigenverwaltungsverfahren, ZInsO 2013, 1017; *Bundesverband Deutscher Unternehmensberater BDU e.V.*, Struktur eines Grobkonzeptes im Rahmen der Bescheinigung nach § 270b InsO; *Bundesverband Materialwirtschaft, Einkauf und Logistik*, Best Practice in Einkauf und Logistik, 2. Auflage 2008; *Bundesamt für Sicherheit in der Informationstechnik*, IT Grundschutzhandbuch, www.bsi.bund.de; *Cepl*, Lizenzen in der Insolvenz des Lizenznehmers, NZI 2000, 357; *Die-*

selhorst, Zur Dinglichkeit und Insolvenzfestigkeit einfacher Lizenzen, CR 2010, 69 ff.; *Ehlers,* Anforderungen an die Fortführungsprognose, NZI 2011, 161; *v. Frentz/Masch,* Die Insolvenzfestigkeit von einfachen und ausschließlichen Nutzungsrechten an Schutzrechten (Patentlizenzen, Markenlizenzen und urheberrechtlichen Nutzungsrechten), ZIP 2011, 1245, *Frind,* Wann ist (ein Ratschlag zur) Eigenverwaltung gerechtfertigt? DB 2014, 165; *Fromm/Nordemann,* Urheberrecht 10. Aufl. 2008; *Frysatzki,* Ungeklärte Probleme bei der Ermittlung der Zahlungsunfähigkeit und der neue IDW PS 800, NZI 2010, 389; *Fuhst,* Die Sanierungsbescheinigung nach § 270b InsO, GWR 2012, 482; *Ganter,* Patentlizenzen in der Insolvenz des Lizenzgebers, NZI 2011, 833; *Gesetzesbegründung Regierungsentwurf zum ESUG,* BT-Drucks. 17/5712; *Gründer,* Managementhandbuch IT-Sicherheit: Risiken, Basel II, Recht, 2007; *Grützmacher,* Anmerkung zu LG Mannheim, CR 2004, 814; *Grützmacher,* Insolvenzfeste Softwarelizenz- und Software Escrowverträge – Land in Sicht?, CR 2006, S. 289; *Henssler,* Die verfahrensrechtlichen Pflichten des Geschäftsführers im Insolvenzverfahren über das Vermögen der GmbH und der GmbH & Co. KG, in: Kölner Schrift zur Insolvenzordnung 2000, 1283; *Hildebrand/Hoene,* Software-Hinterlegung – Software in der Insolvenz, Teubner 1989; *Hoeren,* Die Pflicht zur Überlassung des Quellcodes. Eine liberale Lösung des BGB und ihre Folgen, CR 2004, 721; *v. Holleben/Menz,* IT-Risikomanagement – Pflichten der Geschäftsleitung, CR 2010, 63; *Hofmann,* Eigenverwaltung, 1. Auflage 2013; *Holzer,* Die Änderung des Überschuldungsbegriffs durch das Finanzmarktstabilisierungsgesetz, ZIP 2007, 2108; *Hölzle,* Nochmals: Zahlungsunfähigkeit – Nachweis und Kenntnis im Anfechtungsprozess, ZIP 2007, 613; *Horstkotte,* Öffentliche Bekanntmachung der vorläufigen Sachwalterschaft nach ESUG durch das Insolvenzgericht? ZInsO 2012, 1161; *Institut der Wirtschaftsprüfer (IDW),* IDW Prüfungsstandard: Beurteilung eingetretener oder drohender Zahlungsunfähigkeit bei Unternehmen (IDW PS 800); *Institut der Wirtschaftsprüfer (IDW),* Empfehlungen zur Überschuldungsprüfung bei Unternehmen (IDW FAR 1/1996); *Institut der Wirtschaftsprüfer (IDW),* IDW Standard: Bescheinigung nach § 270b InsO (IDW ES9); *Kast/Meyer/Wray,* Software Escrow, CR 2002, 379; *Kast/Meyer/Peters,* Software Escrow – The Saga Continues, CR 2004, 147; *Kirchhof/Stürner/Eidenmüller* (Hrsg.), Münchener Kommentar zur Insolvenzordnung, 3. Auflage 2013; *Klein/Thiele,* Der Sanierungsgeschäftsführer einer GmbH in der Eigenverwaltung – Chancen und Risiken im Spannungsfeld der divergierenden Interessen, ZInsO 2013, 2233; *Knolle/Tetzlaff,* Zahlungsunfähigkeit und Zahlungsstockung, ZInsO 2005, 897; *Kochinke/Fraune,* Hinterlegung von Quellcode im US amerikanischen Recht, CR 1992, 7; *Kochmann,* Schutz des „know-how" gegen Auspähende Produktanalysen („reverse Engineering"), 2009; *Koehler/Ludwig,* Die Behandlung von Lizenzen in der Insolvenz, NZI 2007, 79; *Krüger/Pape,* Patronatserklärung und Beseitigung von Zahlungsunfähigkeit, NZI 2011, 617; *Leithaus/Fregge,* Editorial NZI 10/2007; *McGuire,* Nutzungsrechte an Computerprogrammen in der Insolvenz – Zugleich eine Stellungnahme zum Gesetzentwurf zur Regelung der Insolvenzfestigkeit von Lizenzen, GRUR 2009, 13; *Mentzel,* Der Einfluß des Konkurses auf Patentrechtsverhältnisse, KTS 1937, 17; *Nerlich/Kreplin,* Münchener Anwaltshandbuch Insolvenz und Sanierung, 2. Auflage 2012; *Nordmann/Schumacher,* Escrow-Agreement: Softwarehinterlegung in der Praxis, K & R 1999, 363; *Oberscheid,* Die Insolvenzfestigkeit der Software-Hinterlegung, Dissertation 2002; *Paulus,* Der „Escrow-Agent" – eine konkursfeste Hinterlegungsmöglichkeit?, CR 1994, 83 ff.; *ders.,* Software in Vollstreckung und Insolvenz, ZIP 1996, 2 ff.; *ders.,* Insolvenzverfahren, Sanierungsplan: Risiken und Vermeidungsstrategien, CR 2003, 237; *Plath,* Nießbrauch an Software, CR 2005, 613 ff.; *ders.,* Pfandrechte an Software, CR 2006, 217; *Redeker,* Softwareüberlassungsverträge in der Insolvenz des Softwarelieferanten, ITRB 2005, 263; *Römermann/Wellensiek/Schluck-Amend,* Münchener Anwalts Handbuch GmbH-Recht, 3. Auflage 2014; *Roth,* Wege zum Quellcode II, ITRB 2005, S. 283; *Scheurer,* Sanierungskommunikation als Erfolgsfaktor, ZInsO 2013, 2369; *Schmid/Wirth/Seifert,* Urheberrechtsgesetz, 2. Aufl. 2008; *Schmid,* Insolvenzfestigkeit von Lizenzen, neuer Referentenentwurf für die zweite Stufe der Insolvenzrechtsreform, GRUR-Prax 2012, 75; *Schneider,* Neues zu Vorlage und Herausgabe des Quellcodes?, CR 2003, 1; *Schneider/Siegel/Kast,* Software Escrow, K&R 2006, 446; *Schön,* Geheimnisschutz und Informationsinteresse bei der Durchsetzung privater Rechte, Springer Verlag; *Schumacher/Schiele/Contzen/Zachau,* Die 3 Faktoren des Einkaufs, 1. Auflage 2008; *Seegel,* Die Insolvenzfestigkeit von Lizenzen und Lizenzverträgen, CR 2013, 205; *Siegel,* Software Escrow – Die konkreten Anforderungen an eine Softwarehinterlegung in der Praxis, CR 2003, 941; *Siegel,* Die Auswirkungen von Solvency II auf IT-Projekte, ITRB 2006 13; *Slopek,* § 108a InsO Reg-E und die Büchse der Pandora, ZInsO 2008, 1118; *Stöckel/Brandi-Dohrn,* Der dingliche Charakter von Lizenzen, Ein Grundlagenbeitrag zur Dogmatik der Rechte am geistigen Eigentum, CR 2011, 553; *Tripes,* Lizenzen in der Insolvenz – die deutsche Insolvenzordnung als Bremsklotz, ZRP 2007, 225; *Uhlenbruck,* Insolvenzordnung, 13. Auflage 2010; *Ulmer/Hoppen,* Was ist das Werkstück des Software-Objectcodes, CR 2008, 681; *Wallner,* Insolvenzfeste Nutzungsrechte und Lizenzen an Software, NZI 2002, 70; *Willemsen/Rechel,* Insolvenzrecht im Umbruch – ein Überblick über den RegE-ESUG, BB 2011, 834; *Wimmer,* Neue Reformüberlegungen zur Insolvenzfestigkeit von Lizenzverträgen, ZIP 2012, 545; *Wolf,* Mythos Fortführungsprognose – Welche Rolle spielt die Ertragsfähigkeit? DStR 2009, 2682; *Wolf/Kurz,* Die Feststellung der Zahlungsunfähigkeit: Was sind 100 % bei Berücksichtigung eines Schwellenwerts? DStR 2006, 1339; *Zipperer/Vallender,* Die Anforderungen an die Bescheinigung für das Schutzschirmverfahren, NZI 2012, 729.

I. IT in der Insolvenz

1   Da es in der IT Branche neben den „Einmalgeschäften" für einfache Standardsoftware oder Hardware überwiegend Geschäftsvorfälle gibt, die länger laufende Vertragsbeziehun-

gen begründen, ist die Insolvenz eines der beteiligten Unternehmen ein Problem, besonders wenn die Funktionserhaltung von Hardware oder Software Gegenstand dieser laufenden Vertragsbeziehung ist. Denn fällt der Geschäftspartner weg, der diese Leistungen laufend erbringen soll, ist die bereits getätigte Investition für den Kunden möglicherweise wertlos oder zu mindestens nur eingeschränkt nutzbar, wenn der Kunde keinen Ersatz für die wegfallenden Leistungen erhalten kann.

Daher ist es sowohl vertraglich im Voraus und im Insolvenzfall wichtig zu betrachten, welche Rechtsfolgen die Insolvenz für die einzelnen Schuldverhältnissen mit dem insolventen Unternehmens hat als auch welche Einfluss- und/oder Gestaltungsmöglichkeiten der Insolvenzverwalter auf diese Schuldverhältnisse hat.

II. Insolvenzrechtliche Vorüberlegungen

1. Insolvenzgründe

Antrag und Durchführung eines Insolvenzverfahrens sind an einen Eröffnungsgrund gebunden (§ 16 InsO). Eröffnungsgründe sind drohende (§ 18 InsO) und eingetretene Zahlungsunfähigkeit (§ 17 InsO) sowie Überschuldung (§ 19 InsO). Durch das Erfordernis von Eröffnungsgründen wird sichergestellt, dass in Rechte der an einem Insolvenzverfahren Beteiligten nur dann eingegriffen wird, wenn dies zur Vermeidung von Schäden, die durch die weitere Teilnahme des Schuldners am Wirtschaftsleben entstünden, erforderlich ist.[1] Ziel des Insolvenzverfahrens ist die **gleichmäßige Befriedigung aller Gläubiger** (§ 1 InsO).

a) **Eingetretene Zahlungsunfähigkeit.** Die Insolvenzordnung normiert in § 17 InsO den Eröffnungsgrund der Zahlungsunfähigkeit: Ein Schuldner ist zahlungsunfähig, wenn er nicht in der Lage ist, seine **fälligen**[2] **Zahlungspflichten**[3] zu erfüllen. Beurteilt wird die Erfüllungsfähigkeit aus liquiden Zahlungsmitteln, es handelt sich bei der Zahlungsunfähigkeit immer um Geldilliquidität.[4] Ergänzt wird die zivilrechtliche durch die sog „insolvenzrechtliche Fälligkeit":[5] Weder dürfen (berechtigte) Einwendungen vorhanden sein, noch darf die Forderung mindestens rein tatsächlich – also auch ohne rechtlichen Bindungswillen – gestundet sein (sog „ernsthaftes Einfordern"[6]). Die Prüfung der Zahlungsunfähigkeit wird zudem vom Bundesgerichtshof in ständiger Rechtsprechung von einer bloßen Zahlungsstockung abgegrenzt:[7]

- Zunächst ist ein **Liquiditätsstatus**[8] zu erstellen (Stichtag als Aufsatzpunkt).
- Ergibt dieser Status, dass alle fälligen Zahlungsverpflichtungen erfüllt werden können, so liegt Zahlungsfähigkeit vor. Die Prüfung endet bzw. wird in der Krise sinnvollerweise als **Liquiditätsplan** über die nächsten Wochen und Monate fortgeschrieben.
- Weist der Liquiditätsstatus eine **Liquiditätslücke** aus, also ein Delta zwischen freier Liquidität und fälligen Verbindlichkeiten, so ist zunächst festzustellen, in welchem Verhältnis zur Summe der fälligen Verbindlichkeiten der ungedeckte Teil steht. Von diesem Prozentsatz hängt das weitere Vorgehen ab (sog Deckungslücke).
- Beträgt die Liquiditätslücke, also das Delta zwischen freier Liquidität und fälligen Verbindlichkeiten, **weniger als 10 % der fälligen Gesamtverbindlichkeiten** ist grundsätzlich von Zahlungsfähigkeit auszugehen, es sei denn, dass diese Deckungslücke in einem überschaubaren Planungszeitraum über die 10 %-Grenze steigt oder dass weitere Umstände vorliegen, die die Annahme der Zahlungsunfähigkeit rechtfertigen.[9] Zu untersuchen ist

---

[1] MüKoInsO/*Schmahl/Vuia*, § 16 Rn. 2.
[2] Fälligkeit im Sinne von § 271 BGB, vgl. Blöse/*Wieland-Blöse* S. 57.
[3] Nur Geldschulden werden betrachtet, vgl. *Uhlenbruck* § 17 Rn. 10.
[4] Blöse/*Wieland-Blöse* S. 58.
[5] *Uhlenbruck* § 17 Rn. 11.
[6] BGH Urt. v. 19.7.2007 – IX ZB 36/07, NZI 2007, 579 sowie BGH Urt. v. 14.5.2009 – IX ZR 63/08, NZI 2009, 471 mAnm *Huber*.
[7] BGH Urt. v. 24.5.2005 – IX ZR 123/04, NZI 2005, 547.
[8] Zu den verschiedenen Begrifflichkeiten vgl. Blöse/*Wieland-Blöse*, S. 74.
[9] Im entschiedenen Fall (BGH aaO) kam zu einer Deckungslücke von 9,2 % eine auf unstreitige Tatsachen gegründete schlechte Zukunftsprognose hinzu, die die Annahme der Zahlungsunfähigkeit rechtfertigte.

regelmäßig ein **Zeitraum von drei Wochen;** dies ist nach dem BGH der Zeitraum, den eine kreditwürdige Person benötigt, um sich die benötigten Mittel zu leihen.[10] Den die Liquiditätslücke am Stichtag („Aktiva I" abzgl. „Passiva I") in den nächsten 21 Tagen kompensierenden Einzahlungen (sog „Aktiva II") sind auch die in den nächsten 21 Tagen fällig werdenden Auszahlungen (sog „Passiva II") gegenüberzustellen.[11]

- Beträgt die Liquiditätslücke **mehr als 10 % der fälligen Gesamtverbindlichkeiten** liegt regelmäßig Zahlungsunfähigkeit vor; allerdings liegt ausnahmsweise keine Zahlungsunfähigkeit vor, wenn mit an Sicherheit grenzender Wahrscheinlichkeit zu erwarten ist, dass die Deckungslücke demnächst vollständig oder fast vollständig beseitigt werden wird und den Gläubigern ein Zuwarten nach den besonderen Umständen des Einzelfalls zuzumuten ist.[12]

5 In der Praxis hat sich die Erstellung eines Liquiditätsstatus zu einem Stichtag und einer (mindestens) **13-Wochen-Liquiditätsplanung** bewährt.[13] Um den Organen einer Gesellschaft eine zahlenbasierte Entscheidungsgrundlage auch unter Berücksichtigung alternativer Geschehensverläufe unterbreiten zu können, wird mit **Sensitivitäten** (zB „Base Case", „Management Case", „Stress Case" oÄ) gerechnet. Es ist letztendlich die Entscheidung des Managements als Adressat der strafbewehrten Insolvenzantragspflicht aus § 15a InsO, welche Wahrscheinlichkeiten der einzelnen Geschehensverläufe sie zur Grundlage ihrer Entscheidung machen.

6 **b) Drohende Zahlungsunfähigkeit.** Ein weiterer Insolvenzgrund ist die drohende Zahlungsunfähigkeit. Eine Pflicht zur Insolvenzantragstellung liegt bei drohender Zahlungsunfähigkeit jedoch nicht vor (§ 15a Abs. 1 InsO e contrario). Dem Schuldner wird allerdings die Möglichkeit eröffnet, die Sanierung in einem Insolvenzverfahren in Anspruch zu nehmen.[14] Drohende Zahlungsunfähigkeit liegt vor, wenn der Schuldner **voraussichtlich nicht in der Lage sein wird,** in der Zukunft fällig werdende Zahlungspflichten im Zeitpunkt ihrer Fälligkeit zu erfüllen und dies durch finanzpolitische Dispositionen und Kapitalbeschaffungsmaßnahmen nicht mehr ausgeglichen werden kann.[15] Die **Durchfinanzierung** ist dann **nicht sichergestellt.**

7 **c) Überschuldung.** Der in der Praxis für das Management am schwersten greifbare Insolvenzantragsgrund ist die Überschuldung.[16] Der seit dem 1.1.2014 unbefristet[17] geltende Tatbestand der Überschuldung setzt voraus, dass der Schuldner eine juristische Person (§ 19 Abs. 1 InsO) oder eine Gesellschaft ohne Rechtspersönlichkeit, bei der keine natürliche Person persönlich haftet (§ 19 Abs. 3 InsO), ist.[18] Die Überschuldungsprüfung erfolgt in **2 Stufen:**[19] Zunächst sind die Überlebenschancen des Unternehmens, basierend auf dem Unternehmenskonzept, in einer Fortbestehensprognose zu beurteilen. Nach der Rechtsprechung des BGH ist eine positive Fortbestehensprognose das qualitative Gesamturteil über die **Lebensfähigkeit des Unternehmens** in der vorhersehbaren Zukunft auf Grundlage von Unternehmenskonzept und Finanzplanung.[20] In der zweiten Stufe sind Vermögen und Schulden des Unternehmens in einem stichtagsbezogenen Status gegenüberzustellen.

8 Die 1. Stufe fordert die Darstellung der sog „Durchfinanzierung", also der **Zahlungsfähigkeit des Unternehmens im Planungszeitraum:**[21] Alle Zahlungspflichten müssen im Prog-

---

[10] BGH aaO.
[11] Zur Diskussion um die Einbeziehung der Passiva II ausführlich *Uhlenbruck* § 17 InsO Rn. 13; *Bork* ZIP 2008, 1749 (1751); *Blöse/Wieland-Blöse* S. 78; *Wolf/Kurz* DStR 2006, 1339 (1342); *Frysatzki* NZI 2010, 389 (390); *Knolle/Tetzlaff* ZInsO 2005, 897 (900); *Hölzle* ZIP 2007, 613 (616); die hL sieht die Formulierung des BGH als redaktionelle Nachlässigkeit.
[12] Dann liegt eine bloße Zahlungsstockung vor, vgl. BGH, aaO.
[13] Ein Muster einer direkten Ein- und Auszahlungsplanung ist dem IDW PS 800 als Anlage beigefügt.
[14] *Blöse/Wieland-Blöse* S. 97.
[15] IDW § 11 Tz. 92.
[16] *Blöse/Wieland-Blöse* S. 107 sprechen ebenso wie *Holzer* ZIP 2008, 2108 von einem „abstrakten, theorielastigen und schwierig zu handhabendem Insolvenzgrund".
[17] Vgl. zur Genese des Überschuldungsbegriffs nur *Andres/Leithaus* § 19 Rn. 1.
[18] *Andres/Leithaus* § 19 Rn. 3.
[19] Vgl. zur Überschuldungsprüfung insgesamt den instruktiven Standard IDW § 11.
[20] BGH Urt. v. 13.7.1992 – II ZR 269/91, NJW 1992, 2891.
[21] HM vgl. *Blöse/Wieland-Blöse* S. 116 (mwN).

nosezeitraum (laufendes und folgendes Geschäftsjahr[22]) erfüllt werden können. Maßstab ist die überwiegende Wahrscheinlichkeit der die Fortbestehensprognose stützenden Annahmen.[23]

Aus der Formulierung der „Lebensfähigkeit"[24] wird zT gefolgert, dass das Unternehmenskonzept mittelfristige Ertragsüberschüsse zeigen und gleichsam aus eigener Kraft lebensfähig sein muss.[25] Diesen strengen Anforderungen ist nach überzeugender hL jedenfalls genügt, wenn zumindest die Zahlungsfähigkeit dargelegt werden kann. Diese kann sich auch aus **Finanzierungszusagen von Gesellschaftern** oÄ ergeben.[26] Wenn allerdings nur durch „Fire-Sale" o. ä. Maßnahmen Liquidität geschaffen werden kann, und diese Maßnahmen langfristig das Aktivvermögen aufzehren,[27] ist die Fortbestehensprognose zu verneinen.[28] Gleiches gilt, wenn die Fortbestehensprognose nur nebulös aufgrund eines erwarteten Großauftrags aus Fernost, erwarteten Finanzierungszusagen eines Investors oder beabsichtigten Kosteneinsparungen[29] gestellt werden kann. Sofern nicht **Nachweise (und nicht nur Hoffnungswerte**[30]**)** vorliegen, ist die Fortbestehensprognose negativ. 9

Zur 2. Stufe der Überschuldungsprüfung kommt es nur, wenn die Fortbestehensprognose negativ ausfällt. In diesem Fall sind die Vermögenswerte folgerichtig zu **Zerschlagungswerten** den Verbindlichkeiten gegenüberzustellen.[31] 10

Praxistipp:
Vor dem Hintergrund der Strafbarkeit einer verzögerten Insolvenzantragstellung (§ 15a InsO) sollte jeweils zum frühesten Zeitpunkt (unter Annahme der konservativsten Sensitivität in der Liquiditätsplanung) Insolvenzantrag gestellt werden. Je früher die Insolvenzantragstellung erfolgt, desto höher sind regelmäßig die Sanierungschancen: Das Management ist folglich zur Sanierung verpflichtet.[32] Weil bei drohender Zahlungsunfähigkeit nur ein Antragsrecht vorliegt, und keine Antragspflicht, muss eine Entscheidung der Gesellschafter herbeigeführt werden. Bei der Ausübung von Rechten besteht eine Bindung des Managements an das Direktionsrecht der Gesellschafter.[33] Ohne ermächtigenden Beschluss der Gesellschafter würde ein Insolvenzantrag wegen drohender Zahlungsunfähigkeit eine Pflichtverletzung des Managements begründen.[34]

d) Insolvenzgründe im IT-Umfeld. Auf zwei Beispiele der Insolvenzgründe im IT-Umfeld ist aufgrund der besonderen Relevanz gesondert einzugehen. Bei sog **Start-Up-Unternehmen** kann der Eintritt der Überschuldung zu einem Zeitpunkt eintreten, in dem die (noch) vorhandene Liquidität und der mit der Geschäftsgründung einhergehende Enthusiasmus der Organe eine Prüfung der Insolvenzgründe verhindern. Gerade bei Fremdfinanzierungen in erheblichem Umfang, denen auf der Aktivseite (noch) **keine verwertbaren Vermögensgegenstände** gegenüberstehen, kann eine rechnerische (bilanzielle) Überschuldung eintreten. Die noch nicht bis zur Marktreife entwickelte Geschäftsidee (zB Software ohne notwendige Schnittstellen) stellt keinen selbstständig verwertbaren Vermögenswert dar. Eine Fertigstellung der Programmierung kommt im Insolvenzfall in aller Regel nicht in Betracht. Um die Überlebensfähigkeit in diesem frühen Stadium der Geschäftstätigkeit mit einer Wahrscheinlichkeit von 50+1 % bejahen zu können,[35] ist die **Aufstellung eines Finanzplans** unerlässlich, der eine Durchfinanzierung für das laufende und folgende Geschäftsjahr unter realistischen Prämissen darstellt. Ein Businessplan, der alleine die zukünftigen Ertragspotentiale 11

---

[22] HM vgl. Blöse/*Wieland-Blöse* S. 118 (mwN).
[23] „More likely than not", Blöse/*Wieland-Blöse* S. 120.
[24] BGH Urt. v. 13.7.1992 – II ZR 269/91, NJW 1992, 2891.
[25] OLG Schleswig Urt. v. 4.2.2010 – 5 U 60/09, NZI 2010, 492.
[26] *Andres/Leithaus* § 19 Rn. 8.
[27] Dies wäre nur die „Verlängerung des Todeskampfes", wie *Ehlers* NZI 2011, 161 zutreffend bemerkt.
[28] Zusammenfassend *Bitter/Kresser* ZIP 2012, 1733 (1743).
[29] So die lebensnahe Aufzählung von *Wolf* DStR 2009, 2682 (der Autor ist Sachverständiger der Schwerpunkt-Staatsanwaltschaft Wirtschaftskriminalität in Stuttgart).
[30] OLG Köln Urt. v. 5.2.2009 – 18 U 171/07, ZInsO 2009, 1402.
[31] Blöse/*Wieland-Blöse* S. 125 mit Ausführungen zu Bewertungsmethoden.
[32] *Römermann-Wellensiek/Schluck-Amend* § 23 Rn. 76.
[33] *Nerlich/Kreplin-Rohde* § 27 Rn. 57 (unter Verweis auf *Henssler* S. 990 ff., Rn. 57).
[34] *Brinkmann* ZIP 2014, 197 (204) mwN.
[35] BGH Urt. v. 13.7.1992 – II ZR 269/91, NJW 1992, 2891.

nennt, aber zur **Durchfinanzierung bis zur Erreichung der Renditephase** schweigt, ist vor diesem Hintergrund ungenügend.

12 Die gleichen Grundsätze lassen sich auf den Fall einer im Konzernverbund existierenden reinen **Forschungs- und Entwicklungsgesellschaft** übertragen. Nach dem typisierten Geschäftszweck werden dort entwickelte Erfindungen bzw. Produktvorläufer von anderen Konzerngesellschaften verwertet, zB Ausgründungen von Erfolg versprechenden Geschäftsideen. Eine Gegenleistung für die Zurverfügungstellung von Know-How im Konzernverbund über die reine Kostendeckung hinaus wird regelmäßig nicht vereinbart. Ertragsüberschüsse können auf diese Weise nicht erwirtschaftet werden. Weil das Erfordernis der eigenen Renditefähigkeit bedingt durch das (durchaus legitime) Geschäftsmodell dauerhaft nicht erreicht werden kann, sind erhöhte Anforderungen an die Durchfinanzierung der Gesellschaft zu stellen. Lebensfähig im Sinne der Rechtsprechung[36] wird eine im Konzernverbund tätige Forschungs- und Entwicklungsgesellschaft **mangels eigener Renditefähigkeit** nicht werden. In dieser Situation sollte das Management die Zahlungsfähigkeit durch Abschluss eines Ergebnisabführungsvertrages bzw. einer (internen) harten Patronatserklärung **rechtlich verbindlich** gestalten.[37] Nur durch eine belastbare **Absicherung** kann die Fortführungsprognose mit überwiegender Wahrscheinlichkeit gestellt werden.

2. Vorsorge für den Insolvenzfall

13 Im Folgenden wird dargestellt, welche betriebswirtschaftlichen Instrumente einem Unternehmer zur Verfügung stehen, um den Ausfall eines Lieferanten/strategischen Vertragspartners im Vorfeld zu verhindern (a); für den Unternehmer stellt sich die Frage nach einer Insolvenz möglicherweise auch im eigenen Konzernverbund: Der Weg zu einer optimised exit-Strategie wird aufgezeigt (b). Schließlich werden die Sanierungsinstrumente im Insolvenzverfahren erläutert (c).

14 a) **Lieferanten-Management.** Die Aufgabe, Risiken von Lieferanten entlang der supplychain zu identifizieren, kommt dem Einkauf zu. **Traditionell wird der Einkaufsbereich in einen operativen und einen strategischen Teil getrennt.**[38] Durch Schaffung einer Einkaufsabteilung wird der Bedarf des Unternehmens gebündelt, die Einkaufsmacht steigt; gleichzeitig steigen aber auch die verfügbaren Informationen und das Know-How.[39] Vor dem Hintergrund einer zumeist globalen Lieferantenstruktur ist eine moderne Einkaufsorganisation ein Wettbewerbsfaktor.[40] Zum Einkauf gehört auch der Umgang mit Risiken oder Bedrohungen des eigenen Unternehmens durch Lieferanten, also das **Verfolgen, Quantifizieren und Überwachen sowohl der länderspezifischen als auch der lieferantengebundenen Risiken.**

15 Das **präventive Risk-Management** nimmt neben der zentralen Informationssammlung auch eine Bewertung der Risiken vor. Beispiele für lieferantengebundene Risiken sind die Bonität und Leistungsfähigkeit, die üblicherweise durch bilaterale Kontakte und Gespräche mit dem Lieferanten selbst ermittelt werden.[41] Länderspezifische Risiken sind neben politischer Lage auch Infrastruktur, Bildungsniveau, Streikrisiko, Investitionsgarantien, Gefahr von Naturkatastrophen.[42] Ziel ist es, bei den eigenen Lieferanten (aus deren Sicht) „preferred customer" zu werden, was hinsichtlich Verlässlichkeit und Konditionen Wettbewerbsvorteile mit sich bringt.[43]

16 Das **reaktive Risk-Management** hingegen beschäftigt sich mit der Lösung akuter Probleme,[44] wie drohendem Ausfall eines just-in-time-Zulieferers. Für strategisch wichtige Lieferanten sollten folglich nicht nur diese, sondern auch deren Kunden, Notfallplanungen bzw. -maßnahmen entwickeln.

---

[36] BGH aaO.
[37] *Krüger/Pape* NZI 2011, 617.
[38] *Schumacher/Schiele/Contzen/Zachau* S. 254.
[39] *Schumacher/Schiele/Contzen/Zachau* S. 111.
[40] *Schumacher/Schiele/Contzen/Zachau* S. 162.
[41] Bundesverband Materialwirtschaft-*Zenglein/Drozak* S. 207.
[42] Bundesverband Materialwirtschaft-*Zenglein/Drozak* S. 208.
[43] *Schumacher/Schiele/Contzen/Zachau* S. 179.
[44] Bundesverband Materialwirtschaft-*Zenglein/Drozak* S. 207.

b) Contingency Plan, Szenarien-Rechnung, Optimised Exit. Notmaßnahmen für die Insolvenz eines Lieferanten bzw. Geschäftspartners sollten im Wege einer sog Contingency-Planung bereits frühzeitig festgelegt worden sein. Die Art und Weise der Reaktion richtet sich zunächst nach den zu erwartenden Kosten der Maßnahme und deren Effektivität bei der Vermeidung von Lieferengpässen. In einem nicht fertigungszentrierten Umfeld wie der IT-Branche sind Lieferantenrisiken vor allem vor dem Hintergrund der vertraglichen Lizenzketten zu sehen. 17

Für das eigene Unternehmen, insbesondere im Konzern-Umfeld, stellen wirtschaftliche Schieflagen von Tochter- und Enkelunternehmen ebenfalls eine Bedrohung dar. In dieser Situation stehen regelmäßig **drei Szenarien** zur Diskussion: **Verkauf, Sanierung oder Liquidation.** Jedes Szenario kann außergerichtlich oder in einem gerichtlichen Insolvenzverfahren gestaltet werden. Bei einem Carve-out bzw. Verkauf ist zu fragen, ob er im Status quo erfolgen soll, dann ist ggf. ein „Rucksack" an Liquidität notwendig. Üblich ist in einem solchen Fall ein negativer Kaufpreis. Alternativ kommt der Verkauf in an-restrukturiertem Zustand in Betracht. Es ergibt sich folgender Entscheidungsbaum: 18

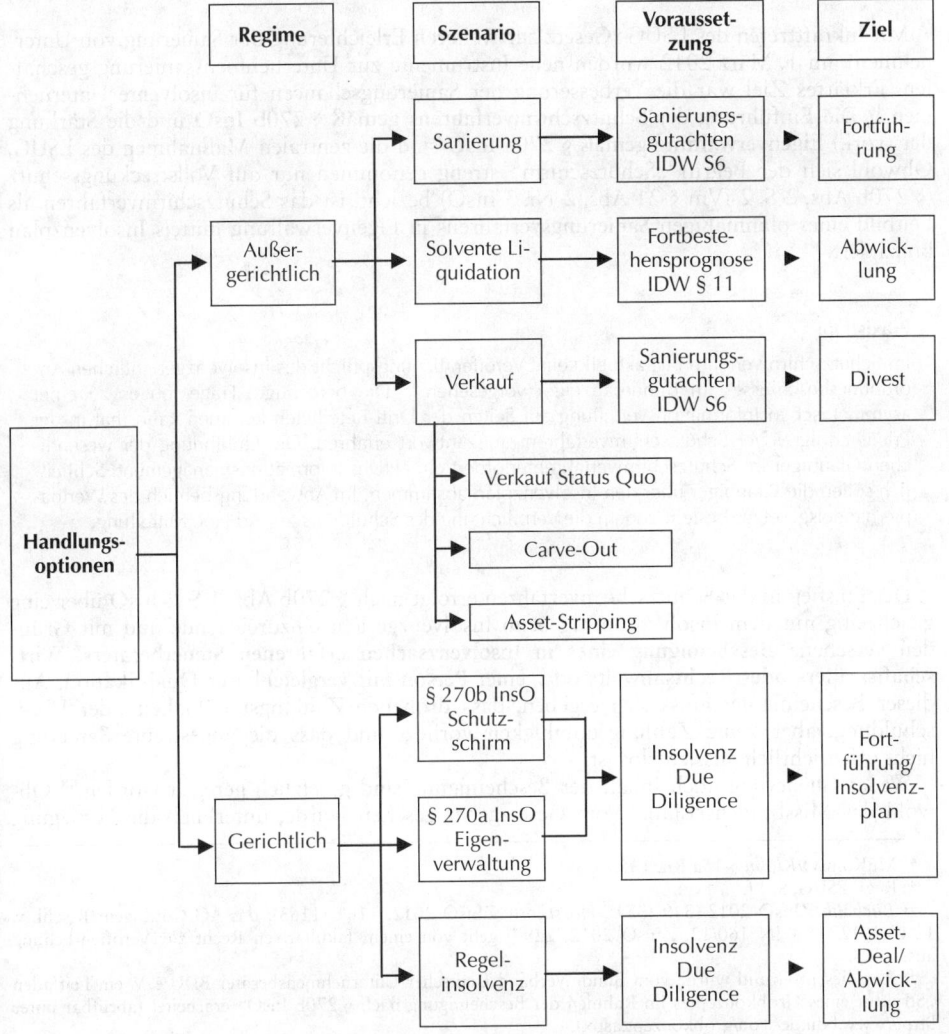

19 c) Sanierungsmaßnahmen im Insolvenzverfahren. Spiegelbildlich zu außergerichtlichen Sanierungs- bzw. Verkaufs- oder Liquidationshandlungen kommen solche innerhalb eines Insolvenzverfahrens in Betracht.

> **Praxistipp:**
> Der Abwicklungsfall in einem Regelinsolvenzverfahren soll an dieser Stelle nicht vertieft behandelt werden. Es empfiehlt sich im Vorfeld einer sich abzeichnenden Insolvenz (insbesondere im Konzern) eine sog **Insolvenz-Due Diligence** durchzuführen. Auf diese Weise können Rückstellungs- bzw. Abschreibungspotentiale und sonstige Auswirkungen auf andere Konzerngesellschaften (sog „Leakage") ermittelt werden. Risiken durch Insolvenzanfechtung oder Haftungsansprüche lassen sich nach der Insolvenz-Due Diligence ggf. eliminieren. Für verwirklichte Ansprüche kann bilanz- und liquiditätsorientiert Vorsorge getroffen werden. Bei solchen Maßnahme ist naturgemäß die Beseitigung der Insolvenzgründe[45] für den Prüfungszeitraum erforderlich.

20 Mit Inkrafttreten des ESUG (Gesetz zur weiteren Erleichterung der Sanierung von Unternehmen) am 1. März 2012 wurden neue Instrumente zur Unternehmenssanierung geschaffen. Erklärtes Ziel war die Verbesserung der Sanierungschancen für insolvente Unternehmen.[46] Die Einführung des **Schutzschirmverfahrens gemäß § 270b InsO** und die Stärkung der (vorl.) **Eigenverwaltung gemäß § 270a InsO** sind die zentralen Maßnahmen des ESUG. Obwohl sich der Begriff „Schutzschirm" streng genommen nur auf Vollstreckungsschutz (§ 270b Abs. 2 S. 2 iVm § 21 Abs. 2 Nr. 3 InsO) bezieht, ist das Schutzschirmverfahren als Leitbild eines planmäßigen Sanierungsverfahrens in Eigenverwaltung mittels Insolvenzplan konzipiert.

> **Praxistipp:**
> Im Schutzschirmverfahren ist aktuell keine Veröffentlichungspflicht des insolvenzgerichtlichen Anordnungsbeschlusses im Bundesanzeiger vorgesehen.[47] Die berechtigte Frage, ob es zu einer asymmetrischen Informationsverteilung auf Seiten der Dritt-Beteiligten kommen kann, hat in der Praxis erfolgreicher Schutzschirmverfahren eine Antwort erfahren: Die Einbindung der wesentlichen Gläubiger im Schutzschirmverfahren erfordert ein aktives Informationsmanagement. Schließlich sollen die Gläubiger über den Insolvenzplan abstimmen. Im Anwendungsbereich des Wertpapierhandelsgesetzes besteht zudem die Verpflichtung des Schuldners zur Ad Hoc Mitteilung.

21 Der Einstieg in das Schutzschirmverfahren erfolgt nach § 270b Abs. 1 S. 2 InsO über eine gleichzeitig mit dem Insolvenzantrag beim Insolvenzgericht einzureichende und mit Gründen versehene **Bescheinigung eines in Insolvenzsachen erfahrenen Steuerberaters, Wirtschaftsprüfers oder Rechtsanwalts oder einer Person mit vergleichbarer Qualifikation.** Aus dieser Bescheinigung muss sich ergeben, dass drohende Zahlungsunfähigkeit oder Überschuldung, aber keine Zahlungsunfähigkeit vorliegt und dass die angestrebte Sanierung nicht offensichtlich aussichtslos ist.

22 Weder Gliederung noch Inhalt der Bescheinigung sind gesetzlich geregelt worden.[48] Obwohl das Missbrauchsrisiko[49] vom Gesetzgeber gesehen wurde, unterblieb die Festlegung

---

[45] MüKoInsO/*Klöhn* § 15a Rn. 135.
[46] RegE ESUG, S. 1 f.
[47] *Buchalik* ZInsO 2012, 349 (354), *Horstkotte* ZInsO 2012, 1161 (1163); das AG Göttingen (Beschl. v. 12.11.2012 – 74 IN 160/12, ZInsO 2012, 2297) geht von einem fakultativen Recht zur Veröffentlichung aus.
[48] Aus diesem Grund wurde vom Bundesverband Deutscher Unternehmensberater BDU e. V. ein Leitfaden „Struktur eines Grobkonzeptes im Rahmen der Bescheinigung nach § 270b InsO" erarbeitet (abrufbar unter http://www.bdu.de/won/grobkonzept.aspx).
[49] *Willemsen/Rechel* BB 2011, 834.

eines Mindeststandards. Für die Praxis hat das Institut der Wirtschaftsprüfer (IDW) den Standard S9 veröffentlicht. Zu prüfen sind demnach:
- Geschäftstätigkeit der Gesellschaft, zB in Bezug auf ihre Leistungsprozesse, Produkte und Absatzwege,
- Verlauf der zurückliegenden Geschäftsentwicklung,
- Gründe der akuten Insolvenzbedrohung,
- Gründe der Erfolglosigkeit zuvor ergriffener umsteuernder Maßnahmen,
- Die Bescheinigung hat nach Umfang und Detaillierungstiefe die Bedeutung des Unternehmens widerzuspiegeln[50] und aufzuzeigen, mit welchen Maßnahmen unter Insolvenzbedingungen das Leitbild des sanierten Unternehmens erreicht werden kann.

Praxistipp:
Gliederung und Inhalt der Bescheinigung sind mit dem zuständigen Insolvenzgericht bzw. Insolvenzrichter in einem Sondierungsgespräch abzustimmen, um dem Gericht eine kurzfristige Prüfung zu ermöglichen. Ebenfalls mit dem Gericht abzustimmen ist der Bescheiniger,[51] der versiert in Überschuldungs- sowie Zahlungsfähigkeitsberechnungen sowie in der Erstellung von Sanierungsgutachten[52] und Sanierungsszenarien für Unternehmen[53] der jeweiligen Größenordnung (Geschäftsmodell, Branche, Internationalität, Komplexität) sein sollte.[54] Von Seiten der Insolvenzgerichte wird begrüßt, wenn entsprechende Vorgespräche erfolgen.[55]

Die Schlüsselfrage ist, ob sich ein Unternehmen für eine Restrukturierung im Insolvenzverfahren eignet. Anhaltspunkte dafür sind:
- **stabiler Cashflow,** der das Geschäftsmodell auch durch die Insolvenz trägt;
- **Erhalt des Rechtsträgers notwendig** wegen langfristiger Lieferantenbeziehungen oder öffentlich-rechtlichen Genehmigungen oder Zulassungen, Patentrechte, Lizenzen;
- Notwendigkeit der **Restrukturierung des Gesellschafterkreises** bei zerstrittenen/obstruierenden Gesellschaftern.

Die Person des Eigenverwalters, regelmäßig das Management der Gesellschaft, hat nach Anordnung der vorläufigen Eigenverwaltung – neben dem Tagesgeschäft – komplexe Aufgaben zu erfüllen. Denn das Unternehmen ist im Insolvenzverfahren ausschließlich **im Interesse der Gläubigergesamtheit** zu führen.[56] Wesentliche Aufgaben sind:[57]
- Liquiditätsmanagement unter Insolvenzbedingungen:
  - Insolvenzgeldvorfinanzierung
  - Massedarlehen
  - Eingehen von Masseverbindlichkeiten
  - Einzug der Alt- und Neudebitoren unter Berücksichtigung von Drittrechten
- Strategische und strukturelle Neuausrichtung unter Insolvenzbedingungen:
  - Vorfristige Beendigung von unrentablen Verträgen
  - Schließung unrentabler Betriebsstätten inkl. Personalanpassungen
  - Verhandlungen mit Investoren/Banken/Arbeitnehmer(-vertretern)
- Insolvenzspezifische Aufgaben:
  - Insolvenzplanerstellung

---

[50] *Fuhst* GWR 2012, 482; *Zipperer/Vallender,* NZI 2012, 729 (730).
[51] So auch *Buchalik/Lojowsky* ZInsO 2013, 1017.
[52] So auch *Zipperer/Vallender* NZI 2012, 729 (730).
[53] *Braun/Riggert* § 270b Rn. 6 fordern zutreffend eine Expertise im Insolvenzrecht insgesamt, insbesondere im Unternehmensinsolvenzrecht. Eine ausschließliche Tätigkeit im Bereich der Verbraucherinsolvenz sei insoweit nicht ausreichend.
[54] *Buchalik/Kraus* KSI 2012, 60 nennen als geeignete Nachweise die Befassung mit insolvenzrechtlichen Mandaten, das Verfassen von Sanierungsgutachten nach IDW S 6 sowie die Erstellung von (erfolgreichen) Insolvenzplänen.
[55] *Frind* DB 2014, 165, beschreibt dies als „ungeschriebene Eingangsvoraussetzung".
[56] *Klein/Thiele* ZInsO 2013, 2233.
[57] *Klein/Thiele* ZInsO 2013, 2233.

- Unterrichtung und Zusammenarbeit mit dem Sachwalter, Gericht, vorläufigen Gläubigerausschuss
- Führung der Insolvenztabelle

25   Im Eigenverwaltungsverfahren ist daher spezielles „**Insolvenz-Know-how**", ggf. durch Einbindung externer Chief Restructuring Officers bzw. Interim Manager, notwendig. Bei Eignung des Unternehmens für ein Schutzschirm-Verfahren ist eine **gründliche Vorbereitung notwendig**. Von herausragender Wichtigkeit ist die **Kommunikation der Beteiligten**. Nach einer Befragung von *Scheurer*[58] unter den größten Rechtsanwaltskanzleien in Deutschland hatten zum Zeitpunkt der Insolvenz nur 10 % der betroffenen Unternehmen in irgendeiner Weise mit Kunden kommuniziert, 60 % hatten gänzlich auf die **Kommunikation mit Mitarbeitern** verzichtet. Die Erfahrung zeigt, dass durch Nicht-Kommunikation wichtiges Vertrauen bei Stakeholdern wie Banken, Kunden und Lieferanten verspielt wird.[59] Ein weiterer maßgeblicher Erfolgsfaktor ist ein erfahrenes und kompetentes Team, das zeitlich verfügbar ist und in ständigem engem Austausch steht.

III. Erfüllung und Wahlrecht

1. Der erfüllte Vertrag

26   Soweit Schuldverhältnisse keine Dauerschuld begründen, sondern deren Hauptleistungspflicht durch Erfüllung einer Leistung erlischt (wie zum Beispiel beim Kauf), ist das Schuldverhältnis dem Insolvenzverfahren weitgehend entzogen, wenn die gegenseitigen Pflichten der Vertragsparteien zum Zeitpunkt der Eröffnung des Insolvenzverfahrens bereits vollständig erfüllt waren.[60] Dies gilt auch für die Softwareüberlassung auf Dauer, wenn diese kaufrechtlich ausgestaltet ist.[61]

2. Anfechtung von Rechtsgeschäften

27   Im Wesentlichen einzige Ausnahme davon sind Schuldverhältnisse, die zwar vollständig erfüllt sind, jedoch dem aus dem Vertrag Berechtigten einen Vorteil gewähren, der zu einer Benachteiligung der anderen Gläubiger führt oder geführt hat. Nach § 129 InsO kann der Insolvenzverwalter Rechtshandlungen, die vor der Eröffnung des Insolvenzverfahrens vorgenommen worden sind und die Insolvenzgläubiger benachteiligen, nach Maßgabe der §§ 130 bis 146 InsO anfechten. Solche **Anfechtungsgründe** sind insbesondere:
- Erlangung einer kongruenten Deckung bei Kenntnis der Insolvenzlage, § 130 InsO
- Unmittelbar nachteilige Rechtshandlungen, § 132 InsO
- Vorsätzliche Benachteiligung der anderen Gläubiger, § 133 InsO
- Unentgeltliche Leistungen aus den letzten 4 Jahren vor Verfahrenseröffnung, § 134 InsO
- Rückzahlung von Gesellschafterdarlehen in der Krise, § 135 InsO
- Rückzahlungen oder Verzichte im Rahmen einer stillen Gesellschaft, § 136 InsO
- Wechsel- und Scheckzahlungen, § 137 InsO
- Bestimmte Geschäfte mit nahestehenden Personen, § 138 InsO

3. Wahlrecht des Insolvenzverwalters

28   Anders ist dies bei nicht vollständig erfüllten Verträgen; hier kann der Insolvenzverwalter bei ganz oder teilweise unerfüllten, gegenseitigen Verträgen gemäß § 103 InsO die (weitere) **Erfüllung verweigern**.

29   Der Anwendungsbereich des § 103 InsO ist also eröffnet, wenn bei einem gegenseitigen Vertrag Verpflichtungen aus dem Vertrag ganz oder teilweise nicht erfüllt sind. Dabei ist je-

---

[58] ZInsO 2013, 2369
[59] Instruktiv zum Thema Kommunikation in der (vorläufigen) Eigenverwaltung *Hofmann* Rn. 510 ff.
[60] Kilian/Heussen/*Kammel* Teil 17 Rn. 90.
[61] LG München I Urt. v. 9.2.2012 – 7 O 1906/11, GRUR-RR 2012, 142 (143); LG München I Urt. v. 13.6.2007 – 21 O 23532/06, ZUM-RD 2007, 498 (502 f.); LG Hamburg, Urt. v. 27.10.2006 – 308 O 304/05, NJW 2007, 3215 (3216 f.).

doch streitig, ob dies nur für im Synallagma stehende Hauptleistungspflichten gilt oder für jede (Neben-)Pflicht aus einem gegenseitigen Vertrag.

In einer umstrittenen Entscheidung war das LG Mannheim[62] davon ausgegangen, dass das Wahlrecht aus § 103 InsO schon dann besteht, wenn die Vertragsparteien zwar die Hauptleistungen erbracht haben, Nebenleistungen aber noch ausstehen. Damit seien die gegenseitigen Verpflichtungen der Vertragsparteien bereits nicht vollständig erfüllt. Nachvollziehbar wäre dieses Argument unter dem Blickwinkel, dass es nicht auf eine Erhaltung des funktionellen Synallagma ankomme, sondern auf eine Stärkung der Insolvenzmasse.[63]

Dies wäre jedoch nur dann zutreffend, wenn durch die Ablehnung der Erfüllung die darauf gerichteten Ansprüche endgültig und rückwirkend erloschen wären. Der BGH hat jedoch festgestellt, dass die Verfahrenseröffnung keine materiell-rechtliche Umgestaltung des gegenseitigen Vertrages bewirkt. Sie hat vielmehr lediglich zur Folge, dass die noch ausstehenden Ansprüche des Vertragspartners, soweit es sich nicht um Ansprüche auf die Gegenleistung für schon erbrachte Leistungen handelt, gegen die Insolvenzmasse nicht mehr durchsetzbar sind.[64]

Praktisch bedeutet dies, dass bei **gegenseitigen Verträgen**, die nicht oder nicht vollständig erfüllt sind, die Ausübung des Wahlrechts des Insolvenzverwalters dazu führt, dass der nicht erfüllte Teil des Vertrages durch den Insolvenzverwalter nicht mehr zu erfüllen ist. Soweit für den nicht erfüllten Teil bereits eine Gegenleistung erbracht wurde, ist diese dann einfache Insolvenzforderung,[65] die gleich allen anderen Gläubigern aus der bei Abschluss des Verfahrens vorhandenen Masse je nach allgemeiner Quote bedient wird.

IV. Einzelne Schuldverhältnisse

Im Hinblick auf nicht vollständig erfüllte, gegenseitige Verträge unterscheidet die Insolvenzordnung auch, ob entweder nicht oder nicht vollständig erfüllte Einmalschuldverhältnisse beziehungsweise Dauerschuldverhältnisse oder, ob besondere Dauerschuldverhältnisse vorliegen. Auf erstere findet § 103 InsO Anwendung, für letztere greifen besondere Regelungen. Für den IT Bereich sind folgende Regelungen besonders relevant.

1. Fixgeschäfte

§ 104 InsO stellt für Fixgeschäfte, also für Geschäfte über die Lieferung von Waren, die einen Markt- oder Börsenpreis haben, bei welchen Lieferung zu einer **festbestimmten Zeit** oder innerhalb einer festbestimmten Frist vereinbart war und die Zeit oder der Ablauf der Frist erst nach der Eröffnung des Insolvenzverfahrens eintritt, fest, dass keine Erfüllung verlangt werden kann, sondern der Insolvenzgläubiger auf den Nichterfüllungsschaden verwiesen ist, der dann nur als einfache Insolvenzforderung geltend gemacht werden kann.

Diese Regelung ist insbesondere für solche Dauerlieferungsverträge relevant, die den Bezug von standardisierten Waren, wie zum Beispiel Computerhardware oder Bestandteile davon (insbesondere zB Speichermodule) zum Gegenstand haben. Der mögliche Schaden wird in der Regel darin bestehen, dass eine Ersatzlieferung nicht zu dem ursprünglich vereinbarten Preis vorgenommen werden kann und daher ein höherer Preis zu zahlen ist.

2. Verkauf unter Eigentumsvorbehalt

Wurde vor der Eröffnung des Insolvenzverfahrens eine bewegliche Sache unter Eigentumsvorbehalt verkauft und dem Käufer der Besitz an der Sache übertragen, so kann der Käufer nach § 107 InsO, der insoweit die Anwendung des § 103 InsO ausschließt, die Erfüllung des Kaufvertrages verlangen. Der Ausschluss des Wahlrechts nach § 103 InsO gilt

---

[62] LG Mannheim Urt. v. 27.6.2003 – 7 O 127/03, CR 2004, 811 (813).
[63] *Grützmacher* CR 2006, 290.
[64] BGH Urt. v. 25.4.2002 – IX ZR 313/99, BGHZ 150, 353 (359) = MDR 2002, 1270; BGH Urt. v. 27.5.2003 – IX ZR 51/02, BGHZ 155, 87 (90) = MDR 2003, 1136.
[65] Kilian/Heussen/*Kammel* Teil 17 Rn. 84; BGH Urt. v. 5.5.1977 – VII ZR 85/76, NJW 1977, 1345.

dabei auch, wenn der Schuldner dem Käufer gegenüber weitere Verpflichtungen übernommen hat und diese nicht oder nicht vollständig erfüllt sind.

37 In der Praxis hat diese Regelung dann große Relevanz, wenn zum Beispiel IT Produkte, die sehr starken Preisschwankungen unterliegen, bereits auf Lager (zB im Rahmen eines Hardwarewartungsvertrages) geliefert wurden, deren Marktpreis aber zum Zeitpunkt der Insolvenz des Lieferanten erheblich höher ist, als der vertraglich vereinbarte Preis.

> **Praxistipp:**
>
> Die Regelung des § 107 InsO und das sich daraus ergebende Recht, gegenüber dem Insolvenzverwalter auf Erfüllung des Vertrages zu bestehen werden in der Praxis häufig übersehen. Soweit also Übertragungen unter Eigentumsvorbehalt vorgenommen wurden, kann einer Rückforderung durch den Insolvenzverwalter § 107 InsO entgegen gehalten werden. Die entsprechenden Lieferungen sind dahingehend genau zu prüfen, ob tatsächlich eine Eigentumsvorbehaltslieferung erfolgt war, zum Beispiel bei Ersatzteilbevorratung sowie bei Konsignationslagern.

3. Fortbestehen bestimmter Schuldverhältnisse

38 Nach § 108 InsO bestehen **Miet- und Pachtverhältnisse** des Schuldners über unbewegliche Gegenstände oder Räume sowie **Dienstverhältnisse** des Schuldners mit Wirkung für die Insolvenzmasse fort. Dabei ist zu beachten, dass – anders als unter §§ 19 ff. KO – Software und bewegliche Hardware nicht unter § 108 InsO fällt und daher nicht vollständig erfüllte Verträge über diese (beweglichen) Gegenstände dem Wahlrecht des Insolvenzverwalters nach § 103 InsO unterfallen.[66]

39 Bei Dienstverhältnissen kann der Insolvenzverwalter als Dienstherr den Dienstvertrag mit einer Frist von drei Monaten zum Monatsende (wenn nicht eine kürzere Frist maßgeblich ist) kündigen. Dieses Kündigungsrecht besteht auch dann, wenn im Vertrag an sich längere Kündigungsfristen oder gar ein Ausschluss der Kündigung vereinbart ist.

40 Bei Pflegeverträgen ist im Hinblick auf die Anwendung von § 108 InsO dahingehend zu unterscheiden, ob eine werk- oder dienstvertragliche Ausgestaltung vorliegt oder trennbare Leistungsteile vorliegen, die eindeutig Dienst- oder Werkvertrag zuzuordnen sind. Den der dienstvertraglich einzuordnende Pflegevertrag oder die dienstvertraglichen Leistungsteile sind auch in der Insolvenz vom Insolvenzverwalter bis zu einer möglichen Kündigung weiter zu erfüllen. Ein werkvertraglicher Pflegevertrag oder derartige Leistungsteile unterliegen dagegen dem Wahlrecht nach § 103 InsO.

4. Erlöschen bestimmter Schuldverhältnisse

41 Dienst- oder Werkverträge mit dem Inhalt der (entgeltlichen) Geschäftsbesorgung oder sonstige Aufträge, die sich auf das zur Insolvenzmasse gehörende Vermögen beziehen, erlöschen gemäß §§ 115 und 116 InsO. Dies gilt nach § 117 InsO auch für Vollmachten.

V. Sonderfall: Lizenzverträge in der Insolvenz

42 Ein besonderer Unterfall von IT-Vertragsbeziehungen in der Insolvenz sind Verträge, mit welchen im Rahmen eines Dauerschuldverhältnisses **Nutzungsrechte** eingeräumt werden und die üblicher Weise als „Lizenzverträge" bezeichnet werden. Einerseits sind diese eingeräumten Nutzungsrechte aus der urheberrechtlichen Betrachtungsweise „dinglicher Natur" und daher nach der InsO besonders zu behandeln. Andererseits werden Lizenzen häufig nicht nur in bilateralen Verträgen vergeben, sondern in so genannten „Lizenzketten", also vom ersten Lizenznehmer an weitere (Unter-)Lizenznehmer weitergegeben.

---

[66] Kilian/Heussen/*Kammel* Teil 17 Rn. 96.

V. Sonderfall: Lizenzverträge in der Insolvenz

1. Insolvenzrechtliche Erwägungen

Die Insolvenzordnung nimmt im Hinblick auf die Insolvenzmasse zunächst diejenigen 43
Gegenstände von der Insolvenzmasse aus, die entweder schon durch Rechtgeschäft und Besitzaufgabe vollständig aus dem Vermögen des insolventen Unternehmens ausgeschieden sind oder die zwar noch im Besitz des insolventen Unternehmens sind, jedoch nicht (mehr) in dessen Eigentum stehen.

Gemäß § 35 InsO gehören nur solche Vermögensgegenstände zur Insolvenzmasse, die 44
dem Schuldner zur Zeit der Eröffnung des Insolvenzverfahrens gehören oder die er während des Verfahrens erlangt. Wer auf Grund eines dinglichen oder persönlichen Rechts geltend machen kann, dass ein Gegenstand nicht zur Insolvenzmasse gehört, ist gemäß § 47 InsO daher kein Insolvenzgläubiger, da der Vermögensgegenstand nicht zur Insolvenzmasse gehört.

Soweit Forderungen gegenüber dem Schuldner, die nicht auf Geld gerichtet sind, geltend 45
gemacht werden, sind diese gemäß § 45 InsO mit einem durch Umrechnung ermittelten Wert als Geldforderungen geltend zu machen. Dies bedeutet im Zusammenhang mit § 47 InsO gesehen, dass nur solche Forderungen nicht nach § 45 InsO umzurechnen sind, die dinglicher Natur sind. Sind Nutzungsrechte also dinglicher Natur,[67] können sie daher Gegenstand von Aussonderungsrechten im Sinne von § 47 InsO sein.[68]

Daneben kommt es für den Bestand oder Nichtbestand einer Lizenz in der Insolvenz auf 46
den Zeitpunkt des Erwerbs der Nutzungsrechte an. Nach § 91 InsO können Rechte an den Gegenständen der Insolvenzmasse nach der Eröffnung des Insolvenzverfahrens nicht wirksam erworben werden. Diese Vorschrift könnte beispielsweise der Wirksamkeit einer in einem Softwareüberlassungsvertrag enthaltenen, aufschiebend bedingten Verfügung über das Nutzungsrecht an einer Software entgegenstehen, wenn die Bedingung erst nach Insolvenzeröffnung eintritt.

Der BGH[69] verneint jedoch die Anwendbarkeit des § 91 InsO mit dem Argument, es 47
handle sich bei den Nutzungsrechten an der Software nicht (mehr) um einen Gegenstand der Insolvenzmasse. Nach der Rechtsprechung des erkennenden Senats[70] werden selbst **bedingt begründete Rechte im Insolvenzfall** als bereits bestehend behandelt. Dies gilt selbst dann, wenn die Bedingung erst nach Insolvenzeröffnung eintritt.[71] Insolvenzfest ist nicht nur die uneingeschränkte Übertragung eines bedingten Rechts, sondern auch die unter einer Bedingung erfolgte Übertragung eines unbedingten Rechts.[72] Entscheidend ist, ob das Recht aus dem Vermögen des Schuldners bereits zum Zeitpunkt der Insolvenzeröffnung ausgeschieden war, so dass für ihn keine Möglichkeit mehr bestand, es auf Grund alleiniger Entscheidung wieder zurück zu erlangen. Dabei kommt es nach der Entscheidung des BGH für die Anwendung des § 91 InsO nicht darauf an, ob die aufschiebend bedingte Verfügung zunächst eine künftige Sache oder ein künftiges Recht betroffen hat, wenn der fragliche Gegenstand nur bis zur Insolvenzeröffnung entstanden ist, die entsprechenden Investitionen der Schuldnerin somit bis dahin abgeschlossen waren.

Schließlich könnte ein bereits wirksam eingeräumtes Nutzungsrechte durch eine Erklä- 48
rung des Insolvenzverwalters nach § 103 InsO bei Vorliegen eines nicht oder nicht vollständig erfüllten Vertrages, erlöschen. Nach einer Entscheidung des LG Mannheim wäre die Rechtsfolge der Erfüllungsablehnung durch den Insolvenzverwalter gemäß § 103 InsO, dass die dingliche Lizenz nicht fortbesteht. Dies wird mit dem Erlöschen der schuldrechtlichen Ansprüche in Verbindung mit der Nichtanwendung des Abstraktionsprinzips begründet, denn mit der Beendigung des Lizenzvertrages trete in analoger Anwendung des § 9 VerlG

---

[67] Wandtke/Bullinger/*Grunert* vor §§ 31 ff. Rn. 3; Fromm/Nordemann/*Hertin* vor § 31 Rn. 10; *Schmid/Wirth* § 31 Rn. 4; *Grützmacher* CR 2006, 289 (292); siehe nachstehend → Ziffern 2 und 3.
[68] *Wallner* NZI 2002, 77 (79) *v. Frentz/Masch*, ZIP 2011, 1245 (1249); *Stöckel/Brandi-Dohrn*, CR 2011, 553; *Koehler/Ludwig*, NZI 2007, 79 (84); *Ganter*, NZI 2011, 833 (für die ausschließliche Lizenz).
[69] BGH Urt. v. 17.11.2005 – IX ZR 162/04, NJW 2006, 915 = CR 2006, 151.
[70] BGH Urt. v. 27.5.2003 – IX ZR 51/02, BGHZ 155, 87 (92).
[71] BGH Urt. v. 30.11.1977 – VIII ZR 26/76, BGHZ 70, 75 (77).
[72] BGH Urt. v. 27.5.2003 – IX ZR 51/02, BGHZ 155, 87 (92 f.).

ein Erlöschen der ausschließlichen Lizenz ein.[73] Dies wäre dann zutreffend, wenn durch die Ablehnung der Erfüllung die darauf gerichteten Ansprüche endgültig erloschen wären, so die früher durch den BGH vertretene **Erlöschenstheorie**.[74]

49 Indessen hat der BGH die „Erlöschenstheorie" aufgegeben. Nach seiner nunmehr vertretenen Ansicht bewirkt die Verfahrenseröffnung keine materiell-rechtliche Umgestaltung des gegenseitigen Vertrages. Sie hat vielmehr lediglich zur Folge, dass die noch ausstehenden Ansprüche des Vertragspartners, soweit es sich nicht um Ansprüche auf die Gegenleistung für schon erbrachte Leistungen handelt, gegen die Insolvenzmasse nicht mehr durchsetzbar sind, so genannte **Suspensivtheorie**.[75]

50 Damit steht die Entscheidung des LG Mannheim im Gegensatz zur Rechtsprechung des BGH, da gegenseitige Verträge mit der Insolvenzeröffnung nicht sofort erlöschen, sondern die dort enthaltenen Ansprüche zunächst nur ihre Durchsetzbarkeit einbüßen. Damit scheidet auch die entsprechende Anwendung des § 9 VerlG aus, der eine „Beendigung des Vertragsverhältnisses" voraussetzt.

2. Entwicklung der Rechtsprechung

51 Den dinglichen Charakter des ausschließlichen und des einfachen Nutzungsrechtes hat der BGH[76] in der **Reifen Progressiv** Entscheidung für einfache Nutzungsrechtseinräumungen festgestellt. Sonst ist diese Entscheidung und insbesondere deren Tragweite im Zusammenhang mit der insolvenzrechtlichen Bewertung nicht unumstritten.[77] Die Erwägungen der „Reifen Progressiv" Entscheidung werden jedoch auch durch die **M2Trade**-Entscheidung[78] und die **Take Five**[79]-Entscheidung des BGH bestätigt.

52 Diese Entscheidungen betrachten einfache oder ausschließliche Lizenzen sowie verschiedene Vergütungsmodelle wie beispielsweise Einmalzahlung, fortlaufende Zahlung oder Beteiligung an Verwertungserlösen.[80]

53 Allerdings ist zu beachten, dass die vorstehenden Entscheidungen des BGH sich weitgehend auf den urheberrechtlichen Sukzessionsschutz stützen und die zugrunde liegenden Sachverhalte ohne Insolvenzbezug sind. Allerdings ist aus den Entscheidungen abzuleiten, dass es nicht darauf ankommen soll, aus welchem Grund die Nutzungsrechtseinräumung wegfällt, soweit der Grund nur nicht in der Sphäre des Lizenznehmers liegt.

54 Diese Fragen sind unabhängig von der Insolvenz auch für die so genannten **Enkelrechte**, also für die von einer Hauptlizenz abgeleiteten Unterlizenzen, insbesondere in der Vertriebskette von Bedeutung.[81]

3. Reformbestrebungen

55 Aufgrund der immer wieder aufflammenden Diskussion um die Insolvenzfestigkeit von Lizenzen (neben Softwarelizenzen sind insbesondere Patent- und Markenlizenzen in der Diskussion) wurden verschiedene Versuche unternommen, eine neue gesetzliche Regelung in die Insolvenzordnung aufzunehmen. Hintergrund der Bestrebungen zur Neuregelung in der Insolvenzordnung sind verschiedene Anforderungen, die aus der Praxis an die Behandlung

---

[73] LG Mannheim Urt. v. 27.6.2003 – 7 O 127/03, CR 2004, 811 (814).
[74] BGH Urt. v. 4.5.1995 – IX ZR 256/93, BGHZ 129, 336 (338) = NJW 1995, 1966; BGH Urt. v. 27.2.1997 – IX ZR 5/96, BGHZ 135, 25 (26) = MDR 1997, 671.
[75] BGH Urt. v. 25.4.2002 – IX ZR 313/99, BGHZ 150, 353 (359) = MDR 2002, 1270; BGH Urt. v. 27.5.2003 – IX ZR 51/02, BGHZ 155, 87 (90) = MDR 2003, 1136.
[76] BGH Urt. v. 26.3.2009 – I ZR 153/06, CR 2009, 767 (770) – Reifen Progressiv.
[77] *Dieselhorst* CR 2010, 69 (72 f.); *Seegel*, CR 2013, 205, III.
[78] BGH Urt. v. 19.7.2012 – I ZR 70/10, NJW 2012, 3301 – M2Trade.
[79] BGH Urt. v. 19.7.2012 – I ZR 24/11, NJW-RR 2012, 1127 – Take Five.
[80] BGH Urt. v. 26.3.2009 – I ZR 153/06, CR 2009, 767 (770) – Reifen Progressiv; BGH Urt. v. 19.7.2012 – I ZR 70/10, NJW 2012, 3301 – M2Trade; BGH Urt. v. 19.7.2012 – I ZR 24/11, NJW-RR 2012, 1127 – Take Five.
[81] Siehe hierzu → § 24, Auswirkung der Unterbrechung der Lizenzkette auf den Endkundenvertrag, Rn. 164 ff.

V. Sonderfall: Lizenzverträge in der Insolvenz

von Lizenzverträgen und verbundenen Verträgen (Pflegevertrag, Escrow-Vertrag etc) gestellt werden, wie zum Beispiel:
- Schutz der vom Lizenznehmer getätigten Investitionen im Insolvenzfall;
- Rechtssicherheit für die Gestaltung von Lizenzverträgen;
- Rechtssicherheit für Software Escrow und Synchronisation mit Lizenz-Vertrag;
- internationaler „Gleichzug" mit zB USA, Japan – dort keine Wahlmöglichkeit des Insolvenzverwalters über geistiges Eigentum;
- Stärkung Wirtschaftsstandort Deutschland, Wettbewerbsfähigkeit.

In 2007 wurde ein erster Gesetzentwurf der Bundesregierung unter anderem zur Regelung der Insolvenzfestigkeit von Lizenzen veröffentlicht,[82] der vorsah, einen neuen § 108a InsO-E 2007, Schuldner als Lizenzgeber, mit folgendem Wortlaut in die Insolvenzordnung aufzunehmen:

(1) Ein vom Schuldner als Lizenzgeber abgeschlossener Lizenzvertrag über ein Recht am geistigen Eigentum besteht mit Wirkung für die Insolvenzmasse fort.

(2) Dies gilt für vertragliche Nebenpflichten nur in dem Umfang, als deren Erfüllung zwingend geboten ist, um dem Lizenznehmer eine Nutzung des geschützten Rechts zu ermöglichen.

(3) Besteht zwischen der im Lizenzvertrag vereinbarten Vergütung und einer marktgerechten Vergütung ein auffälliges Missverhältnis, so kann der Insolvenzverwalter eine Anpassung der Vergütung verlangen.

(4) In diesem Fall kann der Lizenznehmer den Vertrag fristlos kündigen.

Dieser Vorschlag hätte den Regelungsbereich des § 103 InsO eingeschränkt und das Grundprinzip des § 108 InsO auch auf Lizenzverträge ausgedehnt.[83]

Der Entwurf der Neuregelung wurde von einigen Autoren und Stellungnahmen von Verbänden dem Grunde nach begrüßt. Jedoch wurde auch Kritik an der Transparenz und Praxisnähe des Entwurfes geübt.[84] Teilweise wurde der Entwurf wegen des Wegfalls des Wahlrechts für den Insolvenzfall als „Systembruch" der InsO gesehen. Der Umstand, dass die Insolvenz immer negative Auswirkungen auf unterschiedlichste Interessengruppen habe, erfordere die Gleichbehandlung aller Gläubiger auf einem und sei es schlechten Niveau.[85]

Das Bundesjustizministerium hatte, nachdem der Entwurf zum § 108a InsO-E 2007 nicht in das Gesetzgebungsverfahren aufgenommen worden war, am 18.1.2012 einen neuen Diskussionsentwurf vorgestellt,[86] der vorsah, einen neuen § 108a InsO-E 2012, Schuldner als Lizenzgeber, mit folgendem Wortlaut in die Insolvenzordnung aufzunehmen:

(1) Lehnt der Insolvenzverwalter nach § 103 die Erfüllung eines Lizenzvertrages ab, den der Schuldner als Lizenzgeber geschlossen hat, so kann der Lizenznehmer binnen eines Monats, nachdem die Ablehnung zugegangen ist, vom Verwalter oder einem Rechtsnachfolger den Ab-schluss eines neuen Lizenzvertrages verlangen, der dem Lizenznehmer zu angemessenen Bedingungen die weitere Nutzung des geschützten Rechts ermöglicht. Bei der Festlegung der Vergütung ist auch eine angemessene Beteiligung der Insolvenzmasse an den Vorteilen und Erträgen des Lizenznehmers aus der Nutzung des geschützten Rechts sicherzustellen; die Aufwendungen des Lizenznehmers zur Vorbereitung der Nutzung sind zu berücksichtigen, soweit sie sich wert erhöhend auf die Lizenz auswirken.

(2) Handelt es sich bei dem Vertrag, den der Schuldner als Lizenzgeber geschlossen hat, um einen Unterlizenzvertrag und lehnt der Insolvenzverwalter gegenüber dem Hauptlizenzgeber die Erfüllung des Lizenzvertrages ab, so kann der Unterlizenznehmer des Schuldners vom Hauptlizenzgeber den Abschluss eines Lizenzvertrages nach den in Absatz 1 genannten Bedingungen verlangen. Liegen Tatsachen vor, aus denen sich ernsthafte Zweifel ergeben, dass der Unterlizenznehmer seine Verpflichtungen aus dem Vertrag wird erfüllen können, so kann der Hauptlizenzgeber den Abschluss von einer Sicherheitsleistung abhängig machen.

(3) Der Lizenznehmer ist berechtigt, bis zum Abschluss eines neuen Lizenzvertrages das lizenzierte Recht gemäß dem bisherigen Lizenzvertrag zu nutzen. Wird innerhalb von drei Monaten nach Zugang

---

[82] Bundestags-Drucksache 16/7416.
[83] *McGuire* GRUR 2009, 13
[84] *Slopek* ZinsO 2008, 1118; *Tripes* ZRP 2007, 225.
[85] *Leithaus/Fregge* Editorial NZI 10/2007.
[86] Der Vorschlag war Teil des Referentenentwurfes des „Gesetzes zur Verkürzung des Restschuldbefreiungsverfahrens, zur Stärkung der Gläubigerrechte und zur Insolvenzfestigkeit von Lizenzen".

Auer-Reinsdorff/Kast/Dressler

der Aufforderung des Lizenznehmers zum Neuabschluss des Lizenzvertrags kein neuer Lizenzvertrag abgeschlossen, so ist die weitere Nutzung nur zulässig, wenn

1. eine Vergütung gezahlt wird, deren Höhe sich nach den Anforderungen von Absatz 1 bemisst, und
2. der Lizenznehmer spätestens innerhalb einer Ausschlussfrist von zwei Wochen nachweist, dass er gegen den Verwalter, im Fall des Absatzes 2 gegen den Hauptlizenzgeber, Klage auf Abschluss eines Lizenzvertrages erhoben hat.

Wenn die Parteien nichts anderes vereinbaren, wirkt der neue Vertrag auf den Zeitpunkt der Eröffnung des Insolvenzverfahrens zurück."

59 Auch dieser Gesetzesvorschlag ist nicht umgesetzt worden[87] und wie bereits der Entwurf aus 2007 in der Literatur[88] und seitens der Fachverbände[89] unterschiedlich beurteilt worden. Die Kritiken gingen dabei unter anderem darauf ein, dass der Begriff „Lizenz" kein urheberrechtlich definierter Begriff ist[90] und der Entwurf nicht zwischen der Einräumung dauerhafter beziehungsweise zeitlich befristeter Nutzungsrechte unterscheidet und damit die bisherige Rechtsprechung zur Insolvenzfestigkeit von dauerhaft eingeräumten Lizenzen unberücksichtigt lässt.[91]

60 Die Änderungsbestrebungen und die Resonanz in der Literatur und den Fachverbänden zeigen, dass eine Regelung für die Behandlung von Lizenzen in der Insolvenz nötig und überfällig ist.[92] Da diese Frage nicht nur im Bereich der Softwarelizenzen und des Escrow, sondern auch und insbesondere im Bereich der Pharmaindustrie[93] von wirtschaftlich wesentlicher Bedeutung ist, ist davon auszugehen, dass eine Neuregelung wieder in den Gesetzgebungsprozess aufgenommen werden wird.

61 Ein aktueller Reformvorschlag[94] nimmt als Grundlage des Ansatzes die mit Einführung der Insolvenzordnung aufgegebene Regelung des § 21 KO, der für alle Miet- und Pachtverhältnisse galt und nur für Grundstücke, Räume und Wohnraum spezielle Regelungen enthielt. Danach könnte die bestehende Regelung des § 108 InsO ergänzt und wie folgt formuliert werden: „Miet- und Pachtverhältnisse des Schuldners über unbewegliche Gegenstände oder Räume sowie Dienstverhältnisse des Schuldners **sowie von ihm eingeräumte Nutzungsrechte an gewerblichen Schutzrechten, Urheberrechten, Know-how und anderen vergleichbaren immateriellen Rechtsgütern** bestehen mit Wirkung für die Insolvenzmasse fort." Damit würde die in der Rechtsprechung[95] sichtbare Tendenz in eine einheitliche gesetzliche Regelung umgesetzt.

VI. Software Escrow – Grundlagen

62 Der Begriff „Escrow" oder auch „Software Escrow" kann ins Deutsche mit „Hinterlegung von Software-Quellcode" übersetzt werden. Die Bezeichnung stammt ursprünglich vom altfranzösischen Wort „escroe" (Schriftrolle), welches den Hinterlegungsgegenstand selber bezeichnete[96] und zwar eine gesiegelte, an einen Dritten (der nicht Vertragspartei ist)

---

[87] In 2013 wurde nur das „Gesetze zur Verkürzung des Restschuldbefreiungsverfahrens und zur Stärkung der Gläubigerrechte" erlassen.
[88] *Wimmer* ZIP 2012, 545; *Schmid* GRUR-Prax 2012, 75.
[89] Stellungnahme der DGRI (14.3.2012), der OSE Organisation pro Software Escrow e. V. (15.3.2012), des BDI (16.3.2012), der GRUR (12.3.2012) sowie des Deutschen Richterbundes, des Insolvenzrechtsausschusses des Deutschen Anwaltsvereines (15.3.2012), des Gravenbrucher Kreises sowie der Bundesrechtsanwaltskammer (BRAK), Insolvenzrechtsausschuss.
[90] *Schricker/Loewenheim* UrhG Vor § 28 Rn. 49; *Wandtke/Bullinger/Grunert* § 31 UrhG Rn. 2.
[91] Siehe oben → II 2 Rn. 28 Entwicklung der Rechtsprechung.
[92] Die grundlegenden Fragen sind schon seit vielen Jahren immer wieder Thema: *Mentzel* KTS 1937, 17 (20).
[93] Der ursprüngliche Impuls zum Entwurf des § 108a InsO-E 2007 ging vom VfA Verband forschender Arzneimittelhersteller aus.
[94] Vorgestellt in einem Vortrag auf dem OSE Symposion 2014 von den Rechtsanwälten Christian Kast, Dr. Frank Remmertz und Dr. Christian Weitzel.
[95] → Siehe oben Rn. 43 ff. Entwicklung der Rechtsprechung.
[96] Shorter Oxford English Dictionary, Oxford University Press, Stichwort Escrow: a deposit or fund held in trust or as a security.

VI. Software Escrow – Grundlagen

übergebene Urkunde, die von diesem gehalten und bei Eintreten bestimmter Bedingungen herausgegeben werden und erst anschließend Rechtswirkung entfalten soll.

Von Software-Escrow spricht man, wenn ein Anbieter von Software den Quellcode nicht an den Lizenznehmer herausgeben will, aber bereit ist, im Falle bestimmter Ereignisse Einblick und Zugriff zu gewähren. Gegenstand des Software Escrow ist also der Quellcode der Software. Dieses Ziel soll durch die Hinterlegung des Quellcodes nebst Dokumentation bei einem unabhängigen Unternehmen (**Escrow Agent**) oder Notar/Rechtsanwalt erreicht werden, der die Hinterlegungsmaterialen sicher verwahrt und sie nur in den vertraglich geregelten Fällen an den Anwender herausgeben darf.

Software Escrow ist in Deutschland 1989 erstmals juristisch genau beschrieben worden[97] und seit dem Jahr 1999 sind in Deutschland ansässige Dienstleister (Escrow Agenten) tätig, die heute zum Teil in einem Branchenverband[98] zusammengeschlossen sind. Darüber hinaus gibt es auch Unternehmen, die sich auf technische Dienstleistungen im Zusammenhang mit Software Escrow spezialisiert haben.[99]

Software Escrow stellt sich im Rahmen der rechtlichen Abläufe in **drei Phasen** dar. Die erste Phase ist zunächst der **Abschluss der Verträge**, wobei in dieser Phase der Beschaffungsvertrag für die Software selbst und der Escrow Vertrag gemeinsam betrachtet werden. Dann erfolgt der eigentliche Hinterlegungsvorgang, der die **Verifikation** der Software sowie die **Lagerung** des Hinterlegungsgutes umfasst.

Letzte Phase ist die **Herausgabe** in den vereinbarten Herausgabefällen, darunter „harte" Herausgabegründe wie die Insolvenz, die Abmeldung des Geschäftsbetriebs oder die vom Hersteller selbst ausgehende endgültige Einstellung der Unterstützung der Software sowie „weiche" Herausgabegründe zum Beispiel der Auftragnehmer erfüllt Verpflichtungen nicht bzw. ist nicht bereit und in der Lage, notwendige Änderungen auszuführen.

Die Entscheidung, wann und mit welchen Leistungen eine Hinterlegung erfolgen sollte, hat neben juristischen vor allem auch technische, wirtschaftliche und administrativ-praktische Aspekte.

Checkliste:[100]
Wann ist eine Hinterlegung von Quellcode sinnvoll?

- ☐ Die eingesetzte Software bildet kritische Prozesse ab, dh eine mangelnde Verfügbarkeit oder Aktualität des Systems oder der Daten über einen gewissen Zeitraum könnte zu erheblichen Schäden oder Produktivitätsausfall führen.
- ☐ Die Software ist wegen Archivierungs- und Aufbewahrungspflichten sowie wegen revisionsrechtlicher Anforderungen vorzuhalten.
- ☐ Ein kurzfristig notwendiger Ersatz der Software wäre mit erheblichen Kosten und Bindung von Ressourcen verbunden zum Beispiel für die erneute Softwareauswahl (Erstellung Pflichtenheft, Marktanalyse, Bewertung und Auswahl der Anbieter, Verhandlungen usw.), erneute Lizenzgebühren, für eventuell zusätzlich benötigte Hardware, für die Einführungs- und Anpassungskosten der neuen Software in die existierende Systemlandschaft (Integration, ggf. durch externe Berater) und für Schulung der Anwender (aller Mitarbeiter) und eventuelle Neuausrichtung der internen Prozesse.
- ☐ Die Insolvenz des Entwicklers (Softwareherstellers) oder Partners kann nicht ausgeschlossen werden.
- ☐ Es besteht eine potentielle Unzuverlässigkeit bei der vertraglich zugesicherten Wartung, zB aufgrund knapper Kapazitäten beim Vertragspartner.
- ☐ Es besteht das Risiko der Aufgabe des Produkts durch den Softwarehersteller, beispielsweise aufgrund der Nutzung einer älteren Softwareplattform oder da die Software schon länger auf dem Markt ist oder aufgrund Verkaufs des Softwareherstellers oder der Unternehmenssparte, die die genutzte Standardsoftware herstellt.

---

[97] *Hildebrand/Hoene*, Software-Hinterlegung – Software in der Insolvenz.
[98] Organisation pro Software Escrow e. V., München.
[99] *Siegel* ITRB 2006, 13.
[100] *Schneider/Siegel/Kast* K&R 2006, 446 (447).

☐ Es besteht das Risiko der „freiwilligen" Einstellung des Geschäftsbetriebs (zB zur Insolvenzvermeidung oder mangels Rentabilität des Geschäftsmodelles, was insbesondere bei neuen, nicht erprobten Geschäftsmodellen eher der Fall sein kann).

☐ Es bestehen vertragliche Verpflichtungen gegenüber Dritten und die Einhaltung dieser Verpflichtungen hängt von der Verfügbarkeit und Aktualität der eingesetzten Software ab (Beispiele sind das Bestehen einer Generalunternehmerschaft in einem Softwareprojekt oder auch Firmen, deren Produkte oder Dienstleistungen auf Basis von Software erstellt werden, die von unabhängigen Dritten produziert wird).

☐ Komplexe Entwicklungsprojekte verlangen häufig nach einer regelmäßigen Hinterlegung, um strukturierte Versionskontrollen und professionelles Release-Management zu garantieren. Dies gilt besonders dann, wenn diese Projekte mit mehr als einem externen Partner oder über Landesgrenzen hinweg durchgeführt werden.

VII. Interessenlage bei Escrow

1. Quellcode als Objekt des Escrow

69 Unter **Quellcode** oder auch Source-Code versteht man technisch den für Menschen lesbaren Text eines Computerprogramms, der in einer Programmiersprache geschrieben ist. Abstrakt kann man den Quelltext eines Computerprogramms auch als Software-Dokument bezeichnen, welches das Programm so formal exakt und vollständig beschreibt, dass das ausführbare Programm aus ihm vollständig automatisch von einem Computer generiert werden kann.

70 Da der Quellcode als solcher meistens von einem Computer nicht automatisiert ausgeführt werden kann, bedarf es zunächst einer Übersetzung in so genannten Objektcode („**Kompilierung**"). Diese Generierung des Objektcodes erfolgt über Kompilierungsprogramme, wobei es auch Programmiersprachen gibt, die direkt beim Ablaufent den Quellcode in ausführbaren Code kompilieren.[101]

71 Dieser so entstehende **Objektcode** wiederum stellt eine Ansammlung von Binärdaten dar, von denen ohne weiteres nicht auf die Funktionsweise des Computerprogramms geschlossen werden kann (so genannte „Black Box").[102] Vereinfacht dargestellt ist Quellcode änderbar- aber nicht ausführbar, Objektcode ausführ- aber nicht änderbar.

72 Darüber hinaus benötigt Software, einschließlich mancher Kompilierungsprogramme, zum Ablaufen eine so genannte **Laufzeitumgebung,** auch „runtime environment" genannt. Dies sind Programme, die die Kommunikation zwischen Software und Betriebssystem ermöglichen.

2. Bedeutung des Quellcodes für den Anwender

73 Für den Anwender liegt die Bedeutung des Quellcodes und der damit verbundenen technischen Möglichkeit der Änderung der Software in erster Linie in der Sicherstellung der fortdauernden praktischen Nutzbarkeit der Software, also in der **Investitionssicherung.** Dieser Aspekt ist häufig nicht nur für die Aufrechterhaltung der Betriebsabläufe selbst von Bedeutung,[103] sondern kann im Rahmen eines Risikomanagements auch für die Kredit- oder Kapitalmarktwürdigkeit[104] eines Unternehmens beziehungsweise für die Bewertung der Ordnungsgemäßheit der mit der Software erzielten Ergebnisse[105] eine Rolle spielen.

74 Das Interesse des Anwenders an der Verfügbarkeit des Quellcodes ist zunächst gering, da der Quellcode zum Ablaufen lassen des Computerprogramms nicht benötigt wird und sich ein Anwender im Regelfall auf diese Nutzung beschränkt. Sind dagegen an dem Compu-

---

[101] → Siehe auch u. § 1 Technische Grundlagen Rn. 34 ff., 12 ff.
[102] *Ulmer/Hoppen* CR 2008, 681.
[103] *v. Holleben/Menz* CR 2010, 63 (65).
[104] *Gründer/Geiger,* IT Sicherheit als Bestandteil des Risikomanagements im Unternehmen, 27 ff., 48 f.
[105] Prüfungsstandard 880 des Instituts der Wirtschaftsprüfer (IDW PS 880) für Buchhaltungssoftware.

terprogramm Änderungen vorzunehmen, so erfordert dies den Zugriff auf den Quellcode. Auslöser für Änderungswünsche sind etwa das Auftreten von Programmfehlern, neue Anforderungen an den Funktionsumfang der Software oder die Portierung auf eine neuere Betriebssystemumgebung insbesondere im Rahmen der **Softwarepflege**.

In erster Linie zuständig für die Softwarepflege ist der ursprüngliche Hersteller des Computerprogramms. Unter bestimmten Voraussetzungen kann oder will ein Anwender aber dessen Hilfe nicht (mehr) in Anspruch nehmen. Dazu zählen etwa plötzliche Preiserhöhungen, eine Änderung der Geschäftstätigkeit, Geschäftsaufgabe oder Insolvenz. Im Falle eines Insolvenzverfahrens wird der Quellcode Teil der Insolvenzmasse und kann von einem Anwender meist nur durch Entrichtung einer besonderen Vergütung vom Insolvenzverwalter erworben werden, also im Rahmen der Verwertung der Insolvenzmasse gemäß § 159 InsO.

Möchte der Anwender Änderungen am Computerprogramm selbst vornehmen oder bei einem Dritten in Auftrag geben, so muss er dazu in tatsächlicher Hinsicht grundsätzlich im Besitz des Quellcodes sein und über die entsprechenden urheberrechtlichen Nutzungsrechte verfügen.

Es ist technisch zwar grundsätzlich möglich, den Objektcode zu „de-kompilieren" (auch „Reverse Engineering"[106] genannt) und so den ursprünglichen Quellcode zu rekonstruieren.[107] Ein solches Verfahren ist aber mühsam, zeitaufwendig und daher kostspielig.[108] Teilweise wird das Reverse Engineering von Softwareherstellern durch Verschlüsselungs- und Verschleierungsmaßnahmen noch zusätzlich erschwert.[109]

Rechtlich ist der Anwender gemäß §§ 69d Abs. 1, 69e UrhG dann zur Veränderung eines von ihm in zulässiger Weise genutzten Computerprogramms berechtigt, wenn dies der Fehlerberichtigung oder der Herstellung von Interoperabilität dient.[110] Dabei steht dieses Recht der Fehlerberichtigung nur zur Verwendung eines Vervielfältigungsstücks des Programms Berechtigten zu. Dieser kann ohne Zustimmung des Rechtsinhabers das Funktionieren des Programms beobachten, untersuchen oder testen, um die einem Programmelement zugrundeliegenden Ideen und Grundsätze zu ermitteln, wenn dies durch Handlungen zum Laden, Anzeigen, Ablaufen, Übertragen oder Speichern des Programms geschieht, zu denen er berechtigt ist.

Die so gewonnenen Ergebnisse dürfen nur im sehr engen Rahmen des § 69e UrhG verwertet werden. Sie dürfen also nicht zu anderen Zwecken als zur Herstellung der Interoperabilität mit dem unabhängig geschaffenen Programm verwendet werden, nicht an Dritte weitergegeben werden, es sei denn, dass dies für die Interoperabilität des unabhängig geschaffenen Programms notwendig ist und nicht für die Entwicklung, Herstellung oder Vermarktung eines Programms mit im wesentlichen ähnlicher Ausdrucksform oder für irgendwelche anderen das Urheberrecht verletzenden Handlungen.

Darüber hinaus versuchen die Hersteller regelmäßig durch den Überlassungsvertrag, die Ausübung dieses Rechts durch den Anwender an das Vorliegen weiterer Voraussetzungen zu knüpfen.

Die Rechte nach §§ 69d Abs. 1, 69e UrhG sind daher aufgrund der beschriebenen technischen Schwierigkeiten und den rechtlichen Einschränkungen zur Nutzung der Ergebnisse kein ausreichender Ersatz für die tatsächliche Verfügbarkeit des Quellcodes mit Bearbeitungs- und ggf. Weiterentwicklungsrechten.

3. Bedeutung des Quellcodes für den Hersteller

Der Alleinbesitz des Quellcodes bedeutet für den Hersteller des Computerprogramms eine Art faktischer Herrschaftsmacht über alle dort verkörperten technischen Funktionen, aber auch oft betriebswirtschaftlichen oder sonst branchenbezogenen Informationen, unabhängig von den rechtlichen Befugnissen des Anwenders zur Nutzung der Software im Objekt-

---

[106] Eldad Eilam Secrets Of Reverse Engineering, Wiley India Pvt. Ltd., 2005.
[107] *Kochmann* 43 ff.
[108] *Kochmann* 63 ff.
[109] *Kochmann* 75 ff.
[110] BGH Urt. v. 24.2.2000 – I ZR 141/97, NJW 2000, 3212 = CR 2000, 656 – Programmfehlerbeseitigung.

code. Diese „Monopolstellung" in Bezug auf die in der Software enthaltenen Geheimnisse schützt den Hersteller weitgehend,[111] selbst bei vermuteten Urheberrechtsverletzungen.[112] Verzichtet ein Hersteller auf diese Alleinstellung, so schlägt sich das üblicherweise in einer höheren Vergütung nieder, da regelmäßig ein Mehrentgelt für die Überlassung des Quellcodes verlangt wird.

83 Der Quellcode kann wertvolle Geschäftsgeheimnisse enthalten, die bei der Einhaltung entsprechender Vorsichtsmaßnahmen auch durch Dekompilierung nahezu nicht aufzudecken sind. In diesem Punkt kann der faktische den rechtlichen Schutz sogar übersteigen, denn aus rechtlicher Sicht erfasst das Urheberrecht gerade nicht die der Werkschaffung zugrunde liegende Idee (§ 69d Abs. 3 UrhG).

4. Anspruch auf Herausgabe des Quellcodes

84 Da die Rechte nach §§ 69d Abs. 1, 69e UrhG aufgrund der beschriebenen technischen Schwierigkeiten und rechtlichen Einschränkungen zur Nutzung der Ergebnisse kein ausreichender Ersatz für die tatsächliche Verfügbarkeit des Quellcodes sind, muss der Anwender Zugriff auf den Quellcode haben, soweit er selbständig beispielsweise die Software weiterentwickeln oder Fehler beheben will.[113]

Mit ausdrücklicher Vereinbarung kann ein Anspruch auf Herausgabe des Quellcodes begründet werden.

Formulierungsvorschlag:

85 Der Auftraggeber/Lizenznehmer hat bei Ablieferung/Abnahme der Software im Objekt-Code darüber hinaus Anspruch auf Übergabe des Quellcodes der Software.

Eine entsprechende Vereinbarung sollte aus Klarstellungsgründen auch dann erfolgen, wenn kein Herausgabeanspruch für den Quellcode bestehen soll.

Formulierungsvorschlag:

86 Der Auftraggeber/Lizenznehmer hat keinen Anspruch auf Übergabe und Nutzung des Quellcodes der Software.

87 Entsprechende Klauseln sind in AGB zulässig vereinbar, wobei auch ein formularmäßiger Ausschluss eines Herausgabeanspruchs bei Individualsoftware der Inhaltskontrolle standhält.[114]

Das Gesetz enthält keine Bestimmungen über einen Anspruch auf Herausgabe des Quellcodes, wenn keine ausdrückliche Vereinbarung getroffen ist.[115]

88 Bei der Lieferung von proprietärer Standardsoftware besteht ein Anspruch grundsätzlich nicht, da bei Standardsoftware der erhebliche wirtschaftliche Wert des Quellcodes mit der Bezahlung der Lizenzgebühr nicht abgegolten und die Mitlieferung des Quellcodes in diesen Fällen nicht verkehrs- oder handelsüblich ist, sowie im Zweifel nicht zum Leistungsumfang gehört.[116] Darüber hinaus ist bei Standard-Software die Überlassung des Quell-Codes nicht erforderlich, da solche Programme ohne weitreichende Änderungen eingesetzt und vom Hersteller standardisiert gepflegt werden sollen.

---

[111] Schön/Osterloh-Konrad 27 ff.
[112] BGH Urt. v. 8.1.1985 – X ZR 18/84, BGHZ 93, 191 (206) – Druckbalken; BGH Urt. v. 2.5.2002 – I ZR 45/01, BGHZ 150, 377 – Faxkarte.
[113] Hoeren CR 2004, 721.
[114] LG Köln Urt. v. 15.4.2003 – 85 O 15/03, CR 2003, 484.
[115] Hoeren CR 2004, 721.
[116] LG Köln Urt. v. 15.4.2003 – 85 O 15/03, CR 2003, 484.

Nach einer Mindermeinung soll dagegen die Herausgabe des Quellcodes auch bei der Überlassung von Standardsoftware geschuldet sein, wenn eine Softwareüberlassungs- ohne eine Pflegeverpflichtung abgeschlossen wird, unabhängig davon, ob der Abschluss eines Pflegevertrags angeboten wurde.[117]

Für den Bereich der Erstellung von Individualsoftware formuliert der BGH, dass die Frage, ob der Werkunternehmer, der sich zur Erstellung eines Datenverarbeitungsprogramms verpflichtet hat, dem Besteller auch den Quellcode des Programms überlassen muss, mangels einer ausdrücklichen Vereinbarung nach den Umständen des Einzelfalls zu beurteilen ist. Neben der Höhe des vereinbarten Werklohns kann dabei insbesondere dem Umstand Bedeutung zukommen, ob das Programm zur Vermarktung durch den Besteller erstellt wird und dieser zur Wartung und Fortentwicklung des Programms des Zugriffs auf den Quellcode bedarf.[118]

Der Anwender schuldet für die Überlassung des Quellcodes nach dieser Meinung des BGH grundsätzlich keine Vergütung, außer die **Umstände des Einzelfalles** legen gerade eine Entgeltlichkeit nahe.

Diese Rechtsprechung gibt jedoch keine ausreichende Sicherheit, ob und in welchen Fällen ein Anspruch auf Herausgabe des Quellcodes besteht, da Gewicht und Verhältnis der vom BGH aufgezählten Abwägungsgesichtspunkte untereinander unklar sind. Schließlich erfordert eine Klärung, ob sie im konkreten Fall erfüllt sind, mitunter einen jahrelangen Rechtsstreit unter aufwendiger Einbeziehung von Zeugen[119] und Sachverständigen.

Offen ist zudem, welche weiteren Gesichtspunkte neben den vom BGH ausdrücklich genannten, aber nicht als abschließend gemeinten (*„insbesondere"*) Abwägungselementen in Betracht kommen. Zu denken sein wird unter anderem an folgende Fragen:
- Wurde ein Pflegevertrag (mit ausreichendem Leistungsumfangs und hinreichender Dauer) abgeschlossen oder überhaupt angeboten?
- Ist der Anwender selbst Mängelansprüchen ausgesetzt?
- Hat der Hersteller hinsichtlich der Sicherung der Investition des Anwenders besonderes Vertrauen in Anspruch genommen?

> **Praxistipp:**
> Neben der Regelung, ob und wann der Quellcode herauszugeben ist, ist stets auch zu regeln, welche Rechte der Anwender am Quellcode erwirbt. Zwar findet grundsätzlich § 31 Abs. 5 UrhG Anwendung, doch eröffnet eine diesbezüglich unklare vertragliche Situation weiteres Streitpotential.

5. Interessenausgleich durch Software-Escrow

Aus der Bedeutung des Quellcodes für den Anwender ergibt sich für Software Escrow folgende Interessenlage des Anwenders, die bei der gesamten Vertragsgestaltung zu berücksichtigen ist:
- Absicherung der Investition in Software zur Nutzung/Vertrieb;
- Dauerhafte Verfügbarkeit von Wartung und Pflege;
- Gegebenenfalls Möglichkeit der Weiterentwicklung.

Dagegen hat der Hersteller einer Software, der erhebliche Investitionen in die Entwicklung der Software getätigt hat und der sein Know-how und seine Geschäftsgeheimnisse im Quellcode offenbart, eine vollkommen andere Interessenlage bei der Hinterlegung:
- Schutz der Investition in die Entwicklung der Software;
- Schutz von Know-how und Geschäftsgeheimnissen;
- Schutz vor „Eigenentwicklungen" des Anwenders.[120]

---

[117] LG Köln Urt. v. 3.5.2000 – 20 S 21/99, CR 2000, 505; siehe aber anders OLG München Urt. v. 16.7.1991 – 25 U 2586/91, CR 1992, 208.
[118] BGH Urt. v. 16.12.2003 – X ZR 129/01, NJW-RR 2004, 782 = WM 2004, 1246 = CR 2004, 490.
[119] So wurde auch in vorstehender BGH-Entscheidung Zeugenbeweis erhoben.
[120] Könnte der Anwender von vorne herein selbst Änderungen der Software vornehmen, so wäre zB ein Wartungs- und Pflegevertrag für diese Anwender nicht interessant und der Hersteller würde eine entsprechende Verdienstmöglichkeit verlieren.

96 Für den Hersteller der Software können aber auch noch zusätzliche Aspekte im Rahmen des Software-Escrow von Bedeutung sein:
- Escrow als Beleg von Urheberrechtsansprüchen, zB gegenüber Wettbewerbern oder Mitarbeitern, da durch die Hinterlegung der Stand der Software zu einem gewissen Zeitpunkt neutral dokumentiert wird;
- Verwaltung von Versionsständen und Entwicklungsschritten zum Beispiel in Softwareprojekten (zB wichtig in Streitfällen zur Mängelhaftung);
- Verwendung als Sicherungsinstrument für Patentansprüche in den USA aufgrund des „1st-to-invent"-Prinzips, denn mit einer Hinterlegung kann dokumentiert werden, wann welcher Softwarestand erstmals entwickelt wurde.

97 Software Escrow dient der Lösung des oben beschriebenen Interessengegensatzes zwischen Geheimhaltungs- und Schutzinteresse des Herstellers und Offenbarungsinteresses des Anwenders.
- Der **Hinterleger** genießt grundsätzlich weiterhin den faktischen Schutz seiner Geschäftsgeheimnisse, da er zwar eine Kopie des Quellcodes herstellt bzw. herausgibt und – eventuell aufschiebend bedingte – Nutzungsrechte am Quellcode einräumt, aber der Anwender zunächst keinen physikalischen Zugriff auf den Quellcode erhält und damit auch eingeräumte Nutzungsrechte am Quellcode nur im Herausgabefall tatsächlich ausüben kann.
- Der **Anwender** hat dennoch in den Situationen, in denen er den Quellcode benötigt, eine grundsätzliche tatsächliche Zugriffsmöglichkeit, wenn ein Herausgabefall eintritt. Bei sorgfältiger Vertragsgestaltung des Überlassungsvertrages erhält er auch die notwendigen Nutzungsrechte, um die erforderlichen Bearbeitungen am Quellcode der Software vornehmen zu können.

VIII. Escrow-Vertragstypen

98 Im Rahmen der ersten Phase, der Vertragsphase, erfolgt zunächst die Auswahl des für die jeweilige Situation passenden Vertragsmodelles. Im Folgenden wird der zur Softwareüberlassung Verpflichtete als „Lizenzgeber", der entsprechende Berechtigte als „Lizenznehmer" und die Hinterlegungsstelle als „Escrow-Agentur" bezeichnet.

99 In der so genannten „**klassischen Vertragssituation**", der am weitesten verbreitete Vertragssituation, geht die Escrow Agentur direkte Vertragsbeziehungen sowohl mit dem Lizenzgeber als auch dem Lizenznehmer ein, was üblicherweise durch den Abschluss eines dreiseitigen Hinterlegungsvertrages umgesetzt wird.

100 Bei Software Escrow im „klassischen Vertragsmodell" entsteht entweder ein zweiseitiges (security) oder dreiseitiges (trust) Treuhandverhältnis. In letzterem und häufigerem Fall übergibt der Hinterleger der Hinterlegungsstelle (Escrow-Agentur) das Hinterlegungsgut und überträgt gleichzeitig bestimmte Rechte. Beides erfolgt mit der Maßgabe, dass das Hinterlegungsgut höchst vertraulich zu behandeln und nur in bestimmten vorher festgelegten Fällen an den Begünstigten herauszugeben oder bei Vertragsbeendigung an den Lizenzgeber zurückzugeben ist.

101 In dem **zweiseitigen Vertragsmodell** übergibt der Lizenzgeber der Escrow-Agentur den Quellcode und schließt auch nur mit diesem einen Vertrag über die Hinterlegung des Quellcodes ab. Die Escrow Agentur wird in diesem Vertrag „ermächtigt", an solche Lizenznehmer, die vertraglich die Option zur Herausgabe des Quellcodes vereinbart haben und dies nachweisen können, diesen in bestimmten zuvor definierten Fällen herauszugeben.

102 Hier werden zwei Verträge geschlossen, nämlich zwischen Lizenzgeber und Escrow-Agentur sowie zwischen Lizenzgeber und Lizenznehmer. Es handelt sich bei dem Hinterlegungsvertrag dann zwangsläufig, da von Anfang an alle Kunden einbezogen bzw. potentielle Adressaten sind, um allgemeine Geschäftsbedingungen, so dass hier insbesondere das Transparenzgebot zu beachten ist.

103 In der Diskussion zu den Vertragsmodellen bei Software Escrow wird in neuerer Zeit auch das Institut des „Ziehungsrechts" bzw. der „Ziehungsgenehmigung" eingebracht (Zie-

hungsmodell). Dieses ist im Bereich der Filmverwertung in der Praxis erprobt und wird als insolvenzfest eingeschätzt.

Hierbei handelt es sich um eine „Anweisung", die darauf gerichtet ist, auf Anforderung/Forderung des Lizenznehmers die Ziehung vorzunehmen. Die Escrow-Agentur erhält in diesem Falle die Master-Version und wird die Kopie erst auf Aufforderung des Kunden ziehen. Dieser muss sich hinsichtlich seines „Ziehungsrechts" ausweisen/legitimieren können. Im Gegensatz zu dem vorstehend erläuterten Modell, bei dem ein Hinterlegungsvertrag nur zwischen Lizenzgeber und Escrow Agentur abgeschlossen wird, erwirbt hier der Lizenznehmer vom Lizenzgeber auch das Ziehungsrecht, also das Recht, direkt von der Escrow-Agentur ein Vervielfältigungsstück des hinterlegten Quellcodes heraus zu verlangen.

Grundlage des letzten Modells ist eine **Vertrags-Kette**, bei der der Lizenzgeber mit dem Lizenznehmer einen Vertrag schließt, wonach dieser die dinglichen Befugnisse zur Nutzung des Quellcodes voll erhält, praktisch also auch „Eigentum" am Quellcode, jedoch sich zur Abwicklung der Escrow-Agentur bedient. Damit ist der Lizenzgeber ermächtigt, die Aushändigung des Quellcodes direkt an die Escrow-Agentur vorzunehmen.

Der Lizenznehmer wiederum hat aus dem Vertrag mit der Escrow-Agentur in bestimmten Fällen das Recht, eine Kopie des Quellcodes heraus zu verlangen. In das Verhältnis Lizenznehmer und Escrow-Agentur ist der Lizenzgeber als Vertragspartner nicht einbezogen. Die Verklammerung erfolgt über den Lizenzvertrag, in dem der Lizenzgeber angewiesen wird, die Hinterlegung durch Bereitstellung an den Escrow-Agenten zu veranlassen und aufrecht zu erhalten.

Als weitere besondere Form von Escrow-Verträgen bieten einige Escrow-Agenturen Verträge an, die mehrere Lizenznehmer mit Option auf den Quellcode aufnehmen können, so dass die Hinterlegung durch den Lizenzgeber für eine Vielzahl möglicher Vertragspartner auf Lizenznehmerseite erfolgt. Auch der Fall, dass ein Lizenznehmer einen Rahmenvertrag für alle zu seinen Gunsten erfolgenden Hinterlegungen abschließt, ist in der Praxis möglich. Vorteil dieser Vertragskonstruktionen ist, dass durch die Bündelung von Vertragsparteien beispielsweise die Verifizierung und sonstige Bestandteile der Hinterlegung vereinfacht und damit auch für alle Parteien kostengünstiger werden.

IX. Vertragsgestaltung

1. Auswahl der Hinterlegungsstelle

Als Hinterlegungsstelle kann mangels staatlicher Regulierung jede rechtsfähige Person auftreten.[121] Bei der Auswahl der Hinterlegungsstelle ist darauf zu achten, dass diese in der Lage ist, ein **ausreichendes Maß an praktischem und rechtlichem Fachwissen** bereitzuhalten und ein aktives Vertragsmanagement in rechtlicher, technischer und tatsächlicher Hinsicht zu betreiben.[122]

Einer Hinterlegungsstelle kann vertraglich zum Beispiel die Aufgabe überantwortet werden, gegenüber dem Hinterleger in regelmäßigen Zeitabständen einen Anspruch auf Aktualisierung des Hinterlegungsguts geltend zu machen. Darüber hinaus wird empfohlen, dass die jeweilige Hinterlegungsstelle eine so genannte technische Verifikation des Hinterlegungsguts durchführt, um sicherzustellen, dass das Hinterlegungsgut, also insbesondere der Quellcode nebst Dokumentation im Herausgabefall für den Anwender überhaupt von Nutzen ist.

2. Synchronisierung

Die Gestaltung des Software Escrow-Vertrages erschöpft sich nicht in der Regelung des Hinterlegungsvorgangs selbst. Schon aufgrund des Umstands, dass für die Softwarebeschaf-

---

[121] Eine solche gesetzliche Verpflichtung und Umsetzung gibt es zum Beispiel in Portugal, wo Anbieter von Buchhaltungssoftware eine Zulassung seitens des Finanzministeriums einholen müssen, deren Bestandteil die Hinterlegung der Software ist.
[122] *Siegel* CR 2003, 941 (945 f.).

fung und die Hinterlegung in der Regel auf vorgefertigte Vertragsmuster zurückgegriffen wird, sind beide Regelungsinhalte fast immer in getrennten Vertragsurkunden geregelt. Es ist daher im Verhältnis zwischen dem Softwareüberlassungs- bzw. Softwarebeschaffungsvertrag und dem Hinterlegungsvertrag ein Gleichlauf von Hinterlegungspflicht, den Herausgabefällen und den Nutzungs- und Bearbeitungsrechten am Quellcode erforderlich (**Synchronisierung**).

> **Praxistipp:**
>
> Bei der Vertragsgestaltung und der Synchronisierung zwischen Softwarebeschaffungsvertrag und Escrow-Vertrag sind drei Bereiche besonders zu beachten:
> - Hinterlegungspflicht: **W**as ist **w**ann zu hinterlegen?
> - Herausgabe: **W**as wird unter **w**elchen Voraussetzungen herausgegeben?
> - Nutzungsrecht: **W**ie darf in **w**elchen Herausgabefällen der Quellcode verwandt oder bearbeitet werden?

111 Unter Synchronisierung von Beschaffungsvertrag und Escrow-Vertrag versteht man den **Gleichlauf** der in beiden Verträgen enthaltenen Regelungen zum Software Escrow. Beim Auseinanderfallen von Lizenz- und Escrow-Vertrag droht ansonsten, dass die Escrow-Vereinbarung insgesamt ohne Mehrwert ist, wenn zum Beispiel der Quellcode nach dem Escrow-Vertrag zwar tatsächlich herausgegeben wird, nach dem Lizenzvertrag aber im erforderlichen Umfang aus rechtlichen Gründen nicht genutzt werden darf.

112 Die Vertragsbestimmungen müssen daher so miteinander synchronisiert werden, dass eine reibungslose Durchführung gesichert ist, insbesondere im Hinblick auf den Eintritt eines Herausgabefalls. Denn gerade bei Eintritt eines Herausgabefalls ist es im Interesse des Anwenders, dass er den Quellcode so schnell wie möglich und ohne Verzögerungen erhält, da er diesen in der Regel für die laufende Softwarepflege und -bearbeitung oder die Fehlerbeseitigung benötigt, die der Hersteller nicht mehr erbringen kann oder will.

113

> **Checkliste:**
> **Synchronisierungsbereiche**
>
> **Hinterlegungspflicht:**
> ☐ Erste Hinterlegung des Quellcodes
> ☐ Regelmäßige Updates nach Entwicklungsstand
> ☐ Inhaltliche und technische Verifizierung
>
> **Herausgabefälle:**
> ☐ „Insolvenz", Betriebsaufgabe
> ☐ Schlechtleistung von Wartung und Weiterentwicklung
> ☐ „End of Life" des Produktes
> ☐ Zahlung eines weiteren Entgelts
>
> **Nutzungsrecht am Quellcode:**
> ☐ Recht zur Fehlerbeseitigung
> ☐ Recht zur Bearbeitung
> ☐ Recht zur Vervielfältigung
> ☐ Recht zur Weiterentwicklung
> ☐ Recht zum Vertrieb (mit/ohne Quellcodeherausgabe)
> ☐ Entgelt für die Überlassung/Nutzungsrechte am Quellcode

114 Im Softwarebeschaffungsvertrag ist zunächst die Überlassung des **Quellcodes** einschließlich der am Quellcode eingeräumten Nutzungsrechte zu regeln,[123] sowie ob und in welcher Höhe ein Entgelt für die Überlassung des Quellcodes zu zahlen ist oder ob das Entgelt für die Überlassung des Quellcodes mit der Lizenzgebühr abgegolten ist. Schließlich sollten hier auch die Herausgabekriterien für die Herausgabe des Quellcodes grundlegend definiert werden, wobei die genaue Ausgestaltung (Fristen, Form, Nachweise) dem Escrow-Vertrag vorbehalten bleiben kann.

115 Bezüglich des Software-Escrow ist die Pflicht zur **Hinterlegung** des Quellcodes bei einer Hinterlegungsstelle aufzunehmen sowie ein Zeitpunkt für die erste Hinterlegung festzulegen. Üblicherweise wird hier ein bestimmter Zeitraum nach Abschluss des Beschaffungsvertrages bestimmt. Sofern die Software sich noch in der Entwicklung befindet und die Sicherung auch der Zwischenergebnisse erfolgen soll, knüpft die Hinterlegung an das Erreichen der vereinbarten Milestones laut Projekt- oder Beschaffungsvertrag an. Dies bietet sich zur Vermeidung von Projektfertigstellungsrisiken sowie zur Beweissicherung an. Auch sollte die Häufigkeit von Updates nach Abschluss des Projektes bzw. ab Übergabe der vertraglich vereinbarten Version geregelt werden.

116 Soweit gesonderte **Pflegeverträge** abgeschlossen werden, sollte ein verknüpfender Hinweis hierauf erfolgen, wenn Herausgabegrund auch die Verletzung der hierin vereinbarten Pflichten sein soll. Auch im Pflegevertrag selbst sollte ein Verweis auf das Software-Escrow erfolgen und im Rahmen der Regelung über Vertragsverletzungen das Verfahren der Herausgabe aufgenommen werden.

> **Formulierungsvorschlag:**
> Beginnt der Auftragnehmer mit der Mängelbeseitigung im Rahmen der Softwarepflege nicht innerhalb der vereinbarten Reaktionszeiten oder beseitigt er den Mangel nicht innerhalb der vereinbarten Lösungszeiten[124] oder verweigert der Auftragnehmer aus sonstigen Gründen die Mängelbeseitigung, ohne dazu berechtigt zu sein, hat der Auftragnehmer das Recht, die Mängelbeseitigung nach Herausgabe des Quellcodes durch die Escrow-Agentur selbst oder durch Dritte vornehmen zu lassen. Vor Herausgabe hat der Auftraggeber dem Auftragnehmer eine nochmalige, angemessene Frist zur Mängelbeseitigung zu setzen. Die Escrow-Agentur kann zur Vorbereitung der Herausgabe bereits über die Fristsetzung informiert werden.

117

118 Im **Escrow-Vertrag** wird zunächst das Verfahren der ersten und der weiteren Hinterlegungen festgelegt, wobei insbesondere die Durchführung und der Umfang einer Verifikation des Quellcodes bei Hinterlegung zu klären ist. Neben besonderen Pflichten der Parteien ist das Herausgabeverfahren genau zu regeln, sowie die formalen Aspekte der Kommunikation zwischen den Parteien des Vertrages.

119 Bezüglich der Nutzungsrechte am Quellcode sollte im Escrow-Vertrag der Hinweis auf die Regelungen im Beschaffungsvertrag aufgenommen werden. Wichtig ist dabei, darauf zu achten, dass die Regelungen in den beiden Verträge nicht voneinander abweichen oder sich sogar widersprechen.

120 In beiden Verträgen sind parallele Regelungen zur **Vertragslaufzeit** des Escrow-Vertrages aufzunehmen sowie unter welchen Bedingungen und mit welchen Folgen die Kündigung des Escrow-Vertrages erfolgen kann. Insbesondere sollte klargestellt werden, ob und wie eine Fortführung der Hinterlegung bei Beendigung des Hinterlegungsvertrages erfolgen soll, damit der Lizenznehmer auch künftig weiter grundsätzlich Zugriff auf den Quellcode hat. Auch kann bei der Beendigung eines Pflegevertrages, welche das Recht zur Nutzung der Software an sich unbeeinträchtigt lässt, relevant sein, weiterhin Zugriffsmöglichkeiten auf die letzte Version des Quellcodes aufrecht zu erhalten.

---

[123] → Klauselbeispiel → Rn. 85 ff.
[124] Beispiel in Anlehnung an *Redeker*, Handbuch der IT-Verträge, 1.12, → Rn. 15 (§ 3 Abs. 2), → Rn. 30.

Formulierungsvorschlag:

121 Bei einer Vertragsbeendigung gleich aus welchem Grunde – mit Ausnahme des Herausgabefalles – verpflichten sich Lizenzgeber und Lizenznehmer gegenseitig bereits jetzt, die Hinterlegung bei einer anderen Hinterlegungsstelle fortzuführen und dabei die wesentlichen Bestimmungen und die dadurch abgebildeten beiderseitigen Interessen der Parteien sowie Beweggründe für den Abschluss dieses Vertrages zu beachten. Lizenzgeber und Lizenznehmer werden die Escrow Agentur zum Vertragsende anweisen, an wen das Hinterlegungsmaterial herauszugeben ist.

122 Auch Regelungen zum anwendbaren Recht, dem Gerichtsstand und eventuelle **Schiedsvereinbarungen** sollten in beiden Verträgen synchron aufgenommen werden.

Ist kein gleichzeitiger Abschluss von Beschaffungsvertrag und Escrow-Vertrag möglich, so sollte im Softwarebeschaffungsvertrag bezüglich des Software-Escrow zunächst die Pflicht zur Hinterlegung des Quellcodes bei einer Hinterlegungsstelle sowie die wesentlichen Herausgabebedingungen geregelt werden. Im Idealfall werden zur Vermeidung späterer Unstimmigkeiten hier schon der Escrow-Agent und der wesentliche Inhalt des Hinterlegungsvertrags bestimmt, zum Beispiel durch das Beifügen eines Escrow-Vertragsmusters im Anhang des Beschaffungsvertrages. Gleichermaßen sollte im Softwarebeschaffungsvertrag eine Frist für die erste Hinterlegung des Quellcodes oder jedenfalls für den Abschluss des Hinterlegungsvertrags aufgenommen werden. Diese Vereinbarungen können zur Sicherstellung der Umsetzung mit Vertragsstrafenregelungen hinterlegt werden.

Verhandlungstaktik für die Vertragsgestaltung und Synchronisierung:

Eine Synchronisierung beider Verträge stärkt einerseits die Verhandlungsposition des Anwenders, da dieser die Hinterlegung des Quellcodes als Teil eines **Gesamtpakets** durchsetzen kann. Andererseits kann auch der Lizenzgeber bei einheitlicher Verhandlung von Beschaffungs- und Hinterlegungsvertrag seine Interessen an einer Vergütung für die Einräumung der **Rechte am Quellcode** wahren. Denn gerade im Beschaffungsvertrag wird über das vom Anwender für die Softwareüberlassung zu zahlende Entgelt verhandelt werden, was die Vereinbarung der Entgeltlichkeit der Einräumung der Rechte am Quellcode schon aus Gründen der Vorsorge für den Insolvenzfall umfassen sollte.[125]

3. Regelungspunkte im Escrow-Vertrag

123 Weitere Regelungspunkte im Escrow-Vertrag sind:
- Nutzungsrechtseinräumung an die Escrow-Agentur
- Eingangsprüfung durch die Agentur
- technische Prüfung durch die Agentur
- Verwahrungsort und -art, Refresh, Subunternehmer
- Zahlungsrückstand und Leistungsstörung
- Exit-/Transition-Regelung, Kündigung
- Ansprechpartner, Kommunikation

124 In Escrow-Vereinbarungen ist eine Regelung dazu aufzunehmen, welche **Nutzungsrechte** und in welchem Umfang **der Escrow-Agentur** im Hinblick auf die Einlagerung, Vervielfältigung zum Zwecke der Hinterlegung, weitere technische Dienstleistungen und ggf. aufschiebend bedingt zur Absicherung der Insolvenzfestigkeit[126] eingeräumt werden.

125 Im Hinblick auf die technischen und organisatorischen Dienstleistungen des Escrow-Agenten sind neben Fristen, Terminen und der Art und Weise der Übergabe des Hinterlegungsmaterials Vereinbarungen zur Art und Weise dessen Prüfung zu treffen. Hier ist genau zu vereinbaren, welche **Prüfungen** der Escrow-Agent in welchem Zeitraum durchführt. Dies

---

[125] BGH Urt. v. 17.11.2005 – IX ZR 162/04, NJW 2006, 915 = CR 2006, 151.
[126] → Rn. 43 ff.

reicht von der einfachen Prüfung der Vollständigkeit des gelieferten Materials bis zum Aufbau eines technischen Abbilds der Betriebs- und/oder Entwicklungsumgebung. Hierbei ist aufzunehmen, wie bei negativen Ergebnissen der Verifikation vorgegangen wird und welche Mitwirkungen der Lizenzgeber und der Lizenznehmer zu erbringen haben. Dem Lizenzgeber sind Auskunfts- und Informationspflichten aufzuerlegen, dem Lizenznehmer je nach dessen technischem Know-How auch die Bestätigung, dass das übergebene Material dem vertraglich vereinbarten entspricht, was auch Tests erfordern kann. Ferner sind Vereinbarungen über die Dokumentation der Eingangsprüfung sowie der laufenden Protokollierung bei Nachlieferungen und Aktualisierungen zu treffen. Die Escrow-Agentur hat dabei Haftungsrisiken zu beachten und kann diese kaum formularmäßig beschränken.[127]

> **Praxistipp:**
> Selbst wenn zum Umfang der Prüfung des zu hinterlegenden Quellcodes nichts vereinbart wird, erwartet der Escrow-Kunde in jedem Fall eine Vollständigkeitsprüfung. Der Escrow-Agentur ist zu raten, in den Verträgen jedenfalls eine minimale Eingangsprüfung standardmäßig mit aufzunehmen. Gerade Unternehmen mit geringem technischen Know How sind hier im Sinne eines Wissensgefälles zu beraten.

Aus Gründen der Risikovorsorge kann es für die Vertragsparteien wichtig sein, mit der Escrow-Agentur konkrete Vereinbarungen über den Hinterlegungsort sowie insbesondere die Redundanz des hinterlegten Materials zu treffen. Auch aus Konkurrenz- und Geheimhaltungsgründen kann der konkrete Ort der Verwahrung für die Parteien von besonderem Interesse sein. Es sind darüber hinaus Regelungen zur technischen und organisatorischen Sicherheit des hinterlegten Materials zu treffen. Da Escrow-Agenturen für Teilleistungen oftmals **Subunternehmer** einsetzen, sind Regelungen über die Auswahl und Hinzuziehung von Subunternehmern aufzunehmen. 126

> **Praxistipp:**
> Bei sehr unternehmenskritischen Anwendungen und in mit besonderen Aufsichts- und Katastrophenvorsorgeverpflichtungen belegten Branchen ist neben der Hinterlegung an zwei hinreichend weit von einander entfernten Orten auch an eine weitere Vorsorge für die Insolvenz der Escrow-Agentur selbst zu denken.

Zur laufenden Betreuung des technischen Materials gehört weiter die Vereinbarung über die Art und Weise sowie die zeitlichen Intervalle der Lieferung neuer Versionen des hinterlegten Programms. Dieser **Refresh** ist nicht nur im Hinblick auf die Weiterentwicklung der Software sondern auch wegen der Alterung der Datenträger erforderlich. Hierbei ist eine Regelung aufzunehmen, wie mit den Altdatenträgern verfahren wird, dh ob diese an den Lizenzgeber zurückgegeben werden oder die Escrow-Agentur die datenschutzgerechte Vernichtung veranlasst, überwacht und protokolliert. 127

Ebenso sind für die Phase der Vertragsbeendigung Regelungen aufzunehmen, die zwischen der ordentlichen und der außerordentlichen Kündigung unterscheiden. Dabei ist eine Regelung nicht hinreichend, welche dem Lizenzgeber in jedem Fall das Wahlrecht ließe, wie mit dem Hinterlegungsmaterial zu verfahren ist, da er so durch das Provozieren einer außerordentlichen Kündigung frei über das Material gegen die Interessen des Lizenzgebers verfügen könnte. 128

---

[127] → § 16 Rn. 89 ff.

4. Hinterlegung

129 Eine wirksame Hinterlegung hat den Zweck, den Anwender oder einen dritten, von diesem beauftragten, Dienstleister in den Stand zu versetzen, die Software so zu pflegen und zu warten, dass sich aus Sicht des Anwenders keine Unterschiede zu einer Dienstleistung des Herstellers ergeben. Zu hinterlegen sind daher nicht nur der Quellcode, sondern sämtliche Werkzeuge und Dokumentation, die zur Handhabung, Weiterbearbeitung und Übersetzung des Quellcodes benötigt werden.

130 Der Hinterlegungsvertrag sollte insbesondere folgenden **Umfang** der Hinterlegung regeln:
- Einzelheiten der Hinterlegungsobjekte: volle Bezeichnung und Versionsangabe, Anzahl der Datenträger, Datenträgertypen und -dichte, Datei- oder Archivformat, Liste der Retrieval-Befehle, Archivhardware und Details des Betriebssystems,
- Name und Funktionalität jedes Moduls/jeder Anwendung des Materials,
- Namen und Versionen der Entwicklungswerkzeuge/-umgebungen,
- Dokumentation des Verfahrens zum Herstellen/Kompilieren/Ausführen/Gebrauch der Software (Technische Hinweise, User-Guides),
- Ausdruck der vollständigen Dateiverzeichnisse aller Datenträger,
- Namen und Kontaktdaten von Mitarbeitern mit Kenntnissen über Wartung und Support des Materials.[128]

131 Aus Sicht des Anwenders kann es sinnvoll sein, die Software mit dem Quellcode einschließlich der gesamten Entwicklungsumgebung und deren Betriebssystem als virtuelle Maschine abzubilden und zu hinterlegen. Der große Vorteil der Hinterlegung einer virtuellen Umgebung liegt insbesondere in der Unabhängigkeit von der Verfügbarkeit der Entwicklungsumgebung im eigenen Unternehmen oder bei einem Dritten, daneben aber auch in der erleichterten Durchführbarkeit einer Vollverifikation bei erstmaliger oder erneuter Hinterlegung der Software. In diesem Fall sind die entsprechenden Lizenzen für Betriebssystem, virtuelle Maschine und Entwicklungsumgebung zusätzlich für die hinterlegten Versionen zu erwerben.

132 Das Hinterlegungsgut muss vor der Einlagerung einer Prüfung (**Verifikation**) unterzogen werden, um die Vertragstreue des Hinterlegers zu gewährleisten. Denn ohne diese Prüfung ist für den Anwender in keiner Weise sichergestellt, ob das Hinterlegungsgut auch tatsächlich den Quellcode enthält.

133 Es gibt in der Praxis viele verschiedene Varianten, die sich aber grundsätzlich unter eine der beiden folgenden Kategorien fassen lassen:

Standardverifikation:
Hier wird der Quellcode primär maschinell auf Virenfreiheit, Lesbarkeit, Dekomprimierbarkeit und Vollständigkeit geprüft. Manuell versichert man sich, dass die Dateien überhaupt Quellcode enthalten und dieser ausreichend dokumentiert wurde. Allein durch diese vergleichsweise einfache Prüfung werden in acht bis zehn Prozent aller Fälle Fehler erkannt.

Vollverifikation:
Bei dieser umfangreicheren Prüfung wird der Quellcode kompiliert und einer Funktionsprüfung unterzogen. Auf diese Weise kann sichergestellt werden, dass der hinterlegte Quellcode auch tatsächlich genutzt werden kann. Weiterhin ist es möglich, entweder durch eigene Mitarbeiter oder externe Sachverständige die Qualität der Software im Hinblick auf Programmierung, den Entwicklungsprozess und Ergonomie zu prüfen. Allerdings führt ein solches Vorgehen unter Umständen zu einer Beeinträchtigung der Geheimhaltungsinteressen des Herstellers. Durch die Vollverifikation werden in über 90 Prozent aller getesteten Fälle Fehler entdeckt.

134 Die **Einlagerung** muss die verwendeten Datenträger bzw. PC-Systeme in zweierlei Hinsicht schützen, nämlich gegen Einflüsse von außen, wie etwa Diebstahl oder Naturkatastrophen, und gegen durch Alterung hervorgerufenen Datenverlust.[129]

---

[128] Wobei hierzu aus Gesichtspunkten des Datenschutzes sowie des Arbeitsrechts die Zustimmung der Mitarbeiter erforderlich ist.
[129] IT Grundschutz Handbuch G4.13.

5. Herausgabe und Insolvenz

Zu den Herausgabebedingungen, die in nahezu allen Hinterlegungsverträgen enthalten sind, zählt – direkt oder indirekt – die Beantragung oder Einleitung eines Insolvenzverfahrens. Gerade in solchen Fällen muss sich die Hinterlegung bewähren und unabhängig von Handlungen des Insolvenzverwalters und diesem etwaig zustehendem Wahlrecht zuverlässig zu einer Herausgabe des Quellcodes an den Anwender in Verbindung mit einer entsprechenden Rechtseinräumung führen („**Insolvenzfestigkeit**").[130]

Problematisch in diesem Zusammenhang ist, dass nach einer in der Rechtsprechung vertretenen Ansicht schon jede unerfüllte vertragliche Nebenpflicht ein Wahlrecht des Insolvenzverwalters nach § 103 InsO begründet.[131] Da auch die Pflicht zur Hinterlegung des Quellcodes als Nebenpflicht anzusehen ist, stellt sich die Frage, ob diese schon mit Abschluss des Hinterlegungsvertrags und Übergabe des Hinterlegungsguts erfüllt ist. Daher ist hier erneut das Zusammenwirken von Beschaffungsvertrag und Escrow-Vertrag und die Regelungsverteilung zwischen beiden Verträgen zu betrachten und wie es sich auf den Hinterlegungsvertrag auswirkt, wenn der Insolvenzverwalter die weitere Erfüllung des Überlassungsvertrags ablehnt.

Daneben stellt sich im Hinblick auf den **Hinterlegungsvertrag** die Frage der Insolvenzfestigkeit. Diese wurde zunächst eher verneint, zumindest kritisch gesehen.[132] Obwohl die Rechtsprechung zunächst eine insolvenzfeste Hinterlegung verneint hat,[133] hat sich die Einschätzung in jüngerer Zeit grundlegend gewandelt.[134] Insbesondere seit einer Entscheidung des BGH[135] kann davon ausgegangen werden, dass der Abschluss insolvenzfester Hinterlegungsvereinbarungen bei entsprechender **vertraglicher Gestaltung** möglich ist.

Der Bundesgerichtshof hat in seiner Entscheidung vom 17.11.2005[136] eine Abgrenzung zwischen den Regelungsgehalten der §§ 47, 91 und 103 InsO geschaffen, wobei der BGH im Gegensatz zur Entscheidung des LG Mannheim den Grundsatz beachtet, dass gegenseitige Verträge mit der Insolvenzeröffnung nicht sofort erlöschen, sondern die dort enthaltenen Ansprüche nur ihre Durchsetzbarkeit einbüßen, bereits erfüllte Vertragsteile jedoch davon unberührt bleiben.

Von größtem Interesse sind daher angesichts dieser Entscheidung die Rechtsfolgen einer Erfüllungsablehnung. Diese kann sich auf die schuldrechtlichen Ansprüche aus dem Vertrag, auf dingliche Rechtseinräumungen und auf Gestaltungsrechte auswirken. Der BGH bezieht zu jedem dieser Punkte klar Stellung:

- „[Die Verfahrenseröffnung] hat [...] zur Folge, dass die noch ausstehenden Ansprüche des Vertragspartners, soweit es sich nicht um Ansprüche auf die Gegenleistung für schon erbrachte Leistungen handelt, gegen die Insolvenzmasse **nicht mehr durchsetzbar** sind."[137]
- „Durch die Entscheidung, den Vertrag nicht zu erfüllen, konnte der Kläger jedoch den Eintritt der aufschiebenden Bedingung für den dinglichen Rechtsübergang auf die Beklagte nicht verhindern. **Vielmehr beruft sie sich auf einen dinglichen Rechtsübergang, der bereits vor Insolvenzeröffnung – wenngleich aufschiebend bedingt – stattgefunden hat. Diese Wirkung wurde von der Insolvenzeröffnung nicht berührt.**"
- „Darüber hinaus beeinflussen weder die Insolvenzeröffnung noch die Erfüllungsablehnung durch den Insolvenzverwalter ein vertraglich eingeräumtes Kündigungs- oder Rücktrittsrecht."[138]

---

[130] → Siehe auch oben Rn. 43 ff.
[131] LG Mannheim Urt. v. 27.6.2003 – 7 O 127/03, CR 2004, 811.
[132] *Paulus* CR 1994, 83 (86).
[133] LG Mannheim Urt. v. 27.6.2003 – 7 O 127/03, CR 2004, 811, mit Anmerkung *Grützmacher*.
[134] *Grützmacher* CR 2006, 289.
[135] BGH Urt. v. 17.11.2005 – IX ZR 162/04, NJW 2006, 915 = CR 2006, 151.
[136] BGH Urt. v. 17.11.2005 – IX ZR 162/04, NJW 2006, 915 = CR 2006, 151.
[137] BGH Urt. v. 25.4.2002 – IX ZR 313/99, BGHZ 150, 353 (359); BGH Urt. v. 27.5.2003 – IX ZR 51/02, BGHZ 155, 87 (90).
[138] BGH Urt. v. 27.5.2003 – IX ZR 51/02, BGHZ 155, 87 (90).

140 Die Entscheidung des BGH schafft hiermit einen ersten Schritt[139] in Richtung einer klaren Insolvenzfestigkeit entsprechend gestalteter Verträge, die Verfügungen, ob bedingt oder unbedingt, ohne Rücksicht auf das Wahlrecht des Insolvenzverwalters bestehen lässt. Der Wirkungsbereich des § 103 InsO wird also durch den Bestand dinglicher Rechte und Verfügungen eingeschränkt und die dinglichen Rechte und Verfügungen der Gestaltungsmacht des Insolvenzverwalters entzogen.

6. Gestaltungshinweise zur Herausgabe

141 Im Rahmen der Gestaltung des Hinterlegungsvertrages in Synchronisation zum Beschaffungsvertrag ist zu beachten, dass neben der Übertragung der Nutzungsrechte weitere Regelungsbereiche von der Frage der Insolvenzfestigkeit betroffen sein können.

142 So ordnet *Roth*[140] den Hinterlegungsvertrag als **entgeltlichen Geschäftsbesorgungsvertrag** iSd § 675 BGB ein und geht davon aus, dass dieser gemäß §§ 116, 115 InsO mit Eröffnung des Insolvenzverfahrens erlischt und der Insolvenzverwalter über das Vermögen des Herstellers dann gemäß § 667 BGB den Quellcode vor Herausgabe an den Anwender zurückverlangen kann.[141]

143 Als Gestaltungsmöglichkeit kommt in Betracht, das **Eigentum an den Datenträgern** von vornherein der Hinterlegungsstelle zu übertragen, so dass sie rechtlich nicht mehr zur Insolvenzmasse (§ 35 InsO) gehören und daher ein Tatbestandsmerkmal von § 115 Abs. 1 InsO unerfüllt bleibt. Allerdings erfasst die Norm auch eine wirtschaftliche Zugehörigkeit zur Insolvenzmasse, die unter Umständen bei einem Doppeltreuhandverhältnis wie dem Software Escrow vorliegt.[142]

144 Je nach rechtlicher Gestaltung des Zeitpunkts der Einräumung von Nutzungsrechten an die Hinterlegungsstelle und den Anwender kann sich der Geschäftsbesorgungsvertrag darüber hinaus noch auf zur Insolvenzmasse gehörendes Vermögen beziehen, weil dazu auch das Urheberrecht oder ausschließliche Nutzungsrechte des Herstellers zählen.

145 Die Vertragsgestaltung muss daher darauf abzielen, dass das Hinterlegungsgut als aus dem Vermögen des Herstellers endgültig ausgegliedert anzusehen ist. Ferner muss die Übergabe des Hinterlegungsgutes tatsächlich vor Insolvenzeröffnung vorgenommen sein.[143]

> **Formulierungsvorschlag:**
>
> 146 Der Lizenzgeber verpflichtet sich, innerhalb der Hinterlegungsfrist das vereinbarte Hinterlegungsmaterial an die Escrow-Agentur zu übergeben und das elektronische Verfügungsrecht sowie das körperliche Eigentum an dem Hinterlegungsmaterial zu übertragen.

147 In einem Hinterlegungsvertrag enthaltene Bestimmungen über die Herausgabe könnten Vereinbarungen darstellen, die „im Voraus die Anwendung der §§ 103 bis 118 ausschließen oder beschränken", und damit gemäß § 119 InsO unwirksam sein.

148 Jedenfalls für die Vereinbarung eines **außerordentlichen Kündigungsrechts** bei Vorliegen eines wichtigen Grundes, dessen Ausübung das Wirksamwerden einer aufschiebenden Bedingung für einen Rechtsübergang auf den Anwender auslöste, hat der BGH[144] eine solche Unwirksamkeit aber verneint, wenn eine Lösungsklausel für den Insolvenzfall nicht vereinbart wird. Zwar wurde die Wahl der Nichterfüllung seitens des klagenden Insolvenzverwalters im praktischen Ergebnis durch die entschiedene Vertragsgestaltung unterlaufen. Recht-

---

[139] *Grützmacher* CR 2006, 289 (292) gibt für den Bereich einfacher Nutzungsrechte zu bedenken, dass der BGH mit Blick auf die schuldrechtliche Einordnung einfacher Lizenzen im Patentrecht seine lizenznehmerfreundliche Rechtsprechung in der Zukunft einschränken könnte.
[140] *Roth* ITRB 2005, 283 (284).
[141] → Siehe oben Rn. 41 Erlöschen bestimmter Schuldverhältnisse.
[142] *Roth* ITRB 2005, 283 (285).
[143] Schneider/v. Westphalen/*Schneider* J Rn. 53; *Roth* ITRB 2005, 283 (285).
[144] BGH Urt. v. 17.11.2005 – IX ZR 162/04, NJW 2006, 915 = CR 2006, 151.

lich war diese aber nicht auf dieses Ziel ausgerichtet. Die Kündigungsbefugnis knüpfte nicht an die Insolvenzeröffnung und auch nicht an die Ausübung des Wahlrechts aus § 103 InsO an. Kündigungsgrund war vielmehr das Vorliegen von Tatsachen, auf Grund derer die Fortsetzung des Vertrags unzumutbar war. Solche Tatsachen konnten auch und gerade außerhalb einer Insolvenz gegeben sein. Außerdem sollte bei Vorliegen solcher Tatsachen jeder der beiden Vertragsteile zur Kündigung berechtigt sein.

Auf Grundlage dieser Wertung judiziert der BGH[145] dann weiter: Wenn das Kündigungs- oder Rücktrittsrecht als solches insolvenzfest, insbesondere nicht nach § 119 InsO unwirksam ist, kann dessen Ausübung nicht daran scheitern, dass es lediglich vom Willen des Berechtigten abhängt. Diese Wertung ist auch auf die Formulierung der Herausgabeklauseln anzuwenden, so dass weder die Insolvenzeröffnung, noch die Ausübung des Wahlrechtes des Insolvenzverwalters als Herausgabegrund genannt werden sollten. **149**

Im Hinblick auf die Anfechtungsregeln der §§ 129 ff. InsO ist der Hinterlegungsvertrag so auszugestalten, dass die Hinterlegung keine Gläubigerbenachteiligung darstellt. Als Benachteiligung käme dabei insbesondere der entschädigungslose Wegfall von Umsatz aus der Pflege des hinterlegten Quellcodes in Betracht.[146] **150**

Die Vertragsgestaltung muss berücksichtigen, dass die Hinterlegung des Quellcodes für den Hersteller nur möglichst geringe wirtschaftliche Nachteile mit sich bringt, diese Nachteile in klarem Zusammenhang zu der aufgrund des Überlassungsvertrags geschuldeten Vergütung stehen und durch diese **abgegolten** oder aber ein **gesondertes Entgelt** für die Überlassung des Quellcodes vereinbart wird. Daher sollte die Einbeziehung aller erforderlichen Nutzungsrechtseinräumungen bereits im Überlassungsvertrag erfolgen. **151**

Die Vorschrift des § 103 InsO führt dazu, die Parteien zur möglichst frühen Erfüllung ihrer vertraglichen Pflichten anzuhalten und entsprechende Regelungen zu treffen. Insbesondere kann der Anwender im Verhältnis zur Hinterlegungsstelle die gesamten Hinterlegungskosten tragen und dafür im Rahmen des Überlassungsvertrags eine Kompensation erhalten. Aus Sicht des BGH[147] ergeben sich jedoch keine spürbaren Vorteile, weil dieser den Lizenzvertrag solange als teilweise unerfüllt ansieht, wie die vereinbarte Nutzungsdauer noch nicht abgelaufen ist. Die Entscheidung des LG Mannheim[148] spricht weiter dafür, in die Hinterlegungsvereinbarung möglichst wenige Nebenpflichten aufzunehmen, um den Anwendungsbereich von § 103 InsO einzuschränken. **152**

Hinterlegungsverträge können alternativ derart ausgestaltet werden, dass eine direkte Übereignung einer Verkörperung des Quellcodes vom Hersteller auf den Anwender erfolgt, der dazu noch aufschiebend bedingt ein Nutzungsrecht eingeräumt bekommt. Die Hinterlegungsstelle tritt dann nur als Besitzdienerin auf.[149] Dabei ist aber darauf zu achten, dass ein Kündigungsrecht ähnlich wie in dem vom BGH[150] beurteilten Sachverhalt ausgestaltet wird. Ob dies in den Vertragsverhandlungen so praktisch durchgesetzt werden kann, ist zweifelhaft,[151] da in der Praxis unter anderem steuerrechtliche Bedenken gegen diese Lösung formuliert werden. **153**

Auch aufgrund dieser Anforderungen der Rechtsprechung unterscheiden sich die **Herausgabebedingungen** in der Praxis teilweise stark. Folgendes Beispiel kann jedoch einen guten Überblick über in der Praxis verbreitete Herausgabebedingungen verschaffen: **154**

> **Formulierungsvorschlag:**
> Der Lizenznehmer kann schriftlich die Herausgabe des Materials verlangen und damit ein Herausgabeverfahren eröffnen, wenn:
> - der Lizenzgeber einer Herausgabe schriftlich zustimmt;

---

[145] BGH Urt. v. 17.11.2005 – IX ZR 162/04, NJW 2006, 915 = CR 2006, 151.
[146] *Roth* ITRB 2005, 283 (285).
[147] BGH Urt. v. 17.11.2005 – IX ZR 162/04, NJW 2006, 915 = CR 2006, 151.
[148] LG Mannheim Urt. v. 27.6.2003 – 7 O 127/03, CR 2004, 811 (813).
[149] → Rn. 105 ff., Kettenvertragsmodell.
[150] BGH Urt. v. 17.11.2005 – IX ZR 162/04, NJW 2006, 915 = CR 2006, 151.
[151] *Grützmacher* CR 2006, 289 (294).

- der Lizenzgeber eine oder mehrere fällige Verpflichtungen aus dem Lizenzvertrag gegenüber dem Lizenznehmer nicht oder nicht ordnungsgemäß erfüllt. Vor Eröffnung des Herausgabeverfahrens ist der Lizenznehmer dazu verpflichtet, den Lizenzgeber schriftlich unter angemessener Fristsetzung von mindestens einer Woche zur Behebung der Leistungsstörung aufzufordern und ihn darüber zu informieren, dass er andernfalls die Herausgabe des Materials von der Escrow-Agentur verlangen wird;
- der Lizenzgeber seine Geschäftstätigkeit einstellt, ohne seine Verpflichtungen gegenüber dem Lizenznehmer aus diesem Vertrag sowie aus dem Lizenzvertrag (insbesondere bezüglich der Instandhaltungsverpflichtungen) rechtswirksam auf einen Dritten übertragen zu haben und hierdurch die vertraglich vereinbarte Weiternutzung der Software gefährdet;
- der Geschäftsbetrieb des Lizenzgebers aufgrund eines Antrages bei einem Gericht oder einer Behörde oder einer Verfügung eines Gerichts oder einer Behörde vorübergehend eingestellt worden ist, ohne dass der Lizenzgeber seine Verpflichtungen aus diesem Vertrag sowie aus dem Lizenzvertrag (insbesondere die Instandhaltungsverpflichtungen) gegenüber dem Lizenznehmer selbst oder durch einen Dritten weiterhin erfüllt;
- der Geschäftsbetrieb des Lizenzgebers aufgrund der Anordnung eines Gerichts oder einer Behörde endgültig eingestellt worden ist (insbesondere im Falle der Ablehnung der Eröffnung eines Insolvenzverfahrens mangels Masse beziehungsweise der Erklärung der Masseunzulänglichkeit, Löschung der Firma des Lizenzgebers aufgrund Vermögenslosigkeit oder aus sonstigen Gründen durch eine Behörde oder ein Gericht);
- die Escrow-Agentur auf Grund eines vollstreckbaren Urteils oder eines im Inland für vollstreckbar erklärten Schieds- oder Schlichtungsspruchs sowie eines Vergleiches zur Herausgabe verpflichtet wird.

155 Dabei ist es zu vermeiden, die Herausgabe an Bedingungen zu knüpfen, die die Rechte des Insolvenzverwalters nach den §§ 103 bis 118 InsO einschränken, denn eine solche Regelung wäre gemäß § 119 InsO unwirksam. In der Praxis ist eine solche Bindung an den „Eintritt des Insolvenzfalles" nicht notwendig, da – wie das Klauselbeispiel zeigt – die Ziele des Lizenznehmers auch ohne diese Bindung ausreichend berücksichtigt werden können. Dies gilt insbesondere auch für den Fall der Sanierung des Unternehmens im Rahmen der Insolvenz, die durch die Reform der Insolvenzordnung[152] gestärkt wurde und zu keiner Unterbrechung der Leistungserbringung auf Seiten des Lizenzgebers führt, da der Betrieb auch während des Insolvenzverfahrens häufig aufrecht erhalten bleibt.

156 Der Umfang des bei Eintritt einer Herausgabebedingung herauszugebenden Materials (**Herausgabeumfang**) und der daran einzuräumenden Rechte hängt sowohl von der Art der Herausgabebedingung als auch vom Typus des zugrunde liegenden Softwareüberlassungsvertrags ab. So ist als Beispiel denkbar, dass der Anwender im Falle der Insolvenz des Herstellers weitergehende Rechte, die auch das Recht zur Weiterentwicklung umfassen können, erhält, bei Herausgabe aufgrund von nicht erfolgreicher Mängelbehebung aber beispielsweise nur das Recht zur Fehlerbehebung anhand des Quellcodes.

157 Beim Kauf von **Standardsoftware** (Überlassung auf Dauer gegen Einmalentgelt) sieht der Hersteller normalerweise keinen Grund für die Offenlegung des Quellcodes, da der Anwender nach dem üblichen Zuschnitt eines solchen Vertrags die Software unverändert nutzt und Pflege ausschließlich durch den Hersteller erfolgt.

158 Diese Sichtweise ändert sich jedoch aufgrund der immer komplexer werdenden Softwareumgebungen, in welchen mittlerweile selbst bei Standardsoftware umfangreiche Anpassungen erfolgen müssen. Hier ist insbesondere die Offenlegung von **Schnittstellen**[153] erforderlich. In einem solchen Fall könnte dann beispielsweise ein Weiterentwicklungsrecht nur an den im Quellcode enthaltenen Schnittstellen hinsichtlich einer Anpassung an andere Programme oder ein anderes Betriebssystem eingeräumt werden. Dadurch kann ein Ausgleich zwischen dem notwendigen Offenlegungsinteresse des Lizenznehmers und dem gewünschten Geheimhaltungsinteresse des Lizenzgebers erreicht werden.

---

[152] Gesetz zur weiteren Erleichterung der Sanierung von Unternehmen (ESUG), BGBl. 2011, Teil 1 Nr. 64, S. 2582.
[153] → § 1.

Bei der Erstellung von **Individualsoftware**,[154] insbesondere wenn aufgrund von Vorgaben des Anwenders Geschäftsgeheimnisse im Quellcode verkörpert sind, verstärkt sich demgegenüber das Interesse des Anwenders an einem Zugriff auf den Quellcode erheblich. Aber auch in diesem Fall wird der Hersteller aufgrund von wirtschaftlichen Überlegungen bemüht sein, einer Herausgabe möglichst aus dem Weg zu gehen. Denn wenn der Quellcode für den Anwender einmal verfügbar ist und ihm auch die erforderlichen Rechte zustehen, so kann dieser ohne weitere Beteiligung des Herstellers die Wartung und Weiterentwicklung der Software betreiben und so die Erteilung von Folgeaufträgen an den Hersteller vermeiden. Hier könnte eine Lösung im Hinblick auf die Rechte am Quellcode etwa so aussehen, dass der Anwender zwar umfangreiche Rechte am Quellcode erhält, aber eine Hinterlegung durchgeführt wird, um die geschilderten Interessen des Lizenzgebers zu wahren. 159

Bei der **Miete von Software**[155] wird sich das Interesse des Herstellers im Hinblick auf den Quellcode darauf konzentrieren, etwaige Nutzungsrechte des Anwenders am Quellcode auf die Mietzeit zu beschränken. Darüber hinaus wird er von vornherein schon die tatsächliche Verfügbarkeit des Quellcodes möglichst ausschließen wollen, da die Löschung des Quellcodes auf Anwenderseite nach dem Auslaufen des Mietvertrags nur schwerlich sichergestellt werden kann. Der Mieter hingegen benötigt eine Rechtseinräumung gerade auch für den Fall, dass der Mietvertrag aufgrund eines Verschuldens des Vermieters vorzeitig und insbesondere zur Unzeit endet. 160

Bei **Pflegeverträgen**[156] ist schließlich noch ein weiterer Gesichtspunkt zu berücksichtigen. Im Rahmen solcher Verträge wird üblicherweise die Weiterentwicklung der Software geschuldet. Soll nun zu den Herausgabebedingungen auch die nicht oder nicht ordnungsgemäße Erfüllung des Pflegevertrags zählen, so ist auf urheberrechtlicher Ebene darauf zu achten, dass dann am jeweiligen Stand des Quellcodes nicht nur einfache Fehlerbeseitigungsrechte eingeräumt werden, sondern auch und gerade das Recht zur Weiterentwicklung beispielsweise im Rahmen der Portierung auf neuere Betriebssystemvarianten. 161

7. Nutzungsrechte

Im Beschaffungsvertrag für die Software ist auch eine Regelung zu den Nutzungsrechten des Lizenznehmers am Quellcode aufzunehmen, denn der zur Nutzung eines Computerprogramms berechtigte Anwender darf gemäß § 69d Abs. 1 UrhG zwar sämtliche, zur bestimmungsgemäßen Nutzung nötigen Verwertungshandlungen vornehmen, der Umfang dieser Nutzung beschränkt sich aufgrund des Softwareüberlassungsvertrags aber regelmäßig auf ein bloßes Nutzen der Software. Obwohl etwa § 69d Abs. 1 UrhG auch die Fehlerberichtigung umfasst, genügen die durch das Urhebergesetz garantierten Mindestrechte des Anwenders nicht, um alle Aspekte der Investitionssicherung, insbesondere die Fortentwicklung und Anpassung an aktualisierte Rahmenbedingungen der Software zu erfassen. 162

Daher benötigt der Anwender von vornherein oder aufschiebend auf den Zeitpunkt einer etwaigen Herausgabe bedingt eine Rechtseinräumung zu seinen Gunsten, die derart weit geht und derart klar formuliert ist, dass er im Herausgabefall mit einem Minimum an Rechtsunsicherheit alle zur Sicherung seiner Investition nötigen Schritte einleiten kann. 163

Es bietet sich an, alle dinglichen Rechtseinräumungen im Softwareüberlassungsvertrag zusammenzufassen. Dies erhöht für beide Parteien die Transparenz und lässt außerdem die Hinterlegung als integralen Bestandteil der Lizenzierung erscheinen, was eine Stärkung des Anwenders im Insolvenzverfahren mit sich bringt. 164

Zusätzlich zu der Einräumung der Nutzungsrechte am Objektcode der Software könnte daher beispielsweise folgende Klausel zur Nutzung des Quellcodes in einen Beschaffungsvertrag aufgenommen werden: 165

---

[154] → § 11 Softwareerstellungsverträge.
[155] → § 13 Überlassung von Software auf Zeit.
[156] → § 14 Softwarepflegeverträge.

> **Formulierungsvorschlag:**
>
> 166 Der Lizenzgeber räumt dem Lizenznehmer aufschiebend bedingt auf den Zeitpunkt der Herausgabe der Vertragssoftware an den Lizenznehmer das einfache, nicht ausschließliche Recht ein, den Quellcode der Software in folgendem Umfang zu nutzen:
> - Fehlerbeseitigung zur Aufrechterhaltung der Funktionsfähigkeit der Software,
> - Weiterentwicklung der Software,
> - Portierung auf neue Betriebssystemumgebungen.
>
> Der Lizenznehmer hat das Recht, die so bearbeiteten Versionen der Software wie die ursprüngliche Software zu nutzen. Eine Überlassung an Dritte oder eine Verwertung der bearbeiteten Software in sonstiger Weise ist nicht gestattet. Als Entgelt für die Einräumung der vorstehenden Rechte zahlt der Lizenznehmer an den Lizenzgeber einen Betrag von EUR .... (Alternative: Das Entgelt für die Einräumung der vorstehenden Rechte ist mit Zahlung der Lizenzgebühr nach diesem Vertrag abgegolten."

167 Die im Klauselbeispiel genannten Nutzungsrechte sind jeweils auf die Anforderungen des Lizenznehmers im Einzelfall anzupassen, wobei hier insbesondere Fragen der ausschließlichen oder nicht ausschließlichen Nutzung, einer eventuellen zeitlichen oder räumlichen Begrenzung und die einzelnen Nutzungshandlungen selbst in Anlehnung an den Verwertungskatalog der §§ 15 bis 23 UrhG zu regeln sind.

8. Kosten der Hinterlegung

168 Die Kosten der Hinterlegung werden in der Praxis je nach individueller Absprache vom Anwender, vom Hersteller oder von beiden anteilig übernommen. Dabei kommen normalerweise die folgenden **Gebührenarten** auf die Parteien zu:
- Abschlussgebühr, also die Gebühr, die bei Abschluss des Hinterlegungsvertrages entrichtet wird;
- Verifikationskosten, also die Kosten, die für die Verifikation des Hinterlegungsgutes entstehen;
- Jahresgebühr, also die laufende Gebühr, die jährlich für die Hinterlegung zu entrichten ist;
- Gebühr für die Hinterlegung von Updates (häufig teilweise in der Jahresgebühr enthalten);
- Herausgabegebühr.

169 Die Regelung über die Kosten der Hinterlegung wird üblicherweise in den Escrow-Vertrag aufgenommen.

> **Praxistipp:**
>
> Da der Lizenznehmer als Herausgabeberechtigter ein hohes Interesse am Bestand des Escrow-Vertrages hat, ist darauf zu achten, dass – soweit der Escrow-Vertrag der Escrow-Agentur Kündigungsrechte bei Zahlungsverzug des Lizenzgebers einräumt – eine Klausel enthalten ist, dass auch der nicht zur Zahlung verpflichtete Lizenznehmer schuldbefreiend an die Escrow-Agentur Zahlungen vornehmen und so eine außerordentliche Vertragsbeendigung verhindern kann.

> **Formulierungsvorschlag:**
>
> 170 Jede Partei ist berechtigt – auch wenn sie nicht zahlungsverpflichtet ist – Zahlungen für eine andere Partei schuldbefreiend an die Escrow Agentur zu leisten.

Teil G. Kartellrecht und Vergaberecht

§ 39 Kartellrechtliche Bezüge

Übersicht

	Rn.
I. Einführung	1–40
1. Kartellrecht in Deutschland und innerhalb der EU	1–29
a) Bedeutung für den IT-Bereich	1–8
b) Entwicklung der Kartellrechtsgesetzgebung	9–23
c) Anwendbarkeit und Verhältnis von europäischem und deutschem Kartellrecht	24–29
2. Abgrenzung zu anderen kartellrechtlichen Regelungen und anderen Rechtsgebieten	30–40
a) Sektorspezifisches Kartellrecht	30/31
b) Gewerblicher Rechtsschutz, insbesondere Lauterkeitsrecht (UWG)	32–34
c) Vergaberecht	35–37
d) Kartellrecht außerhalb der EU	38–40
II. Überblick über wesentliche Regelungen des deutschen Kartellrechts	41–123
1. Tatbestandsmerkmale des Kartellverbots (§§ 1–3 GWB)	41–78
a) Funktionaler Unternehmensbegriff	43–45
b) Unternehmen auf verschiedenen Stufen, Wettbewerbsverhältnis nicht erforderlich	46/47
c) Vereinbarungen zwischen Unternehmen	48/49
d) Beschlüsse von Unternehmensvereinigungen	50
e) Abgestimmte Verhaltensweisen	51–57
f) Wettbewerbsbeschränkung	58–62
g) Spürbarkeit, Bagatellgrenze, Wirkungsklausel	63–68
h) Freigestellte Vereinbarungen nach § 2 GWB	69–72
i) Mittelstandskartelle (§ 3 GWB)	73–78
2. Missbrauch einer marktbeherrschenden Stellung (§§ 18, 19 GWB)	79–95
a) Allgemeines	79/80
b) Marktbeherrschende Stellung	81–84
c) Relevanter Markt	85–88
d) Missbrauch	89–91
e) Diskriminierungsverbot, Verbot unbilliger Behinderungen (§ 19 Abs. 1 iVm § 19 Abs. 2 Nr. 1 GWB)	92–95
3. Verbotenes Verhalten von Unternehmen mit relativer oder überlegener Marktmacht (§ 20 GWB)	96–100
4. Boykottverbot, Verbot sonstigen wettbewerbsbeschränkenden Verhaltens gem. § 21 GWB	101/102
5. Wettbewerbsregeln und Sonderregeln	103/104
6. Zusammenschlusskontrolle (§§ 35 ff. GWB)	105–113
7. Monopolkommission und Kartellverfahren	114–123
a) Allgemeines	114–119
b) Drittbeschwerde im Fusionskontrollverfahren, Beiladung	120–123
III. Überblick über wesentliche Regelungen des europäischen Kartellrechts	124–184
1. Allgemeines	124/125
2. Kartellverbot (Art. 101 AEUV)	126–142
a) Zwischenstaatlichkeitsklausel	129
b) Unternehmensbegriff	130/131
c) „Bezwecken" oder „Bewirken" der Wettbewerbsbeschränkungen	132–134
d) Spürbarkeit und De-minimis-Bekanntmachung	135–142
3. Freistellung (Art. 101 Abs. 3 AEUV und GVO)	143–173
a) Allgemeines zu den GVO	146–148
b) GVO für horizontale Vereinbarungen	149–158
c) Technologietransfer-Gruppenfreistellungsverordnung	159–161
d) Gruppenfreistellungsverordnung für vertikale Beschränkungen und Vertriebswege (Vertikal-GVO 330/2010)	162–173
4. Missbrauch einer marktbeherrschenden Stellung (Art. 102 AEUV)	174–176

	Rn.
5. Kartellverfahren gemäß EG-VO Nr. 1/2003	177/178
6. Europäisches Fusionskontrollverfahren	179–184
IV. Befugnisse der Kartellbehörden	185–264
1. Befugnisse der EU-Kommission	186–223
a) Ermittlung des Wettbewerbsverstoßes	187–199
b) Verfahrenseröffnung	200–202
c) Sachentscheidung	203–223
2. Befugnisse der deutschen Kartellbehörden (Bundeskartellamt, Landeskartellämter)	224–245
a) Verhältnis zu den europäischen Kartellbehörden	224/225
b) Verhältnis der deutschen Kartellbehörden untereinander	226
c) Verwaltungsverfahren (Untersagungsverfahren)	227–234
d) Abschöpfung des wirtschaftlichen Vorteils	235/236
e) Bußgeldverfahren	237–244
3. Verhaltenstipps bei Maßnahmen der Kartellbehörden, im Vorfeld und zur Prävention	245–264
a) Prävention durch (kartellrechtliche) Compliance-Schulungen	245–247
b) Kontrolle va von Lizenz-, Vertriebsverträgen, Einkaufsbedingungen, Kooperationsvereinbarungen	248/249
c) Kontrolle von Werbebroschüren, Internetauftritt, Pressemitteilungen	250
d) Privilegierte Anwaltskorrespondenz in Kartellverfahren	251–258
e) Praxishinweise für den Fall kartellbehördlicher Durchsuchungsmaßnahmen	259
f) Datenschutzaspekte der kartellrechtlichen Compliance	260–264
V. Durchsetzung von kartellrechtlichen Ansprüchen durch Private	265–304
1. Ansprüche der Verletzten/Geschädigten	268–281
a) Nichtigkeitsfolge nach § 1 GWB iVm § 134 BGB	269
b) Die Ansprüche nach § 33 GWB, insbesondere Schadensersatz	270–275
c) Haftung der Unternehmensleitung	276–281
2. Verfahrensaspekte	282–297
a) Bindung der Zivilgerichte an Feststellungen der Kartellbehörden	282–284
b) Nachweis von Kartellverstoß und Schadenshöhe	285–287
c) Akteneinsichtsrecht bei der EU-Kommission, Art. 2 Abs. 1 TransparenzVO	288/289
d) Akteneinsichtsrecht beim Bundeskartellamt, § 406e StPO	290
e) Kronzeugenregelung	291/292
f) Passing-on-Einwand	293–295
g) Gerichtsstand	296/297
3. Weißbuch der Europäischen Kommission	298–304
a) Sammelklagen	300
b) Verbesserter Zugang zu Beweismaterial	301
c) Verschuldensnachweis	302
d) Schadensberechnung und Verjährung	303
e) Privilegierung des Kronzeugen	304
VI. Verhältnis zwischen Immaterialgüterrecht und Kartellrecht	305–325
1. Kartellrechtliche Grenzen von Lizenzvereinbarungen	309–314
2. Missbrauch durch Verweigerung der Offenlegung von Schnittstellen	315
3. Kartellrechtliche Grenzen von Standards	316–318
4. Kartellrechtliche Grenzen von Patentlizenzen	319–321
5. Schutzmaßnahmen gemäß §§ 95a ff. UrhG	322–325
VII. Anwendbarkeit der Gruppenfreistellungsverordnungen auf Softwareverträge	326–367
1. Praktische Relevanz der GVO für IT-Unternehmen	326–328
2. Kartellrechtliche Bedeutung der Vertragstypologie von Softwareverträgen	329–335
3. Freistellung von Softwareverträgen nach TT-GVO	336–354
a) Software-Entwicklungsverträge	344
b) Softwarevertriebslizenzen zwischen Rechteinhaber und Händler	345/346
c) Software-Überlassungsverträge mit Endkunden	347–349
d) Masterlizenz	350
e) Einräumung des Rechts zur Bearbeitung von Software und zum Vertrieb bzw. zur Integration der Bearbeitungen	351
f) Softwarepflegeverträge, reine Updateverträge	352
g) Nutzung von Software im Fernbetrieb beim Application Service Providing und beim Outsourcing	353/354

	Rn.
4. Softwareverträge und Freistellung nach Vertikal-GVO	355–367
a) Weitervertrieb von Softwarekopien	359
b) Weitervertrieb von Hardware mit vorinstallierter Software	360
c) Übergabe einer Software-Masterkopie und Lizenz zur Herstellung und zum Vertrieb von Kopien der Software	361
d) Einfache Nutzungslizenz an Endnutzer zu deren eigener Nutzung	362
5. Gruppenfreistellung von F&E-Vereinbarungen	363–365
6. Gruppenfreistellung von Spezialisierungsvereinbarungen	366/367
VIII. Überblick über die kartellrechtliche Wirksamkeit von typischen wettbewerbsbeschränkenden Klauseln in Softwareverträgen	368–388
1. Vorbemerkungen	368–370
2. Fallgruppen nach GWB	371–388
a) Typische Klauseln in Softwarelizenzverträgen	371–378
b) Typische Klauseln in Softwarevertriebsverträgen	379–388
IX. Marktbeherrschende Stellung im IT-Bereich am Beispiel Microsoft	389–398
1. Verweigerung der Offenlegung der notwendigen Schnittstellen	390/391
2. Kopplung des Windows Media Player an das Betriebssystem Windows	392–396
3. Bußgeld wegen Verstoßes gegen die Auflagen aus 2004	397/398
X. Kartellrechtliche Probleme bei Online-Vertrieb und Online-Handel	399–439
1. E-Commerce	399–417
a) Änderung der Vertikal-GVO	399–410
b) Rechtsprechung	411
c) Empfehlungen zur kartellrechtskonformen Gestaltung des Online-Vertriebs	412–417
2. Virtuelle Marktplätze	418–427
3. Rankingverfahren und Produkttests	428–430
4. Kartellrechtliche Aspekte bei Apps	431–439
XI. Marktmacht von Google als kartellrechtliches Problem	440–458
1. Charakteristika des Suchmaschinenmarkts	440–448
a) Der Suchmaschinenmarkt	441/442
b) Netzwerkeffekte	443
c) „Lock-In"-Effekte	444
d) Marktzutrittschranken	445
e) Dauerhaftigkeit der Marktdominanz von Google	446
f) Expansionsstrategien von Google	447/448
2. Kartellrechtliche Beurteilung durch die EU-Kommission	449–455
3. Kartellbeschwerde durch VG Media und Presseverlage in Deutschland	546–458
XII. Kartellrechtlicher Anspruch auf Registrierung einer zweistelligen Domain	459–461

Schrifttum: *Alemann,* Die Abänderung von Bußgeldentscheidungen der Kommission durch die Gemeinschaftsgerichte in Kartellsachen, EuZW 2006, 487; *Andrelang,* Entwurf der Vertikal-GVO 2010, Deutscher Anwaltspiegel, Printausgabe 2009/2010, S. 92; *Bach/Klumpp,* Nach oben offene Bußgeldskala – erstmals Bußgeldleitlinien des Bundeskartellamts, NJW 2006, 3524; *Bartosch,* Neues zur Beweislastverteilung in der Europäischen Fusionskontrolle, EuZW 2006, 619; *Bechtold,* GWB, 7. Auflage 2013; *ders.,* Leitlinien der Kommission und Rechtssicherheit – am Beispiel der neuen Horizontal-Leitlinien, GRUR 2012, 107; *ders.,* Erweiterung der Beschwerdebefugnis im Kartellverfahren, NJW 2007, 562; *ders.,* Trusted computing, CR 2005, 393; *ders./Buntscheck,* Die 7. GWB-Novelle und Entwicklung des deutschen Kartellrechts 2003–2005, NJW 2005, 2966; *ders./Bosch/Brinker,* EU-Kartellrecht, 3. Aufl. 2014; *Berg,* Die Rechtsprechung des EuGH und des EuG auf dem Gebiet des Kartellrechts im Jahr 2005, EWS 2006, 193; *Berger,* Zur Anwendbarkeit der neuen Technologie-Gruppenfreistellungsverordnung auf Softwareverträge, K&R 2005, 15; *Besen/Slobodenjuk,* Die neue Gruppenfreistellungsverordnung für Forschungs- und Entwicklungsvereinbarungen, GRUR 2011, 300; *Bornkamm,* Cui malo? Wem schaden Kartelle?, GRUR 2010, 501; *Bosch/Fritzsche,* Die 8. GWB-Novelle – Konvergenz und eigene wettbewerbspolitische Akzente, NJW 2013, 2225; *Bremer/Grünwald,* Konzentrationskontrolle in „virtuellen Meinungsmärkten"?, MMR 2009, 80; *Breuer/Steger,* Zur kartellrechtlichen Durchsetzbarkeit eines Registrierungsanspruchs auf eine Zwei-Buchstaben-Domain, WRP 2008, 1487; *Broemel,* Vielfaltsgewährleistung auf virtuellen Plattformen, MMR 2013, 83; *Bühlmann/Schirmbacher,* Kartellrechtskonforme Regelung von Online-Marketing, CR 2012, 451; *Busse/Leopold,* Entscheidungen über Verpflichtungszusagen nach Art. 9 VO (EG) Nr. 1/2003, WuW 2005, 146; *Canaris,* Nachträgliche Gesetzeswidrigkeit von Verträgen, Geltungserhaltende Reduktion und salvatorische Klauseln im deutschen und europäischen Kartellrecht, DB 2002, 930; *Conrad/Grützmacher* (Hrsg.), Recht der Daten und Datenbanken im Unternehmen, 2014; *Deichfuß,* Die Beiladung im kartellverwaltungsrechtlichen Verfahren, WRP 2006, 862; *Deselaers,* Uferlose Geldbußen bei Kartellverstößen nach der neuen 10% Umsatzregel des § 81 Abs. 4 GWB?, WuW 2006, 118; *von Dietze/Jannsen,* Kartellrecht in der anwaltlichen Praxis, München, 5. Aufl. 2015; *Dittrich,* Der passing-on-Einwand und die Anspruchsberechtigung indirekter Abnehmer eines Kartells, GRUR 2009, 123; *Dreher/Thomas,* Die Beschränkungen der Vertragsabschlussfreiheit durch kartellbehördliche Verfügung, NJW 2008, 1557; *Ekey,* Grundriss des Wettbewerbs- und Kartellrechts, 4. Aufl. 2013; *Ellenrieder,* Das Totalverbot des Internetvertriebs im selektiven Vertrieb als bezweckte Wettbewerbsbeschränkung, WRP 2012, 141; *Emmerich,* Kartellrecht, München 13. Aufl. 2014; *Eufinger,* Internethandel zwischen selektivem Vertrieb und Rabattdifferenzierungen – Kartellrechtskonforme Gestaltung von Vertriebswegen, MMR 2015, 147; *Fiebig,* Meistbegünstigungs- und Preisparitätsklauseln im Internetvertrieb, NZKart 2014, 122;*Frenz,* Die Lizenzverweigerung nach dem zweiten Microsoft-Urteil, WRP 2012, 1483; *Fritzsche,* 8. GWB-Novelle – Überblick über den Regierungsentwurf, DB 2012, 845; *Fuchs,* Die 7. GWB-Novelle – Grundkonzeption und praktische Konsequenzen, WRP 2005, 1384; *Gaster,* Kartellrecht und geistiges Eigentum: Unüberbrückbare Gegensätze im EG-Recht?, CR 2005, 247; *Gloy/Loschelder/Erdmann,* Handbuch des Wettbewerbsrechts, 4. Aufl. 2010; *Gounalakis,* Elektronische Marktplätze und Kartellrecht, ZHR 167, 2003, 632; *Grützmacher,* Softwareverträge und die 7. GWB-Novelle – Auf dem Weg zu einer europaweit einheitlichen Praxis, ITRB 2005, 205; *ders.,* § 20 – Kartellrechtliche Grenzen des Schutzes von Datenbanken, in: Conrad/Grützmacher (Hrsg.), Recht der Daten und Datenbanken im Unternehmen, 2014, S. 269; *Haberstumpf/Husemann,* Wettbewerbs- und Kartellrecht, Gewerblicher Rechtsschutz, 6. Aufl. 2014; *Haines/Scholz,* Anmerkung zu LG München I v. 19.1.2006, 7 O 23 237/05, CR 2006, 159; *Hartog/Noack,* Die 7. GWB-Novelle, WRP 2005, 1396; *Heinemann,* Kartellrecht und Informationstechnologie, CR 2005, 715; *ders.,* Gefährdung von rechten des geistigen Eigentums durch Kartellrecht?, GRUR 2006, 705; *Hirsbrunner,* Entwicklungen der Europäischen Fusionskontrolle im Jahr 2005, EuZW 2006, 711; *ders./Rhomberg,* Verpflichtungszusagen im EG-Kartellrechtsverfahren – Erste praktische Erfahrungen mit der Neuregelung der Kartellverfahrensordnung 1/2003, EWS 2005, 61; *Hirsbrunner/Schädle,* Sicherer Hafen oder Bermudadreieck – Wohin geht die Reise bei der Neuorientierung der Praxis der Europäischen Kommission gegenüber Missbräuchen marktbeherrschender Unternehmen iS des Art. 82 EG?, EuZW 2006, 583; *Höppner,* Das Verhältnis von Suchmaschinen zu Inhalteanbietern an der Schnittstelle von Urheber- und Kartellrecht, WRP 2012, 625; *Huppertz,* Handel mit Second Hand Software, CR 2006, 145; *Immenga/Mestmäcker,* Wettbewerbsrecht, Band 2: GWB, 5. Aufl. 2014; *Kapp,* Kartellrecht in der Unternehmenspraxis, 2. Aufl. 2014; *Karl/Reichelt,* Die Änderung des Gesetzes gegen Wettbewerbsbeschränkungen durch die 7. GWB-Novelle, DB 2005, 1436; *Kehl,* Schutz von Informationen in europäischen Kartellverfahren, München 2006; *Klees,* Der Grundsatz ne bis in idem und seine Auswirkungen auf die Zusammenarbeit der Kartellbehörden im European Competition Network (ECN), WuW 2006, 1222; *ders.,* in Kilian/Heussen, Computerrechts-Handbuch, Loseblattsammlung, 2013; *Koenig,* Fünf goldene Wettbewerbsregeln der kooperativen Normung und Standardisierung, WuW 2008, 1259; *Körber,* Standardessentielle Patente, FRAND-Verpflichtungen und Kartellrecht, 2013; *ders.,* Machtmissbrauch durch Erhebung patentrechtlicher Unterlassungsklagen, WRP 2013, 734; *ders.,* Google im Fokus des Kartellrechts, WRP 2012, 761; *ders.,* Analoges Kartellrecht für digitale Märkte?, WuW 2015, 120; *Kremer/Hoppe/Kamm,* Apps und Kartellrecht, CR 2015, 18; *Kühling/Gauß,* Expansionsverlust von Google als Herausforderung für das Kartellrecht, MMR 2007, 751; *Kuhn,* Preishöhenmissbrauch (excessive pricing) im deutschen und europäischen Kartellrecht, WuW 2006, 578; *Kühne,* Billigkeitskontrolle und Verbotsgesetze, NJW 2006, 2520; *ders./Woitz,* Die neue EU-Kartellschadensersatzrichtlinie: „Follow-on"-Klagen auf Schadensersatz werden gefährlicher, DB 2015, 1028; *Lange,* Handbuch zum deutschen und europäischen Kartellrecht, 2. Aufl. 2006; *Langen/Bunte* (Hrsg.), Kommentar zum deutschen und europäischen Kartellrecht, 12. Aufl. 2014; *Lenz,* Der Vertrag von Maastricht nach dem Urteil des Bundesverfassungsgerichts, NJW 1993, 3038; *Lettl,* Informationsaustausch über die Preisgestaltung als vertikale Wettbewerbsbeschränkung, WRP 2013, 1272; *Lober,* Social Games und Kartellrecht, in Taeger (Hrsg.), DSRI Tagungsband Herbstakademie 2010, S. 375; *Loewenheim/Meessen/Riesenkampff* (Hrsg.), Kartellrecht Band 1: Europäisches Kartellrecht, 2. Aufl. 2009; *Lubberger,* Die neue Rechtsprechung des BGH zum Vertriebsbindungsschutz – praktische Konsequenzen, WRP 2000, 139; *Lübbig,* Die Reform des Zivilprozesses in Kartellsachen, WRP 2006, 1209; *Lutz,* Schwerpunkt der 7. GWB-Novelle, WuW 2005, 718; *Mäger/von Schreitter,* Kartellgeldbuße und Gesamtrechtsnachfolge – Das Neueste zur „wirtschaftlichen Identität", DB 2015, 1581; *ders./ders.,* Kartellgeldbuße und Gesamtrechtsnachfolge – Neues zur „wirtschaftlichen Identität", DB 2015, 53; *Markert,* Die Thyssengas/STAWAG-Entscheidung des OLG Düsseldorf – ein Fehlurteil?, WuW 2002, 578; *Martinek/Semler/Habermeier/Flohr,* Handbuch des Vertriebsrechts, 3. Aufl. 2010; *Matthiesen,* Die Freistellung von Softwarenutzungsverträgen nach Artikel 101 des Vertrages über die Arbeitsweisen der Europäischen Union, 2010; *de Beauregard,* Keine Rückgriffsmöglichkeit des Unternehmens bei Kartellstrafen, DB 2015, 928; *Mestmäcker/Schweitzer,* Europäisches Wettbewerbsrecht, München, 2. Auflage 2004; *Moritz,* Microsoft in Not? Der europäische Rechtsrahmen für Kopplungen und Zwangslizenzen an Interface-Informationen im Lichte der Microsoft-Entscheidung der EU-Kommission, CR 2004, 321; *Müller,* Deutsches Medienkartellrecht – ein Scherbenhaufen? MMR 2006, 125; *ders.,* Alternative Adressierungssysteme für das Internet, MMR 2006, 427; *Neef,* Drittbeschwerde nicht beigeladener Unternehmen in der Fusionskontrolle, GRUR 2008, 30; *Nolte/Hecht,* Plattformverträge – Hinweise zur Vertragsbeziehung zwischen Betreiber und Provider, ITRB 2006, 188; *Nordemann,* Urhebervertragsrecht und neues Kartellrecht gemäß Art. 81 EG und § 1 GWR, GRUR 2007, 203; *ders.,* Urhebervertragsrecht und neues Kartellrecht gem. Art 81 EG und § 1 GWB, GRUR 2007, 203; *Ohle/Albrecht,* Die neue Bonusregelung des Bundeskartellamtes in Kartellsachen, WRP 2006, 866; *Ott,* Ich will hier rein! Suchmaschinen und das Kartellrecht, MMR 2006, 195; *Paal,* Immaterialgüter, Internetmonopole und Kartellrecht, GRUR 2013, 873; *Palzer,* Pressekonzentrationsrecht nach der 8. GWB-Novelle – Ausschnitte einer „Reform in Permanenz", K&R 2014, 24; *Piesker,* Aufbau einer Online-Vertriebsstruktur – Die GVO in der Praxis, K&R 2012, 398; *Pischel,* Der Internetvertrieb nach der neuen Schirm-Gruppenfreistellungsverordnung für den Vertikalvertrieb und deren Leitlinien,

GRUR 2010, 972; *ders.*, Kartellrechtliche Beurteilung von Bindungen beim Internetvertrieb, CR 2015, 69; *Podszun*, Fernsehkartellrecht – Die Entscheidungspraxis des Bundeskartellamts, MMR 2007, 761; *Polley*, Softwareverträge und ihre kartellrechtliche Wirksamkeit, CR 2004, 641; *dies./Seeliger*, Anwendung der neuen Gruppenfreistellungsverordnung für Vertikalverträge Nr. 2790/1999 auf Softwareverträge, CR 2001, 1; *Prieß*, Handbuch des europäischen Vergaberechts, Köln, 3. Aufl. 2005; *Rauda*, Fallgruppen statt „IMS Health", GRUR 2007, 1022; *Schäfer*, Die kartellrechtliche Kontrolle des Einsatzes von technischen Schutzmaßnahmen im Urheberrecht, 2008; *Schmidt*, Die kartellrechtliche Rechtsbeschwerde (§ 74 GBW) nach der Siebten Novelle, DB 2007, 2188; *Schneider*, Softwarenutzungsverträge im Spannungsfeld von Urheber- und Kartellrecht, München 1989; *Schultze*, Compliance-Handbuch Kartellrecht, 2014; *Schultze/Pautke/Wagener*, Vertikal-GVO, 3. Aufl. 2011; *Scholz/Wagener*, Kartellrechtliche Bewertung hardwarebezogener Verwendungsbeschränkungen in Software-Überlassungsverträgen, CR 2003, 880; *Schulze zur Wiesche*, Selektiver Vertrieb und Internet, K&R 2010, 541;*Schweda/Rudowicz*, Verkaufsverbote über Online-Handelsplattformen und Kartellrecht, WRP 2013, 590; *Simon*, Mehrwertdienste in der Verkehrstelematik und der Zugang zu Informationen und Datensammlungen, 2009; *Solmecke/Taeger/Feldmann (Hrsg.)*, Mobile Apps, 2013; *Soltész/Marquier*, Hält „doppelt bestraft" wirklich besser? – Der ne bis in idem-Grundsatz im Europäischen Netzwerk der Kartellbehörden, EuZW 2006, 102; *Soltész/Rolofs*, Rechtsschutz zu Lasten Dritter in Kartellbußgeldverfahren, EuZW 2006, 327; *Soyez*, Das EuGH-Urteil SGL Carbon – eine Niederlage für die Verteidigungsrechte im EG-Kartellbußgeldverfahren, EWS 2006, 389; *ders.*, Die kartellrechtliche Beurteilung von Meistbegünstigungsklauseln im Lichte der HRS-Entscheidung des BKartA, NZKart 2014, 447 *Sünner*, Das Verfahren zur Festsetzung von Geldbußen nach Art. 23 II lit. a) der Kartellverfahrensordnung (VerfVO), EuZW 2007, 8; *Ulmer*, Kartellrecht: Missbrauch einer marktbeherrschenden Stellung – Ansprüche wegen unangemessener Preise und Bedingungen für Softwarepflege, ITRB 2006, 210; *ders.*, Kartellrechtliche Schadensersatzansprüche – Schadensersatz nach § 33 GWB wegen wettbewerbswidriger Ausübung von Immaterialgüterrechten, ITRB 2005, 278; *Wagner*, Die Übernahme der europäischen 10 %-Regel für Geldbußen bei Kartellverstößen schafft einen verfassungsrechtlich fragwürdigen Fremdkörper im deutschen Recht, EWS 2006, 251; *Weiß*, Grundrechtsschutz im EG-Kartellrecht nach der Verfahrensnovelle, EuZW 2006, 263; *Weitbrecht*, Zur Verfassungsmäßigkeit der Bußgelddrohung gegen Unternehmen nach der 7. GWB-Novelle, WuW 2006, 1106; *Wiedemann*, Handbuch des Kartellrechts, 2. Aufl. 2008; *Wiring*, Kartellrecht und eCommerce, MMR 2010, 659; *Wüstenberg*, Online-Impressum und EU-Recht seit Juni 2013, ITRB 2014, 17; *Zöttl*, Weißbuch der Europäischen Kommission zu Schadensersatz in Kartellfällen, DB 2008, 1200.

I. Einführung

1. Kartellrecht im Wandel und aktuelle Herausforderungen

a) Bedeutung für den IT-Bereich. Am 1.7.2005 ist ein Systemwechsel im deutschen Kartellrecht in Kraft getreten.[1] Das Freistellungsmonopol der Kommission ist in ein System der Legalausnahmen überführt worden. Bis zum 30.6.2005 unterlag ein Großteil der kartellrechtlichen Verstöße bei **rein nationalen** Sachverhalten nur der Missbrauchsaufsicht. Nunmehr greift bei kartellrechtswidrigen Vereinbarungen, Beschlüssen und abgestimmten Verhaltensweisen zwischen Unternehmen unmittelbar die **zivilrechtliche Nichtigkeitsfolge des § 1 GWB**. Das hat die Kartellbehörden entlastet, fordert aber eine **erhöhte Aufmerksamkeit** bei der Vertragsgestaltung – gerade auch in der IT-Branche –, damit die gewonnenen Freiräume und Vereinfachungen nicht zum Fallstrick werden.

Im Bereich von Software-Herstellung und -Vertrieb bieten vor allem die Gruppenfreistellungsverordnungen **Möglichkeiten in der Gestaltung von Geschäftsmodellen** (und Verträgen), die es zu nutzen gilt. Typische, ggf. kartellrechtlich relevante Regelungen in **IT-Verträgen** sind ua Regelungen zu

- Vertriebsgebiet,
- Vertragsformen,
- Weitergabeverboten,
- Verwendungsbeschränkungen,
- Hardware-Anbindungen, Koppelungen,
- Vertriebs- und Zugangs-/Teilnahmebeschränkungen im E-Commerce.

Für die EU-Kommission ist der Internetvertrieb ein wichtiger Motor eines funktionierenden Wettbewerbs und ein Instrument, wie Effizienzvorteile – etwa mittels besserer Vergleichbarkeit von Angeboten durch Verkaufs- oder Preisvergleichsportalen – an Verbraucher weitergegeben werden. Daher sind insbesondere sog **Plattformverbote** unter kartellrechtlichen Ge-

---

[1] Im Einzelnen zum System der Legalausnahmen → Rn. 12 ff.

sichtspunkten kritisch und es gibt auch in Deutschland zunehmend Rechtsprechung dazu.[2] Die kartellrechtskonforme Gestaltung von Vertriebswegen gerade im Zusammenhang mit dem Internethandel ist aus der vertriebs- und E-Commerce-rechtlichen Beratung nicht mehr weg zu denken.[3] Zu Recht wird kritisiert, dass die EU-Kommission zwar mit den Leitlinien zu der 2010 novellierten Gruppenfreistellungsvereinbarung für vertikale Vereinbarungen (**Vertikal-GVO 330/2010**) allgemeine Auslegungshilfen an die Hand gegeben hat. Die fehlende Entscheidungspraxis der EU-Kommission bedingt jedoch eine erhebliche Rechtsunsicherheit auf nationaler und EU-Ebene.[4]

4 Jahrelang sah sich die EU-Kommission dem Phänomen Google hilflos gegenüber.[5] Nun hat die EU-Kommission – ausweislich einer Pressemitteilung vom 15.4.2015[6] – Google eine Mitteilung der Beschwerdepunkte zu **Googles Preisvergleichsdiensten** übermittelt. Seit 2010[7] befasst sich die Kommission mit einer Beschwerde gegen Google. Die Kommission wirft Google vor, Google missbrauche seine beherrschende Stellung auf den Märkten für allgemeine Internet-Suchdienste im Europäischen Wirtschaftsraum, indem Google seinen eigenen Preisvergleichsdienst auf seinen allgemeinen Suchergebnisseiten systematisch bevorzuge.

5 *„Darüber hinaus hat die Kommission förmlich eine getrennte kartellrechtliche Untersuchung des Verhaltens von Google hinsichtlich des Betriebssystems für mobile Geräte* **Android** *eingeleitet. Bei der Untersuchung wird die Frage im Mittelpunkt stehen, ob Google in Bezug auf Betriebssysteme, Anwendungen und Dienste für intelligente Mobilgeräte wettbewerbswidrige Vereinbarungen getroffen oder eine etwaige marktbeherrschende Stellung missbräuchlich ausgenutzt hat."*[8]

6 In Deutschland hatten VG Media ua eine Beschwerde am 28.5.2014 beim Bundeskartellamt gegen Google Inc. und Google Germany GmbH wegen Missbrauch einer marktbeherrschenden Stellung eingereicht. Diese Beschwerde steht im Zusammenhang mit dem sog **Leistungsschutzrecht der Presseverlage** (§ 87f UrhG). Der Beschwerde zufolge drohe Google den Presseverlegern, sie in der **Google-Suche auszulisten**, wenn die Verleger nicht die Nutzung ihrer Inhalte Google kostenlos zur Verfügung stellen (sog Opt-in-Erklärung). Das BKartA hält die Beschwerde für unsubstantiiert, prüft aber ausweislich eines Schreibens des BKartA vom 11.8.2014 die Einleitung eines Verfahrens von Amts wegen. Zudem will das BKartA prüfen, ob nicht das Verhalten der VG Media und der an der Beschwerde beteiligten Verlage im Hinblick auf die Geltendmachung des Leistungsschutzrechts gegen das Kartellverbot verstößt.

7 Ein nicht auf die IT-Branche beschränktes Problem, das alle Branchen betreffen kann, in denen ein Fachkräftemangel herrscht, sind sogenannte **Gehaltskartelle**. In 2014 hatten Presseberichten[9] zufolge rund 64.000 Mitarbeiter gegen die Firmen Apple, Google, Intel und Adobe geklagt, weil diese mit einem gegenseitigen Abwerbestopp angeblich die Löhne in der Branche künstlich drücken wollten. Laut der Nachrichtenagentur Reuters zahlten diese 324 Millionen Dollar, um langwierige Gerichtsverfahren und eine weitere öffentliche Diskussion zu vermeiden.

8 Mit Blick etwa auf den rapide wachsenden Markt von **Big Data-Anwendungen** rücken die Schnittstellen von Urheberrecht und Kartellrecht immer mehr in den Fokus des IT-Rechts, da der Zugang zu Daten und deren Verwendung zunehmend an Bedeutung gewinnen.[10] Ökono-

---

[2] LG Frankfurt a. M. Urt. v. 18.6.2014 – 2-03 O 158/13 – Funktionsrucksäcke; OLG Schleswig Urt. v. 5.6.2014 – 16 UKart 154/13 – Digitalkameras.
[3] *Eufinger* MMR 2015, 147.
[4] *Pischel* CR 2015, 69 (73).
[5] Einzelheiten → Rn. 440ff.
[6] Europäische Kommission, Pressemitteilung IP/15/4780, Kartellrecht: Kommission übermittelt Google Mitteilung der Beschwerdepunkte zu seinem Preisvergleichsdienst und leitet außerdem förmliche Untersuchung zu Android ein, abrufbar unter http://europa.eu/rapid/press-release_IP-15-4780_de.htm.
[7] → Rn. 449ff.
[8] Europäische Kommission, Pressemitteilung IP/15/4780, abrufbar unter http://europa.eu/rapid/press-release_IP-15-4780_de.htm.
[9] Spiegel-online, Meldung vom 25.4.2014
[10] Conrad/Grützmacher/*Conrad/Grützmacher*, Recht der Daten und Datenbanken im Unternehmen, § 1 – Data is Law, Rn. 6.

mische Entwicklungen und die Entstehung von vermögensrechtlichen Befugnissen an Daten führen oft zu **Informationsassymetrien** und **De-facto-Standards,** die Monopolbildungen Vorschub leisten (zB bzgl. des Zugangs zu Datenbanken).[11] Die Besonderheiten digitaler Märkte bringen neue Herausforderungen mit sich, die im geltenden Kartellrecht bislang wenig Berücksichtigung finden und auf die die Kartellbehörden – nicht nur im Fall Google – nur sehr langsam reagieren (können). Das betrifft nicht nur spektakuläre Missbrauchsfälle, sondern auch die Zusammenschlusskontrolle wie im Falle **Facebook und WhatsApp.**[12] Die Kartellbehörden müssen gerade in digitalen Märkten vorsichtig agieren, um nicht Innovation zu behindern und den immensen Vorsprung der US-amerikanischen IT- und Internet-Industrie weiter zu vergrößern. Eine Besonderheit der digitalen Märkte ist die *„Kostenlos-Kultur im Internet".*[13] Viele Nutzer sehen nur den Preis und übersehen, mit welchen tatsächlichen Kosten die Inanspruchnahme solcher Dienste für sie verbunden ist.[14] Gleichzeitig ist im Rahmen dieser Kostenlos-Kultur im E-Commerce und Mobile Commerce die Preis-Kontrolle nicht immer einfach. Ein weiteres Kennzeichen der Digitalisierung der Märkte ist die Medienkonvergenz oder – wie *Körber* es nennt – die *„All-IP-Welt"* und die Dominanz des Online-Vertriebs, was zu *„einem tiefgreifenden, andauernden Strukturwandel geführt"* hat.[15] Die Bundesregierung betont in ihrer digitalen Agenda 2014–2017 die Vorteile: *„Die digitalen Technologien und die Verbreitung über das Internet haben die Schaffung und den Zugang zu Kulturgütern und medialen Inhalten sowie die Möglichkeiten der Meinungsbildung und -äußerung revolutioniert und demokratisiert. Durch die Online-Bereitstellung digitaler Inhalte und Abbilder wird die Grundlage für Kultur, Wissenschaft und Forschung wie auch gesellschaftliche Teilhabe gestärkt."*[16] Gleichzeitig sieht die Bundesregierung die Notwendigkeit, *„eine kompatible Medienordnung zu schaffen"* und diese *„zB an den Schnittstellen Medienaufsicht, Telekommunikationsrecht und Wettbewerbsrecht an Digitalisierung und Konvergenz der Medien besser anzupassen".*[17]

b) Entwicklung der Kartellrechtsgesetzgebung. Der Begriff Kartell leitet sich vom lateinischen „cartula" ab, was „kleines Schriftstück" bedeutet.[18] *„Im europäischen Mittelalter bis ins 16. Jh. war ein ‚cartello' (ital.) oder ‚cartel' (franz.) eine Vereinbarung über die Regeln des ritterlichen Turniers und in der frühen Neuzeit eine Verständigung über die Vorschriften für ein Duell."*[19]

Das Kartellrecht im weiteren Sinne ist die Gesamtheit aller Rechtsnormen, die auf die Erhaltung eines funktionierenden, ungehinderten und möglichst vielgestaltigen Wettbewerbs gerichtet sind und daher vor allem die Akkumulation und den Missbrauch von Marktmacht sowie die Koordination und Begrenzung des Wettbewerbsverhaltens unabhängiger Marktteilnehmer kontrollieren und bekämpfen. Kartellrecht wird in Deutschland weitgehend mit den Regelungen des Gesetzes gegen Wettbewerbsbeschränkungen (GWB)[20] und der Art. 101 f. des Vertrags über die Arbeitsweise der Europäischen Union (AEUV, ex-Art. 81 f. EG-Ver-

---

[11] Conrad/Grützmacher/*Conrad/Grützmacher,* Recht der Daten und Datenbanken im Unternehmen, § 1 – Data is Law, Rn. 6, 9; *Simon,* Mehrwertdienste in der Verkehrstelematik und der Zugang zu Informationen und Datensammlungen, Diss. 2009, S. 22.
[12] Im Einzelnen → Rn. 184.
[13] *Körber* WuW 2015, 120.
[14] *Hoofnagle/Whittington,* Free: Accounting for the Costs of the Internet's Most Popular Price, abrufbar unter http://papers.ssrn.com/sol3/papers.cfm?abstract_id=2235962: *„But the focus on the price rather than on the cost of free services has led consumers into a position of vulnerability. For example, even though internet users typically exchange personal information for the opportunity to use these purportedly free services, one court has found that users of free services are not consumers for purposes of California consumer protection law. This holding reflects the common misconception that the costs of free online transactions are negligible — when in fact true costs may be quite significant."*
[15] *Körber* WuW 2015, 120.
[16] http://www.digitale-agenda.de/Content/DE/StatischeSeiten/DA/kultur-medien.html.
[17] http://www.digitale-agenda.de/Content/DE/StatischeSeiten/DA/kultur-medien.html.
[18] *Leonhardt,* Zum Bedeutungswandel des Kartellbegriffs und zu seiner Anwendbarkeit auf nichtwirtschaftliche Kooperationsformen, 2009, abrufbar unter https://www.uni-hildesheim.de/media/fb1/geschichte/beitraege_diskussionspapiere/2009-10-05_Kartellbegriff.pdf.
[19] *Leonhardt,* Zum Bedeutungswandel des Kartellbegriffs und zu seiner Anwendbarkeit auf nichtwirtschaftliche Kooperationsformen, 2009, mwN.
[20] In Kraft seit 1.1.1958.

trag)²¹ gleichgesetzt. **Kartelle im engeren Sinne** liegen gemäß der Legaldefinition in § 1 GWB und Art. 101 Abs. 1 AEUV vor bei Vereinbarungen zwischen Unternehmen, Beschlüssen von Unternehmensvereinigungen und aufeinander abgestimmten Verhaltensweisen, die eine Verhinderung, Einschränkung oder Verfälschung des Wettbewerbs bezwecken oder bewirken. Kartelle, die zu einer spürbaren Wettbewerbsbeschränkung führen, sind grundsätzlich verboten (Kartellverbot), wobei gemäß § 2 GWB und Art 101 Abs. 3 AEUV Ausnahmen – sogenannte Freistellungen – vom Kartellverbot in Betracht kommen.

11   Der Vorrang des europäischen Wettbewerbsrechts, der lange Zeit strittig war, ist einhellige Meinung.²² Vor dem Hintergrund der Verwirklichung des Binnenmarktes kann nicht nur von einem Funktionszuwachs des europäischen Kartellrechts gesprochen werden. Vielmehr sind immer weniger nationale kartellrechtlich bedeutsame Sachverhalte denkbar, die nicht auch zumindest nach europäischem Recht zu regeln sind. Daher gibt es nunmehr **weniger ein deutsches Kartellrecht** als vielmehr **nur noch ein Kartellrecht in Deutschland**.²³

12   Am 1.5.2004 trat die **Verordnung des Rates 1/2003**²⁴ zur Durchführung der in den ex-Art. 81 und 82 EG-Vertrag (seit 1.9.2009 Art. 101 und 102 AEUV) niedergelegten Wettbewerbsregeln in Kraft. Um die Europäische Kommission zu entlasten, wurde insbesondere ex-Art. 81 Abs. 3 EGV (Art. 101 Abs. 3 AEUV) unmittelbar für anwendbar erklärt mit der Folge, dass alle wettbewerbsbeschränkenden Vereinbarungen im Sinne des Art. 101 Abs. 1 AEUV (bzw. § 1 GWB) ohne weiteres als freigestellt gelten, wenn sie die Voraussetzungen des Art. 101 Abs. 3 AEUV erfüllen. Vor diesem Systemwechsel bestand grundsätzlich eine Anmelde- und Genehmigungspflicht für wettbewerbsbeschränkende Vereinbarungen bei der Europäischen Kommission.

13   Ob die Voraussetzungen einer Freistellung (auch bei einem Sachverhalt mit zwischenstaatlichem Bezug) erfüllt sind, können – etwa auf eine Beschwerde oder eine Klage eines Wettbewerbers hin – die nationalen Wettbewerbsbehörden oder Gerichte prüfen. Das Monopol der Europäischen Kommission, über Freistellungsanträge zu entscheiden, fiel also weg. Dies wertet nationale und somit auch die deutschen Kartellbehörden und Kartellgerichte auf, weil sie nunmehr in Kooperation mit den europäischen Wettbewerbsbehörden über Verstöße gegen europäisches Kartellrecht zu befinden haben und Sanktionen verhängen dürfen. Diese Dezentralisierung der Anwendung des europäischen Kartellrechts machte eine noch **intensivere Zusammenarbeit zwischen der Europäischen Kommission und den nationalen Wettbewerbsbehörden** sowie zwischen diesen erforderlich. Regelungen hierzu sind – außer in der neuen Kartellverordnung (dort va in Kapitel IV) – insbesondere in einer Gemeinsamen Politischen Erklärung enthalten, die der Rat und die Europäische Kommission anlässlich der Verabschiedung der Kartellverfahrensverordnung zu Protokoll gegeben haben. Das Forum für die intensive Zusammenarbeit zwischen den Wettbewerbsbehörden ist das „Netzwerk der Wettbewerbsbehörden" (**ECN European Competition Network**). Das ECN hat eine zentrale Rolle bei der praktischen Anwendung des europäischen Wettbewerbsrechts eingenommen.

14   Die Europäische Kommission hat zum Inkrafttreten der VO 1/2003 eine **Durchführungsverordnung (VO 773/2004)** erlassen und mehrere **Bekanntmachungen** und **Leitlinien** veröffentlicht, die die Auslegung der Kartellverfahrensverordnung und die Behandlung durch die Kommission betreffen, das sog **„Modernisation Package"**:
- Verordnung (EG) Nr. 773/2004 der Kommission vom 7. April 2004 über die Durchführung von Verfahren auf der Grundlage der Artikel 81 und 82 EG-Vertrag durch die Kommission, Amtsblatt der Europäischen Union vom 27.4.2004, L 123/18;

---

²¹ Die Bezeichnung als „Vertrag über die Arbeitsweise der Europäischen Union" wurde am 1. Dezember 2009 mit Inkrafttreten des Lissabon-Vertrages eingeführt. Der AEUV ist Teil der Römischen Verträge. Zuvor hieß er „Vertrag zur Gründung der Europäischen Gemeinschaft" (EGV). Diesen Namen erhielt er durch den Maastricht Vertrag über die Europäische Union (EU-Vertrag) von 1992, bis dahin hieß er Vertrag zur Gründung der Europäischen Wirtschaftsgemeinschaft (EWG).
²² Zur Geschichte s. zB *Emmerich* § 2.
²³ *Bechtold/Buntscheck* NJW 2005, 29 (66 ff.): Zur 7. GWB-Novelle im Rahmen des deutschen Kartellrechts s. BR-Drs. 441/04 v. 28.5.2004.
²⁴ → Rn. 177 ff.

I. Einführung

- Bekanntmachung der Kommission über die Zusammenarbeit innerhalb des Netzes der Wettbewerbsbehörden (2004/C 101/03), Amtsblatt der Europäischen Union vom 27.4.2004, C 101/43;
- Bekanntmachung der Kommission über die Zusammenarbeit zwischen der Kommission und den Gerichten der EU-Mitgliedstaaten bei der Anwendung der Artikel 81 und 82 des Vertrages (2004/C 101/04), Amtsblatt der Europäischen Union vom 27.4.2004, C 101/54;
- Bekanntmachung der Kommission über die Behandlung von Beschwerden durch die Kommission gemäß Artikel 81 und 82 EG-Vertrag (2004/C 101/05), Amtsblatt der Europäischen Union vom 27.4.2004, C 101/65;
- Bekanntmachung der Kommission über informelle Beratung bei neuartigen Fragen zu den Artikeln 81 und 82 des Vertrages, die in Einzelfällen auftreten (Beratungsschreiben) (2004/C 101/06), Amtsblatt der Europäischen Union vom 27.4.2004, C 101/78;
- Bekanntmachung der Kommission „Leitlinien über den Begriff der Beeinträchtigung des zwischenstaatlichen Handels in den Artikeln 81 und 82 des Vertrags (2004/C 101/08)", Amtsblatt der Europäischen Union vom 27.4.2004, C 101/81;
- Bekanntmachung der Kommission „Leitlinien zur Anwendung von Artikel 81 Absatz 3 EG-Vertrag (2004/C 101/08)", Amtsblatt der Europäischen Union vom 27.4.2004, C 101/97.[25]

Nicht zuletzt die Änderungen im europäischen Wettbewerbsrecht haben zu diversen Novellen des GWB geführt.[26] Mit der **7. Novelle** des GWB vom 1.7.2005 wurde das deutsche Kartellrecht durch ausdrückliche Übernahme und Verweise dem europäischen Kartellrecht weitgehend angepasst und das erwähnte System der Legalausnahmen wurde auch im deutschen Kartellrecht verankert. Zudem hat das Vertriebs- und Lizenzrecht in Deutschland ein neues Fundament erhalten.[27]

Mit der Änderung des EG-Vertrages in den „Vertrag über die Arbeitsweise der Europäischen Union" zum 1.12.2009 wurden die Art. 81 ff. EGV im Wortlaut nicht verändert (siehe Art. 101 ff. **AEUV**). In wörtlicher Übereinstimmung mit Art. 101 Abs. 1 AEUV **verbietet** § 1 GWB Vereinbarungen zwischen Unternehmen, Beschlüsse von Unternehmensvereinigungen und aufeinander abgestimmte Verhaltensweisen, die eine Verhinderung, **Einschränkung** oder Verfälschung **des Wettbewerbs bezwecken oder bewirken**. Liegt zB eine wettbewerbsbeschränkende Vereinbarung im Sinne von § 1 GWB bzw. Art. 101 AEUV vor, muss diese nicht per se unzulässig sein. Es gibt gesetzliche Ausnahmen vom Grundsatz des Verbots einer Wettbewerbsbeschränkung (sog **Freistellung**). Gemäß § 2 Abs. 1 GWB sind etwa Vereinbarungen zwischen Unternehmen **nicht** verboten, die zB unter **angemessener Beteiligung der Verbraucher** an dem entstehenden Gewinn zur **Verbesserung der Warenerzeugung** beitragen, sofern auch die weiteren Voraussetzungen des § 2 Abs. 1 GWB erfüllt sind. § 2 Abs. 2 GWB verweist auf die **europäischen Gruppenfreistellungsverordnungen,** die bestimmte Gruppen von Wettbewerbsbeschränkungen vom Kartellverbot ausnehmen.[28]

Zum 31.5.2010 ist die bisherige Verordnung für vertikale Vereinbarungen (VO 27990/1999/EG) ausgelaufen. Das machte eine neue Regelung zur Behandlung von Gruppen von Vertikalabsprachen nach Art. 101 Abs. 3 AEUV erforderlich. Die Kommission hat am 21.4.2010 eine neue Fassung dieser Gruppenfreistellungsverordnung erlassen. Diese neue Verordnung für vertikale Vereinbarungen (**Vertikal-GVO 330/2010**) ist am 1.6.2010 in Kraft getreten. Die Vertikal-GVO eröffnet auch bei IT-Vertriebsvereinbarungen Freiräume.[29] Im Rahmen des Internetvertriebs hat die Kommission ihre Position in den Leitlinien zur Vertikal-GVO 330/2010 konkretisiert.[30] Zum 1.1.2011 ist die ebenfalls IT-relevante novellierte GVO für F&E-Verträge in Kraft getreten (F&E-GVO 1217/2010).[31]

---

[25] Dokumente abrufbar unter: www.bmwi.de/../Wirtschaft/Wirtschaftspolitik/Wettbewerbspolitik/europaeisches-wettbewerbsrecht.html.
[26] Bereits die 6. GWB-Novelle, die am 1.1.1999 in Kraft getreten war, hatte das deutsche Kartellrecht tiefgreifend verändert.
[27] → Rn. 69 ff., 143 ff., 290 ff.
[28] → Rn. 69 ff. und 143 ff.
[29] → Rn. 162 ff. und 355 ff.
[30] Kommission, Leitlinien für vertikale Beschränkungen, v. 19.5.2010, ABl. 2010 Nr. C 130, S. 1.
[31] → Rn. 154, 363.

18 Am 30.6.2013 ist die **8. Novelle** des GWB in Kraft getreten, der ausgiebige politische Verhandlungen vorausgingen. Mit dieser Novellierung wurde ua die deutsche Fusionskontrolle an die europäischen Fusionskontrollregelungen angepasst. Besonders hervorzuheben ist die Einführung des sog SIEC-Tests (Significant Impediment to Effective Competition) als neues Untersagungskriterium. Entstehung oder Verstärkung von Marktbeherrschung durch M&A bleiben verboten. Verboten sind nunmehr auch Unternehmenskäufe, wenn sie nicht zur Entstehung oder Verstärkung von Marktbeherrschung führen, aber „wirksamer Wettbewerb erheblich behindert" würde. Die Marktbeherrschung wird vom Untersagungskriterium zum „Regelbeispiel". Daneben wurde das Fusionskontrollrecht bzw. die Anmeldepflicht für **Bagatellmärkte** ausgedehnt.

19 Ein weiteres wichtiges Ziel der 8.GWB-Novelle war das Schließen von Gesetzeslücken. Insbesondere sollte unterbunden werden, dass sich Unternehmen durch Umstrukturierung im Konzern bzw. **Rechtsnachfolge** der **Bußgeldhaftung** entziehen können (siehe § 30 Abs. 2a OWiG). Nach europäischem Kartellrecht ist der Unternehmensbegriff weit,[32] die Zurechnung eines Kartellrechtsverstoßes einer Tochtergesellschaft zur Konzernmutter unter relativ geringen Voraussetzungen möglich und die Rechtsprechung zur (Mit-)Haftung von Konzernobergesellschaften wesentlich strenger.[33] Durch die 8. GWB wurden einzelne Befugnisse der Kartellbehörden erweitert[34] und die Regelungen zur **Marktbeherrschung** (§§ 18 ff. GWB) neu geordnet und vereinfacht. Die Marktanteilsschwelle, ab der ein einzelnes Unternehmen als marktbeherrschend gilt, wurde von bisher einem Drittel auf 40% erhöht. Auch die längst überfällige Anpassung der Terminologie des GWB an den Lissaboner Vertrag (also AEUV statt EGV) wurde vollzogen. Weitere Ziele der 8. GWB-Novelle waren die Aufnahme besonderer Vorschriften für die Wasserwirtschaft ins GWB (§ 31 GWB) und die Einbeziehung von Verbraucherverbänden in die Kartellrechtsdurchsetzung (§ 34a Abs. 1 GWB).

20 Daneben wurde das Fusionsrecht für **Presseverlage** gelockert, um strauchelnden Printmedien unter die Arme zu greifen. Die Übernahmen kleiner oder mittlerer Zeitungs- oder Zeitschriftenverlage mit einem erheblichen Jahresfehlbetrag in der Gewinn- und -Verlust-Rechnung der letzten drei Jahre wurde freigegeben. Zudem wurde die Rechenklausel für die Berechnung der in der Fusionskontrolle relevanten Umsätze geändert. Damit erhöhen sich die Umsatzschwellen, die für die Grenzen der Fusionskontrollpflicht maßgeblich sind.

21 Bis zuletzt besonders umstritten war die Erweiterung des Anwendungsbereichs des GWB und der Zuständigkeit des Bundeskartellamts auf das wettbewerbliche Handeln der gesetzlichen Krankenkassen untereinander und im Verhältnis zu den Versicherten. Insbesondere was das Fusionsrecht der Krankenkassen betrifft, konnte zwischen Bundestag und Bundesrat lange keine Einigung erzielt werden. Die 8. GWB-Novelle, die eigentlich zum 1.1.2013 in Kraft treten sollte, verzögerte sich durch ein Vermittlungsverfahren. Ergebnis der Einigung im Vermittlungsausschuss war ua, dass das Kartellrecht auf die gesetzlichen Krankenkassen **nicht** über das bisherige Maß hinaus Anwendung findet, mit Ausnahme einer „aufgeweichten" Fusionskontrolle. Zudem wurden Klarstellungen aufgenommen, was den **Ausschluss der Kartellrechts** ua für die (Preis-)Kontrolle von öffentlich-rechtliche Gebühren und Beiträge (etwa von kommunale Versorgungsunternehmen) betrifft oder Zusammenlegungen öffentlicher Einrichtungen und Betriebe im Zusammenhang mit öffentlichen Gebietsreformen.

22 Auch die alte Technologietransfer-GVO (TT-GVO 772/2004) ist mittlerweile ausgelaufen und am 1.5.2014 durch eine neue ersetzt worden. Ziel der neuen Verordnung ist es insbesondere, eine einfachere Anwendung zu gewährleisten. Außerdem werden darin Neuregelungen ua zur Vergabe von Softwareurheberrechtslizenzen und zu Marktanteilsschwellen erfasst.

23 Mitte 2014 wurde eine neue **De-minimis-Bekanntmachung**[35] durch die Europäische Kommission erlassen, mit der ua eine verstärkte Kohärenz mit den überarbeiteten Gruppen-

---

[32] EuGH Urt. v. 14.12.2006 – C-217/05: *„jede eine wirtschaftliche Tätigkeit ausübende Einheit unabhängig von ihrer Rechtsform und der Art ihrer Finanzierung" „… selbst wenn diese wirtschaftliche Einheit aus mehreren natürlichen oder juristischen Personen gebildet wird."*; Mäger/von Schreitter DB 2015, 53; DB 2015, 1582.
[33] EuGH Urt. v. 11.7.2013 – C-440/11 P; EuG Urt. v. 27.9.2012 – T-343/06 – Shell/Kommission.
[34] → Rn. 224 ff., 240 ff.
[35] C(2014) 4136 final. Siehe auch Leitlinien zur De-minimis-Bekanntmachung SWD(2014) 198 final vom 25.6.2014.

freistellungsverordnungen angestrebt wird. Zudem wurde der EuGH-Entscheidung im „Expedia-Fall"[36] Rechnung getragen, indem Vereinbarungen, die eine Verhinderung, Einschränkung oder Verfälschung des Wettbewerbs bezwecken, nunmehr automatisch als spürbare Beschränkung des Wettbewerbs gewertet werden.

c) Anwendbarkeit und Verhältnis von europäischem und deutschem Kartellrecht. Auf 24 denselben Sachverhalt kann grundsätzlich nicht nur europäisches, sondern auch nationales Kartellrecht Anwendung finden. Nach Art. 3 Abs. 1 S. 1 VO Nr. 1/2003 besteht die Pflicht zur **parallelen Anwendung** europäischen Wettbewerbsrechts, sofern dem zu behandelnden Sachverhalt grenzüberschreitender Charakter zukommt. Das europäische Kartellrecht stellt darauf ab, ob ein Kartell den Handel zwischen den Mitgliedstaaten behindern kann (**Zwischenstaatlichkeitsklausel**).[37] Eine Tatbestandsvoraussetzung der Art. 101 und 102 AEUV ist daher die „Eignung zur Beeinträchtigung des Handels zwischen den Mitgliedstaaten". Die europäischen Wettbewerbsnormen stellen in den Mitgliedstaaten unmittelbar geltendes Recht dar. Dem nationalen Kartellrecht bleibt daneben ein eigener Anwendungsbereich.[38]

Aus der weitgehenden Angleichung des Wortlauts sowie der expliziten gesetzgeberischen 25 Zielsetzung einer prinzipiellen **Gleichbehandlung von Sachverhalt mit und ohne Zwischenstaatlichkeitsbezug** ergibt sich, dass sich die Praxis bei der Anwendung des GWB stark an die Auslegung der entsprechenden kartellrechtlichen Normen im europäischen Recht orientiert.[39] Die **Auslegung durch den EuGH** hat entscheidende Bedeutung.[40]

Mit Rücksicht auf die Zielsetzung des Vertrages über die Arbeitsweise der Europäischen 26 Union, den Wettbewerb in einem einheitlichen europäischen Wirtschaftsraum durchzusetzen und zu gewährleisten, darf die Anwendung des nationalen Rechts nicht dazu führen, dass die einheitliche Anwendung des Gemeinschaftskartellrechts und die volle Wirksamkeit der zu seinem Vollzug ergangenen Maßnahmen auf dem gesamten gemeinsamen Markt beeinträchtigt wird. Normenkontrollen zwischen Gemeinschafts- und innerstaatlichem Kartellrecht sind daher nach dem Grundsatz des **Vorrangs des Gemeinschaftsrechts** zu lösen.[41]

Soweit die Anwendung des europäischen und nationalen Kartellrechts parallel Sanktio- 27 nen auslöst, bestehen hiergegen grundsätzlich keine Bedenken. Allerdings gebietet ein allgemeiner Billigkeitsgedanke, die frühere Sanktionsentscheidung bei der Bemessung der später zu verhängenden Sanktion zu berücksichtigen.[42]

Der Grundsatz des Vorrangs des Gemeinschaftsrechts bedeutet nicht, dass auf denselben 28 Sachverhalt europäisches und deutsches Kartellrecht nicht nebeneinander angewendet werden dürfen. Nur im Konfliktfall setzt sich das europäische Kartellrecht durch.[43] Allerdings ist bei paralleler Anwendung von europäischem und nationalem Kartellrecht der Anwendungsvorrang des Europarechts bei Kollisionsfällen zu beachten.[44] Eine solche Kollision ist ua bei einer Freistellung nach § 3 GWB (Mittelstandskartelle) denkbar.[45]

Im Einzelnen bestimmen § 22 GWB iVm Kartellverfahrensverordnung Nr. 1/2003 das 29 Verhältnis zwischen deutschem und europäischem Kartellrecht schematisch wie folgt:[46]

---

[36] EuGH Urt. v. 13.12.2012 – C-226/11.
[37] Schneider/*Ulmer* Kap. C Rn. 308; vgl. auch Kommission, Leitlinien über den Begriff der Beeinträchtigung des zwischenstaatlichen Handels in den Artikeln 81 und 82 des Vertrags, v. 27.4.2004, ABl. 2004 Nr. C 101/81.
[38] Tabelle → Rn. 29.
[39] *Fuchs* WRP 2005, 1384.
[40] Zur Liberalisierung und Regulierung der Förderung des Wettbewerbs auf dem Sektor Telekommunikation → § 31 Das Recht der Kommunikationsnetze und -dienste.
[41] St. Rspr. des EuGH Urt. v. 13.2.1969 – 14/69, NJW 1969, 100 – Farbenhersteller; EuGH Urt. v. 10.7.1980 – 253/78 und 1–3/79 – Wettbewerb Parfüm Guerlain ua; EuGH Urt. v. 16.7.1992 – 67/61 – ÄB, – AEB; siehe auch *Immenga/Mestmäcker* Einleitung Rn. 32 ff.
[42] EuGH Urt. v. 13.2.1969 – 14/68 – Farbenhersteller.
[43] BGH Beschl. v. 18.5.1993 – KVZ 10/92, NJW 1993, 2445 ff. – Pauschalreisenvermittlung II.
[44] Kilian/Heussen/*Klees* Kap. 60 Rn. 68.
[45] Einzelheiten zu Mittelstandskartellen → Rn. 51 ff.
[46] Tabelle in Anlehnung an *Haberstumpf/Husemann* S. 39.

DEUTSCHER SACHVERHALT mit ...	zweiseitigen Maßnahmen	einseitigen Maßnahmen	Fusionskontrolle
• rein innerstaatlichen Auswirkungen bzw. ohne gemeinschaftsweite Bedeutung	Kartellverbot und Freistellungen gem. §§ 1–3 GWB **Achtung:** Gem. § 2 Abs. 2 S. 2 GWB sind die GVO anwendbar.	Missbrauchs-, Diskriminierungs- und Boykottverbot gem. §§ 18–21 GWB	Zusammenschlusskontrolle gem. §§ 35–43 GWB
• Eignung zu zwischenstaatlichen Auswirkungen bzw. gemeinschaftsweiter Bedeutung	§§ 1–3 GWB und Art. 101 Abs. 1, 3 AEUV parallel **und** gemeinsam **Achtung:** Bei Kollision Anwendungsvorrang des Europarechts, insbes. hins. Freistellung nach § 3 Abs. 1 GWB.	§ 18 GWB und Art. 102 AEUV parallel; zusätzlich §§ 20, 21 GWB	ausschließlich Fusionskontroll-VO

2. Abgrenzung zu anderen kartellrechtlichen Regelungen und anderen Rechtsgebieten

30   a) **Sektorspezifisches Kartellrecht.** Verschiedene Staaten haben für kartellrechtliche Fragen in bestimmten Wirtschaftsbereichen sektorspezifische Gesetze erlassen, mit deren Durchsetzung spezifische Regulierungsbehörden betraut sind. Dies betrifft insbesondere die Bereiche Telekommunikation und Elektrizität. Bei der Gesetzesanwendung gehen diese spezifischen Gesetze dem allgemeinen Kartellrecht vor.

31   In Deutschland ist die Bundesnetzagentur die entsprechende Regulierungsbehörde für die Bereiche Elektrizität, Gas, Telekommunikation, Post und Eisenbahn. Für den IT-Bereich besonders relevant sind die TK-rechtliche und rundfunkrechtliche Regulierung. Im Folgenden wird nur kurz auf das Verhältnis des allgemeinen Wettbewerbsrechts zur TK-Regulierung eingegangen.[47] Beide Regelungsmaterien haben die gleiche Zielsetzung und im Grunde den gleichen Anwendungsbereich, weshalb es einer Abgrenzung bedarf. Gemäß § 2 Abs. 4 TKG bleiben „*[d]ie Vorschriften des Gesetzes gegen Wettbewerbsbeschränkungen [...], soweit nicht durch dieses Gesetz ausdrücklich abschließende Regelungen getroffen werden, anwendbar. Die Aufgaben und Zuständigkeiten der Kartellbehörden bleiben unberührt.*" „*Abschließende*" Regelungen im TKG verdrängen also das GWB. Keine Verdrängung findet jedoch hins. des europäischen Kartellrechts statt. Art. 101, 102 AEUV stehen in Anwendungskonkurrenz. Die BNetzA ist nur für Vollzug des TKG zuständig, § 2 Abs. 3 S. 2 TKG (va Missbrauchs- und Diskriminierungsaufsicht §§ 42, 28 TKG, Vorab-Entgeltregulierung §§ 30 ff. TKG, Zugangsregulierung §§ 18 ff. TKG), das BKartA ist für den Vollzug des allg. Wettbewerbsrechts zuständig. Gemäß § 123 TKG gilt ein Kooperationsgebot zwischen den beiden Behörden.[48] Materiell-rechtliche Konkurrenz führt zu Doppelzuständigkeit von BKartA/Kommission und BNetzA und somit potenziell zu zwei Rechtswegen.

32   b) **Gewerblicher Rechtsschutz, insbesondere Lauterkeitsrecht (UWG).** Traditionell ist der Schutz der **Fairness des Wettbewerbs** im Individualinteresse gegen unzulässige Wettbewerbsmethoden nicht (primär) Gegenstand des Kartellrechts, sondern sie wird insbesondere über die Normen des UWG geschützt. Beim Kartellrecht geht es dagegen um die Rahmenbedingungen, die diese Fairness überhaupt erst ermöglichen, also um Schutz der Freiheit und Funktionsfähigkeit des **Wettbewerbs als Institution**. Allerdings werden üblicherweise sowohl das Kartellrecht als auch die UWG-Vorschriften zusammen als **Wettbewerbsrecht** bezeichnet. Umstritten ist etwa, ob und inwieweit ein kartellrechtlicher Verstoß zugleich ein Verstoß ist gegen § 4 Nr. 11 UWG (*„einer gesetzlichen Vorschrift zuwiderhan-*

---

[47] Einzelheiten → § 31 Das Recht der Kommunikationsnetze und -dienste.
[48] OLG Düsseldorf Urt. v. 30.9.2009 – VI-U (Kart) 17/08 (V) – Post-Konsolidierer.

deln, die auch dazu bestimmt ist, im Interesse der Marktteilnehmer das Marktverhalten zu regeln").

In den letzten Jahren setzte sich zunehmend die Erkenntnis durch, dass Lauterkeitsrecht und Kartellrecht nicht in einem gegensätzlichen Spannungsverhältnis stehen, sondern sich vielfach überschneiden und ergänzen. Beide Komplexe sind so auszulegen, dass sie sich gegenseitig ergänzen und Normwidersprüche vermieden werden. Eine besondere Verzahnung beider Rechtsgebiete sieht § 26 Abs. 2 GWB vor, weil die Kartellbehörde die Wettbewerbsregeln von Wirtschafts- und Berufsvereinigungen gem. § 24 GWB auch auf ihre Vereinbarkeit mit dem UWG prüfen muss. Grundsätzlich besteht zwischen den zivilrechtlichen Ansprüchen aus dem GWB und dem UWG Anspruchsnormenkonkurrenz. Nach Ansicht des BGH enthalten die §§ 33, 34a GWB eine abschließende Regelung der zivilrechtlichen Ansprüche, die Mitbewerber und Wettbewerbsverbände im Falle von Verstößen gegen kartellrechtliche Verbote geltend machen können.[49] Der Vorrang der §§ 33, 34a GWB beschränkt sich allerdings auf die Fälle, in denen sich der Vorwurf der Unlauterkeit allein aus dem kartellrechtlichen Verstoß speist. 33

Gründet sich die Unlauterkeit dagegen – wie etwa in Fällen des **Boykotts** oder der **unbilligen Behinderung** – auf einen eigenständigen lauterkeitsrechtlichen Tatbestand (zB auf eine **gezielte Behinderung** nach § 4 Nr. 10 UWG), stehen die zivilrechtlichen Ansprüche, die sich aus dem Kartellrecht und aus dem Lauterkeitsrecht ergeben, kumulativ **nebeneinander**.[50] Die Beurteilung, ob ein Verhalten unlauter ist, darf aber nicht in Widerspruch zu den kartellrechtlichen Zielsetzungen stehen (**„Sperrwirkung"** des GWB).[51] 34

Rechtsprechungsbeispiele:
BGH Urt. v. 20.11.2003 – 20 Minuten Köln (I):[52] *„Ein aufkeimender Wettbewerb auf einem bestimmten Markt – was kartellrechtlich wünschenswert ist – darf nicht mit Hilfe des UWG verboten werden, etwa indem der unentgeltliche Vertrieb von neuen, anzeigenfinanzierten Konkurrenzprodukten wegen Verstoß gegen das UWG untersagt wird. Eine solche Anwendung des UWG würde dazu führen, die bestehende Marktzutrittsschranken der etablierten Unternehmen zu erhöhen." „Folge davon wäre ein Beitrag zur Marktabschottung."*
BGH Urt. v. 7.12.2010 – Jette Joop:[53] Die Firma von Wolfgang Joop (Klägerin) ist Inhaberin der Wort-/Bildmarke JOOP! ua für Bekleidungsstücke. Seine Tochter Jette Joop (Beklagte) ist seit 1992 als Schmuckdesignerin tätig und gründet 1996 ihre eigen Firma. 1995 schließen die Parteien eine Vereinbarung, worin sich Jette verpflichtet, die Verwendung des mit ihrem Namen übereinstimmenden Zeichens „Jette Joop" außerhalb des Bereichs Schmuck/Modeschmuck zu unterlassen. 1999 meldet Jette die Wortmarke „JETTE JOOP" ua für Bekleidungsstücke an und vertreibt darunter in der Folge eine Strick- & Shirtkollektion. Die Klage hat Erfolg. Leitsätze des Gerichts (zu § 1 GWB, Art. 101 Abs. 1 AEUV):
1. Die kartellrechtliche Zulässigkeit einer Abgrenzungsvereinbarung, die keine Wettbewerbsbeschränkung bezweckt, beurteilt sich für die Dauer ihrer Geltung allein nach der markenrechtlichen Rechtslage bei ihrem Abschluss.
2. Bei der Bestimmung der Grenzen markenrechtlicher Abgrenzungsvereinbarungen gilt kein Verbot geltungserhaltender Reduktion."
Das gilt auch, wenn sich die markenrechtliche Rechtslage zwischenzeitlich so ändert, dass die Vereinbarung heute nicht mehr wirksam abgeschlossen werden könnte.

c) **Vergaberecht.** Das Vergaberecht ist in Deutschland ebenfalls im GWB geregelt. Während sich jedoch das Kartellrecht an „Unternehmen" im funktionalen kartellrechtlichen Sinne richtet[54] und Anforderungen sowohl an einseitige Maßnahmen von Unternehmen als auch an zweiseitige Maßnahmen und Fusionen enthält, sind die Vergaberechtsvorschriften 35

---

[49] BGH Urt. v. 7.2.2006 – KZR 33/04, GRUR 2006, 773 (774) – Probeabonnement; anders noch BGH Urt v. 21.2.1978 – KZR 7/76, GRUR 1978, 445 – 4 zum Preis von 3; BGH Urt. v. 6.10.1992 – KZR 21/91, GRUR 1993, 137 – Zinssubvention.
[50] BGH Urt. v. 7.2.2006 – KZR 33/04, GRUR 2006, 773 (774) – Probeabonnement.
[51] Siehe auch Köhler WRP 2005, 645 (647 ff.), mit weiteren Nachweisen zu sehr umstrittenen Fällen.
[52] BGH Urt. v. 20.11.2003 – I ZR 151/01, GRUR 2004, 602 (603 f.).
[53] BGH Urt. v. 7.12.2010 – KZR 71/08, GRUR 2011, 641.
[54] Dazu im Einzelnen → Rn. 43 ff.

der §§ 97 bis 129 GWB, der Vergabeverordnung und der Fertigungsordnung Sonderregeln für öffentliche Auftraggeber bei der Vergabe öffentlicher Aufträge.[55]

36   Originär hoheitliches Handeln, etwa im Rahmen der inneren und äußeren Sicherheit, sind der kartellrechtlichen Kontrolle entzogen. Immer wieder streitig ist jedoch, inwieweit Leistungen im Rahmen der Daseinsvorsorge kartellrechtlich überprüft werden können. Die Kommission hatte dazu im Jahr 2000 ausgeführt:[56] „.... *Hieraus folgt, dass auf Aufgaben, die per se dem Staat vorbehalten sind, wie die Wahrnehmung der inneren und äußeren Sicherheit, die Justizverwaltung, die Pflege auswärtiger Beziehungen und andere hoheitliche Aufgaben, die Wettbewerbsregeln und Binnenmarktvorschriften keine Anwendung finden* ..." Durch die 8. GWB-Novelle wurden einige Streitfragen im Zusammenhang mit der Missbrauchs- und Fusionskontrolle im öffentlichen Bereich geklärt.[57]

Rechtsprechungsbeispiel:
BGH Beschl. v. 18.1.2000 – KVR 23/98: Nach dem Beschluss des BGH war das Berliner Vergabegesetz nicht mit Grundgesetz vereinbar. Der Berliner Senat hatte die Vergabe von Straßenbauaufträgen von der **Abgabe sogenannter Tariftreueerklärungen abhängig** gemacht. Dadurch sollte verhindert werde, dass im Straßenbau eingesetzte Mitarbeiter unter Berliner Tariflöhnen bezahlt werden. Der Kartellsenat des BGH hat diese Praxis bei der Auftragsvergabe **beanstandet**. Inzwischen sind gesetzliche Regelungen zum Mindestlohn in Kraft getreten.

37   Auch im Rahmen der Umsetzung der staatlichen E-Government-Strategie können wettbewerbsrechtliche Probleme entstehen. So hat etwa *Heckmann* festgestellt, dass die kostenlose Erstellung und Verteilung von Verwaltungssoftware durch eine Landesoberbehörde an Kommunen unter dem Gesichtspunkt des Preis-Dumpings uU wettbewerbswidrig sein kann und somit einen Unterlassungsanspruch von Mitbewerbern auszulösen vermag.[58] Die Art und Weise der behördlichen Beschaffung von IT-Produkten und IT-Dienstleistungen beschäftigt immer wieder nicht nur Vergabe- sondern auch Kartellrechtler. Denkbare Konstellationen reichen von der Eigenentwicklung und Selbstnutzung von IT-Lösungen durch eine oder mehrere Behörden bis zur Fremdbeschaffung für eigene behördliche Zwecke oder für die Weitergabe an andere Behörden. Problematisch ist dabei, dass die Behörde uU durch ihre diesbezüglichen Aktivitäten am Marktgeschehen teilnimmt und in ein Wettbewerbsverhältnis zu anderen Anbietern von IT-Lösungen tritt, wobei die Behörde gegenüber anderen Unternehmen den Vorteil hat, nicht auf eine bestimmte Gewinnmarge angewiesen zu sein, da die behördliche Tätigkeit aus öffentlichen Geldern finanziert wird. Für die Beurteilung der wettbewerbsrechtlichen Zulässigkeit dieser Maßnahmen dürfte es mit Blick auf die Grundsätze der sog **FENIN-Entscheidung** des EuGH[59] entscheidend darauf ankommen, ob die spätere Verwendung des erworbenen Erzeugnisses wirtschaftlichen oder nichtwirtschaftlichen Charakter hat. Im letzteren Fall wäre der Anwendungsbereich des Art. 101 Abs. 1 AEUV bzw. § 1 GWB nicht erfüllt. Ein Gutachten, das im Auftrag des Bundesinnenministeriums erstellt wurde, geht davon aus, dass die Mehrzahl der Projekte der staatlichen E-Government-Strategie kartellrechtlich wohl nicht zu beanstanden sei.[60] Bei Rahmenvereinbarungen zwischen einem Anbieter und einer Körperschaft sei jedoch darauf zu achten, dass diese nur einen Zeitraum von maximal fünf Jahren gelten dürfen, sofern die Rahmenvereinbarung auch ein Wettbewerbsverbot enthält. In Bezug auf die Entwicklung einer Individuallösung durch mehrere Körperschaften zur Selbstnutzung könnte hingegen eine Eröffnung des Anwendungsbereichs des Art. 101 Abs. 1 AEUV bzw. § 1 GWB angenommen werden. Nach den Bestimmungen der Spezialisierungs-GVO bzw. vor dem Hintergrund des

---

[55] Zum Vergaberecht im Einzelnen → § 40 Öffentliche Vergabe von Leistungen der Informationstechnologien.
[56] Mitteilung der Kommission, Leistungen der Daseinsvorsorge in Europa 2000, KOM (580), ABl. 2001/C 17/4.
[57] → Rn. 19, 21.
[58] *Heckmann*, Marktstörendes Preisdumping und staatliche E-Government-Strategie, Gutachten; *Mattfeld/Polster*, Rechtsgutachten zu kartell- und vergaberechtlichen Fragen bei der Umsetzung verschiedener Geschäftsmodelle im Rahmen der Initiative „Deutschland-Online", im Auftrag des BMI, 2006.
[59] EuGH Urt. 11.7.2006 – C-205/03 P.
[60] *Mattfeld/Polster*, Rechtsgutachten zu kartell- und vergaberechtlichen Fragen bei der Umsetzung verschiedener Geschäftsmodelle im Rahmen der Initiative „Deutschland-Online" erstellt im Auftrag des Bundesministeriums des Innern, 2006.

Arbeitsgemeinschaftsgedankens dürfte eine solche Art der Kooperation unter Behörden jedoch vom Verbot des Art. 101 Abs. 1 AEUV bzw. § 1 GWB freistellbar sein. Auch käme ggf. die Gründung eines Gemeinschaftsunternehmens als praktischer Lösungsansatz in Betracht, da in diesem Fall die Voraussetzungen eines vergabefreien Inhouse-Geschäfts geschaffen werden könnten und das Gemeinschaftsunternehmen als zentrale Beschaffungsstelle für die an ihm beteiligten Körperschaften fungieren könnte.

d) Kartellrecht außerhalb der EU. In der **Schweiz** gilt das Bundesgesetz über Kartelle und andere Wettbewerbsbeschränkungen. Daneben besteht in Bezug auf überhöhte Preise von marktmächtigen Unternehmen ein eigenes Gesetz, das **Preisüberwachungsgesetz**. Für seine Anwendung ist die sog Preisüberwachung zuständig.

Im Gegensatz zum Kartellrecht der EU kennt das US-amerikanische Recht die Möglichkeit zur Entflechtung von marktbeherrschenden Unternehmen. In den **USA** war der **Sherman Antitrust Act** von 1890 das erste Kartellgesetz, das in einer Zeit erlassen wurde, als es galt die unbegrenzte Marktmacht von Protagonisten wie Rockefeller und Vanderbilts einzugrenzen. Der Sherman Antitrust Act wurde 1914 durch den **Clayton Act** ergänzt, welcher wiederum mehrfach erweitert bzw. geändert wurde.

Die amerikanischen Kartellgesetze lassen sich mit dem europäischen Wirtschaftssystem nur schwer vereinbaren, was immer wieder zu Problemen führt. Das ist schon allein traditionell bedingt. Während in den USA das Wirtschaftssystem gerade zu Zeiten des Erlass des Sherman Antitrust Act weitgehend unreguliert war, gab es in Europa über Jahrhunderte entwickelte Wirtschaftsregeln von Zünften, Innungen, Gilden uä.[61]

II. Überblick über wesentliche Regelungen des deutschen Kartellrechts

1. Tatbestandsmerkmale des Kartellverbots (§ 1 GWB)

Grundsätzlich steht es jedem Marktteilnehmer frei, ob er seine Waren und Dienstleistungen einem anderen anbieten oder verkaufen will (Grundsatz der Privatautonomie). Dieser Grundsatz gilt aber nicht grenzenlos. Je weiter es zB Herstellern gelingt, an sich unabhängige Händler exklusiv an sich zu binden, desto eher besteht die Gefahr, dass andere Hersteller von dem Zugang zu den Händlern ausgeschlossen werden und somit eine Wettbewerbsverzerrung eintritt.

Das **Kartellverbot** des **§ 1 GWB** verbietet wettbewerbsbeschränkende Vereinbarungen zwischen Unternehmen, die miteinander im Wettbewerb stehen, wettbewerbsbeschränkende Beschlüsse von Unternehmensvereinigungen und Wettbewerbsbeschränkungen durch abgestimmte Verhaltensweisen. Dabei genügt für ein Verbot nach § 1 GWB bereits eine Bezweckung der Wettbewerbsbeschränkung. *„Das GWB schützt allein den lauteren Wettbewerb (Bunte BB 1999, 113, 119). Mit den von ihm bereitgestellten Mitteln kann daher nur ein Verhalten erzwungen werden, das auch im Übrigen im Einklang mit der Rechtsordnung steht. Für eine Verpflichtung zu strafbaren Handlungen bietet es keine Grundlage.*[62]

Checkliste:

Die Prüfung des Kartellverbots nach § 1 GWB erfolgt anhand folgender Tatbestandsmerkmale:
- Unternehmen,
- Vereinbarung, Beschluss oder abgestimmte Verhaltensweisen,
- Wettbewerbsbeschränkung,
- Spürbarkeit,
- kein Ausnahmetatbestand.[63]

---

[61] Siehe dazu auch *Hoffmann* Computerwoche 37/2008, 30.
[62] BGH Beschl. v. 9.3.1999 – KVR 20/97 – Lottospielgemeinschaft.
[63] *Haberstumpf/Husemann* S. 40.

43 a) **Funktionaler Unternehmensbegriff.** Für die Annahme des Tatbestandsmerkmals „Unternehmen" in § 1 GWB – ebenso wie in Art. 101 AEUV – genügt **jede Tätigkeit im geschäftlichen Verkehr.** Entscheidend ist nicht, wer tätig ist, sondern die aktive Teilnahme am Wirtschaftsleben. Es gilt der sogenannte **funktionale Unternehmensbegriff.**[64] Auch ein **Konzern** stellt in diesem Zusammenhang ein Unternehmen im Sinne von § 1 GWB dar.[65]

44 Betreibt eine **natürliche Person** als solche ein Gewerbe, so ist sie insoweit Unternehmen (Beispiel: Vermietung von Wohnraum). Die abhängige Tätigkeit von Arbeitnehmern oder für den eigenen Haushalt stellt keine Tätigkeit im geschäftlichen Verkehr dar und erfüllt somit nicht den Unternehmensbegriff. Dagegen sind auch **freiberuflich** Tätige – wie Rechtsanwälte, Wirtschaftsprüfer, Ärzte, Architekten und dergleichen – Unternehmen im Sinne von § 1 GWB, soweit sie Waren und Dienstleistungen anbieten.

45 Greift ein **Hoheitsträger** bei der Erfüllung öffentlicher Aufgaben zu den von der Privatrechtsordnung bereit gestellten Mitteln, so unterliegt er den gleichen Beschränkungen, wie jeder andere Teilnehmer am privatrechtlich organisierten Markt.[66] Somit führt die Privatisierung von Aufgaben, die zuvor in öffentlich rechtlicher Form erfüllt wurden, regelmäßig dazu, dass dann auch das GWB für diese gilt. Das Verbot wettbewerbsbeschränkender Maßnahmen gilt folglich nicht nur gegenüber Unternehmen der Privatwirtschaft im Sinne des Gesellschaftsrechts.

46 b) **Unternehmen auf verschiedenen Stufen, Wettbewerbsverhältnis nicht erforderlich.** § 1 GWB[67] findet auch Anwendung auf Unternehmen, die sich auf verschiedenen Stufen im Herstellungs- und Verteilungsprozess einer Ware oder Dienstleistung befinden. ZB sind Vereinbarungen zwischen einem Hersteller, der nur an Wiederverkäufer verkauft, und einem Händler, der die Waren und Dienstleistungen an die Verbraucher abgibt, an § 1 GWB zu messen, auch wenn diese sich nicht in einem Wettbewerbsverhältnis befinden.

47 Nach § 1 GWB muss in jedem Einzelfall geprüft werden, auf was sich eine Vereinbarung bezieht. Bei Austauschverträgen können dabei auch wettbewerbsbeschränkende, der Sicherung der Hauptleistung dienende Nebenabreden gemeinsamen Interessen der Parteien dienen und selbst in diesem Fall dem Kartellverbot von § 1 GWB unterfallen. In Austauschverträgen sind wettbewerbsbeschränkende Vereinbarungen im Sinne von § 1 GWB unter dem Gesichtspunkt der vertragsimmanenten Wettbewerbsbeschränkung nur dann zulässig, wenn für die vereinbarten Beschränkungen bei wertender Betrachtungsweise im Hinblick auf die Freiheit des Wettbewerbs ein anzuerkennendes Interesse besteht.[68]

48 c) **Vereinbarungen zwischen Unternehmen.** Das Tatbestandsmerkmal Vereinbarungen meint – wie im bürgerlichen Recht – alle korrespondierenden Willenserklärungen mit Rechtsbindungswillen, also Einigungen auf Abschluss eines Vertrages. Sowohl § 1 GWB als auch Art. 101 AEUV verwenden den Begriff einheitlich.

Rechtsprechungsbeispiel:[69]
Europäische Farbstoffhersteller hatten sich in unregelmäßigen Abständen zum Austausch von Erfahrungen und Informationen getroffen. Auf einer Besprechung in Basel erklärte der Vertreter einer schweizeri-

---

[64] BGH Urt. v. 22.7.1999 – KZR 48/97, NJW-RR 2000, 90 ff.; *Bechtold/Bosch* § 1 Rn. 7.
[65] Dies gilt ebenso im Rahmen von § 19 GWB, → Rn. 57 ff.; siehe EuG Urt. v. 12.10.2011 – T-38/05, WuW 2012, 301; EuG Urt. v. 13.6.2013 – C-511/11, BeckRS 2013, 729508; vgl. EuG Urt. v. 27.9.2012 – T-343/06, BeckEuRS 2012, 689190 zur Haftung von zwei Muttergesellschaften für Kartellverstöße einer gemeinsamen Tochtergesellschaft.
[66] BGH Urt. v. 26.10.1961 – KZR 1/61, BGHZ 36, 91 – Gummistrümpfe: Sozialversicherungsträger, insbesondere Krankenkassen, sind Unternehmen im Sinne des GWB; BGH Beschl. v. 9.3.1999 – KVR 20/97 – Lottospielgemeinschaft; zum landesrechtlichen Erlaubnisvorbehalt für Internetvertrieb staatlicher Lottogesellschaften siehe BGH Beschl. v. 8.5.2007 – KVR 21/06 – Lotto im Internet, abrufbar unter www.bundesgerichtshof.de.
[67] Durch die 7. Novelle des GWB wurde § 1 GWB an ex-Artikel 81 Abs. 1 EGV (jetzt Artikel 101 Abs. 1 AEUV) in der Weise angeglichen, dass sich auch im deutschen Recht das Verbot wettbewerbsbeschränkender Vereinbarungen nicht nur auf horizontaler, sondern auch auf vertikale Wettbewerbsbeschränkungen erstreckt (zur 7. GWB-Novelle → Rn. 3 ff.). Das Verbot der unmittelbaren oder mittelbaren Festsetzung der An- und Verkaufspreise oder sonstiger Geschäftsbedingungen erfasst sowohl zB horizontale als auch vertikale Preis- und Konditionsbindungen (siehe Art. 101 Abs. 1 lit. a AEUV).
[68] BGH Urt. v. 28.9.1999 – KZR 18/98, NJW 2000, 809.
[69] BGH Urt. v. 17.12.1970 – KRB 1/70, NJW 1971, 521 – Teerfarben.

schen Gesellschaft, diese werde ihre Preise für Teerfarben demnächst um 8% erhöhen. Es wurden dazu Meinungen ausgetauscht. Einige Zeit nach dem Treffen erhöhten diverse Teerfarbenhersteller (auch in Deutschland) ihre Preise für Teerfarben gleichförmig um 8%. Das BKartA verhängte daraufhin Geldbußen nach GWB aF. Der BGH verneinte jedoch, dass das Geschehen beim Treffen in Basel als Vertrag im Sinne von § 1 GWB aF zu werten sei, weil es an Angebot und Annahme iSv §§ 145 ff. BGB fehle. Eine Einigung könne auch nicht aus dem gleichförmigen Verhalten geschlossen werden, denn für das gleichförmige Verhalten gab es im vorliegenden Fall keine Verpflichtung. Eine erweiternde Auslegung des Vertragsbegriffes in § 1 GWB aF insoweit, dass Vertrag auch bewusst gleichförmiges Verhalten umfasse, komme wegen des Analogieverbots im Straf- und Ordnungswidrigkeitenrecht nicht in Betracht. Seit der 6. Kartellnovelle ist das Verbot abgestimmter Verhaltensweisen ausdrücklich in § 1 GWB enthalten.

Vereinbarungen sind selbstverständlich auch einbezogene allgemeine Geschäftsbedingungen oder Musterverträge. Selbst Rundschreiben sind Vereinbarungen, sofern sie die Beziehungen zwischen den Parteien fixieren oder jedenfalls konkretisieren.[70]

d) Beschlüsse von Unternehmensvereinigungen. Beschlüsse von Unternehmensvereinigungen liegen vor, wenn sich Unternehmen im Sinne des weiten funktionalen Unternehmensbegriffs[71] des § 1 GWB zusammen geschlossen haben. Nur solche Beschlüsse werden von § 1 GWB erfasst, die das Verhalten von Unternehmen bezwecken. Der Beschluss einer Wirtschaftsvereinigung, der bezwecken würde, dass ihre Mitglieder ihre Preise verändern, wäre ein solcher Beschluss. Dagegen stellen Beschlüsse, die lediglich das Verhalten der Vereinigung selbst betreffen (wie zum Beispiel der Beschluss, die Mitgliederbeiträge zu erhöhen), interne Vorgänge dar, die nicht unter § 1 GWB fallen.

e) Abgestimmte Verhaltensweisen. Als Auffangtatbestand für Sachverhalte, bei denen keine vertraglichen Abreden zwischen Unternehmen bewiesen werden können, verbietet § 1 GWB auch kartellrechtswidrig aufeinander abgestimmte Verhaltensweisen. Als ein aufeinander abgestimmtes Verhalten wird jede unmittelbare oder mittelbare Fühlungnahme zwischen Unternehmen anzusehen sein, die bezweckt oder wenigstens bewirkt, einen Bewerber über das jeweilige Marktverhalten ins Bild zu setzen. Abgestimmte Verhaltensweisen liegen vor, wenn

- eine Koordinierung zwischen Unternehmen (Abstimmung) stattfindet,
- die zwar noch nicht bis zum Abschluss einer Vereinbarung gediehen ist (Abgrenzung zur Vereinbarung), jedoch
- bewusst eine praktische Zusammenarbeit an die Stelle des mit Risiken verbundenen Wettbewerbs treten lässt (bezweckte oder bewirkte Verhaltensweise).

Hierunter fallen alle Formen der bewussten praktischen Zusammenarbeit, etwa abgestimmtes Verhalten in den Fällen sogenannter „Frühstückskartelle" oder „Gentlemen's Agreements", bei denen Unternehmen sich ohne rechtliche Verpflichtung zu einem abgestimmten Verhalten verabreden.

Abzugrenzen von kartellrechtswidrigen abgestimmten Verhaltensweisen ist insbesondere **erlaubtes Parallelverhalten.**[72] Ein Indiz für einen kartellrechtsrelevanten Sachverhalt kann sein, wenn objektiv ein gleichmäßiges Verhalten von Unternehmen festzustellen ist (zB Preiserhöhungen aller Mobilfunkanbieter etwa zum gleichen Zeitpunkt). Dies allein ist noch kein Beleg für eine abgestimmte Verhaltensweise, kann jedoch einen entsprechenden Verdacht auslösen. Können Kontakte zwischen den Unternehmen nachgewiesen werden, gehen die Kartellbehörden regelmäßig von einer Kausalität zwischen dem Verhalten und den Kontakten der Unternehmen aus. Es obliegt dann den Unternehmen darzulegen, dass (und warum) ein paralleles Verhalten mehrerer Unternehmen ohne Abstimmung der Unternehmen erfolgt ist.

Beispiel:[73]
Die Hersteller von Prozessoren teilen jeweils kurz vor Beginn eines Kalenderquartals in der Fachpresse ihre im Wesentlichen übereinstimmenden Preise für das nächste Quartal mit. Die tatsächlichen Ver-

---

[70] Bechtold/Bosch § 1 Rn. 17.
[71] → Rn. 43 ff.
[72] Zum Parallelverhalten siehe Mestmäcker/Schweitzer § 10 Rn. 47 ff.
[73] Angelehnt etwa an EuGH Urt. v. 14.7.1972 – 48/69, Slg. 1972, 619, Rn. 64/67 – ICI v. Komm.; EuGH v. 31.3.1993 – 89/95, Slg. 1993, I-1307, Rn. 72 – Ahlström Osakeyhtiö v. Komm.

kaufspreise durften die angekündigten Preise nicht überschreiten. Dieses Parallelverhalten kann ein Indiz für eine abgestimmte Verhaltensweise bilden, es sei denn es lässt sich unter Berücksichtigung der Art der Erzeugnisse, der Größe und der Anzahl der Unternehmen sowie des Marktvolumens anders als durch eine Abstimmung erklären. Der EuGH vertritt die Ansicht, dass sich die Parallelität und die Entwicklung von Preisen uU auch anders befriedigend erklären lassen, etwa aufgrund: langfristig angelegter Markt; Interesse der Abnehmer und Lieferanten an der Verringerung geschäftlicher Risiken; Zeitpunkte der Preisankündigungen als eine unmittelbare Folge der Markttransparenz; oligopolistischen Tendenzen des Marktes.

54   **Marktinformationssysteme**[74] sind nicht per se als kartellrechtswidrig anzusehen. Marktinformationssysteme dienen dazu, dass sich Wettbewerber unter Einschaltung einer Meldestelle darüber informieren, zu welchen Preisen und Konditionen Geschäfte abgeschlossen oder Vertragsangebote abgegeben worden sind (sog Preismeldeverfahren) oder welche Mengen geliefert und welche Umsätze getätigt worden sind (sog Marktstatistiken). Marktinformationssysteme sind kartellrechtlich dann unbedenklich, wenn lediglich Auskünfte über **Durchschnittspreise und Durchschnittswerte** (Liefermengen, Umsätze) erteilt werden und eine **Identifizierung einzelner Kunden oder Lieferanten sowie Rückschlüsse auf einzelne Geschäftsvorgänge ausgeschlossen** sind. Ob diese Voraussetzung erfüllt ist, beurteilt sich nach den konkreten Umständen des jeweiligen Einzelfalles.

55   Am 4.6.2009 hat der EuGH entschieden, dass ein **Informationsaustausch zwischen Wettbewerbern** dann einen wettbewerbswidrigen Zweck verfolgt, wenn dieser geeignet ist, Unsicherheiten hinsichtlich des von den betreffenden Unternehmen ins Auge gefassten Verhaltens auszuräumen. Für das erforderliche Vorliegen eines Zusammenhangs zwischen der Abstimmung und dem Marktverhalten der beteiligten Unternehmen streitet nach Auffassung des EuGH eine **Kausalitätsvermutung,** nach der die Unternehmen, wenn sie weiterhin auf dem Markt tätig sind, die mit ihren Wettbewerbern ausgetauschten Informationen berücksichtigen.[75]

Rechtsprechungsbeispiel:
EuGH Urt. v. 4.6.2009 – C-8/08: Am 13.6.2001 hatten sich Vertreter von 5 niederländischen Mobilfunk-Anbietern getroffen (Marktanteile 10,6 %, 42,1 %, 9,7 %, 26,1 %, 11,4 %). Der Aufbau eines sechsten Mobilfunknetzes war nicht möglich, da keine neuen Lizenzen erteilt wurden. Der Marktzugang für Mobiltelekommunikationsdienste war nur durch den Abschluss einer Vereinbarung mit einem oder mehreren der fünf Betreiber möglich. Beim Angebot von Mobiltelekommunikationsdiensten wird zwischen Prepaid-Paketen und Postpaid-Verträgen unterschieden. Bei dem Treffen am 13.6.2001 ging es ua um die Kürzung der Standardvertragshändlervergütungen für Postpaid-Verträge. Dabei kamen vertrauliche Informationen zur Sprache. Aus der Entscheidung des EuGH:
„1 *Eine abgestimmte Verhaltensweise verfolgt einen wettbewerbswidrigen Zweck [...], wenn sie aufgrund ihres Inhalts und Zwecks und unter Berücksichtigung ihres rechtlichen und wirtschaftlichen Zusammenhangs konkret geeignet ist, zu einer Verhinderung, Einschränkung oder Verfälschung des Wettbewerbs innerhalb des Gemeinsamen Marktes zu führen. Es ist weder erforderlich, dass der Wettbewerb tatsächlich verhindert, eingeschränkt oder verfälscht wurde, noch, dass ein unmittelbarer Zusammenhang zwischen diesem abgestimmten Verhalten und den Verbraucherpreisen besteht. Der Informationsaustausch zwischen Wettbewerbern verfolgt einen wettbewerbswidrigen Zweck, wenn er geeignet ist, Unsicherheiten hinsichtlich des von den betreffenden Unternehmen ins Auge gefassten Verhaltens auszuräumen.*
2. *Im Rahmen der Prüfung des Kausalzusammenhangs zwischen der Abstimmung und dem Marktverhalten der an ihr beteiligten Unternehmen, der Voraussetzung für die Feststellung einer abgestimmten Verhaltensweise [...] ist, muss der nationale Richter vorbehaltlich des den betreffenden Unternehmen obliegenden Gegenbeweises die in der Rechtsprechung des Gerichtshofs aufgestellte Kausalitätsvermutung anwenden, nach der die Unternehmen, wenn sie weiterhin auf dem Markt tätig sind, die mit ihren Wettbewerbern ausgetauschten Informationen berücksichtigen.*
3. *Sofern das an der Abstimmung beteiligte Unternehmen auf dem betroffenen Markt tätig bleibt, gilt die Vermutung des Kausalzusammenhangs zwischen der Abstimmung und dem Verhalten des Unternehmens auf diesem Markt auch dann, wenn die Abstimmung auf einem <u>einzigen</u> Treffen der betroffenen Unternehmen beruht."*

---

[74] *Bechtold/Bosch/Brinker,* EU-Kartellrecht Art. 101 AEUV Rn. 57.
[75] EuGH Urt. v. 4.6.2009 – C-8/08.

Im Fall der **Kooperation der Verwertungsgesellschaften für Urheberrechte** verschiedener EU-Staaten hat der EuGH hingegen entschieden, dass kein Kartell vorliege, da die EU-Kommission nicht den Beweis erbracht habe, dass das Verwalten und Zurverfügungstellen von Musik und anderen Kunstwerken innerhalb kooperierender nationaler Verwertungsgesellschaften eine abgestimmte Verhaltensweise darstellt.[76]

Die **Teilnahme an Konferenzen** mit Konkurrenten ist dann nicht per se als eine abgestimmte Verhaltensweise anzusehen, wenn der vermeintliche kartellrechtsrelevante Gegenstand nicht als Tagesordnungspunkt festgelegt wurde. Denn „die bloße Tatsache, dass sich Unternehmen im Rahmen von Verbandsaktivitäten getroffen haben und zusammenarbeiten, ist noch kein Indiz für eine verbotene Abstimmung."[77]

f) **Wettbewerbsbeschränkung.** § 1 GWB untersagt alle Vereinbarungen und aufeinander abgestimmte Verhaltensweisen, die eine **Verhinderung, Einschränkung** oder **Verfälschung** des Wettbewerbs **bezwecken** oder **bewirken**. Die Beantwortung der Frage, ob das zu überprüfende Verhalten eine Verhinderung, Einschränkung oder Verfälschung des Wettbewerbs nach § 1 GWB bezwecken oder bewirken kann, erfordert eine umfassende Beurteilung des Einzelfalls.

Ein Verhalten mit wirtschaftlich zu vernachlässigenden Folgen unterfällt nicht § 1 GWB.[78] Es ist das Wesen von Austauschverträgen, dass regelmäßig beide Vertragsparteien verpflichtet und somit in gewisser Weise beschränkt werden. § 1 GWB setzt voraus, dass die Vertragsparteien mit ihrem Vorgehen den Zweck verfolgen, den Wettbewerb über das mit dem sonst üblichen Leistungsaustausch notwendige Maß hinaus zu beschränken.[79]

Diese Umstände hat derjenige darzulegen und zu beweisen, der hieraus Rechte ableiten will. Derjenige, der sich auf ein Kartellverbot gem. § 1 GWB beruft, hat konkrete Tatsachen vorzutragen, aus denen sich die wettbewerbswidrige Eignung des angegriffenen Verhaltens ergibt. Der Rückschluss auf eine **allgemeine wirtschaftliche Erfahrung** soll hier zulässig sein.[80]

Auch Wettbewerbsverbote in **Gesellschaftsverträgen** sind im Einzelfall an § 1 GWB zu messen. Dadurch sollen Umgehungsmöglichkeiten unterbunden werden. Denn es ist denkbar, dass Unternehmen die Mittel des Gesellschaftsrechts nutzen, um wettbewerbsbeschränkende Treuepflichten und/oder Pflichten zur Förderung des Gesellschaftszwecks zu begründen. Wettbewerbsbeschränkend wäre etwa, wenn die Gesellschaftsunternehmen verpflichtet würden, gerade solche wirtschaftlichen Tätigkeiten zu unterlassen, die im Verhältnis zu den Mitgesellschaftern Wettbewerbshandlungen sind – vorausgesetzt, dass damit zugleich (dem Interesse der Allgemeinheit zuwider) die Freiheit des Wettbewerbs eingeschränkt und die Marktverhältnisse im Sinne des § 1 GWB beeinflusst und selbst Kartelle höherer Ordnung (wie Syndikate) gebildet werden.[81]

Dieselben Grundsätze gelten für Wettbewerbsverbote in Gesellschaften wie das Wettbewerbsverbot für den Komplementär einer OHG.[82] Entsprechende Klauseln finden sich häufig auch bei IT-Firmen.

g) **Spürbarkeit, Bagatellgrenze, Wirkungsklausel.** § 1 GWB (und auch Art. 101 AEUV) nennt das Tatbestandsmerkmal der Spürbarkeit der Wettbewerbsbeschränkung nicht ausdrücklich. Gleichwohl ist das Erfordernis der Spürbarkeit der Wettbewerbsbeschränkung als ungeschriebenes Tatbestandsmerkmal zu prüfen (zur Ausklammerung von Bagatellfällen).

---

[76] SZ-Artikel vom 13./14.4.2013, S. 15.
[77] EuG Urt. v. 12.4.2013 – T-410/08, BeckRS 2013, 80751.
[78] BGH Urt. v. 7.6.1962 – KZR 6/60, BGHZ 37, 194 (200) – Spar.
[79] BGH Urt. v. 12.11.1991 – KZR 18/90, GRUR 1992, 191 – Amtsanzeiger.
[80] BGH Urt. v. 12.3.1991 – KVR 1/90, BGHZ 114, 40 (52) – Golden Toast.
[81] BGH Beschl. v. 1.2.1981 – KRB 5/79, NJW 1982, 938 – Transport-Beton-Vertrieb II.
[82] BGH Urt. v. 21.2.1978 – KZR 6/77, NJW 1978, 1001; BGH Beschl. v. 17.5.1973 – KVR 2/72, NJW 1973, 1236.

> **Checkliste:**
>
> Die Auswirkungen eines wettbewerbsbeschränkenden Verhaltens sind nach der Rechtsprechung **spürbar**, wenn:
> - das **Verhalten geeignet** ist, die Wettbewerbsbeschränkung hervorzurufen und
> - die Auswirkungen praktisch ins Gewicht fallen und
> - die Auswirkungen die Marktverhältnisse mehr als nur theoretisch und
> - nicht nur in einem unbedeutenden Umfang beeinflusst werden könnten.[83]

64 Eine wesentliche Beeinflussung der Marktverhältnisse ist nicht erforderlich. Ausreichend ist eine **mehr als nur unerhebliche Außenwirkung auf dem relevanten Markt**, der in sachlicher, räumlicher und ggf. zeitlicher Hinsicht abzugrenzen ist.[84] Es muss sich also anhand objektiver rechtlicher oder tatsächlicher Umstände mit hinreichender Wahrscheinlichkeit voraussehen lassen, dass die Vereinbarung oder Verhaltensweise den Warenverkehr zwischen Mitgliedstaaten unmittelbar oder mittelbar, tatsächlich oder potenziell beeinflussen kann. Dabei darf die geprüfte Vereinbarung nicht isoliert von dem Kontext betrachtet werden, in den sie eingebettet ist, weil alle rechtlichen und tatsächlichen Begleitumstände relevant sind (**Bündeltheorie**).

> **Checkliste:**
>
> Wichtige Kriterien bei der Ermittlung der Spürbarkeit sind unter Berücksichtigung der sog **Bündeltheorie**:
> - Zahl der Marktbeteiligten auf dem relevanten Markt;
> - Marktanteile der Mitglieder des Kartells;
> - Qualität der Wettbewerbsbeschränkung.

65 Auch hier zeigt sich eines der klassischen Probleme des Kartellrechts, nämlich wie der relevante Markt im konkreten Fall definiert wird.[85]

Je **qualitativ schwerer die Wettbewerbsbeschränkung** wiegt (also etwa **Gebiets-** oder **Preisabsprachen**), desto eher ist sie spürbar, selbst wenn der Marktanteil der Kartellmitglieder relativ gering ist. Eine für sich genommen geringfügige Beschränkung kann spürbar werden, wenn sie von der gesamten Branche praktiziert wird.

66 Ist die Qualität der Wettbewerbsbeschränkung nicht von besonders schwerwiegender Bedeutung, so nimmt die Rechtsprechung eine Spürbarkeitsgrenze von mindestens 5% Marktanteilen der beteiligten Unternehmen an.[86] Anhaltspunkte bietet auch die sog **Bagatell-** oder **De-minimis-Bekanntmachung** der Europäischen Kommission.[87] Dabei ist jedoch zu bedenken, dass die Bagatell-Bekanntmachung im Falle eines Rechtsstreits **für das nationale Gericht nicht bindend ist**.[88]

67 § 1 GWB lässt bereits das **Bezwecken** einer Wettbewerbsbeschränkung **ausreichen**, ohne dass diese bewirkt sein muss.[89] Zwar stellt der Zweck auf die Motivation des handelnden Unternehmens ab und damit auf eine innere Tatsache, die schwer zu beweisen sein dürfte. Andererseits lassen möglicherweise Indizien auf innere Tatsachen schließen. Sofern das nach § 1 GWB zu beurteilende Verhalten eines Unternehmens geeignet ist, die wettbewerbsrechtliche Handlungsfreiheit zu beschränken, spricht die widerlegbare Vermutung regelmäßig dafür, dass sich auch der Zweck hierauf bezog.

---

[83] BGH Beschl. v. 9.3.1999 – KVR 20–97, NJW-RR 1999, 1266 – Lottospielgemeinschaft.
[84] Einzelheiten zur Bestimmung des relevanten Marktes → Rn. 85 ff. Zur Definition und Größe des relevanten Marktes und seiner wirtschaftlichen Bedeutung: EuGH Urt. v. 15.12.2010 – T-427/08 – CEAHR.
[85] Zum relevanten Markt → Rn. 85 ff.
[86] EuGH Urt. v. 1.2.1978 – C-19/77 – Slg. 1978, 1313 (149) – Miller International; EuGH Urt. v. 25.10.1983 – C-107/82, Slg. 1983, 3151 (3201) – AEG-Vertrag.
[87] Einzelheiten → Rn. 135 ff.
[88] Zu den Bagatellgrenzen und der inzwischen novellierten De-minimis-Bekanntmachung der Europäischen Kommission → Rn. 135 ff.
[89] OLG Düsseldorf Urt. v. 3.3.2004 VI-Kart 22/00, WuW 2005, 413.

Bewirkt wird eine Wettbewerbsbeschränkung, wenn sie nach dem Verhalten der Unternehmen eingetreten ist. Dabei kommt es auf die **Kausalität** zwischen dem kartellrechtswidrigen Verhalten und der Wettbewerbsbeschränkung an.

h) **Freigestellte Vereinbarungen nach § 2 GWB.** Gemäß § 2 Abs. 1 GWB sind die in § 1 GWB genannten Verhaltensweisen erlaubt, wenn sie unter angemessener Beteiligung der Verbraucher an dem entstehenden Gewinn zur Verbesserung der Warenerzeugung oder Verteilung oder zur Förderung des technischen und wirtschaftlichen Fortschritts beitragen, ohne dass den beteiligten Unternehmen
- Beschränkungen auferlegt werden, die für die Verwirklichung dieser Ziele nicht unerlässlich sind, oder
- Möglichkeiten eröffnet werden, für einen wesentlichen Teil der betreffenden Waren den Wettbewerb auszuschalten.

Durch die dynamische Verweisung des § 2 Abs. 2 GWB sind auch bei der Freistellung nach § 2 Abs. 1 GWB die sogenannten **Gruppenfreistellungsverordnungen GVO**[90] entsprechend anwendbar. Dies gilt selbst dann, wenn die Vereinbarungen, Beschlüsse und Verhaltensweisen nicht geeignet sind, den Handel zwischen den Mitgliedsstaaten der EG zu beeinträchtigen (also keinen zwischenstaatlichen Bezug haben). Der Gesetzgeber hat hier einen ganz entscheidenden Schritt zur **Vollharmonisierung** des Kartellrechts in Europa geleistet.

Entsprechend dem europäischen Recht enthält das GWB im § 2 Abs. 2 die Möglichkeit, verbotene wettbewerbsbeschränkende Vereinbarungen freizustellen. Hintergrund der Freistellung ist, dass man aufgrund der gewonnenen Erfahrungen zur vertikalen Vereinbarung davon ausgeht, dass bestimmte Vereinbarungen mit vertikalen Wettbewerbsbeschränkungen die wirtschaftliche Effizienz innerhalb einer Produktions- und Vertriebskette erhöhen können, weil sie eine bessere Koordinierung zwischen den beteiligten Unternehmen ermöglichen. Allerdings entfallen diese positiven Wirkungen dann, wenn ein bestimmter Marktanteil überschritten wird.

Checkliste:

Die **Freistellung** hängt von folgenden vier Voraussetzungen ab:
1. Beitrag zur Verbesserung der Warenerzeugung, -verteilung oder -förderung des technischen oder wirtschaftlichen Fortschritts (sog **Effizienzvorteile**),
2. **Angemessene Weitergabe** der Effizienzvorteile an die **Verbraucher**,
3. **Unerlässlichkeit** der auferlegten Wettbewerbsbeschränkungen zur Erzielung der Effizienzvorteile und
4. **Keine Marktbeherrschung** (d.h. die Vereinbarung darf nicht dazu führen, dass für einen wesentlichen Teil der betreffenden Waren der Wettbewerb ausgeschaltet werden kann).

Wie beim Verbot wettbewerbsbeschränkender Vereinbarungen nach § 1 GWG kommt es für die Beurteilung der Freistellungsfähigkeit wettbewerbsbeschränkender Vereinbarungen wegen der weitgehenden Übernahme der europäischen Terminologie auf die zu Art. 101 Abs. 3 AEUV (iVm GVO) ergangenen Rechtsprechung des EuGH und Praxis der Kommission an. Demnach gilt die **Freistellung** von dem Kartellverbot grundsätzlich **nicht, wenn** zB der Anteil des Anbieters an dem relevanten Markt, auf dem er die Vertragswaren und -dienstleistungen anbietet oder verkauft, und der Anteil des Abnehmers an dem relevanten Markt, auf dem er die Vertragswaren oder -dienstleistungen bezieht, jeweils 30 % überschreitet.[91]

Beispiel:[92]
Die beiden Hardware-Hersteller X und Y treffen eine Vereinbarung zur Errichtung eines Gemeinschaftsunternehmens namens XY für den Bau von Großrechnern. Die Vereinbarung sieht vor, dass die beiden Gründungsunternehmen an dem Gemeinschaftsunternehmen zu je 50 % beteiligt sind. Dabei wird erstmals ein von verschiedenen Forschungsinstitutionen, ua dem MIT, empfohlenes Modell der Optimierung des Herstellungsverfahrens verwendet. Jedes der beiden Unternehmen ist an sich in der Lage, selbständig Großrechner herzustellen. Die Rentabilitätsschwelle wird erst bei einer Produktion von

---

[90] → Rn. 143 ff.
[91] Siehe Art. 3 Vertikal-GVO Nr. 330/2010/EU v. 20.4.2010.
[92] Vgl. etwa auch EuG Urt. v. 15.7.1994 – T-17/93, Slg. 1993, II-595, Rn. 1, 109, 139 – *Matra Hachette* vs Komm.

150.000 Großrechnern/Jahr erreicht. Die Kernfrage geht dahin, ob das Gemeinschaftsunternehmen für das Vordringen der Gründungsunternehmen auf den fraglichen Markt unerlässlich ist. Jedes der beiden Gründungsunternehmen hat zwar tatsächlich die technische und finanzielle Möglichkeit, selbständig auf den Markt vorzudringen. Dies hätte aber angesichts der besonders hohen Rentabilitätsschwelle des Unternehmens und nach den verfügbaren Angaben über die voraussichtlichen Verkäufe und Marktanteile nur unter Verlusten geschehen können. Das Unerlässlichkeitskriterium ist somit zu bejahen.

73 **i) Freistellung von Mittelstandskartellen nach § 3 GWB.** Bei Vereinbarungen zwischen **kleinen und mittleren Unternehmen** (KMU)[93] überwiegen häufig die positiven Wirkungen auf den Wettbewerb, so dass eine gesetzliche Freistellung gerechtfertigt erscheint. Durch § 3 GWB bringt der nationale Gesetzgeber zum Ausdruck, dass **Kooperationen der mittelständischen Wirtschaft,** auch wenn sie den Wettbewerb beschränken, nützlich und strukturell wettbewerbsfördernd sein können. KMU sollen dadurch Rechtssicherheit erhalten und zur Kooperation ermuntert werden, die die Wettbewerbschancen von KMU gegenüber großen Unternehmen verbessern.

74 Im **Verhältnis zu Art. 101 AEUV** stellt § 3 Abs. 1 GWB keine Übernahme europäischen Gemeinschaftsrechts in deutsches Recht dar, sondern rein nationales Kartellrecht. Wenn zB Preis- und Quotenabsprachen im Sinne der Zwischenstaatlichkeitsklausel des Art. 101 AEUV geeignet sind, den Handel zwischen den Mitgliedstaaten zu beeinträchtigen, verstoßen diese Absprachen gegen Art. 101 Abs. 1 AEUV und sind dann ggf. auch nicht nach Art. 101 Abs. 3 AEUV freigestellt (also etwa bei KMU gem. § 3 Abs. 1 GWB). Diese nationale Regelung darf jedoch gemäß Art. 3 Abs. 2 S. 1 der VO 1/2003 nicht angewendet werden, wenn sie mit Europarecht kollidiert (Anwendungsvorrang des Europarechts). Im Ergebnis wirkt somit § 3 GWB nur für rein nationale Sachverhalte (ohne zwischenstaatlichen Bezug).[94]

75 Gemäß § 3 GWB erfüllen bestimmte **Mittelstandkartelle** die Freistellungsvoraussetzungen nach § 2 Abs. 1 GWB, wenn dadurch der Wettbewerb auf dem Markt nicht wesentlich beeinträchtigt wird und die Vereinbarung oder der Beschluss dazu dient, die Wettbewerbsfähigkeit von KMU zu verbessern.

76 Eine horizontale Vereinbarung zwischen Wettbewerbern, die **nicht** einen kumulierten **Marktanteil von 10–15% überschreiten,** ist danach freigestellt, sofern
- die Vereinbarung **keine** grundsätzlich bedenklichen **Kernbeschränkungen** enthält,
- bei jedem beteiligten KMU ein **Rationalisierungserfolg** durch Zusammenarbeit zu erwarten ist und
- die bezweckte Rationalisierung dazu dient, die **Wettbewerbsfähigkeit der KMU zu verbessern.**

77 Bei der Beurteilung sind die Verhältnisse des jeweiligen Marktes zu berücksichtigen sowie die besondere Schutzwürdigkeit mittelständischer Unternehmen.[95]

Grafik siehe *Grünberger,* Grundstrukturen des Kartellrechts, 2007, S. 89.

---

[93] Zur den Schwellenwerten der Kommission bei „small and medium sized undertakings" im Rahmen des Art 101 AEUV → Rn. 135 ff.
[94] *Bechtold/Bosch* § 3 Rn. 4.
[95] S. BGH Urt. v. 24.9.2002 – KVR 8/01, GRUR 2003, 80 (82) – Konditionenanpassung.

Rechtsprechungsbeispiel:
Mittelständische Elektrofachgroßhändler vereinbaren ua die Konzentration der Lagerhaltung, einen einheitlichen Marktauftritt im Bereich des Elektroeinzelhandels und die Zusammenarbeit im Rahmen des Informations- und Erfahrungsaustauschs zur Prozessoptimierung. Dadurch können insbesondere die Frachtkosten erheblich sinken und es ergeben sich Rationalisierungseffekte beim Vertrieb.[96]

2. Missbrauch einer marktbeherrschenden Stellung (§§ 18, 19 GWB)

a) Allgemeines. Missbrauchskontrollen durch die Kartellbehörden und Gerichte im Zusammenhang mit führenden IT-Unternehmen haben in den letzten Jahren zu einem breiten Interesse in der Öffentlichkeit geführt.[97] Ein Grund für die relativ große Bedeutung der Missbrauchskontrolle im IT-Bereich ist, dass in der IT-Industrie Immaterialgüterrechte (va Urheberrecht aber auch Patentrecht) und die Kontrolle über Schnittstellen gut geeignet sind, zu „vendor-lock-in"-Effekten und einer Marktdominanz zu führen. Das gilt insbesondere deshalb, weil der relevante Markt (zB für Spezialsoftware-Hersteller) evtl. eher klein ist und somit ein (relativ gesehen) großer Marktanteil wahrscheinlicher als zB für einen Kfz-Hersteller auf dem PKW- oder LKW-Herstellermarkt. Im IT-Bereich sind Unternehmen mit erheblicher Marktstellung keine Seltenheit.[98]

§ 19 Abs. 1 GWB verbietet die missbräuchliche Ausnutzung einer marktbeherrschenden Stellung durch ein oder mehrere Unternehmen. § 19 Abs. 1 GWB enthält eine Generalklausel und richtet sich gegen wettbewerbsschädliches Verhalten, enthält jedoch keine moralische Wertung. Durch die Formulierung in § 19 Abs. 2 Halbsatz 1 GWB „insbesondere" bringt der Gesetzgeber zum Ausdruck, dass § 19 Abs. 1 GWB neben § 19 Abs. 2 GWB weiter eine eigene Bedeutung zukommt. Erst wenn die in § 19 Abs. 2 GWB aufgeführten Fallgruppen nicht einschlägig sind, kommt ein Rückgriff auf § 19 Abs. 1 GWB in Betracht. § 19 Abs. 2 GWB stellt gegenüber dem allgemeinen Missbrauchstatbestand eine vorrangig zu prüfende Vorschrift dar.

Marktbeherrschende Unternehmen unterliegen nach § 19 Abs. 1 und Abs. 2 GWB einem strengen Verbot, ihre Marktmacht zu missbrauchen. Dabei geht § 19 GWB von **demselben Unternehmensbegriff aus wie § 1 GWB.**[99]

Checkliste:

Das Missbrauchsverbot des § 19 GWB greift unter den folgenden **Tatbestandsvoraussetzungen**:
- Unternehmen,
- Marktbeherrschende Stellung,
- Missbrauch.[100]

---

b) Marktbeherrschende Stellung. Nach § 18 Abs. 1 GWB wird ein Unternehmen als marktbeherrschend definiert, soweit es auf dem relevanten Markt keinem oder keinem wesentlichen Wettbewerb ausgesetzt ist oder eine im Verhältnis zu seinen Wettbewerbern überragende Marktstellung hat. Zur Feststellung einer marktbeherrschenden Stellung sind nach § 18 Abs. 1 GWB zwei Schritte erforderlich. Zunächst wird der relevante Markt in sachlicher, räumlicher und zeitlicher Hinsicht festgestellt und dann erfolgt die Messung des Monopolgrades auf diesem Markt.

---

[96] Vgl. auch Mitteilungen des BKartA über Kooperationsmöglichkeiten kleiner und mittlerer Unternehmen (Stand März 2007), (http://www.bundeskartellamt.de), Rn. 39.
[97] Einzelheiten zu den (naturgemäß nicht nationalen) Microsoft-Fällen → Rn. 389 ff., zum Fall Google → Rn. 440 ff.
[98] Kilian/Heussen/*Klees* § 61 Rn. 2.
[99] → Rn. 43 ff.
[100] *Haberstumpf*/Husemann S. 50.

> **Checkliste:**
>
> Für das Eingreifen des Kartellverbots nach Art. 101 Abs. 1 AEUV sind folgende Tatbestandsvoraussetzungen erforderlich:
> 1. Bestimmung des sachlich, räumlich und zeitlich relevanten Marktes (**Marktabgrenzung**) und
> 2. Feststellung, ob das Unternehmen auf dem relevanten Markt eine wirtschaftliche Machtstellung innehat, die ihm ein unabhängiges Verhalten ermöglicht (**Marktbeherrschung**).[101]

82 § 18 Abs. 4 und 5 GWB enthalten gesetzliche Definitionen und widerlegbare Vermutungen für die Annahme einer Marktbeherrschung. Bei der Marktbeherrschung einzelner Unternehmen kommt es auf die einzelnen in § 18 Abs. 3 GWB aufgeführten Merkmale, wie seinen **Marktanteil**, seine **Finanzkraft** und dergleichen an (sog **Einzelmarktbeherrschung**). Im Rahmen der Einzelmarktbeherrschung besteht ab einem Marktanteil von mindestens **40%** nach § 18 Abs. 4 GWB die gesetzliche Vermutung für eine Marktbeherrschung. Auch bei Beantwortung der Frage, wie groß die Beherrschung des Marktes sich darstellt, muss zunächst der relevante Markt als Bezugsgröße definiert werden.

83 Wenn zwei oder mehr Unternehmen diese Voraussetzungen erfüllen und zwischen ihnen ein wesentlicher Wettbewerb nicht besteht, werden sie ebenfalls als marktbeherrschend angesehen (sog **Oligopol-Marktbeherrschung**). Dies gilt gem. § 18 Abs. 5 und 6 GWB
- bei **3 oder 2** Unternehmen, wenn sie zusammen einen Marktanteil von **50%** erreichen oder
- **5 oder 4** Unternehmen zusammen einen Marktanteil von zwei Drittel (ca. **66%**) erreichen.

84 Als marktbeherrschend gilt dann die Gesamtheit der Unternehmen. Es ist jedoch nicht möglich, beliebige Unternehmen zu einem Oligopol zusammenzustellen, vielmehr muss es sich um die marktführenden Unternehmen handeln. Die Marktbeherrschung und die Oligopol-Marktbeherrschung schließen sich grundsätzlich gegenseitig aus. Liegen die Voraussetzungen für eine Marktbeherrschung durch zwei oder mehrere Unternehmen vor, so sind diese Marktbeherrscher, Raum für eine Einzelmarktbeherrschung bleibt nicht. Nach § 18 Abs. 7 Nr. 2 GWB ist es dem oder den Unternehmen möglich, darzulegen und zu beweisen, dass keine überragende Marktstellung vorliegt.

85 c) **Relevanter Markt.** Die bedeutendste Vorfrage für die Frage nach wettbewerbsbeschränkendem oder Marktmacht missbrauchendem Verhalten ist die nach dem relevanten Markt.[102] Nur von dieser ausgehend lässt sich die wettbewerbsrechtliche Beurteilung und Bedeutung von Sachverhalten erfassen. Unter dem **relevanten Markt** ist der Markt zu verstehen, in dem die Wettbewerbsinteressen der Anbieter von Waren und Dienstleistungen mit denen der Abnehmer zusammentreffen. Der relevante Markt ist in **sachlicher, räumlicher** und **zeitlicher Hinsicht** zu bestimmen.[103] Dabei gehören nach dem **Bedarfsmarktprinzip** zu dem sachlich relevanten Angebotsmarkt alle Waren und Dienstleistungen, die aus der Sicht der Abnehmer ohne weiteres austauschbar sind.[104]

86 Bei der Bewertung der Austauschbarkeit ist auf einen verständigen und durchschnittlichen Abnehmer abzustellen, für den die Produkte hinsichtlich ihrer Eigenschaften, Preise und ihres vorgesehenen Verwendungszwecks ohne weiteres austauschbar sind, weil sie sich zur Befriedigung des eigenen Bedarfs eignen. Derart **funktionell substituierbare**[105] Waren und Dienstleistungen sind marktgleichwertig und bilden zusammen einen sachlich relevanten Markt.

---

[101] Zum relevanten Markt → Rn. 85 ff.
[102] Schneider/*Ulmer* Kap. C Rn. 314. Zur Größe, Definition und wirtschaftlichen Bedeutung am Beispiel von Uhrenherstellern EuGH Urt. v. 15.12.2010 – T-427/08 – CEAHR.
[103] Kilian/Heussen/*Klees* § 60 Rn. 89.
[104] BGH Urt. v. 6.5.1997 – KZR 43/95, ZIP 1997, 2166 – Solelieferung.
[105] Zur Substituierbarkeit von Branntkalk: BT-Drs. 15/5790 v. 22.6.2005 – Bericht des BKartA, S. 111; zu substituierbaren Energieträgern BKartA Beschl. v. 25.10.1995 – B8 – 40200 – T-130/95 – Spreegas; BKartA Beschl. v. 3.7.2014 – B2 – 58109 – EDEKA ua bzgl. Substituierbarkeit von Sekt, abrufbar unter www.bundeskartellamt.de.

II. Überblick über wesentliche Regelungen des deutschen Kartellrechts

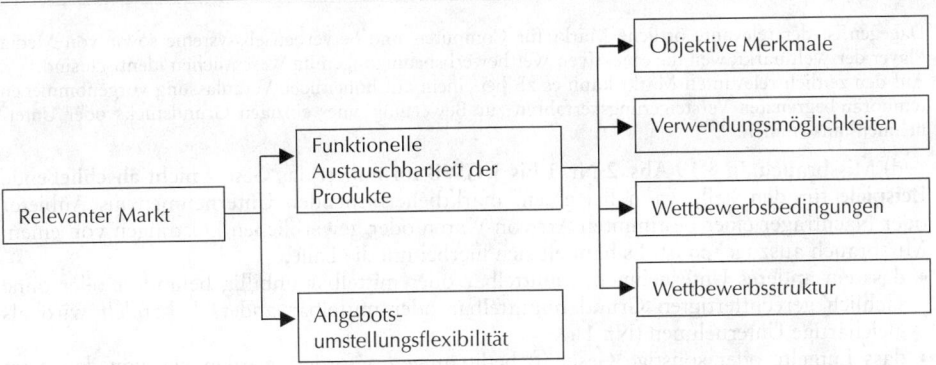

Der BGH hat in einer Entscheidung vom 16.1.2007 den Pool der Produkte, die bei der Abgrenzung des relevanten Marktes zu berücksichtigen sind, nochmals erweitert. Demnach gilt: 87

„Bei der Abgrenzung des relevanten Marktes sind auch Produkte einzubeziehen, die zwar mit anderen auf dem ins Auge gefassten Markt angebotenen Produkten nicht funktionell austauschbar sind, die aber die Grundlage dafür bieten, dass ihr Hersteller bei Vorliegen günstiger Wettbewerbsbedingungen **jederzeit sein Sortiment umstellen und ein Konkurrenzprodukt anbieten könnte.** Eine solche **Angebotsumstellungsflexibilität** kann jedoch nur angenommen werden, wenn die Umstellung kurzfristig und mit wirtschaftlich vertretbarem Aufwand erfolgen kann."[106]

Beispiel:[107]
Auf die Frutti AG entfallen 35 % der weltweiten Bananenexporte. Mindestens 40% der in Europa importierten Bananen stammen von ihr. Fraglich ist, worin der sachlich relevante Markt liegt. Frutti meint, die Bananen seien Bestandteil des Marktes für Frischobst (Äpfel, Orangen, Weintrauben, Erdbeeren, Pfirsiche) und stünden mit anderem Obst in denselben Geschäften und in denselben Auslagen zu vergleichbaren Preisen im Wettbewerb und befriedigten denselben Bedarf, weil sie zum Verzehr als Nachspeise oder zwischen den Mahlzeiten dienten. Konsequenz dieser Ansicht wäre, dass Frutti auf diesem Markt nicht beherrschend ist.
Die zweite Möglichkeit besteht darin, den Markt für Bananen als einen eigenen, vom Markt für Frischobst hinreichend abgesonderten Markt anzusehen. Voraussetzung dafür ist, dass ihre sie von anderem Obst unterscheidenden Merkmale so kennzeichnend sind, dass sie mit diesem nur geringfügig austauschbar sind.
Weil Bananen das ganze Jahr über produziert werden, muss man die Austauschbarkeit mit anderem Obst für das ganze Jahr beurteilen, um das Ausmaß des zwischen ihr und anderem frischen Obst bestehenden Wettbewerbs zu ermitteln. Mit solchen Früchten – wie etwa Orangen und Äpfel – besteht entweder keine oder nur eine begrenzte Austauschbarkeit. Das beruht auf den spezifischen Eigenschaften der Banane sowie auf allen Faktoren, die die Verbraucherentscheidung mit beeinflussen. Die Banane ist gerade durch ihren spezifischen süßen Geschmack, ihren geringen Säuregehalt, ihre weiche Beschaffenheit, das Fehlen von Kernen, die einfache Handhabung beim Schälen und durch ein gleich bleibendes Produktionsniveau geeignet, den konstanten Bedarf einer bestimmten Bevölkerungsgruppe, bestehend vor allem aus Kindern, Alten und Kranken, zu befriedigen. Was die Preise betrifft, zeigen Untersuchungen, dass die Banane dem Einfluss der fallenden Preise von Pfirsichen und Tafeltrauben lediglich während der Sommermonate und zu nicht mehr als 20% unterworfen ist. Die Anpassungsfähigkeit des Umfanges von Einfuhr und Absatz im Markt bewirkt, dass der Wettbewerb äußerst begrenzt ist und dass der Preis sich ohne größere Schwierigkeiten an dieser Situation des Überangebots ausrichtet. Das zeigt, dass der Markt für Bananen ein von dem Markt für frisches Obst hinreichend abgesonderter Markt ist.

Der **geografisch** relevante Markt bezieht sich auf das räumliche Gebiet des Absatzes der Waren und Dienstleistungen. In Betracht kommt auch der **zeitlich** relevante Markt. 88

Rechtsprechungsbeispiele:
Der räumlich relevante Markt für Bolzenschussgeräte und Hilti-kompatible Treibladungen ist der gesamte EG-Raum. Die Produkte können in jeden Teil der EG und ohne außergewöhnliche Kosten transportiert werden.[108]

---
[106] BGH Urt. v. 16.1.2007 – KVR 12/06, NJW 2007, 1823 – National Geographic II.
[107] Siehe zur Bestimmung des relevanten Marktes bei virtuellen Marktplätzen/Internetplattformen → Rn. 418 ff.

Dagegen ist der relevante örtliche Markt für Computer- und Serverbetriebssysteme sowie von Media Player der Weltmarkt, weil die objektiven Wettbewerbsbedingungen im Wesentlichen identisch sind.[109] Auf den zeitlich relevanten Markt kann es zB bei einem auf hoheitliche Veranlassung vorgenommenen temporär begrenzten Versteigerungsverfahren zur Bewertung eines einzigen Grundstücks oder Unternehmens ankommen.[110]

89 **d) Missbrauch.** In § 19 Abs. 2 Nr. 1 bis 5 GWB formuliert das Gesetz **nicht abschließende Beispiele** für den Fall, wann bei einem marktbeherrschenden Unternehmen als Anbieter oder Nachfrager einer bestimmten Art von Waren oder gewerblichen Leistungen von einem Missbrauch auszugehen ist. Es handelt sich hierbei um die Fälle,
- dass ein anderes Unternehmen unmittelbar oder mittelbar unbillig behindert oder ohne sachlich gerechtfertigten Grund unmittelbar oder mittelbar anders behandelt wird als gleichartige Unternehmen (Nr. 1),
- dass Entgelte oder sonstige Geschäftsbedingungen gefordert werden, die von denen im Fall eines wirksamen Wettbewerbs abweichen (Nr. 2),
- dass ungünstigere Entgelte oder sonstige Geschäftsbedingungen gefordert werden als diese ohne Marktbeherrschung üblicherweise gefordert würden (Nr. 3),
- dass das marktbeherrschende Unternehmen sich weigert, einem anderen Unternehmen gegen angemessenes Entgelt Zugang zu den eigenen Netzen oder anderen Infrastruktureinrichtungen zu gewähren, wenn es dem anderen Unternehmen aus rechtlichen oder tatsächlichen Gründen ohne die Mitbenutzung nicht möglich ist, auf dem vor- oder nachgelagerten Markt als Wettbewerber des marktbeherrschenden Unternehmens tätig zu werden (Nr. 4),
- dass andere Unternehmen dazu aufgefordert oder veranlasst werden, ohne sachlich gerechtfertigten Grund Vorteile zu gewähren (Nr. 5).

90 Für den Tatbestand des § 19 Abs. 2 Nr. 4 GWB reicht es aus, dass der Normadressat über eine beherrschende Stellung auf dem Markt der Infrastruktureinrichtung verfügt. Allerdings gilt auch hier eine **Exkulpationsmöglichkeit** des marktbeherrschenden Unternehmens.

91 Eine interessante Konstellation ist etwa auch dann gegeben, wenn ein marktbeherrschendes Unternehmen Universitäten, Schulen und Forschungseinrichtungen jahrelang mit zu einem besonders niedrigen Sonderpreis und deutlich vereinfachtem Lizenzierungsmodell (keine User-Zählung erforderlich) angebotenen Softwarelizenzen ausstattet und nach einiger Zeit – für den Kunden zum Zeitpunkt der Lizenzierung und auch lange Zeit während der Nutzung unvorhersehbar – die weitere Nutzung der Software nur bei Änderung des Lizenzmodells und erheblicher Zuzahlung gestattet. Hätte der Kunde das geahnt, hätte er schon vor Längerem auf Open Source-Angebote umgestellt. In einem solchen Fall ist nicht ausgeschlossen, von einem Missbrauch einer marktbeherrschenden Stellung auszugehen, insbesondere wenn die Software zB einen de-facto-Standard bildet.

92 **e) Diskriminierungsverbot, Verbot unbilliger Behinderungen (§ 19 Abs. 1 iVm § 19 Abs. 2 Nr. 1 GWB).** § 19 Abs. 1 iVm § 19 Abs. 2 Nr. 1 GWB enthält ein allgemeines Behinderungsverbot für marktbeherrschende Unternehmen sowie für Vereinigungen von Wettbewerbern und Unternehmen, die Preise nach § 28 Abs. 2 GWB und § 30 Abs. 1 S. 1 GWB binden dürfen und ein Verbot, sich gegenüber gleichartigen Unternehmen ohne sachlich gerechtfertigten Grund unterschiedlich zu verhalten. Dementsprechend ergibt sich aus § 19 Abs. 1 iVm § 19 Abs. 2 Nr. 1 GWB bei fehlender sachlicher Rechtfertigung unmittelbar ein **Kontrahierungszwang**.[111]

93 Das Diskriminierungsverbot hindert den Normadressaten jedoch grundsätzlich nicht daran, seine geschäftliche Tätigkeit und sein Absatzsystem nach eigenem Ermessen so zu gestalten, wie er dies für wirtschaftlich sinnvoll und richtig erachtet.[112]

---

[108] Entscheidung Komm. v. 22.12.1987 – IV/30 787 und 31 488 – Eurofix-Bauco/Hilti, ABl. 65 v. 11.3.1988, S. 19 Rn. 56.
[109] Entscheidung Komm. v. 24.3.2004 – COMP/C-3/37.792 – Microsoft C (2004) 900 final, Rn. 427.
[110] BGH Urt. v. 22.7.1999 – KZR 48/97, NJW-RR 2000, 90 – beschränkte Ausschreibung.
[111] Vgl. auch *Bahr*, Rechtsanspruch auf Aufnahme in den Suchmaschinen-Index (am Beispiel Google)?, abrufbar unter http://www.suchmaschinen-und-recht.de/rechtsanspruch-auf-aufnahme-in-den-suchmaschinen-index.html.
[112] BGH Urt. v. 11.10.2006 – KZR 46/05, abrufbar unter www.bundesgerichtshof.de; BGH Urt. v. 13.7.2004 – KZR 17/03, WuW/E DE-R 1377, 1378 – Sparberaterin; BGH Urt. v. 24.9.2002 – KZR 38/99,

Unter **Behinderung** fällt jedes Marktverhalten, das objektiv nachteilige Auswirkungen auf die wettbewerbliche Entfaltungsfreiheit für den hiervon Betroffenen ausübt.[113]

Die **Unbilligkeit** ergibt sich aus einer umfassenden Abwägung der Interessen aller Beteiligten unter Berücksichtigung der auf die Freiheit des Wettbewerbs gerichteten Zielsetzungen des GWB.[114]

Rechtsprechungsbeispiele:
OLG Düsseldorf, Urt. v. 30.9.2009 – VI-U (Kart) 17/08 – Post-Konsolidierer:[115]
„Die Beklagte [Deutsche Post AG] bietet seit jeher eine Universalbeförderungsleistung vom Briefkasten bzw. von ihrer annehmenden Filiale bis zum Empfänger gegen Standardporto an. Entsprechend ihrer Verpflichtung aus § 28 PostG gewährt sie hierbei Massenversendern die Möglichkeit, unter Preisnachlass nur Teile ihrer Beförderungskette (sogenannte Teilleistungen) in Anspruch zu nehmen, indem diese gesammelte und nach PLZ vorsortierte Briefsendungen bei einem der Briefzentren der Beklagten einliefern können. [...] Die Beklagte verfügte jedenfalls im Zeitraum der Jahre 2003 bis 2005 auf dem Markt für lizenzpflichtige Postdienstleistungen über einen 90% übersteigenden Marktanteil. Der Kläger ist seit dem 13.6.2001 Inhaber einer sogenannten "E-Lizenz", die ihn berechtigt, gemäß § 51 Abs. 1 Satz 2 Nr. 5 PostG gewerbsmäßig Post bei einem Absender abzuholen und sie in dessen Auftrag bei einer Annahmestelle der Beklagten einzuliefern. Im Mai 2003 bat er die Beklagte um Unterbreitung eines Teilleistungsangebotes für gewerbsmäßig von ihm bei verschiedenen Absendern in den PLZ-Gebieten 27 und 28 einzusammelnde (zu konsolidierende), nach Postleitzahlen vorzusortierende und in ein Briefzentrum der Beklagten einzuliefernde Briefe mit einem Gewicht unterhalb der in § 51 Abs. 1 Satz 1 PostG festgelegten Gewichtsgrenze. Die Beklagte lehnte dies mit der Begründung ab, sie dürfe im Rahmen ihrer gesetzlichen Exklusivlizenz Teilleistungen nur Kunden, nicht aber Wettbewerbern gewähren."
Entscheidung des Gerichts:
„Nach dem Ergebnis der im Berufungsverfahren durchgeführten Beweisaufnahme besteht dem Grunde nach ein Schadensersatzanspruch des Klägers gegen die Beklagte sowohl aus §§ 33 S. 1, 20 Abs. 1 GWB aF als auch aus § 823 Abs. 2 BGB iVm Art. 82 EG [jetzt Art. 102 AEUV]."

OLG Frankfurt a. M. Urt. v. 9.12.2014 – 11 U 95/13 (Kart) – Kabelkanalnutzung:[116]
Die klagende Kabelanbieterin betreibt Breitbandkabelnetze für Fernsehen und TK-Dienstleistungen und nutzt für ihr Netz die Kanäle der Telekom Deutschland GmbH. Das Netz hatte die Kl., die zu diesem Zweck gegründet worden war, von der Rechtsvorgängerin der Telekom Deutschland GmbH 2003 erworben. Für die Weiternutzung ihrer Kanäle verlangt die Telekom eine Vergütung, die anlässlich der Übernahme mit der Kl. ausgehandelt wurde. Der Vertrag sieht zu Gunsten der Kl. ein Recht zur ordentl. Kündigung und zu Gunsten der Bekl. eine Anpassung der vereinbarten Vergütung bei Kostensteigerungen ab 2007 vor. Der Zugang zu einem Teil der Kabelkanalanlagen der Telekom, der die Hausanschlüsse betrifft, ist nach dem TKG in Bezug auf das Entgelt reguliert. Die von der zuständigen BNetzA 2010 festgesetzten Preise liegen bei etwa einem Drittel der von der Bekl. von der Kl. verlangten Entgelte. Die Kl. meint deshalb, ihr stehe ein Anspruch auf Vertragsanpassung und Rückzahlung der überzahlten Beträge zu (über 400 Mio. EUR). Die Vergütungsvereinbarung mit der Bekl. sei kartellwidrig und daher nichtig. Die Telekom habe mit der Festlegung der vereinbarten Preise bzw. durch die Weigerung, die vertraglich festgelegten Preise dem „Marktpreis" anzupassen, ihre marktbeherrschende Stellung missbräuchlich ausgenutzt.
Aus der Entscheidung des Gerichts: Nach Ansicht des OLG stellt die Weigerung der Telekom, die Vertragspreise anzupassen, keine missbräuchliche Ausnutzung ihrer Marktmacht im Sinne von §§ § 19 Abs. 1 GWB, § 19 Abs. 2 Nr. 2 GWB (n.F.) dar. Die Vergütungsvereinbarung ist daher nicht im Sinne von §§ 134 BGB iVm 19 GWB nichtig. Es konnte nicht festgestellt werden, dass der Preis wegen ihrer marktbeherrschenden Stellung zu Stande gekommen sei. Das vereinbarte Nutzungsentgelt für die Kabelkanäle sei wirtschaftlich betrachtet Teil der von der Klägerin für die Gesamttransaktion zu erbringenden Gegenleistung. Wenn Marktmacht beim Zustandekommen des Unternehmenskaufs für die Festsetzung der Preise keine Rolle gespielt habe, stellt auch die Verweigerung einer Preisreduzierung in einem langfristigen Vertrag nicht ohne weiteres eine Ausnutzung einer marktbeherrschenden Stellung dar. Das Risiko, dass sich ausgehandelte Preise während der Vertragslaufzeit verändern, trägt nach privatrechtlichen Grundsätzen die Klägerin. Zitat aus der Pressemitteilung des Gerichts v. 9.12.2014:

WuW/E DE-R 1051, 1053 – Vorleistungspflicht; BGH Urt. v. 17.3.1998 – KZR 30/96, WuW/E DE-R 134, 136 – Bahnhofsbuchhandel; BGH Urt. v. 25.10.1988 – KVR 1/87, WuW/E 2535, 2539 f. – Lüsterbehangsteine.
[113] KG Urt. v. 25.8.2005 – 2 U 1/05 Kart, WuW 2005, 1285 ff. – Blumendistanzhandel.
[114] BGH Urt. v. 27.9.1962 – KZR 6/61, BGHZ 38, 90 (102) – Treuhandbüro.
[115] Siehe im Urteil Tz. 6–9.
[116] OLG Frankfurt a. M. Urt. v. 9.12.2014 – 11 U 95/13 (Kart), BeckRS 2014, 22876. Siehe auch LG Köln Beschl. v. 12.11.2014 – 90 O 86/12.

„[...] Die zwischen den Parteien im Jahr 2003 getroffene Preisvereinbarung betreffe nämlich den Unternehmenskauf als Ganzes und lasse sich nicht in einen kaufrechtlichen und mietrechtlichen Teil aufspalten. Der gesamte Erwerbsvorgang beruhe auf der Entschließung der Investorengruppe, die Klägerin zwecks Übernahme eines Teils des Breitbandkabelnetzes der Telekom zu gründen. Das vereinbarte Nutzungsentgelt für die Kabelkanäle sei damit wirtschaftlich betrachtet Teil der von der Klägerin für die Gesamttransaktion zu erbringenden Gegenleistung. Damit aber habe die Telekom die anlässlich der Unternehmensübernahme vereinbarten Preise jedenfalls nicht aufgrund ihrer Marktmacht durchgesetzt, weil sie auf dem Markt für die Übernahme von Unternehmen nicht marktbeherrschend war, nachdem den Investoren der Klägerin für die beabsichtigte Investition eine Reihe anderer Alternativen zur Verfügung gestanden habe. [...]"

BGH v. 3.5.1988, KVR 4/87 – GEMA: zur Frage, in welchem Umfang die Verwertungsgesellschaften als marktbeherrschende Unternehmen der Aufsicht der Kartellbehörden unterworfen sind, etwa hins. Ertragsausschüttung und Diskriminierungsverbot

3. Verbotenes Verhalten von Unternehmen mit relativer oder überlegener Marktmacht (§ 20 GWB)

96 Nach § 20 Abs. 1 GWB soll das Diskriminierungsverbot des § 19 Abs. 1 iVm § 19 Abs. 2 Nr. 1 GWB auch gelten, wenn von Unternehmen, die selbst nicht marktbeherrschend sind, kleine und mittlere Unternehmen als Anbieter und Nachfrager einer bestimmten Art von Waren oder gewerblichen Leistungen in der Weise abhängig sind, dass ausreichende oder zumutbare Möglichkeiten, auf andere Unternehmen auszuweichen, nicht bestehen. Infolge der 8. GWB-Novelle 2013 umfasst der Tatbestand des § 20 Abs. 1 GWB nF nicht mehr die weitgehend funktionslose Tatbestandsvoraussetzung, dass ein einem gleichartigen Unternehmen üblicherweise zugänglicher Geschäftsverkehr betroffen war.

97 Weiterhin dürfen nach § 20 Abs. 2 GWB marktbeherrschende Unternehmen ihre Marktstellung nicht dazu ausnutzen, andere Unternehmen im Geschäftsverkehr dazu zu veranlassen oder auch nur aufzufordern, ihnen ohne sachlich gerechtfertigten Grund Vorteile zu gewähren.

98 Gem. § 20 Abs. 3 GWB ist es Unternehmen mit gegenüber kleinen und mittleren Wettbewerbern überlegener Marktmacht verboten, ihre Marktmacht dazu auszunutzen, diese mittelbar oder unmittelbar unbillig zu behindern. Eine solche unbillige Behinderung kann nach § 20 Abs. 3 Nr. 2 GWB darin liegen, dass ein Unternehmen Waren oder gewerbliche Dienstleistungen nicht nur gelegentlich unter Einstandspreis anbietet, es sei denn, dies sei sachlich gerechtfertigt.

99 § 20 Abs. 4 GWB gibt einem Unternehmen, bei dem nach allgemeiner Erfahrung vermutet werden kann, es nutze seine Marktmacht im Sinne des § 20 Abs. 3 GWB aus, die Möglichkeit, diese Vermutung zu widerlegen.

100 Schließlich enthält § 20 Abs. 5 GWB die Pflicht von **Wirtschafts- und Berufsvereinigungen** sowie **Gütezeichengemeinschaften,** Unternehmen aufzunehmen, wenn die Ablehnung eine sachlich nicht gerechtfertigte ungleiche Behandlung darstellen und zu einer unbilligen Benachteiligung des Unternehmens im Wettbewerb führen würde.[117]

4. Boykottverbot, Verbot sonstigen wettbewerbsbeschränkenden Verhaltens (§ 21 GWB)

101 Gem. § 21 Abs. 1 GWB dürfen Unternehmen mit der Absicht, andere Unternehmen unbillig zu behindern, nicht zu **Liefersperren** oder **Bezugssperren** auffordern. Darüber hinaus verbietet § 21 Abs. 2 GWB anderen Unternehmen Nachteile anzudrohen, zuzufügen, Vorteile zu versprechen oder zu gewähren und sie zu einem Verhalten zu veranlassen, das nach dem Kartellrecht nicht zum Gegenstand einer vertraglichen Bindung gemacht werden darf.

102 § 21 Abs. 3 GWB enthält eine **negative Koalitionsfreiheit,** das heißt das Recht, sich nicht zusammen zu schließen oder Vereinigungen beizutreten. § 21 Abs. 4 GWB verbietet einem anderen wirtschaftliche Nachteile zuzufügen, weil dieser ein Einschreiten der Kartellbehörde beantragt oder angeregt hat.

---

[117] → Rn. 103 ff.

5. Wettbewerbsregeln und Sonderregeln

Wirtschafts- und Berufsvereinigungen können nach § 24 Abs. 1 GWB für ihren Bereich Wettbewerbsregeln aufstellen.[118] Hierbei handelt es sich nach der Legaldefinition in § 24 Abs. 2 GWB um Bestimmungen, die das Verhalten von Unternehmen im Wettbewerb zu dem Zweck regeln, eine den Grundsätzen des lauteren oder der Wirksamkeit eines leistungsgerechten Wettbewerbs zuwider laufenden Verhaltens im Wettbewerb entgegen zu wirken und ein diesen Grundsätzen entsprechendes Verhalten im Wettbewerb anzuregen. Das Gesetz bezieht sich auf Wettbewerbsregeln von Verbänden bei dem Verband Deutscher Makler e. V., der Deutschen Margarine Industrie und dergleichen. So lautet etwa eine dieser Wettbewerbsregeln, dass wenn auf Margarinepackungen die Haltbarkeitsdauer angegeben wird, bei vitaminierter Margarine die angegebene Vitaminmenge zum Zeitpunkt des Ablaufs der Haltbarkeitsdauer noch im Produkt enthalten sein muss. Die Kartellbehörde teilt in Wirtschafts- und Berufsvereinigungen auf ihren Antrag die Anerkennung der Wettbewerbsregeln nach § 24 Abs. 3 GWB mit. Gem. § 27 GWB sind die Wettbewerbsregeln dann im Bundesanzeiger oder im elektronischen Bundesanzeiger (www.e-bundesanzeiger.de) zu veröffentlichen.

§ 30 GWB regelt die Preisbindung für Zeitungen und Zeitschriften. Die Preisbindung bildet eine Ausnahme vom Kartellverbot nach § 1 GWB für Zeitungen, Zeitschriften sowie für Bücher nach § 3 BuchpreisbindungsG.

Rechtsprechungsbeispiele:
OLG Frankfurt Urt. v. 20.7.2004 – 11 U 15/04 – Amazon:
Amazon bot Neukunden eine Gutschrift von 5,– EUR für seinen online-Buchhandel an. Das OLG Frankfurt verbot unter Hinweis auf die Vorschriften die Buchpreisbindungsgesetzes diese Werbung, denn es mache keinen Unterschied, ob Amazon das Buch zu einem niedrigeren Preis verkaufe oder den Gutschein von dem gebotenen Buchpreis in Abzug bringe.[119]
OLG Frankfurt Urt. v. 20.7.2004 – 11 U 2/04 – buch.de:
Das Internetunternehmen buch.de schrieb beim Kauf eines preisgebundenen Buches Prämienmeilen gut, die der Kunde bei dem Kauf eines weiteren preisgebundenen Buches wieder einlösen konnte. Pro Buch wurde dem Kunden 1,– EUR gutgeschrieben. Auch diese Praxis untersagte das OLG Frankfurt unter Hinweis auf die zwingenden Normen des Buchpreisbindungsrechts.[120]
OLG Stuttgart, 11.11.2010, 2 U 31/10 – Preisnachlass-Coupon: *„Wird ein Preisnachlass-Coupon beim Kauf von Artikeln ausgegeben, die nicht unter die Buchpreisbindung fallen, dann liegt eine Verletzung des Buchpreisbindungsgesetzes auch dann nicht vor, wenn dieser Coupon beim späteren Kauf eines preisgebundenen Buches preismindernd eingesetzt wird."*[121]

6. Zusammenschlusskontrolle (§§ 35 ff. GWB)

Ein Zusammenschluss von Unternehmen, von dem zu erwarten ist, dass er eine marktbeherrschende Stellung begründet oder verstärkt, ist vom Bundeskartellamt zu untersagen, es sei denn, die beteiligten Unternehmen weisen nach § 36 Abs. 1 GWB nach, dass durch den Zusammenschluss Verbesserungen der Wettbewerbsbedingungen eintreten und dass diese Verbesserungen die Nachteile der Marktbeherrschung überwiegen. Die **Kollisionsregel** für das Verhältnis zwischen nationaler und europäischer Fusionskontrolle ist in Art. 21 der europäischen Fusionskontrollverordnung enthalten.[122]

Durch die 8. GWB-Novelle wurde die Zusammenschlusskontrolle in einigen Punkten verändert und an das europäische Recht angeglichen. So wird der Marktbeherrschungstest in der Fusionskontrolle dem SIEC-Test weichen, da das zentrale Eingreifkriterium gem. § 36 Abs. 1 Satz 1 GWB nun in der erheblichen Behinderung von wirksamem Wettbewerb besteht. Die Marktbeherrschung wird dabei vom Untersagungskriterium zum „Regelbeispiel".

Ein Zusammenschluss, der einen seit mindestens fünf Jahren bestehenden Markt betrifft, auf dem die Gesamtmarktumsätze in Deutschland weniger als EUR 15 Mio. betragen,

---

[118] → Rn. 100 am Ende (zu § 20 Abs. 5 GWB).
[119] OLG Frankfurt Urt. v. 20.7.2004 – 11 U 15/04, NJW 2004, 3122.
[120] OLG Frankfurt Urt. v. 20.7.2004 – 11 U 2/04, CR 2004, 838.
[121] OLG Stuttgart Urt. v. 11.11.2010 – 2 U 31/10, ZUM-RD 2011, 225.
[122] EG-FKVO Nr. 139/2004, ABl. EG 04/L24/1; → Rn. 179 ff.

musste vor Inkrafttreten der 8. GWB-Novelle nicht beim Bundeskartellamt angemeldet werden. Nunmehr ist auch in diesen Fällen der Zusammenschluss anzumelden. Die Bagatellmarktregelung wird aber in die materielle Fusionskontrolle verschoben. Dh die Freigabe des Zusammenschlusses ist zu erteilen, soweit die Fusion nur Märkte mit einem jeweiligen Gesamtumsatz von unter EUR 15 Mio. betrifft – ohne zu prüfen, ob der Zusammenschluss eigentlich untersagt werden müsste (§ 36 Absatz 1 Satz 2 Nr. 2 GWB nF). Das Kartellamt soll prüfen (und die Verantwortung für Marktabgrenzung und Umsatz-Prüfung übernehmen), ob die Umsatzschwelle eingehalten ist. Unverändert bleibt die Schwelle in § 35 Absatz 2 GWB nF, wonach bereits die Anmeldepflicht entfällt, wenn ein nicht abhängiges Unternehmen mit einem weltweiten Umsatz von weniger als EUR 10 Mio. an dem Zusammenschluss beteiligt ist.

108 Im Pressebereich wurde der Zusammenschluss erleichtert. Gem. § 38 Abs. 3 GWB nF ist für den Verlag, die Herstellung und den Vertrieb von Zeitungen, Zeitschriften und deren Bestandteilen nunmehr das Achtfache der Umsatzerlöse in Ansatz zu bringen. § 36 Abs. 1 S. 2 Nr. 3 GWB nF erleichtert die Sanierung von in ihrer Existenz gefährdeten Verlagen. Seit der 8. GWB-Novelle ist die Zusammenschlusskontrolle gem. § 172a SGB V explizit auf Krankenkassen anwendbar. Die Beschränkung auf „freiwillige Vereinigungen von Krankenkassen" zeigt, dass gesetzlich oder sonst hoheitlich angeordnete Zusammenschlüsse nicht erfasst werden.[123]

109 Für Unternehmenszusammenschlüsse von gemeinschaftsweiter Bedeutung iS Art. 1–3 FKVO ist die Europäische Kommission ausschließlich zuständig und das GWB nicht anwendbar, siehe § 35 Abs. 3 GWB. Daran hat auch die EG-Kartellverfahrensverordnung Nr. 1/2003 nichts geändert. §§ 35 GWB sind somit nur anwendbar, wenn der Unternehmenszusammenschluss **keine gemeinschaftsweite Bedeutung** hat.[124]

110 **Rundfunkrechtliche** und **kartellrechtliche** Fusionskontrolle sind dabei **nebeneinander** anzuwenden. Nach § 39 Abs. 1 GWB sind vor dem Vollzug Zusammenschlüsse beim Bundeskartellamt anzumelden. Der Geltungsbereich der Zusammenschlusskontrolle greift gem. § 35 Abs. 1 GWB, wenn im letzten Geschäftsjahr vor dem Zusammenschluss,
1. die beteiligten Unternehmen insgesamt weltweit Umsatzerlöse von mehr als EUR 500 Mio.
und
2. mindestens ein beteiligtes Unternehmen im Inland Umsatzerlöse von EUR 25 Mio. erzielt haben
und
3. ein anderes beteiligtes Unternehmen Umsatzerlöse von mehr als EUR 5 Mio. erzielt hat.[125]

111 Gem. § 35 Abs. 2 GWB soll dessen Absatz 1 nicht gelten, soweit sich ein Unternehmen, dass nicht im Sinne von § 36 Abs. 2 GWB abhängig ist und im letzten Geschäftsjahr weltweit Umsatzerlöse von weniger als EUR 10 Millionen erzielt, mit einem anderen Unternehmen zusammenschließt.

112 Im Verfahren der Zusammenschlusskontrolle kann die Freigabe eines Zusammenschlusses gem. § 40 Abs. 3 GWB mit Bedingungen und Auflagen verbunden werden. Dies soll nach § 40 Abs. 3 S. 2 GWB allerdings nicht zu einer laufenden Verhaltenskontrolle führen.

113 Schließlich enthält § 42 GWB die sogenannte **Ministererlaubnis**, wonach der Bundesminister für Wirtschaft und Technologie auf Antrag die Erlaubnis zu einem vom Kartellamt zuvor untersagten Zusammenschluss erteilen kann, wenn im Einzelfall die Wettbewerbsbeschränkung von gesamtwirtschaftlichen Vorteilen des Zusammenschlusses aufgewogen wird oder der Zusammenschluss durch ein überragendes Interesse der Allgemeinheit gerechtfertigt ist.[126]

---

[123] *Bechtold/Bosch* GWB § 35 Rn. 28, § 36 Rn. 8.
[124] Siehe zum Verhältnis von europäischem zu deutschem Kartellrecht → Rn. 9 ff. sowie zur EG-KartellverfahrensVO Nr. 1/2003 → Rn. 177 f.; im Übrigen *Haberstumpf/Husemann* S. 38 f.
[125] Neu eingeführt durch das dritte Mittelstandsentlastungsgesetz (MEG III) welches am 25.3.2009 in Kraft getreten ist.
[126] Zur Drittbeschwerde im Fusionskontrollverfahren → Rn. 120 ff.

Rechtsprechungsbeispiele:[127]
Axel Springer/ProSiebenSat.1:[128]
Im Jahr 2005/2006 wollte die Axel Springer AG die ProSiebenSat.1 Media AG (P7S 1) durch Erwerb der Aktienmehrheit übernehmen. Die KEK und das Bundeskartellamt untersagten die Übernahme jedoch.[129] Die Axel Springer AG ging gerichtlich gegen diese Untersagungsverfügung vor, allerdings hat das VG München am 8.11.2007 die Untersagung bestätigt.[130] Das Gericht begründete dies folgendermaßen:
- Die Grenze von 25% Zuschaueranteil (§ 26 Abs. 2 S. 2 RStV) habe nicht die Funktion einer verbindlichen Untergrenze für das Betrachten anderer Medienmärkte in der Konzentrationskontrolle.
- Der Beurteilungsspielraum der KEK als besonderes Sachverständigengremium sei nur eingeschränkt justiziabel.
- Die KEK habe ihren Beurteilungsspielraum fehlerfrei ausgeübt.[131]

Diese Begründung wurde in der Literatur heftig kritisiert.[132]

Anteilsveräußerung:[133]
- Nimmt ein vom Bundeskartellamt in einem Fusionskontrollverfahren nach § 54 Abs. 2 Nr. 2 GWB Beteiligter nach Erlass der Freigabeentscheidung ein Angebot auf Übernahme seiner Anteile am Zielunternehmen an, entfällt für seine Beschwerde gegen die Freigabe des Zusammenschlusses die materielle Beschwer. Das gilt auch dann, wenn er weiterhin noch in geringem Umfang Anteile hält.
- Er kann sich im Beschwerdeverfahren auf die Beeinträchtigung seiner Interessen auf einem nachgelagerten Markt berufen, ohne dass er gegenüber der Kartellbehörde einen Beiladungsantrag hätte stellen müssen.
- Er verhält sich widersprüchlich (§ 242 BGB), wenn er im gerichtlichen Verfahren die Freigabe des Zusammenschlusses mit der Begründung angreift, dass der Erwerber, dessen Übernahmeangebot er angenommen hat, durch den Zusammenschluss eine marktbeherrschende Stellung erlange.

7. Monopolkommission und Kartellverfahren

a) Allgemeines. §§ 44 bis 47 GWB sehen vor, dass die Monopolkommission ein Gutachten zu erstellen hat, in dem sie den Stand und die absehbare Entwicklung der Unternehmenskonzentration in der Bundesrepublik Deutschland beurteilt und zu allgemeinen wettbewerbspolitischen Fragen Stellung nimmt. Die Monopolkommission besteht nach § 45 Abs. 1 GWB aus fünf Mitgliedern, die über besondere volkswirtschaftliche, betriebswirtschaftliche, sozialpolitische, technologische oder wirtschaftliche Kenntnisse oder Erfahrungen verfügen müssen.

Kartellbehörden sind gem. § 48 Abs. 1 GWB
- das Bundeskartellamt,
- das Bundesministerium für Wirtschaft und Arbeit,
- die nach Landesrecht zuständigen obersten Landesbehörden.

Nach § 50 GWB sind (neben den europäischen Kartellbehörden) die obersten Landesbehörden und das Bundeskartellamt auch die für die Anwendung der Art. 101 und 102 AEUV[134] zuständigen Wettbewerbsbehörden.

Die Kartellbehörde leitet gem. § 54 Abs. 1 GWB ein Verfahren **von Amts wegen oder auf Antrag** ein. Auch kommt die Einleitung eines Verfahrens aufgrund eines entsprechenden Ersuchens zum Schutz eines Beschwerdeführers nach § 54 Abs. 2 GWB in Betracht. In diesem Fall kann der Beschwerdeführer sogar anonym bleiben. Neben Antragsteller und Antrags-

---

[127] Allgemein zum Rundfunkrecht, *Degenhart* K&R 2009, 289.
[128] KEK Beschl. v. 10.1.2006 – KEK-293, abrufbar unter: http://www.kek-online.de/fileadmin/Download_KEK/Verfahren/kek293prosieben-sat1.pdf.
[129] Zur KEK-Entscheidung: *Gounalakis/Zagouras* AfP 2006, 93; *Pfeifer* Vielfaltssicherung im bundesweiten Fernsehen, BLM-Schriftenreihe 82, S. 48 ff.; *Bornemann* ZUM 2006, 200; *ders.* MMR 2006, 275; *Säcker* K&R 2006, 49; *Hepach* ZUM 2007, 40; Spindler/Schuster/*Holznagel/Grünwald*, Recht der elektronischen Medien, § 26 RStV, Rn. 7; Stellungnahme der Monopolkommission, XVI. Hauptgutachten, Ziff. 105 ff., abrufbar unter http://www.monopolkommission.de/haupt.html.
[130] VG München Urt. v. 8.11.2007 – M 17 K 06.2675, MMR 2008, 427, nicht rechtskräftig; Urteilsbesprechungen: *Hain* K&R 2008, 160; *Hepach* ZUM 2008, 351; *Podszun* MMR 2008, 431.
[131] Vgl. im Detail: *Bremer/Grünwald* MMR 2009, 80.
[132] *Bremer/Grünwald* MMR 2009, 80. mwN.
[133] BGH Beschl. v. 25.9.2007 – KVR 25/06, DB 2008, 1565 (LS).
[134] → Rn. 13 ff.

gegner können auch Personen und Personenvereinigungen, deren Interessen durch die Entscheidung erheblich berührt werden, am Verfahren beteiligt sein, wenn sie auf ihren Antrag hin beigeladen wurden. Der Antrag auf Beiladung eines Dritten, der zwar wirtschaftlich, nicht aber in seinen Rechten betroffen ist (**einfache Beiladung**), darf von der Kartellbehörde nach ihrem Ermessen abgelehnt werden, soweit die Sachaufklärung dadurch gesichert ist, dass andere Unternehmen mit gleichgerichteten Interessen bereits beigeladen worden sind. Es steht allerdings Dritten, die die Voraussetzungen einer Beiladung erfüllen, aber aus oben genannten Gründen dennoch nicht beigeladen wurden, unabhängig von ihrer Beteiligung am Verfahren ein Beschwerderecht gegen die Freigabe des Zusammenschlusses zu.[135]

117 Gegenstand des Kartellverfahrens ist die Überprüfung eines Sachverhalts nach den Maßstäben des in § 1 GWB enthaltenen Kartellverbots, die in den §§ 19 bis 21 GWB vorgesehene Missbrauchsaufsicht und die in §§ 35 ff. GWB geregelte Zusammenschlusskontrolle.

118 Die Kartellbehörden können gem. § 32 GWB Unternehmen oder Vereinigungen von Unternehmen verpflichten, das kartellrechtswidrige Verhalten abzustellen. Sie dürfen weiterhin nachträgliche Feststellungen von Zuwiderhandlungen treffen. Gem. § 32a GWB steht den Kartellbehörden das Recht zu, in dringenden Fällen einstweilige Maßnahmen zu treffen und nach § 32b GWB Verpflichtungszusagen zur Abstellung von kartellrechtswidrigen Verhaltensweisen entgegen zu nehmen sowie nach § 32c GWB unter gewissen Voraussetzungen die Entscheidung zu fällen, nicht tätig zu werden.

119 § 32d GWB enthält das Recht der Kartellbehörden, Freistellungen vom Kartellverbot wieder zu entziehen. Dabei haben sie mit den europäischen Wettbewerbsbehörden zusammen zu arbeiten. Darüber hinaus steht den Kartellbehörden das in § 34 GWB enthaltene Recht der Vorteilsabschöpfung zu.

120 **b) Drittbeschwerde im Fusionskontrollverfahren, Beiladung.** Der Kartellsenat des BGH hat mit seinen beiden Beschlüssen vom 7.11.2006[136] die bestehende Entscheidungspraxis der Oberlandesgerichte zum **Ermessen** bei der Auswahl von Unternehmen, die zu einem Fusionskontrollverfahren **beigeladen** werden wollen, bestätigt.

Rechtsprechungsbeispiel:[137] (Hervorhebungen und Fußnoten der Autorin)

„Die pepcom GmbH (im Folgenden: pepcom) beantragte ihre Beiladung zu zwei Fusionskontrollverfahren.[138] Dabei ging es um den Erwerb eines Unternehmens, das das ehemalige Breitbandkabelnetz der Deutschen Telekom betreibt.
Das Bundeskartellamt hatte den Beiladungsantrag der pepcom aus Gründen der Verfahrensökonomie abgelehnt.[139] Pepcom werde zwar durch das beabsichtigte Zusammenschlussvorhaben erheblich in ihren wettbewerblichen Interessen berührt. Die Belange von Unternehmen wie pepcom seien aber bereits durch die ausgesprochene Beiladung anderer Unternehmen bzw. eines Verbandes berücksichtigt. Die gegen die Ablehnung des Beiladungsantrags erhobenen Beschwerden hatten keinen Erfolg.
Das Oberlandesgericht Düsseldorf hat in beiden Fällen die Rechtsbeschwerde zugelassen und dem Bundesgerichtshof ermöglicht, erstmals zu grundsätzlichen Fragen der Beiladung Dritter im Kartellverwaltungsverfahren Stellung zu nehmen. Der BGH hat die Rechtsbeschwerden zurückgewiesen. Er hat die ständige Rechtsprechung der Oberlandesgerichte bestätigt, wonach der **Kartellbehörde** bei der Entscheidung über einen Antrag auf Beiladung eines Dritten, der zwar wirtschaftlich, nicht aber in seinen Rechten betroffen ist (**einfache Beiladung**), ein **Ermessen** zusteht."

121 Der Gesetzgeber hat im Jahre 2005 in Kartellverwaltungssachen die Möglichkeit eröffnet, nicht in der Hauptsache ergangene Entscheidungen des Oberlandesgerichts mit der Rechtsbeschwerde zum Bundesgerichtshof anzufechten.

122 Der BGH hat die Rechte des von dem Fusionsvorhaben unmittelbar und individuell betroffenen Dritten, der die **subjektiven Voraussetzungen für eine Beiladung erfüllt,** dessen Antrag auf Beiladung aber allein aus Gründen der Verfahrensökonomie abgelehnt worden

---

[135] BGH Beschl. v. 7.11.2006 – KVR 37/05, NJW 2007, 607; BGH Beschl. v. 7.11.2006 – KVR 38/05.
[136] BGH Beschl. v. 7.11.2006 – KVR 37/05, NJW 2007, 607; BGH Beschl. v. 7.11.2006 – KVR 38/05, abrufbar unter www.bundesgerichtshof.de.
[137] Pressemitteilung des BGH Nr. 158/2006, abrufbar unter www.bundesgerichtshof.de.
[138] OLG Düsseldorf Beschl. v. 21.9.2005 – VI-Kart 10/05 (V) – VI-Kart 10/05 (V), abrufbar unter www.justiz.nrw.de.
[139] BKartA Beschl. v. 27.4.2005 – B 7 38/05; BKartA Beschl. v. 25.4.2005 – B 7 22/05.

ist, dadurch gestärkt, dass er – klarstellend gegenüber dem Gesetzeswortlaut – ein Beschwerderecht gegen die Freigabe des Zusammenschlusses bejaht. Nach dem Wortlaut des Gesetzes scheine zwar das Beschwerderecht davon abhängig zu sein, dass der Beschwerdeführer im Verwaltungsverfahren beigeladen gewesen sei. Es sei jedoch mit dem Gleichheitssatz nur schwer zu vereinbaren, wenn der Rechtsschutz im Einzelfall davon abhinge, ob der beantragten Beiladung im Verwaltungsverfahren Gründe der Verfahrensökonomie entgegenstünden. Der BGH hat dadurch die Rechtschutzmöglichkeiten der zum Verfahren aus Gründen der Verfahrensökonomie **nicht beigeladenen**, von dem Fusionsvorhaben aber **unmittelbar und individuell betroffenen Dritten** gegen die Hauptsacheentscheidung erweitert.

Ein **Antrag auf Beiladung** könne **abgelehnt** werden, wenn die Sachaufklärung, die durch eine Beteiligung des Beiladungspetenten erzielt werden könne, dadurch gesichert erscheine, dass **andere Unternehmen mit gleichgerichteten Interessen** bereits beigeladen worden seien.

III. Überblick über wesentliche Regelungen des europäischen Kartellrechts

1. Allgemeines

Die Europäische Union, ihre Organe und alle Mitgliedsstaaten sind im Grundsatz einer offenen Marktwirtschaft im freien Wettbewerb nach Art. 119, 120 AEUV verpflichtet. Diesem Ziel des europäischen Normgebers, einen funktionierenden Wettbewerb in einer freiheitlichen Wirtschaft zu gewährleisten, kommt zwingende Geltung zu.[140]

Gem. Art. 106 Abs. 2 AEUV sind die europäischen Wettbewerbsvorschriften für **öffentliche** und **Monopol-Unternehmen** unter gewissen Voraussetzungen ebenfalls nicht oder nur eingeschränkt anzuwenden.

Die in Art. 101 ff. AEUV enthaltenen Normen regeln den Wettbewerb in der Union.[141] Kernstücke des europäischen Kartellrechts sind
- die **Artikel 101 und 102 AEUV**,
- die **Kartellverfahrensverordnung** Nr. 1/2003 vom 16.12.2002,
- die **Gruppenfreistellungsverordnungen**:
  - für **horizontale** Vereinbarungen: GVO Spezialisierungsvereinbarungen Nr. 1218/2010 vom 14.12.2010 und GVO Forschung und Entwicklung Nr. 1217/2010 vom 14.12.2010,
  - für **vertikale** Vereinbarungen: Vertikal-GVO 330/2010 vom 20.4.2010,
  - für einzelne Sektoren: insbesondere im IT-Bereich relevant ist die **Technologietransfer**vereinbarung TT-GVO Nr. 316/2014 vom 21.3.2014; (für den IT-Bereich kaum relevant: GVO Versicherungssektor Nr. 358/2003 und GVO Kraftfahrzeugsektor Nr. 461/2010),
- die **EG-Fusionskontrollverordnung** EG-FKVO Nr. 139/2004.

Am 26.11.2014 wurde die **EU-Kartellschadensersatzrichtlinie**[142] (Richtlinie 2014/104/EU des Europäischen Parlaments und des Rates über bestimmte Vorschriften für Schadensersatzklagen nach nationalem Recht wegen Zuwiderhandlung gegen wettbewerbsrechtliche Vorschriften der Mitgliedstaaten der Europäischen Union) verabschiedet. Bis zum 27.12.2016 ist die Richtlinie ins nationale Recht umzusetzen. Durch Rechtsvereinheitlichung sollen Kartellschadensersatzklagen und somit die Durchsetzung von Schadensersatz durch private Geschädigte erleichtert werden.[143] Zudem soll die Kronzeugenregelung gestärkt werden, indem die Kronzeugenstellung nicht nur im Verfahren vor den Kartellbehörden sondern auch im zivilrechtlichen Klageverfahren privilegiert wird. Nicht in der Richtlinie geregelt wurde die viel diskutierte Sammelklagebefugnis.[144] Insoweit gibt es zwar eine Empfehlung der Kommission aus 2013.[145] Allerdings müssten wohl zunächst die Mitgliedstaaten ein Sammelklagesystem etablieren.

---

[140] EuGH Urt. v. 21.2.1973 – 6/72, Slg. 1973, 215 Rn. 25 – Continental Can.
[141] Zum Anwendungsbereich des europäischen Kartellrechts → Rn. 24 ff.
[142] ABl. EU 2014 L 349, S. 1. Einzelheiten zum Inhalt siehe → Rn. 260, 267, 279 ff.
[143] *Kühne/Woitz* DB 2015, 1028.
[144] *Kühne/Woitz* DB 2015, 1028 (1032).
[145] ABl. EU 2013 L 201, S. 60.

2. Kartellverbot (Art. 101 AEUV)

127 Nach Art. 101 AEUV sind mit dem gemeinsamen Markt unvereinbar und verboten alle Vereinbarungen zwischen Unternehmen, Beschlüsse von Unternehmensvereinigungen und aufeinander abgestimmte Verhaltensweisen, welche den Handel zwischen den Mitgliedstaaten zu beeinträchtigen geeignet sind und eine Verhinderung, Einschränkung oder Verfälschung des Wettbewerbs innerhalb des gemeinsamen Marktes bezwecken oder bewirken.[146]

128 Art. 101 AEUV findet nicht nur auf **horizontale** Abreden, also Verabredungen zwischen Unternehmen und derselben Wirtschaftsstufe, sondern auch auf **vertikale** Abreden Anwendung.[147] Bis auf das Kriterium der Eignung der Beeinträchtigung des zwischenstaatlichen Handels entspricht die in Art. 101 Abs. 1 AEUV enthaltene Generalklausel im Wesentlichen der in § 1 GWB formulierten Generalklausel.[148]

> **Checkliste:**
>
> Für das Eingreifen des Kartellverbots nach Art. 101 Abs. 1 AEUV sind folgende Tatbestandsvoraussetzungen erforderlich:
> - Eignung zur Beeinträchtigung des Handels zwischen Mitgliedstaaten (Zwischenstaatlichkeitsklausel).
> - Unternehmen.[149]
> - Vereinbarung, Beschluss oder abgestimmte Verhaltensweisen.[150]
> - Verhinderung, Einschränkung oder Verfälschung des Wettbewerbs.[151]
> - Spürbarkeit[152]
> - Keine Ausnahmen.[153]

129 a) **Zwischenstaatlichkeitsklausel.** Das europäische Kartellrecht greift nur ein, wenn das zu würdigende Verhalten **geeignet ist, den Handel zwischen Mitgliedstaaten zu beeinträchtigen.** Diese Eignung wird sehr weit ausgelegt. Der zwischenstaatliche Handel ist in der Regel schon dann tangiert, wenn Unternehmen aus verschiedenen Mitgliedstaaten beteiligt sind. Aber auch wettbewerbsbeschränkende Maßnahmen unter Beteiligung von Unternehmen desselben Staates fallen unter Art. 101 Abs. 1 AEUV, wenn sie geeignet sind, den betroffenen nationalen Markt von anderen Märkten abzuschotten bzw. ausländische Wettbewerber auszuschließen.[154]

Rechtsprechungsbeispiel:[155]
In einer räumlich auf einen Mitgliedstaat beschränkten Alleinvertriebsvereinbarung zwischen einem Hersteller von Computern und einem Händler verpflichtet sich der Händler, nur Geräte des Herstellers zu vertreiben und diese nicht außerhalb der Mitgliedstaaten zu vertreiben. Zwischenstaatlicher Bezug liegt vor.
Zwischenstaatlicher Bezug ist ebenfalls zu bejahen bei
- Exportverbotsklauseln;
- Vertriebsfranchiseverträge zwischen Unternehmen mit Sitz in demselben Mitgliedstaat, wenn sie dem Franchisenehmer verbieten, in einem anderen Mitgliedstaat eine Niederlassung zu eröffnen.

---

[146] Zum systematischen Verhältnis der Begriffe „Bezwecken" und „Bewirken" siehe EuGH Urt. v. 14.3.2013 – C-32/11, EuZW 2013, 716, Rn. 35 ff.
[147] EuGH Urt. v. 13.7.1966 – 56/64 u. 58/64, Slg. 1966, 322, 387 (392) – Grundig-Consten.
[148] Einzelheiten zum Kartellverbot nach § 1 GWB, insbesondere zum funktionalen Unternehmensbegriff etc., siehe → Rn. 41 ff.
[149] → Rn. 43 ff., 46 ff.
[150] → Rn. 48, 50, 51 ff.
[151] → Rn. 58 ff.
[152] → Rn. 63 ff.
[153] Dazu *Haberstumpf/Husemann* S. 44 ff.
[154] EuGH Urt. v. 30.6.1966 – C-56/65, Slg. 1966, 281, (337 ff.) – Société technique minière ./. Maschinenbau Ulm; EuGH Urt. v. 17.7.1997 – C-219/95, Slg. 1997, I-4411, 4437 – Ferrière Nord.
[155] Angelehnt an EuGH Urt. v. 13.7.1966 – 56/64, Slg. 1966, 429 ff. – Consten & Grundig Verkaufs-GmbH v. Komm.

b) Unternehmensbegriff. Nach europäischem Kartellrecht ist der Unternehmensbegriff 130 weit. Darunter fällt „*„jede eine wirtschaftliche Tätigkeit ausübende Einheit unabhängig von ihrer Rechtsform und der Art ihrer Finanzierung [...] selbst wenn diese wirtschaftliche Einheit aus mehreren natürlichen oder juristischen Personen gebildet wird."*[156]

Die Rechtsprechung des EuGH zur (Mit-)Haftung von Konzernobergesellschaften („parental liability doctrine") ist wesentlich strenger als die Rechtsprechung des BGH.[157] Nach des Grundsätzen des EuGH kann der Kartellverstoß einer Tochtergesellschaft der Konzernmutter unter bestimmten Umständen zugerechnet werden, wenn die Tochtergesellschaft trotz eigener Rechtspersönlichkeit ihr Verhalten am Markt nicht autonom bestimmt, sondern im Wesentlichen Weisungen der Muttergesellschaft befolgt. Die Konzernmutter ist dann (Mit-)Adressat einer Bußgeldentscheidung der EU Kommission und haftet als Gesamtschuldner für die Bußgelder. Das kann sogar dann gelten, wenn die Muttergesellschaft als gemeinnützige Stiftung an sich nicht den kartellrechtlichen Unternehmensbegriff erfüllt.[158] 131

Rechtsprechungsbeispiele:
EuGH Urt. v. 29.9.2011 – C-520/09 P u. C-521/09 P – Elf Aquitaine: In dieser Entscheidung hob der EuGH ein Urteil des EuG auf, welches Elf Aquitaine für wettbewerbswidrige Handlungen ihrer Tochtergesellschaft Atofina zur Mitverantwortung zog. Der EuGH entschied, dass weder die Kommission noch das EuG hinreichend dargelegt hatten, warum die Beweise (v.a. finanzielle und strategische Unabhängigkeit der Tochter und Weisungsungebundenheit), die die Mutter zur Widerlegung der Haftungsvermutung vorgelegt hatte, nicht ausreichend gewesen seien.
EuG Urt. v. 27.9.2012 – T-343/06 – Shell/Kommission: Haftung von zwei Muttergesellschaften für Kartellverstöße einer gemeinsamen Tochtergesellschaft und Bedeutung konzerninterner Umstrukturierung. Wirtschaftliche Einheit ist gegeben, wenn die *„Konzernunternehmen Marktverhalten nicht selbständig bestimmen"*. Bei einer 100%-Beteiligung gilt eine widerlegbare Vermutung, dass Muttergesellschaft tatsächlich einen Einfluss ausübt. Grundsätze auch bei geringeren Beteiligungen (vorliegend 40% bzw. 60%) anwendbar. Anstiftungs- oder Anführerverhältnis einer Muttergesellschaft schließt Haftung der anderen Muttergesellschaft nicht aus.
EuGH Urt. 11.7.2013 – C-440/11 P – Gosselin; EuG, Urt. vom 16.6.2011 – T-208/08 u. T-209/08: In **Gosselin Group** gelang der Mutter in der ersten Instanz der Gegenbeweis zur Haftungsvermutung. Entscheidend war nach dem Urteil des EuG, dass in dem fraglichen Zeitraum des Kartellverstoßes keine Hauptversammlung und kein Aufsichtsratstreffen stattfanden, in denen die Mutter, eine Holding, Einfluss auf das Marktverhalten der Tochter hätten nehmen können. Allerdings hat der EuGH die Entscheidung der ersten Instanz aufgehoben:
*„115 Der bloße Umstand, dass Gosselin nicht an der Preisvereinbarung beteiligt war und an keiner Kartellsitzung teilnahm, ist jedoch für sich genommen kein ausreichender Nachweis dafür, dass die Voraussetzungen von Ziff. 29 dritter Gedankenstrich erfüllt sind oder dass Gosselin im Kartell eine begrenzte Rolle gespielt hätte, insbesondere im Hinblick darauf, dass dieses Unternehmen, wie bereits in Rn. 90 des vorliegenden Urteils ausgeführt, nicht für die Teilnahme an der Preisvereinbarung zur Verantwortung gezogen wurde und das Kartell im Zeitraum seiner Beteiligung funktionierte, ohne dass es für die Beteiligten erforderlich war, Sitzungen abzuhalten.
116 Zudem ist festzustellen, dass der Kommission – auch wenn sie [...] die Versagung des genannten mildernden Umstands nicht damit begründen konnte, dass Gosselin für eine einheitliche und fortgesetzte Zuwiderhandlung zur Verantwortung gezogen wurde – zahlreiche unmittelbare Beweise für die Teilnahme von Gosselin an der Provisions- und der Schutzangebotsvereinbarung vorlagen, wie insbesondere aus dem 280. Erwägungsgrund der streitigen Entscheidung hervorgeht. Diese Beweise reichten aber jedenfalls bereits für sich genommen aus, um jede Behauptung einer begrenzten Beteiligung am Kartell zu widerlegen."*

c) „Bezwecken" oder „Bewirken" der Wettbewerbsbeschränkungen. Art. 101 lit. a–e AEUV enthält nicht abschließende Beispiele für die Einschränkung oder Verfälschung des Wettbewerbs innerhalb des gemeinsamen Marktes. Es handelt sich hierbei um 132

---

[156] EuGH Urt. v. 14.12.2006 – C-217/05. Zur Haftung im Konzern nach der neuen EU-Kartellschadensersatzrichtlinie: → Rn. 279 ff., *Kühne/Woitz* DB 2015, 1028. Zur vom BGH entwickelten Figur der „wirtschaftlichen Identität" bei der Rechtsnachfolge in die Bußgeldhaftung: → Rn. 243 f., vgl. *Mäger/von Schreitter* DB 2015, 53; DB 2015, 1581.
[157] EuGH Urt. v. 11.7.2013 – C-440/11 P; EuG Urt. v. 27.9.2012 – T-343/06 – Shell/Kommission. Zur Bußgeldhaftung nach GWB und OWiG → Rn. 237 ff.
[158] EuGH Urt. v. 11.7.2013 – C-440/11 P.

- die unmittelbare oder mittelbare Festsetzung der Ankaufs- und Verkaufspreise oder sonstigen Geschäftsbeziehungen;
- die Einschränkung oder Kontrolle der Erzeugung des Absatzes, der technischen Entwicklung oder der Investitionen;
- die Aufteilung der Märkte oder Versorgungsquellen;
- die Anwendung unterschiedlicher Bedingungen bei gleichwertigen Leistungen und gegenüber Handelspartnern, wodurch diese im Wettbewerb benachteiligt werden;
- die an den Abschluss von Verträgen geknüpfte Bedingung, dass die Vertragspartner zusätzliche Leistungen annehmen, die weder sachlich noch nach Handelsbrauch in Beziehung zum Vertragsgegenstand stehen.

133 Der Tatbestand des Art. 101 AEUV umfasst sowohl **horizontale** als auch **vertikale** Vereinbarungen, **nicht** jedoch **einseitige** Maßnahmen. Es muss aber stets sorgfältig geprüft werden, ob sich die betreffenden Handlungen nicht doch in ein bestehendes Vertragsverhältnis einordnen lassen.

Rechtsprechungsbeispiel:
Wenn ein Hersteller bestimmten Händlern die Zulassung zu einem selektiven Vertragssystem verweigert, weil er das hohe Preisniveau aufrecht erhalten will, fügt sich dieses Vorgehen in die vertraglichen Beziehungen ein, die das Unternehmen mit seinen Wiederkäufern unterhält.[159]

Das systematische Verhältnis von ‚Bezwecken' und ‚Bewirken' hat der EuGH[160] 2013 wie folgt abgegrenzt [Hervorhebungen von der Autorin]:

„33 Einleitend ist daran zu erinnern, dass Vereinbarungen nur dann unter das Verbot des Art. 101 Abs. 1 AEUV fallen, wenn sie „eine Verhinderung, Einschränkung oder Verfälschung des Wettbewerbs innerhalb des Binnenmarkts bezwecken oder bewirken". Nach ständiger Rechtsprechung seit dem Urteil vom 30. Juni 1966, LTM (56/65, Slg. 1966, 282), sind diese Voraussetzungen – wie die Konjunktion „oder" erkennen lässt – alternativ zu verstehen, so dass sich die Notwendigkeit ergibt, zunächst den eigentlichen Zweck der Vereinbarung in Betracht zu ziehen, wobei die wirtschaftlichen Begleitumstände ihrer Durchführung zu berücksichtigen sind.

34 **Wenn** feststeht, dass eine Vereinbarung einen **wettbewerbswidrigen Zweck** verfolgt, **brauchen ihre Auswirkungen auf den Wettbewerb dementsprechend nicht geprüft zu werden.** Lässt jedoch die Prüfung des Inhalts der Vereinbarung keine hinreichende Beeinträchtigung des Wettbewerbs erkennen, sind ihre Auswirkungen zu untersuchen, und es müssen, damit sie vom Verbot erfasst wird, Umstände vorliegen, aus denen sich insgesamt ergibt, dass der Wettbewerb tatsächlich spürbar verhindert, eingeschränkt oder verfälscht worden ist (vgl. Urteile vom 4. Juni 2009, T-Mobile Netherlands ua, C-8/08, Slg. 2009, I-4529, Rn. 28 und 30, vom 6. Oktober 2009, GlaxoSmithKline Services ua/Kommission ua, C-501/06 P, C-513/06 P, C-515/06 P und C-519/06 P, Slg. 2009, I-9291, Rn. 55, vom 4. Oktober 2011, Football Association Premier League ua, C-403/08 und C-429/08, Slg. 2011, I-9083, Rn. 135, sowie vom 13. Oktober 2011, Pierre Fabre Dermo-Cosmtique, C-439/09, Slg. 2011, I-9419, Rn. 34).

35 Die Unterscheidung zwischen „**bezweckten Verstößen**" und „**bewirkten Verstößen**" liegt darin begründet, dass bestimmte Formen der Kollusion zwischen Unternehmen **schon ihrer Natur nach als schädlich** für das gute Funktionieren des normalen Wettbewerbs angesehen werden können (vgl. Urteile vom 20. November 2008, Beef Industry Development Society und Barry Brothers, C-209/07, Slg. 2008, I-8637, Rn. 17, T-Mobile Netherlands ua, Rn. 29, sowie vom 13. Dezember 2012, Expedia, C-226/11, Rn. 36).

36 Bei der Prüfung der Frage, ob eine Vereinbarung eine „**bezweckte**" Wettbewerbsbeschränkung enthält, ist auf den **Inhalt ihrer Bestimmungen** und die mit ihr **verfolgten Ziele** sowie auf den **wirtschaftlichen und rechtlichen Zusammenhang**, in dem sie steht, abzustellen (vgl. Urteile GlaxoSmithKline Services ua/Kommission ua, Rn. 58, Football Association Premier League ua, Rn. 136, sowie Pierre Fabre Dermo-Cosmtique, Rn. 35). Im Rahmen der Beurteilung dieses Zusammenhangs sind auch die Natur der betroffenen Waren und Dienstleistungen, die auf dem betreffenden Markt oder den betreffenden Mrkten bestehenden tatschlichen Bedingungen und die Struktur dieses Marktes oder dieser Märkte zu berücksichtigen (vgl. Urteil Expedia, Rn. 21 und die dort angeführte Rechtsprechung).

37 Ferner ist es den Wettbewerbsbehörden und den Gerichten der Mitgliedstaaten und der Union nicht verwehrt, die **Absicht der Beteiligten** zu berücksichtigen, auch wenn sie **kein notwendiges Element** ist, um

---

[159] EuGH Urt. v. 25.10.1983 – 107/82, AEG, Slg. 1983, 3151.
[160] Zum systematischen Verhältnis der Begriffe „Bezwecken" und „Bewirken" siehe EuGH Urt. v. 14.3.2013 – C-32/11, EuZW 2013, 716 = WuW 2013, 655, Rn. 33–38– Allianz Hungária Biztosító, auch → Rn. 132 ff.; zu EuGH Expedia Rn. 23, 141; siehe auch Rn. 67.

festzustellen, ob eine Vereinbarung wettbewerbsbeschränkenden Charakter hat (vgl. in diesem Sinne Urteil GlaxoSmithKline Services ua/Kommission ua, Rn. 58 und die dort angeführte Rechtsprechung).

38 Im Übrigen hat der Gerichtshof bereits entschieden, dass es für einen wettbewerbswidrigen Zweck bereits ausreicht, wenn die Vereinbarung das Potenzial hat, negative Auswirkungen auf den Wettbewerb zu entfalten, dh wenn sie **konkret geeignet** ist, zu einer Verhinderung, Einschränkung oder Verfälschung des Wettbewerbs innerhalb des Gemeinsamen Marktes zu führen. Ob und in welchem Ausmaß eine solche wettbewerbswidrige Wirkung tatsächlich eintritt, kann allenfalls für die Bemessung der Höhe etwaiger Geldbußen und für Ansprüche auf Schadensersatz von Relevanz sein (vgl. Urteil T-Mobile Netherlands ua, Rn. 31)."

Der EuGH kommt zum Ergebnis, wie schon der Wortlaut des Art. 101 Abs. 1 AEUV nahe legt, dass „Bezwecken" oder „Bewirken" als **Alternativen** zu verstehen sind. Ob ein Bezwecken vorliegt ist anhand der inhaltlichen Bestimmung (der Vereinbarung, des Beschlusses oder der abgestimmten Verhaltensweise) sowie der Zielsetzung, des wirtschaftlichen und rechtlichen Zusammenhangs und der konkreten (objektiven) Eignung (zur Verhinderung, Einschränkung oder Verfälschung des Wettbewerbs) heranzuziehen. Dabei können – müssen aber nicht notwendigerweise – auch subjektive Merkmale der Beteiligten (Absichten) berücksichtigt werden. Ist ein Bezwecken zu bejahen, kommt es auf das Tatbestandsmerkmal „Bewirken" nicht an. 134

Rechtsprechungsbeispiel:
EuGH Urt. v. 13.10.2011 – C-439/09 – Pierre Fabre Dermo-Cosmétique:[161] *„Art. 101 Abs. 1 AEUV ist dahin auszulegen, dass im Rahmen eines selektiven Vertriebssystems eine Vertragsklausel, nach der der Verkauf von Kosmetika und Körperpflegeprodukten in einem physischen Raum und in Anwesenheit eines diplomierten Pharmazeuten erfolgen muss und die ein Verbot der Nutzung des Internets für diese Verkäufe zur Folge hat, eine bezweckte Beschränkung im Sinne dieser Bestimmung darstellt, wenn eine individuelle und konkrete Prüfung des Inhalts und des Ziels dieser Vertragsklausel sowie des rechtlichen und wirtschaftlichen Zusammenhangs, in dem sie steht, ergibt, dass diese Klausel in Anbetracht der Eigenschaften der in Rede stehenden Produkte nicht objektiv gerechtfertigt ist."*

d) Spürbarkeit und De-minimis-Bekanntmachung. Art. 101 AEUV enthält nach ständiger Rechtsprechung als ungeschriebenes Tatbestandsmerkmal das Erfordernis der Spürbarkeit der Wettbewerbsbeschränkung. Für das Spürbarkeitskriterium im Rahmen von Art. 101 Abs. 1 AEUV ist **nicht erforderlich,** dass der **Markt** als solcher, der für die Feststellung der Spürbarkeit der Beeinflussung in zeitlicher und räumlicher Hinsicht abzugrenzen ist, **zwischenstaatlich** ist. 135

Über die Spürbarkeit entscheidet letztlich eine Gesamtbetrachtung der Verhältnisse des Einzelfalls. Die hierbei herangezogenen Kriterien wechseln je nach Struktur des Marktes, der beteiligten Unternehmen und der Art der Wettbewerbsbeschränkung. Im Vordergrund steht jedoch der Marktanteil der beteiligten Unternehmen auf dem jeweiligen Markt.[162] 136

Die Kommission geht davon aus, dass Vereinbarungen zwischen kleinen und mittleren Unternehmen (**KMU**) selten geeignet sind, den Handel zwischen Mitgliedstaaten spürbar zu beeinträchtigen. Mittelgroße Unternehmen sind in der Empfehlung der Kommission[163] derzeit definiert als Unternehmen, die **weniger als 250 Mitarbeiter** haben und deren **Jahresumsatz EUR 50 Mio.** oder **Bilanzsumme EUR 43 Mio.** nicht übersteigt. Die Kommission will Fälle, die wettbewerbsrechtlich belanglos sind, nicht prüfen müssen und in der Lage sein, sich auf problematischere Fälle zu konzentrieren. Gleichzeitig soll der Druck aufgrund der kartellrechtlichen Risiken von KMUs genommen bzw. reduziert werden. Am 30.8.2014 wurde eine novellierte sog De-minimis-Bekanntmachung durch die EU-Kommission bekannt gemacht.[164] Sie gilt gem. Ziff. 14 ausdrücklich auch für Vereinbarungen, die unter keine Gruppenfreistel- 137

---

[161] Weitere Einzelheiten zu diesem Urteil → Rn. 133; im Zusammenhang mit Einschränkungen des Online-Vertriebs → Rn. 399 ff., 410, 417.
[162] Allgemeines zum Spürbarkeitskriterium → Rn. 63, 135 ff.
[163] Grundlage der Einordnung ist Artikel 2 des Anhangs zur Empfehlung der Kommission 2003/361/EG, die seit 1.1.2005 gilt (siehe http://www.bmbf.de/de/20643.php). Die Schwellenwert wurden gegenüber den Empfehlungen der Kommission 96/280/EG angehoben (damals Jahresumsatz maximal EUR 40 Mio. oder Bilanzsumme maximal EUR 27 Mio.).
[164] Bekanntmachung über Vereinbarungen von geringer Bedeutung, die im Sinne des Artikels 101 Absatz 1 des Vertrags über die Arbeitsweise der Europäischen Union den Wettbewerb nicht spürbar beschränken (De-minimis-Bekanntmachung) 2014/C 291/01.

lungsverordnung fallen sowie für sog „ausgeschlossene Beschränkungen". Zusätzlich zu der neuen Bekanntmachung gibt es einen Leitfaden[165] als „Guidance on restrictions of competition „by object" for the purpose of defining which agreements may benefit from the De Minimis Notice", also für die Frage, ob Vereinbarungen unter die Bekanntmachung fallen. Die Bedeutung der De-minimis-Bekanntmachungen besteht im Wesentlichen darin, dass sie das Aufgreifermessen der Kommission sowie ihr Ermessen bei der Festsetzung von Geldbußen wegen Verstößen gegen Art. 101 AEUV einschränkt.[166] Diese Bekanntmachung regelt anhand von Marktanteilsschwellen, wann Unternehmensvereinbarungen im Sinne von Art. 101 Abs. 1 AEUV **keine spürbare** Wettbewerbsbeschränkung darstellen und somit **kein** kartellrechtliches Verfahren nach sich ziehen. Die **Marktanteilsschwellen** liegen bei **10 % (Wettbewerber)** bzw. **15 % (Nicht-Wettbewerber)**. Dies bedeutet jedoch nicht, dass Vereinbarungen zwischen Unternehmen mit höheren Marktanteilen den Wettbewerb automatisch spürbar beschränken. Derartige Vereinbarungen haben möglicherweise unerhebliche Auswirkungen auf den Wettbewerb im gemeinsamen Markt. Doch muss dies im Einzelfall gewürdigt werden. Wichtig ist eine solche Würdigung vor allem bei Vereinbarungen, auf die keine der Gruppenfreistellungsverordnungen der Kommission anwendbar ist.

138 Zudem wird eine Marktanteilsschwelle für **Parallelvereinbarungen mit kumulativen Auswirkungen** auf den Wettbewerb definiert. Es geht um Vereinbarungen auf einem Markt, auf dem „der Wettbewerb durch die kumulativen Auswirkungen nebeneinander bestehender Netze gleichartiger Vereinbarungen beschränkt wirkt, die von mehreren Herstellern oder Händlern errichtet worden sind".[167] Aufgrund der De-minimis-Bekanntmachung besteht für solche nebeneinander bestehenden Netze ähnlicher Vereinbarungen eine Marktanteilsschwelle von 5 %.

139 Die De-minimis-Bekanntmachung definiert die gravierenden Beschränkungen wie **Preisfestsetzung** und **Marktaufteilung**, die normalerweise unabhängig von den Marktanteilen der beteiligten Unternehmen immer untersagt sind. Liegen derartige Beschränkungen vor, so kann die De-minimis-Bekanntmachung **nicht** zur Anwendung gelangen. Für Vereinbarungen zwischen Nicht-Wettbewerbern hält sich die Bekanntmachung an die in der Gruppenfreistellungsverordnung (GVO) 330/2010 für vertikale Vereinbarungen genannten Kernbeschränkungen. Für Vereinbarungen zwischen Wettbewerbern hingegen hält sie sich an die Kernbeschränkungen der GVO 1218/2010 für Spezialisierungsvereinbarungen.[168]

140 Die Kommission wird in Fällen, die in den Anwendungsbereich der neuen Bekanntmachung fallen, weder aus eigener Initiative noch auf Antrag eines Dritten ein kartellrechtliches Verfahren einleiten. Gehen Unternehmen in gutem Glauben davon aus, dass eine Vereinbarung in den Anwendungsbereich der Bekanntmachung fällt, so wird die Kommission keine Geldbußen verhängen.

141 Die neue De-minimis-Bekanntmachung enthält eine stärkere Abstimmung und Bezugnahme auf die Gruppenfreistellungsverordnungen und trägt den Neuerungen in der EuGH-Rechtsprechung Rechnung. Insbesondere die **Expedia-Entscheidung des EuGH**[169] vom 13.12.2012 wurde berücksichtigt, wonach Vereinbarungen, die eine Verhinderung, Einschränkung oder Verfälschung des Wettbewerbs bezwecken, nunmehr automatisch als spürbare Beschränkung des Wettbewerbs gewertet werden. Solche Vereinbarungen fallen unter keinen Umständen unter den Safe Harbour-Schutz. Da die Bekanntmachung nach ihrer Ziff. 5 zwar den Gerichten und Wettbewerbsbehörden der Mitgliedstaaten bei der Anwendung von Artikel 101 AEUV als Leitfaden dienen soll, aber für diese nicht verbindlich ist, gewährt das Safe Harbour Prinzip keine absolute Sicherheit. Die oben genannten Schwellenwerte sind gegenüber der vorherigen Bekanntmachung indes unverändert geblieben. Die bisherige Gutgläubigkeitsausnahme der Ziffer 4 entfällt, wonach die Kommission keine Geldbußen verhängte, wenn die Unternehmen gutgläubig davon ausgingen, dass eine Vereinbarung in

---

[165] Siehe auch SWD(2014) 198 fina; abrufbar unter http://ec.europa.eu/competition/antitrust/legislation/de_minimis_notice_annex.pdf
[166] *Emmerich* § 4 Rn. 46.
[167] Betrifft ua Unternehmen in Sektoren wie Bier oder Mineralöl.
[168] Zu den GVO → Rn. 129 und Rn. 326 ff.
[169] EuGH vom 13.12.2012 – C-226/11, EuZW 2013, 113.

den Anwendungsbereich der Bekanntmachung fiele. Die Konsultation der EU-Kommission zur Überarbeitung der De-minimis-Bekanntmachung endete am 3.10.2013.

Darüber hinaus ist am 18.12.2013 die EU-Verordnungen 1407/2013 über die Anwendung der Art. 107 und 108 des Vertrags über die Arbeitsweise der Europäischen Union auf De-minimis-Beihilfen erlassen worden. Sie ist seit dem 1.1.2014 in Kraft und hat die Regeln aus der vorhergehenden EU-Verordnung Nr. 1998/2006 weitgehend übernommen. Als Schwellenwert wurde der Betrag von EUR 200.000 beibehalten, wobei Sonderregelungen für Straßenverkehrsunternehmen (EUR 100.000) und landwirtschaftliche Unternehmen (gemäß der ebenfalls neuen EU-Verordnung 1408/2013: EUR 15.000) zu berücksichtigen sind.

3. Freistellung (Art. 101 Abs. 3 AEUV und GVO)[170]

Kooperationsvereinbarungen zwischen Unternehmen in den verschiedensten Bereichen – sei es zB über die gemeinsame Entwicklung oder den Vertrieb von Produkten, über gemeinsame Forschung oder über bestimmte Vertriebswege – können Wettbewerbsbeschränkungen im Sinne des Art. 101 Abs. 1 AEUV darstellen und damit verboten und nichtig sein. Folglich müssen alle Vertriebsvereinbarungen, die wettbewerbsbeschränkende Abreden wie Vorzugs-, Vertriebs-, Inhalts- oder auch Ausschließlichkeitsbindungen und dergleichen enthalten, an dem in Art. 101 AEUV enthaltenen Kartellverbot gemessen werden. Aber auch die Bündelung gleichartiger selektiver Vertriebssysteme wird bei einer entsprechenden Auswirkung auf dem Markt an Art. 101 AEUV zu messen sein.[171]

In vielen Fällen ermöglichen gerade bestimmte Kooperationsformen den beteiligten Unternehmen den Eintritt und das Bestehen auf dem Markt. Daher kennt das europäische Recht Ausnahmen vom Kartellverbot.

Art. 101 Abs. 3 AEUV eröffnet die Möglichkeit, Vereinbarungen oder Gruppen von Vereinbarungen zwischen Unternehmen, Beschlüssen oder Gruppen von Beschlüssen von Unternehmensvereinbarungen oder aufeinander abgestimmte Verhaltensweisen oder Gruppen von solchen, die unter angemessener Beteiligung der Verbraucher an dem entstehenden Gewinn zur Verbesserung der Warenerzeugung oder Verteilung oder zur Förderung des technischen oder wirtschaftlichen Fortschritts beitragen, von dem Kartellverbot nach Art. 101 Abs. 1 AEUV freizustellen. Dabei dürfen den beteiligten Unternehmen keine Beschränkungen auferlegt werden, die für die Verwirklichung der oben dargelegten Ziele nicht unerlässlich sind oder bei denen Möglichkeiten eröffnet werden, für einen wesentlichen Teil der betreffenden Waren den Wettbewerb auszuschalten.

> **Checkliste:**
>
> Die Freistellung nach Art. 101 Abs. 3 AEUV erfolgt nach den folgenden Voraussetzungen:
> - Beitrag zur **Verbesserung** der **Warenerzeugung** oder **Warenverteilung** oder zur Förderung des **technischen** oder **wirtschaftlichen Fortschritts**.
> - Angemessene **Beteiligung der Verbraucher** an dem entstehenden Gewinn (etwa durch Preissenkung, Qualitätsverbesserung der Produkte etc).
> - **Unerlässlichkeit** der Wettbewerbsbeeinträchtigung zur Verwirklichung der Ziele.
> - Keine Möglichkeit, für einen wesentlichen Teil der betreffenden Waren den Wettbewerb auszuschalten (dh **keine Marktbeherrschung**).

a) Allgemeines zu den GVO. Bis zum Inkrafttreten der neuen EG-Kartellverfahrensverordnung Nr. 1/2003[172] erfolgte die Freistellung grundsätzlich in Form einer Einzelfallgenehmigung durch die Europäische Kommission. Daneben hatte die Europäische Kommission zur Konkretisierung der Voraussetzungen des Art. 101 Abs. 3 AEUV für bestimmte, als unschädlich erkannte Gruppen von Vereinbarungen sog **Gruppenfreistellungsverordnungen**

---

[170] Zur Anwendung der GVO auf den IT-Bereich → Rn. 326 ff.
[171] Zur Bündeltheorie *Bechtold/Bosch/Brinker* EU-Kartellrecht, Art. 101 Rn. 84, 108, 205.
[172] → Rn. 177 f.

(GVO) erlassen, die seit Inkrafttreten der KartellverfahrensVO Nr. 1/2003 an Bedeutung gewonnen haben. Einige GVO – etwa die Technologietransfer-Gruppenfreistellungsverordnung TT-GVO und die GVO Versicherungssektor – wurden nach Erlass der KartellverfahrensVO novelliert. Von den derzeit gültigen GVO der Europäischen Kommission sind für den IT-Bereich folgende hervorzuheben:[173]

- für **horizontale** Vereinbarungen: GVO Spezialisierungsvereinbarungen Nr. 1218/2010 vom 14.12.2010 und die novellierte GVO Forschung und Entwicklung 1217/2010 vom 14.12.2010, in Kraft seit 1.1.2011;[174] für Altverträge galt noch bis 31.12.2012 die alte F&E-GVO 2659/00 vom 19.11.2000;
- für **vertikale** Vereinbarungen: Vertikal-GVO 330/2010 vom 20.4.2010;
- für einzelne Sektoren: insbesondere im **IT-Bereich** relevant ist die Technologietransfervereinbarungen TT-GVO Nr. 316/14 vom 21.3.2014.

147 Meist sehen die GVO bestimmte **Marktanteilsschwellenwerte** (im Regelfall 20 %, 25 % oder 30 %) vor, ab deren Überschreiten die Freistellung nicht gilt. Dabei wird regelmäßig zwischen konkurrierenden und nicht konkurrierenden Unternehmen unterschieden.

148 Alle GVO sehen die Möglichkeit einer **Entziehung der Freistellung** vor, wenn im Einzelfall ausnahmsweise die Voraussetzungen des Art. 101 Abs. 3 AEUV nicht vorliegen (siehe entsprechend Art. 29 Abs. 2 KartellverfahrensVO Nr. 1/2003). Gem. § 32d GWB hat bei Maßnahmen mit Wirkung im Inland die deutsche Kartellbehörde die Kompetenz der Entziehung der Freistellung.

149 **b) GVO für horizontale Vereinbarungen. Horizontale** Absprachen, also Vereinbarungen zwischen Unternehmen **derselben** Produktions- und Vertriebsstufe, führen regelmäßig zu einer Einschränkung des Wettbewerbs und sind deshalb nach Art. 101 Abs. 1 AEUV – und entsprechend nach § 1 GWB – grundsätzlich **unzulässig**. Gleichwohl ist bei bestimmten Gruppen von horizontalen Vereinbarungen ein wirksamer Wettbewerb und eine angemessene Beteiligung der Verbraucher am entstehenden Gewinn zu erwarten. Daher können für horizontale Beschränkungen die Spezialisierungs-GVO und die F&E-GVO gelten. Diese beiden GVO können im Einzelfall auch im **IT-Bereich** relevant sein.[175] Siehe dazu auch die ergänzenden Leitlinien der Kommission zu horizontalen Wettbewerbsbeschränkungen, va zu den **Technologiemärkten**:[176]

150 *aa) GVO Spezialisierungsvereinbarungen.* Zu den Motiven heißt es in Erwägungsgrund (6) der GVO Nr. 1218/2010 wörtlich:

„Vereinbarungen über die Spezialisierung in der Produktion tragen am ehesten zu Verbesserungen in Produktion und Vertrieb von Waren bei, wenn die Parteien komplementäre Fähigkeiten, Vermögenswerte oder Tätigkeiten einbringen, weil sie dann durch die Ausrichtung auf die Herstellung bestimmter Produkte rationeller arbeiten und die betreffenden Produkte preisgünstiger anbieten können. Dies gilt im Allgemeinen auch für Vereinbarungen über die Spezialisierung in der Vorbereitung von Dienstleistungen. In einer Wettbewerbssituation dürften die Verbraucher angemessene Vorteile daraus ziehen."

151 Erfasst werden Vereinbarungen, Beschlüsse und abgestimmte Verhaltensweisen,
- bei denen ein Beteiligter zugunsten eines anderen auf die Herstellung bestimmter Erzeugnisse oder die Erbringung bestimmter Dienstleistungen verzichtet („**einseitige Spezialisierung**") oder
- bei denen jeder einzelne Beteiligte zugunsten eines anderen auf die Herstellung bestimmter Erzeugnisse oder die Erbringung bestimmter Dienstleistungen verzichtet („**gegenseitige Spezialisierung**") oder
- bei denen sich die Beteiligten verpflichten, bestimmte Erzeugnisse nur gemeinsam herzustellen oder bestimmte Dienstleistungen nur gemeinsam zu erbringen („**gemeinsame Produktion**").[177]

---

[173] → Rn. 326 ff.
[174] → Rn. 154 f.
[175] Einzelheiten dazu → Rn. 326 ff.
[176] Leitlinien zu horizontalen Wettbewerbsbeschränkungen, Amtsblatt der Europäischen Gemeinschaften vom 6.1.2001, 2001/C 3/02.
[177] Art. 1 GVO Spezialisierungsvereinbarungen.

Ein Beispiel für eine **einseitige** Spezialisierungsvereinbarung kann etwa ein **Outsourcing**- 152
Vertrag sein. Dabei ist zu beachten, dass nach Art. 4 dieser GVO die Freistellung nur
eintritt, wenn die Summe der Marktanteile, berechnet gem. Art 6 dieser GVO anhand des
Absatzwertes der beteiligten Unternehmen am **relevanten Markt, 20%** nicht überschreitet.

In Art. 5 Abs. 1 der GVO Spezialisierungsvereinbarungen sind sogenannte „**schwarze** 153
Klauseln" aufgezählt. Danach gilt die Freistellung **nicht** für Vereinbarungen, Beschlüsse und
Verhaltensabstimmungen, die unmittelbar oder mittelbar, für sich allein oder in Verbindung
mit anderen Umständen unter der Kontrolle der Vertragsparteien Folgendes bezwecken:
- die Festsetzung von Preisen für den Verkauf der Produkte an dritte Abnehmer,
- die Beschränkung der Produktion oder des Absatzes oder
- die Aufteilung von Märkten oder Abnehmerkreisen.

Gem. Art. 5 Abs. 2 dieser GVO sind als sog „**weiße Klauseln**" zulässig:
- Festlegungen von Produktionsmengen sowie
- bei gemeinsamen Produktionsunternehmen die Festsetzung von Absatzzielen und Preisen, die das gemeinsame Produktionsunternehmen seinen unmittelbaren Abnehmern in Rechnung gestellt hat.

bb) GVO Forschung und Entwicklung (F&E). Zu beachten ist, dass Unternehmen über- 154
haupt erst dann auf die Freistellung angewiesen sind, wenn eine F&E Vereinbarung eine
spürbare Wettbewerbsbeschränkung enthält. Dies ist bei Unternehmen mit geringen Marktanteilen (siehe de-minimis-Bekanntmachung) nicht der Fall und regelmäßig auch nicht im
Bereich der Grundlagenforschung.[178]

Die neue F&E GVO Nr. 1217/2010 baut im Wesentlichen auf der Struktur der alten F&E 155
GVO Nr. 2659/2000 auf. Die Begriffsbestimmungen in Art. 1 wurden aber erweitert. Der
Anwendungsbereich wurde im Vergleich zur alten F&E GVO ausgedehnt und erstreckt sich
nunmehr ausdrücklich auch auf die sogenannte Auftragsforschung und -entwicklung. Erfasst wird damit auch der Fall, in dem ein Vertragspartner die Ausführung der F&E-Leistungen übernimmt und der andere Vertragspartner nur die Finanzierung. Es wird also
keine Gleichwertigkeit der Beiträge verlangt.

Art. 2 enthält die Freistellung als solche. Die positiven Freistellungsvoraussetzungen fol- 156
gen aus Art. 3. Die Freistellung nach der F&E GVO gilt im Wesentlichen unter folgenden
Kernvoraussetzungen:
- **Alle Vertragsparteien** müssen **Zugang** zu den **Ergebnissen** der „gemeinsamen" Forschungs- und Entwicklungsarbeiten für weitere Forschungs- oder Verwertungszwecke haben.
- In Fällen, in denen die Forschungs- und Entwicklungsvereinbarung lediglich die gemeinsame Forschung und Entwicklung vorsieht (und nicht die gemeinsame Verwertung), muss es **jeder Vertragspartei** freistehen, die dabei erzielten Ergebnisse und vorher bestehendes, für die Verwertung erforderliches Know-how **selbständig zu verwerten**.
- Eine gemeinsame Verwertung muss **Ergebnisse** betreffen, die **durch Rechte an geistigem Eigentum geschützt** sind oder Know-how darstellen, das wesentlich zum technischen oder wirtschaftlichen Fortschritt beiträgt, und die Ergebnisse müssen für die Herstellung der Vertragsprodukte oder für die Anwendung der Vertragsverfahren von **entscheidender Bedeutung** sein.
- Die bei einer Aufgabenteilung mit der Herstellung betrauten Unternehmen müssen **Lieferaufträge aller Vertragsparteien erfüllen**, es sei denn, dass die Forschungs- und Entwicklungsvereinbarung auch den **gemeinsamen Vertrieb** vorsieht.

Zu den Marktanteilsschwellen siehe Art. 4 iVm Art. 7. Die Marktanteilsschwelle und 157
Freistellungszeiträume sind im Vergleich zur F&E GVO 2659/2000 unverändert geblieben.
Bei Wettbewerbern gilt die Freistellung nur, wenn die addierten Anteile der beteiligten Unternehmen auf dem relevanten Markt 25% nicht überschreitet. Sind die beteiligten Unternehmen keine Wettbewerber, so ist die Freistellung auf die Zeit der gemeinsamen Forschung
und Entwicklung begrenzt, bei gemeinsamer Verwertung auf maximal 7 Jahre.

---

[178] *Besen/Slobodenjuk* GRUR 2011, 300 (306).

158 Die grds. nicht freistellungsfähigen Kernbeschränken („schwarze Liste") sind in Art 5 geregelt. Neu ist eine sogenannte „graue Liste" (Art. 6),[179] die es ähnlich allerdings in der Vor-Vorgängerverordnung 418/85 gab. Enthält der F&E-Vertrag eine graue Klausel, führt dies zur Nichtfreistellung der jeweiligen Klausel, während die F&E GVO auf den F&E Vertrag im übrigen Anwendung findet.

Übergangszeitraum (bis 31.12.2012) und Geltungsdauer der neuen GVO sind in Art. 8 und 9 geregelt.

159 **c) Technologietransfer-Gruppenfreistellungsverordnung.** Am 1.5.2014 trat eine novellierte Gruppenfreistellungsverordnung für Technologietransfervereinbarungen (TT-GVO Nr. 316/2014) in Kraft, die die alte TT-GVO Nr. 772/2004 ablöste.[180]

Ziele der Novelle waren ua:
- Klarstellung, dass die TT-GVO nur Anwendung findet, wenn der Anwendungsbereich der F&E- oder der Spezialisierungs-Gruppenfreistellungsverordnung nicht eröffnet ist (Schwierigkeiten im Anwendungsbereich gerade bei Software-Verträgen!).
- Voraussetzung für die Anwendung auf Lizenzvereinbarungen soll künftig sein, dass diese Bestimmungen „*unmittelbar und ausschließlich mit der Produktion der Vertragsprodukte*" verbunden sind. Bislang kam es auf den wesentlichen Gegenstand der Vereinbarung an.
- Marktanteilsschwellen wurden – entgegen ursprünglichen Plänen der EU-Kommission (Senkung in bestimmter Konstellation von 30% auf 20% vorgeschlagen) – nun doch nicht verschärft.
- Exklusive Rücklizenz-Verpflichtungen, die den Lizenznehmer verpflichten, für eigene Verbesserungen der lizenzierten Technologie dem Lizenzgeber eine Lizenz zu erteilen, und Kündigungsklauseln fallen nicht mehr in den Anwendungsbereich der TT-GVO. Diese Beschränkungen sind nun im Einzelfall zu prüfen.
- Die Änderungen in den Leitlinien konzentrieren sich insbesondere auf die Kapitel zu Streitbeilegungsvereinbarungen und Technologiepools.

Checkliste:

Die TT-GVO ist – verkürzt dargestellt – gemäß Art. 1–3 TT-GVO anwendbar auf:
- Technologie-Transfervereinbarungen
- zwischen zwei Unternehmen
- mit Marktanteilen bei Wettbewerbern von gemeinsam nicht mehr als 20%, bei Nicht-Wettbewerbern von je nicht mehr als 30%, bei parallelen Netzen gleichartiger Vereinbarungen nicht mehr als 50% des relevanten Markts (siehe Art. 3, 7 und 8 der TT-GVO)
- die sich auf den Erwerb von Produkten durch den Lizenznehmer oder auf Übertragung von Rechten des geistigen Eigentums oder von Know-how auf den Lizenznehmer beziehen über die Vergabe von Technologielizenzen,
- soweit diese Bestimmungen unmittelbar mit der Produktion oder dem Verkauf von Vertragsprodukten verbunden sind.

---

160 Unter den Begriff der Technologie-Rechte fallen nach Art. 1 Abs. 1b) vii) auch „Software-Urheberrechte", was terminologisch unsauber und nicht abgestimmt ist mit der Terminologie der Computerrechtsrichtlinie 2009/24/EG. Somit bleibt im Unklaren, ob „Software-Urheberrechte" nur Urheberrechte an Computerprogrammen umfasst oder auch Datenbankurheberrechte bzw. Datenbankrechte nach §§ 87a ff. UrhG oder auch sonstige Urheberrechte im Zusammenhang mit Software etwa Designschutz/Oberflächen-Schutz als Grafik oder technische Zeichnung.[181] Auch so genannte **„Know-how Vereinbarungen"** fallen in den Anwendungsbereich der TT-GVO. Know-how wiederum ist gemäß Art. 1 Abs. 1i) TT-GVO

---

[179] *Besen/Slobodenjuk* GRUR 2011, 300 (301).
[180] Einzelheiten → Rn. 329 ff., 336 ff.
[181] Einzelheiten siehe *Brandi-Dohrn/Conrad/Lejeune/Stögmüller*, Stellungnahme der DGRI zum Entwurf der TT-GVO, 17.5.2013, abrufbar unter www.dgri.de.

III. Überblick über wesentliche Regelungen des europäisches Kartellrecht

„eine Gesamtheit nicht patentierter praktischer Kenntnisse, die durch Erfahrungen und Versuche gewonnen werden und die
a) geheim, dh nicht allgemein bekannt und nicht leicht zugänglich sind,
b) wesentlich, dh die für die Produktion der Vertragsprodukte von Bedeutung und nützlich sind, und
c) identifiziert sind, dh umfassend genug beschrieben sind, so dass überprüft werden kann, ob es die Merkmale „geheim" und „wesentlich" erfüllt".[182]

Eine Freistellung nach TT-GVO – die nach deutschem Kartellrecht über § 2 Abs. 1 GWB in Bezug genommen wird – hat für die beteiligten Unternehmen den Vorteil, dass sie **keine zeitliche Begrenzung** der Wettbewerbsklausel verlangen. 161

d) Gruppenfreistellungsverordnung für vertikale Beschränkungen und Vertriebswege (Vertikal-GVO 330/2010).[183] Die alte Vertikal-GVO zur Beurteilung der Gruppenfreistellung von Vertriebsvereinbarungen (**vertikalen** Wettbewerbsbeschränkungen) war seit dem 1. Januar 2000 in Kraft (Verordnung EG Nr. 2790/1999) und lief am 31.5.2010 aus. Die Europäische Kommission hat eine neue Vertikal-GVO (Nr. 330/2010/EU) erlassen, die zum 1.6.2010 in Kraft getreten ist. 162

Gemäß Art. 2 Abs. 1 Vertikal-GVO 330/2010 sind Vereinbarungen oder abgestimmte Verhaltensweisen zwischen zwei oder mehr Unternehmen, von denen jedes für die Zwecke der Vereinbarung oder der abgestimmten Verhaltensweise auf einer **unterschiedlichen Produktions- oder Vertriebskette** tätig ist, und welche die Bedingungen betreffen, zu denen die beteiligten Unternehmen bestimmte Waren oder Dienstleistungen beziehen, verkaufen oder weiterverkaufen können („**vertikale** Vereinbarungen"), **zulässig**.[184] 163

Weil bei Vertriebsverträgen vertragliche Bindungen häufig auch positive Auswirkungen haben können, erklärt die Vertikal-GVO 330/2010 die Anwendung von Art. 101 Abs. 3 AEUV auf Gruppen von vertikalen Vereinbarungen und aufeinander abgestimmten Verhaltensweisen für rechtmäßig, wenn bestimmte Anteile am relevanten Markt nicht überschritten werden und bestimmte Inhalte nicht vereinbart werden. 164

Gemäß Art. 3 Abs. 1 Vertikal-GVO aF (Verordnung EG Nr. 2790/1999) galt die Freistellung nicht, wenn der **Anteil** des **Lieferanten** an dem **relevanten Markt**, auf dem Vertragswaren oder Dienstleistungen angeboten oder verkauft werden, **30 %** überschritten hat. Im Falle von vertikalen Vereinbarungen, die Alleinbelieferungsverpflichtungen enthalten, galt die Freistellung ebenfalls, wenn der Anteil der Käufer an dem relevanten Markt, auf dem er die Vertragswaren oder Vertragsdienstleistungen verkauft, 30% nicht überschritten hat. Dabei bezieht sich der sachlich relevante Markt auf alle Waren oder Dienstleistungen, die vom Käufer hinsichtlich ihrer Eigenschaften oder Preise sowie des Verwendungszwecks als Austauschware angesehen werden. Es kommt somit entscheidend auf die Sicht der Marktgegenseite an (sogenanntes **Bedarfsmarktkonzept**).[185] 165

Die derzeit gültige Vertikal-GVO 330/2010 sieht demgegenüber eine **weitere Marktanteilsschwelle** vor. Eine Freistellung der jeweiligen Vertikalvereinbarung vom Kartellverbot gilt hiernach nur, wenn **keines** der an der Vereinbarung **beteiligten** Unternehmen einen Anteil von mehr als **30%** an einem von der Vereinbarung betroffenen relevanten Markt hält. Dies führt zu einer für die Unternehmen schwierigen Situation. Während der Anbieter einer Ware seinen eigenen Marktanteil in der Regel gut einschätzen kann, ist ihm dies für die Marktanteile seiner Abnehmer auf deren Märkte in der Regel unbekannt. Dies hat zur Konsequenz, dass die Unternehmen vor Abschluss einer vertikalen Vertriebsvereinbarung für jedes beteiligte Unternehmen den jeweils relevanten Markt und den jeweils relevanten Markt- 166

---

[182] Zur Anwendbarkeit der TT-GVO auf IT-Verträge → Rn. 326 ff.
[183] Zur Anwendbarkeit der Vertikal-GVO auf Softwareverträge → Rn. 326 ff.
[184] Vgl. Verordnung (EG) Nr. 2790/1999 vom 22. Dezember 1999 über die Anwendung von Artikel 81 Abs. 3 EG auf Gruppen von vertikalen Vereinbarungen und aufeinander abgestimmten Verhaltensweisen, Amtsblatt der Europäischen Gemeinschaften vom 29.12.1999, L 336/21; siehe auch Leitlinien der Kommission zu vertikalen Vereinbarungen, Amtsblatt der Europäischen Gemeinschaften vom 13.10.2000, C 291/1; *Kapp*, Kartellrecht in der Unternehmenspraxis, S. 81 ff.
[185] Vgl. Loewenheim/Meessen/Riesenkampff/*Baron* Kartellrecht Band 1 GVO, Art. 3, Rn. 15; Richtlinie der Kommission für vertikale Beschränkungen, 2000/C 291/01, Rn. 90; *Bechtold/Bosch/Brinker*, EU-Kartellrecht, VO 330/2010, Art. 3 Rn. 3 f.

anteil ermitteln müssen. Dies kann beispielsweise durch Branchenverbände und/oder Marktforschungsinstitute geschehen.[186]

Beispiel:
Ein deutsches Unternehmen hält auf dem relevanten Markt in Deutschland für das von ihm vertriebene Produkt einen Marktanteil von etwas unter 50%. Es bezieht ca. 95% dieser Waren von seinem im europäischen Ausland ansässigen Lieferanten. Die Waren werden gemäß den Kundenwünschen im europäischen Ausland hergestellt, dort wird bereits die Marke des deutschen Unternehmens aufgebracht, die Ware wird dann in ein zentrales Auslieferungslager in Deutschland verbracht und von dort an die Kunden ausgeliefert. Hersteller und Händler wollen zunächst einen auf fünf Jahre befristeten exklusiven Vertriebsvertrag abschließen. Danach darf der Hersteller nicht an Kunden in Deutschland unmittelbar oder mittelbar am Händler vorbei verkaufen. Der Händler verpflichtet sich im Gegenzug, keine Verkäufe der Waren in andere europäische Länder vorzunehmen, weil der Händler dort bei einem Marktanteil in Europa von weit unter 30% weitere exklusive Vertragshändler verpflichtet hat.

167   Der Abschluss eines solchen exklusiven Vertriebsvertrages würde zunächst gegen Art. 101 AEUV verstoßen. Der Genuss einer Freistellung vom im Art. 101 AEUV geregelten Kartellverbot scheidet deshalb aus, weil der Anteil auf dem insoweit interessierenden relevanten Markt in Deutschland 30% überschreitet, vgl. Art. 3 GVO. Überdies würde eine solche Vereinbarung ebenfalls gegen § 1 GWG verstoßen, da ein Verhalten, welches nach GVO nicht erlaubt ist, zur Unzulässigkeit auch nach deutschem Recht führt.

168   Nach dem Art. 2 Abs. 2 Vertikal-GVO 330/2010 gilt die Freistellung nach Art. 2 Abs. 1 Vertikal-GVO 330/2010 nur dann für vertikale Vereinbarungen zwischen einer Unternehmensvereinigung und ihren Mitgliedern oder zwischen einer solchen Vereinbarung und ihren Anbietern, wenn alle Mitglieder der Vereinigung Wareneinzelhändler sind und wenn keines ihrer Mitglieder zusammen mit seinen verbundenen Unternehmen einen jährlichen Gesamtumsatz von mehr als EUR 50 Mio. erwirtschaftet.

169   Gemäß Art. 2 Abs. 3 Vertikal-GVO 330/2010 darf die Vereinbarung nicht die Übertragung **geistiger Eigentumsrechte** betreffen. In der Vertikal-GVO 330/2010 sind zudem Vereinbarungen mit bestimmten Inhalten **nicht freigestellt**. Diese sog **Kernbeschränkungen** sind gem. Art. 4 Vertikal-GVO 330/2010 Vereinbarung mit ua folgenden Inhalt:
- Die Beschränkung der Möglichkeiten des Käufers, seinen Verkaufspreis selbst festzusetzen. Dies gilt unbeschadet der Möglichkeit des Lieferanten, Höchstverkaufspreise festzusetzen oder Preisempfehlungen auszusprechen, sofern sich diese nicht infolge der Ausübung von Druck oder der Gewährung von Anreizen durch eine der Vertragsparteien tatsächlich wie Fest- oder Mindestverkaufspreise auswirken.
- Beschränkungen des Gebiets oder des Kundenkreises, in das oder an den der Käufer Vertragswaren oder -dienstleistungen verkaufen darf. (Hiervon enthält Art. 4 der Vertikal-GVO Ausnahmen).
- Die Beschränkung des aktiven oder passiven Verkaufs an Endverbraucher durch auf der Einzelhandelsstufe tätige Mitglieder eines selektiven Vertriebssystems; dies gilt unbeschadet der Möglichkeit, Mitgliedern des Systems zu untersagen, Geschäfte von nicht zugelassenen Niederlassungen aus zu betreiben.
- Die Beschränkung von Querlieferungen zwischen Händlern innerhalb eines selektiven Vertriebssystems, auch wenn diese auf verschiedenen Handelsstufen tätig sind.
- Die zwischen einem Anbieter von Teilen und einem Abnehmer, der diese Teile weiterverwendet, vereinbarte Beschränkung der Möglichkeit des Anbieters, die Teile als Ersatzteile an Endverbraucher oder an Reparaturbetriebe oder andere Dienstleister zu verkaufen, die der Abnehmer nicht mit der Reparatur oder Wartung seiner Waren betraut hat.

170   Damit ist beispielsweise eine Vereinbarung, durch welche ein Großhändler seine Einzelhändler verpflichtet, die Ware zu einem bestimmten Fest- oder Mindestpreis zu verkaufen, unzulässig.

171   Auch ist eine Vereinbarung mit dem **Verbot gewisse Produkte über das Internet zu vertreiben weitgehend unzulässig**. Anbietern von Markenware wollen häufig keinen Vertrieb ihrer Waren auf Onlineplattformen, da hierdurch eine Markenverwässerung droht. Die Europäi-

---

[186] *Andrelang* Deutscher Anwaltspiegel, Printausgabe 2009/2010, S. 92.

sche Kommission sieht im Internetvertrieb jedoch ein verbraucherfreundliches Mittel, welches den Preiswettbewerb ebenso fördert wie den grenzüberschreitenden Handel zwischen den EU-Mitgliedstaaten. Ein generelles Verbot des Internetvertriebs ist deshalb unzulässig. Zulässig wären jedoch Vorgaben des Anbieters zum Betrieb eines Ladengeschäfts neben dem Internetshop sowie Vorgaben zur Produktpräsentation im Laden und im Internet.[187]

Nach Art. 5 Vertikal-GVO 330/2010 gilt die Freistellung nach Art. 2 Vertikal-GVO 330/2010 nicht für vertikale Vereinbarungen, die folgende Verpflichtungen enthalten:
- unmittelbare oder mittelbare Wettbewerbsverbote, die für eine unbestimmte Dauer oder für eine Dauer von **mehr als fünf Jahren** vereinbart werden,
- unmittelbare oder mittelbare Verpflichtungen, die den Abnehmer veranlassen, Waren oder Dienstleistungen nach Beendigung der Vereinbarung nicht herzustellen, zu beziehen, zu verkaufen oder weiterzuverkaufen (**nachvertragliches Wettbewerbsverbot**),
- unmittelbare oder mittelbare Verpflichtungen, die die Mitglieder eines selektiven Vertriebssystems veranlassen, **Marken bestimmter konkurrierender Anbieter nicht zu verkaufen**.

Enthält eine vertikale wettbewerbsbeschränkende Vereinbarung **keine zeitliche Begrenzung**, stellt sich die Frage, ob eine sogenannte **geltungserhaltende Reduktion** in zeitlicher Hinsicht zulässig ist. Fraglich ist also, ob die Wettbewerbsbeschränkung so ausgelegt bzw. umgedeutet werden kann, dass sie bis zur zulässigen zeitlichen Höchstgrenze von 5 Jahren wirksam ist. Für **horizontale** Vereinbarungen wird eine solche geltungserhaltende Reduktion nach ganz herrschender Meinung **abgelehnt**. Für **vertikale** Vereinbarungen vertreten die **Rechtsprechung** und Teile der Literatur, dass eine Wettbewerbsbeschränkung **per se unwirksam** ist, die länger als 5 Jahre oder für unbestimmte Zeit gelten soll.[188]

4. Missbrauch einer marktbeherrschenden Stellung (Art. 102 AEUV)

Artikel 102 AEUV verbietet den Missbrauch einer marktbeherrschenden Stellung durch einen oder mehrere Unternehmen, soweit dieser dazu führen kann, den Handel zwischen den Mitgliedstaaten zu beeinträchtigen. Artikel 102 AEUV verbietet nicht den Erwerb einer marktbeherrschenden Stellung, sondern lediglich deren Missbrauch.[189] Eine andere Beurteilung soll allerdings dann gelten, wenn die beherrschende Stellung mit dem Unternehmen durch die Verleihung ausschließlicher oder besonderer Rechte des Staates verschärft wurde. Dann soll die Existenzberechtigung der marktbeherrschenden Stellung als solche zu prüfen sein.[190]

Die Tatbestandsvoraussetzungen des Art. 102 AEUV sind:[191]
- Zwischenstaatlichkeit,[192]
- Unternehmen,
- Relevanter Markt,
- Marktbeherrschung,
- Missbrauch.[193]

Art. 102 AEUV enthält neben der in S. 1 enthaltenen Generalklausel in S. 2 eine Reihe nicht abschließend aufgezählter Beispielsfälle. Danach kann der **Missbrauch einer marktbeherrschenden Stellung** insbesondere in Folgendem bestehen:
- Unmittelbare oder mittelbare Erzwingung von unangemessenen Einkaufs- oder Verkaufspreisen oder sonstigen Geschäftsbedingungen.
- Einschränkung der Erzeugung des Absatzes oder technischen Entwicklung zum Schaden der Verbraucher.

---

[187] *Andrelang* Deutscher Anwaltspiegel, Printausgabe 2009/2010, S. 94, Einzelheiten → Rn. 399 ff.
[188] OLG Düsseldorf Urt. v. 7.11.2001 – U [Kart] 31/00, DB 2002, 943 zum Unwirksamwerden wettbewerbsbeschränkender Abreden in einem langfristigen Gaslieferungsvertrag mit Wegfall der Freistellung infolge Aufhebung von § 103 Abs. 1 Nr. 1 GWB; *Marker* WuW 2002, 578; *Martinek* Vertriebsrecht § 31 Rn. 75; aA (Mindermeinung) nämlich geltungserhaltende Reduktion zumindest partiell für zulässig erachtet: *Canaris* DB 2002, 930; *Ritter* WuW 2002, 362; differenzierend *Schultze/Pautke/Wagener* Rn. 857 ff.
[189] EuGH Rs. 311/84, CBEM/CLT.
[190] Vgl. *Ekey* S. 177.
[191] Einzelheiten zu den Tatbestandsmerkmalen → bei § 19 GWB unter Rn. 79 ff.
[192] → Rn. 124 ff.
[193] *Haberstumpf/Husemann* S. 52 f.

- Anwendung unterschiedlicher Bedingungen bei gleichwertigen Leistungen gegenüber Handelspartnern, wodurch diese im Wettbewerb benachteiligt werden.
- Der an den Abschluss von Verträgen geknüpften Bedingungen, dass die Vertragspartner zusätzliche Leistungen annehmen, die weder sachlich noch nach Handelsbrauch in Beziehung zum Vertragsgegenstand stehen.

Rechtsprechungsbeispiel:
Wenn ein marktbeherrschendes Unternehmen sich bemüht, mit Preisen für seine Produkte, die unter den durchschnittlichen variablen Kosten liegen, einen Wettbewerber zu bekämpfen, kann hierin ein Missbrauch einer marktbeherrschenden Stellung nach Art. 102 AEUV gesehen werden.[194]

176 Die Praxis der Kommission kann etwa an folgenden Entscheidungen der Kommission gemessen werden:

Rechtsprechungsbeispiele:
IBM
Im Gegensatz zu einem Verfahren in den USA hatte die Kommission gegenüber IBM in Europa insofern Erfolg, als IBM sich 1984 verpflichtete, den Herstellern von Peripheriegeräten und Software rechtzeitig die aktuellen Schnittstelleninformationen zukommen zu lassen. Hintergrund war, dass 1981 der IBM-PC auf den Markt kam und dieser sich hinsichtlich seiner Spezifikation und Schnittstellen als de-facto-Standard durchsetzte. Das Schlagwort von der „IBM-Kompatibilität" kennzeichnete die Notwendigkeit, die entsprechenden Informationen frühzeitig zu erhalten. Hierzu gibt es also keine behördliche bzw. gerichtliche Entscheidung, sondern eine Verpflichtung seitens IBM. Allerdings hat dieses Verfahren durchaus indirekt Wirkung gezeigt, als spiegelbildlich entsprechende Vorschriften in die EU-Richtlinie über den Rechtsschutz von Computerprogrammen (14.5.1991) Einzug fanden.[195]

Microsoft-Entscheidung der Kommission
Die Europäische Kommission kam zu dem Ergebnis, dass die Microsoft Corporation durch Ausdehnung ihres Quasi-Monopols bei Betriebssystemen für PCs auf dem Markt für Betriebssysteme für Arbeitsgruppenserver und dem Markt für Medienabspielprogramme gegen europäisches Wettbewerbsrecht verstoßen hat. Microsoft hat durch eine bewusste Einschränkung der Kommunikationsfähigkeit zwischen dem Windows-Betriebssystem für PCs und nicht von Microsoft stammenden Arbeitsgruppenservern seine Marktmacht missbraucht. Weiter hat das Unternehmen den Windows Media Player, der nicht konkurrenzlos ist, an Windows gekoppelt. Microsoft musste die Schnittstellen offen legen, welche die Wettbewerber benötigten, damit ihre Produkte mit Windows kommunizieren können. Zudem muss Microsoft PC-Herstellern und Endnutzern die Möglichkeit geben, Windows auch ohne den Windows Media Player zu erwerben.[196]

Clearstream-Entscheidung der Kommission
Clearstream, einziger Endverwahrer girosammelverwahrter deutscher Wertpapiere, verweigert es, bei Geschäften mit nach deutschem Recht emittierten Namensaktien für die Euroclear Bank Clearing- und Abrechnungsleistungen zu erbringen. Euroclear kann die Leistung nicht durch andere ersetzen. Es liegt eine Preisdiskriminierung vor, soweit Clearstream der Euroclear für vergleichbare Clearing- und Abrechnungsleistungen deutlich höhere Transaktionsentgelte in Rechnung gestellt hat als anderen ausländischen Wertpapierverwahrern.[197]

IMS Health-Entscheidung des EuGH:[198]
In dem Verfahren zwischen IMS und dem Konkurrenten NDC ging es um Lizenzvergaben durch IMS. IMS ist Weltmarktführer bei Informationen für die Pharmaindustrie und besitzt eine besondere Methode zur Erhebung regionaler Verkaufsdaten. Die Richter urteilten, dass die Weigerung eines dominierenden Unternehmens, Lizenzen an Konkurrenten zu vergeben, nur unter „außergewöhnlichen Umständen" ein Verstoß gegen das EU-Wettbewerbsrecht darstellt. Im Rahmen der Prüfung von Art. 102

---

[194] Vgl. EuGH Urt. v. 3.7.1991 – 62/86, Slg. 1991, 3359, Rn. 71 – Akzo; EuGH Urt. v. 14.11.1996 – C-333/94 P, Slg. 1996, I-5951 Rn. 149 – Tetra Pak II. Reformüberlegung der europäischen Kommission zu Artikel 82 EG-Vertrag ergeben sich unter anderem aus dem Report der Economic Advisory Group of Competition Policy (EAGCP).

[195] S. zur Historie auch: *Heinemann* CR 2005, 715 sowie zum Spannungsfeld zwischen Kartell- und Immaterialgüterrecht → Rn. 305 ff.

[196] Vgl. COMP/C-3/37.792 = WuW/E EU-V931. Siehe zur kartellrechtlichen Bewertung der Microsoft-Entscheidung → Rn. 389 ff.

[197] Vgl. COMP/38 096 = WuW/E EU-V105; Beschluss des Präsidenten des EuGH Urt. v. 22.12.2004 – T-201/04R – Microsoft (WuW/E Eu-R863): Im Wesentlichen Bestätigung der Entscheidung der Kommission im vorläufigen Rechtsschutzverfahren.

[198] EuGH Urt. v. 29.4.2004 – C-418/01, CR 2005, 16 Rn. 52 (am Ende) und *Gaster* CR 2005, 247 (252).

III. Überblick über wesentliche Regelungen des europäisches Kartellrecht

AEUV, ob sich ein marktbeherrschendes Unternehmen missbräuchlich verhält, wenn es eine Lizenz verweigert, an der es ein gewerbliches Schutzrecht besitzt, sind sowohl der Grad der Einbeziehung der Nutzer in die Entwicklung als auch der Aufwand, den potenzielle Nutzer betreiben müssen, um eine alternative Struktur zu entwickeln, zu berücksichtigen. Missbrauch liegt dann vor, falls gleichzeitig

- der Lizenznehmer neue Produkte oder Dienstleistungen anbieten will, die der Lizenzinhaber nicht anbietet,
- die Weigerung zur Lizenzvergabe aus sachlichen Gründen nicht gerechtfertigt ist und
- die Weigerung zur Lizenzvergabe jegliche Konkurrenz verhindert.

Die Vorenthaltung der „Bausteinstruktur" stellt also einen Missbrauch einer beherrschenden Stellung iSv Art. 102 AEUV dar, wenn bestimmte Bedingungen erfüllt sind.

Intel-Entscheidung der Kommission:
Die EU-Kommission hat im Kartellverfahren gegen den Prozessorhersteller Intel ein Bußgeld in Höhe von EUR 1,06 Milliarde wegen Missbrauchs seiner marktbeherrschenden Stellung verhängt. Außerdem hat die Kommission angeordnet, dass Intel die rechtswidrigen Verhaltensweisen unverzüglich einstellt. Intel hat nach Auffassung der Kommission Computerherstellern ganz oder teilweise versteckte Rabatte gewährt. Weiter soll das Unternehmen direkte Zahlungen an einen großen Einzelhändler mit der Auflage geleistet haben, dass er nur Computer mit einer Intel-CPU verkauft. Intel hat nach Überzeugung der EU-Kommission auch direkte Zahlungen an Computerhersteller geleistet, um die Einführung von Geräten mit CPUs von Konkurrenten einzustellen oder zu verzögern und die Vertriebskanäle für diese Computer einzuschränken. Damit liegt nach Auffassung der Kommission ein Missbrauch der marktbeherrschenden Stellung vor. Intel hat hiergegen Berufung eingelegt.[199]

5. Kartellverfahren gemäß EG-VO Nr. 1/2003

Grenzüberschreitende Verstöße gegen Art. 101 und 102 AEUV können zivilrechtliche Ansprüche und weitere Rechtsfolgen, die sich nach nationalem Recht richten, auslösen. Darüber hinaus rechtfertigt dies ein Einschreiten der nationalen Kartellbehörden. Die VO Nr. 1/2003 vom 16.12.2002 regelt besondere Untersuchungsgrundsätze nach Art. 17 bis 22 der VO sowie Befugnisse der Kommission nach Art. 7, 10, 23 und 24 der VO.

Gemäß Art. 23 der VO kann die Kommission bei vorsätzlich oder fahrlässig begangenen Verstößen gegen die vorgeschriebenen Verfahren **Geldbußen** bis zu einem **Höchstbetrag** von 1% des im vorausgegangenen Geschäftsjahr erzielten **Umsatzes** festsetzen. Bei vorsätzlich oder fahrlässig begangenen Zuwiderhandlungen gegen in den Art. 101 oder 102 AEUV enthaltenen Verboten oder gegen ergangene einstweilige Maßnahmen ist die Kommission gemäß Art. 23 Abs. 2 der Verordnung befugt, eine Geldbuße bis zu einem **Höchstbetrag von 10%** des im vorausgegangenen Geschäftsjahres erzielten Gesamtumsatzes festzusetzen.

Gemäß der VO Nr. 1/2003 hat der Rat der EU auch beschlossen, dass das bis dahin praktizierte Anmeldesystem durch ein Legalausnahmesystem ersetzt wird, bei dem alle Wettbewerbsbehörden und Gerichte der Mitgliedstaaten mit der Kommission zusammenarbeiten.[200] Seitdem gilt im europäischen (und auch im deutschen Kartellrecht) der Grundsatz, dass jeder Marktteilnehmer selbst über die kartellrechtliche Zulässigkeit seines Handelns zu befinden hat. Ihm obliegt die Prognose aber auch das Risiko späterer Sanktionen, ob sein Verhalten gegen Art. 101 f. AEUV verstößt oder nicht.

6. Europäisches Fusionskontrollverfahren

Die Fusionskontrolle im europäischen Recht richtet sich nach der Verordnung Nr. 139/2004 des Rates vom 20.1.2004 über die Kontrolle von Unternehmenszusammenschlüssen (EG-FKVO Nr. 139/2004). Dabei gilt die Maxime der präventiven Fusionskontrolle. Hierunter ist zu verstehen, dass vor einem Zusammenschluss von Unternehmen das beabsichtigte Vorhaben angemeldet werden muss. Die Kommission ist verpflichtet, Fusionen und Übernahmen von Unternehmen zu prüfen, deren Umsatz bestimmte Schwellenwerte übersteigt (siehe sogleich zu Art. 1 FKVO), und Zusammenschlüsse zu untersagen, die den wirksamen Wettbewerb im gesamten Europäischen Wirtschaftsraum (EWR) oder in einem wesentlichen Teil desselben erheblich behindern würden (sog SIEC-Test). Der weitaus größte

---

[199] http://europa.eu/rapid/pressReleasesAction.do?reference=IP/09/745&format=HTML&aged=0&language=DE&guiLanguage=en.
[200] Einzelheiten → Rn. 9 ff.

Teil der angemeldeten Zusammenschlüsse ist wettbewerbsrechtlich unbedenklich und wird nach einer Standardprüfung genehmigt. Nach der Anmeldung muss die Kommission in der Regel innerhalb von 25 Arbeitstagen entscheiden, ob sie den Zusammenschluss genehmigt (Phase I) oder ein eingehendes Prüfverfahren (Phase II) einleitet.

180 Bei Nichtbeachtung der Anmeldepflicht und/oder des nach einer Anmeldung ausgesprochenen Vollzugsverbots kann es zu Entflechtungsanforderungen kommen, die mit der Verhängung von Geldbußen verbunden sein können. Auch kann ein Zusammenschlussvorhaben nur unter Auflagen und Bedingungen genehmigt werden. In Abgrenzung zum deutschen Recht findet die europäische Fusionskontrolle nur dann Anwendung, wenn dem beabsichtigten Zusammenschluss eine **gemeinschaftsweite Bedeutung** zukommt.

181 Nach Art. 1 Abs. 2 FKVO hat ein Zusammenschluss gemeinschaftsweite Bedeutung, wenn folgende Umsätze erzielt werden:
- Ein **weltweiter** Gesamtumsatz **aller** beteiligten Unternehmen zusammen von **mehr als EUR 5 Milliarden** und
- ein **gemeinschaftsweiter** Gesamtumsatz von **mindestens zwei** beteiligten Unternehmen von **jeweils mehr als EUR 250 Mio.**; dies gilt hiernach **nicht, wenn** die am Zusammenschluss beteiligten Unternehmen **jeweils mehr als** $^{2}/_{3}$ ihres gemeinschaftsweiten Gesamtumsatz **in ein und demselben Mitgliedstaat** erzielen.

182 Nach Art. 1 Abs. 3 FKVO soll einem Zusammenschluss, der die in Abs. 2 vorgesehenen Schwellen nicht erreicht hat, gleichwohl eine gemeinschaftsweite Bedeutung zukommen, wenn
- der weltweite Gesamtumsatz aller beteiligten Unternehmen zusammen mehr als EUR 2,5 Milliarden beträgt,
- der Gesamtumsatz aller beteiligten Unternehmen in mindestens drei Mitgliedstaaten jeweils EUR 100 Mio. übersteigt,
- in jedem von mindestens drei erfassten Mitgliedstaaten der Gesamtumsatz von mindestens zwei beteiligten Unternehmen jeweils mehr als EUR 25 Mio. beträgt und
- der gemeinschaftsweite Gesamtumsatz von mindestens zwei beteiligten Unternehmen jeweils EUR 100 Mio. übersteigt.

Dies gilt nicht, wenn die beteiligten Unternehmen jeweils mehr als $^{2}/_{3}$ ihres gemeinschaftsweiten Gesamtumsatzes in ein und demselben Mitgliedstaat erzielen.[201]

183 Die EU-Kommission hat den Markt für Kommunikationsdienste für Endkunden bereits im Rahmen mehrerer Beschlüsse untersucht, insbesondere 2011 in der Sache **Microsoft ./. Skype**[202] und 2013 in der Sache **Microsoft ./. Nokia**.[203] Im Jahr 2011 hat die US-Kartellbehörde FTC die Übernahme des VoIP-Anbieters Skype durch Microsoft gebilligt.[204]

184 Am 3.10.2014 hat die Kommission die „*Übernahme des US-Unternehmens* **WhatsApp** *Inc. durch die ebenfalls in den USA ansässige Gesellschaft* **Facebook***, Inc. nach der EU-Fusionskontrollverordnung genehmigt. Sowohl Facebook (über Facebook Messenger) als auch WhatsApp bieten Smartphone-Anwendungen (sogenannte „Apps") an, mit denen Endkunden durch den Austausch von Textnachrichten sowie von Bild-, Video- und Tondateien kommunizieren können. Die Kommission gelangte zu dem Schluss, dass Facebook Messenger und WhatsApp keine engen Wettbewerber sind, und dass die Verbraucher auch nach dem Zusammenschluss noch eine große Auswahl an alternativen Kommunikationsanwendungen haben werden. Kommunikationsanwendungen sind zwar durch Netzeffekte geprägt, aber die Untersuchung hat gezeigt, dass das neue Unternehmen auch nach der Übernahme noch einem ausreichenden Wettbewerb ausgesetzt wäre.*"[205] Der Zusammenschluss war am 29.8.2014 zur Genehmigung angemeldet worden. Zum Hintergrund: Facebook betreibt das mit 1,3 Milliarden Nutzern wohl größte soziale Netzwerk, das u.a. Kommunikationsdienste und Foto- und Videoplattformen für Endkunden und die Werbe-

---

[201] Vgl. Kommentierung bei *Loewenheim/Meessen/Riesenkampff* Art. 1 FKVO ff.
[202] Siehe EU-Kommission, Pressemitteilung IP/11/1164.
[203] Siehe EU-Kommission, Pressemitteilung IP/13/1210.
[204] Heise-Meldung v. 18.6.2011.
[205] Siehe EU-Kommission, Pressemitteilung IP/14/1088; abrufbar unter http://europa.eu/rapid/press-release_IP-14-1088_de.htm.

III. Überblick über wesentliche Regelungen des europäisches Kartellrecht

wirtschaft bieten. Zur Netzwerkplattform von Facebook gehört auch der „Facebook Messenger" und die Foto- und Videoplattform „Instagram". Die Nutzung der Dienste ist per PC oder Laptop mobil (mittels Apps) per Smartphone oder Tablet möglich. Facebook sammelt Daten über die Nutzer seiner Netzwerkplattform und bietet Online-Werbeplätze an. WhatsApp ist Anbieter einer Messenger-App (weltweit über 600 Millionen Nutzer), die aber – anders als der Facebook- Messenger – derzeit nicht auf PCs oder Tablets verfügbar ist. WhatsApp speichert keine Nachrichten auf seinen Servern und verkauft keine Werbeplätze. Die Prüfung der Kommission konzentrierte sich auf drei Bereiche:

- **Kommunikationsdienste:** *„Die Kommission stellte fest, dass Facebook Messenger und WhatsApp keine engen Wettbewerber sind. Facebook Messenger ist zwar eine eigenständige App, aber aufgrund seiner Integration in das soziale Netzwerk Facebook für den Nutzer mit einer besonderen Erfahrungsumgebung verbunden. Bei WhatsApp wird der Service über Telefonnummern erbracht, während bei Facebook Messenger ein Facebook-Profil erforderlich ist. Die Nutzer scheinen die beiden Apps in unterschiedlicher Weise zu nutzen, und viele Nutzer verwenden beide Apps gleichzeitig auf ein und demselben Mobiltelefon. Zudem handelt es sich um einen ausgesprochen dynamischen Markt, auf dem mehrere Apps wie etwa Line, Viber, iMessage, Telegram, WeChat und Google Hangouts, miteinander konkurrieren."*[206]
- **Dienste für die soziale Vernetzung:** *„Der Markt für Kommunikationsanwendungen für Endkunden ist durch Netzeffekte geprägt. Das bedeutet, dass der Wert des Dienstes für seine Nutzer mit der Anzahl der anderen Nutzer zunimmt. Netzeffekte können bewirken, dass ein Unternehmen, das über ein großes Netz verfügt, seine Wettbewerber vom Markt fernhalten kann. Der Markt für Kommunikationsanwendungen für Endkunden ist durch Netzeffekte geprägt. Das bedeutet, dass der Wert des Dienstes für seine Nutzer mit der Anzahl der anderen Nutzer zunimmt. Netzeffekte können bewirken, dass ein Unternehmen, das über ein großes Netz verfügt, seine Wettbewerber vom Markt fernhalten kann. [...] Die Kommission stellte jedoch fest, dass die beteiligten Unternehmen in diesem Bereich, wenn überhaupt, lediglich entfernte Wettbewerber sind. Dies ist insbesondere darauf zurückzuführen, dass das Angebot von Facebook erheblich facettenreicher ist. Darüber hinaus gibt es zahlreiche weitere Dienstanbieter, die auch andere Kommunikationsanwendungen für Endkunden anbieten, wie zum Beispiel Line und WeChat. Selbst im Falle einer Integration von WhatsApp und Facebook, die die Position im Bereich der sozialen Netzwerke stärken könnte, wäre der Nettozuwachs an neuen Mitgliedern für das soziale Netzwerk begrenzt, da sich die Nutzerbasis von WhatsApp bereits stark mit der von Facebook überschneidet."*[207]
- **Online-Werbedienste:** *„Insbesondere hat die Kommission die Möglichkeit untersucht, dass Facebook i) auf WhatsApp Werbung einführen könnte und/oder ii) WhatsApp als mögliche Quelle für Nutzerdaten verwenden könnte, mit deren Hilfe die Facebook-Werbung noch gezielter eingesetzt werden könnte. Die Kommission kam zu dem Schluss, dass die Übernahme unabhängig davon, ob Facebook Werbung auf WhatsApp einführen und/oder mit der Sammlung der Nutzerdaten von WhatsApp beginnen würde, wettbewerbsrechtlich unbedenklich wäre. Auch nach dem Zusammenschluss wird es neben Facebook noch genügend andere Anbieter gezielter Werbemaßnahmen geben, und es wird nach wie vor eine große Menge an Internetnutzerdaten zur Verfügung stehen, die für Werbezwecke verwendet werden können und nicht ausschließlich von Facebook kontrolliert werden. Im Rahmen ihrer Untersuchung hat die Kommission Aspekte einer eventuellen Datenkonzentration nur auf eine potenzielle Beeinträchtigung des Wettbewerbs auf dem Markt für Online-Werbung hin geprüft. Datenschutzspezifische Bedenken, die sich aus dem Umstand ergeben, dass nach dem geplanten Zusammenschluss größere Datenmengen unter der Kontrolle von Facebook stehen werden, fallen nicht in den Anwendungsbereich des EU-Wettbewerbsrechts."*[208]

---

[206] EU-Kommission, Pressemitteilung IP/14/1088.
[207] EU-Kommission, Pressemitteilung IP/14/1088.
[208] EU-Kommission, Pressemitteilung IP/14/1088.

IV. Befugnisse der Kartellbehörden

185 Die Kartellbehörden sind im Rahmen ihrer jeweiligen Zuständigkeit „Wächter" des Kartellrechts. Die Befugnisse der Kartellbehörden können damit als flankierendes Recht zu den materiellen Vorschriften des deutschen bzw. europäischen Wettbewerbsrechts bezeichnet werden. Insofern haben sich im Zuge der 7. GWB-Novelle strukturelle Änderungen aufgrund des Wechsels in ein System der Legalausnahmen ergeben (müssen). Die von der 7. GWB-Novelle angestrebte Harmonisierung und Anpassung des nationalen an das europäische Wettbewerbsrecht führte dazu, dass die Befugnisse der Kartellbehörden auf europäischer und nationaler Ebene in der Regel gleich laufen, auch wenn es punktuell zum Teil entscheidende Unterschiede gibt.[209]

1. Befugnisse der EU-Kommission

186 Das Verfahren der EU-Kommission gliedert sich bei Wettbewerbsverstößen in drei Abschnitte. Zunächst ermittelt die Kommission, ob ein Wettbewerbsverstoß vorliegt, wozu ihr eine Reihe von Ermittlungsbefugnissen zusteht. Kommt die Kommission zu dem Ergebnis, dass ein Verstoß vorliegt, wird das Verfahren zum Erlass einer Entscheidung eröffnet, welches zu einer Sachentscheidung der Kommission führt.

187 a) *Ermittlung des Wettbewerbsverstoßes.* Die Ermittlungsbefugnisse der EU-Kommission ergeben sich im Wesentlichen aus Art. 17 bis 21 VO 1/2003. Dazu gehören:
- Auskünfte,
- Befragung,
- Nachprüfung,
- Sektoruntersuchung (Enqueteuntersuchung).

188 *aa) Auskunftsverlangen gegenüber Unternehmen und Unternehmensvereinigungen.* Bei den Auskünften ist zunächst grundsätzlich zu unterscheiden nach Auskunftsverlangen gegenüber Unternehmen und Unternehmensvereinigungen, die einen Wettbewerbsverstoß begangen haben könnten, und Auskunftsverlangen gegenüber den Mitgliedstaaten. Ersteres stellt einen Eingriff dar und ist für die Betroffenen eine belastende Maßnahme. Letzteres ist ein Auskunftsverlangen im Rahmen der geforderten Zusammenarbeit europäischer und nationaler Behörden zur effektiven Durchsetzung des europäischen Wettbewerbsrechts und daher grundsätzlich unbedenklich.

189 Der Kommission stehen gegenüber Unternehmen und Unternehmensvereinigungen nach Art. 18 Abs. 1 VO 1/2003 zwei Arten von Auskunftsverlangen zur Verfügung, das **einfache Auskunftsverlangen** nach Art. 18 Abs. 2 VO 1/2003 und die **Auskunftsentscheidung** nach Art. 18 Abs. 3 VO 1/2003. Daneben hat die Kommission die Möglichkeit, informell Auskünfte einzuholen, die allerdings unverbindlich und vor allem ohne Sanktionsandrohung bzw. -möglichkeit bleiben.

190 Das einfache Auskunftsverlangen unterscheidet sich von der Auskunftsentscheidung im Wesentlichen dadurch, dass auf das einfache Auskunftsverlangen keine Auskunft erteilt werden muss. Erklärt sich das Unternehmen bzw. die Unternehmensvereinigung allerdings mit der Nachprüfung einverstanden, so hat sie sanktionsbewehrt umfassend zu kooperieren und die Auskunft vollständig und wahrheitsgemäß zu erteilen.[210] Insoweit zeigt sich bei der Nachprüfung eine deutliche Parallele zum Auskunftsverlangen nach Art. 18 VO 1/2003.

191 Die Nachprüfungsentscheidung **hat der Betroffene zu dulden**. Diese Duldungspflicht muss im Ernstfall auch zwangsweise durchgesetzt werden können. Als Zwangsmittel steht der Kommission gemäß Art. 24 VO 1/2003 originär aber nur das **Zwangsgeld** zur Verfügung. Hierbei steht den Betroffenen allerdings ein Auskunftsverweigerungsrecht zu, wenn sie sich zu einem Eingeständnis einer Zuwiderhandlung gezwungen sehen.[211]

---

[209] *Fuchs* WRP 2005, 1384.
[210] *von Dietze/Janssen* Rn. 567 ff., 572, 600.
[211] *von Dietze/Janssen* Rn. 600 f.

Das zur Durchsetzung der Duldung der Nachprüfung gegebenenfalls erforderliche Zwangsmittel des unmittelbaren Zwangs steht nur den mitgliedstaatlichen Behörden zu, so dass die Bediensteten der Kommission bzw. die von ihr ermächtigten Begleitpersonen auf Amtshilfe des jeweiligen Mitgliedstaates angewiesen sind. Dementsprechend eröffnet Art. 20 Abs. 6 VO 1/2003 die Möglichkeit, eine solche Amtshilfe in Anspruch zu nehmen. Dieser für den Betroffenen massive Eingriff steht allerdings gemäß Art. 20 Abs. 7 VO 1/2003 unter Richtervorbehalt, soweit das nationale Recht dies vorschreibt (was in Deutschland bekanntlich der Fall ist). Der Prüfungsumfang der nationalen Gerichte ist aber gemäß Art. 20 Abs. 8 VO 1/2003 eingeschränkt auf Willkürlichkeit und Verhältnismäßigkeit. Ein einstweiliger Rechtsschutz ist nicht vorgesehen, eine rechtswidrige Entscheidung kann aber zu einem Beweisverwertungsverbot führen.

Das Verhältnismäßigkeitsprinzip ist zu wahren, wobei aber im Gegensatz zur alten Rechtslage vor einer Auskunftsentscheidung ein einfaches Auskunftsverlangen nicht zwingend erfolgen muss.[212]

bb) Auskunftsverlangen gegenüber Mitgliedstaaten. Nach Art. 18 Abs. 6 VO 1/2003 kann die Kommission alle benötigten Auskünfte von den Regierungen der Mitgliedstaaten und den nationalen Wettbewerbsbehörden einholen.

cc) Befragung. Die Befragung nach Art. 19 VO 1/2003 richtet sich nicht gegen die vermeintlich an einem Wettbewerbsverstoß Beteiligten sondern an natürliche und juristische Personen, die sachdienliche Informationen haben. Mit anderen Worten geht es in Art. 19 VO 1/2003 um die Befragung von Zeugen. Insoweit besteht keine Aussagepflicht, die Befragten müssen vielmehr zustimmen.[213]

dd) Nachprüfung. Bei der Nachprüfung gemäß Art. 20 und 21 VO 1/2003 handelt es sich um die Befugnis zu Durchsuchungen.[214] Im Rahmen der Nachprüfung ist die Kommission durch eigene Bedienstete oder von ihr ermächtigte Begleitpersonen dazu befugt
- alle Räumlichkeiten, Grundstücke und Transportmittel von Unternehmen und Unternehmensvereinigungen zu **betreten;**
- die Bücher und sonstige Geschäftsunterlagen, unabhängig davon, in welcher Form sie vorliegen, zu **prüfen;**
- **Kopien oder Auszüge** gleich welcher Art aus diesen Büchern und Unterlagen anzufertigen oder zu erlangen;
- betriebliche Räumlichkeiten und Bücher oder Unterlagen jeder Art für die Dauer und in dem Ausmaß zu **versiegeln,** wie es für die Nachprüfung erforderlich ist;
- von allen Vertretern oder Mitgliedern der Belegschaft des Unternehmens oder der Unternehmensvereinigung Erläuterungen zu Tatsachen oder Unterlagen zu verlangen, die mit Gegenstand und Zweck der Nachprüfung in Zusammenhang stehen, und ihre Antworten **zu Protokoll nehmen.**

Art. 21 VO 1/2003 erweitert den Anwendungsbereich der Nachprüfung unter zusätzlichen Voraussetzungen auf andere Räumlichkeiten, womit insbesondere Privatwohnungen gemeint sind.[215]

ee) Sektoruntersuchung (Enqueteuntersuchung). Nach Art. 17 VO 1/2003 steht der Kommission die Möglichkeit offen eine so genannte Sektoruntersuchung durchzuführen, wofür ihr gemäß Art. 17 Abs. 2 VO 1/2003 in entsprechender Anwendung die gleichen Befugnisse wie bei „normalen" Ermittlungen zur Verfügung stehen (Auskunftsverlangen, Befragung, Nachprüfung, Bußgeld, Zwangsgeld). Lediglich die Nachprüfung anderer Räumlichkeiten gemäß Art. 21 VO 1/2003 ist untersagt.

Die Sektoruntersuchung resultiert aus dem Informationsbedürfnis der Kartellbehörden aufgrund des Prinzips der Legalausnahme und verlagert die aufgezählten Befugnisse insofern nach vorne, als dass die Kommission sich ein Bild über die Praktizierung bestimmter Vereinbarungen in einer Branche machen kann.[216]

---

[212] *Kapp* S. 225.
[213] *Kapp* S. 226.
[214] *von Dietze/Janssen* Rn. 570.
[215] *von Dietze/Janssen* Rn. 574.
[216] Vgl. *Fuchs* WRP 2005, 1384 (1390).

200 **b) Verfahrenseröffnung.** Das Vorgehen der Kommission bei dem Entschluss ein Verfahren zum Erlass einer Sachentscheidung einzuleiten hängt davon ab, auf wessen Initiative die Ermittlungen durchgeführt wurden. Ist die Kommission von Amts wegen tätig geworden, prüft sie nach Abschluss ihrer Ermittlungen, ob ein Wettbewerbsverstoß vorliegt. Kommt sie zu dem Ergebnis, dass dies nicht der Fall ist, so wird das Verfahren formlos eingestellt. Stellt sie dagegen einen Verstoß fest, eröffnet sie das Verfahren gemäß Art. 11 Abs. 6 VO 1/2003, Art. 2 Abs. 1 Durchführungs-VO. Sie teilt das Ergebnis ihrer Beurteilung den Betroffenen mit und gibt diesen Gelegenheit innerhalb einer Frist (vgl. Art. 17 Abs. 2 VO 773/2004) zu den Beschwerdepunkten Stellung zu nehmen, Art. 27 Abs. 1 VO 1/2003 iVm Art. 10 Durchführungs-VO.[217]

201 Ist die Kommission dagegen aufgrund einer Beschwerde eines Dritten tätig geworden, hat sie vor einer Einstellung des Verfahrens dem Dritten zunächst Gelegenheit zur Stellungnahme zu geben und ihn diesbezüglich zu unterrichten, Art. 7 Abs. 1 Durchführungs-VO. Hält die Kommission an ihrer Überzeugung fest, weist sie die Beschwerde nach Art. 7 Abs. 2 Durchführungs-VO ab. Ansonsten wird wie oben das Verfahren eingeleitet.

202 Ab Einleitung des Verfahrens nach Art. 11 Abs. 6 VO 1/2003 entfällt die Zuständigkeit aller anderen Kartellbehörden, die grundsätzlich befugt und gegebenenfalls auch angehalten sind parallel zu ermitteln.

203 **c) Sachentscheidung.** Der Kommission stehen zwei Möglichkeiten zur Verfügung, um auf einen Wettbewerbsverstoß zu reagieren. Sie kann auf informellem Weg mittels eines so genannten Beratungsschreibens den Unternehmen bzw. Unternehmensvereinigungen Hinweise erteilen. Formell stehen ihr mehrere Möglichkeiten einer Negativentscheidung zur Verfügung. Daneben kann die Kommission in den Grenzen des Art. 10 VO 1/2003 auch eine Positiventscheidung treffen, mit der sie keinen Wettbewerbsverstoß ahndet, sondern das Fehlen eines solchen positiv feststellt.

204 *aa) Beratungsschreiben.* Grundlage des Beratungsschreibens ist die „Bekanntmachung der Kommission über die informelle Beratung bei neuartigen Fällen zu den Art. 101 und 102 AEUV, die in Einzelfällen auftreten (Beratungsschreiben), ABl. 2004 C 101/78". Wie sich bereits aus dem Titel der Bekanntmachung ergibt, ist das Beratungsschreiben für die Fälle gedacht, in denen die materiellrechtliche Beurteilung einer Vereinbarung eine neue oder ansonsten bislang ungeklärte Frage aufwirft. Das Beratungsschreiben hat keine rechtliche Bindungswirkung für Gerichte oder nationale Behörden, bewirkt aber eine Selbstbindung der Kommission. Ein Beratungsschreiben der Kommission kann auch formlos ersucht werden.[218]

205 *bb) Positiventscheidung.* Die Positiventscheidung nach Art. 10 VO 1/2003 ist an sich ein Fremdkörper im System der Legalausnahme, da dieses gerade eine bindende Feststellung des wettbewerbsgemäßen Verhaltens seitens der Kartellbehörden nicht vorsieht.[219] So wird in der Regel ein Verfahren der Sachentscheidung nach Art. 11 Abs. 6 VO 1/2003 erst gar nicht eingeleitet. Nur wenn dies aus besonderen Gründen des öffentlichen Interesses der Gemeinschaft geboten erscheint, erlässt die Kommission die bindende (!) Positiventscheidung nach Art. 10 VO 1/2003.

206 *cc) Abstellungsverfügung und Feststellung der Zuwiderhandlung.* Eröffnet die Kommission das Verfahren zum Erlass einer Entscheidung, zielt dieses regelmäßig auf den Erlass einer negativen Maßnahme zur Abhilfe und/oder Sanktion des wettbewerbswidrigen Verhaltens. Hierzu stehen der Kommission folgende Befugnisse zur Verfügung: Abstellungsverfügung, Feststellung des wettbewerbswidrigen Verhaltens, einstweilige Anordnung, Verpflichtungszusage und Geldbuße.

207 Nach Art. 7 Abs. 1 VO 1/2003 kann die Kommission, wenn sie einen Verstoß gegen Art. 101, 102 AEUV festgestellt hat, den beteiligten Unternehmen bzw. Unternehmensvereinigungen alle erforderlichen Abhilfemaßnahmen auferlegen, soweit diese zweckmäßig und verhältnismäßig sind. Sie ist somit nicht darauf beschränkt, das wettbewerbswidrige Verhal-

---

[217] *von Dietze/Janssen* Rn. 575 f.
[218] *von Dietze/Janssen* Rn. 586.
[219] *Fuchs* WRP 2005, 1384 (1384).

ten bloß zu verbieten. Dabei unterscheidet Art. 7 Abs. 1 VO 1/2003 zwischen Abhilfemaßnahmen verhaltensorientierter Art einerseits und struktureller Art andererseits.

Verhaltensorientierte Abhilfemaßnahmen sind solche, die dem Betroffenen ein bestimmtes Tun oder Unterlassen auferlegen, das bei Zuwiderhandlung mit Zwangsgeld durchgesetzt werden kann.[220] Die Reichweite der Befugnis ist sehr weit, eine Verpflichtung zum Kontrahierungszwang liegt allerdings außerhalb der Kompetenz der Kommission.[221]

Strukturelle Abhilfemaßnahmen sind qua ausdrücklicher Regelung ultima ratio. Sie umfassen Eingriffe in die Unternehmensstruktur, die von Eingriffen in die Unternehmenssubstanz bis hin zur Unternehmensentflechtung reichen können.[222] Die vollständige oder teilweise Zerschlagung eines Unternehmens ist allerdings nicht mehr gedeckt, da nur die Ausnutzung einer marktbeherrschenden Stellung wettbewerbswidrig ist, nicht die bloße Marktbeherrschung als solche.[223]

Liegt ein berechtigtes Interesse der Kommission vor, so kann eine bereits beendete Zuwiderhandlung auch noch nachträglich festgestellt werden. Dieses Feststellungsinteresse liegt in der Regel bei Wiederholungsgefahr vor und ist Grundlage eines Bußgeldverfahrens.[224]

dd) Einstweilige Anordnung. Art. 8 VO 1/2003 sieht die Möglichkeit vor, einstweilige Maßnahmen zu treffen, um die Wirksamkeit einer Maßnahme nach Art. 7 VO 1/2003 zu gewährleisten.[225] Folgende Voraussetzungen müssen vorliegen:
- Gefahr eines ernsten, nicht wieder gutzumachenden Schadens für den Wettbewerb (nicht für den Beschwerdeführer).
- Nach dem bisher ermittelten Sachverhalt Anschein einer Zuwiderhandlung.
- Dringlichkeit.

Liegen diese Voraussetzungen vor, kann die Kommission von Amtswegen eine befristete Maßnahme nach Art. 7 VO 1/2003 treffen. Da es sich bei der einstweiligen Anordnung um eine Interimsentscheidung handelt, darf die getroffene Maßnahme die Hauptsache nicht vorwegnehmen und dementsprechend nicht struktureller Art sein.[226]

ee) Verpflichtungszusage. Die Verpflichtungszusage nach Art. 9 Abs. 1 VO 1/2003 erlaubt der Kommission ein milderes und flexibleres Vorgehen bei wettbewerbswidrigem Verhalten von Unternehmen und Unternehmensvereinigungen, die Einsicht zeigen. Es handelt sich bei der Verpflichtungszusage somit um ein Aufeinanderzugehen von Kartellbehörde und Unternehmen.[227]

Bietet das beteiligte Unternehmen an, dem von der Kartellbehörde aufgrund des bis dahin ermittelten Sachverhalts festgestellten Verstoß mit geeigneten Mitteln abzuhelfen, kann die Kommission diese Abhilfemaßnahmen für bindend erklären, ein Anspruch darauf hat das Unternehmen nicht. Erklärt die Kommission dies, hat sie zugleich festzustellen, dass für ein Tätigwerden der Kommission kein Bedarf mehr besteht. Besondere Bedeutung haben die inhaltlichen Anforderungen an die Abhilfemaßnahmen einerseits und die Feststellung der Kommission andererseits, da dies die Reichweite der Bindungswirkung der Verpflichtungszusage bestimmt.

Die Abhilfemaßnahmen müssen konkret sein, eine generelle Zusicherung, dem Verstoß abzuhelfen reicht nicht. Dies ergibt sich bereits aus Art. 101, 102 AEUV, wo die generelle Abhilfeverpflichtung bereits normiert ist.[228]

Darüber hinaus geht auch der Katalog in Art. 9 Abs. 2 VO 1/2003 ersichtlich davon aus, dass umfassende und konkrete Angaben des Unternehmens gemacht worden sind.

Die Kommission kann grundsätzlich zweierlei Feststellungen treffen:

---

[220] *von Dietze/Janssen* Rn. 578.
[221] EuG Urt. v. 18.9.1992 – T-24/90 – Automec.
[222] *Lutz* WuW 2005, 718 (725).
[223] *Fuchs* WRP 2005, 1384 (1389).
[224] *Karl/Reichelt* DB 2005, 1436 (1441).
[225] *von Dietze/Janssen* Rn. 579.
[226] *Karl/Reichelt* DB 2005, 1436 (1441).
[227] *von Dietze/Janssen* Rn. 580.
[228] *von Dietze/Janssen* Rn. 580.

- Inwieweit bereits **Zuwiderhandlungen** des Unternehmens vorliegen und
- inwieweit Zuwiderhandlungen des Unternehmens bei Einhaltung der vereinbarten **Abhilfemaßnahmen** in der Zukunft unterbleiben werden.

217 Ersteres wird man als inhaltliche Anforderung an die Feststellung der Kommission verneinen müssen. Die Kommission muss in der Regel im Fall der Verpflichtungszusage den Sachverhalt nicht bis zum Ende ermitteln, da bereits vorher Unternehmen und Kartellbehörde aufeinander zugehen. Es ist aber nicht einzusehen, dass die Kommission eine Zuwiderhandlung abschließend auf der bloßen Grundlage eines prima facie Sachverhalts festzustellen hat. Die Feststellung des Nichtvorliegens zukünftiger Zuwiderhandlungen kann zweierlei bedeuten. Entweder die Behörde drückt damit aus, dass sie, solange das Unternehmen sich an die Abhilfeverpflichtung hält, nicht einschreiten wird oder sie stellt damit tatsächlich fest, dass bei Umsetzung der Abhilfemaßnahmen eine Zuwiderhandlung nicht vorliegt. Im Verhältnis von Kommission zum Unternehmen ist diese Unterscheidung irrelevant, da im Ergebnis das Unternehmen von der Kommission nichts zu befürchten hat. Ausschlaggebend ist dies nur, soweit die Feststellung der Kommission Bindungswirkung im Verhältnis zu nationalen Behörden und Gerichten hat, so dass diese von der Entscheidung der Kommission nicht abweichen dürfen, Art. 16 Abs. 1 VO 1/2003. Dies wird aber abzulehnen sein, da sonst jede nationale Entscheidung, dass ein Unternehmen gegen Art. 101, 102 AEUV verstößt, obgleich dieses die Abhilfepflicht einhält, der Entscheidung der Kommission zuwiderlaufen würde. Dennoch wird die Feststellung der Kommission ein gewichtiger Anhaltspunkt für nationale Entscheidungen bleiben.[229]

218 Die Erklärung der Kommission kann zum einen befristet werden, zum anderen hat die Kommission nach Maßgabe des Art. 9 Abs. 2 VO 1/2003 die Möglichkeit von Amts wegen das Verfahren neu aufzurollen, namentlich wenn sich die tatsächlichen Umstände ändern, die Abhilfeverpflichtungen nicht eingehalten werden oder die Entscheidung der Kommission auf unvollständigen, unrichtigen oder irreführenden Angaben der Parteien beruht. Daneben besteht für die Kommission die Möglichkeit Bußgelder und Zwangsgelder bei Nichteinhalten der Abhilfeverpflichtung zu verhängen.[230]

219 Die Verpflichtungszusage stellt ein Aufeinanderzugehen von Unternehmen und Kommission dar, so dass Unternehmen Verpflichtungszusagen eingehen können, um von vornherein dem Verdacht einer Zuwiderhandlung zu entgehen. Es besteht daher für Unternehmen das Bedürfnis, sich von der Verpflichtungszusage lösen zu können, beispielsweise weil das Unternehmen sein eigenes Verhalten (jetzt) als wettbewerbsgemäß einstuft. Dies gilt angesichts der empfindlichen Sanktionsmöglichkeiten umso mehr. Das Unternehmen kann sich an die Kommission wenden, um das Verfahren wieder aufzunehmen. Da der Fortbestand der Verpflichtungszusage in diesem Fall aber nur in der Hand der Kommission liegt, ist es möglich, den Unternehmen ein Kündigungsrecht im Rahmen der Verpflichtungszusage einzuräumen. Fehlt eine solche Vereinbarung, bleibt den Unternehmen dagegen nur die Möglichkeit sich an die Kommission zu wenden.[231]

220 *ff) Bußgeldverfahren.* Die Kommission kann nicht nur Bußgelder als Sanktion für Zuwiderhandlungen gegen ihre Entscheidungen treffen, sondern nach Art. 23 Abs. 2 lit. a) VO 1/2003 auch wegen einer originären Verletzung von Art. 101, 102 AEUV. In diesem Fall stellt das Bußgeld eine Sachentscheidung neben den oben genannten Maßnahmen dar. Sie ist auch zusätzlich zu einer der oben genannten Maßnahmen möglich. Da eine abschließende Feststellung eines Verstoßes gegen Art. 101, 102 AEUV in der Regel nur bei Maßnahmen nach Art. 7 VO 1/2003 der Fall ist, wird es im Normalfall eine Geldbuße nur neben der Abstellung oder Feststellung einer Zuwiderhandlung geben. Die Geldbuße erfordert in jedem Fall Verschulden.

221 Die Geldbuße kann nur gegen Unternehmen und Unternehmensvereinigungen ergehen, dagegen nicht gegen Privatpersonen. Sie ist der Höhe nach auf 10% des Gesamtumsatzes

---

[229] *Busse/Leopold* WuW 2005, 146 (150 f.).
[230] Art. 23 Abs. 1 lit. c) VO 1/2003, Art. 24 Abs. 1 lit. c) VO 1/2003.
[231] *Busse/Leopold* WuW 2005, 146 (152 f.).

des betroffenen Unternehmens limitiert. Im Übrigen sind Schwere und Dauer der Zuwiderhandlung zu berücksichtigen. Einzelheiten enthalten die „Leitlinien für das Verfahren zur Festsetzung von Geldbußen gem. Art. 23 Abs. 2a) der VO 1/2003 vom 1.9.2006, ABl. C 2006, 210/02". Der **Grundbetrag der Geldbuße** errechnet sich wie folgt:

$$X\ Schwere \times Y\ Dauer + Eintrittsgebühr = Grundbetrag,$$

wobei X bis zu 30% des relevanten Umsatzes (= Umsatz in den relevanten Produkten im letzten vollen Geschäftsjahr der Zuwiderhandlung) ist. In Bezug auf Y werden Zeiträume von bis zu sechs Monaten als halbes Jahr, Zeiträume von über sechs und bis zu 12 Monaten als ganzes Jahr gerechnet. Die Eintrittsgebühr beträgt zwischen 15% und 25% des relevanten Umsatzes als Aufschlag, um Unternehmen von Zuwiderhandlungen abzuschrecken.

Wiederholungstaten werden dem Grundbetrag mit bis zu 100% hinzugefügt. Unternehmen mit besonders hohen Umsätzen können zusätzlich mit einem von der Eintrittsgebühr zu unterscheidenden Abschreckungszuschlag geahndet werden. Dieser Endbetrag versteht sich als die maximale Ausschöpfung des von der Leitlinie vorgezeichneten Rahmens. Der letztlich festzusetzende Betrag hängt von den sonstigen mildernden und/oder erschwerenden Faktoren ab.[232]

Rechtsprechungsbeispiel:
Das Unternehmen A und das Unternehmen B haben seit sechs Jahren ein Preiskartell. A ist zum ersten Mal in einen Kartellrechtsverstoß verwickelt, B war bereits zweimal in ähnliche Verstöße verwickelt. A hat einen relevanten Umsatz von EUR 500 Mio. erzielt, B einen relevanten Umsatz von EUR 1 Mrd.
Rechnung für A:
Schwere des Verstoßes: 30% von EUR 500 Mio. = EUR 150 Mio.
× 6 Jahre
+ Eintrittsgebühr: 20% von EUR 500 Mio. = EUR 20 Mio.
= Grundbetrag: EUR 920 Mio.
+ Abschreckungszuschlag: gegebenenfalls, wenn A insgesamt besonders hohe Umsätze hat
= Gesamtrahmen: EUR 920 Mio.
Rechnung für B:
Schwere des Verstoßes: 30% von EUR 1 Mrd. = EUR 300 Mio.
× 6 Jahre
+ Eintrittsgebühr: 20% von EUR 1 Mrd. = EUR 200 Mio.
= Grundbetrag: EUR 2 Mrd.
+ Wiederholungstaten: 2 × 100% des Grundbetrages
+ Abschreckungszuschlag
= Gesamtrahmen: EUR 6 Mrd.

Zur Verbesserung der Ermittlungserfolge gibt es so genannte Bonusregelungen (auch „Kronzeugenregelung" genannt). Darunter versteht man Erleichterungen bezüglich des eigenen Bußgelds, wenn Kartellmitglieder selbst zur Kartellbehörde gehen. Zu Bedenken ist allerdings, dass die Bonusregelung nur bezüglich des Bußgelds belohnt, nicht aber bezüglich anderer zivil- oder verwaltungsrechtlicher Sanktionen wie Schadensersatzansprüche oder Vorteilsabschöpfung.

2. Befugnisse der deutschen Kartellbehörden (Bundeskartellamt, Landeskartellämter)

a) Verhältnis zu den europäischen Kartellbehörden. Die Befugnisse der deutschen und der europäischen Kartellbehörden laufen in der Regel parallel. Leitlinien und Bekanntmachungen der Kommission und Entscheidungen des EuGH sind daher auch für die Anwendung des nationalen Kartellrechts von Bedeutung.[233] Insgesamt fördert dies die Rechtssicherheit und -Klarheit und führt zu einer homogenen Anwendung des Kartellrechts, gleichgültig ob es sich um rein nationale oder grenzüberschreitende Sachverhalte handelt.

Allerdings werden die **deutschen Kartellbehörden verfahrensrechtlich ausschließlich** nach den Vorschriften des **GWB** tätig, und zwar unabhängig davon, ob sie

---
[232] Zum europarechtlichen Bußgeld siehe *Sünner* EuZW 2007, 8 (8 f.).
[233] *Fuchs* WRP 2005, 1384 (1387).

- in paralleler Zuständigkeit mit den europäischen Behörden, vgl. Art. 3 Abs. 1, 5, 11 Abs. 6 VO 1/2003 Verstöße nach Art 101, 102 AEUV oder
- in alleiniger Zuständigkeit Verstöße nach GWB verfolgen.

Daraus ergeben sich **in verfahrensrechtlicher** Hinsicht **deutsche Besonderheiten**. Dies gilt insbesondere für das Ordnungswidrigkeiten-Verfahren.[234]

226 b) **Verhältnis der deutschen Kartellbehörden untereinander**. Die Befugnisse der Kartellbehörden stehen grundsätzlich den Landeskartellämtern zu. Das Bundeskartellamt ist allerdings dann zuständig, wenn die Wirkung des wettbewerbswidrigen Verhaltens über das Gebiet eines Landes hinausreicht, § 48 Abs. 2 GWB. Dies gilt auch für grenzüberschreitende Sachverhalte, § 50 Abs. 1 GWB. Die Kartellbehörden können allerdings abweichende Vereinbarungen treffen und so die Zuständigkeit des Bundeskartellamtes oder eines Landeskartellamtes begründen, § 49 Abs. 3, 4 GWB. Im Bereich der europäischen Zusammenarbeit (ECN) und in sonstigen Fällen ist das Bundeskartellamt zuständig, § 50 Abs. 2 bis 5 GWB.

227 c) **Verwaltungsverfahren (Untersagungsverfahren)**. Im Verwaltungsverfahren sind Ermittlungsbefugnisse und Entscheidungsbefugnisse der Kartellbehörden zu unterscheiden.

228 *aa) Ermittlungsbefugnisse*. Gem. § 32e GWB stehen dem Bundeskartellamt und den obersten Landesbehörden das Recht zu, im Falle der Vermutung, der Wettbewerb sei eingeschränkt, Untersuchungen durchzuführen. Dabei können sie von den betreffenden Unternehmen und Vereinigungen Auskünfte verlangen, insbesondere die Unterrichtung über sämtliche Vereinbarungen, Beschlüsse und aufeinander abgestimmtes Verhalten. Die Ermittlungsbefugnisse der deutschen Kartellbehörden sind parallel zu denjenigen der Kommission ausgestaltet (s. o.), allerdings nicht deckungsgleich:
- **Auskunftsverlangen (§ 59 Abs. 1 und 2 GWB)**
  Die Kartellbehörde kann mit einem förmlichen Auskunftsbeschluss Auskunft und Übersendung von Unterlagen über die wirtschaftlichen Verhältnisse von Unternehmen und Unternehmensvereinigungen verlangen. Im Vergleich zum europäischen Recht fehlt das einfache Auskunftsverlangen. Allerdings besteht auch im deutschen Recht die Möglichkeit des informellen Auskunftsverlangens.[235] Durch 8. GWB-Novelle wurde das Recht der Behörden eingeführt (§ 59 Abs. 1 S. 3 GWB), den Betroffenen vorzugeben, in welcher Form die Angaben zu erteilen sind. Die praktische Bedeutung ist gemessen an der formalen Anwendung der Vorschrift gering. Die Kartellbehörden bedienen sich ganz überwiegend dem formlosen Auskunftsersuchen.
- **Untersuchungen und Durchsuchungen**
  Die von der Kartellbehörde beauftragten Personen haben ein Betretungsrecht nach § 59 Abs. 2, 3 GWB und eine unter Richtervorbehalt stehende Durchsuchungsbefugnis gemäß § 59 Abs. 4 GWB. Insofern unterscheidet sich die deutsche Befugnisnorm von der europäischen nur in Bezug auf Art. 21 VO 1/2003, da eine Durchsuchung von Privaträumen nicht vorgesehen ist.
- **Sektoruntersuchung (Enqueteuntersuchung)**
  § 32e Abs. 4 GWB ermöglicht die Ermittlung im Vorfeld, um dem Informationsbedürfnis der Kartellbehörden gerecht zu werden.

229 *bb) Entscheidungsbefugnisse*. Die Entscheidungsbefugnisse der deutschen Kartellbehörden sind in Anlehnung an die Befugnisse der Kommission ausgestaltet:

230 - **Abstellen und Feststellen von Zuwiderhandlungen**
  Die Kartellbehörden verpflichten gem. § 32 GWB Unternehmen, kartellrechtswidriges Verhalten abzustellen und legen ihnen entsprechende Maßnahmen auf. Für § 32 Abs. 1, 2 GWB gelten im Grunde die gleichen Ausführungen wie zu Art. 7 VO 1/2003. Der wesentliche Unterschied ist, dass § 32 GWB die Maßnahmen struktureller Art nicht ausdrücklich erwähnt. Damit wollte der Gesetzgeber nicht Maßnahmen struktureller Art ausschließen, sondern lediglich den Vorrang verhaltensorientierter Maßnahmen betonen. Es ändert

---

[234] → Rn. 237 ff.
[235] *von Dietze/Janssen* Rn. 592.

sich daher im Vergleich zu Art. 7 VO 1/2003 in der Handhabung vom Grundsatz her nichts.[236]
Ebenfalls kein Unterschied besteht bezüglich der Feststellungsbefugnis bei Vorliegen eines Feststellungsgrundes, § 32 Abs. 3 GWB.
Problematisch sind Entscheidungen der Kartellbehörden, wenn zB durch eine Abstellungsverfügung in die Vertragsschlussfreiheit der Marktteilnehmer eingegriffen wird. Dies kann beispielsweise durch sehr konkrete Vorgaben an ein marktbeherrschendes Unternehmen in Bezug auf dessen Beteiligung am Markt geschehen, um weitere Kartellrechtsverstöße zu unterbinden. Die Grenze zwischen noch zulässiger Abstellungsverfügung und unzulässiger behördlicher Marktsteuerung verläuft in diesem Bereich fließend. Maßgeblich für die Beurteilung der Zulässigkeit solcher Verfügungen ist der abzustellende Verstoß. Nach Ansicht der Rechtsprechung[237] muss die Verfügung zur Abstellung geeignet und erforderlich sein, dh es darf kein milderes Mittel geben, um weitere Kartellverstöße zu verhindern.[238]

- **Einstweilige Anordnung** 231
  Nach § 32a GWB darf die Kartellbehörde in dringenden Fällen einstweilige Maßnahmen anordnen, die allerdings nach § 32a Abs. 2 GWB befristet sein müssen. Bezüglich einstweiliger Maßnahmen unterscheidet sich § 32a GWB von Art. 8 VO 1/2003 nur bezüglich der zu setzenden Frist. Das deutsche Recht schreibt eine Frist von insgesamt maximal einem Jahr vor, das europäische Recht legt eine ausdrückliche Frist nicht fest.
- **Verpflichtungszusagen** 232
  § 32b GWB weist im Verhältnis zu Art. 9 VO 1/2003 keine Besonderheiten auf. Auch hier gilt, dass die Feststellung der Behörde lediglich das Aufgreifermessen der Kartellbehörde beschränkt, sonst allerdings keine Bindungswirkung entfaltet wird.[239]
- **„Unbedenklichkeitsbescheinigung"** 233
  Die „Unbedenklichkeitsbescheinigung" nach § 32c GWB ist die Ausgestaltung der Befugnis nach Art. 5 VO 1/2003 aE. Es handelt sich insofern um eine – im Gegensatz zu Art. 10 VO 1/2003 – nicht bindende Positiventscheidung. Eine Positiventscheidung ist dem System der Legalausnahme fremd, so dass § 32c GWB im Gegensatz zu Art. 10 VO 1/2003 systemkonform ist und den Betroffenen lediglich eine deklaratorische Auskunft über die momentane Ansicht der Kartellbehörde gibt.
- **Entziehung der Vorteile einer Gruppenfreistellung** 234
  Die Kartellbehörden haben auch das Recht, nach § 32d GWB im Einzelfall den Rechtsvorteil einer Gruppenfreistellung zu entziehen.

d) **Abschöpfung des wirtschaftlichen Vorteils.** Die Kartellbehörde darf nach § 34 GWB im 235
Falle eines vorsätzlichen oder fahrlässigen Kartellsrechtsverstoßes die Abschöpfung des wirtschaftlichen Vorteils anordnen und dem Unternehmen die Zahlung eines entsprechenden Geldbetrages nach § 34 Abs. 1 GWB auferlegen. Insoweit unterscheiden sich der Abschöpfungsanspruch nach § 34 GWB und der Gewinnabschöpfungsanspruch in § 10 UWG, der Vorsatz verlangt und eine fahrlässige Begehungsform nicht ausreichen lässt.

§ 34a GWB regelt die Vorteilsabschöpfung durch Verbände und Einrichtungen. Allerdings 236
ist auch hier die Abschöpfung des Vorteils nur zugunsten des Bundeshaushalts vorgesehen. § 34a GWB ähnelt der Struktur von § 10 UWG und lässt insbesondere eine bloße fahrlässige Begehung für die Verwirklichung des Tatbestandes nicht ausreichen.

e) **Bußgeldverfahren.** Ordnungswidrig im Sinne von **§ 81 Abs. 1 GWB** handelt, wer vor- 237
sätzlich oder fahrlässig
- gegen die in Art. 101 oder 102 AEUV enthaltenen Verbote verstößt oder
- gegen die im GWB enthaltenen Verbotsvorschriften handelt oder
- nach § 81 Abs. 2 Nr. 2 GWB einer vollziehbaren Anordnung einer Kartellbehörde zuwider handelt und gem. § 81 Abs. 2 Nr. 3–6 GWB gegen im Einzelfall aufgeführte Anmelde-, Anzeige- und Auskunftspflichten verstößt oder

---

[236] *Fuchs* WRP 2005, 1384 (1389).
[237] OLG Düsseldorf Beschl. v. 4.10.2007 – 2 Kart 1/06, NJOZ 2008, 891.
[238] Vgl. ausführlich hierzu: *Dreher/Thomas* NJW 2008, 1557.
[239] *Fuchs* WRP 2005, 1384 (1390).

- einer vollziehbaren Aufforderung der Kartellbehörden zuwider handelt.

Nach § 81 Abs. 3 GWB handelt ordnungswidrig, wer
- entgegen § 21 Abs. 1 GWB zu Liefersperre oder Bezugssperre auffordert,
- entgegen § 21 Abs. 2 GWB einen Nachteil androht oder zufügt oder einen Vorteil verspricht oder gewährt oder
- entgegen § 24 Abs. 4 S. 3 GWB oder § 29 Abs. 3 S. 5 GWB eine Angabe macht oder nutzt.

238   Gem. § 81 Abs. 4 S. 1 GWB kann die Ordnungswidrigkeit mit einer Geldbuße bis zu 1 Mio. EUR geahndet werden, nach § 81 Abs. 4 S. 2 GWB kommt im Einzelfall sogar eine Geldbuße in Höhe von 10% des Jahresumsatzes in Betracht. Bei der Festsetzung der Höhe der Geldbuße muss sowohl die **Schwere der Zuwiderhandlung** als auch die **Dauer** berücksichtigt werden.

239   Im Prinzip sanktioniert das deutsche Kartellrecht in § 81 GWB dieselben Verhaltensweisen wie Art. 23 VO 1/2003, insbesondere den Wettbewerbsverstoß gegen Art. 101, 102 AEUV (§ 81 Abs. 1 GWB) und den entsprechenden §§ 1, 19 bis 21 GWB (§ 81 Abs. 2 Nr. 1 GWB). Der entscheidende Unterschied zur Geldbuße nach der VO 1/2003 ist jedoch, dass die deutschen Kartellbehörden die sanktionierten Verhaltensweisen als Ordnungswidrigkeit verfolgen. Daraus ergeben sich vor allem zwei wichtige Konsequenzen:
- Erstens können nicht nur die Unternehmen und Unternehmensvereinigungen **Adressaten eines Bußgeldbescheids** sein, sondern **auch Privatpersonen** oder auch beide nebeneinander.
- Zweitens gilt im **Bußgeldverfahren** nach § 46 OWiG bezüglich der Ermittlungs- und Entscheidungsbefugnisse der Behörden die StPO.

Nach deutschem Recht werden Kartellrechtsverstöße als Ordnungswidrigkeiten nach dem OWiG verfolgt. Daraus ergibt sich im deutschen Kartellrecht ein zweigeteiltes Verfahren, bei welchem streng auseinander zu halten sind,
- das Verwaltungsverfahren (Untersagungsverfahren) nach GWB einerseits und
- das **Bußgeldverfahren** nach **OWiG** andererseits.[240]

240   Während also im europäischen Verfahren die Geldbuße eine Sachentscheidung der Kommission darstellt wie jede andere auch, wirkt es sich für die deutschen Behörden massiv aus, ob wegen der Untersagung wettbewerbswidrigen Verhaltens (dann Verwaltungsverfahren) oder wegen sanktionierter Verhaltensweisen (dann Strafverfahren) vorgegangen wird, auch wenn der materiellrechtliche Verstoß der gleiche ist. Dies ist vor allem deshalb bedeutend, weil der Betroffene nach deutschem Recht **mit Eröffnung des Ermittlungsverfahrens** – anders als im europäischen Verfahren – **nicht mehr verpflichtet** ist, **sich selbst zu belasten** und auch nicht mehr zur Sache **aussagen** muss.

241   Der BGH[241] hat 2013 entschieden, dass die Regelung des § 81 Abs. 4 Satz 2 GWB 2005, wonach die Geldbuße 10 von Hundert des Gesamtumsatzes eines Unternehmens nicht übersteigen darf, in verfassungskonformer Auslegung als Obergrenze zu verstehen ist.

242   Durch die 8. GWB Novelle wurden der **Bußgeldrahmen** und die Bußgeldhaftung bei **Rechtsnachfolge** neu geregelt. Der allgemeine Bußgeldrahmen wurde gem. § 30 Abs. 2 Satz 1 OWiG verzehnfacht und daher für Unternehmen von EUR 1 Mio. auf EUR 10 Mio. und für natürliche Personen von EUR 500.000 auf EUR 5 Mio. erhöht.

243   § 30 Abs. 2a OWiG sieht infolge der GWB-Novelle vor, dass bestimmte Konstellationen der Rechtsnachfolge die Bußgeldhaftung nicht mehr entfallen lassen. Damit wurde die deutsche Rechtslage der im Europarecht schon bestehenden angeglichen. Der Rechtsnachfolger tritt im Verfahren in die Stellung ein, in der sich der Rechtsvorgänger im Zeitpunkt der Rechtsnachfolge befand, § 30 Abs. 2a Satz 3 OWiG. Diese Haftung des Rechtsnachfolgers für Kartellverstöße eines nicht mehr existierenden Unternehmens war ein zentrales Anliegen der 8. GWB-Novelle. Der BGH[242] hatte 2011 entschieden, dass in solchen Fällen ein Bußgeld gegen den Rechtsnachfolger normalerweise nicht festgesetzt werden darf, es sei denn, zwi-

---

[240] *von Dietze/Janssen* Rn. 581 ff., 602, 631 f.
[241] BGH Beschl. v. 26.2.2013 – KRB 20/12 (OLG Düsseldorf).
[242] BGH Beschl. v. 10.8.2011 – KRB 55/10 – Versicherungsfusion.

schen Rechtsvorgänger und Rechtsnachfolger besteht bei „wirtschaftlicher Betrachtungsweise" „nahezu Identität". Ist die an dem Kartell beteiligte (und später aufgelöste) juristische Person eine Konzerngesellschaft, kann anders als regelmäßig im EU-Recht eine Geldbuße auch nicht gegen die Konzernobergesellschaft festgesetzt werden, bzw. nur unter der weiteren (und durch die 8. GWB-Novelle nicht geänderten) Voraussetzung, dass die Konzernobergesellschaft eine eigene Aufsichtspflicht verletzt hat. Nunmehr ist kann gegen den Rechtsnachfolger in zwei Fällen eine Geldbuße verhängt werden: (i) bei einer Gesamtrechtsnachfolge (insbesondere bei Verschmelzung nach dem Umwandlungsgesetz) sowie (ii) bei einer partiellen Gesamtrechtsnachfolge durch Aufspaltung (§ 123 Abs. 1 Umwandlungsgesetz). Allerdings darf die dem Rechtsnachfolger auferlegte Geldbuße den Wert des übernommen Vermögens sowie die Höhe der gegen den Rechtsvorgänger angemessenen Geldbuße nicht übersteigen. Zur Stärkung der Nachfolgehaftung bei Umstrukturierung sind mittlerweile diverse Urteile ergangen. Der BGH hat zu § 30 OWiG aF in ständiger Rechtsprechung die Figur der „wirtschaftliche Identität"[243] entwickelt. Danach kann ein Bußgeld gegen den Rechtsnachfolger verhängt werden, wenn zwischen Täter- und Nachfolgegesellschaft unter wirtschaftlichen Gesichtspunkten nahezu Identität besteht. Dazu sind drei Voraussetzungen erforderlich:[244] das Vermögen der Tätergesellschaft muss
(1) trotz Rechtsnachfolge vom Vermögen der Nachfolgegesellschaft getrennt sind,
(2) von der Nachfolgegesellschaft in ähnlicher oder gleicher Weise eingesetzt werden,
(3) in der Nachfolgegesellschaft einen wesentlichen Teil des Gesamtvermögens ausmachen, so dass das Vermögen der Nachfolgefolgegesellschaft im Vergleich weitgehend in den Hintergrund tritt. Dieses dritte Kriterium kann also bei einer Fusion unter Gleichen nicht erfüllt sein.[245]

Aufgrund der Änderung von § 30 OWiG durch die 8. GWB-Novelle ist die Rechtsprechung des BGH zur wirtschaftlichen Identität va für Altfälle relevant. Allerdings zeichnet sich ab, dass die Rspr. tendiert, die Nachfolgehaftung auch bei Altfällen von „Merger under Equals" auszudehnen.[246] Die Ausdehnung des Rechtsträgerprinzips bei der Bußgeldhaftung ist gerade in Deutschland unter Rechtsstaatlichkeitsgesichtspunkten nicht unumstritten.[247]

Rechtsprechungsbeispiele:
LAG Düsseldorf – ThyssenKrupp v. Selbach[248]
BGH/OLG Düsseldorf – Melitta:[249] Das Gericht hat entschieden, dass die Gesamtrechtsnachfolgerin der Tätergesellschaft trotz einer konzerninternen Umstrukturierungsmaßnahmen für die vom Bundeskartellamt auferlegte Geldbuße iHv 55 Mio. EUR haftet. Zwar wendet das Gericht die drei Kriterien aus der BGH-Rspr. zu wirtschaftlichen Identität an, interpretiert jedoch das Wesentlichkeitskriterium eigenständig. Das Gericht bejaht die Wesentlichkeit, obwohl im Fall Melitta eigenständige Geschäftsfelder unter einer einheitlichen Organisationsform zusammengefasst wurden und das Gesamtvermögen der Nachfolgegesellschaft sowohl durch das Vermögen des Täters als auch durch das Vermögen des Nachfolgers geprägt wurde. BGH hat das Urteil bestätigt.
BGH – Versicherungsfusion HDI-Gerling[250]

3. Verhalten bei Maßnahmen der Kartellbehörden, im Vorfeld und zur Prävention

a) **Prävention durch (kartellrechtliche) Compliance-Schulungen.** Allein das Unterlassen solcher Schulungen begründet zu Lasten des Unternehmens ein **grob fahrlässiges Überwachungsverschulden**, das sich bei der Höhe der **Strafzumessung** nachteilig für das Unternehmen auswirkt. Die Durchführung von kartellrechtlichen Mitarbeiterschulungen, insbesondere bei

---

[243] *Mäger/von Schreittner* DB 2015, 53 (54).
[244] *Mäger/von Schreittner* DB 2015, 53 (54).
[245] St. Rspr. etwa BGH Beschl. v. 26.2.2013 – KRB 20/12.
[246] BGH Beschl. v. 27.1.2015 – KRB 39/14. OLG Düsseldorf Urt. v. 10.2.2014 – V-4 Kart 5/11. Siehe aber die Nachfolgehaftung verneinend: BGH Beschl. v. 16.12.2014 – KRB 47/13 – Saint Gobain; Vorinstanz OLG Düsseldorf Urt. v. 17.12.2012 – V-1 Kart 7/12.
[247] *Mäger/von Schreittner* DB 2014, 643; DB 2015, 53 (55); DB 2015, 1581 (1583).
[248] LAG Düsseldorf Beschl. v. 20.1.2015 – 16 Sa 458/14; Teilurt. und Beschl. v. 20.1.2015 – 16 Sa 459/14, 16 Sa 460/14.
[249] BGH Beschl. v. 27.1.2015 – KRB 39/14. OLG Düsseldorf Urt. v. 10.2.2014 – V-4 5/11.
[250] BGH Beschl. v. 10.8.2011 – KRB 55/10.

marktstarken Unternehmen, ist somit eine der wichtigsten Möglichkeiten, ein Organisationsverschulden des Unternehmens bei kartellrechtswidrigem Verhalten zu vermeiden oder zumindest im Rahmen der Strafzumessung Erleichterungen zu erreichen. An solche Compliance-Schulungen werden von der Rechtsprechung sehr strenge Maßstäbe gesetzt, so dass fast jeder Kartellverstoß dem Unternehmen/der Unternehmensleitung zugerechnet wird.

246 Im Rahmen von regelmäßig aktualisierten Schulungen sollten die Mitarbeiter für kartellrechtliche Themen **sensibilisiert** werden (insbesondere bzgl. Diskriminierungsverboten in marktbeherrschenden Unternehmen), so dass **frühzeitig eine Einbindung der Rechtsabteilung** durch die betroffenen Mitarbeiter erfolgt.

247 Inhaltlich zu schulen sind neben dem Verhalten bei Durchsuchungsmaßnahmen,[251] die kritischsten und praxisrelevantesten kartellrechtlichen Verbotstatbestände, etwa
- Kartellabsprachen zwischen Außendienstmitarbeitern,
- wettbewerbswidrige Absprachen in Verbänden,
- Submissionskartelle nach § 298 StGB und
- Gebietsabsprachen mit Konkurrenten.

248 **b) Kontrolle va von Lizenz-, Vertriebsverträgen, Einkaufsbedingungen, Kooperationsvereinbarungen.** Gerade bei schnell wachsenden Unternehmen sollte zudem regelmäßig geschult und regelmäßig überprüft werden, ob wettbewerbsbeschränkende Vereinbarungen va in Lizenz- und Vertriebsverträgen, aber auch in Einkaufs-AGB und Entwicklungskooperationsmodellen vorhanden sind, etwa
- Belieferungsverweigerungen gegenüber einem abhängigen Unternehmen.
- Wettbewerbsverbote in Lizenz- oder Vertriebsverträgen.
- Verbote, Kunden in andere Mitgliedsstaaten zu bewerben.

249 Gerade im Hinblick auf wettbewerbsbeschränkende Vereinbarungen sollten neben den Mitarbeitern im **Vertrieb** und im **Einkauf** auch die **Rechtsabteilungs**mitarbeiter regelmäßig sensibilisiert werden.

250 **c) Kontrolle von Werbebroschüren, Internetauftritt, Pressemitteilungen.** Daneben empfiehlt sich gerade bei marktstarken Unternehmen auch eine Einbeziehung der **Presse-/PR-/Marketing-Abteilung** des Unternehmens in Schulungsmaßnahmen, damit diese Mitarbeiter sensibilisiert sind beim Außenauftritt des Unternehmens. Das betrifft etwa:
- Internetauftritte, Pressemeldungen und auch sonstige interne und externe Kommunikation. Diese sollte grundsätzlich **defensiv** gestaltet werden, soweit sie **Marktdefinition, Marktposition** des Unternehmens uä betreffen.
- Kartellrechtlich kritische Formulierungen, wie *„dominant"*, *„Wettbewerb beseitigen"*, sollten **vermieden** werden.
- Auch das Verhalten der Mitarbeiter zB in **Industrieverbänden, Lobbyverbänden**, auf Messen ist gesondert zu schulen.

251 **d) Privilegierte Anwaltskorrespondenz in Kartellverfahren.** Streitig und nicht abschließend geklärt ist, in welchem Umfang Kommunikation mit Anwälten des Unternehmens über kartellrechtliche Sachverhalte, der Hausdurchsuchung/Beschlagnahme durch die Kartellbehörden entzogen ist.

Ein solches Privileg für Anwaltskorrespondenz ergibt sich nach deutschem Recht
- aus § 97 StPO iVm § 46 Abs. 1 OWiG für Gegenstände **im Gewahrsam des externen Anwalts** und
- aus § 148 StPO für sog **echte Verteidigerpost**, dh Schriftverkehr in einem laufenden Straf- oder Ordnungswidrigkeitenverfahren, über das der **Beschuldigte bereits informiert** ist.

252 Im Falle einer für das betroffene Unternehmen unvorbereiteten Durchsuchungsaktion der Kartellbehörden, helfen diese beiden Rechtsgrundlagen nicht recht weiter, da sich zum einen die relevanten Schriftstücke gerade nicht im Gewahrsam des externen Anwalts befinden, sondern im Gewahrsam des Unternehmens. Zum anderen wurden im Regelfall gerade noch keine förmlichen Strafverfahren eröffnet, sondern es soll erst ermittelt werden.

---

[251] Dazu → Rn. 250.

IV. Befugnisse der Kartellbehörden

Sehr interessant für das Unternehmen wäre daher, wenn auch der interne Anwalt (**Syndi- 253 kusanwalt**) in den Genuss des Privilegs nach §§ 97 und 148 StPO käme. Dies dürfte jedoch nach wohl überwiegender Ansicht eher **nicht** der Fall sein.[252]

Dagegen spricht auch, dass das EuG ausdrücklich ein „Legal Privilege" im EG-Kartell- 254 verfahren für die Kommunikation zwischen Inhouse-Anwälten und Unternehmensabteilungen abgelehnt hat.

Rechtsprechungsbeispiele:
EuGH – AM & S v. Kommission: Der EuGH hat bereits 1982 zum Schutz der Vertraulichkeit der Kommunikation zwischen Rechtsanwalt und Mandant geurteilt[253] und entschieden, dass dieser Schutz von zwei Voraussetzungen abhängt, die kumulativ vorliegen müssen. Zum einen muss der Schriftwechsel mit dem Rechtsanwalt mit der Ausübung des „Rechts des Mandanten auf Verteidigung" in Zusammenhang stehen und zum anderen muss es sich um einen Schriftwechsel handeln, der von „unabhängigen Rechtsanwälten" ausgeht, dh von „Anwälten ..., die nicht durch einen Dienstvertrag an den Mandanten gebunden sind".

EuGH – Akzo Nobel Chemicals Ltd and Akros Chemicals Ltd v. Kommission:[254]
Der Präsident des EuG hatte noch im Oktober 2003 erhebliche Zweifel geäußert, ob die bisherige Rechtsprechung aufrechterhalten werden könne und die Auffassung vertreten, der besondere Schutz könne insbesondere dann auf die Korrespondenz mit internen Rechtsberatern eines Unternehmens erstreckt werden, wenn Syndikusanwälte denselben strengen Berufsregeln unterlägen wie externe Rechtsberater.
Der EuGH hat (im Einklang in der vorinstanzlichen Entscheidung des EuG) einige Grundsatzfragen geklärt, wie im Rahmen einer Hausdurchsuchung mit vertraulicher Anwaltspost umgegangen werden darf und ob juristische Expertisen (und damit potentiell belastendes Material) dem Zugriff der ermittelnden Behörden entzogen werden dürfen. Eine Konsequenz aus der Entscheidung des EuGH ist, dass sich Unternehmen mit vertraulichen kartellrechtlichen Anfragen/Unterlagen nur an externe Anwälte wenden. Denn laut EuGH dürfen die Ermittler den unternehmensinternen Schriftwechsel mit der Rechtsabteilung bei einer kartellrechtlichen Untersuchung beschlagnahmen und verwerten. Nur Juristen von unabhängigen Kanzleien können sich auf das anwaltliche Privileg der Vertraulichkeit ihrer Mandantenbeziehung berufen.
Gleichzeitig hat der EuGH das Anwaltsprivileg externer Rechtsanwälte betont, indem selbst interne (vorbereitende) Unterlagen des Unternehmens vom „Legal Privilege" geschützt sein, auch wenn sie nicht zu dem Schriftwechsel mit einem externen Rechtsanwalt gehörten und nicht für eine Übergabe an einen solchen erstellt worden seien. **Ausreichend** sei, dass sie **ausschließlich zu dem Zweck ausgearbeitet** worden seien, **für die Verteidigung in dem Fall einen rechtlichen Rat eines externen Rechtsberaters einzuholen.**
Das EuG berief sich in der Vorinstanz auf ein Urteil des EuGH im Fall AM & S aus dem Jahr 1982, in dem Syndikusanwälten ausdrücklich das Anwaltsprivileg verweigert wurde. Der EuGH entschied damals, dass die Europäische Kommission über weitgehende Untersuchungs- und Nachweisbefugnisse verfüge und sich insbesondere Geschäftsunterlagen vorlegen lassen dürfe. Dabei müsse jedoch die Vertraulichkeit der Kommunikation zwischen Anwalt und Mandant gewährleistet sein.
Der EuGH stellte fest, dass das Unternehmen berechtigt sei, den Kommissionsbediensteten eine **auch nur summarische Durchsicht der Schriftstücke zu verweigern**, für die es den besonderen Schutz des „Legal Privilege" geltend mache. Sei die Behörde anderer Ansicht, dürften ihre Bediensteten eine Kopie in einen Umschlag legen, diesen versiegeln und mitnehmen. Dadurch werde einerseits die Vertraulichkeit gewährleistet. Andererseits habe die Kartellbehörde eine gewisse Kontrolle über die Unterlagen und könne verhindern, dass die Dokumente später abhandenkommen oder manipuliert werden.

BVerfG Urt. v. 6.11.2014 – 2 BvR 2928/10: In Falle von Ermittlungen, die allerdings nicht kartellrechtliche Vorwürfe betrafen, hatte das AG München die Durchsuchung der Kanzleiräume des Strafverteidigers angeordnet. Dabei wurden Kopien von Patientenkarteikarten sowie um auf Rechnung beschlagnahmt, auf denen sich jeweils Anmerkungen des Mandanten befanden. Sowohl AG als auch LG hatten der Beschwerde des Verteidigers nicht stattgegeben. Das BVerfG hob diese Entscheidungen wegen Unverhältnismäßigkeit auf und verwies die Sache zurück ans LG.
Eine wirksame und geordnete Rechtspflege setzt voraus, dass die Vertrauensbeziehung zwischen Anwalt und Mandant von der Rechtsordnung in besonderem Maße geschützt wird. Um dies zu gewährleisten

---

[252] Dazu → § 43 Strafrecht im Bereich der Informationstechnologien.
[253] EuGH Urt. v. 18.5.1982 – 155/79 – AM & S v. Kommission
[254] EuGH Urt. v. 17.9.2007 – T-125/03 und T-253/03, ABl. vom 10.11.2007 – C 269/43 ff. – Akzo Nobel Chemicals Ltd and Akros Chemicals Ltd v. Kommission.

regelt die Strafprozessordnung, dass die Ermittlungsmaßnahmen gegen einen Rechtsanwalt, die voraussichtlich Erkenntnisse erbringen würden, über die dieser das Zeugnis verweigern dürfte, unzulässig sind, § 160a Abs. 1 StPO. Dennoch erlangte Erkenntnisse dürfen nicht verwendet werden, § 160a Abs. 2 StPO. Hiervon kann nur eine Ausnahme gemacht werden, wenn konkrete Anhaltspunkte die Annahme rechtfertigen, dass ausschließlich Erkenntnisse gewonnen werden, die nicht 3dem anwaltlichen Zeugnisverweigerungsrecht unterliegen. Hierunter fallen Unterlagen, die nach ihrem Inhalt und Willen gerade für die Kenntnisnahme durch Dritte bestimmt und Grundlage für die Eintragung in einem öffentlichen Register sind. In dem zur Entscheidung stehenden Fall hob das BVerfG die Entscheidungen der Instanzgerichte auf, da sowohl das Amtsgericht, als auch das Landgericht sich lediglich mit der Beschlagnahmefreiheit von Unterlagen nach § 97 StPO – mit unzutreffendem Ergebnis – befassten und versäumt hatten, diesen Aspekt des § 160a StPO überhaupt zu prüfen. Darüber hinaus stellte das BVerfG klar, dass es bei dieser Prüfung nicht darauf ankommt, ob es sich bei den Dokumenten um Privat- oder Geschäftsunterlagen des Mandanten handelt. Das Zeugnisverweigerungsrecht des Anwalts umfasst vielmehr alle Dokumente, die in einem Bezug zur Verteidigung stehen. Diesen Bezug sieht das Bundesverfassungsgericht in diesem Fall als gegeben an, da die Anmerkungen des Mandanten auf den Kopien für seinen Verteidiger bestimmt und als solche nicht mehr von den Kopien zu trennen waren. Die Unterlagen waren deshalb vom Anwaltsprivileg geschützt und durften nicht beschlagnahmt werden.

255 Die Rspr. des EuGH und des BVerfG ist erfreulich, weil das Anwaltsprivileg hins. Beschlagnahme und Verwertung von Schriftstücken insgesamt gestärkt wurde. Zu beachten ist jedoch, dass dieses „Privilege" der Kommunikation mit externen Rechtsanwälten im Regelfall **nur externe Anwälte erfasst, die in der EU zugelassen sind**.

256 In der praktischen Arbeit der Rechtsabteilung ist daher evtl. eine neue Aufgabenteilung geboten. Unternehmen müssen abwägen, ob sie zu sensiblen Fragen die Meinung von Hausjuristen, oder jene von externen Rechtsberatern einholen. Justitiare müssen dann, wenn sie ihre Unternehmensleitung schriftlich über Bedenken gegen gewisse wettbewerbsbeschränkende Geschäftspraktiken unterrichten, stets im Auge behalten, dass sie nicht ungewollt Beweismaterial liefern.

257 Lässt ein Unternehmen durch eine Anwaltskanzlei interne Ermittlungen durchführen, was etwa zur Prüfung bzw. Vorbereitung einer Selbstanzeige und Inanspruchnahme der Kronzeugenregelung nicht unüblich ist, wird ein Mandatsverhältnis zwischen dem beauftragenden Unternehmen und dieser Anwaltskanzlei begründet. Die Kommunikation mit dieser Kanzlei und deren Arbeitsergebnisse sind insofern „beschlagnahmefrei". Anders ist jedoch die Rechtslage, wenn im Zuge des Kartellverfahrens die Kartellbehörden und/oder Staatsanwaltschaft zB gegen einzelne Mitglieder der Geschäftsleitung ermitteln und gegen einzelne Personen ein Bußgeld verhängen wollen.[255] Zwischen einzelnen Mitgliedern der Geschäftsleitung und der Anwaltskanzlei, die für das Unternehmen tätig wird, besteht regelmäßig kein Mandatsverhältnis. Insofern ist es nicht auszuschließen, dass die ermittelnden Behörden im Ermittlungsverfahren gegen Geschäftsführungsmitglieder (erfolgreich) von der Anwaltskanzlei die Herausgabe fordern.

> **Praxistipp:**
> 258 Im Einzelfall ist nicht immer klar, inwieweit sich das Bundeskartellamt nach den Grundsätzen des EG-Rechts zum „Legal Privilege" richtet. Die konkrete Reichweite des Anwaltskorrespondenz-Privilegs kann nach deutschem Recht fraglich sein. Es empfiehlt sich folgendes Vorgehen für die Unternehmen:
> - Schon beim Entwurf von vorbereitenden Dokumenten aber auch in der späteren Korrespondenz mit dem externen Anwalt sollte **auf möglichst vorsichtige Formulierungen** geachtet werden. Für den externen Anwalt besteht dann jedoch aus **Haftungsgesichtspunkten** das Risiko, nachweisen zu können, dass er seinen Mandanten ausreichend aufgeklärt hat.
> - Dokumente mit kritischem Inhalt sollten **keinesfalls per E-Mail** ausgetauscht werden. Sofern eine persönliche Übergabe nicht praktikabel ist, sollte eine Versendung per **Post** mit dem Vermerk „PERSÖNLICH/VERTRAULICH" oder eine persönliche Fax-Nummer gewählt werden.[256]

---

[255] http://www.tagesspiegel.de/wirtschaft/bundeskartellamtschef-andreas-mundt-im-interview-muessen-manager-auch-persoenlich-haften-wenn-sie-kartelle-bilden/11163500-2.html.
[256] Zur Durchsuchung von EDV-Anlagen und zur Online-Durchsuchung → § 43 Strafrecht im Bereich der Informationstechnologien.

- Das Privileg gilt auch für vorbereitende Notizen über kartellkritische Sachverhalte, etwa auch für Telefonnotizen einer Kommunikation mit dem externen Anwalt. Solche Dokumente sollten, sofern sie der Verteidigung mit Hilfe eines externen Anwalts dienen sollen, in einem **gesonderten Ordner** mit der Aufschrift *„Legal Privilege"* oder *„Anwaltskorrespondenz"* gesammelt werden.
- Sofern dieser Ordner nicht ohnehin **im Gewahrsam des externen Rechtsanwalts** verwahrt wird, sollte im Falle einer Hausdurchsuchung das Unternehmen darauf achten, dass es einen Anspruch auf einen **versiegelten Umschlag** hat, wenn Zweifel bestehen, ob ein Dokument privilegiert ist. Dazu muss gegenüber den Durchsuchungsbeamten dargelegt werden, von wem und zu welchem Zweck das Dokument erstellt wurde. Die Behörden dürfen dann das Dokument **allenfalls kursorisch durchlesen**, falls nicht schon kursorisches Durchlesen Einblick in privilegierte Informationen ermöglicht.

e) Praxishinweise für den Fall kartellbehördlicher Durchsuchungsmaßnahmen

- Als Vorfeldmaßnahmen sollten va bei marktstarken Unternehmen – neben den Compliance-Schulungen – **Ansprechstellen** eingerichtet werden, zB bestehend aus bestimmten Mitarbeitern der Rechtsabteilung oder einer externen Kanzlei, die konkret auf kartellrechtliche (Durchsuchungs-)Verfahren vorbereitet und vor allem stets kurzfristig erreichbar sind. Wegen der kurzfristigen Erreichbarkeit empfiehlt sich die Benennung eines oder mehrerer **Stellvertreter** der Ansprechstelle.
- Im Falle einer Durchsuchung muss **unverzüglich** – also unmittelbar nachdem die Beamten „geklingelt" haben und noch bevor weitere Worte gewechselt werden – eine **Information dieser Ansprechstell**e erfolgen. Die Beamten warten zwar üblicherweise eine kurze Zeit, damit ein Rechtsbeistand herbeigeholt werden kann. Es ist jedoch nicht davon auszugehen, dass die Beamten (mehrere) Stunden warten, bevor sie mit der Durchsuchung beginnen.
- Um einen unverzüglichen und richtigen Informationsfluss im Durchsuchungsfall zu gewährleisten, empfiehlt sich im Vorfeld, regelmäßige (für die betroffenen Mitarbeiter unvorbereitete) **Übungen** abzuhalten.
- Ist die zuständige Ansprechperson im Unternehmen herbeigeholt, sollte zunächst die **Legitimation der Beamten** überprüft werden. Zudem sollte mit den Beamten geklärt werden, auf welche Bereiche sich die Nachprüfung erstreckt und ob evtl. nur ein beschränktes Durchsuchungsrecht besteht.
- Die Kooperation mit den Beamten, soweit es gesetzlich vorgeschrieben ist, insbesondere soweit die Beamten ordnungsgemäß legitimiert sind, sollte nicht verweigert werden. Im Zweifel sind jedoch Rückfragen bei der Rechtsabteilung bzw. bei den Ansprechpersonen im Unternehmen erforderlich. **Freiwillig** sollten **keine zusätzlichen Informationen** herausgegeben werden.
- Grundsätzlich können die Beamten etwa folgende Maßnahmen ergreifen:
  – Sie können Bücher und sonstige Geschäftsunterlagen einschließlich in elektronischer Form gespeicherte Informationen prüfen, soweit es sich nicht um privilegierte Dokumente[257] handelt.
  – Kopien oder Auszüge aus diesen Bücher und Unterlagen anfertigen.
  – Erläuterungen zu Tatsachen oder Unterlagen verlangen, die mit der Nachprüfung im Zusammenhang stehen. Fragen allgemeiner Art oder Fragen, die auf das Eingeständnis eines Kartellverstoßes hinlaufen, sind jedoch unzulässig.
  – Räumlichkeiten, Grundstücke und Transportmittel des Unternehmens dürfen betreten werden, soweit es im Durchsuchungsbeschluss vorgesehen ist oder Gefahr in Verzug besteht.
  – Betriebliche Räumlichkeiten und Bücher oder Unterlagen jeder Art dürfen für die Dauer und in dem Ausmaß versiegelt werden, für die der Durchsuchungsbeschluss besteht. Auch nicht zu dem betreffenden Unternehmen gehörende Gebäude, Grundstücke und Fahrzeuge dürfen durchsucht werden, soweit dies in einem Durchsuchungsbeschluss vorgesehen ist oder Gefahr in Verzug besteht. Insbesondere können die Privatwohnung der Unternehmensleitung von Managern und anderen Mitarbeitern des betroffenen Unternehmens durchsucht werden, wobei hier im Einzelfall einiges streitig ist.

---

[257] → Rn. 251 ff.

- **Jeder einzelne Durchsuchungsbeamte** sollte während der gesamten Zeit der Durchsuchung von einem oder mehreren geschulten unternehmenseigenen Mitarbeitern **begleitet** werden. Diese Mitarbeiter sollen das Geschehen im Detail **protokollieren**, insbesondere auch alle Gespräche, Fragen von Beamten, Antworten von Mitarbeitern etc. Nur auf diese Weise können mögliche Verfahrensverstöße dokumentiert werden, die später evtl. für die Verteidigung erforderlich sind.
- Nicht ratsam wäre eine **Vernichtung von Dokumenten** (während der Durchsuchung), evtl. auch Löschung von elektronischen Dokumenten. Für solche Fälle lassen sich die Kartellbehörden üblicherweise Serverausdrucke erstellen, anhand derer Sie alle gelöschten Daten an diesem Tag nachverfolgen können.
- Von allen Unterlagen, die herausgegeben werden oder übergeben werden, sollen **Kopien** angefertigt werden. Dies gilt auch dann, wenn die Unterlagen längere Zeit außer Haus sind und das Unternehmen sie für die Weiterarbeit benötigt.
- Die Durchsetzung von **Beweiserhebungs- und Verwertungsverboten** für Schriftverkehr mit externen Anwälten sollte von den begleitenden Mitarbeitern des Unternehmens ggf. gegenüber den Beamten durch ausdrückliche und konkrete Hinweise auf die geschützten Dokumente durchgesetzt werden.[258] Die Durchsetzung der vertraulichen Behandlung aller Informationen ist va deshalb wichtig, weil einstweiliger Rechtsschutz gegen Nachprüfungsentscheidungen in der Regel nicht rechtzeitig vor Ende der Nachprüfung erlangt werden kann.

260 **f) Datenschutzrechtliche Aspekte der kartellrechtlichen Compliance.** Die 8. GWB-Novelle und die EU-Kartellschadensersatzrichtlinie haben die „parental liablity", also die Bußgeld- und Schadensersatzhaftung von Konzernen (genauer gesagt von Muttergesellschaften), verschärft und zunehmend wird versucht, auch bei Organen der Muttergesellschaft Rückgriff zu nehmen.[259] Muttergesellschaften können sich nur exkulpieren, wenn sie wirksame Aufsichtsmaßnahmen sowie operativ und finanziell eigenständiges Handeln der Tochter nachweisen. Bei einer 100%-Beteiligung gilt nach Rechtsprechung von EuGH und EuG eine Vermutung für die Einflussnahme der Obergesellschaft.[260] Die Grundsätze sind auch bei geringeren Beteiligungen anwendbar.[261] Kartellrechtliche Aufsichtspflichten einer Obergesellschaft betreffen in der Konsequenz vor allem die sogenannten Red-Flag-Bereiche in den Einkaufs- und Vertriebsabteilungen. Vereinbarungen, die gegen das Kartellverbot verstoßen, lassen sich eher kontrollieren als abgestimmte Verhaltensweisen (etwa Informationsaustausch zwischen Wettbewerbern über ihr künftiges Marktverhalten). Bei einem solchen Informationsaustausch gilt eine Kausalitätsvermutung, wonach die beteiligten Unternehmen die ausgetauschten Informationen berücksichtigen, wenn sie weiterhin auf dem Markt tätig sind. Das gilt selbst dann, wenn die Abstimmung auf einem **einzigen** Treffen beruht.[262] Compliance-Schulungen der Mitarbeiter in Red-Flag-Bereichen sind obligatorisch. Doch durch welche Nachweise konkreter – datenschutzkonformer![263] – Maßnahmen kann sich eine Konzernmutter in einem solchen Fall exkulpieren? Rechtspolitisch ist gewollt, kartellrechtliche Umgehungsmaßnahmen und Sanktionslücken aufgrund bußgeldmindernder Vermögensverschiebungen im Konzern zu schließen. Manchen geht die 8. GWB-Novelle insoweit nicht weit genug, weil sie nicht alle Fälle der Umstrukturierung im Konzern erfasst. Gleichzeitig stellt sich die Frage, wie die Obergesellschaft eine wirksame Kontrolle ihrer Töchter umsetzen und gleichzeitig Datenschutzvorschriften einhalten kann. Die Verschärfung der Bußgeldhaftung im Konzern vergrößert den Widerspruch zwischen der Behandlung des Konzerns im Kartellrecht einerseits und im Datenschutzrecht andererseits.

261 Ein Konzernprivileg im Datenschutz gibt es ausdrücklich nicht und widerspräche dem Prinzip möglichst transparenter Datenflüsse. Der Einheitsbegriff im europäischen Kartellrecht und das datenschutzrechtliche Prinzip von der verantwortlichen Stelle sind im Kon-

---

[258] → Rn. 251 ff.
[259] → Rn. 130 f., 267, 279.
[260] → Rn. 131.
[261] → Rn. 131.
[262] EuGH Urt. v. 4.6.2009 – C-8/078. Im Einzelnen → Rn. 55.
[263] Zu Datenschutzaspekten bei Compliance-Maßnahmen → § 33 Compliance, IT-Sicherheit, Ordnungsmäßigkeit der Datenverarbeitung (etwa zu Whistleblowing) → Rn. 274 ff. und → § 34 Recht des Datenschutzes (etwa zu Arbeit der Innenrevision und Screening) →Rn. 212 ff.

IV. Befugnisse der Kartellbehörden

flikt. Auch das Arbeits- und Gesellschaftsrecht geht nicht von der „wirtschaftlichen Einheit" aus, sondern von klaren Grenzziehungen zwischen den Gesellschaften. Von Ausnahmen etwa im Bereich der Arbeitsverhältnisse mit Konzernbezug und der Befugnisse der Obergesellschaft im aktienrechtlichen Vertragskonzern abgesehen, ist es arbeits-, gesellschafts- und datenschutzrechtlich nach deutschem Recht grundsätzlich nicht vorgesehen, dass zB die Compliance-Abteilung der Obergesellschaft unmittelbare Kontrollen und Weisungen gegenüber Arbeitnehmer von Untergesellschaften ergreift. Erforderlich wäre der Weg über die Geschäftsleitung der Untergesellschaft (im GmbH-Konzern können uU sogar Gesellschafterbeschlüsse erforderlich sein).

Ob Beschäftigtendatenschutz (§ 32 BDSG) eine Datenweitergabe an die Muttergesellschaft (bzw. Zugänglichmachung von Daten in einer konzernweit einheitlichen Datenbank) zwecks **präventiver** Aufsichtsmaßnahmen erlaubt, ist sehr strittig (in engen Grenzen ausgenommen sind Fälle konzern-interner Auftragsdatenverarbeitung). Der Weg über § 28 Abs. 2 Nr. 2a BDSG ist für die beteiligten Unternehmen sehr unsicher, denn es darf „kein Grund zu der Annahme bestehen, dass der Betroffene ein schutzwürdiges Interesse an dem Ausschluss der Übermittlung oder Nutzung hat". 262

Seit 2009 hat sich der Bußgeldrahmen des BDSG für Datenschutzverstöße erhöht und die Datenschutzaufsichtsbehörden machen davon zunehmend Gebrauch. Der Entwurf einer Konzernregelung in § 32m BDSG-E[264] bringt kaum mehr Klarheit und liegt angesichts der anstehenden EU-Datenschutzgrundverordnung[265] (EU-DSGVO) wohl auf Eis. Die Umsetzung der Kartell-Compliance im Konzern wird durch die EU-DSGVO nicht erleichtert sondern eher erschwert, denn die datenschutzrechtlichen Bußgelder sollen drastisch erhöht werden.[266] Das Europäische Parlament hat zwar eine Konzernregelung in Art. 22 der EU-DSGVO-E[267] vorgeschlagen, deren Reichweite und Anwendungsfälle jedoch unklar sind. Wie ist das Spannungsverhältnis von kartellrechtlicher und datenschutzrechtlicher Compliance im Konzern aufzulösen? 263

Welche Aufsichtsmaßnahmen sind der Konzernleitung als sicher anzuraten? Gelten die ordnungswidrigkeitenrechtlichen Regelungen zur Aufsichtshaftung (§§ 130, 30 OWiG) als Erlaubnisnorm zur Datenübermittlung? Wohl nicht, wie bereits in der Literatur zu §§ 43 GmbHG und 93 AktG behandelt.[268] Die Friktionen verschärfen sich und wenig „sichere Häfen" im Konzerndatenschutz sind in Sicht. An sich müssten die Verschärfung der kartellrechtlichen Konzernhaftung Hand in Hand gehen mit entsprechenden Klarstellungen bei der datenschutzrechtlichen Erlaubnis, was aber bislang nicht der Fall ist. Die oben erwähnten Maßnahmen wie Red-Flag-Schulungen oder regelmäßige Kontrolle von Verträgen und Werbebroschüren sind datenschutzrechtlich weitgehend unproblematisch. Unternehmensübergreifendes Whistleblowing und Screening sind jedoch – selbst zum Zwecke der kartellrechtlichen Compliance – aus Datenschutzgründen nur unter restriktiven Bedingungen zulässig.[269] Nicht selten fällt im Zusammenhang mit der kartellrechtlichen unternehmensinternen Ermittlung auf, dass Grundlagen des betrieblichen Datenschutz-Managements fehlen oder lückenhaft sind (etwa weil Auftragsdatenverarbeitungsverträge mit der konzerninternen IT-Gesellschaft, die alle Daten hostet, fehlen). Dann ist angeraten, möglichst vor Beginn der internen Ermittlungen die Lücken zu schließen, um nicht im Rahmen behördlicher Ermittlungen oder Straf- und Zivilverfahren gegen handelnde Personen unnötig Flanken zu eröffnen. 264

---

[264] Änderungsvorschlag vom 20.5.2012 zu BT-Drs. 17/4230.
[265] Der Kommissionsentwurf der EU-DSGVO stammt vom 25.1.2015; am 15.6.2015 hat der Rat einen „Gemeinsamen Standpunkt" iSd Art. 294 Abs. 4 AEUV zum Kommissionsentwurf beschlossen und an das Parlament geleitet (http://data.co nsilium.europa.eu/doc/document/ST-9565-2015-INIT/en/pdf). Seit 24.6.2015 laufen die Trilog-Verhandlungen. Einzelheiten → § 34 Recht des Datenschutzes Rn. 47 f.
[266] → § 34 Recht des Datenschutzes.
[267] Am 21.10.2013 erfolgt die Abstimmung im Innenausschuss des Europäischen Parlaments (EP) über das Verhandlungsmandat des EP zur DSGVO; die Kompromissvorschläge wurden vom EP als Gesamtpaket angenommen. Am 23.10.2013 wurde eine konsolidierte Fassung des Verordnungstextes vom 22.10.2013 veröffentlicht (siehe www.janalbrecht.eu). Am 15.6.2015 hat der Rat seinen gemeinsamen Standpunkt verabschiedet.
[268] → § 33 Compliance, IT-Sicherheit, Ordnungsmäßigkeit der Datenverarbeitung Rn. 29 ff.
[269] Einzelheiten → § 33 Compliance, IT-Sicherheit, Ordnungsmäßigkeit der Datenverarbeitung Rn. 274 ff. sowie → § 34 Recht des Datenschutzes Rn. 212 ff.

V. Durchsetzung von kartellrechtlichen Ansprüchen durch Private

265 Die Durchsetzung des Kartellrechts beruht auf zwei Säulen:
- Auf der staatlichen Durchsetzung durch die Kartellbehörden und
- der privaten Durchsetzung (Private Enforcement).

„Die Wachsamkeit der an der Wahrung ihrer Rechte interessierten Einzelnen stellt eine wirksame Kontrolle dar, welche die durch die Kommission und die Mitgliedstaaten ausgeübte Kontrolle ergänzt."[270]

266 Seit der 7. GWB-Novelle im Jahre 2005 hat die Durchsetzung des Kartellrechts durch **gerichtliche Klagen der vom wettbewerbswidrigen Verhalten verletzten/geschädigten Unternehmen** erheblich **zugenommen**. Auf EU-Ebene sind EuG/EuGH nicht zuständig für Klagen auf Schadensersatz wegen Kartellverstößen. Stattdessen sind die mitgliedstaatlichen Gerichte bei Schadensersatzklagen zuständig. Der EuGH kann sich im Vorlageverfahren zum Private Enforcement äußern.

267 Die Europäische Kommission ist bestrebt um **Harmonisierung des Private Enforcement in den Mitgliedstaaten"** Im Dezember 2005 hat die Kommission ein sogenanntes Green Paper zum Private Enforcement veröffentlicht.[271] Im Oktober 2007 hat die Kommission einen Verordnungsvorschlag für die Durchführung von Vergleichsverfahren in Kartellfällen veröffentlicht. Am 25.12.2014 trat die Richtlinie 2014/104/EU vom 26.11.2014 über bestimmte Vorschriften für Schadensersatzklagen nach nationalem Recht wegen Zuwiderhandlungen gegen wettbewerbsrechtliche Bestimmungen der Mitgliedstaaten und der Europäisches Union in Kraft.[272] Die Mitgliedstaaten müssen die Richtlinie bis 27.12.2016 umsetzen (soweit noch nicht geschehen). Kernpunkte der Richtlinie sind:[273]
- Verschärfung der Haftung im Konzern durch Übertragung des europäischen Unternehmensbegriffs („**parental liablity doctrine**")[274] in das nationale Recht der Mitgliedstaaten, und zwar auch auf den Schadensersatzanspruch. Trotz der Verschärfung der Bußgeldhaftung durch die 8.GWB-Novelle ist in Deutschland eine Gesetzesänderung erforderlich, weil nach bisheriger Rechtslage in Deutschland allein die Beherrschung für eine Mithaftung der Muttergesellschaft nicht ausreicht.[275]
- Erweiterung der **Bindungswirkung der Entscheidung nationaler Kartellbehörden** für das zivilrechtliche Schadensersatzverfahren, was in Deutschland gem. § 33 Abs. 4 S. 1 GWB bereits gilt (siehe Art. 9 Abs. 1 der Richtlinie).
- **Beweislastumkehr** im Schadensersatzklageverfahren und Vermutung der **Schadenshöhe** (Art. 17 Abs. 1 und 2 der Richtlinie): Widerlegbare Vermutung, dass bei einem Kartellverstoß auch ein Schaden entstanden ist. Allerdings muss der Kläger beweisen, dass gerade ihm ein Schaden entstanden ist und in welcher Höhe.[276] Diese Beweisführung im Zivilprozess ist ein häufiger Stolperstein für den Schadensersatz und wird durch die EU-Verordnung nicht wesentlich erleichtert. Konkrete Schadensbeträge/-pauschalen werden nicht vermutet. Jedoch muss es den mitgliedstaatlichen Gerichten möglich sein, die Schadenshöhe zu vermuten, was in Deutschland nach § 287 Abs. 1 S. 1 ZPO bereits nach geltendem Recht möglich ist. Im Zusammenhang mit dem Schaden bzw. der schadenshöhe behandelt die Richtlinie auch die sogenannten „**Passing-on-defense**" des Schädigers/Beklagten (Art. 12–15 der Richtlinie). Dabei handelt es sich um den Einwand, dass dem Kläger (etwa einem Händler) kein Schaden entstanden ist, weil er zB die kartellbedingten überhöhten Preise an seine Kunden weitergegeben hat (Schadensabwälzung). Dieser Einwand ist auch in Zukunft möglich. Es wird sogar die Stellung des Schädigers im Vergleich zur deutschen Rechtsprechung[277]

---

[270] EuGH Urt. v. 5.2.1963 – 26/62, Slg. 1963, 3 – Van Gend & Loos.
[271] → Rn. 299.
[272] ABl. Nr. L 349 S. 1.
[273] *Kühne/Woitz* DB 2015, 1028.
[274] → Rn. 130 f., 260.
[275] Zur Verschärfung der Nachfolgehaftung im Konzern durch die 8. GWB-Novelle siehe → Rn. 243 f., 260, 279 f.
[276] *Kühne/Woitz* DB 2015, 1028 (1029).
[277] Etwa BGH Beschl. v. 28.6.2011 – KZR 75/10. Siehe unten → Rn. 270 ff.

verbessert, weil das Gericht auch die Höhe der Schadensabwälzung schätzen kann, für die grds. der Schädiger beweispflichtig ist. Zudem soll auch dem Schädiger die Offenlegung von Beweismitteln offenstehen (dazu sogleich), was uU Klagewillige abschrecken könnte.[278]
- Verpflichtung von Kartellanten und Dritten zur **Offenlegung von Beweismitteln**, ohne dass zB Betriebs- und Geschäftsgeheimnisse per se ausgenommen sind (Art. 5 der Richtlinie).
- Vollständig ausgenommen von der Offenlegung sind jedoch **Kronzeugenanträge** (Art. 6 Abs. 6 der Richtlinie). **Kronzeugen** werden auch bei der gesamtschuldnerischen Haftung privilegiert, wenn ihnen im behördlichen Verfahren die Geldbuße aufgrund der Kronzeugenstellung[279] erlassen wurde. Eine Privilegierung gilt unter bestimmten Voraussetzungen auch für **KMU**.
- Die **gesamtschuldnerische Haftung** eines Kartellanten kann auch dann reduziert sein, wenn zwischen dem Kartellanten und Geschädigten ein **Vergleich** geschlossen wurden. Dann ist der Ausgleich im Innenverhältnis bzgl. dieses Kartellanten grds. ausgeschlossen (Art. 19 der Richtlinie).
- Im Kartellrecht ist zwischen der kenntnisabhängigen **Verjährung** (die in Deutschland gem. § 195 iVm § 199 Abs. 1 BGB nach 3 Jahren zum Jahresende endet) und der kenntnisunabhängigen Verjährung zu unterscheiden. Letzteres endet gem. § 199 Abs. 3 S. 1 Nr. 1 BGB nach 10 Jahren. Die Richtlinie (Art. 10) verlängert die kenntnisabhängige Verjährung zu Gunsten von Geschädigten auf mind. 5 Jahre, wobei erfahrungsgemäß die Beweisführung durch Zeitablauf eher erschwert als erleichtert wird. Zudem wurde die Verjährungshemmung im Falle von Ermittlungen und Verletzungsverfahren verlängert. Die Hemmung soll gemäß der Richtlinie frühestens 1 Jahr nach Beendigung dieser Verfahren enden, nicht wie in Deutschland bereits nach 6 Monaten (§ 204 Abs. 2 S. 1 BGB). Kritisiert wird,[280] dass die Richtlinie nicht klärt, ob die Ablaufhemmung für alle Kartellanten einheitlich beginnt (Gesamtwirkung) oder ob sie, wie in Deutschland (§ 425 BGB), für jeden Kartellanten einzeln zu beurteilen ist (Einzelwirkung). Zudem wird kritisiert,[281] dass die Richtlinie den Beginn der in der Praxis wohl wichtigeren kenntnisunabhängigen Verjährung verwässert, weil diese Verjährung erst beginnen soll, wenn alle Zuwiderhandlungen beendet wurden und der Geschädigte von den maßgeblichen Umständen Kenntnis erlangt hat oder hätte erlangen müssen. Damit ist Rechtssicherheit über den Fristablauf kaum möglich und die deutsche 10jährige Frist steht wohl auf dem Prüfstand.

1. Ansprüche der Verletzten/Geschädigten

Für die private Durchsetzung des Kartellrechts gibt es im Wesentlichen zwei Ansatzpunkte: 268
- Materiellrechtlich va durch Einwendungen:
  - **Nichtigkeit** (gem. § 134 BGB) **bestimmter Vertragsklauseln**, zB Wettbewerbsverbote, Gebietsbeschränkungen, Klage auf negative Feststellung; evtl. Gesamtnichtigkeit des Vertrages (§ 139 BGB);
  - **Einwendungen gegen Zahlungsansprüche** (Einwand, dass der Zahlungsanspruch des Verletzers wegen Kartellrechtswidrigkeit nichtig ist).
- **Prozessual durch Klage** auf:
  - (verschuldens**un**abhängig) **Beseitigung** nach § 33 Abs. 1 GWB (evtl. kostengünstiger für den Mandanten wäre statt einer Unterlassungsklage ein Hinweis, also eine Anzeige bei den Kartellbehörden, damit diese einschreiten und im Rahmen der staatlichen Durchsetzung tätig werden),
  - bei Wiederholungsgefahr (verschuldens**un**abhängig): **Unterlassung**, § 33 Abs. 1 GWB, oder
  - verschuldens**abhängig**en **Schadensersatz** nach § 33 Abs. 1 GWB, zB bei Differenz zwischen Marktpreis bei unbeeinflussten Verhältnissen und dem tatsächlichen Marktpreis bei Beeinflussung durch den Monopolisten.
  - **Belieferung** gem. §§ 19, 20 GWB.

---

[278] *Kühne/Woitz* DB 2015, 1028 (1030).
[279] Anders wohl, wenn die Geldbuße nur ermäßigt wurde, *Kühne/Woitz* DB 2015, 1028 (1030).
[280] *Kühne/Woitz* DB 2015, 1028 (1030).
[281] *Kühne/Woitz* DB 2015, 1028 (1030 f.).

Rechtsprechungsbeispiel:

BGH (Beschl. v. 1.2.2011 – KZR 8/10 – Vorlage an den EuGH) spricht sich für die Zulässigkeit einer zuvorkommenden negativen Feststellungsklage in kartellrechtlichen Streitigkeiten aus; der EuGH C-133/11 EuZW 2012, 950 bestätigt dies konkludent. Außerdem: Art. 5 Nr. 3 VO 44/2001 anwendbar (int. Zuständigkeit).

269   a) **Nichtigkeitsfolge nach § 1 GWB iVm § 134 BGB.** Die wichtigste zivilrechtliche Folge eines Verstoßes gegen das Kartellverbot ist die in § 1 GWB iVm § 134 BGB statuierte Nichtigkeit des Vertrages, Beschlusses oder des abgestimmten Verhaltens. Diese Nichtigkeitsfolge kann nicht überwunden werden, auch nicht zB durch das Institut der fehlerhaften Gesellschaft. Die Nichtigkeit beschränkt sich grundsätzlich auf die gegen § 1 GWB verstoßenden Vertragsklauseln. Ob ein Vertrag im Übrigen aufrecht zu erhalten ist (also Teilnichtigkeit), bestimmt sich nach § 139 BGB. Die Nichtigkeitsfolge ergreift nicht allein den eigentlichen Kartellvertrag, sondern auch die Ausführungsverträge, dh Verträge zwischen den Kartellmitgliedern oder mit Dritten, die der Durchführung, Verstärkung oder Ausdehnung der verbotenen Wettbewerbsbeschränkung dienen. Etwas anderes gilt nur für Folgeverträge mit unbeteiligten Dritten (zB Lieferverträge aufgrund verbotener Preis- oder Konditionenkartelle).[282]

270   b) **Die Ansprüche nach § 33 GWB, insbesondere Schadensersatz.** § 33 GWB enthält die zivilrechtliche Anspruchsgrundlage zur Geltendmachung des Unterlassungs- und Schadensersatzanspruches sowie Verjährungsregeln. Danach kann jedes Unternehmen wegen seines kartellrechtswidrigen Verhaltens auf zukünftige **Unterlassung** von einem **betroffenen Mitarbeiter** oder **Marktteilnehmer** oder **rechtsfähigen Verbänden** zur Förderung gewerblicher oder selbständiger beruflicher Interessen in Anspruch genommen werden. Der Schadensersatzanspruch eines Einzelnen erhöht die Durchsetzungskraft der gemeinschaftlichen Wettbewerbsregeln und ist geeignet, Unternehmen von unzulässigen wettbewerbsbeschränkenden Verhaltensweisen abzuhalten.[283]

271   Nicht nur durch den konkreten Wettbewerbsverstoß in seinen Wettbewerbsmöglichkeiten unmittelbar behinderte und diskriminierte Unternehmen, sondern auch der **Wettbewerber** des marktbeherrschenden Unternehmens ist durch § 19 Abs. 4 Nr. 1 und § 20 Abs. 1 GWB geschützt und kann dieses gem. § 33 GWB in Anspruch nehmen.[284]

272   Im Falle eines vorsätzlich oder fahrlässig begangenen Verstoßes gegen eine Vorschrift des GWB oder gegen Art. 101 oder 102 AEUV kommt darüber hinaus ein Anspruch auf Ersatz des daraus entstehenden **Schadens** gem. § 33 Abs. 3 GWB in Betracht. Für die Entscheidung über den Umfang des Schadens nach § 287 ZPO kann insbesondere der anteilige Gewinn, den das Unternehmen durch den Verstoß erlangt hat, berücksichtigt werden (§ 33 Abs. 3 S. 3 GWB). Bei der Bestimmung der Höhe des entstandenen Schadens ermittelt die Rechtsprechung Vermögensschäden am subjektbezogenen Zuschnitt des betreffenden Gesamtvermögens nach der **Differenzhypothese** durch einen rechnerischen Vergleich, der durch das schädigende Ereignis eingetretenen Vermögenslage mit derjenigen, die sich ohne das schädigende Ereignis ergeben hätte. Ergibt diese Vermögensbilanz unter Einbeziehung der weiteren Vermögensentwicklung eine Differenz zu Lasten des Klägers, so liegt ein ersatzfähiger Vermögensschaden vor. Diese wertneutrale Differenzrechnung beantwortet jedoch nicht die Frage, welche Positionen in die Bilanz aufzunehmen sind. Vielmehr sind die in der Differenzbetrachtung einzusetzenden Rechnungsposten, also sowohl die Nachteile als auch die aus dem schädigenden Ereignis folgenden Vorteile, durch eine am Schutzzweck der Haftung und aus der Ausgleichsfunktion des Schadensersatzes orientierten Wertung zu bestimmen. Diese allgemeinen zivilrechtlichen Gesichtspunkte gelten auch für wettbewerbsrechtliche Ansprüche.

273   Anders als in den USA (Stichwort „punitive damages") haben also in Deutschland Verurteilungen zu Schadensersatzzahlungen keinen Strafcharakter, sondern haben dem **Kompensationsprinzip** zu folgen.

---

[282] Siehe *Haberstumpf/Husemann* S. 48.
[283] BGH Urt. v. 28.6.2011 – KZR 75/10, GRUR 2012, 291, Rn. 37; EuGH Urt. v. 20.9.2001 – C-453/99, GRUR 2002, 367, Rn. 27; EuGH Urt. v. 13.7.2006 – C-295/04 bis C-298/04, EuZW 2006, 529, Rn. 91.
[284] KG Urt. V. 25.8.2005 – 2 U 1/05 Kart, WuW 2005, 1285 – Blumendistanzhandel.

Eines der Probleme der Schadensersatzdurchsetzung Privater ist das mögliche Auseinanderfallen der Person des Anspruchsinhabers und des Geschädigten (auch **passing-on-defense** genannt).[285] Diese Schadensverlagerung kann eintreten, wenn zB der geschädigte Abnehmer oder Vertriebshändler, der einen wettbewerbsbeschränkenden Vertrag abgeschlossen hat, seinen Schaden dadurch reduziert, dass er den Schaden auf die eigenen Abnehmer oder Kunden abwälzt. Dann ist fraglich, wer den Schaden geltend machen kann. In § 33 Abs. 3 S. 2 GWB heißt es dazu:

„Wird eine Ware oder Dienstleistung zu einem übertreuerten Preis bezogen, so ist der Schaden nicht deshalb ausgeschlossen, weil die Ware oder Dienstleistung weiter veräußert wurde."

§ 33 Abs. 3 S. 2 GWB stellt jedoch lediglich klar, dass Schadensweitergabe kein Problem der Schadensentstehung ist. Dies bedeutet, dass unklar ist, wer den Anspruch geltend machen kann (Vertriebshändler oder Endabnehmer?) und wie ggf. eine Vorteilsausgleichung zu erfolgen hat. Klar dürfte sein, dass eine „Schadensverdoppelung" ausscheidet. Für die wirksame Durchsetzung des Kartellrechts dürfte wohl günstiger sein, wenn der Vertriebshändler den Schaden geltend macht.

Rechtsprechungsbeispiele:
EuGH (Urt. v. 14.6.2011 – C-360/09 – Pfleiderer AG ./. BKartA):[286] Pfleiderer, die Kundin der mit den Geldbußen belegten kartellrechtswidrig handelnden Unternehmen ist, hat einen Antrag auf umfassende Akteneinsicht gestellt, der sich auf das Bußgeldverfahren und insoweit auch auf Dokumente des Kronzeugenverfahrens bezieht, um eine zivilrechtliche Schadensersatzklage vorzubereiten. Der EuGH hat das **Akteneinsichtsrecht eines Geschädigten** gegen Kartellmitglieder im Grundsatz bestätigt, aber unter den Vorbehalt der Interessenabwägung nach nationalem Recht gestellt.
OLG Frankfurt (Urt. v. 21.12.2010 – 11 U 37/09) spricht Schadensersatzanspruch in Höhe von ca. **EUR 10 Mio. wegen überhöhter Preise eines marktbeherrschenden Lieferanten** zu; Anwendung einer „sekundären Darlegungslast" zu Lasten des beklagten Lieferanten.

c) Haftung der Unternehmensleitung. In Deutschland ist der Träger des Unternehmens, das den Kartellverstoß begangen hat, vorrangig schadensersatzpflichtig. Diesem muss für einen **Schadensersatzanspruch** zumindest ein Überwachungsverschulden vorgeworfen werden. Ein solches **Überwachungsverschulden** liegt etwa dann vor, wenn der Geschäftsführer oder wenn die Geschäftsleitung Compliance-Schulungen mit den Mitarbeitern (etwa im Vertrieb) nicht durchgeführt, regelmäßig aktualisiert und wiederholt hat. Wenn jedoch Schulungen durchgeführt werden, ist dies zumindest bei der Strafzumessung vorteilhaft für das Unternehmen.[287]

Nach § 31 BGB ist juristischen Personen und Personenhandelsgesellschaften das Handeln ihrer Organe und vertretungsberechtigten Gesellschafter zuzurechnen. Dies gilt auch für leitende Angestellte und funktionsbedingte Organe. Streitig ist, ob (daneben) **Organe** und **leitende Angestellte** auch **persönlich** auf Schadensersatz haften. Diese Frage ist bislang nicht abschließend geklärt. In den USA ist insoweit die Rechtslage eindeutig, dass auch Gefängnisstrafen gegen leitende Angestellte wegen Kartellverstößen vollstreckt werden. In Europa ist dies immer wieder in der Diskussion, aber nicht abschließend geklärt.

Zu beachten ist, dass auch **Geldbußen gegen Unternehmensvertreter vollstreckt** werden können, dh gegen
- den Unternehmensinhaber,
- den Vorstand einer AG, einer eingetragenen Genossenschaft oder eines eingetragenen Vereins,
- Geschäftsführer einer GmbH oder den Komplementär einer KG aA (§ 9 Abs. 1 Nr. 1 OWiG),
- den geschäftsführenden Gesellschafter eine OHG oder einer KG (in der Regel der Komplementär, s. § 9 Abs. 1 Nr. 2 OWiG) und
- den Verkaufsleiter, den Leiter einer Rechtsabteilung und sonstige Bestellte mit eigener Verantwortung für das Unternehmen oder Teile des Unternehmens (§ 9 Abs. 2 Nr. 1 OWiG).

---

[285] → Rn. 293 ff.
[286] → Rn. 290.
[287] → Rn. 245 ff.

Beispiel:

Das Bundeskartellamt hat beispielsweise mehrere Apothekenverbände und natürliche Personen zu einer Geldbuße von EUR 1,2 Mio. verurteilt. Die Verbände hatten ihre Mitglieder, die einzelnen Apotheken dazu aufgerufen, keine Arzneimittel von einem Pharmagroßhändler, der eine Apothekenkette gründen wollte, zu beziehen. Sanktioniert wurden ua Äußerungen von Verbandsfunktionären und, soweit es zu kartellrechtswidrigen Boykottaufrufen in der Pharmazeutischen Zeitung kam, die Verletzung der Aufsichtspflicht des Herausgebers.[288]

279 Durch die 8. GWB-Novelle[289] und durch die EU-Kartellschadensersatzrichtlinie[290] wurde die Bußgeld- und Schadensersatzhaftung von Konzernen verschärft. § 30 OWiG nF sieht eine Rechtsnachfolge in die Bußgeldhaftung bei (partieller) Gesamtrechtsnachfolge durch Aufspaltung sowie eine deutliche Erhöhung des Bußgeldrahmens vor. Durch einen Verweis in § 130 OWiG wurde die neue Verzehnfachung des Bußgeldrahmens ausdrücklich auch bei vorsätzlicher Verletzung von Aufsichtspflichten gelten. Bereits für Altfälle galt, dass gegen Inhaber eines Unternehmens ein Bußgeld verhängt werden kann, wenn sie ihrer Aufsichtspflicht nicht nachkommen. Die Anwendung des § 130 OWiG gegenüber einer Muttergesellschaft hängt ua davon ab, ob diese als „Inhaberin" der kartellrechtswidrig handelnden Tochter angesehen werden kann. Das wurde vom Bundeskartellamt wiederholt bejaht, ist aber in der Literatur umstritten.[291]

280 Die Verschärfung der Kartell-Compliance-Risiken – nicht nur die Rechtsnachfolge in die Bußgeldhaftung, auch die EU-Kartellschadensersatzrichtlinie – führt dazu, dass vermehrt Unternehmen gegen ihre ehemaligen Geschäftsführer und Vorstände aus § 43 Abs. 2 GmbHG und § 93 AktG vorgehen. Das mag das Geschäft der D&O-Versicherungen fördern.[292] Allerdings setzt die arbeitsgerichtliche Rechtsprechung[293] dem Rückgriff vereinzelt Grenzen, weil die kartellrechtliche Geldbuße nach §§ 81 Abs. 4 S. 2 ff. GWB nicht nur Abschreckungs- und Sanktionierungsfunktion, sondern auch Gewinnabschöpfungsfunktion hat. Der Gewinn kann jedoch im Regelfall nicht oder kaum bei den Organen abgeschöpft werden.

281 Im Hinblick auf **Freistellungserklärungen** und **D&O-Versicherungen** von Führungskräften ist in der Praxis zu beachten, dass in der Regel keine Kompensation durch das Unternehmen erfolgt, wenn sich die Konzernleitung von den Managern getrennt hat. Das bedeutet, dass die Freistellungserklärung durch das Unternehmen für den einzelnen Manager im konkreten Fall wertlos sein kann.

2. Verfahrensaspekte

282 **a) Bindung der Zivilgerichte an Feststellungen der Kartellbehörden.** Ein Verstoß gegen Vorschriften des GWB bzw. gegen Art. 101 und 102 AEUV kann zu Beseitigungs-, Unterlassungs- und Schadensersatzansprüchen nach § 33 GWB führen. Anspruchsberechtigter ist jeder „Betroffene" im Sinne des § 33 Abs. 1 GWB. Betroffener ist danach, *„wer als Mitbewerber oder sonstiger Marktbeteiligter durch den Verstoß beeinträchtigt ist"*, vgl. § 33 Abs. 1 S. 3 GWB. Ein Betroffener kann also zB der Abnehmer des Unternehmers sein. Wichtig ist, dass die **Zivilgerichte an die Feststellung der Kartellbehörden gebunden** sind, § 33 Abs. 4 GWB. Eine Streitwertanpassung durch die Zivilgerichte ist möglich.

283 Im Ergebnis bedeutet das für den Kläger, dass vor Gericht (nur) ein Vortrag zur **Betroffenheit** und zur Rechtsfolgenseite, also zur **Schadenshöhe**, erfolgen muss. Damit haben die Kartellbehörden entscheidende Funktion für die Aufdeckung wettbewerbswidriger Praktiken – auch zugunsten des Klägers. Die besonderen Ermittlungsbefugnisse der Behörden und die Kronzeugenregelung sind für die wirksame Durchsetzung seiner kartellrechtlichen Ansprüche unverzichtbar.

---

[288] Pressemitteilung Bundeskartellamt, 2.7.2009, abrufbar unter www.bundeskartellamt.de.
[289] Siehe oben → Rn. 18 ff.
[290] → Rn. 126, 267.
[291] *Ost* NZKart 2013, 25 mwN.
[292] *Melot de Beauregard* DB 2015, 928.
[293] LAG Düsseldorf Urt. v. 20.2.2015 – 16 Sa 459/14.

V. Durchsetzung von kartellrechtlichen Ansprüchen durch Private

Das Problem für den Kläger ist jedoch, dass nur die **nicht vertrauliche Fassung** etwa der **Entscheidung der EU-Kommission** veröffentlicht wird und dass diese zudem oft **sehr spät** kommt, zumindest sehr spät für das zivilrechtliche Verfahren. Die Benachrichtigung des Bundeskartellamtes und der Landeskartellbehörden durch das Gericht und die mögliche **Beteiligung der Kartellbehörden** richtet sich nach § 90 GWB. 284

b) Nachweis von Kartellverstoß und Schadenshöhe. Im Rahmen von Kartellverstößen sind va zwei Tatbestandskriterien kritisch: 285
- der Nachweis des Kartellverstoßes und
- der Schadensnachweis.

Beim Nachweis des **Kartellverstoßes** ist zu beachten, dass **kein Ausforschungsbeweis nach ZPO** besteht.[294]

Das **Akteneinsichtsrecht beim Bundeskartellamt** ist geregelt in §§ 406e, 475 StPO iVm § 46 Abs. 1 OWiG. Das Informationsfreiheitsgesetz (IFG) bietet nur sehr geringe Zugangsmöglichkeiten.[295] Das Akteneinsichtsrecht wegen Beiladung im Kartellverfahren steht im Ermessen des Bundeskartellamts. Die Beiladung ist jedoch sehr schwierig für den Geschädigten, falls kein Kartellverstoß festgestellt wird. 286

Die Beweiserleichterung durch Möglichkeit der Schadensschätzung nach § 33 Abs. 3 S. 3 GWB iVm § 287 ZPO bringt eine erhebliche Erleichterung für den Kläger. Im GWB sind zudem an verschiedenen Stellen Beweislastregelungen geregelt: zB § 19 Abs. 3 GWB, § 20 Abs. 3 S. 2 GWB, § 20 Abs. 4 S. 2 GWB und § 20 Abs. 5 GWB. Diese gelten jedoch nur für Sachvorträge, die nicht durch die Kartellbehörden festgestellt sind, zB Marktbeherrschungsvermutung. Am schwierigsten zu belegen ist die Differenz zwischen dem Kartellpreis und dem fiktiven Marktpreis ohne kartellrechtswidrige Beeinflussung durch den Marktverletzer. Der Nachweis der Schadenshöhe bleibt somit für den Kläger problematisch. In der Praxis muss er sich überlegen, ob er die Kosten eines ökonomischen Gutachtens auf sich nehmen will. 287

c) Akteneinsichtsrecht bei der EU-Kommission, Art. 2 Abs. 1 TransparenzVO. Das Akteneinsichtsrecht bei der EU-Kommission ergibt sich aus Art. 2 Abs. 1 der Verordnung 1049/2001 (TransparenzVO). 288

Ausnahmen vom Akteneinsichtsrecht sind in Art. 4 TransparenzVO geregelt, wenn dies dem Schutz der folgenden Güter dient:
- Öffentliche Sicherheit;
- Verteidigung und militärische Belange;
- Internationale Beziehungen;
- Finanz-, Währungs- oder Wirtschaftspolitik;
- Personenbezogene Daten;
- Geschäftliche Interessen;
- Gerichtsverfahren und Rechtsberatungen;
- Inspektionen, Untersuchungen, Audittätigkeiten;
- Schutz von Entscheidungsprozessen;
- Vom Mitgliedsstaat, aus dem das Dokumentstück kommt, erbetene Vertraulichkeit.

Stammt das beantragte Dokument von einem Dritten, also etwa vom Kartellunternehmen selbst, kann die EU-Kommission diesen konsultieren, bevor sie Dokumente freigibt. Fällt nur ein Teil des Dokuments in die Ausnahmeregelung, wird zu den anderen Teilen des Dokuments Zugang gewährt. 289

Rechtsprechungsbeispiel:[296]
Das EuG hat festgestellt, dass der EU-Kommission kein Recht zusteht, pauschal Akteneinsichtsanträge wegen zu hohem Arbeitsaufwand zurück zu weisen. Grundsätzlich muss jedes Dokument einer konkreten und individuellen Prüfung unterzogen werden. Im konkreten Fall waren das ca. 47.000 Seiten.

---

[294] Zur Bindung des Zivilgerichts an die Tatbestandswirkung der Entscheidung der Kartellbehörden (§ 33 Abs. 4 GWB) → Rn. 282 ff.
[295] Zum IFG → § 34 Recht des Datenschutzes Rn. 592 ff.
[296] Siehe zum Akteneinsichtsrecht, zum Antrag, der sich auf eine sehr große Zahl von Dokumenten bezieht, zur vollständigen Zugangsverweigerung und Verpflichtung der Kartellbehörden zu einer konkreten und individuellen Prüfung trotz großem Arbeitsaufwand EuG Urt. v. 13.4.2005 – T 2/03, Slg. 2005, II 1121.

290   **d) Akteneinsichtsrecht beim Bundeskartellamt, § 406e StPO.** Das Akteneinsichtsrecht beim Bundeskartellamt nach § 406e StPO zu Gunsten des Verletzten besteht nur:
- soweit ein berechtigtes Interesse vorliegt,
- soweit überwiegende schutzwürdige Interessen des Beschuldigten oder anderer Personen nicht entgegenstehen und
- sofern nicht der Untersuchungszweck gefährdet oder das Verfahren erheblich verzögert wird.

Letzteres liegt im Ermessen des Bundeskartellamtes. Es empfiehlt sich daher für den Kläger, vorab eine (mündliche) Abstimmung mit dem Berichterstatter beim Bundeskartellamt durchzuführen, inwieweit das Akteneinsichtsrecht gewährt werden kann und wird.

Rechtsprechungsbeispiel:
In seinen Schlussanträgen vom 16.12.2010 in der Rs. C-360/09 – Pfleiderer AG/BKartA hat der Generalanwalt zudem eine Ausnahme vom Grundsatz des Akteneinsichtsrechts eines Geschädigten gegen Kartellmitglieder hinsichtlich freiwillig eingereichter Kronzeugenanträge befürwortet. Der EuGH blieb hinter dem Vorschlag des Generalstaatsanwalts zurück und ging in seiner Entscheidung davon aus, dass die Art. 101 f. AEUV es nicht verbieten, dass eine durch einen Verstoß gegen das Wettbewerbsrecht der Union geschädigte und Schadensersatz fordernde Person Zugang zu Dokumenten eines Kronzeugenverfahrens erhält, die den Urheber dieses Verstoßes betreffen. „Es sei jedoch Sache der Gerichte der Mitgliedstaaten, auf der Grundlage des jeweiligen nationalen Rechts unter Abwägung der unionsrechtlich geschützten Interessen zu bestimmen, unter welchen Voraussetzungen dieser Zugang zu gewähren oder zu verweigern ist."[297]

291   **e) Kronzeugenregelung.** Zweck der Kronzeugenregelung ist sowohl nach europäischem als auch nach deutschem Kartellrecht, dass die Aussagen des Kronzeugen geschützt werden sollen, auch vor zivilrechtlichen Klagen der Geschädigten. Allerdings ist ein Anspruch gegen den Kronzeugen nicht grundsätzlich ausgeschlossen. Dies gilt auch zum Schutz des Kronzeugen vor Aufdeckung. Wäre der Anspruch von vorneherein ausgeschlossen, wäre relativ leicht nachvollziehbar, wer in einem Unternehmen als Kronzeuge aufgetreten ist.

292   Das Risiko für den Kläger kann jedoch sein, dass sich Dokumente im Besitz des Kronzeugen befinden (§§ 142, 144 ZPO). Wichtige Beweise hat der Kronzeuge im Regelfall im Rahmen seines Antrags auf Erlass oder Reduktion der Geldbuße vorgebracht. Soweit der Kläger insoweit Akteneinsicht bzw. Auskunftserteilung begehrt, wird das Bundeskartellamt diese Akteneinsichtsanträge im Rahmen des gesetzlich eingeräumten Ermessens grundsätzlich ablehnen.

293   **f) Passing-on-Einwand.**[298] Erklärtes Ziel sowohl der europäischen als auch der deutschen Gesetzgebung ist die Steigerung der Präventionswirkung kartellrechtlicher Schadensersatzklagen. Hierfür muss die Anspruchsberechtigung auf die unmittelbaren Abnehmer eines Kartells konzentriert werden. Wenn auch mittelbar betroffene Marktteilnehmer Ansprüche geltend machen könnten, drohte eine Zersplitterung, die die präventive Wirkung drohender Schadensersatzklagen verwässern würde. Die Ansprüche müssen also bei den direkten Abnehmern gebündelt und den Kartellmitgliedern gleichzeitig der „passing-on-Einwand" abgeschnitten werden.

294   Der „passing-on-Einwand" resultiert mittelbar aus § 33 Abs. 3 GWB. Diesem liegt folgende Überlegung zugrunde: Ein Abnehmer ist berechtigt, von Kartellmitgliedern Ersatz des ihm aufgrund des Verstoßes des Kartells gegen das GWB oder Art. 101 f. AEUV entstandenen Schadens (Preisüberhöhungen) zu verlangen. Möglicherweise gelingt es dem Abnehmer jedoch, die überhöhten Preise an seine Folgeabnehmer weiterzugeben, sodass er letztlich doch keinen Schaden hätte, den er gem. § 33 Abs. 3 GWB geltend machen könnte.

295   Schließt man die Folgeabnehmer aber von der Anspruchsberechtigung aus, beschränkt den Anspruch aus § 33 Abs. 3 GWB also auf unmittelbar betroffene Marktteilnehmer, muss der „passing-on-Einwand" ausgeschlossen werden. Ansonsten könnte der kartellrechtliche Schadensersatzanspruch seine rechtspolitisch ausdrücklich angestrebte Präventionswirkung nicht voll entfalten.

---

[297] EuGH Urt. v. 14.6.2011 – C-360/09, NZG 2011, 779.
[298] Vgl. insgesamt zum passing-on-Einwand: *Dittrich* GRUR 2009, 123, mwN; → Rn. 270 ff.

g) **Gerichtsstand.** In der EU richtet sich die Zuständigkeit für Klagen nach den allgemeinen Regeln, also insbesondere §§ 12 ff. ZPO bzw. Art. 5 Nr. 3 EuGVO bzw. Art. 2, 60 EuGVO. Entscheidend ist insbesondere
- der Sitz des Beklagten,
- der Ort, an dem der Schaden entsteht,
- der Ort des ursächlichen Geschehens.

Beim praktischen Vorgehen können für den Gerichtsstand folgende Erwägungen eine Rolle spielen:
- In Belgien ist kein Gerichtskostenvorschuss erforderlich. Jede Partei trägt nur ihre eigenen Kosten unabhängig vom Ausgang des Rechtsstreits.
- In den Niederlanden ist das Kostenrisiko beim Unterliegen relativ gering.
- In Deutschland ist ein relativ hoher Gerichtskostenvorschuss zu zahlen, das Kostenrisiko bei Unterliegen ist hoch, dafür gibt es jedoch spezielle Kartellgerichte beim Landgericht, zB in Bayern, Handelskammer des LG München I bzw. das LG Nürnberg-Fürth.
- Ein Gerichtsstand in den USA kann insbesondere wegen sehr hoher Schadensersatzansprüche („punitive damages"), Sammelklagen und Erfolgshonoraren von Anwälten interessant sein. Allerdings ist keine Zuständigkeit der US-Bundesgerichte gegeben, wenn nachteilige Auswirkungen des Kartellrechtsverstoßes im Ausland unabhängig von den nachteiligen Auswirkungen in den USA sind.

3. Weißbuch der Europäischen Kommission[299]

Die Europäische Kommission hat am 3.4.2008 das „Weißbuch über Schadensersatz für Verbraucher und Unternehmen, die Opfer von Wettbewerbsverstößen sind", veröffentlicht.[300] Darin fasst sie zusammen, wie ihrer Ansicht nach die Durchsetzung von Schadensersatzansprüchen gegen Kartellunternehmen verbessert werden kann.

Im Gegensatz zum sog „Grünbuch"[301] befasst sich das Weißbuch nicht mehr mit einem Strafschadensersatz („punitive damages") und auch nicht mehr mit der Frage, welches Recht bei grenzüberschreitenden Kartellverstößen anwendbar ist (hier reichen nach Ansicht der Kommission die Kollisionsnormen der Rom II-Verordnung aus). Die EU-Kommission will die Durchsetzbarkeit von kartellrechtlichen Schadensersatzansprüchen durch ein Bündel von zivil- und zivilprozessrechtlichen Maßnahmen erleichtern:

a) **Sammelklagen.** So schließt sich die Kommission der EuGH-Rechtsprechung[302] zur sog „Jedermann"-Doktrin an, wonach alle unmittelbar und mittelbar Geschädigten Anspruch auf Schadensersatz haben müssen. Da hierdurch zwar viele Anspruchsberechtigte vorhanden sind, uU jeder von diesen aber nur einen minimalen ersatzfähigen Schaden geltend machen kann, soll es möglich sein, die Ansprüche der Einzelnen zu bündeln (sog „collective redress" oder „class action").

b) **Verbesserter Zugang zu Beweismaterial.** Eine Durchsetzung von Schadensersatzansprüchen scheitert oft an unzureichenden Informationen zur Anspruchsbegründung. Um den Geschädigten aus ihrer Beweisnot zu helfen, schlägt die EU-Kommission vor, es solle den Anspruchsstellern nachgelassen werden, zu dem ihnen entstandenen Schaden schlüssig vorzutragen und glaubhaft zu machen, dass sie keine weiteren Beweisunterlagen beschaffen können. In diesem Fall könnte das Gericht dann die Beklagten zur Vorlage von Beweisen auffordern.

c) **Verschuldensnachweis.** Die EU-Kommission schlägt weiter vor, bei Nachweis eines objektiven Kartellverstoßes zu Lasten der Beklagten davon auszugehen, dass diese ein Verschulden trifft. Nur in Ausnahmefällen soll eine Exkulpation möglich sein, wenn die Beklagten einen unentschuldbaren Irrtum nachweisen.

---

[299] Vgl. detailliert zum Weißbuch: *Zöttl* DB 2008, 1200. Zur Kartellschadensersatzrichtlinie 2014/104/EU v. 25.12.2014 → Rn. 267 f.
[300] Abrufbar unter http://ec.europa.eu/competition/antitrust/actionsdamages/index.html.
[301] EG-Kommission, Grünbuch – Schadensersatzklagen wegen Verletzung des EU-Wettbewerbsrechts, 19.12.2005, KOM (2005) 672 endg.
[302] EuGH Urt. v. 13.7.2006 – C-295/04 bis C-298/04, EuGHE S. I-6619; EuGH Urt. v. 20.9.2001 – C-453/99, EuGHE S. I-6297.

303   **d) Schadensberechnung und Verjährung.** Die EU-Kommission will den „passing-on-Einwand"[303] grds. zulassen, allerdings sollten die Beklagten insoweit dieselben Beweispflichten treffen wie sie den Geschädigten in Bezug auf den Nachweis des erlittenen Schadens auferlegt sind. Weiter schlägt die EU-Kommission vor, die Verjährung für kartellrechtliche Schadensersatzansprüche solle erst beginnen, wenn vernünftigerweise erwartet werden kann, dass der Geschädigte von Rechtsverstoß und Schaden Kenntnis erlangt. Bei Dauerverstößen soll dieser Zeitpunkt nicht vor dem Ende des Verstoßes liegen.

304   **e) Privilegierung des Kronzeugen.** Nach der „Jedermann"-Doktrin haftet auch der Kronzeuge uneingeschränkt auf Schadensersatz. Daher könnte ein Kronzeugenantrag[304] einen Schadensersatzprozess im Zivilverfahren nach sich ziehen (sog „follow-on"-Klage, § 33 Abs. 4 GWB).[305] Die Aussagen des Kronzeugen im behördlichen Verfahren könnten dann im Zivilprozess gegen ihn verwendet werden – ein Risiko, das viele Kartellsünder davon abhalten dürfte, sich als Kronzeuge zur Verfügung zu stellen. Daher schlägt die EU-Kommission vor, dass Aussagen des Kronzeugen nicht offen gelegt werden müssen.

VI. Verhältnis zwischen Immaterialgüterrecht und Kartellrecht

305   Immaterialgüterrechte haben in der Informationstechnologie einen sehr hohen Stellenwert. In dem Verhältnis Immaterialgüterrecht zu Kartellrecht besteht jedoch ein Widerspruch dahingehend, dass das Immaterialgüterrecht eine rechtlich gesicherte Monopolstellung gewährt, während das Kartellrecht einen funktionsfähigen Wettbewerb sicherstellen soll. Beide Rechtsgebiete haben dabei jedoch zugleich das Ziel der Wettbewerbs- und Wohlstandsförderung sowie der effizienzsteigernden Ressourcenallokation.[306] Das europäische Kartellrecht findet auch dort Anwendung, als (nationale) gewerbliche Schutzrechte oder Urheberrechte betroffen sind. Insbesondere sind im Zusammenhang mit Immaterialgüterrechten Fragestellungen im Hinblick auf den Missbrauch von marktbeherrschenden Stellungen relevant.

306   Es ist dabei zu beachten, dass das Innehaben eines Ausschließlichkeitsrechts nicht zugleich eine marktbeherrschende Stellung verschafft. Ob der Schutzrechtsinhaber eine derartige Stellung innehat, beurteilt sich nach den allgemeinen Grundsätzen. Hierbei ist in Bezug auf Patente beispielsweise zu prüfen, ob alternative Technologien anderer Unternehmen bestehen, die zu dem gleichen Markt gehören.[307]
Mögliche Fälle eines Missbrauchs einer marktbeherrschenden Stellung aufgrund Immaterialgüterrechte sind beispielsweise:
- Erhöhte Preisstellung.
- Ausschaltung technologischen Restwettbewerbs.
- Verdrängung von Substitutionskonkurrenz.

307   Hierbei sind die Geschäftsverweigerung bzw. Zugangsverweigerung insbesondere durch Lizenzverweigerung und die Versagung der Offenlegung von Schnittstelleninformationen von Bedeutung. Ebenso ist ein Missbrauch einer marktbeherrschenden Stellung durch diskriminierende oder unangemessene Lizenzbedingungen,[308] durch Koppelungsgeschäfte,[309] insbesondere der technologischen Koppelung der Hard- und Softwareindustrie[310] möglich.

308   Angesicht der fundamentalen Bedeutung von Daten und Datenbanken für die Wirtschaft und durch den rasant wachsenden Markt von Cloud-Diensten und Big Data-Anwendungen gewinnen die kartellrechtlichen Grenzen des Schutzes von Datenbanken[311] und somit eine wei-

---

[303] → Rn. 293 f.
[304] → Rn. 291 f.
[305] Zivilklagen sind häufig nur im Gefolge eines behördlichen Verfahrens möglich (follow-on). Siehe *Zöttel* DB 2008, 1200 (1201).
[306] Kilian/Heussen/*Klees* § 61 Rn. 49.
[307] Kilian/Heussen/*Klees* § 61 Rn. 51.
[308] Kilian/Heussen/*Klees* § 61 Rn. 82 f.
[309] Kilian/Heussen/*Klees* § 61 Rn. 98 ff.
[310] Kilian/Heussen/*Klees* § 61 Rn. 105 ff.
[311] Conrad/Grützmacher/*Grützmacher*, Recht der Daten und Datenbanken im Unternehmen, § 20 – Kartellrechtliche Grenzen des Schutzes von Datenbanken, S. 269.

tere Schnittstelle von Urheberrecht und Kartellrecht immer an Bedeutung.[312] Die Beispiele Google, Facebook und Amazon zeigen es: ein früher Markteintritt und somit Vorsprung beim Aufbau von Online-Datenbanken kann zu Informationsassymetrien und De-facto-Standards führen, die Monopolbildungen Vorschub leisten (zB bzgl. des Zugangs zu Datenbanken).[313] Nachfolgend sollen nur exemplarisch einige dieser Fragestellungen dargestellt werden.

1. Kartellrechtliche Grenzen von Lizenzvereinbarungen

Die Verweigerung von Lizenzvereinbarung kann einen Spezialfall der Geschäftsverweigerung darstellen.[314] Das ausschließliche Recht der Vervielfältigung oder Verbreitung ist Bestandteil der Rechte des Inhabers eines Immaterialgüterrechts, so dass beispielsweise die Verweigerung einer Lizenz als solche noch keinen Missbrauch einer beherrschenden Stellung darstellen kann.[315] Dies ist selbst dann der Fall, wenn das betroffene Unternehmen sich in einer marktbeherrschenden Lage befindet und die Verweigerung aufgrund wirtschaftlicher Erwägungen erfolgt. Immaterialgüterrechte führen zu gesetzlich gewünschten bzw. anerkannten Monopolen. Die bloße Wahrnehmung des Urheber- oder Patentrechts stellt grundsätzlich keinen kartellrechtlich zu ahndenden Verstoß dar. Bindungen innerhalb des Inhalts eines Schutzrechts sind damit prinzipiell zulässig (sog **Immanenztheorie**). 309

Die Zulässigkeit solcher Beschränkungen wird erweitert durch pauschale Freistellungen während der Schutzdauer in Art. 2 TT-GVO 316/2014 bis zur Marktanteilsschwelle von 20%, bei nicht konkurrierenden Partnern von 30% (Art. 3 TT-GVO). Die Grenze der Freistellungen bilden nicht sog Kernbeschränkungen mit Differenzierung bei Lizenzverträgen zwischen Konkurrenten (Art. 4 Abs. 1 TT-GVO) und Nichtkonkurrenten (Art. 4 Abs. 2 TT-GVO). Kritisch sind Preis-, Mengen- und Gebietsbeschränkungen (exklusiver Gebietsschutz mit Wirkung einer Marktaufteilung).[316] 310

Der EuGH und das EuG haben nach verbreiteter Ansicht in der jüngeren Rechtsprechung jedoch den Bestandsschutz relativiert. Zwar betont der EuGH weiterhin, dass die Ausübung eines gewerblichen/geistigen Schutzrechtes „für sich" keinen Verstoß gegen Wettbewerbsregeln darstellt. Er beschreibt zugleich jedoch eine Reihe von „außergewöhnlichen" Umständen, in denen jene Ausübung ihren unbedenklichen Charakter verliert, so dass ein Verstoß gegen Wettbewerbsrecht möglich ist.[317] Einige dieser „außergewöhnlichen" Umstände sind: 311

- Lizenzverweigerung bei bestehender Verbrauchernachfrage,[318]
- Böswillige Behinderung eines abgeleiteten Erzeugnisses,[319]
- Unerlässlichkeit, Fehlen von Alternativlösungen,[320]
- Missbräuchliche Kontrolle abgeleiteter Märkte.[321]

Rechtsprechungsbeispiele:
Volvo[322]
Der Inhaber eines Rechtes an einem Muster hatte – trotz weiterbestehender Nachfrage – die Gewährung einer Lizenz verweigert. Der EuGH entschied, dass der Rechtsinhaber sich nicht auf seine Befugnis berufen kann, ausschließlich zu verfügen und zu nutzen (im Ergebnis also auch nicht die Erteilung von

---

312 Conrad/Grützmacher/*Conrad/Grützmacher,* Recht der Daten und Datenbanken im Unternehmen, § 1 – Data is Law, Rn. 6.
313 Conrad/Grützmacher/*Conrad/Grützmacher,* Recht der Daten und Datenbanken im Unternehmen, § 1 – Data is Law, Rn. 6, 9; *Simon,* Mehrwertdienste in der Verkehrstelematik und der Zugang zu Informationen und Datensammlungen, Diss. 2009, S. 22.
314 Kilian/Heussen/*Klees* § 61 Rn. 57; Conrad/Grützmacher/*Grützmacher,* Recht der Daten und Datenbanken im Unternehmen, § 20 – Kartellrechtliche Grenzen des Schutzes von Datenbanken, Rn. 13.
315 *Gaster* CR 2005, 247 (250); vgl. dazu auch § 69c Nr. 3 UrhG.
316 Zur TT-GVO → Rn. 159 ff. und → Rn. 336 ff.
317 *Gaster* CR 2005, 247 (250).
318 EuGH Urt. v. 5.10.1988 – C-238/87 – Volvo.
319 EuGH Urt. v. 6.4.1995 – C-241/91 P, CR 1995, 647 – *Magill.*
320 EuGH Urt. v. 26.11.1998 – 7/97, Slg. 1998, 7791.
321 EuGH Urt. v. 29.4.2004 – C-418/01, CR 2005, 16.
322 EuGH Urt. v. 5.10.1988 – C-238/87, Slg. 1988, 6211.

Lizenzen verweigern kann), wenn er selbst die Herstellung des geschützten Erzeugnisses einstellt, obwohl noch die Verbrauchernachfrage besteht.[323]

Magill[324]

Im fraglichen Fall beriefen sich Fernsehsender mit beherrschender Stellung auf das Urheberrecht an ihren Programmvorschauen und hinderten dadurch ein anderes Unternehmen daran, wöchentlich Informationen zu dem Programm dieser Sender zu veröffentlichen. Durch diese Verweigerung einer unentbehrlichen Lizenz wurde das Auftreten eines neuen Erzeugnisses, nach dem eine potentielle Verbrauchernachfrage bestand, auf einem Sekundärmarkt verhindert und ohne sachliche Rechtfertigung jeglicher Wettbewerb auf dem Markt ausgeschlossen.[325]

Bronner[326]

Der EuGH beurteilte die Frage, ob ein Missbrauch einer beherrschenden Stellung vorliegt. Ein Presseunternehmen, das einen Anteil am Tageszeitungsmarkt in einem Mitgliedstaat hat und das einzige in diesem Staat bestehende landesweite System der Hauszustellung von Zeitungen betreibt, hatte sich geweigert, dem Verleger einer anderen Tageszeitung, der alleine nicht in der Lage ist ein eigenes Hauszustellungssystem aufzubauen und zu betreiben, gegen ein angemessenes Entgelt Zugang zum genannten System zu gewähren.

Das Gericht stellte fest, dass zur Beantwortung der Frage, ob ein Produkt oder eine Dienstleistung für ein Unternehmen unerlässlich ist, einbezogen werden muss, ob es Produkte oder Dienstleistungen gibt, die Alternativlösungen darstellen, (auch wenn sie weniger günstig sind) und ob technische, rechtliche oder wirtschaftliche Hindernisse bestehen, die geeignet sind, jedem Unternehmen, das auf diesem Markt tätig zu werden versucht, die Entwicklung von Alternativprodukten oder -dienstleistungen unmöglich zu machen oder zumindest unzumutbar zu erschweren.

Dieser Fall kann insoweit auf die IT-Branche übertragen werden, als eine ganze Reihe von Dienstleistungen im E-Commerce, im Internet, aber auch bei Software über einen bestimmten Hersteller/Provider laufen können.

IMS Health[327]

IMS Health erstellt für Pharmaunternehmen nach Bausteinstrukturen formalisierte Berichte über den regionalen Absatz von Arzneimitteln in Deutschland. Diese Bausteine wurden anhand unterschiedlicher Kriterien festgelegt und sind zu einem gebräuchlichen Standard geworden, an den die Kunden ihre EDV- und Vertriebsstrukturen ausgerichtet haben. IMS Health hatte hierfür die Software sowie die erforderlichen Datenbanken eingerichtet. Gegenüber dem Konkurrenten NDC verweigerte die Inhaberin eine entsprechende Lizenz zur Verwendung der entsprechenden Strukturen. Hiergegen ging NDC vor.

Aus der Entscheidung des EuGH lassen sich **drei Kriterien** ableiten. Sind diese Kriterien (siehe sogleich) erfüllt, handelt ein Unternehmen, das über ein Recht des geistigen Eigentums verfügt und den Zugang zu Erzeugnissen oder Dienstleistungen verweigert, die für eine bestimmte Tätigkeit unerlässlich sind, missbräuchlich:

„(1) Das Unternehmen, das um die Lizenz ersucht hat, beabsichtigt, auf dem Markt für die Lieferung der betreffenden Daten neue Erzeugnisse oder Dienstleistungen anzubieten, die der Inhaber des Rechts des geistigen Eigentums nicht anbietet und für die eine potentielle Nachfrage der Verbraucher besteht.

(2) Die Weigerung ist nicht aus sachlichen Gründen gerechtfertigt.

(3) Die Weigerung ist geeignet, dem Inhaber des Rechts des geistigen Eigentums den Markt für die Lieferung der Daten über den Absatz von Arzneimittel in dem betreffenden Mitgliedstaat vorzubehalten, in dem jeglicher Wettbewerb auf diesem Markt ausgeschlossen wird."[328]

312 Als ein Ergebnis der Entscheidungen des EuGH, va zu Magill, Bronner und IMS Health kann man wohl den Unterschied zwischen dem
- **Bestand** des Schutzrechts, hier also va des Urheberrechts, und
- der **Ausübung** andererseits

relativ genau unterscheiden.

313 Aufgrund der genannten Entscheidungen ist der Bestand des Rechts unberührt, während die Ausübung unter dem kartellrechtlichen Missbrauchsvorbehalt steht. Das bedeutet, dass

---

[323] *Gaster* CR 2005, 247 (250).
[324] EuGH Urt. v. 10.7.1991 – T-70/89, Slg. 1991 II 535 (564 ff.).
[325] *Gaster* CR 2005, 247 (250) unter Hinweis auf EuGH Urt. v. 6.4.1995 – C-241/91 P. u. Rs. C-242/91 P. Slg. 1995, I-809 = CR 1995, 647.
[326] EuGH Urt. v. 26.11.1998 – 7/97, Slg. 1998, 7791.
[327] EuGH Urt. v. 29.4.2004 – C-418/01, CR 2005, 16.
[328] *Gaster* CR 2005, 247 (252), s.a EuGH Urt. v. 29.4.2004 – C-418/01, CR 2005, 16 (19), Rn. 52. Zur Kommissionsentscheidung sa *Moritz* CR 2004, 321.

im Ergebnis bei Aufeinanderprallen der beiden Rechtsbereiche im Hinblick auf die Ausübung ein **Vorrang des Kartellrechts** besteht.[329]

Mittelbar relevant für das Thema Ausschluss von einem Gebrauchtmarkt bzw. Austrocknen des Gebrauchtmarktes ist die Entscheidung des BGH OEM-Version,[330] die allerdings nicht zum Kartellrecht erging, sondern zentral zum Urheberrecht und dort zum Ausschluss der Weitergabe. Über diese Entscheidung könnte aber die Frage der Erschöpfung bzw. ob Erschöpfung eingetreten ist, zu einem der zentralen Merkmale für die Gestaltung der Märkte werden. Es bahnt sich an, dass ein Gebrauchtmarkt für Software dort nicht legal herstellbar ist, wo die Vervielfältigungsstücke online bezogen worden sind. Die Diskussion hierzu ist eine mehr urheberrechtliche.[331] Von den Gerichten wurde im Wesentlichen herausgearbeitet, dass eine Erschöpfung im Zusammenhang mit lediglich dem „Verkauf" von Rechten nicht eintritt. Anders könnte es sich verhalten, wenn die Software doch (auch) in verkörperter Form veräußert wird, etwa als **Master-Version:**[332]

Siehe auch zum Verhältnis Urheberrecht und Kartellrecht:

Mitteilung der Kommission, Leitlinien für vertikale Beschränkungen, 2010/C 130/01:
„[...]
(40) Wiederverkäufer von Waren, für die ein Urheberrecht besteht (Bücher, Software usw.), können vom Inhaber des Rechts dazu verpflichtet werden, nur unter der Voraussetzung weiterzuverkaufen, dass der Abnehmer – sei es ein anderer Wiederverkäufer oder der Endnutzer – das Urheberrecht nicht verletzt. Soweit derartige Verpflichtungen für den Wiederverkäufer überhaupt unter Artikel 101 Absatz 1 AEUV fallen, sind sie nach der GVO freigestellt.
(41) Vereinbarungen über die Lieferung von Kopien einer Software auf einem materiellen Träger zum Zweck des Weiterverkaufs, mit denen der Wiederverkäufer keine Lizenz für Rechte an der Software erwirbt, sondern lediglich das Recht, diese Kopien weiterzuverkaufen, sind im Hinblick auf die Anwendung der GVO als Vereinbarungen über die Lieferung von Waren zum Weiterverkauf anzusehen. Bei dieser Art des Vertriebs wird die die Software betreffende Lizenzvereinbarung nur zwischen dem Inhaber der Urheberrechte und dem Nutzer der Software geschlossen, wobei die rechtliche Vermutung geschaffen wird, dass der Nutzer durch die Entsiegelung des Softwareprodukts die Bestimmungen der Vereinbarung annimmt.
(42) Abnehmer von Hardware, die mit urheberrechtlich geschützter Software geliefert wird, können vom Urheberrechtsinhaber dazu verpflichtet werden, nicht gegen das Urheberrecht zu verstoßen, und daher die Software nicht zu kopieren oder weiterzuverkaufen oder in Verbindung mit einer anderen Hardware zu verwenden. Derartige Beschränkungen sind, soweit sie unter Artikel 101 Absatz 1 AEUV fallen, nach der GVO freigestellt."

2. Missbrauch durch Verweigerung der Offenlegung von Schnittstelleninformationen

Mehrfach befassten sich in der Vergangenheit kartellrechtliche Verfahren mit der Offenlegung von Schnittstelleninformationen.[333] Das EuG kam in dem Fall Microsoft[334] in Anlehnung an die bisherige Gemeinschaftsrechtsprechung zu dem Ergebnis, dass „außergewöhnliche Umstände", die eine Ausübung von Schutzrechten im Rahmen der Verweigerung der Offenlegung von Schnittstellen als missbräuchlich erscheinen lassen, vorliegen, wenn „insbesondere" die folgenden Punkte gegeben sind:
- die Weigerung der Offenlegung bezieht sich auf ein Produkt/Leistung, das unerlässlich ist für die Ausübung einer bestimmten Tätigkeit auf einem benachbarten Markt,
- die Weigerung der Offenlegung ist geeignet, jeden wirksamen Wettbewerb auf dem benachbarten Markt auszuschließen,

---

[329] Conrad/Grützmacher/*Grützmacher,* Recht der Daten und Datenbanken im Unternehmen, § 20 – Kartellrechtliche Grenzen des Schutzes von Datenbanken, Rn. 8 ff.; *Gaster* CR 2005, 247 zur Frage, wie ein Ausgleich zwischen Kartellrechtsvorrang und Immaterialgüterrecht erfolgen könnte.
[330] BGH Urt. v. 6.7.2000 – I ZR 244/97, CR 2000, 651 – OEM-Version.
[331] Siehe va LG München I Urt. v. 19.1.2006 – 7 O 23237/05, CR 2006, 159 mAnm *Haines/Scholz;* OLG München Urt. v. 3.8.2006 – 6 U 1818/06, CR 2006, 655 m. Anm. *Lehmann* zur Erschöpfung bei Verkauf von Softwarelizenzrechten. Zur aktuellen Diskussion → § 5 Rechtsschutz von Computerprogrammen und digitalen Inhalten.
[332] LG Hamburg Urt. v. 29.6.2006 – 315 O 343/06, CR 2006, 812.
[333] Mit Beispielen Kilian/Heussen/*Klees* § 61 Rn. 64 ff.
[334] EuGH Urt. v. 17.9.2007 – T-201/04, ITRB 2008, 268 – Microsoft, → Rn. 389 ff.

- die Weigerung der Offenlegung verhindert das Auftreten eines neuen Produktes, für das eine potenzielle Nachfrage besteht,
- die Weigerung der Offenlegung darf nicht objektiv gerechtfertigt sein.

Zu den einzelnen Punkten vgl. *Klees*.[335]

3. Kartellrechtliche Grenzen von Standards

316   Die Normung und Standardisierung von Produkten und Verfahren sichert sowohl eine vertikale wie horizontale Interoperabilität. Bei der Standardisierung werden für Erzeugnisse, Herstellungsverfahren oder -methoden einheitliche technische und qualitative Spezifikationen vorgegeben. Dies kann Handelshemmnisse im Binnenmarkt abbauen und Innovationen fördern. Dennoch unterliegt eine derartige kooperative Standardisierung (also das horizontale und vertikale Zusammenwirken der Marktteilnehmer, die entweder als Konkurrenten oder auf der Angebots- und Nachfrageseite einander gegenüber stehen) grundsätzlich dem Kartellrecht.

Wenn ein staatlich anerkanntes Normungsinstitut federführend an der Entwicklung von Standards beteiligt ist, muss der Anwendungsbereich des Kartellrechts jedoch näher begründet werden, da Normadressaten des Kartellrechts Unternehmen und Unternehmensvereinigungen sind.

317   Um den Vorgaben des Art. 101 Abs. 3 AEUV zu genügen, sollten kooperative Normungs- und Standardisierungsverfahren nach *Koenig*[336] sicherstellen, dass
- vor Einleitung einer Standardisierungs- oder Normungsinitiative die Öffentlichkeit und die interessierten Kreise zur Beteiligung aufgefordert werden,
- ein offener, transparenter und diskriminierungsfreier Zugang zu den Gremien bzw. Arbeitstreffen, insbesondere für KMU (ua durch gestaffelte Mitgliedsbeiträge), gewährleistet bleibt,
- die Gremienteilnehmer über dieselben Informations- und Beteiligungsrechte oder zumindest über einen offenen, transparenten und diskriminierungsfreien Zugang zu unterschiedlichen Beteiligungsformen verfügen,
- die Möglichkeit zur Entwicklung konkurrierender Standards offen bleibt und
- die Nutzung der Standardisierungsergebnisse zu angemessenen und diskriminierungsfreien (Lizenz-)Bedingungen gewährleistet wird.

318   Auf den Umgang mit standardessentiellen Patenten aus kartellrechtlicher Sicht geht *Körber* in einer neueren Untersuchung ein und widmet sich dabei insbesondere etwaigen Lizenzierungspflichten.[337] Er kommt zu dem Ergebnis, dass der Zugang für Mitbewerber zu standardessentiellen Patenten für die Aufrechterhaltung eines fairen Wettbewerbs erforderlich sein kann. Taugliche Maßnahmen hierfür seien etwa bilaterale Vereinbarungen, sog FRAND-Erklärungen und die Umsetzung entsprechender kartell- oder patentrechtlicher Maßnahmen, die zu Lizenzierungspflichten führen können.[338]

4. Kartellrechtliche Grenzen von Patentlizenzen

319   Der BGH hat entschieden, dass auch im Patentverletzungsprozess der kartellrechtliche Zwangslizenzeinwand grds. zulässig ist.[339]

Rechtsprechungsbeispiel:
Orange Book[340]
In dem Verfahren haben die Beklagten Datenträger (CD-R und CD-RW) hergestellt und vertrieben, ohne eine hierfür notwendige Lizenz zu besitzen. Für die Produktion der Datenträger ist ein Grundlagenpatent erforderlich dessen Inhaber Philips ist. Diesbezüglich hat Philips eine marktbeherrschende Stellung. Die Nutzung dieses Patents wurde von Philips mehreren Herstellern auf der Basis von Standardlizenzverträ-

---
[335] Kilian/Heussen/*Klees* § 61 Rn. 67 ff.
[336] *Koenig* WuW 2008, 1259.
[337] *Körber*, Standardessentielle Patente, FRAND-Verpflichtungen und Kartellrecht; → Rn. 319 ff.
[338] *Körber*, Standardessentielle Patente, FRAND-Verpflichtungen und Kartellrecht S. 22.
[339] BGH Urt. v. 6.5.2009 – KZR 39/06, MMR 2009, 686 – Orange-Book-Standard.
[340] BGH Urt. v. 6.5.2009 – KZR 39/06, MMR 2009, 686 ff.

VI. Verhältnis zwischen Immaterialgüterrecht und Kartellrecht

gen erlaubt. Nach Ansicht der Beklagten waren die von Philips geforderten Lizenzgebühren überhöht und diskriminierend, weil andere Unternehmen günstigere Konditionen erhalten hätten. Die Beurteilung dessen hat der BGH offen gelassen, in der Pressemitteilung[341] heißt es aber generell:

„Wer ohne Lizenz nach einem patentierten Industriestandard produziert, kann sich gegenüber der Klage des Patentinhabers aus dem Patent mit dem ‚kartellrechtlichen Zwangslizenzeinwand' verteidigen. Dies bedeutet, dass der Nutzer des Patents geltend machen kann, der Patentinhaber missbrauche mit seiner Weigerung, die Benutzung des Patents zu gestatten, eine marktbeherrschende Stellung. Der Nutzer muss dazu darlegen, dass er sich erfolglos um eine Lizenz zu angemessenen Bedingungen bemüht hat und der Patentinhaber durch die Lizenzverweigerung gegen das kartellrechtliche Verbot verstößt, andere Unternehmen zu diskriminieren oder ohne sachlichen Grund zu behindern. Er darf das Patent allerdings nur dann im Vorgriff auf den rechtswidrig verweigerten Lizenzvertrag benutzen, wenn er auch die sich aus dem angestrebten Vertrag ergebenden Verpflichtungen erfüllt, insbesondere die angemessene Lizenzgebühr an den Patentinhaber zahlt oder die Zahlung zumindest sicherstellt."

Im konkreten Fall ließ der BGH den Zwangslizenzeinwand der Beklagten jedoch nicht durchgreifen:

„Die rechtswidrige Ablehnung des dem Patentinhaber angebotenen Lizenzvertrags gibt dem diskriminierten Unternehmen nach der heute verkündeten Entscheidung allerdings noch nicht das Recht, die Erfindung bis auf weiteres ohne Gegenleistung zu benutzen. Soll bereits patentgemäß produziert werden, ohne den eigenen Anspruch auf Abschluss eines Lizenzvertrags mit einer eigenen Klage durchgesetzt zu haben, muss sich das diskriminierte Unternehmen so behandeln lassen, als habe der Patentinhaber sein Vertragsangebot bereits angenommen. Dies bedeutet, dass in regelmäßigen Abständen über die Benutzung des Patents abgerechnet und die sich aus der Abrechnung ergebenden Lizenzgebühren an den Patentinhaber gezahlt oder zumindest zu dessen Gunsten hinterlegt werden müssen. Andernfalls kann der Patentinhaber die Patentverletzung gerichtlich untersagen lassen. Ist das Unternehmen nicht bereit, die Gegenleistung zu erbringen, zu der es nach einem nicht diskriminierenden Lizenzvertrag verpflichtet ist, handelt der Patentinhaber nicht missbräuchlich, wenn er seinen Unterlassungsanspruch aus dem Patent verfolgt. [...]
In dem zu entscheidenden Fall hatte die Verurteilung der Beklagten Bestand, weil sie nicht einmal die nach ihrer Ansicht geschuldeten Lizenzgebühren von 3 % abgerechnet und die entsprechenden, Philips geschuldeten Beträge auch nicht hinterlegt hatten."[342]

Zur kartellrechtlichen Zulässigkeit einer markenrechtlichen Abgrenzungsvereinbarung siehe BGH Urt. v. 7.12.2010.[343]

In einer neueren Untersuchung weist *Körber* darauf hin, dass etwa Unternehmen, die sog standardessentielle Patente (SEP) an einem Telekommunikationsstandard innehaben, oft eine marktbeherrschende Stellung attestiert werden kann.[344] Solche SEP-Inhaber können deshalb uU einer Lizenzierungspflicht unterliegen.[345] Verbreitet sind in diesem Zusammenhang insbesondere sog FRAND-Erklärungen (Fair, Reasonable and Non-Discriminatory), mit denen individuell sichergestellt werden soll, dass der SEP-Inhaber auch bei Lizenzierungspflichtigkeit eine angemessene Entlohnung für seine erfinderische Tätigkeit erhält.[346] Die Bestimmung einer angemessenen Lizenzgebühr hat sich dabei an dem Wert der Leistung vor der Durchsetzung als Marktstandard zu orientieren.[347]

Simon hat zudem bereits 2009 die Bedeutung von Zutrittsschranken bei der Erhebung und Verwertung von Verkehrsdaten hervorgehoben und auf Zugangsmöglichkeiten durch Zwangslizenzen und wettbewerbsöffnende Eingriffe hingewiesen.[348] Unter Bezugnahme auf die sog *essential facility-Doktrin* in den USA seien kartellrechtliche Eingriffe in die Vertragsfreiheit „dann erlaubt, wenn ein Monopolist eine Einrichtung, die für die Teilnahme an einem dieser vor- oder nachgelagerten Markt unerlässlich ist, kontrolliert und für sich vorbe-

---

[341] Pressemitteilung des BGH Nr. 95/2009 v. 6.5.2009.
[342] Pressemitteilung des BGH Nr. 95/2009 v. 6.5.2009.
[343] BGH Urt. v. 7.12.2010 – KZR 71/08, GRUR 2011, 641.
[344] *Körber*, Standardessentielle Patente, FRAND-Verpflichtungen und Kartellrecht, S. 21, 31 ff.
[345] Vgl. auch Conrad/Grützmacher/*Grützmacher*, Recht der Daten und Datenbanken im Unternehmen, § 20 – Kartellrechtliche Grenzen des Schutzes von Datenbanken,.
[346] *Körber*, Standardessentielle Patente, FRAND-Verpflichtungen und Kartellrecht, S. 24, 38 ff.
[347] *Körber*, Standardessentielle Patente, FRAND-Verpflichtungen und Kartellrecht, S. 24, 80 ff.
[348] *Simon*, Mehrwertdienste in der Verkehrstelematik und der Zugang zu Informationen und Datensammlungen, S. 197 f., 207.

hält".³⁴⁹ Dies kann typischerweise nicht nur auf Versorgungsnetze und physische Infrastrukturen zutreffen, sondern oft auch auf immaterielle und virtuelle Einrichtungen wie Informationsassymetrien oder Datenbanken.³⁵⁰

Rechtsprechungsbeispiele:
Huawei³⁵¹Huwawei ist Patentinhaber eines Standards, der für technische Produkte als essentiell normiert worden ist (sog SEP). Die Nutzung des Standards führt zwangsläufig zu einer Beeinträchtigung des Patents. Aufgrund dieser Besonderheit hat sich Huawei zur Lizenzvergabe nach den sog FRAND-Bedingungen („Fair, Resonable and Non-Discriminatory") verpflichtet. Die Lizenzverhandlungen zwischen den Parteien waren allerdings gescheitert. In seinen Schlussanträgen beantragte der Generalanwalt Melchior Wathelet auf die Vorlagefragen des Landgerichts Düsseldorf wie folgt zu antworten:

„1. *Stellt der Inhaber eines standardessenziellen Patents (SEP), der sich einer Standardisierungsorganisation gegenüber zur Erteilung einer Lizenz an Dritte zu FRAND-Bedingungen (Fair, Reasonable and Non-Discriminatory) zu Bedingungen, die fair, zumutbar und diskriminierungsfrei sind, verpflichtet hat, aufgrund der Art. EWG_RL_2004_48 Artikel 9 und EWG_RL_2004_48 Artikel 10 der Richtlinie 2004/48/EG des Europäischen Parlaments und des Rates vom 29. April 2004 zur Durchsetzung der Rechte des geistigen Eigentums einen Antrag auf Anordnung von Abhilfemaßnahmen gegenüber einem Patentverletzer oder macht er ihm gegenüber einen Unterlassungsanspruch gerichtlich geltend, wodurch Erzeugnisse und Dienstleistungen des Verletzers eines standardessenziellen Patents von den Märkten, für die der betreffende Standard gilt, ausgeschlossen werden können, dann stellt dies einen Missbrauch einer beherrschenden Stellung nach Art. AEUV Artikel 102 AEUV dar, wenn feststeht, dass der Inhaber eines standardessenziellen Patents seine Verpflichtungszusage nicht eingehalten hat, obwohl der Patentverletzer objektiv bereit, willens und fähig ist, einen Vertrag über eine solche Lizenz zu schließen.*
2. *Die Einhaltung der Verpflichtungszusage setzt voraus, dass der Inhaber eines standardessenziellen Patents, wenn ein Missbrauch einer beherrschenden Stellung nicht vorliegen soll, vor der Einreichung eines Antrags auf Anordnung von Abhilfemaßnahmen bzw. vor der gerichtlichen Geltendmachung eines Unterlassungsanspruchs den angeblichen Patentverletzer, sofern nicht feststeht, dass dieser umfassend informiert ist, schriftlich und mit Gründen versehen von der in Frage stehenden Verletzung unterrichtet, wobei anzugeben ist, welches das relevante standardessenzielle Patent ist und worin die Verletzung durch den Patentverletzer besteht. Der Inhaber eines standardessenziellen Patents muss dem angeblichen Patentverletzer unter allen Umständen ein schriftliches Lizenzvertragsangebot zu FRAND-Bedingungen unterbreiten, das alle üblicherweise in einem Lizenzvertrag der betreffenden Branche aufgeführten Bedingungen zu enthalten hat, insbesondere die genaue Höhe der Lizenzgebühr und die Art ihrer Berechnung.*
3. *Der Patentverletzer hat auf dieses Angebot sorgfältig und ernsthaft zu reagieren. Nimmt er das Angebot des Inhabers eines standardessenziellen Patents nicht an, hat er diesem kurzfristig ein angemessenes schriftliches Gegenangebot bezüglich der Klauseln zu unterbreiten, mit denen er nicht einverstanden ist. Bei der Einreichung eines Antrags auf Anordnung von Abhilfemaßnahmen oder der gerichtlichen Geltendmachung eines Unterlassungsanspruchs handelt es sich nicht um den Missbrauch einer beherrschenden Stellung, wenn das Verhalten des Patentverletzers ein rein taktisches und/oder zögerliches und/oder nicht ernst gemeintes Verhalten ist.*
4. *Sind keine Verhandlungen aufgenommen worden oder sind diese ergebnislos geblieben, kann das Verhalten des angeblichen Patentverletzers nicht als zögerlich oder als nicht ernst gemeint angesehen werden, wenn dieser die Festsetzung von FRAND- Bedingungen durch ein Gericht oder ein Schiedsgericht verlangt. In diesem Fall darf der Inhaber eines standardessenziellen Patents vom Patentverletzer die Stellung einer Bankbürgschaft für die Zahlung der Lizenzgebühren oder die Hinterlegung eines vorläufigen Betrags bei dem Gericht oder Schiedsgericht für die bisherige oder zukünftige Nutzung seines Patents verlangen.*
5. *Das Verhalten des angeblichen Patentverletzers kann auch dann nicht als zögerlich oder als nicht ernst gemeint angesehen werden, wenn er sich bei den Verhandlungen über eine Lizenz zu FRAND-Bedingungen das Recht vorbehält, nach Abschluss des Lizenzvertrags vor einem Gericht oder Schiedsgericht die Rechtsbeständigkeit dieses Patents anzugreifen sowie geltend zu machen, dass er die Lehre des Patents nicht genutzt hat oder das Patent für den betreffenden Standard nicht essenziell ist.*

---

³⁴⁹ *Simon*, Mehrwertdienste in der Verkehrstelematik und der Zugang zu Informationen und Datensammlungen, S. 208.
³⁵⁰ *Simon*, Mehrwertdienste in der Verkehrstelematik und der Zugang zu Informationen und Datensammlungen, S. 208.
³⁵¹ Vorabentscheidungsverfahren in der Rs. C-170/13 (Huawei gegen ZTE); Vorlagebeschluss LG Düsseldorf v. 21.3.2013 – 4b O 104/12; EuGH, Schlussantrag (EuGH) vom 20.11.2014 – C-170/13, BeckRS 2014, 82403.

VI. Verhältnis zwischen Immaterialgüterrecht und Kartellrecht 322–324 § 39

6. Die Klage des Inhabers eines standardessenziellen Patents auf Rechnungslegung stellt keinen Missbrauch einer beherrschenden Stellung dar. Das betreffende Gericht hat darüber zu wachen, dass die Maßnahme angemessen und verhältnismäßig ist.
7. Die Klage des Inhabers eines standardessenziellen Patents auf Schadensersatz für vergangene Benutzungshandlungen, die nur darauf gerichtet ist, ihn für die vergangenen Verletzungen seines Patents zu entschädigen, stellt keinen Missbrauch einer beherrschenden Stellung dar.

BGH Urt. v. 6.5.2009 – KZR 39/06: „Wer ohne Lizenz nach einem patentierten Industriestandard produziert, kann sich gegenüber der Klage des Patentinhabers aus dem Patent mit dem ‚kartellrechtlichen Zwangslizenzeinwand' verteidigen."

OLG Düsseldorf Urt. v. 20.1.2011 – I-2 U 92/10 – Tintenpatronen:[352] Das OLG Düsseldorf konkretisiert die Voraussetzungen eines Zwangslizenzeinwands als Verteidigungsargument in Patentverletzungsklagen und lehnt die Zwangslizenz im konkreten Fall ab [Hervorhebungen von der Autorin]:
„87 Die Befugnis des Inhabers eines Patents, Dritte an der Herstellung, dem Anbieten und Inverkehrbringen des geschützten Gegenstandes ohne seine Zustimmung zu hindern, stellt gerade die Substanz seines ausschließlichen Rechts dar. Daraus folgt, dass eine dem Patentinhaber auferlegte Verpflichtung, Dritten eine Lizenz an dem Gegenstand des Patents zu erteilen, diesem Inhaber selbst dann, wenn dies gegen angemessene Vergütung erfolgen würde, die Substanz seines ausschließlichen Rechts nehmen würde (vgl. EuGH, GRUR Int. 1990, 141 Rn. 8 – Volvo). Eine kartellrechtliche Zwangslizenz greift in den Kern des geistigen Eigentums ein und entwertet es weitgehend. Nach gefestigter Rechtsprechung des Europäischen Gerichtshofs (EuGH) kann vor diesem Hintergrund die Verweigerung einer Lizenz an einem Patent oder einem anderen Immaterialgüterrecht als solche keinen Missbrauch einer beherrschenden Stellung darstellen, selbst wenn sie von einem Unternehmen in beherrschender Stellung ausgehen sollte (vgl. EuGH, GRUR Int. 1990, 141 Rn. 8 – Volvo; GRUR Int. 1995, 490 Rn. 49 – Magill; GRUR 2004, 524 Rn. 34 – IMS/Health). Die Ausübung des ausschließlichen Rechts durch den Inhaber kann hiernach vielmehr nur unter außergewöhnlichen Umständen ein missbräuchliches Verhalten des Rechtsinhabers darstellen (EuGH, GRUR Int. 1990, 141 Rn. 9 – Volvo; GRUR Int. 1995, 490 Rn. 50 – Magill; GRUR 2004, 524 Rn. 34 – IMS/Health). Eine Pflicht zur Lizenzerteilung aus Art 102 AEUV (vormals: Art. 82 EG) setzt dementsprechend nach der Rechtsprechung des EuGH voraus, dass der Patentinhaber eine **marktbeherrschende Stellung** innehat und **außergewöhnliche Umstände** gegeben sind. [...]
93 Diese Voraussetzungen (vgl. hierzu Kühnen/Geschke, Die Durchsetzung von Patenten in der Praxis, 4. Aufl., Rn. 930) sind im Streitfall nicht erfüllt. Dabei kann dahinstehen, ob die Antragstellerin tatsächlich eine marktbeherrschende Stellung auf dem sachlich relevanten Markt innehat, was im Hinblick auf die von der Antragstellerin vorgelegte Entscheidung der EU-Kommission vom 20. Mai 2009 (Comp C-3/39.391 EFIM; Anlage Rop 1) bereits nicht unzweifelhaft erscheint. [...]
95 Es *fehlt* jedenfalls an der Voraussetzung, dass die begehrte Patentbenutzung für die Ausübung der Tätigkeit der Antragsgegnerinnen „*unerlässlich*" ist. [...]
99 Vorliegend haben die Antragsgegnerinnen zwar behauptet, eine technische Umgehung erscheine nach derzeitigen Erkenntnissen unmöglich, und hierzu eine eidesstattliche Versicherung vorgelegt (Bl. 155 GA). Näher spezifiziert haben sie dies – worauf der Senat im Verhandlungstermin hingewiesen hat – jedoch nicht. [...]"

5. Schutzmaßnahmen gemäß §§ 95a ff. UrhG

Ein kartellrechtliches Problem können **Schutzmaßnahmen gemäß §§ 95a ff. UrhG** sein. Diese Schutzmaßnahmen sind ihrerseits ausdrücklich urheberrechtlich anerkannt. Praktisch können solche Schutzmaßnahmen zu Ergebnissen führen, die schon nach bisherigem Recht ohne Kartellrechtsbezüge als rechtswidrig angesehen worden sind, so insbesondere zu einer **Hardware-Ankoppelung**. Auf dem Markt werden solche Schutzmaßnahmen zumindest weitgehend hingenommen.

Schon bisher war anerkannt, also schon vor der entsprechenden Änderung des Urheberrechts aufgrund der EU-Richtlinie, dass der Vertrieb von Programmen, die das Überwinden entsprechender Sperren ermöglichen, wettbewerbswidrig ist. Im Notfall konnte dies für den Nutzer ein erhebliches Problem darstellen.[353]

Die Schutzmaßnahmen als vom Hersteller programmierte Anbindungen der Software an die Hardware und/oder den konkreten Erwerber führen praktisch dazu, dass jeglicher Wettbewerb insoweit ausschließbar ist, was den Weitervertrieb betrifft. Ein Wettbewerb durch „Ge-

---

[352] OLG Düsseldorf Urt. v. 20.1.2011 – I-2 U 92/10, WuW 2011, 401, Rn. 89 ff. – Zwangslizenzeinwand im Patentverletzungsprozess.
[353] Zur wettbewerbsrechtlichen Situation sua BGH Beschl. v. 9.11.1995 – I ZR 220/95, CR 1996, 79.

brauchtsoftware" wird durch die §§ 95a ff. UrhG praktisch unterbunden.[354] Eigentlich müssten die Schutzmaßnahmen der Ausübung der Immaterialgüterrechte zugerechnet werden, so dass sie auch unter dem kartellrechtlichen Missbrauchsvorbehalt stehen. Dies lässt sich aus den EuGH-Entscheidungen Volvo, Magill, Bronner und IMS Health[355] folgern, wobei gerade die letztere Entscheidung zur Lösung des Konflikts auch bei Schutzmaßnahmen beitragen könnte.[356] Es gibt einige Fälle aus den USA, in denen Unternehmen der IT-Branche versucht haben, durch Technische Schutzmaßnahmen den Wettbewerb zu beschränken.[357]

Beispiele:
Apple's iPod:[358]
Die bei iTunes angebotenen Musik-Downloads schützt Apple seit 2004 mit einer selbstentwickelten DRM-Technologie namens FairPlay. Die FairPlay-Technologie genießt ua in den USA Patentschutz. Mittels dieser Technologie können iTunes-Downloads zwar auf allen PC mit Windows- oder Mac-Betriebssystem abgespielt werden, aber nur in sehr beschränktem Umfang auf tragbaren digitalen Abspielgeräten. Auf diese Weise schafft sich Apple Wettbewerbsvorteile im Hinblick auf den Absatz seines iPod. Apple weigerte sich, Konkurrenten eine Lizenz an FairPlay zu erteilen, und setzte FairPlay gezielt dazu ein, um eine Inkompatibilität mit konkurrierenden Produkten zu erreichen. Dagegen wurde von Unternehmern und Verbrauchern mehrfach geklagt. Eine Sammelklage von Verbrauchern, die in 2005 begann, wurde abgewiesen.[359] Der iPod-Hersteller argumentierte im Rahmen einer Anhörung, die Formatbeschränkungen der iTunes-Software seien nicht wettbewerbswidrig gewesen, sondern hätten zur Qualitätssicherung beigetragen. Das Gericht entschied unter anderem, dass die Hinderung DRM-geschützte Musik aus dem itunes store auf anderen Musikgeräten als Apples iPods abzuspielen keine Kartellrechtsverletzung darstelle, die den Wettbewerb beeinträchtige. Seit 2007 bietet Apple in iTunes auch nicht-DRM-geschützte Downloads an.

Spielekonsolen, Mod-Chip-Fälle:[360]
Führende Hersteller von Videospielen und Spielkonsolen (zB Nintendo hins. NES-Spielekonsole, Sony hins. PlayStation und Microsoft hins. Xbox) setzen Schutzmaßnahmen ein, um sicherzustellen, dass nur vom jeweiligen Konsolen-Hersteller freigegebene Anwendungen auf der Konsole laufen. Der Konsolen starten das Spiel nur, wenn die CD mit dem Spiel den erforderlichen Zugangscode enthält. Der Code kann von einem Standard-CD-Brenner nicht kopiert werden. Somit läuft zB auf Xbox nur Software, die die digitale Signatur von Microsoft enthält. Damit unterbinden die Schutzmaßnahmen nicht nur den Einsatz illegaler Raubkopien, sondern verhindern auch das Abspielen von CDs der Konkurrenz. In der Folge gelang es Konkurrenzunternehmen, die Schutzmechanismen durch einen sog Mod-Chip (Modified Chip) zu umgehen. Sony klagte gegen Mod-Chip-Hersteller in den USA und in UK und bekam vom Gericht Recht.[361] Dagegen hat Sony die Verfahren in Italien, Spanien und Australien teilweise verloren.[362]

Sony's Aibo:[363]
Sony ist Hersteller des Roboterhunds Aibo. Aibo ist mit Grundfunktionalität ausgestattet und kann mit Hilfe zusätzlicher Programme neue, erweiterte Funktionen erhalten. Die von Sony selbst angebotenen Zusatzprogramme befriedigten den Markt nicht. Ein Programmierer mit dem Pseudonym „AiboPet"

---

[354] Zur kartellrechtlichen Relevanz des Urhebervertragsrechts siehe *Nordemann* GRUR 2007, 203.
[355] → Rn. 309 ff.
[356] Zu Trusted Computing: *Bechtold* CR 2005, 393 (va wegen der Darstellung der Zuweisung bzw. der Herstellung von einerseits Vertrauenswürdigkeit, andererseits dadurch Abgrenzung); zu DRM/technische Schutzmaßnahmen: statt vieler *Koch* CR 2002, 629; *Ulbricht* CR 2004, 674; *Mittenzwei* Informationen zur Rechtwahrnehmung im Urheberrecht. Der Schutz von DRM-Systemen und digitalen Wasserzeichen durch § 95c UrhG, 2006; *Bechtold* Vom Urheber- zum Informationsrecht. Implikationen des DRM, 2002.
[357] Siehe die Beispiele bei *Schäfer*, Die kartellrechtliche Kontrolle des Einsatzes von technischen Schutzmaßnahmen im Urheberrecht, S. 123 ff.: Lexmark im Hinblick auf Druckerpatronen; Chamberlain hins. Garagentoröffnungssystem; Apple hins. iPod.
[358] *Schäfer* S. 130 ff.
[359] Heise-Meldung vom 19.4.2011 13:25 Uhr, abrufbar unter www.heise.de. Zur Klageabweisung siehe: http://www.heise.de/mac-and-i/meldung/Apple-will-Monopol-Klage-gegen-iTunes-abweisen-lassen-1230016.html.
[360] *Schäfer* S. 140 ff.
[361] Sony Computer Entertainment America, Inc. v. Gamemaster, Inc. 87 F. Supp. 2d 976 (N.D. Cal. 1999); Kabushiki Kaisha Sony Computer Entertainment Inc. and others v. Ball and others [2004] EWHC 1738 (Ch).
[362] Stevens v. Kabushiki Kaisha Sony Computer Entertainment [2005] HCA 58. Interessant die Ausführungen des High Court of Australia (HCA) zur Definition von „technological protection measure" (TPM). Im Ergebnis lehnte das Gericht ab, dass das Sony Play Station RACsystem ein TPM ist, weil es nicht die Raubkopie von Spielen unterbinde, sondern nur verhindere, dass unberechtigte Kopien abspielbar sind.
[363] *Schäfer* S. 143 ff.

entwickelte eigene Zusatzprogramme und bot sie im Internet kostenlos zum Download an.[364] Rasch stieg die Nachfrage nach der Software von AiboPet. Zur Entwicklung dieser Software musste zunächst der Quellcode, der das Verhalten des Roboterhunds steuert, entschlüsselt werden. Sony begann in 2001 rechtlich gegen AiboPet vorzugehen und machte Verstoß gegen Umgehungsschutzregelungen geltend. Aufgrund von großen Protesten und Boykottdrohungen in der Öffentlichkeit gab Sony auf und integrierte die AiboPet-Software in die offizielle Produktreihe.

Im Ergebnis sind technische Schutzmaßnahmen gefährlicher für den Wettbewerb als zB wettbewerbsbeschränkende Bedingungen in Shrink wrap-Verträgen. Denn technische Schutzmaßnahmen können gegenüber jedermann automatisch durchgesetzt werden.[365] Das europäische Kartellrecht kann den Einsatz von technischen Schutzmaßnahmen kaum kontrollieren. Viele technische Schutzmaßnahmen sind einseitige Handlungen.[366] Art. 101 AEUV und § 1 GWB sind also nicht anwendbar. Eine Handlungsmöglichkeit der Kartellbehörden besteht also nur, wenn der Hersteller Marktbeherrscher ist (Art. 102 AEUV und §§ 19 ff. GWB). Allerdings kann gerade im IT-Bereich der relevante Markt sehr klein sein. Insbesondere bei Ersatz- und Verschleißteilen von IT-Systemen bzw. Hardware gehen die Kartellbehörden häufig von einem markenspezifischen relevanten Markt aus.[367]

VII. Anwendbarkeit der Gruppenfreistellungsverordnungen auf Softwareverträge[368]

1. Praktische Relevanz der GVO für IT-Unternehmen

Auch IT-Verträge unterliegen einer kartellrechtlichen Kontrolle nach den Maßstäben der Art. 101, 102 AEUV bzw. §§ 1 f., 19 ff. GWB.[369] Dabei spielt die Anwendbarkeit der Gruppenfreistellungsverordnungen, die **bestimmte Wettbewerbsbeschränkungen** in **bestimmten Vertragstypen** pauschal vom Kartellverbot freistellen, eine erhebliche Rolle. Trotz aller Unwägbarkeiten, mit denen die Beurteilung der Anwendung der GVO gerade auf Softwareverträge verbunden ist, bieten die Gruppenfreistellungen eine gewisse **Rechtssicherheit** für die Unternehmen der IT-Branche, trotz verbleibender **schwieriger Einschätzungs- und Abgrenzungsfragen**. Gerade bei **Software** und IT-Services ist häufig schwer festzustellen, ob ein Verstoß gegen das Kartellverbot vorliegt, weil etwa zweifelhaft sein kann,

- ob überhaupt eine **Wettbewerbsbeschränkung** vorliegt und/oder
- ob die erforderliche Spürbarkeit vorliegt, die nur durch Abgrenzung des betroffenen sachlichen und geografischen Marktes ermittelt werden kann.

In Softwareverträgen können wettbewerbsbeschränkende Vereinbarungen bestehen,[370] zB in Form von

- CPU-Klauseln iS echter Anbindungen an die Hardware,
- Netzwerk-Klauseln,
- Upgrade-Klauseln,
- Weitergabeverboten,
- evtl. auch Weitervermiet-Verboten.

Nach der Rechtsprechung des EuGH ist die Spürbarkeit in der Regel schon bei Marktanteilen von mindestens 5 % gegeben.[371] Die genaue **Marktabgrenzung** war in bisherigen Entscheidungen von der Kommission offen gelassen worden.[372]

---

[364] Siehe www.aibohack.com.
[365] *Schäfer* S. 425.
[366] *Schäfer* S. 230 ff.
[367] *Schäfer* S. 426.
[368] Siehe Überblick bei *Polley* CR 2004, 641.
[369] Dazu → Rn. 41 ff. und → Rn. 124 ff.; im Übrigen *Polley* CR 2004, 641 (645).
[370] Zum Überblick über die Wirksamkeit typischer wettbewerbsbeschränkender Klauseln in Softwareverträgen → § 24 Vertrieb von Software und Hardware.
[371] → Rn. 63 ff. sowie → Rn. 135 ff.
[372] Zur Praxis der Kommission s. zB Fall Nr. COMP/M. 3171, Entscheidung v. 27.5.2003 – Computer Sciences Corporation/Royal Mail Business Systems; Fall Nr. COMP/M. 2946 zu Nachweisen Fn. 21 mit Hinweise auf Entscheidungen der Kommission.

Insbesondere bei **Spezialsoftware** kommt in Betracht, dass
- einerseits die Bagatellgrenze zu Gunsten der Unternehmen greift,
- andererseits aber der Markt gerade hierfür besonders eng ist und insofern die Bagatellgrenze **leicht überschritten** wird.

Allerdings enthalten auch einige GVO Marktanteilsschwellen, die es zu beurteilen gilt, die allerdings deutlich höher liegen als die Bagatellgrenze.[373]

2. Kartellrechtliche Bedeutung der Vertragstypologie von Softwareverträgen[374]

329   Gemäß § 2 Abs. 2 iVm Abs. 1 GWB finden die Europäischen Gruppenfreistellungsverordnungen, nämlich
- für horizontale Vereinbarungen: GVO Spezialisierungsvereinbarungen Nr. 1218/2010 vom 14.12.2010 und GVO Forschung und Entwicklung Nr. 1217/2010 vom 14.12.2010;
- für vertikale Vereinbarungen: Vertikal-GVO 330/2010 vom 20.4.2010;
- für spezielle Sektoren, insbesondere **Technologietransfer**vereinbarungen: TT-GVO Nr. 316/2014 vom 21.3.2014,

auf Vereinbarungen, Beschlüsse und abgestimmte Verhaltensweisen zwischen Unternehmen **auch bei rein nationalen Sachverhalten** (also auch bei Nichtvorliegen des Zwischenstaatlichkeitskriteriums) entsprechend Anwendung. Die Schwierigkeit bei Softwareverträgen ist, dass je nach Ausgestaltung eines Softwarevertrages entweder die TT-GVO Nr. 316/14, die Vertikal-GVO, die GVO F&E, die GVO Spezialisierungsvereinbarungen oder keine GVO anwendbar sein kann. Insoweit spielt die **Vertragstypologie** eine erhebliche Rolle.

330   So ist etwa die **TT-GVO** nur auf „Lizenzverträge" anwendbar, die eine „Produktion von Vertragsprodukten" ermöglichen; daher wohl **nicht** auf **reine Vertriebslizenzen**.[375] Die **Vertikal-GVO** ist dagegen nur auf Verträge betreffend den „Bezug, **Kauf** und Weiterverkauf" von „Waren oder Dienstleistungen" anwendbar und nicht auf Lizenzverträge oder Mietverträge wohl auch **nicht** auf **unkörperliche** Überlassung von Software.[376] Zudem gilt die Vertikal-GVO nicht für Gegenstände, die in den Anwendungsbereich einer anderen GVO fallen.

331   Es wird sich daher empfehlen, eine gewisse Typisierung bei den verschiedenen Softwareverträgen vorzunehmen, wie sie in Kombination va mit Vertriebsverträgen eine Rolle spielen (können). Die Grundformen wären
- Software-Erstellung (Neuherstellung von Software),
- Software-Anpassung (Anpassung vorhandener Software, wobei es zivilrechtlich sehr darauf ankommen kann, ob der Anbieter oder der Anwender die Software „beistellt"),
- Überlassung fertiger Software („Lizenzverträge").

332   Die typische Unterscheidungsform hierbei ist die nach **Kauf** oder **Miete**.

Softwarevertriebsverträge haben typischerweise die Regelung zum Gegenstand, dass der Vertragspartner des Herstellers bzw. Berechtigten die Software Dritten überlassen darf, wobei die typische Vertriebsform bei Massen-Standardsoftware, aber auch bei freizuschaltender Spezialsoftware inzwischen sein dürfte, dass die physikalische Lieferung von Seiten des Vertriebspartners erfolgt, die rechtliche „Freischaltung" bzw. überhaupt die Lizenzgewährung, so jedenfalls das Lizenzmodell mancher Anbieter, vom Hersteller. Die Vorläufer dieser Konstruktion waren die sogenannten Schutzhüllen- oder Shrink-Wrap-Verträge, dann aktualisiert als Click-Wrap-Verträge.[377]

333   Für den Anwendungsbereich der verschiedenen Gruppenfreistellungsverordnungen ist möglicherweise weiter zu unterscheiden zwischen
- SW-Überlassungsverträgen über:
  – Individualsoftware:
    i.d.R. individuelle **lizenzartige** Abrede über Gegenstand und Umfang der Nutzung.

---

[373] Siehe etwa Art. 3 Vertikal-GVO und Art. 3 TT-GVO.
[374] Zur Vertragstypologie von Softwareverträgen im Einzelnen → § 10 Vertragliche Grundlagen Rn. 46 ff.
[375] Einzelheiten → Rn. 347 ff.
[376] Einzelheiten → Rn. 350.
[377] Zu letzteren s. etwa *Contereras/Slade* CRI 2000, 104; *Karger* ITRB 2003, 134 und *ders.* ITRB 2004, 110; *Lejeune* ITRB 2001, 263.

- Standardsoftware:
  - häufig **Kauf**, ohne dass zwischen den Parteien des Überlassungsvertrages – nämlich Händler und Endkunden – Lizenzvereinbarungen getroffen werden;
  vielmehr liegen die Lizenzbedingungen des Softwareherstellers, die einen Lizenzvertrag zwischen Hersteller und Endkunden zustande bringen sollen, den Datenträgern bei (sog Schutzhüllenverträge, deren Wirksamkeit nach deutschem Recht sehr zweifelhaft ist);
  - teils unkörperliche Überlassung mittels Download.
- SW-Erstellungsverträge/-Entwicklungsverträge:
  Entwicklung von Individualsoftware i.d.R. durch eine Partei nach Spezifikationen des Auftraggebers,
  - wobei entweder ein **vollständig neues Produkt** vom Auftraggeber **entwickelt** wird oder
  - der Auftraggeber lizenziert bereits vorhandene Softwareprodukte zur Weiterentwicklung oder Verbesserung.
- SW-Vertriebsverträge:
  - Zu Schutzhüllenverträgen, bei denen der Händler regelmäßig keine Rechte eingeräumt bekommt bzw. keine dem Kunden einräumt, siehe oben SW-Überlassung (**Lizenz nur zwischen Hersteller und Endkunde**);
  - in anderen Fällen erhält der Vertriebshändler das Recht, selbst Kopien von einer Masterkopie auf Datenträger zu ziehen und diese Kopien weiterzuvertreiben (**Lizenzkette** zwischen Hersteller, Händler und Endkunde);
  - oder unkörperliche Übertragung durch Online-Vertrieb (**Lizenzkette** zwischen Hersteller, Händler und Endkunde).
- SW-Wartung/-Pflege:
  Erbringung von Dienstleistungen betreffend der vom Auftraggeber genutzten SW.
- IT-Outsourcing/ASP:
  Bei Outsourcing komplexer typengemischter Vertrag, bei ASP regelmäßig Erbringung von Standard-Dienstleistungspaketen,[378] evtl. zumindest teilweise Miete.

Für den beratenden Anwalt kann es eine besondere Herausforderung darstellen, dass bei komplexeren gemischten IT-Verträgen, bei denen die – ohnehin teils umstrittene – Einordnung nach Vertragstypen schwierig ist,[379] die **Zweifelsfragen bei der Vertragstypologie zusätzlich mit kartellrechtlichen Risiken verbunden** sein können.

Nicht übersehen werden sollte, dass nach ihrem Wortlaut das **Kartellverbot** des § 1 GWB und daher auch die **Freistellung** nach § 2 GWB (entsprechend Art. 101 AEUV) Vereinbarungen zwischen Unternehmen erfordern, also etwa auf **Softwarelizenzverträge mit Endverbrauchern nicht** anwendbar sind.[380] Verträge **mit Endverbrauchern** unterliegen nicht dem Kartellverbot der Art. 101 AEUV bzw. Art. 1 GWB, sondern lediglich der Missbrauchskontrolle gem. Art. 102 AEUV bzw. §§ 19 ff. GWB.

3. Freistellung von Softwareverträgen nach TT-GVO[381]

Die alte Fassung der TT-GVO (240/96) galt nach wohl herrschender Meinung nicht für Software bzw. Softwarelizenzen. Es musste sich vielmehr um eine Patent-, Know-how- oder gemischte Lizenz aus dem Bereich Patent und Know-how handeln.[382] Etwas anderes galt bereits für die novellierte Fassung der TT-GVO (772/04), die am 1.5.2004 in Kraft trat, und gilt heute für die am 1.5.2014 in Kraft getretene Fassung der TT-GVO (316/14).[383]

---

[378] Siehe auch Überblick bei *Polley* CR 2005, 641 (641).
[379] → § 10 Vertragliche Grundlagen Rn. 10 ff.
[380] Siehe § 1 GWB: „Vereinbarungen zwischen Unternehmen [...]" und Art. 101 AEUV: „Mit dem Gemeinsamen Markt unvereinbar und verboten sind alle Vereinbarungen zwischen Unternehmen [...]".
[381] Zur TT-GVO allgemein → Rn. 125 ff.; im Übrigen siehe *Berger* K&R 2005, 15; *Polley* CR 2004, 641.
[382] *Polley* CR 1999, 345 (352).
[383] Im Folgenden beziehen sich alle Ausführungen zur TT-GVO auf die novellierte Fassung Nr. 316/14.

337 Gemäß Art. 2 Abs. 1 TT-GVO gilt die Freistellung für Technologietransfer-Vereinbarungen zwischen zwei Unternehmen, die mit dem Ziel der Produktion von Vertragsprodukten durch den Lizenznehmer und/oder seine Zulieferer geschlossen werden. Die „Technologie"-Definition umfasst dabei ausdrücklich „Software-Urheberrechte", wobei dieser Begriff in seinen Konturen noch undeutlich erscheint. Deshalb empfahl die DGRI in ihrer Stellungnahme an die EU-Kommission diesbezüglich auch eine terminologische Klarstellung vorzunehmen.

338 In Anbetracht der geänderten Definition der Technologietransfer-Vereinbarung ist von einer Ausweitung des Anwendungsbereichs auszugehen. Denn künftig sollen alle Bestimmungen, die sich auf den Erwerb von Produkten durch den Lizenznehmer oder aber auf die Lizenzierung oder die Übertragung von Rechten des geistigen Eigentums oder von Know-how auf den Lizenznehmer beziehen, von der Freistellung umfasst sein, sofern diese Bestimmungen *„unmittelbar und ausschließlich mit der Produktion der Vertragsprodukte verbunden sind"*. In der alten TT-GVO hingegen war der wesentliche Gegenstand der Vereinbarung maßgeblich. Außerdem sollen nunmehr die Marktanteilsschwellen teilweise verschärft werden. Hinzu kommt, dass exklusive Rücklizenz-Verpflichtungen, die den Lizenznehmer verpflichten, für eigene Verbesserungen der lizenzierten Technologien dem Lizenzgeber eine Lizenz zu erteilen, und Kündigungsklauseln künftig nicht mehr in den Anwendungsbereich der TT-GVO fallen sollen. Allgemein gilt, dass die TT-GVO nur Anwendung findet, wenn der Anwendungsbereich der F&E- oder der Spezialisierungs-GVO nicht eröffnet ist. Dies führt wiederum zu Abgrenzungsschwierigkeiten gerade bei Software-Verträgen.

339 Die neue TT-GVO wird sich in der Praxis bewähren müssen. Die Herausbildung klarer Konturen und verlässlicher Auslegungen der neuen Definitionen wird naturgemäß eine gewisse Zeit in Anspruch nehmen.

340 Für eine Gruppenfreistellung nach § 2 Abs. 2 GWB iVm Art 2, Art. 1 Abs. 1 lit. c) TT-GVO ist zunächst eine **Technologie-Transfer-Vereinbarungen** zwischen Unternehmen erforderlich, wobei Verträge zwischen **konkurrierenden** Unternehmen ebenso erfasst werden wie Verträge zwischen **nicht-konkurrierenden** Unternehmen, allerdings gelten insoweit unterschiedliche Freistellungsbedingungen.

Art. 2 Abs. 1 TT-GVO 316/14 [Hervorhebung von der Verfasserin]:

„Nach Artikel 101 Absatz 3 AEUV und nach Maßgabe dieser Verordnung gilt Artikel 101 Absatz 1 AEUV nicht für Technologietransfer-Vereinbarungen."

Art. 1 Abs. 1 lit. b), c), f) und g) TT-GVO Nr. 316/14:

„Für diese Verordnung gelten folgende Begriffsbestimmungen:
a) […];
b) „Technologierechte": Know-how und die folgenden Rechte oder eine Kombination daraus einschließlich Anträgen auf Gewährung bzw. auf Registrierung dieser Rechte:
  i) Patente,
  ii) Gebrauchsmuster,
  iii) Geschmacksmuster,
  iv) Topografien von Halbleiterprodukten,
  v) ergänzende Schutzzertifikate für Arzneimittel oder andere Produkte, für die solche ergänzenden Schutzzertifikate vergeben werden können,
  vi) Sortenschutzrechte,
  vii) Software-Urheberrechte;
c) „Technologietransfer-Vereinbarung":
  i) eine von zwei Unternehmen geschlossene Vereinbarung über die Lizenzierung von Technologierechten mit dem Ziel der Produktion von Vertragsprodukten durch den Lizenznehmer und/oder seine Zulieferer,
  ii) eine **Übertragung** von Technologierechten zwischen zwei Unternehmen mit dem Ziel der Produktion von Vertragsprodukten, bei der das mit der Verwertung der Technologierechte verbundene Risiko zum Teil beim Veräußerer verbleibt;
d) […]
e) […]
f) „Produkt": eine Ware oder eine Dienstleistung in Form eines Zwischen- oder Endprodukts;

g) „Vertragsprodukt: ein Produkt, das unmittelbar oder mittelbar auf Grundlage der lizenzierten Technologierechte produziert wird;
[...]"

Die TT-GVO erfasst nur Lizenzvereinbarungen, die die „Produktion von Vertragsprodukten" – das können Waren oder Dienstleistungen sein (s.o.) – ermöglichen. Die TT-GVO findet daher **nicht auf alle Softwarelizenz-Vereinbarungen** pauschal Anwendung. Der genauere Anwendungsbereich ist auch nicht durch die Leitlinien der Kommission umrissen.[384]

Gemäß Art. 1 Nr. 1b vii), c ii) TT-GVO findet die TT-GVO auch Anwendung auf die „Übertragung von Software-Urheberrechten". Mit Software-Urheber-"Rechten" sind dabei Nutzungsrechte gemeint, da das Urheberrecht nach § 29 Abs. 1 UrhG grundsätzlich nicht übertragbar ist. Die TT-GVO benutzt den Begriff „Übertragung" im Gegensatz zum Begriff „Lizenz", so dass mit „Übertragung von Softwarerechten" die völlige Entäußerung von Nutzungsrechten gemeint ist.

Damit die TT-GVO Anwendung findet, müssen jedoch zusätzlich zwei Voraussetzungen erfüllt werden:
- Erstens muss das mit der Verwertung verbundene Risiko zumindest zum Teil beim Veräußerer verbleiben, zB bei erfolgsabhängiger Vergütung.
- Zweitens muss die Übertragung der Produktion von Vertragsprodukten dienen, was in der Regel nur erfüllt sein dürfte, wenn der Erwerber mehrfach Kopien herstellt und vertreibt oder die erworbene Software mehrfach installiert und benutzt.

Schematisch zusammengefasst lässt sich hinsichtlich der Anwendung der **TT-GVO Nr. 316/2014** auf Softwareverträge festhalten:

a) **Software-Entwicklungsverträge.** Die TT-GVO ist wohl unstreitig anwendbar auf **Software-Entwicklungsverträge**, im Rahmen derer der Auftraggeber dem Auftragnehmer eine Lizenz an einem bestehenden Softwareprodukt zur Entwicklung und Herstellung eines neuen oder verbesserten Produkts einräumt.[385]

Erhält der Auftraggeber das Recht zum Vertrieb, so kommt ggf. die GVO Forschung und Entwicklung (EG) Nr. 2659/2000 zur Anwendung.[386]

b) **Softwarevertriebslizenzen zwischen Rechteinhaber und Händler.** Bei **Softwarevertriebslizenzen** (zwischen Hersteller/Rechteinhaber und Händler) ist die Anwendung nach dem Wortlaut der TT-GVO **sehr fraglich**, da eine Vertriebslizenz an sich nicht auf die „Produktion eines Vertragsprodukts" gerichtet ist. Allerdings kann das „Vertragsprodukt" auch eine Dienstleistung sein, so dass selbst bei unkörperlicher Überlassung von Software im Wege des Online-Vertriebs im Verhältnis Hersteller zu Händler die Weiterlizenzierung durch den Händler an den Endkunden als Dienstleistung iSd TT-GVO beurteilt werden könnte.[387]

Teilweise wird vertreten,[388] bei Inkorporation von Software in ein anderes Produkt sei die TT-GVO anwendbar, weil die Softwarelizenz dann auch der Herstellung von Vertragsprodukten diene. Das gelte auch, wenn keinerlei Anpassungen oder Entwicklungen durch den Hersteller vorzunehmen sind. Ein Beispiel[389] sei eine OEM-Softwarelizenz

---

[384] Leitlinien zur Anwendung von Art. 101 des Vertrags über die Arbeitsweise der Europäischen Union auf Technologie-Transfervereinbarungen, ABl. 2014 Nr. C 89, 3.
[385] So *Scholz/Wagener* CR 2003, 880 (885).
[386] → Rn. 345 f. und → Rn. 351.
[387] Nach Ansicht *Scholz/Wagener* CR 2003, 880 (885) ist für die TT-GVO ein Herstellungselement erforderlich und daher keine Anwendung auf reine Vertriebslizenzen. Nach aA *Polley* CR 2004, 641 (646) ist jedenfalls die Verkörperung auf dem Datenträger ausreichend, zumal auch die Leitlinien der TT-GVO insoweit nicht eindeutig ablehnend zu sein scheinen; siehe *Polley* auch zur Beurteilung von Sonderfällen bei Software-Vertriebsverträgen.
[388] *Matthiesen*, Die Freistellung von Softwarenutzungsverträgen nach Artikel 101 des Vertrages über die Arbeitsweisen der Europäischen Union, S. 162.
[389] Beispiel von *Matthiesen* S. 162.

(zur Vervielfältigung und zum OEM-Vertrieb) an den Hersteller von Tresoren, damit der Tresor-Hersteller elektronische Schlösser einbauen und die Tresore mit der eingebauten Software vertreiben kann. Erst durch den Einbau der elektronischen Schlösser werde der Tresor fertig gestellt. Die Lizenz ermögliche daher die Produktion von Vertragsprodukten.

347 c) **Softwareüberlassungsverträge mit Endkunden.** Softwareüberlassungsverträge mit Endkunden sind **regelmäßig nicht** vom Anwendungsbereich der TT-GVO erfasst. Hinsichtlich Verbrauchern gilt schon nicht das Kartellverbot und somit auch nicht die Freistellung.

348 Aber auch bei Unternehmern als Endnutzer dient die Lizenzierung im Regelfall nicht zur „Herstellung oder Bereitstellung von Vertragsprodukten" durch den Lizenznehmer, sondern zur eigenen Nutzung durch den Endkunden. Dies gilt wohl unstreitig in den Fällen, in denen die Software nicht spezifisch der Herstellung bestimmter Vertragsprodukte dient, zB Betriebssystemsoftware oder Textverarbeitungsprogramme. Etwas anderes mag etwa für ERP-Software gelten, soweit die Software für Betriebsabläufe bzw. Produktionsprozesse genutzt wird. Allerdings muss die Software dann zu einer spürbaren Verbesserung des Herstellungsprozesses des Erzeugnisses führen, wenn der Lizenznehmer diese bereits auf der Grundlage einer anderen Technologie herstellt.[390]

349 Vertreten wird (wohl mM),[391] dass bei Überlassung von Software an Endnutzer (B2B) der Anwendungsbereich der TT-GVO im Regelfall eröffnet sei, weil die ausdrückliche Vereinbarung eines Vertragsprodukts nicht erforderlich sei. Das Vertragsprodukt ergebe sich letztlich aus der bestimmungsgemäßen Anwendung der überlassenen Software im Unternehmen des Anwenders.

350 d) **Masterlizenz.**[392] Eine Masterlizenz liegt vor, wenn die Vertriebsperson das Recht zur Erteilung von Sublizenzen zur Herstellung von Kopien erhält (zB Vertrieb per Download aus dem Internet). Da wiederum keine Produktion von Vertragsprodukten ermöglicht wird, ist die TT-GVO nicht direkt anwendbar. Nach den Leitlinien der Kommission werden allerdings die Grundsätze der TT-GVO bei der erforderlichen Einzelfallprüfung nach Art. 101 Abs. 3 AEUV entsprechend angewendet.

351 e) **Einräumung des Rechts zur Bearbeitung von Software und zum Vertrieb bzw. zur Integration der Bearbeitungen.** Wird ein bestimmtes Vertragsprodukt festgelegt, kann die TT-GVO Anwendung finden. Dies ist zB bei Softwarehäusern und Systemintegratoren praxisrelevant. Die TT-GVO findet aber keine Anwendung, wenn dem Lizenznehmer eine Softwarelizenz eingeräumt wird, um ihm allgemein Forschungs- und Entwicklungstätigkeiten zu ermöglichen.

352 f) **Softwarepflegeverträge, reine Updateverträge.** Bei Softwarepflegeverträgen findet die TT-GVO regelmäßig **keine** Anwendung, sofern keine Lizenzierung stattfindet. Einschlägig ist wohl im Regelfall die Vertikal-GVO,[393] wobei es sich bei **reinen Update-Verträgen** anders verhalten kann.

353 g) **Nutzung von Software im Fernbetrieb beim Application Service Providing und beim Outsourcing.** Beim ASP und Outsourcing werden regelmäßig keine Lizenzen erteilt, so dass die TT-GVO keine Anwendung findet. Auch die Vertikal-GVO ist unanwendbar, da kein Bezug von Produkten vorliegt. Insofern bleibt es bei Art. 101 Abs. 3 AEUV.

354 Übersicht zur Einordnungstendenz von SW-bezogenen Leistungen/Verträgen im Hinblick auf Gruppenfreistellungen:

---

[390] Siehe Leitlinien TT-GVO, Tz. 60.
[391] *Matthiesen* S. 163.
[392] Zur urheberrechtlichen Beurteilung, va Erschöpfung und Weitergabeverbot, allerdings ohne Kartellbezug, siehe LG Hamburg Urt. v. 29.6.2006 – 315 O 343/06, CR 2006, 812.
[393] Vertikal-GVO (EU) Nr. 330/2010; → Rn. 162 ff.

VII. Anwendbarkeit der Gruppenfreistellungsverordnungen auf Softwareverträge

	TT-GVO	Vertikal-GVO	GVO F&E	GVO Spezialisier.
	Einräumung von Lizenzen zur Produktion von Waren und Dienstleistungen	Bezug, Kauf und Weiterverkauf	Lizenzen, soweit diese der Ermöglichung der gemeinsamen F&E dienen	Spezialisierung in der Produktion/ Dienstleistungs- erbringung
SW-Erstellung und Anpassung	(+)	(–)	evtl.	(–)
Recht zur Weiter- entwicklung	(+)	(–)	Forschungs- kooperationen	(–)
SW-Überlassung an Endnutzer	wohl (–); mM[394] bei B2B (+)			
Open Source (keine Besonder- heiten)[395]	(+) hins. Erstellung, Anpassung, Weiterentwicklung	str. hins. Vertrieb	evtl.	(–)
Vertrieb	strittig, OEM evtl. (+)[396]	Hardware zusam- men mit Software, auch Shrink-Wrap	(–)	(–)
Masterlizenz Dreieck	(+)	(-)	(–)	(–)
Softwarewartung/ -Pflege	(–)	evtl.	(–)	(+)
Outsourcing/ASP/ Saas	wohl (–), str.[397]	evtl.	(–)	(+)

4. Softwareverträge und Freistellung nach Vertikal-GVO

Hinsichtlich der von der Vertikal-GVO[398] abgedeckten bzw. erfassten Verträge ist im Hinblick auf **Software** von besonderem Interesse, dass sowohl Waren als auch Dienstleistungen von der Vertikal-GVO erfasst werden mit der Folge, dass
- nicht nur die Software-Überlassung bzw. die Überlassung von Standardsoftware darunter fallen können,
- sondern auch die „**Pflege**" und
- in der Folge wohl auch die „**Anpassung**" als Dienstleistung an der entsprechenden Ware.[399]

Gleichzeitig ist damit aber – va über die Leitlinien (für vertikale Beschränkungen) – klargestellt, dass es sich bei Software insoweit zumindest um „**Ware**" handelt. Bei den Leitlinien ist allerdings vorausgesetzt, dass die Überlassung auf einem Datenträger erfolgt, während die unkörperliche Überlassung nicht erfasst wäre (Teilziffern 40 und 41 der Leitlinien).[400]

---

[394] Matthiesen S. 163.
[395] Insbesondere ist die Pflicht zur kostenlosen Lizenzeinräumung in OS-Lizenzen keine Preisbindung und somit keine Kernbeschränkung, weil für die Überlassung von Kopien keine Vergütung verlangt wird. Siehe Matthiesen S. 165.
[396] Matthiesen S. 162.
[397] Matthiesen (S. 164) vertritt, dass bei Überlassung von Software an Anbieter von ASP/SaaS-Lösungen zum Vertrieb gegenüber Endnutzern die TT-GVO Anwendung finden soll.
[398] Vertikal-GVO (EU) Nr. 330/2010; → Rn. 162 ff.
[399] Dies war wohl die überwiegende Ansicht zur „alten" Vertikal-GVO Nr. 2790/1999. Soweit ersichtlich wird nicht vertreten, dass durch die Novellierung der Vertikal-GVO zum 1.6.2010 insoweit Änderungen eintreten sollten.
[400] Mitteilung der Kommission, Leitlinien für vertikale Beschränkungen, SEK (2010) 411 v. 10.5.2010.

357 Auch **Mietverträge**, da diese nicht auf Dauer abgeschlossen werden, fallen nicht unter die Vertikal-GVO, wohl aber, wie erwähnt, die Pflegeverträge. Das Hauptproblem iVm der Vertikal-GVO scheint zu sein, dass sie nur **Anwendung** findet, wenn gerade der eigentliche Gegenstand, um den es hier geht, nämlich die Software und die Regeln dazu, nicht den Hauptgegenstand bilden.

358 Das Merkwürdige dabei ist wiederum, dass die Leitlinien als Hauptmodell des Vertriebs von Standardsoftware, der hier begünstigt wird, die **Schutzhüllenverträge**[401] sehen und gleichzeitig hierbei annehmen, dass keine Lizenz-Vereinbarung insoweit zwischen den beiden Vertriebspartnern besteht, sondern eine Endkundenbeziehung. Das bedeutet andererseits, dass alle übrigen Vereinbarungen, wo Software im Vordergrund steht, nicht unter die Vertikal-GVO fallen. *Polley* hat deshalb auch bei der Anwendbarkeit der Vertikal-GVO eine „*Lücke für Softwareüberlassungsverträge und Softwarevertriebsverträge*" gesehen, die „*eine Lizenzierung von Rechten zwischen den Vertragspartner beinhalten*".[402]

Schematisch lässt sich die Anwendung der Vertikal-GVO auf Softwareverträge wie folgt zusammenfassen:

359 a) **Weitervertrieb von Softwarekopien.** Von der Vertikal-GVO werden nur die sogenannten **Shrink-wrap-Verträge** erfasst, dh wenn das Lizenzverhältnis lediglich zwischen Inhaber der Urheberrechte und dem Endnutzer der Software entsteht. Bei der Gewährung einer Lizenz zur Einräumung von Sublizenzen ist die Vertikal-GVO nicht anwendbar. Gleichfalls scheidet eine Anwendung der TT-GVO aus, da keine Lizenz zur Produktion von Vertragsprodukten eingeräumt wird.

360 b) **Weitervertrieb von Hardware mit vorinstallierter Software.** Wird die Hardware mit der bereits vorinstallierten Software geliefert, so gilt die Vertikal-GVO. Werden Hardware und vorzuinstallierende Software getrennt geliefert, so ist die Vertikal-GVO unanwendbar, da die Vertriebsperson erst noch eine Lizenz bezüglich der Software in Form des Rechts zur Installation auf der Hardware erwirbt und hierzu obige Ausführungen gelten.

361 c) **Übergabe einer Software-Masterkopie und Lizenz zur Herstellung und zum Vertrieb von Kopien der Software.** Die Vertikal-GVO ist ausdrücklich nicht anwendbar, dagegen aber die TT-GVO, da die Übergabe einer Masterkopie gemäß Art. 2 Abs. 1 TT-GVO die Produktion von Vertragsprodukten ermöglicht. Daraus folgt, dass die jeweilige Ausgestaltung des Softwarevertriebs darüber bestimmt, ob und welche GVO zur Anwendung kommt.

362 d) **Einfache Nutzungslizenz an Endnutzer zu deren eigener Nutzung.** Hierbei handelt es sich schuldrechtlich um Software-Kauf und Software-Miete. Dies ist der in der Praxis häufigste Fall der Einräumung von Lizenzen. Die TT-GVO erfasst diese Vereinbarungen nicht, da sie nicht der Produktion von Vertragsprodukten dienen. Auch das Recht zur Erstellung einer Sicherungskopie nach § 69d Abs. 2 UrhG kann nicht als solches gewertet werden. Auch die Vertikal-GVO ist nicht anwendbar, da die Nutzung von geistigen Eigentumsrechten den Hauptgegenstand der Vereinbarung bildet. Es verbleibt bei der Einzelfallprüfung nach Art. 101 Abs. 3 AEUV.

5. Gruppenfreistellung von F&E-Vereinbarungen

363 Vom Anwendungsbereich der F&E-GVO (alt 2659/00) neu 1217/2010 erfasst werden Lizenzen, soweit diese der Ermöglichung der gemeinsamen Forschung und Entwicklung dienen, zB zwischen den Vertragsparteien oder an ein gemeinsam gegründetes Unternehmen, das die F&E durchführen soll. Das bedeutet, dass **nur Forschungskooperationen** in den Anwendungsbereich der F&E-GVO fallen, **nicht** jedoch **Auftragsentwicklungen**, bei denen eine Partei im Auftrag der anderen allein F&E betreibt.

364 Auftragsentwicklungen können jedoch in den Anwendungsbereich der TT-GVO fallen, sofern sie überhaupt Wettbewerbsbeschränkungen enthalten.[403] Eine solche Wettbewerbsbe-

---

[401] Mitteilung der Kommission, Leitlinien für vertikaler Beschränkungen, ABl. 13.10.2000 C 291/1, 9, Rn. 40.
[402] *Polley* CR 2004, 641 (644 f.) noch zur Vertikal-GVO Nr. 2790/1999 aber wohl auf Vertikal-GVO Nr. 330/2010 übertragbar.
[403] → Rn. 159 ff.

schränkung kann etwa liegen in sehr weitgehenden Non Disclosure Agreements, bei denen die „geheimen Tatsachen" bzw. der gegenständliche und zeitliche Umfang der Verpflichtung zur Geheimhaltung und Nichtnutzung/Nichtverwertung unsauber definiert ist und erheblich über den Umfang der tatsächlich geheimen Tatsachen oder der Schutzrechte hinausgeht (also etwa auch offenkundige Tatsachen erfasst).[404]

Zulieferverträge für F&E, in denen der Lizenznehmer verpflichtet wird, weitere F&E-Arbeiten im Bereich der lizenzierten Technologie auszuführen und das verbesserte Technologiepaket dem Lizenzgeber zurückzugeben, sind dagegen vom Anwendungsbereich der TT-GVO ausgeschlossen. Falls jedoch die Parteien keine Wettbewerber sind, verstoßen solche Auftragsentwicklungen uU überhaupt nicht gegen das Kartellverbot.[405]

Der TT-GVO – und nicht der F&E-GVO – unterfallen Lizenzierungen der Forschungsergebnisse an Dritte.[406]

6. Gruppenfreistellung von Spezialisierungsvereinbarungen

Die GVO für Spezialisierungsvereinbarungen 1218/2010 kann für **Outsourcing**-Verträge relevant sein, bei denen IT-Dienstleistungen an einen externen Dienstleister vergeben werden. Der Freistellung bedarf es allerdings nur, wenn der Auftraggeber zumindest noch potentieller Wettbewerber bleibt, ansonsten wäre die Vertikal-GVO einschlägig.[407]

Bei **Softwarepflegeverträgen** und anderen IT-Verträgen, bei denen Vertragsgegenstand ein größeres **Dienstleistungspaket** ist, ist die Anwendung der GVO 1218/2010 denkbar. Auf Softwareüberlassungs- und -vertriebsverträge ist die GVO 1218/2010 **nicht** anwendbar.

VIII. Überblick über die kartellrechtliche Wirksamkeit von typischen wettbewerbsbeschränkenden Klauseln in Softwareverträgen

1. Vorbemerkungen

Im Hinblick auf die Rechtsunsicherheit, die im Rahmen der Anwendbarkeit der GVO und insbesondere der TT-GVO bestehen, empfiehlt es sich, IT-Verträge bei relevanten Marktanteilen der beteiligten Unternehmen auf bestimmte Beschränkungen hin, etwa
- CPU-Klauseln iS echter Anbindungen an die Hardware,
- Netzwerk-Klauseln,
- Upgrade-Klauseln,
- Weitergabeverbote,
- evtl. auch Weitervermiet-Verbote,

durchzusehen und zu prüfen, ob die vertrieblichen Vorteile solcher Beschränkungen tatsächlich die möglicherweise entstehenden kartellrechtlichen Risiken aufwiegen.[408]

Vor der 7. GWB-Novelle setzte die kartellrechtliche Kontrolle von **Softwareüberlassungsverträgen** im Sinne von reinen Austauschverträgen über Urheberrechte und verwandte Schutzrechte erst ein, soweit Wettbewerbsbeschränkungen nicht mehr dem Inhalt und der Funktion des Schutzrechts entsprachen.[409] Danach wurden etwa als problematisch angesehen:
- Lizenzzahlungspflichten für Teile der Software, die nicht durch Schutzrechte geschützt sind,
- Bezugsverpflichtungen über die lizenzierte Software hinaus,
- einseitige und/oder unentgeltliche Rückzahlungsverpflichtungen,

---

[404] → § 11 Erstellung von Software Rn. 114 ff.; zu NDA → § 19 Outsourcing Rn. 9 ff.
[405] Leitlinien TT-GVO Tz. 45; *Poley* CR 2005, 641, 647.
[406] Leitlinien TT-GVO Tz. 60.
[407] *Polley* CR 2005, 641 (647) noch zur Vertikal-GVO Nr. 2790/1999.
[408] Siehe zum Überblick *Grützmacher* ITRB 2005, 205.
[409] OLG Düsseldorf Urt. v. 26.6.1995 – 20 U 65/95, CR 1995, 7306; zum Spannungsfeld Urheber- und Kartellrecht → Rn. 305 ff., Ziff. VI. sowie *Jörg Schneider* Softwarenutzungsverträge im Spannungsfeld von Urheber- und Kartellrecht, S. 111 ff., 200 f.

- Nichtangriffsverpflichtungen über den Lizenzgegenstand hinaus,[410]
- Meistbegünstigungsklauseln.[411]

370 Bei Softwarevertriebsverträgen waren bereits vor der 7. GWB-Novelle verboten:
- alle Formen der Preis- und Konditionenbindung einschließlich der Bindung von Vertragsbedingungen;
- eingeschränkt zulässig: Preisempfehlungen (insbesondere für Standardsoftware);
- lediglich der Missbrauchskontrolle unterworfen: Ausschließlichkeitsbindungen.[412]

Nach derzeitigem GWB gibt es teilweise etwas andere Fallgruppen.

2. Fallgruppen nach GWB

371 **a) Typische Klauseln in Softwarelizenzverträgen.** Im dem folgenden Abschnitt sollen einige der möglicherweise relevanten Klauseln beispielhaft dargestellt werden:

372 • **Kopplungsbindungen** liegen vor, wenn der Abnehmer verpflichtet wird, sachlich oder handelsüblich nicht zusammengehörende Waren oder gewerbliche Leistungen abzunehmen. Hierin ist ein Verstoß gegen § 1 GWB zu sehen, der jedenfalls bei Endnutzerlizenzverträgen **nicht** durch § 2 GWB **freigestellt** werden kann. In ihrer Entscheidung vom 24.3.2004 hat die Europäische Kommission gegen Microsoft eine hohe Geldbuße verhängt, ua da eine unerlaubte Kopplung des „Windows Media Player" mit dem Betriebssystem Windows vorlag.[413]

373 • **Hardwarebindungen** und auf bestimmte Hardware bezogene **CPU-Klauseln** beschränken nicht nur die Verwendungsmöglichkeit der überlassenen Software, sie können sogar andere Hardwarehersteller beim Marktzutritt behindern. Eine Wettbewerbsbeschränkung liegt damit grundsätzlich vor. Hinsichtlich der Beurteilung eines möglichen Verstoßes gegen § 1 GWB muss wohl unterschieden werden zwischen Softwareüberlassung als **Kauf** (auf Dauer gegen Einmalentgelt) und **Miete**. Zumindest bei Verkauf/Veräußerung dürfte die CPU-Klausel wegen Erschöpfung des Verbreitungsrechts mangels Rechtfertigung aus dem Urheberrecht unwirksam sein.[414] Zumindest ein Teil der Literatur scheint insoweit nicht zu differenzieren und hält Hardwarebindungen/CPU-Klauseln grundsätzlich **nicht** für **freistellungsfähig**.[415]

374 • Ähnlich zu beurteilen und damit unwirksam dürften **Weiterveräußerungs- bzw. Weitergabeverbote** in Softwareüberlassungsverträgen bei Verkauf/Veräußerung von Software sein. Auch hier dürfte eine Freistellung regelmäßig nicht in Betracht kommen, da die urheberrechtliche Erschöpfungslehre gerade dem Verkehrsschutz dient.

375 • **Field-of-Use-Klauseln**, soweit diese nicht einzig der Aufteilung von Kundenkreisen dienen, dürften freistellungsfähig auch bei Endnutzerlizenzverträgen sein.[416]

376 • Für **Änderungs- und Bearbeitungsverbote** erscheint eine Wettbewerbsbeschränkung im Sinne des § 1 GWB möglich. Jedenfalls liegt aber schon ein Verstoß gegen § 69d Abs. 1 UrhG vor.[417]

377 • **Nichtangriffsklauseln** sind seit der 7. GWB- Novelle nicht mehr gestattet.

378 • **Rücklizenzverpflichtungen** sind nach § 2 Abs. 2 GWB nicht freistellungsfähig. Dies gilt auch für Endnutzerlizenzverträge.

b) Typische Klauseln in Softwarevertriebsverträgen

379 • **Höchstpreisbindungen** können nach § 2 Abs. 2 GWB iVm der TT-GVO 316/14 und der Vertikal-GVO (EU) 330/10 zulässig sein.[418] Anders als bei Softwarelizenzverträgen ist

---

[410] *Grützmacher* ITRB 2005, 205 (206).
[411] Da es an einer vergleichbaren Regelung nach der 7. GWB-Novelle fehlt, könnten diese Klauseln nun zulässig sein *Grützmacher* ITRB 2005, 205.
[412] *Grützmacher* ITRB 2005, 205 (206).
[413] Dazu → Rn. 389 ff.
[414] Siehe zum Spannungsverhältnis von Kartell- und Immaterialgüterrecht → Rn. 305 ff.
[415] *Grützmacher* ITRB 2005, 205 (207).
[416] *Grützmacher* ITRB 2005, 205 (207).
[417] Siehe zum Spannungsverhältnis von Kartell- und Immaterialgüterrecht → Rn. 305 ff.
[418] Eine Ausnahme gibt es aber. Unter konkurrierenden Unternehmen gilt dies nicht oder nur eingeschränkt. Zu Bestpreisklauseln → Rn. 427; *Grenzer* CR 2015, R36 zu OLG Düsseldorf Beschl. v. 9.1.2015 – VI-Kart 1/14 (V).

die Vertikal-GVO (EU) 330/10 bei Softwarevertriebsverträgen grds. anwendbar,[419] soweit dort vereinbart wird, dass Vervielfältigungsstücke überlassen werden.[420]

- **Preisempfehlungen** sind nicht per se untersagt, jedoch nur sehr eingeschränkt zugelassen. Es kann eine (ohne das Wort „unverbindliche") Preisempfehlung erfolgen, ohne dass dies einer Einschränkung unterliegt. Auch hier gilt die oben genannte Ausnahme, dass dies nur gegenüber nicht konkurrierenden Unternehmen möglich ist. 380
- Eine **Alleinbezugsverpflichtung** verpflichtet den Vertragshändler, seinen Bedarf an Vertragsprodukten oder eines Teilsortiments ausschließlich bei dem Unternehmer zu decken, mit dem er den Vertragshändlervertrag geschlossen hat. Eine wettbewerbsbeschränkende Wirkung wird angenommen, wenn sich der Vertragshändler zum Bezug eines wesentlichen Teils seines Gesamtbedarfs verpflichtet, da dem Vertragshändler dadurch verwehrt ist, sich einen günstigeren Lieferanten zu suchen.[421] 381
- Ein Sonderproblem sind sog „**englische Klauseln**", die beinhalten, dass dem Vertragshändler das Recht zum Bezug von dritten Lieferanten zusteht, wenn diese das identische Produkt zu günstigeren Preisen oder Konditionen liefern können, und der Unternehmer diese Preise und Konditionen nach Mitteilung durch den Vertragshändler nicht ebenfalls anbietet. 382
- Alleinbezugsverpflichtungen sind allenfalls unter den Voraussetzungen des § 2 Abs. 2 GWB iVm Art. 1 lit. b und Art. 5 Vertikal-GVO zulässig. Dies gilt nach Ansicht der Kommission auch für „englische Klauseln". 383

Beispiel:
Eine Klausel mit dem Wortlaut: „der Kunde bezieht 100% der zu liefernden Güter vom Lieferanten" ist nach der Vertikal-GVO (EU) 330/10 freigestellt, wenn die Laufzeit der Vereinbarung auf höchstens 5 Jahre beschränkt wird. Ist die Laufzeit des Vertrages länger als 5 Jahre gilt die Freistellung gem. Art. 5 Abs. 1 lit. a) Vertikal-GVO nicht. Dagegen ist eine Freistellung nach der Vertikal-GVO auch für mehr als 5 Jahre denkbar, wenn die Bezugsverpflichtung höchstens 80% beträgt (siehe Art. 1 Abs. 1 lit. d) Vertikal-GVO.

- Von der Alleinbezugsverpflichtung ist die **Alleinbelieferungsverpflichtung** zu unterscheiden. Hierbei verpflichtet sich der Lieferant nur einen Käufer mit den Vertragsprodukten zu beliefern. Dies stellt ein Wettbewerbsverbot für den Lieferanten dar.[422] Nach den Leitlinien der Kommission[423] sind Alleinbelieferungsvereinbarungen vom Kartellverbot freigestellt, wenn sowohl der Anbieter als auch der Abnehmer auf seinem Markt jeweils nicht mehr als 30% Marktanteil hält; dies gilt selbst dann, wenn die Vereinbarung noch andere vertikale Beschränkungen wie zB ein Wettbewerbsverbot enthält. Soweit die Marktanteilsschwellen der Vertikal-GVO überschritten werden (also die Vertikal-GVO keine Anwendung findet), ist bei der Bewertung von Alleinbelieferungsverpflichtungen gem. Art. 101 Abs. 3 AEUV neben der „Stellung des Abnehmers" im vor- und im nachgelagerten Markt der Umfang und die Geltungsdauer der Alleinbelieferungsklausel von Bedeutung. Je umfangreicher und länger die Bindung dauert, desto eher ist die zu bewertende Klausel unzulässig.[424] 384
- Vereinbarungen eines **selektiven Vertriebs**, dh geschlossene Systeme qualifizierter Händler, denen der Verkauf nur an Endabnehmer und autorisierte, dem System angehörende Händler, erlaubt ist, sind grundsätzlich nach §§ 1, 2 GWB iVm Art. 4 Abs. 2 lit. b) ii) bzw. Art. 4 Abs. 2 lit. c) TT-GVO zulässig.[425] 385

---

[419] So bzgl. der Vertikal-GVO (EU) 2790/1999 *Grützmacher* ITRB 2005, 205 (206) da bei Softwarelizenzverträgen die Einräumung der Nutzungsrechte idR den Hauptgegenstand des Vertrages bilden. Diese Einschätzung trifft aufgrund des sehr ähnlich ausgestalteten Art. 2 Abs. 3 Vertikal-GVO (EU) 330/10 wohl weiterhin zu.
[420] *Grützmacher* ITRB 2005, 205 (208), jedoch die Anwendbarkeit verneinend bei Vertrieb mittels Masterkopie.
[421] *Westphal* Vertriebsrecht, Bd. 2 Rn. 293.
[422] *Schultze/Pautke/Wagener* Rn. 188 f.
[423] Leitlinien für die vertikalen Beschränkungen, Mitteilung der Europäischen Kommission, SEK (2010) 411, 10.5.2010, Rn. 192 ff.
[424] Leitlinien für die vertikalen Beschränkungen, Mitteilung der Europäischen Kommission, SEK (2010) 411, 10.5.2010, Rn. 194.
[425] *Grützmacher* ITRB 2000, 199 (200 f.); *Grützmacher* ITRB 2005, 205 (209), hierzu auch → Rn. 440 ff.

386 • Ebenfalls wettbewerbsbeschränkende Wirkung haben sog **Querlieferungsverbote**. Sie verbieten dem Vertragshändler den Verkauf von Vertragswaren an andere – auf der gleichen Wirtschaftsstufe angesiedelte – Absatzmittler.[426] Ein Querlieferungsverbot verbietet also eine Veräußerung von Vertragsprodukten auf der horizontalen Ebene zwischen gleichgelagerten Wirtschaftsstufen. So kann der, einem Querlieferungsverbot unterliegende Händler, der ein in einer Nachbarstadt bei einem anderen Vertragshändler nachgefragtes Vertragsprodukt vorrätig hat, das Produkt nicht an den benachbarten Vertragshändler veräußern. Querlieferungsverbote, mit Ausnahme im Exklusiv- und Selektivvertrieb, sind kartellrechtlich unzulässig.

387 • Auch **Sprung- und Rücklieferungsverboten** wird grundsätzlich eine wettbewerbsbeschränkende Wirkung beigemessen. Ein Sprunglieferungsverbot verbietet etwa einem Großhändler eine direkte Veräußerung an Endkunden, weil dadurch der Einzelhändler „übersprungen" wird.

388 • Die kartellrechtliche Zulässigkeit von **OEM-Klauseln** war nach teilweise vertretener Ansicht bereits vor der 7. GWB-Novelle als Konditionenbindung unzulässig.[427] Nach anderer Ansicht lag insoweit eine kartellrechtswidrige Bindung iSv § 16 Nr. 4 GWB aF vor.[428] Die Frage der Zulässigkeit von OEM-Klauseln ist nach der 7. Novelle des GWB noch stärker umstritten, da nunmehr auch die Freistellungsfähigkeit vertreten wird.[429]

IX. Marktbeherrschende Stellung im IT-Bereich am Beispiel Microsoft

389 In ihrer Microsoft-Entscheidung vom 24.3.2004[430] kam die Europäische Kommission zu dem Schluss, dass Microsoft seine marktbeherrschende Stellung in zweierlei Hinsicht missbraucht habe:
- Durch die **Verweigerung der Offenlegung von Schnittstellen** (Informationen zur **Interoperabilität**) und
- durch die **Kopplung** des Medienabspielprogramms **Windows Media Player** an das Betriebssystem Windows.

Diese Entscheidung wurde drei Jahre später weitestgehend durch das EuG bestätigt.[431]

1. Verweigerung der Offenlegung der notwendigen Schnittstellen

390 Microsoft hat gegenüber Wettbewerbern anderer Märkte seine marktbeherrschende Stellung im Bereich der Betriebssysteme dahingehend genutzt, dass durch Verweigerung der Offenlegung notwendiger Schnittstellen Kompatibilitätsprobleme für benachbarte Märkte entstanden sind. Obgleich sich die Kommission in ihrer Entscheidung nicht festgelegt hat, ist grundsätzlich davon auszugehen, dass die Offenlegung der Schnittstellen ein Anwendungsfall des Kartellrechts des geistigen Eigentums ist.[432] Es stellt sich grundsätzlich die Frage, ob marktbeherrschende Unternehmen dazu verpflichtet sind, Lizenzen zu erteilen und damit Wettbewerbern den Zugang anderer Märkte zu ermöglichen bzw. zu fördern.

Rechtsprechungsbeispiel:
Der EuGH hat in mehreren Entscheidungen bestätigt, dass der Inhaber eines Rechts des geistigen Eigentums grundsätzlich nicht verpflichtet ist, anderen eine Lizenz zu erteilen und damit eine Lizenzverweigerung als solche kein Missbrauch iSv Art. 102 AEUV darstellt.[433]

---

[426] *Schultze/Pautke/Wagener* Rn. 600.
[427] *Lehmann* CR 2000, 740; offen gelassen von BGH Urt. v. 6.6.2000 – I ZR 244/97, CR 2000, 651 (652) mAnm *Witte*.
[428] *Polley* CR 1999, 345 (350).
[429] *Seffer/Benica* ITRB 2004, 210 (213).
[430] Pressemitteilung der Europäischen Kommission vom 24.3.2004, Referenznummer IP/04/382; Entscheidung 2007/53/EG COMP/C-3/37.792 – Microsoft (ABl. 2007, L 32, S. 23). Zu weiteren Microsoft-Entscheidungen der Kommission sowie Urteilen des EuG und des EuGH → Rn. 397 f.
[431] EuGH Urt. 17.9.2007 – T-201/04, ITRB 2008, 268.
[432] *Heinemann* GRUR 2006, 705 (711).
[433] EuGH Urt. v. 5.10.1998 – 53/87 – Slg. 1988, 6039 = GRUR Int. 1990, 140 – CICRA ua/Renault; EuGH Urt. v. 5.10.1988 – 238/07, Slg. 1988, 6211 = GRUR Int. 1990, 141 – Volvo/Veng; EuGH Urt. v. 6.4.1995 – C-241/91 P und C-242/91, Slg. 1995, I-743 – Magill.

Der EuGH hat jedoch darauf hingewiesen, dass „unter außergewöhnlichen Umständen" die Ausübung des Rechts missbräuchlich sein kann. Danach müssen – wohl kumulativ – folgende Bedingungen erfüllt sein:
- Das Unternehmen, das um die Lizenz ersucht hat, möchte neue Erzeugnisse anbieten, für die eine potentielle Nachfrage der Verbraucher besteht.
- Das Unternehmen, das über das Recht des geistigen Eigentums verfügt, schließt jeglichen Wettbewerb auf diesem Markt aus.
- Die Lizenzverweigerung ist nicht sachlich gerechtfertigt.[434]

In Anlehnung an diese Rechtsprechung hat die Kommission in ihrer Microsoft-Entscheidung folgende „außergewöhnliche Umstände" angenommen:
- Quasi-Monopolstellung auf dem Markt für PC-Betriebssysteme für Kunden,
- Verringerung der Tiefe der Informationsfreigabe für Interoperabilitätsinformationen,
- Risiko des Ausschlusses von Wettbewerb auf dem Markt für Arbeitsgruppenserver-Betriebssysteme,
- Unterdrückung von Innovationen,
- Einschränkung der Wahl der Verbraucher, die weiterhin auf homogene Microsoft-Lösungen angewiesen sind.
- Die möglichen negativen Auswirkungen für Microsoft werden durch die positiven Auswirkungen auf Innovationen der gesamten Industrie (einschließlich Microsoft) überwogen.

Äußerst problematisch ist, dass die vom EuGH entwickelten Kriterien von „außergewöhnlichen Umständen" nicht deckungsgleich mit denen der Kommission sind. Insoweit hängt die weitere Entwicklung von den Entscheidungen der europäischen Gerichte ab.

2. Kopplung des Windows Media Player an das Betriebssystem Windows

Nach Art. 102 lit. d) AEUV liegt eine missbräuchliche Kopplung vor, wenn getrennte Produkte dergestalt miteinander verbunden sind, dass eine marktverdrängende Wirkung eintritt, die weder sachlich noch durch Handelsbrauch in Beziehung stehen.

Getrennte Produkte liegen dann vor, wenn es sich um verschiedene Produkte aus unterschiedlichen relevanten Märkten handelt. Die bloß technische Trennbarkeit genügt dabei nicht aus, vielmehr ist nach der Verkehrsanschauung zu bestimmen, ob es sich bei zwei oder mehreren Produkten nicht kartellrechtlich um ein einheitliches Erzeugnis handelt. Dies ist im IT-Bereich insbesondere dann der Fall, wenn Software fest in der Hardware integriert ist.

Eine Kopplung ist die Anbindung eines Produkts an den Vertragsgegenstand durch positive Anreize oder auch faktischen Zwang. Eine Kopplung liegt daher nicht vor, wenn lediglich in ein und derselben Vereinbarung mehrere Vertragsgegenstände nebeneinander erfasst werden. Eine marktverdrängende Wirkung liegt dabei bereits bei der Gefahr einer Beschränkung des Wettbewerbs vor.

Im IT-Bereich ergeben sich aus den besonderen Kundenbedürfnissen spezifische Probleme. Typischerweise sind mehrere, grundsätzlich getrennte Produkte Bestandteil eines einheitlichen „Pakets". Hierbei ist zu unterscheiden. Werden die Produkte auch getrennt angeboten und ist der Preis der Gesamtheit der gekoppelten Produkte gleich der Summe der Einzelpreise, bestehen kartellrechtlich keine Bedenken. Liegt der Preis der Gesamtheit unter dem der Einzelpreise, so kommt es maßgeblich darauf an, ob dadurch die Struktur des Marktes negativ beeinflusst wird. Dies scheint der EuGH insbesondere dann anzunehmen, wenn die Produkte sachlich in absolut keiner Beziehung zueinander stehen.[435]

Problematisch sind allerdings Pakete mit aufeinander abgestimmten Komponenten aus Hardware, Betriebssystemsoftware, Anwendungssoftware und Dienstleistungen, da diese grundsätzlich immer eine sachliche Beziehung zueinander aufweisen und gerade im Verbund eine kundenorientierte EDV-Lösung bieten, für die der Hersteller/Vertreiber auch einsteht. Da sich ein Hersteller/Vertreiber eines von ihm zusammengestellten und entwickelten Pakets nicht erlauben kann, dass einzelne Komponenten herausgenommen oder hinzugefügt werden, ist insofern im IT-Bereich von einem einheitlichen Produkt und nicht von einer Kopplung auszugehen. Das Paket insgesamt unterliegt seinerseits allerdings wiederum voll und ganz den kartellrechtlichen Bestimmungen als neues Produkt.[436]

---

[434] EuGH Urt. v. 6.4.1995 – C-241/91 P und C-242/91 P, Slg. 1995, I-743 – Magill; EuGH Urt. v. 29.4.2004 – C-418/01, Slg. 2004, I-5039, Rn. 38 = GRUR 2004, 524 – IMS Health/NDC Health.
[435] EuGH Urt. v. 13.2.1979 – 85/76, Slg. 1979, 461, Rn. 91 = NJW 1979, 2460 – Hoffmann La Roche.
[436] *Moritz* CR 2004, 321 (323 f.).

Beispiel:

Im Fall Microsoft wurde der Windows Media Player mit dem Betriebssystem Windows zwangsläufig verbunden. Windows ist als Betriebssystem einem ganz anderen Markt als die Medienabspielsoftware Windows Media Player zuzuordnen, so dass hier zwei getrennte Produkte verbunden waren. Durch den zwangsläufigen Vertrieb des Windows Media Players wurde damit die marktbeherrschende Stellung des Betriebssystems Windows ausgenutzt, um dem Windows Media Player in seinem Markt eine ebenso marktbeherrschende Stellung zu verschaffen. Die Kommission hat daraufhin einen Verstoß gegen Art. 102 lit. d) AEUV festgestellt.

3. Bußgeld wegen Verstoßes gegen die Auflagen aus 2004

397   Bereits in der Entscheidung vom 24.3.2004 verhängte die Europäische Kommission gegen Microsoft ein Bußgeld iHv EUR 497 Mio.[437] Das EuG[438] bestätigte mit Urteil vom 17.9.2007 überwiegend diese Entscheidung aus 2004.

Am 27.2.2008 verhängte die Kommission ein weiteres Bußgeld iHv EUR 899 Mio. gegen Microsoft. Die Kommission war der Ansicht, Microsoft verstoße gegen die Auflagen aus dem Jahr 2004, da Konkurrenten bis zum Oktober 2007 zu hohe Preise für Schnittstelleninformationen berechnet worden seien. Dabei hielt die Kommission die vor dem 22. Oktober verlangten Lizenzgebühren vor allem deshalb für überhöht, weil ein Großteil der nicht patentierten Interoperabilitätsinformationen keine nennenswerten Innovationen enthält und daher Preise für ähnliche Interoperabilitätsinformationen zum Vergleich herangezogen werden könnten.[439]

398   Auch 2009 beschwerten sich Konkurrenten, der standardmäßig mit dem Betriebssystem Windows ausgelieferte Internet Explorer binde die Kunden zu sehr hinsichtlich der Wahl des Internetbrowsers.[440] Mit Urteil vom 27.6.2012 bestätigt das EuG[441] auch die Kommissionsentscheidung aus 2008 dem Grunde nach, setzt jedoch das Zwangsgeld von 899 auf 860 Mio. EUR herab, weil die Kommission Microsoft mit Schreiben vom 1.6.2005 erlaubt hatte, bis 17.9.2007 den Vertrieb der Produkte, die Open Source-Wettbewerber auf Basis der Interoperabilitätsinformationen entwickelt hatten, zu beschränken.

X. Kartellrechtliche Probleme bei Online-Vertrieb und Online-Handel[442]

1. E-Commerce

399   a) **Änderung der Vertikal-GVO.** Das Internet hat sich im letzten Jahrzehnt zu einem sehr bedeutenden Vertriebskanal entwickelt. Nach Ansicht der Kommission hat gerade der Internetvertrieb zu einer breiteren Produktauswahl und einem besseren Preiswettbewerb zugunsten der Verbraucher geführt.[443] Vor diesem Hintergrund ist besondere Vorsicht geboten bei Einschränkungen des Onlinehandels oder -vertriebs etwa in Vertriebsverträgen. Kartellrechtlich kritisch gemäß Art. 101 Abs. 1 AEUV bzw. § 1 GWB können etwa folgende Vereinbarungen sein:[444]

- Vereinbarungen, die den sog „aktiven" und „passiven" Verkauf regeln,
- Klauseln mit Quoten für Onlineverkäufe sowie
- der Ausschluss des Vertriebs über Plattformen wie eBay.

400   Die Vertikal-GVO Nr. 2790/99 enthielt keine speziellen Regelungen zu dem Thema Internetvertrieb. Auch die novellierte Vertikal-GVO Nr. 330/10 enthält keine Sonderregelungen

---

[437] Entscheidung 2007/53/EG in Sachen COMP/C-3/37.792 – Microsoft (ABl. 2007, L 32, S. 23).
[438] EuG Urt. v. 17.9.2007 – T-201/04 – Microsoft/Kommission; dazu Press Release Nr. 63/07, abrufbar unter www.curia.europa.eu/.
[439] Entscheidung K (2005) 4420 endg. in Sachen COMP/C-3/37.792 – Microsoft (ABl. 2008, C 138, S. 10).
[440] „EU nimmt Microsoft erneut ins Visier", Beitrag in der Computerwoche 04/09, S. 11.
[441] EuG Urt. v. 27.6.2012 – T-167/08 – Microsoft/Kommission; dazu Pressemitteilung Nr. 85/12.
[442] S. hierzu Spindler/Wiebe/*Heinemann*, Internetauktionen und elektronische Marktplätze, S. 309 ff.; *Heinemann* CR 2005, 715; *Immenga/Lange* RIW 2000, 733; *Jestaedt* DB 2001, 581; *Kirchner* WuW 2001, 1030; *Köhler* K&R 2000, 569; *Koenig/Kulenkampff/Kühling/Loetz/Smit* Internetplattformen in der Unternehmenspraxis, 2002.
[443] Pressemitteilung der Kommission vom 20.4.2010 (IP/10/445).
[444] *Wiring* MMR 2010, 659 (659).

für den Internetvertrieb. Die Kommission geht jedoch in ihren Leitlinien[445] auf dieses Thema ein und trägt damit der stetig wachsenden Bedeutung des Onlinehandels/-vertriebs Rechnung. Die Kommission stellt in ihren Leitlinien klar, dass es grundsätzlich jedem Händler erlaubt sein muss, seine Produkte über das Internet vertreiben und vermarkten zu können.

Die Kommission qualifiziert den Betrieb einer **Website mit Bestellmöglichkeiten** durch einen Händler als Form des „**passiven" Verkaufs**. Passiver Verkauf bedeutet gemäß den Leitlinien der Kommission, die Erledigung unaufgeforderter Bestellungen einzelner Kunden, dh das Liefern von Waren bzw. das Erbringen von Dienstleistungen für solche Kunden. Da mit Internet-Homepages den Kunden ein angemessenes Mittel zur Verfügung gestellt wird, den Händler zu erreichen, ist der Vertrieb über diese Website in der Regel als passiver und nicht als aktiver Verkauf anzusehen. 401

Der **passive Verkauf darf im Prinzip nicht untersagt** werden, so dass ein kategorischer Ausschluss des Internetvertriebes in Vereinbarungen regelmäßig unzulässig sein wird.[446] 402

Die Kommission hält grds. auch ein **zeitlich begrenztes Verbot des Internetvertriebs für unzulässig**. Hierzu gehört etwa ein zeitlich befristetes Verbot des Onlinevertriebes, um Offline-Händlern bei Produkteinführungen einen zeitlichen Vorsprung zu gewähren.[447] 403

Als **aktiver Verkauf** wird die aktive Ansprache von Kunden bspw. durch Direktmarketingmaßnahmen oder aktive Ansprache mittels Werbung angesehen. Die Verwendung von Werbebannern auf Webseiten Dritter, Zahlungen für eine Suchmaschine oder an einen Online-Werbeanbieter, damit Werbung gezielt an Nutzer in bestimmten Verkaufsgebieten erscheint, wird als aktiver Verkauf in dem jeweiligen Verkaufsgebiet angesehen.[448] 404

Die Kommission sieht **unterschiedliche Sprachoptionen einer Homepage** für sich genommen nicht bereits als Kriterium für die Differenzierung zwischen einem aktiven und einem passiven Verkauf außerhalb eines zugewiesenen Vertriebsgebietes.[449] Der Betrieb einer Website ist somit selbst dann in der Regel nicht als beschränkbarer passiver Verkauf anzusehen, wenn einem Händler exklusiv ein Land zugewiesen wird und dieser Händler eine Homepage bereitstellt, die auch in anderen Sprachen als der Landessprache des exklusiv zugewiesenen Verkaufsgebietes abrufbar ist.[450] 405

Die Kommission qualifiziert Vereinbarungen, durch die der **Anteil des Umsatzes durch Internetverkäufe an dem Gesamtumsatz** des Händlers begrenzt werden, als Kernbeschränkung im Sinne von Art. 4 Vertikal-GVO 330/10. Damit sind Bestimmungen, wonach ein Händler nicht mehr als einen bestimmten Prozentsatz seines Umsatzes oder seiner Absatzmenge durch den Internetvertrieb erzielen kann, als unzulässig anzusehen.[451] Der BGH hat dem entgegen eine prozentuale Begrenzung zumindest bei einem selektiven Vertriebssystem als zulässig angesehen.[452] 406

Eine Preispolitik, wonach ein Händler für Produkte, die er **online** verkaufen will, einen **höheren Preis an den Hersteller** zu zahlen hat, als für Produkte, die er offline verkaufen möchte, ist kartellrechtswidrig. Ein derartiges Preissystem kann jedoch nach Auffassung der Kommission gerechtfertigt sein, wenn der Onlinevertrieb für den Hersteller mit deutlich höheren Kosten verbunden ist als alternative Vertriebskanäle.[453] 407

Eine Kernbeschränkung des passiven Verkaufs im Sinne von Art. 4 Vertikal-GVO (EU) 330/10 liegt nach Auffassung der Kommission auch vor, wenn eine Vereinbarung getroffen wird, nach welcher Kunden aus Gebieten, die ausschließlich einem anderen Händler zugewiesen sind, gehindert werden, die händlereigene Homepage zu sehen. Ebenfalls wäre unzulässig, diese **automatisch auf die Seite desjenigen Händlers weiterzuleiten,** der für das Verkaufsgebiet zuständig ist. Eine Vereinbarung wonach der Händler den Verkaufsvorgang mit 408

---

[445] Leitlinien für vertikale Beschränkungen v. 19.5.2010, ABl. 2010/C-130/01.
[446] Leitlinien für vertikale Beschränkungen, Rn. 52.
[447] *Seeliger/Klau* GWR 2010, 233 (235).
[448] *Schulze zur Wiesche* K&R 2010, 541 (543).
[449] Leitlinien der Kommission für vertikale Beschränkungen, Rn. 52.
[450] *Wiring* MMR 2010, 659 (660).
[451] *Wiring* MMR 2010, 659 (660).
[452] BGH Versäumnisurt. v. 4.11.2003 – KZR 2/02, MMR 2004, 536.
[453] Leitlinien der Kommission für vertikale Beschränkungen, Rn. 64.

dem Verbraucher unterbricht, sobald dessen Kreditkarte eine Adresse erkennen lässt, die nicht im Gebiet des Händlers liegt, ist ebenso als unzulässig anzusehen. Im Ergebnis kommt es damit für die Bewertung von Vereinbarungen im Bereich des E-Commerce darauf an, ob ein Händler durch die Vereinbarung gehindert werden kann, durch diese einen größeren bzw. andersartigen Kundenstamm zu erreichen.[454]

409   Auch bei **selektiven Vertriebssystemen** können Vereinbarungen bezüglich der Onlineverkäufe kartellrechtswidrig sein. Der Händler muss in einem selektiven Vertriebssystem bestimmte Bedingungen erfüllen, um zum Vertrieb zugelassen zu werden.[455] Auch im Rahmen von selektiven Vertriebssystemen muss es den Händlern grundsätzlich freistehen, Produkte und Dienstleistungen über das Internet aktiv/passiv verkaufen zu können. Deshalb sind Vereinbarungen, die die Vertragshändler davon abhalten, das Internet zu nutzen, beispielsweise indem Kriterien für Onlineverkäufe auferlegt werden, welche den Kriterien für traditionelle Ladenverkäufe nicht gleichwertig sind, eine Kernbeschränkung im Sinne von Art. 4 Vertikal-GVO (EU) 330/10 und damit wohl als unzulässig anzusehen. Ein Internet-Ausschluss soll hiernach nur möglich sein, wenn dies aus **sicherheits- oder gesundheitspolitischen Gründen** geboten ist.[456] In der Literatur wird zT eine produktspezifische Differenzierung gefordert.[457]

410   Es können im Rahmen von Internetvertriebsvereinbarungen jedoch auch Vorgaben vereinbart werden, die **grundsätzlich als zulässig** zu bewerten sind. Dies kann etwa bei folgenden Konstellationen vorliegen:[458]
- Eine zeitlich begrenzte Einschränkung des Internetvertriebes für einen Zeitraum von bis zu zwei Jahren kann im Fall von Markterschließungen zulässig sein, wenn es sich um einen echten Eintritt in den relevanten Markt handelt. Dies ist der Fall, wenn der Händler eine Marke verkauft oder als erster eine bestehende Marke auf einem neuen Markt anbietet.[459]
- Eine relative Begrenzung von Onlineverkäufen ist wohl unzulässig. Der Hersteller kann aber vom Händler verlangen, dass er das Produkt mindestens in einem nach Wert oder Menge bestimmten absoluten Umfang offline verkauft, um einen effizienten Betrieb seines stationären Geschäfts zu gewährleisten.
- Weiter dürfen in einem Alleinvertriebssystem aktive Verkaufsbemühungen eines Händlers an Kunden oder Gebiete, die einem anderen Händler exklusiv zugewiesen sind, beschränkt werden.
- Ebenso können im Rahmen selektiver Vertriebssysteme seitens der Hersteller den Handelspartnern gewisse qualitative Vorgaben für den Internetvertrieb gemacht werden.[460] So kann beispielsweise verlangt werden, dass sich der Onlinevertrieb in das Gesamtvertriebskonzept des Herstellers einfügt.
- Anbieter können zudem verlangen, dass ihre Händler für den Onlinevertrieb der Vertragsprodukte Plattformen Dritter wie beispielsweise Auktionsplattformen wie eBay nur im Einklang mit den Normen und Voraussetzungen genutzt werden dürfen, wie sie zwischen dem Anbieter und dem Händler für die Nutzung des Internets vereinbart wurden. Soweit sich die Website des Händlers auf der Plattform eines Dritten befindet, kann der Anbieter verlangen, dass die Kunden auf die Website des Händlers nicht über eine Seite gelangen, welche den Namen oder das Logo dieser Plattform trägt.[461]

411   **b) Rechtsprechung.** Es spricht damit nach *Wiring* einiges dafür, dass ein Hersteller den Handel über Auktionsplattformen wie eBay untersagen darf. Die Rechtsprechung hierzu ist jedoch widersprüchlich. So hielt das OLG Karlsruhe[462] ein eBay-Verbot für rechtmäßig,

---

[454] *Wiring* MRR 2010, 659 (660).
[455] *Schulze zur Wiesche* K&R 2010, 541 (541).
[456] So auch Leitlinien der Kommission für vertikale Beschränkungen, Rn. 56 u. Rn. 60; *Wiring* MMR 2010, 659 (661).
[457] *Schulze zur Wiesche* K&R 2010, 541 (543).
[458] Vgl. hierzu im Detail: *Wiring* MMR 2010, 659 (661 f.).
[459] *Wiring* MMR 2010, 659 (660 f.) mwN.
[460] Siehe aber EuG Urt. v. 13.10.2011 – C-439/09 – Pierre Fabre Dermo-Cosmétique.
[461] *Schulze zur Wiesche* K&R 2010, 541 (544).
[462] OLG Karlsruhe Urt. v. 25.11.2009 – 6 U 47/08, MMR 2010, 175.

X. Kartellrechtliche Probleme bei Online-Vertrieb und Online-Handel

während das OLG München[463] zu dem Ergebnis gelangte, dass ein Verkaufsverbot über Auktionsplattformen auch außerhalb eines selektiven Vertriebssystems zulässig sein kann. Nach Urteilen des LG Frankfurt und OLG Schleswig wurden Plattformverbote (Verbot des Verkaufs über Amazon und eBay) für unwirksam gehalten.

Rechtsprechungsbeispiele:[464]

eBay
Selektive Vertriebssysteme mit Ausschluss des Verkaufs über eBay sind zulässig: „Selektive Vertriebssysteme, bei denen die Auswahl der zugelassenen Wiederverkäufer nicht an quantitative Beschränkungen, sondern an objektive Gesichtspunkte qualitativer Art anknüpft, sind als ein mit Art. 101 AEUV vereinbarer Bestandteil des Wettbewerbs und damit nicht als Wettbewerbsbeschränkung anzusehen, sofern sich die Kriterien für die Auswahl der Wiederverkäufer nach den Anforderungen des betreffenden Produkts richten und auf die fachliche Eignung des Wiederverkäufers und seines Personals und auf seine sachliche Ausstattung bezogen sind. Sie müssen ferner einheitlich und diskriminierungsfrei angewandt werden …". Die Anwendung der genannten Grundsätze ist nicht auf den Vertrieb von Luxuswaren beschränkt, die eine „Aura des Exklusiven" für sich beanspruchen. Sie gelten zB auch dann, wenn ein Hersteller von Markenartikeln (hier: Schulranzen und Schulrucksäcke) diese unter Anknüpfung an objektive Produkteigenschaften als hochpreisige Spitzenprodukte positioniert und deshalb Anforderungen an die Wiederverkäufer stellt, die auf eine angemessene Präsentation der Sortimentstiefe, eine fachkundige Beratung und eine Pflege des Markenimage zielen. In einem solchen Fall können auch an den Vertrieb der Markenartikel über das Internet Anforderungen gestellt werden, die den genannten Zielen dienen; auch diese stellen dann keine Wettbewerbsbeschränkung dar. Wenn die Auswahlkriterien in diesem Zusammenhang einen Vertrieb über Auktionsplattformen wie eBay ausschließen, handelt es sich bei diesem Ausschluss ebenfalls um ein objektives, an die Art und Weise des Vertriebs anknüpfendes Auswahlkriterium. Macht ein Hersteller von Markenartikeln, der ein solches qualitativ-selektives Vertriebssystem eingerichtet hat, die Belieferung eines Wiederverkäufers von der Einhaltung eines Auswahlkriteriums abhängig, welches den Vertrieb über Internet-Auktionsplattformen generell ausschließt – unabhängig davon, welche der verschiedenen, von der Auktionsplattform angebotenen Vertriebsformen gewählt wird –, so hat die auf Unterlassung dieses Verhaltens gerichtete Klage schon dann keinen Erfolg, wenn dem Markenhersteller bei der gebotenen umfassenden Abwägung der beiderseitigen Interessen die konkrete, vom Wiederverkäufer gewählte Vertriebsform (hier: Einzelverkauf ohne übergeordnete Präsentationsstruktur) nicht zuzumuten ist."

Funktionsrucksäcke[465]
Eine Herstellerin von Funktionsrucksäcken, die weltweit Marktführerin ist und in Deutschland einen Marktanteil von 45% hat, sendet einem Händler, der 70% seiner Verkäufe über Amazon tätigt, neue mit „Selektive Vertriebsvereinbarung" überschriebene AGB zu. In der Vertriebsvereinbarung macht die Herstellerin die Belieferung des Händlers davon abhängig, dass der Händler a) diese Waren nicht über die Onlineplattform „Amazon" (amazon.de) anbietet oder verkauft; b) sich gegenüber der Herstellerin vertraglich wie folgt verpflichtet: „Die Teilnahme des Händlers an Software oder anderen Programmen von Preissuchmaschinen und ähnlichen Initiativen, bei denen der Händler etwa dem Betreiber dieser Suchmaschinen spezifische Preisinformationen aktiv zur Verfügung stellt, die den seitens des Händlers aktuell geforderten Endverbraucherabgabepreis für die Markenprodukte [Funktionsrucksäcke der Herstellerin] betreffen, ist ohne vorherige schriftliche Zustimmung seitens der Herstellerin nicht zulässig." Die Herstellerin rechtfertigt ihr selektives Vertriebssystem damit, dass durch den „Einheits-Look" der Produktpräsentationen bei Amazon ihr prestigeträchtiges Markenimage nicht ausreichend an die Endkunden kommuniziert werden könne. Entscheidung des Gerichts:

1. Ein pauschales Verbot des Weiterverkaufs über Internetplattformen Dritter im Selektivvertrieb stellt eine Kernbeschränkung gem. Art. 4 lit. c Vertikal-GVO dar. (Die Anwendung der Vertikal-GVO scheidet vorliegend auch wegen des Überschreitens der Schwellenwerte aus).
2. Das Verbot lässt sich auch nicht mit überwiegenden Effizienzvorteilen im Rahmen einer Einzelfreistellung rechtfertigen. Jedenfalls aber ist ein pauschales Verbot nicht unerlässlich, weil es ebenso geeignete, aber weniger wettbewerbsbeschränkende Mittel gibt.
3. Eine Vereinbarung zum Vertrieb von Funktionsrucksäcken, die die Teilnahme an Preissuchmaschinen unter Zustimmungsvorbehalt stellt und den Verkauf auf Internet- und Auktionsplattformen gänzlich untersagt, stellt eine wettbewerbsbeschränkende Vereinbarung und zugleich eine unbillige Behinderung dar.
4. Die Selektive Vertriebsvereinbarung stellt eine unwirksame wettbewerbsbeschränkende Vereinbarung dar, weil sie nicht an objektive Kriterien qualitativer Art anknüpft. Vielmehr verbietet die Herstel-

---

[463] OLG München Urt. v. 2.7.2009 – U (K) 4842/08, MMR 2010, 35.
[464] OLG Karlsruhe Urt. v. 25.11.2009 – 6 U 47/08, MMR 2010, 175.
[465] LG Frankfurt a. M. Urt. v. 18.6.2014 – 2-03 O 158/13, MMR 2014, 777.

lerin den Weiterverkauf über Internetplattformen pauschal. Das Ziel der Aufrechterhaltung eines prestigeträchtigen Markenimages allein rechtfertigt die Einführung eines Selektivvertriebssystems nicht.[466]

5. Zulässige objektive Kriterien qualitativer Art wären etwa fachliche Eignung des Händlers, seines Personals oder seiner sachlichen Ausstattung, soweit dies mit Rücksicht auf die Eigenschaften der vertriebenen Ware, zur Wahrung ihrer Qualität und zur Gewährleistung ihres richtigen Gebrauchs erforderlich ist.
6. Vorliegend hat der Händler einen Belieferungsanspruch aus § 33 iVm § 20 und § 1 GWB.

Digitalkameras[467]
Die Beklagte stellt ua Digitalkameras her. Die Geräte vertreibt sie größtenteils über die Großhandelsschiene, aber auch direkt an Großkunden. Daneben betreibt sie einen eigenen Online-Shop. Sog. autorisierter Händler sind zum Verkauf am eigenen Standort autorisiert; des Weiteren ist ihnen die Vermarktung durch Kataloge, Printmedien und einen eigenen Online-Shop zum Endkunden gestattet; dagegen ist der Verkauf über sog „Internet-Auktionsplattformen" und „Internetmarktplätze" und unabhängige Dritte nicht gestattet. Die Klägerin verlangt von der Beklagten, die Verwendung dieser Vertragsklausel zu unterlassen, die sie für wettbewerbswidrig hält. Entscheidung des Gerichts:
1. Die Vereinbarung eines selektiven Vertriebssystems mit Verbot des Verkaufs über Internetplattformen bezweckt eine Einschränkung des für den Vertragspartner im Online-Handel erreichbaren Kundenkreises.
2. Es handelt sich sonach um eine geradezu klassische Einschränkung des Absatzes, die der kartellrechtlichen Kernbeschränkung unterfällt, ohne dass eine Gegenausnahme in Betracht kommt.
3. Die Vereinbarung bringt eine Limitierung des Zugangs des Vertragshändlers zum eCommerce mit sich.
4. Mit den Händlern, die gleichartige Waren auf diesen Plattformen anbieten, kann ein Vertragshändler der Bekl. nicht konkurrieren.
5. Die Vereinbarung bewirkt aus Sicht der Kunden, eine Limitierung der Erreichbarkeit des Händlers durch die Kunden.
6. Eine Rechtfertigung ergibt sich nicht daraus, dass Kameras „hochtechnische Produkte" seien, die „im Verkauf erklärungsbedürftig" seien. Denn aus den Betriebsanleitungen ergibt sich nicht, dass es sich um Geräte handelt, die aufwändiger zu bedienen sind als sonstige Kameras.
7. Eine Beratung ist nicht erforderlich, da Kunden typischerweise dann im Internet kaufen, wenn sie wissen, was sie kaufen wollen und weil es sich um Unterhaltungselektronik ohne Qualifizierungsvorgaben handelt.
8. Qualitätssicherung und Kundenzufriedenheit ist bei der steigenden Bedeutung des eCommerce und dessen Professionalisierung kein Argument für eine solche Vereinbarung.

412 **c) Empfehlungen zur kartellrechtskonformen Gestaltung des Online-Vertriebs.** Die EU-Kommission hat am 6.5.2015 ihre Mitteilung „Strategie für einen digitalen Binnenmarkt für Europa"[468] sowie ein ausführliches Arbeitsdokument[469] veröffentlicht. Diese Binnenmarktstrategie umfasst sechzehn Maßnahmen in verschiedenen Bereichen wie beispielsweise Verbraucherschutz, Urheberrecht[470] und Mehrwertsteuerrecht, die bis Ende des kommenden Jahres umgesetzt werden sollen.[471] Die Kommission will noch vor Ende 2015 einen Vorschlag unterbreiten unter anderem zu:

- Portabilität rechtmäßig erworbener Inhalte,
- Gewährleistung des grenzüberschreitenden Zugangs zu rechtmäßig erworbenen Online-Diensten bei gleichzeitiger Wahrung des Wertes der Rechte im audiovisuellen Sektor,
- mehr Rechtssicherheit bei der grenzüberschreitenden Nutzung von Inhalten zu bestimmten Zwecken (zB Forschung, Bildung, Text- und Data-Mining) durch harmonisierte Ausnahmeregelungen,

---

[466] Zur objektiven Rechtfertigung siehe auch EuGH Urt. v. 13.10.2011 – C-439/09, EuZW 2012, 28.
[467] OLG Schleswig Urt. v. 5.6.2014 – 16 U (Kart) 154/13, MMR 2014, 171.
[468] Mitteilung der Kommission an das Europäische Parlament, den Rat, den Europäischen Wirtschafts- und Sozialausschuss und den Ausschuss der Regionen – Strategie für einen digitalen Binnenmarkt für Europa v. 6.5.2015 – COM(2015) 192 final. Siehe auch http://www.faz.net/agenturmeldungen/adhoc/roundup-2-bruessel-blaest-zur-aufholjagd-bei-digital-wirtschaft-13578388.html
[469] Commission Staff Working Document (Arbeitsdokument) – A Digital Single Market Strategy for Europe – Analysis and Evidence v. 6.5.2015 – SWD(2015) 100 final.
[470] Ein modernes, europäisches Urheberrecht: S. 7 f. Mitteilung, S. 25 ff. Arbeitsdokument.
[471] Siehe Pressemitteilung der EU-Kommission vom 6.5.2015, abrufbar unter http://europa.eu/rapid/press-release_IP-15-4919_de.htm.

- klarere Regelung der Tätigkeit von Mittlern in Bezug auf urheberrechtlich geschützte Inhalte und im Jahr 2016 eine Modernisierung des Immaterialgüterrechtsschutzes mit Schwerpunkt auf gewerbsmäßigen Schutzrechtsverletzungen (nach dem Grundsatz „Follow the money") und seiner Durchsetzung in anderen EU-Mitgliedstaaten.

Die Kommission beabsichtigt ua, den Rechtsrahmen für audiovisuelle Medien zu überprüfen.[472] 2016 will die Kommission eine Initiative zum „freien Datenfluss"[473] vorstellen. Es sollen Beschränkungen des freien Datenverkehrs aus anderen Gründen als dem Schutz personenbezogener Daten in der EU sowie nicht gerechtfertigten Beschränkungen in Bezug auf den Speicher- und Verarbeitungsort der Daten auf den Prüfstand gestellt werden. Insoweit will sich die Kommission mit neuen Fragen des Eigentums an Daten, der Interoperabilität, ihrer Nutzbarkeit und des Zugangs zu den Daten in bestimmten Situationen befassen (etwa mit Daten, die zwischen Unternehmen und zwischen Unternehmen und Verbrauchern anfallen oder die von Maschinen und im Zusammenwirken zwischen Maschinen erzeugt werden, sog Industrie 4.0). Die Kommission will auch den Zugang zu öffentlichen Daten fördern.

Zu den 16 zentralen Maßnahmen, die die Kommission 3 Säulen zuordnet und bis Ende 2016 umsetzen will, gehören – mit besonderer Relevanz für das Kartellrecht:[474]

- Erleichterung des grenzüberschreitenden elektronischen Handels für digitale Inhalte wie Apps und E-Books und materielle Güter (insbesondere durch Harmonisierung vertraglicher Aspekte und Verbraucherschutz).
- Effizientere, erschwingliche Paketzustelldienste zur Senkung der Lieferkosten im Online-Handel.
- Unterbindung von ungerechtfertigtem Geoblocking.[475] Insoweit will die Kommission in der ersten Hälfte von 2016 Gesetzesvorschläge vorlegen. Ungerechtfertigtes Geoblocking sei *„eine diskriminierende Praxis, die aus kommerziellen Gründen von Online-Händlern angewandt wird, um den Zugang zu einer Website für den Verbraucher aufgrund seines Aufenthalts- bzw. Standorts zu sperren oder den Nutzer auf eine seinem Standort entsprechende Website mit anderen Preisen umzuleiten. Aufgrund solcher Sperren müssen beispielsweise Kunden von Autovermietungen für den gleichen Mietwagen am selben Anmietort in einem bestimmten Mitgliedstaat möglicherweise mehr als Kunden in anderen Mitgliedstaaten zahlen."*[476] Mit dieser Maßnahme konnte sich Vizepräsident Ansip gegenüber dem für den Digitalmarkt zuständigen EU-Kommissar Oettinger durchsetzen. Außerdem will die Kommission eine Sektoruntersuchung über die Anwendung des Wettbewerbsrechts im Bereich des elektronischen Handels durchführen.
- Einleitung einer kartellrechtlichen Sektoruntersuchung bzgl. des elektronischen Handels in der Europäischen Union durch die EU-Kommission.
- die Rolle von Online-Plattformen (Suchmaschinen, soziale Netze, App-Stores usw.) auf dem Markt eingehend zu analysieren. Soweit dies nicht bereits im Wettbewerbsrecht geregelt wird, betrifft dies Themen wie die mangelnde Transparenz bei den Suchergebnissen und in der Preispolitik, die Nutzung der von Plattformen gesammelten Daten, die Beziehungen zwischen Plattformen und Anbietern und die Bevorzugung eigener Dienste zum Nachteil von Wettbewerbern. Außerdem wird sie prüfen, wie am besten gegen illegale Inhalte im Internet vorgegangen werden kann.
- Prioritäten für die Normung und Interoperabilität in Bereichen festzulegen, die für den digitalen Binnenmarkt eine zentrale Bedeutung haben, zB e-Gesundheit, Verkehrsplanung und Energie (intelligente Verbrauchsmessung).

Zu Differenzierungen beim Vertrieb über stationären Fachhandel und Internet sind inzwischen diverse Urteile ergangen.[477] Eine **generelle Untersagung** des Internetvertriebs ist grds.

---
[472] S. 12 Mitteilung, S. 42 ff. Arbeitsdokument.
[473] S. 17 Mitteilung.
[474] Pressemitteilung v. 6.5.2015 → Rn. 412.
[475] S. 6 f. Mitteilung, S. 21 ff. Arbeitsdokument.
[476] Pressemitteilung der EU-Kommission vom 6.5.2015, abrufbar unter http://europa.eu/rapid/press-release_IP-15-4919_de.htm.
[477] OLG Düsseldorf Urt. v. 13.11.2013 – VI-U (Kart) 11/13, BeckRS 2013, 21406. → Rn. 411.

nicht möglich.[478] Unter bestimmten Voraussetzungen verstößt allerdings ein rein **qualitativer Selektivvertrieb,** bei dem die Händler ausschließlich nach **objektiven** qualitativen Kriterien ausgewählt werden, nicht gegen Art. 101 AEUV bzw. § 1 GWB.[479] Die Auswahl der Händler muss nach der Maßgabe objektiver Kriterien erfolgen, *„die sich auf die fachliche Eignung des Wiederverkäufers, seines Personals und seiner sachlichen Ausstattung beziehen"*[480] und darf daneben nicht diskriminierend sein.[481] Gleiches muss auch für den Internetvertrieb gelten, wobei die Beurteilung, ob objektive Auswahlkriterien vorliegen, grds. anhand der gleichen Grundsätze zu beantworten ist, wie beim stationären Handel.[482] Bei der Auswahl von Online-Händlern spielen vor allem internetspezifische Beurteilungskriterien eine Rolle, etwa die Gestaltung der Homepage, eine schnelle Abwicklung des Versands, sichere Zahlungsabwicklung, kundenfreundliche Bearbeitung von Reklamationen etc.[483]

416   Voraussetzung ist daneben, dass die Eigenschaften des Produkts ein selektives Vertriebssystem erfordern. Dies ist nur gegeben, wenn nur durch den selektiven Vertrieb die Qualität und sachgerechte Verwendung des fraglichen Erzeugnisses gewährleistet werden kann, was aber nach der Rechtsprechung von EuGH und deutschen Gerichten nur selten der Fall ist.[484] Stets zu wahren ist außerdem der **Grundsatz der Verhältnismäßigkeit.**[485]

417   Der Selektivvertrieb ohne die erwähnten objektiven Kriterien ist grds. vom Kartellverbot umfasst, da er meist eine Beschränkung des Wettbewerbs zwischen Anbietern von Produkten gleicher Marke (sog Intrabrand-Wettbewerb) bezweckt oder bewirkt.[486] Zu nicht-objektivem Kriterien zählen etwa Einwohnerzahl im Verkaufsgebiet, Mindestumsatz, mengenmäßige Abnahmeverpflichtung, Mindestzahl von Aufrufen der Website, Begrenzung auf bestimmte Domainendungen.[487] Von **Differenzierungen zwischen den Preisen von Online- und Offline-Vertrieb** ist aus den oben genannten Gründen[488] abzuraten. **Bestpreis- bzw. Meistbegünstigungsklauseln** im Internet sind im Regelfall kartellrechtswidrig.[489]

2. Virtuelle Marktplätze

418   Etwa seit Ende der 90er Jahre begannen immer mehr Unternehmen gemeinsame Internetplattformen, sogenannte B2B-Marktplätze, einzurichten, über welche sie ua Ein- und Verkauf, aber auch eine Vielzahl unterschiedlichster Dienstleistungen organisieren.[490] Das Ziel der elektronischen Marktplätze besteht darin, die Schnelligkeit und Kostenersparnisse des Internets auszuschöpfen. Ein Beispiel dafür sind Marktplätze von konkurrierenden Automobilherstellern, gegründet um die Zulieferung für die Automobilindustrie zu verbessern und bei Produktentwicklungen zusammen zu arbeiten. Da Unternehmen – teils mit erheblichen Marktanteilen – zum Zwecke solcher Marktplätze Vereinbarungen, ggf. auch Unternehmensbeschlüsse oder zumindest abgestimmte Verhaltensweisen zustande bringen, sind kartellrechtliche Bestimmungen zu beachten. Überwiegend sind elektronische Marktplätze als **kooperative Gemeinschaftsunternehmen** gegründet worden, so dass sowohl das **Fusionskontrollrecht** als auch das **Kartellverbot** anwendbar ist.[491]

---

[478] → Rn. 399 ff.; LG Frankfurt a. M. Urt. v. 18.6.2014 – 2-03 O 158/13, MMR 2014, 777.
[479] *Eufinger* MMR 2015, 147 (148).
[480] EuGH Urt. v. 25.10.1977 – 26/76 – Metro; EuG Urt. v. 27.2.1992 – T-19/91 – Vichy; Leitlinien Kommission ABl. 2010 C 130/01 Rn. 175.
[481] *Eufinger* MMR 2015, 147 (148).
[482] *Eufinger* MMR 2015, 147 (148).
[483] *Eufinger* MMR 2015, 147 (148).
[484] EuGH Urt. v. 11.12.1980 – 31/80 – LÓreal; EuG Urt. v. 27.2.1992 – T-19/91 – Vichy; Digitalkameras → Rn. 411. Siehe zu weiteren Beispielen: *Eufinger* MMR 2015, 147 (148): Unterhaltungselektronik (evtl. veraltet: EuGH Urt. v. 25.10.1983 – 107/82 – AEG; → Rn. 411 zu Digitalkameras), PCs (str.) (den selektiven Vertrieb bestätigend, aber wohl veraltet: Kommissionsentscheidung v. 18.4.1984, ABl. L 118/24 – IBM).
[485] *Eufinger* MMR 2015, 147 (149).
[486] EuGH Urt. v. 13.10.2011 – C-439/09 – Pierre Fabre Dermo-Cosmétique → Rn. 134.
[487] Beispiele aus *Eufinger* MMR 2015, 147 (149).
[488] OLG Düsseldorf Urt. v. 13.11.2013 – VI-U (Kart) 11/13, BeckRS 2013, 21406.
[489] → Rn. 427.
[490] Siehe zu den vertraglichen Fragen solcher Portale → § 20 Webshop-Outsourcing.
[491] *Heinemann* CR 2005, 715 (719).

X. Kartellrechtliche Probleme bei Online-Vertrieb und Online-Handel

Stichwörter zu kartellrechtlichen Problemfeldern der elektronischen Marktplätze sind: 419
- Nachfrage-/Angebotsbündelung,
- Informationsaustausch,
- Nutzungszwang,
- Zugang zum Marktplatz bzw. Zugangsbeschränkung sowie
- Standardisierung.

Diese Problemkreise und ihre möglichen kartellrechtlichen Konsequenzen legen den beteiligten Unternehmen nahe, das Geschäftsmodell und die Gestaltung der Rechtsbeziehungen zu den Beteiligten sorgfältig zu prüfen.[492] Durch geeignete Maßnahmen (Chinese Walls, Verzicht auf Nachfragebündelung etc) können teilweise kartellrechtliche Risiken verringert werden. 420

Besonderheiten ergeben sich bei virtuellen Märkten insbesondere bei der **Bestimmung des relevanten Marktes.** Aufgrund der sich rasch wandelnden Gegebenheiten in sachlicher und geographischer Hinsicht gestaltet sich die Bestimmung des relevanten Marktes als schwierig. Der **sachlich relevante Markt** definiert sich aus Sicht der Marktgegenseite als Markt für bestimmte Waren oder Leistungen, die untereinander substituierbar sind.[493] Für die Bestimmung des sachlichen Marktes im Rahmen der virtuellen Marktplätze muss 421
- sowohl der Markt für die Plattformdienstleistungen,
- als auch der Markt für die den Plattformen zugrunde liegenden Produkt- bzw. Dienstleistungen

betrachtet werden.

Der **Markt der Internet-Plattform** ist der Markt der IT-Dienstleistungen für die elektronische Geschäftsabwicklung im Internet. Dieser Markt ist jedoch weiter zu unterteilen, da ein allgemeiner Markt für Internetplattformen zu weit und unbestimmt wäre. Die Austauschbarkeit der Plattformen hängt beispielsweise von den durch die Plattform geschaffenen technischen Standards ab. Plattformen können dabei nicht mehr als substituierbar gelten, wenn mit einem Plattformwechsel zB unlösbare technische Umstellungsprobleme auf den Nutzer zukommen. Weiter führen unterschiedliche Plattformausrichtungen (zB B2B und B2C) zu abgrenzbaren Märkten.[494] 422

Der Betrieb einer Internetplattform hat zugleich unmittelbare Auswirkungen auf den **Markt der auf ihr vertriebenen Produkte.** So kann ein Unternehmen durch eine erfolgreiche Handelsplattform im Internet auch auf dem ursprünglichen Produktmarkt einen größeren Anteil gewinnen. 423

Auch der geographisch relevante Markt ist nach dem Kriterium der funktionierenden Austauschbarkeit aus Sicht der Marktgegenseite zu bewerten. Internetplattformen sind grundsätzlich weltweit erreichbar. Dies kann jedoch nicht für sich alleine zu einer Annahme eines Weltmarktes als relevanten Markt führen. Vielmehr kommt es auf die Zielrichtung des Portals an. Ist die Plattform auf einen weltweiten Markt ausgerichtet und werden die gehandelten Produkte auf einem weltweiten Markt angeboten, so kann ein Weltmarkt vorliegen. Bei einer zB auf rein nationale Nachfrage begrenzten Plattform ist ein engerer geographisch relevanter Markt geboten.[495] 424

Bei der Bestimmung des relevanten Marktes und insbesondere bei der Bewertung, ob die Plattformgründung bzw. der Zusammenschluss zu einem virtuellen Marktplatz zu der Begründung oder Stärkung einer marktbeherrschenden Stellung führen, ist im Rahmen einer Prognoseentscheidung bezüglich künftiger Marktstrukturen zu beachten, dass sich die betroffenen (Internet-)Märkte derzeit noch in einer Phase des dynamischen Wachstums und des Experimentierens befinden. Hierdurch können Marktanteile einem raschen Wandel unterliegen.[496] 425

---

[492] Zur kartellrechtlichen Beurteilung der Gründung und Nutzung von virtuellen Marktplätzen siehe auch Köhler K&R 2000, 569; Lampert/Michel K&R 2002, 505.
[493] Einzelheiten zum relevanten Markt → Rn. 85 ff.
[494] Gounalakis ZHR 167, 2003, 632 (639 f.).
[495] Gounalakis ZHR 167, 2003, 632 (642 f.).
[496] Im Rahmen der Zusammenschlusskontrolle, siehe BKartA Beschl. v. 25.9.2000 – B 5–34100 U – 40/00 K&R 2000, 604.

426 Die kartellrechtliche Beurteilung elektronischer Marktplätze muss zudem die Chancen/ Vorteile, die das Internet gerade auch für kleine, mittlere und große Unternehmen bietet, berücksichtigen. Die Vorteile können zu Effizienzgewinnen und einer Stärkung des Wettbewerbs führen. Im Interesse größerer Effizienz können teilweise auch beschränkende Vereinbarungen hingenommen werden, solange wirksamer Wettbewerb langfristig aufrecht erhalten bleibt.

427 Das Beispiel der elektronischen Marktplätze veranschaulicht, dass einerseits neue Geschäftsmodelle aus dem Bereich Informationstechnologie nicht nur vertragliche, urheber-, und datenschutzrechtliche, sondern auch kartellrechtliche Herausforderungen mit sich bringen. Andererseits scheinen die bestehenden kartellrechtlichen Regeln relativ flexibel neue Problembereiche aus der Informationstechnologie erfassen zu können.

Rechtsprechungsbeispiel:
HRS Bestpreisklauseln[497]
Die HRS betreibt ein Online-Hotelbuchungsportal. Ihr Marktanteil liegt bei über 30%. Zwischen ihr und Hotelpartnern besteht ein Vertrag über die Aufnahme des Hotels in das System der HRS. Kunden können mittels einer Suchmaske durch verschiedene Kriterien (Stadt, Reisezeitraum, Personenanzahl) Hotels suchen und sich deren Konditionen anzeigen lassen. Kommt es zu einer Buchung entsteht ein Vertrag zwischen Kunde und Hotel; HRS erhält eine Provision für die Vermittlung. HRS verpflichtete die Hotelpartner durch sog Bestpreisklauseln es HRS zu ermöglichen, stets einen mindestens genauso günstigen Preis anzubieten, wie das Hotel auf anderem Wege anbot. Verstöße ahndete HRS durch Sperrung des Hotels für weitere Buchungen. Dies verstößt laut Beschluss des BKartA v. 20.12.2013[498] gegen § 1 GWB und Art. 101 Abs. 1 AEUV. Hiergegen wendete sich HRS mit seiner Beschwerde.
1. „Maßgebliche Marktgegenseite der Hotelportalbetreiber im Rahmen des Bedarfsmarktkonzepts ist das nachfragende Hotelunternehmen und nicht der an einer Hotelbuchung interessierte Endkunde. (amtlicher Leitsatz)"[499]
2. „Eine Bestpreisklausel, wonach das Hotel den Hotelportalbetreiber hinsichtlich der Zimmerpreise, der Verfügbarkeit sowie der Buchungs- und Stornierungskonditionen nicht schlechter behandeln darf als andere Buchungs- und Reiseplattformen und das Angebot im eigenen Vertriebskanal, bewirkt in mehrfacher Hinsicht eine Beschränkung des Wettbewerbs: Die Bestpreisklausel schränkt die Handlungsfreiheit der gebundenen Hotelunternehmen im Vertikalverhältnis zum Portalbetreiber in Bezug auf die Möglichkeit einer Preis-, Verfügbarkeits- und Konditionendifferenzierung ein. Sie beschränkt darüber hinaus den Wettbewerb der Hotelportalbetreiber untereinander und erschwert Marktzutritte. Sie beeinträchtigt schließlich markeninternen den Wettbewerb auf dem Markt für Hotelzimmer, weil das gebundene Hotel im eigenen Vertriebsweg keine günstigeren Preise und Konditionen anbieten darf. (amtlicher Leitsatz)"[500]
3. Der Marktanteil von HRS lag über 30%. Daher ist die Vertikal-GVO nicht anwendbar. Das Gericht hat zudem festgestellt, dass die in Rede stehenden Bestpreisklauseln keine Effizienzvorteile bewirkten und daher eine Freistellung nicht in Betracht kommen könne.
4. Da beim BKartA und bei ausländischen Behörden weitere ähnliche Verfahren anhängig sind, ließ das OLG die Beschwerde zum OLG zu.

3. Rankingverfahren und Produkttests

428 Gerade in dem Bereich des Onlinehandels/-vertriebs haben sich in den letzten Jahren Bewertungsportale etabliert. So ist es üblich geworden, dass Internetnutzer vor Auswahl eines Hotels, eines Arztes oder sonstiger Dienstleistungen und Waren im Internet Rankings und Warentest recherchieren (zB TripAdvisor). Teilweise haben sich Stiftungen etabliert (zB Stiftung Warentest oder Ökotest), deren Testergebnisse nachweisbar großen Einfluss auf die Kaufentscheidung haben.

429 Bei **Rankingverfahren und Produkttests**, die zum Ziel haben, Waren und/oder Dienstleistungen verschiedener Wettbewerber zu bewerten und diese Ergebnisse zu veröffentlichen,

---

[497] OLG Düsseldorf Beschl. v. 9.1.2015 – VI Kart 1/14 (V), BeckRS 2015, 03 467; dazu auch: *Fiebig*, Meistbegünstigungs- und Preisparitätsklauseln im Internetvertrieb, NZKart 2014, 122; *Soyez*, Die kartellrechtliche Beurteilung von Meistbegünstigungsklauseln im Lichte der HRS-Entscheidung des BKartA, NZKart 2014, 447.
[498] BKartA Beschl. v. 20.12.2013 – B 9–66/10, BeckRS 2014, 04 343.
[499] OLG Düsseldorf Beschl. v. 9.1.2015 – VI Kart 1/14 (V), BeckRS 2015, 03467.
[500] OLG Düsseldorf Beschl. v. 9.1.2015 – VI Kart 1/14 (V), BeckRS 2015, 03467.

können sich neben UWG-rechtlichen[501] auch kartellrechtliche Problemstellungen ergeben. Das gilt insbesondere dann, wenn nicht eine neutrale Stelle (etwa eine unabhängige Stiftung oder ein in redaktioneller Hinsicht unabhängiger Verlag, evtl. trotz Anzeigengeschäft, str.)[502] die Bewertungen durchführt und veröffentlicht, sondern ein Mitbewerber der bewerteten Unternehmen oder ein Zusammenschluss von Wettbewerbern. Ähnliche Konstellationen ergeben sich, wenn ein Webshop-Betreiber zugleich einen virtuellen Marktplatz betreibt, auf dem die Internetnutzer/Verbraucher ebenso einkaufen können (zB Amazon) und wenn der Webshop-/Marktplatz-Betreiber ein Bewertungs-/Empfehlungssystem für die Händler seines Marktplatzes eingerichtet hat.

Nach UWG unzulässig wären etwa Irreführungen des Verbrauchers, wenn diesem zB vorgespiegelt würde, die Tests würden von einer neutralen Stelle durchgeführt. Kartellrechtlich relevant kann ggf. sein, wenn ein Unternehmen oder ein Zusammenschluss von Unternehmen ein Bewertungsportal etabliert, das eine dominante Marktstellung innehat, und wenn der Portalbetreiber diese Marktstellung und seinen Einfluss auf die Rankingergebnisse missbraucht, um die Marktnachfrage zu steuern bzw. zu bündeln.[503] Kartellrechtlich kritische Maßnahmen können in diesem Zusammenhang beispielsweise sein:

- Ausschluss von Mitbewerbern bzgl. Teilnahme an Bewertung/Ranking/Warentest;
- ungerechtfertigt schlechtere Bewertung der Mitbewerber oder Bewertungssysteme, bei denen die Kriterien so ausgewählt sind, dass systematisch nur bestimmte Unternehmen positive Ergebnisse erhalten;
- gezielte Nachfragesteuerung/Nachfragebündelung.

4. Kartellrechtliche Aspekte von Apps

Aufgrund der großen wirtschaftlichen Bedeutung von Mobile Apps[504] liegen wettbewerbsrechtliche Fragen nahe. Laut des Branchenverbands BITKOM[505] hat sich die Zahl der Downloads in drei Jahren mehr als verdreifacht; allein 2014 gab es etwa 3,4 Milliarden App-Downloads und in Deutschland wurden etwa 717 Millionen EUR mit Apps umgesetzt. Das sind Zuwachsraten von 31 Prozent gegenüber 2013.

Die EU-Kommission[506] fokussiert sich in 2014 auf sog In-App-Käufe.[507] Hintergrund ist, dass in App Stores viele Apps kostenlos oder zu einem sehr günstigen Preis von wenigen Cents angeboten werden.[508] Die Refinanzierung erfolgt entweder über Werbung in den Apps oder über kostenpflichtige In-App-Käufe. Bei In-App-Käufen kann der Nutzer zusätzliche Inhalte oder weitere Funktionen innerhalb der App hinzukaufen (etwa eine werbefreie Version der App oder Upgrades der App). Kritikpunkt ist, dass gerade bei kostenlosen Spiel-Apps, die auch viele Kinder nutzen, die App-Nutzer durch „Freemium-Apps" gleichsam „angefüttert" und verleitet werden, in einer „spielbedingt aufgeheizte Stimmung" kostenpflichtige virtuelle Güter (etwa „Waffen", „Credits", zusätzliche Erfahrungspunkte, zusätzliche Tools, Bonuslevel, etc) zu teilweise hohen Preisen zu erwerben. In den USA wurden Sammelklagen gegen Apple[509] und Google eingereicht, weil Kinder – so die Kläger – zu teuren In-App-Käufen verleitet wurden. In der Class Action von Ilana Imber-Gluck ua gegen Google heißt es: *„Plaintiff brings this class action on behalf of herself and other parents and guardians whose minor children: (a) downloaded from Defendant Google, Inc. („Google" or „Defendant") a free or*

---

[501] BGH Urt. v. 9.2.2006 – I ZR 124/03, NJW 2006, 2764 – JUVE Ranking; BGH Urt. v. 21.2.1989 – VI ZR 18/88, NJW 1989, 1923 – Warentest V; BGH Urt. v. 30.4.1997 – I ZR 196/94, NJW 1997, 2679 – Focus Die Besten I (Die besten Ärzte Deutschlands); LG Frankfurt Urt. v. 17.12.9080 – 2/6 O 461/80, LSK 1982, 030 041 – Restaurantführer auf der Grundlage von Selbstauskünften.
[502] BGH Urt. v. 9.2.2006 – I ZR 124/03, NJW 2006, 2764 – JUVE Ranking.
[503] Nicht selten Betreiben Webshops zugleich auch Bewertungsportale. So gehört zB die TripAdvisor Media Gruppe – ausweislich der Homepage www.tripadvisor.de – zu den Betriebsgesellschaften von Expedia, Inc.
[504] Dazu → § 28 Apps und Social Media.
[505] BITKOM, Pressemitteilung vom 12.5.2014.
[506] http://europa.eu/rapid/press-release_IP-14-847_de.htm.
[507] Einzelheiten → § 28 Apps und Social Media; zu In-Game-Advertising → § 29 Gaming: Computer- und Online-Spiele.
[508] http://www.rrooaarr.com/web/mobile/fakten_markt/fakten_markt.php.
[509] https://www.itunesinapppurchasesettlement.com/CAClaimForms/AIL/Home.aspx.

modestly priced application („App"), in most cases video games targeted to minor children; and (b) then incurred charges for in-game-related voidable purchases that the minor was induced by Google to make, without the parents' and guardians' knowledge or authorization."[510] Google soll der Federal Trade Commission (FTC) vergleichsweise angeboten haben, 19 Mio. USD an die Eltern von Kindern, die solche In-App-Käufe getätigt haben, zu erstatten.[511] Laut Pressemitteilung der EU-Kommission[512] hatten sich die nationalen Verbraucherschutzbehörden im Rahmen des CPC-Netzes in einem gemeinsamen Positionspapier,[513] das im Dezember 2013 Apple, Google und der Interactive Software Federation of Europe (ISFE) übermittelt worden ist, verständigt. Das Positionspapier enthält ua folgende Forderungen:

- *„Bei Spielen, die als „free" bzw. „kostenlos" beworben werden, darf es keine Irreführung der Verbraucher hinsichtlich der wahren Kosten geben.*
- *Die Spiele dürfen Kinder nicht direkt dazu auffordern, Produkte zu kaufen oder Erwachsene zu überreden, die Produkte für sie zu kaufen.*
- *Die Verbraucher müssen über die Zahlungsmodalitäten angemessen informiert und Geldbeträge dürfen nicht per Voreinstellung ohne ausdrückliches Einverständnis des Verbrauchers abgebucht werden.*
- *Die Händler müssen eine E-Mail-Adresse angeben, die die Verbraucher für Fragen oder Beschwerden nutzen können.*

433 Inwieweit die Geschäftspraktiken von Google bei Apps auch das laufende Kartellverfahren der EU-Kommission beeinflussen, das sich ua mit Missbrauch einer marktbeherrschenden Stellung im Zusammenhang mit Android beschäftigt, bleibt abzuwarten.[514] Dabei geht es ua um die Frage, ob Google in Bezug auf sein Android-Betriebssystem wettbewerbswidrige Vereinbarungen mit Herstellern von Smartphones und Tablets getroffen und eine etwaige marktbeherrschende Stellung missbräuchlich ausgenutzt hat, wodurch Google die Entwicklung und den Marktzugang konkurrierender mobiler Betriebssysteme, Anwendungen und Dienste zum Nachteil der Verbraucher und der Entwickler innovativer Dienste und Produkte behindert hat.[515]

434 Fast jeder Hersteller von Betriebssystemen für Smart Devices, wie etwa Apple (mit dem Betriebssystem iOS), Google (Android), BlackBerry (BlackBerry OS), Microsoft/Nokia (Windows Phone), bietet eine App als Zugangssoftware für den betreffenden App Store an. Kartellrechtlich problematisch kann etwa die **Koppelung von Betriebssystemen und Zugangssoftware** für App Stores und der damit ggf. verbundene Missbrauch einer Marktbeherrschenden Stellung nach Art. 102 lit. d AEUV sein.[516]

435 Erste Voraussetzung für einen Verstoß gegen Art. 102 lit. d AEUV ist eine **marktbeherrschende Stellung**.[517] Laut *Kremer/Hoppe/Kamm* ist eine solche marktbeherrschende Stellung bei Google mit dem Betriebssystem Android gegeben (weltweiter Marktanteil im Jahr 2013 bei Tablets 61,9% und bei Smartphones 78,4%, während der Marktanteil von Apple mit iOS nur 36,0% bzw. 15,6% betrug).[518] Ein Behinderungsmissbrauch durch missbräuchliche Kopplung liegt dann vor, wenn getrennte Produkte miteinander verbunden sind, so dass eine marktverdrängende Wirkung im Hinblick auf Konkurrenzprodukte eintritt, ohne dass dies sachlich etwa durch Handelsbrauch gerechtfertigt wäre.

436 Entsprechend den Ausführungen zur Kopplung des Windows Media Players an das Betriebssystem Windows[519] müsste es sich bei Betriebssystem und Zugangssoftware zum App

---

[510] http://digitalcommons.law.scu.edu/cgi/viewcontent.cgi?article=1659&context=historical.
[511] http://www.mediapost.com/publications/article/242123/google-says-ftc-settlement-for-in-app-purchases-re.html#; http://classifiedclassaction.com/wp-content/uploads/2015/04/imber-gluck-v-google.pdf.
[512] http://europa.eu/rapid/press-release_IP-14-847_de.htm.
[513] http://ec.europa.eu/consumers/enforcement/cross-border_enforcement_cooperation/docs/20140718_in-app_cpc_common-position_en.pdf.
[514] → Rn. 449 ff.
[515] http://europa.eu/rapid/press-release_IP-15-4780_de.htm.
[516] Zur Koppelung allgemein und am Beispiel Microsoft → Rn. 392 ff. (Ziff. IX. 2.); Beispiel aus *Kremer/Hoppe/Kamm*, CR 2015, 18 (19).
[517] Zu den Anforderungen an marktbeherrschende Stellung → Rn. 81 ff.
[518] CR 2015, 18 (20). Siehe dort auch Einzelheiten zur sachlichen und räumlichen Marktabgrenzung.
[519] → Rn. 392 ff.

Store um zwei verschiedene Produkte aus unterschiedlichen relevanten Märkten handeln. Dafür spricht insbesondere, dass manche Anbieter ihre Zugangssoftware zu den entsprechenden App Stores zum kostenfreien Download als Zusatzsoftware bereitstellen und daher aus Sicht der Marktgegenseite[520] zwischen Betriebssystem auf der einen Seite und Anwendungssoftware auf der anderen Seite zu unterscheiden ist.[521] Liegt daneben eine Abschottung der nachgelagerten Märkte und keine sachliche Rechtfertigung vor, ist eine missbräuchliche Ausnutzung einer marktbeherrschenden Stellung durch Kopplung gegeben. *Kremer/Hoppe/Kamm* kommen für Google mit seinem Betriebssystem Android zu diesem Ergebnis.[522]

Eine weitere kartellrechtsrelevante Konstellation kann die **Ausschließlichkeitsbindung der Anbieter** von Apps etwa durch Apple sein. Apple beispielsweise verpflichtet Hersteller bzw. Anbieter von Apps für sein Betriebssystem iOS im „iOS Developer Program", das nur registrierten Anbietern den Zugang zu Entwicklungswerkzeugen und dem Apple App Store gewährt.[523] Grundlage dafür ist das sog „iOS Developer Program License Agreement", das es den Entwicklern und Anbietern untersagt, Apps, die mit den dadurch bereitgestellten Werkzeugen entwickelt worden sind, nicht außerhalb des Apple App Stores zu vertreiben. Durch den Abschluss eines solchen Vertrags zwischen dem App Store-Betreiber und dem App-Anbieter liegt grds. eine Vereinbarung von Unternehmen iSd Art. 101 AEUV bzw. § 1 GWB vor. Solche Vereinbarungen haben ein ausschließliches Vertriebsrecht des jeweiligen App Store-Betreibers zur Folge, was grundsätzlich wohl eine spürbare Wettbewerbsbeschränkung darstellt. Allenfalls in Betracht kommen kann in diesem Zusammenhang eine Freistellung etwa nach der Vertikal-GVO, soweit ein bestimmter Marktanteil des betreffenden App Store-Betreibers nicht überschritten ist.[524] 437

Weiter problematisch ist, dass häufig **einheitliche Beteiligungen der App Stores an den Umsätzen** der App-Anbieter vereinbart werden, also alle App-Stores eine gleich hohe Provision erhalten.[525] Dafür, dass dies im Rahmen von Absprachen iSd Art. 101 AEUV bzw. § 1 GWB vereinbart wurde, sprechen jedoch allenfalls Indizien. In Betracht kommt daneben eine missbräuchliche Ausnutzung einer marktbeherrschenden Stellung dadurch, dass durch einen oder mehrere App Store Betreiber unangemessene Verkaufspreise (Art. 102 lit. a AEUV) unmittelbar erzwungen werden.[526] 438

Es bleibt daneben auch zu prüfen, ob durch eine marktbeherrschende Stellung im Verhältnis zu den App-Anbietern **unangemessene Geschäftsbedingungen erzwungen** werden. Häufig enthalten die Allgemeinen Geschäftsbedingungen von App Store Betreibern nach §§ 307 ff. BGB unwirksame Klauseln, wie etwa Gewährleistungsausschlüsse, einseitige Änderungsvorbehalte etc.[527] Allerdings vereinbaren nahezu alle App Store Betreiber US-amerikanisches Recht, was dazu führt, dass auch das Vorliegen eines Kartellrechtsverstoßes unter diesem Rechtsregime zu bewerten wäre.[528] 439

XI. Marktmacht von Google als kartellrechtliches Problem

1. Charakteristika des Suchmaschinenmarkts

Die Charakteristika des Suchmaschinenmarkts sind relevant für die Beurteilung, ob Google eine gefestigte marktbeherrschende Stellung innehat und ob Konkurrenten eine Chance haben, erfolgreich Google's Marktstellung anzugreifen.[529] 440

---

[520] Zur Marktabgrenzung bzw. Bedarfsmarktkonzept → Rn. 85 ff.
[521] *Kremer/Hoppe/Kamm*, CR 2015, 18 (20).
[522] *Kremer/Hoppe/Kamm*, CR 2015, 18 (21 f.).
[523] Beispiel Apple aus *Kremer/Hoppe/Kamm*, CR 2015, 18 (22 ff.).
[524] Zur Freistellung nach der Vertikal-GVO → Rn. 162 ff.
[525] *Kremer/Hoppe/Kamm*, CR 2015, 18 (23 ff.).
[526] *Kremer/Hoppe/Kamm*, CR 2015, 18 (25).
[527] Zu Standardklauseln → §16; *Kremer/Hoppe/Kamm*, CR 2015, 18 (25 f.).
[528] *Kremer/Hoppe/Kamm*, CR 2015, 18 (25 f.).
[529] Zur Diskussion *Zimmer* WuW 2014, 923.

441 **a) Der Suchmaschinenmarkt.** Fraglich ist zunächst, ob überhaupt von einem sachlich relevanten Markt für Suchmaschinen gesprochen werden kann, da die Suchdienste gegenüber dem Suchenden i. d. R. unentgeltlich erbracht werden. Allerdings hat der Suchmaschinenanbieter die Gelegenheit, dem Suchenden im Rahmen der Diensterbringung kontextspezifische Werbung einzublenden und auf diese Weise Werbeeinnahmen zu generieren.[530] Daher nimmt die wohl überwiegende Meinung an, dass ein sachlich relevanter Markt für Suchmaschinen existiert.[531]

442 Etwas schwierig ist jedoch die Abgrenzung zum Online-Werbemarkt. Maßgebliches Abgrenzungsmerkmal soll die gesteigerte Aufmerksamkeit sein, die ein Nutzer Suchergebnissen widmet, weshalb Suchmaschinenwerbung tendenziell „wertvoller" ist.[532]

443 **b) Netzwerkeffekte.** Der Suchmaschinenmarkt weist keine direkten Netzwerkeffekte (Erhöhung des Nutzwerts mit steigender Konsumentenzahl)[533] auf. Zwar ermöglicht eine Auswertung der Suchanfragen eine Optimierung der Suchalgorithmen, dies geschieht jedoch nicht automatisch mit zunehmender Nutzerzahl, sondern anbietergesteuert. Auch indirekte Netzwerkeffekte (steigende Verbreitung des Produktes führt zur verstärkten Entwicklung von Komplementärprodukten) sind beim Suchmaschinenmarkt nicht erkennbar.[534]

444 **c) „Lock-In"-Effekte.** Sog. „Lock-In"-Effekte sind auf dem allgemeinen Suchmaschinenmarkt derzeit nicht vorhanden. „Lock-In"-Effekte liegen vor, wenn Nutzer aufgrund von Entscheidungen, die sie in der Vergangenheit getroffen haben, nicht zu einem neuen Netzwerk wechseln, wobei insbesondere Wechselkosten eine Rolle spielen.[535] Im Suchmaschinenmarkt können Nutzer jederzeit ohne großen Einarbeitungsaufwand den Suchdienstanbieter wechseln. Wechselkosten fallen nicht an. Anders könnte dies jedoch bei personalisierten Suchdiensten zu beurteilen sein, in denen der Nutzer umso genauere Suchergebnisse erhält, je länger er die Suchmaschine nutzt.[536]

445 **d) Marktzutrittsschranken.** Es gibt diverse Anhaltspunkte dafür, dass im Suchmaschinenmarkt hohe Marktzutrittsschranken bestehen, die nicht – jedenfalls nicht in dieser Weise – bestanden haben, als die etablierten Anbieter in den Markt eingetreten sind. Die Kosten für das Angebot einer Suchmaschine haben stark zugenommen (zB durch Spam-Schutz-Maßnahmen, die erhebliche Rechenkapazitäten erfordern). Es sind gestiegene Forschungsaufwände erforderlich, um eine (auch künftig) konkurrenzfähige Suchmaschine (weiter-) zuentwickeln. Außerdem haben die etablierten Anbieter den Skalenvorteil (mit wachsendem Dienstumfang sinken die Durchschnittskosten) auf ihrer Seite.[537]

446 **e) Dauerhaftigkeit der Marktdominanz von Google.** Google hat im Suchmaschinenmarkt einen sehr hohen Marktanteil. In Zusammenschau mit den relativ hohen Marktzutrittsschranken[538] ist wohl davon auszugehen, dass Google eine marktbeherrschende Stellung auf dem deutschen Suchmaschinenmarkt besitzt. Unklar ist aber, ob diese Situation von Dauer sein wird. Sollte es einem anderen/neuen Anbieter gelingen, mit einer innovativen Suchmaschine (zB auf Peer-to-Peer-Basis) in den Markt einzutreten, könnte das die Marktverhältnisse völlig verändern. Allerdings müsste ein solcher anderer/neuer Anbieter zunächst die Marktzutrittsschranken überwinden. Außerdem zeigte sich Google in der Vergangenheit selbst sehr innovativ und verfügt über immenses Know-how, sodass es immer schwerer werden dürfte, die Marktposition von Google anzugreifen. Eine dauerhaft gefestigte marktbeherrschende Stellung von Google ist daher wohl gegeben.[539]

---

[530] *Riedl* Süddeutsche Zeitung vom 25.4.2008, S. 28 zum Anzeigengeschäft der Suchmaschinenanbieter.
[531] *Kühling/Gauß* MMR 2007, 752; Ott K&R 2007, 375 (378); aA: *Schulz/Held/Laudien*, Suchmaschinen als Gatekeeper in der öffentlichen Kommunikation, 2005, S. 84.
[532] *Kühling/Gauß* MMR 2007, 752.
[533] *Pohlmeier*, Netzwerkeffekte und Kartellrecht, 2004, S. 29.
[534] Vgl. EU-Kommission, COMP/C-3/37.792, Ziff. 448 ff. – Microsoft.
[535] *Wolf*, Kartellrechtliche Grenzen von Produktinnovationen, 2004, S. 98 f.
[536] *Kühling/Gauß* MMR 2007, 752 mwN.
[537] *Kühling/Gauß* MMR 2007, 752, mwN.
[538] → Rn. 445.
[539] *Kühling/Gauß* MMR 2007, 753, mwN.

f) Expansionsstrategien von Google. Google verfolgt verschiedene Expansionsstrategien. 447
So scheint der Konzern ein horizontales Wachstum anzustreben, durch immer weitere Auffächerung der Angebotspalette (zB „Google Mail", „Google News", „Google Scholar", „Project Fi"etc).[540] Im Werbemarkt expandierte Google auf horizontaler Ebene in letzter Zeit bspw. durch Übernahme des Werbedienstleisters „Doubleclick". Gleichzeitig ist Google in höchstem Maße daran interessiert, die Basis der indexierten (dh durchsuchbaren) Daten zu erweitern und zwar möglichst mit ausschließlichen „Suchrechten". Dieses Ziel verfolgt bspw. das Projekt „Google Book Search".

Schließlich versucht Google auch, sich Zugang zu anderen Märkten zu verschaffen. Als 448
Beispiel sei hier der Kauf der Video-Plattform „Youtube" genannt oder die Entwicklung des „Android"-Betriebssystems für Smart-Phones. Auf diese Weise will sich Google seinen Platz in Bereichen mit hohem Entwicklungspotenzial (Online-Video-Markt, Markt für Internetangebote speziell zum Abruf über Mobiltelefone, etc) sichern. Auch im Bereich Seekabel, Satelliten und Solarparks dehnt sich Google aus.[541]

2. Kartellrechtliche Beurteilung durch die EU-Kommission

Angesichts seiner marktbeherrschenden Stellung dürften Zusammenschlüsse mit anderen 449
Suchmaschinenanbietern für Google auf dem deutschen und europäischen Markt kartellrechtlich wohl nicht zulässig sein. Horizontale Zusammenschlüsse kommen daher wohl nur mit marktfremden Unternehmen in Betracht. Kartellrechtlich zulässig wären möglicherweise konglomerate Zusammenschlüsse von Google mit einem Content-Provider, in einem Bereich, in dem Google noch nicht tätig ist. Die Möglichkeiten der kartellrechtlichen Fusionskontrolle sind insoweit begrenzt, wenn der Content-Provider – wie im Regelfall – umsatzschwach ist (siehe bspw. die Übernahme von Youtube). Da die Umsatzschwellen der FKVO in diesen Fällen meist nicht erreicht werden, ist diesbezüglich keine Zuständigkeit der EU-Kommission begründet. Es wäre eher das Bundeskartellamt zuständig, vorausgesetzt, der Zusammenschluss hat spürbare Auswirkungen in Deutschland (was zu bezweifeln sein dürfte, sofern Google – wie bislang – in erster Linie amerikanische Unternehmen übernimmt).[542]

Im Rahmen der Missbrauchskontrolle kommt der Missbrauchstatbestand der Markt- 450
machtverlagerung (Leveraging) in Betracht. Die Voraussetzungen hierfür liegen vor, wenn ein Unternehmen seine Marktmacht auf einem Primärmarkt dazu einsetzt, um auf einem Sekundärmarkt Wettbewerber zu benachteiligen, zu behindern oder sich sonst einen Wettbewerbsvorteil zu beschaffen.[543] Bei Google könnte dies bspw. dadurch geschehen, dass es die Suchergebnisse so anzeigt, dass Google-eigene Inhalte unabhängig von Relevanz und/oder Popularität sehr weit vorne platziert werden.

Die Europäische Kommission gab am 24.2.2010 bekannt, dass sie sich mit einer Be- 451
schwerde gegen Google befasst.[544] Die Kommission untersucht soweit ersichtlich die Frage, ob das Google Ranking im Einzelfall, zu Lasten von Unternehmen, welche in Konkurrenz mit Google oder Tochterunternehmen stehen, manipuliert wurde/wird und ob hierdurch evtl. ein Missbrauch von Marktmacht gem. Art. 102 AEUV vorliegt. Google kann durch die Ausgestaltung der Algorithmen, auf deren Basis die Google-Suche funktioniert, Einfluss auf die Suchergebnisse nehmen. Bei der Nutzung von Suchmaschinen werden von den Nutzern regelmäßig nur diejenigen Suchergebnisse beachtet, die auf den ersten Suchergebnisseiten abgebildet werden. Durch die Ausgestaltung der Suchalgorithmen kann Google ggf. den eigenen Markt aber auch Drittmärkte beeinflussen. Dies kann zB zu Auswirkungen auf die Kaufentscheidung von Verbrauchern führen.

Mehrere amerikanische Kartellbehörden arbeiten Mitte 2011 an Verfahren gegen Google. 452
Alarmiert wurden die US-Behörden (ua die FTC) durch massive Unternehmenskäufe von

---

[540] Google's „Project Fi": Einstieg in Telekommunikation in USA, vgl. http://www.heise.de/netze/meldung/Project-Fi-Google-lanciert-Mobilfunk-Dienst-2617408.html.
[541] *Martin-Jung* Süddeutsche Zeitung v. 25./26.6.2011, S. 2.
[542] *Kühling/Gauß* MMR 2007, 754 mwN.
[543] Vgl. *Nothhelfer,* Die leverage theory im europäischen Wettbewerbsrecht, 2006, S. 27 f.
[544] Abrufbar unter: http://europa.eu , Reference: MEMO/10/47 Date: 24/02/2010.

Google. Ua übernahm Google im Frühjahr 2011 den Anbieter von Reise-Software ITA. Das US-Justizministerium hatte den Deal nur unter strengen Auflagen genehmigt.[545] Im Missbrauchsfall können Google (so wie in letzter Zeit Microsoft) Abstellungsverfügungen, bußgeldbewehrte Auflagen bis hin zu strukturellen Maßnahmen als ultima ratio bei wiederholten Verstößen drohen.

Am 15.4.2015 teilte die Europäische Kommission mit, dass sie Google Beschwerdepunkte zu seinem Preisvergleichsdienst übermittelt habe und eine förmliche Untersuchung zu Android einleiten würde.[546] Die Übermittlung einer Mitteilung der Beschwerdepunkte würden – so die Kommission – dem Ergebnis der Untersuchung nicht vorgreifen. Die für Wettbewerbspolitik zuständige EU-Kommissarin Margrethe Vestager erklärte dazu: *„Ziel der Kommission ist es, durch Anwendung der EU-Kartellvorschriften dafür zu sorgen, dass die in Europa tätigen Unternehmen, wo auch immer sie ihren Sitz haben, die Auswahl für die Verbraucher in Europa nicht künstlich einschränken oder Innovation bremsen."*

Durch die Bevorzugung seines eigenen Preisvergleichsdienstes auf seinen allgemeinen Suchergebnisseiten, würde das Unternehmen seine beherrschende Stellung auf den Märkten für Internet-Suchdienste missbräuchlich ausnutzen. Die Kommission befürchtet, dass die Nutzer bei der Google-Suche nicht die für sie relevantesten Ergebnisse zu sehen bekommen. Google musste bis Mitte April 2013 der EU-Kommission ein endgültiges Angebot unterbreiten, wie der Konzern durch Zugeständnisse Sorgen der Wettbewerbshüter ausräumen könnte. Wenn Googles freiwillige Konzessionen der Kommission genügen, könnte das Sanktionen abwenden. Die bisherigen Verpflichtungsangebote von Google reichen nach Auffassung der Kommission insgesamt jedoch nicht aus. Zudem hat die Kommission Bedenken in Bezug auf das Kopieren von Webinhalten konkurrierender Unternehmen (auch als „Scraping" bezeichnet), Exklusivwerbung und übermäßige Beschränkungen für werbende Unternehmen. Gerade der Umstand des Scraping dürfte für die deutschen Presseverlage und VG Media interessant sein, die 2014 eine Kartellbeschwerde gegen Google beim Bundeskartellamt eingereicht haben – bislang allerdings ohne Erfolg (dazu siehe sogleich unter 3.).

Bei der Untersuchung hinsichtlich des Betriebssystems Android, das Google seit 2005 als quelloffenes System für Smartphones und Tablets entwickelt, *„wird die Frage im Mittelpunkt stehen, ob Google in Bezug auf Betriebssysteme, Anwendungen und Dienste für intelligente Mobilgeräte wettbewerbswidrige Vereinbarungen getroffen oder eine etwaige marktbeherrschende Stellung missbräuchlich ausgenutzt hat. […] Die meisten Smartphone- und Tablet-Hersteller verwenden das Betriebssystem Android in Kombination mit einer Reihe googleeigener Anwendungen und Dienste. Diese Hersteller treffen mit Google Vereinbarungen, um das Recht zu erhalten, auf ihren Android-Geräten Google-Anwendungen zu installieren. Bei ihrer eingehenden Untersuchung wird sich die Kommission auf die Frage konzentrieren, ob Google gegen EU-Kartellrecht verstoßen hat, indem es die Entwicklung und den Marktzugang konkurrierender mobiler Betriebssysteme, Anwendungen und Dienste zum Nachteil der Verbraucher und der Entwickler innovativer Dienste und Produkte behindert hat."* [547]

3. Kartellbeschwerde von VG Media und Presseverlagen in Deutschland

Mit Meldung vom 22.8.2014 hat das Bundeskartellamt bestätigt,[548] dass die VG Media und mehrere deutsche Presseverlage eine Beschwerde gegen Google eingereicht haben. Die Beschwerde steht im Zusammenhang mit dem zum 1.8.2013 eingeführten sog Leistungsschutzrecht der Presseverlage (§ 87f UrhG). Danach hat *„[d]er Hersteller eines Presseerzeugnisses (Presseverleger) […] das ausschließliche Recht, das Presseerzeugnis oder Teile hiervon zu gewerblichen Zwecken öffentlich zugänglich zu machen, es sei denn, es handelt*

---

[545] *Piper*, Süddeutsche Zeitung v. 25./26.6.2011, S. 2, Online-Reisebüros, wie die Microsoftfirma Tripadvisor gehören zu den schärfsten Google-Kritikern. Sie befürchten, dass Anzeigenkunden von den Suchmaschinen bevorzugt werden.
[546] http://europa.eu/rapid/press-release_IP-15-4780_de.htm.
[547] http://europa.eu/rapid/press-release_IP-15-4780_de.htm.
[548] BKartA, Meldung vom 22.8.2014, abrufbar unter www.bundeskartellamt.de.

sich um einzelne Wörter oder kleinste Textausschnitte.". Unter Berufung auf das Leistungsschutzrecht verlangen die Presseverlage von Google eine Vergütung für die Aufnahme ihrer Inhalte in Google-Dienste wie etwa Google News. Google ist damit nicht einverstanden und verlangt von den Verlegern die Einwilligung in eine **vergütungslose Verwertung ihrer Produkte in „Google News"** (sogenannte Opt-In-Erklärung) und droht andernfalls – was rein zivilrechtlich nicht zu beanstanden ist – mit einer **„Auslistung".**

Die Beschwerdepunkte der VG Media ua lauten zusammengefasst wie folgt:
- Google zwinge mit ihrer Marktmacht die Verleger, auf eine angemessene Vergütung für die Verwertung der verlegerischen Presseerzeugnisse zu verzichten.
- Google missachte unter Ausnutzung ihrer überragenden marktbeherrschenden Position die Entscheidung des deutschen Gesetzgebers, mit dem Leistungsschutzrecht die rechtliche Position von Verlegern zu stärken.
- Google schaffe vorsätzlich maximale Intransparenz darüber, welche Auswirkungen es habe, wenn sich ein Verleger dem Verlangen nach Verzicht auf die Zahlung von Vergütung für die Inanspruchnahme der Inhalte verweigere. Die Verleger müssten daher damit rechnen und gingen auch davon aus, dass ihre **Webseiten in der Suchmaschine Google schlechter angezeigt** würden, wenn sie Google nicht die unentgeltliche Darstellung ihrer Presseerzeugnisse in „Google News" gestatteten.
- Google **nutze gezielt die Unsicherheit der Verleger** über die rechtliche Reichweite und die tatsächlichen Folgen der von ihnen verlangten Erklärungen, die **Funktionsweise der Suchmaschine** Google, die zugrundeliegenden **Suchalgorithmen** und die **vielfältigen Querbeziehungen** zwischen den einzelnen Funktionen ihrer Suchmaschine Google **aus.**
- Aus **Furcht vor Vergeltungsmaßnahmen** beugten sich die Verleger und verzichteten auf die gesetzlich vorgesehene Vergütung für die Verwertung ihrer Presseerzeugnisse.
- Eine unterlassene Bestätigungserklärung [Opt-In] **wirke sich massiv** in allen [...] Bestandteilen der Google Suchmaschine **aus.** Die **Klickraten im Google News Magazin** und das **kürzere Abtastintervall des Google News Crawlers** hätten Einfluss auf das **Ranking in der allgemeinen Suche/News-Suche,** weswegen ein Opt-Out das Ranking der Verlagsprodukte verschlechtere. Denselben Einfluss hätten die Klickraten in der Google News One Box.
- Die Verleger müssten **unterstellen,** dass ein fehlender Opt-In Auswirkungen auf die Positionierung bei der Google Web/News-Suche und den Google News OneBoxen habe.
- Zudem ändere Google die Suchmaschine ständig. Die Verleger [...] könnten daher die **Konsequenzen eines verweigerten Opt-In nicht vorhersehen.**

Die Reaktionen des Bundeskartellamts vom 11.8.2014 auf die Beschwerde waren sehr verhalten und teilweise sogar negativ für die Beschwerdeführer. Das BKartA stützte sich zusammenfassend auf folgende Punkte:
- Eine **Pflicht von Google zur Darstellung der Webseiten** deutscher Presseverlage in einem so großem Umfang, dass das Leistungsschutzrecht nach § 87f. UrhG berührt würde, kommt aus Sicht des BKartA **nicht** in Betracht.
- Das BKartA prüft aber – unabhängig von der Beschwerde – die Einleitung eines **Verfahrens von Amts** wegen. Dessen Bezugspunkt wäre die – noch bevorstehende – tatsächliche Reaktion Googles auf die konkrete Geltendmachung des Leistungsschutzrechts.
- Als kartellrechtlich relevantes Verhalten käme insoweit eventuell eine **vollständige Auslistung von Webseiten deutscher Presseverlage** aus den Ergebnissen der allgemeinen Suche von Google als Reaktion gerade auf die konkrete Einforderung von Leistungsschutzrechts-Entgelten durch einen oder mehrere Verlage in Betracht – an Stelle der Auslotung und des Rückgriffs auf eine leistungsschutzrechtsfreie und damit unentgeltliche Nutzung.
- Dieses Thema befindet sich noch in der vertraulichen Vorermittlung sowie in der **Abstimmung mit der Kommission** im Hinblick auf das dort laufende Missbrauchsverfahren gegen Google.
- Das BKartA behält sich vor, in Verbindung mit dem vorgenannten Thema das **Zusammenwirken der gesellschaftsrechtlich an der VG Media beteiligten Verlage im Hinblick auf die Geltendmachung des Leistungsschutzrechtes nach § 87f. UrhG gegenüber Google auf seine Vereinbarkeit mit Art. 101 AEUV** zu untersuchen, wenn sich dieses im weiteren Verlauf als bedeutsam erweisen sollte.

XII. Kartellrechtlicher Anspruch auf Registrierung einer zweistelligen Domain

459   Die DENIC eG (Deutsches Network Information Center) ist die zentrale Registrierungsstelle für Domains unterhalb der Top-Level-Domain „.de" und hat nach Auffassung diverser Gerichte eine marktbeherrschende Stellung iSv § 19 Abs. 2 Nr. 1 GWB[549] für den Markt der Top-Level-Domain „.de". Die ausschließlich von der DENIC verwaltete Top-Level-Domain „.de" ist nicht mit generischen oder ausländischen Top-Level-Domains vergleichbar. Es kommt bei der Beurteilung der Vergleichbarkeit der Produkte auf die Sichtweise der Nachfrager an. Für deutsche Unternehmen hat eine Top-Level-Domain „.de" aus diesem Grund herausragende Bedeutung. Die Top-Level-Domain „.de" genießt, gleich einer Herkunftsangabe, bei den Nachfragern hohe Beachtung und ist aus diesem Grund nicht mit anderen Top-Level-Domains austauschbar.[550]

460   Im Rahmen ihrer Domainrichtlinien hat die DENIC eG festgelegt, wie ein Internet-Domain-Name beschaffen sein soll. Nach den vor dem 25.10.2009 gültigen Domainrichtlinien musste ein Domain-Name aus mindestens drei und maximal 63 Buchstaben, Ziffern und ggf. einem Bindestrich bestehen. Hierfür galten Ausnahmen für aus Bestandsschutzgründen nutzbare zweisilbige Kennungen (zB „db.de", „ix.de").

Rechtsprechungsbeispiel:
Im Rahmen des Urteils des OLG Frankfurt[551] wurde dem Kläger Volkswagen ein kartellrechtlicher Anspruch auf die Registrierung einer Zwei-Buchstaben-Domain („vw.de") entgegen der in diesem Zeitpunkt gültigen Domainrichtlinien zugesprochen. Es könne nach Auffassung des Gerichts nicht darauf abgestellt werden, dass die DENIC gemäß ihren Richtlinien Second-Level-Domains, die lediglich aus zwei Buchstaben bestehen, nicht vergibt. Es lag nach Auffassung des Gerichts vielmehr eine Ungleichbehandlung von VW im Verhältnis zu anderen Automobilherstellern (zB BMW) vor, deren Marke als Second-Level-Domain unter der Top-Level-Domain „.de" eingetragen wurde. Ein derart dominantes Unternehmen wie die DENIC dürfe andere Marktteilnehmer nicht diskriminieren oder seine Marktmacht anderweitig missbrauchen. Zwar verwies die DENIC auf technische Schwierigkeiten und Gefahren für die allgemeine Betriebssicherheit des E-Mail-Verkehrs und des Internets. Nach Auffassung des Gerichts überwog jedoch das Interesse des VW-Konzerns an der Domain, da die Risiken begrenzt und als nicht allzu hoch einzuschätzen seien. Der Anspruch wurde jedoch nur auflösend bedingt gewährt, da technische Änderungen weiter möglich sein sollen und bezüglich einem Ausschluss betrieblicher Störungen, die mit der Vergabe zweistelliger Domainnamen verbunden sein können, ein vorrangiges Interesse der DENIC besteht.

461   Für Verbraucher führt die Urteilsbegründung des OLG Frankfurt nicht zu einem Anspruch auf Zulassung einer Zwei-Buchstaben-Domain, da § 20 GWB nur „Unternehmen in einem Geschäftsverkehr" schützt. Die DENIC hat, aufgrund dieses Urteils und einer Zurückweisung der Nichtzulassungsbeschwerde gegen das Urteil, die Registrierung der Domain „vw.de" sowie aller einstelligen und zweistelligen Domains zur Registrierung freigegeben und die Domainrichtlinien dahingehend zum 25.10.2009 geändert.

---

[549] LG Frankfurt/M. Urt. v. 14.10.1998 – 2/06 O 283/98, CR 1999, 452; BGH Urt. v. 17.5.2001 – I ZR 251/99, CR 2001, 850 – ambiente.de; OLG Frankfurt Urt. v. 29.4.2008 – 11 U 32/04, ITRB 2008, 147.
[550] *Breuer/Steger* WRP 2008, 1487.
[551] OLG Frankfurt Urt. v. 29.4.2008 – 11 U 32/04, ITRB 2008, 147.

§ 40 Öffentliche Vergabe von Leistungen der Informationstechnologien

Übersicht

	Rn.
I. Einleitung	1–11
1. Begriff und Ziel des Vergaberechts	1–4
2. Wirtschaftliche Bedeutung des Vergaberechts	5/6
3. Einfluss des Europarechts	7–9
4. Vertragsschluss im Vergaberecht	10/11
II. Aufbau des Vergaberechts: Überblick über die rechtlichen Grundlagen	12–47
1. Einschlägige Vorschriften	12–15
2. EU-Richtlinien und deren Umsetzung (bis 2013)	16–20
3. Neue EU-Richtlinien 2014 (Drittes großes Reformpaket)	21–31
a) Richtlinien-Paket	21
b) Unmittelbare Anwendbarkeit der EU-Richtlinien	22–26
c) Aktueller Stand zur Umsetzung der EU-Richtlinien 2014	27–31
4. GWB: Vorschriften des 4. Teils: §§ 97–101 GWB	32
5. Vergabeverordnung	33–36
6. Die einzelnen Vergabe- und Vertragsordnungen	37–47
a) Abgrenzung	37–40
b) VOB/A	41
c) VOF	42–44
d) VOL/A	45
e) Zusammenfassung	46/47
III. Grundprinzipien der Auftragsvergabe	48–68
1. Diskriminierungsverbot/Gleichbehandlungsgrundsatz	50
2. Wettbewerbsgrundsatz	51–53
3. Transparenz und Vertraulichkeit	54–57
4. Berücksichtigung mittelständischer Interessen, Losaufteilung	58–67
5. Prinzip der Wirtschaftlichkeit, Vergabe an geeignete Unternehmen	68
IV. Ausschreibungspflicht bei der Vergabe von IT-Leistungen auf nationaler bzw. EU-Ebene	69–117
1. Grundsätze	69–72
2. Schwellenwerte	73
a) EU-Schwellenwerte	73–75
b) Vorgaben zur Schätzung des Auftragswerts (§ 3 VgV)	76–83
c) Nationale „Schwellenwerte"	84
d) Direktkauf gem. § 3 Abs. 6 VOL/A	85
3. Bereichsausnahmen	86
4. Ausschreibungspflicht: Die Kriterien nach §§ 97–99 GWB (EU-Ebene)	87–117
a) Öffentlicher Auftraggeber iSd § 97 Abs. 1 iVm § 98 GWB	87–91
b) Geplante Beschaffung ist eine finanzwirksame Maßnahme gem. § 55 BHO/Art. 55 HO By	92/93
c) Beschaffung von Waren, Bau- oder Dienstleistungen im Sinne von § 97 Abs. 1 GWB	94
d) Entgeltlicher Vertrag iSd § 99 Abs. 1 GWB	95–98
e) Vertrag mit einem Unternehmen im Sinne des § 99 Abs. 1 GWB, Abgrenzung zu Inhouse-Vergaben	99–116
f) Beschaffungsmaßnahme am Markt?	117
V. Zusammenarbeit im öffentlichen Bereich	118–127
1. Organisationsprivatisierung/ÖPP oder PPP Überblick	118–122
2. Kooperation mit anderen öffentlichen Auftraggebern (ÖÖP/PPP)	123
VI. Zu vergebende Leistungen und maßgebliche Vergabe- und Vertragsordnung, Rahmenvereinbarung, Vertragsänderung/-verlängerung	128–166
1. Lieferleistungen	129/130
2. Sonstige Leistungen/Dienstleistungen VOF	131–133
3. Gemischte Verträge	134/135

	Rn.
4. Rahmenvereinbarungen	136
a) Vergaberechtliche Ausgangslage	136–139
b) Definition	140
c) Bindungsgrad	141
d) Wesentlicher Inhalt	142
e) Rahmenvereinbarung mit einem oder mehreren Unternehmen	146
f) Zweistufiger Beschaffungsvorgang	147/148
g) „Sperrwirkung"	149/150
5. Vertragsänderungen, Vertragsverlängerungen	151–166
a) Vertragsverlängerungen	155/156
b) Inhaltliche Vertragsänderungen	157–161
c) Umzusetzende Änderungen zu Vertragsänderungen	162–166
VII. Vergabeverfahren nach VOL/A	167–397
1. Anwendung der VOL/A	167
2. Vorbereitung eines Vergabeverfahrens	168–263
a) Dokumentationspflicht/Anlegung einer „Vergabeakte"	168–173
b) Feststellung des Beschaffungsbedarfs	174/175
c) Finanzierung	176/177
d) Externe Unterstützung des Auftraggebers durch Berater, Sachverständige, Projektanten	178–193
e) Kostenschätzung/Berechnung des Schwellenwerts und Marktanalyse	194–196
f) Festlegung der maßgeblichen Verfahrensart	197
g) Erstellung der Vergabeunterlagen	198–202
h) Leistungsbeschreibung	203–221
i) Eignungskriterien: Nachweise zu Fachkunde, Leistungsfähigkeit, Gesetzestreue und Zuverlässigkeit	222–249
j) Zuschlagskriterien	250–262
k) Vertragliche Gestaltung	263
3. Verfahrensarten auf EU-Ebene	264–271
4. Vergabebekanntmachung	272–275
5. De Facto Vergaben	276–282
6. Das Offene Verfahren/Die öffentliche Ausschreibung	283–288
7. Das Nichtoffene Verfahren (national: die beschränkte Ausschreibung)	289–294
8. Das Verhandlungsverfahren/Die freihändige Vergabe	295–331
a) Arten von Verhandlungsverfahren	298
b) Verhandlungsverfahren mit Teilnahmewettbewerb	299
c) Verhandlungsverfahren ohne Teilnahmewettbewerb	300/301
d) Teilnahmewettbewerb: Durchführung und Auswahl der Bieter	302–313
e) Aufforderung zur Angebotsabgabe	314–319
f) Angebote der Bieter	320–323
g) Verhandlungen mit den Bietern	324–329
h) Ausblick auf die Vergaberechtsreform 2014/2015/2016	330/331
9. Prüfung und Wertung der Angebote, Zuschlagserteilung, Informations- und Wartepflicht	332–361
a) Prüfung und Wertung der Angebote	332–352
b) Zuschlagserteilung sowie Informations- und Wartepflicht	353–361
10. Aufhebung einer Ausschreibung	362–364
11. Sonderthemen	365–397
a) Der Wettbewerbliche Dialog	365–383
b) Elektronische (E-)Vergabe	384–396
c) Ausblick Vergaberechtsreform 2014/2015/2016	397
VIII. Rechtsschutzmöglichkeiten	398–489
1. Überblick	398–405
2. Rechtsschutz unterhalb der Schwellenwerte	406–411
a) Ausgangslage	406/407
b) Aktuelle Rechtslage	408–411
3. Rechtschutz oberhalb der Schwellenwerte	412–498
a) Das Nachprüfungsverfahren gem. §§ 107 ff. GWB vor der Vergabekammer	413–479
b) Die Sofortige Beschwerde gem. §§ 116 ff. GWB zum Oberlandesgericht	480–487
c) Sekundärrechtsschutz: Schadensersatz gem. § 126 GWB	488/498
Anhang	490

Schrifttum § 40

Schrifttum: *Antweiler,* Antragsbefugnis und Antragsfrist für Nachprüfungsanträge von Nichtbewerbern und Nichtbietern, VergabeR 2004, 702; *ders.,* Die Berücksichtigung von Mittelstandsinteressen im Vergabeverfahren – Rechtliche Rahmenbedingungen, VergabeR 2006, 637; *ders.,* Chancen des Primärrechtsschutzes unterhalb der Schwellenwerte, VergabeR 2008, 352; *Arlt,* Die Umsetzung der Vergabekoordinierungsrichtlinien in Deutschland, VergabeR 2007, 280; *Bechtold,* GWB-Kommentar, 3. Auflage 2002; *ders.,* GWB-Kommentar, 4. Auflage 2006; *ders.,* GWB-Kommentar, 5. Auflage 2008; *ders.,* GWB-Kommentar, 7. Aufl. 2013; *Bischof,* Vergabe von IT-Leistungen: Das EU-weite Verhandlungsverfahren, ITRB 2005, 181; *dies.,* Neuregelungen im Vergaberecht ab 1.2.2006 und ihre Folgen für die Vergabe von IT-Leistungen, ITRB 2006, 36; *dies.,* Das Nachprüfungsverfahren gem. §§ 107 ff. GWB, ITRB 2006, 231; *dies.,* Umsetzung der EU-Vergaberichtlinien in deutsches Recht, Wesentliche Neuregelungen des Vergaberechts 2006, ITRB 2007, 41; *dies.,* Vergaberecht im Jahr 2007: Vergabe von Rahmenvereinbarungen und daran anschließender Einzelaufträge, ITRB 2007, 134; *dies.,* Gründe und Folgen der Nichteinbeziehung der BVB/EVB-IT, ITRB 2008, 90; *dies.,* Vergaberechtsreform 2008, Auswirkungen der neuen EU-Rechtsmittel-Richtlinie und der Vergaberechtsreform 2008 auf die Vergabe von IT-Leistungen, ITRB 2008, 204; *dies.,* Lizenzrechtliche Aspekte der EVB-IT System, ITRB 2009, 63; *dies.,* Konjunkturpaket II und Vergaberechtsreform 2009, ITRB 2009, 280; *dies.,* Vergaberecht 2010: VgV und VOL/A 2009 – Ausblick auf die Neuerungen aus Sicht der Vergabe von IT-Leistungen, ITRB 2010, 84; *Bischof/Stoye,* Vergaberechtliche Neuerungen für IT/TK-Beschaffungen der öffentlichen Hand, Das ÖPP-Beschleunigungsgesetz als erste Umsetzung des EU-Richtlinienpakets, MMR 2006, 138; *Bode,* Zwingender Angebotsausschluss wegen fehlender Erklärungen und Angaben – Inhalt, Grenzen und Möglichkeiten zur Reduzierung der Ausschlussgründe, VergabeR 2009, 729; *Boesen,* Vergaberecht, 1. Auflage 2000; *ders.,* Getrennt oder zusammen? – Losaufteilung und Gesamtvergabe nach der Reform des GWB in der Rechtsprechung, VergabeR 2011, 364; *Braun,* Ausschreibungspflicht bei Vertragsverlängerung, VergabeR 2005, 586; *ders.,* Europarechtlicher Vergaberechtsschutz unterhalb der Schwellenwerte, VergabeR 2007, 17; *ders.,* Sekundärrechtsschutz unterhalb der Schwellenwerte?, VergabeR 2008, 360; *ders.,* Konjunkturpaket II – Konsequenzen für das Vergaberecht: Ist jetzt alles erlaubt?, VergabeR 2010, 379; *Brackmann/Berger,* Die Bewertung des Angebotspreises, VergabeR 2015, 313; *Braun/Petersen,* Präqualifikation und Prüfungssysteme, VergabeR 2010, 433; *Burgi,* Streitbeilegung unterhalb der Schwellenwerte durch „Vergabeschlichtungsstellen": Ein Vorschlag zur aktuellen Reformdiskussion; *Brockhoff,* Öffentlich-öffentliche Zusammenarbeit nach den neuen Vergaberichtlinien, VergabeR 2014. 625; *Brüning/Pfannkuch,* Neuausschreibungspflicht bei Vertragsänderung, VergabeR 2015, 144; *von dem Bussche,* Das ausschreibungsfreie Inhouse-Geschäft nach dem Gesetzentwurf zur Modernisierung des Vergaberechts: Gefahren eines isolierten Verwaltungsmarktes?, VergabeR 2008, 881; *Byok,* Das Verhandlungsverfahren, Praxishandbuch für die sichere Auftragsvergabe, München 2006; *ders.,* Die Entwicklung des Vergaberechts seit 2008, NJW 2009, 644; *ders.,* Die Entwicklung des Vergaberechts seit 2009, NJW 2010, 817; *Dabringhausen,* Wertgrenzen für die Wahl der Vergabeart im Unterschwellenbereich – Eine Kalamität des Konjunkturprogramms II, VergabeR 2009, 391; *Dammert,* Vergabefreie In-House-Geschäfte, BauRB 2005, 151 ff.; *Daub/Eberstein,* Kommentar zur VOL/A, 5. Auflage 2000; *Diringer,* Die Beteiligung sog Projektanten am Vergabeverfahren, VergabeR 2010, 361; *Dirksen,* Fristablauf nach § 107 Abs. 3 Satz 1 Nr. 4 GWB, VergabeR 2013, 410; *Dirksen/Schellenberg,* Mehrfachbeteiligung auf Nachunternehmerebene, VergabeR 2010, 21; *Dobmann,* Das Verhandlungsverfahren - Eine Bestandsaufnahme, VergabeR 2013, 175; *Dreher/Stockmann,* Kartellvergaberecht, Auszug aus Immenga/Mestmäcker, Wettbewerbsrecht, 4. Auflage, 2008; *Ehrig,* Die Doppelbeteiligung im Vergabeverfahren, VergabeR 2010, 11; *Erdl,* Rügefrist ein Tag – das Ende der effektiven Rechtsschutzes?, VergabeR 2007, 450; *Erdmann,* Beschleunigung von Vergabeverfahren in Zeiten des Konjunkturpakets II, VergabeR 2009, 844; *Feil,* Auftragsvergabe nach BVB ist unwirksam? – Eine Erwiderung, ITRB 2003, 259; *Fett,* Rechtsschutz unterhalb der Schwellenwerte, VergabeR 2007, 298; *Frenz,* Neues zu In-House-Geschäften, VergabeR 2007, 304; *ders.,* Rechtsmitteländerungsrichtlinie und Folgen einer Vergaberechtswidrigkeit, VergabeR 2009, 1; *ders.,* Die Tariftreueentscheidung in europäischen Rechtssystem, VergabeR 2009, 563; *Fritz,* Erfahrungen mit dem wettbewerblichen Dialog in Deutschland, VergabeR 2008, 379; *Gabriel/Benecke/Geldsetzer,* Die Bietergemeinschaft, Ausschreibungsphase – Auftragsdurchführung, Auseinandersetzung, München 2007; *Giedinghaben/Schopp,* Zwingendes Ende vor dem Oberlandesgericht? – Zu den Rechtsschutzmöglichkeiten gegen eine ablehnende Entscheidung des Oberlandesgerichts im Beschwerdeverfahren gemäß §§ 116 ff. GWB, VergabeR 2007, 33; *Goodarzi* in Lehmann/Meents, Handbuch des Fachanwalts Informationstechnologierecht, 2008: *Grams,* Glaubhaftmachung des Anordnungsanspruches im einstweiligen Verfügungsverfahren bei unterschwelligen Vergaben, VergabeR 2008, 474; *Greb,* Inhouse-Vergabe nach aktuellem und künftigem Recht, VergabeR 2015, 289; *Gröning,* Das Konzept der neuen Koordinierungsrichtlinie für die Beschaffung durch Rahmenvereinbarungen, VergabeR 2005, 156; *ders.,* Referenzen und andere Eignungsnachweise, VergabeR 2008, 721; *ders.* Die neue Richtlinie für die öffentliche Auftragsvergabe – ein Überblick, VergabeR 2014, 339; *Grützmacher,* Vergaberecht und IT-Leistungen, ITRB 2002, 236; *Gruneberg,* Vergaberechtliche Relevanz von Vertragsänderungen und -verlängerungen in der Abfallwirtschaft, VergabeR 2005, 171; *Haak/Degen,* Rahmenvereinbarungen nach dem neuen Vergaberecht, VergabeR 2005, 164; *Hattig/Ruhland,* Kooperation der Kommunen mit öffentlichen und privaten Partnern und ihr Verhältnis zum Vergaberecht, VergabeR 2005, 425; *Heckmann,* IT-Vergabe, Open Source Software und Vergaberecht, CR 2004, 401; *ders.,* IT-Beschaffung der öffentlichen Hand zwischen Haushalts- und Marktpolitik, CR 2005, 711; *ders.,* Rechtliche Grenzen (quasi-)verbindlicher Technologievorgaben, Der Übergang von interner Beratung und Koordination zur Standardsetzung durch Empfehlung für die IT-Beschaffung der öffentlichen Hand, CR 2006, 1; *Heiermann/Riedl/Rusam,* VOB/A Kommentar, 13. Auflage 2013; *Hopf,* Vergabemanagement bei öffentlichen Aufträgen, Bund-Länder-Gemeinden, Ein Leitfaden für die Ausbildung und Fortbildung in der Praxis, 2002; *Hormann,* Carsten: Zur Rechtsnatur des Vergaberechts – zugleich Entgegnung auf den Beschluss des BVerwG vom 2.5.2007, VergabeR 2007, 431; *Immenga/Mestmäcker,* GWB-Kommentar, 4. Auflage 2007; *Ingenstau/Korbian,* VOB Kommentar, 18. Auflage 2013; *Kasper,* Interkommunale Kooperation und Vergaberecht, VergabeR 2006, 839; *Keller-Stoltenhoff/Leitzen/Ley,* Handbuch für die IT-Beschaffung, Loseblatt; *Knauff,* EuZW 2004, 141; *ders.,* Neues europäisches Vergabeverfahrensrecht: Der wettbewerbliche Dialog, VergabeR 2004, 287; *ders.,* Neues europäisches Vergabeverfahrensrecht: Rahmenvereinbarungen, VergabeR 2006, 24 ff.; *ders.,* Neues europäisches Vergabeverfahrensrecht: Dynamische Beschaffungssysteme (Dynamische Elektronische Verfahren), VergabeR 2008, 615; *Koch,* Auftragsvergabe nach BVB ist unwirksam, ITRB 2003, 136; *Kolpatzik,* „Berater als Bieter" vs. „Bieter als Berater" – „Projektanten" und „wettbewerblicher Dialog" als Instrumente zur Einführung externen Know-hows in die Vorbereitung und Durchführung einer formellen Auftragsvergabe, VergabeR 2007, 279; *Konstas,* Das vergaberechtliche Inhouse-Geschäft, Diss. 2004; *Kramer,* Beurkundung von Angebot und Annahme im Vergabeverfahren, VergabeR 2004, 706; *Krist,* Vergaberechtsschutz unterhalb der Schwellenwerte, Bestandsaufnahme und Ausblick, VergabeR 2011, 163; *Kulartz/Kus/Portz* (Hrsg.), Kommentar zum GWB-Vergaberecht, 3. Auflage 2014; *Kulartz/Steding,* IT-Leistungen, Fehlerfreie Ausschreibungen und rechtssichere Vertragsinhalte, 1. Auflage 2002; *Kulartz/Duikers,* Ausschreibungspflicht bei Vertragsänderungen, VergabeR 2008, 728; Kulartz/Kus/Portz (Hrsg.), Kommentar zum GWB-Vergaberecht, 3. Auflage 2014; *Kulartz/Marx/Portz/Prieß* (Hrsg.), Kommentar zur VOL/A, 3. Auflage 2014; *Kullack/Terner,* ZfBR 2004, 346; *Kus,* Die richtige Verfahrensart bei PPP-Modellen, insbesondere Verhandlungsverfahren und wettbewerblicher Dialog, VergabeR 2006, 851; *ders.,* Inhalt und Reichweite des Begriffs der Gesetzestreue in § 97 Abs. 4 GWB 2009, VergabeR 2010, 321; *Lapp,* Veranstaltung „IT-Dienstleistungen für Justiz und Verwaltung", Symposium an der Universität Passau, am 15.11.2006: „Vom wettbewerblichen Dialog zum vergabebegleitenden Trialog – Konfliktmanagement mit Mediation im Wettbewerb privater und öffentlich-rechtlicher IT-Dienstleister"; *Latotzky/Janz,* Der Bieter im Vergaberecht bei geringwertigen Auftragswerten: Ein fortdauerndes „Rechtsschutz-Prekariat"?, VergabeR 2007, 438; *Leinemann/Kirch,* ÖPP-Projekte konzipieren, ausschreiben, vergeben, Praxisleitfaden für Auftraggeber und Bieter, Bundesanzeiger Verlag, 2006; *Leinemann/Maibaum,* Die neue europäische einheitliche Vergabekoordinierungsrichtlinie für Lieferaufträge, Dienstleistungsaufträge und Bauaufträge – ein Optionsmodell, VergabeR 2004, 275; *Lensdorf,* Die Vergabe von öffentlichen IT- und Outsourcing-Projekten, Neue Möglichkeiten durch die Vergabe im Wege des wettbewerblichen Dialogs, CR 2006, 138; *Lensdorf/Steger,* Auslagerung von IT-Leistungen auf Public Private Partnerships, CR 2005, 161; *Ley,* Das neue Vergaberecht 2009, 1. Aufl. 2009; *Lindenthal,* Erläuterungen zu den neuen Standardmustern für Veröffentlichungen im EU-Amtsblatt gemäß Verordnung EG/1564/2005, VergabeR, 2006, 1; *Losch,* Brennpunkt „Rechtsschutz unterhalb der Schwellenwerte" – Der status quo, VergabeR 2006, 298; *dies.,* Interkommunale Zusammenarbeit – wie weit recht das Vergaberecht?, VergabeR 2006, 298; *dies.,* Akteneinsicht im Vergabeverfahren – ein Widerstreit zwischen Transparenzgebot und Geheimhaltungsschutz, VergabeR 2008, 739; *Lotze,* Daseinsvorsorge oder Wettbewerb? Zu den vergaberechtlichen Konsequenzen der EuGH-Entscheidung „Stadt Halle" für die Ver- und Entsorgungswirtschaft, VergabeR 2005, 278; *dies,* Beschaffung komplexer IT-Systeme, VergabeR 2012, 352; *Lueck/Oechsle,* Zur Nichtigkeit von de-facto-Vergaben ohne wettbewerbliches Verfahren, VergabeR 2004, 302; *Machwirth,* Rahmenvereinbarungen nach der neuen VOL/A, VergabeR 2007, 385; *Möller,* BauRB 2005, 376; *Mohr,* Ein soziales Vergaberecht? – Soziale Zwecke im Recht der öffentlichen Auftragsvergabe zwischen freiem Wettbewerb im Binnenmarkt und Schutz inländischer Arbeitsplätze, VergabeR 2009, 543; *Müglich,* AGB-rechtliche Überlegungen zur Auftragsvergabe nach BVB, CR 2004, 166; *Müller,* Verordnung über die Vergabe von Aufträgen im Bereich des Verkehrs, der Trinkwasserversorgung und der Energieversorgung Sektorenverordnung (SektVO) – ein Überblick, VergabeR 2010, 302; *Müller,* Interkommunale Zusammenarbeit und Vergaberecht, VergabeR 2005, 436; *Müller/Ernst,* Elektronische Vergabe ante portas – Übersicht über aktuelle und zukünftige Rechtsfragen, NJW 2004, 1768; *Müller/Gerlach,* Open-Source-Software und Vergaberecht, CR 2005, 87; *Müller/Veil,* Wettbewerblicher Dialog und Verhandlungsverfahren im Vergleich, VergabeR 2007, 298; *Müller-Wrede,* Verdingungsordnung für Leistungen VOL/A, 1. Auflage 2010; *ders.* (Hrsg.), Verdingungsordnung für Leistungen VOL/A, 2. Aufl. 2007; *ders.* (Hrsg.), Verdingungsordnung für Leistungen VOL/A, 3. Auflage 2010; *ders.* (Hrsg.) Vergabe- und Vertragsordnung für Leistungen VOL/A, 4. Auflage 2014; *ders.* (Hrsg.), GWB-Vergaberecht, Kommentar, 2. Aufl 2014; *ders.* (Hrsg.), ÖPP-Beschleunigungsgesetz 2006, S. 25 ff.; *ders.,* Unmittelbare Anwendbarkeit der Richtlinie 2004/18/EG, VergabeR 2005, 693; *Neumeyer,* RPA 2004, 143; *Noch,* Das neue Vergaberecht, BauRB 2005, 121; *ders.,* Bauleistung? Lieferleistung? Dienstleistung? Oder doch Bauleistung? BauRB 2005, 147; *ders.,* Vergaberecht kompakt, Verfahrensablauf und Entscheidungspraxis, 4. Auflage; *ders.,* Vergaberecht kompakt, Handbuch für die Praxis, 6. Auflage 2015; *Ohle/von dem Bussche,* Der Projektant als Bieter in komplexen IT/TK-Ausschreibungen, CR 2004, 791; *Ohle/Sebastiani,* Informationstechnologie und Vergabeverfahren, CR 2003, 510; *Ohler,* Frank Peter, Die c.i.c.-Haftung des öffentlichen Auftraggebers bei Fehlern im Vergabeverfahren, BauRB 2005, 153; *Ohrtmann,* Bietergemeinschaften – Chancen und Risiken, VergabeR 2008. 426; *dies,* Der Grundsatz produktneutraler Ausschreibung im Wandel?, VergabeR 2012, 376; *Ollmann,* Die kleine Vergaberechtsreform, VergabeR 2008, 447; *ders.,* Wettbewerblicher Dialog eingeführt, VergabeR 2005, 156; *ders.,* Das neue Vergaberecht, Eine kritische Darstellung der Arbeitsentwürfe, VergabeR 2004, 669; *Opitz,* Das Legislativpaket: Die neuen Regelungen zur Berücksichtigung umwelt- und sozialpolitischer Belange bei der Vergabe öffentlicher Aufträge, VergabeR 2004, 421; *ders.,* Wie funktioniert der wettbewerbliche Dialog, VergabeR 2006, 451; *ders.,* Die neue Sektorenverordnung, VergabeR 2009, 689; *Otting/Tresselt*, Grenzen der Loslimitierung, VergabeR 2009, 585; *Paul*, Das elektronische Vergabeverfahren, 1. Aufl. 2008 (Dissertation); *Prieß/Hausmann/Kulartz*, Beck'sches Formularbuch Vergaberecht, München 2004; *Prieß/Niestedt*, Rechtsschutz im Vergaberecht, Praxishandbuch für den Rechtsschutz bei der Vergabe öffentlicher Aufträge oberhalb und unterhalb der EG-Schwellenwerte, München 2006; *Pooth*, Muss man noch unverzüglich rügen?, VergabeR 2011, 358; *Portz*, Der EuGH bewegt sich: Keine Ausschreibung kommunaler Kooperationen nach dem Urteil „Stadtreinigung Hamburg", VergabeR 2009, 702; *ders.*, Flexible Vergaben durch Rahmenvereinbarungen: Klarstellungen durch die EU-Vergaberichtlinie 2014, VergabeR 2014, 523; *Pünder/Schellenberg* (Hrsg.), Vergaberecht, 2. Auflage 2015; *Pukall*, Die Neuregelung des Vergaberechts, Stand und Perspektiven, VergabeR 2006, 586; *Redeker*, Abgrenzung der VOF zur VOL, ITRB 2003, 131; *Reidt/Stickler/Glahs*, Vergaberecht Kommentar, 3. Auflage 2011; *Reuber*, Kein allgemeines Bewerbungsverbot wegen Vorbefassung, VergabeR 2005, 271; *Rosenkötter*, Rahmenvereinbarungen mit Miniwettbewerb – Zwischenbilanz eines neuen Instruments, VergabeR 2010, 368; *Rosenkötter/Fritz*, Vertragsänderungen nach den neuen Richtlinien, VergabeR 2014, 290; *Roth*, Reform des Vergaberechts – der große Wurf?, VergabeR 2009, 404; *Ruthig*, Vergaberechtsnovelle ohne Gesetzgebern – Zum GWB-Vergaberecht nach Ablauf der Umsetzungsfrist – Teil I, NZBau 2006, 137 ff.; *Schaller*, Kommentar zur VOL, 5. Auflage 2014; *ders.*, Dokumentations-, Informations-, Mitteilungs-, Melde- und Berichtspflichten im öffentlichen Auftragswesen, VergabeR 2007, 394; *Schimanek*, Vergaberechtliche Besonderheiten bei der Ausschreibung von IT-Leistungen, K&R 2004, 269; *Schwab/Seidel*, Revision der Rechtsmittelrichtlinien im Öffentlichen Auftragswesen: Was bringt die weitere Koordinierung der Klagerechte im Binnenmarkt?, VergabeR 2007, 699; *Sehrschön*, RPA 2004, 359; *Siegel*, Die Vergaberechtspflichtigkeit der In-State-Geschäfte, VergabeR 2006, 621; *ders.*, Die Behandlung gemischter Verträge nach dem neuen Vergaberecht, VergabeR 2007, 25; *Soudry/Hettich* (Hrsg.), Das neue Vergaberecht, Eine systematische Darstellung der neuen EU-Vergaberichtlinien 2014; Bundesanzeiger-Verlag (Band 49); *Spießhofer/Sellmann*, Rechtsschutz im Unterschwellenbereich – zur begrenzten Tragweite der Entscheidung des Bundesverfassungsgerichts, VergabeR 2007, 159; *Stolz*, Die Behandlung von Angeboten, die von den ausgeschriebenen Leistungspflichten abweichen, VergabeR 2008, 322; *Stoye/von Münchhausen*, Primärrechtsschutz in der GWB-Novelle – Kleine Vergaberechtsreform mit großen Einschnitten im Rechtsschutz, VergabeR 2008, 871; *Stoye/Hoffmann*, Nachunternehmerbenennung und Verpflichtungserklärung im Lichte der neuesten BGH-Rechtsprechung und der VOB/A 2009, VergabeR 2009, 569; *Terwiesche*, Ausschluss und Marktzutritt des Newcomers, VergabeR 2009, 26; *Varga*, Berücksichtigung sozialpolitischer Anforderungen nach dem neuen § 97 Abs. 4 S. 2 GWB – europarechtskonform?, VergabeR 2009, 535; *Völlink*, Die Nachforderung von Nachweisen und Erklärungen – eine Zwischenbilanz fünf Jahre nach ihrer Einführung, VergabeR 2015, 355; *Waldmann*, Zwischenbilanz: Stand der Reform des Vergaberechts am Ende der 16. Wahlperiode, VergabeR 2010, 298; *Werner*, Die Verschärfung der Mittelstandsklausel, VergabeR 2008, 262; *Weyand*, Vergaberecht, Praxiskommentar, 3. Auflage 2011 sowie 4. Auflage 2013; *Widmann*, Vergaberechtsschutz im Unterschwellenbereich, 1. Aufl. 2008 (Dissertation); *Ziekow*, In-House-Geschäfte – werden die Spielräume enger?, VergabeR 2006, 608; *Zielke*, Demnächst: Pflicht zur eVergabe – Chancen und mögliche Stolperfallen, VergabeR 2015, 273.

I. Einleitung

1. Begriff und Ziel des Vergaberechts

Als **Vergaberecht** wird die Gesamtheit der Normen bezeichnet, die ein Träger öffentlicher Verwaltung bei der Beschaffung von sachlichen Mitteln und Leistungen, die er zur Erfüllung von Verwaltungsaufgaben benötigt, zu beachten hat.[1] Wenn öffentliche Auftraggeber mit Unternehmen der Privatwirtschaft Verträge schließen, ist ein bestimmtes Regime an Regelungen zu berücksichtigen, die beiden Vertragspartnern bekannt sein müssen.

Ziel des Vergaberechts ist es, ua einen freien und offenen Wettbewerb auf den staatlichen Beschaffungsmärkten herzustellen, was den potentiellen Auftragnehmern die Möglichkeit gibt, den Binnenmarkt bestmöglich zu nutzen und den Auftraggebern die rationelle Verwendung öffentlicher Mittel (Haushaltsmittel) gestattet, um unter einer großen Auswahl wettbewerbsfähiger Angebote das beste Angebot zu wählen. Unter dem besten Angebot wird das **wirtschaftlichste Angebot** verstanden.[2]

Eine einheitliche Kodifizierung des Vergaberechts gibt es nicht; stattdessen besteht das Vergaberecht aus Regelungen der Europäischen Union sowie einer Vielzahl von nationalen Rege-

---

[1] S. BVerfG Urt. v. 13.6.2006 – 1 BvR 1160/03, NJW 2006, 3701.
[2] S. *Grünbuch*, Das öffentliche Auftragswesen in der europäischen Union, Überlegungen für die Zukunft, v. 27.11.1996, S. 8 und 9.

lungen. Der Begriff „Vergaberecht" umfasst dabei sowohl die Regelungen, die das eigentliche Vergabe**verfahren** regeln, als auch diejenigen besonderen **Vertragsbedingungen,** die der Beschaffung/dem Einkauf der öffentlichen Hand zu Grunde gelegt werden. Sondervorschriften für die Vergabe von IT-Leistungen bestehen nicht. Der öffentliche Auftraggeber muss innerhalb der strengen Vorgaben des Vergaberechts das für den konkret zu vergebenden Auftrag zutreffende Vergabeverfahren wählen und die dafür geltenden Vorschriften und Formalien beachten.

3 Die **verfahrensrechtlichen Regelungen** sind komplex, nicht zuletzt da diese – zum Großteil – auf EU-rechtlichen Vorgaben beruhen und in Deutschland in verschiedenen Gesetzen bzw. Verordnungen umgesetzt wurden.

4 Gleiches gilt für die **Vertragsgestaltung,** da üblicherweise die Einkaufsbedingungen der öffentlichen Hand zur Anwendung gelangen (EVB-IT bzw. teils auch noch BVB),[3] die selbst wiederum in verschiedene Dokumente aufgeteilt sind (ggf. Deckblatt, AGB, Vertrag samt weiterer Anlagen). Dies hat für beide Seiten erhebliche Konsequenzen, denn:

- AGB der IT-Unternehmen finden – in der Regel – keine Anwendung, da deren Vorlage im Vergabeverfahren bereits zum Ausschluss aus dem Verfahren führt.
- Meist werden aber auch keine individuellen Verträge ausgehandelt, da nur bestimmte Vergabeverfahren ein Verhandeln überhaupt gestatten.
- Für einige moderne IT-Leistungen wie Outsourcing, Cloud und Software as a Service sind noch keine Muster verfügbar, weshalb teils die vorhandenen Muster umfangreich ergänzt verwandt oder aber hierfür eigene Vertragsentwürfe durch den jeweiligen öffentlichen Auftraggeber erstellt werden.

2. Wirtschaftliche Bedeutung des Vergaberechts

5 Nach Schätzungen der EU-Kommission liegt das Geschäftsvolumen der öffentlichen Aufträge in der Europäischen Gemeinschaft bei einem Wert von jährlich ca. 1.500 Mrd. EUR. Dies entspricht **16 % des gesamten Bruttoinlandprodukts der EU.** Die Kommission geht anhand statistischer Untersuchungen davon aus, dass die Vergaberichtlinien insbesondere die Preise, die öffentliche Auftraggeber für Waren und Dienstleistungen zahlen, um etwa 30 % gesenkt haben. Das Ausmaß grenzüberschreitender Beschaffung bleibt mit knapp 3 % aller Angebote eher bescheiden.[4]

6 Laut Bundesinnenministerium beläuft sich der absolute Wert der in Deutschland jährlich vergebenen Aufträge auf ca. 250 Mrd. EUR. Die Gesamtzahl der öffentlichen Ausschreibungen liegt bei ca. 1,4 Mio. EUR.[5]

3. Einfluss des Europarechts

7 Für das Vergaberecht in seiner heutigen Form ist maßgeblicher Ausgangspunkt das Europarecht, das sich wie folgt untergliedert:

- Primäres Europarecht: die Bestimmungen des Vertrags über die Arbeitsweise der Europäischen Union (AEUV);
- Sekundäres Europarecht: die Vorschriften der Richtlinien über die Koordinierung der Vergabe öffentlicher Aufträge.

8 Für das Vergaberecht sind aus dem AEUV als zu beachtendes Primärrecht insbesondere folgende Vorschriften von erheblicher Bedeutung, was sich auch aus Art. 26 Abs. 2 AEUV[6] ableitet:

---

[3] EVB-IT: Ergänzende Vertragsbedingungen der öffentlichen Hand; BVB: Besondere Vertragsbedingungen. Im Detail → § 41.
[4] S. *Weyand*, Praxiskommentar Vergaberecht, einleitend unter Ziffer 2 zur wirtschaftlichen Bedeutung des Vergaberechts, Rn. 1 ff.
[5] S. *Weyand*, Praxiskommentar Vergaberecht, einleitend unter Ziffer 2 zur wirtschaftlichen Bedeutung des Vergaberechts, Rn. 5 ff.; *Noch*, Vergaberecht Kompakt, 6. Auflage 2015, Rn. 12.
[6] Art. 26 Abs. 2 AEUV bestimmt: „Der Binnenmarkt umfasst einen Raum ohne Binnengrenzen, in dem der freie Verkehr von Waren, Personen, Dienstleistungen und Kapital gemäß den Bestimmungen der Verträge gewährleistet wird".

I. Einleitung

- Vorschriften über die Marktfreiheiten, Art. 34, 49, 56 AEUV;
- Diskriminierungsverbot, Art. 18 AEUV;
- Freier Warenverkehr, Art. 34 AEUV;
- Freier Dienstleistungsverkehr, Art. 49, 56 AEUV;
- Arbeitnehmerfreizügigkeit, Art. 45 AEUV;
- Kapitalverkehrsfreiheit, Art. 63 AEUV.

Die Regelungen des AEUV sind direkt anzuwenden, wenn die Richtlinien als Rahmenrecht keine Anwendung finden oder eine Regelungslücke aufweisen. Im Binnenmarkt existiert somit kein europarechtsfreier Raum, selbst wenn zB an einer Ausschreibung in einem der Mitgliedstaaten nur Inländer beteiligt sind.[7] Die Regelungen finden zudem bei „eindeutig grenzüberschreitendem Interesse" am Auftrag auch für Verträge Anwendung, die **nicht den EU-Vergabe-RL unterfallen**, konkret also bei:

- Aufträgen unterhalb der Schwellenwerte
- vom Anwendungsbereich ganz oder teilweise ausgenommenen Aufträgen (zB Dienstleistungs-Konzessionen, sog IB-Dienstleistungen, dh der in Anhang I Teil B VOL/A genannten Dienstleistungen).

4. Vertragsschluss im Vergaberecht

Praxistipp:
Eine wesentliche Besonderheit des Vergaberechts liegt in der Art des Vertragsschlusses: Der Vertrag kommt dadurch zustande, dass der öffentliche Auftraggeber die Bedingungen (fachlich und rechtlich) vorgibt, das Unternehmen ein Angebot auf Basis der vom öffentlichen Auftraggeber veröffentlichten Bedingungen abgibt, über die in der Regel nicht verhandelt werden darf (Ausnahmen: Verhandlungsverfahren und Wettbewerblicher Dialog), und der öffentliche Auftraggeber sodann dem wirtschaftlichsten Angebot (das er anhand veröffentlichter Zuschlagskriterien ermittelt) den Zuschlag erteilt, somit dieses Angebot annimmt. **Mit dieser Zuschlagserteilung kommt der Vertrag zustande.**

Die Zuschlagserteilung, die schriftlich erfolgen soll, stellt die Annahmeerklärung des ausschreibenden öffentlichen Auftraggebers (§§ 145 ff. BGB) auf das Angebot des Bieters dar, das wiederum auf den Vorgaben des öffentlichen Auftraggebers beruht. § 21 EG Abs. 2 VOL/A bringt dies klar zum Ausdruck: Der Zuschlag stellt die Annahme des Angebots dar. Die Regelung bestimmt weiter, dass der Zuschlag in Schriftform, elektronischer Form oder mittels Telekopie zu erfolgen hat.[8]

Eine **Vertragsurkunde** im üblichen Sinne, die von beiden Vertragspartnern unterzeichnet wird, ist nicht erforderlich, dient somit eigentlich nur Beweiszwecken. Dies war in § 28 Nr. 2 Abs. 1 VOL/A aF ausdrücklich geregelt. Diese Regelung ist in der aktuellen Fassung zwar nicht mehr vorhanden, was aber an diesem Grundsatz nichts ändert.[9]

Praxistipp:
Es kann jedoch nur empfohlen werden, eine schriftliche, beidseits unterzeichnete Vertragsurkunde zu erstellen, da es später – wie in allen IT-Projekten – zu Meinungsverschiedenheiten kommen kann und sich vieles über einen schriftlich fixierten, eindeutigen, beidseitig unterzeichneten Vertragstext samt Anlagen leichter klären lässt.

---

[7] S. EuGH Urt. v. 25.4.1996 – C-87/94 – Kommission ./. Königreich Belgien – „Wallonische Busse", Slg. 1996 I, 2043.
[8] § 28 Nr. 1 Abs. 1 VOL/A sah in seiner alten Fassung zur Zuschlagserteilung grds. nur die Schriftform vor.
[9] S. *Kramer* VergabeR 2004, 706.

II. Aufbau des Vergaberechts: Überblick über die rechtlichen Grundlagen

1. Einschlägige Vorschriften

12 Das Vergaberecht ist nicht einheitlich in einem Gesetz, sondern in einer Vielzahl unterschiedlicher Normen auf unterschiedlichen Ebenen geregelt. Es muss unterschieden werden zwischen **EU-Vergaberecht**, dh Vergaben oberhalb der sogenannten Schwellenwerte,[10] und dem **nationalen Vergaberecht**, dh Vergaben unterhalb dieser Schwellenwerte. Der **Aufbau des materiellen Vergaberechts** stellt sich daher wie folgt dar:

13 **Rechtsgrundlagen oberhalb der Schwellenwerte (EU-Ebene/Oberschwellenvergabe)**
Europäisches Primärrecht (s. Rn. 8)
Europäisches Sekundärrecht: EU-Richtlinien im Europäischen Gemeinschaftsrecht
die Regelungen der **§§ 97 ff. GWB** (4. Teil des GWB) in der jeweils gültigen Fassung[11]
die **Vergabeverordnung** (VgV),[12] die **Sektorenverordnung** (SektVO)[13] sowie die **Vergabeverordnung Verteidigung und Sicherheit** (VsVgV)[14] in der jeweils gültigen Fassung,
die Vergabe- und Vertragsordnung für Bauleistungen (VOB/A), für freiberufliche Leistungen **(VOF)** und für sonstige Leistungen (VOL/A).[15]

Diese Vorschriften sind in der dargestellten Reihenfolge zu beachten (**Kaskaden-Prinzip**).
Rechtsgrundlagen unterhalb der Schwellenwerte (nationale Ebene/Unterschwellenvergabe)
Haushaltsrecht, §§ 7 HGrG, 7 BHO, 55 LHO, 29 ff. GemHVO
VOB/A, Abschnitt 1
VOL/A, Abschnitt 1
Diverse Landesvergabegesetze

---

[10] → Rn. 73 ff.
[11] Gesetz gegen Wettbewerbsbeschränkungen (GWB) in der Fassung der Bekanntmachung vom 15.7.2005 (BGBl. I S. 2114), zuletzt geändert durch Artikel 1 des Gesetzes vom 20.4.2009 (BGBl. I S. 790) samt Berichtigung vom 9.7.2009, BGBl. I S. 1795 (vom 15.7.2009).
[12] Verordnung über die Vergabe öffentlicher Aufträge in der Fassung der Bekanntmachung vom 11.2.2003 (BGBl. I S. 169); geändert durch Artikel 2 des Gesetzes vom 20.4.2009 (BGBl. I S. 790); geändert durch Artikel 1 der Verordnung zur Anpassung der Verordnung über die Vergabe öffentlicher Aufträge (Vergabeverordnung – VgV) sowie der Verordnung über die Vergabe von Aufträgen im Bereich des Verkehrs, der Trinkwasserversorgung und der Energieversorgung (Sektorenverordnung – SektVO) v. 7.6.2010 (BGBl. I S. 724); zuletzt geändert durch Artikel 1 der Verordnung vom 9.5.2011, BGBl. I S. 800.
[13] Verordnung über die Vergabe von Aufträgen im Bereich des Verkehrs, der Trinkwasserversorgung und Energieversorgung (SektVO) v. 23.9.2010 (BGBl. I 2009 S. 3110); zuletzt geändert durch Artikel 1 der Verordnung zur Anpassung der Verordnung über die Vergabe öffentlicher Aufträge (Vergabeverordnung – VgV) sowie der Verordnung über die Vergabe von Aufträgen im Bereich des Verkehrs, der Trinkwasserversorgung und der Energieversorgung (Sektorenverordnung – SektVO) v. 7.6.2010 (BGBl. I S. 724) – nicht Gegenstand dieses Kapitels.
[14] Vergabeverordnung für die Bereiche Verteidigung und Sicherheit zur Umsetzung der Richtlinie 2009/81/EG des Europäischen Parlaments und des Rates vom 13. Juli 2009 über die Koordinierung der Verfahren zur Vergabe bestimmter Bau-, Liefer- und Dienstleistungsaufträge in den Bereichen Verteidigung und Sicherheit und zur Änderung der Richtlinien 2004/17/EG und 2004/18/EG – nicht Gegenstand dieses Kapitels.
[15] S. zur Einführung in die Vergabe von IT-Leistungen *Grützmacher* ITRB 2002, 236; *Kulartz/Steding* IT-Leistungen, Fehlerfreie Ausschreibungen und rechtssichere Vertragsinhalte.

Das Kaskadensystem

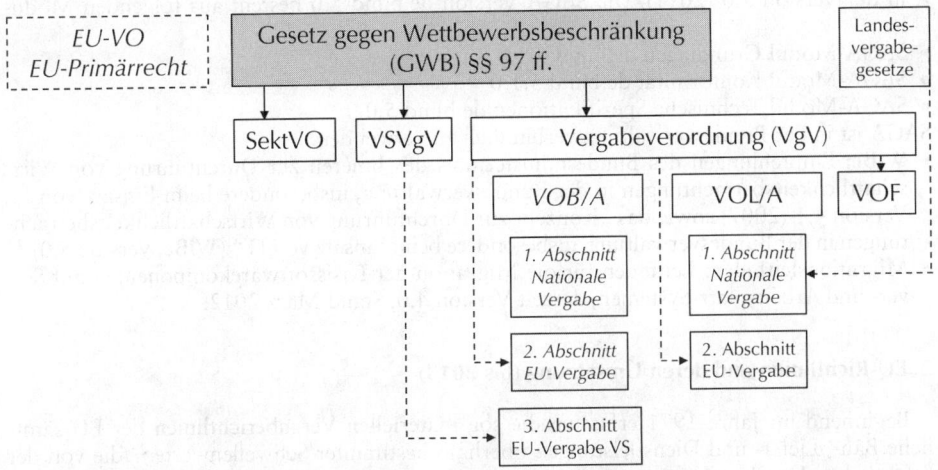

Auf EU-Ebene sind zudem folgende **Verordnungen** zu beachten: 14
- Schwellenwerte-VO (EG) 1336/2013:[16] Anpassung erfolgt alle 2 Jahre; das nächste Mal zum 1.1.2016.
- CPV- Verordnung VO (EG) 2151/2003:[17] CPV steht für Common Procurement Vocabulary; dieses ist zwingend bei jeder Vergabebekanntmachung zu verwenden und soll den Bietern aufgrund der einheitlichen Nomenklatur das Auffinden der relevanten Vergaben erleichtern.
- Verordnung Nr. 1182/71 zur Festlegung der Regeln für Fristen, Daten und Termine:[18] Aus dieser ergibt sich, dass stets „Kalendertage" gemeint sind, wenn im Vergaberecht von „Tagen" die Rede ist.
- Verordnung über Standardformulare VO (EU) 842/ 2011:[19] Diese Verordnung regelt die verpflichtende Anwendung der eingeführten EU-Standardformulare (so ua zur Vergabebekanntmachung im EU-Amtsblatt).

Zudem sind folgende **Unterlagen**[20] relevant, die für alle an einer Vergabe Beteiligten hilfreich sind. Teilweise wird deren zwingende Beachtung bzw. Vorgabe in der Praxis vorgesehen, obwohl den Dokumenten selbst kein zwingender Charakter zukommt. Letztlich handelt es sich überwiegend um Empfehlungen des Beauftragten der Bundesregierung für Informationstechnik „Bundes-CIO, vormals KBSt":[21] 15

- **UfAB V:** Unterlage für Ausschreibung und Bewertung von IT-Leistungen, derzeit Version 2.0 (2010) samt Sonderheft 2012 zur Aktualisierung der UfAB V – Version 2.0

---

[16] Verordnung (EU) Nr. 1336/2013 der Kommission vom 13. Dezember 2013 zur Änderung der Richtlinien 2004/17/EG, 2004/18/EG und 2009/81/EG des Europäischen Parlaments und des Rates im Hinblick auf die Schwellenwerte für Auftragsvergabeverfahren ABl. EU Nr. L 335 S. 17 ff.

[17] Verordnung (EU) Nr. 2151/2003 der Kommission vom 16. Dezember 2003 zur Änderung der Verordnung (EG) Nr. 2195/2002 des Europäischen Parlaments und des Rates über das Gemeinsame Vokabular für öffentliche Aufträge (CPV), ABl. Nr. L 329 vom 17.12.2003, S. 1 ff.

[18] Verordnung (EWG, Euratom) Nr. 1182/71 des Rates vom 3. Juni 1971 zur Festlegung der Regeln für die Fristen, Daten und Termine, ABl. Nr. L 124 vom 8.6.1971, S. 1 f.

[19] Durchführungsverordnung (EU) Nr. 842/2011 der Kommission vom 19. August 2011 zur Einführung von Standardformularen für die Veröffentlichung von Vergabebekanntmachungen auf dem Gebiet der öffentlichen Aufträge und zur Aufhebung der Verordnung (EG) Nr. 1564/2005; Link zu den Formularen: http://www.simap.europa.eu/buyer/forms-standard/index_de.htm.

[20] Abzurufen unter: www.cio.bund.de.

[21] KBSt = Koordinierungs- und Beratungsstelle der Bundesregierung für Informationstechnik in der Bundesverwaltung.

- **SAGA:** Standards und Architekturen für E-Government-Anwendungen" (SAGA), derzeit in der Version 5.0 (2011). Die SAGA-Version de.bund 5.0 besteht aus folgenden Modulen:
- SAGA-Modul Grundlagen de.bund 5.1.0
- SAGA-Modul Konformität de.bund 5.1.0
- SAGA-Modul Technische Spezifikationen de.bund 5.0.0

SAGA ist in der Bundesverwaltung verbindlich zu verwenden.

- **WiBe:** Empfehlungen des Bundesministeriums des Inneren zur Durchführung von Wirtschaftlichkeitsbetrachtungen in der Bundesverwaltung, insbesondere beim Einsatz von IT, Version 4.1 (2007) sowie das „Konzept zur Durchführung von Wirtschaftlichkeitsbetrachtungen in der Bundesverwaltung, insbesondere beim Einsatz von IT" (**WiBe**, Version 5.0).[22]
- **Migrationsleitfaden:** Leitfaden für die Migration der Basissoftwarekomponenten auf Server- und Arbeitsplatz-Systemen, derzeit Version 4.0, Stand März 2012.

2. EU-Richtlinien und deren Umsetzung (bis 2013)

16 Beginnend im Jahre 1971 erfassten die sog **materiellen Vergaberichtlinien** der EU sämtliche Bau-, Liefer- und Dienstleistungen oberhalb bestimmter Schwellenwerte,[23] die von der öffentlichen Hand in Auftrag gegeben werden. Diese materiellen Vergaberichtlinien wurden ergänzt durch **Rechtsmittelrichtlinien**, die die prozessualen Mindestanforderungen für Vergabe-Nachprüfungsverfahren bei Beschwerden von Bietern regeln und somit die in den materiellen Vergaberichtlinien festgelegten Rechtspositionen der Bieter und damit die Verpflichtungen der öffentlichen Hand stärken.

17 Es lagen folgende **EU-Richtlinien** vor, die in Deutschland in nationales Recht umgesetzt wurden:
- Liefer-Koordinierungs-Richtlinie (RL 93/36/EWG – LKR);
- Bau-Koordinierungs-Richtlinie (RL 93/37/EWG – BKR);
- Dienstleistungs-Richtlinie (RL 92/50/EWG – LKR);
- dazugehörig die Rechtsmittel-Richtlinie (RL 89/665/EWG);
- Sektoren-Richtlinie zu Liefer-, Bau- und Dienstleistungen im Bereich der Wasser-, Energie-, Verkehrsversorgung (RL 93/38/EWG);
- dazugehörig die Rechtsmittel-Richtlinie Sektoren (RL 92/13/EWG).

18 Im Rahmen des sogenannten Legislativpakets der Europäischen Kommission zur Vereinfachung, Modernisierung und Flexibilisierung der vier materiellen **EU-Vergaberichtlinien** (erstes großes Reformpaket) verabschiedeten das Europäische Parlament und der Rat am 31.3.2004 die Richtlinien **2004/17/EG und 2004/18/EG**,[24] die das europäische Vergaberecht vereinheitlichen und modernisieren sollten. Die Richtlinie 2004/18/EG wird meist als die **klassische Richtlinie** bezeichnet und in der Regel mit **VKR** abgekürzt. Sie betrifft die klassischen öffentlichen Auftraggeber im Sinne von § 98 Nr. 1 bis 3 GWB.[25] Die Richtlinie 2004/17/EG betrifft die sogenannten Sektorenauftraggeber (Auftraggeber im Bereich Wasser-, Energie- und Verkehrsversorgung sowie der Postdienste) und wird in der Regel mit **SKR** abgekürzt.

19 Die Frist für die Umsetzung dieser Richtlinien in den Mitgliedstaaten endete zum **31.1.2006**. Deren Umsetzung in deutsches Recht erfolgte (zuletzt mit der Reform 2009), wenn auch nicht fristgerecht, in folgenden Iterationsschritten:
- ÖPP Beschleunigungsgesetz 2005,[26]
- Neufassung der Verdingungsordnungen in 2006:
- VOB/A 2006 vom 20.3.2006, BAnz. Nr. 94a v. 18.5.2006;
- VOL/A 2006 vom 6.4.2006, BAnz. Nr. 100a v. 30.5.2006;

---

[22] Anlage zum Beschluss Nr. 2015/3 des Rates der IT-Beauftragten der Ressorts vom 19. Februar 2015.
[23] → Rn. 73 ff.
[24] ABl. EU Nr. L 134 S. 1 f., S. 114 ff.; s. a. *Frenz* VergabeR 2009, 1.
[25] → Rn. 87 ff.
[26] BGBl. I 2005, S. 2676 ff. vom 7.9.2005.

- VOF 2006 vom 16.3.2006, BAnz. Nr. 91a v. 13.5.2006;
- Gesetz zur Modernisierung des Vergaberechts vom 20.4.2009, veröffentlicht am 23.4.2009, enthielt Änderungen in GWB und VgV;[27]
- Inkrafttreten der so genannten Sektorenverordnung vom 29.9.2009 für die Vergaben so genannter Sektorenauftraggeber;[28]
- Verordnung zur Anpassung der Verordnung über die Vergabe öffentlicher Aufträge (Vergabeverordnung – VgV) sowie der Verordnung über die Vergabe von Aufträgen im Bereich des Verkehrs, der Trinkwasserversorgung und der Energieversorgung (Sektorenverordnung – SektVO) vom 7.6.2010;[29] sowie
- Neufassung der Vergabe- und Vertragsordnungen in 2009:
- VOB/A 2009 vom 31.7.2009, BAnz. Nr. 155 (ber. 2010 Nr. 36);
- VOL/A 2009 vom 20.11.2009, BAnz. Nr. 196a v. 29.12.2009 (ber. 2010 S. 755);
- VOF 2006 vom 18.11.2009, BAnz. Nr. 185a.
- Neuveröffentlichung der VgV am 10.6.2010.

Die **Reformierung des vergaberechtlichen Rechtsschutzsystems** – in Folge der seit Erlass der früheren Rechtsmittelrichtlinien[30] an diesen deutlich gewordenen Defizite – stellte neben Erlass von VKR und SKR das **zweite große Reformpaket des europäischen Vergaberechts** dar. Die Rechtsmittel-Richtlinie[31] hatte die Verbesserung der Wirksamkeit der Nachprüfungsverfahren im Bereich des öffentlichen Auftragswesens zum Inhalt. Sie gilt für alle öffentlichen Aufträge, die in den persönlichen und sachlichen Anwendungsbereich der Richtlinien 2004/17/EG (SKR) und 2004/18/EG (VKR) fallen. Der Gegenstand der Richtlinie war die Überarbeitung der bestehenden Rechtsmittel-Richtlinien.[32]

3. Neue EU-Richtlinien 2014 (Drittes großes Reformpaket)

a) Richtlinien-Paket. Der Europäische Gesetzgeber hat 2014 mit dem Paket zur Modernisierung des europäischen Vergaberechts ein vollständig überarbeitetes Regelwerk für die Vergabe öffentlicher Aufträge und Konzessionen vorgelegt. Dieses Modernisierungspaket umfasst folgende drei Richtlinien, die zum 17.4.2014 in Kraft getreten sind:
- die Richtlinie über die Vergabe öffentlicher Aufträge (RL 2014/24/EU),[33]
- die Richtlinie über die Vergabe von Aufträgen durch Auftraggeber im Bereich der Wasser-, Energie- und Verkehrsversorgung sowie der Postdienste (Sektoren-Richtlinie, RL 2014/25/EU[34] und
- die neue Richtlinie über die Vergabe von Konzessionen.[35]

Diese Richtlinien sind binnen 2 Jahren, also bis zum 18. April 2016 in deutsches Recht umzusetzen. Zur Umsetzung der so genannten eVergabe (elektronische Vergabe) besteht Aufschub bis zum 18.10.2018.

b) Unmittelbare Anwendbarkeit der EU-Richtlinien.[36] Sollten die EU-Richtlinien nicht fristgemäß umgesetzt werden, stellt sich die Frage, ob und inwieweit diese dann ab 19.4.2016 bzw. hinsichtlich der eVergabe ab 19.10.2018 unmittelbar zu beachten und anzuwenden sind. Letztlich stellt sich diese Frage stets bei nicht zeitgerechter Umsetzung sowie auch dann, wenn EU-Richtlinien unzureichend umgesetzt werden.

---

[27] BGBl. I 2009, 790 ff.
[28] BGBl. I 2009, 3110 ff.
[29] BGBl. v. 10.6.2010, S. 724.
[30] → Rn. 16.
[31] Richtlinie 2007/66/EG des Europäischen Parlamentes und des Rates vom 11. Dezember 2007, zur Änderung der Richtlinien 89/665/EWG und 92/13/EWG des Rates im Hinblick auf die Verbesserung der Wirksamkeit der Nachprüfungsverfahren bezüglich der Vergabe öffentlicher Aufträge (Rechtsmittelrichtlinien).
[32] Diese Richtlinie war bis zum **20.12.2009** in den Mitgliedstaaten umzusetzen (Art. 3 der RL).
[33] ABl. EU Nr. L 94/65; ersetzt die bisherige Vergabekoordinierungsrichtlinie (VKR) 2004/18/EG. S. a. *Gröning* VergabeR 204, 339.
[34] ABl. EU Nr. L 94/243; ersetzt die bisherige Sektorenrichtlinie (SKR) 2004/17/EG.
[35] ABl. EU Nr. L 94/1.
[36] S. *Müller-Wrede* VergabeR 2005, 693.

23 Bei nicht rechtzeitiger oder unzureichender Umsetzung von EU-Richtlinien kommt dieser Frage der **unmittelbaren Wirkung oder Anwendbarkeit** erhebliche Bedeutung zu, da dies zum einen die öffentliche Hand zur Anwendung verpflichtet und zum anderen dem Bieter das Berufen auf Vorschriften der EU-Richtlinie ermöglicht.

24 Die Richtlinien sind nicht darauf angelegt, in den Mitgliedstaaten als Rechtsvorschriften unmittelbar zur Anwendung zu gelangen (vgl. Art. 288 Abs. 3 AEUV): Die Richtlinien richten sich lediglich an die Mitgliedstaaten selbst und sind für diese nur hinsichtlich des zu erreichenden Ziels verbindlich. Sie überlassen jedoch den Mitgliedstaaten die Wahl der Form und der Mittel, wie sie das Ziel der jeweiligen Richtlinie erreichen. Es bedarf somit der zielgerechten Umsetzung durch jeden einzelnen Mitgliedstaat in sein innerstaatliches Recht.

25 In bestimmten Fällen ist eine unmittelbare Wirkung jedoch gemeinschaftsrechtlich zwingend (Anwendungsvorrang des Gemeinschaftsrechts), legitim und ständige Rechtsprechung des *EuGH*,[37] allerdings nicht in Bezug auf die Richtlinie als solche, sondern auf bestimmte Vorschriften der Richtlinie.

> **Praxistipp:**
> **26** Eine **unmittelbare Wirkung** kann einzelnen Vorschriften einer EU-Richtlinie unter folgenden **Voraussetzungen** zukommen:
> - die Richtlinie wurde nicht fristgemäß oder nur unzulänglich umgesetzt;
> - die Vorschrift, die unmittelbare Wirkung entfalten soll, muss hinreichend genau und inhaltlich unbedingt sein;
> - die Bestimmung muss ein subjektiv-öffentliches Recht oder zumindest die Begünstigung eines Einzelnen enthalten (im Nachprüfungsverfahren hat dies zur Folge, dass eine bieterschützende Norm verletzt sein muss), strittig;[38]
> - es darf zu keiner Regelung zu Lasten eines Einzelnen kommen (keine „umgekehrte vertikale Wirkung").[39]
>
> Ob diese Voraussetzungen erfüllt sind, muss bei jeder einzelnen Vorschrift der EU-Richtlinien sorgfältig überprüft werden

27 **c) Aktueller Stand zur Umsetzung der EU-Richtlinien 2014.** Zur Umsetzung der Richtlinien hat die Bundesregierung **erste Eckpunkte für die Vergaberechtsreform**[40] veröffentlicht, in denen die Umsetzungsstrategie dargestellt wird. Ziel ist die umfassende Reformierung, Modernisierung und Vereinfachung sowie anwendungsfreundlichere Gestaltung. Es soll mehr Flexibilität bei der Vergabe bestehen. Hierzu soll ua die Möglichkeit zur Verhandlung mit den Bietern ausgeweitet werden und der öffentliche Auftraggeber frei zwischen offenem und nichtoffenem Verfahren wählen können. Die Regelungen zur Verfolgung strategischer Ziele (wie umweltbezogene, soziale oder innovative Aspekte) sollen ausgeweitet werden, wohl insbesondere bei Vorliegen bestimmter Voraussetzungen durch einen pauschalen Verweis auf Gütezeichen/Labels bei Beschreibung der Leistung und bei Festlegung von Zuschlagskriterien. Weiter soll sichergestellt werden, dass die geltenden sozial- und arbeitsrechtlichen Verpflichtungen eingehalten werden, wie ua ein bundesweiter gesetzlicher Mindestlohn. Weiter sollen deutlich erleichterte Vergabeverfahren für soziale Dienstleistungen eingeführt werden. Außerdem sollen – wie es die EU-Richtlinien auch ausdrücklich unter Kodifizierung vorliegender EuGH-Rechtsprechung vorsehen – Inhouse-Vergaben ebenso erleichtert werden wie die Anpassung bestehender Verträge. Ziel ist weiterhin, eine mit-

---

[37] Seit EuGH Urt. v. 17.12.1970 – 33/70, Slg. 1970, 1213 – Spa SPACE.; EuGH Urt. v. 4.12.1974 – 41/74, Slg. 1974, 1337 – van Duyn.
[38] Zur Diskussion, in: Streinz/*Schroeder*, EUV/EGV, 1. Aufl. 2003, Art. 249 Rn. 13 f.
[39] S. hierzu mwN zur unmittelbaren Anwendbarkeit der VKR sowie auch zur Richtlinienwirkung in Dreiecksverhältnissen *Müller-Wrede* VergabeR 2005, 693; S. hierzu mwN zur unmittelbaren Anwendbarkeit der VKR sowie auch zur Richtlinienwirkung in Dreiecksverhältnissen *Müller-Wrede* VergabeR 2005, 693.
[40] S. http://www.bmwi.de/BMWi/Redaktion/PDF/E/eckpunkte-zur-reform-des-vergaberechts,property=pdf, bereich=bmwi2012,sprache=de,rwb=true.pdf; zur Pressemitteilung vom 7.1.2015: http://www.bmwi.de/DE/Presse/pressemitteilungen,did=677832.html.

telstandsfreundliche Vergabe zu gewährleisten. So soll der Vorrang der Losvergabe bestehen bleiben und für geforderte Mindestumsätze eine Höchstgrenze eingeführt werden. Für kleine Unternehmen und Neueinsteiger muss eine reale Chance bestehen, Aufträgen zu erhalten.

Von wesentlicher Bedeutung ist hierbei, dass es im Bereich der Vergabe von Lieferungen, Leistungen und Dienstleistungen eine neue Vorschriftenstruktur geben soll, wonach die Regelwerke der VOL/A und VOF aufgehoben und inhaltlich in die Vergabeverordnung (VgV) integriert werden sollen. Für die Vergabe von Konzessionen (Bau und Dienstleistungen) soll es eine neue Rechtsverordnung geben.

Die EU-Richtlinien sehen die verbindliche Einführung der elektronischen Kommunikation im Vergabeverfahren vor (eVergabe). So müssen Angebote künftig grundsätzlich elektronisch eingereicht werden. Ausnahmen sind abschließend definiert. Bei der Umsetzung soll im Hinblick auf den va bei kommunalen Vergabestellen sowie kleinen und mittleren Unternehmen anfallenden, erheblichen Umstellungsaufwand bei der Umsetzung darauf geachtet werden, dass alle Betroffenen ausreichend Zeit für die notwendigen technischen Anpassungen haben. Daher sollen die betroffenen Vergabestellen die längere Umsetzungsfrist für die Einführung der elektronischen Kommunikation voll ausschöpfen können. Im Übrigen werden die rechtlichen Vorgaben zur elektronischen Kommunikation und zum Datenaustausch mithilfe von elektronischen Mitteln für die verschiedenen Leistungsarten einheitlich ausgestaltet. Die Umstellung auf E-Vergabe für Bund, Länder und Kommunen wird eng durch den IT-Planungsrat begleitet.

Zu beachten ist, dass die neuen Richtlinien in der Rechtsprechung als „Orientierungsleitlinien" bereits erste Beachtung finden.[41] Insoweit wird nachfolgend an ausgewählten Stellen bei wesentlichen Aspekten der Rechtsrahmen der EU-Richtlinien ebenfalls mit herangezogen.

> **Praxistipp:**
> Der Zeitplan für die weitere Umsetzung sieht laut BMWi (derzeit) wie folgt aus:
> - Gesetzgebung Bundestag und Bundesrat Herbst 2015
> - Kabinettbeschluss zu den Verordnungen Herbst 2015
> - Bundesrat-Zustimmung Winter 2015/2016
> - Inkrafttreten Umsetzung 18. April 2016
>
> Beachtenswert ist auch, dass nach Umsetzung der EU-Vergaberichtlinien zeitnah der Anpassungsbedarf für Vergaben unterhalb der EU-Schwellenwerte geprüft werden soll.

Zunächst hat das Bundesministerium für Wirtschaft und Energie den **Referentenentwurf des Vergaberechtsmodernisierungsgesetzes (VergModG)**[42] **mit Bearbeitungsstand 30.4. 2015**[43] vorgelegt und der Verbändeanhörung zugeleitet. Inzwischen hat am 8.7.2015 das Bundeskabinett den Regierungsentwurf zur Modernisierung des Vergaberechts (mit Änderungen gegenüber dem Referentenentwurf) verabschiedet. Dieser wird im Herbst 2015 ins Gesetzgebungsverfahren gehen. Kern des VergModG ist die komplette Neufassung des Teils 4 des GWB über die Vergabe von öffentlichen Aufträgen und Konzessionen, der nach dem Referentenentwurf nun 90 Paragraphen enthält. Eine Vielzahl von Regelungen aus VgV und den Vergabe- und Vertragsordnungen sind dabei ins GWB „gewandert", so insbesondere neu die Regelungen über die Durchführung der Vergabeverfahren. Es sollen die wesentlichen Vorgaben zur Vergabe öffentlicher Aufträge und Konzessionen nun im GWB geregelt sein, so insbesondere die allgemeinen Grundsätze des Vergaberechts, den Anwendungsbereich, die Vergabearten, die grundsätzlichen Anforderungen an Eignung und Zuschlag, die Anforderungen an die Selbstreinigung von Unternehmen und die neuen Vorgaben der EU-Vergaberichtlinien für

---

[41] Vgl. *Soudry/Hettich* (Hrsg), Das neue Vergaberecht, Vorwort.
[42] Abrufbar unter: http://www.bmwi.de/BMWi/Redaktion/PDF/P-R/reform-des-vergaberechts-referentenentwurf,property=pdf,bereich=bmwi2012,sprache=de,rwb=true.pdf
[43] **Hinweis:** Dieses Kapitel beruht auf den zum Zeitpunkt der Drucklegung in Kraft befindlichen Bestimmungen und nicht auf dem noch in Abstimmung befindlichen Gesetzesentwurf, dem auch noch Aktualisierungen weiterer Bestimmungen außerhalb des GWB folgen werden.

die Kündigung sowie die Änderungen von öffentlichen Aufträgen und Konzessionen während der Vertragslaufzeit. Der Erleichterung der praktischen Anwendung soll es dienen, dass der Ablauf des Vergabeverfahrens von der Leistungsbeschreibung über die Prüfung von Ausschlussgründen, die Eignungsprüfung, den Zuschlag bis hin zu den Bedingungen für die Ausführung des Auftrags erstmals im Gesetz vorgezeichnet wird.[44] Es liegen bereits erste Stellungnahmen vor, in denen ua begrüßt wird, dass der öffentliche Auftraggeber künftig die freie Wahl zwischen offenem und nichtoffenem Verfahren haben soll.[45]

4. GWB: Vorschriften des 4. Teils: §§ 97–101 GWB

32   Der 4. Teil des GWB, eingeführt durch das zum 1.1.1999 in Kraft getretene **Vergaberechtsänderungsgesetz**,[46] regelt in drei Abschnitten Folgendes:
- Grundsätze des Vergabeverfahrens in §§ 97–101b GWB (1. Abschnitt),[47]
- Vorschriften zum Nachprüfungsverfahren in §§ 102–124 GWB (2. Abschnitt),[48]
- Regelungen über Rechtsmissbrauch, Schadensersatz, Ermächtigungsgrundlagen und Kosten in §§ 125–129 GWB (3. Abschnitt).[49]

Nachdem §§ 97–101b GWB nur die Grundzüge des Vergabeverfahrens, nicht aber dessen Einzelheiten regeln, mussten die Einzelheiten kraft der in §§ 97 Abs. 6, 127 GWB erteilten Ermächtigungen im Verordnungswege geregelt werden.

5. Vergabeverordnung

33   Auf Basis der Ermächtigung in § 97 Abs. 6 GWB wurde die Vergabeverordnung erlassen, die seit ihrer ersten Bekanntmachung im Jahre 2003 mehrfache Änderungen erfahren hat. Derzeit liegt sie in der letzten Änderungsfassung 2013 vor und ist in dieser Fassung anzuwenden.[50]

34   Die VgV dient (noch) als eine **Art Schnittstelle** zwischen dem Gesetz (GWB) und den einzelnen Vergabe- und Vertragsordnungen, da auch sie keine Regelungen über die Einzelheiten des Vergabeverfahrens enthält.

35   Die aktuelle VgV enthält – infolge der vielfachen Änderungen, die ua zur Entschlackung der VgV führten – nur noch folgende Regelungen:
- § 1 Zweck der Verordnung
- § 2 Anwendungsbereich:
  - Nur im Oberschwellenbereich anwendbar,
  - Verweis auf die SektVO[51] für die sogenannten Sektorenauftraggebern (Trinkwasser-/Energieversorgung, Verkehr),
  - Keine Anwendung auf verteidigungs- und sicherheitsrelevante Aufträge im Sinne des § 99 Abs. 7 GWB:[52]
- § 3 Schätzung des Auftragswerts,
- § 4 Vergabe von Liefer- und Dienstleistungsaufträgen,

---

[44] So unter einleitend B. des Referentenentwurfs zum VergModG (Seite 2).
[45] So u. a. die Stellungnahme des DAV durch den Ausschuss VergabeR im Mai 2015 (http://anwaltverein.de/de/newsroom/sn-26-15-durch-den-ausschuss-vergaberecht-zum-referentenentwurf-vom-30-04-2015-zum-entwurf-eines-gesetzes-zur-modernisierung-des-vergaberechts/); s.a. Stellungnahme der Bundesvereinigung der kommunalen Spitzenverbände vom 26.5.2015 (s. http://www.dstgb.de/dstgb/Homepage/Aktuelles/2015/Vergabe%20einfachen/), Stellungnahme des Deutschen Industrie- und Handelskammertags vom 26.5.2015 (http://www.dihk.de/themenfelder/recht-steuern/rechtspolitik/nationale-stellungnahmen/dihk-positionen-zu-nationalen-gesetzesvorhaben).
[46] VgRÄG vom 28.8.1998, BGBl. I S. 2512.
[47] Vgl. hierzu Ausführungen zu den Grundprinzipien des Vergaberechts → Rn. 48 ff.
[48] → Rn. 412 ff., 482 ff.
[49] → Rn. 488 f.
[50] Vergabeverordnung (VgV) in der Fassung der Bekanntmachung vom 11.02.2003 (BGBl. I S. 169), zuletzt geändert durch Artikel 1 der Verordnung vom 15.10.2013 (BGBl. I S. 3854).
[51] SektVO vom 23.9.2009, BGBl. I S. 3110.
[52] Für diese gilt die Vergabeverordnung Verteidigung und Sicherheit (VSVgV) vom 12.7.2012 (BGBl. I S. 1509) zuletzt geändert durch Art. 12 des Gesetzes vom 11.8.2014 (BGBl. I S. 1348).

II. Aufbau des Vergaberechts: Überblick über die rechtlichen Grundlagen

- § 5 Vergabe freiberuflicher Dienstleistungen,
- § 6 Vergabe von Bauleistungen,
- § 14 Bekanntmachungen,
- § 16 Ausgeschlossene Personen,
- § 17 Melde- und Berichtspflichten,
- § 23 Übergangsbestimmungen.

Die VgV bestimmt in §§ 4, 5, 6 den Anwendungsbereich von VOL/A, VOF und VOB/A. Mit Neufassung in 2011 sind 3 Anlagen hinzugekommen. Anlage 1 und 2 wurden aus VOL/A und VOF entnommen. Anlage 3 ist neu und bezieht sich auf Straßenverkehrsfahrzeuge.

Mit Umsetzung der Vergaberechtsreform 2014 in deutsches Recht wird die VgV laut der veröffentlichten Eckpunkte des BMWi wieder erheblich erweitert werden, da die EU-weiten Vergabeverfahren für Liefer- und Dienstleistungen (VOL/A EG) sowie VOF in der VgV zusammengeführt werden sollen, so dass dann die VgV die maßgeblichen Verfahrensregelungen enthalten wird.[53]

6. Die einzelnen Vergabe- und Vertragsordnungen

a) **Abgrenzung.** Für die Bereiche der Sektorenauftraggeber gilt oberhalb der EU-Schwellenwerte ausschließlich die Sektorenverordnung (SektVO); für den verteidigungs- und sicherheitsrelevanten Bereich wiederum gilt oberschwellig ausschließlich die so genannte VsVgV.[54]

Soweit diese Sonderbereiche nicht betroffen sind, gilt Folgendes: Die „unterste Stufe" der Vergabevorschriften stellen dann aktuell die einzelnen Vergabe- und Vertragsordnungen **VOB/A, VOL/A und VOF** dar. Diese enthalten die eigentlichen Regelungen über das bei der Vergabe von Aufträgen einzuhaltende Verfahren und stellen somit den **Kern des materiellen Vergaberechts** dar. **Oberhalb der EU-Schwellenwerte**[55] haben die Bestimmungen der Vergabe- und Vertragsordnungen **Rechtsnormqualität**. Durch die statische Verweisung der VgV auf die Vergabe- und Vertragsordnungen haben diese selbst somit Verordnungsrang. **Unterhalb der EU-Schwellenwerte** ist das Vergaberecht dem Haushaltsrecht zuzuordnen. Die Vergabe- und Vertragsordnungen sind dann Innenrecht des Staates im Sinne von **Verwaltungsvorschriften**.[56]

Der **Anwendungsbereich** der einzelnen Vergabe- und Vertragsordnungen wird dadurch bestimmt, unter welchen der in § 97 Abs. 1 GWB bzw. § 1 bzw. § 1 EG VOL/A genannten Begriffe, nämlich **Bau-, Liefer- und Dienstleistungen**, die zu vergebenden Leistungen einzuordnen sind. Hierbei ist jedoch keine zivilrechtlich strenge dogmatische Einordnung erforderlich.[57] Letztlich muss aber eine klare Zuordnung zu einer der drei Vergabe- und Vertragsordnungen erfolgen, da sich die jeweiligen Regelungen der einzelnen Vergabe- und Vertragsordnungen in Einzelheiten voneinander unterscheiden.

Bei komplexen Gesamtleistungen, also Leistungen bei denen mehrere der genannten Leistungsarten gleichzeitig zu erbringen sind (bei IT-Leistungen zB Lieferung einer Standardsoftware sowie deren Anpassung an die individuellen Bedürfnisse des Auftraggebers, ggf. verbunden mit Lieferung und Installation von Hardware – Systemvertrag), sind dann jedoch nicht verschiedene Vergabe- und Vertragsordnungen nebeneinander anzuwenden. In solchen Situationen muss der Auftraggeber den **Schwerpunkt der Leistung** – orientiert an der Höhe der Vergütung – feststellen. Dieser Schwerpunkt bestimmt dann die anzuwendende Vergabe- und Vertragsordnung, nach der die Gesamtleistung auszuschreiben und zu vergeben ist.[58]

---

[53] S. Eckpunkte zur Reform des Vergaberechts, III. Neue Struktur des Vergaberechts; S. http://www.bmwi.de/BMWi/Redaktion/PDF/E/eckpunkte-zur-reform-des-vergaberechts,property=pdf,bereich=bmwi2012,sprache=de,rwb=true.pdf
[54] SektVO und VsVgV sind nicht Gegenstand dieses Kapitels.
[55] → Rn. 73 ff.
[56] Hierzu im Detail → Rn. 69 f.
[57] S. zur Problematik der Abgrenzung (baurechtsbezogen) *Noch* BauRB 2005, 147.
[58] Zur konkreten Abgrenzung der Vergabe- und Vertragsordnungen bei Vergabe von IT-Leistungen → Rn. 128 ff.

41 **b) VOB/A. Bauleistungen** werden gemäß VOB/A vergeben, § 6 VgV, § 1 bzw. § 1 EG VOL/A iVm § 1 VOB/A:[59]
- Bauleistungen sind Arbeiten jeder Art, durch die eine bauliche Anlage hergestellt, instand gehalten, geändert oder beseitigt wird (§ 1 VOB/A).
- Leistungen im Sinne der VOL sind alle Lieferungen und Leistungen, ausgenommen
- Leistungen, die unter die Vergabe und Vertragsordnung für Bauleistungen – VOB – fallen.

Bauaufträge sind sowohl unterhalb wie auch oberhalb der Schwellenwerte nach VOB/A zu vergeben.

42 **c) VOF.** § 1 VOL/A sieht Folgendes vor:
„Leistungen, die im Rahmen einer freiberuflichen Tätigkeit erbracht oder im Wettbewerb mit freiberuflich Tätigen angeboten werden", fallen nicht unter die VOL/A. Es gelten die Bestimmungen der Haushaltsordnungen. Diese wiederum können (müssen aber nicht) auf die VOF verweisen.

§ 1 EG VOL/A sieht vor, dass die VOL/A nicht gilt für
„Dienstleistungen, die unter die Vergabeordnung für freiberufliche Leistungen – VOF – fallen."

43 § 5 VgV bestimmt den Anwendungsbereich mit ähnlichem Wortlaut wie § 1 VOF. Danach ist die VOF für die Vergabe von Aufträgen über Dienstleistungen des Anhangs I A, die im Rahmen einer freiberuflichen Tätigkeit erbracht oder im Wettbewerb mit freiberuflich Tätigen angeboten werden und deren Gegenstand eine Aufgabe ist, deren Lösung nicht vorab eindeutig und erschöpfend beschrieben werden kann, sowie bei Wettbewerben nach Kapitel 2 anzuwenden.

Die VOF ist nur anzuwenden, sofern der geschätzte Auftragswert die Schwellenwerte für Dienstleistungen oder Wettbewerbe ohne Umsatzsteuer nach § 2 Vergabeverordnung erreicht oder überschreitet."[60]

44 Die VOF regelt somit nur den eng begrenzten Bereich der Vergabe von freiberuflichen Leistungen ab Erreichen der Schwellenwerte. Unterhalb der Schwellenwerte gelten ggf. die Haushaltsordnungen, nicht aber die VOF (es sei denn, die Haushaltsordnungen verweisen ihrerseits auf die VOF).

45 **d) VOL/A.** § 4 VgV bestimmt den Anwendungsbereich der VOL/A für Liefer- und Dienstleistungsaufträge. Mit Ausnahme der Leistungen, die – wie soeben dargestellt – unter die VOB/A bzw. VOF fallen, werden **alle anderen Lieferungen und Leistungen** nach VOL/A vergeben. Die VOL/A fängt somit sämtliche, sonst nicht zuzuordnenden Leistungsarten auf. Dies führt dazu, dass alle Aufträge, die die Schwellenwerte erreichen, auszuschreiben sind, gleichgültig, um welche Vertrags- oder Leistungsart es sich handelt.

e) Zusammenfassung (Schaubild)

46

---

[59] VOB/A und VOF sind nicht Gegenstand dieses Kapitels, auch wenn zB die VOB/A beim Outsourcing durchaus auch die baulicher Errichtung eines Rechenzentrums mit in Frage kommen könnte und die VOF gerade auch bei der Vergabe von Rechtsberatungsleistungen von Interesse ist. Dies würde jedoch den Umfang sprengen.

[60] S. Wortlaut von § 1 Abs. 1 und 2 VOF.

Für Sektoren-Tätigkeiten (Aufträge, die im Zusammenhang mit Tätigkeiten auf dem Gebiet der Trinkwasser- oder Energieversorgung oder des Verkehrs stehen) gilt ausschließlich die **Sektorenverordnung**.

Für die Vergabe von verteidigungs- und sicherheitsrelevanten Aufträgen im Sinne von § 99 Abs. 7 GWB gilt ausschließlich die **Vergabeverordnung Verteidigung und Sicherheit**, soweit diese Aufträge nicht gem. § 100 Abs. 3–6 oder § 100c GWB dem Anwendungsbereichs des Vergaberechts gänzlich entzogen sind.

III. Grundprinzipien der Auftragsvergabe

Die wesentlichen im Vergaberecht – unabhängig vom anwendbaren Vergabeverfahren – grundsätzlich zu berücksichtigenden Säulen und damit die **Grundprinzipien des Vergaberechts** bestimmt § 97 Abs. 1 bis 4, 5 GWB wie folgt:

- Diskriminierungsverbot/Gleichbehandlungsgrundsatz;
- Wettbewerbsgrundsatz: Vergabe im Wettbewerb;
- Transparenzgebot;
- Berücksichtigung mittelständischer Interessen;
- Prinzip der Wirtschaftlichkeit;
- Vergabe an geeignete Unternehmen.[61]

Gerade die Prinzipien des Wettbewerbsgrundsatzes sowie die Forderung nach transparenten Vergabeverfahren stehen in unmittelbarer Wechselbeziehung, ergänzt durch das Gleichbehandlungsgebot.

Diese Grundsätze sind in allen Verfahrensarten und in allen Verfahrensstadien zu beachten. Die Verletzung dieser Prinzipien durch einen öffentlichen Auftraggeber kann von den Bietern gerügt und zum Gegenstand eines Nachprüfungsverfahrens gemacht werden, da die **Bieter gem. § 97 Abs. 7 GWB einen Anspruch auf Einhaltung der Bestimmungen über das Vergabeverfahren** durch den öffentlichen Auftraggeber haben[62]. Die öffentliche Hand ist daher gehalten, im gesamten Vergabeverfahren auf die Einhaltung dieser Prinzipien ihr besonderes Augenmerk zu richten. Aus Bietersicht gilt gleiches, um etwaige Verstöße auch rechtzeitig zu rügen.[63]

1. Diskriminierungsverbot/Gleichbehandlungsgrundsatz

Der **Gleichbehandlungsgrundsatz**[64] verbietet die Diskriminierung von Unternehmen bei der Auftragsvergabe. Er gehört zu den elementaren Grundprinzipien und ist eng verzahnt mit den Grundprinzipen des Wettbewerbs und der Transparenz. Alle Bieter sind gleich zu behandeln bzw. nicht ohne sachlichen Grund unterschiedlich zu behandeln. Dieser Grundsatz prägt das Vergabeverfahren bei Gestaltung sowie Durchführung in vielerlei Hinsicht, so zB dass inländische Bieter keinen Wissensvorsprung vor ausländischen Bietern erhalten dürfen (zB durch frühere Veröffentlichungen) oder, dass ortsansässige Bieter gegenüber nicht ortsansässigen Bietern bzw. bekannte gegenüber unbekannten Bietern nicht bevorzugt werden dürfen oder, dass alle Bieter im laufenden Vergabeverfahren stets die gleichen Informationen zum gleichen Zeitpunkt erhalten müssen. Für alle Bieter müssen die gleichen Fristen gelten.

---

[61] Vgl. hierzu Müller-Wrede/*Müller-Wrede*, VOL/A, 3. Aufl. 2010, Einleitung Rn. 10 ff.; Daub/Eberstein/*Eberstein* Rn. 64; UfAB IV und UfAB V.
[62] S. Kulartz/Kus/Portz/*Brauer*, GWB-VergabeR, § 97 GWB Rn. 147 ff.
[63] Zum Rechtsschutz → Rn. 398 ff., 412 ff.; zur Rüge → Rn. 436 ff.
[64] S. Kulartz/Kus/Portz/*Kus*, GWB-VergabeR, § 97 GWB Rn. 28 ff.

2. Wettbewerbsgrundsatz

51 Der **Wettbewerbsgrundsatz**[65] verlangt, in einem formalisierten Verfahren möglichst vielen Bietern die Gelegenheit zu geben, ihre Leistung anzubieten. Der öffentliche Auftraggeber ist gehalten, Leistungen grundsätzlich im Wettbewerb zu vergeben. Er ist verpflichtet, wettbewerbsbeschränkende und unlautere Verhaltensweisen zu bekämpfen. Dies resultiert im Wesentlichen aus dem Unionsrecht, das einen funktionierenden Binnenmarkt fordert. Daher müssen Interessenten aus allen Mitgliedsstaaten der EU gleichberechtigten Zugang zu öffentlichen Aufträgen in allen Mitgliedsstaaten erhalten. Hieraus ergibt sich auch der Vorrang des Offenen Verfahrens vor dem Nichtoffenen Verfahren und des Nichtoffenen Verfahrens vor Verhandlungsverfahren und Wettbewerblichem Dialog. Ein möglichst ungehinderter und chancengleicher Wettbewerb ist nur gewährleistet, wenn der Auftraggeber auf die Teilnahme erschwerende Bedingungen verzichtet.

52 Allen Bietern müssen die gleichen **Fristen** gewährt werden sowohl im laufenden Verfahren als auch hinsichtlich der Ausführungsfristen; dies gilt auch für die Vertragsbedingungen. Die Beteiligung so genannter Projektanten[66] kann zu Wettbewerbsverzerrungen führen.

53 Die Einhaltung der **Geheimhaltungsvorschriften** stellt eine Voraussetzung für die Wahrung des Wettbewerbsprinzips dar. Wettbewerbsbeschränkende Absprachen zwischen Bietern stellen schwere Verfehlungen dar und führen zum **Ausschluss** aus dem Vergabeverfahren (vgl. § 16 Abs. 3f bzw. § 19 EG Abs. 3f VOL/A).

3. Transparenz und Vertraulichkeit

54 Das **Transparenzgebot** fordert eine transparente Verfahrensweise, um die Einhaltung von Wettbewerbs- und Gleichbehandlungsgrundsatz zu sichern. Es fordert eine möglichst umfangreiche Information der Bieter und eine nachvollziehbare Gestaltung des Vergabeverfahrens.

55 Zunächst wird dieses Gebot durch die Einhaltung der entsprechenden **Bekanntmachungsvorschriften** gewährleistet. Transparenz bedeutet weiter, dass die **Vergabeunterlagen** transparent, also eindeutig sein müssen, so dass alle Bieter diese gleichermaßen verstehen können. Diesen Anforderungen muss insbesondere die Leistungsbeschreibung (§ 7 bzw. § 8 EG VOL/A) genügen. Ausfluss des Transparenzgebots ist auch die gebotene Bekanntmachung der Zuschlagskriterien (§ 8 Abs. 1b, § 12 Abs. 2n VOL/A bzw. § 10 EG Abs. 2c VOL/A).

56 Die öffentliche Hand muss zudem zB nachvollziehbar die einzelnen **Verfahrensschritte**, insbesondere getroffene Entscheidungen **dokumentieren**. Bieter sollen damit in die Lage versetzt werden, sämtliche Verfahrensstadien nachprüfen zu können. Dies erfordert eine fortlaufende Dokumentation des Vergabeverfahrens.

57 Auch die **Vergabeentscheidung** muss transparent erfolgen. Dem dienen die Vorschriften über die Prüfung der Angebote, die Aufklärung des Angebotsinhalts, die Angebotswertung und der Mitteilungs- und Dokumentationspflichten.

4. Berücksichtigung mittelständischer Interessen,[67] Losaufteilung

58 § 97 Abs. 3 GWB hat folgenden Wortlaut:

„Mittelständische Interessen sind bei der Vergabe öffentlicher Aufträge vornehmlich zu berücksichtigen. Leistungen sind in der Menge aufgeteilt (Teillose) und getrennt nach Art oder Fachgebiet (Fachlose) zu vergeben. Mehrere Teil- oder Fachlose dürfen zusammen vergeben werden, wenn wirtschaftliche oder technische Gründe dies erfordern. [...]"

59 Mit dieser Formulierung wird die in § 97 Abs. 3 GWB enthaltene **Mittelstandsklausel** verstärkt, indem **zwingend eine Losvergabe** stattzufinden hat. Hiervon darf **nur in begründeten Ausnahmefällen abgewichen** werden, wenn wirtschaftliche oder technische Gründe dies erfordern. Ein solcher Ausnahmefall muss aktenkundig begründet werden.

---

[65] S. Kulartz/Kus/Portz 3. Aufl. 2014, GWB-VergabeR, § 97 GWB Rn. 4 ff.
[66] → Rn. 183 ff.
[67] S. vertiefend *Antweiler* VergabeR 2006, 637.

III. Grundprinzipien der Auftragsvergabe

Die Stärkung der Mittelstandsklausel wurde mit dem Vergaberechtsmodernisierungsgesetz 2009 eingeführt.[68] In der diesbezüglichen Gesetzesbegründung hieß es: **60**

„Trotz dieser Regelung beklagen mittelständische Unternehmen die vielfach wenig mittelstandsgerechte Ausgestaltung der Auftragsvergaben. Bündelung von Nachfragemacht und Zusammenfassung teilbarer Leistungen seien zunehmende Praxis Auch scheint die Zunahme elektronischer Beschaffungsformen diese Tendenz zu befördern. Gerade bei der öffentlichen Auftragsvergabe, die vielfach mit einer marktstarken Stellung eines Auftraggebers einhergeht, ist es im Interesse der vorwiegend mittelständisch strukturierten Wirtschaft geboten, auf mittelständische Interessen bei der Ausgestaltung der Vergabeverfahren besonders zu achten, um so die Nachteile der mittelständischen Wirtschaft gerade bei der Vergabe großer Aufträge mit einem Volumen, das die Kapazitäten mittelständischer Unternehmen überfordern könnte, auszugleichen.".

Entsprechend erfolgten auch Konkretisierungen in den Vergabe- und Vertragsordnungen: **61**

- § 2 Abs. 2 VOL/A:
„Leistungen sind in der Menge aufgeteilt (Teillose) und getrennt nach Art oder Fachgebiet (Fachlose) zu vergeben. Bei der Vergabe kann auf eine Aufteilung oder Trennung verzichtet werden, wenn wirtschaftliche oder technische Gründe dies erfordern."
- § 2 EG Abs. 2 VOL/A:
„Mittelständische Interessen sind bei der Vergabe öffentlicher Aufträge vornehmlich zu berücksichtigen. Leistungen sind in der Menge aufgeteilt (Teillose) und getrennt nach Art oder Fachgebiet (Fachlose) zu vergeben. Mehrere Teil- oder Fachlose dürfen zusammen vergeben werden, wenn wirtschaftliche oder technische Gründe dies erfordern."[69]

> **Praxistipp:**
> Aus der Formulierung ist nun eindeutig zu entnehmen, dass die Auftragsteilung den Grundsatz, die zusammengefasste Vergabe von Fachlosen demgegenüber die Ausnahme, darstellt.

Ausnahmsweise kann von einer Losaufteilung abgesehen werden, wenn nach einer Interessenabwägung, innerhalb derer dem Auftraggeber ein Beurteilungsspielraum zusteht, überwiegende Gründe für eine einheitliche Auftragsvergabe sprechen. Was solche überwiegenden Gründe, auch im Sinne von vertretbaren Gründen, sind, ist stets anhand der konkreten Umstände des einzelnen Projekts zu bestimmen. Es sollte sich um qualitative und wirtschaftliche Kriterien handeln.[70] **62**

Die Erwägungen zur **Losaufteilung** bzw. zum Verzicht auf eine solche Losaufteilung unterliegen wiederum der **Dokumentationspflicht** (als Ausfluss des Transparenzgebots). Der öffentliche Auftraggeber muss also im Rahmen der Vorbereitung seines Vergabeverfahrens ein Absehen von der Losvergabe nachvollziehbar begründen. Pauschale Behauptungen und reine Erfahrungssätze reichen hierzu nicht aus. In aller Regel wird sogar verlangt, dass die Kosten der unterschiedlichen Vorgehensweisen vom öffentlichen Auftraggeber durchgerechnet werden, um so den Verzicht auf Losvergabe aus wirtschaftlichen Gründen/Kostengründen auch transparent darlegen und nachweisen zu können. Die Rechtsprechung[71] stellt hier durchaus hohe Anforderungen an die Qualität einer solchen Begründung. **63**

---

[68] Gesetz zur Modernisierung des Vergaberechts vom 20.4.2009, veröffentlicht am 23.4.2009.
[69] **Fachlose** liegen vor, wenn die Gesamtleistung nach der Art oder nach Fachgebieten aufgeteilt wird die sich nach gewerberechtlichen Vorschriften oder sonstigen, allgemein üblichen Abgrenzungen ergeben. **Teillose** liegen bei Aufteilungen nach der Menge vor. (s. § 97 Abs. 3 S. 2 GWB).
[70] S. *Boesen*, Getrennt oder zusammen? – Losaufteilung und Gesamtvergabe nach der Reform des GWB in der Rechtsprechung, VergabeR 2011, 364.
[71] S. u. a. OLG Düsseldorf Beschl. v. 8.9.2004 – VII Verg 38/04, VergabeR 2005, 109; OLG Düsseldorf Beschl. v. 14.4.2005 – VII Verg 93/04, VergabeR 2005, 513; VK Rheinland-Pfalz Beschl. v. 30.9.2005 – VK 35/05.

> **Praxistipp:**
> Bei der Vergabe von IT-Leistungen lässt sich oftmals folgende Aufteilung nach Losen finden:
> - Los zur Lieferung von Hardware,
>   – ggf. noch feiner aufgeteilt in ein Los zur Lieferung der Hardware
>   – sowie ein weiteres Los zur Lieferung von PC'S,
> - Los zur Lieferung von Software, meist verbunden mit weiteren Leistungen wie Parametrierung, Anpassung, Schulung, ggf. auch Pflege.

65 Gegen eine solche Losaufteilung kann jedoch – im konkreten Einzelfall – sprechen, dass gerade ein **System „aus einer Hand"** beschafft bzw. ein so genannter „Full-Service-Auftrag" erteilt werden soll, da dies für den Auftraggeber von besonderer Bedeutung ist.

66 Zur bisherigen Fassung des § 97 Abs. 3 GWB wurde vertreten, dass der Mittelstand nur durch die Bildung von Losen gefördert werden kann und muss. Es kommen aber auch andere Maßnahmen in Betracht, wie zB

- Zulassung von Bietergemeinschaften,[72]
- Loslimitierung, dh die Festlegung einer Höchstgrenze für die an einen einzelnen Bieter zu vergebenden Lose,[73]
- Vorgaben im Hinblick auf die Erteilung von Unteraufträgen.

Es wird sich zeigen, wie die Praxis und die Rechtsprechung[74] mit dieser Neuregelung umgehen wird, die in der Literatur heftig kritisiert wurde.[75]

67 Insofern ist auch zu beobachten, ob sich an den aktuellen Regelungen infolge der Umsetzung der Vergaberechtsreform 2014 Änderungen ergeben werden. Erstmals enthält nämlich Art. 46 RL 2014/24/EU eine ausdrückliche Regelung zur Losaufteilung, wobei jedoch im Wesentlichen nur Programmsätze geregelt wurden, um Leitlinien für die Umsetzung in nationales Vergaberecht aufzuzeigen. Eine Verpflichtung zur Losaufteilung ist jedoch nicht vorgesehen. Das europäische Richtlinienrecht bleibt damit weiterhin hinter dem bereits geltenden deutschen Vergaberecht zurück.[76] Der Referenten- und Regierungsentwurf des VergModG 2015 haben unverändert die bisherige Regelung des § 97 Abs. 3 GWB nun in § 97 Abs. 4 GWB-E übernommen.

5. Prinzip der Wirtschaftlichkeit, Vergabe an geeignete Unternehmen

68 Zu den wesentlichen Grundsätzen der Vergabe gehört auch, dass die Aufträge

- unter Berücksichtigung der **wirtschaftlichen Leistungsfähigkeit** und
- der **fachlichen Eignung** (§ 97 Abs. 4 GWB),[77]
- auf das **wirtschaftlichste Angebot** (§ 97 Abs. 5 GWB)[78]

erteilt werden.

IV. Ausschreibungspflicht bei der Vergabe von IT-Leistungen auf nationaler bzw. EU-Ebene

1. Grundsätze

69 Ob Vergaberecht überhaupt zur Anwendung gelangt und wenn ja, ob rein nationale oder auf EU-Recht basierende Normen des Vergaberechts anzuwenden sind, wird von den in

---

[72] S. vertiefend zum Thema Bietergemeinschaften: *Ohrtmann* VergabeR 2008, 426.
[73] S. zu den Grenzen der Loslimitierung *Otting/Tresselt* VergabeR 2009, 585.
[74] S. zum aktuellen Stand: *Boesen* VergabeR 2014, 364. S. a. *Theurer/Trutzel/Braun/Weber*, VergabeR 2014, 301.
[75] S. ua *Werner* VergabeR 2008, 262; *Roth* VergabeR 2009, 404. S. a. Europäischer Leitfaden für bewährte Verfahren (Code of Best Practice) zur Erleichterung des Zugangs kleiner und mittlerer Unternehmen (KMU) zu öffentlichen Aufträgen der EU-Kommission vom 25.6.2008, SEC (2008) 2193.
[76] Auf weitere Ausführungen zu den EU-Richtlinien wird daher hier bis auf weiteres verzichtet.
[77] Zur Eignung (Fachkunde, Leistungsfähigkeit, Zuverlässigkeit, Gesetzestreue) im Einzelnen → Rn. 222 ff.; s. a. Kulartz/Kus/Portz/*Kulartz*, GWB-VergabeR, § 97 GWB Rn. 102 ff.
[78] S. → Rn. 332 ff.

§ 98 GWB und § 2 VgV genannten **persönlichen und sachlichen Anwendungskriterien** bestimmt. Von wesentlicher Bedeutung ist der so genannte **Schwellenwert** gem. § 2 VgV, dessen Über-/Unterschreitung entscheidende Weichen stellt.

Es ergibt sich eine **Zweiteilung des Vergaberechts**:[79]

- Kommt **rein nationales Vergaberecht** zur Anwendung, da die Schwellenwerte unterschritten werden, besteht die gleiche Rechtslage wie vor dem Vergaberechtsänderungsgesetz, dh die so genannte **haushaltsrechtliche Lösung**. Das Vergaberecht ist Teil des Haushaltsrechts (§§ 55 BHO, LHO) und schreibt den für den Einkauf zuständigen Stellen ein bestimmtes Verhalten, eine bestimmte Vorgehensweise beim Einkauf zum Schutze der Finanzen vor. Die Vergaberegeln waren somit lediglich objektive Ordnungsregeln, deren rechtlicher Gehalt allenfalls eine Reflexwirkung auf potentielle Vertragspartner haben konnte. Die Vergabe- und Vertragsordnungen sind weder Gesetz noch Rechtsverordnung, sondern nur **eine interne Verhaltensregel**, die in erster Linie eine gleichmäßige Behandlung der Beschaffungsvorgänge, die Wahrung des freien Wettbewerbs sowie eine Auswahl des wirtschaftlichsten Angebots sicherstellen soll.
- Kommt **EU-Vergaberecht** zur Anwendung, sind die Vergabe- und Vertragsordnungen durch die Verweisungen in der VgV nicht mehr Verwaltungsvorschriften, sondern haben Rechtsverordnungscharakter.

Ob die unter Ziffer II (→ Rn. 12 ff.) aufgeführten Vergabevorschriften somit überhaupt einschlägig sind, dh ob Vergabebedürftigkeit bzw. Ausschreibungspflicht besteht und wenn ja, ob europäisches oder nationales Vergaberecht zur Anwendung gelangt, lässt sich anhand folgender „Checkliste"[80] feststellen:

Checkliste

1. **Nationales oder EU-Vergaberecht** (Sachlicher Anwendungsbereich): §§ 100, 127 GWB iVm § 2 VgV: Sind die **Schwellenwerte** erreicht?
2. **Keine Bereichsausnahme** (vgl. § 100 Abs. 4 bis 8 sowie §§ 100a, 100b, 100c GWB)
3. **Vergabebedürftigkeit**: Kriterien gem. **§§ 97–99 GWB** (ua persönlicher Anwendungsbereich):
   a) Öffentlicher Auftraggeber iSd § 97 Abs. 1 iVm § 98 GWB
   b) Geplante Beschaffung ist eine finanzwirksame Maßnahme gem. § 55 BHO/Art. 55 HO By
   c) Beschaffung von Waren, Bau- oder Dienstleistungen im Sinne von § 97 Abs. 1 GWB
   d) Entgeltlicher Vertrag iSd § 99 Abs. 1 GWB
   e) Vertrag mit einem Unternehmen im Sinne des § 99 Abs. 1 GWB
   f) Beschaffungsmaßnahme am Markt?

---

2. Schwellenwerte

a) **EU-Schwellenwerte.** Die **sachlichen Voraussetzungen** ergeben sich aus § 100 GWB iVm § 2 VgV,[81] in dem die sogenannten EU-Schwellenwerte geregelt sind, bei deren Überschreitung das EU-Vergaberecht zur Anwendung gelangt.[82] Maßgeblich für die **Vergabe von IT-Leistun-**

---

[79] Vgl. Müller-Wrede/*Müller-Wrede*, VOL/A 2001, Einleitung Rn. 22, 41–43; *ders.*, 4. Auflage 2014, Einleitung Rn. 3.
[80] Mit freundlicher Genehmigung von Herrn Prof. Dr. Dirk *Heckmann*, MdBayVerfGH, Universität Passau, angepasst durch die Autorin.
[81] Im Sektorenbereich: §§ 1, 2 SektVO; im Bereich Verteidigung/Sicherheit: §§ 1, 3 VSVgV.
[82] S. ausführlich hierzu *Grützmacher* ITRB 2002, 236 (238); *Ohle/Sebastiani* CR 2003, 510; *Schimanek* K&R 2004, 269. Der in § 2 Nr. 3 VgV 2009 noch immer festgesetzte Wert in Höhe von 211.000 EUR wurde durch die EG-Verordnung Nr. 1422/2007 vom 4.12.2007 bereits auf einen Betrag in Höhe von 206.000 EUR gesenkt. Diese Verordnung trat zum 1.1.2008 in Kraft und galt unmittelbar in jedem Mitgliedstaat. Eine Anpassung der neu zum 24.4.2009 in Kraft getretenen VgV erfolgte wohl daher nicht. Die Schwellenwerte wurden zum 1.1.2010 neuerlich geändert und auf den oben genannten Wert abgesenkt. Die seit 11.6.2010 in Kraft befindliche neue VgV 2010 weist in § 2 nun die derzeit maßgeblichen Werte auf, bis zum 1.1.2012 wiederum neue Werte mit EG-Verordnung bekannt gegeben werden.

gen ist, abgesehen von den Sondervorschriften für den Sektorenbereich, für den Bereich Verteidigung und Sicherheit, oberste und obere Bundesbehörden und bei der Vergabe von Losen, ein **Mindestauftragswert (ohne Umsatzsteuer)** in Höhe von derzeit 207.000 EUR.[83]

74 Die schlichte „Behauptung", dass die Vergabe voraussichtlich über dem Schwellenwert von 207.000 EUR liegt, genügt den Anforderungen des Vergaberechts nicht. Der öffentliche Auftraggeber ist vielmehr gehalten, diesen Auftragswert gem. § 3 VgV realistisch zu **schätzen** („**seriöse Prognose**"). Er muss möglichst genau kalkulieren und dabei Vergleichswerte berücksichtigen.[84] Maßgebend ist der Verkehrs- oder Marktwert, zu dem die ausgeschriebene Leistung zum maßgeblichen Zeitpunkt am Markt zu erhalten ist.[85] Als zulässig wird bei pflichtgemäßer Schätzung des Basiswerts ein Schätzungsspielraum von **plus/minus 10 %** erachtet. Diese Informationen erhält der öffentliche Auftraggeber am besten im Rahmen einer von ihm durchgeführten Marktanalyse, zu der er noch gem. § 4 Nr. 1 VOL/A 2006 verpflichtet war. Die VOL/A enthält aktuell eine solche Regelung weder national noch EU-weit.

75 Hält sich der Auftraggeber an diesen vorgegebenen Rahmen, steht ihm ein Beurteilungsspielraum zu, der von den Nachprüfungsstellen nicht hinterfragt werden kann, sondern hingenommen werden muss.[86]

76 **b) Vorgaben zur Schätzung des Auftragswerts (§ 3 VgV).** Maßgeblicher Zeitpunkt für die Schätzung des Auftragswertes ist gem. § 3 Abs. 9 VgV der Tag der Absendung der Bekanntmachung der beabsichtigten Auftragsvergabe oder die sonstige Einleitung des Vergabeverfahrens.[87] Bei der Schätzung des Auftragswertes ist von der geschätzten Gesamtvergütung (**ohne Umsatzsteuer**) für die vorgesehene Leistung einschließlich etwaiger Prämien oder Zahlungen an Bewerber oder Bieter auszugehen, § 3 Abs. 1, § 1 Abs. 1 VgV.

77 Dem Auftraggeber ist es insbesondere nicht erlaubt, den Wert eines Auftrags so zu schätzen oder so aufzuteilen, um ihn bewusst der Anwendung der Vergaberechtsbestimmungen zu entziehen (**Verbot der Umgehung des Vergaberechts**, § 3 Abs. 2 VgV).

78 Bei Aufträgen über Liefer- oder Dienstleistungen, für die kein Gesamtpreis angegeben wird, ist Berechnungsgrundlage für den geschätzten Auftragswert gem. § 3 Abs. 4 VgV:
– Bei **zeitlich begrenzten Aufträgen** mit einer Laufzeit von bis zu 48 Monaten der Gesamtwert für die Laufzeit dieser Aufträge.
– Bei Aufträgen mit unbestimmter Laufzeit oder mit einer Laufzeit von mehr als 48 Monaten der 48fache Monatswert.

79 Wenn die Vergabe nach **Losen**[88] erfolgen soll, so sind gem. § 3 Abs. 7 VgV bei der Schätzung des Auftragswerts alle Lose zu berücksichtigen und somit die Werte der einzelnen Lose zusammenzurechnen, auch wenn der zu vergebende Auftrag aus mehreren Losen besteht, für die jeweils ein gesonderter Auftrag vergeben wird. Bei reinen Lieferaufträgen gilt dies jedoch nur für Lose bzgl. gleichartiger Lieferungen.

80 Werden **Optionsrechte** vorgesehen, insbesondere das Recht des Auftraggebers, von einem Unternehmer eine Leistung zu schon in der Vergabe festliegenden Konditionen zu verlangen, ist der Auftragswert unter Einbeziehung des Werts des Optionsrechts zu berechnen, § 3 Abs. 1 S. 2 VgV. Ebenso sind auch etwaige **Vertragsverlängerungen** zu berücksichtigen.

---

[83] Die Europäische Kommission hat die Schwellenwerte mit Wirkung zum 1.1.2014 angepasst und im Amtsblatt der Eurpäischen Union am 14. Dezember (L 335) veröffentlicht (Verordnung (EU) Nr. 1336/ 2013 der Kommission vom 13. Dezember 2013 zur Änderung der Richtlinien 2004/17/EG, 2004/18/EG und 2009/81/EG des Europäischen Parlaments und des Rates im Hinblick auf die Schwellenwerte für Auftragsvergabeverfahren). Die EU-Schwellenwerte werden von der Kommission alle zwei Jahre geprüft und durch Verordnung geändert. Die nächste Änderung steht also zum 1.1.2016 an. Die übrigen Schwellenwerte (je ohne USt) sind:
– Bauleistungen: 5.186.000 EUR
– Oberste/obere Bundesbehörden: 134.000 EUR
– Sektoren; Verteidigung/Sicherheit 414.000 EUR
[84] S. *Reidt/Stickler/Glahs*, Vergaberecht Kommentar 2003, § 3 Rn. 1.
[85] S. *Reidt/Stickler/Glahs*, Vergaberecht Kommentar 2003, § 3 Rn. 4 ff.
[86] S. *Reidt/Stickler/Glahs*, Vergaberecht Kommentar 2003, § 3 Rn. 5.
[87] Zur Vergabebekanntmachung → Rn. 272 ff.
[88] Lose entstehen durch die Teilung der Aufträge in Fach- und Teillose (hierzu als Ausfluss der Berücksichtigung mittelständischer Interessen → Rn. 58 ff.).

IV. Ausschreibungspflicht bei der Vergabe von IT-Leistungen

81 Wird ein **Rahmenvertrag/eine Rahmenvereinbarung** ausgeschrieben, so ist auf den geschätzten Höchstwert aller für diesen Zeitraum geplanten Aufträge abzustellen, § 3 Abs. 6 VgV.
Die Rahmenvereinbarung ist [89] in § 4 bzw. § 4 EG VOL/A wie folgt definiert:

„Rahmenvereinbarungen sind Aufträge, die ein oder mehrere Auftraggeber an ein oder mehrere Unternehmen vergeben können, um die Bedingungen für Einzelaufträge, die während eines bestimmten Zeitraums vergeben werden sollen, festzulegen, insbesondere über den in Aussicht genommen Preis. Das in Aussicht genommene Auftragsvolumen ist so genau wie möglich zu ermitteln und bekannt zu geben, braucht aber nicht abschließend festgelegt zu werden."[90]

82 Soweit die zu erbringenden Leistungen **Dauerschuldverhältnisse** darstellen (zB Pflege), gilt zudem Folgendes:
- bei eindeutig befristeten Verträgen: Gesamtauftragswert,
- bei unbefristeten Verträgen: monatliche Zahlung multipliziert mit 48.

Dies gilt auch, wenn der Vertrag eine Verlängerungsklausel sowie eine Kündigungsmöglichkeit enthält. (s. a. § 3 Abs. 1 VgV).

83
> **Praxistipp:**
> Projiziert auf die **Vergabe von IT-Leistungen** bedeutet dies, dass bei Vergabe komplexer IT-Leistungen, dh aus verschiedenen einzelnen Leistungen bestehenden Projekten, maßgeblich für die Kostenschätzung demnach die Summe der Marktpreise ist von:
> - Lieferung der Hard- und/oder Software
> - sonstigen zu erbringenden Leistungen (Parametrisierung/Anpassung, Ergänzung/Änderung, Schulung, Wartung/Pflege).
>
> Oft wird der EU-Schwellenwert bei der Vergabe komplexer IT-Leistungen durch die öffentliche Hand bzw. bei größeren Beschaffungsaufträgen bei weitem überschritten, so dass eine europaweite Ausschreibung stattzufinden hat.[91]

84 c) **Nationale „Schwellenwerte"**. Die oben unter → Rn. 73 ff. genannten EU-Schwellenwerte sind nicht zu verwechseln mit den **nationalen „Schwellenwerten"**.
Gemeint sind damit die Schwellenwerte auf nationaler Ebene, die – je nach ausschreibendem öffentlichem Auftraggeber – für die Verpflichtung zur Durchführung von nationalen Ausschreibungen (nach dem 1. Abschnitt der VOL/A) maßgeblich sind. Gem. § 3 Abs. 5i VOL/A sind freihändige Vergaben dann zugelassen, wenn sie durch Ausführungsbestimmungen von einem Bundes- oder Landesminister bis zu einem bestimmten Höchstwert zugelassen sind. Diese zugelassenen Höchstwerte werden auch als „nationale Schwellenwerte" bezeichnet. Auf **Bundesebene** haben die jeweils zuständigen Bundesministerien derzeit keine besonderen Wertgrenzen bekannt gegeben.[92] Die Rechtslage zu den nationalen Wertgrenzen (in Bezug auf die VOL/A) sieht in den einzelnen Ländern derzeit (Stand 2015) wie folgt aus:[93]

---

[89] Zu Rahmenvereinbarungen → Rn. 136 ff.
[90] § 3 Abs. 8 VgV 2009 definierte wie folgt: „eine Vereinbarung mit einem oder mehreren Unternehmen, in der die Bedingungen für Einzelaufträge festgelegt werden, die im Laufe eines bestimmten Zeitraumes vergeben werden solle, insbesondere über den in Aussicht genommenen Preis und gegebenenfalls die in Aussicht genommene Menge".
[91] Laut Statistiken findet zwar die Mehrheit der Vergaben unterhalb der Schwellenwerte statt. Aufgrund der (zumindest derzeit) begrenzten Angreifbarkeit in diesem Bereich (→ Rn. 406 ff.) *wird vorliegend für die Fachanwaltsausbildung der Schwerpunkt auf EU-weite Vergaben gelegt*, die ein effektives Rechtsschutzsystem aufweisen (→ Rn. 412 ff.).
[92] S. zu den Auswirkungen des Konjunkturpakets II auf die Vergabe öffentlicher Aufträge die 1. Auflage.
[93] S. hierzu folgende Übersicht unter: http://www.hk24.de/linkableblob/hhihk24/innovation/auftragsberatung/downloads/2864422/.3./data/Wertgrenzentabelle_2014-data.pdf

Bischof

In **Baden-Württemberg**[94] ist bis 31.12.2021 die beschränkte Ausschreibung bis 50.000 EUR und die freihändige Vergabe bis 20.000 EUR zulässig, jeweils ohne gesonderte Begründung. Bei freihändigen Vergaben sollen grds. drei Unternehmen zur Angebotsabgabe aufgefordert werden. Veröffentlichungspflicht nach Zuschlag besteht bei Auftragswerten ab 25.000 EUR.

Bayern hatte die Beschleunigung von Vergabeverfahren in den Jahren 2009 und 2010 mit der Bekanntmachung der Bay. Staatsregierung vom 3.3.2009[95] umgesetzt. Eine Verlängerung auf Landesebene fand jedoch nicht statt. Auf kommunaler Ebene[96] wurde bis zum 30.12.2011 verlängert. Aktuell[97] gilt Folgendes, ohne dass ein Datum für das Außerkrafttreten genannt wurde::

- Beschaffungsstellen des Landes sind zur freihändigen Vergabe bis 25.000 EUR berechtigt. Nach erteiltem Auftrag besteht Veröffentlichungspflicht auf www.vergabe.bayern.de oder auf www.auftraege.bayern.de.
- Kommunen sind zur freihändigen Vergabe bis 30.000 EUR und zur beschränkten Ausschreibung bis 100.000 EUR berechtigt. Es hat eine Ex-ante-Veröffentlichung bei Inanspruchnahme der Wertgrenzenregelung auf der Zentralen Vergabeplattform Bayern (BayVeBe) ab 25.000 EUR zu erfolgen; über 75.000 EUR beträgt die Wartefrist 7 Tage (nur im kommunalen Bereich).

In **Berlin**[98] waren bis 31.12.2011 beschränkte Ausschreibung/freihändige Vergabe bis zum Auftragswert von 100.000 EUR zulässig. Eine Verlängerung der Sonderregelungen erfolgte nicht. Vielmehr wurden die Wertgrenzen für die Vergabe öffentlicher Aufträge ab 2012 neu geregelt. Danach sind – für Beschaffungsstellen des Landes - freihändige Vergabe bis 7.500 EUR, beschränkte Ausschreibungen bis 25.000 EUR zulässig. Nach erteilten Aufträgen und ab 25.000 EUR besteht eine Veröffentlichungspflicht auf www.vergabeplattform.berlin.de.

In **Brandenburg**[99] waren beschränkte Ausschreibung und freihändige Vergabe ebenfalls bis zum Auftragswert von 100.000 EUR zulässig. Auf Landesebene galt die Regelung bis zum 31.12.2011,[100] auf kommunaler Ebene unbefristet.[101] Eine Verlängerung auf Landesebene erfolgte nicht. Hier gelten vielmehr wieder die Wertgrenzen aus Ziffer 3 VV zu § 55 LHO, wonach freihändige Vergabe und beschränkte Ausschreibung bis zu 20.000 EUR zulässig sind. Auf kommunaler Ebene hingegen wurden die mit dem Konjunkturpaket auf 100.000 EUR erhöhten Wertgrenzen für beschränkte Ausschreibung und freihändige Vergabe unbegrenzt verlängert.[102]

In **Bremen**[103] war bis zum 31.12.2011 die beschränkte Ausschreibung bis zum Wert von 100.000 EUR, die freihändige Vergabe bis zu 50.000 EUR zulässig. Die Regelungen wurden

---

[94] S. Verwaltungsvorschrift der Landesregierung über die Vergabe öffentlicher Aufträge – VwV Beschaffung vom 17.3.2015 (in Kraft getreten am 1.4.2015, http://www.esf-bw.de/esf/uploads/media/VwV-Beschaffung_150317.pdf.
[95] Bekanntmachung der Bayerischen Staatsregierung vom 3.3.2009, Az. BII 2–60004-143-12.
[96] Änderung der Bekanntmachung der Bayerischen Staatsregierung vom 3.3.2009 über die „Beschleunigung von Vergabeverfahren in den Jahren 2009 und 2010" vom 23.11.2010, Az.: G48/10.
[97] Bekanntmachung des Staatsministeriums des Inneren vom 20.12.2011; http://www.innenministerium.bayern.de/assets/stmi/buw/bauthemen/iiz5_vergabe_kommunal_hinweise_rs_20111220.pdf
[98] S. bis 31.12.2011: Gemeinsames Rundschreiben SenStadt VI A/WiTechFrau II F Nr. 1/2009; verlängert bis 31.12.2011 durch Gemeinsames Rundschreiben SenStadt VI A / SenWiTechFrau II F Nr. 7/2010 vom 8.11.2010. Seit 2012: Gemeinsames Rundschreiben SenStadtUm VI A / SenWirtschaft, Technologie und Forschung II F Nr. 07/2011; s. http://www.berlin.de/imperia/md/content/vergabeservice/rundschreiben/gemrs_11_07_ende_k_ii.pdf?start&ts=1325060556&file=gemrs_11_07_ende_k_ii.pdf.
[99] S. Änderung der VV Nr. 1.5, 3.1 und 3.2 zu § 55 sowie Nr. 6.2 zu § 44 LHO v. 11.2.2009 (Abl. S. 321) sowie Runderlass des Ministeriums der Finanzen v. 11.2.2009 (Abl. S. 320).
[100] Runderlass zur Verlängerung der befristeten Erhöhung der Auftragswerte für Beschränkte Ausschreibungen, Freihändige Vergaben und der Wertgrenzen für den Verzicht auf eine baufachliche Prüfung bei Zuwendungen für Baumaßnahmen bis zum 31.12.2011 (GeschZ. 21-H 1007.55 u. 44-001/10) vom 13.12.2010.
[101] S. Vierte Verordnung zur Änderung der Gemeindehaushaltsverordnung vom 28.6.2010 und Zweite Verordnung zur Änderung der Kommunalen Haushalts- und Kassenverordnung v. 28.6.2010 (GVBl. II Nr. 37 und 38).
[102] S. http://vergabe.brandenburg.de/sixcms/detail.php/497586.
[103] S. Bremisches Gesetz zur Erleichterung von Investitionen (GBl. v. 3.4.2009, S. 89); verlängert durch Bremisches Gesetz zur Erleichterung von Investitionen v. 1.3.2011 (GBl. 11.3.2011, S. 80).

IV. Ausschreibungspflicht bei der Vergabe von IT-Leistungen

nicht verlängert. Nunmehr ist die freihändige Vergabe bis 10.000 EUR zulässig; die beschränkte Ausschreibung bis 40.000 EUR.[104] Veröffentlichungsverpflichtungen bestehen ab 25.000 EUR (ex-post und ex-ante).

In **Hamburg**[105] waren bis 31.12.2012 beschränkte Ausschreibung/freihändige Vergabe bis zum Auftragswert von 100.000 EUR zulässig. Eine Verlängerung fand nicht statt. Die neuen Wertgrenzen[106] belaufen sich auf 50.000 EUR für freihändige Vergaben und auf 100.000 EUR für beschränkte Ausschreibungen. Veröffentlichungspflichten bestehen unmittelbar nach dem Zuschlag für die Dauer von 3 Monaten auf http://www.hamburg.de/ausschreibungen.

In **Hessen**[107] war bis 31.12.2011 die beschränkte Ausschreibung bis zu einem Auftragswert von 205.999 EUR zulässig, die freihändige Vergabe bis zu einem Betrag in Höhe von 100.000 EUR. Eine schlichte Verlängerung erfolgte nicht. Nunmehr ist die freihändige Vergabe bis 100.000 EUR, die beschränkte Ausschreibung bei einem Wert weniger als 200.000 EUR zulässig. Es muss zudem bei Lieferungen ab 50.000 EUR, bei Dienstleistungen ab 80.000 EUR ein so genannte Interessenbekundungsverfahren (IBV) als vorgeschaltete Bewerbung durchgeführt werden. Grundgedanke ist wiederholt die Transparenz und die vereinfachte Möglichkeit eine Auswahl von Bewerbern zu erreichen.[108]

In **Mecklenburg-Vorpommern**[109] sind bis 31.12.2016 ebenfalls freihändige Vergabe und beschränkte Ausschreibung bis zu 100.000 EUR zulässig. Veröffentlichungspflichten bestehen ab 25.000 EUR.

In **Niedersachsen**[110] galt bis 31.12.2011 folgendes: Beschränkte Ausschreibung bzw. freihändige Vergabe ist bis zum Auftragswert von 100.000 EUR zulässig; bei einem Auftragswert ab 500 EUR müssen mindestens 3 Angebote eingeholt werden; bei Auftragswerten ab 25.000 EUR ist eine Veröffentlichung nach dem Zuschlag im Internet oder Printmedien vorgesehen. Eine bloße Verlängerung erfolgte nicht, vielmehr wurde eine neue Wertgrenzenverordnung erlassen, wonach freihändige Vergaben bis 25.000 EUR, beschränkte Ausschreibung bis 50.000 EUR zulässig ist.[111]

In **Nordrhein-Westfalen**[112] war beschränkte Ausschreibung bzw. freihändige Vergabe bis zum Auftragswert von 100.000 EUR zulässig. Auf Landesebene[113] erfolgte eine Verlängerung bis zum 31.12.2012, auf kommunaler Ebene bis zum 31.12.2011.[114] Nunmehr sind schlicht ebenfalls neue Wertgrenzenregelungen in Kraft. Für Kommunen gilt seit dem 1.1.2012 unbefristet weiterhin ein Wert von 100.000 EUR für freihändige Vergabe und beschränkte Ausschreibung.[115] Für Auftraggeber des Landes hingegen ist freihändige Vergabe lediglich bis zu einem Wert von 15.000 EUR zulässig, bei beschränkter Ausschreibung gilt

---

[104] S. Bremisches Gesetz zur Sicherung von Tariftreue, Sozialstandards und Wettbewerb bei öffentlicher Auftragsvergabe (Tariftreue- und Vergabegesetz, TtVG), s. https://bremen.beck.de/default.aspx?bcid=Y-100-G-brttvg-name-inh.
[105] S. Rundschreiben 1/09 der Behörde für Stadtentwicklung und Umwelt vom 2.3.2009 und § 3 der Beschaffungsordnung v. 1.3.2009; verlängert für den VOL-Bereich mit Beschaffungsordnung der Freien und Hansestadt Hamburg vom 1.3.2009 in der Fassung vom 1.1.2011.
[106] S. Beschaffungsordnung der Freien und Hansestadt Hamburg vom 1.3.2009 in der Fassung vom 1.6.2013, s. http://www.hamburg.de/contentblob/2336440/data/beschaffungsordnung.pdf.
[107] S. Vergabebeschleunigungserlass 2009 v. 18.3.2009, StAnz. S. 831; verlängert bereits mit diesem Erlass.
[108] Hessisches Vergabegesetz vom 25.3.2013 (BVBl. 6/2013 S. 121) und Hess. Vergabeerlass vom 1.11.2007 mit Änd. V. 16.12.2013; s. http://www.absthessen.de/recht-hessen-gesetze.html.
[109] S. Verwaltungsvorschrift des Ministeriums für Wirtschaft, Arbeit und Tourismus vom 19.12.2014 (ABl. M-V 2014, S. 1264) im Einvernehmen mit dem Finanzministerium, dem Ministerium für Inneres und Sport und dem Ministerium für Energie, Infrastruktur und Landesentwicklung.
[110] S. Gemeinsamer Runderlass der Ministerien vom 4.2.2009, MBl. S. 212; verlängert mit gem. Runderlass vom 19.11.2010, 24–32573/0020.
[111] Verordnung über Auftragswertgrenzen zum Niedersächsischen Tariftreue- und Vergabegesetz (Niedersächsische Wertgrenzenverordnung - NWertVO) vom 19. Februar 2014.
[112] S. Gemeinsamer Runderlass der Ministerien vom 3.2.2009, MBl. S. 74.
[113] Hinweise für die Vergabe öffentlicher Aufträge unterhalb der Schwellenwerte bei Beschaffungen nach VOL/A und VOB/A gemäß RdErl. vom 23.12.2010, I C2 – 0055-3/H 4030-1-IV A 3.
[114] RdErl. des Ministeriums für Inneres und Kommunales, 34–48.07.01/99-1/10 vom 2.12.2010.
[115] Vergabegrundsätze für Gemeinden nach § 25 GemHVO NRW (Kommunale Vergabegrundsätze).

ein Wert von 50.000 EUR ohne Teilnahmewettbewerb und ein Wert von bis zu 100.000 EUR bei beschränkter Ausschreibung.[116]

In **Rheinland-Pfalz**[117] war bis 31.12.2010 bis 100.000 EUR beschränkte Ausschreibung und freihändige Vergabe zulässig. Eine Verlängerung erfolgte nicht. Für freihändige Vergabe besteht eine auf 20.000 EUR erhöhte Wertgrenze, für beschränkte Ausschreibungen 40.000 EUR. Veröffentlichungspflichten bestehen nach erteiltem Auftrag auf Internetseiten oder Beschafferprofilen.[118]

Im **Saarland**[119] waren bis 31.12.2011 ebenfalls beschränkte Ausschreibung und freihändige Vergabe bis zum Auftragswert von 100.000 EUR zulässig. Nunmehr ist die freihändige Vergabe bis 10.000 EUR, bei IUK-Vergaben bis 15.000 EUR zulässig. Bei beschränkter Ausschreibung ohne Teilnahmewettbewerb beträgt die Wertgrenze 50.000 EUR, mit Teilnahmewettbewerb 100.000 EUR. Die Regelung ist derzeit bis 31.12.2020 befristet.[120]

In **Sachsen**[121] waren bis 31.12.2010 beschränkte Ausschreibung/ freihändige Vergabe bis 100.000 EUR zulässig. Die Regelungen wurden nicht verlängert. Derzeit gibt es für beschränkte Ausschreibungen keine Wertgrenzen. Die Freihändige Vergabe ist bis zu einem Wert von 25.000 EUR zulässig.[122]

In **Sachsen-Anhalt**[123] waren bis 31.12.2011 beschränkte Ausschreibung/freihändige Vergabe bis 100.000 EUR zulässig. Derzeit gelten bis 31.12.2015 folgende Wertgrenzen: Für freihändige Vergaben 25.000 EUR, für beschränkte Ausschreibungen 50.000 EUR.[124]

In **Schleswig-Holstein**[125] waren bis 31.12.2011 beschränkte Ausschreibung/freihändige Vergabe bis 100.000 EUR zulässig. Gemäß der derzeit gültigen Schleswig-Holsteinischen Vergabeverordnung[126] sind beschränkte Ausschreibung sowie freihändige Vergabe bis jeweils 100.000 EUR zulässig. Diese Werte gelten bis 31.12.2015.

In **Thüringen**[127] waren bis 31.12.2011 beschränkte Ausschreibung/freihändige Vergabe bis 100.000 EUR zulässig. Derzeit und bis 31.12.2015 betragen die Wertgrenzen für freihändige Vergabe 20.000 EUR und beschränkte Ausschreibung 50.000 EUR.[128]

85 d) **Direktkauf gem. § 3 Abs. 6 VOL/A.** Streng dogmatisch betrachtet, handelt es sich hierbei nicht um einen eigentlichen Schwellenwert im vorstehend dargestellten Sinne. Vielmehr zielt der so genannte Direktkauf darauf ab, dass eine Beschaffung **ohne Vergabeverfahren** stattfinden kann. § 3 Abs. 6 VOL/A stellt dabei auf einen **Auftragswert von 500 EUR (ohne Umsatzsteuer)** ab. Lediglich die Haushaltsgrundsätze der Wirtschaftlichkeit und Sparsamkeit sind zu beachten.

---

[116] S. RdErl. des Ministeriums für Inneres und Kommunales, 34–48.07.01/169/11 vom 6.12.2012.
[117] S. Erlass des Ministeriums für Wirtschaft, Verkehr, Landwirtschaft und Weinbau v. 13.2.2009, StAnz. S. 306; verlängert mit Schreiben des Ministeriums für Wirtschaft, Verkehr, Landwirtschaft und Weinbau v. 9.8.2010.
[118] S. Öffentliches Auftrags- und Beschaffungswesen in Rheinland-Pfalz vom 24.04.2014 (MinBl. S. 48).
[119] S. Gemeinsamer Erlass der Landesregierung v. 23.1.2009 (ABl. S. 295); verlängert mit Verlängerung des Gemeinsamen Erlasses der Landesregierung v. 7.12.2010 (ABl. II 2011, S. 4).
[120] Saarländische Beschaffungsrichtlinien, s. http://www.vorschriften.saarland.de/.
[121] S. Gemeinsame Verwaltungsvorschrift der Staatskanzlei und der Ministerien (Abl. S. 415).
[122] S. § 4 Sächsisches Vergabegesetz vom 14.3.2013, SächsGVBl. 2013 Bl.-Nr. 2 S. 109.
[123] S. Änderung des Einführungserlasses zu den Vergabeordnungen 2006 v. 20.1.2009 (MBl. S. 74); verlängert mit RdErl. v. 8.12.2010, MBl. S. 675.
[124] Runderlass des Ministeriums für Wirtschaft und Arbeit vom 8.12.2010 – 42–32570-20 „Öffentliches Auftragswesen Einführung der Vergabe- und Vertragsordnungen für Bauleistungen (VOB) und der Vergabe- und Vertragsordnung für Leistungen (VOL) sowie Hinweis zur Anwendung der Vergabeordnung für freiberufliche Leistungen (VOF) – Ausgabe 2009.
[125] S. Änderung der Vergabemittelstandsrichtlinie durch Richtlinie v. 24.2.2009 (StAnz. S. 491); verlängert mit Landesverordnung zur Änderung der Schleswig-Holsteinischen Vergabeverordnung v. 15.12.2010, GVBl. S. 777.
[126] S. Schleswig-Holsteinische Vergabeverordnung vom 13.11.2013; GVOBl. 2013, 439.
[127] S. Änderung der Vergabeverordnung durch Verordnung vom 12.1.2009 (GVBl. S. 78); verlängert mit Neubekanntmachung der Vergabe-Mittelstandsrichtlinie v. 16.12.2010, ThürStAnz., S. 36.
[128] S. Thüringer Verwaltungsvorschrift zur Vergabe öffentlicher Aufträge vom 16.9.2014, Thüringer Staatsanzeiger Nr. 41/2014 vom 13.10.2014, Seite 1299.

3. Bereichsausnahmen

Das EU-Vergaberecht gilt ua nicht für folgende Bereiche: 86
a) Arbeitsverträge (§ 100 Abs. 3 GWB)
b) Schiedsgerichts- und Schlichtungsleistungen (§ 100 Abs. 4 Nr. 1 GWB)
c) Forschungs- und Entwicklungsverträge, es sei denn, ihre Ergebnisse werden ausschließlich Eigentum des Auftraggebers für seinen Gebrauch bei der Ausübung seiner eigenen Tätigkeit und die Dienstleistung wird vollständig durch den Auftraggeber vergütet (§ 100 Abs. Nr. 2 GWB)
d) Grundstückserwerb/-miete (§ 100 Abs. 5 GWB)
e) Bei Gefährdung von Sicherheitsinteressen der Bundesrepublik Deutschland, insbesondere bei IT-/ITK- Beschaffungen (§ 100 Abs. 6 und 7 GWB)
f) Telekommunikationsbereich (§ 100a Abs. 4 GWB)
g) Weitere Ausnahmen (§§ 100a–c GWB), va im Sektorenbereich und in den Bereichen Verteidigung und Sicherheit.

4. Ausschreibungspflicht: Die Kriterien nach §§ 97–99 GWB (EU-Ebene)

a) **Öffentlicher Auftraggeber iSd § 97 Abs. 1 iVm § 98 GWB.**[129] Die persönlichen Voraus- 87
setzungen ergeben sich aus § 98 GWB. Nur **öffentliche Auftraggeber im Sinne von § 98 GWB** haben die Vorschriften des Vergaberechts zu beachten. Hierbei ist zu beachten, dass § 98 GWB den Begriff des öffentlichen Auftraggebers **funktional** und nicht wie im klassischen Sinne institutionell bestimmt. Entscheidend ist nach diesem **funktionalen Auftraggeberbegriff** allein, ob die auf dem Markt auftretende Einheit staatliche Funktionen wahrnimmt oder nicht. § 98 GWB orientiert sich im Wesentlichen an § 57a Abs. 1 HGrG[130] und sieht in seinen Nr. 1 bis 6 einen Katalog von öffentlichen Auftraggebern vor.
Öffentliche Auftraggeber gem. § 98 GWB sind demnach:[131]

- Gebietskörperschaften und deren Sondervermögen (**§ 98 Nr. 1 GWB**, so genannte „klas- 88
sische" öffentliche Auftraggeber): Bund, Länder und Kommunen (Landkreise, Städte und Gemeinden) mit ihren öffentlich rechtlichen Sondervermögen.
  – Sondervermögen in diesem Sinne sind auf kommunaler Ebene insbesondere auch die Eigenbetriebe.
- Andere juristische Personen des öffentlichen und des privaten Rechts, die zu dem beson- 89
deren Zweck gegründet wurden, im Allgemeininteresse liegende Aufgaben nichtgewerblicher Art zu erfüllen, wenn Gebietskörperschaften sie überwiegend finanzieren oder über ihre Leitung die Aufsicht ausüben[132] (sog öffentliche Unternehmen), sowie die Verbände dieser juristischen Personen (**§ 98 Nr. 2 und Nr. 3 GWB**):
  – Diese Abgrenzung ist nicht immer einfach, va da immer mehr öffentliche Aufgaben in der Form des Privatrechts ausgeführt werden und die öffentliche Hand zunehmend

---

[129] **Öffentliche Auftraggeber nach nationalem Vergaberecht:** Unterhalb der Schwellenwerte kommt es allein auf das Budgetrecht an. Von einzelnen Ausnahmen abgesehen müssen alle staatlichen Institutionen, die öffentliches Haushaltsrecht anwenden müssen, auch die Vergaberegelungen anwenden. Das sind die institutionell bestimmten öffentlichen Auftraggeber im „klassischen Sinne": der Staat mit seinen Gebietskörperschaften und sonstigen Körperschaften, Anstalten und Einrichtungen des öffentlichen Rechts. Ausgangspunkt sind die § 55 BHO/LHO und die entsprechenden Vorschriften der Gemeindehaushaltsverordnungen der Länder. Solche Institutionen, deren geltenden Haushaltsregeln § 55 BHO/LHO nicht für anwendbar erklären, müssen also auf nationaler Ebene die Vergaberegeln nicht beachten. Für Private, natürliche Personen und juristische Personen des Privatrechts sind die Vergaberegeln nur dann anwendbar, wenn ihnen die Anwendungspflicht durch besonderen Akt (wie Zuwendungsvertrag oder -bescheid) im Einzelfall auferlegt sind.
[130] Haushaltsgrundsätzegesetz (v. 19.8.1969 – BGBl. I S. 1273), zuletzt geändert durch Artikel 123 der Verordnung vom 31.10.2006 – BGBl. I S. 2407).
[131] S. Müller-Wrede/*Müller-Wrede*, VOL/A, 1. Auflage 2001, Einleitung, Rn. 44 ff.; Daub/Eberstein/*Müller*, VOL/A Kommentar 2000, § 1a Rn. 8 ff., *Reidt/Stickler/Glahs*, Vergaberecht Kommentar 2003, § 98 GWB; *Dreher/Stockmann*, Auszug aus Immenga/Mestmäcker, Wettbewerbsrecht, 4. Auflage, § 98 GWB; *Weyand*, Vergaberecht, 2. Auflage, Teil 1, Kap. 7 (zu § 98 GWB).
[132] Sämtliche dieser Merkmale müssen **kumulativ** vorliegen; kein anderer Auftraggeberbegriff ist so umstritten wie der des „funktionalen öffentlichen Auftraggebers" gem. § 98 Nr. 2 GWB. Siehe beispielhafte Aufzählung in Anhang II zur VKR (allerdings: widerlegbare Vermutung).

über Tochtergesellschaften selbst am Wettbewerb teilnimmt. Zudem lässt sich auch über das, was staatliche Aufgabe ist, schon immer trefflich streiten. Bei eindeutiger Gewinnerzielungsabsicht würde man zwar regelmäßig die Tätigkeit im Allgemeininteresse ablehnen. Nach der Rechtsprechung des EuGH[133] kommt es jedoch primär auf den Gründungszweck an, selbst wenn dann tatsächlich gewerbliche Zwecke verfolgt werden, so dass das Vergaberecht umfassend anzuwenden ist.

– Häufig wird in der Praxis übersehen, dass öffentliche Auftraggeber auch **staatlich beherrschte, öffentliche Aufgaben erfüllende Einrichtungen in der Form des Privatrechts** sind.
  - Eine Beherrschung ist immer dann anzunehmen, wenn eine überwiegende Finanzierung durch eine oder mehrere Gebietskörperschaften vorliegt (Unwiderlegbare Vermutung bei einer Kapitalbeteiligung von mehr als 50 %).
  - Beherrschung liegt auch dann vor, wenn zwar private Finanzierung besteht, aber die Geschäftsführungsorgane entweder mehrheitlich (dh zu mehr als 50 %) von Gebietskörperschaften bestimmt oder auf andere Art und Weise kontrolliert werden. Darunter werden so ziemlich alle „Stadtwerke GmbH", Wirtschaftsförderungsgesellschaften und Messegesellschaften fallen.
  - Schwierigkeiten ergeben sich hinsichtlich des Merkmals „staatliche Beherrschung" oftmals bei Anstalten, Stiftungen und Körperschaften des öffentlichen Rechts mit eigener von Gebietskörperschaften unabhängiger Rechtspersönlichkeit, Industrie- und Handelskammern, Ärztekammern[134], Sparkassen, öffentlichen Banken. Von den Gerichten wird meist die pure Rechtsaufsicht als ausreichend für die staatliche Beeinflussungsmöglichkeit angesehen.

– Die überwiegende Zahl der Verbände liegt im Kommunalbereich, so etwa Wasserversorgungs-, Abwasser-, Müllbeseitigungs- oder Planungsverbände.

90 • So genannte **Sektoren-Auftraggeber**, dh, natürliche oder juristische Personen des Privatrechts (§ 98 Nr. 4 GWB – Sektorenbereich),[135] die im Bereich Trinkwasser- oder Energieversorgung oder des Verkehrs tätig sind (s. hierzu die Auflistung in der Anlage zum GWB).

91 • **Subventionierte** natürliche oder juristische Personen des Privatrechts (§ 98 Nr. 5 GWB) und sog Fälle der **Baukonzession** (§ 98 Nr. 6 GWB).

92 b) **Geplante Beschaffung ist eine finanzwirksame Maßnahme** gem. § 55 BHO/Art. 55 HO By. Die hierbei zu beachtende Fragestellung lautet: „Ergibt die Wirtschaftlichkeitsbetrachtung, dass die Maßnahme wirtschaftlich sinnvoll und haushaltsrechtlich tragbar ist?"

93 Die Verpflichtung zur Durchführung einer **Wirtschaftlichkeitsanalyse** ergibt sich aus § 7 Abs. 2 BHO/LHO. Eine solche verursacht durchaus erheblichen Aufwand. Als Grundlage bzw. Hilfestellung kann das auf www.cio.bund.de veröffentlichte „Konzept zur Durchführung von Wirtschaftlichkeitsbetrachtungen in der Bundesverwaltung, insbesondere beim Einsatz von IT" (**WiBe**, Version 5.0)[136] sowie die Empfehlung des Bundesministerium des Inneren (WiBe Fachkonzept IT 4.1–2007) dienen. Insbesondere müssen von der öffentlichen Hand die haushaltsrechtlichen Vorgaben gelöst werden: Alle erforderlichen Schritte müssen eingeleitet werden, damit die erforderlichen Haushaltsmittel für die geplante Beschaffung zur Verfügung stehen. IT-Projekte erscheinen immer finanzwirksam, auch wenn einzelne Komponenten „kostenlos" zu sein scheinen (zB Open Source Produkte) und IT-Projekte stets die Gefahr der „Kostenexplosion" in sich tragen.

---

[133] Zum Urt. des EuGH zur „Österreichischen Staatsdruckerei" s. Heiermann/Riedl/Rusam/*Riedl*, VOB/A, Einl. Rn. 2; *Ingenstau/Korbian* VOB/A Einl Rn. 18; *Boesen* Vergaberecht Einl. Rn. 141; aA *Bechtold* Vor § 97 Rn. 18.

[134] S. zu Ärztekammern: EuGH Urt. v. 12.9.2013 – C-526/11: Die Ärztekammer finanziert sich überwiegend durch Beiträge ihrer Mitglieder, es gibt keine Aufsicht: daher kein öffentlicher Auftraggeber. Die Auswirkungen der Entscheidung auf sonstige Selbstverwaltungskörperschaften sind derzeit noch unklar.

[135] Die Vergabe von Sektoren-Auftraggebern wird nicht näher betrachtet; es bestehen Sonderregelungen (b-Paragraphen der VOL/A); im Wesentlichen gelten die Ausführungen entsprechend.

[136] Anlage zum Beschluss Nr. 2015/3 des Rates der IT-Beauftragten der Ressorts vom 19. Februar 2015.

IV. Ausschreibungspflicht bei der Vergabe von IT-Leistungen

c) Beschaffung von Waren, Bau- oder Dienstleistungen im Sinne von § 97 Abs. 1 GWB. 94
Das Vergaberichtlinienpaket 2009 sah – anders als zuvor – keine Aufspaltung mehr nach der Auftragsart bzw. der zu beschaffenden Leistung vor. Die VKR enthält sämtliche Vorgaben für Bau-, Liefer- und Dienstleistungsaufträge. Das deutsche Vergaberecht hatte diese Differenzierung dennoch beibehalten.[137] IT-Projekte werden daher aus vergaberechtlicher Sicht meist als Warenlieferung und Dienstleistung, also als typengemischte Verträge eingeordnet. Eine „scharfe" zivilrechtliche dogmatische Einordnung in die Vertragstypen des BGB wird hier nicht gefordert.[138]

d) Entgeltlicher Vertrag iSd § 99 Abs. 1 GWB. Das Merkmal der Entgeltlichkeit des Vertrages bezieht sich nach der Rechtsprechung des EuGH[139] darauf, dass eine Gegenleistung durch die öffentliche Verwaltung für die Ausführung der Leistungen versprochen werden muss. Eine Legaldefinition des Begriffs ist jedoch bislang weder den europäischen Richtlinien noch der Rechtsprechung des EuGH zu entnehmen, der sich nur zu einzelnen Aspekten des Entgeltlichkeitsbegriffs geäußert hat. 95

In Rechtsprechung und Literatur wird teils ein enger Entgeltbegriff vertreten. Es wird auf die Vergütungsform abgestellt und ausgeführt, dass nur Geldleistungen und nicht bloß geldwerte Leistungen als entgeltlich iSv § 99 GWB qualifiziert werden können.[140] Weiter wird vertreten, eine Entgeltlichkeit könne nur bejaht werden, wenn der öffentliche Auftraggeber Verbindlichkeiten mit Haushaltsmitteln erfülle.[141] 96

> **Praxistipp:**
> Die Spruchpraxis der Vergabekammern und Oberlandesgerichte geht jedoch durchgängig von einem **weiten Entgeltbegriff** aus, so ua: 97
> - Jede Art von Vergütung, die einen geldwerten Vorteil bedeutet; eine Gewinnerzielung ist nicht erforderlich (OLG Naumburg);[142]
> - Der Gegenleistung des öffentlichen Auftraggebers für die vom Unternehmer erbrachte Leistung muss lediglich Geldwert zukommen; eine Geldleistung ist nicht erforderlich (BayObLG);[143]
> - Jede Art von Vergütung, die einen Geldwert haben kann; Voraussetzung ist demnach ein gegenseitiger Vertrag, der typischerweise auf den Austausch der beiderseitigen Leistungen gerichtet ist (OLG Düsseldorf);[144]
> - Mittelbare Zuwendungen können ausreichen (EuGH).[145]
>
> Die Feststellung eines entgeltlichen Vertrages, also ein Vertrag mit geldwertem Vorteil als Gegenleistung, bereitet in der Regel bei der Vergabe von IT-Leistungen in der Praxis kein Problem.

Zu denken ist jedoch in diesem Zusammenhang an den **Bezug von Open Source-Produkten**, da hierfür in der Regel kein „Entgelt" verlangt wird bzw. werden darf.[146] Zu beachten ist jedoch, dass eine Gesamtwirtschaftlichkeitsbetrachtung stattfinden sollte (bzw. muss), so dass auch Folgekosten (wie Pflege, Support ua, für die die meisten OSS-Lizenzmodelle auch vorsehen, hierfür entsprechende Vergütung zu verlangen) sowie etwaige Haftungsrisiken aufgrund ausgeschlossener bzw. stark eingeschränkter „Gewährleistung" berücksichtigt werden müssen. Letztlich wird man daher auch hier eine Entgeltlichkeit zu bejahen haben.[147] 98

---

[137] Bereits oben in der Übersicht → Rn. 37 ff.
[138] Hierzu im Detail → Rn. 128 ff.
[139] S. EuGH Urt. v. 12.7.2001 – C-399/98, VergabeR 2001, 380 = NZBau 2001, 512 –„Stadt S.land".
[140] S. *Werner/Köster* NZBau 2003, 420.
[141] S. *Rindtorff/Gabriel* VergabeR 2004, 16; ähnlich OLG Düsseldorf Beschl. v. 28.4.2004 – VII Verg 2/04, VergabeR 2004, 624 = NZBau 2004, 400 –„DSD".
[142] OLG Naumburg Beschl. v. 3.11.2005 – 1 Verg 9/05, NZBau 2006, 58.
[143] BayObLG Beschl. v. 27.2.2003 –Verg 1/03, VergabeR 2003, 329.
[144] OLG Düsseldorf Beschl. v. 22.9.2004 – VII Verg 44/04, NZBau 2005, 652; OLG Düsseldorf Beschl. v. 8.9.2004 – VII Verg 35/04 und OLGR 2004, 301.
[145] EuGH Urt. v. 12.7.2001 – C-399/98, VergabeR 2001, 380 – Stadt Mailand; EuGH Urt. v. 18.11.2004 – C-126/03, VergabeR 2005, 57 – Heizkraftwerk München.
[146] Vgl. die Regelungen der GPL.
[147] S. *Heckmann* CR 2004, 401; s. im übrigen zu OSS → § 9.

99 e) **Vertrag mit einem Unternehmen im Sinne des § 99 Abs. 1 GWB, Abgrenzung zu Inhouse-Vergaben.** *aa) Unternehmensbegriff.* Die Anwendbarkeit des Vergaberechts setzt weiter voraus, dass der öffentliche Auftraggeber einen **Vertrag mit einem „Unternehmen"** schließt. Der Begriff des Unternehmens bezeichnet einen Rechtsträger, gleich welcher Rechtsform, der sich wirtschaftlich betätigt. Der Unternehmensbegriff ist **weit auszulegen**. Es kann sich um natürliche oder juristische Personen handeln, die selbst Arbeiten ausführen, aber auch um ein solches Unternehmen, das auf fremde Fachkräfte oder fachliche Einrichtungen zurückgreift oder auch einer Gruppe von Unternehmen, gleicher Rechtsform.

100 Unproblematisch ist diese Einordnung, wenn es sich um ein vom Auftraggeber verschiedenes Unternehmen handelt, letztlich zwei unterschiedliche Rechtspersonen vorliegen.

> **Praxistipp:**
> Kernproblem in diesem Zusammenhang bildet die Frage, ob und inwieweit Untergliederungen der öffentlichen Hand als Unternehmen qualifiziert werden können. Die wesentlichen Kernfragen sind hierbei:
> • Können öffentliche Unternehmen als Bieter in Vergabeverfahren auftreten (auch wenn sie öffentlich subventioniert sind)?
> • Unterliegen Auftragsübertragungen im Rahmen kommunaler Zusammenarbeit dem Vergaberecht?
> • Unter welchen Umständen sind so genannte Inhouse-Vergaben privilegiert?

101 Nicht erfasst werden vom Vergaberecht so genannte **echte Inhouse-Geschäfte**, dh wenn der öffentliche Auftraggeber Leistungen selbst durch Eigenbetriebe bzw. Abteilungen innerhalb der eigenen Organisation erbringt.
Der Wortlaut des § 99 Abs. 1 GWB soll klarstellen, was jedenfalls keine „öffentlichen Aufträge" sind. Letztlich wird dies auch weiterhin durch die nachfolgend dargestellte Rechtsprechung des EuGH zum Inhouse-Geschäft sowie der nationalen Rechtsprechung definiert.

102 *bb) Inhouse-Geschäfte.* § 99 Abs. 1 GWB erfordert einen Vertrag zwischen öffentlichen Auftraggebern und Unternehmen. Vom Wortlaut her ist somit eine rechtliche Verschiedenheit von Auftraggeber und Auftragnehmer erforderlich. Vergaberechtlich sind jedoch solche Leistungen nicht erfasst, die von der öffentlichen Hand unmittelbar im Regie- oder Eigenbetrieb[148] erbracht werden („**echte**" Inhouse-Geschäfte).[149] Hierbei handelt es sich regelmäßig um unselbständige Verwaltungseinheiten ohne eigene Rechtspersönlichkeit. Sie sind daher mit dem öffentlichen Auftraggeber rechtlich identisch und die Aufgabenübertragung verlässt nicht den Bereich des öffentlichen Sektors. Die Gründung solcher Regie- und Eigenbetriebe, zB zum Betrieb eines Rechenzentrums für eine größere Behörde, sind vergaberechtlich unbeachtlich.

103 Vergaberechtlich als problematisch ist aber anzusehen, wenn der Auftrag an eine eigenständige juristische Person vergeben wird, die vom öffentlichen Auftraggeber nicht vollständig „beherrscht" wird („**unechte Inhouse-Geschäfte**").

> **Praxistipp:**
> 104 Vergaberechtliche Unbeachtlichkeit hat der EuGH[150] („**Teckal**") anerkannt, wenn trotz unterschiedlicher juristischer Rechtspersönlichkeiten folgende **Kriterien kumulativ** erfüllt werden:

---

[148] Regie- und Eigenbetriebe sind unselbständige Verwaltungseinheiten ohne eigene Rechtspersönlichkeit.
[149] S. *Konstas* Das vergaberechtliche Inhouse-Geschäft (Dissertation), 2004; *Ziekow* VergabeR 2006, 608; *Frenz* VergabeR 2007, 304. S. zum GWB-Entwurf und den Neuregelungen: *von dem Bussche* VergabeR 2008, 881; s.a. *Byok* NJW 2010, 817; *Greb* VergabeR 2015, 289.
[150] EuGH Urt. v. 18.11.1999 – C-107/98, NZBau 2000, 90 – Teckal.

IV. Ausschreibungspflicht bei der Vergabe von IT-Leistungen

- Wirtschaftliche Identität zwischen Auftraggeber und Auftragnehmer (öffentlicher Auftraggeber ist an einem rechtlich selbständigen Auftragnehmer beteiligt („Beteiligungskriterium")
- Gebietskörperschaft übt über diese juristische Person eine Kontrolle aus „wie über ihre eigenen Dienststellen" („Kontrollkriterium") und
- die juristische Person verrichtet ihre Tätigkeit im Wesentlichen für die Gebietskörperschaft oder diejenige, die ihre Anteile innehat („Wesentlichkeitskriterium").

Die „Teckal-Kriterien" hat der EuGH sodann mit den nachfolgend dargestellten Entscheidungen konkretisiert: 105

a) Die vom EuGH aufgestellten Voraussetzungen waren bzw. sind seitdem umstritten. Mit dem Urteil[151] („**Stadt Halle**") legt der EuGH anhand des Beispiels einer gemischtwirtschaftlichen Beteiligungsgesellschaft dar, wie er die erste Voraussetzung versteht:

„Eine Kontrolle wie über eine eigene Dienststelle ist nur dann gegeben, wenn der Auftragnehmer vollständig von der öffentlichen Hand gehalten wird. Schon eine minimale private Beteiligung schließt es aus, dass eine Kontrolle wie über eine eigene Dienststelle angenommen wird.".

Daraus folgt, dass eine Auftragsvergabe an eine ÖPP oder eine gemischtwirtschaftliche Gesellschaft immer ausgeschrieben werden muss. Die Höhe der Beteiligung des privaten Partners spielt dabei keine Rolle.[152]

Dieses Urteil stellt also klar, dass **jedwede Beteiligung eines Privaten** an einem Auftragnehmer die Annahme eines vergaberechtsfreien **In-House-Geschäfts** ausschließt.

b) Urteil vom 13.10.2005 (C-458/03) „**Parking Brixen**" 106

Nach dieser Entscheidung hält der EuGH eine In-House-Vergabe auch an ein 100 % öffentliches Unternehmen für nicht möglich, wenn das Unternehmen eine „Marktausrichtung" erreicht hat, die eine Kontrolle wie über eine eigene Dienststelle nicht erlaubt. Die auftraggebende Stelle muss auf die Entscheidungen des Auftragnehmers einwirken und dabei sowohl die strategischen wie auch die wichtigen operativen Entscheidungen beeinflussen können Nur dann kann von einer Kontrolle des öffentlichen Auftraggebers gesprochen werden, die ein In-House-Geschäft zulässt.

c) Urteil vom 11.5.2006 (C-340/04) „**Carbotermo**" 107

Mit dieser Entscheidung hat der EuGH erstmals nähere Hinweise zum **Wesentlichkeits-/Tätigkeitskriterium** gegeben. Der EuGH berücksichtigt bei der Beurteilung der Frage, ob ein Unternehmen seine Tätigkeit im Wesentlichen für die Körperschaft verrichtet, die seine Anteile innehat, **alle Tätigkeiten**, die dieses Unternehmen auf Grund einer Vergabe durch den öffentlichen Auftraggeber verrichtet, unabhängig davon, wer diese Tätigkeit vergütet, sei es der öffentliche Auftraggeber selbst oder der Nutzer der erbrachten Dienstleistungen. Es kommt dabei nicht darauf an, in welchem Gebiet diese Tätigkeit ausgeübt wird. Das kontrollierte Unternehmen muss hauptsächlich für den Auftraggeber tätig sein und jede andere Tätigkeit darf nur rein nebensächlich sein.

Erstmals enthalten nun die europäischen Richtlinien (so ua Art. 12 VRL) Regelungen zu 108 den Voraussetzungen und der Reichweite vergaberechtsfreier Aufträge zwischen Einrichtungen des öffentlichen Sektors. Die vorgenannte vertikale Zusammenarbeit wird dabei anhand der vom EuGH entwickelten Kriterien in der Richtlinie berücksichtigt. Klargestellt wird dabei zum **Kontrollkriterium**, dass eine ausreichende Kontrolle auch dann möglich ist, wenn diese über zwischengeschaltete Gesellschaften in einer ununterbrochenen Weisungskette vermittelt wird, was die in Stadtwerke-Konzernen häufig anzutreffenden „Mutter-Enkel-Konstellationen" unproblematisch ermöglicht, sofern nicht andere Gründe einer Kontrolle entgegenstehen. Ein solcher Grund kann die Zwischenschaltung einer Aktiengesellschaft sein.[153] Die VRL äußert sich zur AG nicht, so dass ggf. die Zwischenschaltung einer AG dann möglich ist, wenn diese die Rechtsform einer SE (Societas Europeae) annimmt oder

---

[151] EuGH Urt. v. 11.1.2005 – C-26/03, VergabeR 2005, 43 – Stadt Halle; s. a. BauRB 2005, 110 ff.
[152] S. hierzu ausführlich *Kulartz/Steding*, IT-Leistungen, Fehlerfreie Ausschreibungen und rechtssichere Vertragsinhalte, Kap. 2.2.
[153] S. BGH Urt. v. 3.7.2008 – I ZR 145/05.

aber über Gewinnabführungs- und Beherrschungsverträge eine entsprechende Kontrolle entsteht.[154]

109 In Bezug auf das **Wesentlichkeitskriterium** wird klargestellt, dass mehr als 80 % der Tätigkeit des Auftragnehmers der Ausführung von Aufgaben dienen muss, mit denen er vom Auftraggeber betraut wurde. Der Drittgeschäftsanteil muss also eindeutig unter 20 % liegen.

110 In Bezug auf das **Beteiligungskriterium**, das bislang jedwede Beteiligung Privater ausschloss, wird nunmehr erstmals eine eng umrissene Ausnahme geregelt. Private Kapitalbeteiligungen sind dann unschädlich, wenn mit ihnen weder eine Beherrschung noch eine Sperrminorität oder eine Möglichkeit der maßgeblichen Einflussnahme einhergeht und sie durch nationale gesetzliche Bestimmungen vorgeschrieben ist.[155]

Zudem werden durch die VRL folgende (bislang ungeklärte) Konstellationen ausdrücklich für zulässig erachtet:[156]

– Bottom-up-Verträge: Vergabe von Aufträgen von der beherrschten Tochter an die beherrschende Mutter (Art. 12 Abs. 2 VRL).
– „Horizontale" Inhouse-Geschäfte: Verträge zwischen Tochtergesellschaften desselben öffentlichen Auftraggebers.

111 Zwischenzeitlich hatte sich auch der EuGH in Bezug auf die **interkommunale Zusammenarbeit/Kooperation** in einem beachtenswerten Urteil (v. 9.6.2009 – C-480/06)[157] zugunsten der „Vergaberechtsfreiheit" bewegt.

Das Urteil verdient va aus folgenden Gründen besondere Aufmerksamkeit:[158]
• Interkommunale Kooperationen werden immer wichtiger und die Felder der Zusammenarbeit immer größer. Neben den schon „klassischen Bereichen der Abfall-/Abwasserentsorgung, Wasserversorgung, Tourismusförderung ist die Kooperation auf den Gebieten der Informationstechnologie, Kultur, Sozial- und Bildungsbereich immer wichtiger;
• Das Urteil wurde in der Besetzung der Großen Kammer des EuGH gefällt (13 Richter statt der sonst üblichen 3 oder 5 Richter); Der EuGH hat damit die außergewöhnliche Bedeutung der Rechtssache deutlich gemacht.
• Die Schlussanträge des Generalanwalts wurden vom EuGH verworfen, was nicht häufig vorkommt.

Praxistipp:

112 Nach der Entscheidung des EuGH **können** auch öffentlich-rechtliche Vereinbarungen zwischen Kommunen vergaberechtsfrei sein, unabhängig davon, ob eine mandatierende (Ausführungsübertragung im fremden Namen) oder eine delegierende (komplette Aufgabenübertragung) Vereinbarung vorliegt. Ob dies der Fall ist, muss jedoch in jedem Einzelfall neu geprüft werden. Die Vergaberechtsfreiheit wird nicht für jegliche Vereinbarung zwischen Kommunen gelten. Für eine Übertragbarkeit des entschiedenen Sachverhalts können folgende drei Besonderheiten sprechen, die sich in der (horizontalen) öffentlich-rechtlichen Vereinbarung auch wiederfinden sollten:
 • Zusammenarbeit bei der Wahrnehmung einer allen Kommunen obliegenden öffentlichen Aufgabe;
 • Gegenseitige Verpflichtungen der Beteiligten;
 • Keine Ungleichbehandlung Privater.
Der EuGH hat ua festgestellt – was die Kommunen bestärken wird:
„Eine öffentliche Stelle kann ihre im allgemeinen Interesse liegenden Aufgaben mit ihren eigenen Mitteln und auch in Zusammenarbeit mit anderen öffentlichen Stellen erfüllen, ohne gezwungen zu sein, sich an externe Einrichtungen zu wenden, die nicht zu ihren Dienststellen gehören."

---

[154] S. Soudry/Hettich/*Soudry*, Das neue Vergaberecht, S. 15 mwN.
[155] So in Deutschland in Bezug auf gesetzliche Zwangsmitgliedschaften Privater in Wasser- und Bodenverbänden in einigen Bundesländern.
[156] S. hierzu Soudry/Hettich/*Soudry*, Das neue Vergaberecht, S. 19f mwN.
[157] VergabeR 2009, 738.
[158] S. *Portz* VergabeR 2009, 702.

Auf der Grundlage des „Teckal"-Urteils des EuGH hatte der **BGH** in der Entscheidung 113
„Technische Hilfe"[159] ausgeführt:

„Betraut ein öffentlicher Auftraggeber eine GmbH mit Dienstleistungen, kommt es nicht zu einem öffentlichen Auftrag im Sinne von § 99 Abs. 1 GWB, wenn der öffentliche Auftraggeber alleiniger Anteilseigner des Beauftragten ist, er über diesen eine Kontrolle wie über eine eigene Dienststelle ausübt und der Beauftragte seine Tätigkeit im *Wesentlichen für diesen öffentlichen Auftraggeber verrichtet*".

cc) Aktueller Stand. Handelt es sich bei dem Auftragnehmer um eine **eigene Abteilung** 114
oder Dienststelle des Auftraggebers, dann handelt es sich um ein echtes, vergaberechtsfreies In-House-Geschäft. Das Gleiche gilt, wenn der Auftragnehmer als eigenständige juristische Person ohne jegliche Beteiligung Privater auftritt, die so eng mit dem Auftraggeber verbunden ist, dass er sie wie eine eigene Dienststelle beherrscht, und er im Wesentlichen für den Auftraggeber tätig wird.

Wenn aber ein öffentliches Unternehmen aus der öffentlichen Sphäre heraus und in den 115
Markt eintritt[160] – sei es, dass es durch Anteilsverkauf einen privaten Partner hereinnimmt, sei es, dass es sich durch eine Beteiligung an überörtlichen Ausschreibungen oder anderweitiger Auftragsakquise am Markt betätigt – dann muss der Wettbewerb vor Verfälschungen durch vergaberechtliche oder gemeindewirtschaftlichrechtlichen Privilegierungen zu Gunsten der kommunalen Unternehmen, mit denen diesen auf dem Heimatmarkt der Rücken für die überörtliche Expansion gestärkt wird, geschützt werden.[161]

Die neue VRL regelt nun in Art. 12 Abs. 4 VRL die Voraussetzungen für Interkommunale 116
Kooperationen auf Basis der EuGH-Rechtsprechung wie folgt für die Umsetzung in deutsches Recht:[162]
– Begründung der Zusammenarbeit unter ausschließlicher Beteiligung öffentlicher Auftraggeber
– mit dem gemeinsamen Ziel, eine allen Beteiligten obliegende öffentliche Aufgabe zu erfüllen,
– wobei die Zusammenarbeit ausschließlich auf Überlegungen im Zusammenhang mit öffentlichen Interessen beruht und
– durch die Zusammenarbeit kein privater Dienstleistungserbringer besser gestellt wird als sein Wettbewerber,
– soweit die von der Kooperation erfassten Tätigkeiten von den Beteiligten zu weniger als 20 % auf dem offenen Markt erbracht werden.
Eine spezielle Rechtsform soll den Kooperationspartnern nicht vorgeschrieben werden.[163]

f) Beschaffungsmaßnahme am Markt? Hier hat eine Abgrenzung zum Akt staatlicher Or- 117
ganisation zu erfolgen: Es stellt sich die Frage ob ein so genanntes „**Instate**"-Geschäft vorliegt oder ob eine Wettbewerbssituation besteht. Hierzu nachfolgend → Rn. 118 ff.

V. Zusammenarbeit im öffentlichen Bereich

1. Organisationsprivatisierung/ÖPP oder PPP Überblick

Eine allgemein gültige Definition der ÖPP/PPP (Öffentlich-Private Partnerschaft, bzw. 118
Public Private Partnership) gibt es nicht. Oft wird ÖPP beschrieben als „langfristige, vertraglich geregelte Zusammenarbeit zwischen öffentlicher Hand und Privatwirtschaft zur Erfüllung öffentlicher Aufgaben, bei der die erforderlichen Ressourcen (zB Know-How, Betriebsmittel, Kapital, Personal) in einen gemeinsamen Organisationszusammenhang gestellt und vorhandene Projektrisiken entsprechend der Risikomanagementkompetenz der Projektpartner angemessen und effizienzsteigernd verteilt werden."[164]

---

[159] BGH Beschl. v. 12.6.2001 – X ZB 10/01, VergabeR 2001, 286 = NZBau 2001, 518.
[160] Vgl. *Jennert* NZBau 2006, 421.
[161] Vgl. *Jennert* NZBau 2006, 421.
[162] S. a. *Brochkhof* VergabeR 2014, 625.
[163] S. Soudry/Hettich/*Soudry*, Das neue Vergaberecht, S. 20 ff. mwN.
[164] Vgl. *Müller-Wrede* (Hrsg.), ÖPP-Beschleunigungsgesetz 2006, S. 25 ff.; *Leinemann/Kirch*, ÖPP-Projekte, 2006.

119 Die ÖPP-Vertragsmodelle variieren aufgrund der denkbar unterschiedlichen Gestaltungen erheblich, so dass sich (noch) kein Standard herausgebildet hat. Im Wesentlichen dürfte es darauf ankommen, welche Aspekte insbesondere betont werden sollen:[165]
- Planungsaspekt: General- oder Totalunternehmermodell
- Finanzierungsaspekt: Finanzierungs-/Investorenmodelle
- Betriebsphase: Betreibermodelle
- nach Lebenszyklus: umfassende Organisations- bzw. Beschaffungsmodelle
- Refinanzierungsmethoden, Beteiligungen der öffentlichen Hand an der Projektgesellschaft: Konzessionsmodell/Gesellschafts- bzw. Kooperationsmodell
- und vieles mehr

120 Als **Merkmale jeder ÖPP/PPP** haben sich derzeit herausgebildet:
- privater Finanzierungsanteil
- langfristige Laufzeit, die die Amortisation der privaten Finanzierung ermöglicht
- Aufteilung solcher wirtschaftlicher Risiken der Partnerschaft, die herkömmlicherweise der öffentliche Sektor trägt, zwischen öffentlichem und privatem Partner
- weitgehende Übertragung der betriebswirtschaftlichen Verantwortung für die Durchführung des Projekts auf den Privaten.

121 Aufgrund der Komplexität der Vorhaben wird es in der Regel um ein Netzwerk von mehreren Verträgen gehen, deren reibungslose und aufeinander abgestimmte Abwicklung eine wesentliche Voraussetzung für den Gesamterfolg des ÖPP-Projekts ist. Besondere Bedeutung wird meist einem **ÖPP-Projektvertrag** zwischen öffentlicher Hand und Projektgesellschaft zukommen, der meist alle Rechte und Pflichten für die Gesamtheit der Leistungsphasen und die Vertragsdauer regelt und damit den Rahmen und die Prinzipien des gesamten Projekts festlegt.

Bei IT-Leistungen kommen ÖPPs wohl in Betracht bei:
- Rechenzentrumsleistungen/Outsourcing (soweit zulässig);
- Application Management;
- IT Consulting uä

122 Nachdem die Gestaltung von ÖPPs mit den „herkömmlichen Vergabemitteln" offensichtlich nicht zu bewerkstelligen war bzw. dies erheblich gehemmt wurde, wurde das bereits erwähnte ÖPP-Beschleunigungsgesetz vom 1.9.2005 (BGBl. I 2676) erlassen, das zum erklärten Ziel die Erleichterung der Vergabe von ÖPPs hat.

2. Kooperation mit anderen öffentlichen Auftraggebern (ÖÖP/PPP)

123 Kooperationen innerhalb der öffentlichen Hand werden oft als **PPP – Public Public Partnership** oder **ÖÖP – Öffentlich-öffentliche Partnerschaft** zusammengefasst. Weisen solche Kooperationen einen Beschaffungsbezug auf, werden sie auch als **In-State-Geschäfte** bezeichnet. Handelt es sich bei dem Auftragnehmer um eine selbständige juristische Person des öffentlichen Rechts mit relativer staatlicher Monopolstellung (vgl. § 100a Abs. 3 GWB), dann bleibt der Beschaffungsvorgang in Ermangelung eines Marktes oder einer Marktrelevanz vergaberechtsfrei.

124 Umstritten ist hingegen, ob die Zusammenarbeit der öffentlichen Hand auch vergaberechtsfrei bleibt, wenn es eine solche Monopolstellung des Auftragnehmers nicht gibt, es also um einen Leistungsaustausch zwischen der öffentlichen Hand geht, der bei einer Aufgabenverlagerung auf einen Privaten eindeutig als öffentlicher Auftrag angesehen würde. Die Frage stellt sich insbesondere bei der Zusammenarbeit mit Auftragnehmern in der Rechtsform sonstiger juristischer Personen des öffentlichen Rechts, die mit dem Auftraggeber nicht verbunden sind, wie zB Öffentlich-Öffentliche-Partnerschaften (ÖÖP) oder kommunale Kooperationsvereinbarungen.

---

[165] Diese Aufzählung erhebt keinen Anspruch auf Vollständigkeit.

In aller Regel werden Aufgabenübertragungen auf gemeinsam getragene institutionelle Einrichtungen (wie kommunale Zweckverbände, gemeinsame Gesellschaften) sowie solche Aufgabenübertragungen, die auf Verwaltungsabkommen oder Staatsverträgen als Rechtsgrundlage für die Zusammenarbeit beruhen, als zulässig (vergaberechtsfrei) anerkannt. 125

Für horizontale Kooperationen gilt dies jedoch nicht. Nach der Entscheidung des EuGH „Kooperationsvereinbarungen Spanien"[166] besteht jedoch grundsätzlich – unabhängig vom Zivil- oder öffentlichen Recht – keine Vergaberechtsfreiheit zwischen verschiedenen juristischen Personen. Dieses Ergebnis lässt sich auch mit dem Umkehrschluss zu § 100a Abs. 3 2 GWB für Öffentlich-Öffentliche-Partnerschaften begründen, denn das ausschließliche Recht zur Leistungserbringung (Monopolstellung) besteht gerade nicht aufgrund normativer Grundlagen, sondern wird durch Vereinbarung erst geschaffen. 126

Das Vergaberecht ist deshalb grundsätzlich bei der Zusammenarbeit/Kooperation öffentlicher Auftraggeber zu beachten, sobald ein Beschaffungsbezug vorliegt und die Einbeziehung eines Privaten nicht schlechthin ausgeschlossen ist.[167] Nur wenn die Voraussetzungen eines Inhouse-Geschäfts vorliegen bzw. es sich um ein staatliches Verwaltungsmonopol handelt, ist das Vergaberecht nicht anzuwenden. 127

> **Praxistipp:**
> Fraglich ist, ob die vorstehend dargestellten Grundsätze zu Inhouse-/Instate-Geschäften im IT-Bereich uneingeschränkt gelten können, da solche Geschäfte im IT-Bereich nahezu immer einen Marktbezug aufweisen. Oftmals existieren IT-Unternehmen, die die „Aufgabenstellung" ebenfalls erfüllen könnten. Außerdem konkurrieren die öffentliche Hand und ihre Unternehmen zunehmend in einem aktiven Wettbewerb mit den privaten Unternehmen. Die Freistellung der öffentlichen Hand vom Vergaberecht räumt den öffentlich-rechtlichen Anbietern einen erheblichen Wettbewerbsvorteil ein.

VI. Zu vergebende Leistungen und maßgebliche Vergabe- und Vertragsordnung, Rahmenvereinbarung, Vertragsänderung/-verlängerung

Die zu vergebenden IT-Leistungen sind unter die Begriffe der Bau-, Liefer- und Dienstleistungen einzuordnen, da hierdurch bestimmt wird, welche Vergabe- und Vertragsordnung maßgeblich ist (§ 1 Abs. 1 VgV, § 1 bzw. § 1 EG VOL/A).[168] Bei Verträgen, die verschiedene dieser Leistungstypen beinhalten, ist § 99 Abs. 10 GWB zu beachten, wobei der wertmäßig überwiegende Leistungsanteil entscheidet, ob Liefer- oder Dienstleistung vorliegt. Bei einem Auftrag zur Durchführung mehrerer Tätigkeiten gelten die Bestimmungen für die Tätigkeit, die den Hauptgegenstand darstellt, § 99 Abs. 11 GWB. Rahmenvereinbarungen sowie Vertragsänderungen/-verlängerungen bedürfen als Sonderthemen einer gesonderten Betrachtung. 128

1. Lieferleistungen

Lieferleistungen fallen stets unter die VOL/A. Gem. § 99 Abs. 2 GWB sind Lieferaufträge **Verträge zur Beschaffung von Waren**, die insbesondere Kauf, Ratenkauf, Leasing, Miete oder Pacht mit oder ohne Kaufoption betreffen.[169] 129

Unter Waren sind alle beweglichen, körperlichen Sachen des Handelsverkehrs zu verstehen, sowie elektrischer Strom, Gas, Wasser, Fernwärme und **Software**.[170] Die Lieferung von 130

---

[166] Urt. v. 13.1.2005 – C 84/03, VergabeR 2005, 176.
[167] *Siegel* VergabeR 2006, 621.
[168] Allgemein → Rn. 37; s. zur Problematik der Abgrenzung (baurechtsbezogen) *Noch* BauRB 2005, 147.
[169] S. Empfehlungen des BGH zu Miete, Leasing von Informationstechnik in der Bundesverwaltung unter www.cio.bund.de.
[170] Vgl. *Kulartz/Steding* IT-Leistungen, S. 10; s.a. BGH Urt. v. 4.11.1987 – VIII ZR 314/86, CR 1988, 124; BGH Urt. v. 22.12.1999 – VIII ZR 299/98, CR 2000, 207 ff.; s. zur Diskussion über die Einordnung „Software als Sache" im Zusammenhang mit § 651 BGB die weiteren Kapitel dieses Handbuchs.

Standardsoftware ist damit eindeutig eine Lieferung im Sinne von § 4 VgV sowie § 1, 1 EG VOL/A. Auch die notwendige Parametrisierungsleistung sowie die Einweisung in die Software dürften als zur Lieferleistung zugehörig anzusehen sein.

2. Sonstige Leistungen/Dienstleistungen VOF

131 Sonstige Leistungen/Dienstleistungen unterfallen der VOF, wenn diese im Rahmen einer **freiberuflichen Tätigkeit** oder im Wettbewerb mit freiberuflich Tätigen angeboten werden und **ihr Gegenstand eine Aufgabe ist, deren Lösung nicht vorab eindeutig und erschöpfend beschrieben** werden kann (§ 1 Abs. 1 VOF).[171] Trifft dies nicht zu, liegen sonstige Leistungen im Sinne der VOL/A vor.

132 Die Definition einer freiberuflichen Tätigkeit richtet sich grundsätzlich nach § 18 Abs. 1 Nr. 1 EStG, ist aber nicht abschließend.[172] So dürfte nach jetziger Rechtsprechung des BFH wohl auch die Tätigkeit des **Informatikers** hierunter fallen. Es genügt, dass die **Tätigkeit im Wettbewerb zu Freiberuflern** erbracht wird, womit insbesondere Gesellschaften, die von Freiberuflern gebildet werden (wie zB BGB-Gesellschaft, GmbH, AG) und die handels- und steuerrechtlich als Kaufleute bzw. Gewerbetreibende behandelt werden, erfasst werden. Vergaberechtlich kann es aber keinen Unterschied machen, in welcher Rechtsform ein Bieter eine Tätigkeit durchzuführen beabsichtigt. Maßgeblich ist allerdings, ob die auszuschreibende Dienstleistung in der Vergangenheit von Gewerbetreibenden oder von Freiberuflern erbracht wurde. Dies kann der öffentliche Auftraggeber nur anhand einer **Marktanalyse** feststellen.[173] Ergibt die Marktanalyse, dass die Leistungen von Gewerbetreibenden erbracht wurden, findet die VOL/A Anwendung. Dies gilt selbst dann, wenn sich auf die Vergabe hin Freiberufler bewerben würden.[174]

133 Sind hingegen freiberufliche Leistungen betroffen, ist weiter zu prüfen, ob die Leistung eindeutig und erschöpfend im Voraus beschreibbar ist. **Erschöpfend beschreibbar** ist eine Leistung, wenn Angebote abgegeben werden können, die von einem Auftraggeber objektiv ohne weitere Rückfragen und Verhandlungen bewertet werden können.[175] Sind diese Voraussetzungen erfüllt, gelangt die VOL/A zur Anwendung, ansonsten die VOF.

3. Gemischte Verträge

134 Die reine Lieferung mit kleineren Zusatzleistungen wird aber gerade komplexen IT-Projekten nicht gerecht, wenn über die Lieferung vorhandener Standard-Software hinaus eine Vielzahl weiterer Leistungen zu erbringen ist (wie ua Änderung, Ergänzung, Anpassung der Software, Pflege, Schulung etc). Diese dürften vergaberechtlich als sonstige Leistungen bzw. Dienstleistungen anzusehen sein. Insoweit müsste eine Abgrenzung zwischen VOL/A und VOF stattfinden.

135 Bei solchen gemischten Verträgen, deren Leistungsinhalt sowohl aus Lieferungen als auch aus Dienstleistungen besteht, entscheidet der **Schwerpunkt der Leistung,** welche Verdingungsordnung anzuwenden ist (s. a. § 99 Abs. 10 GWB). Übersteigt der Wert der Dienstleistungen den Wert des Lieferanteils, so ist der gesamte Auftrag als Dienstleistung zu qualifizieren. Ist dagegen der Wert des Lieferanteils höher, so ist der gesamte Auftrag als Lieferleistung zu behandeln. Die Schwerpunkttheorie war früher nicht in VgV oder GWB gesetzlich anerkannt. Mit dem ÖPP-Beschleunigungsgesetz wurde die Theorie gesetzlich anerkannt und in § 99 Abs. 10 GWB verankert.[176]

---

[171] Vgl. § 1 VOF; § 1 EG VOL/A verweist letztlich nur noch auf die VOF, trifft aber selbst keine Aussagen mehr zur Abgrenzung; diese ergibt sich aus dem Wortlaut des § 1 VOF, der inhaltlich dem bisherigen Recht entspricht.

[172] S. *Reidt/Stickler/Glahs,* Vergaberecht Kommentar, § 5 VgV Rn. 2; Daub/Eberstein/*Müller,* § 1 Rn. 16; s. a. *Grützmacher* ITRB 2002, 236 (239), der zwischen Konzeptionierung und maßgeschneiderter Beratung gegenüber der reinen Umsetzung, Schulung und Wartung unterscheidet. § 1 VOL/A zitiert in der Fußnote ausdrücklich § 18 Abs. 1 Nr. 1 EStG.

[173] Zur Marktanalyse → Rn. 194 ff.

[174] S. *Reidt/Stickler/Glahs,* Vergaberecht Kommentar, 2. Auflage 2003, § 5 VgV Rn. 2; Daub/Eberstein/ *Müller,* § 1 Rn. 16, jeweils mwN.

[175] S. *Kulartz/Steding,* Fehlerfreie Ausschreibungen und rechtssichere Vertragsinhalte, S. 11.

[176] *Siegel* VergabeR 2007, 25. Entsprechend der weiten Praxis behandelt dieses Kapitel die Vergabe nach VOL/A.

4. Rahmenvereinbarungen

a) Vergaberechtliche Ausgangslage. Auch Rahmenvereinbarungen[177] stellen öffentliche Aufträge dar, die grds. ausgeschrieben werden müssen. Solche Vereinbarungen empfehlen sich va bei wiederkehrenden Beschaffungen, insbesondere bei der Beschaffung von Hardware sowie auch Standardsoftware. Der sukzessive Beschaffungsbedarf wird dabei in einer einzigen Ausschreibung, nämlich der Ausschreibung der Rahmenvereinbarung, zusammengefasst.

Vor der letzten Vergaberechtsreform war der Abschluss von Rahmenvereinbarungen nur für den Sektorenbereich[178] im damaligen § 3b Nr. 2e) VOL/A vorgesehen, sofern die in § 5b Nr. 2 Abs. 2 VOL/A genannten Bedingungen erfüllt wurden. Nachdem in VOL/A und VOF Regelungen fehlten, war die Rahmenvereinbarung zunächst de lege lata ein Privileg der Sektorenauftraggeber. In analoger Anwendung dieser Regelungen wurde jedoch auch anderen Auftraggebern der Abschluss von Rahmenvereinbarungen gestattet. Diese Praxis wurde in der Regel von der Rechtsprechung nicht beanstandet.[179]

Mit Erlass der Vergaberechtsrichtlinien 2004 (hier Art. 32 der VKR) sowie deren Umsetzung in deutsches Recht 2006 (§ 3a Nr. 4 VOL/A; nunmehr § 4 bzw. § 4 EG VOL/A 2009) wurde es den öffentlichen Auftraggebern auch außerhalb des Sektorenbereichs ausdrücklich gestattet, Rahmenvereinbarungen mit einem oder mehreren Unternehmen abzuschließen. Die Regelung des § 3a VOL/A galt zwar nur für Oberschwellen/EU-weite Vergaben. Die Zulässigkeit von Rahmenvereinbarungen auf nationaler Ebene wurde jedoch entsprechend angenommen.

Die nun geltende VOL/A enthält eindeutige Regelungen sowohl für die nationale Vergabe (§ 4 VOL/A) sowie für die EU-Vergaben (§ 4 EG VOL/A), wobei die EU-Regelung wesentlich detaillierter das Vorgehen bei der Vergabe von Rahmenvereinbarungen vorschreibt, als die nationale Regelung dies tut.[180]

b) Definition. § 4 bzw. § 4 EG VOL/A enthält folgende Definition:

„Rahmenvereinbarungen sind Aufträge, die ein oder mehrere Auftraggeber an ein oder mehrere Unternehmen vergeben können, um die Bedingungen für Einzelaufträge, die während eines bestimmten Zeitraums vergeben werden sollen, festzulegen, insbesondere über den in Aussicht genommen Preis. Das in Aussicht genommene Auftragsvolumen ist so genau wie möglich zu ermitteln und bekannt zu geben, braucht aber nicht abschließend festgelegt zu werden."

Die Rahmenvereinbarungen legen somit nur **Bedingungen für noch abzuschließende Einzelverträge** fest.

c) Bindungsgrad. Vorschriften zur **rechtlichen Ausgestaltung** der Rahmenvereinbarungen finden sich nicht. Diese wird insbesondere durch den **Bindungsgrad** der Vertragspartner vorgegeben. Im Wesentlichen lassen sich drei rechtliche Gestaltungsmöglichkeiten unterscheiden:

- **Einseitig verbindliche Rahmenvereinbarung:** Diese Ausgestaltung stellt in der Praxis den Regelfall dar. Es besteht keinerlei Verpflichtung des Auftraggebers zur Inanspruchnahme der vorgehaltenen Leistungen. Nur das Unternehmen ist – ohne korrespondierenden Anspruch auf Beauftragung – zur Erbringung der Leistungen auf Abruf verpflichtet.[181]
- **Beidseitig verbindliche Rahmenvereinbarung:** In dieser Konstellation sind beide Vertragspartner rechtlich gebunden. Der Auftraggeber ist verpflichtet, die Einzelaufträge aus der Rahmenvereinbarung zu erteilen. Das Unternehmen schuldet die Leistungserbringung auf Abruf. Diese Gestaltung stellt in der Praxis eher die Ausnahme dar. Als Variante tritt die

---

[177] S. *Rosenkötter* VergabeR 2010, 368.
[178] Auftraggeber im Sektorenbereich i. S. v. § 98 GWB iVm §§ 4–7 VgV sind solche, die auf dem Gebiet der Trinkwasser- oder Energieversorgung, des Verkehrs oder der Telekommunikation tätig sind.
[179] S. *Müller-Wrede/Poschmann*, VOL/A, 2. Aufl. 2007, § 3a Nr. 4 Rn. 2 ff., mwN.
[180] S. a. *Portz* VergabeR 2014, 523.
[181] Der Auftraggeber bleibt jedoch zur sorgfältigen Ermittlung und Angabe seines Bedarfs verpflichtet. Ein Nichtabruf von Einzelleistungen kann uU zu Schadenersatzansprüchen führen: *Graef* NZBau 2005, 561.

Vereinbarung einer **Mindestabnahmepflicht** des Auftraggebers auf, was ggf. sogar nach § 8 Nr. 1 Abs. 3 VOL/A 2006 geboten war, um ungewöhnliche Wagnisse des Bieters zu kompensieren. Die VOL/A enthält zwar keine ausdrückliche Regelung mehr zum Verbot, dem Bieter ungewöhnliche Wagnisse aufzubürden. Eine Verpflichtung, dem Bieter keine von ihm nicht beeinflussbaren und hinsichtlich Preis und Fristen schätzbaren Leistungspflichten abzuverlangen, dürfte sich jedoch bereits aus allgemeinen Grundsätzen ergeben, zumal bei solchen Verfahren, in denen mit dem Bieter nicht verhandelt werden darf.

- **Beidseitig unverbindliche Rahmenvereinbarung:** Hier ist weder der Auftraggeber zum Abruf verpflichtet noch der Auftragnehmer zur Leistungserbringung bei Abruf. Der praktische Nutzen solcher Gestaltungen ist nur gering, da beiderseits keine verlässlichen Bindungen vorliegen. Allenfalls ist diese Ausgestaltung bei Abschluss einer Rahmenvereinbarung mit mehreren Unternehmen ratsam, um bei Verweigerung der Leistung durch ein Unternehmen weitere Alternativen zu haben.

142 **d) Wesentlicher Inhalt.** Im Hinblick auf das Erfordernis einer eindeutigen und erschöpfenden Leistungsbeschreibung (§ 7 Abs. 1 bzw. § 8 Abs. 1 EG VOL/A) muss der **wesentliche Inhalt** der abzuschließenden Rahmenvereinbarung ersichtlich sein. Denn nur dann kann ein Unternehmen eine vernünftige Kalkulation durchführen und ein Angebot abgeben. Das bedeutet, dass schon in den Vergabeunterlagen (§ 8 bzw. § 9 EG VOL/A) der zu erwartende Bedarf des öffentlichen Auftraggebers so konkret wie möglich anzugeben ist. Dies bezieht sich vor allem auf den in Aussicht genommenen **Preis**, den **Leistungszeitraum** sowie das in Aussicht genommene **Auftragsvolumen**.

143 Schließlich ist die Rahmenvereinbarung keine unbestimmte Abmachung, sondern vielmehr die verbindliche Grundlage eines späteren Abrufs mittels Vergabe von Einzelaufträgen. Sämtliche Details der Einzelaufträge müssen jedoch nicht bereits in der Rahmenvereinbarung enthalten sein. Dies ergibt sich im Umkehrschluss aus § 4 Abs. 5b EG VOL/A, wonach Angebote vor Beauftragung der Einzelleistungen vervollständigt werden müssen, soweit nicht sämtliche Bedingungen in der Rahmenvereinbarung geregelt sind. Es muss jedoch bei Gestaltung der Rahmenvereinbarung überlegt und hinterfragt werden, welche Bedingungen tatsächlich offen gelassen werden können. Gerade die preisliche Gestaltung sollte zumindest im Hinblick auf die wesentlichen Eckpunkte fest vereinbart werden, also zB va hinsichtlich der Höhe von Stundensätzen.

144 In den **UfAB V, Version 2.0**[182] wird empfohlen das Auftragsvolumen ggf. durch folgende Angaben festzulegen:
- Verbindliche Mindestabnahmemenge;
- Geschätzte Abnahmemenge (wenn Mindestabnahmemenge nicht benennbar sein sollte);
- Optionale Höchstmenge.[183]

145 Die maximale **Laufzeit** einer Rahmenvereinbarung beträgt **vier Jahre,** es sei denn, eine Ausnahme ist durch den Auftragsgegenstand oder besondere Umstände gerechtfertigt, § 4 Abs. 1 S. 4 VOL/A bzw. § 4 Abs. 7 EG VOL/A). Im Bereich der Informationstechnologie wird es einer besonderen Abwägung im jeweiligen Einzelfall bedürfen, ob der gesamte **Zeitrahmen** überhaupt ausgeschöpft oder gar überschritten werden soll. Gerade die hohe Innovationsgeschwindigkeit und das damit verbundene Bedürfnis, nicht stets hinter dem aktuellen Stand der Technik zurückzubleiben, werden eher dazu führen, den Höchstrahmen zu unterschreiten. Soll der Zeitrahmen ausgeschöpft werden, sollte – soweit möglich – über die vertragliche Gestaltung eine Anpassung an den aktuellen Stand der Technik erreicht werden.

146 **e) Rahmenvereinbarung mit einem oder mehreren Unternehmen.** Aus der Rahmenvereinbarung muss sich auch ergeben, ob diese letztlich **mit einem** oder **mehreren** Unternehmen abgeschlossen werden soll, da dies auch die Vergabe der Einzelaufträge maßgeblich beeinflusst. Die Vergabe der einzelnen Aufträge erfolgt nach unterschiedlichen Verfahrensweisen, abhängig davon, ob die Rahmenvereinbarung mit einem oder mehreren Unternehmen ge-

---

[182] S. www.cio.bund.de; Kapitel 4.4 (Modul Rahmenvereinbarungen / Rahmenverträge).
[183] Die optionale Höchstmenge schließt die geschätzte Abnahmemenge ein. Ist eine optionale Höchstmenge festgelegt, ist diese auch Grundlage für die Schätzung des Auftragswertes zur Ermittlung des vorgeschriebenen Vergabeverfahrens.

schlossen werden soll (vgl. auf EU-Ebene: § 4 Abs. 3 bis 6 EG VOL/A; auf nationaler Ebene lässt § 4 VOL/A den Ablauf weitgehend offen).[184]

> **Praxistipp:**
> Hierbei ist zu beachten, dass bei einer Rahmenvereinbarung mit mehreren Unternehmen grds. die Beteiligung **mindestens dreier Auftragnehmer** gefordert wird, sofern eine ausreichende Anzahl geeigneter Unternehmen und zulässiger Angebote vorliegt, § 4 Abs. 4 EG VOL/A.[185]

f) **Zweistufiger Beschaffungsvorgang.** Vergaberechtlich ist zwischen dem Verfahren, das zum Abschluss der Rahmenvereinbarung führt, und der Vergabe der auf der Rahmenvereinbarung basierenden Einzelaufträge zu unterscheiden („**zwei Verfahrensstufen**").[186] Der Abschluss der Rahmenvereinbarung dient auf der **ersten Stufe** dazu, die Bedingungen für Aufträge festzulegen (insbesondere Preis und Umfang), die von einem oder mehreren Auftraggebern im Lauf eines bestimmten Zeitraums vergeben werden sollen. Weitere Details und Einzelheiten werden bei Vergabe der Einzelaufträge als **zweiter Stufe** festgelegt, wobei in der Praxis häufig auch erst dort Preis und Umfang abschließend vereinbart werden. Der Abruf aus der Rahmenvereinbarung (= Vergabe von Einzelaufträgen) darf nur erfolgen zwischen den Auftraggebern, die ihren voraussichtlichen Bedarf für das Vergabeverfahren angemeldet haben und den Unternehmen, mit denen die Rahmenvereinbarung geschlossen wurde (§ 4 EG Abs. 2 VOL/A).

Bei Vergabe der Einzelaufträge ist weiter danach zu differenzieren, ob die Rahmenvereinbarung mit einem oder mehreren Unternehmen abgeschlossen wurde. Hierbei ist auch die Detailgenauigkeit der Rahmenvereinbarung von erheblicher Bedeutung.[187] Wurde die Rahmenvereinbarung mit einem Unternehmen getroffen, so erfolgt die Einzelbeauftragung gemäß der Bestimmungen der Rahmenvereinbarung (§ 4 EG Abs. 3 VOL/A). Bei einer mit mehreren Unternehmen abgeschlossenen Rahmenvereinbarung, erfolgt für die Vergabe der Einzelaufträge letztlich ein nachgelagerter Wettbewerb, § 4 EG Abs. 4 VOL/A. Das einzuhaltende Verfahren ist in § 4 EG Abs. 4–6 VOL/A beschrieben. Auch hier erfolgt die Vergabe auf das wirtschaftlichste Angebot für den jeweiligen Einzelauftrag. Zur Bestimmung der zutreffenden Verfahrensart für die Vergabe von Rahmenvereinbarungen gelten die allgemeinen Regelungen,[188] dh die Vergabe einer Rahmenvereinbarung stellte keine eigenständige Vergabeart dar. Die Vergabe auf EU-Ebene erfolgt somit im Offenen oder Nichtoffenen Verfahren oder im Verhandlungsverfahren oder per wettbewerblichem Dialog.

g) „**Sperrwirkung**". § 4 Abs. 1 S. 3 bzw. § 4 Abs. 1 S. 3 EG VOL/A untersagt es, mehrere Rahmenvereinbarungen für dieselbe Leistung abzuschließen. Das Verbot bezieht sich auf inhaltlich unterschiedlich ausgestaltete Rahmenvereinbarungen bezüglich derselben Leistung.

Daraus darf jedoch keine generelle **Sperrwirkung** für eine gleichgerichtete nachfolgende Vergabe abgeleitet werden – zumindest dann nicht, wenn keine Abnahmeverpflichtung des Auftraggebers existiert. Aus rein vergaberechtlicher Sicht erscheint eine neue Vergabe zulässig. Ob allerdings der Auftraggeber damit vertragliche Pflichten aus der Rahmenvereinbarung verletzt, ist nach zivilrechtlichen Maßstäben zu beurteilen.[189]

5. Vertragsänderungen, Vertragsverlängerungen

Nach Vertragsschluss kann es zu **Änderungen/Anpassungen oder Verlängerungen**[190] des Vertrags kommen. Wenn sich der Auftraggeber im Vergabeverfahren Optionsrechte ausbe-

---

[184] So auch *Knauff* VergabeR 2006, 24, 30.
[185] S. zur nur schwer überzeugenden Forderung nach „mindestens drei Unternehmen" *Grönig* VergabeR 2005, 156 (160).
[186] S. u. a. *Müller-Wrede/Poschmann*, VOL/A, 4. Aufl. 2014, § 4 Rn. 35, § 4 EG Rn. 54.
[187] S. a. *Gröning* VergabeR 2005, 156; *Knauff* VergabeR 2006, 24.
[188] → Rn. 264ff.
[189] S. hierzu *Müller-Wrede/Poschmann*, VOL/A, 4. Aufl. 2014, § 4 EG Rn. Rn. 47ff.; s.a. *Knauff* VergabeR 2006, 24; aA *Jakoby* VergabeR 2004, 768; *Graef* NZBau 2005, 561.
[190] S. *Brüning/Pfannkuch* VergabeR 2015, 144; *Rosenkötter/Fritz* VergabeR 2014, 290; *Kulartz/Duikers* VergabeR 2008, 728.

dungen hat, kann bzw. wird er von diesen auch Gebrauch machen. Offen ist unter den bis zur Umsetzung der VergaberechtsRL geltenden Regelungen[191] die Frage, ob derartige Vorgänge als Vergabe im Sinne von § 99 Abs. 1 GWB zu betrachten sind. Nicht jede Vertragsänderung, die in einem bestimmten Umfang nachträglich auch verlangt werden kann (vgl. § 2 VOL/B), und jede Vertragsverlängerung vermag einen neuen Vergabevorgang, der wieder selbst dem Vergaberecht unterliegt, zu begründen.

152 Das **OLG Düsseldorf**[192] hat hierzu ua ausgeführt:

„... Bei so genannten Anpassungen oder Änderungen schon bestehender Vertragsbeziehungen ist daher zu beurteilen, ob die die Anpassung oder Abänderung ausmachenden vertraglichen Regelungen in ihren wirtschaftlichen Auswirkungen bei wertender Gesamtbetrachtung einer neuen Vergabe gleichkommen Dies ist anzunehmen, wenn durch die getroffene Vereinbarung der bisherige Vertragsinhalt nicht unerheblich abgeändert wird."

153 Das **LG Frankfurt a. Main**[193] hingegen hält diese Anknüpfung für „wenig hilfreich" und knüpft selbst stattdessen an die Wettbewerbsrelevanz der Änderung an:

„Nach Ansicht des Gerichts darf für Vertragsänderungen, deren Gegenstand für den Bieterwettbewerb keine spürbare Bedeutung gehabt haben, da diese Punkte im Wettbewerb keine werbende Bedeutung hatten und für die Kalkulation des Angebotes unerheblich waren, kein neuer Wettbewerb gefordert werden."

154 Immer ist daher die **wertende Betrachtung** vorzunehmen, ob die Vertragsänderung hinsichtlich ihres Umfangs und ihrer Wirkungen dem Abschluss eines neuen Vertrages gleichsteht. Eine **gewisse Erheblichkeit** der Änderung muss vorliegen, so die bisherige Spruchpraxis und Literatur. Diese Abgrenzung ist oftmals in der Praxis schwierig vorzunehmen.[194]

155 a) **Vertragsverlängerungen.**[195] In aller Regel ist die Verlängerung eines bestehenden, ggf. befristeten Vertrags einem Neuabschluss gleichzusetzen. Nach allgemeiner Auffassung liegt daher ein öffentlicher Auftrag vor, der somit als neuer Beschaffungsvorgang dem Vergaberecht unterliegt. Aber dennoch gibt es **Ausnahmen,** da nicht jede Vertragsverlängerung dem Neuabschluss gleich steht:
- Keine Neuausschreibungspflicht besteht, wenn die **Verlängerung** in dem zu verlängernden Vertrag **bereits vorgesehen** und als Vertragsklausel im Rahmen der diesem Vertrag zu Grunde liegenden Ausschreibung bekannt gemacht worden war.[196]
- Entsprechendes gilt auch für **Verlängerungsoptionen:** Soweit diese vorgesehen waren, stellt ihre Ausübung keinen vergaberechtlich relevanten Vorgang dar.
- Sieht ein befristeter Vertrag vor, dass er sich automatisch um einen bestimmten Zeitraum verlängert, wenn er nicht durch einen der Vertragspartner gekündigt wird, handelt es sich bei der **Nichtausübung des Kündigungsrechts** ebenfalls nicht um einen dem Vergaberecht unterliegenden Vorgang, da die Verlängerung der Laufzeit bei „Nicht-Kündigung" im bereits ausgeschriebenen Vertrag ja bereits vorgesehen war.
- **Allerdings gibt es hiervon wiederum eine Rückausnahme: Ein neuer Vergabevorgang liegt vor,** wenn vorgesehen ist, dass dann an Stelle des nicht gekündigten Vertrags ein neuer Vertrag tritt, der noch zu vereinbaren ist. Darin liegt ein neuer vergaberechtlich relevanter Beschaffungsvorgang.[197]

156 Als zulässige Sonderfälle, bei denen keine neue Ausschreibungspflicht entsteht, dürften nur geringfügige Verlängerungen anzusehen sein, sowie ggf. Fälle einer interimsweisen Ver-

---

[191] Dazu → Rn. 162 ff.
[192] S. u. a. OLG Düsseldorf Beschl. v. 8.5.2002 – Verg 8–15/01 – s. oeffentliche-auftraege.de; OLG Düsseldorf Beschl. v. 20.6.2001 – Verg 3/01, VergabeR 2001, 329; OLG Düsseldorf Beschl. v. 14.2.2001 – Verg 13/01, VergabeR 2001, 210.
[193] S. LG Frankfurt a. Main Beschl. v. 28.1.2008 – 2–40 201/06, VergabeR 2008, 513.
[194] Zur ersten Stellungnahme des EuGH → Rn. 159 ff.
[195] S. u. a. *Gruneberg* VergabeR 2005, 171; *Braun* VergabeR 2005, 586.
[196] Vgl. OLG Celle Beschl. v. 4.5.2001 – 13 Verg 5/00, VergabeR 2001, 325; VK Hamburg (FB) Beschl. v. 27.4.2006 – VgK FB 2/06 – s. ibr-online.
[197] Vgl. hierzu *Reidt/Stickler/Glahs,* Vergaberecht Kommentar, § 99 GWB Ziff. 4b mwN.

VI. Zu vergebende Leistungen u. maßgebliche VerdingungsO, Rahmenvereinbarung

gabe zur Überbrückung von Versorgungslücken aufgrund eines sich verzögernden Vergabeverfahrens.

b) Inhaltliche Vertragsänderungen. Inhaltliche Vertragsänderungen können sich auf den Leistungsumfang, die Vergütung oder auch rein rechtliche Bestimmungen beziehen. Auch hier ist als Maßstab wiederum eine wertende Betrachtung vorzunehmen, um festzustellen, ob eine **gewisse Erheblichkeit** besteht.

Ein **Änderungsvertrag**, wonach ein Auftrag um weitere fünf Jahre verlängert wird und der gleichzeitig den Auftragsgegenstand in erheblicher Weise, zB hinsichtlich des Umfangs der übertragenen Dienstleistungen sowie der Höhe der hierfür zu zahlenden Entgelte verändert, unterfällt jedoch dem Vergaberecht.[198] Hierbei ist dann zu prüfen, ob die einschlägige Vergabe- und Vertragsordnung für diese weitere, zusätzliche Beauftragung ggf. Ausnahmeregelungen hinsichtlich der Verfahrensart enthält, so dass dem bisherigen Auftragnehmer der Auftrag erteilt werden kann.[199]

Zur Abgrenzungsfrage zwischen vergaberechtlich irrelevanten Anpassungen eines Vertrages von ausschreibungspflichtigen Vertragsänderungen im Einzelnen hat der **EuGH** mit Urteil vom 19.6.2008[200] Stellung genommen, wobei in der Situation des vom EuGH zu beurteilenden Ausgangsverfahrens gerade keine Vergabe vorlag.

Demnach sind folgende Konstellationen in der vorliegenden Entscheidung als **vergaberechtlich nicht relevant** angesehen worden.

- Ein Dienstleistungserbringer überträgt Dienstleistungen, die an den öffentlichen Auftraggeber erbracht werden, an eine Kapitalgesellschaft, deren Alleingesellschafter er selbst ist und die er kontrollieren und anweisen kann, unter Beibehaltung der Haftung für die Einhaltung der vertraglichen Verpflichtungen.
- Ein ursprünglicher Vertrag wird dadurch an veränderte äußere Umstände angepasst, dass die ursprünglich in nationaler Währung ausgedrückten Preise in Euro umgerechnet und dabei geringfügig abgerundet werden; es wird auf einen neuen Preisindex Bezug genommen, der gemäß den Bestimmungen des ursprünglichen Vertrages den zuvor festgelegten Preisindex ersetzt.
- Während der Laufzeit eines auf unbestimmte Zeit geschlossenen Dienstleistungsauftrags wird in einem Nachtrag eine Kündigungsverzichtsklausel für drei Jahre verlängert, welche zum Zeitpunkt der Vereinbarung der neuen Klausel unwirksam geworden wäre. Für bestimmte Staffelpreise in einem besonderen Bereich werden größere Rabatte, als die ursprünglich vorgesehenen festgelegt.

Checkliste zu den Abgrenzungskriterien laut EuGH:

☐ Wesentlichkeit der Änderung
☐ Wettbewerbsrelevanz der zu prüfenden Änderung.

Vertragsänderungen sind wesentlich und damit ausschreibungspflichtig, wenn
☐ Bedingungen eingeführt werden, die die Zulassung anderer Bieter oder die Annahme eines anderen als des angenommenen Angebots erlaubt hätten, wenn sie bereits Gegenstand des ursprünglichen Vergabeverfahrens gewesen wären („bietermarktrelevante Änderungen";
☐ durch Vertragsänderung der Auftrag in einem nicht unerheblichen Umfang auf eine ursprünglich nicht vorgesehene Leistung erweitert wird („wesentliche Auftragserweiterungen");
☐ durch Vertragsänderung das wirtschaftliche Gleichgewicht in einer ursprünglich nicht vorgesehenen Weise zugunsten des Auftragnehmers verändert wird („wesentliche Inhaltsänderungen zugunsten des Auftragnehmers").

Nicht unter das Vergaberecht wird es fallen, wenn lediglich abwicklungsorientierte Vertragsbestimmungen geänderten Umständen angepasst werden.

---

[198] Vgl. OLG Düsseldorf v. 14.2.2001 – Verg 13/00, LSK 2001, 420266.
[199] → Rn. 295 ff.
[200] S. EuGH Urt. v. 19.6.2008 – C-454/06, VergabeR 2008, 758 mAnm *Hermann* – Pressetext.

162 c) **Umzusetzende Änderungen zu Vertragsänderungen:** Die neue EU-Richtlinien 2014/24/EU (hier Art. 72 VRL) enthält nun eine sehr detaillierte Neuregelung zum Umgang mit Vertragsänderungen, die während der Vertragslaufzeit vorgenommen werden, unter Berücksichtigung der vom EuGH entwickelten Grundsätze. Man darf auf die konkrete Umsetzung in deutsches Recht gespannt sein.[201] So sind ua folgende Konstellationen einer nicht dem Vergaberecht unterfallenden Vertragsänderung vorgesehen:[202]

1) Die Möglichkeit der Änderung ist bereits im ursprünglichen Vertrag in Form von klar, präzise und eindeutig formulierten Überprüfungsklauseln oder Optionen vorgesehen (Art. 72 Abs. 1 S. 1 lit a) VRL). Änderung ist dabei der Oberbegriff für jede Art von Vertragsmodifikation und umfasst damit auch die besonders praxisrelevanten Fälle von Vertragsverlängerungen. Die nachträgliche Änderung muss im ursprünglichen Vertrag bereits hinreichend bestimmt geregelt sein, wobei an das Maß der Bestimmtheit keine unmöglichen Anforderungen gestellt werden dürfen. Allerdings darf der Gesamtcharakter des Auftrags nicht verändert werden, was wohl anhand der Hauptleistungspflichten festzustellen ist.

2) Der ursprüngliche Auftrag darf mit dem bisherigen Auftragnehmer erweitert werden, wenn sich während der Vertragslaufzeit ein Bedarf an zusätzlichen Leistungen herausstellt und der Einsatz von Leistungen/Waren von einem anderen Auftragnehmer wegen der Unvereinbarkeit mit den durch die erste Auftragsvergabe bereits beschafften Leistungen nicht möglich ist, und wenn die Preiserhöhung infolge der zusätzlichen Leistungen nicht mehr als 50 % des ursprünglichen Auftrags beträgt (Art. 72 Abs. 1 S. 1 lit b) VRL). Umfasst sind va Erweiterungen der Stückzahl bzw. des Gesamtumfangs. Die zusätzlichen Leistungen müssen für die Durchführung des ursprünglichen Auftrags tatsächlich erforderlich sein (funktionaler Zusammenhang). Die Regelung soll wohl Fälle relativer und absoluter Inkompatibilität abdecken, also Fälle der Unvereinbarkeit aus wirtschaftlichen Gründen (relativ) oder aus technischen Gründen (absolut). Zulässig sind Vertragsänderungen zudem aufgrund von Umständen, die ein seiner Sorgfaltspflicht nachkommender öffentlicher Auftraggeber nicht vorsehen konnte. Nur solche Umstände sind nicht vorhersehbar, die auch bei einer nach vernünftigem Ermessen sorgfältigen Vorbereitung der ursprünglichen Zuschlagserteilung unter Berücksichtigung der zur Verfügung stehenden Mittel, Art und Merkmale des Projekts, der bewährten Praxis im betroffenen Bereich und der Anforderung, ein angemessenes Verhältnis zwischen den bei der Vorbereitung des Zuschlags eingesetzten Ressourcen und dem absehbaren Nutzen zu gewährleisten, nicht hätten vorausgesagt werden können („objektivierter Sorgfaltsmaßstab"). Zudem darf der Gesamtcharakter des Vertrags nicht berührt werden und die infolge der Auftragsänderung eintretende Preiserhöhung darf 50 % des ursprünglichen Auftragswerts nicht übersteigen.

3) Der Wechsel des Auftragnehmers ist als Auftragsänderung in einer der folgenden drei Konstellationen ohne Ausschreibung zulässig (Art. 72 Abs. 1 S. 1 lit d) VRL):
– Der Wechsel war bereits in Form eindeutig formulierter Überprüfungsklauseln oder Optionen in den ursprünglichen Auftragsunterlagen vorgesehen. Die Bedingungen des Wechsels müssen also konkret genannt sein.
– Der Wechsel erfolgt infolge von strukturellen Änderungen des Auftragnehmers (wie zB Übernahme, Fusion/Verschmelzung, Erwerb, Insolvenz), wobei der neue Vertragspartner die ursprünglich festgelegten qualitativen Eignungskriterien erfüllen muss. Es darf im Übrigen keine weitere wesentliche Änderung des Auftrags erfolgen und die Umstrukturierung darf nicht dem Zwecke der Umgehung des Vergaberechts dienen
– Der Auftraggeber übernimmt die Verpflichtungen des Auftragnehmers gegenüber dessen Unterauftragnehmer und leistet direkt an diesen.

---

[201] Bedeutsam ist, dass der BGH bereits in seinem Beschluss vom 10.1.2013 – VII ZR 37/11 mit dem Vertragsänderungsparagraphen des damaligen Richtlinienentwurfs argumentiert, so dass wohl die unionsrechtlichen neuen Vorschriften – zumindest im Zusammenhang mit Auftragsänderungen – bereits jetzt berücksichtigt werden sollten.
[202] S. ausführlich Soudry/Hettich/*Soudry*, Das neue Vergaberecht, S. 80 ff. mwN.

4) Art. 72 Abs. 1 S. 1 lit e) VRL enthält als Auffangtatbestand dann nochmals die Regelung, dass solche Auftragsänderungen keine Ausschreibungspflicht auslösen, die nicht wesentlich sind.

5) Weiter sind gem. Art 72 Abs. 2 VRL künftig Änderungen ausgenommen, losgelöst von vorgenannten Fallgruppen, deren Auftragswertänderungen als geringfügig qualifiziert werden können. Hierbei gilt eine doppelte Wertgrenze. Eine Neuausschreibung ist dann nicht erforderlich, wenn der Wert der Änderung weder den für eine europaweite Vergabe relevanten Schwellenwert überschreitet, noch 10 % des ursprünglichen Auftragswerts bei Liefer- und Dienstleistungsaufträgen (15 % bei Bauaufträgen) übersteigt. Auch darf sich der Gesamtcharakter des Auftrags nicht ändern.

Liegt keine der obigen Ausnahmekonstellationen vor, nehmen also die Vertragspartner eine wesentliche Vertragsänderung ohne Durchführung eines Ausschreibungsverfahrens vor, liegt eine unzulässige de-facto-Vergabe vor (→ Rn. 276 ff.). Derzeit stehen dem öffentlichen Auftraggeber keine Kündigungsrechte wegen eines solchen Vergaberechtsverstoßes zu. Bemerkenswert ist daher die Regelung des Art. 73 VRL, der die Mitgliedstaaten erstmals verpflichtet, in ihren nationalen Regelungen sicherzustellen, dass dem öffentlichen Auftraggeber ein gesetzliches Kündigungsrecht im Falle einer wesentlichen Auftragsänderung eingeräumt wird. Außerdem müssen die Bedingungen festgelegt werden, unter denen die Kündigung erfolgen soll. Dies betrifft insbesondere die Regelung etwaiger Ersatzansprüchen.

Der vorliegende Referentenentwurf und auch der Regierungsentwurf des VergModG übernehmen die Regelungen zur Auftragsänderung während der Vertragslaufzeit in § 132 GWB-E. § 132 Abs. 1 GWB-E stellt klar, dass wesentliche Änderungen eines öffentlichen Auftrags während dessen Vertragslaufzeit ein neues Vergabeverfahren erfordern. Wesentliche Änderungen liegen grds. dann vor, wenn sich der Auftrag infolge der Änderung während der Vertragslaufzeit erheblich von dem ursprünglich vergebenen Auftrag unterscheidet. Hierzu führt die Begründung des Referentenentwurfs weiter aus:

„Dies begrifft insbesondere Änderungen, die den Umfang und die inhaltliche Ausgestaltung der gegenseitigen Rechte und Pflichten der Parteien einschließlich der Zuweisung der Rechte des geistigen Eigentums betreffen. Derartige Änderungen sind Ausdruck der Absicht der Parteien, wesentliche Bedingungen des betreffenden Auftrags neu zu verhandeln. Die Nr. 1 bis 4 zählen beispielhaft auf, in welchen Fällen eine wesentliche Änderung im Sinne von Absatz 1 vorliegt."

§ 133 GWB-E wiederum regelt sodann das Recht zur Kündigung einen öffentlichen Auftrags während dessen Laufzeit durch den öffentlichen Auftraggeber, wenn

1. eine wesentliche Änderung vorgenommen wurde, die nach § 132 GWB-E ein neues Vergabeverfahren erfordert hätte,
2. zum Zeitpunkt der Zuschlagserteilung ein zwingender Ausschlussgrund nach § 123 Abs. 1 bis 4 GWB-E vorlag oder
3. der öffentliche Auftrag aufgrund einer schweren Verletzung der Verpflichtungen, die sich aus dem Vertrag über die Arbeitsweise der Europäischen Union oder den Vorschriften dieses Teils ergeben und der Europäische Gerichtshof in einem Verfahren nach Artikel 258 des Vertrags über die Arbeitsweise der Europäischen Union einen entsprechenden Verstoß festgestellt hat, nicht an den Auftragnehmer hätte vergeben werden dürfen.

Hierzu führt die Begründung zum Referentenentwurf aus:

„Die Vorschrift legt erstmals die Bedingungen fest, unter denen öffentliche Auftraggeber vergaberechtlich die Möglichkeit haben, einen öffentlichen Auftrag während der Vertragslaufzeit zu kündigen. Die Vorschrift bietet öffentlichen Auftraggebern damit die Möglichkeit, in bestimmten Situationen einen laufenden Vertrag vorzeitig zu beenden. So kann es zum Beispiel erforderlich sein, einen laufenden Vertrag zu kündigen, um ein ansonsten drohendes Vertragsverletzungsverfahren der Europäischen Kommission zu verhindern.

Anders als die Regelung zur Unwirksamkeit in § 135 GWB-E, die nach § 135 Abs. 2 S. 1 nur innerhalb von sechs Monaten nach Vertragsschluss festgestellt werden kann, bietet § 133 eine Kündigungsmöglichkeit auch über die ersten sechs Monate hinaus. (…)"

VII. Vergabeverfahren nach VOL/A

1. Anwendung der VOL/A

167 Die VOL/A enthält eine klare Trennung zwischen den Regelungen, die für nationale Vergaben gelten, und solchen, die nur für die EU-weiten, also oberschwelligen, Vergaben anzuwenden sind:
- **Abschnitt 1** gilt ausschließlich und **abschließend** für die Vergaben nach nationalem Recht, die die **Schwellenwerte** aus § 2 VgV **nicht überschreiten**.
- **Abschnitt 2** (mit dem Zusatz „EG", bei jedem Paragraphen) gilt **ausschließlich** und **abschließend** für die Vergaben nach EU-Recht, die die **Schwellenwerte** aus § 2 VgV **überschreiten**.

Für die Sektorenauftraggeber gelten ausschließlich die Bestimmungen der SektVO, keine Regelungen aus der VOL/A. Für Aufträge im Bereich Verteidigung und Sicherheit gelten ausschließlich die Regelungen der VSVgV.

2. Vorbereitung eines Vergabeverfahrens

168 a) **Dokumentationspflicht/Anlegung** einer „**Vergabeakte**". Das **Erfordernis** einer Dokumentation[203] ergibt sich aus § 24 EG VOL/A (national: § 20 VOL/A).

169 § 24 EG VOL/A bestimmt, dass eine „**Dokumentation**" zu fertigen ist, die von Anbeginn fortlaufend die einzelnen Stufen des Verfahrens, die einzelnen Maßnahmen sowie die Begründung der einzelnen Entscheidungen festhält. Letztlich soll mit dieser Dokumentation das **gesamte Verfahren transparent und nachvollziehbar dargestellt** werden. Zum einen sollten, um sich die Erstellung dieses Vermerks zu erleichtern, bereits im Laufe des Verfahrens die notwendigen Schritte zum jeweiligen Zeitpunkt dokumentiert werden. Zum anderen wird es zur Gewährleistung eines effektiven Rechtsschutzes der Anbieter für zwingend erforderlich angesehen, alle wesentlichen Zwischenentscheidungen auch bereits vor der Zuschlagserteilung und dem Vertragsschluss nachvollziehbar und zeitnah zu dokumentieren.[204]

170 Auf diese Weise kann für diesen Vermerk bereits auf die erstellten Dokumente unter Darstellung der jeweiligen Verfahrensabschnitte zur Vereinfachung, Beschleunigung und Übersichtlichkeit Bezug genommen werden. Die entscheidende **Bedeutung der Dokumentation** liegt darin, die Überprüfbarkeit der im Rahmen des Vergabeverfahrens getroffenen Maßnahmen, Feststellungen und Entscheidungen zu gewährleisten, va dann wenn ein Bieter oder Bewerber ein Nachprüfungsverfahren einleiten sollte. Der Anbieter hat ein subjektives Recht auf ausreichende Dokumentation des Vergabeverfahrens und insbesondere der wesentlichen Entscheidungen im Vergabeverfahren. Die Vergabeakte ist maßgeblich für die Rechtmäßigkeitskontrolle der Verfahrensführung. Insbesondere ist ein „Nachschieben" von Begründungen und Erwägungen im Falle eines Nachprüfungsverfahrens (→ Rn. 412 ff.) nur eingeschränkt möglich.

171 Diese von Anfang an anzulegende Dokumentation ist in einer „**Vergabeakte**" zu führen. So sind mindestens folgende Punkte – entsprechend der Vorgaben in § 20 bzw. § 24 EG VOL/A – in der Vergabeakte zu dokumentieren:
- Festlegung der Wahl der Vergabeart sowie Begründung bei Abweichung vom Offenen Verfahren;
- Vergabeunterlagen inkl. Vertragsentwurf und Bewertungsmatrix für die Leistung und ggf. Eignung vor Veröffentlichung der Bekanntmachung;
- Bekanntmachungen;
- Namen und Anschriften der Interessenten bzw. Bieter;
- Jeglicher Kontakt zu den Bewerbern bzw. Bietern während des gesamten Vergabeverfahrens (zB Beantwortung von Fragen, Klarstellungen zu Angeboten etc);
- Begründung von Auswahl bzw. Ablehnung von Bewerbern/Bietern;

---

[203] S. u. a. *Schaller* VergabeR 2007, 394.
[204] S. a. Daub/Eberstein/*Portz* VOL/A Kommentar § 30 Rn. 6 ff. S. a. Müller-Wrede/*Diehl*, VOL/A, 4. Auflage 2014, § 24 EG Rn. 43 ff., 31 ff.

- Niederschrift zur Angebotsöffnung;
- Ergebnis der Angebotsprüfung;
- Begründung der Zuschlagserteilung;
- Dokumentation der Prüfung und Wertung der Angebote;
- Erstellen eines das Verfahren begleitenden Vergabevermerks (§ 20 bzw. § 24 EG VOL/A). Hinzukommen müssen insbesondere auch folgende Angaben (vgl. § 24 EG VOL/A):
- Gründe, aufgrund derer von einer Losvergabe (ganz oder teilweise) abgesehen wurde und der Auftrag vielmehr insgesamt vergeben wurde;
- Gründe, warum die Vorlage von Eignungsnachweisen erforderlich ist und warum ggf. über Eigenerklärungen hinausgehende Nachweise verlangt werden.

Folgende Angaben sind **über diese Mindestangaben hinaus regelmäßig** Inhalt des Vergabevermerks:
- Name und Anschrift des Auftraggebers;
- gewähltes Verfahren mit Begründung;
- Art und Umfang der vom Vertrag erfassten Leistung;
- Art und Umfang der einzelnen Lose, ggf. mit Begründung;
- Wert des Auftrags (bzw. der einzelnen Lose);
- Auskunft über die Erkundung des Bewerberkreises;
- einzelne Stufen des Vergabeverfahrens mit genauer Datumsangabe;
- Namen der in die Vergabe einbezogenen Bewerber oder Bieter mit Begründung;
- Namen der ausgeschlossenen Bewerber von der Teilnahme am Wettbewerb und die Gründe für ihren Ausschluss;
- Angabe zu den Gründen bzw. zur Höhe vereinbarter Vertragsstrafen und Sicherheitsleistungen;
- Angaben zu den Gründen für die Abweichung bei der Verjährung von Gewährleistungsansprüchen;
- Zahl der Änderungsvorschläge und Nebenangebote;
- Angaben der Gründe für ein Abweichen von einer angemessenen Angebots- bzw. Zuschlags- und Bindefrist;
- Namen der berücksichtigten Bieter und die Gründe für ihre Auswahl;
- Ergebnis der Prüfung der Angebote;
- Angaben über Verhandlungen mit Bietern und deren Ergebnis;
- Ergebnis der Wertung der Angebote;
- Name des Auftragnehmers und Gründe für die Erteilung des Zuschlags auf sein Angebot
- Ggf. Angaben über die Ausfertigung einer Vertragsurkunde;
- Ggf. Angaben und Begründung für eine Aufhebung der Ausschreibung.

b) Feststellung des Beschaffungsbedarfs. Üblicherweise geht es darum mittels eines Schriftstückes zunächst die so genannte „**Verfahrens- und Beschaffungsidee**" darzulegen. Dies entspricht der „Erstellung einer Problembeschreibung", die va auf folgende Aspekte eingehen sollte:
- auslösende Momente für das Vorhaben;
- bereits erkannte Schwachstellen;
- Randbedingungen;
  - finanziell;
  - gesetzlich;
  - personell.

Von besonderer Bedeutung ist dabei, dass der öffentliche Auftraggeber ein weitgehendes, der Vergabe vorgelagertes Leistungsbestimmungsrecht[205] hat. Er ist frei darin, seinen Beschaffungsbedarf zu definieren und zu bemessen; gerade *Technologieentscheidungen* stehen ihm grds. frei.[206] Die Festlegung des Bedarfs ist gerichtlich nur eingeschränkt auf Vertret-

---

[205] S. OLG Düsseldorf Beschl. v. 22.10.2009 – VII – Verg 25/09; OLG Naumburg Beschl. v. 5.12.2008 – 1 Verg 9/08.
[206] S. OLG Düsseldorf Beschl. v. 14.4.2005 – VII – Verg 93/04 (LS 1), abrufbar unter www.justiz.nrw.de, Bibliothek/nrwe2/index.plp: „*Die Entscheidung, welcher Gegenstand oder welche Leistung mit welcher Be-*

barkeit und Willkürfreiheit überprüfbar.[207] Hierbei muss er jedoch bzw. lediglich die Grundsätze der Nichtdiskriminierung und des Wettbewerbs im Sinne des § 97 GWB beachten. Eine zielgerichtete Verengung des Wettbewerbs darf ohne ausreichenden Rechtfertigungsgrund nicht erfolgen. Die Ausschreibung muss dann auch ernsthaft verfolgt werden und nicht für vergabefremde Zwecke (wie zur Markterkundung) erfolgen (vgl. § 2 Abs. 3 bzw. § 2 Abs. 3 EG VOL/A).

176 c) **Finanzierung.** Ein Vergabeverfahren darf nicht eingeleitet werden, wenn die Finanzierungsfrage ungeklärt ist und damit die Frage des Zuschlags davon abhängig wäre, ob der Auftraggeber sich die Vergabe „leisten" kann.

177 Das Vorhandensein ausreichender Finanzmittel sollte sorgfältig dokumentiert werden. Sind ausreichende Finanzmittel nicht vorhanden, sondern von einer Dritt-Finanzierung (zB Fördermittel, Zuschüsse etc) abhängig, sollte der öffentliche Auftraggeber als Vergabestelle sich um feste Finanzierungszusagen bemühen und diese sorgfältig aufbewahren. Nur so könnte die Vergabestelle zB bei ausbleibender **Finanzierung** trotz Zusage beweisen, dass dies einen Grund für eine Aufhebung des Vergabeverfahrens darstellt, da die Ursache nicht bei der Vergabestelle zu suchen ist (vgl. § 17 bzw. § 20 EG VOL/A).[208] Nicht erforderlich ist aber, dass bereits zum Zeitpunkt der Vergabebekanntmachung die Haushaltsmittel bereitgestellt sind.[209]

178 d) **Externe Unterstützung des Auftraggebers durch Berater, Sachverständige, Projektanten.** Der öffentliche Auftraggeber hat oftmals nicht das erforderliche Know-How im Hause in Bezug auf die konkrete Beschreibung der zu vergebenden Leistungen, auf das Vergaberecht und die vertragliche Gestaltung. Die Erforderlichkeit der Beiziehung externen Sachverstands mit entsprechenden Unterstützungsleistungen kann zu unterschiedlichen Zeitpunkten auftreten:

- bei der Vorbereitung der Vergabe;
- bei der Durchführung der Vergabe.

179 Diese beiden Phasen sind klar voneinander abzugrenzen, da jeweils unterschiedliche Vorschriften diese Unterstützungsleistungen sowie eine etwaige spätere Beteiligung im Vergabeverfahren beurteilen:
- Zulässigkeit der Hinzuziehung von Sachverständigen: vormals § 6 VOL/A; die nunmehr geltende VOL/A enthält keine entsprechende Regelung mehr
- Vorbereitung: und spätere Beteiligung: § 6 Abs. 6 VOL/A bzw. § 6 EG Abs. 7 VOL/A
- Befassung während der Vergabe: § 16 VgV.

180 *aa) Beteiligung von Sachverständigen.* Dem Erfordernis externer Beratung trug vormals § 6 VOL/A Rechnung, der dem Auftraggeber die **Mitwirkung von Sachverständigen** zur Klärung rein fachlicher Fragen ausdrücklich zuließ. Auch wenn die VOL/A keine solche Regelung mehr enthält, kann sich der Auftraggeber selbstverständlich bei der Vergabe (Vorbereitung und Durchführung) von externen Dritten, somit auch Sachverständigen, unterstützen lassen. Hierfür bedurfte es letztlich auch keiner ausdrücklichen Gestattung durch § 6 VOL/A.

schaffenheit und mit welchen Eigenschaften im Vergabeweg beschafft werden soll, obliegt dem öffentlichen Auftraggeber." Weiter wird ausgeführt, dass dem Auftraggeber ein Beurteilungsermessen zusteht, dessen Ausübung im Ergebnis nur darauf kontrolliert werden kann, ob seine Entscheidung sachlich vertretbar ist. S. hierzu auch *Opitz* BauR 2000, 1564 ff.).

[207] OLG Düsseldorf Beschl. v. 25.4.2012 – VII – Verg 100/11; OLG Karlsruhe Beschl. v. 6.4.2011 – 15 Verg 3/11; OLG Düsseldorf Beschl. v. 14.4.2005 – VII – Verg 93/04; ähnlich auch OLG Koblenz Beschl. v. 5.9.2002 – 1 Verg 2/02.
[208] S. *Müller-Wrede*, VOL/A, 2001, § 16 Rn. 12 ff. S. nun aber zur Zulässigkeit der Ausschreibung bei ungesicherter Finanzierung in eng begrenzten Ausnahmefällen (damit kein Aufhebungsgrund) in eng begrenzten Ausnahmefällen, Müller-Wrede in *Müller-Wrede*, VOL/A, 4. Aufl. 2014, § 20 EG Rn. 43 ff.
[209] S. Daub/Eberstein/*Eberstein*, VOL/A Kommentar 2000, § 16 Rn. 6.

Der **Begriff des Sachverständigen und seine Qualifikation** sind nicht gesetzlich geregelt. 181
Nach den von der Rechtsprechung entwickelten Grundsätzen müssen Sachverständige aufgrund ihrer Aus- und Weiterbildung sowie ihres Wissens und ihrer Erfahrung in der Lage sein, sich für bestimmte Fachbereiche objektiv und unabhängig gutachterlich zu äußern.

> **Praxistipp:**
> Die Hinzuziehung öffentlich bestellter Sachverständiger ist zwar nicht erforderlich, die öffentliche Bestellung aber das Indiz für die Erfüllung der genannten Kriterien.[210]
> Die Reichweite dieser Definition ist jedoch problematisch. Von dieser tradierten Auslegung ist die Rechtsprechung mittlerweile überwiegend abgerückt und legt den Begriff funktional und damit sehr weit aus.

Die Grenzen solcher externer Unterstützung durch Sachverständige (und auch sonstiger 182
Berater) kommt in der Rechtsprechung zur so genannten **Projektantenproblematik**[211] klar zum Ausdruck, die insbesondere die Einhaltung von Geheimwettbewerb, Wettbewerbsgrundsatz, unbeeinflusste Vergabeentscheidungen uä sicherstellen will.

bb) Projektantenproblematik. Die Rechtsprechung entschied vormals die Projektantenfälle, dh die Einschaltung von sachkundigen Dritten als Sachwalter des Auftraggebers, nach dem alten § 6 VOL/A oder § 16 VgV. Letztlich wird va in der Literatur vertreten, dass sich die rechtliche Beurteilung allein nach den allgemeinen Grundsätzen des Vergaberechts richtet,[212] insbesondere dem Gleichbehandlungs- und Wettbewerbsgrundsatz.[213] 183

Die Beteiligung dieser externen Berater im Rahmen der Vorbereitung eines Vergabeverfahrens hat meist aufgrund des damit vorhandenen Wissensvorsprungs zur Folge, dass diese Berater selbst nicht als Bieter im Vergabeverfahren auftreten dürfen. Dies auch, obwohl es kein absolutes Verbot gibt, dass sich **Projektanten** an nachfolgenden Ausschreibungen beteiligen.[214] 184

Die Folge des Ausschlusses tritt ein, wenn deren Vorbefassung tendenziell ein überlegenes Wissen vermittelt und so den Wettbewerb verzerrt. Denn er hat seinen Konkurrenten die Kenntnis von Einzelheiten des Auftragsgegenstandes, insbesondere von preisbildenden Faktoren voraus. Dieser Informationsvorsprung verbessert zumindest potentiell seine Wettbewerbsposition. Dies lässt sich nicht in Einklang mit den Prinzipien der **Gleichbehandlung**, der **Transparenz** und der **wettbewerblichen Vergabe** (vgl. § 97 Abs. 1 und 2 GWB) bringen. Auch kann eine Benachteiligung der Konkurrenten darin liegen, dass der Projektant bei seinen unterstützenden, vorbereitenden Arbeiten die Bedingungen für den Auftrag evtl. auch unbeabsichtigt in einem für ihn selbst günstigen Sinne beeinflusst hat. 185

Ein Ausschluss ist jedoch dann nicht vorgesehen, wenn der so entstandene Vorteil bei Gestaltung der Vergabeunterlagen abgebaut wird.[215] 186

Gerade wenn der Projektant bei der Erstellung der Leistungsbeschreibung beteiligt war oder die Leistungsbeschreibung auf Vorleistungen des Projektanten zurückgreift, muss strikt darauf geachtet werden, dass die Vorschriften zur **Produktneutralität der Leistungsbeschreibung** (§ 7 Abs. 4 VOL/A bzw. § 8 EG Abs. 2 Nr. 1e, Abs. 7 VOL/A) eingehalten werden. 187

Seit Umsetzung des ÖPP-Beschleunigungsgesetz vom 8.9.2005 sieht § 4 Abs. 5 VgV ausdrücklich vor, dass auch wer vor Einleitung des Vergabeverfahrens den Auftraggeber beraten oder sonst unterstützt hat, im Vergabeverfahren **als Bieter zugelassen werden kann**.[216] Ein automatischer Ausschluss ist gerade nicht vorgesehen. 188

---

[210] S. Müller-Wrede/*Müller-Wrede* VOL/A § 6, Rn. 4; Daub/Eberstein/*Müller* VOL/A Kommentar § 6 Rn. 15.
[211] S. a. *Kolpatzik* VergabeR 2007, 279 (280 ff.).
[212] → Rn. 48 ff.
[213] S. u. a. Müller-Wrede/*Lux*, VOL/A, 2. Aufl. 2007, § 6 Rn. 42 f.
[214] S. *Reuber* VergabeR 2005, 271.
[215] S. *Ohle/von dem Bussche* CR 2004, 791 zum Risiko des Ausschlusses und zu geeigneten Gegenmaßnahmen für Auftraggeber und Auftragnehmer. S. a. *Bischof/Stoye* MMR 2006, 137.
[216] Damit wird auch die Rechtsprechung des EuGH zur Projektantenproblematik umgesetzt: EuGH Urt. v. 3.3.2005 – C-21-03 und C-34-03, NZBau 2005, 351 – Fabricom.

189 Jedoch ist die Zulassung eines Projektanten bei eventuellen Rügen der Konkurrenz in der Regel ein **Beweisproblem.** Der Auftraggeber trägt nach dem Wortlaut der vorgenannten Regelungen die Beweislast dafür, dass der Wettbewerb durch die Teilnahme des Projektanten nicht verfälscht wird. Wie eine Nivellierung des potenziellen Informationsvorsprungs erfolgen kann, ist dem Gesetz nicht zu entnehmen. Dieser Beweis ist auch schwer zu führen und kann wohl nur durch eine umfassende Informationsweitergabe in den Vergabeunterlagen gelöst werden.[217] In der Praxis der IT-Vergabe wird zudem meist versucht, den Ausgleich durch das Abhalten von Workshops oder durch Einrichtung von Datenräumen zu erreichen.

190 *cc) Mitwirkungsverbot bei Anschein der Parteilichkeit.* § 16 VgV regelt die **Neutralitätspflicht** des Auftraggebers. Auf Seiten des Auftraggebers dürfen keine **natürlichen Personen** beteiligt sein, die sowohl die Interessen des Auftraggebers als auch die Interessen eines oder mehrerer Bieter oder Bewerber vertreten („Doppelmandate", „Doppelfunktionen"). Insoweit regelt § 16 Abs. 1 VgV unter Nr. 1 und Nr. 2 eine **unwiderlegbare Vermutung** einer Voreingenommenheit (also einer potentiellen Interessenkollision), so dass unter diese Tatbestände fallende Personen zwingend auszuschließen sind:

„(1) Als Organmitglied oder Mitarbeiter eines Auftraggebers oder als Beauftragter oder als Mitarbeiter eines Auftraggebers dürfen bei Entscheidungen in einem Vergabeverfahren für einen Auftraggeber als voreingenommen geltende Personen nicht mitwirken, soweit sie in diesem Verfahren
1. Bieter oder Bewerber sind,
2. einen Bieter oder Bewerber gegen Entgelt beschäftigt oder bei ihm als Mitglied des Vorstandes, Aufsichtsrats oder gleichartigen Organs tätig sind ..."

191 § 16 Abs. 1 Nr. 3 VgV stellt lediglich **widerlegbare Vermutungen** einer Voreingenommenheit auf:

„...
3. a) bei einem Bieter oder Bewerber gegen Entgelt beschäftigt oder bei ihm als Mitglied des Vorstandes, Aufsichtsrats oder gleichartigen Organs tätig sind, oder
   b) für ein in das Vergabeverfahren eingeschaltetes Unternehmen tätig sind, wenn dieses Unternehmen zugleich geschäftliche Beziehungen zum Auftraggeber und zum Bieter oder Bewerber hat,
es sei denn, dass dadurch für die Personen kein Interessenkonflikt besteht oder sich die Tätigkeiten nicht auf die Entscheidungen in dem Vergabeverfahren auswirken."

192 Wesentlich ist, dass nur **aktive entscheidungsbezogene Tätigkeiten im Vergabeverfahren** durch solche Personen **verboten sind.** Gemeint sind somit alle Tätigkeiten, die zur Meinungsbildung der Vergabestelle über das Verfahren oder die Sachentscheidung beitragen sollen. Das Verfahren muss sich dabei in der Angebotsphase oder im Teilnahmewettbewerb befinden, da es nur dann Bieter und Bewerber gibt.

193 Bei § 16 Abs. 1 Nr. 3b VgV gilt, dass geschäftliche Beziehungen **während des Vergabeverfahrens** unterhalten werden müssen und sich auch eine gewisse **Kontinuität der Zusammenarbeit** eingestellt hat. Wenn zB aktuell keine vertraglichen Beziehungen mehr bestehen, muss zumindest mit einer erneuten Zusammenarbeit ernsthaft gerechnet werden können. Bestehen Zweifel daran, dass die Vermutung der Voreingenommenheit aus den Umständen des Einzelfalls widerlegt ist, hat das Mitwirkungsverbot Vorrang.[218]

194 *e) Kostenschätzung/Berechnung des Schwellenwerts*[219] *und Marktanalyse.* Ein öffentlicher Auftraggeber war gem. § 4 Nr. 1 VOL/A aF verpflichtet, bei Abweichung vom Offenen Verfahren vor Beginn des Vergabeverfahrens eine Markterkundung durchzuführen bzw. eine Marktübersicht zu erstellen. Zwar ist die Regelung des § 4 Nr. 1 VOL/A entfallen. Eine **Marktanalyse/Marktübersicht** wird sich der öffentliche Auftraggeber aber dennoch dann verschaffen müssen, wenn er prüft, welches Vergabeverfahren er beschreiten möchte bzw.

---

[217] Vgl. zu einem gelungenen Beweis: OLG Düsseldorf Beschl. v. 25.10.2005 – VII – Verg 67/05, VergabeR 2006, 137; s. a. *Diringer* VergabeR 2010, 361.
[218] S. *Reidt/Stickler/Glahs,* Vergaberecht Kommentar, § 16 VgV Rn. 27 ff.
[219] Zur Durchführung der Kostenschätzung bereits die Ausführungen zum sachlichen Anwendungsbereich → Rn. 73 ff. (insbesondere → Rn. 76 ff.).

VII. Vergabeverfahren nach VOL/A

wenn er beabsichtigt, vom Offenen Verfahren abzuweichen. Gerade die Ausnahmebestimmungen erfordern meist eine Marktkenntnis des öffentlichen Auftraggebers, die dieser sich eigenständig verschaffen muss, um die Ausnahmevorschriften auch begründen zu können.[220]

Um die Marktanalyse durchzuführen, können zB als **Informationsquellen** genutzt werden: 195
- Fachzeitschriften, Informationen aus dem Internet,
- Veröffentlichungen,
- Messen, Ausstellungen,
- Anbieterinformationen/-präsentationen,
- Anfragen bei anderen öffentlichen Auftraggebern,
- Anfragen bei Fachleuten,
- Voranfragen bei Firmen etc.

Die Ergebnisse sind schriftlich darzustellen, woraus die auf dem Markt befindlichen Anbieter samt Kurzdarstellung des jeweiligen Produktes unter Angabe der Quellen, aus denen diese Informationen gewonnen wurden, deutlich werden sollen.

Ein „**Ranking**" darf sich aus einer solchen Marktübersicht jedoch keinesfalls ergeben, da dies weit über die Zielsetzung der Markterkundung hinausgeht und bereits eine Bewertung vorwegnimmt, die dem eigentlichen „öffentlichen Teil" des Vergabeverfahrens vorbehalten ist. Unzulässig wäre es auch, die unverbindliche Marktanalyse im Wege eines Ausschreibungsverfahrens durchzuführen. Dies wäre eine Ausschreibung für vergabefremde Zwecke, § 2 Abs. 3 bzw. § 2 EG Abs. 3 VOL/A. 196

f) Festlegung der maßgeblichen Verfahrensart. Im Rahmen der Vorbereitung jedes Vergabeverfahren ist auch zu entscheiden, nach welcher Verfahrensart vorzugehen ist. Auf nationaler Ebene stehen folgende Verfahren zur Verfügung (vgl. § 3 VOL/A): 197
- Öffentliche Ausschreibung
- Beschränkte Ausschreibung mit/ohne Teilnahme-Wettbewerb
- Freihändige Vergabe
- Direktkauf

Auf EU-Ebene stehen derzeit folgende Verfahren zur Verfügung (vgl. § 3 EG VOL/A):[221]
- Offenes Verfahren
- Nichtoffenes Verfahren
- Verhandlungsverfahren mit/ohne Teilnahmewettbewerb
- Wettbewerblicher Dialog
- Dynamische elektronische Verfahren.

g) Erstellung der Vergabeunterlagen. Unter *Vergabeunterlagen* ist die Gesamtheit aller Aufzeichnungen zu verstehen, die eine Vergabestelle für eine anstehende Auftragsvergabe anfertigt und Bewerbern/Bietern zuleitet. Die Regelungen in § 8 Abs. 1 bzw. § 9 EG Abs. 1 VOL/A definieren Vergabeunterlagen als alle Angaben, die erforderlich sind, um den Bewerbern/Bietern eine Entscheidung zur Teilnahme am Vergabeverfahren oder zur Angebotsabgabe zu ermöglichen. 198

Diese Unterlagen bestehen in der Regel aus: 199
- Anschreiben (Aufforderung zur Angebotsabgabe) (§ 8 Abs. 1a/§ 9 EG Abs. 1a VOL/A ;
- Bewerbungsbedingungen als Beschreibung der Einzelheiten der Durchführung des Verfahrens (§ 8 Abs. 1b bzw. § 9 EG Abs. 1b VOL/A, wobei die Angabe der Zuschlagskriterien als Bestandteil der Bewerbungsbedingungen gefordert wird, falls die Vergabebekanntmachung diese nicht enthält);
- Vertragsunterlagen bestehend aus Leistungsbeschreibung (§ 7 bzw. § 8 EG VOL/A) sowie den Vertragsbedingungen (§ 9 bzw. § 11 EG VOL/A),
- Die Ausarbeitung hat unter Beachtung der Vorschriften (§§ 6–9 bzw. §§ 6–11 EG VOL/A) zu erfolgen, hierher gehören daher insbesondere

---

[220] → Rn. 264 ff., 289 ff. und 295 ff.
[221] Zu den weiteren Details → Rn. 264 ff., 283 ff., 295 ff. sowie 365 ff.

– Eignungskriterien zur Prüfung von Fachkunde, Leistungsfähigkeit und Zuverlässigkeit, § 6 bzw. §§ 6, 7 EG VOL/A;[222]
– die Zuschlags-/Bewertungskriterien nach § 8 Abs. 1b bzw. § 9 EG Abs. 1b VOL/A.[223]
- § 8 Abs. 1b VOL/A bestimmt „einschließlich der Angabe der Zuschlagskriterien, sofern nicht in der Bekanntmachung bereits genannt".
- § 9 EG Abs. 1b VOL/A bestimmt „einschließlich der Angabe der Zuschlagskriterien und deren Gewichtung, sofern nicht in der Bekanntmachung bereits genannt."

200 Bei Erstellung der Vergabeunterlagen ist von wesentlicher Bedeutung, dass sich der Auftraggeber als Erstes Klarheit über den Leistungsgegenstand (Beschaffungsbedarf → Rn. 174 ff. und Leistungsbeschreibung → Rn. 203 ff.), verschaffen muss, damit er im Anschluss in sachgerechter Weise
– die Eignungsanforderungen (wer darf mitbieten?, → Rn. 222 ff.)
– die Zuschlagskriterien (wer gewinnt?, → Rn. 250 ff.)
aufstellen kann.

201 Die jetzt gültige VOL/A enthält keine Bestimmung darüber, zu welchem Zeitpunkt die Vergabeunterlagen fertiggestellt sein müssen[224]. Nachdem bestimmte Vergabeunterlagen erforderlich sind, die die Entscheidung zur Verfahrensteilnahme bzw. Angebotsabgabe ermöglichen sollen, wird man daraus schließen können, dass der Zeitpunkt für die Erstellung bestimmter erforderlicher Dokumente jeweils von der betroffenen „Verfahrensphase" abhängt. So ist zu differenzieren, wann welche Unterlagen vorliegen müssen. Die Fertigstellung aller Unterlagen noch vor Veröffentlichung der Vergabebekanntmachung wird daher wohl nicht gefordert werden können.

202 Spätere Änderungen der Vergabeunterlagen durch den Auftraggeber im Vergabeverfahren sind aufgrund der **Selbstbindung des Auftraggebers** nicht ohne weiteres zulässig. Dies kann jedoch dann zulässig sein, wenn und soweit alle Interessenten die gleichen Chancen haben, auf die veränderte Situation zu reagieren. Dem Auftraggeber ist zu empfehlen, bei solchen aus seiner Sicht zwingenden Änderungen alle Bieter zu informieren und deren Zustimmung zu den Änderungen einzuholen. Dies schafft für die Vergabestelle Rechtssicherheit für das weitere Verfahren.

203 h) Leistungsbeschreibung. Die Leistungsbeschreibung ist ein wesentlicher Kern der Vergabeunterlagen, da sie zum einen die spätere Vergleichbarkeit der Angebote gewährleisten soll und zum anderen die vom Bieter zu realisierenden Leistungsinhalte darstellt und damit Maßstab für die Beurteilung der Vertragserfüllung sowie etwaiger Ansprüche wegen Sach- und Rechtsmängeln ist.

204 § 7 bzw. § 8 EG VOL/A regeln die Anforderungen an die Leistungsbeschreibung. Die zu erbringenden IT-Leistungen müssen ua **eindeutig und so erschöpfend** beschrieben sein, dass alle Bieter die Beschreibung im gleichen Sinne verstehen und die Angebote selbst vergleichbar sind. Dies macht die Aufnahme von **Optionen**, dh von Wahl- und Alternativpositionen und Bedarfs- oder Eventualpositionen neben den Grundpositionen, nicht von vornherein unzulässig. Allerdings dürfen die Optionen gegenüber den Grundpositionen kein solches Gewicht in der Wertung erhalten, dass sie deren Bedeutung gleich kommen oder diese gar verdrängen. Ist dies der Fall ist eine Option unzulässig, da keine eindeutige und erschöpfende Leistungsbeschreibung mehr vorliegt.[225]

205 Hervorzuheben ist insbesondere, dass die Leistungsbeschreibungen **produkt- und lösungsneutral** (§ 7 Abs. 4 VOL/A bzw. § 8 EG Abs. 2 Nr. 1e, Abs. 7 VOL/A) sowie diskriminierungsfrei zu gestalten sind.[226]

---

[222] Im Detail → Rn. 222 ff.
[223] → Rn. 250 ff.
[224] S. zur diesbezüglichen Diskussion, auch im Hinblick auf § 16 Nr. 1 VOL/A aF die 1. Auflage, Rn. 206.
[225] S. *Kulartz/Steding*, IT-Leistungen, Fehlerfreie Ausschreibungen und rechtssicher Vertragsinhalte, Ziffer 7.1 (Seite 38).
[226] Herrschende Meinung im Vergaberecht. S. a. BayObLG Beschl. v. 15.9.2004 – Verg 26/03, BauRB 2005, 19 (baurechtlich). S. zur Problematik der Vergabe von Open Source Software *Heckmann* CR 2004, 401; *Müller/Gerlach* CR 2005, 87. S. auch: *Ohrtmann*, Der Grundsatz produktneutraler Ausschreibung im Wandel?, VergabeR 2012, 376.

Praxistipp:

- In Bezug auf die Beschaffung von **Software** bedeutet dies, dass in der Leistungsbeschreibung möglichst sämtliche Anforderungen an die zu vergebende Lösung dargestellt sein müssen. Da die letztlich zum Einsatz kommende Lösung noch unbekannt und damit unklar ist, mit welchem Abdeckungsgrad von Standardsoftware, Parametrisierung, Anpassungen, Erweiterungen die geforderte Lösung realisiert wird, empfiehlt sich, eine fachliche Feinspezifikation vorzunehmen, in der Funktionalität, Geschäftsprozesse, Anforderungen an Schnittstellen und Migration von Altdaten umfassend dargestellt werden.
- Bei der Beschaffung von **Hardware** haben bis zum EuGH ausgetragene Streitigkeiten zwischen den Chip-Herstellern Intel und AMD dafür gesorgt, dass sich hier mehr und mehr das Benchmark-Verfahren[227] durchsetzt (auch wenn die Praxis weiterhin dazu neigt, sich mit dem Hinweis „oder gleichwertig" zu begnügen).

Grds. ist die Nennung von Marken-/Produktnamen nicht gestattet. Dies ist lediglich ausnahmsweise erlaubt, wenn die Beschreibung durch hinreichend genaue, allgemein verständliche Bezeichnungen nicht möglich ist, selbst dann aber nur mit dem Zusatz „**oder gleichwertig**" (vgl. § 7 Abs. 4 bzw. § 8 EG Abs. 2 Nr. 1e und Abs. 7 VOL/A).

Seit der letzten Vergaberechtsreform lässt die Neufassung des § 97 Abs. 4 GWB auch zu, dass für die Auftragsausführung **zusätzliche Anforderungen an die Unternehmen** gestellt werden können. Diese stellen – nach dem Wortlaut der Gesetzesbegründung – „konkrete Verhaltensanweisungen an das ausführende Unternehmen für die Ausführung des Auftrags dar".[228] Sie dienen zudem der Umsetzung der Bestimmungen der Art. 26 VKR und Art. 38 SKR. Solche zusätzlichen Anforderungen an Auftragnehmer für die Ausführung des Auftrags stellen – entgegen der Stellung im Gesetz gerade keine Eignungskriterien dar. Vielmehr sieht der deutsche Gesetzgeber in ihnen **Leistungsanforderungen**, die daher Gegenstand der Leistungsbeschreibung sind und somit allen Bietern zu Beginn des Vergabeverfahrens bekannt gegeben werden müssen.[229] Als solche zusätzlichen Anforderungen werden in § 97 Abs. 4 S. 2 GWB genannt:

- Soziale Aspekte;[230]
- Umweltbezogene Aspekte;[231]
- Innovative Aspekte.

Praxistipp:

Diese Anforderungen müssen im sachlichen Zusammenhang mit dem Auftragsgegenstand stehen; tun sie dies nicht, so sind sie auch nicht zulässig. **Mit anderen Worten:**
Allgemeine Anforderungen an Unternehmens-/Geschäftspolitik ohne konkreten Bezug zum Auftrag (zB allgemeine Ausbildungsquoten, Quotierung von Führungspositionen zugunsten der Frauenförderung, generelle Beschäftigung von Langzeitarbeitslosen uä) sind nur dann zulässig, wenn diese in Bundes- oder Landesgesetzen vorgesehen sind (vgl. § 97 Abs. 4 S. 3 GWB). Zulässig dürften Erklärungen sein, wonach die Einhaltung solcher geforderter Standards im Auftragsfall gefordert wird.

---

[227] Benchmark-Verfahren sind Verfahren, mittels derer durch eine softwaregestützte Simulation typischer Anwendungsschritte eine Aussage über die Leistungsfähigkeit des IT-Systems in dem Anwendungsbereich möglich ist. Sie wurden für verschiedene IT-Anwendungsbereiche entwickelt. Diese Benchmark-Verfahren sind keine EU-Standards, sondern werden von Industrieorganisationen entwickelt und in der Regel kostenpflichtig vertrieben.

[228] Die Nichteinhaltung zB durch Nichtabgabe geforderter Erklärungen bzw. durch gegenteilige Aussagen im Angebot vermag den Ausschluss des Angebots zu begründen. Stellt sich die Nichteinhaltung erst bei Ausführung heraus, hat dies va vertragsrechtliche Konsequenzen (hier ist an Rücktritts-/Kündigungsrechte bzw. Vertragsstrafenregelungen im jeweiligen Vertrag zu denken).

[229] Die deutsche Umsetzung wird kritisiert, da weder die EU-Richtlinien noch EuGH von Leistungsanforderungen ausgehen, sondern lediglich Auftragsausführungsbestimmungen darin sehen (so *Varga* VergabeR 2009, 535 (542)).

[230] S. a. zu sozialen Aspekten *Varga* VergabeR 2009, 535; *Mohr* VergabeR 2009, 543.

[231] S. zur Energieeffizienz *Bischof* ITRB 2011, 140.

210 Als Beispiele für solche Anforderungen werden in der Gesetzesbegründung genannt:
- Begrenzung des Schadstoffausstoßes;
- „Recycling-Papier";
- Beschäftigung von Auszubildenden oder Langzeitarbeitslosen;
- Maßnahmen zur gleichberechtigten Teilhabe von Frauen und Männern am Erwerbsleben, insbesondere in Bezug auf die Entgeltgleichheit.

Auch die neuen Vergaberichtlinien lassen ausdrücklich politisch-strategische Aspekte zu, insbesondere soziale, ökologische und arbeitspolitische Aspekte (vgl. ua Art. 18 VRL). Die Einbeziehung dieser Aspekte soll in allen Phasen der Auftragsvergabe zulässig sein.[232]

211 Es gibt folgende **Arten von Leistungsbeschreibungen:**[233]
- konventionell,
- konstruktiv,
- funktional
- Mischformen.

212 Die **konventionelle Leistungsbeschreibung** oder auch Leistungsbeschreibung mittels verkehrsüblicher Bezeichnungen (§ 7 Abs. 2 S. 1 bzw. § 8 EG Abs. 2 Nr. 1 VOL/A) kommt va bei standardisierten, handelsüblichen Leistungsgegenständen in Betracht. Diese Art trifft in der Regel zu auf die Lieferung von Computerbildschirme, Tastaturen, Maus oder auch „Standard-PCs" (dh inklusive des üblichen Zubehörs), sonstige Hardware oder auch Standardsoftware.

213 Unter der **konstruktiven Leistungsbeschreibung** (§ 7 Abs. 2 S. 2b bzw. § 8 EG Abs. 2 Nr. 2 VOL/A) ist die Beschreibung der Leistung nach ihren wesentlichen Merkmalen und konstruktiven Einzelheiten zu verstehen. Sie kommt in der Regel nur in Betracht, wenn die Bedarfsvorstellungen des öffentlichen Auftraggebers bis in die Einzelheiten feststehen. Dies dürfte jedoch in der Regel bei Beschaffung von IT-Leistungen nur selten der Fall sein.

214 Gerade bei umfangreichen, komplexen IT-Projekten wird daher meist auf die **funktionale Leistungsbeschreibung** (§ 7 Abs. 2 S. 2a bzw. § 8 EG Abs. 2 Nr. 2 VOL/A) zurückgegriffen. Hierunter ist die Bezeichnung der Leistung durch eine Darstellung ihres Zwecks, ihrer Funktion sowie der an sie gestellten sonstigen Anforderungen zu verstehen. Die konstruktive Lösung wird dabei weitgehend den Bietern aufgrund deren Know-Hows überlassen. Auch die funktionale Leistungsbeschreibung unterliegt einem gewissen Bestimmtheitserfordernis. Die Kriterien für die Angebotswertung, das Leistungsziel, die Rahmenbedingungen sowie die wesentlichen Einzelheiten der Leistung müssen auch bei der nur ausnahmsweise zulässigen funktionalen Leistungsbeschreibung bekannt sein.[234]

215 Auch Kombinationen der verschiedenen Arten von Leistungsbeschreibungen sind möglich (§ 7 Abs. 2 S. 2c bzw. § 8 EG Abs. 2 Nr. 3 VOL/A).

216 Gerade die Erstellung der Leistungsbeschreibung erfordert die Beteiligung aller Organisationsbereiche und der jeweiligen Berufsgruppen des Auftraggebers – nicht nur, um alle relevanten Anforderungen zu erfassen, sondern auch, um die spätere Akzeptanz bei Einführung der neuen Lösung zu steigern. Sinnvoll ist gerade hier die Unterstützung durch externe Berater.

> **Praxistipp:**
> **217** Technisch empfiehlt sich zur Erstellung der Leistungsbeschreibung der Einsatz eines **Tabellenkalkulationsprogramms**, da sich hierdurch Bereiche vor nicht gewollten Änderungen schützen lassen und später die Auswertung von beantworteten Anforderungen, insbesondere bei (teilweiser) Verknüpfung mit den Zuschlagskriterien, erheblich einfacher ist.
> Lassen sich nicht alle Anforderungen in Tabellenform auflisten, so sollten diese in einem weiteren Dokument, zB als anwendungsbezogenes Konzept, beschrieben werden.

---

[232] S. Soudry/Hettich/Hettich, Das neue Vergaberecht, S. 74 ff. mwN.
[233] S. u. a. Ohle/Sebastiani CR 2003, 511 (513 ff.); Müller-Wrede/Traupel, VOL/A, 4. Aufl. 2014, § 8 Rn. 12 ff. und § 8 EG Rn. 43 ff.; Daub/Eberstein/Zdzieblo, VOL/A Kommentar § 8 Rn. 43 ff.
[234] OLG Düsseldorf Beschl. v. 14.2.2001 – Verg 14/00, Vergaberechts-Report 3/1001, S. 3.

Zur **Überprüfung der Angaben der Bieter** zur Leistungsbeschreibung sollte möglichst ein   218
Verfahren vorgesehen werden, in dem der Bieter praktisch zeigen muss, dass die von ihm
angebotene Software-Lösung die Anforderungen erfüllen kann (zB Vorführung an einem mit
ausreichenden Daten versehenen Echtsystem auf Basis von „Echtfällen" sowie zeitweise
Überlassung dieses Systems zu Testzwecken an den Auftraggeber).

Dieses Verfahren (auch genannt „**Proof of Solution**"), das in die Bewertung/Zuschlags-   219
kriterien mit einfließen sollte, ist zur Transparenz sowie zur Gleichbehandlung aller Bieter
bereits in den Vergabeunterlagen zu beschreiben. Gibt der öffentliche Auftraggeber eine solche Vorgehensweise an, ist er gegenüber den Bietern hieran auch gebunden und kann nicht
mehr davon abweichen, es sei denn zB alle beteiligten Bieter stimmen dem zu.[235]

Ein Verstoß gegen die Anforderungen aus § 7 bzw. § 8 EG VOL/A stellt eine **rügefähige**   220
Verletzung vergaberechtlicher Bestimmungen dar, die ein Bieter auch im Wege des Nachprü-
fungsverfahrens verfolgen kann. Ziel dabei ist die vergaberechtskonforme Umgestaltung der
Leistungsbeschreibung.

Macht der Auftraggeber eine erkennbar fehlerhafte Leistungsbeschreibung zum Gegen-   221
stand seiner Ausschreibung, so löst dies für sich gesehen keine Kompensations- oder Schadensersatzansprüche der Bieter aus, es sei denn ein Anspruch stellender Bieter durfte auf die
Einhaltung der Vergabebestimmungen vertrauen und hat den Verstoß gegen die Ausschrei-
bungspflichten nicht erkannt. Mit anderen Worten: In der Regel scheiden monetäre Ansprüche bei einem Verstoß aus. Die Bieter haben lediglich einen Anspruch darauf, dass der Auftraggeber die Leistungsbeschreibung „nachbessert".[236]

i) Eignungskriterien: Nachweise zu Fachkunde, Leistungsfähigkeit, Gesetzestreue und   222
Zuverlässigkeit. § 97 Abs. 4 S. 1 GWB bestimmt, dass „Aufträge an fachkundige, leistungsfähige sowie gesetzestreue und zuverlässige Unternehmen vergeben werden".[237] Dies dient
dazu, die an einem Auftrag interessierten Unternehmen dahingehend auszufiltern, ob sie im
Hinblick auf den konkreten Auftrag leistungsstark und -fähig sind. Eine Eignungsprüfung
ist erforderlich, weil sich grundsätzlich jedes Unternehmen um einen Auftrag bewerben
kann und die öffentliche Hand hinreichende Sicherheit im Hinblick auf die ordnungsgemäße Auftragserfüllung auf dem geforderten Qualitätsniveau gewinnen will. Sie ist eine Prognose für die Zukunft, deren Grundlage die Tätigkeit des Unternehmens in der Vergangenheit
ist. Von wesentlicher Bedeutung ist, dass die Eignungsprüfung grundsätzlich nicht mit der
Angebotswertung vermengt werden darf (kein „Mehr an Eignung").

Das Wort „**gesetzestreu**"[238] wurde neu mit der Vergaberechtsreform 2009 eingefügt. Hin-   223
tergrund war ein diesbezüglicher Vorschlag des 9. Ausschusses für Wirtschaft und Technologie, dem der Bundestag am 19.12.2008 gefolgt ist. Zunächst liest es sich so, als wäre die
altbekannte „Eignungstrias" von Fachkunde, Leistungsfähigkeit und Zuverlässigkeit um ein
viertes Kriterium, die Gesetzestreue, erweitert worden. Dies könnte nun „fast alles" bedeuten und somit letztlich eine uferlose Überprüfung der Bewerber/Bieter auf Einhaltung jeglicher unternehmensrelevanter Gesetze. Dies erscheint weder gewollt noch umsetzbar.

Eine Erläuterung, was mit der Formulierung „gesetzestreu" – va im Verhältnis zur bislang   224
bereits geforderten Zuverlässigkeit – gemeint ist, ist weder in der Gesetzesbegründung enthalten, noch konnte eine solche in der Bundestagsdebatte geliefert werden. Der systematische
Kontext lässt darauf schließen, dass die Gesetzestreue letztlich nur ein Unterbegriff bzw. Bestandteil der Zuverlässigkeit ist, aber kein neues, zusätzliches oder ergänzendes Eignungs-
merkmal.[239] Sowohl Literatur als auch Praxis werten diesen neuen Begriff weitgehend nicht als
„neues Kriterium". Denn auch ohne diese neue Begrifflichkeit konnten Nachweise über geset-
zeskonformes Verhalten von den Bietern verlangt werden, um die Zuverlässigkeit nachzuweisen.[240] In diesem Zusammenhang wurde diskutiert, ob nicht auf diesem Wege zB neben der

---

[235] S. OLG Düsseldorf Beschl. v. 9.4.2003 – VIII – Verg 66/02, BauRB 2004, 50.
[236] S. BGH Urt. v. 1.8.2006 – X ZR 146/03, VergabeR 2007, 194.
[237] S. zu den vergleichbaren Regelungen in der VOB/A: *Gröning* VergabeR 2008, 721.
[238] S. *Kus* VergabeR 2010, 321.
[239] So auch *Weyand*, IBR-Online, Kommentar, VergabeR 2009, § 97 Rn. 564; *Gabriel* NJW 2009, 2011 (2012).
[240] S. *Roth* VergabeR 2009, 404.

Einhaltung für allgemein verbindlich erklärter Tarifverträge auch die Einhaltung von Mindestlöhnen, die nicht in einem allgemein verbindlich erklärten Gesetz niedergelegt sind, verlangt werden könnte.[241] Mit Inkrafttreten des Mindestlohngesetzes (MiLoG) zum 1.1.2015 ist klar, dass Unternehmen, die wegen eines Verstoßes nach § 21 MiLoG mit einer Geldbuße von wenigstens zweitausendfünfhundert Euro belegt worden sind, für eine angemessene Zeit bis zur nachgewiesenen Wiederherstellung ihrer Zuverlässigkeit ausgeschlossen werden (vgl. § 19 MiLoG).

225 Es blieb und bleibt dem Auftraggeber unbenommen, **spezifische Eignungskriterien**[242] festzulegen, die zur sachgerechten Prüfung der fachlichen Eignung oder einzelner Teilaspekte, etwa der technischen Leistungsfähigkeit, geeignet sind.

226 Bei EU-weiten (Oberschwellen-) Vergaben ergeben sich die Anforderungen an die denkbaren Eignungsnachweise aus §§ 6, 7 EG VOL/A:
- Grds. sind **Eigenerklärungen** zu verlangen, § 7 EG Abs. 1 S. 2 VOL/A.
- Die Forderung von anderen Nachweisen als Eigenerklärungen muss in der Dokumentation **begründet** werden, § 7 Abs. 1 S. 3 VOL/A iVm § 24 EG VOL/A.
- Grds. sind die Unternehmen verpflichtet, die geforderten Nachweise vor Ablauf der Teilnahme- oder Angebotsfrist oder der nach § 19 EG Abs. 2 VOL/A gesetzten Frist einzureichen (es sei denn, sie sind für den Auftraggeber auf elektronischem Weg verfügbar), § 7 EG Abs. 12 VOL/A.
- § 19 EG Abs. 2 VOL/A sieht zudem vor, dass Erklärungen und Nachweise, die auf Anforderung des Auftraggebers bis zum Ablauf der Angebotsfrist nicht vorgelegt wurden, bis zum Ablauf einer zu bestimmenden **Nachfrist** nachgefordert werden können. Dies wird den Auftraggeber grds. zum Nachfordern innerhalb entsprechender Nachfristen verpflichten; ein Ausschluss aufgrund fehlender Erklärungen dürfte nicht mehr möglich sein.
- Auftraggeber können Unternehmen auffordern, die vorgelegten Nachweise zu vervollständigen oder zu erläutern, § 7 EG Abs. 13 VOL/A.

227 Gemäß § 7 EG Abs. 5 S. 1 VOL/A hat der Auftraggeber bereits in der Vergabebekanntmachung anzugeben, welche Eignungsnachweise gefordert werden. Dies gilt sowohl für die in §§ 6, 7 EG VOL/A genannten Eignungsnachweise als auch für spezifische Eignungskriterien im vorstehend dargestellten Sinne.[243]

228 **Übersicht zu Eignungskriterien**[244]

Fachkunde	Leistungsfähigkeit	Zuverlässigkeit/Gesetzestreue
Ein Bewerber/Bieter hat die notwendige Fachkunde, wenn er Kenntnisse, Erfahrungen und Fertigkeiten besitzt, die für die Ausführung der zu vergebenen Leistung erforderlich sind.	Ein Bewerber/Bieter verfügt über die erforderliche Leistungsfähigkeit, wenn er über das für die fach- und fristgerechte Ausführung erforderliche Personal und Gerät verfügt und in der Lage ist, seine Verbindlichkeiten zu erfüllen.	Die Zuverlässigkeit eines Bewerbers/Bieters ist gegeben, wenn er seinen gesetzlichen Verpflichtungen nachgekommen ist und auf Grund der Erfüllung früherer Verträge eine einwandfreie Ausführung einschließlich Gewährleistung erwarten lässt.

---

[241] So VK Bund Beschl. v. 9.9.2009 – VK 3–163/09, in der Beschwerde beim OLG Düsseldorf nicht mehr entscheidungsrelevant (Beschl. v. 9.12.2009, VII – Verg 38/09, Rn. 47).
[242] So Daub/Eberstein/*Zdzieblo* VOL/A Kommentar § 7a Rn. 27.
[243] S.a. OLG Koblenz. Beschl. v. 4.10.2010 – 1 Verg 8/10 „mobiler Hochwasserschutz", VergabeR 2011, 224: Die Nachprüfungsorgane sind nicht befugt, eine Entscheidung der Auftraggeber, einen bestimmten Nachweis für erforderlich zu halten, durch eigene zu ersetzen oder Zweckmäßigkeitserwägungen anzustellen.
[244] S. UfAB IV und V Ziffer 4.15.2 und 4.15.3.

Im Falle des Vorliegens einer **Bietergemeinschaft** kann sich ein Bieter zum Nachweis eigener Fachkunde und Leistungsfähigkeit auf die Qualifikation von Drittunternehmen, die Mitglied der Bietergemeinschaft sind, beziehen (vgl. § 7 EG Abs. 9 VOL/A). Dabei muss jedoch ein Nachweis vorgelegt werden, dass dem Bieter die Mittel des Drittunternehmens im Falle einer Beauftragung auch zustehen („Verfügbarkeitsnachweis"). Dies lässt sich der öffentliche Auftraggeber oftmals mittels eines von ihm vorgegeben Formblattes bestätigen. Üblich ist auch gemäß § 7 EG Abs. 9 S. 2 VOL/A die Vorlage entsprechender Verpflichtungserklärungen dieser Unternehmen.[245]

Diese unternehmensbezogenen Eignungsmerkmale dürfen nicht mit der wertbezogenen Leistungsbewertung vermischt werden. Es muss eine **klare Trennung zwischen Eignung und Leistung** erfolgen.[246]

Dies wird von der Entscheidung der VK Düsseldorf bestätigt:[247]

„Die Aufstellung der Anforderung, ein „autorisierter Large-Account-Reseller (LAR)", für das nachgefragte Produkt zu sein stellt eine unzulässige Vermischung von unternehmensbezogenen Eignungsmerkmalen und wertungsbezogener Leistungsbewertung dar. Die Einschränkung auf der Eignungsebene nimmt vorliegend eine Leistungsbewertung vorweg, indem unterstellt wird, dass Angebote einer bestimmten, gewünschten Werthaltigkeit nur von Unternehmen abgegeben werden können, die vom Hersteller in einen Kreis der Händler aufgenommen wurde, die er offenbar seinerseits zu besonderen Bedingungen beliefert. Auf der Ebene der Eignungsprüfung darf jedoch nicht das Kriterium der zu erwartenden Werthaltigkeit des Angebots angewandt werden wie auf der Ebene der Angebotswertung nicht nochmals die besondere Eignung eines Unternehmens einfließen darf."

Die Entscheidung ist va vor folgendem Hintergrund von weiterem Interesse: Microsoft vertreibt seine Produkte ua über sogenannte „Select-Verträge". Es bestehen sowohl auf Bundes- und Landesebene abgeschlossene Verträge, denen öffentliche Auftraggeber (wie im entschiedenen Fall) „beitreten" können.

Diesem Vorgehen hat die Vergabekammer Düsseldorf im entschiedenen Fall eine vergaberechtliche Absage erteilt:
- Eine solche Forderung nach der Eigenschaft als „LAR" wäre ggf. zulässig, wenn ein (rechtskonformes) geschlossenes Vertriebssystem bestehen würde und daher unterstellt werden kann, dass jeder nicht zugelassene Anbieter sich das Produkt nur durch Verleitung Dritter zum Vertragsbruch wird beschaffen können. Ein solches konnte im entschiedenen Fall nicht erkannt werden.
- Der vorliegende Beitritt zu einem „Select-Vertrag" ist ein vom Auftraggeber willentlich und ohne rechtliche Notwendigkeit geschaffener Umstand, auf den er sich nicht berufen kann, um eine spätere Verengung des Wettbewerbs zu rechtfertigen. Dies ist selbst gesetzten Terminen zu vergleichen, die keine Begründung für besondere Dringlichkeit darstellen.
- Es fehlt am Sachvortrag, dass der Abschluss und Beitritt zum „Select-Vertrag" in vergaberechtskonformer Weise mittels eines Wettbewerbsverfahrens zustande kam und es sich nun „nur noch um die 2. Stufe der Beschaffung" handeln würde.[248]

Der Auftraggeber ist nicht verpflichtet, alle Nachweise zu verlangen, vielmehr soll er nur die verlangen, die er zur Beurteilung der **Leistungsfähigkeit** tatsächlich benötigt.

Es ist zu unterscheiden zwischen:
- finanzieller und wirtschaftlicher Leistungsfähigkeit und
- fachlicher und technischer Leistungsfähigkeit.[249]

---

[245] S. hierzu sowie zur Frage des Zeitpunkts der Vorlage solcher Erklärungen: Müller-Wrede/*Müller-Wrede*, VOL/A, 4. Auflage 2014, § 7 EG Rn. 125 ff. mwN.
[246] S. OLG Düsseldorf Beschl. v. 28.4.2008 – Verg 1/08, VergabeR 2008, 948; OLG Düsseldorf Beschl. v. 5.5.2008 – Verg 5/08, VergabeR 2008, 956.
[247] S. VK Düsseldorf Beschl. v. 23.5.2008 – VK-7/2008-L, CR 2008, 629.
[248] VK Düsseldorf Beschl. v. 23.5.2008 – VK-7/2008-L, CR 2008, 629.
[249] Der Referentenentwurf sieht in § 122 GWB-E vor, dass Eignungskriterien betreffen können die Befähigung und Erlaubnis zur Berufsausübung, wirtschaftliche und finanzielle Leistungsfähigkeit, technische und berufliche Leistungsfähigkeit. Weiter werden in § 123 GWB-E zwingende Ausschlussgründe (keine rechtskräftige Verurteilung zu den genannten Straftaten) und in § 124 GWB-E fakultative Ausschlussgründe (wie zB nachweisliche Verstöße gegen geltende umwelt-, sozial- und arbeitsrechtliche Verpflichtungen, Insolvenz) geregelt.

233 **aa) Finanzielle und wirtschaftliche Leistungsfähigkeit.** § 7 EG Abs. 2 VOL/A sieht folgenden, nicht **abschließenden Katalog** an Nachweisen vor:[250]

„(2) In finanzieller und wirtschaftlicher Hinsicht kann von dem Unternehmen zum Nachweis seiner Leistungsfähigkeit in der Regel Folgendes verlangt werden:
a) Vorlage entsprechender **Bankauskünfte**,
b) bei Dienstleistungsaufträgen entweder entsprechende Bankerklärungen oder den Nachweis entsprechender Berufshaftpflichtversicherungsdeckung,
c) Vorlage von **Bilanzen oder Bilanzauszügen** des Unternehmens, falls deren Veröffentlichung nach dem Gesellschaftsrecht des Staates, in dem das Unternehmen ansässig ist, vorgeschrieben ist,
d) Erklärung über den **Gesamtumsatz** des Unternehmens sowie den **Umsatz bezüglich der besonderen Leistungsart**, die Gegenstand der Vergabe ist, jeweils bezogen auf die letzten **drei Geschäftsjahre**."

234 Folgende zusätzliche Nachweise sind (z. Teil auch vom Europäischen Gerichtshof (EuGH)) als zulässig angesehen worden:
- Angabe des Gesamtwertes der einem Unternehmen zu einem bestimmten Zeitpunkt erteilten Aufträge, die gleichzeitig ausgeführt werden dürfen;
- Nachweis, dass ein Unternehmen über das Minimum an Eigenmitteln und die Anzahl an Arbeitern und Führungskräften verfügt, die die innerstaatlichen Rechtsvorschriften für die Unternehmensklasse fordern, die nach diesen Vorschriften aufgrund des Umfangs der zu vergebenden Arbeiten erforderlich ist;
- Nachweis über die Anzahl der durchschnittlich beschäftigten Arbeitskräfte;
- Auskünfte über das für die Leitung und Ausführung vorgesehene technische Personal.

235 **bb) Fachliche und technische Leistungsfähigkeit.** § 7 EG Abs. 3 VOL/A sieht folgenden, **abschließenden Katalog** an Nachweisen vor:[251]

„(3) In fachlicher und technischer Hinsicht kann das Unternehmen je nach Art, Menge und Verwendungszweck der zu erbringenden Leistung seine Leistungsfähigkeit folgendermaßen nachweisen:
a) durch **eine Liste der wesentlichen in den letzten drei Jahren erbrachten Leistungen** mit Angabe des Rechnungswertes, der Leistungszeit sowie der öffentlichen oder privaten Auftraggeber:
   – bei Leistungen an öffentliche Auftraggeber durch eine von der zuständigen Behörde ausgestellte oder beglaubigte Bescheinigung,
   – bei Leistungen an private Auftraggeber durch eine von diesen ausgestellte Bescheinigung; ist eine derartige Bescheinigung nicht erhältlich, so ist eine einfache Erklärung des Unternehmens zulässig,
b) durch die Beschreibung der **technischen Ausrüstung**, der Maßnahmen des Unternehmens zur Gewährleistung der **Qualität** sowie der **Untersuchungs- und Forschungsmöglichkeiten** des Unternehmens,
c) durch Angaben über die technische Leitung oder die technischen Stellen, unabhängig davon, ob sie dem Unternehmen angeschlossen sind oder nicht, und zwar insbesondere über diejenigen, die mit der Qualitätskontrolle beauftragt sind,
d) bei Lieferaufträgen durch **Muster, Beschreibungen und/oder Fotografien** der zu erbringenden Leistung, deren Echtheit auf Verlangen des Auftraggebers nachgewiesen werden muss,
e) bei Lieferaufträgen durch **Bescheinigungen der zuständigen amtlichen Qualitätskontrollinstitute** oder -dienststellen, mit denen bestätigt wird, dass die durch entsprechende Bezugnahmen genau gekennzeichneten Leistungen bestimmten Spezifikationen oder Normen entsprechen,
f) sind die zu erbringenden Leistungen komplexer Art oder sollen sie ausnahmsweise einem besonderen Zweck dienen, durch eine Kontrolle, die von den Behörden des Auftraggebers oder in deren Namen von einer anderen damit einverstandenen zuständigen amtlichen Stelle aus dem Land durchgeführt wird, in dem das Unternehmen ansässig ist; diese Kontrolle betrifft die Produktionskapazitäten und erforderlichenfalls die Untersuchungs- und Forschungsmöglichkeiten des Unternehmens sowie die von diesem zur Gewährleistung der Qualität getroffenen Vorkehrungen,
g) durch **Studiennachweise und Bescheinigungen über die berufliche Befähigung**, insbesondere der für die Leistungen verantwortlichen Personen."

236 Die in § 7 EG Abs. 3 VOL/A genannten Nachweismöglichkeiten sind teils auf reine Lieferleistungen beschränkt. Daher muss der öffentliche Auftraggeber diejenigen Nachweise auswählen, die für die konkrete Vergabe relevant sind. Dafür steht ihm ein **Ermessensspiel-**

---

[250] Vgl. Müller-Wrede/*Müller-Wrede*, VOL/A, 4. Auflage 2014, Rn. 37 ff. mwN.
[251] Vgl. Müller-Wrede/*Müller-Wrede*, VOL/A, 4. Auflage 2014, Rn. 53 ff. mwN.

raum zu, der durch die allgemeinen Grundsätze des Vergaberechts und das Verhältnismäßigkeitsprinzip begrenzt ist.

cc) Nachweis des Nichtvorliegens von Ausschlussgründen, Pflicht und Ermessensspielraum. Hier sind zwei Konstellationen zu unterscheiden:

§ 6 EG Abs. 6 VOL/A enthält folgende Ausschlussgründe:

„5. Von der Teilnahme am Wettbewerb können Bewerber ausgeschlossen werden,
a) über deren Vermögen das Insolvenzverfahren oder ein vergleichbares gesetzliches Verfahren eröffnet oder die Eröffnung beantragt oder dieser Antrag mangels Masse abgelehnt worden ist.
b) die sich in Liquidation befinden,
c) die nachweislich eine schwere Verfehlung begangen haben, die ihre Zuverlässigkeit als Bewerber in Frage stellt,
d) die ihre Verpflichtung zur Zahlung von Steuern und Abgaben sowie der Beiträge zur gesetzlichen Sozialversicherung nicht ordnungsgemäß erfüllt haben,
e) die im Vergabeverfahren vorsätzlich unzutreffende Erklärungen in Bezug auf ihre Fachkunde, Leistungsfähigkeit und Zuverlässigkeit abgegeben haben."

Als Nachweis zu deren Nichtvorliegen können entsprechende Bescheinigungen der zuständigen Stelle oder Erklärungen verlangt werden, § 7 EG Abs. 7 VOL/A.

Hinsichtlich eines Ausschlusses steht dem Auftraggeber nach dem Wortlaut „können ausgeschlossen werden" ein **Ermessensspielraum** zu.

Hingegen ist ein Ausschluss wegen Unzuverlässigkeit grds. **zwingend**, wenn der Auftraggeber Kenntnis von einem der Ausschlussgründe des § 6 EG Abs. 4 VOL/A hat. Hierbei geht es um rechtskräftige Verurteilungen von dem Unternehmen zuzurechnender Personen wegen bestimmter, im Detail aufgelisteter Straftatbestände. Hiervon kann nur abgesehen werden, wenn gem. § 6 EG Abs. 5 VOL/A entweder zwingende Gründe des Allgemeininteresses vorliegen und andere Unternehmen die Leistung nicht angemessen erbringen können oder wenn aufgrund besonderer Umstände des Einzelfalls der Verstoß die Zuverlässigkeit des Unternehmens nicht in Frage stellt.

Als Nachweis für das Nichtvorliegen der genannten Fälle bzw. die Unrichtigkeit einer Kenntnis des Auftraggebers ist grds. ein Bundeszentralregisterauszug bzw. gleichwertige Urkunden der zuständigen Gerichts- oder Verwaltungsbehörde des Herkunftslandes anzusehen (vgl. § 7 EG Abs. 6 VOL/A).

Die bisherige Praxis verlangt bereits meist für beide vorgenannten „Ausschlussfälle" nur entsprechende **Eigenerklärungen** der Bieter (unter Vorgabe von auszufüllenden „Musterformularen", deren Verwendung zwingend vorgeschrieben wird). Dies wird nun von § 7 EG Abs. 1 S. 2, 3 VOL/A gefordert, da vorrangig Eigenerklärungen zu fordern sind und das Verlangen nach anderen Nachweise zu begründen ist.[252]

dd) Nachweis der Eintragung im Berufs- oder Handelsregister. Dieser Nachweis kann gem. § 7 EG Abs. 8 VOL/A verlangt werden. Ob ein solcher Nachweis verlangt wird oder nicht, liegt im Ermessen der Vergabestelle; diese ist nicht gezwungen, sich solche Nachweise vorlegen zu lassen, zumal diese nichts über Fachkunde und Leistungsfähigkeit eines Unternehmens aussagen. Sinn und Zweck der Forderung dieses Nachweises ist es einerseits, die mit der Beauftragung eines Unternehmens ohne berufsrechtliche Zulassung verbundenen Risiken zu vermeiden. Andererseits kann sich die Vergabestelle über die Auszüge wesentliche Informationen zB zu Existenz, Rechtsform, Vertretungsbefugnissen und -verhältnissen beschaffen.[253]

ee) Eigenerklärungen. Die vergaberechtliche Praxis ging – immer mehr – den Weg, statt der oben dargestellten Nachweise durch Registerauszüge, Bescheinigungen von Behörden uä von den Unternehmen sogenannte „Eigenerklärungen" zu fordern. Dieses Vorgehen wird von § 7 EG Abs. 1 S. 2, 3 VOL/A auch nunmehr ausdrücklich gefordert: Es sind vorrangig Eigenerklärungen zu verlangen. Das Fordern anderer Nachweise muss nun begründet werden. Oftmals legen die Vergabestellen ihren Vergabeunterlagen bereits entsprechende „Musterformulare/-formblätter" bei, die von den Unternehmen nur noch auszufüllen und rechts-

---

[252] → Rn. 242 f.
[253] S. Müller-Wrede/ *Müller-Wrede*, VOL/A, 4. Auflage 2014, Rn. 119 ff. mwN.

verbindlich zu unterzeichnen sind. In Eigenerklärungen erklärt sich der Bieter selbst zu dem geforderten Thema und versichert, dass seine Angaben zutreffen und er im Falle falscher Angaben vom Verfahren ausgeschlossen werden kann.

243 Hintergrund ist zum einen, dass es sich oft als schwierig herausgestellt hat, behördliche Bescheinigungen fristgerecht zu erhalten bzw. diese auch oft schlicht „vergessen" wurden. Das Übermitteln von „Eigenerklärungsformularen" hat sich – als Hilfestellung für beide Seiten – bewährt: Die Vergabestelle kann gleichartige Erklärungen prüfen, dem Bieter wird die Vollständigkeitskontrolle erleichtert.

244 *ff) Präqualifizierungsverfahren.* Unter Präqualifikation[254] ist eine der eigentlichen Auftragsvergabe vorgelagerte auftragsunabhängige Prüfung der Eignungsnachweise zu verstehen. Ist diese Eignungsprüfung vom Unternehmen ohne Beanstandungen bei den hierfür vorgesehenen Prüfunternehmen durchlaufen, wird das Unternehmen auf Zeit in eine allgemein zugängliche Liste präqualifizierter Unternehmen aufgenommen und braucht nicht bei jedem Vergabeverfahren – als Beitrag zu einer Entbürokratisierung – alle Einzelnachweise dem Auftraggeber vorzulegen.

245 Ein solches Präqualifizierungsverfahren ist im Baurecht seit langem (vgl. § 8 VOB/A) vorgesehen. Seit der letzten Vergaberechtsreform sieht nun auch § 7 EG Abs. 4 VOL/A vor, dass Eignungsnachweise, die durch Präqualifizierungsverfahren erworben wurden, zugelassen werden können. Gleiches sieht § 6 Abs. 4 VOL/A für die nationale bzw. Unterschwellenvergabe vor.

246 Zwischenzeitlich wurde eine **bundesweite Präqualifizierungsdatenbank** unter www.pq-vol.de eingerichtet. Damit soll sowohl bei Bietern als auch der öffentlichen Hand der Aufwand zur Erstellung bzw. Prüfung der Eignungsnachweise reduziert werden, indem das Präqualifizierungsverfahren einmal durchlaufen wird und der entsprechende Nachweis bei den öffentlichen Auftraggebern (anstelle von Einzeldokumenten) zur Eignungsprüfung vorgelegt wird. Unternehmen sind nicht verpflichtet, ein solches Verfahren zu durchlaufen, können und dürfen daher ihre Eignung auch weiterhin durch die in den Vergabeunterlagen geforderten Nachweise darlegen.

247 Das Präqualifikationsverfahren ist dezentral nach Bundesländern organisiert. Die Präqualifizierung nehmen Industrie- und Handelskammern oder die von ihnen getragenen Auftragsberatungsstellen[255] vor (**PQ-Stelle**). Dort werden die gebietszugehörigen Unternehmen geprüft, und die dezentralen Daten tagesaktuell an die bundesweite PQ-Datenbank übermittelt. Neben den Pflichtnachweisen erheben einige PQ-Stellen entsprechend den Vorgaben aus ihrem jeweiligen Bundesland zusätzliche landesspezifische Angaben und Nachweise.

248 *gg) Ergebnis der Eignungsprüfung.* Das Ergebnis der Eignungsprüfung ist in aller Regel nur: bestanden oder nicht bestanden, ohne dass hierbei Noten an die Bewerber vergeben würden oder ein Ranking aufgestellt wird. Eine Ausnahme besteht nur bei solchen Verfahren, in denen ein Teilnahmewettbewerb stattfindet, anhand dessen erst die Bewerber ausgewählt werden, die zur Angebotsabgabe aufgefordert werden sollen. Sind mehr geeignete Bewerber vorhanden, als die vorgesehene Anzahl an Bietern zur Angebotsabgabe (so zB mindestens 3 im Verhandlungsverfahren), so muss festgestellt werden, wer unter den geeigneten Bewerbern am Geeignetsten ist. Dies erfordert eine so genannte „Eignungsmatrix", die den Bewerbern ebenfalls bekannt zu geben ist, anhand derer die besser/mehr Geeigneten ermittelt werden.

249 *hh) Ausblick: Einheitliche Europäische Eigenerklärung.* Die aktuelle Vergaberechtsreform 2014 sieht als neues Instrument zur Darlegung der Eignung sie sog Einheitliche Europäische Eigenerklärung (EEE) nach Art. 59 VRL vor mit der Zielsetzung der Vereinfachung der Eignungsprüfung für die Bieter. Der Bieter erklärt damit, dass keine Ausschlussgründe nach

---

[254] S. a. *Braun/Petersen* VergabeR 2010, 433.
[255] S. für Bayern: Auftragsberatungszentrum e. V. unter www.abz-bayern.de (auch zum Verfahren, Geltungsdauer des Zertifikats und Kosten).

Art 57 VRL[256] bestehen, die Eignungskriterien nach Art. 58 VRL[257] erfüllt werden und er ggf. aufgestellte objektive Regeln und Kriterien nach Art. 65 VRL erfüllt. Zudem muss der Bieter erklären, dass er auf Anfrage jederzeit in der Lage ist, unverzüglich weitere Unterlagen vorzulegen. Falls sich der Bieter bezüglich der Eignung auf Dritte bezieht, muss sich die Eigenerklärung auch auf diese beziehen. Für die EEE wird von der Europäischen Kommission ein Standardformular ausgearbeitet, dass zwingend von allen Auftraggebern akzeptiert werden muss. Die Umsetzung der EEE darf bis zum 18.10.2018 „geschoben" werden.

j) Zuschlagskriterien. Gemäß § 21 EG Abs. 1 VOL/A ist der Zuschlag unter Berücksichtigung aller Umstände auf das wirtschaftlichste Angebot zu erteilen. Dies ist nicht gleichbedeutend mit dem preisgünstigsten Angebot, sondern gemeint ist vielmehr das Angebot mit dem besten Kosten-Nutzen-Verhältnis (oder Preis-/Leistungsverhältnis).

Zuschlagskriterien sind somit die entscheidenden Wertungsmerkmale für die Ermittlung des wirtschaftlichsten Angebots und demnach für die Erteilung des Zuschlags. § 9 EG Abs. 1b VOL/A sieht vor, dass die **Zuschlagskriterien** und deren **Gewichtung** entweder in den Bewerbungsbedingungen oder in der Vergabebekanntmachung zu nennen sind. Gleiches gilt für den nationalen Bereich gemäß § 8 Abs. 1b VOL/A, jedoch ohne ausdrückliche Erwähnung der Gewichtung.

Der Auftraggeber muss dabei einerseits die Wertungskriterien möglichst genau festlegen, um die Chancengleichheit zu gewährleisten, andererseits möchte er einen größtmöglichen **Wertungsspielraum** bewahren.

> Was die Gewichtung bzw. die Bedeutung der Kriterien anbelangt, schreibt § 9 EG Abs. 1b VOL/A die Bekanntgabe in Vergabebekanntmachung oder Vergabeunterlagen (Bewerbungsbedingungen) vor, was zuvor nicht klar geregelt und somit Gegenstand zahlreicher Entscheidungen (bis zum EuGH) war. Der klare Wortlaut ist daher zu begrüßen:
> - § 9 EG Abs. 1b VOL/A: … einschließlich der Angabe der Zuschlagskriterien und deren Gewichtung, sofern nicht in der Bekanntmachung bereits genannt.
> - § 9 EG Abs. 2 VOL/A bestimmt zudem eindeutig die Verpflichtung zur Gewichtung. Wenn diese aus nachvollziehbaren Gründen nicht angegeben werden kann, dann muss zumindest die Festlegung der Kriterien in absteigender Reihenfolge ihrer Bedeutung erfolgen.

Der Auftraggeber ist bei Festlegung der Zuschlagskriterien nicht völlig frei, sondern hat bestimmte Grenzen des Vergaberechts zu beachten. Europäische Vorgaben, die § 18 Abs. 1 bzw. § 21 EG Abs. 1 VOL/A zugrunde liegen, sehen übereinstimmend vor, dass lediglich zwei Maßstäbe für die Vergabeentscheidung relevant sein können: **der niedrigste Preis** und das **wirtschaftlich günstigste Angebot**.[258] § 21 Abs. 1 EG VOL/A regelt: *„Der Zuschlag ist auf das unter Berücksichtigung aller Umstände wirtschaftlichste Angebot zu erteilen. Der niedrigste Angebotspreis allein ist nicht entscheidend."*. Dennoch kann entsprechend der unmittelbar anzuwendenden EU-Richtlinien auch der Preis als alleiniges Zuschlagskriterium aufgestellt werden (va dann, wenn sich keine anderen sinnvollen Kriterien finden lassen).[259] Für die Festlegung der Zuschlagskriterien sind jeweils die Umstände des Vergabefalles maßgeblich, aus denen sich ergibt, welche Anforderungen an die Lieferung oder

---

[256] Art. 57 VRL unterscheidet wie bisher zwischen zwingenden und fakultativen Ausschlussgründen. Interessant ist dabei u. a. die Neueinführung des fakultativen Ausschlussgrunds der „erheblichen Schlechtleistungen in der Vergangenheit", was auch nach geltendem Recht gestattet ist, nunmehr aber erforderliche Klarheit erfährt. Siehe hierzu u. a. OLG Düsseldorf Beschl. v. 25.7.2012 – VII - Verg 27/12; OLG München Beschl. v. 5.10.2012 – Verg 15/12.
[257] Genannt sind die Befähigung zur Berufsausübung, wirtschaftliche und finanzielle Leistungsfähigkeit sowie technische und berufliche Leistungsfähigkeit. Wie bisher sind Eignungskriterien und geforderte Nachweise bereits in der Vergabebekanntmachung anzugeben. Später dürfen diese nur noch konkretisiert werden (so auch OLG Düsseldorf Beschl. v. 27.10.2010 – VII - Verg 47/10).
[258] S. vgl. Müller-Wrede/*von Baum* VOL/A § 9a, Rn. 8.
[259] S. Müller-Wrede/*Conrad/Müller-Wrede*, VOL/A 4. Aufl. 2014, § 21 EG Rn. 6 f.

Leistungen gestellt werden,²⁶⁰ was letztlich eine fachliche Beurteilung darstellt. Unter Berücksichtigung der europäischen Vorgaben darf es sich nur um ausschließlich **auftragsbezogene Kriterien** handeln.

254   Maßgebliche Wertungskriterien (vgl. § 16 Abs. 8 bzw. § 19 EG Abs. 9 VOL/A) sind:
- Lieferzeitpunkt,
- Lieferungs- und Ausführungsfrist,
- Betriebskosten,
- Rentabilität,
- Qualität,
- Ästhetik,
- Zweckmäßigkeit,
- Umwelteigenschaften,
- Lebenszykluskosten,
- technischer Wert,
- Kundendienst,
- technische Hilfe und
- der Preis.

Praxistipp:
Von wesentlicher Bedeutung ist, dass diese Zuschlagskriterien klar von den sogenannten Eignungskriterien § 6 VOL/A bzw. §§ 6, 7 EG VOL/A zu trennen sind.

255   Die **Reihenfolge der Kriterien** gibt Auskunft über ihre Gewichtung, dh welche Wertungsmerkmale vorrangig vor anderen zu beachten sind und bei der Ermittlung des wirtschaftlichsten Angebots den Ausschlag geben. Die Gewichtung ist auftragsbezogen zu ermitteln und festzulegen. Die Reihenfolge der den Kriterien zuerkannten Bedeutung ist ausdrücklich als solche zu bezeichnen, um sie vom Fall einer bloßen Aufzählung abzugrenzen.²⁶¹ So ist die Angabe der Zuschlagskriterien in absteigender Reihenfolge möglich, § 9 EG Abs. 2 S. 2 VOL/A.²⁶²

256   Gängige Praxis dürfte zwischenzeitlich die Erstellung einer **Bewertungsmatrix**²⁶³ sein, in der die Unterkriterien entsprechend einer vorher festgelegten Gewichtung aufgeführt werden. Diese orientiert sich an den benannten Kriterien, ihrer Gewichtung und dem Zielerfüllungsgrad (gegebenenfalls in Form einer Benotung nach Schul- oder mittels Punktesystem).

257   Der EuGH hat in einem seiner Urteile – in Bausachen – die Veröffentlichung der Bewertungsmatrix gefordert (EuGH Urt. v. 12.12.2002 – C-470/99). Die Rechtsprechung geht davon aus, dass die Veröffentlichung zumindest erfolgen muss, wenn die Bewertungsmatrix vor Versand der Vergabeunterlagen bereits erstellt war.²⁶⁴ Durch die Regelung in § 9 EG Abs. 1b VOL/A steht die Verpflichtung, die Gewichtung der Zuschlagskriterien anzugeben, fest. Somit wird die Bewertungsmatrix immer dann zu erstellen und anzugeben sein, wenn sie zum Verständnis der Gewichtung erforderlich ist. Dann kann auch die Angabe einer Formel notwendig werden.²⁶⁵

*Goodarzi*²⁶⁶ stellt eine einfache Bewertungsmatrix wie folgt dar:

---

²⁶⁰ S. Daub/Eberstein/*Zdzieblo* VOL/A Kommentar § 9a, Rn. 7.
²⁶¹ S. Daub/Eberstein/*Zdzieblo* VOL/A Kommentar § 9a Rn. 8.
²⁶² S. a. Müller-Wrede/*Gittke/Hattig*, VOL/A, 4. Aufl, § 9 EG VOL/A, Rn. 50 ff.
²⁶³ Der Bewertungsmatrix dürfen nur eindeutige Begriffe zu Grunde liegen: OLG Bremen Beschl. v. 13.11.2003 – Verg 8/2003, BauRB 2004, 163.
²⁶⁴ Vgl. EuGH Urt. v. 12.12.2002 – C-470/99, Slg. 2002, I-11617 – Universale-Bau; OLG Düsseldorf Beschl. v. 16.2.2005 – VII Verg 74/04, VergabeR 2005, 364. So auch Müller-Wrede/*Gittke/Hattig*, VOL/A, 4. Aufl., § 9 EG VOL/A, Rn. 34 ff.
²⁶⁵ S. Müller-Wrede/*Gnittke/Hattig*, VOL/A, 2. Aufl. 2007, § 9a Rn. 20 ff., 26 f.
²⁶⁶ Lehmann/Meents/*Goodarzi*, Handbuch des Fachanwalts Informationstechnologierecht, Kapitel 24, Rn. 76.

Zuschlagskriterien	Gewichtung (%)	Punktewertung: 1 = sehr gut 2 = gut 3 = befriedigend 4 = ausreichend 5 = mangelhaft	Bewertungsergebnis: Gewichtung × Punktewertung
Preis	40 %		
Ausbaufähigkeit des Systems	30 %		
Anwenderfreundlichkeit	25 %		
Lieferfrist	5 %		
Summe:			

In die Bewertung eines Angebots können neben den in einer Bewertungsmatrix dargestellten Soll-Kriterien, die in die Punktewertung einfließen, zudem auch Muss-Kriterien einfließen. Diese Musskriterien stellen die Mindestbedingungen für das Angebot dar, deren Nichteinhaltung somit zwingend zum Ausschluss des Angebots führt.[267] Eine Matrix unter Berücksichtigung von Muss- und Sollkriterien könnte vom Aufbau her wie folgt aussehen:

Zuschlagskriterien: Muss- und Soll-Kriterien

Praxistipp:
Es kann und sollte auf ein **Punktesystem, Gewichtungen, Ermittlung von Abdeckungsgraden** oä zurückgegriffen werden, wobei der Preis weiterhin als bedeutendes Wertungskriterium anzuwenden ist (diesen völlig zu vernachlässigen, erscheint nicht vertretbar):[268] Die Erstellung einer **Bewertungsmatrix** hat sich bewährt, in der die Unterkriterien entsprechend einer vorher festgelegten Gewichtung aufgeführt werden.

---

[267] „Muss-Kriterien" werden daher auch vielfach nicht als Zuschlagskriterien angesehen, da sie nicht in die Bewertung als solches einfließen würden.
[268] S. *Ohle/Sebastiani* CR 2003, 510 (513 ff.) mwN.

> Diese Bewertungsmatrix ist den Bietern vollumfänglich bekannt zu geben. Sehr hilfreich bei Erstellung der Zuschlagskriterien sind die UfAB V, die sich ausführlich mit Kriterienkatalog, Bewertungsmatrix und Bewertungsmethode auseinandersetzen.[269]

260 Für die spätere Wertung dürfen nur solche Kriterien herangezogen werden, die zuvor in der dargestellten Weise angegeben wurden. Nach der Bekanntgabe dürfen weder die Kriterien selbst noch ihre Gewichtung aufgehoben, geändert oder ergänzt werden. Auch bei Wertung der Angebote darf von ihnen nicht mehr abgewichen werden Es müssen alle bekannt gegebenen Kriterien berücksichtigt werden.[270]

261 Weiter ist bei Festlegung der Kriterien zu beachten, dass diese
- transparent sein müssen und
- ausländische Anbieter nicht diskriminieren dürfen.

262 Die Vorschrift des § 9 EG Abs. 1b VOL/A hat bieterschützenden Charakter und soll die **Transparenz des Vergabeverfahrens** und die **Nachprüfbarkeit** der Vergabeentscheidung gewährleisten sowie zur **Objektivierung** der Vergabeentscheidung beitragen. Dem Bieter soll zudem die Angebotserstellung und die Gewichtung einzelner Angebotsteile erleichtert werden.

263 k) **Vertragliche Gestaltung.** Weitere wesentliche Grundlage der Vergabeunterlagen ist die **vertragliche Gestaltung.** Für die Vergabe von IT-Leistungen kommen in Betracht:
- **VOL/B** (Teil B der Verdingungsordnung für Leistungen – Allgemeine Vertragsbedingungen für die Ausführung von Leistungen),
- Ergänzende Vertragsbedingungen für die Beschaffung von IT-Leistungen (**EVB-IT**),
- Besondere Vertragsbedingungen (**BVB**) für die Beschaffung von DV-Leistungen einschließlich der 2002 nach der Modernisierung des Schuldrechts geschaffenen Vertragsdeckblätter,
- Vertragsbedingungen der ausschreibenden Stelle, die so genannten Zusätzlichen Vertragsbedingungen (**ZVB**).[271]

3. Verfahrensarten auf EU-Ebene

264 Die aktuelle VOL/A gibt **vier Grundtypen** vergaberechtlicher Verfahrensarten vor, die grundsätzlich in einer **Hierarchie** zueinander stehen, § 101 Abs. 1, 6 GWB, § 3 Abs. 1 EG VOL/A:[272]

265
- **Offenes Verfahren:** Der Regelfall nach dem Willen des Gesetzgebers. Es ist gekennzeichnet durch strikte Form- und Fristvorgaben, stark formalisiert und erlaubt keine Verhandlungen mit den Bietern. Der Bewerberkreis ist unbeschränkt.
- **Nichtoffenes Verfahren:** Dieses darf nur dann angewandt werden, wenn die in § 3 EG Abs. 2 VOL/A genannten Voraussetzungen erfüllt sind, so zB wenn die Leistung nur von einem beschränkten Bewerberkreis in geeigneter Weise (besonders aufgrund außergewöhnlicher Fachkunde, Leistungsfähigkeit oder Zuverlässigkeit) erbracht werden kann. Das Verfahren bietet gegenüber dem Offenen Verfahren Form- und Fristerleichterungen.
- **Verhandlungsverfahren:** Es darf **nur unter engen Voraussetzungen** angewandt werden und soll nach dem Willen des Gesetzgebers die absolute Ausnahme darstellen (§ 3 Abs. 3 und 4, 24 EG VOL/A). Zudem wird noch unterschieden, ob eine Vergabebekanntmachung veröffentlicht wird (§ 3 EG Abs. 3 VOL/A) oder nicht (§ 3 EG Abs. 4 VOL/A).

---

[269] UfAB V zum Kriterienkatalog samt Gewichtung 4.17 und 4.18; zur Bewertungsmatrix 4.20, zu Bewertungsmethoden 4.21.
[270] S. Daub/Eberstein/*Zdzieblo* VOL/A Kommentar § 9a Rn. 10.
[271] Die VOL/A spricht zunächst von „Vertragsbedingungen" (§ 8 Abs. 1c bzw. § 9 EG Abs. 1c VOL/A), die dann in § 9 bzw. § 11 EG VOL/A weiter erläutert werden. S. im übrigen → § 41 zu BVB/EVB-II.
[272] Die VOF sieht dagegen nur das Verhandlungsverfahren (mit oder ohne vorheriger Vergabebekanntmachung) vor (§ 5 VOF).

- **Wettbewerblicher Dialog**: Er darf nur unter der Voraussetzung des § 101 Abs. 6 GWB, § 3 EG Abs. 7 VOL/A bei besonders komplexen Aufträgen angewandt werden. Hierbei handelt es sich um ein Vergabeverfahren mit vorgeschaltetem Teilnahmewettbewerb, das die Vergabe in drei Phasen vorsieht und in dem über alle Einzelheiten des Auftrags verhandelt werden darf:
  - Phase 1: **Teilnahmewettbewerb,** in dem die konkreten Teilnehmer am Vergabeverfahren aus dem Kreis der Bewerber ausgewählt werden.
  - Phase 2: **Dialogphase,** in der mit den Teilnehmern die Optimierung der angebotenen Lösungen erarbeitet wird.
  - Phase 3: **Bietphase,** in der die optimierte Lösung ausgeschrieben und der Zuschlag unter den verbliebenen Teilnehmern erteilt wird.

Mit Umsetzung der Vergaberechtsreform in 2016 wird der Vorrang des Offenen Verfahrens aufgegeben werden. So sehen Art. 26 Abs. 2 der Richtlinie 2014/24/EU sowie § 119 Abs. 2 S. 1 GWB-E vor, dass der öffentliche Auftraggeber frei zwischen diesen beiden Verfahrensarten wählen darf. Lediglich die anderen Verfahrensarten stehen nur unter den ausdrücklich geregelten Voraussetzungen zur Verfügung.

In welchem **Verhältnis** Offenes Verfahren, Nichtoffenes Verfahren und va das Verhandlungsverfahren zum Wettbewerblichen Dialog stehen, dürfte wie folgt zu beantworten sein: Weder aus VKR (und auch nicht aus der RL 2014/24/EU) noch aus dem Wortlaut des § 101 GWB kann ein Hinweis entnommen werden, dass Verhandlungsverfahren und Wettbewerblicher Dialog in einem Vorrangs-/ Nachrangsverhältnis zueinander stehen. Weder ist das Verhandlungsverfahren zum Wettbewerblichen Dialog vorrangig noch umgekehrt. Vielmehr sind beide Verfahren je nach ihren normierten Voraussetzungen – und damit aber nachrangig gegenüber Offenem und Nichtoffenem Verfahren – unabhängig voneinander zulässig. Dies kann im Einzelfall auch zu Überschneidungen, also zur doppelten Zulässigkeit führen. Dem öffentlichen Auftraggeber steht dann ein Wahlrecht zwischen den beiden zulässigen Verfahrensarten zu.

Der Wettbewerbliche Dialog kombiniert Elemente des Verhandlungs- und Ausschreibungsverfahrens und ist folglich keine besonders strukturierte, spezielle Form des Verhandlungsverfahrens.[273]

Mit Vergaberechtsreform 2014 wird zu den obigen vier Verfahrensarten eine weitere hinzukommen, die **Innovationspartnerschaft** (Art. 31 2014/24/RL). § 119 Abs. 7 GWB-E definiert diese als *„Verfahren zur Entwicklung innovativer, noch nicht auf dem Marktverfügbarer Liefer-, Bau- oder Dienstleistungen und zum anschließenden Erwerb der daraus hervorgehenden Leistungen."* Weiter heißt es, *„nach einem Teilnahmewettbewerb verhandelt der öffentliche Auftraggeber in mehreren Phasen mit den ausgewählten Unternehmen über die Erst- und Folgeangebote."* Die Begründung zum Referentenentwurf führt weiter aus, dass sich die Innovationspartnerschaft im Kern auf die Verfahrensregeln, die für das Verhandlungsverfahren gelten, stützt, da dies für den Vergleich von Angeboten für innovative Lösungen am besten geeignet sei, wobei die Auftragsvergabe auf der Grundlage des besten Preis-/Leistungsverhältnisses erfolgt. Weiter wird auch darauf hingewiesen, dass die Innovationspartnerschaft nicht genutzt werden darf, um den Wettbewerb zu behindern, zu verfälschen oder einzuschränken. Solche Effekte könnten auch durch die Gründung von Innovationspartnerschaften mit mehreren Partnern vermieden werden.[274]

Die Wahl des zutreffenden Vergabeverfahrens ist eine der schwierigsten Entscheidungen bei Vergabe von IT-Leistungen, insbesondere da die Begründung der Abweichung vom Offenen bzw. Nichtoffenen Verfahren aktenkundig gemacht werden muss (§§ 3, 24 EG VOL/A).

Der öffentliche Auftraggeber trägt die **Darlegungs- und Beweislast** für das Vorliegen der Ausnahmetatbestände, die eine Abweichung vom Offenen Verfahren ermöglichen.[275] Die **Ausnahmetatbestände** werden in aller Regel **streng und eng ausgelegt,** insbesondere wenn es

---

[273] S. zum Vergleich zwischen Verhandlungsverfahren und Wettbewerblichem Dialog ausführlich *Müller/Veil* VergabeR 2007, 298 (insbesondere S. 3044 ff. zum Verhältnis beider Verfahrensarten zueinander).
[274] → Rn. 397.
[276] S. BGH Beschl. v. 10.11.2009 – X ZB 8/09 – VergabeR 2010, 210.

um die Begründung von Verhandlungsverfahren geht. Nur in wenigen Fällen wurden von nationalen Gerichten oder vom EuGH die von den öffentlichen Auftraggebern vorgebrachten Begründungen anerkannt.

4. Vergabebekanntmachung[276]

272 Bei allen Verfahrensarten mit Ausnahme des Verhandlungsverfahrens ohne Teilnahmewettbewerb muss gem. §§ 12, 15 EG VOL/A die **Vergabebekanntmachung** entsprechend den **Mustern der EU** veröffentlicht werden.[277] Mit dieser wird die Vergabeabsicht kundgetan und zur Stellung von Teilnahmeanträgen bzw. zur Angebotsabgabe aufgefordert. Der Tag der Absendung der Bekanntmachung muss vom öffentlichen Auftraggeber nachgewiesen werden können, § 15 EG Abs. 2 S. 4 VOL/A.

273 Spätestens 12 Tage nach Absendung findet die Veröffentlichung im Supplement zum Amtsblatt in deutscher Sprache, die auch verbindlich ist (sowie eine Zusammenfassung der wichtigsten Bestandteile in den anderen Amtssprachen der Gemeinschaft), statt. Bei elektronisch erstellten und übersandten Bekanntmachungen erfolgt die Veröffentlichung spätestens 5 Tage nach ihrer Absendung (§ 12 EG Abs. 3 VOL/A). Die Formulare sowie weitere Hilfestellungen sind unter http://simap.europa.eu zu finden. Sämtliche Vergabebekanntmachungen auf EU-Ebene sowie weitere Veröffentlichungen sind unter http://ted.europa.eu im Internet abrufbar.

274 Daneben ist eine **nationale Veröffentlichung** in amtlichen Veröffentlichungsblättern sowie Zeitungen und Zeitschriften möglich, nicht jedoch vor dem Absendungstag und nicht mit anderem Wortlaut als die EU-Veröffentlichung (§ 12 EG Abs. 4 VOL/A).[278] Eine Verpflichtung hierzu besteht nicht.[279]

275 Zum wesentlichen **Inhalt der Vergabebekanntmachung** gehört ua
– die Angabe der ausschreibenden Stelle;
– die Angabe einer Adresse, bei der weitere Informationen/Bewerbungsbedingungen/die Vergabeunterlagen erhältlich sind;
– die Angabe der Kommunikationsmitteln (§ 13 EG VOL/A)
– der Gegenstand des Auftrags (kurz, aber so ausführlich, dass potentielle Interessenten auch angesprochen werden; unter Nutzung der CPV-Codes). Zu beachten: Der angegebene Rahmen darf im Nachhinein nicht maßgeblich geändert werden.
– die Angabe der Fristen (§ 12 EG VOL/A);
– die Nachweise (§§ 6, 7 EG VOL/A), aufgrund derer die Bewerber ausgewählt werden, die den Anforderungen an Leistungsfähigkeit, Zuverlässigkeit und Fachkunde entsprechen (§ 7 EG Abs. 1, 2, 3 und 6 VOL/A in Verbindung mit § 6 EG Abs. 3 bis 6 VOL/A)
– Rechtsmittelbelehrung unter Angabe der zuständigen Vergabekammer.

5. De Facto Vergaben

276 Der Begriff der de-facto-Vergaben hat sich in den vergangenen Jahren als Bezeichnung einer Vorgehensweise der Vergabestellen (meist im Zusammenhang mit EU-weiten Vergaben) eingebürgert, bei der diese
• entweder aus Unkenntnis bzw. aus einer rechtlichen Fehleinschätzung heraus
• oder in voller Kenntnis der rechtlichen Gegebenheiten
auf die Durchführung eines eigentlich erforderlichen Vergabeverfahrens verzichtet.

---

[276] Exkurs: Bei nationalen Vergaben ist § 12 VOL/A zu beachten, wonach die Veröffentlichungen grds. in Tageszeitungen, amtlichen Veröffentlichungsblättern, Fachzeitschriften oder Internetportalen erfolgt. Zudem müssen alle Bekanntmachungen in Internetportalen **zentral über die Suchfunktion des Internetportals www.bund.de** ermittelt werden können.

[277] Diese Bekanntmachung ist zu richten an das Amt für amtliche Veröffentlichungen der Europäischen Gemeinschaften (2, rue Mercier, L-2985 Luxemburg). Zwischenzeitlich kann das gesamte „Veröffentlichungsverfahren" elektronisch abgewickelt werden.

[278] S. Müller-Wrede/*Schwabe*, VOL/A, 4. Aufl. § 15 EG Rn. 140, 141; auch bereits Müller-Wrede/*Fett*, VOL/A, 2001, § 17a, Rn. 69 ff.

[279] S. Müller-Wrede/*Schwabe*, VOL/A, 4. Aufl. § 15 EG Rn. 140, 141; so auch bereits Müller-Wrede/*Fett*, VOL/A, 2001, § 17a Rn. 69 ff., 7.

Hierunter können zB **folgende Konstellationen** fallen:
- Die Vergabestelle wendet sich direkt an ein oder mehrere Unternehme, lässt sich Preise benennen bzw. Angebote erstellen und erteilt dann auf dieser Basis einen Auftrag.
- Befristete Altverträge werden schlicht verlängert oder in wesentlichen Teilen (in Bezug auf Leistungsumfang, Vergütung oä) verändert.
- Es werden Anschlussaufträge erteilt, ohne dass die diesbezüglichen Voraussetzungen gem. § 3 bzw. § 3 EG VOL/A vorgelegen hätten.

Das absichtliche Unterlassen jeder formalen Ausschreibung ist dem **vergaberechtlichen Umgehungsverbot** (§ 3 Abs. 2 VgV) zuzuordnen und kann im Wege der Nachprüfung von „übergangenen Bietern" verfolgt werden.

Auch bei de-facto-Vergaben, die den Betroffenen nicht formell die Stellung eines Bieters einräumen, war bereits nach bisherigem Recht § 13 VgV (Vorabinformationspflicht[280]) anzuwenden, da diese Regelung nach ihrem Sinn und Zweck die Möglichkeit effektiven Rechtsschutzes gewähren soll. Gleiches gilt auch für die nun in § 101a GWB vorgesehene Informations- und Wartepflicht (s. Rn. 353 ff.).

Ein im Wege der nicht rechtmäßigen „Direktvergabe" zustande gekommener Vertrag war gem. § 13 S. 6 VgV nichtig, wobei diese Auffassung jedoch nicht von allen Nachprüfungsinstanzen geteilt wurde. Seit 24.4.2009 gilt gemäß § 101b GWB etwas anderes: Die Nichtigkeitsfolge wurde nicht übernommen, da es – lt. Gesetzesbegründung – „sachgerechter erscheint, den Vertrag unter eine aufschiebende oder auflösende Bedingung zu stellen."

> **Praxistipp:**
> § 101b GWB führt im Falle der de-facto-Vergabe (dh der Auftragserteilung direkt an ein Unternehmen unter Verletzung der Vergaberegeln) zur **schwebenden Unwirksamkeit** des geschlossenen Vertrags.
> Der Vertrag ist jedoch dann von Anfang an wirksam, wenn die in § 101b Abs. 2 GWB vorgesehenen Fristen abgelaufen und die Unwirksamkeit nicht in einem Nachprüfungsverfahren geltend gemacht wurde.

Von wesentlicher Bedeutung sind die Entscheidungen des EuGH v. 10.4.2003 (C-20/01 und C-28/01) sowie v. 18.7.2007 (C-503/04), Stadt Braunschweig. Zum einen müssen auch langfristige Verträge regelmäßig überprüft und neu ausgeschrieben werden. Zum anderen darf auch der Wettbewerb nicht auf Dauer erheblich eingeschränkt werden. So waren bereits seit langem bestehende Verträge wegen Wettbewerbswidrigkeit aufzulösen ohne jegliche Beachtung des Grundsatzes „pacta sunt servanda" seitens des EuGH.

6. Das Offene Verfahren/Die öffentliche Ausschreibung

Bereits nach altem Recht (§ 3a Nr. 1 Abs. 1 VOL/A aF) wurden Aufträge grundsätzlich im Wege des Offenen Verfahrens, das der Öffentlichen Ausschreibung im Sinne des § 3 Nr. 2 VOL/A entspricht, vergeben, sofern nicht die Natur des Geschäfts oder besondere Umstände eine Ausnahme rechtfertigen. Dies galt vor allem dann, wenn die Voraussetzungen für ein Nichtoffenes (national: beschränkte Ausschreibung) nicht eingriffen.

§ 3 EG Abs. 1 VOL/A bringt klar zum Ausdruck, dass eine Ausnahme vom Vorrang des Offenen Verfahrens nur in begründeten Ausnahmefällen zulässig ist. Diese Ausnahmen wiederum ergeben sich aus den Zulässigkeitstatbeständen von Nichtoffenem Verfahren, Verhandlungsverfahren oder Wettbewerblichem Dialog.

Eine vorangestellte **Prüfung der Ausnahmegestaltungen** für ein Nichtoffenes Verfahren (national: eine beschränkte Ausschreibung) bzw. ein Verhandlungsverfahren (national: freihändige Vergabe) sowie den wettbewerblichen Dialog ist daher gerade bei der Vergabe von IT-Leistungen, insbesondere bei komplexen IT-Projekten, empfehlenswert. Die Anwendung

---
[280] → Rn. 353 ff.

dieser Verfahrensart ist – da Ausnahmen kaum ersichtlich sind – die Regel bei der Beschaffung von klar und erschöpfend beschreibbarer **Hardware** oder von **Standardsoftware**, die keiner Anpassung auf die Belange des Auftraggebers bedarf (zB Microsoft Office Produkte, wobei hierbei wiederum begründet werden müsste, warum ein konkretes Produkt verlangt wird, da das Vergaberecht grds. produktneutrale Leistungsbeschreibungen verlangt!).

286 Beim Offenen Verfahren[281] werden die Leistungen im formal fest vorgeschriebenen Rahmen nach einer öffentlichen Aufforderung einer **unbeschränkten Zahl von Unternehmen zur Einreichung von Angeboten** vergeben (§ 3 Abs. 1 S. 1 bzw. § 3 EG Abs. 1 S. 1 VOL/A). Ein Teilnahmewettbewerb findet nicht statt, so dass die Eignung der Bieter (Fachkunde, Leistungsfähigkeit, Zuverlässigkeit) nicht in einer „Vorabstufe", sondern im Rahmen der Angebotsbewertung gem. § 19 EG VOL/A geprüft und bewertet wird.

287 Beim Offenen Verfahren beträgt die **Angebotsfrist** mindestens 52 Tage vom Tage der Absendung der Bekanntmachung gerechnet (§ 12 EG Abs. 2 VOL/A). Liegen die Voraussetzungen des § 12 EG Abs. 3 VOL/A vor, kann diese Frist im Regelfall auf 36 Tage, im Minimum auf 22 Tage verkürzt werden.[282]

> **Praxistipp:**
> **Verhandlungen mit den Bietern sind gem. § 18 EG VOL/A grundsätzlich verboten.**
> „Im offenen und im nicht offenen Verfahren dürfen die Auftraggeber von den Bietern nur Aufklärungen über das Angebot oder deren Eignung verlangen. Verhandlungen sind unzulässig."
> Somit sind nur noch Aufklärungen, aber keinerlei Arten von Verhandlung zulässig, wie dies in § 24 VOL/A („alt") noch vorgesehen war.

288 Mit der Vergaberechtsreform 2014 ändern sich die Regeln über das offene Verfahren nur wenig. Beide Verfahrensarten werden als gleichrangig betrachtet (Art. 26 Abs. 2 VRL), was auch für die VKR bereits galt. Das deutsche Vergaberecht normiert den Vorrang des offenen Verfahrens, da dies den Prinzipien der Marktwirtschaft am ehesten entspräche. Diese Einschätzung könnte auch bei der Umsetzung der VRL weiterhin Bestand haben. Änderungen ergeben sich hinsichtlich der Fristen, die nach VRL verkürzt werden sollen.

7. Das Nichtoffene Verfahren (national: die beschränkte Ausschreibung)

289 Nach § 3 EG Abs. 2 VOL/A werden Aufträge in begründeten Fällen im Wege des Nichtoffenen Verfahrens, das der Beschränkten Ausschreibung im Öffentlichen Teilnahmewettbewerb gemäß § 3 Nr. 1 Abs. 4 und Nr. 3 VOL/A entspricht, vergeben. § 3 EG Abs. 2 VOL/A bestimmt die Voraussetzungen, wann ein nicht offenes Verfahren zulässig ist.[283]

> **Praxistipp:**
> 290 Nach § 3 EG Abs. 2 VOL/A soll eine Beschränkte Ausschreibung/ein Nichtoffenes Verfahren nur stattfinden,
> - wenn die Leistung nach ihrer Eigenart nur von einem beschränkten Kreis von Unternehmen in geeigneter Weise ausgeführt werden kann, besonders wenn dafür außergewöhnliche Fachkunde oder Leistungsfähigkeit oder Zuverlässigkeit (nun nur noch zusammenfassend als „Eignung" bezeichnet) erforderlich ist.[284]
> - wenn die Öffentliche Ausschreibung/das offene Verfahren für den Auftraggeber oder die Bewerber einen Aufwand verursachen würde, der zu dem erreichbaren Vorteil oder dem Wert der Leistung im Missverhältnis stehen würde,

---

[281] Unter Beachtung der genannten Besonderheiten können die Ausführungen zum Verhandlungsverfahren entsprechend herangezogen werden.
[282] Zur Verkürzungsmöglichkeit dieser Fristen bei elektronischer Vergabe → Rn. 384 ff.
[283] Die Verweisung auf die Basisparagraphen ist durch die Neustrukturierung logischerweise entfallen; ebenso wird nur noch von offenem Verfahren gesprochen.
[284] Zu diesen Kriterien → Rn. 222 ff.

- wenn eine vorangegangene Öffentliche Ausschreibung/ein offenes Verfahren kein wirtschaftliches Ergebnis gehabt hat oder
- wenn eine Öffentliche Ausschreibung/ein offenes Verfahren aus anderen Gründen (zB Dringlichkeit, Geheimhaltung) unzweckmäßig ist (bei § 3 EG Abs. 2 VOL/A sind die zuvor genannten Beispiele nicht mehr erwähnt).

Der Beschränkten/Nichtoffenen Ausschreibung[285] soll, soweit zweckmäßig, eine öffentliche Aufforderung vorangehen, sich um **Teilnahme zu bewerben** (Beschränkte Ausschreibung mit vorgeschaltetem öffentlichen Teilnahmewettbewerb, vgl. § 3 Nr. 1, Abs. 4 VOL/A „alt"). Eine entsprechende Regelung findet sich in der jetzigen VOL/A nicht mehr. Üblicherweise werden Nichtoffene Verfahren ohnehin mit Teilnahmewettbewerb durchgeführt. Dabei kann eine Höchstzahl von Unternehmen (**nicht unter fünf**) bestimmt werden, die dann zur Abgabe eines Angebots aufgefordert werden (§ 3 EG Abs. 5 VOL/A).

Beim Nichtoffenen Verfahren beträgt die **Teilnahmefrist** grds. mindestens 37 Tage (§ 12 EG Abs. 4 VOL/A), die Angebotsfrist mindestens 40 Tage (§ 12 EG Abs. 5 VOL/A), jeweils vom Tage der Absendung der Bekanntmachung an gerechnet. In Fällen besonderer Dringlichkeit beträgt die Teilnahmefrist mindesten 15 Tage (§ 12 EG Abs. 4 S. 2 VOL/A), wobei bei elektronischer Übermittlung auf 10 Tage verkürzt werden kann.

Liegen die Voraussetzungen des § 12 EG Abs. 5 S. 2, 3 VOL/A) vor, kann die Angebotsfrist im Regelfall auf 36 Tage, im Minimum auf 22 Tage, in Fällen der besonderen Dringlichkeit auf 10 Tage verkürzt werden.[286]

Praxistipp:
Wie beim Offenen Verfahren sind mit den dort genannten Ausnahmen auch hier Verhandlungen mit den Bietern gem. § 18 EG VOL/A grundsätzlich verboten. Eine Ausnahme besteht auch hier wie beim Nichtoffenen Verfahren nur für Aufklärung hinsichtlich der Ausschreibung.

Mit der Vergaberechtsreform 2014 ändern sich die Regeln über das nichtoffene Verfahren nur wenig. Beide Verfahrensarten werden als gleichrangig betrachtet (Art. 26 Abs. 2 VRL), was auch für die VKR bereits galt (so Rn. 288).

8. Das Verhandlungsverfahren/Die freihändige Vergabe[287]

Die Verfahrensarten Offenes und Nichtoffenes Verfahren werden zumeist dem Bedürfnis des öffentlichen Auftraggebers nicht gerecht, insbesondere die Details und Einzelheiten der Leistungsbeschreibung mit dem potentiellen Bieter zu verhandeln. Dem steht das in § 18 EG VOL/A postulierte **Verhandlungsverbot** entgegen.

Nach der Rechtslage bis zum 7.9.2005 konnte meist nur das Verhandlungsverfahren den Bedürfnissen beider Seiten gerecht werden, in dem über Preis und Leistung sowie über die vertraglichen Bedingungen verhandelt werden konnte.

Seit dem 8.9.2005 kann bei der Vergabe von besonders komplexen Leistungen das neue Vergabeverfahren des „Wettbewerblichen Dialogs" angewandt werden, in dem über alle Einzelheiten des Auftrags verhandelt werden kann,[288] falls dessen Voraussetzungen gegeben sind. Gerade bei komplexen IT-Projekten, die sich aus einer Vielfalt von Einzelleistungen zusammensetzen, besteht – auch trotz der Möglichkeit des Wettbewerblichen Dialogs – auch

---

[285] Unter Beachtung der genannten Besonderheiten können die Ausführungen zum Verhandlungsverfahren entsprechend herangezogen werden.
[286] Zur weiteren Fristverkürzung bei elektronischer Vergabe → Rn. 384 ff.
[287] Viele (natürlich jedoch nicht alle) der nachfolgenden Ausführungen gelten auch für Offenes und Nichtoffenes Verfahren, so dass diese dort nicht nochmals dargestellt sondern hier einmal zusammenfassend dargestellt sind. Abweichende Besonderheiten bei Offenem/Nichtoffenen Verfahren wurden bereits in den dortigen Kapiteln kurz dargestellt.
[288] → Rn. 365 ff.

weiterhin die Tendenz der deutschen Vergabepraxis zum Verhandlungsverfahren zu gelangen. Daran hat sich wohl bis zum heutigen Tage nichts Wesentliches geändert. Die weiteren Ausführungen sind daher fokussiert auf das EU-Verhandlungsverfahren.[289]

298 **a) Arten von Verhandlungsverfahren.** § 3 EG Abs. 3 und 4 VOL/A sehen auf EU-Ebene **zwei Varianten** vor:
- Verhandlungsverfahren mit vorheriger Vergabebekanntmachung,[290]
- Verhandlungsverfahren ohne vorherige Vergabebekanntmachung.

Beide Vergabearten stellen nach dem Willen des EU- und des deutschen Gesetzgebers die **absolute Ausnahme** dar. Die genau umschriebenen und abschließenden **Ausnahmetatbestände** werden, insbesondere durch den EuGH, entsprechend **eng und restriktiv ausgelegt**.[291]

299 **b) Verhandlungsverfahren mit Teilnahmewettbewerb.** Das Verhandlungsverfahren mit vorheriger Vergabebekanntmachung ist nur bei Vorliegen **einer der drei folgenden Fallkonstellationen** zulässig:
- In einem zuvor durchgeführten Offenen oder Nichtoffenen Verfahren kam es aus rein formalen Gründen nicht zur abschließenden Wertung samt Zuschlag (nur nicht prüfbare bzw. auszuschließende Angebote); die Vergabebedingungen werden nicht grundlegend geändert (§ 3 EG Abs. 3a VOL/A. Bei Einbeziehung aller Unternehmen, die die Eignungskriterien erfüllt und form-/fristgerechte Angebote eingereicht hatten, darf ausnahmsweise auf einen Teilnahmewettbewerb verzichtet werden.
- Die vorherige Festlegung eines Gesamtpreises ist bei Liefer- oder Dienstleistungsaufträgen aufgrund ihrer Natur oder wegen der damit verbundenen Risiken nicht möglich (§ 3 EG Abs. 3b VOL/A). Dies dürfte wohl bei komplexen und neuartigen, erstmalig zu beschaffenden Leistungen der Fall sein (zB Planungsleistungen, neuartige Technologien).[292]
- Die hinreichend genaue Festlegung der vertraglichen Spezifikationen ist bei Dienstleistungsaufträgen, insbesondere geistig-schöpferischen, nicht möglich (§ 3 EG Abs. 3c VOL/A). Zu denken ist insbesondere an Vergaben, die auf einer funktionalen Leistungsbeschreibung (§ 8 EG Abs. 2 Nr. 2 VOL/A) basieren. Dies dürfte die für komplexe IT-Projekte[293] am ehesten begründbare Ausnahmevorschrift sein, wobei auf eine klare Abgrenzung gegenüber dem Anwendungsbereich der VOF)[294] zu achten ist.

300 **c) Verhandlungsverfahren ohne Teilnahmewettbewerb.** Das Verhandlungsverfahren **ohne vorherige Vergabebekanntmachung** ist nur unter den abschließenden und schwer begründbaren Voraussetzungen des § 3 EG Abs. 4a bis j VOL/A zulässig. Aus der Sicht der Vergabe von IT-Leistungen sind va folgende Ausnahmetatbestände von Bedeutung:
- Es wurden im Rahmen eines Verfahrens mit EU-Bekanntmachung keine oder keine geeigneten Angebote abgegeben und die ursprünglichen Auftragsbedingungen wurde nicht grundlegend geändert (§ 3 EG Abs. 4a VOL/A); grds. müssen alle zuvor am Verfahren beteiligten und geeigneten Unternehmen zur erneuten Teilnahme aufgefordert werden; dabei ist zulässig auch andere, geeignete Unternehmen, die bislang nicht teilgenommen haben, zur Bewerbung/Angebotsabgabe aufzufordern.
- Es handelt sich um **Forschungs- und Entwicklungsaufträge** (§ 3 EG Abs. 4b VOL/A), wobei kein weiterer kommerzieller Nebenzweck verfolgt werden darf;
- Bei einem Unternehmen besteht ein **Alleinstellungsmerkmal** (§ 3 EG Abs. 4c VOL/A) und somit können andere Unternehmen nicht in Betracht kommen; diese Regelung ist bei der Vergabe von IT-Leistungen von wesentlicher Bedeutung, denn in dieser Vorschrift wird

---

[289] S. *Dobmann*, Das Verhandlungsverfahren – Eine Bestandsaufnahme, VergabeR 2013, 175.
[290] Die nachfolgenden Ausführungen beziehen sich auf diese Vergabeart.
[291] S. Müller-Wrede/*Fett* VOL/A § 3a Rn. 67 mit Verweis auf Erwägungsgrund Nr. 12 der Lieferkoordinierungsrichtlinie der EU sowie Rn. 68; so auch noch heute: Müller-Wrede/*Kaelble* VOL/A § 3 EG Rn. 51 ff. mwN. Sowie Rn. 109 ff. mwN.
[292] Sehr restriktive Handhabung dieser Regelung, daher praktisch wenig relevant (s. Müller-Wrede/*Fett* VOL/A § 3a, Rn. 90 ff.).
[293] S. a. OLG Düsseldorf Beschl. v. 13.11.2000 – Verg. 18/00, ibr-online.
[294] → Rn. 42 ff.

gerade auf **Ausschließlichkeitsrechte** abgestellt, wie sie das Urheberrecht dem Hersteller von Software gewährt.

> **Praxistipp:**
> Nach § 3 EG Abs. 4c VOL/A kann der Auftraggeber im „stillen Verhandlungsverfahren" vergeben, wenn der Auftrag wegen seiner technischen oder künstlerischen Besonderheiten oder auf Grund des Schutzes eines Ausschließlichkeitsrechts (zB Patent-, Urheberrecht) nur von einem bestimmten Unternehmen durchgeführt werden kann. Korrespondierend dazu kann eine freihändige Vergabe dann stattfinden, wenn für die Leistungen gewerbliche Schutzrechte zugunsten eines bestimmten Unternehmens bestehen und der Auftraggeber oder andere Unternehmen nicht zur Nutzung dieser Rechte befugt sind.
> Dies bedarf der ausführlichen Begründung unter konkreter Darstellung des vorliegenden fachlichen und technischen Sachverhalts, da der öffentliche Auftraggeber die Beweislast für das Vorliegen dieses Ausnahmetatbestands trägt.

- Ein Verzicht auf eine EU-Vergabe ist auch bei **„zwingender Dringlichkeit"** zulässig. Es muss sich um nicht vorhersehbare dringende und zwingende Gründe handeln, die die Einhaltung vergaberechtlicher Fristen für eine Auftragsvergabe nicht zulassen. Der Auftraggeber darf in keinem Fall mitverantwortlich für die entstandene Notsituation sein (vgl. § 3 EG Abs. 4d VOL/A). Typische Beispiele sind Naturkatastrophen (Hochwasser, Feuer, Erdbeben), die sofortiges Handeln erfordern und nicht vorhersehbar waren.
- Bei **zusätzlichen Lieferungen** des ursprünglichen Auftragnehmers, die entweder zur teilweisen Erneuerung von gelieferten Waren oder Einrichtungen zur laufenden Benutzung oder zur Erweiterung von Lieferungen oder bestehenden Einrichtungen bestimmt sind, kann der Auftraggeber Folge- oder Zusatzaufträge gemäß § 3 EG Abs. 4e VOL/A für maximal 3 weitere Jahre im stillen Verhandlungsverfahren vergeben, wenn ein Wechsel des Unternehmens dazu führen würde, dass der Auftraggeber Waren mit unterschiedlichen technischen Merkmalen kaufen müsste, und dies eine technische Unvereinbarkeit oder unverhältnismäßige technische Schwierigkeiten bei Gebrauch oder Wartung mit sich bringen würde, oder die Interoperabilität in Frage stellen würde.
- Vergleichbares gilt für **neue Dienstleistungen, die in der Wiederholung gleichartiger Leistungen** bestehen, die durch den gleichen Auftraggeber an das Unternehmen vergeben werden, das den ersten Auftrag erhalten hat, sofern sie einem Grundentwurf entsprechen, der bereits Gegenstand einer ersten Ausschreibung war (vgl. § 3 EG Abs. 4g VOL/A).
- Für **zusätzliche Dienstleistungen**, die weder in dem der Vergabe zugrunde liegenden Entwurf noch im zuerst geschlossenen Vertrag vorgesehen sind, die aber wegen eines unvorhergesehenen Ereignisses zur Ausführung der darin beschriebenen Dienstleistungen erforderlich sind, sofern der Auftrag an das Unternehmen vergeben wird, das diese Dienstleistung erbringt, wenn sich die zusätzlichen Dienstleistungen in technischer und wirtschaftlicher Hinsicht nicht ohne wesentlichen Nachteil für den Auftraggeber vom Hauptauftrag trennen lassen oder wenn diese Dienstleistungen zwar von der Ausführung des ursprünglichen Auftrags getrennt werden können, aber für dessen Vollendung unbedingt erforderlich sind, kann der Auftraggeber vom Offenen bzw. Nichtoffenen Verfahren abweichen und den Auftrag im Verhandlungsverfahren ohne vorherige Öffentliche Vergabebekanntmachung gemäß § 3 EG Abs. 4f VOL/A vergeben, wenn der Gesamtwert der Aufträge für die zusätzlichen Dienstleistungen 50% des Werts des Hauptauftrags nicht überschreitet.
Gerade bei der Softwareerstellung ermöglicht diese Vorschrift eine flexible Anpassung des ursprünglichen Auftrags ohne neues Vergabeverfahren an die während der Software-Erstellungsphase nahezu unvermeidliche Anpassung bzw. Erweiterung des ursprünglichen Auftrags.
Lässt sich eine der Ausnahmeregelungen begründen, hat diese Verfahrensart den Vorteil, dass der Ablauf mit nur wenigen zu beachtenden Formalien versehen ist und überwiegend

ohnehin nur ein einziger Vertragspartner in Betracht kommt, mit dem der Auftrag verhandelt werden kann. Nachdem diese Verfahrensart daher am weitesten vom Grundprinzip der Vergabe im Wettbewerb abweicht, soll sie **nur in streng beschränkten Ausnahmefällen** zur Anwendung gelangen.

302 d) **Teilnahmewettbewerb: Durchführung und Auswahl der Bieter.** Die Durchführung des Teilnahmewettbewerbs dient va der sozusagen vorgelagerten Eignungsprüfung, so dass nur geeignete Unternehmen zur Angebotsabgabe aufgefordert werden. Zudem lässt dies auch die Reduzierung des Bieterkreises in der Angebotsphase zu.

303 *aa) Teilnahmeantrag und -frist.* Die Anforderungen an Teilnahmeanträge sind in § 14 EG VOL/A geregelt: Die Teilnahmeanträge können auf dem Postweg, per Telekopie oder elektronisch übermittelt werden. Telefonisch angekündigte Anträge sind vor dem Ablauf der Teilnahmefrist zu bestätigen. Die Grundsätze der Informationsübermittlung, insbesondere in Bezug auf elektronische Kommunikation, ergeben sich aus § 13 EG VOL/A.[295]

304 Für die Einreichung von Teilnahmeanträgen ist gem. §§ 12 Abs. 4, § 3 EG Abs. 3 VOL/A eine **Mindestfrist von 37 Tagen,** gerechnet vom Tage der Absendung der Bekanntmachung an, vorzusehen (§ 3 Abs. 3, § 12 EG Abs. 4 VOL/A). In Fällen besonderer Dringlichkeit ist eine Verkürzung auf mindestens 15 Tage bzw. bei elektronischer Übermittlung auf mindestens 10 Tage vorgesehen, gerechnet vom Tag der Absendung der Bekanntmachung an. Bei elektronisch erstellten und übermittelten Bekanntmachungen[296] (was heute wohl die Regel sein dürfte), kann die Mindestfrist für Teilnahmeanträge um 7 Tage verkürzt werden, beträgt demnach also nur noch **30 Tage** (§ 12 EG Abs. 6 S. 1 VOL/A).

305 *bb) Auswahl der Bewerber.* Nach Ablauf dieser Frist wählt der Auftraggeber anhand der mit dem Teilnahmeantrag vorgelegten Unterlagen (entsprechend den geforderten Nachweisen) diejenigen aus, die den Anforderungen an Fachkunde, Leistungsfähigkeit und Zuverlässigkeit/Gesetzestreue entsprechen (§ 10 EG Abs. 1 VOL/A). Damit soll erreicht werden, dass nur solche Bewerber ausgewählt werden, die tatsächlich in der Lage sind, den zu vergebenden Auftrag auszuführen und dass die Zahl der Bewerber auf eine überschaubare Anzahl reduziert wird.[297]

306 Bei der Auswahl der Bewerber besitzt der Auftraggeber einen eigenen **Ermessens- und Beurteilungsspielraum** unter Beachtung der Grundsätze der **Verhältnismäßigkeit** und der **Gleichbehandlung,** insbesondere des Willkürverbots.[298]

307 Die Bewerber haben keinen Anspruch zur Angebotsabgabe aufgefordert zu werden, wenn sie sich mit einem Teilnahmeantrag am Vergabeverfahren beteiligt haben.[299] *Zdzieblo*[300] erläutert noch deutlicher, dass der Auftraggeber nicht verpflichtet ist, allen Bewerbern, die die geforderten Unterlagen beigebracht haben und die die genannten Eignungsmerkmale aufweisen, eine Angebotsaufforderung zukommen zu lassen. Dies ergibt sich auch schon aus dem Wortlaut der Vorschrift des § 10 Abs. 1 EG VOL/A :

„(1) Ist ein Teilnahmewettbewerb durchgeführt worden, **so wählen die Auftraggeber** anhand der ...... vorgelegten ...... Unterlagen unter den Bewerbern, die den Anforderungen an Fachkunde, Leistungsfähigkeit und Zuverlässigkeit **entsprechen,** diejenigen **aus,** ...."

308 Die Beurteilung rein anhand schematischer, nicht einzelfallbezogener Checklisten ist ungeeignet, da weder eignungs- noch leistungsbezogen.[301]

309 Von wesentlicher Bedeutung ist daher eine **nachvollziehbare Begründung für einen Ausschluss** vom weiteren Verfahren. Es dürfen keine Kriterien herangezogen werden, die sich zB

---

[295] Zu den Anforderungen bei elektronischer Übermittlung → Rn. 390.
[296] Zur elektronischen Vergabe → Rn. 384 ff.
[297] S. Müller-Wrede/*Gnittke/Hattig*, VOL/A, 4. Aufl. 2014, § 10 EG Rn. 5 ff., 9., 11.
[298] S. Müller-Wrede/*Gnittke/Hattig*, VOL/A, 4. Aufl. 2014, § 10 EG Rn. 9; Daub/Eberstein/*Zdzieblo*, VOL/A Kommentar, § 7a Rn. 49 f.
[299] S. Müller-Wrede/*Gnittke/Hattig* , VOL/A, 4. Aufl. 2014, § 10 EG Rn. 11 unter Hinweis auf den Beschluss des Vergabeüberwachungsausschuss Nordrhein-Westfalen v. 10.11.1998 – 424-84.45-12/98.
[300] So zur Vorgängervorschrift des § 7a VOL/A in Daub/Eberstein/*Zdzieblo*, VOL/A Kommentar 2001, § 7a VOL/A Rn. 50.
[301] S. Müller-Wrede/*Müller-Wrede*, VOL/A, 2001, § 7a Rn. 54 f.

nach der Vergabebekanntmachung eindeutig ausschließlich auf die Zuschlagsentscheidung beziehen.[302] Fehlen in einem Teilnahmeantrag wichtige Angaben oder Nachweise zu den Mindestanforderungen, so ist ein Ausschluss dieses Bewerbers (= Absehen von einer weiteren Beteiligung) nicht ermessensfehlerhaft. Vielmehr besteht nach derzeitiger Rechtsprechung bei Nichtvorlage geforderter Eignungsnachweise die Pflicht zum zwingenden Ausschluss dieses Teilnahmeantrags.[303]

§ 7 EG Abs. 13 VOL/A wiederum ermöglicht dem Auftraggeber aber, einzelne Unternehmen aufzufordern, die von ihnen vorgelegten Bescheinigungen zu vervollständigen oder zu erläutern. Ob der Auftraggeber dies tut, steht jedoch in seinem Ermessen, eine Verpflichtung besteht nicht. Der Auftraggeber kann aber keine, über die ursprünglichen hinausgehenden Nachweise verlangen.[304]

cc) Zusammenfassung zu Prüfung und Wertung von Teilnahmeanträgen:[305] Eine Regelung hierzu findet sich nicht in der VOL/A. Empfehlenswert ist eine Orientierung an § 19 EG VOL/A, da der Teilnahmewettbewerb letztlich die Eignungsprüfung und die Bewerberauswahl vorzieht. Die Prüfung kann demnach in folgenden Schritten erfolgen:
(1) Öffnung der Teilnahmeanträge (ohne förmliche Submission)
(2) Formale Prüfung auf Vollständigkeit und Ordnungsmäßigkeit der Bewerbungsunterlagen gemäß § 10 EG Abs. 1 und § 19 EG Abs. 3 lit a, c, d und e analog. Ausgeschlossen werden Teilnahmeanträge,
– die nicht die geforderten Erklärungen und Nachweise enthalten; fehlende Erklärungen und Nachweise führen in der Bewerbungsphase zum Ausschluss der Bewerbung;[306]
– in denen Änderungen des Bewerbers an seinen Eintragungen nicht zweifelsfrei sind,
– bei denen Änderungen oder Ergänzungen an den Bewerbungsunterlagen vorgenommen worden sind,
– die nicht fristgerecht eingegangen sind, es sei denn der Bewerber hat dies nicht zu vertreten und
– die nach Ablauf der vorgeschriebenen Einreichungsfrist nicht den Anforderungen des § 14 EG VOL/A entsprechen (§ 10 EG Abs. 1 S. 2 VOL/A).
(3) Eignungsprüfung der Bewerber und ggf. von zusätzlichen Anforderungen;
(4) Ggf. Bewerberauswahl nach „objektiven Kriterien", wenn die Anzahl der geeigneten Bewerber die angekündigte Anzahl der zur Angebotsabgabe aufzufordernden Bewerber übersteigt (zB anhand einer Bewertungsmatrix).

dd) Information der ausscheidenden Bewerber. § 101a GWB bringt klar zum Ausdruck, dass „abgelehnte Bewerber" über ihr Ausscheiden informiert werden sollen, denn: Wird ein Bewerber nicht über die Ablehnung seines Teilnahmeantrags (dh seiner Bewerbung) informiert, so muss ein solcher eigentlich längst ausgeschiedener Bewerber ebenfalls gemäß § 101a Abs. 1 S. 2 iVm S. 1 GWB eine Information vor Zuschlagserteilung erhalten und wird damit wie ein „Bieter" behandelt. Um den Kreis der Adressaten des § 101a GWB also nicht so weit zu fassen, empfiehlt es sich, die ausscheidenden Bewerber bereits zum Zeitpunkt des Ausscheidens im Teilnahmewettbewerb hierüber zu informieren. § 22 EG Abs. 1 VOL/A sieht zudem auch vor, dass der Auftraggeber den nicht berücksichtigten Bewerbern die Gründe für die Nichtberücksichtigung **unverzüglich, spätestens innerhalb von 15 Tagen nach Eingang eines entsprechenden Antrags**, mitzuteilen hat.[307]

---

[302] S. OLG Bremen Beschl. v. 13.11.2003 – Verg 8/03, BauRB 2004, 173.
[303] S. Müller-Wrede/*Gnittke/Hattig*, VOL/A 4. Aufl. 2014, § 10 EG Rn. 10 mwN.
[304] S. Müller-Wrede/*Müller-Wrede*, VOL/A, 2001, § 7a Rn. 61 ff.; so auch in der 3. Auflage 2010, § 7 EG, Rn. 59.
[305] S. Müller/Wrede/*Schwabe*, VOL/A, 4. Aufl. 2014, § 14 EG, Rn. 33 f.
[306] So Müller/Wrede/*Horn*, VOL/A, 3. Aufl. 2010, § 19 EG Rn. 53: § 19 EG Abs. 2 VOL/A bezieht sich seinem Wortlaut nach ausschließlich auf die Angebots- und nicht auf die Bewerbungsfrist.
[307] Mit diesen Neuregelungen ist der länger schwelende Streit darüber, ob abgelehnte Bewerber zu informieren sind oder nicht (vgl. die alten Regelungen des § 13 VgV und § 27a VOL/A) beigelegt.

Praxistipp:

313 Zum Inhalt eines solchen „Absageschreibens" an Bewerber im Teilnahmewettbewerb:
Die Bewerber haben keinen Anspruch darauf, über die Merkmale und Vorteile der erfolgreichen Bewerber und über den Namen der erfolgreichen Bewerber informiert zu werden. Somit darf in der Begründung **Folgendes nicht** angegeben werden:
a) Name der Bewerber, die zur Angebotsabgabe aufgefordert wurden
b) Konkrete Merkmale und Vorteile der Bewerber, die zur Angebotsabgabe aufgefordert wurden; in abstrakter Weise wird dies jedoch für zulässig erachtet.
Bei einer ausreichenden Anzahl von insgesamt geeigneten Bewerbern genügt es für die bestehende Informationspflicht in mehr allgemeiner Form die Gründe zu nennen und dabei auch die Freiheit zu nutzen, welche Ablehnungsgründe im Einzelnen angegeben werden. Es müssen nicht sämtliche Ablehnungsgründe genannt werden. Der Auftraggeber ist zumindest im Rahmen des § 22 EG Abs. 1 VOL/A (noch) frei, welche Ablehnungsgründe im Einzelnen angegeben werden. In Frage kommt die gesamte Bandbreite von Gründen, die zur Nichtberücksichtigung führen können.[308] Es sollte dem antragstellenden Bewerber aber aufgezeigt werden, warum er nicht zum Kreis der zur Angebotsabgabe Aufgeforderten gehört. Hierbei darf sich der Auftraggeber auf die Gesichtspunkte beschränken, die eine mangelnde Fachkunde, Leistungsfähigkeit sowie Zuverlässigkeit (Eignung) des Bewerbers begründen.

314 e) **Aufforderung zur Angebotsabgabe.** Bei einem ausreichenden Kreis geeigneter Bewerber darf gem. § 3 EG Abs. 5 S. 3 VOL/A die Anzahl der zur Verhandlung zugelassenen Unternehmen **nicht unter drei** liegen. Diese Unternehmen sind unter Übersendung der Vergabeunterlagen gem. § 10 EG Abs. 1 VOL/A zur Angebotsabgabe aufzufordern.

315 Die Vergabeunterlagen[309] bestehen gem. § 9 EG Abs. 1 VOL/A aus:
- dem Anschreiben und
- der Beschreibung der Einzelheiten der Durchführung des Verfahrens, einschließlich der Angabe der Zuschlagskriterien und deren Gewichtung (sofern nicht bereits in der Vergabebekanntmachung genannt)
- den Vertragsunterlagen (Leistungsbeschreibung und Vertragsbedingungen).

Der **Inhalt dieses Anschreibens** orientiert sich auch beim Verhandlungsverfahren an § 10 EG Abs. 2 VOL/A:[310]

316 Eine **Angebotsfrist** für ein Verhandlungsverfahren ist in § 12 EG VOL/A nicht ausdrücklich vorgesehen.[311] Eine solche Frist ist allerdings erforderlich, da der Auftraggeber nur dann sicher sein kann, dass alle Angebote zu einem bestimmten Zeitpunkt vorliegen, um diese gesammelt prüfen, bewerten und gegebenenfalls darüber verhandeln zu können. Die Angebotsfrist sollte sich an der Komplexität des IT-Projekts orientieren. Hierzu verpflichten insbesondere auch die Vorgaben der EU-Richtlinien (vgl. Art. 38 Abs. 1 VKR). Die Frist muss sich insbesondere an der **Komplexität des Auftrags** und der **Zeit, die für die Ausarbeitung der Angebote erforderlich ist,** orientieren. Somit ist immer eine angemessene Frist zu setzen und insoweit kann eine formal mögliche Mindestfrist im konkreten Einzelfall auch rechtswidrig zu kurz sein.

317 Sinnvoll erscheint, zumindest die Mindestangebotsfrist des Nichtoffenen Verfahrens (40 Tage ab dem Tag der Aufforderung zur Angebotsabgabe; § 12 EG Abs. 5 VOL/A anzusetzen und die entsprechenden Verkürzungsmöglichkeiten zu nutzen.[312]

318 Die Bieter sind berechtigt, **zusätzliche Auskünfte** zu den erhaltenen Vergabeunterlagen zu verlangen. Der Auftraggeber muss solche rechtzeitig angeforderten zusätzlichen Auskünfte

---

[308] S. Müller-Wrede/*Roth* VOL/A § 27a Rn. 8; so auch in der 3. Auflage 2010, § 22 EG, Rn. 12. Nun auch Müller-Wrede/*Conrad*, VOL/A, 4. Aufl. 2014, § 22 EG Rn. 30.
[309] → Rn. 198 ff.
[310] Die Praxis orientierte sich für die Gestaltung des Anschreibens bzw. der Bewerbungsbedingungen an § 17 Nr. 3 VOL/A.
[311] S. Müller-Wrede/*Horn*, VOL/A, 4. Aufl. 2014, § 12 EG Rn. 6.
[312] S. Daub/Eberstein/*Eberstein* VOL/A § 18 Rn. 3 aE, 13 ff.; s. a. Müller-Wrede/*Horn* VOL/A § 12 EG Rn. 6.

über die Vergabeunterlagen und das Anschreiben spätestens **6 Tage** vor Ablauf der Angebotsfrist erteilen, (§ 12 EG Abs. 8 VOL/A). Hierbei hat der Auftraggeber auch darauf zu achten, dass solche Auskünfte **allen Bietern** zu erteilen sind, um „Wissensvorsprünge" einzelner zu verhindern und um sich nicht dem Vorwurf der „Ungleichbehandlung" auszusetzen.

> **Praxistipp:**
> Dem Auftraggeber ist daher zu empfehlen, den Bietern eine Frist zur Fragestellung zu setzen, auch um sich selbst genügend Zeit für die Beantwortung von Fragen einzuräumen.

f) Angebote der Bieter.[313] *aa) Vorgaben für die Bieter.* Jeder Bieter kann nur davor gewarnt werden, in seinem Angebot Änderungen gegenüber den vom Auftraggeber übermittelte Vergabeunterlagen vorzunehmen.

Gemeint ist damit **jegliche Abweichung** von den Vergabeunterlagen, also in Bezug auf Leistungsbeschreibung, vertragliche Gestaltung, Rahmenbedingungen uä.

> **Praxistipp:**
> Unzulässig sind daher Abweichungen von den Anforderungen aus den Vergabeunterlagen insbesondere:
> - Aufnahme von Zusätzen;
> - Entfernung von Bestandteilen der Vergabeunterlagen;
> - Abweichung von den in den Vergabeunterlagen vorgegebenen Vertragsbedingungen;
> - Insbesondere das Beifügen von **AGB der Bieter** stellt eine solche unzulässige Abweichung von den Vergabeunterlagen dar, die zwingend zum Ausschluss führt.

Das Vergaberecht sieht gerade vor, dass der Bieter insoweit keine bzw. nur bei ausdrücklicher Zulassung durch den öffentlichen Auftraggeber Spielräume hat. § 19 EG Abs. 3d VOL/A regelt ausdrücklich, dass ein Angebot auszuschließen ist, wenn der Bieter Änderungen und Ergänzungen an den Vergabeunterlagen vorgenommen hat.

bb) Öffnung durch die Vergabestelle. Für die eingehenden Angebote und deren Öffnung sieht § 17 EG VOL/A ein streng formalisiertes Verfahren vor. Daraus folgt, dass die Angebote bis zum Ablauf der Angebotsfrist unter Verschluss und geheim zu halten sind. Die Öffnung muss von mindestens zwei Vertretern des Auftraggebers gemeinsam durchgeführt und dokumentiert werden. Bieter sind nicht zugelassen. Der Mindestinhalt der geforderten Dokumentation ergibt sich aus § 17 EG Abs. 2 S. 3 VOL/A (Name und Anschrift der Bieter; Preisangaben; Nebenangebote).[314]

g) Verhandlungen mit den Bietern. Das bei den übrigen Vergabearten (Offenes und Nichtoffenes Verfahren) geltende **Verhandlungsverbot des § 18 EG VOL/A** ist beim Verhandlungsverfahren **nicht anwendbar**. Daher kann der öffentliche Auftraggeber mit den Bietern nach erster Prüfung der Angebote **in die Verhandlung** insbesondere hinsichtlich der angebotenen Leistung, des angebotenen Preises, gegebenenfalls auch der Vertragsbedingungen eintreten.

---

[313] Vorliegende Ausführungen zu den Angeboten gelten selbstverständlich auch für Angebote in den anderen Verfahrensarten.
[314] Die Neuregelung des § 17 EG VOL/A beseitigt eine nach altem Recht bestehende Unsicherheit: § 22 VOL/A („alt") sprach in der Überschrift nur von „Ausschreibungen", so dass hieraus in Verbindung mit der Regelung des § 22 Nr. 6 Abs. 4 VOL/A („alt") gefolgert wurde, dass die Vorschrift für das Verhandlungsverfahren keine Anwendung findet (s. a. Daub/Eberstein/*Eberstein*, VOL/A Kommentar 2001, § 22 Rn. 49). Dennoch erschien die entsprechende Anwendung der Regelungen im Hinblick auf die notwendige Vertraulichkeit als angebracht. Der Wortlaut des § 17 EG VOL/A hingegen ist klar: Die Regelung gilt für alle Verfahrensarten.

325 Falls ein Nachweis der Leistungen von den Bietern verlangt wird („Proof of Solution") kann es sinnvoll sein, zunächst hiermit zu beginnen und erst im Anschluss weiter über Leistungen, Preis und Vertragsgestaltung zu verhandeln. Ggf. kann es aber auch sinnvoll sein, zB Teststellungen nur von dem Bieter, der nach den Verhandlungen laut Zuschlagskriterien für die Zuschlagserteilung in Betracht kommt, zu verlangen. Denn sowohl ein „Proof of Solution" als auch Teststellungen und Ähnliches sind nicht selten mit erheblichem, auch finanziellem Aufwand für die Bieter verbunden. Diesen darf ohne nachvollziehbare Gründe daher nicht ohne weiteres ein solcher Aufwand aufgebürdet werden („keine ungewöhnlichen Wagnisse").[315] Für solche Verhandlungen muss der Auftraggeber im Hinblick auf eine bestehende Zuschlagsfrist bereits bei Planung des Verhandlungsverfahrens entsprechende Zeit einkalkulieren, insbesondere wenn mehrere Bieter für die Verhandlungen in Betracht kommen und ggf. auch mehrere Verhandlungsrunden erforderlich sind. Auch kann das Verhandlungsverfahren in verschiedenen Phasen abgewickelt werden (vgl. § 3 EG Abs. 6 VOL/A). Das Vorgehen ist vorher bekannt zu geben.

Praxistipp:

326 Es sind verschiedene Verhandlungsmodelle denkbar:
- Es kann sich anbieten, mit allen Bietern zu verhandeln und abschließend deren letzte vergleichbare Angebote zur endgültigen Wertung anzufordern (**„Last Call-Verfahren"**).
- Denkbar ist es auch, nur mit dem bevorzugten Bieter („bester Bieter" bei Anwendung der Zuschlagskriterien) zu verhandeln (**„Preferred Bidder-Verfahren"**), und nur bei Scheitern der Verhandlungen mit dem nächstplazierten Bieter Verhandlungen aufzunehmen.

327 Beim „Preferred Bidder Verfahren" dürfte es jedoch nicht mehr bleiben dürfen, denn: Art. 30 Abs. 4 VKR bestimmt, dass eine sukzessive Reduzierung der Zahl der Angebote nur noch möglich ist, wenn dieses Vorgehen in der Vergabebekanntmachung oder in den Vergabeunterlagen angekündigt wurde und wenn die maßgeblichen Kriterien hierfür vorab bekanntgegeben worden sind. Zudem schreibt Art. 44 Abs. 4 VKR vor, dass in der Schlussphase **noch so viele Angebote vorliegen müssen, dass ein echter Wettbewerb gewährleistet ist,** natürlich sofern eine ausreichende Anzahl von Lösungen oder geeigneten Bewerbern vorliegt.[316]

328 § 3 EG Abs. 6 VOL/A sieht folgende Regelung vor mit einer Ergänzung am Ende, dass echter Wettbewerb nur dann zu gewährleisten ist, wenn noch eine ausreichende Anzahl von geeigneten Bewerbern vorhanden ist:

„(6) Die Auftraggeber können vorsehen, dass das Verhandlungsverfahren in verschiedenen aufeinander folgenden Phasen abgewickelt wird, um so die Zahl der Angebote, über die verhandelt wird, oder die zu erörternden Lösungen anhand der vorgegebenen Zuschlagskriterien zu verringern. Wenn die Auftraggeber dies vorsehen, geben sie dies in der Bekanntmachung oder in den Vergabeunterlagen an. In der Schlussphase des Verfahrens müssen so viele Angebote vorliegen, dass ein echter Wettbewerb gewährleistet ist, sofern eine ausreichende Anzahl von geeigneten Bewerbern vorhanden ist."

329 Der Auftraggeber muss unabhängig vom angewandten Weg bei seinen Verhandlungen die Vergabegrundsätze, insbesondere **Transparenz und Gleichbehandlung,** wahren;[317] ein wechselseitiges Ausspielen der Bieter durch Preisverhandlungen, um den Preis so weit wie möglich nach unten zu drücken, darf jedoch nicht stattfinden.[318] Die jeweiligen Verhandlungsergebnisse sind nachvollziehbar zu **dokumentieren.**

---

[315] Zwar ist das bislang in § 8 Nr. 1 Abs. 3 VOL/A „alt" enthaltene Gebot in der aktuellen VOL/A nicht mehr erhalten. Daraus kann wohl nicht geschlossen werden, dass diese Anforderung dadurch völlig entfallen ist, va die Entscheidung der 1. und 3. VK des Bundes von der mittelbaren Fortgeltung ausgehen (so va 3. VK Bund Beschl. v. 1.2.2011 (VK 3–126/10 und VK 3–135/10) sowie 1. VK Bund Beschl. v. 24.5.2011 (VK 1–45/11 und VK 1–48/11).
[316] S. hierzu Müller-Wrede/*Kaelble/Müller-Wrede*, VOL/A, 4. Aufl. 2014, § 3 EG Rn. 235 ff.
[317] S. hierzu Müller-Wrede/*Kaelble/Müller-Wrede* VOL/A, 4. Aufl. 2014, § 3 EG Rn. 217 ff.
[318] S. Müller-Wrede/ *Kaelble/Müller-Wrede* VOL/A, 4. Aufl. 2014, § 3 EG Rn. 219 mit weiteren Beispielen.

VII. Vergabeverfahren nach VOL/A

h) Ausblick auf die Vergaberechtsreform 2014/2015/2016. Die Verfahrensart „Verhandlungsverfahren mit Teilnahmewettbewerb" soll eine Aufwertung innerhalb der Verfahrensarten erfahren und als allgemeines Wettbewerbsverfahren mit Verhandlungen etabliert werden. Daher wurde der Anwendungsbereich deutlich erweitert und der Verfahrensablauf zugunsten einer transparenteren und effizienteren Handhabung klarer strukturiert. Insbesondere soll der öffentliche Auftraggeber eine uneingeschränkte Wahlfreiheit zwischen Verhandlungsverfahren und Wettbewerblichem Dialog haben (vgl. Art. 26 Abs. 4 VRL). Teilnahme- und Angebotsfristen werden (verkürzt) geregelt, grds. Teilnahmefrist 30 Kalendertage, Angebotsfrist 30 Kalendertage, jeweils weiter verkürzbar.[319]

Das Verhandlungsverfahren ohne Teilnahmewettbewerb wird wie bislang nur im Ausnahmefall gestattet. Die in Art. 32 VRL geregelten Ausnahmetatbestände müssen im Unterschied zu den übrigen Verfahrensarten jedoch nicht in nationales Recht umgesetzt werden.

Der Referenten- sowie der Regierungsentwurf des VergModG weisen bei § 119 GWB-E ausdrücklich darauf hin, dass die einzelnen Voraussetzungen für die Anwendbarkeit des Verhandlungsverfahrens (sowie des wettbewerblichen Dialogs und der Innovationspartnerschaft) auch weiterhin in den untergesetzlichen Regelungen festgelegt werden.

9. Prüfung und Wertung der Angebote, Zuschlagserteilung, Informations- und Wartepflicht

a) Prüfung und Wertung der Angebote. § 19 EG VOL/A fasst die Prüfung und Wertung der Angebote in einer Vorschrift zusammen. Aus den ergänzenden Erläuterungen zu § 16 VOL/A (nationale Ebene) ist zu entnehmen, dass aus der Anordnung der Absätze keine verbindliche Prüfungs- und Wertungsreihenfolge abzuleiten sei. Dies könnte als Aufgabe der „Wertungspyramide" interpretiert werden.

Die Literatur[320] geht jedoch einhellig davon aus, dass auch wenn die Regelung des § 19 EG VOL/A die Wertungspyramide nur rudimentär durchscheinen lässt, die Angebotswertung in **vier voneinander zu unterscheidenden Phasen** abläuft:

- Auf der **ersten Stufe** werden diejenigen Angebote ausgeschieden, die unter formalen oder inhaltlichen Mängeln leiden (§ 19 EG Abs. 1 bis 4 VOL/A).
- Auf der **zweiten Stufe** werden die Bieter im Hinblick ihre Eignung überprüft (§ 19 EG Abs. 5 VOL/A).
- In der **dritten Stufe** werden Angebote ausgesondert, bei denen der Preis in offenbarem Missverhältnis zur Leistung steht (§ 19 EG Abs. 6 VOL/A).
- Auf der **vierten Stufe** wird das wirtschaftlichste Angebot (entsprechend der bekannt gegebenen Zuschlagskriterien ermittelt, § 19 EG Abs. 8, 9 VOL/A iVm § 21 EG Abs. 1 VOL/A).

> **Praxistipp:**
> § 19 EG VOL/A sieht folgende Prüfungs- und Wertungsschritte vor:
> **Erste Stufe:**
> 1. Prüfung auf Vollständigkeit sowie auf rechnerische und fachliche Richtigkeit, § 19 EG Abs. 1 VOL/A.
> 2. Ergibt sich, dass Erklärungen/Nachweise nicht vorliegen: Nachforderung mit zu bestimmender Nachfrist, § 19 EG Abs. 2 VOL/A.
> 3. **Zwingender** Ausschluss von folgenden Angeboten, § 19 EG Abs. 3 VOL/A:
>   a) Angebote, die nicht die geforderten oder nachgeforderten Erklärungen und Nachweise enthalten,
>   b) Angebote, die nicht unterschrieben bzw. nicht elektronisch signiert sind,
>   c) Angebote, in denen Änderungen des Bieters an seinen Eintragungen nicht zweifelsfrei sind,
>   d) Angebote, bei denen Änderungen oder Ergänzungen an den Vertragsunterlagen vorgenommen worden sind,
>   e) Angebote, die nicht form- oder fristgerecht eingegangen sind sofern der Bieter dies zu vertreten hat,

---

[319] S. Soudry/Hettich/*Hettich*, Das neue Vergaberecht, Seite 26 ff.
[320] Müller-Wrede/*Müller-Wrede/Horn* VOL/A, 4. Auflage 2014, § 19 EG Rn. 4.

> f) Angebote von Bietern, die in Bezug auf die Vergabe eine unzulässige, wettbewerbsbeschränkende Abrede getroffen haben,
> g) nicht zugelassene Nebenangebote sowie Nebenangebote, die die verlangten Mindestanforderungen nicht erfüllen.
> 4. **Möglicher** Ausschluss von Angeboten aufgrund § 6 EG Abs. 6 VOL/A (Insolvenz, Liquidation, schwere Verfehlung, Steuern/Abgaben/gesetzliche Sozialversicherung nicht gezahlt, vorsätzliche unzutreffende Erklärungen über die Eignung), § 19 EG Abs. 4 VOL/A
> **Zweite Stufe:**
> 5. Bei der Angebotsauswahl für den Zuschlag dürfen nur solche Bieter berücksichtigt werden, die die erforderliche **Eignung** besitzen (Eignungsprüfung; im Verhandlungsverfahren bereits im Rahmen des Teilnahmewettbewerbs geprüft), § 19 EG Abs. 5 VOL/A.
> **Dritte Stufe:**
> 6. Aufklärung zu ungewöhnlich niedrigen Preisen bzw. Missverhältnissen zwischen Preis und Leistung; Zuschlag auf solche Angebote nicht zulässig, § 19 EG Abs. 6, 7 VOL/A.
> **Vierte Stufe:**
> 7. **Wertung** der Angebote entsprechend der bekanntgegebenen Kriterien und deren Gewichtung, § 19 Abs. 8 EG VOL/A. Zu den Kriterien können die in § 19 EG Abs. 9 VOL/A genannten gehören.

335 *aa) Zwingende Ausschlussgründe.* § 19 EG Abs. 3 VOL/A sieht **zwingende Ausschlussgründe** vor. Dies heißt, dass der Auftraggeber bei Vorliegen einer der genannten Gründe keinen Entscheidungsspielraum hat: Ein solches Angebot ist zwingend auszuschließen.[321] Die Ausschlussgründe sind zudem abschließend genannt. Auftraggeber dürfen daher keine eigenen Ausschlussgründe entwerfen. Eine enge Auslegung der Gründe ist aufgrund des Wettbewerbsverbots geboten, so dass eine erweiternde Auslegung oder entsprechende Anwendung auf gleich oder ähnlich gelagerte Fallgestaltungen nicht zulässig ist.[322]

Ggf. für einen Bieter eine „harte, aber gesetzlich gewollte" Sanktion stellen folgende Gründe dar:

- Fehlen von geforderten Erklärungen und Nachweisen[323]
- Fehlen einer Unterschrift bzw. elektronischen Signatur[324]
- Zweifelhafte Änderungen des Bieters an seinen eigenen Eintragungen[325]
- Änderungen oder Ergänzungen an den Vergabeunterlagen im Angebot des Bieters[326]

336 Zu beachten ist bei bis zum Ablauf der Angebotsfrist fehlende Erklärungen und Nachweisen, dass diese gem. § 19 EG Abs. 2 VOL/A vom Auftraggeber unter einer zu bestimmenden Nachfrist nachgefordert werden können.[327] Offen ist nach dem Gesetzeswortlaut, ob die Regelung auch auf die bis zum Ablauf der Bewerbungsfrist nicht vorliegenden Erklärungen und Nachweise angewandt werden kann.[328] Der Auftraggeber hat grundsätzlich sowohl ein Entscheidungsermessen („Ob" der Nachforderung) als auch ein Auswahlermessen („Wie" der Nachforderung). Dieses Ermessen ist durch die Nachprüfungsorgane nur im Hinblick auf Ermessensfehler überprüfbar. Allerdings kann auch hier in Einzelfällen eine Ermessensreduktion auf null bestehen. So wird bei Fehlen von den gleichen Nachweisen bei zwei Bietern, der Auftraggeber entweder beide Nachweise oder keinen nachfordern, nicht aber nur einen Bieter zur Nachreichung auffordern können.[329] Allerdings gilt die Möglichkeit zur Nachforderung nicht für Preisangaben, es sei denn es handelt sich nur um „unwesentliche Einzelpositionen, deren Einzelpreise den Gesamtpreis nicht verändern oder die Wertungsreihenfolge und den Wettbewerb nicht beeinträchtigen.".[330]

---

[321] Müller-Wrede/*Müller-Wrede/Horn*, VOL/A, 4. Auflage 2014, § 19 EG Rn. 72 ff.
[322] Müller-Wrede/*Müller-Wrede/Horn*, VOL/A, 4. Auflage 2014, § 19 EG Rn. 73.
[323] S. Müller-Wrede/*Müller-Wrede*, VOL/A, 4. Auflage 2014, § 19 EG Rn. 77 ff.
[324] S. Müller-Wrede/*Müller-Wrede*, VOL/A, 4. Auflage 2014, § 19 EG Rn. 116 ff.
[325] S. Müller-Wrede/*Müller-Wrede*, VOL/A, 4. Auflage 2014, § 19 EG Rn. 121 ff.
[326] So zB auch durch Beifügung von AGB; s. im Detail auch Müller-Wrede/*Müller-Wrede*, VOL/A, 4. Auflage 2014, § 19 EG Rn. 127 ff. sowie Müller-Wrede/*Lausen* § 16 EG Rn. 100 ff.
[327] S. *Völlink* VergabeR 2015, 355.
[328] S. Müller-Wrede/*Müller-Wrede/Horn*, VOL/A, 3. Auflage 2010, § 19 EG Rn. 26 ff.
[329] S. Müller-Wrede/*Horn*, VOL/A, 3. Auflage 2010, § 19 EG Rn. 51 ff. (53–58).
[330] S. Müller-Wrede/*Horn*, VOL/A, 3. Auflage 2010, § 19 EG Rn. 60 ff. mwN.

Verständlich ist das Gebot des zwingenden Ausschlusses gem. § 19 EG Abs. 3 f.) VOL/A 337
bei wettbewerbsbeschränkenden Abreden, die der Bieter in Bezug auf die vorliegende Vergabe geschlossen hat. Eine bloße Vermutung hierfür reicht jedoch nicht aus, auch wenn sich diese aus objektiven Umständen (so zB im Falle der **Doppelbeteiligung von Unternehmen am Vergabeverfahren** – so zB wenn ein Unternehmen als Subunternehmer von mehreren Bietern, die Angebote abgeben, auftritt), ergibt. Die Beweislast für das Vorliegen des Ausschlussgrundes trifft auch hier die Vergabestelle.[331]

Der Verstoß gegen das Gebot des Geheimwettbewerbs (als Ausfluss des Wettbewerbsgebots) wird von § 19 EG Abs. 3f) VOL/A klar sanktioniert. Ein Geheimwettbewerb kann nur stattfinden, wenn sich jeder Bieter in Unkenntnis der konkurrierenden Angebote, Angebotsgrundlagen und -kalkulationen anderer Bieter um die ausgeschriebene Leistung bewirbt. In Rechtsprechung und Literatur besteht hierüber Einigkeit. Offen ist jedoch die Frage, unter welchen Voraussetzungen eine Doppelbeteiligung einen solchen Verstoß darstellt. In aller Regel wird zwischen drei Fallgruppen[332] unterschieden: 338

(1) Bietergemeinschaft und Einzelbieter: Die gleichzeitige Beteiligung eines Unternehmens 339
als Einzelbieter und als Mitglied einer Bietergemeinschaft führt nach allgemeiner Auffassung zwingend zum Ausschluss, da in einer Bietergemeinschaft die Abstimmung zu den Leistungsanteilen und Preisen zwingend für ein gemeinsames Angebot erforderlich ist und daher der Einzelbieter die Details des Angebots der Bietergemeinschaft kennt.

(2) „Verdeckte Bietergemeinschaft": In dieser Fallkonstellation geben Bieter zwar getrennt voneinander Angebote ab. Aus bestimmten „Verdachtsmomenten" ergibt sich jedoch die gemeinsame Vorbereitung der Angebotsabgabe. Gerade familiäre und gesellschaftsrechtliche Verflechtungen stellen solche Anfangsverdachtsmomente dar, bei denen durch Hinzutreten weiterer Umstände (wie zB gleiche Adressen, gleiche Faxnummern, gleiche oder ähnliche Beteiligte; inhaltsgleiche Passagen im Angebot uä) ein Ausschluss begründbar sein kann.[333] 340

(3) Benennung eines anderen Bieters als Nachunternehmer: Allein die Tatsache dieser Benennung genügt für einen Ausschluss nicht. Allein die Kenntnis vom Angebot des anderen vermag eine Ausschließung zu begründen. Von dieser Kenntnis kann jedoch nicht zwingend ausgegangen werden, da va wenn der Hauptunternehmer mehrere Nachunternehmerangebote einholt, letztlich unklar ist, welcher Nachunternehmer und auch mit welchen Preisen zum Zug kommt. Nachunternehmerangebot und letztlich abgegebenes Bieterangebot müssen nicht identisch sein. Kommen jedoch Begleitumstände hinzu (wie zB Art und Umfang des Nachunternehmereinsatzes), die eine Kenntnis des Konkurrenzangebots annehmen lassen, lässt sich ein Ausschluss rechtfertigen.[334] 341

bb) Fakultative Ausschlussgründe. Bei den Gründen des § 19 EG Abs. 4 VOL/A iVm § 6 342
EG Abs. 6 VOL/A hat der Auftraggeber dagegen einen **Ermessensspielraum:** Er kann ausschließen oder werten. Allerdings kann, falls mehrere der in § 6 EG Abs. 6 VOL/A genannten Gründe vorliegen, aus Gründen der Gleichbehandlung auch hier das Ermessen im Einzelfall auf null reduziert sein, so dass ein Ausschluss des Bieters zu erfolgen hat.[335]

---

[331] S. zur Doppelbeteiligung: *Ehrig* VergabeR 2010, 11; zu Mehrfachbeteiligungen auf Nachunternehmerebene: *Dirksen/Schellenberg* VergabeR 2010, 17.
[332] Müller-Wrede/*Müller-Wrede*, VOL/A, 3. Auflage 2010, § 19 EG Rn. 150 ff. mwN. Ähnlich auch in der 4. Aufl. 2014, § 19 EG Rn. 150 ff. (Fallgruppen: aa) Kenntnis eines Konkurrenzangebots, bb) Bietergemeinschaften, cc) Parallelbeteiligungen durch Nachunternehmer, verbundene Unternehmen und bei Bietergemeinschaften).
[333] So zB OLG Jena Beschl. v. 19.4.2004 – 6 Verg 3/04, VergabeR 2004, 520; VK Hamburg Beschl. v. 17.8.2005 – VgK FB 5/05, ibr-online; VK Bund Beschl. v. 16.8.2006 – VK 2–74/06, www.bundeskartellamt.de; VK Düsseldorf Beschl. v. 2.11.2004 – VK 31/04L; VK Rheinland-Pfalz Beschl. v. 27.5.2005 – VK 15/05; LSG Berlin-Brandenburg Beschl. v. 6.3.2009 – L 9 KR 72/09, VergabeR 2010, 120.
[334] S. zB OLG Düsseldorf Beschl. v. 13.4.2006 – VII Verg 10/06, NZBau 2006, 810; VK Hamburg Beschl. v. 23.5.2008 – VK BSU 2/08.
[335] S. Müller-Wrede/*Müller-Wrede/Horn*, VOL/A, 3. Auflage 2010, § 19 EG Rn. 180 ff.

343 cc) *Eignungsprüfung.* Gem. § 19 EG Abs. 5 VOL/A soll der Auftraggeber die Bieter aussortieren können, von deren persönlicher und fachlicher Eignung[336] er nicht überzeugt ist.
Gerade bei größeren und/oder komplizierten IT-Projekten spielen Gesichtspunkte der fachlichen Eignung wie die Erfahrung mit gleichwertigen Objekten, Verfügbarkeit bestimmter Verfahrenstechniken etc eine herausragende Rolle. Hierbei ist allerdings stets auf den Verhältnismäßigkeitsgrundsatz zu achten. Referenznachweise in ausländischer Sprache dürfen nicht a priori negativ in eine Bewertung einfließen. Ggf. muss sich die Vergabestelle hier vom Bieter Ansprechpartner bzw. Dolmetscher benennen lassen.[337]
Dem Ermessen sind hier gewisse Grenzen gesetzt:
- Auf Spekulationen kann sich der Auftraggeber nicht berufen. Er darf sich nur auf gesicherte Erkenntnisse berufen.
- Schlechte Erfahrungen der Vergangenheit dürfen zwar einfließen, aber nicht zu einer stereotypen Ablehnung führen. Es muss eine Einzelfallprüfung stattfinden.

344 Es liegt aber im recht weit anzusetzenden Ermessen der Vergabestelle, **Newcomern**[338] eine Chance zu geben, dh auch solche Unternehmen zu berücksichtigen, die infolge einer erst kürzlich erfolgten Gründung keine Referenzliste bzw. keine Umsatzangaben ausweisen können. Solche Unternehmen seien nicht selten innovativer und in der Leistungsausführung besser. Das hierdurch ggf. erhöhte Risiko für den Auftraggeber wird von den Vergabe- und Vertragsordnungen toleriert[339].

345 Zu beachten ist, dass es nicht zulässig ist, Ranglisten der Eignung zu erstellen, um dann diese persönliche Wertung mit der späteren angebotsbezogenen Wertung nach § 19 EG Abs. 8 VOL/A zu vermischen und womöglich einen vermeintlich „geeigneteren" Bieter einem weniger geeignet erscheinenden vorzuziehen. Es gibt demnach nur gleich geeignete Bieter oder solche Bieter, die im Rahmen der Eignungsprüfung ausgeschlossen werden.

346 Der BGH hat noch zum alten Recht des § 25 Nr. 3 VOL/A ausgeführt, dass eine Vermischung der Kriterien der persönlichen Wertung und der angebotsbezogenen Wertung zu kaum mehr nachvollziehbaren Ergebnissen der Zuschlagserteilung führen kann, weil dann zweit- oder drittplazierte Bieter nur auf der Grundlage der subjektiven Wertung der Vergabestelle anderen vorgezogen werden könnten. In Vermeidung solcher (beliebten) Vergabeentscheidungen muss daher ein sog „Mehr an Eignung" als nicht berücksichtigungsfähig angesehen werden. **Eignungs- und eigentliche Zuschlagskriterien müssen klar und strikt voneinander getrennt werden.**[340]

347 dd) *Angemessenheit des Preises.* Bevor der Auftraggeber zur abschließenden Wertung in § 19 EG Abs. 8 VOL/A übergeht (Wirtschaftlichkeitsprüfung), muss eine Vorprüfung erfolgen, in deren Rahmen die Angemessenheit der Preise sowie das Preis-Leistungs-Verhältnis insgesamt im Mittelpunkt stehen. Hierbei geht es um besondere Auffälligkeiten bei den Preisen, um letztlich in der letzten Wertungsstufe nur noch mit wirklich seriös kalkulierten Angeboten zu arbeiten. Die Vergabestelle hat hier eine allgemeine Aufklärungspflicht.[341]

348 ee) *Wirtschaftlichstes Angebot.* § 19 EG Abs. 8, 9 VOL/A bildet die vierte und letzte Wertungsstufe und damit die endgültige Auswahl und damit „Bezuschlagung" des wirtschaftlichsten Angebots.

---

[336] In Verfahren mit Teilnahmewettbewerb ist die Eignungsprüfung bereits im Rahmen des Teilnahmewettbewerbs abgeschlossen: Nur geeignete Bewerber werden überhaupt zur Angebotsabgabe aufgefordert. Eine Eignungsprüfung im Rahmen der Wertung gem. § 19 EG VOL/A findet dann nicht mehr statt.
[337] S. Müller-Wrede/*Noch* VOL/A § 25, Rn. 56.
[338] S. *Terwiesche* VergabeR 2009, 26. S auch Müller-Wrede/*Schwabe*, VOL/A, 4. Aufl. 2014, § 15 EG Rn. 59 mwN.
[339] S.a Müller-Wrede/*Lux*, VOL/A, 4. Aufl. 2014, § 2 EG Rn. 28, Müller-Wrede/*Müller-Wrede*, VOL/A 4. Aufl. 2014, § 7 EG Rn. 36, 50 jeweils mwN.
[340] S. OLG Düsseldorf Beschl. v. 28.4.2008 – Verg 1/08, VergabeR 2008, 948; OLG Düsseldorf Beschl. v. 5.5.2008 – Verg 5/08, VergabeR 2008, 956. S.a. Müller-Wrede/*Noch* VOL/A § 25 Rn. 67f. mwN; ders. auch in der 3. Auflage 2010, § 19 EG Rn. 166 ff.; so auch in der 4. Auflage 2014, § 19 EG Rn. 248 mwN.
[341] S. Müller-Wrede/ *Müller-Wrede/Horn*, VOL/A, 4. Auflage 2014, § 19 EG Rn. 201 ff., 211 ff.

VII. Vergabeverfahren nach VOL/A

> **Praxistipp:**
> Wie bereits oben dargestellt, kann die Auftragsvergabe nach dem Kriterium der Wirtschaftlichkeit erfolgen, bei dem zum Preis[342] weitere Unterkriterien hinzukommen. Solche Unterkriterien gemäß § 19 EG Abs. 9 VOL/A können ua sein.[343]
> - Qualität
> - Ästhetik
> - Unterhaltskosten
> - Zweckmäßigkeit
> - Umwelteigenschaften
> - Betriebskosten, Lebenszykluskosten
> - Verfügbarkeit von Wartungspersonal
> - Lieferungs- oder Ausführungsfristen

Der Vergabestelle sind im Hinblick auf die Einführung von Unterkriterien grundsätzlich keine Grenzen gesetzt, solange diese Kriterien angebotsbezogen und verhältnismäßig sind. Eine Bewertungsmatrix kann verwendet werden. Jede Bewertungsmatrix ist im Ergebnis allerdings nur so gut wie die einzelnen Unterkriterien, für die die Punkte vergeben werden, wenn sie objektiv gerechtfertigt und im Hinblick auf die zu beschaffende Leistung zweckmäßig sind.[344] An veröffentlichte Zuschlagskriterien ist der Auftraggeber gebunden. Sie dürfen weder inhaltlich erweitert noch verändert werden.[345]

Oftmals wurde und wird vertreten, dass dennoch der **Preis** das wesentliche Merkmal sein solle (zu berücksichtigen mit einem Prozentsatz von 95 % im Verhältnis zu allen anderen Kriterien). Allerdings mehren sich seit langem Stimmen,[346] dass dieser Prozentsatz zu hoch gegriffen sei. Das OLG Dresden vertritt die Auffassung, der Preis muss zu 30 % gewichtet sein (leider ohne Angabe von Gründen).[347] Einen verbindlichen Prozentsatz des „richtigen" Verhältnisses der Kriterien gibt es allerdings nicht. Klar ist jedoch, dass sich auch der Preis in den Bewertungskriterien wieder finden muss, und dies nicht nur am Rande, sondern in einem angemessenen Verhältnis zu den weiteren Bewertungskriterien.[348]

Das **Transparenzgebot**[349] verlangt, dass die Kriterien in den Vergabeunterlagen zu nennen sind.

Es wurde die Meinung vertreten, dass die Gewichtung der Unterkriterien ggf. auch weiterhin offen gehalten werden kann, falls eine sorgfältige Dokumentation angefertigt und dort begründet wird, aus welchen sachlichen, also leistungsbezogenen, Gesichtspunkten heraus eine bestimmte Gewichtung am angemessensten erschien und weshalb es erforderlich war, sich intern erst zu einem recht späten Zeitpunkt auf die gewählte Gewichtung festzulegen[350]. Dies ist allerdings ein (zu) gefährlicher Weg, da es Bietern relativ leicht gemacht wird, dem Auftraggeber Manipulation zu unterstellen. Zudem nimmt der Europäische Gerichtshof[351] und überwiegende Teile der nationalen Rechtsprechung an, dass den Auftraggeber eine Pflicht trifft, Unterkriterien und Gewichtungskoeffizienten gegenüber den Bietern zu veröffentlichen.[352] Dem vorgenannten Vorgehen steht weiter auch die Entscheidung des

---

[342] S. *Brackmann/Berger*, Die Bewertung des Angebotspreises, VergabeR 2015, 313.
[343] S. Müller-Wrede/*Müller-Wrede*, VOL/A, 4. Aufl. 2014, § 19 EG Rn. 242ff, 260ff.
[344] S. Müller-Wrede/*Müller-Wrede*, VOL/A, 4. Aufl. 2014, § 19 EG Rn. 244ff. (246).
[345] S. Müller-Wrede/*Müller-Wrede*, VOL/A, 4. Auflage 2014, § 19 EG Rn. 237ff. (239); s.a. Rn. 242ff. mwN.
[346] So bereits: Müller-Wrede/*Noch*, VOL/A Kommentar 2001, § 25 Rn. 84
[347] OLG Dresden Beschl. v. 5.1.2001 – Vreg 0011/00 und 0012/00.
[348] Müller-Wrede/*Müller-Wrede*, VOL/A, 4. Aufl. 2014, § 19 EG Rn. 265 mwN.
[349] → Rn. 54 f.
[350] So noch: Müller-Wrede/*Noch*, VOL/A, 2001, § 25 Rn. 91.
[351] EuGH Urt. v. 24.1.2008 – C-532/06, VergabeR 2008, 476.
[352] S. Müller-Wrede/*Müller-Wrede*, VOL/A, 3. Auflage 2010, § 19 EG Rn. 206ff. mwN sowie ausführlich zur den Anforderungen an die Transparenz der Zuschlagskriterien: Müller-Wrede/*Gnittke/Hattig*, VOL/A, 4. Aufl. 2014, § 9 EG Rn. 26 ff.

Europäischen Gerichtshofs[353] entgegen, wonach das erstmalige Aufstellen von Unterkriterien und deren Gewichtung nach Ablauf der Angebotsabgabefrist unzulässig ist.

352 *ff) Ausblick auf die Vergaberechtsreform 2014.* Die neue VRL hält wesentliche Neuerungen für die Angebotswertung bereit, so ua:[354]
– Freistellung der Prüfungsreihenfolge für die Bietereignung und Angebotswertung
– Aufgabe der strikten Trennung von Eignungs- und Zuschlagskriterien
– Primat des wirtschaftlich günstigsten Angebots (Preis-/Leistungsverhältnis und die Kostenwirtschaftlichkeit rücken in den Mittelpunkt der Zuschlagsentscheidung, mit dem Ziel va Qualität und Nachhaltigkeit der Angebote zu verbessern).

353 **b) Zuschlagserteilung sowie Informations- und Wartepflicht.** Mit Abschluss der Prüfung und Wertung gemäß § 19 EG VOL/A hat der öffentliche Auftraggeber letztlich das wirtschaftlichste Angebot ermittelt und seine Vergabeentscheidung getroffen. Dem so ausgewählten Bieter wird der öffentliche Auftraggeber sodann den Zuschlag im Sinne *§ 21 EG VOL/A* erteilen.

354 Vor Zuschlagserteilung muss der öffentliche Auftraggeber die unterlegenen Bieter gem. § 101a GWB informieren.

355 Die Nichtbeachtung des § 101a GWB führt nicht mehr zur Nichtigkeit (wie dies noch bei § 13 VgV der Fall war), sondern gem. § 101b GWB zur schwebenden Unwirksamkeit, wenn der Verstoß in einem Nachprüfungsverfahren festgestellt wurde. Zudem sieht **§ 22 EG Abs. 1 VOL/A** vor, dass die Bieter unverzüglich, spätestens innerhalb von 15 Tagen nach Eingang eines entsprechenden Antrags, über die Gründe der Ablehnung, die Merkmale und Vorteile des erfolgreichen Angebots sowie den Namen des erfolgreichen Bieters informiert werden. Diese Regelung entspricht teilweise der gültigen Informations- und Wartepflicht des § 101a GWB, so dass sich GWB und VOL/A zumindest angenähert haben.

356 Aus § 101a GWB ergeben sich folgende **inhaltlichen Anforderungen** an die Vorabinformation:
• Neben dem **Namen des Bieters,** der den Zuschlag erhalten soll, sind nun zudem anzugeben:
  – die **Gründe** der Nichtberücksichtigung der unterlegenen Bieter. (Der bisherige Wortlaut des § 13 VgV sprach nur vom „Grund der Nichtberücksichtigung", so dass nicht sämtliche Gründe zu nennen waren, sondern letztlich der bzw. die ausschlaggebenden/wichtigsten Gründe. Dies stellt eine Anspannung der Pflichten der Vergabestelle dar, ermöglicht dem Bieter auf der anderen Seite eine umfassendere Information hinsichtlich des Nichterfolgs seines Angebots, was mehr Transparenz schafft und zudem auch leichter die Prüfung ermöglicht, ob die Entscheidung vom unterlegenen Bieter akzeptiert wird.)
  – den **frühestmöglichen Zeitpunkt des Vertragsschlusses.** Dieses genaue Datum musste sich der Bieter bisher selbst ermitteln. Nun ist der Auftraggeber in der Pflicht, den Zeitpunkt im Informationsschreiben selbst anzugeben.

357 • Der **Kreis der zu Informierenden** wird nun eindeutig klargestellt:
  – **Bieter**[355] sind zu informieren. Diese gelten als betroffen, wenn sie noch nicht endgültig ausgeschlossen wurden. Der endgültige Ausschluss hat dann stattgefunden, wenn dieser dem betroffenen Bieter mitgeteilt wurde und entweder vor der Vergabekammer als rechtmäßig anerkannt wurde oder keinem Nachprüfungsverfahren mehr unterzogen werden kann.
  Lässt sich dies nicht mit Sicherheit feststellen, wird es sich empfehlen, schlicht alle am Verfahren beteiligten Bieter gem. § 101a GWB zu informieren.
  – **Bewerber**[356] sind dann zu informieren, wenn ihnen noch keine Information über die Ablehnung ihrer Bewerbung zur Verfügung gestellt wurde, bevor die Mitteilung der

---

[353] EuGH Urt. v. 24.11.2005 – C-331/04, VergabeR 2006, 201.
[354] Siehe zu den Details Soudry/Hettich/*Soudry/Hettich*, Das neue Vergaberecht, Seite 61 ff.
[355] Nochmals klarstellend: Die Auftragnehmer werden Bieter genannt, wenn sie zur Angebotsabgabe aufgefordert wurden und ein Angebot abgegeben haben.
[356] Nochmals klarstellend: Bewerber sind Unternehmen, die noch kein Angebot abgegeben haben, aber einen Antrag im Teilnahmewettbewerb gestellt haben (zB in der dem Verhandlungsverfahren mit Vergabebekanntmachung der Angebotsphase vorgeschalteten „Bewerbungsphase" = Teilnahmewettbewerb).

Zuschlagsentscheidung an die betroffenen Bieter ergangen ist. Wer also im Teilnahmewettbewerb kein „Absageschreiben" erhalten hat, muss gem. § 101a GWB vor Zuschlagserteilung informiert werden.
- Die **Frist** wird an die Vorgaben der Rechtsmittelrichtlinie 2007/66/EG angepasst und beträgt nun grundsätzlich **15 Kalendertage**.
  - Die Frist verkürzt sich jedoch auf 10 Kalendertage, wenn die Information per Fax oder auf elektronischem Weg versandt wird.
  - Es wird klargestellt, dass die Frist mit dem Tag nach der Absendung der Information zu laufen beginnt und es auf den Zugang nicht ankommt. Damit dürfte dieses bei § 13 VgV durchaus noch unterschiedlich gehandhabte Thema geklärt sein.
- Neu hinzukommt die Verpflichtung der Vergabestelle **unverzüglich** in Textform über die getroffene Entscheidung zu informieren. Eine entsprechende Vorgabe gab es bei § 13 VgV nicht. Nun ist also klar, dass der Auftraggeber alsbald nach Entscheidungsfindung die Information nach § 101a GWB vorzunehmen hat.

Werden die Vorgabe des § 101a GWB nicht erfüllt, dann regelt **§ 101b GWB** nunmehr eine andere Folge als § 13 VgV:
- Die Folge der Nichtigkeit ist entfallen.
- Vielmehr ist der unter Verstoß gegen § 101a GWB geschlossene Vertrag **schwebend unwirksam**.
- Der Vertrag ist dann von Anfang an unwirksam, wenn dieser Verstoß gegen § 101a GWB in einem Nachprüfungsverfahren festgestellt wurde. Für ein solches Nachprüfungsverfahren führt § 101b Abs. 2 GWB **Fristen** ein:
  - Der Verstoß gegen § 101a GWB muss innerhalb von 30 Kalendertagen ab Kenntnis, spätestens jedoch sechs Monate nach Vertragsschluss **in einem Nachprüfungsverfahren** geltend gemacht werden.
  - Wird die Auftragsvergabe im EU-Amtsblatt öffentlich bekannt gemacht, dann endet die Frist 30 Kalendertage nach dieser Veröffentlichung der Auftragsvergabe.

> **Praxistipp:**
> Beachte: Sind die genannten Fristen abgelaufen, ohne dass ein Nachprüfungsverfahren eingeleitet wurde, besteht Rechtssicherheit: Der Vertrag ist von Anfang an wirksam!

Diese Rechtsfolgen des § 101b GWB gelten zudem nicht nur beim Verstoß gegen § 101a GWB, sondern auch bei den so genannten de-facto-Vergaben.[357]

Zu beachten ist zudem die Bekanntmachung über die Auftragserteilung innerhalb von 48 Tagen nach Vergabe gem. § 23 EG VOL/A, wofür ebenfalls[358] ein entsprechendes Formular der EU vorgesehen ist.

10. Aufhebung einer Ausschreibung

Sollte der Auftraggeber keine Zuschlagsentscheidung treffen wollen (oder können), so kann das einmal begonnene Vergabeverfahren nur durch eine Aufhebung beendet werden. Die bloße „Nichtzuschlagserteilung" hingegen führt nicht zur Beendigung des Vergabeverfahrens.

Die **Voraussetzungen** einer solchen Aufhebung sind abschließend in § 20 EG VOL/A dargestellt, wonach die Aufhebung möglich ist, wenn:
- kein Angebot eingegangen ist, das den Bewerbungsbedingungen entspricht,
- die Grundlagen der Vergabeverfahren sich wesentlich geändert haben,
- das Vergabeverfahren kein wirtschaftliches Ergebnis gehabt hat,
- andere schwerwiegende Gründe bestehen.[359]

---

[357] → Rn. 276 ff.
[358] Wie für die Vergabebekanntmachung (→ Rn. 272 ff.).
[359] S. Müller-Wrede/*Lischka*, VOL/A, 4. Auflage 2014, § 20 EG Rn. 24 mwN.

Diese Gründe wiederum dürfen nicht aus der Sphäre des Auftraggebers (wie zB bei nicht vorhandenen oder Wegfall von Haushaltsmitteln) stammen. Auch die Aufhebung kann Gegenstand einer Nachprüfung sein.

364 Um eine Nachprüfung zu vermeiden, gehen zahlreiche Auftraggeber in der Praxis dazu über, sich bei fortbestehender Vergabeabsicht und Übergang in ein anderes/neues Vergabeverfahren (meist Verhandlungsverfahren) mit den vorhandenen Bietern eine Zustimmung der Bieter zur Aufhebung sowie zum weiteren Vorgehen einzuholen. Die Bieter sind in aller Regel dem nicht abgeneigt und stimmen zu, um weiter am Verfahren beteiligt zu sein.

11. Sonderthemen

365 **a) Der Wettbewerbliche Dialog.** Die Umsetzung dieser Vorgabe der EU-Richtlinien ist – wenn auch in der Praxis zunächst kaum beachtet[360] – durch das ÖPPG erfolgt. Geändert wurden nur Vorschriften in GWB und VgV, nicht jedoch die Vergabe- und Vertragsordnungen.[361]

366 § 101 Abs. 1 GWB benennt den wettbewerblichen Dialog als Verfahrensart für die Vergabe von öffentlichen Liefer-, Bau- und Dienstleistungsaufträgen, wobei § 101 Abs. 5 GWB ausdrücklich die Vorgabe der EU-Richtlinie, dass es sich um eine spezielle Verfahrensart für **besonders komplexe Aufträge** handelt, festschreibt. Weiter wird vorgeschrieben, dass eine Aufforderung zur Teilnahme zu erfolgen hat, der sich Verhandlungen mit ausgewählten Unternehmen über alle Einzelheiten des Auftrags anschließen.[362] Auch die Erörterung aller Aspekte des Auftrags mit jedem Bewerber ist in der EU-Richtlinie vorgesehen.[363]

367 Alle weiteren Details wurden nicht mehr im GWB geregelt, sondern in § 6a VgV. Die Verdingungsordnungen wurden nicht verändert. Seit Inkrafttreten der VOL/A zum 11.6.2010 wird der wettbewerbliche Dialog nicht mehr in der VgV (§ 6a VgV wird aufgehoben), sondern in § 3 EG Abs. 7 VOL/A geregelt. Weder § 6a VgV noch die Neuregelung in § 3 EG Abs. 7 VOL/A regeln den wettbewerblichen Dialog umfassend. Diese Lücke wird durch die unmittelbare Anwendung der EU-Richtlinien geschlossen.[364]

368 *aa) Anwendungsbereich.* Der wettbewerbliche Dialog kann von der öffentlichen Hand nur unter den in § 3 EG Abs. 7 VOL/A genannten Voraussetzungen angewandt werden. Der Vorrang des Offenen Verfahrens wurde durch das ÖPPG nicht verändert (vgl. § 101 Abs. 7 GWB).[365] Auch gegenüber dem Nichtoffenen Verfahren dürfte der wettbewerbliche Dialog subsidiär sein, was sich zumindest aus den Vorgaben der VKR ergibt.

Voraussetzung ist gemäß § 3 EG Abs. 7 S. 1 VOL/A, dass die öffentliche Hand **objektiv** nicht in der Lage ist,

„– die technischen Mittel anzugeben, mit denen ihre Bedürfnisse und Ziele erfüllt werden können oder
– die rechtlichen oder finanziellen Bedingungen des Vorhabens anzugeben."

369 Nach der Gesetzesbegründung sind als komplexe Aufträge va solche mit komplexer Finanzierung zu verstehen, deren rechtliche und finanzielle Konstruktionen im Voraus nicht beschrieben werden können. Das Verfahren dürfte aber auch auf den IT-Bereich künftig Anwendung finden, va wenn es nicht nur um die „bloße" Beschaffung von Standardsoftware ohne weitere Leistungen der Bieter geht (zB Lizenzen des Microsoft Office Pakets), sondern ein Projekt durchzuführen ist, in dem ggf. auf Basis von Standardsoftware weitere Leistungen wie Parametrierung, Anpassung, Implementierung, Schulung sowie meist auch Pflegeleistungen zu erbringen sind. Diese Komplexität legt die Anwendung dieser Verfahrensart nahe.

---

[360] S. zu den bisherigen Erfahrungen in Deutschland: *Fritz* VergabeR 2008, 379.
[361] Zu den sonstigen Änderungen durch das ÖPP neben der Einführung des wettbewerblichen Dialogs *Uechtritz/Otting* NVwZ 2005, 1105 (1108 ff.).
[362] Dieses Erfordernis ergibt sich aus Art. 29 Abs. 2 VKR.
[363] Vgl. Beweggrund Nr. 31 sowie Art. 29 Abs. 3 S. 2 VKR.
[364] → Rn. 22 ff.
[365] „Subsidiäres Ausnahmeverfahren": s. *Prieß* Handbuch des europäischen Vergaberechts, 3. Auflage, Seite 201; s.a. *Knauff* VergabeR 2004, 289: Dieser leitet sogar noch die Subsidiarität des Verhandlungsverfahrens gegenüber dem wettbewerblichen Dialog aus Art. 30 Abs. 1 lit. a) VKR ab. Dies dürfte jedoch zu weitgehend sein; vielmehr dürften Verhandlungsverfahren und wettbewerblicher Dialog gleichwertig nebeneinander stehen. S. bereits einführend → Rn. 267 ff.

Typische Beispiele für den wettbewerblichen Dialog dürften künftig zusammenfassend etwa sein:
- Mautsysteme,
- große Bauprojekte,
- individuelle Softwarekonzepte,
- komplexe Softwareprojekte,
- Werbe- und Marketingkonzepte.[366]

Eine weite Auslegung der oben genannten Merkmale des „komplexen Vorhabens" wird sich aber dennoch verbieten, da der wettbewerbliche Dialog ebenso wie das Verhandlungsverfahren einen Ausnahmecharakter hat. Somit sind auch an die technische, rechtliche oder finanzielle Unklarheit hohe Anforderungen zu stellen.[367] Andererseits sieht die Gesetzesbegründung des ÖPPG nur geringe Anforderungen an die objektive Unmöglichkeit vor, da bereits unverhältnismäßig hoher Kosten- und/oder Zeitaufwand hierfür ausreichen sollen.[368] Dies dürfte dem Wortlaut der Richtlinie nicht entsprechen.[369]

Praxistipp:
Die Regelung des § 3 EG Abs. 7 VOL/A kann – wie die bisherige Regelung des § 6a VgV) – als „rudimentär" bezeichnet werden; aus ihr ist nur schwerlich erkennbar, wie der Wettbewerbliche Dialog im Einzelnen auszugestalten ist. Dies kann sowohl Vorteil als auch Nachteil sein. Zum einen bestehen Unsicherheiten hinsichtlich der zutreffenden Gestaltung, zum anderen aber genau diese Freiheiten, da strikte Vorgaben fehlen. Letztlich wird sich die Gestaltung daher va an den vergaberechtlichen Grundprinzipien[370], die stets gelten, orientieren müssen.
Praxiserfahrungen besteht in Deutschland auch nach vielen Jahren der Einführung dieser Verfahrensart noch immer in überschaubarer Zahl. Immerhin stammten 16 (der bis August 2007 veröffentlichten 53 Verfahren im Wettbewerblichen Dialog) aus dem Bereich der Vergabe von IT-Leistungen.[371] Bei einer aktuell im Juni 2015 durchgeführten Suche waren von über 3000 laufenden Vergabeverfahren nur 4 wettbewerbliche Dialoge, davon einer im IT-Bereich. Sowohl Auftraggeber als auch die Bieter sind aufgrund der durchzuführenden Dialogphase zum Teil auch sehr zurückhaltend bzw. skeptisch. Das Ressentiment der Bieter bezieht sich va auf den herzustellenden Wettbewerb im Verhältnis zu ihrem Bedürfnis der Geheimhaltung von Geschäfts- und Betriebsgeheimnissen, denn die Dialogphase soll gerade dazu dienen, dass die Ideen und Lösungsansätze anderer Teilnehmer bekannt und ausgenutzt werden, die Ansätze verglichen und miteinander kombiniert werden.
Die Teilnehmer haben aber gerade ein Interesse daran, dass ihnen Wettbewerbsvorteile aufgrund ihres individuellen Lösungsansatzes, zB wegen neuer Strukturen in Bereichen Technik, Finanzierung, Beschaffung, Know-How-Transfer, erhalten bleiben. Dieses Spannungsfeld zwischen Geheimhaltungsinteresse und Lösungsvergleich scheint ungelöst und dürfte die öffentliche Hand zu großer Sorgfalt verpflichten.
Die künftige Entwicklung wird zeigen, ob und wie die öffentliche Hand von dieser Verfahrensart Gebrauch machen wird. Bislang ist noch erhebliche Zurückhaltung festzustellen, teils wird auch behördenintern von der Anwendung dieser Verfahrensart ausdrücklich abgeraten.

Praxistipp:
Der Ablauf des wettbewerblichen Dialogs lässt sich schematisch in **drei Phasen** einteilen:
1. Auswahlphase: Teilnahmewettbewerb
2. Dialogphase
3. Angebots- und Zuschlagsphase: Angebotswettbewerb.[372]

---

[366] S. Erwägungsgrund (31) VKR.
[367] *Prieß* Handbuch des europäischen Vergaberechts, 3. Auflage, S. 202.
[368] BT-Drs. 15/5668, S. 13.
[369] Zur Problematik *Ollmann* VergabeR 2005, 685 (688); s. insbesondere zur Komplexität *Lensdorf* CR 2006, 138; s.a. *Heckmann* CR 2005, 711 zur Verrechtlichung des IT-Beschaffungswesens.
[370] → Rn. 48 ff.
[371] S. *Fritz* VergabeR 2008, 379 (380).
[372] S. u.a. *Kolpatzik* VergabeR 2007, 279 (283 ff.); Es wird auch zwischen 4 Phasen unterschieden: Aufforderungsphase, Dialogphase, Angebotsphase, Wertungsphase; so *Müller/Veil* VergabeR 2007, 298.

> Insgesamt lassen sich 8 Schritte festhalten:
> 1. Veröffentlichung der Bekanntmachung
> 2. Auswahl der am Dialog teilnehmenden Unternehmen
> 3. Dialog zwischen Vergabestelle und ausgewählten Teilnehmern mit dem Ziel der Ermittlung der bestgeeigneten Mittel
> 4. Aufforderung zur Abgabe des endgültigen Angebots
> 5. Klarstellungen und Präzisierungen der Angebote, soweit erforderlich und zulässig
> 6. Bewertung der Angebote
> 7. ggf. Erläuterung des besten Angebots, soweit zulässig
> 8. ggf. Zuschlagserteilung.[373]

373 *bb) Auswahlphase.* Das Verfahren beginnt mit einer **europaweiten Bekanntmachung**,[374] die einer (vereinfachten) funktionalen Ausschreibung ähnelt. Die Vergabestelle hat hierdurch ihre Bedürfnisse und Anforderungen bekannt zu machen. Die Erläuterung dieser Anforderungen kann in der Bekanntmachung selbst oder in einer Beschreibung erfolgen, § 3 EG Abs. 7 S. 2a VOL/A. Diese Beschreibung wird nur an diejenigen Unternehmen übermittelt werden, welche die in der Bekanntmachung angegebenen Eignungskriterien erfüllen und einen frist- und ordnungsgemäßen Teilnahmeantrag gestellt haben.[375]

374 Wie bei jedem Teilnahmewettbewerb sind die Bieter anhand der in der Bekanntmachung veröffentlichten Teilnahmebedingungen („wirtschaftliche, finanzielle und technische Leistungsfähigkeit" im Sinne von Leistungsfähigkeit, Fachkunde und Zuverlässigkeit) **auszuwählen**.[376] Die ausgewählten Bieter (mindestens drei)[377] werden dann zur Teilnahme am Dialog aufgefordert. Der Mindestinhalt dieser Aufforderung zur Teilnahme ergibt sich aus Art. 40 VKR.

375 *cc) Dialogphase.* Im Anschluss an die im Teilnahmewettbewerb erfolgende Auswahl der in Frage kommenden Unternehmen und die Aufforderung zur Teilnahme wird der eigentliche **Dialog** mit diesen ausgewählten Bietern eröffnet. Ziel ist es, dass die öffentliche Hand ermittelt und festlegt, wie ihre Bedürfnisse am besten erfüllt werden können.[378] Daher kann mit einer Vielzahl von Unternehmen in mehreren Phasen über alle Einzelheiten des Auftrags verhandelt werden. Diese Möglichkeit umfassender Verhandlungen stellt die herausragende Neuerung im Rahmen der Reform des europäischen Vergaberechts dar.[379]

Über die Phasen kann die Bieterzahl verringert werden, wenn die Kriterien für eine solche Verringerung in der Vergabebekanntmachung oder in einer Leistungsbeschreibung zuvor den Bietern bekannt gegeben wurden.[380] Die Möglichkeit dieser Unterteilung dient va der Verfahrensökonomie.

376 Der Dialog dürfte aus Sicht von IT-Anwendern und auch IT-Anbietern zunächst ein großer Vorteil sein. Denn so kann auf der einen Seite die öffentliche Hand wie ein Privatunternehmen über die zu erbringende Leistung verhandeln und auf der anderen Seite können die IT-Anbieter Einfluss nehmen, dh müssen nicht die sonst vorgegeben Anforderungen der Leistungsbeschreibung schlicht akzeptieren und auf deren Basis ein Angebot abgeben (vorbehaltlich etwaiger zugelassener Nebenangebote oder Änderungsvorschläge).

---

[373] *Prieß* Handbuch des europäischen Vergaberechts, 3. Auflage, S. 202; ähnlich *Noch* BauRB 2005, 385 (389); *Möller* BauRB 2005, 376 (380); *Opitz* VergabeR 2006, 451.
[374] Zu verwenden ist das neue Standardformular, eingeführt zum 22.10.2005 mit Verordnung (EG) 1564/ 2005 [17].
[375] *Prieß* Handbuch des europäischen Vergaberechts, 3. Auflage, S. 203 zu Art. 29 Abs. 2 RL 2004/ 18/EU. Die Fristen ergeben sich aus direkter Anwendung des Art. 38 VKR, da weder in GWB, VgV noch VOL/A geregelt. S. zur Bewerbungsfrist auch Müller-Wrede/*Kaelble*, VOL/A, 4. Aufl. 2014, § 3 EG Rn. 258.
[376] S. bislang §§ 7, 7a VOL/A; Art. 44 bis 52 VKR. Zum bestehenden Ermessen s. u. a. Müller-Wrede/ *Müller-Wrede*, VOL/A, 2001, § 7a Rn. 50 ff. S. a. Müller-Wrede/*Kaelble/Müller-Wrede*, VOL/A 4. Aufl. 2014, § 3 EG Rn. 259 ff.
[377] Art. 44 Abs. 3 VKR bzw. nun ausdrücklich in § 3 EG Abs. 7 S. 2a VOL/A genannt.
[378] § 3 EG Abs. 7 S. 2b VOL/A.
[379] S. a. *Knauff* VergabeR 2004, 287 (291).
[380] Art 29 Abs. 4 VKR. Nun in § 3 EG Abs. 7 S. 2c VOL/A geregelt. Zur Frage des Ausscheidens eines Teilnehmers mit seiner Lösung s. *Ollmann* VergabeR 2005, 686 (689).

Dem schützenswerten Interesse der Bieter, dass ihre Geschäftsgeheimnisse und das Firmen-Know How nicht der Konkurrenz zufließen, soll dadurch Rechnung getragen werden, dass keine bestimmte Unternehmen begünstigende Informationen an die anderen Bieter und vertrauliche Informationen nur mit Zustimmung des jeweiligen Unternehmens weitergegeben werden dürfen (§ 3 EG Abs. 7 S. 2b am Ende VOL/A).[381]

Das Vertrauen der Bieter in diese Vorgaben ist jedoch gering. Unternehmen bezweifeln einen ausreichend Schutz ihrer Konzepte, in die eben gerade das vorhandene Know-How, Innovation uä einfließen.[382] Ebenso bestehen erhebliche Zweifel an der praktischen Durchsetzbarkeit des genannten Gebots. Zur Verhinderung einer missbräuchlichen Weiterverwendung der Lösungsvorschläge durch die Vergabestelle, zB bei Eigenoptimierung der Leistungsbeschreibung, könnte der Vorschlag, eine Vertraulichkeitserklärung von der öffentlichen Hand zu fordern,[383] hilfreich sein.

Praxistipp:
Erste innovative und sehr spannende Ansätze zur Art und Weise der Durchführung dieses Dialogs bzw. der Hinzuziehung Dritter zur Durchführung des Dialogs werden in der Literatur diskutiert:
So könnte die Dialogphase eventuell ein weiteres Betätigungsfeld für **Mediatoren** sein, da diese Phase der alternativen Streitschlichtung durchaus nahekommt.[384]

dd) Angebots- und Zuschlagphase. Gemäß § 3 EG Abs. 7 S. 2d VOL/A haben die Auftraggeber die Dialogphase zu beenden, wenn eine oder mehrere Lösung(en) gefunden ist/sind, die ihre Bedürfnisse erfüllt/erfüllen. Erst jetzt steht die detaillierte Leistungsbeschreibung für den zu vergebenden Auftrag.

Mit Schließen des Dialogs werden die Bieter zur verbindlichen, endgültigen Angebotsabgabe auf Basis/Grundlage der eingereichten und in der Dialogphase näher ausgeführten Lösungen aufgefordert.[385] Was damit als Basis/Grundlage im Einzelnen genau gemeint ist, geht aus dieser Formulierung in § 3 EG Abs. 7 S. 2d VOL/A jedoch nicht hervor.[386] An diesen Angeboten dürfen dann nur noch Klarstellungen, Präzisierungen und Feinabstimmungen erfolgen, aber keine grundlegenden Änderungen, vgl. § 3 EG Abs. 7 S. 2d am Ende VOL/A.

Der Auftrag ist wiederum an dasjenige Unternehmen zu vergeben, das das wirtschaftlichste Angebot auf Basis der bekanntgegebenen Zuschlagskriterien abgegeben hat, § 3 EG Abs. 7 S. 2e) VOL/A.[387] Dieses Unternehmen wiederum kann dazu aufgefordert werden, einzelne Aspekte des Angebots zu erläutern oder im Angebot enthaltene Zusagen zu bestätigen. Dies darf jedoch weder zur Änderung wesentlicher Aspekte des Angebots oder gar der gesamten Ausschreibung führen, noch zu Wettbewerbsverzerrungen oder Diskriminierung anderer Unternehmen.[388]

---

[381] Diese Regelung entspricht auch der Zielsetzung der VKR (Art. 2 sowie Art. 29 Abs. 3 Unterabs. 2). S. *Prieß* Handbuch des europäischen Vergaberechts, 3. Auflage, S. 203; s.a. *Werner/Freitag* NZBau 2000, 551 (552).
[382] S. u.a. *Opitz* NZBau 2003, 183 (191); *Knauff* VergabeR 2004, 287 (293); *Rechten* NZBau 2004, 366 (368); *Schütte* ZfBR 2004, 237; *Möller* BauRB 2005, 376.
[383] S. u.a. *Ax/Schneider/Bischoff* Vergaberecht 2006, § 11 Rn. 13 (S. 584).
[384] S. hierzu *Ruthig* NZBau 2006, 137; *Lapp* bei der Veranstaltung „IT-Dienstleistungen für Justiz und Verwaltung", Symposium an der Universität Passau, am 15.11.2006: „Vom wettbewerblichen Dialog zum vergabebegleitenden Trialog – Konfliktmanagement mit Mediation im Wettbewerb privater und öffentlichrechtlicher IT-Dienstleister".
[385] § 6a Abs. 5 VgV n. F.; Art 29 Abs. 6 VKR.
[386] S. hierzu die Kritik von *Noch* BauRB 2005, 385 (390).
[387] Vgl. Art. 29 Abs. 7 iVm Art. 53 VKR. Vgl. zur Angebotswertung § 25 VOL/A; s. zu typischen Wertungsfehlern des Auftraggebers *Ohle/Sebastiani* CR 2003, 510 (514 ff.); s.a. zur Wertung im Verhandlungsverfahren OLG Bremen Beschl. v. 29.1.2004 – Verg 10/03, BauRB 2004, 174.
[388] § 3 EG Abs. 7 S. 2e) VOL/A; Art. 29 Abs. 7 S. 2 RL 2004/18/EG.

383 Der Verhandlungsspielraum ist damit zwar größer als beim Offenen oder Nichtoffenen Verfahren, jedoch im Verhältnis zum Verhandlungsverfahren geringer. Auch hier gilt die Informations- und Wartepflicht des § 101a GWB.

384 **b) Elektronische (E-)Vergabe.** Die bisherigen EU-Vergaberichtlinien[389] setzen grundsätzlich „schriftlich" mit „elektronisch übermittelten und gespeicherten Informationen" gleich (s. Art. 1 Abs. 12 VKR). Hintergrund ist nach Erwägungsgrund 35 zur VKR die damit verbundene Erleichterung für die Bekanntmachung von Aufträgen und die Effizienz und Transparenz der Vergabeverfahren. Der öffentliche Auftraggeber darf nach seiner Wahl vorsehen, dass jede Mitteilung und jede Übermittlung von Informationen auf elektronischem Wege erfolgen darf, wobei aber folgende Voraussetzungen erfüllt werden müssen:

385 - Das gewählte Kommunikationsmittel muss allgemein verfügbar sein. Dies soll verhindern, dass der Zugang zu Vergabeverfahren auf diesem Wege beschränkt werden kann (s. Art. 42 Abs. 1, 2 und 4 VKR).
- Die für die elektronische Übermittlung zu verwendenden Mittel und ihre technischen Merkmale müssen mit den allgemein verbreiteten Erzeugnissen der Informations- und Kommunikationstechnologie kompatibel sein (Art. 42 Abs. 4 VKR).

386 Für die elektronische Abgabe von Angeboten und Anträgen zu Teilnahmewettbewerben kann gefordert werden, dass diese mit einer fortgeschrittenen Signatur (vgl. § 126a BGB) versehen sind.

387 Die bisherigen EU-Richtlinien boten zudem die Möglichkeit, die elektronische Vergabe über **dynamische Beschaffungssysteme**[390] **und inverse elektronische Auktionen**[391] zu verstärken. Eine Verpflichtung hierzu besteht jedoch nicht.

388 Ein „**dynamisches Beschaffungssystem**" ist ein vollelektronisches Verfahren für Beschaffungen von marktüblichen Leistungen, bei denen die allgemein auf dem Markt verfügbaren Merkmale den Anforderungen des öffentlichen Auftraggebers genügen.

389 Eine „**elektronische Auktion**" ist ein iteratives Verfahren, bei dem mittels einer elektronischen Vorrichtung nach einer ersten vollständigen Bewertung der Angebote jeweils neue, nach unten korrigierte Preise und/oder neue, auf bestimmte Komponenten der Angebote abstellende Werte vorgelegt werden, und das eine automatische Klassifizierung dieser Angebote ermöglicht. Die elektronische Auktion ist also letztlich eine elektronische Methode zur Preisbildung, die im Rahmen der bekannten und bewährten Vergabeverfahren durchgeführt werden kann.

390 Bei der **Vergabe von IT-Leistungen** finden sich insbesondere entsprechenden **Regelungen zur (e-)Vergabe** in folgenden Vorschriften der VOL/A in Verbindung mit Anhang II:
- **Allgemeine Informationsübermittlung:** § 11 bzw. 13 EG VOL/A
- **Elektronische Teilnahmeanträge** (Sicherstellung des unter Verschluss Haltens bis Fristablauf): § 14 EG Abs. 3 VOL/A: organisatorische und technische Lösungen nach den Anforderungen des Auftraggebers sowie Verschlüsselung
- **Elektronische Angebote** (Sicherstellung der Geheimhaltung bis Ablauf der Angebotsfrist): § 16 EG Abs. 2 S. 2 VOL/A:
– organisatorische und technische Lösungen nach den Anforderungen des Auftraggebers sowie Verschlüsselung
– fortgeschrittene oder qualifizierte elektronische Signatur nach dem Signaturgesetz.
- **Besondere Kennzeichnung und Geheimhaltung der elektronischen Angebote:** § 16 EG Abs. 2 VOL/A.

391 Der öffentliche Auftraggeber hatte bislang keine Befugnis, die elektronische Form verbindlich vorzuschreiben. Derzeit wird es den Auftraggebern jedoch erleichtert, die elektronische Form vorzuschreiben: § 16 EG Abs. 1 VOL/A ermöglicht es dem Auftraggeber festzulegen, **in welcher Form Angebote** einzureichen sind. Die entsprechenden Vorgaben des § 13 EG VOL/A müssen dabei beachtet werden, da über die Vorgabe elektronischer Kommunikation keinesfalls eine Zugangsbeschränkung für Bewerber/Bieter eintreten darf.

---

[389] → Rn. 16 ff.
[390] Vgl. Art. 1 Abs. 6, 33 VKR.
[391] Vgl. Art. 1 Abs. 7, 54 VKR.

VII. Vergabeverfahren nach VOL/A

> **Praxistipp:**
> Bei Verwendung elektronischer Mittel ist eine **substanzielle Verkürzung der Fristen**[392] erlaubt:
> - Wird die Bekanntmachung elektronisch erstellt und versandt, kann die Frist für die **Angebotsabgabe**[393] **oder die Bewerbung zum Teilnahmewettbewerb**[394] **um 7 Tage** verkürzt werden.
> - Für die **Angebotseinreichung** (bei Offenen und Nichtoffenen Verfahren) **um 5 Tage**, wenn der Auftraggeber ab der Veröffentlichung der Bekanntmachung die Vergabeunterlagen und alle zusätzlichen Unterlagen auf elektronischen Wege frei, direkt und vollständig verfügbar macht, wobei in der Bekanntmachung die Internet-Adresse anzugeben ist, unter der all diese Unterlagen abrufbar sind.
> Beide Fristverkürzungen können **kumuliert** werden. Diese Vorgabe wurde in § 12 EG Abs. 6 VOL/A umgesetzt.

Die Umsetzung von dynamischem Beschaffungssystem und inverser elektronischer Auktion erfolgte zunächst nicht und wurde erst geprüft. Seit Vergaberechtsreform 2009 sieht § 101 Abs. 6 GWB Folgendes vor:

a) zur **elektronischen Auktion:**

„Eine elektronische Auktion dient der elektronischen Ermittlung des wirtschaftlichsten Angebots."[395]

b) zum **dynamischen elektronischen Verfahren:**[396]

„Ein dynamisches elektronisches Verfahren ist ein zeitlich befristetes ausschließlich elektronisches offenes Vergabeverfahren zur Beschaffung marktüblicher Leistungen, bei denen die allgemein auf dem Markt verfügbaren Spezifikationen den Anforderungen des Auftraggebers genügen."

Das dynamische elektronische Verfahren sollte in zwei streng voneinander zu unterscheidende Teilabschnitte gegliedert werden:
- Erster Schritt: Einrichtung des elektronischen Kataloges
- Zweiter Schritt (der während der Laufzeit mehrfach wiederholt wird): Vergabe konkreter Einzelaufträge (wobei der Zugang während der gesamten Laufzeit allen geeigneten interessierten Unternehmen eröffnet ist).

Die Detailregelungen des § 5 Abs. 2 bzw. § 5 EG Abs. 2 VOL/A sehen folgendes grundsätzliche Vorgehen bei der Durchführung eines solchen dynamischen elektronischen Verfahrens vor:
a) Vergabebekanntmachung mit Hinweis auf die Durchführung des offenen Verfahrens als dynamisches elektronisches Verfahren;
b) Bereithaltung und dauerhafte Bereitstellung (freier, unmittelbarer und uneingeschränkter Zugang) der Vergabeunterlagen mit den notwendigen technischen Hinweisen;
c) Einreichung vorläufiger Angebote, die bei Erfüllung der Teilnahmebedingungen (= Eignung) zur Teilnahme zugelassen werden. Prüfung der vorläufigen Angebote binnen maximal 15 Tagen und Information an die Bieter, ob sie zugelassen oder abgelehnt wurden.
d) Vergabe von Einzelaufträgen nur nach gesondertem Aufruf zum Wettbewerb;
e) Alle zugelassenen Unternehmen werden zur Abgabe endgültiger Angebote binnen angemessener Frist aufgefordert. Zuschlagserteilung entsprechend der aufgestellten Zuschlagskriterien (die bei Aufforderung zur Angebotsabgabe noch präzisiert werden können).
f) Maximale Laufzeit grds. 4 Jahre; nur in besonders begründeten Ausnahmefällen ist eine längere Laufzeit zulässig.

Sollte der öffentliche Auftraggeber auf die weitere Durchführung verzichten wollen, so muss er die zugelassenen Unternehmen unverzüglich über den Verzicht unterrichten, § 5 EG Abs. 3 VOL/A.

---

[392] Vgl. Art. 38 Abs. 5 und 6 VKR.
[393] Gilt bei allen Verfahrensarten.
[394] TN-Wettbewerb bei nicht-offenem Verfahren, Verhandlungsverfahren sowie Wettbewerblichem Dialog.
[395] Die neue VOL/A sieht die elektronische Auktion jedoch nicht vor.
[396] S. hierzu *Knauff* VergabeR 2008, 615.

396 Die neuen EU-Vergaberichtlinien 2014 verstärken die bisherigen Vorgaben zur elektronischen Auftragsvergabe weiter, da diese Teil der Strategie „Europa 2020" sind, bei der die öffentliche Auftragsvergabe eine zentrale Rolle spielt. Von wesentlicher Bedeutung ist, dass die **ausschließliche elektronische Kommunikation**, dh eine Kommunikation durch elektronische Mittel in allen Verfahrensstufen, einschließlich der Übermittlung von Teilnahmeanträgen und der Übermittlung der Angeboten, **künftig als verbindlich** herausgestellt wird (vgl. ua Art. 22 VRL sowie § 97 Abs. 5 GWB-E).[397] Die Details der konkreten Ausgestaltung der eVergabe sollen voraussichtlich in einer Verordnung geregelt werden (§ 97 Abs. 5 iVm § 113 S. 2 Nr. 4 GWB-E). Der Katalog zulässiger Ausnahmen ist in der VRL sehr restriktiv gehalten. Die Anwendung der verpflichtenden eVergabe[398] kann bis 18.10.2018 aufgeschoben werden, für zentrale Beschaffungsstellen nur bis zum 18.4.2017. Zu beachten ist aber, dass bereits ab 18.4.2016 Folgendes gilt:

- nur noch elektronische Übermittlung der Bekanntmachung an die EU.
- grds. elektronische Verfügbarkeit der Auftragsunterlagen iSv unentgeltlichem, uneingeschränktem und vollständigem Zugang anhand elektronischer Mittel vom Tag der Veröffentlichung an, wobei Ausnahmen vorgesehen sind (zB Schutz vertraulicher Informationen).

397 c) **Ausblick Vergaberechtsreform 2014/2015/2016: Einführung der so genannten Innovationspartnerschaft.**[399] Es wird mit der Innovationspartnerschaft ein neues Beschaffungsverfahren für echte Innovationen geschaffen (Art. 31 VRL). Ziel ist die Begründung einer langfristigen Kooperation der öffentlichen Hand mit der Privatwirtschaft im Hinblick auf die Entwicklung neuer, innovativer Waren, Dienstleistungen oder Bauleistungen, ohne dass ein getrenntes Vergabeverfahren für den anschließenden Erwerb der innovativen Waren oder Leistungen erforderlich sein soll. Innovationen werden in Art. 2 Abs. 1 Nr. 22 VRL legal definiert. Demnach sind erfasst die Realisierung von neuen oder deutlich verbesserten Waren, Dienstleistungen oder Verfahren, einschließlich aber nicht beschränkt auf Produktions-, Bau oder Konstruktionsverfahren. Erfasst sind auch neue Vermarktungsmethoden oder Organisationsverfahren in Bezug auf Geschäftspraxis, Abläufe am Arbeitsplatz oder externe Beziehungen. Letztlich überschneiden sich Anwendungsbereich von Innovationspartnerschaft, wettbewerblichem Dialog und Verhandlungsverfahren. Die Innovationspartnerschaft verknüpft letztlich Beschaffung von Forschungsdiensten mit Erwerbselementen. Der Ablauf enthält Elemente des Verhandlungsverfahrens und des Wettbewerblichen Dialogs. Es gliedert sich in

- vorgeschalteten Teilnahmewettbewerb
- Verhandlungsphase über die von den Bietern eingereichten Forschungs- und Innovationsprojekte und
- der daran anschließenden eigentlichen Innovationspartnerschaft im Sinne einer Forschungs- und Entwicklungskooperation.

VIII. Rechtsschutzmöglichkeiten

1. Überblick

398 Den Bietern standen nicht seit jeher Rechte gegenüber den öffentlichen Auftraggebern zur Einhaltung der vergaberechtlichen Bestimmungen zu.[400] Nach der **Rechtslage vor 1993** war das Vergaberecht in Deutschland dem öffentlichen Haushaltsrecht zugeordnet;. Anwendbare Normen waren zunächst Verwaltungsvorschriften, deren Aufgabe darin bestand, die korrekte und wirtschaftliche Verwendung öffentlicher Gelder zu sichern. Die Bieter sollten au-

---

[397] S. Soudry/Hettich/*Wankmüller*, Das neue Vergaberecht, Seite 213 ff. zu sämtlichen Details; s. a. Regierungsentwurf VergO 2016, S. 83.
[398] S. *Zielke* VergabeR 2015, 273.
[399] S. Soudry/Hettich/*Hettich*, Das neue Vergaberecht, Seite 33 ff.
[400] S. zur Entwicklung ua *Bechtold*, GWB-Kommentar, 3. Auflage, Vor § 97 Rn. 1 ff., *Immenga/Mestmäcker*, GWB-Kommentar, 3. Auflage, Vor §§ 97 ff. Rn. 33 ff.

VIII. Rechtsschutzmöglichkeiten

ßerhalb des allgemeinen Kartellrechts keine Rechte haben, insbesondere sollte es keinen gerichtlichen Rechtsschutz geben.

Der europäische Gesetzgeber befasste sich jedoch zunehmend mit dem Vergaberecht und erließ marktöffnende Richtlinien, die ab Erreichen gewisser Schwellenwerte das Vergabeverfahren regeln sollten. Diese wurden durch die Rechtsmittelrichtlinien begleitet. Die Umsetzung dieser Richtlinien erfolgte durch das 2. Gesetz zur Änderung des Haushaltsgrundsätzegesetzes (HGrG),[401] zwei nachrangige Rechtsverordnungen, der Vergabeverordnung und der Nachprüfungsverordnung, wobei die Verordnungen auf die VOL/A, VOB/A und die VOF verwiesen. Diese so genannte **haushaltsrechtliche Lösung von 1993** führte zwar zur Änderung des Nachprüfungsverfahrens, aber nicht in ausreichender Form. So wurden zwar Vergabeprüfstellen und Vergabeüberwachungsausschüsse als Nachprüfungsinstanzen geschaffen, die ab Erreichen des EG-relevanten Auftragsvolumens eine formalisierte Überprüfung der Verfahren ermöglichten. Es wurde jedoch ausdrücklich festgelegt, dass dem Bieter keine individuell einklagbaren Rechtsansprüche zustehen oder subjektive Rechte des Bieters entstehen sollten.

Dies erwies sich nicht als europarechtskonform, so dass aufgrund des wachsenden Drucks schließlich das **Vergaberechtsänderungsgesetz 1998** am 1.1.1999 in Kraft trat. Seitdem stehen den Bietern **erstmals** subjektive Rechte auf die Einhaltung der vergaberechtlichen Vorschriften durch den öffentlichen Auftraggeber sowie gerichtlicher Rechtsschutz zu.

Dem Bieter stehen zur Geltendmachung von Rechten[402] im Vergabeverfahren nach geltendem **Recht oberhalb der Schwellenwerte** folgende Möglichkeiten zur Verfügung:
- Anrufung der Rechts-, Fach- oder Dienstaufsicht;
- Anrufung einer Vergabeprüfstelle;
- Einleitung eines Nachprüfungsverfahrens vor den Vergabekammern;
- Geltendmachung von Schadensersatzansprüchen vor den ordentlichen Gerichten.

§ 102 GWB sieht ausdrücklich vor, dass die Prüfung durch Aufsichtsbehörden sowie daneben die Nachprüfung vor den Vergabekammern möglich ist. Es besteht hierbei keinerlei Rangfolge. Vergabekammern werden unabhängig davon tätig, ob vorher, zeitgleich oder danach auch Aufsichtsbehörden eingeschaltet werden.

Bis zur letzten Vergaberechtsreform war in §§ 102, 103 GWB ausdrücklich auch von so genannten **Vergabeprüfstellen** die Rede. Diese Regelungen sind zwar im GWB nun nicht mehr enthalten. Aus der Gesetzesbegründung ist jedoch ersichtlich, dass die grundsätzliche Prüfungsmöglichkeit durch evtl. eingerichtete Vergabeprüfstellen bestehen bleibt; die Notwendigkeit einer Regelung im GWB fehlte jedoch, da die Nachprüfung durch Vergabeprüfstellen kaum eine Rolle in der Praxis gespielt hat.[403]

Die Einrichtung einer Vergabeprüfstelle hat zweierlei Funktion. Zum einen soll sie einem Bieter, der sich gegen eine vermeintliche Rechtsverletzung durch die Vergabestelle wehren will, aber (noch) nicht ein kostenpflichtiges Nachprüfungsverfahren einleiten möchte, eine „formlose und in der Regel kostenlose" Überprüfung und Beratung durch eine der Vergabestelle vorgesetzte Stelle ermöglichen.[404] Zum anderen verspricht sich der Gesetzgeber eine Entlastung der Vergabekammern und mittelbar auch der Vergabesenate.

Die **Aufsichtsbehörden**[405] erfüllen die gleiche Funktion unter Beibehaltung sämtlicher ihnen zur Verfügung stehender Eingriffsmöglichkeiten.[406]

Die **Vergabekammern** sind für den Primärrechtsschutz zuständig, die **ordentlichen Gerichte** für den Sekundärrechtsschutz.[407]

---

[401] HgRG vom 26.11.1993, BGBl. I 1928.
[402] S. zu Vergaberechtsreform 2009: *Stoye/von Münchhausen* VergabeR 2008, 871.
[403] Auch die Anrufung einer ggf. eingerichteten **Vergabeprüfstelle** war keine Voraussetzung für die Einleitung eines Nachprüfungsverfahrens bei der Vergabekammer; vgl. *Bechtold*, GWB-Kommentar, 3. Auflage, § 102 Rn. 1, 2.
[404] Auch die öffentlichen Auftraggeber wenden sich bisweilen informativ an die Vergabeprüfstelle, um deren Ansicht zu bestimmten Themen bzw. zu einem geplanten Vorgehen bereits im Vorfeld „abzufragen".
[405] Dies sind diejenigen Stellen der Verwaltung, die gegenüber dem öffentlichen Auftraggeber die Fach-, Rechts- und Dienstaufsicht ausüben.
[406] S. *Immenga/Mestmäcker*, GWB-Kommentar, 3. Auflage, § 102 Rn. 3, 4, 5 ff.

2. Rechtsschutz unterhalb der Schwellenwerte[408]

406 **a) Ausgangslage.** Die Vorschriften zum Nachprüfungsverfahren gem. §§ 107 ff. GWB gelten nicht für Vergaben unterhalb der Schwellenwerte, also Vergaben bei denen der Auftragswert unter (derzeit) 207.000 EUR (ohne USt.) liegt. Somit haben die Bieter eigentlich keine Möglichkeit subjektive Rechte vor der Vergabekammer oder den Oberlandesgerichten[409] geltend zu machen. Es fehlt somit an einer gerichtlichen Nachprüfungsmöglichkeit.

407 In Betracht kommen lediglich:
- Beschwerde bei der Rechts- oder Fachaufsichtsbehörde der Vergabestelle
  - aber kein Anspruch auf Tätigwerden
- Kartellrechtliche Verstöße gegen das Diskriminierungsverbot § 20 Abs. 1 oder 2 GWB (Zivilrechtsweg)
  - nur bei marktbeherrschender oder marktstarker Stellung der Vergabestelle
- Verwaltungsrechtsweg bei Eingriffen öffentlich rechtlicher Natur
  - zB Ausschluss des Bieters in Form von Vergabesperren; gerade ein Handeln öffentlich-rechtlicher Natur wurde jedoch bislang von der herrschenden Meinung in der Regel abgelehnt.

Ein wirklich effektiver Vergaberechtsschutz fehlte daher vollständig.

408 **b) Aktuelle Rechtslage.** Dem lange währenden Streit, ob unterhalb der Schwellenwerte der Verwaltungsrechtsweg eröffnet ist oder nicht, kann mit Entscheidung des BVerwG v. 2.5.2007[410] als geklärt betrachtet werden: Das Bundesverwaltungsgericht hat der ehemals vertretenen „Zwei-Stufen-Theorie" im Vergaberecht[411] eine klare Absage erteilt und damit entschieden, dass im Unterschwellenbereich **keine Zuständigkeit der Verwaltungsgerichte** gegeben ist. Vielmehr sind die Streitigkeiten insgesamt rein zivilrechtlicher Natur und damit der Zuständigkeit der Zivilgerichte zuzuordnen. Somit ist bereits das mit der Ausschreibung beginnende und mit dem Zuschlag endende Vergabeverfahren als **einheitlicher Vorgang dem Privatrecht** zuzuordnen.[412] Rechtsschutz besteht insoweit durch die Beantragung einstweiliger Verfügungen vor den Zivilgerichten (meist gestützt auf „Verstoß gegen Willkürverbot", Art. 3 Abs. 1 GG),[413] die jedoch überwiegend dem Bieter nicht zum gewünschten Erfolg verhelfen.

409 Der Rechtsschutz unterhalb der Schwellenwerte hatte dann eine Stärkung durch die Entscheidung des OLG Düsseldorf[414] erfahren, die einen kreativen Lösungsweg verfolgt. Unterlassungsansprüche (gem. §§ 241 Abs. 2, 311 Abs. 2 BGB) des unterlegenen Bieters kämen danach in Betracht, wenn der Auftraggeber gegen Regeln verstoße, die er bei der Auftragsvergabe versprochen habe einzuhalten, und dies die Chancen des Bieters beeinträchtigen könne. Auf eine willkürliche Abweichung des Auftraggebers käme es nicht an.

410 In der Gesetzesbegründung (Ziffer 7) zur Vergaberechtsreform 2009 wurde dargestellt, dass es auch weiterhin keinen spezifischen Primärrechtsschutz für Unterschwellenvergaben geben werde:

---

[407] Für die Praxis sind Primär- und Sekundärrechtsschutz von wesentlicher Bedeutung, so dass nachfolgend ausschließlich hierauf abgestellt wird. Hinsichtlich der Aufsichtsbehörden sowie der Vergabeprüfstellen wird auf die einschlägige Literatur verwiesen.
[408] *Antweiler* VergabeR 2008, 352; *Braun* VergabeR 2008, 360.
[409] → Rn. 412 ff.
[410] BVerwG v. 2.5.2007 – BVerwG 6 B 10.07, NJW 2007, 2275 = VergabeR 2007, 337.
[411] S. hierzu 1. Auflage, → Rn. 404 ff.
[412] *Hormann*, Zur Rechtsnatur des Vergaberechts – zugleich Entgegnung auf den Beschluss des BVerwG v. 2.5.2007, VergabeR 2007, 431; *Latotzky/Janz*, Der Bieter im Vergaberecht bei geringwertigen Auftragswerten: Ein fortdauerndes „Rechtsschutz-Prekariat"?, VergabeR 2007, 438; LG Cottbus v. 10.9.2007, 5 O 99/07, VergabeR 2008, 123; LG Frankfurt a. O. Beschl. v. 14.11.2007 – 10 O 360/07, VergabeR 2008, 132; OLG Brandenburg Beschl. v. 17.12.2007 – 13 W 79/07, VergabeR 2008, 294; LG Landshut Beschl. v. 11.12.2007 – 73 O 2576/07, VergabeR 2008, 298; OLG Brandenburg Beschl. v. 29.5.2008 – 12 U 235/07, VergabeR 2008, 992; OLG Oldenburg v. 2.9.2008 – 8 W 117/08, VergabeR 2008, 995.
[413] So u. a. OLG Brandenburg v. 17.12.2007 – 13 W 79/07, VergabeR 2008, 294, LG Landshut Beschl. v. 11.12.2007 – 73 O 2576/07, VergabeR 2008, 298; OLG Brandenburg Beschl. v. 29.5.2008 – 12 U 235/07, VergabeR 2008, 992; OLG Oldenburg Beschl. v. 2.9.2008 – 8 W 117/08, VergabeR 2008, 995.
[414] S. OLG Düsseldorf Urt. v. 13.1.2010 – 27 U 1/09, VergabeR 2010, 531.

„Es wird an der Entscheidung festgehalten, für die Vergabe von Aufträgen unterhalb der EG-Schwellenwerte keinen spezifischen Primärrechtsschutz zur Verfügung zu stellen. [...] Für Aufträge unterhalb der Schwellenwerte bestehen keine dem Recht aus § 97 Abs. 7 GWB entsprechenden Ansprüche. Die Vergaberegeln bleiben in diesem Bereich im Haushaltsrecht verankert, das den Staat als Auftraggeber verpflichtet, mit Haushaltsmitteln wirtschaftlich und sparsam umzugehen. [...] Unternehmen haben in diesem Zusammenhang lediglich einen Anspruch auf Gleichbehandlung nach Art. 3 Abs. 1 GG wie bei jedem anderen Handeln des Staates auch. Gegenüber einer Verletzung des Art. 3 Abs. 1 GG wird effektiver Rechtsschutz nach einer Entscheidung des BVerfG vom 13.6.2006 ausreichend durch die allgemeinen Regeln des Zivilrechts und Zivilprozessrechts gewährleistet. Die unterschiedliche Behandlung von unter- und oberschwelligen Aufträgen ist hinreichend sachlich gerechtfertigt durch das Ziel der Gewährleistung eines wirtschaftlichen Einkaufs.
Die Entscheidung des BVerfG vom 13.6.2006 macht auch klar, dass jedenfalls der Rechtsweg zu den Verwaltungsgerichten nicht eröffnet ist, da der Schutzbereich des Art. 19 Abs. 4 GG nicht berührt ist [...]."

Der Koalitionsvertrag von CDU, CSU und FDP vom 6.10.2009 sah weitere Reformschritte vor. Die Diskussion zu möglichen Lösungen in der Literatur hatte auch begonnen.[415] Der Ausschuss Vergaberecht des Deutschen Anwaltverein (DAV) hat ebenfalls Stellung zum Primärrechtsschutz im Unterschwellenbereich genommen, dessen Erfordernis bejaht und konkrete Vorschläge zur Ausgestaltung unterbreitet.[416] Entsprechende Evaluierungen sowohl zur Erhebung der notwendigen Daten im Unterschwellenbereich als auch zum einschlägigen rechtlichen Rahmen erfolgten. Es wurden unterschiedliche Modelle diskutiert, denen wohl allen gemeinsam war, dass eine ordnungsgemäße Vorabinformation der unterlegenen Bieter und eine angemessene Wartefrist bis zur Zuschlagserteilung eingeführt werden soll.[417] Bislang haben sich jedoch keine Neuerungen in Sachen Unterschwellenrechtsschutz ergeben. Die weitere Entwicklung ist derzeit offen.

3. Rechtschutz oberhalb der Schwellenwerte

Der Rechtsschutz der an EU-weiten Vergabeverfahren beteiligten Unternehmen gegen das Vorgehen der öffentlichen Auftraggeber lässt sich einteilen in:
- Primärrechtsschutz
  - Nachprüfungsverfahren vor der Vergabekammer;
  - Sofortige Beschwerde gegen Entscheidung der Vergabekammer zum OLG (2-Wochen-Frist);
- Sekundärrechtsschutz (Schadensersatz, vor Zivilgerichten).

a) Das Nachprüfungsverfahren gem. §§ 107 ff. GWB vor der Vergabekammer. § 104 Abs. 2 S. 1 GWB bestimmt, dass die Bieter ihr Recht auf Einhaltung der Vergabevorschriften **nur** im Verfahren vor der Vergabekammer geltend machen können, wobei die Regelung in § 102 GWB unberührt bleibt. Dies begründet eine **ausschließliche Zuständigkeit** der Vergabekammer.[418]

§ 104 Abs. 1 GWB unterscheidet hinsichtlich der **örtlichen Zuständigkeit** danach, ob der öffentliche Auftrag dem Bund oder den Ländern zuzuordnen ist. § 106a GWB regelt sodann die Abgrenzung, ob die Vergabekammer des Bundes oder die Vergabekammern der einzelnen Länder zuständig sind. Die Bundesländer wiederum haben jeweils Ausführungsbestimmungen hierzu erlassen.[419]

Die Suche nach der „richtigen Vergabekammer" ist für die Bieter nicht einfach. Ein bei einer unzuständigen Kammer eingereichter Nachprüfungsantrag ist unzulässig, so dass der Antrag dem öffentlichen Auftraggeber auch nicht zugestellt wird und somit die gewünschte Wirkung („Zuschlagssperre") nicht eintritt. Die unzuständige Vergabekammer hat zwar aufgrund der bestehenden Beratungs- und Auskunftspflicht nach § 25 VwVfG die Pflicht,

---
[415] S. *Burgi* VergabeR 2010, 402.
[416] Stellungnahme abrufbar unter http://tinjurl.com/38axz9w.
[417] S. *Krist* VergabeR 2011, 163.
[418] S. a. *Byok* NJW 2010, 817.
[419] S. hierzu Aufzählung in *Reidt/Stickler/Glahs*, Vergaberecht Kommentar, 2. Auflage, Anhang IV Ziffer 1.

dem Bieter die zuständige Vergabekammer mitzuteilen, sofern bekannt oder einfach erkennbar. Eine Pflicht zur Weiterleitung des Antrags besteht jedoch nicht.

> **Praxistipp:**
>
> 416 Daher sieht § 14 VgV auch vor, dass der öffentliche Auftraggeber bereits in der Vergabebekanntmachung[420] sowie in den Vergabeunterlagen[421] die Vergabekammer samt Anschrift[422] angeben muss, die für ein Nachprüfungsverfahren zuständig ist. Eine Vergabeprüfstelle kann, soweit vorhanden, auch genannt werden; dies ist jedoch nicht zwingend. Die Angabe einer falschen Vergabekammer stellt an sich bereits eine rügefähige Rechtsverletzung dar. Dies entbindet den Bieter jedoch nicht davon, die zuständige Vergabekammer selbst zu ermitteln. Denn die Angabe einer falschen Vergabekammer vermag nicht deren Zuständigkeit zu begründen.

417 **Voraussetzungen** für die Einleitung eines Nachprüfungsverfahrens sind gem. § 107 GWB:
- Antrag, § 107 Abs. 1 GWB
- Antragsbefugnis, § 107 Abs. 2 GWB
- rechtzeitige Rüge, § 107 Abs. 3 GWB.

Eine **Antragsfrist** ist nicht vorgesehen.[423]

418 Für Verstöße gegen die Informations- und Wartepflicht des § 101a GWB sowie für Angriffe gegen de-facto-Vergaben ist jedoch nunmehr § 101b Abs. 2 GWB zu beachten, wonach solche Verstöße **in einem Nachprüfungsverfahren binnen der in § 101b Abs. 2 GWB genannten Fristen** geltend gemacht werden müssen. Erfolgt dies nicht, ist der geschlossene Vertrag von Anfang an wirksam. Die schwebende Unwirksamkeit endet mit Ablauf der Fristen. Die Fristen des § 101b Abs. 2 GWB zusammengefasst:
- binnen 30 Kalendertagen ab Kenntnis des Verstoßes,
- spätestens jedoch innerhalb von 6 Monaten ab Vertragsschluss
- bei Veröffentlichung der Auftragsvergabe im EU-Amtsblatt, endet die Frist zur Geltendmachung 30 Kalendertage nach dieser Veröffentlichung.

419 *aa) Nachprüfungsantrag.* Die Vergabekammer wird stets nur auf Grund eines **wirksamen Antrags** tätig. Die Einleitung eines Nachprüfungsverfahrens ohne einen solchen Antrag ist unzulässig. Innerhalb des Verfahrens gilt dann allerdings § 114 Abs. 1 S. 2 GWB, wonach die Vergabekammer nicht an gestellte Anträge gebunden ist.

420 Die formellen Mindestanforderungen des Antrags bestimmt § 108 Abs. 1 GWB, wonach dieser **schriftlich** einzureichen und **unverzüglich zu begründen** ist. Eine mündliche Antragstellung ist somit abweichend von § 22 VwVfG nicht möglich.

421 Der Nachprüfungsantrag muss also eigenhändig unterzeichnet werden (durch einen vertretungsberechtigten Unternehmensvertreter oder einen beauftragten Rechtsanwalt) und in die Verfügungsgewalt der Vergabekammer übermittelt werden. Der Mindestinhalt des Nachprüfungsantrags besteht aus:
- Bezeichnung des Antragsgegners
- Beschreibung der behaupteten Rechtsverletzung / Sachverhalt
- Bezeichnung der verfügbaren Beweismittel
- Darlegung, dass die Rüge gegenüber dem Auftraggeber erfolgt ist oder auf eine solche verzichtet werden konnte.

422 Der Antrag ist grundsätzlich in **deutscher Sprache** einzureichen. Eine andere Sprache führt jedoch nicht zur Unzulässigkeit, da die Vergabekammer eine Übersetzung fordern oder selbst, ggf. auf Kosten des Antragstellers, in Auftrag geben kann. Dennoch ist es für das antragstellende IT-Unternehmen zwingend erforderlich, den Antrag in deutscher Sprache einzureichen, denn eine solche Übersetzung verzögert das Verfahren und verhindert die Zustel-

---

[420] → Rn. 272 ff. zur Vergabebekanntmachung.
[421] Zu den Vergabeunterlagen → Rn. 198 ff.
[422] S. zur Übersicht der Vergabekammern samt Anschriften: *Reidt/Stickler/Glahs*, Vergaberecht Kommentar, 3. Auflage, Anhang IV Ziffer 2.
[423] S. *Immenga/Mestmäcker*, GWB-Kommentar, § 107 Rn. 5.

lung des Antrags an die Vergabestelle und damit den Eintritt des Zuschlagsverbots gem. § 115 Abs. 1 GWB.

Zu beachten ist, dass der Antrag gem. § 108 Abs. 1 S. 2 GWB ein **bestimmtes Begehren** (= Sachantrag) enthalten soll. Nachdem es sich um eine Soll-Vorschrift handelt, führt das Fehlen eines solchen Antrags jedoch nicht zur Unzulässigkeit. Allerdings muss aus dem Antrag erkennbar sein, welche Rechtsverletzung gerügt wird.

Ein Sachantrag könnte beispielsweise wie folgt lauten:

> **Praxistipp:**
> Im Namen und im Auftrag der Antragstellerin erheben wir Nachprüfungsantrag betreffend das Vergabeverfahren „......." und
> **beantragen:**
> 1. die Antragsgegnerin zu verpflichten, die Ausschreibung aufzuheben und das Projekt ...... neu auszuschreiben;
> 2. der Antragstellerin Einsicht in die Vergabeakten zu gewähren;
> 3. die Hinzuziehung des Verfahrensbevollmächtigten der Antragstellerin gem. § 128 Abs. 4 GWB für notwendig zu erklären;
> 4. der Antragsgegnerin die Kosten des Verfahrens einschließlich der Kosten der zweckentsprechenden Rechtsverfolgung der Antragstellerin aufzuerlegen.

Für ausländische IT-Unternehmen ist zudem § 108 Abs. 1 S. 3 GWB zu beachten, wonach ein **inländischer Empfangsbevollmächtigter** zu benennen ist. Fehlt diese Angabe, so ist der Nachprüfungsantrag unzulässig.

bb) Antragsbefugnis. Die Antragsbefugnis besteht dann, wenn das antragstellende IT-Unternehmen[424] **ein Interesse am Auftrag** hat und eine **Verletzung seiner Rechte gem. § 97 Abs. 7 GWB** geltend macht sowie dem Antragsteller ein **Schaden droht**. Überhöhte Anforderungen dürfen unter dem Gesichtspunkt der Rechtsschutzgarantie nicht gestellt werden.[425] Somit kann weder der öffentliche Auftraggeber noch ein sonstiger Dritter, der ein (ideelles) Interesse an einem ordnungsgemäßen Vergabeverfahren hat (zB Unternehmensverbände uä) einen Antrag auf Nachprüfung stellen. Ebenso wenig haben Aufsichtsbehörden oder die Vergabeprüfstelle ein Antragsrecht. Dieses Recht steht somit ausschließlich am Auftrag interessierten IT-Unternehmen zu.

Ungeschriebene Voraussetzung ist, dass es tatsächlich einen **konkreten Vergabevorgang** gibt. Dies heißt jedoch nicht, dass es sich zwingend um ein förmliches Vergabeverfahren im Sinne von § 101 GWB[426] handeln muss. Auch bei denjenigen Auftragsvergaben, in denen der Auftraggeber kein förmliches Vergabeverfahren eingeleitet hat, aber dennoch einen Auftrag vergeben will („**de facto-Vergabe**"),[427] ist ein Nachprüfungsverfahren zulässig, insbesondere die Antragsbefugnis eines Unternehmens ist somit gegeben, das sich hiergegen wehren will. Ob ein Vergabevorgang vorliegt, richtet sich somit nach materiellen Kriterien.[428] Allerdings dient dieses Nachprüfungsrecht nicht dem Selbstzweck. Der Antragsteller muss sich selbst rechtstreu verhalten und damit schutzwürdig sein.[429]

Vorbeugender Rechtsschutz wird nicht gewährt. Es genügt also nicht die Behauptung, dass eine Auftragsvergabe drohen könnte, ohne dass es Anhaltspunkte für eine konkrete Beschaffungsinitiative vorgetragen werden können. Nicht jeder Kontakt zu Unternehmen oder sonstige Aktivitäten der öffentlichen Hand zB zur Markterkundung, stellen bereits den Beginn eines konkreten Vergabeverfahrens dar.

---

[424] S. zu Bietergemeinschaften und Antragsbefugnis: OLG Düsseldorf Beschl. v. 3.1.2004 – VII Verg 82/04, BauRB 2005, 137.
[425] S. BVerfG Urt. v. 29.7.2004 – 2 BvR 2248/03, BauRB 2004, 368, abrufbar unter www.bundesverfassungsgericht.de.
[426] Zu den Verfahrensarten auf EU-Ebene → Rn. 264 ff.
[427] S. zu De-facto-Vergaben u. a. *Lück/Oexle* VergabeR 2004, 302.
[428] S. hierzu im Detail *Reidt/Stickler/Glahs*, Vergaberecht Kommentar, 3. Auflage, § 107 Rn. 13a mwN.
[429] S. OLG Brandenburg Beschl. v. 10.2.2004 – VergW 8/03, BauRB 2004, 306.

428 Interesse am Auftrag bedeutet ein **tatsächliches, unmittelbar eigenes, wirtschaftliches Interesse**. In der Regel werden hier keine allzu hohen Anforderungen gestellt. Die Vergabekammern erwarten jedoch umfassende Nachweise, wenn sich das Interesse am Auftrag nicht ohne weiteres erkennen lässt, so zB wenn das Unternehmen noch nie im betreffenden Bereich tätig war. Im IT-Bereich kann dies zB gelten, wenn ein Unternehmen bislang nur im Software-Bereich tätig war, nun aber auch Hardware anbietet.

429 Vorlieferanten oder Subunternehmer können kein Interesse am Auftrag geltend machen, da es ihnen am **unmittelbaren eigenen Interesse** mangelt. Deren Interesse bezieht sich auf einen Auftrag durch den Bieter, nicht aber an einer direkten Beauftragung durch die Vergabestelle. Ihnen stehen daher auch keine eigenen subjektiven Rechte im Sinne von § 97 Abs. 7 GWB zu.

430 Ein Interesse fehlt, wenn der Antragsteller weder einen Teilnahmeantrag gestellt, noch ein Angebot abgegeben, noch den Verfahrensverstoß gerügt hat.[430] Ausnahmsweise geht die Rechtsprechung in bestimmten Konstellationen davon aus, dass auch Nichtbewerber und Nichtbieter in bestimmten Situationen doch eine Antragsbefugnis zusteht:[431]

431 Bei **unterlassener Angebotsabgabe** hängt die Antragsbefugnis von zwei Voraussetzungen ab:
- Das Unternehmen muss einen Vergabeverstoß geltend machen, der bereits aus der Vergabebekanntmachung oder den Vergabeunterlagen ersichtlich war und fristgerecht gerügt wurde.
- Das Unternehmen hatte gerade wegen des fortbestehenden gerügten Fehlers von vornherein keine Aussicht auf die Zuschlagserteilung (zB beim Verstoß gegen das Gebot produktneutraler Ausschreibung).

Die Rechtsprechung überträgt diese Grundsätze teils auch auf einen fehlenden Teilnahmeantrag, was jedoch umstritten ist.

432 Ein Interesse fehlt auch dann, wenn dieses erst nach einem Vergabefehler der Vergabestelle entstanden ist. Ein typisches Beispiel hierfür wäre, dass ein IT-Unternehmen im Rahmen des durchgeführten Teilnahmewettbewerbs keinen Teilnahmeantrag gestellt hat oder zB aufgrund fehlender Nachweise aus dem Teilnahmewettbewerb ausgeschieden ist und die Vergabestelle erst im weiteren Verfahren einen Vergabefehler begangen hat. Hieraus darf jedoch nicht rückgeschlossen werden, dass immer die Abgabe eines Angebots zwingend erforderlich ist, um das Interesse zu bejahen.

433 Im Rahmen der Antragstellung muss auch die **Möglichkeit einer Rechtsverletzung** substantiiert vorgetragen werden. Ob diese tatsächlich vorliegt, wird erst bei der Begründung geprüft. § 97 Abs. 7 GWB beschränkt die subjektiven Rechte der Bieter auf die Einhaltung der Bestimmungen über das Vergabeverfahren, was **weit auszulegen** ist. Ob eine Rechtsverletzung durch Nichtbeachtung vergaberechtlicher Bestimmungen vorliegt, ist anhand aller Regelungen zu prüfen, die mit dem formellen und materiellen Vergaberecht in Zusammenhang stehen, also nach GWB, Vergabeverordnung sowie den Vergabe- und Vertragsordnungen.[432]

434 Ebenso muss ein zumindest **drohender Schaden** dargelegt werden, § 107 Abs. 2 S. 2 GWB. Zielsetzung dieser Regelung ist die Vermeidung unnötiger Nachprüfungsverfahren. Zwar werden hier keine hohen Anforderungen gestellt, es gilt aber folgendes zu beachten: Wer **evident keine Aussicht auf Erteilung des Zuschlags** hat, selbst wenn der geltend gemachte Vergabeverstoß ausgeräumt würde, dem kann auch kein Schaden drohen. Dies ist va unter folgenden Konstellationen denkbar:
- der Antragsteller müsste wegen fehlender Eignungsnachweise ohnehin vom Verfahren ausgeschlossen werden oder
- der Antragsteller liegt in der Wertungsreihenfolge (zB wegen des höchsten Angebotspreises) so weit hinten, dass ein Zuschlag auf das Angebot des Antragstellers eindeutig nicht in Betracht kommt.

---

[430] Vgl. EuGH Urt. v. 12.2.2004 – C-230/02, BauRB 2004, 137.
[431] S. u. a. *Antweiler* VergabeR 2004, 702.
[432] Ein praktischer Hinweis: Sehr hilfreich ist hierbei der VOL/A Kommentar von *Müller/Wrede*, da dort bei allen Vorschriften in der Kommentierung ein eigener Unterpunkt zum bieterschützenden Charakter der Vorschrift aufgenommen wurde. Somit ist auf „einen Blick" erkennbar, ob subjektive Rechte bestehen oder nicht und wenn ja, in welchem Umfang.

Dies wird jedoch dann großzügiger gehandhabt, wenn es überhaupt kein förmliches Vergabeverfahren gegeben hat.

Maßgeblich ist hierbei auch, ob der Schaden durch die Beseitigung des Vergabeverstoßes ebenfalls wieder beseitigt werden kann. Ist dies nicht der Fall (zB wenn der Zuschlag bereits erteilt ist und damit der Vertrag zustande gekommen ist), so verbleibt es nur bei der Geltendmachung eines etwaigen Schadensersatzanspruches (vgl. § 126 GWB). Ein Nachprüfungsverfahren ist nicht mehr möglich.[433]

cc) Rechtzeitige Rüge (Rügefrist), § 107 Abs. 3 GWB. Diese Vorschrift ist für jeden Bieter von erheblicher rechtlicher Bedeutung:

Nach § 107 Abs. 3 S. 1 GWB ist der Nachprüfungsantrag unzulässig, wenn der Antragsteller den gerügten Verstoß im Vergabeverfahren **erkannt** und nicht gegenüber dem Auftraggeber **unverzüglich** gerügt hat. Eine Rüge gegenüber einem Dritten, zB der Aufsichtsbehörde, genügt nicht. Erfolgt die unverzügliche Rüge nicht nach positiver Kenntnis des Vergabeverstoßes, ist ein Nachprüfungsantrag unzulässig (**Präklusionswirkung**).

§ 107 Abs. 3 GWB lautet (Hervorhebungen durch die Autorin):

(3) Der Antrag ist unzulässig, soweit
1. der Antragsteller den gerügten Verstoß gegen Vergabevorschriften im Vergabeverfahren **erkannt** und gegenüber dem Auftraggeber **nicht unverzüglich** gerügt hat,
2. Verstöße gegen Vergabevorschriften, die aufgrund der **Bekanntmachung** erkennbar sind, nicht spätestens bis Ablauf der in der Bekanntmachung benannten Frist zur Angebotsabgabe oder zur Bewerbung gegenüber dem Auftraggeber gerügt werden,
3. Verstöße gegen Vergabevorschriften, die erst in den **Vergabeunterlagen** erkennbar sind, nicht spätestens bis zum Ablauf der in der Bekanntmachung benannten Frist zur Angebotsabgabe oder zur Bewerbung gegenüber dem Auftraggeber gerügt werden,
4. mehr als 15 Kalendertage nach Eingang der Mitteilung des Auftraggebers, einer Rüge nicht abhelfen zu wollen, vergangen sind.
Satz 1 gilt nicht bei einem Antrag auf Feststellung der Unwirksamkeit des Vertrages nach § 101b Abs. 1 Nr. 2. § 101a Abs. 1 Satz 2 bleibt unberührt.

§ 107 Abs. 3 S. 2 GWB stellt dabei klar, dass es im Falle der unberechtigten de-facto Vergabe nicht auf die Rüge des § 107 Abs. 3 S. 1 GWB ankommt, sondern hier vielmehr § 101b Abs. 2 GWB als Sonderregelung maßgeblich ist. Bei de-facto Vergaben kann also sofort ein Nachprüfungsantrag bei der Vergabekammer gestellt werden. Eine Rügeverpflichtung wäre hier lt. Gesetzesbegründung nicht sachgerecht.

> **Praxistipp:**
> Besonders bedeutsam ist die „generelle Frist" zur Geltendmachung von Rügen in den Fällen, in denen der Bieter bereits gerügt hat und der Auftraggeber dann mitteilt, er werde der Rüge nicht abhelfen (§ 107 Abs. 3 Nr. 4 GWB). Diese Frist führt zu schnellerer Klarheit über die Rechtmäßigkeit des Verfahrens, verlangt von den Bietern daher auch schnelles Handeln und verschärft somit die Lage für die Bieter. Aufgrund dieser zeitlichen Begrenzung des Primärrechtsschutzes für die Bieter sind an die Nichtabhilfeerklärung insbesondere im Hinblick auf deren Eindeutigkeit hohe Anforderungen zu stellen.[434] Der öffentliche Auftraggeber ist zudem gehalten, auf diese Frist als echte Rechtsbehelfsfrist in der Veröffentlichung der Vergabebekanntmachung hinzuweisen.[435]

Der Bieter muss **positive Kenntnis** vom Vergaberechtsverstoß haben. Die positive Kenntnis muss sich sowohl auf den tatsächlichen Sachverhalt als auch auf dessen rechtliche Bedeutung beziehen. Allein die Kenntnis des Sachverhalts reicht noch nicht aus, weil damit nicht zwingend auch die Kenntnis eines (Rechts-)Verstoßes verbunden ist. **Es ist erforderlich, dass nach den subjektiven Einschätzungen des Bieters ein Verstoß** vorliegt.[436] Ein Ken-

---

[433] S. hierzu *Reidt/Stickler/Glahs*, Vergabe Kommentar, § 107 Rn. 24 ff.
[434] Vgl. OLG Celle Beschl. v. 4.3.2010 – 13 Verg 1/10, VergabeR 2010, 652.
[435] Vgl. OLG Celle Beschl. v. 4.3.2010 – 13 Verg 1/10, VergabeR 2010, 652.
[436] Vgl. OLG Düsseldorf Beschl. v. 15.6.2000 – Verg 6/00, NZBau 2000, 440.

nenmüssen wird nicht als ausreichend erachtet.[437] Diese positive Kenntnis muss bei den Personen im Unternehmen des Bieters vorliegen, die auch berechtigt sind, darüber zu entscheiden, ob eine Rüge erhoben werden soll, oder nicht. Dementsprechend muss es sich um die Personen handeln, die für das Unternehmen verbindliche Erklärungen abgegeben können. In der Regel sind dies die Mitglieder der Geschäftsführung. Nicht ausreichend ist somit die Kenntnis von anderen Mitarbeitern, wie zB Mitgliedern der Projektgruppe, die das Vergabeverfahren auf operativer Ebene betreut oder zB der Rechtsabteilung.

441 Die Rüge muss **unverzüglich** gegenüber dem Auftraggeber ausgesprochen werden. Unverzüglich wird auch hier im Sinne von § 121 BGB verstanden, so dass die Rüge **ohne schuldhaftes Zögern** erfolgen muss.

442 Dieses Gebot der Unverzüglichkeit gilt auch für die in § 107 Abs. 3 Nr. 2 und 3 GWB genannten Verstöße, die aus Bekanntmachung oder Vergabeunterlagen erkennbar sind. Die Besonderheit insofern ist, dass die Bestimmung des § 107 Abs. 2 Nr. 2 und 3 GWB einer **Ausschlussfrist** aussprechen. Wenn nicht spätestens bis zur Angebotsabgabe oder Bewerbung die Rüge ausgesprochen wird, dann ist der Bieter auf jeden Fall präkludiert. Vom Erfordernis der Unverzüglichkeit ab positiver Kenntnis wird dadurch jedoch keine Ausnahme gemacht.

443 Folglich bleibt aufgrund der Anforderung der Unverzüglichkeit nur sehr kurze Zeit, um eine Rüge auszusprechen, wobei es dem Unverzüglichkeitsgebot nicht widerspricht, wenn das Unternehmen fachlichen Rat bei externen Beratern, zB einer Rechtsanwaltskanzlei mit Spezialwissen im Bereich des Vergaberechts, einholt oder/und sich die Geschäftsführung mit der hausinternen Rechtsabteilung abstimmt.

Dennoch ist eine maximale Frist von ca. **2 Wochen** ab positiver Kenntnis zu beachten.

> **Praxistipp:**
> Dies kann aber stets nur nach der Lage des Einzelfalls beurteilt werden.
> Allerdings ist eine **Tendenz der Rechtsprechung** zu beachten, die die Rügefrist gegenüber der genannten „Maximalen Frist von 2 Wochen", die in einzelnen Entscheidungen zur Anwendung gelangte, immer weiter verkürzt:
> So kommt es immer häufiger dazu, dass die Gerichte eine **kurze Rügefrist von ein bis drei Tagen** anwenden, was in der Praxis erhebliche Probleme mit sich bringt.

444 Die „Spitze des Eisbergs" ist noch immer eine Entscheidung des **OLG München v. 13.4.2007 – Verg 1/07, VergabeR 2007, 546**:[438]
- Der Senat bringt zum einen zum Ausdruck, dass ohne das Vorliegen überdurchschnittlicher Schwierigkeiten ohnehin Unverzüglichkeit im Sinne von § 121 BGB nur bei Einhaltung einer Rügefrist von 1–3 Tagen anzunehmen sei. Die anders lautende Rechtsprechung, die diese Frist nur bei besonders einfach gelagerten Fällen anwendet, würde das Regel-Ausnahmeverhältnis umkehren.
- Der Senat geht dann noch weiter: Die Rügefrist wurde auf **einen Tag** verkürzt, wenn sich der Bieter mit der Beauftragung eines Anwalts bereits eine Woche nach Absenden der Vorinformation (gem. § 101a GWB) Zeit gelassen hat. Letztlich hat der beratende Anwalt, dann einen Tag Zeit zur Prüfung und Einreichen der Rüge.

Ob Beweismittel für den Verstoß bereits beschafft sind, ist nicht ausschlaggebend.[439]

445 Die Rüge muss vom Bieter **selbst** gegenüber dem Auftraggeber unter Darstellung des Sachverhalts, der für vergabewidrig gehalten wird, erhoben werden. Es bestehen keine besonderen formellen Anforderungen, so dass auch eine mündliche oder telefonische Rüge möglich ist. Aus Beweisgründen ist jedoch empfehlenswert die Rüge in Schriftform einzureichen (zB vorab per E-Mail und Telefax, per Post bzw. eingeschriebenem Brief). Eine detaillierte rechtliche Begründung ist nicht erforderlich.

---

[437] S. *Reidt/Stickler/Glahs*, Vergaberecht Kommentar, § 107 Rn. 33.
[438] Zu Recht wird diese Tendenz von der Praxis erheblich kritisiert: S. u. a. *Erdl*, Rügefrist ein Tag – das Ende des effektiven Rechtsschutzes?, VergabeR 2007, 450. Die Autorin regt insbesondere an, zwischen einer Überprüfungs- und Überlegungsfrist zu unterscheiden und daraus zu einer „einheitlichen Mindest-Überprüfungsfrist" (zB von 3 Tagen) vorzusehen.
[439] S. OLG Naumburg Beschl. v. 21.8.2003 – 1 Verg 12/03, BauRB 2004, 141.

VIII. Rechtsschutzmöglichkeiten

Allerdings gibt es auch einige – wenige – Fallkonstellationen, in denen eine solche Rüge 446 gegenüber dem Auftraggeber **entbehrlich** ist:
- Es ist bereits ein Nachprüfungsverfahren anhängig und der Bieter/Antragsteller erhält Kenntnis von weiteren Verstößen. In diesem Fall genügt es, wenn die weiteren Verstöße direkt gegenüber der Vergabekammer gerügt werden.
- Die bereits gerügten Verstöße werden wiederholt oder setzen sich fort (zB unzulässige Verhandlungen mit einem Bieter im Offenen oder Nichtoffenen Verfahren (§ 101 Abs. 2 und 3 GWB)).
- Der Auftraggeber hat bereits eindeutig und unmissverständlich erklärt, dass er einen bekannten Vergabeverstoß nicht abstellen, also sein Verhalten nicht ändern wird.
- Eine vorherige Rüge könnte zu einer Rechtsverkürzung zum Nachteil des Bieters führen, zB wenn sich das Verfahren in einem so fortgeschrittenen Stadium befindet, dass der Auftraggeber unmittelbar nach Eingang der Rüge den Zuschlag erteilen und damit ein Nachprüfungsverfahren vereiteln könnte (s. § 114 Abs. 2 S. 1 GWB). Diese Konstellation war jedoch von jeher umstritten und ist aufgrund der in § 101a GWB enthaltenen Informationspflicht ohnehin weitgehend gebannt.
- Der Auftraggeber versendet das Absageschreiben nach § 101a GWB vor Feiertagen, um so die Frist für einen Nachprüfungsantrag faktisch zu verkürzen.[440]

Nicht geregelt ist, ob bzw. wie viel Zeit der Bieter zwischen Rüge und Einreichen des 447 Nachprüfungsantrags abzuwarten hat. Sinn und Zweck der Rügepflicht ist es, dem Auftraggeber die Möglichkeit zu geben, seinen Vergabeverstoß abzustellen, was eine hinreichende Frist voraussetzt. Ein Nachprüfungsantrag unmittelbar nach der Rüge würde dem widersprechen. Dem Bieter ist anzuraten, seine Rüge mit einer Frist zu verbinden, binnen derer er eine Antwort des Auftraggebers erwartet.

> **Praxistipp:**
> Erhält der Rügende vom Auftraggeber die Nachricht, er werde der Rüge nicht abhelfen, ist Eile 448 geboten, da § 107 Abs. 3 Nr. 4 GWB nun vorsieht, dass dann ein **Nachprüfungsantrag binnen 15 Kalendertagen** nach Eingang dieser Mitteilung erfolgen muss[441]. Wird die Frist versäumt, tritt insoweit Präklusion ein. Ein Nachprüfungsantrag wäre unzulässig. Eine solche Frist gab es bis zum 24.4.2009 nicht, so dass der Bieter mehr Zeit hatte.

Äußert sich der Auftraggeber allerdings nicht nach Erhalt einer Rüge, auch nach neuerlicher 449 Nachfrage, dann ist keine Frist vorgesehen für das Einreichen eines Nachprüfungsantrags. Es ist jedoch zu berücksichtigen, dass die Rüge noch nicht zum Zuschlagsverbot des § 115 Abs. 1 GWB führt. Dem Sicherungsbedürfnis der Bieter trägt § 101a GWB mit seiner Informationspflicht 15 Kalendertage vor Zuschlagserteilung Rechnung. Allerdings erscheint es meist geboten früher zu reagieren, um etwaige Verstöße frühzeitig zu klären und nicht bis „kurz vor Verfahrensende" zu warten. Die Angemessenheit des zwischen Rüge und Nachprüfungsantrag liegenden Zeitraums bleibt daher der Prüfung im konkreten Einzelfall vorbehalten.

> **Praxistipp:**
> Für jeden Bieter hat die Vorschrift des § 107 Abs. 3 GWB somit praktisch zur Folge, dass das Ver- 450 gabeverfahren genau beobachtet werden muss und sowohl die Vergabeunterlagen als auch jedes weitere Schriftstück, das vom Auftraggeber versandt wird, sowie die persönlichen Gespräche, Verhandlungsrunden stets mit einem kritischen Auge bezüglich etwaiger Vergaberechtsverstöße betrachtet werden müssen. So sollten die Vergabeunterlagen daraufhin überprüft werden, ob zB unzulässige Nachweise verlangt werden, diskriminierende, wettbewerbsverzerrende, einseitig andere Bieter bevorteilende Leistungsanforderungen gestellt werden, ob an der Erstellung der Vergabeunterlagen Dritte beteiligt waren, die nun ggf. ebenfalls im Vergabeverfahren als Konkurrenten teilnehmen.

---

[440] OLG Düsseldorf Beschl. v. 5.11.2014 – Verg 20/14, NZBau 2015, 178.
[441] Zur Frage, ob auf diese Frist hingewiesen werden muss: *Dirksen*, Fristablauf nach § 107 Abs. 3 Satz 1 Nr. 4 GWB, VergabeR 2013, 410.

451 Der **EuGH** (Urt. v. 28.1.2010 – C-406/08, C-456/08)[442] hat zu englischen und irischen Regelungen hinsichtlich von Fristen zur Einleitung einer Vergabenachprüfung folgendes entschieden:

> „Eine Ausschlussfrist, deren Dauer in das freie Ermessen des zuständigen Richters gestellt ist, ist für die Bieter in ihrer Dauer nicht vorhersehbar und stellt nicht die wirksame Umsetzung der Rechtsmittelrichtlinie sicher."

Die Entscheidung wirft somit die Frage auf, ob deutsches Recht auf eine „unverzügliche Rüge" abstellen kann bzw. ob § 107 Abs. 3 Nr. 1 GWB europarechtskonform ist.

452 Die Rechtsprechung hat uneinheitlich auf die vorgenannte Entscheidung des EuGH reagiert:

a) **§ 107 Abs. 3 Nr. 1 GWB darf nicht mehr angewandt werden, und dies weitgehend damit begründet, dass**
- Zulässigkeit der Nachprüfung von der Rechtzeitigkeit (= Unverzüglichkeit) der Rüge abhängt;
- Unsicherheit besteht, was damit für ein Zeitraum gemeint sei;
Legaldefinition in § 121 Abs. 1 BGB an diesem Ergebnis nichts ändert.[443]

b) **§ 107 Abs. 3 Nr. 1 GWB ist nicht betroffen, denn:**
- § 107 Abs. 3 enthält materiell-rechtliche Präklusionsregel, keine „Klagefrist";
- kein Ermessen; „unverzüglich" ist legal definiert; keine Ungewissheit der Bieter.[444]

453 Für die **Vergaberechtspraxis** ergibt sich daher eine erhebliche Rechtsunsicherheit, da die Rechtsprechung und auch die Literatur[445] nicht einheitlich sind. Aus Sicht der öffentlichen Auftraggeber wird – folgt man der EuGH-Rechtsprechung – es den Bietern wieder ermöglicht, „Rügen zu sammeln" und daher ggf. ein Verfahren erheblich zu verschleppen, wenn „geballt" erst dann gerügt wird, wenn der Bieter entgegen seiner Erwartung den Zuschlag nicht erhält. Bis zur endgültigen Klärung sollten Bieter im eigenen Interesse aber wohl auch weiterhin unverzüglich rügen, um sich nicht doch einer Präklusionsgefahr auszusetzen.

454 Mit Umsetzung der Vergaberechtsreform 2014 erfolgt eine Neufassung von § 107 Abs. 3 Nr. 1 GWB im Hinblick auf die Rechtsprechung des EuGH. Die Neuregelung (nun in § 160 Abs. 3 Nr. 1 GWB-E) lässt im Grundsatz die Rügeobliegenheit bestehen; es entfällt jedoch das Erfordernis, dass der Antragsteller den im Nachprüfungsverfahren geltend gemachten Verstoß im Vergabeverfahren unverzüglich gerügt haben muss. Die Begründung führt hierzu folgendes aus:

> „Diese Änderung trägt der Rechtsprechung des EuGH Rechnung, der zufolge eine Bestimmung, nach der ein Verfahren eingeleitet werden muss, als nicht mit Art. 1 Abs. 1 der Richtlinie 89/665/EWG in der Fassung der Richtlinie 2007/66/EG vereinbar angesehen werden kann (EuGH, Urt. vom 28. Januar 2010, Rs. C-406/08 „Uniplex (UK) Ltd.", Rn. 43). Die Länge einer Ausschlussfrist ist für den Betroffenen nicht vorhersehbar, wenn sie in das Ermessen des zuständigen Gerichts gestellt wird (…, Rn. 75). Die neue Fassung des Abs. 3 S. 1 Nr. 1 beseitigt die bisher bestehende Rechtsunsicherheit. Der Antragsteller muss Verstöße, die er vor Einreichung des Nachprüfungsantrags im Vergabeverfahren erkannt hat, auch vor Einreichung des Nachprüfungsantrags gerügt haben. Nach Einreichung des Nachprüfungsantrags erkannte Vergaberechtsverstöße unterliegen dagegen keiner Rügeobliegenheit. …"

455 Als typische, immer wieder vorkommende **Vergaberechtsverstöße** lassen sich beispielhaft folgende nennen:

---

[442] S. a. *Hübner*, Das Ende der „unverzüglichen" und uneingeschränkten Rügeobliegenheit (§ 107 Abs. 3 Satz 1 Nr. 1 GWB), VergabeR 2010, 414; *Pooth* VergabeR 2011, 358.
[443] So VK Arnsberg Beschl. v. 25.8.2010 – VK 15/10; OLG Celle Beschl. v. 26.4.2010; VK Hamburg Beschl. v. 7.4.2010 – VK BSU 2/10 und 3/10; VK Rheinland-Pfalz Beschl. v. 20.4.2010 – VK 2-07/10 und 2-09/10; VK Nordbayern Beschl. v. 10.2.2010 – 21-VK-3194-01/10; so auch VK Südbayern Beschl. v. 11.8.2014 – Z3-3-3194-1-29-06/14 mit Verweis auf EuGH (aaO) und OLG Koblenz Beschl. v. 16.9.2013 – 1 Verg 5/13.
[444] So OLG Dresden v. 7.5.2010 – WVerg 6/10; 1. VK Bund v. 5.3.2010 – VI 1–16/10.
[445] Vgl. *Schwintowski*, Bieterbegriff – Suspensiveffekt und konkrete Stillhaltefrist im deutschen und europäischen Vergaberecht, VergabeR 2010, 877 (bejaht Verstoß gegen europäisches Primär- und Sekundärrecht); *Pooth*, „Muss man noch unverzüglich rügen", VergabeR 2011, 358 (verneint Verstoß gegen die Rechtsmittelrichtlinie).

VIII. Rechtsschutzmöglichkeiten

- **Scientology-Erklärung:** Die Forderung nach einer solchen Erklärung hält einer Überprüfung aus europarechtlicher Sicht nicht stand.
- Ungleiche Informationen an Bewerber/Bieter
- Verbotene Verhandlungen
- Fehlende bzw. intransparente Bekanntgabe von Zuschlagskriterien
- Nachträgliche Abänderung/Abweichung von Zuschlagskriterien
- De-Facto-Vergaben
- **Fehlende Produktneutralität (§ 8 Nr. 3 Abs. 5, Nr. 4 VOL/A):** Es werden bestimmte technische Merkmale unter konkreter Bezugnahme auf Herstellernamen gefordert. Um eine solche Anforderung „vergabefest" aufstellen zu können, müsste die Erforderlichkeit der Nennung bestimmter Produkte (zB Markennamen, Typenbezeichnungen etc) substantiiert dargelegt werden können. Allerdings wurde die Produktneutralität sehr restriktiv von den Nachprüfungsorganen ausgelegt. So ist insbesondere der Zusatz „*oder gleichwertiger Art*", der bei Forderung eines bestimmten Herstellers stets hinzuzufügen ist, dann dennoch nicht ausreichend, wenn die Spezifikation des benannten Herstellers bis ins letzte Detail übernommen wurde. Dieses Verhalten wird als wettbewerbsfeindlich gewertet. Die Entscheidungen der Nachprüfungsorgane verdeutlichen, dass es nicht gelingen kann, durch die rein formale Verwendung des Zusatzes „*oder gleichwertiger Art*" wieder einen vergaberechtskonformen Zustand herzustellen.

  Beispiel:
  Von Seiten der EU-Kommission wird – wie dies auch von AMD getan wird – beanstandet, dass in Ausschreibungen Intel-Mikroprozessoren oder Intel gleichwertige Produkte verlangt bzw. zu spezifische Produktvorgaben (zB Vorgabe von Mikroprozessoren mit einer bestimmten Taktfrequenz) gemacht werden, was zu einer Benachteiligung von Konkurrenten (wie zB die Firma AMD) führt. Die Kommission sieht darin einen Verstoß gegen die EU-Richtlinie 93/36/EWG und auch gegen Art. 28 EGV (Einfuhrbeschränkung). Mikroprozessoren und die von ihnen erwartete Leistung könnten zB durch unterschiedliche „benchmarks" beschrieben werden, die Taktfrequenz könne die Leistung eines Rechners nicht wiedergeben.

- **Projektantenproblematik:**[446] Dritte können wegen Vorbefassung/fehlender Neutralität ausgeschlossen sein. So bestimmt zB § 16 VgV, dass bestimmte natürliche Personen als voreingenommen gelten und daher nicht an Entscheidungen im Vergabeverfahren mitwirken dürfen. § 6 EG Abs. 7 VOL/A bestimmt, dass der Auftraggeber sicherstellen muss, dass der Wettbewerb durch die Teilnahme von Bietern und Bewerbern nicht verfälscht wird, wenn diese vor Einleitung des Vergabeverfahrens den Auftraggeber beraten oder sonst unterstützt haben.

  Beispiel:
  Für den öffentlichen Auftraggeber übernimmt ein Berater die Erstellung der Vergabeunterlagen. Gegenstand der Vergabe ist der Online Vertrieb von Eintrittstickets zu einer bestimmten Veranstaltung. Dieser Berater berät aber auch einen der Bieter hinsichtlich des Online Vertriebs von Eintrittstickets. Zudem sind in der Leistungsbeschreibung Anforderungen gestellt, die – relativ offensichtlich – auf die Leistungsfähigkeit dieses Bieters abstellen. Dieser Bieter scheint daher gute Chancen auf den Zuschlag zu haben.
  Dies stellt mehrere Vergaberechtsverstöße dar, denn:
  - Der Wettbewerb kann beeinträchtigt und der Gleichbehandlungsgrundsatz damit verletzt sein, wenn sich der Auftraggeber zur Durchführung eines Dritten bedient, der an der Auswahl eines bestimmten Bieters ein wirtschaftliches Interesse hat oder bei dem Umstände vorliegen, die ein solches Interesse nahe legen.
  - Wenn ein an der Ausschreibung Mitwirkender ein wirtschaftliches Interesse an der Auswahl eines bestimmten Bieters hat, besteht die Gefahr, dass der Mitwirkende die Ausschreibungsmodalitäten im Hinblick auf seine unmittelbaren oder mittelbaren Interessen gestaltet oder zumindest beeinflusst, so dass ein echter Wettbewerb nicht mehr gewährleistet ist.[447] Die Objektivität im Vergabeverfahren ist sicherzustellen.[448] Von mittelbarer Beteiligung kann gesprochen werden, wenn der

---

[446] → Rn. 178 ff.
[447] *Müller-Wrede*, VOL/A, 1. Auflage 2001, § 2 Rn. 16 ff. S. Müller-Wrede/*Müller-Wrede*, VOL/A, 4. Aufl. 2014, § 6 EG VOL/A Rn. 97.
[448] S. *Müller-Wrede*, VOL/A, 1. Auflage 2001, § 6 Rn. 13 ff.

Sachverständige dazu neigen kann, die mit der Vergabe zusammenhängenden Fragen nicht frei von subjektiven Einflüssen zu betrachten, etwa, wenn er zugleich Berater eines sich um den Auftrag bewerbenden Unternehmen ist.[449]
- Eine verdeckte und nach § 97 Abs. 2 GWB unzulässige Ungleichbehandlung kann in einer einseitig begünstigenden Leistungsbeschreibung liegen.[450]

Nach dem im Vergaberecht geltenden Diskriminierungsverbot müssen die Leistungsanforderungen für alle Bieter gleich sein; sie dürfen nicht auf einzelne Bieter zugeschnitten werden.
Es obliegt dem Auftraggeber deshalb, anhand seiner Kenntnisse des Bieterkreises darüber zu wachen, dass die Leistungsbeschreibung nicht auf einen bestimmten Bieter oder ein bestimmtes Produkt ausgerichtet ist, so dass die Auswahl der Bieter eingeschränkt wäre.[451]

Praxistipp:

457 Nachdem die herrschende Meinung in Rechtsprechung und Literatur die Rügepflicht eng auslegt, sollte jeder Bieter, sobald er positive Kenntnis von einem drohenden Vergabeverstoß erlangt, eine Rüge aussprechen. Er muss seiner Rügeobliegenheit in jedem Fall nach Erhalt einer Mitteilung § 101a GWB nachkommen, wobei zuvor erfolglos erhobene Rügen zur Sicherheit wiederholt und neue Beanstandungen zusätzlich erhoben werden sollten.[452]

458 dd) *„Zustellung" des Nachprüfungsantrags und Wirkung: Zuschlagsverbot (§ 115 GWB).* Nach Eingang des Nachprüfungsantrags prüft die Vergabekammer im Wege einer Vorprüfung, ob der Antrag nicht offensichtlich unzulässig oder unbegründet ist.[453] Gibt es hierfür keine Anhaltspunkte, so übermittelt die Vergabekammer den Nachprüfungsantrag an den Auftraggeber, zumindest gem. des Wortlauts von § 110 GWB, der keine weiteren Voraussetzungen kennt. Üblicherweise sehen jedoch die Geschäftsordnungen der Vergabekammer vor, dass ein Kostenvorschuss zu bezahlen ist.[454]

459 Die Vergabekammer muss nicht mehr förmlich zustellen, sondern lediglich *„in Textform über den Nachprüfungsantrag informieren"*, § 115 Abs. 1 GWB.
Mit dieser Information über den Nachprüfungsantrag in Textform an den Auftraggeber darf dieser gem. § 115 Abs. 1 GWB vor einer Entscheidung der Vergabekammer und dem Ablauf der Beschwerdefrist nach § 127 Abs. 1 den Zuschlag nicht erteilen (**Zuschlagsverbot**).[455] Er darf jedoch das Vergabeverfahren bis vor die Zuschlagserteilung weiter vorantreiben.

460 ee) *Verfahrensbeteiligte sowie deren Rechte und Pflichten.* Verfahrensbeteiligte nach § 109 GWB sind:
- Antragsteller
- Auftraggeber
- Unternehmen, deren Interessen durch die Entscheidung schwerwiegend berührt werden und die beigeladen worden sind.

Auch im Verfahren vor der Vergabekammer ist die **notwendige Beiladung**[456] vorgesehen. Notwendig ist die Beiladung dann, wenn der Ausgang des Nachprüfungsverfahrens rechtsgestaltende Wirkung für ein drittes Unternehmen hat. Dies ist beispielsweise der Fall, wenn die Aufhebung des Vergabeverfahrens gefordert wird und damit der bestplatzierte Bieter den

---

[449] S. *Müller-Wrede*, VOL/A, 1. Auflage 2001, § 6 Rn. 15.
[450] S. *Immenga/Mestmäcker*, GWB-Kommentar zum Kartellgesetz, 3. Auflage, § 7 Rn. 48; s. a. OLG Düsseldorf Beschl. v. 25.1.2005 – VII Verg 93/94m, BauRB 2005, 172 (Nichtigkeit des Vertrages zur Beschaffung eines IT-gestützten geographischen Informationssystems aufgrund Zusammenwirken des öffentlichen Auftraggebers und einem Unternehmen, um den Auftragswert unter die Schwellenwerte zu drücken).
[451] S. *Müller-Wrede*, VOL/A, 1. Auflage 2001, § 2 Rn. 10.
[452] S. a. OLG Naumburg Beschl. v. 4.1.2005 – 1 Verg 25/04, BauRB 2005, 173.
[453] S. *Reidt/Stickler/Glahs*, Vergabe Kommentar, § 110 Rn. 21 ff.
[454] S. *Reidt/Stickler/Glahs*, Vergabe Kommentar, § 110 Rn. 27.
[455] S. zur Ausnahme gem. § 115 Abs. 2 GWB auf Antrag des Auftraggebers: *Reidt/Stickler/Glahs*, Vergaberecht Kommentar, § 115 Rn. 26 ff.
[456] S. *Reidt/Stickler/Glahs*, Vergaberecht Kommentar, § 109 Rn. 22 ff.

VIII. Rechtsschutzmöglichkeiten

Zuschlag nicht erhalten würde. **Im Übrigen** steht die Beiladung **im Ermessen** der Vergabekammer: alle aus Sicht der Vergabekammer relevanten Aspekte können berücksichtigt werden. Die Vergabekammern laden beispielsweise diejenigen Bieter bei, bei denen nach Sachlage mit einem weiteren Nachprüfungsantrag gerechnet werden kann.

Wichtig aus Unternehmenssicht ist auch, dass auf die Beiladung nicht verzichtet werden kann. Erfolgt eine Beiladung kann sich das Unternehmen dem nicht einseitig entziehen.

Der Beigeladene hat aufgrund der damit einhergehenden Bindungswirkung auch folgende umfassenden Rechte:

- Recht zu tatsächlichen und rechtlichen Ausführungen,
- Recht zur Akteneinsicht,
- Recht zur Geltendmachung aller sonstigen Angriffs- und Verteidigungsmittel,
- Recht zur Antragstellung, um die eigenen Interessen wahrzunehmen.[457]

§ 113 Abs. 2 S. 1 GWB verpflichtet alle Beteiligten, an der Aufklärung des Sachverhalts mitzuwirken (Pflicht zur Förderung des Verfahrens). Die Vorschrift wird an verschiedenen Stellen des GWB konkretisiert, so insbesondere in §§ 107 Abs. 3, 110 Abs. 2 S. 3, § 111 Abs. 1, § 112 Abs. 1 GWB.

ff) Untersuchungsgrundsatz, § 110 GWB. Wesentliches Verfahrensmerkmal ist, dass die Vergabekammer den **Sachverhalt von Amts wegen erforscht**, § 110 Abs. 1 S. 1 GWB. § 110 Abs. 1 S. 2, 3 GWB stellen klar, dass die Vergabekammer zu einer umfassenden Rechtmäßigkeitskontrolle nicht verpflichtet ist, sich vielmehr auf das beschränken kann, was die Beteiligten vorbringen oder der Vergabekammer sonst bekannt sein muss. Die Vergabekammer soll bei ihrer gesamten Tätigkeit darauf achten, dass der Ablauf des Vergabeverfahrens nicht unangemessen beeinträchtigt wird, § 110 Abs. 1 S. 4 GWB.

Der Antragsteller erhält bereits eine bestimmte „Sicherheit", wenn die Vergabekammer den Auftraggeber über den Nachprüfungsantrag informiert, da dies nur erfolgt, sofern der Antrag weder offensichtlich unzulässig noch unbegründet ist, § 110 Abs. 2 S. 1 GWB.

Eine interessante Regelung findet sich in § 110 Abs. 2 S. 2 GWB. Der Auftraggeber kann vorsorglich bei der Vergabekammer eine **Schutzschrift** hinterlegen, um bereits vor Anhängigkeit eines Nachprüfungsverfahrens über die tatsächlichen und rechtlichen Aspekte zur Widerlegung eines Nachprüfungsantrags in Kenntnis zu setzen. Eine solche Schutzschrift muss von der Vergabekammer bei ihrer Prüfung berücksichtigt werden.

Die Vergabekammer fordert zudem die Vergabeakten,[458] also die Akten, die das Vergabeverfahren dokumentieren, an. Der Auftraggeber ist dabei verpflichtet, der Vergabekammer die Vergabeakten sofort zur Verfügung zu stellen. Sofort bedeutet hierbei, dass umgehend nach Eingang der Aufforderung die Unterlagen zusammengestellt und auf dem schnellstmöglichen Weg an die Vergabekammer überbracht werde müssen.[459] Dies verdeutlicht zum einen die Wichtigkeit der Vergabeakten an sich sowie zum anderen das Erfordernis deren Führung und Dokumentationspflichten im Laufe des Verfahrens.

Praxistipp:
Der öffentliche Auftraggeber sollte seine Vergabeakten daher stets auf dem Laufenden halten und alle Verfahrensschritte/-entscheidungen sofort dokumentieren sowie die Vergabeakten von „vergabefremden" Unterlagen freihalten.

gg) Akteneinsicht, § 111 GWB.[460] Die Verfahrensbeteiligten haben Einsichtsrecht in die Akten bei der Vergabekammer. Vom Einsichtsrecht sind ausgeschlossen diejenigen Unterlagen, die Fabrikations-/Betriebs-/Geschäftsgeheimnisse enthalten. Im Übrigen besteht das Einsichtsrecht hinsichtlich sämtlicher der Vergabekammer zur Entscheidung vorliegenden

---

[457] S. *Reidt/Stickler/Glahs*, Vergaberecht Kommentar, § 109 Rn. 29 ff.
[458] → Rn. 168 ff.
[459] S. *Reidt/Stickler/Glahs*, Vergaberecht Kommentar, § 110 Rn. 36 mwN.
[460] S. *Losch* VergabeR 2008, 739 (auch ausführlich zu Anspruchsgrundlagen außerhalb des GBW).

Unterlagen, also sowohl die Akten der Vergabekammer als auch die beigezogenen Vergabeakten, eingereichten Schriftsätze usw. Die Einsicht kann nur bei der Vergabekammer erfolgen. Dies gilt auch für nicht ortsansässige Verfahrensbeteiligte. Die Verfahrensbeteiligten haben einen Anspruch auf die allerdings kostenpflichtige Erstellung von Ausfertigungen, Auszügen oder Abschriften aus den Akten.

467 Ob die Akteneinsicht neue Erkenntnisse erbringt, hängt wohl wesentlich davon ab, was vom öffentlichen Auftraggeber an Unterlagen in die Vergabeakten aufgenommen wurde. Oftmals liegen den Verfahrensbeteiligten bis auf vom öffentlichen Auftraggeber verwendete Formulare (zB zum Vergabevermerk gem. § 30 VOL/A, der sich am Verfahrensablauf orientiert) alle weiteren Schriftstücke ohnehin schon vor.

Zudem kann die Vergabekammer gem. § 111 Abs. 2 GWB die Einsicht in Teile der Vergabeakte versagen, zB wenn sehr sensible Bereiche angesprochen sind. Dem Akteneinsichtsrecht des Antragstellers stehen regelmäßig Geheimhaltungsinteressen der anderen Beteiligten, insbesondere des/der beigeladenen Mitbewerber/s gegenüber. Eine Zustimmung der Betroffenen ist nicht erforderlich. Sie werden zwar angehört, die Entscheidung trifft jedoch die Vergabekammer.

468 Im Regelfall wird es aber erforderlich sein, den Verfahrensbeteiligten die wertungsrelevanten sowie die sonstigen die Entscheidung tragenden Unterlagen zugänglich zu machen, denn es ist auf Grund des Grundrechts auf rechtliches Gehör gemäß Art. 103 GG unzulässig, einer gerichtlichen Entscheidung Tatsachen zu Grunde zu legen, zu denen die Verfahrensbeteiligten nicht Stellung nehmen konnten.[461]

Praxistipp:
Auch wenn unklar ist, ob neue Erkenntnisse gewonnen werden können, und auch wenn (zurecht) in Teile das Einsichtsrecht von der Vergabekammer nach § 111 Abs. 2 GWB versagt wird, sollte auf dieses Recht jedoch keinesfalls verzichtet werden, da es doch die einzige Möglichkeit darstellt, die vom Auftraggeber geführten Unterlagen „zu Gesicht zu bekommen".
Erkennt der Bieter aus der Akteneinsicht (oder anderweitig im Laufe des Nachprüfungsverfahrens) weitere Vergaberechtsverstöße, so müssen diese so rechtzeitig vorgetragen werden, dass sie nicht zu einer Verzögerung des Nachprüfungsverfahrens führen. Sie müssen unverzüglich vor der Vergabekammer/dem Vergabesenat in entsprechender Anwendung des § 107 Abs. 3 S. 1 GWB vorgetragen werden.[462]

469 *hh) Entscheidung, §§ 113, 114 GWB und dessen Bindungswirkung gem. § 124 GWB.* Es gilt der in § 113 GWB postulierte Beschleunigungsgrundsatz: Die Vergabekammer hat **binnen 5 Wochen ab Eingang des Nachprüfungsantrags** eine Entscheidung zu treffen und diese zu begründen, § 113 Abs. 1 S. 1 GWB.

470 In Ausnahmefällen kann der Vorsitzende diese Frist um den erforderlichen Zeitraum auch unter Mitteilung der entsprechenden Begründung verlängern. Hierfür ist erforderlich, dass tatsächliche oder rechtliche Schwierigkeiten bestehen.
Beispiele hierfür sind:
- Überlastung der Vergabekammer (wovon auch des Öfteren Gebrauch gemacht wird);[463]
- Hohe Anzahl an Beteiligten, denen rechtliches Gehör zu gewähren ist;
- Erforderlichkeit der Einschaltung eines Sachverständigen;
- Sehr komplexe oder sehr seltene Vergabevorgänge.

Der Verfahrensbeschleunigung soll nun die neu aufgenommene Regelung dienen, dass dieser Zeitraum der Fristverlängerung durch die Vergabekammer nicht länger als zwei Wochen dauern soll (§ 113 Abs. 1 S. 3 GWB).

---

[461] S. zum Einsichtsrecht: *Reidt/Stickler/Glahs*, Vergaberecht Kommentar, § 110, Rn. 7 ff., 12 ff.; insbesondere OLG Jena Beschl. v. 26.10.1999 – 6 Verg 4/99, NZBau 2000, 354. S. a. OLG Düsseldorf Beschl. v. 28.12.2007 – VII Verg 40/07, VergabeR 2008, 218 ff.
[462] OLG Celle Beschl. v. 8.3.2007 – 13 Verg 2/07, VergabeR 2007, 401.
[463] S. *Reidt/Stickler/Glahs*, Vergaberecht Kommentar, § 113 Rn. 8 ff.; *Bechtold* GWB, 3. Auflage 2002; § 113 Rn. 2; aA *Boesen* Vergaberecht, 2000, § 113 Rn. 20.

VIII. Rechtsschutzmöglichkeiten

Der Vergabekammer ist es gestattet, gem. § 113 Abs. 2 S. 2 GWB den Verfahrensbeteiligten **Fristen für deren Sach- und Rechtsvortrag** zu setzen. Werden diese Fristen von den Betroffenen nicht eingehalten, so kann danach erfolgender Vortrag von der Vergabekammer unbeachtet bleiben. Diese Regelung erscheint auch interessengerecht im Hinblick auf den Beschleunigungsgrundsatz des Vergabeverfahrens sowie im Vergleich zu anderen Verfahrensordnungen. 471

An gestellte Anträge ist die Vergabekammer nicht gebunden. Sie kann daher nach eigenem Ermessen auf die Rechtmäßigkeit des Vergabeverfahrens einwirken, § 114 Abs. 1 S. 2 GWB. 472

Die Vergabekammer entscheidet anhand der erfolgten Untersuchungen und Feststellungen, ob der Antragsteller tatsächlich in seinen Rechten aus § 97 Abs. 7 GWB verletzt ist. Der hierfür maßgebliche Zeitpunkt ist der **Zeitpunkt der Entscheidung der Vergabekammer**. Logische Konsequenz hieraus ist, dass der Auftraggeber bis zu diesem Zeitpunkt einen bei Verfahrenseinleitung bestehenden Vergabeverstoß heilen kann. 473

Ist Gegenstand des Verfahrens beispielsweise, dass die Leistungsbeschreibung für das zu vergebende Softwareprojekt von einem externen Berater erstellt wurde, der enge Geschäftskontakte zu einem konkurrierenden Bieter hat und dessen Leistungsfähigkeit bei der Leistungsbeschreibung berücksichtigt wurde, so kann dieser Verstoß im laufenden Vergabeverfahren dadurch geheilt werden, dass dieser Bieter ausgeschlossen wird. Dies muss die Vergabekammer berücksichtigen. In der Regel kommt, wenn keine weiteren Verstöße vorliegen, nur die Rücknahme des Nachprüfungsantrags oder die Umstellung auf einen Fortsetzungsfeststellungsantrag gem. § 114 Abs. 2 S. 2 GWB in Betracht.[464] 474

Stellt die Vergabekammer eine Rechtsverletzung fest, dann trifft sie die nach Ansicht der Vergabekammer geeigneten Maßnahmen, um diese zu beseitigen und eine Schädigung der betroffenen Interessen zu verhindern. 475

Auch wenn der Antragsteller aufgrund der aus seiner Sicht vorliegenden Schwere der Rechtsverletzungen des Auftraggebers die Aufhebung des Verfahrens beantragt, bedeutet dies nicht, dass es letztlich zu einer Aufhebung kommt. So kann es vorkommen, dass die Vergabekammer zB lediglich 476
- einen Bieter ausschließt;
- anordnet, die Wertung neu durchzuführen oder einen anderen Verfahrensschritt unter Beachtung der Vorgaben der Vergabekammer entsprechend den Anforderungen des Vergaberechts zu wiederholen.[465]

Aber auch das Ermessen der Vergabekammer kennt eine Grenze: § 114 Abs. 2 S. 1 GWB:
- **Nach altem Recht galt: Die Vergabekammer kann einen bereits erteilten Zuschlag nicht mehr aufheben,** und zwar unabhängig davon, ob das durchgeführte Vergabeverfahren rechtmäßig oder rechtswidrig war. Der Zuschlag beendet das Vergabeverfahren, ohne dass die Vergabekammer rückwirkende Einflussmöglichkeiten hat.[466]
- **Nach derzeitigem Recht gilt: Die Vergabekammer kann einen wirksam erteilten Zuschlag nicht mehr aufheben.** Die Einfügung des Wortes „wirksam" erfolgte, um die Rechtsfolge der Unwirksamkeit nach § 101b GWB auch auf den Zuschlag zu erstrecken.

Wenn sich ein Nachprüfungsverfahren durch Zuschlagserteilung, Aufhebung oder Einstellung des Vergabeverfahrens oder in sonstiger Weise erledigt hat, kann eine Rechtsverletzung jedoch gem. § 114 Abs. 2 S. 2 GWB festgestellt werden.[467] 477

Jede Entscheidung des Vergabegerichts entfaltet **Bindungswirkung gem. § 124 GWB** für ein gerichtliches Verfahren vor den ordentlichen Gerichten zur Geltendmachung von Schadensersatz im Hinblick auf:
- Tenor;
- Tatsachenfeststellungen;
- Tragende rechtliche Erwägungen und Wertungen;
- Feststellungen zur Verletzung von subjektiven Bieterrechten.

---

[464] S. *Reidt/Stickler/Glahs*, Vergaberecht Kommentar, § 114 Rn. 7a, 47 ff.
[465] S. ausführlich zu Entscheidungsmöglichkeiten und Entscheidungsinhalten *Reidt/Stickler/Glahs*, Vergaberecht Kommentar, § 114 Rn. 10 ff.
[466] S. *Reidt/Stickler/Glahs*, Vergaberecht Kommentar, § 114 Rn. 20 ff.
[467] S. *Reidt/Stickler/Glahs*, Vergaberecht Kommentar, § 114 Rn. 47 ff.

478 ii) *Vorabgestattung des Zuschlags gem. § 115 Abs. 2 GWB.* Die Regelung des § 115 Abs. 2 GWB schafft dem Auftraggeber und nun auch dem Bieter, der für den Zuschlag vorgesehen ist, die Möglichkeit, einen Antrag dahingehend zu stellen, dass trotz Nachprüfungsantrag der Zuschlag durch Entscheidung gestattet wird, wenn die Vorteile eines schnellen Zuschlags unter Berücksichtigung aller möglicherweise geschädigten Interessen sowie des Interesses der Allgemeinheit überwiegen.

479 Die sofortige Beschwerde gem. § 116 Abs. 1 GWB gegen eine Entscheidung der Vergabekammer nach § 115 Abs. 2 GWB ist nicht zulässig. Dennoch kann auf eine andere Entscheidung durch das Beschwerdegericht hingewirkt werden:
- Trifft die Vergabekammer eine positive Entscheidung zur Vorabgestattung, kann das Beschwerdegericht auf Antrag das Zuschlagsverbot wiederherstellen.
- Bei Versagung der Vorabgestattung kann auf Antrag des Auftraggebers das Beschwerdegericht den sofortigen Zuschlag gestatten (wenn die vorgenannten Voraussetzungen des § 115 Abs. 2 S. 1–4 GWB zutreffen).

In der Praxis wird von diesem Instrument bislang nur selten Gebrauch gemacht.

480 **b) Die Sofortige Beschwerde gem. §§ 116 ff. GWB zum Oberlandesgericht.** *aa) Zulässigkeit, Zuständigkeit.* Die Entscheidungen der Vergabekammern können im Wege der sofortigen Beschwerde zu den jeweiligen Oberlandesgerichten (deren örtliche Zuständigkeit über den Sitz der Vergabekammer ermittelt wird, § 116 Abs. 3 GWB) angefochten werden, wobei alle Verfahrensbeteiligten berechtigt sind, diese einzulegen.

481 *bb) Frist, Form.* Die sofortige Beschwerde ist gemäß § 117 GWB binnen einer **Frist von 2 Wochen** einzureichen, wobei diese in der Regel[468] erst mit förmlicher Zustellung der Entscheidung der Vergabekammer zu laufen beginnt und nicht bereits mit der Vorab-Übersendung per Fax an alle Beteiligten.

Die sofortige Beschwerde muss bei Einlegung **schriftlich begründet** werden, wobei anzugeben ist,
- inwieweit die Entscheidung der Vergabekammer angefochten und welche abweichende Entscheidung beantragt wird, sowie
- die Angabe der Tatsachen und Beweismittel, auf die die sofortige Beschwerde gestützt wird.

Vor den Vergabesenaten der Oberlandesgerichte herrscht gem. § 117 Abs. 3 S. 1 GWB **Anwaltszwang.**

> **Praxistipp:**
> Der Beschwerdeführer muss beachten, dass gem. § 117 Abs. 4 GWB alle Verfahrensbeteiligten des Nachprüfungsverfahrens vor der Vergabekammer vorab über die Einlegung der Beschwerde zu unterrichten sind.

482 *cc) Wirkung der sofortigen Beschwerde.* Die Einlegung der sofortigen Beschwerde hat aufschiebende Wirkung (**Suspensiveffekt**), dh die Entscheidung der Vergabekammer kann nicht umgesetzt werden.

Zu beachten ist aber, dass diese Wirkung 2 Wochen nach Ablauf der Beschwerdefrist wieder entfällt (§ 118 Abs. 1 S. 2 GWB).

483 Für den vor der Vergabekammer unterlegenen Bieter hat dies zur Folge, dass er, um eine Zuschlagserteilung wirklich bis zur Entscheidung über die sofortige Beschwerde zu verhindern, einen **Antrag auf Verlängerung der aufschiebenden Wirkung (und damit des Zuschlagsverbots) gleichzeitig mit Einlegung der sofortigen Beschwerde stellen muss** (§ 118 Abs. 1 S. 3 GWB).

484 Meist ordnet der Vergabesenat die einstweilige Verlängerung der aufschiebenden Wirkung bis zur Entscheidung über die Verlängerung der aufschiebenden Wirkung an, da der Antrag

---

[468] Dies gilt jedoch dann nicht, wenn dem Fax ein Empfangsbekenntnis beigefügt ist, das unterzeichnet zurückzufaxen ist: OLG Stuttgart Beschl. v. 11.7.2000 – 2 Verg 5/00, NZBau 2001, 462.

VIII. Rechtsschutzmöglichkeiten

sorgfältig summarisch geprüft werden muss, va da bei Ablehnung des Antrags der Auftraggeber in der Regel zeitnah den Zuschlag erteilen wird und somit „vollendete Tatsachen" schafft.[469]

dd) Beschwerdeentscheidung. Hält der Vergabesenat die Beschwerde für begründet, so hebt er die Entscheidung der Vergabekammer auf (§ 123 S. 1 GWB), wobei der Vergabesenat selbst entscheiden kann oder aber die Vergabekammer verpflichten kann, in der Sache neu zu entscheiden.

Auch der Vergabesenat ist nicht befugt, einen erteilten Zuschlag aufzuheben (§§ 123 S. 4, 114 Abs. 2 GWB).[470]

ee) Weiterer Rechtsschutz gegen eine ablehnende Entscheidung des OLG?[471] Nach derzeit allgemeiner Auffassung[472] ist gegen die Entscheidung des OLG die in §§ 74 ff. GWB vorgesehene **Rechtsbeschwerde** nicht zulässig, was ua damit begründet wird, dass in § 120 Abs. 2 GWB ein Verweis auf die entsprechenden Zulässigkeitsvoraussetzungen fehlt.

In der Praxis werden va **zwei Rechtsbehelfsmöglichkeiten außerhalb des GWB** diskutiert, mit denen ggf. die Entscheidung des OLG erfolgreich angegriffen werden kann:
- **Verfassungsbeschwerde:** Dies ist vor allem bei Verletzung von Verfahrensgrundsätzen im gerichtlichen Verfahren denkbar.
- **Rüge nach § 321a ZPO:** Die Regelung sieht vor, dass das Verfahren auf Rüge der durch die Entscheidung beschwerten Partei fortzuführen ist, wenn ein Rechtsmittel oder Rechtsbehelf gegen die Entscheidung nicht gegeben ist und das Gericht den Anspruch dieser Partei auf rechtliches Gehör in entscheidungserheblicher Weise verletzt hat. Zwar hat der BGH eine Anhörungsbeschwerde als unzulässig verworfen,[473] dies auch in Kenntnis der zuvor zu § 321a ZPO ergangenen grundlegenden Entscheidung des Bundesverfassungsgerichts, wonach der Wortlaut des § 321a ZPO (jedoch erst nach der BGH-Entscheidung) angepasst wurde, so dass die Rüge auch in der Rechtsmittelinstanz zulässig ist. Vor diesem Hintergrund steht somit nicht fest, ob der BGH eine Beschwerde nach § 321a ZPO wegen des Grundsatzes der Rechtsmittelklarheit nochmals zurückweisen würde.

Es erscheint daher in der **Beratungspraxis** sinnvoll, sich über diese Rechtsschutzmöglichkeiten Gedanken und im Zweifel von beiden Gebrauch zu machen.

Zu erwähnen ist noch die **Divergenzvorlage** nach § 124 Abs. 2 GWB, wonach ein Oberlandesgericht zur Vorlage an den BGH verpflichtet ist, wenn es von einer Entscheidung eines anderen OLG oder des BGH abweichen will. Damit soll die bundeseinheitliche Rechtsprechung in Vergabesachen gewährleistet werden.[474]

c) Sekundärrechtsschutz: Schadensersatz gem. § 126 GWB.[475] Sekundärrechtsschutz besteht vor den ordentlichen Gerichten. Diese sind gem. § 124 GWB an die Entscheidung der Vergabekammer gebunden, nicht jedoch an Entscheidungen der Vergabeprüfstellen oder Vergabeüberwachungsausschüsse.[476] Der Bieter, der ohne Verstoß gegen Vergabevorschriften eine echte Chance auf Erteilung des Zuschlags gehabt hätte, hat gem. § 126 S. 1 GWB einen Schadensersatzanspruch gegen den Auftraggeber. Er ist gerichtet auf den Vertrauensschaden oder das sog negative Interesse, somit begrenzt auf die Kosten der Vorbereitung des Angebots oder der Teilnahme am Vergabeverfahren.[477] Trotz dieser Beschränkung kann sich der öffentliche Auftraggeber Schadensersatzansprüchen von erheblicher Höhe ausgesetzt sehen.

---

[469] Unterliegt dagegen der Auftraggeber vor der Vergabekammer und legt hiergegen sofortige Beschwerde ein, kann dieser gem. § 121 GWB einen Antrag auf Vorabentscheidung über den Zuschlag stellen (s. hierzu *Noch*, Vergaberecht kompakt, S. 125 ff.).
[470] S. zu Divergenzvorlagen an den BGH: *Noch*, Vergaberecht kompakt, S. 127 f. mwN.
[471] S. *Giedinghaben/Schopp* VergabeR 2007, 33.
[472] BGH Beschl. v. 16.9.2003 IX – X 2B 12/03, VergabeR 2004, 62; Immenga/Mestmäcker/*Stockmann*, Fn. 2 zu § 123 Rn. 2 sowie Fn. 2 zu § 124 Rn. 2.
[473] S. BGH Beschl. v. 16.9.2003 IX – X 2B 12/03, VergabeR 2004, 62.
[474] S. *Kulartz/Kus/Portz/Röwekamp*, GWB-Vergaberecht 3. Aufl, § 124 Rn. 10 ff mwN.
[475] S. zur Haftung des Auftraggebers bei Vergabefehlern: *Ohler* BauRB 2005, 153.
[476] S. zu letzterem OLG Naumburg Beschl. v. 26.10.2004 – 1 U 30/04, BauRB 2005, 141.
[477] S. *Reidt/Stickler/Glahs*, Vergaberecht Kommentar, § 126 Rn. 2, 26 f.

489 Die Teilnahme an einem Vergabeverfahren verursacht bei den IT-Unternehmen erhebliche Kosten, insbesondere wenn der Auftraggeber bei einem Verhandlungsverfahren umfangreiche Prüfungen der Angebote und der Leistungsfähigkeit vorgesehen hat. Solche Verfahren binden personelle und technische Ressourcen oft über einen längeren Zeitraum. Darüber hinaus, können die Unternehmen zudem weitergehende Ansprüche, also zB auf entgangenen Gewinn, nach den allgemeinen Vorschriften geltend machen.[478] Das Vergaberecht steht dem nicht entgegen, was § 126 S. 2 GWB ausdrücklich festhält.

Als Anspruchsgrundlagen kommen in Betracht:
- § 311 Abs. 2 BGB („cic"),[479]
- § 823 Abs. 2 BGB iVm Vergaberecht,
- § 823 Abs. 1 BGB (Eingriff in den eingerichteten und ausgeübten Gewerbebetrieb),
- § 826 BGB (vorsätzliche sittenwidrige Schädigung),
- §§ 20, 33 GWB iVm UWG.[480]

---

[478] S. zur Geltendmachung von entgangenem Gewinn OLG Naumburg Beschl. v. 26.10.2004 – 1 U 30/04, BauRB 2005, 141.
[479] S. zum vorvertraglichen Schuldverhältnis aus § 311 Abs. 2 BGB und zur Vertrauenshaftung OLG Dresden Urt. v. 10.2.2004 – 20 U 1697/03, BauRB 2004, 205; bestätigt vom BGH Beschl. v. 3.3.2009 – XZR 22/08, IBR 2009, 231.
[480] S. zum Umfang ausführlich *Reidt/Stickler/Glahs,* Vergaberecht Kommentar, § 126 Rn. 2, 28 ff.

Anhang

Phasen Offenes Verfahren

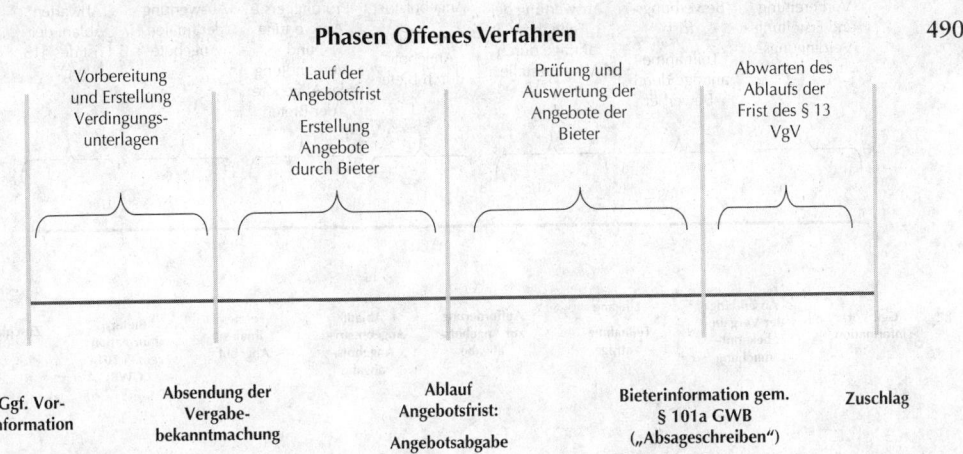

Phasen Nichtoffenes Verfahren

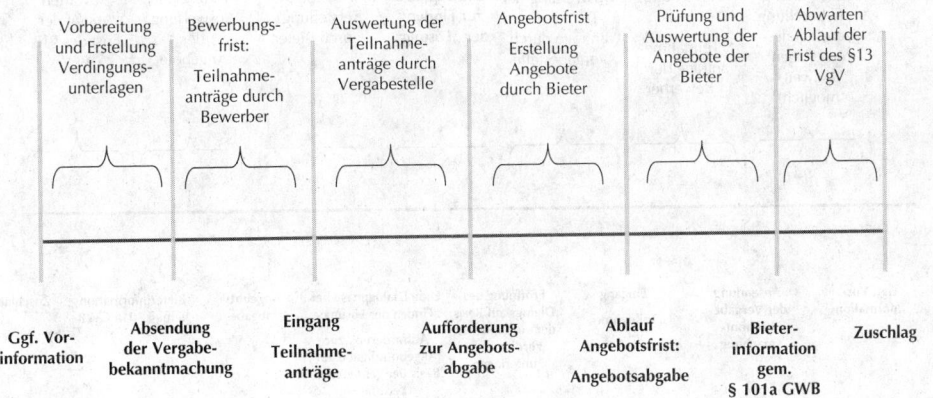

Phasen Verhandlungsverfahren

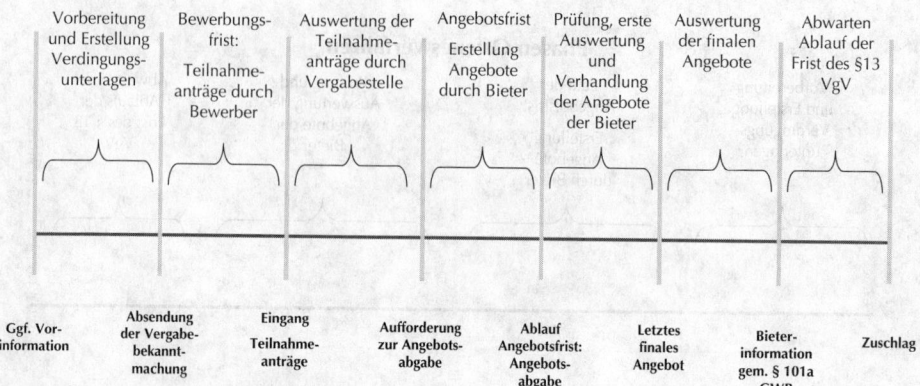

Phasen Wettbewerblicher Dialog

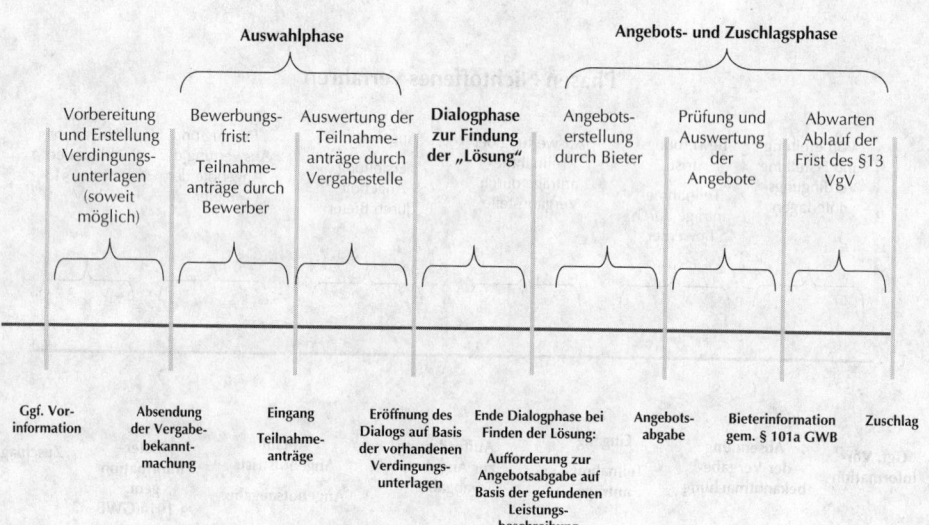

VIII. Rechtsschutzmöglichkeiten

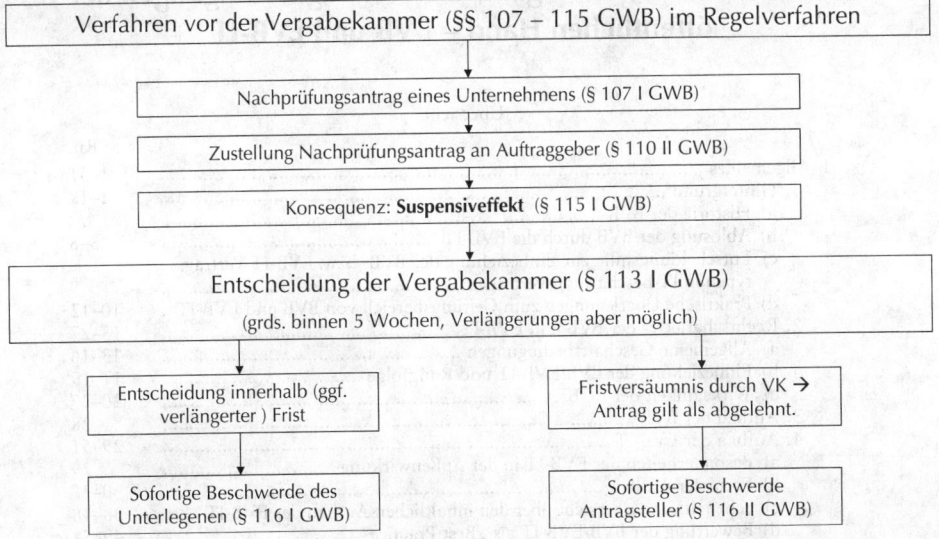

§ 41 Besondere und ergänzende Vertragsbedingungen der öffentlichen Hand – BVB und EVB-IT

Übersicht

	Rn.
I. Allgemeines	1–51
1. Hintergrund	1–12
a) Historie der BVB	1/2
b) Ablösung der BVB durch die EVB-IT	3–8
c) Entscheidungshilfe zur Einbeziehung der BVB- bzw. EVB-IT Vertragstypen in IT-Beschaffungsverträge	9
d) Praktische Überlegungen zum Geltungsbereich von BVB und EVB-IT	10–12
2. Rechtscharakter der BVB und EVB-IT	13–27
a) Allgemeine Geschäftsbedingungen	13–16
b) Einbeziehung der BVB/EVB-IT und Rangfolge	17–19
c) Wirksamkeit der AGB	20–27
3. Aufbau der BVB	28
4. Aufbau der EVB-IT	29–51
a) Besonderheiten der EVB-IT in der Außenwirkung	29
b) Formaler Aufbau	30–37
c) Schematische Übersicht über den inhaltlichen Aufbau der EVB-IT	38–48
d) Bewertung der BVB/EVB-IT als „Best Practice"	49–51
II. Vertragsübergreifende Regelungsbereiche der EVB-IT	52–130
1. Einleitung	52–54
2. Die einzelnen Regelungsbereiche	55–130
a) Definitionen	55–60
b) Vergütungsregelungen und Preisvorbehalt	61–64
c) Haftungskonzept der EVB-IT	65–72
d) Verzug	73–76
e) Gewährleistung	77–97
f) Schutzrechtsverletzung	98–101
g) Sonstige Haftung	102–109
h) Datenschutz, Geheimhaltung und Sicherheit	110–117
i) Schriftformerfordernis	118–121
j) Salvatorische Klausel	122/123
k) Musterformulare	124–130
III. Besonderheiten einzelner Vertragstypen	131–189
1. EVB-IT Kauf	133–144
a) Anwendungsbereich, Vertragsgegenstand	133–137
b) Zusammensetzung der EVB-IT Kauf	138/139
c) Inhalt der EVB-IT Kauf	140/141
d) Inhalt des EVB-IT Kaufvertrags	142–144
2. EVB-IT Instandhaltung	145–159
a) Anwendungsbereich, Vertragsgegenstand	145–148
b) Zusammensetzung der EVB-IT Instandhaltung	149
c) Besondere Inhalte der EVB-IT Instandhaltung	150–159
3. EVB-IT Dienstleistung	160–165
a) Anwendungsbereich, Vertragsgegenstand	160–162
b) Rechte an Dienstleistungsergebnissen	163/164
c) Zusammensetzung der EVB-IT Dienstleistung	165
4. EVB-IT Überlassung	166–171
a) Anwendungsbereich, Vertragsgegenstand	166/167
b) Zusammensetzung der EVB-IT Überlassung	168
c) Anmerkungen	169–171
5. EVB-IT Pflege S	172–189
a) Anwendungsbereich, Vertragsgegenstand	172–174
b) Zusammensetzung der EVB-IT Pflege S	175
c) Ausgewählte Regelungsinhalte	176–189

Übersicht § 41

	Rn.
IV. EVB-IT System	190–251
1. Anwendungsbereich	190–193
2. Vertragsgegenstand, Vertragstypologie	194–201
a) Vertragsgegenstand	194–196
b) Vertragstypologie	197–201
3. Aufbau und Struktur	202
4. Einzelne Regelungsbereiche	203–251
a) Gesamtverantwortung des Auftragnehmers	203–207
b) Vorgehensmodelle, Projektorganisation	208/209
c) Rechtseinräumung	210–225
d) Mängelklassifizierung	226
e) Abnahme	227–231
f) Sach- und Rechtsmängelhaftung	232–236
g) Haftung	237–243
h) Quellcode und dessen Hinterlegung	244–248
i) Laufzeit und Kündigung	249/250
j) Systemservice nach Abnahme	251
V. EVB-IT Systemlieferung	252–292
1. Anwendungsbereich	252
2. Aufbau und Struktur	253
3. Vertragsgegenstand	254–258
4. Ausgewählte Regelungsinhalte	259–292
a) Kauf mit Montageverpflichtung („Systemlieferung")	259–262
b) Nutzungsrechte und Nutzungsmatrix	263–270
c) Vergütungsregelungen	271–273
d) Verzug	274–276
e) Mängelansprüche	277–281
f) Haftung	282–285
g) Service Levels	286
h) Systemservice	287–289
i) Quellcode-Hinterlegung	290/291
j) Teleservice	292
VI. EVB-IT Erstellung	293–322
1. Anwendungsbereich	293–299
a) Ausgangslage	293–295
b) Abgrenzung zu den EVB-IT System und Systemlieferung	296–299
2. Aufbau und Struktur	300
3. Vertragsgegenstand	301–303
4. Maßgebliche Abweichungen gegenüber den EVB-IT System	302–312
a) Hintergrund	304/305
b) Verzicht auf Regelungen zum Personaleinsatz	306/307
c) Verzicht auf Regelungen zum Projektmanagement	308–310
d) Verzicht auf Regelungen zum Vorgehensmodell	311/312
5. Ausgewählte Regelungsinhalte	313–322
a) Einräumung von Nutzungsrechten	313–316
b) Mitwirkung des Auftraggebers	317/318
c) Mitteilungspflichten des Auftragnehmers	319
d) Abnahme	320
e) Pflege von Software	321/322
VII. EVB-IT Service	323–380
1. Anwendungsbereich	323–325
2. Aufbau und Struktur	326
3. Vertragsgegenstand	327–331
4. Unterschiede zu den Serviceregelungen in den EVB-IT System und Systemlieferung	332–334
5. Ausgewählte Regelungsinhalte	335–380
a) Bestandsaufnahme	335–337
b) Wiederherstellung und Aufrechterhaltung der Betriebsbereitschaft	338–343
c) Neue Programmstände	344–346
d) Hotline und Rufbereitschaft	347–349
e) Lizenzmanagement	350
f) Abwicklung von Ansprüchen des Auftraggebers gegen Dritte	351/352
g) Datensicherungsservices	353

	Rn.
h) Besondere Serviceleistungen in Bezug auf Systemkomponenten	354–356
i) Schulung	357
j) Vorhalten von Ersatzgegenständen	358
k) Nutzungsrechte	359–361
l) Störungsklassifizierung, Reaktions- und Erledigungszeiten	362–364
m) Abnahme und Testsystem des IT-Systems	365–368
n) Rechte des Auftraggebers bei mangelhaften Serviceleistungen	369–371
o) Schutzrechte Dritter	372
p) Pflichtverletzung bei Dienstleistungen	373
q) Haftung	374
r) Vergütung	375–378
s) Laufzeit und Kündigung	379/380

Schrifttum: *Bischof,* Vergaberecht: Gründe und Folgen der Nichteinbeziehung der BVB/EVB-IT, ITRB 2008, 90; *dies.,* Lizenzrechtliche Aspekte der EVB-IT System. Überblick und Update, ITRB 2009, 64; *dies.,* Der EVB-IT Erstellungsvertrag, Der „kleine" EVB-IT Systemvertrag – Überblick und erste kritische Würdigung CR 2013, 553; *dies.,* Der EVB-IT Erstellungsvertrag, Ergänzende Formulierungsvorschläge, ITRB 2013, 289; *Feil/Leitzen,* EVB-IT, Verlag Otto Schmidt, 2003; *ders.,* Die EVB-IT nach der Schuldrechtsreform. Überarbeitete Regelungen in IT-Beschaffungsverträgen der öffentlichen Hand, CR 2002, 407; *ders.,* Die BVB nach der Schuldrechtsreform, CR 2002, 557; *ders.,* EVB-IT Pflege S. Der neue IT-Beschaffungsvertrag für die Pflege von Standardsoftware, CR 2003, 161; *ders.,* EVB-IT Überlassung Typ B. Der neue IT-Beschaffungsvertrag für die befristete Überlassung von Standardsoftware, CR 2002, 480; *Fischer/Müller,* EVB-IT System 2.0 Die wichtigsten Änderungen im Überblick, CR 2012, 422; *Hoene,* EVB-IT. Neue Beschaffungsbedingungen der öffentlichen Hand, ITRB 2001, 166; *Intveen,* Die neuen EVB-IT Pflege S aus Auftraggebersicht. Ergänzende Vertragsbedingungen der öffentlichen Hand für die Pflege von Standardsoftware, ITRB 2003, 128; *ders.,* Der EVB-IT Systemvertrag, ITRB 2007, 288; *ders.,* Hinweise für die Nutzung der EVB-IT Systemlieferung, ITRB 2011, 216; *ders.,* Der EVB-IT Systemvertrag (Version 2.0.) ITRB 2012, 282; *ders.,* Hinweise für die Nutzung der neuen EVB-IT System (Version 2.0), ITRB 2013, 168; *ders.,* Der EVB-IT Servicevertrag, ITRB 2015, 47; *Kahler,* Der neue EVB-IT Erstellungsvertrag, K&R 2013, 765; *Karger,* Die neuen EVB-IT Pflege S aus Auftragnehmersicht. Mustervertragsordnung für die Pflege von Standard-Software, ITRB 2003, 107; *Keller-Stoltenhoff/Müller/Spitzer,* Die neuen EVB-IT Systemlieferung. Eine Vorstellung ausgewählter Regelungen im Vergleich mit den EVB-IT System, CR 2010, 147; *ders.,* Handbuch für die IT-Beschaffung, Rehm Verlag, Loseblatt, 11. Aktualisierung August 2013; *Kremer/Sander,* Individuelle Änderungen von EVB-IT Verträgen und Ergänzungen mittels AGB, ITRB 2015, 24; *dies.,* Der EVB-IT Systemvertrag – doch kein (einheitlicher) Werkvertrag?, CR 2015, 146; *Kirn/Müller-Hengstenberg,* Die EVB-IT Systeme – ein Mustervertrag mit hohen Risiken?, CR 2009, 69; *Küppers,* Hinweise für den öffentlichen Auftraggeber zur Modifizierung der EVB-IT, ITRB 2010, 142; *Leitzen,* EVB-IT Pflege. Neue Einkaufsbedingungen der öffentlichen Hand für die Beschaffung von Pflegeleistungen an Standardsoftware, ITRB 2003, 78; *Leitzen/Intveen,* IT-Beschaffungsverträge der öffentlichen Hand, Die neuen EVB-IT als „BVB-Nachfolger", CR 2001, 493; *Lensdorf,* Die Vergabe von öffentlichen IT- und Outsourcing-Projekten, CR 2006, 138; *ders.,* Der EVB-IT Systemvertrag – Was lange währt wird endlich gut?, CR 2008, 1; *Müglich,* Vertragstypologie der Leistungen in den neuen EVB-IT Pflege S. Kritische Anmerkungen zu den Festlegungen des jeweiligen Vertragstyps, CR 2003, 633; *ders.,* AGB-rechtliche Überlegungen zur Auftragsvergabe nach BVB/EVB-IT, CR 2004, 166; *Müchlich/Lapp,* Mitwirkungspflicht des Auftraggebers beim IT-Systemvertrag, CR 2004, 801; *Müller-Hengstenberg,* Quo Vadis EVB-IT-Verträge?, CR 2006, 426; *ders.,* BVB/EVB-IT-Computersoftware, Erich Schmidt Verlag, 7. Auflage 2008; *Redeker,* Vertrag über die Lieferung, Anpassung und Installation von Software bei Verwendung der EVB-IT Systemlieferung, ITRB 2010, 255; *Schneider,* Handbuch des EDV-Rechts, 4. Auflage 2009; *Schmitt,* Schadenspauschalierungen und Vertragsstrafe in AGB der öffentlichen Hand insbesondere in BVB und EVB-IT, CR 2010, 693; *Schweinoch,* Geänderte Vertragstypen in Software-Projekten, Auswirkungen des BGH-Urteils vom 23.7.2009 auf die vertragstypologische Einordnung üblicher Leistungen, CR 2010, 1; *Zahrnt,* Wie die EVB-IT handhaben?, CR 2004, 716; *ders.,* Praktikerhandbuch EVB-IT System.

I. Allgemeines

1. Hintergrund

1 **a) Historie der BVB.** Seit 1972 wurden seitens der öffentlichen Verwaltung Einkaufsbedingungen für die Beschaffung von Datenverarbeitungsanlagen und -geräten sowie für die Beschaffung weiterer Leistungen mit der Industrie verhandelt und eingeführt.[1] So entstanden nach und nach sieben Vertragstypen der **„Besonderen Vertragsbedingungen für die Beschaffung von DV-Leistungen (BVB)".**

---

[1] Die BVB wurden einvernehmlich zwischen öffentlicher Verwaltung und der Industrie verabschiedet und eingeführt; dies gilt auch für die EVB-IT (→ Rn. 6).

Insgesamt gab es folgende BVB, die zwischenzeitlich weitgehend – aber noch nicht umfassend – von den EVB-IT abgelöst wurden (hierzu sogleich → Rn. 3 ff. und 9 ff.):
1. Besondere Vertragsbedingungen für die Miete von EDV-Anlagen und -geräten vom 1.1. 1973 – **BVB-Miete,**
2. Besondere Vertragsbedingungen für die Wartung von EDV-Anlagen und -geräten vom 15.5.1973 – **BVB-Wartung,** abgelöst durch die EVB-IT-Instandhaltung,
3. Besondere Vertragsbedingungen für den Kauf von EDV-Anlagen und -geräten vom 15.6. 1974 – **BVB-Kauf;** großteils abgelöst durch die EVB-IT-Kauf,
4. Besondere Vertragsbedingungen für die Überlassung von DV-Programmen vom 4.11.1977 – **BVB-Überlassung,** teilweise abgelöst durch EVB-IT-Überlassung Typ A und Typ B,
5. Besondere Vertragsbedingungen für die Pflege von DV-Programmen vom 30.11.1978 – **BVB-Pflege,** teilweise abgelöst durch die EVB-IT Pflege S (für Standardsoftware),
6. Besondere Vertragsbedingungen für die Erstellung von DV-Programmen vom 7.6.1984 – **BVB-Erstellung** – soll durch EVB-IT System abgedeckt sein (mit Ausnahme von noch laufenden Rahmenverträgen).
7. Besondere Vertragsbedingungen für die Planung von DV-gestützten Verfahren vom 24.10. 1988 – **BVB-Planung.**

b) Ablösung der BVB durch die EVB-IT. Die BVB sind ua infolge der technischen Entwicklung und der Veränderung rechtlicher Rahmenbedingungen, insbesondere der Schuldrechtsmodernisierung, überholt.

Im Auftrag des Kooperationsausschusses Automatisierte Datenverarbeitung Bund/Länder/ Kommunaler Bereich (KoopA-ADV) hatte daher eine Arbeitsgruppe des Koop-ADV unter Federführung des Bundesministeriums des Innern neue, die BVB ablösende Vertragstypen, die so genannten Ergänzende Vertragsbedingungen für die Beschaffung von IT-Leistungen (EVB-IT) entwickelt. Mit In-Kraft-Treten des Staatsvertrags zur Ausführung von Artikel 91c Grundgesetz (IT-Staatsvertrag) zum 1.4.2010 haben die darin vereinbarten Abstimmungsmechanismen die bisherigen Gremien – den „Arbeitskreis der Staatssekretäre für E-Government in Bund und Ländern" (St-Runde Deutschland Online) und KoopA ADV sowie deren Untergremien – abgelöst und sind in deren Rechtsnachfolge eingetreten.[2]

Bund, Länder und Kommunen haben sich auf eine Empfehlung zur Einführung einer Neufassung der gemeinsamen Vertragsbedingungen für die Beschaffung von informationstechnischen Leistungen verständigt.

Im Laufe der Zeit wurden seit 2002 „**Ergänzende Vertragsbedingungen für die Beschaffung von IT-Leistungen**" als Musterbedingungen geschaffen, die mit der Industrie verhandelt worden waren. Damit wurden die „Besonderen Vertragsbedingungen für die Beschaffung DV-technischer Anlagen und Geräte" (BVB) allmählich abgelöst. Ein „Rest" der BVB ist derzeit jedoch noch immer „gültig".[3]

Die Funktion dieser Musterbedingungen ist es, die „allgemeinen Vertragsbedingungen für die Ausführung von Leistungen", die VOL/B, um spezielle Regeln für den IT-Einkauf zu ergänzen. Die EVB-IT und BVB sind Ergänzende Vertragsbedingungen im Sinne des § 9 Abs. 1 Satz 2 und § 11 EG Abs. 1 Satz 2 der VOL/A.[4]

Bislang gibt es als folgende EVB-IT Musterbedingungen, wobei die Basis-EVB-IT – beginnend 2014 – insgesamt überarbeitet und ergänzt werden sollen:[5]

---

[2] In Konsequenz der Schaffung des Artikel 91c GG, s. a. www.it-planungsrat.de. Zu Art. 91c GG s. *Schallbruch/Städler* CR 2009, 619. Zum Hintergrund speziell bei EVB-IT Systemlieferung s. *Stoltenhoff/Müller/Spitzer* CR 2010, 147.
[3] Der Umfang der Weitergeltung ist nicht ganz klar, hierzu → Rn. 9, 10.
[4] Zur öffentlichen Vergabe von IT-Leistungen im Allgemeinen → § 40 (Öffentliche Vergabe von Leistungen der Informationstechnologie). Die Anforderungen an die Vertragsbedingungen finden sich in der Vergabe- und Vertragsordnung für Leistungen (VOL) in §§ 9 EG, 11 EG VOL/A (Oberschwellenvergaben) bzw. §§ 8, 9 VOL/A (Unterschwellenvergaben).
[5] Das Kapitel § 41 basiert – wie das gesamte Werk – auf dem Rechtsstand 1.6.2015. Nicht erläutert sind daher nachfolgend die folgenden, zum 16.7.2015 neu veröffentlichten beiden Vertragstypen:
- EVB-IT Überlassung Typ A, Version 2.0 vom 16.7.2015.
- EVB-IT Pflege S, Version 2.0 vom 16.7.2015.

- Basis-EVB-IT:
  - EVB-IT Dienstleistung (Fassung vom 1.4.2002, gültig ab 1.5.2002),
  - EVB-IT Überlassung Typ A (Fassung vom 1.4.2002, gültig ab 1.5.2002 bis 15.7.2015[6]),
  - EVB-IT Überlassung Typ B (Fassung vom 1.4.2002, gültig ab 1.5.2002),
  - EVB-IT Kauf (Fassung vom 1.4.2002, gültig ab 1.5.2002),
  - EVB-IT Instandhaltung (Fassung vom 1.4.2002, gültig ab 1.5.2002),
  - EVB-IT Pflege S (Fassung vom 27.3.2003, gültig ab 27.3.2003 bis 15.7.2015[7]),
- EVB-IT Systemverträge:
  - EVB-IT System (Ergänzende Vertragsbedingungen für die Erstellung eines IT-Systems in der Version 2.0 vom 19.9.2012 sowie EVB-IT Systemvertrag in der Version 2.01 vom 19.1.2013),
  - EVB-IT Systemlieferung (EVB-IT Systemlieferungs-AGB in der Version 1.0 vom 1.2.2010 sowie EVB-IT Systemlieferungsvertrag in der Version 1.1 vom 23.11.2012
  - EVB-IT Erstellung (Version 1.0 vom 8.7.2013)
  - EVB-IT Service (Version 1.0 vom 24.3.2014, gültig ab 28.3.2014).

c) **Entscheidungshilfe zur Einbeziehung der BVB- bzw. EVB-IT-Vertragstypen in IT-Beschaffungsverträge.** Folgende Übersicht gibt die auf den Seiten des CIO-Bund veröffentlichte Entscheidungshilfe wieder.[8]

Vertragsgegenstand	Empfohlener Vertragstyp
Basis-EVB-IT	
Kauf von Hardware (ggf. inklusive Aufstellung, jedoch ohne sonstige Leistungsanteile)	EVB-IT Kauf
Kauf von Standardsoftware (ggf. inklusive Vorinstallation, jedoch ohne sonstige Leistungsanteile)	EVB-IT Überlassung Typ A
Miete von Standardsoftware (ohne sonstige Leistungsanteile)	EVB-IT Überlassung Typ B
Dienstvertrag	EVB-IT Dienstleistung
Instandhaltung (früher: Wartung) von Hardware	EVB-IT Instandhaltung
Pflege von Standard-Software	EVB-IT PflegeS
EVB-IT Systemverträge	
Erstellung von IT-Systemen aus einer oder mehreren Systemkomponenten (Standardsoftware und/oder Hardware, ggf. Individualsoftware) einschließlich weiterer Leistungen zur Herbeiführung der Betriebsbereitschaft, wobei letztere und/oder die Erstellung der Individualsoftware den Schwerpunkt der Leistung darstellen (zB weil sie mehr als 16 % des Auftragswerts ausmachen). **Der Vertrag ist insgesamt ein Werkvertrag.**	EVB-IT System
Auf Softwareleistungen reduzierter, gekürzter EVB-IT Systemvertrag (1) zur Erstellung von Individualsoftware, (2) zur Anpassung von Software auf Quellcodeebene bzw. (3) zu umfangreichem, den Vertrag werkvertraglich prägenden Customizing von Standardsoftware, wobei die Standardsoftware zu diesem Zweck beigestellt oder vom Auftragnehmer auf der Grundlage dieses Vertrages überlassen werden kann. **Der Vertrag ist insgesamt ein Werkvertrag.**	EVB-IT Erstellung (ersetzen BVB-Erstellung)

Diese sind nunmehr anzuwenden. Die Ausführungen dieses Kapitels beziehen sich auf deren Vorgänge (Stand 2002/2003). Mit einer Überarbeitung der verbleibenden weiteren Basis-EVB-IT ist alsbald zu rechnen, um auch diese den mit dem System-EVB-IT erreichten Standards anzupassen und insgesamt zu vereinheitlichen.

[6] Ab 16.7.2015 ist die neue Version 2.0 anzuwenden.

[7] Ab 16.7.2015 ist die neue Version 2.0 anzuwenden.

[8] Zu finden unter www.cio.bund.de über den Suchbegriff „EVB-IT Entscheidungshilfe" bzw. im Downloadbereich unter dem Register „IT-Beschaffung".

I. Allgemeines

Vertragsgegenstand	Empfohlener Vertragstyp
Kauf von IT-Systemen aus einer oder mehreren Systemkomponenten (Standardsoftware und/oder Hardware) einschließlich weiterer Leistungen zur Herbeiführung der Betriebsbereitschaft ohne dass diese Leistungen den Schwerpunkt bilden. **Der Vertrag ist insgesamt ein Kaufvertrag.**	EVB-IT Systemlieferung (ersetzen BVB-Kauf, BVB Überlassung Typ II)
Serviceleistungen rund um ein IT-System oder für Individualsoftware, die über den Regelungsumfang zum Service in den EVB-IT Systemverträgen hinausgehen. Der Servicevertrag kann zB zum Einsatz kommen, wenn – nach der Erstellung oder Lieferung eines IT-Systems oder der Erstellung einer Individualsoftware durch den Auftragnehmer mit diesem umfangreichere und differenziertere Serviceleistungen vereinbart werden sollen, als dies mit den Serviceregelungen aus den EVB-IT Systemverträgen möglich wäre, – die in bestehenden EVB-IT Systemverträgen vereinbarten Serviceleistungen neu ausgeschrieben werden müssen, – Serviceleistungen für ein IT-System vereinbart werden sollen, das nicht zuvor vom Auftragnehmer über einen der EVB-IT Systemverträge erstellt oder geliefert wurde, – Individualsoftware vom Auftragnehmer gepflegt werden soll. Die Pflege nur von Standardsoftware und die Instandhaltung nur von Hardware wird weiterhin über die EVB-IT Pflege S und die EVB-IT Instandhaltung vereinbart.	EVB-IT Service (ersetzen BVB-Pflege)
BVB	
Miete von Hardware	BVB-Miete
Planung von DV-gestützten Verfahren, insbesondere Planung von Individualsoftware (Planungsphase, Fachliches Feinkonzept)	BVB-Planung (zukünftig: EVB-IT Planung)

d) Praktische Überlegungen zum Geltungsbereich von BVB und EVB-IT. Das Anwendungsspektrum der BVB wird – Stand 6/2015 – durch die bisher vorliegenden EVB-IT-Vertragstypen (Kauf, Dienstleistung, zeitlich unbefristete Überlassung von Standardsoftware gegen Einmalvergütung, zeitlich befristete Überlassung von Standardsoftware, Instandhaltung von Hardware, Pflege von Standardsoftware, Beschaffung von IT-Systemen sowie Softwareleistungen, Systemlieferungsvertrag) leider **noch nicht vollständig abgedeckt.** Einige BVB sind deshalb auch weiterhin anzuwenden. Daher ist bis zur Veröffentlichung und Einführung aller vorgesehenen EVB-IT-Vertragstypen (ua stehen noch aus die Vertragstypen für Planung und Miete von Hardware) und der damit einhergehenden vollständigen Ablösung der BVB durch EVB-IT bei jeder IT-Beschaffung zu entscheiden, ob der Vertrag auf der Grundlage von EVB-IT oder BVB abzuschließen ist, oder ob gar eine Mischung von EVB-IT und BVB in Betracht kommt, ggf. sogar die Anforderungen des Einzelfalls in einem individuellen Vertrag abgebildet werden müssen, ggf. unter ergänzender Anwendung von EVB-IT und BVB.[9]

Derzeitige BVB und EVB-IT Geltung:
- Zum gegenwärtigen Zeitpunkt gibt es im Rahmen der EVB-IT keine direkte Entsprechung zu den BVB-Wartung und auch nicht zu BVB-Pflege. Die EVB-IT Pflege S gelten nur für Standardsoftware. Die EVB-IT Service ersetzen nunmehr im Hinblick auf Individualsoftware die BVB-Pflege. Die BVB-Wartung sind weiterhin ohne Entsprechung.
- Laut Literaturmeinung[10] und nun auch der Anwendungsempfehlung und Nutzungshinweisen des CIO des Bundes soll der EVB-IT Systemlieferungsvertrag die bisherigen Bedingungen BVB-Kauf und BVB-Überlassung Typ II ersetzen. Es verblieben demnach von den BVB zunächst weiterhin die folgenden Vertragsmuster „in Kraft":

---

[9] Siehe *Bischof* ITRB 2008, 90 mwN.
[10] Siehe *Keller-Stoltenhoff/Müller/Spitzer* CR 2010, 147.

- BVB-Miete (für Hardware)
und
- BVB-Planung.
- Unklar ist, was für sonstige Leistungen gelten soll, die nicht unmittelbar direkt unter eine der EVB-IT Vertragstypen fallen. Dies könnte etwa bei Support, Software as a Service, Cloud-Anwendungen sowie Rollout größer Systeme uä der Fall sein. Der Rollout als hauptsächlicher Vertragsgegenstand ist deshalb nicht von der IT-Systemlieferung erfasst, weil diese nur greifen soll, wenn die Herstellung der Betriebsbereitschaft des Systems nicht den Schwerpunkt der Leistung darstellt.[11]

12 Folgende Konkurrenzen bzw. Kombinationen ergeben sich somit:
- Der **Erwerb von Hardware** beurteilt sich primär nach den EVB-IT Kauf, soll sich aber insbesondere bei Kombination mit Standardsoftware nach den EVB-IT Systemlieferung beurteilen. Dies gilt aber auch dann, wenn die Hardware insgesamt ein System bildet, sodass dann nicht die EVB-IT Kauf zum Tragen kämen.
- Die **isolierte Herbeiführung der Betriebsbereitschaft** im Sinne des erwähnten Rollout würde nicht unter die EVB-IT Systemlieferung fallen, erst recht nicht unter den EVB-IT Systemvertrag, auch nicht unter die EVB-IT Service (die sich auf Wiederherstellung oder Aufrechterhaltung der Betriebsbereitschaft beziehen, nicht aber auf die erstmalige Herbeiführung derselben), sondern wäre ohne passende BVB/EVB-IT.
- Die **Übernahme von Altdaten und andere Migrationsleistungen** ließen sich als zusätzliche Leistung mit dem EVB-IT Systemlieferungsvertrag (Nr. 4.3 des Vertragsformulars) bzw. dem EVB-IT Systemvertrag (Nr. 4.6 des Vertragsformulars) abdecken, nicht jedoch als eigenständige Leistung.[12] Evtl. könnte man die EVB-IT Dienstleistung heranziehen mit der Folge, dass dann aber nicht Werk-, sondern Dienstvertragsrecht gelten würde. Dies wird jedoch die Bedeutung der Altdatenübernahme für den öffentlichen Auftraggeber kaum zutreffend widerspiegeln.[13]
- **Schulungen** sind in diversen EVB-IT vorgesehen, nicht zuletzt auch in dem Systemlieferungsvertrag. Getrennt von anderen Leistungen eignen sich für die Schulung die EVB-IT Dienstleistung.
- **Systemserviceleistungen** können mit EVB-IT Systemvertrag wie auch mit EVB-IT Systemlieferungsvertrag sowie neuerdings isoliert auch unter dem EVB-IT Service vereinbart werden (insofern werden die EVB-IT Dienstleistung, die gelegentlich auch angewandt wurden, nicht mehr einschlägig sein, die zudem nicht dem Erfolgscharakter von Wartung oder Installation (und dem Wunsch des Auftraggebers nach werkvertraglicher Einordnung) gerecht werden).

2. Rechtscharakter der BVB und EVB-IT

13 **a) Allgemeine Geschäftsbedingungen.** Der Koop-ADV hatte (wie nun auch die Arbeitsgruppe EVB-IT unter Leitung des Bundesinnenministeriums) seinen Mitgliedern, Bund, Ländern und kommunalen Spitzenverbänden grds. empfohlen, die EVB-IT einschließlich der veröffentlichten Hinweise einzuführen. Die EVB-IT, wie schon zuvor die BVB, sind gemäß Ziffer 2.1.7 der Verwaltungsvorschriften zu § 55 BHO für die Bundesbehörden verbindlich. Entsprechende Vorschriften gibt es in den Haushaltsordnungen der einzelnen Bundesländer, aber nicht für alle Bundesländer. Gemeinden wiederum bestimmen im Rahmen der kommunalen Selbstverwaltung über die Umsetzung der Empfehlung ihrer kommunalen Spitzenverbände.

14 Die Texte sind mit der Industrie (vertreten durch die Verbände BITKOM, VSI und dmmv) verhandelt bzw. ausgehandelt. Dies war auch bereits bei den BVB der Fall. Dennoch hatte der BGH für die BVB die „kompensierende" Betrachtung abgelehnt, die er der VOB zugestanden hat.[14] Der BGH hatte in seinen beiden Entscheidungen einzelne Klauseln zu prüfen

---

[11] Siehe *Keller-Stoltenhoff/Müller/Spitzer* CR 2010, 147 (148).
[12] Siehe *Keller-Stoltenhoff/Müller/Spitzer* CR 2010, 147 (149).
[13] S. a. Conrad/Grützmacher/*Bischof*, Recht der Daten und Datenbanken im Unternehmen 2014, Kap. § 38.
[14] BGH Urt. v. 27.11.1990 – X ZR 26/90, CR 1991, 1960 – BVB-Überlassung I; s. a. BGH Urt. v. 4.3.1997 – X ZR 141/95, NJW 1997, 2043 = CR 1997, 470 – BVB-Überlassung II.

und dabei gerade nicht darauf abgestellt, ob das Vertragswerk als Ganzes einen angemessenen Interessenausgleich schafft. Es ist davon auszugehen, dass dies auch für die EVB-IT gilt.

Die BVB waren und die EVB-IT sind unstreitig AGB, die die öffentliche Hand verwendet. **15**
Wenn Anbieter im „vorauseilenden Gehorsam" die EVB-IT heranziehen bzw. in ihr Angebot mit einbeziehen, ändert dies an der Tatsache, dass es sich insoweit weiterhin um AGB des Auftraggebers handelt, nichts.

Anzumerken ist, dass BVB und EVB-IT einen **Kompromiss** als Ergebnis der Verhandlung **16** zwischen der öffentlichen Verwaltung und der Privatwirtschaft/Industrie darstellen. Dies führt zum Teil zu die öffentliche Hand benachteiligenden Regelungen. Solche Benachteiligungen sind jedoch – wenn die öffentliche Hand Verwender der AGB ist (so bei Vergabeverfahren) – wirksam, da es dem Verwender sehr wohl gestattet ist, sich selbst zu benachteiligen.

> **Praxistipp:**
> Wenn hingegen Anbieter (aus welchen Gründen auch immer) die EVB-IT zu ihren eigenen Vertragmustern auswählen (somit als „Verkaufs-AGB" verwenden), muss der Anbieter darauf gefasst sein, dass eine Vielzahl der Regelungen unwirksam ist, weil sie seinen Vertragspartner – abweichend von den gesetzlichen Regelungen – benachteiligen.
> Anbietern ist daher grds. davon abzuraten, die als Einkaufsbedingungen der öffentlichen Hand konzipierten Verträge als eigene Verträge zu verwenden.

b) Einbeziehung der BVB/EVB-IT und Rangfolge. Nachdem die BVB sowie EVB-IT entsprechend der VOL/B[15] selbst Mustervertragsbedingungen der öffentlichen Hand und damit **17** AGB sind (also weder Gesetz noch Verordnung), werden die BVB/EVB-IT erst durch ausdrückliche Vereinbarung/Einbeziehung zwischen den Vertragspartnern wirksam (§ 305 Abs. 2 BGB).

> **Checkliste:** **18**
> Voraussetzung für die wirksame Einbeziehung der AGB
>
> ☐ Ausdrücklicher Hinweis auf die AGB (§ 305 Abs. 2 Nr. 1 BGB)
> ☐ Möglichkeit zumutbarer Kenntnisnahme für den anderen Vertragspartner (§ 305 Abs. 2 Nr. 2 BGB)
> ☐ Einverständnis des anderen Vertragspartners (§ 305 Abs. 2 BGB)

Daher sehen sämtliche Vertragsdeckblätter der BVB sowie die Vertragsmuster der EVB-IT **19** (meist unter Nummer 2)[16] vor, welche Regelungen in welcher Reihenfolge Vertragsbestandteil werden und wo die BVB/EVB-IT zur Einsichtnahme bereitgestellt werden.

Beispiel:
So sieht zB Ziffer 2 des Vertragsmusters EVB-IT Kauf folgende Regelung vor:
„2. Vertragsbestandteile
2.1 Es gelten nacheinander als Vertragsbestandteile:
– dieser Vertrag (Seite 1 bis ...) mit Anlage(n) Nr. ...
– Ergänzende Vertragsbedingungen für den Kauf von Hardware* (EVB-IT Kauf) in der bei Vertragsschluss geltenden Fassung einschließlich des Musters 1
– Ergänzende Vertragsbedingungen für die Überlassung von Standardsoftware* gegen Einmalvergütung (EVB-IT Überlassung Typ A) in der bei Vertragsschluss geltenden Fassung einschließlich des Musters 1

---

[15] Vergabe- und Vertragsordnung für Leistungen, Teil B (Allgemeine Vertragsbedingungen für die Ausführung von Leistungen).
[16] Der EVB-IT Systemvertrag enthält diese Regelung unter Nummer 1.2, der EVB-IT Systemliefervertrag unter Nummer 1.3.

– Verdingungsordnung für Leistungen – ausgenommen Bauleistungen – Teil B (VOL/B) in der bei Vertragsschluss geltenden Fassung.
EVB-IT Kauf, EVB-IT Überlassung Typ A und VOL/B liegen beim Auftraggeber zur Einsichtnahme bereit.
2.2 Weitere Geschäftsbedingungen sind ausgeschlossen, soweit in diesem Vertrag nichts anderes vereinbart ist."

20 c) **Wirksamkeit der AGB.** Wie bei allen AGB stellen sich auch für die BVB und EVB-IT die Fragen nach der Wirksamkeit/Unwirksamkeit der enthaltenen Klauseln für beide Seiten.

21

> **Checkliste:**
> Unwirksamkeit von AGB-Klauseln
>
> ☐ Unklare, damit nicht transparente Regelungen (Transparenzgebot, § 307 Abs. 1 S. 2 BGB)
> ☐ Überraschende Klauseln (§ 305c BGB)
> ☐ Unangemessene Benachteiligung des Vertragspartners (§ 307 Abs. 2 und Abs. 1 BGB):
>   • Bei Abweichung von wesentlichen gesetzlichen Grundgedanken, es sei denn besondere Umstände rechtfertigen dies;
>   • Bei Einschränkung von wesentlichen Rechten und Pflichten, die sich aus der Natur des Vertrags ergeben, so dass die Erreichung des Vertragszwecks gefährdet ist;
>   • Bei Verstößen gegen Treu und Glauben.

22 Als besondere Frage könnte sich stellen, ob ggf. unwirksame AGB die zu Grunde liegende Ausschreibung „infizieren", diese also rechtswidrig machen würden. Von der Rechtsprechung wurde jedoch dieses Thema noch nicht behandelt.[17]

23 Die bekannten Probleme der BVB sind zum Teil durch die EVB-IT beseitigt worden, va, was die Veraltung betraf. Nicht beseitigt bzw. eher gesteigert ist jedoch das **Problem der Unübersichtlichkeit,** so dass die Gefahr droht, dass wichtige Teile wegen Intransparenz unwirksam sein könnten. Dies könnte va für die neuesten EVB-IT Vertragstypen (System, Erstellung, Systemlieferung sowie Service) gelten, die allein ob ihres Umfangs die Praxis vor große Herausforderungen stellen.

24 Ein Spezialproblem bei den EVB-IT System ist hierbei die Auffassung der öffentlichen Hand, bei den EVB-IT System handele es sich in jedem Falle um einen einheitlichen Werkvertrag, wenn eine gewisse Schwelle erreicht ist.[18] Problematisch ist insbesondere die Tatsache, dass die EVB-IT System weder das Thema des gemischten Vertrages berücksichtigen, noch die evtl. vertragstypologische Einordnung nach § 651 BGB.[19] Dieses Einordnungsproblem wurde in der Zwischenzeit zwar erkannt, jedoch von offizieller Stelle, ggf. auch vor dem Hintergrund des Umgangs der Rechtsprechung mit diesem Thema als nicht problematisch, als nicht relevant erachtet.[20] Gleiches gilt auch für die EVB-IT Erstellung, für die ebenfalls kraft „Anordnung" die Einordnung als Werkvertrag gelten soll.

25 Die BVB waren und die EVB-IT sind (mit gewissen Abweichungen bei den EVB-IT System) im Wesentlichen **industriefreundlich und benachteiligen in gewissem Sinne in vielen Fällen den Auftraggeber** gegenüber der gesetzlichen Regelung. Eine solche Selbstbenachteiligung ist in AGB zulässig, kann auch insbesondere nicht als Unwirksamkeitsargument der öffentlichen Hand als Verwender selbst erfolgreich vorgebracht werden. Auch bestehen ge-

---

[17] Zum Problem s. etwa insbesondere im Hinblick auf die Veraltung der BVB bei Ausschreibungen, *Koch* ITRB 2003, 136; *Feil* ITRB 2003, 259; *Müglich* CR 2004, 166; zur Frage der Ausschreibung mit EVB-IT s. *Bischof* ITRB 2008, 90.
[18] → Rn. 215 ff.
[19] Zur Problematik des § 651 BGB sowie der zwischenzeitlich hierzu vorliegenden BGH-Rechtsprechung siehe § 10 (Vertragliche Grundlagen).
[20] Siehe Erklärung unter http://www.cio.bund.de/SharedDocs/Publikationen/DE/IT-Angebot/bgh_entscheidung_vom_23072009_download.pdf?__blob=publicationFile. Siehe hierzu auch *Kremer/Sander,* CR 2015, 146.

I. Allgemeines

genüber einer ganzen Reihe von Formulierungen nicht unerhebliche Bedenken, weil sie unklar sind. Allerdings versuchen die EVB-IT, wie auch schon die BVB, durch eine Fülle von Definitionen Begriffe teilweise erfolgreich zu klären.

Einzig die EVB-IT System waren in ihrer Ursprungsfassung bei der Veröffentlichung nicht endgültig mit der Industrie abgestimmt. Dieser Vertrag war zu Gunsten der öffentlichen Verwaltung gestaltet und begegnete deshalb beim Erscheinen nicht unerheblicher Kritik, die aber im Laufe der Zeit bereits abgeebbt war und zudem durch die weiteren Verhandlungen und infolge der Neuveröffentlichung in Version 2.0 auch weitgehend überholt ist. Die aktuelle Fassung (Version 2.0 vom 12.9.2012) wurde wieder mit Zustimmung der Industrie im Hinblick auf die erzielten Kompromisse in für die Industrie wesentlichen Bereichen veröffentlicht.

Die EVB-IT Systemlieferung waren von Anfang an mit der Industrie abgestimmt, auch entsprechend industriefreundlich und trafen daher auch auf keinen erheblichen Widerstand in der Industrie.[21] Gleiches gilt für die 2013 veröffentlichten EVB-IT Erstellung sowie die 2014 veröffentlichten EVB-IT Service sowie die 2015 überarbeitet neu veröffentlichte EVB-IT Überlassung Typ A und EVB-IV Pflege S.

3. Aufbau der BVB

Sämtliche BVB sind jeweils aus folgenden **drei** stets zusammengehörenden Dokumenten aufgebaut:
- Eigentlicher Vertrag, auch „Vertragsschein" oder „Schein" genannt;
- Allgemeine Geschäftsbedingungen (Besondere Vertragsbedingungen, Stand 23.5.1991), die über den Vertrag einbezogen werden (vgl. meist Nummer 2 des Vertrages).
- So genannte Vertragsdeckblätter (sofern vorhanden); diese wurden zur Anpassung der BVB an die Schuldrechtsreform eingeführt, um auf diese Weise einzelne Klauseln der BVB den Neuregelungen nach Schuldrechtsmodernisierung anzupassen.

4. Aufbau der EVB-IT

a) **Besonderheiten der EVB-IT in der Außenwirkung.** In den EVB-IT (ebenso wie in ihren Vorgängern den BVB) sind eine Reihe von Prinzipien und Ansätzen enthalten, die in andere Vertragswerke bzw. in die Praxis der Privatwirtschaft weitgehend übernommen worden sind. Dies betrifft ua:
- das eigentlich angloamerikanisch typische Vorgehen durch **Definitionen** zur Vertragsklarheit beizutragen,
- bei den Verträgen möglichst ein gewisses **einheitliches Schema** beizubehalten, auch wenn es um unterschiedliche Vertragsgegenstände geht,
- die Verträge **einzeln aufeinander aufbauen** zu lassen,
- ein **einheitliches Konzept** hinsichtlich des Vorgehens zu unterlegen, was insbesondere das Stufenkonzept von Planung und Erstellung betrifft (das wiederum aus dem alten V-Modell[22] entstammt),
- eine möglichst **einheitliche Abfolge der Klauselthemen**,
- bei **gleichem Thema möglichst auch einheitliche Regelungen** vorzusehen.[23]

b) **Formaler Aufbau.** Sowohl der formale Aufbau der EVB-IT ist weitgehend einheitlich, als auch zu erheblichen Teilen die inhaltliche Ausgestaltung, sodass eine schematische Übersicht hilfreich sein kann.[24]

Der formale Aufbau ist – wie bereits bei den BVB (→ Rn. 28) dadurch gekennzeichnet, dass ein bestimmter **Satz von Dokumenten** je EVB-IT den jeweiligen Vertragstyp insgesamt bildet.

---

[21] Zum Verfahren s. a. *Keller-Stoltenhoff/Müller/Spitzer* CR 2010, 147.
[22] Zu Vorgehensmodellen und Projektmethodiken → Teil A (Technische und organisatorische Grundlagen).
[23] Zum Schema der Vertragsthemen und deren Abdeckung → Rn. 131 ff.
[24] → Rn. 38 ff.

Beispiel der Zusammensetzung der EVB-IT Systemlieferung:
- EVB-IT Systemlieferungsvertrag, verkürzt „Vertrag" oder „Vertragsformular" bezeichnet, in das die konkreten Gegebenheiten eingesetzt werden (können),
- EVB-IT Systemlieferung, als AGB bezeichnet,
- Muster 1, Störungsmeldeformular,
- Muster 2, Leistungsnachweis,
- Muster 3, Nutzungsrechtsmatrix.

Praxistipp:
Hinsichtlich der Nummerierung ist zu beachten: Die einzelnen Klauseln im Vertrag werden mit Nummern, die einzelnen Klauseln in den AGB mit Ziffern bezeichnet.

32 Im jeweiligen **Vertragsformular** werden die Rechte und Pflichten beider Vertragspartner geregelt. Insbesondere wird der Leistungs-/Vertragsgegenstand definiert. Die erste Seite dient dabei als „Management Summary", die weiteren Nummern des Vertrags enthalten die Detaillierungen.

33 Die Vertragsformulare gewähren verschiedene „Ausfüllmöglichkeiten" und damit auch den einzelnen öffentlichen Auftraggebern die gebotene **Flexibilität**, denn: „Standardfälle" können mittels der vorhandenen, im Musterformular enthaltenen Standardtexte gelöst werden. Teils sind „feste Texte" ohne weitere Wahlmöglichkeit vorgesehen, teils hingegen bestehen verschiedene Ankreuzvarianten oder das Ausfüllen freier Textfelder bzw. das Verwenden gesonderter Anlagen, die dann Bestandteil des Vertrages werden. Zudem schaffen bei sämtlichen EVB-IT Regelungen „am Ende des Musterformulars" eine darüber hinausgehende Flexibilität, da diese ausdrücklich **„Sonstige Vereinbarungen"** zulassen (so zB Nummer 15 der EVB-IT Kauf). Zu beachten ist grundsätzlich, dass solche Vereinbarungen nur dann getroffen werden sollten, wenn hierfür ein Bedürfnis beim jeweiligen Auftraggeber besteht,[25] das dieser – auch aus vergaberechtlicher Perspektive – in seiner Vergabeakte dokumentiert haben sollte. Besteht ein solches nachvollziehbares, nicht diskriminierendes Bedürfnis, so sind abweichende Regelungen auch zulässig, selbst wenn sie erheblich von den „ausgehandelten Mustern" abweichen sollten.

34 Für sämtliche Vertragstypen liegen entsprechende **spezifische ergänzende Vertragsbedingungen** vor, die über Nummer 2.1 (bzw. 1.2 oder 1.3) der EVB-IT in den Vertrag einbezogen werden.

35 Ergänzt werden die EVB-IT zum Teil durch **Nutzungshinweise/Nutzerhinweise**, die jedoch **nicht Vertragsbestandteil** werden. Sie dienen vor allem dazu, dem AGB-Verwender Hinweise zum Verständnis sowie zum Ausfüllen der Vertragsformulare und dem potentiellen Vertragspartner grundlegende Informationen zu geben.

36 Derzeit sind vier Nutzerhinweise veröffentlicht, zum einen für die EVB-IT System und zum anderen für die bis zur Einführung der EVB-IT System vorhandenen Vertragstypen (Kauf, Instandhaltung, Überlassung Typ A und B, Pflege S, Dienstleistung), sowie seit 5/2011 für die EVB-IT Systemlieferung[26] und seit ca. Mitte 2015 auch für die EVB-IT Service.

37 Die ausführlichen Nutzerhinweise für die EVB-IT System 2.0 weisen derzeit einen Umfang von 133 Seiten auf und erläutern die einzelnen Ziffern der AGB und Nummern des Systemvertrags. Die Nutzerhinweise für die EVB-IT Systemlieferung enthalten auf 96 Seiten die erforderlichen Erläuterungen. Die EVB-IT Service werden auf 102 Seiten in eigenen Nutzerhinweisen erläutert.

38 **c) Schematische Übersicht über den inhaltlichen Aufbau der EVB-IT.** Man kann die EVB-IT in drei Sachgebiete gliedern, die in etwa auch der Komplexität des jeweiligen Gegenstandes entsprechen:

---

[25] Siehe *Feil/Leitzen* EVB-IT Kap. 2 Rn. 130. S. a. Nutzerhinweise EVB-IT v. 13.2.2003 bei den jeweiligen Vertragshinweisen zu den „Sonstigen Vereinbarungen". Siehe auch zu Änderungen der EVB-IT: *Küppers* ITRB, 2010, 142; *Kremer/Sander*, ITRB 2015, 24.

[26] Für die seit 16.7.2015 zu verwendenden neuen EVB-IT Überlassung Typ A und EVB-IT Pflege S sollen noch Nutzerhinweise veröffentlicht werden.

- eher einfache, in gewissem Sinne auch gezielt **punktuelle (Austausch-)Verträge**, also etwa Kauf der Hardware bzw. Erwerb der Software, Dienstleistungen,
- **Dauerschuldverhältnisse** (also Instandhaltung/Wartung bzw. Pflege; hierzu gehört auch die Softwaremiete) und schließlich
- **besonders komplexe gemischte Verträge**, hier die Systemverträge, (derzeit) EVB-IT System, EVB-IT Erstellung, EVB-IT Systemlieferung sowie EVB-IT Service.

Im Rahmen dieser Einteilung ähneln sich die Gliederungen jeweils hinsichtlich der Themenabfolge und zu einem erheblichen Teil auch hinsichtlich der jeweiligen Ausgestaltung der Themen.

aa) Inhaltlicher Aufbau der Austauschverträge und Dauerschuldverhältnisse. Durchgängig ist in **Ziffer 1 der jeweiligen AGB** die Art und der Umfang der Lieferung/Leistungen auch insoweit geregelt, als evtl. Wahlmöglichkeiten bestehen. Die Bezeichnung ist allerdings nicht immer einheitlich. Ziffer 1 bei den EVB-IT Kauf lautet zB „Art und Umfang der Lieferung" und setzt voraus, dass klar ist, dass es sich insoweit um Hardware handeln muss. Bei Ziffer 1 der EVB-IT Dienstleistung wird von „Art und Umfang der Dienstleistung" gesprochen, bei den EVB-IT Instandhaltung von „Art und Umfang der Leistung".

Bei den EVB-IT Überlassung Typ A und B wird weiter differenziert nach „Gegenstand des Vertrages" (Ziffer 1), wodurch jeweils die Unterscheidung nach kauf- bzw. mietrechtlicher Einordnung dargestellt wird, während dann wiederum Ziffer 2 von „Art und Umfang der Leistung" spricht und sich bei der Softwareüberlassung va mit Dokumentation, Virenschutz und ordnungsgemäßer Datensicherung auseinandersetzt.

Der weitere Aufbau der Austauschverträge/Dauerschuldverhältnisse folgt dann weitgehend folgender Struktur:[27]
- ggf. Nutzungsrechtseinräumungen (bei Software),
- ggf. Mitwirkung,
- ggf. Zusammenarbeit der Vertragspartner,
- ggf. Change Request-Verfahren,
- ggf. Vertragsdauer und Kündigung von Nutzungsrechten,
- Vergütung,
- Verzug,
- Gewährleistung bzw. qualitative Leistungsstörung,
- Schutzrechtsverletzung,
- Sonstige Haftung,
- Verjährung,
- ggf. Schlichtungsverfahren,
- Datenschutz, Geheimhaltung, Sicherheit,
- Typische Schlussbestimmungen wie:
  – Schriftform,
  – Anwendbares Recht,
  – Salvatorische Klausel.

Die Texte insbesondere zu den „Austauschverträgen" sind sehr knapp gehalten. Die Dauerschuldverhältnisse (insbesondere EVB-IT Instandhaltung und EVB-IT Pflege S) sind ausführlicher gestaltet, jedoch im Vergleich zum Umfang der EVB-IT System/Erstellung/Systemlieferung/Service relativ knapp gehalten.

bb) Inhaltlicher Aufbau von EVB-IT System/Systemlieferung, EVB-IT Erstellung und EVB-IT Service. Beim EVB-IT System wird hingegen beim Vertragsgegenstand unter Ziffer 1.1 näher erläutert, dass es um die Erstellung eines (an anderer Stelle beschriebenen)[28] Gesamtsystems geht. Näheres regelt dann Ziffer 2 mit „Art und Umfang der Leistungen zur Erstellung des Gesamtsystems". Diese Ziffer 2 enthält eine äußerst aufwendige Regelung, die vierstellig gegliedert ist (entsprechend dem Umfang von insgesamt acht verschiedenen

---

[27] Die ab 16.7.2015 geltenden neuen EVB-IT Überlassung Typ A und EVB-IT Pflege S wurden an die neuen Standards der Systemverträge angepasst; vorliegender gilt daher insofern nur für deren Fassung bis zum 15.7.2015.
[28] Die Beschreibung des „Gesamtsystems" erfolgt unter Nummer 1.1 EVB-IT Systemvertrag.

Leistungsinhalten (laut Ziffer 1.1), angefangen von Kauf von Hardware bis zur Dokumentation.

45 Insofern ist auch der EVB-IT System untypisch aufgebaut, als dort eine besondere Regelung für die Mängelklassifizierung (Ziffer 3) und der Systemservice nach Abnahme (Ziffer 4) genannt sind. Gerade Leistungen nach Abnahme betreffen eher eine Themenstellung, die die BVB und auch die übrigen EVB-IT ansonsten an späterer Stelle regeln, nämlich die Verpflichtung des Auftragnehmers zum Eingehen zusätzlicher Leistungspflichten.

> **Praxistipp:**
> Etwas pauschal wird man wohl sagen können, dass der Aufbau der EVB-IT System nicht selbsterklärend ist und insofern dort der Vertrag neben der eigentlichen Funktion als Vertragsgrundlage auch eine wichtige Funktion als „Checkliste" hat.

46 Beim EVB-IT Systemlieferung wird unter Ziffer 1.1 der Vertragsgegenstand als Lieferung eines Systems und ggf. Schulung und Systemservice dargestellt. Art und Umfang der Leistung findet sich sodann – detailliert untergliedert – als Ziffer 2 sowie der Systemservice unter Ziffer 4. Die Systemlieferung wird erst unter Ziffer 11 näher beschrieben.

47 Die EVB-IT Erstellung sind als „auf die Leistungen rund um Software reduzierter EVB-IT Systemvertrag" entsprechend dem EVB-IT System aufgebaut, wobei sich insbesondere die Regelungen unter Ziffer 2 der Fokussierung auf Softwareleistungen entsprechend anders gliedern, aber inhaltlich den Regelungen der EVB-IT System weitgehend entsprechen, soweit nicht eine Umstrukturierung oder Ergänzung erforderlich war.[29]

48 Die EVB-IT Service orientieren sich in ihrem Aufbau im Hinblick auf die Komplexität an den Systemverträgen, wobei den Besonderheiten des Leistungsportfolio der denkbaren IT-Serviceleistungen entsprechend Rechnung getragen wird.[30]

49 **d) Bewertung der BVB/EVB-IT als „Best Practice".** Es wäre theoretisch denkbar, nicht zuletzt aufgrund des langjährigen Praxiseinsatzes, die BVB/EVB-IT als „Best Practice" im IT-Vertragsrecht anzusehen. Der BGH[31] neigte einst hierzu, als er etwa die Herausgabe des Quellcodes mit Hilfe der BVB-Überlassung und deren Definitionen behandelte. Hinsichtlich der Definitionen, die die EVB-IT zahlreich enthalten, würde dies sogar anzuraten sein. Auch insoweit könnten die EVB-IT stil- und standardbildend wirken.

50 Hinsichtlich der genauen Ausgestaltung allerdings, etwa unter dem Aspekt der Ausgewogenheit kann den EVB-IT dieses Attribut nicht zugebilligt werden. Eher könnte man sie insgesamt als industrie- bzw. anbieterfreundlich bezeichnen und daher nicht als ausgewogene, faire Regelung für beide Vertragspartner.[32]

51 Für die Vielzahl der IT-Beschaffungen der öffentlichen Hand stellen die EVB-IT eine wertvolle Arbeitserleichterung dar. Dies gilt vor allem bei Vergabestellen, bei denen IT-Beschaffung kein Regelfall ist und die somit auf allseits bekannte Muster zurückgreifen können.

II. Vertragsübergreifende Regelungsbereiche der EVB-IT

1. Einleitung

52 Die EVB-IT folgen nicht nur dem Konzept eines einheitlichen Aufbaus, sondern auch dem Konzept, Klauseln, die sich für verschiedene EVB-IT Vertragstypen eignen, auch gleichlautend bzw. nahezu gleichlautend zu verwenden.

---

[29] → Rn. 293 ff., 301 ff.
[30] → Rn. 323 ff., 327 ff.
[31] BGH Urt. v. 30.1.1986 – I ZR 242/83, CR 1986, 377.
[32] Dies galt umgekehrt allerdings auch für die Vorgängerversionen des EVB-IT Systemvertrags (der nicht mit der Industrie ausgehandelt war), da dieser wiederum eindeutig die öffentliche Hand bevorzugte und die Anbieter benachteiligte.

Im Folgenden werden daher diejenigen Klauseln, die in mehreren der Basis EVB-IT iden- 53
tisch oder nahezu gleichlautend verwandt werden, „vor die Klammer gezogen" besprochen,
wobei der Schwerpunkt auf den für die Praxis bedeutsamen Regelungen liegt.[33]

Im Anschluss folgt unter Ziffer III. (→ Rn. 131 ff.) eine Darstellung von Klauseln, die nur 54
für eine bestimmte Art der EBV-IT gelten. Die „neuen" EVB-IT Vertragstypen, EVB-IT System, Systemlieferung und Erstellung sowie Service, werden aufgrund ihrer anderen Struktur einzeln (unter Ziffer IV. → Rn. 190 ff., Ziffer V. → Rn. 252 ff. und Ziffer VI, → Rn. 293 ff. sowie Ziffer VII → Rn. 323 ff.) besprochen.

2. Die einzelnen Regelungsbereiche

a) Definitionen. Sämtliche EVB-IT AGB sind dadurch gekennzeichnet, ähnlich wie auch 55
die BVB, dass sie versuchen, eine weitgehend einheitliche Terminologie durch Definitionen
zu schaffen. Auf diese jeweiligen Definitionen ist dann im Text selbst durch Sternchenhinweise (*) verwiesen.

Die Definitionen sollen der Streitvermeidung dadurch dienen, dass bestimmte Begrifflich- 56
keiten einheitlich und damit vom Verständnis beider Vertragspartner getragen, dem Vertragswerk zu Grunde gelegt werden und es daher keiner weiteren Auslegung mehr bedarf.

Die EVB-IT Überlassung Typ A enthalten beispielsweise folgende Definitionen: 57

Begriff	Erläuterung
Standardsoftware	Software (Programme, Programm-Module, Tools etc), die für die Bedürfnisse einer Mehrzahl von Kunden am Markt und nicht speziell vom Auftragnehmer für den Auftraggeber entwickelt wurde, einschließlich der zugehörigen Dokumentation
Parametrisierung	Die individuelle Anpassung von Software, zumeist Standardsoftware, an die Nutzererfordernisse durch Einstellung der Attribute innerhalb der Software

Die Definition zum Begriff der Standardsoftware spiegelt beispielsweise die Rechtspre- 58
chung des BGH wieder,[34] dass zumindest die **Anwenderdokumentation** mit der ihr zukommenden **Perpetuierungsfunktion** zum geschuldeten Leistungsumfang gehört (und letztlich „untrennbar" mit der Computerprogramm zur Software verbunden ist).

Nicht berücksichtigt ist hierbei allerdings, dass aufgrund der BGH-Entscheidung vom 59
22.12.1999[35] strikt zwischen der Bedienungsanleitung/dem Handbuch einerseits und der
Online-Hilfe andererseits zu unterscheiden sein wird. Diese Auffassung zum Verhältnis bzw.
Gewichtung der Ausprägungen der „Benutzerunterstützung" ist allerdings im Wandel begriffen. So wird einerseits vertreten, dass ein Handbuch
- von der „Software Usability" abhängt;[36]
- nur bei komplexen Systemen geschuldet wird;[37]
- nicht für Software-Entwickler als Kunden geschuldet ist, wenn die erforderlichen „Hilfe-Hinweise" während des Programmaufrufs erscheinen.[38]

Der Begriff der Parametrisierung wird sicherlich in der Praxis nicht von allen Software- 60
anbietern im definierten Sinne verstanden werden. Viele Anbieter verwenden zB im Rahmen
von IT-Projekten als Oberbegriff **Customizing** für Anpassungen von Software durch Einstellung von Parametern ohne Quellcode-Eingriffe (dies wird oftmals als „Parametrisierung"

---

[33] Hinweis wegen Bearbeitungsstand 1.6.2015: Die nachfolgenden Ausführungen gelten nicht für die zum 16.7.2015 veröffentlichten EVB-IT Überlassung Typ A und EVB-IT Pflege S. Diese werden dem Konzept der EVB-IT Systemverträge angeglichen.
[34] Siehe BGH Urt. v. 5.7.1989 – VIII ZR 334/88, CR 1989, 189.
[35] BGH Urt. v. 22.12.1999 – VIII ZR 299/98, CR 2000, 207.
[36] Evtl. ist unter Software-Fachleuten, auch Sachverständigen, die inzwischen hM, die Onlinehilfe erfülle die wesentliche Dokumentationsfunktion, die Handbücher seien obsolet; s. etwa zu veränderten Ansprüchen an Programm und Dokumentation mit Berücksichtigung im IT-Vertrag und Bewertung im Rechtsstreit: *Stiemerling* ITRB 2009, 154; zu Nachweisen s. a. *Schedel*, Beweisführung in EDV-Sachen, 2009.
[37] LG Hannover Urt. v. 28.5.1999 – 13 S 16/98, CI 1999, 162 = CR 2000,154.
[38] OLG Karlsruhe Urt. v. 25.7.2003 – 14 U 140/01, CR 2004, 493.

oder auch „Parametrierung" oder „Parametereinstellung" bezeichnet) oder auch durch Quellcode-Bearbeitungen (oft als „Anpassungen" bezeichnet).[39]

61 b) **Vergütungsregelungen und Preisvorbehalt.** Sämtliche EVB-IT enthalten Vergütungsregelungen, die auf den jeweiligen Vertragstyp abgestimmt sind, so zB:
- bei EVB-IT Kauf ist die Vergütung nach Rechnungsstellung unverzüglich fällig;
- bei Verträgen mit Dauerschuldcharakter sind hingegen unterschiedliche Regelungen vorgesehen, je nachdem, ob Vergütung nach Aufwand oder pauschale Vergütung vereinbart wird.

Soweit nichts anderes vereinbart wird, gilt die vereinbarte Vergütung für die gesamte Vertragslaufzeit.

62 Die jeweiligen AGB sehen aber die Möglichkeit zur Preisanpassung bei den längerfristigen Verträgen vor, bei EVB-IT Instandhaltung, Überlassung Typ B und Dienstleistung als die nachfolgende Standardregelung:

„Ist ein Vergütungsvorbehalt vereinbart, so gilt, falls keine anderweitige Regelung vorgesehen ist, Folgendes:
Die Vergütung kann frühestens 12 Monate nach Vertragsschluss erhöht werden. Weitere Erhöhungen können frühestens nach Ablauf von jeweils 12 Monaten gefordert werden. Eine Erhöhung ist dem Auftraggeber anzukündigen und wird frühestens 3 Monate nach Zugang der Mitteilung wirksam. Voraussetzung für die Wirksamkeit ist, dass der Auftragnehmer die Vergütung als allgemeinen Listenpreis vorsieht und von anderen Auftraggebern erzielt.
Sind die Voraussetzungen für eine Erhöhung der Vergütung erfüllt, hat der Auftraggeber innerhalb der Ankündigungsfrist das Recht, den Vertrag für die von der Erhöhung betroffenen Leistungen frühestens zum Zeitpunkt des In-Kraft-Tretens der neuen Preise zu kündigen, sofern die Erhöhung 5 % der zuletzt gültigen Preise überschreiten sollte."

Um den vorgenannten (oder einen anderen) Preis-/Vergütungsvorbehalt zu vereinbaren, muss dies zunächst im jeweiligen Vertragsformular auch ausgewählt werden.

63 Eine solche Preisanpassung gerade bei länger dauernden Vertragsverhältnissen ist in der Praxis als üblich anzusehen. Bei der Ausgestaltung von Preisvorbehalten ist der öffentliche Auftraggeber gehalten, die Grundsätze zu deren Anwendung[40] einzuhalten.

64 Als Voraussetzung für die Wirksamkeit des Preisvorbehalts wird vereinbart, dass der Auftragnehmer die neue, erhöhte Vergütung als allgemeinen Listenpreis vorsieht und er diese Vergütung auch bei anderen Auftraggebern erzielen kann. Offen bleibt jedoch, wie ein solcher Nachweis erbracht werden kann, vor allem, da sowohl der Anbieter als auch seine weiteren Auftraggeber durchaus ein Interesse daran haben, „verhandelte Preisabsprachen" nicht publik werden zu lassen. Soweit das Vergabeverfahren Verhandlungen erlaubt, wird oftmals über diese Regelung diskutiert und durchaus einvernehmlich ersatzlos gestrichen oder auch individuell eine andere Regelung vereinbart.

65 c) **Haftungskonzept der EVB-IT.** Naturgemäß muss sich das Haftungskonzept nach der obigen Einteilung, nämlich einerseits punktuellen Austausch, andererseits Dauerschuldverhältnissen und schließlich gemischten Verträgen, auch jeweils unterschiedlich gestalten.

66 Im Prinzip jedoch regelt das Haftungskonzept der EVB-IT[41] vier Themen, nämlich
- Verzug,
- Gewährleistung,
- Schutzrechtsverletzungen und
- sonstige Haftung.

67 Das bedeutet, dass das Thema Betriebsstörungsschaden explizit zur „sonstigen Haftung" gehört, ebenso wie etwa cic (culpa in contrahendo, Verschulden bei Vertragsverhandlungen gemäß §§ 311 Abs. 2, 241 Abs. 2 BGB iVm §§ 280 ff. BGB).

---

[39] Zu IT-Projekten sowie den dort verwendeten Begrifflichkeiten → § 18 (IT-Projektverträge).
[40] Siehe hierzu „Grundsätze zur Anwendung von Preisvorbehalten bei öffentlichen Aufträgen" vom 2.5.1972 (W/I B 1–24 00 61 – W/I B 3–24 1922).
[41] Siehe auch Ziffer 1.4.1.1 der Nutzungshinweise zu den EVB-IT vom 1.3.2003. **Achtung:** Dies gilt nicht mehr für die Versionen 2.0 EVB-IT Überlassung Typ A und EVB-IT Pflege S, deren Haftungskonzept den Systemverträgen angeglichen wurde (dh nur eine Haftungsregelung für alle Haftungstatbestände). Die vorliegenden Ausführungen in Rn. 65 bis 109 gelten insofern nur bzgl. der bis 16.7.2015 anzuwendenden Vorgängerversionen dieser Vertragstypen.

II. Vertragsübergreifende Regelungsbereiche der EVB-IT 68–74 § 41

Diese Gestaltung der EVB-IT geht von der Grundannahme aus, dass der öffentliche Auftraggeber ein vorrangiges Interesse an einer möglichst kurzfristigen Beseitigung einer aufgetretenen Leistungsstörung des Auftragnehmers hat und der Fokus somit nicht auf „Schadensersatz" liegt. Das Haftungskonzept zielt daher auf möglichst vertragsgemäße Leistung und Aufrechterhaltung bzw. Wiederherstellung der Funktionsfähigkeit der IT-Infrastruktur ab. 68

Weiter ist dem Haftungskonzept auch im Hinblick auf Verzug und sonstige Haftung eigen, **die Risiken zu begrenzen bzw. die Beträge zu deckeln** und insofern überschaubar zu machen: 69
- Diese Begrenzungen der Höhe nach gelten **nicht bei Vorsatz und grober Fahrlässigkeit** (und bei besonderen Verletzungstatbeständen betreffend Leben, Körper oder Gesundheit).
- Für den Regelfall hingegen, nämlich die **leichte Fahrlässigkeit**, soll **die Deckelung** greifen. Da grundsätzlich die Begrenzung der Haftung auch bei leichter Fahrlässigkeit nicht pauschal möglich ist, soweit es sich um „wesentliche Vertragspflichten" handelt,[42] und die Regelung in AGB erfolgt, kann es also sein, dass die EVB-IT insoweit jeweils zu Lasten des Verwenders unwirksam sind, geht man davon aus, dass der Auftragnehmer trotz beidseitiger Haftungsbegrenzung im Falle der Haftung des Auftraggebers unangemessen benachteiligt sein kann.

Eine Besonderheit der EVB-IT besteht darin, dass im Rahmen der „sonstigen Haftung" jeweils einleitend vorgesehen ist, dass die in anderen Ziffern vorgesehenen Regelungen zu Verzug, Gewährleistung und Schutzrechtsverletzungen „abschließend" sind. Da wiederum auch die sonstige Haftung dann abschließend geregelt wird, bedeutet dies, dass insoweit keine weiteren Ansprüche des Auftraggebers bestehen können (möglicherweise aber sehr wohl des Auftragnehmers). 70

Zwar hat man sich in den EVB-IT zugunsten der Auftragnehmer für die einzelnen vorgenannten Haftungstatbestände darauf verständigt, entsprechende Haftungsdeckel für den jeweiligen Haftungstatbestand vorzusehen. Für den Anbieter kann es jedoch von erheblicher Bedeutung sein, vor allem bei risikobehafteten Projekten, die Gesamthaftung der Höhe nach zu begrenzen, denn: Haftungsansprüche, die aus unterschiedlichen Gründen entstehen, können kumulieren und möglicherweise in der Summe zu höheren Ansprüchen führen als die in den EVB-IT vorgesehenen einzelnen Höchst- oder Obergrenzen. 71

Eine solche Regelung sehen die AGB selbst nicht vor. Es bleibt aber unbenommen, über die „Sonstigen Vereinbarungen" in den EVB-IT Vertragsmustern einen solchen Gesamthaftungsdeckel aufzunehmen.[43] 72

d) Verzug. Sämtliche EVB-IT enthalten eine gesonderte Regelung zum Verzug, die jedoch aufgrund der Besonderheiten der einzelnen Vertragstypen differenziert ausgestaltet wird. 73

Die EVB-IT Überlassung Typ A vom 1.4.2002 sehen unter Ziffer 6 folgende Verzugsregelung vor (entsprechend auch die Regelung in den EVB-IT Kauf): 74

6 Verzug
6.1 Im Verzugsfall kann der Auftraggeber dem Auftragnehmer eine angemessene Frist zur Leistung setzen. Nach Ablauf dieser Frist kann der Auftraggeber vom Vertrag ganz oder teilweise zurücktreten und Schadensersatz statt der Leistung* verlangen.
Der Auftraggeber ist verpflichtet, auf Verlangen des Auftragnehmers zu erklären, ob er wegen der Verzögerung der Leistung vom Vertrag zurücktritt oder auf der Leistung besteht. Diese Anfrage ist

---

[42] Siehe hierzu BGH Urt. v. 2.7.2005 – VIII ZR 121/04, NJW 2006, 46, wonach der Begriff der „Kardinalpflicht" intransparent sei und daher in einer Haftungsklausel etwa wie folgt umschrieben werden müsse (Vorschlag für eine Formulierung): „Bei der Verletzung solcher Vertragspflichten des Auftragnehmers, deren Erfüllung die ordnungsgemäße Durchführung des Vertrages überhaupt erst ermöglichen, deren Verletzung die Erreichung des Vertrages gefährdet und auf deren Einhaltung der Vertragshändler regelmäßig vertraut, haftet der Auftragnehmer, wenn keiner der in Ziffern X genannten Fälle gegeben ist, der Höhe nach begrenzt auf den vertragstypisch vorhersehbaren Schaden."
[43] Hierauf weisen auch die Nutzerhinweise der EVB-IT selbst hin. Ebenso wird folgender Hinweis an die Vergabestellen gegeben, der sicherlich aus Sicht der Anbieter zu begrüßen ist: „Es kann im konkreten Beschaffungsfall angezeigt sein, zu prüfen, ob durch die Vereinbarung einer Gesamthaftungsbegrenzung – auch unter Berücksichtigung der für den Auftraggeber damit verbundenen Risiken – nicht insgesamt doch ein wirtschaftlicheres Ergebnis erzielt werden kann." (siehe dort Ziffer 1.4.1.7).

während der Frist gemäß Ziffer 6.1 Satz 1 und mit angemessener Frist vor deren Ablauf zu stellen. Bis zum Zugang der Antwort beim Auftragnehmer bleibt dieser zur Leistung berechtigt. Die Ziffern 6.2 und 6.3 bleiben hiervon unberührt.

6.2 Verlangt der Auftraggeber Schadensersatz statt der Leistung*, ist die Zahlungspflicht des Auftragnehmers begrenzt auf 8 % des Gesamtpreises gemäß Vertrag. Ansprüche des Auftraggebers auf Ersatz von entgangenem Gewinn sind ausgeschlossen. Vom Auftragnehmer wegen Verzuges bereits geleistete pauschalierte Schadensersatzbeträge gemäß Ziffer 6.3 werden angerechnet.

6.3 Kommt der Auftragnehmer mit der Einhaltung eines im Vertrag vereinbarten Überlassungstermins um mehr als sieben Kalendertage in Verzug, kann der Auftraggeber für jeden weiteren Verzugstag* pauschalierten Schadensersatz wegen Verzögerung der Leistung verlangen. Dieser beträgt pro Kalendertag 0,4 % des Einzelpreises der Leistung, mit der sich der Auftragnehmer in Verzug befindet, maximal 8 % dieses Preises. Der pauschalierte Schadensersatz ist insgesamt begrenzt auf 8 % des Gesamtpreises gemäß Vertrag.
Es bleibt dem Auftragnehmer unbenommen nachzuweisen, dass kein oder ein geringerer Schaden entstanden ist.

6.4 Die Haftungsbeschränkungen gelten nicht bei Vorsatz oder grober Fahrlässigkeit sowie nicht bei der Verletzung des Lebens, des Körpers oder der Gesundheit.

75 Ziffer 6.1 verpflichtet die öffentliche Hand dazu, im Verzugsfall, dh zu einem Zeitpunkt, zu dem bereits ein fest vereinbarter Termin überschritten wurde bzw. der Auftragnehmer bereits gemahnt wurde (vgl. § 286 BGB), zu einer weiteren angemessenen Fristsetzung, letztlich also zu einer Nachfrist. Diese Regelung weicht vom gesetzlichen Leitbild ab, wonach eine einzige Fristsetzung ausreichend ist. Dennoch ist diese Regelung wirksam, da sich – wie einleitend ausgeführt – die öffentliche Hand als Verwender der AGB selbst benachteiligen darf. Der zweite Absatz von Ziffer 6.1 bildet die mit Schuldrechtsreform weggefallene „Ablehnungsandrohung" in gewisser Weise, jedoch nicht mit der früheren Schärfe, nach. Der öffentliche Auftraggeber ist erst bei ausdrücklichem Verlangen des Auftragnehmers zu einer Äußerung verpflichtet, ob er bei erfolglosem Fristablauf zurücktreten wird oder auf der Leistung besteht.

76 In Ziffern 6.2 und 6.3 sind folgende Grundsätze festgehalten (die so allerdings nicht für die EVB-IT Dienstleistung gelten):
- Der Auftraggeber hat die Möglichkeit, entweder seinen Schaden im Einzelnen darzulegen und zu beweisen oder seinen Schaden pauschal geltend zu machen, wobei es dem Auftragnehmer unbenommen ist, nachzuweisen, dass dem Auftraggeber kein oder ein geringerer Schaden entstanden ist.[44]
- Es ist eine pauschalierte Schadensersatzregelung sowie eine Haftungsbegrenzung der Höhe nach vorgesehen, soweit der Auftragnehmer den Verzug leicht fahrlässig verursacht hat.
- Wie im Rahmen des Haftungskonzepts bereits angesprochen, finden diese Haftungsbegrenzungen nur im Falle leichter Fahrlässigkeit Anwendung, nicht jedoch bei Vorsatz, grober Fahrlässigkeit sowie bei der Verletzung des Lebens, des Körpers oder der Gesundheit.

77 e) **Gewährleistung.** Die Haftung für Mängel ist den Vertragstypen Kauf, Miete und Werkvertrag entsprechend in den EVB-IT unterschiedlich ausgeprägt, trägt jedoch in gewissem Sinne einheitliche Züge.

78 Die Regelungen in den so genannten „Basis-EVB-IT" zur Sachmängelhaftung sehen – mit leicht abweichenden Formulierungen – auch die gesetzlich vorgesehene „Freiheit von Sachmängeln" vor, wie die folgende Darstellung zeigt:

Ziff. 4 der EVB-IT Kauf:
„4.1 Der Auftragnehmer verschafft dem Auftraggeber die Hardware frei von Sachmängeln. Ein unerheblicher Sachmangel ist unbeachtlich."

Ziffer 7 der EVB-IT Überlassung Typ A vom 1.4.2002:
„7.1 Der Auftragnehmer verschafft dem Auftraggeber die Standardsoftware* frei von Sachmängeln. Ein unerheblicher Sachmangel* ist unbeachtlich."

---

[44] Diese Regelung entspricht den Vorgaben des § 309 Nr. 5b BGB zu pauschalierten Schadensersatzansprüchen.

Ziffer 7 der EVB-IT Überlassung Typ B:
„7.1 Der Auftragnehmer übernimmt die Gewähr, dass die Standardsoftware* nicht mit Mängeln behaftet ist, die die Tauglichkeit zu dem vertragsgemäßen Gebrauch aufheben oder mindern. Eine unerhebliche Minderung der Tauglichkeit ist unbeachtlich.
Sofern im Vertrag besonders beschriebene zugesicherte Eigenschaften vereinbart sind, haftet der Auftragnehmer auch dafür, dass die Standardsoftware* diese zugesicherten Eigenschaften hat."

Bei der Gewährleistung ist die Terminologie also weitgehend einheitlich, und betrifft naturgemäß „Mängel". Allerdings taucht zusätzlich, va bei Dienstleistungen der Begriff der „Leistungsstörung" auf (siehe Ziffer 7 der EVB-IT Dienstleistung: „Qualitative Leistungsstörung"). Dies gilt auch für die EVB-IT Pflege S vom 27.3.2003 (dort Ziffern 7 und 8, wobei die Gewährleistung noch hinsichtlich der vereinbarten Pflegeleistungen unterschieden wird.[45]

Ebenfalls durchgehend ist die Regelung (zB in Ziffer 4.2 der EVB-IT Kauf), wonach im Vertrag besondere Vereinbarungen hinsichtlich der Eigenschaften der Leistungen getroffen werden.[46] Sodann wird klargestellt:

„Solche Vereinbarungen stellen keine Beschaffenheits- und Haltbarkeitsgarantien iSd § 443 BGB dar."

Dies ist jedoch eine der ausgehandelten Selbstbenachteiligungen des Auftraggebers, da sich aus dem Zusammenhang und der Art der im Vertrag vereinbarten Eigenschaft, insbesondere auch aus den konkreten Formulierungen, ergeben kann, dass eine Garantie gegeben werden sollte bzw. der Auftragnehmer eigentlich verschuldensunabhängig für genau diese Eigenschaft einstehen will oder soll. Mit dieser AGB-Klausel wird die Gefahr für den Auftragnehmer, es könne sich um eine solche Garantie handeln, praktisch ausgeschlossen und somit das Risiko für den Auftragnehmer reduziert. Der Text lautet gerade nicht, dass Garantien nur dann gegeben sind, wenn diese ausdrücklich schriftlich so bezeichnet werden.[47]

Eine weitere Hürde auf dem Weg zu Mangelansprüchen seitens des öffentlichen Auftraggebers ist die Regelung, dass die Mängel **reproduzierbar** sein müssen:

Ziffer 4.3 der EVB-IT Kauf:
„Voraussetzung für Gewährleistungsansprüche ist die Reproduzierbarkeit und die Feststellbarkeit der Mängel."

Die Reproduzierbarkeit von Mängeln wird üblicherweise von den Herstellern/Anbietern gefordert, die oftmals der Meinung sind, dass nicht reproduzierbare Mängel nicht behoben werden müssen. Dies ist jedoch nicht zutreffend. Mit der vorliegenden Regelung beschränkt sich daher der Anwender selbst, was zu seinen Lasten als AGB-Verwender auch wirksam ist.[48]

Tatsächlich gibt es aber Mängel, auch bei Hardware, die sich nicht mit üblichen Methoden reproduzieren (und erst recht nicht feststellen) lassen. Sie können aber dennoch „bewiesen" werden, indem zB Abstürze protokolliert und bezeugt werden. Die Regelung sollte daher in der Praxis kritisch von den öffentlichen Auftraggebern hinterfragt und ggf. durch eine gesonderte Vereinbarung im Vertrag abgemildert werden, falls dies aus Sicht des Anwenders erforderlich ist.

Typisch für die EVB-IT ist auch, dass der Auftraggeber bekannte Mängel unverzüglich zu rügen hat, was eine starke Verpflichtung der öffentlichen Hand darstellt.

So heißt es in Ziffer 4.4 der EVB-IT Kauf:
„Der Auftraggeber hat Mängel unverzüglich unter Angabe der ihm bekannten oder für deren Erkennung zweckdienlichen Informationen auf einem Formular entsprechend Muster 1 – Störungsmeldeformular – zu melden, soweit keine andere Form der Störungsmeldung vereinbart ist. Er hat im Rahmen des Zumutbaren die Maßnahmen zu treffen, die eine Feststellung der Mängel und ihrer Ursachen erleichtern.

Ziff. 7.5 der EVB-IT Überlassung Typ A vom 1.4.2002 sieht Gleiches vor.

---

[45] Zu den einzelnen Pflegeleistungen → Rn. 176 ff.
[46] Die Regelung hat ihren Hintergrund in der Mängelhierarchie der § 434 Abs. 1 BGB bzw. § 633 Abs. 2 BGB.
[47] So zB typische Gestaltungsvorschläge der IT-Praxis: *Lapp* ITRB 2003, 42.
[48] Siehe ua *Schneider*, Handbuch des EDV-Rechts, 4. Auflage, Kap. F. 153 f., P.16 f.

"Unverzüglich" heißt: ohne schuldhaftes Zögern (s. § 121 Abs. 1 BGB). Praktisch legt der Auftraggeber an sich selbst den Maßstab des § 377 HGB an.[49]

86 Dies betrifft auch den nächsten Satz, wonach im Rahmen des Zumutbaren der Auftraggeber die Maßnahmen zu treffen hat, „die eine Feststellung der Mängel und ihrer Ursachen erleichtern". Dies bedeutet, dass der Auftraggeber in erheblichem Maße mitzuwirken hat, um die Mängel ggf. auch aufzuspüren.

87 Dies sind zwar erhebliche Pflichten für den öffentlichen Auftraggeber. Letztlich entspricht die Regelung allerdings insofern der Rechtsprechung, als nach dieser ein Gewährleistungsanspruch in der Regel auch voraussetzt, dass der Auftragnehmer überhaupt Gelegenheit hatte, den Mangel festzustellen. Hierzu ist die Beschreibung des Erscheinungs- bzw. Fehlerbildes ausreichend; die Beschreibung der Fehlerursache ist hingegen nicht erforderlich.[50]

88 Die EVB-IT regeln die Gewährleistungsfristen weitgehend konform mit den gesetzlichen **Verjährungsfristen**, soweit dies Sachmängel betrifft. Bei Rechtsmängeln (bei der Überlassung von Software) gelten jedoch gesonderte Verjährungsfristen.

Die Gewährleistungsfrist für Sachmängel beträgt bei Kauf 24 Monate ab Lieferung, kann aber abweichend im Vertrag vereinbart werden (Ziff. 4.5 der EVB-IT Kauf).

89 Die Gewährleistungsfrist für Mängel an Nacherfüllungsleistungen endet ebenfalls mit Ablauf der Gewährleistungsfrist gem. Ziffer 4.5 Satz 1 der EVB-IT Kauf, also 24 Monate ab Lieferung. Allerdings gilt dann insoweit noch der Abs. 2, der die Hemmung der Verjährung vorsieht, wenn der Mangel noch vor Ablauf der Gewährleistungsfrist (unter Verwendung des Musters zur Störungsmeldung) gemeldet wird. Die Hemmung dauert so lange an, bis der Auftragnehmer das Ergebnis seiner Prüfung mitteilt.

Die Regelung in Ziffer 7.6 der EVB-IT Überlassung Typ A vom 1.4.2002 läuft gleich und lautet wie folgt: „Die Gewährleistungsfrist* beträgt 12 Monate ab Überlassung, sofern nichts anderes vereinbart ist. Die Gewährleistungsfrist* für Mängel an Nacherfüllungsleistungen endet ebenfalls mit Ablauf der Gewährleistungsfrist*.

Meldet der Auftraggeber vor Ablauf der Gewährleistungsfrist* einen Mangel nach dem Verfahren gemäß Ziffer 7.5, wird die Frist des gemeldeten Mangels gehemmt, wenn der Auftragnehmer im Einverständnis mit dem Auftraggeber das Vorhandensein des Mangels prüft oder nacherfüllt. Die Gewährleistungsfrist* ist so lange gehemmt, bis der Auftragnehmer das Ergebnis seiner Prüfung dem Auftraggeber mitteilt, die Nacherfüllung für beendet erklärt oder die Fortsetzung der Nacherfüllung verweigert."

90 Auch hierin liegt eine Selbstbeschränkung des Auftraggebers. Der Lauf der Verjährungsfrist für die Mängelbeseitigung bzw. Nacherfüllung würde ansonsten separat erfolgen, dh die Verjährungsfrist würde über das Ende der Gewährleistungsfrist des Beschaffungsvertrages selbst hinaus laufen.

91 Betont sei nochmals, dass die Voraussetzungen für die Hemmung die „richtige", ordnungsgemäße Art der Mängelmitteilung ist, also insbesondere auch die Verwendung des Musters zur Störungsmeldung. Während in AGB eines Lieferanten eine entsprechende Verpflichtung des Anwenders nicht wirksam wäre, allenfalls der Anbieter Leistungserschwerung geltend machen könnte, wenn der Mangel nicht „richtig" gemeldet wird, kann der Anwender selbst sich zur Verwendung eines bestimmten Musters verpflichten und der Auftragnehmer sich insoweit dann auch darauf berufen.[51]

92 *aa) Wahlrecht und Fristen.* Für die EVB-IT ist typisch (wie auch schon im Rahmen der Verzugsregelung angesprochen), dass in der Regel eine zweifache Nachfrist gesetzt werden muss, um zu den Sekundäransprüchen (Minderung oder Rücktritt und Schadensersatz – mit Deckelung) zu gelangen.

93 Das Wahlrecht, das grundsätzlich dem Käufer zusteht, wird über Ziff. 4.6 bei den EVB-IT Kauf (ebenso bei den EVB-IT Überlassung Typ A vom 1.4.2002, dort unter Ziffer 7.6) dem

---

[49] In Anbieter-AGB wäre dies wohl unwirksam; eine Rügefrist von 1 Woche sei angemessen; s. *Schneider,* Handbuch des EDV-Rechts, 4. Auflage, Kap. J Rn. 262 mwN.
[50] Siehe OLG Hamm Urt. v. 14.2.2000 – 13 U 196/99, CR 2000, 811; *Redeker,* IT-Recht, Rn. 356 zum „Erscheinungsbild" mwN; *Schneider,* Handbuch des EDV-Rechts, Kap. H Rn. 246, Kap. D Rn. 555; s.a. BGH Urt. v. 26.10.2006 – VII ZR 194/05, NJW 2007, 587; BGH Urt. v. 30.10.2007 – X ZR 101/06, CR 2008, 145.
[51] *Schneider,* Handbuch des EDV-Rechts, Kap. H Rn. 246 mwN, Kap. F Rn. 347 ff.

Auftragnehmer übertragen. Dieser kann also wählen, ob er beseitigt oder neu liefert. Dabei hat die Beseitigung „unverzüglich" zu erfolgen, was auch für die Neulieferung gelten könnte, aber nicht ganz klar ist:

„Der Auftragnehmer kann den Mangel nach seiner Wahl durch unverzügliche Beseitigung oder Neulieferung beheben."

Hier entsteht aber der bereits angesprochene Konflikt mit der folgenden Regelung in Absatz 2:

„Schließt der Auftragnehmer die Mangelbehebung nicht innerhalb angemessener Frist erfolgreich ab, kann ihm der Auftraggeber eine Nachfrist setzen. Nach Ablauf der Nachfrist kann der Auftraggeber Herabsetzung der Vergütung oder Rücktritt vom Vertrag und – bei Vorliegen der gesetzlichen Voraussetzungen – neben dem Rücktritt Schadensersatz verlangen."

Die Frage der Angemessenheit der Frist ist zwar richtig angesprochen, passt vom Wortlaut her aber nicht zur „unverzüglichen Beseitigung". Von der Stellung des Wortes in Abs. 1 S. 1 ist zu dem nicht klar, ob sich „unverzüglich" auch auf Neulieferung bezieht, was im Zweifel anzunehmen ist. Abs. 2 bezieht sich aber nur auf die Mängelbehebung, nicht auf die Neulieferung. Insofern ist dann zudem unklar, ob die Nachfrist auch im Hinblick auf die Neulieferung bzw. deren Ausbleiben zu setzen wäre. So gesehen müsste sich eigentlich der Auftragnehmer erklären, ob er beseitigen oder neu liefern wird. Da dies aber nicht der Fall ist, kann der Auftraggeber eigentlich nicht wissen, ob er nun eine Nachfrist setzen muss oder nicht, soweit diese Nachfrist nicht für Neulieferung zu setzen wäre. Diese Überlegungen sind wahrscheinlich aber nicht zielführend, da die Regelung aufgrund der Widersprüche in ihr selbst intransparent sein dürfte. Festzuhalten ist jedoch, dass die Regelung wohl in den meisten Fällen für den Auftraggeber ungünstig ist.

> **Praxistipp:**
> Sinnvoll ist es wohl, anstatt der vorgenannten Regelung eine eindeutigere Regelung unter den „Sonstigen Vereinbarungen" zu treffen, die obige Widersprüche gerade nicht enthält. Aus dieser sollte dann – wenn es bei der zweifachen Fristsetzung bleiben soll – klar hervorgehen, dass für Mängelbehebung und Neulieferung das gleiche Szenario gilt, somit zunächst also die Nachbesserung innerhalb angemessener Frist zu erfolgen hat und nach deren erfolglosem Ablauf der Auftraggeber zum Setzen einer Nachfrist verpflichtet ist, um zu den Sekundäransprüchen zu gelangen.

bb) Sekundäransprüche und Haftungsbegrenzung. Auch hier gelangt der Auftraggeber erst über zwei Fristsetzungen (angemessene Frist sowie Nachfrist) und somit abweichend vom gesetzlichen Leitbild, das seit Schuldrechtsreform nur noch eine Fristsetzung vorsieht, zu den Sekundäransprüchen. Er kann die Vergütung mindern oder zurücktreten und – falls die gesetzlichen Voraussetzungen vorliegen, dh Verschulden – neben dem Rücktritt Schadensersatz verlangen. Die Höhe des Schadensersatzanspruchs wird dann gestuft gedeckelt:
- zunächst auf 8 % des Werts der vom Mangel betroffenen Leistung,
- sodann insgesamt für sämtliche Schadensersatzansprüche infolge der Sachmängelhaftung auf 8 % des vertraglich vereinbarten Gesamtpreises.

Diese Haftungsbegrenzungen gelten jedoch – wie es die gesetzlichen Bestimmungen auch zwingend vorsehen – nicht im Falle einer übernommenen Garantie, bei Arglist, Vorsatz, grober Fahrlässigkeit und bei Verletzung des Lebens, des Körpers oder der Gesundheit. Im Umkehrschluss gelten sie also nur im Falle der leichten Fahrlässigkeit. Ansprüche wegen entgangenem Gewinn sind ausgeschlossen.

Die maßgeblichen Regelungen in Ziffer 4.6 und 4.7 der EVB-IT Kauf lauten:
„4.6 Der Auftragnehmer kann den Mangel nach seiner Wahl durch unverzügliche Beseitigung oder Neulieferung beheben. Zur Mangelbehebung gehört auch die Lieferung einer ausgedruckten oder ausdruckbaren Korrekturanweisung für die Dokumentation, soweit dies erforderlich ist. Schließt der Auftragnehmer die Mangelbehebung nicht innerhalb angemessener Frist erfolgreich ab, kann ihm der Auftraggeber eine Nachfrist setzen. Nach Ablauf der Nachfrist kann der Auftraggeber

Herabsetzung der Vergütung oder Rücktritt vom Vertrag und – bei Vorliegen der gesetzlichen Voraussetzungen – neben dem Rücktritt Schadensersatz verlangen. Dieser Schadensersatzanspruch ist begrenzt auf 8 % des Wertes der vom Mangel betroffenen Leistung, für sämtliche Schadensersatzansprüche aufgrund von Mängeln jedoch auf höchstens 8 % des Gesamtpreises gemäß Vertrag.

4.7 Die Haftungsbeschränkungen in Ziffer 4.6 gelten nicht für Ansprüche aus Ziffer 4.2, bei arglistigem Verschweigen eines Mangels, bei Vorsatz, grober Fahrlässigkeit und bei der Verletzung des Lebens, des Körpers oder der Gesundheit. Ansprüche des Auftraggebers auf Ersatz entgangenen Gewinns sind ausgeschlossen."

98 f) **Schutzrechtsverletzung.** Die EVB-IT gehen (zurecht) davon aus, dass es die Pflicht des Auftragnehmers ist, seine vertraglichen Leistungen so zu erbringen, dass keine Schutzrechtsverletzungen entstehen können, er also in der Lage ist, dem öffentlichen Auftraggeber auch diejenigen Rechte einzuräumen, die dieser zur vertragsgemäßen Nutzung benötigt.

99 Geregelt sind die Folgen einer möglichen Schutzrechtsverletzung wiederum in einer gesonderten Ziffer (bei EVB-IT Kauf unter Ziffer 5, bei EVB-IT Überlassung Typ A vom 1.4.2002 praktisch gleichlautend unter Ziffer 8).

100 Ziffer 8 der EVB-IT Überlassung Typ A vom 1.4.2002 lautet:

„8 Schutzrechtsverletzung

8.1 Macht ein Dritter gegenüber dem Auftraggeber Ansprüche wegen der Verletzung von Schutzrechten* durch die vom Auftragnehmer gelieferte Standardsoftware* gegenüber dem Auftraggeber geltend und wird die Nutzung der Standardsoftware* hierdurch beeinträchtigt oder untersagt, haftet der Auftragnehmer wie folgt:
Der Auftragnehmer wird nach seiner Wahl und auf seine Kosten entweder die Standardsoftware* so ändern oder ersetzen, dass sie das Schutzrecht* nicht verletzt, aber im Wesentlichen doch den vereinbarten Funktions- und Leistungsmerkmalen in für den Auftraggeber zumutbarer Weise entspricht, oder den Auftraggeber von Lizenzgebühren für die Nutzung der Standardsoftware* gegenüber dem Schutzrechtsinhaber oder Dritten freistellen.
Gelingt dies dem Auftragnehmer zu angemessenen Bedingungen nicht, wird er dies dem Auftraggeber mitteilen und ihm die Nutzung ab einem bestimmten Zeitpunkt untersagen. Der Auftraggeber ist nach Wahl des Auftragnehmers verpflichtet, die Standardsoftware* einschließlich der Dokumentation und aller Kopien entweder zu löschen oder an den Auftragnehmer zurückzugeben. Der Auftragnehmer hat die vom Auftraggeber entrichtete Vergütung abzüglich eines die Zeit der Nutzung der Standardsoftware* berücksichtigenden Betrages zurückzuerstatten.

8.2 Voraussetzungen für die Haftung des Auftragnehmers nach Ziffer 8.1 sind, dass der Auftraggeber den Auftragnehmer von Ansprüchen Dritter unverzüglich verständigt, die behauptete Schutzrechtsverletzung nicht anerkennt und jegliche Auseinandersetzung, einschließlich etwaiger außergerichtlicher Regelungen, entweder dem Auftragnehmer überlässt oder nur im Einvernehmen mit dem Auftragnehmer führt. Die dem Auftraggeber durch die Rechtsverteidigung entstandenen, notwendigen Gerichts- und Anwaltskosten gehen zu Lasten des Auftragnehmers.
Stellt der Auftraggeber die Nutzung der Standardsoftware* aus Schadensminderungs- oder sonstigen wichtigen Gründen ein, ist er verpflichtet, den Dritten darauf hinzuweisen, dass mit der Nutzungseinstellung ein Anerkenntnis der behaupteten Schutzrechtsverletzung nicht verbunden ist.

8.3 Soweit der Auftraggeber die Schutzrechtsverletzung selbst zu vertreten hat, sind Ansprüche gegen den Auftragnehmer ausgeschlossen.

8.4 Weitergehende Ansprüche des Auftraggebers wegen einer Verletzung von Schutzrechten* Dritter sind ausgeschlossen. Dieser Ausschluss gilt nicht bei Vorsatz, grober Fahrlässigkeit und bei der Verletzung des Lebens, des Körpers oder der Gesundheit."

101 Die Klauseln der EVB-IT berücksichtigen hier weitgehend die Interessen der Industrie und schränken die Rechte des öffentlichen Auftraggebers, die diesem nach BGB beim Vorliegen von Rechtsmängeln zustehen würden, erheblich ein. Nach BGB könnte die öffentliche Hand bei erfolgloser Nacherfüllung Schadensersatzansprüche oder Ersatz vergeblicher Aufwendungen verlangen. Gerade dies wird durch Ziffer 8.4 ausgeschlossen. Der Auftragnehmer haftet ausschließlich entsprechend der Ziffer 8.1 und auch nur dann, wenn die öffentliche Hand die unter Ziffer 8.2 dargestellten Voraussetzungen erfüllt hat.

102 g) **Sonstige Haftung.** aa) *Einleitung.* Nach dem erwähnten Haftungsschema der EVB-IT (s. Rn. 65 ff.) betrifft die „sonstige Haftung" die Fälle, die nicht durch die Themen „Verzug", „Gewährleistung" und „Schutzrechtsverletzung" abgedeckt sind.

Das Grundkonzept ist wohl am überschaubarsten in den EVB-IT Kauf geregelt: **103**

„6. Sonstige Haftung
6.1 Die Haftung ist abschließend für Verzug in Ziff. 3, für Gewährleistung in Ziff. 4 und für Schutzrechtsverletzungen in Ziff. 5 geregelt.
6.2 Im Übrigen haften Auftraggeber und Auftragnehmer einander für von ihnen zu vertretene Schäden wie folgt:
6.2.1 Für Sachschäden bis zu EUR 500.000,– je Schadensereignis, insgesamt jedoch höchstens bis zu EUR 1 Mio. pro Vertrag;
6.2.2 Für Vermögensschäden höchstens bis zu 10 % des Gesamtpreises des Vertrages. Die Haftung für Vermögensschäden ist insgesamt auf EUR 500.000,– je Vertrag begrenzt.
Ansprüche aus entgangenem Gewinn sind ausgeschlossen.
Bei Verlust von Daten haftet der Auftragnehmer nur für denjenigen Aufwand, der bei ordnungsgemäßer Datensicherung durch den Auftraggeber für die Wiederherstellung der Daten erforderlich ist. Bei leichter Fahrlässigkeit des Auftragnehmers tritt diese Haftung nur ein, wenn der Auftraggeber unmittelbar vor der zum Datenverlust führenden Maßnahme eine ordnungsgemäße Datensicherung durchgeführt hat.
6.3 Die Haftungsbeschränkungen gem. Ziff. 6.2.1 und 6.2.2 Abs. 1 gilt nicht für Ansprüche aus Ziff. 4.2 (betrifft besondere Vereinbarungen hinsichtlich der Eigenschaften der Leistung), bei Vorsatz, grober Fahrlässigkeit, bei der Verletzung des Lebens, des Körpers, der Gesundheit oder soweit das Produkthaftungsgesetz zur Anwendung kommt."

bb) Kommentar. Grundsätzlich ist jeder Mangel eine Vertragsverletzung. Das heißt, dass **104** leicht fahrlässig begründete Mängel zugleich das Gewährleistungsthema und die „sonstige Haftung" betreffen. Gleiches gilt auch bei leicht fahrlässig verursachten Schutzrechtsverletzungen.

Wie ausgeführt muss man die EVB-IT gerade hier immer unter dem Aspekt lesen, wer **105** sich auf die jeweilige Regelung beruft. Der Auftraggeber kann sich hinsichtlich der Obergrenzen oder in Bezug auf gänzliche Ausschlüsse, wie hier vorgesehen, hinsichtlich seiner Ansprüche selbst beschränken.

Ob die Beschränkung im Hinblick auf eine etwaige Schadensverursachung durch den **106** Auftraggeber greift, erscheint wiederum fraglich. Dies gilt auch für die pauschale Regelung, dass Ansprüche aus entgangenen Gewinnen ausgeschlossen sind. Diese Klausel ist allein schon deshalb problematisch, weil sie für jeden Fall, also auch bei Vorsatz gilt. Ziff. 6.3 betrifft zwar die Fälle, in denen die Begrenzung nicht gelten soll, befreit aber eben gerade nicht die gesamte Regelung in Ziff. 6.2.2, sondern lediglich Absatz 1. Die Haftung für Vorsatz kann jedoch generell nicht ausgeschlossen werden (vgl. § 276 Abs. 3 BGB).

Die Regelung zum **Datenverlust** erscheint zwar fair, ist jedoch auch nicht ohne Tücken. **107** Das Problem ist ua, dass zunächst in Satz 1 von „ordnungsgemäßer Datensicherung" die Rede ist. Datensicherung ist insoweit auch definiert. Die Definition berücksichtigt – richtigerweise – die Relativität der Intensität bei der Datensicherung, nämlich in Abhängigkeit von der Datensensitivität und von der Anforderung an die kurzfristige Wiederherstellung hinsichtlich Verfügbarkeit, Integrität und Konsistenz, was wiederum bedeutet, dass die Frage der Frequenz und des Umfangs von Datensicherungsmaßnahmen stark vom Anwendungsfall abhängt.

Bei den EVB-IT Kauf wird die ordnungsgemäße Datensicherung ebenfalls erwähnt, wobei **108** aber speziell erforderlich ist, dass der Auftraggeber diese Datensicherung „unmittelbar" vor der zum Datenverlust führenden Maßnahme durchgeführt hat. Hier ist aber ein etwas komplizierteres Wechselverhältnis zwischen den Maßnahmen, die der Kunde treffen muss und den Maßnahmen, die etwa der Auftragnehmer plant, zu berücksichtigen. Es kann also zB nicht sein, dass der Auftraggeber, der von einer geplanten Neueinspielung oder einem anderen Remote-Services-basierten Maßnahme nichts weiß, unmittelbar davor handeln muss, obwohl er gar nicht informiert ist. Diese Informationspflicht fehlt in den vorliegenden Regelungen. Die Gerichte nehmen sogar teilweise an, dass eine Nachfrage seitens des Auftragnehmers erforderlich ist, bevor er irgendwelche Maßnahmen ergreift, die zum Datenverlust führen können.

Schließlich wäre auch noch eine Relativierung dahingehend vorzunehmen, dass „ord- **109** nungsgemäß" auch heißt, dass dem Handbuch entsprochen wird. Schließlich kann es auch sein, dass die Datensicherung überhaupt nicht mehr zielführend ist, weil ein Mangel die Daten bereits inkonsistent gemacht hat und nunmehr die Maßnahme des Auftragnehmers (die zum weiteren Datenverlust führt) eben ohne vorherige ordnungsgemäße Datensicherung auskommen muss.[52]

110 h) **Datenschutz, Geheimhaltung und Sicherheit.** Die Regelungen in Bezug auf Datenschutz, Geheimhaltung und Sicherheit finden sich nahezu wörtlich deckungsgleich, stets inhaltsgleich, wenn auch nicht unter einer einheitlichen Gliederungsziffer, in allen EVB-IT AGB.[53] Lediglich die Lösungsmöglichkeit des Auftraggebers vom Vertrag bei Verstoß des Auftragnehmers gegen Datenschutzpflichten musste entsprechend des jeweils zugrunde liegenden Vertragstyps – Kündigung oder Rücktritt – angepasst werden.

> **Praxistipp:**
> Die jeweiligen Vertragsmuster sehen keine die AGB modifizierende Regelungen vor. Die Möglichkeit, abweichende bzw. ergänzende Regelungen zu treffen, ist über den Punkt „Sonstige Vereinbarungen" in den jeweiligen Vertragsmustern aber auch hier gegeben.

„x. **Datenschutz, Geheimhaltung und Sicherheit**
x.1 Der Auftraggeber sorgt dafür, dass dem Auftragnehmer alle relevanten, über die gesetzlichen Regelungen hinausgehenden Sachverhalte, deren Kenntnis für ihn aus Gründen des Datenschutzes und der Geheimhaltung erforderlich ist, bekannt gegeben werden.
x.2 Vor Übergabe eines Datenträgers an den Auftragnehmer stellt der Auftraggeber die Löschung schutzwürdiger Inhalte sicher, soweit nichts anderes vereinbart ist.
x.3 Der Auftragnehmer sorgt dafür, dass alle Personen, die von ihm mit der Bearbeitung oder Erfüllung des Vertrages betraut sind, die gesetzlichen Bestimmungen über den Datenschutz beachten. Die nach Datenschutzrecht erforderliche Verpflichtung auf das Datengeheimnis ist spätestens vor der erstmaligen Aufnahme der Tätigkeit vorzunehmen und dem Auftraggeber auf Verlangen nachzuweisen.
x.4 Der Auftraggeber kann [den Vertrag ganz oder teilweise kündigen]/[ganz oder teilweise vom Vertrag zurücktreten], wenn der Auftragnehmer seinen Pflichten gemäß Ziffer x.3 unter Berücksichtigung der Sachverhalte gemäß Ziffer x.1 schuldhaft innerhalb einer gesetzten angemessenen Frist nicht nachkommt oder Datenschutzvorschriften vorsätzlich oder grob fahrlässig verletzt.
x.5 Auftraggeber und Auftragnehmer sind verpflichtet, alle im Rahmen des Vertragsverhältnisses erlangten vertraulichen Informationen, Geschäfts- und Betriebsgeheimnisse vertraulich zu behandeln, insbesondere nicht an Dritte weiterzugeben oder anders als zu vertraglichen Zwecken zu verwerten. Dies gilt auch für den Erfahrungsaustausch innerhalb der öffentlichen Hand."

Die ersten vier Absätze der AGB-Regelung haben schwerpunktmäßig Datenschutz zum Inhalt, Absatz 5 enthält eine beidseitige Geheimhaltungsklausel.

111 Datenschutzrechtlich werden nur einzelne Festlegungen zu Details getroffen. Hierzu wird vielfach vertreten, dass das Grundverständnis ist, dass sich Auftraggeber und Auftragnehmer schlicht an die datenschutzrechtlichen Bestimmungen halten und daher auf eine Wiederholung der einschlägigen Gesetzestexte verzichtet werden kann. Im Vertrag werden daher nur die für die Praxis relevanten Festlegungen getroffen.

112 Die bei der Verarbeitung und Nutzung personenbezogener Daten erforderliche Regelung zur Auftragsdatenverarbeitung wird nur in den Nutzerhinweisen unter Ziffer 1.4.2, dort aber ausführlich, erwähnt. Im Hinblick auf die 2009 in Kraft getretenen Neuregelungen zur Auftragsdatenverarbeitung gilt es wohl, dieses Konzept zu überdenken, da § 11 BDSG davon ausgeht, dass der dortige Maßnahmenkatalog sich auch im Vertrag widerspiegelt.[54]

113 Die Regelung in **Absatz 1** mutet auf den ersten Blick widersprüchlich an, da sie eine Pflicht des Auftraggebers enthält, dem Auftragnehmer Informationen „über die gesetzlichen Regelungen hinaus" zukommen zu lassen, die für diesen „aus Gründen des Datenschutzes und der Geheimhaltung" erforderlich sind. Soweit der **Datenschutz** betroffen ist, könnte

---

[52] S. a. zur Datensicherung *Schneider*, Handbuch des EDV-Rechts Kap. F Rn. 136, 271 f. mwN.
[53] Dies gilt nicht für die am 16.7.2015 neu veröffentlichten Versionen 2 der EVB-IT Überlassung Typ A sowie EVB-IT Pflege S.
[54] Zur Auftragsdatenverarbeitung → § 34 (Recht des Datenschutzes); in den Versionen 2.0 der EVB-IT Überlassung Typ A und der EVB-IT Pflege S wurden die Regelungen entsprechend überarbeitet.

damit gemeint sein, dass der Auftraggeber seinem Auftragnehmer, die notwendigen Informationen zukommen lassen muss, etwa welche übergebenen elektronischen Dokumente personenbezogene Daten enthalten, damit dieser die entsprechenden Vorkehrungen bei sich treffen kann. In Bezug auf die **Geheimhaltung** könnte gemeint sein, dass der Auftraggeber dem Auftragnehmer ausdrücklich mitteilen muss, welche Informationen als vertraulich und damit geheimhaltungsbedürftig anzusehen sind. Dies wiederum würde aber nicht wirklich zu Absatz 5 passen, so dass die Regelung unklar bleibt.

Absatz 2 enthält eine praxisrelevante Anweisung an den Auftraggeber, dem Auftragnehmer zu übergebende Datenträger vorher sicher zu löschen, so dass keine „schutzwürdigen Inhalte", die mit dem aktuellen Auftrag nichts zu tun haben, dem Auftragnehmer zur Kenntnis gelangen können. Damit ist diese Regelung dem **technischen Datenschutz** zuzuordnen, wobei nicht definiert ist, was unter den Begriff „schutzwürdige Inhalte" fällt. Soweit personenbezogene Daten betroffen sind, sind diese durch das BDSG bzw. LDSG geschützt. Das Verbot der Weitergabe solcher Daten folgt aus dem den Datenschutzgesetzen zugrunde liegenden Verbotsprinzip in Verbindung mit der fehlenden gesetzlichen Ermächtigung zur Weitergabe auftragsfremder personenbezogener Daten an Dritte. Soweit unter „schutzwürdige Inhalte" auch solche aus Absatz 5 fallen sollen, ergibt sich deren Schutz bereits aus der Regelung in Absatz 5. Der Regelung in Absatz 2 mangelt es angesichts Unbestimmtheit an der notwendigen Transparenz, so dass über das Gesetz hinausgehende Verpflichtungen des Auftraggebers wohl nicht statuiert werden.

Absatz 3 bricht in Satz 1 die **Datenschutzpflichten des Auftragnehmers** auf die von ihm zur Erfüllung des Vertrages betrauten Personen herunter. Der Auftragnehmer ist aber auch ohne diese Regelung verpflichtet, die Einhaltung der Datenschutzpflichten durch seine eingesetzten Erfüllungsgehilfen zu überwachen, so dass diese Regelung eher deklaratorischen Charakter hat und dem Auftragnehmer wohl primär seine Verpflichtungen zur Anleitung seiner Mitarbeiter und eventueller Subunternehmer vor Augen führen soll. Auch Satz 2 hat in Bezug auf eigene Mitarbeiter des Auftragnehmers wohl mehr Hinweis- als Regelungscharakter.

Absatz 4 zeigt die Bedeutung, die der Einhaltung der Datenschutzvorschriften beigemessen wird, indem dem Auftraggeber – wenn auch erst nach angemessener Fristsetzung – ein Kündigungs- bzw. Rücktrittsrecht eingeräumt wird für den Fall, dass der Auftragnehmer seinen Verpflichtungen nach Absatz 3 nicht nachkommt oder Datenschutzvorschriften im Übrigen vorsätzlich oder grob fahrlässig verletzt. Unbeschadet dieses Rechts des Auftraggebers kann der Auftragnehmer nach den für ihn einschlägigen Datenschutzvorschriften für auch nur leicht fahrlässige Datenschutzverstöße haftbar gemacht werden.

> **Praxistipp:**
> Oftmals wird dem Auftraggeber bei Verstoß gegen datenschutzrechtliche Bestimmungen mit Kündigung/Rücktritt wenig geholfen sein. Insofern kann es sich empfehlen, unter „sonstige Vereinbarungen" Regelungen aufzunehmen, die zB über Vertragsstrafen bei Nichteinhaltung die Beachtung der Datenschutzbestimmungen „fördern" (mit dem Risiko entsprechender preislicher Auswirkungen).

Absatz 5 enthält eine recht kurz gehaltene Geheimhaltungsklausel, die „vertrauliche Informationen, Geschäfts- und Betriebsgeheimnisse" erfasst. Damit bleibt es den Vertragspartnern überlassen, in Einzelfall festzulegen, welche Informationen als vertraulich gelten sollen. Absatz 5 ist im Zusammenhang mit Absatz 1 zu lesen, der wie für den Bereich des Datenschutzes, den Auftraggeber verpflichtet, dem Auftragnehmer mitzuteilen, welche der übergebenen oder mitgeteilten Informationen der Regelung nach Absatz 5 unterfallen sollen und welche nicht.

i) Schriftformerfordernis. Die Schriftformklausel findet sich gleichlautend in allen EVB-IT. Die Nutzerhinweise EVB-IT enthalten unter Ziffer 1.4.3 weiterführende Hinweise. Die Vertragsmuster sehen für die grundsätzlich mögliche Vereinbarung einer zusätzlichen oder anderen Form keine ausdrückliche gesonderte Eingabemöglichkeit vor. Allerdings bleibt es der öffentlichen Hand unbenommen, eine solche Regelung zB unter der Nummer „sonstige Vereinbarungen" aufzunehmen, die in sämtlichen Vertragsformularen vorhanden ist.

„Der Vertrag und seine Änderungen sowie alle vertragsrelevanten Erklärungen, Mitteilungs- und Dokumentationspflichten bedürfen der Schriftform*, soweit nicht eine andere zusätzliche Form vereinbart ist."
„* Gemäß BGB §§ 126, 126a, 126b, 127 sowie einfache elektronische Form."

119 Die Regelung steht ob ihrer klaren Aussage und der Präzisierung des Begriffs „Schriftform" im Rahmen der Definitionen grds. für sich selbst. Danach müssen Verträge mit der öffentlichen Hand in „Schriftform" abgeschlossen werden. Durch den Sternchenverweis auf Vorschriften des BGB sowie den Hinweis auf die Möglichkeit des Abschlusses durch einfache elektronische Form, unterfällt dem Begriff „Schriftform" weit mehr als die meisten nach dem natürlichen Sprachgebrauch darunter fassen würden. So ist ein Vertragsschluss durch den bloßen Austausch von auf den Vertragsabschluss gerichteter E-Mails der Vertragspartner möglich. Ob ein solcher Vertragsschluss angesichts einer womöglich geringeren Beweiskraft und eines im Streitfall kaum nachzuweisenden Zugangs sinnvoll ist, ist eine andere Frage, auf die die Nutzerhinweise zu den EVB-IT unter Ziffer 1.4.3 die Vertragspartner zu Recht hinweisen.

120 Die den Vertragspartnern zur Auswahl stehenden Formerfordernisse können entsprechend ihrer Anforderungen in drei Gruppen eingeteilt werden. Die Schriftform nach § 126 BGB sowie die elektronische Form nach § 126a BGB stehen dabei hinsichtlich ihrer Anforderungen auf einer Stufe. Das Erfordernis der eigenhändigen Unterzeichnung durch die Parteien auf derselben Urkunde gemäß § 126 BGB wird bei der elektronischen Form nach § 126a BGB durch das hinsichtlich der Identitätsfunktion gleichwertige Erfordernis einer nach dem Signaturgesetz qualifizierten elektronischen Signatur ersetzt. Ein Vertragsschluss in Textform nach § 126b BGB stellt demgegenüber eine Formerleichterung dar, da auf eine eigenhändige Namensunterschrift und einer einheitlichen Urkunde verzichtet wird. Die Perpetuierungsfunktion bleibt dagegen erhalten, als die Vertragserklärung „in einer Urkunde oder auf andere zur dauerhaften Wiedergabe in Schriftzeichen geeignete Weise abgegeben" werden muss. Dies ist nicht nur bei einer telekommunikativen Übermittlung und anschließendem Ausdruck auf Papier (etwa Fax) der Fall, sondern auch bei einer Übermittlung per E-Mail, sofern sichergestellt ist, dass der Empfänger die Erklärung speichern und ausdrucken kann, ohne dass es wirklich zu einem Ausdruck kommen muss.[55]

121 Was unter „einfache elektronische Form" zu fassen ist, erschließt sich allenfalls grob durch eine Abgrenzung zu anderen Formvorschriften. Das Wort „einfach" soll wohl eine bewusste Abgrenzung zu der nach § 126a BGB erforderlichen „qualifizierten" Signatur nach dem Signaturgesetz und damit einer qualifizierten elektronischen Form darstellen. Ob mit „einfache elektronische Form" eine weitere Formerleichterung gegenüber der Textform nach § 126b BGB erreicht werden soll, ist unklar, aber zu vermuten. Eventuell ist mit „einfache elektronische Form" aber auch gar keine Formvorschrift im eigentlichen Sinne gemeint, sondern lediglich ein möglicher Übertragungsweg für eine nicht formgebundene Erklärung. In der Praxis wird die genaue Einordnung der „einfachen elektronischen Form" wohl dahinstehen können, da der beweisbelasteten Partei im Streitfall schon der Nachweis des Zugangs nur schwer gelingen wird, so dass es auf Formfragen oft nicht mehr ankommen wird. Jedenfalls adressieren die Nutzerhinweise EVB-IT den Nachweis des Zugangs bei elektronischer Übermittlung, indem den Parteien empfohlen wird, beim Austausch von E-Mails für vertragsrelevante Angelegenheiten, eine Empfangsbestätigung anzufordern.

---

[55] Bei einer Hinterlegung der auf den Abschluss eines Vertrages gerichteten Erklärung auf einer Website (zB Ausschreibungsplattform) ohne dass die Erklärung explizit an den Empfänger etwa durch Download übermittelt wird, ist abgesehen von der Erfüllung des Erfordernisses des § 130 BGB strittig, wann von einer dauerhaften Wiedergabe iSv § 126b BGB ausgegangen werden kann, vgl. Palandt/*Ellenberger* § 126b Rn. 3 mwN.

> **Praxistipp:**
> Die Muster-Vertragsdokumente EVB-IT haben wohl die Schriftform nach § 126 BGB vor Augen, denn: Die unter www.cio.bund.de bereitgestellten Vertragsdokumente sehen gerade kein komplettes Ausfüllen der Vertragsformulare am Computer vor, vielmehr enthalten sie ein Unterschriftenfeld für beide Vertragspartner. Hierfür spricht auch die Handhabung in der Praxis.

j) Salvatorische Klausel. Salvatorische Klauseln sind in der Praxis zwar absolut üblich und werden allgemein erwartet, hilfreich sind sie nicht immer, in manchen Fällen sogar eher kontraproduktiv. Dennoch ist die nachfolgende Klausel in sämtlichen EVB-IT AGB enthalten.[56]

„Sollten einzelne Bestimmungen des Vertrages unwirksam sein, wird hierdurch die Wirksamkeit der übrigen Bestimmungen nicht berührt. Die Vertragspartner werden zusammenwirken, um unwirksame Regelungen durch solche Regelungen zu ersetzen, die den unwirksamen Bestimmungen soweit wie möglich entsprechen."

Es dürfte der hM entsprechen, dass salvatorische Klauseln gem. § 307 Abs. 1 S. 1 und Abs. 2 S. 1 Nr. 1 BGB wegen Abweichung vom gesetzlichen Leitbild (§ 139 BGB) unwirksam sind (vgl. Rn. 20 ff.) und daher sinnvoll nicht in AGB, sondern nur in individuell ausgehandelten Verträgen, vorgesehen werden sollten.

k) Musterformulare. aa) Einleitung. Ein Teil der EVB-IT sieht zur näheren Ausgestaltung bestimmter Themen so genannte Musterformulare vor. Dieses Vorgehen ist in der Vertragspraxis absolut üblich und findet sich insbesondere im Zusammenhang mit Change Request Verfahren, Mängelmeldeverfahren oder auch Formularen für Abnahmeerklärungen.

Die EVB-IT (ohne System, Erstellung, Systemlieferung und Service sowie ohne die zum 16.7.2015 veröffentlichen Versionen 2 der EVB-IT Überlassung Typ A und Pflege S) sehen folgende Musterformulare vor:

EVB-IT Basis-Verträge	Musterformulare Fassung vom 1.4.2002, gültig ab 1.5.2002 (sofern nicht anderweitig erwähnt)			
	Störungsmelde-formular	Servicebericht Instandhaltung	Leistungs-nachweis	Änderungsverfahren Dienstleistung
EVB-IT Dienstleistung			X (Dienstleistung)	X
EVB-IT Überlassung Typ A	X			
EVB-IT Überlassung Typ B	X			
EVB-IT Kauf	X			
EVB-IT Instandhaltung	X	X		
EVB-IT Pflege S	X Fassung vom 13.2.2003, gültig ab 1.3.2003		X (Pflege S) Fassung vom 13.2.2003, gültig ab 1.3.2003	

---

[56] Siehe hierzu ua Redeker/*Scheja*, Handbuch der IT-Verträge, Kapitel 1.10, Rn. 162 mwN; *Feil/Leitzen*, EVB-IT zB bei Kap. 3, Rn. 78 ff.

126 Zu beachten ist, dass diese Formulare **automatisch** Vertragsbestandteil werden, da die die Formulare verwendenden EVB-IT Vertragsmuster wiederum unter Ziffer 2.1 ausdrücklich auf die EVB-IT AGB samt dazugehörigem Muster verweisen:

Beispiel aus dem EVB-IT Überlassungsvertrag Typ A vom 1.4.2002:
„2 Vertragsbestandteile
2.1 Es gelten nacheinander als Vertragsbestandteile:
- dieser Vertrag (Seite 1 bis) mit Anlage(n) Nr. ......
- Ergänzende Vertragsbedingungen für die zeitlich unbefristete Überlassung von Standardsoftware* gegen Einmalvergütung (EVB-IT Überlassung Typ A) in der bei Vertragsschluss geltenden Fassung **einschließlich des Musters 1**
- Verdingungsordnung für Leistungen – ausgenommen Bauleistungen – Teil B (VOL/B) in der bei Vertragsschluss geltenden Fassung.
EVB-IT Überlassung Typ A und VOL/B liegen beim Auftraggeber zur Einsichtnahme bereit."

127 *bb) Störungsmeldeformular.* Dieses Formular[57] wird von folgenden Vertragstypen jeweils als Muster 1 zur Meldung von Störungen/Mängeln verwendet:
- EVB-IT Kauf,
- EVB-IT Überlassung Typ A und B,
- EVB-IT Instandhaltung.

128 *cc) Servicebericht Instandhaltung.* Dieses Formular[58] wird ausschließlich bei den EVB-IT Instandhaltung verwendet und dient der Erfassung von Arbeits-, Warte- und Reisezeiten des Auftragnehmers sowie der Erfassung von verbrauchten Material- und Ersatzteilen.

129 *dd) Leistungsnachweis Dienstleistung.* Dieses Formular wird ausschließlich bei den EVB-IT Dienstleistung (als Muster 1)[59] verwendet und dient der Erfassung von Zeitaufwand und Reisekosten.

130 *ee) Änderungsverfahren Dienstleistung.* Dieses Formular wird ausschließlich bei den EVB-IT Dienstleistung (als Muster 2)[60] verwendet und dient der Vereinbarung von Änderungen an den vereinbarten Leistungen des Auftragnehmers während der Vertragslaufzeit. Dies trägt dem Umstand Rechnung, dass Dienstverträge meist über einen längeren Zeitraum abgeschlossen werden und sich somit naturgemäß Änderungen ergeben. Solche Änderungsverlangen können sowohl vom Auftraggeber als auch vom Auftragnehmer eingebracht werden.[61]

III. Besonderheiten einzelner Vertragstypen (ohne System, Systemlieferung, Erstellung und Service)

131 Die nachfolgende Darstellung einzelner Klauseln in diesem Kapitel III. folgt der folgenden Einteilung:
- Hardwarebezogene bzw. allgemeine Verträge, wozu zählen EVB-IT Kauf, EVB-IT Instandhaltung und EVB-IT Dienstleistung;
- Hinsichtlich Software: EVB-IT Überlassung Typ A (Kauf) Typ B (Miete) und EVB-IT Pflege S (Pflege von Standardsoftware).

132 Die systembezogene Verträge EVB-IT System, EVB-IT Systemlieferung und EVB-IT Erstellung sowie EVB-IT Service werden in gesonderten Kapiteln (IV., V. und VI. sowie VII.) behandelt.

1. EVB-IT Kauf

133 a) **Anwendungsbereich, Vertragsgegenstand.** Die EVB-IT Kauf sind nicht auf den Erwerb von Hardware allein beschränkt. Zwar ist in Ziffer 1 der AGB von Produkten und Hard-

---
[57] S. unter www.cio.bund.de.
[58] S. unter www.cio.bund.de.
[59] S. unter www.cio.bund.de.
[60] S. unter www.cio.bund.de.
[61] Zu typischen CR-Verfahren im Rahmen von IT-Projekten → § 18 (IT-Projektverträge).

ware die Rede. Aus Nummer 1.1 des EVB-IT Kaufvertrags ergibt sich jedoch, dass zugleich neben dem Kauf (und der Lieferung) der Hardware auch folgende weiteren Leistungsgegenstände möglich sind (wobei die Auswahl durch „Ankreuzen im Vertragsformular" erfolgt):
- die unbefristete Überlassung von Standard-Software gegen Einmalvergütung,
- die Aufstellung von Hardware,
- die Vorinstallation der Standard-Software durch den Auftragnehmer.

So gesehen handelt es sich – vom Umfang der Beschaffungsmöglichkeit her – bereits um einen „Minisystemvertrag", weshalb bezüglich der EBV-IT Systemlieferung noch auf die insofern erforderliche Abgrenzung einzugehen ist.[62]

In der einleitend dargestellten Entscheidungshilfe zur Einbeziehung der BVB- bzw. EVB-IT Vertragstypen, kurz „Entscheidungshilfe" (→ Rn. 9), wird der Kauf von Hardware als Gegenstand bezeichnet und weiter charakterisiert als „ggf. inklusive Aufstellung, jedoch **ohne sonstige Leistungsanteile**". Aus den Nutzerhinweisen (Ziffer 2.2.1) ergibt sich, dass die EVB-IT Kauf **keine werkvertraglichen** Vereinbarungen (wie zB Erklärung der Funktionsbereitschaft, Leistungsprüfungen, Abnahme) enthalten.

Dies ist jedoch ausweislich der Langfassung des Kaufvertrages nicht zutreffend, weil neben der Leistung „Aufstellung von Hardware" auch die „Vorinstallation" zusätzlich als Vertragsgegenstand ausgewählt werden können; beide Leistungen haben werkvertraglichen Charakter, denn:
- In den Definitionen der EVB-IT Kauf ist „Aufstellung von Hardware" definiert als „Auspacken und Aufstellen der Hardware, Anschließen an das Stromnetz zum Auftraggeber und Durchführen eines Gerätetests.". Die nachfolgende weitere Installation iS des Anschlusses an ein vorhandenes System wäre nach dieser Formulierung jedoch nicht mitgeschuldet.
- Die „Vorinstallation" ist definiert als „Vorinstallation der (Standard-)Software auf einer bestimmten Hardware vor Auslieferung".

Der Kauf von Hardware hingegen mit **„geringfügigen werkvertraglichen Leistungsanteilen"** soll nach dem Willen der Verwender dieser AGB zur Anwendung des **EVB-IT Systemlieferungsvertrages** führen, denn in den Nutzerhinweisen heißt es unter Ziffer 2.2.1:

„Erwartet der Auftraggeber eine über die bloße Lieferung des jeweiligen Standardproduktes hinausgehende Leistung, dann ist ein EVB-IT Systemvertrag abzuschließen. So findet ein EVB-IT Systemvertrag Anwendung in Verträgen über die Lieferung von Produkten, deren Funktionsbereitschaft durch Leistungen des Auftragnehmers herbeigeführt werden soll (Stichworte sind Installation, Vernetzung, Integration, Anpassung, Ergänzungsprogrammierung) und für die Beschaffung komplexer Systeme mit werkvertraglichen Leistungsanteilen."

b) Zusammensetzung der EVB-IT Kauf. Die EVB-IT Kauf bestehen – wie bei allen EVB-IT üblich – aus mehreren Dokumenten, nämlich
- Vertrag (über den Kauf von Hardware und die zeitlich unbefristete Überlassung von Standardsoftware gegen Einmalvergütung), wofür es eine Langfassung und eine Kurzfassung gibt,
- ergänzende Vertragsbedingungen für den Kauf von Hardware und
- Störungsmeldeformular.

Bei der Überlassung von Standardsoftware gehören auch die ergänzenden Vertragsbedingungen für die Überlassung von Standardsoftware gegen Einmalvergütung (EVB-IT Überlassung Typ A) zu den Vertragsbestandteilen (vgl. Nr. 2.1 EVB-IT Kaufvertrag (Langfassung) bzw. Nr. 2 der Kurzfassung). Nachrangig gelten stets die „Allgemeinen Vertragsbedingungen für die Ausführung von Leistungen (VOL/B)".

c) Inhalt der EVB-IT Kauf. Die EVB-IT Kauf enthalten als AGB Textregelungen zu den Themen
- Art und Umfang der Lieferung – Ziff. 1,
- Vergütung – Ziff. 2,
- Verzug – Ziff. 3,
- Gewährleistung – Ziff. 4,

---

[62] → Rn. 190 ff. zum Anwendungsbereich der EVB-IT System.

- Schutzrechtsverletzung – Ziff. 5,
- Sonstige Haftung – Ziff. 6,
- Verjährung – Ziff. 7,
- Instandhaltungsverpflichtung – Ziff. 8,
- Datenschutz, Geheimhaltung und Sicherheit Ziff. 9
- Schriftform – Ziff. 10,
- Anwendbares Recht – Ziff. 11 und
- Salvatorische Klausel – Ziff. 12.

141 Die Bereiche sonstige Haftung, Datenschutz, Geheimhaltung und Sicherheit sowie die Ziff. 10, 11 und 12 sind im Wesentlichen wie auch in den übrigen EVB-IT geregelt. Gleiches gilt auch für die Ziff. 3.

Praxistipp:

Als **Besonderheiten** sind zu erwähnen:

- **Ziff. 4.1 S. 2** besagt, dass ein unerheblicher Sachmangel unbeachtlich ist. Dies entspricht der Rechtssituation bis zur Schuldrechtsmodernisierung, stellt den Verwender insoweit schlechter als die jetzige Rechtslage ist. Dies ist aber wirksam.
- In **Ziff. 4.2 S. 2** wird zu Lasten des Verwenders klargestellt, dass Vereinbarungen in Nr. 4 des Vertrages hinsichtlich der Eigenschaft der Leistung keine Beschaffenheits- oder Haltbarkeitsgarantie iSd § 443 BGB darstellen. Auch dies ist wirksam.
- Entsprechendes gilt auch für **Ziff. 4.3**. Danach ist Voraussetzung für Gewährleistungsansprüche, dass die Reproduzierbarkeit oder Feststellbarkeit der Mängel gegeben ist. Normalerweise wäre es wohl so, dass unkontrollierte Abstürze, die etwa durch Zeugen, möglicherweise iVm einem Logbuch belegt werden können, auch wenn sie nicht nachgestellt/reproduziert werden können, als Mangel zu qualifizieren sind.[63] Diese Darlegung und Substantiierung schneidet sich hier der Verwender selbst ab, was aber als „Selbstbenachteiligung" wirksam ist.
- Sehr problematisch für den Anwender ist **Ziff. 4.4**. Danach hat dieser Mängel „unverzüglich" und zwar unter Angabe der ihm bekannten und für deren Erkennung zweckdienlichen Informationen auf dem Störungsmeldeformular bzw. einem entsprechenden Formular zu melden, wobei eine andere Form vereinbart werden kann. Kritisch ist va die „Unverzüglichkeit". Der Maßstab hierfür ist die Rechtsprechung hinsichtlich der Frist zu § 377 HGB.
- Nach **Ziff. 4.5** beträgt die Gewährleistungsfrist 24 Monate ab Lieferung. „Gewährleistungsfrist" ist definiert als „Verjährungsfrist iS der gesetzlichen Bestimmungen". Diese Regelung hinsichtlich der 24 Monate ist ohne jede Ausnahme, sodass die gesetzlichen Ausnahmen insoweit zu Lasten des Auftraggebers nicht zu greifen scheinen. Dies betrifft va Arglist. Allerdings sieht Ziff. 4.7 vor, dass die Haftungsbeschränkungen nach Ziff. 4.6 nicht für Ansprüche aus Ziff. 4.2 bei arglistigem Verschweigen eines Mangels, bei Vorsatz, grober Fahrlässigkeit und bei Verletzung des Lebens, des Körpers oder der Gesundheit gelten. Da dies aber Ziff. 4.5 nicht umfasst, wäre also die normale Verjährungsfrist immer zwei Jahre.
- Dem Auftragnehmer wird mit **Ziff. 4.6** praktisch das Wahlrecht analog Werkvertragsrecht übertragen. Dies ist wohl auch in AGB wirksam. Interessant ist, dass in Ziff. 4.5 ausdrücklich die von der Rechtsprechung im Lauf der Zeit entwickelte Hemmung, für die es keine entsprechende gesetzliche Regelung im Mängelrecht gibt, wiedergegeben wird (§ 204 BGB).[64]
- Für den Auftragnehmer besonders günstig ist, dass nach **Ziff. 4.6 Abs. 2** eine nicht erfolgte Mängelbehebung innerhalb angemessener Frist nicht etwa bereits das Scheitern bedeutet, sondern der Auftraggeber noch eine Nachfrist setzen „kann". Dabei ist unklar, ob dies eine Pflicht oder nur eine Möglichkeit ist. Für den Fall des Scheiterns sind noch die Rechte des Auftraggebers geregelt, wobei ein evtl. Schadenersatz auf 8 % des Wertes der vom Mangel betroffenen Leistungen begrenzt ist. Diese Begrenzung gilt jedoch nicht bei arglistigem Verschweigen (Ziff. 4.6).
- Besondere Erwähnung bedarf noch die Instandhaltungsverpflichtung gem. **Ziff. 8**. Danach ist der Auftragnehmer verpflichtet, auf Verlangen des Auftraggebers gegen angemessene Vergütung die gelieferte Hardware für die Dauer von mindestens 24 Monaten ab Lieferung auf der Grundlage

---

[63] Siehe *Schneider*, Handbuch des EDV-Rechts, Kap. D Rn. 839 mit Verweis auf OLG Köln Urt. v. 27.3.1998 – 19 U 237/96, CR 1998, 657.

[64] Siehe BGH Urt. v. 30.10.2007 – X ZR 101/06, CR 2008, 145 zum „Mängeldialog".

III. Besonderheiten einzelner Vertragstypen (ohne System und Systemlieferung)

der EVB-IT Instandhaltung[65] instand zu halten. Der Sinn erschließt sich nicht auf den ersten Blick, nachdem die Instandhaltungsverpflichtung, die als „Maßnahmen zur Bewahrung und Wiederherstellung des Soll-Zustandes sowie zur Feststellung und Beurteilung des Ist-Zustandes" definiert sind, der Mängelhaftung nicht ganz unähnlich ist und andererseits die Frist mindestens zwei Jahre beträgt, also genau der Verjährungsfrist für die Mängelansprüche des Auftraggebers entspricht. Der Mehrwert der Regelung besteht darin, dass Inspektion und Fehlerbeseitigung erfolgen und zwar unabhängig davon, ob ein Mangel im juristischen Sinne vorliegt. Der in der Literatur[66] angesprochene Vorteil, es müsse aufgrund der Sonderregelung kein gesonderter Instandhaltungsvertrag geschlossen werden, beruht auf dieser Erwägung.

Falls nach Ablauf der Gewährleistungsfrist nicht zugleich ein Instandhaltungsvertrag geschlossen wird bzw. wurde, sondern erst später, und somit eine „Lücke" entsteht, bietet der Auftraggeber von sich aus an, dass der Auftragnehmer eine einmalige zusätzliche Vergütung für Inspektion und die Übernahme verlangen kann.

d) Inhalt des EVB-IT Kaufvertrags. Zu beachten ist als Besonderheit, dass es das Kaufvertragsformular in einer **Kurz-** sowie in einer **Langfassung** gibt. Die Nutzerhinweise erläutern die Unterscheidung der beiden Muster wie folgt:[67]

„Die Langfassung des EVB-IT Kaufvertrages lässt umfangreiche individuelle Vereinbarungen zu. Die Kurzfassung des Kaufvertrages enthält einen Mindestumfang vertraglicher Regelungen für die Beschaffung von Produkten, für die nur ein geringer Regelungsbedarf über die Festlegungen der EVB-IT Kauf bzw. der EVB-IT Überlassung Typ A hinaus besteht."

Der Aufbau des Kaufvertrags orientiert sich an der Klauselreihenfolge der EVB-IT Kauf – AGB (wobei zur besseren Orientierung für den Nutzer auch auf die entsprechenden Ziffern der AGB-Texte verwiesen wird). Die Reihenfolge der Langfassung lautet wie folgt:

- Vertragsgegenstand und Vergütung – Nr. 1,
- Vertragsbestandteile – Nr. 2,
- Kauf, Aufstellung, Überlassung, Vorinstallation – Nr. 3,
- Besondere Vereinbarung von Eigenschaften – Nr. 4,
- Dokumentation – Nr. 5,
- Lieferanschrift/Erfüllungsort – Nr. 6,
- Besondere Nutzungsvereinbarungen – Nr. 7,
- Kopier- oder Nutzungssperren – Nr. 8,
- Kopie zu Prüf- und Archivierungszwecken bei außerordentlicher Kündigung der Nutzungsrechte – Nr. 9,
- Entsorgung – Nr. 10,
- Verantwortliche Ansprechpartner – Nr. 11,
- Störungsmeldung und Nacherfüllung im Rahmen der Gewährleistung – Nr. 12,
- Telefonische Unterstützung – Nr. 13,
- Versicherung – Nr. 14,
- Sonstige Vereinbarungen – Nr. 15.

Hinsichtlich der Vertragsbestandteile besagt der Kaufvertrag, dass neben dem Vertrag und dessen Anlagen die EVB-IT Kauf nachrangig gelten, des Weiteren die EVB-IT Überlassung Typ A und sodann die VOL/B.

> **Praxistipp:**
> Als **Besonderheiten** sind zu erwähnen:
> - In **Nummer 3** wird zwischen der zu liefernden Hardware sowie der zu überlassenden Standardsoftware unterschieden (Nr. 3.1 und 3.2). Die tabellarische Darstellung lässt Detaillierungen zu. Insbesondere kann hier die Gewährleistungsfrist abweichend von Ziff. 4.5 EVB-IT Kauf geregelt, demnach also auch verkürzt werden.

---

[65] Zu den EVB-IT Instandhaltung → Rn. 145 ff.
[66] *Feil/Leitzen*, EVB-IT Kap. 2 Rn. 94.
[67] Siehe Ziffer 2.2.1 der Nutzerhinweise zu den EVB-IT vom 13.2.2003; gültig seit 1. März 2003.

> - **Nummer 7** lässt besondere Nutzungsrechtsvereinbarungen in Bezug auf die (ggf. mit zum Vertragsgegenstand gehörende) Standardsoftware zu, deren Überlassung sich grds. nach den EVB-IT Überlassung Typ A richtet. Werden in Nummer 7 keine Angaben vorgenommen, so gelten die in den AGB-Texten enthaltenen Standardregelungen. Abweichungen, weitere Einschränkungen oder Ergänzungen sind möglich, so zB
> - Mehrfachnutzung,
> - Übertragbarkeit,
> - Beschränkung des Nutzungsrechts auf die Hardware-Systemumgebung,
> - Sonstiges (je nach Bedürfnissen der Vergabestelle, gesondert in einer Anlage zum Vertrag zu regeln) uä.

2. EVB-IT Instandhaltung

145 a) **Anwendungsbereich, Vertragsgegenstand.** Gegenstand des Vertrages ist das, was häufig als **Wartung von Hardware** bezeichnet wird. Instandhaltung ist der Oberbegriff und umfasst noch die Instandsetzung.

146 Ohne dies vertragstypologisch deutlich zu machen, decken die EVB-IT Instandhaltung zwei verschiedene Ausprägungen ab:
- den erfolgsorientierten, werkvertraglich zu qualifizierenden Typ, bei dem die Aufrechterhaltung und Wiederherstellung der Betriebsbereitschaft geschuldet ist (Ziffer 1.1), und
- den stark tätigkeitsorientierten, teils dienstvertraglich, im Ergebnis und va bei der Leistungsstörung werkvertraglich zu qualifizierenden Typ, bei dem bestimmte Tätigkeiten geschuldet sind (Ziffer 1.2), um die Betriebsbereitschaft wieder zu erreichen.

147 Dies ergibt sich aus folgenden Formulierungen der EVB-IT Instandhaltung (Ziffer 1 samt dazugehöriger Definitionen):

„1 **Art und Umfang der Leistung**
1.1 Bei vereinbarter pauschaler Vergütung verpflichtet sich der Auftragnehmer, während der Vertragslaufzeit die Betriebsbereitschaft* der im Vertrag spezifizierten Hardware* aufrechtzuerhalten und wiederherzustellen. Hierzu erbringt er im vereinbarten Umfang Instandsetzungs*-, Inspektions*- und Wartungsarbeiten*. Voraussetzung zur Leistungsverpflichtung ist die bestimmungsgemäße Nutzung* der Hardware* entsprechend den Herstellerspezifikationen und den vertraglichen Vereinbarungen.
1.2 Bei vereinbarter Vergütung nach Aufwand verpflichtet sich der Auftragnehmer, während der Vertragslaufzeit im vereinbarten Umfang Instandsetzungs*-, Inspektions*- und Wartungsarbeiten* für die im Vertrag spezifizierte Hardware* zu erbringen und deren Betriebsbereitschaft* wiederherzustellen."

„Definitionen:
Instandhaltung Maßnahmen zur Bewahrung und Wiederherstellung des Soll-Standes sowie zur Feststellung und Beurteilung des Ist-Zustandes. Die Maßnahmen beinhalten:
- **Inspektion** Maßnahmen zur Feststellung und Beurteilung des Ist-Zustandes,
- **Instandsetzung** Maßnahmen zur Wiederherstellung des Soll-Zustandes,
- **Wartung** Maßnahmen zur Bewahrung des Soll-Zustandes."

148 Diese Unterscheidung zwischen Inspektion, Instandsetzung und Wartung führt auch zu entsprechenden Differenzierungen bei den Leistungspflichten des Auftragnehmers sowie bei der Regelung zu Leistungsstörungen. Weiterer wesentlicher Unterschied ist die pauschale Vergütung für Leistungen gemäß Ziffer 1.1, während Leistungen gemäß Ziffer 1.2 nach Aufwand vergütet werden (→ Rn. 150 ff.).

149 b) **Zusammensetzung der EVB-IT Instandhaltung.** Die EVB-IT Instandhaltung bestehen – wie bei allen EVB-IT üblich – aus mehreren Dokumenten, nämlich
- Vertrag (über die Instandhaltung von Hardware),
- ergänzende Vertragsbedingungen für die Instandhaltung von Hardware und
- das Formular Servicebericht,
- das Störungsmeldeformular.

Nachrangig gelten stets die „Allgemeinen Vertragsbedingungen für die Ausführung von Leistungen (VOL/B)".

150 c) **Besondere Inhalte der EVB-IT Instandhaltung.** *aa) Auf die Leistungsinhalte bezogene Vergütungsabreden.* Der Instandhaltungsvertrag sieht entsprechend der denkbaren, unterschiedlichen Leistungsinhalte und Leistungszeiten in Nr. 1.3 des Vertrags Alternativen von Vergütungsabreden vor:

Regelung in den EVB-IT Instandhaltungsvertrag
„1.3 Die Leistungen des Auftragnehmers werden
- gegen eine monatliche Pauschale gemäß Nr. 3.1.1 in Höhe von ......
- gegen eine abweichende monatliche Pauschale gemäß Nr. 3.1.2 für die dort vereinbarten Zeiträume
- gegen eine einmalige Pauschale gemäß Nummer 3.1.1 in Höhe von ......
- nach Aufwand gemäß Nummer 4.1

zuzüglich der zum Zeitpunkt der Leistungserbringung gültigen Umsatzsteuer vergütet."

Entsprechend dieser unterschiedlichen Vergütungsmodelle unterscheidet sich sodann auch Art und Umfang der zu erbringenden Leistungen des Auftragnehmers:
- Leistungen gegen pauschale Vergütung (monatlich und/oder einmalig) werden unter Nummer 3 beschrieben (s.a. Ziffer 1.1 der AGB Instandhaltung).
- Leistungen, die nach Aufwand vergütet werden, finden sich sodann unter Nummer 4 (s.a. Ziffer 1.2 der AGB Instandhaltung).

Diese Aufteilung führt – zumindest optisch – zwangsweise zur Wiederholung gleichlautender/ähnlicher Regelungen, die sich jedoch dann anhand der vereinbarten Service- und Reaktionszeiten (→ Rn. 156) unterscheiden. Diese Gestaltung gibt äußerst individuelle Vereinbarungsmöglichkeiten, abhängig von den Bedürfnissen des Auftraggebers.

bb) Störung. Die EVB-IT Instandhaltung verwenden nicht den Begriff des „Mangels", sondern sprechen pauschal von Störung. Eine Definition, was unter einer „Störung" zu verstehen ist, ist nicht vorhanden. Aus dem Störungsmeldeformular sind auch keine weiteren Angaben erkennbar. Letztlich wird hiermit jedes Problem gemeint sein, das die Nutzung der Hardware in irgendeiner Weise beeinträchtigt. Diese Interpretation kann wohl aus der Definition von „Störungstag" geschlossen werden, in der von „nicht bestimmungsgemäßer Nutzung der Hardware" die Rede ist (→ Rn. 159).

Der Auftraggeber hat Störungen nach Ziff. 2.2 der EVB-IT Instandhaltung unverzüglich auf dem Störungsmeldeformular an den Auftragnehmer zu melden. Voraussetzung der Beseitigung einer solchen Störung (dh zur Instandsetzung entsprechend der Begrifflichkeit der EVB-IT Instandhaltung) ist es, dass die Störung entweder feststellbar oder reproduzierbar sein muss, denn Ziffer 1.4 der AGB bestimmt, was in den EVB-IT wirksam zu Lasten des Verwenders vereinbart wird wie folgt:[68]

„Die Leistung ist beim Auftraggeber zu erbringen, soweit nichts anderes vereinbart ist. Voraussetzung für die Verpflichtung zur Instandsetzung* ist die Feststellbarkeit der vom Auftraggeber gemeldeten Störung durch den Auftragnehmer oder deren Reproduzierbarkeit."

Zudem ist der Auftragnehmer aber auch ohne Störungsmeldung verpflichtet, Maßnahmen zur vorbeugenden Instandhaltung durchführen, was sich aus der oben zitierten Definition des Begriffs der Instandhaltung ergibt, wonach gerade auch Maßnahmen zur Bewahrung des Soll-Zustandes gemeint sind.

cc) Service- und Reaktionszeiten. Eine Beseitigungszeit ist nicht geschuldet, nur eine Reaktionszeit, die entsprechend der Regelung in Ziffer 1.3 EVB-IT Instandhaltung pauschal 20h beträgt, sofern im Vertrag nichts anderes vereinbart ist.

Definition Reaktionszeit:
„Zeitraum, innerhalb dessen der Auftragnehmer mit den Instandhaltungsarbeiten zu beginnen hat. Sie beginnt mit dem Zugang der Störungsmeldung innerhalb der vereinbarten Servicezeiten und läuft ausschließlich während der vereinbarten Servicezeiten ab."

Die Servicezeiten sind die Zeiten, innerhalb derer der Auftraggeber Anspruch auf Leistungen durch den Auftragnehmer hat. Diese können – je nach Bedürfnis des öffentlichen Auf-

---

[68] S. zur Unwirksamkeit in Verkaufs-AGB von Anbietern: *Schneider*, Handbuch des EDV-Rechts, Kap. F Rn. 138b, 153 f. mwN.

traggebers – im Vertragsformular angegeben werden, zudem kann klar abgrenzbar zwischen Leistungen, die nach Aufwand oder die pauschal vergütet werden, unterschieden werden:
- Die Servicezeiten werden für Instandhaltung bei pauschaler Vergütung im Vertrag unter Nr. 3.3.1.2 festgelegt.
- Bei Instandhaltung gegen Vergütung nach Aufwand findet sich die Regelung zu den Servicezeiten unter Nr. 4.4.2 des Vertrages.

Beginn und Ende der Reaktionszeiten liegen immer innerhalb des Zeitfensters der „Servicezeiten". Unklar ist, ob sie im Übrigen auch während der Nicht-Servicezeiten laufen.[69]

> **Praxistipp:**
> **Berechnungsbeispiel**
> Wäre die tägliche Servicezeit 8 Stunden, die Störungs-Meldung in der 5. Stunde der laufenden Servicezeit erfolgt, würden an dem Tag noch 3 Stunden, am nächsten 8, ebenso am übernächsten und dann noch 1h laufen, bis die Reaktionszeit (von 20h, falls keine kürzere vereinbart wird) erschöpft ist – wenn sie nicht über die Zeitstunden läuft.

158 dd) *Leistungsstörung und deren Folgen.* Ziffer 7 der EVB-IT AGB regeln die Rechtsfolgen bei auftretenden Leistungsstörungen (in Bezug auf Haftungsvoraussetzungen, -folgen und -begrenzungen) sehr differenziert und unterscheiden die Regelungen nach:
- vereinbarter pauschaler Vergütung (Ziffer 7.1),
- vereinbarter Vergütung nach Aufwand (Ziffer 7.2),
- unabhängig von der vereinbarten Vergütungsart (Ziffer 7.3).

159 In Ziffer 7.1.1 wird zB auf eine Beseitigung einer Störung innerhalb 3 Störungstagen abgestellt. Störungstag ist hierbei definiert als „jeder auf den Ablauf des Reaktionszeitraumes folgende Kalendertag innerhalb der vereinbarten Servicezeiten, an dem die Hardware nicht bestimmungsgemäß genutzt werden kann". Gelingt es also dem Auftragnehmer nicht, eine Störung innerhalb des vereinbarten Reaktionszeitraums (zB in 20 Stunden wie im vorgenannten Berechnungsbeispiel dargestellt) zu beseitigen, so beginnen danach die 3 Störungstage Nachfrist zu laufen. Erst ab dem vierten Störungstag kann der Auftraggeber pauschalierten Schadensersatz verlangen.

Auszug der Regelung Ziffer 7 der EVB-IT Instandhaltung
„7 Rechtsfolgen bei Leistungsstörungen
7.1 Für den Fall vereinbarter pauschaler Vergütung gilt Folgendes:
7.1.1 Kann eine Störung nicht innerhalb von 3 Störungstagen* beseitigt werden, leistet der Auftragnehmer vom vierten Störungstag* an pauschalierten Schadensersatz. Voraussetzung hierfür ist, dass die im Vertrag spezifizierte Hardware* ganz oder teilweise wegen der Störung nicht bestimmungsgemäß genutzt werden kann und der Auftragnehmer die Fristüberschreitung zu vertreten hat. Der pauschalierte Schadensersatz beträgt 5/30 der auf die im Vertrag spezifizierten gestörten Hardware* entfallenden monatlichen pauschalen Vergütung je Störungstag*.
Besteht zwischen der gestörten Hardware* und weiterer Hardware*, die in Nummer 3.1 des Vertrages erfasst ist, ein funktionaler Zusammenhang, so wird der pauschalierte Schadensersatz einschließlich der auf diese Hardware* entfallenden monatlichen pauschalen Vergütung berechnet. Voraussetzung hierfür ist, dass der funktionale Zusammenhang im Vertrag vereinbart ist.
7.1.2 Beginnt der Auftragnehmer mit den Instandsetzungsarbeiten* nicht innerhalb der vereinbarten Reaktionszeit* und hat er dies zu vertreten, leistet er den pauschalierten Schadensersatz bereits vom ersten Verzugstag* an. Die Zahlungsverpflichtung endet mit Ablauf des Tages, an dem die Arbeiten begonnen werden.
7.1.3 Wird eine Störung nicht innerhalb von insgesamt 15 Störungstagen* behoben und hat der Auftragnehmer dies zu vertreten, kann der Auftraggeber vom Auftragnehmer die Hinzuziehung eines Dritten zu Lasten des Auftragnehmers verlangen.
7.1.4 Ist die Störung nicht innerhalb von insgesamt 25 Störungstagen* beseitigt, ist der Auftraggeber unabhängig vom Verschulden des Auftragnehmers berechtigt, den Vertrag fristlos ganz oder teilweise zu kündigen, es sei denn, der Auftraggeber hat die Nichtbeseitigung der Störung selbst zu vertreten.

---

[69] Nach *Feil/Leitzen* läuft die Reaktionszeit ausschließlich während der vereinbaren Servicezeiten; s. Kap. 4 Rn. 18 mit einem Beispiel zur Berechnung.

7.1.5 Die Zahlungsverpflichtung für den pauschalierten Schadensersatz ist auf hundert Kalendertage beschränkt. Im Falle einer Kündigung endet sie mit dem Tag der Kündigung."

3. EVB-IT Dienstleistung

a) Anwendungsbereich, Vertragsgegenstand. Eine Art „Joker" sind die EVB-IT Dienstleistung. Sie sind keinem besonderen Gegenstand (Hardware, Software) zugewiesen. Entsprechend der Anwendungsempfehlung ist eine Zuordnung zu „Dienstleistung" gem. §§ 611 ff. BGB vorgenommen. Dieser Vertragstyp soll all solche Leistungen, die im weitesten Sinne mit IT zusammenhängen, erfassen, die nur als Beratung und Unterstützung erbracht werden. Die EVB-IT AGB-Texte stellen insofern klar, dass kein Werkvertrag gewollt ist:

„Ziff. 1 Art und Umfang der Dienstleistung
Der Auftragnehmer erbringt die Dienstleistung zu den Vereinbarungen im Vertrag. Der Auftraggeber trägt die Projekt- und Erfolgsverantwortung.
Die ordnungsgemäße Datensicherung* obliegt dem Auftraggeber. **Werkvertragliche Leistungen sind nicht Gegenstand des Vertrages.**
Der Auftragnehmer erbringt die Dienstleistung nach dem bei Vertragsschluss aktuellen Stand der Technik und durch Personal, das für die Erbringung der vereinbarten Leistungen qualifiziert ist."

Im dazugehörigen Vertragsmuster wird dann im Überblick dargestellt, welche Arten von Dienstleistungen geregelt werden können:

„Nr. 3 EVB-IT Dienstvertrag:
3   Art und Umfang der Dienstleistungen
3.1 Art der Dienstleistungen
    Der Auftragnehmer erbringt für den Auftraggeber folgende Dienstleistungen:
3.1.1 Beratung
3.1.2 Projektleitungsunterstützung
3.1.3 Schulung
3.1.4 Einführungsunterstützung
3.1.5 Betreiberleistungen
3.1.6 Benutzerunterstützungsleistungen
3.1.7 Providerleistungen ohne Inhaltsverantwortlichkeit
3.1.8 sonstige Dienstleistungen: ......"

Zum Umfang der zu erbringenden Dienstleistungen wird in Nr. 3.2 auf entsprechend zu erstellende Anlagen bzw. das Angebot des Auftragnehmers verwiesen.
Folgende (typischen) IT-Leistungen stellen die Praxis bei der Anwendung der EVB-IT vor Herausforderungen:
- Die Erstellung eines „Pflichtenhefts" oder sonstiger Konzepte kann mit den EVB-IT Dienstleistung wegen des erfolgsorientierten Charakters nicht abgedeckt werden. Dies wäre wohl über BVB-Planung abzudecken, eine Mischung aus Werk- und Dienstvertrag.[70]
- Ein Rollout (zB Umstellung der Arbeitsplätze-Clients auf neue Software) wäre nur als Dienstvertrag, also ohne Herbeiführung der Funktionsfähigkeit/Betriebsbereitschaft, mit den EVB-IT Dienstleistung machbar.

b) Rechte an Dienstleistungsergebnissen: Ziffer 4 der EVB-IT Dienstleistung sehen als Standard vor, dass dem Auftraggeber
- nicht ausschließliche,
- dauerhafte,
- unwiderrufliche und
- nicht übertragbare

Nutzungsrechte entsprechend des Zwecks und Einsatzbereichs des Vertrags zustehen. Die Rechtseinräumung schließt auch Zwischenergebnisse, Hilfsmittel und Schulungsunterlagen ein.
Eine Abweichung von dieser Regelung ist im Dienstleistungsvertrag vorgesehen und kann dort ergänzend und/oder abweichend und individuell für den Einzelfall unter Nummer 6 ge-

---

[70] S. a. *Müller-Hengstenberg*, S. 513 ff.; *Feil/Leitzen*, Kap. 3 Rn. 1, 3 ff.

regelt werden. Will der Auftraggeber also exklusive Rechte, muss dies gesondert vereinbart werden.

165 c) **Zusammensetzung der EVB-IT Dienstleistung.** Die EVB-IT Dienstleitung bestehen – wie bei allen EVB-IT üblich – aus mehreren Dokumenten, nämlich
- Vertrag (über die Beschaffung von IT-Dienstleistungen),
- ergänzende Vertragsbedingungen für die Beschaffung von IT-Dienstleistungen und
- das Formular zum Änderungsverfahren.

Nachrangig gelten stets die „Allgemeinen Vertragsbedingungen für die Ausführung von Leistungen (VOL/B)".

4. EVB-IT Überlassung[71]

166 a) **Anwendungsbereich, Vertragsgegenstand.**[72] Die EVB-IT versuchen in Bezug auf die Überlassung von **Standardsoftware** eine Unterscheidung zwischen Kauf und Miete in den Vertragstypen „Typ A" und „Typ B" vorzunehmen. Dementsprechend sieht Typ A als Vertragsgegenstand die „zeitlich unbefristete Überlassung und Nutzung gegen Einmalvergütung" vor, während die EVB-IT Überlassung Typ B an entsprechender Stelle „für die zeitlich befristete Überlassung und Nutzung von Standardsoftware in der jeweils im Rahmen des Vertrages überlassenen Fassung" gelten, ohne dass eine Einmalvergütung angesprochen wäre.

167 Die Formulierung „zeitlich unbefristete Überlassung" ist nicht typisch für Kauf. Richtig müsste sie nach der bisherigen BGH-Rechtsprechung lauten „auf Dauer".[73] Grundsätzlich ist eine geltungserhaltende Reduktion bzw. eine verwenderfreundliche Interpretation nicht zulässig. Diese Ungenauigkeit ist aber bisher noch nicht beanstandet bzw. Gegenstand gerichtlicher Entscheidungen geworden. Im Übrigen scheint die Rechtsprechung nunmehr auch nicht mehr explizit auf das Kriterium „auf Dauer" abzustellen, sondern auch „unbefristet", „ohne zeitliche Begrenzung" als Kriterium für Kauf anzuwenden.[74]

> **Praxistipp:**
> Für sämtliche zusätzliche Leistungen (wie etwa Installation, Integration, Parametrierung und Anpassung) mussten andere EVB-IT Texte gefunden werden, also insbesondere die EVB-IT Dienstleistung, sofern der werkvertragliche Charakter nicht im Vordergrund stand. Vor Veröffentlichung der EVB-IT Erstellung waren auch die Texte der EVB-IT System passend, wenn der werkvertragliche Charakter – im Gegensatz zu den EVB-IT Dienstleistung – im Vordergrund steht und den Schwerpunkt der Leistung ausmacht. Ggf. war es in einem solchen Fall dann ohnehin erforderlich, ausschließlich die EVB-IT System zur Anwendung zu bringen. Nunmehr sind für die Überlassung von Standardsoftware samt vorgenannter zusätzlicher Leitungen wohl eindeutig die EVB-IT Erstellung (→ Rn. 293 ff.) zur Anwendung zu bringen.

168 b) **Zusammensetzung der EVB-IT Überlassung.** Die EVB-IT Überlassung bestehen – wie bei allen EVB-IT üblich – aus mehreren Dokumenten, nämlich
bei Vertragstyp A:
- Vertragsmuster (in Lang- oder Kurzfassung)
- ergänzende Vertragsbedingungen für die zeitlich unbefristete Überlassung von Standardsoftware gegen Einmalvergütung
- Störungsmeldeformular

---

[71] Die folgenden Ausführungen beziehen sich auf die Version vom 1.4.2002. Im Hinblick auf den Rechtsstand des Werks „1.6.2015" wird die zum 16.7.2015 neu veröffentlichte Version 2 der EVB-IT Überlassung Typ A vom 16.7.2015 nicht berücksichtigt.
[72] Bei den EVB-IT Überlassung Typ A vom 16.7.2015 kommt neu hinzu, dass eine Art „Kurzpflege" mitvereinbart werden kann, dh in der Regel Überlassung neuer Programmstände und Hotline.
[73] → § 12 (Überlassung von Software auf Dauer); s. a. *Schneider*, Kap. J.131 mwN.
[74] S. BGH v. 17.7.2013 – I ZR 129/08 – UsedSoft II, das auf das „Recht zur Nutzung einer Kopie ohne zeitliche Begrenzung" abstellt.

bei Vertragstyp B:
- Vertragsmuster
- ergänzende Vertragsbedingungen für die zeitlich befristete Überlassung von Standardsoftware
- Störungsmeldeformular

Nachrangig gelten stets die „Allgemeinen Vertragsbedingungen für die Ausführung von Leistungen (VOL/B)".

c) Anmerkungen. Ein nicht unerheblicher Teil der Formulierungen der Überlassung von Standardsoftware auf Dauer (**EVB-IT Überlassung Typ A**) ähnelt bzw. entspricht denen bei Kauf von Hardware. Einige Klauseln sind naturgemäß typisch auf Softwarebeschaffung bezogen. Dies gilt insbesondere für Ziff. 3, Nutzungsrechte. Gem. Ziff. 3.2 ist das Nutzungsrecht nicht ausschließlich, gilt für eine beliebige Systemumgebung, ist mit einer gewissen Einschränkung (Verpflichtung des Dritten gem. Ziff. 3.5) übertragbar sowie dauerhaft und unkündbar. Allerdings sieht Ziff. 4 bereits eine Einschränkung vor, denn Ziff. 4 regelt die „außerordentliche Kündigung der Nutzungsrechte für den Fall, dass der Auftraggeber schwerwiegende Verletzungen begeht", was zu Lasten des Auftraggebers entgegen des gesetzlichen Leitbildes in den von ihm gestellten AGB wirksam ist.[75, 76]   169

Ansonsten sind die Verzugsregelung wie auch die Regelung zur Schutzrechtsverletzung und sonstigen Haftung wie auch die Verjährung der sonstigen Haftungsansprüche nicht unähnlich den Regelungen in den übrigen Basis-EVB-IT formuliert.[77] Eine Besonderheit gilt bei der Gewährleistung, die weitgehend ähnlich wie bei der Hardware (EVB-IT Kauf) ausgestaltet ist. Die Gewährleistungsfrist beträgt bei EVB-IT Überlassung Typ A nur 12 Monate ab Überlassung (wenn nichts anderes vereinbart ist).[78]   170

Die **EVB-IT Überlassung Typ B** gelten entsprechend für mietähnliche Überlassung. Demnach ist das Nutzungsrecht zeitlich befristet und kündbar, also sowohl außerordentlich als auch ordentlich kündbar. Die Vertragsdauer ist in Ziff. 4 geregelt, wobei sich die Dauer der Überlassung selbst aus dem Vertrag ergibt, also jeweils dort genau festzulegen ist. Fehlt eine solche Festlegung, besteht die Möglichkeit der Kündigung mit einer Kündigungsfrist von drei Monaten zum Ablauf des Kalendermonats, frühestens zum Ende einer vereinbarten Mindestvertragsdauer. Die Mängelregeln entsprechen weitgehend denen bei Kauf mit der Ausnahme, dass hier zugesicherte Eigenschaften möglicherweise vereinbart sind (Ziff. 7.1 Abs. 2). Es gelten aber ansonsten weitgehend gleiche Regeln, so etwa auch die Unverzüglichkeit der Mängelrügen uä.   171

5. EVB-IT Pflege S[79]

a) Anwendungsbereich, Vertragsgegenstand. Die EVB-IT Pflege S sind **ausschließlich** für die Pflege von **Standardsoftware** anzuwenden. Standardsoftware wird auch hier definiert als Programme, Module, Tools uä, die für die Bedürfnisse einer Mehrzahl von Kunden am Markt und nicht speziell vom Auftragnehmer für den Auftraggeber entwickelt wurden (einschließlich der dazugehörigen Dokumentation).   172

Für die Pflege von **Individualsoftware** sind nunmehr die EVB-IT Service anzuwenden.

---

[75] Eine solche Regelung verträgt sich nicht mit Kauf, dh einer Überlassung **auf Dauer** wie mehrfach dargestellt sind solche Selbstbenachteiligungen der öffentlichen Hand aber wirksam. Erklärt wird diese Regelung mit ggf. bestehenden Verpflichtungen des Anbieters gegenüber seinen Vorlieferanten. Vgl. *Feil/Leitzen*, Kap. 5 Rn. 53 sowie *Müller-Hengstenberg*, S. 470.
[76] Die neue EVB-IT Überlassung Typ A vom 16.7.2015 ermöglicht abweichende Nutzungsrechte lt. Nutzungsrechtsmatrix-Muster.
[77] Das Haftungskonzept der EVB-IT Überlassung Typ A vom 16.7.2015 hingegen ist dem Konzept der Systemverträge angepasst und enthält daher eine Haftungsregel für alle Haftungsbestände.
[78] Neu sind in der AGB der EVB-IT Überlassung Typ A vom 16.7.2015 Regelungen, welche die Anforderungen an Vertraulichkeit und Sicherheit (no-spy) verschärfen. Dies gilt auch für die neue Version 2 der EVB-IT Pflege S.
[79] Die folgenden Ausführungen beziehen sich auf die Version vom 27.3.2002. Im Hinblick auf den Rechtsstand des Werks „1.6.2015" wird die zum 16.7.2015 neu veröffentlichte Version 2 der EVB-IT Pflege S nicht berücksichtigt.

173 Zwar geht die Tendenz der Rechtsprechung bei Pflegeverträgen dahin, diese insgesamt als **Werkvertrag** anzusehen. Letztlich handelt es sich jedoch aufgrund der typischerweise sehr unterschiedlichen Regelungsinhalte um einen **typengemischten** Vertrag. Die typischen Leistungen nach EVB-IT Pflege S weisen teils Erfolgscharakter auf, insbesondere wenn es um die Mängelbeseitigung geht, teils reinen Unterstützungscharakter (zB Telefonsupport) oder tragen hinsichtlich des Erwerbs von Updates, Upgrades auch kaufrechtliche Züge.[80]

174 Die EVB-IT Pflege S versuchen die jeweiligen Pflegeleistungen dem jeweils passenden BGB-Vertragstyp zuzuordnen und hierfür dann die einschlägigen Rechtsregelungen zu verfassen.

175 **b) Zusammensetzung der EVB-IT Pflege S.** Die EVB-IT Pflege S bestehen[81] – wie bei allen EVB-IT üblich – aus mehreren Dokumenten, nämlich
- Vertragsmuster,
- ergänzende Vertragsbedingungen für die Pflege von Standardsoftware,
- Störungsmeldeformular,
- Leistungsnachweis.

Nachrangig gelten stets die „Allgemeinen Vertragsbedingungen für die Ausführung von Leistungen (VOL/B)".

176 **c) Ausgewählte Regelungsinhalte. aa)** *Arten von Pflegeleistungen.* Welche Pflegeleistungen geschuldet sind, ergibt sich aus dem Vertrag (vgl. Ziffer 1.1 der EVB-IT Pflege S). Das Kernstück des Vertrages ist demnach die Nummer 3. Dort werden Art und Umfang der Pflegeleistungen mit einem sehr hohen Detaillierungsgrad dargestellt.

177 Es wird dabei nach folgenden Gruppen von Pflegeleistungen unterschieden, die teils noch weiter unterteilt werden:
- Pflegeleistungen zur Mängelbehebung (Nr. 3.1):
  - **Basispflegeleistungen** (Nr. 3.1.1): Lieferverpflichtungen zu verfügbaren Umgehungen, Patches und Updates ohne Erfolgscharakter (dh keine werkvertraglichen Leistungen) sowie evtl. Unterstützung des Auftraggebers bei der Umsetzung einer Umgehung bzw. der Installation von Patches und Updates,
  - **Additive Pflegeleistungen** (Nr. 3.1.2): Werkvertragliche Tätigkeiten gegen Vergütung nach Aufwand (wie Beseitigung von Mängeln; Verfügbarkeitszusagen uä),
- Lieferung von Upgrades, Releases und Versionen (Nr. 3.2), unabhängig von aufgetretenen Mängeln
- Umsetzungs- und Installationsleistungen (Nr. 3.3),
- Informations-/Hotlineservice sowie ggf. weitere Pflegeleistungen in gesonderter Anlage (Nr. 3.4).

178 Die Nutzerhinweise EVB-IT[82] stellen die einzelnen Leistungsraten, ihre vertragstypologische Charakterisierung sowie die Voraussetzungen für eine Leistungserbringung durch den Auftragnehmer wie folgt im Überblick dar:

Nummer im Vertrag	Leistungsart	Erfolgsverpflichtung/ Abnahme	Leistungserbringung neben dem Rechteinhaber (in der Regel der Hersteller) auch rechtlich möglich durch sonstige berechtigte Anbieter
3.1.1	Basispflegeleistung	Nein	Ja
3.1.2	Additive Pflegeleistung als • Ergänzung zu 3.1.1 oder • eigenständige Pflegeleistung	Ja	Ja, soweit die Nutzungs- und/oder Bearbeitungsrechte des Auftraggebers nicht entgegenstehen und der Auftragnehmer zur Bearbeitung berechtigt ist

---

[80] Im Übrigen zu Software-Pflegeverträgen → § 14 (Softwarepflegeverträge).
[81] Mit den neuen EVB-IT Pflege S vom 16.7.2015 werden 2 Vertragsmuster (Lang- und Kurzfassung) eingeführt. Die Kurzfassung beinhaltet nur die Überlassung neuer Programmstände und Hotline. Die Langfassung ermöglicht auch umfangreiche und komplexe Pflegeleistungen.
[82] S. Nutzerhinweise EVB-IT v. 13.2.2003, Seite 60.

III. Besonderheiten einzelner Vertragstypen (ohne System und Systemlieferung)

Nummer im Vertrag	Leistungsart	Erfolgs-verpflichtung/ Abnahme	Leistungserbringung neben dem Rechteinhaber (in der Regel der Hersteller) auch rechtlich möglich durch sonstige berechtigte Anbieter
3.2.1	Upgrade-Service	Nein	Ja
3.2.2	Release-/Versionsservice	Nein	Ja
3.3	Umsetzung von Umgehungen und Installation von Patches und Updates • Ergänzung zu 3.1.1	Ja	Ja
3.3	Installation von Upgrades und Releases/Versionen • Ergänzung zu 3.2	Ja	Ja
3.4.1	Informationsservice	Nein	Ja
3.4.2	Hotline-Service	Nein	Ja

Sehr vereinfacht gesagt, ist nur die Basispflegeleistung von der vereinbarten Vergütungspauschale, die evtl. vereinbart wird, erfasst, während die additiven Pflegeleistungen nach Aufwand zu vergüten sind und dazu überhaupt erst einmal ausgewählt werden müssen durch Ankreuzen im Leistungskatalog. Additive Pflegeleistungen sind interessanterweise gerade Leistungen zur Mängelbehebung. Das heißt also, dass die additiven Pflegeleistungen als Mängelbehebung zusätzlich zu beauftragen und zusätzlich nach Aufwand zu vergüten sind. Dies ist wohl für Pflege weitgehend einmalig.

Verständlich wäre dies, wenn dies erst ab Ende der Verjährungsfrist für Mängelhaftung aus dem Beschaffungsvertrag gelten würde, vorher die Mängelbeseitigung aber – wie gesetzlich auch vorgesehen – kostenlos zu erfolgen hätte, zudem keine Mängel aus Updates unter die Aufwandsregelung fallen würden. Da die EVB-IT Pflege S zudem noch nach wohl allgemeiner Auffassung zu den EVB-IT Überlassung Typ B gewählt werden können,[83] ist die Regelung noch unverständlicher, weil bei Miete die Mängelbeseitigung für die gesamte Dauer des Vertrages bereits im Vertrag selbst enthalten ist.

Um etwas klarer zu machen, wo das Problem der Pflegeregelungen bei Leistung und Vergütung liegt, empfiehlt es sich, in der IT-Praxis übliche Vertragsgestaltungen zum Vergleich heranzuziehen. Sehr grob skizziert teilen sich die **typischen Leistungsbereiche bei Pflegeverträgen** auf in
- mangelbezogene Leistungen
- Weiterentwicklung/Update
- Beratung, Hotline, auch evtl. störungsbezogene Leistungen iS von Beratung.

Bei der Vergütung sind häufig alle drei Leistungsbereiche umfasst, zu denen technisch gesehen evtl. noch Remote-Services hinzukommen können. In aller Regel wird in solchen Pflegeverträgen vereinbart, dass die auf den Monat bzw. das Jahr bezogene Vergütung pauschal die Leistungen aller drei Leistungsbereiche abgilt.

Bei der Vergütung selbst kann sich aber eine Einteilung auch zugunsten des Anbieters empfehlen in
- von der Pauschale erfasste Leistungen,
- vom Vertrag zwar erfasste, aber nicht in der Pauschale enthaltene Leistungen und
- nicht vom Vertrag erfasste, sondern anderweitig – auch in Bezug auf die Vergütung – geregelte Leistungen.

Die EVB-IT Pflege S sind daher sowohl hinsichtlich der Leistungsbeschreibung als auch in Kombination damit hinsichtlich der Vergütung wohl eine besondere Benachteiligung des Anwenders.[84]

---

[83] S. a. Nutzerhinweise EVB-IT v. 13.2.2003, Ziffer 2.6.1.
[84] S. a. *Leitzen* ITRB 2003, 78; *Karger* ITRB 2003, 107; *Intveen* ITRB 2003, 128 (besonders kritisch).

185 Es erscheint zumindest als hoch problematisch – gerade auch unter wirtschaftlichen Gesichtspunkten –, dass der Auftraggeber die Behebung einzelner Mängel als additive Leistung gesondert zu beauftragen hat und va dass hierfür eine Vergütung nach Aufwand vorgesehen ist.

186 Für die Pflege von Individualsoftware hingegen wäre dieser Aspekt für eine solche Leistungs-/Vergütungs-Relation denkbar und sinnvoll. Genau dafür gelten die EVB-IT Pflege S jedoch gerade nicht. Das heißt dann auch, dass evtl. erstellte Anpassungen, Erweiterungen und Schnittstellen nicht von diesen Pflegebedingungen erfasst werden. Hierfür wäre nun EVB-IT Service abzuschließen. Dieses Nebeneinander erscheint wenig sinnvoll.[85]

187 *bb) Definition/Terminologie.* Interessant an den EVB-IT Pflege S ist der Versuch, eine einheitliche Terminologie zu in der IT-Branche verwendeten Begrifflichkeiten zu finden:

Definitionen der EVB-IT Pflege S:
- Patch: temporäre Behebung eines Mangels ohne Eingriff in den Quellcode.
- Update: Bündelung mehrerer Mängelbehebungen in der Standardsoftware in einer einzigen Lieferung.
- Upgrade: Bündelung mehrerer Mängelbehebungen und geringfügige funktionale Verbesserungen und/oder Anpassungen (zB an geänderte Einsatzbedingungen).
- Release/Version: zusätzliche oder geänderte Funktionen sonstiger Anpassungen/Korrekturen.

188 So verdienstvoll diese Definitionen sind, so klar ist auch, dass viele Anbieter sich nicht daran halten bzw. deren Terminologie mit den vorgenannten Definitionen nicht übereinstimmt, was in der Praxis dann eher noch zu weiterer Verwirrung führt.

189 *cc) Reaktions-, aber keine Beseitigungszeiten.* Wie auch bei der Wartung/Instandhaltung von Hardware (EVB-IT Instandhaltung) ist für die Pflege von Standardsoftware keine Beseitigungszeit, sondern nur eine Reaktionszeit vorgesehen. Diese beträgt nach Ziff. 1.7 AGB 20 Stunden, wenn nichts Abweichendes vereinbart wird.

IV. EVB-IT System[86]

1. Anwendungsbereich

190 Die EVB-IT System wurden konzipiert für die Beschaffung (komplexer) IT-Systeme. Die Abbildung dieser Beschaffungen hatte die Praxis zuvor aufgrund der vorstehend im Einzelnen vorgestellten EVB-IT (und BVB) und deren Mit-/und Nebeneinander vor erhebliche Schwierigkeiten gestellt. Die Beschaffung auf Basis verschiedenster Verträge durchführen zu müssen, entsprach meist auch nicht den Interessen der öffentlichen Hand, Leistungen aus einer Hand zu transparenten und einheitlich geltenden Vertragsbedingungen zu beschaffen. Nach den Nutzerhinweisen zum EVB-IT System[87] (Seite 10 unter Ziffer I.3) liegt dem EVB-IT Systemvertrag der Gedanke des „schlüsselfertigen Bauens" zu Grunde. Der Auftragnehmer soll dafür sorgen, dass das IT-System dem Auftraggeber in vereinbarter Form und zu vereinbarter Zeit abnahmebereit zur Verfügung gestellt wird. Der Auftragnehmer soll hierfür die Verantwortung übernehmen, was er nur kann, wenn der das Projekt leitet und steuert sowie die Erfolgsverantwortung trägt.[88]

191 Die EVB-IT System kommen daher bei Vorliegen folgender Voraussetzungen zur Anwendung:
- Der Schwerpunkt der vertraglichen Leistungen liegt in der Erstellung eines IT-Systems – ggf. einschließlich der Erstellung von Individualsoftware –, der Integration und Zusam-

---

[85] S.a. *Karger* ITRB 2003, 107 (108) (noch in Verbindung mit BVB-Pflege).
[86] S. *Lensdorf* CR 2008, 1; *Intveen* ITRB 2007, 288; *Kirn/Müller-Hengstenberg* CR 2009, 69; zu Mitwirkungspflichten des Auftraggebers: *Müglich/Lapp* CR 2004, 801; s.a. *Keller-Stoltenhoff/Leitzen/Ley*, Handbuch für die IT-Beschaffung, D.6, Ziff. 3.1.1.5, 1.6.1; zu den EVB-IT System 2.0: *Fischer/Müller* CR 2012, 422; *Intveen* ITRB 2012, 282 und ITRB 2013, 168.
[87] Nutzerhinweise EVB-IT System zur Version 2.0.
[88] Hierzu auch bei den IT-Projekten → § 1 (IT-Projektverträge).

menfügung von Einzelleistungen, der Einbindung in die Systemumgebung des Auftraggebers sowie in der Herbeiführung der Funktionsfähigkeit des Gesamtsystems
und
- der Wert der Anpassungsleistungen (worunter Erstellung der Individualsoftware, Migration von Altdaten sowie Herbeiführung der Betriebsbereitschaft des Gesamtsystems zu verstehen ist) überschreitet einen Wert von 16 % des Erstellungspreises

oder
- der Wert der Anpassungsleistungen überschreitet zwar den Wert von 16 % des Erstellungspreises nicht, aber
  – die Anpassungsleistungen sind so entscheidend, dass das IT-System ohne sie durch den Auftraggeber nicht oder nicht sinnvoll nutzbar ist

oder
  – es handelt sich bei den Anpassungen um die Erstellung zahlreicher Individualprogrammierungen.

oder
- Es wird lediglich die Erstellung von Individualsoftware in Auftrag gegeben.[89]

Sollte eine dieser Voraussetzungen nicht erfüllt werden, sollen aber mehrere Leistungen inklusive geringfügiger Anpassungsleistungen aus einer Hand beschafft werden, so ist der EVB-IT Systemlieferungsvertrag[90] anzuwenden.

Die erstmals 2007 veröffentlichte Fassung war ein mit der Industrie nicht ausgehandelter Text. Die Industrie stand dieser Version sehr skeptisch gegenüber, was mit Einführung der neuen EVB-IT Systemlieferung im Jahre 2010 aber bereits nachgelassen hatte. Nach dieser Einigung wurden die Verhandlungen zu den EVB-IT System neu aufgenommen und erfolgreich zum Abschluss gebracht. Die nun vorliegenden EVB-IT System Version 2.0 sind somit – wie alle anderen EVB-IT – einvernehmlich mit der Zustimmung der BITKOM veröffentlicht.

2. Vertragsgegenstand, Vertragstypologie

a) Vertragsgegenstand. Die EVB-IT System sind für komplexe IT-Systeme bestimmt und stellen die Vertragsgrundlage für die Beschaffung verschiedenster Leistungen als einheitliches IT-System dar. Diese Leistungen können laut Ziffer 1.1 EVB-IT System-AGB insbesondere umfassen:
- Kauf von Hardware,
- Miete von Hardware,
- Überlassung von Standardsoftware auf Dauer gegen Einmalvergütung,
- Überlassung von Standardsoftware auf Zeit,
- Erstellung und Überlassung von Individualsoftware auf Dauer,
- Erstellung des Gesamtsystems und Herbeiführung von dessen Betriebsbereitschaft,
- Schulung,
- Dokumentation.

Ziffer 1.1 EVB-IT System-AGB enthält am Ende sodann folgende wichtige Aussage:

„Die Leistungen zur Erstellung des Gesamtsystems bilden eine **sachliche, wirtschaftliche und rechtliche Einheit.**"

Weiter dann in in Ziffer 1.3. EVB-IT System-AGB:

„Für den Auftraggeber ist von vertragswesentlicher Bedeutung, dass der Auftragnehmer die im EVB-IT Systemvertrag vereinbarte Gesamtfunktionalität herstellt."

---

[89] Die EVB-IT System ersetzen somit den BVB-Erstellungsvertrag, zumindest solange es keinen speziellen „EVB-IT Werkvertrag" gibt. Ist diese Fallkonstellation relevant, ist die Vergabestelle gehalten, im Vertrag ausdrücklich klarzustellen, dass dann mit „Gesamtsystem" schlicht die Erstellung der Individualsoftware gemeint ist, damit die Regelungen der EVB-IT System nicht ins Leere laufen.
[90] → Rn. 252 ff., Ziffer V.

197 **b) Vertragstypologie.** Die Leistungen zur Herbeiführung der Betriebsbereitschaft des Gesamtsystems bilden den Schwerpunkt der Leistungen, so dass der Vertrag – nach dem Willen der Verwender[91] – **einheitlich dem Werkvertragsrecht** unterfällt.[92]

198 Dies ist jedoch nicht unumstritten: Die Erläuterungen (Nutzerhinweise) zählen eigenständig auf, was einen IT-Systemvertrag ausmachen kann. Sie erwähnen neben den genannten Leistungen (die sie wiederum nicht vollständig auflisten) zudem auch noch Beratung, Einweisung, Projektmanagement, Instandhaltung der Hardware und Systempflege. Warum der Gesamtvertrag, einen Werkvertrag darstellen soll, wenn er nicht zwingend alle Leistungskomponenten enthält, wenn er evtl. nur kaufrechtliche Elemente enthält oder die kaufrechtlichen Gegenstände überwiegen, ist nicht klar.

199 Aus den einleitend dargestellten Anwendungsvoraussetzungen (laut Nutzerhinweisen) ergibt sich eigentlich, dass es sich um einen **gemischten Vertrag** handelt. Dem gegenüber betonen die EVB-IT an verschiedenen Stellen, dass es um die Herstellung der Gesamtfunktionalität geht bzw. gehen könnte. Diese wird aber gerade in Ziffer 1.1 als möglicher, aber nicht zwingender Bestandteil aufgeführt (Erstellung des Gesamtsystems und Herbeiführung der Betriebsbereitschaft). Andererseits heißt es in Ziffer 1.3, dass für den Auftraggeber von vertragswesentlicher Bedeutung ist, dass der Auftragnehmer die im EVB-IT Systemvertrag vereinbarte Gesamtfunktionalität herstellt. Die Leistungen bilden gemäß Ziffer 1.1 eine sachliche, wirtschaftliche und rechtliche Einheit. **Ob dies allerdings in AGB ausreicht, genügend Bündelung für einen einheitlichen Werkvertrag herbeizuführen, darf bezweifelt werden.**

200 Bei Beschaffung und hohem Wertanteil von Hardware, aber auch von Software, wäre durchaus daran zu denken, den Gesamtvertrag trotz Herstellung der Gesamtfunktionalität nach Kaufrecht zu beurteilen. Dies gilt insbesondere, wenn die Planungsleistung als solche überhaupt nicht in Erscheinung tritt.[93]

201 Dieser Ansicht, die sich aufdrängt, ist der CIO der Bundesregierung zugleich entgegen getreten. In einer entsprechenden Presseerklärung hieß es auf www.cio.bund.de, dass es „keine Auswirkung des BGH-Urteils vom 23.7.2009 auf die Anwendbarkeit des EVB-IT Systemvertrages" gebe, was allerdings auf den Zusatz relativiert wird „insbesondere zur Erstellung von Individualsoftware". Die EVB-IT System lassen aber gerade nicht erkennen, dass der besondere Kern des Vertrages die Erstellung von Individualsoftware wäre. Es handelt sich lediglich um einen möglichen, aber keinen zwingenden Vertragsgegenstand.

3. Aufbau und Struktur

202 Wie alle BVB/EVB-IT der öffentlichen Hand sind auch die EVB-IT System nach folgendem Muster aufgebaut:
- Vertrag über die Erstellung eines IT-Systems (EVB-IT Systemvertrag, zitiert mit „Nummern", insgesamt 38 Seiten);
- Ergänzende Vertragsbedingungen für die Erstellung eines IT-Systems (EVB-IT System, zitiert mit „Ziffern", insgesamt 31 Seiten);
- Anlagen (zur Verfügung stehen Muster 1–4 Störungsmeldeformular, Leistungsnachweis, Änderungsverfahren, Nutzungsrechtematrix; das ursprünglich vorgesehene Muster 5 für die Hinterlegung des Quellcodes ist bereits im Rahmen der Aktualisierungen Oktober/November 2007 ersatzlos entfallen; das ursprüngliche Muster zur Vergütung ist mit Veröffentlichung der Version 2.0 entfallen, da dieses in der Praxis kaum genutzt worden war).

Hinzukommen umfangreiche Nutzerhinweise (133 Seiten), die der Erläuterung dienen, selbst jedoch nicht Vertragsbestandteil werden.

---

[91] S. Nutzerhinweise EVB-IT System unter Ziffer I.3: „... *Liegt ein solcher Einheitlichkeitswille der Parteien vor, richtet sich die vertragstypologische Einordnung des Gesamtvertrages nach dem Schwerpunkt der vertraglichen Leistungen. Da bei den EVB-IT System die individuellen Leistungen und damit die werkvertraglichen Leistungen den Schwerpunkt der Gesamtleistung ausmachen, unterliegen die EVB-IT System einheitlich dem Werkvertragsrecht.*"
[92] Siehe auch OLG München Urt. v. 23.12.2009 – 20 U 315/09, CR 2010, 156; BGH Urt. v. 4.3.2010 – III ZR 79/09, NJW 2010, 1449 = MMR 2010, 398. S. a. *Kremer/Sander*, CR 2015, 146.
[93] Analog gemäß BGH Urt. v. 23.7.2009 – VII ZR 151/08, CR 2009, 637.

Der Aufbau der EVB-IT System ist ziemlich atypisch für einen Systemvertrag, was den Umgang damit nicht erleichtert.[94]

4. Einzelne Regelungsbereiche

a) Gesamtverantwortung des Auftragnehmers. Der Auftragnehmer hat im Rahmen des EVB-IT Systemvertrages eine **umfassende Erfolgsverantwortung für die Herstellung der Gesamtfunktionalität des Gesamtsystems**. Dies ist ein wesentliches Merkmal der EVB-IT System und kommt an vielen Stellen des Vertrages zum Ausdruck. Es erfolgt dabei keine Differenzierung zwischen den originär vom Auftragnehmer erbrachten Leistungen/gelieferten Produkten und den durch einen Subunternehmer des Auftragnehmers erbrachten Leistungen/gelieferten Produkten.

In Ziffer 1.4 der EVB-IT System wird ausdrücklich vorgesehen, dass der Auftragnehmer für die Leistungen seiner Subunternehmer und seiner Zulieferer wie für eigene Leistungen einzutreten hat. Dies ist eine für IT-Projekte typische Regelung.

Die Erfolgsverantwortung des Auftragnehmers umfasst auch die vom Auftraggeber beigestellten Softwareprodukte/Lizenzen. Die Erfolgsverantwortung des Auftragnehmers wird jedoch durch Ziffer 13.5 EVB-IT System für vom Auftraggeber beigestellte Systemkomponenten insoweit eingeschränkt, als diese nicht von den Mängelansprüchen des Auftraggebers umfasst sind. Ziffer 13.5 EVB-IT System befindet sich jedoch lediglich in den Regelungen zur „Gewährleistung" – dh bei den Regelungen zu Ansprüchen des Auftraggebers bei Sach- und Rechtsmängeln – und somit gerade nicht bei den primären Leistungspflichten des Auftragnehmers. **Deshalb beeinträchtigt diese Beschränkung nicht die Gesamtverantwortung des Auftragnehmers zur Herstellung der Gesamtfunktionalität.**

Die Erfolgsverantwortung wird durch diverse *Mitteilungspflichten* des Auftragnehmers in Ziffer 6 EVB-IT System flankiert. Der Auftragnehmer hat nach Ziffer 6.1 EVB-IT eine Mitteilungspflicht sowohl für Fälle, in denen er tatsächlich erkennt, dass Vorgaben des Auftraggebers in nicht unwesentlichen Umfang fehlerhaft, unvollständig, widersprüchlich oder objektiv nicht ausführbar oder beigestellte Systemkomponenten nicht vertragsgemäß sind, als auch für die Fälle, in denen er dies hätte erkennen müssen.

Nach Ziffer 6.3 EVB-IT System hat der Auftragnehmer zudem Änderungen von Normen (zB DIN, ISO etc), die Auswirkungen auf seine Leistungsverpflichtung haben, oder Änderungen von Normen, welche für die Leistungsverpflichtung vereinbart wurden, in angemessener Frist in Textform mitzuteilen. Diese Regelung ist vor allem deshalb beachtlich, weil diese Normen üblicherweise für die Leistungsbeschreibung von Bedeutung sind. Für die Leistungsbeschreibung ist aber grundsätzlich der Auftraggeber verantwortlich, so dass die Verantwortlichkeit des Auftragnehmers durch Mitteilungspflichten überrascht.

b) Vorgehensmodelle, Projektorganisation. Die Nummer 2.3 des EVB-IT Systemvertrages sieht standardmäßig als Vorgehensmodell das **V-Modell XT** bzw. ein organisationsspezifisches V-Modell XT vor. Es können aber auch andere Vorgehensmodelle gewählt werden. Darauf nimmt auch Ziffer 10. EVB-IT System-AGB (Projektmanagement) Bezug. Der Auftragnehmer ist danach, wenn nichts anderes vereinbart ist, verantwortlich für eine Reihe von Leistungen, die sich zwar aus der Natur eines „Projektes", nicht unbedingt aber aus einem „Systemvertrag" ergeben:

- Planung, Steuerung und Kontrolle des Gesamtprojekts unter Einhaltung der Faktoren Zeit, Qualität und, soweit kein Festpreis vereinbart ist, Budget,
- Festlegen der Rahmenbedingungen für die Projektorganisation,
- Kontrolle und Einhaltung der vertraglichen Abmachungen,
- Organisation und Dokumentation der evtl. Änderungsverfahren,
- Problem- und Konfliktlösung bei der Projektplanung, bei der Projektabwicklung, beim Projektabschluss,
- Überwachung des Projektfortschrittes und Einleitung von evtl. notwendigen Krisenmaßnahmen,

---

[94] Siehe zu EVB-IT System *Lensdorf* CR 2008, 1; *Intveen* ITRB 2007, 288; zu den wichtigsten Änderungen in Version 2.0 *Fischer/Müller*, CR 2012, 422; s. a. *Intveen*, ITRB 2012, 282, sowie ITRB 2013, 168.

- Gewährleistung der Projektberichterstattung und -kommunikation sowie
- Berichterstattung an den Auftraggeber im Projektverlauf.

209 Daraus würde sich ergeben, dass der Auftragnehmer auch die Projektleitung hat. Andererseits sollen nach Ziffer 10.2 beide Vertragspartner jeweils einen oder mehrere Ansprechpartner und zwar auch „Projektleiter" oder „Projektmanager" benennen. Dies ist im Hinblick auf die werkvertragliche Verantwortungsteilung, die ansonsten ausgesprochen wird, problematisch. **Nur wer das Projekt leitet und steuert, kann auch die Projekt- und Erfolgsverantwortung innehaben.**

> **Praxistipp:**
> Grds. können gemäß Ziffer 2.3 des EVB-IT auch andere Vorgehensmodelle vereinbart werden. Dies stellt jedoch die Vertragserstellung vor besondere Herausforderungen, wenn ein Vorgehensmodell nicht zu den übrigen Regelungen, va der Gesamtverantwortungsübernahme durch den Auftragnehmer passt. Gerade agile Softwareentwicklung birgt das Risiko, bei entsprechender Vereinbarung, die Regelungen des EVB-IT System zu unterlaufen. Zu dieser Problematik finden sich keine Regelungen im Vertragswerk und auch keine Erläuterungen in den Nutzerhinweisen.

210 c) **Rechtseinräumung.**[95] Die Rechtseinräumung ist in Ziffer 2.3 EVB-IT System geregelt. Der EVB-IT System sieht generell, also ohne Differenzierung zwischen einer Softwareüberlassung auf Zeit und einer Softwareüberlassung auf Dauer, die Möglichkeit vor, dass Nutzungsrechte auf eine bestimmte Hard- und/oder Softwareumgebung beschränkt werden können. Eine derartige Regelung ist AGB-rechtlich sehr umstritten, kommt hier aber nicht zum Tragen, da sich die öffentliche Hand durch eine derartige Klausel selbst wirksam beschränken kann.

211 Zum Verständnis der Regelungen zur Rechtseinräumung zunächst die maßgeblichen Definitionen:
- **Software:** Oberbegriff für Standardsoftware und Individualsoftware.
- **Standardsoftware:** Softwareprogramme, Programmmodule, Tools etc, die für die Bedürfnisse einer Mehrzahl von Kunden am Markt und nicht speziell vom Auftragnehmer für den Auftraggeber entwickelt wurden einschließlich der zugehörigen Dokumentation.
- **Individualsoftware:** Softwareprogramme, Programmmodule, Tools etc, die zur Vertragserfüllung für die Bedürfnisse des Auftraggebers vom Auftragnehmer erstellt wurden einschließlich der zugehörigen Dokumentation. Hierzu gehören auch Anpassungen von Standard- oder Individualsoftware auf Quellcodeebene, nicht jedoch Customizing.
- **Customizing:** Anpassen von Systemkomponenten an die Anforderungen des Auftraggebers zur Erstellung des Gesamtsystems und zur Herbeiführung der Betriebsbereitschaft, die nicht auf Quellcodeebene erfolgt.
- **Werkzeuge:** Hilfsmittel für die Entwicklung, Bearbeitung und Pflege von Software.

212 Somit gehört auch die Anpassung von Software auf die Bedürfnisse des Auftraggebers zum Gegenstand der EVB-IT System, wobei die Anpassung den Regelungen zur Individualsoftware unterworfen wird.

213 *aa) Standardsoftware.* Der EVB-IT System differenziert in den Ziffern 2.3.1.1 und 2.3.1.2 zwischen der Überlassung von Standardsoftware auf Zeit und auf Dauer. Der Zeitpunkt der Rechtseinräumung fällt jedoch in beiden Fällen ins Auge:
- Bei der Rechtseinräumung an Standardsoftware auf Dauer wird hierzu auf den Zeitpunkt der Lieferung abgestellt.
- Bei der Rechtseinräumung an Standardsoftware auf Zeit wird auf den Beginn der vereinbarten Überlassungszeit abgestellt.

214 Die Rechtseinräumung erfolgt also in beiden Konstellationen unabhängig einer Abnahmeerklärung bzw. der Erfüllung einer Zahlungspflicht. Etwas anderes kann nur gelten, wenn im EVB-IT Systemvertrag eine anderweitige Regelung getroffen würde.

---

[95] Siehe auch *Bischof* ITRB 2009, 64.

IV. EVB-IT System

An **Standardsoftware** erhält der Auftraggeber bei **dauerhafter Überlassung** ein nicht ausschließliches, grds. übertragbares, dauerhaftes, unwiderrufliches und unkündbares, örtlich unbeschränktes, in jeder beliebigen Hard- und Softwareumgebung ausübbares Nutzungsrecht. Bei der Übertragung an Dritte muss der Auftraggeber seine Rechte und Pflichten dem Dritten auferlegen und selbst die Nutzung aufgeben (wobei er eine Kopie für Prüf- und Archivierzwecke behalten darf). Bei **Überlassung auf Zeit** werden entsprechende Nutzungsrechte mit Beginn der Überlassungszeit eingeräumt, allerdings befristet und nicht übertragbar. 215

Hiervon **abweichende, anderweitige, vorrangige Regelungen** werden sowohl bei dauerhafter Überlassung als auch bei Überlassung auf Zeit ausdrücklich zugelassen. Dies bedeutet jedoch nicht per se eine Verbesserung aus Sicht der Anbieter, denn die Praxis zeigt, dass Änderungen der öffentlichen Auftraggeber im Systemvertrag eher noch zu einer **weiteren Erweiterung der Rechtseinräumung** führen. Nur wenn die Anbieter Änderungen im Rahmen von Verhandlungsverfahren (in vergaberechtlich zulässiger Weise) einbringen können, kann die Wirtschaft ihre Interessen an einem weniger umfassenden Nutzungsumfang erfolgreich einbringen. Gerade wegen dieser umfassenden Rechtseinräumungsregelungen wurde in der Wirtschaft auch erhebliche Kritik an den EVB-IT System geübt. Eine abschließende Einigung zwischen Wirtschaft und öffentlicher Hand konnte zunächst nicht erzielt werden, was in der Folge zur einseitigen Veröffentlichung der EVB-IT System durch die öffentliche Hand geführt hatte. Mit der Veröffentlichung der Version 2.0 und der Einbindung einer **Nutzungsrechtsmatrix** (hierzu bei den EVB-IT Systemlieferung → Rn. 263 ff.) für abweichende Nutzungsrechtseinräumungen (vgl. Nr. 4.3.1 EVB-IT Systemvertrags samt Muster Nr. 4) und deren Rangfolge vor den Regelungen der EVB-IT System-AGB (vgl. Nr. 4.3.3 EVB-IT Systemvertrag) wurde der Kritik Rechnung getragen und wieder eine Einigung erzielt. 216

bb) Individualsoftware. Die Rechtseinräumung an Individualsoftware ist in Ziffer 2.3.2.1 EVB-IT System geregelt. Auch hier hat die Abnahmeerklärung oder eine Zahlung keine Auswirkung auf die Rechtseinräumung. **Die Rechtseinräumung erfolgt vielmehr sobald und soweit die Individualsoftware entstanden ist.** 217

> **Praxistipp:**
> Dem Auftraggeber wird lediglich ein **nicht-ausschließliches Recht** eingeräumt. Diese Regelung ist überraschend auftragnehmerfreundlich. Auftraggeberfreundlich ist hingegen die Einräumung eines Vervielfältigungs- sowie eines Verbreitungsrechts zu nichtgewerblichen Zwecken. Diese Regelung ist nicht unumstritten, da der öffentliche Auftraggeber so die Möglichkeit hat, anderen potentiellen Auftraggebern die Nutzungsrechte direkt und ohne den Auftragnehmer zu beteiligen, einzuräumen.

Das Nutzungsrecht gem. Ziffer 2.3.2.1 EVB-IT System bezieht sich jedoch nicht nur auf die „fertige" Individualsoftware, sondern vielmehr auf **Objekt- und Quellcode in allen Entwicklungs-, Zwischen- und Endstufen** sowie auf die dazugehörige **Dokumentation** und sonstige für die Ausübung der Nutzungsrechte notwendigen Materialien wie zB Analysen, Lasten- und Pflichtenheft, Konzepte, etc. 218

Der Auftragnehmer kann über Erfindungen, die anlässlich der Vertragserfüllung gemacht werden gem. Ziffer 2.3.2.5 EVB-IT System frei verfügen und die Erfindung im eigenen Namen zum Patent- bzw. Gebrauchsmuster anmelden. Dem Auftraggeber wird hierfür bereits unentgeltlich ein einfaches, nicht ausschließliches, übertragbares, unterlizenzierbares und dinglich wirkendes Nutzungsrecht an jetzt und in Zukunft angemeldeten oder erteilten Patenten und Gebrauchsmustern in Verbindung mit der Nutzung der von der Erfindung betroffenen Systemkomponenten eingeräumt. Sollte dies im Einzelfall nicht ausreichen, werden Rechte in dem Umfang eingeräumt, die zur vertragsgemäßen Ausübung der Rechte an der Systemkomponente nötig sind. 219

cc) Anpassungsleistungen auf Quellcodeebene. Bei diesen wird unterschieden, ob solche Anpassungen in den Standard aufgenommen werden oder nicht. Der Auftragnehmer muss spätestens mit Angebotsabgabe mitteilen, ob er die Anpassungen in den Standard aufnimmt 220 oder nicht. Bejaht er dies, so ist er zur Aufnahme der Anpassungen in den auf die Erklärung der Betriebsbereitschaft folgenden Programmstand der Standardsoftware verpflichtet. Der Auftraggeber erhält dann an solchen Anpassungen auf Quellcodeebene lediglich die für die Standardsoftware geltenden Rechte (→ Rn. 213 ff.).

221 Erfolgt keine Aufnahme in den Standard, ist der Auftragnehmer verpflichtet, die Anpassungen auf Quellcodeebene im Quellcode und die unangepassten Teile der Standardsoftware im Objektcode so zu übergeben, dass der Auftraggeber in der Lage ist, mit entsprechend qualifiziertem Personal hieraus wieder die angepasste Standardsoftware zu erstellen. An dem zu übergebenden Quellcode erhält der Auftraggeber die **Rechte für Individualsoftware**.

222 *dd) Anpassungsleistungen in Form des Customizing*[96] *(nicht auf Quellcodeebene).* Die Rechtseinräumung an den **Ergebnissen des Customizing** ergibt sich aus Ziff. 2.4 der EVB-IT System: Der Auftragnehmer ist verpflichtet, das Gesamtsystem zu erstellen und dessen Betriebsbereitschaft herbeizuführen. Hierzu muss er ua auch die Software installieren, konfigurieren, customizen und integrieren. An den dabei entstehenden Arbeitsergebnissen, insbesondere also an den Ergebnissen des Customizing, werden dem Auftraggeber die in Ziff. 2.3.2.1 und 2.3.2.4 der EVB-IT System (Rechteumfang Individualsoftware sowie an den verwendeten Werkzeugen) eingeräumt. Hier gilt daher die umfassende Rechtseinräumung wie bei Individualsoftware.

223 *ee) Rechte an Werkzeugen (bei Erstellung von Individualsoftware).* Die EVB-IT berücksichtigen bei der Erstellung von Individualsoftware – was in der Vertragsgestaltungspraxis ansonsten häufig vernachlässigt wird –, dass Anbieter bei der Entwicklung auch Werkzeuge verwenden, die am Markt nicht (zumindest nicht ohne weiteres) erhältlich sind, die der Auftraggeber aber dann benötigt, wenn er oder Dritte die Weiterentwicklung übernehmen wollen. In den EVB-IT werden daher an diesen Werkzeugen – weitgehend mit den Rechten an der Individualsoftware vergleichbar – umfassende Rechte eingeräumt, wobei der Nutzungszweck ausschließlich auf die Fehlerbeseitigung und Weiterentwicklung zur Bearbeitung und Umgestaltung eingeschränkt wird. Die Rechtseinräumung gilt zudem nur für den Fall, dass ohne diese Werkzeuge eine Bearbeitung/Umgestaltung nicht oder nur mit unzumutbarem Aufwand möglich ist. Der Auftragnehmer kann auch eine reduzierte Version des Werkzeugs übergeben und die vorgenannten Rechte einräumen, wenn damit die Bearbeitung und Umgestaltung ebenso gut möglich ist. Gelingt dem Auftragnehmer der Nachweis, dass die ebenso gute Bearbeitung und Umgestaltung auch mit einem anderen am Markt erhältlichen Werkzeug erfolgen kann, und benennt die Bezugsquelle, so ist der Auftragnehmer nicht zur Überlassung des Werkzeugs verpflichtet (Ziff. 2.3.2.4 EVB-IT System).

224 *ff) Rechte an vorbestehenden Teilen (bei Erstellung von Individualsoftware).* Die EVB-IT berücksichtigen, dass bei der Erstellung von Individualsoftware in Bezug auf so genannte vorbestehende Teile Sonderregelungen erforderlich sind. Vorbestehende Teile sind definiert als:
„Alle Bestandteile
- der Individualsoftware und
- der auf der Quellcodeebene vorgenommenen, jedoch nicht gemäß Ziffer 2.3.1.3 in den Standard aufgenommenen Anpassungen an Standardsoftware,

die der Auftragnehmer oder ein Dritter unabhängig von diesem Vertrag entwickelt hat."

225 Gemäß Ziffer 2.3.2.2 EVB-IT System-AGB gelten zwar die in Ziffer 2.3.2.1 für Individualsoftware genannten Regelungen auch für die vorbestehenden Teile. Es werden jedoch keinesfalls ausschließliche Rechte eingeräumt. Die Verbreitung und Unterlizenzierung ist nur zusammen mit der Individualsoftware in der überlassenen oder in abgeänderter, übersetzter, bearbeiteter oder umgestalteter Form zulässig. Eine Vergütung ist hierfür dann zu entrichten, wenn der Auftraggeber diese Rechte ausübt, der Auftragnehmer die Verwendung vorbestehender Teile im Angebot mitgeteilt, die Vergütung für die Rechtseinräumung dort beziffert und der Auftraggeber auf dieses Angebot den Zuschlag in diesem Punkt unverändert erteilt hat.

---

[96] Siehe zur Frage, ob und inwieweit Customizing Urheberrechtsschutz genießen kann, *Koch* ITRB 2005, 140.

d) **Mängelklassifizierung.** In Ziffer 3. wird eine Mängelklassifikation vorgenommen, die 226
auch für Verträge allgemein durchaus so verwendet werden kann, wobei sich dann noch
eine Ergänzung um eine abnahmeprüfungsverhindernde Mängelkategorie empfiehlt und
statt „betriebs-" von „abnahme"-verhindernd bzw. -behindernd gesprochen werden sollte:

„3 Mängelklassifizierung
3.1 Soweit im EVB-IT Systemvertrag, insbesondere in dessen Nummern 5.1.1.2, 13.5 oder 14.4.1 nicht anders vereinbart, wird zwischen folgenden drei Mängelklassen unterschieden:
3.1.1 Ein betriebsverhindernder Mangel liegt vor, wenn die Nutzung des Gesamtsystems unmöglich oder schwerwiegend eingeschränkt ist.
3.1.2 Ein betriebsbehindernder Mangel liegt vor, wenn die Nutzung des Gesamtsystems erheblich eingeschränkt ist.
3.1.3 Ein leichter Mangel liegt vor, wenn die Nutzung des Gesamtsystems ohne oder mit unwesentlichen Einschränkungen möglich ist.
3.2 Ein betriebsbehindernder Mangel liegt auch vor, wenn die leichten Mängel insgesamt zu einer nicht unerheblichen Einschränkung der Nutzung des Gesamtsystems führen."

> **Praxistipp:**
>
> In der aktuellen Version 2.0 ist die frühere Regelung, dass der Auftraggeber über die Einordnung der Mängel entscheidet und damit diese Entscheidung auch für den Auftragnehmer bindend ist, als Teil des Kompromisses im Rahmen der Verhandlungen mit der BITKOM, ersatzlos entfallen.

e) **Abnahme.** Die Regelungen des EVB-IT System im Zusammenhang mit der Abnahme 227
wurden zum Teil erheblich kritisiert und daher im Rahmen der Neuverhandlungen angepasst.

Der EVB-IT System enthielt zunächst keine Regelungen zu einer **konkludenten Abnahme** 228
(**Abnahmefiktion**), wie sie beispielsweise bei einer vollumfänglichen, produktiven Nutzung
des Systems durch den Auftraggeber vorliegen kann. Dies stellte jedoch für den Auftragnehmer keine unangemessene Benachteiligung dar, da es aufgrund der gesetzlichen Regelungen allgemein anerkannt ist, dass eine Abnahme auch konkludent erfolgen kann und eine
solche nicht in den EVB-IT System ausgeschlossen ist. Zudem kann der Auftragnehmer gegenüber dem Auftraggeber gem. § 640 Abs. 1 S. 3 BGB vorgehen. Weist der Auftraggeber
das Begehren ohne sachlichen Grund zurück, so gilt die Abnahme ebenfalls als erteilt. Dies
stellt nun Ziffer 12.11 EVB-IT System-AGB auch klar: *„Die Abnahme hat förmlich zu erfolgen. Der Abnahme steht es aber gleich, wenn der Auftraggeber das Gesamtsystem nicht
innerhalb einer ihm vom Auftragnehmer bestimmten angemessenen Frist abnimmt, obwohl
er dazu verpflichtet ist."*

Es wurde auch kritisiert, dass der EVB-IT System nur unzureichende Möglichkeiten zu 229
Teilabnahmen vorsah. In Ziffer 12.1 EVB-IT System ist vorgesehen, dass Abnahmegegenstand das Gesamtsystem und – soweit vereinbart – teilabnahmefähige Leistungen sind. Ziffer
12.9 EVB-IT System bestimmt dann, dass Teilabnahmen nur stattfinden, wenn sie ausdrücklich vereinbart sind. Aus den Nutzerhinweisen ist zu entnehmen, dass solche Teilabnahmen
nur dann vereinbart werden sollen, wenn in sich abgeschlossene und funktional nutzbare Teile des Gesamtsystems erstellt werden, die der Auftraggeber bereits vor der Gesamtabnahme
nutzen will und kann. Eine Teilleistung wird bei der Teilabnahme nicht auf Interoperabilität
mit anderen Teilleistungen überprüft. Dies bleibt Gegenstand der Gesamtabnahme, die allein
die Funktionsfähigkeit des Gesamtsystems feststellt. Diese Gesamtabnahme muss der Auftraggeber nur erklären, wenn das Gesamtsystem wie vertraglich vereinbart im Wesentlichen
mangelfrei erstellt worden ist. Hierfür ist der Auftragnehmer nachweispflichtig.

Aus Auftragnehmersicht sind insbesondere die Regelungen zur der Abnahmeerklärung 230
vorausgehenden Funktionsprüfung durch den Auftraggeber als kritisch zu sehen. Der Auftraggeber hat das Recht die Funktionsprüfung abzubrechen, wenn betriebsverhindernde
und/oder betriebsbehindernde Mängel während der Funktionsprüfung auftreten. Die Einordnung eines Mangels in eine der unter Ziffer 3.1. EVB-IT System definierten Mangelkategorien
„betriebsverhindernder Mangel" und „betriebsbehindernder Mangel" und „leichter Man-

gel" teilt der Auftraggeber dem Auftragnehmer nach Abschluss oder Abbruch der Funktionsprüfung mit. Günstig für den Auftragnehmer ist, dass diese Mitteilung nicht mehr bindend ist, da die Vorgängerregelung, dass der Auftraggeber über die Mängelkategorisierung allein entscheidet, entfallen ist. Es besteht jedoch keine Regelung, wie im Falle von Meinungsverschiedenheiten in Bezug auf die Einordnung in die vereinbarten Mängelkategorien zu verfahren ist.

231   Zudem muss gem. Ziffer 12.6 EVB-IT System bei Abbruch der Funktionsprüfung nach der Beseitigung des Mangels ein festgelegter Zeitrahmen von nunmehr 14 Tagen für die Funktionsprüfung beginnen.

232   f) **Sach- und Rechtsmängelhaftung.** Die Regelungen umfassen Sach- und Rechtsmängel und orientieren sich im Wesentlichen an den gesetzlichen Regelungen des Werkvertragsrechts. Mit Veröffentlichung der Version 2.0 wurde allerdings unter Ziffer 14 die aus den EVB-IT Systemlieferung bekannte Regelung zu **Schutzrechten Dritter** (→ Rn. 281) auch in die EVB-IT System aufgenommen.

233   Der Auftragnehmer hat grds. gem. Ziffer 13.10 EVB-IT System zunächst nach seiner Wahl durch Nachbesserung oder Nachlieferung den Mangel zu beheben. Dies hat unverzüglich, spätestens jedoch innerhalb einer vom Auftraggeber zu setzenden, angemessenen Frist, zu erfolgen.

234   Selbstvornahme, Minderung und Rücktritt des Auftraggebers bedürfen des fruchtlosen Ablaufs einer weiteren angemessenen Nachfrist, Ziffer 13.11 EVB-IT System. Dies gilt jedoch nicht für die Geltendmachung von Schadensersatz- bzw. Aufwendungsersatzansprüchen gem. § 634 Nr. 4 BGB, da Ziffer 13.12 EVB-IT System nur auf das Vorliegen der gesetzlichen Voraussetzungen abstellt.

Die Verjährungsfrist für Sach- und Rechtsmängel beträgt grundsätzlich 24 Monate ab Erklärung der Gesamtabnahme, Ziffer 13.3 EVB-IT System.

235   Dementgegen beträgt die Verjährung für Rechtsmängelansprüche an Individualsoftware 36 Monate ab Erklärung der Gesamtabnahme. Diese Regelung betrug vor Veröffentlichung der Version 2.0 noch 60 Monate, war einerseits AGB-rechtlich sehr umstritten und stand unter heftiger Kritik seitens der Wirtschaft. Die genannten 36 Monate stellen den gefundenen Kompromiss dar.

236   Von besonderer Bedeutung ist die Regelung, dass nach Ablauf von 12 Monaten der Verjährungsfrist, ein Rücktritt vom Systemvertrag bezogen auf die Standardsoftware gleich aus welchem Grund ausgeschlossen, ist – sofern sich der Auftragnehmer hierauf beruft (Ziffer 13.3. EVB-IT System). **Der Auftraggeber muss daher nach Ablauf von zwölf Monaten idR die Standardsoftware auf jeden Fall abnehmen.** Er kann aber vom Vertrag in Bezug auf das System im Übrigen weiterhin zurücktreten (wobei Rücktrittsgrund auch die Mangelhaftigkeit der Standardsoftware sein kann) und es bleiben ihm daneben auch in Bezug auf die Standardsoftware die übrigen Mängelansprüche (Ziffern 13.10 bis 13.11 der AGB) sowie Nutzungsrechte.

237   g) **Haftung.** aa) *Haftungsgrundsätze und Haftungsbeschränkung.* Der EVB-IT System differenziert nicht nach dem Haftungsgrund wie Verzug, Sachmangel, Schutzrechtsverletzung oder sonstigen Rechtsverletzungen, wie dies die EVB-IT Basis tun (mit Ausnahme der zum 16.7.2015 neu veröffentlichten EVB-IT Überlassung Typ A und Pflege S (je in Version 2.0); diese enthalten ebenfalls dieses neue Haftungskonzept). Vielmehr wird ein **neues Haftungskonzept** umgesetzt, das **eine Haftungsregelung für alle Haftungstatbestände** (Verzug, Mängelansprüche, Nebenpflichtverletzungen, deliktische Ansprüche etc) vorsieht. Diese einheitliche, weitgehend rechtsgrundneutrale Haftungsregel findet sich in Ziffer 15 EVB-IT System.

238   Die Haftung ist grds. für den gesamten Vertrag auf den Auftragswert beschränkt. Beträgt der Auftragswert weniger als 25.000,– EUR, so ist die Haftung auf 50.000,– EUR beschränkt. Liegt der Auftragswert zwischen 25.000,– EUR und 100.000,– EUR so ist die Haftung auf 100.000,– EUR beschränkt.

239   Für leicht fahrlässige Pflichtverletzungen beim Systemservice ist – seit Version 2.0 – eine eigenständige Haftungsobergrenze eingeführt worden, begrenzt auf die Summe der Vergütungen, die für die Vertragslaufzeit für den Systemservice zu zahlen ist. Diese beträgt jedoch insgesamt minimal das Doppelte und maximal das Vierfache der Vergütung, die für das

erste Vertragsjahr des Systemservice zu zahlen ist. Bei der Berechnung dieser Vergütungen bleibt eine etwaige vereinbarte Reduktion wegen Mängelansprüchen unberücksichtigt.

Bei grober Fahrlässigkeit sowie bei Verletzung des Lebens, des Körpers oder der Gesundheit sowie bei Arglist sieht der EVB-IT System eine unbeschränkte Haftung vor. Soweit das Produkthaftungsgesetz zur Anwendung kommt und bei Garantieversprechen ist die Haftung ebenso unbeschränkt, soweit in dem Garantieversprechen keine abweichende Regelung zugesagt ist. **240**

Die in Ziffer 15 EVB-IT System geregelten Haftungsbeschränkungen beziehen sich damit vorwiegend auf Fälle leichter Fahrlässigkeit. Im Schadensfall ist der Schaden unabhängig vom Schadenstyp, unter Beachtung der Haftungsbegrenzung, zu ersetzen. Der Auftragnehmer muss damit auch für sog mittelbare und indirekte Schäden eintreten. Nur für entgangenen Gewinn besteht eine Sonderregelung, wonach dessen Ersatz in Ziffer 15.5. EVB-IT System ausgeschlossen ist. **241**

bb) Verzug. Im EVB-IT System ist kein pauschalierter Schadensersatz nach Ablauf einer Karenzzeit vorgesehen. Ziffer 9.3 EBV-IT System hat folgenden Inhalt: **242**

„...... ist der Auftraggeber für den Fall der Überschreitung des Vertragserfüllungstermins um mehr als sieben Kalendertage berechtigt, für jeden Kalendertag, an dem sich der Auftragnehmer mit der Einhaltung des Vertragserfüllungstermins in Verzug befindet, eine Vertragsstrafe iHv 0,2 % des Auftragswertes zu verlangen ......"

Die Summer der Vertragsstrafe darf jedoch nicht mehr als 5 % des Auftragswertes überschreiten. Die Vertragstrafen sind auf die Schadensersatzansprüche gem. Ziffer 9.4 EVB-IT System anzurechnen. **243**

h) Quellcode und dessen Hinterlegung. *aa) Anspruch auf den Quellcode.* Die EVB-IT System enthalten keine Regelung dahingehend, dass der Quellcode auch bei Standardsoftware zum geschuldeten Leistungsumfang gehört, was der Vertragspraxis der Überlassung von Standardsoftware entspricht. **244**

Bei **Individualsoftware** hingegen gehört der Quellcode gem. Ziff. 18.1 EVB-IT System automatisch zum geschuldeten Leistungsumfang, es sei denn, im EVB-IT Systemvertrag (s. Nr. 4.5.4) ist ausdrücklich eine abweichende Regelung enthalten. Hinsichtlich der **Anpassungsleistungen auf Quellcodeebene** gilt dies ebenfalls, es sei denn der Auftragnehmer erklärt, er werde die Anpassungen in den Standard übernehmen und setzt dies vertragsgemäß um. Der aktuelle Stand des Quellcodes samt ua dessen fachgerechter Kommentierung, Beschreibung notwendiger Systemparameter sowie sonstiger notwendiger Informationen, sind dem Auftraggeber mit der Abnahme des Gesamtsystems und nach der Abnahme bei jeder Übergabe eines neuen Programmstandes der Individualsoftware bzw. der betroffenen Standardsoftware zu übergeben. Dem Auftraggeber stehen an Objekt- und Quellcode von Individualsoftware die gleichen Rechte zu (vgl. Ziffern 18.1 und 18.2 EVB –IT System). **245**

Bezüglich der hinterlegten Fassungen des Quellcodes von Standardsoftware steht dem Auftraggeber das für den Fall der Herausgabe aufschiebend bedingte Recht zu, diese zum Zwecke der Fehlerbeseitigung und zur Aufrechterhaltung der Nutzungsmöglichkeit insbesondere im Gesamtsystem zu bearbeiten und daraus ausführbare neue Programmstände zu erzeugen, an denen dem Auftraggeber wiederum dieselben Rechte wie an dem ursprünglich überlassenen Stand der Standardsoftware zustehen. Aus Sicht der Auftraggeber ist diese eindeutige Regelung grds. zu begrüßen. da Unklarheiten vermieden werden.[97] **246**

bb) Hinterlegung des Quellcodes. Die Hinterlegung des Quellcodes hingegen ist sowohl für Standard- als auch für Individualsoftware in Ziff. 18.2 EVB-IT System vorgesehen, nicht jedoch „automatisch", sondern nur, wenn die Hinterlegung im EVB-IT Systemvertrag ausdrücklich vereinbart wurde (s. Nr. 18.2 EVB-ITe Systemvertrag). Die Rechtseinräumung am Quellcode von Standard- bzw. Individualsoftware im Fall der Hinterlegung wird in Ziff. 18.2 EVB-IT System geregelt (→ Rn. 246). **247**

---

[97] Siehe zu den Anhaltspunkten für Quellcode-Herausgabe, wenn keine explizite Regelung vorliegt, BGH Urt. v. 16.12.2003 – X ZR 129/01 – CR 2004, 490.

248 Die Ausgestaltung der Hinterlegungsvereinbarung wird jedoch nicht vorgegeben. Ein entsprechendes Muster wurde (entgegen ursprünglicher Verlautbarungen) nicht geschaffen. Der Auftraggeber muss daher grds. eine solche Hinterlegungsvereinbarung selbst erstellen und vorgeben (Anlage zum EVB-IT Systemvertrag als Bestandteil der Vergabeunterlagen). Wenn die durchgeführte Ausschreibung Verhandlungen zulässt (§ 15 VOL/A bzw. § 18 EG VOL/A) sind auch Abweichungen hiervon nach Vorschlägen der Bieter oder auch der Beitritt zu bereits bestehenden Hinterlegungsvereinbarungen denkbar.[98]

249 **i) Laufzeit und Kündigung.** Ziffer 16 der AGB regelt Laufzeit und Kündigung. Ziffer 16.1 bezieht sich auf Dauerschuldverhältnisse, also die Leistungsteile Miete von Hardware, zeitweilig Überlassung von Standardsoftware, Systemservice sowie Weiterentwicklung und Anpassung des Gesamtsystems. Es wird sowohl ordentliche als auch außerordentliche Kündigung dieser Leistungsteile geregelt. In Ziffer 16.1.2 wird bestimmt, wie sich eine Kündigung des Gesamtvertrags (gem. Ziffern 16.2 oder 16.3) auf die Dauerschuldverhältnisse auswirkt. Grds. werden diese auch erfasst. Sie können aber auch insgesamt oder teilweise von der Kündigungswirkung ausgenommen werden, wobei die Bestimmungen des EVB-IT Systemvertrags für diese gelten, es sei denn, die Vertragspartner treffen einvernehmlich eine abweichende Regelung zur Einbeziehung der jeweils einschlägigen EVB-IT oder BVB.

250 Der Auftraggeber hat sodann gemäß Ziffer 16.2 das Recht, den EVB-IT Systemvertrag gemäß § 649 BGB zu kündigen, was nicht besonders günstig erscheint. Daher enthält Ziffer 16.3 eine Regelung zur außerordentlichen Kündigung des EVB-IT Systemvertrags, die in etwa § 314 BGB entspricht.

251 **j) Systemservice nach Abnahme.** Ziffer 4 regelt einen so genannten **Systemservice** nach Abnahme. Solche Systemserviceleistungen müssen gesondert vereinbart werden. Sie können die Aufrechterhaltung der Betriebsbereitschaft, die Wartung des Gesamtsystems, die Überlassung von neuen Programmständen und die Wiederherstellung der Betriebsbereitschaft umfassen. Auch diese unterliegen der Abnahme (Ziffer 4.2 der AGB). Für die Sach- und Rechtsmängelhaftung gelten die Regelungen der EVB-IT System in Ziffer 13 entsprechend.[99]

V. EVB-IT Systemlieferung[100]

1. Anwendungsbereich

252 Die EVB-IT Systemlieferung sollen unter folgenden Voraussetzungen zur Anwendung gelangen:[101]
- Folgende Leistungen dürfen nicht bzw. nicht ausschließlich Vertragsgegenstand sein:
  - Erstellung von Individualsoftware,
  - Überlassung von Standardsoftware,
  - Lieferung von Hardware.
- Der Schwerpunkt der vertraglichen Leistungen liegt in **der Lieferung eines IT-Systems**, nicht in der Herbeiführung der Betriebsbereitschaft des Systems.
- Der Wert der Anpassungs- bzw. Integrationsleistungen ist im Verhältnis zum Wert der das IT-System bildenden Systemkomponenten deutlich geringer. Die Rechtsprechung[102] hat eine Erheblichkeitsschwelle bei 16 % des Auftragswerts angesetzt, wobei dies allerdings nur einen Anhaltspunkt, nicht jedoch eine „generelle Richtschnur" darstellt.
- Der Auftraggeber benötigt in erster Linie die vertragsgegenständlichen Systemkomponenten.

> **Praxistipp:**
> Für die Planung des Systems sind die BVB-Planung bzw. die EVB-IT Planung (ab deren Verfügbarkeit) zu verwenden. Die Planung ist nicht Gegenstand der EVB-IT Systemlieferung.

---

[98] → § 38 (IT in der Insolvenz, Escrow).
[99] → Rn. 232 ff.
[100] Siehe *Keller-Stoltenhoff/Müller/Spitzer* CR 2010, 149; *Redeker*, ITRB 2010, 255; *Intveen*, ITRB 2011, 216.
[101] Siehe Nutzerhinweise EVB-IT Systemlieferung Ziffer I 2.
[102] S. OLG Köln Urt. v. 10.3.2006 – 19 U 160/05, BeckRS 2006, 09810.

2. Aufbau und Struktur

Der EVB-IT Systemlieferungsvertrag setzt sich aus folgenden Dokumenten zusammen: 253
- EVB-IT Systemlieferungsvertrag (Vertrag),
- EVB-IT Systemlieferung (AGB),
- Muster 1: Störungsmeldeformular,
- Muster 2: Leistungsnachweis,
- Muster 3: Nutzungsrechtsmatrix.[103]

Nachrangig gelten wiederum die allgemeinen Vertragsbedingungen für die Ausführung von Leistungen (VOL/B), vgl. Nummer 1.3.3 EVB-IT Systemlieferungsvertrag.

3. Vertragsgegenstand

Vertragsgegenstand ist die Lieferung eines Systems, welches i. d. R. aus Hard- und Soft- 254 ware einschließlich der Herbeiführung der Betriebsbereitschaft auf der Grundlage eines Kaufvertrages und dem hieran anschließenden Systemservice besteht.

Ziffer 2 der EVB-IT Systemlieferungs-AGB (nachfolgend „EVB-IT Systemlieferungs-AGB" 255 oder „AGB") bzw. Nummer 4 des EVB-IT Systemlieferungsvertrags (nachfolgend „EVB-IT Systemlieferungsvertrag" oder „Vertrag") führt dementsprechend die folgenden Leistungen auf:
- Erwerb von Hardware und Standardsoftware,
- Leistungen zur Herbeiführung der Betriebsbereitschaft,
- Übernahme von Altdaten und anderer Migrationsleistungen, und
- Schulungen sowie
- sonstige Leistungen zur Systemlieferung.

Es können darüber hinaus, ebenso wie im EVB-IT Systemvertrag, Serviceleistungen Ver- 256 tragsgegenstand sein. Diese Systemserviceleistungen sind nach Systemlieferung, dh Erbringung der in Ziffer 11.1 EVB-IT Systemlieferungs-AGB genannten Leistungen durch den Auftragnehmer (→ Rn. 259 ff.), zu erbringen.

Auch die EVB-IT Systemlieferung sehen eine Gesamtverantwortlichkeit des Auftragneh- 257 mers vor, die sich ua in den in Ziffer 6 AGB vorgesehenen umfassenden Hinweispflichten des Auftragnehmers zeigt. Im Ergebnis soll der Auftraggeber möglichst umfassend sowohl über Risiken und Probleme bei der Vertragserfüllung als auch über auf ihn zukommende Aufgaben informiert werden. Neben dem eigentlichen Aufklärungs- und Unterrichtszweck sollen diese Regelungen es aber dem Auftragnehmer auch erschweren, sich unter Hinweis auf unklare Vorgaben bzw. durch den Auftraggeber nicht eingehaltene Mitwirkungsobliegenheiten für eigenen Verzug bzw. sonstige Versäumnisse zu entschuldigen und sich so seiner Verantwortung zu entziehen.[104] Die Mitteilungspflichten betreffen va folgende Themen:
- Datensicherung,
- Mitwirkung des Auftraggebers,
- Termingefährdung,
- Kopier- und Nutzungssperren.

Formulierung der Ziffer 1 EVB-IT Systemlieferung
258

„1 Gegenstand des EVB-IT Systemlieferungsvertrages
1.1 Gegenstand des EVB-IT Systemlieferungsvertrages ist die Lieferung* eines Systems auf der Grundlage eines **Kaufvertrages** und, soweit vereinbart, Schulung und Systemservice. Das System ergibt sich aus den vom Auftragnehmer zu erbringenden Lieferungen und Leistungen gemäß Nummer 2.1 und 4 des EVB-IT Systemlieferungsvertrages. Die Leistungen des Auftragnehmers zur Lieferung* des Systems können insbesondere umfassen:
 – Verkauf von Hardware,
 – dauerhafte Überlassung von Standardsoftware* gegen Einmalvergütung (Verkauf),

---

[103] Eine solche Nutzungsrechtsmatrix wurde mit diesem Vertragsmuster erstmals Gegenstand der EVB-IT; siehe hierzu nachfolgend unter Rn. 266 ff.
[104] S. Nutzungshinweise EVB-IT Systemlieferung, IV.6 (S. 54 ff.).

- Herbeiführung der Betriebsbereitschaft* des Systems,
- Dokumentation.

Diese Leistungen bilden eine **sachliche, wirtschaftliche und rechtliche Einheit**. Die Beistellungen* selbst sind nicht Teil des Systems, sind aber in das System einzubinden."

4. Ausgewählte Regelungsinhalte

259 a) **Kauf mit Montageverpflichtung ("Systemlieferung").** Ziffer 11.1 der AGB definiert die Systemlieferung als die **Anlieferung** aller vereinbarten Systemkomponenten des Systems einschließlich der **Herbeiführung und Demonstration der Betriebsbereitschaft** des Systems und weitere ggf. zur Systemlieferung vereinbarte Leistungen. Zur Herbeiführung der Betriebsbereitschaft des Systems wiederum sind entsprechend Ziffer 2.3 der AGB vom Auftragnehmer die
- von ihm geschuldeten Systemkomponenten
  - aufzustellen,
  - zu installieren,
  - zu customizen und
  - zu integrieren,
  sowie
- die Beistellungsleistungen des Auftraggebers zu integrieren.

Nach Nummer 14 des Vertrages können ergänzend bzw. abweichend zu Ziffer 11.1 der AGB weitere Leistungen vereinbart werden.

260 Diese Verpflichtungen zeigen, dass die EVB-IT Systemlieferung als Kaufvertrag mit Montageverpflichtung des Auftragnehmers im Sinne des § 434 Abs. 2 BGB einzuordnen sind. Seit der Schuldrechtsreform handelt es sich bei Montageleistungen nicht mehr um Neben- sondern um Hauptpflichten des Auftragnehmers, wobei die Montage aber keiner „werkvertraglichen Abnahme" unterliegt.

261 Als Kompromiss zwischen öffentlicher Hand und Wirtschaft wurde im Hinblick auf diese gesetzlichen Wertungen erzielt, dass der Auftragnehmer zumindest die **Demonstration der Betriebsbereitschaft** schuldet, dh dass die Ablauffähigkeit des Systems sowie bestimmter Funktionalitäten vorgeführt werden sollen. Im Vertrag ist ausdrücklich zu vereinbaren, welche Funktionalitäten hiervon umfasst sind. Fehlt es an einer solchen Vereinbarung, ist nur die Ablauffähigkeit vorzuführen. Ebenso sind im Vertrag Details zu Ort und Dauer der Demonstration zu regeln. Die Demonstration ist damit die einzige Möglichkeit, vor Systemlieferung festzustellen, ob das System im Wesentlichen wie geschuldet funktioniert.

262 Gemäß Ziffer 11.4 der AGB kann der Auftraggeber die jeweilige Lieferung zurückweisen, sofern bis zum Abschluss der jeweiligen Lieferung, also bei der Demonstration, betriebsverhindernde Mängel, definiert in Ziffer 3.1.1 der AGB und/oder betriebsbehindernde Mängel im Sinne des Ziffer 3.1.2 der AGB festgestellt werden. In diesen Fällen gilt das System als nicht geliefert.

263 b) **Nutzungsrechte und Nutzungsrechtsmatrix.** Da im Rahmen der Systemlieferung keine Individualsoftware geliefert werden soll, sind die Regelungen zu den Nutzungsrechten in den AGB folgerichtig in deutlich geringerem Umfang als in den EVB-IT System-AGB vorgesehen und zwar nur in Bezug auf
- die Rechte an Standardsoftware und
- die Übertragung von Rechten an Leistungen zur Herbeiführung der Betriebsbereitschaft.

264 *aa) Nutzungsrechte an der Standardsoftware.* Gemäß Ziffer 2.2 der AGB wird dem Auftraggeber an der zu überlassenden Standardsoftware das
- nicht ausschließliche,
- mit der Einschränkung der Ziffer 2.2.1 der AGB übertragbare,
- dauerhafte, unwiderrufliche und unkündbare,
- örtlich unbeschränkte und
- in jeder beliebigen Hard- und Softwareumgebung ausübare

Recht eingeräumt, diese jeweils mit der **Lieferung**[105] zu nutzen (dh insbesondere dauerhaft oder temporär zu speichern und zu laden, sie anzuzeigen und ablaufen zu lassen). Diese Rechte gelten nur für die Nutzung an einem Arbeitsplatz, Server oä, es sei denn unter Nr. 4.2.1 und 4.2.2 des Vertrages wird ausdrücklich etwas anderes vereinbart. Der öffentlichen Hand ist daher dringend das sorgfältige Ausfüllen des Vertrages zu empfehlen.

Besonderheit dieser Regelung ist, dass die Softwareverteilung bzw. die Vervielfältigung im Rahmen einer ordnungsgemäßen Datensicherung Bestandteil des bestimmungsgemäßen Gebrauchs sein soll (s. Ziffer 2.2.2 AGB).

bb) Nutzungsrechtsmatrix für Standardsoftware. **Die Einführung so genannter Nutzungsrechtsmatrizen**[106] **stellt eine elementare Neuerung der EVB-IT Systemlieferung gegenüber den bisherigen EVB-IT bzw. BVB dar.** Anhand dieser Nutzungsrechtsmatrizen sollen die Lizenzbedingungen der Hersteller von Standardsoftware nicht in ihrer Gesamtheit, sondern vielmehr beschränkt auf die Regelung zu den Nutzungsrechten in den Vertrag einbezogen werden können. Insofern kam die Wirtschaft dem diesbezüglichen Wunsch der öffentlichen Hand, die sich nicht mit den gesamten Lizenzbedingungen der Hersteller konfrontiert sehen wollte, entgegen. Darüber hinaus ist es auch Ziel der Einführung der Nutzungsrechtsmatrizen, die verschiedenen Angebote vergleichbar zu machen.

Für den Fall, dass Herstellerlizenzbedingungen Einschränkungen vorsehen, welche eine Einräumung von Nutzungsrechten nicht in demselben Maße gestatten wie dies im Rahmen von Ziffer 2.2 der AGB erforderlich ist, können Beschaffer nunmehr in die Nutzungsrechtsmatrix eintragen, welche Abweichungen, also welche Beschränkungen der Nutzungsrechte gegenüber dem Standard der EVB-IT Systemlieferung, in welchem Umfang zugelassen oder nicht zugelassen werden sollen und wie dies bewertet werden soll (zB Ausschluss- und/oder Bewertungskriterien). Dies stellte bisher gerade in offenen und nicht offenen Verfahren ein vergaberechtlich fast nicht lösbares Problem dar.

Diese von der Vergabestelle ausgefüllte Nutzungsrechtsmatrix wird im Rahmen von Nummer 4.2.1 des Vertrages Bestandteil der Vereinbarung und gilt vorrangig zu den AGBs. Nach Nummer 4.2.2 des Vertrages werden in diesem Fall auch die Nutzungsrechtsregelungen aus den Lizenzbedingungen der jeweiligen Standardsoftware in den Vertrag einbezogen. Die Nutzungsrechtsregelungen aus den jeweiligen Lizenzbedingungen gelten jedoch nachrangig zu den AGB, müssen als Anlage dem Vertragswerk beigefügt und einbezogen werden und dürfen den vorrangigen Regelungen nicht widersprechen.

Aus Nummer 4.2.2 des Vertrages ergibt sich damit folgende Dokumentenhierarchie:
1. Nutzungsrechtsmatrizen (lt. Muster 3 EVB-IT Systemlieferungsvertrag)
2. EVB-IT Systemlieferungs AGB
3. Nutzungsrechtsregelungen aus den Lizenzbedingungen des Softwarerechteinhabers.[107]

Diese Gestaltungsmöglichkeit für die Praxis ist sicherlich zu begrüßen, stellt allerdings an alle Beteiligten auch entsprechend hohe Anforderungen bei Vertragsgestaltung, Vertragsverhandlungen (soweit vergaberechtlich zulässig) als auch bei der Vertragsdurchführung.

cc) Änderungen bei Lieferung neuer Programmstände. Bei der Lieferung neuer Programmstände besteht über die Nummer 7.1.3 des Vertrages die Möglichkeit, die für diesen Programmstand geltenden, möglicherweise modifizierten Lizenzbedingungen des Rechteinhabers, Vertragsbestandteil werden zu lassen. Auch in diesem Fall müssen die Lizenzbedingungen des Rechteinhabers dem Auftraggeber bei Überlassung des neuen Programmstandes schriftlich bekannt gegeben werden. Sie gelten nur nachrangig und nur bezüglich der Nutzungsrechtsregelungen. Dies kommt sicherlich den Anforderungen der Wirtschaft entgegen.

---

[105] Dies ist anders als bei den EVB-IT System: Diese stellen auf den tatsächlichen Zeitpunkt der Lieferung ab, während die EVB-IT Systemlieferung nun auf die „Systemlieferung" wie in Ziffer 11 in Verbindung mit Ziffer 2.3 der AGB-Texte abstellen.
[106] Als Muster 3 zum EVB-IT Systemlieferungsvertrag (vgl. www.cio.bund.de); s. hierzu die ausführlichen Erläuterungen unter Ziffer V. der Nutzungshinweise EVB-IT Systemlieferung.
[107] S. www.cio.bund.de. zur Nutzungsrechtsmatrix das Muster 3 sowie zudem ausgefüllte Vertragsmuster sowie Nutzungsrechtsmatrizen zu Betriebssystem, Office, Serversoftware und Finanzsoftware.

271 **c) Vergütungsregelungen.** Die vorformulierte Vergütungszusammenfassung des EVB-IT System wurde im Rahmen einer Straffung und Vereinfachung der Vergütungsregeln gegenüber den EVB-IT System abgeschafft. In Nummer 1.2 des Vertrages ist die Preisstruktur im Überblick dargestellt. Details zu Preisen können bei den Leistungsdarstellungen im Vertragsformular oder in einer gesonderten Anlage geregelt werden. Gemäß Nummer 10 des Vertrages können Teil- und Abschlagzahlungen vereinbart werden. Dabei ist zu beachten, dass ein wesentlicher Teil der Gesamtvergütung erst nach Systemlieferung fällig wird.[108]

272 Auch im neuen EVB-IT Systemlieferungsvertrag wurde der **Pauschalfestpreis** als Standardvergütungsart beibehalten. Dieser ist in Ziffer 8.1 der AGB wie folgt definiert: „einseitig nicht änderbare Gesamtvergütung, die für die Leistung (...) geschuldet ist, soweit nicht für einzelne Leistungen eine gesonderte ggf. pauschalierte Vergütung vereinbart ist. Reisezeiten, Reise-, Neben- und Materialkosten sind im Pauschalfestpreis enthalten." Nachforderungen durch den Auftragnehmer sind gemäß Ziffer 8.1 der AGB ausgeschlossen, soweit die Parteien keine Änderung der Leistung vereinbaren.

273 Soweit eine **Vergütung nach Aufwand** vereinbart wurde, sind die Regelungen bezüglich derjenigen Kosten angepasst worden, die neben den eigentlichen Vergütungssätzen anfallen. Es wird hierbei zwischen Material- und Nebenkosten differenziert, wobei Nebenkosten gemäß dem Abschnitt „Begriffsbestimmungen" im Anhang zu den AGB alle Aufwendungen sein können, die zur Leistungserbringung nötig sind, aber weder Material- noch Reisekosten darstellen.

274 **d) Verzug.** Gemäß Nummer 9 des Vertrages besteht die Möglichkeit, **feste Termine** für die Systemlieferung oder Teillieferungen verbindlich zu vereinbaren. Hierzu wird auf den so genannten Termin- und Leistungsplan (Nummer 9 des Vertrags) verwiesen. Die in diesem Plan genannten Termine sind verbindlich, es sei denn die Vertragspartner würden ausdrücklich etwas anderes vereinbaren. Der Auftragnehmer gerät somit bei Nichteinhaltung dieser festen Termine ohne Mahnung in Verzug (vgl. § 286 BGB). Gerät der Auftragnehmer in Verzug, so stehen dem Auftraggeber sämtliche gesetzlichen Verzugsansprüche zu: das Recht zurückzutreten sowie das Recht auf Schadensersatz statt der Leistung oder Ersatz vergeblicher Aufwendungen (Ziffer 9.2 EVB-IT System). Verursacht der Auftragnehmer den Verzug leicht fahrlässig, so wird die Haftung des Auftragnehmers, verglichen zu den Regelungen im EVB-IT System AGB, weitergehend eingeschränkt.

275 Zusätzlich zu den gesetzlichen Ansprüchen bei Verzug kann der Auftraggeber zudem eine **Vertragsstrafe** verlangen, wenn deren Voraussetzungen erfüllt sind (Ziffer 9.3 EVB-IT Systemlieferung). Auch hier ist zugunsten des Auftragnehmers der aus den EVB-IT System bereits bekannte Puffer von sieben Kalendertagen eingeführt worden. Für jeden Kalendertag der Überschreitung beträgt die Vertragsstrafe 0,2 % des jeweiligen Werts der Systemlieferung (bzw. bei Teillieferungen des diesbezüglichen Werts der verspäteten Teillieferung). Gemäß Ziffer 9.3 der AGB darf die Summe sämtlicher anfallender Vertragsstrafen jedoch nicht mehr als 5 % des Auftragswertes betragen.

276 Die jeweilige Vertragsstrafe kann von dem Auftraggeber bis zur vollständigen Zahlung der Vergütung geltend gemacht werden. Anders als dies gesetzlich in § 341 Abs. 3 BGB vorgesehen ist, muss der Auftraggeber sich die Zahlung der Vertragsstrafe nicht ausdrücklich vorbehalten, es sei denn, er wird hierzu seitens des Auftragnehmers aufgefordert.

EVB-IT Systemlieferungs-AGB:

„**9 Verzug**

9.1 Die Termine für die Systemlieferung* und, soweit vereinbart, Teillieferungen* sind im Termin- und Leistungsplan gem. Nummer 9 des EVB-IT Systemlieferungsvertrages festgelegt. Soweit nicht anders vereinbart, sind diese Termine verbindlich einzuhalten. Bei Verzögerungen, die der Auftragnehmer nicht zu vertreten hat, verschieben sich die von der Verzögerung betroffenen Liefertermine angemessen; sonstige Ansprüche der Parteien bleiben hiervon unberührt.

9.2 Wenn der Auftragnehmer einen Termin für die Systemlieferung* oder Teillieferungen* nicht einhält, kommt er ohne Mahnung in Verzug. Dies gilt nicht, wenn der Auftragnehmer die Verzögerung nicht zu vertreten hat. Der Auftraggeber kann im Fall des Verzuges den Verzögerungsschaden ver-

---

[108] S. Nutzerhinweise, Ziffer III.10 (S. 36).

langen. Ferner kann der Auftraggeber vom EVB-IT Systemlieferungsvertrag zurücktreten und Schadensersatz statt der Leistung verlangen, wenn er dem Auftragnehmer erfolglos eine angemessene Frist zur Leistung gesetzt hat. Anstelle des Schadensersatzes statt der Leistung kann der Auftraggeber Ersatz vergeblicher Aufwendungen im Sinne von § 284 BGB verlangen. Die Fristsetzung ist in den gesetzlich genannten Fällen gem. § 281 Abs. 2, § 323 Abs. 2 BGB entbehrlich.

9.3 Des Weiteren ist der Auftraggeber für den Fall der Überschreitung des vereinbarten Termins für die Systemlieferung* um mehr als sieben Kalendertage berechtigt, für jeden Kalendertag, an dem sich der Auftragnehmer in Verzug befindet, eine Vertragsstrafe in Höhe von 0,2 % des Auftragswertes* zu verlangen. Satz 1 gilt auch für Überschreitungen von vereinbarten Terminen für Teillieferungen*. In diesem Fall berechnet sich die Vertragsstrafe nach dem auf die Teillieferung* entfallenden Anteil am Auftragswert*. Insgesamt darf die Summe der aufgrund dieser Regelung zu zahlenden Vertragsstrafen jedoch nicht mehr als 5 % des Auftragswertes* betragen.

9.4 Die jeweilige Vertragsstrafe kann bis zur vollständigen Zahlung der Vergütung für die jeweilige Teillieferung* bzw. die Systemlieferung* geltend gemacht werden. Dies gilt nicht, wenn sich der Auftraggeber bei der jeweiligen Lieferung* die Vertragsstrafe trotz Aufforderung durch den Auftragnehmer nicht vorbehalten hat. Die Vertragsstrafen werden auf Schadensersatzansprüche angerechnet."

e) **Mängelansprüche.** aa) *Sach- und Rechtsmängelhaftung.* Die Regelungen der Mängelhaftung sind – soweit möglich und mit Kaufvertragsrecht vereinbar – an den Regelungen der EVB-IT System angelehnt. Es kamen jedoch auch neue Regelungen hinzu bzw. wurden die Regelungen der EVB-IT System verändert.

Die Systemlieferung stellt den Anknüpfungspunkt für den Übergang von Erfüllungs- zu Mängelansprüchen dar. Für Sach- und Rechtsmängel gilt grundsätzlich gemäß Ziffer 13.2 AGB eine Verjährungsfrist von 24 Monaten nach der Systemlieferung. Für Mängel bei Teillieferungen beginnt die Verjährungsfrist mit der Teillieferung. Sie endet erst mit dem Ablauf der Verjährungsfrist für Mängel des gesamten Systems, spätestens jedoch drei Jahre nach der jeweiligen Teillieferung, Ziffer 13.3 AGB.

> **Praxistipp:**
> Ist die Systemlieferung ein Handelsgeschäft, besteht die Möglichkeit, von der Regelung des § 377 HGB abzuweichen.

Besonderer Erwähnung bedarf wie bei EVB-IT System insbesondere die Regelung, dass ein Rücktritt des Auftraggebers „bezogen auf die Standardsoftware" gleich aus welchem Grund bereits nach Ablauf von 12 Monaten nach Systemlieferung ausgeschlossen ist (s. Ziffer 13.2 Satz 2 AGB). Er kann zwar vom übrigen System zurücktreten, muss aber die Standardsoftware behalten. Hintergrund dieser Regelungen war folgende Diskussion bei den Verhandlungen zu den EVB-IT Systemlieferung:

Da im System ein höherer Anteil an Standardkomponenten vorliegt, bedarf dies im Rahmen der Mängelhaftung einiger Sonderregelungen. Häufig können Auftragnehmer, insbesondere bei der Lieferung von Standardsoftware großer Softwarehersteller, nur zu den Herstellerbedingungen einkaufen. In diesen sind oftmals eine sehr kurze Verjährungsfrist für Mängelansprüche sowie weitere Einschränkungen der Mängelhaftung vorgesehen. Im Falle eines Rücktritts des Auftraggebers aufgrund von mangelhafter Standardsoftware ist ein Regress des Auftragnehmers häufig aus diesem Grund ausgeschlossen. Diesem Anliegen der Wirtschaft will die Regelung in Ziffer 13.2 AGB Rechnung tragen.[109]

bb) *Schutzrechtsverletzungen Dritter.* Bei Ansprüchen Dritter wegen der Verletzung von Schutzrechten durch die Nutzung von gelieferten Systemkomponenten hat der Auftragnehmer nunmehr folgende Rechte:
- Der Auftragnehmer kann die die das Schutzrecht verletzende Systemkomponente so ändern bzw. ersetzen, dass die Schutzrechtsverletzung beseitigt wird, soweit hierdurch nicht von dem vereinbarten Funktions- und Leistungsumfang in einer für den Auftraggeber unzumutbaren Form abgewichen wird.

---

[109] Nutzungshinweise EVB-IT Systemlieferung, IV.13.2 (S. 62).

- Der Auftragnehmer kann den Auftraggeber gegenüber dem jeweiligen Schutzrechtsinhaber freistellen oder
- die das Schutzrecht verletzende Systemkomponente gegen Erstattung der entsprechenden Vergütung zurücknehmen.

Die sonstigen Ansprüche des Auftraggebers auf Minderung, Rücktritt und Schadensersatz sind hiervon jedoch unberührt.

282 f) **Haftung.** Auch im EVB-IT Systemlieferungsvertrag wird, ähnlich wie in der EVB-IT System, gem. Ziffer 15.1. AGB die Haftung für leicht fahrlässige Pflichtverletzungen in der Regel auf den Auftragswert begrenzt. Hiermit wird insbesondere der Tatsache Rechnung getragen, dass börsennotierte Unternehmen ohne Beschränkung ihrer Haftung keine Angebote abgeben (können) und bei vielen Vergabeverfahren gerade Verhandlungen jeglicher Art unzulässig sind.[110]

283 Der Grundsatz der EVB-IT System, dass im Kern nicht nach Rechtsgründen für die Haftung differenziert wird, gilt mit zwei wesentlichen Ausnahmen auch für den EVB-IT Systemlieferungsvertrag:
- Die Haftung für leicht fahrlässig verursachten **Verzug** wird gem. Ziffer 15.2 ABG auf insgesamt 50 % der Haftungsobergrenze gemäß Ziffer 15.1 der AGB beschränkt. Dies ist im Regelfall die Hälfte des Auftragswertes.
- Gemäß Ziffer 15.3 AGB ist die Haftungsobergrenze für leicht fahrlässige Pflichtverletzung beim **Systemservice** insgesamt auf das Doppelte der Vergütung, die für das erste Vertragsjahr des Systemservice ohne Berücksichtigung einer etwaig vereinbarten Reduktion wegen Mängelansprüchen zu zahlen ist, begrenzt. Bei dieser Begrenzung sollen Reduktionen, welche aufgrund parallel bestehender Mängelhaftungsansprüche vereinbart werden, unbeachtet bleiben.

284 Die Haftung bei leichter Fahrlässigkeit ist im Gegensatz zu den EVB-IT System im Rahmen der EVB-IT Systemlieferung für alle gesetzlichen und vertraglichen Schadens-, Freistellungs- und Aufwendungsersatzansprüche begrenzt und nicht nur für Schadens- und Aufwendungsersatzansprüche gemäß §§ 280 ff. BGB. Die Ausschlüsse der Haftungsbegrenzung wurden aus den EVB-IT System AGB unverändert beibehalten und in Ziffer 15.5 der AGB geregelt.

285 Ebenso wurden die weiteren Haftungsregelungen aus dem EVB-IT System AGB inklusive dem Ausschluss des entgangenen Gewinns auch in den EVB-IT Systemlieferungsvertrag übernommen. Diese Regelung ist im Hinblick auf den Ausschluss auch des eigenen Vorsatzes des Auftragnehmers kritisch, da ein Verstoß gegen § 276 Abs. 3 BGB vorliegt. Das Vertragsformular sieht jedoch ausdrücklich vor, die Haftung für entgangenen Gewinn zu vereinbaren, was ansonsten nur über die „Sonstigen Vereinbarungen" im jeweiligen Vertragsformular möglich wäre.

286 g) **Service Levels.** Der EVB-IT Systemlieferungsvertrag sieht an zwei Stellen die Vereinbarung von **Reaktions- bzw. Wiederherstellungszeiten** vor. Dies ist im Bereich der Mängelhaftung in Nummer 15.4 des Vertrags sowie im Bereich des Systemservice unter Ziffer 4 AGB (Nr. 7.1.1.2 Vertrag) der Fall. Im Rahmen der AGB ist bezüglich der Systemserviceleistungen geregelt, dass, soweit keine Servicezeiten gesondert vereinbart wurden, die Zeiten von Montag bis Freitag, 8.00 Uhr–17.00 Uhr als Servicezeiten gelten. Ausgenommen hiervon sind gesetzliche Feiertage am Erfüllungsort. Die Servicezeiten sind entscheidend bei der Vereinbarung von Reaktions- und Wiederherstellungszeiten. Denn nur in diesen Zeiten beginnen und laufen die Reaktions- und Wiederherstellungszeiten. Sind keine **Wiederherstellungszeiten** vereinbart, regeln die AGB in Ziffer 4.1.2, dass der Auftragnehmer die Störung in angemessener Frist zu beseitigen hat. Sind keine **Reaktionszeiten** vereinbart, ist mit der Störungsbeseitigung unverzüglich zu beginnen. Dies entspricht jeweils der gesetzlichen Regelung aus § 271 BGB. Reaktionszeiten sollten auf jeden Fall vereinbart werden. Ob Wiederherstellungszeiten verlangt werden, was sich preislich erheblich auswirken kann, muss in jedem Einzelfall gesondert entschieden werden. Unabdingbar werden diese in Fällen von hochverfügbaren Systemen sein.[111]

---

[110] S. a. Nutzungshinweise zu den EVB-IT Systemlieferung IV. 15 (S. 65 ff.).
[111] S. a. Nutzungshinweise EVB-IT Systemlieferung, III.7.1.1.2.

V. EVB-IT Systemlieferung

h) Systemservice. Die AGB sehen unter Ziffer 4 die Möglichkeit vor, Systemserviceleistungen zu vereinbaren. Aus vergaberechtlicher Sicht ist es regelmäßig sinnvoll, gleichzeitig sowohl Liefer- als auch Serviceleistungen auszuschreiben und gemeinsam zu vereinbaren, da Servicekosten regelmäßig einen wesentlichen Kostenpunkt darstellen und somit in das Angebot und dessen Bewertung einzubeziehen sind.

Bei den Systemserviceleistungen[112] wird zwischen drei verschiedenen Kategorien differenziert:

- Leistungen zur **Wiederherstellung der Betriebsbereitschaft**, Ziffer 4.1 AGB: Zur Wiederherstellung der Betriebsbereitschaft gehören die für die Störungsbeseitigung erforderlichen Maßnahmen des Auftragnehmers, soweit nichts anderes vereinbart ist. Hiervon umfasst sind insbesondere Instandsetzungsleistungen für Hardware und Pflegeleistungen für Standardsoftware zur Beseitigung von Störungen. Der Auftragnehmer kann hierbei die Störung auch durch die Lieferung einer neuen Systemkomponente beseitigen. Soweit die neue Systemkomponente nicht wesentlich von der vereinbarten Ausführung abweicht, hat der Auftraggeber diese zu übernehmen, wenn sie der Beseitigung von Störungen dient.
- Leistungen zur **Aufrechterhaltung der Betriebsbereitschaft**, Ziffer 4.2 AGB: Wenn die Leistungen zur Aufrechterhaltung der Betriebsbereitschaft gemäß Nummer 7.1.2 des Vertrages vereinbart sind, hat der Auftragnehmer während der Laufzeit vorbeugende Maßnahmen zu ergreifen, so dass das Auftreten künftiger Störungen vermieden wird. Diese Maßnahmen müssen angemessen sein.
- **Überlassung von verfügbaren Programmständen der Standardsoftware** Ziffer, 4.3 AGB: Die Überlassung von verfügbaren Programmständen der Standardsoftware zählte beim EVB-IT Systemvertrag zu den Maßnahmen zur Aufrechterhaltung der Betriebsbereitschaft des Systems. Dies ist in den AGB nunmehr als selbständige Serviceleistung vorgesehen. Die Lieferung neuer Programmstände kann über die reine Aufrechterhaltung der Betriebsbereitschaft hinausgehen. Gemäß der AGB sind die neuen Programmstände zu konfigurieren, zu customizen und in das System zu integrieren. In Nummer 7.1.3 des Vertrages kann hiervon jedoch abgewichen werden.

Der Systemservice beginnt mit der Systemlieferung und läuft unbefristet (Ziffer 4.7 AGB). Hiervon kann jedoch abgewichen werden.

> **Praxistipp:**
> Der Auftragnehmer gibt gemäß Ziffer 4.4 AGB eine Erklärung über den erfolgreichen Abschluss der Systemserviceleistungen ab. Diese „Erfolgserklärung" stellt für den Auftragnehmer eine wesentliche Erleichterung dar. Soweit die Betriebsbereitschaft des Systems jedoch nicht vorliegt, besteht aufgrund einer vertraglich vereinbarten Beweislastumkehr zugunsten des Auftraggebers die Vermutung, dass die Betriebsbereitschaft durch den Auftragnehmer nicht ordnungsgemäß wiederhergestellt worden ist. Es besteht gem. Ziffer 4.4 AGB jedoch die Möglichkeit eine Abnahme bzgl. einzelner Systemserviceleistungen zu vereinbaren.

Für mangelbehaftete Serviceleistungen (neu gelieferte Programmstände, Wartungsarbeiten, Störungsbeseitigungen) stehen dem Auftraggeber die gleichen Mängelansprüche zu, die Ziffer 13 der AGB für Mängel des Systems festlegt (→ Rn. 277ff.). Nachdem Serviceleistungen ein Dauerschuldverhältnis darstellen, tritt das Recht zur Kündigung des Leistungsanteils Systemservice an die Stelle des Rücktritts. Diese Mängelansprüche werden sich in der Regel während der Laufzeit des Systemservices mit den eigentlichen Ansprüchen aus dem Systemservice selbst decken und sind daher vorwiegend für die Zeit danach interessant. Die Mängelansprüche aus den Serviceleistungen verjähren unabhängig von einem Ende des Systemservices erst 24 Monate nach ihrer Erbringung.[113]

i) Quellcode-Hinterlegung. Der EVB-IT Systemlieferung sieht (wie der EVB-IT Systemvertrag) die Quellcode-Hinterlegung vor. Sie ist jedoch nicht standardmäßig in den EVB-IT

---

[112] S. a. Nutzungshinweise EVB-IT Systemlieferung, IV.4 (S. 49ff.).
[113] S. a. Nutzungshinweise EVB-IT Systemlieferung, IV.4.5.5 (S. 52).

AGB vorgesehen, sondern hängt vielmehr von der konkreten Vereinbarung im Vertrag (dort Nummer 18.3) ab (vgl. Ziffer 16 EVB-IT Systemlieferungs-AGB).

291   Grundsätzlich bezieht sich die Verpflichtung zur Quellcodehinterlegung auf die jeweils letzte geänderte Fassung des Quellcodes eines überlassenen Programmstandes einschließlich von Fehlerbeseitigungen. Die Rechtseinräumung ist aufschiebend bedingt für den Fall der Herausgabe vorgesehen und beinhaltet das Recht zur Fehlerbeseitigung und zur Aufrechterhaltung der Nutzungsmöglichkeit. Der Herausgabefall selbst wird in den AGB nicht geregelt. Hierfür ist die Hinterlegungsvereinbarung maßgeblich, die über Nummer 18.3 des Vertrages einbezogen wird. Muster für eine Hinterlegungsvereinbarung gibt es (auch hier) nicht. Nummer 18.3 des Vertrages berücksichtigt auch, dass namhafte Hersteller von Standardsoftwareprodukten den Quellcode bereits hinterlegt haben und diesen Hinterlegungsvereinbarungen beigetreten werden kann.[114]

292   **j) Teleservice:** Unter Teleservice verstehen die EVB-IT Systemlieferung (ebenso wie die EVB-IT System) den Systemservice über Remote-Zugänge mittels Weitverkehrsnetzen (Wide Area Networks, WAN). Die Begriffsdefinition in den AGB lautet: „Leistungen unter Inanspruchnahme von technischen Einrichtungen zur Fernkommunikation von einem Standort außerhalb des Einsatzortes des Systems". Zu Recht weisen die Nutzungshinweise darauf hin, dass dem Auftragnehmer ein solcher Zugang nur nach Abschluss einer Vereinbarung über Art und Ausgestaltung der Teleservices eingeräumt werden soll. In Nummern 7.5.1 (Systemservice) und 15.5 („Gewährleistung") des Vertrages kann eine entsprechende **Teleservicevereinbarung** einbezogen werden. Die Nutzungshinweise empfehlen folgende Inhalte einer solchen Vereinbarung:

- Beschreibung der **technischen und organisatorischen Regeln** für die Durchführung von Arbeiten mittels Telekommunikationsdiensten über Netzwerke und das Internet.
- **Einzelheiten von Aufbau und Kontrolle der Telekommunikationsverbindung.** Der Verbindungsaufbau sollte grundsätzlich durch den Auftraggeber erfolgen. Sollte hiervon abweichend eine vom Auftragnehmer ausgehende Einwahlmöglichkeit vereinbart werden, sind organisatorische und technische Vorkehrungen zu treffen, durch die die unbefugte Einwahl verhindert wird.
- Regelungen zum Recht des Auftraggebers, die **Verbindung zu unterbrechen,** wenn Zweifel an der Zulässigkeit oder Sicherheit der Kommunikationsverbindung bestehen. Die Entscheidungsgründe sind zu protokollieren.
- Regelungen zur Bereitstellung der technischen Einrichtungen sowie der Übernahme der Verbindungskosten (einschließlich eventueller Pauschalen).
- **Regeln über eine sichere Authentifizierung der Kommunikationspartner.** Die Authentifizierungen sind zu protokollieren.
- Nach Maßgabe der technischen Möglichkeiten: **Protokollierung** der im Rahmen des Teleservice erfolgten **Zugriffe** auf das System des Auftraggebers.
- Regeln zu geeigneten Maßnahmen des Auftraggebers, dass während der Arbeiten in den Systembereichen, für die dem autorisierten Personal des Auftragnehmers ein Zugangsrecht eingeräumt wurde, keine unautorisierten Zugriffe auf Originaldaten erfolgen können.
- Verpflichtung auf das **Fernmeldegeheimnis** gemäß § 88 TKG der vom Auftragnehmer benannten und autorisierten Personen.
- Bei Protokollierung von Aktionen des Teleservice sollten Vereinbarungen über die Dauer und den Ort der Aufbewahrung getroffen sowie Einsichts-, Nachprüfungs- und Kontrollrechte vereinbart werden.
- Wechselseitige **Informationspflichten** bei Verdacht auf bzw. bei Verstößen, insbesondere gegen das Datenschutzrecht oder die Pflicht zur Verschwiegenheit.
- Benennung von Ansprechpartnern
- **Verpflichtungen des Auftragnehmers,**
  – Unbefugten den Zutritt zu seinen Systemen, mit denen Daten des Auftraggebers verarbeitet und genutzt werden, zu verwehren,

---

[114] S. Nutzungshinweise EVB-IT Systemlieferung, IV.16 (Seite 67); zu Software-Escrow im Übrigen → § 38 (IT in der Insolvenz, Escrow).

- zu verhindern, dass seine zur Erbringung des Teleservice eingesetzten Systeme von Unbefugten genutzt werden können,
- dafür Sorge zu tragen, dass Daten des Auftraggebers bei Speicherung, Verarbeitung oder Nutzung in Systemen des Auftragnehmers nicht unbefugt gelesen, kopiert, verändert oder entfernt werden können,
- dafür Sorge zu tragen, dass bei einer elektronischen Übertragung von Daten des Auftraggebers im Einvernehmen mit diesem die notwendigen Sicherheitsmaßnahmen zur Gewährleistung der Vertraulichkeit und Integrität getroffen werden,
- dafür Sorge zu tragen, dass Weisungen des Auftraggebers zur Verarbeitung von Daten bei der Erbringung von Pflegeleistungen mittels Teleservice beachtet werden.

Praxistipp:
Wenn durch den Remote-Zugriff nicht ausgeschlossen werden kann, dass der Auftragnehmer Zugang zu personenbezogenen Daten erlangt, ist die vorgenannte Mustervereinbarung in den Nutzungshinweisen, va seit den Änderungen des BDSG zum 1.9.2009 in § 11 BDSG, nicht ausreichend. In solchen Fällen muss eine ausführliche Vereinbarung über die Verarbeitung von Daten im Auftrag[115] (vgl. § 11 Abs. 5 iVm Abs. 1-4 BDSG) geschaffen werden, bevor ein Remote-Zugang eingerichtet und genutzt werden kann.[116]

VI. EVB-IT Erstellung

1. Anwendungsbereich

a) Ausgangslage. Die EVB-IT Erstellung stellen – laut Entscheidungshilfe zur Anwendung der EVB-IT bzw. BVB – einen „auf Softwareleistungen reduzierten, gekürzten EVB-IT Systemvertrag" dar, der bei folgenden Leistungsinhalten zur Anwendung gelangt: **293**
a) Erstellung von Individualsoftware;
b) Anpassung von Software auf Quellcodeebene;
c) Umfangreiches, den Vertrag werkvertraglich prägendes Customizing von Standardsoftware, wobei die Standardsoftware zu diesem Zwecke vom Auftraggeber beigestellt oder vom Auftragnehmer auf Grundlage des EVB-IT Erstellungsvertrags überlassen werden kann.

Zum besseren Verständnis dieser Unterscheidung sind die in den EVB-IT Erstellungs-AGB enthaltenen Definitionen heranzuziehen: **294**

- **Standardsoftware** meint „Softwareprogramme, Programm-Module, Tools etc, die für die Bedürfnisse einer Mehrzahl von Kunden am Markt und nicht speziell vom Auftragnehmer entwickelt wurden, einschließlich der zugehörigen Dokumentation".
- **Individualsoftware** meint „Softwareprogramme, Programm-Module, Tools etc, die zur Vertragserfüllung für die Bedürfnisse des Auftraggebers vom Auftragnehmer erstellt wurden einschließlich der dazugehörigen Dokumentation. Hierzu gehören auch die Anpassungen von Standard- oder Individualsoftware auf Quellcodeebene. Nicht hierzu gehören jedoch Customizing und die Anpassung von Standardsoftware, die gem. Ziff. 2.2.1 in den Standard übernommen wurden."
- **Customizing** meint „Anpassung von Standardsoftware an die Anforderungen des Auftraggebers, die nicht auf Quellcodeebene erfolgt".

Auf Basis dieser Definitionen erschließen sich die Leistungsbereiche a) und b) relativ eindeutig. Beim Leistungsbereich c) kommt es maßgeblich darauf an, ob das Customizing, also die Anpassung ohne Eingriffe in den Quellcode, tatsächlich den Vertrag werkvertraglich prägt. **295**

b) Abgrenzung zu den EVB-IT System und Systemlieferung. Die Abgrenzung der EVB-IT Erstellung gegenüber den EVB-IT Systemlieferung[117] ergibt sich als Beschaffung von Stan- **296**

---

[115] Die Nutzungshinweise verweisen insofern auf ein Muster der Gesellschaft für Datenschutz und Datensicherung e.V. GDD, abrufbar unter: https://www.gdd.de/nachrichten/news/neues-gdd-muster-zur-auftragsdatenverarbeitung-gemas-a7-11-bdsg/?searchterm=muster.
[116] → § 34 (Recht des Datenschutzes).
[117] Die Thematik der Anwendung von Kaufrecht über § 651 BGB wird ausgeklammert.

dardsoftware, die Grundlage beider Vertragstypen ist, über Umfang bzw. Gewicht der erforderlichen Anpassungsleistungen. Prägen diese werkvertraglich einzuordnenden Leistungen den Vertrag wesentlich, so ist der Vertrag insgesamt als Werkvertrag anzusehen[118] und die **EVB-IT Erstellung** finden Anwendung.[119] Liegt der Schwerpunkt gerade nicht auf diesen werkvertraglichen Leistungen des typengemischten Vertrags, sondern auf der Lieferung der Standardsoftware, finden die **EVB-IT Systemlieferung** Anwendung, die entsprechend dem „Kaufvertrag mit Montageverpflichtung" gestaltet sind und somit sowohl Installation und/oder Anpassungsleistungen, allerdings in geringerem, untergeordneten Umfang ermöglicht.[120]

297 Maßgeblich ist letztlich also die typische Frage für typengemischte Verträge, wann Anpassungsleistungen wesentlich sind und wann nicht. Die Nutzerhinweise zu den EVB-IT System führen sinngemäß zu deren Anwendbarkeit neben anderen Fallkonstellationen aus, dass entweder der Wert der Anpassungsleistungen einen Wert von 15–20 % des Erstellungspreises überschreitet oder dass dieser Wert zwar nicht überschritten wird, aber die Anpassungsleistungen so entscheidend sind, dass das IT-System ohne sie durch den Auftraggeber nicht oder nicht sinnvoll nutzbar ist. Bei diesen wie den anderen in den Nutzerhinweisen genannten Fallgestaltungen überwiege das werkvertragliche Moment des individuell geschuldeten Erfolges in einer Weise, dass die Anwendung des Werkvertragsrechts gerechtfertigt wird.[121] Dementsprechend kann man bei der EVB-IT Erstellung wohl bei entsprechender Heranziehung der Nutzerhinweise zu den EVB-IT System auch auf die EVB-IT Erstellung annehmen, dass letztere dann zur Anwendung gelangen können, wenn eine Standardsoftware nur durch Customizing-Leistungen des Auftragnehmers den Anforderungen des Auftraggebers genügt, die Software also nur aufgrund der (nicht völlig geringfügigen) Anpassungsleistungen für den Auftraggeber sinnvoll nutzbar wird.[122] Ähnlich argumentiert auch *Keller-Stoltenhoff*,[123] die als Abgrenzungskriterien entsprechend der EVB-IT System für die Feststellung der Wesentlichkeit von Anpassungsleistungen erwähnt:

- Die zeitliche Länge der Anpassungsarbeiten (5 Tage oder 5 Monate?)
- Sind die Anpassungsleistungen entscheidend dafür, ob die Standardsoftware überhaupt nutzbar ist für den AG?
- Hat der AG, die Standardsoftware nur deshalb erworben, weil der AN ihm erklärt hat, nur aufgrund dieser Standard-Software die gewünschten Funktionen vertragsgemäß erstellen zu können?
- Der Preis der Individualleistungen beträgt im Verhältnis zu den Standardleistungen 15 bis 20 Prozent (Das OLG Hamm hatte mit Urteil vom 22.8.1991 sogar schon ab 8 Prozent einen Werkvertrag angenommen).

298 *Kahler*[124] sieht in der Bedeutung der Customizingleistungen für die Nutzbarkeit der Standardsoftware jedoch kein geeignetes Abgrenzungskriterium, da sich dieses nicht mit dem Schwerpunkt der Leistung gleichsetzen ließe, wenn das Customizing im Vergleich zum Kauf von Standardsoftware vom Umfang her nur geringfügig, wenn auch erforderlich sei. Maßgeblich bleibt allein, den Schwerpunkt der Leistung zu bestimmen.

299 Der Anwendungsbereich der **EVB-IT System** ist in Abgrenzung zu den EVB-IT Erstellung immer dann eröffnet, wenn zu Leistungen rund um Erstellung bzw. Anpassung von Software weitere Leistungen hinzukommen, die ein „IT-System" ausmachen, also Leistungen rund um die Hardware. Insofern verzichten die EVB-IT Erstellung auch konsequent auf den Begriff „Gesamtsystem". Die EVB-IT System sind gerade auch dann anwendbar, wenn die

---

[118] So auch die Rechtsprechung zu typengemischten Verträgen, z.B. BGH Urt. v. 4.3.2010 – III ZR 79/09, CR 2010, 327; BGH Urt. v. 8.10.2009 – III ZR 93/09, CR 2010, 109.
[119] So auch *Kahler*, K&R 2013, 765 mit Verweis auf *Redeker*, IT-Recht, 5. Aufl. 2012, Rn. 297d.
[120] S. *Kahler* K&R 2013, 765 (766) mwN.
[121] Nutzerhinweise zum EVB-IT Systemvertrag, Seite 10 sowie Ziffer IV. Rn. 216; ähnlich auch *Keller-Stoltenhoff* unter www.vergabeblog.de.
[122] S. *Bischof* CR 2013, 553 und ITRB 2013, 289 sowie *Keller-Stoltenhoff* unter http://www.it-recht-kanzlei.de/evb-it-erstellungsvertrag.html: „Hier hat die Rechtsprechung schon in den 90er Jahren die klare Linie aufgezeigt, dass dies immer dann der Fall ist, wenn die Software mehr als geringfügig auf die Bedürfnisse des Kunden zugeschnitten wird und nur so für den Kunden nutzbar ist (zB BGH 3.11.1992-X ZR 83/90, OLG Köln, 26.6.1992-19U 261/91)."
[123] *Keller-Stoltenhoff* unter http://www.it-recht-kanzlei.de/evb-it-erstellungsvertrag.html, Ziffer 3.1.3.
[124] *Kahler*, K&R 2013, 765 (766).

anzupassende Standardsoftware nicht kaufrechtlich erworben, sondern gemietet werden soll, da die Miete der Standardsoftware bei den EVB-IT Erstellung nicht vorgesehen ist.[125]

2. Aufbau und Struktur

Der EVB-IT Erstellungsvertrag setzt sich aus folgenden Dokumenten zusammen:
- EVB-IT Erstellungsvertrag (Vertrag),
- EVB-IT Erstellung (AGB),
- Muster 1: Störungsmeldeformular,
- Muster 2: Leistungsnachweis,
- Muster 3: Änderungsverfahren,
- Muster 4: Nutzungsrechtsmatrix.

Nachrangig gelten wiederum die allgemeinen Vertragsbedingungen für die Ausführung von Leistungen (VOL/B), vgl. Nummer 1.3.3 EVB-IT Erstellungsvertrag.

3. Vertragsgegenstand

Der Vertragsgegenstand ist in Abgrenzung zu den EVB-IT System eindeutig auf Softwareleistungen eingegrenzt, wobei diese wiederum den bereits aus den EVB-IT System bekannten Leistungsinhalten entsprechen.

Formulierung der Ziffer 1 EVB-IT Erstellung

„1 Gegenstand des EVB-IT Erstellungsvertrages
1.1 Gegenstand des EVB-IT Erstellungsvertrages ist Erstellung bzw. Anpassung von Software* auf der Grundlage eines Werkvertrages und – soweit vereinbart – Pflege nach Abnahme und/oder die Weiterentwicklung und Anpassung.
Die vom Auftragnehmer zu erbringenden Leistungen und Lieferungen ergeben sich aus Nummern 2 und 4 des EVB-IT Erstellungsvertrages. Die Leistungen können insbesondere umfassen:
- Anpassung von überlassener oder beigestellter Software* auf Quellcodeebene,
- Customizing* von überlassener oder beigestellter Software*,
- Erstellung und Überlassung von Individualsoftware* auf Dauer,
- Schulung,
- Dokumentation.

Die Leistungen bilden eine sachliche, wirtschaftliche und rechtliche Einheit."

Dies greifen die Nummern 2 und 4 des EVB-IT Erstellungsvertrags auf. In Nr. 2 ist zunächst anzukreuzen, welches Leistungsspektrum erfasst werden soll. Nr. 4 wiederum greift die Hauptleistungspflichten für eine detailliertere Ergänzung wie folgt auf:
- Nr. 4.1: Überlassung von Standardsoftware gegen Einmalvergütung auf Dauer (Verkauf). Die hier vorgesehenen Regelungen entsprechen denjenigen aus EVB-IT Systemvertrag und EVB-IT Systemlieferungsvertrag.
- Nr. 4.2: Anpassung von Standardsoftware auf Quellcodeebene. Die hier vorgesehene Tabelle ermöglicht die konkrete Angabe, bei welcher Software welche Anpassungsleistungen erfolgen; zudem ist anzugeben, ob sowie wann eine Übernahme dieser Anpassungsleistungen in den Standard vorgesehen ist.
- Nr. 4.3: Customizing von Software. In Anlagen können weitere Regelungen zur Erbringung solcher Customizingleistungen sowie von den Regelungen der EVB-IT Erstellung abweichende Nutzungsrechtsvereinbarungen getroffen werden. Ebenso ist die Vergütung hier zu regeln.

4. Maßgebliche Abweichungen gegenüber den EVB-IT System

a) Hintergrund. Die EVB-IT Erstellung basieren auf den EVB-IT System und enthalten weitgehend die Regelungen, die bereits aus den EVB-IT System bekannt sind (→ Rn. 190 ff.). Die Abweichungen gegenüber den EVB-IT System sind im Wesentlichen

---

[125] Die EVB-IT Erstellungs-AGB sehen keine Alternative zu Ziff. 2.1.1 vor; folglich enthält auch der EVB-IT Erstellungsvertrag eine solche Alternative unter Nr. 4 nicht, wie dies hingegen in Nr. 4.4 des EVB-IT Systemvertrags der Fall ist.

darauf zurückzuführen, dass diejenigen Regelungen der EVB-IT System gestrichen wurden, die nicht zur Erstellung bzw. Anpassung von Software passen. Darüber hinaus wurden weitere Kürzungen und Änderungen vorgenommen, die das Verhandlungsteam der EVB-IT für sinnvoll erachtet hat.

305 Insbesondere folgende Regelungen sind in den EVB-IT Erstellung nicht zu finden:
• Miete von Hard- und Software
• Regelungen zu Personal und Projektmanagement
• Sicherheiten: Vorauszahlungs-/Vertragserfüllungs- und Mängelhaftungsbürgschaften.

306 **b) Verzicht auf Regelungen zum Personaleinsatz.** Die ausführlichen Regelungen der EVB-IT System zum Personaleinsatz des Auftragnehmers (ua Ziff. 7.1, 7.3 und 7.4 EVB-IT System sowie Nr. 10.2 EVB-IT Systemvertrag zu den sog Schlüsselpositionen) wurden in die EVB-IT Erstellung nicht übernommen. Diese Regelungen haben jedoch praktische Relevanz und zwar nicht nur für die EVB-IT System, sondern gerade auch für die unter die EVB-IT Erstellung fallenden Leistungen, denn die Regelungen zielen ua darauf ab, einen qualifizierten und langfristigen Personaleinsatz sicherzustellen, um typische Probleme von Mitarbeiterwechseln wie Einarbeitungsphasen, Verzögerungen und Mehraufwände zu vermeiden. Gerade bei langfristigen Projekten haben Auftraggeber ein hohes Interesse an einer Zusammenarbeit mit bekanntem und qualifiziertem Personal des Auftragnehmers, das sich laufend tiefer in die Bedürfnisse des Auftraggebers eingearbeitet hat. Dies gilt umso mehr für die öffentliche Hand, die das Thema der Mitarbeiterqualifikation und des Einsatzes dieser Mitarbeiter im Projekt meist bereits im Rahmen der Prüfung der Eignung während des Ausschreibungsverfahrens berücksichtigt hat.

307 Insoweit ist fraglich, warum diese Regelung in den EVB-IT Erstellung entfallen sind, die wie die EVB-IT System eine längerfristige Zusammenarbeit vor Augen haben. Bei entsprechendem Bedürfnis der Vergabestellen können solche Regelungen über Nr. 17.5 des EVB-IT Erstellungsvertrags als „sonstige Vereinbarungen" wieder eingeführt werden.[126] Eine solche Formulierung könnte wie folgt aussehen:[127]

Einsatz von Mitarbeitern
1. Qualifikation von Mitarbeitern
Der Auftragnehmer wird nur zuverlässige und für die vereinbarten Leistungen nach beruflicher Ausbildung und Erfahrung geeignete Mitarbeiter auswählen und sie zur Sorgfalt bei der Leistungserbringung verpflichten. Der Auftragnehmer wird die Auswahl seiner Mitarbeiter davon abhängig machen, dass sie über das notwendige fachliche und technische Spezialwissen sowie über ausreichende Berufserfahrung verfügen, um die vereinbarten Leistungen zu erbringen, und hinsichtlich der Verpflichtungen zur Wahrung des Datenschutzes und zur Geheimhaltung vertrauenswürdig sind.
2. Kontinuität der Mitarbeiter des Auftragnehmers
Der Auftragnehmer wird für eine Kontinuität seines für den Auftraggeber tätigen Personals, insb. der eingesetzten Spezialisten und der am Management beteiligten Personen sorgen, soweit dies für den Auftragnehmer zumutbar ist. Unzumutbarkeit ist insb. bei Tod, Krankheit und Kündigung gegeben.
3. Austausch von Mitarbeitern aus personenbezogenen Gründen, zB Krankheit
Der Auftragnehmer ist verpflichtet, Mitarbeiter, die länger als … Arbeitstage oder dauerhaft durch Krankheit oder aus anderen in ihrer Person liegenden Gründen ausfallen, so schnell wie zumutbar möglich durch andere Mitarbeiter zu ersetzen, es sei denn, die Vertragspartner treffen im konkreten Einzelfall eine abweichende Regelung.
4. Austausch bei fehlender Qualifikation
Der Auftraggeber kann mit schriftlicher Begründung den unverzüglichen Austausch eines Mitarbeiters verlangen, wenn dieser die erforderliche Qualifikation[128] nicht besitzt, wobei der Auftraggeber den Nachweis über die fehlende Qualifikation zu erbringen hat. Kommt der Auftragnehmer dieser Verpflichtung nicht innerhalb einer vom Auftraggeber gesetzten angemessenen Frist nach, ist der Auftraggeber berechtigt, eine Ersatzperson zu stellen. Soweit dadurch für den Auftraggeber Mehraufwände entstehen, trägt diese der Auftragnehmer.

---

[126] S.a. *Bischof* CR 2013, 553 (554).
[127] S.a. *Bischof* ITRB 2013, 289.
[128] Hier ist denkbar auf etwaige im Rahmen des Ausschreibungsverfahrens festgelegte Mitarbeiterprofile/-qualifikationen zu verweisen bzw. diese Dokumente (meist aus dem Teilnahmewettbewerb einer Ausschreibung) zur Vertragsanlage zu machen.

5. Kosten für die Einarbeitung neuer Mitarbeiter
Wird ein zur Vertragserfüllung eingesetzter Mitarbeiter durch einen anderen ersetzt, trägt der Auftragnehmer den (finanziellen, zeitlichen und inhaltlichen) Aufwand für dessen Einarbeitung.

c) Verzicht auf Regelungen zum Projektmanagement. Ziff. 1.3 der EVB-IT Erstellungs-AGB regelt eindeutig, dass die (werkvertragliche) Erfolgsverantwortung für die vereinbarten Leistungen beim Auftragnehmer liegt. Hieraus ergibt sich die Risikoverteilung, dass der Auftragnehmer allein das Risiko für die Fertigstellung übernimmt und somit die **Projektverantwortung** trägt. Um sie ausfüllen zu können, hat der Auftragnehmer die Pflicht und das Recht zur Projektleitung. Der Auftraggeber hingegen wirkt am Projekt nur mit. Typischerweise enthalten IT-Projektverträge (wie auch die EVB-IT System in Ziff. 10 EVB-IT System, Nr. 10.1 und 10.3 EVB-IT Systemvertrag)) Regelungen zum Projektmanagement, die für Softwareprojekte jeder Art nach wohl überwiegender Ansicht von maßgeblicher Bedeutung sind.[129] Am Erstaunlichsten erscheint daher der Verzicht auf sämtliche solcher Regelungen.

Gerade Regelungen zu Projektorganisation, Kommunikation der Vertragspartner, Berichtswesen (zB Report/Fortschritts-/Statusberichte), Projektmanagement und ggf. auch Eskalationsverfahren sollten daher ergänzend als „sonstige Vereinbarung" aufgenommen werden.[130] Eine Mischung aus Projektmanagement und -organisation sowie -eskalation stellt folgende Regelung dar, die auch bewusst vermeidet, den Auftraggeber in „Leitungsrollen" zu bringen (was die werkvertragliche Einordnung gefährden würde), und zugleich ein Eskalationsverfahren regelt:

Formulierungsvorschlag:

Zusammenarbeit der Vertragspartner, Kommunikation

1. *Kommunikation*
   Den Vertragspartnern ist bewusst, dass die Erbringung der Leistungen durch den Auftragnehmer eine offene, umfassende und kontinuierliche Kommunikation der Vertragspartner erfordert. Die Vertragspartner werden in diesem Sinne ein partnerschaftliches Miteinander pflegen.

2. *Projektorganisation*

2.1 *Projektleitung beim Auftragnehmer, Projektleiter*
   Der Auftragnehmer benennt nach Vertragsschluss einen Projektleiter und dessen Stellvertreter. Der Projektleiter muss Entscheidungen treffen oder diese kurzfristig herbeiführen können. Der Projektleiter und sein Stellvertreter dürfen während des Projekts nur aus wichtigem Grund ausgetauscht werden.
   Sind der Projektleiter oder sein Stellvertreter auf unangemessen lange Zeit verhindert oder scheiden sie aus dem Unternehmen des Auftragnehmers aus, bestimmt der Auftragnehmer rechtzeitig eine Ersatzperson. Kosten der Einarbeitung einer Ersatzperson übernimmt der Auftragnehmer.
   Die Projektleitung hat insb. folgende Aufgaben:
   Repräsentation des Projekts nach innen und außen
   Sicherstellung der Kommunikation zwischen allen Beteiligten
   Projektplanung und -steuerung
   Berichterstattung an das Gremium gem. Ziff. 4

2.2 *Ansprechpartner beim Auftraggeber*
   Der Auftraggeber benennt eine zuständige Person und deren Stellvertretung als Ansprechpartner, der Entscheidungen treffen oder kurzfristig herbeiführen kann. Der Ansprechpartner ist in allen Fällen einzuschalten, in denen die Durchführung dieses Vertrags es erfordert.

2.3 *Verbindliche Kommunikationsdaten*
   Die verbindlichen Kommunikationsdaten des Projektleiters des Auftragnehmers sowie des Ansprechpartners des Auftraggebers ergeben sich aus Anhang X.

---

[129] Vgl. ua Schneider/Graf v. Westphalen/*Witzel*, Softwareerstellungsverträge, Kap. G und va H. (Projektmanagement) mit umfassenden weiteren Nachweisen.
[130] S. *Bischof* ITRB, 2013, 289 mwN und weiteren Formulierungsvorschlägen.

> 3. *Projektbesprechungen, Protokoll*
> 3.1 *Projektbesprechungen*
> Der Projektleiter des Auftragnehmers und der Ansprechpartner des Auftraggebers werden regelmäßig einmal monatlich und bei Bedarf weitere Projektbesprechungen durchführen. Der Projektleiter wird dabei stets über Art, Umfang und Qualität der Leistungserbringung durch den Auftragnehmer sowie den Projektfortschritt berichten.
> 3.2 *Besprechungsprotokolle*
> Die Auftragnehmer wird durch seinen Projektleiter ein Protokoll über die Projektbesprechungen führen und innerhalb einer Woche dem Ansprechpartner des Auftraggebers übermitteln. Der Ansprechpartner des Auftraggebers kann dem Protokoll binnen angemessener Frist widersprechen.
>
> 4. *Eskalationsverfahren*
> 4.1 *Gremium auf Führungsebene*
> Der Auftraggeber bildet einen internen Projektausschuss, der den Vorstand/die Geschäftsleitung des Auftraggebers berät und unterstützt.
> Bei Meinungsverschiedenheiten, die nicht auf der Ebene des Projektleiters (Auftragnehmer) und des Ansprechpartners (Auftraggeber) gelöst werden können, soll grundsätzlich eine Besprechung zwischen der Geschäftsleitung des Auftragnehmers und dem Vorstand/der Geschäftsleitung des Auftraggebers (Gremium) – zeitnah bzw. bei grundlegenden Meinungsverschiedenheiten mit erheblicher Auswirkung in zeitlicher und finanzieller Hinsicht unverzüglich – einberufen werden, zu der der interne Ausschuss bzw. Mitglieder hieraus sowie bei Bedarf auch externe Berater hinzugezogen werden können.
> Jeder der beiden Vertragspartner kann eine solche Besprechung verlangen. Er soll dabei möglichst präzise angeben, worum es bei der Meinungsverschiedenheit geht und dazu geeignetes Material vorlegen (Projektberichte, Qualitätsberichte, Aktivitäten- und Fristenplan).
> 4.2 *Entscheidungen des Gremiums auf Führungsebene*
> Soweit in diesem Gremium Entscheidungen im Hinblick auf Fristen, Auftragsumfang, Ausführung, Budget/Vergütung oä getroffen werden, sind diese als Änderungen des Vertrags schriftlich abzufassen und verbindlich von beiden Vertragspartnern zu unterzeichnen. Vor Unterzeichnung ist keiner der Vertragspartner berechtigt, von seinen Leistungen bzw. Mitwirkungspflichten abzuweichen, sondern hat diese unverändert weiter zu erbringen.
> 4.3 *Streitfälle*
> Streitfälle berechtigen den Auftragnehmer nicht, die ihm übertragenen Leistungen einzustellen, wenn der Auftraggeber erklärt, dass aus Gründen besonderen öffentlichen Interesses eine Fortführung der Leistung geboten ist.

311 **d) Verzicht auf Regelungen zum Vorgehensmodell.** Nachvollziehbar erscheint, nicht stets auf das V-Modell XT als das maßgebliche Vorgehensmodell abzustellen. Erstaunlich ist aber der gänzliche Verzicht von Vorgaben zum Vorgehensmodell bzw. zu Phasen, Ablauf, Schrittfolgen, Kontrollen uä sowie die Nichtauseinandersetzung mit modernen Vorgehensmodellen.[131]

312 **Sequentielle Vorgehensmodelle** (wie Wasserfall-Modell, V-Modell) lassen sich relativ einfach mit den werkvertraglichen Strukturen des EVB-IT Erstellungsvertrags in Einklang bringen. Bei **iterativen** (wie RUP und Spiral-Modell) **oder agilen Vorgehensmodellen** (wie SCRUM, Extreme Programming [XP]) hingegen ist dies wesentlich schwieriger, da die Einbindung des Anwenders intensiver ist und daher schwerlich das Herstellungsrisiko einseitig nur dem Softwareanbieter zugewiesen werden kann. Bei agilen Vorgehensweisen sollte sich zumindest aus einer funktionalen Leistungsbeschreibung ergeben, welche Lösung am Ende des Projekts stehen soll. Gleiches gilt, wenn die Partner allzu eng bzw. gleichrangig in gemeinsamen Teams zusammenarbeiten.[132]

---

[131] S. Schneider/von Westphalen/*Witzel*, Softwareerstellungsverträge, Kap. H Rn. 11, zur Einteilung von Vorgehensmodellen Rn. 44, zu Auswahlkriterien für Vorgehensmodelle Rn. 72.
[132] Zur agilen Methodik mit Versuch der „Rettung" des Werkvertrags s. *Frank* CR 2011, 138; s. a. *Koch* ITRB 2010, 114; *Kremer* ITRB 2010, 283 (Zusammenfassung).

Zur Einbindung eines Vorgehensmodells ist wiederum auf Nr. 17.5 EVB-IT Erstellungsvertrag zurückzugreifen.

5. Ausgewählte Regelungsinhalte

Im Wesentlichen kann auf die Regelung zu den EVB-IT System verwiesen werden; dennoch sollen nachfolgend einige wichtige Bereiche gesondert betrachtet werden.

a) **Einräumung von Nutzungsrechten.** Die Regelungen zur Einräumung von Nutzungsrechten an Standardsoftware (Ziff. 2.1.1), Individualsoftware (Ziff. 2.1.2) sowie an Anpassungsleistungen (ob auf Quellcodeebene oder als reines Customizing) sowie an sog „vorbestehenden Teilen" (Ziff. 2.1.2.2) entsprechen den Regelungen der aktuellen EVB-IT System.[133] Sehr wichtig ist für bestimmte Software die Verfügbarkeit der Werkzeuge, mittels derer die Anpassung möglich ist. Die Rechte an Werkzeugen, die nicht am Markt erhältlich sind, und deren Überlassung ist in Ziff. 2.1.2.3 entsprechend den EVB-IT System geregelt.

Ebenso ist auch die Einbindung einer **Nutzungsrechtsmatrix** vorgesehen, um von den AGB abweichende Nutzungsrechte zu vereinbaren (ohne die AGB der Hersteller insgesamt einzubeziehen[134]). Ebenfalls ist vorgesehen, dass die Rechtseinräumung mit Lieferung bzw. Überlassung, allerdings aufschiebend bedingt durch die auf die jeweilige Lieferung bzw. Überlassung folgende Abschlags- oder Schlusszahlung, die Abnahme der Leistung oder eine Kündigung des Auftraggebers aus wichtigem Grund gem. Ziff. 15.4, erfolgt.

Zusammenfassend lässt sich die Rechtseinräumung der EVB-IT Erstellung wie folgt darstellen – vorbehaltlich etwaiger anderer Regelungen in Nutzungsrechtsmatrizen:

- An **Standardsoftware**, die dauerhaft gegen Einmalvergütung (also im Weg des Kaufs) überlassen wird, erhält der Auftraggeber grds. nicht-ausschließliche, dauerhafte, unwiderrufliche und unkündbare, örtlich unbeschränkte und in jeder beliebigen Hard- und Softwareumgebung ausübbare Nutzungsrechte, es sei denn, im Erstellungsvertrag und einer etwaigen Nutzungsrechtsmatrix werden abweichende Regelungen getroffen (vgl. Ziff. 2.1.1 EVB-IT Erstellungs-AGB).
- An **Individualsoftware** erhält der Auftraggeber umfassende, nicht-ausschließliche Rechte, die detailliert aufgelistet werden (vgl. Ziff. 2.1.2 EVB-IT Erstellungs-AGB); erfasst sind Objekt- und Quellcode in allen Entwicklungs-, Zwischen- und Endstufen samt zugehöriger Dokumentation sowie sonstige für die Ausübung der Nutzungsrechte notwendige Materialien (zB Lasten-/Pflichtenhefte, Konzepte und Beschreibungen).
- An **Anpassungen der Standardsoftware auf Quellcodeebene, die der Auftragnehmer in den Standard übernimmt** (und dies bei Angebotsabgabe bereits ankündigt), erhält der Auftraggeber nur die Rechte, die er auch an der Standardsoftware erhält (vgl. Ziff. 2.2.1, 2.1.1 EVB-IT Erstellung).
- An **Anpassungen der Standardsoftware auf Quellcodeebene, die nicht in den Standard übernommen werden**, erhält der Auftraggeber die Rechte, die er auch an der Individualsoftware erhält. Dem Auftraggeber sind die Anpassungen auf Quellcodeebene im Quellcode und die unangepassten Teile der Standardsoftware lediglich im Objektcode zu übergeben, wobei der Auftragnehmer allerdings dafür zu sorgen hat, dass der Auftraggeber eine funktionierende Softwareversion erzeugen kann (vgl. Ziff. 2.2.1 EVB-IT Erstellung). Dieser Vorteil für den Auftragnehmer wird sich im Preis ausdrücken. Dennoch sollte sorgfältig geprüft werden, ob diese Preisgabe individuellen Know-hows und Einschränkung der Verfügbarkeit des Quellcodes (dazu Ziff. 17.1) erwünscht und vertretbar ist. Zumindest die Hinterlegung (Ziff. 17.2) wäre stets zu erwägen.
- An im Rahmen des **Customizing** entstehenden Arbeitsergebnissen samt Protokollen und sonstigen damit in Zusammenhang stehenden Materialien, Datenbankwerken und Datenbanken erhält der Auftraggeber die Rechte wie an Individualsoftware (vgl. Ziff. 2.2.2 sowie 2.1.2.1 EVB-IT Erstellung).

---

[133] *Bischof* ITRB 2009, 64.
[134] S. zur Einbeziehung von Hersteller-AGB insgesamt bzw. umfassender Lizenzbedingungen und der dabei notwendigen Abänderung der Dokumenthierarchie bei Kahler, K&R 765, 767, was – insbesondere bei Marktführern – in der Praxis teils nicht vermeidbar ist.

- Für **vorbestehende Teile** (dh alle Bestandteile der Individualsoftware und der auf Quellcodeebene vorgenommenen, nicht jedoch gem. Ziffer 2.2.1 in den Standard aufgenommenen Anpassungen an Standardsoftware, die der Auftragnehmer oder ein Dritter unabhängig von diesem Vertrag entwickelt hat) gelten zwar grundsätzlich dieselben Rechteregelungen wie für Individualsoftware, jedoch mit der Ausnahme, dass keinesfalls ausschließlich Nutzungsrechte eingeräumt werden. Der Auftragnehmer kann – unter bestimmten Voraussetzungen – die Rechte hinsichtlich Bearbeitung, Verbreitung und Unterlizenzierung weiter einschränken (vgl. Ziff. 2.1.2.2 EVB-IT Erstellung).

316 Wie bei EVB-IT System und EVB-IT Systemlieferung bleibt die Regelung der Rechtseinräumung komplex und bedarf einer genauen Analyse des Erforderlichen auf Seiten beider Parteien. Der Auftragnehmer ist insb. bereits bei Angebotsabgabe gefragt, anzugeben, ob Anpassungen auf Quellcodeebene erforderlich sind und ob diese in den Standard übernommen werden mit den entsprechenden Folgen bei der Rechtseinräumung. Aus Sicht des Auftraggebers wird dadurch frühzeitig für Klarheit gesorgt, zumal auch des Öfteren der „Erfüllungsgrad" einer Standardsoftware und daher die Angabe, was mit Standard, mit Anpassungen auf Quellcodeebene, durch reines Customizing oder ggf. gar nicht erfüllt wird, maßgeblich in die Bewertung einbezogen wird. Insofern hat die Vertragsgestaltung die Angebotserstellung ggf. noch komplexer gemacht, da zwingend weitere Angaben zu machen sind.

317 **b) Mitwirkung des Auftraggebers.** Die Regelungen aus Ziff. 11 EVB-IT System wurden unverändert in Ziff. 10 EVB-IT Erstellung übernommen. Es wird zwischen Mitwirkungs- und Beistellungsleistungen unterschieden, die im Vertragsmuster jeweils abschließend zu beschreiben sind (vgl. Nr. 12 und 3 EVB-IT Erstellungsvertrag). Wird vom Auftragnehmer eine darüber hinausgehende Mitwirkung/Beistellung verlangt, kann der Auftraggeber es gemäß Ziffer 11.2 EVB-IT Erstellung übernehmen, diese anstelle des Auftragnehmers als eigene Mitwirkungsobliegenheit zu erbringen. Die für die Leistung zu zahlende Vergütung reduziert sich entsprechend. Der Auftragnehmer ist jedoch verpflichtet, diesen Beitrag des Auftraggebers zu prüfen, ggf. zu korrigieren und in seine Leistungen zu integrieren. Die vertraglichen und gesetzlichen Ansprüche des Auftraggebers bleiben unberührt.

318 Kommt der Auftraggeber seinen Mitwirkungsleistungen trotz Aufforderung des Auftragnehmers nicht, nicht rechtzeitig oder unvollständig nach, kann der Auftragnehmer ein Angebot unterbreiten, diese Leistungen selbst anstelle des Auftraggebers zu erbringen. Sonstige Ansprüche des Auftragnehmers bleiben unberührt (vgl. Ziffer 11.1 EVB-IT Erstellung).

319 **c) Mitteilungspflichten des Auftragnehmers.** Die Regelungen zu den Mitteilungspflichten (Ziff. 6 EVB-IT Erstellung) wurden gegenüber den EVB-IT System gekürzt. Der Auftragnehmer muss auf eine Mitwirkung nur dann hinweisen, wenn diese nicht in den vereinbarten Zeitplänen festgehalten ist. Zudem ist auf nicht, nicht rechtzeitig oder nicht ordnungsgemäß erbrachte Mitwirkung hinzuweisen, wenn diese für den Projekterfolg wesentlich ist (Ziff. 6.1 Erstellungs-AGB). Weiter muss der Auftragnehmer etwaige Werkzeuge benennen, die er bei Bearbeitung/Umgestaltung der Individualsoftware verwendet bzw. entwickelt hat. Eine Informationspflicht besteht zudem für Kopier- oder Nutzungssperren.

320 **d) Abnahme.** Die Regelungen der EVB-IT System unter Ziff. 12.1 und 12.2 wurden unter Ziff. 11.1 und 11.2 EVB-IT Erstellungs-AGB zusammengefasst und gekürzt sowie im Wortlaut angepasst. Demnach hat der Auftragnehmer die Werkleistungen zum vereinbarten Termin zur Abnahme bereitzustellen. Ist kein Termin vereinbart worden, so hat die Bereitstellung zur Abnahme so rechtzeitig zu erfolgen, dass dem Auftraggeber die vereinbarte Funktionsprüfungszeit (30 Tage) zur Verfügung steht. Im Übrigen entsprechen die Regelungen der 11.3 bis 11.8 der EVB-IT Erstellung denjenigen der EVB-IT System-AGB.

321 **e) Pflege von Software.** Entsprechend der Fokussierung auf Softwareleistungen wird folgerichtig nicht wie in den EVB-IT System oder Systemlieferung von „Systemservice", sondern von Pflege gesprochen. Am Inhalt dieser Pflegeleistungen ändert sich im Verhältnis zu den anderen Systemverträgen nichts. So wird zwischen folgenden Arten von Pflegeleistungen unterschieden:
- **Störungsbeseitigung**, dh die notwendigen Maßnahmen wie Korrektur der Individualsoftware, eines erfolgten Customizings oder die Überlassung eines für die Störungsbeseiti-

gung notwendigen Programmstands für die Standardsoftware. Es können Regelungen zu Reaktions-/Wiederherstellungszeiten, Hotline und Teleservice vereinbart werden (vgl. Nr. 5.1.1 Erstellungsvertrag, Ziff. 4.1 Erstellungs-AGB).[135]
- **Überlassung von neuen Programmständen**, sobald diese am Markt verfügbar sind; hierunter sind Patches/Updates, Upgrades, Releases/Versionen der jeweiligen Standardsoftware zu verstehen (vgl. Nummer 5.1.2 Erstellungsvertrag, Ziffer 4.2 Erstellungs-AGB).[136]

Der Beginn der Pflegeleistungen wird im EVB-IT Erstellungsvertrag unter Nr. 5.2 vereinbart. Die AGB sprechen höchst ungenau davon, die „Pflegevereinbarung" beginne mit der Abnahme, wenn nichts anderes vereinbart werde. Im Ankreuzfeld sind ein bestimmtes Datum, der Tag nach der Abnahme oder der Tag nach Ablauf der Verjährungsfrist für Sachmängelansprüche (Gewährleistungsfrist) vorgesehen. Hinzuweisen ist darauf, dass letztlich ein Teil der Pflegeleistungen stets auf Mängelbeseitigung entfällt, die während der Gewährleistungsfrist kostenlos zu erbringen ist. Insofern sollte bei der Vergütungsregelung auf entsprechende Ermäßigungen der Pflegevergütung geachtet werden. Hierbei ergibt sich durch die Verwendung des Begriffs „*Störungsbeseitigung*" das Erfordernis zu bestimmen, welcher Vergütungsanteil mängelbezogene Arbeiten betrifft. Allerdings darf sich die öffentliche Hand als Verwender der Einkaufs-AGB selbst wirksam benachteiligen, indem ohne Auswirkungen auf die Vergütung die kostenpflichtige Pflege bereits ab dem Tag nach Abnahme vereinbart wird.

In Bezug auf Abnahme, Mängelhaftung und Dokumentation der Pflegeleistungen ergeben sich keine Besonderheiten gegenüber den EVB-IT System.

VII. EVB-IT Service

1. Anwendungsbereich

Die EVB-IT Service wurden am 24.3.2014 veröffentlicht und sind seit 28.3.2014 gültig. Sie lösen die alten BVB-Pflege ab. Die EVB-IT Service betreffen IT-Serviceleistungen des Auftragnehmers für ein IT-System des Auftraggebers. Laut Entscheidungshilfe zur Anwendung der EVB-IT/BVB kommen die EVB-IT Systemservice für Serviceleistungen rund um ein IT-System oder für Individualsoftware, die über den Regelungsumfang zum Service in den EVB-IT Systemverträgen hinausgehen, in Betracht.

Der Servicevertrag kann demnach zB zum Einsatz kommen, wenn

- nach der Erstellung oder Lieferung eines IT-Systems oder der Erstellung einer Individualsoftware durch den Auftragnehmer mit diesem umfangreichere und differenziertere Serviceleistungen vereinbart werden sollen, als dies mit den Serviceregelungen aus den EVB-IT Systemverträgen möglich wäre, die in bestehenden EVB-IT Systemverträgen vereinbarten Serviceleistungen neu ausgeschrieben werden müssen,
- Serviceleistungen für ein IT-System vereinbart werden sollen, das nicht zuvor vom Auftragnehmer über einen der EVB-IT Systemverträge erstellt oder geliefert wurde,
- Individualsoftware vom Auftragnehmer gepflegt werden soll.

Die Pflege nur von Standardsoftware und die Instandhaltung nur von Hardware wird weiterhin über die EVB-IT Pflege S und die EVB-IT Instandhaltung vereinbart. Der **Betrieb** eines IT-Systems ist hingegen nicht Gegenstand der EVB-IT Service, somit derzeit weiterhin ohne passende EVB-IT.[137]

2. Aufbau und Struktur

Der EVB-IT Systemservicevertrag setzt sich aus folgenden Dokumenten zusammen:
- EVB-IT Servicevertrag (Vertrag),
- EVB-IT Service-AGB,
- Muster 1: Störungsmeldeformular,
- Muster 2: Leistungsnachweis,

---

[135] Inhaltlich entsprechen diese Regelungen Ziff. 4.1 EVB-IT System-AGB.
[136] Inhaltlich entsprechen diese Regelungen Ziff. 4.2.2 EVB-IT System AGB; die weiteren Regelungen aus Ziff. 4.2 sind nicht anwendbar, da auf das Gesamtsystem bezogen.
[137] S. Nutzerhinweise EVB-IT Service unter Ziffer I.1 (Seiten 6, 7).

- Muster 3: Änderungsverfahren,
- Muster 4: Abruf von besonderen Serviceleistungen.

Nutzerhinweise zu den EVB-IT Service sind seit Mitte 2015 ebenfalls im Umfang von 102 Seiten veröffentlicht, die – wie stets – nicht Vertragsbestandteil sind.[138]

3. Vertragsgegenstand

327 Gegenstand der EVB-IT Service sind Serviceleistungen in der Regel als Werkleistungen, die ein vereinbartes IT-System des Auftraggebers betreffen. Die Serviceleistungen sind weit gefasst und gehen dabei weit über das hinaus, was bislang unter den Systemverträgen als Serviceleistungen (wie zB Störungsbeseitigung, Wartung und Lieferung neuer Programmstände) erbracht werden konnte. Zum denkbaren Leistungsspektrum gehören insbesondere (vgl. Ziffer 1.2 und 2 EVB-IT Service-AGB):
- Bestandsaufnahme
- Wiederherstellung der Betriebsbereitschaft (Störungsbeseitigung);
- Aufrechterhaltung der Betriebsbereitschaft (vorbeugende Maßnahmen); Überlassung neuer Programmstände;
- Modifikation bzw. Erweiterung des IT-Systems;
- weitere Serviceleistungen (wie Hotline, Rufbereitschaft, Vor-Ort-Service, Lizenzmanagement, Anspruchsabwicklung gegenüber Dritten, Datensicherung).

328 Vertragsgegenstand kann auch die „klassische" Pflege einer Individualsoftware sein, wobei diese vorbestehend und für den Auftragnehmer völlig fremd oder aber auch vom Auftragnehmer für den Auftraggeber erstellt worden sein kann (zB auf Basis eines EVB-IT System- oder Erstellungsvertrags oder sonstigen Vertragswerks).

329 Gem. Ziffer 1.2 EVB-IT Service-AGB werden die Serviceleistungen in der Regel als **Werkleistungen** erbracht, womit der Auftragnehmer die **Erfolgsverantwortung** für die vereinbarten Leistungen trägt. Der Auftragnehmer ist also für die Funktionsfähigkeit des IT-Systems insgesamt verantwortlich und nicht nur für die Funktionsfähigkeit einzelner Systemkomponenten. Die Leistungen sind dabei nach dem aktuellen Stand der Technik zu erbringen, soweit nichts anderes vereinbart wird (vgl. Ziffer 1.4 EVB-IT Service-AGB).

330 Von wesentlicher Bedeutung ist auch, dass der Auftragnehmer alle auf der Grundlage des EVB-IT Servicevertrags gelieferten, angepassten oder neu erstellten Systemkomponenten zu installieren, zu customizen und in das IT-System zu integrieren hat, es sei denn, es wäre im Vertrag etwas anderes vereinbart. Will der Auftragnehmer diese Leistungen also nicht erbringen, so müssen diese ausdrücklich im Vertrag ausgeschlossen werden.[139]

331 Zu beachten ist insbesondere Ziffer 1.7 EVB-IT Service-AGB, wonach vereinbarte Dienstleistungen mit Hilfe automatisierter Verfahren wie Monitoring-Software oder Software zum Lizenzmanagement nur dann erbracht werden dürfen, wenn die Produkte im Angebot benannt wurden und versichert wird, dass dieses Produkt keine Kommunikationsfunktionen zu Dritten und keine anderen den Interessen des Auftragnehmers zuwiderlaufende Funktionalität aufweist. So darf das Produkt ua. keine Informationen über das IT-System, dessen Daten, dessen Lizenzierung oder das Benutzerverhalten an Dritte übermitteln, zu anderen Zwecken als für die Erbringung der vereinbarten Leistungen oder derart speichern, dass Dritte darauf Zugriff nehmen können. Das Auswechseln solcher Produkte bzw. der Einsatz neuer Version erfordert die ausdrückliche Einwilligung des Auftraggebers, die dieser bei Vorliegen der vorgenannten Versicherung erteilen wird.

4. Unterschiede zu den Serviceregelungen in den EVB-IT System und Systemlieferung[140]

332 In den EVB-IT Service finden sich einerseits Regelungen zu Leistungen, die in den EVB-IT System und Systemlieferung nicht vorgesehen sind, zB Lizenzmanagement, Datensiche-

---

[138] Die Nutzerhinweise beinhalten ua wertvolle Hinweise zu Einbeziehung und Umgang mit dem Vertragsmuster (I.4, S. 10 ff.) sowie zu den wesentlichen Unterschieden zu den anderen Verträgen (II, S. 12 ff.).
[139] S. a. *Intveen* ITRB 2015, 47.
[140] S. a. Nutzerhinweise EVB-IT Service unter Ziffer II, S. 12 ff.

VII. EVB-IT Service

rungsservices, Verlagerung und Modifikation von Systemkomponenten sowie zur Rufbereitschaft.

Andererseits werden die aus den EVB-IT System und Systemlieferung zum Systemservice bekannten und auch in den EVB-IT Service enthaltenen Leistungen ausführlicher geregelt und können im Servicevertrag differenzierter vereinbart werden. So findet sich in den EVB-IT Service-AGB erstmals eine inhaltliche Beschreibung der Hotline, die im Vertragsformular weiter ausgeprägt werden kann. Es werden sowohl in den Service-AGB als auch im Vertrag deutlich differenziertere Möglichkeiten vorgesehen, die Modalitäten im Umgang mit Ersatzteilen zu vereinbaren.

Zudem ist die Übernahme eines für den Auftragnehmer fremden Systems neu, für das die vereinbarten Serviceleistungen zu erbringen sind. Hierzu ist eine initiale Bestandsaufnahme vereinbar. Außerdem sind für solche Fälle differenzierte Regelungen vorgesehen, wenn Mängel beseitigt werden müssen, die schon bei Übernahme des Systems durch den Auftragnehmer vorhanden waren. Mit diesen Regelungen ist die Übernahme für den Auftragnehmer deutlich besser kalkulierbar. Damit wird es zB möglich, den auslaufenden Service aus den Systemverträgen neu auszuschreiben und ggf. auch an einen anderen Auftragnehmer zu vergeben.[141]

5. Ausgewählte Regelungsinhalte

a) **Bestandsaufnahme (2.1 Service-AGB).** Sofern im Vertrag nichts anderes vereinbart (vgl. Nr. 10 Service-Vertrag), sind mit Bestandsaufnahme folgende Leistungen bei Aufnahme des Systemservices gemeint:
- Erfassung der einzelnen Systemkomponenten des Systems, einschl. Art und Umfang der auf dem System genutzten Software;
- Prüfung des bestimmungsgemäßen Funktionierens des Systems.

Der Auftragnehmer erstellt sodann einen Bericht über sämtliche Ergebnisse der von ihm durchgeführten Bestandsaufnahme, der insbesondere folgendes beinhaltet:
- Abweichungen zwischen bekannt gegebenen Spezifikationen und den tatsächlichen Verhältnissen;
- Etwaige Unter-, Über- oder sonstige Fehllizenzierungen;
- Unverbindliche Vorschläge zur Beseitigung einschl. Kosteneinschätzung.

Nach Vorlage des Berichts entscheidet der Auftraggeber über das weitere Vorgehen. Falls der Auftraggeber die Ergebnisse anders bewertet und den Vorschlägen des Auftragnehmers nicht folgt, kann ein Anpassungsanspruch des Auftragnehmers bei nachweislichem mehr als unwesentlichen Mehraufwand oder mehr als unwesentlichen Problemen bestehen. Es besteht auch ein Anspruch auf zusätzliche Vergütung bei Störungsbeseitigung, falls diese Störung bei Bestandsaufnahme festgestellt und dem Auftraggeber mitgeteilt wurde und bislang keine Anpassung der Vergütungspauschale erfolgt ist.

b) **Wiederherstellung und Aufrechterhaltung der Betriebsbereitschaft (Störungsbeseitigung, vorbeugende Maßnahmen, Übernahme neuer Systemkomponenten) (2.2 Service-AGB).**[142] Grds. sind die hier genannten Leistungen aus den EVB-IT Systemverträgen bekannt. Sie werden jedoch detailliert und weiter ausgebaut sowie auf den konkreten Vertragsgegenstand angepasst.

aa) *Störungsbeseitigung.* Erfasst sind alle für die Störungsbeseitigung erforderlichen Maßnahmen des Auftragnehmers, wie zB Instandsetzungsleistungen für Hardware und Pflegeleistungen für Software zur Störungsbeseitigung. Letztere können sowohl die Erstellung/Beschaffung und Überlassung einer fehlerbereinigten Version der Individualsoftware als auch die Überlassung eines die Störung beseitigenden Programmstandes der Standardsoftware umfassen, sofern ein solcher verfügbar ist. Trifft dies nicht zu, ist eine Umgehungslösung zur Verfügung zu stellen, wobei der Auftraggeber in aller Regel keinen Eingriff in Objekt- oder Quellcode der Standardsoftware verlangen kann, jedoch eine Individualprogrammierung, soweit dem Auftragnehmer zumutbar.

---

[141] S. *Keller-Stoltenhoff* unter http://www.it-recht-kanzlei.de/evb-it-servicevertrag.html.
[142] S. a. Nutzerhinweise EVB-IT Service, Ziffer IV. 2.2, S. 65 f.

340 Auch ist geregelt, dass der Auftragnehmer, wenn das IT-System nicht von ihm erstellt wurde, die Beseitigung einer Störung von einer zusätzlichen Vergütung nach Aufwand abhängig machen kann, wenn er nachweist, dass die Störung bereits vor Vertragsbeginn vorlag. Soweit eine Bestandsaufnahme vereinbart wurde, gilt dies nur bezüglich Störungen, die in der Bestandsaufnahme festgestellt, dem Auftraggeber im Bericht mitgeteilt wurden und nur soweit wegen der Störung keine Anpassung der Vergütungspauschale erfolgte.

341 *bb) Vorbeugende Maßnahmen.* Hierzu gehören alle zur Vermeidung zukünftiger Störungen vereinbarten Maßnahmen des Auftragnehmers (zB in einem sog Wartungskonzept). Beispielhaft werden genannt:
- Regelmäßiger Austausch von Verschließteilen;
- Austausch von Hardware des IT-Systems rechtzeitig vor Ende des Lebenszyklus;
- Überlassung neuer Programmstände der Standardsoftware (siehe auch Ziffer 2.3 EVB-IT Service, nachfolgend → Rn. 344 ff.).

342 *cc) Übernahme neuer Systemkomponenten.* Der Auftraggeber ist, soweit nicht anders im Vertrag geregelt, verpflichtet, neue Systemkomponenten zu übernehmen, wenn dies der Beseitigung oder Vermeidung von Störungen dient. Dies gilt dann nicht, wenn ihm die Übernahme nicht zumutbar ist, zB weil die neue Systemkomponente wesentlich von der alten abweicht oder wenn sich im Falle von Software der Umfang an Rechten dadurch schmälern würde. Bei einer solchen Verweigerung wird der Auftragnehmer auf Wunsch eine andere Lösung vorschlagen, soweit möglich und zumutbar.

343 Wird eine neue Systemkomponente übernommen, die mehr Funktionalitäten enthält als im ursprünglichen Vertrag vorgesehen, so ist der Auftraggeber zur Zahlung einer Mehrvergütung verpflichtet, wenn er diese Mehrleistung nutzen will. Dies ist auch dann anzunehmen, wenn die Mehrleistung genutzt wird, obwohl die Systemkomponente auch ohne Mehrleistung nutzbar wäre. Die Vergütungspflicht entfällt aber, wenn die bisherige Funktionalität nur zusammen mit der Mehrleistung genutzt werden kann und der Auftraggeber diese nicht angefordert hat. Gleiches gilt, wenn die Überlassung einer solchen neuen Systemkomponente bereits Gegenstand der Verpflichtung zur Überlassung neuer Programmstände ist.

344 **c) Neue Programmstände (2.3 Service-AGB).** Hierunter können fallen die Verpflichtung zur Überlassung neuer Programmstände, zu Installation, Customizing und Integration dieser oder auch vom Auftraggeber beigestellter Programmstände, je nach Vereinbarung im Servicevertrag.

345 Von wesentlicher Bedeutung ist die Verpflichtung des Auftragnehmers, die von ihm geschuldeten Programmstände rechtzeitig vor Inkrafttreten der jeweiligen Vorschrift oder Norm bzw. dem Zeitpunkt der vorgesehenen Änderung bzw. Anpassung überlassen zu müssen. Ansonsten ist eine Übergangslösung zu diesen Terminen bereitzustellen bzw. bei zeitlicher Unzumutbarkeit binnen angemessener Frist.

346 Der Auftragnehmer ist vor Erbringung seiner Leistungen zu Installation, Customizing und Integration, die er mit dem Auftraggeber abzustimmen hat (insbes. unter Beachtung von Sicherheitsvorschriften) verpflichtet, auf die mit dem Einsatz des neuen Programmstandes verbundenen Konsequenzen für das IT-System hinzuweisen (zB auf bekannte Inkompatibilitäten, Fehler uä). Erfolgt ein solcher Hinweis nicht, hat der Auftragnehmer für die Konsequenzen grds. einzustehen.[143]

347 **d) Hotline und Rufbereitschaft (2.4 und 2.5 Service-AGB).** Ziffer 2.4 enthält detaillierte Regelungen zur **Hotline**. Umfasst sind je nach konkreter Vereinbarung im Vertrag:
- Aufnahme telefonischer Störungsmeldungen
- Aufnahme von Fragen zur Nutzung des IT-Systems
- Störungsbeseitigung während des Telefonats
- Fragenbeantwortung im Telefonat
- Aufnahme der Störungsmeldung in ein Ticketsystem (sofern Nutzung vereinbart)
- Bei nicht gelungener Störungsbeseitigung/Fragenbeantwortung: Anderweitige Klärung der Fragen bzw. Weiterleitung der Störung innerhalb der Supportorganisation

---

[143] S. a. *Intveen* ITRB 2015, 47 (48).

Wesentlich sind auch folgende Verpflichtungen des Auftragnehmers: 348
- Einsatz von qualifizierten Personal für Erfassung und erste Klärung
- Deutschsprachige Hotline
- Sicherung der ständigen Erreichbarkeit durch entsprechende personelle und technische Ausstattung.

Unter Ziffer 2.5 werden die Verpflichtungen im Rahmen der **Rufbereitschaft** noch verstärkt, da besonders qualifiziertes Personal zu vereinbarten Zeiten zur Beratung und Störungsbeseitigung zur Verfügung zu stehen hat und ggf. bei Vereinbarung solche Leistungen auch vor Ort zu den vereinbarten Zeiten erbringt. 349

e) **Lizenzmanagement (2.7 Service-AGB).**[144] Völlig neu in das Leistungsportfolio aufgenommen wurden die Regelungen zum Lizenzmanagement. Leistungen in diesem Zusammenhang können sein: 350
- **Bestandserfassung** (Ziff. 2.7.1):
- Erstellung Lizenzdatenbank mit Darstellung von tatsächlicher Nutzung der Software, Einsatz und Installationsorte sowie
- Ergänzung zu Nutzungsrechten, ggf. vorhandenen Auflagen des Lizenzgebers (samt Angaben über die Auffindbarkeit dieser Informationen)
- Bericht über das Ergebnis (insb. Unter-, Über- oder sonstige Fehllizenzierungen)
- Vorschläge für Nachlizenzierung/Wechsel Lizenzmodell, Einsatz überzähliger Lizenzen, Optimierungspotentiale
- **Bestandsverwaltung** (Ziff. 2.7.2): laufende Entgegennahme oder eigene Erfassung/Bearbeitung von Änderungen gegenüber Bestandserfassung samt Aktualisierung Lizenzdatenbank; regelmäßige erneute Durchführung der Bestandserfassung.
- **Sonstige Leistungen** (Ziff. 2.7.3): Auf Wunsch Unterstützung bei beabsichtigten Erweiterungen oder Reduzierungen des Nutzungsumfangs; Unterstützung bei Lizenz-Audits.

f) **Abwicklung von Ansprüchen des Auftraggebers gegen Dritte (2.8 Service-AGB).** Völlig neu in das Leistungsportfolio aufgenommen wurden Leistungen im Zusammenhang mit der Abwicklung von Ansprüchen des Auftraggebers gegen Dritte. Gemeint ist die **technisch-organisatorische Abwicklung** von Ansprüchen aus Serviceverträgen, Mängelansprüchen, Garantieansprüchen aus Kauf-, Werklieferungs- und Werkverträgen, die bzgl. des IT-Systems bestehen. 351

Zu beachten ist hierbei, dass unerlaubte Rechtsdienstleistung natürlich nicht geschuldet ist und insofern bei der Leistungsbeschreibung entsprechende Vorsorge getroffen werden muss (Ziff. 2.8.2). 352

g) **Datensicherungsservices (2.9 Service-AGB).** Neu vorgesehen ist nun auch, dass der Auftraggeber Datensicherungsservices beim Auftragnehmer in Anspruch nimmt, wodurch die Verantwortung für die regelmäßige, ordnungsgemäße und rechtzeitige Datensicherung auf den Auftragnehmer übergeht. Hierfür sind entsprechende Datensicherungskonzepte zum Schutz vor Datenverlust zu vereinbaren.[145] Die AGB geben einige Mindestanordnungen vor, wie Überprüfung durch Datenrücksicherung, Auswertung von Sicherungsprotokollen ua. Konkretisierungen im Vertrag sind empfehlenswert. 353

h) **Besondere Serviceleistungen in Bezug auf Systemkomponenten (2.10 Service-AGB).** Das Leistungsportfolio des Auftragnehmers kann noch weiter um besondere Serviceleistungen in Bezug auf Systemkomponenten erweitert werden, wobei diese grds. entsprechend der im Servicevertrag vereinbarten Aufwandsvergütungssätze vergütet werden oder aber gegen etwaige vereinbarte Pauschalen. 354

Nachdem der Auftraggeber gemäß Ziffer 4 EVB-IT Service-AGB zur Verlagerung von Systemkomponenten bzw. deren Modifikation berechtigt ist, was er dem Auftragnehmer anzuzeigen hat, werden in Ziffern 2.10.1 und 2.10.2 der EVB-IT Service-AGB die entsprechend vom Auftragnehmer verlangbaren Leistungen geregelt, so ua: 355

---

[144] S. Nutzerhinweise EVB-IT Service unter Ziffer IV.2.5 (S. 69 f.) mit dem Hinweis, den bereits vorgesehenen Leistungsumfang zu berücksichtigen und nur zu ergänzen.
[145] Vgl. Ziffer IV.29. der Nutzerhinweise EVB-IT Service.

- Bei Verlagerung: Abbau, Verpackung, sicherer Transport innerhalb einer Liegenschaft, Auspacken, Wiederaufbau sowie Herbeiführung der Betriebsbereitschaft.
- Bei Modifikation: Modifikation der Systemkomponenten im vertraglich vereinbarten Umfang samt entsprechender Modifikation des IT-Systems, soweit dem Auftragnehmer zumutbar.

356 Ziffer 2.10.3 EVB-IT Service-AGB sehen zudem vor, dass der Auftraggeber jederzeit auch die Einrichtung von Systemkomponenten nach seinen Maßgaben verlangen kann und damit die Erweiterung und Modifikation des IT-Systems, soweit dem Auftragnehmer zumutbar.

357 i) **Schulung (2.11 Service-AGB).** In Ziffer 2.11 Service-AGB werden – vorbehaltlich anderer Regelungen im Servicevertrag – Rahmenbedingungen für vom Auftragnehmer zu erbringende Schulungen enthalten. Vom Grundsatz her ist vorgesehen, dass Schulungen in deutscher Sprache beim Auftraggeber durchgeführt werden und ein Schulungstag 8 Unterrichtsstunden á 45 Minuten umfasst. Der Auftragnehmer führt die Schulungen in eigener Verantwortung durch und erstellt auch entsprechende Schulungsunterlagen in deutscher Sprache elektronisch oder auf Wunsch in Papierform entsprechend der Teilnehmerzahl. Die Rechte an den Schulungsunterlagen werden abhängig davon, ob sie für den Auftraggeber erstellt wurden oder nicht, entsprechend enger oder umfassender geregelt.

358 j) **Vorhalten von Ersatzgegenständen (Ziffer 3 Service-AGB).** Der Auftragnehmer kann bei entsprechender Vereinbarung auch verpflichtet werden, Ersatzgegenstände bei ihm vorzuhalten, um im Bedarfsfall die kurzfristige Wiederherstellung oder Aufrechterhaltung der Betriebsbereitschaft des IT-Systems bzw. von Systemkomponenten sicherzustellen. Es werden im Detail der Eigentumsübergang, der Prozess zur Identifizierung der Ersatzgegenstände geregelt, ebenso Abstimmungs-/Informationspflichten sowie einzelne Vergütungsfragen. Ziffer 8 EVB-IT Service enthält dann ergänzend Regelungen zur Qualität solcher Ersatzgegenstände, zum Austausch, Eigentumsübergang sowie auch zur Entsorgung.

359 k) **Nutzungsrechte (Ziffer 5 Service-AGB).** Ziffer 5 EVB-IT Service-AGB enthält umfassende und detaillierte Regelungen zur Einräumung von Nutzungsrechten sowohl durch den Auftraggeber als auch durch den Auftragnehmer.[146]

360 *aa) Rechteeinräumung durch den Auftraggeber (Ziff. 5.1).* Damit der Auftragnehmer seine Leistungen erbringen kann, sind je nach beauftragtem Leistungsportfolio Rechteeinräumungen durch den Auftraggeber erforderlich. Nur dann kann der Auftragnehmer das IT-System, Teile davon, Dokumentation uä zB bearbeiten. Daher werden seitens des Auftraggebers dem Auftragnehmer Bearbeitungsrechte am IT-System, an Teilen davon, der Dokumentation, sowie Nutzungsrechte an etwaigen eingesetzten und für die Bearbeitung der Software erforderlichen Werkzeuge eingeräumt:
- Einräumung von auf die Dauer der Leistungserbringung, höchstens jedoch auf die Dauer der Laufzeit des Servicevertrags beschränkten Bearbeitungsrechten, sofern erforderlich auch am Quellcode, jeweils sofern und soweit der AG hierzu berechtigt ist;
- Einräumung von Nutzungsrechten an Werkzeugen sofern vereinbart, nur für die Dauer der Bearbeitung bzw. die Laufzeit des Servicevertrags.

361 *bb) Rechteeinräumung durch den Auftragnehmer (Ziff. 5.2).* Hinsichtlich der durch den Auftragnehmer im Rahmen der Leistungserbringung entstehenden bzw. vom Auftragnehmer beschafften Arbeitsergebnisse sind umfassende Rechtseinräumungen seitens des Auftragnehmers an den Auftraggeber erforderlich. Diese orientieren sich inhaltlich teils an den aus den anderen Systemverträgen bekannten Regelungen:
- *Rechte an neuen Programmständen* (Ziffer 5.2.1): Umfang grds. entsprechend der Rechte an der vorherigen Fassung der Software bzw. des Programmstandes. Eine Parallelnutzung neuer und alter Programmstände wird nur soweit gestattet als dadurch insgesamt keine Überschreitung der Grenzen der vereinbarten Nutzungsrechte eintritt.

---

[146] S. a. Ziffer IV.5 der Nutzerhinweise EVB-IT Service.

VII. EVB-IT Service

- Rechte an im Rahmen von Serviceleistungen erstellter Individualsoftware bzw. erstellten Anpassungen von Standardsoftware auf Quellcodeebene, die nicht in den Standard übernommen werden (Ziffer 5.2.2):[147]
  - umfassende ausschließliche Rechtseinräumung an Objekt- und Quellcode
  - Sonderregelungen für vorbestehende Teile (nicht ausschließliche Rechte) sowie
  - Sonderregelung für (am Markt nicht erhältliche) Werkzeuge (nur zur Fehlerbeseitigung und Weiterentwicklung)
- Rechte an sonstigen Leistungsergebnissen: im umfassenden Umfang von Ziffer 5.2.2 EVB-IT Service.

l) Störungsklassifizierung, Reaktions- und Erledigungszeiten (Ziffer 6 und 7 Service-AGB).[148] Wie auch die EVB-IT System enthalten die EVB-IT Service (wortgleiche) Regelungen zur Störungsklassifizierung, die ebenfalls vorbehaltlich anderweitiger Regelungen drei Kategorien an Störungsvorfällen vorsehen:

„6.1.1 Eine betriebsverhindernde Störung* liegt vor, wenn die Nutzung des IT-Systems unmöglich oder schwerwiegend eingeschränkt ist.
6.1.2 Eine betriebsbehindernde Störung* liegt vor, wenn die Nutzung des IT-Systems erheblich eingeschränkt ist. Eine betriebsbehindernde Störung* liegt auch vor, wenn die leichten Störungen* insgesamt zu einer nicht unerheblichen Einschränkung der Nutzung des Gesamtsystems führen.
6.1.3 Eine leichte Störung* liegt vor, wenn die Nutzung des IT-Systems ohne oder mit unwesentlichen Einschränkungen möglich ist."

Ziffer 7 EVB-IT Service-AGB sieht sodann vor, dass, sofern keine Reaktions- und Erledigungszeiten im Vertrag (Nr. 10.2.3) vereinbart wurden, mit Serviceleistungen unverzüglich nach Zugang der Meldung oder Eintritt des vereinbarten Ereignisses innerhalb der vereinbarten Servicezeiten zu beginnen ist und diese in angemessener Frist abzuschließen sind. Servicezeiten sind in Nr. 6 EVB-IT Servicevertrag zu vereinbaren und können für die einzelnen Serviceleistungen (Wiederherstellung der Betriebsbereitschaft, Hotline, Rufbereitschaft, Vor-Ort-Service) unterschiedlich geregelt werden, wobei auch unterschieden wird zwischen Arbeitstagen Mo-Do, Arbeitstag Fr., Samstag, Sonntag, Feiertagen am Erfüllungsort. Die AGB treffen keine Auffangregelung für den Fall, dass im Vertrag keine Servicezeiten vereinbart wurden. Nr. 7 Servicevertrag gestattet die Störungsmeldung per **Ticketsystem**.

Bei Nichteinhaltung der vereinbarten Reaktions-/Erledigungszeiten gerät der Auftragnehmer auch ohne Mahnung in Verzug, es sei denn, der Auftragnehmer hat die Fristüberschreitung nicht zu vertreten.

m) Abnahme und Testsystem des IT-Systems (Ziffer 9 und 16 Service-AGB). Nach Durchführung von Serviceleistungen am IT-System oder an Systemkomponenten hat der Auftragnehmer die Betriebsbereitschaft (Störungsfreier Betrieb des IT-Systems) zu erklären (Ziffer 16.1 EVB-IT System-AGB).

Soweit die Vertragspartner die **Nutzung eines Testsystems** vereinbart haben, setzt diese Erklärung der Betriebsbereitschaft voraus, dass die Serviceleistungen auf dem Testsystem erfolgreich geprüft wurden. Details hierzu wiederum sind unter Ziffer 9 EVB-IT System-AGB geregelt.[149] Zunächst werden Serviceleistungen statt im produktiven Teil in dessen Testsystem erbracht. Details zu Art und Umfang des Testsystems sowie etwaige abweichende Beistellung durch den Auftragnehmer statt Auftraggeber sind dabei im Servicevertrag zu vereinbaren. Grds. hat der Auftragnehmer die Aktualität des Testsystems zu gewährleisten und vorbehaltlich anderweitiger Regelungen ausreichende und soweit erforderlich aktuelle Testdaten vorzuhalten. Nur in Abstimmung mit dem Auftraggeber kann der Auftragnehmer von ihm zu anonymisierende oder soweit nicht personenbezogen zu verfremdende Daten aus dem IT-System nutzen. Vor Durchführung des Tests ist der Auftraggeber zu informieren, auch damit dieser sich am Test beteiligen kann. Verantwortlich für den Test ist der Auftragnehmer, der den Auftraggeber über das Ergebnis zu informieren hat. Waren diese Tests er-

---

[147] Vgl. hierzu bereits die Ausführungen zu EVB-IT System, Systemlieferung und Erstellung; die Regelungen sind insgesamt stark aneinander angelehnt.
[148] Siehe Nutzerhinweise EVB-IT Service, Ziffer IV.6 und 7. sowie III.6.
[149] S. Nutzerhinweise EVB-IT Service, Ziffer IV.9, S. 80 ff.

folgreich, überführt der Auftragnehmer die Serviceleistungen in den produktiven Teil des IT-Systems und erklärt die Betriebsbereitschaft.

367 Wie auch bei den EVB-IT System und EVB-IT Erstellung üblich, unterliegen nur solche Serviceleistungen am IT-System/an Systemkomponenten der Abnahme, die zu nicht unwesentlichen Eingriffen in das IT-System führen, wobei der Auftragnehmer hierzu vom Auftraggeber eine verbindliche Erklärung fordern kann, ob es sich um einen wesentlichen oder unwesentlichen Eingriff handelt. Unterliegen die Serviceleistungen demnach einer Abnahme, ist der Auftraggeber zu einer Funktionsprüfung innerhalb einer angemessenen Frist nach Zugang der Betriebsbereitschaftserklärung berechtigt. Im Servicevertrag kann hier eine konkrete Frist vereinbart werden.

368 Sonstige als Werkleistung zu qualifizierende Serviceleistungen unterliegen der Abnahme (Ziffer 16.2 EVB-IT Service-AGB). Ziffer 16.3 EVB-IT Service-AGB enthält sodann eine Abnahmefiktion, die der gesetzlichen Bestimmung des § 640 Abs. 1 S. 3 BGB entspricht.

369 **n) Rechte des Auftraggebers bei mangelhaften Serviceleistungen (Ziffer 17 Service-AGB).** Grundsätzlich beträgt die Verjährungsfrist für Sach- und Rechtsmängelansprüche 24 Monate (ab Abnahme oder Erklärung der Betriebsbereitschaft), wobei Rechtsmängelansprüche hinsichtlich im Rahmen der Serviceleistungen überlassener Individualsoftware erst nach 36 Monaten verjähren. Die Regelungen entsprechen letztlich den aus den EVB-IT Systemverträgen bekannten Regelungen.

370 Im Übrigen bilden die weiteren Regelungen sowohl kauf- als auch werkvertragliches „Gewährleistungsrecht" ab, um dem grds. typengemischten Charakter der EVB-IT Service gerecht zu werden. Folgt man der einheitlichen Einordung als Werkvertrag, ist auf die werkvertraglichen Regelungen abzustellen. Die Regelungen bieten gegenüber den EVB-IT Systemverträgen keine Besonderheiten, so dass auf die dortigen Ausführungen verwiesen werden kann.

371 Neu ist die Regelung in Ziffer 17.6 EVB-IT Service, wonach der Auftragnehmer über etwaige ihm zustehende Ansprüche und Rechte gegen Subunternehmer und Lieferanten unterrichtet und gleichzeitig deren Abtretung anbietet, soweit dies nicht wirksam ausgeschlossen wurde. Der Auftraggeber ist nicht verpflichtet, eine solche Abtretung anzunehmen. Die Mängel- oder Garantieansprüche gegenüber dem Auftragnehmer bleiben ohnehin hiervon unberührt.

372 **o) Schutzrechte Dritter (Ziffer 17 Service-AGB).** Auch die EVB-IT Service enthalten wie die Systemverträge eine weitgehend gleichlautende Regelung zu Schutzrechten Dritter (→ Rn. 232 ff., 277 ff.).

373 **p) Pflichtverletzung bei Dienstleistungen (Ziffer 19 Service-AGB).** Auch diese Regelung ist Ausfluss der typengemischten Vertragstypologie. Ist eine Serviceleistung als Dienstleistung zu qualifizieren und wird diese dann nicht vertragsgemäß erbracht, ist der Auftraggeber berechtigt, vom Auftragnehmer zu verlangen, diese vertragsgemäß ohne Mehrkosten binnen angemessener Frist zu erstmals oder erneut zu erbringen. Sonstige Rechte, insbesondere auf Schadensersatz und Kündigung bleiben hiervon unberührt.

374 **q) Haftung (Ziffer 20 Service-AGB).**[150] Die EVB-IT Service orientieren sich am neuen Haftungskonzept der EVB-IT Systemverträge und enthalten daher inhaltlich nichts Abweichendes. Bei leicht fahrlässiger Pflichtverletzung wird die Haftung für den Vertrag insgesamt grds. auf den Auftragswert gedeckelt, wobei weiter auf mindestens das Doppelte und maximal das Vierfache der Vergütung für das erste Vertragsjahr gedeckelt wird. Inhaltlich entspricht dies der bekannten Regelung zum Systemservice in Ziffer 15.2 EVB-IT System-AGB.

375 **r) Vergütung (Ziffer 13 Service-AGB).** In Ziffer 13 werden Grundsätze der Vergütung, vorbehaltlich anderer Regelungen im Servicevertrag festgelegt. Zielsetzung ist es, für den Auftraggeber möglichst verbindliche Vergütungsregelungen zu treffen, um damit die Kostensicherheit zu erhöhen. Ziel ist grds. ein Pauschalfestpreis als einseitig nicht änderbare

---

[150] S. auch Nutzerhinweise EVB-IT Service unter Ziffer IV.20.

Gesamtvergütung, die auch Materialkosten, Reisezeiten, Reisekosten, Nebenkosten und Kosten für Ersatzgegenstände umfasst. Nachforderungen sind ausgeschlossen, soweit keine Änderungen der Leistung oder des Preises vereinbart wurden (Ziffer 13.1 EVB-IT Service-AGB).

Hervorzuheben ist bei den in Ziffer 13.2 genannten Regelungen zu einer etwaigen Vergütung nach Aufwand, ua folgende Regelung:

„Ist bei Vergütung nach Aufwand eine Obergrenze vereinbart, ist der Auftragnehmer auch bei Überschreitung dieser Grenze zur vollständigen Erbringung der vereinbarten Leistung verpflichtet. Dies gilt nicht, wenn der Auftragnehmer die Überschreitung nicht zu vertreten hat. Der Auftragnehmer ist jedoch in diesem Fall verpflichtet, die vereinbarte Leistung gegen zusätzliche Vergütung nach Aufwand zu den vereinbarten Sätzen vollständig zu erbringen, sofern der Auftraggeber dies verlangt.".

Für einen Kalendertag wird nur ein Tagessatz vergütet, sofern mindestens acht Zeitstunden geleistet wurden. Bei weniger als 8 Zeitstunden pro Tag, sind diese Stunden anteilig in Rechnung zu stellen. Pausen sind auszuweisen und werden nicht vergütet (s. Ziffer 13.4).

Ziffer 13.7 sieht eine Preisanpassung erstmalig 12 Monate nach Beginn der Leistungserbringung vor, wobei die Erhöhung maximal 3 % der zum Zeitpunkt der Ankündigung der Erhöhung geltenden Vergütung betragen darf.

s) Laufzeit und Kündigung (Ziffer 21 Service-AGB). Ziffer 21 Service-AGB sehen Rahmenbedingungen für Laufzeit und Kündigung vor, sofern nicht im Servicevertrag anderweitige Regelungen (dort Nr. 4) vorgenommen werden. Ist kein Ende der Laufzeit vereinbart, ist eine Kündigung mit einer Frist von 6 Monaten zum Ablauf eines Kalendermonats ganz oder teilweise möglich. Um Investitionssicherheit zu erreichen, wird es sich daher für den Auftraggeber empfehlen, auf eine Mindestvertragsdauer hinzuwirken. Im Hinblick auf die Bestimmung von Kündigungsfristen muss der Auftraggeber darauf achten, dass diese ausreichend lange bestimmt sind, damit er nicht für eine Neuausschreibung der Leistungen unnötig unter zeitlichen Druck gerät. Ziffer 21.3 EVB-IT Service-AGB sehen eine Kündigung gem. § 649 BGB analog vor und zudem die Kündigung aus wichtigem Grund, die sich an § 314 BGB orientiert.

In Ziffer 21.4 EVB-IT Service-AGB werden sodann im Falle einer Beendigung des Vertrags Verpflichtungen des Auftragnehmers bestimmt, wie zB die Übergabe fortgeschriebener Systemdokumentationen, Herausgabe von Gegenständen, Übergabe von Kopien der Software im Objekt- und Quellcode uä.

Teil H. Haftungsrecht und Strafrecht

§ 42 Verantwortung und Haftung für Inhalte im Internet

Übersicht

	Rn.
I. Einleitung	1–8
1. Akteure im Internet	1–4
2. Arten von Inhalten	5
3. Gesetzliche Grundlagen	6–8
II. Verantwortung für eigene Inhalte	9/10
III. Verantwortung für zu eigen gemachte Inhalte	11–25
1. Begriff der zu eigen gemachten Inhalte	12–16
2. Entwicklung der Rechtsprechung	17–25
IV. Verantwortung für fremde Inhalte	26–102
1. Definition	26
2. Grundsätze der mittelbaren Störerhaftung	27–58
a) Störer	28–31
b) Rechtsgutsbeeinträchtigung	32–35
c) Prüfungs- und Kontrollpflichten des Störers	36–41
d) Konkrete Bestimmung der Prüfungs- und Kontrollpflichten	42–48
e) Sonderfall Wettbewerbsrecht: Verkehrspflichten	49–58
3. Haftung nach dem TMG	59–102
a) Das Haftungssystem nach §§ 7 bis 10 TMG	59/60
b) Der Anwendungsbereich des TMG	61–72
c) Die Filter-Lösung	73–76
d) Haftungsprivilegierung nach § 8 TMG	77/78
e) Haftungsprivilegierung nach § 9 TMG	79–81
f) Haftungsprivilegierung nach § 10 TMG	82–102
V. Ansprüche	103–121
1. Beseitigungsansprüche	103/104
2. Unterlassungsansprüche	105–115
3. Auskunftsansprüche	116–118
4. Schadensersatzansprüche	119–121
VI. Prozessuales	122–150
1. Außergerichtliche Abmahnung	122–133
2. Einstweiliges Verfügungsverfahren	134/135
3. Klage	136
4. Beweislast/Darlegungslast	137–150
a) Unterlassungsansprüche	138–141
b) Schadensersatzansprüche	142–150
VII. Die Haftung einzelner Anbieter und privater Personen	151–232
1. Plattformen allgemein	151–159
2. Soziale Netzwerke	160–164
3. Suchmaschinenbetreiber	165–177
a) Fremde aufgefundene Inhalte über Suchmaschinen	166–173
b) Eigene Inhalte von Suchmaschinen	174/175
c) Haftung von Preissuchmaschinenbetreibern	176/177
4. Admin-C	178–185
5. Affiliates	186–192
6. Verlinkte Inhalte	193–200
7. Filesharing	201–210
8. Share Hosting/Filehoster	211–215
9. WLAN-Anbieter	216–232
a) Änderungen des TMG durch das WLAN-Gesetz	219–225
b) Kritik am Gesetzesentwurf	226–232
VIII. Ausblick auf die künftige Rechtsentwicklung	233–236

Schrifttum: *Adriaans*, „Information", in *Edward N. Zalta*, The Stanford Encyclopedia of Philosophy (Ausgabe Herbst 2013, URL = http://plato.stanford.edu/archives/fall2013/entries/information/; *Dustmann*, Die privilegierten Provider, 2001, 130; *ders.*, in *Bröcker/Czychowski/Schäfer*, Praxishandbuch Geistiges Eigentum im Internet, 2003; *Eck/Ruess*, Haftungsprivilegierung der Provider nach der E-Commerce-Richtlinie – Umsetzungsprobleme dargestellt am Beispiel der Kenntnis nach § 11 S. 1 Ziff. 1 TDG, MMR 2003, 363; *Ehret*, Internet-Auktionshäuser auf dem haftungsrechtlichen Prüfstand, CR 2003, 754; *Fischer*, Keine Geldentschädigung wegen Kontaktanzeige im Internet, MMR 2004, 675; *Freytag*, Haftung im Netz, 1999, 180; *Gercke*, Verantwortlichkeit der Betreiber eines Internet-Gästebuchs, MMR 2002, 696; *Härting*, Allgegenwärtige Prüfungspflichten für Intermediäre, CR 2013, 443; *Härting*, Gesetzesentwurf zur Umsetzung der E-Commerce-Richtlinie, CR 2001, 271; *Klinger* in juris PR-ITR 18/2010; *Henßler* in *Kaminski* ua, Rechtshandbuch des E-Business, 2002; *Hoeren*, Internetrecht, http://www.uni-muenster.de/Jura.itm/hoeren/materialien/Skript/Skript%20Internetrecht_April_2011.pdf; S. 443 ff.; *Hoeren/Jakopp*, WLAN-Haftung – A never ending story?, ZRP 2014, 72; *Hoffmann*, Zivilrechtliche Haftung im Internet, MMR 2002, 284; *Koch*, Zivilrechtliche Anbieterhaftung für Inhalte in Kommunikationsnetzen, CR 1997, 193; *ders.*, Internationale Gerichtszuständigkeit und Internet, CR 1999, 200; *Köhler/Arndt/Fetzer*, Recht des Internet, 6. Auflage 2008; *Lackum*, Verantwortlichkeit der Betreiber von Suchmaschinen, MMR 1999, 700; *Libertus*, TKMR 2003, 179; *Mantz/Sassenberg*, Rechtsfragen beim Betrieb von öffentlichen WLAN-Hotspots, NJW 2014, 3537; *Rössel*, Filterpflichten des Providers, CR 2005, 809; *ders.*, Zur Unanwendbarkeit des Haftungsprivilegs gem. § 10 S. 1 TMG auf Unterlassungsansprüche – Internet-Versteigerung II, CR 2007, 523; *ders.*, Zur Haftung eines Internetplattformbetreibers für die Versteigerung jugendgefährdender Produkte, BGH-Report 2007, 1046; *Satzger*, Strafrechtliche Verantwortlichkeit von Zugangsvermittlern, CR 2001, 109; *Schwarz/Poll*, Haftung nach TDG und MDStV, JurPc Web-Dok 73/2003, Abs. 116; *Sieber*, Verantwortlichkeit im Internet, 1999; *Sobola/Kohl*, Haftung von Providern für fremde Inhalte, CR 2005, 443; *Spindler*, Die zivilrechtliche Verantwortlichkeit von Internet-Auktionshäusern, MMR 2001, 737; *ders.*, Verantwortlichkeit von Diensteanbietern nach dem Vorschlag einer E-Commerce-Richtlinie, MMR 1999, 199; *ders.*, Haftung eines Onlineauktionshauses, MMR 2004, 333; *ders.*, Das neue Telemediengesetz – Konvergenz in sachten Schritten, CR 2007, 239; *Stadler*, Haftung für Informationen im Internet, 2002; *Volkmann*, Haftung des Internet-Auktionsveranstalters für markenverletzende Inhalte Dritter, K&R 2004, 231; *Waldenberger*, Teledienste, Mediendienste und die Verantwortlichkeit ihrer Anbieter, MMR 1998, 124; *Wimmer*, Die Verantwortlichkeit des Online-Providers nach dem Multimediarecht – zugleich ein Überblick über die Entwicklung der Rechtsprechung seit dem 1.8.1997, ZUM 99, 436.

I. Einleitung

1. Akteure im Internet

1   Die Handlungen der verschiedenen Akteure im Internet haben an großer wirtschaftlicher und gesellschaftlicher Bedeutung gewonnen. Je wichtiger dieses Medium für unsere Gesellschaft wird, desto größer ist das Bedürfnis nach Rechtssicherheit ganzer Branchen und Interessengruppen bezüglich der Verantwortlichkeit für online verbreitete Inhalte.

2   Im Bereich der ganz grundsätzlichen Fragen danach, ob man für einen bestimmten Inhalt, eine Handlung oder Äußerung im Internet überhaupt haftet, und wenn ja, in welchem Umfang und bezüglich welcher konkreter Ansprüche, sieht sich der juristische Berater zunächst mit der Frage konfrontiert, ob es sich um einen **vertraglichen oder um einen gesetzlichen Anspruch** handelt. Besteht eine Vertragsbeziehung zwischen den Parteien, zwischen denen Ansprüche geltend gemacht werden, richten sich eventuelle Haftungsansprüche entweder nach den im Vertrag geregelten Ansprüchen und/oder nach den allgemeinen Haftungsansprüchen des BGB, namentlich der §§ 280 ff. BGB. Sobald sich aber Parteien gegenüberstehen, die keine vertragliche Beziehung zueinander haben, sind die gesetzlichen Anspruchsgrundlagen der entsprechenden Normen, gegen die der Gegner verstoßen haben soll, heranzuziehen.

3   Häufig handelt es sich bei den gesetzlichen Ansprüchen allerdings nicht um klare Rechtsverstöße einer Partei durch eine *eigene* Handlung, sondern es liegt ein Verstoß vor, bei dem der **Beitrag der einzelnen Akteure** im Internet nicht klar zu Tage tritt. Beispielsweise ist bis heute nicht eindeutig geklärt, welche Ansprüche gegen wen bei einer Rechtsverletzung durch verlinkte Inhalte konkret durchgesetzt werden können oder gegen wen Rechtsverstöße in sozialen Netzwerken bejaht und durchgesetzt werden können. Der Gesetzgeber ist dem Bedürfnis nach Rechtssicherheit hinsichtlich der Verantwortlichkeit von Handlungen im Internet an einigen wichtigen Stellen nachgekommen (zB durch Einführung des TMG), größeren Anteil an einer juristischen Lösungsfindung hat hierbei allerdings die Rechtsprechung. In den letzten 14 Jahren hat der BGH zu einigen wesentlichen Fragestellungen des Internet-

rechts, insbesondere zu Fragen der Verantwortlichkeit, Regeln aufgestellt und sie immer weiter konkretisiert.

So ist insbesondere das Haftungsrisiko für Provider, die fremde Informationen speichern, zum Abruf bereithalten oder durchleiten, in der Praxis ganz erheblich. Fast alle auf dem Internetsektor tätigen Provider, gleichgültig ob es Content-, Access- oder Host-Provider sind, speichern tagtäglich eine fast unüberschaubare Datenmenge, die sie vor der Speicherung nicht auf deren Rechtmäßigkeit überprüfen können. Das Bedürfnis, sich gegen potentielle Haftungsrisiken im Vorfeld abzusichern, ist daher naturgemäß hoch. Bereits hier setzt die anwaltliche Beratung an.

2. Arten von Inhalten

Inhalte im Internet sind **Informationen und Werke immaterieller Art**. Dabei geht es bei der rechtlichen Definition allerdings nicht vorrangig, wie in vielen der philosophischen oder sozialwissenschaftlichen Erörterungen, um die Weitergabe von Wissen,[1] sondern im wesentlichen um „Content" jeglicher Art, mit dem Akteure das Internet speisen. Umfasst sind damit sowohl die unmittelbar durch das Immaterialgüterrecht geschützten Inhalte, wie etwa Fotos, Musik, Filme und Software, als auch bloßer Text oder Daten, sofern sie entweder wahrnehmbar sind oder eine Auswirkung auf *die anderweitigen wahrnehmbaren Inhalte* im Internet haben. Hierunter fallen beispielsweise die Stichwortergänzungsvorschläge bei Nutzung einer Internet-Suchmaschine (Autocomplete-Funktion).

3. Gesetzliche Grundlagen

Die Frage nach der Haftung von Inhalten im Internet ist so alt, wie das Internet selbst. Doch während man im Jahre 1997 das Inkrafttreten des Teledienstegesetzes (TDG) und die darin enthaltenen Regelungen zur Haftungsprivilegierung für fremde Inhalte als Meilenstein im Zusammenhang mit Haftungsfragen ansah, hat der BGH den Anwendungsbereich dieser Regelungen, die seit 2007 im Telemediengesetz enthalten sind (heute §§ 8 bis 10 TMG), ganz erheblich beschränkt.[2]

Bis auf die im TMG enthaltenen Haftungsbegrenzungen gibt es keine spezialgesetzlichen Normen, die eine gesetzliche Grundlage für die Haftung der Akteure im Internet regeln würde. Es finden die gesetzlichen Regelungen Anwendung, die auch außerhalb des Internets gelten. Allerdings hat sich eine erheblich ausdifferenzierte **Rechtsprechungskasuistik** entwickelt, ohne deren Kenntnis eine richtige Beurteilung der Verantwortungsproblematik nicht erfolgen kann. Dabei gab es in den letzten Jahren eine so umfangreiche BGH-Rechtsprechung zu den unterschiedlichsten Sachverhalten, dass zumindest hinsichtlich der Haftung einiger Handlungen im Internet von einer gesicherten Rechtslage ausgegangen werden kann. Hinsichtlich zahlreicher Einzelfallentscheidungen sowie verschiedener Schwerpunktsetzungen der einzelnen Senate bezüglich ähnlicher Sachverhalte ist hingegen nicht von einer gefestigten Rechtsprechung auszugehen.

Im Ergebnis muss daher festgestellt werden, dass die höhere und höchstrichterliche Rechtsprechung zu beobachten und für den jeweiligen Einzelfall auszulegen ist, es sei denn, der Gesetzgeber schafft künftig Normen, die klare gesetzliche Regelungen zur Verantwortlichkeit für Inhalte im Internet vorsehen. Das ist bisher jedoch nicht absehbar.

---

[1] *Adriaans, Pieter*, „Information", The Stanford Encyclopedia of Philosophy (Ausgabe Herbst 2013), *Edward N. Zalta* (ed.), URL = <http://plato.stanford.edu/archives/fall2013/entries/information/>.
[2] BGH Urt. v. 27.3.2007 – VI ZR 101/06, CR 2007, 586 = GRUR 2007, 724; BGH Urt. v. 19.4.2007 – I ZR 35/04, GRUR 2007, 708 – Internet-Versteigerung II; BGH Urt. v. 12.7.2007 – I ZR 18/04, GRUR 2007, 809 – Jugendgefährdende Medien bei Ebay; BGH Urt. v. 30.4.2008 – I ZR 73/05, GRUR 2008, 702 Rn. 50 = WRP 2008, 1104 – Internetversteigerung III; BGH Urt. v. 12.5.2010 – I ZR 121/08, BGHZ 185, 330 Rn. 19 – Sommer unseres Lebens; BGH Urt. v. 18.11.2011 – I ZR 155/09, GRUR 2011, 617 Rn. 37 = WRP 2011, 881 – Sedo; BGH Urt. v. 12.7.2012 – I ZR 18/11, BGHZ 194, 339 ff. – NJW 2013, 784 = GRUR 2013, 370 – Alone in the Dark; BGH Urt. v. 15.8.2013 – I ZR 79/12, GRUR-RR 2014, 136 – Prüfpflichten.

II. Verantwortung für eigene Inhalte

9   Gemäß § 7 Abs. 1 TMG sind Diensteanbieter für eigene Informationen, die sie zur Nutzung bereithalten, nach den allgemeinen Gesetzen verantwortlich. Damit wird die volle Verantwortlichkeit für eigene Informationen, die abzugrenzen ist von der Verantwortlichkeit für fremde Informationen, klargestellt.[3] Insofern unterscheiden sich die Haftungsregeln der virtuellen Welt von den allgemeinen gesetzlichen Regeln weder hinsichtlich der Anspruchsgrundlagen, noch der Rechtsfolgen. Als eigene Inhalte gelten diejenigen, die **erkennbar vom Anbieter selbst** stammen.

10 Demnach haftet also auch der Internetprovider für eigene Inhalte, die er zur Nutzung bereithält, vollumfänglich nach den allgemeinen Gesetzen.[4] Dies betrifft insbesondere Ansprüche aus dem allgemeinen Zivilrecht, Immaterialgüterrecht und Strafrecht. § 7 Abs. 1 TMG stellt an dieser Stelle lediglich klar, dass der Anbieter originär eigener Inhalte selbstverständlich für diese verantwortlich ist, unabhängig davon, ob die Inhalte auf eigenen oder fremden Rechnern bereitgehalten werden.[5] Es spielt damit auch keine Rolle, ob der Anbieter der eigenen Informationen ein Unternehmer oder eine Privatperson ist, denn es fallen sowohl gewerbliche als auch private Angebote unter den klarstellenden Anwendungsbereich der Norm.[6]

III. Verantwortung für zu eigen gemachte Inhalte

11 Den eigenen Inhalten sind nach der Rechtsprechung solche Inhalte gleichgestellt, die eigentlich fremden Ursprungs sind, die sich der Diensteanbieter aber zu eigen gemacht hat.[7]

Dieses gesetzlich nicht normierte Kriterium liegt nach der Auslegung durch die Gerichte dann vor, wenn der Provider sich Inhalte eines Dritten zu eigen macht, indem er fremd erstellte Inhalte so übernimmt, dass er **erkennbar für sie die Verantwortung übernehmen will**.[8]

1. Begriff der zu eigen gemachten Inhalte

12 Eigene Inhalte sind nicht nur selbst geschaffene, sondern auch solche Inhalte, die sich der Anbieter zu eigen gemacht hat. Maßgeblich ist dafür eine **objektive Sicht** auf der Grundlage einer Gesamtbetrachtung aller relevanten Umstände.[9] Diese Definition wird von der Rechtsprechung dem Grundsatz nach nicht mehr in Frage gestellt, sondern nur noch inhaltlich weiter ausgestaltet.

13 Teile der Literatur hielten es nach der Reform des TDG 2001 für den Willen des Gesetzgebers, dass es die „zu eigen gemachten Inhalte" gar nicht geben dürfe, da sie keinen Eingang in das Gesetz gefunden haben.[10] Ein Aufrechterhalten des Instituts widerspräche den §§ 8–11 TDG zugrunde liegenden Art. 12–14 ECRL, die nicht einmal zwischen fremden und eigenen Inhalten unterscheiden. Dort werde allein darauf abgestellt, ob ein Nutzer selbst Informationen beim Diensteanbieter eingegeben hat und ob der Anbieter inhaltlichen Einfluss auf die Information oder die Auswahl der Adressaten der Information genommen hat. Es käme also gar nicht mehr darauf an, ob sich eine Information gegenüber Dritten als eigener oder fremder Inhalt des Providers **darstellt**. Abgrenzungskriterium wäre nach der

---

[3] Spindler/Schuster/*Hoffmann* TMG § 7 Rn. 14.
[4] Siehe Wortlaut § 7 Abs. 1 TMG.
[5] Spindler/Schuster/*Hoffmann* TMG § 7 Rn. 12–13.
[6] Spindler/Schuster/*Hoffmann* TMG § 7 Rn. 12–13.
[7] ZB OLG Köln Urt. v. 28.5.2002 – 15 U 221/01, MMR 2002, 548; OLG Düsseldorf Urt. v. 4.10.2001 – 2 U 48/01, NJW-RR 2002, 910; LG Frankfurt/Main Urt. v. 27.5.1998 – 3/12 O 173/97, CR 1999, 45; BGH Urt. v. 12.11.2009 – I ZR 166/07, GRUR 2010, 616 = MMR 2010, 556 = CR 2010, 468 – marions-kochbuch.de.
[8] Kaminski/*Henßler* S. 173.
[9] Köhler/Arndt/Fetzer, Recht des Internet, Rn. 748; BGH Urt. v. 12.11.2009 – I ZR 166/07, GRUR 2010, 616 = MMR 2010, 556 = CR 2010, 468 – marions-kochbuch.de.
[10] Spindler/Schmitz/Geis/*Spindler* TDG § 8 Rn. 6.

Ausrichtung der Richtlinie damit allein die tatsächliche **technische Herrschaft** über eine Information.

Hintergrund einer solchen Auffassung war das Bestreben, die Rechtsprechung erneut zum Überdenken der Aufteilung von Inhalten in eigene und fremde und zur Aufgabe der restriktiven Auslegung des Begriffs des fremden Inhalts zu bewegen.[11] Ein schwieriges Unterfangen, denn aus dem Wortlaut des § 7 TMG selbst folgt, dass auch weiterhin eine Unterscheidung von eigenen und fremden Inhalten erforderlich ist.

Die **Gerichte** selbst indes reflektieren den Begriff des „Zu eigen machen" im Grundsatz überhaupt nicht mehr und gehen stillschweigend davon aus, dass die zu § 5 TDG 1997 entwickelten Grundsätze auch auf die §§ 7–10 TMG anzuwenden sind.[12] Der BGH stützt sich dabei auf die Gesetzesbegründung zum Informations- und Kommunikationsdienste-Gesetz, die unter anderem davon sprach, dass es neben eigenen und fremden Inhalten auch noch Informationen Dritter gäbe, die sich der Diensteanbieter *zu eigen macht*.[13]

Es sind keine Ansätze einer Abkehr von diesen entwickelten Rechtsinstituten erkennbar. Demgemäß wird weiterhin – sowohl in der Literatur, als auch in der Rechtsprechung – die Definition und Auslegung des Begriffs der zu-eigen-gemachten Inhalte herangezogen werden. Im Folgenden wird ein Überblick über die zum TDG und TMG ergangene Rechtsprechung gegeben.

2. Entwicklung der Rechtsprechung

Das noch zum TDG ergangene *„Steffi-Graf"-Urteil* des OLG Köln definiert zunächst ganz allgemein, dass als eigene Inhalte auch solche gelten müssten, für die der Provider aus der **Sicht eines objektiven Nutzers** Verantwortung tragen wolle.[14] Dabei sei die Art der Datenübernahme, ihr Zweck und die konkrete Präsentation der Daten durch den Übernehmenden entscheidend. Bei dem Betreiben einer Community bzw. eines Forums mit einem grob vorstrukturierten Inhalt und Altersbeschränkungen wirke der Provider nur initiierend und lenkend auf die Inhalte ein. Ein allgemein gehaltener Disclaimer reiche zur Distanzierung vor allem dann nicht mehr aus, wenn der Inhalt in das Gesamtangebot des Providers eingebettet ist und der Provider etwa durch Werbung einen finanziellen Nutzen aus der Community zieht.

Wie das Schrifttum in seinen Anmerkungen zum Urteil richtig erkannte und kritisierte, verkannte das OLG, dass der Provider sich durch eine Inhaltsbeschreibung nicht die Einzelbeiträge zu eigen macht, sondern dem Nutzer durch **Vorgabe einer groben Struktur** lediglich das Auffinden der gewünschten Inhalte ermöglicht.[15] Ohne diese Struktur gäbe es wohl die derzeitigen Meinungsforen nicht, da der Nutzer ansonsten selbst jede Meinung zu dem von ihm gewünschten Themenbezug zusammenstellen müsste. Eine praktikable Nutzung der Foren wäre nahezu ausgeschlossen, der Sinn und Zweck der Plattformen zum Meinungsaustausch verfehlt.

Das KG Berlin[16] hielt es im Rahmen eines Prozesskostenverfahrens für möglich, dass der Betreiber einer Plattform, welche dem Austausch von Fotodateien zwischen gewerblichen und privaten Nutzern dient, sich die entsprechenden originär fremden Foto-Dateien zu eigen macht. Ein solches Zueigenmachen liegt nach Ansicht des Gerichts immer dann vor, wenn sich der Diensteanbieter mit den fremden Inhalten derart **identifiziert,** dass er die Verantwortung insgesamt oder für bewusst ausgewählte Teile davon übernimmt. Entscheidende Kriterien sind die Art der Datenübernahme, ihr Zweck und die konkrete Präsentation der Inhalte, wobei es hier auf die **Gesamtschau** des jeweiligen Angebots aus der Perspektive eines objektiven Betrachters ankommt.

---

[11] Spindler/Schmitz/Geis/*Spindler* TDG § 8 Rn. 8.
[12] Vgl. insbesondere OLG Köln Urt. v. 28.5.2002 – 15 U 221/01, MMR 2002, 548; OLG Brandenburg Urt. v. 16.12.2003 – 6 U 161/02, CR 2004, 696; KG Urt. v. 28.6.2004 – 10 U 182/03, CR 2005, 62; BGH Urt. v. 12.11.2009 – I ZR 166/07, GRUR 2010, 616 = MMR 2010, 556 = CR 2010, 468 – marions-kochbuch.de.
[13] BT-Drs. 13/7385; *Köhler/Arndt/Fetzer*, Recht des Internet, Rn. 748.
[14] OLG Köln Urt. v. 28.5.2002 – 15 U 221/01, CR 2002, 678 mAnm *Eckhardt*.
[15] *Spindler* MMR 2002, 550.
[16] KG Berlin Beschl. v. 10.7.2009 – 9 W 119/08, NJW-RR 2010, 1061.

20 Der BGH bestätigte 2009 die Möglichkeit des Sich-Zueigen-Machens von Inhalten und die damit verbundene umfassende Haftung in der Entscheidung „*marions-kochbuch.de*". Demnach haftet der Betreiber eines Internetportals, in das Dritte für die Öffentlichkeit bestimmte Inhalte (hier: Rezepte) stellen können für diese Inhalte nach den allgemeinen Vorschriften, wenn bestimmte Kriterien erfüllt sind, insbesondere, wenn er die eingestellten Inhalte vor ihrer Freischaltung auf Vollständigkeit und Richtigkeit überprüft.[17]

21 Seit dieser Grundsatzentscheidung *wendet der BGH § 7 Abs. 1 TMG ausdrücklich auf die Haftung des Plattformbetreibers bei User Generated Content an.*[18] Aus dem Urteil ergibt sich im Umkehrschluss, auf welche Umstände der Provider achten sollte, um sich Inhalte nicht zueigen zu machen. So sollte der Plattformbetreiber vor allem deutlich auf die Fremdheit bzw. Nutzerherkunft des User Generated Content hinweisen, selbst keinen inhaltlichen Einfluss – auch nicht in Form von redaktionellen Prüfungen – auf den von den Usern zur Verfügung gestellten Inhalt nehmen und sich in den Nutzungsbedingungen der Online-Plattform nur die für die Veröffentlichung der Inhalte erforderlichen Nutzungsrechte einräumen lassen.[19]

22
> **Checkliste: Wie muss sich ein Provider verhalten, wenn er sich User Generated Content *nicht* zu eigen machen möchte?**
>
> ☐ Inhalte der User nicht mit einem eigenen Logo versehen
> ☐ Keine umfassende Einräumung von Nutzungsrechten am User Generated Content durch Vertrag oder AGB
> ☐ Keine Vorab-Kontrolle des Inhalts bzw. kein Hinweis, dass eine Vorab-Kontrolle stattfindet
> ☐ Hinweis auf die Fremdheit des Inhalts

23 Einen Sonderfall des Zueigenmachens – mit den entsprechenden Rechtsfolgen – stellt die öffentliche Darstellung sogenannter „*embedded-Inhalte*" oder des „*Framings*" dar. In diesen Fällen werden keine Fremdinhalte auf den eigenen Servern gespeichert, sondern der Datenverkehr läuft über die Ausgangsserver. Ein klassisches Beispiel dafür sind Personensuchmaschinen oder das Einbetten von YouTube-Videos. Anstelle eines Kopierens oder eines bloßen Setzens eines Hyperlinks werden die Inhalte auf der eigenen Website des Anbieters angezeigt, auch wenn sie nicht auf dem Server des Anbieters gespeichert werden. Durch die Einbettung in seine eigene Internetseite macht sich der Anbieter den Inhalt zueigen und haftet nach den dargestellten Grundsätzen der „zueigen-gemachten Inhalte".[20]

24 Diese eindeutige Ansicht des BGH wurde auch nicht durch die Entscheidung des europäischen Gerichtshofs vom 24.10.2014 geändert.[21] In dem Beschluss ging es inhaltlich ebenfalls um das Framing, allerdings aus dem Blickwinkel desjenigen, der in der Einbettung und Veröffentlichung von Inhalten eine Urheberrechtsverletzung sah. Der EuGH stellte hier lediglich fest, dass das Einbetten von Inhalten urheberrechtlich unproblematisch ist. Über die Frage des Einbettens rechtswidriger Inhalte und der daraus abzuleitenden Rechtsfolgen hatte der EuGH hingegen nicht zu entscheiden.

25 Im **Ergebnis** ist daher derzeit von einer erweiterten Auslegung des Begriffs der eigenen Inhalte durch die Rechtsprechung des BGH mittels des Begriffs der „zu-eigen-gemachten Inhalte" auszugehen.

---

[17] BGH Urt. v. 12.11.2009 – I ZR 166/07, GRUR 2010, 616 = MMR 2010, 556 = CR 2010, 468 – marions-kochbuch.de.
[18] *Klinger* juris PR-ITR 18/2010 Anm. 3.
[19] *Klinger* juris PR-ITR 18/2010 Anm. 3; vgl. auch *Hoeren/Plattner* CR 2010, 472.
[20] BGH Beschl. v. 16.5.2013 – I ZR 46/12, GRUR 2013, 818 = MMR 2013, 596 – Die Realität.
[21] EuGH Besch. v. 24.10.2014 – C-348/13, das Vorabentscheidungsersuchen betraf die Auslegung von Art. 3 Abs. 1 der Richtlinie 2001/29/EG des Europäischen Parlaments und des Rates vom 22. Mai 2001 zur Harmonisierung bestimmter Aspekte des Urheberrechts und der verwandten Schutzrechte in der Informationsgesellschaft (ABl. L 167, S. 10).

IV. Verantwortung für fremde Inhalte

1. Definition

Sofern Inhalte für Dritte erkennbar nicht vom Provider selbst stammen, sondern von einem mit dem Provider nicht identischen Dritten erstellt wurden, liegen **fremde** Inhalte vor. Aufgrund der steten BGH-Rechtsprechung der letzten Jahre ist davon auszugehen, dass Provider für Inhalte, die für sie „fremde" Inhalte sind, als **mittelbare Störer** in Anspruch genommen werden können, sofern bestimmte Voraussetzungen vorliegen.[22] Dies gilt vor allem für Beseitigungs- und Unterlassungsansprüche im Persönlichkeits-, Urheber-, Marken- und Wettbewerbsrecht und zwar zunächst unabhängig von eventuellen Haftungsprivilegierungen nach §§ 8 bis 10 TMG.

2. Grundsätze der mittelbaren Störerhaftung

Bei Haftungsfragen im Internet sind also zunächst die Grundsätze der mittelbaren Störerhaftung zu prüfen. Die Rechtsprechung hat hierzu Grundlagen auf Basis der §§ 823 ff. BGB entwickelt, wonach auch Nicht-Handelnde für rechtswidrige Beeinträchtigungen von Eigentum oder Rechten haften, sofern sie nur einen **kausalen Beitrag** hierzu geleistet haben, ohne dass ihnen gleichzeitig ein Verschulden vorgeworfen werden können muss. Das Element eines Vorsatzes oder einer fahrlässig verursachten Rechtsverletzung ist bei der Störerhaftung also grundsätzlich entbehrlich.[23]

a) **Störer.** Störer im Sinne der zivilrechtlichen Vorschriften ist nach hM derjenige, der einen Störungszustand entweder durch seine eigene Handlung adäquat herbeigeführt hat *(Handlungsstörer)* oder ihn aufrechterhält *(Zustandsstörer)*, soweit die Beseitigung des Zustands zumindest mittelbar von seinem Willen abhängt und er zur Abhilfe in der Lage ist.[24] Etwas anders formuliert ist damit jeder Störer, der in irgendeiner Weise willentlich oder **adäquat-kausal** an der Herbeiführung einer rechtswidrigen Beeinträchtigung **mitgewirkt** hat, und zwar unabhängig von Art und Umfang eines eigenen Tatbeitrages und unabhängig vom eigenen Verschulden.[25]

Bei den internetrechtlichen Haftungsfragen geht es primär um den **mittelbaren** Handlungs- oder Zustandsstörer, da der **unmittelbare Störer** aufgrund seiner Handlung oder Unterlassung bereits selbst die Beeinträchtigung bewirkt hat und damit eine Haftung schon nach den allgemeinen Gesetzen und für Telemediendiensteanbieter in § 7 Abs. 1 TMG klargestellt ist. Für die Systematik der Haftungstatbestände ist es wichtig, zu erkennen, dass der BGH auch dann häufig von Störerhaftung (nämlich der unmittelbaren) spricht, obwohl er lediglich den unmittelbaren Tatbeitrag bewertet und in der Konsequenz zu einer eigenen Haftung des Providers gelangt.[26] Es ist nicht so, wie im Schrifttum gelegentlich behauptet, dass der BGH zwei verschiedene Störerbegriffe verwenden würde.[27] Er definiert den Störerbegriff schlicht danach, ob ein unmittelbarer Tatbeitrag vorliegt oder nur ein mittelbarer.

---

[22] ZB BGH Urt. v. 27.3.2007 – VI ZR 101/06, CR 2007, 586 = GRUR 2007, 724; BGH Urt. v. 19.4.2007 – I ZR 35/04, GRUR 2007, 708 – Internet-Versteigerung II; BGH Urt. v. 12.7.2007 – I ZR 18/04, GRUR 2007, 809 – Jugendgefährdende Medien bei Ebay; BGH Urt. v. 16.5.2013 – I ZR 216/11, GRUR 2013, 1229 ff. = MMR 2014, 55 ff. – Kinderhochstühle im Internet II;
[23] St. Rspr. seit BGH Urt. v. 6.7.1954 – I ZR 38/53, BGHZ 14, 163 (176 ff.) = GRUR 1955, 97 (99 f.) – Constanze II.
[24] RGZ 134, 231 (233 f.); 149, 205, 210; BGH Urt. v. 25.11.1955 – V ZR 37/54, BGHZ 19, 126 (129 f.) = NJW 1956, 382; BGH Urt. v. 9.7.1958 – V ZR 202/57, BGHZ 28, 110 (111) = NJW 1958, 1580; BGH Urt. v. 2.3.1984 – V ZR 54/83, BGHZ 90, 255 (266) = NJW 1984, 2207; BGH Urt. v. 20.11.1992 – V ZR 82/91, BGHZ 120, 239 = NJW 1993, 925 (928 f.) mwN.
[25] Palandt/*Sprau* Einf. v. § 823 Rn. 22.
[26] BGH Urt. v. 14.5.2013 – VI ZR 269/2012, NJW 2013, 2348 ff. = GRUR 2013, 751 ff. = MMR 2013, 535 ff. – Autocomplete-Funktion.
[27] *Härting* CR 2013, 443 ff.

30 Voraussetzung für eine Haftung, und zwar sowohl bei einem unmittelbaren als auch bei einem mittelbaren Tatbeitrag, ist es, dass der als Störer in Anspruch genommene überhaupt die tatsächliche und rechtliche **Möglichkeit** hatte, **die Handlung zu verhindern**.[28] Dabei kann die Mitwirkung bereits in der Veranlassung, Förderung oder Ausnutzung des handelnden Dritten liegen.[29] Nicht entscheidend ist demgegenüber aber, ob der mittelbare Störer dabei die Störung selbst herbeiführt, ob er aus eigenem Antrieb Handlungen vornimmt, welcher Art und Umfang sein Tatbeitrag ist und ob er vorsätzlich oder fahrlässig gehandelt hat.[30]

31 In den vielfachen Abmahnungsfällen bezüglich der Haftung von Eltern für Telefonanschlüsse in ihrem Haushalt, über die minderjährige Kinder urheberrechtswidriges File-Sharing im Internet betreiben, wurde meist eine Störerhaftung des Anschlussinhabers schon deswegen bejaht, weil allein durch die Unterhaltung des Telefonanschlusses die Rechtsverletzung erst ermöglicht wurde.[31] Aus diesem Grund ist die Entscheidung des BGH zur Störerhaftung eines privaten Internetanschlussinhabers auch nur konsequent. Demnach haftet derjenige als Störer, der bei einem privaten WLAN nicht die marktübliche technische Verschlüsselung des Routers anwendet, und so die Nutzung des Internetzugangs durch einen unbefugten Dritten möglich macht.[32]

32 b) Rechtsgutsbeeinträchtigung. Grundsätzlich ist bei der Prüfung einer Rechtsgutsverletzung entweder von einer Beeinträchtigung des Eigentums (§ 1004 BGB), eines Namensrechts (§ 12 BGB) oder eines sonstigen absoluten Rechts, sonstigen Rechtsguts oder rechtlich geschützter Interessen auszugehen.[33]

33 Zwar schützt § 1004 Abs. 1 BGB nach dem Gesetzeswortlaut unmittelbar nur das Eigentum, wegen der ähnlichen Schutzbedürftigkeit gegen Beeinträchtigungen wird der Anwendungsbereich aber seit mehr als 40 Jahren auf **absolute Rechte** sowie alle durch §§ 823 ff. BGB **deliktisch geschützten Rechtsgüter** ausgeweitet. Hintergrund dieser Haftungserstreckung auf weitere Rechtsgüter ist die Notwendigkeit eines wirkungsvollen Schutzes vor rechtswidrigen Verletzungshandlungen im Allgemeinen.[34]

34 Demnach werden vom Anwendungsbereich der mittelbaren Störerhaftung alle deliktischen Ansprüche aus § 823 BGB umfasst, einschließlich aller immaterialgüterrechtlichen Ansprüche des Urheber- und Markenrechts.[35]

35 Die Ansprüche des Wettbewerbsrechts fallen grundsätzlich ebenfalls darunter, nach neuester BGH-Rechtsprechung[36] dürfte dies aber nun zweifelhaft sein. Diese Rechtsprechungsänderung im Wettbewerbsrecht wird allerdings in der Literatur überwiegend sehr kritisch gesehen.[37] Relevant ist in der Praxis zudem das Strafrecht.

36 c) Prüfungs- und Kontrollpflichten des Störers. Die höchstrichterliche Rechtsprechung sieht den mittelbaren Störer nur dann nicht in der Verantwortung, wenn dieser eine vorgesehene Prüfungs- und Kontrollpflicht beachtet und durchgeführt hat, oder andersherum: Ein Anspruch gegen den mittelbaren Störer ist nur durchsetzbar, wenn er im Rahmen der Rechtsgutsbeeinträchtigung **zumutbare Prüfungs- und Kontrollpflichten** verletzt hat.[38]

37 Ausgangspunkt dieser Bestrebungen des BGH, die weite Störerhaftung einzuschränken, war eine Fallgestaltung im Kennzeichenrecht.[39] Im Laufe der Jahre entwickelte die Rechtsprechung dann anhand § 242 BGB bestimmte Zumutbarkeitskriterien, nach denen sich die

---

[28] St. Rspr. seit BGH Urt. v. 6.7.1954 – I ZR 38/5, BGHZ 14, 163 (176 ff.) = GRUR 1955, 97 (99 f.) – Constanze II; Hoeren/Sieber/Holznagel/*Hoeren* Teil 18.2 Rn. 28 mwN.
[29] Hoeren/Sieber/Holznagel/*Hoeren* Teil 18.2 Rn. 28 mwN.
[30] *Spindler* WRP 2003, 2.
[31] OLG Düsseldorf Beschl. v. 27.12.2007 – I 20 W 157/07, CR 2008, 182 f.; ua LG München Beschl. v. 19.6.2008 – 9 HK O 10688/06, CR 2008, 661.
[32] BGH Urt. v. 12.5.2010 – I ZR 121/08, CR 2010, 458 – Sommer unseres Lebens.
[33] Zum Umfang des Schutzbereichs des § 1004 BGB, zB Palandt/*Bassenge* § 1004 Rn. 3 ff.
[34] *Spindler* WRP 2003, 1.
[35] Spindler/Schmitz/Geis/*Spindler* TDG Vor § 8 Rn. 14.
[36] BGH Urt. v. 12.7.2007 – I ZR 18/04, CR 2007, 728 – Jugendgefährdende Medien bei e-Bay.
[37] *Härting* CR 2007, 734 ff.; *Döring* WRP 2007, 1131 ff.
[38] BGH Urt. v. 17.5.2001 – I ZR 251/99, CR 2001, 850 – ambiente.
[39] BGH Urt. v. 15.1.1957 – I ZR 56/55, GRUR 1957, 352 (354) – Pertussin II.

potentiellen Maßnahmen des Störers, die zu einer Haftungsfreistellung führen konnten, nach Art und Umfang des Einzelfalls bestimmen sollten.[40]

Anhand der Fallgruppe der Presse- und Kommunikationsdelikte lässt sich zudem gut erkennen, wie von den Gerichten die Einhaltung **positiv formulierter Pflichten** eingeführt, und die ursprünglich geforderte bloße Unterlassung einer störenden Handlung in den Hintergrund gedrängt wurde.[41] So haftet beispielsweise nach gefestigter BGH-Rechtsprechung ein Presseunternehmen nur im Falle grober, unschwer zu erkennender Verstöße für die Veröffentlichung wettbewerbswidriger Anzeigen.[42]

Diese Grundsätze zur Begrenzung der mittelbaren Störerhaftung wurden für alle kennzeichenrechtlichen Streitigkeiten, aber auch für das Wettbewerbs- und Urheberrecht bejaht.[43] Dabei ging der BGH in allen Fällen sowohl davon aus, dass die positiv zu definierenden Prüfpflichten für den mittelbaren Störer nicht über diejenigen hinausgehen dürften, die den unmittelbaren Störer treffen, sondern auch, dass deren Erfüllung im Einzelfall **zumutbar** sein müsste.

Konkret hat der BGH zumutbare Prüfungspflichten zur Einschränkung der mittelbaren Störerhaftung der Diensteanbieter seit der **„ambiente.de"**-Entscheidung[44] definiert. Demnach sollen Prüfpflichten aus Zumutbarkeitsgesichtspunkten erst dann bestehen, wenn der Anbieter auf eine klare Rechtsverletzung hingewiesen wurde. Da erst ab diesem Zeitpunkt überhaupt Prüfpflichten entstehen können, kann eine befürchtete Verletzung dieser Pflichten keine Wiederholungs-, sondern nur eine Erstbegehungsgefahr begründen. Eine solche ist ja nach aktueller Rechtsprechung auch im Rahmen einer mittelbaren Störerhaftung möglich.

Das OLG Hamburg hat nun die Anforderungen an einen Hinweis auf die Rechtsbeeinträchtigung durch den Betroffenen konkretisiert. So wird die Prüfpflicht des Providers erst dann ausgelöst, wenn in einer Abmahnung „die konkreten Sätze oder Worte oder Wortkombinationen genannt werden, deren Entfernung der Betroffene begehrt".[45]

d) Konkrete Bestimmung der Prüfungs- und Kontrollpflichten. Es ist nicht geklärt, an welcher rechtsdogmatischen Stelle die zumutbaren Prüfungspflichten des mittelbaren Störers zu prüfen sind. So ist eine Einordnung dieses Kriteriums bei der Rechtswidrigkeit, beim Verschulden oder der Zurechenbarkeit denkbar.[46] Anhand der Providerhaftung wurden von der Rechtsprechung **Kriterien** entwickelt, die eine Bestimmung der Prüfungspflichten im Einzelfall ermöglichen, unabhängig von der Frage, wo diese einzuordnen sind.

Zunächst ist anzuerkennen, dass Internet-Provider aufgrund ihrer Tätigkeit, die weitgehend in der Verbreitung fremder Inhalte besteht, eine **Gefahr für Rechtsgüter** eröffnen. Anerkannt sind in diesem Zusammenhang auch die oben dargestellten Grundsätze zur mittelbaren Störerhaftung, wonach der kausale Beitrag genügt, um Prüfungs- und Kontrollpflichten entstehen zu lassen, selbst wenn der eigentliche Verstoß von einem eigenverantwortlichen Dritten herrührt. So machte der VI. Zivilsenat des BGH in diesem Zusammenhang auch unmissverständlich klar, dass es keine Rolle spielt, ob der eigentliche Rechtsverletzer greifbar ist oder nicht.[47] Er lehnt somit für den Bereich des Zivilrechts eine Unterordnung der mittelbaren Haftung eines Plattformbetreibers (etwa im Sinne von § 59 Abs. 4 Satz 1 RStV nF) ab, während der I. Zivilsenat diese Frage von einer Abwägung im Einzelfall abhängig zu machen scheint.[48]

---

[40] BGH Urt. v. 9.6.1983 – I ZR 70/81 – GRUR 1984, 54 (55) – Kopierläden.
[41] *Spindler* WRP 2003, 5.
[42] ZB BGH Urt. v. 26.4.1990 – I ZR 127/88, GRUR 1990, 1012 – Pressehaftung I.
[43] BGH Urt. v. 10.10.1996 – I ZR 129/94, GRUR 1997, 313 – Architektenwettbewerb; BGH Urt. v. 15.10.1998 – I ZR 120/96, GRUR 1999, 418 – Möbelklassiker; BGH Urt. v. 17.5.2001 – I ZR 251/99, CR 2001, 850 – ambiente.de.
[44] BGH Urt. v. 17.5.2001 – I ZR 251/99, CR 2001, 850.
[45] OLG Hamburg Urt. v. 2.3.2010 – 7 U 70/09, MMR 2010, 490.
[46] *Haedicke* GRUR 1999, 397 ff.
[47] BGH Urt. v. 27.3.2007 – VI ZR 101/06, CR 2007, 586.
[48] BGH Urt. v. 12.7.2007 – I ZR 18/04, CR 2007, 728 – Jugendgefährdende Medien bei e-Bay, Tz. 40, 41 = BGHReport 2007, 1043 = GRUR 2007, 890.

44 Die Abwägungskriterien sollen sich demnach wie folgt zusammensetzen:

> **Checkliste: Abwägungskriterien**
>
> Die Abwägungskriterien zur Bestimmung der Prüfungs- und Kontrollpflichten setzen sich nach dem I. Zivilsenat des BGH wie folgt zusammen:
> ☐ Rang der bedrohten Rechtsgüter
> ☐ Ausmaß der Gefährdung der bedrohten Rechtsgüter
> ☐ Erkennbarkeit und Vorhersehbarkeit der Gefahren
> ☐ Zumutbarkeit der Kontrollpflichten
> ☐ Soziale Nützlichkeit der gefährlichen Tätigkeit (va Pressefreiheit)
> ☐ Eigenverantwortlichkeit Dritter.

45 Im Fall der wegweisenden „ambiente.de"-Entscheidung[49] hatte der BGH erstmals festgestellt, dass Prüfungspflichten erst dann bestehen, wenn der Anbieter auf eine Rechtsverletzung **konkret hingewiesen** wurde. Ab diesem Zeitpunkt könnten Prüfungspflichten überhaupt erst entstehen.

46 Im Weiteren würden die oben genannten Kriterien nacheinander geprüft und gegeneinander abgewogen werden. Dabei sind die Besonderheiten des Mediums Internet zu berücksichtigen. Es darf nicht aus den Augen gelassen werden, dass bei der Providerhaftung die Diensteanbieter **technisch sehr unterschiedlich** auf die Inhalte Dritter, also für sie **fremde Inhalte**, zugreifen und diese kontrollieren, sperren oder löschen können.[50]

47 So ist es einem Domainverpächter nach Entscheidung des BGH vom 30.6.2009[51] im Rahmen der ab Kenntnis einer Rechtsverletzung entstehenden Prüfpflichten zumutbar, die Website des Pächters zu überprüfen und auch andere rechtsverletzende Äußerungen, als die bereits festgestellte, zu löschen, wenn insoweit keine aufwendigen Nachforschungen bezüglich der unwahren Äußerungen notwendig sind.

48 Grundsätzlich bleibt es bei der Annahme, dass im Rahmen **zulässiger Geschäftsmodelle** der Provider, zB also der Betreiber eines Forums, jedenfalls nicht ohne konkreten Anlass sein Angebot „**proaktiv**" auf jedwede Art möglicher Rechtsverletzungen zu überprüfen und diese zu verhindern hat, bevor er überhaupt davon Kenntnis erlangt hat, dass derartige Rechtsverletzungen begangen worden sind oder drohen.[52] Zudem ist auch klar, dass der Access-Provider nicht zu technischen Maßnahmen zur Filterung des Datenverkehrs, wie zB Zwangsproxys, IP-Sperren oder DNS-Sperren verpflichtet sein kann, da diese als Eingriff in das Fernmeldegeheimnis rechtlich nicht zulässig sind. Erst nach Kenntnis muss der Provider also Vorsorge treffen, dass es möglichst nicht zu weiteren derartigen Verletzungen kommt.[53]

49 **e) Sonderfall Wettbewerbsrecht: Verkehrspflichten.** Der BGH hat sich im Bereich des Wettbewerbsrechts mit der Entscheidung „**Jugendgefährdende Medien bei e-Bay**" von dem Prinzip der Störerhaftung verabschiedet.[54] In diesem Fall wurde der Betreiber der Internetplattform e-Bay als **Täter** einer rechtswidrigen Handlung angesehen, weil er gegen wettbewerbsrechtliche **Verkehrssicherungspflichten** (kurz: **Verkehrspflichten**) verstoßen hatte.

50 Konkret ging es um eine Klage eines Interessenverbandes des Videofachhandels. Das beklagte Unternehmen war e-Bay, das die gleichnamige weithin bekannte Internethandelsplattform betreibt. Auf der Plattform wurden von Dritten ein Spiel und Tonträger angeboten, die

---

[49] BGH Urt. v. 17.5.2001 – I ZR 251/99, CR 2001, 850.
[50] *Spindler* WRP 2003, 9.
[51] BGH Urt. v. 30.6.2009 – VI ZR 210/08, NJW 2009, 3518.
[52] OLG Hamburg Urt. v. 4.2.2009 – 5 U 167/07, MMR 2009, 497 – Mettenden.
[53] BGH Urt. v. 30.4.2008 – I ZR 73/05, GRUR 2008, 702 (706) – Internet-Versteigerung III; BGH Urt. v. 11.3.2004 – I ZR 304/01, WRP 2004, 1287 (1292) – Internet-Versteigerung I; BGH Urt. v. 19.4.2007 – I ZR 35/04, GRUR 2007, 708 (712) – Internet-Versteigerung II; LG Hamburg, Urt. v. 12.3.2010 – 308 O 640/08, CR 2010, 534.
[54] BGH Urt. v. 12.7.2007 – I ZR 18/04, CR 2007, 728 – Jugendgefährdende Medien bei e-Bay.

IV. Verantwortung für fremde Inhalte

volksverhetzenden Inhalt hatten. Außerdem wurden gewaltverherrlichende Medien sowie jugendgefährdende Schriften angeboten. Der Kläger forderte von e-Bay eine Unterlassung des von dem Dritten stammenden Angebots.

Im Ergebnis wandte der BGH nicht die oben dargestellten Grundsätze der mittelbaren Störerhaftung an, sondern begründete die Passivlegitimation des beklagten Unternehmens mit einer **Verletzung der wettbewerbsrechtlichen Verkehrssicherungspflichten aus § 3 UWG**. Dabei verweist das Gericht darauf, dass sich im Wettbewerbsrecht „der Sache nach" die Prüfpflichten der Störerhaftung schon immer als Verkehrssicherungspflichten dargestellt hätten.[55] 51

Konkret stellt der BGH hierzu fest:
„Die wettbewerbsrechtliche Verkehrspflicht des Betreibers einer Internet-Auktionsplattform hinsichtlich fremder jugendgefährdender Inhalte konkretisiert sich als Prüfpflicht, zu deren Begründung es eines konkreten Hinweises auf ein bestimmtes jugendgefährdendes Angebot eines bestimmten Anbieters bedarf. Der Betreiber der Plattform ist nicht nur verpflichtet, dieses konkrete Angebot unverzüglich zu sperren, sondern er muss auch zumutbare Vorsorgemaßnahmen treffen, damit es möglichst nicht zu weiteren gleichartigen Rechtsverletzungen kommt."[56]

Weiter wird festgestellt:
„Aus der wettbewerbsrechtlichen Verkehrspflicht des Betreibers einer Internet-Auktionsplattform können sich neben der Verpflichtung, Angebote des konkreten Titels in Zukunft zu verhindern, besondere Prüfungspflichten hinsichtlich anderer Angebote des Versteigerers ergeben, der das ursprüngliche jugendgefährdende Angebot eingestellt hat."[57]

Damit wendet der BGH die Allgemeine Lehre der Verkehrssicherungspflichten, wonach derjenige, der **Gefahrenquellen** schafft oder andauern lässt, alle nach Lage der Verhältnisse erforderlichen Maßnahmen zum Schutze anderer Personen zu treffen hat,[58] auch für den Fall der Haftung für fremde Inhalte im Internet an. 52

Dabei wird bei der Begründung von Verkehrspflichten grundsätzlich zwischen Bereichshaftung, Übernahmehaftung und Haftung wegen vorangegangenem Tun unterschieden.[59]

Im vorliegenden Fall übt e-Bay sowohl die Bestimmungsgewalt über die von ihr betriebene Internetplattform aus, als auch kann sie die unlauteren Wettbewerbshandlungen faktisch und rechtlich verhindern bzw. beseitigen. Damit ist vorliegend ein Fall der **Bereichshaftung** gegeben. Grund für die Haftung von e-Bay ist nach Ansicht des Gerichts also kein aktives Tun, sondern ein pflichtwidriges Unterlassen (von Verkehrspflichten).[60] 53

Im Falle der verschuldeten Beteiligung an einer Rechtsverletzung besteht nach Ansicht des BGH also kein Grund für eine Beschränkung der Haftung für Verhaltensunrecht.[61] Mangels Betroffenheit eines absolut geschützten Rechtsguts einerseits, sowie wegen **fehlender Wettbewerbsförderungsabsicht** andererseits, sah sich der BGH in seiner Entscheidung wohl gezwungen, einen neuen Weg der (schuldhaften) Verletzung wettbewerbsrechtlicher Verkehrspflichten einzuschlagen, der im Ergebnis zu einer ungefilterten Schadensersatzhaftung führen kann. 54

Inzwischen lässt der BGH, aber auch Instanzgerichte, Tendenzen erkennen, diese Täterhaftung auch auf andere Rechtsgebiete auszuweiten.[62] 55

---

[55] BGH Urt. v. 12.7.2007 – I ZR 18/04, CR 2007, 728 – Jugendgefährdende Medien bei e-Bay.
[56] BGH Urt. v. 12.7.2007 – I ZR 18/04, CR 2007, 728 – Jugendgefährdende Medien bei e-Bay, Leitsatz und Rn. 43.
[57] BGH Urt. v. 12.7.2007 – I ZR 18/04, CR 2007, 728 – Jugendgefährdende Medien bei e-Bay, Leitsatz und Rn. 44.
[58] *Von Bar* Verkehrspflichten, S. 43.
[59] *Larenz/Canaris* Schuldrecht II/2 S. 410.
[60] *Döring* WRP 2007, 1137.
[61] BGH Urt. v. 12.7.2007 – I ZR 18/04, CR 2007, 728 – Jugendgefährdende Medien bei e-Bay, Tz. 37 = CR 2007, 728 = BGHReport 2007, 1043; ausführlich dazu: *Rössel/Kruse* CR 2008, 35 ff.
[62] LG Düsseldorf Urt. v. 26.8.2009 – 12 O 594/07, MMR 2010, 837; OLG Zweibrücken Urt. v. 14.5.2009 – 4 U 139/08, MMR 2009, 541, hält einschränkungslose Prüfpflicht auch bei Urheberrechtsverletzungen für möglich.

So führt der BGH in der **Halzband-Entscheidung**[63] aus:

„Es kommt jedoch eine Haftung des Beklagten als Täter einer Urheberrechts- und/oder Markenrechtsverletzung sowie eines Wettbewerbsverstoßes in Betracht, weil dieser, auch wenn er die Verwendung der Zugangsdaten zu seinem Mitgliedskonto bei e-Bay durch seine Ehefrau weder veranlasst noch geduldet hat, nicht hinreichend dafür gesorgt hat, dass seine Ehefrau keinen Zugriff auf die Kontrolldaten und das Kennwort dieses Mitgliedskontos erlangt."

56 Dieser Entscheidung lag der Sachverhalt zugrunde, dass die Ehefrau des Beklagten ein einem Cartier Halsband nachempfundenes Halsband als „(Cartier Art)" über das Mitgliedskonto des Beklagten verkaufte. Cartier klagte unter den Gesichtspunkten der Marken- und Urheberrechtsverletzungen sowie wegen des Verstoßes gegen den ergänzenden wettbewerbsrechtlichen Leistungsschutz. Der Beklagte war der Auffassung, dass er für das beanstandete Angebot nicht verantwortlich sei, da er keine Kenntnis von dem Verkauf durch seine Ehefrau gehabt habe.

Der BGH führte hierzu aus:

„Benutzt ein Dritter ein fremdes Mitgliedskonto bei e-Bay, nachdem er an die Zugangsdaten dieses Mitgliedskontos gelangt ist, weil der Inhaber diese nicht hinreichend vor dem Zugriff Dritter gesichert hat, muss der Inhaber des Mitgliedskontos sich so behandeln lassen, wie wenn er selbst gehandelt hätte. Eine insoweit bei der Verwahrung der Zugangsdaten für das Mitgliedskonto gegebene Pflichtverletzung stellt einen eigenen, gegenüber den eingeführten Grundsätzen der Störerhaftung (vgl. zum Urheberrecht etwa BGHZ 156, 1, 11 ff. – Paperboy; ua) und den nach der neuen Senatsrechtsprechung gegebenenfalls bestehenden Verkehrspflichten im Bereich des Wettbewerbsrechts (vgl. BGHZ 173, 188 Tz. 22 ff. – Jugendgefährdende Medien bei e-Bay) **selbständigen Zurechnungsgrund** dar."

57 Nach Ansicht des Gerichts habe der Beklagte das Passwort zu seinem Mitgliedskonto nicht unter Verschluss gehalten, sondern in dem auch seiner Ehefrau zugänglichen Schreibtisch so verwahrt, dass diese ohne Schwierigkeiten davon Kenntnis nehmen konnte. Das für das täterschaftliche Handeln nötige Verschulden ist, so der BGH, im Regelfall dann zu bejahen, wenn die Person, dessen Konto genutzt wurde, **zumindest damit rechnen musste**, dass ihre Kontaktdaten zu rechtsverletzendem Handeln verwendet werden. Auf die Verletzung von Prüfpflichten oder Kenntnis von der Rechtsverletzung kommt es demnach gar nicht an.

58 Dieser Erweiterung der Täterhaftung auch auf Rechtsverletzungen aus dem Urheberrecht folgte das Hanseatische Oberlandesgericht nach einer detaillierten Auseinandersetzung mit dem BGH-Urteil „Jugendgefährdende Medien bei e-Bay" und der Halzband-Entscheidung in seiner Entscheidung **Rapidshare II**[64] nicht. Beklagt war ein Webhosting-Dienstebetreiber, der Nutzern Serverplatz zur Hinterlegung von Dateien zur Verfügung gestellt hatte. Das OLG lehnte mangels Handlungswillen eine Täterschaft bezüglich der begangenen Urheberrechtsverletzungen ab, aber verurteilte den Beklagten als Störer. Dieser hatte nach Kenntnis einer konkreten Rechtsverletzung nicht die ihm zumutbaren wirksamen Vorkehrungen und technischen Maßnahmen zur **Verhinderung identischer und kerngleicher Verletzungen** getroffen.

3. Haftung nach dem TMG

59 **a) Das Haftungssystem nach §§ 7 bis 10 TMG.** In den §§ 7–10 TMG wird die Verantwortlichkeit von Diensteanbietern, die ansonsten nach den allgemeinen Gesetzen haften, **modifiziert**. Lediglich in § 7 Abs. 1 TMG stellt der Gesetzgeber klar, dass Diensteanbieter für **eigene Informationen**, die zur Nutzung bereitgehalten werden, nach den allgemeinen Gesetzen verantwortlich bleiben.

60 Die Haftung für fremde Informationen, die die Diensteanbieter lediglich übermitteln oder zu denen sie den Zugang zur Nutzung vermitteln, sowie für **fremde Informationen,** die sie für einen Nutzer speichern, sind beschränkt nach §§ 8 bis 10 TMG.

---

[63] BGH Urt. v. 11.3.2009 – I ZR 114/06, CR 2009, 450–453 = GRUR 2009, 597–599 = NJW 2009, 1960–1962.
[64] OLG Hamburg Urt. v. 30.9.2009 – 5 U 111/08, GRUR-RR 2009, 419 = MMR 2010, 51 = ZUM 2010, 440.

IV. Verantwortung für fremde Inhalte

b) Der Anwendungsbereich des TMG. Die Zurechnungsnormen der §§ 8 bis 10 TMG 61 greifen nur dann zu Gunsten des Diensteanbieters ein, wenn der Anwendungsbereich des TMG überhaupt eröffnet ist. Die Verantwortlichkeits-Privilegierung kommt ihm also nur zu Gute, wenn es sich bei dem Angebot um einen **Telemediendienst** handelt und der **Anbieter** in den persönlichen Anwendungsbereich des Gesetzes fällt.

Telemedien: der sachliche Anwendungsbereich des TMG

Gemäß § 1 Abs. 1 TMG gilt das Gesetz für alle elektronischen Informations- und Kom- 62 munikationsdienste, soweit sie nicht als Rundfunk oder Telekommunikation einzuordnen sind. Für den sachlichen Anwendungsbereich ist also zunächst festzustellen, ob nicht vorrangig Rundfunk oder Telekommunikation vorliegt. Bei Nichtvorliegen beider Dienste handelt es sich nach dem Gesetzeswortlaut automatisch um einen Telemediendienst. Dabei verweist § 1 Abs. 4 TMG hinsichtlich der inhaltlichen Anforderungen eines Telemediendienstes ausdrücklich auf den Rundfunkstaatsvertrag.

> **Definitionen:**
> **Rundfunk** ist gemäß § 2 Abs. 1 RStV die für die Allgemeinheit bestimmte Veranstaltung und Verbreitung von Darbietungen aller Art in Wort, Ton und in Bild unter Benutzung elektromagnetischer Schwingungen.
> **Telekommunikationsdienste** nach § 3 Nr. 24 TKG sind gegen Entgelt erbrachte Dienste, die ganz oder überwiegend von Signalen über Telekommunikationsnetze bestehen. Demnach soll bei Diensten dieser Art vor allem die technische Transportdienstleistung, also die Übertragung der Signale, im Vordergrund stehen.[65]
> **Telekommunikationsgestützte Dienste** gemäß § 3 Nr. 25 TKG sind Dienste, die keinen räumlichen und zeitlich trennbaren Leistungsfluss auslösen, sondern bei denen die Inhaltsleistung noch während der Telekommunikationsverbindung erfüllt wird. Umfasst werden hiervon insbesondere die Mehrwertdienste, wie etwa die 0190er und 0900er Rufnummern.

Früher war für die Einordnung eines Dienstes in das TDG entscheidend, ob es die Mög- 63 lichkeit oder das Stattfinden **individueller** Kommunikation mittels Telekommunikation gab.[66] Im Rahmen des TMG sind nun auch die an **die Allgemeinheit gerichteten Informations- und Kommunikationsdienste** vom Geltungsbereich mit umfasst. Plattformbetreiber von Chat- oder Meinungsforen, die keine redaktionelle Gestaltung der Inhalte vornehmen, sind daher ebenso als Telemediendienste einzuordnen,[67] wie beispielsweise die Betreiber von Internet-Auktionshäusern.[68]

Im Rahmen der Abgrenzung zu Rundfunk und Telekommunikation ergeben sich nun al- 64 lerdings – vor allem im Bereich des Access-Providing – neue Definitionsschwierigkeiten, die die alten Abgrenzungsprobleme wieder aufleben lassen könnten.[69]

Diensteanbieter – der persönliche Anwendungsbereich des TMG

Der persönliche Anwendungsbereich des TMG ergibt sich aus § 2 S. 1 Nr. 1 und Nr. 2 65 TMG. Demnach richtet sich das TMG an „Diensteanbieter". Gemäß § 2 S. 1 Nr. 1 TMG ist **Diensteanbieter** im Sinne des Gesetzes jede natürliche oder juristische Person, die eigene oder fremde Telemedien zur Nutzung bereithält oder den Zugang dazu vermittelt.

Da das Gesetz damit sämtliche Tätigkeiten von **Providern** in den Anwendungsbereich fal- 66 len lässt,[70] sind alle im TMG erwähnten Provider „Diensteanbieter" im Sinne der Vorschrift. Hierzu gehören namentlich Host-Provider und Access-Provider, deren Tätigkeiten in den §§ 8 und 10 TMG beschrieben sind und sich im Wortlaut des § 2 S. 1 Nr. 1 TMG wieder-

---

[65] *Wittern/Schuster* TKG § 3 Rn. 48.
[66] Abgrenzungskriterium zu Mediendiensten, die an die *Allgemeinheit* gerichtete Informations- und Kommunikationsdienste darstellen, § 2 Abs. 1 MDStV, vgl. auch § 2 Abs. 4 Nr. 3 TDG; *Schneider* Rn. 95.
[67] *Libertus* TKMR 2003, 179 (182); Kaminski/*Henßler*, Rechtshandbuch des E-Business, S. 169.
[68] *Spindler* MMR 2001, 737.
[69] *Spindler* CR 2007, 239 (241 f.).
[70] *Wimmer* ZUM 99, 436 (439).

finden.⁷¹ Diensteanbieter sind daher vor allem **Content-Provider, Host-Provider** und **Access-Provider**.

67   aa) *Content-Provider*. Der Content-Provider ist derjenige, der **eigene redaktionelle Beiträge und Inhalte** zur Verfügung stellt. Er fungiert mithin als Informations- oder Inhaltelieferant.⁷² Die Inhalte können Texte und Grafiken umfassen sowie Audio- und Videodateien, Linksammlungen von Websites und produktbezogene Daten (zB einen Onlinekatalog). Bietet der Content-Provider beispielsweise eine Homepage im Internet an, haftet er für deren Inhalt. Dabei spielt es keine Rolle, bei welchem Provider die jeweiligen Seiten dieser Homepage gehostet werden.

68   Gemäß § 7 Abs. 1 TMG haftet der Content-Provider für eigene Inhalte nach den allgemeinen Gesetzen. Er ist also für die von ihm bereitgestellten Inhalte im Internet selbst verantwortlich. § 7 Abs. 1 TMG wiederholt an dieser Stelle also nur einen rechtlich allgemeinen Grundsatz.

69   bb) *Access-Provider*. Der Access- oder Zugangs-Provider stellt **Wahlverbindungen, Breitbandzugänge** und **Standleitungen** her. Er ist nach dem Wortlaut des § 8 TMG für fremde Informationen nicht verantwortlich, sofern er diese lediglich als Daten per Kommunikationsnetz übermittelt oder zu denen er den Zugang zur Nutzung vermittelt, sofern er weder die Übermittlung veranlasst hat, den Adressaten der übermittelten Information nicht ausgewählt und die übermittelten Informationen nicht ausgewählt oder verändert hat.

70   Zur Geschichte der Haftung von Access-Providern ist das sogenannte **Compuserve-Urteil** des Amtsgerichts München aus dem Jahre 1998 zu erwähnen.⁷³ Das Gericht hatte den Geschäftsführer der Compuserve GmbH als Mittäter ua wegen der Verbreitung pornographischer Schriften im Internet verurteilt. Anlass dafür waren einige Inhalte (Usegroups) auf dem Server der Muttergesellschaft in den USA, in denen hardcore- und tierpornographische Bilder frei zugänglich waren. Der Richter des erstinstanzlichen Amtsgerichts hatte angenommen, dass der Geschäftsführer in seiner Eigenschaft als Organ der Tochtergesellschaft in Deutschland, diese Inhalte und deren Verbreitung persönlich kannte, und ihn als Mittäter verurteilt. Der Angeklagte hätte es nach Auffassung des Gerichts auch in der Hand gehabt, durch Unterbrechung der Verbindung zu Compuserve USA eine Zugänglichmachung zu vermeiden. Dieses Urteil sorgte weltweit für Aufsehen, denn die Folgen aus diesem Urteil wären offensichtlich gewesen: Jeder, der im Internet für Daten Leitungen bereithält, ist für die Inhalte mitverantwortlich. Erwartungsgemäß wurde das Urteil gegen den Geschäftsführer in der nächsten Instanz (LG München I Urt. v. 17.11.1999 – 20 Ns 465 Js 173158/95) **aufgehoben**. Hier endlich bejahten die Richter die Haftungsprivilegierung des damaligen § 5 Abs. 3 TDG aF (§ 9 TDG nF, § 8 TMG) für die fraglichen Inhalte. Die Verantwortung für die Inhalte wurde also Dritten zugesprochen – und nicht dem Access-Provider. Hinzu kam, dass das Landgericht keinen Vorsatz des Geschäftsführers feststellen konnte.

71   Nach den Erwägungsgründen der E-Commerce-Richtlinie⁷⁴ liegt eine Durchleitung im Sinne des Gesetzes nur vor, wenn es um die Weiterleitung von Nutzerinformationen oder um die Zugangsvermittlung zu einem Kommunikationsnetz geht. Die Übermittlung darf also nicht vom Diensteanbieter selbst veranlasst worden sein, **nur passive automatische Verfahren** sind privilegiert.

72   cc) *Host-Provider*. Zu den Leistungen der Host-Provider zählen insbesondere die Registrierung und der Betrieb von Domains, die Vermietung von Webservern und die Vermietung von Platz in einem Rechenzentrum. Host-Provider halten also fremde Inhalte zur Nutzung bereit und sind demgemäß nach dem Wortlaut des § 10 TMG für diese Informationen insbesondere nicht verantwortlich, sofern sie **keine Kenntnis** von der rechtswidrigen Handlung haben oder sie unverzüglich tätig geworden sind, um die rechtswidrige Information zu entfernen oder den Zugang zu ihr zu sperren, sobald sie Kenntnis diesbezüglich erlangt haben.

---

⁷¹ Vgl. Spindler/Schmitz/Geis/*Spindler* TDG § 3 Rn. 7, 14.
⁷² *Hoeren*, Internetrecht, http://www.uni-muenster.de/Jura.itm/hoeren/material/Skript/skript%20Internetrecht_April_2011.pdf, S. 443 ff.; Computerlexikon, Ausgabe 2006.
⁷³ 8340 Ds 465 Js 173 158/95.
⁷⁴ Erwägungsgrund 42 der Richtlinie.

IV. Verantwortung für fremde Inhalte

c) Die Filter-Lösung. Nach der Feststellung, dass fremde Inhalte vorliegen, stellt sich für den Rechtsanwender zunächst die Frage, **wie** die Haftungsbegrenzung der §§ 8 bis 10 TMG in die Anspruchsprüfung einzuordnen ist. Diese Frage wird, in der Rechtsprechung nur wenig,[75] in der Literatur dagegen umso ausführlicher diskutiert. 73

Häufig wurden die §§ 9 bis 11 TDG als „Vor-Filter" herangezogen, der passiert werden muss, bevor überhaupt eine weitere Prüfung der allgemeinen Anspruchsnormen gegen den Provider erfolgt.[76] Dies ist seit dem Urteil des BGH[77] aus dem Jahre 2002 die einheitliche Linie der Rechtsprechung.[78] 74

Der Gesetzgeber verstand die §§ 9 bis 11 TDG und nun auch die §§ 8 bis 10 TMG aber wohl als „Nachfilter", der erst nach Bejahung einer Haftung nach den allgemeinen Regeln zu prüfen ist. 75

Mit der einheitlichen Rechtsprechung in diesem Bereich ist aber insgesamt von einer Prüfung der §§ 7 bis 10 TMG als Vorfilter – vor der eigentlichen Auseinandersetzung mit den entsprechenden Anspruchsgrundlagen – auszugehen. 76

d) Haftungsprivilegierung nach § 8 TMG. Eine Haftung des Providers scheidet aus, wenn er fremde Inhalte im Internet übermittelt oder wenn er den Zugang zur Nutzung fremder Inhalte vermittelt. § 8 TMG zielt darauf ab, die **rein technischen** Vorgänge der Übermittlung von Informationen von jeglichen Haftungsrisiken freizustellen.[79] 77

Entscheidendes Kriterium dabei ist, dass der Diensteanbieter **keinen Einfluss** auf die Informationen selbst, deren Übermittlung oder die Adressaten der Übermittlung ausübt. Eine Haftungsfreistellung kommt also nur bei der ausschließlich technisch veranlassten Übermittlung in Betracht. 78

Die typischen Provider, auf die die Haftungsfreistellung des § 8 TMG angewendet werden kann, sind:

Access-Provider: sie stellen eine Verbindung zu einem Kommunikationsnetz (Internet) her und übertragen Inhalte. Hierzu gehören auch die Anbieter von W-LANs.

Peer-to-Peer-Systeme: Sie unterfallen der Haftungsprivilegierung, sofern eine Information übermittelt und die Verbindungen zwischen zwei angeschlossenen Nutzern hergestellt wird.

e) Haftungsprivilegierung nach § 9 TMG. Gemäß § 9 TMG scheidet eine Haftung des Providers aus, wenn eine automatische, zeitlich begrenzte Zwischenspeicherung vorliegt. Von § 8 TMG unterscheidet sich § 9 vor allem dadurch, dass ein vom reinen, individuellen Kommunikationsverhalten unabhängiges Speichern vorliegen muss.[80] Meist wird das Zwischenspeichern im Sinne von § 9 TMG damit zwar zeitlich begrenzt sein, aber doch wesentlich länger andauern, als nach § 8 TMG.[81] 79

Hauptanwendungsfall ist das sogenannte **Caching-Verfahren**: bei diesem Verfahren stellen Provider ein spezielles Speichersystem zur Verfügung, in dem häufig angeforderte Daten zum Zwecke einer hohen Zugriffsgeschwindigkeit zwischengespeichert werden.[82] Dieses Verfahren wird angewandt, um die Kommunikation zwischen Anwendern zu erleichtern, insbesondere zu beschleunigen. Um diese Beschleunigung nicht durch das Risiko einer eventuellen Haftung für Inhalte zu erschweren, stellt § 9 TMG nun die Diensteanbieter solcher Zwischenspeicherungen weitgehend frei. 80

---

[75] Siehe aber LG München I Urt. v. 17.11.1999 – 20 Ns 465 Js 173 158/95, CR 2000, 117: § 5 TDG aF ist nicht als Filter anzuwenden; aA OLG Köln Urt. v. 2.11.2001 – 6 U 12/01, MMR 2002, 110; dazu auch LG Düsseldorf Urt. v. 29.10.2002 – 4a O 464/01, MMR 2003, 120 (122), nach dem es dahinstehen kann, ob es sich rechtssystematisch um einen „Vorfilter" oder „Nachfilter" handelt; OLG Düsseldorf Urt. v. 26.2.2004 – I-20 U 204/02, MMR 2004, 315 (316) geht von „Vorfilter" aus.
[76] So zum TDG aF BT-Drs. 13/7385, S. 20; *Sieber*, Verantwortlichkeit im Internet, Rn. 246; zum TDG: *Satzger* CR 2001, 109 (111); *Fischer* MMR 2004, 675; *Sobola/Kohl* CR 2005, 443.
[77] Urt. v. 23.9.2003 – VI ZR 335/02, NJW 2003, 3764 = CR 2004, 48 = MMR 2004, 166.
[78] Vgl. BGH Urt. v. 11.3.2004 – I ZR 304/01, CR 2004, 763; BGH Urt. v. 27.3.2007 – VI ZR 101/06, CR 2007, 586; BGH Urt. v. 12.7.2007 – I ZR 18/04, CR 2007, 728; BGH Urt. v. 30.4.2008 – I ZR 73/05, CR 2008, 579 – Internetversteigerung III.
[79] Spindler/Schmitz/Geis/*Spindler* TMG § 8 Rn. 1 ff.
[80] *Härting* CR 2001, 271 (276).
[81] Spindler/Schmitz/Geis/*Spindler* TDG § 10 Rn. 3.
[82] Computerlexikon 2001.

81 Allerdings stellt die Vorschrift eine Reihe von Bedingungen auf, die erfüllt werden müssen, damit keine missbräuchliche Haftungsfreistellung erfolgt. Die in § 9 TMG genannten Voraussetzungen müssen alle **kumulativ** erfüllt sein.

82 **f) Haftungsprivilegierung nach § 10 TMG.** Eine Haftung des Providers für fremde Inhalte scheidet nach § 10 TMG aus, wenn der Diensteanbieter „keine Kenntnis von der rechtswidrigen Handlung oder der Information hat und ihm im Falle von Schadensersatzansprüchen auch keine Tatsachen oder Umstände bekannt sind, aus denen die rechtswidrige Handlung oder die Information offensichtlich wird, oder er unverzüglich tätig geworden ist, um die Information zu entfernen oder den Zugang zu ihr zu sperren, sobald er diese Kenntnis erlangt hat".

Die Voraussetzungen dieses **Privilegierungstatbestandes** werden im Folgenden einer näheren Prüfung unterzogen:

83 *aa) Positive Kenntnis von Handlung oder Information.* Bereits zu § 5 Abs. 2 TDG aF war anerkannt, dass eine Verantwortlichkeit des Providers **tatsächliche, positive Kenntnis** des einzelnen **konkreten Inhalts** voraussetzt, ein „Kennenmüssen" reicht nicht aus.[83] Auch im Rahmen des § 10 S. 1 Nr. 1 Alt.1 TMG gilt dies weiterhin.[84] Kenntnis iSv § 10 S. 1 Nr. 1 Alt. 1 TMG setzt zudem ein aktuelles Wissen einer beim Diensteanbieter verantwortlichen Person von dem konkreten Inhalt voraus.

84 Kenntnis erhält der Provider mithin erst bei einer Beanstandung eines bestimmten Inhalts unter **konkreter Angabe des Fundorts** (zB des dorthin führenden Links, des Standorts auf einer untergeordneten Seite des Webauftritts).

85 Es genügt also **nicht schon der pauschale Hinweis,** dass es in der Vergangenheit bereits zu Rechtsverletzungen durch vom Provider gespeicherte Inhalte gekommen sei.[85] Den Plattformbetreiber träfen dann aktive Suchpflichten, da er bei einem pauschalen Hinweis anders nicht in der Lage ist, einen rechtswidrigen Inhalt aufzuspüren und zu entfernen. Dem steht § 7 Abs. 2 S. 1 TMG entgegen, der allgemeine Überwachungspflichten für den Diensteanbieter verbietet.[86]

86 Aus dem Zusammenspiel von § 10 S. 1 Nr. 1 Alt. 1 TMG und § 7 Abs. 2 S. 1 TMG ergibt sich mithin **als Zwischenergebnis,** dass positive Kenntnis des Diensteanbieters im Sinn dieser Vorschrift erst vorliegt, wenn eine Information konkret, dh unter Angabe des genauen Standorts oder Links, beanstandet wird.[87] Auch § 10 S. 1 Nr. 2 TMG setzt menschliche Kenntnis voraus, da andernfalls eine Sperrung eines einzelnen, konkret beanstandeten Inhalts nicht möglich ist.[88]

87 *bb) Kenntnis der Rechtswidrigkeit.* Die positive Kenntnis des Diensteanbieters allein genügt aber im Rahmen des § 10 TMG noch nicht.

§ 10 S. 1 Nr. 1 Alt. 1 TMG lautet, dass der Diensteanbieter „keine Kenntnis von der rechtswidrigen Handlung oder der Information" hat. Während zu § 5 Abs. 2 TDG aF weitgehend anerkannt war, dass nur die positive Kenntnis des Inhalts selbst, **nicht jedoch auch Kenntnis der Rechtswidrigkeit erforderlich ist,**[89] legt der Wortlaut des § 10 S. 1 Nr. 1 Alt.1 TMG nahe, dass Kenntnis auch der Rechtswidrigkeit nötig ist. Soweit ersichtlich, hat sich

---

[83] BGH Urt. v. 23.9.2003 – VI ZR 335/02, MMR 2004, 166 (167); vgl. auch *Engel-Flechsig/Maennel/ Tettenborn* NJW 1997, 2981 (2985); *Spindler* NJW 1997, 3193 (3196).

[84] Vgl. KG Urt. v. 28.6.2004 – 10 U 182/03, CR 2005, 62 (63); OLG Brandenburg Urt. v. 16.12.2003 – 6 U 161/02, CR 2004, 696 (698); OLG Düsseldorf Urt. v. 26.2.2004 – I-20 U 204/02, MMR 2004, 315 (317); LG Potsdam Urt. v. 10.10.2002 – 51 O 12/02, K&R 2003, 86 (89); vgl. auch Art. 14 ECRL: „tatsächliche" Kenntnis.

[85] So aber *Hoeren* MMR 2002, 113.

[86] So auch BGH Urt. v. 12.7.2007 – I ZR 18/04, CR 2007, 728 – Jugendgefährdende Medien bei e-Bay; OLG Brandenburg Urt. v. 16.12.2003 – 6 U 161/02, CR 2004, 696; LG Düsseldorf Urt. v. 29.10.2002 – 4a O 464/01, MMR 2003, 120 (125); LG Potsdam Urt. v. 10.10.2002 – 51 O 12/02, K&R 2003, 86 (89).

[87] So zB auch BGH Urt. v. 12.7.2007 – I ZR 18/04, CR 2007, 728 – Jugendgefährdende Medien bei e-Bay; LG Berlin Urt. v. 25.2.2003 – 16 O 476/01, MMR 2004, 195 (197); *Wiebe* CR 2002, 52 (54); *Leible/Sosnitza* CR 2002, 372 (373).

[88] Ähnlich *Spindler* MMR 2004, 333.

[89] Vgl. beispielhaft *Sieber*, Verantwortlichkeit im Internet, Rn. 341; *Freytag,* Haftung im Netz, S. 180.

die Rechtsprechung hierzu bislang nicht geäußert. Nach dem **Wortlaut** der Vorschrift bezieht sich das Merkmal „rechtswidrig" erkennbar nur auf die Handlung, nicht aber auf die Information.

Der **Gesetzgeber** hat daher in der Begründung des Regierungsentwurfs zum TMG ausgeführt, dass im Rahmen des § 11 TDG (§ 10 TMG) zu **differenzieren** sei zwischen der Haftung für eine Handlung und der Haftung für eine Information.[90] Ist die Information selbst zu beanstanden, soll eine Haftungsprivilegierung bereits bei bloß positiver Kenntnis der Information ausscheiden.[91] Ist die Information als solche nicht zu beanstanden, hängt nach Ansicht des Gesetzgebers die Haftung des Providers davon ab, ob er zudem Kenntnis von der rechtswidrigen Handlung hat, also insbesondere von einer **fehlenden Erlaubnis des Rechtsinhabers**.[92] Diese Fallgruppe zielt ersichtlich auf Verletzungen von Urheber- oder Markenrechten ab, da die Verwendung einer bestimmten Marke oder eines Werkes nur dann rechtswidrig ist, wenn hierfür eine Erlaubnis des Rechtsinhabers fehlt. Ersteres meint dagegen Fälle, in denen der Gesetzesverstoß schon aus dem Inhalt als solchem ersichtlich wird, dh vor allem Fälle von Volksverhetzung oder Kinderpornografie.

Bereits daran zeigt sich aber die Schwäche einer solchen Differenzierung. Nicht immer geht aus einem Inhalt eindeutig hervor, dass er als solches rechtswidrig ist. Bei Verbreitung bestimmter Behauptungen über einen anderen lässt sich nicht stets nur aus dem Inhalt erkennen, dass der Verfasser Rechte verletzt. Potentiell persönlichkeitsrechtsverletzende, sogar an sich beleidigende Behauptungen sind nicht rechtswidrig, wenn sie mit Einverständnis des Betroffenen verbreitet werden. In diesen Fällen versagt daher die vom Gesetzgeber beabsichtigte Differenzierung, da nicht klar wird, wann es sich um eine als solche zu beanstandende Information handelt, für die der Provider schon bei bloßer Kenntnis haftet, oder zusätzlich Kenntnis der Rechtswidrigkeit erforderlich ist, also Kenntnis davon, dass eine Gestattung fehlt.[93]

Zudem **widersprach der Wortlaut des TDG nF dem Wortlaut der ECRL**. Art. 14 Abs. 1 lit. a der ECRL stellte auf die „tatsächliche Kenntnis von der rechtswidrigen Tätigkeit oder Information" ab.[94] Das Adjektiv „rechtswidrig" bezog sich also auf die Handlung **und** auf die Information. Nach der ECRL sollte mithin nicht zwischen den beiden Alternativen unterschieden werden, sondern in beiden Fällen Kenntnis der Rechtswidrigkeit erforderlich sein. § 11 S. 1 Nr. 1 TDG und damit auch § 10 S. 1 Nr. 1 TMG ist daher richtlinienkonform so auszulegen, dass sowohl hinsichtlich der Handlung als auch der Information Kenntnis der Rechtswidrigkeit erforderlich ist.[95]

Selbst bei Kenntnis des Inhalts kommt also eine Haftung des Hostproviders nur in Betracht, wenn er zudem positiv weiß, dass dieser rechtswidrig ist – entsprechende aktive, präventive Prüfungspflichten sind ihm jedoch nicht auferlegt (§ 7 Abs. 2 S. 1 TMG).[96]

cc) Kenntnis von Tatsachen oder Umständen. Für eine Schadensersatzhaftung des Hostproviders genügt dagegen gem. § 10 S. 1 Nr. 1 Alt.2 TMG bereits, dass dem Provider Tatsachen oder Umstände bekannt sind, aus denen die rechtswidrige Handlung oder die Information **offensichtlich** wird.

dd) Haftung für grobe Fahrlässigkeit. Zum Teil wurde bereits zu Zeiten des TDG in dieser Vorschrift die Einführung einer Haftung für grob fahrlässige Unkenntnis gesehen.[97] Die erforderliche **Kenntnis der Indiztatsachen** würde gerade nicht die Kenntnis der Verletzungs-

---

[90] Zust. *Stadler*, Haftung für Informationen, Rn. 101 ff.; *Köhler/Arndt*, Recht des Internet, S. 239.
[91] BT-Drs. 14/6098, S. 25.
[92] AaO.
[93] Ebenso *Eck/Ruess* MMR 2003, 363 (365).
[94] Die französische Fassung lautet: „le prestataire n'ait pas effectivement connaissance de l'activité ou de l'information illicites", ähnlich die spanische Fassung: „conocimiento efectivo de que la actividad o la información es ilicita".
[95] Ebenso Spindler/Schmitz/Geis/*Spindler* TDG § 11 Rn. 19; *ders.* MMR 1999, 199 (202); *Hoffmann* MMR 2002, 284 (288); *Ehret* CR 2003, 754 (759); i.E. ebenso *Eck/Ruess* MMR 2003, 363 (365); *Tettenborn/Bender/Lübben/Karenfort* BB-Beil. 10 zu Heft 50/2001, 1 (31 f.).
[96] So auch *Spindler* MMR 1999, 199 (202); *Bröcker/Czychowski/Schäfer/Dustmann* § 4 Rn. 84 f.
[97] *Säcker* MMR-Beil. 9/2001, 2 (3); *Härting* CR 2001, 271 (276).

tatsachen voraussetzen. Des Weiteren wären hinsichtlich der an sich von § 7 Abs. 2 TMG ausgeschlossenen Überwachungspflichten, solche lediglich aufgrund eines konkreten Anlasses anzunehmen, denn diese werden nicht vom Wortlaut der ECRL ausgeschlossen.

94 Nach anderer Auffassung könne die Regelung des § 10 S. 1 Nr. 1 Alt. 2 TMG jedoch gerade nicht dahin verstanden werden, dass bereits die (grob) fahrlässige Unkenntnis der Tatsachen oder Umstände zu einer Haftung auf Schadensersatz führt. Zum einen spräche hiergegen der Wortlaut, nach dem eine Schadensersatzhaftung nur in Betracht kommt, wenn „Tatsachen oder Umstände bekannt sind". Bekannt wären solche Tatsachen oder Umstände erst, wenn der Hostprovider ohne weitere Nachforschung aufgrund konkreter Hinweise Kenntnis von bestimmten Inhalten hat. Zum anderen wäre dem Plattformbetreiber entgegen § 7 Abs. 2 S. 1 TMG eine Überwachungspflicht auferlegt, wenn ihm aus dem Nichtaufspüren solcher Tatsachen ein Vorwurf gemacht würde.[98]

95 § 10 S. 1 Nr. 1 Alt.2 TMG könnte also so zu verstehen sein, dass eine Haftung für **grob fahrlässige Unkenntnis der Rechtswidrigkeit** gemeint ist. Sie greift ein, wenn der Anbieter konkrete Hinweise auf bestimmte Inhalte erhält, die so präzise sind, dass die Identifizierung der rechtswidrigen Inhalte und deren Auffinden schnell und ohne großen Aufwand möglich sind. Die rechtswidrigen Inhalte müssten förmlich „auf der Hand liegen".[99]

96 *ee) Offensichtlichkeit der Rechtswidrigkeit.* Eine Kenntnis der Umstände wird von der BGH-Rechtsprechung erst bei Vorliegen von **konkreten** rechtsverletzenden Angeboten bejaht.[100]

97 Mithin kommt eine Schadensersatzhaftung nur bei **bewusster, grober Fahrlässigkeit** in Betracht, dh bei ohne weitere Nachforschung erlangter Kenntnis des Anbieters von Tatsachen oder Umständen, aufgrund derer sich die Rechtswidrigkeit geradezu aufdrängen muss.[101]

98 *ff) Unverzügliches Tätigwerden.* Nach § 10 S. 1 Nr. 2 TMG muss der Diensteanbieter nach Kenntniserlangung zudem unverzüglich[102] tätig werden, um die Information zu entfernen oder den Zugang zu ihr zu sperren, wenn er der Haftung entgehen will. Nach dem Gesetzeswortlaut ist ausreichend, wenn der Hostprovider „unverzüglich **tätig** geworden" ist, die unverzügliche tatsächliche Entfernung oder Sperrung ist mithin nicht erforderlich.

99 Kenntnis erlangt der Hostprovider spätestens durch eine Abmahnung, in der die Umstände iSv § 10 S. 1 Nr. 1 Alt. 2 TMG (für Schadensersatzansprüche) bzw. in anderen Fällen die beanstandete Information konkret unter genauer Angabe des „Standorts" anzugeben sind. Zudem sind **Ausführungen zur Rechtswidrigkeit** der beanstandeten Information erforderlich, da sich die Kenntnis des Anbieters auch hierauf beziehen muss, ohne dass ihn entsprechende Prüfpflichten treffen.[103]

100 Auch wenn der Wortlaut keine dem § 5 Abs. 4 TDG aus dem Jahre 1997 entsprechende Einschränkung enthält, ist weiterhin die **technische Möglichkeit** und **Zumutbarkeit der Sperrung** zu berücksichtigen, da das Gesetz dem Anbieter keine unmöglichen oder unzumutbaren Pflichten auferlegen darf.[104] Im Rahmen einer Interessenabwägung sind insbesondere Art und Schwere des Verstoßes und die mit einer Entfernung oder Sperrung einhergehende Beeinträchtigung von Rechtsgütern, vor allem der Meinungsfreiheit, gegeneinander abzu-

---

[98] Ähnlich Spindler/Schmitz/Geis/*Spindler* TDG § 11 Rn. 22; *ders.* MMR 2001, 737 (741); *Freytag* CR 2000, 600 (608); *Tettenborn/Bender/Lübben/Karenfort* BB-Beil. 10 zu Heft 50/2001, 1 (32).
[99] Spindler/Schmitz/Geis/*Spindler* TDG § 11 Rn. 22; *ders.* MMR 2001, 737 (741); so auch *Stadler*, Haftung für Informationen im Internet, Rn. 105.
[100] ZB BGH Urt. v. 27.3.2007 – VI ZR 101/06, CR 2007, 586 = GRUR 2007, 724; BGH Urt. v. 19.4.2007 – I ZR 35/04, GRUR 2007, 708 – Internet-Versteigerung II; BGH Urt. v. 12.7.2007 – I ZR 18/04, CR 2007, 809 – Jugendgefährdende Medien bei Ebay; BGH Urt. v. 16.5.2013 – I ZR 216/11, GRUR 2013, 1229 = MMR 2014, 55 – Kinderhochstühle im Internet II.
[101] *Ebd.* Spindler/Schmitz/Geis/*Spindler* TDG § 11 Rn. 23: „evidente Rechtswidrigkeit"; *Stadler*, Haftung für Informationen im Internet, Rn. 278 ff. für Musik-Files.
[102] S. dazu die Legaldefinition in § 121 Abs. 1 S. 1 BGB.
[103] Spindler/Schmitz/Geis/*Spindler* TDG § 11 Rn. 49.
[104] BT-Drs. 14/6098, S. 23, 25; *Hoffmann* MMR 2002, 284 (289); *Tettenborn/Bender/Lübben/Karenfort* BB-Beil. 10 zu Heft 50/2001, 1 (33); ähnlich Spindler/Schmitz/Geis/*Spindler* TDG § 11 Rn. 51 ff.: Die Unverzüglichkeit sei im Sinn eines Verschuldens zu verstehen, so dass Zumutbarkeitsfragen eine Rolle spielen. Ebenso *Freytag* CR 2000, 600 (608 f.); *Tettenborn/Bender/Lübben/Karenfort* aaO.

wägen.[105] Hiervon hängt auch ab, ob vom Hostprovider verlangt werden kann, einen Dienst wegen eines einzelnen rechtswidrigen Inhalts komplett zu sperren.[106]

gg) *Ausschluss der Privilegierung nach § 10 S. 2 TMG.* Die Ausnahmeregelung zur Subordination des Nutzers bzw. dessen Beaufsichtigung durch den Diensteanbieter gem. § 10 S. 2 TMG hat, soweit ersichtlich, noch keinen Eingang in die Rechtsprechung gefunden, obwohl sie in der Literatur für viel Verwirrung gesorgt hat. Die Gesetzesmaterialien geben keinen Aufschluss darüber, wie diese Vorschrift zu verstehen ist.

Mit ihr soll aber wohl eine Privilegierung des Anbieters für Vorgänge ausgeschlossen werden, die seiner **Sphäre** zuzurechnen sind. Mithin kommt eine Haftungsprivilegierung nicht in Betracht, wenn die Inhalte von Arbeitnehmern des Plattformbetreibers erstellt wurden, da diese seinen Weisungen unterstehen, die Inhalte ihm dann wie eigene zuzurechnen sind und sich Arbeitnehmer und Arbeitgeber zudem nicht im Verhältnis Nutzer und Diensteanbieter gegenüber stehen.[107] Daneben soll § 10 S. 2 TMG vor allem die Zurechnung von Inhalten im **Konzern** zum herrschenden Unternehmen erleichtern.[108] Wie die Rechtsprechung mit dieser Ausnahmevorschrift umgehen wird, bleibt abzuwarten.

V. Ansprüche

1. Beseitigungsansprüche

Zur Abwehr gegenwärtiger Beeinträchtigungen ist primär der Beseitigungsanspruch heranzuziehen, der in § 1004 Abs. 1 S. 1 BGB gesetzlich normiert ist. Ebenso wie beim nachfolgend dargestellten Unterlassungsanspruch hat der BGH – im Gegensatz zur frühen oberlandesgerichtlichen Rechtsprechung – bei Beseitigungsansprüchen in seinen bisherigen Urteilen keinen Haftungsausschluss zugunsten von Providern nach den Vorschriften des TMG bejaht.

Die Beseitigung der Rechtsgutsbeeinträchtigung bedeutet allerdings nicht die Verpflichtung zur Herstellung des früheren Zustandes, sondern lediglich ein **Abstellen der Beeinträchtigung für die Zukunft**. Insofern birgt die Abgrenzung zwischen einem verschuldensabhängigen Schadenersatzanspruch (Beseitigung der Folgen der Beeinträchtigung) und dem verschuldensunabhängigen Beseitigungsanspruch (bloßes Abstellen der Beeinträchtigung) praktische Probleme.[109]

Bei internetrechtlichen Sachverhalten hingegen ist der Beseitigungsanspruch meist bereits durch das Löschen der rechtsverletzenden Inhalte von den Servern erfüllt.

2. Unterlassungsansprüche

Neben dem Beseitigungsanspruch ist bei künftigen Beeinträchtigungen auf den Unterlassungsanspruch abzustellen, § 1004 Abs. 1 S. 2 BGB. Zur materiellen Durchsetzbarkeit des Anspruchs ist eine Wiederholungsgefahr oder eine Erstbegehungsgefahr notwendig.

Die **Wiederholungsgefahr** ist die auf Tatsachen gegründete objektive ernsthafte Besorgnis weiterer Störungen. Dabei begründet eine vorangegangene rechtswidrige Beeinträchtigung eine tatsächliche Vermutung für die Wiederholungsgefahr. Die **Vermutung** wird nur ausgeräumt, wenn der Störer ein strafbewehrtes Vertragsstrafeversprechen abgibt.[110]

Der vorbeugende Unterlassungsanspruch ist bei einer erstmals ernsthaft drohenden Beeinträchtigung zu bejahen (**Erstbegehungsgefahr**). Hier hat der mutmaßlich in seinen Rechten

---

[105] Vgl. *Stadler*, Haftung für Informationen im Internet, Rn. 109 f.; *Freytag* CR 2000, 600 (608); Spindler/Schmitz/Geis/*Spindler* TDG § 11 Rn. 52 ff.
[106] Wohl nur als ultima ratio bei hochrangigen Rechtsgütern: Spindler/Schmitz/Geis/*Spindler* TDG § 11 Rn. 55; *Stadler*, Haftung für Informationen im Internet, Rn. 109 f.
[107] *Stadler*, Haftung für Informationen im Internet, Rn. 113.
[108] Ausführlich zu § 11 S. 2 TDG Spindler/Schmitz/Geis/*Spindler* TDG § 11 Rn. 37 ff.
[109] BGH Urt. v. 4.2.2005 – V ZR 142/04, NJW 2005, 1366.
[110] St. Rspr.

Beeinträchtigte konkret eine drohende Rechtsgutsverletzung nachzuweisen, eine bloße Vermutung reicht hier nicht aus.[111]

108 Hinsichtlich der Anwendbarkeit der Haftungsprivilegierungen der §§ 8 bis 10 TMG auf Unterlassungsansprüche vertritt der *BGH* seit dem sog „**Rolex**"-**Urteil**"[112] die Ansicht, dass die Unterlassungsansprüche hiervon nicht betroffen sind. Damit wären die oben unter → 2. genannten Grundsätze der allgemeinen Störerhaftung auch für die Providerhaftung anwendbar. Der BGH stützt sich vor allem auf § 7 Abs. 2 S. 2 TMG, wonach Verpflichtungen zur Entfernung oder Sperrung der Nutzung von Informationen nach den allgemeinen Gesetzen auch im Fall der Nichtverantwortlichkeit des Diensteanbieters nach den §§ 8 bis 10 TMG unberührt bleiben. Zudem mache Art. 14 Abs. 3 ECRL deutlich, dass Unterlassungsansprüche nicht von dem Haftungsprivileg erfasst werden.[113]

109 Schließlich sei es – so der BGH – widersprüchlich, dass bei einer Geltung des § 10 TMG auch für Unterlassungsansprüche an diese höhere Anforderungen gestellt werden, als an Schadensersatzansprüche. Nach § 10 S. 1 Nr. 1 Alt. 2 TMG greife die Schadensersatzhaftung schon bei grob fahrlässiger Unkenntnis. Der verschuldensunabhängige Unterlassungsanspruch würde dann erst bei tatsächlich positiver Kenntnis eingreifen, der Schadensersatz, der üblicherweise Verschulden voraussetzt, dagegen schon bei grob fahrlässiger Unkenntnis.[114]

110 Mithin sollen sich die bestehenden gesetzlichen Regelungen des TMG nur auf die **strafrechtliche Verantwortlichkeit** und die **zivilrechtlichen Schadensersatzansprüche** beziehen und keine Anwendung auf Unterlassungs- wie auch auf Beseitigungsansprüche iSd § 1004 BGB finden.

111 Zudem wird die mittelbare Störerhaftung zur Vermeidung einer übermäßigen Belastung der Diensteanbieter nicht uneingeschränkt angewandt, sondern, wie der BGH seit der „**ambiente.de**"-Entscheidung[115] betont hat, nur bei der Verletzung zumutbarer Prüfungspflichten.[116] Eine derartige Prüfungspflicht soll aus Zumutbarkeitsgesichtspunkten jedoch erst dann bestehen, wenn der Anbieter auf eine klare Rechtsverletzung hingewiesen wurde.

112 Mit Kenntniserlangung vom ersten Verletzungsfall soll der Host-Provider zunächst zu einer Sperrung des konkreten rechtsverletzenden Inhalts, aber auch zu Vorsorgemaßnahmen verpflichtet sein, um künftige Rechtsverletzungen **kerngleicher Art** möglichst zu verhindern.[117] Im Falle einer Handelsplattform wie e-Bay kann diese zB nicht nur Rechtsverletzungen aufgrund **gleicher Artikel** durch andere Personen einschränken, sondern auch solche aufgrund **ähnlicher Artikel durch dieselbe** Person erfassen.[118]

113 Der **Plattformbetreiber** ist oft der einzige, der zur Beseitigung in der Lage ist, da Dritte in der Regel keinen Zugriff auf die Datenbestände des Providers haben. Er ist daher in jedem Fall – verschuldensunabhängig – zur Beseitigung der inkriminierten Information verpflichtet.

114 Zusätzlich ist er zudem zur zukünftigen Unterlassung verpflichtet. Vor den klaren BGH-Entscheidungen seit 2004, wonach auch künftige Unterlassung identischer oder kerngleicher Rechtsverletzungen nach den Grundsätzen der Störerhaftung verlangt werden kann,[119] wurden oft noch gegenteilige Ansichten vertreten. So sprach schon bereits die ECRL und der Sinn und Zweck des TMG für eine Anwendung der Haftungsfreistellung, vor allem für

---

[111] St. Rspr.
[112] BGH Urt. v. 11.3.2004 – I ZR 304/01, CR 2004, 763.
[113] Art. 14 Abs. 3 ECRL ermöglicht den Gerichten oder Verwaltungsbehörden, nach dem Rechtssystem des jeweiligen Mitgliedstaats vom Diensteanbieter zu verlangen, die Rechtsverletzung abzustellen oder zu verhindern, oder Verfahren für die Entfernung einer Information oder die Sperrung des Zugangs zu ihr festzulegen.
[114] BGH Urt. v. 11.3.2004 – I ZR 304/01, CR 2004, 763 (765 f.).
[115] BGH Urt. v. 17.5.2001 – I ZR 251/99, CR 2001, 850.
[116] → Rn. 31 ff.
[117] BGH, aaO; BGH Urt. v. 27.3.2007 – VI ZR 101/06, CR 2007, 586; BGH Urt. v. 11.3.2004 – I ZR 304/01, CR 2004, 763 (767); OLG Düsseldorf Urt. v. 24.2.2009 – I-20 U 204/02, CR 2009, 391 = MMR 2009, 402.
[118] BGH Urt. v. 12.7.2007 – I ZR 35/04, CR 2007, 728 = BGHReport 2007, 1043 – Jugendgefährdende Medien bei e-Bay, Tz. 44, 57; ausführlich dazu *Rössel/Kruse* CR 2008, 35.
[119] → Rn. 22 ff.

Hostprovider. Denn die Vorschriften aus dem TMG sollten ja gerade der Entlastung der Dienstanbieter dienen, die durch ihre Tätigkeit ein nicht unerhebliches Risiko eingehen.

Trotz guter Gründe, die §§ 8 bis 10 TMG auch auf Unterlassungsansprüche anzuwenden, darf aber nicht übersehen werden, dass der I. Zivilsenat des BGH mit dem „Rolex-Urteil" aus dem Jahr 2004 klar entschieden hat, dass auch bei Inhalten im Internet grundsätzlich die allgemeine Störerhaftung greift, mit der Konsequenz, dass in der Praxis die Haftungsprivilegierungen des TMG bei Unterlassungsansprüchen nicht herangezogen werden sollten.

3. Auskunftsansprüche

Im Rahmen der Störerhaftung kann grundsätzlich nur *Unterlassung* der konkret drohenden Verletzungshandlung gefordert werden.[120] Hinzu kommen nach steter Rechtsprechung die für die vorbeugende Unterlassungsklage entwickelten Grundsätze zum Schutze zukünftiger Handlungen die *Beseitigung* einer unter Umständen hervorgerufenen Beeinträchtigung. Im Rahmen der Störerhaftung ist es zudem möglich, *Widerrufsansprüche* und *Gegendarstellungsansprüche* durchzusetzen.[121]

Auskunftsansprüche, die im Regelfall der Vorbereitung von Schadensersatzansprüchen dienen, kommen nach steter Rechtsprechung nur in Betracht, wenn eine Verantwortlichkeit als Täter oder Teilnehmer, also nicht lediglich als Störer, vorliegt. Entsprechende Anspruchsgrundlagen (§ 242 BGB, § 19 MarkenG, § 101 UrhG, etc) setzen voraus, dass der in Anspruch Genommene bereits eine Rechtsverletzung begangen hat.[122]

Sofern eine konkrete Rechtsverletzung bejaht werden kann, unterscheiden sich die Auskunftsansprüche im weiteren nicht von den üblichen prozessualen Auskunftsansprüchen des BGB und der Sondergesetze.

4. Schadensersatzansprüche

Schadensersatzansprüche bestehen nach den Grundsätzen der Störerhaftung nach steter Rechtsprechung des BGH nicht.[123]

Um sonstige Schadensersatzansprüche gegen Provider begründen zu können, wäre nach den §§ 8 bis 10 TMG die Kenntnis des Diensteanbieters von bestimmten Umständen erforderlich. Diese Haftungsbeschränkungen kämen insbesondere dann zum Tragen, wenn der BGH nach seiner aktuellen Rechtsprechung eine Verantwortung aufgrund der Grundsätze zur Störerhaftung ausschließt und damit eine vollumfängliche Haftung nach den allgemeinen Gesetzen möglich wäre.

Bei § 8 TMG ist die Haftung so weitreichend eingeschränkt, dass die Haftung des Anbieters selbst bei positiver Kenntnis des gesamten Inhalts ausgeschlossen ist. Eine Ausnahme soll nur dann vorliegen, wenn Diensteanbieter und Schädiger **kollusiv** zusammenwirken. Im Ergebnis sind daher die unter § 8 TMG fallenden Diensteanbieter **nahezu uneingeschränkt** haftungsprivilegiert.

Die den §§ 9 und 10 TMG unterfallenden Diensteanbieter unterliegen einer Pflicht zur Sperrung der Inhalte, sobald sie **positive Kenntnis** erlangt haben. Für Hostprovider ist im Rahmen des § 10 S. 1 Nr. 1 TMG eine positive Kenntnis des Inhalts und seiner Rechtswidrigkeit erforderlich.[124] Demgegenüber bestimmt § 10 S. 1 Nr. 1 Alt. 2 TMG, dass eine Schadensersatzhaftung des Providers **nicht** eingreift, wenn ihm keine Tatsachen oder Umstände bekannt sind, aus denen die rechtswidrige Handlung oder Information offensichtlich wird.

---

[120] Palandt/*Sprau* Einf. v. § 823 Rn. 23.
[121] Palandt/*Sprau* Einf. v. § 823 Rn. 32, 36.
[122] BGH Urt. v. 17.8.2011 – I ZR 57/09, GRUR 2011, 1038 = CR 2011, 817 – Stift-Parfüm.
[123] BGH Urt. v. 11.3.2004 – I ZR 304/01, NJW 2004, 3102 = CR 2004, 763 – Internetversteigerung I; BGH Urt. v. 17.8.2011 – I ZR 57/09, GRUR 2011, 1038 = CR 2011, 817 – Stift-Parfüm.
[124] → Rn. 82 ff. Siehe Ausführungen weiter vorne in diesem Kapitel → I.

VI. Prozessuales

1. Außergerichtliche Abmahnung

122 Das von einer Rechtsverletzung betroffene Unternehmen ist zur Vermeidung der Kostenfolge des § 93 ZPO angehalten, die rechtsverletzende Partei außergerichtlich abzumahnen. Wird hierzu ein Rechtsanwalt eingeschaltet, können dessen Kosten auf Basis des Rechtsanwaltsvergütungsgesetzes über die Regeln der GOA (§§ 767 ff. BGB) oder im Wege des Schadensersatzes (§§ 823 ff. BGB, 12 Abs. 1 UWG etc) vom Rechtsverletzer ersetzt verlangt werden. In der Praxis bildet die grundsätzliche Geltendmachung dieser Rechtsanwaltskosten und deren Höhe häufig Grund zu intensiver Auseinandersetzung zwischen den Parteien und deren anwaltlicher Vertreter, vor allem, wenn es sich um Ansprüche aus dem Bereich der Störerhaftung handelt und/oder private Personen betroffen sind.

123 Hinsichtlich der grundsätzlichen prozessualen Regeln verweise ich auf → § 34. Nachfolgend stelle ich einige Besonderheiten für den Bereich der Verantwortlichkeit von Inhalten dar:

124 Eine außergerichtliche Abmahnung muss die **Rechtsverletzung darstellen** und die Abgabe einer strafbewehrten Unterlassungserklärung fordern. Das Beifügen der vorformulierten Unterlassungserklärung ist dabei mittlerweile gängig, von der Rechtsprechung aber nicht vorausgesetzt. Sofern die Abmahnung inhaltlich berechtigt ist, empfiehlt sich die Abgabe einer strafbewehrten Unterlassungserklärung, wobei vor allem bei einem nicht ganz eindeutig zu ermittelnden Sachverhalt und/oder ansehender Änderung der Gesetzeslage die Unterlassung „**ohne Anerkennung einer Rechtspflicht, aber rechtsverbindlich**" abgegeben werden sollte.

125 Der rechtliche Berater des Rechtsverletzers hat die Möglichkeit, die Unterlassungserklärung auf ihre Korrektheit, insbesondere zu weit gehende Formulierungen und die Angemessenheit der Vertragsstrafe, zu überprüfen und für seinen Mandanten neu zu formulieren.

126
> **Formulierungsvorschlag: Unterlassungserklärung für Rechtsverletzer**
> Unterlassungs- und Verpflichtungserklärung
>
> Herr Klaus Wagner
> Minoritenweg 1
> 8000 München
>
> verpflichtet sich hiermit – ohne Anerkennung einer Rechtspflicht und ohne Präjudiz für die Sach- und Rechtslage, jedoch rechtsverbindlich – gegenüber dem
>
> X-Verlag
> Hauptstrasse 10
> 93053 Regensburg
>
> es ab sofort zu unterlassen, geschützte Werke des X-Verlages ohne die erforderliche Einwilligung im Internet öffentlich zugänglich zu machen oder machen zu lassen.
> Für jeden Fall der schuldhaften Zuwiderhandlung gegen die vorbezeichnete Unterlassungsverpflichtung hat Herr Wagner an den Verlag eine durch den Verlag nach billigem Ermessen zu bestimmende Vertragsstrafe, deren Höhe im Streitfall durch das zuständige Landgericht auf ihre Billigkeit und Angemessenheit zu überprüfen ist, zu zahlen.
>
> München, den ......
>
> ......
> Unterschrift

127 In einigen wenigen Fällen hält die Rechtsprechung die außergerichtliche Abmahnung für entbehrlich, ohne dass der Antragsteller trotz sofortigem Anerkenntnisses der Ansprüche

durch den Antragsgegner die Kosten des Verfahrens gem. § 93 ZPO selbst tragen müsste. Dies sind insbesondere die Fälle der Sequestration von Waren durch einen Gerichtsvollzieher, falls die Gefahr besteht, dass die Ware bei einer Abmahnung beiseite geschafft, anstatt herausgegeben wird und zum zweiten die Fälle der **hohen Eilbedürftigkeit**, falls schlicht zeitlich keine Abmahnung mehr möglich ist. Bei der letzten Fallgruppe ist jedoch Vorsicht geboten, denn möglicherweise wäre in einem solchen Fall eine schriftliche Abmahnung von wenigen Stunden angemessen.

Hinsichtlich der Kosten der außergerichtlichen Abmahnung gilt die grundsätzliche Regel, dass die entstehenden **Kosten** von der rechtsverletzenden Partei zu ersetzen sind. Der Rechtsanwalt ist dabei in seiner Schätzung des Gegenstandswertes frei, allerdings ist dieser von den Gerichten gemäß § 3 ZPO auf seine Angemessenheit hin überprüfbar.

Für einfachere Streitigkeiten aus dem Bereich des UWG, die gerade die Bagatellgrenze überschritten haben, sind Streitwerte unter EUR 5.000,- anzunehmen. Für markenrechtliche Rechtsverletzungen beträgt der Streitwert dagegen zwischen EUR 20.000,- und EUR 100.000,-, häufig sogar noch darüber.

Im Bereich des Urheberrechts ist diesbezüglich § 97a UrhG zu beachten. Vor dem Inkrafttreten der geänderten Fassung dieser Vorschrift[125] ging beispielsweise das OLG Düsseldorf bei Filesharingansprüchen aufgrund der Gefährlichkeit und Schädlichkeit des zu unterbindenden Verhaltens je geschütztem Musik- oder Filmwerk von einem Streitwert von EUR 2.500,- aus,[126] das OLG Hamm von EUR 2.000,-.[127] Seit 1.10.2013 haben urheberrechtliche Abmahnungen nun strenge formale Anforderungen zu erfüllen, sofern der Abgemahnte eine natürliche Person ist, § 97a Abs. 3 Ziff.1 UrhG. Soweit die Abmahnung demnach berechtigt ist, kann der Rechtsanwalt in bestimmten Fällen für die Abmahnung lediglich maximal eine mittlere Gebühr nach einem Gegenstandswert von EUR 1.000,- vom Abgemahnten verlangen.

In der anwaltlichen Praxis hat sich nach der Einführung des neuen § 97a UrhG gezeigt, dass sich nun zwar eine Vielzahl von Abmahnungen hinsichtlich der Rechtsanwaltskosten im Rahmen des Gegenstandswerts von EUR 1.000,- bewegen, zusätzlich allerdings Schadensersatz- und andere Aufwendungsersatzansprüche hinzu addiert werden. Dies ist wohl zulässig. Nur die Umlegung der Rechtsanwaltskosten wurde mit § 97a UrhG begrenzt, hingegen nicht andere Kosten, die mit der Ermittlung der Rechtsverletzung in Zusammenhang stehen.[128] Hierzu können beispielsweise technische Ermittlungskosten gehören sowie Kosten in Zusammenhang mit einem nach § 101 Abs. 9 UrhG durchgeführten Verfahren zur Erlangung von Auskünften mittels gerichtlichen Beschlusses.[129]

Des Weiteren ist zu beachten, dass die neue Regelung in § 97a UrhG nur für solche Abmahnungen gilt, die dem Abgemahnten *nach dem Inkrafttreten* dieses Gesetzes, also am oder nach dem 1.10.2013, zugegangen sind.

Bei dem Down- und/oder Upload von ganzen Musikalben wird von der Musikindustrie nach wie vor oft die Ansicht vertreten, dass bei einer Vielzahl von Dateien per se ein Fall vorliege, der den Wert von 1.000,- Euro zur Bemessung der Anwaltskosten nach den besonderen Umständen des Einzelfalls unbillig erscheinen lässt. Die Gegenansicht argumentiert mit dem Sinn und Zweck der Vorschrift. Der Gesetzgeber habe bei der Schaffung des neuen § 97a UrhG den Verbraucherschutz im Auge gehabt, wonach die Größe der Datei oder die Anzahl der Musiktitel nicht das entscheidende Argument für oder gegen die Anwendung der 1.000,- Euro-Klausel sein könne.

Bis zur BGH-rechtlichen Klärung wird der konkrete Anwendungsbereich des § 97a Abs. 2–4 UrhG aber wohl weiter umstritten bleiben.

---

[125] Die Regelung zur Abmahnung ist durch das Gesetz zur Verbesserung der Durchsetzung von Rechten des geistigen Eigentums vom 7.7.2008 (BGBl. I 1191) in das UrhG eingefügt worden. Die Regelung wurde neu gefasst mit dem Gesetz gegen unseriöse Geschäftspraktiken vom 1.10.2013 (BGBl. I 3714).
[126] OLG Düsseldorf Beschl. v. 4.2.2013 – I-20 W 68/11, CR 2013, 538.
[127] OLG Hamm Beschl. v. 4.11.2013 – I-22 W 60/13.
[128] BeckOK UrhR/*Reber* UrhG § 97a Rn. 23–28.
[129] BeckOK UrhR/*Reber* UrhG § 97a Rn. 23–28.

2. Einstweiliges Verfügungsverfahren

134 Wird die Unterlassungserklärung nicht oder nicht vollständig abgegeben, besteht die Möglichkeit, bei dem zuständigen Gericht einen Antrag auf Erlass einer einstweiligen Verfügung zu stellen. Dabei sind die von den jeweiligen Gerichten intern entwickelten Fristen zur Eilbedürftigkeit zu beachten. Die kürzeste Frist wenden die Gerichte in Nürnberg, München und Berlin an, die das Vorliegen eines Verfügungsgrunds schon aufgrund eines Zeitablaufs zwischen Kenntnis der Rechtsverletzung und Einreichen des Antrags von einem Monat und einem Tag ablehnt. Das AG Berlin geht bisweilen sogar von einer 4-Wochen-Frist aus.

135 Im Rahmen der einstweiligen Verfügung können keine Schadensersatzansprüche geltend gemacht werden, da eine Entscheidung über sie eine Vorwegnahme der Hauptsache darstellen würde. Aus diesem Grund bevorzugt der beauftragte Rechtsanwalt in den Fällen, in denen Schadensersatz ein wesentliches Ziel des Mandanten ist, die ordentliche zivilrechtliche Klage.

3. Klage

136 Die Möglichkeiten zur klageweisen Durchsetzung von Beseitigung-, Unterlassungs-, Auskunfts- und Schadensersatzansprüchen gegen den Handelnden, oder im Fall von Unterlassungsansprüchen auch gegen den Störer, bestehen im üblichen zivilprozessrechtlichen Umfang. Der Vorteil einer Klage gegenüber dem Antrag auf Erlass einer einstweiligen Verfügung ist insbesondere, dass damit neben dem oder anstatt des Unterlassungsbegehrens Auskunfts- und Schadensersatzansprüche geltend gemacht werden können. Zudem endet das Verfahren nicht mit einem Beschluss (und damit einer gewissen Wahrscheinlichkeit eines Hauptsacheverfahrens), sondern im Regelfall mit einem Urteil, sofern vorher kein Prozessvergleich zwischen den Parteien geschlossen wurde. Auch das einstweilige Verfügungsverfahren kann jedoch mit einem Urteil enden, sofern nach einem Widerspruch des Antragsgegners und einer vom Gericht angeordneten mündlichen Verhandlung ein Urteil ergeht. Welches das bessere prozessuale Vorgehen ist, muss im Einzelfall entschieden werden.

4. Beweislast/Darlegungslast

137 Hinsichtlich der Darlegungslast der Anspruchsvoraussetzungen eines Beseitigungs-, Unterlassungs- und/oder Schadensersatzanspruchs gelten im Vergleich zu den sonstigen gesetzlichen Anspruchsgrundlagen keine Besonderheiten. Grundsätzlich gilt, dass derjenige die anspruchsbegründenden Tatsachen darzulegen hat, der einen Anspruch durchsetzen möchte.

138 a) **Unterlassungsansprüche.** Die Beweislast bei Unterlassungsansprüchen gegen mittelbare Störer war Gegenstand zahlreicher BGH-Entscheidungen.[130] Insbesondere mit dem Urteil „Bear-Share" differenzierte der BGH die sekundäre Beweislast für den Bereich der File-Sharing-Fälle weiter.[131] Zunächst ist davon auszugehen, dass der Anspruchsinhaber nach den allgemeinen Grundsätzen die Darlegungs- und Beweislast dafür trägt, dass die Voraussetzungen des geltend gemachten Anspruchs erfüllt sind. Danach ist es grundsätzlich seine Sache, darzulegen und nachzuweisen, dass der Anspuchsgegner (und angebliche Täter) für die behauptete Urheberechtsverletzung als Täter verantwortlich ist.[132]

139 Viele unterinstanzliche Gerichte gingen sodann davon aus, dass bei einer Rechtsverletzung über den Internetanschluss die Tatsache der Inhaberschaft eben dieses Internetanschlusses für eine tatsächliche Vermutung der Täterschaft spricht. Damit trifft den Anspruchsgegner, so-

---

[130] Siehe va BGH Urt. v. 19.4.2007 – I ZR 35/04, NJW 2007, 2636 = MMR 2007, 507 = GRUR 2007, 708 – Internet-Versteigerung II; BGH Urt. v. 12.5.2010 – I ZR 121/08, NJW 2010, 2061 = MMR 2010, 565 = CR 2010, 458 – Sommer unseres Lebens; BGH Urt. v. 15.11.2012 I ZR 74/12, NJW 2013, 1441 = GRUR 2013, 511 = WRP 2013, 799 – Morpheus.

[131] BGH Urt. v. 8.1.2014 – I ZR 169/12, NJW 2014, 2360 = GRUR 2014, 657 = MMR 2014, 547 – Bear-Share.

[132] BGH Urt. v. 15.11.2012 – I ZR 74/12, NJW 2013, 1441 = GRUR 2013, 511 = WRP 2013, 799 – Morpheus.

VI. Prozessuales

fern er Inhaber des Internetanschlusses ist, eine sekundäre Darlegungslast.[133] Diese wäre der Nachweis dafür, dass der Anspruchsgegner nicht der Täter der Rechtsverletzung war oder gewesen sein kann. Den Anspruchsgegner der primär darlegungsbelasteten Partei trifft in der Regel eine solche sekundäre Darlegungslast dann, wenn die primär darlegungsbelastete Partei keine nähere Kenntnis der maßgeblichen Umstände und auch keine Möglichkeit zur weiteren Sachverhaltsaufklärung hat, während dem Prozessgegner nähere Angaben dazu ohne Weiteres möglich und zumutbar sind.[134] Der BGH sieht insbesondere in den Fällen dann *keine* tatsächliche Vermutung für eine Täterschaft des Anschlussinhabers, wenn zum Zeitpunkt der Rechtsverletzung (auch) andere Personen diesen Anschluss benutzen konnten. Dies ist insbesondere dann der Fall, wenn der Internetanschluss zum Zeitpunkt der Rechtsverletzung nicht hinreichend gesichert war[135] oder bewusst anderen Personen zur Nutzung überlassen wurde.[136]

Der BGH stellt an dieser Stelle klar, dass die sekundäre Darlegungslast weder zu einer Umkehr der Beweislast noch zu einer über die prozessuale Wahrheitspflicht und Erklärungslast (§ 138 ZPO) hinausgehenden Verpflichtung des Anschlussinhabers, dem Anspruchsteller alle für seinen Prozesserfolg benötigten Informationen zu verschaffen, führt.[137] Der Anschlussinhaber genügt seiner sekundären Darlegungslast dadurch, dass er vorträgt, ob andere Personen und gegebenenfalls welche anderen Personen selbstständigen Zugang zu seinem Internetanschluss hatten und als Täter der Rechtsverletzung in Betracht kommen. In diesem Umfang ist der Anschlussinhaber im Rahmen des Zumutbaren auch zu Nachforschungen verpflichtet.[138]

Im einem Fall hatte der beklagte Anschlussinhaber seiner sekundären Darlegungslast dadurch entsprochen, dass er vorgetragen hat, der in seinem Haushalt lebende 20-jährige Sohn seiner Ehefrau habe die Dateien von dem in seinem Zimmer stehenden Computer zum Herunterladen bereitgehalten. Unter diesen Umständen ist es wieder Sache der Kläger als Anspruchsteller, die für eine Haftung des Beklagten als Täter einer Urheberrechtsverletzung sprechenden Umstände darzulegen und nachzuweisen.[139]

b) Schadensersatzansprüche. Bei Schadensersatzansprüchen und den eventuellen Privilegierungen nach dem TMG gelten keine Besonderheiten. Die Systematik wird nachfolgend aber aufgrund der Spezialgesetzlichkeit dargestellt:

Im TMG selbst finden sich keine Hinweise darauf, ob der Geschädigte die Voraussetzungen der Haftungsprivilegierungen nach §§ 8 bis 10 darzulegen hat, oder der Diensteanbieter, der in den Genuss der Haftungsfreistellung kommen möchte. Aus diesem Grund ist von den **allgemeinen Grundsätzen des Zivilprozesses** auszugehen. Demnach hat zunächst der Anspruchsteller gemäß der allgemeinen Regelungen die erforderlichen Tatbestandsmerkmale der von ihm herangezogenen Anspruchsgrundlage schlüssig darzulegen.

Zur Rechtssicherheit für den Hostprovider trägt zusätzlich die vom BGH[140] festgestellte Beweislastverteilung bei. Nach Ansicht des BGH handelt es sich bei der **Kenntnis** im Sinne der Haftungsprivilegierung um ein **anspruchsbegründendes Merkmal,** für das der Anspruchsteller darlegungs- und beweispflichtig sei. Die Begrenzung der Verantwortlichkeit nach dem TDG trage der Tatsache Rechnung, dass es dem Diensteanbieter aufgrund der technisch be-

---

[133] BGH Urt. v. 12.5.2010 – I ZR 121/08, NJW 2010, 2061 = MMR 2010, 565 = CR 2010, 458 – Sommer unseres Lebens.
[134] BGH Urt. v. 19.10.2011 – I ZR 140/10, NJW 2012, 1886 = GRUR 2012, 602 = CR 2012, 333 – Vorschaubilder II.
[135] BGH Urt. v. 12.5.2010 – I ZR 121/08, NJW 2010, 2061 = MMR 2010, 565 = CR 2010, 458 – Sommer unseres Lebens.
[136] BGH Urt. v. 15.11.2012 – I ZR 74/12, NJW 2013, 1444 = GRUR 2013, 511 = CR 2013, 324 – Morpheus.
[137] BGH Urt. v. 8.1.2014 – I ZR 169/12, NJW 2014, 2360 = GRUR 2014, 657 = MMR 2014, 547– BearShare.
[138] Ebd.
[139] BGH Urt. v 15.11.2012 – I ZR 74/12, NJW 2013, 1444 = GRUR 2013, 511 = CR 2013, 324 – Morpheus.
[140] BGH Urt. v. 27.3.2007 – IV ZR 101/06, CR 2007, 586; BGH Urt. v. 23.9.2003 – VI ZR 335/02, MMR 2004, 166.

dingten Vervielfachung von Inhalten und der Unüberschaubarkeit der mit ihnen verbundenen Risiken von Rechtsgutsverletzungen zunehmend unmöglich sei, alle fremden Inhalte zur Kenntnis zu nehmen und auf ihre Rechtmäßigkeit zu prüfen.[141]

145 Diese Rechtssicherheit (Haftung nur bei Kenntnis) ließe sich nicht erreichen, wenn man dem Anbieter die Beweislast für seine mangelnde Kenntnis auferlegen würde. Hieran hat sich auch durch die Einführung des TMG nichts geändert, da die Kenntnis immer noch die Ausnahme von dem Grundsatz darstellt, dass der Hostprovider für fremde Inhalte nicht haftet.

146 Hinsichtlich der Darlegung, wer die Darlegungslast dafür trägt, ob der **Einsatz von Filtersoftware** möglich und zumutbar ist, herrscht in der höchstrichterlichen Rechtsprechung keine klare Linie.

147 Seit der Entscheidung „Internet-Versteigerung II" ist zumindest klargestellt, dass der zumutbare Umfang der Unterlassungsverpflichtung vom Antragsteller soweit wie möglich zu konkretisieren ist. Nur dann, wenn „weder die Art der zukünftigen Angebote, noch die in der Zukunft bestehenden technischen Möglichkeiten, klare Verdachtsfälle herauszufiltern, abzusehen sind", soll eine Verlagerung von der Tenorierung im Erkenntnisverfahren in das Verschuldenserfordernis des Bestrafungsverfahrens nach § 890 ZPO zulässig sein.[142]

148 Mit der Entscheidung „Internet-Versteigerung II" wird für den Bereich der Mitstörerhaftung von Telemediendiensteanbietern dem unbestimmten Rechtsbegriff zumutbarer Prüfungspflichten die massive Unwägbarkeit hinzugefügt, wonach – abweichend von herkömmlichen wettbewerbsrechtlichen Grundsätzen[143] – den **Rechteinhabern** jedenfalls **teilweise** die **Darlegungs- und Beweislast in Bezug auf zumutbare Filtermöglichkeiten** – ebenso wie der Aufsichtsbehörde nach § 59 Abs. 4 S. 1 RStV – zugewiesen wird.[144] Dies erscheint gerechtfertigt, da im Bereich der Telemedien Filterpflichten aufgrund des Verbots allgemeiner Überwachungspflichten im Sinne des Art. 15 Abs. 1 ECRL nicht der Regelfall sind, sondern nach der BGH-Rechtsprechung grundsätzlich erst durch einen bekannt gewordenen Verletzungsfall ausgelöst werden und bei unzureichender Filterung – wie festgestellt – bestenfalls eine Erstbegehungsgefahr angenommen werden kann.

149 In der Entscheidung „**Alone in the Dark**" geht der BGH im Rahmen der Störerhaftung davon aus, dass es nach dem erstmaligen Vorliegen von Rechtsverletzungen zumutbar sei, künftig Wortfilter einzusetzen sowie eine nachgelagerte manuelle Überprüfung der ausgefilterten Dateinamen und Links vorzunehmen.[145] Dieses Screening schulde der Anbieter dem Grunde nach mit Blick auf alle Nutzer-Accounts sowie in gleicher Weise für Bestandsdaten wie auch für neu hochgeladene Inhalte. Erstmals kommt der BGH hier zu dem Ergebnis, dass auch manuelle Kontrollen zumutbar sein können und nicht per se ausgeschlossen werden können. Bis zu diesem Urteil war die Zumutbarkeit von Prüfungspflichten daran gemessen worden, ob damit das gesamte Geschäftsmodell in Frage gestellt werden würde.[146] Konkret bedeutet das, dass der jeweilige Rechtsverletzer im Rahmen seiner sekundären Darlegungslast nachvollziehbar erklären muss, welche Art von Prüfungs- und Kontrollpflichten für ihn unzumutbar sind und warum. Denn sogar eine händische Prüfung noch nicht betroffener Inhalte wären nach der BGH-Entscheidung möglich.

---

[141] BGH aaO, 167.
[142] Vgl. BGH Urt. v. 19.4.2007 – I ZR 18/04, BGHReport 2007, 825 = CR 2007, 523 – Internet-Versteigerung II, Tz. 48, 51 ff.
[143] AA LG München I Urt. v. 19.4.2007 – 7 O 3950/07, K&R 2007, 330; vgl. BGH Urt. v. 10.10.1996 – I ZR 129/94, NJW 1997, 2180 = GRUR 1997, 313 – Architektenwettbewerb; BGH Urt. v. 14.6.2006 – I ZR 249/03, CR 2006, 678 – Stadt Geldern.
[144] Vgl. zur Bejahung einer Beweislast der Rechteinhaber: OLG München Urt. v. 21.12.2006 – 29 U 4407/06, aaO; LG Hamburg Urt. v. 3.8.2005 – 315 O 296/05, CR 2006, 130; *Rössel/Rössel* CR 2005, 809 (813); aA OLG Hamburg Urt. v. 8.2.2006 – 5 U 78/05, K&R 2006, 225 – Cybersky; *Spindler* K&R 1998, 177 (179); unklar nun: BGH Urt. v. 12.7.2007 – I ZR 18/04, CR 2007, 728 = BGHReport 2007, 1043 – Jugendgefährdende Medien bei e-Bay, Tz. 43; ausführlich dazu: *Rössel/Kruse* CR 2008, 35 (40).
[145] BGH Urt. v. 12.7.2012 – I ZR 18/11, NJW 2013, 784 = GRUR 2013, 370 = MMR 2013, 185 – Alone in the Dark.
[146] Kinderhochstühle im Internet.

Alle anderen Voraussetzungen der §§ 8 bis 10 TMG, die bei deren Vorliegen zu einer Entlastung des Diensteanbieters führen würden, sind hingegen vom Diensteanbieter darzulegen und zu beweisen.[147]

VII. Die Haftung einzelner Anbieter und privater Personen

1. Plattformen allgemein

Die Betreiber von Internet-Plattformen, wie zB **Chatrooms, Meinungsforen und Online-Auktionen,** speichern die Beiträge von Nutzern und halten die diesbezüglichen Daten und Informationen für die Nutzer selbst und für Dritte bereit. Damit sind die Betreiber von Plattformen als **Hostprovider** tätig, denn nach dem Wortlaut des § 10 TMG und Art. 14 ECRL kommt es für die Qualifizierung als solcher allein auf das **Abspeichern der Inhalte** an.[148] Der im Schrifttum vereinzelt vertretenen Ansicht, diese Betreiber seien als Access-Provider anzusehen, da sie lediglich den Zugang zu den Foren vermitteln,[149] konnte bereits nach der Novellierung des TDG nicht mehr gefolgt werden. Denn der grundsätzliche Haftungsausschluss des Zugangsproviders nach § 8 TMG (früher § 9 TDG) beruht darauf, dass die Tätigkeit beim bloßen Durchleiten von Daten automatisch erfolgt und der Provider damit keine Kenntnis der weitergeleiteten oder kurzzeitig zwischengespeicherten Informationen hat.[150]

Plattformbetreiber als Anbieter von Chatrooms oder Foren nutzen dagegen durchaus die Möglichkeit, Beiträge der Nutzer zumindest kurzfristig zu speichern. Das ist meist auch nötig, damit die Nutzer auf die vorangegangene Kommunikation zugreifen können, zB durch Zurückscrollen. Damit ist die Tätigkeit des Betreibers nicht rein automatischer Art.[151] Zwar bleibt die Speicherung für den Nutzer meistens unbemerkt, allerdings ändert das nichts an dem Merkmal des „Speicherns", so dass von einem Hosting iS des § 10 TMG auszugehen ist.

Die Rechtsprechung sieht an diesem Punkt keine Abgrenzungsproblematik zwischen §§ 8 und 10 TMG, sondern wertet die Verantwortlichkeit der Betreiber von Internetforen, Gästebüchern und Online-Auktionen ohne weitere Diskussion als Hosting im Sinne des § 10 S. 1 Nr. 1 TMG,[152] bzw. betrachtet die Inhalte als eigene Inhalte nach § 7 Abs. 1 TMG.[153]

Zudem besteht in Rechtsprechung und Literatur Einigkeit, dass eine Haftung eines Forumbetreibers in jedem Fall dessen **positive Kenntnis** voraussetzt. Diese Kenntnis kann beispielsweise durch eine E-Mail des Betroffenen oder ein Anwaltsschreiben[154] an den Diensteanbieter hergestellt werden.

Nicht endgültig geklärt ist der Bezugspunkt der Kenntnis. Hier kommt die Kenntnis der Handlung, der Rechtswidrigkeit oder aber die Kenntnis der Rechtsverletzung in Betracht. Der I. Zivilsenat macht eine Haftung von einer Abwägung im Einzelfall abhängig und führt in der Entscheidung „jugendgefährdende Medien bei e-Bay" aus, dass entscheidend für die Haftung des Betreibers eines Meinungsforums, die **Kenntniserlangung von der Rechtsverletzung** sei. Es ist daher in tatsächlicher Hinsicht Kenntnis des Anbieters von einem konkreten Inhalt bzw. den Indizumständen erforderlich.[155]

Umstritten ist also lediglich der **Bezugspunkt der Kenntnis** im Sinne von § 10 S. 1 Nr. 1 Alt. 2 TMG. Hier gilt das unter → Rn. 86 ff. Erwähnte. Insgesamt ist mit der überwiegenden

---

[147] So auch Spindler/Schmitz/Geis/*Spindler* § 9 Rn. 54.
[148] Spindler/Schmitz/Geis/*Spindler* TDG § 11 Rn. 5.
[149] ZB *Sieber*, Verantwortlichkeit im Internet, Rn. 319.
[150] Begründung zum RegE zum EEG, BT-Drs. 14/6098, S. 24.
[151] *Libertus* TKMR 2003, 179 (184).
[152] St. Rspr., vgl. zB BGH Urt. v. 12.7.2012 – I ZR 18/11, NJW 2013, 784 = GRUR 2013, 370 = MMR 2013, 185 – Alone in the Dark; BGH Urt. v. 15.8.2013 – I ZR 79/12, GRUR-RR 2014, 136 – Prüfpflichten.
[153] BGH Urt. v. 12.11.2009 – I ZR 166/07, GRUR 2010, 616 = MMR 2010, 556 = CR 2010, 468 – marions-kochbuch.de.
[154] Ausdrücklich so BGH Urt. v. 15.8.2013 – I ZR 79/12, GRUR-RR 2014, 136 – Prüfpflichten.
[155] BGH Urt. v. 12.7.2007 – I ZR 18/04, CR 2007, 728 = BGHReport 2007, 1043 – Jugendgefährdende Medien bei e-Bay, Tz. 40, 41.

BGH-Rechtsprechung davon auszugehen, dass zumindest die Kenntniserlangung der eindeutigen Rechtsverletzung unmittelbar weitere Prüf- und Kontrollpflichten auslöst.

157 Nach den Regeln der Störerhaftung bestimmt sich dann der Umfang der Prüfpflichten desjenigen, der als Störer in Anspruch genommen wird, danach, ob und inwieweit ihm nach den Umständen eine Prüfung zuzumuten ist.[156] Um diese Zumutbarkeit der Prüfungs- und Kontrollpflichten rankt sich dann die Einzelfallrechtsprechung des BGH.

158 Der VI. Zivilsenat des BGH machte in diesem Zusammenhang zudem klar, dass es keine Rolle spielt, ob der eigentliche Rechtsverletzer greifbar ist oder nicht.[157] Er lehnt somit für den Bereich des Zivilrechts eine Unterordnung der mittelbaren Haftung des Plattformbetreibers etwa im Sinne von § 59 Abs. 4 S. 1 RStV nF ab.

159 In allen bisher ergangenen Entscheidungen lehnt der I. Zivilsenat des BGH zudem eine Vorab-Überwachungspflicht von fremden Inhalten ab. Im Rahmen seiner Urteilsbegründung zu „jugendgefährdende Medien bei e-Bay" stellt das Gericht unmissverständlich klar, dass es eine allgemeine Vorab-Überwachungspflicht gemäß Wortlaut des § 7 Abs. 2 S. 1 TMG nicht geben könne.[158] Hiervon nicht umfasst sei allerdings das maßgebliche Erforschen von Tathinweisen zu **kerngleichen Fällen nach Kenntnis eines konkreten Verstoßes** im Sinne einer „besonderen Überwachungspflicht".[159] Diese Ansicht wurde durch die Entscheidung „Namensklau im Internet" noch mal ausdrücklich bestätigt[160] und auch in seinen jüngeren Entscheidungen bleibt der BGH bei dieser Leitlinie. So besteht auch keine Pflicht des Plattformbetreibers zu einer manuellen Bildkontrolle dahingehend, ob unter Verwendung einer Bildmarke in einem Angebot von den Originalerzeugnissen abweichende Produkte angegeben werden.[161]

2. Soziale Netzwerke

160 Ein **soziales Netzwerk** oder auch **Social Network** (deutsch: **gemeinschaftliches Netzwerk**) im Internet ist eine lose Verbindung von Menschen in einer Online-Community.[162] Handelt es sich um ein Netzwerk, in dem die Benutzer die Inhalte mitgestalten, dann spricht man oft auch von „sozialen Medien" oder vom „Web 2.0". Zu den bekannten Netzwerken gehören Twitter, XING, Flickr, Pinterest und natürlich Facebook, letzters mit über 1 Milliarde Nutzern.

161 Die Haftung von Betreibern sozialer Netzwerke ist inhaltlich nicht anders zu beurteilen, als die Haftung von Betreibern von Internetplattformen allgemein. Für die Bearbeitung einer rechtlichen Frage zur Verantwortlichkeit für Inhalte in der Praxis bedeutet das, dass die oben unter → 1. skizzierten Vorgaben geprüft werden müssen. Ausgehend davon, dass es sich bei den von den Nutzern generierten Inhalten meist um fremde Inhalte handeln wird und der jeweilige Betreiber des Netzwerks als Hostprovider nach § 10 S. 1 Ziff. 1 TMG zu verstehen ist, muss ihm im Rahmen der Störerhaftung die Verletzung einer zumutbaren Prüfungs- und Kontrollpflicht angelastet werden können.

162 Im Bereich der sozialen Netzwerke spielt dabei oft die Verletzung von Persönlichkeitsrechten eine Rolle. Mit solchen hat sich der VI. Zivilsenat häufiger auseinanderzusetzen,[163]

---

[156] BGH Urt. v. 15.10.1998 – I ZR 120/96, GRUR 1999, 418 – Möbelklassiker; BGH Urt. v. 1.4.2004 – I ZR 317/01, BGHZ 158, 343 – Schöner Wetten; BGH Urt. v. 9.2.2006 – I ZR 124/03, GRUR 2006, 875 Rn. 32 = WRP 2006, 1109 – Rechtsanwalts-Ranglisten; BGH Urt. v. 12.5.2010 – I ZR 121/08, NJW 2010, 2061 = MMR 2010, 565 = CR 2010, 458 – Sommer unseres Lebens.
[157] BGH Urt. v. 27.3.2007 – VI ZR 101/06, CR 2007, 586.
[158] BGH Urt. v. 12.7.2007 – I ZR 35/04, CR 2007, 728 – Jugendgefährdende Medien bei e-Bay, Tz. 39, 41, 43; aA weitergehend hinsichtlich eines Verbots „proaktiver Überwachungspflichten": Antrag der FDP v. 13.6.2007, BT-Drs. 16/5613; Antrag von Bündnis 90/Die Grünen, BT-Drs. 16/6394.
[159] BGH Urt. v. 12.7.2007 – I ZR 35/04, CR 2007, 728 = BGHReport 2007, 1043 – Jugendgefährdende Medien bei e-Bay, Tz. 44; ausführlich dazu: *Rössel/Kruse* CR 2008, 35.
[160] BGH Urt. v. 10.4.2008 – I ZR 227/05, GRUR 2008, 1097 – Namensklau im Internet.
[161] BGH Urt. v. 17.12.2010 – V ZR 44/10; BGH Urt. v. 22.7.2010 – I ZR 139/08, CR 2011, 259 = GRUR 2011, 152 – Kinderhochstühle im Internet.
[162] Definition bei Wikipedia.
[163] BGH Urt. v. 25.10.2011 – VI ZR 93/10, BGHZ 191, 219 = GRUR 2012, 311 = MMR 2012, 124 – Blog-Eintrag.

woraus sich mittlerweile einige Grundregeln ablesen lassen, die wie nachfolgend knapp zusammengefasst geprüft werden können:

> **Prüfungsfolge: Verantwortlichkeit von Inhalten in sozialen Netzwerken nach der BGH-Entscheidung Blog-Eintrag**
>
> 1. Rechtsverletzung gegeben?
> 2. Netzwerkbetreiber mittelbarer Störer? (Falls er Inhalte zu eigen gemacht hat, erfolgt eine Haftung nach den allgemeinen Regeln); Indizien für Störerhaftung: technisches Betreiben der Plattform, Bereitstellen des Dienstes zur Nutzung, Ermöglichung des Abrufs der Inhalte etc.
> 3. Verletzung zumutbarer Prüfpflichten? Einzelfall entscheidend/Abwägung erforderlich. Kriterium: Ob und inwieweit ist dem als Störer in Anspruch genommenen nach den jeweiligen Umständen des Einzelfalls unter Berücksichtigung seiner Funktion und Aufgabenstellung sowie mit Blick auf die Eigenverantwortung desjenigen, der die rechtswidrige Beeinträchtigung selbst unmittelbar vorgenommen hat, eine Prüfung zuzumuten. Jedenfalls keine Vorab-Kontrolle erforderlich.
> 4. Maßstab bei Persönlichkeitsverletzungen:
>   - auch hier keine Vorab-Überprüfungspflicht
>   - Verantwortlichkeit ab Kenntnis der Rechtsverletzung. Ist diese schwer feststellbar (insbesondere bei Persönlichkeitsverletzungen oft der Fall, wenn eine behauptete Tatsache wahr oder falsch sein kann), dann muss der gesamte Sachverhalt ermittelt werden.
>   - Ermittlung des Sachverhalts: Weiterleitung der Beantwortung an den für den BLOG-Verantwortlichen zur Stellungnahme. Bleibt eine Stellungnahme innerhalb einer nach den Umständen angemessenen Frist aus, ist von der Berechtigung der Beanstandung auszugehen und der beanstandete Eintrag zu löschen. Stellt der für den Blog Verantwortliche die Berechtigung der Beanstandung substantiiert in Abrede und ergeben sich deshalb berechtigte Zweifel, ist der Provider grundsätzlich gehalten, dem Betroffenen dies mitzuteilen und gegebenenfalls Nachweise zu verlangen, aus denen sich die behauptete Rechtsverletzung ergibt. Bleibt eine Stellungnahme des Betroffenen aus oder legt er gegebenenfalls erforderliche Nachweise nicht vor, ist eine weitere Prüfung nicht veranlasst. Ergibt sich aus der Stellungnahme des Betroffenen oder den vorgelegten Belegen auch unter Berücksichtigung einer etwaigen Äußerung des für den Blog Verantwortlichen eine rechtswidrige Verletzung des Persönlichkeitsrechts, ist der beanstandete Eintrag zu löschen.

Im Ergebnis ist also bei Persönlichkeitsverletzungen lediglich von einer noch differenzierteren Prüfungs- und Kontrollpflicht auszugehen, als dies bei der sonstigen mittelbaren Störerhaftung der Fall ist.

3. Suchmaschinenbetreiber

Die Verantwortlichkeit der Betreiber von Suchmaschinen lässt sich phänomenologisch in drei Kategorien unterteilen: zum Einen geht es um die Verantwortlichkeit der Betreiber von klassischen Suchmaschinen (also va Google) für die von Ihnen aufgefundenen und bereitgestellten Inhalte (a.), zum zweiten um Inhalte, die von den Suchmaschinenbetreibern selbst stammen, also deren eigene Inhalte (b.) und schließlich die Verantwortlichkeit von Betreibern, die lediglich bestimmte Inhalte im Internet abgreifen und diese systematisiert darstellen, wie beispielsweise die sog Preissuchmaschinen (c.).

a) Fremde aufgefundene Inhalte über Suchmaschinen. Die unmittelbare Einordnung der Betreiber von Suchmaschinen innerhalb der §§ 7 bis 10 TMG scheidet vor dem Hintergrund des gesetzlichen Wortlauts und der ECRL, die an dieser Stelle keine Regelung trifft, aus. Der BGH hat dennoch hinsichtlich der Haftung der Suchmaschine Google auf Art. 14 I der E-Commerce-RL abgestellt.[164] Diese Regelung sei auf die Bereitstellung der Dienstleistungen

---

[164] BGH Urt. v. 29.4.2010 – I ZR 69/08, NJW 2010, 2731 = GRUR 2010, 628 = MMR 2010, 475 – Vorschaubilder I.

von Suchmaschinen anwendbar, wenn die betreffende Tätigkeit des Suchmaschinenbetreibers rein technischer, automatischer und passiver Art ist und er weder Kenntnis noch Kontrolle über die von ihm gespeicherte oder weitergeleitete Information besitzt. Eine Haftung des Suchmaschinenbetreibers käme dann in Betracht, nachdem er von der Rechtswidrigkeit der gespeicherten Information Kenntnis erlangt hat. In der Folge wurde die von der Rechtsprechung entwickelte Störerhaftung für Internetprovider entsprechend angewandt.

167 Vor dieser Entscheidung war eine gerichtliche Einordnung in der Vergangenheit nur ganz vereinzelt vorgenommen worden. So hat beispielsweise das LG München im Jahr 2000 die Haftung eines Suchmaschinenbetreibers für markenrechtliche Unterlassungsansprüche mangels Störereigenschaft abgelehnt. Das Gericht stellte fest, dass der Betreiber lediglich Einträge in ein Verzeichnis einstellte und ihm daher Prüfungspflichten zur Untersuchung der Links und Seiten auf markenrechtswidrige Inhalte unzumutbar seien.

168 Das LG Berlin hatte hingegen eine Haftung eines Suchmaschinenbetreibers bejaht, soweit es um dessen Prüfungspflichten in Bezug auf die Rechtswidrigkeit bereits abgemahnter und damit ganz bestimmter Einträge geht.[165] Allerdings hat das Kammergericht Berlin diese Entscheidung wieder aufgehoben und argumentiert, dass eine Haftung erst in Frage kommen könne, wenn eine tatsächliche Kenntnis der Rechtsverletzung vorliege.[166]

169 Das OLG Nürnberg hatte eine Haftung für Suchmaschinebetreiber im Falle von Persönlichkeitsverletzungen schon deshalb abgelehnt, weil es für den Betreiber keine Rechtspflicht gäbe, die mit den Trefferergebnissen verlinkten Inhalte inhaltlich zu prüfen.[167]

170 Seit der oben genannten BGH-Entscheidung „**Vorschaubilder I**" ist nun aber klar, dass das höchste deutsche Zivilgericht davon ausgeht, dass es sich bei einem Suchmaschinenbetreiber um einen Hostprovider nach § 10 S. 1, Ziff. 1 TMG handeln soll. In dem zu entscheidenden Fall ging es um einen urheberrechtlichen Sachverhalt, bei dem die Bilder einer Künstlerin im Rahmen der Google-Bildersuche als verkleinerte „Thumbnails" angezeigt wurden. In der Folge sollen alle zur Störerhaftung entwickelten Grundsätze abgeprüft werden. Die Entscheidung wurde vor allem dahingehend kritisiert, dass es sich vorliegend nicht um eine Rechtsverletzung handle, die auf Veranlassung Dritter geschehe, sondern um eine eigenständige Rechtsverletzungshandlung Googles. Es liegt daher gerade keine dem klassischen Hostprovider vergleichbare Tätigkeit vor in dem Sinne, dass dieser nur auf fremde Veranlassung hin Daten speichert und gegebenenfalls Dritten zugänglich macht.[168]

171 Die Literatur vertrat bis dahin überwiegend die Ansicht, dass es sich bei den durch Suchmaschinen innerhalb einer Suchanfrage angezeigten Links um eine **bloße Zugangsvermittlung** handelt, auf die der Rechtsgedanke des § 8 TMG anzuwenden sei.[169]

172 Die Gegenansicht vertritt die Meinung, dass die Haftungsprivilegierung des § 8 TMG nur von demjenigen in Anspruch genommen werden kann, der im Internet nur Dienste erbringt, die vergleichbar sind mit einer reinen Telekommunikationsdienstleistung.[170] Das bedeutet, dass der Anbieter neben der technischen Zugangsvermittlung keine weiteren Handlungen vornehmen können soll. Der Betreiber einer Suchmaschine hingegen verfügt über die Möglichkeit, einzelne Links zu löschen oder zu sperren, was einer Einflussnahme auf die Inhalte gleichkommt. Demnach soll nach dieser Ansicht der Suchmaschinenbetreiber als Diensteanbieter im Sinne des § 10 TMG gelten. Im Ergebnis entspricht diese Auffassung nun der BGH-Rechtsprechung.

173 Eine entsprechende Anwendung des § 8 TMG – und damit ein Haftungsausschluss für die Betreiber von Suchmaschinen – könnte jedoch aus dogmatischen Gründen zu bevorzugen sein. Hauptargument dafür ist, dass bei einem Suchmaschinenbetreiber die **Vermittlungsleistung** und nicht die Speicherung von Drittinhalten im Vordergrund steht. So bestimmt nicht der Suchmaschinenbetreiber, sondern der Nutzer durch seine konkrete Abfrage, welche Links angezeigt werden. Der Suchmaschinenbetreiber hält durch das Anbieten einer Such-

---

[165] LG Berlin Urt. v. 22.2.2005 – 27 O 45/05, CR 2005, 530.
[166] KG Berlin Urt. v. 10.2.2006 – 9 U 55/05, MMR 2006, 393.
[167] OLG Nürnberg Beschl. v. 22.6.2008 – 3 W 1128/08, K&R 2008, 614.
[168] *Spindler* GRUR 2010, 791.
[169] *Koch* CR 1999, 200; *Vassilaki* MMR 1998, 636.
[170] ZB *Lackum* MMR 1999, 700; *Klein/Leistner* CR 2001, 196.

maske zunächst einen neutralen Inhalt vor. Er konfrontiert den Nutzer also nicht von vornherein mit bestimmten Inhalten.[171] Lediglich die technischen Möglichkeiten, die er dem Nutzer zur Verfügung stellt, können zur Nutzung rechtswidriger Inhalte instrumentalisiert werden. Die Leistungen des Suchmaschinenbetreibers kommen damit denen eines Telekommunikationsanbieters nahe, sodass die Anwendung des § 8 TMG gerechtfertigt sein könnte.

b) Eigene Inhalte von Suchmaschinen. Liefert der Suchmaschinenbetreiber über die Stichwortergänzungsfunktion bei der Eingabe des Namens von Personen Vorschläge zur Ergänzung dieses Namens, dann handelt es sich nach Ansicht des VI. Zivilsenats des BGH diesbezüglich um eigene Inhalte des Suchmaschinenbetreibers.[172] Der BGH geht mithin bei den Inhalten, die über diese Autocomplete-Funktion dargestellt werden, von Inhalten nach § 7 Abs. 1 TMG aus und verneint eine Handlung wegen Durchleitung, Zwischenspeicherung oder Speicherung fremder Informationen nach §§ 8 bis 10 TMG. Verletzen die über die Autocomplete-Funktion vorgeschlagenen Suchbegriffe das Persönlichkeitsrecht einer Person (zum Beispiel bei der Eingabe eines Vor- und Nachnamens durch den Begriff „Betrug" oder „Scientology", obwohl diese Person keine Verbindung zu dieser Sekte hat), dann wäre in einem nächsten Schritt eine Abwägung des Persönlichkeitsrechts mit der Meinungsfreiheit und wirtschaftlichen Handlungsfreiheit des Suchmaschinenbetreibers vorzunehmen. Überwiegt demnach das Schutzinteresse des Betroffenen die schutzwürdigen Belange des Suchmaschinenbetreibers, stellt sich der Eingriff in das Persönlichkeitsrecht als rechtswidrig dar.[173] Die Qualifizierung der durch den Suchwortergänzungsvorschlag gelieferten Begriffe als eigener Inhalt wird in der Literatur heftig kritisiert.[174] Hauptargument ist dabei, dass es sich bei der Autocomplete-Funktion nicht um einen eigenen Inhalt von Google handelt, sondern um einen Algorithmus. 174

Im weiteren bejaht der BGH in derselben Entscheidung grundsätzlich die Störerhaftung des Suchmaschinenbetreibers. Er betont dabei nicht ausdrücklich, dass es sich hier wohl seiner Ansicht nach um eine unmittelbare (nicht mittelbare!) Störung handelt. Wie bei der üblichen Prüfung der Störerhaftung wird der Umfang der Prüfungs- und Kontrollpflicht des Suchmaschinenbetreibers dann an der Zumutbarkeit festgemacht. 175

c) Haftung von Preissuchmaschinenbetreibern. Von Preissuchmaschinen im weiteren Sinne wird gesprochen, wenn Portalbetreiber die Möglichkeit eröffnen, über die Eingabe bestimmter Parameter (Ware, Marke, Preis etc) Leistungen der gesuchten Art von verschiedenen Anbietern für den Suchenden zur Verfügung zu stellen. Preisvergleichsportale im konkreten bieten den Nutzern die Möglichkeit, Produkte mehrerer Onlineshops auf einer Website zu sehen, um deren Preis zu vergleichen. Dabei ging es in zahlreichen Entscheidungen des BGH um die Verantwortlichkeit der einzelnen Shopbetreiber für ihre in der jeweiligen Preissuchmaschine auftauchenden Angebote. Zusammenfassend kann festgestellt werden, dass der jeweilige Anbieter, dessen Angebote auch in einer Preissuchmaschine aufgelistet werden, für die Einhaltung sämtlicher gesetzlicher Vorgaben einzustehen hat. Dies gilt sowohl für die Angabe von korrekten und vollständigen Versandkosten,[175] den Grundpreisangaben,[176] die Umsatzsteuer, als auch für alle weiteren von der PreisangabenVO vorgesehenen Verbraucherschutzvorschriften. Der jeweilige Anbieter haftet demnach als Täter der jeweiligen meist auf dem UWG basierenden Rechtsverletzung. 176

Ob der jeweilige Preissuchmaschinen*anbieter* als Störer für die jeweilige Rechtsverletzung ebenfalls haftet, war bis dato nicht Gegenstand einer höchstrichterlichen Entscheidung. Nach den von der Rechtsprechung entwickelten Grundsätzen zur Störerhaftung ist allerdings nicht davon auszugehen, dass der BGH Verbraucherschutzvorschriften aus der PreisangabenVO als Verkehrssicherungspflichten einordnen würde. 177

---

[171] *Schwarz/Poll*, Haftung nach TDG und MDStV, JurPc Web-Dok 73/2003, Abs. 116.
[172] BGH Urt. v. 14.5.2013 – VI ZR 269/12, NJW 2013, 2348 = MMR 2013, 535 = GRUR 2013, 751 – Autocomplete-Funktion.
[173] Ebd.
[174] Vgl. Anm. zu o. g. Urteil von *Hoeren* ZD 2013, 417.
[175] BGH Urt. v. 16.7.2009 – I ZR 140/07, GRUR 2010, 251 Tz. 15, 19 = WRP 2010, 245 – Versandkosten bei Froogle; BGH Urt. v. 18.3.2010 – I ZR 16/08 – Versandkosten bei Froogle II.
[176] BGH Urt. v. 28.6.2012 – I ZR 110/11 – Traum-Kombi.

4. Admin-C

178 Der Admin-C *(administrative contact)* ist der administrative Ansprechpartner einer Domain (zB für die Registrierungsstelle DENIC e. G.) und kann im Rahmen einer Störerhaftung allenfalls als **Mitstörer** in Anspruch genommen werden.

179 Die in der Vergangenheit bestehenden Unsicherheiten aufgrund uneinheitlicher und instanzlicher Rechtsprechung haben sich seit den beiden Grundsatzentscheidungen „Basler-Haarkosmetik" und „dlg.de" aufgelöst. In der Vergangenheit hielt das OLG Koblenz beispielsweise eine Mitstörereigenschaft des Admin-C bei einer kennzeichenrechtlichen Verletzung für nicht gegeben, da allein durch die Tatsache, dass sich der Admin-C als Ansprechpartner für administrative Fragen zu erkennen gibt, nicht automatisch ein adäquat kausaler Beitrag zur Rechtsverletzung gegeben sein muss.[177] Als Rechtsverletzer sei direkt der Domaininhaber in Anspruch zu nehmen.

180 Ebenso urteilte das OLG Hamburg noch 2007 im Falle einer Persönlichkeitsverletzung.[178] In diesem Fall wurde vor allem auf die fehlenden zumutbaren Kontroll- und Einflussmöglichkeiten des Admin-C eingegangen und eine Haftung im Ergebnis verneint.

181 Das OLG München hatte hingegen bereits deutlich differenziert: sobald unmittelbare Einflussmöglichkeiten des Admin-C auf den Domainnamen vorhanden sind, so ist eine Störerhaftung zu bejahen.[179]

182 Eine Haftung des Admin-C wurde vom OLG Koblenz für den Fall angenommen, dass der Admin-C sich gegen Entgelt für eine ausländische Firma als inländischer Vertreter zur Verfügung stellt, der mit Hilfe eines elektronischen Programms massenweise frei gewordene Domains jeweils kurze Zeit nach der Freigabe ermittelt und automatisch auf sich registriert. In diesem Fall wurden ihm auf Grund des finanziellen Vorteils Prüfpflichten auferlegt.[180]

183 Diese Ansicht vertrat auch das OLG Stuttgart. Allerdings mit der Einschränkung, dass „proaktive" Prüfungspflichten nur hinsichtlich sich aufdrängender oder offenkundiger Rechtsverletzungen zumutbar sind.[181]

184 Letztlich geht nun der BGH von einer grundsätzlichen Störereigenschaft des Admin-C aus. Eine Tätereigenschaft wurde vorher mit Verweis auf § 830 BGB, der an die im Strafgesetzbuch geregelten Kategorien der Täterschaft und Teilnahme anknüpft, verneint. Als Täter einer Namens- oder Kennzeichenverletzung würde der Admin-C daher nur haften, wenn er selbst die Merkmale der handlungsbezogenen Verletzungstatbestände erfüllen würde, was in den vorliegenden beiden Fällen nicht gegeben war.

185 Die vertragliche Verpflichtung des Admin-C, als Ansprechpartner der Denic e. G. zu fungieren, reicht zwar nach Ansicht des BGH noch nicht aus, um eine grundsätzliche Störereigenschaft des Admin-C zu bejahen. Allerdings ist es möglich, dass sich aus den besonderen Umständen des Streitfalls unter dem Gesichtspunkt eines gefahrerhöhenden Verhaltens ergibt, dass eine Verletzung von Verkehrspflichten (ähnlich den Fällen jugendgefährdende Medien bei eBay und Halzband) gegeben sein könnte. Im vorliegenden Fall hatte der Admin-C eine Vielzahl von Domains aufgrund einer vorliegenden Blanko-Vollmacht angemeldet. Das Gericht stellte daraufhin fest, dass eine massenhafte und vollständig ohne jegliche Rechtsprüfung ablaufende Domaineintragung eine Prüfpflicht im Sinne der Störerhaftung auslöst.

5. Affiliates

186 Affiliate-Systeme dienen dem Aufbau von Vertriebsnetzen im Internet. Dabei stellt ein Produktanbieter *(Merchant, Advertiser)* seine Werbemittel zur Verfügung, die der Affiliate *(Werbe-Partner)* auf seiner Webseite schalten kann, um an einer Provisionsvergütung partizipieren zu können.

---

[177] OLG Koblenz Urt. v. 25.1.2002 – 8 U 1842/00, CR 2002, 280 – Vallendar.de; so auch OLG Düsseldorf Urt. v. 3.2.2009 – I- 20 U 1/08, CR 2009, 534.
[178] OLG Hamburg Urt. v. 22.5.2007 – 7 U 137/06, MMR 2007, 601.
[179] OLG München MMR 2007, 577.
[180] OLG Koblenz Urt. v. 23.4.2009 – 6 U 730/08, MMR 2009, 549.
[181] OLG Stuttgart Urt. v. 24.9.2009 – 2 U 16/09, GRUR-RR 2010, 12.

VII. Die Haftung einzelner Anbieter und privater Personen

Inwieweit der Merchant für Rechtsverletzungen seiner Affiliates haftet, hat der BGH in seinem Urteil vom 7.10.2009[182] in einer Grundsatzentscheidung geklärt. Danach haftet der Merchant grundsätzlich für marken- und wettbewerbsrechtliche Rechtsverletzungen seiner Affiliates auf Basis der Beauftragtenhaftung gemäß § 14 VII MarkenG bzw. § 8 II UWG.[183]

„**Beauftragter**" im Sinne dieser Regelungen ist, wer, ohne Mitarbeiter zu sein, im oder für das Unternehmen eines anderen aufgrund eines vertraglichen oder anderen Verhältnisses tätig ist. Hauptgrund für das Eingreifen dieser Haftung ist laut BGH die Eingliederung der Werbepartner in die betriebliche Organisation. Die erfolgreiche Geschäftstätigkeit des Affiliates komme dem Merchant zugute und der Merchant hätte auch einen durchsetzbaren Einfluss auf die Partnerseiten, zB durch Vertragsstrafen, Vertragskündigungen oder die Beschränkung der Werbetätigkeit auf bestimmte Webseiten. Unerheblich ist es dabei, ob zwischen Affiliate und Merchant ein unmittelbares Vertragsverhältnis besteht oder ein Affiliate-Netzwerk Verträge mit beiden Partnern abschließt. Letztendlich entscheidet allein der Merchant, wer an seinem Partnerprogramm teilnimmt.

Es handelt sich bei der Beauftragtenhaftung[184] um eine **Erfolgshaftung ohne Entlastungsmöglichkeit**. Der Unternehmensinhaber kann sich daher nicht darauf berufen, er habe die Zuwiderhandlung seines Beauftragten nicht verhindern können bzw. er habe alles Zumutbare getan, um den Verstoß zu verhindern. Dies führt dazu, dass der Merchant auch bei Rechtsverstößen, die ohne sein Wissen und gegen seinen Willen geschen, haftet.

Diese Grundsätze gelten nach Ansicht des BGH allerdings nur für Webseiten, die zum Partnerprogramm angemeldet worden sind und der Provisionsabrede unterfallen.

Nicht abschließend wurde geklärt, ob daneben die Grundsätze der Störerhaftung greifen, bzw. ein Verstoß gegen Verkehrspflichten gegeben sein kann. Dies wurde von den Instanzgerichten unterschiedlich beurteilt. Entweder näherte man sich der Argumentation des BGH an oder die im Rahmen der Störerhaftung zumutbaren Prüfpflichten wurden erst bei einem Hinweis auf die Rechtsverletzung angenommen.[185] Letzteres kann nach dem Grundsatzurteil des BGH aber weiterhin für Seiten angenommen werden, die nicht zum Partnerprogramm zugelassen worden sind.[186]

Auch ist die Reichweite der Beauftragtenhaftung fraglich, mithin die Frage, wann der Affiliate im eigenen Geschäftskreis tätig wird. Zumindest Site-Promotion-Maßnahmen sind danach nicht dem Geschäftskreis des Merchants zuzuordnen, es sei denn, der werbende Link zur Merchant-Website ist bereits darin eingebunden oder die Affiliate-Website weist keine eigenen Inhalte auf, sondern leitet lediglich unmittelbar auf die Merchant-Website weiter.[187]

Aber auch der Affiliate muss sich mit Haftungsfragen auseinandersetzen. So ist zum Beispiel die Werbung für Heilmittel und Glücksspiel unter Umständen strafbar. Ein Verstoß in diesem Bereich kann zudem zu wettbewerbsrechtlichen Unterlassungs- und Schadensersatzklagen führen.

6. Verlinkte Inhalte

Weder die ECRL noch das TMG sieht eine Regelung der problematischen Haftung für die über Hyperlinks verbundenen Inhalte vor, so dass der Rechtsanwender sich an den von der Rechtsprechung herausgebildeten Regelungen orientieren muss.[188]

---

[182] BGH Urt. v. 7.10.2009 – I ZR 109/06, GRUR 2009, 1167 = MMR 2009, 827 = CR 2009, 794 – Partnerprogramm.
[183] Ebenso: LG Potsdam Urt. v. 12.12.2007 – 52 O 67/07, K & R 2008, 117; LG Berlin Urt. v. 16.8.2005 – 15 O 321/05, MMR 2006, 118; OLG Köln Urt. v. 8.2.2008 – 6 U 149/07, CR 2008, 521.
[184] Vgl. §§ 8 II UWG, 14 VII, 15 VI, 128 III MarkenG, § 2 I S. 2 UKlaG.
[185] OLG München Urt. v. 11.9.2008 – 29 U 3629/08, CR 2009, 111; LG Berlin Urt. v. 8.2.2006 – 15 O 710/05, Magazindienst 2006, 530; ablehnend: LG Frankfurt aM Urt. v. 15.12.2005 – 2/03 O 537/04, MMR 2006, 247; LG Hamburg Urt. v. 3.8.2005 – 315 O 296/05, CR 2006, 136 = MMR 2006, 120.
[186] *Klinger* jurisPR-ITR 24/2009 Anm. 2.
[187] Vgl. zu dieser zutreffenden Differenzierung *Janal* CR 2009, 317 (322); *Klinger* jurisPR-ITR 24/2009 Anm. 2.
[188] Vgl. das rechtshistorische Urteil des LG Hamburg dazu, dass zu einer Flut von (nutzlosen) Disclaimern auf Websites geführt hat: LG Hamburg Urt. v. 12.5.1998 – 312 O 85/98, CR 1998, 565.

194 **Zivilrechtlich** wegweisend war hier das 1998 ergangene Urteil des LG Hamburg,[189] das nach der Einrichtung einer Linksammlung auf einer Website den Inhaber der verlinkenden Website wegen ehrverletzender Äußerungen zu Unterlassung und Schadensersatz verpflichtete. Die ehrverletzenden Äußerungen befanden sich also nicht auf der Website des Verlinkenden, sondern auf verschiedenen Websites fremder Dritter. Der Verlinkende hatte auf seiner Website darauf hingewiesen, dass die jeweiligen Autoren für die von ihnen veröffentlichten Inhalte selbst haften. Das Gericht war der Ansicht, dass der Hinweis auf die eigene Verantwortung der Autoren keine ausreichende Distanzierung seitens des Inhabers der Homepage darstelle. Konkret führte das Gericht aus:

> „Hinsichtlich des klageweise weiterverfolgten Schadensersatzanspruchs ist auszuführen, dass entgegen der Auffassung des Beklagten die Aufnahme des Links weder von der „Haftungsfreizeichnungsklausel" – so sie denn am 17.2.1998 überhaupt aufgenommen gewesen ist – noch von dem ohnehin erst im nachhinein erstellten sog „Markt der Meinungen" gerechtfertigt wird."

195 Wie in der Entscheidung des BGH vom 30.1.1996[190] ausgeführt, kann das Verbreiten einer von einem Dritten über einen anderen aufgestellten herabsetzenden Tatsachenbehauptung dann eine Persönlichkeitsrechtsverletzung darstellen, wenn derjenige, der die Behauptung wiedergibt, **sich nicht ausreichend von ihr distanziert**. Eine solche ausreichende Distanzierung hat der Beklagte jedenfalls nicht dadurch vorgenommen, dass er auf die eigene Verantwortung des jeweiligen Autors verweist. Dies ist keine Distanzierung sondern vielmehr eine nicht verantwortete Weitergabe und damit eine eigene Verbreitung."

196 Hauptsächlich richtete sich damit also diese Entscheidung daran aus, ob eine **ausreichende inhaltliche Distanzierung** des Verlinkenden mit den von ihm verlinkten Inhalten erfolgte – oder nicht. Dieses Urteil löste eine Flut von selbstformulierten und dann vielfach kopierten „Disclaimern" auf Webseiten aus, die allesamt den Kern der Entscheidung übersehen hatten: das Gericht wollte eine inhaltliche Distanzierung von den rechtswidrigen Inhalten erreichen und keine einseitige Haftungsausschlusserklärung der Diensteanbieter.

197 Die Entscheidung des VI. Zivilsenates des **BGH** zur Forenhaftung macht aber deutlich, dass auch die **inhaltliche Distanzierung** von einer Rechtsverletzung, wie sie noch im Rahmen eines Live-Interviews geboten sein könnte,[191] im Bereich gespeicherter und damit der Löschung zugänglicher Inhalte im Internet **nicht in Betracht** kommt.[192]

198 Wegweisend zum Thema Linkhaftung ist zudem ein Urteil des BGH aus dem Jahr 2010.[193] Sofern die veröffentlichten Inhalte dem Schutz der Presse-und Meinungsfreiheit unterfallen, so sollen auch die dem Beitrag zugehörigen elektronischen Verweise (Links) auf fremde Internetseiten vom Grundrechtsschutz umfasst sein. Im vorliegenden Fall ging es um den Bericht über einen Kopierschutzknacker „AnyDVD", der äußerst effektiv den Kopierschutz von Video-DVDs aushebeln konnte. Der Heise-Verlag berichtete in einem Beitrag darüber und verlinkte zugleich auf eine Website des Herstellers von AnyDVD, über die weitere Informationen hinsichtlich des urheberrechtsverletzenden Programms eingeholt werden konnten. Während die Vorinstanzen hierin noch eine Rechtsverletzung sahen, bewertete der BGH die Setzung des Links als Teil der Berichterstattung und schrieb ihr informationsverschaffenden Charakter zu.

199 **Strafrechtlich** wurde die Frage nach der Haftung für verlinkte Inhalte darauf konzentriert, welchen Aussagegehalt der Link habe.[194] Solidarisiert sich der Verlinkende mit dem rechtswidrigen Inhalt eines anderen Anbieters, so ist er zu behandeln, als sei er Content-Provider und damit für die Inhalte verantwortlich.[195] Dabei richtet sich die strafrechtliche Verantwortung an dem Grundsatz „in dubio pro reo" aus: ist durch die Art der Verlinkung nicht zu erkennen, ob der Verlinkende sich mit den verlinkten Inhalten solidarisiert, oder

---

[189] LG Hamburg Urt. v. 12.5.1998 – 312 O 85/98, CR 1998, 565.
[190] BGH Urt. v. 30.1.1996 – VI ZR 386/94, NJW 96, 1131.
[191] BGH Urt. v. 6.4.1976 – VI ZR 246/74, BGHZ 66, 182, 188 – Bittenbinder.
[192] BGH Urt. v. 27.3.2007 – VI ZR 101/06, NJW 2007, 518 = CR 2007, 586.
[193] BGH Urt. v. 14.10.2010 – I ZR 191/08, NJW 2011, 2436 = GRUR 2011, 503 – AnyDVD.
[194] Hoeren, Internetrecht, http://www.uni-muenster.de/Jura.itm/hoeren/material/Skript/skript_Juni2006.pdf, Stand Juni 2006, S. 378.
[195] OLG München Urt. v. 6.7.2001 – 21 U 4864/00, ZUM 2001, 809.

VII. Die Haftung einzelner Anbieter und privater Personen

lässt sich aus dem Gesamtzusammenhang heraus nicht erkennen, dass der Link bewusst und gewollt in Kenntnis des verlinkten Inhalts gesetzt wurde, scheidet eine Haftung aus.[196]

Auch nach Ansicht des BGH ist in strafrechtlicher Hinsicht davon auszugehen, dass eine Verantwortung nicht in Betracht kommt, solange sich der Verlinkende mit den verlinkten Inhalten **nicht solidarisiert**.[197]

7. Filesharing

Unter Filesharing wird die direkte Weitergabe von Dateien innerhalb eines Peer-to-Peer-Netzwerkes verstanden, wobei in den meisten Fällen gleichzeitig mit dem Download einer Datei diese anderen Benutzern wieder zum Upload zur Verfügung gestellt wird.

Der Upload von urheberrechtlich geschützten Dateien verletzt dabei das Recht des Urhebers nach § 19a UrhG auf Öffentliches Zugänglichmachen. Der Download wiederum beeinträchtigt das Vervielfältigungsrecht nach § 16 UrhG, da die Herstellung eines Vervielfältigungsstücks von einer offensichtlich rechtswidrigen Datei nicht mehr von der Schranke der Privatkopie gedeckt ist.

Beim Thema Filesharing kommen verschiedene Aspekte der Haftung zum Tragen. Als Haftungssubjekt kommt zum einen der unmittelbar Handelnde, als auch der Anschlussinhaber oder der Netzwerkbetreiber in Betracht. Letzteres wird unter → Ziffer 8 „Share-Hosting/Filehoster" ausgeführt.

Handelt es sich bei dem unmittelbar Handelnden um **minderjährige Kinder,** wirkt sich die Einordnung des Urheberrechts als besonderes Deliktsrechts aus. Nach § 828 I und III BGB besteht die Haftung von Jugendlichen und Kindern erst ab Vollendung des siebten Lebensjahres und dann auch nur, wenn die erforderliche Einsichtsfähigkeit vorhanden ist. Im Bezug auf Filesharing und die Gefahren des Internets hat das OLG Hamburg dies bei einem 15-Jährigen angenommen.[198]

Eltern können bei minderjährigen Kindern selbst nach § 833 BGB haften. Bezüglich des Umfangs der Aufsichtspflicht wird vom BGH eine Belehrung über die Rechtswidrigkeit einer Teilnahme an Internet Tauschbörsen gefordert sowie ein Verbot der Teilnahme daran.[199] Eine Verpflichtung der Eltern, die Nutzung des Internets durch das Kind zu überwachen, den Computer des Kindes zu überprüfen oder dem Kind den Zugang zum Internet zu versperren, besteht aber grundsätzlich nicht.[200] Zu derartigen Maßnahmen sieht der BGH die Eltern erst verpflichtet, wenn sie konkrete Anhaltspunkte dafür haben, dass das Kind dem Verbot zuwiderhandelt.

Kommt eine Täterhaftung nicht in Frage, kann sich die Haftung des Anschlussinhabers aus den Grundsätzen der **Störerhaftung** ergeben. Da die Störerhaftung aber nicht über die Gebühr auf Dritte erstreckt werden darf, die nicht selbst die rechtswidrige Beeinträchtigung vorgenommen haben, setzt sie eine Verletzung von Prüfungspflichten voraus. Deren Umfang bestimmt sich danach, ob und inwieweit dem als Störer in Anspruch genommenen nach den Umständen des konkreten Falles eine Prüfung zuzumuten ist.[201] Insofern findet also auch im Bereich des Filesharing die übliche Prüfung der Zumutbarkeit von Prüfungspflichten statt. Hierzu ist insbesondere oben auf → Rn. 36 ff. zu verweisen.

Für die anwaltliche Beratung im Zusammenhang mit Filesharing-Fällen und einer diesbezüglichen Störerhaftung ist im Wesentlichen die Kenntnis von drei BGH-Urteilen notwendig. Die erste Entscheidung behandelte den Fall einer Urheberrechtsverletzung durch einen fremden Dritten über einen ungesicherten WLAN-Anschluss.[202] In einer Grundsatzentscheidung stellte der BGH hier fest, dass **WLAN-Anschlussinhaber grundsätzlich zur Sicherung ihres Anschlusses verpflichtet sind,** indem die marktüblichen Sicherheitsvorkehrungen des

---

[196] AG Berlin-Tiergarten Urt. v. 30.6.1997 – 260 DS 857/96, CR 1998, 111.
[197] BGH Urt. v. 1.4.2004 – I ZR 317/01, MDR 2004, 1432 – Schöner Wetten.
[198] Beschluss vom 13.9.2006 – 5 U 161/05, MMR 2007, 344.
[199] BGH Urt. v. 15.11.2012 – I ZR 74/12, NJW 2013, 1441 = MMR 2013, 388 = GRUR 2013, 511 – Morpheus.
[200] Ebd.
[201] BGH Urt. v. 12.5.2010 – 1 ZR 121/08, GRUR 2010, 633 – Sommer unseres Lebens.
[202] Ebd.

Routers verwendet werden, sowie ein eigenes, ausreichend sicheres Passwort verwendet wird. Eine weitergehende Überwachungspflicht des Anschlusses verneinte der BGH jedoch.

208   Hinsichtlich der Prüfpflichten, denen Eltern als Inhaber eines Internetanschlusses obliegen, urteilte der BGH deutlich anschlussinhaberfreundlicher.[203] Demnach haben die Prüfpflichten der Eltern bei einer Überlassung des Internetanschlusses an ihr **minderjähriges Kind** denselben Inhalt und Umfang wie ihre Aufsichtspflicht über das Kind hinsichtlich dessen Internetnutzung. Damit besteht zwar eine Verpflichtung der Eltern, ihr minderjähriges Kind über die Rechtswidrigkeit einer Teilnahme an Internettauschbörsen aufzuklären und ihm die Teilnahme daran zu verbieten. Allerdings besteht im weiteren *keine* Verpflichtung der Eltern, die Nutzung des Internets durch das Kind zu überwachen, den Computer des Kindes zu überprüfen oder dem Kind den Zugang zum Internet zu versperren, solange keine konkreten Anhaltspunkte vorliegen, dass das Kind dem Verbot zuwiderhandelt. Der Ansicht zahlreicher unterinstanzliche Gerichte, wonach die Eltern weiteren Kontroll- und **Überwachungspflichten** nachzukommen hätten, wurde damit seitens des BGH eine Absage erteilt.

209   Im dritten Urteil hatte sich der BGH schließlich mit den Prüfpflichten gegenüber einem **volljährigen Familienmitglied** auseinanderzusetzen.[204] Auch hier verneinte das Gericht mit einer besonderen Betonung des Vertrauensverhältnisses zwischen Familienangehörigen und der Eigenverantwortung von Volljährigen die Verletzung zumutbarer Prüfpflichten des Anschlussinhabers. Erst wenn der Anschlussinhaber, etwa aufgrund einer Abmahnung, konkreten Anlass hätte für die Befürchtung, dass der volljährige Familienangehörige den Internetanschluss für Rechtsverletzungen missbrauche, habe er zur Verhinderung von Rechtsverletzungen erforderliche Maßnahmen zu ergreifen.

210   Es ist nicht ersichtlich, ob der BGH diese Auffassung auch bei Überlassung des Internetanschlusses an andere erwachsene Personen, denen die enge Verbundenheit des Familienverbandes fehlt, vertreten würde.

8. Share Hosting/Filehoster

211   Als Sharehoster oder Filehoster werden Diensteanbieter verstanden, auf deren Servern Anwender Dateien ablegen und abspeichern, als auch herunterladen können. Zahlreiche Plattformen bzw. Internettauschdienste ermöglichen so einerseits den weltweiten unkomplizierten Austausch von Dateien, andererseits können sie dem illegalen Austausch urheberrechtsverletzender Inhalte erheblichen Vorschub leisten.

212   Eine Haftung eines Sharehosting-Dienstes kommt nur nach den Grundsätzen der Störerhaftung in Betracht, solange die rechtsverletzenden Dateien von Nutzern ohne Kenntnis des Hosters up- oder downgeloaded werden. Nach den Regeln der Störerhaftung bestimmt sich dann der Umfang der Prüfpflichten desjenigen, der als Störer in Anspruch genommen wird, danach, ob und inwieweit ihm nach den Umständen eine Prüfung zuzumuten ist.[205]

213   Grundsätzlich ist einem Diensteanbieter nicht zuzumuten, jede von Nutzern auf ihren Servern hochgeladene Datei auf rechtsverletzende Inhalte zu untersuchen. Dies würde schon gegen das **Verbot der generellen Überwachungspflicht** nach § 7 Abs. 2 TMG verstoßen. Zudem würde damit ein zulässiges Geschäftsmodell der Diensteanbieter gefährdet werden. Um ein solches zulässiges Geschäftsmodell handelt es sich dann, wenn es nicht von vorneherein auf Rechtsverletzungen durch die Nutzer angelegt ist, sondern in vielfältiger Weise auch legal genutzt werden kann.[206]

---

[203] BGH Urt. v. 15.11.2012 – I ZR 74/12, NJW 2013, 1441 = MMR 2013, 388 = GRUR 2013, 511 – Morpheus.
[204] BGH Urt. v. 8.1.2014 – I ZR 169/12 – NJW 2014, 2360 = GRUR 2014, 657 = MMR 2014, 547 – Bear-Share.
[205] BGH Urt. v. 15.10.1998 – I ZR 120/96, GRUR 1999, 418 – Möbelklassiker; BGH Urt. v. 1.4.2004 – I ZR 317/01, BGHZ 158, 343 – Schöner Wetten; BGH Urt. v. 9.2.2006 – I ZR 124/03, GRUR 2006, 875 Rn. 32 = WRP 2006, 1109 – Rechtsanwalts-Ranglisten; BGH Urt. v. 12.5.2010 – I ZR 121/08, NJW 2010, 2061 = MMR 2010, 565 = CR 2010, 458 – Sommer unseres Lebens.
[206] BGH Urt. v. 11.3.2004 – I ZR 304/01, BGHZ 158, 236 (251 f.) – Internet-Versteigerung I.

VII. Die Haftung einzelner Anbieter und privater Personen

Eine Prüfpflicht hinsichtlich hochgeladener Inhalte entsteht jedoch dann, sobald der Sharehoster auf klare Rechtsverletzungen hingewiesen wurde.[207] Liegt zudem noch ein Geschäftsmodell vor, das Urheberrechtsverletzungen in erheblichem Umfang Vorschub leistet, so eröffnet sich eine weiterreichende Prüfpflicht, die sich auch auf die Zukunft bezieht. Diese Prüfpflicht umfasst demnach nicht nur das konkrete abgemahnte Angebot, sondern nach Ansicht des BGH auch gleichartige Verletzungshandlungen. Das urheberrechtlich geschützte Werk ist also nicht nur gegen die konkrete abgemahnte Handlung geschützt, sondern auch gegen gleichartige Handlungen (sofern sie dasselbe Werk betreffen). Nach der Entfernung aller gleichartig verletzenden Angebote muss der Diensteanbieter zudem Wortfilter einsetzen. Im konkreten Fall hielt es das Gericht zudem für zumutbar, regelmäßig eine umfassende Kontrolle von Linksammlungen vorzunehmen, die potentielle Rechtsverletzungen enthalten könnten. Des Weiteren wurde dem Sharehoster eine Marktbeobachtungspflicht auferlegt, nach der er verpflichtet ist, über allgemeine Suchmaschinen, wie Google, Facebook oder Twitter, mit geeignet formulierten Suchanfragen und gegebenenfalls auch unter Einsatz von Webformularen zu ermitteln, ob sich hinsichtlich der konkret zu überprüfenden Werke Hinweise auf weitere rechtsverletzende Links auf den Dienst finden lässt. Zudem seien manuelle Kontrollen zumutbar.[208]

Der BGH geht damit offensichtlich von einer erheblichen Erhöhung von Prüfpflichten aus, wenn der Share- bzw. File-Hoster durch sein konkretes Geschäftsmodell Rechtsverletzungen Vorschub leistet. Bei der anwaltlichen Beratung müsste damit zuerst geprüft werden, in welchem Umfang Rechtsverletzungen regelmäßig auf den jeweiligen Diensten stattfinden. An dieses Ergebnis knüpft sich dann der Umfang der zumutbaren Prüfpflichten.

9. WLAN-Anbieter

Unter WLAN-Nutzung wird der öffentliche Zugang zum Internet unter Nutzung drahtloser lokaler Netzwerke (Wireless Local Area Network – WLAN) verstanden. Nach einer Studie von eco – Verband der deutschen Internetwirtschaft e. V. – aus dem Dezember 2014 ist die Verfügbarkeit des Internets mittels WLAN in Deutschland allerdings deutlich weniger verbreitet als anderswo.[209] Während es in anderen Ländern bereits oft selbstverständlich ist, dass in nahezu jedem Café, Restaurant, Hotel oder an Flughäfen ein frei zugängliches WLAN zur Verfügung steht, ist das hierzulande noch eher eine Seltenheit. Deutschland zählt diesbezüglich zu den Schlusslichtern im internationalen Vergleich.[210] Grund dafür ist laut der Studie vor allem eine generelle Verunsicherung der Betreiber hinsichtlich ihrer Haftungsrisiken.

Es ist zunächst richtig, dass die Haftung der WLAN-Betreiber noch nicht endgültig geklärt ist. Im Jahr 2014 gab es jedoch eine hinreichende Anzahl von gerichtlichen Verfahren, die sich mit der Haftung von Betreibern von öffentlichen WLAN beschäftigten und diese verneinten.[211] Daraus ließe sich schließen, dass es die in der Studie erwähnten unkalkulierbaren Haftungsrisiken für WLAN- Betreiber tatsächlich nicht gibt.

Da jedoch eine höchstrichterliche Entscheidung aussteht und die Angelegenheit als politisch dringlich erachtet wird, veröffentlichte das Bundeswirtschaftsministerium am 11.3. 2015 einen Referentengesetzesentwurf, das sogenannte WLAN-Gesetz, zur zweiten Änderung des Telemediengesetzes (Zweites Telemedienänderungsgesetz). Hauptgrund ist laut Referentenentwurf, dass WLAN-Anschlussinhaber- bzw. Betreiber schwer kalkulierbaren Haftungsrisiken ausgesetzt seien, wenn sie ihr WLAN beispielsweise ihren Gästen und anderem Publikumsverkehr frei zur Verfügung stellen. Im Falle dessen, dass über ein solches WLAN

---

[207] BGH Urt. v. 12.7.2012 – I ZR 18/11, BGHZ 194, 339 = NJW 2013, 784 = GRUR 2013, 370 – Alone in the Dark; BGH Urt. v. 15.8.2013 – I ZR 80/12, NJW 2013, 3245 = GRUR 2013, 1030 – File-Hosting-Dienst.
[208] BGH Urt. v. 12.7.2012 – I ZR 18/11, BGHZ 194, 339 = NJW 2013, 784 = GRUR 2013, 370 – Alone in the Dark; BGH Urt. v. 15.8.2013 – I ZR 80/12, NJW 2013, 3245 = GRUR 2013, 1030 – File-Hosting-Dienst.
[209] https://eco.de/wp-content/blogs.dir/eco-microresearch_verbreitung-und-nutzung-von-wlan.pdf.
[210] Vgl.: https://www.tagesschau.de/inland/wlan-entwurf-101.html; Referentenentwurf, 2. TMGÄndG vom 11.3.2015, Ziff. A. bzw. Begründung Ziff. A I.
[211] AG Charlottenburg Beschl. v. 17.12.2014 – 217 C 121/14; AG Koblenz Urt. v. 18.6.2014 – 161 C 145/14; AG Hamburg Urt. v. 24.6.2014 – 25b C 924/13; AG Hamburg-Mitte Urt. v. 10.6.2014 – 25b C 431/13.

eine Rechtsverletzung stattfindet, werde mangels Kenntnis der Identität des eigentlichen Verletzers der Anschlussinhaber im Rahmen der Störerhaftung in Anspruch genommen.[212] Weiter wird argumentiert, dass die Haftungsprivilegierungen des TMG ihrem Wortlaut nach nicht den Betreiber bzw. Dienstanbieter eines WLAN umfassen, sondern nur den Zugangsanbieter. Dem WLAN-Betreiber steht daher bislang keine ausdrückliche, gesetzliche Haftungsprivilegierung zur Seite. Diese Überlegungen haben nun zu folgenden konkreten Änderungen und Ergänzungen im aktuellen Gesetzesentwurf geführt.[213]

219   a) **Änderungen des TMG durch das WLAN-Gesetz.** Zum einen sollen die Haftungsprivilegierungen des § 8 TMG dahingehend präzisiert werden, dass ein Anschlussinhaber, der sein WLAN der Öffentlichkeit in der beschriebenen Weise zugänglich macht, fortan als Zugangsanbieter im Sinne des TMG einzustufen ist und damit ebenfalls in den Genuss dessen Haftungsprivilegierungen kommt.[214] Dem § 8 TMG soll daher folgender dritter Absatz angefügt werden:

„Die vorstehenden Absätze gelten auch für Dienstanbieter nach Absatz 1, die Nutzern einen Internetzugang über ein drahtloses lokales Netzwerk zur Verfügung stellen."

220   Des Weiteren soll klargestellt werden, dass der Anbieter von WLAN-Zugängen in der bereits beschriebenen Form nicht der Störerhaftung unterliegt, wenn er gewisse, im WLAN-Gesetz konkret benannte und aufgeführte Sorgfaltspflichten beachtet und einhält.[215] Hierzu soll auch zählen, dass er den jeweiligen Nutzer vor Beginn der Nutzung eine Erklärung abgeben lässt, dass dieser keine Rechtsverletzungen bei der Nutzung begehen wird.

221   Der an § 8 TMG neu anzufügenden Absatz 4 lautet in der bisherigen Fassung (Stand: März 2015) daher wie folgt:

„Dienstanbieter, die einen Internetzugang nach Absatz 3 geschäftsmäßig oder als öffentliche Einrichtung zur Verfügung stellen, können wegen einer rechtswidrigen Handlung eines Nutzers nicht auf Unterlassung in Anspruch genommen werden, wenn sie zumutbare Maßnahmen ergriffen haben, um eine Rechtsverletzung durch Nutzer zu verhindern. Dies ist insbesondere der Fall, wenn der Dienstanbieter
1. angemessene Sicherungsmaßnahmen durch anerkannte Verschlüsselungsverfahren oder vergleichbare Maßnahmen gegen den unberechtigten Zugriff auf das drahtlose lokale Funknetz durch außenstehende Dritte ergriffen hat und
2. Zugang zum Internet nur dem Nutzer gewährt, der erklärt hat, im Rahmen der Nutzung keine Rechtsverletzungen zu begehen."

222   Mit Verschlüsselung ist das Sperren des Zugriffs auf den Routers des jeweiligen WLANs gemeint, so dass man sich ohne entsprechendes Kennwort (WPA-Schlüssel) nicht in das WLAN einwählen kann. Dies wird von den meisten Herstellern ohnehin angeboten.

223   Dem Erfordernis der Abgabe einer Erklärung im Sinne des § 8 Abs. 4 Nr. 2 TMGRefE durch den Nutzer kann dadurch nachgekommen werden, dass sich der jeweilige Nutzer erst in dem jeweiligen WLAN anmelden kann, wenn er zuvor eine entsprechende Erklärung angeklickt und somit abgegeben hat.[216]

224   Ein neuer Absatz 5 des § 8 TMG ist ebenfalls geplant. Dieser bezieht sich auf „sonstige Dienstanbieter", also solche, die nicht von Absatz 4 erfasst werden. Mit „sonstigen Dienstanbieter" dürften solche gemeint sein, die einen Internetzugang lediglich im Privaten, beispielsweise Mitbewohnern oder Bekannten, zur Verfügung stellen.[217] Diesen wird zusätzlich zu den Vorgaben des Absatz 4 aufgegeben, dass sie die Namen der Nutzer ihres WLAN-Anschlusses kennen müssen.

225   Um den Interessen der geistigen Schutzrechte, namentlich dem Urheberrecht bzw. den Interessen der jeweiligen Inhabern Rechnung zu tragen, ist außerdem vorgesehen, dass Platt-

---

[212] Vgl.: Referentenentwurf, 2.TMGÄndG vom 11.3.2015, Ziff. A; *Hoeren/Jakopp*, WLAN-Haftung – A never ending story?, ZRP 2014, 72 (73); *Mantz/Sassenberg*, Rechtsfragen beim Betrieb von öffentlichen WLAN-Hotspots, NJW 2014, 3537 (3537).
[213] Vgl.: Referentenentwurf, 2.TMGÄndG vom 11.3.2015, Ziff. A und B.
[214] Vgl.: Referentenentwurf, 2.TMGÄndG vom 11.3.2015, Ziff. B.
[215] Vgl.: Referentenentwurf, 2.TMGÄndG vom 11.3.2015, Ziff. B.
[216] Vgl.: http://www.bmwi.de/DE/Presse/pressemitteilungen,did=695502.html.
[217] Vgl.: http://www.bmwi.de/DE/Presse/pressemitteilungen,did=695502.html.

formen, deren Geschäftsmodell de facto größtenteils auf der Verletzung von Urheberrechten und anderer geistiger Schutzrechte aufbaut, sich fortan nicht auf das Haftungsprivileg eines Hostproviders gem. § 10 TMG berufen können.[218]

b) **Kritik am Gesetzesentwurf.** Kritik erfährt der Referentenentwurf vor allem durch den Deutschen Anwaltverein (DAV), der hierzu im April 2015 eine schriftliche Stellungnahme abgegeben hat. Darin wird zunächst hinterfragt und im Ergebnis verneint, ob ein derartige Änderung des TMG überhaupt nötig ist.[219]

Es wird auf aktuelle Gerichtsurteile verwiesen, die sich mit der Haftung von Betreibern von öffentlichen WLAN beschäftigten. Im Ergebnis lehnten die Gerichte eine Haftung der WLAN-Betreiber ab.[220] Daraus ließe sich schließen, dass die unkalkulierbaren Haftungsrisiken für WLAN-Betreiber gerade nicht bestehen und damit der Anlass für eine derart umfangreiche Änderung des TMG durch das WLAN-Gesetz nicht gegeben ist.[221] Die Gerichte verlangen lediglich einen Zugang, der mit einem Passwort geschützt ist und die Belehrung des Nutzers, dass eine illegale Verwendung des zur Verfügung gestellten WLANs zu unterlassen ist.[222]

Vollumfänglich zu begrüßen sei allerdings die Gleichstellung der WLAN-Betreiber mit den Zugangsanbietern, durch den geplanten dritten Absatz des § 8 TMG.[223] Auch wenn durch die Rechtsprechung bereits klargestellt wurde, dass den WLAN-Betreibern die Haftungsprivilegierung ebenfalls zugutekommt,[224] wird durch deren gesetzliche Gleichstellung mit dem Zugangsanbieter Rechtsklarheit geschaffen.

Während § 8 Abs. 4 S. 1 TMGRefE aus Sicht des DAV lediglich die durch die Rechtsprechung entwickelten Grundsätze der Störerhaftung wiedergibt und damit obsolet ist, wird Satz 2 dahingehend bemängelt, dass die darin genannten Voraussetzungen, nach deren Einhaltung eine Haftung des WLAN-Betreibers entfallen soll, der eigentlichen Intention des Gesetzgebers zuwiderlaufen.[225]

So sollen das WLAN-Gesetz bzw. die Änderungen des TMG bewirken, dass mehr offene WLAN-Hotspots bereitgestellt werden, weil die Haftungsrisiken für deren Betreiber bzw. Dienstanbieter klar erkennbar gemacht und auf ein Minimum reduziert werden. Wird aber, wie in § 8 S. 2 TMGRefE vom Betreiber verlangt, dass er den Hot-Spot mit einem Zugangscode versieht, dann ist das WLAN gerade nicht frei zugänglich. Dies wird somit nicht zur Verbreitung von offenen WLAN-Hotspots beitragen können.

In der weiteren Voraussetzung, nämlich dass jeder Nutzer eine Erklärung abzugeben hat, dass er keine illegale Handlung über das WLAN plant, wird dieser nach Ansicht des DAV unter den Generalverdacht gestellt, ein möglicher Straftäter zu sein. Dies sei nicht mit der Verfassung in Einklang zu bringen und darüber hinaus überflüssig, da sich ein Straftäter durch die Abgabe einer solchen Erklärung wohl nicht von seinem Vorhaben abbringen ließe.[226]

In § 8 Abs. 5 TMGRefE wird zusätzlich verlangt, dass derjenige der sein WLAN privat zur Verfügung stellt, die Namen der Nutzer kennen muss. Das führt dazu, dass der Betreiber eines privaten WLANs praktisch protokollieren muss, wer wann genau sein WLAN genutzt hat. Diese Ungleichbehandlung kann nicht damit begründet werden, dass im Privaten mehr

---

[218] Vgl. Referentenentwurf, 2.TMGÄndG vom 11.3.2015, Ziff. A, B; http://www.bmwi.de/DE/Presse/pressemitteilungen,did=695502.html.
[219] Vgl. Stellungnahme des DAV von April 2015, Nr. 17/2015, S. 3 und *Mantz/Sassenberg*, Rechtsfragen beim Betrieb von öffentlichen WLAN-Hotspots, NJW 2014, 3537 (3541).
[220] AG Charlottenburg Beschl. v. 17.12.2014 – 217 C 121/14; AG Koblenz Urt. v. 18.6.2014 – 161 C 145/14; AG Hamburg Urt. v. 24.6.2014 – 25b C 924/13; AG Hamburg-Mitte Urt. v. 10.6.2014 – 25b C 431/13.
[221] Vgl. Stellungnahme des DAV von April 2015, Nr. 17/2015, S. 4; Andere Ansicht (keine einheitliche Rechtsprechung): *Hoeren/Jakopp*, WLAN-Haftung – A never ending story?, ZRP 2014, 72 (75).
[222] Vgl. AG Koblenz Urt. v. 18.6.2014 – 161 C 145/14.
[223] Vgl. Stellungnahme des DAV von April 2015, Nr. 17/2015, S. 4 und *Mantz/Sassenberg*, Rechtsfragen beim Betrieb von öffentlichen WLAN-Hotspots, NJW 2014, 3537 (3543).
[224] Vgl. AG Charlottenburg Beschl. v. 17.12.2014 – 217 C 121/14; AG Hamburg-Mitte Urt. v. 10.6.2014 – 25b C 431/13.
[225] Vgl. Stellungnahme des DAV von April 2015, Nr. 17/2015, S. 5.
[226] Vgl. Stellungnahme des DAV von April 2015, Nr. 17/2015, S. 5.

Straftaten begangen werden als im öffentlichen Bereich. Problematisch ist dabei, dass nicht immer klar abzugrenzen ist, wann ein WLAN geschäftsmäßig und wann es privat betrieben wird.[227] Eine einheitliche Regelung für alle WLAN-Betreiber wäre daher wünschenswert. Es ist nun abzuwarten, ob das Gesetz in der beschriebenen Fassung verabschiedet wird.

VIII. Ausblick auf die künftige Rechtsentwicklung

233 In den vergangenen Jahren hat die Rechtsprechung des BGH die Verantwortlichkeit für Inhalte im Internet von Diensteanbietern und privaten Personen maßgeblich bestimmt. Zu häufigen Fallgestaltungen, wie zum Beispiel die Verantwortlichkeit von Anschlussinhabern für rechtsverletzende Handlungen Dritter oder die Haftung von Plattformbetreibern für für sie fremde Inhalte, wurde das Gerüst der Störerhaftung erweitert und spezifiziert.

234 Es ist davon auszugehen, dass sich diese Entwicklung fortsetzt. Dabei wird es immer wieder vermeintliche Widersprüche zwischen den einzelnen Senaten des BGH geben. Im Kern sind sich jedoch die Richter des BGH über die grundsätzliche Richtung der Störerhaftung einig: Über die Zumutbarkeit der Prüfungspflichten entscheidet sich der jeweilige Einzelfall.

235 Zunehmend wird es zudem Urteile des EuGH geben, dem der BGH die grundsätzliche Klärung einzelner Fragestellungen vorlegt. Von hier dürften pragmatische Urteile zu erwarten sein, wie beispielsweise die Entscheidung über das Einbetten von Links von YouTube-Videos bei Facebook. Hier hatte das Gericht eine Urheberrechtsverletzung abgelehnt, da es sich nicht um eine öffentliche Wiedergabe im Sinne der Richtlinie zur Informationsgesellschaft handelte, da sich die Wiedergabe nicht an ein neues Publikum wandte.[228]

236 Für die anwaltliche Beratung wird daher auch künftig sowohl die BGH-, als auch die EuGH-Rechtsprechung sorgfältig zu beobachten und für den jeweiligen Einzelfall auszuwerten sein.

---

[227] Vgl. Stellungnahme des DAV von April 2015, Nr. 17/2015, S. 6.
[228] EuGH Beschl. v. 24.10.2014 – C-348/13.

§ 43 Strafrecht im Bereich der Informationstechnologien

Übersicht

	Rn.
I. Allgemeines *(Hassemer)*	1–19
1. Voraussetzungen der Strafbarkeit	3–6
a) Strafrechtliche Grundsätze	3/4
b) Anwendbarkeit deutschen Strafrechts	5/6
2. Strafzumessung § 46 StGB und Schadenswiedergutmachung § 46 a StGB	7
3. Differenzierung: Bundeszentralregisterauszug – Polizeiliches Führungszeugnis	8–10
4. Verbrechen und Vergehen	11–13
5. Strafantrag	14/15
6. 41. Strafrechtsänderungsgesetz (StrÄndG)	16/17
7. Die Ordnungswidrigkeit und das Ordnungswidrigkeitengesetz (OWiG)	18/19
II. Materieller Teil des Computer- und Internetstrafrechts *(Hassemer)*	20–286
1. Verbreiten von Propagandamitteln verfassungswidriger Organisationen § 86 StGB	21–26
a) Überblick	21
b) Tatgegenstand	22/23
c) Sozialadäquanzklausel § 86 Abs. 3 StGB	24–26
2. Anleitung zur Begehung einer schweren staatsgefährdenden Gewalttat § 91 StGB	27–30
a) Überblick	27
b) Tathandlungen	28
c) Subjektiver Tatbestand	29
d) Sozialadäquanzklausel	30
3. Öffentliche Aufforderung zu Straftaten § 111 StGB	31–33
a) Überblick	31
b) Aufforderung zur rechtswidrigen bestimmten Tat	32
c) Subjektiver Tatbestand	33
4. Volksverhetzung § 130 StGB	34–36
a) Überblick	34
b) Begehungsformen	35
c) Sozialadäquanzklausel Abs. 3	36
5. Anleitung zu Straftaten § 130a StGB	37–40
a) Überblick	37
b) Tatgegenstand	38
c) Tathandlungen	39
d) Sozialadäquanzklausel Abs. 3	40
6. Gewaltdarstellung § 131 StGB	41–46
a) Überblick	41
b) Tatgegenstand	42
c) Tathandlungen	43
d) Verbreitung über Tele- und Mediendienste	44
e) Berichterstatterprivileg Abs. 3	45
f) Erzieherprivileg Abs. 4	46
7. Sexueller Missbrauch von Kindern über das Internet § 176 StGB	47–54
a) Überblick	47/48
b) Tatbestand	49–54
8. Verbreitung und Besitz pornographischer Schriften §§ 184 ff. StGB	55–79
a) Tatgegenstand	60–66
b) Tathandlungen	67–75
c) Besonderheiten für Rundfunk, Medien- oder Teledienste § 184 d StGB	76–78
d) Subjektiver Tatbestand	79
9. Beleidigungsdelikte §§ 185 ff. StGB	80–84
a) Rechtsgut und Tatbestand	81/82
b) Strafantrag	83
c) Bekanntgabe der Verurteilung	84
10. Ausspähen von Daten § 202a StGB	85–95
a) Tatgegenstand	86

		Rn.
	b) Tathandlung	87/88
	c) Rechtswidrigkeit	89/90
	d) Subjektiver Tatbestand	91
	e) Strafantragsdelikt	92
	f) Ausblick zum Gesetzesentwurf	93–95
11.	Abfangen von Daten § 202b StGB	96–107
	a) Überblick	96/97
	b) Tatgegenstand	98/99
	c) Weitere Merkmale	100/101
	d) Tathandlungen	102
	e) Sonstige Voraussetzungen (Auszug)	103–106
	f) Strafantragsdelikt	107
12.	Vorbereiten des Ausspähens oder Abfangens von Daten § 202c StGB	108–127
	a) Überblick	108–113
	b) Objektiver Tatbestand (Auszug)	114
	c) Reaktionen aus der Praxis	115–117
	d) Entscheidung des Bundesverfassungsgerichts vom 18.5.2009	118–123
	e) Offizialdelikt	124
	f) Ausblick	125–127
13.	Offenbarung und Verwertung fremder Geheimnisse §§ 203, 204 StGB	128–140
	a) Täter	130–134
	b) Tathandlung	135
	c) Negatives Tatbestandsmerkmal: Befugnis	136–138
	d) Wirtschaftliche Nutzung	139
	e) Strafantragserfordernis	140
14.	Verletzung des Post- oder Fernmeldegeheimnisses § 206 StGB	141–164
	a) Überblick und Schutzgut	141–143
	b) (Post- und) Fernmeldegeheimnis	144/145
	c) Unternehmen	146–148
	d) Geschäftsmäßiges Erbringen von Telekommunikationsleistungen	149–151
	e) Sendung	152/153
	f) Täter	154
	g) Tathandlung	155–159
	h) Befugnis und Rechtfertigungsgründe	160–162
	i) Subjektiver Tatbestand	163
	j) Offizialdelikt	164
15.	Strafbare Verwendung personenbezogener Daten §§ 44, 43 BDSG	165–171
	a) Tatbestandsmerkmale (Auszug)	165/166
	b) Tatobjekt	167
	c) Täter	168
	d) Rechtswidrigkeit	169/170
	e) Antragsdelikt gem. § 44 Abs. 2 S. 1 BDSG	171
16.	Computerbetrug § 263a StGB	172–190
	a) Differenzierung zwischen Computerbetrug und Betrug im Internet	172–177
	b) Übersicht zu den Handlungsalternativen	178–181
	c) Beeinflussung des Ergebnisses des Datenverarbeitungsvorgangs	182
	d) Kausalität	183
	e) Vermögensschaden	184
	f) Strafbare Vorbereitungshandlungen	185–188
	g) Subjektiver Tatbestand	189
	h) Weitere Aspekte	190
17.	Betrug im Internet § 263 StGB und § 263a StGB	191–206
	a) Täuschungshandlungen gegen eine Datenverarbeitungsanlage (§ 263 a StGB)	192
	b) Täuschungshandlungen gegen eine Person (§ 263 StGB)	193–206
18.	Fälschung technischer Aufzeichnungen § 268 StGB	207–211
	a) Allgemeines	207
	b) Rechtsgut	208/209
	c) Technische Aufzeichnung	210
	d) Störende Einwirkung	211
19.	Fälschung beweiserheblicher Daten § 269 StGB	212–216
	a) Speichern	214
	b) Verändern	215
	c) Gebrauchen	216

	Rn.
20. Täuschung im Rechtsverkehr bei der Datenverarbeitung § 270 StGB	217/218
a) Gleichstellungsklausel	217
b) Anwendbarkeit	218
21. Mittelbare Falschbeurkundung § 271 StGB (Auszug)	219/220
a) Tatobjekt	219
b) Tathandlung	220
22. Urkundenunterdrückung § 274 StGB (Auszug)	221/222
a) Tatgegenstand	221
b) Tathandlungen	222
23. Datenveränderung § 303a StGB	223–232
a) Tatobjekt	224/225
b) Tathandlungen	226–232
24. Computersabotage § 303b StGB	233–244
a) Überblick	234
b) Ergänzende Informationen zum Schema	235–241
c) Tathandlungen (auszugsweise)	242–244
25. Verrat von Geschäfts- und Betriebsgeheimnissen § 17 UWG	245–256
a) Straftatbestände des § 17 UWG	246
b) Computer- und Internetspezifische Besonderheiten	247–255
c) Strafantragsdelikt	256
26. Urheberrechtsverletzungen §§ 106 ff. UrhG (Auszug)	257–286
a) Hintergrund	257–264
b) Unerlaubte Verwertung urheberrechtlich geschützter Werke, § 106 UrhG	265–280
c) Strafbarkeit des Versuchs gem. § 106 Abs. 2 UrhG	281
d) Eingriffe in verwandte Schutzrechte, § 108 UrhG	282
e) Strafschärfung bei Gewerbsmäßigkeit, § 108 a UrhG	283/284
f) Unerlaubte Eingriffe in technische Schutzmaßnahmen und zur Rechtewahrnehmung erforderliche Informationen § 108 b UrhG	285
g) Strafantrag § 109 UrhG	286
III. Internationale Besonderheiten *(Hassemer)*	287–293
1. Cyber Crime Convention CCC	287–290
2. Maßnahmen auf EU Ebene	292/292
3. Internationale Beispielsfälle	293
IV. Inanspruchnahme und Haftung von Providern *(Marberth-Kubicki)*	294–327
1. Datenspeicherung	299–311
a) Daten	299–305
b) Vorratsdatenspeicherung	306–311
2. Auskunftsverpflichtung	312–317
a) Auskunft gem. §§ 100g StPO, 100j StPO, 113 TKG	312/313
b) Drittauskunftsanspruch gem. § 101 UrhG	314–317
3. Haftung für Inhalte/Privilegierung nach §§ 7–10 TMG	318–327
a) Content-Provider: (Inhaltsanbieter) § 9 TMG	321
b) Host-Provider (Anbieter fremder Inhalte) § 10 TMG	322
c) Access-Provider (Zugangsvermittler) § 8 TMG	323
d) Caching § 9 TMG	324
e) Haftung für Hyperlinks	325
f) Haftung für Gästebücher und Foren	326/327
V. Strafprozessrecht *(Marberth-Kubicki)*	328–410
1. Überblick	328–333
2. Besonderheiten	334–349
a) Bedeutung des Strafantrags/Klagerzwingungsverfahrens	335–339
b) Privatklageverfahren	340–343
c) Akteneinsicht/Abwehr von Akteneinsicht Dritter	344–347
d) Private „Ermittler"	348/349
3. Ermittlungsmethoden	350–410
a) Allgemeine Erhebungsbefugnis für Verkehrsdaten § 100g StPO	352–358
b) Funkzellenabfrage § 100g Abs. II, S. 2 StPO	359–361
c) Maßnahmen bei Mobilfunkendgeräten IMSI-Catcher, § 100i StPO	362–368
d) Bestandsdatenauskunft § 100j StPO	369–371
e) Durchsuchung und Beschlagnahme von EDV-Anlagen, §§ 94, 102 ff. StPO	372–383
f) Die Online-Durchsuchung	384–387

	Rn.
g) Zugriff auf elektronische Speichermedien, insbesondere E-Mails	388–391
h) Besonderheiten bei der Durchsuchung/Beschlagnahme beim Berufsgeheimnisträger	392–397
i) Schutz der Berufsgeheimnisträger, § 160a StPO	398–400
j) Internetspezifische Ermittlungen	401–410

Schrifttum: *Bär,* Telekommunikationsüberwachung und andere verdeckte Ermittlungsmaßnahmen – Gesetzliche Neuregelungen zum 1.1.2008, MMR 2008, 215; *ders.,* Handbuch zur EDV-Beweissicherung im Strafverfahren, Stuttgart 2007; *ders.,* Strafrechtliche Kontrolle in Datennetzen, MMR 1998, 463; *ders.,* Die Neuregelung des § 100j StPO zur Bestandsdatenauskunft – Auswirkungen auf die Praxis der Strafverfolgung, MMR 2013, 700; *Beck,* Internetbeleidigung de lege lata und de lege ferenda – Strafrechtliche Aspekte des „spickmich"-Urteils, MMR 2009, 736; *Beukelmann,* Computer und Internetkriminalität, NJW-Spezial 2004, 135; *Beukelmann,* Surfen ohne strafrechtliche Grenzen, NJW 2012, 2617; *Bornemann,* Der „Verbreitensbegriff" bei Pornografie in audiovisuellen Mediendiensten – Straferweiternd im Internet und strafverkürzend im Rundfunk?, MMR 2012, 157; *Brühl/Sepperer* E-Mail-Überwachung am Arbeitsplatz: Wer bewacht den Wächter?, DSRITB 2014, 517; *Buermeyer,* Der strafrechtliche Schutz drahtloser Computernetzwerke (WLANs), HRRS 2004, 285; http://www.ccc.de/de/publications; *Däubler/Klebe/Wedde/Weichert,* Bundesdatenschutzgesetz, 4. Aufl. 2014; *Deusch,* Verschlüsselte Kommunikation im Unternehmensalltag: nice-to-have oder notwendige Compliance? (DSRITB 2014, 543); *Dreier/Schulze,* 4.Aufl. 2013; *Erbs/Kohlhaas,* Strafrechtliche Nebengesetze, BDSG, Ergänzungslieferung 2013; *Ernst/Vassilaki/Wiebe,* Hyperlinks Rechtsschutz – Haftung – Gestaltung, Köln 2002; *Ferner,* Hackerparagraph – § 202c StGB näher beleuchtet, http://www.internet-strafrecht.com/hackerparagraph-%C2%A7202c-stgb-naher-beleuchtet/internet-strafrecht/internetstrafrecht/; *Fischer,* Strafgesetzbuch und Nebengesetze, 62. Auflage 2015; *Fülbier/Splittgerber,* Keine (Fernmelde-)Geheimnisse vor dem Arbeitgeber? NJW 2012, 1995; *Gercke,* Die Bekämpfung der Internetkriminalität als Herausforderung für die Strafverfolgungsbehörden, MMR 2008, 291; *Gercke/Brunst,* Praxishandbuch Internetstrafrecht, 2009; *Gola/Schomerus,* Bundesdatenschutzgesetz, 11. Auflage 2012; *Greeve,* Privatisierung behördlicher Ermittlungen, StraFo, 2013,89; *Hassemer,* Risiken in der IT-Branche, ITRB 2004, 253; *dies.,* Grenzen der Beschlagnahme im Bereich der Informationstechnologien, ITRB 2008, 107; *dies./Ingeberg,* Dual-Use-Software aus der Perspektive des Strafrechts (§ 202c StGB), ITRB 2009, 84; *dies./Witzel,* Filterung und Kontrolle des Datenverkehrs, ITRB 2006, 139; *dies.,* Der so genannte Hackerparagraph § 202c StGB – Strafrechtliche IT-Risiken in Unternehmen, JurPC Web-Dok. 51/2010, Abs. 1–47; *Hefendehl,* Strafrechtliche Probleme beim Hersteller, beim Vertrieb und bei der Verwendung wiederaufladbarer Telefonkartensimulatoren, NStZ 2000, 348; *Heidrich/Tschoepe,* Rechtsprobleme der E-Mail-Filterung, MMR 2004, 75 ff., 77; *Hildebrand,* in: *Wandtke/Bullinger,* Praxiskommentar zum Urhebergesetz, 4. Auflage 2014; *Hilgendorf/Valerius,* Computer- und Internetstrafrecht, 2. Auflage 2012; *Hilgendorf,* Ehrenkränkungen („flaming") im Web 2.0, ZIS 2010, 210; *Hoeren,* Die Umsetzung der Richtlinie zur Vorratsdatenspeicherung – Konsequenzen für die Privatwirtschaft, JZ 2008, 668; *ders.,* Vorratsdaten und Urheberrecht – Keine Nutzung gespeicherter Daten, MMR 2008, 3099; *ders.,* Internet- und Kommunikationsrecht. Praxis-Lehrbuch, 2. Auflage 2012; *ders.,* Skriptum Internet-Recht (Stand: April 2014), abzurufen unter http://www.uni-muenster.de/Jura.itm/hoeren/itm/wp-content/uploads/Skript-Internetrecht-April-2014.pdf, zuletzt abgerufen: 4.12.2014; *ders.,* Dateneigentum – Versuch einer Anwendung von § 303a StGB im Zivilrecht, MMR 2013, 486; *Hoeren/Sieber/Holznagel,* Multimedia-Recht, 39. Ergänzungslieferung 2014; *Husemann,* Die Verbesserung des strafrechtlichen Schutzes des bargeldlosen Zahlungsverkehrs durch das 35. Strafrechtsänderungsgesetz, NJW 2004, 104; *Kudlich,* Herkunftslandprinzip und Internationales Strafrecht, HRRS 2004, 278; *Kurz/Lindner/Rieger/Schröder,* Chaos Computer Club, Derzeitige und zukünftige Auswirkungen der Strafrechtsänderung auf die Computersicherheit (Stellungnahme anlässlich der Verfassungsbeschwerde gegen den § 202c StGB), Juli 2008; *Lensdorf/Born,* Die Nutzung und Kontrolle des dienstlichen E-Mail-Accounts und Internetzugangs, CR 2013, 30; *Leupold/Glossner,* Münchner Anwaltshandbuch IT-Recht, 3. Auflage 2013; *Mitnick/Simon,* Die Kunst der Täuschung, Risikofaktor Mensch, Heidelberg 2002; *Malek,* Strafsachen im Internet, 2005; *Marberth-Kubicki,* Computer- und Internetstrafrecht, 2005; *Moosmayer/Hartwig,* Interne Untersuchungen, 2012; *Ohly/Sosnitza,* Gesetz gegen den unlauteren Wettbewerb, 6. Aufl. 2014; *Plath,* Kommentar zum BDSG sowie den Datenschutzbestimmungen des TMG und TKG, Köln 2013; *Popp,* § 202c StGB und der neue Typus des europäischen „Software-Delikts", GA 2008, 361; *Püschel,* Täter Opfer Ausgleich-Gestaltungsmöglichkeiten des Verteidigers, StraFo 2006, 266; *Rinker,* Strafbarkeit und Strafverfolgung von „IP-Spoofing" und „Portscanning", MMR 2002, 663; *Römer/Rosengarten,* Der virtuelle Ermittler in sozialen Netzwerken und Internetboards, NJW 2012, 765; *Rössel,* Strafbarkeit des Schwarz-Surfens über offenen WLAN-Zugang, ITRB 2008, 99; *Roxin,* Probleme und Strategien der Compliance-Begleitung in Unternehmen, StV 2012, 116; *Rückel,* Verteidigertaktik bei Verständigungen und Vereinbarungen im Strafverfahren – mit Checkliste, NStZ 1987, 297; *Schneider,* Handbuch des EDV-Rechts, 4. Auflage 2009; *Schönke/Schröder,* Strafgesetzbuch, 29. Auflage 2014; *Schuster,* Der Arbeitgeber und das Telekommunikationsgesetz CR 2014, 21; *Schultz,* Neue Strafbarkeiten und Probleme – Der Entwurf des Strafrechtsänderungsgesetzes (StrafÄndG) zur Bekämpfung der Computerkriminalität vom 20.9.2006, Medien Internet und Recht, MIR 2006, Dok. 180; *Seidl/Fuchs,* Die Strafbarkeit des Phishing nach Inkrafttreten des 41. Strafrechtsänderungsgesetzes, HRRS Online Zeitschrift http://www.hrr-strafrecht.de/hrr/, 2010, 85; *Sieber,* Die Bekämpfung von Hass im Internet, Technische, rechtliche und strategische Grundlagen für ein Präventionskonzept, ZRP 2001, 97; *Spatscheck,* Outsourcing trotz Anwaltsgeheimnis: Nationale Lösung, AnwBl 2012, 478; *Spindler*, Der Auskunftsanspruch gegen Verletzer und Dritte im Urheberrecht nach neuen Recht, ZUM 2008, 640; *Tyszkiewicz*, Skimming als Ausspähen von Daten gemäß § 202a StGB?, HRRS 2010 Nr. 173; *Tyszkiewicz*, Skimming als Ausspähen von Daten gemäß § 202a StGB?, HRRS 2010 Nr. 173; *Wandtke/Bullinger*, Praxiskommentar zum Urhebergesetz, 4. Auflage 2014; *Weigend*, Einführung zum StGB, Beck –Texte im dtv, 52. Auflage 2014; *Weth/Herberger/Wächter*, Daten- und Persönlichkeitsschutz im Arbeitsverhältnis, 2014; *Wicker*, Durchsuchung in der Cloud- Nutzung von Cloudspeichern und der strafprozessuale Zugriff deutscher Ermittlungsbehörden, MMR 2013, 765; *Wohlwend*, Die strafrechtliche Relevanz des § 202a StGB bei Tätigwerden eines Software-Ingenieurs, JurPC Web-Dok. 180/2008), *Wybitul*, E-Mail-Auswertung in der betrieblichen Praxis, NJW 2014, 3605.

I. Allgemeines

Die Befassung mit strafrechtlich relevanten Fällen im IT-Recht gehört zunehmend zum Tätigkeitsfeld eines in diesem Bereich spezialisierten Juristen. Nicht selten kommen strafrechtlich relevante Sachverhalte erst auf den zweiten Blick bzw. im Laufe des Mandats zum Vorschein. In den letzten Jahren ist eine **Vielzahl neuer Straftatbestände** entstanden, die ausschließlich IT-spezifischen Gegebenheiten gerecht werden sollen.[1] Berührungsängste mit den neuen Gesetzen gibt es dementsprechend sowohl bei den vorwiegend IT-zivilrechtlich spezialisierten Juristen im Bezug auf das Strafrecht als auch bei den Strafverteidigern im Hinblick auf die IT-spezifische Komponente. 1

> **Praxistipp:**
> Droht ein Ermittlungsverfahren, so ist es ratsam, die frühzeitige Zuziehung einer Fachanwältin/eines Fachanwalts für Strafrecht in Erwägung zu ziehen und mit der Mandantschaft zu besprechen.[2] Grundsätzlich sollten (mündliche oder schriftliche) Stellungnahmen ohne Akteneinsicht vermieden werden.[3]

Im Folgenden werden IT- und datenschutzrechtlich relevante Strafvorschriften vorgestellt und anhand der aktuellen Rechtsprechung erläutert. Dabei wird vor allem das IT-spezifische der Straftatbestände aufgezeigt. Die nachstehenden Ausführungen sollen, in Verbindung mit **Rechtsprechungshinweisen** und **Empfehlungen für die Praxis**, die juristischen Berater in die Lage versetzen, sich zügig in die Thematik einzuarbeiten, die relevanten Probleme zu erkennen und erforderlichenfalls mit Hilfe der im Fußnotenapparat angegebenen Literatur die Grundzüge zu vertiefen. 2

1. Voraussetzungen der Strafbarkeit

a) **Strafrechtliche Grundsätze.**[4] Das Strafrecht ist auf einer Vielzahl besonderer Grundsätze aufgebaut, die zum Teil deutlich von den Prinzipien des Zivilrechts abweichen. Der Gesetzlichkeitsgrundsatz des § 1 StGB soll sicherstellen, dass strafrechtliche Sanktionen schon zum Zeitpunkt der Tat feststehen. Eine Handlung, die bei ihrer Vornahme nicht ausdrücklich für strafbar erklärt war, kann auch später nicht bestraft werden (**Rückwirkungsverbot, § 2 StGB**). Lücken im Strafgesetzbuch dürfen nicht zu Lasten des Angeklagten durch die 3

---

[1] Eine sehr gute Darstellung über die Entwicklungen der gesetzlichen Grundlagen findet sich bei *Gercke/Brunst* Rn. 51 ff.
[2] Häufig scheut die Mandantschaft die Beiziehung aus der Befürchtung heraus, es könnte als Schuldindiz gewertet werden. Dies lässt dennoch die Einbeziehung „im Hintergrund" zu. Drohen erhebliche Folgen bzw. der Gang vor Gericht und ist das Strafverfahren dem Berater selbst nicht vertraut, ist es für alle Beteiligten sinnvoll den Mandanten zu überzeugen, die Vertretung durch strafrechtlich versierte Kolleginnen und Kollegen erfolgen zu lassen.
[3] Ausführlich zur Thematik: *Rückel*, Verteidigertaktik bei Verständigungen und Vereinbarungen im Strafverfahren – mit Checkliste, NStZ 1987, 297.
[4] Ausführlich zu den Grundsätzen der Strafgesetzgebung: *Fischer* § 1 Rn. 1 (Gesetzlichkeitsprinzip, Rn. 2 (Bestimmtheitsgebot), Rn. 21 (Analogieverbot), Rn. 27 (Rückwirkungsverbot).

entsprechende Anwendung einer ähnlichen, aber nicht unmittelbar zutreffenden Strafvorschrift geschlossen werden (**Analogieverbot, Art. 103 Abs. 2 GG**). Aus dem Gesetzlichkeitsgrundsatz folgt das **Bestimmtheitsgebot**. Es soll gewährleisten, dass der Bürger „ohne unzumutbare Mühe" erkennen kann, welche Verhaltensweisen unter Strafe gestellt sind.[5]

4   Wichtigstes materielles Prinzip ist die **individuelle Verantwortlichkeit** als Voraussetzung der Strafbarkeit. Nur derjenige soll nach deutschem Strafrecht bestraft werden können, dem die Straftat als persönlich zurechenbares Unrecht vorgeworfen werden kann (**Schuldprinzip**).[6]

> **Praxistipp:**
> Im Bereich des Internet- und Computerstrafrechts ist das Analogieverbot besonders zu beachten, da vielfach neue Tatbegehungsformen nicht unter bereits bestehende Vorschriften subsumiert werden können. Die Versuchung, bestehende Vorschriften hierfür zu strapazieren, ist folglich groß und sollte stets kritisch anhand der Kommentarliteratur überprüft werden.

5   **b) Anwendbarkeit deutschen Strafrechts.** Eine frei zugängliche Website kann prinzipiell in jedem Land aufgerufen werden. Werden dort strafbare Inhalte hinterlegt, so kann das regelmäßig die nationalen Rechtsordnungen mehrerer Staaten betreffen. **§§ 3 bis 7 und 9 StGB umfassen internationales Strafrecht.** In diesen Vorschriften wird anhand verschiedener Grundsätze festgelegt, ob ein Sachverhalt mit Auslandbezug der deutschen Strafgewalt unterliegt. So findet gem. § 3 StGB deutsches Strafrecht auf Taten, die im Inland begangen wurden, Anwendung (**Territorialitätsprinzip**).[7] Der Strafhoheitsanspruch gilt im gesamten Gebiet, in dem das deutsche Strafrecht aufgrund hoheitlicher Staatsgewalt seine Ordnungsfunktion ausübt. Die Staatsangehörigkeit des Täters ist insoweit unerheblich. § 9 Abs. 1 Var. 1 StGB bestimmt den **Handlungsort** der Tat, Var. 2 den **Erfolgsort**.

6   Häufig stellt sich die **Problematik einer Bestimmung des Handlungs- bzw. Erfolgsorts bei Internetdelikten**. Vor allem bei Äußerungsdelikten, beispielsweise der Volksverhetzung gem. § 130 StGB, ist die Begründung eines Begehungsortes im Inland schwierig.

Rechtsprechungsbeispiel:
In der so genannten „Toeben-Entscheidung" hatte der BGH[8] über die Strafbarkeit der Verbreitung volksverhetzender Inhalte zu befinden, die über einen ausländischen Server verbreitet wurden. Diese Deliktsgruppe gehört eigentlich zu den abstrakten Gefährdungsdelikten, dh sie weisen keinen zum Tatbestand gehörigen Erfolg auf. Handlungsort war (nach wohl herrschender Meinung) in obiger Entscheidung Australien, da von dort die Daten auf einen australischen Server hochgeladen wurden. In der Entscheidung wurde ein Erfolgsort im Inland bejaht (also im Ergebnis der § 130 StGB als konkretes Gefährdungsdelikt behandelt) und der Täter wegen Volksverhetzung verurteilt. Die Entscheidung ist umstritten.[9]

2. Strafzumessung § 46 StGB und Schadenswiedergutmachung § 46a StGB

7   § 46 StGB und § 46a StGB bieten dem Berater eines IT-strafrechtlichen Mandats oft unterschätzte Gestaltungsmöglichkeiten, um auf das Ergebnis eines Ermittlungsverfahrens Einfluss zu nehmen. Je zeitiger die Verteidigung bzw. Geschädigtenvertretung mit dem Man-

---

[5] *Weigend* Rn. 3. Im Bereich des Internet- und Computerstrafrechts, vor allem bei der Thematik Urheberrechte aber auch bei neueren Vorschriften, wie etwa § 202c StGB, erscheint dieses Gebot zunehmend strapaziert zu werden.

[6] *Weigend* Rn. 3. Sonstige Prinzipien internationalen Strafrechts: **Schutzprinzip** zB § 5 Nr. 7 StGB bei Verletzung von Geschäfts- und Betriebsgeheimnissen eines in Deutschland ansässigen Unternehmens, aktives **Personalitätsprinzip** § 7 Abs. 2 Nr. 1 StGB, insbesondere **Weltrechtsprinzip**.

[7] Vgl. hierzu auch *Hoeren*, Internetrecht, Neuntes Kapitel, S. 502 mwN.

[8] BGH Urt. v. 12.12.2000 – 1 StR 184/00, NJW 2001, 624 (Verbreitung der Auschwitz-Lüge im Internet); vertiefend: *Sieber*, Die Bekämpfung von Hass im Internet, Technische, rechtliche und strategische Grundlagen für ein Präventionskonzept, ZRP 2001, 97; *Kudlich*, Herkunftslandprinzip und Strafrecht, HRRS 2004, 278.

[9] Vgl. *Hilgendorf/Valerius*, Computer- und Internetstrafrecht, Rn. 155 f.; *Fischer* § 9 Rn. 8, 8a mwN.

I. Allgemeines

danten die Grundsätze und Folgen der Strafzumessung besprechen und die entsprechenden Fakten in das Verfahren einbringen, desto größer ist die Möglichkeit, ein günstigeres Ergebnis zu erarbeiten. Besonders das – nach einer Einstellung mangels Tatverdachts – erstrebenswerte Ziel eines Beschuldigten der Einstellung des Verfahrens vor Anklageerhebung gem. § 153 StPO (wegen Geringfügigkeit) oder gem. § 153a StPO (gegen Geldauflage), muss vorrangiges Ziel der Verteidigung sein.

> **Praxistipp:**
> Entscheidet man sich für eine geständige Einlassung, so sollte die Thematik der Schadenswiedergutmachung (§ 46a StGB) ein zentraler Punkt der anwaltlichen Beratung sein. Dabei spielen Zeitpunkt und natürlich die Höhe einer etwaigen Zahlung bzw. auch die Frage einer Entschuldigung eine nicht unerhebliche Rolle bei der späteren Strafzumessung. Die Einlassung sollte jedoch nicht vor Akteneinsicht erfolgen. Diese ist vom Beschuldigtenvertreter am besten zeitgleich mit der Bestellung bei der zuständigen Staatsanwaltschaft zu beantragen.[10]

3. Differenzierung: Bundeszentralregisterauszug – Polizeiliches Führungszeugnis[11]

Kommt es zu einer strafrechtlichen Verurteilung, so wird diese in der Regel in das Bundeszentralregister aufgenommen. Die Voraussetzungen hierzu regelt das **Bundeszentralregistergesetz (BZRG)**. Wird ein Verfahren hingegen nach §§ 153, 153a StPO eingestellt, kommt es zu keiner Eintragung.

Vom Bundeszentralregisterauszug streng zu unterscheiden ist das Führungszeugnis. Nicht alle Strafen erscheinen im **polizeilichen Führungszeugnis!** Die Voraussetzungen eines Eintrags richten sich unter anderem nach § 32 BZRG. Der anwaltliche Berater des Beschuldigten sollte von Beginn des Verfahrens an versuchen darauf hinwirken, dass **die eintragungsrelevante Grenze nicht überschritten wird**.

> **Grenze, ab der es zur Eintragungen in das polizeiliche Führungszeugnis[12] kommt:**
> **Geldstrafe:**
> Tagessatzanzahl über 90
> (die Höhe des Tagessatzes ist nicht relevant sondern wird an das Einkommen gekoppelt) oder
> **Freiheitsstrafe:**
> Strafen über 3 Monate

Beispiele für führungszeugnisrelevante Vorstrafen:[13]
- Der Angeschuldigte H erhält einen **Strafbefehl**. Dort wird wegen Verletzung des Fernmeldegeheimnisses eine **Geldstrafe von 95 Tagessätzen zu je 70,– EUR**, also insgesamt 6.650,– EUR, verhängt. H legt keinen Einspruch ein. Der Strafbefehl wird rechtskräftig.

---

[10] Ist noch kein staatsanwaltschaftliches Aktenzeichen vergeben, muss das Schreiben an die zuständige Ermittlungsbehörde übermittelt werden. Es ist ratsam, den Antrag auf Akteneinsicht in der Folgezeit im Auge zu behalten und den Abgabezeitpunkt des Vorgangs an die Staatsanwaltschaft zu ermitteln. Erst dann wird in der Regel die komplette Akteneinsicht gewährt.

[11] Zum Inhalt: § 32 BZRG; zum Umfang, insbesondere zur Frage, wer entsprechende Auskünfte einholen darf: § 41 BZRG.

[12] Gilt jedoch nur, soweit nicht bereits andere Strafen eingetragen sind, auch wenn beide Strafen unter der Eintragungsgrenze liegen. Zur Thematik: OLG Hamm Beschl. v. 19.7.2012 – III-1 VAs 62/12, Führungszeugnis – Aufnahme einer Verurteilung von nicht mehr als 90 Tagessätzen bei Zweitverurteilung, NStZ-RR 2013, 84.

[13] Auch Strafen unterhalb dieser Grenze sind Vorstrafen im juristischen Sinne und werden in das Bundeszentralregister eingetragen. Es hat sich aber (außerhalb der Justiz) eingebürgert, dass regelmäßig nur die führungszeugnisrelevante Strafe als Vorstrafe bezeichnet wird.

- Der Angeklagte M wird wegen Computersabotage zu einer **Freiheitsstrafe von 4 Monaten verurteilt**. Die Vollstreckung der Strafe wird zur Bewährung ausgesetzt. Die Bewährungszeit beträgt 3 Jahre ab Rechtskraft.
- Der Angeklagte L wird wegen Computerbetrugs zu einer **Freiheitsstrafe von einem Jahr und 6 Monaten ohne Bewährung** verurteilt.

4. Verbrechen und Vergehen

11   Im strafrechtlichen Bereich des Computer- und Internetrechts geht es bei dem weitaus überwiegenden Teil der Fälle um **Vergehen**.[14] Diese werden in § 12 Abs. 2 StGB durch Abgrenzung zum Verbrechen definiert. Gemäß § 12 Abs. 1 StGB handelt es sich bei **Verbrechen** um rechtswidrige Taten, die **im Mindestmaß mit Freiheitsstrafen von einem Jahr oder darüber bedroht** sind.

12   Für die kompetente und umfassende Strafrechtsberatung ist das **Wissen um die Differenzierung von Verbrechen und Vergehen ein wesentlicher Aspekt**. Der Mandant wird naturgemäß schon möglichst früh – unter Umständen bereits vor Einleitung eines Strafverfahrens – wissen wollen, was auf ihn zukommen kann. Ergibt die Erstberatung beispielsweise, dass der Täter mit hoher Wahrscheinlichkeit einen Verbrechenstatbestand verwirklicht hat, so wäre es unklug, ihm eine Einstellung nach §§ 153 bzw. 153a StPO in Aussicht zu stellen. Dieses Verfahren darf nur bei Vergehen angewendet werden.

13   Des Weiteren gilt es hinsichtlich der **Strafbarkeit des Versuchs** eines Verbrechens oder Vergehens § 23 Abs. 1 StGB zu beachten und bei der sachlichen Zuständigkeit der Gerichte §§ 24, 25, 74, 78 GVG.

5. Strafantrag

14   Fatale Fehler geschehen häufig im Zusammenhang mit dem Strafantrag. Die meisten Straftaten im Bereich des IT-Rechts werden nur auf Antrag des Berechtigten (**absolute Strafantragsdelikte**) verfolgt. Bei einigen handelt es sich um besondere Strafantragsdelikte, bei welchen ebenfalls regelmäßig das Stellen eines Strafantrags empfohlen ist, da in diesen Fällen die Staatsanwaltschaft sonst auch nur bei Vorliegen eines besonderen öffentlichen Interesses Ermittlungen einleitet. Klassische Offizialdelikte, welche die Staatsanwaltschaft von Amts wegen zur Strafverfolgung verpflichten, sind im Bereich der IT-Beratung von Unternehmen eher selten.

15   Für die Antragsdelikte gelten regelmäßig die §§ 77 ff. StGB, wonach das Antragsrecht grundsätzlich beim Verletzten liegt und die Tat innerhalb von **3 Monaten nach Kenntnisnahme von Tat und Täter** angezeigt werden muss (§ 77b StGB). Häufig sind im IT-Bereich Vorgänge zu prüfen, die komplex und nicht leicht aufzuarbeiten sind. Unter Umständen wird auch ein Sachverständigengutachten in Erwägung gezogen. Nicht selten sind Fälle, in welchen Arbeitgeber zwar eindeutige Hinweise auf Unregelmäßigkeiten einzelner Mitarbeiter erhalten, jedoch aus unterschiedlichen Motiven heraus noch mit einer Anzeige zuwarten, beispielsweise, weil sie erst mittels interner Ermittlungen herausfinden möchten, ob noch weitere Mitarbeiter involviert sind. Hier gilt es in jedem Falle vor Ablauf von 3 Monaten nach § 77b StGB den Strafantrag bei der zuständigen Staatsanwaltschaft oder Polizeidienststelle einzureichen.[15] Anderenfalls muss damit gerechnet werden, dass die Strafverfolgungsbehörden die Ermittlungen ablehnen. Fehlt bei absoluten Strafantragsdelikten der erforderliche Strafantrag, ist das Verfahren einzustellen bzw. erst gar nicht zu eröffnen. Gleiches gilt, wenn nicht mit Sicherheit festgestellt werden kann, ob der Antrag fristgerecht eingereicht wurde.[16]

---

[14] Beispiel aus dem IT-Recht für einen Verbrechenstatbestand: § 263 Abs. 5 StGB.
[15] Von einem Automatismus zur Strafanzeige ist jedoch abzuraten. Zuerst sollte geprüft werden, ob die Strafanzeige tatsächlich der geeignete Weg ist, um beispielsweise entstandenen Schaden wieder gut zu machen.
[16] Schönke/Schröder/*Sternberg-Lieben*/*Bosch* § 77 Rn. 48.

Praxistipp:
Bei Beratung des Geschädigten sollte unmittelbar bei Mandatsaufnahme der früheste mögliche Zeitpunkt der Kenntnisnahme der Mandantschaft von Tat und Täter ermittelt und eine **dreimonatige Strafantragsfrist notiert werden**.[17] Entscheidet man sich gegen die Erstattung eines Strafantrags innerhalb dieses Zeitraums, so empfiehlt sich eine schriftliche Erklärung des Mandanten bzw. ein entsprechendes Anschreiben an den Mandaten zu den Akten zu nehmen.

6. 41. Strafrechtsänderungsgesetz (StrÄndG)

Seit 11.8.2007 ist das 41. Strafrechtsänderungsgesetz zur Bekämpfung der Computerkriminalität in Kraft und hat zahlreiche Neuerungen, speziell im Zusammenhang mit IT-spezifischen Straftatbeständen mit sich gebracht.

Überblick zum Strafrechtsänderungsgesetz:

Stichtag 11.8.2007	Alte Rechtslage	Neue Rechtslage
§ 202a StGB	Unbefugtes **Verschaffen von Daten**, die gegen Zugang besonders gesichert sind	Unbefugtes **Verschaffen des Zugangs** zu Daten, die besonders gesichert sind
§ 202b StGB	-----------	Abfangen von Daten
§ 202c StGB	-----------	Vorbereiten des Ausspähens und Abfangen von Daten
§ 205 StGB	Strafantrag erforderlich bei Taten nach §§ 201–204	Strafantrag **teilweise** erforderlich (nicht bei § 202 c.)
§ 303a StGB	Vorbereitungshandlung nicht erfasst	**Vorbereitung** einer Straftat nach § 303 a im neuen Absatz 3 unter Strafe gestellt. (Verweis auf den neuen 202 c.)
§ 303b StGB	Computersabotage nur bei Unternehmen und Behörden strafbar	Strafbarkeit auch bei **privater** Datenverarbeitung von wesentlicher Bedeutung. **Abs. 4:** Besonders schwere Fälle werden mit Freiheitsstrafen von 6 Monaten bis 10 Jahren bestraft. **Abs. 5:** Strafbarkeit der Vorbereitung
§ 303c StGB	Strafantrag erforderlich	Strafantrag **teilweise** erforderlich

7. Die Ordnungswidrigkeit und das Ordnungswidrigkeitengesetz (OWiG)

In der Nachbarschaft der IT-spezifischen Strafvorschriften befinden sich regelmäßig die Ordnungswidrigkeiten (zB § 111a UrhG oder § 43 BDSG). Zum besseren Verständnis der verschiedenen Ahndungsformen, sei darauf hingewiesen, dass der Gesetzgeber bei der Ordnungswidrigkeit von einem geringeren Unrechtsgehalt ausgeht als bei einer Straftat. Darum spricht man bei Ersterer auch von „Ahndung" von Verstößen. Wie im Strafrecht finden sich im Gesetz der Ordnungswidrigkeiten (OWiG) ein materieller und ein formeller Teil. Die Verfolgung der Taten erfolgt durch die zuständigen Verwaltungsbehörden.

---

[17] Für den (im IT-Recht eher seltenen) Fall, dass es sich nach Ansicht des Geschädigten um kein Strafantragsdelikt handelt, ist dennoch ratsam eine 3-Monatsfrist im Auge zu behalten, da nicht ausgeschlossen werden kann, dass die Staatsanwaltschaft ein Offizialdelikt als nicht verwirklicht ansieht sondern von anderen Tatbestand ausgeht, der als absolutes Antragsdelikt ausgestaltet ist.

19 An dieser Stelle sei vor allem auf drei Vorschriften hingewiesen, die für die Unternehmen, in welchen strafrechtlich (oder ordnungswidrigkeits-)relevante Taten begangen wurden (durch Angehörige der Unternehmensleitung oder sonstige Mitarbeiter) eine erhebliche (finanzielle) Rolle spielen können:

§ 9 OWiG: Handeln für einen anderen

(1) Handelt jemand
1. als vertretungsberechtigtes Organ einer juristischen Person oder als Mitglied eines solchen Organs,
2. als vertretungsberechtigter Gesellschafter einer rechtsfähigen Personengesellschaft oder
3. als gesetzlicher Vertreter eines anderen,

so ist ein Gesetz, nach dem besondere persönliche Eigenschaften, Verhältnisse oder Umstände (besondere persönliche Merkmale) die Möglichkeit der Ahndung begründen, auch auf den Vertreter anzuwenden, wenn diese Merkmale zwar nicht bei ihm, aber bei dem Vertretenen vorliegen.

(2) Ist jemand von dem Inhaber eines Betriebes oder einem sonst dazu Befugten
1. beauftragt, den Betrieb ganz oder zum Teil zu leiten, oder
2. ausdrücklich beauftragt, in eigener Verantwortung Aufgaben wahrzunehmen, die dem Inhaber des Betriebes obliegen, und handelt er auf Grund dieses Auftrages, so ist ein Gesetz, nach dem besondere persönliche Merkmale die Möglichkeit der Ahndung begründen, auch auf den Beauftragten anzuwenden, wenn diese Merkmale zwar nicht bei ihm, aber bei dem Inhaber des Betriebes vorliegen. Dem Betrieb im Sinne des Satzes 1 steht das Unternehmen gleich. Handelt jemand auf Grund eines entsprechenden Auftrages für eine Stelle, die Aufgaben der öffentlichen Verwaltung wahrnimmt, so ist Satz 1 sinngemäß anzuwenden.

(3) Die Abs. 1 und 2 sind auch dann anzuwenden, wenn die Rechtshandlung, welche die Vertretungsbefugnis oder das Auftragsverhältnis begründen sollte, unwirksam ist.

§ 30 OWiG: Geldbuße gegen juristische Personen und Personenvereinigungen

(1) Hat jemand als ... *[es folgt eine Aufzählung vertretungsbefugter Personen]* ... eine Straftat oder Ordnungswidrigkeit begangen, durch die Pflichten, welche die juristische Person oder die Personenvereinigung treffen, verletzt worden sind oder die juristische Person oder die Personenvereinigung bereichert worden ist oder werden sollte, so kann gegen diese eine Geldbuße festgesetzt werden.

§ 130 OWiG: Verletzung der Aufsichtspflicht in Betrieben und Unternehmen

(1) Wer als Inhaber eines Betriebes oder Unternehmens vorsätzlich oder fahrlässig die Aufsichtsmaßnahmen unterlässt, die erforderlich sind, um in dem Betrieb oder Unternehmen Zuwiderhandlungen gegen Pflichten zu verhindern, die den Inhaber treffen und deren Verletzung mit Strafe oder Geldbuße bedroht ist, handelt ordnungswidrig, wenn eine solche Zuwiderhandlung begangen wird, die durch gehörige Aufsicht verhindert oder wesentlich erschwert worden wäre. Zu den erforderlichen Aufsichtsmaßnahmen gehören auch die Bestellung, sorgfältige Auswahl und Überwachung von Aufsichtspersonen.

(2) Betrieb oder Unternehmen im Sinne des Absatzes 1 ist auch das öffentliche Unternehmen.

II. Materieller Teil des Computer- und Internetstrafrechts

20 Begriffe, wie **Computerstrafrecht, Internetkriminalität, Medienstrafrecht** oder **EDV-Strafrecht** umschreiben regelmäßig Straftatbestände, die in der Folge von Internet- und Computernutzung besonders häufig eine Rolle spielen oder sogar erst in diesem Zusammenhang neu geschaffen wurden. Gelegentlich erfolgt die schematische Einordnung der Straftatbestände gemäß der Struktur der Cybercrime Konvention in die dort vorgenommenen Deliktskategorien.[18] Die Statistiken des BKA sprechen hingegen von Computerkriminalität und erfassen dabei unter anderem diejenigen Straftaten, die in der Folge besprochen werden. Für die Vertretung im Strafverfahren spielt diese Unterscheidung allerdings keine Rolle. Bei den folgenden Darstellungen wurde bewusst auf eine entsprechende Einordnung verzichtet. Die Straftatbestände werden in aufsteigender Nummerierung vorgestellt, um die schnelle Auffindbarkeit für den Praktiker sicherzustellen.

---

[18] So geschehen bei *Gercke/Brunst*, Praxishandbuch Internetstrafrecht.

1. Verbreiten von Propagandamitteln verfassungswidriger Organisationen § 86 StGB

a) Überblick. Gemäß § 86 Abs. 1 StGB macht sich strafbar, wer Propagandamittel verfassungswidriger Organisationen verbreitet, ihre Verbreitung in bestimmter Weise vorbereitet oder solche Propagandamittel in Datenspeichern öffentlich zugänglich macht.

b) Tatgegenstand (Auszug). § 86 Abs. 2 StGB stellt klar, dass es sich bei Propagandamitteln um Schriften im Sinne von § 11 Abs. 3 StGB handeln muss, die sich inhaltlich gegen die freiheitliche demokratische Grundordnung oder den Gedanken der Völkerverständigung richten. § 11 Abs. 3 StGB definiert unter Schriften ausdrücklich auch **Datenträger** wodurch § 86 StGB für die Verbreitung mittels IT-basierten Medien eröffnet wird ohne gegen das Analogieverbot zu verstoßen.

Für das IT-Recht von besonderer Bedeutung ist die **Verbreitung über das Internet** („in Datenspeichern öffentlich zugänglich machen", § 86 Abs. 1 StGB letzte Handlungsalternative). Eine inhaltliche Kenntnisnahme wird dabei nicht vorausgesetzt.[19] Die Möglichkeit reicht hierfür aus.

Rechtsprechungsbeispiel:
Der wohl bekannteste Fall in diesem Zusammenhang wurde vom Oberlandesgerichts Stuttgart entschieden.[20]
Ein in Stuttgart lebender Kommunikationsdesigner, der für ein freies, unzensiertes Internet eintritt, hat auf seiner eigenen Homepage zu Informationszwecken eine über 100 Seiten starke Dokumentation über Sperrverfügungen einzelner Webseiten ins Internet gestellt. Sie enthielt von ihm gesetzte **Links zu gesperrten, aus den USA stammenden Webseiten, die strafbare neonazistische Inhalte aufwiesen.** Dadurch waren diese Seiten für die Besucher der Homepage durch bloßes Anklicken erreichbar. Das Landgericht hatte den Angeklagten freigesprochen. Der 1. Strafsenat des Oberlandesgerichts hat die dagegen gerichtete Revision der Staatsanwaltschaft verworfen und damit den Freispruch bestätigt. Der Senat hat den **Einzelfallcharakter** seiner Entscheidung hervorgehoben und betont, es handele sich nicht um ein verallgemeinerungsfähiges Urteil. Grundsätzlich ist ein Linksetzer, der mittels einer solchen Verbindung verbotene Inhalte, etwa rechtsradikale Propaganda, im Internet zugänglich mache, dafür strafrechtlich verantwortlich.

c) Sozialadäquanzklausel § 86 Abs. 3 StGB. Im vorliegenden Fall hat sich der Angeklagte mit Erfolg auf die **Ausnahmevorschrift** berufen. Die dort geregelte, die Strafbarkeit ausschließende, sog **Sozialadäquanzklausel** schützt die verfassungsrechtlich gewährleistete Meinungs- und Informationsfreiheit und will von der Allgemeinheit gebilligte Handlungen von der Strafbarkeit ausnehmen.

Letztlich entscheiden die objektiv erkennbare Zielrichtung und eine **Einzelfallabwägung** darüber, ob eine – an sich strafbare – Handlung legitimen, vom Gesetzgeber in § 86 Abs. 3 StGB anerkannten Zwecken, zB der Aufklärung oder Berichterstattung, dient und damit straffrei bleibt (wie etwa der Abdruck einer Hakenkreuzfahne in einem Geschichtsbuch) oder die Tatbestände der Volksverhetzung oder der entsprechenden Staatsschutzdelikte bejaht werden müssen (wie etwa beim Verbreiten verbotener Kennzeichen oder rechtsradikalen Gedankenguts unter dem Vorwand der Aufklärung).

Bei der Beurteilung im Rahmen des § 86 Abs. 3 StGB kommt auch dem **Gesamtzusammenhang,** in dem sich die Darstellung befindet, und der Frage, ob sich der Handelnde von strafbaren Inhalten – wie hier – erkennbar distanziert oder sich mit ihnen identifiziert, Bedeutung zu.

2. Anleitung zur Begehung einer schweren staatsgefährdenden Gewalttat § 91 StGB

a) Überblick. § 91 StGB gehört sicher nicht zum klassischen Alltag eines IT-rechtlich spezialisierten Juristen. Dennoch soll an dieser Stelle kurz auf diese junge Vorschrift, die erst seit dem 4.8.2009 in Kraft ist, hingewiesen werden. Es handelt sich um ein **abstraktes Gefährdungsdelikt,** das insbesondere die im Internet kursierenden neutralen Schriften und An-

---

[19] *Fischer* § 86 Rn. 13.
[20] OLG Stuttgart Beschl. v. 24.4.2006 – 1 Ss 449/05, MMR 2006, 387; Auszug aus der Pressemitteilung des OLG.

leitungen erfassen soll, die geeignet sind schwere staatsgefährdende Gewalttaten zu fördern.[21]

28 **b) Tathandlungen (Auszug).** Diensteanbieter und sonstige Internetnutzer können – auch ohne kriminelle Absichten – dann von **Abs. 1 betroffen** sein, wenn sie Schriften **zugänglich machen (Nr. 1)**, die ihrem Inhalt nach geeignet sind, als Anleitung zu schweren staatsgefährdenden Gewalttaten zu dienen. Nach **Abs. 1 Nr. 2** wird hingegen derjenige erfasst, der oben beschriebene Schriften verschafft, um eine schwere Straftat zu begehen. Nicht erfasst ist folglich nach § 91 StGB der Besitz oder Download entsprechender Schriften, ohne dass damit die Verwirklichung einer Straftat beabsichtigt wird.

29 **c) Subjektiver Tatbestand.** Bei der Frage der Verantwortlichkeit für Tathandlungen im Sinne des § 91 StGB ist nach Abs. 1 Nr. 1 und Nr. 2 zu differenzieren. Für Abs. 1 Nr. 1 reicht **bedingter Vorsatz** hinsichtlich aller Tatbestandsmerkmale aus. Nimmt ein Homepagebetreiber billigend in Kauf, dass eine entsprechende Schrift auf seiner Seite zugänglich gemacht wird und erkennt er auch die damit verbundene abstrakte Förderungseigenschaft, so handelt er vorsätzlich.[22] Abs. 1 Nr. 2 hingegen erfordert zusätzlich zum bedingten Vorsatz in Bezug auf die dort aufgeführten Tatbestandsmerkmale die **Absicht** mit Hilfe der Schrift eine Tat nach § 89a Abs. 1 zu begehen.[23]

30 **d) Sozialadäquanzklausel.** Abs. 2 verschafft demjenigen Straffreiheit (Tatbestandsausschluss), der unter anderem aus **wissenschaftlichen Gründen** oder im Zusammenhang mit der **Berichterstattung** über Vorgänge des Zeitgeschehens nach Abs. 1 gehandelt hat.[24]

3. Öffentliche Aufforderung zu Straftaten § 111 StGB

31 **a) Überblick.** Bei § 111 StGB handelt es sich um ein **Äußerungsdelikt** und ein **abstraktes Gefährdungsdelikt**, dessen geschützte **Rechtsgüter** der von der Aufforderung Betroffene und der Gemeinschaftsfrieden sind.[25] Bezüglich der Frage des Erfolgs gilt es zu beachten, dass die Tat nach Abs. 1 geahndet wird, wenn die Aufforderung erfolgreich war, nach Abs. 2 hingegen, wenn die Aufforderung folgenlos bleibt.

32 **b) Aufforderung zur rechtswidrigen bestimmten Tat.** Erforderlich hierfür ist einmal, dass die Tat nach Bundes- oder Landesrecht mit Strafe bedroht ist. Des Weiteren bedarf es einer gewissen **Konkretisierung** (etwa durch Hinweise auf Zeit, Ort und Opfer).[26] Adressat der Aufforderung muss eine **unbestimmte** Anzahl von Menschen sein (öffentlich, in einer Versammlung oder durch Verbreiten von Schriften zum Beispiel auch das Einstellen ins Internet).

33 **c) Subjektiver Tatbestand.** In subjektiver Hinsicht reicht es aus, wenn der Auffordernde mit **bedingtem Vorsatz** handelt und zumindest billigend in Kauf nimmt, dass die Tat, zu der er auffordert, begangen wird.[27]

Rechtsprechungsbeispiele:

Mubahala[28]
„Es besteht kein hinreichender Tatverdacht eines öffentlichen Aufforderns zu Straftaten, wenn in einem Internetforum in der äußeren Form eines Gebets („Mubahala") die Bestrafung eines Islamkritikers vom „allmächtigen Schöpfer" erfleht wird."

Genmais
„Ein Aufruf zu Straftaten durch eine Mitteilung via Internet kann nur vorliegen, wenn im Sinne des § 111 StGB zeitgleich mindestens die Mitteilung eines bestimmten Tatortes oder Tatzeitpunktes erfolgt."

---

[21] *Fischer* § 91 Rn. 3; Zielsetzung und Kritik sind bei Schönke/Schröder/*Sternberg-Lieben* § 91 Rn. 1. ausführlich dargestellt.
[22] *Fischer* § 91 Rn. 15; Schönke/Schröder/*Sternberg-Lieben* § 91 Rn. 6.
[23] *Fischer* § 91 Rn. 18; Schönke/Schröder/*Sternberg-Lieben* § 91 Rn. 7.
[24] *Fischer* § 91 Rn. 16; vgl. auch Ausführungen unter 2.1.
[25] *Fischer* § 111 Rn. 1 mwN; Schönke/Schröder/*Eser* § 111 Rn. 1 f.
[26] Ausführlich zur Frage der Aufforderung und zu den weiteren Tatbestandsmerkmalen: Schönke/Schröder/*Eser* § 111 Rn. 3 ff.
[27] *Fischer* § 111 Rn. 6; Schönke/Schröder/*Eser* § 111 Rn. 1 f.
[28] OLG Oldenburg Beschl. v. 23.10.2006 – 1 Ws 422/06, NJW 2006, 3735.

Zusätzliche inhaltliche Anforderungen können sich aus der Straftat ergeben, zu der aufgerufen wird. Ohne eine derartige Konkretisierung stellt sich ein Aufruf im Internet zwar als drastische, aber im Sinne der Meinungsfreiheit noch hinzunehmende Äußerung zur Beeinflussung der öffentlichen Meinung dar."[29]

4. Volksverhetzung § 130 StGB

a) Überblick. In das Internet werden regelmäßig Äußerungen eingestellt, die geeignet sind den Tatbestand der Volksverhetzung zu verwirklichen. § 130 StGB kann durch **drei selbstständige Tatbestände** verwirklicht werden. Absatz 1 enthält in Nr. 1 eine Aufstachelungs-Alternative, Nr. 2 eine Beschimpfungs-Alternative.[30] Absatz 2 Nr. 1 enthält einen Schriftenverbreitungstatbestand. Durch § 130 Abs. 2 Nr. 2 StGB ist die Darbietung des in Nummer 1 bezeichneten Inhalts ausdrücklich auf die Verbreitung durch Rundfunk, **Medien- und Teledienste** ausgeweitet worden. § 130 Abs. 3 StGB stellt die Leugnung des Holocaust sowie die Billigung oder Verharmlosung aller in der NS-Zeit begangenen Handlungen unter Strafe.[31] 34

b) Begehungsformen. 35
- **schriftliche** oder **mündliche Aussage,**
- **Veröffentlichung in Kommunikationsforen/-diensten** des Internet, insbesondere soweit die Online-Inhalte frei zugänglich sind. Problematisch sind zugangsgeschützte Bereiche, Allerdings reicht es auch aus, dass eine gewisse Außenwirkung wahrscheinlich ist.[32]

c) Sozialadäquanzklausel Abs. 3. § 130 Abs. 3 StGB nimmt auf § 86 Abs. 3 StGB Bezug. 36
Die dort geregelte, die Strafbarkeit ausschließende Sozialadäquanzklausel schützt die verfassungsrechtlich gewährleistete Meinungs- und Informationsfreiheit und will von der Allgemeinheit gebilligte Handlungen von der Strafbarkeit ausnehmen.

Rechtsprechungsbeispiel:
Die bekannteste Entscheidung im Zusammenhang mit § 130 StGB ist die erwähnte „**Toeben**"-Entscheidung des Bundesgerichtshofs vom 12.12.2000:[33] Ein Australier stellte, von ihm verfasste Äußerungen, die den Tatbestand der Volksverhetzung im Sinne des § 130 Abs. 1 und des § 130 Abs. 3 StGB erfüllten („Auschwitzlüge"), auf einem ausländischen Server in das Internet, der Internetnutzern in Deutschland zugänglich war. Der BGH bejahte die Eignung zur Friedensstörung im Inland und verurteilte den Angeklagten wegen Volksverhetzung in Tateinheit mit Beleidigung und Verunglimpfung des Andenkens Verstorbener.

5. Anleitung zu Straftaten § 130a StGB

a) Überblick. Die Vorschrift des § 130a StGB hat durch das Internet an Brisanz hinzugewonnen. Sie soll den **öffentlichen Frieden schützen** und nennt solche Delikte, die „zu einer allgemeinen Beunruhigung der Bevölkerung der Bundesrepublik führen".[34] Anleitungen zum Sprengstoffanschlag oder zum (angeblich) perfekten Mord geben, sind im Netz immer wieder auszumachen und können dort aufgrund der immensen und im Nachhinein auch nicht mehr nachvollziehenden Streuwirkung erheblich schädlicher sein als eine „gewöhnliche" Schrift in Papierform. Tipps und Empfehlungen zur Umgehung von Kopieschutz oder eine Anleitung zum Erwerb illegaler Software sind von § 130a StGB nicht erfasst.[35] 37

---

[29] OLG Stuttgart Beschl. v. 26.2.2007 – 4 Ss 42/2007, Leitsatz der Redaktion von JurPC, JurPC Web-Doc. 54/2007, Weitere Fundstelle: MMR 2007, 434.
[30] Weiterführend zu den einzelnen Varianten: *Marberth-Kubicki* Rn. 113.
[31] *Fischer* § 130 Rn. 23 mwN.
[32] Zu den Begehungsformen und den weiteren Tatbestandsmerkmalen: Schönke/Schröder/*Sternberg-Lieben* § 130 Rn. 12 ff.
[33] Urt. v. 12.12.2000 – 1 StR 184/00, NJW 2001, 624 = MMR 2006, 387 (Volksverhetzende Äußerungen im Internet von Australien aus auf einen dortigen Server hochgeladen). Zur Kritik an der Entscheidung vertiefend: *Sieber*, Die Bekämpfung von Hass im Internet, Technische, rechtliche und strategische Grundlagen für ein Präventionskonzept, ZRP 2001, 97.
[34] *Fischer* § 126 Rn. 2 mit vertiefenden Ausführungen zum geschützten Rechtsgut.
[35] Allerdings könnte die Handlung unter die Vorschrift des § 202c StGB fallen.

38 **b) Tatgegenstand (Auszug). Schriften** (§ 11 Abs. 3 StGB), die geeignet sind, als Anleitung zur Begehung einer Katalogtat des § 126 Abs. 1 StGB zu dienen und ihrem Inhalt nach bestimmt sind, die Bereitschaft anderer zu fördern oder zu wecken, eine solche Tat zu begehen.

39 **c) Tathandlungen.** *Verbreitet* ein Provider Schriften iSd Abs. 1 über das Internet oder werden sie in sonstiger Weise **zugänglich gemacht** muss mit einem Ermittlungsverfahren gerechnet werden.

40 **d) Sozialadäquanzklausel Abs. 3.** Abs. 3 nimmt auf § 86 Abs. 3 StGB Bezug. Die dort geregelte, die Strafbarkeit ausschließende Sozialadäquanzklausel schützt die verfassungsrechtlich gewährleistete Meinungs- und Informationsfreiheit und will von der Allgemeinheit gebilligte Handlungen von der Strafbarkeit ausnehmen

> **Praxistipp:**
> Bei sämtlichen Straftaten, welche die Thematik der Verbreitung zum Gegenstand haben, ist es für die Beratung, insbesondere von Providern wichtig, auf die Verpflichtung zur unverzüglichen Löschung bzw. Zugangssperrung iSv § 10 S. 1 Nr. 2 TMG hinzuweisen, um die Privilegierung nach § 10 S. 1 TMG nicht zu riskieren.

6. Gewaltdarstellung § 131 StGB

41 **a) Überblick.** Laut Gesetzesbegründung erhoffte man sich den Schutz der Allgemeinheit vor sozialschädlicher Aggression und des einzelnen vor Gewalttätigkeiten im Vorfeld. Norm und Schutzzweck werden allerdings von vielen Seiten kritisch beurteilt.[36] Problematisch ist in der Praxis der **fließende und kaum objektivierbare Grenzbereich**, wenn es um die Frage geht, ob tatbestandsmäßiges Material gegeben ist. Soweit Kinder und Jugendliche betroffen sind, gilt es zudem das **Jugendschutzgesetz** (JuSchG) zu beachten.

42 **b) Tatgegenstand.** Schriften (§ 11 Abs. 3 StGB), die **grausame oder sonst unmenschliche Gewalttätigkeiten** gegen Menschen oder menschenähnliche Wesen in einer verherrlichenden, verharmlosenden oder sonst die Menschenwürde verletzenden Weise, schildern.

43 **c) Tathandlungen.** Die Tathandlungen entsprechen weitestgehend jenen der §§ 184 ff. StGB, insbesondere wird also das Verbreiten oder sonst Zugänglichmachen sowie das einer Person unter 18 Jahren Anbieten, Überlassen oder sonst zugänglichmachen, aber auch das Herstellen für diese Zwecke strafrechtlich sanktioniert.

44 **d) Verbreitung über Tele- und Mediendienste § 131 Abs. 2 StGB.** Die Vorschrift berücksichtigt ausdrücklich die neuen Medien. Auch derjenige, welcher eine Darbietung des in Absatz 1 bezeichneten Inhalts durch Rundfunk, Medien- oder Teledienste verbreitet, muss mit einem Strafverfahren rechnen.

45 **e) Berichterstatterprivileg Abs. 3.** Abs. 3 regelt, dass Abs. 1 und 2 nicht gelten, soweit die Handlung der Berichterstattung über Vorgänge des Zeitgeschehens oder der Geschichte dient.

46 **f) Erzieherprivileg Abs. 4.** Der letzte Absatz regelt ausdrücklich, dass § 131 Abs. 1 Nr. 3 nicht anzuwenden ist, wenn der zur Sorge für die Person Berechtigte handelt, es sei denn, der Sorgeberechtigte verletzt gröblich durch das Anbieten, Überlassen oder Zugänglichmachen seine Erziehungspflicht.

7. Sexueller Missbrauch von Kindern über das Internet § 176 StGB (Auszug)

47 **a) Überblick.** Der sexuelle Missbrauch von Kindern (Definition § 176 Abs. 1 StGB: Person unter 14 Jahren) wird im Berateralltag eher bei Fachanwälten für Strafrecht als bei je-

---

[36] Ausführlich und vertiefend zur Gesamtproblematik: Schönke/Schröder/*Lenckner/Steinberg-Lieben* § 131 Rn. 1 f.

nen des IT-Rechts aufschlagen. Indes soll der Vollständigkeit halber nur kurz auf die IT-spezifische Eigenheit dieser Strafvorschrift hingewiesen und deren Tatbestandsvoraussetzungen auszugsweise dargestellt werden.

Nachdem das Internet seit geraumer Zeit in vielen Kinderzimmern Einzug gehalten hat, kommt es regelmäßig zu Meldungen über Vorfälle sexueller Belästigungen bzw. Missbrauchshandlungen. Die Bezeichnung „Cyber Grooming"[37] wird in diesem Zusammenhang häufig benutzt. Sie umschreibt ein Verhalten, bei welchem erwachsene Täter im Netz, beispielsweise in Chatrooms, zumeist unter Vorspiegelung einer falschen Identität, Kontakt zu Kindern aufnehmen, um auf diese unmittelbar (etwa durch Übermittlung entsprechender Bilder und Texte) in sexuell belästigender oder missbräuchlicher Form einzuwirken oder mit dem Ziel, sich auch im realen Leben mit den Kindern zu treffen, um sie zu missbrauchen.[38] 48

b) Tatbestand (Auszug). § 176 Abs. IV StGB bestraft denjenigen, der 49
Nr. 1: sexuelle Handlungen **vor einem Kind vornimmt,**
Nr. 2: ein Kind **dazu bestimmt,** dass es sexuelle Handlungen vornimmt, soweit die Tat nicht nach Absatz 1 oder Absatz 2 mit Strafe bedroht ist,

Beispiel 1:
Webcam Übertragung sexueller Handlungen des Täters.[39]

Beispiel 2:
Kind wird vom Täter dazu veranlasst, sich im Intimbereich vor Webcam zu entblößen.[40]

Nr. 3: auf ein Kind durch Schriften (§ 11 Abs. 3) **einwirkt,** um es zu sexuellen Handlungen zu bringen, die es an oder vor dem Täter oder einem Dritten vornehmen oder von dem Täter oder einem Dritten an sich vornehmen lassen soll, 50

Beispiel:
Einwirkung mittels einer entsprechenden E-Mail an das Kind.

Die Tatbestandsvoraussetzungen sind nicht unproblematisch. Schwierigkeiten bereitet insbesondere die Bezugnahme auf § 11 Abs. 3 StGB. Danach werden den Schriften Ton- und Bildträger, **Datenspeicher,** Abbildungen und andere Darstellungen gleichgestellt. Ob **Mitteilungen im Chat** darunter fallen, ist strittig. Wenngleich gerade diese Fälle nach dem Willen der Gesetzgeber erfasst werden sollten, lässt der Begriff Datenspeicher eine entsprechende Subsumtion nicht ohne weiteres zu.[41] Wird der Chat unter dem Merkmal Datenspeicher subsumiert kann die Verletzung des Analogieverbotes im Raum stehen. 51

Nach derzeit wohl vorherrschender Ansicht unterfallen dem Datenspeicher jedenfalls alle Speichermedien für die elektronische, elektromagnetische, optische, chemische und sonstige Aufzeichnungen von Daten, welche gedankliche Inhalte verkörpern und nur unter Zuhilfenahme technischer Geräte wahrnehmbar werden. Neben den (permanenten) Speicherträgern wie CD-ROM, DVD, USB-Speicher, Festplatten usw. werden (nicht permanente) Arbeitsspeicher von Rechnern jeder Art (auch Netzwerkserver) mit Ausnahme kurzfristiger Zwischenspeicherungen von der Kommentarliteratur als Datenspeicher betrachtet.[42] 52

Nr. 4: auf ein Kind durch **Vorzeigen pornographischer Abbildungen oder Darstellungen,** durch Abspielen von Tonträgern pornographischen Inhalts oder durch entsprechende Reden **einwirkt.** 53

---

[37] Häufige Bezeichnung auch: „Online Grooming" bzw. (irreführend) verkürzt auch nur „Grooming".
[38] Stern.de, Gefährliche Anmache im Internet, 13.12.2008, http://www.stern.de/panorama/cyber-grooming-im-chat-gefaehrliche-anmache-im-internet-648531.html. Zuletzt geöffnet: 27.10.2010.
[39] BGH Beschl. v. 21.4.2009 – 1 StR 105/09, NJW 2009, 1892; Schönke/Schröder/*Eisele* § 176 Rn. 12.
[40] BGH Beschl. v. 17.12.1997 – 3 StR 567/97, BGHSt 43, 366; Schönke/Schröder/*Eisele* § 176 Rn. 13.
[41] Auf europäischer Ebene sollen nach Art. 6 der Richtlinie des Europäischen Rates zur Bekämpfung des sexuellen Missbrauchs und der sexuellen Ausbeutung von Kindern sowie der Kinderpornografie und zur Aufhebung des Rahmenbeschlusses 2004/68/JI des Rates die Mitglieder verpflichtet werden, Cyber Grooming strafrechtlich zu ahnden.
[42] Vertiefend, auch was Problematik der Grenzziehung zwischen Daten und Datenspeicher betrifft: *Fischer* § 11 Rn. 36, 36a und noch ausführlicher: Schönke/Schröder/*Eser/Hecker* § 11 Rn. 67.

Beispiel:
Einwirkung auf das Kind mittels Bilddateien während des Chats, bzw. Übermittlung an Mailadresse des Kindes.

54 Voraussetzung ist jedoch eine Handlung des Täters, die in der Folge dann zu der „sinnlichen Wahrnehmung"[43] des Kindes führt. (Nicht ausreichend: bloße Möglichkeit der Kenntnisnahme).

Absatz 6 betrifft schließlich den **Versuch**. Danach ist mit Ausnahme von Abs. 4 Nr. 3 und 4 und Abs. 5 der Versuch strafbar.

8. Verbreitung und Besitz pornographischer Schriften §§ 184 ff. StGB

55 Auf den ersten Blick erscheint diese sexualstrafrechtliche Thematik nicht das tägliche Brot des Rechtsberaters auszumachen. Allerdings gibt es im Hinblick auf die **missbräuchliche Nutzung von Internet und Computer** durch Angehörige eines Unternehmens nicht selten Berührungspunkte zu den Straftatbeständen der §§ 184 ff. StGB. Werden beispielsweise über betriebsinterne Computer Seiten des Internet angeklickt, auf welchen sich Bilder mit kinderpornographischem Inhalt befinden bzw. findet sich entsprechendes Material auf Datenspeichern im Unternehmen, gerät dieses mit gewisser Wahrscheinlichkeit in den Fokus der Ermittlungsbehörden. Die Durchsuchung des Betriebs wäre nicht nur rufschädigend sondern birgt auch die Gefahr einer strafrechtlichen Mitverantwortung der Unternehmensleitung.

56 Seit dem 27.12.2003 werden Fälle einfacher und harter Pornographie durch die neu gefassten Vorschriften der §§ 184 ff. StGB zum Teil **erheblich strenger sanktioniert**, als dies vor dem Inkrafttreten des SexualdelÄndG der Fall war.

57 Der Gesetzgeber unterscheidet zwischen
- **einfachen** pornographischen Schriften (§ 184 StGB) und
- **harten** pornographischen Schriften mit gewalt- bzw. tier- (§ 184a StGB) und kinder- und jugendpornographischem (§§ 184b und c StGB) Inhalt.

58 Während das Verbot der Verbreitung einfacher Pornographie (§ 184 Abs. 1 StGB) in erster Linie dem Jugendschutz dient, besteht hinsichtlich harter Pornographie (§ 184a, § 184b und § 184c StGB) ein **absolutes Verbot der Verbreitung und des öffentlichen Zugänglichmachens**.[44]

59 In der Folge wird unter a) der **Tatgegenstand (pornographische Schrift)** betrachtet innerhalb dessen noch zwischen **Gewalt und Tierpornographie, Kinderpornographie** und **Jugendpornographie** unterschieden wird. Sodann folgt unter b) **Tathandlung** eine Erläuterung all jener Handlungen, die im Bereich der §§ 184 ff. StGB strafbar sein können. Schließlich werden unter c) **Besonderheiten für Rundfunk, Medien- oder Teledienste** noch die, für diese Medien geregelten Spezialvorschriften dargestellt. Unter d) wird abschließend auf den **subjektiven Tatbestand** eingegangen.

60 **a) Tatgegenstand.** Tatgegenstand ist allgemein die **pornographische Schrift**. Die Zuordnung zu den §§ 184 ff. StGB erfolgt über den Inhalt.

61 Definitionen:

Pornographie: Vergröbernde Darstellung sexuellen Verhaltens im wesentlichen Sinne, unter weitergehender Ausklammerung emotional-individualisierender Bezüge, die einen Menschen zum bloßen (auswechselbaren) Objekt geschlechtlicher Begierde macht.[45]

Schrift: § 11 Abs. 3 StGB: Ton- und Bildträger, **Datenspeicher**, Abbildungen und andere Darstellungen.

Datenspeicher: alle Speichermedien für die elektronische, elektromagnetische, optische, chemische und sonstige Aufzeichnungen von Daten, welche gedankliche Inhalte verkörpern

---

[43] Schönke/Schröder/*Eisele* § 176 Rn. 17.
[44] *Malek*, Strafsachen im Internet, Rn. 299.
[45] Es gibt keine gesetzliche Definition. Abhandlungen zur Eingrenzung des Begriffs finden sich bei *Fischer* § 184 Rn. 7.

und nur unter Zuhilfenahme technischer Geräte wahrnehmbar werden, also neben den (permanenten) Speicherträgern wie CD-ROM, DVD, USB-Speicher, Festplatten usw. auch (nicht permanente) Arbeitsspeicher von Rechnern jeder Art (auch Netzwerkserver) mit Ausnahme kurzfristiger Zwischenspeicherungen.[46]

aa) Gewalt- und Tierpornographie § 184a StGB. Der Begriff der Gewalttätigkeit erfordert die Entfaltung physischer Kraft gegen eine lebende Person in einem aggressiven Handeln.[47] Ohne Bedeutung ist, ob eine vorgetäuschte oder eine reale Handlung gegeben ist.

bb) Kinderpornographie § 184b StGB. Der Begriff des sexuellen Missbrauchs von Kindern entspricht den Handlungen, die in den §§ 176, 176a und 176b StGB mit Strafe bedroht sind.[48] Erfasst sind auch fiktive Geschehnisse, bei welchen der Missbrauch nur beschrieben oder imitiert wird.

Beispiel Second Life:
Erstellen Nutzer in der virtuellen Welt einen Kinder-Avatar und werden mit diesem entsprechende Geschehnisse nachgestellt, so kann ein staatsanwaltschaftliches Ermittlungsverfahren wegen Kinderpornographie erfolgen.

cc) Jugendpornographie § 184c StGB. Der beratende Anwalt muss in den nächsten Jahren auf den **Tatzeitpunkt** achten, wenn ein Fall von Verbreitung, Erwerb oder Besitz von **Jugendpornographie** an ihn herangetragen wird. Erst **seit dem 5.11.2008** ist der neue § 184c StGB in Kraft.[49]

Seit diesem Zeitpunkt werden auch pornografische Schriften unter Strafe gestellt, die **sexuelle Handlungen von, an oder vor Personen zwischen vierzehn und achtzehn Jahren** (Jugendliche) zum Gegenstand haben. Der neue § 184c StGB entspricht im Wesentlichen der bereits seit Jahren geltenden Rechtslage zur Kinderpornografie, die Opfer unter vierzehn Jahren erfasst (§ 184b StGB). Allerdings sind die Strafdrohungen für die Jugendpornografie niedriger, um dem verminderten Unrechtsgehalt sexueller Handlungen zwischen Jugendlichen Rechnung zu tragen.

Im Gegensatz zur Kinderpornographie bleibt der Besitz von fiktiver Jugendpornografie (zB Computeranimationen) und von pornografischen Abbildungen von Erwachsenen, die lediglich so aussehen wie Jugendliche (sog Scheinjugendliche), weiterhin straflos.

b) Tathandlungen. In den **§§ 184 bis 184d StGB** wird eine Vielzahl von **sich teilweise überschneidenden Handlungsformen** unter Strafe gestellt. Für das Medium Internet sind vor allem folgende Alternativen relevant:

aa) Zugänglichmachen. Zugänglichmachen pornographischer Darstellungen **gegenüber Personen unter 18 Jahren** oder an einem Ort, der Personen unter 18 Jahren zugänglich ist (§ 184 Abs. 1 Nr. 1und 2 StGB). **Tatbestandsausschluss bei Zugangssperre:**
§ 184 S. 2 StGB enthält für die Fälle einfacher Pornografie einen Tatbestandsausschluss, wenn die **Unzugänglichkeit durch Minderjährige** sichergestellt wird.

In seiner Entscheidung vom 27.6.2001[50] führte der BGH aus, dass gem. § 184 Abs. 3 StGB **Zugänglichmachen im Internet** vorliegt, wenn eine Datei zum Lesezugriff ins Internet gestellt und dem Internetnutzer so die **Möglichkeit des Zugriffs** auf die Datei eröffnet wird. Nicht erforderlich ist, dass tatsächlich ein Zugriff erfolgt.

Schutzmaßnahmen: Effektive Barriere. Ebenfalls strittig: Post-Ident-Verfahren (Registrierung über Postamt).[51]

---
[46] Vertiefend, auch was Problematik der Grenzziehung zwischen Daten und Datenspeicher betrifft: *Fischer* § 11 Rn. 36, 36a und noch ausführlicher: Schönke/Schröder/*Eiser/Hecker* § 11 Rn. 67.
[47] *Fischer* § 184a Rn. 4.
[48] Wegen der näheren Einzelheiten sei auf die einschlägigen Kommentare verwiesen, zB *Fischer* oder *Schönke/Schröder* zu §§ 176, 176a und 176b.
[49] Eine übersichtliche Zusammenfassung der Neuerungen findet sich bei: Schönke/Schröder/*Eisele* § 184c Rn. 1 ff.
[50] BGH Urt. v. 27.6.2001 – 1 StR 66/01, NJW 2001, 3558.
[51] Auch hier Gefahr der Öffnung der Sendung durch Minderjährige – so jedenfalls: OLG München Urt. v. 29.7.2004 – 29 U 2745/04, NJW 2004, 3344 (3346).

Rechtsprechungsbeispiele:
OLG Düsseldorf:[52]
Als „effektive Barriere" reicht nicht aus, dass der Nutzer die Identitätsnummer eines deutschen Personalausweises oder die Kartennummer eines Kreditinstitutes eingeben muss und Besuche der Internetseite über eine Telefonverbindung abgerechnet werden, die ein kostenpflichtiger „Dialer" herstellt. Der PC mit Internetanschluss im häuslichen Bereich von Kindern und Jugendlichen ist ein Ort im Sinne von § 184 Abs. 1 Nr. 2 StGB.

BGH:[53]
Mit Entscheidung vom 18.10.2007 bestätigte der BGH, dass das damals führende Altersverifikationssystem für Internetzugang unzureichend ist. In der Pressemitteilung Nr. 149/2007 führte er hierzu unter anderem aus:
„dass es den jugendschutzrechtlichen Anforderungen nicht genügt, wenn pornographische Internet-Angebote den Nutzern nach der Eingabe einer Personal- oder Reisepassnummer zugänglich gemacht werden. Auch wenn zusätzlich eine Kontobewegung erforderlich ist oder eine Postleitzahl abgefragt wird, genügt ein solches System den gesetzlichen Anforderungen nicht." ... „Erforderlich sei danach eine einmalige persönliche Identifizierung der Nutzer etwa durch einen Postzusteller und eine Authentifizierung bei jedem Abruf von Inhalten (zB durch einen USB-Stick in Verbindung mit einer PIN-Nummer). Auch eine Identifizierung mit technischen Mitteln (Webcam-Check, biometrische Merkmale) sei nicht ausgeschlossen, müsse aber entsprechende Sicherheit bieten."

BGH:[54]
Mit Urteil vom 18.1.2012 stellte der BGH unter anderem fest:
„Ein öffentliches Zugänglichmachen von kinderpornografischem Material liegt deshalb vor, wenn der Zugang nicht auf einen dem Anbieter überschaubaren kleinen Personenkreis beschränkt werden kann, es sich vielmehr um einen anonymen, nicht überschaubaren Benutzerkreis handelt" ... „des Weiteren erfüllt das eigene Posten von Links auf kinderpornographische Dateien in den zu dem „S."-Board gehörenden Chats den Tatbestand des bandenmäßigen Unternehmens des Drittbesitzverschaffens kinderpornographischer Schriften (§ 184b Abs. 2, Abs. 3 Alt. 2 StGB) ...".

70 bb) *Anbieten, Ankündigen, Anpreisen.* § 184 Abs. 1 Nr. 5 Alt. 1 StGB sanktioniert die **Werbung für pornographische Schriften.** Bestraft wird die öffentliche Werbung an einem Ort, der Minderjährigen zugänglich ist oder von ihnen eingesehen werden kann.
Anbieten: Bereitschaft zur Besitzübertragung gegenüber individuell unbestimmtem Personenkreis. Im Internet: Bereitschaftserklärung zur unkörperlichen Zugänglichmachung.[55]
Ankündigung: Hinweis auf Gelegenheit zum Zugang zu pornographischen Darstellungen gegenüber größerem Personenkreis.[56]
Anpreisen: Lobende Erwähnung und ausdrückliche Empfehlung pornographischer Schriften in der Absicht, sie Anderen zugänglich zu machen.[57]

71 cc) *Verbreiten.* Mit seiner Entscheidung vom 27.6.2001 begründete der BGH einen **spezifischen Verbreitungsbegriff für Internetstraftaten.** Danach liegt Verbreiten im Internet vor, wenn die Datei auf dem Rechner des Internetnutzers angekommen ist, unabhängig davon, ob dieser die Möglichkeit des Zugriffs auf die Daten genutzt oder ob der Anbieter die Daten übermittelt hat.[58] Es kommt nicht mehr darauf an, ob die Daten auf einem permanenten Speichermedium gespeichert werden.[59]

Rechtsprechungsbeispiel:
OLG Oldenburg, Beschluss vom 8.5.2009 – P2P Tauschbörsen – zum Upload Vorsatz:[60]
Im Zusammenhang mit einer Verurteilung wegen Verbreitung gewaltpornographischer Schriften hat das OLG eine wichtige Grundsatzentscheidung zur Frage des Vorsatzes bei der Teilnahme an Tausch-

---

[52] Urt. v. 17.2.2004 – III-5 Ss 143/03 – 50/03, CR 2004, 456.
[53] Urt. v. 18.10.2007 – I ZR 102/05, MMR 2008, 400 – ueber18.de (Vorinstanzen: OLG Düsseldorf Urt. v. 24.5 2005 – I-20 U 143/04, MMR 2005, 611; LG Düsseldorf Urt. v. 28.7.2004 – 12 O 19/04, MMR 2004, 764).
[54] Urt. v. 18.1.2012 – 2 StR 151/11, BeckRS 2012, 06061 = HRRS 2012 Nr. 330.
[55] *Malek*, Strafsachen im Internet, Rn. 315 mwN.
[56] *Malek*, Strafsachen im Internet, Rn. 315 mwN.
[57] *Malek*, Strafsachen im Internet, Rn. 315 mwN.
[58] BGH Urt. v. 27.6.2001 – 1 StR 66/01, NJW 2001, 3558.
[59] *Marberth-Kubicki*, Computer- und Internetstrafrecht, Rn. 108.
[60] MIR, http://medien-internet-und-recht.de/volltext.php?mir_dok_id=1966, zuletzt abgerufen: 2.1.2015.

börsen gefällt. Es ging um die Frage, ob jeder Nutzer einer Tauschbörse sich darüber im Klaren sei, dass bei Nutzung des Programms auch von dem eigenen PC Daten zur Verfügung gestellt würden oder dies zumindest in Kauf nehme, was der Angeklagte bestritt. Im vorliegenden Fall waren die rechtswidrigen Daten in einem Ordner des Angeklagten mit der Bezeichnung incomming gespeichert.

Das OLG stellte fest, dass dem Angeklagten ein solcher Vorsatz nicht ohne weiteres zu unterstellen sei und dass es keinen Erfahrungssatz dahingehend gäbe, dass ein bloßer auch wiederholter Nutzer einer Tauschbörse wisse oder doch damit rechne, dass er die von ihm heruntergeladene Dateien schon durch seinen Download anderen Nutzern zur Verfügung stelle.

dd) Besitz und Besitzverschaffen. Im Gegensatz zu einfachen, gewalt- und tierpornographischen Schriften wird der **Besitz und die Besitzverschaffung kinder- und jugendpornographischer Schriften** gem. § 184b Abs. 4 S. 2 und § 184c Abs. 4 S. 1 seit dem Inkrafttreten des SexualdelÄndG am 27.12.2003 mit Freiheitsstrafen oder Geldstrafen geahndet. Weitere Differenzierung der Tathandlungen bei Besitz und Besitzverschaffen am Beispiel der Kinderpornographie:

§ 184b Abs. 4 S. 1 StGB:

Das **Unternehmen der Tat** (Legaldefinition in § 11 Nr. 6 StGB): Bereits der Versuch sich **eigenen Besitz an Kinderpornographie** zu verschaffen.[61] Auch die Anfertigung kinderpornographischer Fotos ist erfasst.[62]

§ 184b Abs. 4 S. 2 StGB:

Der **Besitz** umfasst den unmittelbaren und mittelbaren Besitz, unabhängig von Dauer, Entgeltlichkeit und Verbreitungstendenz. Bei elektronischen Dateien ist er stets gegeben bei dauerhafter Speicherung. Inwieweit bereits die (automatische) Abspeicherung im Cache-Speicher oder die Suche nach entsprechenden Bildern (Versuch, da unmittelbares Ansetzen) strafbar sein sollte, ist äußerst umstritten.[63]

Nicht mehr erforderlich ist nach jüngster höchstrichterlicher Rechtsprechung die Abspeicherung auf einem Datenträger.[64] Bereits das **Anklicken** der Bilder soll nach Urteil des OLG Hamburg vom 15.2.2010 Besitz im Sinne der Strafvorschrift sein. Auch das kurzfristige Herunterladen in den Arbeitsspeicher, ohne ein manuelles Abspeichern, bringe Nutzer in den Besitz der Dateien. § 184b Abs. 5 regelt den Sonderfall für Handlungen, die ausschließlich der Erfüllung rechtmäßiger dienstlicher oder beruflicher Pflichten dienen.[65]

Rechtsprechungsbeispiel:
Revisionsurteil des OLG Hamburg vom 15.2.2010[66]
... „zum nach gezieltem Aufruf erfolgten Betrachten der Bild- und Videodateien auf dem Computerbildschirm ist [...] der Straftatbestand des § 184b Abs. 4 S. 1 StGB sowohl in objektiver als auch in subjektiver Hinsicht erfüllt."

c) Besonderheiten für Rundfunk, Medien- oder Teledienste § 184d StGB.[67] Täter kann jeder sein, der für die Ausstrahlung oder Übermittlung verantwortlich ist. Darsteller können je nach Organisation und Vorsatz Täter, Gehilfen oder straflos sein.[68]

---

[61] *Fischer* § 184b Rn. 20.
[62] *Marberth-Kubicki*, Computer- und Internetstrafrecht, Rn. 111.
[63] Zur Diskussion: *Fischer* § 184b Rn. 20 f.
[64] BGH Beschl. v. 10.10.2006 – 1 StR 430/06, NStZ 2007, 95 = BeckRS 2006, 13334, Besitz von Dateien mit kinderpornographischen Inhalten durch bloße Speicherung solcher Dateien im Cache-Speicher eines PC-Systems; zur Diskussion: *Fischer* § 184b Rn. 20.
[65] Rechtfertigt jedoch nicht die Weitergabe an den Mandanten – auch nicht zum Zwecke der Verteidigung: LG Frankfurt aM, Beschl. v. 2.11.2012 – 2 Ws 114/12. http://www.lareda.hessenrecht.hessen.de/jportal/portal/t/s15/page/bslaredaprod.psml?doc.id=JURE130002433%3Ajuris-r01&showdoccase=1&doc.part=L, zuletzt abgerufen: 12.1.2015.
[66] Quelle: openJur 2010, 247, zuletzt abgerufen: 3.1.2015.
[67] Vor dem 5.11.2008: § 184c StGB.
[68] *Fischer* § 184d Rn. 9.

77 Definitionen:

Pornographie: Vergröbernde Darstellung sexuellen Verhaltens im wesentlichen Sinne, unter weitergehender Ausklammerung emotional-individualisierender Bezüge, die einen Menschen zum bloßen (auswechselbaren) Objekt geschlechtlicher Begierde macht.[69]

Darbietung: Live-Darbietungen, Echtzeit-Übertragungen oder Vorführungen bei unmittelbarer audiovisueller Wahrnehmung (nicht Aufzeichnungen – diese unterfallen bereits den §§ 184 bis 184b StGB):[70]

78 Spezielle Tathandlung bei § 184d:

Verbreiten durch Ausstrahlung oder sonstige Übermittlung der entsprechenden Daten. Umfasst auch Zugänglich-Machen (= **weiter Verbreitensbegriff ≠ Verbreitensbegriff der §§ 184–184c StGB**). Der Erfolg ist bereits eingetreten **mit Empfangsmöglichkeit der Sendung.**[71]

79 d) **Subjektiver Tatbestand.** § 184 StGB setzt **in allen Fällen zumindest** bedingten Vorsatz voraus. Vom Vorsatz muss auch der qualifiziert kinderpornographische Inhalt der Schrift sowie in § 184c Abs. 2 bis 4 StGB der tatsächliche oder wirklichkeitsnahe Charakter der Darstellung erfasst sein.

9. Beleidigungsdelikte §§ 185 ff. StGB

80 Das Internet war noch nie ein rechtsfreier Raum und so bedurfte es auch keiner besonderen neuen Straftatbestände um Beleidigungen, die dort stattfinden zu ahnden.[72] Die Problematik liegt vielmehr in der Anonymität des Handelnden. Die Hemmschwelle für beleidigende Äußerung scheint im Internet deutlich niedriger zu liegen, als im direkten persönlichen Umgang. Nicht selten fühlen sich die Betroffenen gerade durch die Streuwirkung des Netzes besonders diffamiert und begehren entsprechende „Wiedergutmachung".

81 a) **Rechtsgut und Tatbestand.** Die Beleidigung als Straftatbestand lässt sich nur schwer abstrakt festzurren. Der Gesetzeswortlaut hilft hier nicht weiter. Nach Rechtsprechung und Literatur soll jedenfalls der **Angriff auf die Ehre einer Person durch Kundgabe von Missachtung** unter den Tatbestand des § 185 StGB fallen.[73] Maßgeblich ist dabei nicht der Empfängerhorizont, sondern die **Beurteilung durch einen verständigen Dritten.**[74]

82 Des Weiteren sind die **Begleitumstände** heranzuziehen. Diese können bei Äußerungen im Internet unter Umständen vielschichtig sein. Zu berücksichtigen ist etwa, ob es sich um ein besonderes Forum/einen speziellen Chatroom handelt, wo möglicherweise unter den teilnehmenden Personen **bereits ein besonderer Umgangston** herrscht. Auch die fehlende Wahrnehmung körperlicher Merkmale macht es oft schwer, Ironie, Scherz und Satire auszumachen. Auch kann eine zuverlässige Identifizierung des Täters daran scheitern, dass im Netz ohne Schwierigkeiten eine andere Identität vorgetäuscht werden kann.

83 b) **Strafantrag.** Gemäß § 194 Abs. 1 S. 1 StGB ist zu beachten, dass Beleidigungsdelikte nur auf Antrag verfolgt werden. In diesem Fall gelten die §§ 77 ff. StGB, wonach das Antragsrecht in der Regel beim Verletzten liegt und die Tat **innerhalb von 3 Monaten nach Kenntnisnahme** angezeigt werden muss (§ 77b StGB).

84 c) **Bekanntgabe der Verurteilung.** Gemäß § 200 StGB besteht unter bestimmten, im Gesetz niedergelegten Voraussetzungen für den Geschädigten die Möglichkeit auf Antrag die Verurteilung öffentlich bekannt zu machen.[75]

---

[69] Es gibt keine gesetzliche Definition. Weitere Ausführungen in diesem Zusammenhang: *Fischer* § 184 Rn. 7.
[70] *Fischer* § 184d Rn. 2.
[71] Zur grundsätzlichen Frage des gesetzlichen Verbots pornografischer Internetangebote außerhalb geschlossener Benutzergruppen: BVerfG Beschl. v. 24.9.2009 – 1 BvR 1231/04, JurPC Web-Dok. 245/2009 Abs. 1–11; zu den Tatbestandsmerkmalen: *Fischer* § 184c Rn. 5.
[72] Vertiefend zum Thema: *Beck* MMR 2009, 736; *Hilgendorf* ZIS 2010, 210.
[73] *Fischer* § 185 Rn. 2 unter Angabe der einschlägigen BGH Rechtsprechung. Ausführlich zur Problematik des Ehrbegriffs *Hilgendorf/Valerius*, Computer- und Internetstrafrecht, Rn. 135 ff.
[74] *Fischer* § 185 Rn. 8.
[75] *Fischer* § 200 Rn. 2ff, zur Vollstreckung des Urteils siehe § 463c StPO.

10. Ausspähen von Daten § 202a StGB

Am 11.8.2007 ist eine grundlegende Änderung des § 202a StGB in Kraft getreten, die bis dahin strafloses Verhalten kriminalisiert.

a) Tatgegenstand Schaubild:

	Definitionen[76]	Beispiele
Daten (gespeichert oder übermittelt)	Definiert in § 202a Abs. 2 StGB (eingeschränkter Datenbegriff)	
Für den Täter nicht bestimmt	Es kommt auf die Rechtsmacht zur Verfügung über die Daten an[77]	Fremde Software mit Kopierschutz. (Nicht erfasst: Täter verwendet zweckwidrig für ihn bestimmte Daten)
Gegen unberechtigten Zugang besonders gesichert	Insbesondere Software und Hardware integrierte Sicherungen (nicht erforderlich: Erhöhter Sicherungsgrad des § 9 BDSG)	Passwörter, Datenverschlüsselung

Rechtsprechungsbeispiel:
In einer zivilrechtlichen Entscheidung hatte das Landgericht Halle[78] über das Auslesen von Rohdaten einer Geschwindigkeitsmessanlage zu befinden und in diesem Zusammenhang ausgeführt:
„Der Klägerin steht kein Unterlassungsanspruch aus §§ 1004, 823 Abs. 2 BGB iVm §§ 202a, 202c StGB, 17 UWG zu. Denn der Zugriff des Beklagten zu 3 auf die Rohdaten verletzt die Klägerin nicht in ihren Rechten und erfolgt nicht unbefugt im Sinne von § 202a Abs. 1 StGB oder von § 17 Abs. 2 UWG. Die Klägerin ist nämlich nicht über die Rohdaten verfügungsberechtigt."
... „Mithin ist entscheidend, ob die Klägerin Berechtigte im Sinne von § 202a StGB ist, ob ihr die Daten gehören. Die Daten gehören nicht der Klägerin." ... „Soweit die Klägerin meint, allein deshalb, weil sie im Messgerät eine Software installiert hat, die die Speicherung der Rohdaten unter deren Verschlüsselung vornimmt, Verfügungsbefugte der Rohdaten zu sein, kann dem nicht gefolgt werden. Denn das Verschlüsseln fremder Daten verändert nicht das Herrschaftsverhältnis an den gespeicherten Daten. Schließlich ist es nicht so, dass die Klägerin sich damit wirksam die Nutzung der Daten vorbehalten hat, denn auch insoweit fehlt ihr mangels Berechtigung die Befugnis für einen solchen Vorbehalt."

b) Tathandlung. Sich oder einem anderen den Zugang unter Überwindung der Zugangssicherung verschaffen. § 202a StGB erfasste in seiner alten Fassung nur das unbefugte Sich-Verschaffen zugangsgesicherter Daten unter Überwindung der Zugangssicherung. Die Neufassung bestraft (bereits) denjenigen, der sich oder einem Dritten unbefugt **den Zugang zu geschützten Daten unter Überwindung der Zugangssicherung** verschafft.[79]

Während nach alter Rechtslage das Hacken bzw. Cracken[80] eines zugangsgesicherten Systems (als reine Zugangsverschaffung ohne Daten auszulesen) nicht einhellig als strafbare Handlung beurteilt wurde,[81] ist gerade dieser Fall von der neuen Rechtslage explizit erfasst worden.

---

[76] *Fischer* § 202a Rn. 4 ff.
[77] Im Zusammenhang mit dem Verbot privater Nutzung von Internet und Computer: Weth/Herberger/Wächter/*Hassemer* Teil C Kapitel VI Rn. 46.
[78] Urt. vom 5.12.2013 – 5 O 110/13, JurPC Web-Dok. 12/2014 = BeckRS 2014, 01688.
[79] Eine Reihe anschaulicher Beispiele zur Strafbarkeit eines Software-Ingenieurs findet sich bei *Wohlwend*, Die strafrechtliche Relevanz des § 202a StGB bei Tätigwerden eines Software-Ingenieurs, JurPC Web-Dok. 180/2008.
[80] Über die Einordnung und Differenzierung der Begriffe (je nach Motivation; beim Cracker soll nach derzeitigem Verständnis der Schwerpunkt in der Umgehung der Sicherheitsbarrieren liegen) ist unter Wikipedia eine lange (und im Forum selbst umstrittene) Abhandlung zu finden: http://de.wikipedia.org/wiki/Hacker_(Computersicherheit) zuletzt abgerufen am: 4.2.2014.
[81] Ausführlich zum Meinungsstreit: *Fischer* § 202a Rn. 11.

Rechtsprechungsbeispiel:
BGH Beschluss vom 6.7.2010:[82]
Leitsätze der Entscheidung:[83]

1. Das bloße Auslesen der auf dem Magnetstreifen einer Zahlungskarte mit Garantiefunktion gespeicherten Daten, um mit diesen Daten Kartendubletten herzustellen (sog Skimming), erfüllt nicht den Tatbestand des § 202a Abs. 1 StGB. Soweit beim Auslesen die zur Berechnung der PIN verschlüsselt gespeicherten Daten in verschlüsselter Form erlangt werden, wird die in der Verschlüsselung liegende Zugangssicherung nicht überwunden.

...

3. Dass Daten magnetisch und damit nicht unmittelbar wahrnehmbar gespeichert sind, stellt keine besondere Sicherung gegen unberechtigten Zugang dar. Vielmehr handelt es sich gemäß § 202a Abs. 2 StGB nur bei Daten, die elektronisch, magnetisch oder sonst nicht unmittelbar wahrnehmbar gespeichert oder übermittelt werden, um Daten im Sinne des ersten Absatzes dieser Vorschrift. Erforderlich ist, dass der Verfügungsberechtigte – hier das Unternehmen, das die Zahlungskarte mit Garantiefunktion ausgegeben hat Vorkehrungen getroffen hat, um den Zugriff auf die auf dem Magnetstreifen der Zahlungskarte gespeicherten Daten auszuschließen oder wenigstens nicht unerheblich zu erschweren. Eine Schutzvorkehrung ist jedoch nur dann eine Zugangssicherung im Sinne des § 202a Abs. 1 StGB, wenn sie jeden Täter zu einer Zugangsart zwingt, die der Verfügungsberechtigte erkennbar verhindern wollte.

89 **c) Rechtswidrigkeit.** Bereits im objektiven Tatbestand niedergelegt ist die Voraussetzung, dass der Täter keine Befugnis hatte, und die Daten nicht für ihn bestimmt sein dürfen. Die Überwindung einer Zugangssicherung, um an Daten zu gelangen, die für den Täter bestimmt sind ist daher bereits nicht tatbestandsgemäß.[84]

Sind die Daten nicht für den Handelnden bestimmt, aber hat er die Befugnis bzw. Erlaubnis vom Berechtigten, so handelt er **nicht rechtswidrig**.

90 Die **IT-Sicherheitsindustrie, Anbieter unternehmensinterner EDV-Dienstleistungen und Administratoren** sind gut beraten sich gegen die Gefahr einer Strafbarkeit nach § 202a StGB abzusichern. Wesentlich ist dabei die Frage der **Einwilligung des jeweiligen Rechteinhabers**. Will ein Unternehmen beispielsweise die Passwortsicherheit der Mitarbeiterarbeitsplätze überprüfen und ist die private Nutzung des Internet und des Computers den Angestellten erlaubt, so reicht die pauschale Einwilligung des Managements unter Umständen nicht aus, um auf die einzelnen Arbeitsplätze zuzugreifen. Der Auftragnehmer darf nicht ohne weiteres darauf vertrauen, dass dem Unternehmen entsprechende Einverständniserklärungen vorliegen. Auch das beauftragende Unternehmen kann sich strafbar machen. Es muss dafür Sorge tragen, dass der Auftrag den einschlägigen Gesetzen und Richtlinien zur Sicherheitsprüfung entspricht (Rechtfertigung) und (selbstverständlich) schriftlich nur an zuverlässige Auftragnehmer erteilt wird. Die Mitarbeiter sind entsprechend zu informieren.

> **Praxistipp:**
> IT-Sicherheitsunternehmen sollten darauf achten den Auftraggeber hinsichtlich der Einwilligungen seiner Mitarbeiter vertraglich in die Pflicht zu nehmen und sich von ihm bestätigen lassen, dass alle Betroffenen informiert sind und die entsprechenden Einverständniserklärungen vorliegen.

91 **d) Subjektiver Tatbestand.** Bedingter **Vorsatz** reicht aus: Irrt der Täter darüber, dass die Daten nicht für ihn bestimmt sind, so handelt er nicht vorsätzlich.

92 **e) Strafantragsdelikt.** Bei § 202a StGB handelt es sich um ein Strafantragsdelikt nach § 205 Abs. 1 S. 2 StGB. Insofern wird die Tat nur auf Antrag verfolgt, es sei denn, die Straf-

---

[82] BGH Beschl. v. 6.7.2010 – 4 StR 555/09, vertiefend zur Thematik: *Tyszkiewicz*, Skimming als Ausspähen von Daten gemäß § 202a StGB? http://www.hrr-strafrecht.de/hrr/archiv/10-04/index.php?sz=7.
[83] Fettdruck erfolgte durch Verfasserin.
[84] Ausführlich zu Rechtfertigungsgründen in der Beziehung zwischen Arbeitgeber und Arbeitnehmer: Weth/Herberger/Wächter/*Hassemer* Teil C Kapitel VI Rn. 48, 49.

verfolgungsbehörde hält wegen des besonderen öffentlichen Interesses an der Strafverfolgung ein Einschreiten von Amts wegen für geboten.

f) Ausblick zum Gesetzesentwurf. Kommt es zu einer Weiterveräußerung entsprechender 93 Daten bzw. wurde die Tat in Bereicherungs- oder Schädigungsabsicht ausgeführt, so soll in Zukunft nach einem Entwurf des Bundesrates vom 7.6.2013, neben des dort geplanten § 202d StGB (Datenhehlerei) auch eine Erweiterung des bestehenden § 202a StGB für den strafrechtlich geeigneten Schutz sorgen.

Im Einzelnen folgende beinhaltet der Entwurf folgende ergänzende Regelungen für 94 § 202a StGB:

(3) Handelt der Täter in den Fällen des Absatzes 1 in der Absicht, sich oder einen anderen zu bereichern oder einen anderen zu schädigen, so ist die Strafe Freiheitsstrafe bis zu fünf Jahren oder Geldstrafe.

(4) Handelt der Täter in den Fällen des Absatzes 3 gewerbsmäßig oder als Mitglied einer Bande, die sich zur fortgesetzten Begehung von Straftaten nach den §§ 202a, 202b, 202d, 263 bis 264, 267 bis 269, 303a oder 303b verbunden hat, so ist die Strafe Freiheitsstrafe von sechs Monaten bis zu zehn Jahren.

(5) Der Versuch ist strafbar.

(6) In den Fällen des Absatzes 4 ist § 73d anzuwenden.

Es soll demnach nicht nur die Versuchsstrafbarkeit des § 202a StGB neu eingeführt wer- 95 den sondern im Falle des Handelns mit Bereicherungs- oder Schädigungsabsicht bzw. banden- oder gewerbsmäßigem Vorgehens zudem eine Erhöhung des Strafrahmens erfolgen und im letzterem Fall auch die Folge des § 73d StGB (Erweiterter Verfall) eintreten.

11. Abfangen von Daten § 202b StGB

a) Überblick. Die, besonders bei Unternehmen mit einem gewissen Bekanntheitsgrad ge- 96 fürchteten, häufig auch über die Medien verbreiteten Demonstrationen, über die (Un-)Sicherheit von zum Teil erschreckend offenen Unternehmensnetzen, sind nach Einführung des § 202b StGB mit Wirkung zum **11.8.2007**[85] eher selten geworden. In den Fokus der Öffentlichkeit ist die Vorschrift durch das Internetdienstangebot „Google Street View" gelangt, als berichtet wurde, dass Google Street View Fahrzeuge über einen gewissen Zeitraum nicht nur Bilder von Häusern und Straßenzügen ablichteten sondern zudem noch WLAN-Scans vorgenommen worden sein sollen. Dabei entstand der Verdacht, dass auch unverschlüsselt verschickte E-Mails und Passwörter aufgezeichnet wurden.[86]

In der Folge wurden Strafanzeigen bzw. Strafanträge bei den Staatsanwaltschaften an- 97 hängig gemacht.[87] Im November 2012 wurde das Verfahren von der Staatsanwaltschaft Hamburg gemäß § 170 Abs. 2 StPO (mangels Tatverdachts) eingestellt.[88] Unter anderem wurde die Entscheidung wie folgt begründet:[89]

---

[85] Eingefügt durch das 41. StrÄndG mit Wirkung zum 11.8.2007, Geändert mit Wirkung zum 11.8.2007 durch das 41. StrÄndG, Materialien hierzu: Bundesdrucksache 16/3656; Bundesdrucksache 15/5449; Rahmenbeschluss 2005/222/JI des Rates vom 24.2.2005; EU-Recht: Übereinkommen des Europarates über Computerkriminalität – hierzu Bundesrat Drucksache 275/00.

[86] Vgl. *heise online* Meldung vom 23.10.2010, http://www.heise.de/newsticker/meldung/Googles-Street-View-Autos-schnappten-auch-E-Mails-auf-1124149.html?view=print. abgerufen, am 25.1.2015.

[87] *Ferner*, http://www.internet-strafrecht.com/strafanzeige-gegen-google-erstattet/, Version 302; CHIP online Meldung vom 19.5.2010, zuletzt abgerufen: 25.1.2015; http://business.chip.de/news/StreetView-Staatsanwaltschaft-ermittelt-gegen-Google_42979274.html; Auch Landesdatenschutzbeauftragte, etwa aus Rheinland-Pfalz, haben Strafanträge gestellt: http://www.datenschutz.rlp.de/de/presseartikel.php?pm=pm2010061401, abgerufen: 5.1.2015; Mit Bescheid des Hamburgischen Beauftragten für Datenschutz wurde gegen Google Inc. wegen unzulässiger WLAN-Mitschnitte ein Bußgeld nach dem Bundesdatenschutzgesetz von 145.000 Euro verhängt. Quelle: Website des Datenschutzbeauftragten; http://www.datenschutz-hamburg.de/news/detail/article/bussgeld-gegen-google-festgesetzt.html, zuletzt abgerufen: 8.1.2015.

[88] Auf der Seite http://www.ferner-alsdorf.de/rechtsanwalt/strafrecht/google-wlan-scanning-staatsanwaltschaft-hamburg-hat-ermittlungsverfahren-eingestellt/8696/, zuletzt abgerufen: 5.1.2015, kann das Verfahren nicht nur ausführlich nachverfolgt werden, auch findet sich dort das, an RA Ferner ergangene Schreiben der Staatsanwaltschaft.

[89] Erläuterung zu MAC- Adressen und SSID aus Wikipedia: Die MAC-Adresse (Media-Access-Control-Adresse) ist die Hardware-Adresse jedes einzelnen Netzwerkadapters, die als eindeutiger Identifizierer des Ge-

... „Als Ergebnis dieser Untersuchung konnte festgestellt werden, dass während der Erfassungsfahrten Verwaltungsdaten (MAC-Adressen und SSID) aus sämtlichen WLAN-Netzwerken im Empfangsbereich der Fahrzeuge erfasst wurden, während eine Speicherung von Datenfragmenten lediglich aus solchen WLAN-Netzen erfolgt ist, in denen die Verschlüsselung nicht aktiviert worden war ..."

... „Ein Verstoß gegen § 202b des StGB liegt" ... „nicht vor. MAC-Adressen und den SSID-Daten sind als reine Verwaltungsdaten Teil einer öffentlichen Datenübertragung die von dieser Norm nicht geschützt wird. Hinsichtlich der Speicherung der Datenfragmente hat sich die Firma" ... „durch ihren beauftragten Verteidiger unwiderlegt dahin gehend eingelassen, dass die Speicherung der Datenfragmente weder beabsichtigt, noch zum Zeitpunkt des Einsatzes dieser Software bekannt gewesen sei. Diese Einlassung konnte aufgrund der Durchgeführten Ermittlungen nicht widerlegt werden. ..."

98 **b) Tatgegenstand.** Tatgegenstand sind **Daten** (§ 202a Abs. 2 StGB). Erfasst werden sollen solche Daten, die elektronisch, magnetisch oder in sonstiger Weise nicht unmittelbar wahrnehmbar entweder gespeichert oder übermittelt werden (eingeschränkter Datenbegriff). Daten, die nicht personenbezogen sind, fallen ebenso unter den Schutz der Vorschrift wie „einfache" Daten, die keine besonderen Geheimnisse beinhalten. Insofern geht der Datenbegriff über den des BDSG bzw. § 203 StGB hinaus.[90]

99 Die Daten müssen von einer **nichtöffentliche Datenübermittlung** oder **elektromagnetischen Abstrahlung einer Datenverarbeitungsanlage** verschafft werden. Hierunter fällt jedenfalls Telefon, Fax oder E-Mail, aber auch Übertragungen innerhalb kleinerer Netzwerke, wie beim Senden eines Druckauftrags.[91] Entscheidend ist aber, dass der **Übertragungsvorgang noch nicht beendet** wurde.[92] Sind die Daten bereits beim Empfänger angekommen und wird dann erst auf sie zugegriffen, so kommen andere Strafvorschriften (beispielsweise § 202a StGB soweit eine besondere Sicherung vorliegt) in Betracht.

100 **c) Weitere Merkmale.** Die Daten müssen **für den Täter nicht bestimmt** sein. Dabei kommt es auf die Rechtsmacht zur Verfügung über die Daten an. Darf der Täter also grundsätzlich auf die Daten zugreifen und nutzt sie aber gegen den Willen des Berechtigten, so ist kein Fall des § 202b StGB gegeben.

101 Wann eine Datenübermittlung **nichtöffentlich** ist, wird sicher in der Zukunft noch die Fachliteratur und Gerichte beschäftigen. Jedenfalls soll es nach dem Willen des Gesetzgebers nicht auf Art (also unabhängig, ob verschlüsselt oder nicht) und Inhalt ankommen, sondern nur auf den Übermittlungsvorgang selbst. Darum sollen auch Übermittlungen aus unverschlüsselten WLANs[93] darunter fallen. Die gängige Kommentarliteratur geht davon aus, dass die Tatsache, dass bei einer Übermittlung keine Verschlüsselung benutzt wird, der Annahme einer Nichtöffentlichkeit nicht entgegensteht.[94] Die Frage hat auch für die Bewertung des „Google Street View" Falles eine Rolle gespielt.

102 **d) Tathandlungen.** Der Täter muss sich oder einem anderen die Daten unter Anwendung von technischen Mitteln ohne Befugnis **verschaffen.** Das ist zu bejahen, wenn Daten abgefangen, kopiert oder umgeleitet werden. Dabei reicht aus, wenn sie auf dem Arbeitsspeicher zur Darstellung auf einem Monitor geladen werden.[95] Die Tat muss mit **technischen Mitteln**[96] begangen werden.

Beispiel:
Das „Fischen" gesendeter Daten mittels Abfangen der elektromagnetischen Impulse.

103 **e) Sonstige Voraussetzungen (Auszug).** Der Täter muss unbefugt, und mindestens bedingt vorsätzlich handeln. Hier gilt das unter § 202a StGB Ausgeführte. Eine Versuchsstrafbarkeit

---

räts in einem Rechnernetz dient, http://de.wikipedia.org/wiki/MAC-Adresse. Ein Service Set Identifier (SSID) ist ein frei wählbarer Name eines Service Sets, durch den es ansprechbar wird. http://de.wikipedia.org/wiki/Service_Set, zuletzt abgerufen: 7.1.2015.

[90] *Fischer* § 202a Rn. 3.
[91] Diese und weitere Beispiele finden sich bei Schönke/Schröder/*Eisele* § 202b Rn. 3.
[92] Schönke/Schröder/*Eisele* § 202b Rn. 3.
[93] Wireless Local Area Network, auch: **Wireless LAN, W-LAN** = drahtloses lokales Netzwerk.
[94] Vgl. etwa Schönke/Schröder/*Eisele* § 202b Rn. 3 und *Fischer* § 202b Rn. 4.
[95] *Fischer* § 202b Rn. 5; vertiefend Schönke/Schröder/*Eisele* § 202b Rn. 3.
[96] Eingehend zur Frage der Erforderlichkeit dieses Tatbestandsmerkmals und den Ausführungen des Gesetzgebers hierzu: *Fischer* § 202b Rn. 6; Schönke/Schröder/*Eisele* § 202b Rn. 8.

ist nicht gegeben. Sind die Daten besonders gegen Zugang gesichert gewesen, tritt § 202b StGB hinter § 202a StGB zurück.
Achtung: Strafantragserfordernis nach § 205 StGB.

Beispiel:

WLAN „Mitnutzung":
Während *Buermeyer*[97] nach eingehender Analyse 2004 bereits zu Recht davon ausgegangen ist, dass die bloße (heimliche) Mitnutzung eines ungesicherten WLANs nicht unter die bis zum Inkrafttreten des 41. Strafrechtsänderungsgesetzes bestehenden Strafvorschriften subsumiert werden kann, musste die Thematik nach Einführung des § 202b StGB neu betrachtet werden. In der Kommentarliteratur wurde nach der Strafrechtsreform jedenfalls eine Strafbarkeit in Erwägung gezogen.[98]
Mit überzeugenden Argumenten haben sich viele Stimmen in der Literatur[99] und schließlich auch AG Wuppertal[100] und LG Wuppertal[101] in ihren Entscheidungen vom 3.8.2010 und 19.10.2010 gegen eine Strafbarkeit nach § 202b StGB ausgesprochen.

Rechtsprechungsbeispiel:

Auszugsweise aus den Entscheidungsgründen des LG Wuppertal: ... „Das vorgeworfene Einwählen in das fremde, unverschlüsselt betriebene Netzwerk begründet auch keine Strafbarkeit wegen eines Abfangens von Daten nach § 202b StGB. Hierfür fehlt es schon an dem Merkmal einer nichtöffentlichen Datenübermittlung. Entscheidend für die Nichtöffentlichkeit der Datenübermittlung ist die Art des Übertragungsvorganges und nicht Art oder Inhalt der Daten (vgl. *Eisele* in Schönke/Schröder, Strafgesetzbuch, 28. Auflage, 2010, § 202b Rn. 4). Da § 202b StGB ebenso wie das in § 89 TKG normierte Abhörverbot die Vertraulichkeit von Datenübermittlungen schützt (vgl. *Bär* MMR 2008, 632, 634) sind solche Datenübermittlungen von vorneherein auszuscheiden, die für einen unbestimmten Personenkreis (zB beim Amateurfunk: für jeden empfangsbereiten Teilnehmer) wahrnehmbar sein sollen (vgl. *Gröseling/Höfinger* MMR 2007, 549, 552). Nichtöffentlich ist eine Datenübermittlung, die objektiv erkennbar für einen beschränkten Nutzerkreis bestimmt ist, ohne dass es auf die Wahrnehmbarkeit durch Unberechtigte ankommt (vgl. *Gröseling/Höfinger* MMR 2007, 549, 552). Dies ist vorliegend nicht der Fall, da in keiner Weise objektiv erkennbar ist, dass das von dem Zeugen J betriebene WLAN nur einem beschränkten Nutzerkreis dienen soll. Vielmehr sind bei einem objektiven Verständnis die IP-Daten an einen zahlenmäßig nicht begrenzten Personenkreis gerichtet und auch für den Angeschuldigten als den Initiator des Kommunikationsvorganges bestimmt." ...

Auch verneinten die Gerichte eine Strafbarkeit nach §§ 89 S. 1, 148 Abs. 1 TKG (unbefugtes Abhören von Nachrichten), §§ 44, 43 Abs. 2 Nr. 3 BDSG (unbefugtes Abrufen oder Verschaffen personenbezogener Daten) sowie nach §§ 263a Abs. 1, Abs. 2, 263 Abs. 2, 22 StGB.

Die strafrechtliche Ahndung dürfte ohnehin für die Fälle abzulehnen sein, wo es sich um unverschlüsselte WLANs handelt, da zumindest derzeit eher nicht automatisch von einer unbefugten Nutzung auszugehen ist. So sind viele WLANs auf der Basis von Flatrates eingerichtet und die Nutzung **durch Dritte wird zum Teil bewusst ermöglicht bzw. zumindest geduldet**.[102]

Dennoch ist von einer nicht ausdrücklich erlaubten Nutzung fremder WLANs abzuraten. Die bestehende Rechtsunsicherheit[103] (die durch die jüngste Rechtsprechung immerhin die Gefahr einer Verurteilung minimieren dürfte) geht in der Praxis erst einmal zu Lasten der WLAN Fremdnutzer.

---

[97] *Buermeyer,* Der strafrechtliche Schutz drahtloser Computernetzwerke (WLANs), HRRS 2004, 285.
[98] "Bei drahtlos übertragenen Daten kommt namentlich das heimliche Aufspüren und Einloggen in unverschlüsselte WLAN-Netze in Betracht", vgl. *Fischer* § 202b Rn. 6.
[99] *Bär* MMR 05, 434.
[100] Amtsgericht Wuppertal Beschl. v. 3.8.2010 – 26 Ds 282/08, MIR, miur.de/2220.
[101] Das AG Wuppertal hat vor In-Kraft-Tretens des Strafrechtsänderungsgesetzes mit Urt. v. 3.4.2007 in einem solchen Fall des „Schwarz-Surfens" über einen offenen WLAN-Zugang eine Strafbarkeit wegen Verstoßes gegen §§ 89 S. 1, 148 Abs. 1 Satz 1 TKG und §§ 44, 43 Abs. 2 Nr. 3 BDSG bejaht.
[102] Ausführlich hierzu *Buermeyer* HRRS 2004, 285.
[103] Der Vollständigkeit halber sei hier noch auf ein über heise online am 19.1.2010 mitgeteiltes Urteil des AG Zeven hingewiesen, welches eine Strafbarkeit der Mitnutzung eines offenen WLAN bejaht hat: http://www.heise.de/netze/meldung/Geldstrafe-fuer-die-Nutzung-eines-offenen-WLAN-und-Stalking-auf-studiVZ-917915.html, zuletzt abgerufen: 5.1.2015.

107 **f) Strafantragsdelikt.** Bei § 202b StGB handelt es sich um ein Strafantragsdelikt nach § 205 Abs. 1 S. 2 StGB. Insofern wird die Tat nur auf Antrag verfolgt, es sei denn, dass die Strafverfolgungsbehörde hält wegen des besonderen öffentlichen Interesses an der Strafverfolgung ein Einschreiten von Amts wegen für geboten.

12. Vorbereiten des Ausspähens oder Abfangens von Daten § 202c StGB

108 **a) Überblick.** Die Vorschrift des § 202c StGB ist mit Wirkung zum 11.8.2007 in das Strafgesetzbuch eingefügt worden. § 202c StGB stellt die Vorbereitung von Straftaten nach §§ 202a, 202b StGB sowie §§ 303a, 303b StGB unter Strafe.

109 § 202c StGB, der irreführender[104] Weise häufig als Hackerparagraph bezeichnet wird, ist sehr umstritten.[105] Die Auswirkungen auf weite Teile der IT-Industrie werden in vielen Foren heftig diskutiert. Die Unsicherheit manifestiert sich auch an den zahlreichen, bereits wenige Monate nach Inkrafttreten erschienenen Leitfäden und Hilfestellungen.[106] Klarheit[107] im Umgang mit der Vorschrift des § 202c StGB ist allerdings auch nach der Entscheidung des Bundesverfassungsgerichts vom 15. Mai 2009 nicht zu bewerkstelligen.[108]

110 Interessant ist, dass nach dem Wortlaut der Cyber Crime Convention, auf deren Rechtssätzen § 202c StGB fußt, beabsichtigt war „eine Vorrichtung einschließlich eines Computerprogramms, die in erster Linie dafür ausgelegt oder hergerichtet worden ist ..." als Tatgegenstand aufgenommen werden sollte. Danach hätte also auch „Hardware", die obige Eigenschaften aufweist, und nicht nur „Computerprogramme" genannt werden können. Dies wäre insofern auch konsequent als entsprechende Vorrichtungen bereits existieren.

111 **IT-Unternehmen aus der Sicherheitsbranche** haben zu Recht gegen die Einführung des § 202c StGB massive Bedenken erhoben. Die Unternehmen befürchten eine Kriminalisierung bzw. zumindest erhebliche Behinderung ihrer Tätigkeiten. Ein Straftatbestand, welcher erst nach eingehender Recherche des Gesetzgebungsverfahrens und sich teilweise unterscheidenden Stellungnahmen unter (wohlwollender) Auslegung der Tatbestandsmerkmale zu einer, am Ende überwiegenden Ablehnung einer Strafbarkeit führen dürfte, beinhaltet einen zu **hohen Missbrauchsfaktor,** um tatsächlich zur effektiven Kriminalitätsbekämpfung geeignet zu sein. Vielmehr steht zu befürchten, dass die Vorschrift auch als Instrument genutzt wird, ehemalige Arbeitgeber und Konkurrenten aus der IT-Sicherheitsbranche mit ungerechtfertigten und unangenehmen Strafanzeigen zu überziehen.

112 In den Rechtsausschüssen wurde unter anderem das Thema der **Dual-Use-Software** diskutiert. Man war sich einig, dass der branchenübliche befugte und gewollte Einsatz von Computerprogrammen durch Netzwerkadministratoren, mit denen diese zB die Sicherheit von eigenen oder Kundendatennetzen prüfen wollen, von der Strafnorm des § 202c StGB

---

[104] Das Hacken eines gesicherten Systems ist – soweit damit das unbefugte Eindringen bezeichnet wird – vielmehr in § 202a StGB sanktioniert.

[105] Vertiefend: *Ferner,* Hackerparagraph – § 202c StGB näher beleuchtet, *Hassemer/Ingeberg,* Dual-Use-Software aus der Perspektive des Strafrechts (§ 202c StGB), ITRB 2009, 84; Schneider/*Hassemer* Kapitel B Rn. 1525 ff.

[106] BITKOM: Praktischer Leitfaden für die Bewertung von Software im Hinblick auf den „§ 202c StGB, Erstveröffentlichung 5.2008; EICAR: *Hawellek,* Die strafrechtliche Relevanz von IT-Sicherheitsaudits, http://www.eicar.org/files/hawellek_leitfaden_.pdf zuletzt abgerufen 28.12.2014.

[107] So war hinsichtlich des BITKOM Leitfadens in zahlreichen Meldungen die Rede davon, dass „ein kostenloser Leitfaden des Branchenverbands BITKOM zum Hackerparagrafen (...) Klarheit" schaffen würde. Wie aber auch von „Heise" bereits am 27.5.2008 zutreffend festgestellt wurde, dürfte der Leitfaden in der ersten Fassung für mehr Verwirrung als für Klarheit sorgen. Dies liegt in der Natur der Sache, denn die Vorschrift ist kaum praxistauglich und auch durch die Auflistung von Szenarien nicht in den Griff zu bekommen. Das gleiche Problem besteht auf internationaler Ebene. In Großbritannien findet sich im Gesetz gegen den Missbrauch von Computern (CMA) die, mit § 202c StGB vergleichbare Vorschrift. So versucht der Crown Prosecution Service (CPO) mit einer eigenen Erläuterung Fälle einzugrenzen, die durch das 2006 in Kraft getretene Gesetz geregelt werden, http://www.cps.gov.uk/legal/section12/chapter_s.html; vgl. auch Heise Meldung vom 26.5.2008, http://www.heise.de/newsticker/meldung/108449: „Allerdings trägt der Leitfaden unter Umständen eher zur Verwirrung bei als zur Aufklärung."

[108] Hierzu: *Hassemer,* Der so genannte Hackerparagraph § 202c StGB – Strafrechtliche IT-Risiken in Unternehmen, JurPC Web-Dok. 51/2010.

nicht erfasst sein soll. Im Zweifelsfall solle die Tatsache, dass es sich dabei um Antragsdelikte handelt, hilfreich sein.

Der Bericht des Rechtsausschusses stellt zwar klar, dass § 202c StGB im Sinne des Art. 6 des Europarat-Übereinkommens auszulegen sei und nur solche Programme erfasst werden sollen, die in erster Linie für die Begehung von Straftaten hergestellt werden. Ist das Programm nur dazu geeignet, soll es nicht von der Strafnorm erfasst werden.

b) Objektiver Tatbestand (Auszug)

Tatgegenstand	Tathandlung
Passworte oder Sicherungscodes die den Zugang zu Daten ermöglichen.	Herstellen, sich oder einem anderen verschaffen, verkaufen, einem anderen überlassen, verbreiten oder sonst zugänglich machen.
Computerprogramme, deren Zweck die Begehung einer Tat nach § 202a oder b ist.	

c) Reaktionen aus der Praxis. Das **Online-Magazin TecChannel** stellte am 8.10.2007 gegen die Verantwortlichen des Bundesamts für Sicherheit in der Informationstechnik (BSI) Strafanzeige wegen Verstoßes gegen § 202c StGB bei der Staatsanwaltschaft Bonn. Als Begründung trug es vor, dass sich auf der Website des BSI ein direkter Link zum Hersteller der Hackersoftware „John the Ripper" befinde. Die Staatsanwaltschaft lehnte nach Auskunft des Magazins die Einleitung eines Ermittlungsverfahrens ab.[109]

Ähnlich erging es dem **Chefredakteur Seeger des Magazins ix**, der sich, in einer Art Selbstversuch, im Dezember 2008 anzeigte, da das Magazin eine DVD mit „Hacker-Tools" beinhaltete. Auch hier lehnte die Staatsanwaltschaft Hannover die Einleitung eines Verfahrens ab.[110]

Auch die **Gesellschaft für Informatik e.V.**, die im Rahmen des Verfahrens vor dem Bundesverfassungsgericht neben dem **Chaos Computer Club** Stellung genommen hat, hält § 202c StGB für eine zu weit geratene Strafvorschrift. „Computerprogramme hätten typischerweise keinen eindeutigen „Zweck"; jedenfalls könne man einen solchen Zweck aus informationstechnischer Sicht nicht definieren. Selbst wenn der Entwickler (Programmierer) einen bestimmten – positiven – Zweck intendiere, könnten sie immer missbraucht werden. Umgekehrt könnten Angriffsprogramme (malware) auch für „gute" Zwecke (Informationssicherheits-Prüfprogramme) genutzt werden und seien insofern sogar unverzichtbar."[111]

d) Entscheidung des Bundesverfassungsgerichts vom 18.5.2009. Mit oben erwähnter Entscheidung des Bundesverfassungsgerichts vom 18.5.2009 wurde § 202c StGB höchstrichterlich unter die Lupe genommen. Dabei hatte der 2. Senat über 3 Verfassungsbeschwerden, die gegen § 202c StGB gerichtet waren, zu befinden. Beschwerdeführer waren unter anderem ein Geschäftsführer eines Unternehmens für Dienstleistungen im Bereich der Sicherheit von Informations- und Kommunikationstechnologien und ein Hochschullehrer der technischen Fachhochschule Berlin (Fachbereich Informatik und Medien) in dessen Vorlesungen es unter anderem um die Vermittlung der Kompetenz zur Nutzung so genannter Sicherheitsanalysewerkzeuge geht. Als weiterer Kläger trat Linux Nutzer K auf.

---

[109] Näheres zum Inhalt und zum weiteren Gang des Verfahrens: http://www.tecchannel.de/sicherheit/management/1729025/das_bsi_und_202c_der_hackerparagraf_und_das_bundesamt/index.html zuletzt abgerufen 26.12.2014.

[110] Mit der Begründung, dass es bei Software, die zwar der Abwehr fremder Angriffe dient, die aber gleichzeitig auch ohne jede Veränderung zu illegalen Zwecken genutzt werden kann, vor allem auf die subjektive Vorstellung des Handelnden ankäme. Unter Strafe gestellt werden solle mit § 202c StGB die Vorbereitung einer anderen Tat, nämlich das rechtswidrige und unbefugte Ausspähen oder Abfangen von Daten. Eine solche Vorbereitungshandlung sei aber nicht anzunehmen, wenn für den Verbreiter der Software lediglich „mit der Möglichkeit der illegalen Verwendung des Programms zu rechnen" sei, heise online Meldung vom 10.3.2010, http://www.heise.de/newsticker/meldung/Hacker-Paragraf-Verfahren-gegen-iX-Chefredakteur-eingestellt-205502.html zuletzt abgerufen: 3.1.2015.

[111] Stellungnahme zitiert aus der Entscheidung des BVerfG: BVerfG v. 18.5.2009 – 2 BvR 2233/07, Absatz-Nr. 50 (Ausführungen des Chaos Computer Clubs) und http://www.bundesverfassungsgericht.de/entscheidungen/rk20090518_2bvr223307.html, zuletzt abgerufen: 23.12.2014. Weitere Fundstelle: BeckRS 2009, 35232.

119 **Fall 1:** Linux Nutzer K befürchtet, sich bereits durch das Installieren von Linux-Distributionen wie „nmap" nach § 202c Abs. 1 Nr. 2 StGB strafbar zu machen. Gerügt wurde ein Verstoß gegen: Art. 2 GG.

120 **Fall 2:** Der Hochschulprofessor W (Informatik) stellt kritische Computerprogramme zu Übungszwecken auf seiner öffentlich zugänglichen Internetseite zum Download zur Verfügung. Er rechnet damit, dass diese von einigen Studenten auch zur Verwirklichung von Straftaten genutzt werden. Er wendete sich **gegen § 202c Abs. 1 Nr. 2 iVm § 202a StGB** und rügte einen Verstoß gegen Art. 12 Abs. 1, Art. 5 Abs. 3 und Art. 2 Abs. 1 GG.

121 **Fall 3:** Der Geschäftsführer F der IT-Sicherheitsfirma V wendete sich gegen § 202c Abs. 1 Nr. 1 und 2 StGB. V setzt Dual Use Software und Schadware (zum Teil entnommen aus Hackerforen) zum Sicherheitstest beim Kunden ein. Die Firma wird ausschließlich im Auftrag und mit Einverständnis des Kunden tätig. Er rügt die Verletzung von Art. 12 GG und 103 GG.

Ausführungen des Gerichts zu den einzelnen Fällen (auszugsweise):
Zu 1. Der Geschäftsführer F der IT-Sicherheitsfirma V:
… „Überwiegend sind die von den Beschwerdeführern eingesetzten Programme schon keine tauglichen Tatobjekte der Strafvorschrift in den Grenzen ihrer verfassungsrechtlich zulässigen Auslegung … Soweit – im Falle des Beschwerdeführers F. – taugliche Tatobjekte vorliegen können, fehlt dem Beschwerdeführer jedenfalls der nach § 202c Abs. 1 Nr. 2 StGB erforderliche Vorbereitungsvorsatz."…

Zu 2. Der Hochschulprofessor W:
… „Der Beschwerdeführer Prof. Dr. W. hat hinsichtlich der Programme, die er seinen Studenten zur Verfügung stellt, lediglich dargelegt, dass diese zur Begehung von Computerstraftaten geeignet sind, zu solchen Zwecken also verwendet werden können" … „Diese Eignung genügt zur Erfüllung des objektiven Tatbestands des § 202c Abs. 1 Nr. 2 StGB jedoch nicht" …
… „Die Bezeichnung dieser Programme als „Sicherheitsanalysewerkzeuge" deutet ganz im Gegenteil darauf hin, dass der – legitime – Zweck der Sicherheitsanalyse bei diesen Instrumenten im Vordergrund steht.

122 **Für die Praxis bemerkenswert:** Nicht entschieden wurde daher der Fall, dass der Professor Schadprogramme (zu Übungszwecken) auf seiner Website zugänglich macht. Die Frage wurde vom Bundesverfassungsgericht so behandelt als ob dort nur dual use Software veröffentlicht würde. Nach wie vor ist davon auszugehen, dass Schadprogramme – wenn sich solche überhaupt zweifelsfrei klassifizieren lassen – einer unbestimmten Gruppe Dritter nicht zur Verfügung gestellt werden dürfen.

Zu 3. Der Linux Nutzer K:
„Auch der Beschwerdeführer K. hat die Erfüllung des objektiven Tatbestands des § 202c Abs. 1 Nr. 2 StGB durch die von ihm verwendeten Linux-Distributionen nicht dargelegt. Er geht – wie der Beschwerdeführer Prof. Dr. W. – nur auf die Eignung der von ihm verwendeten Programme für die Begehung von Computerstraftaten ein."

123 Die Verfassungsbeschwerden wurden zwar nicht zur Entscheidung angenommen, dennoch hat das Gericht zu wesentlichen Rechtsfragen Stellung genommen und klargestellt, dass:[112]

1. Dual-Use Programme nicht unter § 202c StGB fallen.
2. Eine Strafbarkeit nach § 202c StGB voraussetze, dass die Programme in der Absicht entwickelt oder modifiziert sein müssen, Straftaten nach §§ 202a, b StGB zu begehen und
3. diese Absicht sich objektiv manifestiert haben muss, beispielsweise
    a) mag eine äußerlich feststellbare Manifestation dieser Absichten in der Gestalt des Programms selbst liegen im Sinne einer Verwendungsabsicht, die sich nunmehr der Sache selbst interpretativ ablesen lässt
    oder
    b) auch in einer eindeutig auf illegale Verwendungen abzielenden Vertriebspolitik und Werbung des Herstellers
    was im Einzelnen zu klären Aufgabe der hierfür zuständigen Fachgerichte sei und
4. das Programm muss weiterhin vom Täter (dieser muss nicht mit dem Entwickler identisch sein) vorsätzlich genutzt, modifiziert bzw. weitergegeben worden sein, um Straftaten nach vorzubereiten, wofür Eventualvorsatz genüge.

---

[112] Die Feststellungen sind keine wörtlichen Zitate sondern Zusammenstellungen der Autorin aus dem Inhalt der Entscheidungsgründe des Bundesverfassungsgerichts.

e) Offizialdelikt. Verstöße gegen § 202c StGB sind Offizialdelikte (§ 205 Abs. 1 StGB nimmt nicht auf § 202c StGB Bezug). Die Staatsanwaltschaft muss gem. § 152 StPO ermitteln, sobald sie Kenntnis von einer möglichen Straftat erhält. Es reicht hierfür aus, eine Strafanzeige zu erstatten. Strafantrag ist nicht erforderlich.

f) Ausblick. Nicht viele Strafvorschriften aus dem Bereich des IT-Rechts haben zu einer solchen Verunsicherung der IT- Unternehmen geführt, wie dies bei § 202c StGB – auch nach der Entscheidung des BVerfG – beobachtet werden kann. Nicht nur versucht man sich auf Seiten der IT-Sicherheitsunternehmen im Rahmen ihrer klassischen Dienstleistung abzusichern; auch Hard- und Softwarehersteller befürchten strafrechtliche Konsequenzen, wie sich aus folgender (im Ernstfall wohl kaum hilfreichen) Vertragsregelung eines Geräteanbieters erkennen lässt:

„Der Betreiber hat für den ordnungsgemäßen Betrieb der Geräte zu sorgen und ist für seine Handlungen eigenverantwortlich!
Auch über die Nutzung von Software, die zum Testen auf Datensicherheit bzw. Netzwerksicherheit verwendet werden kann, gibt es nationale Richtlinien und Gesetze an die Sie sich als Nutzer zu halten haben. Insbesondere verweisen wir auf § 202c StGB!".

Wenngleich also das Bundesverfassungsgericht in seiner Entscheidung die klassische Tätigkeit der IT-Sicherheitsindustrie etwas aus dem Fokus der Vorschrift genommen hat, so zeigt die Erfahrung mit ähnlich schlecht gelungenen Strafvorschriften, dass keinesfalls darauf Verlass ist, dass entsprechende Verfahren nicht mehr betrieben werden. Eine Anzeige kann anonym, bei vielen Polizeibehörden über das Internet, gestellt werden. Kommt es einmal zur Strafanzeige, werden aller Voraussicht nach auch Ermittlungen geführt (kein Strafantragserfordernis bei § 202c StGB, weshalb die Staatsanwaltschaft von Amts wegen den Sachverhalt prüfen müsste) bis aufgeklärt ist, ob ein Verhalten im Sinne der Strafvorschrift vorliegt oder nicht.

Dies bringt nicht nur ein **erhebliches Risiko für den guten Ruf eines IT-Unternehmens und Programmierers** mit sich. Auch kann es mit nicht unerheblichen Kosten verbunden sein, da sich für diese Fälle nicht nur anwaltlicher Beistand empfiehlt. Auch die Hinzuziehung von Sachverständigen wird zur Beschleunigung der Aufklärung nötig sein.[113]

Praxistipp:
Ausarbeitung eines **strafrechtlichen Konzepts** auf Grundlage der neuen Entscheidung des BVerfG unter Berücksichtigung folgender Aspekte:
- Dual-Use-Programme **sollten entsprechend** gelistet **sein – soweit möglich mit „Expertisen".**
- Schadprogramme/Malware: **strenges Sicherheitskonzept (Giftschrank) erarbeiten und leben.**
- **Mitarbeiter müssen entsprechend geschult und eingewiesen werden** (insbesondere sollten Weitergabeverbote von Schadprogrammen erlassen und schriftlich bestätigt werden)
- Erstellung von **umfassenden Dokumentationen** über (insbesondere kritische) Verfahrensabläufe.
- **Vorhalten einer strafrechtlichen Schutzschrift,** die von einem Juristen und einem IT-Sachverständigen erarbeitet und speziell auf das Unternehmen zugeschnitten sein sollte. Dieses Dokument sollte regelmäßig aktualisiert werden und kann im Falle einer Strafanzeige der Staatsanwaltschaft zur Entlastung des Unternehmens und zur Beschleunigung des Verfahrens vorgelegt werden. Die Schutzschrift sollte Idealerweise die **Bestätigung der legalen Unternehmenstätigkeit anhand der Entscheidung des BVerfG** darlegen.

---

13. Offenbarung und Verwertung fremder Geheimnisse §§ 203, 204 StGB

Die Tatbestände der §§ 203, 204 StGB sind auf den ersten Blick keine internetspezifischen. Relevant kann die Frage der Offenbarung fremder Geheimnisse jedoch **bei Geheim-**

---

[113] Vertiefend zur Problematik der Dual-Use-Software: *Hassemer/Ingeberg*, Dual-Use-Software aus der Perspektive des Strafrechts (§ 202c StGB), ITRB 2009, 84; *Hassemer*, Der so genannte Hackerparagraph § 202c StGB – Strafrechtliche IT-Risiken in Unternehmen, JurPC Web-Dok. 51/2010, zuletzt abgerufen: 6.1.2015.

nisträgern (Rechtsanwälte, Ärzte), bei E-Mail-Korrespondenz, EDV-Betreuung und Outsourcing werden. Auch wenn eine fahrlässige Begehung nicht strafbar ist, so kann Offenbaren auch bereits durch ein (bedingt) vorsätzliches Unterlassen des Verschließens von geheimschutzwürdigen Informationen verwirklicht werden.[114] Gemäß § 203 Abs. 1 StGB wird die **Verletzung von Geheimnissen** mit Freiheitsstrafe bis zu einem Jahr oder Geldstrafe bestraft.

129 § 203 Abs. 1 bestraft das **unbefugte Offenbaren** eines **fremden Geheimnisses**, das dem Täter in einer der in Nr. 1 bis 6 genannten Eigenschaften (Beispiel Arzt oder Rechtsanwalt) anvertraut oder sonst wie bekannt geworden ist. Unter das fremde Geheimnis iSv § 203 StGB fällt jede **personenbezogene Information**, die sich auf seine Person, sowie auf ihre vergangenen und bestehenden Lebensverhältnisse bezieht.[115] Bereits die Tatsache, **dass sich jemand im Krankenhaus aufhält**, kann unter § 203 StGB fallen. Folglich auch, wie lange die Verweildauer war, erst recht die Diagnose, usw.

130 a) **Täter**. § 203 Abs. 1 StGB beschreibt als erste Tätergruppe Angehörige der in den Nr. 1 bis 6 der Vorschrift aufgezählten Berufsgruppen. Dies sind beispielsweise nach Nr. 1 **Ärzte** oder Angehörige eines anderen Heilberufs. In Nr. 3 werden unter anderem **Rechtsanwälte**, Wirtschaftsprüfer und Steuerberater genannt. Gemäß Abs. 3 steht diesen Personen der **berufsmäßig tätige Gehilfe** (Pfleger, Schwestern bzw. Kanzleifachkräfte) gleich.

131 Diese Personen müssen die Tätigkeit nicht als Erwerbs- oder Hauptberuf ausüben, wichtig ist vielmehr eine **organisatorische Eingliederung**. Für die Abgrenzung kommt es in der Regel darauf an, ob die betreffende Person **aus Sicht des Geheimnisberechtigten in den organisatorischen und weisungsgebundenen internen Bereich der vertrauensbegründenden Sonderbeziehung einbezogen ist**.[116]

132 Problematisch ist daher die **Einschaltung externer Personen und Unternehmen**. Gerade hinsichtlich der EDV sind die Ansichten in Rechtsprechung und Literatur uneinheitlich. So soll einer Ansicht nach derjenige, der für die EDV-Wartung zuständig ist, nicht unter den Gehilfen fallen. Einer anderen Meinung nach soll aber der interne EDV-Betreuer wie auch der Netzwerkadministrator sowie in Krankenhäusern die interne Abrechnungsstelle vom Schutzbereich des § 203 StGB erfasst sein.[117]

133 aa) *Datenschutzbeauftragte*. § 203 Abs. 2a StGB bestraft denjenigen, der als Beauftragter für den Datenschutz unbefugt ein fremdes Geheimnis im Sinne dieser Vorschriften offenbart, das einem **Geheimnisträger in dessen beruflicher Eigenschaft anvertraut wurde und von dem der Datenschutzbeauftragte bei Erfüllung seiner Aufgaben als Beauftragter für den Datenschutz Kenntnis erlangt hat**. Dies gilt sowohl für die internen als auch für die externen Datenschutzbeauftragten.[118]

134 bb) *Spezialfall Syndikusanwalt*. Mit Spannung wurde die Grundsatzentscheidung des EuGH zum Berufsgeheimnis („legal professional priviledge" – LPP) für Syndikusanwälte erwartet. Im Fall Akzo Nobel (C-550/07 P, s. EiÜ 09/08) hatte die Kommission bei einer Durchsuchung in den Niederlanden ua Korrespondenz zwischen dem Unternehmensmanagement und dessen Syndikus, der zugleich zugelassener Anwalt war, beschlagnahmt. Die Kläger begehrten die Entscheidung darüber, ob ein Syndikus das LPP habe oder nicht. Mit Entscheidung vom 14.9.2010 (C-550/07) (AnwBl. 2010, 796) hat der EuGH die Berufsgeheimnisträgereigenschaft des Syndikus abgelehnt. Es fehle an der Unabhängigkeit, so dass sich der kraft des Grundsatzes der Vertraulichkeit gewährte Schutz nicht auf den unternehmens- oder konzerninternen Schriftwechsel mit Syndikusanwälten erstreckt.

---

[114] Weitere Ausführungen hierzu bei *Malek*, Strafsachen im Internet, Rn. 291.
[115] Ausführlich und vertiefend zu den einzelnen Tatbestandsvoraussetzungen Schönke/Schröder/*Lenckner/Eisele* § 203 Rn. 63 ff.
[116] Schönke/Schröder/*Lenckner/Eisele* § 203 Rn. 4 ff.; *Fischer* § 203 StGB Rn. 3 ff.
[117] Eine Darstellung der unterschiedlichen Rechtsansichten findet sich bei *Fischer* § 203 Rn. 21 und Schönke/Schröder/*Lenckner/Eisele* § 203 Rn. 64 a.
[118] Differenzierung zu § 4f Abs. 4 BDSG: Die Verschwiegenheitsverpflichtung nach § 4f Abs. 4 BDSG gilt für alle Datenschutzbeauftragten und nicht nur für die Datenschutzbeauftragten der in § 203 Abs. 1 und 2 StGB genannten Personen und Institutionen und bezieht sich auf die Identität eines Betroffenen sowie auf Umstände, die Rückschlüsse auf die Identität des Betroffenen zulassen.

b) Tathandlung. Offenbaren ist jedes Mitteilen eines, zur Zeit der Tat noch bestehenden 135
Geheimnisses zB durch Veröffentlichung, Auskunftserteilung, Akteneinsichtsgewährung
oder Verschaffung von Zugang zu Dateien.[119]

c) Negatives Tatbestandsmerkmal: Befugnis. Die **Einwilligung des Geschützten schließt** 136
die Strafbarkeit nach §§ 203, 204 StGB aus. Die Einwilligung kann formlos und auch konkludent erfolgen.[120] Besteht eine Befugnis zur Offenbarung, beispielsweise aufgrund besonderer Gesetze, so ist dies als **Rechtfertigungsgrund** anzusehen.[121] Seit 1.7.2015 ist für Anwälte die Neuregelung in § 2 BORA zu beachten.

aa) Risikobereich Gesundheitswesen. Werden Patientendaten an externe Firmen weiter- 137
gegeben bzw. durch externe Firmen verarbeitet, beispielsweise zu Abrechnungszwecken, so
muss dringend darauf geachtet werden, dass **keine unbefugte Offenbarung von Patientengeheimnissen** erfolgt. Im strafrechtlichen Bereich handelt es sich ansonsten regelmäßig um eine
unzulässige Offenbarung eines beruflichen Geheimnisses (vgl. § 203 StGB).

Rechtsprechungsbeispiele:
BGH:[122]
Der Abschluss eines Behandlungsvertrags enthält keine konkludente Einwilligung in die Mitteilung der
Patientendaten und Befunde an eine externe Verrechnungsstelle.
Ein wirksames Einverständnis iS von § 203 StGB setzt voraus,
„dass der Einwilligende eine im Wesentlichen zutreffende Vorstellung davon hat, worin er einwilligt,
und die Bedeutung und Tragweite seiner Entscheidung zu überblicken vermag. Er muss deshalb wissen,
aus welchem Anlass und mit welcher Zielsetzung er welche Personen von ihrer Schweigepflicht entbindet, und über Art und Umfang der Einschaltung Dritter unterrichtet sein."

OLG Karlsruhe:[123]
„Ein wirksames Einverständnis des Patienten setzt voraus, dass er über die Abtretung der Honorarforderung unterrichtet wird. Die Mitteilung, die Patientendaten würden „zur Abwicklung der Patientenrechnungen weitergegeben" ist dafür nicht ausreichend."

bb) Problem Altdaten. Da nur die wirksame Einwilligung die Strafbarkeit nach § 203 138
StGB ausschließt, kann dies nicht für Daten gelten, die vom Arzt, Krankenhaus oder
Rechtsanwalt in der Vergangenheit ohne entsprechendes Einverständnis erhoben wurden,
also sämtliche Altdaten. Dies gilt auch für verstorbene Patienten und Mandanten, da die
Schweigepflicht über den Tod des Betroffenen hinaus wirkt und auch nicht von Erben und
Hinterbliebenen nachträglich durch Entbindung aufgehoben werden kann (vgl. § 203 Abs. 4
StGB).

d) Wirtschaftliche Nutzung. § 204 StGB regelt den Fall, dass das fremde Geheimnis im 139
Sinne einer wirtschaftlichen Nutzung verwertet wird und sanktioniert dies mit einer Freiheitsstrafe von bis zu 2 Jahren oder Geldstrafe.

e) Strafantragserfordernis. Gemäß § 205 StGB werden Straftaten nach § 203 StGB und 140
204 StGB auf Antrag verfolgt.

14. Verletzung des Post- oder Fernmeldegeheimnisses § 206 StGB

a) Überblick und Schutzgut. § 206 StGB hat durch die Einführung von E-Mail und Inter- 141
net am Arbeitsplatz erheblich an Bedeutung gewonnen. Der Straftatbestand, der immerhin
Freiheitsstrafe bis zu fünf Jahren oder Geldstrafe vorsieht, schützt nach einer Ansicht[124] das
individuelle Interesse an der Geheimhaltung des Inhalts und der näheren Umstände des
Postverkehrs und der Telekommunikation, hingegen soll nach der hM einerseits das Vertrauen der Allgemeinheit in die Sicherheit und Zuverlässigkeit des Post- und Telekommuni-

---
[119] Beispiele übernommen von: *Fischer* § 203 Rn. 30.
[120] Sollte jedoch beim Geheimnisträger stets schriftlich vorliegen.
[121] Vertiefend hierzu: *Fischer* § 203 Rn. 31 ff.
[122] BGH Urt. v. 20.5.1992 – VIII ZR 240/91, NJW 1992, 2348; weitere Fundstellen in diesem Zusammenhang: NJW 93, 2371; BGH Urt. v. 15.10.1997 – 13 U 8/96, NJW 98, 831.
[123] Urt. v. 15.10.1997 – 13 U 8/96, NJW 1998, 831.
[124] Schönke/Schröder/*Lenckner*/*Eisele* § 206 Rn. 2, mwN.

kationsverkehrs geschützt werden, andererseits aber auch das Interesse der im Einzelfall am Post- und Fernmeldeverkehr Beteiligten.[125]

142 Praxisrelevant ist insbesondere die strafrechtliche Bewertung der Frage, ob Arbeitgeber, die ihrem Betrieb die private Nutzung von Post- und Telekommunikationseinrichtungen, insbesondere **die private E-Mail-Nutzung** zulassen, Täter im Sinne des § 206 StGB sein können.[126]

143 Die vor allem aus Quellen des Strafgesetzes sowie des Daten- und Telekommunikationsgesetzes entwickelte, derzeit herrschende Ansicht bejaht in diesen Fällen eine Tätereigenschaft. Die Argumentation wird im objektiven Tatbestand an den Merkmalen „**Unternehmen**" und „**geschäftsmäßiges Erbringen von Telekommunikationsdiensten**" aufgehängt. Letzteres setzt nach überwiegender Ansicht in Rechtsprechung und Literatur lediglich das **nachhaltige Angebot von Telekommunikation einschließlich des Angebots von Übertragungswegen für Dritte** voraus. Auf die Absicht zur Gewinnerzielung kommt es nach dieser Meinung nicht an.[127] Im Einzelnen sind bei der Strafbarkeitsbeurteilung folgende Kriterien relevant:

144 **b) (Post- und) Fernmeldegeheimnis.** Wesentliche Schranken bei der Prüfung des Tatbestandes werden von der **Reichweite des Fernmeldegeheimnisses** gesetzt. Das Bundesverfassungsgericht hat hierzu mit im Beschluss vom 16.6.2009 umfassend Stellung genommen und somit auch für die Anwendbarkeit des § 206 StGB den Rahmen festgesteckt. Unter Anderem hat der zweite Senat dabei folgende Kriterien aufgestellt:[128]

„(...) Das Fernmeldegeheimnis schützt die unkörperliche Übermittlung von Informationen an individuelle Empfänger mit Hilfe des Telekommunikationsverkehrs ... Die Reichweite des Grundrechts erstreckt sich ungeachtet der Übermittlungsart (Kabel oder Funk, analoge oder digitale Vermittlung) und Ausdrucksform (Sprache, Bilder, Töne, Zeichen oder sonstige Daten) auf **sämtliche Übermittlungen von Informationen mit Hilfe verfügbarer Telekommunikationstechniken ..., auch auf Kommunikationsdienste des Internet.**
Der Schutz des Fernmeldegeheimnisses umfasst in erster Linie den **Kommunikationsinhalt** ... sei er privater, geschäftlicher, politischer oder sonstiger Natur...Daneben sind die **Kommunikationsumstände** vor Kenntnisnahme geschützt.
... Der Grundrechtsschutz erstreckt sich nicht auf die außerhalb eines laufenden Kommunikationsvorgangs im Herrschaftsbereich des Kommunikationsteilnehmers gespeicherten Inhalte und Umstände der Kommunikation. Der **Schutz des Fernmeldegeheimnisses endet insoweit in dem Moment, in dem die E-Mail beim Empfänger angekommen und der Übertragungsvorgang beendet ist** ..."

145 Einigkeit herrscht weitestgehend darüber, dass in Phase 1 (Absenden der E-Mail) und 3 (Empfänger ruft E-Mail ab) das Fernmeldegeheimnis gelten soll und in der 4. Phase (E-Mail ist beim Empfänger gespeichert) nicht mehr. Strittig ist die Einordnung der 2. Phase (E-Mail „ruht" beim E-Mail Provider). Folglich ist der häufig diskutierte Fall, dass auf E-Mails zugegriffen wird, die bereits im E-Mail Fach des Betroffenen angekommen sind und ggf. auch bereits gelesen wurden, kein Fall des § 206 StGB.[129] Vielmehr muss Zugriff noch innerhalb des Übertragungsverkehrs stattfinden.[130]

---

[125] OLG-Karlsruhe Beschl. v. 10.1.2005 – 1 Ws 152/04, CR 2005, 288, MMR 2005, 180.
[126] Interessant sind insofern die Ausführungen des Regierungsentwurfs zum neuen Beschäftigtendatenschutz vom 25.8.2010, der ausdrücklich die private Nutzung ausnimmt und insofern wohl das verminte Gebiet umschiffen will.
[127] Ausführlich und unter kritischer Auseinandersetzung mit dem RegE BT-Drs. 13/8016: Schönke/Schröder/Lenckner/Eisele § 206 Rn. 8, mwN zu einschlägiger Literatur und Rechtsprechung; ebenfalls bejahend: *Behling*, Compliance versus Fernmeldegeheimnis, BB 2010, 892; *Müller-Bonanni*, Arbeitsrecht und Compliance – Hinweise für die Praxis, AnwBl 2010; Strafgerichtliche Entscheidung des OLG Karlsruhe durch Beschluss v. 10.1.2005 – 1 Ws 152/04, MMR 2005, 180.
[128] Beschluss vom 16.6.2009 – 2 BvR 902/06, BVerfGE 124, 43 = NJW 2009, 2431 = MMR 2009, 673; Hervorhebungen wurden von der Bearbeiterin vorgenommen.
[129] Eher ein Fall des § 202a StGB, falls ein Passwort vom Beschäftigten eingerichtet und die private Nutzung erlaubt war.
[130] Siehe auch VGH Kassel Beschl. v. 19.5.2009 – 6 A 2672/08.Z, 6 A 2672/08, BeckRS 2009, 34992. Dennoch kann der Zugriff unter andere Straftatbestände fallen, beispielsweise § 202a, 202b StGB oder § 43, 44 BDSG.

c) Unternehmen. Nicht nur in der strafrechtlichen Fachliteratur wird an vielen Stellen mit 146 überzeugenden Argumenten zu Recht vertreten, dass das **Unternehmen, das seinen Mitarbeitern den privaten E-Mail Verkehr gestattet, als Unternehmen im Sinne der Strafvorschrift § 206 StGB einzuordnen ist.**[131] Unter anderem wird dort dargelegt, dass die Auslegung zum Begriff des Unternehmens sich (zwar) an §§ 39 Abs. 2 PostG, 88 Abs. 2 orientiere und dabei aber nach hM nicht zu eng gefasst werden dürfe. „Erfasst werden neben Internetprovidern auch Unternehmen, die Nebenstellen betreiben oder Telekommunikationseinrichtungen zur privaten Nutzung zur Verfügung stellen und damit auch ein Angebot für Dritte vorhalten (zB privater E-Mail Verkehr von Arbeitnehmern) …".[132] Teilweise wird intensiv darüber diskutiert, wie der Arbeitgeber im Verhältnis zu seinem Arbeitnehmer einzuordnen ist. Veröffentlichungen und Entscheidungen, die mehrheitlich aus dem Blickwinkel des Arbeitsrechts entwickelt wurden, tendieren derzeit zu der Ansicht, dass ein Arbeitgeber weder geschäftsmäßig Telekommunikationsleistungen erbringe noch an diesen mitwirke und darum das Fernmeldegeheimnis keine Anwendung finden könne. Entsprechend stünde bei Zugriffen auf den Mailverkehr der Beschäftigten jedenfalls die Verletzung des Fernmeldegeheimnisses nicht im Raume – selbst wenn die private Nutzung durch die Mitarbeiter gestattet wird. Dabei wird allerdings fast ausschließlich die Vorschrift des § 88 TKG in den Fokus genommen, während § 206 StGB teilweise nur am Rande erwähnt wird oder komplett außen vor bleibt.[133]

Die herrschende Meinung, deren Quellen sich überwiegend in den Bereichen des Grundrechtsschutzes, Datenschutzes und Strafrechts finden, geht allerdings davon aus, **dass Arbeitgeber, die ihren Mitarbeitern die private Nutzung unternehmenseigener Post- und Telekommunikationsdienste gestatten, unter § 206 StGB einzuordnen sind und entsprechend auch dem Fernmeldegeheimnis verpflichtet** sind.[134] In einer vielbeachteten Entscheidung aus dem Jahr 2005 hatte das OLG-Karlsruhe[135] über die strafrechtliche Bewertung eines für die Beurteilung dieser Fragen vergleichbaren Falles zu befinden, in welcher ein Arbeitgeber (Hochschule) dem Beschäftigten die private Nutzung seines E-Mail Accounts ursprünglich gestattete, diesen jedoch zu einem späteren Zeitpunkt nach Beendigung des Arbeitsverhältnisses sperrte.

Das OLG führt im Zusammenhang mit der Frage, ob das Unternehmen Täter iSd § 206 148 StGB sei, aus:

… „a. Der Begriff des **Unternehmens** iSv § 206 StGB ist weit auszulegen. Hierunter ist jede Betätigung im geschäftlichen Verkehr anzusehen, die nicht ausschließlich hoheitlich erfolgt oder auf eine private Tätigkeit beschränkt ist" … „Stellt eine Hochschule ihre Telekommunikationseinrichtungen zur Versendung und Empfang elektronischer Post (E-Mail) ihren Mitarbeitern und anderen Nutzergruppen **auch für private und wirtschaftliche Zwecke** zur Verfügung, so wird sie damit außerhalb ihres hoheitlichen Aufgabengebietes tätig und **ist als Unternehmen iSv § 206 StGB anzusehen.**"…

---

[131] Schönke/Schröder/*Lenckner/Eisele* § 206 Rn. 8; *Behling,* Compliance versus Fernmeldegeheimnis, BB 2010, 892; *Braun,* juris PK Internetrecht, Kapitel 7, S. 159ff;. *Müller-Bonanni,* Arbeitsrecht und Compliance – Hinweise für die Praxis, AnwBl 2010; Strafgerichtliche Entscheidung des OLG-Karlsruhe durch Beschluss v. 10.1.2005 – 1 Ws 152/04, MMR 2005, 180.

[132] Schönke/Schröder/*Lenckner/Eisele* § 206 Rn. 7 und 8.

[133] So jedenfalls: AG Berlin im Urt. v. 17.8.2010 – 36 Ca 235/10, bestätigt in 2. Instanz vom LAG Berlin-Brandenburg Urt. v. 16.2.2011 – 4 Sa 2132/10, nachzulesen bei: http://openjur.de/u/168249.html, = BeckRS 2011, 72743 = CR 2011, 611 = ITRB 2011, 229; LAG Niedersachsen v. 31.5.2010 – 12 Sa 875/10, NZA-RR 2010, 406 (408) unter Berufung auf VGH Kassel v. 19.5.2009 – 6 A 2672/08, NRW 2009, 2470 (2471) = openJur 2010, 630; VG Karlsruhe, Urt. v. 27.5.2013 – 2 K 3249/12; *Fülbier/Splittgerber,* Keine (Fernmelde-)Geheimnisse vor dem Arbeitgeber?, NJW 2012, 1995; *Schuster,* Der Arbeitgeber und das Telekommunikationsgesetz, CR 2014, 21; zur Thematik auch: *Wybitul,* E-Mail-Auswertung in der betrieblichen Praxis, NJW 2014, 3605.

[134] Schönke/Schröder/*Lenckner/Eisele* § 206 Rn. 8; *Behling,* Compliance versus Fernmeldegeheimnis, BB 2010, 892; *Braun,* juris PK Internetrecht, Kapitel 7, S. 159 ff.; *Müller-Bonanni,* Arbeitsrecht und Compliance – Hinweise für die Praxis, AnwBl 2010; Strafgerichtliche Entscheidung des OLG-Karlsruhe durch Beschluss v. 10.1.2005 – 1 Ws 152/04, MMR 2005, 180; *Plath/Jenny* BDSG § 88 TKG Rn. 15; *Lensdorf/Born,* Die Nutzung und Kontrolle des dienstlichen E-Mail-Accounts und Internetzugangs, CR 2013, 30; *Brühl/Sepperer,* E-Mail-Überwachung am Arbeitsplatz: Wer bewacht den Wächter?, DSRITB 2014, 517.

[135] Beschluss OLG-Karlsruhe v. 10.1.2005 – 1 Ws 152/04, MMR 2005, 180.

149   **d) Geschäftsmäßiges Erbringen von Telekommunikationsleistungen.** Der objektive Tatbestand des § 206 StGB verlangt das geschäftsmäßige Erbringen von Telekommunikationsleistungen.
Das OLG-Karlsruhe hat in diesem Zusammenhang ausgeführt:

> „Der Tatbestand des geschäftsmäßigen Erbringens von Telekommunikationsdienstleistungen verlangt lediglich das nachhaltige Angebot von Telekommunikation einschließlich des Angebots von Übertragungswegen für Dritte; auf eine Gewinnerzielungsabsicht kommt es hierbei nicht an."...[136]

150   Dem ist auch unter Aspekten der Güterabwägung voll zuzustimmen. Soweit die Unternehmen ihren Mitarbeitern im Rahmen des Arbeitsvertrags anbieten, die unternehmenseigenen Telekommunikationseinrichtungen für private Zwecke zu nutzen, müssen die Beschäftigten (und alle, am Telekommunikationsverkehr Beteiligten) auch darauf vertrauen dürfen, dass die Nutzung unter den strengen Maßstäben des Fernmeldegeheimnisses erfolgt. Zum betroffene Rechtsgut (vgl. Art. 10 GG) hat das Bundesverfassungsgericht unter anderem in seiner Entscheidung 2.3.2006[137] ausgeführt:

> 2. Brief-, Post- und Fernmeldegeheimnis gewährleisten die freie Entfaltung der Persönlichkeit durch einen privaten, vor der Öffentlichkeit verborgenen Austausch von Informationen und schützen damit zugleich die Würde des Menschen (vgl. BVerfGE 67, 157 (171); 106, 28 (35); 110, 33 (53); Dürig, in: Maunz/Dürig, Grundgesetz, Loseblatt [Stand: Dezember 1973], Art. 10 Rn. 1).
> Art. 10 GG schützt die private Fernkommunikation. Brief-, Post- und Fernmeldegeheimnis gewährleisten die Vertraulichkeit der individuellen Kommunikation, wenn diese wegen der räumlichen Distanz zwischen den Beteiligten auf eine Übermittlung durch andere angewiesen ist und deshalb in besonderer Weise einen Zugriff Dritter – einschließlich staatlicher Stellen – ermöglicht. Brief-, Post- und Fernmeldegeheimnis sind wesentlicher Bestandteil des Schutzes der Privatsphäre; sie schützen vor ungewollter Informationserhebung und gewährleisten eine Privatheit auf Distanz (vgl. Gusy, in: v. Mangoldt/Klein/Starck, Grundgesetz, 5. Aufl. 2005, Art. 10 Rn. 19).
> Post und Telekommunikation bieten die Voraussetzungen für die private Kommunikation zwischen Personen, die nicht am selben Ort sind, und eröffnen so eine neue Dimension der Privatsphäre (vgl. Gusy, in: v. Mangoldt/Klein/Starck, Grundgesetz, 5. Aufl. 2005, Art. 10 Rn. 18 f.). Damit verbunden ist ein Verlust an Privatheit; denn die Kommunizierenden müssen sich auf die technischen Besonderheiten eines Kommunikationsmediums einlassen und sich dem eingeschalteten Kommunikationsmittler anvertrauen. Inhalt und Umstände der Nachrichtenübermittlung sind dadurch dem erleichterten Zugriff Dritter ausgesetzt. Die Beteiligten, die ihre Kommunikation mit Hilfe von technischen Hilfsmitteln über Distanz unter Nutzung von Kommunikationsverbindungswege ausüben, haben nicht die Möglichkeit, die Vertraulichkeit der Kommunikation sicherzustellen.
> Art. 10 Abs. 1 GG soll einen Ausgleich für die technisch bedingte Einbuße an Privatheit schaffen und will den Gefahren begegnen, die sich aus dem Übermittlungsvorgang einschließlich der Einschaltung eines Dritten ergeben (vgl. BVerfGE 85, 386 (396); 106, 28 (36); 107, 299 (313)). Das Fernmeldegeheimnis knüpft an das Kommunikationsmedium an (vgl. BVerfGE 100, 313 (363); Gusy, in: v. Mangoldt/Klein/Starck, Grundgesetz, 5. Aufl. 2005, Art. 10 Rn. 32 und 40; Hermes, in: Dreier, Grundgesetz, 2. Aufl. 2004, Art. 10 Rn. 25).

151   Das Bundesverfassungsgericht spricht in dieser Entscheidung mehrmals vom „Dritten" bzw. „Kommunikationsmittler", auf den der am Telekommunikationsverkehr Beteiligte angewiesen ist. Der Arbeitgeber „verlängert" als solcher bewusst und freiwillig den Übertragungsweg privater Telekommunikation, bis die E-Mail in den Herrschaftsbereich seiner Mitarbeiter gelangt ist.[138] Folglich ist es **auch verhältnismäßig, dass er ohne Einwilligung der am Telekommunikationsverkehr Beteiligten bzw. ohne einen sonstigen Rechtfertigungs-**

---

[136] Beschluss OLG-Karlsruhe v. 10.1.2005 – 1 Ws 152/04, MMR 2005, 180; Hervorhebungen erfolgten durch Bearbeiter.

[137] BVerfG Urt. v. 2.3.2006 – 2 BvR 2099/04 (Zweiter Senat); HRRS 2006 Nr. 235, http://www.hrr-strafrecht.de/hrr/bverfg/04/2-bvr-2099-04.php, zuletzt abgerufen; 9.12.2014.

[138] Der Grundrechtsschutz erstreckt sich nicht auf die außerhalb eines laufenden Kommunikationsvorgangs im Herrschaftsbereich des Kommunikationsteilnehmers gespeicherten Inhalte und Umstände der Kommunikation. Der Schutz des Fernmeldegeheimnisses endet insoweit in dem Moment, in dem die E-Mail beim Empfänger angekommen und der Übertragungsvorgang beendet ist, BVerfG Entscheidung v. 16.6.2009 – 2 BvR 902/06, MMR 2009, 673.

grund nicht auf den E-Mail Verkehr zugreift. Dies ist ihm auch zumutbar, da er selbst durch die Erlaubnis der privaten Nutzung die Situation so hergestellt hat.[139]

e) **Sendung.** Ist das Tatobjekt eine **E-Mail**, ist bei unbefugter Kenntnisnahme kein Fall des § 206 Abs. 2 Nr. 1 StGB gegeben, da **die E-Mail nach hM nicht als verschlossene Sendung iSd Abs. 2 Nr. 1** betrachtet werden kann. Vielmehr muss es sich um körperliche Gegenstände handeln, wie Briefe oder Pakete. Selbst die verschlüsselte E-Mail ist daher nicht unter Nr. 1 zu subsumieren. **Eingriffe in den E-Mail-Verkehr fallen jedoch unter Abs. 2 Nr. 2**, falls die E-Mail beispielsweise ausgesondert oder zurückgehalten wird („unterdrücken").[140]

Der Begriff **Sendung** iSv § 206 Abs. 2 Nr. 2 StGB erstreckt sich auch auf unkörperliche Gegenstände, da § 206 Abs. 2 Nr. 2 StGB nicht – wie § 206 Abs. 2 **Nr. 1** StGB – auf verschlossene Sendungen beschränkt ist. Tatobjekte des § 206 Abs. 2 Nr. 2 StGB sind daher nicht nur unverschlossene Postsendungen, sondern auch jede Form der dem Fernmeldegeheimnis unterliegenden Telekommunikation.[141] Nach diesem Verständnis fällt insbesondere der E-Mail Verkehr darunter. **Anvertraut** ist eine Sendung dann, wenn sie auf vorschriftsmäßige Weise in den Verkehr gelangt ist und sich im Gewahrsam des Unternehmens befindet. Der Gewahrsam an einer E-Mail liegt spätestens dann vor, wenn die Anfrage zur Übermittlung von Daten den Mail-Server des Unternehmens erreicht hat und der versendende Mailserver die Daten dem empfangenden Server übermittelt hat.[142]

f) **Täter.** § 206 StGB erfasst nur einen beschränkten Täterkreis. Zum einen jede natürliche Person, die im funktionellen Sinne als **Inhaber** eines Unternehmens betrachtet werden kann, beispielsweise die (Mit-)Eigner einer Personenhandels- oder Kapitalgesellschaft.[143] Ebenso gilt dies auch für **Beschäftigte** eines solchen Unternehmens, allerdings einschränkend. Die Tätigkeit des Beschäftigten muss einen gewissen sachlichen Zusammenhang zum geschützten Rechtsgut (Post- und Fernmeldegeheimnis) aufweisen.[144] Dies wäre beispielsweise bei Angehörigen der EDV-Abteilung der Fall, da diesen Personen regelmäßig systemadministrative Aufgaben übertragen sind, die sie in die Lage versetzen, auf E-Mail Konten von Unternehmensangehörigen einzuwirken oder zuzugreifen.

g) **Tathandlung.** aa) *§ 206 Abs. 1 StGB* erfasst die **Mitteilung** einer, dem Post- bzw. Fernmeldegeheimnis unterliegende Tatsache **an eine andere Person.** Es spielt keine Rolle, ob dies auf schriftlichem, mündlichem oder sonstigem Weg geschieht.[145] Tatbestandsmäßig handelt auch derjenige, der es pflichtwidrig[146] unterlässt, dafür Sorge zu tragen, dass kein Dritter Kenntnis von den dem Fernmelde- oder Postgeheimnis unterliegenden Tatsachen erhält.[147]

bb) *§ 206 Abs. 2 Nr. 1 StGB* sanktioniert das **Öffnen** einer, dem Fernmelde- bzw. Postgeheimnis unterliegenden Mitteilung oder Kenntnis verschaffen ohne Öffnung, jedoch unter Anwendung von technischen Mitteln.

cc) *§ 206 Abs. 2 Nr. 2 StGB* regelt den Fall, dass mittels (technischer) Eingriffe in den Vorgang des Aussendens, Übermittelns oder Empfangens von Nachrichten verhindert wird, dass die Nachricht ihr Ziel vollständig oder unvollständig erreicht (**unterdrücken**).

Das OLG-Karlsruhe führt in seinem Beschluss v. 10.1.2005 (1 Ws 152/04) hierzu aus: „Soweit auch die Auffassung vertreten wird, dass ein Unterdrücken bei einer E-Mail nicht

---

[139] Die häufig ins Feld geführte Argumentation, Arbeitgeber können gerade im Hinblick auf strafrechtliche Konsequenzen nicht auf das Telekommunikationsgeheimnis verpflichtet werden und bereits deshalb müsse – soweit Arbeitgeber in der Gesetzesbegründung zum TKG als Diensteanbieter betrachtet werden – schlicht ein redaktionelles Versehen vorliegen, ist nicht überzeugend.
[140] *Fischer* § 206 Rn. 13 ff., Schönke/Schröder/*Lenckner/Eisele* § 206 Rn. 16 ff. mwN.
[141] OLG Karlsruhe, Beschluss v. 10.1.2005 – 1 Ws 152/04.
[142] *Heidrich/Tschoepe*, Rechtsprobleme der E-Mail-Filterung, MMR 2004, 75 (77).
[143] Schönke/Schröder/*Lenckner/Eisele* § 206 Rn. 7 und 8.
[144] Schönke/Schröder/*Lenckner/Eisele* § 206 Rn. 9.
[145] Schönke/Schröder/*Lenckner/Eisele* § 206 Rn. 10.
[146] Obwohl dies in den Verantwortungsbereich des Ersteren gefallen wäre.
[147] Schönke/Schröder/*Lenckner/Eisele* § 206 Rn. 10.

das Zerstören oder Beschädigen der Nachricht, also ihr Löschen, Verstümmeln oder Verkürzen ist, sondern nur ihr vollständiges oder vorübergehendes Zurückhalten oder Umleiten an eine andere Adresse (Münchner-Kommentar, § 206, Rn 56), greift dies zu kurz; denn letztlich kann es keinen Unterschied machen, wie verhindert wird, dass die Nachricht ihren Empfänger erreicht, nämlich ob dies durch Zurückhalten oder Umleiten der E-Mail oder durch deren Löschung oder sonstige Verstümmelung geschieht. Hierauf kommt es aber hier nicht an. Das Tatbestandsmerkmal „Unterdrücken" wird jedenfalls durch eine Ausfilterung der E-Mail erreicht."

Der klassische Fall ist die Aussonderung von E-Mails.[148]

159   dd) § 206 Abs. 2 Nr. 3 erfasst schließlich die Fälle, in welchen der Inhaber oder Beschäftigte Handlungen nach Abs. 1 und 2 **gestattet** oder **fördert**.

160   h) **Befugnis und Rechtfertigungsgründe.** Dem Tatbestandsmerkmal „unbefugt" kommt in § 206 StGB eine **Doppelfunktion** zu. Die Einwilligung bzw. das Einverständnis[149] schließt die Tatbestandsmäßigkeit des § 206 StGB aus. Eine entsprechende Einwilligung muss allerdings im Zweifel von allen, am konkreten Fernmeldeverkehr beteiligten Personen vorliegen. Auch der Kommunikationspartner des Beschäftigten steht unter dem Schutz des Fernmeldegeheimnisses. Ist die private Nutzung erlaubt, wird auch dieser ein schutzwürdiges Interesse daran haben, das beispielsweise Mails nicht abgefangen und gelesen werden.[150]

161   Weiterhin handelt es sich bei dem Tatbestandsmerkmal „unbefugt" um ein allgemeines Rechtswidrigkeitsmerkmal. Eingriffe in das Post- und Fernmeldegeheimnis **können über Erlaubnissätze**, die in einem formellen Gesetz oder einer Rechtsverordnung niedergelegt sind, gerechtfertigt sein.

162   Welche **allgemeinen Rechtfertigungsgründe** eingreifen können, ist umstritten. Nach Ansicht des OLG Karlsruhe sollen dann, „wenn besondere Fallgestaltungen vorliegen, die den Rahmen der §§ 39 Abs. 3 Satz 4 Post G, 88 Abs. 3 Satz 3 nF sprengen", auch die allgemeinen Rechtfertigungsgründe gelten.[151] Eine Befugnis zur Mitteilung wird sich aus allgemeinen Rechtfertigungsgründen nicht herleiten lassen.[152] Hier bedarf es einer sorgfältigen Einzelfallprüfung unter dem Aspekt der Verhältnismäßigkeit und der strengen Vorgaben des § 88 Abs. 3 KG.

163   i) **Subjektiver Tatbestand.** In allen Fällen des Tatbestands reicht es aus, wenn der Täter zumindest mit bedingtem Vorsatz handelt. Ein Irrtum über die Grenzen der Befugnis nach dem BDSG wird als Verbotsirrtum gewertet (§ 17 StGB). Liegt ein Irrtum über Umstände vor, deren Vorliegen die Tat rechtfertigen würde, so gilt § 16 StGB (Irrtum über Tatumstände).[153]

Fallbeispiel:
Landgericht Bonn Urteil v. 30.11.2010 – 23 KLs 10/10[154] – „Spitzelaffäre"

---

[148] OLG Karlsruhe Beschl. v. 10.1.2005 – 1 Ws 152/04, CR 05, 288; K&R 05, 181; MMR 05, 178; RDV 05, 66.
[149] *Habermalz*, Die datenschutzrechtliche Einwilligung des Beschäftigten, JurPC Web-Dok. 132/2011, Abs. 1 – 92, http://www.jurpc.de/aufsatz/20110132.htm.
[150] Ist die private Nutzung nicht gestattet und nutzt ein Beschäftigter seine Firmenadresse dennoch für private Korrespondenz, so ist das Unternehmen nicht mehr mit seinen Telekommunikationsdiensten „betraut" und somit auch kein tauglicher Täter iSv § 206 StGB. Nicht das Unternehmen selbst hat die Gefahr einer Rechtsverletzung gesetzt bzw. bestehenlassen sondern der, gegen das Verbot agierende Mitarbeiter. Der Kommunikationspartner, der unter Umständen darauf vertraut hat, hat das Nachsehen, muss aber insbesondere bei firmenbezogenen Mailadressen ohnehin damit rechnen, dass die Korrespondenz weniger geschützt ist, als bei rein privaten Mailadressen.
[151] OLG Karlsruhe Beschl. v. 10.1.2005 – 1 Ws 152/04, CR 2005, 288 = K&R 2005, 181 = MMR 2005, 178 = RDV 2005, 66; *Fischer*, § 206 Rn. 9; aM MüKo StGB § 206 Rn. 68.
[152] Schönke/Schröder/*Lenckner/Eisele* § 206 Rn. 13 f.
[153] Allgemein zu dieser Frage: Schönke/Schröder/*Lenckner/Eisele* § 206 Rn. 37.
[154] BeckRS 2011, 11161; Die Entscheidung ist im Volltext bei Telemedicus veröffentlicht: http://www.telemedicus.info/urteile/1283-23-KLs-1010.html, zuletzt abgerufen 1.12.2014.

Aus den Gründen:
… „Durch die Lieferung der Telefonverbindungsdaten an die P3 GmbH hat der Angeklagte gegenüber Dritten unbefugte Mitteilungen über solche Tatsachen gemacht, die dem Fernmeldegeheimnis unterliegen. § 206 Abs. 5 S. 2 StGB stellt klar, dass der Inhalt der Telekommunikation und ihre näheren Umstände, insbesondere die Tatsache, ob jemand an einem Telekommunikationsvorgang beteiligt ist oder war, dem Fernmeldegeheimnis unterliegen.
Als Beschäftigter der UAG zählte der Angeklagte auch zu dem in § 206 StGB genannten potentiellen Täterkreis. Die gelieferten Daten erlangte er gerade aufgrund seiner Stellung bei der UAG Angeklagte auch dadurch aus, dass er H3 die Mitteilung vom Ende des Projektes „S" machte und angab, von ihm keine weiteren Daten zu benötigen, wohingegen er D6 zur Vornahme weiterer Datenerfassungen (für das Projekt „D5") anhielt…"
Mit Urteil vom 10.10.1012 hat der 2. Strafsenat unter Verwerfung der Revision bestätigt.[155]

j) Offizialdelikt. Verstöße gegen das Post- und Fernmeldegeheimnis sind Offizialdelikte. Die Staatsanwaltschaft muss gem. § 152 StPO ermitteln, sobald sie Kenntnis von einer möglichen Straftat erhält. Es reicht hierfür aus, eine Strafanzeige zu erstatten. Strafantrag ist nicht erforderlich.[156]

15. Strafbare Verwendung personenbezogener Daten §§ 44, 43 BDSG

a) Tatbestandsmerkmale (Auszug): §§ 44 BDSG verlangt einerseits die **vorsätzliche** Verwirklichung einer der unter § 43 Abs. 2 BDSG aufgezählten Tathandlungen. Des Weiteren wird das **Handeln gegen Entgelt** (§ 11 Abs. 1 Nr. 9 StGB) bzw. die **Bereicherungs- oder Schädigungsabsicht** vorausgesetzt.

Während für die Schädigungsabsicht jeder vom Täter beabsichtigte Nachteil ausreicht, muss die Bereicherungsabsicht auf einen Vermögensvorteil gerichtet sein, der rechtswidrig ist, dh auf den der Täter keinen Rechtsanspruch hat.[157]

b) Tatobjekt: Personenbezogene Daten als solche mit einer Person am engsten verbundene Daten, über deren Verwendung allein der Berechtigte, dem das Recht auf informationelle Selbstbestimmung gebührt, bestimmen darf.

c) Täter. Keine Begrenzung auf Normadressaten des BDSG: Wie bei den Ordnungswidrigkeiten nach § 43 BDSG kann nach wohl herrschender Meinung **jedermann** Täter einer Straftat nach § 44 StGB sein, nicht nur die öffentlichen und privaten Stellen (und deren Mitarbeiter) iSv § 1 Abs. 2 BDSG.[158]

d) Rechtswidrigkeit. Die **wirksame Einwilligung gem. § 4 Abs. 1 BDSG** schließt die Strafbarkeit aus. Dabei ist nach hM die bloße Nichtbeachtung der Form kein Strafgrund.[159] Umstritten ist die **strafrechtliche Bedeutung nach §§ 307 ff. BGB unwirksamer Einwilligungsklauseln in AGB.** Nach einer Ansicht soll bei Wegfall einer entsprechenden Klausel die Strafbarkeit mangels Einwilligung gegeben sein, nach einer anderen Ansicht bedarf es bei der Beurteilung einzelner Nichtigkeitsgründe einer eigenen strafrechtlichen Bewertung.[160] Jedenfalls ist eine pauschale Einwilligung in jede beliebige Verwendung personenbezogener Daten in AGB ebenso unwirksam wie eine, die unter Zwang abgegeben wurde (indem etwa die Erbringung von Tele- und Mediendiensten von der entsprechenden Einwilligung abhängig gemacht wird).

Rechtsprechungsbeispiele:
BGH Urteil vom 4. Juni 2013 (LG Mannheim)[161]
Der 1. Strafsenat des Bundesgerichtshofs hat entschieden, dass die heimliche Überwachung einer „Zielperson" mittels eines GPS-Empfängers grundsätzlich strafbar ist, es sei denn, es besteht ein starkes berechtigtes Interesse an der Datenerhebung (etwa in notwehrähnlichen Situationen).

---

[155] Quelle: Pressemitteilung des BGH v. 10.10.2012.
[156] Näheres zum Strafantrag unter → 4.b) Besonderheiten des Strafverfahrens.
[157] *Hilgendorf/Valerius,* Computer- und Internetstrafrecht, Rn. 740.
[158] *Däubler/Klebe/Wedde/Weichert* § 43 Rn. 3.
[159] *Gola/Schomerus* § 44 Rn. 3.
[160] Zum Meinungsstreit: *Hilgendorf/Valerius,* Computer- und Internetstrafrecht, Rn. 741 mwN.
[161] Urt. v. 4.6.2013 – 1 StR 32/13, NJW 2013, 2530.

Insbesondere betont der BGH:

„Bei dem Einsatz von GPS-Empfängern zu Observationszwecken bedarf es im Hinblick auf die vorgenannten Maßstäbe regelmäßig der Berücksichtigung der folgenden, teils gegenläufigen Gesichtspunkte: aa) Einerseits sind die Eingriffe in das Persönlichkeitsrecht des Observierten durch den Einsatz von GPS-Sendern zunächst weniger schwerwiegend als etwa durch das heimliche Abhören des gesprochenen Worts (vgl. BVerfGE 112, 304 [= MMR 2005, 371]; vgl. auch EGMR NJW 2011, 1333, 1335 Rdnr. 52). Dennoch reicht auch hier ein „schlichtes" Beweisführungsinteresse des Auftraggebers nicht aus, um den Eingriff in die Rechte des vom GPS-Einsatz Betroffenen zu gestatten. Nach der Rspr. des BVerfG und der neueren Rspr. des BGH genügt in Fällen, in denen das von Art. 2 Abs. 1 i.V.m. Art. 1 Abs. 1 GG – u.a. – geschützte Recht am gesprochenen Wort beeinträchtigt ist, das stets bestehende „schlichte" Interesse, sich ein Beweismittel für zivilrechtliche Ansprüche zu sichern, nicht, um bei der Güterabwägung trotz Verletzung des Persönlichkeitsrechts der anderen Prozesspartei zu einer Schutzbedürftigkeit des Beweisführungsinteresses zu gelangen."

Mit **Beschluss vom 22.11.2007** stellte das Landgericht Marburg[162] klar, dass die unbefugte Veröffentlichung eines Auszugs aus dem Bundeszentralregister im Internet unter die Vorschriften §§ 44, 43 Abs. 2 Nr. 1 und Nr. 2 zu subsumieren und entsprechend als Straftat zu ahnden ist.

Der Entscheidung lag folgender Sachverhalt zu Grunde:
Auf seiner Internetseite hat der Beschuldigte im Rahmen eines Art. über eine Dritte Person dessen Auszug aus dem Bundeszentralregister veröffentlicht und trotz mehrfacher Aufforderungen nicht gelöscht. Die im Rahmen des Ermittlungsverfahrens gegen den Beschuldigten vorgenommenen Maßnahmen (Vorläufige Festnahme, Durchsuchung der Wohnung, Sicherstellung und Beschlagnahme von Gegenständen, erkennungsdienstliche EDV-Behandlung des Beschuldigten) wurden ohne Erfolg gerügt. Das LG Marburg bestätigte, dass die Maßnahmen rechtmäßig waren:

„Damit ist es aber nicht zu beanstanden, dass das Amtsgericht in den Gründen der vorliegend angefochtenen Entscheidung ausgeführt hat, dass der Angeklagte (nunmehr erneut) verdächtig sei, in der Zeit seit dem 2.6.2006 Straftaten nach §§ 44, 43 Abs. 2 Nr. 1 und Nr. 2 BDSG begangen zu haben, indem er auf seiner Internetseite (...) die digitale Kopie eines Bundeszentralregisterauszuges des Zeugen (...) vom 15.6.1997 zum automatisierten Abruf bereithält."

Wichtige Entscheidung für Rechtsanwälte:

1. Instanz: AG Berlin-Tiergarten:[163]
Ein Rechtsanwalt ist auf Grund der vorrangigen anwaltlichen Verschwiegenheitspflicht nicht verpflichtet, dem Datenschutzbeauftragten mitzuteilen, wie er in den Besitz mandatsbezogener Unterlagen gekommen ist. Die Bundesrechtsanwaltsverordnung enthält bereichsspezifische Sonderregelungen iS des § 1 Abs. 3 BDSG.

2. Instanz:[164]
Auch das Kammergericht hat den Vorrang der anwaltlichen Schweigepflicht gegenüber dem Datenschutzbeauftragen bestätigt. Allerdings in Teilen mit anderen Rechtsausführungen. Mit Beschluss vom 20.8.2010 hat es die Rechtsbeschwerde der Amtsanwaltschaft Berlin gegen das obige Urteil des Amtsgerichts verworfen und festgestellt: ... „das Amtsgericht hat den Betroffenen zurecht freigesprochen. Die festgestellte Auskunftsverweigerung des Betroffenen ist nicht bußgeldbewehrt."

170 Eine Folge dieser Entscheidungen ist jedoch, dass bei entsprechender Auskunft an den Datenschutzbeauftragten ein erhöhtes Risiko besteht, sich gem. § 203 StGB strafbar zu machen.

171 **f) Antragsdelikt gem. § 44 Abs. 2 S. 1 BDSG.** Antragsberechtigt ist der Betroffene (§ 77 StGB), die verantwortliche Stelle wie auch die zuständige Datenschutzbehörde.

16. Computerbetrug § 263a StGB

172 **a) Differenzierung zwischen Computerbetrug und Betrug im Internet.** Die Differenzierung zwischen **Computerbetrug** und **Betrug im Internet** erleichtert die Zuordnung der kriminel-

---

[162] Beschluss v. 22.11.2007 – 4 Qs 54/07, nachzulesen bei Dr. Bahr, http://www.datenschutz.eu/urteile/Landgericht-Marburg-20071122.html, zuletzt abgerufen: 23.12.2014.
[163] Urt. v. 5.10.2006 – 317/OWi 3235/05, NJW 2007, 97.
[164] Beschluss des Kammergerichts vom 20.8.2010 – 1 Ws (B) 51/07. Die Entscheidung ist über der Homepage der RAK Berlin (www.rakberlin.de) als PDF abrufbar.

len Betrugshandlungen zu den jeweiligen Tatbeständen der §§ 263 und 263a StGB. Bei den folgenden Ausführungen wird (grob) darauf abgestellt, ob der Computer **das Tatwerkzeug bzw. das Ziel** der Straftat ist (Computerbetrug) oder aber die **Straftat über das Internet bzw. unter Nutzung** des Internet (Betrug im Internet) begangen wird.[165] Für letztere Fälle reicht in der Regel der Straftatbestand des „normalen" Betrugs nach § 263 StGB aus. Der **Computerbetrug** spielt im Zeitalter der Informationstechnologie eine wichtige Rolle. Wie sich aus den jährlich veröffentlichten Statistiken des BKA[166] ergibt, macht der Computerbetrug einen erheblichen Teil der IT-spezifischen Kriminalität aus.

Im Folgenden soll zuerst dargestellt werden, wie es sich mit der **Abgrenzung zum „normalen" Betrug (Teil 1)** verhält. Danach werden mittels eines **Leitfadens und der passenden Rechtsprechung (Teil 2)** die einzelnen Handelsalternativen sowie die wesentlichen Prüfungspunkte des objektiven und subjektiven Tatbestands dargelegt.

Teil 1: Abgrenzung zum „normalen" Betrug (§ 263 StGB):

Betrug (§ 263 StGB)	Computerbetrug (§ 263a StGB)
Täuschungshandlung	Manipulationshandlung
Irrtum	**Ergebnis der Datenverarbeitung**
Vermögensverfügung	Vermögensverfügung
Schaden	Schaden

Weil es bei EDV-Manipulationen oft an Täuschung und **Irrtumserregung einer natürlichen Person fehlt** und darum § 263 StGB keine Anwendung finden kann, wurde § 263a StGB geschaffen, um die Strafbarkeitslücke solcher Fälle zu füllen.[167] Die Abgrenzung zu § 263 StGB erfolgt anhand des Tatbestandmerkmals Irrtum. Das Ergebnis der Datenverarbeitung in § 263a StGB entspricht dem Irrtum beim Menschen in § 263 StGB.[168]

Beispiel für ständige Rechtsprechung zur betrugsspezifischen Auslegung:

BGH 3 StR 96/13 – Beschluss vom 23.7.2013 (LG Wuppertal)[169]
... „Bei der Umsetzung dieses Ziels orientierte sich der Gesetzgeber konzeptionell an dem Tatbestand des Betruges, wobei an die Stelle der Täuschung die Tathandlungen des § 263a Abs. 1 StGB treten und mit der Irrtumserregung und dem ungeschriebenen Tatbestandsmerkmal der Vermögensverfügung die Beeinflussung des Ergebnisses eines – vermögenserheblichen – Datenverarbeitungsvorgangs korrespondiert (BT-Drs. 10/318 S. 19). Aufgrund dieser Struktur- und Wertgleichheit der Tatbestände des Betrugs und des Computerbetrugs (vgl. dazu BGH aaO; Beschlüsse vom 20. Dezember 2012 – 4 StR 580/11, NJW 2013, 1017, 1018; vom 21. November 2001 – 2 StR 260/01, BGHSt 47, 160, 162) hält der Senat daran fest, dass § 263a Abs. 1 StGB in Einschränkung seines Wortlauts **nur solche Handlungen erfasst, die, würden nicht lediglich maschinell gesteuerte Geschehensabläufe ausgelöst, als Betrug durch täuschungsbedingte Veranlassung der Vermögensverfügung eines – vom Täter zu unterscheidenden – anderen zu bewerten wären** (vgl. Fischer, StGB, 60. Aufl., § 263a Rn. 4)."

Geschützt wird bei beiden Vorschriften das **Individualvermögen.** Allerdings ist bei § 263 StGB **Schutzgegenstand** der menschliche Denk- und Entscheidungsprozess, bei § 263a StGB hingegen wird das **Ergebnis eines vermögensrelevanten Entscheidungsvorgangs** geschützt. Beeinflusst wird das Ergebnis der automatischen Datenverarbeitung, **wenn die Tathandlung in den Datenverarbeitungsvorgang mitbestimmend Eingang findet.**[170]

---

[165] Zum Betrug im Internet: *Hilgendorf/Valerius* Rn. 459 f.
[166] Polizeiliche Kriminalstatistik 2012, Bundeskriminalamt, 65173 Wiesbaden, abrufbar unter www.bka.de, Unterrubriken: Publikationen und Polizeiliche Kriminalstatistik.
[167] *Fischer* § 263a Rn. 2; Schönke/Schröder/*Perron* § 263a Rn. 1 f.
[168] *Hilgendorf/Valerius,* Computer- und Internetstrafrecht, Rn. 494.
[169] BGH Beschl. v. 23.7.2013 – 3 StR 96/13, BeckRS 2013, 15229, Rn. 12; Fettdruck durch die Verfasserin vorgenommen, BeckRS 2013, 15229, StV 2014, 684.
[170] Ausführlich zur Tathandlung: *Gercke,* Praxishandbuch Internetrecht, Rn. 187–189.

177 Teil 2: Leitfaden und Rechtsprechung zum Computerbetrug § 263a StGB:

Tatbestand (auszugsweise):

Der Begriff „Daten" ist ungleich dem des § 202a StGB oder § 3 Abs. 1 BDSG. Er umfasst nur kodierte Informationen in einer im Wege automatischer Datenverarbeitung nutzbaren Darstellungsform.[171]

178 *b) Übersicht zu den Handlungsalternativen. aa) Unrichtige Gestaltung des Programms*

Rechtsprechungsbeispiel:

Fall „Autodialer-Verfahren"[172]

Mit Urteil vom 20.12.2006 ist der Angeklagte Edward B. zu einer Freiheitsstrafe von 4 Jahren und der Angeklagte Jörg H. zu einer Freiheitsstrafe von 3 Jahren und 3 Monaten verurteilt worden. Die Kammer sah es als erwiesen an, dass sich die Angeklagten wegen banden-/gewerbsmäßigen Computerbetrugs in Tateinheit mit Datenveränderung strafbar gemacht haben.

Zum Sachverhalt:

Den ursprünglich vier Angeklagten wird vorgeworfen, sie hätten sich von Juli 2002 bis Ende Sept. 2003 auf betrügerische Weise zu Lasten von Internetnutzern Einnahmen in Höhe von insgesamt mindestens 12.037.973,– EUR verschafft. Dazu hätten sie Programme entwickelt und über das Internet verbreitet, mit deren Hilfe auf den Computern von Interessenten sog „Autodialer" installiert worden seien. Diese „Autodialer" hätten völlig unbemerkt zu Lasten der Geschädigten eine kostenträchtige 0190-Mehrwertdienstnummer angewählt. Zwei der Angeklagten sind wegen dieser Vorfälle bereits rechtskräftig zu Freiheitsstrafen von 1 Jahr und 10 Monaten bzw. 1 Jahr und 6 Monaten verurteilt worden. Die Vollstreckung beider Strafen ist zur Bewährung ausgesetzt worden.

179 *bb) Verwendung unrichtiger und unvollständiger Daten (Inputmanipulation).* Definition: Unter „Verwenden" der Daten wird die Einführung von Daten in den DV-Prozess verstanden.[173] Eingegebene Daten werden in einen anderen Zusammenhang gebracht oder unterdrückt. Die Daten sind unrichtig, wenn der durch sie bezeichnete Sachverhalt in Wahrheit gar nicht oder anders gegeben ist. Lassen sie ihn hingegen nicht ausreichend erkennen, so sind sie unvollständig.[174]

Beispiel:

Verwendung wieder aufgeladener Telefonkarten zur Erlangung unberechtigter Erlöse aus 0190-Nummern. (Nicht aber: Verwendung allein zur Erlangung kostenfreien Telefonierens: § 265a StGB).

180 *cc) Unbefugte Verwendung von Daten.* Der Anwendungsbereich dieser Variante ist sehr umstritten.[175] In Abgrenzung zur 2. Variante setzt sie die Verwendung „richtiger" Daten voraus. Die hM legt das Merkmal der Unbefugtheit „betrugsspezifisch" aus. Unbefugt ist danach die Verwendung von Daten, wenn sie gegenüber einer natürlichen Person Täuschungscharakter hätte.

Beispiel:

Skimming: Mit Hilfe manipulierter Geldautomaten bzw. EC-Kartenlesegeräte sammeln die Täter Daten von EC-Karten, um davon Kopien anzufertigen und später Geld abzuheben. Die erforderliche PIN wird von einem Miniatur-EC-Kartenleser, der den Magnetstreifen der Karte ausliest und einer Videoleiste, die die PIN-Eingabe aufzeichnet, elektronisch mitgelesen.[176] Eine andere Methode ist die Nachbildung der Tastatur, die auf das Original geklebt wurde. Die Anschläge werden mechanisch an die echte Tastatur durchgereicht und dabei protokolliert.

---

[171] *Fischer* § 263a Rn. 3.
[172] Aus der Pressemitteilung des LG Osnabrück Urt. v. 20.12.2006 – 10 KLS 10/06, BeckRS 2008, 16762.
[173] Werden Daten pflichtwidrig nicht eingegeben oder erforderliche Betriebshandlungen nicht eingegeben – aber dennoch ein DV-Prozess in Gang gesetzt – so ist Handeln durch Unterlassen gegeben.
[174] *Fischer* § 263a Rn. 7; Schönke/Schröder/*Perron* § 263a Rn. 6.
[175] Vgl. *Fischer* § 263a Rn. 9 mwN; Schönke/Schröder/*Perron* § 263a Rn. 7.
[176] Vgl. c't 25/2007, S. 76: Der Mini-Leser wird meist mit von außen vor den Leseschlitz des Geldautomaten geklebt. Die abgegriffenen Daten werden gespeichert und nach Abbau des Geräts ausgelesen. Die Videoleiste birgt eine kleine Kamera, die durch ein winziges Loch auf das Tastaturfeld schaut; sie wird meist im oberen Bereich des Automaten platziert. Manchmal montieren die Betrüger die Kamera auch an der Seite, etwa hinter dem bei einigen Automaten zu findenden Prospekthalter. Auch die Videoaufzeichnung der PIN-Eingabe wird meistens zwischengespeichert.

dd) Sonstige Einwirkungen auf den Ablauf (Auffangtatbestand)   181

Beispiel:
Systematisches Leerspielen eines Geldautomaten

c) Beeinflussung des Ergebnisses des Datenverarbeitungsvorgangs. Durch die oben ge- 182
nannten Handlungsalternativen muss das Ergebnis eines Datenverarbeitungsvorgangs beeinflusst werden.

d) Vermögensschaden. Die **Schadensberechnung** erfolgt wie bei § 263 StGB. Auch eine 183
konkrete Vermögensgefährdung reicht aus.

e) Kausalität. Der Schaden muss nicht durch die Tathandlung selbst, sondern durch das 184
durch die Tathandlung manipulierte Arbeitsergebnis verursacht worden sein.

Rechtsprechungsbeispiele
Kein Computerbetrug durch Einlösen eines versehentlich zugesandten Online-Gutscheins.
LG Gießen Beschluss vom 29.5.2013[177]
Tenor: Das Einlösen eines erkennbar versehentlich zugesandten Online-Gutscheins ist nicht nach § 263a StGB strafbar. Es stellt weder eine unbefugte Verwendung von Daten (§ 263a Abs. 1 Variante 3 StGB) noch eine sonstige unbefugte Einwirkung auf den Ablauf (§ 263a Abs. 1 Variante 4 StGB) dar.

Computerbetrug im Abbuchungsauftragslastschriftverfahren.
BGH Beschluss vom 23.1.2013 (LG Heidelberg):[178]
... „Indem das Landgericht im Kern davon ausgegangen ist, dass ein zunächst" ... „entstandener Gefährdungsschaden letztlich andernorts, hier namentlich bei 785 Bankkunden in einen endgültigen Schaden umgeschlagen ist, hat es die tatbestandlichen Voraussetzungen des Computerbetruges nicht hinreichend in den Blick genommen. Die bloße Feststellung einer Tathandlung im Sinne des § 263a Abs. 1 StGB und einer Vermögensschädigung bei verschiedenen Beteiligten genügt nicht. Tatbestandserfüllend sind vielmehr (nur) diejenigen Vermögensschädigungen, die für sich genommen unmittelbare Folge eines vermögensrelevanten Datenverarbeitungsvorgangs sind, und dieser Datenverarbeitungsvorgang muss seinerseits unmittelbar durch die Tathandlung beeinflusst sein. Dies erfordert eine getrennte Betrachtung der einzelnen – hier freilich ineinander übergreifenden – Datenverarbeitungsvorgänge bei den beteiligten Banken." ...

f) Strafbare Vorbereitungshandlungen. § 263a Abs. 3 StGB definiert eine selbstständige 185
Vorbereitungstat. Danach wird bestraft, wer zur **Vorbereitung eines Computerbetrugs** solche **Computerprogramme, deren objektiver Zweck** die Begehung einer solchen Tat ist, herstellt, sich oder einem anderen **verschafft, feilhält, verwahrt** oder **anderen überlässt.**[179]

Problematisch sind in diesem Zusammenhang **Dual-Use-Produkte**, welche sowohl für le- 186
gale als auch für illegale Zwecke eingesetzt werden können.[180] Hier wird auch die aktuelle Rechtsprechung des Bundesverfassungsgerichts zum § 202c StGB anzuwenden sein.[181]

Nicht unter § 263a Abs. 3 StGB sollen jedenfalls Programme fallen, die nach ihrer objek- 187
tiven Funktion grundsätzlich anderen Zwecken dienen und deren Einsatz zur Tatbegehung – aus objektiver Sicht – sich als Missbrauch darstellt.[182] Als **Beispiele für Programme im Sinne von § 263a Abs. 3 StGB** werden genannt: [183]
- Ausspähungsprogramme,
- Crackingprogramme,
- Entschlüsselungsprogramme mit spezieller Funktion (Auffinden verschlüsselter Bank- oder Kreditkartendaten in E-Mails; Darstellung spezifischer Sicherungsprogramme).

---
[177] LG Gießen Beschl. v. 29.5.2013 – 7 Qs 88/13, BeckRS 2013, 09401.
[178] BGH Beschl. v. 23.1.2013 – 1 StR 416/12, NJW 2013, 2608, http://openjur.de/u/602437.html, Rn. 21, zuletzt abgerufen: 6.12.2014.
[179] Siehe auch *Husemann* NJW 2004, 104, (108).
[180] Ausführlich zur Thematik: *Hassemer*, Risiken in der IT-Branche, ITRB 2004, 253; *Hassemer/Ingeberg*, Dual-Use-Software aus der Perspektive des Strafrechts (§ 202c StGB), ITRB 2009, 84.
[181] Ausführlich besprochen unter § 202c StGB.
[182] So *Fischer* § 263a Rn. 3, wo auf eine Abgrenzung zwischen „bloßer Eignung" und „wesentlichem Zweck" des Programms abgestellt wird. Verbleibende Zweifelsfragen sind zugunsten der Strafbarkeit zu lösen.
[183] Diese und weitere Beispiele bei *Fischer* § 263a Rn. 32; *Schönke/Schröder//Perron* § 263a Rn. 33. Eine saubere Abgrenzung zwischen reinen Schadprogrammen und Dual-Use-Software ist kaum praktikabel.

Nicht erfasst sollen sein:
- allgemeine Systemprogramme,
- allgemeine Ver- und Entschlüsselungsprogramme,
- Filterprogramme.

188 **Dual Use:**
- Programme zur Herstellung und Auslesung von Magnetstreifen,
- Programme zur Dekodierung von Tonwahlverfahren,
- Diagnose- und Reparaturprogramme.

189 **g) Subjektiver Tatbestand. Vorsätzliches Handeln** hinsichtlich aller objektiven Tatbestandsmerkmale ist erforderlich; dabei reicht ein mindestens bedingter Vorsatz hinsichtlich der Merkmale des Computerprogramms und dessen objektiven Zwecks sowie hinsichtlich der Tathandlung aus.[184]

Bereicherungsabsicht: Absicht, sich oder einem Dritten einen Vermögensvorteil zu verschaffen.

190 **h) Weitere Aspekte.** Rechtswidrigkeit des Vermögensvorteils, Stoffgleichheit, Unmittelbarkeit.

Verweis auf § 263 Abs. 4 StGB: Für bestimmte Fälle (häusliche Gemeinschaft, geringwertige Sachen) gilt auch hier **Strafantragserfordernis!** In diesem Fall gelten die §§ 77 ff. StGB, wonach das Antragsrecht in der Regel beim Verletzten liegt und die Tat **innerhalb von 3 Monaten nach Kenntnisnahme von Tat und Täter** angezeigt werden muss (§ 77b StGB).

17. Betrug im Internet § 263 StGB und § 263a StGB

191 Betrugshandlungen im Internet werden können entweder unter § 263 StGB oder § 263a StGB fallen. Grundsätzlich ist die jeweilige **Zielrichtung der Täuschungshandlung** ausschlaggebend. Erfolgt die Täuschungshandlungen gegen eine Datenverarbeitungsanlage, so ist in der Regel die Vorschrift des Computerbetrugs § 263a StGB einschlägig. Wird jedoch mit Hilfe des Computers oder des Internet eine Person getäuscht, so ist in der Regel der (einfache) Betrug gem. § 263a StGB der passende Straftatbestand.

192 **a) Täuschungshandlungen gegen eine Datenverarbeitungsanlage (§ 263a StGB)**

Beispiel:
Pharming
Unter Pharming werden allgemein verschiedene Arten von DNS-Angriffen subsumiert. Dabei ist eine Methode, die lokale Host-Datei mit Hilfe eines Trojaners oder Virus zu manipulieren, mit der Konsequenz, dass von diesem System nur noch gefälschte Websites abrufbar sind, selbst wenn die Adresse korrekt eingegeben wurde.[185]

193 **b) Täuschungshandlungen gegen eine Person (§ 263 StGB)**

Beispiele:

aa) Online-Auktionen. Die Verwirklichung von Betrugsstraftaten bei Online-Auktionen ist inzwischen an der Tagesordnung. Gefälschte Tickets von WM-Spielen oder Popkonzerten, die über Online-Auktionen angeboten wurden, haben zahlreiche Käufer in letzter Zeit in die Irre geführt. Vor allem die typische Leistung gegen „Vorkasse" öffnet den Tätern ein verlockendes Terrain.

194 *bb) Phishing.*[186] Eine Form der Trickäuschung im Internet. Dabei wird per E-Mail versucht, den Empfänger irrezuführen und zur Herausgabe von Zugangsdaten und Passwörtern zu bewegen. Dies bezieht sich in den meisten Fällen auf Online-Banking und andere Bezahlsysteme.[187]

---

[184] *Fischer* § 263a Rn. 34; Schönke/Schröder/*Perron* § 263a Rn. 36.
[185] http://de.wikipedia.org/wiki/Pharming_%28Internet%29, zuletzt abgerufen: 6.12.2014.
[186] Vertiefend zum Thema Phishing: *Seidl/Fuchs*, HRRS 2010, 85 ff.
[187] http://de.wikipedia.org/wiki/Phishing, zuletzt abgerufen: 23.5.2011. Ausführlich zur Thematik: Phishing & Pharming und das Strafrecht: *Popp* MMR 2006, 84.

Die Mehrzahl der Täter führt die schädigende Vermögensverfügung nicht selbst aus. Sie bedienen sich (zum Teil gutgläubiger) Gehilfen, die beispielsweise eigene Konten für den Geldtransfer zur Verfügung stellen.[188] Professionell organisierte Gruppen verwenden Botnets/Zombies, Proxies oder Anonymisierungsdienste weshalb es der Polizei häufig unmöglich ist, einzelne Tatbeiträge einer bestimmten Person zuzuordnen.[189] Eine Strafbarkeit wegen Ausspähens von Daten gem. § 202a Abs. 1 StGB scheidet in der Regel aus, da weder ein unmittelbarer Zugriff auf gespeicherte oder übertragene Daten (iSd § 202a StGB) erfolgt, noch wird der Täter durch eine besondere Zugangssicherung behindert. Er bekommt die Taten vielmehr freiwillig vom Opfer aufgrund der vorangegangenen Täuschung.

cc) Betrug beim Internet-Versandhandel. Täuscht der Käufer das Versandhaus über seine **Zahlungswilligkeit oder Fähigkeit, so macht er sich regelmäßig gem. § 263 StGB strafbar.** Dieses Delikt ist bereits im normalen Versandhandel nicht unüblich und erhält durch die Möglichkeit über das Internet Waren zu bestellen lediglich eine neue Plattform.

dd) Betrug durch Installation von Dialer-Programmen. Nach einem Urteil des **Landgerichts Essen vom 9.3.2007**[190] kommt es bei Installation von Dialer Programmen nach Täuschung des Betroffenen durch den Täter zur einer Strafbarkeit nach § 263 StGB, da der Geschädigte selbst das Programm installiert hat: „Wer Meldungen über den Windows-Nachrichtendienst an Internetnutzer versendet, die diesen suggerieren, auf ihrem Computer befinde sich eine erhebliche Sicherheitslücke, um die betreffenden Nutzer dadurch zu veranlassen, der Installation eines Dialer-Einwahlprogrammes zuzustimmen, über das kostspielige Verbindungen zu Internetseiten hergestellt werden, macht sich eines Betruges nach § 263 StGB schuldig"[191]

ee) Variante: „SMiShing" (Phishing via SMS). US-amerikanische Security-Spezialisten warnen seit vielen Jahren vor einem Trend, den sie „SMiShing" (Phishing via SMS) nennen. Immer mehr Handynutzer erhalten SMS-Nachrichten in der Art:

„Wir bestätigen, dass Sie sich für unseren Dienst angemeldet haben. Sie bezahlen 2 Euro pro Tag, bis Sie sich unter www........com abmelden."

Laut *McAfee*[192] stecken hinter derlei Nachrichten Betreiber von Bot-Netzen. Besucht der Nutzer die angegebene URL, wird er aufgefordert, einen Download zu starten und bekommt sodann unter Umständen einen Trojaner untergejubelt. Eine weitere Möglichkeit ist jedoch, die Betroffenen unter Vorspiegelung falscher Tatsachen dazu zu bringen, ihre Kreditkarteninformationen herauszugeben. Diese werden dann missbräuchlich von den Betrügern eingesetzt.

ff) Abofallen. In den letzten Jahren kam es zu einer massiven Häufung von Vorfällen im Zusammenhang mit so genannten **Abofallen**. In der Regel werden Internetnutzer über eine gut platzierte Internetseite mit dem vermeintlichen Angebot kostenfreier Software, Rezepten oder ähnlich beliebten Suchanfragen auf eine betrügerische Seite gelockt. Dort sind dann unter einem Vorwand zumeist die E-Mail Adresse und häufig auch weitere persönliche Daten (Anschrift, Geburtsdatum) einzugeben. Mit diesen Informationen wird der Nutzer später kontaktiert mit dem Hinweis, er habe ein Abonnement abgeschlossen für einen unbestimmten Zeitraum mit monatlichen Gebühren.

---

[188] Mit Urt. v. 11.1.2006 – 212 Ls 360 Js 33848/05, Jur PC Web-Doc. 125/2006 hatte das AG Darmstadt zur Thematik des Phishings Stellung genommen. Es verurteilte einen der Täter, welcher die Gelder nach Russland an Dritte weiterleitete, wegen Geldwäsche nach § 261 StGB. In einer früheren Entscheidung hatte das AG Hamm (Urt. v. 5.9.2005 – 10 Ds 101 Js 244/05–1324/05, CR 2006, 70) hingegen festgestellt, dass die Weiterleitung des durch Phishing erlangten Geldes ins Ausland als Beihilfe zum Computerbetrug gem. §§ 263a, 27 StGB zu bestrafen sei.
[189] Ausführlich hierzu *Schultz*, Neue Strafbarkeiten und Probleme – Der Entwurf des Strafrechtsänderungsgesetzes (StrafÄndG) zur Bekämpfung der Computerkriminalität vom 20.9.2006, Medien Internet und Recht, MIR 2006, Dok. 180.
[190] 52 KLs 24/06, JurPC Web-Dok. 162/2007, Abs. 1–62.
[191] Leitsatz JurPC Web-Dok. 162/2007, Abs. 1–62.
[192] Heise online; http://www.heise.de/newsticker/meldung/77326.

201 Kommt der Betroffene den Zahlungsaufforderungen nicht nach, so wird er häufig massiv unter Ankündigung rechtlichen Schritten und der Einschaltung von Inkassofirmen weiter unter Druck gesetzt. Eine Vielzahl der Betroffenen scheut diese Auseinandersetzungen und bezahlt. Diese Vorgänge haben bereits zu zahlreichen Verfahren geführt, allerdings mit unterschiedlichen Bewertungen.

202 In einem „Abo-Fall" aus den Jahren 2006 bis 2008 sah das LG Frankfurt aM[193] keinen Betrug gegeben. Der Angeklagte hatte über eine Vielzahl von Domains mit Angeboten unter anderem zu Kochrezepten und Routenplanern Internetnutzer mit (zumeist) ungewollten Abonnements überzogen. Dabei wurden Nutzer mit einer Gewinnspielteilnahme zur Herausgabe ihrer Daten verführt. Im vorliegenden Fall musste der Nutzer allerdings AGB anklicken, in welchen sich ein schwierig aufzufindender Hinweis auf die Kosten befunden hat. In der sehr ausführlich begründeten Entscheidung hat das Landgericht hat einen erstaunlich hohen Maßstab an die Sorgfaltspflichten der Internetnutzer aufgestellt.

203 Das OLG Frankfurt hat in der Revision das Urteil aufgehoben und unter anderem festgestellt:

… „Letztlich ist die beschriebene Gestaltung des Internetauftritts nur so zu erklären, dass die Angeschuldigten einzig in der Absicht handelten, den größten Teil der betroffenen Verbraucher über die Entgeltlichkeit ihres Angebots zu täuschen. Durch die nur über Zwischenschritte überhaupt erreichbaren Hinweistexte, die Platzierung der Hinweise an ungewöhnlicher Stelle, die versteckte Platzierung der Preisangabe innerhalb des Hinweistextes und die Ablenkung mittels der angebotenen Gewinnspielteilnahme ist die gesamte Website erkennbar darauf angelegt, den Verbraucher von der Wahrnehmung der Vergütungsverpflichtung abzuhalten. Dabei ist auch zu sehen, dass ein anderweitiges Geschäftskonzept der Angeschuldigten nicht plausibel ist. Denn selbst wenn ein Verbraucher die Preisangabe erkennt, wäre für den Verbraucher kein vernünftiger Grund erkennbar, in Kenntnis der Vergütungspflichtigkeit und der längeren Vertragsbindung für ein nicht unerhebliches Entgelt eine rein unterhaltungsbezogene Leistung in Anspruch zu nehmen, deren Werthaltigkeit er im Voraus nicht prüfen und nicht verlässlich einschätzen kann. Insoweit kann nicht angenommen werden, dass die Angeschuldigten sich ernsthaft an Verbraucher wendeten, die die Entgeltlichkeit erkennen. Das Ziel des Internetauftritts besteht vielmehr einzig darin, Verbraucher über die Vergütungspflichtigkeit in die Irre zu führen und diesen Irrtum wirtschaftlich auszunutzen." …

204 So hat es in einem ähnlichen Fall auch das AG Karlsruhe (Zivilgericht) gesehen, das in einer viel beachteten Entscheidung eine „Inkasso-Anwältin" zu Schadensersatz wegen Beihilfe zu Betrug verurteilt hat:

Betrug durch Abofalle, AG Karlsruhe[194] auszugsweise:

… „Die Seite ist ersichtlich darauf angelegt, Internetbenutzer zu täuschen über die Kostenpflichtigkeit des 1. Angebotes. Unstreitig war der Beklagten bekannt, dass ihre Auftraggeberin in einer Vielzahl von Fällen Ansprüche aus angeblich so zustande gekommenen Verträgen geltend macht. Ihr war die Gestaltung der Internetseite bekannt. Nach dem unbestrittenen Vortrag der Klägerin hat sie in vergleichbaren Fällen nach Androhung negativer Feststellungsklagen mehrfach erklärt, die entsprechenden Rechnungen würden storniert. Dies zeigt, dass die Beklagte selbst davon ausging, dass die von ihr geltend gemachten Forderungen nicht existieren. Bei der Geltendmachung solcher Forderungen für Mandanten handelt es sich um die Beihilfe zu einem versuchten Betrug. Die Belastung der Klägerin mit Anwaltskosten, die durch die außergerichtliche Abwehr dieser Forderung entstanden sind, stellt einen adäquat kausal verursachten Schaden dar, den die Beklagte zu erstatten hat." …

205 Über einen etwas anders gelagerten Fall hatte das Landgericht Göttingen[195] 2009 zu befinden. Es verurteilte die Betreiber von Abofallen wegen Betrugs (§ 263 StGB):

Die Betroffenen wurden in diesem Fall von den Verurteilten, die vorab Adressdaten und Mails kannten, mit E-Mails unter Vorspiegelung falscher Tatsachen zum Besuch bestimmter Seiten verleitet. Im Nachhinein wurde sodann wahrheitswidrig behauptet, dass es zum Abschluss eines Abonnements gekommen sei. Das Gericht sah den Tatbestand des Betrugs gegeben. Es führte unter anderem aus, dass aufgrund der falschen Tatsachenbehauptung die

---

[193] OLG Frankfurt Beschl. v. 5.3.2009 – 1 Ws 29/09, BeckRS 2011, 00664 (wörtliche Wiedergabe von Rn. 60).
[194] AG Karlsruhe Urt. v. 12.8.2009 – 9 C 93/09, NJW-RR 2010, 68.
[195] Urt. v. 17.8.2009 – 8 KLs 1/09, BeckRS 2011, 10690.

Betroffen in zahlreichen Fällen irrig davon ausgegangen seien, tatsächlich eine Anmeldung vorgenommen und so einen kostenpflichtigen Vertrag geschlossen zu haben.

In einem weiteren Verfahren verurteilte das **Landgericht Hamburg 7 Angeklagte am 21.3. 2012 wegen Betreibens von Abofallen zu Freiheitsstrafen bis zu 3¾ Jahren sowie zu Geldstrafen**.[196] Die Angeklagten hätten über einen Zeitraum von mehr als 2 Jahren bei 65.000 Internetnutzern einen Schaden von insgesamt mindestens 4,5 Millionen EUR verursacht.

18. Fälschung technischer Aufzeichnungen § 268 StGB

a) **Allgemeines.** Bei den Urkundsdelikten handelt es sich um sehr komplexe Vorschriften. Die Definitionen der einzelnen Tatbestandsmerkmale sind strittig und füllen mehrere Kommentarseiten. Für die IT-rechtlich spezialisierten Berater ist es dennoch ratsam, sich einmal mit jenen Vorschriften zu befassen, die speziell im Schlepptau der Verbreitung elektronischer Datenverarbeitung entstanden sind. Im Folgenden sollen die §§ 268, 269, 270, 271 und 274 StGB nur im Hinblick auf die IT-rechtliche Relevanz vorgestellt und auf Besonderheiten hingewiesen werden.

b) **Rechtsgut** ist die **Sicherheit und Zuverlässigkeit des Rechts- und Beweisverkehrs, soweit die Informationsgewinnung durch technische Geräte** erfolgt ist.[197] Die Strafvorschrift wurde im IT-Bereich kaum als Mittel zur Strafverfolgung bemüht, obwohl die informationstechnische Aufrüstung der Gesellschaft eine Vielzahl von denkbaren Fällen hervorbringt.

Der klassische Fall für die strafrechtliche Praxis war, vor Einführung des digitalen Tachographen, die Fahrtenschreiberfälschung.[198] Dabei wurde das Gerät, das einen Nachweis über die vorgeschriebenen Lenk- und Ruhezeiten eines Fahrers zu erbringen hat, so manipuliert, dass es eine Information aufzeichnet, die nicht den tatsächlichen Gegebenheiten entspricht. Während in diesem Bereich mittels strenger Regelungs- und Überwachungsmaßnahmen die Anzahl der Fälschungen rückläufig ist, ist andererseits damit zu rechnen, dass die Fallzahlen mit der kontinuierlichen Zunahme von, an die EDV übertragenen, Prozessen ansteigen werden.

c) **Technische Aufzeichnung** ist eine **Darstellung von Daten,** Mess- oder Rechnungswerten, Zuständen oder Geschehensabläufen, **die durch ein technisches Gerät** ganz oder zum Teil selbsttätig bewirkt wird, den Gegenstand der Aufzeichnung allgemein oder für Eingeweihte erkennen lässt und zum **Beweis einer rechtlich erheblichen Tatsache bestimmt ist,** gleichviel ob ihr die Bestimmung schon bei der Herstellung oder erst später gegeben wird. (Vgl. Definition Abs. 2).[199]

d) **Ständige Einwirkung.** Abs. 3 entfaltet Relevanz im EDV-Bereich im Rahmen von Programm- und Konsolmanipulationen, wenn hierdurch über den Verarbeitungsmechanismus auf den Output eingewirkt wird.

19. Fälschung beweiserheblicher Daten § 269 StGB

Da Daten aufgrund fehlender Wahrnehmbarkeit keine Urkunden im Sinne von § 267 StGB sind, wurde § 269 StGB geschaffen, um die Strafbarkeitslücken im Bereich der Urkundsdelikte zu schließen. Geschütztes Rechtsgut ist wiederum die **Sicherheit und Zuverlässigkeit des Rechts- und Beweisverkehrs.**[200]

Unter § 269 StGB fallen nur beweiserhebliche Daten, die elektronisch, magnetisch oder sonst nicht unmittelbar wahrnehmbar gespeichert werden oder die bei Tatbegehung schon entsprechend gespeichert waren.

Folgende **Gegenüberstellung** mit der „bekannten" Urkundenfälschung soll die Unterschiede aufzeichnen und zum leichteren Verständnis dienen:

---

[196] Urt. v. 23.3.2012 – 608 KLs 8/11, openJur 2012, 69418, zuletzt abgerufen 6.1.2015.
[197] *Fischer* § 268 Rn. 2. Die Vorschrift gilt als sehr problematisch und im Hinblick auf die Angleichung an den Urkundsbegriff bzw. -tatbestand nach allgemeiner Meinung als missglückt.
[198] Auch „Tachograph" oder „EG-Kontrollgerät" genannt.
[199] Vertiefend: *Gercke/Brunst*, Praxishandbuch Internetstrafrecht, S. 112–115.
[200] *Fischer* § 269 Rn. 2; Schönke/Schröder/*Heine/Schuster* § 269 Rn. 4.

	Urkundenfälschung § 267 StGB	Fälschung beweiserheblicher Daten § 269 StGB
Tatobjekt	Visuell wahrnehmbare **Urkunde**	Unkörperliche **beweiserhebliche Daten**
Tathandlung	**Herstellen** einer unechten Urkunde **Verfälschen** einer echten Urkunde **Gebrauchen** einer unechten oder verfälschten Urkunde	**Speichern** beweiserheblicher Daten **Verändern** beweiserheblicher Daten **Gebrauchen** derart gespeicherter oder veränderter Daten

Die Tathandlungen im Einzelnen:

214 a) **Speichern.** Erfassung, Verwendung oder Aufbewahrung der beweiserheblichen Daten auf einem Datenträger zum Zwecke ihrer weiteren Verwendung.[201]

215 b) **Verändern.** Inhaltliche Umgestaltung der Daten.

Zu a) und b): Das **Ergebnis** des Speicherns oder Veränderns muss ein **Falsifikat** sein, das die Merkmale einer falschen – optisch jedoch nicht wahrnehmbaren – Urkunde aufweist.

216 c) **Gebrauchen:** Der eigentlichen Wahrnehmung zugänglich machen, beispielsweise durch Vorlegen, Übergeben, Veröffentlichen, Hinterlegen.

Das **Ergebnis der Manipulation** muss ein Datenbestand sein, der als unechte oder verfälschte Urkunde zu qualifizieren wäre, falls er sichtbar gemacht würde.[202]

Beispiel:

IP-Spoofing: Durch Verwendung eines IP-Pakets mit gefälschter Quell IP-Adresse wird dem betroffenen IT-System eine falsche Identität vorgespiegelt, etwa um eine IP adressbasierte Authentifizierung zu täuschen.[203]

Rechtsprechungsbeispiele:[204]

- Im Januar 2010 erging eine interessante Entscheidung des **Bundesgerichtshofs** zum Urkundsbegriff und bezüglich der Zuordnung (§ 267 StGB) im Zusammenhang mit einem eingescannten Schriftstück:

  Auszug aus den Entscheidungsgründen:

  ... „Das ausgedruckte Exemplar des manipulierten Schriftstücks erfüllte den Urkundenbegriff nach § 267 Abs. 1 StGB nicht."... „Zwar kann im Wege computertechnischer Maßnahmen wie der Veränderung eingescannter Dokumente grundsätzlich eine (unechte) Urkunde hergestellt werden (vgl. BGHR StGB § 267 Abs. 1). Dafür muss die Reproduktion jedoch den Anschein einer von einem bestimmten Aussteller herrührenden Gedankenäußerung vermitteln, also einer Original-urkunde so ähnlich sein, dass die Möglichkeit einer Verwechslung nicht ausgeschlossen werden kann" ... „Der bloße Ausdruck der Computerdatei wies nicht die typischen Authentizitätsmerkmale auf, die einen notariellen Kaufvertrag bzw. die Ausfertigung eines solchen prägen. Er spiegelte für den Betrachter erkennbar lediglich ein Abbild eines anderen Schriftstücks wider. Damit stand er einer bloßen Fotokopie gleich, der, sofern als Reproduktion erscheinend, mangels Beweiseignung sowie Erkennbarkeit des Ausstellers ebenfalls kein Urkundencharakter beizumessen ist" ...

- **Mit Beschluss des vom 6.11.2012 entschied das OLG Hamburg:**[205]

  „Eine Fernkopie, die über das Empfangsgerät des Empfängers ausgedruckt wird, stellt regelmäßig schon keine Urkunde dar, da lediglich ein Schriftstück, das eine Gedankenerklärung verkörpert, durch einen Übertragungsvorgang wesensmäßig wie eine „Fotokopie" vervielfältigt und an den Empfänger weitergeleitet wird.

  Ebenso verhält es sich mit dem Ausdruck einer durch ein elektronisches Schreiben versandten Datei. Dieser Ausdruck beim Empfänger stellt ebenfalls nur eine Reproduktion der Datei dar und enthält keinesfalls den originär in dem eingescannten Dokument verkörperten Gedankeninhalt."

---

[201] *Fischer* § 269 Rn. 5; Schönke/Schröder/*Heine/Schuster* § 269 Rn. 16.

[202] Ausführlich zur Thematik, insbesondere zur hypothetischen Darstellung: Schönke/Schröder/*Heine/Schuster* § 269 Rn. 18 f.

[203] Ausführlich hierzu: *Rinker,* Strafbarkeit und Strafverfolgung von „IP-Spoofing" und „Portscanning", MMR 2002, 663.

[204] BGH Urt. v. 27.1.2010 – 5 StR 488/09; BeckRS 2010, 04085 = HRRS 2010 Nr. 213, http://www.hrr-strafrecht.de/hrr/5/09/5-488-09.php, zuletzt abgerufen: 6.12.2014.

[205] OLG Hamburg Beschl. v. 6.11.2012 – 1Ss 134/11, wistra 2013, 160; vgl. auch BGH Beschl. v. 21.4.2015 – 4 StR 422/14.

- Das **AG Nürtingen**[206] hat in mehreren Fällen des unbefugten Entsperrens von Mobiltelefonen den Angeklagten unter anderem wegen Fälschung beweiserheblicher Daten gem. §§ 269, 267 StGB verurteilt.

20. Täuschung im Rechtsverkehr bei der Datenverarbeitung § 270 StGB

a) **Gleichstellungsklausel.**[207] § 270 StGB dient der gesetzlichen Klarstellung der Anwendbarkeit auch für solche Fälle, bei welchen beim Einsatz von DV-Anlagen eine menschliche Kontrolle der eingegebenen Daten nicht stattfindet und ein täuschungsgleicher Effekt durch die fälschliche Beeinflussung der DV geschieht.[208]

b) **Anwendbarkeit.** Die Regelung kommt immer dann zur Anwendung, wenn in Straftatbeständen „zur Täuschung im Rechtsverkehr" als Merkmal vorkommt.[209] Auf die Art und Weise der fälschlichen Beeinflussung kommt es hierbei nicht an.[210] Die Datenverarbeitung muss sich jedoch auf den Rechtsverkehr beziehen, weshalb es nicht genügt, wenn die EDV-Anlage nur generell zur Verarbeitung von Daten im Rechtsverkehr verwendet wird.[211]

21. Mittelbare Falschbeurkundung § 271 StGB (Auszug)

a) **Tatobjekt.** Öffentliche Bücher, Dateien oder Register.
Für den Bereich der Informationstechnologie vor allem relevant ist die **elektronisch geführte öffentliche Datei**, also jede **Datenurkunde** iSv § 269 StGB (zB das Schlüsselverzeichnis gem. § 5 Abs. 2 SignG).[212] Ein öffentliches Register ist beispielsweise das Handelsregister (§ 12 HGB).

b) **Tathandlung. Abs. 1:** Das **Bewirken** einer unrichtigen Urkunde – auch in Form der Speicherung unrichtiger Daten – durch einen gutgläubigen Amtsträger.
Abs. 2: Das **Gebrauchen** einer **falschen Beurkundung** oder Datenspeicherung (Tatobjekt).

22. Urkundenunterdrückung § 274 StGB (Auszug))

a) **Tatgegenstand.** Beweiserhebliche Daten, über die der Täter nicht oder nicht ausschließlich verfügen darf.

b) **Tathandlungen.** Löschen, unterdrücken, unbrauchbar machen, verändern.

Beispiel:
Löschen eines Quellcodes bei der Hinterlegungsstelle durch nicht ausschließlich verfügungsberechtigten Softwarehersteller.

23. Datenveränderung, § 303a StGB

Seit dem **11.8.2007** haben sich die Strafbarkeitsvoraussetzungen des § 303a StGB insoweit verändert als nun auch **die Vorbereitungstat zur Datenveränderung nach Abs. 3** strafbar sein kann.

Tatobjekt	(fremde) Daten	iSd § 202a Abs. 2 StGB.
Tathandlungen (können sich überschneiden)	Löschen	Das vollständige unwiederbringliche Unkenntlichmachen von Daten
	Unterdrücken	Daten werden dem Zugriff des Verfügungsberechtigten entzogen und können daher von diesem nicht mehr verwendet werden.

---

[206] AG Nürtingen Urt. v. 20.9.2010 – 13 Ls 171 – Js 13423/08, erhältlich unter http://www.justiz.badenwürttemberg.de.
[207] Begriff entnommen aus Schönke/Schröder/*Heine/Schuster* § 270 Rn. 1.
[208] Auf die Art und Weise der fälschlichen Beeinflussung kommt es hierbei nicht an, *Fischer* § 270 ohne Rn.
[209] Schönke/Schröder/*Heine/Schuster* § 270 Rn. 1.
[210] Schönke/Schröder/*Heine/Schuster* § 270 Rn. 2.
[211] *Fischer* § 271 Rn. 13 f.; Schönke/Schröder/*Heine/Schuster* § 270 Rn. 34; BT-Drs. 10/318, 34.
[212] *Fischer* § 271 Rn. 13 f.; Schönke/Schröder/*Heine/Schuster* § 271 Rn. 34.

Tatobjekt	(fremde) Daten	iSd § 202a Abs. 2 StGB.
Tathandlungen (können sich überschneiden)	Unbrauchbar machen	Daten werden in ihrer Gebrauchsfähigkeit so erheblich beeinträchtigt, dass sie nicht mehr ordnungsgemäß verwendet werden, und dadurch ihren ursprünglichen Zweck nicht mehr erfüllen können.
	Verändern	Daten erhalten einen anderen Informationswert (Aussagewert), wodurch es zu einer Beeinträchtigung des ursprünglichen Verwendungszwecks kommt.

§ 303a StGB dient **dem Schutz der Verfügungsgewalt des Berechtigten über die, in Datenspeichern enthaltenen Informationen.**

224   a) **Tatobjekt.** aa) *Fremde Daten.* Obwohl der Wortlaut der Vorschrift nicht die Fremdheit der Daten als Tatbestandsmerkmal voraussetzt, bedarf es nach herrschender Meinung[213] der weitergehenden Einschränkung, dass **nur fremde Daten erfasst sind**, dh solche, an denen ein **unmittelbares Recht einer anderen Person** auf Verarbeitung, Löschung oder Nutzung besteht. Nicht erforderlich ist die besondere Sicherung gegen unberechtigten Zugriff oder Beweiserheblichkeit der Daten

225   In einer aufsehenerregenden Entscheidung hat das OLG Nürnberg Anfang 2013 zum ungeschriebenen Tatbestandsmerkmal „fremd" Stellung genommen:

OLG Nürnberg Beschluss vom 23.1.2013[214]
Leitsatz des 1. Strafsenats:
§ 303a StGB erfasst Daten, an denen ein unmittelbares Recht einer anderen Person auf Nutzung, Verarbeitung und Löschung besteht. Diese Datenverfügungsbefugnis steht grundsätzlich demjenigen zu, der die Speicherung der Daten unmittelbar selbst bewirkt hat. Das gilt in der Regel auch im Rahmen eines Arbeits- oder Dienstverhältnisses bei in fremden Auftrag erstellten Daten; solange der Auftragnehmer die Daten nicht dem Auftraggeber ausgehändigt hat, besteht für den Auftraggeber außerhalb des Schutzbereiches des UWG lediglich ein Schutz aufgrund der gegenseitigen schuldrechtlichen Verpflichtungen.

Auszugsweise aus den Gründen:
... „Deshalb folgt der Senat der Ansicht, die hinsichtlich der Datenverfügungsbefugnis auf die Urheberschaft der Daten als maßgebliches Zuordnungskriterium abstellt, auf den „Skripturakt" (vgl. die Nachweise bei Stree/Hecker in Schönke/Schröder, aaO, § 303a Rn. 3, und bei Hagen Wolff in Leipziger Kommentar, aaO § 303a Rn. 10 und dort FN 21, jeweils zu dieser dort nicht vertretenen Meinung)."... „Die Datenverfügungsbefugnis steht demnach grundsätzlich demjenigen zu, der die Speicherung der Daten unmittelbar selbst bewirkt hat"...
Die Datenverfügungsbefugnis steht auch im Rahmen eines Arbeits- oder Dienstverhältnisses bei in fremdem Auftrag erstellten Daten grundsätzlich demjenigen zu, der die Speicherung der Daten unmittelbar selbst bewirkt hat, solange der Auftragnehmer die Daten nicht dem Auftraggeber übergeben hat, und zwar unabhängig davon, ob der Beziehung zwischen Auftraggeber und Auftragnehmer ein Arbeits-, Dienst- oder Werkvertrag zugrunde liegt (zum Meinungsstand, auch zur Gegenansicht, dass der Auftraggeber über die beim Auftragnehmer befindlichen Daten verfügungsbefugt ist"..." Solange der Auftragnehmer die Daten nicht dem Auftraggeber ausgehändigt hat, wird dessen Datenverfügungsbefugnis lediglich im Rahmen der gegenseitigen schuldrechtlichen Verpflichtungen geschützt. Eine Ausnahme von diesem Grundsatz wird man nur für den Fall annehmen können, dass der Auftragnehmer das Datenwerk in allen Einzelheiten nach den Weisungen des Auftraggebers erstellt hat."...

Praxistipp:
Als Folge dieser Entscheidung, die nicht mit der hM in der Literatur konform geht, muss vor Erstattung einer Strafanzeige in einem ähnlich gelagerten Fall sorgfältig geprüft werden, ob hinsichtlich des Tatbestandsmerkmals „fremde Daten" die Datenverfügungsbefugnis auch im Hinblick auf oben beschriebene Rechtsansicht beim Anzeigeerstatter liegt und mit einer Ahndung des Beschuldigten gerechnet werden kann. Andererseits ist es unter Umständen für die Mandantschaft besser, ausschließlich den Weg über das Zivilverfahren zu beschreiten.

---

[213] Vertiefend zur Thematik und mit weiteren Fundstellen untermauert nachzulesen bei: *Fischer* § 303a, Rn. 4 und Schönke/Schröder/*Stree/Hecker* § 303a StGB Rn. 6.
[214] OLG Nürnberg Beschl. v. 23.1.2013 – 1 Ws 445/12, BeckRS 2013, 035530 = CR 2013, 212.

b) Tathandlungen. *aa) Datenunterdrückung*

Beispiel:
Ein ASP Unternehmen entzieht für einen längeren Zeitraum gegen den Auftraggeberwillen und ohne Rechtfertigungsgrund die Zugriffsmöglichkeit auf die Daten des Auftraggebers.

Strittig ist der **Zeitraum der Verfügungseinschränkung:**

Fallbeispiel:
Durch massive Zugriffe auf eine Website wird der Server überlastet und die Daten stehen für den Inhaber der Site (für eine bestimmte Dauer) nicht mehr zur Verfügung. Nach der herrschenden Lehre ist das so genannte „Sit-in" gem. § 303a StGB zu bestrafen. Hauptargument ist, dass bereits der vorübergehende Entzug der Verfügungsmacht einen nicht unerheblichen Schaden verursachen kann.[215]

Die Änderungen des § 303b StGB durch 41. Strafrechtsänderungsgesetz würden allerdings bei obigem Fall zwischenzeitlich mit hoher Wahrscheinlichkeit zu einer Strafbarkeit nach § 303b Abs. 1 Nr. 2 StGB führen.

bb) Datenveränderung

Beispiele
Durch Manipulation einer Telefonkarte wird diese wieder aufgeladen. Der Karteninhaber darf jedoch nicht frei über die Daten verfügen, da er an den Telefonvertrag gebunden bleibt.
Unechtes IP-Spoofing[216] ist hinsichtlich des „gekaperten" Rechners als Datenmanipulation gem. § 303a StGB einzuordnen.
Unbefugtes Entfernen eines SiM-Lock (vgl. Urt. d. AG Nürtingen v. 20.9.2010, Fn. 160).

cc) Allgemeines zu den Tathandlungen. Werden durch das **Einschleusen von Viren** Daten manipuliert, beschädigt oder zerstört, ist § 303a StGB in der Regel gegeben. Unklar ist, ob bereits die Einschleusung der Viren oder der Fall eines nur leicht störenden Virus zu einer Strafbarkeit nach § 303a StGB führt. Bei **Trojanischen Pferden,** die in der Regel die laufenden Programme weder zerstören oder verändern, sondern vielmehr darauf warten, dass ein Benutzer damit arbeitet, um dann die Daten auszuspähen, ist – soweit die Daten gegen Zugang besonders gesichert waren – in der Regel eine Strafbarkeit nach § 202a und nicht nach § 303a StGB gegeben. Auch der **Versuch** der Datenveränderung ist strafbar.

dd) Vorbereitungshandlungen. **Durch das 41. Strafrechtsänderungsgesetz** wurde in der neuen Fassung folgender Absatz 3 angefügt: „Für die Vorbereitung einer Straftat nach Absatz 1 gilt § 202c entsprechend." Damit werden unter Bezugnahme auf § 202c StGB die **Vorbereitungshandlungen** zur Datenveränderung unter Strafe gestellt. Im Einzelnen sei auf die Ausführungen im Skript zu § 202c StGB verwiesen.

In der Praxis wird es voraussichtlich große Schwierigkeiten bereiten, taugliche **Abgrenzungskriterien bei Programmen mit Missbrauchspotential** zu finden, da die Anzahl der in Frage kommenden Programme noch größer ist als bei § 202a und § 202b StGB nF. So führt *Schultz*[217] völlig zu Recht aus, dass jeder herkömmliche Dateimanager sich für eine rechtswidrige Datenveränderung zweckentfremden lässt und bereits ein File-Shredder-Programm für einem Berechtigten sowohl zur unwiderruflichen Dateilöschung geeignet ist als auch Instrument eines Datensaboteurs werden kann. Allerdings soll nach der **Rechtsprechung des Bundesverfassungsgerichts vom 18.5.2009**[218] jedenfalls kein Programm einschlägig sein, dass sowohl zu legalen als auch zu illegalen Zwecken eingesetzt werden kann (Dual Use Software).

---

[215] Eine andere Ansicht, allerdings zur alten Rechtslage vertrat das OLG Frankfurt aM Beschl. v. 22.5.2006 – 1 Ss 319/05, BeckRS 2006, 06300.
[216] *Rinker,* Strafbarkeit und Strafverfolgung von „IP-Spoofing" und „Portscanning", MMR 2002, 663 (664).
[217] *Schultz,* Neue Strafbarkeiten und Probleme – Der Entwurf des Strafrechtsänderungsgesetzes zur Bekämpfung der Computerkriminalität, Rn. 36.
[218] Eingehend hierzu unter § 202c StGB.

Beispiel eines Ermittlungsverfahrens gegen SIM-Lock-Entferner:

Die Staatsanwaltschaft Göttingen sieht nach einer heise online Meldung[219] den Tatbestand des § 303a StGB durch das so genannte **Unlocking** verwirklicht. Sie ermittelt gegen vier Anbieter, die den **SIM-Lock von Handys gegen Entgelt entfernen**, und gegen deren Kunden.[220] Diese erwerben für einen geringen oder nur symbolischen Preis ein Handy, welches sie ansonsten nur mit einer SIM-Karte (SIM-Lock) oder in einem bestimmten Handynetz (Net-Lock) einsetzen könnten, da in der Regel die Entfernung der Sperre kostenpflichtig ist beziehungsweise die Anbieter erst nach zwei Jahren den Code zur Entsperrung zur Verfügung stellen. Dabei geht es einerseits um die Möglichkeit des Kunden, das Handy einzusenden, so dass der Anbieter vor Ort die erforderlichen Softwareänderungen vornimmt, oder aber dem Kunden wird der erforderliche Code übermittelt. Letzterer Fall soll laut Staatsanwaltschaft die Straftatbestände des § 303a StGB (Datenveränderung)[221] und § 263a (Computerbetrug) verwirklichen. Wegen Preisgabe der Codes soll nach Ansicht der Strafverfolger möglicherweise ein Verstoß gegen § 17 Abs. 2 UWG (Verrat von Geschäfts- und Betriebsgeheimnissen) gegeben sein.

In der ersten Variante sieht die Staatsanwaltschaft zudem einen Verstoß gegen §§ 106 und 108a UrhG (gewerbsmäßige unerlaubte Verwertung urheberrechtlich geschützter Werke).

24. Computersabotage, § 303b StGB

233 Der Straftatbestand der Computersabotage wurde durch das 41. Strafrechtsänderungsgesetz erheblich abgeändert: Seit dem 11.8.2007 ist auch die **private Datenverarbeitung von der Strafandrohung erfasst, sofern sie von wesentlicher Bedeutung** ist.

234 a) **Überblick**

	Datenverarbeitung Gesamter Umgang mit Daten von der Erhebung bis zur Verwendung[222]	
	von wesentlicher Bedeutung Die Funktionsfähigkeit der DV ist nach der jeweiligen Organisationsstruktur und Aufgabenstellung ganz oder **überwiegend von der Datenverarbeitung abhängig.**	
§ 303b **Abs. 1** für einen anderen	**Nr. 1** Qualifikationstatbestand zu § 303a StGB.	
	Nr. 2 Dateneingabe oder Übermittlung (Mit Schädigungsabsicht)	
	Nr. 3 Zerstörung, Beschädigung, Unbrauchbarmachung, Beseitigung, Veränderung	
§ 303b **Abs. 2** für einen **fremden Betrieb** oder ein **fremdes Unternehmen**		
§ 303b **Abs. 3** Versuchsstrafbarkeit		
§ 303b **Abs. 4** Besonders schwere Fälle des Abs. 2		
§ 303b **Abs. 5** Strafbarkeit der Vorbereitungshandlung		

235 b) **Ergänzende Informationen zum Schema.** *aa) § 303b Abs. 1 Nr. 1.* § 303b Abs. 1 Nr. 1 ist auch in der neuen Fassung Qualifikationstatbestand zu § 303a StGB. Folglich handelt es sich bei den Tathandlungen, um die des § 303a StGB, worauf an dieser Stelle verwiesen sei.

---

[219] Heise online Meldung vom 21.10.2010, http://www.heise.de/mobil/meldung/Ermittlungen-gegen-SIM-Lock-Entferner-1122992.html, zuletzt abgerufen: 9.1.2015.

[220] Es erfolgten zahlreiche Durchsuchungen beim Anbieter und bei Kunden.

[221] Abweichend: Schönke/Schröder/*Stree/Hecker* § 303a Rn. 3, die für den Fall, dass der Erwerber eines Mobiltelefons mit Programmsperre bei entsprechender technischen Manipulation eine Strafbarkeit nach § 303a StGB verneinen.

[222] Die Definition entspricht der hM Der Begriff der Datenverarbeitung ist im Gesetz nicht definiert. Vgl. BT-Drucks. 10/5058 S. 35; *Malek*, Strafsachen im Internet, Rn. 185, mwN.

II. Materieller Teil des Computer- und Internetstrafrechts 236–242 § 43

bb) § 303b Abs. 1 Nr. 2. § 303b Abs. 1 Nr. 2 enthält einen neuen eigenständigen Straftatbestand: Bestraft wird, wer Daten in der Absicht einem anderen Nachteil zuzufügen, eingibt oder weiterleitet. 236

Beispiel:
Denial of Service (DoS) Attacken deren Strafbarkeit bisher allenfalls nach § 303a StGB in Frage kam und bei Fällen von nur kurzfristigem Vorenthaltens der Daten von den Gerichten unterschiedlich bewertet wurde.[223]

Rechtsprechungsbeispiele:
Urteil LG Düsseldorf vom 22.3.2011[224]
Mittels DDos-Attacken hat der Angeklagte Daten übermittelt in der Absicht, den betroffenen Firmen einen Nachteil zuzufügen und dadurch deren Datenverarbeitung – deren Online-Wettportale-, die für die betroffenen Firmen von einigem Wert war, gestört. Er hat sich damit der vollendeten gewerbsmäßigen Computersabotage gemäß §§ 303b Abs. 1 Nr. 2, Abs. 2 StGB strafbar gemacht.

Zum heimliche Einbau einer Programmsperre: OLG Bremen, Entscheidung vom 13.2.1997 – 2 U 76/96[225]
In einer zivilrechtlichen Entscheidung führte das OLG Bremen aus, dass der heimliche Einbau einer Programmsperre, der den Zugriff auf die gespeicherten Daten verhindert, die Voraussetzungen von § 303b StGB erfüllt wenn die Sperre greift. Vorher liegt ein (strafbarer) Versuch vor.

BGH Urteil vom 15.9.1999[226] **I ZR 98/97**
Im Hinblick auf den von ihr bezweckten Erfolg, eine Weiterveräußerung der Software durch den Ersterwerber zu verhindern, handele die Klägerin nicht nur mit bedingtem Vorsatz, sondern auch sittenwidrig, weil sie um ihres eigenen Vorteils willen in Kauf nehme, dass ein Zweiterwerber, der grundsätzlich mit der Rechtmäßigkeit des Erwerbs der von der Klägerin hergestellten Software rechnen könne, in Unkenntnis der eingebauten Programmsperre einen sich in der mangelnden Benutzbarkeit und Weiterveräußerlichkeit manifestierenden Vermögensschaden erleide. Überdies nehme die Klägerin auch einen Datenverlust des Zweiterwerbers in Kauf und verwirkliche damit objektiv und subjektiv den Tatbestand des § 303b Abs. 1 Nr. 1 StGB, der im Streitfall allerdings – da die Beklagte mit dem Softwareprogramm nicht selbst gearbeitet und eigene Daten nicht eingegeben habe – im Stadium des Versuchs steckengeblieben sei.

cc) § 303b Abs. 1 Nr. 3. Regelt die klassische Tathandlung der Datensabotage als eigenen Straftatbestand. 237

dd) § 303b Abs. 2. Entspricht der früheren Fassung des § 303b allerdings mit einer verschärften Strafandrohung von bis zu fünf Jahren oder Geldstrafe. 238

ee) § 303b Abs. 3. Regelt die Versuchsstrafbarkeit. 239

ff) § 303b Abs. 4. Regelt unter weiterer Erhöhung der Strafandrohung die Strafbarkeit für besonders schwere Fälle. Wer künftig durch die Sabotage einen Vermögensverlust großen Ausmaßes herbeiführt, gewerbsmäßig oder als Mitglied einer Bande handelt oder durch die Tat die Versorgung der Bevölkerung mit lebenswichtigen Gütern oder Dienstleistungen oder die Sicherheit der Bundesrepublik Deutschland beeinträchtigt, muss mit einer Freiheitsstrafe von 6 Monaten bis zu 10 Jahren rechnen. 240

gg) § 303b Abs. 5. Hier wird unter Bezugnahme auf § 202c StGB die **Vorbereitungshandlungen** zur Computersabotage unter Strafe gestellt. Im Einzelnen sei auf die Ausführungen zu § 202c Abs. 1 Nr. 2 StGB nF verwiesen. 241

c) Tathandlungen (auszugsweise). aa) *§ 303b Abs. 1 (allgemein): Erhebliche Störung der Datenverarbeitung.* Mit dem Begriff des **Störens** einer Datenverarbeitungsanlage wird nicht die bloße Tätigkeit, sondern der **Erfolg der Tathandlung** beschrieben.[227] Die Folge der Tat- 242

---
[223] Näheres hierzu siehe Ausführungen zu § 303a StGB.
[224] Urt. v. 22.3.2011 – 3 KLs 1/11, http://openjur.de/u/165558.html, zuletzt abgerufen: 4.12.2014.
[225] Urt. v. 13.2.1997 – 2 U 76/96, BB 1998 Heft 16, 4 = LSK 1997, 320365 (Ls.), https://www.jurion.de/Urteile/OLG-Bremen/1997-02-13/2-U-76_96, zuletzt abgerufen: 4.1.2015.
[226] Urt. v. 15.9.1999 – I ZR 98/97, NJW 2000, 1719 = NJW-RR 2000, 393 = JurPC Web-Dok. 69/2000, http://www.jurpc.de/jurpc/show?id=20000069, zuletzt abgerufen: 4.1.2015.
[227] Fischer § 303b Rn. 9; Schönke/Schröder/*Stree/Hecker* § 303b Rn. 5.

handlung muss eine **erhebliche** Störung der Datenverarbeitung sein. Bereits nach alter Rechtslage war es allgemein herrschende Meinung, dass die Beeinträchtigung der Datenverarbeitung erheblich sein muss. Im neuen Gesetzestext wurde die **Erheblichkeit** nun ausdrücklich in den Tatbestand aufgenommen.

243 *bb) Tathandlungen des § 303b Abs. 1 Nr. 3.* Das folgende **Schema definiert die einzelnen Tathandlungen des § 303b Abs. 1 Nr. 3 StGB** und macht zudem die Nähe zur „bekannteren" Sachbeschädigung nach § 303 StGB anschaulich.

		Definitionen
Tathandlungen (können sich überschneiden)	Zerstören	Erhebliche Beeinträchtigung der Sache, so dass sie für ihren Zweck völlig unbrauchbar wird.[228]
	Beschädigen	Nicht unerhebliche Substanzbeeinträchtigung[229]
	Unbrauchbar-Machen	Daten werden in ihrer Gebrauchsfähigkeit so erheblich beeinträchtigt, dass sie nicht mehr ordnungsgemäß verwendet werden können.[230]
	Beseitigen	Sache wird aus dem Gebrauchs- und Verfügungsbereich des Berechtigten entfernt, bzw. er kann bei Bedarf nicht mehr darauf zugreifen.[231]
	Verändern	Herbeiführen eines Zustands, der vom früheren abweicht.[232]

244 **Strafantragserfordernis**

Mit Ausnahme der schweren Fälle ist gemäß § 303c StGB **ein Strafantrag zur Strafverfolgung der Delikte nach §§ 303a, 303b StGB erforderlich.** In diesem Fall gelten die §§ 77 ff. StGB, wonach das Antragsrecht in der Regel beim Verletzten liegt und die Tat **innerhalb von 3 Monaten nach Kenntnisnahme** von Tat und Täter angezeigt werden muss (§ 77b StGB).

25. Verrat von Geschäfts- und Betriebsgeheimnissen 17 UWG

245 Bei dieser Vorschrift handelt es sich zwar nicht um eine allein computer- und internettypische Strafvorschrift. Allerdings haben sich die Möglichkeiten der Tatbestandsverwirklichung durch die Einführung von Computer und Internet um einen immensen (Risiko-)Faktor erhöht, einhergehend mit der Abnahme des Unrechtsbewusstseins. Die Mitnahme von Daten mittels USB-Sticks oder die Übermittlung per Internet ist in der Regel leicht und unauffällig zu bewerkstelligen.

Die Mitnahme, Verwendung und Verwertung von **Geschäfts- und Betriebsgeheimnissen**, die auf diese Art gewonnen werden kann gem. § 17 UWG strafbar sein.

246 a) **Straftatbestände des § 17 UWG.** Die Vorschrift umfasst drei Straftatbestände mit unterschiedlichen Tathandlungen:
1. **Geheimnisverrat** durch Beschäftigte (Abs. 1).
2. **Betriebsspionage** durch Beschäftigte oder Dritte (Abs. 2 Nr. 1).
3. **Unbefugte Verwertung** rechtswidrig erlangter Geheimnisse (Abs. 2 Nr. 2).

247 b) **Computer- und Internetspezifische Besonderheiten.** *aa) Geschäfts- und Betriebsgeheimnisse:* Voraussetzung: **Fehlende Offenkundigkeit:**

---

[228] Vertiefend: Schönke/Schröder/*Stree/Hecker* § 303 Rn. 14 ff.
[229] Vertiefend: Schönke/Schröder/*Stree/Hecker* § 303 Rn. 8 ff.
[230] *Fischer* § 303b Rn. 13.
[231] *Fischer* § 303b Rn. 13.
[232] *Fischer* § 303b Rn. 13.

Hierzu Rechtsprechungsbeispiele:
Nach einer Entscheidung des BayObLG[233] verliert ein rechtswidrig entschlüsseltes Computerprogramm seinen Geheimnischarakter erst nach einem gewissen Grad der Verbreitung.
Die Veröffentlichung von Informationen im Internet und allgemein zugänglichen Datenbanken bewirkt nach einer Entscheidung des LG Düsseldorf[234] regelmäßig die Offenkundigkeit.

bb) Tathandlungen. § 17 Abs. 1 UWG: **Mitteilen** 248
§ 17 Abs. 2 UWG: Sich **verschaffen** oder **sichern** durch
Nr. 1a) Anwendung technischer Mittel,
Nr. 1b) Herstellung einer verkörperten Wiedergabe des Geheimnisses oder
Nr. 1c) Wegnahme einer Sache, in der das Geheimnis verkörpert ist.

Unter Nr. 2) wird sanktioniert: Unbefugtes **Verwerten** oder **Mitteilen** eines Geschäfts- oder Betriebsgeheimnisses, das der Täter sich durch eine der in Absatz 1 bezeichneten Mitteilungen oder durch eine eigene oder fremde Handlung nach Nummer 1 erlangt oder sich sonst unbefugt verschafft oder gesichert hat. 249

Verschaffen ist gegeben, wenn der Täter bei verkörperten Geheimnissen **Gewahrsam am Datenträger begründet** oder bei computergespeicherten **Daten die Datei auf einen in eigener Verfügungsgewalt stehenden Datenträger kopiert.**[235] 250

Eine **Sicherung** liegt vor, wenn der Täter das ihm bereits bekannte Geheimnis in bleibende Form (Datei, Aufzeichnung) bringt.[236] Durch die Übertragung geheimer Dateien auf den eigenen PC per E-Mail **verschafft** sich der Täter das Geheimnis und **sichert** es zugleich.[237] 251

Allerdings hat der **BGH in seiner Entscheidung vom 23.2.2012**[238] hierzu festgestellt: 252

„…" Sichern im Sinne von § 17 Abs. 2 Nr. 1 Buchst. b UWG erfordert, dass eine schon vorhandene Kenntnis genauer oder bleibend verfestigt wird; es reicht nicht aus, dass ein Mitarbeiter beim Ausscheiden aus einem Dienstverhältnis die Kopie eines Betriebsgeheimnisse des bisherigen Dienstherrn enthaltenden Dokuments mitnimmt, die er im Rahmen des Dienstverhältnisses befugt angefertigt oder erhalten hatte. Dagegen kommt ein unbefugtes Sichverschaffen im Sinne von § 17 Abs. 2 Nr. 2 UWG in Betracht, wenn der ausgeschiedene Mitarbeiter den mitgenommenen Unterlagen ein Betriebsgeheimnis entnimmt…"…

Verwertung ist jede Nutzung im geschäftlichen Verkehr, sei es zur Gewinnerzielung, zur Kostensenkung oder zur Schädigung eines Konkurrenten. Auch eine Entwicklung, die zwar nicht vollständig auf den unlauter erlangten Kenntnissen beruht, diese jedoch in einer Weise mitursächlich geworden sind, die nicht als technisch oder wirtschaftlich bedeutungslos angesehen werden kann.[239] 253

Softwareanbieter, deren Software regelmäßig nur im Objektcode vertrieben wird, während der Quellcode als Unternehmensgeheimnis geführt wird, sollten besonders auf die Verschwiegenheitserklärungen ihrer Mitarbeiter achten und darauf hinweisen, dass diese sich, bereits durch Mitnahme und Weiterentwicklung von entsprechenden Informationen, sowie deren Verwertung, nach der Vorschrift des § 17 UWG strafbar machen können. 254

cc) Subjektiver Tatbestand.[240] Die Tat setzt **vorsätzliches Handeln** voraus. Dolus eventualis reicht aus. Zusätzlich muss der Täter hinsichtlich der in § 17 Abs. 1 und Abs. 2 UWG genannten Ziele mit **Absicht** gehandelt haben. 255

c) **Strafantragsdelikt:** Nach § 17 Abs. 5 UWG wird Tat nur auf Antrag verfolgt, es sei denn, dass die Strafverfolgungsbehörde wegen des besonderen öffentlichen Interesses an der Strafverfolgung ein Einschreiten von Amts wegen für geboten hält. 256

---

[233] BayObLG Urt. v. 28.8.1990 – RReg. 4 St 250/89, GRUR 1991, 694 (696) – Geldspielautomat.
[234] LG Düsseldorf Urt. v. 18.4.2001 – 12 O 97/99, K&R 2002, 101.
[235] Ohly/Sosnitza/*Ohly* § 17 Rn. 18 f.
[236] Ohly/Sosnitza/*Ohly* § 17 Rn. 18 f.
[237] Ohly/Sosnitza/*Ohly* § 17 Rn. 18.
[238] BGH Urt. v. 23.2.2012 – I ZR 136/10, GRUR 2012, 1048 = PharmR 2012, 485 =, http://juris.bundesgerichtshof.de/cgi-bin/rechtsprechung/document.py?Gericht=bgh&Art=en&nr=61237&pos=0&anz=1 (OLG Celle – LG Hildesheim).
[239] BGH Urt. v. 19.12.1984 – I ZR 133/82, GRUR 1985, 294 (296).
[240] Zu Rechtswidrigkeit und Versuch: Ohly/Sosnitza/*Ohly* § 17 Rn. 26 ff. und 31.

26. Urheberrechtsverletzungen, §§ 106 ff. UrhG (Auszug)

257 **a) Hintergrund.** Verletzungen von Urheberrechten und deren strafrechtliche Ahndung beschäftigen seit vielen Jahren vor allem die Staatsanwaltschaften. Im Bereich der Rechtsberatung gibt es zahlreiche Anwältinnen und Anwälte, die sich nahezu ausschließlich dieser Thematik zuwenden. Im Folgenden werden die IT-strafrechtlichen Besonderheiten aufgezeigt und Fallbeispiele aus der Praxis vorgestellt.

258 *aa) Übersicht.* In den §§ 106 bis 111a UrhG finden sich die, für den strafrechtlich betrauten Rechtsanwalt wesentlichen Vorschriften.[241] Die Entwicklungen der letzten Jahre haben gezeigt, dass eine immer größere Anzahl von Unternehmen, insbesondere im Bereich der Software-, Film- und Musikbranche, neben zivilrechtlichen Schritten, die Strafverfolgung als weiteres – abschreckendes – Mittel im eigenen Kampf gegen Piraterie jeglicher Form entdeckt hat. Vor allem die Möglichkeit als Geschädigte über die **Akteneinsicht nach § 404e StPO Kenntnis von der Identität eines Anschlussinhabers** über die IP-Adresse zu erhalten, wurde von den Rechteinhabern gerne als günstiges Mittel zur Rechtsdurchsetzung genutzt. Allerdings ist der Weg über das Strafverfahren in den letzten Jahren zunehmend steiniger geworden. Dies ist unter anderem auch die Folge einer zu extensiven, teilweise auch abusiven Inanspruchnahme der Strafverfolgungsbehörden.[242]

259 *bb) Rechtsprechung.* Entsprechend ergingen auch **Entscheidungen, die es ablehnten im Sinne der Rechteinhaber zu verfügen:**

Das **Landgericht Saarbrücken** hat im Zusammenhang mit der **Beweiskraft einer IP Adresse** im Januar 2008 eine Entscheidung gefällt, die es für diese Gruppen noch schwerer machen dürfte, ihre Interessen mit Hilfe der Strafbehörden durchzusetzen.
Dabei wurde einem Tonträgerhersteller die Einsicht in die Ermittlungsakten verweigert mit der Begründung, dass aus der Tatsache, dass eine bestimmte IP-Nummer einer bestimmten Person zugeordnet werden kann, noch nicht folgt, dass diese Person auch zu der angegebenen Tatzeit über den genannten Anschluss die vorgeworfenen Urheberrechtsverletzungen begangen hat, so dass diesbezüglich nicht ohne weiteres ein hinreichender Tatverdacht bejaht werden kann.[243]
In einer Entscheidung vom **1.8.2008** stellte das **LG Krefeld** fest, dass in Filesharing-Strafverfahren bei der Frage der Akteneinsicht des Anzeigeerstatters grundsätzlich das Interesse des jeweils durch die IP-Adresse ermittelten Anschlussinhabers zu berücksichtigen bzw. dem Anschlussinhaber uU rechtliches Gehör zu gewähren ist, bevor Dritten (hier: Musikindustrie) Einsicht in die strafrechtliche Ermittlungsakte gewährt wird.[244]

260 *cc) Auskunftsbegehren.* Ein weiterer Grund für die Trendwende war sicherlich § 101 UrhG. Die am 1.9.2008 in Kraft getretene Vorschrift sieht hinsichtlich der Auskunftsansprüche der Rechteinhaber unter bestimmten Voraussetzungen[245] die Möglichkeit vor, **über den Zivilrechtsweg** an die begehrte IP-Adresse zu kommen. Ob dies dauerhaft zu einer Minimierung der Strafanzeigen führen wird bleibt abzuwarten.

261 *dd) Gewerbliches Ausmaß.* Die Rechtsprechung ist allerdings hinsichtlich der Voraussetzungen des geforderten **gewerblichen** Ausmaßes uneinheitlich, dessen Feststellung in der Folge auch für das Strafverfahren von Bedeutung ist. Es wird beispielsweise nach **Rechtsprechung der Landgerichte Köln, Frankfurt aM, Nürnberg und Oldenburg** (bereits) bejaht, wenn ein neues Musik-Album komplett entweder unmittelbar nach Veröffentlichung online gestellt wurde bzw. soll es ausreichen, wenn ein bereits länger veröffentlichtes Musikalbum, das zu den meistverkauften Musikalben in Deutschland zählt, zum Download angeboten

---

[241] Eine sehr ausführliche Abhandlung der Thematik findet sich bei *Gercke/Brunst/Gercke*, Kapitel VIII Urheberstrafrecht, Rn. 403 ff.
[242] Siehe auch Wandtke/Bullinger/*Hildebrandt/Reinbacher* UrhG § 106 Rn. 4.
[243] Beschl. v. 28.1.2008 – 5 (3) Qs 349/07, www.medienpolizei.de, Dok. 018, zuletzt abgerufen: 26.12.2014.
[244] Beschl. v. 1.8.2008 – 21 AR 2/08, Rechtsportal Dr. Bahr, http://www.webhosting-und-recht.de/urteile/Landgericht-Krefeld-20080801.html, zuletzt abgerufen: 1.12.2014.
[245] Voraussetzung für den Auskunftsanspruch ist ua, dass der Rechtsverletzer im gewerblichen Ausmaß gehandelt hat. Der Anspruch steht unter Richtervorbehalt. Ein Zugriff auf Vorratsdaten soll für zivilrechtliche Auskunftsansprüche nicht erfolgen. *Quelle:* Pressemitteilung des Bundesjustizministeriums vom 11.4.2008.

wird.[246] Nach einer Entscheidung des **LG Frankenthal** wurde hingegen das gewerbliche Ausmaß (erst) bei einer Anzahl von etwa 3.000 Musikstücken oder 200 Filmen bejaht.[247]

ee) Haftung und Verantwortung des Anschlussinhabers. Haben mehrere Personen Zugang zum Computer des Anschlussinhabers, wurde dessen Haftung für Rechtsverletzungen in zivilrechtlichen Verfahren von den Gerichten regelmäßig bejaht.[248] In jüngerer Zeit ist allerdings im familiären Bereich zu einer Änderung der Rechtsprechung zu Lasten der Rechteinhaber gekommen. So haben beispielsweise das OLG Köln und das OLG Hamm zugunsten der Anschlussinhaber entschieden, dass von letzterem zwar substantiiertes „Bestreiten der behaupteten Tatsache unter Darlegung der für das Gegenteil sprechenden Tatsachen und Umstände verlangt werden" kann, „ihm obliegt aber nicht der Beweis des Gegenteils in dem Sinne, dass er sich bei jeder über seinen Internetzugang begangenen Rechtsverletzung vom Vorwurf der täterschaftlichen Begehung entlasten oder exkulpieren muss. Vielmehr genügt er seiner sekundären Darlegungslast, wenn er seine Täterschaft bestreitet und darlegt, dass seine Hausgenossen selbstständig auf den Internetanschluss zugreifen können, weil sich daraus bereits die ernsthafte Möglichkeit eines anderen Geschehensablaufs als die seiner Alleintäterschaft ergibt".[249]

Anders im Strafverfahren. Dort legen die Ermittlungsbehörden und Strafgerichte weitaus strengere Maßstäbe für eine Verurteilung an und lehnen eine Ahndung in jenen Fällen ab, in denen der Täter nicht zweifelsfrei feststeht.

ff) Verantwortung des Forumbetreibers durch „Fremdlinks" auf rechtswidrige Seiten. Nur auszugsweise soll in diesem Zusammenhang bei der Frage der Täterschaft auf eine Entscheidung des Bundesverfassungsgerichts vom 8.4.2010[250] hingewiesen werden. Der Beschwerdeführer der Verfassungsbeschwerde wendete sich gegen die Durchsuchung seiner Wohnung in einem gegen ihn gerichteten Ermittlungsverfahren wegen des Verdachts der unerlaubten Verwertung urheberrechtlich geschützter Werke. Das Verfassungsgericht stellte die Rechtswidrigkeit der Durchsuchungsbeschlüsse fest und führte unter anderem aus:

Entscheidung des Bundesverfassungsgerichts vom 8.4.2010[251]

...... „Soweit das Landgericht darauf abstellt, dass es sich auch um mit Kenntnis des Beschwerdeführers in das Forum eingestellte „Fremdlinks" von dritten Personen handeln könne, ist unerörtert geblieben, aus welcher strafrechtlichen Beteiligungsform und aus welchen tatsächlichen Anhaltspunkten sich der Verdacht einer entsprechenden Straftat ergeben soll. Abgesehen davon, dass im Falle der Einstellung von Links durch dritte Personen die Erörterung der Garantenpflicht des Beschwerdeführers (§ 13 StGB) und der Geltung der §§ 7ff. TMG nahe gelegen hätte, werden auch keine konkreten Umstände aufgezeigt, die für ein – für die Verwirklichung der §§ 106, 109 UrhG erforderliches – vorsätzliches Handeln des Beschwerdeführers sprechen. Es wäre zumindest darzulegen gewesen, ob konkrete Umstände dafür sprachen, dass der Beschwerdeführer die verfahrensgegenständlichen Links zur Kenntnis genommen oder sogar gebilligt hatte; als solche Umstände wären beispielsweise die Häufigkeit von Links auf urheberrechtlich geschützte Werke (bezogen auf die Größe des Internetforums, die Zahl der täglich eingestellten Beiträge oder die Zahl der aktiven Nutzer des Forums) oder vorangegangene Abmahnungen durch Inhaber von Urheberrechten in Betracht gekommen." ......

---

[246] LG Köln Beschl. v. 2.9.2008 – 28 AR 4/08, MMR 2008, 761 = JurPC Web-Doc. 149/2008; LG Köln Beschl. v. 5.9.2008 – 28 AR 6/08, www.justiz.nrw.de bzw. Telemedicus weblink: http://tlmd.in/u/527 (hierbei ging es um ein populäres Album, das längere Zeit schon auf dem Markt war); Weitere interessante Entscheidungen: LG Köln Beschl. v. 26.9.2008 – 28 OH 8/08; sowie G Frankfurt/M., Beschluss vom 18.9.2008 – 2–06 O 534/08, MMR 2008, 829; LG Oldenburg Beschl. v. 15.9.2008 – 5 O 2421/08 BeckRS 2008, 20741 = MMR 2008, 832 = GRUR-RR 2009, 16.
[247] LG Frankenthal Beschl. v. 15.9.2008 – 6 O 325/08, BeckRS 2008, 20739.
[248] Unter Überschätzung der Fähigkeiten eines durchschnittlichen Anschlussinhabers im Bezug auf Schutzmaßnahmen: OLG Köln Urt. v. 23.12.2009 – 6 U 101/09 GRUR-RR 2010, 173, abrufbar auch unter: http://miur.de/2106 sowie das sich darauf beziehende LG Köln Urt. v. 27.1.2010 – 28 O 237/09, JurPC Web-Dok. 67/2010.
[249] OLG Köln Urt. v. 16.5.2012 – 6 U 239/11, NJW-RR 2012, 1327; OLG Hamm Urt. v. 4.11.2013 – 22–W 60/13, http://www.justiz.nrw.de/nrwe/olgs/hamm/j2013/22_W_60_13_Beschluss_20131104.html, zuletzt abgerufen: 3.1.2015.
[250] BVerfG v. 8.4.2009 – 2 BvR 945/08, Absatz-Nr. (1–24), http://www.bverfg.de/entscheidungen/rk20090408_2bvr094508.html, zuletzt abgerufen: 3.1.2015.
[251] BVerfG v. 8.4.2009 – 2 BvR 945/08, BeckRS 2009, 34074.

265 b) **Unerlaubte Verwertung urheberrechtlich geschützter Werke, § 106 UrhG.**

aa) Tatbestandsvoraussetzungen (Auszug): Schutzgut des § 106 UrhG ist das geistige Eigentum im Allgemeinen und das Verwertungsrecht des Berechtigten im Besonderen.[252] Im Urheberrecht gilt das **Territorialitätsprinzip.** Urheberrechte, die durch die Gesetzgebung eines Staates gewährt werden, entfalten danach ihre **Schutzwirkung nur innerhalb des jeweiligen Staatsgebiets.** Abweichend von § 7 StGB kann daher nur eine im Inland begangene Verletzungshandlung strafrechtlich relevant sein.[253]

266 Übersicht:

§ 106 UrhG	Tatbestand (Auszug)		
Tatobjekt	**Werk** – auch selbstständige Werkteile **Bearbeitung** eines Werks **Umgestaltung** eines Werks (Die Schutzdauer darf noch nicht abgelaufen sein)		**Computerprogramme** § 69a Abs. 3 **Datenbanken**
Tathandlungen	**Vervielfältigen** (§§ 16 ff., 69c) **Verbreiten** (§§ 17, 69c) **Öffentliche Wiedergabe** (§ 15)	In anderen als den gesetzlich zugelassenen* Fällen (*insbesondere §§ 44a–63, §§ 69c–e)	**Verwertungsrechte** mit Ausnahme des Ausstellungsrechts

267 *aa) Tatobjekt.* Wann ein durch §§ 106 ff. UrhG geschütztes Werk vorliegt, richtet sich nach §§ 2–4 ff. und 23, sowie § 69a UrhG. Die Probleme, die sich bei der Anwendung der §§ 106 ff. UrhG ergeben, sind daher in erster Linie zivilrechtliche.[254]

268 **Zweites Gesetz zur Regelung des Urheberrechts in der Informationsgesellschaft vom 26.10.2007** (BGBl. I S. 2513) („**Zweiter Korb**" der Urheberrechtsnovelle):

Für das Strafrecht relevant sind die Änderungen des § 53 UrhG (Vervielfältigungen zum privaten und sonstigen eigenen Gebrauch). Während bisher bereits die Kopie einer offensichtlich rechtswidrig hergestellten Vorlage verboten war, ist seit 1.1.2008 nun auch ausdrücklich dieses Verbot auf unrechtmäßig online zum Download angebotene Vorlagen ausgedehnt worden. Soweit es für den Nutzer einer Peer-to-Peer-Tauschbörse offensichtlich ist, dass es sich bei dem angebotenen Film oder Musikstück um ein rechtswidriges Angebot im Internet handelt, **darf er keine Privatkopie** davon herstellen.

269 Es bleibt auch bei dem Verbot, einen Kopierschutz zu knacken. Die zulässige Privatkopie findet dort ihre Grenze, wo Kopierschutzmaßnahmen eingesetzt werden.

Auch **Entwurfsmaterial für Computerprogramme** (vgl. § 69a Abs. 1 UrhG) ist vom Straftatbestand des § 106 UrhG erfasst, ohne dass ein Verstoß gegen das **Analogieverbot**[255] vorliegt.

270 *bb) Tathandlungen.* **Vervielfältigen, Verbreiten, Öffentliche Wiedergabe:**

(1) Vervielfältigen.[256] Unter **Vervielfältigen** ist das **Herstellen von Vervielfältigungsstücken eines Werks,** gleich in welchem Verfahren und in welcher Zahl, zu verstehen (zivilrechtlicher Vervielfältigungsbegriff § 16 UrhG). Auch die Vervielfältigung von Daten fällt darunter, sobald diese körperlich fixiert sind (vgl. § 15 Abs. 1 – körperliche Verwertung). Das **Setzen eines Hyperlinks** zu einem urheberrechtlich geschützten Werk auf einer fremden Website ist noch keine Vervielfältigung, da es sich lediglich um eine elektronische Verknüpfung handelt.

---

[252] Wandtke/Bullinger/*Hildebrandt/Reinbacher* § 106 Rn. 6.
[253] Wandtke/Bullinger/*Hildebrandt/Reinbacher* UrhG § 106 Rn. 46.
[254] *Hilgendorf/Valerius,* Computer- und Internetstrafrecht, Rn. 686.
[255] Wandtke/Bullinger/*Hildebrandt/Reinbacher* § 106 Rn. 8.
[256] Zum Vervielfältigungsbegriff des § 69c Nr. 1: siehe *Witte,* Der Schutz des geistigen Eigentums. Wandtke/Bullinger/*Grützmacher* § 69c Rn. 1–96.

Besonderheiten:

Das bloße **Laden in den Arbeitsspeicher** im Sinne § 44a Abs. 1 Nr. 2 UrhG stellt nach inzwischen wohl hM keine tatbestandsmäßige Vervielfältigung dar, soweit es sich um eine rechtmäßige Nutzung eines Werks handelt.[257] Eine rechtliche Grauzone besteht allerdings noch in Bezug auf Computerprogramme. Hier gilt es § 69d iVm § 69c Nr. 1 zu beachten.[258]

Im Zusammenhang mit dem so genannten **Streaming** gibt es ebenso noch keine Rechtssicherheit. Während auf strafrechtlicher Seite gegen Nutzer illegaler Streaming Portale ermittelt wird, gibt es in der zivilrechtlichen Rechtsprechung und Literatur deutliche Stimmen, die sich gegen ein strafbares Verhalten privater Nutzer aussprechen.[259]

Rechtsprechungsbeispiele:

Am 24.1.2014 ergingen 4 Beschlüsse in welchen die 9. Zivilkammer des Landgerichts Köln über Beschwerden von Anschlussinhabern zu befinden hatte, die von Abmahnungen im Zusammenhang mit dem angeblichen Ansehens eines Videos auf einer Streaming-Plattform betroffen waren. In Abweichung von ihrer früheren Entscheidung, in welcher die Kammer noch von einem Download ausgegangen war, führte sie im Rahmen eines Beschwerdeverfahrens gegen die Auskunft nach § 101 Abs. 9 UrhG aus, dass sie hinsichtlich des nun bekanntgewordenen Streamings zu der Rechtsansicht neige, dass **dadurch kein relevanter rechtswidriger Verstoß im Sinne des Urheberrechts vorliege, insbesondere keine nur dem Urheber erlaubte Vervielfältigung gemäß § 16 UrhG**.[260] Sie hat weiterhin angedeutet, dass ihre Entscheidung auch Bedeutung für ein Beweisverwertungsverbot in einem Hauptsacheprozess (zB über die Berechtigung der Abmahnkosten) haben könnte.[261]

Ebenfalls gegen eine rechtswidrige Vervielfältigung bei Streaming hat sich das **AG Potsdam**, allerdings in einem Versäumnisurteil vom 9.4.2014 – 20 C 423/13, geäußert und diesbezüglich ausgeführt:

„dass das Gericht Streaming" nicht als rechtswidrige Vervielfältigung im Sinne von § 16 UrhG ansieht, da es sich dabei im Sinne von § 44a Nr. 2 UrhG um eine jedenfalls vorübergehende Vervielfältigung handelt, solange die Beklagte nicht vorträgt und beweist, der Kläger habe eine Sicherungskopie der gestreamten Datei auf seiner Festplatte gespeichert, es sich um eine flüchtige oder begleitende Vervielfältigung handelte, die spätestens beim Herunterfahren des Computers gelöscht wird, die wesentlicher Teil des technischen Verfahrens „Streaming" ist, dessen alleiniger Zweck es ist, eine rechtmäßige Übertragung zu ermöglichen, wobei es dem Europäischen Gerichtshof zufolge hier allein auf die Rechtmäßigkeit der durch die Vervielfältigung ermöglichten Wiedergabe ankommt."[262]

So entschied auch das **AG Hannover** in seinem Urteil vom 27.5.2014,[263] das hinsichtlich § 44a Nr. 2 UrhG annähernd, wie das AG Potsdam argumentierte und noch weiter ausführte:

„Die Kontrolle, ob eine rechtmäßige Nutzung vorliegt, darf jedoch nicht gänzlich der Klägerin auferlegt werden. Der Nutzer eines Videostreams hat in der Regel keine Möglichkeit der Kontrolle, ob der Film rechtmäßig öffentlich zugänglich gemacht wurde. Es hinge somit vom Zufall ab, ob der Nutzer eine Urheberrechtsverletzung begeht oder nicht. Aber auch soweit die Voraussetzungen des § 44a UrhG hier nicht gegeben sein sollten, ist eine Vervielfältigung jedenfalls unter den Voraussetzungen des § 53 Absatz I UrhG zulässig. Danach sind einzelne Vervielfältigungen durch eine natürliche Person zum privaten Gebrauch denn erlaubt, sofern sie weder unmittelbar noch mittelbar Erwerbszwecken dienen. Allerdings darf zur Vervielfältigung keine offensichtlich rechtswidrig hergestellte oder öffentlich zugänglich gemachte Vorlage verwendet werden. Die offensichtliche Rechtswidrigkeit muss für den jeweiligen Nutzer erkennbar sein. Dies gewährleistet, dass der Nutzer nicht mit unerfüllbaren Prüfungspflichten belastet wird. Es obliegt dem Rechteinhaber zu beweisen, dass die vervielfältigte Vorlage offensichtlich rechtswidrig hergestellt oder unerlaubt öffentlich zugänglich gemacht wurde (vgl. BT-Drs. 16/1828, S. 26)."

---

[257] Zur Diskussion im Einzelnen: Wandtke/Bullinger/*Hildebrandt/Reinbacher* § 106 Rn. 13. Siehe auch LG Mannheim Urt. v. 11.9.1998 – 7 O 142/98, CR 1999, 360. Interessant in diesem Zusammenhang ist die oben abgehandelte Strafbarkeit des auch nur vorübergehenden Speicherns bei den Sexualdelikten.

[258] Vertiefend: Wandtke/Bullinger/*Hildebrandt/Reinbacher* § 106 Rn. 13.

[259] Mit weiteren Nachweisen hierzu: Wandtke/Bullinger/*Hildebrandt/Reinbacher* § 106 Rn. 14.

[260] Beschl. v. 24.1.2014 – 209 O 188/13, ZUM-RD 2014, 17 = JurPC Web-Dok. 24/2014, zuletzt abgerufen 10.1.2015.

[261] Pressemitteilung des LG Köln v. 27.1.2014 http://www.lg-koeln.nrw.de/presse/Pressemitteilungen/ 2014_01_27---Entscheidungen-in-Streaming-Abmahnungsfaellen.pdf, zuletzt abgerufen 10.1.2015.

[262] AG Potsdam Urt. vom 9.4.2014 – 20 C 423/13, BeckRS 2014, 19901.

[263] AG Hannover Urt. vom 27.5.2014 – 550 C 13749/13, BeckRS 2014, 11946.

273 Die sukzessive **Teilvervielfältigung** kann dann strafrechtlich relevant sein, wenn jeweils urheberrechtlich schutzfähige Teile vervielfältigt und gespeichert werden. Auch hier ist § 44a UrhG bei nur vorübergehenden Vervielfältigungshandlungen zu beachten.[264]

274 *(2) Verbreiten.*[265] Die Frage, ob auch im Urheberstrafrecht der zivilrechtliche Verbreitungsbegriff des § 17 UrhG bzw. § 69c Geltung haben soll, wird von der hM in Literatur und Rechtsprechung[266] bejaht. Die Folge wäre, dass neben dem **Inverkehrbringen** auch das **Anbieten gegenüber der Öffentlichkeit** strafbewehrt wäre.[267] Ein Werkstück wird dann in den Verkehr gebracht, wenn es aus der Betriebssphäre des Täters in der Weise der Öffentlichkeit zugeführt wird, dass ein anderer ohne den Willen des Rechteinhabers die Möglichkeit hat, frei über das Werkstück zu verfügen.[268]

Rechtsprechungsbeispiele:
Urteil AG Cottbus:[269] Strafbarer Download von Online-Tauschbörse:
Wer ohne Erlaubnis des jeweiligen Rechteinhabers Lieder auf seinen Computer kopiert und diese unter Nutzung der Tauschbörse allgemein zugänglich per Internet zum Download zur Verfügung stellt, macht sich gem. §§ 106 Abs. 1, 17 UrhG, 52 StGB strafbar. Dabei ist davon auszugehen, dass dem Angeklagten die Verletzung von Urheberrechten bewusst war, wegen der, in der Öffentlichkeit darüber geführten Debatte.

OLG Oldenburg Beschluss vom 8.5.2009 – P2P Tauschbörsen – zum Upload Vorsatz:[270]
Im Zusammenhang mit einer Verurteilung wegen Verbreitung gewaltpornographischer Schriften hat das OLG eine wichtige Grundsatzentscheidung zur Frage des Vorsatzes bei der Teilnahme an Tauschbörsen gefällt. Es ging um die Frage, ob jeder Nutzer einer Tauschbörse sich darüber im Klaren sei, dass bei Nutzung des Programms auch von dem eigenen PC Daten zur Verfügung gestellt würden oder dies zumindest in Kauf nehme, was der Angeklagte bestritt. Im vorliegenden Fall waren die rechtswidrigen Daten in einem Ordner des Angeklagten mit der Bezeichnung incoming gespeichert.
Das OLG stellte fest, dass dem Angeklagten ein solcher Vorsatz nicht ohne weiteres zu unterstellen sei und dass es keinen Erfahrungssatz dahingehend gäbe, dass ein bloßer auch wiederholter Nutzer einer Tauschbörse wisse oder doch damit rechne, dass er die von ihm heruntergeladene Dateien schon durch seinen Download anderen Nutzern zur Verfügung stelle.

275 *(3) Öffentliche Wiedergabe.*[271] Der strafrechtliche Begriff ist mit dem **zivilrechtlichen aus § 15 Abs. 2, bzw. § 69c Nr. 4 UrhG identisch.** Es handelt sich dabei um ein Tätigkeits- und kein Erfolgsdelikt, daher spielt es auch keine Rolle für die Strafbarkeit, ob tatsächlich die Öffentlichkeit durch die Wiedergabe erreicht wird. Auch neue Nutzungsarten, wie etwa Internet-Tauschbörsen fallen hierunter.[272] Die öffentliche Wiedergabe von Werkteilen und das Setzen von Hyperlinks auf eine Seite im Internet sind in der Regel nicht strafbewehrt. Hier bedarf es einer besonderen Überprüfung am Einzelfall.[273]

276 Das Merkmal „in anderen als den gesetzlich zugelassenen Fällen".
Nach hM wird dabei auf die gesetzlichen Schranken des Urheberrechts hingewiesen (negatives Tatbestandsmerkmal) und nicht auf die allgemeinen Rechtfertigungsgründe.[274] Für Werke, die nicht Computerprogramme sind, gelten die §§ 44a bis 63 UrhG.

---

[264] Vertiefend: Wandtke/Bullinger/*Hildebrandt/Reinbacher* § 106 Rn. 13.
[265] Zum Verbreitungsrecht des § 69c Nr. 3 UrhG: Siehe *Witte*, Der Schutz des geistigen Eigentums. Wandtke/Bullinger/*Hildebrandt/Reinbacher* § 106 Rn. 14.
[266] Fundstellen zur hM in der Literatur und Rechtsprechung finden sich bei Wandtke/Bullinger/*Hildebrandt/Reinbacher* § 106 Rn. 14 insbesondere auch: BGHSt 49, 93, 103 = NJW 2004, 1674, 1676; KG, Urt. v. 1.12.1982 – (2) Ss 169/82 (30/82) NStZ 1983, 561.
[267] Zur Diskussion im Einzelnen: So plädieren *Hildebrandt/Reinbacher* überzeugend gegen die Anwendung des zivilrechtlichen Verbreitungsbegriffs: Wandtke/Bullinger/*Hildebrandt/Reinbacher* § 106 Rn. 16 ff. mwN.
[268] *Malek*, Strafsachen im Internet, Rn. 248.
[269] AG Cottbus Urt. v. 25.5.2004 – 95 Ds 1653 Js 15556/04, CR 2004, 782.
[270] OLG Oldenburg Beschl. v. 8.5.2009 – 1 Ss 46/09, MEDIEN INTERNET und RECHT, http://miur.de/1966, zuletzt abgerufen 1.12.2014 = CR 2010, 202.
[271] Zum Begriff des § 69c Nr. 4 UrhG: siehe *Witte*, Der Schutz des geistigen Eigentums. Wandtke/Bullinger/*Grützmacher* § 69c Rn. 49 f.
[272] Wandtke/Bullinger/*Hildebrandt/Reinbacher* § 106 Rn. 20.
[273] Wandtke/Bullinger/*Hildebrandt/Reinbacher* § 106 Rn. 20 und 43 mwN.
[274] Wandtke/Bullinger/*Hildebrandt/Reinbacher* § 106 Rn. 21 mwN. Eine ausführliche Abhandlung zu § 69d und e UrhG findet sich auch bei *Witte*, Der Schutz des geistigen Eigentums.

Beispiel:
Das Herunterladen in einem P2P-Filesharing-System im Rahmen von § 53 UrhG ist nicht strafbar; die dortige Bereitstellung der Werke unter Verstoß gegen §§ 19a, 52 Abs. 3 UrhG hingegen schon.

cc) Subjektiver Tatbestand. Bedingter Vorsatz reicht aus, jedoch nicht Fahrlässigkeit. Der Beschuldigte muss zumindest damit rechnen, alle Tatbestandsvoraussetzungen zu erfüllen.[275]

dd) Nichtberechtigung (ohne Einwilligung des Berechtigten). Die Verwertung eines fremden urheberrechtlich geschützten Werkes ist nur dann strafbar, wenn sie ohne Einwilligung des Berechtigten erfolgt. Die Einwilligung ist nicht Tatbestandsmerkmal, sondern schließt die Rechtswidrigkeit aus.[276]

ee) Täterschaft und Teilnahme. Die Abgrenzung von Täterschaft und Teilnahme wird nach den allgemeinen Grundsätzen (Strafgesetzbuch AT) vorgenommen. Danach ist Täter, wer eine unbefugte Vervielfältigung eigenhändig vornimmt, eigenhändig verbreitet oder öffentlich wiedergibt.[277] Solange die Tat nicht vollendet ist, ist Beihilfe möglich.

Die **strafrechtliche Verantwortlichkeit von Anschlussinhabern** ist **streng von der zivilrechtlichen Haftung** letzterer zu unterscheiden. Die zivilrechtlich befassten Gerichte haben in den letzten Jahren regelmäßig zu Lasten des Anschlussinhabers entschieden. Wenngleich sich in jüngerer Zeit in Fällen familiärer Hausgemeinschaften – speziell bei volljährigen Mitbewohnern – ein Wandel der zivilrechtlichen Rechtsprechung zu Gunsten des Anschlussinhabers zeigt,[278] so wird **die strafrechtliche Verantwortung des Anschlussinhabers regelmäßig abgelehnt**, es sei denn, letzterer hatte Kenntnis von der Tat oder weigert sich, wie in unten aufgeführten Fall vom Hanseatischen OLG geschehen, die andauernde Rechtsverletzung zu beenden. Die strafrechtliche Verantwortung in den Fällen, in welchen der Anschlussinhaber nicht als Täter feststeht und mehrere Handelnde in Frage kommen, abzulehnen ist nur konsequent, da die strafrechtliche Verantwortung weitaus strengeren Kriterien standhalten muss. Der Grundsatz „in dubio pro reo" verlangt eine zweifelsfreie Täterschaft. Haben mehrere Personen Zugang zum „Tatwerkzeug Computer" dürfte eine Überführung des Täters ohne Geständnis in den seltensten Fällen gelingen.

Rechtsprechungsbeispiele:
AG Mainz, Urteil v. 24.9.2009:[279]
Keine Verurteilung des Anschlussinhabers wegen P2P-Filesharing-Fällen
Sachverhalt auszugsweise:[280]
Der Angekl. wurde zur Last gelegt, von ihrem Internetanschluss aus Musikdateien in einer sog Tauschbörse Dritten zum Download angeboten zu haben, ohne über die entsprechenden Urheberrechte verfügt zu haben."...
„Im Ermittlungsverfahren wurde festgestellt, dass die IP-Nummer dem Internetanschluss der Angekl. zuzuordnen war."... „Im Haushalt der Angekl. wohnten auch ihr Ehemann und zwei Kinder. Die Angekl. machte von ihrem Aussageverweigerungsrecht Gebrauch und teilte i.Ü. mit, dass nicht nur sie Zugang zum Internet gehabt habe."

Aus den Gründen
Die Angekl. war aus tatsächlichen Gründen freizusprechen."...
„Auf Grund des Ergebnisses der Beweisaufnahme steht nicht mit für eine Verurteilung ausreichender Sicherheit fest, dass zum Tatzeitpunkt ausschließlich die Angekl. Zugang zum Internetanschluss hatte und die Musiktitel zum Download angeboten hatte."...

---
[275] Wandtke/Bullinger/*Hildebrandt/Reinbacher* 106 Rn. 23, 29.
[276] Wandtke/Bullinger/*Hildebrandt/Reinbacher* § 106 Rn. 24, 31 f.
[277] Wandtke/Bullinger/*Hildebrandt/Reinbacher* § 106 Rn. 40 ff.
[278] Vgl. BGH Urt. des I. Zivilsenats v. 8.1.2014 – I ZR 169/12 (Zum Zeitpunkt der letzten redaktionellen Überarbeitung allerdings nur als Pressemeldung unter http://juris.bundesgerichtshof.de/cgi-bin/rechtsprechung/document.py?Gericht=bgh&Art=en&Datum=Aktuell&nr=66407&linked=pm veröffentlicht; zuletzt abgerufen: 1.12.2014.
[279] 2050 Js 16 878/07, MMR 2010, 117 = http://rsw.beck.de/cms/main?docid=297974&docClass=NEWS&site=MMR&from=mmr.root, zuletzt abgerufen: 1.12.2014.
[280] Sachverhalt und Entscheidungsgründe auszugsweise übernommen aus dem MMR Nachrichtenarchiv: http://rsw.beck.de/cms/main?docid=297974&docClass=NEWS&site=MMR&from=mmr.root, zuletzt abgerufen: 1.12.2014.

Auf Grund dessen steht nicht mit Bestimmtheit fest, dass ausschließlich die Angekl. Zugang zu diesem Computer, dem Asservat 3, hatte."...
„Insgesamt konnte daher nicht mit Sicherheit festgestellt werden, dass die Angekl.... den Titel ... zum Download angeboten hatte. Als Täter kommen auch die Familienangehörigen der Angekl. in Betracht. Die Angekl. war daher aus tatsächlichen Gründen freizusprechen."...

OLG Hamburg Beschluss vom 13.5.2013[281]
Bei hartnäckiger Weigerung des Hostproviders kann ein strafrechtlich relevanter Gehilfenvorsatz bejaht werden:
... „Die Antragsgegnerin haftet hier indes als Gehilfe der Urheberrechtsverletzung ihres Nutzers. Eine objektive Unterstützungshandlung der Urheberrechtsverletzung ihres Nutzers liegt ersichtlich vor, denn die Antragsgegnerin hat diese Tat durch die Zurverfügungstellung von verlinkbarem Speicherplatz überhaupt erst möglich gemacht und deren Andauern trotz Kenntnis der Rechtsverletzung geduldet. Die Gehilfenhaftung setzt neben einer objektiven Beihilfehandlung zumindest einen bedingten Vorsatz in Bezug auf die Haupttat voraus, der das Bewusstsein der Rechtswidrigkeit einschließen muss (vgl. in Bezug auf Markenverletzungen BGH GRUR 2011, 152 [Teilziffer 30] – Kinderhochstühle im Internet)."...[282]

281 **c) Strafbarkeit des Versuchs gem. § 106 Abs. 2 UrhG.** Seit 1990 ist auch der Versuch der unerlaubten Verwertung urheberrechtlich geschützter Werke strafbar. Eine Straftat versucht nach § 22 StGB, wer nach seiner Vorstellung von der Tat zur Verwirklichung des Tatbestandes unmittelbar ansetzt.[283]

282 **d) Eingriffe in verwandte Schutzrechte, § 108 UrhG.** Seit dem Aufkommen der Musik-, Video- und Softwarepiraterie haben die § 108 Abs. 1 Nr. 4 und 5 UrhG Bedeutung bei der Bekämpfung von Raubkopien von Musikwerken und unzulässigen Bootlegs (Mitschnitten) erlangt.[284] Unter Nr. 7 fällt – soweit sie Lichtbildschutz gem. § 95 UrhG genießen – der Schutz (audio-)visueller Darstellung von Computerspielen.[285] § 108 Nr. 8 schützt die unzulässige Verwertung von Datenbanken entgegen § 87b UrhG.[286]

Rechtsprechungsbeispiel:

Oberlandesgericht Hamm:[287] Für die Verurteilung nach § 108 Nr. 5 UrhG bedarf es der Feststellung einer konkret geschützten Tonaufnahme (Titel, Interpret, ggfs. Album) und des dazugehörigen Rechteinhabers. Diesen Anforderungen wird die bloße Feststellung, die Angeklagte habe „Raubkopien" hergestellt, nicht gerecht. (amtlicher Leitsatz)

283 **e) Strafschärfung bei Gewerbsmäßigkeit, § 108a UrhG.** Die **strafschärfende Vorschrift** des § 108a UrhG (Qualifikationstatbestand) erfordert keinen Strafantrag. Es handelt sich um ein **Offizialdelikt.** Die Gewerbsmäßigkeit ist **persönlich strafschärfendes Merkmal** (§ 28 Abs. 2 StGB).[288] Daher muss auch der Teilnehmer gewerbsmäßig gehandelt haben, um nach § 108a UrhG bestraft werden zu können, ansonsten bleibt nur die Bestrafung nach dem Grunddelikt (§§ 106–108 UrhG).

284 **Gewerbsmäßigkeit** liegt vor, wenn der Täter die Tat in der Absicht begeht, sich durch wiederholte, gegebenenfalls auch nur fortgesetzte Begehung eine fortlaufende Einnahmequelle von einiger Dauer und einigem Umfang zu verschaffen.[289]

---

[281] OLG Hamburg Beschl. v. 13.5.2013 – 5 W 41/13, (Vorinstanz: 310 O 56/13 LG Hamburg), GRUR-Prax 2013, 298 = MMR 2013, 533 = http://www.landesrecht-hamburg.de/jportal/portal/page/bshaprod.psml?showdoccase=1&doc.id=KORE555092013&st=ent. zuletzt abgerufen: 1.12.2014.
[282] OLG Hamburg Beschl. v. 13.5.2013 – 5 W 41113, (Vorinstanz: 310 O 56/13 LG Hamburg), GRUR-Prax 2013, 298 = MMR 2013, 533 = http://www.landesrecht-hamburg.de/jportal/portal/page/bshaprod.psml?showdoccase=1&doc.id=KORE555092013&st=ent, Rn. 18; zuletzt abgerufen: 1.2.2014.
[283] Siehe auch: Wandtke/Bullinger/*Hildebrandt/Reinbacher* § 106 Rn. 39.
[284] Wandtke/Bullinger/*Hildebrandt/Reinbacher* § 108 Rn. 1; vgl. auch OLG Frankfurt Beschl. v. 22.3.2013 – 11 W 8/13, NJW-RR 2013, 755, das unter Eheleuten keine Störerhaftung hinsichtlich des Internetanschlusses festgestellt hat und ebenso bereits OLG Köln Urt. v. 16.5.2012 – 6 U 239/11, beide auch abrufbar unter: http://www.ferner-alsdorf.de/2013/05/olg-frankfurt-bei-filesharing-abmahnung-stoererhaftung-eheleuten/.
[285] Wandtke/Bullinger/*Hildebrandt/Reinbacher* § 108 Rn. 1 und 4.
[286] Verfassungsrechtlich bedenklich, vgl. Wandtke/Bullinger/*Hildebrandt/Reinbacher* § 108 Rn. 3.
[287] Beschl. v. 11.9.2014 – Az.: 5 RVs 87/14 BeckRS 2014, 19284.
[288] Wandtke/Bullinger/*Hildebrandt/Reinbacher* § 108a Rn. 2.
[289] Wandtke/Bullinger/*Hildebrandt/Reinbacher* § 108a Rn. 2.

Rechtsprechungsbeispiele:

LG Braunschweig:[290] Unerlaubtes gewerbsmäßiges Vervielfältigen und Verbreiten geschützter Software:
Der Angeklagte hat sich des gewerbsmäßigen unerlaubten Vervielfältigens urheberrechtlich geschützter Werke in Tateinheit mit gewerbsmäßigem unerlaubtem Verbreiten urheberrechtlich geschützter Werke in 27 Fällen schuldig gemacht und wurde zu einer Gesamtfreiheitsstrafe von drei Jahren verurteilt.

BGH Urteil vom 11.10.2012 (LG München II), zum Verhältnis §§ 106, 108a UrhG zur unionsrechtlich garantierten Warenfreiheit:[291]
In der ersten Instanz wurde der Angeklagte wegen Beihilfe zur gewerbsmäßigen unerlaubten Verwertung urheberrechtlich geschützter Werke in 485 Fällen zu einer Gesamtfreiheitsstrafe von zwei Jahren verurteilt, die Revision bestätigte dieses Urteil.
Eine Firma D. mit Sitz in Bologna bot in Deutschland ansässigen Kunden durch Zeitschriftenanzeigen und -beilagen, durch direkte Werbeanschreiben und per deutschsprachiger Internet-Website Nachbauten von Einrichtungsgegenständen im sogenannten „Bauhausstil" zum Kauf an, ohne über Lizenzen für deren Vertrieb in Deutschland zu verfügen. Der Angeklagte in Italien verkaufte Vervielfältigungsstücke von in Deutschland urheberrechtlich geschützten Einrichtungsgegenständen an deutsche Kunden, die er mittels seiner Spedition ausgeliefert hat. Für diese Gegenstände bestand im relevanten Tatzeitraum in Italien kein durchsetzbarer urheberrechtlicher Schutz. In Deutschland waren sie hingegen als Werke der angewandten Kunst urheberrechtlich geschützt.
Der Angeklagte, ein deutscher Staatsangehöriger, war Geschäftsführer und Gesellschafter einer Spedition, die ebenfalls ihren Sitz in Bologna hatte und betrieb seine Geschäfte jedoch im Wesentlichen von seinem Wohnsitz in Deutschland aus. Das von ihm vertretene Unternehmen war seit mindestens April 1999 mit der Auslieferung der Nachbauten befasst. Die Verurteilung des Angeklagten wurde auf §§ 106, 108a UrhG, § 27 StGB gestützt und hierzu ausgeführt, dass auch die Warenverkehrsfreiheit nicht entgegen stünde, da die sich aus den nationalen Regelungen zum Urheberrecht ergebende Beschränkung derselben zum Schutz des gewerblichen und kommerziellen Eigentums gerechtfertigt sei.

Urteile aus dem Verfahren Kino.to:
Eines der größten und bekanntesten strafrechtlichen Verfahren im Zusammenhang mit Urheberrechtsverletzungen dürfte das gegen die Streaming Plattform Kino.to sein, das begleitet von nationalen und internationalen Polizeiaktion im Juni 2011 bekannt wurde und mit einer Vielzahl von Urteilen – zuletzt am 13.6.2012 gegen einen der Haupttäter – vor dem Landgericht Leipzig sein vorläufiges Ende fand. In diesem wurde nach einer Meldung von Spiegel Online der Gründer und Betreiber des Portals zu 4 Jahren und 6 Monaten Freiheitsstrafe verurteilt.[292]

f) Unerlaubte Eingriffe in technische Schutzmaßnahmen und zur Rechtewahrnehmung erforderliche Informationen, § 108b UrhG. Zweck der Vorschrift ist die wirksame Durchsetzung des rechtlichen Schutzes gegen technische Umgehungshandlungen und -vorrichtungen (§ 95a UrhG) sowie die Sanktionierung der rechtswidrigen Entfernung und Veränderung von zur Rechtewahrnehmung erforderlichen Informationen (§ 95c UrhG). (Zur Ordnungswidrigkeit vgl. § 111a UrhG). Soweit die Tat zugleich einen Eingriff in einen nach § 2 ZKDSG geschützten zugangskontrollierten oder Zugangskontrolldienst darstellt, kommt auch eine Strafbarkeit nach § 4 ZKGDS (bzw. § 5 ZKDSG) in Betracht.
Wer entgegen § 95a Abs. 1 UrhG eine wirksame technische Maßnahme umgeht, macht sich nach **§ 108b Abs. 1 und 3 UrhG** strafbar.

g) Strafantrag § 109 UrhG. In den Fällen der §§ 106 bis 108 und des § 108b wird die Tat nur auf Antrag verfolgt, es sei denn, die Strafverfolgungsbehörde halten wegen des besonderen öffentlichen Interesses an der Strafverfolgung ein Einschreiten von Amts wegen für geboten. Die gewerbsmäßige unerlaubte Urheberrechtsverletzung nach § 108a UrhG wird von Amts wegen verfolgt (Offizialdelikt).

---

[290] Urt. v. 7.7.2003 – 6 KLs1/03, CR 2003, 801.
[291] 1 StR 213/10, http://www.hrr-strafrecht.de/hrr/1/10/1–213-10-1.php, = NJW 2013, 93. Der Fall hatte auch noch die sehr interessante Begebenheit, dass der Angeklagte sich vorab anwaltlich über das geplante Geschäftsmodell hat beraten lassen und sich in diesem Zusammenhang ohne Erfolg auf einen Verbotsirrtum berufen hat (hierzu im Urteil ab Rn. 64 ff.).
[292] Meldung Spiegel Online vom 13.6.2012, http://www.spiegel.de/netzwelt/web/kino-to-chef-zu-viereinhalb-jahren-haft-verurteilt-a-838819.html.

Praxistipp:

Die meisten Straftatbestände des Urheberrechts sind **Antragsdelikte (§ 109 UrhG)**. Trägt der Mandant einen Sachverhalt vor, wird die **Antragsfrist häufig nicht ausreichen, um** den Vorfall erschöpfend aufzuklären, etwa mittels Sachverständigengutachtens. In diesen Fällen muss jedenfalls die Frage der Strafanzeige bzw. des Strafantrags vor Ablauf von 3 Monaten nach Kenntnis von Tat und Täter entschieden werden.

III. Internationale Besonderheiten

1. Cyber Crime Convention CCC

287   Am 23.11.2001 wurde in Budapest die **Convention on Cybercrime** des Europarates nach jahrelangen Verhandlungen zur Unterschrift vorgelegt und trat schließlich am 1.7.2004 durch die erforderliche Mindestanzahl von fünf ratifizierenden Staaten erstmalig dort in Kraft.[293] Erklärtes Ziel ist die **Schaffung effektiver kriminalpolitischer Maßnahmen** zur Bekämpfung der Computer- und Internetkriminalität. Zu diesem Zweck sind unter anderen folgende Regelungen getroffen worden:

288   Strafandrohung für Datensabotage und -missbrauch, Echtzeitüberwachung, Auslieferung, Unterstützung der Unterzeichnerstaaten bei gegenseitiger Beweisgewinnung und durch Beschleunigung des Rechtshilfeverfahrens.

289   Deutschland hat den Vertrag am 23.11.2001 unterzeichnet und am 9.3.2009 offiziell ratifiziert.[294] Von den Nichtmitgliedstaaten des Europarates haben die Staaten Japan, Kanada, Montenegro und Südafrika lediglich unterzeichnet. Erst am 29.9.2006 haben die Vereinigten Staaten von Amerika das Übereinkommen ratifiziert, am 1.1.2007 ist es auch dort in Kraft getreten.[295] Durch das 41. StRÄndG wurden Vorgaben der CCC (Cyber Crime Convention) umgesetzt.

290   Daneben existiert noch das **Zusatzprotokoll zum Übereinkommen über Computerkriminalität** betreffend die Kriminalisierung mittels Computersystemen begangener Handlungen rassistischer und fremdenfeindlicher Art, SEV-Nr.: 189. Die Zeichnung erfolgte am 28.1.2003. Der Vertrag wurde aufgelegt zur **Unterzeichnung durch die Staaten, die die CCC (Cyber Crime Convention) unterzeichnet haben** und trat am 1.3.2006 durch Ratifizierung in den ersten fünf Staaten in Kraft.

2. Maßnahmen auf EU Ebene

291   Die Kommission hat am 30.9.2010 zwei Gesetzgebungsmaßnahmen vorgestellt, die Europa vor Cyberangriffen besser schützen sollen. Dabei handelt es sich zum einen um einen Vorschlag für eine Verordnung des Europäischen Parlaments über die Europäische Agentur für Netz- und Informationssicherheit (ENISA), welche die EU-Agentur für Netz- und Informationssicherheit (ENISA) erneuern soll und zum anderen um einen **Richtlinienvorschlag über den Umgang mit neuen Arten von Cyberkriminalität**. Dieser beinhaltet neben einer Straferhöhung auch die europaweite Sanktionierung der Nutzung bösartiger Software, die illegale Beschaffung von Passwörtern sowie die illegale Überwachung von Informationssystemen.[296]

---

[293] Weitergehend hierzu und zu weiteren internationalen Regelungen: *Hoeren*, Internetrecht, Neuntes Kapitel, Rn. 789 ff.
[294] http://conventions.coe.int/Treaty/Commun/ListeTraites.asp?PO=GER&MA=49&SI=2&DF=&CM=3&CL=GER zuletzt besucht am 1.6.2015.
[295] Übereinkommen über Computerkriminalität SEV-Nr. 185, http://conventions.coe.int Stand Übereinkommen vom 10.10.2006.
[296] Weitere Informationen abrufbar unter: http://ec.europa.eu/information_society/newsroom/cf/itemlongdetail.cfm?item_id=6190 zuletzt abgerufen: 5.6.2015.

III. Internationale Besonderheiten

Seit 3.9.2013 ist die **Richtlinie des Europäischen Parlaments und des Rates über Angriffe auf Informationssysteme** und zur Ersetzung des Rahmenbeschlusses 2005/222/JI des Rates in Kraft und muss von den Mitgliedsstaaten bis zum 4.9.2015 umgesetzt werden. Sie enthält Mindestvorschriften zu Tatbeständen und Höchststrafen im Bereich der Cyberkriminalität. Des Weiteren sollen auch juristische Personen für Straftaten verantwortlich gemacht werden können, die zu ihren Gunsten verübt werden.[297]

3. Internationale Beispielsfälle

Europäische Einflüsse aus der Rechtsprechung spielen im Strafrecht eine immer größere Rolle. So führt die, im Strafrecht grundsätzlich untypische Verweisungstechnik des „Urheberstrafrechts" auf (urheber-)zivilrechtliche Vorschriften dazu, dass dort zunehmend europäisches Recht und damit die Rechtsprechung des EuGH maßgeblich wird.[298]

Folgende Beispiele sollen – wenngleich sie nicht alle aus Strafverfahren stammen – die derzeitige Jurisdiktion im internationalen Bereich punktuell wiedergeben:

Rechtsprechungsbeispiele:
Europäischer Gerichtshof:[299]
In einer zivilrechtlichen, aber dennoch bemerkenswerten Entscheidung vom 29.1.2008 (C-275/06) hat der Europäische Gerichtshof im Hinblick auf die Forderung der Musikindustrie zur Datenherausgabe festgestellt, dass Internetdienstleister nicht verpflichtet sind herauszugeben, damit Verlage und Produzenten Urheberrechtsverletzungen zivilrechtlich verfolgen können. Es führte unter anderem aus:
„Die Richtlinie 2000/31/EG des Europäischen Parlaments und des Rates vom 8.6.2000 über bestimmte rechtliche Aspekte der Dienste der Informationsgesellschaft, insbesondere des elektronischen Geschäftsverkehrs, im Binnenmarkt („Richtlinie über den elektronischen Geschäftsverkehr"), die Richtlinie 2001/29/EG des Europäischen Parlaments und des Rates vom 22.5.2001 zur Harmonisierung bestimmter Aspekte des Urheberrechts und der verwandten Schutzrechte in der Informationsgesellschaft, die Richtlinie 2004/48/EG des Europäischen Parlaments und des Rates vom 29.4.2004 zur Durchsetzung der Rechte des geistigen Eigentums und die Richtlinie 2002/58/EG des Europäischen Parlaments und des Rates vom 12.7.2002 über die Verarbeitung personenbezogener Daten und den Schutz der Privatsphäre in der elektronischen Kommunikation (Datenschutzrichtlinie für elektronische Kommunikation) gebieten es den Mitgliedstaaten nicht, in einer Situation wie der des Ausgangsverfahrens im Hinblick auf einen effektiven Schutz des Urheberrechts die Pflicht zur Mitteilung personenbezogener Daten im Rahmen eines zivilrechtlichen Verfahrens vorzusehen." [300]

Beispiel Schweden:
In einem Aufsehen erregenden Verfahren in **Schweden** wurde auf Veranlassung des Filmwirtschaftsverbands Motion Picture Association of America (MPAA) ein Prozess gegen die Betreiber des Torrent-Trackers The Pirate Bay geführt.
Das Gericht führte nach einer Meldung von Heise[301] aus, den Angeklagten sei bewusst gewesen, dass urheberrechtlich geschütztes Material über die Plattform getauscht wird. Als Team hätten sie schwere Urheberrechtsverletzungen begünstigt.
Es wurden Haftstrafen wegen Beihilfe zur schweren Urheberrechtsverletzung in Höhe von einem Jahr ausgesprochen sowie Schadensersatz in Höhe von 30 Millionen Schwedischen Kronen (2,75 Millionen Euro) verhängt.
Die Verurteilten kündigten Rechtsmittel an. Sie verwiesen darauf, dass die Website selbst kein urheberrechtlich geschütztes Material zum Download bereitgehalten habe sondern lediglich entsprechende Verbindungen vermittle.

Beispiel Australien:
34 Filmstudios haben in Australien eine Klage gegen einen dortigen Provider verloren. Mit Urteil vom Februar 2010 wies ein Gericht in Sydney die Ansprüche zurück. Etwaige Urheberrechtsverletzun-

---

[297] http://register.consilium.europa.eu/pdf/de/12/pe00/pe00038.de12.pdf bzw. http://eur-lex.europa.eu/LexUriServ/LexUriServ.do?uri=OJ:L:2013:218:FULL:DE:PDF.
[298] Wandtke/Bullinger/*Hildebrandt/Reinbacher* § 106 Rn. 5.
[299] EuGH Urt. v. 29.1.2008 – C-275/06, EuZW 2008, 113.
[300] http://curia.europa.eu/jurisp/cgi-bin/form.pl?lang=DE&Submit=rechercher&numaff=C-275/06, zuletzt abgerufen: 6.1.2015.
[301] Meldung v. 17.4.2009 http://www.heise.de/newsticker/Haftstrafen-fuer-Pirate-Bay-Macher--/meldung/136330, zuletzt abgerufen: 6.1.2015.

gen von Kunden des Providers könnten nach Ansicht des Gerichts nicht dem Provider angelastet werden.[302]

Beispiel USA:
Hohe Schadensersatzforderungen in file-sharing Fällen aus den USA sorgen auch hierzulande immer wieder für Aufsehen.
Am bekanntesten sind wohl die Fälle *Thomas-Rasset* und *Tenenbaum*, in welchen den Klägern von der Jury exorbitant hohe Schadensersatzzahlungen ausgesprochen wurden. In ersterem Verfahren wurde allerdings mit Entscheidung vom 22.1.2010 die ursprünglich auf 1,9 Millionen Dollar festgesetzte Zahlung auf 54.000,– US-Dollar reduziert. Der Bundesrichter führte in diesem Zusammenhang aus: „Das Erfordernis der Abschreckung kann eine 2-Millionen-Dollar-Strafe für den Diebstahl und die illegale Verbreitung von 24 Songs – mit der alleinigen Absicht gratis an Musik zu kommen – nicht rechtfertigen".[303]
Begehrt ein Rechteinhaber in den USA die Herausgabe einer IP-Adresse, so muss er zuerst gegen Unbekannt klagen und einen entsprechenden Herausgabetitel vor Gericht erwirken. Allerdings sollen Provider vereinzelt auch ohne entsprechende Unterlagen Nutzerdaten zur Verfügung gestellt haben.[304]

IV. Inanspruchnahme und Haftung von Providern

294   Bei der Nutzung der modernen Kommunikationstechnologien fallen massenhaft Daten an, die für die Strafverfolgungsbehörden von besonderem Interesse sind. Die Provider sind verpflichtet auf eigene Kosten gem. § 110 Telekommunikationsgesetz (TKG) die technische **Umsetzung der Überwachungsmaßnahmen** der Ermittlungsbehörden sicherzustellen. Näheres regelt die Telekommunikationsüberwachungsverordnung (TKÜV). Außerdem sind sie zur **Auskunftserteilung** verpflichtet, §§ 110, 113 TKG bzw. § 100g Strafprozessordnung (StPO), und sollten nach dem 1.1.2008 sogar Daten auf Vorrat gem. § 113a, b TKG speichern (Vorratsdatenspeicherung). Gem. § 95 Abs. 2 StPO können gegen den Provider im Falle der Weigerung auch die in § 70 StPO genannten **Zwangsmittel** festgesetzt werden. Während Daten, die nach §§ 110, 113 TKG abgefragt werden, vornehmlich der Identifizierung dienen, bereiten Auskünfte nach § 100g StPO (§ 113a TKG) in der Regel eine Überwachungsmaßnahme vor oder ermöglichen eine Standortermittlung. Seit dem 1.9.2009 sehen sich Provider auch den neu konzipierten Drittauskunftsanspruch gem. § 101 UrhG der Rechteinhaber gegenüber, die bei gewerbsmäßiger Rechtsverletzung von Internet-Providern die Mitteilung der Identität des Verletzers verlangen können.

295   Am 23.2.2010 trat das **Zugangserschwerungsgesetz** in Kraft. Mit dem hoch umstrittenen Gesetz sollte der Zugang zu kinderpornographischen Internetinhalten durch sog Netzsperren verhindert werden.[305] Nach dem Regierungswechsel in 2009 war klar, dass dieses umstrittene Gesetz nicht zur Anwendung kommen soll. „Löschen statt Sperren" hat sich inzwischen durchgesetzt. Am 1.12.2011 wurde das Aufhebungsgesetz verabschiedet. Damit gehört die rechtliche Idee der Netzsperren vorerst der Vergangenheit an.[306]

296   Aus Sicht der Strafverfolger sollen bei den Providern möglichst viele Daten möglichst lange gespeichert werden, was einen umfassenden Zugriff auf relevante Daten ermöglichen soll. Dem Strafverfolgungsinteresse steht allerdings der **Datenschutz** entgegen, der von den Diensteanbietern ebenfalls beachtet werden muss. In diesem Spannungsfeld sehen sich die Provider über Gebühr in Anspruch genommen, insbesondere den Forderungen nach Ausdehnung der Inanspruchnahme von Providern durch Erweiterung des Datenbestandes und der Verlängerung von (kostenverursachenden) Speicherfristen etc trat und tritt die Internetwirtschaft entgegen.

---

[302] Vgl. Heise Online Meldung v. 4.2.2010, http://www.heise.de/newsticker/meldung/Filesharing-Prozess-Hollywood-unterliegt-gegen-australischen-Provider-922113.html zuletzt abgerufen: 6.1.2015.
[303] Vgl. Heise Online Meldung v. 23.1.2010, http://www.heise.de/newsticker/meldung/US-Richter-reduziert-Millionenstrafe-wegen-Filesharings-911803.html, 6.1.2015.
[304] Vgl. Heise Online Meldung v. 30.3.2010, http://www.heise.de/newsticker/meldung/Massenklage-gegen-BitTorrent-Nutzer-wegen-Filmdownloads-968709.html, zuletzt abgerufen: 8.1.2015.
[305] Umfassend zum Thema: *Marberth-Kubicki* NJW 2009, 1792 und NJW-Aktuell 2010, 12.
[306] http://www.heise.de/newsticker/meldung/Bundesregierung-streicht-Websperren-Gesetz-1250092.html.

IV. Inanspruchnahme und Haftung von Providern

Gleichwohl hat der Gesetzgeber auch im Hinblick auf die europäischen Vorgaben die Inanspruchnahme von Providern hinsichtlich der Speicherung von Daten und des Umfangs der Auskunftsverpflichtung ausgedehnt. Mit dem vielkritisierten Gesetz zur Neuregelung der Telekommunikationsüberwachung, das am 9.11.2007 im Bundestag verabschiedet wurde, ist auch die Vorratsdatenspeicherung eingeführt worden.[307] Das Gesetz war vom 1.1.2008 bis zur Entscheidung des BVerfG[308] am 2.3.2010 in Kraft. Danach waren gem. § 113a TKG Provider verpflichtet über einen Zeitraum von 6 Monaten umfassend Daten auf Vorrat, also ohne Verdacht und anlassunabhängig zu speichern. Diese Regelungen zur **Vorratsdatenspeicherung** sind nichtig.[309] Inzwischen hat der **EuGH** am 10.4.2014 auch die Richtlinie über die Vorratsspeicherung von Daten für ungültig erklärt.[310]

Grundsätzlich ist die Abschöpfung der Daten für die Strafverfolgungsbehörde auf der Grundlage der StPO und des TKG möglich und richtet sich im Einzelnen nach der Definition des Datums und der Eingriffsintensität. Je sensibler das Datum, desto höher sind die Schranken des Zugriffs. Eingriffe in das Fernmeldegeheimnis, Art. 10 GG, sind ausschließlich über die Vorschriften zur Telekommunikationsüberwachung gem. §§ 100a ff. StPO möglich, während einfache Daten über eine schlichte Abfrage nach TKG oder allgemeinen Eingriffsbefugnissen verlangt werden können (im Einzelnen hierzu → 2. a) und 3.).

1. Datenspeicherung

Eine möglichst weitgehende Datenspeicherung ist notwendige Voraussetzung für eine (umfassende) Auskunft der Provider an die Ermittlungsbehörde.

a) Daten. Wie lange welche Daten gespeichert werden dürfen und aufgrund welcher Rechtsgrundlage Auskunft erteilt werden darf, hängt zunächst von der **Qualität der Daten** ab. Der nachfolgende Katalog versucht die unterschiedlichen Daten der Telekommunikation und der Telemedien darzustellen und die für die Strafermittlungsbehörden relevanten Daten zu kategorisieren. Dies ist allerdings nicht immer eindeutig möglich. Bei den anfallenden Daten der Telekommunikation sind auch diejenigen der Telemedien gemeint. Unterscheidungen ergeben sich durch verschiedene gesetzliche Grundlagen, inhaltlich sind die Daten im Wesentlichen deckungsgleich.

- **Inhaltsdaten**

Primäres Ziel der Ermittlungsbehörde ist der Inhalt von Telekommunikation, also was in einem Telefonat gesprochen oder an Informationen über Telefax, E-Mail etc ausgetauscht wurde.

- **Verkehrsdaten/Nutzungsdaten**

Neben dem Inhalt der Telekommunikation sind die Verkehrsdaten gemäß § 96 TKG bzw. die Nutzungsdaten gemäß § 15 Telemediengesetz TMG von besonderer Bedeutung.

Hierzu gehören ua Nummer oder Kennung des Angerufenen und des anrufenden Anschlusses, Beginn und Ende der jeweiligen Verbindung, der in Anspruch genommene Telekommunikationsdienst etc.

Erfasst werden insbesondere auch die IMSI[311]- und IMEI[312]-Kennungen von Mobiltelefonen sowie die dynamische IP[313]-Adresse von Computeranlagen, wenn sie Zugang zum Internet haben.

- **Abrechnungsdaten**

Hierunter fallen diejenigen Daten, die für die Entgeltabrechnung erforderlich sind, §§ 97 Abs. 2 TKG bzw. 15 Abs. 4 TMG.

Hierzu gehören neben den Verkehrsdaten auch die Nutzungsdaten, die für die Inanspruchnahme von Diensten technisch erforderlich sind.

---

[307] http://dip21.bundestag.de/dip21/btd/16/058/1605846.pdf.
[308] BVerfG Urt. v. 2.3.2010 – 1 BvR 256/08, 1 BvR 263/08, 1 BvR 586/08, NJW 2010, 833.
[309] S. auch → 1a, bb.
[310] MMR 2014, 412.
[311] IMSI = auf der SIM-Karte gespeicherte Teilnehmeridentifikationsnummer.
[312] IMEI = Gerätekennung, Identifikationsnummer der Hardware (Mobiltelefon).
[313] Erlaubt die logische Adressierung von Computern im Netzwerk.

303 • **Bestands- oder Benutzerdaten**
Die Definition der Bestands- oder Benutzerdaten ergibt sich aus § 97 Abs. 2 Nr. 2–3 TKG bzw. § 14 TMG. Es handelt sich um personenbezogene Daten eines Kunden **zur Begründung des Vertragsverhältnisses**, auch Vertragsdaten genannt. Erst die Kenntnis dieser Bestandsdaten ermöglicht die Zuordnung von Verkehrsdaten zu einem bestimmten Anschluss, einer Kennung oder einer Person.
Hierzu gehört ua die Anschrift des Teilnehmers, das insgesamt zu entrichtende Entgelt (insofern sind auch die Verkehrsdaten, je nach Tarif, unter Umständen auch Bestands- oder Benutzerdaten), Modalitäten der Zahlungen (Rückstände, Mahnungen etc). Auch die Bankverbindung und die statische IP- Adresse gehören hierzu.

304 • **Zugangsdaten**
Bei Mobiltelefonen fallen aufgrund der technischen Vorgaben Zugangsdaten an. Dies sind die Daten, die für die Inbetriebnahme des Gerätes erforderlich sind. Hierzu gehören die PIN- und PUK-Nummern sowie Passworte (vgl. § 113 Abs. 1 TKG und neu jetzt bei IP-Adresse und Zugangsdaten § 100 StPO.

305 • **Standortdaten/Position/Geo-Daten**
Das betriebsbereite Mobiltelefon produziert darüber hinaus Daten, die signalisieren, in welcher Funkzelle sich das Gerät anmeldet, um die Empfangsbereitschaft anzuzeigen. Hierüber sind Rückschlüsse auf die Position des Gerätes möglich (vgl. § 98 TKG).

306 b) **Vorratsdatenspeicherung.** Bis zum 31.12.2007 galt, dass die Anbieter von Telekommunikationsdienstleistung oder Telediensten grundsätzlich nur diejenigen Daten speichern durften, die sie zur Abrechnung ihrer Leistungen oder im Falle von Rechtsstreitigkeiten zur Durchsetzung ihrer Ansprüche benötigten. Wenn sie nicht zur Abrechnung benötigt wurden, waren die Daten nach Verbindungsende zu löschen; falls die Speicherung erforderlich war, mussten die Daten spätestens nach Ablauf einer Höchstfrist von 6 Monaten gelöscht werden.
Im Einzelnen war strittig, was tatsächlich wie lange gespeichert werden durfte:

Das AG Darmstadt[314] stellte fest, dass die Speicherung der IP-Adresse nicht für eine Abrechnung erforderlich und damit rechtswidrig sei (betraf T-online), allerdings entstünden trotz der Vereinbarung einer Pauschalvergütung (Flatrate) keine Bedenken, Verkehrsdaten zu speichern, um dem Provider die Durchsetzbarkeit und Beweisbarkeit der Richtigkeit der Abrechnung gegenüber dem Kunden zu ermöglichen.
In der zweiten Instanz hat das Landgericht Darmstadt[315] die Entscheidung korrigiert und ausgeurteilt, dass nicht nur die IP-Adresse nach Verbindungsende gelöscht werden müsse, sondern bei vertraglicher Vereinbarung einer Flatrate auch das Datenvolumen nicht erhoben werden dürfe, da hiervon das Entgelt nicht abhänge.

307 Nach dem 1.1.2008 hatte sich die rechtliche Situation ins Gegenteil verkehrt. Aus dem Recht *speichern zu dürfen*, wurde die Pflicht *speichern zu müssen* für die Provider normiert.
Nach langer, kontrovers geführter Diskussion trat zum 1.1.2008 das „Gesetz zur Neuregelung der Telekommunikationsüberwachung sowie anderer verdeckter Maßnahmen und Vorratsdatenspeicherung" in Kraft. Während in § 113a TKG die heftig umstrittene anlass- und verdachtsunabhängige Vorratsdatenspeicherung eingeführt wurde, regelte § 113b TKG die Verwendung ua für die Strafverfolgung. In Abkehr von dem bisher geltenden Grundsatz, wonach die Ermittlungstätigkeit der Strafverfolgungsbehörde immer einen Verdacht voraussetzt, sollte die völlig anlass- und verdachtsunabhängige Speicherung von Daten und der Zugriff hierauf fortan ermöglicht werden.[316]

308 Seit dem 1.1.2008[317] mussten Provider auf Vorrat für 6 Monate Daten speichern, auch wenn nicht erkennbar war, dass diese Daten in einem konkreten Strafverfahren erforderlich

---

[314] Urteil vom 30.6.2005 – 300 C 397/04, ITRB 2005, 251.
[315] Urteil vom 25.1.2006 – 25 S 118/2005, 25 S 118/05, CR 2006, 249.
[316] Zum Umfang der Speicherpflicht: *Hoeren* JZ 2008, 668; *Redeker* ITRB 2009, 112.
[317] Gem. § 150 Abs. 12b iVm § 149 Abs. 1 Nr. 37 TKG sollten die Bußgeldvorschriften erst zum 1.1.2009 zum Tragen kommen bzw. waren die Internetzugangsdienste etc erst ab dem 1.1.2009 zur Speicherung verpflichtet.

sein könnten. Diese Forderung wurde von Datenschützern und anderen Kreisen aus rechtsstaatlichen Gründen heftig kritisiert.

Mit Beschluss vom 11.3.2008 hatte das Bundesverfassungsgericht[318] aufgrund eines Eilantrages der Anwendung des Gesetzes einen Riegel vorgeschoben und die Verwendung der gespeicherten Daten deutlich eingeschränkt. Nach diversen Verlängerungen der einstweiligen Anordnung erging am 2.3.2010[319] endlich die Entscheidung in der Hauptsache. Der Erste Senat entschied:

„...... dass die Regelungen des TKG und der StPO über die Vorratsdatenspeicherung mit Art. 10 GG nicht vereinbar sind. Zwar ist eine Speicherungspflicht in dem vorgesehen Umfang nicht von vornherein schlechthin verfassungswidrig. Es fehlt aber an einer dem Verhältnismäßigkeitsgrundsatz entsprechenden Ausgestaltung. Die angegriffenen Vorschriften gewährleisten weder eine hinreichende Datensicherheit, noch ein hinreichende Begrenzung der Verwendungszwecke der Daten. Auch genügen sie nicht in jeder Hinsicht der verfassungsrechtlichen Transparenz und den Rechtsschutzanforderungen. Die Regelung ist damit insgesamt verfassungswidrig und nichtig."

Das Urteil verpflichtete deutsche Telekommunikationsanbieter zur sofortigen Löschung der bis dahin gesammelten Daten.

Eine Nachfolgeregelung zur Vorratsdatenspeicherung gibt es bis heute nicht, was Deutschland europarechtlich Probleme bereitet. Da seither keine neue Regelung zur Umsetzung der Richtlinie 2006/24/EG geschaffen wurde, hat die Europäische Kommission am 31.5.2012 Klage gegen Deutschland vor dem EuGH wegen Nichtumsetzung der Richtlinie eingereicht.[320]

Neue Hoffnungen schöpfen die Gegner der Vorratsdatenspeicherung, nachdem im Dezember 2013 ein Gutachten des Generalanwalts am Europäischen Gerichtshof erklärte, dass die aktuelle Fassung der Richtlinie nach seiner Ansicht mit Art. 52 Abs. 1 der Charta der Grundrechte der Europäischen Union unvereinbar sei. Die Entscheidung des EuGH wird mit Spannung erwartet. Die Bundesregierung wird vorher keinen Entwurf zur Regelung der Vorratsdatenspeicherung einbringen.[321]

2. Auskunftsverpflichtung

a) Auskunft gem. §§ 113, TKG, 100g, 100j StPO. Grundsätzlich sind Provider zur Auskunft hinsichtlich der bei ihnen gespeicherten Daten verpflichtet. Die Rechtsgrundlage hängt von der Qualität des Datums ab. Bei **hoher Eingriffsintensität** (Eingriff in das Fernmeldegeheimnis, Art. 10 GG) darf die Auskunft nur aufgrund eines richterlichen Beschlusses gem. §§ 100g, 100b StPO als Teil (in der Regel zur Vorbereitung) der Überwachung von Telekommunikation, abgefragt werden. Zu den besonders geschützten Daten gehören Inhalts- und Verkehrsdaten.

Weniger sensible Daten können ohne richterlichen Beschluss gem. § 110 Abs. 2, 113[322] TKG oder aufgrund allgemeiner Befugnis der Ermittler gemäß §§ 161, 163 StPO abgefordert werden. Hierzu gehören auch die Bestands- oder Benutzerdaten (Vertragsdaten) gem. § 97 Abs. 2 Nr. 2–3 TKG.

Hinsichtlich der Abfrage von Zugangsdaten und der dynamischen[323] IP-Adresse gilt seit 1.7.2013 die neue Regelung zur Bestandsdatenauskunft gem. § 100j StPO.[324]

---

[318] http://www.bundesverfassungsgericht.de/entscheidungen/rs20080311_1bvr025608.html.
[319] BVerfG Urt. v. 2.3.2010 – 1 BvR 256/08, 1 BvR 263/08, 1 BvR 586/08, NJW 2010, 833.
[320] BeckOK StPO/*Hegmann* § 100g vor Rn. 1.
[321] http://www.heise.de/tp/blogs/8/155697.
[322] Nach Nr. 1 des Tenors des Urteils des BVerfG vom 2.3.2010 – 1 BvR 256/08 zur Vorratsdatenspeicherung ua (BGBl. I 2010 S. 272), gilt folgendes: „Die §§ 113a und 113b des Telekommunikationsgesetzes in der Fassung des Artikel 2 Nummer 6 des Gesetzes zur Neuregelung der Telekommunikationsüberwachung und anderer verdeckter Ermittlungsmaßnahmen sowie zur Umsetzung der Richtlinie 2006/24/EG vom 21. Dezember 2007 (Bundesgesetzblatt Teil I Seite 3198) verstoßen gegen Artikel 10 Absatz 1 des Grundgesetzes und sind nichtig."
[323] Im Gegensatz zur statischen IP-Adresse, die ein Bestandsdatum darstellt.
[324] S. unten → 3d).

314 **b) Drittauskunftsanspruch gem. § 101 UrhG.** Zum 1.9.2008 trat das Gesetz zur Verbesserung der Durchsetzung von Rechten des geistigen Eigentums in Kraft, welches das geistige Eigentum als solches stärken und den Kampf gegen Produktpiraterie erleichtern soll. In diesem Rahmen wird dem Rechteinhaber nun unter besonderen Voraussetzungen die Option gem. § 101 Abs. 2 UrhG nF eingeräumt, direkt beim Internet-Provider Auskunft über die Identität des Rechtsverletzers zu erlangen. Bisher war immer der Umweg über die Strafverfolgungsbehörde notwendig, um über deren Antrag an die Provider und anschließende Akteneinsicht an die Daten zu gelangen. Dies führte jedoch zu einer übermäßigen Inanspruchnahme der Staatsanwaltschaften, welche sich bald als Erfüllungsgehilfen der Industrie sahen. Diesem Umstand wird durch den neuen Auskunftsanspruch gegenüber Dritten (Providern) Rechnung getragen.

315 Zuständig sind die Zivilkammern des Landgerichts im Bezirk des zu Verpflichtenden. Voraussetzung ist eine **Rechtsverletzung in gewerblichem Ausmaß** und, wenn **Verkehrsdaten** gem. § 3 Nr. 30 TKG (§ 101 Abs. 9 UrhG) herausgegeben werden sollen, eine richterliche Anordnung. Zu beachten ist, dass der Drittauskunftsanspruch nicht nur die Rechtsverletzung in gewerbsmäßigem Ausmaß erfordert, sondern auch die gewerbsmäßige Erbringung der Dienstleistung des Dritten, von dem die Auskunft begehrt wird.[325]

316 Wann von **Gewerbsmäßigkeit** der Verletzung ausgegangen werden kann, ist auslegungsbedürftig. Die Spannweite reicht bisher von nur wenigen[326] angebotenen Musik- und Filmtiteln bis hin zum Erfordernis von 3.000 Musiktiteln oder 200 Filmen.[327] Bedeutsam ist hierbei offenbar auch der Zeitpunkt der Rechtsverletzung. So soll ein solch schwerer Eingriff auch bei nur einer einzelnen umfangreichen Datei (zB Kinofilm, Hörbuch oder Musikalbum) unmittelbar nach der Veröffentlichung gegeben sein[328] oder wenn ein Musikalbum in der relevanten Verkaufsphase öffentlich angeboten wird.[329] § 101 Abs. 2 UrhG kommt des Weiteren nur bei einer offensichtlichen Rechtsverletzung in Betracht. In diesem Rahmen ergibt sich eine ähnliche Abgrenzungsproblematik wie bei der offensichtlich rechtswidrigen Vorlage der Privatkopie. Insoweit soll es jedoch auf den Blickwinkel des objektiven Betrachters ankommen, wobei sämtliche Umstände in Betracht zu ziehen sind, die eine Rechtsverletzung eindeutig erkennen lassen.[330] Schließlich besteht das Auskunftsrecht ausschließlich gegenüber den in Absatz 2 S. 1 Nr. 1–4 genannten Personen bzw. Personengruppen.

317 Ob der Auskunftsanspruch die erhoffte Entlastung für die Strafverfolgungsbehörde mit sich bringt oder eine schnellere und einfache Identifizierung der Rechteverletzer ermöglicht, wird die Praxis zeigen müssen.

3. Haftung für Inhalte/Privilegierung nach §§ 7–10 TMG[331]

318 Wer Inhalte im Internet zur Verfügung stellt, ist dafür verantwortlich.[332] Die allgemeinen Regeln nach den unterschiedlichen Vorschriften des Zivil- und Strafrechts gelten auch für

---

[325] OLG Oldenburg Beschl. v. 1.12.2008 – 1 W 76/08, ITRB 2009, 55; OLG Zweibrücken Beschl. v. 27.10.2008 – 3 W 184/08, CR 2009, 31.
[326] LG Köln Beschl. v. 2.9.2008 – 28 AR 4/08, ITRB 2008, 243 hat schon den Tausch eines Albums als ausreichend angesehen.
[327] LG Frankenthal (Beschl. v. 15.9.2008 – 6 O 325/08, ZUM 2008, 993) ab 3.000 Musiktiteln oder 200 Filmen; die Entscheidung wurde zwar vom OLG Zweibrücken bestätigt, allerdings mit kritischen Bemerkungen zur Ermittlung der Gewerbsmäßigkeit bzw. Ablehnung derselben: Beschl. v. 27.10.2008 – 3 W 184/08, CR 2009, 31; die Festlegung der Anzahl geht offenbar auf Leitlinien zurück, die von den Generalstaatsanwaltschaften zum möglichst einheitlichen Umgang mit dem Phänomen der Massenstrafanzeigen erarbeitet wurden: http://www.heise.de/newsticker/Abmahnmaschinerie-der-Medienindustrie-geraet-ins-Stocken--/meldung/113898.
[328] BT-Drs. 16/8783, S. 63; LG Köln ab einem umfangreichen Album (Beschl. v. 2.9.2008 – 28 AR 4/08), vom OLG Köln aufgehoben: Beschl. v. 21.10.2008 – 6 Wx 2/08, ZUM 2008, 978.
[329] OLG Köln Beschl. v. 9.2.2009 – 6 W 182/08, MIR 2009, Dok. 061; OLG Karlsruhe Beschl. 1.9.2009 – 6 W 47/09, ITRB 2009, 268.
[330] *Spindler* ZUM 2008, 640 (643).
[331] Telemediengesetz vom 26.2.2007, zuletzt geändert am 14.8.2009 und um datenschutzrechtliche Vorschriften ergänzt.
[332] In diesem Teil werden die Haftungsregelungen nur knapp und soweit sie strafrechtlich von Bedeutung sind dargestellt. Ausführlich unter: § 18.

das Internet. Eine Besonderheit gilt allerdings für diejenigen, die Dienste im Internet anbieten. Auf die rechtliche Problematik der so genannten **Providerhaftung** wurde die Öffentlichkeit durch den Compuserve Fall[333] aufmerksam.

Das Amtsgericht München hatte den Geschäftsführer der Compuserve Deutschland zu einer zweijährigen Freiheitsstrafe (Bewährung) wegen Zugänglichmachens pornografischer Schriften verurteilt. Die Compuserve Deutschland habe Kenntnis von den pornografischen Schriften erlangt und sei verpflichtet gewesen, durch Sperrung des Zugangs die Nutzung zu verhindern, was ihr technisch möglich und zuzumuten gewesen sei. Eine Haftungsbeschränkung nach (damals) § 5 Abs. 3 TDG komme nicht in Betracht, da die Compuserve nicht mehr nur Zugangsanbieter sei. Vielmehr sei ihr die Nutzungsbereithaltung durch die Mutterfirma in den USA zuzurechnen, was zum Ausschluss der Haftungsprivilegierung führe.

Diese Entscheidung wurde massiv angegriffen.

In der Berufungsinstanz hob das Landgericht München I[334] das Urteil auf und sprach den Geschäftsführer frei. Bei der Compuserve Deutschland habe es sich um einen reinen Zugangsvermittler gehandelt, für den die Haftungsbeschränkung des § 5 Abs. 3 TDG aF greife.

Letztlich erfuhr das System der Haftungsprivilegierung für Provider durch diesen Fall im Jahre 2001 eine deutliche Präzisierung der Verantwortlichkeitsregelungen in §§ 8–10 TDG (§§ 6–9 MDStV). Als Folgeregelung trat am 1.8.2007 das TMG in Kraft, das TDG, TDDSG und MDStV ablöste.

Im Einzelnen gilt:

a) **Content-Provider (Inhaltsanbieter) § 9 TMG.** Wer eigene Inhalte präsentiert, ist für diese Inhalte haftbar. Der Content-Provider ist für alle eigenen Inhalte strafrechtlich voll verantwortlich und wird nicht privilegiert. Dies gilt nicht nur für Gewerbetreibende. Auch Privatpersonen haften für ihre Inhalte nach den allgemeinen Regeln.

b) **Host-Provider (Anbieter fremder Inhalte) § 10 TMG.** Der Host-(Service)-Provider hält fremde Inhalte zur Nutzung bereit. Nach § 10 TMG haftet der Service-Provider nur, wenn er Kenntnis von den strafbaren Inhalten hat. Außerdem muss es ihm auch technisch möglich und zumutbar sein, die Nutzung zu verhindern. Wenn der Host-(Service)-Provider positiv weiß, dass sich strafbare Angebote auf seinem Server befinden, muss er diese im Rahmen der technischen Möglichkeiten umgehend entfernen.

c) **Access-Provider (Zugangsvermittler) § 8 TMG.** Der Access-Provider bietet dem Benutzer Zugang zu fremden Inhalten. Außer dem bloßen technischen Kommunikationsvorgang werden keine weiteren Informationen oder Dienste zur Verfügung gestellt. Für diese fremden Inhalte ist der Zugangsvermittler nicht verantwortlich. Auf die Kenntnis der Inhalte kommt es dabei nicht an, da der reine Zugangsanbieter keine Einflussmöglichkeiten auf die strafbaren Inhalte hat.[335]

d) **Caching § 9 TMG.** Keine Haftung bei automatischer Zwischenspeicherung. Für den Strafrechtler ist die dogmatische Zuordnung der Haftungsprivilegierung problematisch. Je nachdem, auf welcher Ebene des Verbrechensaufbaus (Tatbestand, Rechtswidrigkeit, Schuld) der Haftungsausschluss zum Tragen kommt, entscheidet sich, ob zB eine Teilnahme an einer Straftat überhaupt möglich ist.

e) **Haftung für Hyperlinks.** Die vorher genannten Haftungsprivilegien greifen bei der Setzung eines so genannten Links nicht. Die Haftung wird hier ausschließlich nach den allgemeinen Grundsätzen geprüft. Macht sich der Linksetzer durch den Link das (strafbare) Angebot einer anderen Website zu eigen, ist er damit wie der Content-Provider voll verantwortlich. Im Einzelfall ist dies anhand der Umstände zu klären.[336] Die Verwendung von

---

[333] AG München Urt. v. 28.5.1998 – 8340 Ds 465 Js 173158/95, NStZ 1998, 518.
[334] Urt. v. 17.11.1999 – 20 Ns 465 Js 173158/95, NJW 2000, 1051.
[335] Der Gesetzentwurf zur Bekämpfung der Kinderpornographie in Kommunikationsnetzen sieht eine Ergänzung der § 8 TMG durch die Einfügung a) TMGE vor. Hier soll die Grundlage des Einsatzes technischer Internetsperren durch Provider gelegt werden, s. a. → Fn. 1.
[336] S. zur strafrechtlichen Verantwortlichkeit für den Inhalt von durch eine Internetplattform verfügbar gemachten „Fremdlinks", BVerfG Beschl. v. 8.4.2009 – 2 BvR 945/08, StV 2009, 452.

Haftungsbeschränkungserklärungen, so genannten Disclaimern ist kaum von Nutzen. Die Distanzierung ist bedeutungslos, wenn sich aus dem Zusammenhang etwas Anderes ergibt.[337]

326　**f) Haftung für Gästebücher und Foren.** Wer auf seiner Homepage ein Gästebuch einrichtet, bietet fremde Inhalte, nämlich Informationen Dritter an. In Betracht kommt eine Haftung gleich dem Host-(Service)-Provider gemäß § 10 TMG, wonach bei positiver Kenntnis (und anschließender Untätigkeit) Haftung eintritt oder die vollständige Verantwortlichkeit gemäß § 7 TMG, weil ein „Zu-Eigen-Machen" fremder Inhalte vorliegt.

327　Zu letzterem neigt die Rechtsprechung,[338] wobei die Auffassung vertreten wird, dass der Betreiber eines Gästebuches regelmäßige Kontrollen durchzuführen hat. Dabei geht das LG Trier[339] von einer wöchentlichen Kontrolle aus. Bei Diskussionsforen gilt Entsprechendes.

V. Strafprozessrecht

1. Überblick

328　Das Strafverfahren ist in **Ermittlungsverfahren, Zwischenverfahren** und **Hauptverfahren** mit der Hauptverhandlung gegliedert. Die maßgeblichen Vorschriften enthält die Strafprozessordnung.

329　In der Regel wird ein Strafverfahren durch eine Strafanzeige initiiert. Die Staatsanwaltschaft hat nach dem **Legalitätsprinzip** gemäß § 152 Abs. 2, § 160 Abs. 1 StPO das Ermittlungsverfahren einzuleiten und die Ermittlungen aufzunehmen. Nach Abschluss der Ermittlung ist zu prüfen, ob öffentliche Klage (Anklage) zu erheben oder das Verfahren einzustellen ist. Mit dieser Abschlussverfügung ist das Ermittlungsverfahren, in dem die Staatsanwaltschaft die „Herrin des Vorverfahrens" war, beendet. Entschließt sich die Staatsanwaltschaft zur Anklageerhebung, so beginnt mit Einreichung der Anklage bei dem Gericht das so genannte **Zwischenverfahren.**

330　Das zuständige Gericht entscheidet in dieser Phase darüber, ob das Hauptverfahren zu eröffnen ist und die Anklage zur Hauptverhandlung zugelassen wird, §§ 199–211 StPO. Wird das Hauptverfahren eröffnet und die Anklage zur Hauptverhandlung zugelassen, wird der Termin zur Hauptverhandlung bestimmt, geladen und die Verhandlung durchgeführt, §§ 226–276 StPO.

331　Während die Öffentlichkeit im Wesentlichen nur die Berichterstattung über eine (spektakuläre) Hauptverhandlung zur Kenntnis nimmt, ist für den Strafverteidiger und seinen Mandanten die Vermeidung einer öffentlichkeitswirksamen Hauptverhandlung in der Regel primäres Ziel. Deswegen ist eine **möglichst frühe Einflussnahme** auf den Gang des Ermittlungsverfahrens auf der Grundlage der Aktenkenntnis, von hoher Bedeutung, um die Weichen für den Mandanten zu stellen.

332　Für den Strafverteidiger, aber auch für den Interessenvertreter des Anzeigenerstatters, ist aufgrund der Aktenkenntnis möglich, Anregungen zur Beweisgewinnung (zB Hinweise auf weitere Zeugen, Einholung von Gutachten etc) zu geben.

333　Nur die frühzeitige professionelle Beratung im Strafverfahren sichert die Rechte des Beschuldigten oder des Verletzten. Dies gilt für Verteidigung insbesondere für die Entscheidung, ob und wann eine Einlassung abgegeben werden soll und für die Begleitung bei strafprozessualen Zwangsmaßnahmen wie Haft oder Durchsuchung und Beschlagnahme.

2. Besonderheiten

334　In diesem Kapitel kann das Strafverfahren nicht in seiner Gesamtheit abgehandelt werden. Nachfolgend soll auf einige Besonderheiten eingegangen werden, die sich in strafprozessualer Hinsicht bei der Befassung mit Computer- und Internetkriminalität ergeben können:

---

[337] *Ernst/Vassilaki/Wiebe* Rn. 262 ff.
[338] ZB LG Düsseldorf Urt. v. 14.8.2002 – 2a O 312/01, MMR 2003, 61.
[339] Urt. v. 16.5.2001 – 4 O 106/00, MMR 2002, 694.

V. Strafprozessrecht

a) **Bedeutung des Strafantrags/Klagerzwingungsverfahren.** Fast alle hier interessierenden 335
Delikte werden durch eine Strafanzeige des Verletzten, zB des Betroffenen einer Computersabotage gem. § 303b StGB, in Gang gebracht. Mit der Strafanzeige wird in der Regel der
notwendige Strafantrag gem. § 77 StGB gestellt. Ohne den Strafantrag kann die Staatsanwaltschaft die Ermittlungen nur führen, wenn sie das **besondere öffentliche Interesse** annimmt. Fast alle unter → Ziffer 2 im Skript Teil 1 dargestellten Delikte sind Antragsdelikte
(einige davon Privatklagedelikte, su → Rn. 253 ff.).

Kommt die Staatsanwaltschaft am Ende des Ermittlungsverfahrens zu dem Ergebnis, dass 336
mangels Bestätigung des Anfangsverdachts das Verfahren gem. § 170 Abs. 2 StPO einzustellen ist, erhält der Antragsteller (Strafanzeigenerstatter) einen entsprechenden Bescheid,
§ 171 StPO. Ist er zugleich Verletzter, ist der Antragsteller über die **Möglichkeit der Anfechtung** und die hierfür vorgesehene Frist zu belehren, § 171 S. 2 StPO. Gemeint ist der
Hinweis auf die Beschwerde gegen die Einstellung, die gem. § 172 Abs. 1 StPO binnen zwei
Wochen erhoben werden kann (Einstellungsbeschwerde). Diese Beschwerde ist als Vor-
schaltbeschwerde notwendige Voraussetzung für die Durchführung eines **Klagerzwingungs-
verfahrens**.

§ 172 Klageerzwingungsverfahren

(1) ¹Ist der Antragsteller zugleich der Verletzte, so steht ihm gegen den Bescheid nach § 171 binnen
zwei Wochen nach der Bekanntmachung die Beschwerde an den vorgesetzten Beamten der Staatsanwaltschaft zu. ²Durch die Einlegung der Beschwerde bei der Staatsanwaltschaft wird die Frist gewahrt.
³Sie läuft nicht, wenn die Belehrung nach § 171 Satz 2 unterblieben ist.

(2) ¹Gegen den ablehnenden Bescheid des vorgesetzten Beamten der Staatsanwaltschaft kann der Antragsteller binnen einem Monat nach der Bekanntmachung gerichtliche Entscheidung beantragen.
²Hierüber und über die dafür vorgesehene Form ist er zu belehren; die Frist läuft nicht, wenn die Belehrung unterblieben ist. ³Der Antrag ist nicht zulässig, wenn das Verfahren ausschließlich eine Straftat
zum Gegenstand hat, die vom Verletzten im Wege der Privatklage verfolgt werden kann, oder wenn die
Staatsanwaltschaft nach § 153 Abs. 1, § 153a Abs. 1 Satz 1, 7 oder § 153b Abs. 1 von der Verfolgung
der Tat abgesehen hat; dasselbe gilt in den Fällen der §§ 153c bis 154 Abs. 1 sowie der §§ 154b
und 154c.

(3) ¹Der Antrag auf gerichtliche Entscheidung muss die Tatsachen, welche die Erhebung der öffentlichen Klage begründen sollen, und die Beweismittel angeben. ²Er muss von einem Rechtsanwalt unterzeichnet sein; für die Prozesskostenhilfe gelten dieselben Vorschriften wie in bürgerlichen Rechtsstreitigkeiten. ³Der Antrag ist bei dem für die Entscheidung zuständigen Gericht einzureichen.

(4) ¹Zur Entscheidung über den Antrag ist das Oberlandesgericht zuständig. ²§ 120 des Gerichtsver-
fassungsgesetzes ist sinngemäß anzuwenden.

Hilft die Staatsanwaltschaft der Beschwerde nicht ab, kann der Antragsteller gegen den 337
ablehnenden Bescheid binnen eines Monats gerichtliche Entscheidung beantragen und das
Klagerzwingungsverfahren betreiben, § 172 Abs. 2 StPO.

§ 172 Abs. 3 StPO regelt die Förmlichkeiten. Unzulässig ist das Klagerzwingungsverfah- 338
ren wenn es um ein Delikt geht, das vom Verletzten im Wege der Privatklage gem. § 374
StPO verfolgt werden kann. § 374 StPO verfügt über den Katalog der privatklagefähigen
Delikte. Hierzu gehört zB auch die unerlaubte Verwertung urheberrechtlich geschützter
Werke, also ein Verstoß gegen § 106 UrhG. Lehnt die Staatsanwaltschaft das öffentliche
Interesse bei diesem Delikt ab, ist das Klagerzwingungsverfahren unzulässig und der An-
tragsteller muss auf den Privatklageweg verwiesen werden.

Zulässig hingegen wäre das Klagerzwingungsverfahren zB bei § 202a StGB Ausspähen 339
von Daten, §§ 303a, b StGB Datenveränderung und Computersabotage. Hier kann bei Verneinung des öffentlichen Interesses zunächst Beschwerde gegen die Einstellung und im Anschluss das Klagerzwingungsverfahren durchgeführt werden.

b) **Privatklageverfahren.** Im Privatklageverfahren gem. § 374 StPO können die im Katalog 340
des **§ 374 Abs. 1 Nr. 1–8 StPO** bezeichneten Delikte ohne Beteiligung der Staatsanwaltschaft von dem Verletzten selbst verfolgt werden. In der Praxis wird aus dem „Können"
zumeist ein „Müssen", weil die Staatsanwaltschaften nur bei Annahme eines öffentlichen
Interesses selbst das Verfahren führen. In der Regel wird der Verletzte auf den Privatklageweg verwiesen.

341 Nach Nr. 8 des Katalogs des § 374 Abs. 1 StPO gehören ua Straftaten gem. §§ 106 bis 108 und 108b UrhG etc zu den Privatklagedelikte. Für diese Kategorie ist das Sühneverfahren § 380 StPO als Zulässigkeitsvoraussetzung für das Privatklageverfahren entbehrlich.

342 In diesen (und weiteren Fällen des § 374 StPO) kann der Verletze direkt die Klage erheben. Gem. § 381 StPO hat die Klage den Anforderungen einer Anklage gem. § 200 Abs. 1 StPO zu entsprechen und ist mit 2 Abschriften beim Gericht einzureichen oder zu Protokoll der Geschäftsstelle zu geben. Das weitere Verfahren verläuft dann gem. §§ 382, 383, 384f StPO in Anlehnung an die Vorschriften für eine öffentliche (An-)Klage mit einigen Einschränkungen und Besonderheiten. So kann sich der Angeklagte in der Hauptverhandlung von einem Rechtsanwalt vertreten lassen (braucht also nicht selbst zu erscheinen) und kann gem. § 388 StPO auch eine Widerklage erheben. Die Rechtsmittel des Privatklägers sind in § 390 StPO geregelt.

343 Die Bedeutung des Privatklageverfahrens ist in der Rechtspraxis sehr gering. Lehnt die Staatsanwaltschaft die Verfolgung ab, wird eher der Zivilrechtsweg zur Regulierung von Ersatzansprüchen eingeschlagen. Die Motivation, daneben noch eine Strafe gegen den Schadensverursacher zu erreichen, ist zumeist sehr gering. Aufwand und Erfolg (Strafe) stehen in der Regel nicht im Verhältnis zueinander.

344 **c) Akteneinsicht/Abwehr von Akteneinsicht Dritter.** Für den Verteidiger ist für eine fundierte Beratung die Ermittlungsakte als Informationsquelle unerlässlich. Gem. § 147 StPO hat der Verteidiger – spätestens bei Abschluss der Ermittlungen – ein umfassendes Akteneinsichtsrecht. Aber auch für den Anzeigenerstatter und/oder Verletzten einer Straftat besteht ein erhebliches Interesse an der Akte. Der Anspruch kann auf § 406e oder § 475 StPO gestützt werden. Die Darlegung eines berechtigen Interesses ist hierfür erforderlich.

345 Zur Begründung des **berechtigten Interesses** werden i. d. R. auch Schadensersatzforderungen bzw. deren Durchsetzbarkeit angegeben. Dabei fällt auf, dass bei Streit über zivilrechtliche Forderungen gern das Druckmittel der Strafanzeige benutzt wird, um entweder frühzeitig Vergleichsbereitschaft zu erreichen oder bei Stellung der Strafanzeige über die Staatsanwaltschaft Beweise zu recherchieren und sichern zu lassen. Nicht selten wird die Staatsanwaltschaft instrumentalisiert.

346 Es empfiehlt sich, sehr frühzeitig einen Antrag anzubringen, dass vor **Gewährung von Akteneinsicht an Dritte** zunächst die Stellungnahme der Verteidigung einzuholen ist. Hat die Verteidigung Befürchtungen, dass bedeutsame Interessen des Mandanten (zB Geschäftsgeheimnisse) durch die Akteneinsicht Dritter berührt sein könnten, kann sie dann durch eine entsprechende Stellungnahme versuchen, den Antrag abzuwehren. Die Staatsanwaltschaft muss dann abwägen und prüfen, ob das Akteneinsichtsinteresse des Dritten zurückzutreten hat.[340] Will die Staatsanwaltschaft gleichwohl Akteneinsicht gewähren, kann hiergegen gem. §§ 475, 478 Abs. 3 StPO Antrag auf gerichtliche Entscheidung gemäß § 161a Abs. 3 StPO gestellt werden.

347 In seiner Entscheidung vom 28.1.2008 hat das Landgericht Saarbrücken[341] festgestellt, dass auch die Zuordnung einer bestimmten IP-Adresse zu einer bestimmten Person nicht den hinreichenden Verdacht begründet, dass diese Person, den genannten Anschluss benutzt hat. Mangels hinreichenden Tatverdachtes war deshalb ein berechtigtes Interesse des Anzeigenerstatters verneint und Akteneinsicht versagt worden.

348 **d) Private „Ermittler".** Provider durften bis zum Inkrafttreten des TMG nur den Ermittlungsbehörden Auskunft erteilen. Die GVU,[342] BSA[343] oder Dienstleister wie Logistep, Promedia suchen gezielt im Internet nach Verletzung von Schutzrechten ihrer Kunden. Sie

---

[340] BVerfG Beschl. v. 27.5.2002 – 2 BvR 742/02, NJW 2003, 501, wonach zB Geheimhaltungsinteressen eines betroffenen Unternehmens schwerer wiegen als das dargelegte Interesse des Dritten; BVerfG Beschl. v. 18.3.2009 – BvR 8/08, wonach Akteneinsicht in das Ermittlungsverfahren das Recht auf informationelle Selbstbestimmung des Beschuldigten verletzt, wenn die Akteneinsicht zur Informationsbeschaffung für eine Erbrechtsstreitigkeit dienen soll.
[341] 5 (3) Qs 349/07.
[342] Gesellschaft zur Verfolgung von Urheberrechtsverletzung e. V.
[343] www.BSA.org.

„ermitteln" in Tauschbörsen etc und geben dann ihre Rechercheergebnisse, wie zB IP-Nummern, mit einer Strafanzeige an die Staatsanwaltschaften weiter, die dann nach dem Legalitätsprinzip die Ermittlungen einleiten müssen. Über ein Auskunftsersuchen beim Provider durch die Staatsanwaltschaft gelangen dann auch personenbezogene Daten, wie Name und Anschrift, in die Akte. Der Anzeigenerstatter versucht dann über die Akteneinsicht an die Daten zu gelangen, um die betreffende Person in Anspruch zu nehmen. Die Folge sind massenhafte Anzeigen bei den Staatsanwaltschaften, die regional unterschiedlich auf diese Verfahren reagieren. Zumeist werden Ermittlungen erst von einem bestimmten Umfang (Downloaden von 500 oder 1.000 Dateien beim Filesharing) abhängig gemacht, um die Flut Herr zu werden.

Bei der Prüfung festgestellter Urheberrechtsverletzung tritt zB die GVU ebenfalls als Sachverständige auf und nimmt Begutachtungen für die Staatsanwaltschaften vor. Dies ist aus Verteidigersicht problematisch. Das Landgericht Kiel[344] hat mit besonderer Deutlichkeit hervorgehoben, dass Organisationen, deren Zweck die Ermittlung von Urheberverstößen ist, nicht als Sachverständige tätig sein können. Im Gegensatz zu neutralen Sachverständigen haben sie ein **Interesse am Ausgang des Verfahrens.** Auch sei es rechtwidrig diesen „Sachverständigen" weite Teile der Ermittlung zur selbstständigen und ausschließlichen Bearbeitung zu überlassen.

3. Ermittlungsmethoden

Das Ermittlungsverfahren ist geprägt durch die **Beweisgewinnung** durch die Staatsanwaltschaft bzw. durch die Polizei als Ermittlungspersonen. Hierzu gehören alle denkbaren Ermittlungen wie Recherche, Auskunftseinholung, Zeugenbefragung, Beauftragung von Sachverständigen etc. Von den von der Staatsanwaltschaft initiierten Zwangsmaßnahmen wiegt die Untersuchungshaft sicherlich am schwersten, bedeutet sie durch den Entzug der Freiheit doch den härtesten Eingriff für den Beschuldigten. Aber auch die Überwachung der Telekommunikation gem. §§ 100a ff. StPO sowie Durchsuchung von Geschäfts- und/oder Privaträumen etc nach §§ 102 ff. StPO und die Beschlagnahme gem. §§ 94 ff. StPO stellen empfindliche Grundrechtsbeeinträchtigungen dar. Durch das am 9.11.2007 verabschiedete Gesetz zur Neuregelung der Telekommunikationsüberwachung und anderer verdeckter Ermittlungsmaßnahmen sind seit 1.1.2008 ganz erhebliche Veränderungen zu verzeichnen.

Die **Überwachung der Telekommunikation** bzw. die Auskunft über Daten, die bei Telekommunikation anfallen, sowie **Durchsuchung und Beschlagnahme** werden von der Staatsanwaltschaft beantragt und – außer bei der Annahme von Gefahr im Verzug – durch einen richterlichen Beschluss angeordnet. Die Anzahl der Anordnungen zur Überwachung von Telefonanschlüssen, E-Mailkorrespondenz und Internetzugängen steigt rasant an. Erfahrene Verteidiger haben den Eindruck gewonnen, dass auch bei Durchsuchungsmaßnahmen der Richtervorbehalt kaum noch die Funktion hat, derartige Maßnahmen zu kontrollieren und zu begrenzen. Durchsuchung und Beschlagnahme sind scharfe Instrumente, die beinahe routinemäßig eingesetzt werden.

a) **Allgemeine Erhebungsbefugnis für Verkehrsdaten § 100g StPO.** Die Telekommunikationsauskunft (TKA) hatte zum 1.1.2008 erhebliche Änderungen erfahren. Mit der Entscheidung zur Vorratsdatenspeicherung hat das BVerfG am 2.3.2010 allerdings auch die Nichtigkeit des § 100g Abs. 1 Satz 1 StPO festgestellt, soweit danach Verkehrsdaten gem. § 113a TKG erhoben werden dürfen.

Seit der Entscheidung des BVerfG[345] zur **Vorratsdatenspeicherung** darf sich die Erhebung von Verkehrsdaten nicht mehr auf Vorratsdaten beziehen, die Provider dürfen Daten auf Vorrat nicht mehr speichern und müssen den bisherigen Vorrat löschen. Zu einem Verwertungsverbot hinsichtlich der seit Einführung der Vorratsdatenspeicherung erlangten Daten äußert sich das BVerfG nicht.

---

[344] LG Kiel Beschl. v. 14.8.2006 – 37 Qs 54/06, NJW 2006, 3224.
[345] BVerfG Urt. v. 2.3.2010 – 2 BvR 256/08, NJW 2010, 833.

Bis zum 2.3.2010 galt Folgendes:
Aufgrund welcher Rechtsgrundlage die Ermittlungsbehörden Auskunft von den Providern verlangen konnten, hing (und hängt) von der Qualität des Datums und der Eingriffsintensität ab (s. o.). Während einige Daten mittels einfacher Abfrage gemäß § 113 TKG erlangt werden konnten (zur Vorratsdatenspeicherung s. → I, 1b), durften andere Daten wegen des Eingriffs in ein Grundrecht nur mittels Vorliegen einer richterlichen Anordnung gemäß § 100b StPO abgefragt werden.
Hierzu gehören:
- Verkehrsdaten nach § 96 Abs. 1 TKG, auch IMSI, IMEI und IP- Adresse und *§ 113a TKG (Vorratsdaten)*.
- Abrechnungsdaten gemäß § 97 TKG, soweit sie Verbindungsdaten enthalten.
- Standort-/Positions-/Geodaten, wobei nach der gesetzlichen Regelung auch der Stand-by-Betrieb erfasst ist, wenn es sich um eine Straftat von erheblicher Bedeutung handelt, § 100g Abs. 1 S. 1 Nr. 1 StPO. Auch durften die Ortungsdaten, die im Stand-by-Betrieb angefallen sind, erhoben werden, um einen unbekannten Täter, der sich zu einer konkreten Zeit in einer bestimmten Funkzelle befunden hat, zu ermitteln, § 100g, Abs. 2, S. 2 StPO (Funkzellenabfrage).

Seit dem 2.3.2010 gilt:
Wegen Verstoßes gegen das Telekommunikationsgeheimnisses nach Art. 10 GG sind § 113a und 113b TKG sowie § 100g Abs. 1, Satz 1 StPO nichtig, soweit danach Verkehrsdaten gem. § 113a TKG erhoben werden. Bei den Providern vorgehaltene Daten sind zu löschen. Inwieweit die unter Beachtung der einstweiligen Anordnung vor dem Urteil zulässigerweise an die Ermittlungsbehörden herausgegebenen Daten ebenfalls zu löschen sind, ergibt sich aus dem Urteil nicht explizit und wird voraussichtlich kontrovers diskutiert werden. Gleiches gilt für die Frage der Verwertung von Beweisen, die aufgrund der nun für nichtig erklärten Regelungen gewonnen wurden.

354   *aa) Anordnungsvoraussetzungen.* Nach der Nichtigkeitsfeststellung des Bundesverfassungsgerichts sind die Anordnungsvoraussetzungen mit Unsicherheiten versehen. Eine neue gesetzliche Regelung liegt noch nicht vor.
- **Materiell**, § 100g StPO, nur soweit sich nicht auf Vorratsdaten gem. § 113a TKG bezogen wird, Objekt können nur noch Verkehrsdaten nach § 96 TKG sein:
  - Verdacht aufgrund bestimmter Tatsachen.
  - Straftat auch im Einzelfall von erheblicher Bedeutung, insbesondere Katalogtat iSd § 100a Abs. 2 StPO (Straftat begangen mittels einer Endeinrichtung allein genügt nicht mehr; allerdings soll hier auch das Vorliegen einer nur minder schweren Straftat ausreichen[346])
  - Auskunft muss für die Untersuchung erforderlich sein (Beachtung des Verhältnismäßigkeitsgrundsatzes); die Erforschung des Sachverhaltes oder die Ermittlung der Aufenthaltsortes ohne die Auskunft aussichtslos oder wesentlich erschwert sein
  - Erhebung muss im angemessen Verhältnis zur Bedeutung der Sache stehen (nochmals Betonung des Verhältnismäßigkeitsgrundsatzes)
  - Auskunft über Verkehrsdaten
- **Achtung!** § 100a Abs. 4 StPO: Liegen tatsächliche Anhaltspunkte dafür vor, dass durch die Maßnahme allein Kenntnisse aus dem **Kernbereich privater Lebensgestaltung** erlangt würden, ist die Maßnahme unzulässig!
- **Formell**, §§ 100a Abs. 3, 100b Abs. 1–4 StPO:
  - Anordnung nur durch den Richter (Richtervorbehalt).
  - Bei Gefahr im Verzug auch durch Staatsanwaltschaft, dann muss binnen drei Tagen die Anordnung durch den Richter bestätigt werden.
  - Die Anordnung muss, soweit möglich, Namen, Anschrift des Betroffen gegen den sich die Maßnahme richtet, sowie die Rufnummer oder eine andere Kennung (zB IMSI, IMEI bei Mobiltelefonen) enthalten, wobei sich Modifikation durch § 100g Abs. 2 StPO ergeben kann.
  - Art, Umfang und Dauer der Maßnahme müssen bestimmt sein.

355   *bb) Rechtsmittel.* Gegen die Anordnung und Durchführung einer Überwachungsmaßnahme steht grundsätzlich die **Möglichkeit der Beschwerde gemäß § 304 StPO** zur Verfügung. Zu bedenken ist allerdings, dass die Überwachung der Telekommunikation, auch die

---
[346] Meyer-Goßner § 100g StPO Rn. 17.

Vorbereitung derselben durch Auskunftsersuchen, dem Beschuldigten gegenüber nicht offenbart wird. Es handelt sich um eine **heimliche Maßnahme**. Üblicherweise erfährt der Betroffene erst durch die nachträgliche Benachrichtigung gemäß § 101 StPO oder im Verlauf des Strafverfahrens durch Akteneinsicht von der Überwachung seiner Telekommunikation. Dann ist die Maßnahme allerdings bereits abgeschlossen.

Wegen prozessualer Überholung hat die Rechtsprechung in der Vergangenheit ein Rechtsschutzbedürfnis verneint. Nach der neueren Rechtsprechung des Bundesverfassungsgerichts muss allerdings bei **grundrechtsevidenten Eingriffen** auch nachträglich die Möglichkeit bestehen, die Rechtswidrigkeit der Maßnahmen feststellen zu lassen.[347] Dies gilt für die Überwachung der Telekommunikation und für Durchsuchung und Beschlagnahme in gleicher Weise und ist seit dem 1.1.2008 in § 101 Abs. 7 StPO geregelt. Die Feststellung der Rechtswidrigkeit kann nicht nur für das Rehabilitationsinteresse des Betroffenen relevant sein, sondern auch konkret für Entschädigungsansprüche. Im Übrigen führt eine erfolgreiche Beschwerde auch zur Disziplinierung vorschneller Ermittler. Der Betreiber der überwachten Telekommunikationsanlage bzw. der zur Auskunft aufgerufene Betreiber ist nicht beschwerdebefugt.

cc) Preservation order. Die Preservation- oder **quick-freeze-order** hatte durch Einführung der Vorratsdatenspeicherung zum 1.1.2008 ihre – ohnehin zweifelhafte – Daseinsberechtigung verloren. Sie wurde vor der Vorratsdatenspeicherung eingesetzt, falls zu befürchten war, dass der Provider aufgrund seiner Löschungsverpflichtung Daten vernichten könnte, bevor der notwendige richterliche Beschluss zur Auskunftserteilung vorlag. Der Provider wurde aufgefordert, entsprechende Nutzungs- und Verbindungsdaten zunächst zu sichern (einzufrieren). Dann wurde der notwendige Beschluss beantragt und dem Provider zugeleitet, der dann die Daten herausgab.

Dieses Verfahren war und ist **rechtlich bedenklich**. Die Ermittler griffen auf Daten zu, die möglicherweise schon zu vernichten gewesen wären. Die Verwertung dieser Daten wäre genau zu prüfen gewesen. Allerdings wurde die Quick-freeze Anordnung in Diskussion um die Vorratsdatenspeicherung wieder aufgewertet. Als kleineres Übel wäre sie der Vorratsdatenspeicherung vorzuziehen gewesen, weil dann nur im Einzelfall Daten durch den Provider „auf Vorrat" aufgehoben worden wären und nicht pauschal Daten der gesamten Bevölkerung hätten gespeichert werden müssen. Nach der Entscheidung des BVerfG wird sie möglicherweise wieder erneut in den Focus geraten.

b) Funkzellenabfrage § 100g Abs. II, S. 2 StPO. Bei der Funkzellenabfrage werden die Verkehrsdaten sämtlicher Kommunikationsvorgänge erfasst, die innerhalb eines bestimmten Zeitraums aus einer oder mehreren bestimmten Funkzellen geführt worden sind. Sofern die Daten bei den Anbietern noch vorhanden sind, können diese auch rückwirkend abgefragt werden.

Die Funkzellenabfrage ist bei **Straftaten von erheblicher Bedeutung** zulässig, deren Aufklärung sonst aussichtslos oder erheblich erschwert wäre. Sie dient der Ermittlung der Identität eines Beschuldigten oder auch der Ortung desselben. Der Angabe der Rufnummer oder einer anderen Kennung des Anschlusses bedarf es nicht. Es genügt die räumlich und zeitlich hinreichend bestimmte Bezeichnung der Kommunikation.[348]

Eine aktuell geführte Telekommunikation (Telefongespräch) ist nicht erforderlich. Es genügt auch der stand-by-Betrieb.

Die Abfrage darf sich nicht auf **Zeugen** beziehen, sondern muss sich gegen den Beschuldigten richten. Erkenntnisse zum Zeugen sind allerdings verwertbar.

Die Maßnahme steht erheblich in der Kritik, weil sie als nicht individualisierbare Maßnahme sämtliche Kommunikationsteilnehmer betrifft, die sich gerade in der Funkzelle bewegen.[349]

Deshalb sind an den Verhältnismäßigkeitsgrundsatz besonders strenge Maßstäbe anzulegen.

---

[347] BVerfG Beschl. v. 19.6.1997 – 2 BvR 941/91, StV 1997, 505; BVerfG Beschl. v. 3.2.1999 – 2 BvR 804-97, StV 1999, 295.
[348] *Meyer-Goßner* § 100g StPO Rn. 27.
[349] http://www.zeit.de/digital/datenschutz/2012-11/funkzellen-buermeyer.

362 c) „IMSI -Catcher". Die Überwachung von Mobiltelefonen stellt die Strafverfolgungsbehörden vor Probleme. Da die Anordnung auf Überwachung bzw. die Anordnung auf Erteilung einer Auskunft zur Vorbereitung einer Überwachung die Nennung der „Rufnummer" oder einer anderen „Kennung" erfordert, muss jeweils ein neuer Antrag auf Erlass einer solchen Anordnung gestellt werden, wenn der Mobiltelefonbenutzer seine SIM-Karte und damit die Telefonnummer wechselt. Während über den Festnetzanschluss der Standort des Nutzers ermittelt werden kann, ist dies bei der Nutzung des Mobiltelefons zunächst nicht möglich.

363 Mit dem Gesetz zur Neuregelung der Telekommunikationsüberwachung ist auch der Anwendungsbereich des § 100i StPO deutlich ausgeweitet worden. Gemäß § 100i StPO dürfen technische Mittel, wie der IMSI-Catcher, nicht nur zur Vorbereitung einer Überwachungsmaßnahme nach § 100a StPO oder zur vorläufigen Festnahme bzw. Ergreifung des Täters aufgrund Haftbefehls zur Ermittlung des Standortes eines aktiv geschalteten Mobiltelefons eingesetzt werden. Nunmehr heißt es allgemein, dass technische Mittel zur **Erforschung des Sachverhalts** und zur **Ermittlung des Aufenthaltsorts des Beschuldigten** bei dem Verdacht einer Straftat iSd § 100a StPO eingesetzt werden dürfen.

364 Durch den Einsatz der Technik kann die „andere Kennung", die für die Anordnung erforderlich ist (wenn die Rufnummer unbekannt ist), sei es zur Vorbereitung von Überwachungsmaßnahmen oder zur Standortermittlung zwecks Festnahme oder Ergreifung des Täters, abgefangen werden. Der IMSI-Catcher simuliert die Basisstation eines Mobilfunkbetreibers. Die in seinem Einzugsgebiet befindlichen Mobiltelefone, die sich im Stand-by Betrieb befinden und daher beständig den Kontakt zu ihrem letzten Betreiber suchen, melden sich statt beim Betreiber unbemerkt beim Catcher an. Der IMSI-Catcher kann bei Kenntnis des ungefähren Standortes eines unbekannten mobilen Endgerätes dessen IMSI oder IMEI und ausgehend davon den genauen Standort der Funkzelle, in der sich das Gerät befindet, ermitteln. Technisch ist auch das Abhören von Gesprächen mit diesem Gerät möglich.

365 Nach Ermittlung der Kennung ist eine Überwachungsmaßnahme des Mobilgerätes möglich. Als Abfallprodukt kann sich hieraus auch ein **Bewegungsprofil** ergeben, das in einem Strafverfahren grundsätzlich verwertbar ist.

366 Die Einführung des § 100i StPO war mit heftiger Kritik verbunden. Datenschützer haben erhebliche Bedenken gegen die „Multi-Ermittlungsmaßnahme" geltend gemacht. Insbesondere wurde gerügt, dass der IMSI-Catcher in einem bestimmten Radius alle Mobiltelefone für kurze Zeit erfasst und damit Daten beliebiger Personen betroffen sind. Das Bundesverfassungsgericht[350] hat am 22.8.2006 bestätigt, dass der Einsatz des IMSI-Catchers nicht gegen Grundrechte, insbesondere nicht gegen Art. 10 GG verstößt, weil Telekommunikation nicht stattfinde, wenn sich das Mobiltelefon beim Catcher anmelde. Es komme nicht zu einem individuellen Informationsaustausch.

367 Auch die „stille SMS" ermöglicht eine Standortermittlung. Beim Versenden einer stillen SMS wird ein Signal über einen Computer oder ein Mobiltelefon von den Ermittlern an eine bekannte Mobilfunknummer gesendet. Ist das Mobiltelefon eingeschaltet, registriert es den Empfang der Nachricht gegenüber dem Netz und offenbart dadurch bei dem Mobilfunkbetreiber einen Datensatz mit Rufnummer und natürlich der Information, in welcher Funkzelle das Gerät eingebucht worden ist. Genau diese Daten können dann von dem Ermittler abgefragt werden. Der Nutzer des Mobiltelefons bemerkt allerdings von der stillen SMS nichts.

368 Der **Aufwand** für diese Methode ist relativ gering. Allerdings ist der Nutzen in ländlichen Räumen, wo Funkzellen mitunter einen erheblichen Radius haben, gering. In Städten, in denen die Funkzellen manchmal nur das Stockwerk eines Hauses ausmachen, ist der Einsatz der stillen SMS allerdings hoch effektiv. Für das Absenden einer stillen SMS ist keine spezielle Ermächtigungsgrundlage vorgesehen. Es ist allerdings umstritten, ob dies aufgrund der Heimlichkeit gesondert geregelt werden müsste. Derzeit wird davon ausgegangen, dass jedenfalls gemäß § 100h StPO der Einsatz einer stillen SMS als weiteres technisches Mittel zulässig ist.[351]

---

[350] 2 BvR 1345/03, NJW 2007, 351.
[351] Beck-OK StPO/*Graf* § 100a Rn. 133.

d) **Bestandsdatenauskunft § 100j StPO.** Die Identifizierung eines Anschlusses (bzw. den Vertragspartner hinter dem Anschluss) über die festgestellte IP-Adresse, bisher **IP- Abfrage** genannt, erfolgt nun über den zum 1.7.2013 in Kraft getretenen § 100j StPO, der Bestandsdatenauskunft.

Dabei erfolgte eine Anpassung des Auskunftsverfahrens an die Vorgaben des Bundesverfassungsgerichts im Anschluss an die Entscheidung zur Vorratsdatenspeicherung.[352] Dies hatte in der identifizierenden Zuordnung einer dynamischen IP-Adresse zu einem Bestandsdatum (Namen des Anschlussinhabers) einen Eingriff in den Schutzbereich des Art. 10 GG (Telekommunikationsgeheimnis) gesehen und den § 113 TKG aF insoweit als nicht verfassungskonform angesehen. Als verfassungswidrig wurde auch die Übermittlung von Zugangsdaten wie PIN und PUK nach alter Rechtslage erkannt. Seit 1.7.2013 erfolgt die Auskunftserteilung über die IP-Adresse sowie über Zugangsdaten nach einem „Doppeltür"-System. Als erste Tür enthält § 113 TKG die Berechtigung zur Übermittlung von Bestandsdaten und § 110j StPO, als zweite Tür die qualifizierte Rechtsgrundlage.

Danach gilt:[353]
- Provider müssen Schnittstellen vorhalten
- Auskunft darf nur mit richterlicher Genehmigung bei
  - PIN, PUK
  - Passwörter
- und ohne richterliche Genehmigung für
  - IP-Adresse
  - Telefonnummer

erteilt werden.

Letztlich soll eine **Einzelfallprüfung** erfolgen.

Bei mobilen Geräten darf die Auskunft nur erfolgen, wenn die strafprozessualen Voraussetzungen, zB durch Beschlagnahme oder Sicherstellung des Mobiltelefons, erfüllt sind.[354]

e) **Durchsuchung und Beschlagnahme von EDV-Anlagen, §§ 94, 102 ff. StPO.** Als klassisches Instrument zur Beweisgewinnung bedeutet die Durchsuchung bei Wirtschaftsdelikten, insbesondere aber auch bei Verdacht von Urheberrechtsverletzungen, Computersabotage, Ausspähen von Daten etc, immer auch einen Zugriff auf EDV-Anlagen und die Sicherstellung von Massen an Daten. Für den Betroffenen stellt die Durchsuchung und Beschlagnahme einen drastischen Eingriff in seine Privatsphäre und eine empfindliche Störung seiner Geschäftstätigkeit dar. Insbesondere, wenn die Rückgabe der Anlage uU mehrere Monate in Anspruch nimmt, ist die Existenz gefährdet.

Durch Durchsuchung und Beschlagnahme kann auf EDV-Anlagen, Computer, Speichermedien etc zugegriffen werden. Seit dem 1.1.2008 ist in § 110 Abs. 3 StPO klargestellt, dass die Durchsicht eines elektronischen Speichermediums auf räumlich getrennte Speichermedien, sofern der Zugriff möglich ist (**Netzwerk**), erstreckt werden kann, wenn anderenfalls der Verlust der Daten zu besorgen ist. Damit ist es nicht mehr erforderlich, weitere Durchsuchungsbeschlüsse für außerhalb befindliche, aber verbundene Speichermedien zu erwirken.[355] Probleme können sich ergeben, wenn sich das **Speichermedium im Ausland** befindet, wie es oft beim Cloud Computing der Fall ist. In solchen Fällen ist in der Regel davon auszugehen, dass ein zeitaufwändiges Amtshilfeersuchen notwendig ist, um auf die Daten des ausländischen Servers zugreifen zu können.[356] Trotz fehlender Körperlichkeit können elektronische Daten Objekt einer Beschlagnahme sein, da in der Praxis auf diejenigen Datenträger zugegriffen wird, die im Speicher die notwendigen Daten enthalten und diese damit reproduzierbar und sichtbar zu machen sind.

---

[352] BVerfG Beschl. v. 24.1.2012 – 1 BvR 1299/05, NJW 2012, 1419.
[353] Ausführlich zu § 100i StPO: *Bär* MMR 2013, 700.
[354] Umfassend *Bär* MMR 2013, 700.
[355] „Kleine" Online-Durchsuchung.
[356] Die Problematik wird unterschiedlich beurteilt; → s. a. 3j).

374 aa) *Durchsuchungsvoraussetzungen, §§ 102, 103, 105 StPO*
Materiell:
- Durchsuchung beim **Verdächtigen**, § 102 StPO:
  - Darlegung des Sachverhaltes, der den Strafbarkeitsvorwurf stützen soll
  - Vermutung, dass die Durchsuchung zur Auffindung von Beweismitteln führen wird
  - Beachtung des Verhältnismäßigkeitsgrundsatzes
- Durchsuchung beim **Nichtverdächtigen**, § 103 StPO, zusätzlich:
  - Während beim Verdächtigen die Vermutung ausreicht, müssen nun Tatsachen benannt werden, aus denen zu schließen ist, dass Beweismittel in den Räumen des Dritten zu finden sein werden.

Formell:
- Anordnung durch den Richter (Richtervorbehalt).
- Bei Gefahr im Verzug durch die Staatsanwaltschaft oder ihre Ermittlungspersonen (§ 105 Abs. 1 StPO).
- Der Beschluss darf nicht älter als sechs Monate sein.
- Der Beschluss ist zu begründen und muss die Beweismittel benennen.

375 bb) *Beschlagnahmevoraussetzungen, §§ 94 Abs. 2, 98 StPO.* Die Beschlagnahme darf ebenfalls nur durch den Richter oder bei Gefahr im Verzug durch die Staatsanwaltschaft und ihre Ermittlungspersonen, § 98 StPO, angeordnet werden.

376   Zulässig ist die gleichzeitige Anordnung der Durchsuchung und Beschlagnahme, wenn die zu beschlagnahmenden Gegenstände bereits bei Abfassung des Beschlusses genau bezeichnet werden können. Ansonsten erfolgt eine Beschlagnahme nach Durchsuchung der als Beweismittel in Betracht kommenden EDV-Anlage oder anderer Unterlagen. Gibt der Gewahrsamsinhaber die Unterlagen/Gegenstände nicht freiwillig heraus, bedarf es der formalen Anordnung der Beschlagnahme. Gibt er sie freiwillig heraus, werden diese lediglich sichergestellt.

377 cc) *Rechtsbehelfe.*

Rechtsbehelfe bei einer Durchsuchungsanordnung durch den Richter		
Durchsuchungsstand	**Aufhebung der Anordnung bzw. Einstellung der Durchsuchung bzw. Feststellung der Rechtswidrigkeit**	**Art und Weise (Rechtsbehelf rügt nicht, dass durchsucht wird, sondern wie die Maßnahme durchgeführt wird)**
Durchsuchung *dauert* an zB bei Mitnahme der Anlage zur Durchsicht	Beschwerde gemäß § 304 StPO	Antrag auf gerichtliche Entscheidung analog § 98 Abs. 2 S. 2 StPO • *Mitnahme* betrifft Vollzug der Durchsuchung
Durchsuchung *beendet*	(BVerfG): Beschwerde ggf. zulässig, wenn tiefgreifender Grundrechtseingriff gegeben ist	Antrag gem. §§ 23 ff. EGGVG

Bei einer staatsanwaltschaftlichen Anordnung kann analog § 98 Abs. 2 S. 2 StPO die richterliche Überprüfung begehrt werden.

Die Durchsuchung selbst ist erst mit Entscheidung der Staatsanwaltschaft über die Beschlagnahme oder Herausgabe beendet, die sich an die Durchsicht anschließt.

378   Nach neuer Rechtsprechung ist klar, dass auch nach Abschluss der Maßnahme Rechtsschutz gewährt werden muss, sofern die Wiederholung einer rechtswidrigen Maßnahme zu befürchten ist und Grundrechte betroffen sind. Dies wird sowohl für Maßnahmen der Telekommunikationsüberwachung als auch für die Durchsuchung angenommen. Damit ist auch nach Abschluss der Durchsuchung die Feststellung der Rechtswidrigkeit im Rahmen der Beschwerde analog § 304 StPO zulässig.

dd) Ablauf der Maßnahme. Die Durchsuchungs-/Beschlagnahme iwS, auch die von EDV-Anlagen, erfolgt in drei Schritten:

- **Durchsuchung ieS.**
Im Rahmen des ersten Schrittes der Durchsuchung ist lediglich eine Grobsichtung der Anlage **durch äußere Inaugenscheinnahme** von Datenträgern, Sichtung von Inhaltsverzeichnissen, Explorer, Archiven gestattet. Hierzu ist die **Inbetriebnahme der EDV-Anlage** erlaubt. Mitarbeiter einer Firma, die nicht zur Verschwiegenheit verpflichtet sind, müssen im Rahmen ihrer Zeugenpflicht auch ein Passwort herausgeben.
Diese Grobsichtung ist vergleichbar mit der herkömmlichen Durchsuchung von üblichen Gegenständen und Unterlagen. Eine inhaltliche Kenntnisnahme ist bei diesem ersten Schritt nicht gestattet.
Da die Datenmengen auf der EDV-Anlage i. d. R. enorm sind, ist eine Mitnahme der EDV-Anlage zum Zwecke der Durchsicht von § 110 StPO gedeckt. § 110 StPO spricht zwar ausdrücklich nur von Papieren, jedoch ist unstreitig, dass hierunter auch elektronische Datenträger und Datenspeicher zu verstehen sind. Die Mitnahme einer EDV-Anlage, die von dem Betroffenen geschäftlich genutzt wird, kann erhebliche Nachteile mit sich bringen.

- **Durchsicht, § 110 StPO**
Im zweiten Schritt erfolgt die Durchsicht der EDV-Anlage bzw. der Speichermedien, um festzustellen, ob beweisrelevante Daten enthalten sind und ob eine richterliche Beschlagnahme zu beantragen ist (sofern Durchsuchung und Beschlagnahme nicht in einem gemeinsamen Beschluss angeordnet worden sind) oder ob die Rückgabe an den Berechtigten zu erfolgen hat. Bei der Durchsicht erfolgt eine **inhaltliche (Grob-)Prüfung.** Sie wird nach Auftrag der Staatsanwaltschaft heute von den Ermittlungspersonen vorgenommen.
Bei der klassischen (einfachen) Durchsuchung nach körperlichen Gegenständen wird diese Durchsicht als zweiter Schritt der Durchsuchung bereits am Durchsuchungsort selbst durchgeführt. Damit wird auch die Entscheidung, welche Unterlagen zum Zwecke der Beschlagnahme abtransportiert werden sollen, bereits vor Ort gefällt.
Hingegen nimmt die Durchsicht der EDV-Anlage aufgrund der Masse an Daten deutlich mehr Zeit in Anspruch. Deshalb wird i. d. R. durch Mitnahme der Anlage die Durchsicht erst auf der Dienststelle vorgenommen. Dabei handelt es sich um eine vorläufige Sicherstellung iSd § 110 StPO. Die Durchsicht muss in angemessener Zeit abgeschlossen sein. Das LG Limburg[357] hat festgestellt, dass 8 Monate zu lang sind, LG Kiel[358] spricht von 9 Monaten und das LG Köln[359] von 7 Monaten bei der Beschlagnahme von betriebswichtigen Unterlagen und das AG Reutlingen[360] hat für die Erstellung eines kompletten Datenimages die Überschreitung einer Frist von 3 Tagen für unzulässig erachtet.
Zur Prüfung der Rechtsbehelfsmöglichkeiten ist besonderes Augenmerk darauf zu lenken, wann die Durchsicht tatsächlich abgeschlossen ist. Dies ist zumeist nur durch Erfragen bei der Strafverfolgungsbehörde bzw. bei der Abteilung, die mit der Durchsicht beauftragt ist, festzustellen. Denn erst wenn die Durchsicht iSv § 110 StPO beendet ist, ist auch die Durchsuchung beendet. Bis zum Ende der Durchsuchung besteht die Möglichkeit der Beschwerde. Danach besteht nur noch die Möglichkeit der Feststellung der Rechtswidrigkeit analog § 304 StPO.

- **Netzwerkdurchsicht: § 110 Abs. 3 StPO**
- **Sicherstellung/Beschlagnahme, §§ 94 ff. StPO**
Im dritten Schritt der Durchsuchung fällt die Entscheidung, ob Material zurückgegeben wird oder förmlich beschlagnahmt werden soll, sofern nicht freiwillig herausgegeben wird. Gegenstände der Beschlagnahme können die gesamte Computerhardware (Zentraleinheit) und Peripheriegeräte sein.

---

[357] Urt. v. 22.8.2005 – 5 Ws 96/05, StraFo 2006, 198.
[358] Beschl. v. 19.6.2003 – 32 Qs 72/03, StraFo 2004, 93.
[359] Beschl. v. 17.5.2002 – 109 Qs 219/02, StV 2002, 413.
[360] Beschluss v. 5.12.2011, Juris PR-ITR 13/2012.

Die Beschlagnahme erfolgt durch **amtliche Verwahrung der Speichermedien**. Neben der Beschlagnahme der kompletten EDV-Anlage ist auch die Beschlagnahme lesbarer Reproduktionen möglich.

380 *ee) Verhältnismäßigkeit.* Der Verhältnismäßigkeitsgrundsatz gilt selbstverständlich auch beim Zugriff auf die EDV-Anlage. Wegen der weit reichenden Folgen eines Abtransportes der gesamten Anlage, ist zu prüfen, ob **nicht mildere Mittel** ebenfalls zur Erreichung des Durchsuchungszweckes führen können. Dies entspricht der Beachtung des Verhältnismäßigkeitsgrundsatzes. Mit seiner Entscheidung vom 12.4.2005 hat das BVerfG[361] ua deutlich gemacht, dass hierzu bereits vor Ort Vorkehrungen getroffen werden müssen, damit Daten, die ohne Bedeutung für das Strafverfahren sind, von vornherein nicht erfasst werden. Danach ist schon vor Ort eine Selektierung erforderlich. Im Rahmen der Verhältnismäßigkeitsprüfung kann die Intensität des Eingriffs wie folgt abgestuft werden:
- *Abtransport der gesamten Anlage einschließlich externer Datenträger:*
Der komplette Abtransport wird noch immer gern von den Ermittlungsbehörden vollzogen, weil dies in der akuten Situation am Einfachsten zu praktizieren ist. Gleichwohl erscheint rechtlich der komplette Abtransport nur in seltenen Fällen und bei dem Verdacht erheblicher Straftaten verhältnismäßig.
- *Erstellung eines Datenimages:*
Weniger schwerwiegend wäre die Erstellung eines kompletten Datenimages, also die Fertigung einer kompletten Kopie des gesamten Datenbestandes. Zwar besteht auch hier die Gefahr, dass völlig unerhebliche Daten kopiert werden, gegenüber der Mitnahme der EDV-Anlage stellt diese Variante aber ein milderes Mittel dar.
- *Erstellung einzelner Kopien:*
Vorzugswürdig und mildestes Mittel ist die Fertigung von Kopien einzelner Dateien bzw. Sicherung derselben, und zwar schon am Durchsuchungsort.
Hierauf sollte der Berater vor Ort mit Nachdruck hinweisen.

381 Zusammenfassung des Ablaufs der Maßnahme:
Durchsuchung:
Die Inbetriebnahme der EDV-Anlage ist erlaubt. Ebenso eine Grobsichtung, die sich in der Inaugenscheinnahme von Datenträgern sowie Sichtung von Inhaltsverzeichnissen, Explorern und Archiven erschöpft.
Durchsicht:
Jetzt erfolgt die inhaltliche Prüfung, ob beweiserhebliche Dateien vorhanden sind; es handelt sich um die klassische Suche nach Beweisen.
Nach § 110 StPO sind neben Papieren alle lesbaren Daten gemeint (Datenträger wie Festplatten, CDs, Disketten etc). Nach § 110 Abs. 3 StPO dürfen auch externe Datenträger durchsucht werden (Netzwerkdurchsicht, „kleine Onlinedurchsuchung".
Der Verhältnismäßigkeitsgrundsatz ist in besonderer Weise zu beachten. Solange die Durchsicht andauert, ist die Durchsuchungsmaßnahme nicht beendet.
Beschlagnahme:
Die Beschlagnahme stellt die amtliche Verwahrung der Speichermedien oder Ausdrucke dar, sofern diese nicht freiwillig herausgegeben werden (dann erfolgt eine Sicherstellung).

382 *ff) Zugriff auf Facebook-Account.* Im Zeitalter von Facebook, Twitter und anderen sozialen Netzwerken, die ein immenses Datenpotenzial aufweisen, verwundert es nicht, dass versucht wird, auch hier auf beweiserhebliche Daten zuzugreifen.

383 So hat das AG Reutlingen[362] in einem Jugendstrafverfahren versucht, Chatnachrichten bei Facebook zu beschlagnahmen. Hierzu bedurfte es eines aufwändigen Rechtshilfeverfahrens, da der Firmensitz von Facebook in Irland residiert. Als **Anspruchsgrundlage** zog das Amtsgericht die Postbeschlagnahme nach § 99 StPO analog heran. Mangels aktueller Kommunikation, war ein Beschluss nach § 100a StPO (Telekommunikationsüberwachung) nicht er-

---
[361] 2 BvR 1027/02, NJW 2005, 1917 (1920).
[362] AG Reutlingen Beschl. v. 31.10.2011 – 5 Ds 43 Js 18155/10 jug, ITRB 2012, 105.

forderlich. Zur Umsetzung des Rechtshilfeersuchen kam es nicht, da der Beschuldigte dem Druck des Gerichts im Hinblick auf drohende Kosten offenbar nachgab und seine Zugangsdaten herausgab. Man muss davon ausgehen, dass künftig vermehrt Daten aus sozialen Netzwerken in deutsche Strafverfahren eingeführt werden, auch wenn hierzu die Beschlagnahme im Ausland notwendig wird.

f) Die Online-Durchsuchung. Anfang des Jahres 2007 sorgte der BGH für Aufsehen, als er dem staatlichen Hacken einen Riegel vorschob und eine Online-Durchsuchung für unzulässig erklärte.[363] Die Ermittler beabsichtigen unter Einsatz eines Trojaners[364] die auf einem Rechner des Beschuldigten gespeicherten Daten auf die eigenen Systeme zu übertragen um dann die Durchsuchung durchzuführen. Dies alles ohne Wissen des Betroffenen, also heimlich. Nachdem der Ermittlungsrichter[365] den Antrag auf Online-Durchsuchung ablehnte, legte die Generalbundesanwaltschaft Beschwerde ein.

Der BGH wies die Beschwerde zurück: „Die Verdeckte Online-Durchsuchung" ist mangels einer Ermächtigungsgrundlage unzulässig. Sie kann insbesondere nicht auf § 102 StPO gestützt werden. Diese Vorschrift gestattet nicht eine auf heimliche Ausführung angelegt Durchsuchung."

Die Entscheidung hat politisch für Wirbel gesorgt. Es wurden sofort Stimmern laut, wonach heutzutage ohne die Online-Durchsuchung nicht mehr auszukommen sei. Mit einer Grundsatzentscheidung hat das BVerfG[366] auf die neue Regelung in § 5 Abs. 2 Nr. 11 des Gesetzes über den Verfassungsschutz in Nordrhein-Westfalen reagiert und die Regelung zur Onlinedurchsuchung für verfassungswidrig erklärt und das sog Computergrundrecht geschaffen.

Mit der Entscheidung hat das Verfassungsgericht die Computernutzung als Teil der verfassungsrechtlich geschützten Privatsphäre anerkannt.

„Das allgemeine Persönlichkeitsrecht (Art. 2 Abs. 1 iVm Art. 1 Abs. 1 GG) umfasst das **Grundrecht auf Gewährleistung der Vertraulichkeit und Integrität informationstechnischer Systeme**". Allerdings hat der BVerfG auch festgestellt, dass heimliche Infiltration eines solchen Systems dann verfassungsrechtlich zulässig sein kann, wenn eine konkrete Gefahr für ein überragend wichtiges Rechtsgut besteht.

g) Zugriff auf elektronische Speichermedien, insbesondere E-Mails. Auch E-Mails[367] sind für die Ermittler von großem Interesse. Stellen sie während der Durchsuchung fest, dass E-Mails bereits auf dem Rechner des Betroffenen abgelegt sind, sollen diese nach überwiegender Auffassung von der Durchsuchungsanordnung erfasst sein und können gesichert bzw. kopiert werden.[368]

Anders sieht es aus, wenn sich die E-Mails noch auf dem Server des Providers befinden, also noch nicht abgerufen wurden.

Für die rechtliche Beurteilung ist die **technische Abfolge** bei der Übertragung der elektronischen Nachricht bedeutsam:

1. Phase: Übertragung vom Absender zum Server.
2. Phase: Ruhen der E-Mail auf dem Server.
3. Phase: Übertragung der E-Mail vom Server zum Empfänger.
(4. Phase: E-Mail ist beim Empfänger angekommen und im System abgelegt (ruht).)

Nach früheren Diskussionen ging die Rechtsprechung und herrschende Meinung davon aus, dass die Übertragung einer E-Mail technisch als einheitlicher Vorgang zu betrachten ist, auch wenn in der 2. Phase die Nachricht auf dem Server ruht, also dort konkret Kommuni-

---

[363] BGH Beschl. v. 31.1.2007 – 1 StB 18/06, NJW 2007, 930.
[364] Sog Bundestrojaner, der als Computerwanze auf die betroffenen Systeme eingeschleust werden soll.
[365] Allerdings hatte der Ermittlungsrichter am 21.2.2006 – 3 BGs 31/06, StV 2007, 60 auf einen entsprechenden Antrag des Generalbundesanwalt am BGH eine Online-Durchsuchung noch angeordnet!
[366] BVerfG Urt. v. 27.2.2008 – 1 BvR 370/07, 1 BvR 595/07, NJW 2008, 822.
[367] Insbesondere, wenn sie nicht verschlüsselt sind, was leider immer noch überwiegend der Fall ist.
[368] Allerdings hatte das BVerfG in einer Entscheidung v. 4.2.2005 den Schutz des Fernmeldegeheimnisses auch auf die bereits übertragenen, also angekommenen Daten („4. Phase") ausgedehnt (NStZ 2005, 377; entgegengesetzt entschied das BVerfG am 2.3.2006 – 2 BvR 2099/04, NJW 2006, 976 „Bargatzky-Entscheidung").

kation nicht übertragen wird. Damit war (scheinbar) klar, dass ein Zugriff auf eine E-Mail im Übertragungsvorgang (einschließlich Ruhen auf dem Server), der unter den Schutz des **Fernmeldegeheimnisses** fällt, nur unter den strengen Voraussetzungen der Telekommunikationsüberwachung gem. §§ 100a ff. (§§ 100g, h StPO aF) zulässig war. Eine einfache Anordnung auf Durchsuchung hätte hier nicht genügt.[369]

Dies galt nicht nur für E-Mails sondern auch für andere Nachrichten, die sich zwischenzeitlich auf Mailboxen beim Provider befinden, wie zB eine SMS.

Die 4. Phase (Daten sind angekommen) wurde nicht problematisiert, so dass sich Diskussion zunächst beruhigte.

BVerfG vom 4.2.2005:[370]
In dieser Entscheidung dehnt der zweite Senat den Schutz des Fernmeldegeheimnisses auch auf diejenigen (Verbindungs-)Daten aus, die bereits beim Beschuldigten in den elektronischen Speichern der Kommunikationsgeräte angekommen und gespeichert waren. Danach war eine einfache Beschlagnahme eines Mobiltelefons zum Zwecke des Auslesens der auf der SIM-Card befindlichen Daten unzulässig. Ein Beschluss nach §§ 100a ff. StPO wäre danach erforderlich gewesen.
Auch der Zugriff auf die beim Empfänger bereits eingegangene E-Mail auf dem Rechner des Betroffenen wäre nach den einfachen Durchsuchungsvorschriften nicht zulässig gewesen.

BVerfG vom 12.4.2005:[371]
In einer weiteren Entscheidung des Bundesverfassungsgerichts wurde dagegen festgestellt, dass für den Zugriff auf Datenträger auch die einfache Beschlagnahmeanordnung nach §§ 94 f. StPO genüge.

BVerfG vom 2.3.2006:[372]
Mit großer Spannung ist die nächste Entscheidung des Bundesverfassungsgerichts erwartet worden, die Anfang 2006 erging.
Dort stellte der Senat klar, dass nach Abschluss des Übertragungsvorganges das Fernmeldegeheimnis nicht mehr berührt sei, wenn auf die bereits eingegangenen elektronischen Nachrichten Zugriff genommen werden soll.
Der Schutz des Fernmeldegeheimnisses greife nur dort, wo aufgrund der Übertragung der Nachricht der Berechtigte selbst technisch in den Vorgang nicht eingreifen könne. Hier müsse deshalb der besondere Schutz des Fernmeldegeheimnisses umfassend sein. Bei der Übertragung von Nachrichten sei dann eine Anordnung nach den strengsten Vorgaben des § 100a StPO (Telekommunikationsüberwachung) erforderlich.
Sei allerdings der Vorgang abgeschlossen und die Nachricht eingetroffen, habe der Empfänger selbst die Herrschaft wieder übernommen, könne Daten löschen etc. Eine Ausdehnung des Fernmeldegeheimnisses sei nicht angebracht. Der Zugriff nach den einfachen Vorgaben der Durchsuchung und Beschlagnahme sei zulässig.

BVerfG vom 29.6.2006:[373]
In einem einstweiligen Anordnungsverfahren verfügte das Bundesverfassungsgericht, dass der aufgrund einer einfachen Beschlagnahmeanordnung nach § 94 StPO bei einem Provider sichergestellte E-Mail Account nicht im Rahmen der Ermittlungen verwendet werden durfte. Sämtliche Schriftstücke mussten versiegelt und in Verwahrung bei dem zuständigen Amtsgericht gegeben werden. Zwar betraf diese Entscheidung die 2. Phase, also das Ruhen von E-Mails beim Provider (Zwischenspeicherung), während die Bargatzky-Entscheidung die 4. Phase (Endspeicherung) behandelte; in beiden Fällen findet aber keine Übertragung (mehr) statt. Die einstweilige Anordnung wurde insgesamt fünfmal verlängert.

BGH vom 31.3.2009:[374]
Während noch auf die Entscheidung des Bundesverfassungsgerichts in der Hauptsache gewartet wurde, entschied überraschenderweise der Bundesgerichtshof, dass ein Zugriff auf E-Mails beim Provider auf der Grundlage einer (einfachen) Postbeschlagnahme gem. § 99 StPO zulässig ist. Die Karlsruher Richter verglichen den Zugriff mit der Beschlagnahme von Telegrammen, auf die gemäß § 94 StPO zugegriffen werden darf, wenn sich diese im Gewahrsam von Personen oder Unternehmen befinden, die geschäftsmäßig Post- oder Telekommunikationsdienste erbringen bzw. daran mitwirken.

---

[369] S. hierzu auch BVerfG v. 29.6.2006 – 2 BvR 902/06, StraFo 2006, 365, das einer einstweiligen Verfügung statt gab, nachdem aufgrund einer Beschlagnahmeanordnung nach §§ 94, 95 StPO beim Provider auf einen E-5.l-Account zugegriffen wurde.
[370] 2 BvR 308/04, NStZ 2005, 337.
[371] 2 BvR 1027/02, NJW 2005, 1917.
[372] 2 BvR 2099/04, NJW 2006, 976 – „Bargatzky-Entscheidung".
[373] Einstweilige Anordnung v. 29.6.2006 – 2 BvR 902/06, StraFo 2006, 365.
[374] Beschl. v. 31.3.2009 – 1 StR 76/09, NJW-Spezial 2009, 346 ff.

BVerfG vom 16.6.2009:[375]
Am 16.6.2009 erging endlich die Entscheidung des Bundesverfassungsgerichts in der Hauptsache (s. o.). Die Verfassungsbeschwerde wurde zurückgewiesen, weil eine Sicherstellung und Beschlagnahme der auf dem Mailserver des Providers gespeicherten E-Mails nach den Regelungen gem. §§ 94 StPO (also den einfachen Beschlagnahmevorschriften) den verfassungsmäßigen Anforderungen genüge.

Damit dürfte die Diskussion beendet sein und ein Zugriff auf E-Mails beim Empfänger und Provider darf aufgrund der Vorschriften zur Durchsuchung und Beschlagnahme gem. §§ 94, 102 ff. StPO erfolgen.

h) Besonderheiten bei der Durchsuchung/Beschlagnahme beim Berufsgeheimnisträger. Rechtsanwälte, Steuerberater, Ärzte und ihre Mitarbeiter unterliegen einer umfassenden Verschwiegenheitsverpflichtung gegenüber ihren Mandanten bzw. Patienten. Eine Durchsuchung in den eigenen Kanzleiräumen stellt für jeden Rechtsanwalt ein Horrorszenario dar. Auch hier gilt Ruhe bewahren und folgende Maßgaben zu beachten.

Entscheidend dürfte sein, dass der **Geschäftsbetrieb** durch das Eintreffen von Ermittlungspersonen **nicht gestört wird.** Diese sollten in einen Raum geführt werden, wo sich zunächst die Beamten ausweisen sollten und den Durchsuchungsbeschluss übergeben. I. d. R. werden Unterlagen von potentiellen Mandanten gesucht. Damit handelt es sich um einen Beschluss gemäß § 103 StPO, also eine Durchsuchung bei einem nicht verdächtigen Dritten.

Die Unterlagen müssen darin so genau bezeichnet werden, dass der Dritte (zB der Anwalt) die weitere Durchsuchung durch Herausgabe der gesuchten Unterlagen abwenden kann. Hier liegt genau das Problem. Einerseits ist es wünschenswert, wenn die Beamten nicht jeden Raum auf den Kopf stellen, andererseits ist der Rechtsanwalt, Steuerberater etc nicht nur dem Mandanten gegenüber zur Verschwiegenheit verpflichtet, dessen Unterlagen gesucht werden, sondern auch gegenüber allen Mandanten, deren Daten in der Kanzlei verwahrt werden.

Der Rechtsanwalt darf (ohne Einwilligung des Mandanten) keinesfalls Aktenteile etc ohne **Widerspruch** herausgeben. Er mag die gesuchten Unterlagen zusammenstellen (um eine faktische Durchsuchung abzuwenden), er muss aber formal der Durchsuchung und Beschlagnahme widersprechen und darauf achten, dass dies in der Niederschrift der Durchsuchung entsprechend vermerkt wird.

Greifen die Beamten auf die **EDV-Anlage** zu, ist deutlich zu machen (und zum Selbstschutz zu dokumentieren), dass einer Durchsicht von völlig anderen Mandantendaten entgegen getreten wird. Hierbei ist die bereits zitierte Bundesverfassungsgerichtentscheidung vom 12.4.2004[376] außerordentlich hilfreich. In dieser Entscheidung weist der Senat auch darauf hin, dass auf bedeutungslose Informationen nicht zugegriffen werden darf und bei einer Durchsuchung in einer Anwaltskanzlei auch die berufliche Beeinträchtigung des Anwalts durch Verlust des Vertrauens der Mandanten zu beachten ist, sowie eine Abwägung der Interessen Dritter zu erfolgen hat.[377] Außerdem müsse bereits vor Ort eine Trennung von Daten erfolgen. Im vorliegenden Falle hatte der Senat auch darauf hingewiesen, dass Daten, die unzulässigerweise beschlagnahmt wurden, gem. § 489 StPO der Löschung unterliegen.

In der Entscheidung vom 7.9.2006 hat das Bundesverfassungsgericht noch einmal die Beachtung des Verhältnismäßigkeitsgrundsatzes bei der Durchsuchung einer Anwaltskanzlei hervorgehoben.[378]

i) Schutz der Berufsgeheimnisträger, § 160a StPO. Mit Inkrafttreten des Gesetzes zur Neuregelungen der Telekommunikationsüberwachung wurde zum 1.1.2008 § 160a StPO eingefügt, der das Zeugnisverweigerungsrecht nicht mehr für alle Berufsgeheimnisträger sondern ein **2-Klassensystem** einführte.

---

[375] 2 BvR 902/06, NJW 2009, 2431.
[376] Beschl. v. 12.4.2005 – 2 BvR 1027/02, NJW 2005, 1917.
[377] Zum besonderen Schutz der Anwaltskanzlei s.a. EGMR Urt. v. 16.10.2007 – Nr. 74336/01, HRRS-Nr. 2008, Nr. 72.
[378] 2 BvR 1141/06.

399 Gem. § 160a StPO besteht ein umfassender Schutz, der durch ein Erhebungs- und ein Verwertungsverbot abgesichert ist, nur noch für Seelsorger, Verteidiger und Abgeordnete. Bei anderen Berufsgeheimnisträgern, wie Rechtsanwälten, kommt nur noch ein relatives Beweisverwertungsverbot zum Tragen.

400 Diese Ungleichbehandlung wurde hinsichtlich der **Rechtsanwälte** mit Wirkung zum 1.12. 2011 korrigiert.[379] Seither sind Ermittlungsmaßnahmen gegen Geistliche, Verteidiger, Rechtsanwälte und Abgeordnete unzulässig. Zum Schutz dieser zeugnisverweigerungsberechtigten Berufsgeheimnisträger gilt ein **absolutes Beweiserhebungs- und Beweisverwertungsverbot**. Bei anderen Berufsgeheimnisträgern, wie Angehörige der Beratungs- und Heilberufe sowie aus dem Bereich der Medien gilt lediglich ein relatives Beweiserhebungsverbot. Das Bundesverfassungsgericht hat am 12.10.2011 die Vorschrift für verfassungsgemäß erklärt.[380]

401 **j) Internetspezifische Ermittlungen.** Ermittlungen im Internet gehören inzwischen zum Standardrepertoire der Ermittlungsbehörden. Datenabruf über Suchmaschinen sowie die offene Beobachtung des Internets sind rechtlich unproblematisch. Auch die Nutzung von sozialen Netzwerken, zB die so genannte Facebook- Fahndung[381] sollen standardisiert werden. Dass die Polizei selbst Webseiten betreibt und hier Fahndungen[382] ausschreibt, ist bereits Routine. Probleme ergeben sich allerdings dann, wenn Datenspeicher im Ausland stehen oder die Ermittler im Netz verdeckt agieren.

402 *aa) Durchsuchung der Cloud.* Immer mehr Nutzer legen ihre Daten nicht mehr oder jedenfalls nicht mehr ausschließlich auf ihrem eigenen Gerät ab. Externe Datenspeicher, sog Clouds erfreuen sich zunehmend großer Beliebtheit. DropBox, Skydrive, Google Drive etc gehören zu den meist genutzten virtuellen Datenspeichern.

Befinden sich diese Datenspeicher im Ausland, ist der Zugriff für die Ermittler problematisch, weil ausländische Hoheitsrechte betroffen sind.

In der Regel wird ein aufwändiges **Rechtshilfeersuchen** notwendig sein, um die Ermittlungen fortzusetzen.

403 Mit der Einführung des § 110 Abs. 3 StPO, also der Ermöglichung der Netzwerkdurchsicht, ist es für den Ermittler ein leichtes, vom Rechner des Beschuldigten aus, für den ein Durchsuchungsbeschluss vorliegt, auf die Cloud und die dort befindlichen Daten zuzugreifen. Die Versuchung ist groß, dies auch dann zu tun, wenn nicht klar ist, wo der Server steht.

404 Der Zugriff in die Cloud hinein ist denkbar bei Dokumenten, aber auch bei E-Mails, die auf dem ausländischen Server des E-Mail Providers liegen oder dauerhaft bei einem ausländischen Betreiber eines webbasierten Systems liegen.

405 Selbstverständlich werden die Ermittler auch eher geneigt sein, von der Erheblichkeit der Daten auszugehen und eine gewisse **Eilbedürftigkeit** zu Grunde legen, was grundsätzlich einem Amtshilfeersuchen entgegen stehen kann.

406 Um dieses Problem zu lösen, wird zB vorgeschlagen, zunächst auf die Daten zuzugreifen, sie also zu sichern, um im Anschluss im Rechtshilfeverfahren die Zustimmung zur Verwendung bei dem berechtigten Staat einzuholen.[383] Dies erinnert ein wenig an die „quick freeze order", die früher (rechtlich bedenklich), von den Ermittlern zur IP-Abfrage eingesetzt wurde, wenn zu befürchten war, dass der Provider IP- Adressen löschen würde, bevor ein Beschlagnahmebeschluss beigebracht werden konnte.[384]

407 Ein anderer Ansatz geht davon aus, dass die Ermittler ohne die Beschreitung des Rechtshilfeweges dann auf die Daten im Ausland zugreifen dürfen, wenn der **Zugriff technisch**

---

[379] BeckOK StPO/*Patzak* § 160a Rn 2a.
[380] BVerfG Beschl. v. 12.10.2011 – 2 BvR 236/08 ua, NJW 2012, 833 (840).
[381] Vorreiter ist die Polizei in Niedersachsen, die seit 2012 das Instrument regelmäßig einsetzt: http://heise.de/-2074793; https://de-de.facebook.com/LandeskriminalamtNiedersachsen.
[382] http://www.polizei.bayern.de/fahndung/personen/straftaeter/bekannt/index.html.
[383] *Kochheim*, www.cyberfahnder.de zu § 110 Abs. 3 – Webdienst im Ausland: „Im Zweifel sind die relevanten Daten zu sichern und zunächst unverarbeitet zu verwahren. Im Wege der internationalen Rechtshilfe muss dann die Zustimmung zur Datenerhebung und Verwertung im Strafverfahren eingeholt werden. Das ist unpraktisch, aber zunächst einmal unvermeidbar."
[384] S. auch 3a).

beim Cloudnutzer, also an dessen Gerät, erfolgt.[385] Nur wenn der Zugriff nicht beim Cloudnutzer möglich ist und der Cloudanbieter im Ausland ansässig ist, müsse über die Rechtshilfe der Zugriff auf die gespeicherten Daten begehrt werden.[386]

bb) Ermittlungen in sozialen Netzwerken.[387] Facebook, Twitter und Co. haben für die Ermittlungsbehörde nicht nur wegen der Möglichkeit selbst über ein Profil Fahndungen auszuschreiben etc enorm an Bedeutung gewonnen, sondern auch, weil über das Kontaktmanagement dieser Portale Kenntnisse über potentielle Verdächtige gewonnen und/oder Spuren zur Sachverhaltsaufklärung nachgegangen werden kann. 408

Während eine offene Internetrecherche problemlos ist, ist die Grenze zur **verdeckten Ermittlung**, die besondere Anforderungen erfüllen muss, in sozialen Netzwerken schnell erreicht. 409

In der Regel wird der Ermittlungsbeamte nicht mit seinem Klarnamen und dem Hinweis, dass er Polizist ist, Freundschaftsanfragen stellen oder diese positiv beantworten. Nutzt der Ermittler einen anderen Namen, täuscht in diesem Falle über seine tatsächliche Identität und gelangt als „Freund" an ein umfangreiches Datenvolumen und Erkenntnisse. Will er so agieren, bedarf es der Einhaltung aller Formalitäten, die für die verdeckte Ermittlung notwendig sind. 410

Anderenfalls ist eine derartige Ermittlung unzulässig und führt zu einem **Verwertungsverbot**.[388]

---

[385] *Wicker* MRR 2013, 765.
[386] Diese Auffassung erscheint gewagt. Der Eingriff in Hoheitsrechte des anderen Staates wird nicht dadurch vermieden, dass der Zugriff technisch in Deutschland erfolgt. Der Erfolg der Maßnahme tritt im Ausland ein. Die Wirkung ist also keine andere, als ob (unberechtigt) im Ausland direkt eine Beschlagnahme erfolgen würde. Dass der Zugriff von einem deutschen Gerät aus erfolgt, macht die Maßnahme aus Sicht des ausländischen Staates noch gefährlicher, weil die Maßnahme für ihn verdeckt verläuft. Es darf gemutmaßt werden, dass gerade deshalb die Einhaltung der Rechtshilfe besonders beobachtet wird.
[387] Umfassend: *Römer/Rosengarten* NJW 2012, 1764.
[388] BeckOK StPO/*Graf* § 100a Rn. 32i.

Teil I. Verfahrens- und Prozessrecht

§ 44 Außergerichtliche Streitbeilegung und Prozessvorbereitung, Mediation

Übersicht

	Rn.
I. Schiedsverfahren und Schieds-/Privatgutachten *(Müller)*	1–53
1. Schiedsverfahren als mögliche Konfliktlösung	1–24
a) Das Schiedsverfahren in der Zivilprozessordnung	1–3
b) Zustandekommen von Schiedsvereinbarungen	4–7
c) Inhaltliche Vereinbarungen über ein Schiedsverfahren	8–15
d) Gültigkeit und Aufhebbarkeit von Schiedsgerichtsklauseln und Schiedsgerichtsentscheidungen	16–19
e) Inhalt und Verbindlichkeit von Schiedssprüchen	20/21
f) Durchsetzung eines Schiedsspruchs	22
g) Schiedsgerichte und einstweiliger Rechtsschutz	23/24
h) Grundsätzliche Erwägungen zur Durchführung eines Schiedsverfahrens	25–28
2. Schiedsgutachten und Privatgutachten	28–57
a) Das Schiedsgutachten	28–36
b) Das Privatgutachten	37–59
II. Das selbstständige Beweisverfahren *(Müller)*	60–132
1. Zulässigkeit des selbstständigen Beweisverfahrens	64–89
a) Statthaftigkeit des selbstständigen Beweisverfahrens	64–72
b) Zuständigkeit des Gerichts	73–76
c) Parteien	77/78
d) Streitverkündung	79/80
e) Inhalt des Antrags	81–89
2. Beweiserhebung	90–98
a) Durchführung der Beweiserhebung	90–92
b) Möglichkeiten des Antragsgegners	93–96
3. Beendigung des selbstständigen Beweisverfahrens	97–107
4. Verwertung im Hauptsacheprozess	108/109
5. Kosten des selbstständigen Beweisverfahrens	110–132
a) Streitwert	113–118
b) Kostentragung	119–123
c) Isolierte Kostenentscheidung	124–130
d) Materiell-rechtlicher Kostenerstattungsanspruch	131/132
III. Mediation *(Lapp)*	133–197
1. Grundlagen der Mediation	133–150
a) Definition der Mediation	134
b) Abgrenzung von anderen Verfahren	135–140
c) Mediation als kommunikativer Prozess	141–143
d) Eignung für Mediation	144–150
2. Grundsätze der Mediation	151–162
a) Eigenverantwortung/Selbstbestimmung	151–153
b) Allparteilichkeit	154–156
c) Vetraulichkeit	157–160
d) Informiertheit	161
e) Zukunftsrichtung	162
3. Wirkungsweise der Mediation	163/164
4. Ablauf einer Mediation	165–181
a) Eröffnung und Abschluss des Mediationsvertrages	168/169
b) Ermittlung der Themen	170–172
c) Klärung der Interessen/Bearbeitung des Konflikts	173–177
d) Suche nach Lösungen	178–180
e) Abschluss der Mediation	181

	Rn.
5. Vor- und Nachteile der Mediation	182–189
a) Vorteile der Mediation	182–186
b) Nachteile der Mediation	187–189
6. Anbahnung bzw. Vorbereitung der Mediation	190–197

Schrifttum: *Bartsch* (Hrsg.), Softwareüberlassung und Zivilprozess, 1991; *Bischof*, Die vollstreckungsrichterliche Durchsuchungsanordnung (§ 758 ZPO) in der gerichtlichen Praxis, ZIP 1983, 522; *Bork*, Effiziente Beweissicherung für den Urheberrechtsverletzungsprozess – dargestellt am Beispiel raubkopierter Computerprogramme, NJW 1997, 1665; *Brandi-Dohrn*, Probleme der Rechtsverwirklichung beim Schutz von Software, CR 1987, 835; *Conrad*, Wege zum Quellcode-Konsequenzen aus der Entscheidung des BGH v. 16.12.2003 – XZR 129/01, ITRB 2005, 12; *Dreyer/Kotthoff/Meckel*, Heidelberger Kommentar zum Urheberrecht, 3. Aufl. 2013; *Duve/Eidenmüller/Hacke*, Mediation in der Wirtschaft, 2. Aufl. 2011; *Fischer*, Selbständiges Beweisverfahren – Zuständigkeits- und Verweisungsfragen, MDR 11/2001; *Greger/Münchhausen*, Verhandlungs- und Konfliktmanagement für Anwälte, 2010; *Groß*, Mediation im gewerblichen Rechtsschutz und Urheberrecht, 2009; *Greger/Unberath*, Kommentar zum Mediationsgesetz, 2012; *Haft/Schlieffen* (Hrsg.), Handbuch Mediation, 2. Aufl. 2009; *Haft*, Verhandlung und Mediation, 2. Aufl. 2000; *Hauser*, Welches nationale Mediationsrecht – am Beispiel der Verschwiegenheitspflicht – ist auf grenzüberschreitende Wirtschaftsmediationen in der Europäischen Gemeinschaft anwendbar?, SchiedsVZ, 2015, 89 ff.; *Henssler/Koch*, Mediation in der Anwaltspraxis, 2000; *Hilgers/Scherr*, Wissenschaftlicher Dienst des deutschen Bundestages, Der Aktuelle Begriff, 72/2005; *Hoppen*, Software-Besichtigungsansprüche und ihre Durchsetzung, CR 2009, 407; *Klein/Moufang/Koos*, Ausgewählte Fragen zur Verjährung, BauR 2009, 333; *Kniffka/Koeble*, Kompendium des Baurechts, 3. Auflage 2008; *Koch*, Zivilprozesspraxis in EDV-Sachen, RWS-Skript, Köln 1988; *Lapp*, Mediation, in: Redeker, Handbuch der IT-Verträge, ders., Mediation bei IT-Konflikten, in: Festschrift für Heussen, 2009; *ders.*, Mediation bei IT-Projekten in: Setzwein/Setzwein, Turnaround-Management von IT-Projekten, 2008; *ders.*, Mediations- und Schiedsklauseln bei IT-Verträgen, ITRB 2002, 165–168; *ders.*, Interaktion und Kooperation bei IT-Projekten, ITRB 2010, 69–71; *ders.*, Wirksam vereinbarte Mediationsklausel als vorläufiger Klageverzicht?, jurisPR-ITR 2/2011 Anm 4; *ders.*, in: Schmidt/Lapp/Monssen, Mediation in der Praxis des Anwalts, 2012; *ders.*, in: Trossen, *Leppin*, Besichtigungsanspruch und Betriebsgeheimnis – Ein Beitrag zum eingeschränkten Besichtigungsanspruch gem. §§ 808, 242 BGB und zur Möglichkeit eines Geheimverfahrens im Zivilprozess unter Berücksichtigung der Patentverletzung, GRUR 1984, 558; *Niedostadek* (Hrsg.), Praxis Handbuch Mediation, 2010; *Risse*, Wirtschaftsmediation 2003; *Reithmann/Martiny*, Internationales Vertragsrecht, 7. Aufl., 2010; *Roth*, Wege zum Quellcode II, ITRB 2005, 283; *Schilken*, Probleme der Herausgabevollstreckung, DGVZ 1988, 49; *Schmidt/Lapp/Monßen*, Mediation in der Praxis des Anwalts, 2012; *Schröder*, Folgen der Streitverkündung – eine Zwischenbilanz, BauR 2007, 1324; *Sohn*, Haftungsfalle Streitverkündung, BauR 2007, 1308 ff.; *Streitz*, IT-Projekte retten, Risiken beherrschen und Schieflagen beseitigen, 1. Aufl. 2004; *Sujecki*, Das Europäische Mahnverfahren, NJW 2007, 1622; *Tinnefeld*, Der Anspruch auf Besichtigung von Quellcode nach der Entscheidung „UniBasic-IDOS" des BGH, CR 2013, 417; *Trossen* (Hrsg.), Mediation (un)geregelt, 2014; *Ulrich*, Selbstständiges Beweisverfahren mit Sachverständigen, 2. Aufl. 2008; *Werner/Pastor*, Der Bauprozess, 13. Aufl. (2011); *ders.*, Der Bauprozess, 14. Auflage (2013); *Zahrnt*, IT-Projektverträge: Erfolgreiches Management, 1. Aufl. 2009.

I. Schiedsverfahren und Schieds-/Privatgutachten

1. Schiedsverfahren als mögliche Konfliktlösung

1 **a) Das Schiedsverfahren in der Zivilprozessordnung.** *aa) Das Schiedsverfahren als Gerichtsbarkeit.* Das Schiedsverfahren ist im deutschen Recht in der Zivilprozessordnung im Zehnten-Buch und dort in §§ 1025 bis 1048 geregelt. Unter Schiedsgerichtsbarkeit im Sinne dieser Regelung ist die Summe der Normen und Einrichtungen zu verstehen, die sich mit der Entscheidung bürgerlicher oder vergleichbarer Rechtsetzungsregeln aufgrund privater Willenserklärungen durch private Personen oder Gremien (Schiedsgerichte) befassen.[1] Begrifflich hat man früher wahlweise insbesondere die Bezeichnungen Schiedsvereinbarung, Schiedsvertrag, Schiedsabrede oder Schiedsklausel verwendet. Das neue deutsche Schiedsverfahrensrecht enthält – in Anlehnung an Art. 7 Abs. 1 S. 1 UNCITRAL-ModG – (→ hierzu Rn. 7) eine Legaldefinition der Schiedsvereinbarung in § 1029 Abs. 1 ZPO; während das bisherige Schiedsverfahrensrecht vom „Schiedsvertrag" sprach, verwendet der Gesetzgeber seit der Reform von 1997 den Begriff „Vertrag" nur noch im Zusammenhang mit dem Hauptvertrag und bezeichnet den bisherigen „Schiedsvertrag" durchgängig als Schiedsver-

---
[1] MüKoZPO/*Münch* vor § 1025 Rn. 1.

einbarung.² Eine **Schiedsvereinbarung** ist gem. § 1029 ZPO eine Vereinbarung der Parteien, alle oder einzelne Streitigkeiten, die zwischen ihnen in Bezug auf ein bestimmtes Rechtsverhältnis vertraglicher oder nichtvertraglicher Art entstanden sind oder künftig entstehen, der Entscheidung durch ein Schiedsgericht zu unterwerfen. Mit der Möglichkeit Streitigkeiten mittels eines Schiedsgerichts zu lösen, gestattet die Rechtsordnung somit die Ausübung einer privaten Gerichtsbarkeit als echter Gerichtsbarkeit.³ Soweit keine staatsvertraglichen Regelungen mit Drittstaaten eingreifen, gilt für nationale wie internationale Schiedsvereinbarungen und -verfahren die Regelung in der ZPO.⁴ Ein den Regeln der Zivilprozessordnung entsprechend durchgeführtes Schiedsverfahren kann wie ein staatliches Gerichtsverfahren zwischen den Parteien zu einer **bindenden Entscheidung** führen, da ein hierbei erfolgender Schiedsspruch gem. § 1055 ZPO die Wirkungen eines rechtskräftigen gerichtlichen Urteils hat. Insoweit unterscheidet man das Schiedsverfahren auch vom Schiedsgutachten und der (unverbindlichen) Mediation, die beide keine Entscheidung herbeiführen. Die Unterschiede und je nach Sichtweise auch Vorteile des Schiedsverfahrens zur staatlichen Gerichtsbarkeit, liegen vor allem in den den Parteien gemeinsam zur Verfügung stehenden vielfältigen Wahlmöglichkeiten zur Gestaltung des Verfahrens. Dieser Spielraum führt in der Regel auch zu einer hohen Akzeptanz des Schiedsspruchs bei den Parteien. Da ein Schiedsspruch die Wirkungen wie ein rechtskräftiges Urteil hat, bedingt dies zugleich auch, dass die jeweilige Partei eines derartigen Verfahrens nicht zweigleisig fahren können soll. Deshalb ordnet folgerichtig auch § 1032 Abs. 1 ZPO an, dass soweit vor einem Gericht Klage in einer Angelegenheit erhoben wird, die Gegenstand einer Schiedsvereinbarung ist, das Gericht die Klage als unzulässig abzuweisen hat, sofern dies vom Beklagten vor Beginn der mündlichen Verhandlung zur Hauptsache gerügt wird. Etwas anders gilt gem. § 1032 Abs. 1 ZPO nur dann, wenn die Schiedsvereinbarung nichtig, unwirksam oder undurchführbar ist. Ob dies der Fall ist, wird im Streitfall wiederum durch das erkennende Gericht durch Prozessurteil entschieden.⁵

Darüber hinaus kann gem. § 1032 ZPO durch jede Partei bis zur Bildung des Schiedsgerichts der Antrag auf die Feststellung der Zulässigkeit oder Unzulässigkeit eines schiedsgerichtlichen Verfahrens nach § 265 ZPO gestellt werden. Die Parteien haben dabei grundsätzlich die Wahl, ob sie die Rüge der Unzulässigkeit – bevor ein Schiedsgericht sich konstituiert hat – vor dem zur Entscheidung nach allgemeinen Regeln berufenen staatlichen Gericht oder nach dessen Bildung vor dem Schiedsgericht erheben; nach Bildung des Schiedsgericht steht ihnen nur noch der letzte Weg offen.⁶ 2

bb) Internationale Schiedsgerichtsbarkeit. Das Recht der internationalen Schiedsgerichtsbarkeit leitet sich ab von zwei- und mehrseitigen Staatsverträgen, die entgegenstehendes Sach- und Kollisionsrecht der Vertragsstaaten in weitem Umfang verdrängen.⁷ Zentrales Regelungsinstrument der internationalen Handelsschiedsgerichtsbarkeit ist dabei das **UN-Übereinkommen über die Anerkennung und Vollstreckung ausländischer Schiedssprüche** (UNÜ) vom 10.6.1958 (BGBl. I 1961).⁸ Die ZPO verweist in § 1061 für die Anerkennung und Vollstreckung ausländischer Schiedssprüche ausdrücklich auf dieses Übereinkommen. 3

b) Zustandekommen von Schiedsvereinbarungen. *aa) Schiedsvereinbarung als Vertrag.* Eine Schiedsvereinbarung kann gem. § 1029 ZPO Abs. 2 in Form einer selbständigen Vereinbarung (Schiedsabrede) oder in Form einer Klausel in einem Vertrag (Schiedsklausel) geschlossen werden. Zu unterscheiden ist hierbei die Schiedsvereinbarung als solche und der Hauptvertrag.⁹ Dies gilt wenn die Schiedsklausel Bestandteil des Hauptvertrages ist.¹⁰ Es handelt sich bei der Schiedsvereinbarung nach heute wohl herrschender Meinung in der 4

---

² *Reithmann/Martiny/Hausmann* Rn. 6551.
³ *Zöller/Geimer* vor § 1025 ZPO Rn. 1.
⁴ *Reithmann/Martiny/Hausmann* Rn. 6567.
⁵ *Zöller/Geimer* § 1032 Rn. 12.
⁶ *Baumbach/Lauterbach/Albers/Hartmann* § 1032 Rn. 9.
⁷ *Reithmann/Martiny/Hausmann* Rn. 6563.
⁸ *Reithmann/Martiny/Hausmann* Rn. 6563.
⁹ *Zöller/Geimer* § 1029 Rn. 1.
¹⁰ *Reithmann/Martini/Hausmann* Rn. 6554 mwN.

Literatur um einen **Prozessvertrag**.[11] Dem hat sich unter Aufgabe seiner vorherigen Rechtsprechung auch der Bundesgerichtshof angeschlossen.[12] In seiner älteren Rspr. hatte der Bundesgerichtshof ihn ebenso wie Teile der Literatur noch heute, als materiell-rechtlichen Vertrag über prozessrechtliche Beziehungen der Parteien angesehen.[13] Nach den überwiegenden Vertretern beider Meinungen gelten indes für das Zustandekommen und die Wirksamkeit der Schiedsvereinbarung bzw. des Schiedsvertrages Grundsätze des materiellen Rechts.[14] Bei internationalen Schiedsvereinbarungen richten sich das Zustandekommen und die rechtlichen Wirkungen im Geltungsbereich internationaler Abkommen vorrangig nach diesen; im Übrigen nach der für den Vertrag nach IPR maßgeblichen Rechtsordnung.[15]

5   *bb) Formvorschriften.* Zum Schutz der schwächeren Partei und zur Klarstellung der Verfahrensvorschriften, die wesentlich durch die Schiedsvereinbarung festgelegt werden, ist für diese im Grundsatz die **Schriftform** vorgeschrieben.[16] Gemäß § 1031 Abs. 1 ZPO muss die Schiedsvereinbarung bei inländischen Verfahren entweder in einem von den Parteien unterzeichneten Schriftstück oder in ihnen gewechselten Schreiben, Fernkopien, Telegrammen oder anderen Formen der Nachrichtenübermittlung, die den Nachweis der Vereinbarung sicherstellen, enthalten sein. Erleichterungen ergeben sich für geschäftlich Erfahrene aus den Absätzen 2–4. Verschärfungen, vergleichbar mit dem sonstigen deutschen Verbraucherschutzrecht ergeben sich aus § 1031 Abs. 5 ZPO für Vereinbarungen, an denen Verbraucher beteiligt sind. Besonderheiten gelten soweit der Schiedsort im Ausland liegt.[17]

6   Ein entsprechender **Formmangel** kann gem. § 1031 Abs. 6 ZPO allerdings durch die Einlassung auf die schiedsgerichtliche Verhandlung zur Hauptsache geheilt werden. Vor dem Hintergrund des Gedankens des Verbraucherschutzes erscheint diese Regelung indes auf Absatz 4 nur schwerlich anwendbar. Hier scheint eine teleologische Einschränkung auf die Abs. 1 bis 4 geboten.

7   *cc) Bestimmtheitserfordernis.* § 1029 Abs. 1 ZPO verlangt begrifflich für die Wirksamkeit einer Schiedsvereinbarung, dass es sich insoweit um eine Vereinbarung zwischen den Parteien handelt, die alle oder einzelne Streitigkeiten, die zwischen ihnen in Bezug auf ein bestimmtes Rechtsverhältnis vertraglicher oder nichtvertraglicher Art entstanden sind oder künftig entstehen, behandelt. Hierbei muss es sich nicht um einen Einzelvertrag handeln. Dem Bestimmtheitserfordernis ist auch Genüge getan, wenn sich die Schiedsvereinbarung auf eine **Vielzahl von Einzelgeschäften** bezieht, die ihre Grundlage in einem Rahmenvertrag haben.[18] Zu unbestimmt und daher unwirksam ist hingegen etwa eine Schiedsvereinbarung über „alle Streitigkeiten aus der Geschäftsverbindung".[19]

8   **c) Inhaltliche Vereinbarungen über ein Schiedsverfahren.** Soll zwischen den Parteien ein Schiedsverfahren vereinbart werden, empfiehlt es sich auf jeden Fall den Verfahrensort, die Besetzung des Schiedsgerichts und bei Auslandsbezug das Verfahrensrecht und die Verfahrenssprache zu bestimmen.

9   *aa) Wahl des Verfahrensrechts.* Das Verfahrensrecht kann, bis auf wenige zwingende Vorschriften, von den Parteien selbst gewählt werden, § 1042 Abs. 3 ZPO.

Die deutsche gesetzliche Regelung des Schiedsverfahrens beruht weitgehend auf dem **UNCITRAL-Modellgesetz (http://www.uncitral.org/uncitral_texts/arbitration/NYConventionstatus.html).**

10 Dieses resultiert daraus, dass die Vereinten Nationen sich zur Aufgabe gesetzt haben, die Vereinheitlichung des internationalen Handelsrechts zu fördern. Dazu haben sie durch die

---

[11] Zöller/Geimer § 1029 Rn. 15 mwN.
[12] BGH Urt. v. 3.12.1986 – Ivb ZR 80/85, BGH Z 99, 143, (147) = NJW 1987, 651 (652).
[13] BGH Urt. v. 28.11.1963 – VII ZR 112/62, BGHZ 40, 320 (322); *Baumbach/Lauterbach/Albers/Hartmann* § 1029 Rn. 10 mwN; *Zöller/Geimer* § 1029 Rn. 16 mwN.
[14] *Baumbach/Lauterbach/Albers/Hartmann* § 1029 Rn. 10.
[15] *Baumbach/Lauterbach/Albers/Hartmann* § 1029 Rn. 11.
[16] *Baumbach/Lauterbach/Albers/Hartmann* § 1031 Rn. 1.
[17] S. h. insoweit *Reithmann/Martini/Hausmann* Rn. 6708 ff.
[18] *Reithmann/Martini/Hausmann* Rn. 6753.
[19] *Reithmann/Martini/Hausmann* Rn. 6753 mwN.

Kommission für Handelsrecht das **UNCITRAL-Modellgesetz** vom 21.6.1985 geschaffen, das den nationalen Gesetzgebern bei der Formulierung einer Verfahrensordnung als Vorbild oder zur Orientierung dienen soll. Durch eine entsprechende völkerrechtliche Vereinbarung ist das Modellgesetz jeweils in den einzelnen Ländern zum Bestandteil der nationalen Rechtsordnung gemacht worden. Das ist auch der Grund, warum sich häufig die jeweiligen Verfahrensordnungen der einzelnen Länder ähneln. Eine Übersicht der Unterzeichnerstaaten findet sich unter dem entsprechenden Link.[20] Wesentlich für die Anwendung von Verfahrensvorschriften ist Art. 1 Abs. 3 des UNCITRAL-Modellgesetzes.

Die deutsche gesetzliche Regelung geht über den Anwendungsbereich des UNCITRAL-Modellgesetzes hinaus, da sie eine einheitliche Regelung für nationale und internationale Schiedsverfahren vorsieht und vermeidet dadurch zahlreiche Abgrenzungsprobleme.[21] **11**

bb) Wahl des Verfahrensortes. Die Parteien können eine Vereinbarung über den Ort des schiedsrichterlichen Verfahrens treffen, § 1043 ZPO. Dabei können die Parteien den Verfahrensort **grundsätzlich frei wählen**. Es sollte aber stets berücksichtigt werden, dass gem. § 1025 ZPO über die Wahl des Verfahrensortes auch das Verfahrensrecht mitbestimmt wird (Territorialprinzip). Des Weiteren begründet der Schiedsgerichtsort gem. § 1062 ZPO auch die Zuständigkeit des in einem Schiedsgerichtsverfahren ggf. tätig werdenden Gerichts. I. d. R. hat die Wahl des Verfahrensortes auch bestimmenden Einfluss auf die Wahl der Schiedsrichter. **12**

Nicht selten wird ebenso wie bei der Wahl des zwischen den Parteien geltenden materiellen Rechts, auch bei der Wahl des Verfahrensortes eines Schiedsverfahrens mit Auslandsbezug, zB die Schweiz gewählt. Dies hat aber häufig wenig mit der Kenntnis des entsprechenden Rechtssystems oder dessen besonderer Fairness und Geeignetheit oder Neutralität, als vielmehr mit dem Gesichtspunkt der Waffengleichheit bei beiderseitiger Unkenntnis des entsprechenden Rechts zu tun. Bei derartigen Auswahlkriterien kann deshalb von einer entsprechenden Wahl nur abgeraten werden. **13**

cc) Wahl der Schiedsrichter. Die Parteien können die Anzahl der Schiedsrichter vereinbaren, § 1034 ZPO. Legen sie keine Anzahl fest, so ist nach deutschem Recht ein Schiedsgericht mit drei Schiedsrichtern zu besetzen, § 1034 Abs. 1 S. 2 ZPO. Die Parteien können sich aber auch auf einen oder mehr als drei Schiedsrichter einigen, wobei der Nutzen eines Schiedsgerichts mit mehr als drei Schiedsrichtern gegenüber einem Dreiergericht nur selten und auf Grund besonderer Umstände gegeben sein dürfte. In Bezug auf die Auswahl der jeweiligen Schiedsrichter sind die Parteien ebenfalls frei. Gibt die Schiedsvereinbarung einer Partei bei der Zusammensetzung des Schiedsgerichts ein Übergewicht, das die andere Partei benachteiligt, so kann diese Partei gem. § 1034 Abs. 2 ZPO bei Gericht beantragen, den oder die Schiedsrichter abweichend von der erfolgten Ernennungsregelung zu bestellen. Die **Unparteilichkeit** (Neutralität) und **Unabhängigkeit** (Weisungsfreiheit) ist wie bei den staatlichen Gerichten Grundlage jeder schiedsgerichtlichen Tätigkeit.[22] Vor diesem Hintergrund wird zwischen den entsprechenden Parteien nicht selten ein Dreierschiedsgericht vereinbart, bei dem jeweils eine Partei einen Schiedsrichter vorschlägt und in Anlehnung an § 1035 Abs. 3 S. 3, ZPO diese beiden sich auf einen Dritten Schiedsrichter (als Vorsitzenden) einigen müssen. Häufiger Gegenstand von Diskussionen ist die **Qualifikation von Schiedsrichtern**. Wenn zumeist noch Einigkeit darüber besteht, dass – schon allein wegen der juristisch geprägten Verfahrensabläufe – zumindest ein Jurist Mitglied des Schiedsgerichts sein sollte, ist häufig die Zweckmäßigkeit der weiteren Besetzung des Gerichts im Übrigen umstritten. Während zum Teil vertreten wird, dass ein derartiges Schiedsgericht nur mit Juristen besetzt sein sollte, wird andererseits nicht mit weniger Vehemenz vertreten, dass ein Jurist – ggf. auch noch als Vorsitzender – genug wäre, und die übrigen Schiedsrichter einer anderen Profession angehören und zB Kaufleute oder Techniker sein sollten. Beides findet gleichermaßen seine Abbildung in der gesetzlichen Situation. Zwar sind die staatlichen Gerichte überwiegend mit Berufsrichtern besetzt, indes sind insbesondere bei den Zivilgerichten mit den Kammern für Handelssachen auch andere Besetzungsmöglichkeiten vorgesehen. So kann **14**

---

[20] Stand 2011: 69 Unterzeichnerstaaten, zu denen auch die Bundesrepublik gehört.
[21] Zöller/*Geimer* vor § 1025 ZPO Rn. 10.
[22] Zöller/*Geimer* § 1034 Rn. 3.

der kaufmännische und technische Sachverstand durchaus zu einer schnellen interessengerechten Lösung der Problematiken führen. Auf der anderen Seite mag aber auch der technische Sachverstand, der ggf. eine bestimmte technische Lösung favorisiert eine einseitige Beeinflussung begründen und einer ergebnisoffenen Beweiserhebung zB durch die Einholung eines Sachverständigen-Gutachtens eher hinderlich gegenüberstehen. Auch insoweit dürfte ein pragmatischer Ansatz geboten sein. Die Parteien sollten deshalb bereits in Vorfeld, insbesondere bei der Abfassung einer Schiedsgerichtsvereinbarung entsprechende Überlegungen mit einbeziehen.

15   dd) *Wahl der Verfahrenssprache.* Die Parteien können die Sprache oder die Sprachen, die im schiedsrichterlichen Verfahren zu verwenden sind, vereinbaren, § 1045 Abs. 1 S. 1 ZPO. Fehlt eine solche Vereinbarung, so bestimmt hierüber das Schiedsgericht, § 1045 Abs. 1 S. 2 ZPO. Die Parteien sollten zweckmäßigerweise die Verfahrenssprache vereinbaren, die **möglichst wenige Übersetzungen** nötig macht.[23] Vor dem Hintergrund des Aufwandes und der Kosten für die Anfertigung von Übersetzungen sollte möglichst die Sprache gewählt werden, die allen Beteiligten am geläufigsten ist. Dies wird – wenn man einmal von der Unsitte absieht, dass stellenweise auch von deutschen Vertragspartnern, die sowohl kraft Erfüllungsort, als auch durch Gerichtsstandsvereinbarung dem deutschen Recht unterliegen, englisch formulierte Verträge verwendet werden – regelmäßig die Sprache sein, in der auch der Vertrag abgefasst ist. Soweit der Vertrag in zwei Sprachfassungen abgefasst ist, wird eine von beiden häufig eine Höflichkeitsübersetzung sein. Hier sollte darauf geachtet werden, dass die Sprache, in der die Vertragsverhandlungen geführt worden sind, auch die Sprache des Schiedsverfahrens wird.

16   **d) Gültigkeit und Aufhebbarkeit von Schiedsgerichtsklauseln und Schiedsgerichtsentscheidungen.** Die Aufhebbarkeit von Schiedssprüchen ist in § 1059 ZPO geregelt. Ein formell wirksamer (§ 1054 ZPO) inländischer (§ 1025 I ZPO) Schiedsspruch kann wegen der in § 1059 ZPO aufgeführten Mängel auf Aufhebungsantrag oder im Vollstreckbarerklärungsverfahren (§ 1060 II ZPO) **vom staatlichen Gericht** aufgehoben werden.[24] Ausländische Schiedssprüche müssen, um Rechtswirkungen entfalten zu können, gem. § 1062 iVm dem UN-Übereinkommen über die Anerkennung und Vollstreckung ausländischer Schiedssprüche (UNÜ) vom 10.6.1958 (BGBl. I 1961) anerkannt werden. Für ausländische Schiedssprüche nimmt die Bundesrepublik Deutschland eine Aufhebungszuständigkeit nicht in Anspruch, so dass nur eine **Verweigerung der Anerkennung** bzw. der Vollstreckbarkeitserklärung in Betracht kommt.[25]

17   Die Gültigkeit einer Schiedsvereinbarung richtet sich deshalb gem. § 1059 ZPO im inländischen Aufhebungsverfahren somit nach dem Recht, das die Parteien vereinbart haben bzw. soweit sie nichts vereinbart haben nach deutschem Recht.

18   Soweit § 1059 Abs. 2 Nr. 2 ZPO auf den „**ordre public**" (Art. 6 EGBGB) abstellt, also der Schiedsspruch der „öffentlichen Ordnung" entsprechen bzw. widersprechen muss, ist zu differenzieren. Dabei kann es sich zum einen um den „ordre public" der Bundesrepublik Deutschland handeln, also die öffentliche Ordnung zu der insbesondere die Beachtung der nicht nur aus Zweckmäßigkeitserwägungen gegebenen Grundlagen des staatlichen oder wirtschaftlichen Lebens, sondern auch elementare Gerechtigkeitsvorstellungen gehören.[26] Ein Verstoß gegen diesen liegt insbesondere vor, wenn der Schiedsspruch mit Grundrechten und wesentlichen Verfahrensvorschriften unvereinbar ist.[27] Zum anderen kann es sich aber auch um den sog „**ordre public international**" handeln, der auch anerkennenswerte internationale Maßstäbe beinhaltet. Insbesondere im schiedsgerichtlichen Verfahren mit Auslandsbezug ist letzterer Maßstab.[28]

---

[23] Zöller/*Geimer* § 1045 Rn. 1.
[24] Zöller/*Geimer* § 1059 Rn. 1.
[25] Zöller/*Geimer* § 1059 Rn. 1b mwN.
[26] Zöller/*Geimer* § 1059 Rn. 56 mwN.
[27] *Baumbach/Lauterbach/Albers/Hartmann* § 1059 Rn. 16 mwN.
[28] Zöller/*Geimer* § 1059 Rn. 47 mit Verweis auf BGH Urt. v. 21.4.1998 – XI ZR 377/97, NJW 98, 2358: „Abzustellen ist dabei nicht auf den nationalen ordre public, den die dt. Gerichte bei eigener Anwendung ausl. Rechts zu beachten haben, sondern auf den großzügigeren anerkennungsrechtlichen ordre public internatio-

I. Schiedsverfahren und Schieds-/Privatgutachten 19–24 § 44

Zu beachten ist aber, dass nach unserem Rechtsverständnis einer der Grundpfeiler der **19** Anspruch auf rechtliches Gehör ist und eine Verletzung des rechtlichen Gehörs gem. § 1059 Abs. 2 Nr. 1 lit. b) ZPO zugleich auch immer eine Verletzung des § 1059 Abs. 2 Nr. 2 lit. b) ZPO bedingt.[29]

e) Inhalt und Verbindlichkeit von Schiedssprüchen. *aa) Inhalt von Schiedssprüchen.* Mit **20** dem Schiedsspruch legt das Schiedsgericht eine für die Parteien verbindliche Regelung des Rechtsverhältnisses fest. Ein Schiedsspruch hat unter den Parteien die **Wirkungen eines rechtskräftigen gerichtlichen Urteils**, § 1055 ZPO. Das Schiedsgericht entscheidet, soweit die Parteien keine anderweitige Regelung in der Schiedsvereinbarung getroffen haben, gem. § 1057 ZPO auch über die anteilige Verteilung der Kosten des schiedsrichterlichen Verfahrens einschließlich der den Parteien erwachsenen und zur zweckentsprechenden Rechtverfolgung notwendigen Kosten. Nicht zu entscheiden hat das Schiedsgericht wegen des Verbots, als Richter in eigener Sache zu urteilen über die Höhe der Gebühren für ihre Tätigkeit. Das Honorar der Schiedsrichter bestimmt sich nach der Vereinbarung mit den Parteien bzw. der entsprechenden Schiedsrichterorganisation, ansonsten – soweit deutsches Recht gilt – nach den §§ 675, 612 BGB, die dem Schiedsrichter einen Anspruch auf eine am Sitz des Schiedsgerichts übliche, hilfsweise angemessene von den Schiedsrichtern nach billigem Ermessen selbst festzusetzende Vergütung (§§ 315, 316 BGB) zubilligen.[30]

bb) Verbindlichkeit und Bindungswirkung von Schiedssprüchen. Wann ein Schiedsspruch **21** verbindlich ist, ist nicht Gegenstand internationaler Abkommen, sondern in den einzelnen Rechtsordnungen unterschiedlich geregelt. Nach deutschem Recht endet das schiedsrichterliche Verfahren insbesondere mit dem endgültigen Schiedsspruch, § 1056 ZPO. Dieser hat wie vorstehend ausgeführt, gem. § 1055 ZPO die Wirkung eines rechtskräftigen Urteils. Soweit die Formvorschriften des § 1054 ZPO eingehalten sind, liegt deshalb Verbindlichkeit mit der vollständigen Unterzeichnung des Schiedsspruches und der Mitteilung an die Parteien vor. Einer förmlichen Zustellung bedarf es insoweit deshalb nicht.

Bindungswirkung tritt somit ein, wenn der Schiedsspruch **formell und materiell rechtskräftig** wird, dh die Rechtmittelfristen abgelaufen sind.

f) Durchsetzung eines Schiedsspruchs. Zur Durchsetzung eines Schiedsspruchs bedarf es **22** einer besonderen **Vollstreckbarerklärung durch ein staatliches Gericht**. Gem. § 1062 ZPO ist hierfür instanziell das Oberlandesgericht zuständig. Die örtliche Zuständigkeit richtet sich gem. § 1062 ZPO nach dem Vorliegen weiterer Voraussetzungen. Gegen die Entscheidung zur Vollstreckbarerklärung ist nur eine Rechtsbeschwerde zum Bundesgerichtshof zulässig, § 1065 ZPO. Die Rechtsbeschwerde entspricht gem. § 574 Abs. 1 Nr. 1 ZPO iVm § 133 GVG dem Revisionsverfahren. Dabei ist es gleichgültig, ob es sich um einen inländischen oder ausländischen Schiedsspruch handelt, da auch ausländische Schiedssprüche erst nach Vollstreckbarerklärung vollstreckbar sind, § 1064 Abs. 3 ZPO.

g) Schiedsgerichte und einstweiliger Rechtsschutz. Möglich sind in Schiedsvereinbarungen **23** auch Abreden zum einstweiligen Rechtsschutz; derartiges sollte aber zweckmäßigerweise dem Vorsitzenden zu alleinigen Entscheidung übertragen werden.

Eine Schiedsvereinbarung schließt indes nicht aus, dass ein **Gericht** vor oder nach Beginn **24** des schiedsrichterlichen Verfahrens auf Antrag einer Partei eine vorläufige oder sichernde Maßnahme in Bezug auf den Streitgegenstand des schiedsrichterlichen Verfahrens anordnet, § 1033 ZPO. Damit macht das Gesetz insoweit eine Ausnahme zu § 1032 ZPO, der im Falle einer Klage dem Gericht aufgibt, sofern nicht weitere besondere Voraussetzungen gegeben sind, die Klage durch Prozessurteil als unzulässig abzuweisen. Nach Bildung des Schiedsge-

---

nal. Mit diesem ist ein ausl. Urt. nicht schon dann unvereinbar, wenn der dt. Richter – hätte er den Prozess entschieden – auf Grund zwingenden dt. Rechts zu einem anderen Ergebnis gekommen wäre. Maßgeblich ist vielmehr, ob das Ergebnis der Anwendung ausl. Rechts im konkreten Fall zu den Grundgedanken der dt. Regelungen und den in ihnen enthaltenen Gerechtigkeitsvorstellungen in so starkem Widerspruch steht, dass es nach dt. Vorstellung untragbar erscheint."

[29] *Werner/Pastor* Rn. 532.
[30] *Zöller/Geimer* § 1035 Rn. 24.

richts steht es der Partei frei, ob sie einen entsprechenden Antrag nach § 1041 ZPO an das Schiedsgericht oder nach § 1033 ZPO an das staatliche Gericht stellt.[31]

25 **h) Grundsätzliche Erwägungen zur Durchführung eines Schiedsverfahrens.** In der Vergangenheit wurde zwischen Parteien zur Konfliktbewältigung immer häufiger der Weg über ein Schiedsverfahren gewählt. Schiedsverfahren scheinen eine hohe Akzeptanz zu genießen.[32]

26 Der Weg über ein Schiedsverfahren kann sowohl Vorteile, als auch Nachteile für die Parteien beinhalten, so dass man die Frage der Vereinbarung eines derartigen Verfahrens vom Einzelfall abhängig machen sollte. Ebenso wie sich auch die Mediation als ein nur bedingt geeignetes Verfahren zur Konfliktbewältigung und -lösung herausgestellt hat, können auch bei einem Schiedsverfahren die Nachteile für die Parteien überwiegen. Schiedsverfahren können eine **kürzere Laufzeit** als Gerichtsverfahren aufweisen. Dies bedingt allerdings regelmäßig auch den Verzicht auf eine Überprüfung des Ergebnisses durch eine weitere Instanz. Darüber hinaus muss das Schiedsgericht selbst – insbesondere der Vorsitzende – stets sein Augenmerk darauf haben, dass nicht durch eine Partei das Schiedsverfahren durch bewusste Verzögerungen konterkariert wird. Im Rahmen von IT-Verfahren, bedingt durch dessen Natur und die nicht immer gewährleistete Besetzung eines Schiedsgerichts mit rechtlich und fachlich kompetenten Schiedsrichtern, wird darüber hinaus häufig ein umfangreiches Gutachten erforderlich. Soweit im Schiedsverfahren **Sachverständigen-Gutachten** notwendig werden, wird gerade aus diesem Grund der prozessual bedingte Vorteil der kürzeren Laufzeit aber wieder relativiert, da der zeitliche Aufwand des Sachverständigen unabhängig von der Verfahrensart zu bemessen ist.

27 Ein weiterer Vorteil des Schiedsverfahrens, der bislang in der Kostenersparnis gesehen wurde, wird durch immer weiter steigende Kosten derartiger Verfahren relativiert.[33] So dürften wie *Münch* ausführt,[34] bei niedrigen Streitwerten schiedsgerichtliche Verfahren teurer und bei höheren Streitwerten eher günstiger als gerichtliche Verfahren sein. Gerade bei kleineren Unternehmen sollte deshalb darauf geachtet werden, ob der von einer oder beiden Parteien angedachte Weg über ein Schiedsverfahren zweckmäßig ist. Schiedsverfahren sind aber immer dann ein geeignetes Mittel zur Streitentscheidung, wenn **Geheimhaltungsinteressen** der Parteien bestehen. Im Gegensatz zur gerichtlichen Streitigkeit lässt sich ein Schiedsverfahren nämlich vollständig **nicht** öffentlich durchführen. Probleme liegen beim Schiedsverfahren ferner insbesondere auch bei der regelmäßig fehlenden Einbeziehungsmöglichkeit und nicht vorhandenen Bindungswirkung für Dritte. Institute wie zB die Streitverkündung, scheiden regelmäßig aus, soweit der Dritte, was mangels Einflussmöglichkeit eher häufiger vorkommen wird, sich nicht ebenfalls dem Spruch des Schiedsgerichts unterwirft.[35] Wenn und soweit die Parteien ein Schiedsverfahren für opportun halten, sollte juristischerseits jedenfalls darauf gedrängt werden, dass, soweit vorhanden, eine dem Betätigungsbereich/Vertragsgegenstands möglichst nahe kommende **Schiedsgerichtsordnung** Anwendung findet. In der Bundesrepublik Deutschland wäre dies im Bereich des IT-Rechts insbesondere die Schiedsgerichtsordnung der DGRI (Deutsche Gesellschaft für Recht und Informatik e. V.), die für den Bereich der Informationstechnologie eine auf juristischem, technischem und wissenschaftlichem Hintergrund aufbauende Schiedsgerichtsordnung zur Verfügung stellt.[36]

> **Praxistipp:**
> - Der Verfahrensort sollte i. d. R. sachbezogen und nicht lediglich aus Neutralitätsgründen festgelegt werden.
> - Die Wahl der Verfahrenssprache sollte sich stets an der Verhandlungs- und Arbeitssprache orientieren.

---

[31] *Baumbach/Lauterbach/Albers/Hartmann* vor § 1033 Rn. 5.
[32] MüKoZPO/*Münch* vor § 1025 Rn. 64 mwN.
[33] MüKoZPO/*Münch* vor § 1025 Rn. 67 mwN.
[34] MüKoZPO/*Münch* vor § 1025 Rn. 67 mwN.
[35] *Werner/Pastor* Rn. 521.
[36] http://www.dgri.de/schlichtung/schlichtungsordnung.

- In der Regel wird ein Dreiergericht für ein Schiedsverfahren eine sachgerechte Größe haben. Die Auswahl der Schiedsrichter sollte einem pragmatischen Ansatz folgen und auch Kombinationen von Juristen, Kaufleuten und Technikern nicht von vornherein ausschließen; auf jeden Fall sollte wegen der Sicherstellung der vorgegebenen Verfahrensabläufe einem Juristen der Vorsitz übertragen werden.
- Sofern bei entsprechenden Institutionen Sachverstand in Bezug auf Schiedsverfahren vorgehalten wird (zB DGRI) sollte auch auf diesen zurückgegriffen werden.
- Soweit eine Haftpflichtversicherung besteht, möchte diese häufig hinsichtlich der Vereinbarung und Ausgestaltung von Schiedsgerichtsverfahren mitreden; insoweit sollten deshalb zuvor mit dieser die Modalitäten abgestimmt werden.

2. Schiedsgutachten und Privatgutachten

a) **Das Schiedsgutachten.** *aa) Wesen der Schiedsgutachtenvereinbarung.* Im Gegensatz zur Vereinbarung eines Schiedsverfahrens wird bei einer Schieds**gutachten**vereinbarung zwischen den Parteien nicht der Streit selbst und seine Lösung, sondern nur ein Teilaspekt, nämlich im Wesentlichen die Entscheidung technischer Fragen bzw. Diskrepanzen auf den Dritten, den Schiedsgutachter, verlagert.

Anders als bei einer Schiedsgerichtsvereinbarung ist eine Schiedsgutachtervereinbarung **keine prozesshindernde Einrede.** Eine Klage ist nicht unzulässig. Indes ist der Kläger i. d. R. beweisfällig, da er wegen des vereinbarten aber nicht eingeholten Schiedsgutachtens den gebotenen Beweis nicht führen bzw. nicht antreten kann. Die Klage ist deshalb insoweit als „derzeit unbegründet" abzuweisen.[37]

bb) Vereinbarung über ein Schiedsgutachten. Ebenso wie bei der Schiedsgerichtsvereinbarung ist für die Durchführung eine Vereinbarung der Parteien die Grundlage. Allerdings sind wegen der nur begrenzten Beauftragung eines Dritten im schiedsgutachterlichen Bereich die §§ 1025 ff. ZPO nach bisher geltender herrschender Meinung nicht anwendbar.[38] Geltung, Umfang und Reichweite einer derartigen Vereinbarung sind deshalb weitgehend der Disposition der Parteien überlassen.

(1) Geltung allgemeiner Regeln. Auch bei der Vereinbarung einer derartigen Abrede sind indes allgemeine Grundsätze zu beachten. Hierzu gehören ua die Vorschriften der §§ 305 ff. BGB, soweit ein derartiges Verfahren im Rahmen von AGB vereinbart werden soll. Während im Rahmen von Vereinbarungen in Individualverträgen regelmäßig in den Grenzen der §§ 134, 138, 242 BGB weitgehende Gestaltungsfreiheit besteht, sind der inhaltlichen Gestaltung im Rahmen von AGB oder Formularverträgen enge Grenzen gesteckt. So hat der Bundesgerichtshof bereits in einem Urteil vom 10.10.1991 enge Grenzen gesteckt.[39]

Auch im Bereich B-2-B erfahren derartige Klauseln auf Grund der erheblichen wirtschaftlichen Bedeutung immer mehr starke Einschränkungen, da die vom Bundesgerichtshof in den Vordergrund gestellten Erwägungen sowohl für B-2-C, als auch für B-2-B-Geschäfte gleichermaßen Geltung beanspruchen können. Obwohl der Bundesgerichtshof bei der Frage der „Unangemessenheit" des § 307 Abs. 2 BGB immer noch zwischen B-2-B und B-2-C-Geschäften differenziert, dürfte vor dem Hintergrund der gesetzlichen Neugestaltung der AGB-Vorschriften und der Tatsache, dass es sich bei § 307 Abs. 2 BGB nicht um eine spezifische B-2-C-Klausel handelt, eine weitere Angleichung wahrscheinlich sein. Dies manifestiert sich mittlerweile in zahlreichen Urteilen aus vielfältigen Bereichen immer mehr.

(2) Inhalt und Reichweite. Inhalt und Reichweite einer Schiedsgutachtenabrede sind durch **Auslegung** zu ermitteln. Die Rechtsprechung wird, unabhängig von einer Vereinbarung in AGB, eine Auslegung im Interesse eines umfassenden Rechtsschutzes eher zurückhaltend vornehmen. So soll eine Schiedsgutachtenabrede zur Feststellung der Voraussetzungen der Abnahme nicht automatisch auch bedeuten, dass die Feststellungen des Gutachters

---

[37] Werner/Pastor Rn. 542.
[38] Zöller/Geimer § 1029 Rn. 5; Werner/Pastor Rn. 540.
[39] BGH Urt. v. 10.10.1991 – VII ZR 2/91, NJW 1992, 433.

über das Bestehen oder Nichtbestehen von Mängeln auch für einen späteren Prozess über Gewährleistungsrechte verbindlich sein sollen.[40]

34   cc) *Schiedsgutachten und materielles Recht*. Materiell-rechtlich sind auf die schiedsgutachterliche Vereinbarung und das Schiedsgutachten nach ständiger Rechtsprechung des Bundesgerichtshofes die §§ 317 ff. BGB entsprechend anwendbar.[41] Dies bedeutet, dass das Gutachten für die Parteien grundsätzlich bindend ist und nur wegen offensichtlicher Unbilligkeit (§ 319 Abs. 1 BGB), dh offenbarer Unrichtigkeit, angegriffen werden kann. Hierzu hat der Bundesgerichtshof im Jahre 1979 ausgeführt:

„Vielmehr liegt eine offenbare Unrichtigkeit dann vor, wenn sie sich einem sachkundigen Beobachter sofort aufdrängt. Im Einzelfall mag der Richter selbst über genügende Sachkunde verfügen, so dass er ohne Unterstützung durch einen Sachverständigen entscheiden kann, ob ein Schiedsgutachten offenbar unrichtig ist oder nicht; sofern ihm aber die nötige Sachkunde nicht zu Gebote steht, muss er, sofern das Vorbringen der Partei, die die Unverbindlichkeit geltend macht dazu Veranlassung gibt, Beweis erheben."[42]

35   Im Jahre 1995 hat der Bundesgerichtshof seine Rechtsprechung weiter präzisiert und ein Schiedsgutachten daraufhin für überprüfbar erklärt, ob:

– der Gutachter seiner Beurteilung den zutreffenden Sachverhalt zugrunde gelegt hat,
– der Gutachter sein Ermessen ermessensfehlerfrei ausgeübt hat,
– der Gutachter bei der Beurteilung der Tatsachen von den Grundsätzen und Maßstäben ausgegangen ist, die im Vertrag zwischen den Parteien vereinbart sind oder er bei Fehlen einer Vereinbarung den Zweck berücksichtigt hat, den die Vertragsschließenden verfolgt haben.

36   dd) *Grundsätzliche Erwägungen zur Vereinbarung von Schiedsgutachten*. Auf Grund des vorstehend Ausgeführten dürfte deutlich geworden sein, dass Schiedsgutachtervereinbarungen mit Vorsicht zu genießen sind. Von den Kosten her dürften sie nicht günstiger ausfallen als ein Gerichtsgutachten. Eine zeitliche Beschleunigung der Projektabwicklung oder Konfliktbeseitigung im Rahmen eines ohnehin schon zwischen den Parteien hochstreitigen Sachverhaltes dürfte kaum zu erwarten sein. In der Regel wird sich in diesem Stadium der Auseinandersetzung der Parteien ein Prozess auch durch ein derartiges Gutachten nicht mehr vermeiden lassen. Wegen der eingeschränkten Überprüfbar- und Angreifbarkeit dürften die aus einem solchen Gutachten resultierenden Gefahren gegenüber seinem Nutzen wohl erheblich überwiegen.

37   b) **Das Privatgutachten**. Gerade im IT-Bereich ist für die beteiligten Parteien und Anwälte häufig nur schwer nachzuvollziehen, ob die gelieferte Leistung, zB die individuell erstellte Software, dem Vertragsgegenstand entspricht oder nicht. Besteht zwischen den Parteien insoweit keine Einigung und drohen die Differenzen hierüber zum Rechtsstreit zu eskalieren, kann es zB auf Seiten des Bestellers angezeigt sein, zur Vermeidung der Eskalation des Streites zwischen den Parteien einen Privatgutachter vorab mit einer Begutachtung der in der Erstellung befindlichen oder bereits erstellten Software zu beauftragen. Dies kann auch ohne Kenntnis der Gegenseite geschehen.

38   aa) *Sinn und Zweck von Privatgutachten*. IT-Projekte unterliegen – sedes materiae – in der Regel auch heute noch häufig anderen Gesetzmäßigkeiten als zB die Errichtung eines Gebäudes oder eines Möbelstücks.

39   Oftmals stellt sich bei IT-Projekten heraus, dass die Parteien zwar unterschiedlicher Auffassung über den Inhalt der Leistungsverpflichtung sind, günstigstenfalls für den Anbieter die Software dennoch aber dem Vertragsgegenstand entspricht. Dann kann der Erwerber zwar uU nichts mit der erworbenen Software anfangen, zumindest herrschen aber klare Verhältnisse und man muss sich – hoffentlich – nur noch über die Zeit und die Kosten für eine Um- oder Anpassungsprogrammierung einigen. Stellt sich dies erst am Ende eines langjährigen Prozesses heraus, ist nicht nur das Tischtuch zwischen den Parteien endgültig zerschnitten, sondern regelmäßig auch ein erheblicher Schaden entstanden.

---

[40] BGH Urt. v. 23.6.2005 – VII ZR 200/04, NJW 2005, 3420.
[41] Zöller/*Geimer* § 1029 Rn. 5.
[42] BGH Urt. v. 3.11.1995 – V ZR 102/94, NJW 1996, 452.

I. Schiedsverfahren und Schieds-/Privatgutachten

Manchmal stellt sich aber auch heraus, dass die Leistung des Erstellers in keiner Weise dem entspricht, was als Vertragsgegenstand vereinbart worden ist. Dann gilt, wie bereits schon *Zahrnt* festgestellt hat, auch für IT-Projekte im Interesse beider Parteien:[43] „Lieber ein Ende mit Schrecken, als ein Schrecken ohne Ende!"

Viele IT-Projekte kranken auch heute leider noch an Nachfolgendem:
- Der Vertrieb verkauft, da er umsatzorientiert ist, immer das, was der Geschäftspartner gerne haben möchte, ohne dass dies unbedingt das sein muss, was auch zum Kernbereich des Tätigkeitsfeldes des Auftragnehmers gehört.
- Die Vorstellungen der beteiligten Geschäftsführungen/Vorstände sind häufig nicht immer so präzise, wie sie notwendigerweise sein müssten, um den Überblick zu haben oder zu behalten; Eskalationsszenarien, die schließlich auf der Geschäftsleitungs-/Vorstandsebene anlangen, werden oft mit markigen, aber leider häufig auch inhaltsleeren Kompromissformulierungen beendet, die dem Projekt mehr schaden als nützen.
- Die Entwicklungsabteilung entwickelt das, was sie immer schon gemacht hat oder am besten kann, was sich aber nicht unbedingt mit dem zu decken braucht, was sich die Geschäftsführungen/Vorstände vorgestellt haben oder was der Vertrieb verkauft hat.
- Einzelne Entwickler bzw. Projektbeteiligte auf der Vorort-/@-mail-Ebene arbeiten nach dem System: „Hey Joe, kannst Du mal eine kleine Änderung vornehmen?" oder „Ich habe da mal eben eine kleine Änderung/Verbesserung eingebaut!".
- Die Kaufleute beider Seiten raufen sich die Haare wegen der Mehrkosten, die durch nicht geplante Um- oder Neuprogrammierungen entstehen und versuchen, das Budget nicht aus dem Ruder laufen zu lassen.
- Die externen oder Hausjuristen, die als „Spaßbremse" häufig erst zu später Zeit in das Projekt einbezogen werden, werden beschimpft, weil sie das notleidende Projekt dann auch juristisch nicht mehr in den Griff bekommen.

Es sei an dieser Stelle nur an das Projekt „Toll Collect" oder die Software für die Bundesagentur für Arbeit zur Umsetzung von Hartz IV erinnert. Geradezu klassische Beispiele, wie ein derartiges Projekt aus dem Ruder laufen kann.

Stellt sich also zu irgend einem Zeitpunkt eines Projektes heraus, dass die **Vorstellungen der Parteien** vom Vertragsgegenstand nicht unerheblich **differieren,** so kann es durchaus hilfreich sein, auch zu einem noch frühen Zeitpunkt einen Sachverständigen mit der Erstellung eines Privatgutachtens zu beauftragen. Dies kann ggf. zunächst intern erfolgen, aber der Situation angepasst auch unter Einbeziehung des anderen Teils erfolgen. Handelt es sich bei dem Sachverständigen um eine anerkannte Kapazität, so wird auch die Gegenseite seine für sie eventuell ungünstigen Feststellungen nicht einfach vom Tisch wischen können.

bb) Privatgutachten und Darlegungs- und Beweislast. Ein weiterer wesentlicher Grund für die Beauftragung eines Privatgutachters ist regelmäßig das Problem des potentiellen Anspruchstellers hinsichtlich der von ihm behaupteten Ansprüche, seiner Darlegungs- und Beweislast nachkommen zu können. Häufig wird es zB insbesondere für den Erwerber von Individualsoftware äußerst schwierig sein, festzustellen, **ob** Mängel vorliegen und **wer** für diese Mängel die Verantwortung trägt. Auch die Schätzung der Mängelbeseitigungskosten dürfte den Laien vor erhebliche Schwierigkeiten stellen.

Vor diesem Hintergrund wird deutlich, wie schwierig es zB im Rahmen einer Klageschrift ist, schlüssig Ansprüche zu begründen. Noch schwieriger ist die Situation, wenn von einer der beiden Parteien erwogen wird, die tatsächliche Problematik im Rahmen eines selbstständigen Beweisverfahrens klären zu lassen (hierzu noch an anderer Stelle). Vor ähnlichen Problemen steht der Anspruchsteller bzw. sein Prozessvertreter im Bereich des Baurechts, weshalb ihm der Bundesgerichtshof dort mit der sog „Symptomtheorie" seine Darlegungs- und Beweislast erheblich erleichtert hat, indem er im Wesentlichen lediglich dass Auftreten von Auswirkungen/Schäden, zB „nasser Keller", schlüssig darlegen muss, um die Ursachen und die Kosten über ein gerichtliches Sachverständigen-Gutachten geklärt zu bekommen. Mit einer Entscheidung vom 20.2.2009 hat das OLG Karlsruhe dieses nochmals bestätigt.[44]

---

[43] *Zahrnt* S. 144.
[44] OLG Karlsruhe Urt. v. 20.2.2009 – 8 U 159/08, ibr-online (3.2.2011) = BeckRS 2011, 02475.

Der Anspruchssteller sei, wie das Oberlandesgericht ausführt, lediglich gehalten die **konkreten Mängelerscheinungen** substantiiert darzulegen. Eine Wertung insbesondere eine Aufklärung der Mangelursachen könne von ihm nicht verlangt werden. Vor diesem Hintergrund sollte gerade im IT-Recht was die Mangelerscheinungen betrifft, aber auch sehr sorgfältig substantiiert dargelegt werden. Häufig verwendete Allgemeinplätze wie „läuft nicht" oder „schlechte Performance" dürften jedenfalls nicht ausreichen.

46 Selbst bei einer entsprechenden Anwendung dieser Grundsätze auf den IT-Bereich wird indes deutlich, dass auf Grund der Komplexität der Materie und des zumeist weniger markanten Auftretens von Beeinträchtigungen sowie der häufig gerade im IT-Bereich für den Laien wenig fassbaren technischen Standards, für die Parteien und deren Prozessvertreter regelmäßig große Probleme bei der rechtlichen Einschätzung der Situation bestehen (hierzu ebenfalls ausführlich noch an anderer Stelle).

47 Der Wert eines derartigen Gutachtens erschöpft sich darüber hinaus auch nicht in der reinen Unterstützung des Anspruchsstellers oder seines Prozessvertreters bei der Formulierung einer Klage, sondern es ist, soweit es in den Prozess eingebracht wird, als **qualifizierter Sachvortrag** zu werten, mit dem sich das Gericht auseinandersetzen muss.[45]

48 Selbst wenn das Gericht dem Gutachten eines gerichtlich bestellten Sachverständigen den Vorrang vor dem abweichenden Privatgutachten geben will, muss es dies begründen. So hat der Bundesgerichtshof ausgeführt, dass das Gericht bei einem Streit zwischen einem gerichtlichen Sachverständigen und einem Privatgutachter zu erkennen geben muss, dass es den Streit zwischen dem gerichtlichen Sachverständigen und dem Privatgutachter sorgfältig und kritisch gewürdigt hat und die Streitpunkte zumindest mit dem gerichtlichen Gutachter erörtern. Entscheidet es den Streit, indem es einem von beiden ohne einleuchtende und logisch nachvollziehbare Begründung den Vorzug gibt, kann ein **Verstoß gegen den Anspruch auf rechtliches Gehör** vorliegen.[46] Voraussetzung ist selbstverständlich, dass das Privatgutachten den Anforderungen entspricht, die auch an ein Gerichtsgutachten gestellt werden. Hierzu besteht auch im Rahmen eines Privatgutachtens die Möglichkeit, den Gegner zu den entsprechenden Terminen zu laden. Andererseits darf ein Gericht ein Privatgutachten auch nicht wie ein Gerichtsgutachten behandeln und es trotz Einwendungen der anderen Partei seiner Entscheidung ohne Weiteres nach § 256 ZPO zugrunde legen. Dies ist nach dem Bundesgerichtshof nur möglich, wenn das Gericht über eigene Sachkunde verfügt und überprüfbar darlegen kann, dass es zu einer Beurteilung der streitigen Fragen und des als qualifizierten Parteivortrag zu wertenden Privatgutachtens in der Lage ist. Ansonsten muss Beweis über einen gerichtlich bestellten Sachverständigen erhoben werden.[47]

49 Weil den Parteien und den beteiligten Juristen regelmäßig die Sachkenntnis zur Beurteilung der streitigen Fragen fehlt, kann die Auseinandersetzung mit dem Gutachten des jeweiligen Sachverständigen lediglich auf **Schlüssigkeit** und **Logik** erfolgen.

50 Der Jurist ist deshalb zunächst aufgerufen, das entsprechende Gutachten daraufhin zu untersuchen, ob es von den zutreffenden Anknüpfungstatsachen bzw. den vorgegebenen Beweisfragen ausgeht. Bereits hier wird deutlich, dass ein kompetenter Prozessvertreter darauf achtet, dass Privatgutachten nicht unpräzise Aufgaben- oder Fragestellungen zur Grundlage haben. Ähnlich wie bei einem selbstständigen Beweisverfahren oder einer gerichtlichen Beweiserhebung muss auch bei diesen Gutachten erhebliche Sorgfalt auf die dem Gutachter **vorgegebene Fragestellung** verwandt werden und sollte nicht lediglich auf das Ergebnis „geschielt" werden.

51 Hat der Gutachter mit seinem Gutachten an den zutreffenden Tatsachen angeknüpft, muss das Gutachten sodann von der Partei bzw. deren juristischem Berater – ebenso wie im Prozess vom Gericht – daraufhin untersucht werden, ob die vom Sachverständigen gezogenen Schlussfolgerungen in sich schlüssig und nachvollziehbar sind.

52 Widersprechen sich in einem Prozess von den Parteien eingeführte Gutachten oder widerspricht ein gerichtliches Gutachten einem Privatgutachten, so ist das Gericht nach ständiger

---

[45] BGH Urt. v. 24.2.2005 – VII ZR 225/03, NJW 2005, 1650.
[46] BGH Beschl. v. 27.1.2010 – VII ZR 97/08, IBR 2010, 308.
[47] BGH Beschl. v. 2.6.2008 – II ZR 67/07, IBR 2008, 778 = NJW-RR 08, 1252; s.a. *Ulrich* S. 381.

Rechtsprechung des Bundesgerichtshofs gehalten, die **Widersprüche** von Amts wegen aufzuklären. Erst wenn sich die Widersprüche und Diskrepanzen nicht aufklären lassen, darf sich das Gericht im Rahmen der von ihm vorzunehmenden Beweiswürdigung für das eine oder andere Gutachten entscheiden.[48]

Vor dem Hintergrund des heute deutlich eingeschränkten Berufungsrechts noch ein Punkt, der erhebliche Bedeutung erlangen kann: Gemäß § 529 Abs. 1 ZPO können **Fehler in der Beweiswürdigung** sowohl in der Berufung als auch mit der Revision gerügt werden und begründen konkrete Zweifel an der ordnungsgemäßen Tatsachenfeststellung des erkennenden Gerichts.

cc) Ersatzfähigkeit der Kosten von Privatgutachten. Immer wieder Ausgangspunkt von Streitigkeiten ist die Ersatzfähigkeit der Kosten eines Privatgutachtens. Die Gegenseite wird vielfach die Übernahme derartiger Kosten, insbesondere wenn später auch noch ein Gerichtsgutachten erstellt worden ist, mangels Erforderlichkeit ablehnen, so dass sich die Frage der rechtlichen Durchsetzbarkeit derartiger Kosten stellt.

In Frage kommen insoweit ein materiell-rechtlicher und ein prozessualer Kostenerstattungsanspruch.

(1) Kostenerstattung im Rahmen von Schadensersatz. Nach der Rechtsprechung des Bundesgerichtshofs gehören die Kosten eines Privatgutachtens zur Feststellung von Mängeln und Mängelbeseitigungskosten zum erstattungsfähigen Schaden, sofern die Beauftragung des Privatgutachters **erforderlich** war.[49] Das ist dann der Fall, wenn eine verständige und wirtschaftlich vernünftig denkende Partei die kostenauslösenden Maßnahmen zum Zeitpunkt der Auftragsvergabe als sachdienlich ansehen dürfte. Der Bundesgerichtshof hat eine Erforderlichkeit insbesondere bei nicht unerheblichen Mängeln bejaht.[50]

Es besteht insoweit auch nicht aus Gründen der Schadensminderungspflicht die Verpflichtung, ein selbstständiges Beweisverfahren einzuleiten. Die Kosten eines Privatgutachtens werden in der Regel nicht höher ausfallen, als die eines gerichtlich angeordneten Gutachtens. Selbst wenn dies der Fall sein sollte, dürfte es bei Vorliegen der vorstehend geschilderten Voraussetzungen am Mitverschulden des Auftraggebers fehlen.

Als Anspruchgrundlage in Betracht kommen dürften nach der Schuldrechtsreform wohl **§§ 280, 241 Abs. 2 BGB**. Deshalb und da die Kosten idR erforderlich sind, um die Mängel bzw. die Mängelbeseitigungskosten festzustellen, dürfte der Anspruch auch dann bestehen, wenn der Auftragnehmer noch zur Mängelbeseitigung berechtigt ist.

(2) Kostenerstattung über Kostenfestsetzung. Die zweite Möglichkeit einen Ersatz der Gutachterkosten des Privatgutachtens zu erlangen, ist die Einbeziehung dieser in das Kostenfestsetzungsverfahren.

Ersatzfähigkeit besteht nach § 91 ZPO, soweit es sich bei ihnen um erstattungsfähige Vorbereitungskosten handelt. Das ist der Fall, wenn das Privatgutachten zur zweckentsprechenden Rechtsverfolgung notwendig war und es der konkreten Prozessvorbereitung diente.[51] Letzteres wird regelmäßig von der Gegenseite angegriffen werden, so dass außer vielleicht in dem Fall, in dem das Gutachten der Widerlegung eines Gerichtsgutachtens diente und dies auch erfolgreich war, der Weg über den materiellen Kostenerstattungsanspruch der sicherere Weg sein dürfte.

II. Das selbstständige Beweisverfahren

Gerade im Hinblick auf die Erstellung von Software kommt dem selbstständigen Beweisverfahren im IT-Recht immer mehr Bedeutung zu. Auch wenn die ursprünglich vom Gesetzgeber beabsichtigte schnelle Erledigung der Angelegenheiten auf Grund der Belastung der

---

[48] BGH Urt. v. 25.3.1993 – VII ZR 280/91, NJW-RR 1993, 1022.
[49] BGH Urt. v. 13.9.2001 – VII ZR 392/00, NJW 2002, 141; BGH Beschl. v. 12.12.2011 – VI ZB 17/11, BauR 2012, 985.
[50] BGH Urt. v. 13.9.2001 – VII ZR 392/00, NJW 2002, 141.
[51] *Werner/Pastor* Rn. 167.

Gerichte mittlerweile nicht mehr sichergestellt ist, ist dieses Verfahren dennoch ein geeignetes Mittel um gegebenenfalls endlose gerichtliche Auseinandersetzungen der Parteien zu vermeiden. Wenn denn schon auch im IT-Recht gerichtlicher Rechtsschutz in Anspruch genommen werden soll, dann sollte aber zumindest durch eine Vorklärung des Sachverhaltes und Feststellung der Tatsachen versucht werden, die gerichtliche Auseinandersetzung so kurz wie möglich zu gestalten.

61 Das selbstständige Beweisverfahren ermöglicht eine vorweggenommene Beweisaufnahme, die in einem späteren Prozess, wenn es überhaupt zu einem solchen kommt, verwertet werden kann. Gerade im Bereich des IT-Rechts, in dem häufig wegen der Schnelllebigkeit der Materie, die Einhaltung erträglicher Zeitspannen zwingend notwendig ist, sollte **jede** Möglichkeit ergriffen werden, um die Verfahren abzukürzen. Nichts ist schlimmer, als wenn nach endlosen außergerichtlichen Streitigkeiten der Parteien der eigentliche Streitgegenstand erst nach einer Beweisaufnahme im Berufungsverfahren entscheidungsreif ist.

62 Eine wichtige, weitere – materiell-rechtliche – Wirkung ist, dass mit der gerichtlichen Zustellung des Antrages gem. § 204 Abs. 1 Nr. 7 BGB die Verjährung der geltend gemachten Ansprüche gehemmt wird. Die **Hemmungswirkung** erfasst aber nur diejenigen Mängel, auf die sich das durchgeführte selbstständige Beweisverfahren auch bezogen hat. Es sollte deshalb stets großes Augenmerk auf die Erfassung der entsprechenden Mängel und ihre Auswirkungen gelegt werden. Sind diese aber ausreichend beschrieben worden und hat der Sachverständige sich bei der Begutachtung an das durch den Beweisbeschluss Vorgegebene gehalten, so unterfallen die Ursachen vollständig der Verjährungshemmung und diese wird nicht lediglich auf einzelne Punkte beschränkt. Wird zB die Performance dezidiert in Bezug auf einzelne Programmpunkte gerügt, sind aber auch andere Programmteile von einer nicht akzeptablen Geschwindigkeit betroffen, so dürfte wohl Mangelidentität angenommen werden können und auch insoweit die Verjährungshemmung greifen. Aber Vorsicht! Die falsche Beantwortung der Frage, wie weit die Hemmungswirkung reicht, kann schnell zu einem **Anwaltsregress** führen. Leitet der Auftragnehmer zB ein selbstständiges Beweisverfahren ein, in dem festgestellt werden soll, dass seine Leistung mangelfrei ist, hemmt dieses nicht die Verjährung des Vergütungsanspruchs.[52]

63 Umgekehrt wird aber auch die Verjährung etwaiger Mängelansprüche des Auftraggebers nicht gehemmt, wenn dieser nicht selbst entsprechende Maßnahmen ergriffen hat, da nicht davon ausgegangen werden kann, dass der Auftragnehmer mit seinem Antrag die Hemmung der Verjährung der Ansprüche des Auftraggebers herbeiführen wollte.[53]

1. Zulässigkeit des selbstständigen Beweisverfahrens

64 **a) Statthaftigkeit des selbstständigen Beweisverfahrens.** Das selbstständige Beweisverfahren ist statthaft:
- soweit der Gegner zustimmt, § 485 Abs. 1 ZPO,
- bei drohendem Beweisverlust, § 485 Abs. 1 ZPO und
- als sog Feststellungsverfahren durch schriftliches Sachverständigengutachten, § 485 Abs. 2 ZPO.

65 Soweit der Gegner der Durchführung eines selbstständigen Beweisverfahrens **nicht** zugestimmt hat, muss der Antragsteller im Rahmen seines Antrages ausdrücklich zum **drohenden Beweismittelverlust** vortragen. Hierzu ist es in der Regel aber ausreichend, dass er darlegt, ein Interesse an der alsbaldigen Beseitigung des zu begutachtenden Mangels zu haben oder dass aus sonstigen Gründen eine Veränderung des tatsächlichen Zustands droht, welche die spätere Begutachtung erschweren kann.[54]

66 Ein sog Feststellungsverfahren gem. § 485 Abs. 2 ZPO (sog selbstständiger Sachverständigenbeweis) ist allerdings schon statthaft, wenn ein **rechtliches Interesse** gegeben ist. Nach dem Gesetz ist dies der Fall, wenn es zur Vermeidung eines Rechtsstreits dienen kann; sei es weil der Antragsgegner die Mängel beseitigen würde, sei es weil der Antragsteller von einer

---

[52] BGH Beschl. v. 29.1.2008 – XI ZR 160/07, IBR 2008, 367 = BGHZ 175, 161.
[53] *Klein/Moufang/Koos* BauR 2009, 333 (348).
[54] *Zöller/Herget* § 485 Rn. 5.

Klage Abstand nehmen würde. Von der herrschenden Rechtsprechung wird der Begriff des rechtlichen Interesses im Interesse der Vermeidung oder Verkürzung von Verfahren weit ausgelegt und kann sich zB auch auf Grund drohender Verjährung ergeben. Für die Statthaftigkeit eines selbstständigen Beweisverfahrens ist es also, anders als früher, nicht mehr notwendig, dass ein Beweisnachteil droht.[55] Dies ist vielmehr nur eine der möglichen Alternativen.

Ein Feststellungsverfahren ist allerdings nur statthaft, wenn ein Rechtsstreit in der Hauptsache noch nicht anhängig ist, § 485 Abs. 2 S. 1 ZPO.

Das rechtliche Interesse kann sich insbesondere – **alternativ** – darauf erstrecken, dass
- der „Zustand" oder „Wert" einer Sache, § 485 Abs. 2, S. 1 Nr. 1 ZPO,
- die „Ursache" eines Sachschadens oder Sachmangels, § 485 Abs. 2, S. 1 Nr. 2 ZPO,
- der „Aufwand" für die Beseitigung eines Sachschadens oder Sachmangels, § 485 Abs. 2, S. 1 Nr. 3 ZPO

festgestellt wird.

Unter „**Zustand**" kann sowohl die Feststellung des aktuellen als auch des früheren Zustands begehrt werden. Zur Zustandsfeststellung einer Sache zählt auch die fachtechnische Einordnung einer Leistung als den allgemeinen Regeln der Technik entsprechend oder widersprechend.[56]

Die Frage nach dem „**Wert**" kann sich zB auf den Verkehrswert, den Einkaufs- oder Verkaufswert beziehen. Der Sachverständige hat die Frage nach dem Wert dann unter Hinzuziehung aller ihm zugänglichen Kriterien zu bestimmen.[57]

Die Frage nach der „**Ursache**" ist nicht auf die Feststellung der juristischen, sondern auf die der physikalisch-technischen Kausalität gerichtet.[58]

Auch die Frage nach dem „**Sachschaden**" ist nicht juristisch, zB im Sinne der Differenzhypothese, sondern lediglich im Sinne einer tatsächlichen Abweichung vom normalerweise bestehenden Zustand zu beantworten. Gleiches gilt im Ergebnis für den Begriff des „**Sachmangels**", der nicht als Sachmangel im Rechtssinne, sondern als Auftreten eines Fehlers oder Fehlen notwendiger Funktionen zu verstehen ist.[59]

Bei der Frage nach dem „**Aufwand**" ist es dem Sachverständigen überlassen, den für die Durchführung der gebotenen Maßnahmen notwendigen Weg und dessen Kosten auf Grund seiner Sachkunde festzulegen.

Materiell-rechtliche Gesichtspunkte spielen für die Statthaftigkeit eines selbstständigen Beweisverfahrens keine Rolle. So braucht zB der Antragsteller nicht, wie bei der Klage, schlüssig für einen Anspruch vortragen. Soweit der Antragsteller Mängel vorträgt, reicht es auch, wenn die Mängel bezeichnet werden. Hinsichtlich der Ursachen der Mängel ist eine Erklärung des Antragstellers mit Nichtwissen gem. § 138 Abs. 4 ZPO zulässig. So hat zB das Oberlandesgericht Celle entschieden, dass hinsichtlich einer fehlerhaften Konstruktion die Behauptung des Antragstellers genüge, die Mängel seien ihm nicht bekannt. Die Ursachen der fehlerhaften Konstruktion selbst seien keine Handlung des Antragstellers und nicht Gegenstand seiner Wahrnehmung, auch wenn dazu die Wahrnehmungsmöglichkeit genügen könne.[60] Das Oberlandesgericht hat weiter ausgeführt, dass sich die Ursachen für den Antragsteller nur feststellen lassen würden, wenn er selbst einen Sachverständigen beauftragten würde diese festzustellen, was ihm aber nicht zuzumuten sei, da dieses in vielen Fällen zu einer unnützen Doppelbegutachtung und **vermeidbaren Kosten** führen würde. Auch von der Gegenseite geltend gemachte Einreden, wie zB Verjährung, hindern die Einleitung eines derartigen Verfahrens nicht.[61] Insbesondere kommt es deshalb auch auf die Erfolgsaussichten einer späteren Klage in der Hauptsache nicht an.[62] Wäre dies der Fall, so würden dem An-

---

[55] Schneider/*Schneider* P Rn. 107 ff.
[56] *Ulrich* S. 27.
[57] *Ulrich* S. 28.
[58] *Ulrich* S. 30.
[59] *Ulrich* S. 29.
[60] OLG Celle Beschl. v. 17.9.2010 – 6 W 150/10, ibr-online 2010, 1387 = BauR 2010, 2166.
[61] *Ulrich* S. 38 mwN.
[62] BGH Beschl. v. 4.11.1999 – VII ZB 19/99, NJW 2000, 960.

tragsteller wesentliche Möglichkeiten abgeschnitten, eine effektive Beweissicherung zu betreiben. Könnte der Antragsgegner mit dem Einwand der Verjährung die Feststellung von Mängeln verhindern, würde es dem Antragsteller zB gegebenenfalls unmöglich gemacht, im Hauptsacheverfahren später schwere und offensichtliche Mängel darzulegen und im Hinblick auf ein Organisationsverschulden des Antragsgegners und die damit verbundene Arglisthaftung schlüssig vorzutragen. Ein selbstständiges Beweisverfahren ist deshalb lediglich dann nicht statthaft, wenn evident ist, dass der behauptete Anspruch unter gar keinem, auch noch so fern liegendem Gesichtspunkt bestehen kann.

73 **b) Zuständigkeit des Gerichts.** Zuständig für das selbstständige Beweisverfahren ist das **Gericht der Hauptsache**, § 486 Abs. 1 und 2 ZPO. In – wenig bedeutsamen – Eilfällen wäre ausnahmsweise auch das Amtsgericht zuständig, in dessen Bezirk sich die Sache bzw. der zu vernehmende Zeuge befinde, § 486 Abs. 3 ZPO.

74 Zuständig für ein – in der Praxis ebenfalls kaum vorkommendes – **während** des laufenden Verfahrens eingeleitetes selbstständiges Beweisverfahren, ist ebenfalls das Gericht der Hauptsache, § 486 Abs. 1 ZPO.

75 Umstritten ist, ob der Antragsteller eines selbstständigen Beweisverfahrens die eigentliche Hauptsache später auch bei einem anderen – ebenfalls zuständigen – Gericht anhängig machen kann. Zum Teil wird vertreten, dass das im Rahmen eines selbstständigen Beweisverfahrens angerufene Gericht nicht automatisch auch **ausschließlich** für das Hauptsacheverfahren zuständig sei, da es sich bei dem selbstständigen Beweisverfahren, anders als zB beim Mahnverfahren, um ein eigenständiges Verfahren handele, das zB mehrere Hauptsacheverfahren nach sich ziehen könne und in welches auch Ansprüche einbezogen werden könnten, die nicht Gegenstand des selbstständigen Beweisverfahrens seien.[63] Die wohl herrschende Meinung geht indes unter Verweis auf § 486 Abs. 2 ZPO davon aus, dass der Antragsteller sich mit der Wahl des Gerichts auch für das Hauptsacheverfahren bindet.[64]

76 Abweichende Vereinbarungen sind unzulässig, da es sich um eine **ausschließliche Zuständigkeit** handelt. Eine Gerichtsstandsvereinbarung für das Hauptsacheverfahren bindet indes auch die Parteien hinsichtlich der Zuständigkeit für ein selbstständiges Beweisverfahren, da ansonsten der Zweck der Zuständigkeitsregelung in § 485 Abs. 1 ZPO, die vorgezogene Beweiserhebung vor dem Gericht durchzuführen, das auch für das Hauptsacheverfahren zuständig ist, umgangen würde.

> **Praxistipp:**
> Oft nicht gesehen wird indes, dass wenn während des selbstständigen Beweisverfahrens die Hauptsache anhängig gemacht wird, die Zuständigkeit für das selbstständige Beweisverfahren nicht ohne weiteres auf das Hauptsachegericht übergeht. Das Hauptsachegericht wird erst zuständig, wenn es das Gutachten des selbstständigen Beweisverfahrens zu Beweiszwecken verwertet.[65]

77 **c) Parteien. Antragsbefugt** und damit aktivlegitimiert ist jeder, der auch klagebefugt ist.[66]
Antragsgegner kann jeder sein, der zB für einen behaupteten Mangel verantwortlich sein kann.[67] Aufgrund der mit derartigen Verfahren i.d.R. verbundenen erheblichen Kosten sollte aber sorgfältig geprüft werden, ob tatsächlich der ins Auge gefasste Antragsgegner verantwortlich sein kann. Insbesondere bei dem Zusammenwirken von Hardware, Software sowie sonstigen Leistungen Dritter, wie zB das Zurverfügungstellen von Rechnerkapazitäten bzw. Übertragungsleistungen und -leitungen ist Vorsicht geboten und eine sorgfältige Vorprüfung angezeigt.

---

[63] *Fischer* MDR 2001, 608 (609).
[64] *Redeker* 2012, Rn. 763.
[65] BGH Beschl. v. 22.7.2004 – VII ZB 3/03, BauR 2004, 1656 = MDR 2005, 45.
[66] *Zöller/Herget* § 485 Rn. 1.
[67] *Zöller/Herget* aaO.

II. Das selbstständige Beweisverfahren

Unzulässig ist nach dem Bundesgerichtshof aber ein selbstständiges Beweisverfahren gegen den Gerichtssachverständigen eines **laufenden Verfahrens**.[68] Nach Ansicht des Bundesgerichtshofs ergibt sich das rechtliche Interesse für ein zur Vorbereitung eines Sachverständigenhaftpflichtprozesses beantragtes, selbstständiges Beweisverfahren grundsätzlich erst nach Beendigung desjenigen Verfahrens, in dem der Sachverständige Beweismittel war. Eine Partei, die das gerichtliche Gutachten für fehlerhaft halte, müsse jedenfalls die im laufenden Verfahren gebotenen Möglichkeiten (insb. Gegenvorstellungen, Antrag auf Einholung eines neuen Gutachtens, mündliche Anhörung) wahrnehmen.

d) **Streitverkündung.** Für die Vorbereitung eines Prozesses im IT-Bereich kann die Frage nach der Verantwortlichkeit Dritter in hohem Maße wichtig werden. Viele Softwarehäuser oder Beratungsunternehmen bedienen sich häufig zahlreicher Dritter, um die Projekte durchzuführen. Angefangen von Beratungsleistungen, über den Zukauf von Drittsoftware, bis hin zur Programmierung durch sog Freelancer sind vielfältige Möglichkeiten der Einbeziehung Dritter in ein derartiges Projekt möglich. Oftmals ist es im Nachhinein für die Beteiligten selbst nicht möglich, die **Verantwortlichkeit festzustellen.** Dennoch wird der letztlich in Anspruch genommene selbst ein hohes Interesse an einer solchen Feststellung haben. Hierfür bietet sich in einem „normalen" Prozess die Möglichkeit der Streitverkündung an. Ob eine solche auch im Rahmen eines selbstständigen Beweisverfahrens zulässig sein könne, war lange Zeit unter Verweis auf § 72 Abs. 1 ZPO und dem Argument, dass ein selbstständiges Beweisverfahren kein Rechtsstreit im Sinne des § 72 ZPO sei, umstritten.

Seit einer dementsprechenden Entscheidung des Bundesgerichtshofes ist auch im selbstständigen Beweisverfahren eine Streitverkündung mit den bei dieser eintretenden Folgen[69] **möglich.**[70] Antragsgegner und Streitverkündete können ebenfalls ihrerseits wieder Dritten den Streit verkünden. Damit ist es möglich, bereits im selbstständigen Beweisverfahren umfassend die Verantwortlichkeit der Beteiligten zu klären.

e) **Inhalt des Antrags.** Im Antrag muss gem. § 487 Nr. 2 u. 3 ZPO genau bezeichnet werden, über welche **Beweisfragen** und mittels welcher **Beweismittel** Beweis erhoben werden soll. Gemäß § 487 ZPO hat der Antrag nachfolgendes zu benennen:

1. die Bezeichnung des **Gegners,**
2. die Bezeichnung der **Tatsache,** über die Beweis erhoben werden soll,
3. die Benennung der **Zeugen** oder die Bezeichnung der **übrigen** nach § 485 ZPO zulässigen **Beweismittel,**
4. die **Glaubhaftmachung** der Tatsachen, die die Zulässigkeit des selbstständigen Beweisverfahrens und die Zuständigkeit des Gerichts begründen sollen.

Die Problematik der ordnungsgemäßen Formulierung eines Antrages im Rahmen des selbstständigen Beweisverfahrens sollte keinesfalls unterschätzt werden. Insbesondere auf die Bezeichnung der **Tatsachen,** über die Beweis erhoben werden soll, ist große Sorgfalt zu verwenden. Es genügt nach der Rechtsprechung des Bundesgerichtshofes zwar die Angabe der Beweistatsachen in groben Zügen („Symptomtheorie"), indes liegt es im ureigensten Interesse des Antragstellers, die zu beweisenden Tatsachen so genau wie möglich zu bezeichnen.

Anders als im „normalen" Verfahren wird dem Antragsteller diese Arbeit im selbstständigen Beweisverfahren gerade nicht durch einen richterlichen Beschluss abgenommen. Erst der **stattgebende Beschluss** des Gerichtes, der i. d. R. den Antrag genau wiedergibt, stellt inhaltlich einen Beweisbeschluss dar.

Nur bei genauester Beachtung dieses Grundsatzes ist gewährleistet, dass der Sachverständige auch tatsächlich eine umfassende und zielführende Begutachtung durchführt.

Das selbstständige Beweisverfahren darf im Übrigen nicht der Ausforschung dienen. Deshalb ist eine pauschale Fragestellung des Inhalts, dass mittels des Verfahrens (eventuell) vorliegende Mängel festgestellt werden sollen, unzulässig. Nach mittlerweile einhelliger

---

[68] BGH Beschl. v. 28.7.2006 – III ZB 14/06, IBR 2006, 654 = NJW-RR 06, 1454.
[69] Nebeninterventionswirkung §§ 72, 74, 68 ZPO und Verjährungshemmung, § 204 Abs. 1 Nr. 6 BGB.
[70] BGH Urt. v. 5.12.1996 – VII ZR 108/95, NJW 1997, 859.

Meinung ist es aber zulässig, nach den Kosten der Mängelbeseitigung insgesamt oder hinsichtlich einzelner Mängel zu fragen.

85 Der Antrag muss sich wie dargelegt auf die Feststellung von **Tatsachen** beziehen. Hierzu gehören insbesondere, wie bereits unter dem Punkt „1. Statthaftigkeit" aufgezeigt, die Fragen nach dem Vorliegen eines Mangels, den Ursachen des Mangels und dem Aufwand seiner Beseitigung.

86 Dem Sachverständigenbeweis unterfallende Tatsachen sind konkrete, nach Zeit und Raum bestimmte, der Vergangenheit oder Gegenwart angehörende Geschehnisse oder Zustände.[71] Tatsachen können deshalb insbesondere nicht **zukünftige Geschehnisse** sein, da es sich insoweit nur um **Vermutungen** handeln würde.

87 Man kann insoweit zB äußere von inneren Tatsachen, Haupt- von Hilfstatsachen, allgemeine von fachspezifischen Tatsachen unterscheiden. Fragen des Antragstellers, die auf eine Klärung von **Rechtsfragen** hinauslaufen, sind unzulässig.

88 Es ist deshalb stets genau zu hinterfragen, ob die vom Antragsteller begehrten Informationen tatsächlich Tatsachen betreffen. Auch im Rahmen einer im streitigen Verfahren durchgeführten Beweisaufnahme wird getreu dem Motto „dibi mihi facta, dabo tibi ius" dann ein Beweisbeschluss erlassen, wenn es dem Gericht möglich ist auf der Basis ihm dargelegter (Hilfs-)Tatsachen die Aufklärung weiterer noch aufklärungsbedürftiger Tatsachen in einem entsprechenden Beweisbeschluss zu kleiden. Für im Rahmen eines selbstständigen Beweisverfahrens gestellte Beweisfragen gilt nichts anderes. Trotzdem wird in derartigen Verfahren immer wieder versucht, **unzulässige Fragestellungen** einzubringen. Zum Teil fußt dies auf Unkenntnis der entsprechenden Prozessvertreter des jeweiligen Antragstellers, zum Teil wird aber auch bewusst versucht, die Situation eines selbstständigen Beweisverfahrens auszunutzen, um durch einen Sachverständigen Fragen klären zu lassen, die im Rahmen eines streitigen Verfahrens und einer dort richterlich angeordneten gutachterlichen Beweiserhebung niemals zum Gegenstand dieses Beweisbeschlusses gemacht würden. Hier gilt es, von Anfang an energisch gegenzusteuern und deutlich auf die Unzulässigkeit hinzuweisen, um zu verhindern, dass derartige Fragen bzw. Anträge in die Beschlüsse aufgenommen werden; dies insbesondere auch, da manche Gerichte wegen tatsächlicher oder vermeintlicher Arbeitsüberlastung schon mal dazu neigen, die Formulierungen des Antragstellers ungeprüft zu übernehmen.

89 Im Übrigen muss der Sachverständige auch in der Lage sein, die ihm gestellten Fragen sinnvoll dh zielführend zu beantworten. Schlecht sind deshalb stets allgemeine Fragestellungen, die der Sachverständige entweder gar nicht oder nur mit Allgemeinplätzen beantworten kann wie zB „Der Sachverständige möge feststellen, ob es zu „Systemabstürzen gekommen ist" oder „Arbeitet die Software mit guter Performance?" oder noch besser „Ist die Software anwenderfreundlich?".

2. Beweiserhebung

90 **a) Durchführung der Beweiserhebung.** Gegenstand des selbstständigen Beweisverfahrens ist die Erhebung des Beweises durch das Gericht. Es gelten für die Beweiserhebung im selbstständigen Beweisverfahren dieselben Grundsätze wie im Hauptsacheprozess, weswegen an dieser Stelle im Wesentlichen auf die dort nachfolgende Darstellung verwiesen wird.

> **Praxistipp:**
> Noch mehr als im Hauptsacheverfahren ist in selbstständigen Beweisverfahren über IT-Fragen tunlichst davon abzusehen, den Sachverständigen nur mündlich anzuhören. Auf Grund der Komplexität der Materie sollte stets die schriftlichen Erstellung des Gutachtens beantragt werden.

91 Wird im Rahmen des selbstständigen Beweisverfahrens der Beweis durch Sachverständigen-Gutachten geführt, ist den Parteien ferner, ebenso wie im Hauptsacheverfahren, Gelegenheit zur **Stellungnahme** zu geben, bevor das Verfahren endet. Beide Parteien können eine

---

[71] Ulrich S. 42.

Ergänzung des Gutachtens beantragen. Auf Antrag einer Partei ist der Sachverständige zur mündlichen Erläuterung seines Gutachtens zu laden, §§ 402, 397 ZPO. Zu beachten ist dabei aber, dass in der Regel der Antrag rechtzeitig gestellt und gut begründet werden sollte, um der Gefahr vorzubeugen, dass das Gericht den Antrag wegen Verspätung oder Prozessverschleppung ablehnt. Ist die jeweilige Partei nicht in der Lage, rechtzeitig die entsprechenden Fragen zu stellen, sollte unbedingt eine Fristverlängerung zur Stellungnahme unter Angabe von Gründen beantragt werden. Es besteht sonst die Gefahr, dass der Antrag auf mündliche Erläuterung auf Grund Ablaufs des selbstständigen Beweisverfahrens zurückgewiesen wird.

Soweit der Sachverständige zur Feststellung der Tatsachen auf **Unterlagen** angewiesen war, die sich beim Gegner oder bei einem Dritten befanden, bestanden selbst bei einem materiellem Anspruch, zB aus vertraglichen Nebenpflichten oder § 810 BGB, regelmäßig Probleme, diese zu erhalten. Die ZPO sieht nach der Novelle nunmehr Vorlagepflichten für den Gegner und sogar für den Dritten vor; hierzu noch im → 2. Teil 1. Kapitel II. Begründetheit der Klage, dort Beweiserhebung.

b) Möglichkeiten des Antragsgegners. aa) Eigene Antragstellung. Auch der Antragsgegner kann, ebenso wie der Streithelfer, im selbstständigen Beweisverfahren (Gegen-)Anträge stellen und wie oa die mündliche Anhörung des Sachverständigen beantragen. Soweit der Antragsgegner selbst offensiv im selbstständigen Beweisverfahren tätig wird, treffen ihn die gleichen Rechte und Pflichten wie den Antragsteller. Er muss die ihm gesetzten Fristen beachten und gegebenenfalls für die durch seinen Antrag veranlassten Kosten des Verfahrens Vorschuss leisten.[72]

bb) Abwehrmaßnahmen. Der Antragsgegner kann jederzeit die Zulässigkeit des selbstständigen Beweisverfahrens rügen.[73] Ein selbstständiges Beweisverfahren sollte indes vom Antragsgegner nicht von vornherein als negativ angesehen werden. Insbesondere vor dem Hintergrund eines möglichen Regresses und einer eventuell angezeigten Streitverkündung sowie zur Vermeidung der Kostenlast kann der Antragsgegner durchaus ein eigenes Interesse an der Durchführung des selbstständigen Beweisverfahrens haben.

Soweit der Antragsgegner die mit dem selbstständigen Beweisverfahren vorbereitete Anspruchsdurchsetzung abwehren will, muss er zwingend bereits im selbstständigen Beweisverfahren agieren. Er muss bereits dort alle rechtlich in Frage kommenden **Einwendungen** gegen das Verfahren und alle ihm bekannten Tatsachen, die von Bedeutung sein können, in das Verfahren einführen.[74] Dabei muss er unter Umständen auch zu den rechtlichen Bewertungen der Behauptungen des Antragstellers, zB zu der Frage, ob ein Mangel vorliegt oder nicht, Stellung nehmen, um nicht Gefahr zu laufen, dass das Verfahren für ihn rechtlich ungünstige Präjudizien schafft, oder er im Hauptsacheprozess mit den entsprechenden Einwendungen ausgeschlossen wird bzw. ihn die volle Beweislast dafür trifft, dass das im selbstständigen Beweisverfahren gewonnene Ergebnis unzutreffend ist.[75]

So hat der Bundesgerichtshof bereits 1970 ausgeführt, dass die Gleichbehandlung des selbstständigen Beweisverfahrens mit einer von dem Prozessgericht durchgeführten Beweisaufnahme bedingt, eine Beweisaufnahme über dasselbe Beweisthema vor dem Prozessgericht im Interesse der gebotenen Verfahrensbeschleunigung einzuschränken.[76] Auf der Basis dieser Entscheidung des Bundesgerichtshofs urteilen die Oberlandesgerichte heute mit für einen Anwalt zum Teil fatalen Folgen. So kommt nach dem OLG Brandenburg eine **Wiederholung oder Fortsetzung der Beweisaufnahme** nur unter ganz engen, i.d.R. auf der Fehlerhaftigkeit der vorangegangenen Beweisaufnahme beruhenden Gründen in Betracht, während zB das OLG München mit der Begründung, es sei nicht gesetzlicher Zweck des selbstständigen Beweisverfahrens, die Beweisaufnahme vor dem Prozessgericht zu ersetzen, es der Partei frei-

---

[72] OLG Celle Beschl. v. 19.9.2008 – 2 W 186/08, BauR 2009, 283.
[73] Vgl. OLG Frankfurt Beschl. v. 5.1.2003 – 1 W 4/90, NJW-RR 1990, 1023.
[74] *Zöller/Herget* § 493 Rdn. 2; aA wohl *Ulrich* S. 107, unter Verweis auf § 282 ZPO und dessen Nichtanwendbarkeit im selbstständigen Beweisverfahren.
[75] *Redeker* IT-Recht Rn. 769.
[76] BGH Urt. v. 29.5.1970 – V ZR 24/68, NJW 1970, 1919.

stellt, seine Einwendungen erst im Hauptsacheprozess geltend zu machen.[77] Der Bundesgerichtshof hat hierzu endgültig noch nicht Stellung genommen, indes in einem obiter dictum ausgeführt, dass nach § 493 Abs. 1 ZPO die Beweiserhebung im selbständigen Beweisverfahren einer Beweisaufnahme vor dem Prozessgericht gleich stehe, da § 492 Abs. 1 ZPO auf die für die Beweisaufnahme vor dem Prozessgericht geltenden Normen und damit auch auf die Regelungen der §§ 411 Abs. 4, 296 Abs. 1 u. 4 ZPO verweise.[78]

Der einem selbstständigen Beweisantrag stattgebende Beschluss selbst ist grundsätzlich unanfechtbar, § 490 Abs. 2, S. 2 ZPO.

3. Beendigung des selbstständigen Beweisverfahrens

97 Erhebliche Risiken liegen für den Anwalt in den Besonderheiten des Zeitpunktes der Beendigung des selbstständigen Beweisverfahrens. Dieser wird nämlich unter Umständen erst im Nachhinein feststellbar sein.

98 Da ein selbstständiges Beweisverfahren nicht gem. § 261 ZPO zur Rechtshängigkeit führt, können auch nicht die prozessualen und materiell-rechtlichen Wirkungen der Rechtshängigkeit eintreten. Zwar zieht das selbstständige Beweisverfahren auch teilweise entsprechende Wirkungen nach sich, dennoch ist die Situation nur begrenzt vergleichbar. Wie bereits vorstehend dargelegt, tritt zB mit ordnungsgemäßer Zustellung des Antrages auf Durchführung eines selbstständigen Beweisverfahrens gem. § 204 Abs. 1 Nr. 7 BGB die Hemmung der Verjährung ein; dennoch macht insbesondere die Bestimmung des **Endzeitpunktes** der Hemmung in der Praxis häufig Schwierigkeiten. Gem. § 204 Abs. 2, S. 1 BGB endet die Hemmung der Verjährung sechs Monate nach der rechtskräftigen Entscheidung oder anderweitigen Beendigung. Da im Rahmen eines selbstständigen Beweisverfahrens naturgemäß kein Urteil gesprochen wird und ein Beschluss zwar zu Beginn des Verfahrens ergeht, regelmäßig aber nicht an dessen Ende – die Festsetzung des Streitwertes, die auch durch Beschluss ergeht, beendet das selbstständige Beweisverfahren jedenfalls nicht, da dieser Beschluss außerhalb der Beweisaufnahme und damit auch außerhalb des selbstständigen Beweisverfahrens ergeht – stellt sich um so mehr die Frage, wann das selbstständige Beweisverfahren beendet ist.

99 Nach der Rechtsprechung des Bundesgerichtshofes ist das selbstständige Beweisverfahren grundsätzlich beendet, wenn den Parteien das vom Sachverständigen erstellte Gutachten **zugestellt** worden ist.[79]

100 Werden mehrere Gutachten eingeholt und betreffen diese denselben Mangel, so endet die Hemmung folgerichtig erst mit Zustellung des **letzten Gutachtens.** Werden im Hinblick auf verschiedene Mängel auch verschiedene Gutachten eingeholt, so ist Anknüpfungspunkt für die Beendigung der Hemmung jeweils die Zustellung des einzelnen Gutachtens.[80]

101 Werden ergänzende Anträge durch die Parteien gestellt, ist das Verfahren dann beendet, wenn die Parteien in angemessener oder ihnen vom Gericht gesetzter Frist einen Antrag auf ergänzende Begutachtung oder auf Anhörung gestellt haben, § 411 Abs. 4, S. 1 und 2 ZPO, und diese Maßnahmen durchgeführt oder vom Gericht abgelehnt worden sind. Zu beachten ist dabei, dass die Zustellung des Sitzungsprotokolls nicht mehr zum selbstständigen Beweisverfahren gehört, sondern dieses mit dem Verlesen des Protokolls beendet war.[81]

102 Während bei einer vom Gericht gesetzten Frist regelmäßig keine Probleme auftreten dürften, ist mehr als fraglich, was unter einem **angemessenen Zeitraum** zu verstehen ist, in welchem die entsprechenden Anträge durch die Parteien zu stellen sind. Dies ist grundsätzlich eine Frage des Einzelfalles, wobei allerdings nach der bisher bestehenden Rechtsprechung der Gerichte der entsprechende Zeitraum maximal 6 Monate betrug. In letzter Zeit sind allerdings auch Entscheidungen von Gerichten zu verzeichnen, die nur erheblich kürzere Zeit-

---

[77] OLG Brandenburg Urt. v. 15.5.2008 – 5 U 88/07, IBR 2008, 623 = BauR 2008, 1499; OLG München Beschl. v. 14.3.2007 – 28 W 1155/07, IBR 2008, 59 = BauR 2008, 716.
[78] BGH Urt. v. 11.6.2010 – V ZR 85/09, IBR 2011, 310.
[79] BGH Urt. v. 20.2.2002 – VIII ZR 228/00, NJW 2002, 1640.
[80] BGH Urt. v. 21.12.2000 – VII ZR 407/99, NJW-RR 2001, 385.
[81] BGH Beschl. v. 24.3.2009 – VII ZR 200/08, IBR 2009, 363.

räume für angemessen halten. So hat das Oberlandesgericht Celle in einer Entscheidung aus dem Jahre 2008 einen Zeitraum von drei Monaten als zu lang und i. d. R. lediglich einen Zeitraum von ein bis zwei Monaten als angemessen angesehen.[82] Gleiches wird auch vom Oberlandesgericht Köln vertreten.[83] Werden jedenfalls ergänzende Anträge zu spät gestellt, ist das selbstständige Beweisverfahren beendet, ohne dass die entsprechende Partei noch Einfluss auf das Ergebnis nehmen könnte, da Anträge auf eine ergänzende Begutachtung oder Anhörung unzulässig sind. Eine Neubegutachtung ist in einem späteren Hauptsacheverfahren nur noch unter den eingeschränkten Voraussetzungen des § 412 ZPO, dh wenn das Gericht das Gutachten des selbstständigen Beweisverfahrens für ungenügend hält, zulässig. Dies wird indes selten der Fall sein, da regelmäßig auch in der Hauptsache dasselbe Gericht urteilen wird. Auf jeden Fall ist nach Ansicht des Bundesgerichtshofs das selbstständige Beweisverfahren dann beendet, wenn der mit der Beweisaufnahme befasste Richter zum Ausdruck bringt, dass eine weitere Beweisaufnahme nicht stattfindet und dagegen innerhalb angemessener Frist keine Einwände erhoben werden.[84] Die Beendigung wird auch nicht dadurch verschoben, dass diese ggf. auf Antrag der Gegenseite zu einem späteren Zeitpunkt noch durch Beschluss ausdrücklich festgestellt wird.[85]

103 Materiell-rechtlich endet, wie dargelegt, 6 Monate nach Beendigung des selbstständigen Beweisverfahrens auch die Hemmung der Verjährung, § 204 Abs. 2 BGB. Diese war, wie oa, mit Zustellung des Antrages auf Durchführung des selbstständigen Beweisverfahrens beim Antragsgegner gem. § 204 Abs. 1 Nr. 7 BGB eingetreten. Hierbei führt bereits gem. § 167 ZPO der Eingang des Antrages bei Gericht zur Hemmung der Verjährung, wenn der Antrag alsbald zugestellt wird.

104 Auch die „**Symptomtheorie**" hat ihre Grenzen, so dass hinsichtlich der nicht geltend gemachten Mängel Verjährung droht. Darüber hinaus können unterschiedliche Mängelkomplexe, zB Mängel, die Gegenstand von unterschiedlichen Gutachten waren bzw. von unterschiedlichen Gutachten festgestellt wurden, je nachdem bis wann sie noch Gegenstand des selbstständigen Beweisverfahrens waren, unterschiedlich verjähren.[86]

105 Beim selbstständigen Beweisverfahren bewirkt nur die **förmliche Zustellung des Antrages** beim Antragsgegner gem. § 204 Abs. 1 Nr. 7 BGB den Eintritt der Verjährungshemmung; eine förmliche Zustellung des Antrages von Amts wegen ist indes in der ZPO nicht vorgeschrieben. Der Prozessvertreter des Antragstellers muss deshalb immer unbedingt überprüfen, ob eine derartige Zustellung auch erfolgt ist. Um ganz sicher zu gehen, sollte bereits im Rahmen der Anträge auch die Zustellung als solche und die Übersendung der Zustellungsnachricht mit beantragt werden, § 169 Abs. 1 ZPO. Auf gar keinen Fall sollte deshalb beantragt werden, den Beschluss ohne Anhörung des Gegners zu erlassen, weil dann idR erst der Beschluss zugestellt wird und es höchstrichterlich noch nicht entschieden ist, ob in diesen Fällen § 167 ZPO analog angewendet werden kann. Zwar wird vom Oberlandesgericht Karlsruhe[87] und nun auch vom Oberlandesgericht Frankfurt[88] unter Zuhilfenahme der Ratio des § 204 BGB davon ausgegangen, dass wenn der Antrag später mit dem entsprechenden **Beschluss** zugestellt wird, durch Rügeverzicht eine entsprechende Heilung eintritt; dies steht in vollkommenen Widerspruch zur Regelung des § 204 Abs. 1 Nr. 7 BGB und zum anderen ist auch mangels einer planwidrigen Lücke nicht zu erkennen, warum, wie die jeweiligen Oberlandesgerichte meinen, Platz für eine Analogie sein sollte.

106 Mit Urteil vom 31.3.2010 hat das OLG Dresden jedenfalls entschieden, dass eine Hemmung der Verjährung nach § 204 Abs. 1 Nr. 7 BGB nur dann eintreten könne, wenn die Antragsschrift selbst förmlich zugestellt worden ist.[89] Nach Auffassung des OLG Dresden

---

[82] OLG Celle Beschl. v. 29.1.2008 – 14 W 43/07, OLG-Report Celle 2008, 379.
[83] OLG Köln Beschl. v. 23.2.2010 – 7 W 6/10, IBR 2010, 252 = BeckRS 2010, 13131.
[84] BGH Urt. v. 28.10.2010 – VII ZR 172/09, IBR 2011, 58.
[85] BGH Urt. v. 28.10.2010 – VII ZR 172/09, IBR 2011, 58.
[86] BGH Urt. v. 3.12.1992 – VII ZR 86/92, IBR 1993, 142 = NJW 1993, 851; OLG Hamm Urt. v. 16.12.2008 – 21 U 1117/08, IBR 2009, 188 = BauR 2009, 703.
[87] OLG Karlsruhe Urt. v. 27.9.2007 – 9 U 55/07, IBR 2007, 661 = NJW-RR 2008, 402.
[88] OLG Frankfurt Urt. v. 5.11.2009 – 3 U 45/08, IBR 2010, 495 = NJW-RR 2010, 535.
[89] OLG Dresden Urt. v. 31.3.2010 – 1 U 1446/09, IBR 2010, 329.

kann eine Heilung des Zustellungsmangels nach § 189 ZPO nicht eintreten. Zwar sei dem Beklagten ggf. die Antragsschrift tatsächlich zugegangen. § 189 ZPO setze aber voraus, dass eine Zustellung **gewollt** sei, dh dass der zuständige Richter die Zustellung verfügt hätte. Dies sei im zu entscheidenden Sachverhalt aber nicht der Fall gewesen, weil vom Richter lediglich die formlose Übermittlung verfügt worden sei. Auch eine rügelose Einlassung nach § 295 ZPO komme nicht in Frage, da im selbständigen Beweisverfahren, anders als im sonstigen Verfahren des ersten Rechtszugs, keine mündliche Verhandlung im eigentlichen Sinne stattfände.

107 Dem ist der Bundesgerichtshof in einer sehr lesenswerten und eher salomonischen und praxisnahen Lösung nun entgegengetreten.[90] Der Bundesgerichtshof bekräftigt zunächst, dass mit der Zustellung im Sinne des § 204 Abs. 1 Nr. 7 BGB die förmliche Zustellung im Sinne des § 166 ZPO gemeint sei. Eine formlose Mitteilung des Antrags genüge nicht, um die Voraussetzungen des § 204 Abs. 1 Nr. 7 ZPO zu erfüllen. Da eine förmliche Zustellung im zu entscheidenden Fall indes nicht erfolgt war, kommt eine Hemmung der Verjährung nach Ansicht des Bundesgerichtshofs nur unter **Rückgriff auf die Heilungsvorschrift des § 189 ZPO** in Betracht. Hierbei verwirft er zunächst die Meinung, die vertritt, dass durch die förmliche Zustellung des Beweisbeschlusses die Verjährung nach § 204 Abs. 1 Nr. 7 ZPO gehemmt worden sei, da das Gesetz die Hemmung an die Zustellung des **Antrages** knüpfe. Ein Schriftstück, dass unter Verletzung zwingender Zustellungsvorschriften zugegangen sei, gelte nach § 189 ZPO allerdings in dem Zeitpunkt als zugestellt, in dem es der Person, an die die Zustellung dem Gesetz nach gerichtet war, oder gerichtet werden konnte, tatsächlich zugegangen sei. Etwas anderes könne nur gelten, wenn das Gericht eine Zustellung nicht hätte bewirken wollen. Auch hierbei sei allerdings darüber hinaus zu differenzieren, welchen Sinn die entsprechende Vorschrift habe. § 189 ZPO habe den Sinn, den Empfänger eines Schriftstücks vor ungerechtfertigten **prozessualen** Nachteilen zu schützen, die dadurch entstehen, dass ihm ein Schriftstück nicht förmlich zugestellt worden sei. Dieses Schutzes bedürfe er als Empfänger eines formlos zur Einleitung des selbstständigen Beweisverfahrens zugesandten Antrages indes nicht, soweit es um die Hemmung der Verjährung gehe. Es entspreche vielmehr dem Sinn und Zweck der Hemmungsvorschriften, § 189 ZPO für diesen Fall dahin auszulegen, dass die formlose Bekanntmachung des Gerichts ausreiche, um eine **Fiktion der Zustellung** im Sinne von § 204 Abs. 1 Nr. 7 BGB zu erreichen. § 189 ZPO habe nicht den Sinn die förmlichen Zustellungsvorschriften zum Selbstzweck erstarren zu lassen, sondern die Zustellung auch dann als bewirkt anzusehen, wenn der Zustellungszweck anderweitig, nämlich durch den tatsächlichen Zugang erreicht wurde. Es bedürfe deshalb besonderer Gründe die Zustellungswirkung entgegen den Wortlaut der Regelung in § 189 ZPO nicht eintreten zu lassen. Diese bestünden jedenfalls nicht, soweit es um die materiell-rechtliche Wirkung gehe, die Verjährung zu hemmen. Denn ein Antragsgegner sei auch dann, wenn ihm ein Antrag auf Durchführung des selbständigen Beweisverfahrens nicht förmlich zugestellt würde, in ausreichender Weise über dieses Verfahren und vor allem über den Willen des Antragsgegners, den Anspruch weiter zu verfolgen, in Kenntnis gesetzt. Dies erst recht, vor dem Hintergrund, dass nach Ansicht des Bundesgerichtshofs auch eine unzulässige, unschlüssige, oder unsubstantiierte Klage zur Hemmung der Verjährung ausreiche, weil mit dieser ausreichend zum Ausdruck gebracht würde, dass der Kläger den Anspruch weiter verfolgen wolle.

> **Praxistipp:**
>
> Trotz der sehr differenzierten Ausführungen des Bundesgerichtshofs und vor dem Hintergrund der im Übrigen äußerst umstrittenen Rechtslage sollte dennoch der streitverkündende Anwalt stets nachvollziehen, ob die Streitverkündungsschrift auch ordnungsgemäß zugestellt worden ist. Deshalb sollte notfalls auch Akteneinsicht genommen werden.

---

[90] BGH Urt. v. 27.1.2011 – VII ZR 186/09, IBR 2011, 263 = NZBau 2011, 303.

4. Verwertung im Hauptsacheprozess

Die Beweisaufnahme im selbstständigen Beweisverfahren steht der Beweisaufnahme im Hauptsacheprozess gleich, § 493 ZPO. Dies resultiert aus der Funktion der selbstständigen Beweisaufnahme als **antizipierte Beweisaufnahme**, die ja gerade einen späteren Hauptsacheprozess vermeiden soll. Werden im späteren Prozess deshalb Tatsachen beweiserheblich, über die bereits Beweis erhoben worden ist, wird das Gutachten des selbstständigen Beweisverfahrens zugezogen und auf eine erneute Beweisaufnahme verzichtet, soweit dieses unter denselben Voraussetzungen – insbesondere ordnungsgemäße Ladung, § 493 ZPO – wie im Hauptsacheverfahren zustande gekommen ist.

Einwendungen gegen das Gutachten sollten deshalb wie dargelegt grundsätzlich im Rahmen des selbstständigen Beweisverfahrens erhoben werden. Soweit der Antragsgegner erstmals im Hauptsacheverfahren Einwendungen gegen das Gutachten erhebt, werden diese uU nur berücksichtigt, wenn sie für das Gericht Veranlassung zur Anhörung des Sachverständigen oder zur Einholung eines ergänzenden Gutachtens geben. Dies kann zB der Fall sein, wenn das Gutachten nach Ansicht des Gerichts in sich nicht schlüssig ist oder auf Grund von offenen Fragestellungen der Rechtsstreit noch nicht entscheidungsreif ist. Will der Antragsgegner selbst eine weitere Beweiserhebung erreichen, muss er zumindest konkrete Einwendungen – zB mittels eines Privatgutachtens – vortragen, die eine weitere Beweiserhebung notwendig erscheinen lassen.

5. Kosten des selbstständigen Beweisverfahrens

Die Kosten des selbstständigen Beweisverfahrens sind Kosten des Hauptsacheverfahrens und deshalb grundsätzlich **nicht isoliert festsetzbar,** sondern in der Regel Kosten des Hauptsacheprozesses. Der Gesetzgeber wollte lediglich ausnahmsweise eine isolierte Kostenentscheidung für das selbstständige Beweisverfahren zulassen. Das resultiert aus dem Umstand, dass ein selbstständiges Beweisverfahren lediglich eine antizipierte Beweiserhebung, nicht aber eine rechtliche Würdigung des nachfolgenden Hauptsacheverfahrens sein sollte. Das gilt auch dann, wenn später nur ein Teil der im selbstständigen Beweisverfahren anhängigen Beweisfragen auch Gegenstand des Hauptsacheverfahrens wird. Der Bundesgerichtshof hat hierzu 1996 entschieden:

„Eine gesonderte Kostenentscheidung des Berufungsgerichts hinsichtlich der Kosten der Beweissicherungsverfahren/selbstständigen Beweisverfahren ist nicht veranlasst (BGHZ 20, 4 (15)), ohne dass es darauf ankommt, ob die Beweisverfahren mit oder ohne anhängiges Hauptverfahren angestrengt worden sind. Ob die Kosten notwendig waren (§ 91 ZPO), die Parteien des Beweisverfahrens und des Hauptsacheprozesses identisch sind und sich im Beweisverfahren als Gegner gegenüber gestanden haben und ob der Streitgegenstand der Verfahren identisch war, ist nicht Bestandteil der Kostengrundentscheidung zugrunde liegenden Prüfung im Erkenntnisverfahren, sondern der Prüfung der Erstattungsfähigkeit der Kosten im Kostenfestsetzungsverfahren nach § 104 ZPO. Dort ist auch zu prüfen, ob und unter welchen Voraussetzungen die Kosten dann nicht erstattungsfähig sind, wenn das Ergebnis der Beweiserhebung für die Entscheidung in der Hauptsache – wie vorliegend – ganz oder teilweise nicht verwertet wurde."[91]

In einer weiteren Entscheidung hat der Bundesgerichtshof ergänzend wie folgt entschieden:

„1. Die im selbstständigen Beweisverfahren entstandenen Gerichtskosten stellen gerichtliche Kosten des nachfolgenden Hauptsacheverfahrens dar. Voraussetzung hierfür ist, dass Parteien und Streitgegenstand des Beweisverfahrens und des Hauptsacheprozesses identisch sind.[92]
2. Eine Identität der Streitgegenstände in diesem Sinne liegt bereits dann vor, wenn nur Teile des Streitgegenstandes eines selbstständigen Beweisverfahrens zum Gegenstand der anschließenden Klage gemacht werden.[93]
3. Bleibt die Hauptsacheklage hinter dem Verfahrensgegenstand des selbstständigen Beweisverfahrens zurück, können im Hauptsacheverfahren dem Antragsteller in entsprechender Anwendung von § 96

---

[91] BGH Urt. v. 27.2.1996 – X ZR 3/94, NJW 1996, 1749.
[92] Bestätigung v. BGH Beschl. v. 22.7.2004 – VII ZB 9/03, BauR 2004, 1809.
[93] Im Anschluss an BGH Beschl. v. 24.6.2004 – VII ZB 11/03, BauR 2004, 1485.

ZPO die dem Antragsgegner durch den überschießenden Teil des selbstständigen Beweisverfahrens entstandenen Kosten auferlegt werden. Hat das Gericht der Hauptsache von dieser Möglichkeit keinen Gebrauch gemacht, scheidet eine Korrektur der Kostengrundentscheidung im Wege der Kostenfestsetzung aus."[94]

112 Lediglich in drei prozessualen Sonderfällen und einem materiell-rechtlichen Ausnahmefall – auf die im weiteren noch eingegangen wird – ist eine Erstattung der Kosten auf einem anderen Weg als über die Kostenentscheidung des Hauptsacheprozesses zu erreichen.

Diese Vorgabe des Gesetzgebers bedingt indes in der Praxis zahlreiche Streitfälle und Schwierigkeiten hinsichtlich Streitwert und Kostentragung.

113 **a) Streitwert.** Der Streitwert des selbstständigen Beweisverfahrens richtet sich grundsätzlich nach dem Wert der Hauptsache, also dem Wert des vom Antragsteller geltend gemachten Anspruches.[95] Dieser beziffert mit **seinem** Antrag, ebenso wie im Klageverfahren, das materielle Interesse an der Durchführung des Verfahrens!

114 Häufig stellte sich im Laufe des selbstständigen Beweisverfahrens ein völlig anderer Wert heraus als der ursprünglich vom Antragsteller behauptete. Unproblematisch sind und waren die Fälle, dass der Sachverständige zu höheren Kosten als ursprünglich veranschlagt kommt. In diesen Fällen wurde und wird der **tatsächliche Wert der Mängelbeseitigungskosten** im Nachhinein als Streitwert festgesetzt.

115 Anders ist und war aber der Fall, wenn der Wert der vom Sachverständigen ermittelten Mängelbeseitigungskosten – unter Umständen weit – hinter dem Wert der ursprünglichen Schätzung zurückblieb. Dies konnte seinen Grund in neuartigen, günstigeren Mängelbeseitigungsverfahren, aber auch in völlig ins Blaue hinein vorgenommenen Schätzungen des Antragstellers haben. Die Rechtsprechung hatte in diesen Fällen – häufig zum Ärger des Prozessvertreters des Antragsgegners – bislang immer „nur" den tatsächlichen Wert der Mängelbeseitigungskosten angesetzt.

116 Nachdem die Bemessung des Streitwertes lange Zeit äußerst umstritten gewesen ist, hat nunmehr der Bundesgerichtshof klar Stellung bezogen. Er hat erklärt, dass der Streitwert sich zwar grundsätzlich nach dem Wert der Hauptsache, dh nach dem Wert des Anspruchs des Antragstellers, dem die selbstständige Beweisaufnahme dient, richtet, indes, wenn der Sachverständige den Mangel nicht bestätigt, die **geschätzten Kosten des vom Antragstellers behaupteten Mangels** in Ansatz zu bringen sind.[96]

117 Eine zutreffende Entscheidung, da auf Grund der Funktion des selbstständigen Beweisverfahrens als antizipierte Beweisaufnahme insoweit nichts anderes gelten kann als im normalen Prozess, mit dem zB Aufwendungs- oder Schadensersatz geltend gemacht wird. Im Übrigen dürfte die Entscheidung auch die jeweiligen Antragsteller zur gebotenen Prozesshygiene zwingen. Weiter dürfte damit den oft ermüdenden Diskussionen vor und mit den Instanzengerichten sowie den Prozessvertretern der Gegenseite um den Streitwert endgültig der Boden entzogen sein. Maßgeblich ist also nicht der im Nachhinein tatsächlich festgestellte Wert der Mängel oder ein Bruchteil des Wertes der Hauptsache, sondern dieser wird **vom Antragsteller selbst** in seinem Antragsschreiben näher beziffert und begründet.

118 Problematisch bleibt die Situation, dass der Streitwert des Hauptsacheverfahrens hinter dem des selbstständigen Beweisverfahrens zurückbleibt, obwohl die im selbstständigen Beweisverfahren **festgestellten Mängel in vollem Umfang bestehen**. So zB wenn der Antragsteller bei Feststellung von Mängeln in Höhe von EUR 200.000,– vor Einleitung des Hauptsacheverfahrens auf Grund der im selbstständigen Beweisverfahren festgestellten Mängelbeseitigungskosten eine Gewährleistungsbürgschaft in Höhe von EUR 50.000,– gezogen hat und sich nunmehr nur noch auf die Geltendmachung der verbliebenen Kosten in Höhe von EUR 150.000,– beschränkt. Unterliegt er nunmehr im nachfolgenden Prozess aus rechtlichen Gründen in Höhe von EUR 50.000,–, sind zwar nach der vorstehenden Entscheidung des Bundesgerichtshofs die Kosten des selbstständigen Beweisverfahrens im nach-

---

[94] Im Anschluss an BGH Beschl. v. 24.6.2004 – VII ZB 34/03, BauR 2004, 1485; BGH Beschl. v. 9.2.2006 – VII ZB 59/05, IBR 2006, 237 = NJW-RR 2006, 810.
[95] *Werner/Pastor* Rn. 145.
[96] BGH Beschl. v. 16.9.2004 – III ZB 33/04, NJW 2004, 3488 = MDR 2005, 162.

folgenden Kostenfestsetzungsverfahren in vollem Umfang in Ansatz zu bringen. Aber hat indes das Gericht den Streitwert auf den Wert der Klage in Höhe von EUR 150.000,- festgesetzt, und werden nunmehr nach der Entscheidung des BGH folgerichtig **alle** Kosten in Ansatz gebracht, so verschiebt sich die Kostenquote des Antragstellers ungerechtfertigt zu seinen Lasten, da eigentlich von EUR 200.000,- und nicht nur von EUR 150.000,- auszugehen wäre, von ¼ auf ein ⅓. Diese Rechtsfolge ist indes im Kostenfestsetzungsverfahren nicht mehr zu korrigieren, da es sich nach der Rspr. des Bundesgerichtshofs um eine Frage der **Streitwertfestsetzung** handelt.[97]

b) **Kostentragung.** Da die Kosten des selbstständigen Beweisverfahrens zB wegen der i. d. R. anfallenden Sachverständigenkosten oftmals nicht unerheblich sind, wird häufig über die Frage der Erstattung erbittert gestritten. Der Antragsteller ist in Bezug auf Gerichts- und Sachverständigenkosten in erheblichem Umfang in Vorleistung getreten und möchte diese insgesamt oder zumindest teilweise ersetzt haben. Da indes im selbstständigen Beweisverfahren über Ansprüche und Verantwortlichkeit i. d. R. nichts ausgesagt wird, hat der Gesetzgeber zu Recht auch die Frage der Kostenerstattung einem nachfolgenden Hauptsacheverfahren überlassen, in dem auch die Fragen der rechtlichen Verantwortung durch das Gericht geklärt werden.

Die Kosten des selbstständigen Beweisverfahrens sind deshalb wie bereits dargelegt grundsätzlich Kosten des Hauptsacheverfahrens, so dass über die Kostentragungspflicht regelmäßig auch nur in diesem entschieden wird und es **keiner gesonderten Kostenentscheidung im selbstständigen Beweisverfahren** bedarf.

Dies ist auch folgerichtig, wenn der Antragsteller die von ihm angeführten und durch den Sachverständigen bestätigten Mängel in einem nachfolgenden Hauptsacheprozess erfolgreich geltend macht, dass er gem. § 91 ZPO auch zugleich den erwünschten Kostentitel erhält. Geht der Antragsgegner im selbstständigen Beweisverfahren seinerseits zum Angriff über und wird er selbst zum Antragsteller, haftet er als Veranlassungsschuldner der Staatskasse für die durch seinen Antrag veranlassten Kosten des Verfahrens.[98] Die dementsprechenden Kosten sind im Kostenfestsetzungsverfahren zu Lasten des Antragsgegners festzusetzen.

Fraglich ist auch, inwieweit eine Kostentragung des Antragsgegners über eine **einseitige Erledigungserklärung** des Antragstellers zu erreichen ist. So könnte man daran denken, in dem Fall, dass der Antragsgegner nach Vorliegen des Gutachtens die dann bezeichneten Mängel beseitigt hat, dem Antragsgegner in analoger Anwendung der §§ 91, 91a, 269 ZPO die Kosten aufzuerlegen. Einem derartigen Versuch haben indes das Oberlandesgericht Düsseldorf und nunmehr auch der Bundesgerichtshof Einhalt geboten.[99] Der Bundesgerichtshof verweist darauf, dass § 91a ZPO eine Entscheidung über die Kostenverteilung nach billigem Ermessen unter Berücksichtigung der materiellen Rechtslage zum Zeitpunkt des erledigenden Ereignisses verlange. Eine solche sachliche Prüfung sei im selbstständigen Beweisverfahren indes nicht vorgesehen und auch gar nicht möglich. Denn auch im Falle einer bereits vollständig erfolgten Beweiserhebung ließe sich hieraus weder automatisch noch auch nur regelmäßig die Erfolgsaussicht einer hypothetischen Hauptsacheklage ableiten.

Streitig war auch lange Zeit, ob im nachfolgenden Hauptsacheverfahren die Gerichtskosten des selbstständigen Beweisverfahrens als Gerichtskosten des Hauptsacheverfahrens oder als außergerichtliche Kosten des Antragstellers zu behandeln wären. Hier konnte eine üble Überraschung drohen, wenn die Kosten im Rahmen eines Vergleichs gegeneinander aufgehoben wurden (Anwaltsregress!). Der Bundesgerichtshof hat in einer Entscheidung aus dem Jahre 2002 indes klargestellt, dass die Gerichtskosten des selbstständigen Beweisverfahrens auch als **Gerichtskosten des Hauptsacheverfahrens** zu behandeln sind.[100]

---

[97] BGH Beschl. v. 9.2.2006 – VII ZB 59/05, IBR 2006, 237 = NJW-RR 2006, 810.
[98] OLG Celle Beschl. v. 19.9.2008 – 2 W 186/98, BauR 2009, 283.
[99] OLG Düsseldorf Beschl. v. 1.12.2008 – 21 W 32/08, IBR 2009, 124 = BauR 2009, 291; BGH Beschl. v. 24.2.2011, IBR 2011, 313.
[100] BGH Urt. v. 18.12.2002 – VIII ZR 97/02, NJW 2003, 1322.

124 c) **Isolierte Kostenentscheidung.** Wie bereits dargelegt, findet eine isolierte Kostenentscheidung im selbstständigen Beweisverfahren nur ausnahmsweise statt. Eine solche ist lediglich zulässig:
- bei Zurückweisung des Antrages als unzulässig,
- bei Rücknahme des Antrages durch den Antragsteller,
- in den Fällen des § 494a ZPO.

125 Während eine **Rücknahme** des Antrages in der Praxis nur äußerst selten vorkommt, ist eine **Zurückweisung** eines derartigen Antrages nicht so selten wie es scheint. Manchem Praktiker unterläuft immer wieder der Fehler, mittels eines Sachverständigen-Gutachtens **rechtliche Fragen** klären zu wollen. Trotz der erleichterten Darlegungslast für den Antragsteller in Bezug auf Mängel durch die sog „Symptomrechtsprechung" des Bundesgerichtshofes, die es zur ordnungsgemäßen Substantiierung in der Regel ausreichen lässt, die Erscheinungsformen eines Mangels sorgfältig darzulegen, wollen immer wieder Antragsteller rechtliche Fragen, wie zB Verschulden, durch den Sachverständigen klären lassen. In solchen Fällen bleibt den Gerichten nichts anderes übrig, als den Antrag unter Kostenlast zurückzuweisen.

126 Den häufigsten Fall der isolierten Kostenentscheidung bildet der Fall des § 494a ZPO. Dieser Weg wird idR gewählt werden, wenn das selbstständige Beweisverfahren zu keinem oder nur zu einem geringen Erfolg des Antragstellers geführt hat. Aufgrund dieser Vorschrift hat das Gericht des selbstständigen Beweisverfahrens auf Antrag des Antragsgegners dem Antragsteller eine Frist zur **Erhebung der Hauptsacheklage** zu setzen. Im Rahmen dieser Klage ist sodann im Rahmen der dort zu fällenden Kostenentscheidung über die Kosten des selbstständigen Beweisverfahrens mit zu entscheiden. Kommt der Antragsteller dem innerhalb der ihm gesetzten Frist nicht nach, so hat das Gericht auf weiteren Antrag des Antragsgegners durch Beschluss auszusprechen, dass der Antragsteller dem Antragsgegner die Kosten des selbstständigen Beweisverfahrens zu erstatten hat. Zu beachten ist hierbei allerdings, dass zwar der Antrag des Antraggegners nicht fristgebunden ist, indes eine zu langer Verzögerung rechtsmissbräuchlich sein kann. So hat der VII. Senat des Bundesgerichtshof entschieden, das der Antrag eines Antragsgegners, der nach Abschluss des selbstständigen Beweisverfahrens mit seinem Antrag auf Erhebung der Klage über eine angemessene Überlegungsfrist hinaus so lange wartet, bis der etwaige Anspruch des Antragstellers verjährt ist, **rechtsmissbräuchlich** handelt, wenn es für ihn keine triftigen Gründe vorlagen den Antrag nicht früher zu stellen.[101]

127 Die Anordnung des Gerichts, dass der Antragsteller binnen einer bestimmten Frist Klage zu erheben habe, ist unanfechtbar.[102] Nach der Entscheidung des Bundesgerichtshofs gilt dies selbst dann, wenn das Beschwerdegericht eine Rechtsbeschwerde zugelassen hätte.

128 Allerdings ist eine Kostenentscheidung nach § 494a ZPO ausgeschlossen, wenn der Antragsteller auch nur über einen **Teil des Streitgegenstandes** Hauptsacheklage erhebt,[103] da eine isolierte Teilkostenentscheidung nach § 494a ZPO unzulässig ist. Das Gericht ist vielmehr in diesen Fällen über § 96 ZPO aufgerufen, auch die „überhängigen" Kosten des selbstständigen Beweisverfahrens im Rahmen der Kostenentscheidung in der Hauptsache mit zu berücksichtigen. Dies soll nach einer Entscheidung des Oberlandesgerichts München auch dann gelten, wenn der Antragsgegner den Antragsteller nach Abschluss des selbstständigen Beweisverfahrens verklagt.[104]

129 Etwas anders kann gelten, wenn der Antragsteller das selbstständige Beweisverfahren gegen **mehrere Personen** geführt hat, auf Grund dessen Ergebnisses das Hauptsacheverfahren aber nur noch gegen einen oder nicht alle Beteiligten führt. In diesen Fällen kann der am Hauptsacheverfahren nicht Beteiligte nach § 494a ZPO eine isolierte Kostenentscheidung in Bezug auf seine außergerichtlichen Kosten erreichen. Die gesamten Gerichtskosten des selbstständigen Beweisverfahrens sind indes bei der Kostenentscheidung des Hauptsacheverfahrens zu berücksichtigen.

---

[101] BGH Beschl. v. 14.1.2010 – VII ZB 56/07, BauR 2010, 651.
[102] BGH Beschl. v. 8.7.2010 – VII ZB 36/08, IBR 2010, 600 = NJW-RR 2010, 1318.
[103] BGH Beschl. v. 24.6.2004 – VII ZB 11/03, NJW 2004, 3121.
[104] OLG München Beschl. v. 2.5.2008 – 9 W 1268/08, IBR 2008, 620.

Ähnliches gilt auch bei einer erfolgten **Streitverkündung** für die Kosten des beigetretenen   130
Streithelfers. Dieser hat nach § 101 ZPO einen Anspruch auf Erstattung seiner Kosten, soweit der Gegner der von ihm unterstützten Partei die Kosten zu tragen hat. Ein – grundsätzlich möglicher – isolierter Kostenerstattungsanspruch nach § 494a ZPO kommt auch insoweit nur in Betracht, als der Antragsteller keine Hauptsacheklage erhebt. Erhebt der Gegner Hauptsacheklage, ist für eine isolierte Kostenentscheidung kein Platz mehr. Tritt der Streithelfer seiner Partei auch im Hauptsacheverfahren bei, so erfolgt die Kostenregelung wiederum nach § 101 ZPO. Tritt er nicht bei, so sollen nach der Rechtsprechung die Kosten des Streithelfers aber auch insoweit Kosten des Hauptsacheprozesses sein und er im Kostenfestsetzungsverfahren einen eigenständigen Erstattungsanspruch haben.[105] Dieser Grundsatz kann indes ärgerlich werden, wenn die Parteien sich aus prozesstaktischen Gründen – wie zB im Rahmen eines Mehrvergleichs darauf einigen, die Kosten gegeneinander aufzuheben. Dies hätte dann nämlich die Konsequenz, dass der Streithelfer aus Gründen der Kostenparallelität, obwohl dessen Nebenintervention den entsprechenden Teil des Prozesses, an dem er beteiligt war, für die Hauptpartei günstig ausgestaltet hat, bei seinen – eigentlich zu ersetzenden – Kosten leer ausgeht

d) **Materiell-rechtlicher Kostenerstattungsanspruch.** Wie bereits vorstehend dargelegt,   131
sieht die Zivilprozessordnung unterschiedliche Wege vor, die Kosten eines selbstständigen Beweisverfahrens erstattet zu bekommen. Kommt es zu einem **Hauptsacheprozess,** so werden die Kosten des selbstständigen Beweisverfahrens regelmäßig im Rahmen der dortigen Streitwert- und Kostenfestsetzung mit berücksichtigt. Kommt es nicht zu einem Folgeprozess, so besteht regelmäßig über § 494a ZPO die Möglichkeit, die Kosten festsetzen zu lassen. Vor diesem Hintergrund ist es fraglich, ob darüber hinaus auch noch ein materiell-rechtlicher Kostenerstattungsanspruch, zB in Form eines Schadensersatzanspruches, zulässig ist. Dies ist wegen der Möglichkeit der prozessualen Kostenerstattung und einem ggf. deshalb fehlenden Rechtsschutzbedürfnisses schon fraglich. Denkbar wäre ein solcher Anspruch aus Gewährleistung oder wegen Pflichtverletzung gem. § 280 BGB gegebenenfalls iVm Verzug oder sonstigen Pflichtverletzungen.

Dann müssen aber auch die entsprechenden **materiell-rechtlichen Voraussetzungen** für ei-   132
nen derartigen Anspruch vorliegen. Hieran wird es indes häufig scheitern. Ist zB der Schuldner leistungsbereit, dh erklärt er sich ausdrücklich mit einer Mängelbeseitigung einverstanden und führt der Anspruchsteller dennoch ein selbstständiges Beweisverfahren durch, so wird es regelmäßig an der Voraussetzung des Verschuldens für einen derartigen Schadensersatzanspruch fehlen.

III. Mediation

1. Grundlagen der Mediation

Mediation ist ein Verfahren der außergerichtlichen Streitbeilegung. Das Mediationsgesetz   133
definiert die Mediation und regelt einige Aspekte und Randbedingungen der Mediation in Deutschland. Das Gesetz dient der Umsetzung der europäischen Mediationsrichtlinie[106] in deutsches Recht. Über den Anwendungsbereich der Richtlinie hinaus soll das Gesetz die Mediation in Deutschland allgemein regeln und sich nicht auf die Mediation in internationalen Konflikten beschränken. Zum Redaktionsschluss offen war noch die Rechtsverordnung über Ausbildung und Fortbildung der zertifizierten Mediatoren.

a) **Definition der Mediation.** Das Mediationsgesetz definiert in § 1 MediationsG die Me-   134
diation als vertrauliches und strukturiertes Verfahren, mit dem die Parteien mit Hilfe eines oder mehrerer Mediatoren freiwillig und eigenverantwortlich eine einvernehmliche Beile-

---

[105] OLG Celle Beschl. v. 20.6.2003 – 6 W 49/03, NJW-RR 2003, 1509; OLG Köln Beschl. v. 3.5.2010 – 16 W 6/10.
[106] Richtlinie 2008/52/EG des Europäischen Parlaments und des Rates vom 21. Mai 2008 über bestimmte Aspekte der Mediation in Zivil- und Handelssachen (ABl. L 136 vom 24.5.2008, S. 3) – Europäische Mediationsrichtlinie (Mediations-RL).

gung ihres Konflikts anstreben.[107] Mediator ist nach § 1 Abs. 2 MediationsG eine unabhängige und neutrale Person ohne Entscheidungsbefugnis, die die Parteien durch die Mediations-RL führt. Beide Definitionen lehnen sich mit wenig Änderungen an die Richtlinie an.

135 **b) Abgrenzung von anderen Verfahren.** Üblicherweise werden die Verfahren zur Streitbeilegung in **gerichtliche und außergerichtliche Verfahren** eingeteilt. Bei dieser Einteilung gehört die **Mediation** zu den außergerichtlichen Verfahren. Systematisch ist es jedoch sinnvoll, danach zu unterscheiden, wer letztlich die **Verantwortung** für die Lösung des Konflikts trägt. Es gibt Verfahren, in denen die Entscheidung über den Streit auf einen Dritten verlagert wird. Dies sind insbesondere alle gerichtlichen Verfahren. Auch Schiedsgerichte und Schiedsgutachter bedeuten eine Verlagerung der Entscheidungskompetenz auf Dritte. Demgegenüber belassen insbesondere die Mediation, aber auch Schlichtung und Moderation die Verantwortung für die Lösung des Konflikts bei den Parteien.

136 Natürlich finden auch vor den staatlichen Gerichten und den Schiedsgerichten **Vergleichsgespräche** statt, die eine **eigenverantwortliche Lösung** durch die Parteien zum Ergebnis haben können. Die Prozessordnungen haben auch versucht, derartige vergleichsweise Lösungen zu fördern. In der Praxis argumentieren Richter jedoch meist mit der Autorität dessen, der letztlich den Konflikt auch einfach entscheiden kann. Inhaltlich beschränkt sich die Argumentation des Gerichts oder Schiedsgerichts leider in vielen Fällen darauf, die Parteien auf die Unwägbarkeiten einer gerichtlichen Entscheidung und die wirtschaftlichen Folgen sowie die Kosten und die Dauer des Verfahrens hinzuweisen. Anschließend wird eine mehr oder weniger durchdachte mögliche Lösung vorgeschlagen. In vielen Fällen beschränkt sich diese auf den Vorschlag, sich in der Mitte zu treffen. Manchmal werden vorab die eindeutig aussichtslosen Positionen der Parteien ausgeschlossen und es wird zwischen den zumindest vertretbaren Positionen ein Mittelweg vorgeschlagen. Diese Art von Vergleichsverhandlungen ist für die Gerichte, aber auch für die Parteien durchaus bequem und führt tatsächlich in einigen Fällen zum Vergleichsabschluss. Man darf diese Art der Konfliktlösung aber nicht mit einer tatsächlich **eigenverantwortlichen Konfliktlösung** im Rahmen einer Mediation vergleichen. Es handelt sich nicht um eine wirkliche **Bearbeitung des Konflikts**, sondern um ein Ende der Auseinandersetzung. Häufig zitieren Richter dann noch den Satz „ein guter Vergleich ist daran erkennbar, dass keine Partei damit zufrieden ist". Mediation würde besser charakterisiert durch die Aussage: „ein guter Vergleich zeichnet sich dadurch aus, dass jeder denkt, er hätte das größte Stück vom Kuchen erhalten". Auf den ersten Blick erscheint die Aussage paradox, allerdings gibt sie die Orientierung an den Interessen der Parteien wieder, die in der Praxis zu unterschiedlicher Bewertung der Ergebnisse vor dem Hintergrund der eigenen Interessen führen kann.

137 Ersetzt man den staatlichen/ordentlichen Richter durch einen privaten Richter, kommt man zum **Schiedsverfahren**.[108] Auch der Schiedsrichter entscheidet den Streit autoritär anhand des anwendbaren Rechts. Das Verfahren ist allerdings flexibler und es ist möglich, kompetente Schiedsrichter auszuwählen.

138 Relativ ähnlich zur Mediation ist die **Schlichtung** ausgestaltet. Der Unterschied zu den vorgenannten gerichtlichen Verfahren besteht darin, dass der Schlichter keine Entscheidungskompetenz hat. Der Schlichter kann zwar den Parteien mit dem Schlichtungsspruch einen Vorschlag unterbreiten, die Parteien sind daran jedoch nicht gebunden. Der Schlichtungsspruch wird nur dann wirksam, wenn die Parteien ihn akzeptieren. Allerdings können Verfahrensordnungen vorsehen, dass die Schlichter bei erfolgloser Schlichtung als **Schiedsgericht** eingesetzt werden. Vorteil einer solchen Regelung ist, dass der Einigungsdruck auf die Parteien steigt, weil sonst eine autoritäre Entscheidung des Schiedsgerichts droht. Dadurch kann die Teilnahme an der Schlichtung allein zum Zwecke der Verzögerung vereitelt werden. Beispiele für Schlichtungsverfahren im IT-Bereich sind insbesondere die **Verfahren der DGRI** und der **Hamburger Schlichtungsstelle für IT-Streitigkeiten**.[109]

---

[107] Vgl. dazu *Trossen* Rn. 666 ff.
[108] Vgl. *Risse* S. 9, Rn. 18.
[109] http://www.dgri.de/schlichtung/ bzw. http://bit.ly/pfKOZn.

III. Mediation

Von diesen Verfahren unterscheidet sich die Mediation grundlegend durch die andere **Herangehensweise** der Mediatoren an den Konflikt. In der Mediation ist ein wesentlicher Grundsatz, dass der Mediator nach § 1 Abs. 2 MediationsG **keine Entscheidungskompetenz** hat und auch in späteren Stadien des Verfahrens keine solche Entscheidungskompetenz erlangt. Dies ist für die Kommunikation mit den Parteien sehr wesentlich, da die Parteien bei Gesprächen mit dem Mediator nie befürchten müssen, dass ihre Aussagen für eine spätere Entscheidung verwendet werden. Weiter unterscheidet sich die Mediation von anderen Verfahren insbesondere dadurch, dass Konflikte nicht nur als juristische Probleme, sondern als soziales, menschliches Phänomen angesehen werden. Die „juristische Seite" ist nur ein Teil des Konflikts. Darüber hinaus werden in der Mediation die **wirtschaftlichen Zwänge, technischen Probleme und menschlichen Schwierigkeiten** bewusst als Teil des Konflikts angesehen und in die Lösung einbezogen. Damit ist die Mediation besser geeignet, komplexe Situationen, wie sie insbesondere in komplexen IT-Projekten gegeben sind, zu bearbeiten. 139

Gerade die **modernen Projektmethoden,** wie etwa Extreme oder Agile Programming stellen wesentlich höhere Anforderungen an die Kommunikation und die vertrauensvolle Zusammenarbeit der Parteien. Konflikte sind auf Grund der fehlenden Gesamtplanung und deutlich eingeschränkten Dokumentation **praktisch nicht vor Gericht zu lösen.** Mediation als kommunikativer Prozess ist wesentlich besser geeignet und kann gerade solche Projekte wieder aufs Gleis setzen.[110] In einer Mediation können die Grundlagen für eine erfolgreiche weitere Projektarbeit gelegt werden. 140

Von der **Moderation** unterscheidet sich die Mediation durch die stärkere Orientierung auf ein konkretes Ergebnis.

Eine Übersicht über die Möglichkeiten der Konfliktlösung bietet folgende Grafik:

Eigenverantwortliche Lösung	Entscheidung durch Dritte
Schlichtung	Ordentliche Gerichte
Mediation	Schiedsgericht
Moderation	Schiedsgutachten

c) **Mediation als kommunikativer Prozess.** Ein grundlegender Unterschied der Mediation von anderen Verfahren ist die **Kommunikation** zwischen den Beteiligten. Umfangreicher Schriftwechsel als Basis der Entscheidung ist nicht notwendig und auch nicht hilfreich, da **keine Entscheidung** durch einen Dritten getroffen werden soll. Ziel der Mediation ist es gerade, die Parteien in einer gemeinsamen Kommunikation zur Lösung ihres Konflikts zu führen. 141

Hauptaufgabe der Mediation ist es daher, den Parteien Verständnis für die Position der anderen Partei(en) zu vermitteln und neues **Vertrauen** für eine gemeinsame Arbeit in der Zukunft zu erarbeiten. Untersuchungen von IT-Projekten zeigen immer wieder, dass nicht Vertragsstrafen, Fristen oder andere Regelungen die Basis für eine erfolgreiche Arbeit im Projekt legen, sondern dass es in erster Linie auf das **gegenseitige Vertrauen** der Parteien ankommt. Wichtigster Regelungsgegenstand in guten IT-Verträgen sind daher nicht die Regelungen zu Vertragsstrafen, Fristen, Haftung etc, die in Verhandlungen oft viel Raum einnehmen. Gute Verträge zeichnen sich vielmehr dadurch aus, dass vorhersehbare Probleme und typische Streitfragen vorab geklärt und im Vertrag geregelt werden. Für die nicht vorhersehbaren und nicht regelbaren Streitfragen sieht ein guter Vertrag Verfahrensregeln und zumindest Leitlinien vor. 142

Die Beobachtung von Konflikten zeigt außerdem, dass regelmäßig **Kommunikationsprobleme** eine wesentliche Ursache für die Auseinandersetzungen sind. Zu Unrecht wird angenommen, Konflikte zwischen Unternehmen würden in erster Linie nach rationalen, wirtschaftlichen Kriterien beurteilt. Im Gegenteil zeigt sich immer wieder, dass auch Konflikte zwischen Unternehmen in erster Linie Konflikte zwischen den beteiligten Personen und damit **persönliche Konflikte** darstellen. Die Ursachen für die Konflikte liegen häufig nicht in 143

---

[110] Vgl. *Lapp* ITRB 2010, 69 (71).

dem Bereich, der durch Verträge, Vertragsklauseln oder Rechtsnormen strukturiert ist. Erst die Eskalation des Konflikts führt die Beteiligten dazu, sich auf Zusagen und Ansprüche zu berufen und damit die Auseinandersetzung in die Sphäre der rechtlichen Beurteilung zu verschieben.

144 **d) Eignung für Mediation.** Mediation ist ein außergerichtliches Verfahren zur **eigenverantwortlichen** Beilegung von Streitigkeiten. Es ist nicht geeignet, in allen Streitfällen Konflikte zu lösen. Mediation ist **kein Allheilmittel** für alle Streitigkeiten.

145 Mediation ist insbesondere geeignet, wenn es sich um komplexe Auseinandersetzungen handelt, in denen die Parteien keine einfachen Lösungen finden können. Gerade bei Auseinandersetzungen, bei denen die Parteien sich einerseits **gegenseitig schaden** können, andererseits aber **gemeinsam** für beide Seiten **Vorteile** erzielen können, kann die Mediation ihre Stärken ausspielen. Wenn eine Seite allein durch Zeitgewinn oder Aussitzen Vorteile erzielen kann, ist Mediation eher ungeeignet, zur Lösung beizutragen. Erfahrungsgemäß beschränken sich Konflikte zwischen Unternehmen, insbesondere in IT-Projekten, nicht auf eine oder zwei Positionen. Meist zeigt genauere Betrachtung, dass eine komplexe Gemengelage unterschiedlicher streitiger Fragen zu Grunde liegt.

146 In **IT-Projekten** ist häufig die Situation gegeben, dass beide Seiten im Konfliktfall in einem Dilemma stehen. Beide Seiten haben in das Projekt **Zeit und Geld** investiert. Selbst im Fall eines vollständigen Erfolgs vor Gericht verliert der Auftraggeber zumindest viel Zeit und Energie. Für ihn wäre ein erfolgreicher Abschluss des Projekts in den meisten Fällen sinnvoller, da er letztlich mit dem Ergebnis arbeiten und am Markt Geld verdienen will. Für den Auftragnehmer ist auch bei erfolgreichem Prozess zumindest ein Kunde verloren gegangen. Außerdem sind IT-Projekte in jedem Fall **hochkomplexe Konfliktlagen,** in denen erfahrungsgemäß beide Seiten zum Entstehen und zur Eskalation des Konflikts ihren Anteil beigetragen haben.

147 In der Praxis ist daher bei gerichtlichen Auseinandersetzungen nach vielen Jahren in der Regel mit einem für beide Beteiligten unerfreulichen Ergebnis zu rechnen. Mediation als **in die Zukunft gerichtetes Verfahren** legt den Schwerpunkt nicht auf die Entscheidung, wer in welchem Ausmaß in der Vergangenheit Fehler gemacht oder gegen den Vertrag verstoßen hat, sondern richtet den Blick darauf, wie die Parteien in der Zukunft vertrauensvoll zusammenarbeiten können. Dabei wird die Vergangenheit nicht ausgeblendet. Es wird aber keine Entscheidung über das Verhalten der Parteien in der Vergangenheit getroffen.

148

Checkliste: Mediationseignung

- Komplexe Auseinandersetzung mit vielen Detailfragen
- Parteien stehen beide unter Zeitdruck
- Parteien können sich gegenseitig nutzen und schaden
- Keine Partei kann alleine durch Aussitzen Vorteile erlangen
- Beide Parteien sind (jedenfalls grundsätzlich) einigungsbereit
- Eine gemeinsame Zukunft bzw. ein Projektabschluss ist noch möglich
- Auseinandersetzung der Parteien wird im Markt wahrgenommen und beobachtet

149 Die besondere Art der Kommunikation im Mediationsverfahren führt nicht selten dazu, beiden Parteien die eigentliche **Ursache des Konflikts** vor Augen zu führen. Auftraggeber haben sehr oft ihre Wunschvorstellungen von den Funktionen und der Bedienung von Software im Blick, die sich teilweise im Lauf des Projekts entwickelt hat und nicht mehr unbedingt mit den, auch von begrenzten Budgets beeinflussten, Entscheidungen bei Vertragsabschluss übereinstimmt. Softwareunternehmen klagen demgegenüber häufig über unrealistische Anforderungen der Kunden, die sie aber teilweise selbst durch die Versprechungen ihrer Marketingabteilung geweckt und im Hinblick auf den gewünschten Vertragsabschluss nicht oder nicht rechtzeitig korrigiert haben. In der Auseinandersetzung werden dann von beiden Seiten häufig klare und scheinbar fundierte Vertragsverletzungen der jeweiligen

Gegenseite vorgetragen. Eine genaue Untersuchung zeigt allerdings meist, dass die Wahrheit irgendwo in der Mitte liegt und beide Seiten ihren Anteil am Konflikt haben.

In der Mediation ist es möglich, beiden Seiten zu vermitteln, dass nicht nur der Erfolg, sondern auch der Misserfolg mehrere Väter hat. Noch wichtiger als Basis für die weitere Zusammenarbeit ist die Erkenntnis, dass die jeweilige Gegenseite aus ihrer Sicht sehr wohl ernsthaft bemüht war und ist, das Projekt zu einem ordentlichen Ende zu führen.

> **Praxisbeispiel:**
> Ein typischer Fall dafür war eine Mediation anlässlich der Einführung eines neuen CRM-Systems. Nach mehreren Stunden Verhandlungen in der Mediation wurden Einzelgespräche mit den Parteien geführt. Ein Vertreter des Auftraggebers, der bis zu diesem Zeitpunkt nicht selbst am Projekt beteiligt gewesen war, meldete sich zu Wort. Sein Eindruck der bisherigen Verhandlungen war, dass der Auftragnehmer sich ernsthaft und ehrlich bemüht hatte, die vertraglichen Anforderungen des Auftraggebers umzusetzen. Probleme ergaben sich daraus, dass der Auftragnehmer bisher in einem anderen Markt tätig war und es dem Auftraggeber nicht gelungen war, seine speziellen Anforderungen an das neue Programm zu vermitteln. Auf Anregung des Mediators wurde diese Aussage in der nachfolgenden Verhandlung ausdrücklich abgegeben. Dadurch hat der Auftraggeber nicht die Verantwortung für das Scheitern des Projekts übernommen. Allerdings wurde der bis dahin erhobene Vorwurf des Betruges und der Unfähigkeit an den Auftragnehmer aus dem Weg geräumt und beide Parteien konnten in deutlich besserer Atmosphäre über die Beseitigung des Schadens verhandeln. In relativ kurzer Zeit nach dieser Aussage wurde eine beide Parteien zufriedenstellende Lösung gefunden.

2. Grundsätze der Mediation

a) **Eigenverantwortung/Selbstbestimmung.** Einer der wichtigsten Grundsätze der Mediation ist die Eigenverantwortung der Parteien. Der Mediator hat nach § 2 Abs. 1 MediationsG dafür Sorge zu tragen, dass die Parteien **freiwillig** am Verfahren teilnehmen. Er muss nach § 2 Abs. 3 S. 2 MediationsG gewährleisten, dass die Parteien in angemessener und fairer Weise in die Mediation eingebunden sind.

Das **Verfahren ist vollkommen transparent.** Der Mediator hat sich nach § 2 Abs. 1 MediationsG zu vergewissern, dass die Parteien die Grundsätze und den Ablauf des Mediationsverfahrens verstanden haben. Dies geht über die Aufklärungspflichten in der Zivilprozessordnung deutlich hinaus. Die Parteien haben nach § 2 Abs. 5 S. 1 MediationsG jederzeit die Möglichkeit, die Mediation zu beenden.

Die **Autorität** des Mediators beruht allein auf dem **Vertrauen** der Parteien in seine Person und auf seiner Verhandlungskompetenz. Der Mediator unterliegt nach § 3 MediationsG umfangreichen Offenbarungspflichten und Tätigkeitsbeschränkungen. Nach § 3 Abs. 5 MediationsGE hat der Mediator die Parteien auf Verlangen über seinen fachlichen Hintergrund, seine Ausbildung und seine Erfahrungen auf dem Gebiet der Mediation zu informieren.

b) **Allparteilichkeit.** Bewusst wird in der Mediation nicht von der **Unabhängigkeit** des Mediators als Parallele zur Unabhängigkeit des Richters gesprochen. Vielmehr ist das Ziel des Mediators die Allparteilichkeit. Unabhängigkeit des Richters ist dann gegeben, wenn der Richter von beiden Parteien den gleichen Abstand hält und sich nicht auf die Position einer der Parteien stellt. Dieser Aspekt wird durch die Offenbarungspflichten und Tätigkeitsverbote aus § 3 MediationsG erreicht. Mediatoren sind verpflichtet, nach § 3 Abs. 1 MediationsG den Parteien aller Umstände offen zu legen, die ihre Unabhängigkeit und Neutralität beeinträchtigen können. Nur wenn die Parteien in Kenntnis dieser Umstände der Tätigkeit als Mediator **ausdrücklich zustimmen,** ist diese zulässig. Unzulässig ist die Tätigkeit als Mediator nach § 3 Abs. 2 S. 1 MediationsG, wenn der Mediator vor der Mediation in derselben Sache für eine Partei tätig gewesen ist. Unzulässig ist es auch, während oder nach der Mediation für eine Partei in derselben Sache tätig zu werden. § 3 Abs. 3 erstreckt dies auf die Tätigkeiten von Personen, mit denen die Mediatoren in Berufsausübungs- oder Bürogemeinschaften tätig sind. Im Hinblick auf die zuletzt genannten Personen können die Parteien nach umfassender Aufklärung im Einzelfall gemäß § 3 Abs. 4 MediationsG die Tätigkeit als Mediator dennoch gestatten. Die Regelungen zur Gewährleistung der Unabhängigkeit der Mediatoren sind damit deutlich differenzierter ausgestaltet als dies für Richter oder Schiedsrichter der Fall ist.

155 Aufgabe des Mediators ist es jedoch, den Parteien darüber hinaus das Gefühl zu geben, dass er sie in ihrer jeweiligen Rolle und Position ernst nimmt (Allparteilichkeit). Über einen früheren Fußball-Bundestrainer gab es einmal ein Lied mit dem Refrain „es gibt nur einen Rudi Völler". Mediatoren wissen aber, dass es nicht nur eine **absolute und objektive Wahrheit** gibt. Mediatoren wissen, dass zwei Personen, die die gleiche Situation erleben, daran durchaus unterschiedliche Erinnerungen haben können, auch wenn beide Personen sich nach Kräften bemühen, nur die Wahrheit darzustellen.

156 In der Allparteilichkeit spiegelt sich auch die Tatsache wider, dass der Mediator nicht die Aufgabe hat, **richtig oder falsch** zu entscheiden. Vielmehr ist es seine Aufgabe, das gegenseitige Verständnis der Parteien wiederherzustellen, die Parteien zur weiteren gemeinsamen Arbeit in der Zukunft zu ermutigen und neues Vertrauen zu schaffen. Plastisch deutlich wird dieser Umgang mit dem von den Parteien mitgeteilten Tatsachenstoff durch das Beispiel des Mediators, der zunächst mit der einen Partei spricht und auf deren Darstellung stets mit „Ja" und Zustimmung antwortet. Anschließend nimmt er den Bericht der anderen Partei genauso zustimmend entgegen, obwohl dieser dem ersten Bericht völlig widerspricht. Nunmehr beschwert sich ein Beobachter und erklärt, er könne doch nicht bei sich völlig widersprechenden Tatsachenvorträgen in gleicher Weise zustimmen. Darauf antwortet der Mediator: „da haben Sie völlig Recht". Für einen Richter, Schiedsrichter oder auch Rechtsanwalt ist diese Haltung unverständlich. Für den Mediator dagegen spielt es keine Rolle, was in der Vergangenheit tatsächlich passiert ist. Seine Aufgabe besteht darin, die Sichtweise der Parteien auf die Vergangenheit und ihrer Motivlage der jeweils anderen Partei nachvollziehbar und verständlich zu machen. Haben beide Parteien verstanden, dass die „Gegenseite" keineswegs böswillig ist, sondern ehrlich um einen guten Abschluss des Projektes bemüht ist, kann eine neue Basis für die gemeinsame Arbeit geschaffen werden. Beide Parteien können den Blick in die Zukunft richten.

157 **c) Vertraulichkeit.** Wichtiger Grundsatz in der Mediation ist auch die Vertraulichkeit. Alle Gespräche in der Mediation müssen vertraulich sein. Sowohl der Mediator als auch alle in die Durchführung einer Mediation eingebundenen Personen sind nach § 4 MediationsG zur **Verschwiegenheit** verpflichtet. Nach Begründung des Gesetzes soll dies eng auszulegen sein und nur für die durch den Mediator einbezogenen Personen gelten.[111] Im Wortlaut des Gesetzes findet sich kein Anhaltspunkt für diese Beschränkung. Ausnahmen von dieser Verschwiegenheitspflicht können nur durch Gesetz bestimmt werden. Die Verschwiegenheitspflicht bezieht sich auf alles, was den genannten Personen im Rahmen ihrer Tätigkeit in der Mediation bekannt geworden ist.

158 § 4 MediationsGE enthält selbst bereits **drei Ausnahmen von der Verschwiegenheitspflicht.** Die Reichweite dieser Ausnahmen von der Verschwiegenheitspflicht ist allerdings umstritten. Nach der Begründung des Gesetzes sollen die auf Art. 7 Abs. 2 Mediations-RL beruhenden Ausnahmen auch gegenüber berufsrechtlichen Verschwiegenheitspflichten aus den Grundberufen der Mediatoren vorrangig sein.[112] Dies soll aus der Spezialität der Regelung gegenüber den berufsrechtlichen Regelungen folgen. Im Wortlaut des Gesetzes wird jedoch ausdrücklich ein Vorbehalt zu Gunsten anderer gesetzlicher Regelungen über die Verschwiegenheitspflicht gemacht. Der Wortlaut des Gesetzes genießt gegenüber der – nicht vom Parlament verfassten oder als Gesetz verabschiedeten – Begründung des Entwurfs eindeutig Vorrang. Die in § 4 normierten Ausnahmen von der Verschwiegenheitspflicht gelten daher nur für die aus § 4 folgende Verschwiegenheitspflicht, nicht für **Verschwiegenheitspflichten aus anderen Gesetzen.** Erste Ausnahme von der Verschwiegenheitspflicht ist die

---

[111] BT-Drs. 17/5335, S. 17.
[112] BT-Drs. 17/5335, S. 17.

Offenlegung des Inhalts der im Mediationsverfahren erzielten Vereinbarung, soweit dies zur Umsetzung oder Vollstreckung dieser Vereinbarung erforderlich ist. Problematisch ist vor allem die zweite Ausnahme für die Offenlegung aus vorrangigen Gründen der öffentlichen Ordnung, der jedoch im Bereich der Informationstechnologie kaum eintreten wird. Unproblematisch ist die dritte Ausnahme für die Offenlegung von Tatsachen, die offenkundig sind oder ihrer Bedeutung nach keiner Geheimhaltung bedürfen.

Die Verschwiegenheitspflicht eröffnet für die Mediatorinnen und Mediatoren ein Zeugnisverweigerungsrecht gemäß § 383 Abs. 1 Nr. 6 ZPO für Zivilverfahren und alle auf diese Vorschrift Bezug nehmenden anderen gerichtlichen Verfahren.

Nach Inkrafttreten des Gesetzes ist eine Vereinbarung zur Vertraulichkeit nicht mehr erforderlich. Mediatoren sind außerdem verpflichtet, die Parteien über den Umfang und damit auch die Grenzen ihrer Verschwiegenheitspflicht zu informieren. Es ist den Parteien auch möglich, mit dem Mediator vertrauliche Gespräche zu führen, deren Inhalt der jeweils anderen Partei nicht offenbart wird. Mit diesen Einzelgesprächen hat der Mediator die Möglichkeit, verfahrene Situationen aufzubrechen und den Parteien Hinweise für eine Lösung zu geben.

d) **Informiertheit.** Wichtiges Ziel in der Mediation ist es, dass alle Parteien vom **gleichen Informationsstand** ausgehen. Nach § 2 Abs. 6 MediationsG muss der Mediator für den Fall einer Einigung darauf hinwirken, dass die Parteien die Vereinbarung in Kenntnis der Sachlage treffen und ihren Inhalt in vollem Umfang verstehen. Soweit Parteien ohne fachliche Beratung an der Mediation teilnehmen, sind sie durch die Mediatoren auf die Möglichkeit einer Überprüfung der Vereinbarung durch externe Berater vor deren Abschluss hinzuweisen. Dabei sollten die Parteien externe Berater auswählen, die über ausreichende Kenntnisse des Mediationsverfahrens verfügen.

e) **Zukunftsrichtung.** Mediation entscheidet nicht darüber, wer in der Vergangenheit in welchem Umfang Fehler gemacht, gegen Rechtsvorschriften verstoßen, Pflichten verletzt etc hat. Mediation hat die Aufgabe, einen **bestehenden Konflikt** mit den Parteien zu lösen. Viele Fragen, die in gerichtlichen Auseinandersetzungen eine große Bedeutung haben, können daher in der Mediation offen bleiben. Eine Ausprägung dieses Grundsatzes ist es auch, dass über die **Kosten** des Verfahrens vorab entschieden wird. In der Regel werden die Kosten zwischen den Beteiligten gleichmäßig verteilt. Ausnahmen davon sind insbesondere Mediationen im innerbetrieblichen Bereich (Arbeitsrecht), bei denen in der Regel der Arbeitgeber die Kosten trägt sowie Umweltmediationen, bei denen die planende Behörde alle Kosten trägt. Vorteil dieser Regelung vorab ist die Tatsache, dass nicht aus der Kostenverteilung im Nachhinein auf Sieg oder Niederlage geschlossen werden kann.

3. Wirkungsweise der Mediation

Die Wirkung der Mediation beruht auf der Berücksichtigung von kommunikationswissenschaftlichen, neurologischen und psychologischen Erkenntnissen. Wesentliche Faktoren sind einerseits die Reduzierung von Komplexität und andererseits die Phasenfolge. Konfliktparteien sind in der Regel nicht in der Lage, alle Aspekte eines Konflikts gleichzeitig im Blick zu behalten. Dies führt oft zu wenig ertragreichen Verhandlungen und häufigen Wiederholungen insbesondere von Vorwürfen. Je nach Mediator ist die Anzahl der Phasen der Mediation unterschiedlich. In allen Fällen identisch ist jedoch die Unterscheidung von insbesondere drei Fragen:

1. Worüber streiten sich die Parteien?
2. Warum streiten sich die Parteien darüber?
3. Was ist als Lösung möglich?

Dabei wird die Frage Nr. 2 zu allen auf die Frage Nr. 1 ermittelten Themen gestellt und beantwortet und entsprechend Frage Nr. 3 zu allen unter Nr. 2 festgestellten Interessen geprüft. Allein diese Strukturierung und die dabei jeweils unterschiedliche Diskussionsweise trägt erheblich zur interessengerechten Lösung des Konflikts bei.

4. Ablauf einer Mediation

165 Die Mediation läuft nach einem festen Schema ab. Die einzelnen Phasen bauen aufeinander auf und der Erfolg der Mediation hängt von der Einhaltung dieses Schemas entscheidend ab.

166 Das **Mediationsgesetz** enthält keine Regelung zum Ablauf der Mediation. Vielmehr setzt das Gesetz das allgemein anerkannte Schema als bekannt voraus und verpflichtet die Mediatoren lediglich dazu, sich zu vergewissern, dass die Parteien die Grundsätze und den Ablauf des Mediationsverfahrens verstanden haben.

167 Insbesondere Juristen neigen dazu, allzu schnell auf eine Lösung hinzuarbeiten, noch bevor alle Probleme angesprochen worden sind. Eine nachhaltige Lösung ist aber nur möglich, wenn tatsächlich alle Bereiche des Konflikts bearbeitet worden sind. Es gibt **Phasenmodelle** mit fünf oder sieben oder einer anderen Anzahl an Mediationsphasen. Dies bedeutet jedoch keinen großen inhaltlichen Unterschied, lediglich sind die erste und letzte Phase in dem Modell mit sieben Stufen in zwei Phasen untergliedert. Hier wird daher das Modell mit fünf Mediationsphrasen dargestellt.

168 a) **Eröffnung und Abschluss des Mediationsvertrages.** In der ersten Phase geht es zunächst um die Auswahl des Mediators. Können sich die Parteien nicht einigen, so kann auch ein **Verband** mit der Auswahl beauftragt werden.[113] Anschließend ist es Aufgabe des Mediators, die für die Mediation erforderlichen **Beteiligten** zu ermitteln. Nicht immer sind diejenigen, die sich an den Mediator wenden, auch die richtigen Parteien. Gerade in komplexen IT-Projekten ist es nicht ausreichend, auf Seiten des Auftraggebers nur die IT-Abteilung oder Vorstand oder Rechtsabteilung an der Mediation zu beteiligen. In aller Regel ist auch die **Fachabteilung,** die letztlich das Projekt-Ergebnis einsetzen soll, zu beteiligen. Weiter muss erwogen werden, **Betriebsrat oder Personalvertretung, Datenschutzbeauftragte** oder andere Abteilungen (Rechtsabteilung, Einkauf etc) mit einzubeziehen.

169 Anschließend ist die **Mediationsvereinbarung** zu formulieren. Hierzu gibt es Mustervereinbarungen, beispielsweise von EUCON.[114] Nach Inkrafttreten des Mediationsgesetzes kann die Vereinbarung heute deutlich kürzer gefasst werden.

170 b) **Ermittlung der Themen.** Mit der zweiten Phase beginnt die eigentliche Mediation. Aufgabe dieser Phase ist es, den Konflikt in seiner gesamten Breite zu erfassen. Der Mediator möchte wissen, was alles zwischen den Parteien streitig ist und über was alles in der Mediation gesprochen werden soll. Anders als im gerichtlichen Verfahren erfordert die Mediation keinen konkreten, einer bestimmten Prozessordnung entsprechenden, Antrag. Plakativ formuliert können die Parteien die Mediation mit der Aussage „Ich bin mit der Gesamtsituation unzufrieden" eröffnen. Die Mediatoren werden in der zweiten Phase der Mediation die konkreten Themen mit den Parteien erarbeiten. In der Mediation wird kein für die Parteien wichtiges Thema als „juristisch nicht relevant" oder „nicht zum Prozessstoff gehörend" ausgeschlossen.

171 Praktisch wird dies dadurch erreicht, dass der Mediator den Parteien nacheinander Gelegenheit zur umfassenden **Darstellung des Sachverhalts aus ihrer Sicht** gibt. Dabei unterbricht der Mediator die Parteien nur zu dem Zweck, um sich durch Wiederholung der Darstellung in seinen Worten zu vergewissern, dass er alles richtig verstanden und aufgenommen hat. Sobald der Mediator aus der Darstellung **Themen** identifiziert hat, die im weiteren Verlauf zu bearbeiten sind, werden diese am Flipchart oder in anderer Weise für alle sichtbar notiert. So entsteht während der Darstellung des Sachverhalts die **Themenliste** für die Mediation. Nebeneffekt dieser Arbeit ist, dass die andere Partei durch die Wiederholung mit den Worten des Mediators die Darstellung der Gegenseite nunmehr mit anderen Worten erfährt und die bisherige Kommunikationsstruktur durchbrochen wird. Auch in Wirtschaftsmediation streiten letztlich Menschen, die durch ihre persönliche Sichtweise den Konflikt prägen.

---

[113] Beispielsweise EUCON Europäisches Institut für Conflict Management e. V., Schackstraße 1, 80539 München, T +49 (0)89 – 57 95 18 34, F +49 (0)89 – 57 86 95 38, http://www.eucon-institut.de/, aber auch DGRI.

[114] http://www.eucon-institut.de/.

Am Ende dieser Phase hat der Mediator dann die von beiden Parteien für wichtig gehaltenen Themen notiert und bespricht mit den Parteien, in welcher Reihenfolge diese Themen nachfolgend bearbeitet werden sollen. In der Regel beginnt man mit den gemeinsamen beschriebenen Themen.

c) **Klärung der Interessen/Bearbeitung des Konflikts.** Die dritte Phase ist die **zentrale Phase der Mediation.** In dieser Phase werden die Themen nacheinander bearbeitet. Bei jedem Thema führt der Mediator die Parteien von den zunächst eingenommenen Positionen zu den dahinter liegenden Interessen, Zielen bzw. Bedürfnissen. Hier zeigt sich die Anknüpfung der Mediation an das **Harvard-Verhandlungskonzept.**

Die **Positionen** der Parteien sind in der Regel unvereinbar und können nur im Wege des gegenseitigen **Nachgebens** zu einem **Kompromiss** führen. Demgegenüber können die dahinter liegenden Interessen nicht nur mit einem Kompromiss, sondern auch mit einer **Win-Win-Lösung** erfüllt werden.

Regelmäßiger Streitgegenstand beispielsweise in Vertragsverhandlungen ist der Umfang der eingeräumten Nutzungsrechte bei Individualsoftware oder individuellen Anpassung von Software. Auftraggeber, die die Erstellung nach Zeitaufwand bezahlen, verlangen häufig die Übertragung ausschließlicher Nutzungsrechte für sämtliche bekannten und unbekannten Nutzungsarten, während Auftragnehmer in der Regel nur einfache Nutzungsrechte übertragen möchten. Ein Kompromiss ist hier schwer zu vereinbaren. Nur die Frage nach den Interessen führt letztlich weiter. Soweit Auftraggeber den finanziellen Aspekt in den Vordergrund stellen, muss zwischen der von ihnen für die individuelle Erstellung gezahlten Vergütung einerseits und dem aus vorangegangenen Projekten des Auftragnehmers dabei eingebrachten Komponenten und Modulen andererseits abgegrenzt werden. Außerdem muss den Auftraggebern deutlich gemacht werden, dass ausschließliche Nutzungsrechte immer auch erhebliche zusätzliche Aufwendungen für Pflege mit sich bringen. In der Regel bietet sich hier eine finanzielle Lösung an. Individuelle Lösungen beinhalten häufig auch spezielles Know-how der Auftraggeber. Dies kann durch **Geheimhaltungsklausel** oder **Wettbewerbsvereinbarungen** aufgegriffen werden.

Entgegen dem Image der Mediation kommt es in dieser Phase durchaus zu harten Auseinandersetzungen zwischen den Parteien. In dieser Phase werden auch die unterschiedlichen **Rechtspositionen** gegenübergestellt. Diese Auseinandersetzung ist sinnvoll und gewünscht. Nur wenn beide Parteien Gelegenheit haben, ihren Standpunkt ausführlich darzustellen, kann es wirklich zu einer nachhaltigen Einigung kommen.

Am Ende dieser Phase sind die Interessen der Parteien herausgearbeitet. Es zeigt sich, dass es auch bei sehr streitigen Situationen eine Reihe **übereinstimmende Interessen** beider Parteien gibt. Daneben stehen Interessen, die nur jeweils eine der Parteien verfolgt. Zum Abschluss der Phase gleicht der Mediator mit den Parteien ab, ob mit den dargestellten Interessen alle zuvor identifizierten Themen abgedeckt sind. Anschließend wird gemeinsam besprochen, in welcher Reihenfolge die Interessen in der folgenden Phase bearbeitet werden sollen.

d) **Suche nach Lösungen.** In den meisten Fällen streben beide Parteien in der nun folgenden vierten Phase bereits gemeinsam einer Lösung entgegen. In anderen Fällen werden die Parteien bei der gemeinsamen Erarbeitung von Lösungen feststellen, dass die vorangegangene harte Auseinandersetzung die meisten Streitpunkte zumindest soweit geklärt hat, dass eine gemeinsame Arbeit wieder möglich ist.

Gerade bei der Suche nach Lösungen wirkt sich wiederum aus, dass die Mediation auf die **Eigenverantwortung der Parteien** baut. Auch wenn die Versuchung groß ist, wird der Mediator keine eigenen Vorschläge unterbreiten. Die Kunst besteht vielmehr darin, die Parteien bei der Formulierung ihrer eigenen Vorschläge zu unterstützen. Gerade bei komplexen Projekten ist auch ein mit IT-Recht vertrauter Mediator nicht in der Lage, selbst eine umfassende Lösung vorzuschlagen. Deshalb ist Zurückhaltung sinnvoll. Die von den Parteien selbst vorgeschlagenen Lösungen werden von den Parteien auch nicht als Einmischung in ihre Projekte empfunden und sind so wesentlich nachhaltiger.

Aufgabe des Mediators ist es allerdings, darauf zu achten, dass die zuvor erarbeiteten Interessen der Parteien in den Lösungen abgedeckt sind. Außerdem muss er mit den Parteien überwachen, dass die Lösungen sich nicht widersprechen und durchführbar sind. Es ist Aufgabe der Parteien, zu prüfen, ob die Lösungen rechtlich zulässig sind. An dieser Stelle sind, wie bereits in Phase drei, die Anwälte beziehungsweise juristischen Berater in besonderer Weise gefragt.

181 e) **Abschluss der Mediation.** In der letzten Phase werden die zuvor gefundenen Lösungen in eine abschließende Vereinbarung zusammengefasst. Diese abschließende Vereinbarung wird ausformuliert und von beiden Parteien **selbstständig juristisch** geprüft. Bei der Vereinbarung ist auch darauf zu achten, ob diese vollstreckbar sein soll. In den meisten Fällen wird dies von den Parteien in dieser Phase nicht mehr für notwendig gehalten. Die Vollstreckbarkeit kann insbesondere durch einen **Anwaltsvergleich** oder eine **notarielle Beurkundung** erreicht werden.

5. Vor- und Nachteile der Mediation

182 a) **Vorteile der Mediation.** Mit den anderen Verfahren der außergerichtlichen Streitbeilegung teilt die Mediation zunächst den Vorteil der **Vertraulichkeit.** Nicht mehr alle anderen außergerichtlichen Verfahren, aber beispielsweise das Schlichtungsverfahren der DGRI, haben mit der Mediation **die Zeitersparnis und die größere Sachkunde** der Mediatoren/Schlichter gemeinsam.

183 Außergerichtliche Verfahren können, müssen aber nicht, zu **Kostenersparnissen** führen. Gerade bei Verfahren mit geringen Streitwerten ist Mediation häufig teurer als ein gerichtliches Verfahren. Der Vergleich ist allerdings mit Vorsicht vorzunehmen, da bei der Mediation ein breiteres Spektrum von Problemen einbezogen und ein wesentlich größeres Spektrum von Lösungsmöglichkeiten zur Verfügung steht. Der mögliche **Nutzen einer Mediation** ist daher deutlich höher, als insbesondere gegenüber gerichtlichen Auseinandersetzungen.

184 Insbesondere die **Rechtsschutzversicherungen** setzen wegen der größeren **Nachhaltigkeit** auf Mediation. Rechtsschutzversicherungen haben nämlich in vielen Verfahren die Erfahrung gemacht, dass kleine Streitigkeiten häufig Folgestreitigkeiten nach sich ziehen. Ursache davon ist, dass gerichtliche Auseinandersetzungen sich wegen der juristischen Methode auf die klaren, rechtlich entscheidbaren Probleme konzentrieren. Die eigentlichen Probleme bleiben oft unbehandelt. Nachfolgende Streitigkeiten sind die Konsequenz. Mediation nimmt gegenüber dieser Auffassung keine Rücksicht auf juristische Beschränkungen und versucht sämtliche Probleme der Parteien in die Lösung einzubeziehen.

185 Auch anderen außergerichtlichen Verfahren wird nachgesagt, dass die Parteibeziehung dadurch nicht so stark beeinträchtigt wird, wie bei gerichtlichen Verfahren. Allerdings kann die Mediation hier in besonderer Weise ihre Stärken ausspielen. Durch die Struktur des Verfahrens ist die Mediation in besonderer Weise geeignet, das für die erfolgreiche Fortführung von IT-Projekten unabdingbar notwendige gegenseitige Vertrauen der Parteien wiederherzustellen. Dazu trägt auch die konsequente **Zukunftsrichtung** der Mediation maßgeblich bei. Parteien, die eine Mediation erlebt haben, nennen auch die höhere Verfahrenszufriedenheit und die größere Innovationskraft der Mediation als wesentliche Vorteile.

186 Gerade in IT-Projekten, die durch eine Mediation wieder in Gang gesetzt werden, zeigt sich ein weiterer Vorteil. Mediation hat nämlich auch einen Lerneffekt im Hinblick auf die Kommunikation untereinander. Sobald Parteien nach einer Mediation wieder auf Schwierigkeiten im Projekt stoßen, zeigt sich der Lerneffekt in einer besseren Kommunikation untereinander. Das Vertrauen in den gemeinsamen Willen zum positiven Abschluss des Projektes hilft über manche Schwierigkeit hinweg.

187 b) **Nachteile der Mediation.** Im Gegensatz zur gerichtlichen Auseinandersetzung gibt es in der Mediation keine Garantie, dass der Streit erledigt wird. Mediation ist bis zum letzten Augenblick, also bis zum Abschluss der Mediationsvereinbarung **freiwillig** und kann von jeder Partei jederzeit abgebrochen werden. Dies gilt allerdings auch für andere außergerichtliche Verfahren, wenn durch diese der ordentliche Rechtsweg nicht endgültig ausgeschlossen wird.

188 Unterschiedliche Verhandlungsstärke und ein **Machtungleichgewicht** zwischen den Parteien können in der Mediation nachteilige Folgen haben. Diese Faktoren können sich aller-

dings auch in allen anderen Verfahren auswirken und Mediatoren sind gerade in diesem Punkt sensibel.

Mediation kann auch missbraucht werden, um die Angelegenheit zu verschleppen oder Informationen für einen späteren Prozess zu gewinnen. Für den Mediator ist eine solche Taktik oft nur sehr schwer erkennbar. Hier müssen die Parteien sensibel sein und gegebenenfalls eine Mediation abbrechen oder mit dem Mediator über ihre Sorge sprechen.

> **Praxistipp:**
> Mediation ist ein Verfahren der außergerichtlichen Streitbeilegung, das neben den anderen Verfahren steht und diese nicht verdrängt. Der beratende Anwalt sollte im Streitfall die Verfahren kennen und jeweils das in der konkreten Situation effektivste Verfahren auswählen. Insbesondere in Fällen, in denen Aussitzen und reine Verzögerung einer Partei Nutzen bringen kann, ist Mediation nicht das richtige Verfahren.
> In den für Mediation geeigneten Verfahren überwiegen die Vorteile gegenüber den Nachteilen. Gerade in IT-Projekten ist Mediation das einzige Verfahren, aus der Krise zu einer erfolgreichen Projektarbeit zurückzukehren.
> Nach § 253 Abs. 3 Nr. 1 ZPO soll die Klageschrift eine Angabe enthalten, ob der Klageerhebung der Versuch einer Mediation oder eines anderen Verfahrens der außergerichtlichen Konfliktbeilegung vorausgegangen ist, sowie eine Äußerung dazu, ob einem solchen Verfahren Gründe entgegenstehen.

6. Anbahnung bzw. Vorbereitung der Mediation

Kommt es zu einem Konflikt, was bekanntlich bei IT-Projekten eher die Regel als die Ausnahme darstellt, ist die Frage, wie man den Weg in die Mediation findet. Insbesondere Unternehmen und Rechtsanwälte ohne Erfahrung mit Mediation werden sich oft scheuen, diesen Weg vorzuschlagen. Manche Kollegen sehen im Vorschlag einer Mediation eher ein Zeichen der Schwäche, da nicht das von ihnen als normal angesehene Klageverfahren beschritten wird.

Eine (nicht repräsentative) Umfrage der IHK Rhein Neckar unter ihren Mitgliedsunternehmen förderte die Aussage zu Tage, dass Unternehmen, die selbst bereits Erfahrung mit Mediation gesammelt hatten, in künftigen Konflikten wiederum auf Mediation setzen wollten. Widersprüchlich sind demgegenüber die Untersuchungen von PWC. Diese fanden heraus, dass Unternehmen bei der Frage nach dem effektivsten Weg zur Lösung von Konflikten die Mediation an zweiter Stelle, unmittelbar nach direkten Verhandlungen mit der Gegenseite, angaben. Gerichtliche Auseinandersetzungen wurden demgegenüber schlecht bewertet und als das am wenigsten effektive Instrument zur Lösung von Konflikten eingeschätzt. In der gleichen Untersuchung gaben die Unternehmen jedoch an, in tatsächlichen Konflikten nach dem Scheitern von Verhandlungen am häufigsten auf eine gerichtliche Auseinandersetzung und am seltensten auf Mediation zu setzen. Die Ursache für diesen Widerspruch ist noch nicht geklärt.

Dem beschriebenen Problem der fehlenden Akzeptanz begegnet man am besten dadurch, dass man bereits bei Vertragsabschluss eine **Mediationsklausel** vereinbart. In vertraglichen Vereinbarungen ist eine Klausel zur außergerichtlichen Streitbeilegung ohnehin die Regel. Verbreitet sind Klauseln, die auf die DGRI und deren Schlichtungsordnung verweisen. Im Rahmen der DGRI Schlichtungsordnung ist auch eine Mediation möglich. Die Mehrzahl der Schlichter sind jedoch keine ausgebildeten Mediatoren.

Besser ist daher eine echte Mediationsklausel:

> **Muster: Mediationsklausel**
> (1) Sämtliche Streitigkeiten aus oder im Zusammenhang mit diesem Vertrag versuchen die Parteien zunächst einvernehmlich beizulegen. Sollte dies nicht möglich sein, werden die Parteien zur Beilegung dieser Streitigkeit eine Mediation durchführen. Ablauf und Durchführung des Mediationsverfahrens werden zu Beginn der Mediation einvernehmlich festgelegt.

(2) Sollten sich die Parteien nicht binnen 10 Tagen, nachdem eine Partei zur Teilnahme an der Mediation aufgefordert hat, auf einen Mediator einigen können, kann jede Partei die EUCON – Europäisches Institut für Conflict Management e. V., Schackstraße 1, 80539 München, Telefon +49 (0)89 – 57 95 18 34, info@eucon-institut.de mit der Benennung eines Mediators und Durchführung der Mediation beauftragen.
(3) Soweit die Parteien nichts anderes vereinbaren, wird das Mediationsverfahren nach der Verfahrensordnung der EUCON (http://www.eucon-institut.de/download/regelwerk/eucon_1_verfahrensordnung.pdf) durchgeführt.
(4) Durchführung einer Mediation setzt zumindest voraus, dass die Parteien gemeinsam einen Mediator beauftragen, jedenfalls an der ersten Mediationssitzung teilnehmen und sich, gegebenenfalls im vertraulichen Einzelgespräch mit dem Mediator, zur Sache äußern. Eine Partei darf nur, wenn sie selbst diese Mindestvoraussetzungen der Teilnahme an einer Mediation erbracht hat oder wenn die andere Partei eine Mediation ablehnt oder verhindert, ein gerichtliches Verfahren einleiten.
(5) Keine Partei ist gehindert, ein gerichtliches Eilverfahren in die Wege zu leiten.

194   Typisch für Mediation ist die **Freiwilligkeit** zu jedem Zeitpunkt des Verfahrens. Viele erfahrene Mediatoren beschränken sich daher auf eine kurze Klausel, die die Festlegung der Verfahrensordnung zu Beginn der Mediation vorsieht. Hintergrund ist ein wenig **Verhandlungspsychologie**. Die Parteien diskutieren dann nämlich zu Beginn der Mediation über das Verfahren, die Verfahrensordnung und die Regeln. Dies sind Fragen, über die bislang nicht gestritten wurde und die meist schnell einvernehmlich geklärt werden können. Diese Einigung erleichtert dann den Einstieg in die eigentlichen Streitpunkte und zeigt den Parteien gegenseitig den bestehenden Willen zur einvernehmlichen Lösung.

Wer bislang nur mit Schiedsklauseln gearbeitet hat, bevorzugt oft die Festlegung des Verfahrens bereits bei Vertragsabschluss. Hierfür könnte man die Klausel erweitern:

195 **Muster: Mediationsklausel**

(1) Können sich die Parteien nicht auf Regeln zum Ablauf und zur Durchführung des Verfahrens einigen, wird die Mediation nach der Verfahrensordnung des EUCON – Europäisches Institut für Conflict Management e. V. durchgeführt. Die Parteien können übereinstimmend jederzeit abweichende Regelungen vereinbaren.
(2) Sollte die Mediation nicht zustande kommen, scheitern oder den Streit nicht vollständig beenden, werden die Parteien die die Schlichtungsstelle der Deutschen Gesellschaft für Recht und Informatik e. V., Prof. Dr. Jürgen W. Goebel, Schöne Aussicht 30, 61348 Bad Homburg v. d. H., Tel.: 06172/920930, Fax: 06172/920933, E-Mail: dgrischlichtung@aol.com, http://www.dgri.de/ anzurufen, um den Streit nach deren Schlichtungsordnung in der zum Zeitpunkt der Einleitung eines Schlichtungsverfahrens gültigen Fassung endgültig und unter Ausschluss der staatlichen Gerichte zu bereinigen.

196   EUCON ist auf die Förderung der Wirtschaftsmediation spezialisiert und hat nach umfangreichen Konstellationen mit Wissenschaftlern, insbesondere aber auch Unternehmensvertretern den EUCON Mediation Process implementiert, um Qualität und Transparenz der Mediation zu sichern.

197   Bei der Auswahl des Mediators ist zu beachten, dass die Bezeichnung Mediator praktisch nicht geschützt ist. Die Anforderungen, die § 7a BORA an die anwaltlichen und § 2 MediationsG an alle Mediatoren stellen, sind eher diffus und kaum kontrollierbar. Sobald die Rechtsverordnung[115] zu § 6 MediationsG in Kraft tritt, wird im Hinblick auf den zertifizierten Mediator mehr Rechtssicherheit gegeben sein.

---

[115] Zum Redaktionsschluss lag nur der Entwurf einer Rechtsverordnung vor, der auf Basis des Mediationsgesetzes eine Selbstzertifizierung der Mediatoren vorsieht.

§ 45 Gerichtliche Auseinandersetzungen

Übersicht

	Rn.
I. Das Hauptsacheverfahren I. Instanz	1–168
1. Zulässigkeit der Klage	1–108
a) Örtliche Zuständigkeit	1–4
b) Ordnungsgemäße Schriftsätze/Anträge	5–9
c) Mögliche Klagearten	10–26
d) Besonderheit Geheimhaltungsprozess	27–84
e) Streitverkündung	85–108
2. Begründetheit der Klage	109–168
a) Ordnungsgemäße Substantiierung	109–130
b) Beweiserhebung	131–168
II. Das Berufungsverfahren	169–197
1. Sinn der Regelung	169/170
2. Zulässigkeit der Berufung	171–180
a) Statthaftigkeit der Berufung, § 511 ZPO	171
b) Berufungsfrist/Berufungsbegründungsfrist, § 517, § 520 Abs. 2 ZPO ...	172/173
c) Form und Inhalt der Berufungsbegründungsschrift, § 520 Abs. 3 + 4 ZPO	174–176
d) Auswechslung des Streitgegenstandes	177–180
3. Begründetheit der Berufung	181–192
a) Rechtsverletzung gemäß § 546 ZPO	182
b) Kontrolle der Tatsachenentscheidung, § 529 Abs. 1 ZPO	183–188
c) Verfahrensfehler, § 529 Abs. 2 ZPO	189–192
4. Gang des Berufungsverfahrens im Übrigen	193–197
a) Ablauf des Berufungsverfahrens	193–195
b) Zurückverweisung der Berufung im Beschlusswege gemäß § 522 Abs. 2 + 3 ZPO	196/197
III. Das Revisionsverfahren	198–207
1. Zulässigkeit der Revision	198–204
a) Statthaftigkeit der Revision, § 543 ZPO	198
b) Revisionseinlegungs-/-begründungsfrist, § 548, § 551 Abs. 2 ZPO ...	199–201
c) Form und Inhalt der Revisionsbegründungsschrift, § 549, § 551 Abs. 4 + 5 ZPO	202–204
2. Begründetheit der Revision	205/206
3. Gang des Revisionsverfahrens im Übrigen	207
IV. Vollstreckungsprobleme	208–217
1. Herausgabe von Vollstreckung in Soft-/Hardware	209/210
a) Herausgabe von Soft-/Hardware/Zug-um-Zug Leistung	209
b) Pfändung von Soft-/Hardware	210
2. Zug-um-Zug Verurteilung/Vollstreckung wegen Geldzahlung bei Erstellung oder Anpassung von Software	211–217
V. Internationales Zivilverfahrensrecht/Internationales Zivilprozessrecht (IZPR)	218–294
1. Einleitung	218–225
2. Die Zuständigkeitsregelungen des IZPR	226–237
3. Luganer Übereinkommen über die gerichtliche Zuständigkeit und die Vollstreckung gerichtlicher Entscheidung in Zivil- und Handelssachen (Luganer Abkommen)	238–241
4. Europäisches Übereinkommen über die gerichtliche Zuständigkeit und die Vollstreckung gerichtlicher Entscheidungen in Zivil- und Handelssachen (EuGVVO)	242–259
a) Internationales Privatrecht und Internationales Prozessrecht	243
b) Nationales Recht und EU-Recht	244–247
c) Die EuGVVO	248–258
d) Gerichtsstandvereinbarung	259
5. Europäischer Vollstreckungstitel	260–263

	Rn.
6. Mahnverfahren und Europäisches Mahnverfahren	264–266
a) Mahnverfahren der ZPO	264–266
b) Europäisches Mahnverfahren	267–285
7. Selbständiges Beweisverfahren	286/287
8. Streitverkündung	288–294

Schrifttum: *Bartsch* (Hrsg.), Softwareüberlassung und Zivilprozess, 1991; *Baumbach/Lauterbach/Albers/ Hartmann*, Zivilprozessordnung, 72. Auflage, 2014; *Bischof*, Die vollstreckungsrichterliche Durchsuchungsanordnung (§ 758 ZPO) in der gerichtlichen Praxis, ZIP 1983, 522; *Bork*, Effiziente Beweissicherung für den Urheberrechtsverletzungsprozess – dargestellt am Beispiel raubkopierter Computerprogramme, NJW 1997, 1665; *Brandi-Dohrn*, Probleme der Rechtsverwirklichung beim Schutz von Software, CR 1987, 835; *Conrad*, Wege zum Quellcode-Konsequenzen aus der Entscheidung des BGH v. 16.12.2003 – XZR 129/01, ITRB 2005, 12; *Dreyer/Kotthoff/Meckel*, Heidelberger Kommentar zum Urheberrecht, 3. Aufl. 2013; *Duve/ Eidenmüller/Hacke*, Mediation in der Wirtschaft, 2. Aufl. 2011; *Fischer*, Selbständiges Beweisverfahren – Zuständigkeits- und Verweisungsfragen, MDR 11/2001; *Greger/Münchhausen*, Verhandlungs- und Konfliktmanagement für Anwälte, 2010; *Groß*, Mediation im gewerblichen Rechtsschutz und Urheberrecht, 2009; *Haft/Schlieffen* (Hrsg.), Handbuch Mediation, 2. Aufl. 2009; *Haft*, Verhandlung und Mediation, 2. Aufl. 2000; *Henssler/Koch*, Mediation in der Anwaltspraxis, 2000; *Hilgers/Scherr*, Wissenschaftlicher Dienst des deutschen Bundestages, Der Aktuelle Begriff, 72/2005; *Hoppen*, Software-Besichtigungsansprüche und ihre Durchsetzung, CR 2009, 407; *Klein/Moufang/Koos*, Ausgewählte Fragen zur Verjährung, BauR 2009, 333; *Kniffka/Koeble*, Kompendium des Baurechts, 3. Auflage 2008; *Koch*, Zivilprozesspraxis in EDV-Sachen, RWS-Skript, Köln 1988; *Lapp*, Mediation, in: Redeker, Handbuch der IT-Verträge, *ders.*, Mediation bei IT-Konflikten, in: Festschrift für Heussen, 2009; *ders.*, Mediation bei IT-Projekten in: Setzwein/Setzwein, Turnaround-Management von IT-Projekten, 2008; *ders.*, Mediations- und Schiedsklauseln bei IT-Verträgen, ITRB 2002, 165–168; *ders.*, Interaktion und Kooperation bei IT-Projekten, ITRB 2010, 69–71; *ders.*, Wirksam vereinbarte Mediationsklausel als vorläufiger Klageverzicht?, jurisPR-ITR 2/2011 Anm 4; *Leppin*, Besichtigungsanspruch und Betriebsgeheimnis – Ein Beitrag zum eingeschränkten Besichtigungsanspruch gem. §§ 808, 242 BGB und zur Möglichkeit eines Geheimverfahrens im Zivilprozess unter Berücksichtigung der Patentverletzung, GRUR 1984, 558 ff.; *Niedostadek* (Hrsg.), Praxis Handbuch Mediation, 2010; *Risse*, Wirtschaftsmediation 2003; *Thomas Putzo*, Zivilprozessordnung, 34. Aufl. 2013; *Reithmann/Martiny*, Internationales Vertragsrecht, 7. Auflage, 2010; *Roth*, Wege zum Quellcode II, ITRB 2005, 283; *Schilken*, Probleme der Herausgabevollstreckung, DGVZ 1988, 49; *Schmidt/Lapp/Monßen*, Mediation in der Praxis des Anwalts, 2012; *Schröder*, Folgen der Streitverkündung – eine Zwischenbilanz, BauR 2007, 1324 ff.; *Sohn*, Haftungsfalle Streitverkündung, BauR 2007, 1308 ff.; *Streitz*, IT-Projekte retten, Risiken beherrschen und Schieflagen beseitigen, 1. Auflage 2004; *Sujecki*, Das Europäische Mahnverfahren, NJW 2007, 1622; *Tinnefeld*, Der Anspruch auf Besichtigung von Quellcode nach der Entscheidung „UniBasic-IDOS" des BGH, CR 2013, 417; *Ulrich*, Selbstständiges Beweisverfahren mit Sachverständigen, 2. Auflage 2008; *Werner/Pastor*, Der Bauprozess, 14. Auflage (2013); *Zahrnt*, IT-Projektverträge: Erfolgreiches Management, 1. Auflage 2009.

I. Das Hauptsacheverfahren I. Instanz

1. Zulässigkeit der Klage

1 **a) Örtliche Zuständigkeit.** Örtlich zuständig für Klagen aller Art ist entsprechend der allgemeinen Regeln das Gericht des **allgemeinen** Gerichtsstandes. Dies ist entweder bei natürlichen Personen das Gericht des Wohnsitzes, § 12 ZPO, oder bei juristische Personen das Gericht des Verwaltungssitzes, § 17 ZPO, bzw. der Zweigniederlassung gemäß § 21 ZPO. Soweit es sich um eine juristische Person des öffentlichen Rechts handelt, ist das Gericht an dem Ort zuständig, wo der Sitz der zur Vertretung im Rechtsstreit bevollmächtigten Behörde gelegen ist, §§ 18, 19 ZPO.

2 Neben dem allgemeinen Gerichtsstand kommt im Wesentlichen dem Gerichtsstand des **Erfüllungsortes** (§ 29 ZPO) Bedeutung zu. Erfüllungsort ist gemäß §§ 269, 270 BGB in der Regel der Wohnsitz des Schuldners der entsprechenden Leistung, die klageweise geltend gemacht werden soll.

Abweichendes kann sich aus Gerichtsstandsvereinbarungen (§§ 38, 39 ZPO) der Parteien ergeben. Solche sind grundsätzlich nur unter Kaufleuten zulässig.

Zu beachten ist aber, dass eine Gerichtsstandsvereinbarung nicht wirksam einen **ausschließlichen** Gerichtsstand abbedingen kann.

3 Umstritten ist, ob ein mittels Prorogation festgelegter Gerichtsstand auch zugleich immer ein ausschließlicher Gerichtsstand ist. Dies wird zum Teil verneint und im Wege der Ausle-

gung auch unter Umständen ein anderer Gerichtsstand angenommen.[1] Das führt aber nur zu auch von den Parteien in der Regel nicht gewollten Unwägbarkeiten. Deshalb sollte im Zweifel aus Gründen der Rechtssicherheit der vereinbarte Gerichtsstand auch immer der ausschließliche sein; dies umso mehr, als es den Parteien ja frei steht, etwas anderes festzulegen.[2]

Auch nach der ZPO-Reform zum 1.1.2002 muss sich die Gerichtsstandsvereinbarung gemäß § 40 Abs. I ZPO immer auf:
- ein bestimmtes Rechtsverhältnis und
- eine daraus entspringende Rechtsstreitigkeit beziehen.

Praxistipp:
Während bislang eine Gerichtsstandsvereinbarung bei nicht vermögensrechtlichen Streitigkeiten ebenso wie bei ausschließlichen Gerichtsständen ausgeschlossen war, ist nunmehr ein Ausschluss nur bei nicht vermögensrechtlichen Streitigkeiten gegeben, die ohne Rücksicht auf den Streitwert ausdrücklich den Amtsgerichten zugewiesen sind, § 40 Abs. 2 S. 1 ZPO. Da es sich hierbei i.d.R. um ausschließliche Zuständigkeiten handelt, hat die verbleibende Beschränkung bei nicht vermögensrechtlichen Streitigkeiten kaum noch praktische Bedeutung.

b) **Ordnungsgemäße Schriftsätze/Anträge.** Gemäß § 130 ZPO ist der Inhalt vorbereitender Schriftsätze festgelegt. Diese sollen enthalten:
- die Bezeichnung der Parteien und deren Vertreter nebst individualisierender Daten, § 130 Abs. 1 Nr. 1 ZPO,
- die beabsichtigten Anträge, § 130 Abs. 1 Nr. 2 ZPO,
- die Antrags-/Anspruchsbegründung, § 130 Abs. 1 Nr. 3 ZPO,
- Erklärungen über gegebenenfalls schon vom Gegner abgegebene tatsächliche Behauptungen, § 130 Abs. 1 Nr. 4 ZPO,
- Bezeichnungen der Beweismittel, § 130 Abs. 1 Nr. 5 ZPO,
- Unterschrift der Person, die den Schriftsatz verantwortet (der Partei oder in Anwaltsprozessen des Anwalts), § 130 Abs. 1 Nr. 6 ZPO.

Praxistipp:
Ab dem 1.8.2001 reicht auf Grund des Formvorschriftenanpassungsgesetzes (FormVAnpG) bei einer Übermittlung durch einen Telefaxdienst (Telekopie) gemäß § 130 Nr. 6 ZPO die Wiedergabe der Unterschrift in Kopie. Dies wurde von den Gerichten auch bislang bereits für die Übermittlung eines bestimmenden Schriftsatzes als genügend beachtet. Der Gemeinsame Senat der Obersten Bundesgerichte hatte in einer Entscheidung im Jahre 2000 auch die Übermittlung durch ein Computerfax als zulässig erachtet, wenn die Unterschrift entweder eingescannt wiedergegeben wurde oder dieses den Hinweis enthielt, dass eine Unterschrift wegen der Übermittlungsart nicht möglich ist.[3] Letzteres dürfte vor dem Hintergrund der ausdrücklichen Änderung der Gesetzeslage in Zukunft allerdings fraglich sein.
Vor diesem Hintergrund hat dann auch der Bundesfinanzhof[4] folgerichtig entschieden, dass auch Klagen mit eingescannter Unterschrift jedenfalls dann den Schriftformanforderungen des § 64 Abs. 1 FGO entsprechen, wenn sie von den Bevollmächtigten an einen Dritten mit der tatsächlich ausgeführten Weisung gemailt werden, sie auszudrucken und per Telefax an das Gericht zu senden. Die Wirksamkeit müsse bejaht werden, da eine solche Klageschrift ebenso wie eine nicht unterschriebene Klage als wirksam angesehen werden könne, wenn ihr trotz fehlender oder formal unzureichender Unterschrift nach den objektiven Gesamtumständen aus der maßgeblichen Sicht

---

[1] Zöller/Vollkommer § 38 Rn. 14 mwN.
[2] Thomas/Putzo § 38 Rn. 32.
[3] GemS-OGB Beschl. v. 5.4.2000 – GemS-OGB 1/98, NJW 2000, 2340.
[4] BFH Urt. v. 22.6.2010 – VIII R 38/08, NJW 2011, 478.

des Gerichts, deren Inhalt, der Erklärende sowie dessen unbedingte Erklärungswille entnommen werden könne. Nach Auffassung des Bundesfinanzhofs reicht es deshalb auch aus, wenn die Erklärung und ihr Inhalt durch Einschaltung Dritter ersichtlich wird, da es der ausschließliche Zweck des Schriftlichkeitsgebots sei, den Erklärungsinhalt sowie die erklärende Person und ihren unbedingten Willen zur Absendung zuverlässig feststellen zu können.[5]

6 Neu eingefügt worden ist durch das FormVAnpG der § 130a ZPO, der zur Wahrung der Schriftform auch die **Übermittlung eines elektronischen Dokuments** genügen lässt. Die genauen Ausführungsmodalitäten werden durch die einzelnen Bundesländer bzw. für die Bundesgerichte durch den Bund geregelt.

7 Vor diesem Hintergrund soll ab 2018 mit allen Gerichten elektronisch kommuniziert werden können. Der Bund und auch einige Länder haben hierzu bereits jetzt ein elektronisches Gerichtsverwaltungspostfach (**EGVP**) eingerichtet.

8 Über § 31a BRAO ist nunmehr die Bundesrechtsanwaltskammer verpflichtet worden, ab 2016 für jeden zugelassenen Rechtsanwalt ein besonderes elektronisches Anwaltspostfach (BEA) einzurichten.[6]

9 Die Schriftform im Sinne der ZPO soll gemäß § 130a ZPO unter folgenden Voraussetzungen gewahrt sein:
• Erstellung in der von den Justizverwaltungen vorgegebenen Dateiform,
• Übermittlung in der entsprechenden, von den Justizverwaltungen vorgegebenen elektronischen Form,
• Beifügung einer sog qualifizierten elektronischen Signatur.

Praxistipp:
Zwar ist § 130a ZPO in Bezug auf die elektronische Signatur nur als „Sollvorschrift" ausgestaltet, indes versteht der Gesetzgeber die Anordnung der Beifügung der elektronischen Signatur auf Grund von § 130 Abs. 6 ZPO bei bestimmenden Schriftsätzen als „Mussvorschrift".

10 c) **Mögliche Klagearten.** Sämtliche möglichen Klagearten und Kombinationen im Rahmen dieser Ausführungen darzustellen, dürfte den Rahmen und den Sinn und Zweck der Darstellung sprengen. Zahlungsklagen, Lieferungs- bzw. Leistungsklagen dürften auch im IT-Recht unproblematisch sein. Klagen aus gewerblichen Schutzrechten bzw. sog „intellectual properties" werden zweckmäßigerweise an den entsprechenden Stellen und vor dem Hintergrund der materiell-rechtlichen Darstellung behandelt. Es soll sich deshalb im Nachfolgenden darauf beschränkt werden, einzelne gängige Klagearten im Hinblick auf bestimmte **IT-Rechtsspezifische Ansprüche** und etwaige Besonderheiten darzustellen.

11 *aa) Die Mängelbeseitigungsklage im Rahmen werkvertraglicher Ansprüche.* Grundsätzlich hat jeder Auftraggeber gegen den Auftragnehmer einen Anspruch auf Mängelbeseitigung. Nimmt der Auftragnehmer die Mängelbeseitigung trotz Aufforderung und Fristsetzung nicht vor, so kann der Auftraggeber den Auftragnehmer auf Mängelbeseitigung verklagen. Die Tatsache als solche, dass der Auftragnehmer trotz Aufforderung und Fristsetzung die Mängel nicht beseitigt hat, spricht allerdings schon für sich. Es dürfte kaum anzunehmen sein, dass dessen Neigung zur ordnungsgemäßen Mängelbeseitigung nur wegen eines durchgeführten Prozesses wachsen wird. Darüber hinaus ergeben sich erhebliche prozessuale Probleme daraus, dass eine derartige Klage auf die Vornahme einer Handlung gerichtet ist. Vollstreckungsrechtliche Probleme sind vorprogrammiert. Ferner hat der Auftragnehmer grundsätzlich die Wahl, wie er den Mangel beseitigt. Es dürften indes zwischen dem Auftraggeber und dem Auftragnehmer erhebliche Unstimmigkeiten darüber bestehen,

---

[5] BFH Urt. v. 22.6.2010 – aaO, Fn. 4.
[6] Hierzu und zum elektronischen Rechtsverkehr insgesamt, *Lapp*, § 30, Rn. 217–256.

was zu einer ordnungsgemäßen Mängelbeseitigung notwendig ist, und wie diese im einzelnen zu erfolgen hat, so dass ein neuer Prozess schon vorprogrammiert ist. In der Praxis besteht bei kundigen Anwälten deshalb **keine große Neigung** im Rahmen von IT-Streitigkeiten, den Weg über die **Mängelbeseitigungsklage zu wählen.** Nur dann, wenn es sich bei dem Auftragnehmer um ein Unternehmen handelt, welches branchenspezifische oder Spezialsoftware erstellt, deren Funktionalitäten nicht in zeitlich vertretbarem Rahmen von Drittunternehmen zu gewährleisten oder neu zu erstellen ist, sollte deshalb der Weg über die Mängelbeseitigungsklage überhaupt erwogen werden.

Ist dies nicht der Fall, sollte deshalb stets versucht werden, über eine **Fristsetzung** den Weg für eine Ersatzvornahme bzw. eine Vorschussklage frei zu machen und damit die Nachbesserungskosten geltend zu machen. Darüber hinaus besteht auch nach der erfolgreichen Durchführung eines Vorschussprozesses immer noch die Möglichkeit, sich mit dem Auftragnehmer über eine von ihm selbst durchzuführende Mängelbeseitigung im Einzelnen zu einigen. Wenn und soweit ein Sachverständiger erst einmal die Kosten für eine Mängelbeseitigung durch Dritte spezifiziert hat, dürfte die Neigung der Gegenseite, eine Nachbesserung im Sinne des Auftraggebers durchzuführen, eventuell auch erheblich gestiegen sein.

Ist eine Klage auf Mängelbeseitigung geführt und erfolgreich beendet worden, richtet sich deren **Vollstreckung,** da es sich um die Vornahme einer vertretbaren Handlung handelt, nach § 887 ZPO. Nimmt der Auftragnehmer die entsprechende Handlung nicht vor, muss der Auftraggeber sich vom Prozessgericht des ersten Rechtszuges ermächtigen lassen, die Handlung auf Kosten des Schuldners vornehmen zu lassen und zugleich die Verurteilung des Auftragnehmers zur Zahlung eines Vorschusses beantragen. Der Auftragnehmer wird gegebenenfalls im Rahmen des Vollstreckungsverfahrens Erfüllung einwenden und damit das Verfahren weiter verzögern. Das Gericht ist nämlich gehalten, im Rahmen des Vollstreckungsverfahrens notfalls durch Sachverständigengutachten zu klären, ob tatsächlich Erfüllung vorliegt.[7] Auch dies zeigt, wie problematisch der Weg über eine Mängelbeseitigungsklage sein kann.

bb) Die Vorschussklage. Gemäß § 637 Abs. 3 BGB kann der (Besteller) Auftraggeber vom (Unternehmer) Auftragnehmer Vorschuss für die für die Beseitigung des Mangels erforderlichen Aufwendungen verlangen.

Voraussetzung für den Anspruch auf Vorschuss ist, dass ein Mangel vorliegt und der Auftraggeber dem Auftragnehmer eine angemessenen Frist zur Beseitigung des Mangels gesetzt hat und diese erfolglos verstrichen ist.

Eine Fristsetzung ist gemäß § 637 Abs. 2 iVm § 323 Abs. 2 BGB entbehrlich, wenn:
- der Auftragnehmer die Nacherfüllung ernsthaft und endgültig verweigert,
- die Nacherfüllung fehlgeschlagen ist oder
- die Nacherfüllung unzumutbar ist.

Die Höhe des Anspruchs auf Vorschuss wird bestimmt durch die Kosten, die ein Drittunternehmer für die Beseitigung der Mängel in angemessener Weise verlangen kann. Dabei richtet sich das, was zur Erfüllung des Anspruchs als angemessen angesehen werden kann, nach dem, was im Schnitt von einem Drittunternehmen für die Beseitigung des Mangels in Ansatz gebracht würde. Dies selbst dann, wenn insoweit Kosten anfallen, die auf Grund der Notwendigkeit einer gewissen Einarbeitung in die Fremdsoftware anfallen. Der Auftragnehmer kann insbesondere nicht einwenden, dass eine Mängelbeseitigung unter seiner Regie preiswerter wäre, da er es ja in der Hand hatte, selbst nachzubessern. Der Auftraggeber muss sich auch nicht darauf einlassen, den Auftragnehmer nach Ablauf der ihm zur Nachbesserung gesetzten Frist noch nachbessern zu lassen. Er verliert nach ständiger Rechtsprechung des Bundesgerichtshofs seinen mit Fristablauf entstandenen Vorschussanspruch nämlich nicht dadurch, dass der Auftragnehmer nunmehr doch noch Mängelbeseitigung anbietet.[8]

Hat der Auftraggeber im Rahmen der Vorschussklage seinen Anspruch durchgesetzt, besteht für ihn nach Durchführung der Arbeiten die **Verpflichtung zur Abrechnung.** Er muss

---

[7] BGH Beschl. v. 5.11.2004 – IX a ZB 32/04, NJW 2005, 367.
[8] BGH Urt. v 27.11.2003 – VII ZR 93/01, NJW-RR 2004, 303; BGH Urt. v. 27.2.2003 – VII ZR 338/01, NJW 2003, 1526.

dabei nachweisen, dass er den ihm vom Auftragnehmer gezahlten Vorschuss zur Mängelbeseitigung benötigt hat.[9] Soweit die Kosten niedriger als ursprünglich veranschlagt ausgefallen sind, besteht ein Anspruch des Auftragnehmers auf Erstattung. Sind sie höher als ursprünglich veranschlagt ausgefallen, besteht ein Recht auf Nachschuss.[10]

19 Im Rahmen der Abrechnung bzw. eines Nachfolgeprozesses ist, bedingt durch die Rechtskraft des Vorschussprozesses, der Auftragnehmer indes mit Einwendungen ausgeschlossen, die er schon im Vorschussprozess hätte erheben können.[11]

20 Die Vorschussklage führt im Übrigen gemäß § 204 Nr. 1 zur **Hemmung der Verjährung** für den gesamten Anspruch auf Ersatz der Nachbesserungskosten. Hierzu gehören sämtliche Kosten, die den geltend gemachten Mangel betreffen. Nach der Auffassung des Bundesgerichtshofs ist die Wirkung der Vorschussklage nicht auf den eingeklagten Vorschussbetrag beschränkt, denn dieser Betrag fixiere den Ersatzanspruch nicht endgültig.[12] Unter Zugrundelegung der Symptomrechtsprechung des Bundesgerichtshofes und der Natur der Vorschussklage als solcher, ist es ein lediglich folgerichtiges Zu-Ende-Denken. Höhere oder zusätzliche Kosten können deshalb, soweit sie auf demselben Mangel beruhen, entweder im Wege der Klageerweiterung oder einem gegebenenfalls sich anschließenden Nachforderungsprozess geltend gemacht werden.

> **Praxistipp:**
> Aufgrund der oben gemachten Ausführungen ist es in der Praxis ratsam, die Vorschussklage der Mängelbeseitigungsklage vorzuziehen.

21 *cc) Die Feststellungsklage.* Eine Feststellungsklage gemäß § 256 Abs. 1 ZPO ist grundsätzlich **subsidiär**. Soweit eine Leistungsklage möglich ist, fehlt dem Kläger regelmäßig das rechtliche Interesse an der Erhebung der Feststellungsklage, so dass ihre Zulässigkeit i. d. R. schon bei der Frage nach ihrer Statthaftigkeit verneint werden müsste. Soweit es um die Feststellung des Vorhandenseins eines Mangels geht, ist das selbstständige Beweisverfahren der angezeigte Weg. Sowohl selbstständiges Beweisverfahren als auch Vorschussklage hemmen, wie aufgezeigt, die Verjährung. Im Übrigen findet auch eine Vollstreckung aus der Feststellungsklage nicht statt.

22 Fraglich ist deshalb, ob vor dem Hintergrund des vorstehend Ausgeführten überhaupt noch **Raum für eine Feststellungsklage** ist.

Diese Frage muss nach der Schuldrechtsreform aus Gründen anwaltlicher Vorsorge ausdrücklich bejaht werden. Da nach der Schuldrechtsreform die Tatbestände der Unterbrechung weggefallen sind und fast nur noch Hemmungstatbestände existieren, ist insbesondere in Bezug auf eventuelle Nachforderungen auf Grund von erhöhten Aufwänden, die sich erst im Rahmen von Nachbesserungsarbeiten feststellen lassen, besondere Vorsicht geboten. Die durch eine Vorschussklage eingetretene Hemmung der Verjährung endet sechs Monate nach Beendigung des Verfahrens. Wurde die Vorschussklage kurz vor Verjährungseintritt eingereicht, wird die Verjährung regelmäßig unmittelbar nach Ablauf dieser sechs Monate eintreten. In dieser Zeit ist aber gegebenenfalls eine ordnungsgemäße Nachbesserung noch nicht erfolgt. Vor dem Hintergrund, dass Neuprogrammierungen und Testabläufe komplizierter Individual-Software üblicherweise ohne Weiteres einen längeren Zeitraum in Anspruch nehmen können, dürfte dieser Zeitraum unter Umständen kaum ausreichend dimensioniert sein, um die Ersatzvornahme erfolgreich zum Abschluss zu bringen bzw. gegebenenfalls eine neue Klage zB hinsichtlich der Mehrkosten auf den Weg zu bringen. Nach dem vorstehend Ausgeführten wäre zwar während der Zeit der Vorschussklage eine Verjährung wegen der Hemmungswirkung der Klageerhebung ausgeschlossen, hätte aber sechs Monate

---

[9] Werner/Pastor Rn. 2124.
[10] Werner/Pastor Rn. 2125.
[11] Werner/Pastor Rn. 2130.
[12] BGH Urt. v. 1.2.2005 – X ZR 112/02, NJW-RR 2005, 1037.

nach deren Beendigung zzgl. der noch nicht abgelaufenen Verjährungszeit wieder zu laufen begonnen. Hätten die Parteien, was im IT-Recht zumindest bei B-2-B-Geschäften üblich ist, ihrerseits noch eine Verkürzung der Verjährung vereinbart, wird die Zeit mehr als knapp.

Besonderes Augenmerk sollte aber auch hier auf die **Formulierung des Antrages** gelegt werden. So darf hinsichtlich der weiteren Kosten der Mängelbeseitigung keinesfalls die Feststellung der Schadensersatzverpflichtung beantragt werden, da dann mit Antragstellung gemäß § 281 Abs. 4 BGB insoweit der für diesen Teil noch bestehende Erfüllungsanspruch und damit auch der daraus abgeleitete Vorschussanspruch untergehen würde.[13]

Sinn macht eine Feststellungsklage auch stets bei Zug-um-Zug Verurteilungen. Wird nämlich der Auftraggeber zur Zahlung des restlichen Werklohns nur Zug-um-Zug gegen Mängelbeseitigung verurteilt, kann gemäß § 756 ZPO aus dem Titel nur vollstreckt werden, wenn durch öffentliche oder öffentlich beglaubigte Urkunden der Beweis geführt wird, dass der Auftraggeber mit der Annahme der Beseitigungsleistung in Verzug ist. Dieser Beweis wird aber kaum zu führen sein. Anders aber, wenn der Annahmeverzug im Urteil schon gleich mit festgestellt werden kann. Hat der Auftragnehmer den Auftraggeber nicht bereits schon vor der Zug-um-Zug Verurteilung in Verzug gesetzt, so muss er dies nachholen und dann mit einer unverzüglich einzureichenden Feststellungsklage eine entsprechende Verurteilung nachholen.[14]

Sinn macht eine Feststellungsklage uU aber auch auf der **Beklagtenseite**. Verfolgt zB der Kläger als Auftragnehmer mit seiner Klage Zahlung von Restwerklohn und bestreitet der Auftraggeber die Abnahme und rechnet er darüber hinaus hilfsweise mit einem den Werklohn weit übersteigenden Schadensersatzanspruch wegen erheblicher Mängel auf und wird später vom Gericht die Abnahme festgestellt, so sind nach Abschluss dieses Verfahrens seine überschießenden Schadensersatzansprüche ohne die Erhebung einer Feststellungswiderklage verjährt.[15]

Vor diesem Hintergrund macht es durchaus Sinn, zumindest einen **Feststellungsantrag** zusätzlich **im Rahmen der Vorschussklage** zu stellen. Stehen die Auswirkungen des Mangels noch nicht abschließend fest, dh lässt sich der Programmierumfang noch nicht abschließend beurteilen, bzw. lassen sich die Kosten der endgültigen Mängelbeseitigung noch nicht endgültig bemessen, wird so der Eintritt der Verjährung trotz Beendigung des Hemmungstatbestandes verhindert. Die Titulierung des Anspruches, auch im Rahmen des Feststellungsantrages, führt nämlich zur 30-jährigen Verjährung nach § 197 BGB. Damit sind sowohl der Mandant als auch sein Prozessvertreter auf der sicheren Seite und können die weitere Entwicklung zumindest vom rechtlichen Standpunkt gelassen abwarten.[16] Im Gegenzug ist bei Vorliegen von Mängeln das Unterliegensrisiko im ohnehin rechtshängigen Verfahren gering, die zusätzlichen Kosten halten sich im Rahmen und sind bei sorgfältiger Vorbereitung des Verfahrens ohnehin von der Gegenseite zu tragen. Bei sorgfältiger Aufklärung dürfte auch kaum ein Mandant etwas gegen eine derartige Vorgehensweise einzuwenden haben.

d) Besonderheit Geheimhaltungsprozess. Als Besonderheit und mit anspruchsvollen Anforderungen verknüpft ist im Rahmen eines IT-rechtlichen Streitverfahrens der Besichtigungsanspruch nach § 809 BGB bzw. nunmehr hinsichtlich Software § 101a UrhG[17] und dessen Geltendmachung im Rahmen eines einstweiligen Verfügungsverfahrens gemäß § 935 ZPO unter Berücksichtigung der Besonderheiten eines sog „in camera-Prozesses" (Geheimhaltungsprozess).

Insbesondere bei Software bestehen häufig rechtliche Probleme in Bezug auf die Feststellung der Urheberschaft bzw. von Verletzungen urheberrechtlicher Ansprüche. Da bestimmte Funktionalitäten bestimmten Programmen (zB bei Textverarbeitungsprogrammen, Buchhaltungsprogrammen usw.) immanent sind, ist es häufig schwierig, lediglich auf Grund der Funktionalitäten Urheberrechtsverletzungen nachzuweisen und korrespondierende Unter-

---

[13] *Kniffka/Koeble* 15. Teil Rn. 10.
[14] KG Urt. v. 2.9.2008 – 27 U 153/07, NJW-Spezial 2008, 653.
[15] *Kniffka/Koeble* 15. Teil Rn. 3.
[16] Vgl. auch für den Schadensersatzanspruch BGH Urt. v. 11.3.2009 – IV ZR 224/07, NJW 2009, 1950.
[17] Eingefügt durch das Gesetz zur Verbesserung der Durchsetzung von Rechten des geistigen Eigentums vom 7.7.2008 (BGLB I S 1191).

lassungs- bzw. Schadensersatzansprüche zum Beispiel aus dem Urhebergesetz oder dem Bürgerlichen Gesetzbuch durchzusetzen. Es bedarf hierzu zunächst i. d. R. einer genaueren **Untersuchung des Quellcodes,** um entsprechende rechtswidrige Handlungen für einen (Urheberrechts)-Prozess gerichtsfest zu machen, so dass es insoweit auch eines Anspruchs auf (vorherige) Untersuchung bedarf.

29 Auf der anderen Seite kann es aber auch nicht angehen, dass zB ein Konkurrent/Mitbewerber nur mit dem Hinweis auf eine Urheberverletzung eines Mitbewerbers dessen Quellcode und damit dessen Betriebsgeheimnis untersuchen kann. Vor diesem Hintergrund wird deutlich, dass entsprechende Ansprüche nur unter sehr eingeschränkten Voraussetzungen gegeben sein dürfen.

30 Im Rahmen von Software ergibt sich eine entsprechende Möglichkeit nur in einer schwierigen Kombination von Ansprüchen aus dem Bürgerlichen Gesetzbuch, dem Urhebergesetz und der Zivilprozessordnung. Ergebnis soll letztlich sein, im Urhebergesetz kodifizierte Ansprüche, insbesondere auf Unterlassung und Schadensersatz, durchzusetzen. Entscheidend ist hierbei zunächst die Frage nach der Beweisverschaffung bzw. Beweissicherung.

31 Dies kann auf Grund der Besonderheit der Materie indes nur durch eine abgestufte Vorgehensweise und im Zusammenspiel von Ansprüchen aus dem Urhebergesetz, dem Bürgerlichen Gesetzbuch und unter Einbeziehung der Möglichkeit des Erlasses einer einstweiligen Verfügung sowie unter Berücksichtigung eines einem derartigem Anspruch immanenten Geheimhaltungsinteresses und einem sog Geheimhaltungsbeschluss gemäß Art. 174 Abs. 3 GVG zugunsten des jeweiligen Anspruchsgegners erfolgen.

32 Anknüpfungspunkt war hierbei zunächst der § 809 BGB mit seinen Voraussetzungen und Rechtsfolgen, der dem Anspruchsinhaber unter bestimmten Bedingungen einen Anspruch auf Besichtigung einer Sache, in diesem Fall von Software geben kann[18] und ist nunmehr wegen der urheberechtlichen Besonderheiten in diesem Fall gegenüber § 101a UrhG als lex specialis, subsidiär. § 101a UrhG wurde durch das Gesetz zur Verbesserung der Durchsetzung von Rechten des geistigen Eigentums eingefügt.[19] § 101a dient der Umsetzung von Art. 6 und 7 der Richtlinie 2004/48/EG des europäischen Parlaments und des Rates vom 29. April 2004 zur Durchsetzung der Rechte des geistigen Eigentums.[20] Gegenstand der Richtlinie ist gemäß Artikel 1 die Harmonisierung von Verfahren und Rechtsbehelfen, die erforderlich sind, um die Durchsetzung der Rechte des geistigen Eigentums sicherzustellen. Die Richtlinie beschränkt sich gemäß Artikel 3 hierbei auf die Regelung der zivilrechtlichen **Durchsetzung** der Rechte geistigen Eigentums und nimmt vom Anwendungsbereich nach Artikel 2 Abs. 3 lit. a) die gemeinschaftlichen Bestimmungen zum materiellen Recht auf dem Gebiet des geistigen Eigentums ausdrücklich aus.

33 Artikel 6 der Richtlinie regelt als **prozessuale** Vorschrift die Pflicht zur Vorlage von Beweismitteln durch den Anspruchsgegner und durchbricht in ihrer Ausgestaltung den im deutschen Zivilprozessrecht geltenden Beibringungsgrundsatz. Vor dem Hintergrund, dass die (bisherige) materielle Regelung der §§ 809 und 810 BGB vom Gesetzgeber als nicht ausreichend im Sinne der Richtlinie angesehen wurde und nach Ansicht des Gesetzgebers im Anwendungsbereich der Richtlinie divergierende höchstrichterliche Rechtsprechung vorlag („Druckbalkenentscheidung"[21] – „Faxkartenentscheidung"[22]) bestand Umsetzungsbedarf.[23] Der Gesetzgeber hat deshalb eine seiner Ansicht nach erforderliche Umsetzung vorgenommen, sich aus gesetzessystematischen Gründen aber für eine Umsetzung auf der Grundlage materiell-rechtlicher Ansprüche in Form des § 101a UrhG entschieden.

34 § 101a UrhG regelt die Verpflichtung des „Verletzers" zur **Vorlage einer Urkunde** und – für den im Rahmen von Urheberrechtsverletzungen hinsichtlich Software eher interessierenden Bereich – zur Zulassung der **Besichtigung einer Sache**, wobei beides zur Begründung eines Anspruchs gegen den Verletzer auf Grund der Rechtsverletzung erforderlich sein muss.

---

[18] Siehe in diesem Zusammenhang auch *Conrad* ITRB 2005, 12 sowie auch *Roth* ITRB 2005, 283.
[19] BGBl. I S. 1191.
[20] ABl. EU Nr. L 195 S. 16, „Enforcement-Richtline".
[21] BGH Urt. v. 8.1.1985 – X ZR 18/86, BGHZ 93, 191 = NLW-RR 1986, 480.
[22] BGH Urt. v. 2.5.2002 – I ZR 45/01, BGHZ 150, 377 = NJW-RR 2002, 1617.
[23] Vgl. BT-Drs. 16/5048 S. 27.

Damit wird nach dem Willen des Gesetzgebers gewährleistet, dass die insoweit gewonnenen Erkenntnisse tatsächlich nur zur Durchsetzung berechtigter Ansprüche des Anspruchstellers dienen und nicht etwa zur allgemeinen Ausforschung missbraucht werden kann.[24]

aa) Voraussetzungen für einen Anspruch auf Besichtigung. Der Anspruchs**gegner**/Verletzer muss zunächst die Verfügungsgewalt über die Sache haben. Im Rahmen des § 809 BGB ist Gegenstand des Anspruchs eine „Sache", die besichtigt werden soll. Die Gesetzesmaterialien verweisen hinsichtlich der Umsetzung ausdrücklich auf den bislang einschlägigen § 809 BGB ohne weitere/andere Erfordernisse aufzustellen.[25] Insoweit kann deshalb davon ausgegangen werden, dass auch im Rahmen der Spezialregelung des Urhebergesetzes nicht anders gelten soll als bislang und deshalb auch bei dem Anspruch auf Besichtigung gemäß § 101a UrhG Voraussetzung der Besitz der Sache ist.[26]

Der Begriff der **Sache** versteht sich iSd § 90 BGB.[27] Fraglich ist zunächst, ob Software eine Sache iSd § 90 ist.

Nach herrschender Meinung in der Literatur und dem Bundesgerichtshof ist dies wohl zu bejahen; so zuletzt der Bundesgerichtshof im „*ASP-Urteil*".[28]

Zusätzlich kann argumentativ darauf abgestellt werden, dass bei der Geltendmachung des Besichtigungsanspruch regelmäßig ein Daten**träger** (CD-ROM, Festplatte usw.) besichtigt werden soll, der unstreitig Sachqualität hat.

Die Sache muss sich in der Verfügungsgewalt des Anspruchs**gegners** dh nach diesseitiger Ansicht in dessen Besitz befinden.

Verpflichtet ist, unabhängig von der Eigentumslage, der unmittelbare oder mittelbare Besitzer der Sache.[29]

Auch dieses dürfte kein Problem darstellen, da die streitgegenständliche Software sich regelmäßig in den Privat- oder Geschäftsräumen des Anspruchsgegners und auf dessen Datenträgern befinden dürfte. Problematischer dürfte es lediglich im Falle von bei Dritten befindlicher Software sein (Outsourcing, Cloud-Computing); da aber auch der Dritte insoweit auf Grund der Besonderheiten des Urheberrechts lediglich über eine rechtswidrig erstellte Kopie der Software verfügt, dürfte ein entsprechender Anspruch, soweit der Dritte sich nicht gerade in einem unbekannten Teil der „Wolke" befindet, sich auch gegen ihn wenden können.

Weitere Voraussetzung für einen Besichtigungsanspruch war bislang im Rahmen des § 809 BGB, dass der Anspruchsteller in besonderer Weise **aktivlegitimiert** war. Der Anspruchsteller war regelmäßig aktivlegitimiert, wenn er als Inhaber eines potentiellen Hauptanspruchs (zB auf Unterlassung oder Schadensersatz) ein Interesse an der Besichtigung hatte.[30] In Betracht kamen bei Software regelmäßig Ansprüche aus dem Urhebergesetz und dem Bürgerlichen Gesetzbuch, da materiell-rechtliche Ansprüche, die sich aus einer Verletzung des Rechts an Computerprogrammen ergeben können, zugleich auch Ansprüche in Ansehung des zu besichtigenden Computerprogramms sind.[31] Diese (zusätzliche) Voraussetzung ist nunmehr dem Anspruch aus § 101a UrhG immanent, da der Gesetzgeber – anders als die Richtlinie es selbst vorgesehen hat – eine Umsetzung auf der Grundlage **materiellrechtlicher** Ansprüche gewählt hat.[32] Abgestellt wird nunmehr bereits in § 101a UrhG konkret auf die Verletzung eines Urheberrechts bzw. eines anderen nach dem Urhebergesetz geschützten Rechts. Dem Besichtigungsanspruch immanent ist es allerdings, dass nicht eine feststehende Verletzung abgestellt wird, sondern die Verletzung lediglich **wahrscheinlich** sein muss. Letzteres ist ausreichend, weil ja gerade ohne die Besichtigung nicht feststeht, ob ein Anspruch in der Hauptsache besteht. Das Gesetz fordert insoweit eine „hinreichende" Wahrscheinlichkeit einer Rechtsverletzung. Damit hat sich der Gesetzgeber im Hinblick auf

---

[24] Vgl. BT-Drs. 16/5048 S. 40.
[25] Vgl. BT-Drs. 16/5048 S. 27.
[26] So auch HK-UrhG/*Meckel* § 101a Rn. 4.
[27] Palandt/*Sprau* § 809 Rn. 3.
[28] BGH Urt. v. 15.11.2006 – XII ZR 120/04, CR 2007, 75.
[29] Palandt/*Sprau* § 809 Rn. 8.
[30] Palandt/*Sprau* § 809 Rn. 7.
[31] *Bork* NJW 1997, 1665 ff. (1668).
[32] BT-Drs. 16/5048 S. 27.

den Jahre währenden Streit und die divergierende höchstrichterliche Rechtsprechung zwischen dem X. Senat und dem I. Senat des Bundesgerichtshofs („Druckbalkenentscheidung"[33] – „Faxkartenentscheidung"[34]) positioniert.

39   Anders als bei Patentsachen verlangte der Bundesgerichtshof in Urhebersachen nicht eine „erhebliche",[35] sondern worauf er auch in seiner „UniBasic-IDOS"-Entscheidung nochmals verweist, (lediglich) eine **„gewisse" Wahrscheinlichkeit**.[36] Es müssten insoweit lediglich objektive Indizien darauf hinweisen, dass die zu besichtigende Sache die den Hauptanspruch tragende Beschaffenheit hat, was zB regelmäßig erreicht sein sollte, wenn ehemalige Angestellte des **Programmentwicklers** kurz nach ihrem Ausscheiden ein funktionsgleiches Konkurrenzprogramm anbieten oder (ehemalige) Angestellte des mutmaßlichen **Verletzers** Hinweise auf unlizensierte Vervielfältigungen geben.[37] Bereits dem Wortlaut des Gesetzes sei zu entnehmen, dass der Anspruch aus § 809 BGB auch demjenigen zustehe, der sich mit Hilfe der Besichtigung erst Gewissheit über das Vorliegen eines Anspruchs verschaffen möchte, weshalb der Besichtigungsanspruch schon „durch Billigkeitsrücksichten geboten" gerade auch in den Fällen bestehe, in denen ungewiss sei, ob überhaupt eine Rechtsverletzung vorliege.[38]

40   Die Bundesregierung hat die hier zugrunde liegenden Gedanken im Rahmen ihrer Begründung des Gesetzgebungsvorschlages aufgenommen und auf eine „hinreichende" Wahrscheinlichkeit abgestellt. Dies trage den Vorgaben von Artikel 8 der Enforcement-Richtlinie[39] Rechnung, und ermögliche dem Anspruchsteller sich die benötigten Informationen zu verschaffen, ohne zugleich die berechtigten Interessen des Anspruchsgegners zu verletzen.[40] Die Vorschrift ermögliche damit die Gewinnung von Beweismitteln in einem Stadium, in dem der Sachverhalt noch nicht feststehe, berücksichtige aber zugleich, dass der Anspruch nicht bei jedwedem Verdacht gewährt werden könne. Zwar setze Artikel 8 der Richtlinie insoweit voraus, dass der Rechtsinhaber alle verfügbaren Beweismittel zur hinreichenden Begründung der Ansprüche vorgelegt habe, indes bedinge die Umsetzung in der Bundesrepublik auf der Basis materiellen Rechts, dass nicht auf die Vorlage **aller** verfügbaren Beweismittel abgestellt werden könne, sondern insoweit auf eine **„hinreichende Wahrscheinlichkeit"** abgestellt müsse.[41]

Dies ist auch nur folgerichtig, da ansonsten der entsprechende Anspruch nach deutschem Recht auf Grund wohl kaum erfüllbarer Voraussetzungen ins Leere laufen würde.

41   Dieser Weg ist – worauf auch in der Gesetzesbegründung ausdrücklich hingewiesen wird – vor dem Hintergrund, dass in Artikel 6 der Richtlinie ausdrücklich davon gesprochen wird, dass die Rechtsverletzung „hinreichend begründet" sein muss, nicht nur richtlinienkonform, sondern entspricht auch der Rechtsprechung des Bundesgerichtshofs zu § 809 BGB wie sie in der Faxkarten-Entscheidung ihre Ausprägung erhalten hat. Jeder weiteren Diskussion über den **Grad** der Wahrscheinlichkeit dürfte deshalb – insbesondere vor dem Hintergrund der Gesetzesbegründung, die auch ausdrücklich auf die Faxkarten-Entscheidung des Bundesgerichtshofs Bezug nimmt,[42] die Basis entzogen worden sein.

42   Darüber hinaus dürfte, worauf auch *Tinnefeld*[43] zu Recht verweist – und unabhängig davon ob man den Anspruch auf § 101 UrhG oder 809 BGB stützt – insoweit nur ein in der Praxis sich nicht auswirkender sprachlich marginaler Unterschied bestehen.

43   Der Anspruchsteller muss auch im Rahmen des § 101a UrhG ein **„Besichtigungsinteresse"** haben. Von einem berechtigtem Interesse ist die Besichtigung der Sache für den Vorle-

---

[33] BGH Urt. v. 8.1.1985 – X ZR 18/86, BGHZ 93, 191 = NLW-RR 1986, 480.
[34] BGH Urt. v. 2.5.2002 – I ZR 45/01 – BGHZ 150, 377 = NJW-RR 2002, 1617.
[35] BGH Urt. v. 8.1.1985 – X ZR 18/84, BGHZ 93, 191 (203 f.) – Druckbalken; BGH Urt. v. 2.5.2002 – I ZR 45/01, GRUR 2002, 1046 – Faxkarte.
[36] KG Urt. v. 11.8.2000 – 5 U 3069/00, CR 2001, 80; BGH Urt. v. 11.4.2013 – I ZR 90/09, CR 2013, 284.
[37] *Bork* NJW 1997, 1669.
[38] BGH Urt. v. 2.5.2002 – I ZR 45/01, BGHZ 150, 377 = NJW-RR 2002, 1617.
[39] Richtlinie 2004/48/EG des europäischen Parlaments und des Rates vom 29. April 2004 zur Durchsetzung der Rechte des geistigen Eigentums ABl. EU Nr. L 195 S. 16.
[40] BT-Drs. 16/5048 S. 40.
[41] BT-Drs. 16/5048 S. 40.
[42] BT-Drs. 16/5048 S. 40.
[43] *Tinnefeld* CR 2013, 417 (420).

gungsinteressenten nur dann, wenn er sich von der Beschaffenheit der Sache nicht anderweitig Kenntnis verschaffen kann.[44] Hierzu würde zB gehören, dass der Anspruchsteller sich, weil die Sache öffentlich bzw. jedenfalls ihm frei zugänglich wäre, eines selbständigen Beweisverfahrens bedienen könnte. Indes dürfte es bei einer derartigen Konstellation schon daran mangeln, das die Sache sich (nur) in der Verfügungsgewalt/im Besitz des Anspruchsgegners befindet. An einem berechtigten Interesse fehlt es darüber hinaus, wenn der Anspruch in Bezug auf die Hauptsache, also der Anspruch, um deren Durchsetzung willen der Besichtigungsanspruch geltend gemacht wird, bereits verjährt ist.[45]

Der Anspruch ist ferner ausgeschlossen, wenn **vorrangige Interessen des Anspruchsgegners** verletzt würden. Eine Besichtigung kann deshalb nicht verlangt werden, wenn und soweit sie gegen Treu und Glauben (§ 242 BGB) verstoßen würde.[46] Dem wird aber in der Regel dadurch Rechnung getragen, dass:
- ohnehin schon eine „hinreichende Wahrscheinlichkeit" eines Hauptanspruches bestehen muss und
- weitere Einschränkungen hinsichtlich der Voraussetzungen und auf der Rechtsfolgenseite (Besichtigungsbefugnisse, su) bestehen.

Der Gesetzgeber hat hinsichtlich der Voraussetzungen als weiteres Korrektiv ausdrücklich auf den Verhältnismäßigkeitsgrundsatz verwiesen. Gemäß § 101a Abs. 2 UrhG ist der Anspruch ausgeschlossen, wenn die Inanspruchnahme **im Einzelfall unverhältnismäßig** ist. Hierdurch soll zum einen verhindert werden, dass bei geringfügigen Verletzungen umfangreiche Vorlageansprüche geltend gemacht werden. Zum anderen sollen auch die Fälle erfasst sein, bei denen das Geheimhaltungsinteresse des angeblichen Verletzers das Interesse des Rechtsinhabers an der Besichtigung bei Weitem überwiegt und dem Geheimhaltungsinteresse auch nicht durch Maßnahmen nach Absatz 1 Satz 3 angemessen Rechnung getragen werden kann.[47] Während der erste Erwägungsgrund sicherlich noch nachvollziehbar ist, dürften sich im Hinblick auf den zweiten Erwägungsgrund auf Grund im Einzelfall nur schwierig vorzunehmender Abwägungen zahlreiche Streitfälle ergeben.

bb) Rechtsfolge des Anspruchs. Zulässig sind – auch im Rahmen des § 101a UrhG nur solche Besichtigungsmaßnahmen, die zur Beurteilung des Vorliegens des Hauptanspruches erforderlich sind. Gegenstand der Besichtigung ist bei Software i.d.R. der Quellcode.[48]

Der Anspruchsteller darf grundsätzlich zur Besichtigung auch weitere Personen hinzuziehen oder sich durch sie bei der Besichtigung vertreten lassen. Es ist aber wegen der Besonderheiten der Materie und der Umstände zwingend notwendig, sich bei der Besichtigung von Software von vornherein **Dritter mit besonderer Sachkunde**, i.d.R. eines Sachverständigen, zu bedienen, die allerdings besonderen Beschränkungen unterworfen sind (→ cc).

Eine Besichtigung beinhaltet dabei nicht nur die sinnliche Wahrnehmung, sondern auch die **nähere Untersuchung**.[49] Der Anspruchsteller darf sich dabei auch technischer Geräte bedienen, um Merkmale der Sache besser wahrnehmbar zu machen, die er sonst nicht oder so nicht gut wahrnehmen könnte, so dass es zB eine Besichtigung einer Diskette darstellt, wenn diese in einen Computer eingelesen und der Inhalt auf dem Bildschirm sichtbar gemacht wird.[50] Unter den Begriff der Besichtigung fällt auch die Sicherung des Besichtigungsergebnisses (zB durch Fotos oder den Ausdruck von Daten und Dateilisten).[51] Auch beschränkte Substanzeingriffe sind, soweit dadurch nicht das Integritätsinteresse des Anspruchsgegners beeinträchtigt wird, zulässig.[52] Daran dürfte sich ausweislich der Gesetzesbegründung auch im Rahmen des § 101a UrhG nichts ändern.[53]

---

[44] *Bork* NJW 1997, 1669.
[45] Palandt/*Sprau* § 809 Rn. 6.
[46] *Leppin* GRUR 1984, 558 ff.
[47] BT-Drs. 16/5048 S. 41.
[48] BGH Urt. v. 2.5.2002 – I ZR 45/01 – BGHZ 150, 377 – NJW-RR 2002, 1617.
[49] Palandt/*Sprau* § 809, Rn. 9.
[50] *Bork* NJW 1997, 1669.
[51] *Bork* NJW 1997, 1669.
[52] *Bork* NJW 1997, 1669; so auch HK-UrhG/*Meckel* § 101a Rn. 4 und *Dreier* § 101a Rn. 6.
[53] BT-Drs. 16/5048 S. 41.

49 Fraglich ist, ob der Anspruch sich auf die Besichtigung loser Datenträger beschränkt oder ob zB auch der Computer des Antragsgegners in Betrieb genommen werden oder sogar die Festplatte ausgebaut werden darf. Die zu besichtigende Sache ist ein Datenträger, i.d.R. die Festplatte, auf der die Kopien vermutet werden. Diese Sache ist ohne Ausbau (vorübergehende Entfernung der Festplatte, um sie mit Hilfe einer anderen Hardware zu lesen) oder – was unter dem Gesichtspunkt der Erforderlichkeit das ersichtlich mildere Mittel ist – Inbetriebnahme (durch Einschalten des Computers) überhaupt nicht wahrnehmbar. Im Grunde muss man deshalb die Inbetriebnahme gleichsetzen mit dem Aufschließen des Raumes oder eines Behältnisses, in dem sich die zu besichtigende Sache befindet, so dass auch insoweit ohne weiteres verlangt werden kann, dem Anspruchsgegner Zugang zu der zu besichtigenden Sache zu gewähren.[54]

50 Im Ergebnis wird man daher jedenfalls für den auf die **Besichtigung von Datenträgern** gerichteten Anspruch feststellen müssen, dass dieser Anspruch die Inbetriebnahme der für die Sichtbarmachung erforderlichen Hardware umfasst. Zur Vermeidung von Schäden hat die Inbetriebnahme indes durch eine sachkundige Person zu erfolgen. Das kann grundsätzlich ein sachkundiger Mitarbeiter des Besichtigungsgläubigers, aber auch ein unabhängiger Sachverständiger sein; im Rahmen eines Geheimhaltungsprozesses muss es aber – um die in diesem Zeitpunkt noch uneingeschränkt Geltung beanspruchenden Geheimhaltungsinteressen des Anspruchsgegners zu wahren, ein zur Vertraulichkeit verpflichteter Dritter zB ein Sachverständiger sein (→ cc).

Praxistipp:
Zur Besichtigung gehört auch, dass der Anspruchsgegner das für den Zugriff auf den Datenträger erforderliche Passwort nennt oder es bei entsprechendem Geheimhaltungsinteresse unter Aufsicht eines sachkundigen Dritten selbst eingibt. Im Hinblick darauf sollte bereits zusammen mit einer evtl. beantragten einstweiligen Verfügung die Festsetzung eines Zwangsgeldes nach § 888 ZPO beantragt werden.[55]

51 Fraglich ist, ob unter den Besichtigungsanspruch auch ein **Speichern auf einem anderen Datenträger** zu Beweiszwecken fällt. Vom Wortlaut des § 101a UrhG „Besichtigung" dürfte dies wohl ebenso wenig wie vom Wortlaut des § 809 BGB umfasst sein. Erwogen werden sollte insoweit aber zumindest eine analoge Anwendung, wenn dies, wie im Rahmen eines Geheimhaltungsprozesses, lediglich der Beweiserhebung und -sicherung dient. Bestimmte Funktionalitäten können im Rahmen eines Ausdrucks aber nur unzureichend wiedergegeben werden. Zum Nachweis einer unberechtigten Kopie kann es aber durchaus notwendig sein, diese umfassend zu untersuchen und zu präsentieren. Aufgrund der nachfolgend unter → cc) noch dargelegten Einschränkungen ist auch die Gefahr des Missbrauchs einer derartigen Kopie gering. Darüber hinaus unterliegt auch der regelmäßig in diesem Verfahren erstellte Bericht eines sachkundigen Dritten den üblichen prozessualen Gegebenheiten, kann und wird deshalb im weiteren Verfahren Gegenstand der Auseinandersetzungen sein, so dass es notwendig werden könnte, entsprechende Abläufe in praxi darzustellen. Den berechtigten Interessen des Anspruchsgegners dürfte durch die erheblichen Einschränkungen des Geheimhaltungsprozesses an sich bereits Genüge getan sein.

52 *cc) Berücksichtigung berechtigter Geheimhaltungsinteressen des Anspruchsgegners.* In den Fällen verdeckter Kopien von Programmen oder Programmteilen stehen sich die legitimen Interessen des Anspruchstellers an der Besichtigung des Quellcodes und des Anspruchsgegners an der Geheimhaltung seiner, bzw. der Programmierkenntnisse seiner Mitarbeiter, welche i.d.R. auch zugleich regelmäßig noch den eigentlichen Geschäftswert des Unternehmens abbilden, gegenüber, da zu diesem Zeitpunkt des Verfahrens der Anspruchs-

---
[54] *Bork* NJW 1997, 1670.
[55] Vgl. *Schilken* DGVZ 1988, 49 (53).

gegner als Rechtsverletzer noch nicht feststeht. Dieses berechtigte Interesse des Anspruchsgegners ist nunmehr in § 101a S. 3 UrhG ausdrücklich aufgenommen worden.

Das gewünschte Ergebnis (zB Unterlassung, Schadensersatz) ist deshalb nur mit einer **gestuften Klageerhebung** zu erreichen, auf dessen erster Stufe eine Besichtigung durch einen sachkundigen und zur Verschwiegenheit verpflichteten Zeugen steht, der das Ergebnis seiner Besichtigung fixiert. Die Erstellung einer qualifizierten Beschreibung und die Wahrnehmung von Betriebsgeheimnissen sind gesichert, wenn als Beauftragter eine Person ausgewählt wird, die neben Neutralität und Sachkunde auf dem einschlägigen Fachgebiet die Gewähr der Verschwiegenheit gegenüber Dritten auch von Berufs wegen bietet und zur Einhaltung einer Verschwiegenheitspflicht (auch) gegenüber dem Antragsteller bereit ist.[56] Besonders geeignet ist in der Regel ein zu den Parteien in der Sache neutraler und auf dem entsprechenden technischen Fachgebiet versierter Sachverständiger, der dann als sachverständiger Zeuge seine Feststellungen trifft. Die Auswahl des Beauftragten obliegt, vorbehaltlich gerichtlicher Billigung, dem Anspruchsteller, da der Beauftragte für ihn auf der Grundlage seines Anspruchs Wahrnehmungen machen soll.[57]

Der Beauftragte ist künftiger **sachverständiger Zeuge im Verletzungsprozess,** da der Anspruchsteller ihn gemäß §§ 675, 611 BGB beauftragt, die Besichtigung unter Anwendung seiner besonderen Sachkunde vorzunehmen, seine tatsächlichen Feststellungen in einem schriftlichen Bericht festzuhalten und den Bericht bei einer diesen treuhänderisch verwahrenden Stelle – i. d. R. dem Gericht, aber ggf. auch einem Notar oder einem sonstigen Dritten zB im Rahmen einer Escrowvereinbarung – abzuliefern; er fertigt damit, selbst wenn er Sachverständiger ist, kein Gutachten, sondern einen Bericht.[58]

Da das Gericht dem Antragsteller und dem Zeugen nicht vorgeben kann, was Inhalt des Geschäftsbesorgungsvertrages ist, muss der Antragsteller im Rahmen seines Antrages zwangsläufig sehr genau präzisieren, was er zum **Gegenstand seines Auftrages an den sachkundigen Zeugen** machen will.[59] Wie bislang auf der Grundlage der §§ 809, 242 BGB entscheidet das Gericht nunmehr auf der Basis des § 101a UrhG, 242 BGB dann darüber, ob die beantragten oder weniger als die beantragten Befugnisse für den Zeugen mit Wirkung gegen den Gegner angeordnet werden.[60]

Erst wenn weitere, im Interesse des Antragsgegners zu berücksichtigende Voraussetzungen gegeben sind, darf dann dem Antragsteller das Ergebnis dieser Besichtigung offenbart werden. Es ist deshalb in derartigen Verfahren zwingend ein sachkundiger Zeuge einzuschalten, der sich zugunsten des Antragsgegners verpflichtet, (auch) gegenüber dem Antragsteller über das Ergebnis seiner Besichtigung bzw. Untersuchung grundsätzlich Stillschweigen zu bewahren und ihm – erst nach dem Vorliegen weiterer, durch das Gericht festzustellender Voraussetzungen – nur insoweit Auskunft zu erteilen, ob das besichtigte Programm bestimmte, vom Antragsteller **vorab genau definierte Merkmale** aufweist, die unter den urheberrechtlichen Schutz fallen.[61] Der Anspruchsteller kann deshalb in dieser Phase des Verfahrens auch keinen Anspruch auf persönliche Besichtigung oder Teilnahme an der Besichtigung durch den sachkundigen Zeugen haben.

> **Praxistipp:**
> Der Besichtigungsauftrag bzw. der Klage-/Verfügungsantrag (!) ist so genau zu definieren, dass dem sachkundigen Zeugen hinsichtlich des Umfangs seiner Informationsbefugnisse kein eigener Entscheidungsspielraum verbleibt.[62]

---

[56] *Leppin* GRUR 1984, 561.
[57] *Leppin* GRUR 1984, 561.
[58] Ähnlich auch *Leppin* GRUR 1984, 561.
[59] Hierzu sehr instruktiv: *Hoppen* CR 2009, 407.
[60] *Leppin* GRUR 1984, 562.
[61] *Leppin* GRUR 1984, 562; *Bork* NJW 1997, 1665; *Brandi-Dohrn* CR 1987, 835 (837).
[62] BGH Urt. v. 8.1.1985 – X ZR 18/84, BGHZ 93, 191 (212) = NJW-RR 1986, 480.

57 Die Tatsache, dass die Fragestellung nach vorab genau definierten Merkmalen von eminenter Bedeutung für eine erfolgreiche Durchsetzung des Anspruchs auf Besichtigung und auch aller weiteren Ansprüche ist, legt es zwingend nahe, auch schon **bei der Formulierung** dieser Fragen die **Hilfe eines Sachverständigen zuzuziehen**. Nur dieser wird – wenn und soweit der Mandant nicht selbst über herausragende Sachkunde verfügt – regelmäßig in der Lage sein, in ausreichender Art und Weise zu beurteilen, welche Gesichtspunkte beurteilt werden müssen, um im Nachhinein feststellen zu können, dass tatsächlich eine Schutzrechtsverletzung vorliegt. Dies wird nämlich nur dann erfolgen können, wenn zu den Feststellungen des sachkundigen Zeugen entweder im Hauptsacheverfahren des Besichtigungsprozesses, der als Geheimhaltungsverfahren geführt wird, oder im Verfahren zur mündlichen Verhandlung der einstweiligen Verfügung substantiiert Stellung bezogen werden kann. Es versteht sich von selbst, dass insoweit nicht nur besonderes Augenmerk auf die Person des Sachverständigen, sondern auch auf seine fachliche Qualifikation hinsichtlich des Teilbereiches der zu untersuchenden IT zu richten ist.

58 Die Problematik der Antragstellung im Rahmen eines derartigen einstweiligen Verfügungsverfahrens bzw. eines Hauptsacheverfahrens zu § 809 BGB bzw. § 101a UrhG ist vergleichbar mit der im Rahmen eines selbstständigen Beweisverfahrens; die **Konsequenzen** bei einer unzutreffenden oder ungenauen Antragstellung sind aber um ein vielfaches gravierender, da dem Antragsteller sicherlich keine zweite Möglichkeit bleibt, um eine Schutzrechtsverletzung nachzuweisen.

> **Praxistipp:**
> Bei der Formulierung der Fragen muss stets darauf geachtet werden, dass die Fragestellung nicht zu dem Ergebnis führt, dass eventuelle Betriebsgeheimnisse des Antragsgegners verletzt werden. Ist der Kreis zu weit gezogen und besteht damit die sachlich begründbare Gefahr, dass Betriebsgeheimnisse des Antragstellers verletzt würden, wird der Anspruchsgegner insoweit sicherlich intervenieren und kann das Gericht im Hauptsacheverfahren entscheiden, dass der Bericht nicht beigezogen wird. Zwar hätte dann der Antragsteller ggf. im einstweiligen Verfügungsverfahren die entsprechenden Fragen dem sachkundigen Zeugen vorlegen können, indes wäre dies nur ein Pyrrhussieg gewesen. Selbst nach Beiziehung des Berichtes kann das Gericht noch für den bzw. im Folgeprozess entscheiden, dass der Bericht nicht freigegeben wird. Da der Prozess bis zu diesem Zeitpunkt regelmäßig als Geheimhaltungsverfahren geführt wird, ist dem Antragsteller nicht geholfen.
> Ist der Bericht freigegeben worden, so kann dann auf den freigegebenen Bericht im „dritten" Prozess, dem eigentlich beabsichtigtem Prozess, insbesondere der Anspruch auf Schadensersatz gestützt werden.

59 Der Antragsgegner seinerseits ist weder Auftraggeber, noch (Mit-)Hinterleger des Berichts des sachkundigen Zeugen. Er hat deshalb auch keinen materiell-rechtlichen Anspruch auf Aushändigung oder Einsichtnahme. Die treuhänderische Verwahrung erfolgt jedoch auch in seinem Interesse, so dass über den Bericht ohne seine Zustimmung nicht verfügt werden kann, es sei denn, dem Anspruchsteller ist im Hauptsacheprozess ein Anspruch auf Besichtigung zugesprochen worden.[63]

60 *dd) Geltendmachung des Anspruchs.* Die Geltendmachung eines entsprechenden Anspruches lediglich im Rahmen einer gestuften Klage oder lediglich im Hauptsacheverfahren dürfte indes in den seltensten Fällen von Erfolg gekrönt sein, da der Anspruchsgegner bereits mit Zustellung der Klage alles tun wird, um erfolgte Rechtsverletzungen zu beseitigen. Auf Grund des im normalen Verfahren vorgegeben Ablaufs und der entsprechenden Verfahrensdauer dürfte ihm dies auch wohl problemlos gelingen. Zwingend notwendig ist deshalb, zumindest die Sicherung entsprechender Ansprüche im Rahmen eines **einstweiligen Verfügungsverfahrens gemäß der §§ 935, 936, 920 II ZPO** zu betreiben, mit welchem die erste Stufe, nämlich die Sicherung des Beweises, vorweggenommen wird. Auch in einem solchen Verfahren sind

---

[63] *Leppin* GRUR 1984, 562.

allerdings – sedes materiae – wiederum zahlreiche Besonderheiten zu berücksichtigen. Dies war schon für die Anspruchsdurchsetzung im Rahmen des Anspruchs nach § 809 BGB anerkannt. Um den insoweit bestehenden Problemen Rechnung zu tragen und vor dem Hintergrund der Umsetzung der Enforcement-Richtlinie, hat der Gesetzgeber nunmehr in § 101a Abs. 3 UrhG ausdrücklich die Möglichkeit der Durchsetzung mittels einstweiliger Verfügung angeordnet. Damit sollte insbesondere auch den Vorgaben des Artikel 7 der Richtlinie genüge getan werden. Dabei hat der Gesetzgeber allerdings auch ausdrücklich in Kauf genommen, dass insoweit auch der Erlass einer einstweiligen Verfügung möglich ist, wenn und soweit – entgegen den Grundsätzen des bisherigen deutschen Rechts – hierdurch **die Hauptsache vorweggenommen** wird.[64] Soweit die Erwägungsgründe insoweit zur Rechtfertigung hierfür neben der bestehenden Umsetzungsverpflichtung in Bezug auf die Richtlinie, auf Abs. 3 Satz 2 und die darin aufgestellten Anforderungen an das jeweilige Gericht abstellen, mit den jeweils erforderlichen Maßnahmen den Schutz vertraulicher Informationen sicherzustellen, wird die auch bislang schon gängige Rechtspraxis nunmehr auch kodifiziert.

(1) Verfügungsanspruch. Der Antragsteller muss zur Begründung des Verfügungsanspruchs die Voraussetzungen des § 809 BGB (s. o.) respektive des § 101a UrhG darlegen und glaubhaft machen (§§ 935, 936, 920 II Alt. 2, 294 ZPO).

Die beantragte einstweilige Verfügung darf inhaltlich – wie sonst auch – grundsätzlich nur zur Sicherung, nicht aber (wenn auch unter Maßgabe des Vorstehenden) zur Befriedigung des Hauptanspruchs führen. Jegliche auch nur teilweise Weitergabe oder sonstige Zugänglichmachung der Ergebnisse der Besichtigung durch den Sachverständigen gegenüber dem Antragsteller scheidet also aus. Eine entsprechende Sicherungsverfügung darf deshalb – worauf bei der Formulierung des Antrags genauestens zu achten ist – nur aussprechen, dass der Antragsgegner die Besichtigung der entsprechenden Datenträger einem vom Gericht bestimmten, zur völligen Verschwiegenheit verpflichteten sachkundigen Dritten (Zeugen) zu ermöglichen und dieser seine Erkenntnisse in Form eines schriftlichen Berichts bei Gericht zu hinterlegen hat. Darüber hinaus empfiehlt es sich dringend, auch die übrigen für die Vollziehung der einstweiligen Verfügung erforderlichen Maßnahmen in den Verfügungsantrag und Verfügungsbeschluss aufzunehmen (zB Verpflichtung zur Nennung etwaiger Passwörter (s. o.), Freigabe von durch Fingerabdruck gesicherter Soft- und Hardware durch aktive Mitwirkung usw.), um den Zugriff ggf. über § 888 ZPO sicherstellen zu können.

Nach Meinung von *Koch*[65] ist der Sachverständige zur Eingabe von Befehlen in Geräte des Antragsgegners nur ermächtigt, wenn die Verfügung dies ausdrücklich vorsieht, was wiederum einen entsprechenden Antrag voraussetzt.

Nach Meinung von *Bork*[66] sind damit die Anforderungen an die präzise Umschreibung des Sachverständigenauftrags überspannt. Umschrieben werden müsse das Besichtigungsobjekt, nicht die Besichtigungsmethode. Jedenfalls dürfe man nicht verlangen, dass dem Sachverständigen die einzelnen Befehlsfolgen vorgeschrieben werden, durch deren Eingabe er das Besichtigungsziel erreichen kann. Wenn diese Befehle nicht passen, weil die Anlage des Anspruchsgegners anders aufgebaut ist, als der Antragsteller vermutet hat, würde die Einstweilige Verfügung sonst unvollziehbar.[67]

Der vom Sachverständigen hinterlegte Bericht steht dem Antragsteller indes erst dann zur Einsichtnahme frei, wenn dieser einen Hauptsachetitel über den Besichtigungsanspruch erlangt hat. Erst in diesem, sich an das einstweilige Verfügungsverfahren anschließenden Hauptsacheverfahren wird also über die eigentlich gewollte Herausgabe des Berichtes und damit auch die Herausgabe der den Kern der Auseinandersetzung bildenden Informationen entschieden.

Diese wiederum bilden nunmehr die Grundlage für eine Prüfung und eine ggf. im Klagewege durchzusetzende Geltendmachung insbesondere ggf. weiterer urheberrechtlicher Ansprüche des Antragstellers.

---

[64] BT-Drs. 16/5048 S. 28, 41.
[65] *Koch* 1988, 211.
[66] *Bork* NJW 1997, 1665.
[67] Ebenso Bartsch/*Redecker* S. 105, 113.

67 *(2) Verfügungsgrund.* Das Vorliegen der Voraussetzung eines Verfügungs**grundes** und eine entsprechende Glaubhaftmachung dürfte auf Grund der Besonderheiten der Situation und des daraus folgenden Bedürfnisses nach Überraschung unproblematisch sein.[68]

68 Da der Antragsgegner mit erheblicher Wahrscheinlichkeit verdeckte Kopien von Programmen oder Programmteilen auf seinen Datenträgern gespeichert hat, droht auch die Gefahr, dass er die zu besichtigenden Datenträger während eines „ordentlichen" Prozesses über den Besichtigungsanspruch durch Löschen der Kopien verändert und dadurch die Durchsetzung des Besichtigungsanspruchs vereitelt.[69]

69 *Meckel*[70] weist indes auf eine nicht zu unterschätzende Problematik in Bezug auf die insoweit nach allgemeinen Regeln des einstweiligen Rechtsschutzes gebotene **„Dringlichkeit"** als Voraussetzung für den Verfügungsgrund hin. So habe das OLG Köln (Beschl. v. 9.1.2009 – 6 W 3/09, ZUM 2009, 427) zu Recht ausdrücklich darauf verwiesen, dass es auf jeden Fall auch hinsichtlich der Durchsetzung eines Besichtigungsanspruchs der Dringlichkeit bedürfe, was bedeute, dass der Anspruchssteller vom Zeitpunkt der Kenntnisnahme von dem vermeintlich anspruchsbegründenden Sachverhalt bis zur Einreichung des Eilantrages durchgängig das Ziel verfolgen müsse, den begehrten vorläufigen Rechtsschutz so schnell wie möglich zu erreichen. Demgegenüber sei das OLG Düsseldorf (Beschl. v. 30.3.2010 – I-20 W 32/10, 20 W 32/10, InstGE 12, 105) der (nach Meckel unzutreffenden) Ansicht, dass der Verfügungsgrund nicht bereits entfallen sei, wenn der Antragsteller die Rechtsverfolgung erst nach längerem Zuwarten aufgenommen habe, da für die (erfolgreiche) Durchsetzbarkeit des Besichtigungsanspruchs im Eilverfahren ja gerade sei, den Antragsgegner durch seine Beteiligung am Verfahren in die Lage zu versetzen, die zu sichernden Beweismittel zu vernichten.

70 Zwar entspricht die Ansicht des OLG Köln den grundsätzlichen Vorgaben des einstweiligen Rechtsschutzes, indes dürfte auch insoweit – wie bereits in Bezug auf den Beibringungsgrundsatz – den Vorgaben der Enforcement-Richtlinie und deren effektiver Umsetzung Rechnung zu tragen sein. Um einen effektiven Rechtsschutz bei Urheberrechtsverletzungen im Geheimhaltungsprozess zur erreichen, sollte die – eigentlich für andere Fälle – vorgesehene Voraussetzung der Dringlichkeitsanforderung nicht um ihrer selbst Willen überstrapaziert werden. Abgesehen davon, dass rechtsdogmatische Erwägungen im Rahmen einer gebotenen effektiven Umsetzung der Richtlinie zumindest nur begrenzt Platz greifen sollten, dürfen derartige Erwägungen jedenfalls nicht dazu führen, den beabsichtigten Rechtsschutz ins Leere laufen zu lassen. Der Anspruchsteller hat – auch vor dem Hintergrund der jetzigen gesetzlichen Lage – schon genug zu tun, um die Rechtsverletzung mit den ihm ohnehin nur begrenzt zustehenden Möglichkeiten glaubhaft zu machen. Vor diesem Hintergrund sollte er nicht noch mit einer dogmatisch aus anderen Erwägungen vorgegebenen Dringlichkeitsanforderung pauschal belastet werden.[71]

71 *(3) Vollziehung der einstweiligen Verfügung.* Die Besichtigungsverfügung wird – in der Regel insgesamt in den Büroräumen des Antragsgegners – **durch den Gerichtsvollzieher vollzogen,** dh durchgesetzt. Der Gerichtsvollzieher wird dem Antragsgegner analog § 883 ZPO – ggf. unter Zuhilfenahme entsprechenden polizeilichen Schutzes – vorübergehend den Zugriff auf die EDV-Anlage und auf lose Datenträger verwehren, und sie solange in seine Sicherungsverwahrung nehmen. Zugleich wird er diesen dazu anhalten, die entsprechenden Handlungen durchzuführen, die es dem sachverständigen Zeugen ermöglichen, die in der Verfügung vorgesehenen Besichtigungsmaßnahmen durchzuführen, also den Quellcode zu suchen, zu öffnen und auf eine mitgebrachte Diskette zu speichern oder auszudrucken.

72 Nennt der Antragsgegner die entsprechenden Passworte nicht, bzw. ermöglicht er den mittels Fingerprintsensor gesicherten Zugang nicht, so muss der Gerichtsvollzieher ebenfalls in entsprechender Anwendung des § 883 ZPO die Anlage weg- bzw. mitnehmen, um es dem Antragsteller zu ermöglichen, mittels Zwangsgeldes bzw. Zwangshaft die entsprechenden Mitwirkungshandlungen des Antragsgegners zu erreichen.

---

[68] §§ 935, 936, 920 Abs. 2 Alt. 2, 294 ZPO.
[69] Bork NJW 1997, 1665 (1671).
[70] HK-UrhG/*Meckel*, § 101a Rn. 10.
[71] Vgl. auch → *Witte* § 5 Rn. 422.

Verhindert der Antragsgegner bereits den Zutritt zu den Räumlichkeiten oder hat er die entsprechenden Medien versteckt, so muss der Gerichtsvollzieher die Geschäftsräume **durchsuchen** (§ 758 ZPO). Nach Ansicht des Bundesverfassungsgerichts gelten auch Geschäftsräume als Wohnung im Sinne von Art. 13 I. GG und sind damit geschützt.[72] Dies gilt nach der Auffassung des Bundesverfassungsgerichts auch unabhängig davon, ob es sich bei den Besitzern um natürliche oder juristischen Personen (Art. 19 Abs. 3 GG) handelt.[73]

Vor diesem Hintergrund bedarf dann auch dieser Teil der Vollstreckung gemäß Art. 13 Abs. 2 GG einer vorherigen richterlichen Anordnung. In Bezug auf diese ist ebenfalls dringend angeraten, sie zusammen mit der einstweiligen Verfügung ausdrücklich zu beantragen. Die Durchsuchung kann dann im Rahmen einer Annexzuständigkeit von dem für den Erlass der einstweiligen Verfügung zuständigen Gericht angeordnet werden.[74] Im Übrigen empfiehlt es sich ohnehin, ggf. vor der Beantragung entsprechender Maßnahmen mit einem Gerichtsvollzieher des Gerichtsbezirks über etwaige im Gerichtssprengel bestehende Besonderheiten Rücksprache zu halten.

ee) Hauptsacheklage. Nach Abschluss des einstweiligen Verfügungsverfahrens wird sodann ggf. in der zweiten Instanz des einstweiligen Verfügungsverfahrens bzw. mit der Hauptsacheklage **im Rahmen der Anspruchsprüfung** ehemals des § 809 BGB und nunmehr des § 101a UrhG – und nicht etwa im Rahmen einer auf die §§ 69a ff. UrhG gestützten Klage wegen der Verletzung von Urheberrechten – geprüft, ob das mit der einstweiligen Verfügung erreichte Besichtigungsergebnis, insbesondere der durch den sachverständigen Zeugen erstellte und verwahrte Bericht dem Anspruchsteller zur Verfügung gestellt werden darf. Auch insoweit sind allerdings wiederum die Besonderheiten eines derartigen Prozesses zu beachten. In beiden Fällen müssen die Parteien bzw. deren Prozessvertreter Tatsachen und Rechtsauffassungen zum Berichtsinhalt vortragen können, was ihnen aber nur möglich sein dürfte, wenn sie Kenntnis vom Berichtsinhalt haben. Damit stellt sich die Frage, wie die im Bericht etwa enthaltenen Betriebsgeheimnisse im Prozess geprüft und erörtert werden können, ohne ihren Geheimnischarakter zu verlieren und ohne insbesondere der klagenden Partei offenbart zu werden.[75]

Der **Anspruch auf Besichtigung** kann sich wegen der besonderen Gegebenheit zunächst nur darauf richten, dass der Anspruchsgegner dem Anspruchsteller die Möglichkeit der Kenntnisnahme gestattet, indem der Bericht des sachverständigen Zeugen dem Anspruchsteller zur Einsicht und Verwertung als Beweismittel freigegeben, insbesondere von dem sachverständigen Zeugen bzw. dem Gericht ausgehändigt wird. Jede Partei muss sodann konkret zum Berichtsinhalt vortragen und insoweit auch durch Bezugnahme auf den Bericht Beweis für den eigenen Vortrag anbieten, soweit die Gegenseite den entsprechenden Vortrag verneint. So muss der Kläger insbesondere unter Beweisantritt darlegen, dass durch den Bericht die erforderliche Gewissheit für einen Anspruch auf Besichtigung bestätigt wird.

Soweit sich in der **mündlichen Verhandlung** indes herausstellt, dass der Bericht trotz der sorgfältigen Antragsfassung Erkenntnisse enthält, die Betriebsgeheimnisse umfassen und zur Beurteilung einer Verletzungshandlung nicht nötig sind, so ist, um einer Klageabweisung zu entgehen, die beantragte Gestattung durch den Anspruchsteller so einzuschränken, dass die entsprechenden Bereiche zB durch Unkenntlichmachung oder Herausnahme von der Freigabe ausgenommen werden.

Um indes die berechtigten Interessen des Antragsgegners zu diesem Zeitpunkt des Verfahrens zu gewährleisten, müssen vorab durch Geheimhaltungsbeschluss gemäß § 174 Abs. 3 GVG die Beteiligten einer **besonderen Schweigepflicht** unterworfen werden. Voraussetzung hierfür ist allerdings zwangsläufig, dass der betroffene Antragsteller darauf verzichtet, an der mündlichen Verhandlung teilzunehmen. Dadurch ermöglicht er es dem eigenen Prozessvertreter, einen Geheimhaltungsbeschluss gemäß § 174 Abs. 3 GVG gegen sich ergehen zu lassen und genügt damit zugleich den Anforderungen des § 242 BGB.

---

[72] BVerfG Beschl. v. 13.10.1971 – 1 BvR 280/66, BVerfGE 32, 54 (72) = NJW 1971, 2299.
[73] BVerfG Beschl. v. 13.10.1971 – 1 BvR 280/66, BVerfGE 32, 54.
[74] *Bork* NJW 197, 1665; *Bischof* ZIP 1983, 522 (529).
[75] *Leppin* GRUR 1984, 697.

79 Hieraus ergibt sich zwangsläufig auch, dass der **Prozessvertreter des Anspruchsstellers** diesen nicht uneingeschränkt in den Prozessablauf, insbesondere den Inhalt des Berichts und die entsprechenden Schriftsätze bzw. Erörterungen, einweihen darf. Damit verbunden ist auch, dass insoweit die Möglichkeit der Aufforderung des Prozessvertreters an seinen Mandanten zur Stellungnahme beschränkt ist. Soweit der entsprechende Prozessvertreter nicht – zB auf Grund jahrelanger einschlägiger Erfahrung, insbesondere als Fachanwalt des entsprechenden Bereichs, selbst über die notwendigen Kenntnisse verfügt, die es ihm ermöglichen durch eigene Sachverhaltsaufarbeitung eine qualifizierte und substantiierte Stellungnahme abzugeben bzw. zu verhandeln, muss er sich auch in diesem Stadium des Prozesses wiederum eines qualifizierten Dritten – zB eines (Privat-)Gutachters bedienen. Dieser wird dann ebenfalls dann mittels eines Beschlusses gemäß § 172 Abs. 3 GVG durch das Gericht der Geheimhaltungspflicht unterworfen werden müssen.

80 Die Geheimhaltungspflicht des in der mündlichen Verhandlung anwesenden Prozessvertreters und sonstiger **nicht auf der Seite des Anspruchsgegners stehender Personen**, wie zB des sachkundigen Zeugen, wird erst mit der Rechtskraft des Freigabeurteils im Umfang von dessen Freigabeerklärung durch besonderen Beschluss, der auch von Amts wegen ergehen kann, wieder aufgehoben.[76] Verstößt einer der zur Geheimhaltung nach § 172 Abs. 3 GVG Verpflichteten gegen seine Geheimhaltungspflicht, macht er sich nach § 353d Nr. 2 StGB strafbar.

81 Auf der Basis der in der mündlichen Verhandlung gewonnenen Ergebnisse entscheidet das Gericht sodann über die Freigabe des Berichtes. Hält es den Vortrag des Klägers für ausreichend belegt, so wird es den Bericht dem Antrag entsprechend freigeben, ansonsten die Klage abweisen.

82 Gegen die Entscheidung des Gerichts in der Hauptsache ist – wie sonst auch – selbstverständlich das Rechtsmittel der **Berufung** statthaft, für welche ähnliche Grundsätze hinsichtlich der Prozessführung gelten wie auch für das erstinstanzliche Verfahren.

83 Steht rechtskräftig fest, dass der **Bericht nicht freizugeben** ist, hatte der Anspruchsgegner gegen den Anspruchssteller bislang gemäß §§ 1004, 823 Abs. 1 BGB einen Anspruch auf Einwilligung auf Herausgabe gegenüber der verwahrenden Stelle, da die mit einer weiteren Verwahrung verbundene Gefährdung seiner Geheimhaltungsinteressen vom Anspruchsgegner nicht hingenommen werden muss. Soweit man dem Anspruchsgegner einen direkten Anspruch nicht zubilligen will, dürfte zumindest eine analoge Anwendung der entsprechenden Vorschriften in Betracht kommen.[77] Hinzu kommt nunmehr ein Anspruch aus § 101 Abs. 5 UrhG ebenfalls auf Schadensersatz, der denselben Inhalt haben dürfte. Soweit Abschriften über die Prozessakten bei Gericht verbleiben oder ganz bzw. teilweise zu den Prozessbevollmächtigten insbesondere des Antragstellers gelangt sind, ist von den entsprechenden Stellen sicherzustellen, dass der Bericht oder Berichtsteile auch weiterhin sicher verwahrt werden. Ist dies nicht der Fall, so kommen bei einer schädigenden Weitergabe sowohl gegenüber den Prozessvertretern des Anspruchsstellers als auch gegenüber dem Gericht Schadensersatzansprüche gemäß §§ 823, 839 BGB bzw. § 101a Abs. 5 UrhG in Betracht.

84 Hat der Antragsteller/Kläger den Bericht ganz oder in Teilen erlangt, schließt sich nunmehr das „eigentlich gewollte" **Verfahren um urheberrechtliche Ansprüche** an, um derentwillen der Geheimhaltungsprozess ja überhaupt nur geführt worden ist. In diesem Verfahren kann der Anspruchssteller nunmehr uneingeschränkt auf den ihm zur Verfügung gestellten Bericht zurückgreifen und den erforderlichen Beweis durch Urkunden und Zeugnis des sachverständigen Zeugen (letzteres allerdings wieder nur unter Beachtung der ggf. in Bezug auf andere gewonnene Erkenntnisse bestehenden Geheimhaltungspflichten des sachkundigen Zeugen) erbringen.

85 e) **Streitverkündung.** Gerade im IT-Recht, dort insbesondere bei der Entwicklung von Individual-Software oder beim Customising von Software, steht nicht immer von vornherein fest, wer für Mängel verantwortlich ist. Da in der Bundesrepublik, anders als zB in den Vereinigten Staaten, viele mittlere und kleinere mittelständische Unternehmen im Softwarebe-

---

[76] *Leppin* GRUR 1984, 700.
[77] So auch *Leppin* GRUR 1984, 775.

reich tätig sind, haben zahlreiche IT-Projekte dementsprechend häufig – offen oder verdeckt – zahlreiche Partner. Angefangen von dem Beratungsunternehmen, welches die Einführung einer bestimmten Software vorschlägt bzw. deren Auswahl begleitet, über das Unternehmen, welches die Individual-Software erstellt oder Standard-Software an die Bedürfnisse des Kunden anpasst, dem Freelancer, der einzelne Tätigkeiten übernimmt, bis hin zu dem Unternehmen, welches im Nachhinein weitere Anpassungen oder Pflegeleistungen erbringt, können zahlreiche Beteiligte für das Funktionieren oder Nichtfunktionieren der Software-Lösung verantwortlich sein. Sowohl auf der Auftraggeber- bzw. Kundenseite als auch auf der (Haupt-)Auftragnehmerseite kann sich dann unter Umständen auch existenziell die **Frage nach der Verantwortlichkeit** stellen.

Für den Auftraggeber ist es regelmäßig nur schwer zu erkennen, auf welcher Leistung der Mangel beruht (alternative Verantwortlichkeit). Vielfach lässt sich die Verantwortlichkeit erst in einem späten Stadium eines Prozesses zB aufgrund von Sachverständigen-Gutachten herausfinden. Der Auftraggeber kann dann aber den völlig Falschen in Anspruch genommen haben oder der Gegner muss nur anteilig haften. 86

Auch der Auftragnehmer kann in einer derartigen Situation ein Interesse daran haben, die Verantwortlichkeit möglichst zu einem frühen Zeitpunkt feststellen zu lassen oder zumindest mögliche weitere Verantwortliche „mit ins Boot zu nehmen", um etwaige Regressansprüche abzusichern und auch beispielsweise die Verjährung derartiger Ansprüche zu verhindern, bevor die Verantwortlichkeit abschließend geklärt ist (**Regresssituation**). 87

Für derartige Fälle hat der Gesetzgeber deshalb in die Zivilprozessordnung (§§ 72 ff. ZPO) das Institut der Streitverkündung aufgenommen. Seine Aufgabe ist es, einen für möglich gehaltenen Folgeprozess gegen einen Dritten vorzubereiten, indem in möglichst weitem Umfang eine Bindung des Dritten an die tatsächlichen Feststellungen des Vorprozesses herbeigeführt wird. 88

aa) Zulässigkeit der Streitverkündung. Gemäß § 72 ZPO ist die Streitverkündung zulässig, sobald ein gerichtliches Verfahren anhängig ist und die Partei, die den Streit zu verkünden beabsichtigt, für den Fall des ihr ungünstigen Ausganges des Rechtsstreits: 89
- einen Anspruch auf Gewährleistung oder Schadloshaltung gegen einen Dritten erheben zu können glaubt oder
- den Anspruch eines Dritten besorgt.

In diesen Fällen kann die Partei dem Dritten den Streit verkünden und ihn auffordern, dem Rechtsstreit auf ihrer Seite beizutreten. Es reicht insoweit aus, dass der Streitverkündente in vertretbarer Weise das Bestehen eines solchen Anspruchs annehmen darf.[78] 90

In den Fällen einer **Gesamtschuldnerschaft** ist die Streitverkündung indes unzulässig.[79] Der jeweilige Prozessvertreter muss also stets vorab sehr sorgfältig prüfen, ob eine alternative Verantwortlichkeit oder eine gemeinsame Verantwortlichkeit gegeben ist. Kann der Anspruchsteller beide in Betracht kommenden Beteiligten nebeneinander in Anspruch nehmen, kann er sich nicht auf eine Streitverkündung zurückziehen, sondern muss beide als Gesamtschuldner verklagen. Macht er dies nicht, sondern verkündet er lediglich den Streit, ist dies unzulässig und entfaltet keine Rechtswirkungen. Will der Anspruchsteller nach Abschluss des ersten Prozesses nunmehr den „Streitverkündeten" in Anspruch nehmen, kann dieser im Folgeprozess noch die Unzulässigkeit der Streitverkündung rügen und sich in Bezug auf die nunmehr geltend gemachten Ansprüche gegebenenfalls auf Verjährung berufen. Es ist deshalb nicht nur aus anwaltlicher Vorsorge, sondern auch zur Verhinderung eines Anwaltsregresses stets angezeigt, weitere verjährungshemmende Maßnahmen zu ergreifen. 91

Gesamtschuldner untereinander können sich indes den Streit verkünden. Dies macht insbesondere Sinn, wenn es eine Rolle spielt, inwieweit mitwirkendes Verschulden zB eines Fachplaners zu Lasten des Auftraggebers zu berücksichtigen ist. Wenn und soweit der Auftraggeber den Auftragnehmer in Anspruch nimmt, weil dieser mangelhaft gearbeitet hat, so 92

---

[78] BGH Beschl. v. 11.1.2006 – IV ZR 297/03, VersR 2006, 533 (534); OLG Brandenburg Urt. v. 21.12.2005 – 4 U 38/05, IBR 2006, 370 = BauR 2007, 425.
[79] BGH Urt. v. 9.10.1975 – VII ZR 130/73, NJW 1976, 39 (40); BGH Urt. v. 6.12.2007 – IX ZR 143/06, NJW 2008, 519.

wird dieser i.d.R. versuchen, ihm gegenüber mitwirkendes Verschulden einzuwenden. Häufig wird es sich hierbei tatsächlich um fachplanerische Verursachungen handeln, die dem Auftraggeber dann zugerechnet werden. Insoweit macht es dann Sinn, zur Vorbereitung eines späteren Gerichtsprozesses den jeweiligen Fachplaner von Anfang an mit ins Boot zu nehmen.

93 Problematisch ist eine Streitverkündung auch bei einem **gestuften Vertragsverhältnis**. Ein solches liegt zB vor wenn der Auftragnehmer seinerseits einen Dritten damit beauftragt hat, eigentlich ihm selbst im Verhältnis zum Auftraggeber obliegende Verpflichtungen zu erbringen, ein Werbeunternehmen zB die beauftragte Webseite nicht selbst programmiert, sondern damit ihrerseits einen Subunternehmer beauftragt. § 72 Abs. 1 ZPO setzt nämlich grundsätzlich voraus, dass die entsprechenden Ansprüche materiell-rechtlich in einem **Alternativverhältnis** stehen. Die Rechtsprechung vertritt hier zum Teil die Auffassung, dass bei einem derartigen nur gestuften Vertragsverhältnis eine Streitverkündung mangels Alternativverhältnisses nicht zulässige sei.[80] So hat das LG Bielefeld für ein Baurechtsverhältnis und in einem Folgeprozess die Wirkung einer in einem zuvor geführten Vergütungsprozess ausgebrachten Streitverkündung verneint, weil trotz Unternehmer/Subunternehmer-Verhältnis und weitgehend übereinstimmender Vertragsbedingungen die Ansprüche nicht ein einem Alternativverhältnis wechselseitiger Ausschließung stünden. Zwar hat der Bundesgerichtshof insoweit noch keine Entscheidung getroffen, indes kann hier eine böse Überraschung drohen.

Wie vorstehend (→ § 33 Rn. 62) dargelegt, ist die Streitverkündung nach heute einhelliger Meinung auch im Rahmen eines selbstständigen Beweisverfahrens zulässig.

94 Die Möglichkeit der Streitverkündung im Verfahren unterliegt, wie sich schon aus § 66 Abs. 2 ZPO ergibt, nach dem der Beitritt „in jeder Lage des Rechtsstreits bis zur rechtskräftigen Entscheidung" erklärt werden kann, **keiner zeitlichen Beschränkung**. Sie kann deshalb auch bis zur Beendigung des (Beweis-)Verfahrens erklärt werden.[81]

95 Hiervon zu unterscheiden ist indes die Frage, inwieweit bei einer erfolgten Streitverkündung deren **Wirkung** eintritt und wie weit diese reicht. Die Zulässigkeit der Streitverkündung wird jedenfalls i.d.R. nicht überprüft. Hierüber wird mit Ausnahme der Besonderheit der nachfolgenden Problematik erst im Folgeprozess geurteilt.

Heftig umstritten war in der Vergangenheit die Frage, ob im Prozess auch dem durch das Gericht beauftragten **Sachverständigen der Streit verkündet werden kann**. Hintergrund dieses Streits war vordergründig die materiellrechtliche Möglichkeit eines Regresses gegen einen gerichtlichen Sachverständigen nach § 839a BGB. Eigentlicher Hintergrund war wohl eher der Versuch einer Partei, einen ihr missliebigen Sachverständigen aus dem Prozess „herauszuschießen". Da es bei einer zulässigen Streitverkündung dem Sachverständigen prozessual wohl kaum zu verwehren wäre, dem Rechtsstreit gemäß § 74 ZPO beizutreten, würde dieser, um Ansprüche gegen sich abzuwehren, sich zwangsläufig auf die Seite des Gegners stellen müssen und damit seine verfahrensrechtliche Position entsprechend der im Prozessrecht vorgesehenen Aufgabenverteilung als neutraler Beteiligter verlieren. Folge wäre dann, dass er nunmehr der Ablehnung wegen Besorgnis der Befangenheit nach § 406 ZPO ausgesetzt wäre und deshalb auf diese Weise von der den Streit verkündenden Partei nach Belieben aus dem Rechtsstreit „herausgeschossen" werden könnte. Damit wäre die Entscheidung, ob ein Sachverständiger im Verfahren verbleibt oder nicht, in die Hand der Partei gegeben, zu deren Nachteil das Gutachten ausgefallen ist. Der Bundesgerichtshof hat deshalb mit erfrischender Klarheit diese Art von prozesstaktischer Spielerei unterbunden und nicht nur die Streitverkündung als unzulässig angesehen, sondern schon die Zustellung der Streitverkündungsschrift untersagt.[82]

96 Dieser Entscheidung hat der Gesetzgeber nunmehr mit der Änderung der Zivilprozessordnung Rechnung getragen und Entsprechendes in § 72 Abs. 2 S. 1 und § 73 S. 2 ZPO festgelegt.

97 *bb) Form der Streitverkündung.* Die Streitverkündung erfolgt durch die Einreichung eines entsprechenden **Schriftsatzes** bei Gericht, § 73 ZPO. In dem Schriftsatz sind insbesondere Ausführungen zum Grund der Streitverkündung zu machen. Diese müssen den Grund der Streitverkündung, also den Grund für den vermeintlichen Regress, deutlich erkennen las-

---

[80] LG Bielefeld Urt. v. 25.9.2007 – 15 O 127/07, IBR 2008, 132.
[81] OLG Frankfurt Urt. v. 30.6.2009 – 17 W 40/09, IBR 2009, 491 = BeckRS 2009, 23956.
[82] BGH Beschl. v. 27.7.2006 – VII ZB 16/06, IBR 2006, 653 = NJW 2006, 3214.

sen.⁸³ Die entsprechenden Ansprüche müssen hinreichend genau bezeichnet sein. Dabei muss auch berücksichtigt werden, ob es sich um Ansprüche aus eigenem oder abgetretenem Recht handelt.⁸⁴ Werden nur Ansprüche aus eigenem Recht zur Begründung der Streitverkündung herangezogen, ergeben sich diese aber zB aus abgetretenem Recht, so erstreckt sich die Interventionswirkung nicht auf letztere und das im Regressprozess erkennende Gericht ist nicht an die Feststellungen des ersten Gerichts gebunden.⁸⁵

Es gelten die Grundsätze des § 253 Abs. 2 ZPO entsprechend.⁸⁶ Die Fertigung einer Streitverkündungsschrift sollte deshalb stets mit derselben gebotenen Sorgfalt wie die Fertigung einer Klageschrift gehandhabt werden. Dazu gehört auch, dass die in Bezug genommenen **Anlagen** beigefügt und von der **Beglaubigung** mit umfasst sind.

Der Streitverkündete sollte, um nicht Fehler bei Gericht zu provozieren, es tunlichst auch unterlassen, die Streitverkündungsschrift mit anderen Schriftsätzen an das Gericht zu verbinden, oder diese zugleich zu übersenden. Des Weiteren sollte auch stets die Zustellung überprüft und umgehend der Zustellungsnachweis angefordert werden. Sollte das Gerichts insoweit nur zögerlich oder gar nicht reagieren, sollte sicherheitshalber Akteneinsicht genommen werden. Unter Umständen muss eine bereits erfolgte Streitverkündung auch nochmals ausgebracht werden.⁸⁷

Soweit nämlich zum Zeitpunkt der (ersten) Streitverkündung der Regress-Anspruch erst teilweise geltend gemacht worden und dann – warum auch immer – die Klage im Nachhinein erhöht wurde, muss dem Streitverkündeten, der bislang noch keine Veranlassung gesehen hatte beizutreten, die Gelegenheit gegeben werden, seine Entscheidung nochmals zu überdenken, da auch der Streitgegenstand sich geändert hat. Dies kann zB häufig nach dem Vorliegen von entsprechenden Sachverständigen-Gutachten der Fall sein. Die Zustellung des Schriftsatzes erfolgt von Amts wegen an den Dritten, §§ 73, 270 ZPO.

Immer wieder Gegenstand von Diskussionen sind die **Anforderungen an den Inhalt der Streitverkündung**. Gemäß § 73 ZPO hat die Partei zum Zwecke der Streitverkündung einen Schriftsatz einzureichen, in dem der Grund der Streitverkündung und die Lage des Rechtsstreits anzugeben sind. Wie weit die Verpflichtung zur Substantiierung des Grundes geht, wird von Gericht zu Gericht unterschiedlich beurteilt. Wesentlich ist die Erklärung, dass der Streit verkündet wird, und die Bezeichnung des Anspruchs. Zum Grund der Streitverkündung gehört auch die Angabe der tatsächlichen Grundlagen des Rechtsverhältnisses aus dem sich der Klage- und Regressanspruch ergibt. Soweit aus einem Anspruch aus abgetretenem Recht vorgegangen wird, muss auch dieses kenntlich gemacht werden.⁸⁸

Das Oberlandesgericht Hamm hat hierzu entschieden, dass es an einer ausreichenden **Angabe des Grundes der Streitverkündung** gemäß § 73 ZPO fehlt, wenn sich aus der Streitverkündungsschrift nicht hinreichend ergibt, wegen **welcher** konkreter Pflichtverletzungen bezüglich **welcher** einzelnen Mängel Ansprüche erhoben werden.⁸⁹ Nach Ansicht des Oberlandesgerichts Hamm muss um eine hinreichende Information des Streitverkündungsempfänger darüber zu gewährleisten, welcher Ansprüche sich der Streitverkündende ihm gegenüber berühmt, jedenfalls dann eine hinreichend genaue Zuordnung erfolgen, wenn **unterschiedliche Pflichtverletzungen** als Grundlage eines Schadensersatzanspruchs in Betracht kommen. Aus diesem Grund müsse bei Ansprüchen wegen Mängeln – ebenso wie bei den erforderlichen Mindestangaben in einem Mahnbescheidsantrag – ausreichend erkennbar werden, wegen welcher einzelnen Mängel Ansprüche geltend gemacht werden.⁹⁰ Das Oberlandesgericht lässt dabei offen, ob in diesem Zusammenhang die Anforderungen an eine ausreichende Bezeichnung des Klagegrundes im Sinne von § 253 Abs. 2 Nr. 2 ZPO erfüllt sein müssen. Jedenfalls müssten die gegen den Streitverkündeten erhobenen Ansprüche

---

⁸³ Zöller/*Vollkommer* § 73 Rn. 3.
⁸⁴ Zöller/*Vollkommer* aaO Fn. 5.
⁸⁵ OLG Düsseldorf Urt. v. 19.1.1995 – 12 U 276/93 – BauR 1996, 868.
⁸⁶ Zöller/*Vollkommer* § 73 Rn. 1.
⁸⁷ *Sohn* BauR 2007, 1308 (1313).
⁸⁸ Zöller/*Vollkommer* § 73 Rn. 3.
⁸⁹ OLG Hamm Urt. v. 18.11.2010 – 24 U 19/10, IBR 2011, 183 = BeckRS 2011, 01909.
⁹⁰ OLG Hamm Urt. v. 18.11.2010 aaO.

in gegenständlich zuzuordnender Weise bezeichnet und hinreichend individualisiert sein. Ein vertretbarer Ansatz, der aber die Anforderungen des Gesetzgebers überdehnen dürfte. So ist zum einen schon fraglich, wie dieser Ansatz noch mit der vom Bundesgerichtshof aufgestellten **Symptom-Rechtsprechung** in Einklang zu bringen ist.

103 Des Weiteren dürfte auch vor dem Hintergrund der Rechtsprechung auch des Bundesgerichtshofs zum Vortrag im Rahmen eines selbstständigen Beweisverfahrens eine allzu weitgehende Begründungspflicht des Streitverkündenden wohl mehr als bedenklich sein. Da es mittlerweile unstreitig sein dürfte, dass auch im Rahmen eines **selbständigen Beweisverfahrens** eine Streitverkündung erfolgen kann, wäre vor dem Hintergrund des selbstständigen Beweisverfahrens und der dort anerkannter Weise niedrigen Anforderungen an den Antragsteller, es im Zusammenspiel mit der teilweisen restriktiven Rechtsprechung einiger Oberlandesgerichte kaum möglich eine ordnungsgemäße Streitverkündung im selbstständigen Beweisverfahren auszubringen.

104 Vor dem Hintergrund dieser im Bereich der Streitverkündung noch **uneinheitlichen Rechtsprechung** bleibt abzuwarten, welche genauen Anforderungen der Bundesgerichtshof aufstellen wird. Nimmt man die Grundsätze des Bundesgerichtshofs in Bezug auf die Symptom-Rechtsprechung als Maßstab, stellt sich die Frage, inwieweit die Entscheidung des Oberlandesgerichts Hamm mit diesen noch übereinstimmt. Es dürfte vom entsprechenden Streitverkündenden wohl nicht mehr zu erwarten sein, als vom eigentlichen Kläger. Aus Gründen anwaltlicher Vorsorge gilt allerdings auch an dieser Stelle lieber mehr als zu wenig zu substantiieren.

105 *cc) Rechtsfolge der Streitverkündung.* Rechtsfolge der Streitverkündung ist **prozessual** gemäß §§ 74, 68 ZPO, dass der Streitverkündete unabhängig davon, ob er beigetreten ist oder nicht, an das Ergebnis des Prozesses gebunden ist, sog **„Interventionswirkung"**. Der Streitverkündete kann im späteren Regressprozess gegenüber dem Streitverkündendem nicht mehr den Einwand der unrichtigen Entscheidung durch das Gericht erheben. Von der Interventionswirkung sind alle tatsächlichen und rechtlichen Grundlagen des Urteils erfasst, soweit sie die Entscheidung des erkennenden Gerichts tragen.[91]

106 Überschießende Feststellungen binden nicht.[92] Ist im Vorprozess entschieden worden, welche Mängelbeseitigungsmaßnahmen erforderlich und geboten sind, so unterfällt auch dies der Interventionswirkung.[93] Die Interventionswirkung erfolgt aber nur zu Gunsten und nicht zu Lasten des Streitverkündeten, § 74 Abs. 3 ZPO. Die Interventionswirkung trifft den Streitverkündeten auch nur insoweit, als er letztlich in der Lage ist, noch auf den Rechtsstreit Einfluss zu nehmen. Befindet sich der Prozess schon in einem zeitlich fortgeschrittenen Stadium und wäre er ebenso wie die Partei mit neuem oder weiterem Vorbringen ausgeschlossen und muss auch eine Beweisaufnahme nicht wiederholt werden, so unterliegt der Streitverkündete i. d. R. im Folgeprozess keinen Beschränkungen, da ihm ansonsten durch die entsprechende Taktik eine wirksame Verteidigung abgeschnitten würde.[94] Vor dem Hintergrund des geltenden Berufungsrechts eine nicht zu unterschätzende Problematik.

107 **Materiell-rechtlich** bewirkt die Streitverkündung gemäß § 204 Nr. 6 BGB die Hemmung der Verjährung. Diese läuft gemäß § 204 Nr. 2 BGB aber nur bis sechs Monate nach Abschluss des Verfahrens.

Die materiell-rechtlichen und prozessrechtlichen Wirkungen treten aber nur bei **ordnungsgemäßer Zustellung** der Streitverkündung (§ 167 ZPO) und deren Zulässigkeit ein.

> **Praxistipp:**
> Die ordnungsgemäße Zustellung der Streitverkündungsschrift sollte deshalb durch den Anwalt – egal welcher Partei – stets überprüft werden!

---

[91] *Werner/Pastor* Rn. 563.
[92] OLG Karlsruhe Urt. v. 26.4.2005 – 17 U 49/04, OLGR 2005, 629 (630).
[93] *Werner/Pastor* aaO.
[94] BGH Urt. v. 17.6.1997 – X ZR 119/94, NJW 1998, 79 (80); *Schröder* BauR 2007, 1324 (1336); *Sohn* BauR 2007, 1308 (1313).

Der Streitverkündete selbst hat die Wahl, ob er dem Prozess beitritt oder nicht. Er kann sich ferner auch aussuchen, ob er dem Prozess auf Seiten des Streitverkündenden oder auf Seiten dessen Gegners beitritt. Tritt er dem Prozess bei, so erhält er dadurch die Stellung eines Nebenintervenienten/Streithelfers. Er muss den Rechtsstreit in der Lage aufnehmen, in der er sich zur Zeit des Beitritts befindet, § 67, 1 Halbs. ZPO. Er kann nach seinem Beitritt eigenständig Angriffs- und Verteidigungsmittel in den Prozess einführen. Aus der Natur des Beitritts heraus darf er aber nichts vorbringen, was in Widerspruch zu dem steht, was die von ihm unterstützte Partei vorgetragen hat. Als Streithelfer kann der Beigetretene sogar selbstständig Rechtsmittel einlegen. Allerdings kann die von ihm unterstützte Partei ihm die Durchführung des Rechtsmittelverfahrens untersagen. Dann entfällt indes aber auch die Nebeninterventionswirkung, § 68 2. Halbs. ZPO.

2. Begründetheit der Klage

a) **Ordnungsgemäße Substantiierung.** *aa) Allgemeine Vorgaben.* Auch durch die ZPO-Novellierung hat sich an den grundlegenden Spielregeln eines Zivilprozesses nichts geändert. Er bleibt ein Parteiprozess, dh der Sachvortrag des Klägers muss schlüssig und der Gegenvortrag des Beklagten muss erheblich sein, um Berücksichtigung zu finden. Nur bei schlüssigem Sachvortrag des Klägers wird zB ein Versäumnisurteil ergehen. Nur bei erheblichem Gegenvortrag des Beklagten wird eine Beweisaufnahme erfolgen.

Der Bundesgerichtshof hat dazu ausgeführt:

„Ein Sachvortrag zur Begründung eines Klageanspruches ist dann schlüssig (und erheblich), wenn der Kläger Tatsachen vorträgt, die in Verbindung mit einem Rechtssatz geeignet und erforderlich sind, das geltend gemachte Recht als in der Person des Klägers entstanden erscheinen zu lassen. ...... der Umfang der jeweils erforderlichen Substantiierung des Sachvortrages bestimmt sich aus dem Wechselspiel von Vortrag und Gegenvortrag, wobei die Ergänzung und Aufgliederung des Sachvortrages bei hinreichendem Gegenvortrag immer zunächst Sache der darlegungs- und beweispflichtigen Partei ist."[95]

Der Bundesgerichtshof stellt bei seinen Anforderungen an einen **schlüssigen Klagevortrag** deshalb insbesondere auf die Wechselwirkung von klägerischem und Beklagtenvortrag ab. Voraussetzung für einen schlüssigen Vortrag des Klägers ist nach ständiger Rechtsprechung des Bundesgerichtshofs deshalb zunächst ein klarer subsumierbarer Vortrag, der, was die inhaltlichen, zB örtlichen und zeitlichen Tatsachen betrifft, bestimmt genug ist, um dem Gegner ein konkretes erhebliches Bestreiten zu ermöglichen. Zwar muss der Vortrag nicht schon alle Einzelheiten enthalten, aber je mehr der Gegner substantiiert bestreitet, desto mehr muss auch der Vortrag des Klägers substantiiert werden.

Dieser Hintergrund kann gerade im IT-Recht nicht genug beachtet werden. Häufig scheitern Klagen schon daran, dass es dem Anwalt gar nicht gelingt, dem Gericht deutlich zu machen, was die Parteien denn überhaupt vereinbart haben bzw. was letztlich geliefert worden ist. Zum Teil wissen die Parteien selbst nicht, was sie eigentlich vereinbart haben, da entweder jeder eine andere Vorstellung vom Vertragsgegenstand hat oder durch zahlreiche mündliche und im Nachhinein nicht mehr genau nachvollziehbare, geschweige denn dokumentierte Absprachen der Vertragsgegenstand vielfach verändert worden ist. Dies entbindet leider aber nicht von der Notwendigkeit, den Vertragsgegenstand, so wie er sich zumindest aus der Sicht des Anspruchstellers darstellt, ordnungsgemäß darzulegen.

Die Streitbereiche in Softwareprozessen haben eine sehr große Bandbreite. Angefangen von der Auswahl der richtigen Standardsoftware über die geeignete Parametrierung bis hin zur Softwareentwicklung wird ein sehr breiter Bereich abgedeckt. Für den Anwalt besteht das Problem darin, einen von Spezialisten geprägten Sachverhalt auf eine **allgemein verständliche Ebene herunterzubrechen,** dabei aber die wesentlichen technischen Eigenschaften nicht zu verwässern oder zu verfälschen. Es muss ferner berücksichtigt werden, dass die Zielgruppe Richter in vielen Fällen kein oder ein nur wenig ausgeprägtes technisches Verständnis besitzt, das i.d.R. deutlich unterhalb desjenigen von IT-Fachanwälten anzuordnen

---

[95] BGH Urt. v. 1.6.2005 – XII ZR 275/02, NJW 2005, 2710.

ist. Eine Sonderzuständigkeit für IT-Prozesse ist nicht der Regelfall; darüber hinaus ist auch die gerichtliche Geschäftsverteilung zu berücksichtigen.

113 Als Folge ist in vielen Fällen eine **aufwändige Aufbereitung des technischen Sachverhalts** in einen allgemein verständlichen Sachverhalt notwendig, damit das Gericht das Verfahren sachgerecht leiten kann und nicht geneigt ist, das Verfahren ohne eine detailliertere Beschäftigung mit dem Sachverhalt zu beenden. Die eigene Partei kann dabei in der Regel nur eingeschränkt unterstützen, da sie keine Erfahrung in der Prozessführung hat und auch mit der Problematik von Beweisantritten und Durchführung von Ortsterminen wenig vertraut ist. Ferner ist sie auf Grund der vorstehend geschilderten verschiedensten Befindlichkeiten selbst betroffen und hat dadurch uU einen sehr engen Fokus.

114 Ein wesentliches Zwischenziel des Anwalts auf Klägerseite ist zunächst der **Erlass eines Beweisbeschlusses,** basierend auf seinem Vortrag. Wenn die von ihm aufgeworfenen Beweisanträge vom Gericht berücksichtigt werden und entsprechende Beweisbeschlüsse ergehen, ist ein wichtiger Meilenstein erreicht. Falls der geschilderte Sachverhalt zutreffend ist und die entsprechenden Beweisanträge validiert sowie durchführbar sind, ist damit eine deutliche Risikoverminderung erreicht. Es besteht dann eine sehr große Wahrscheinlichkeit dafür, dass die Behauptungen im Rahmen des Parteivortrags durch Feststellungen in der Beweisaufnahme bestätigt werden.

115 Damit einher geht die Steuerung der Arbeit des gerichtlich bestellten Sachverständigen. Je genauer und präziser der Sachvortrag des Anwalts ist, desto weniger Spielraum hat der gerichtlich bestellte Sachverständige hinsichtlich seiner Feststellungen. Die Parteimaxime im Zivilprozess gibt den Parteien ein wirkungsvolles Steuerungsinstrument, um die Punkte zu spezifizieren, die Gegenstand der Untersuchungen des Sachverständigen sein sollen. Die Verfolgung dieses Ziels vermindert damit auch das Prozessrisiko, soweit es von den Prozessparteien beeinflusst werden kann.

116 Zusammengefasst heißt das, dass der Sachvortrag in Softwareprozessen aus Anwaltssicht folgende **Ziele** verfolgen sollte:
- Verständlicher und nachvollziehbarer Sachvortrag als wesentliche Basis für Entscheidungen des Gerichts,
- Zwischenziel des Anwalts: Erlass eines Beweisbeschlusses auf Basis seines Vortrags,
- Ausrichtung der Tätigkeit des gerichtlich bestellten Sachverständigen.

117 Ein wesentliches Augenmerk sollte auf Grund des Substantiierungsgebotes, wie bereits ausgeführt, deshalb gegebenenfalls auch auf die Unterstützung durch einen Sachverständigen im Vorfeld einer Klage gelegt werden.

118 *bb) Rechtliche Vorgaben.* Zu einem schlüssigen Vortrag gehört auch, welche **Rechte** der Anspruchsteller geltend machen will. Insbesondere bei Prozessen auf Grund von Mängeln krankt der Vortrag häufig daran, dass seitens des Anspruchstellers nicht deutlich gemacht wird, was er beansprucht.

119 Das Gesetz stellt dem Auftraggeber verschiedenste Erfüllungs- und Gewährleistungsrechte zur Verfügung. So kommt zB im Rahmen eines Kaufvertrages Nacherfüllung, Rücktritt, Minderung, Schadens- bzw. Aufwendungsersatz in Frage. Beim Werkvertrag auch Neuerstellung, Nachbesserung, Ersatz der Nachbesserungskosten, Vorschuss, Schadensersatz, Aufwendungsersatz, Minderung und Rücktritt. Nachbesserungsansprüche begründen Zurückbehaltungsrechte, die Minderung führt kraft Gesetzes zum Untergang des Primäranspruches auf Werklohnzahlung, der Rücktritt führt zur Umgestaltung des ursprünglichen Schuldverhältnisses.

120 Die Angabe des beanspruchten Rechts gehört unbedingt zur Schlüssigkeit des eigenen Vortrages.[96] Ein Gerichtsprozess überhaupt, erst Recht im IT-Recht, ist keine Veranstaltung à la „Rate mal bei Rosenthal" oder „Wer wird Millionär?".

121 Zu den wesentlichen rechtlichen Merkmalen des Sachvortrags in Softwareprozessen gehört ferner eine **ausreichende Spezifikation der streitgegenständlichen Gegenstände.** Dabei sind Hardware, Software, Datenträger, Dokumente sowie Datei- und Verzeichnisnamen zu berücksichtigen. Es muss insbesondere möglich sein, die angekündigten Anträge vor dem

---

[96] Vgl. auch *Redeker,* IT-Recht, Rn. 213 ff.

Hintergrund einer beabsichtigten Vollstreckung oder einer Zug-um-Zug Abwicklung eindeutig und zweifelsfrei umsetzen zu können.

Eine Vorschrift, die ebenfalls in IT-Prozessen gesteigerte Beachtung der Beteiligten finden sollte, ist der § 184 GVG: „Die Gerichtssprache ist deutsch" (Anm. d.Verf. und nicht englisch oder eingedeutschtes englisch = „denglish"). 122

Die Materie des IT-Rechts ist schon kompliziert genug; der Prozessvertreter ist deshalb dazu aufgerufen, sie möglichst einfach darzustellen und nicht den sprachlichen Unsinn der Mandanten noch zu perfektionieren. 123

cc) Tatsächliche Vorgaben. Der Sachverhalt, von dem das Gericht oder der Sachverständige bei seiner Begutachtung ausgeht, ist der so genannte Ausgangssachverhalt. Dazu müssen die den Klageanspruch begründenden Tatsachen in hinreichender Genauigkeit beschrieben werden. 124

Gegenstände in Anträgen und Beweisantritten müssen eindeutig spezifiziert sein. Für Softwareprozesse lassen sich **drei Grundanforderungen** für eine ordnungsgemäße Substantiierung ableiten: 125
- Spezifikation des **Ausgangssachverhalts,**
- Identität der Systeme (Hard- und Software) oder **Details der Software** mit dem Ausgangssachverhalt,
- **Fehlerbeschreibung,** Vergleich des Ist-Zustandes mit dem Soll-Zustand. **Erst aus dem Vergleich von Ist-Zustand mit Soll-Zustand ist letztlich abzuleiten, ob ein ausreichender Vortrag für einen Sachmangel gegeben ist.**

Erst mit dem Vergleich zwischen dem Soll-Zustand und dem Ist-Zustand lässt sich für das Gericht die Grundlage eines ordnungsgemäßen Beweisbeschlusses schaffen.[97] Erst nach diesen Überlegungen ist der Prozessvertreter in der Lage, die Gestaltung des Beweisbeschlusses und damit auch die Untersuchungen des Sachverständigen in die gewünschte Richtung zu lenken, die die berechtigten Interessen und hoffentlich auch erwünschten Ziele seines Mandanten widerspiegeln. 126

dd) Vorgaben hinsichtlich der Rechtsfolge. Auch in Bezug auf die erstrebte Rechtsfolge sollte sich der Prozessvertreter im Hinblick auf seinen Sachvortrag vorab Gedanken machen. 127

Falls ein System während der Prozessdauer nicht außer Betrieb genommen wurde und nicht nur eine untergeordnete Nutzung erfolgte, ist häufig eine **Nutzungsentschädigung** zu entrichten. Angesichts der kurzen Innovationszyklen und des vergleichsweise schnellen Preisverfalls können hier gerade bei längerer Prozessdauer erhebliche Beträge anfallen, die die ökonomische Seite eines Prozesses deutlich beeinflussen können. In der Regel ist es empfehlenswerter, streitgegenständliche Systeme außer Betrieb zu nehmen, um damit auch die fehlende Brauchbarkeit zu dokumentieren und zu manifestieren. 128

Falls eine Softwareentwicklung **durch Dritte fertig gestellt** werden soll, müssen verschiedene Voraussetzungen erfüllt sein. Wesentlich ist, dass die Einarbeitungszeit nicht größer sein darf als die vollständige Neuerstellung. Das setzt in der Regel zumindest die Existenz einer partiellen Entwicklungsdokumentation und die Einhaltung von Grundregeln des Software-Engineerings voraus. 129

Auch das Preis-Leistungs-Verhältnis der ursprünglichen Vereinbarungen sollte bei streitigen Auseinandersetzungen berücksichtigt werden. Ein günstiger Projektpreis oder nicht fakturierte Leistungen des Auftragnehmers, die er beispielsweise für die Erschließung eines neuen Marktes aufgewendet hat, werden in einem nachfolgenden Projekt nicht mehr unbedingt erreicht werden können. 130

b) Beweiserhebung. *aa) Beweislast.* Vor der eigentlichen Beweiserhebung und letztlich auch schon im Rahmen der Substantiierung ist die Frage der Beweislast von erheblicher Bedeutung. Diese kann sich unmittelbar aus dem Gesetz oder allgemeinen Grundsätzen ergeben. Gesetzliche Beweislastregeln enthalten zB die §§ 284 und 932 BGB. Liegen derartige Beweislastregeln nicht vor, gilt nach ständiger Rechtsprechung die allgemeine Beweislast- 131

---

[97] Vgl. auch *Streitz* S. 49.

regel, nach der jede Partei die Beweislast für das Vorliegen der Tatsachen der von ihr beanspruchten günstigen gesetzlichen Regelung trägt. Jede Partei trägt die Beweislast für die tatsächlichen Voraussetzungen einer ihr günstigen Norm, dh den Anspruchsteller trifft die Beweislast für die anspruchsbegründenden Tatsachen, der Gegner muss den Beweis für rechtshemmende, rechtshindernde oder rechtsvernichtende Tatsachen erbringen.[98]

132 *bb) Beweiserhebung. (1) Allgemeines.* Die Grundsätze des Beweisverfahrens, insbesondere der Beweislast, der Beweiserhebung sowie der Beweiswürdigung an dieser Stelle darzustellen, dürfte sowohl den Sinn und Zweck dieses Handbuches, als auch die diesem Bereich eingeräumten Kapazitäten sprengen. Nichtsdestotrotz sollen hierzu einleitend einige, manchmal auch in Vergessenheit geratene Ausführungen gemacht werden.

133 Anders als in anderen Prozessarten bzw. Gerichtszweigen, hat es der Gesetzgeber im Zivilprozess den Parteien über lassen, den Sachverhalt, der zur Grundlage des Prozesses gemacht werden soll, vorzutragen bzw. „beizubringen" (**„Beibringungsgrundsatz"**). Zugrundegelegt wird dabei zunächst das unstreitige Vorbringen des Klägers. Bleibt dieses seitens des Beklagten unwidersprochen, so wird das Gericht auf dieser Basis seine Entscheidung treffen. Ist dieses Vorbringen ausreichend, um einen gesetzlichen oder vertraglichen Anspruch zu stützen (Schlüssigkeit des Klägervortrages), so wird das Gericht mit dem Urteil dem Kläger das Begehrte zusprechen. Nur wenn der Beklagte Einwendungen erhebt, die geeignet erscheinen, dem klägerischen Vortrag die Basis zu entziehen bzw. Gegenrechte des Beklagten zu begründen, die ihrerseits den klägerischen Anspruch untergehen zu lassen bzw. seine Durchsetzbarkeit in Frage stellen (Erheblichkeit des Beklagtenvorbringens), stellt sich überhaupt die Frage nach der Notwendigkeit einer Beweiserhebung, die letztlich die erforderliche Klarheit über die Berechtigung des geltend gemachten Anspruchs bringen soll, aber nicht immer bringen muss („Recht haben und Recht bekommen").

134 Wesentlich für die Frage des Beweisverfahrens ist dabei zunächst einmal die Beweislast. Neben im Gesetz ausdrücklich geregelten Beweislastregeln lautet die ungeschriebene Grundregel: Der jeweilige Kläger/Anspruchsteller ist mit der Beweislast für die anspruchsbegründenden Tatsachen belastet, der Beklagte/Anspruchsgegner mit der Beweislast für die anspruchshindernden, anspruchsvernichtenden oder anspruchshemmende Tatsachen.[99]

135 Vor diesem Hintergrund wird prozessual von der jeweiligen Partei erwartet, dass sie bereits im Rahmen der vorbereitenden Schriftsätze,[100] aber auch der mündliche Verhandlung[101] durch einen entsprechenden Beweisantritt zu der von ihr behaupteten Tatsachen mittels entsprechender Beweisanträge „unter Beweis stellt" bzw. einer Beweisaufnahme zugänglich macht. Wesentlicher Inhalt eines derartigen Beweisantrages ist dabei neben der Bezeichnung des Beweismittels das Beweisthema, dh die Angabe der Tatsachen, über die Beweis erhoben werden soll.

136 In den §§ 355–484 ZPO ist für die eigentliche Beweisaufnahme dann im einzelnen geregelt, wie das Gericht den Beweis zu erheben hat. Das Gesetz sieht hier ausdrücklich den sog „Strengbeweis" als für das Gericht verbindliche Form der Beweisaufnahme vor. Die dort aufgeführten Beweismittel in der dort vorgegebenen Form der Beweiserhebung sind für das Gericht verbindlich.[102] Mit Wirkung ab dem 1.9.2004 hat der Gesetzgeber nunmehr auch den sog „Freibeweis" zugelassen.[103] Die **Parteien** können gemäß § 284 S. 2 ZPO das Gericht von den Vorschriften des Strengbeweises freistellen und die Art der Beweisaufnahme in einer dem Gericht geeignet erscheinenden Art zulassen. Das Gericht kann dann zB davon absehen, die Beweisaufnahme im Beisein der Parteien durchzuführen.[104]

137 Im Rahmen der sich an die Beweisaufnahme anschließenden Beweiswürdigung hat das Gericht sodann auf der Basis der gesamten mündlichen Verhandlung einschließlich der Be-

---

[98] BGH Urt. v. 14.1.1991 – II ZR 190/89, NJW 1991, 1052 (1053).
[99] BGH Urt. v. 14.1.1991 – II ZR 190/89, NJW 1991, 1052.
[100] § 130 Nr. 5 ZPO.
[101] § 137 ZPO.
[102] Zöller/*Greger* § 284 Rn. 1.
[103] 1. Justizmodernisierungsgesetz (JuMoG) v. 24.8.2004, BGBl. 2004, I, S. 2198.
[104] BGH Urt. v. 24.2.2005 – VII ZR 225/03, NJW 2005, 1650; *Thomas/Putzo/Reichold* vor § 284 Rn. 6; Zöller/*Greger* § 284 Rn. 4.

weisaufnahme den Sachverhalt festzustellen, den es zur Grundlage seiner rechtlichen Entscheidung machen will, § 286 I ZPO.

Auch vor diesen lediglich allgemeinen und rudimentären Ausführungen wird deutlich, wie wichtig eine sorgfältige Vorbereitung eines IT-Prozesses ist. Das Gericht, welches in allgemeinen prozessualen Fragen, insbesondere auch der Formulierung von Beweisbeschlüssen, sicherlich geübter ist als der hiermit nicht tagtäglich konfrontierte Anwalt, hat aber häufig eben gerade nicht das erforderliche Fach- oder Hintergrundwissen, um die entsprechenden technischen Zusammenhänge zu erkennen und zur Basis eines zielführenden Beweisbeschlusses zu machen. Es wird deshalb, wenn es ihm halbwegs plausibel erscheint, gerne auf den Wortlaut der durch einen entsprechend kundigen Prozessvertreter eingereichten Schriftsatz zurückgreifen, um notwendige Beweisaufnahmen zB durch Sachverständige einzuleiten. Vor diesem Hintergrund wird deutlich, dass zum einen sog „100-Punkte"-Prozesse wegen der i. d. R. von keinem der Beteiligten zu beherrschenden Komplexität wenig zielführend sein dürften und eine Prozessvorbereitung insbesondere mit Unterstützung eines Sachverständigen in vielen Fällen auch schon vor diesem Hintergrund eine gute Alternative sein dürfte. Darüber hinaus hat das Gericht ein im Rahmen des Kläger- oder Beklagtenvorbringens eingeführtes Gutachten stets als qualifizierten Sachvortrag zu berücksichtigen und auch bei der Beweiswürdigung entsprechend zu bewerten.[105] Dies unabhängig davon, dass auch bereits ein fundiertes Privat-Gutachten bereits prozessprägend sein dürfte.

(2) Beweiserhebung durch Urkunden. Die gerichtlich angeordnete Vorlage von Urkunden, Augenscheinobjekten und Gegenständen zur Sachverständigenbegutachtung richtet sich nach den §§ 142, 144, 371 und 421 ff. ZPO.

Die ZPO sieht in den §§ 142, 144 vor, dass das Gericht im Wege der prozessleitenden Anordnungen zur Vorbereitung der mündlichen Verhandlung die Vorlegung von Urkunden und beweiserheblichen Tatsachen anordnen kann. Hierzu gehören:
- Urkunden, § 142 ZPO,
- Augenscheinsobjekte, § 144 ZPO,
- Gegenstände zur Sachverständigenbegutachtung, § 144 ZPO.

(a) Anordnung der Urkundenvorlegung, § 142 ZPO. Zweck der Möglichkeit der Anordnung der Urkundenvorlegung ist, eine bessere Sachaufklärung zu ermöglichen. Eine Anordnung gemäß § 142 Abs. 1 ZPO darf indes nur auf der Grundlage eines schlüssigen Vortrages der Partei, die sich auf die Urkunde bezieht, ergehen.

Im Rahmen des Gesetzgebungsverfahrens wurde die Ausgestaltung des § 142 ZPO wie folgt begründet:

Hinsichtlich der Regelungen in den §§ 142, 144 ZPO-E (Vorlage von Urkunden ua) ist klarzustellen, dass damit keine (unzulässige) Ausforschung der von einer richterlichen Anordnung betroffenen Partei oder eines Dritten bezweckt wird. Die genannten Vorschriften erweitern die Befugnisse, die dem Richter bereits nach geltendem Recht eingeräumt sind, nur behutsam.

......

§ 142 ZPO-E lässt diesen Rechtszustand schon deswegen unberührt, weil die Vorschrift die Partei, die sich auf die Urkunde bezieht, nicht von ihrer Darlegungs- und Substantiierungslast befreit. Das Gericht darf die Urkundenvorlage nur auf der Grundlage eines schlüssigen Vortrages der Partei, die sich auf die Urkunde bezieht, anordnen. § 142 ZPO-E gibt dem Gericht nicht die Befugnis, unabhängig von einem schlüssigen Vortrag zum Zwecke der Informationsgewinnung Urkunden anzufordern.[106]

Die Vorlegungsanordnung kann gegenüber der **Partei**, auf die sich die Urkunde bezieht, ergehen. Nach der ZPO Novellierung kann eine solche Anordnung aber auch gegenüber **der anderen Partei** oder sogar gegenüber einem **Dritten** ergehen.

Ein Dritter ist zur Vorlage verpflichtet, soweit:
- ihm die Vorlegung unter Berücksichtigung seiner berechtigten Interessen zumutbar ist und
- ihm kein Zeugnisverweigerungsrecht (§§ 383 bis 385 ZPO) zusteht.

---

[105] S. h. auch Zöller/*Greger* § 402, Rn. 2 + 7 a.
[106] Vgl. BT-Drs. 14/6036 S. 120.

143 Der **Beweisantritt** erfolgt durch Vorlage der Urkunde.
Ist der **Gegner im Besitz der Urkunde** wird der Beweis gemäß § 421 ZPO durch den Antrag, dem Gegner die Vorlage der betreffenden bezeichneten Urkunde aufzugeben, angetreten.

144 Eine Vorlagepflicht des Gegners besteht, wenn:
- der Beweisbelastete einen materiell-rechtlichen Anspruch hat,[107]
- der Gegner sich ebenfalls auf die Urkunde bezieht, § 423 ZPO.

145 Die Rechtsfolgen einer Nichtvorlage ergeben sich aus § 427 ZPO. Zwar ist die Vorlage nicht erzwingbar, indes kann das Gericht den angetretenen Beweis aber als erbracht ansehen.

146 Soweit sich die Urkunde nach der Behauptung des Beweisführenden im **Besitz eines Dritten** befindet, wird der Beweis angetreten durch:
1. den Antrag des Beweisführers, eine Frist zur Herbeischaffung der Urkunde zu bestimmen, § 428 1. Alt. ZPO **oder**
2. den Antrag des Beweisführers auf Erlass einer gerichtlichen Anordnung gegen den Dritten, § 428 2. Alt., § 142 ZPO.

> **Praxistipp:**
> Die Durchsetzung der Anordnung gegenüber dem Dritten erfolgt durch Ordnungs- und Zwangsmittel gemäß § 390 ZPO!

147 *(b) Anordnung beim Augenscheinsobjekt, § 144 ZPO.* Zweck der Möglichkeit der Anordnung der Augenscheinobjektvorlegung ist ebenfalls, eine bessere Sachaufklärung zu ermöglichen. Die Anordnung der Vorlegung des Gegenstandes des Augenscheinbeweises oder der Duldung der Inaugenscheinnahme gemäß § 144 Abs. 1 S. 2, 3 ZPO kann gegenüber **der anderen Partei**, aber nach der ZPO-Reform auch gegenüber einem **Dritten** erfolgen.

148 Der Dritte ist gemäß § 144 Abs. 2 ZPO zur Vorlage oder Duldung verpflichtet, soweit:
- ihm die Vorlegung oder Duldung unter Berücksichtigung seiner berechtigten Interessen zumutbar ist
- ihm kein Zeugnisverweigerungsrecht[108] zusteht.
- der Gegner sich ebenfalls auf das Augenscheinobjekt bezieht, § 429 iVm § 423 ZPO.

Eine materiell-rechtliche Vorlage- oder Duldungspflicht des Dritten besteht, wenn der Beweisbelastete einen materiell-rechtlichen Anspruch hat.[109]

> **Praxistipp:**
> Eine Duldungsanordnung ist nicht statthaft, sofern die Wohnung des Dritten betroffen ist.[110]

149 Der **Beweisantritt** erfolgt, soweit der Gegenstand im Besitz des **Beweisführers** ist, durch die Angabe der zu beweisenden Tatsache und die Bezeichnung des Augenscheinobjektes, § 371 Abs. 1 ZPO.

---

[107] ZB nach § 259 Abs. 1 BGB auf Auskunft, nach §§ 402, 444, 667, 810, 952 BGB bzw. §§ 118, 157, 166 HGB auf Herausgabe, § 422 ZPO.
[108] §§ 383 bis 385 ZPO.
[109] ZB nach § 259 Abs. 1 BGB auf Auskunft, nach §§ 402, 444, 667, 810, 952 BGB bzw. §§ 118, 157, 166 HGB auf Herausgabe, § 429 iVm § 422 ZPO.
[110] § 144 Abs. 1 S. 3 HS. 2 ZPO.

Praxistipp:

Unter diese Art der Beweisführung gehört insbesondere auch das elektronische Dokument. Für jedes elektronische Dokument finden grundsätzlich die Regeln des Augenscheinbeweises Anwendung, dh es wird grundsätzlich nicht wie eine Urkunde behandelt, § 371 ZPO!
Der Beweisantritt erfolgt gemäß § 371 Abs. 1, S. 2 ZPO durch die Vorlage oder Übermittlung der Datei.
Für eine Willenserklärung, die mit einer qualifizierten elektronischen Signatur versehen ist, gelten aber die Besonderheiten des § 371a ZPO, nach dem diese den Anschein der Echtheit der Willenserklärung begründet. Dieser Anschein kann nur durch Tatsachen erschüttert werden, die ernstliche Zweifel daran begründen, dass die Erklärung mit dem Willen des Signaturschlüssel-Inhabers abgegeben worden ist.

Der **Beweisantritt** durch die neu eingefügte Möglichkeit, den Beweis auch durch einen Augenscheinsbeweis eines Objektes im **Besitz des Gegners** zu führen, erfolgt i.d.R. durch den Antrag des Beweisführers, gegen den Gegner eine gerichtliche Vorlageanordnung nach § 144 ZPO zu erlassen. Die Vorlage durch den Gegner ist indes nicht erzwingbar. Das Gericht kann aber bei einer Vereitelung des Augenscheinbeweises durch den Gegner die Behauptungen des Beweisführenden hinsichtlich des in Augenschein zu nehmenden Objektes als bewiesen ansehen.

Der **Beweisantritt** durch die neu eingefügte Möglichkeit, den Beweis auch durch einen Augenscheinsbeweis eines Objektes im **Besitz eines Dritten** zu führen, erfolgt gemäß §§ 371 Abs. 2, §§ 429, 144 ZPO entweder durch:

1. den Antrag des Beweisführers, eine Frist zur Herbeischaffung des Gegenstandes zu bestimmen, § 429 iVm § 422 ZPO **oder**
2. den Antrag des Beweisführers auf Erlass einer gerichtlichen Anordnung gegen den Dritten, §§ 371 Abs. 2, 144 ZPO.

Praxistipp:

Die Durchsetzung der Anordnung gegenüber dem Dritten erfolgt durch Ordnungs- und Zwangsmittel gemäß § 390 ZPO.

(3) Beweiserhebung durch Sachverständige. Eine zentrale Rolle spielt in einem IT-Prozess der Sachverständige. Zum Teil ist der Sachverständige wie vorstehend ausgeführt schon im Rahmen eines Privatgutachtens tätig geworden. Seine Feststellungen sind dann als qualifizierter Sachvortrag in den Rechtsstreit eingebracht worden und dementsprechend zu werten (s.o.). Vor diesem Hintergrund ist dann auch die Frage der Fertigung des Beweisbeschlusses zu sehen, mit dem das Gericht nunmehr einem Gerichtssachverständigen die Feststellung der entscheidungserheblichen Tatsachen aufgibt.

An dieser Stelle ist es für den Anwalt geboten, den Beweisbeschluss nicht als „von Gott gegeben" hinzunehmen, sondern zunächst einmal kritisch zu hinterfragen, ob das Gericht auch unter **Würdigung des Parteigutachtens** zur richtigen Fragestellung gekommen ist. Wenn nicht, muss bereits hier eingegriffen werden, um die Beweisaufnahme bzw. den Prozess wieder in das richtige Fahrwasser zu bringen. Sind unnütze oder falsche Fragestellungen erst einmal in der Welt und werden diese ggf. auch noch vom Sachverständigen beantwortet, kommt man hiervon nur schwerlich wieder herunter. Gerade im IT-Bereich wird häufig übersehen, dass es sehr wohl einen Unterschied macht, ob eine Leistung den „anerkannten Regeln der Technik" oder dem „Stand der Technik" entspricht. Insoweit wird nicht nur häufig von den Parteien eine unbekannte, aber markige Formel irgendwo abgeschrieben, sondern auch von den Gerichten oft ungeprüft übernommen.

Gleiches gilt für durch das Gericht nur ungenau oder unvollständig formulierte Beweisfragen.

154 Darüber hinaus wird der eine oder andere Sachverständige durch ein Gericht unzulässiger Weise auch schon mal gebeten, zu Fragen Stellung zu nehmen, die eigentlich Rechtsfragen sind und vom Gericht selbst zu beantworten sind. Rechtsfragen hat das Gericht indes in Eigenverantwortung selbst zu entscheiden und deren Beantwortung weder auf Dritte zu delegieren noch deren Auffassung zu übernehmen.

155 Grundsätzlich lassen sich bei der Tätigkeit des gerichtlich bestellten Sachverständigen zwei Bereiche unterscheiden:
- Beantwortung von Tatsachenfragen,
- Beantwortung von Wertungsfragen s. ausführlich unten → *Streitz* in § 35 Rn. 59 ff.

156 Während der Zeuge dem Gericht über eigene Wahrnehmung von Tatsachen und tatsächlichen Vorgängen berichtet, (hoffentlich!) ohne diesen Bericht durch Schlussfolgerungen auszuwerten, unterstützt der Sachverständige das Gericht bei der Auswertung vorgegebener Tatsachen, indem er aufgrund seines Fachwissens subjektive Wertungen, Schlussfolgerungen und Hypothesen bekundet.[111]

157 Bei **Tatsachenfragen** hat der Sachverständige weniger Beurteilungsspielraum, da er einen konkreten Sachverhalt feststellen soll. Insbesondere bei einer guten Prozessvorbereitung (wie oa) können hier Unsicherheiten weitgehend minimiert werden, so dass vergleichsweise wenig Risiken bei der Beantwortung von Tatsachenfragen bestehen sollten.

158 Bei **Wertungsfragen** wird vom Sachverständigen erwartet, dass er eine Abwägung vornimmt und sie entsprechend dokumentiert. Diese muss nach den jeweils geltenden Sachverständigenanordnungen für den Laien nachvollziehbar und für den Fachmann nachprüfbar sein. Dies betrifft insbesondere auch die Herleitung von Ursachen.

159 Im Rahmen eines durch den jeweiligen Anwalt gut vorbereiteten Prozesses müsste das Gericht eigentlich an dieser Stelle zu den gleichen Fragen kommen, die der jeweilige Prozessvertreter im Rahmen seines – substantiierten – Sachvortrages, den er ggf. mit einem Privatgutachter vorbereitet hat, bereits zur Grundlage seines Vortrages gemacht hat.

160 Auch die **Auswahl des Sachverständigen** sollte insbesondere in IT-Prozessen nicht allein dem Gericht überlassen werden. Es ist schon bedenklich genug, dass die meisten erstinstanzlichen Gerichte über keine entsprechenden Fachkammern verfügen. Vor diesem Hintergrund sollte der jeweilige Prozessvertreter auf jeden Fall darauf hinwirken, dass zumindest ein kundiger Sachverständiger eingesetzt wird. Unabhängig von der Tatsache, dass es Sachverständige gibt, die sich mehr für ihr Tennis- oder Golfspiel als ihre Arbeit als Sachverständiger interessieren, gibt es gerade im IT-Bereich die unterschiedlichsten Qualifikationen, die auch zwingend im jeweiligen Prozess abgerufen werden müssen. So gibt es ua Sachverständige für „Systeme und Anwendungen" oder „Technik und Systeme", die ihrerseits wieder die unterschiedlichsten Bereiche abdecken. Hierzu gehören zB solche für Systeme der Informationsverarbeitung mit Schwerpunkt im kaufmännisch-administrativem Bereich, für Systeme der Informationsverarbeitung mit Schwerpunkt im Bereich des Einsatzes und Betriebs von PC- und verteilten Systemen, für Systeme der Informationsverarbeitung mit Schwerpunkt im Bereich von Datenbanken und Systemanalyse oder von Systemsicherheit und Softwareentwicklung.

Nicht zu unterschätzen ist auch die Fragestellung, ob als Sachverständiger ein Hochschullehrer oder ein Berufssachverständiger ausgesucht wird.

Vor diesem Hintergrund zeigt sich, welch hohes Augenmerk bereits auf die Frage der Auswahl des Sachverständigen gelegt werden muss.

161 Schließlich ist auch eine kritische Auseinandersetzung mit dem **Gutachten** als solchem geboten. Zwar ist der Anwalt i.d.R. selbst kein Informatiker oder IT-Sachverständiger, indes vereint Informatiker und Juristen zumindest die Fähigkeit zum logischen und abstrakten Denken.

162 Vor diesem Hintergrund sollte deshalb auch ein Prozessvertreter, der in der Materie halbwegs bewandert ist, das Gutachten auf logische Brüche und Unvollständigkeiten bzw. zu oberflächliche Darstellungen überprüfen können.

---

[111] Zöller/*Greger* § 402 Rn. 1 a.

Darüber hinaus neigen manche Sachverständige dazu, auch wenn sie hierzu vom Gericht 163
nicht gefragt worden sind, Vermutungen zu äußern oder rechtliche Einschätzungen abzugeben bzw. ihren Ausführungen eine bestimmte Rechtsauffassung zugrunde zu legen, die durch nichts gestützt wird. Auch wird von diesem manches Mal der Einfachheit halber mit dem Begriff der „anerkannten Regeln der Technik" argumentiert, ohne darzulegen, welche Regel denn genau gemeint ist oder es sich bei näherem Hinsehen herausstellt, dass die in Bezug genommene Regel gar nicht auf den konkreten Fall anwendbar ist. Schließlich haben manche Sachverständige auch das Problem des „Zu-Ende-Denken-Müssens" oder den Drang Lücken im Vertrag bzw. Leistungsgegenstands durch eigene Einfälle zu schließen, um ein funktionsfähiges System zu schaffen. Dem gilt es von Anfang an einen Riegel vorzuschieben.

Letztlich kann sich ausnahmsweise auch durchaus auch einmal die Frage nach der **Ableh-** 164
nung eines Sachverständigen stellen. Gerade im IT-Bereich, der sowohl von den dort tätigen Anwälten, insbesondere den Fachanwälten für Informationstechnologierecht, als auch von den Sachverständigen her ein eng umgrenzter Bereich ist und der darüber hinaus aufgrund berufsübergreifender Verbindungen bzw. Vereinigungen noch besondere Berührungspunkte wie kein anderer Bereich mit sich bringt, sollte aus dem Bestehen weitergehender beruflicher oder persönlicher Verbindungen kein Hehl gemacht werden und auf dementsprechende Verbindungen vorab hingewiesen werden. Wird dies nicht gemacht, besteht uU auch zu Recht auf der jeweiligen Gegenseite i.d.R. die Befürchtung der Befangenheit, was dann zu einem Befangenheitsantrag nach § 406 Abs. 2 ZPO und zu einer unnötigen und nicht im Interesse der Parteien liegenden Verlängerung des Verfahrens führen kann.

So hat das Oberlandesgericht Karlsruhe einem Befangenheitsantrag stattgegeben, weil der 165
Sachverständige zuvor für den Gegner privat tätig gewesen ist, hierauf aber nicht hingewiesen hatte.[112] Das Oberlandesgericht Zweibrücken sah es für einen Ablehnungsgrund schon als ausreichend an, dass der Sachverständige sich zuvor auf einer Fachtagung deutlich zu der Problematik in einem bestimmten Sinne geäußert hatte, aber vor der Übernahme der Erstellung des Gutachtens hierauf nicht hingewiesen hatte.[113] Auch dass sich Gegner und Sachverständiger duzen, wird von einigen Gerichten als Grund für die Besorgnis der Befangenheit als ausreichend gesehen.[114]

cc) Verwertung der Ergebnisse einer Beweisaufnahme, eines selbstständigen Beweisver- 166
fahrens, Schieds- oder Privatgutachtens. Die Verwertung des Ergebnisses einer Beweisaufnahme, eines selbstständigen Beweisverfahrens, eines Schieds- oder Privatgutachtens im Rahmen eines Prozesses ist Sache des Gerichts. Wenn die vorstehend dargelegten Grundsätze durch den Prozessvertreter berücksichtigt worden sind und zB der Sachverständige ein schlüssiges, erschöpfendes und auf den Gesetzen der Logik beruhendes Gutachten abgegeben hat, dürfte zu diesem Zeitpunkt des Verfahrens für den Anwalt nur noch geringer Handlungsbedarf bestehen, da die beweiserheblichen Tatsachen entweder bewiesen sind oder nicht. Bei sorgfältiger Vorbereitung dürfte sich auch kaum die Frage nach einem Ergänzungsgutachten stellen. Etwaige noch notwendige Erläuterungen können auch im Rahmen der mündlichen Verhandlung durch den Sachverständigen abgegeben werde. Zu beachten ist insoweit lediglich, dass ein dementsprechender **Antrag** gestellt wird, der auch die noch zu erläuternden Punkte aufführen sollte. Erst wenn das Gericht im Rahmen der Beweiswürdigung seinerseits fehlerhaft gearbeitet haben sollte, besteht, dann aber im Rahmen des Rechtsmittels, wieder Handlungsbedarf.

Gemäß § 411a ZPO kann die schriftliche Begutachtung durch einen Sachverständigen 167
auch durch die Verwertung eines gerichtlichen oder staatsanwaltschaftlich eingeholten **Sachverständigengutachten aus einem anderen Verfahren** ersetzt werden. Diese durch das 1. JuMoG mit Wirkung für die nach dem 1.9.2004 anhängig gewordenen Verfahren eingefügte Vorschrift soll vermeiden, dass das Gericht über einen anderen Lebenssachverhalt, der bereits in einem anderen Verfahren begutachtet worden ist, ein neues Sachverständigengutachten erstellen lassen muss, weil die Verwertung des früheren Gutachtens als Urkunden-

---

[112] OLG Karlsruhe Beschl. v. 22.5.1986 – 7 W 8/86, BauR 1987, 599.
[113] OLG Zweibrücken Beschl. v. 14.1.2008 – 1 W 61/07, IBR 2008, 188.
[114] *Kniffka/Koeble* 2. Teil Rn. 117.

beweis nicht ausreicht.¹¹⁵ Einem entsprechenden Beschluss des Gerichtes kommt somit die Bedeutung eines Beweisbeschlusses zu.

168 Zu beachten ist, dass wenn ein solcher Beschluss unterbleibt das Gutachten nach Ansicht des OLG Stuttgart dennoch zur Urteilsbegründung herangezogen werden kann.¹¹⁶ Das Oberlandesgericht hat ausgeführt, dass es sich bei dem Beweisbeschluss um eine verzichtbare Verfahrensvorschrift handele, auf deren Befolgung eine Partei durch rügeloses Verhandeln gemäß § 295 Abs. 1 ZPO verzichten könne, sofern sie den Verfahrensfehler kannte oder bei gegebener Aufmerksamkeit hätte erkennen müssen. Schließe sich eine mündliche Verhandlung unmittelbar an die Beweisaufnahme an, sei der Verfahrensfehler in der unmittelbar anschließenden mündlichen Verhandlung zur Hauptsache zu rügen. Unterbleibe dies, träte mit Schluss der mündlichen Verhandlung Verlust des Rügerechts ein.

II. Das Berufungsverfahren

1. Sinn der Regelung

169 Mit der Novellierung der ZPO ist auch das Berufungsrecht erheblich verändert worden. Der Gesetzgeber hat, begründet mit systematischen Erwägungen, letztlich wohl aber aus Einsparungsgründen, auch in diesem prozessualen Bereich in drastischer Weise in althergebrachte und bewährte Verfahrensabläufe eingegriffen. Begründet wurden die Änderungen ua mit den nachfolgenden Erwägungen.¹¹⁷

„Einer der zentralen Punkte des Entwurfs ist die Umgestaltung der Berufungsinstanz zu einem Instrument vornehmlich der Fehlerkontrolle und -beseitigung. Dies bedeutet: das Berufungsgericht wird (nur) von solchen Tatsachenfeststellungen entlastet, die bereits die erste Instanz vollständig und überzeugend getroffen hat. Es soll außerdem die Sache – gegebenenfalls nach Beweisaufnahme, soweit diese erforderlich ist – möglichst abschließend entscheiden; die Zurückverweisung an die erste Instanz soll im Interesse der Verfahrensbeschleunigung die Ausnahme bilden."

170 Gerade hierin liegt aber einer der Schwachpunkte des geänderten Berufungsrechts. Der Gesetzgeber hat das Berufungsrecht mit der ZPO-Novelle auf Kosten des Interesses des Bürgers an einer materiell richtigen Entscheidung zu einem Instrument der Fehlerkontrolle und -korrektur richterlicher Fehler herabgestuft. Nur wenn das erstinstanzliche Gericht fehlerhaft gearbeitet hat, wird nach dem neuen Prozessrecht eine Berufung von Erfolg gekrönt sein. Die Möglichkeit, im Interesse einer materiell-rechtlich richtigen Entscheidung gegebenenfalls auch Versäumnisse der Parteien oder ihrer Prozessvertreter zu korrigieren, tritt nach dem Willen des Gesetzgeber völlig zurück. Vor diesem Hintergrund kann bei der Vorbereitung eines Prozesses oder bei seiner Durchführung gar nicht genug Aufmerksamkeit auf eine vollständige und umfassende Erfassung, Durchdringung und Darstellung der entscheidungserheblichen Tatsachen gelegt werden. Zwar zeichnen sich in der Richterschaft, insbesondere bei den Rechtsmittelgerichten, Bestrebungen ab, im Sinne einer weiten Auslegung der gesetzlichen Vorschriften auch noch materiell-rechtliche Korrekturen in der zweiten Instanz zu zulassen, aber im Rahmen der allgemeinen Arbeitsüberlastung der Gerichte und des auch dort herrschenden Stellenabbaus, sollte dieses nicht als ausreichendes Korrektiv zur gesetzlichen Neuregelung angesehen werden.

2. Zulässigkeit der Berufung

171 a) **Statthaftigkeit der Berufung, § 511 ZPO.** Die Berufung ist statthaft:
- soweit die Berufungssumme EUR 600,– (früher EUR 1.500,–) übersteigt, § 511 Abs. 2 Nr. 1 ZPO,
- wie bisher gegen ein zweites Versäumnisurteil mit der Begründung, dass ein Fall der schuldhaften Säumnis nicht vorgelegen habe, § 514 Abs. 2 ZPO,
- im Übrigen soweit sie ausdrücklich zugelassen wird, § 511 Abs. 2 Nr. 2, Abs. 4 ZPO.

---

¹¹⁵ Zöller/*Greger* § 411a Rn. 1.
¹¹⁶ OLG Stuttgart Urt. v. 7.12.2010 – 10 U 140/09, IBR 2011, 178 = BeckRS 2010, 30891.
¹¹⁷ BT-Drs. 14/4722, S. 59 ff.

II. Das Berufungsverfahren

> **Praxistipp:**
> Hat das erstinstanzliche Gericht die Berufung zugelassen, ist dies für das Berufungsgericht bindend, § 511 Abs. 4 S. 2 ZPO. Die Bindungswirkung besteht aber nur im Hinblick auf die Statthaftigkeit der Berufung. Die Möglichkeit der Berufungszurückweisung nach § 522 Abs. 2 ZPO bleibt hiervon unberührt.

b) **Berufungsfrist/Berufungsbegründungsfrist, § 517, § 520 Abs. 2 ZPO.** Die Berufungsfrist beträgt auch nach der ZPO-Novelle, ebenso wie nach altem Recht, einen Monat ab Zustellung des Urteils, § 517 ZPO (Notfrist! Nicht verlängerbar). Die Berufungsschrift muss, wie bisher auch, eine hinreichende Bezeichnung der Parteien und des angefochtenen Urteils enthalten, § 519 ZPO. Die Berufungsbegründungsfrist beträgt nach der ZPO-Novelle nunmehr zwei Monate ab Zustellung des Urteils, § 520 Abs. 2 ZPO. Beide Fristen **beginnen** also **gleichzeitig zu laufen!** Die Berufungsbegründungsfrist kann verlängert werden, wenn nach freier Überzeugung des Vorsitzenden der Rechtsstreit nicht verzögert wird oder der Berufungskläger erhebliche Gründe darlegt, § 520 Abs. 2, S. 3 ZPO. Ab der zweiten Verlängerung ist eine solche aber nur noch mit Zustimmung des Gegners, dann aber zeitlich unbegrenzt, möglich, § 520 Abs. 2 S. 3 ZPO.

Wird die Frist zur Begründung der Berufung um einen bestimmten Zeitraum verlängert und fällt der letzte Tag der ursprünglichen Frist auf einen Samstag, Sonntag oder allgemeinen Feiertag, so beginnt der verlängerte Teil der Frist erst mit dem Ablauf des nächst folgenden Werktages. Dieser eigentlich aufgrund eines Beschlusses des Bundesgerichtshofs aus dem Jahr 1956 bekannte Umstand musste anscheinend mit einem neuen Beschluss nochmals dokumentiert werden.[118]

c) **Form und Inhalt der Berufungsbegründungsschrift, § 520 Abs. 3 + 4 ZPO.** Die Berufungsbegründung ist, sofern diese nicht schon in der Berufungsschrift enthalten ist, mit einem **Schriftsatz beim Berufungsgericht** einzureichen, § 520 Abs. 3, S. 1 ZPO. Notwendiger Inhalt der Berufungsbegründungsschrift sind gemäß § 520 Abs. 3 ZPO die Berufungsanträge, § 520 Abs. 3 S. 2 Nr. 1 ZPO sowie die nachvollziehbare Darlegung mindestens eines der in § 520 Abs. 3 Nr. 2–4 ZPO aufgeführten Berufungsgründe.

Dies sind:
- Umstände, aus denen sich die Rechtsverletzung und deren Erheblichkeit für die angefochtene Entscheidung ergibt, § 520 Abs. 3 Nr. 2 ZPO,
- konkrete Anhaltspunkte, die Zweifel an der Richtigkeit oder Vollständigkeit der Tatsachenfeststellung im angefochtenen Urteil begründen und deshalb eine erneute Feststellung gebieten, § 520 Abs. 3, Nr. 3 ZPO,
- neue Angriffs- und Verteidigungsmittel sowie die Tatsachen, aufgrund derer die neuen Angriffs- und Verteidigungsmittel nach § 531 Abs. 2 zuzulassen sind, § 520 Abs. 3, Nr. 4 ZPO.

Der Bundesgerichtshof hat es anscheinend aus gegebenem Anlass dennoch für nötig gehalten eigentlich Offensichtliches nochmals ausdrücklich festzustellen und in zwei Entscheidungen erklärt, das der Berufungskläger den Rechts- oder Verfahrensfehler des erstinstanzlichen Urteils in seiner Berufungsbegründung schon aufzuzeigen habe und ein globaler Hinweis auf erstinstanzliches Vorbringen oder Beweisantritte **nicht** den Anforderungen des § 520 Abs. 3 S. 2 ZPO genügt.[119]

Ferner **soll** die Berufungsbegründung gemäß § 520 Abs. 4 ZPO die Erklärung zur Übertragung auf den Einzelrichter und bei nicht beziffertem Beschwerdegegenstand eine Wertangabe enthalten.

Es gelten im Übrigen gemäß § 520 Abs. 5 ZPO die Grundsätze über vorbereitende Schriftsätze entsprechend.

---
[118] BGH Beschl. v. 1.6.1956 – V ZB 8/56, BauR 2009, 1177.
[119] BGH Beschl. v. 12.11.2009 – V ZR 76/09, IBR 2010, 120 sowie BGH Beschl. v 18.11.2009 – IV ZR 69/07, IBR 2010, 121.

> **Praxistipp:**
> Gemäß § 529 Abs. 2 ZPO werden Verfahrensmängel im Rahmen der Überprüfung durch das Berufungsgericht grundsätzlich nur berücksichtigt, wenn sie auch in der Berufungsbegründung ausdrücklich gerügt worden sind (→ noch an anderer Stelle).

177 **d) Auswechslung des Streitgegenstandes.** Die Berufung kann unzulässig sein, wenn der Berufungsführer – was gar nicht mal so selten ist – im Rahmen der Berufung versucht, den Streitgegenstand auszuwechseln. Nach ständiger Rechtsprechung des Bundesgerichtshofes bestimmt sich der Streitgegenstand nach dem Klageantrag und dem vorgetragenen Lebenssachverhalt.[120] Es ist deshalb rechtlich unbeachtlich, auf welche Anspruchsgrundlage der Kläger sein Begehren stützt.

178 Macht die Klägerseite zB mit der Klage Schadensersatz geltend und wird der Anspruch mangels Verschulden der Beklagtenseite abgewiesen, so ist die Klägerseite daran gehindert, in der Berufungsinstanz auf einen Vorschussanspruch umzustellen, der kein Verschulden voraussetzt. Die Klage auf Vorschuss hat einen anderen Streitgegenstand als die Schadensersatzklage, da der Vorschuss als solcher zweckgebunden ist und auch abgerechnet werden muss, während der Schadensersatz nicht abgerechnet werden muss, weil er auf eine endgültige Erledigung gerichtet ist. Die Berufung ist damit unzulässig.[121] Hier hätte die Klägerseite von vornherein hilfsweise auf Vorschuss klagen müssen.

> **Praxistipp:**
> Achtung, deshalb auch an dieser Stelle, soweit erstinstanzlich ein Sachverständigen-Gutachten eingeholt worden ist: Soweit sich aus diesem Gutachten für die eine oder die andere Seite günstige Erkenntnisse ergeben, so sollte sie sich dieses – auch wenn nach einhelliger Meinung der Schwerpunkt des Verfahrens an anderer Stelle liegt – bereits in der ersten Instanz ausdrücklich zu eigen machen, um in der Berufungsinstanz nicht mit diesem Vorbringen ausgeschlossen zu sein. Keinesfalls sollte man sich darauf verlassen, dass diese wegen eines ggf. unterlassenen Hinweises des erstinstanzlichen Gerichts zu berücksichtigen wäre. Auch hier zeigt sich wieder, wie wichtig es ist, sich mit einem – in IT-Sachen sicherlich häufig schwer zu lesenden – Gutachten, aufs Genaueste auseinander zu setzen.
> Unstreitiger Vortrag ist indes – auch wenn insoweit erstmalig in der Berufungsinstanz vorgetragen wird – stets zu berücksichtigen. Dies gilt auch zB für die in der Berufungsinstanz erstmalig erhobene Einrede der Verjährung, wenn die Erhebung der Verjährungseinrede und die den Verjährungseintritt begründenden Tatsachen zwischen den Parteien unstreitig sind.[122] Dies gilt nach dem Bundesgerichtshof selbst dann, wenn dadurch eine Beweisaufnahme notwendig wird, da § 531 Abs. 2 nicht darauf abstelle, ob der Rechtsstreit durch die Berücksichtigung des neuen Vortrages verzögert werde.[123]

179 Die Berufungs- und Berufungsbegründungsfrist beginnen unabhängig davon, ob das Urteil ordnungsgemäß zugestellt wurde oder nicht, spätestens 5 Monate nach der Verkündung des erstinstanzlichen Urteils zu laufen, § 517, § 520 Abs. 2 ZPO.

180 Der Inhalt der Berufungsbegründungsschrift ergibt sich aus § 520 Abs. 3 ZPO (su).

---

[120] BGH Urt. v. 7.3.2002 – III ZR 73/01, NJW 2002, 1503; BGH Urt. v. 3.4.2003 – I ZR 1/01, NJW 2003, 2317.
[121] BGH Urt. v. 13.11.1997 – VII ZR 100/97, BauR 1998, 369.
[122] BGH Beschl. v. 23.4.2008 – GSZ 1/08, BauR 2009, 131.
[123] BGH Urt. v. 16.10.2008 – IX ZR 135/07, BauR 2009, 281.

II. Das Berufungsverfahren

> **Praxistipp:**
> Der Bundesgerichtshof sieht in § 520 Abs. 3 ZPO allerdings nur eine Zulässigkeitsvoraussetzung; das bedeutet, dass der Prüfungsumfang des Berufungsgerichts sich ausschließlich nach § 529 ZPO und nicht nach § 520 Abs. 3 ZPO richtet und damit auch nicht von einer entsprechenden, in der Berufungsbegründung erhobenen Berufungsrüge abhängt. Deshalb können auch noch nach Ablauf der Berufungsbegründungsfrist Berufungsrügen „nachgeschoben" werden.

3. Begründetheit der Berufung

Die Berufung kann gemäß § 513 Abs. 1 ZPO nur darauf gestützt werden, dass
- die angefochtene Entscheidung auf einer Rechtsverletzung (§ 546 ZPO) beruht **oder**
- nach § 529 ZPO zugrunde zu legende Tatsachen eine andere Entscheidung rechtfertigen.

a) **Rechtsverletzung gemäß § 546 ZPO.** Die angefochtene Entscheidung beruht gemäß der Legaldefinition des § 546 ZPO auf einer Rechtsverletzung, wenn eine Rechtsnorm nicht oder **nicht richtig angewendet** worden ist. Dies kann zB seinen Grund darin haben, dass das Gericht seiner Beurteilung nicht das richtige Gesetz zugrunde gelegt hat oder zwar das richtige Gesetz angewandt hat, aber die Bedeutung oder den Inhalt der entsprechenden Norm verkannt hat. Schließlich kann auch einfach handwerklich falsch subsumiert worden sein.

b) **Kontrolle der Tatsachenentscheidung, § 529 Abs. 1 ZPO.** Die Berufung kann ferner darauf gestützt werden, dass nach § 529 Abs. 1 ZPO zugrunde zu legende Tatsachen eine andere Entscheidung rechtfertigen. Dies ist der Fall, wenn:
(1) in Bezug auf die vom Gericht des ersten Rechtszuges festgestellten Tatsachen
- konkrete Anhaltspunkte Zweifel an der Richtigkeit und Vollständigkeit der entscheidungserheblichen Tatsachen begründen **und**
- deshalb eine erneute Tatsachenfeststellung geboten ist, § 529 Abs. 1 Nr. 1 ZPO.

Konkrete Anhaltspunkte können sich zB aus Fehlern der Beweiswürdigung (zB Verstöße gegen die Logik der Denkgesetze) oder aus Verfahrensfehlern (zB Übergehen von Beweisantritten, unterlassene Ergänzung bzw. Anhörung von Sachverständigen usw.) ergeben. Darüber hinaus können sich Zweifel an der Vollständigkeit oder Richtigkeit eines Sachverständigengutachtens ergeben, welches das Gericht seiner Beurteilung zugrunde gelegt hat.
(2) neue Tatsachen zu berücksichtigen sind, § 529 Abs. 1 Nr. 2 ZPO.

> **Praxistipp:**
> Dass sind sie insbesondere nur dann, wenn sie nicht gemäß §§ 530, 531 ZPO präkludiert sind.

Der Gesetzgeber wollte mit der Neuregelung der Präklusionsvorschriften grundsätzlich eine Verschärfung der Ausschlussvorschriften im Berufungsrecht erreichen. Insbesondere durch die Vorschrift des § 531 Abs. 2 ZPO sollte das Verfahren insgesamt gestrafft werden.
Nach § 531 Abs. 1 ZPO bleiben solche **Angriffs- und Verteidigungsmittel** ausgeschlossen, die in der ersten Instanz zu Recht zurückgewiesen worden sind (§ 528 Abs. 3 ZPO aF).
Neue Angriffs- und Verteidigungsmittel sind gemäß § 531 Abs. 2 ZPO ausgeschlossen. Angriffs- und Verteidigungsmittel sind alle zur Begründung des Klageantrages oder zur Verteidigung vorgebrachten tatsächlichen und rechtlichen Behauptungen, Einwendungen und Einreden, zusätzliches Bestreiten und alle Beweisanträge.[124]

> **Praxistipp:**
> Präklusion von Angriffs- und Verteidigungsmitteln kann auch schon in der 1. Instanz passieren, § 296 ZPO.

---

[124] BGH Urt. v. 8.6.2004 – VI ZR 230/03, BGHZ 159, 254.

186 Unter den Begriff der **neuen** Angriffs- und Verteidigungsmittel fallen deshalb ein neuer Sachvortrag, die erstmalige Erhebung von Einreden usw. in der zweiten Instanz. Neu ist ein Vorbringen deshalb auch, wenn der Anspruch in der zweiten Instanz erstmalig hinreichend substantiiert wird.[125]

187 Neue Angriffs- und Verteidigungsmittel sind gemäß § 531 II ZPO **grundsätzlich ausgeschlossen:**

- soweit sie nicht einen Gesichtspunkt betreffen, der vom Gericht des ersten Rechtszuges erkennbar übersehen oder für unerheblich gehalten worden ist. Dies ist zB in Bezug auf solche Gesichtspunkte der Fall, auf die es nach der Meinung des erstinstanzlichen Gerichts nicht ankam, die aber dennoch bei ordnungsgemäßer Berücksichtigung eine andere Entscheidung gerechtfertigt hätten. Das gilt nach Auffassung des Bundesgerichtshofs nicht, wenn das Gericht des ersten Rechtszuges nicht hat erkennen lassen, in welche Richtung es tendiert. Es obliegt den Parteien bzw. deren Prozessvertreter, umfassend vorzutragen.[126]

oder

- es sei denn, sie sind infolge eines Verfahrensmangels im ersten Rechtszug nicht geltend gemacht worden. Hierzu zählen insbesondere durch das Gericht unterlassene Hinweise.[127]

oder

- es sei denn, sie sind im ersten Rechtszug nicht geltend gemacht worden, ohne dass dies auf einer Nachlässigkeit (= einfache Fahrlässigkeit) der Partei beruht.[128] Hierzu zählen insbesondere Tatsachen, die während der ersten Instanz nicht bekannt waren oder erst nach Schluss der mündlichen Verhandlung passiert sind.[129] Nicht mehr zulässig ist ein Vorbringen, welches als solches und in seiner Bedeutung für die Entscheidung des Rechtsstreits der Partei vor Schluss der mündlichen Verhandlung bekannt war oder zumindest hätte bekannt sein müssen.

> **Praxistipp**
> Wie sehr in der Zivilgerichtsbarkeit selbst im Prozessrecht durch den Gesetzgeber mit zweierlei Maß gemessen wird, zeigt insbesondere § 67 ArbGG, der im Wesentlichen unverändert dem alten Recht der ZPO in § 528 aF entspricht und auf den Nichteintritt einer Verzögerung abstellt.

188 Grundsätzlich gilt auch für nach dem Vorstehenden nicht ausgeschlossene Angriffs- und Verteidigungsmittel über § 530 ZPO die Möglichkeit der Zurückweisung. Werden sie außerhalb der Berufungsbegründungs- bzw. -erwiderungsfristen vorgebracht, sind sie gemäß § 296 Abs. 1 + 4 ZPO nur zuzulassen, wenn entweder keine Verzögerung des Verfahrens eintritt oder die Verspätung genügend entschuldigt ist.

189 c) **Verfahrensfehler, § 529 Abs. 2 ZPO.** Bei der Überprüfung des Urteils auf Rechtsfehler ist das Berufungsgericht grundsätzlich ebenfalls nicht an die Berufungsbegründung gebunden. Absolute Verfahrensmängel, dh Mängel, die die Gültigkeit und Rechtswirksamkeit des erstinstanzlichen Verfahrens betreffen (zB Fehlen allgemeiner Prozessvoraussetzungen, Hinausgehen über gestellte Anträge, Missachtung von gesetzlichen Klageausschlussfristen usw.), sind von Amts wegen zu berücksichtigen.

190 Gemäß § 529 Abs. 2 ZPO wird zwar das angefochtene Urteil auf Verfahrensfehler, die nicht von Amts wegen zu berücksichtigen sind, **nur überprüft,** wenn diese nach § 520 Abs. 3 ZPO geltend gemacht worden sind.

191 Diese Bestimmung verliert aber an Schärfe vor dem Hintergrund, dass Verfahrensfehler i. d. R. zugleich auch konkrete Anhaltspunkte für Zweifel an der Richtigkeit der Tatsachen-

---

[125] BGH Urt. v. 8.6.2004 – VI ZR 199/03, NJW 2004, 2825.
[126] BGH Urt. v. 8.6.2004 – VI ZR 199/03, NJW 2004, 2825.
[127] BGH Urt. v. 19.3.2004 – V ZR 104/03, NJW 2004, 2152.
[128] Begr. BT-Drs. 14/4722 S. 102.
[129] Zöller/*Heßler* § 531 Rn. 30 mwN; vgl hierzu für den Fall einer Abtretung auch BGH Beschl. v. 17.5.2011 – X ZR 77/10, BauR 2011, 1851.

feststellung beinhalten. Der Bundesgerichtshof ist deshalb der Ansicht, dass derartige Verfahrensfehler entgegen § 529 Abs. 2 ZPO wegen der Tatsachenkontrolle gemäß § 529 Abs. 1 ZPO nicht ausdrücklich zu rügen sind.[130]

Der Anwendungsbereich des § 529 Abs. 2 ZPO hat insoweit als verzichtbare Verfahrensfehler stets gerügt werden müssen, deshalb nur noch für die Überprüfung des Urteils in rechtlicher Hinsicht Bedeutung.

4. Gang des Berufungsverfahrens im Übrigen

a) Ablauf des Berufungsverfahrens. Grundsätzlich verbleibt es im Rahmen des Ablaufs des Berufungsverfahrens im Übrigen bei den auch schon vor der ZPO-Novelle bestehenden Usancen.

Neu ist die Möglichkeit, die Angelegenheit gemäß § 526 ZPO auf den entscheidenden Einzelrichter zu übertragen.

Neu ist ferner auch die Möglichkeit, die Berufung bis zur Verkündung des Berufungsurteils und ohne Einwilligung des Gegners zurücknehmen zu können, § 516 ZPO.

> **Praxistipp:**
> Gemäß § 516 Abs. 3 ZPO verliert der Berufungskläger das eingelegte Rechtsmittel. Liegt in der Rücknahme jedoch nicht zugleich ein Rechtsmittelverzicht, kann erneut Berufung eingelegt werden, solange die Berufungsfrist noch nicht abgelaufen ist oder Wiedereinsetzung gewährt wird.[131]

Neu sind ferner noch die Regelungen zur **Anschlussberufung.** Mit der ZPO-Novelle hat der Gesetzgeber die Unterscheidung zwischen selbstständiger und unselbstständiger Anschlussberufung aufgegeben. Die Anschließungserklärung führt nach neuem Recht stets nur zu einer unselbstständigen, dh akzessorischen (Anschluss-)Berufung, § 524 Abs. 4 ZPO. Will der (Anschluss-)Berufungsführer dies vermeiden, muss er selbst Berufung einlegen.

Darüber hinaus ist eine Anschlussberufung auch nur noch bis zum Ablauf eines Monats nach Zustellung der Berufungsbegründungsschrift zulässig, § 524 Abs. 2, S. 2 ZPO. Aber Achtung: Die Anschlussberufung muss nicht nur innerhalb der Frist für die Berufungserwiderung eingelegt werden, sondern sie muss gemäß § 524 Abs. 3 ZPO auch in der Anschlussschrift zugleich begründet werden. Eine ohne Begründung eingelegte Anschlussberufung ist somit stets unzulässig, selbst wenn die Begründung noch innerhalb der Einlegungsfrist nachgereicht wird.[132] Somit also nur keine überstürzte Anschlussberufung!

b) Zurückweisung der Berufung im Beschlusswege gemäß § 522 Abs. 2, 3 ZPO. Besonders erwähnenswert, weil mit erheblichen Konsequenzen verbunden, ist allerdings die Möglichkeit des Gerichts, die Berufung im Beschlusswege gemäß § 522 Abs. 2, 3 ZPO zurückzuweisen. Ist das Berufungsgericht der Auffassung, dass die Berufung keine Aussicht auf Erfolg haben wird, die Rechtssache darüber hinaus auch keine grundsätzliche Bedeutung hat und auch die Fortbildung des Rechts oder die Sicherung einer einheitlichen Rechtsprechung eine Entscheidung des Berufungsgerichts nicht erfordert, kann das Berufungsgericht durch einstimmigen und unanfechtbaren Beschluss der Kammer oder des Senats die Berufung zurückweisen. Vorab ist allerdings durch das Gericht ein Hinweis auf die beabsichtigte Zurückweisung, verbunden mit der Möglichkeit einer Stellungnahme innerhalb angemessener Frist zu geben.

Die Vorschrift als solche ist auch durch das Bundesverfassungsgericht für nicht verfassungswidrig erklärt worden.[133]

---

[130] BGH Urt. v. 12.3.2004 – V ZR 257/03, NJW 2004, 1876.
[131] MüKoZPO/*Rimmelspacher* § 516 Rn. 21; BGH Urt. v. 16.5.1966 – II ZR 79/64, NJW 1966, 1753 (1754).
[132] OLG Dresden Urt. v. 20.9.2012 – 4 U 381/12, MDR 2012, 1435.
[133] BVerfG Beschl. v. 18.6.2008 – 1 BvR 1336/08, NJW 2008, 3419.

Eine Einschränkung gilt aber insoweit, als eine Zurückweisung nach § 522 Abs. 2 S. 1 Nr. 2 ZPO bei umstrittenen, höchstrichterlich nicht geklärten Rechtsfragen unzulässig ist.[134]

197 Abgeordnete des Bündnis 90/Die Grünen hatten indes eine Anfrage zu § 522 ZPO gestellt, um herauszufinden, inwieweit es durch diese Änderung der Zivilprozessordnung gelungen ist, eine Entlastung der Gerichte von unbegründeten Berufungen zu erreichen.[135] Letztlich ist dann vor diesem Hintergrund mit Wirkung vom 27.10.2011 der jetzige Absatz 3 angefügt worden, der dem Berufungsführer gegen den Beschluss nach Absatz 2 Satz 1 das Rechtsmittel gibt, das ihm auch bei einer Entscheidung durch Urteil zusteht.[136]

III. Das Revisionsverfahren

1. Zulässigkeit der Revision

198 a) **Statthaftigkeit der Revision, § 543 ZPO.** Die Revision ist statthaft wenn:
- die Rechtssache grundsätzliche Bedeutung hat **oder**
- die Fortbildung des Rechts oder die Sicherung einer einheitlichen Rechtsprechung eine Entscheidung des Revisionsgerichts erfordert **oder**
- das Berufungsgericht durch Versäumnisurteil, gegen das ein Einspruch nicht statthaft ist (2. VU; VU bei Wiedereinsetzungsantrag, § 238 Abs. 2 S. 2 ZPO) entschieden hat, mit der Begründung, dass ein Fall der schuldhaften Säumnis nicht vorgelegen hat, § 565 iVm § 514 Abs. 2 ZPO.

Voraussetzung in den beiden ersten Fällen ist ferner, dass:
- die Revision entweder gemäß § 543 Abs. 1, Nr. 1 ZPO vom Berufungsgericht zugelassen worden ist **oder**
- das Revisionsgericht die Revision auf eine Nichtzulassungsbeschwerde gemäß § 543 Abs. 1, Nr. 2 ZPO hin zugelassen hat.

199 b) **Revisionseinlegungs-/-begründungsfrist, § 548, § 551 Abs. 2 ZPO.** Die Revisionseinlegungsfrist beträgt gemäß § 548 ZPO einen Monat nach Zustellung des vollständigen Berufungsurteils. Bei mangelhafter oder unterlassener Zustellung beträgt die Frist fünf Monate nach Verkündung.

> **Praxistipp:**
> Eine gesonderte Revisionseinlegung ist entbehrlich, wenn eine erfolgreiche Nichtzulassungsbeschwerde durchgeführt wurde, § 544 Abs. 6 S. 2 ZPO. Mit der Zustellung der Entscheidung beginnt dann die Revisionsbegründungsfrist!

200 Die Revisions**begründungs**frist beträgt gemäß § 551 Abs. 2, S. 2 ZPO zwei Monate. Sie beginnt ebenso wie die Revisionseinlegungsfrist gemäß § 551 Abs. 2 S. 3 ZPO mit der Zustellung des vollständigen Berufungsurteils. Auch diese Fristen beginnen also gleichzeitig zu laufen!

201 Die Revisionsbegründungsfrist kann um bis zu zwei Monate verlängert werden, wenn nach freier Überzeugung des Vorsitzenden der Rechtsstreit nicht verzögert wird oder der Revisionskläger erhebliche Gründe darlegt, § 551 Abs. 2 S. 6, 1. HS. ZPO. Kann dem Revisionskläger innerhalb der verlängerten Frist nicht für einen angemessenen Zeitraum Einsicht in die Prozessakten gewährt werden, kann der Vorsitzende auf Antrag die Frist um bis zu zwei Monate nach Übersendung der Prozessakten verlängern, § 551 Abs. 2 S. 6, 2. HS. ZPO. Mit Einwilligung des Gegners ist eine Verlängerung stets möglich, § 551 Abs. 2 S. 5 ZPO.

---

[134] BVerfG Beschl. v. 4.11.2008 – 1 BvR 2587/06, NJW 2009, 512.
[135] BT-Drs. 17/3351.
[136] BGBl. I. S. 2082.

Bei mangelhafter oder unterlassener Zustellung beträgt die Frist ebenso wie bei der Berufung fünf Monate nach Verkündung, § 551 Abs. 2, S. 3 ZPO.

c) Form und Inhalt der Revisionsbegründungsschrift, § 549, § 551 Abs. 4 + 5 ZPO. Revisionseinreichungs- und Revisionsbegründungsschrift sind beim Bundesgerichtshof durch einen dort zugelassenen Anwalt einzureichen, § 549 ZPO. Die Revisionsbegründung ist, sofern diese nicht schon in der Revisionseinlegungsschrift enthalten ist, mit einem Schriftsatz beim Bundesgerichtshof einzureichen, § 551 Abs. 4 ZPO.

Notwendiger Inhalt der Revisionsbegründungsschrift sind gemäß § 551 Abs. 3 ZPO die Revisionsanträge sowie die nachvollziehbare Darlegung mindestens einer der in den § 551 Abs. 3 Nr. 2 ZPO aufgeführten **Revisionsgründe.**

Dies sind:
- Umstände, aus denen sich die Rechtsverletzung ergibt, § 551 Abs. 3 Nr. 2, lit. a ZPO,
- konkrete Tatsachen, die auf einen Verfahrensfehler schließen lassen, § 551 Abs. 3 Nr. 2, lit. b ZPO.

Soweit die Revision auf Grund einer Nichtzulassungsbeschwerde zugelassen worden ist, kann zur Begründung auch auf die Begründung der Nichtzulassungsbeschwerde Bezug genommen werden, § 551 Abs. 3 S. 2 ZPO.

2. Begründetheit der Revision

Die Revision kann gemäß § 545 ZPO nur darauf gestützt werden, dass die angefochtene Entscheidung auf der **Verletzung des Bundesrechts** oder einer Vorschrift beruht, deren Geltungsbereich sich über den Bezirk eines Oberlandesgerichts hinaus erstreckt (Rechtsverletzung). Die angefochtene Entscheidung beruht gemäß der Legaldefinition des § 546 ZPO auf einer Rechtsverletzung, wenn eine Rechtsnorm nicht oder nicht richtig angewendet worden ist. Dies kann zB seinen Grund darin haben, dass das Gericht seiner Beurteilung nicht das richtige Gesetz zugrunde gelegt hat oder zwar das richtige Gesetz angewandt hat, aber die Bedeutung oder den Inhalt der entsprechenden Norm verkannt hat. Schließlich kann auch einfach handwerklich falsch subsumiert worden sein.

Darüber hinaus benennt § 547 ZPO ausdrücklich sechs absolute Revisionsgründe:
- das erkennende Gericht war nicht vorschriftsmäßig besetzt, § 547 Nr. 1 ZPO,
- bei der Entscheidung hat ein Richter mitgewirkt, der von der Ausübung des Richteramtes kraft Gesetzes ausgeschlossen war, sofern nicht dieses Hindernis mittels eines Ablehnungsgesuches ohne Erfolg geltend gemacht ist, § 547 Nr. 2 ZPO,
- bei der Entscheidung hat ein Richter mitgewirkt, obgleich er wegen Besorgnis der Befangenheit abgelehnt und das Ablehnungsgesuch für begründet erklärt war, § 547 Nr. 3 ZPO,
- eine Partei war in dem Verfahren nicht nach Vorschrift der Gesetze vertreten und hat die Prozessführung auch nicht ausdrücklich oder stillschweigend genehmigt, § 547 Nr. 4 ZPO,
- die Entscheidung ist aufgrund einer mündlichen Verhandlung ergangen, bei der die Vorschriften über die Öffentlichkeit des Verfahrens verletzt sind, § 547 Abs. 1 Nr. 5 ZPO,
- die Entscheidung ist entgegen den Bestimmungen dieses Gesetzes nicht mit Gründen versehen, § 547 Nr. 6 ZPO.

3. Gang des Revisionsverfahrens im Übrigen

Erwähnenswert ist noch die Möglichkeit der **Sprungrevision** gemäß § 566 ZPO. Diese ist bei einem Beschwerdewert über EUR 600,– (Berufungssumme, § 566 Abs. 1 S. 1 ZPO) zulässig. Für diese ist aber wegen der Übergehung der Berufungsinstanz die Einwilligung des Gegners erforderlich, § 566 Abs. 1, Ziff. 1 ZPO. Darüber hinaus hat der Gesetzgeber eine Rücknahme der Revision mit Wirkung zum 1.4.2014 insoweit erschwert, als diese gemäß § 565 S. 2 ZPO **ohne Einwilligung** des Revisionsbeklagten nur noch bis zum Beginn der mündlichen Verhandlung des Revisionsbeklagten zurückgenommen werden kann.[137]

---

[137] BGBl. I S. 3786.

IV. Vollstreckungsprobleme

208 Vollstreckungsrechtliche Probleme im IT-Recht können sich zum einen daraus ergeben, dass **in Soft- oder Hardware vollstreckt** werden soll. Probleme können sich zum anderen aber auch daraus ergeben, dass Zahlungsansprüche, zB **wegen** der Erstellung oder Anpassung von Software, durchgesetzt werden sollen.

1. Herausgabe von Vollstreckung in Soft-/Hardware

209 a) **Herausgabe von Soft-/Hardwareware/Zug-um-Zug Leistung.** Soweit es sich um die Rückgabe von Soft-/Hardware im Rahmen von Überlassungsverträgen handelt, dürfte die gegebenenfalls notwendigerweise zu beantragende Zug-um-Zug-Verurteilung wohl eher keine Probleme bereiten, da entweder der Veräußernde oder der Erwerber die Soft-/oder Hardware nur genau zu bezeichnen hätte. Da sich beides sowohl im Besitz des einen und des anderen befunden hat oder noch befindet, dürften bei ordnungsgemäßem Geschäftsgang keine Probleme bestehen, die entsprechenden Gegenstände zu bezeichnen. Darüber hinaus besteht auch die Möglichkeit, schon konkret im Urteil den möglicherweise provozierten Annahmeverzug feststellen zu lassen.

210 b) **Pfändung von Soft-/Hardware.** Mehr Probleme dürften schon eher bestehen, wenn es um die Pfändung entsprechender Gegenstände geht. **Hardware** unterliegt bekanntermaßen den gleichen Gegebenheiten, die auch zB für eine Schreibmaschine oder ein Fernsehgerät gelten. Da nach herrschender Meinung auch **Software** Sachqualität zugebilligt wird, dürfte ebenso wie bei Hardware, auch bei Software eine **Sachpfändung** der grundsätzlich vorgegebene Weg bei einer durch einen Gläubiger angedachten Pfändung, zB wegen Geldforderungen, sein. Unabhängig davon, dass die entsprechende Software im Zuge der Zeit allerdings auch immer mehr ohne Datenträger, dh online „übergeben" wird, dürfte ein weiteres Problem wohl sein, sie überhaupt dingfest zu machen. Während Hardware relativ leicht aufzufinden sein dürfte, ist dies bei Software eher komplizierter. So auch *Schneider*,[138] der im Übrigen zutreffender Weise darauf verweist, dass der Gerichtsvollzieher schon allein damit Probleme haben dürfte, festzustellen, welche Software auf welchem Datenträger richtigerweise gespeichert ist, da er nicht befugt ist, durch konkrete Anwendungsläufe festzustellen, ob sich das Programm auf einem bestimmten Datenträger befindet.

2. Zug-um-Zug-Verurteilung/Vollstreckung wegen Geldzahlung bei Erstellung oder Anpassung von Software

211 Die Problematik der Zug-um-Zug-Verurteilung kann, anders als vorstehend unter → I., eine unangenehme Problematik werden, wenn der Auftraggeber zB im Rahmen von werkvertraglichen Beziehungen tätig wird. Auch im IT-Recht wird der Auftraggeber sich häufig mit Mängeln verteidigen und wegen dieser angeblich oder tatsächlich bestehenden Mängel zwar gegebenenfalls nicht die Abnahme verweigern, aber ein Zurückbehaltungsrecht geltend machen.

212 Ist der Auftragnehmer sicher, dass keine Mängel bestehen oder deren Beseitigung vom Auftraggeber verhindert wird, was insbesondere bei Werkverträgen im Bereich von Software durch den juristischen Berater mit Vorsicht zur Kenntnis genommen werden sollte, kann entweder eine **unbedingte Verurteilung zur Zahlung** beantragt werden oder der Zahlungsantrag mit einem **Feststellungsantrag auf Annahmeverzug** mit der Mängelbeseitigung verknüpft werden.

Dann wird im Rahmen des gerichtlichen Verfahrens in der Regel durch einen Gutachter die Sachlage geklärt werden und eine dementsprechende Verurteilung erfolgen.

Wenn die Mängel tatsächlich bestehen, erfolgt lediglich eine Zug-um-Zug Verurteilung des Auftraggebers zur Zahlung.

---

[138] In: *Schneider* Handbuch des EDV-Rechts P Rn. 182 ff.

Gemäß §§ 756, 765 ZPO ist dann im Weiteren das Vollstreckungsorgan, dh in der Regel also der Gerichtsvollzieher (§ 756 ZPO) aufgerufen, zu prüfen, ob der Auftragnehmer die Gegenleistung, also die Mängelbeseitigung erbracht oder in Verzug begründender Weise angeboten hat.

Bei der Lieferung oder Herausgabe von **beweglichen Sachen** wird der Gerichtsvollzieher die Leistung selbst anbieten können. Bei Werkverträgen über IT-Leistungen geht dies aber verständlicherweise nicht. Hat die Gegenseite auch nicht den Fehler gemacht, ihm gegenüber die Mängelbeseitigung abzulehnen, scheidet auch eine Vollstreckung aus, § 756 Abs. 2 ZPO. Damit hat der Auftragnehmer erhebliche Probleme, seinen Zahlungstitel auch durchzusetzen.

Untersagt der Auftraggeber die Mängelbeseitigung, kommt er in Annahmeverzug. Das alleine nutzt dem Auftragnehmer in diesem Stadium aber auch nichts, da im Vollstreckungsverfahren die entsprechenden Nachweise, also auch der Nachweis des Annahmeverzuges, nur durch öffentliche oder öffentlich beglaubigte Urkunden geführt werden kann, § 756 Abs. 1 ZPO.

Dem Auftragnehmer bleibt dann nur noch übrig, eine weitere Klage auf Feststellung des Annahmeverzuges des Auftraggebers zu erheben.[139]

Soweit zwischen den Parteien Streit darüber besteht, ob die Nachbesserung ordnungsgemäß erledigt worden ist, ist unter Umständen aber auch der Gerichtsvollzieher aufgerufen, selbst über einen Sachverständigen im Vollstreckungsverfahren prüfen zu lassen, ob die Mängelbeseitigung ordnungsgemäß erfolgt ist.[140]

Beides keine Aussichten, die es angezeigt sein lassen, unbedarft oder leichtfertig einen Rechtsstreit anzustreben. Jedenfalls sollte, wenn es denn schon zu einer Zug-um-Zug-Verurteilung kommen sollte, unbedingt seitens des Auftragnehmers größter Wert darauf gelegt werden, dass die **Zug-um-Zug-Leistung auf das Genaueste** bezeichnet ist, da ansonsten der Zahlungsanspruch auch noch nach Jahren nicht durchsetzbar sein dürfte.

V. Internationales Zivilverfahrensrecht/Internationales Zivilprozessrecht (IZPR)

1. Einleitung

An dieser Stelle tiefschürfende Ausführungen über das Internationale Zivilverfahrensrecht/Internationales Zivilprozessrecht (IZPR) zu machen, dürfte zum einen dem diesem Handbuch zu Grunde liegenden Zweck zuwiderlaufen, zum anderen auch den Rahmen des vorgegebenen Raums sprengen. Es soll sich deshalb lediglich auf die Darstellung einiger markanter Punkte beschränken.

Immer dann, wenn zivilrechtliche Streitigkeiten Grenzen überschreiten, stellt sich die Frage, welches Prozessrecht anwendbar ist. Veräußert zum Beispiel ein deutscher Hersteller einer ERP-Software (Enterprise Resource Planning Software) nach Spanien und wird die notwendige Anpassungsprogrammierung, die der deutsche Hersteller übernommen hat, von einem französischen Unternehmen übernommen, so stellt sich im Konfliktfall nicht nur die Frage des anwendbaren **materiellen** Rechts, sondern auch die Frage der Anwendbarkeit des **Prozessrechts**.

Zivilrechtliche Streitigkeiten aus **grenzüberschreitenden** Verträgen unterliegen den besonderen Normen des internationalen Zivilprozessrechts (IZPR). Während das internationale Privatrecht (IPR) die Frage der Anwendbarkeit des jeweiligen materiellen Rechts regelt, regelt das internationale Zivilprozessrecht (IZPR) die Frage, welches Prozessrecht anwendbar ist dh, welches Verfahrensrecht das mit der Sache befasste Gericht in einem Fall mit Auslandsberührung anwendet.

Der bestimmende Grundsatz ist insoweit der Grundsatz des lex fori[141] (= das Recht welches am Gerichtsort gilt). Dies bedeutet, dass das angerufene deutsche Gericht grundsätzlich **deutsches** Verfahrensrecht anwendet und ein mit der Sache befasstes ausländisches Gericht **sein** jeweiliges Verfahrensrecht anwendet.

---

[139] BGH Urt. v. 19.12.1991 – IX 96/91, NJW 1992, 1172.
[140] Zöller/*Stöber* § 756 Rn. 7.
[141] Zöller/*Geimer* IZPR Rn. 1.

222 Die deutsche Rechtsordnung enthält in Bezug auf das IZPR, anders als man vermuten könnte, mit wenigen Ausnahmen keine ausdrücklichen Regelungen über die internationale Zuständigkeit deutscher Gerichte. Anknüpfungspunkt in unserer Rechtsordnung sind die Regelungen über die **örtliche Zuständigkeit** in der Zivilprozessordnung. Diesen kommt doppelte Funktion zu. Zum einen regeln sie auf das Inland bezogen die örtliche Zuständigkeit des jeweiligen Gerichts, zum anderen zugleich für grenzüberschreitende Streitigkeiten die internationale Zuständigkeit der deutschen Gerichte.[142]

223 Vorrangig vor den Regelungen der ZPO sind aber in der Regel **internationale Abkommen** über die gerichtliche Zuständigkeit sowie die Anerkennung und Vollstreckung von Entscheidungen der Gerichte einzelner Länder.

Zu nennen sind hier zB:
- das Haager Übereinkommen über den Zivilprozess von 1905, ersetzt weitgehend durch das Haager Übereinkommen über den Zivilprozess von 1954,[143]
- das Haager Übereinkommen über Beweisaufnahmen im Ausland in Zivil- und Handelssachen vom 18.3.1970,[144]
- das Haager Übereinkommen über die Zustellung gerichtlicher und außergerichtlicher Schriftstücke im Ausland in Zivil- oder Handelssachen vom 15.11.1965,[145]
- das Luganer Übereinkommen über die gerichtliche Zuständigkeit und die Vollstreckung gerichtlicher Entscheidungen in Zivil- und Handelssachen vom 16.9.1988[146] anwendbar im Verhältnis zu den Efta-Staaten (Luganer Übereinkommen).

224 Immer mehr Bedeutung haben aber insbesondere **Vereinbarungen auf europäischer Ebene** bekommen. Zu nennen sind insoweit:
- das Übereinkommen über die gerichtliche Zuständigkeit und Vollstreckung gerichtlicher Entscheidungen in Zivil- und Handelssachen (im Bereich der europäischen Gemeinschaft) von 1968,[147]
- die Verordnung (EG Nr. 1348/2000) des Rates vom 29.5.2000 über die Zustellung gerichtlicher und außergerichtlicher Schriftstücke in Zivil- oder Handelssachen in den Mitgliedsstaaten[148] (EuGVÜ) und schließlich
- die an die Stelle der EuGVÜ getretene Verordnung[149] des Rates über die gerichtliche Zuständigkeit und die Anerkennung und Vollstreckung von Entscheidungen in Zivil- und Handelssachen,[150] welche am 1.3.2002 in Kraft getreten ist.[151]

225 Diese hat mit ihrem Inkrafttreten die EuGVÜ abgelöst, die lediglich noch für Altfälle und im Verhältnis zu Dänemark anwendbar ist.
- die Verordnung[152] des Rates vom 21.4.2004 zur Einführung eines europäischen Vollstreckungstitels für unbestrittene Forderungen[153] (EuVTVO) und das zu ihrer Umsetzung erlassene EG-Vollstreckungsänderungsgesetz.[154]

Soweit derartige Übereinkommen Anwendung finden, verdrängen diese die Regelungen des IZPR.

2. Die Zuständigkeitsregelungen des IZPR

226 Das IZPR entscheidet über die Zuständigkeit des angerufenen Gerichts und die auf das Gerichtsverfahren anzuwendende Prozessordnung. Voraussetzung hierfür ist, dass ein Rechtsstreit **grenzüberschreitenden** Bezug aufweist. Anknüpfungspunkt im Rahmen unserer

---

[142] BGH Urt. v. 17.12.1998 – IX ZR 196/97, NJW 1999, 1395 mwN.
[143] Bundesgesetzblatt BGBl. 1958, II, S. 577.
[144] BGBl. 1977, II, S. 1452; 1979 I, S. 780.
[145] BGBl. 1977, II, S. 1452.
[146] BGBl. 1994, II, S. 2660.
[147] BGBl. 1972, II, S. 773.
[148] Amtsblatt Nr. L 160 vom 30.6.2000, S. 37 bis 43.
[149] EG 44/2001.
[150] ABl. Nr. L 012 vom 16.12.2001, S. 1 bis 23.
[151] EuGVVO.
[152] EU Nr. 805/2004.
[153] ABl. EU Nr. L 143 S. 15.
[154] BGBl. 2005 I, 2477.

V. Internationales Zivilverfahrensrecht/Internationales Zivilprozessrecht (IZPR) 227–233 § 45

Rechtsordnung sind hier die allgemeinen Gerichtsstände des Wohnsitzes § 12 ZPO, des Sitzes juristischer Personen § 17 ZPO, und der Niederlassung § 21 ZPO. Diese Gerichtsstände begründen auch die internationale Zuständigkeit deutscher Gerichte.[155]

Darüber hinaus kann eine Begründung internationaler Zuständigkeit auch durch den **Erfüllungsort** der eingeklagten Forderung begründet werden, § 29 Abs. 1 ZPO. Der Erfüllungsort richtet sich grundsätzlich nach dem Vertragsstatus, dh Art und Inhalt des jeweiligen Verfahrens bzw. der vertragstypischen Leistung.[156] Zu beachten ist herbei, dass der Erfüllungsort von Entgeltzahlungen schon nach allgemeinen Grundsätzen in der Regel der Wohnsitz des Schuldners ist. 227

> **Praxistipp:**
> Für Verträge, die vor dem 17.12.2009 geschlossen wurden, ist dies durch Art. 27 ff. EGBGB zu ermitteln. Seit dem 17.12.2009 gilt die sog ROM I-VO.

Wenn und soweit bei grenzüberschreitenden Verträgen die Frage des anwendbaren Prozessrechts nicht der jeweiligen Zivilprozessordnung überlassen bleiben soll, steht es den Parteien frei, **Vereinbarungen** zu treffen. Anders als bei der Frage der Wahl des materiellen Rechts ist die Möglichkeit der Vereinbarung des jeweiligen Prozessrechts jedoch erheblich eingeschränkt. Eine Disposition ist den Parteien lediglich über die Wahl (Prorogation) bzw. Abwahl (Derogation) des Gerichtsstands möglich. Die Parteien können/sollten deshalb bei grenzüberschreitenden Verträgen gemäß § 38 ZPO den jeweiligen Gerichtsstand vereinbaren. 228

Dies gilt nicht nur für Kaufleute, sondern auch bei Nichtkaufleuten. Bei Nichtkaufleuten ist aber anders als bei Kaufleuten eine derartige Gerichtsstandvereinbarung nur wirksam, wenn sie schriftlich vereinbart oder schriftlich bestätigt worden ist, § 38 Abs. 2 ZPO. 229

Soweit deutsches Recht zur Anwendung kommt, muss allerdings auf die Bestimmungen zu Allgemeinen Geschäftsbedingungen geachtet werden. Eine Festlegung eines Gerichtsstandes ohne Bezug zur Leistung, zum Leistenden oder zum Leistungsempfänger mittels Allgemeiner Geschäftsbedingungen in den §§ 305 ff. BGB dürfte, da eine solche Klausel wohl als überraschend angesehen werden müsste, zumindest problematisch sein.[157] 230

Soweit eine abweichende vertragliche Vereinbarung der internationalen oder nationalen Zuständigkeit gewollt ist, muss in diesem Zusammenhang bedacht werden, ob damit ein besonderer Gerichtsstand oder ein ausschließlicher Gerichtsstand vereinbart werden soll. 231

Ein **besonderer** Gerichtsstand stellt nur einen zusätzlichen Gerichtsstand dar, dh die Parteien können alternativ auch bei den gesetzlich vorgegebenen Gerichtsständen Klage erheben. 232

Der **ausschließliche** Gerichtsstand hingegen schließt andere Gerichtsstände aus.

Welche Art von Gerichtsstandvereinbarung vorliegt, wird im Zweifel durch Auslegung zu ermitteln sein. Zu beachten ist dabei aber auch, dass eine Gerichtsstandsvereinbarung gesetzlich zwingende Gerichtsstände nicht ausschließen oder umgehen kann. 233

> **Praxistipp:**
> Die Gerichtsstandsvereinbarung ist zwingend abschließend zu formulieren; zB: „Ausschließlicher Gerichtsstand für Streitigkeiten aus diesem Vertrags ist das [Gericht] in [Ort], soweit das auf diesem Vertrag anwendbare Gesetz nicht einen abweichenden ausschließlichen Gerichtsstand vorsieht".

---

[155] MüKoZPO/*Patzina* § 12 Rn. 89 f.
[156] Zöller/*Vollkommer* § 29 Rn. 3 mwN.
[157] MüKoZPO/*Patzina* § 38 Rn. 22; dazu auch → *Redeker* § 16 (Standardvertragsklauseln).

234 Soweit eine wirksame Gerichtsstandsvereinbarung nicht bzw. nicht wirksam vorgenommen wurde, greifen dann wiederum die Bestimmungen zur internationalen oder nationalen Zuständigkeit.

235 Ein beliebtes Schlagwort im Zusammenhang mit Gerichtsstandsvereinbarungen ist das so genannte „Forum shopping". Hierbei handelt es sich um den Versuch der Wahl des für den Prozess günstigsten Austragungsortes. Bei grenzüberschreitenden Berührungen ist es gang und gäbe, dass die jeweilige Partei den Gerichtsort ihres Heimatlandes, damit verbunden auch in der Regel die Wahl des dort geltenden materiellen Rechtes vereinbaren will. Hiervon zu unterscheiden ist die grundsätzliche Möglichkeit, nicht das Gericht des Heimatlandes anzurufen, sondern das Gericht eines Staates, in welchem sich der jeweilige Betroffene die besten Aussichten für die erfolgreiche Durchführung seines Prozesses verspricht. Ein derartiger Versuch ist grundsätzlich nicht zu beanstanden, da es in der Natur der Sache liegt, dass jede Partei einen gegebenenfalls durchzuführenden Prozess auch gewinnen will. Auch ohne Gerichtsstandsvereinbarung spiegelt sich dieses zum Beispiel auch in der Vorgehensweise von Anwälten wider, die – insbesondere bei Schadensersatzklagen aufgrund von größeren technischen Katastrophen – wegen der bei weitem großzügigeren Handhabung von Entschädigungen versuchen, den Rechtsstreit bei US-amerikanischen Gerichten anhängig zu machen.

236 Der Versuch der Wahl des Gerichtsstandes in der Ausprägung des so genannten „Forum shopping" ist deshalb aus anwaltlicher Sicht nicht zu beanstanden und gegebenenfalls sogar aus haftungsrechtlichen Gründen angezeigt. Vorsicht ist allerdings insoweit geboten, als den Mandanten unter Umständen zwar ein Forum-Sieg verschafft wird, indem zwar die Klage in dem Staat erhoben worden ist, in welchem die größten Chancen für eine erfolgreiche Klagedurchführung bestanden haben und dies auch erfolgreich durchgeführt wurde, dann aber das Urteil wegen **fehlender Vollstreckungsmöglichkeiten** im Forum-Staat und/oder der Verweigerung der Anerkennung in Deutschland wertlos ist.[158]

237 Eine weitere Möglichkeit der Begründung eines Gerichtsstandes ist gemäß § 39 ZPO durch die rügelose Einlassung des Beklagten zur Hauptsache möglich. § 39 ZPO begründet sogar dann die internationale Zuständigkeit deutscher Gerichte, wenn eine Gerichtsstandsvereinbarung nach § 38 ZPO nicht zulässig wäre. Eine Ausnahme gilt nur dann, wenn nach deutschem Recht ein ausländisches Gericht ausschließlich international zuständig ist, § 40 Abs. 2 ZPO.

3. Luganer Übereinkommen über die gerichtliche Zuständigkeit und die Vollstreckung gerichtlicher Entscheidungen in Zivil- und Handelssachen (Luganer Abkommen)

238 Die meisten europäischen Staaten sind Vertragsstaaten des sog Luganer Abkommens aus dem Jahre 1988. Neben der Bundesrepublik gehören hierzu zB die Schweiz, Dänemark, Belgien, Finnland, Frankreich, Griechenland, Irland, Island, Italien, Luxemburg, Niederlande, Norwegen, Österreich, Polen, Portugal, Schweden, Spanien, Großbritannien und Gibraltar.

239 Dem Luganer Abkommen kommt damit im europäischen Raum eine zentrale Bedeutung zu. Diese hat sich allerdings in den letzten Jahren dadurch relativiert, dass der Anwendungsbereich des Luganer Abkommens durch die Regelungen der EuGVVO und der EuVTVO (su) auf der Ebene der EU für die Mitgliedsstaaten der EU Sonderregelungen erfahren hat. Ein wichtiger Anwendungsbereich besteht allerdings noch im Verhältnis zu den Nichtmitgliedsstaaten, wie zB der Schweiz.

240 Das Luganer Abkommen enthält verschiedenste Zuständigkeitsregelungen:
- Art. 2 LugÜ enthält die allgemeine Zuständigkeitsregelung des Wohnsitzes des Beklagten.
- Art. 5 Nr. 1 LugÜ sieht eine besondere Zuständigkeit in Bezug auf den Erfüllungsort der Verpflichtung vor. Zu beachten ist hierbei, dass nach dieser Regelung der Erfüllungsort von Entgeltzahlungen i. d. R. der Wohnsitz des Schuldners ist.
- Art. 5 Nr. 3 LugÜ regelt die besondere Zuständigkeit des Ortes des Schadenseintritts bei einer unerlaubten Handlung.
- Art. 5 Nr. 5 LugÜ sieht eine besondere Zuständigkeit für den Ort der Niederlassung vor, soweit es sich um eine Streitigkeit aus deren Betrieb handelt.

---

[158] Zöller/*Geimer* IZPR Rn. 58.

- Art. 6 Nr. 4 LugÜ enthält den besonderen Gerichtsstand in Bezug auf eine unbewegliche Sache, wenn ein Vertrag oder Ansprüche aus einem Vertrag den Gegenstand des Verfahrens bilden und die Klage mit einer Klage wegen dinglicher Rechte an unbeweglichen Sachen gegen denselben Beklagten verbunden werden kann.
- Art. 13 Abs. 1 Nr. 3 regelt die besondere Zuständigkeit bei Verbraucherverträgen.
- Art. 16 Nr. 1 lit. a) LugÜ regelt den ausschließlichen Gerichtsstand des Ortes einer unbeweglichen Sache, für Klagen, welche dingliche Rechte an unbeweglichen Sachen sowie Miete oder Pacht von unbeweglichen Sachen zum Gegenstand haben.
- Art. 16 Nr. 4 LugÜ regelt einen ausschließlichen Gerichtsstand für gewerbliche Schutzrechte. Zuständig ist das jeweilige Gericht des Vertragsstaates, in dessen Hoheitsgebiet eine Hinterlegung oder Registrierung beantragt oder vorgenommen worden ist oder aufgrund eines zwischenstaatlichen Übereinkommens als vorgenommen gilt. Ferner für Klagen, welche die Eintragung oder die Gültigkeit von Patenten, Warenzeichen, Mustern und Modellen sowie ähnlicher Rechte, die einer Hinterlegung oder Registrierung bedürfen, zum Gegenstand haben.
- Art. 16 Nr. 5 LugÜ regelt schließlich die ausschließliche Zuständigkeit der Gerichte des Vertragsstaates, in dessen Hoheitsgebiet die Zwangsvollstreckung durchgeführt werden soll oder durchgeführt worden ist.

241 Bei Bestehen von **Anspruchskonkurrenz** kann nach der Rechtsprechung durchaus eine Verknüpfung mit der Folge bestehen, dass insbesondere die Zuständigkeit für Verbrauchersachen andere Zuständigkeitsregelungen überlagert. So hat der Bundesgerichtshof entschieden, dass im Sinne von Art. 13 Abs. 1 LugÜ auch ein Schadensersatzanspruch aus § 823 Abs. 2 iVm § 32 Abs. 1 KGW ein Anspruch aus einem Vertrag sein kann und damit der Zuständigkeit für Verbrauchersachen unterliegt. Für die Anknüpfung an einen Vertrag und die Begründung der Zuständigkeit für Verbrauchersachen nach Art. 13 Abs. 1 Nr. 3 LugÜ genüge es, dass sich die Schadenshaftung allgemein auf einen Vertrag beziehe und Klage, die auf einer gesetzlichen Grundlage beruht, eine so enge Verbindung zu dem Vertrag aufweise, dass sie nicht von ihm getrennt werden könne.[159]

4. Europäisches Übereinkommen über die gerichtliche Zuständigkeit und die Vollstreckung gerichtlicher Entscheidungen in Zivil- und Handelssachen (EuGVVO)

242 Um für die Mitgliedsstaaten der Europäischen Union zu einer Vereinheitlichung der jeweiligen Normen des IZPR zu gelangen, haben die Staaten der Europäischen Union im Rahmen von Übereinkommen Regelungen vereinbart, die eine weitere **Vereinheitlichung des Rechts innerhalb der Europäischen Union** bewirken sollen.

243 a) **Internationales Privatrecht und Internationales Prozessrecht.** Im Verhältnis der Mitgliedsstaaten zueinander gilt zunächst einmal das internationale Privatrecht und das internationale Zivilprozessrecht. Nur wenn und soweit entweder die Mitgliedsstaaten ihrerseits oder aufgrund eigener Regelungskompetenz die Organe der EU eigenes Recht setzen, finden diese Rechtsquellen Anwendung.

244 b) **Nationales Recht und EU-Recht.** Das Recht der nationalen Staaten ist abzugrenzen vom EU-Recht. Beides sind getrennte und autonome Rechtsquellen. Anders als im innerstaatlichen Recht gelten aber nicht die Kollisionsregeln des lex posterior und des lex specialis, sondern ist das **EU-Recht** aufgrund der bestehenden europäischen Verträge **grundsätzlich vorrangig**.

245 Vor dem Hintergrund, dass die Mitgliedsstaaten der EU sich dazu verpflichtet haben, soweit wie möglich eine einheitliche Rechtsordnung zu schaffen, gilt der Grundsatz des Anwendungsvorrangs des EU-Rechts und dessen mittelbare oder unmittelbare Wirkung.

246 Hierbei ist es auch gleichgültig, ob es sich bei den nationalen Recht um förmliche Gesetze, Rechtsverordnungen, Satzungen, Verwaltungsvorschriften oder Verwaltungsakte handelt. Soweit EU-Recht existiert und unmittelbar anzuwenden ist, hat es stets Vorrang vor der na-

---

[159] BGH Urt. v. 5.10.2010 – VI ZR 159/09, NJW 2011, 532 mwN.

tionalen Rechtsordnung. Nur soweit EU-Recht den entsprechenden Sachverhalt **nicht** regelt, ist die jeweilige Norm des einzelnen Staates anwendbar.

247 Unmittelbare Wirkung entfaltet das EU-Recht für die Bundesrepublik zunächst zum einen im Rahmen des primären Gemeinschaftsrechts und zum anderen durch **Verordnungen,** die für ihre Durchführung innerhalb der Rechtsordnungen der Mitgliedsstaaten keinerlei nationalen Umsetzungsakt mehr erfordern. Etwas differenzierter zu beurteilen ist die Wirkung der **Richtlinien,** die im Rahmen des nationalen Rechts zunächst noch einer Umsetzung bedürfen, die vom entsprechenden Staat vorzunehmen ist. Solange eine derartige Umsetzung nicht erfolgt ist, kann eigentlich das nationale Recht weiterhin Geltung beanspruchen. Indes kann der Bürger bei nicht rechtzeitiger Umsetzung durch den einzelnen Mitgliedsstaat dennoch zumindest indirekt die Geltung des EU-Rechts für sich beanspruchen. Auch ohne einen derartigen Umsetzungsakt muss das jeweilige nationale Recht stets richtlinienkonform ausgelegt werden.

Damit beanspruchen die Rechtsquellen des EU-Rechts stets mittelbar oder unmittelbar Vorrang vor dem nationalen Recht.

248 c) **Die EuGVVO.** Durch die EuGVVO ist gewährleistet, dass im Rahmen der Europäischen Union und zwischen den Mitgliedsstaaten ein identisches internationales Zivilprozessrecht zur Anwendung kommt.

249 Welcher Stellenwert diesem Abkommen über die Vereinheitlichung der jeweiligen Normen des IZPR zukommt, zeigt sich auch daran, dass die Vertragsparteien der EuGVVO in einem Zusatzprotokoll vereinbart haben, dass für die Klärung von Auslegungsfragen nicht das oberste nationale Gericht, sondern der **Europäische Gerichtshof (EuGH)** zuständig ist.[160] Für die jeweiligen nationalen Gerichte besteht zur Absicherung dieser Zuständigkeitsregelung darüber hinaus sogar eine Vorlagepflicht.[161]

250 Die Verordnung ist in sämtlichen Zivil- und Handelssachen anzuwenden, ohne dass es auf die Art der Gerichtsbarkeit ankommt, Artikel 1 EuGVVO. Lediglich in Fragen von Steuer- und Zollsachen sowie bei verwaltungsrechtlichen Angelegenheiten gilt weiterhin, soweit nicht Gemeinschaftsrecht existiert, das nationale Recht fort.

Nicht anzuwenden ist Artikel 1 Abs. 2 EuGVVO auf Fragen:
- die den Personenstand, die Rechts- und Handlungsfähigkeit sowie die Vertretung von natürlichen Personen, die ehelichen Güterstände, das Erbrecht (lit. a),
- Insolvenz, Vergleich oder ähnliche Verfahren (lit. b),
- die soziale Sicherheit (lit. c),
- die Schiedsgerichtsbarkeitsregeln (lit. d),

betreffen.

Diese Fragen sind entweder weiterhin dem nationalen Recht vorbehalten oder im Rahmen von anderen Übereinkommen geregelt.

Artikel 2 EuGVVO eröffnet sodann die Zuständigkeit des Gerichtes des Wohnsitzes.

251 Natürliche Personen, die ihren Wohnsitz im Hoheitsgebiet eines Mitgliedsstaats haben, sind ohne Rücksicht auf ihre Staatsangehörigkeit vor den Gerichten dieses Mitgliedsstaates zu verklagen, Art. 2 Abs. 1 EuGVVO.

Gesellschaften und Juristische Personen sind nach Artikel 2 Abs. 1, 60 Abs. 1 EuGVVO grundsätzlich in dem Vertragsstaat zu verklagen, in dem sie ihren Sitz haben.

252 Artikel 5 EuGVVO eröffnet besondere Zuständigkeiten. Eine Person, die ihren Wohnsitz im Hoheitsgebiet eines Mitgliedstaates hat, kann, wenn ein Vertrag oder Ansprüche aus einem Vertrag den Gegenstand des Verfahrens bilden, vor dem Gericht des Ortes des anderen Mitgliedsstaates verklagt werden, an dem die Verpflichtung erfüllt worden ist oder zu erfüllen wäre.

253 Artikel 5 Abs. 1 lit. b definiert den **Erfüllungsort** der Verpflichtung in zwei Fällen konkret. Erfüllungsort ist:

(1) Für den Verkauf beweglicher Sachen der Ort in einem Mitgliedstaat, an den sie nach dem Vertrag geliefert worden sind oder hätten geliefert werden müssen.

---

[160] → § 17 Rn. 166 ff.; Zöller/*Geimer* Anh. I Art. 1 Rn. 5.
[161] Zöller/*Geimer* Anh. I Art. 1 Rn. 6.

(2) Für die Erbringung von Dienstleistungen der Ort in einem Mitgliedstaat, an dem sie nach dem Vertrag erbracht worden sind oder hätten erbracht werden müssen.

Artikel 5 Abs. 1 lit. c legt ferner fest, dass wenn lit. b nicht anwendbar ist, lit. a gilt.

Anders als im nationalen Recht bzw. im internationalen Zivilprozessrecht der Bundesrepublik lehnt der EuGH eine generelle Anknüpfung an den Ort der **vertragscharakteristischen** Leistung ab.[162] Bereits in einer seiner ersten Entscheidungen zum EuGVVO hat der EuGH festgestellt, dass es auf den Erfüllungsort derjenigen **Verpflichtungen** ankommt, die den Gegenstand der Klage bilden.[163]

Als vertragliche Ansprüche gelten Ansprüche auf Erfüllung, Schadensersatz wegen vertraglicher Pflichtverletzungen, auch vorvertraglicher Pflichtverletzungen, Rückgewähr oder sonstige Ansprüche auf Grund angefochtener, nichtiger und aufgehobener Verträge.[164]

Artikel 5 Nr. 3 EuGVVO sieht darüber hinaus einen **besonderen Gerichtsstand der unerlaubten Handlung** vor. Den Gerichtsstand der unerlaubten Handlung definiert der EuGH für Streitigkeiten, mit denen eine Schadenshaftung des Beklagten geltend gemacht wird und die nicht an einen Vertrag im Sinne von Artikel 5 Nr. 1 anknüpfen:

„...... der erste Teil der Frage ist somit dahin zu beantworten, dass der Begriff „unerlaubte Handlung" iSv Artikel 5 Nr. 3 EuGVÜ als autonomer Begriff anzusehen ist, der sich auf Angelegenheiten bezieht, mit denen eine Schadenshaftung des Beklagten geltend gemacht wird und die nicht an einen „Vertrag" iSv Artikel 5 Nr. 1 anknüpfen. ......"

So der EuGH schon für die EuGVÜ.[165]

Da durch den EuGH die Definition der unerlaubten Handlung weit gefasst wird, fallen auch zB wettbewerbsrechtliche Unterlassungsansprüche und Internet-Delikte hierunter.[166]

Der Geschädigte kann seine Ansprüche aus unerlaubter Handlung entweder am Handlungs- oder Erfolgsort geltend machen. Das in diesem Fall zur Beurteilung aufgerufene Gericht ist indes nicht für Ansprüche zuständig, die sich aus **Vertrag** ergeben.[167] Der EuGH begründet dies damit, dass der Gerichtsstand der unerlaubten Handlung eine Ausnahme von dem Grundsatz darstellt, dass stets die Gerichte des Wohnsitzstaates zuständig sind. Der Kläger habe schließlich die Möglichkeit, sämtliche Ansprüche vor dem Gericht am Wohnsitz des Beklagten geltend zu machen. Soweit indes Anspruchskonkurrenz besteht, eröffnet Art. 5 Nr. 3 eine Anspruchszuständigkeit kraft Sachzusammenhangs für die vertraglichen Gegenansprüche.

> **Praxistipp:**
> Das materiell-rechtliche Gegenstück ist hierzu nun mit Verordnung (EG) Nr. 864/2007 des Europäischen Parlaments und des Rates vom 11. Juli 2007 über das auf außervertragliche Schuldverhältnisse anzuwendende Recht („Rom II") zwischen den europäischen Staaten in Kraft gesetzt worden. Mit dieser Verordnung wird das auf außervertragliche Schuldverhältnisse im Falle einer Normenkollision anzuwendende Recht bestimmt, ohne dass jedoch das materielle Recht der Mitgliedstaaten harmonisiert wird. Die Verordnung gilt ab 2009 in allen Mitgliedstaaten der Europäischen Union (EU) mit Ausnahme Dänemarks und erstreckt sich auf Zivil- und Handelssachen, mit Ausnahme bestimmter Bereiche wie Familienverhältnisse und die Haftung des Staates.

Artikel 5 Nr. 5 EuGVVO eröffnet einen Gerichtsstand im Land des betreffenden Staates, in dem der Vertragspartner eine Niederlassung betreibt.

Artikel 15/16 EuGVVO regeln die Zuständigkeit bei Verbrauchern, Sachen und eröffnen einen europäischen **Verbrauchergerichtsstand**. Die Klage eines Vertragspartners gegen einen

---

[162] Zöller/*Geimer* Anh. I Art. 5 Rn. 1b mwN.
[163] Zöller/*Geimer* aaO mit Verweis auf EuGH 19.2.2002 – 256/00 – Besix AG/WABAG und EuGH 15.1.1987 – 266/85 – Shenavai/Kreischer.
[164] Zöller/*Geimer* Anh. I Art. 5 Rn. 7.
[165] EuGH Urt. v. 27.9.1988 – RS 189/87, NJW 1988, 3088.
[166] Zöller/*Geimer* Anh. I Art. 5 Rn. 28 u. 30a.
[167] Zöller/*Geimer* Anh. I Art. 5 Rn. 23.

Verbraucher im Sinne des Art. 15 EuGVVO kann gemäß Art. 16 Abs. 2 EuGVVO nur vor den Gerichten seines Wohnsitzes erhoben werden. Umgekehrt kann aber der Verbraucher gemäß Art. 16 Abs. 1 EuGVVO seinen Vertragspartner sowohl vor den Gerichtes des Landes, in dem dieser seinen Wohnsitz/seine Niederlassung hat, als auch vor den Gerichten seines eigenen Wohnsitzes verklagen.

259 **d) Gerichtsstandsvereinbarung.** Artikel 23 EuGVVO ermöglicht es den Parteien, eine Gerichtsstandsvereinbarung in dem betreffenden Vertrag zu treffen.

Haben die Parteien, von denen mindestens eine ihren Wohnsitz im Hoheitsgebiet eines Mitgliedstaats hat, vereinbart, dass ein Gericht oder die Gerichte eines Mitgliedstaats über eine bereits entstandene Rechtsstreitigkeit oder über eine künftige aus einem bestimmten Rechtsverhältnis entspringende Rechtsstreitigkeit entscheiden sollen, so sind gemäß Art. 23 EuGVVO dieses Gericht oder die Gerichte dieses Mitgliedstaats zuständig. Dieses Gericht oder die Gerichte dieses Mitgliedstaats sind ausschließlich zuständig, sofern die Parteien nichts anders vereinbart haben. Eine derartige Gerichtstandsvereinbarung bedarf gemäß Artikel 23 Abs. 1 lit. a EuGVVO allerdings der Schriftform oder, wenn sie mündlich geschlossen ist, zumindest einer schriftlichen Bestätigung.

Gemäß Absatz 2 sind Elektronische Übermittlungen, die eine dauerhafte Aufzeichnung der Vereinbarung ermöglichen, der Schriftform gleichgestellt.

5. Europäischer Vollstreckungstitel

260 Ab dem 21.10.2005 gilt die Verordnung[168] des Rates zur Einführung eines Europäischen Vollstreckungstitels für unbestrittene Forderungen[169] für alle Mitgliedsstaaten der Europäischen Union mit Ausnahme Dänemarks.

261 Diese Verordnung hat einen Europäischen Vollstreckungstitel für unbestrittene Geldforderungen in Zivil- und Handelssachen eingeführt. Anders als man vermuten könnte, ist der potentielle Anwendungsbereich dieser Verordnung erheblich. Nach einer Schätzung des Europäischen Wirtschafts- und Sozialausschusses sind 90 % aller gerichtlichen Entscheidungen, die in einem anderen Mitgliedstaat zu vollstrecken sind, unbestrittene Geldforderungen, die somit im Wege des Europäischen Vollstreckungstitels vollstreckt werden können.[170]

262 Nach dieser Verordnung gilt eine Forderung als unbestritten, wenn der Schuldner:
- die Forderung in einer öffentlichen Urkunde anerkannt hat, Art. 4. Nr. 3,
- ihr im Gerichtsverfahren ausdrücklich durch Anerkenntnis oder in einem vor Gericht geschlossenen Vergleich zugestimmt hat, Art. 3. Abs. 1 und Abs. 2 lit. a und Art. 24 Abs. 1,
- ihr im Verfahren im Einklang mit den einschlägigen Verfahrensvorschriften des Ursprungsmitgliedstaates zu keiner Zeit widersprochen hat, Art. 3. Abs. 1 und Abs. 2 lit. b + c,
- säumig geblieben ist oder sich nicht ordnungsgemäß hat vertreten lassen, obwohl er die Forderung zuvor bestritten hat, Art. 3 Abs. 2, Art. 4 Nr. 1.

Soweit die gesetzlichen Voraussetzungen vorliegen, muss der Titel als Europäischer Vollstreckungstitel bestätigt werden.

263 Die Verordnung ist nach dem Willen des europäischen Gesetzgebers ein weiterer wesentlicher Schritt zur von ihm geplanten Abschaffung des Anerkennungsverfahrens bei allen zivilrechtlichen Entscheidungen.

6. Mahnverfahren und Europäisches Mahnverfahren

264 **a) Mahnverfahren der ZPO.** Unabhängig von der EuGVVO ist auch unser Mahnverfahren gemäß §§ 688 ff. ZPO im Rechtverkehr mit EuGVVO-Staaten grundsätzlich möglich und statthaft. Für den Erlass eines Mahnbescheides ist das Amtsgericht zuständig, bei dem der Antragsteller im Inland seinen allgemeinen Gerichtsstand hat.[171]

---

[168] EG Nr. 805/2004.
[169] ABl. EU Nr. L 143 S. 15.
[170] *Hilgers/Scherr*, Der Aktuelle Begriff, 72/2005.
[171] *Sujecki* NJW 2007, 1622 (1623).

Hierdurch bedingt ist zugleich die internationale und örtliche Zuständigkeit. § 703d ZPO verhindert somit einen Konflikt mit der EuGVVO. Er ermöglicht es dem zuständigen Mahngericht, unabhängig von § 689 Abs. 2 ZPO im Falle eines Widerspruches den Rechtsstreit an das gemäß EuGVVO zuständige, ausländische Gericht abzugeben.

Für den Fall, dass nicht widersprochen wird, schließt die Verordnung zur Einführung eines Europäischen Vollstreckungstitels (EuVTVO) den Kreis und erleichtert die Durchsetzung des erlassenen und rechtskräftig gewordenen Vollstreckungsbescheides.

b) Europäisches Mahnverfahren. Am 12.12.2006 wurde die VO 1896/2006 zur Einführung eines Europäischen Mahnverfahrens (EM) beschlossen. Sie ist in ihrer Gesamtheit allerdings erst am 12.12.2008 in Kraft getreten. Die Verordnung gilt für alle Mitgliedstaaten der Europäischen Union mit Ausnahme Dänemarks. Das EM ist ein beschleunigtes Verfahren zur Titulierung unbestrittener grenzüberschreitender Geldforderungen. Der dem EM zugrunde liegende Mahnbescheid wird als **Europäischer Zahlungsbefehl** (EZ) bezeichnet.

Die Durchführungsvorschriften zum EZ sind in den §§ 1087–1096 ZPO eingefügt.

> **Praxistipp:**
> Das europäische Mahnverfahren ist lediglich eine fakultative Alternative. Gläubiger haben weiterhin die Möglichkeit eines Auslandsmahnverfahrens gemäß § 688 Abs. 3 ZPO iVm § 32 Abs. 1 AVAG sowie die Möglichkeit eines reinen nationalen Gerichtsverfahrens mit anschließender Bestätigung als Europäischen Zahlungstitel.

aa) Anwendbarkeit des EM. Es gilt für **bezifferte und fällige Ansprüche aus Zivil- und Handelssachen**; ausgeschlossen sind gemäß Art. 2 Abs. 1 S. 2 VO 1896/2006 (EuMVVO) Steuer- und Zollsachen, verwaltungsrechtliche Angelegenheiten, Amtshaftungsansprüche sowie die in Art. 2 Abs. 2 VO 1896/2006 (EuMVVO) aufgezählten Rechtsgebiete.

Art. 2 Abs. 2 VO 1896/2006 (EuMVVO)
Die Verordnung ist nicht anzuwenden auf,
- die ehelichen Güterstände, das Gebiet des Erbrechts einschließlich des Testamentsrechts,
- Konkurse, Verfahren im Zusammenhang mit dem Abwickeln zahlungsunfähiger Unternehmen oder anderer juristischer Personen, gerichtliche Vergleiche, Vergleiche und ähnliche Verfahren,
- die soziale Sicherheit,
- Ansprüche aus außervertraglichen Schuldverhältnissen, soweit
  - diese nicht Gegenstand einer Vereinbarung zwischen den Parteien oder eines Schuldanerkenntnisses sind, oder
  - diese sich nicht auf bezifferte Schuldbeträge beziehen, die sich aus gemeinsamem Eigentum an unbeweglichen Sachen ergeben.

Der Anwendungsbereich erstreckt sich auf grenzüberschreitende Sachverhalte.

Art. 3 Abs. 1 VO 1896/2006 (EuMVVO)
(1) Eine grenzüberschreitende Rechtssache im Sinne dieser Verordnung liegt vor, wenn mindestens eine der Parteien ihren Wohnsitz oder gewöhnlichen Aufenthalt in einem anderen Mitgliedstaat als dem des befassten Gerichts hat.
(2) Der Wohnsitz wird nach den Art. 59 und 60 der Verordnung (EG) Nr. 44/2001 des Rates vom 22. Dezember 2000 über die gerichtliche Zuständigkeit und die Anerkennung und Vollstreckung von Entscheidungen in Zivil- und Handelssachen bestimmt.
(3) Der maßgebliche Augenblick zur Feststellung, ob eine grenzüberschreitende Rechtssache vorliegt, ist der Zeitpunkt, zu dem der Antrag auf Erlass eines Europäischen Zahlungsbefehls nach dieser Verordnung eingereicht wird.

bb) Zuständigkeit. Die Zuständigkeit richtet sich nach Artikel 6 VO 1896/2006 (EuMVVO).

Artikel 6 VO 1896/2006 (EuMVVO)
(1) Für die Zwecke der Anwendung dieser Verordnung wird die Zuständigkeit nach den hierfür geltenden Vorschriften des Gemeinschaftsrechts bestimmt, insbesondere der Verordnung (EG) Nr. 44/2001.

(2) Betrifft die Forderung jedoch einen Vertrag, den eine Person, der Verbraucher, zu einem Zweck geschlossen hat, der nicht der beruflichen oder gewerblichen Tätigkeit dieser Person zugerechnet werden kann, und ist der Verbraucher Antragsgegner, so sind nur die Gerichte des Mitgliedstaats zuständig, in welchem der Antragsgegner seinen Wohnsitz im Sinne des Art. 59 der Verordnung (EG) Nr. 44/2001 hat.

271 Die Zuständigkeitsvorschriften der VO 44/2001 (EUGVVO) sind wie folgt zu prüfen:
a) Vorliegen einer ausschließlichen Zuständigkeit nach Art. 22 EuGVVO
b) Vorliegen einer der folgenden Spezialbereiche:
- Versicherungssachen (Art. 8–14 EuGVVO)
- Verbrauchersachen (Art. 15–17 EuGVVO)
- individuelle Arbeitsverträge (Art. 18–21 EuGVVO)
c) Vorliegen einer besonderen Zuständigkeit (Art. 5–7 EuGVVO)
d) Vorliegen der allgemeinen Zuständigkeit (Art. 2–4 EuGVVO)

272 Zu beachten ist der **besondere Gerichtsstand des Erfüllungsortes** gemäß Art. 5 Nr. 1 EuGVVO:
- Handelt es sich um streitige Ansprüche aus einem Vertragsverhältnis, so kann gemäß Art. 5 Nr. 1a) EuGVVO vor dem Gericht des Ortes geklagt werden, an dem die Verpflichtung erfüllt worden ist oder zu erfüllen wäre.
- Der Erfüllungsort für Waren- und Dienstleistungsverträge ist in Art. 5 Nr. 1b) EuGVVO definiert.
- Für alle anderen Verträge wird nach der Rechtsprechung des EuGH und des BGH eine allgemeingültige Bestimmung des Erfüllungsortes abgelehnt.[172] Der Erfüllungsort bestimmt sich in diesen Fällen nach dem Recht des Landes, das nach dem Normen des internationalen Privatrechts zuständig ist.

273 *cc) Beantragung des europäischen Zahlungsbefehls.* Für die Beantragung eines EZ muss ein entsprechendes Formblatt ausgefüllt und anschließend der Gerichtskostenvorschuss eingezahlt werden.
(http://www.justiz.gv.at/internet/file/2c9484852308c2a60123e629b6fc0548.de.0/eu-mvformausf.pdf)

274 Der Antragsteller hat im deutschen Mahnverfahren bereits im Mahnantrag das für das streitige Verfahren zuständige Gericht zu bezeichnen. Bei dem EZ ist dies nicht erforderlich. Gemäß § 1090 Abs. 1 ZPO fordert das Gericht den Antragsteller nach dem Einspruch auf, das für die Durchführung des streitigen Verfahrens zuständige Gericht zu benennen.

275 Das mit dem Antrag befasste Gericht prüft gemäß Art. 8 VO 1896/2006 (EuMVVO) die Vollständigkeit der Angaben. Der Antragsteller erhält die Möglichkeit, seinen Antrag zu korrigieren. Daneben wird geprüft, ob die Forderung begründet erscheint (**automatisiertes Verfahren**).[173]

276 Der Antragsgegner kann gemäß Art. 16 Abs. 1 VO 1896/2006 (EuMVVO) nach Zustellung des europäischen Zahlungsbefehls innerhalb von 30 Tagen **Einspruch** einlegen. Der fristgerechte Einspruch bewirkt, dass das Verfahren vor dem Gericht und nach dem Recht des Staates des Schuldners weitergeführt wird.

277 Sofern der Antragsgegner seinen Einspruch nicht (oder verspätet) einlegt, erklärt das Gericht den EZ für vollstreckbar. Da es sich bei dem europäischen Zahlungsbefehl um ein **einstufiges Verfahren** handelt, kann bereits nach Ablauf der Einspruchsfrist vollstreckt werden. Eine Überprüfung des EZ ist dann nur noch unter den engen Voraussetzungen des Art. 20 VO 1896/2006 (EuMVVO) möglich.

278 *dd) Besonderheiten des EM.* Wird der Antrag auf Erlass eines gerichtlichen Mahnbescheides gestellt und seine Zustellung im Ausland beantragt, so sind zudem folgende **Besonderheiten** zu beachten:

279 Die grenzüberschreitende Zustellung wird zwar zwischenzeitlich durch die Europäische Zustellungs-Verordnung erleichtert. Doch kann es vorkommen, dass die Rücklaufzeiten für

---

[172] EuGH Urt. v. 28.9.1999 – C 440/97, NJW 2000, 719.
[173] *Sujecki* NJW 2007, 1622 (1623).

den Zustellungsnachweis bei der Auslandszustellung sehr lange dauern (Quelle: http://www.online-mahnbescheid.de/infos_026.html).

Bei dem EZ kann aufgrund folgender, zusätzlicher Positionen ein höherer Kostenvorschuss anfallen: Prüfungsgebühr für das Zustellersuchen durch das Gericht (i. d. R. EUR 20,–); Zustellauslagen der ausländischen Behörden; ggf. Vorschuss für anfallende Übersetzungskosten (zwischen EUR 150,– und EUR 250,–) (Quelle: http://www.online-mahnbescheid.de/infos_026.html).

Der Antragsteller hat die Möglichkeit den Antrag auf Durchführung des streitigen Verfahrens teilweise oder vollständig bis zum Beginn der mündlichen Verhandlung zurückzunehmen.

Gemäß § 1090 Abs. 3 ZPO ist die Streitsache mit Zustellung des EZ rechtshängig, wenn sie nach Übersendung der Aufforderung nach § 1090 Abs. 1 S. 1 ZPO und unter Berücksichtigung der Frist nach § 1090 Abs. 1 S. 2 ZPO alsbald abgegeben wird.

ee) Zwangsvollstreckung aus dem EZ. Die Zwangsvollstreckung aus dem EZ erfordert das Vorliegen der ZV-Voraussetzungen. Eine Vollstreckungsklausel ist gemäß § 1093 ZPO nicht erforderlich.

Gemäß § 1095 ZPO hat der Schuldner bei der Zwangsvollstreckung aus einem EZ die **gleichen Rechtsbehelfe** zur Verfügung wie bei jedem anderen Vollstreckungstitel nach der ZPO. Es gibt keine Beschränkung auf die Rechtsbehelfe der Art. 22 und 23 VO 1896/2006 (EuMVVO).

Das nationale Recht des betroffenen Mitgliedsstaates zur Eintreibung der Forderung wird durch das europäische Mahnverfahren nicht beeinflusst, der Gläubiger kann bei Vorliegen der Voraussetzungen **zwischen beiden Verfahren wählen**.

7. Selbstständiges Beweisverfahren

Auch bei grenzüberschreitenden Rechtsstreitigkeiten kann sich die Frage nach einem selbstständigen Beweisverfahren stellen. Das EuGVVO und das EuGVÜ enthalten in Bezug auf das selbstständige Beweisverfahren keinerlei Regelungen.[174] Aufgrund allgemeiner Grundsätze sind die **Vorschriften der ZPO entsprechend anzuwenden.** Die internationale Zuständigkeit für ein derartiges selbstständiges Beweisverfahren ergibt sich deshalb aus § 486 ZPO. Soweit ein Hauptsacheverfahren bereits anhängig ist, richtet sich die internationale Zuständigkeit für das selbstständige Beweisverfahren entsprechend der ZPO nach der internationalen Zuständigkeit des Prozessgerichts.

Soweit die Parteien eine Gerichtsstandsvereinbarung getroffen haben, sollte die Geltung dieser Gerichtsstandsvereinbarung auf jeden Fall auch auf das selbstständige Beweisverfahren erstreckt werden, um unnötigen Streitigkeiten aus dem Wege zu gehen.

8. Streitverkündung

Ebenso wenig wie das selbstständige Beweisverfahren ist auch die Streitverkündigung in der EuGVVO geregelt. Die Zulässigkeit und die Wirkungen einer derartigen Streitverkündung richten sich deshalb nach dem IZPR und im Inland nach der ZPO, dort den §§ 68 ff. ZPO.[175] Die **grenzüberschreitende Wirkung der Streitverkündung** sichert Art. 65 EuGVVO ab.[176] Indes ist die Rechtsfigur der Streitverkündung im übrigen europäischen Raum weitgehend gehend unbekannt und wie Artikel 65 EuGVVO zeigt, nur noch in Österreich und in Ungarn vorgesehen. Vor diesem Hintergrund und insbesondere um auch die Bindungswirkung der Streitverkündung im Sinne des Artikels 65 Abs. 1 sicherzustellen, da die Prüfung der Voraussetzungen durch das ausländische Gericht dieses vor erhebliche praktische Schwierigkeiten stellen dürfte, wird vertreten, dass bei einer grenzüberschreitenden Streitverkündung beim deutschen Erstgericht zugleich die Feststellung der Wirksamkeit der

---

[174] Zum selbständigen Beweisverfahren nach ZPO → § 33 Rn. 44 ff.
[175] Zur Streitverkündung nach ZPO → § 34 Rn. 48 ff.
[176] *Hess* S. 292 mwN.

Streitverkündung beantragt werden sollte.[177] Hierauf werden sich die deutschen Gerichte indes nur zögerlich einlassen.

289   Nicht zu unterschätzen sollte man auch die Frage der **Zustellung der Streitverkündungsschrift** im Rahmen der EU. Maßgeblich hierfür ist die europäische Zustellungsverordnung (Verordnung (EG) Nr. 1393/2007 des Europäischen Parlaments und des Rates vom 13. November 2007 über die Zustellung gerichtlicher und außergerichtlicher Schriftstücke in Zivil- oder Handelssachen in den Mitgliedsstaaten, EuGZVO). Diese regelt die Modalitäten einer grenzüberschreitenden Zustellung entsprechender Schriftstücke im Bereich der Europäischen Union, die insbesondere wie § 1068 ZPO unter Beachtung der Hoheitsbefugnisse des Empfängerstaates vorsieht und in Ergänzung der Verordnung zeigt, auch durch das deutsche Gericht mittels Einschreiben/Rückschein erfolgen kann.

290   Neben den Modalitäten wie eine solche Zustellung zu erfolgen hat, ist darin ua geregelt, dass eine erfolgte Zustellung durch den Empfänger verweigert werden kann, wenn das Schriftstück nicht in der **Amtssprache des Empfangsmitgliedsstaates** abgefasst ist, Artikel 8 Abs. 1 lit. b) EuGZVO. Da dann jede grenzüberschreitende Zustellung zwangsläufig eine Übersetzung des Streitverkündungsschriftsatzes ggf. incl. **aller Anlagen** in die Sprache des Empfängerlandes voraussetzen würde und damit zugleich der Zweck der Zustellungsverordnung im Rahmen der EU eine vereinfachte Zustellung zuzulassen konterkariert würde, hat der Verordnungsgeber es gemäß Artikel 8 Abs. 1 lit a) EuGZVO vorgesehen, dass die Zustellung auch in einer Sprache erfolgen kann, die der Empfänger versteht. Auslegungsbedürftig ist in diesem Zusammenhang aber, wann von einem „Verstehen" der Sprache ausgegangen werden kann.

291   Gegenüber natürlichen Personen soll gelten, dass diese sich rein privat – beispielsweise aufgrund eines Hobbys im Rahmen der Freizeitgestaltung – erworbene Sprachkenntnisse nicht zurechnen lassen müssen.[178] Etwas anderes soll auch in den Fällen nicht gelten, in denen diese Sprachkenntnisse nach außen getreten sind, da ansonsten das ungerechte Ergebnis entstünde, dass Personen, die zB aus Höflichkeit oder Interesse in einer für sie fremden Sprache (geschäftlich) korrespondieren, Zustellungen in all diesen Sprachen gegen sich gelten lassen müssten.[179]

292   Hat jedoch eine natürliche Person aufgrund ihres Lebensweges, ihres Geschäftsgebarens oder ihres sonstigen allgemeinen Verhaltens bestimmte Sprachkenntnisse, die nach aussen treten, beziehungsweise erwarten lassen, so kann unterstellt werden, dass sie ausreichende Sprachkenntnisse besitzt, die Sprache versteht und ihr demnach in dieser Sprache zugestellt werden kann, ohne dass ihr noch ein Annahmeverweigerungsrecht zusteht.[180]

293   **Unternehmen** müssen sich nach einer Entscheidung des Landgerichts München I das Verstehen einer Sprache entgegenhalten lassen, wenn in dem Unternehmen entsprechende Sprachkenntnisse vorhanden sind.[181] Auf die Sprachkenntnisse bestimmter Personen in dem Unternehmen kommt es nicht an. Dieser Rechtsprechung ist grundsätzlich zuzustimmen, wenngleich sie nicht uneingeschränkt gelten dürfte. Andernfalls würde das Bestimmen der Sprachkenntnisse, insbesondere bei großen Unternehmen, von unbeabsichtigten Zufälligkeiten abhängen.[182] Ob in einem Unternehmen bestimmte Sprachkenntnisse vorhanden sind, sollte demnach in Anlehnung an die zu natürlichen Personen entwickelten Kriterien erfolgen.[183] Zu berücksichtigen dürfte deshalb neben dem Vertragswerk auch der geschäftliche Schriftverkehr sein.

294   Fraglich ist dann noch, wenn eine Übersetzung notwendig ist, wie weit die **Übersetzungspflicht** iSv Art. 8 Abs. 3 S. 1 EGZVO geht; insbesondere ob sich diese nur auf die Klage oder Antragsschrift oder auch auf die Anlagen bezieht. Der Europäische Gerichtshof hat hierzu mit Urteil vom 8.5.2008 (Weis u. Partner ./. IHK Berlin – Streitverkündete Grimshaw

---

[177] *Hess* S. 292.
[178] Rauscher/*Heiderhoff* EGZVO Art. 8 Rn. 14.
[179] Rauscher/*Heiderhoff* EGZVO Art. 8 Rn. 14.
[180] Rauscher/*Heiderhoff* EGZVO Art. 8 Rn. 14.
[181] LG München I Beschl. v. 30.11.2009 – 7 O 861/09, BeckRS 2009, 88061, Rn. 6.
[182] So auch Rauscher/*Heiderhoff* EGZVO Art. 8 Rn. 15.
[183] Siehe auch Rauscher/*Heiderhoff* EGZVO Art. 8 Rn. 15.

& Partners Ltd) ausgeführt, dass die europäische Zustellungsverordnung dazu diene, die Übermittlung von Schriftstücken zu verbessern und zu beschleunigen, um es dem Beteiligten aus dem Mitgliedsstaat zu ermöglich am Verfahren teilzunehmen, dieses dadurch aber nicht in die Länge zu ziehen.[184] Die Übersetzung aller zu einem Schriftstück gehörenden Unterlagen würde jedoch häufig eine beträchtliche Zeit in Anspruch nehmen. Deshalb sei die Verordnung in der Weise auszulegen, dass zu den zuzustellenden Schriftstücken nur diejenigen gehören, deren rechtzeitige Zustellung an den Beteiligten diesen in die Lage versetzt, seine Rechte in dem gerichtlichen Verfahren des Übermittlungsstaates geltend zu machen.[185] Unterlagen, die lediglich Beweisfunktion hätten und für das Verständnis von Gegenstand und Grund des Verfahrens nicht unerlässlich seien, seien kein integrierender Bestandteil des verfahrensleitenden Schriftstücks im Sinne der Verordnung Nr. 348/2000.[186] Es ist nach den Ausführungen des europäischen Gerichtshofs im Übrigen Sache des nationalen Gerichts, zu prüfen, ob der Inhalt des verfahrenseinleitenden Schriftstücks den Beteiligten aus dem Mitgliedsstaat in die Lage versetzt, seine Rechte im Übermittlungsstaat geltend zu machen, und es ihm insbesondere erlaubt, Gegenstand und Grund des gegen ihn gerichteten Antrages sowie das Bestehen des gerichtlichen Verfahrens zu erkennen.[187]

---

[184] EuGH Urt. v. 8.5.2008 – C-14/07, 74, IBR-Online 2008, 1085 = NJW 2008, 1721.
[185] EuGH Urt. v. 8.5.2008 – C-14/07, 73, IBR-Online 2008, 1085 = NJW 2008, 1721.
[186] EuGH Urt. v. 8.5.2008 – C-14/07, 73, IBR-Online 2008, 1085 = NJW 2008, 1721.
[187] EuGH Urt. v. 8.5.2008 – C-14/07, 75, IBR-Online 2008, 1085 = NJW 2008, 1721.

§ 46 Der Sachverständigenbeweis in Zivilprozessen

Übersicht

	Rn.
I. Einführung	1–16
1. Fragestellungen aus technischer Sicht	3–12
2. Ziele bei der Formulierung von Sachverständigenbeweisantritten	13–16
II. Substantiierung	17–96
1. Beschreibung des Ausgangssachverhalts	20–31
a) Spezifikation von Gegenständen	21–28
b) Berücksichtigung von Rechtsfolgen	29–31
2. Aufbereitung des Streitstoffs	32–34
3. Beschreibung von Sachmängeln	35–93
a) Bestimmung des Soll-Zustands	36–65
b) Bestimmung der Ist-Situation	66–86
c) Beurteilung von Abweichungen	87–90
d) Fallbeispiel	91–93
4. Rechtsmängel	94–96
III. Anforderungen an den Sachverständigenbeweis	97–108
a) Auswahl des Sachverständigen	97–99
b) Anforderungen an die Sachverständigentätigkeit	100–108
IV. Selbstständiges Beweisverfahren	109–112

Schrifttum: *Bayerlein*, Praxishandbuch Sachverständigenrecht, 5. Aufl. 2014; *Bleutge*, Der gerichtliche Gutachtenauftrag, 8. Aufl. 2007, DIHK; IT-Grundschutz-Kataloge www.bsi.bund.de/DE/Themen/ITGrundschutz/itgrundschutz_node.html.

I. Einführung

1   IT-Sachverständige[1] haben eine naturwissenschaftliche Prägung und damit in vielen Fällen eine andere Vorgehensweise bei der Analyse und Bearbeitung von Problemen als Juristen. Begriffe wie **Subsumtion** oder **Beweislast** sind ihnen weniger geläufig, hingegen ist die Beziehung zwischen **Ursache und Wirkung** ein gängiges Denkmuster. Hieraus resultieren Besonderheiten für Sachverständigen-spezifische Inhalte. Die Darstellung in diesem Werk erfolgt – soweit nichts anderes angegeben ist – aus der Sicht eines Parteivertreters, um die Vor- und Nachteile bestimmter Sichtweisen deutlich zu machen. In einem überlegt geführten Zivilprozess wird auch die Beweisaufnahme durch Sachverständige geplant und durchdacht, um das Prozessrisiko zu vermindern. Da Gerichtssachverständige an die ihnen erteilten Aufträge gebunden sind, haben sie nur sehr eingeschränkte Möglichkeiten, ihren Auftragsumfang zu beeinflussen.

2   Das Umfeld der Informations- und Kommunikationstechnologie weist eine Reihe von Besonderheiten gegenüber anderen technischen Gebieten auf, die zunächst kurz skizziert werden. Kernthema ist dabei, wie die bei der Formulierung von Sachverständigenbeweisantritten vorliegenden Ziele erreicht werden können. Der Schwerpunkt liegt in einer geeigneten und brauchbaren **Substantiierung des Parteivortrags**, auf deren Basis eine Begutachtung erfolgen kann. Zu diesem Bereich gehören die Bestimmung des Soll- und Istzustandes mit der anschließenden Beurteilung aufgetretener Abweichungen. Es schließt sich ein Abschnitt an, der sich mit den Anforderungen an Sachverständigengutachten auseinandersetzt, damit die Parteivertreter die Qualität von Gutachten beurteilen können. Den Abschluss bilden die Besonderheiten des Sachverständigenbeweises beim selbstständigen Beweisverfahren.

---

[1] Sachverständige für IT-Schwerpunkt Hardware beziehungsweise IT-Schwerpunkt Software, ggf. mit Zusatzgebieten gemäß den fachlichen Bestellungsvoraussetzungen, → Rn. 97.

I. Einführung

1. Fragestellungen aus technischer Sicht

Der Bereich der Informations- und Kommunikationstechnologie (IKT) und damit auch ein Softwareprozess weisen eine Reihe von **Besonderheiten** auf, die nur teilweise in anderen technischen Bereichen anzutreffen sind. Die Bedienung und Nutzung von Informationstechnologie, beispielsweise in Form von Fahrkartenautomaten, Smartphones oder Personalcomputern gehört zum täglichen Leben. Ein Vergleich mit dem oftmals herangezogenen Baubereich zeigt jedoch erhebliche Unterschiede: Für die Durchführung von einfachen handwerklichen Arbeiten ist bei den heute zur Verfügung stehenden Materialien, Werkzeugen und Maschinen zum Beispiel beim Tapezieren, Verlegen von Fußböden oder Streichen von Decken eine besondere Ausbildung nicht mehr zwingend erforderlich. Bauwerke werden somit von deren Nutzern (Endanwendern) nicht nur bewohnt, sondern auch instand gehalten und/oder verbessert.

Im IKT-Bereich konzentriert sich jedoch der durchschnittliche Endanwender auf die **Nutzung**. Zwar können auch Endanwender Programme installieren, die dahinter stehenden Mechanismen durchschauen sie jedoch nur in seltenen Fällen. Eine explizite Einrichtung oder Parametrierung[2] erfolgt nur in Ausnahmefällen. Auch eine Programmierung verlangt spezielle Kenntnisse. Selbst wenn ein Endanwender Webseiten erstellt, verwendet er dabei in der Regel hoch entwickelte Programmpakete, die technische Details vor dem Benutzer verbergen. Dabei ist zu berücksichtigen, dass die daraus entwickelten Programme aus technischer Sicht relativ einfach sind.

Ein weiteres wesentliches Merkmal der ITK ist der **Projektgedanke**.[3] Diese temporäre Organisationsform ist prägend für die Durchführung von Vorhaben. Sie kann bei größeren Zeitabständen zwischen dem sachlichen Anlass und der rechtlichen Auseinandersetzung zu erheblichen Problemen führen, da die ursprüngliche Personalstruktur nicht mehr vorhanden ist. Die Aufklärung des tatsächlichen Sachverhalts wird dadurch deutlich erschwert.

Die Streitbereiche in Softwareprozessen haben eine **sehr große Bandbreite**. Angefangen von der Auswahl der richtigen Standardsoftware über die geeignete Einrichtung bis hin zur Softwareentwicklung wird ein breiter Bereich abgedeckt, der auch häufig einzelne Sachverständige überfordert.[4]

Für die Juristen besteht die Herausforderung darin, einen von Spezialisten geprägten Sachverhalt auf eine **allgemein verständliche Ebene** herunter zu brechen, dabei aber die wesentlichen technischen Aspekte nicht zu verwässern oder zu verfälschen. Die Zielgruppe Richter hat in vielen Fällen nur ein wenig ausgeprägtes technisches Verständnis, das deutlich unterhalb desjenigen von IT-Fachanwälten anzuordnen ist. Eine Sonderzuständigkeit für IT-Prozesse ist nicht der Regelfall; darüber hinaus ist auch die gerichtliche Geschäftsverteilung zu berücksichtigen.

Als Folge ist in vielen Fällen eine **aufwändige Aufbereitung** des technischen Sachverhalts in einen allgemein verständlichen Sachverhalt erforderlich, damit das Gericht das Verfahren sachgerecht leiten kann und nicht geneigt ist, das Verfahren ohne eine detailliertere Beschäftigung mit dem Sachverhalt zu beenden. Die **eigene Partei** kann dabei in der Regel nur eingeschränkt unterstützen, da sie keine Erfahrung in der Prozessführung hat und auch mit der Problematik von Beweisantritten und Durchführung von Ortsterminen wenig vertraut ist. Ferner ist sie selbst betroffen und hat dadurch einen sehr engen Fokus.

Der vermeintliche Ausweg, den Sachvortrag nur grob zu schildern, und gegebenenfalls im Verlaufe des Prozesses weiter zu spezifizieren, kann fatale Folgen haben. Zunächst besteht ein Risiko, dass dieser Vortrag als verspätet bewertet und damit abgewiesen wird oder auch, dass das Gericht durch den ersten Vortrag eine Sachverhaltsauffassung hat, welche oftmals schwer zu erschüttern ist. Darüber hinaus verzichtet damit die Partei auf ein wichtiges, ihr zur Verfügung stehendes Steuerungsinstrument. Dieses Verhalten ist damit eindeutig

---

[2] Anpassung von Softwaresystemen durch Eingabe bestimmter Werte im Rahmen dafür vorgesehener Möglichkeiten.
[3] → § 18 Rn. 1 f.
[4] → § 18 Rn. 26, 76.

als erheblich risikoerhöhend einzustufen. Im Gegenteil, zur Erreichung der prozessualen Ziele[5] ist eine hohe Qualität des Sachvortrags notwendig, die eine für Laien nachvollziehbare Darstellung und gleichzeitig eine exakte Steuerung der Beweisaufnahme ermöglicht.

10 Ein weiterer wesentlicher Aspekt ist die **Auswahl des Streitstoffes.** Feststellungen lassen sich nur dann mit hoher Wahrscheinlichkeit treffen, wenn die vorgetragenen Mängel auch beweisbar sind. Hierbei spielt die Reproduzierbarkeit[6] eine herausragende Rolle. Wenn ein System einen nicht nachvollziehbaren Abbruch der Verarbeitung pro Woche aufweist, ist – falls nicht besondere Umstände wie Hochverfügbarkeit vorliegen – ein Beweis durch Sachverständigen-Gutachten sehr aufwändig, da allein die Beobachtungszeit des Systems zumindest im Bereich einer Woche liegen muss, in der Regel aber ein deutlich längerer Zeitraum benötigt wird.

11 Falls eine Reihe von Mängeln vorliegt, kann man die **Prozessökonomie** dadurch wahren, dass die Mängel mit den am weitesten reichenden Folgen und der einfachsten Beweisbarkeit zum Prozessstoff gemacht werden. Der so genannte „100-Mängel-Prozess" vermindert vielleicht das Haftungsrisiko des Anwalts, führt aber weder beim Gericht noch beim Sachverständigen zu einer bevorzugten und zügigen Bearbeitung. Durch die Aufblähung des Verfahrens ist häufig eine Aufsplitterung zu verzeichnen, die am Kern des Streits vorbeigeht und es der Gegenseite ermöglicht, beliebige Schauplätze auszuwählen, die eigentlich eher irrelevant oder untergeordnet sind.[7]

12 Zusammengefasst liegen beim Sachvortrag in Softwareprozessen folgende wesentliche **Problematiken** vor:
- Häufig handelt es sich um einen speziellen technischen Sachverhalt.
- Es bestehen Schwierigkeiten bei der Aufklärung des Sachverhalts durch intensive Anwendung projektbezogener Merkmale.
- In vielen Fällen ist eine aufwändige Aufbereitung notwendig, damit das Gericht (insbesondere bei fehlender Sonderzuständigkeit) das Verfahren leiten kann.
- Die eigene Partei hat keine Erfahrung in Prozessführung und kann daher nur eingeschränkt zu technischen Komplexen Stellung nehmen.
- Die eigene Partei hat aufgrund eigener Betroffenheit einen sehr engen Fokus.
- Die Auswahl des Streitstoffes sollte auch unter Berücksichtigung der Beweisbarkeit und der Prozessökonomie erfolgen.

2. Ziele bei der Formulierung von Sachverständigenbeweisantritten

13 In Softwareprozessen kommt der Darstellung des Sachverhalts in der Regel eine entscheidende Bedeutung zu. Ein gut verständlicher und auf die Kernelemente konzentrierter Vortrag der Partei bildet die Grundlage für die Entscheidung des Gerichts über das Verfahren und über den Streitstoff und prägt letztlich das Ergebnis. Sei es ein Vergleich oder ein Urteil – der so genannte **Lebenssachverhalt** ist ein zentraler Faktor für die Meinungsbildung des Gerichts.

14 Ein wesentliches Zwischenziel der Anwälte ist, dass ein **Beweisbeschluss** erlassen wird, der auf ihrem eigenen Vortrag basiert. Wenn das Gericht die aufgeworfenen Beweisanträge berücksichtigt und entsprechende Beweisbeschlüsse erlässt, ist ein wichtiger Meilenstein erreicht. Falls der geschilderte Sachverhalt zutreffend ist und die entsprechenden Beweisanträge validiert sowie durchführbar sind, ist damit eine deutliche Risikoverminderung gegeben. Es besteht dann eine sehr große Wahrscheinlichkeit, dass die Feststellungen in der Beweisaufnahme die Behauptungen im Rahmen des Parteivortrags bestätigen.[8]

15 Hiermit geht die **Steuerung der Arbeit des gerichtlich bestellten Sachverständigen** einher. Je genauer und präziser der Sachvortrag ist, desto weniger Spielraum hat der gerichtlich be-

---

[5] → Rn. 16.
[6] → Rn. 67.
[7] → § 45 Rn. 131, 134. Die Frage der **Beweislastverteilung** wird hier nicht näher behandelt, da sie rechtlich geprägt ist und unabhängig vom Sachvortrag zu beantworten ist. Sie beeinflusst in vielen Fällen den Sachvortrag erheblich.
[8] → Rn. 69.

stellte Sachverständige hinsichtlich seiner Feststellungen. Die Parteimaxime im Zivilprozess gibt den Parteien ein wirkungsvolles Steuerungsinstrument, um die Punkte zu spezifizieren, die Gegenstand der Untersuchungen des Sachverständigen sein sollen. Der Prozessvertreter sollte dabei auch Überlegungen zur Wertung der Abweichungen zwischen Soll-Zustand und Ist-Situation vornehmen. Die Verfolgung dieses Ziels vermindert damit auch das Prozessrisiko, soweit es die Prozessparteien beeinflussen können.

Es wird zusammengefasst, dass der Softwarevertrag in Softwareprozessen aus Anwaltssicht folgende **Ziele** verfolgen sollte: 16
- Verständlicher und nachvollziehbarer Sachvortrag als wesentliche Basis für Entscheidungen des Gerichts.
- Zwischenziel des Anwalts: Erlass eines Beweisbeschlusses auf Basis seines Vortrags.
- Ausrichtung der Tätigkeit des gerichtlich bestellten Sachverständigen.

II. Substantiierung

Der entscheidende Erfolgsfaktor in Softwareprozessen ist die sorgfältige Aufbereitung 17 und Darstellung der **Tatsachen**. Die eigene Partei kann dies aufgrund mangelnder Erfahrung und fehlenden Abstands von der Sache nur beschränkt unterstützen. Es ist daher zu prüfen, ob nicht zur Erhöhung der Erfolgsaussichten und zur Verminderung der beeinflussbaren Risiken von der Partei ein Sachverständiger hinzuzuziehen ist.

Die Auswahl und der Vortrag des Prozessstoffes sind eng verbunden mit der **prozesstakti-** 18 **schen Vorgehensweise**. Hier erfolgt eine Konzentration auf den Sachvortrag, wobei aber auch Überlegungen zum Verfahrensablauf sowie **wirtschaftlichen Aspekte** angerissen werden.

Im Rahmen seiner Beratungsleistungen sollte der Anwalt auch hinterfragen, auf welche 19 Weise die Aufgaben und Abläufe erledigt werden, wenn das Verfahren eine Rückabwicklung oder eine Vertragsbeendigung zur Folge hat. Gerade bei Unternehmen ist die Frage zu klären, wie es in diesem Fall weitergeführt werden kann. Tatsächliche Erfordernisse stehen in diesen Fällen häufig einem (wünschenswerten) Prozesserfolg entgegen. So ist es beispielsweise nicht möglich, ein ERP-System[9] binnen weniger Wochen abzulösen. Auch komplexe technische Einrichtungen, wie ein Überwachungssystem in einer Intensivstation, lassen sich nicht einfach von einem Tag auf den nächsten abschalten, ohne dass dies erhebliche Auswirkungen auf den Betrieb hat.

> **Praxistipp:**
> Im Rahmen einer ganzheitlichen Mandantenbetreuung ist zu klären, auf welche Weise die betrieblichen Aufgaben und Abläufe geleistet werden, wenn das Verfahren auf eine Rückabwicklung in Betrieb befindlicher Systeme oder eine Vertragsbeendigung genutzter Software oder Systeme abzielt.

1. Beschreibung des Ausgangssachverhalts

Der Sachverhalt, von dem das Gericht oder der Sachverständige bei seiner Begutachtung 20 ausgeht, ist der so genannte Ausgangssachverhalt. Dazu sind die den Klageanspruch begründenden Tatsachen in hinreichender Genauigkeit zu beschreiben.

a) Spezifikation von Gegenständen. Gegenstände in Anträgen und Beweisantritten müssen 21 eindeutig spezifiziert sein. Es muss insbesondere möglich sein, die beantragten Handlungen wie eine Vollstreckung oder eine Zug-um-Zug-Abwicklung eindeutig und zweifelsfrei vor-

---

[9] Enterprise Ressource Planning System – steuert Ressourcen in einem Unternehmen wie Kapital, Betriebsmittel, Personal.

22 **Hardware:** Primär sind hier Modell, Seriennummer sowie die Ausstattung[10] zu nennen. Bei No-Name-Rechnern ist häufig auch von Interesse, welche Komponenten enthalten sind; auch die Bios-Version[11] kann von Bedeutung sein. In der Regel sind diese Angaben nicht auf den Rechnungen oder Lieferscheinen enthalten, so dass eine detaillierte Aufnahme der Systemkomponenten vorzunehmen ist.

23 **Standard-Software:**[12] Falls der Hersteller eine eindeutige Versionsführung hat, ist die Bezeichnung der Version ausreichend. In vielen Fällen ist die Versionsbezeichnung aber unzureichend und berücksichtigt beispielsweise nicht zwischenzeitlich eingespielte Patches. Daher ist sorgfältig festzustellen, welcher **Spezifikationsgrad** vorliegen muss. Soweit für Programme kein Datenträger vorliegt oder diese auf Daten in einem entfernten Rechenzentrum (sogenannte *Cloud*) zuzugreifen, wird eine geeignete Spezifikation der Software zu einer Herausforderung. So nutzen beispielsweise Browser-Anwendungen Softwarekomponenten, die auf dem Web-Server ablaufen und/oder die auf nicht lokal gespeicherte Datenbanken zugreifen. In der Regel stehen weitere Informationen zu diesen Programmen oder Datenbanken nicht zur Verfügung, so dass die Spezifikation sehr schwierig wird. Ferner ist auch die eingesetzte Betriebssoftware von Bedeutung; hierzu gehören vorrangig das Betriebssystem und gegebenenfalls für die Nutzung der Software eingesetzte Zusatzsoftware (beispielsweise Web-Browser).

24 Im Regelfall ist die diesbezügliche Dokumentation unzureichend; ferner ist sicherzustellen, dass die Software auch noch in einigen Jahren, beispielsweise für einen gerichtlich bestellten Sachverständigen, ablauffähig ist. Meist stehen dafür nur unzureichende Informationen zur Verfügung, so dass in vielen Fällen nur eine partielle Sicherung der Programmversion möglich ist. Es ist im Einzelfall zu prüfen, ob und in welchem Umfang ein Zugriff auf andere Systeme notwendig ist. Soweit unsicher ist, ob diese auch in einigen Jahren noch verfügbar sind, muss dies bei der Führung eines Software-Prozesses berücksichtigt werden. Gegebenenfalls ist zu erwägen, ob ein **selbstständiges Beweisverfahren** mit einer vergleichsweise kurzfristigen Sachverständigentätigkeit einzuleiten ist.

25 Ein wesentlicher, häufig übersehener Punkt ist die **Festlegung der Softwareversion**, die dem Rechtsstreit zugrunde liegt. Hierbei handelt es sich um eine Rechtsfrage, deren Beantwortung überwiegend aber Sachverständigen überlassen wird. In der Folge legt auch das Gericht die Version häufig nicht exakt fest, so dass dem Sachverständigen dann nur Rückfragen beim Gericht oder die Alternativuntersuchung mehrerer Versionen möglich sind. So ist beispielsweise vorzugeben, welche Patches und Fehlerkorrekturen noch zugrunde zu legen und ab welchem Zeitpunkt Nachlieferungen nicht mehr zu berücksichtigen sind. Hierzu gehören auch Updates über das Internet, die ebenfalls einzubeziehen sind.

26 In der Praxis kann dafür durchaus auch auf **Lieferscheine** oder eine **Installationsdokumentation** verwiesen werden; auch die Bezeichnung der Updates ist möglich. Für den Sachverständigen sollte daraus nur eindeutig entnehmbar sein, welche Softwareversion dem Rechtsstreit zugrunde liegt.

Datenträger: Falls die Beschriftung nicht eindeutig ist, müssen ergänzende Angaben zum Inhalt erfolgen.

27 **Dokumente:** Auch hier ist zu prüfen, ob Versions- und Datumsbezeichnungen ausreichend sind. Beim Ausdruck ist zu berücksichtigen, dass die Aufteilung auf Seiten bei den Standard-Textverarbeitungsformaten von den Merkmalen des Druckers abhängig ist, auf dem der Ausdruck erfolgt; es kann somit unter anderem zu Seitenverschiebungen kommen. Ferner ist die Unsitte zu beachten, dass als Datum in vielen Fällen automatisch das Ausdruckdatum und nicht das letzte Änderungsdatum eingetragen wird, so dass es keine oder nur wenig Aussagekraft besitzt.

---

[10] Prozessor, Haupt- und Plattenspeicher, Zusatzkomponenten.
[11] Basic Input Output System.
[12] Angepasste Software und Individualsoftware siehe auch → Rn. 94.

II. Substantiierung

Dateinamen: In vielen Fällen ist es notwendig, zusätzlich den Verzeichnisnamen anzugeben; auch weitere Dateieigenschaften wie Größe und Datum sind hilfreich. Die Vergabe einer so genannten Prüfsumme[13] bestimmt eindeutig einen Datenbestand. 28

b) Berücksichtigung von Rechtsfolgen. Auch hinsichtlich der angestrebten Rechtsfolgen sollten bereits frühzeitig Überlegungen erfolgen, die insbesondere die wirtschaftlichen Parteiinteressen berücksichtigen. Falls ein System während der Prozessdauer nicht außer Betrieb genommen wurde und nicht nur eine untergeordnete Nutzung erfolgte, ist häufig eine **Nutzungsentschädigung** zu entrichten.[14] Angesichts der kurzen Innovationszyklen und des vergleichsweise schnellen Preisverfalls können hier gerade bei längeren Prozessdauern erhebliche Beträge anfallen, die die ökonomische Seite eines Prozesses deutlich beeinflussen können. In der Regel ist es empfehlenswert, streitgegenständliche Systeme außer Betrieb zu nehmen, um damit auch die fehlende Brauchbarkeit zu dokumentieren und zu manifestieren. 29

Falls eine Softwareentwicklung durch Dritte fertig gestellt werden soll, müssen verschiedene Voraussetzungen erfüllt sein. Wesentlich ist, dass die **Einarbeitungszeit** nicht größer sein darf als die vollständige Neuerstellung. Das setzt in der Regel zumindest die Existenz einer partiellen Entwicklungsdokumentation und die Einhaltung von Grundregeln des Software-Engineerings voraus. 30

Auch das **Preis-Leistungs-Verhältnis** der ursprünglichen Vereinbarungen sollte bei streitigen Auseinandersetzungen berücksichtigt werden. Ein günstiger Projektpreis oder nicht fakturierte Leistungen des Auftragnehmers, die er beispielsweise für die Erschließung eines neuen Marktes aufgewendet hat, werden in einem nachfolgenden Projekt nicht mehr unbedingt erreicht werden können. 31

2. Aufbereitung des Streitstoffs

Der Aufbereitung des Streitstoffes in IT-Prozessen kommt eine besondere Bedeutung zu. Gerade in Projekten ist es nicht damit getan, Unterlagen zusammenzustellen oder maschinell erzeugte Ergebnisse vorzulegen. Vielmehr ist aus technischer Sicht zu klären, worauf es **tatsächlich ankommt.** Das vermeidet einen ineffizienten 100-Mängel-Prozess[15] und arbeitet grundlegende zentrale Defizite heraus, die eine Hebelwirkung auf das Projekt besitzen. Dazu gehören falsche Architekturentscheidungen oder die Auswahl eines ungeeigneten Frameworks zur Implementierung, aber auch die Bestimmung der Ursache von Verzögerungen. Dazu sind Fragen zu beantworten wie: 32
- Welcher technische Vortrag ist aus rechtlicher Sicht erforderlich, um die notwendigen Sachverhalts- und Rechtsfragen zu beantworten?
- Konnte der Auftragnehmer die ihm zugewiesene Aufgabe lösen, ohne dass ihm dafür die notwendigen Informationen zur Verfügung gestellt wurden?
- Liegt der verspäteten Einrichtung des Kontenrahmens eine nicht oder zu spät erbrachte Mitwirkungsleistung des Auftraggebers zugrunde oder handelt es sich um eine schlecht erbrachte Projektmanagement-Leistung des Auftragnehmers?

Häufig kann auch erst durch eine technische Analyse festgestellt werden, ob bestimmte Anträge überhaupt **vollstreckbar** sind.

Dazu ist es häufig notwendig, den Schriftverkehr zwischen den Projektbeteiligten zu sichten und Auswirkungen auf den Soll-Zustand und die Ist-Situation abzuleiten. Bei einer **Zuordnung der Verantwortung** für bestimmte Leistungen[16] ist der Ablauf mit den einzelnen Arbeitsschritten zu prüfen und zu bewerten, welcher Projektpartner nach den vertraglichen Vereinbarungen oder den faktischen Gegebenheiten in der Lage war, bestimmte Arbeiten zu leisten oder spezifische Informationen zu vermitteln. Selbst wenn beispielsweise der Auf- 33

---

[13] → § 1.
[14] Eine nur zeitweilige Nutzung eines Systems hat keinen nennenswerten wirtschaftlichen Wert, wenn Mängel vorliegen, die ein wirtschaftliches Arbeiten mit dem System nicht ermöglicht haben, BGH Urt. v. 25.10. 1989 – VIII ZR 105/88, NJW 1990, 314.
[15] → Rn. 11.
[16] → Rn. 78.

tragnehmer im Rahmen eines Migrationsprojektes vertraglich verpflichtet ist, den Kontenrahmen aufzustellen, ist er dafür auf die Mitwirkung des Auftraggebers angewiesen, da andernfalls eine fachgerechte Datenübernahme und ein weiterer Betrieb der Buchhaltung in dem vorliegenden organisatorischen Umfeld des Auftraggebers nicht möglich ist. Auch bei der Implementierung von Schnittstellen zu Nicht-Standard-Systemen sind Informationen über die anzubindenden Systeme notwendig, die von den Knowhow-Trägern zu liefern sind.

34 Ähnlich verhält es sich mit dem notwendigen **Datenbestand** zur Reproduktion eines bestimmten Phänomens. Konfigurationsdaten speichern die Einstellungen der Hard- und Software (wie Anzahl der Rechnungsdrucke) und sind daher von grundlegender Bedeutung. Als Stammdaten werden Objekte bezeichnet, die grundlegende Informationen zur (wiederholten) Verarbeitung enthalten (wie Adressen oder Artikelbezeichnungen). Sie werden allenfalls in größeren Zeitabständen geändert. Demgegenüber stehen Bewegungsdaten (wie Aufträge oder Rechnungen), die im Zusammenhang mit Stammdaten anfallen, aber in der Regel nur einmal erzeugt und nicht geändert werden. Zur Wiederherstellung einer bestimmten Situation ist es in vielen Fällen nicht möglich, den Gesamt-Datenbestand vorzuhalten. Somit kommt es darauf an, die wesentlichen Konfigurationsdaten zu identifizieren und zu sichern sowie geeignete Stamm- und Bewegungsdaten zu bestimmen, um ein Phänomen bei der Datenverarbeitung nachvollziehbar zu belegen.

3. Beschreibung von Sachmängeln

35 Als Fehler oder Sachmangel wird jede Abweichung zwischen dem Soll-Zustand und der Ist-Situation bezeichnet. Ein Sachmangel liegt vor, wenn die Sache die vertraglichen Vereinbarungen nicht erfüllt oder die Sache sich für die gewöhnliche Verwendung nicht eignet oder keine Beschaffenheit aufweist, die bei Sachen dergleichen Art üblich ist und die der Käufer nach der Art der Sache erwarten kann. Die nachfolgenden Abschnitte stellen aus einer technisch geprägten und vereinfachten Sicht einige Möglichkeiten dar, derartige Abweichungen aus Normen abzuleiten und zu formulieren.

36 a) **Bestimmung des Soll-Zustands.** Der Soll-Zustand basiert auf zwei Komponenten, dem **vertraglich vereinbarten** oder vorausgesetzten Gebrauch und dem **gewöhnlichen Gebrauch,** dh die Funktionstauglichkeit für die gewöhnliche Verwendung. In der Regel gehen vertragliche Vereinbarungen dem gewöhnlichen Gebrauch vor.

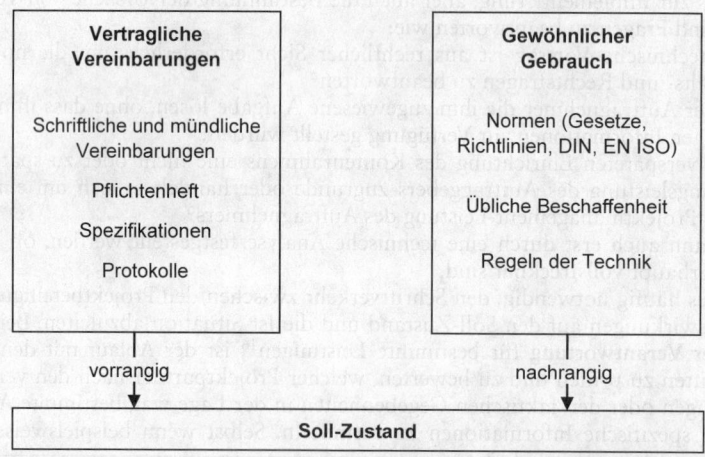

Wichtige Ausnahmen von der Vorrangigkeit vertraglicher Vereinbarungen sind die Gefährdung von Leib und Leben oder die Unwirksamkeit von Geschäftsbedingungen.

37 *aa) Vertraglicher Gebrauch.* Das primäre Dokument zur Bestimmung des Sollzustands ist der geschlossene **Vertrag.** Hinzuzunehmen sind andere Dokumente, auf die Bezug genom-

men wird oder die im Rahmen eines Projektes oder einer Einführung erarbeitet wurden (wie beispielsweise Vorgaben für die Parametrierung). In Betracht kommen alle **schriftlichen Unterlagen** wie:
- Angebote,
- Präsentationsunterlagen,
- Werbeaussagen, da zur vereinbarten Beschaffenheit auch Eigenschaften gehören, die der Käufer nach den öffentlichen Äußerungen des Verkäufers, des Herstellers oder seines Gehilfen insbesondere in der Werbung oder bei der Kennzeichnung über bestimmte Eigenschaften der Sache erwarten kann,
- Besprechungsprotokolle,
- Leistungsspezifikationen (wie ein Pflichten- oder Lastenheft),
- Aufträge,
- Auftragsbestätigungen,
- Lieferscheine,
- Unterlagen zur Installation,
- Bildschirmausdrucke, gegebenenfalls durch den Ersteller abgezeichnet (erfahrungsgemäß ein sehr gut geeignetes Beweismittel).

Die Unterlagen sind eindeutig mit Versionsstand, Datum und Dateinamen zu kennzeichnen.

Mündliche Vereinbarungen sind in der Regel durch Zeugenaussagen nur schwer zu beweisen. In Softwareprozessen sollten daher vorrangig andere Beweisarten verwendet werden.

Falls **Referenzen** auf vertragliche Vereinbarungen vorgenommen werden, ist es vorteilhaft, diese als Anlagen beizufügen, um Nachprüfungen zu ermöglichen und den Kontext darzustellen. Auch für den Sachverständigen ist dann deutlich, welche Version von einer Partei in den Rechtsstreit eingeführt wurde.

bb) Gewöhnlicher Gebrauch. Die zweite Kriteriensammlung zur Bestimmung der Sollsituation ist der **gewöhnliche Gebrauch.** Der Prozessstoff wird wesentlich häufiger auf diesen Bereich fokussiert als auf den vertraglichen Gebrauch. Kontroversen und Auseinandersetzungen entstehen gerade in Bereichen, die wenig oder unklar geregelt sind und sich damit gerade nicht in den vertraglichen Vereinbarungen finden. Ein grundsätzliches Problem ist, dass sich **individuelle Regelungen** nicht aus dem gewöhnlichen Gebrauch ableiten lassen.

Bei der Bestimmung des gewöhnlichen Gebrauchs sind folgende **Kriterien** zu berücksichtigen:
- Objektiver Maßstab,
- Gleichartige Sachen,
- Durchschnittliche Lebensverhältnisse.

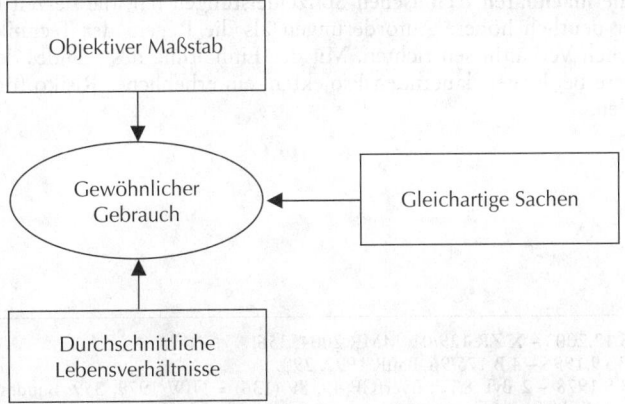

42 Das Kriterium des **objektiven Maßstabs** besagt, dass eine vom Einzelfall losgelöste Betrachtung nötig ist. Es ist abzustellen auf Kriterien, die sachlichen Charakter haben und verallgemeinert werden können. Die Bestimmung des gewöhnlichen Gebrauchs muss die Vergleichbarkeit von Situationen gewährleisten. Dafür müssen die wesentlichen Merkmale der konkreten Situation isoliert werden, um **vergleichbare Sachverhalte** zu bestimmen. Aus diesen können dann wiederum Maßstäbe allgemeiner Natur abgeleitet werden, die nicht nur auf die konkrete Einzelsituation geprägt sind. Der Begriff der **durchschnittlichen Lebensverhältnisse** fordert, dass auf eine allgemeine Situation abzustellen ist, deren Kriterien in einem **mittleren Bereich** der gegebenen Möglichkeiten liegen.[17] Ausreißer nach oben oder unten – bezüglich aller Sachverhaltsmerkmale – sollen nicht berücksichtigt werden. Im Ergebnis bestimmt der gewöhnliche Gebrauch eine **normale oder typische** Beschaffenheit der Sache. Da die **allgemeine Verkehrssitte** in diesem Bereich heranzuziehen ist, muss die Funktionstüchtigkeit für eine übliche Verwendung gegeben sein.

43 Diese Definition zeigt deutlich die Schwierigkeiten, die sich bei der Bestimmung des gewöhnlichen Gebrauchs ergeben. Verlangt werden möglichst objektive Kriterien aus vergleichbaren Projekten, die allgemein eingehalten werden und den Regeln der Technik entsprechen. Die Beweisführung wird erleichtert, wenn die Software eines **Marktführers** Streitgegenstand ist; in diesem Fall ist es deutlich einfacher, Anforderungen aufzustellen, da sie – zumindest nicht hinsichtlich signifikanter Merkmale – hinter den Eigenschaften anderer Hersteller zurück bleiben sollte.

44 Bei der Bestimmung des gewöhnlichen Gebrauchs werden häufig Begriffe zur Charakterisierung von Merkmalen oder Beschaffenheitsanforderungen verwendet. **Regeln der Technik** bezeichnen dabei alle geschriebenen und ungeschriebenen Regeln, die auf Erkenntnissen oder Erfahrungen beruhen. Sie sind in den entsprechenden **Fachkreisen** bekannt und sollten befolgt werden. Regeln der Technik gelten als allgemein anerkannt (**allgemein anerkannte Regeln der Technik – aaRdT**),[18] wenn sie folgende zusätzliche Anforderungen erfüllen:
- Sie haben sich als theoretisch richtig erwiesen. Sie entsprechen demzufolge ausnahmslos **wissenschaftlicher Erkenntnis** und sind **keinem Meinungsstreit** ausgesetzt.
- Sie sind in der Praxis bewährt. Daher werden sie von der Gesamtheit der Techniker anerkannt und **mit Erfolg praktiziert**.

45 Der Begriff Norm bezeichnet **technische und rechtliche Vorschriften.** Hierzu gehören insbesondere technische Regelwerke, Gesetze, Verordnungen und Richtlinien. Geschriebene technische Normen können, müssen aber nicht allgemein anerkannte Regeln der Technik sein. So gibt es überholte Normen, deren Inhalte nicht mehr einem allgemeinen Ausführungsstandard entsprechen, oder veraltete Normen, die zwar noch nicht formal abgelöst wurden, nach denen aber nicht mehr praktiziert wird. Wichtig ist jedoch, dass Normen die Vermutung als allgemein anerkannte Regel der Technik für sich haben und damit die **Beweislast** umkehren.

46 Von den allgemein anerkannten Regeln der Technik ist der **Stand der Technik**[19] zu unterscheiden. Er stellt die **machbaren technischen Spitzenleistungen** dar, die derzeit erreichbar sind. Damit stellt er deutlich höhere Anforderungen als die Regeln der Technik, die sich nach durchschnittlichen Verhältnissen richten. Mit der Einhaltung des Standes der Technik ist daher, insbesondere bei länger dauernden Projekten, ein erhebliches Risiko für den Auftragnehmer verbunden.

---

[17] Vgl. BGH Urt. v. 16.12.2003 – X ZR 129/01, MMR 2004, 356.
[18] BVerwG Beschl. v. 30.9.1996 – 4 B 175/96, BauR 1997, 290.
[19] BVerfG Beschl. v. 8.8.1978 – 2 BvL 8/77, BVerfGE 49, 89 (136) = NJW 1979, 359: Bundesimmissionsschutzgesetz, genehmigungsbedürftige Anlagen.

II. Substantiierung

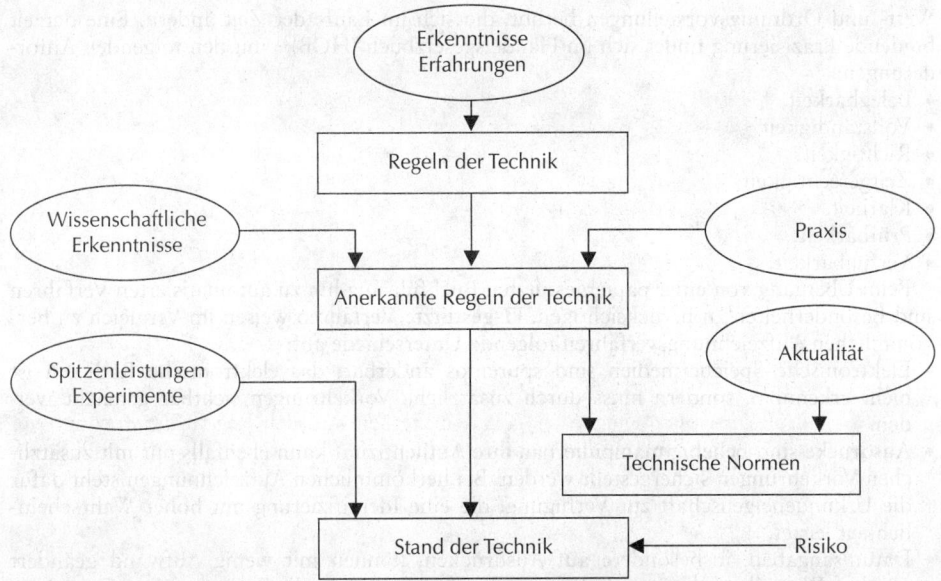

Die **Ordnungsmäßigkeit** im Bereich der Informationstechnologie ist ein unscharfer Begriff, der in unterschiedlichen Zusammenhängen benutzt wird. Grundsätzlich fordert er eine gewisse Ordnung bei der Verwendung von Informationstechnologie, die sich auf verschiedene Aspekte bezieht. Zur Bestimmung des gewöhnlichen Gebrauchs wird daher eine weite Begriffsdefinition vorgenommen.

Ordnungsmäßigkeit der Datenverarbeitung bedeutet die Sicherstellung der Verfügbarkeit, Integrität und Kontrollierbarkeit der Datenverarbeitungsprozesse einschließlich der Daten in diesen Prozessen. Diese Definition beinhaltet die Sicherstellung der genannten Anforderungen für die eingesetzten Systeme und Programme. Wesentliche Komponenten einer ordnungsmäßigen Datenverarbeitung sind entsprechende IT-Verfahren, die durch **organisatorische Regelungen** ergänzt werden müssen. Die Informationstechnik schafft hierbei die Grundlagen, auf der Ablaufregelungen, Verantwortlichkeiten und Überwachungstätigkeiten aufsetzen können.

Häufig werden in diesem Zusammenhang die **Grundsätze ordnungsmäßiger Datenverarbeitung (GoDV)** genannt. Hierbei handelt es sich um einen nicht genau definierten Begriff, der auch unscharf verwendet wird. Diese Grundsätze beschreiben, wie die Datenverarbeitung zu organisieren, zu dokumentieren und zu überwachen ist. Sie sind in nahezu **allen Anwendungsbereichen** heranzuziehen. Bei möglichem Eintritt von Umwelt- oder Gesundheitsgefährdungen (wie Arztdokumentation, Strahlentherapie, Flugüberwachung) sind besondere Anforderungen an die Verfahrensqualität zu stellen, damit ein möglichst hohes Maß an Ordnungsmäßigkeit erreicht wird und Gefährdungen minimiert werden. Ein Beispiel für derartige Regeln im medizinischen Bereich sind die von der OECD übernommenen Grundsätze der Guten Laborpraxis.[20]

Informationstechnologie wird in sehr vielen Anwendungsgebieten eingesetzt. Dabei ist zwischen Anwendungen zu unterscheiden, die **Sachwerte** betreffen, und Anwendungen, die Werte wie die Gesundheit oder die Umwelt gefährden können. Stellvertretend für den Bereich der Sachwerte wird nachfolgend der **kaufmännisch-administrative Bereich** herangezogen. Bilanzbuchhaltung und Rechnungswesen sind zentrale Grundfunktionen in jedem Unternehmen. Der Ausgangspunkt sind Buchführungssysteme, die ursprünglich manuell geführt wurden. In diesem Zusammenhang wurden die **Grundsätze ordnungsmäßiger Buchführung (GoB)** entwickelt. Diese Grundsätze sind ein unbestimmter Rechtsbegriff, der auf

---

[20] BGBl. I 2008, 1173–1183.

Wert- und Ordnungsvorstellungen beruht, die sich im Laufe der Zeit ändern. Eine derzeit bindende Präzisierung findet sich im Handelsgesetzbuch (HGB)[21] mit den folgenden Anforderungen:
- Belegbarkeit,
- Vollständigkeit,
- Richtigkeit,
- Zeitgerechtigkeit,
- Klarheit,
- Prüfbarkeit,
- Verfügbarkeit.

51 Beim Übergang von einer papiergestützten Buchführung hin zu automatisierten Verfahren sind Besonderheiten zu berücksichtigen. **IT-gestützte Verfahren** weisen im Vergleich zu herkömmlichen Aufzeichnungsverfahren folgende **Unterschiede** auf:
- Elektronische Speichermedien sind spurenlos änderbar; das elektronische Radieren ist nicht erkennbar, sondern muss durch zusätzliche Vorkehrungen sichtbar gemacht werden.
- Ausdrucke sind beliebig manipulierbar, ihre Authentizität kann ebenfalls nur mit zusätzlichen Vorkehrungen sichergestellt werden. Bei herkömmlichen Aufzeichnungen steht dafür die Urkundeneigenschaft zur Verfügung, die eine Identifizierung mit hoher Wahrscheinlichkeit leistet.
- Datumsangaben, insbesondere auf Ausdrucken, können mit wenig Aufwand geändert werden. Dies gilt auch für viele Rechnersysteme, bei denen die intern geführte Zeit ebenfalls leicht modifiziert werden kann, so dass Anwendungsprogramme nicht zutreffende Zeitangaben verwenden.

52 Bei einer Umsetzung der herkömmlichen Verfahren zu **IT-Abläufen** sind daher folgende Aspekte zu berücksichtigen und zu implementieren:[22]
- Identifikation und Authentisierung,
- Wahrung der Datenintegrität,
- Zutreffende Zeitangaben,
- Protokollierungsmöglichkeit,
- Prüfbarkeit,
- Richtigkeit.

53 Grundlegende Bedeutung hat in den meisten Fällen die Person, die Informationen erstellt, ändert oder löscht. Daher muss es möglich sein, diese Vorgänge einer bestimmten Person zuzuordnen. Mit der **Identifikation** des Benutzers gegenüber dem Rechnersystem weist sich der Benutzer aus, die **Authentisierung** bestätigt diesen Ausweis.

54 **Datenintegrität** bezeichnet die Forderung, dass Daten die ihnen zugrunde liegenden Informationen als Abbildungen der Realität richtig wiedergeben. Zu diesem Aspekt gehört die Systemeigenschaft, dass Daten nach ihrer Eingabe nicht mehr unbemerkt verändert oder gelöscht werden können. So macht beispielsweise der Überarbeitungsmodus einer Reihe von Textverarbeitungen, bei dem gelöschte Zeichen durchgestrichen und neu eingegebene unterstrichen werden, **Veränderungen** deutlich. Ferner gehört zu diesem Bereich die Sicherstellung der dauerhaften Speicherung von Daten, die auch bei Hard- und Softwarefehlern gewährleistet sein muss.

55 Die zuverlässige und zutreffende Dokumentation von **Zeitpunkten zu Aktionen** ist ein wichtiges Element zur Nachvollziehbarkeit von Abläufen. Gleichzeitig belegt ein derartiges Verfahren auch die Reihenfolge von Einzelschritten. Die meisten der derzeit eingesetzten Systeme haben jedoch schwerwiegende Defizite, da im Regelfall nur auf die Systemzeit zugegriffen wird, die mit einfachen Mitteln verändert werden kann. Es erfolgen keine zusätzlichen Plausibilitätskontrollen wie beispielsweise eine Prüfung, dass neue Eingaben nur möglich sind, deren Datumsangaben nicht oder nur unwesentlich älter als vorhergehende Eingaben sind.

---

[21] §§ 238 f. und § 257 HGB.
[22] *Bayerlein* § 50 Rn. 101 ff.

II. Substantiierung

Wichtige Einzelschritte wie die Anmeldung eines Benutzers, die Veränderung einer wesentlichen Information oder der Abschluss eines Vorgangs sind im Einzelnen zu dokumentieren. Dieser Vorgang wird als **Protokollierung** bezeichnet; es werden der Einzelschritt sowie zusätzliche Angaben wie Uhrzeit, Benutzer, Systembedingungen gespeichert. Wenn die Nachvollziehbarkeit gesichert werden soll, darf diese Information nicht mehr veränderbar sein.

Bei der Analyse der **Prüfungsmöglichkeiten** eines IT-gestützten Verfahrens sind organisatorische Rahmenbedingungen mit einzubeziehen. Die vorgenommenen Verarbeitungen müssen sowohl stichprobenartig als auch in ihrer Gesamtheit einer Überprüfung auf Richtigkeit in Übereinstimmung mit den Verfahrensspezifikationen unterzogen werden können. Notwendige Basis hierfür ist eine entsprechende Verfahrensdokumentation. Komfortable Auswertungs- und Zugriffsmöglichkeiten, die auch einzelne Vorgänge extrahieren, können Prüfungen wirkungsvoll unterstützen.

Richtigkeit bezeichnet die Eigenschaft eines Verfahrens, den Spezifikationen zu entsprechen und frei von Verfälschungen zu sein. So ist zum Beispiel die Zuordnung eines Beleges zu einer Buchung und zu einer entsprechenden Verarbeitung eine zentrale Anforderung der Finanzbuchhaltung. Zu diesem Bereich gehört auch der Begriff der **Vollständigkeit**, da durch das Weglassen von Informationen die Richtigkeit des gesamten Verfahrens in Frage gestellt wird. Das ist beispielsweise dann der Fall, wenn Buchungsjournale einzelne Buchungen nicht ausweisen.

Angesichts dieser Problematik veröffentlichte das Bundesfinanzministerium verschiedene Regelwerke für **Buchführungssysteme** mit Hilfe von Informationstechnologie. Zuletzt wurden 1995 die **Grundsätze ordnungsmäßiger DV-gestützter Buchführungssysteme (GoBS)**[23] eingeführt, die eine Reihe weiterer recht konkreter Anforderungen enthalten. Derzeit werden die GoBS überarbeitet; die Finanzverwaltung hat am 14.11.2014 die „Grundsätze zur ordnungsmäßigen Führung und Aufbewahrung von Büchern, Aufzeichnungen und Unterlagen in elektronischer Form sowie zum Datenzugriff" (GoBD)[24] vorgelegt. Sie sind am 1.1.2015 in Kraft getreten und lösen auch **Grundsätze zum Datenzugriff und zur Prüfbarkeit digitaler Unterlagen (GDPdU)**,[25] die vom Bundesfinanzministerium mit Schreiben vom 16.7.2001 erlassen wurden. Sie stellen Regelungen auf, wie die Finanzbehörden die Buchführung des Steuerpflichtigen durch **Datenzugriff** prüfen können. Es werden verschiedene Möglichkeiten zum Datenzugriff dargestellt. Daneben behandelt das Schreiben auch digitale Unterlagen einschließlich der Archivierungserfordernisse. Das Bundesamt für Sicherheit in der Informationstechnik (BSI) hat dazu am 17.4.2013 die technische Richtlinie **BSI TR-03138 „Ersetzendes Scannen (RESISCAN)"**[26] veröffentlicht, die als Entscheidungsgrundlage dienen soll, Originalunterlagen nach dem Scannen vernichten zu können.

Die Thematik **Sicherheit** wurde bereits in → § 33[27] behandelt. Unter dem Gesichtspunkt des gewöhnlichen Gebrauchs lassen sich jedoch vielfältige Anforderungen ableiten. Eine geeignete Grundlage für die **Entwicklung und Bewertung** sicherer Systeme bieten die **Kriterien für die Bewertung der Sicherheit von Systemen der Informationstechnik (ITSEC)** aus dem Juni 1991 des Bundesamt für Sicherheit in der Informationstechnik – BSI.[28] Auf europäischer Ebene ist ein Abkommen zur gegenseitigen Anerkennung am 3.3.1998 in Kraft getreten.[29] Gemäß diesen Kriterien bedeutet IT-Sicherheit:

- Vertraulichkeit – Schutz vor unbefugter Preisgabe von Informationen,
- Integrität – Schutz vor unbefugter Veränderung von Informationen,
- Verfügbarkeit – Schutz vor unbefugter Vorenthaltung von Informationen oder Betriebsmitteln.

---

[23] BStBl. 1995 I S. 738; www.bfh.simons-moll.de/bfhsms_index.html.
[24] Unter www.bundesfinanzministerium.de/themen/Steuern/Weitere Steuerthemen/Abgabenordnung.
[25] BMF-Schreiben vom 16.7.2001, http://www.bundesfinanzministerium.de.
[26] www.bsi.bund.de/DE/Publikationen/TechnischeRichtlinien/tr03138/index_htm.html.
[27] → § 33 Rn. 1 ff.
[28] www.bsi.bund.de/SharedDocs/Downloads/DE/BSI/Zertifizierung/ITSicherheitskriterien/itsec-dt_pdf.pdf?__blob=publicationFile.
[29] Derzeit aktuelle Version SOGIS – MRA 3.0 http://www.sogisportal.eu/documents/mra/20100107-sogis-v3.pdf aus dem Januar 2010.

61 Die Kriterien unterscheiden zwischen **Funktionalität** und **Vertrauenswürdigkeit,** wobei letztere in Korrektheit und Wirksamkeit gegliedert werden. Dieser Ansatz ist zwischenzeitlich erheblich weiterentwickelt worden[30] und eignet sich als Quelle für den gewöhnlichen Gebrauch insbesondere für Systeme mit Sicherheitsanforderungen.[31]

62 Softwareprozesse haben häufig Anwendungen zum Gegenstand, die **datenschutzrechtliche Anforderungen** befolgen müssen. Stellvertretend für die große Zahl unterschiedlicher Bestimmungen[32] wird das **Bundesdatenschutzgesetz (BDSG 09)** herangezogen. Bei der Anwendung des Bundesdatenschutzgesetzes ist der Grundsatz der **Verhältnismäßigkeit** zu wahren, gemäß dem der Aufwand in einem angemessenen Verhältnis zu dem angestrebten Schutzzweck stehen muss. Anwendungen haben in sehr vielen Fällen zumindest auch das Ziel, personenbezogene Daten zu verarbeiten und zu speichern. **Personenbezogene Daten** sind Einzelangaben über persönliche oder sachliche Verhältnisse einer bestimmten oder bestimmbaren natürlichen Person (Betroffener). Hierzu gehören unter anderem Name, Vorname, Geburtsdatum, Adresse, Telefonnummer, Kreditkartennummer. Es kommt nicht darauf an, ob die Information leicht oder schwer zugänglich ist. Entscheidend ist, dass die Information einer bestimmten Person zugeordnet werden kann. Eine bestimmbare Person muss durch Verwendung weiterer Informationen ermittelt werden. Keine personengebundenen Daten sind somit statistische Daten, Firmendaten oder anonymisierte Daten.[33]

63 Im Hinblick auf die Spezifikation des Soll-Zustands spielen datenschutzrechtliche Aspekte ebenfalls eine Rolle. Wenn beispielsweise eine Software für die Verwaltung von Kundendaten erstellt wird, fordert der gewöhnliche Gebrauch die Existenz einer Auskunftsfunktion. Da der Betroffene das Recht hat, vollständige Einsicht in die zu seiner Person gespeicherten Daten zu nehmen, muss eine entsprechende Funktionalität realisiert worden sein. **Prüfkriterium** ist somit die Erfüllung von Anforderungen des Bundesdatenschutzgesetzes, die mit der Verwendung der Software einhergeht. Dabei bieten mögliche Umgehungsmaßnahmen nur dann eine vertretbare Lösung, wenn sie wirtschaftlich akzeptabel sind und keinen erheblichen Zusatzaufwand verursachen.

64 Bei der Realisierung der Auskunftsfunktionalität ist zu berücksichtigen, dass in relationalen Datenbanken eine Vielzahl von Informationen miteinander verknüpft wird. Soweit sie einer bestimmten Person zugeordnet werden können, müssen sie von der Auskunftsfunktionalität erfasst werden. Andernfalls ist die **Vollständigkeit** nicht gegeben. Hilfreich bei der Prüfung der Vollständigkeit ist die Analyse des Datenmodells. Darüber hinaus fordert das Bundesdatenschutzgesetz, dass personenbezogene Daten auch gelöscht werden können. Es muss die Möglichkeit bestehen, personenbezogene Daten auch physikalisch aus Datenbeständen zu entfernen. Dies wird problematisch, wenn diese Informationen auf Datenträgern archiviert sind. Häufig können die Datenträger nicht mit wirtschaftlichem Aufwand entsprechend modifiziert werden, indem die dort gespeicherten personenbezogenen Daten gelöscht werden. Soweit es sich nicht um hochsensible Daten handelt, dürfte hier die Grundregel der **wirtschaftlichen Angemessenheit** anzuwenden sein. In **§ 9 Technische und organisatorische Maßnahmen** des Bundesdatenschutzgesetzes werden weitere Anforderungen aufgestellt, die die Umsetzung seiner Vorschriften gewährleisten sollen.

65 Zur **Bestimmung des gewöhnlichen Gebrauchs** steht aus technischer Sicht eine sehr hohe Zahl an Normen, Vorschriften und technischen Regelwerken zur Verfügung. Derzeit bestehen allein mehr als 25.000 Normen weltweit zum IT-Bereich. Zur Bestimmung der allgemeinen Verkehrssitte oder des Stands der Technik können Sachverständige beauftragt werden, die auf ihrem jeweiligen Gebiet entsprechende Kenntnisse nachgewiesen haben.

66 b) Bestimmung der Ist-Situation. Zu einem qualitativ hochwertigen Sachvortrag gehört auch eine sorgfältige Klärung der Ist-Situation. Nur eine **sichere Kenntnis der tatsächlichen**

---

[30] Beispielsweise in Form der *IT-Grundschutzkataloge*.
[31] Vgl. Schutzbedarfsfeststellung im Rahmen der Modellierung nach IT-Grundschutz.
[32] Unter anderem im Sozialgesetzbuch (SGB), im Telekommunikationsgesetz (TKG 2004) §§ 91 bis 107 und in der Verordnung über den Datenschutz bei der geschäftsmäßigen Erbringung von Postdiensten (PDSV) → §§ 34, 36.
[33] Zum Datenschutz → § 34.

II. Substantiierung

Gegebenheiten ermöglicht es, Abweichungen gegenüber dem Soll-Zustand aufzuzeigen und Beweisantritte vorzunehmen, die dann zu einem weitgehend vorhersehbaren Ergebnis führen. Unklarheiten hinsichtlich der Ist-Situation erhöhen das Prozessrisiko in erheblichem Maße, da dann die Auswahl des Prozessstoffes und darauf basierend die zutreffenden Beweisantritte nicht mehr prägnant und zielgerichtet vorgetragen werden können. Dieses Risiko kann vergleichsweise leicht und sicher vermieden werden, wenn eine entsprechende Aufklärung der Situation erfolgt. Im Vordergrund steht die Frage: Was kann beobachtet werden?

aa) Anforderungen an die Fehlerbeschreibung. In der Praxis erfolgt die **Aufnahme der Ist-Situation** durch Sachverständige; der richterliche Augenschein ist ein sehr seltener Fall, die Parteivernehmung eine Notlösung. Die Vernehmung von Zeugen ist ein in der Regel weniger empfehlenswertes Beweismittel, da die notwendigen Fachkenntnisse und ein hinreichender Detailgrad der Wahrnehmungen nur in Ausnahmefällen vorliegen. Allerdings sind Zeugenaussagen in der Regel unverzichtbar, wenn es um Abläufe und Vorgänge in der Vergangenheit geht, die heute nicht mehr durch Sachverständigenbeweis aufgeklärt werden können.[34] Eine Aufgabe des Anwalts ist, die Beweisbarkeit der von der Partei vorgetragenen Defizite zu prüfen. Einige Beispielfälle verdeutlichen, welche Problematiken hier bestehen:

- **Existenz von Dokumentation:** Die Nichtexistenz von Dokumentation wird häufig unter Sachverständigenbeweis gestellt. Dies kann der Sachverständige nur in Ausnahmefällen feststellen, beispielsweise wenn er prüfen soll, ob eine Online-Dokumentation vorhanden ist. Hinsichtlich (nicht) übergebener Papierunterlagen kommt hierfür – insbesondere bei Fehlen entsprechender Unterlagen/Lieferscheine – nur der Zeugenbeweis in Betracht. Ein Sachverständiger kann nicht feststellen, ob irgendwann irgendeine Unterlage übergeben worden ist oder nicht, da er zu diesem Zeitpunkt nicht anwesend war.
- **Inhalt/Qualität von Dokumentation:** Es existiert eine Reihe von Normen und technischen Regeln, wie eine Dokumentation auszugestalten ist,[35] so dass Sachverständige entsprechende Fragen beantworten können.
- **Zustand von Systemen bei Übergabe:** Eine häufig auftretende Fragestellung ist, ob der Rechner bei Übergabe gebraucht war oder nicht. Aus der Dicke und der Form von Staubablagerungen wird ein Sachverständigenbeweis dafür angeboten, dass der Rechner bei der Übergabe vor zwei Jahren bereits gebraucht war. Die Beantwortung dieser Frage grenzt an Kaffeesatz-Leserei, da Umgebungsbedingungen für den zurückliegenden Zeitraum und Erfahrungswerte für die Form von Staubeinlagerungen fehlen; in der Regel wird auch die Zusammensetzung des Staubs nicht bestimmt. Eine Altersbestimmung ist nur eingeschränkt über andere Faktoren wie Produktionsdaten von elektronischen Bauteilen oder gespeicherten Datumsangaben möglich, soweit diese als zutreffend beurteilt werden können.
- **Reinstallation von Systemen:** Häufig wird in Prozessen angeboten, Systeme wieder in Betrieb zu nehmen, um in der Vergangenheit liegende Abläufe und Fehler nachzuvollziehen. Dies ist in der Regel nur dann erfolgreich möglich, wenn eine zeit- und fachgerechte Zustandssicherung vorgenommen wurde, die ein erhebliches Maß an Know-how voraussetzt und vergleichsweise schwierig ist. Die Deinstallation von Systemen, die zu einem späteren Zeitpunkt wieder in Betrieb genommen werden sollen, verlangt besondere Sorgfalt und die Beachtung der gesamten Umgebungsbedingungen. Gerade hier ist es wichtig, die Ist-Situation tatsächlich aufzuklären und sich nicht nur auf Aussagen zu verlassen. Die Widerherstellung von Verkabelungen dürfte in nahezu allen Fällen ausgeschlossen sein.
- **Abbruch der Verarbeitung:** Die Feststellung von Abbrüchen der Verarbeitung (umgangssprachlich Systemabsturz) ist grundsätzlich für den Sachverständigenbeweis geeignet. Ein Problem besteht in der notwendigen Beobachtungszeit, um sporadisch auftretende Fehler beobachten zu können, die sich nicht gezielt provozieren lassen.

---

[34] → Rn. 74.
[35] → § 1 Rn. 111 ff.

- **Bestimmtes Systemverhalten:** Die Feststellung eines Systemverhaltens in spezifischen Situationen[36] ist ebenfalls geeignet, durch Sachverständigenbeweis bestätigt zu werden. Allerdings sollten die Bedienungsfolgen bekannt sein, damit das Systemverhalten auch wirklich beobachtet werden kann. Abzugrenzen hiervon sind Bedienungsfehler, die trotz der Anforderungen moderner Softwareergonomie (weitgehende Sicherheit gegen Fehlbedienungen) immer noch auftreten können. Ein prägnantes Beispiel ist das Ausschalten des Rechners, ohne vorher die Verarbeitung zu beenden (so genanntes Herunterfahren).

68 Aus diesen Gründen sind Fehler mit folgenden Eigenschaften eine geeignete Basis für einen prägnanten und qualitativ hochwertigen Sachvortrag:
- Reproduzierbarkeit,
- Feststellbarkeit durch den gerichtlich bestellten Sachverständigen,
- Mögliche und sichere Schaffung der Voraussetzungen für die Feststellung,
- Eignung für eine bestimmte Beweisart (insbesondere Zeugen- und Sachverständigenbeweis).

69 **Reproduzierbarkeit** bedeutet, dass der Fehler entweder in einer bestimmten Systemumgebung und/oder durch eine konkrete Bedienungsfolge provoziert werden kann oder dass nur eine vergleichsweise kurze Beobachtungs- oder Nutzungszeit notwendig ist, um den Fehler feststellen zu können. Fehler, die nur sporadisch auftreten und sich nur schwer reproduzieren lassen, sind unter dem Gesichtspunkt eines möglichst risikoarmen Sachvortrags weniger brauchbar.

70 Der Fehler sollte mit hoher Wahrscheinlichkeit vom Sachverständigen **festgestellt** werden können; gleichzeitig sollte er in geeigneter Form in ein Gutachten aufgenommen werden können. Falls beispielsweise eine Differenz in der Finanzbuchhaltung besteht, die sich aufgrund eines Softwarefehlers nicht durch übliche Abstimmungsverfahren auffinden lässt und die Analyse der Datenstruktur und der Zugriffsverfahren notwendig macht, ist eine prozessökonomische Grenze erreicht. Der Fehler lässt sich zwar aus Sicht der Informatik grundsätzlich feststellen, der Aufwand dafür dürfte jedoch so hoch sein, dass davon eher abzuraten ist.

71 Die dritte Eigenschaft eines im Sinne des Sachverständigenbeweises geeigneten Fehlers bezieht sich auf die notwendige **Systemumgebung,** einen geeigneten **Datenbestand**[37] und die Möglichkeit, den Fehler in einem Ortstermin prüfen zu können. Hierzu gehört die Möglichkeit, das System prüfen und testen zu können, ohne dass dies erhebliche wirtschaftliche oder gesundheitliche Konsequenzen bei einem Ausfall hat, wie es beispielsweise bei einer Produktionssteuerung oder medizinischen Systemen der Fall sein kann, die im Echteinsatz[38] sind. Schließlich ist anhand der Ausführungen zu prüfen,[39] ob sich der Fehler für die vorgesehene Beweisart eignet.

72 Wenn diese **vier Kriterien für die Auswahl** von Fehlern im Rahmen des Sachvortrags beachtet werden, wird ein wesentlicher Schritt auf dem Weg einer möglichen Risikoverminderung geleistet.

73 *bb) Beweiserhebung durch Sachverständige.* Grundsätzlich lassen sich bei der Tätigkeit des gerichtlich bestellten Sachverständigen zwei Bereiche unterscheiden:
- Beantwortung von Tatsachenfragen,
- Beantwortung von Wertungsfragen.

74 Bei **Tatsachenfragen** hat der Sachverständige weniger Beurteilungsspielraum, da er einen konkreten Sachverhalt feststellen soll. Insbesondere bei einer guten Prozessvorbereitung können hier Unsicherheiten weitgehend minimiert werden, so dass vergleichsweise wenige Risiken bei der Beantwortung von Tatsachenfragen bestehen sollten. Bei **Wertungsfragen** wird vom Sachverständigen erwartet, dass er eine Abwägung vornimmt und sie entsprechend dokumentiert. Diese muss nach den jeweils geltenden Sachverständigenanordnungen

---

[36] Beispielsweise: Abbruch der Verarbeitung bei Betätigung einer bestimmten Taste.
[37] → Rn. 34.
[38] → Rn. 81 zur Problematik der Deinstallation und anschließenden erneuten Installation von Systemen.
[39] → Rn. 67.

II. Substantiierung

für den Laien **nachvollziehbar**[40] und für den Fachmann **nachprüfbar** sein. Dies betrifft insbesondere auch die Herleitung von Ursachen. Hinsichtlich der **Ursachenbestimmung** weist der IT-Bereich eine Besonderheit auf, die in vielen anderen technischen Bereichen und speziell im Baubereich in dieser Form nicht vorliegt:

> **Grundregel:**
> Fehler müssen im Allgemeinen zur sicheren Feststellung der Fehlerursache zunächst behoben werden.

Nachfolgend werden exemplarisch einige weitere auftretende Probleme bei der Erhebung von Sachverständigenbeweisen dargestellt. Beziehungen zwischen **Informationstechnik und Organisation** sind häufig unzureichend durchdacht oder einfach nur unklar. In diesen Fällen sollte im Rahmen des Sachverständigenbeweises auch der organisatorische Kontext erfasst werden, um zu einer zutreffenden Beurteilung zu gelangen. Ein Beispiel hierfür ist die Bearbeitung und der Fluss von **Belegen**, der immer papierärmer durchgeführt wird und ständig mehr unmittelbar in IT-Systemen erfolgt. Hier sollte sich der Sachverständige auch mit den organisatorischen Regelungen und den Übergängen zwischen Papier und elektronischer Speicherung auseinandersetzen.

Ein weiterer Problembereich ist die Bestimmung des **Durchsatzes**, wenn in diesem Bereich Defizite vorliegen. Dabei sind auf Basis gesicherter Annahmen Hochrechnungen und Abschätzungen notwendig, ob das angestrebte Leistungsverhalten erreicht werden kann. Eine Validierung sollte mit entsprechenden Lasttests[41] erfolgen.

Schnittstellen verändern sich relativ häufig, da die angebundenen Systeme und Lösungen Veränderungsprozessen unterliegen. Bei den Beweisantritten muss daher besonderes Augenmerk auf die Eigenschaften gelegt werden, die für die Realisierung vereinbart wurden. Falls notwendige Veränderungen an den Schnittstellen nicht vorgenommen wurden, kann es durchaus sein, dass die realisierte Lösung durch die Veränderung angebundener Systeme unbrauchbar ist, aber dennoch vertragsgemäß geliefert wurde.

Bei der Beurteilung von Projekten kommt es in vielen Fällen darauf an, **Verantwortlichkeiten** zuzuordnen. Sie sind häufig nur sehr pauschal geregelt und entsprechen nicht den tatsächlichen Gegebenheiten. In diesen Fällen ist die Organisationsstruktur des Projektes näher zu untersuchen. Soweit Mitwirkungsleistungen unzureichend vertraglich geregelt sind, ist zu prüfen, ob sie auf Knowhow beruhen, das nur einem Projektpartner zugänglich ist. In diesem Fall kann auch nur dieser Projektpartner die entsprechende Leistung erbringen und damit verantworten.

Gerade im Zusammenhang mit Sicherheits- und Datenschutzfragen sind ständig Berechtigungen und **Berechtigungskonzepte** zu untersuchen. Auch hier müssen organisatorische Gegebenheiten und vorgegebene Musterrollen berücksichtigt werden, um eine vollständige Basis für Beweisantritte zu erhalten.

Ein weiterer wichtiger Bereich sind in IT-Projekten die so genannten **Change Requests** (oder Request for Changes – Änderungsanforderungen). Sie betreffen den funktionalen Bereich oder auch die zugrunde liegende Standardausstattung (Hardware, seltene Betriebssystemsoftware). Ferner gehören hierzu die Verschiebung von Terminen, Modifikationen am Beistellungsumfang und an Qualitätsanforderungen. Häufig ist das Verfahren zur Durchführung unzureichend geregelt. Es erfolgen nur mündliche Vereinbarungen, die dann anschließend nur partiell umgesetzt werden. Die Aufbereitung dieses Komplexes ist in der Regel sehr zäh und mühsam, bei scheiternden Projekten ist er jedoch häufig eine Hauptquelle für die aufgetretenen Defizite. Schließlich verlangt der Umgang mit **elektronischer Dokumentation** besondere Regelungen.[42]

---

[40] → Rn. 105.
[41] → § 1 Rn. 228 ff.
[42] → Rn. 51 ff.

81 cc) *Vorbereitung der Beweisaufnahme.* Ein wesentlicher Aspekt für die Auswahl des Sachvortrags oder die Prüfung bestimmter Abläufe ist die tatsächliche **Durchführbarkeit**. So kann der gerichtlich bestellte Sachverständige nur Systeme prüfen, die auch tatsächlich noch vorhanden und betriebsfähig sind. Dies schließt die zugehörigen Betriebssystemversionen, Datenbestände und sonstige Komponenten ein. Falls beispielsweise ein Systemzustand zu einem in der Regel weit in der Vergangenheit liegenden Zeitpunkt zu prüfen ist, sollte dieses System möglichst noch unverändert vorhanden sein. Zu dieser Thematik sind auch die Verkabelung, zurückliegende Betriebssystemversionen, Datenbestände und sonstige Komponenten zuzuordnen. Eine in der Vergangenheit liegende Deinstallation und erneute Installation im zeitlichen Zusammenhang mit der Besichtigung durch den gerichtlich bestellten Sachverständigen verlangt ein sehr hohes Maß an technischer Präzision und Dokumentation, die nur in seltenen Fällen erreicht wird.

82 Der gerichtlich bestellte Sachverständige führt in der Regel zur Beantwortung der ihm gestellten Beweisfragen einen oder mehrere Ortstermine bei den beteiligten Parteien durch. Die nachfolgende Liste zeigt, welche Voraussetzungen für die Durchführung eines Ortstermins gegeben sein sollten, um Überraschungen und unvorteilhafte Entwicklungen auf ein immer vorliegendes Minimalmaß zu reduzieren. Damit diese Termine zielgerichtet und effizient durchgeführt werden können, sollten Sie nach der **Vorbereitung** folgende Punkte erledigt haben.

83
Checkliste: Vorbereitung von Ortsterminen

☐ Das für die Untersuchung bereitzustellende System ist vorhanden und funktionsfähig. Die **streitgegenständlichen** Versionen der Software sind verfügbar als Voraussetzung für die Tätigkeit des Sachverständigen.

☐ Zur Vermeidung von Datenverlusten und zur möglichen Reproduktion der Untersuchungen ist eine **Datensicherung** des zu Beginn des Ortstermins vorliegenden Zustands angefertigt. Sie ist **vollständig** und schließt alle auch nur im entferntesten Sinne in Betracht kommenden Datenbestände und Komponenten ein.

☐ Die **Systemzugänge** für Anwender und Administratoren (Systemverwalter) sind während des Ortstermins bekannt (Passworte), um gegebenenfalls Einstellungen zu dokumentieren und Analysen vornehmen zu können.

☐ Die gesamte zum IT-Projekt gehörende **Dokumentation** ist zusammengestellt und steht während des Ortstermins zur Verfügung. Suchen und Aufwand zur Bereitstellung von Informationen werden vermieden.

☐ Neben der Dokumentation wurden auch vorher alle anderen Unterlagen daraufhin gesichtet, ob sie beim Ortstermin **gegebenenfalls zur Verfügung gestellt** werden. Dies betrifft neben den kaufmännischen Unterlagen (Vertrag, Rechnungen etc), die vermutlich bereits in den Rechtsstreit eingeführt wurden, auch Aufzeichnungen zu Bedienungsfolgen, Protokolle, Ausdrucke und ähnliche Unterlagen.

☐ Es existiert eine vorbereitete **Fehlerliste** mit einem geeigneten (Test-)Datenbestand und den notwendigen **Bedienungsfolgen**, um bestimmte Fehler demonstrieren zu können. Es liegen nachvollziehbare Begründungen für die Zuordnung der Verantwortung und der Erheblichkeit vor.

☐ Die **Datenträger**, die zum Verfahren gehören, sind eindeutig beschriftet und zugeordnet. Es kann zweifelsfrei nachgewiesen werden, welcher Datenträger wann zur **Verfügung** gestellt wurde, wann er eingesetzt wurde und welchen Inhalt er hat.

84 dd) *Aspekte bei der Durchführung der Beweisaufnahme.* In einem Softwareprozess kommt es häufig nicht nur auf die Version, sondern auch auf **weitere Details** der Software an. Zunächst ist in der Regel zu prüfen, ob die auf dem System tatsächlich installierte Software mit den Vorgaben des Lieferanten übereinstimmt. Hierbei ist zu klären, welche Updates wann auf welche Art eingespielt wurden und ob etwaige nicht fachgerechte Änderungen vorliegen. Beispielsweise soll auf gängige Betriebssysteme mit grafischer Benutzeroberfläche

hingewiesen werden. So besteht bei den Betriebssystemprodukten des Herstellers Microsoft die Möglichkeit, umfangreiche Parametrierungen in der so genannten Registry vorzunehmen. Hierbei können bereits kleine, nicht fachgerechte Änderungen weit reichende Folgen wie eine permanente Instabilität des Systems haben. Falls in diesem Bereich Unklarheiten bestehen, ist es aus Aufklärungsgründen immer sinnvoll, zunächst eine fachgerechte und dokumentierte Installation vorzunehmen. Wenn man diesen Aspekt etwas weiter fasst, kommt man zum Thema der **Parametrierung**. Es ist zu prüfen, ob sie entsprechend den Vorgaben des Herstellers vorgenommen wurde und die zur Verfügung stehenden Möglichkeiten genutzt wurden. Falls sich erst in der Beweisaufnahme im Rahmen eines Sachverständigenortstermins herausstellt, dass der gerügte Fehler durch eine einfache, in den Handbüchern dokumentierte Einstellung des Systems behoben werden kann, ist das für den Anspruchsteller nicht vorteilhaft; darüber hinaus sind dabei auch Kostengesichtspunkte nicht zu vernachlässigen.

Schließlich sind auch die Qualität und Quantität des **Datenbestandes** sowie die Arten von Daten[43] in Betracht zu ziehen. So hängen Antwortzeiten häufig von den zu verarbeitenden Datenmengen ab. Nicht erklärbare Fehlersituationen können auch durch fehlerhafte Daten[44] hervorgerufen werden. Da in diesem Kontext leicht ein erheblicher Aufwand entstehen kann, sollte der Anwalt prüfen, welche Aspekte und Details der Software für den Rechtsstreit wesentlich sind. Falls ein Fehler beispielsweise schon mit einem sehr geringen Testdatenbestand nachvollzogen werden kann, braucht das Mengenthema nicht mehr näher berücksichtigt zu werden.

Die **Zustandsbestimmung einer Software** kann sehr aufwändig werden, wenn der Hersteller keine entsprechenden Werkzeuge zur Identifikation zur Verfügung stellt. Dies ist gerade bei Softwarepaketen, über die Streit entsteht, der Regelfall. Hier sollte kein unnötiger Spielraum und damit eine risikoerhöhende Prozesssituation entstehen.

c) Beurteilung von Abweichungen. Auf Basis einer Gegenüberstellung des Soll-Zustands mit der Ist-Situation ermittelt der Sachverständige die Abweichungen und stellt fest, ob es sich um Fehler handelt. Folgenden Kriterien dienen zur Beurteilung der Abweichungen:
- Erheblichkeit,
- Ursache,
- Leistungsbereich,
- Abhängigkeiten.

Die **Erheblichkeit** kann anhand der Auswirkung des Fehlers auf die Gebrauchstauglichkeit der Software beurteilt werden. Es bietet sich die Einstufung des Fehlers in folgende Klassen an:
- Fehler **verhindert** die Nutzung der Software,
- Fehler **behindert** die Nutzung der Software,
- Fehler hat keine Wirkung auf die Nutzung der Software.

Ein Fehler **verhindert** die Nutzung der Software, wenn ein weiterer Test nicht möglich ist, da zum Beispiel ein Abbruch der Verarbeitung aufgetreten ist. Auch eine fehlerhafte Dokumentation kann dieser Klasse zugerechnet werden, wenn sie die Nutzung wesentlicher Funktionalitäten verhindert. Ein Fehler **behindert** die Nutzung der Software, wenn er umgangen werden kann, so dass die weitere Nutzung des Systems möglich ist. Ein vollständiger Test ist zwar nicht möglich, es sind jedoch technische oder organisatorische Ersatzlösungen vorhanden. Hierzu gehören eine fehlerhafte Dokumentation, nicht spezifikationsgemäße Eingabeformate oder nicht verwendbare Queraufrufe in einem Programm, die durch Benutzung der Programmhierarchie umgangen werden können. Bei einem großen Leistungsumfang und in komplexen Projekten bietet es sich an, eine oder zwei weitere Fehlerklassen der Behinderung einzufügen, um die Bedeutung und Kritikalität von Fehlern besser einstufen zu können. **Keine Wirkung** auf die Nutzung der Projektergebnisse haben Fehler formaler Natur wie Rechtschreibfehler und nicht bündiges Ausfüllen von Bildschirmfeldern, die unerheblich für den Softwarebetrieb sind.

---

[43] → Rn. 34.
[44] Beispielsweise durch eine unzureichende Übernahme von Altdaten/Bestandsdaten.

90 Gerade wenn mehrere Beteiligte im IT-Umfeld tätig sind oder nur Teilaufgaben Gegenstand des Rechtsstreits sind, ist die **Ursache** für den Fehler zu klären. Er sollte möglichst eindeutig der beklagten Partei zugeordnet werden können, um auch hier das Prozessrisiko zu reduzieren. Hier ist zu prüfen, ob der Auftragnehmer den **Schaden zu vertreten** hat, das heißt, ob der Fehler auf einer Schlechtleistung des Auftragnehmers beruht, die sich aus den vertraglichen Vereinbarungen oder dem gewöhnlichen Gebrauch ergibt. Falls Schadenersatzansprüche gestellt werden, ist auch zu klären, ob der Fehler erkennbar oder vermeidbar war, um die Frage der Fahrlässigkeit als Voraussetzung für den Schadensersatzanspruch zu klären. Falls der Fehler darauf beruht, dass bestimmte **Vorleistungen des Auftraggebers** (Mitwirkungs- und Beistellungspflichten) nicht (zutreffend) erbracht wurden, liegt in der Regel ebenfalls kein Fehler vor, der im Rahmen eines Prozesses mit Erfolg vorgebracht werden kann.

91 d) **Fallbeispiel.** Das Unternehmen U betreibt einen Online-Shop und ersetzt ein Altsystem durch eine neue Software des Herstellers S, die eine Schnittstelle zu einem Warenwirtschaftssystem des Herstellers W besitzt. Diese Schnittstelle soll insbesondere Online-Auskünfte über die Verfügbarkeit von Artikeln ermöglichen. Nach einer Systeminspektion erklärt S während der Vertragsverhandlungen im Frühjahr 2009, dass Antwortzeiten von 2 Sekunden bei der bestehenden Hardware kein Problem seien. Das System wird daraufhin angeschafft und am 1.6.2009 in Betrieb genommen. U muss sich jedoch mit massiven Kundenbeschwerden auseinandersetzen, dass die Antwortzeiten bei der Suche und Auswahl von Artikeln (mit Ablage im Warenkorb) zu lang seien.

92 Zur Identifikation möglicher Anspruchsgegner kommen folgende **Ursachen** in Betracht:
- Netzanbindung von U an das Internet zu schmalbandig/nicht leistungsfähig genug,
- Zu hohe Benutzerzahlen, beispielsweise durch Wachstum bei den Seitenbesuchen,
- Fehler bei der Serverkonfiguration,
- Fehler im Bereich Hardware/Betriebssystem,
- Fehler im Bereich der Schnittstelle, beispielsweise zu langsam antwortendes Warenwirtschaftssystem,
- Falsche Einstellung/Konfiguration der Software S,
- Defizite im Bereich der Leistungsfähigkeit der Software S.

93 Für die **Formulierung eines Beweisantrags** sollten folgende technische Eckmerkmale berücksichtigt werden:
- Inaugenscheinnahme des Systems durch Sachverständigen,
- Messung der Antwortzeiten auf der Basis folgender Angaben:
  – zugrunde liegende Hardware-Ressourcen,
  – Anzahl gleichzeitig zugreifender Benutzer (Status zum Vertragsabschluss),
  – typisches Benutzerprofil (Anteilsuche, Merkmale eines durchschnittlichen Warenkorbs),
  – Nutzerverhalten über den Tag hinweg (Belastungsprofil),
  – Ausschluss von internetbedingten Verzögerungen (beispielsweise durch Messung am Übergabepunkt des Online-Shops zum Internet),
- Spezifikation des Systemzustands zum Vertragsschluss, insbesondere Merkmale der Schnittstelle zum Warenwirtschaftssystem (Performance, Verfügbarkeit).

4. Rechtsmängel

94 Im Kontext mit einem Sachverständigenbeweis kommt einer Konstellation im Bereich der Individualsoftwareentwicklung wachsende Bedeutung zu. Der Auftraggeber einer derartigen Entwicklung möchte im Regelfall alle notwendigen Rechte für die Nutzung und die Weiterentwicklung der Individualsoftware erhalten. Bei der Softwareentwicklung hat sich durchgesetzt, dass die Nutzung von *Open Source Software* (OSS) vorteilhaft sein kann, was Leistungs-, Kosten- und Sicherheitsgesichtspunkte betrifft. Soweit diese Software Gegenstand der zu übertragenden Nutzungs- und insbesondere **Eigentumsrechte** werden soll, sind die jeweiligen Lizenzbestimmungen der Open Source Software zu beachten.[45] Bestimmte

---

[45] Siehe → § 9 Rn. 9 ff., 19 ff., § 12 Rn. 125 ff.

II. Substantiierung

Lizenzmodelle, wie beispielsweise das Copy-Left-Prinzip[46] verpflichten jedoch den Lizenznehmer, den Quellcode unter der ursprünglichen Open Source-Lizenz zugänglich zu machen. Dies ist in der Regel vom Auftraggeber nicht gewünscht, so dass sicher zu stellen ist, dass nur Open Source Software eingesetzt wird, die der Interessenlage des Auftraggebers nicht widerspricht.

Die Analyse, ob und welche Open Source-Bestandteile ein Quellcode enthält, wird von mehreren Dienstleistern angeboten. Kern der Analyse ist ein datenbankgestützter Vergleich des Quellcodes, ob Übereinstimmungen mit dem Open Source-Quellcode vorliegen. Als Ergebnis wird eine Liste der Übereinstimmungen mit der Bezeichnung der Open Source Software und der jeweils gültigen Lizenzbestimmung geliefert. Dies ist eine geeignete Basis für die Bestimmung der weiteren Vorgehensweise, da weitergehende (juristische) Fragestellungen durch einen maschinellen Abgleich nicht geklärt werden können. Oftmals ist der organisatorische, fachliche und technische Entwicklungs-Kontext miteinzubeziehen. Beispielsweise ist die Zuordenbarkeit von Entwicklungsbeiträgen zu Personen eine Aufgabenstellung, die nur mit Hilfe des organisatorischen Entwicklungskontextes, gegebenenfalls unter Verwendung entsprechender Versionskontrollsysteme, beantwortet werden kann. In vielen Fällen ist eine technische Analyse notwendig, wie bei der Identifikation von Miturheberschaften,[47] der Einordnung verbundener Werke und der Identifikation von Bearbeitungen.

Checkliste: Sachvortrag in Softwareprozessen

☐ Prüfen Sie, ob die Anträge tatsächlich den Zielen Ihrer Mandantschaft entsprechen. Was nutzt beispielsweise die Rückabwicklung eines Systems, das sie seit fünf Jahren einsetzt, gegen Zahlung des Kaufpreises? Das wirkt widersprüchlich; außerdem dürfte eine in dem Fall anzusetzende Nutzungsentschädigung die Zahlung auf einen äußerst geringen Betrag absenken. Oder soll wirklich ein komplettes System zurückgegeben werden, weil eine Schnittstelle nicht ordnungsgemäß arbeitet? Ist in diesem Fall eine Minderung nicht sinnvoller?

☐ Wie werden bei einem erfolgreichen Prozessverlauf die bisher mit dem System geleisteten Abläufe und Aufgaben durchgeführt? Ist der Fortbestand des Unternehmens gefährdet?

☐ Wurde der Streitstoff auch im Hinblick auf Beweisbarkeit und Steuerbarkeit des Verfahrens ausgewählt?

☐ Falls die Mandantschaft ein System nutzt, das nach Ihrem Parteivortrag völlig unbrauchbar ist, fällt dieser Widerspruch jedem aufmerksamen Richter auf. Darüber hinaus ist gegebenenfalls eine **Nutzungsentschädigung** zu entrichten, wenn es sich nicht nur um eine völlig untergeordnete Nutzung handelt. Daher sollten streitgegenständliche Systeme möglichst außer Betrieb genommen, aber bis zur Besichtigung durch einen gerichtlich bestellten Sachverständigen möglichst im Originalzustand vorgehalten werden.

☐ Ist sichergestellt, dass die Aufbereitung der Tatsachen eine hohe Qualität aufweist?

☐ **Gegenstände,** auf die Sie sich beziehen, müssen **eindeutig spezifiziert** sein. Dies kann im IT-Bereich Datenträger, Programmversionen, Hardwarekomponenten, Verzeichnisnamen oder Dokumentversionen betreffen.

☐ Ein immer wieder interessanter Gesichtspunkt ist auch die **Durchführbarkeit** von beantragten Abläufen. So kann beispielsweise ein vom Gericht bestellter Sachverständiger nur Systeme prüfen, die auch tatsächlich noch vorhanden sind. Dies schließt zugehörige Betriebssystemversionen, Datenbestände und sonstige Komponenten ein. Wenn der Zustand einer Verkabelung geprüft werden muss, sollte diese Verkabelung noch vorhanden und nicht deinstalliert sein.

☐ Falls eine Softwareentwicklung durch Dritte fertig gestellt werden soll, müssen verschiedene Voraussetzungen erfüllt sein. Wesentlich ist, dass die **Einarbeitungszeit** nicht größer sein darf als die vollständige Neuerstellung. Das setzt in der Regel zumindest eine partielle Entwicklungsdokumentation und die Einhaltung von Grundregeln des Software-Engineerings voraus.

---

[46] → § 9 Rn. 12 ff.
[47] Zu Bearbeitungsketten → § 9 Rn. 17.

☐ Auch das **Preis-Leistungs-Verhältnis** der ursprünglichen vertraglichen Vereinbarungen sollte bei streitigen Auseinandersetzungen berücksichtigt werden. Ein günstiger Projektpreis oder nicht fakturierte Leistungen des Auftragnehmers, die er beispielsweise für die Erschließung eines neuen Marktes aufgewendet hat, werden in einem Nachfolgeprojekt nicht mehr unbedingt erreicht werden können.

III. Anforderungen an den Sachverständigenbeweis

97 a) **Auswahl des Sachverständigen.** Seit 1979 arbeitet die IHK zu Köln, federführend für die übrigen Kammern im Bundesgebiet, an der Ausgestaltung des Sachverständigenwesens für den Bereich der Informationstechnologie (IT). Die derzeit geltende **Sachgebietseinteilung** mit den **fachlichen Bestellungsvoraussetzungen** stammt aus dem März 2015 und ist verfügbar auf der Homepage des Instituts für Sachverständigenwesen.[48] Der weitaus überwiegende Teil der Sachverständigen arbeitet im Schwerpunkt Software, ein wesentlich kleinerer Teil im Schwerpunkt Hardware. Aufgrund der mehrfachen Überarbeitung der Sachgebietseinteilung und der weit reichenden Gestaltungsmöglichkeiten der Kammern bei der Auswahl des Bestellungstenors liegen **sehr unterschiedliche Spezialisierungen** vor. Derzeit sind rund 150 Sachverständige öffentlich bestellt und vereidigt, circa ein Dutzend übt diese Tätigkeit als Haupterwerb aus, so dass sie Berufssachverständige sind.

98 Die öffentlich bestellten Sachverständigen unterliegen der Aufsicht durch die bestellende Kammer. Der Begriff **Sachverständiger** ist nicht geschützt; abgesehen von offensichtlichen Wettbewerbsverstößen kann sich jeder als Sachverständiger bezeichnen. Es handelt sich um einen freien Beruf, der sehr wenig Regulierung aufweist. Insbesondere brauchen Sachverständige nicht Pflichtmitglieder in einer berufsständischen Organisation zu sein. Eine wesentliche **Rechtsgrundlage** für die Tätigkeit öffentlich bestellter und vereidigter Sachverständiger sind die Sachverständigenordnungen der Industrie- und Handelskammern. Sie folgen bis auf geringfügige Modifikationen der Mustersachverständigenordnung[49] die bei jeglicher Sachverständigen-Tätigkeit unter anderem folgende Grundregeln festschreibt:
- Unabhängige, weisungsfreie, gewissenhafte und unparteiische Aufgabenerfüllung,
- Persönliche Aufgabenerfüllung,
- Verpflichtung zur Gutachtenerstattung,
- Schweigepflicht.

99 Das Sachverständigenverzeichnis der Industrie- und Handelskammern[50] enthält eine Reihe von Suchmöglichkeiten.[51] Mit der Auswahl eines öffentlich bestellten und vereidigten Sachverständigen besteht eine relativ hohe Gewähr dafür, dass bestimmte Grundanforderungen über die Durchführung von Ortsterminen und die Gutachtenerstattung eingehalten werden.

100 b) **Anforderungen an die Sachverständigen-Tätigkeit.** Die **Rechte und Pflichten** der öffentlich bestellten und vereidigten Sachverständigen sind in den **Sachverständigenordnungen** (SVO) der Industrie- und Handelskammern festgelegt, die sich sehr eng an einer Mustersachverständigenordnung des Deutschen Industrie- und Handelskammertags (DIHK)[52] orientieren. Sie wird im Folgenden als Grundlage für die Verdeutlichung dieser Rechte und Pflichten verwendet. Die Pflichten des öffentlich bestellten und vereidigten Sachverständigen sind in Abschnitt III der SVO aufgeführt; § 8 regelt die unabhängige, weisungsfreie, gewissenhafte und unparteiische Aufgabenerfüllung.

(1) Der Sachverständige darf sich bei der Erbringung seiner Leistungen keiner Einflussnahme aussetzen, die seine Vertrauenswürdigkeit und die Glaubhaftigkeit seiner Aussagen gefährdet (Unabhängigkeit).

---

[48] www.ifsforum.de/fileadmin/bestellungsvoraussetzungen/2100.pdf. Die vorliegende aktuelle Bearbeitung ersetzt den Stand Dezember 2004.
[49] Unter www.ifsforum.de/publikationen/downloads.
[50] www.svv.ihk.de.
[51] Die Sachgebietsnummer für den Bereich Datenverarbeitung lautet 2100.
[52] www.ifsforum.de/fileadmin/user_upload/Muster-SVO_DIHK_2803212.pdf.

III. Anforderungen an den Sachverständigenbeweis

(2) Der Sachverständige darf keine Verpflichtungen eingehen, die geeignet sind, seine tatsächlichen Feststellungen und Beurteilungen zu verfälschen (Weisungsfreiheit).

(3) Der Sachverständige hat seine Aufträge unter Berücksichtigung des aktuellen Standes von Wissenschaft, Technik und Erfahrung mit der Sorgfalt eines ordentlichen Sachverständigen zu erledigen. Die tatsächlichen Grundlagen seiner fachlichen Beurteilungen sind sorgfältig zu ermitteln und die Ergebnisse nachvollziehbar zu begründen. Er hat in der Regel die von den Industrie- und Handelskammern herausgegebenen Mindestanforderungen an Gutachten und sonstigen von den Industrie- und Handelskammern herausgegebenen Richtlinien zu beachten (Gewissenhaftigkeit).

(4) Der Sachverständige hat bei der Erbringung seiner Leistung stets darauf zu achten, dass er sich nicht der Besorgnis der Befangenheit aussetzt. Er hat bei der Vorbereitung und Erarbeitung seines Gutachtens strikte Neutralität zu wahren, muss die gestellten Fragen objektiv und unvoreingenommen beantworten (Unparteilichkeit).

In diesem Kontext ist zunächst Absatz 3 wesentlich, der **Mindestanforderungen an Gutachten** aufführt. Dazu hat das Institut für Sachverständigenwesen Empfehlungen für den Aufbau eines schriftlichen Sachverständigengutachtens[53] erarbeitet, die vom Arbeitskreis Sachverständigenwesen des DIHK befürwortet worden sind. In diesen Empfehlungen werden aus den Sachverständigenordnungen (SVO) Anforderungen abgeleitet und die sich daraus ergebenden Folgerungen skizziert. Obwohl es sich hierbei um eine Empfehlung und kein abschließendes, verpflichtendes oder allgemein gültiges Schema handelt, wird durch einen Vergleich mit den Pflichten des Sachverständigen deutlich, welche grundlegenden Anforderungen einzuhalten sind. Nachfolgend werden exemplarisch wesentliche Punkte näher analysiert.

Zu Beginn der Gutachtenerarbeitung ist der Sachverhalt sorgfältig aufzubereiten und plausibel darzustellen. Hierzu geben die Empfehlungen Hinweise zur **Ausführlichkeit**.[54] Entsprechend ist auch in der SVO[55] gefordert, dass die tatsächlichen Grundlagen der fachlichen Beurteilungen des Sachverständigen sorgfältig zu ermitteln sind. Wesentlich ist hier, dass alle relevanten Daten heranzuziehen sind. Diese **Anknüpfungsgrundlagen** sind sorgfältig zu erarbeiten und darzulegen.[56] Der sorgfältigen und damit auch **vollständigen Ermittlung** der Anknüpfungstatsachen mit einer entsprechenden Darstellung im Gutachten kommt eine zentrale Bedeutung bei der Erstattung von Sachverständigen-Gutachten zu.

Der vom Gericht bestellte Sachverständige ist an den **gerichtlichen Auftrag gebunden** und darf ihn nicht überschreiten. Eine vom Sachverständigen selbst entwickelte Argumentation zur Begründung von (angeblichen) Fehlern unterstützt einseitig eine Partei und verletzt daher das Gebot der Unparteilichkeit.[57] Sie führt in der Regel zur erfolgreichen Ablehnung des Sachverständigen.[58]

---

[53] www.ifsforum.de/fileadmin/user_upload/Merkblatt_zum_Aufbau_eines_Sachverstaendigengutachtens_08-2014.pdf.

[54] Abschnitt III Absatz 4: Letztlich bestimmt die Fragestellung die Ausführlichkeit der Beschreibung. Sie ist so zu wählen, dass der Leser das Objekt erkennen und die Beantwortung der gestellten Frage (Beurteilung/Bewertung) plausibel nachvollziehen kann. Diese Feststellungen als Grundlage der sachverständigen Beurteilungen sind wesentlicher Bestandteil des Gutachtens, die Darstellung in einem in der Anlage angefügten „Ortsbegehungsprotokoll" genügt nicht.
Abschnitt IV Absatz 1: Auswertung aller relevanten Daten mit Schlussfolgerungen, Bewertungen, Berechnungen und Beurteilungen ...

[55] → § 8 Absatz 3.

[56] Vgl. *Bayerlein* § 29 Rn. 11:
2. Zur Verfügung gestellte Unterlagen:
Hat der Auftraggeber dem Sachverständigen Akten oder sonstige Unterlagen überlassen, aus welchem der Sachverständige die benötigten **Anknüpfungstatsachen selbst heraussuchen** soll, so muss der Sachverständige im Gutachten darüber Rechenschaft ablegen, ob er mit diesen Unterlagen sachgerecht verfahren ist und sich nicht dazu verleiten ließ, die **Grenzen seines Auftrags und seine fachlichen Kompetenz** zu überschreiten:
– ZB ob der Kfz-Sachverständige sich mehr von den Niederschriften der Zeugenaussagen als den Unfallspuren beeindrucken ließ.
Der Sachverständige muss deshalb die für seine Gutachtertätigkeit **verwertbaren Anknüpfungstatsachen** sauber herausarbeiten ...

[57] → Rn. 15.

[58] *Bayerlein* § 11 Rn. 55, § 14 Rn. 63; *Bleutge* S. 9:

104 Die Dokumentation der **Wertigkeit fachlicher Aussagen** nimmt eine wesentliche Rolle bei der Gutachtenerstattung ein. Die Wertigkeit der fachlichen Aussagen ist mit verständlicher, genauer, nachvollziehbarer Begründung darzustellen.[59] Dazu gehört eine Aussage, mit welchem Sicherheitsgrad das Ergebnis bestimmt wurde. Dies kann beispielsweise durch Wahrscheinlichkeitsangaben[60] erfolgen. Auch *Bayerlein* fordert die **Kennzeichnung des Sicherheitsgrads der Ergebnisse**[61] und der Wahrscheinlichkeitsangaben.[62] Daneben weist er auch auf Scheingenauigkeiten hin, die sich allein aus Berechnungsvorgängen begründen.[63] Das Fehlen dieser Angaben stellt ein Defizit der inhaltlichen Anforderungen an ein Sachverständigengutachten dar und schließt in der Regel die Nachprüfbarkeit[64] aus. Hinsichtlich der **Auswirkungen von Ungenauigkeiten** und bloßen Wahrscheinlichkeiten einzelner Elemente auf die Feststellung komplexer Tatsachen oder Geschehensabläufe verlangt *Bayerlein*[65] eine besondere Sorgfalt. Das gelte vor allem, wenn mehrere Faktoren nur ungenau festzustellen sind. Besonders erwähnt wird die Kumulierung bloßer Wahrscheinlichkeiten. Wesentlich ist daher, dass in keinem Fall davon ausgegangen werden kann, dass sich Ungenauigkeiten *gegeneinander aufheben* oder *neutralisieren*.

105 Die **Nachvollziehbarkeit** des Gutachtens für Laien und die **Nachprüfbarkeit** für Fachleute sind eine zentrale Anforderung.[66] Nachprüfbarkeit bedeutet, dass die das Gutachten tragenden Feststellungen und Schlussfolgerungen so dargestellt sind, dass sie von einem Fachmann ohne Schwierigkeiten als richtig oder als falsch erkannt werden können. *Bayerlein* fasst diese Anforderung unter der **Bildung der Sachverständigenüberzeugung**[67] zusammen. Das Gutachten muss erkennen lassen, auf welcher Grundlage und auf welche Weise der Sachverständige seine Überzeugung gewonnen hat. Die Grundlage für die Bildung der Überzeugung ist das nachvollziehbare Abwägen von Argumenten, die für oder gegen bestimmte Vermutungen stehen. Nach *Bayerlein* stellt es einen Verstoß gegen eine Grundpflicht des Sachverständigen dar, wenn er bewusst einen sich eröffnenden Beurteilungsspielraum einseitig zugunsten oder zu Lasten eines vom Gutachten Betroffenen ausnutzen würde, ohne dies im Gutachten deutlich zu machen. Derartige Sachverständigenleistungen werden als **Gefälligkeitsgutachten** bezeichnet. Daher ist eine Reihe von konkreten Regeln[68] zu beachten, um die Nachvollziehbarkeit und die Nachprüfbarkeit zu gewährleisten. Im Ergebnis wird eine Nachprüfbarkeit nur geschaffen, wenn diese drei Schritte mit einer entsprechenden Begründung eingehalten werden:

- Sie beginnt zunächst mit der Auswertung aller relevanten Daten; das heißt der sorgfältigen Ermittlung der Anknüpfungstatsachen.
- Ist und Soll sind gegenüber zu stellen, die Differenz ist herauszuarbeiten und technisch zu bewerten.
- Die Quellen der Erfahrungssätze sind offen zu legen und die Wertigkeit der fachlichen Aussagen[69] darzustellen. Pauschalbeurteilungen ohne Begründungen reichen nicht aus; Fehlerquellen und Unsicherheiten sind ebenfalls zu dokumentieren.

Die Aufgaben des Sachverständigen ergeben sich aus der Auftragsbeschreibung im gerichtlichen Beweisbeschluss. ... Das Beweisthema und der Inhalt der Akten bilden die absoluten Grenzen seiner Tätigkeit; davon darf er sich in keinem Falle lösen, auch wenn ihm sein Gerechtigkeitsgefühl etwas anderes vermögen vermag.

[59] Institut für Sachverständigenwesen, Empfehlungen für den Aufbau eines schriftlichen Sachverständigengutachtens, IV Nachvollziehbare sachverständige Beantwortung der Fragestellung, Absatz 4.
[60] Unwahrscheinlich, wahrscheinlich, sehr wahrscheinlich etc.
[61] *Bayerlein* § 28 Rn. 5 ff.
[62] *Bayerlein* § 28 Rn. 7.
[63] *Bayerlein* § 28 Rn. 5.
[64] → Rn. 97.
[65] *Bayerlein* § 28 Rn. 11.
[66] *Bleutge* S. 34:
Ein Gutachten, das dem Gericht nicht ermöglicht, den Gedankengängen des Sachverständigen nachzugehen, sie zu prüfen und sich ihnen entweder anzuschließen oder sie abzulehnen, ist für den Rechtsstreit nicht verwertbar.
[67] *Bayerlein* § 10 Rn. 17.
[68] Institut für Sachverständigenwesen, Empfehlungen für den Aufbau eines schriftlichen Sachverständigengutachtens, Ziffer IV.
[69] → Rn. 104.

Der Sachverständige muss sich auch mit den **Einwänden Beteiligter** sachlich auseinandersetzen. Unterlässt er dies, könnte daraus geschlossen werden, dass der Sachverständige voreingenommen ist und sich über Einwendungen aus sachfremden Erwägungen hinwegsetzt.[70]

Zur Orientierung, wie ein **technisch zutreffender Sachvortrag** erfolgen kann, ist nachfolgend die Gliederungs-Empfehlung für den Aufbau eines Sachverständigengutachtens der IHK zu Köln[71] wiedergegeben.

Empfehlung für Aufbau eines Sachverständigengutachtens

I. Allgemeine Grundlagen für den Aufbau eines Gutachtens
II. Deckblatt, Allgemeine Angaben und Aufgabenstellung
   1. Deckblatt und Seitenzahlen
   2. Beweisbeschluss, Inhalt und Umfang des privaten Auftrags
   3. Mitarbeit von Hilfskräften
III. Dokumentation der Daten und des Sachverhalts
   1. Skizzen und Fotografien
   2. Einheiten, Dimensionen
   3. Versuche, Messungen
IV. Nachvollziehbare sachverständige Beantwortung der Fragestellung
   1. Rechtliche Würdigungen
   2. Tenorüberschreitung bei öffentlich bestellten Sachverständigen
V. Abgrenzung zu anderen sachverständigen Leistungen
VI. Zusammenfassung, Unterschrift und Rundstempel
VII. Literatur

IV. Selbstständiges Beweisverfahren

Wenn Probleme in einem Softwareprozess auftreten, können häufig mehrere mögliche **Anspruchsgegner** in Betracht kommen (Hardwarelieferant, Softwarelieferant, integrierendes Unternehmen, externe Berater etc[72]). In diesen Fällen kann erwogen werden, ein selbstständiges Beweisverfahren durchzuführen. Dieses Verfahren soll die Ursache der Fehler ermitteln und die Klage in der Hauptsache vorbereiten. Der wesentliche Zweck sollte jedoch darin liegen, dass sich die Parteien nach Vorliegen der Ergebnisse **gütlich einigen.** Eine Partei kann eine schriftliche Begutachtung durch einen Sachverständigen beantragen, wenn sie ein **rechtliches Interesse** daran hat, dass der Zustand oder Wert einer Sache, die Ursache eines Schadens oder Sachmangels oder der Aufwand für die Beseitigung eines solchen Schadens oder Sachmangels festgestellt wird. Ein rechtliches Interesse ist bereits dann anzunehmen, wenn die Feststellung der Vermeidung eines Rechtsstreits dienen kann. Da sich dies nur in seltenen Fällen ausschließen lässt, ist es nicht schwierig, in Softwareprozessen ein selbstständiges Beweisverfahren einzuleiten.

Zur Einleitung dieses Verfahrens ist ein Schriftsatz bei Gericht einzureichen, der den oder die Gegner bezeichnet. Ferner sind dort die Tatsachen zu nennen, über die Beweis erhoben werden soll. Auch hier ist ein Mindestmaß an Substantiierung notwendig, um dem Verbot der Ausforschung zu begegnen. Allerdings sind die Anforderungen geringer als in einem Hauptsacheverfahren, da sonst der Zweck des Verfahrens gefährdet wäre. Das selbstständige Beweisverfahren führt dazu, dass ein gerichtlich bestellter Sachverständiger vergleichsweise **zügig tätig** wird. Insbesondere im Vergleich mit einem Hauptsacheverfahren fallen der aufwändige Schriftwechsel zwischen den Parteien und die Arbeit des Gerichts zur Identifikation der entscheidungsrelevanten Themen weg. Da der Antrag relativ kurz gestaltet werden kann, ist auch der **anwaltliche Aufwand niedriger** als bei einem Hauptsacheverfahren.

---

[70] Bayerlein § 29 Rn. 20.
[71] Unter www.ifsforum-koeln.de/upload/publikationen/downloads.
[72] → Rn. 24.

111 Nach der reinen Lehre soll die Beweisaufnahme in einem selbstständigen Beweisverfahren die Beweisaufnahme in der Hauptsache ersetzen. In der Praxis stellt sich jedoch häufig erst nach dem Austausch von Schriftsätzen heraus, dass bestimmte Fragen eine Rolle spielen, die im selbstständigen Beweisverfahren nur unzureichend bearbeitet wurden. In diesen Fällen ist eine erneute Beweisaufnahme durchzuführen. Aufgrund der Vorschaltung des selbstständigen Beweisverfahrens ist dann ein **Zeitverlust** eingetreten.

112 Das selbstständige Beweisverfahren empfiehlt sich in Softwareprozessen, in denen eine **Einigung der Beteiligten** zu erwarten ist. Falls sie jedoch so zerstritten sind, dass eine gütliche Lösung weitgehend auszuschließen ist, sollte besser unmittelbar ein Hauptsacheverfahren angestrebt werden, um Unwägbarkeiten und Zeitverluste zu vermeiden.

Sachregister

Fette Zahlen verweisen auf die Paragrafen, magere auf die Randnummern

0900 er-Verbindung **31**, 111
1-Klick-Kauf **28**, 16
2 Flaschen Gratis-Entscheidung des BGH **26**, 302
3 D-Druck **33**, 379
3G **4**, 20
4G **4**, 20
80-20-Regel (Abnahme bei IT-Projekten) **18**, 231

Abbedingung der §§ 615, 616 BGB **37**, 24 f.
Abfangen von Daten **43**, 96 ff.
– s. auch Vorbereiten des Ausspähens oder Abfangens von Daten
Abfragesprache **1**, 99
Abgangssperre **31**, 178
abgestimmte Verhaltensweisen **39**, 51 ff.
Abgrenzungsvereinbarung **24**, 16
Ablaufhemmung **17**, 64
Abhängigkeit, wirtschaftliche **37**, 36
Abhilfemaßnahmen **39**, 207 ff., 216, 321
Abhilfeverlangen **19**, 151
Ableitungsbaum s. Syntaxbaum
Ablieferung **11**, 24, 198; **12**, 54 ff., 222
Abmahnung **5**, 362 ff.; 19, 93, 151; 24, 82; **30**, 47; **34**, 105; **42**, 122 ff.
– Abmahnung als bloße Obliegenheit **5**, 390
– Abmahnung von Datenschutzverstößen **34**, 105
– Folgen der Abmahnung **5**, 398
– Kosten **5**, 364 f.
– massenhafte Abmahnung **5**, 372
– Abmahnung, wettbewerbsrechtliche **30**, 47
Abnahme **2**, 40 ff.; **11**, 24, 75, 85 ff., 157, 192 ff., 226 ff.; **13**, 64 f.; **15**, 42, 61; **18**, 308 ff; **19**, 172; **25**, 25; **32**, 41; **41**, 227 ff., 320, 365
– s. auch Test
– Abnahme durch Ingebrauchnahme **11**, 153
– Abnahme der Mietsache **13**, 65
– Abnahme nach Produktivsetzung, **2**, 50 f.; **11**, 87
– Abnahme von Schnittstellen **2**, 58 f.
– Abnahme vor der Produktivsetzung **2**, 50 f.
– Abnahmefiktion **11**, 86; **41**, 228
– Abnahmeklauseln **16**, 182 ff.
– Abnahmekriterien **11**, 92 f.; **18**, 37, 224, 231 ff.
– Abnahmeplanung **2**, 41 ff.
– Abnahmeprüfung **18**, 38, 40, 213 ff.
– Abnahmeregelungen bei IT-Projekten **18**, 275 f.
– Abnahmereife **2**, 50; **18**, 224
– Abnahmetest **1**, 162, 187 f., 244 ff.; **2**, 64
– Abnahmeverfahren **2**, 41 ff.; **11**, 94 ff.
– Gesamtplanung **44**, 140
– Live-Betrieb **2**, 50
– Mängelkategorien s. dort
– Meilenstein s. dort
– Migration s. dort

– modulweise Abnahme **11**, 195 ff.
– Rechtsfolgen **18**, 223
– Subunternehmerleistung s. dort
– Teilabnahme s. dort
– typische Probleme **2**, 61 ff.
– Zuständigkeiten, **2**, 44 ff.
Abnutzung **15**, 118
Abofalle **34**, Anhang; **43**, 200
Abonnement-Vertrag **31**, 117, 186
Abordnung von Arbeitnehmern **37**, 185
Abphishen von Daten **27**, 21
Abrechnungsdaten **43**, 302
Abrufbarkeit im Internet **8**, 78 f.
– bestimmungsgemäße Abrufbarkeit **8**, 79, 81
Abrufvertrag **12**, 242
Absatz
– s. auch Vertrieb
– Absatzorganisation **24**, 28
Absatzwerbung **25**, 79
Abschlagszahlungen **10**, 139
Abschlusserklärung (einstweilige Verfügung) **5**, 441 ff.
Abschlussfunktion **30**, 115, 117 f., 128 f.
Abschlussgebühr (Escrow) **38**, 168
Abschöpfung des wirtschaftlichen Vorteils **93**, 242
Absenderkennung **30**, 77
Absicherung
– s. auch Amortisation
– Anfangsinvestition **19**, 86, 147
Abstellungsverfügung **39**, 206, 230, 452
Abstrakter Nutzungsausfallschaden **31**, 123, 174
Abstraktionsprinzip **12**, 37 ff.
Abtretung **5**, 4, 62; **13**, 33
– Abtretung bei Leasing **13**, 33 f.; **15**, 88 ff.
– Abtretung von Entgeltforderungen für Telekommunikationsdienstleistungen **31**, 164
Abwälzungsvereinbarung **24**, 112
Abwanderungsquote (Ermittlung der Beständigkeit von Kundenbeziehungen) **24**, 100
Abwehr von Akteneinsicht Dritter
s. Akteneinsicht
Abwehranspruch **25**, 136 ff.
Abweichung
– Abweichungsvorbehalt (bei Hardware-Modelländerungen) **15**, 31
– Beurteilung von Softwareabweichungen (durch den Sachverständigen) **46**, 87
Abwicklung
– Abwicklung des Webshop-Outsourcing Vertrags **20**, 90 ff.
– Abwicklung von Ansprüchen des Auftraggebers gegen Dritte **41**, 351 f.
– Abwicklungsleistungen **18**, 329

2523

Sachregister

Fette Zahlen = Paragrafen

Access-Provider 5, 317; 20, 16; **21**, 14 ff.; **36**, 32 ff.; **37**, 205; **42**, 69 ff.; **78**; **43**, 323
– Leistungspflichten **21**, 18 ff., 34
– Pflichten des Kunden **21**, 33
– Vergütung **21**, 30 ff.
– Access-Provider-Vertrag 20, 10, 16, 17
Acquis Communautaire 23, 5
AdClicks 25, 34
Address Resolution Protocol (ARP) 3, 61 ff.
Ad-Games 29, 44
Administrative Contact s. *Admin-C*
Administratorhandbuch 1, 112 f.
Administratoranweisung 18, 278
Admin-C 7, 10, 24 ff.; **42**, 178 ff.
Adobe Reader 30, 136
Adressfunktion 7, 65, 108
Adresshandel s. *unter Kundendatenschutz*
Ad-acta.de-Beschluss des BVerfG 7, 28
Add-ons 11, 164
ADSL (Asymmetric Digital Subscriber Line) 4, 16, s. *auch DSL*
Advanced Encryption Standard (AES) 30, 50 f.
AdWords 7, 74; **25**, 46 ff., 175; **34**, Anhang
AEG-Entscheidung des EuGH 39, 66, 133
AEO-Zertifizierung 34, 223 ff.
Affero General Public License (AGPL) 9, 19, 24, 47
Affiliate-Marketing **42**, 186
– s. *auch unter Marketing*
Afilias.de-Entscheidung des BGH 4, 107; 7, 96; 28, 80
AGB-Inhaltskontrolle s. *Allgemeine Geschäftsbedingungen, Inhaltskontrolle, Standardklauseln*
Aggregat 9, 49, 51
Agile Manifesto 11, 142
agiles Programmieren s. *unter Programmiertechniken*
Agile Vorgehensmodelle (bei IT-Projekten) 18, 124; **41**, 312
Agreement on Trade-Related Aspects of Intellectual Property Rights (TRIPS) 5, 41 f., 291; 8, 6, 11 ff., 38, 141
Ähnlichkeitsschutz 7, 67 ff.
AIDOL-Entscheidung des BGH 7, 73; **25**, 41
Akquisition
– Akquisitionskosten 19, 147
– Akquisitionsvertrag 27, 41, 61
Akteneinsicht **43**, 344 ff.
– Akteneinsichtsabwehr **43**, 344 ff.
– Akteneinsichtsrecht 39, 288 ff., 292; **43**, 344 ff.
aktiver Verkauf 39, 401, 404
Aktivitätenplan s. *Fristen- und Aktivitätenplan*
Aktivlegitimation 8, 131
Aktualisierung
– Aktualisierung von Software 14, 76 ff.
– Aktualisierungspflicht **13**, 68, 73; **14**, 76 f.
Akustische Wohnraumüberwachung 34, Anhang
Akustische Wohnraumüberwachungs-Entscheidung des BVerfG 34, 24
Akzo Nobel-Entscheidung des EuGH **31**, 22; **43**, 134
aleatorische Elemente **25**, 39

Alf-Entscheidung des BGH 5, 281 f., 448
Alkoholtests s. *Gesundheitstests*
All-Klauseln (Verschwiegenheitspflicht) 37, 10
Alleinbelieferungsverpflichtung 39, 165, 384
Alleinbezugsverpflichtung 39, 381
Alleinstellungsbehauptung 7, 155
Alleinvertriebsrecht **24**, 43, 56
allgemein anerkannte Regeln der Technik (aaRDT) 46, 44
Allgemeingenehmigung 31, 15
allgemeine Bemühens-, Interessenwahrnehmungs-, und Nachrichtspflichten **24**, 34 ff.
Allgemeine Deutsche Spediteurbedingungen (ADSp) 20, 66 ff.
Allgemeine Geschäftsbedingungen (AGB) 5, 20, 191, 209, 212, 252, 289; 7, 12 f., 169; 9, 30, 36 f.; **10**, 11, 17 ff., 106, 131, 157; **11**, 16, 98, 101, 114, 178; **12**, 43, 76 f., 181, 203, 212, 217, 223 f., 229 f.; **13**, 15, 27, 58, 66, 84, 111, 184 ff., 217, 220; **14**, 37, 63, 107 ff.; 157; **15**, 13, 21, 31, 61, 77„; 89, 94, 119, 136, 142; **16**, 1 ff.; **17**, 67, 71 ff.; **18**, 7, 17, 44, 184, 282, 319; **19**, 13, 17, 48, 52, 125; **20**, 14; **21**, 23 f., 27, 31 ff., 40, 50, 58, 62; **22**, 10, 26, 36, 47, 78, 80 ff., 140, 225 ff.; **23**, 47, 76, 92; **24**, 44, 127, 136, 139, 161 f.; 199 ff., 215; **25**, 83, 229; **26**, 1, 30 ff., 67, 83 ff., 98; **28**, 14, 18, 58; **29**, 33, 36; **30**, 310, 385, 395; **31**, 115 f., 131, 156 f.; **32**, 4, 28; **34**, 297, 369; **36**, 136 ff.; **37**, 1 ff.; **38**, 87; **39**, 49, 248, 411, 439; **40**, 4, 321; **41**, 13; **43**, 169; **44**, 31 ff.; **45**, 230
– s. *auch Inhaltskontrolle, Standardklauseln*
– Allgemeine Geschäftsbedingungen (Schweiz) 23, 128, 133, 140
– Ausdrücklicher Hinweis **17**, 75; **25**, 35
– Aushandeln **17**, 73
– B2B-Geschäfte **26**, 31
– B2C-Geschäfte **26**, 34
– Einbeziehung 16, 2 ff.; **17**, 74 ff.; **22**, 17, 231; 23, 92; **24**, 139; **26**, 30 ff.
– „gestellte" Bedingungen **17**, 72
– Möglichkeit der zumutbaren Kenntnisnahme s. *dort*
– Sprache **17**, 78
– Typische IT-bezogene AGB-Klauseln in Arbeitsverträgen **37**, 1 ff.
– Verwendungsabsicht **17**, 72
– Wirksamkeit **41**, 20 ff.
Allgemeines Gleichbehandlungsgesetz **34**, 194
Allgemeines Persönlichkeitsrecht (APR) 25, 137, 227; **29**, 15; **34**, 11, 15 ff., 20, 79 ff., Anhang
Allgemeine Pflichten und Zusatzkosten, § 312 a Abs. 3–6 BGB **26**, 235 ff.
– Rechtfolgen bei Verstoß **26**, 245
Allparteilichkeit **44**, 154
Aliudlieferung **15**, 50
Alone in the Dark-Entscheidung des BGH **42**, 149
Alpha-Test s. *Feldtest*
Alpha-2 Codes 8, 48

Sachregister

magere Zahlen = Randnummern

Alternative Dispute Resolution (ADR)(Domainrecht) 8, 54 ff.
- ADR-Regeln 8, 57
- Beschwerdeformular 8, 58
- Bindungswirkung 8, 63
- Ergänzende ADR-Regeln 8, 57
- Verfahrensgebühr 8, 60
- Verfahrenssprache 8, 58

Altdaten 43, 138
- Altdatenübernahme 10, 73; 11, 95 ff. s. auch Migration
- Qualität der Altdaten 11, 96

Alterskennzeichnung 29, 48
Altersverifikation 30, 288; 36, 153 ff.
Amazon.de-Entscheidung (Startgutscheine) des OLG Frankfurt 39, 104
Ambiente.de-Entscheidung des BGH 5, 314; 7, 17 ff.; 42, 36, 40 ff., 45, 111
American Institute of Certified Public Ac- countants (AICPA) 33, 269
Amortisation 15, 86; 19, 147
- Amortisationsprinzip 15, 86
- Amortisationsschutz 24, 116

Amtsniederlegung 33, 155
Analoges Fernsprechnetz 4, 13
Analogieverbot 33, 116; 43, 3
Analyse
- statische Analyse 1, 279 ff.
- typische Fehlerzustände 1, 283

Analysephase 1, 41 ff.; 18, 129
Analyse-Software-Programme 3, 146 f.
Anbieterkennzeichnung 28, 20 ff., 76
Anbieterwechsel 31, 145, 171
Änderungen
- s. auch Anpassung
- Änderungen am Code 11, 164, 169
- Änderungen an der Software 10, 55, 159 ff.
- Änderungen an der Mietsache (Hardware) 15, 76 f.
- Änderungsrecht 10, 159; 15, 76
- Änderungsregel s. Change Request-Regel
- Änderungshistorie 1, 115
- Änderungskündigung 24, 90
- Änderungsmanagement s. Change Management
- Änderungsverbot 39, 376
- Änderungsverfahren 11, 5
- Änderungsvorbehalt 15, 31; 17, 107; 22, 132 ff.
- Release-Festigkeit s. unter Release
- Test von Änderungen 1, 260 ff.

Änderungsvorbehalt, einseitiger 12, 181
Andienungspflicht 5, 102
Android-Betriebssystem 28, 8; 39, 5, 433 ff., 448, 453
Anerkenntnis 14, 41 ff.
Anfangsinvestition 19, 35, 86
Anfechtung 24, 87; 27, 27
- Anfechtung von Willenserklärungen im Internet 26, 5 ff.
- Insolvenzanfechtung 38, 27
- Insolvenzanfechtungsgründe 38, 27

Anforderungen
- s. auch Pflichtenheft, Lastenheft
- Anforderungen an die Benutzerschnittstellen bei IT-Projekten 18, 84
- Anforderungen an die Durchführung der Entwicklung bei IT-Projekten 18, 87
- Anforderungen an sonstige Lieferbestandteile bei IT-Projekten 18, 86
- Anforderungskatalog 2, 1 ff.
- Anforderungsmanagement 18, 49 ff.

Angaben zu Zahlungsmitteln und Lieferbeschränkungen 26, 90
Ankaufsrecht 15, 58
Anleitung
- Anleitung zu Straftaten 43, 37 ff.
- Anleitung zur Begehung einer schweren staatsgefährdenden Gewalttat 43, 27 ff.

Annahme einer Willenserklärung
- Annahmeerklärung 16, 8 f.; 26, 75
- Annahmefrist 17, 96 ff.

Annahmeverzug 45, 212
- Annahmeverzugsrisiko 37, 25

Anonymisierung 18, 246 ff.; 30, 67 ff.; 34, 588
Anpassung 10, 55; 18, 109; 41, 220 ff., 315
- s. auch Änderungen
- Anpassung von beigestellter Software 11, 21
- Anpassung von bereits etablierter Standardsoftware 18, 4
- Anpassung von Standardsoftware 11, 21, 164 ff.; 18, 6
- Anpassungsphase 18, 131
- Anpassungsvertrag 11, 166
- Bestimmung des Vertragsgegenstandes 11, 171 ff.
- Dokumentation 11, 175 f.
- Release-Festigkeit s. unter Release

Anpreisung (öffentliche Äußerung) 10, 31, 79 ff.; 11, 19; 12, 169; 15, 23
Ansprechstelle der Unternehmen für den Fall kartellbehördlicher Durchsuchungsmaßnahmen 39, 259
Anspruch auf den Quellcode 12, 172; 38, 84 ff.; 41, 244
Anspruch des Kunden auf Abschluss eines Pflegevertrages s. unter Software-Pflege
Anspruchserhebung durch Dritte gegenüber dem Kunden 16, 80 ff.
Anteilsveräußerung-Entscheidung des BGH 39, 113
Anti-Cheat-Maßnahmen 29, 57
Anti-Spam-Gesetz 25, 161
Anti-Terror-Datei 34, 557 ff., 563
Antiblockiersystem-Entscheidung des BGH 5, 103
Antrag, ordnungsgemäßer 45, 5
Antwortzeit 11, 216; 32, 45
Anwählprogramm s. Dialer
anwaltliche Berufsausübung und Datenschutz 30, 1 ff.
anwaltliche Geheimhaltungspflichten 30, 12; 33, 13
anwaltliche Werbung 30, 20
anwaltlicher Aufwand 46, 110

2525

Sachregister

Fette Zahlen = Paragrafen

Anwaltskorrespondenz in Kartellverfahren, privilegierte **39**, 251 ff.
Anwaltsregress **44**, 62
Anweisungsüberdeckungstest **1**, 293
anwendbares Recht **8**, 132; **9**, 57 ff.; **17**, 159 ff.; **23**, 7 ff.; **24**, 70; **28**, 11, 75; **35**, 29; **37**, 122; **39**, 24 ff.; **43**, 5 f.
- s. auch Klauseln zum anwendbaren Recht
- Bestimmung mangels Rechtswahl **8**, 39

Anwendung
- Anwenderdokumentation **1**, 112; **14**, 152; **18**, 281 ff., 288 ff., 294, 301; **41**, 58
- Anwendergruppe **1**, 32
- Anwendungsdokumentation **12**, 171
- anwendungsfallbasierter Test **1**, 330 ff.

Anwendung handelsrechtlicher Vorschriften **24**, 27
Anwendungsvorrang des Europarechts **39**, 29, 74
AN.ON – Anonymität.Online-Projekt **30**, 70
Apache Software License **9**, 19, 24
API-Bibliothek s. unter Programmbibliothek
Apple App Store **21**, 62
Apple Public License **9**, 19, 57
Application Service Providing (ASP) **10**, 51, 133; **12**, 109, 151 ff., 209; **13**, 1, 18, 37 ff., 63, 108; **18**, 6; **20**, 17; **22**, 5, 62; **28**, 4; **32**, 1; **33**, 300; **34**, Anhang; **36**, 116; **39**, 353
- Nutzungsrechte **13**, 124 f.
- One-to-many-ASP **13**, 135
- Programmverwertung durch ASP-Anbieter **13**, 131 ff.

Applikationsintegrationstest **1**, 200
Apps **20**, 43; **21**, 4, 62; **28**, 1 ff.; **34**, 11; **39**, 431 ff.
- anwendbares Recht **28**, 11
- App-Sales **28**, 19, 36
- Apps und Cloud **28**, 66
- Apps und Social Media **28**, 74
- App Stores **28**, 4, 5 ff., 74; **39**, 432 ff.
- Ausschließlichkeitsbindung **39**, 437
- Begriffsbestimmungen **28**, 2 ff.
- Besonderheiten bei Erstellung von Apps **28**, 69
- Besonderheiten bei In-App-Purchase **28**, 36 ff.
- Datenschutz und Datensicherheit bei der Nutzung **28**, 47 ff.
- Datenschutz und Datensicherheit beim Vertrieb **28**, 46
- Direktvertrieb **28**, 68
- Freemium Apps **28**, 41; **39**, 432
- In-App-Kauf **39**, 432
- Kartellrechtliche Aspekte **39**, 431 ff.
- Koppelung von Betriebssystemen und Zugangssoftware für Appstores **39**, 434
- Lauterkeitsrechtliche und kennzeichenrechtliche Aspekte **28**, 40 ff.
- Lizenzen **28**, 67
- Mängelhaftung **28**, 31 ff.
- Mobile Apps **28**, 2 ff.
- native App **28**, 4
- Nutzertracking **28**, 64 f.
- Technische Grundlagen von Apps und App Stores **28**, 6 ff.
- Vertragsverhältnisse beim Bezug von Apps **28**, 9 f., 12 ff.
- Vertrieb von Apps **28**, 20 ff.
- Web-App **28**, 4
- Wirtschaftliche Bedeutung von Smart Devices und Apps **28**, 5

APR s. Allgemeines Persönlichkeitsrecht
Äquivalenzklasse **1**, 306 ff.
Arbeitnehmer **24**, 5
- Arbeitnehmerbegriff (Urheberrecht) **5**, 91 ff.
- Arbeitnehmerdatenschutz s. Beschäftigtendatenschutz
- Arbeitnehmereigenschaft **37**, 35
- Arbeitnehmereinwilligung bzgl. Weitergabe von Daten s. unter Beschäftigtendatenschutz
- Arbeitnehmererfindungsrecht s. dort
- Arbeitnehmermitbestimmung (Schweiz) **23**, 155
- Arbeitnehmerüberlassung s. dort
- Leiharbeitnehmer s. dort

Arbeitnehmererfindungsrecht **5**, 90, 101; **37**, 224 ff.
- Besonderheiten im Streitfall **37**, 275 f.
- Diensterfindung und freie Erfindung **37**, 244 ff.
- Folgen der Inanspruchnahme der Diensterfindung **37**, 264 ff.
- Handlungspflichten bei Auftreten einer Erfindung eines Arbeitnehmers **37**, 255 ff.
- Pflicht zur Anmeldung eines Schutzrechts **37**, 265 f.
- Pflicht zur Zahlung einer angemessenen Vergütung **37**, 267 ff.
- Relevanz im IT-Sektor **37**, 224 ff.

Arbeitnehmerüberlassung **11**, 12, 245; **19**, 231; **37**, 42 ff., 114
- Abgrenzung zu ähnlichen Vertragsarten **37**, 57 ff.
- Arbeitnehmerüberlassung beim Business Process Outsourcing **37**, 42
- Arbeitnehmerüberlassungsvertrag **37**, 50
- Ausnahmen der Erlaubnispflicht **37**, 73 ff.
- Arbeitnehmerüberlassungsgesetz (AÜG) **37**, 34, 45 ff.
- Betriebsverfassungsrecht **37**, 108 ff.
- Erlaubnispflicht und Erlaubnisverfahren **37**, 77
- fehlende Erlaubnis **37**, 86 ff.
- Rechtsbeziehung zwischen Verleiher und Leiharbeitnehmer **37**, 102 ff.
- Rechtsfolgen eines Scheinwerkdienstvertrags **37**, 70 ff.
- Voraussetzungen der Arbeitnehmerüberlassung **37**, 50 ff.

Arbeitskampf **37**, 105
Arbeitskreis Sachverständigenwesen des Deutschen Industrie- und Handelskammertages **46**, 101
Arbeitsrecht **37**, 1 ff.
- Arbeitnehmererfindungsrecht s. dort
- Arbeitnehmerüberlassung bei Business Process Outsourcing s. dort
- Arbeitsrechtliche Aspekte in Konzernen s. unter Konzern
- Betriebsübergang 613a BGB bei IT-Outsourcing

magere Zahlen = Randnummern

Sachregister

- Freelancer und (Schein-) Selbständige im IT-Bereich s. unter Freelancer
- Kontrolle der betrieblichen E-Mail- und Internetnutzung s. dort
- Typische IT-bezogene AGB-Klauseln in Arbeitsverträgen s. unter Allgemeine Geschäftsbedingungen

Arbeitsspeicher 12, 138; 13, 125; 15, 6
- Laden in den Arbeitsspeicher 5, 145; 13, 125 f.; 43, 271

Arbeitsvertrag 24, 73
Arbeitszeiterfassung 34, Anhang
Arbeitszeitgesetz 37, 316 ff.
Architektenwettbewerb-Entscheidung des BGH 42, 39, 148
Architekturbeschreibung bei IT-Projekten 18, 45
Archivierung/Archivsysteme 33, 11
Archivierungspflichten 13, 230; 30, 252; 33, 320 ff.
- Reichweite der Aufbewahrungspflichten 33, 321
- revisionssichere Aufbewahrung 33, 323

Arglist 10, 91 ff.; 13, 183; 28, 25
arglistiges Verschweigen 10, 99 ff.
ARP s. Address Resolution Protocol
Artikel-29-Datenschutzgruppe 13, 214; 33, 213, 278; 34, 70, 255, 566; 36, 14, 43, 81, 89
Arzneimittel-Werbung 25, 174 ff.
Arzneimittel, apothekenpflichtige 26, 187
as a Service-Geschäftsmodell 13, 40
ASP s. Application Service Providing
ASP-Entscheidung des BGH 12, 50, 153; 13, 12, 29, 44; 14, 30; 17, 23; 22, 27; 28, 15; 45, 35

Assembler 1, 13
- Code 1, 51
- Sprache 1, 12 f., 50 f.

Assets 19, 46, 156
- Asset-Deal 19, 45, 169; 34, 415
- Asset-Tracking 34, Anhang
- Asset Transfer Agreement (ATA) 19, 183 ff.
- Asset Rückführung 19, 156

Associate-Marketing s. Affiliate-Marketing
Asymmetric Digital Subscriber Line s. ADSL
asymmetrische Verschlüsselung 30, 53 ff.
Attribute 1, 43, 102, 107; 30, 161 ff.
- Grammatik 1, 43
- Vergabe 30, 161 ff.
- Zertifikate 30, 156 ff.

Audit 16, 131 ff.
- Auditrecht 12, 200 f.; 19, 74
- Audit-Klausel 13, 109; 16, 131 ff.; 20, 80

Auffangklausel 19, 12
Aufgabenerfindung 5, 102; 37, 250
Aufhebungsvereinbarung 24, 84
Aufhebungsverfahren 5, 457, 459
Aufhebungsvertrag 37, 97
Aufklärungspflichten 33, 151 ff.; 37, 104
Aufklärungspflichten, vorvertragliche 15, 14, 18
Aufrechnung
- Aufrechnung beim Outsourcing-Vertrag 19, 89
- Aufrechnungsverbot 16, 209 ff.

Aufsicht über die Rechtsanwälte in Fragen des Datenschutzrechts 30, 10
Aufspaltung
- Aufspaltung des Verbreitungsrechts 5, 162, 176
- Aufspaltung von Lizenzen 24, 192
- Aufspaltung von Volumenlizenzen 5, 178 ff., 192

Aufstellungsort 15, 78
Auftragsbestätigung 15, 23, 49
Auftragsdatenverarbeitung 13, 210 ff.; 11, 126 f.; 14, 114 ff., 117, 120; 19, 66, 144; 20, 37, 83; 22, 172 ff., 198; 28, 66; 30, 13; 33, 169, 354 f.; 34, 277 ff., 543 ff.; 35, 70 ff; 36, 116; 37, 283
- s. auch Remote-Zugriff
- Abgrenzung zur Funktionsübertragung 34, 277 ff.
- Anforderungen an die Auftragsdatenverarbeitung bei Wartung/Pflege 14, 125
- Auftragsdatenverarbeitung bei Löschung und Entsorgung 33, 355
- Drittlandbezug 22, 217 ff.
- EU-Standardvertragsklauseln 22, 218
- Fernwartung 13, 163; 30, 13
- Spezielle Anforderungen bei kommunalen Auftraggebern, Landesverwaltungen und anderen öffentlichen Stellen der Länder 14, 121
- Unterauftragsdatenverarbeitung 22, 226
- Vertrag 13, 212; 19, 270; 22, 19; 30, 13

Auftragsentwicklung 39, 155, 363 ff.
Auftragskontrolle (bei Datenverarbeitungssystemen) 33, 190
Auftragsvergabe s. unter Vergaberecht
Aufwendungsersatzanspruch 27, 27
Aufzeichnungspflicht 12, 207
Augenschein 45, 139, 147 ff.
Augenscheinobjekt 30, 182; 45, 147
Ausbildungskosten 37, 21 ff.
Ausdrucksweise (§ 69a UrhG) 10, 79
Auseinanderfallen der Vertragsparteien (Software-Vertrieb) 24, 144 ff.
Auseinanderfallen von Lizenz- und Pflegevertrag 24, 146 ff.
außergerichtliche Streitbeilegung 44, 1 ff.
Ausfall
- s. auch Betriebsstörungsschaden
- Ausfallschaden 11, 94
- Ausfallsicherheit 15, 109, 132
- Ausfallwahrscheinlichkeit 3, 18

Ausforschungsbeweis 39, 285
Ausführungsstandard, mittlerer 18, 25, 71, 74, 137
Ausgangssachverhalts-Beschreibung 43, 20
Ausgleichsansprüche s. unter Goodwill
Auskunft
- Auskunft nach § 34 BDSG 34, Anhang
- Auskunftsanspruch 5, 86, 285 ff.; 34, Anhang; 42, 116 ff.
- Auskunftsanspruch im Eilverfahren 5, 428 ff.

2527

Sachregister

Fette Zahlen = Paragrafen

- Auskunftsanspruch zu Gunsten Jedermann gegenüber der Bundesnetzagentur hinsichtlich des Namens und der ladungsfähigen Anschrift von Personen, denen eine Rufnummer aus der Rufnummerngasse 0190 zugeteilt wurde **31**, 153
- Auskunftsrecht **34**, Anhang; **36**, 218
- Auskunftsrecht im Hinblick auf die Identität von Nummernnutzern **31**, 70
- Auskunftsverlangen **39**, 188 ff.; 228
- Auskunftsverpflichtung von Providern hinsichtlich der bei ihnen gespeicherten Daten **43**, 312 ff.
- Auskunftserteilung über Bestandsdaten **36**, 36 ff.

Auskunftei 20, 51; **34**, Anhang
s. a. Datenübermittlung an Auskunfteien

Auslagerung der IT-Infrastruktur eines Unternehmens 18, 4

Ausländische Top-Level-Domain und Domainrecht 7, 158

Ausländischer Inserent-Entscheidung des BGH 5, 369, 456

Auslaufmodell 15, 53

Auslieferung der Software/Hardware 24, 38

Ausschluss der verschuldensunabhängigen Haftung 16, 248 f.

Ausschluss des UN-Kaufrechts 23, 51 f.
– *s. auch CISG*

Ausschluss von Auktionsplattform infolge negativer Bewertungen 25, 230

Ausschluss von Gewährleistungsansprüchen 16, 45 ff.; **17**, 117; **19**, 122
- Ausschluss von mietrechtlichen Gewährleistungsansprüchen bei Leasing **13**, 33; **15**, 90

Ausschlussklauseln in Arbeitsverträgen 37, 31 f.

Ausschreibungspflicht bei der Vergabe von IT-Leistungen *s. unter Vergaberecht*

Ausschreibungsverfahren 31, 62

Aussonderungsrechte 38, 45

Ausspähen von Daten 43, 85 ff.

Austausch 15, 33, 60, 76, 81, 105, 111, 127
- Austausch der Hardware **15**, 81
- Austausch der Mietsache **15**, 81
- Austauschbarkeit s. *Substituierbarkeit*

Ausstiegsszenarien bei IT-Projekten 18, 114, 138

Ausstrahlungswirkung 33, 29

Auswechslung des Streitgegenstandes 45, 177 ff.

Authentifizierungssysteme 33, 357 ff.
- dezentrale Identifizierungssysteme **33**, 33, 358, 363
- Funktionsweise und Abgrenzung zu Identifizierungssystemen **33**, 357 f.
- Nutzungsprofile **33**, 365 f.
- Zweckbindung und Datenübermittlung **33**, 39 ff.

Authentizität, eingeschränkte 30, 171

Auto-Complete-Funktion 34, Anhang; **36**, 187; **42**, 5, 174

Auto-Complete-Entscheidung des BGH 42, 175

Autodialer-Verfahren-Entscheidung des LG Osnabrück 43, 178

Auto-Reply 26, 74

Availability Zones (Cloud Computing) 22, 224

A/D-Wandlung 4, 13

Babel (Programmiersprache) 1, 69

Backbone 4, 12

Backend s. *Synthesephase*

Back-Sourcing 19, 152 ff.

Back-to-Back 22, 25
- Back-to-Back-Absicherung **24**, 131
- Back-to-Back-Test **1**, 267

Back-up 19, 210; **20**, 38 ff.; **22**, 147, 172, 188
–Back-up and Recovery **1**, 113
s. *Datensicherungsverfahren*
- Back-up-Kapazitäten **15**, 122
- Backuplizenz **12**, 179
- Backup System **12**, 160; **13**, 109; **15**, 109, 115
- Cold Backup **19**, 210

BAFA s. *Bundesamt für Wirtschaft und Ausfuhrkontrolle*

BaFin s. *Bundesanstalt für Finanzdienstleistungsaufsicht*

Bagatellbekanntmachung s. *De-Minimis-Bekanntmachung*

Bagatellgrenze 10, 86 ff.; **39**, 63, 66, 328

Bananabay-Entscheidung des BGH 4, 74; **25**, 48 ff.

Bananabay II-Entscheidung des BGH 25, 48, 63

Bananabay-Entscheidung des EuGH 25, 60

Bankauskunftsklausel 31, 208

Bankbürgschaften 11, 129; s. *auch unter Absicherung*

Bankgeheimnis 31, 208

Bannerwerbung 25, 33 ff.

Bärenfang-Entscheidung des BGH 5, 274

Barrierefreiheit 30, 137

Basel II 33, 12, 283 ff.

Basel III 19, 215; **33**, 283 ff.

Basic Input/Output System s. *BIOS*

Basler-Haarkosmetik-Entscheidung des BGH 42, 179

Batteriegesetz 24, 227 f.

Baukastensystem 19, 44; **21**, 71; **26**, 177

Beacons 3, 40 f.

Bearbeitung
- Bearbeitungsfrist **13**, 161
- Bearbeitungskette bei Open Source Software **9**, 17
- Bearbeitungsrecht **5**, 24, 147 ff.; **25**, 18
- Bearbeitungsrecht bei Open Source Software **9**, 17
- Bearbeitungsrecht bei Websites **25**, 18
- Bearbeitungsverbot bei Software **39**, 376
- Bearbeitungszeit bei Hardware-Wartung **15**, 110, 122, 132 f.

Bear-Share-Urteil des BGH 42, 138, 209

Beauftragtenhaftung 42, 189 ff.

Bedarfsmarkt
- Bedarfsmarktkonzept **31**, 19; **39**, 165, 427
- Bedarfsmarktprinzip **39**, 85

Bedeutung des Quellcodes
- Bedeutung des Quellcode für den Anwender 38, 73 ff.
- Bedeutung für den Hersteller 38, 82 f.

Bedienung
- Bedienungsanleitung 1, 121; 11, 89, 109; 15, 44 f.
- Bedienungsfehler, 2, 43, 63
- Bedienungshandbuch 1, 112; 15, 60

Bedingungsüberdeckungstest 1, 295

Beendigung
- Beendigung des Pflegevertrages 14, 99
- Beendigung des Subunternehmervertrags 11, 235 f.
- Beendigung des Vertriebsvertrages 24, 75 ff.

Befragung 39, 187, 195
Befreiungsanspruch 5, 402
Befristung des Händlervertrages 24, 85, 88 f.
Befugnisse der EU-Kommission 39, 185 ff.
Befundsicherungspflicht 14, 148
Begründetheit der Klage 45, 109 ff.
- Beweiserhebung 45, 131 ff.
- Substantiierung, ordnungsgemäße 45, 109 ff.

Beherrschungsvertrag 33, 71 ff.
Behinderung durch Registrierung, gezielte 7, 159 ff.
Beibringungsgrundsatz 45, 133
Beiladung 39, 116, 120 ff., 286
Beleidigungsdelikte 43, 80 ff.
Beistellung 11, 4; 22, 84
- Beistellung der Programmiervorgaben in die Sphäre des Auftraggebers 18, 66
- Beistellungsleistungen 15, 128; 18, 164

Benchmarking 19, 35
- Benchmarking-Klausel 19, 80

Benetton-Entscheidungen des BGH 24, 97

Benutzer
- Benutzerdaten 43, 303
- Benutzerdokumentation 13, 62; 18, 44 ff.
- Benutzerführung 1, 135 ff.
- Benutzerhandbuch 1, 112 f.; 15, 44
- Benutzeroberfläche 5, 76; 13, 127
- Benutzerschnittstelle 18, 84

Benutzungsaufnahme 7, 91 f.; 111 ff., 115, 122
Benutzungsmarke 7, 111 s. auch unter Markenrecht
Beratung 14, 25, 67, 85, 89
- s. auch Planung
- Beratung/Konzeption/Planung eines Systems 10, 48
- Beratungspflichten, vorvertragliche 15, 14 ff.
- Beratungsschreiben 39, 14, 203 f.
- Beratungsverschulden 15, 22, 96 f.
- Beratungsvertrag 15, 16, 98

Bereichshaftung 42, 53
Berechtigungsanfrage 5, 360
Berechtigungs-CA 30, 282
Berechtigungszertifikate 30, 270, 280 ff.
Bereicherungsrecht 5, 59
Bereicherungsausgleich 5, 353

Bereichsausnahmen
- Bereichsausnahmen gemäß § 312 g Abs. 2 BGB 26, 174 ff.
- Bereichsausnahmen in der Belehrung 26, 206

Berichterstatterprivileg 43, 45
Berichtspflichten 20, 37 f.
Berkeley Software Distribution Copyright License (BSD) s. BSD-Lizenz
Berlin-online.de-Entscheidung des KG Berlin 7, 100

Beruf
- berufsbezogene Werbung 30, 25
- Berufsfreiheit 11, 119
- Berufsgeheimnis 34, 114
- Berufsgeheimnisträger 19, 223; 22, 198, 202; 43, 392 ff., 398 ff.
- Berufssachverständiger 46, 97
- berufsspezifische Datenschutzregelungen für Rechtsanwälte 30, 1 ff. s. a. unter Berufsspezifische Regelungen
- Berufsvereinigung 39, 33, 103

Berufsausübungsfreiheit 34, 23

Berufsspezifische Regelungen
- Berufsspezifische Datenschutzregelungen für Rechtsanwälte 30, 1 ff.
- Geheimhaltungspflichten 30, 12 ff.
- Grundregeln der Anwaltschaft in der Informationsgesellschaft 30, 16 f.
- Spezifisches Werberecht für freie Berufe 30, 18 ff.
- Verhältnis zum Datenschutzrecht 30, 1 ff.

Berufungsverfahren 45, 169 ff.
- Ablauf des Berufungsverfahrens 45, 193 ff.
- Begründetheit der Berufung 45, 181 ff.
- Berufungsfrist/Berufungsbegründungsfrist 45, 172 f.
- Form und Inhalt der Berufungsbegründungsschrift 45, 174 ff.
- Statthaftigkeit der Berufung 45, 171
- Zulässigkeit der Berufung 45, 171 ff.
- Zurückweisung der Berufung im Beschlusswege 45, 196 f.

Berühmung-Entscheidung des BGH 5, 456
Berühmungsaufgabe-Entscheidung des BGH 5, 369, 371, 456

Beschaffenheit 18, 73
- Beschaffenheitsangabe 13, 149
- Beschaffenheitsgarantie 15, 24, 37
- Beschaffenheitsmerkmal 15, 51
- Beschaffenheitsvereinbarung 25, 207
- vereinbarte Beschaffenheit s. dort

Beschaffungsrisiko 15, 10
Beschaffungsvertrag s. Software-Beschaffung
Beschäftigtendatenschutz 28, 101; 33, 24 ff.; 34, 41 ff., 171 ff., Anhang
- s. auch Datenschutz
- Arbeitnehmereinwilligung 34, 233, 295 ff.; 37, 291
- Auftragsdatenverarbeitung 34, 277 ff.
- Background-Checks 34, 220 ff.
- besondere Arten von Beschäftigtendaten 34, 186 ff.

Sachregister

Fette Zahlen = Paragrafen

- Beteiligung des Betriebsrats **34**, 299 ff.
- Betriebsinhaberwechsel **34**, 211
- Betriebsvereinbarung **34**, 181, 299 f., 306
- Beschäftigtendaten **18**, 270
- Blutuntersuchungen **34**, 246 f.
- Data Loss Prevention (DLP) **33**, 163; **34**, 259 ff., Anhang
- Datendiebstahl **34**, 259
- Datenerhebung zur Begründung und Durchführung eines Beschäftigungsverhältnisses **34**, 192 ff.
- Datenübermittlung im Konzern **34**, 273 ff.
- Due Diligence **34**, 211
- Einwilligung von Arbeitnehmern s. *Arbeitnehmereinwilligung*
- E-Learning **34**, 244 ff., Anhang
- Erlaubnisvorschriften außerhalb des BDSG **34**, 175 ff.
- Fahrtenschreiber **34**, 263
- Firmenkreditkarte **34**, 243
- Flottenmanagement **34**, 263 ff.
- Funktionsübertragung s. *dort*
- Gesetzesentwurf vom 25. 8. 2010 **33**, 24 ff., 342.; **34**, 11, 179
- Gesundheitsdaten **22**, 182; **34**, 164, 197, 298, 393
- Gesundheitstests **34**, 246 ff.
- Grundsatz der Direkterhebung **34**, 203, 260
- gruppenbezogene Leistungsdaten **34**, 308
- Günstigkeitsprinzip **34**, 308
- Homeoffice **34**, 258
- Innenrevision **34**, 212 ff.
- interne Ermittlungen **34**, 205 ff.
- Jahresabschlussprüfungen **34**, 212
- Kontaktdaten **34**, 196, 390, 519
- Kontrollen von Beschäftigtendaten **34**, 205 ff.
- Konzerndatenschutz **34**, 172 ff.
- Konzernprivileg s. *dort*
- leistungsbezogene Daten **34**, 308
- Life-Style-Daten **34**, 200
- Matrix-Strukturen im Konzern **34**, 271 f.
- Mindestlohn **34**, 268 f.
- Normalfall des § 32 Abs. 1 S. 1 BDSG **34**, 183 ff.
- Ortungssysteme **34**, 263 ff.
- Performance-Kontrolle von Arbeitnehmern, konzernweite **34**, 308
- präventive Hintergrundüberprüfungen **34**, 220 ff.
- präventive Kontrollen **34**, 207 ff., 262
- Qualifikations- und Abrechnungsnachweise gegenüber Dritten **34**, 210 f.
- Rundumüberwachung **34**, 265
- Screening **33**, 24 f.; **34**, 212 ff., Anhang
- Sozialdaten **34**, 198
- soziale Netzwerke s. *dort*
- Stammdaten **34**, 197
- Stichprobenkontrollen **34**, 207 ff.
- Tachograph s. *Fahrtenschreiber*
- Tarifverträge **34**, 181
- Telearbeit **34**, 258; **37**, 295
- Telefon- und E-Mail-Daten **32**, 29; **34**, 256
- Telefon- und E-Mail-Verzeichnis **34**, 196
- Terrorlistenabgleich **34**, 220 ff., 234 f.
- Überwachung der Nutzung von Telekommunikationsdiensten am Arbeitsplatz **34**, 244 ff.
- Verbot automatisierter Einzelentscheidung **34**, 261
- verhaltensbezogene Daten **34**, 308
- Videoüberwachung s. *dort*
- Vorstrafen-Frage **34**, 202
- Wehr-/Ersatzdienst-Frage **34**, 198
- Whistleblowing s. *dort*
- Zwecke des Beschäftigungsverhältnisses **34**, 186

Beschäftigter s. *Arbeitnehmer*
Beschlagnahme **43**, 379
- Beschlagnahme beim Berufsgeheimnisträger **43**, 392
- Beschlagnahme von EDV-Anlagen **43**, 372 ff.

Beschränkte Ausschreibung-Entscheidung des BGH **39**, 88
Beschränkung von Gewährleistungsansprüchen **16**, 45 ff.
Beseitigung
- Beseitigungsansprüche **5**, 63, 324 ff.; **42**, 103 f.
- Beseitigungsrecht des Mieters **13**, 180
- Beseitigungszeit **11**, 102; **14**, 127, 132 ff.; **15**, 140

Besichtigungsanspruch **5**, 86
- Besichtigungsanspruch, vorbereitender **5**, 285 f.
- Besichtigungsanspruch im Eilverfahren **5**, 425

Besichtigungsinteresse **45**, 43
Besichtigungsrecht **20**, 64
Besitz und Besitzverschaffen pornographischer Darstellungen **43**, 72
Besitzverschaffung **13**, 18, 60
besondere Lizenzformen **12**, 125 ff.
- Begriffe **12**, 126 ff.
- Freeware s. *dort*
- Grenzbereich zum Mietrecht **12**, 151 ff.
- Open Source Software s. *dort*
- Public Domain Software s. *dort*
- Shareware s. *dort*

Besondere Vertragsbedingungen der öffentlichen Hand (BVB) **11**, 7; **14**, 4, 17; **15**, 58, 61; **41**, 1 ff.
- Ablösung durch die EVB-IT **41**, 3 ff.
- Aufbau **41**, 28
- Einbeziehung **41**, 9, 17 ff.
- Geltungsbereich **41**, 10 ff.
- Historie **41**, 1 f.
- Rechtscharakter **41**, 13 ff.

Best-Effort-Prinzip **3**, 77
Best Practice **33**, 303 ff.; **41**, 49 ff.
Bestandsdaten **22**, 171; **29**, 58 ff.; **31**, 193; **36**, 35, 36 ff., 46; **43**, 303, 369
Bestandsdatenauskunft **43**, 369 ff.
Bestandsschutz **39**, 311, 460
Bestätigungsanfrage **25**, 118
Bestätigungsmail **25**, 185
Bestellung **23**, 71

Sachregister

magere Zahlen = Randnummern

- Bestellbestätigung **26**, 73 ff., 122
- Bestellbutton s. *Button-Lösung*
- Bestellformular, vorformuliertes **16**, 7
- Bestellmöglichkeiten **39**, 401
- Bestellübersicht **26**, 62, 96
- Bestellvorgangseinleitung **26**, 90 f.

Bestimmtheitsgebot 33, 116; **43**, 3

Bestimmung des gewöhnlichen Gebrauchs 46, 40 ff., 65

Bestpreisklauseln 39, 417, 427
- HRS-Entscheidung des OLG Düsseldorf **39**, 427

Beta Layout-Entscheidung des BGH 7, 73; **25**, 48, 53

Beta-Test s. *Feldtest*

Betreiberauswahl 31, 50

Betreibervorauswahl 31, 50

betriebliche Übung 37, 155

betrieblicher Datenschutzbeauftragter 34, 68, 312 ff., Anhang; **43**, 133
- Abberufung des betrieblichen Datenschutzbeauftragten **34**, 356 ff.
- Aufgaben des betrieblichen Datenschutzbeauftragten **34**, 338 ff.
- Bestellung des betrieblichen Datenschutzbeauftragten **34**, 320 ff.
- Benachteiligungsverbot **34**, 350
- Datenschutzrichtlinie 95/46/EG s. *dort*
- Doppelbestellung **34**, 361
- Europarechtliche Vorgaben und Entwicklungen **34**, 312 ff.
- externer Datenschutzbeauftragter **34**, 360 ff.
- Fachkunde des betrieblichen Datenschutzbeauftragten **34**, 328, 330 ff.
- Gewerbesteuerpflichtigkeit des externen Datenschutzbeauftragten **34**, 370
- gewerbliche Tätigkeit **17**, 14 ff.; **25**, 209 ff.; **34**, 365 ff.
- Grundsatz der Fremdkontrolle des betrieblichen Datenschutzes **34**, 312
- Hilfspersonal **34**, 353 f.
- Interessenkollision **34**, 349
- Kündigungsschutz des Datenschutzbeauftragten **34**, 355 ff.
- Mindestbestellzeitraum **34**, 318
- Pflichten bei der Bestellung eines Beauftragten für den Datenschutz **34**, 320 ff.
- persönliche Integrität des betrieblichen Datenschutzbeauftragten **34**, 335
- Rechte des betrieblichen Datenschutzbeauftragten **34**, 344 ff.
- Selbstkontrolle **34**, 312
- Unabhängigkeit des betrieblichen Datenschutzbeauftragten **34**, 344 ff.
- unmittelbare Unterstellung des betrieblichen Datenschutzbeauftragten unter die Geschäftsleitung **34**, 344 ff.
- Unterstützung durch die verantwortliche Stelle **34**, 352 ff.
- Verschwiegenheitspflicht des betrieblichen Datenschutzbeauftragten **34**, 364
- Weisungsfreiheit **34**, 344

- Weiterbildungsanspruch **34**, 362 f.
- Verfahrensverzeichnis **34**, 342
- Zeugnisverweigerungsrecht **34**, 329
- Zuverlässigkeit des betrieblichen Datenschutzbeauftragten **34**, 328, 330 ff., 335

Betriebsaufgabe 38, 113

Betriebsausfallschaden, mangelbedingter 10, 120, 141 ff.

Betriebsbereitschaft
- Betriebsbereitschaft der Hardware **15**, 13, 42, 60, 64, 105
- Wiederherstellung und Aufrechterhaltung der Betriebsbereitschaft **41**, 288, 338 ff.

Betriebsbuch 15, 129

Betriebsdokumentation 1, 112 f.

Betriebsgeheimnis 11, 120 ff.; **33**, 82; **34**, Anhang; **37**, 9, 237 ff., 311

Betriebskonzept 18, 278

Betriebsrat 34, Anhang; **37**, 169, 322 f.

Betriebsrisiko 37, 25

Betriebsstillegung 37, 151

Betriebsstörungsschaden 10, 141 ff., 148 ff.; **33**, 81; **41**, 67
- s. auch Betriebsausfallschaden, *Eingriff in den eingerichteten und ausgeübten Gewerbebetrieb*

Betriebssystem-Entscheidung des BGH 5, 36

Betriebssystem-Software 15, 23, 40, 60, 111

Betriebssystemunabhängigkeit 18, 99

Betriebsteil 37, 121
- Betriebsteilübergang **37**, 168

Betriebsübergang (§ 613 a BGB) bei Outsourcing 37, 111 ff.
- Betriebsverfassungsrechtliche Fragen **37**, 165
- Haftung **37**, 173 ff.
- Kündigungsschutz **37**, 174 f.
- Rechtsfolgen **37**, 152 ff.
- schleichender Betriebsübergang **37**, 148
- Unterrichtungspflicht und Widerspruchsrecht **37**, 157 ff.
- Voraussetzungen **37**, 125 ff.

Betriebsvereinbarung 18, 272; **37**, 166 ff., 206 ff., 324 ff.

Betriebszugehörigkeit 37, 154

Betrug
- Betrug im Internet **43**, 172 ff., 191 ff.
- Computerbetrug **43**, 172 ff.
- Klickbetrug **3**, 225

Bewegungsprofil 28, 83

Beweis 5, 276; **30**, 346 ff.
- Anscheinsbeweis **5**, 85; **25**, 204; **30**, 346 ff., 356
- Beweis des ersten Anscheins **31**, 159
- Beweisantrag **46**, 93
- Beweisantritt **45**, 143, 149 f.; **46**, 13
- Beweisaufnahme s. *Beweiserhebung*
- Beweisbarkeit elektronischer Signaturen **30**, 182 ff.
- Beweisbeschluss **45**, 114; **46**, 14
- Beweiserhebung s. *dort*
- Beweisfunktion **30**, 115 f.
- Beweiskraft einer IP-Adresse **43**, 259
- Beweislast s. *dort*

2531

Sachregister

Fette Zahlen = Paragrafen

- Beweismaterial, verbesserter Zugang zu **39**, 301
- Beweismittelverlust **44**, 65
- Beweisverfahren, selbstständiges *s. dort*
- Beweisverfahren bei grenzüberschreitenden Rechtsstreitigkeiten **45**, 286 f.
- Beweisverwertungsverbot **34**, 252, Anhang; **39**, 192, 259
- Beweiswert elektronischer Dokumente **30**, 187
- Beweiswirkung **30**, 203

Beweiserhebung **44**, 108; **45**, 131 ff.; **46**, 73 ff.
- Allgemeines **45**, 132 ff.
- Beweiserhebung durch Sachverständigen **45**, 152 ff.
- Beweiserhebung durch Urkunden **45**, 139 ff.
- Beweiserhebungsverbot **39**, 259
- Beweislast *s. dort*
- Verwertung der Ergebnisse **45**, 166 ff.

Beweislast **13**, 175; **24**, 188; **15**, 63, 94; **17**, 19, 73; **22**, 121; **25**, 69, 102, 116, 131; **31**, 158, 160; **42**, 137 ff.; **44**, 44, 141; **45**, 131
- Beweislastumkehr **17**, 31 ff., 64, 70; **30**, 197; **33**, 42

Beweisverfahren, selbstständiges **44**, 60 ff.; **45**, 103, 286 f.; **46**, 24
- Beendigung **44**, 97 ff.
- Beweiserhebung **44**, 90 ff.
- Kosten **44**, 110 ff.
- Verwertung **44**, 108 f.
- Zulässigkeit **44**, 64 ff.
- Zuständigkeit **44**, 73 ff.

Bewertung **25**, 218 ff.; **34**, Anhang
- Bewertung von Einzelpersonen in Internetportalen **36**, 204 ff.
- Bewertungsportal **28**, 53; **34**, Anhang; **39**, 424 f., 430
- Bewertungssystem im Internet **25**, 218 ff.; **39**, 429 f.

Bezug
- Bezugssperre **39**, 101, 237
- Bezugsverpflichtung **39**, 381

Bezugnahmeklauseln **37**, 17
BGB-Gesellschaft **17**, 11 f.
Bibelreproduktion-Entscheidung des BGH **5**, 167
Bibliotheken *s. Programm-Bibliotheken*
Bibliotheken aus dem OSS-Gesamtbetriebssystem GNU/LINUX **9**, 21
Bietagenten-Software **25**, 189
Bieterverfahren **19**, 21
Big Bang *s. nicht-inkrementelle Integrationsstrategie*
Big Data **6**, 25 f.; **33**, 367 ff.; **34**, 7
- Big Data Anwendungen **39**, 8, 308
Bilanzrechtsmodernisierungsgesetz (BilMoG) **33**, 46, 51, 90
Bildschirmoberfläche **13**, 128
Bildung der Sachverständigenüberzeugung **46**, 105
BilMoG *s. Bilanzrechtsmodernisierungsgesetz*
Binärdaten **38**, 71
Binärcode **1**, 12
Bindelader *s. Linker*
Binder *s. Linker*
Binding Corporate Rules (BCR) **19**, 270; **35**, 51 ff., 82
- *s. auch Ethical Code, Verhaltenskodex, Whistleblowing*
Binding Corporate Rules für Auftragsdatenverarbeiter (Processor BCR) *s. unter Processor Binding Corporate Rules*
Binnenmarktklausel **23**, 80
Biometrie
- biometrische Merkmale **30**, 171, 174
- biometrische Verfahren **34**, Anhang
BIOS (Basic Input/Output System) **24**, 194
Bitcoins **27**, 1, 88 ff.
- Aufsichtsrechtliche Besonderheiten **27**, 99 ff.
- Bitcoin-Börsen **27**, 96
- Generieren **27**, 91
- Übersenden **27**, 93
Bittenbinder-Entscheidung des BGH **42**, 197
Bit pro Sekunde (Bit/s) **21**, 17
BITKOM **22**, 68 ff., 149, 157
Bitstream Access (BSA) *s. Bitstromzugang*
Bitstromzugang **4**, 35
Black Box **1**, 220 ff., **38**, 71
- Blackbox-Prinzip **1**, 196
- Blackbox-Test **1**, 249 ff., 285, 287, 300 ff., 334 ff.; **18**, 218
Blockheizkraftwerk-Entscheidung des BGH **15**, 27
Blogs **5**, 30, 32; **28**, 73; **34**, Anhang; **36**, 207 ff.
Blogeintrag-Entscheidung des BGH **42**, 163
Bluetooth **21**, 17
BNetzA *s. Bundesnetzagentur*
Bodyscanner **34**, Anhang
Body–Shopping-Modell **19**, 262
Bonitätsprüfung *s. unter Kundendatenschutz*
Bonuspunkte
Bonus/Malus-Regelung **19**, 187
Bookmarking-Funktion **36**, 218
Boolsche Werte **1**, 317
Bösgläubigkeit
- Domainanmeldung/-registrierung **8**, 72
Bots **3**, 220; **5**, 189; **29**, 42 *s. a. Robots*
Botnetze **3**, 220 ff.
Boykottverbot **39**, 101 f.
Bottom-up-Verträge **40**, 110
BPO *s. Business Process Outsourcing*
Braille-Schrift **30**, 137
Branchen
- Branchennähe **7**, 72
Branding **28**, 78
Breitband
- Breitband-Point of Presence (PoP) **21**, 17
- Breitbandanschluss **4**, 10
- breitbandige Verbindung **4**, 10
- Breitbandzugang **21**, 14
- schmalbandige Verbindung **4**, 10
Brennersoftware **5**, 250
Bring or Pay-Klausel **22**, 95
Bring your own Device (BYOD) **34**, 258; **37**, 277 ff.
- Arbeitszeitgesetz **37**, 316 ff.

Sachregister

- Asset-Management 37, 397
- Aufbewahrungs- und Meldepflichten 37, 14
- Betriebsvereinbarung zu BYOD 37, 324 ff.
- Containerlösung 37, 289, 299
- datenschutzrechtliche Beurteilung 37, 282 ff.
- DLP-Lösungen 37, 301
- Eigentum am Gerät 37, 307
- Erscheinungsformen und Schnittmengen 37, 277 ff.
- Haftung des Arbeitnehmers 37, 310 ff.
- Kosten und Einsparungen 37, 321
- Lizenz- und urheberrechtliche Risiken und Sorgfaltspflichtverletzungen der Organe 37, 308 f.
- Mobile Application Management s. dort
- Mobile Device Management s. dort
- Regelungen im Arbeitsvertrag 37, 321
- Sandboxlösungen 37, 289, 299
- Stellungnahme der Datenschutzbehörden 37, 302 ff.
- technische und organisatorische Sicherheitsmaßnahmen 37, 293 ff.
- Terminallösung 37, 312
- Thin Client 37, 312
- Unterrichtungs- und Beteiligungsrechte des Betriebsrats 37, 322 f.
- Verantwortliche Stelle 37, 282 ff.
- Verantwortlichkeit für die Daten 37, 307
- Zugriff durch Familienangehörige 37, 311
- Zulässigkeit von Kontrollmaßnahmen 37, 288 ff.

Bring-Service 15, 106
Bringschuld 17, 55
Bronner-Entscheidung des EuGH 39, 311, 325
Browser s. *Webbrowser*
Browser-Fingerprint 28, 47
Browser-Spiel 29, 1, 29
Browsereinstellungen 35, 14
Browsing 5, 13
Bruce Springsteen and his Band-Entscheidung des BGH 5, 282
Brüssel I-VO s. *EuGVVO*
Brute Force
BSD-Lizenz 9, 19, 23, 28, 50
BSI-Gesetz 33, 9, 233, 236
BSI s. *Bundesamt für Sicherheit in der Informationstechnologie*
Buchhaltungsprogramm-Entscheidung des BGH 5, 41
Buchpreisbindung 25, 213; 39, 104
buch.de-Entscheidung des OLG Frankfurt 39, 104
Bug s. *Fehler*
Bug Fix s. *Patch*
Buggy 1, 72
Build-to-Order 26, 60, 177
Built-to-order-Rechtsprechung des BGH 26, 184
Bündeltheorie 39, 64
Bundesagentur für Arbeit 37, 80
Bundesamt für Sicherheit in der Informationstechnologie (BSI) 22, 67, 158; 30, 291; 31, 141; 34, 578; 46, 59
- BSI-Gesetz 33, 9, 233, 236

Bundesamt für Wirtschaft und Ausfuhrkontrolle (BAFA) 13, 91
Bundesanstalt für Finanzdienstleistungsaufsicht (BaFin) 19, 215, 218 f., 236, 281; 33, 334
Bundesbeauftragter für den Datenschutz und die Informationsfreiheit (BfDI) 34, 348
Bundesdatenschutzgesetz (Historie) 34, 29 ff.
Bundesdatenschutzgesetz (Überblick)
- s. auch Datenschutz
- Anwendungsbereich 34, 116 f.
- Aufbau 34, 120 f.
- Geltung bei Auslandsbezug 34, 118 f.
- Grundbegriffe 34, 122 ff.
- Grundprinzipien 34, 139 ff.
- Systematik 34, 108 ff.
- Verhältnis zu anderen Datenschutzvorschriften 34, 108 ff.

Bundesfinanzhof 30, 211, 217 ff.
Bundeskartellamt 39, 21, 105, 107, 114 ff., 120, 224 ff., 258, 278, 284 ff., 290, 449, 454
Bundesligakarten.de-Entscheidung des BGH 25, 4
Bundesnetzagentur (BNetzA) 30, 109; 31, 11
Bundestrojaner 43, 384
- s. auch Online-Durchsuchung, Trojaner
Bundesverwaltungsamt (BVA) 30, 281
Bundeszentralregisterauszug 43, 8
Bundling 24, 2, 18 ff., 220
- OEM-Vertrieb s. dort
- Vertrieb von vollständig hinzuerworbener Hardware 24, 19
Burn Down Chart 11, 148
Bus-Topologie 3, 29 ff.
Business Judgement Rule 33, 91
Business Process as a Service (BPaaS) 22, 6
Business Process Outsourcing (BPO) 19, 5; 20, 2, 26, 83; 34, 294
- Arbeitnehmerüberlassung s. dort
Business Software Alliance (BSA)
Bußgeld 37, 101; 39, 19, 131, 176, 198, 218, 220 ff., 237 ff., 239 ff., 260, 263, 267, 279 f., 397, 452
- Bußgeldverfahren 39, 210, 220, 239 ff., 275
Button-Lösung 22, 18; 25, 134, 197; 26, 94 ff., 101; 28, 42; 29, 43
Buy Out-Lizenz 29, 24
BVB s. *Besondere Vertragsbedingungen der öffentlichen Hand*
BVB-Überlassung I/II-Entscheidungen des BGH 41, 14
BYOD s. *Bring your own Device*
Bytecode 1, 4, 18, 34
B2B 23, 47; 26, 31; 39, 349, 354, 418, 422
- B2B-Gerät
- B2B-Marktplatz 39, 418 f.
B2C 17, 40, 113; 23, 47; 26, 34; 39, 422
- B2C-Gerät

Caching 5, 13; 42, 80; 43, 324
Canvas Fingerprinting 36, 56, 121 ff.
- Anwendbarkeit der Cookie-RL 36, 3

Sachregister

Fette Zahlen = Paragrafen

- Anwendbarkeit des TMG **36**, 124 ff.
- Funktionsweise **36**, 122 ff.

Call-Center **19**, 37, 46, 55, 201; **20**, 15, 44 f., 71 ff.;, **30**, 14; **34**, 537 ff., Anhang
- s. auch Helpdesk, Hotline
- Datenschutz **34**, 536 ff.
- Outsourcing des Call Centers **34**, 543 ff.
- Umfang der Datenerhebung **34**, 550 f.

Call-by-Call **31**, 50, 92, 95, 98, 101, 111, 125 ff., 170, 173
- Call-by-Call–Abrechnung **34**, 290

Capability Maturity Model (CMM) **19**, 263; **33**, 162

Carbotermo-Entscheidung de EuGH **40**, 107

Caroline-Entscheidungen des BVerfG und des EGMR **34**, Anhang

Carve-Out **38**, 18

Cascading Style Sheets (CSS) **20**, 43

Catch All-Klauseln **22**, 109

Caterina Valente-Entscheidung des BGH **7**, 126

CAT-5/-6 (Kabelkategorien) **21**, 17

CCITT s. *Comitée Consultatif International Téléfonique et Télégraphique*

CeBIT

Central Computing and Telecommunications Agency (CCTA) **33**, 315

Central Processing Unit s. CPU

CEPT s. *European Conference of Telecommunications and Postal Administrations*

Certificate Authority **30**, 282

champagner.de-Entscheidung des OLG München **4**, 114

Change Management **11**, 60 ff., 76, 215 ff.; **18**, 32, 151, 186 ff.; **19**, 107 ff.; **21**, 73 f.; **25**, 27 f.; **32**, 54
- Change Management und Outsourcing **19**, 107
- fehlendes Change Management **18**, 198

Change of Control-Klausel **13**, 220

Change Request **1**, 385; **11**, 5, 60 ff., 152 f., 215 ff.; **16**, 172 ff.; **18**, 151, 186 ff.; **19**, 35, 107 ff., 114 ff.; **46**, 80
- Change Request-Regel **16**, 172 ff.
- Informelle Change Requests **18**, 195 ff.

Change Requests und Change Management bei IT-Projekten **18**, 186 ff.
- Auswirkung von Änderungen auf Termine **18**, 201 ff.
- Gefahren- und Konfliktpotential bei Change Requests **18**, 195 ff.
- Grundelemente und Regelungspunkte **11**, 61 f.
- praktische Handhabung **11**, 74
- typische Änderungssituationen und Regelungsbedarf bei Change Requests **18**, 187 ff.
- Umfang **11**, 63 ff.
- ungeeignete Ausführungsart **18**, 209 ff.
- Vergütung von Mehraufwand **11**, 67 ff.; **18**, 204 ff.

Changes **18**, 186 ff.

Chaos Computer Club (CCC) **43**, 117

Chatroom **42**, 151

Check-In **1**, 78

Check-Out **1**, 78

Chinese Walls **39**, 420

Chipkarte **30**, 106 ff., 269 f.; **31**, 96 f.
- Chipkartenleser **30**, 109, 285
- Chipkarte im Gesundheitswesen **34**, Anhang

Circuit Switched Data (CSD) **4**, 9

CIS C-Architektur **1**, 16

CISG (UN-Kaufrecht) **10**, 12; **12**, 240 f.; **17**, 66; **23**, 27, 48 ff.

CITES s. *Convention on International Trade in Endangered Species of Wild Fauna and Flora*

Class Action **39**, 300, 432

Clayton Act **39**, 39

Click-Rates **20**, 79

Clearingstellen **4**, 7

Clearstream-Entscheidung der Europäischen Kommission **39**, 176

Clickwrap s. *auch Schutzhüllenvertrag*
- Clickwrap-Vertrag **17**, 86 ff.; **24**, 132 ff.; **28**, 18
- Clickwrap-Agreement **24**, 132 ff.; **39**, 332

Client-Server
- Client-Server-Lizenz **5**, 178; **12**, 99; **24**, 192
- Client-Server-Spiele **29**, 29
- Client-Server-System **1**, 77; **15**, 54

Client-Software **13**, 127 s. a. Steuerungssoftware

Closed Loop Ausnahme **27**, 79

Cloud Computing **12**, 87, 109, 162; **13**, 1, 39 f., 54, 213 ff.; **22**, 1 ff.; **23**, 37; **24**, 191; **28**, 66; **29**, 35; **32**, 1, 35; **33**, 248; **34**, 7, Anhang; **35**, 62, 85 ff.; **46**, 23
- s. auch Grid Computing, Smart Grid, Smart Metering
- Availability Zones **22**, 224
- Beistellungen **22**, 84
- Business Process as a Service (BPaaS) s. *dort*
- Chancen und Risiken **22**, 8
- Cloud Computing und Datenschutz s. *dort*
- Cloud-Verträge s. *dort*
- Code of Conduct for Cloud Service Providers **22**, 162, 213
- Durchsuchung der Cloud **43**, 402 ff.
- EuroCloud Star Audit **22**, 168
- Follow the sun-Prinzip **22**, 169, 172
- Funktionsweise und wirtschaftliche Bedeutung **22**, 5 ff.
- Hybrid Cloud **22**, 7, 55
- Infrastructure as a Service (IaaS) s. *dort*
- Orientierungshilfe Cloud Computing **22**, 163 ff.
- Plattform as a Service (PaaS) s. *dort*
- Private Cloud **12**, 87; **22**, 7, 10, 55
- Public Cloud **22**, 7, 55, 164, 225
- Safe and Fair Contract Terms and Conditions **22**, 66
- Software as a Service (SaaS) s. *dort*
- Strategiepapier „Unleashing the Potential of Cloud Computing in Europe" **22**, 160, 165, 201
- Systematisierung der Cloud-Angebote **22**, 6 f.
- Taxonomien **22**, 6

magere Zahlen = Randnummern

Sachregister

- Virtualisierung 22, 5
- Xaas 22, 6

Cloud-Verträge 22, 1 ff.
- Änderungsvorbehalte 22, 132 ff.
- Datenrückgabe und Datenlöschung 22, 144 ff.
- Datensicherheit und Standards 22, 149 ff.
- Einräumung von Nutzungsrechten 22, 123 ff.
- einseitiges Leistungsbestimmungsrecht 22, 240
- EU-Arbeitsgruppe Cloud Contract Terms 22, 64 ff.
- EU-Standardvertragsklauseln 22, 164
- Exitklauseln 22, 143
- Haftungsbegrenzung 22, 116 ff.
- internationales Privat- und Prozessrecht 22, 40 ff.
- Kernelemente 22, 4
- Leistungsbeschreibung 22, 79 ff.
- Leistungsänderungsklauseln 22, 127
- Pay as you go 22, 8, 30, 96
- Preisänderungsklauseln 22, 138 ff.
- Rahmenbedingungen der Vertragsgestaltung 22, 10 ff.
- Rechtswahlklausel 22, 72 ff.
- Regelbefolgung/Compliance 22, 89
- Regulatorische, Verbands- und sonstige Aktivitäten/Veröffentlichungen 22, 64 ff.
- Service Level Agreements und Verfügbarkeitszusagen 22, 97 ff.
- Standard Terms 22, 14
- Trusted Cloud 22, 68 ff.
- Vertragsschluss 22, 16 ff.
- Vertragsstrukturen und Anforderungen 22, 21 ff.
- Vertragstypologie 22, 26 ff.
- Unterschiede zu klassischen Überlassungsverträgen 22, 37 ff.
- urheberrechtliche Einordnung 22, 49 ff.
- Vergütungsvereinbarungen 22, 94 ff.
- Verschiebung von Leistungspflichten 22, 91
- Vertragsbeendigung 22, 143 ff.
- Zuweisung von Verantwortungsbereichen 22, 86 ff.

Cloud Computing und Datenschutz 22, 157 ff.
- Abgrenzung TMG, TKG und BDSG 22, 171
- AGB-Konformität der Datenschutzklauseln 22, 225 ff.
- Anwendbarkeit deutschen Datenschutzrechts 22, 170
- Auftragsdatenverarbeitung 22, 172 ff.
- Auslagerung im Finanzsektor 22, 189 ff.
- Auslagerung im Gesundheitssektor 22, 192 ff.
- Auslagerung im öffentlichen Sektor 22, 201 ff.
- Betroffenenrechte 22, 239
- Controller-to-Processor-Datentransfer 22, 217 ff.
- Datenherrschaft 22, 236 f.
- Datenschutzrechtliche Bewertung 22, 169 ff.
- Drittlandbezug 22, 217 ff., 238
- Einbeziehung 22, 17, 231
- Einwilligung in die Datenübermittlung 22, 182, 233
- Kontrollpflichten 22, 175 ff.
- Lösungsansätze 22, 212 ff.
- Offenlegung und Fixierung der Subunternehmer 22, 180
- Sonstige gesetzliche Restriktionen oder spezielle Anforderungen hinsichtlich Cloud 22, 183 ff.
- Transparenzgebot 22, 175 ff., 232
- Verschlüsselung 22, 216
- Zugriff durch ausländische Behörden 22, 223 ff.
- Zweckbindung 22, 235

Cluster-Lizenz 12, 101
COBIT s. Control Objectives for Information and Related Technology
COBOL s. Common Business Oriented Language
CODASYL s. Conference on Data Systems Language
Code
- Code and Unit-Test s. Komponententest
- Codegenerierung 1, 45

Cold Backup 19, 210
Cold Calls 31, 116
Collective Redress 39, 300
Comité Consultatif International Téléfonique et Télégraphique (CCITT) 31, 71
Commercial Information 35, 77
Commit s. Check-in
Committee of the Sponsoring Organizations of the Treatway Commission (COSO) 33, 268
Commodity 19, 33; 32, 1
Common Business Oriented Language
- COBOL Commitee 1, 93
Common Criteria for Information Technology Security Evaluation (CC) 33, 312 ff.
Common Intermediate Language 1, 4
Compilat 1, 52
Compiler 1, 4, 11, 34 ff., 81
- Arten 1, 46 ff.
- Compreter s. dort
- Cross-Compiler s. dort
- Einschränkungen 1, 54 f.
- Funktionsweise 1, 52 f.
- JIT-Compiler s. dort
- Multi-Pass-Compiler s. dort
- Phasen eines Compilers 1, 40 ff.
- native Compiler s. dort
- Single-pass-Compiler s. dort
- Sonderarten 1, 49
- Transcompiler s. dort

Compiler/Interpreter-Entscheidung des BGH 12, 47 f.
Completion Bonds 29, 28
Complex Event Processing (CEP) 33, 376
Compliance 33, 1 ff.
- s. auch Haftung, Screening, Whistleblowing
- Aktienrechtliche Pflichten des Vorstands einer Aktiengesellschaft gegenüber Untergesellschaften 33, 101
- Anforderungen an betriebliche Emails 33, 317 ff.
- Archivierungs- und Aufbewahrungspflichten 33, 320 ff.

2535

Sachregister

Fette Zahlen = Paragrafen

- Beispiele ausländischer und internationaler Anforderungen 33, 257 ff.
- Compliance Officer 33, 136 ff.; 34, 215
- Compliance-Management-System (CMS) 33, 29 ff., 43
- Compliance-Maßnahmen 34, 214
- Compliance-Pflicht 22, 29 ff.
- Delegation von Compliance-Pflichten, Compliance-Verpflichtungserklärungen 33, 142 ff.
- Deutscher Coporate Governance Kodex (DCGK) s. dort
- gesetzliche Compliance-Tatbestände 33, 101 ff.
- kartellrechtliche Compliance 39, 245 ff., 260 ff.
- OECD-Grundsätze zur Corporate Governance 33, 119 ff.
- Pflichten des Konzern-Vorstands 33, 101 ff.
- Schulung 39, 245 ff., 259 f., 276

Comply or Explain-Modell 33, 51, 127
Compreter 1, 49
Compuserve-Entscheidung des AG München 42, 70; 43, 318
Computer
- Computerbetrug 43, 172 ff.
- Computererklärung 26, 9 ff., 26 ff.
- Computerfax 30, 227
- Computergrafik 25, 13
- Computerprogramm s. Software
- Computerrecht (Begriff) 10, 1
- Computersabotage 43, 233 ff.
- Computerspiele s. unter Gaming
- Computerstrafrecht 43, 1 ff.
- Computervirus 3, 216 ff.
- Computerwurm 3, 213 ff.

Computerimplementierte Erfindung 37, 224, 235
Concert concept-Entscheidung des KG Berlin 8, 90
Concurrent User 12, 82; 13, 104
Conference on Data Systems Language 1, 93
Confluence 28, 101
Constanze II-Entscheidung des BGH 5, 325; 42, 30
Consten & Grundig-Entscheidung des EuGH 39, 128 f.
Containerlösung s. unter Bring your own Device
Containersignatur 30, 211
Content 42, 5
Content Management System 5, 14; 21, 3, 12, 46, 59; 25, 6
Content-Display-Vertrag 21, 59
Content-Link-Vertrag 21, 59
Content-Provider 21, 56 ff.; 36, 32; 39, 449; 42, 67 f., 199; 43, 321
Contingency-Plan 38, 17 f.
Contracting-Modell 19, 261
Control Objectives for Information and Related Technology (COBIT) 33, 162, 268
Convention on Contracts for the International Sale of Goods s. CISG (UN-Kaufrecht)
Convention on International Trade in Endangered Species of Wild Fauna and Flora (CITES) 30, 256

Cookies 3, 140 ff.; 29, 56; 33, 357; 34, Anhang; 35, 14; 36, 9 f., 49 ff., 89 ff.
- Drittanbieter-Cookies 36, 96
- Einwilligung 36, 10, 89 ff.
- HTTP-Cookies 36, 95
- Session-Cookies 36, 10
- Super-Cookies/Evercookies 36, 56

Copy-Left s. Copyleft-Prinzip
Copy-Left-Prinzip 9, 12 ff., 20, 30, 46 ff.; 46, 94
Copy-Left-Klausel 9, 12, 20, 46 ff.
Copyright-Hinweis 5, 11, 280; 8, 13; 9, 17; 36, 218
CORBA-Architektur 18, 83
Cores 13, 104
Corporate Designs 21, 72
COSO s. Committee of the Sponsoring Organizations of the Treatway Commission
Country -Code Top-Level-Domain (ccTLD) 3, 93, 96, 8, 81
CPU (Central Processing Unit/Hauptprozessor) 13, 104
- CPU-Auslastung 18, 113
- CPU-Klausel 12, 93 f.; 13, 120 ff.; 24, 210; 39, 327, 368, 373
- CPU-Klausel-Entscheidung des BGH s. dort
- CPU-Lizenz 12, 93 ff.

CPU-Klausel-Entscheidung des BGH 5, 215; 13, 121
Cracken 43, 88
Create, Read, Update and Delete s. CRUD-Matrix
Creative Commons License 9, 8, 63; 28, 96
Cross Border-Outsourcing s. Offshoring
Cross-Compiler 1, 47
CRUD-Matrix 1, 323 ff.
Crystal (agiles Programmieren) 11, 142
culpa in contrahendo (c.i.c.) 10, 141; 15, 15; 18, 106; 22, 37; 23, 4; 40, 489; 41, 67
Curry (Programmiersprache) 1, 69
Customer Care (bei Webshop-Outsourcing) 20, 9, 19, 30, 36, 71, 82
Customer Relationship Management (CRM) s. unter Kundendatenschutz
Customer Satisfaction Index (CSI) 19, 206
Customizing 1, 56 ff.; 10, 55; 11, 164 ff.; 12, 197; 14, 40; 18, 111, 117 f., 133, 306; 24, 154 ff.; 41, 60, 211, 222, 297 f., 315
- Arten von Customizing 1, 57
- Gründe für Customizing 1, 58
- Umfang 1, 59
- Vertragstyp 11, 166 ff.

Cyber Crime Convention (CCC) 43, 20, 110, 287 ff.
Cyber-Abwehrzentrum 33, 235
Cybercash s. Elektronisches Geld
Cybercoins s. Elektronisches Geld
Cyber-Grooming 43, 48
Cybersquatting 8, 135
C2 C-Geschäft 17, 37
C++-Standardbibliothek s. unter Programmbibliothek

magere Zahlen = Randnummern

Sachregister

Dachdeckerbetrieb-Entscheidung des BGH **12**, 52
Dark Fiber **32**, 14, 37
Darlegungslast **13**, 175; **15**, 94; **17**, 73; **24**, 188; 25, 223; **31**, 158, 160; **42**, 137 ff.; **44**, 44
Data Base Task Group (DBTG) **1**, 93
Data Breach Notification **34**, 66, 164 ff.; **36**, 9
Data Encryption Standard (DES) **30**, 50
Database Management System (DMS) **1**, 97
Data Description Language **1**, 93
Data Loss Prevention (DLP) **33**, 163; **34**, 4, 259 ff., Anhang; **37**, 301
– s. auch unter Beschäftigtendatenschutz
Data Manipulation Language **1**, 93
Data Mining **34**, 413, 439, 442, Anhang
Data Warehouse **34**, 413, 439, 442, Anhang
Dateibegriff (datenschutzrechtlich) s. unter Datenschutz
Dateinamen **46**, 28
Daten **6**, 2 ff.
– Definition **6**, 2
– Beschäftigtendaten **18**, 270 s. a. unter Beschäftigtendatenschutz
– Dateninkonsistenz **11**, 87
– Datenintegrität **46**, 54
– Rechte an Daten (bei Webshop-Outsourcing) **20**, 39
Datenbank **5**, 8, 73
– s. auch Datenbankmodell, Datenbankunabhängigkeit
– Datenbank–Richtlinie **6**, 12 ff., 51
– Datenbankschutz **34**, 97, 450 ff., Anhang
– Datenbanksoftware **6**, 15 s. allgemein Software
– Datenbankwerk **5**, 73; **6**, 14
– Datenbank-Pflege **14**, 9
– Rechtsschutz von Datenbanken s. dort
– Rechte an Datenbanken (Outsourcing) **19**, 101
Datenbankmodelle **1**, 85 ff.
– CODASYL-Datenbankmodell **1**, 93
– DTBG-Datenbankmodell s. CODASYL-Datenbankmodell
– hierarchisches Datenbankmodell **1**, 87 ff.
– Eigenschaften **1**, 85
– Netzwerkdatenbankmodell **1**, 93 ff.
– objektorientiertes Datenbankmodell **1**, 107 ff.
– relationales Datenbankmodell **1**, 93, 98 ff.
Datenbankunabhängigkeit **18**, 99
Datendiebstahl **34**, 259
Datendienste **31**, 2, 98, 103 ff., 113, 152, 158
– Verträge über Datendienste **31**, 98
Datendurchsatz **21**, 18 f., 26, 28 f.
Datenflussanalyse **1**, 282
datenflussorientierte Testverfahren **1**, 298 ff.
Datenlöschung **22**, 144 ff.; **36**, 218
Datenmigration
– s. auch Datenübernahme, Migration
– Abnahme **2**, 52 ff.
Datenhehlerei **33**, 6; **43**, 93
Datennetzverträge **32**, 5 ff.
Datenrückgabe **22**, 144 ff.
Datenschutz **10**, 5; **11**, 114 ff.; **12**, 231 ff.; 13, 210 ff.; **14**, 110 ff.; **19**, 143, 270; **20**, 81 ff.;
22, 157 ff.; **23**, 81; **28**, 45 ff., 81 ff.; **29**, 56 ff.; **32**, 57; **33**, 172 ff.; **34**, 1 ff.; **36**, 1 ff.; **41**, 110 ff.
– s. auch Beschäftigtendatenschutz, Kundendatenschutz
– Abgrenzung Datenschutz und Datensicherheit **34**, 138
– Abmahnung von Datenschutzverstößen **34**, 105
– Adressat datenschutzrechtlicher Pflichten **34**, 135 ff.
– Anforderungen an die Ausgestaltung von Websites s. unter Datenschutz der Telemedien
– Anforderungen an Testverfahren **18**, 243 ff.
– Anti-Terror-Datei s. dort
– automatisierte Einzelentscheidung **34**, 147 f.
– automatisiertes Abrufverfahren **34**, 149, 453
– behördliche Datenschutzaufsicht **34**, 161 ff.
– bereichsspezifischer Datenschutz **34**, 111; **35**, 11 ff.
– bereichsspezifischer Datenschutz bei Apps **28**, 60 ff.
– bereichsspezifischer Datenschutz bei Social Media **28**, 88 f.
– Beschäftigtendatenschutz s. dort
– betrieblicher Datenschutzbeauftragter s. dort
– Betroffenenrechte **22**, 239
– Bundesdatenschutzgesetz (Historie) s. dort
– Bundesdatenschutzgesetz (Überblick) s. dort
– Bußgeld **34**, 69, 161
– Cloud Computing **22**, 157 ff.
– Data Breach Notification s. dort
– Dateibegriff (datenschutzrechtlich) **34**, 133
– Datengeheimis **34**, 18 ff., 137
– Datenherrschaft **20**, 81; **22**, 236 f.
– Datenportabilität **34**, 61
– Datenschutz bei Computer-/Online-Spielen **29**, 56 ff.
– Datenschutz bei Social Media **28**, 81 ff.
– Datenschutz im Call Center **34**, 536 ff.
– Datenschutz im TKG 2004 **31**, 189 ff.
– Datenschutz in der Anwaltskanzlei **33**, 13
– Datenschutz in Online-Spielen s. Online-Spiele
– Datenschutz der Telemedien s. dort
– Datenschutz und Datensicherheit bei Apps **28**, 45 ff.
– Datenschutz und Datensicherheit im Outsourcing-Projekt **19**, 143 ff.
– Datenschutz und Marketing **34**, 503 ff.
– Datenschutzbeauftragter s. dort
– Datenschutzbeauftragter in Rechtsanwaltskanzleien **30**, 8
– Datenschutzerklärung s. dort
– Datenschutzgrundverordnung s. dort
– Datenschutzklauseln **16**, 135, 140; **31**, 188, 207 ff.; **37**, 8
– Datenschutzkontrollbeauftragter der Rechtsanwaltskammern **30**, 11
– Datenschutzniveau, angemessenes **13**, 215; 35, 37 ff., 59
– Datenschutzrecht (Schweiz) **23**, 118 ff.
– Datenschutzrecht und Telekommunikationsrecht **31**, 187 ff.

2537

Sachregister

Fette Zahlen = Paragrafen

- Datenschutzrichtlinie 95/46/EG **35**, 1 ff.
- Datenschutzrichtlinie für elektronische Kommunikation **25**, 82, 138; **35**, 11
- Datenschutzunterrichtung s. *Datenschutzerklärung*
- Drittlandbezug **22**, 238
- Einwilligung, datenschutzrechtliche s. dort
- Entwicklung der Datenschutzgesetzgebung **34**, 29 ff.
- Erforderlichkeitsprinzip **18**, 261 ff.; **34**, 27
- Erlaubnistatbestände im BDSG **28**, 49 ff.
- Europäisches Datenschutzrecht **34**, 36 f.
- Fluggastdaten **34**, 563 ff.
- Geldentschädigung **34**, 153
- Grid Computing s. dort
- Grundsatz der Direkterhebung **34**, 203, 260
- Grundsatz der Fremdkontrolle des betrieblichen Datenschutzes **34**, 312
- Gütesiegel **34**, 530
- Harmonisierung innerhalb der EU **35**, 1 ff.
- Informationsfreiheitsgesetz (IFG) s. dort
- Klauseln im Telekommunikationsrecht **31**, 207
- Konzerndatenschutz **34**, 271 ff.
- Kopplungsverbot **36**, 150 ff.
- Kundendatenschutz s. dort
- Mautdaten **34**, 554 ff.
- nicht automatisierte Dateien **34**, 133 f.
- Persönlichkeitsrecht **34**, 15 ff.
- Prinzip der Datenvermeidung und Datensparsamkeit **34**, 27, 141, 589
- Post Privacy **34**, 5
- Privacy by Design s. dort
- Querverbindungen zu anderen Rechtsgebieten **34**, 79 ff.
- Schadensersatz **34**, 153
- Selbstregulierung **34**, 38, 101, 141
- Smart Metering s. dort
- Smart Cars s. dort
- Sozialdatenschutz **22**, 193 ff.
- Systemdatenschutz **33**, 219; **34**, 62, 141
- Telekommunikations-Überwachungsverordnung (TKÜV) **34**, 560 f.
- Test mit Echtdaten bei Systemeinführungen **34**, 586 ff.
- Trennungsgebot **14**, 9; **34**, 421 ff.; **37**, 294
- User Generated Content s. dort
- Verantwortliche Stelle s. dort
- Verarbeitungsbeschränkungen, erweiterte **34**, 146
- Verbot automatisierter Einzelentscheidung **34**, 261
- Verbotsprinzip **34**, 11, 139, 192, 421 ff.
- verfassungsrechtliche Grundlagen **34**, 15 ff.
- Verhältnismäßigkeit **34**, 27, **35**, 10; **37**, 290
- Vorabkontrolle **14**, 125; **34**, 265
- Vorratsdatenspeicherung **31**, 198; **34**, 557 ff.; **43**, 294, 297, 306 ff.
- Zweckbestimmung **35**, 10
- Zweckbindung **14**, 9; **22**, 235; **33**, 216, 359 ff.; **34**, 139, 421 ff.; **35**, 10; **36**, 35, 41 ff.; **37**, 204

Datenschutz der Telemedien 36 , 1 ff.
- s. auch *Webshop-Outsourcing*

- Anforderungen an die Ausgestaltung von Websites **36**, 41 ff., 218
- Datenschutz bei Online-Spielen s. *Online-Spiele*
- datenschutzkonforme Sicherungspflichten von WLAN-Betreibern **36**, 167 ff.
- Datenschutzunterrichtung des Providers **36**, 125 ff.
- einwilligungsbedürftige Datenerhebung **36**, 48 ff.
- Erhebung personenbezogener Daten von Internetnutzern **36**, 41 ff.
- gesetzliche Erlaubnistatbestände für die Datenerhebung **36**, 41 ff.
- Recht der Telemedien (Begriff) **10**, 1, 3
- Tracking und Profilbildung s. dort
- Telemediendienste **18**, 259; **28**, 76; **42**, 61 ff.
- User Generated Content s. dort
- Verhältnis von Teledienst, Mediendienst und Telemedien **36**, 21 ff.

Datenschutzbeauftragter 30, 8; **33**, 136 ff.; **34**, 312 ff.; **43**, 133
- betrieblicher Datenschutzbeauftragter s. dort
- Bundesbeauftragter für den Datenschutz und die Informationsfreiheit (BfDI) s. dort
- externer Datenschutzbeauftragter s. unter *betrieblicher Datenschutzbeauftragter*
- Landesbeauftragte für Datenschutz und Informationsfreiheit **34**, 237, 253

Datenschutzerklärung 28, 58, 81; **36**, 125 ff., 218
- AGB-Kontrolle **36**, 136 ff.
- Inhalt und Gestaltung **36**, 128
- Umfang und Detaillierungsgrad **36**, 127 ff.
- Unterrichtungsverpflichtung **36**, 125 f.
- Verstoß gegen die eigene Datenschutzerklärung **34**, 528 f.

Datenschutzgrundverordnung (Entwurf) 33, 310; **34**, 47 ff., 315 ff.; **35**, 17; **36**, 20, 164 ff.
- ausgewählte Neuerungen **34**, 53 ff.
- Empfehlungen der Artikel-29-Gruppe und des European Data Protection Supervisor **34**, 70
- Entwicklung **34**, 47 ff.
- Weiterer Zeitplan, Übergangsregelung sowie weitere EU-Richtlinien zum Datenschutz **34**, 77

Datenschutzregelungen im TMG 36, 35 ff.
Datenschutzrichtlinie 95/46/EG 33, 211; **34**, 11, 37; **35**, 1 ff.
Datensicherheit 19, 143 ff.; **22**, 149 ff.; **34**, 138; **41**, 110 ff.
Datensicherung 14, 20, 146; **16**, 105 f., 123; **19**, 140, 209; **20**, 39; **33**, 215 f., 362; **34**, 138 f.
- Datensicherungspflicht **14**, 146
- Datensicherungsservices **41**, 353
- Datensicherungsverfahren (Backup and Recovery) **1**, 113
- ordnungsgemäße Datensicherung **14**, 20

Datenspeicherung 43, 299 ff.
- s. auch *Vorratsdatenspeicherung*

Datensperrung 36, 218
Datenträger 13, 16; **26**, 120; **30**, 133; **46**, 26
Datenübermittlung 22, 174; **28**, 66; **34**, 130, 150, 174, 237 ff.; **36**, 218

magere Zahlen = Randnummern **Sachregister**

- Datenübermittlung an Auskunfteien 34, 478 ff., 491 ff.
- Datenübermittlung an Dritte 36, 218
- Datenübermittlung im Konzern 34, 273 ff.
- Datenübermittlung in unsichere Drittstaaten 13, 215;

Datenübernahme 10, 46, 65, 73; 11, 34, 95; 12, 192
- s. auch Datenmigration

Datenübertragungsrate 4, 10
Datenveränderung 43, 223 ff.
Datenverarbeitung
- Datenverarbeitung, grenzüberschreitende s. dort
- Ordnungsmäßigkeit der Datenverarbeitung 33, 1 ff., 194, 317 ff.; 46, 48

Datenverarbeitung, grenzüberschreitende 29, 56; 35, 1 ff.;
- Auftragsdatenverarbeitung 35, 70 ff.
- Binding Corporate Rules für Auftragsdatenverarbeiter (Processor BCR) 35, 82
- internationaler Anwendungsbereich des deutschen Datenschutzrecht 35, 20 ff.
- Rechtmäßigkeit der Übermittlung personenbezogener Daten in das Ausland 35, 31 ff.
- Spezialprobleme 35, 85 ff.
- Übermittlung personenbezogener Daten an Stellen in anderen Mitgliedstaaten der EU/Vertragsstaaten des EWR 35, 32 ff.
- Übermittlung personenbezogener Daten an Stellen außerhalb der EU/EWR 35, 36 ff.

Datenverkehr innerhalb der EU 35, 32
Datenverlust 14, 20; 16, 105 f.; 19, 140; 34, Anhang; 41, 107
Datenweitergabe 19, 222
DATEV 13, 198, 232
dauerhafte Verfügbarkeit von Wartung und Pflege 38, 94
Dauerschuldverhältnis 11, 25 ff.; 13, 13, 20, 137; 14, 98 ff.; 15, 115; 22, 44, 211; 31, 127, 171, 186; 40, 82
- Dauerschuldverhältnis bei Kurzwahldiensten 31, 186

Davidoff II-Entscheidung des BGH 7, 145
davit-Grundregeln für die Anwaltschaft in der Informationsgesellschaft 30, 16 f.
DBTG s. Data Base Task Group
DCGK s. Deutscher Corporate Governance Kodex
Deaktivierungsentgelt 31, 180, 183
Debugging 1, 163 ff.
- Debug-Version 1, 53
- Debugger 1, 37, 51, 72, 81, 163
Decompiler 1, 50 ff.
Deep Links 34, Anhang
Defacto.de-Entscheidung des BGH 7, 43, 100, 120
De-facto-Standards 39, 8, 91, 176, 308
Defekt 1, 149 ff.
- s. auch Fehlerzustand

Defs/Uses-Verfahren 1, 286
Dekompilierer s. Decompiler
Dekompilierung 1, 50 ff.; 12, 176; 5, 227 ff.; 13, 114 ff.; 16, 119 ff.; 38, 77
- Einschränkungen 1, 54 f.
- Funktionsweise 1, 52 f.
- Dekompilierungsklausel 16, 121
Delegationsverbot 19, 218
deliktische Verantwortlichkeit bei Open Source Software 9, 42
Delkrederehaftung 24, 37
Delta-Konzept 11, 172
Demo-Version 12, 124
Demokratieprinzip 22, 204
Denial of Service (DoS) 3, 224, 228 ff.; 28, 97; 33, 363; 43, 236
DENIC (Deutsches Network Information Center) 7, 3 ff.; 21, 7, 51; 30, 379; 31, 68; 42, 178; 39, 459 ff.
- DENICdirect 7, 13
- Haftung der DENIC 7, 17 ff.
- kartellrechtliche Betrachtung 7, 5; 39, 459 ff.
- Prüfung 7, 19
- Rolle und Funktion 7, 3 ff.; 39, 459
De-Minimis-Bekanntmachung 39, 23, 66, 135 ff., 154
DEPOSE-Modell 33, 161
Deployment 12, 84, 207
Der M.-Markt packt aus-Entscheidung des BGH 5, 379, 432
Derogation 45, 228
Designphase 18, 89
Desktop-Services 19, 46, 54, 206
Detaillierungsgrad 15, 28
Details-Link 26, 100
Detektei 33, 345; 34, 266, 326
Deutscher Corporate Governance Kodex (DCGK) 33, 21, 58, 128 ff.
Deutscher Industrie- und Handelskammertag (DIHK) 46, 100
Deutsches Patent- und Markenamt (DPMA) 7, 84, 104 f., 108; 30, 258 f.
De-Mail 30, 291 ff.
- Akkreditierung der Anbieter 30, 302; 357 ff.
- Anmeldeverfahren 30, 312 f.
- Antragsphase 30, 366
- Ausgestaltung der Email-Adresse 30, 304 ff.
- Auskunftsanspruch 30, 314
- Begutachtungsphase 30, 367
- Bestätigungen 30, 337 ff.
- Betriebsphase 30, 368
- Beweis und Anscheinsbeweis und dessen Erschütterung, Schriftformerfordernis 30, 346 ff.
- De-Mail als Dienst im Sinne des TKG und TMG 30, 299 ff.
- Einsatz eines Gateways (mandantenfähige Lösung) 30, 322 ff.
- Haftung 30, 351 ff.
- Identitätsfeststellung 30, 308 ff.
- Sicherheit des Transports 30, 5 f.
- unberechtigte Nutzung 30, 325

2539

Sachregister

Fette Zahlen = Paragrafen

- Widmung des De-Mail-Kontos **30**, 342
- Zulassungsvoraussetzungen für einen Anbieter von De-Mail-Dienste **30**, 357 ff.
- Zusatzdienste **30**, 331 ff.
- Zustellung und Zugang **30**, 340 ff.

De-Mail-Gesetz **30**, 291 ff.
- Struktur **30**, 297 f.
- Zweck **30**, 294 ff.

Device ID **36**, 121 ff., 180
Dia-Duplikate-Entscheidung des BGH **5**, 340
Dialer **31**, 119, 122; **43**, 197
Dia-Rähmchen II-Entscheidung des BGH **5**, 341, 347
Diensteanbieter i. S. d. TMG **30**, 9; **42**, 65 ff.
Diensterfindung **37**, 244 ff., 258
Dienstleistungspaket **39**, 333, 367
Dienstleistungsvertrag mit einem Internetzugangsanbieter **21**, 18 ff.
Dienstleistungs-Informationspflichten-Verordnung (DL-InfoV) **30**, 35 ff.
Dienstverschaffungsvertrag **37**, 50
Dienstvertrag **10**, 28 ff.; **11**, 12 ff., 30, 157; **14**, 89, 97; **18**, 17; **21**, 11, 22 f.; **19**, 177; **31**, 94 f.; **37**, 65; **38**, 38
Differenzhypothese **39**, 272
Digitalkamera-Entscheidung des OLG Schleswig **39**, 411
Digital Millennium Copyright Act (DMCA) **28**, 8
Digital Peer Publishing License (DPPL) **9**, 8
Digital Rights Management (DRM) **5**, 16, 43, 45, 102, 176, 245; **11**, 116; **34**, 98, Anhang; **39**, 324
- DRM-Systeme **5**, 254; **6**, 45 f.

Digital Subscriber Line s. DSL
digitale Dividende **31**, 64
digitale Inhalte **5**, 6 ff.; **26**, 253 ff.; **28**, 27
- Erschöpfung s. dort
- Informationspflichten **26**, 255 ff.
- Rechtsschutz **5**, 1 ff.
- Wertersatz **26**, 263
- Widerrufsrecht **26**, 259

digitale Signatur **34**, Anhang
- s. auch JobCard

digitale Wasserzeichen **30**, 71 ff.
digitaler Fingerabdruck s. *unter Fingerabdruck*
Digitalisierung **5**, 14
DIHK s. *Deutscher Industrie- und Handelskammertag*
DIN-Normen **15**, 103; **33**, 302
Direktionsrecht **37**, 181, 185
Direktmarketing **28**, 90; **33**, 336; **34**, 403 ff.
Direktnachricht **28**, 92
Direktvertrieb **24**, 1, 56, 208; **28**, 68
Direktwerbung **25**, 139, 143
Disassembler **1**, 51
Disaster and Recovery s. *Eskalationsplan*
Disclaimer **8**, 81; **36**, 218; **42**, 196
Diskriminierungsverbot **8**, 19, 24 ff.; **30**, 46; **31**, 33; **39**, 92 ff., 246; **40**, 50
Dispute-Eintrag bei der DENIC **7**, 76, 169 ff.
Dispute Resolution Provider **8**, 107
Distanzdelikte **8**, 32
Distanzierung, inhaltliche **42**, 194 ff.

Distanzierung des Verlinkenden **42**, 196
Distribution **9**, 1; **31**, 36
diversifizierender Test **1**, 267
DL-InfoV s. *Dienstleistungs-Informationspflichten-Verordnung*
dlg.de-Entscheidung des BGH **42**, 179
DLP s. *Data Loss Prevention*
DNS-Angriffe **43**, 236
DNS-Spoofing **27**, 17 ff.
Doctrine of Recoupment **25**, 115
Document Retention Policy (DRP) **35**, 95
Dokumentation **1**, 111 ff.; **11**, 89, 109, 143, 157 ff., 175 ff.; **12**, 178; **14**, 142, 151 f.; **16**, 66; **15**, 44 ff.; **19**, 71; **46**, 67
- Arten **1**, 112 ff., 175 f.
- Dokumentation bei IT-Projekten s. *dort*
- Dokumentationspflicht **33**, 140 f.
- Fälligkeit **1**, 122
- formale Anforderungen **1**, 115
- Nutzungsrechte **12**, 178
- Nichtlieferung **15**, 44
- rechtliche Einordnung **1**, 118 ff.

Dokumentation bei IT-Projekten **18**, 44, 277 ff.
- Anwenderdokumentation im Verhältnis zur Online-Hilfe **18**, 288 f.
- Arten der Dokumentation **18**, 278, 291 ff.
- Besonderheiten bei einer Vergütung nach Aufwand **18**, 298 f.
- fehlende Dokumentation **18**, 44 ff.
- fehlende Anwenderdokumentation (treuwidriges Berufen im Prozess) **18**, 294 ff.
- Rechtsprechung zur Anwenderdokumentation **18**, 281 ff.
- Umfang und Fälligkeit der Anwenderdokumentation **18**, 301 ff.

Dokumente **46**, 27
Dokumentenablage **30**, 335
Dokumentenmanagementsysteme **33**, 335
Domain
- Adresse **7**, 1
- Anmeldung **21**, 50
- Beschaffung **20**, 17; **25**, 1
- Domain Name Registry **21**, 50
- Domainbedingungen der DENIC s. *Richtlinien des DENIC unter Domain*
- Domaingrabbing **8**, 92; **28**, 80
- Domainnamen **31**, 68; **39**, 460
- Domainparking **8**, 92
- Domain-Provider **21**, 49 ff.
- Domainrecht s. *dort*
- Domainsquatting **8**, 67, 135
- Domainverpächter **42**, 47
- Domainvertrag **21**, 55
- .eu-Domain s. *dort*
- internationale Domains s. *dort*
- kartellrechtlicher Anspruch **39**, 459 ff.
- Name **31**, 68; **39**, 34, 410, 460
- Rechtsnatur **7**, 28 ff.
- Registrierung **7**, 1 ff.; **20**, 17; **21**, 49; **25**, 1; **39**, 459 ff.
- Registrierung durch Treuhänder **7**, 61
- Registrierungsvertrag **7**, 9 ff.

magere Zahlen = Randnummern

- Richtlinien der DENIC e. G. 7, 6 ff., 9 ff., 24, 170
- Service 20, 23
- steuerrechtliche Einordnung 7, 31
- Top-Level-Domain 39, 459 f.
- Verwaltung 3, 93 ff.

Domain-Name-System (DNS) 3, 82 ff.; 29, 86; 31, 68
- Ablauf der Namensauflösung 3, 101 ff.
- DNS-Client 3, 100
- Inverssuche 3, 86
- Protokoll 3, 92
- Server 3, 98 f.

Domainrecht 7, 1 ff.; 29, 11 ff.
- außergerichtliche Rechtsverfolgung 7, 16
- außergerichtliche Streitbeilegung 8, 53 ff., 102 ff. s. auch unter *Alternative Dispute Resolution*
- Benutzungsaufnahme im Ausland 7, 102 ff.
- DENIC und Domain-Registrierung 7, 3 ff.
- Dispute-Eintrag bei der DENIC s. *dort*
- Erfassung der Email-Adresse 7, 80 ff.
- ergänzender Schutz nach § 823 BGB 7, 162 f.
- internationales Domainrecht 8, 42 ff.
- Markenrechtsverletzung durch Domainregistrierung 7, 60; 8, 90
- Lizenzierung von Domainnamen 7, 167 ff.
- Löschungsanspruch 7, 79
- Prozessuale Besonderheit bei Domainstreitigkeiten 7, 175 ff.
- Recht der Gleichnamigen 7, 134 ff.
- Rechte aus dem Registrierungsvertrag 7, 28 ff.
- Rechtsnatur des Domainvertrags 7, 9 ff.
- Schutz nach § 4 MarkenG 4, 36 ff.
- Schutz nach § 5 MarkenG 7, 99 ff.
- Schutz nach § 12 BGB 7, 115 ff.
- Tippfehler-Domain 7, 146
- Übertragung von Domainnamen 7, 164 ff.; 39, 459 ff.
- Übertragungsanspruch 7, 76; 8, 64, 121
- Unterlassungsanspruch 7, 78
- Wait-Antrag bei NIC.AT s. *unter Wait-Antrag*
- wettbewerbsrechtliche Ansprüche 7, 145 ff.

Dongle 5, 216
Dongleumgehung-Entscheidung des OLG Düsseldorf 5, 218
DoNotTrack 36, 51, 55
Doppelarbeitsverhältnis 19, 233
Doppeleigenschaft 24, 28, 31
Doppelte Formvorschrift für Wettbewerbsverbote 37, 13
Doppelte Tarifgebühr-Entscheidung des BGH 5, 345
Doppelvergütung s. *unter Vergütung*
DoS-Attacke s. *Denial of Service-Attacke*
Doubleclick 39, 447
Double-Opt-In s. *unter Opt-In*
Double-Opt-In-Entscheidung des BGH 25, 118, 121
Downlink 4, 24
Download 5, 14; 9, 30; 12, 38, 132; 13, 16; 24, 181; 26, 85

Sachregister

- Download von Software 5, 266; 14, 29, 57; 17, 22, 24, 48; 23, 27; 24, 181

dreifache Schadensberechnung
 s. *Schadensberechnung*

Dreistufentest des Art. 9 Abs. 3 RBÜ 5, 235

Drittauskunftsanspruch gegenüber Providern hinsichtlich der Identität des Rechtsverletzers 43, 314

Drittbeschwerde 39, 120 ff.
- Beiladung 39, 122 f.

Drittfinanzierung 17, 145
Drittland, unsicheres 13, 215; 19, 66
Drittsoftware 14, 86
Drittstaatrecht 17, 164
Drittverträge 19, 189
Drittwartungsleistungen 15, 83
Drittwerbung 30, 28
Drittwirkung von Grundrechten, mittelbare s. *mittelbare Drittwirkung von Grundrechten*

DRM s. *Digital Rights Management*
Drogentests s. *Gesundheitstests*
Druckbalken-Entscheidung des BGH 5, 292; 45, 33, 38
Dr. Clauder's Hufpflege-Entscheidung des BGH 26, 298, 302
Drive-by-Download 3, 209
DSL (Digital Subscriber Line) 4, 15 ff.; 35; 21, 14, 17;
- ADSL 4, 16, s. auch *dort*
- DSLAM 4, 15, 17
- DSL-Multiplexer 4, 15
- VDSL 4, 15 f., 18 f., 33
- VDSL2 4, 17
- VDSL2-Vectoring 4, 18 ff.

Dual Use 17, 8 ff.; 28, 25
- Dual Use – Dual Take Back 24, 223
- Dual-Use-Produkte 43, 186
- Dual-Use-Programme 5, 243
- Dual Use-Software 43, 112

Dual-Licensing 9, 26, 44
Due Diligence 19, 24 ff., 167; 34, 211
- Business Due Diligence 19, 26
- Financial and Tax Due Diligence 19, 26
- Human Resources Due Diligence 19, 26
- Legal Due Diligence 19, 26
- Technical Due Diligence 19, 167

Duldungspflicht 15, 69; 31, 82
Durchfinanzierung 38, 6
Durchsetzungs-Richtlinie (Enforcement-RL) 5, 47, 291; 45, 40
Durchsicht 43, 379
Durchsuchung 39, 196, 228, 247, 254, 258 f.; 43, 379
- Durchsuchung beim Berufsgeheimnisträger 43, 392 ff.
- Durchsuchungsmaßnahmen, kartellbehördliche 39, 259
- Durchsuchung von EDV-Anlagen 43, 372 ff.

Düsseldorfer Kreis 13, 214; 34, 332 f.; 36, 12, 88, 107, 204, 209

D&O-Versicherung 39, 280 f.

Sachregister

Fette Zahlen = Paragrafen

Dynamic Link Library (DLL) s. unter Programmbibliothek
Dynamische Bibliothek s. unter Programmbibliothek
dynamische Dokumentengenerierung-Entscheidung des BGH 5, 111, 121

eBay 25, 187, 196; 39, 399, 410 f.
- eBay-Bewertung 34, Anhang
- eBay-Powerseller 17, 14; 25, 212
- vorzeitige Beendigung eines Angebot 25, 190 ff.
eBook 5, 6, 200
E-Cards 25, 139, 141
E-Recruiting-Plattform 34, 204
ECC s. European Communication Committee
Echtdaten (bei Tests) 18, 244 f., 246, 259; 34, 586 ff.
- s. auch Testdaten
Echtheitsfunktion 30, 115 f.
Echtheitszertifikat 5, 180
E-Commerce 26, 1 ff.; 30, 267; 33, 368; 34, 97, 443; 36, 1, 170 ff.; 39, 2 f., 399 ff.
- s. auch Online-Shop, Webshop
- Allgemeines 26, 1
- Datenschutz 28, 46
- Mobile Commerce s. dort
- Vertragsschluss 26, 2 ff.
E-Commerce 39, 2 f., 8, 311, 399 f.
E-Commerce-Richtlinie (ECRL) 26, 108; 27, 1; 42, 166
Economic Advisory Group of Competition Policy (EAGCP) 39, 175
ECRL s. E-Commerce-Richtlinie
ECTRA s. European Committee for Telecommunications Regulatory Affairs
EC-Kartenlesegerät 43, 180
EDDP s. Expired Domain Deletion Policy
EDGE s. Enhanced Data Rates for GSM Evolution
EDV-Recht (Begriff) 10, 1
E-Discovery 34, Anhang; 35, 89 ff.
Editor 1, 71, 81
EDV-Strafrecht 43, 20
EECMA s. European Electronic Communications Market Authority
Effet Utile-Prinzip 12, 213
EG-Kartellverfahrensverordnung 39, 109, 146 ff., 254
E-Geld 27, 78
- E-Geld-Lizenz 27, 73
E-Government 10, 6; 22, 204; 30, 267
E-Health 34, Anhang
eID-Funktion (elektronischer Personalausweis) 30, 273
E-Invoicing 27, 132 ff.
- Aufbewahrungspflichten 27, 147
- Echtheit, Unversehrtheit, Lesbarkeit der Rechnung 27, 139 ff.
- Einbindung Dritter 27, 148
- Einführung 27, 132 ff.
- gesetzliche Anforderungen 27, 138 ff.
- Praxis 27, 136 f.

- Zustimmung des Rechnungsempfängers 27, 146
ehrverletzende Äußerung 42, 194
eidesstattliche Versicherung 5, 298
Eigenentwicklungen des Anwenders 38, 95
Eigenkündigung 24, 108
Eigentumsfreiheit 25, 18
Eigentumsgarantie, Art. 14 GG 5, 2; 7, 29, 32 f.
Eigentumsschutz von Internet-Domains, verfassungsrechtlicher 7, 28 f.
Eigentumsvorbehalt 17, 123 ff.; 20, 60; 38, 36 f.
- Eigentumsvorbehalt (Schweiz) 23, 152 ff.
Eigenverantwortung der Kreditinstitute 19, 217
Eigenverwaltung (Insolvenzverfahren) 38, 20 ff.
Eignung zur gewöhnlichen Verwendung und Beschaffenheit 10, 74 ff.; 13, 147; 15, 26
Eignung zur im Vertrag vorausgesetzten Verwendung 10, 73; 13, 147; 15, 26
Einarbeitungszeit 46, 30
Einbeziehung der Herstellerangaben und -werbung in die gewöhnliche Beschaffenheit 10, 79 ff.; 11, 19; 15, 26
Einfachlizenz 12, 78 f.
Eingabefehler 26, 6, 57, 61
Eingabekontrolle (bei Datenverarbeitungssystemen) 33, 188 f.
Eingabemaske 25, 13
Eingliederung in den Betrieb des Dienstberechtigten 37, 35
Eingriff in den eingerichteten und ausgeübten Gewerbebetrieb s. Recht am eingerichteten und ausgeübten Gewerbebetrieb
- s. auch Betriebsstörungsschaden
Eingriff in die vertriebene Software zu Wartungs- und Pflegezwecken 24, 24
Eingriffshandlung nach § 87b Abs. 1 Satz 1 UrhG 6, 31 ff
einheitliches Geschäft 15, 12; 17, 105
einheitlicher Vertrag 14, 60, 63; 17, 144; 18, 119; 20, 28
Einheitstheorie 8, 39
Einigung der Beteiligten 46, 112
Einlagensicherungssysteme 27, 127
Einlagerung des Quellcodes 38, 134
Einmalentgelt 12, 59, 61, 156, 184; 13, 7, 14
Einmeldung 20, 55
Einpflegen von Änderungen des Standards durch die Pflege 14, 82
Einrichten von Software 12, 192
Einrichtungsgebühr 13, 82
Einsatzumgebung 14, 20
Einsichtsrechte 34, Anhang
Einstellen von Standardsoftware 11, 164 ff.
- s. auch Customizing
Einstweilige Anordnung 39, 206, 211 f., 231
Einstweilige Verfügung 5, 412 ff.; 42, 134 f.; 45, 60
- Aufhebung wegen veränderter Umstände 5, 457
- Begründetheit des Verfügungsantrags 5, 422
- Statthaftigkeit 5, 412

magere Zahlen = Randnummern

Sachregister

- Vollziehung 45, 71
- Zuständigkeitsfragen 5, 414

Einstweiliger Rechtsschutz 31, 43; 39, 118, 178, 192, 231, 259

Einteilung in Subsysteme 1, 196

Eintrittswahrscheinlichkeit 33, 158

Einwahlknoten 21, 17 f.

Einweisung 11, 108 ff.; 12, 192; 13, 64

Einweg-Pseudonyme 18, 254

Einwendung 5, 257, 304
- Ausschlussklauseln 31, 161
- Einwendung gegen die Abrechnung bei Telekommunikationsverträgen 31, 158

Einwilligung, datenschutzrechtliche 13, 211; 16, 202 ff.; 20, 52, 86; 22, 182, 233 f.; 28, 55, 65, 83; 33, 361; 34, 56, 371 ff., Anhang; 35, 40; 36, 35, 218; 37, 8, 196
- Einwilligung im Direktmarketing 34, 403 ff.
- Einwilligung nach BDSG 22, 182, 233 f.; 34, 371 ff.
- Einwilligung nach TMG 22, 233 f.; 34, 393 ff.
- Einwilligung nach TKG 34, 396 ff.
- Einwilligung zum E-Mail-Marketing 25, 74 ff.
- Einwilligungserklärung nach § 13 Abs. 2, Abs. 3 TMG 36, 125 ff.
- Einwilligungsklauseln 16, 202 ff.
- Einzelfall-Bezogenheit („für den konkreten Fall") 34, 382 f.
- Freiwilligkeit 34, 233
- Gültigkeitsdauer 34, 414 ff.; 36, 148 ff.
- Informed Consent 34, 297, 382, 438
- Kenntnis der Sachlage 34, 377
- Kopplungsverbot 28, 55; 34, 381, 426; 36, 150 ff.
- Opt-In s. dort
- Opt-Out s. dort
- Schriftform 34, 378, 512
- Übertragbarkeit 34, 414

Einwilligung (Urheberrecht) 5, 33

Einwilligung in Werbeanrufe II-Entscheidung des BGH 25, 81 f., 98

Einzelangebot-Entscheidung des BGH 5, 155, 158

Einzelkauf 31, 117

Einzelmarktbeherrschung 39, 82, 84

Einzelplatzlizenz 5, 214

Einzelverbindungsnachweis 31, 141 ff.

Einziehungsermächtigung 31, 164

Einzugsermächtigung s. unter E-Payment

Ein- und Ausfuhr geschützter Tiere und Pflanzen 30, 256

E-Learning 34, 244 ff., Anhang

Electronic Data Exchange (EDI) 27, 142, 144

elektronisch eingereichte Berufungsbegründung 30, 227

elektronisch übermittelte Willenserklärung 26, 6 ff., 29

elektronische Abrechnung und Vorsteuerabzug 30, 247

elektronische Ausfertigung 30, 226

elektronische Einwilligung 28, 56

elektronische Fahrzeugnotrufsysteme s. E-Call

elektronische Gebrauchsmusteranmeldung 30, 259

elektronische Gesundheitskarte 34, Anhang

elektronische Markenanmeldung 30, 258

elektronische Patentanmeldung 30, 258

elektronische Rechnung 27, 135; s. a. E-Invoicing

elektronische Signaturen 30, 48 ff. s. a. unter Recht der elektronischen Signaturen
- Beschränkung der Anwendung von Signaturen 30, 173 ff.
- elektronische Signaturen in der Praxis 30, 182 ff.
- technische Grundlagen 30, 74 ff.

elektronische Signatur, qualifizierte (QES) 27, 142 f.; 30, 98, 171, 221, 268, 271, 339
- weitere Anwendungsmöglichkeiten 30, 247 ff.

elektronische Steuererklärung 30, 254

elektronischer Bundesanzeiger 30, 216

elektronischer Geschäftsverkehr 23, 58 ff., 92; 28, 24
- s. auch unter Recht des elektronischen Geschäftsverkehrs
- Pflichten 26, 47 ff.

elektronischer Datenaustausch (Electronic Data Exchange – EDI) 27, 142, 144

elektronischer Marktplatz s. virtueller Marktplatz

elektronischer Personalausweis, neuer (nPA) 30, 265 ff.
- Altersverifikation/Minderjährige 30, 288
- Funktionen 30, 268
- Nutzungsmöglichkeiten im Internet 30, 275 ff.
- Mobile Nutzung 30, 285
- Pseudonym 30, 286
- Technik und Gestaltung 30, 269 ff.
- Verlust 30, 289 f.

elektronischer Rechtsverkehr 30, 126, 129, 141, 205 ff.

elektronischer Reisepass (ePass) 30, 267

elektronisches Geld s. unter E-Payment

elektronisches Anwaltspostfach (beA) 30, 206, 240 ff.

elektronisches Gerichtsverwaltungspostfach (EGVP) 30, 208 ff.; 45, 7

elektronisches Lastschriftverfahren s. unter E-Payment

elektronische Zahlungsmittel s. E-Payment

Elektro- und Elektronikgerätegesetz (ElektroG) 24, 221 ff.; 33, 384
- Herstellerbegriff 24, 221
- Stiftung Elektro-Altgeräte Register (EAR) s. dort

Eltern-Kind-Beziehung (PCR) 1, 90
- PCR-Typ 1, 91
- virtuelle Eltern-Kind-Beziehung (VPCR) 1, 92

E-Mail 3, 176 ff.; 12, 242; 26, 21; 30, 141; 31, 182; 43, 388
- Account-Service 21, 3
- Adresse 7, 80 ff.
- Einsatz im Betrieb 33, 317 ff.
- Hosting 21, 37 ff.
- Kontrolle der betrieblichen E-Mail- und Internetnutzung s. dort

Sachregister

Fette Zahlen = Paragrafen

- E-Mail-Marketing s. *dort*
- Privatnutzung von E-Mail und Internet am Arbeitsplatz **37**, 198 ff.;
- Services **19**, 207
- Email-Service-Provider **21**, 65 f.
- Sichere Nutzung **3**, 277
- Zugang **26**, 21 ff.

E-Mail-Marketing 25, 71 ff.
- Einwilligung **25**, 74
- Kosten und Schadensersatzanspruch **25**, 151 ff.
- Produktspezifische Besonderheiten **25**, 174
- Unterlassungsanspruch **25**, 136 ff., 149 f.
- Zulässigkeit **25**, 127 ff.

E-Mail-Werbung 5, 445; **34**, 511, Anhang
E-Mail-Werbung I-Entscheidung des BGH 25, 74, 117
Embargoliste 24, 217
Embedded Systems 9, 53; **15**, 5; **33**, 382
Embedded Software 1, 329; **15**, 111
Embedded-Inhalte 3, 131 f.; **42**, 23
Empfängerhorizont s. *unter objektiver Empfängerhorizont*
Empfehlung für den Aufbau eines Sachverständigengutachtens 46, 108
Empfehlungsemail-Entscheidung des BGH 25, 139, 144
Endkunden 24, 118 ff., 164 ff.
- Enduser License Agreement (EULA) **22**, 126; **24**, 130 ff.; **29**, 33
- Zugangsvertrag **21**, 18

End-to-End-Test 1, 267
ENF s. *European Numbering Forum*
Enforcement-Richtlinie s. *Durchsetzungsrichtlinie*
Englische Klausel 39, 382 f.
Enhanced Data Rates for GSM Evolution (EDGE) 4, 21; **21**, 14; **31**, 21
ENISA s. *EU-Agentur für Netz- und Informationssicherheit*
Enkelrechte 24, 164 f.; **38**, 54
Enquête-Untersuchung 39, 187, 198, 228
Entbehrlichkeit der Fristsetzung 10, 111
Enterprise 2.0 28, 101
Entfallen eines Ausgleichsanspruchs 24, 106
Entgegennahme der Bestellung 23, 71
Entgelt
- Genehmigung **31**, 27, 40
- gesondertes Entgelt für die Überlassung des Quellcodes (Escrow) **38**, 151
- Laufendes Entgelt **12**, 156
- Nachweis **31**, 159 f.
- Entgeltregulierung **31**, 35

Entity-Relationship-Modell 1, 99
Entmündigung 34, Anhang
Entschädigungsanspruch (Miete) 13, 225
Entschädigungsanspruch (Telekommunikationsrecht) 31, 82
Entscheidungsbefugnisse 39, 229 ff.
Entscheidungstabellentest 1, 316 ff.
Entsendung von Arbeitnehmern 37, 185
Entsiegelung von Datenträgern durch den Verbraucher 26, 89
Entsprechenserklärung 33, 52

Entstörungspflicht 31, 139, 171
Entwickler-Lizenz 12, 123
Entwicklungsmodelle 1, 178 ff.
- iterative Entwicklungsmodelle **1**, 192 ff.
- klassisches Wasserfall-Modell **1**, 179 ff.

Entwicklungsprozess der Software 9, 17, 45 f.
Entwicklungsvertrag 29, 18
E-Payment 27, 8 ff.; **34**, Anhang
- Bitcoins **27**, 1, 88 ff.
- Direktüberweisungssysteme **27**, 83 ff.
- E-Geld-Konten basierte Zahlungssysteme **27**, 61 ff.
- elektronisches Geld **27**, 62 ff., 99
- elektronisches Lastschriftverfahren **27**, 51 ff.
- Garantiefonds und andere Entschädigungsregelungen **27**, 127
- Informationspflichten bei Fernabsatzverträgen bei Finanzdienstleistungen **27**, 104 ff.
- Informations- und Unterrichtungspflichten bei Erbringung von Zahlungsdiensten **27**, 128 ff.
- Kreditkartenzahlung **27**, 37 ff.
- Online-Banking **27**, 8 ff.
- Paypal **27**, 2, 61 ff.
- Prepaid-Zahlungssysteme **27**, 75 ff.
- Sofortüberweisung **27**, 2, 83 ff.
- Übergangsregelung für bestehende Einzugsermächtigungen **27**, 57 ff.
- Überweisung **27**, 8 ff.

E-Postbrief 30, 369 ff.; **34**, Anhang
- Akkreditierung **30**, 377
- Ausgestaltung der E-Postbrief-Adresse **30**, 378
- E-Postbrief als Dienst iSd TMG und TKG bzw. des PostG **30**, 372 f.
- E-Postbrief mit elektronischer Zustellung **30**, 372 f.
- E-Postbrief mit klassischer Zustellung (Hybridbrief) **30**, 372 f.
- Haftung und Verantwortlichkeit **30**, 395 ff.
- Identitätsfeststellung des Nutzers und Anmeldeverfahren **30**, 381 f.
- Mitwirkungspflichten des Nutzers **30**, 385 f.
- Post-Ident-Verfahren s. *dort*
- Sicherheit des Transports **30**, 387 f.
- Zusatzdienste **30**, 389 ff.
- Zustellung und Zugang, Beweiswirkung **30**, 392 ff.
- Zweck und Struktur **30**, 372 f.

E-Pranger 34, Anhang
- s. *auch Schuldnerspiegel, Online-Archive*

E-Privacy-Richtlinie 35, 13; **36**, 9 ff., 123
Epson.de-Entscheidung des LG Düsseldorf 7, 146
Equivalent to New 15, 53
Erfahrungserfindung 5, 107; **37**, 251
Erfassung des Nutzungsverhaltens 3, 133 ff.
erfinderische Tätigkeit 5, 102; **37**, 224
Erfinderprinzip 37, 225
Erfolgshonorar 5, 404
Erfolgsort 8, 32 ff., 77; **43**, 5
- Erfolgsort, deliktischer **8**, 91

Erfolgsverantwortung 14, 95; **11**, 12
Erfüllungsablehnung 13, 140

Sachregister

Erfüllungsgehilfe 15, 95; 19, 136, 143 f.; 37, 65
Erfüllungsort 11, 128; 17, 155 f.; 45, 227, 253
Ergänzende Vertragsbedingungen für die Beschaffung von IT-Leistungen (EVB-IT) 13, 56; 14, 17, 20, 23, 160; 15, 7, 11, 103, 105; 41, 1 ff.
- Aufbau 41, 29 ff.
- Besonderheiten 41, 29
- Definitionen 41, 55 ff.
- Datenschutz 41, 110 ff.
- Einbeziehung 41, 9, 17 ff.
- EVB-IT Dienstleistung 41, 160 ff.
- EVB-IT Erstellung 11, 141; 41, 293 ff.
- EVB-IT Instandhaltung 15, 103, 105; 41, 145 ff.
- EVB-IT Kauf 14, 7; 23, 51; 41, 133 ff.
- EVB-IT Hardware 24, 212
- EVB-IT Pflege S 14, 17, 20, 108, 160; 41, 172 ff.
- EVB-IT Service 41, 232 ff.
- EVB-IT System 11, 7, 141; 15, 11, 103; 41, 190 ff.
- EVB-IT Systemlieferung 15, 11 f.; 41, 252 ff.
- EVB-IT Überlassung 12, 21; 13, 14, 160; 41, 166 ff.
- Geheimhaltung 41, 110 ff.
- Geltungsbereich 41, 10 ff.
- Gewährleistung 41, 77 ff.
- Haftungskonzept 41, 65 ff.
- Haftung, sonstige 41, 102 ff.
- Musterformulare 41, 124 ff.
- Preisvorbehalt 41, 61 ff.
- Rechtscharakter 41, 13 ff.
- Salvatorische Klausel 41, 122 f.
- Schriftformerfordernis 41, 118 ff.
- Schutzrechtsverletzung 41, 98 ff.
- Sicherheit 41, 110 ff.
- Vergütungsregelungen 41, 61 ff.
- vertragsübergreifende Regelungsbereiche 41, 52 ff.
- Verzug 41, 73 ff.
Ergebnisliste der Suchmaschine 25, 43
Erhaltungspflicht 13, 57, 67 ff., 185; 15, 55
- Erhaltungspflicht vs. Pflegevertrag 12, 70 ff.
Erheblichkeit des Beklagtenvorbringens 45, 133
Erhebung von Arbeitnehmerdaten zu Zwecken der Mitgliederwerbung 34, Anhang
Erhebung von Verkehrsdaten 31, 196; 43, 352
Erhöhung der vereinbarten Kosten bei IT-Projekten 18, 33
Erkennbarkeit
- Erkennbarkeit der Verbrauchereigenschaft 23, 64
- Erkennbarkeits- und Trennungsgebot 25, 35
erkennungsdienstliche Daten 34, Anhang
Erklärungsempfänger 26, 20, 24 ff.; 121
Erklärungsirrtum 26, 7
Erkundigungspflichten 10, 144; 15, 14
Erlaubnispflicht bei Arbeitnehmerüberlassung 37, 73 ff. s. a. unter Arbeitnehmerüberlassung
Erlaubnisvorbehalt 15, 77
Erledigungserklärung, einseitige 44, 122
Erledigungszeiten 41, 362 ff.

Erlöschen von Schuldverhältnissen in der Insolvenz 38, 41
Erlöschenstheorie 38, 48 f.
Ermittlungen
- Einleitung 39, 200 f.
- Befugnisse 39, 187 ff.
- Methoden s. unter Strafprozessrecht
- Verfahren 39, 200 ff.
ERP (Enterprise Resource Planning)
- Anbieter 18, 7
- Software 18, 27, 317; 45, 219
- System 6, 28; 14, 9; 18,, 213; 20, 13; 22, 171; 46, 19
Ersatz des Vertrauensschadens 26, 58; 37, 100
Erschleichen von personenbezogenen Daten 34, Anhang
Erschöpfungsgrundsatz 5, 159 ff. 8, 19; 10, 163; 12, 91, 120, 203, 208, 210; 13, 11, 117; 9, 30; 14, 29 f., 81; 23, 31; 24, 177; 28, 7; 29, 40 f.
- Erschöpfung bei Entnahme aus einer Datenbank 6, 47 ff.
- Online-Erschöpfung 6, 52; 10, 163; 14, 29
- Rechtsfolgen 5, 192
- Umgehung der Erschöpfung durch Einsatz technischer Schutzsysteme 5, 182; 29, 40 f.
Ersetzendes Scannen (RESISCAN) 46, 59
Erstattungsanspruch 27, 28
Erstbegehungsgefahr 5, 369; 42, 107
Ersterwerber 24, 180, 183, 187 ff.
Erstunterwerfung (Abmahnung) 5, 397
Erstversion (Open Source Software) 9, 16
Error s. Fehlhandlung
Erstellung von Apps 28, 69
Erstellung von Software s. Software-Erstellung
Ersterfinder-Prinzip s. First-to-Invent-Prinzip
Erstversion 14, 146
Erzieherprivileg 43, 46
Escrow 1, 10; 9, 54; 14, 88; 19, 34; 29, 28; 38, 62 ff.; 41, 244 ff., 290 f.
- Auswahl der Hinterlegungsstelle 38, 108 f.
- Eigentum am Datenträger 38, 143
- Escrow als Beleg von Urheberrechtsansprüchen 38, 96
- Escrow-Agent 9, 57; 38, 63
- Escrow-Agentur s. Hinterlegungsstelle
- Escrow-Vereinbarung 12, 172
- Escrow-Vertrag 38, 118, 137
- gesondertes Entgelt für die Überlassung des Quellcodes 38, 151
- Grundlagen 38, 62 ff.
- Herausgabe 38, 141 ff.
- Herausgabe und Insolvenz 38, 135 ff.
- Herausgabeumfang 38, 156
- Hinterlegungskosten 38, 168 f.
- Hinterlegungspflicht 38, 110
- Hinterlegungsstelle 38, 124
- Insolvenzfestigkeit 38, 135 ff.
- Interessenlage bei Escrow 38, 69 ff.
- klassisches Software-Escrow Vertragsmodell 38, 99 f.

Sachregister

Fette Zahlen = Paragrafen

- Nutzungsrechte am Quellcode **38**, 119, 124, 162
- Phasen des Escrow **38**, 65 f.
- Quellcode **38**, 69 ff.
- Regelungspunkte **38**, 123 ff.
- Umfang der Hinterlegung **38**, 130
- Verifikation *s. dort*
- Vertragsgestaltung **38**, 108 ff.
- Vertragslaufzeit **8**, 120
- Vertragstypen **38**, 98 ff.
- Ziehungsmodell **38**, 103 ff.
- zweiseitiges Vertragsmodell **38**, 101 f.

Escher (Programmiersprache) **1**, 69

Eskalation
- Eskalationsplan **1**, 113
- Eskalationsstufen **18**, 114

essentialia negotii **12**, 59, 185

eSign-Funktion (elektronischer Personalausweis) **30**, 273

Ethernet **3**, 7, 34 ff.

Ethical Code *s. Binding Corporate Rules (BCR), Verhaltenskodex, Whistleblowing*

ETSI *s. European Telecommunications Standards Institute*

.eu-Domain **8**, 44 ff.
- alternatives Streitbeilegungsverfahren **8**, 54 ff. *s. auch unter Alternative Dispute Resolution*
- anwendbares Recht **8**, 45
- Durchsetzung von Rechten **8**, 53 ff.
- Durchsetzung vor deutschen Gerichten **8**, 75
- Durchsetzung vor dem EuGH **8**, 95 ff.
- Sperrung **8**, 59
- Status **8**, 52
- Vergabe **8**, 46 ff.

EU-Agentur für Netz- und Informationssicherheit (ENISA) **22**, 157; **43**, 291

EURid *s. European Registry of Internet Domain Names*

Euro-Zahlungsverkehrsraum (SEPA) **27**, 10

Eurofix-Bauco/Hilti-Entscheidung der Europäischen Kommission **39**, 88

Europäische Patentübereinkunft (EPÜ) **5**, 125 f.; **29**, 14

Europäischer Rechtsrahmen für die Telekommunikation **35**, 11

Europäischer Telefonnummernraum **31**, 73

Europäischer Vollstreckungstitel **45**, 260 ff.

Europäischer Zahlungsbefehl (EZ) **45**, 267, 273 ff.
- Zwangsvollstreckung aus dem Europäischen Zahlungsbefehl **45**, 283 ff.

Europäisches Mahnverfahren (EM) **45**, 267 ff.
- Anwendbarkeit **45**, 268
- Besonderheiten **45**, 279
- Zuständigkeit **45**, 270

Europäisches Übereinkommen über die gerichtliche Zuständigkeit und die Vollstreckung gerichtlicher Entscheidungen in Zivil- und Handelssachen (EuGVVO) *s. unter Internationales Zivilprozessrecht*

European Committee for Telecommunications Regulatory Affairs (ECTRA) **31**, 72

European Communication Committee (ECC) **31**, 59

European Competition Network (ECN) **39**, 13

European Conference of Telecommunications and Postal Administrations (CEPT) **31**, 53

European Numbering Forum (ENF) **31**, 72

European Public License **9**, 6

European Registry of Internet Domain Names **8**, 51

European Regulators Group (ERG) **31**, 11

European Telecommunications Standards Institute (ETSI) **31**, 72

EVB-IT *s. Ergänzende Vertragsbedingungen für die Beschaffung von IT-Leistungen*

E-Vergabe *s. unter Vergaberecht*

ex-ante-Regulierung **31**, 12, 16, 40, 46 f.

Existenzgründer **17**, 13, 128

Exit-Klauseln **22**, 143

Exit Management **19**, 154, 159

Exit-Pop-Up **25**, 38

Exklusivitätsrechte **24**, 56

Exkulpationsmöglichkeit **5**, 322; **39**, 90, 302

Expansionsstrategien von Google **39**, 447 f.

Expansionsverlust von Google **39**, 440 ff.

Expired Domain Deletion Policy (EDDP) **21**, 51

Export **20**, 57
- Beschränkung **20**, 57
- Kontrolle **22**, 208; **24**, 216
- Kontrollklausel **12**, 238; **24**, 216
- Verbotsklausel **39**, 129

ex-post-Regulierung **31**, 12

Extensible Markup Language (XML) **1**, 92, 280

E2 E-Test *s. End-to-End-Test*

Fabricom-Entscheidung des EuGH **40**, 188

fabrikneues Gerät **15**, 48, 53

Facebook **28**, 85, 87; **29**, 24; **39**, 8, 184, 308
- Zugriff auf Facebook-Account **43**, 382

Fachkonzept **1**, 112 f.; **2**, 8 ff.
- *s. auch Lastenheft*
- Aufgaben des Auftragnehmers **2**, 24 f.
- Inhalt **2**, 11 ff.
- Mitwirkung des Auftraggebers **2**, 21
- Verantwortlichkeiten **2**, 16 ff.

fachliche Anforderungen im IT-Projekt **18**, 80 ff.

Factoring **31**, 165; **34**, 286

Fahrtenschreiber *s. unter Beschäftigtendatenschutz*

Failure *s. Fehlerwirkung*

Fair Use **9**, 64

FairPlay-Technologie **39**, 324
- *s. auch iPod (Schutzmaßnahmen), iTunes (Schutzmaßnahmen), Mod-Chip-Fälle, Roboterhund (Schutzmaßnahmen), Spielekonsolen (Schutzmaßnahmen)*

Fake-Account **28**, 80

Fake Likes **28**, 91

faktische Gewährsübernahme **33**, 143

faktische Konzernbildung **33**, 71, 77

Fakturierung von Verbindungsentgelten **31**, 110

Fakturierungsleistungen **31**, 110

Fälligkeit **10**, 132 ff.; **13**, 83 ff.; **15**, 142; **19**, 88
- Fälligkeitsregel **16**, 189 f.

Fallschirmklausel **10**, 106

Sachregister

Fallschirmlösung 37, 72
Falschauszeichnung (des Preises) im Internet 34, Anhang
Falschbeurkundung, mittelbare s. *unter mittelbare Falschbeurkundung*
Fälschung
– Fälschung beweiserheblicher Daten 43, 212 ff.
– Fälschung technischer Aufzeichnungen 43, 207 ff.
Familiennamen und Domainrecht 7, 136
Fault s. *Fehlerzustand*
favor negotii 23, 84
Faxanfrage im Autohandel-Entscheidung des BGH 25, 79, 82
Faxkarte-Entscheidung des BGH 5, 291; 45, 33, 38
FC-Bayern.es-Entscheidung des OLG Köln 7, 158
FC Troschenreuth-Entscheidung des BGH 25, 79
FDD-Modus 4, 23
Feature Driven Development 11, 142
Federal Rules of Civil Procedure (FRCP) 35, 91
Federal Trade Commission (FTC) 39, 432
Feedback-Schleife 33, 376
Fehler 1, 146, 151; 14, 25 ff., 72 ff., 163
– Fehleranfälligkeit 19, 51
– Fehlerberichtigung 5, 149; 38, 78
– Fehlerbeschreibung 46, 67
– Fehlerbeseitigung 12, 220; 38, 113, 161, 166
– Fehlerklassen 18, 239 ff.
– Fehlerklassifizierung 1, 385
– Fehlermanagement 1, 381 ff.
– Fehlermaskierung 1, 150
– Fehlermeldung 1, 383
– Fehlernachtest 1, 163, 173, 248, 261,
– Fehlerquellen bei IT-Projekten 18, 13 ff.
– Fehlerwirkung (failure) 1, 149
– Fehlerzustand (fault, bug) 1, 149, 151
– offensichtlicher Fehler 11, 41
– Summierung kleiner Fehler 10, 88
Fehlhandlung (error) 1, 150
Feinkonzept, fachliches 2, 8, 13 ff.
– s. *auch Pflichtenheft, Fachkonzept*
Feinspezifikation
s. *auch Pflichtenheft, Fachkonzept*
– fachliche Feinspezifikation 2, 8, 31; 11, 35 ff.; 18, 58
– technische Feinspezifikation 1, 112 f.; 11, 35, 102, 109, 124; 18, 58
Feldtest 1, 246
Fernabsatzrecht 7, 15; 17, 155; 22, 78; 25, 200; 26, 1 ff., 108 ff., 28, 24 ff., 27 ff.; 29, 43
– Anwendungsbereich 26, 110
– Fernabsatzvertrag 27, 129; 31, 125
– Informationspflichten 26, 116
– Liefertermin 26, 118
– Struktur 26, 114
– Vertragsbestätigung 26, 120
Ferndiagnose 15, 107, 115
Fernkommunikationsmittel 26, 111
Fernmeldegeheimnis 31, 187; 33, 25, 317, 367; 34, 17, 85, 93, 104, 397; 37, 201, 292; 43, 141 ff., 390

Fernsehaufnahmen im Gericht 34, Anhang
Fernsignatur 30, 114
Fernwartung 13, 163; 14, 20; 15, 107, 115; 30, 13
Fernzugriff s. *Remote-Zugriff*
Ferrière Nord-Entscheidung des EuGH 39, 129
festgeschaltete Verbindung 32, 26
Festnetz 29, 11 ff.; 31, 94
– Festnetz-Carrierverträge 31, 91
Festpreisabrede 14, 96
Festspielhaus I-Entscheidung des BGH 7, 50
Festspielhaus II-Entscheidung des BGH 7, 161
Feststellungsinteresse II/III-Entscheidungen des BGH 5, 455
Feststellungsklage s. *Klagearten*
Feuerwehrgeräte-Entscheidung des BGH 7, 21
Fiber To The Building 4, 19
Fiber To The Curb (FTTC) 4, 17
Fiber To The Home (FTTH) 4, 19
Field-of-Use-Klausel 39, 375
Fiktionswirkung des Arbeitnehmererfindungsgesetzes 37, 228
File Transfer Protocol (FTP) 3, 172 ff.
File-Hoster 5, 317; 42, 211 ff.
File-Sharing 3, 188 ff.; 5, 197 ff.; 42, 31, 201 ff.
File-Shredder-Programm 43, 232
Filter
– Filterlösung 42, 73 ff.
– Filtermöglichkeiten 42, 148
– Filtersoftware 21, 45; 42, 146
– Nach-Filter 42, 75
– Vor-Filter 42, 74
Finanzbranche 19, 214
Finanzierung
– Finanzierung bei Webshop-Outsourcing 20, 3
– Finanzierungsgeschäft mit Verbrauchern 17, 125 ff.
– Finanzierungshilfen 17, 130; 31, 126
– Finanzierungsleasing 13, 31, 33; 15, 54, 86; 17, 131
– Finanzierungspflicht 15, 86
– finanzierter Kauf 17, 129
Finanzmarktrichtlinie (Markets in Financial Instruments Directive, MiFID) 33, 292 f.
Finanzmarktrichtlinie-Umsetzungsgesetz (FRUG) 19, 219; 33, 292
Fingerabdruck 30, 79 ff., 102, 129, 171
– digitaler Fingerabdruck 30, 79, 84
– elektronischer Fingerabdruck 30, 129
Fingerprinting 36, 92
fingiertes Arbeitsverhältnis (bei fehlender Erlaubnis zur Arbeitnehmerüberlassung) 37, 86 ff.
– Beginn 37, 90
– Dauer 37, 96 ff.
– Inhalt 37, 94
fingierte Kundenbewertungen 28, 91
Fire Sale 38, 9
Firewall 27, 33
Firmenkreditkarte 34, 243, Anhang
Firmenwebsite 34, Anhang
Firmware 15, 5

Sachregister

Fette Zahlen = Paragrafen

First-Level-Support 19, 204
First-Time-Fix-Rate 19, 205
First-to-Invent-Prinzip 38, 96
Fixgeschäft 38, 34
Flatrate 21, 16, 30; 31, 143, 184,
– übermäßige Nutzung von Flatrates 31, 184
Fleurop-Entscheidung des BGH 25, 48, 65 f.
Flicken s. Patch
Floating-Banner 25, 33
Floating-Lizenz 12, 102
Flottenmanagement 34, 263 ff.
Fluggastdaten 34, 564 ff.
– Advance Passenger Information (API) 34, 568
– Passenger Name Records (PNR) 34, 564 f.
Focus-Online-Entscheidung des BGH
Folgeschaden 11, 107
Folgeversion (Sequel) 29, 20, 24
Follow-on-Klage 39, 304
Follow-the-Sun-Prinzip 22, 169, 172
Forecast 24, 21
Forderungseinzug 24, 38
Forderungskauf 31, 165
Foreign Intelligence Surveillance Acts (FISA) 22, 223
Foreign Private Issuers 33, 260
Foren, kritische 7, 55
Forschungskooperation 39, 358, 363
Forschungs- und Entwicklungsgesellschaft 38, 12
Forschungs- und Entwicklungsvertrag 11, 13
Fortbestehen von Schuldverhältnissen in der Insolvenz 38, 38 ff.
fortgeschrittene elektronische Signatur 30, 96, 189
Fortsetzung des Vertriebsvertrags 24, 101
– s. auch Software-Vertrieb
Fortsetzungszusammenhang (Unterlassungserklärung) 5, 385
Fortsetzungszusammenhang-Entscheidung des BGH 5, 385
Form (§ 69 a UrhG) 10, 79
Formatvorlagen 22, 46
formularvertragliche Beschränkungen im Mietrecht 13, 184; 15, 73
Forum Shopping 8, 76; 23, 13; 36, 6; 45, 235 f.
Fotoaufnahmen 25, 13; 34, Anhang
– s. auch Lichtbildabgleich
FPP s. Fraud Prevention Pool
Fragerecht des Arbeitgebers 34, 198 ff., 240, Anhang
Fraud Prevention Pool (FPP) 31, 208
Framing 12, 106; 21, 61; 34, Anhang; 42, 23 ff.
Framing-Urteil des EuGH 42, 24
Free to Play-Spiele 29, 29, 37, 44
Free Software Foundation (FSF) 9, 25; 23, 45
Freelancer 5, 98; 37, 33 ff., 287
– Abgrenzung zu Arbeitnehmern 37, 35 f.
– Scheinselbständigkeit 37, 37 ff., 287
– rechtliche Einordnung 37, 35 f.
Freemium Spiele 29, 29
Freeware 5, 78; 12, 140 ff.
frei gewordene Erfindung 37, 263
Freibeweis 45, 136
freie Benutzung 5, 24

freie Erfindung 37, 244 ff., 254, 256
freie Mitarbeiter 10, 98; 11, 243 ff.; 37, 287
Freie-Software-Lizenz s. Open Source-Lizenz
Freigabe 11, 1171; 25, 26
Freihalteanspruch 7, 130 ff.
Freihaltebedürfnis 7, 57, 87, 120
Freistellung 39, 10, 16, 29, 70 ff., 73 ff., 119, 143 ff., 326 ff., 336 ff.; 363 ff., 366 f.
Freiwilligkeitsvorbehalt 37, 18 ff.
Fremdlinks 43, 264
Fremdenrecht 5, 305
Fremdschlüssel 1, 98
Frequenz 4, 3; 31, 53 ff.
– Frequency Division Duplex-Modus s. FDD-Modus
– Frequenzband 4, 10; 31, 54
– Frequenzbereichszuweisungsplan 31, 57, 60
– Frequenzflexibilisierung 31, 65
– Frequenzhandel 31, 65
– Frequenzordnung 31, 53 ff.
– Frequenzplanung 31, 56
– Frequenzpooling 31, 65
– Frequenzzuteilung 31, 61
– Frequenzvergabe 4, 4
– Funkfrequenzausschuss s. Radio Spectrum Committee
– Gebühren und Beiträge 31, 66
– Überwachung der Frequenznutzung 31, 67
Freundschaftsanfragen 28, 92
Fristen- und Aktivitätenplan 11, 33, 55 ff., 81, 158, 177, 187
Frontend 20, 8
– s. a. Analysephase
Frozen Zone 11, 99
Fruchtziehung (Pacht) 13, 22
Früherkennungssystem 33, 29 ff.
Frühwarnsysteme 34, Anhang
Frühstückskartell 39, 52
FSF s. Free Software Foundation
FTP s. File Transfer Protocol
Fulfilment (bei Webshop-Outsourcing) 20, 9, 27, 30, 36, 50 ff., 82
Full Outsourcing 19, 3
Full Service 14, 90
Funkdienste 4, 4
Funkfrequenzausschuss s. Radio Spectrum Committee
funktionale Anforderungen bei IT-Projekten 18, 82
funktionaler Test s. Blackbox-Test
Funktionsabdeckungsmethode 1, 303 ff.
Funktionsausgliederungen 19, 244
Funktionsbereich des Unternehmens 7, 117 f.
Funktionsbereichsgrenze 7, 117 ff.
funktionsbezogene Lizenz 12, 123 f.
Funktionsbibliothek s. Programmbibliothek
Funktionsgarantie 20, 45
Funktionsgleichheit 24, 102
Funktionsnachfolge 37, 113, 126
Funktionsprüfung 13, 65
Funktionsrucksäcke-Entscheidung des LG Frankfurt a. M., Urt. v. 18. 6. 2014 39, 3, 411

2548

Sachregister

magere Zahlen = Randnummern

Funktionstest *s. Blackbox-Test*
Funktionsübertragung **13**, 211; **19**, 144; **20**, 83 f.; **34**, 277 ff., 537 ff.; **35**, 70
- Verträge **34**, 286
Funktionsumfang-Beschreibung **18**, 45
Funktionsvorbehalt **22**, 203
Funkzelle **4**, 6
Funkzellenabfrage **43**, 359 ff.
Fussballspielpläne-Entscheidung des EuGH **6**, 20, 29
Fusionskontrolle **39**, 29, 105 ff., 179 ff.
- Verfahren **39**, 105 ff., 179 ff.
- pepcom-Entscheidung des BGH **39**, 120

G.fast **4**, 19
Gaming as a Service **29**, 35, 40
Game Engine **29**, 6, 14, 23, 26
Gamification **29**, 1
Gaming: Computer- und Online-Spiele **29**, 1 ff.
- Datenschutz **29**, 56
- Einleitung **29**, 1 f.
- Entwicklung des Spiels **29**, 16 ff.
- In-Game-Advertising **29**, 44 ff., 57
- In-Game-Shopping **29**, 57
- In-Game-Verhaltensanalyse **29**, 57
- Jugendschutz **29**, 48 ff.
- Markenrechte, Domainrechte und Patentrechte am Spiel **29**, 11 ff.
- Persönlichkeitsrechte Dritter **29**, 15
- unerlaubtes Glücksspiel **29**, 52 ff.
- Urheberrecht am Spiel **29**, 3 ff.
- Vertrieb des Spiels **29**, 29 ff.
Garantenstellung **33**, 137, 145 ff.
Garantie **10**, 71, 91, 93 ff.; **12**, 170; **15**, 24, 32 ff.; **19**, 267; **17**, 39 ff.
- Erweiterung **17**, 59 f.
- Ausschluss der Garantiehaftung **15**, 84
- formelle Anforderungen bei Verbrauchsgüterkauf **17**, 44
- Frist **17**, 42
- Funktionsgarantie *s. dort*
- Garantieklausel **13**, 203 f.
- Garantieleistung **17**, 42
- Garantieversprechen, konkludentes **25**, 207
- Inhalt **17**, 42
- Sprache **17**, 44
- Teilgarantie **17**, 44
Gaspatrone II-Entscheidung des BGH **5**, 326, 346, 353
Gästebücher **43**, 326 f.
Gateway **4**, 32; **27**, 39 f.; **30**, 322, 377
GATT *s. General Agreement on Tariffs and Trades*
Gebot der Datenvermeidung und Datensparsamkeit **18**, 249 *s. auch unter Datenschutz*
Gebot der kundenfeindlichsten Auslegung *s. Grundsatz der kundenfeindlichsten Auslegung*
Gebot der Rücksichtnahme **7**, 124, 135, 143
Gebot der Unparteilichkeit **46**, 103
Gebrauch, bestimmungsgemäßer **5**, 123, 41, 265

Gebrauchsgewährung **13**, 16 ff.
Gebrauchsmuster **37**, 233
Gebrauchsüberlassung **12**, 209; **15**, 72
Gebrauchsvorteile **17**, 25
gebrauchte Hardware **15**, 41, 52; **17**, 30
Gebrauchtmarkt **39**, 314
Gebrauchtsoftware **14**, 56; **24**, 173 ff.; **17**, 30; **39**, 314
- *s. auch unter UsedSoft-Entscheidungen*
- Gebrauchtsoftwarehandel **24**, 2, 173 ff.
gebundene Erfindung *s. Diensterfindung*
Gebührenbemessungskriterium **31**, 66, 78
Gefahrenquelle **5**, 315; **32**, 52
Gefahrtragung, Abwälzung der **15**, 58
Gefahrübergang **15**, 55; **17**, 31, 36
Gefälligkeitsverhältnis **13**, 28
Gegenleistungsgefahr **13**, 36
- *s. auch Sachgefahr*
Gegenstand (Pachtobjekt) **13**, 20 f.
Gegnerliste einer spezialisierten Kanzlei **34**, Anhang
Gehaltskartell **39**, 7
Geheimhaltung **11**, 109, 114 ff.; **12**, 231 ff.; **19**, 15; **39**, 364; **41**, 110 ff.
- Geheimhaltungsinteresse **45**, 45, 50, 52
- Geheimhaltungsklausel **12**, 231 ff.
- Geheimhaltungspflichten für Rechtsanwälte **30**, 12 ff.
- Geheimhaltungsprozess (§ 809 BGB) *s. dort*
- Geheimhaltungsvereinbarung **11**, 121, 207; **24**, 219; **34**, 115; **39**, 364
- Geheimhaltungswille **11**, 122
Geheimhaltungsprozess (§ 809 BGB) **45**, 27 ff.
- Berücksichtigung berechtigter Geheimhaltungsinteressen des Anspruchsgegners **45**, 52 ff.
- Geltendmachung **45**, 60 ff.
- Hauptsacheklage **45**, 75 ff.
- Rechtsfolge **45**, 46 ff.
- Voraussetzungen **45**, 35 ff.
Geheimnisdaten **19**, 225
Geheimnisschutz **11**, 114 ff.
Geheimnisträger **19**, 222
Gefährdungsdelikt **43**, 27, 31
geistige Eigentumsrechte **39**, 169
Geldautomat **43**, 180 f.
Geldbuße **34**, 69; **39**, 48, 133, 137, 140, 178, 180, 206, 220 ff., 238 ff., 267, 275, 280, 292, 372
Geldspielautomat-Entscheidung des BayObLG **43**, 247
Geldwäschegesetz **33**, 43; **34**, 237
geltungserhaltende Reduktion **16**, 29 ff.; **39**, 34, 173
GEMA-Vermutung III-Entscheidung des BGH **5**, 345
Gemeinkostenanteil-Entscheidung des BGH **5**, 343
gemeinsamer Vertrieb von Hard- und Software *s. Bundling*
Gemeinschaftsmarke **7**, 39; **8**, 143 ff.
- Anmeldung **8**, 144

2549

Sachregister

Fette Zahlen = Paragrafen

- Gemeinschaftsmarken-Verordnung 8, 143 ff.
- Wirkung 8, 144

gemischter Vertrag s. typengemischter Vertrag
Genehmigungspflicht 15, 65
Genehmigungsvorbehalt 19, 79
General Agreement on Tariffs and Trades (GATT) 5, 41
General Packet Radio Service (GPRS) 4, 20, 22; 21, 14
General Public Licence (GPL) 9, 4, 12 ff., 19 f., 27 f., 33 f., 38 ff., 46 ff., 59 ff.; 12, 129; 16, 21, 89; 17, 119; 23, 38 ff.
- Haftungsausschluss 9, 13, 20
- Rechtsverstöße 9, 32

Generalunternehmer s. Subunternehmer
Generic Top-Level-Domain (gTLD) s. Top Level Domain
generische Begriffe bei Domainnamen 7, 151 ff.; 8, 92
Gentlemen Agreement 39, 52
Geodaten 6, 29; 29, 57; 34, Anhang; 43, 305
- s. auch Scoring

Geolokalisierung 28, 48; 36, 99, 111, 181
Geolocation Technologies 8, 89
Geo-Scoring 34, 493 s. auch Scoring
Gerätenummer, einmalige 28, 47
Geräteverwaltung-Entscheidung des BGH 11, 78
Gerechtigkeitsprinzip der Priorität 7, 120, 134
GEREK s. Gremium Europäischer Regulierungsstellen für elektronische Kommunikation
gerichtliche Auseinandersetzung 45, 1 ff.
- Berufungsrecht s. dort
- Hauptsacheverfahren s. dort
- Revisionsrecht s. dort
- Vollstreckungsrecht s. dort
- Internationales Zivilverfahrensrecht/Internationales Zivilprozessrecht (IZPR) s. dort

Gerichtskostenvorschuss 39, 297
Gerichtssprache 34, 76
Gerichtsstand 17, 149 ff.; 22, 42; 45, 1 ff.; 39, 296 f.
- Gerichtsstand, allgemeiner 45, 1
- Gerichtsstand, ausschließlicher 45, 2 f., 233
- Gerichtsstand, besonderer 45, 232, 272
- Gerichtsstand, deliktischer 5, 418; 8, 90
- Gerichtsstand, internationaler 22, 47 f.
- Gerichtsstand des Erfüllungsortes 45, 2, 272
- Gerichtsstand kartellrechtlicher Ansprüche durch Private 39, 296 f.
- Verbrauchergerichtsstand s. unter Verbraucher

Gerichtsstandsvereinbarung 5, 383; 16, 218 ff.; 17, 140; 19, 28; 22, 47; 23, 85, 99; 24, 70, 73; 38, 122; 45, 2, 4, 230 ff., 259
gesamthafte Pflege s. unter Pflege
Gesamtsystem (bei Webshop-Outsourcing) 20, 10, 31 ff., 36
Gesamtverantwortung des Auftragnehmers 41, 203 ff.
Gesamtvertrag Hochschul-Intranet-Entscheidung des BGH 5, 51

Geschäft zur angemessenen Deckung des Lebensbedarfs 31, 123
Geschäftsabzeichen 7, 99
Geschäftsbesorgungsvertrag 13, 52, 232; 21, 49; 24, 27; 38, 142
Geschäftsbesorgungsdienstvertrag 24, 125
Geschäftsbezeichnung, besondere 7, 96
Geschäftsfähigkeit 23, 85
Geschäftsgeheimnis 11, 120 ff.; 28, 99; 33, 82; 34, 439; 37, 9, 311; 38, 83, 95, 159
Geschäftsgrundlage bei IT-Projekten 11, 83; 18, 98
geschäftsmäßige Erbringung von Telekommunikationsdiensten 37, 201
Geschäftsprozess
- Geschäftsprozessoptimierung 18, 6
- Geschäftsprozess-Outsourcing s. Business Process Outsourcing

Geschäftsverweigerung 39, 307, 309
Gesellschaft für Informatik e. V. 43, 117
Gesellschaft zum Schutz geistigen Eigentums mbH s. Promedia
Gesellschaft zur Verfolgung von Urheberrechtsverletzungen e. V. (GVU) 43, 348 f.
Gesellschafterwechsel 37, 150
Gesetz gegen den unlauteren Wettbewerb (UWG) 25, 45; 34, 99
- s. auch Lauterkeitsrecht
- Datenschutz und Marketing (Zusammenspiel von UWG und BDSG) 34, 503 ff.
- unzumutbare Belästigungen i. S. d. § 7 UWG 34, 388, 403, 410, 459, 508, 513

Gesetzlichkeitsfiktion 26, 155
Gesetzlichkeitsgrundsatz 43, 3
Gesichtserkennung 30, 171
Gesundheitstests 34, 246 ff., Anhang
Getarnte Werbung II-Entscheidung des BGH 5, 383
Gewährleistung
- s. auch Haftung
- Gewährleistung bei WAN- und VPN-Verträgen 32, 42 ff.
- Gewährleistung im Mietrecht 16, 242 ff.
- Gewährleistung im Outsourcing-Vertrag 19, 121 ff.
- Gewährleistung und Haftung bei Webdesign-Verträgen 25, 29 ff.
- Gewährleistungsansprüche 16, 45 ff.
- Regelungen in den EVB-IT 41, 77 ff.
- Verhältnis zum Service Level Agreement 19, 128

Gewaltdarstellung 43, 41
gewandelte Überzeugung (Urheberpersönlichkeitsrecht) 5, 268
Gewerberaummiete 13, 75
gewerbliches Ausmaß (Begriff) 5, 286, 299, 359
gewerbsmäßige unerlaubte Verwertung urheberrechtlich geschützter Werke 43, 283
Gewerbsmäßigkeit 37, 75
Gewinnerzielungsabsicht 37, 75
Gewinnspiele auf Social Media Präsenzen 28, 93 f.

magere Zahlen = Randnummern

Sachregister

gewöhnliche Verwendung 11, 44
gewöhnlicher Aufenthalt (IPR) 22, 46; 23, 12, 90
gewöhnlicher Aufenthaltsort (IPR) 23, 15
Giropay 27, 2
Glasfaser 32, 14
Glasfaserkabel 4, 2
Glassbox-Test s. *Whitebox-Test*
Glaubhaftmachung 5, 423; 44, 81
Gleichstellungsgebot (Arbeitnehmerüberlassung) 37, 106
Gleitklausel 19, 79
glibc s. *GNU C Library*
Global Positioning System (GPS) 34, Anhang
s. *auch GPS-Ortung*
Global System for Mobile Communication
s. *GSM*
Glücksspiel, unerlaubtes 29, 52
Glücksspielstaatsvertrag 29, 52
GNU 9, 8
– GNU GPL s. *General Public Licence*
– GNUpgp s. *Pretty Good Privacy*
– GNU-Projekt
GPL s. *General Public Licence*
GOFER (Programmiersprache) 1, 69
Going–Live-Termin 14, 63
Goodwill 24, 91, 93 ff.
– Goodwill-Ausgleichsansprüche 24, 93 ff.
Google 5, 31; 25, 46 ff.; 39, 412 ff.; 42, 165
– Google Analytics 3, 146; 36, 57
– Google-Ranking 39, 451
– Google Mail 39, 447
– Google Maps 32, 2
– Google News 39, 456 f.
– Google Scholar 39, 447
– Google Street View 34, 499 ff.; 43, 96, 101
– Kartellbeschwerde durch VG Media und Presseverlage in Deutschland 39, 6, 454, 456 ff.
– kartellrechtliche Bedenken 5, 31; 39, 440 ff.
– kartellrechtliche Beurteilung durch EU-Kommission 39, 449 ff.
Google France-Urteil des EuGH 25, 60
Google Spain-Urteil des EuGH 34, 9; 35, 5 ff., 23 ff.; 36, 188
GPRS s. *General Packet Radio Service*
GPS s. *Global Positioning System*
GPS-Daten 29, 63
GPS-Ortung 33, 369; 34, 265 f.
Grace Period 19, 155; 24, 138
Grandfathering Period 30, 306
Green Paper 39, 267
Gremium Europäischer Regulierungsstellen für elektronische Kommunikation (GEREK) 31, 11
Grenzbeschlagnahme 5, 357
grenzüberschreitende Datenverarbeitung
s. *Datenverarbeitung, grenzüberschreitende*
grenzüberschreitende Verträge 45, 220
Grenzwertanalyse 1, 311 ff.
Greybox-Test 1, 337, 363
Grid Computing 12, 162; 13, 48 ff.; 23, 34 ff., 42
– s. *auch Cloud Computing, Smart Grid, Smart Metering*
– Vertragstyp 13, 51 ff.

Grobkonzept s. *Grobspezifikation*
Grobspezifikation
– s. *auch Pflichtenheft*
– Grobspezifikation, fachliche 2, 13 ff.; 11, 37; 18, 58
– Grobspezifikation, technische 11, 37; 18, 58
Großrechner 15, 54
Grünbuch der Europäischen Kommission über Optionen für die Einführung eines europäischen Vertragsrechts für Verbraucher und Unternehmer 23, 5
Grünbuch der Europäischen Kommission über Schadensersatzklagen wegen Verletzung des EU-Wettbewerbsrechts 39, 299
Grundke.de-Entscheidung des BGH 7, 61, 64
Grundrecht auf Gewährleistung der Vertraulichkeit und Integrität informationstechnischer Systeme 22, 223; 30, 336; 33, 369; 34, 20, 80 ff.; 36, 186; 43, 387
– Abgrenzung von anderen Grundrechten und Rangverhältnis 34, 84
– Auswirkung des Grundrechts im nicht-öffentlichen Bereich 34, 90 ff.
– Verfassungswidrigkeit der angegriffenen Normen 34, 81 ff.
Grundregeln der Anwaltschaft in der Informationsgesellschaft 30, 16 f.
Grundsatz der gesonderten Verwertbarkeit 6, 19
Grundsatz der kundenfeindlichsten Auslegung 25, 96;
– s. *auch Grundsatz der verbraucherfreundlichen Auslegung*
Grundsatz der Parallelität im Urheberrecht 5, 57
Grundsatz der Privatautonomie 10, 19; 23, 9, 73; 25, 105; 31, 93, 156; 39, 41
Grundsatz der verbraucherfreundlichen Auslegung 17, 49
– s. *auch Grundsatz der kundenfeindlichsten Auslegung*
Grundsatzanknüpfung 23, 10
Grundsätze der AGB-Inhaltskontrolle 16, 22 ff.
– s. *auch Allgemeine Geschäftsbedingungen*
Grundsätze des Systemdenkens 1, 196
Grundsätze für gute Unternehmensführung
s. *Public Corporate Governance Kodex*
Grundsätze ordnungsmäßiger Buchführung (GoB) 46, 50
Grundsätze ordnungsmäßiger Datenverarbeitung (GoDV) 46, 49
Grundsätze ordnungsmäßiger DV-gestützter Buchführungssysteme (GoBS) 30, 249; 33, 324; 46, 59
Grundsätze zum Datenzugriff und zur Prüfbarkeit digitaler Unterlagen (GDPdU) 13, 230; 30, 249, 251; 33, 98, 324; 46, 59
Grundsätze zur ordnungsmäßigen Führung und Aufbewahrung von Büchern, Aufzeichnungen und Unterlagen in elektronischer Form sowie zum Datenzugriff (GoBD) 33, 11, 323 ff., 333 ff.; 46, 59
Grundtarif zzgl. Abrufentgelt 21, 16, 30

2551

Sachregister

Gruppenfreistellungsverordnungen
- Allgemeines zu den Gruppenfreistellungsverordnungen **39**, 146 ff.
- Anwendbarkeit der Gruppenfreistellungsverordnungen auf Softwareverträge **39**, 326 ff.
- Entziehung der Vorteile einer Gruppenfreistellungsverordnung **39**, 148, 234
- freigestellte Vereinbarungen nach § 2 GWB **39**, 69 ff.
- Freistellung von Mittelstandskartellen nach § 3 GWB **39**, 73 ff.
- GVO Forschung und Entwicklung **39**, 125, 146, 154 ff., 329, 344, 354, 363 ff.
- GVO für horizontale Vereinbarungen **39**, 149 ff.
- GVO für vertikale Beschränkungen und Vertriebswege (Vertikal-GVO) **24**, 86, 215; **39**, 162 ff., 355 ff.
- GVO Spezialisierungsvereinbarungen **39**, 125, 139, 149, 150 ff., 159, 329, 338, 366 f.
- GVO Technologietransfer **39**, 22, 125, 146, 159 ff., 329 f., 336 ff.

Gruppenprofil-Entscheidung des BGH 5, 394
GS-Zeichen 24, 232
GSM (Global System for Mobile Communications) 4, 20 ff.
- GSM-Gateway **4**, 27

Günstigkeitsvergleich 17, 165; **22**, 78; **23**, 63
Gutachten-Aufbau s. *Empfehlung für den Aufbau eines Sachverständigengutachtens*
Gütezeichengemeinschaft 39, 100
gütliche Einigung 46, 109
GVO s. *Gruppenfreistellungsverordnungen*

Haager Beweisübereinkommen (HBÜ) 35, 98; **45**, 223
Haager Übereinkommen betreffend das auf internationale Kaufverträge über bewegliche Sachen anzuwendende Recht 23, 27
HABM s. *Harmonisierungsamt für den Binnenmarkt*
Hacken 43, 88, 384
Haftung 8, 104 f.; **9**, 27 ff.; **12**, 229 f.; **16**, 248 f.; **19**, 132; **24**, 32, 128, 204; **25**, 215; **30**, 351 ff.; **33**, 64 ff.; **41**, 65 ff., 102 f., 237 ff., 282 ff., 374 f.; **42**, 1 ff.
- s. auch *Compliance, Gewährleistung, Kartellrecht*
- Haftung bei Datenverlust **19**, 140
- Haftung bei De-Mail **30**, 351 ff.
- Haftung bei Software-Erstellung **11**, 106 f.
- Haftung der Geschäftsleitung s. *dort*
- Haftung der Rechtsabteilungs- und Revisionsleiter **33**, 136 ff.
- Haftung des Admin-C **42**, 178 ff.
- Haftung des Betreibers einer Internetpräsenz **25**, 36
- Haftung des Compliance Officer **33**, 3, 136 ff.
- Haftung des betrieblichen Datenschutzbeauftragten **33**, 136 ff.
- Haftung für Filesharing **42**, 201
- Haftung für Gästebücher und Foren **43**, 326 f.
- Haftung für Hyperlinks **42**, 193; **43**, 325
- Haftung für Inhalte im Internet **43**, 318 ff.
- Haftung für Share Hosting/ des Filehosters **42**, 211 ff.
- Haftung für verlinkte Inhalte **42**, 193
- Haftung im Rahmen von Telekommunikationsverträgen **31**, 169 ff.
- Haftung in Matrixstrukturen **33**, 83 ff.
- Haftung von Affiliates **42**, 186 ff.
- Haftung von Plattformen **42**, 151 ff.
- Haftung von Sozialen Netzwerken **42**, 160 ff.
- Haftung von Suchmaschinenbetreibern **42**, 165 ff.
- Haftung von WLAN-Anbietern **42**, 216 ff.
- Haftungsausschluss **9**, 36, 38; **10**, 162; **12**, 150; **16**, 99 f., 248 f.; **19**, 135; **25**, 17
- Haftungsfreizeichnungsklausel **18**, 175
- Haftungshöchstsummen **17**, 135; **19**, 138
- Haftungsklauseln **13**, 188 ff.; **33**, 299
- Haftungsprivilegierung nach TKG **32**, 56
- Haftungsprivilegierung nach TMG **5**, 317; **18**, 74, 79, 82; **21**, 10; **42**, 77 f.; **43**, 318 ff.
- Verantwortung für Inhalte im Internet **18**, 1 ff.; **28**, 77
- Verhältnis zu Service Level Agreement **19**, 141

Haftungsbeschränkung 12, 229; **15**, 38; **19**, 16, 135; **22**, 111, 116 ff.; **33**, 65; **41**, 237 ff.
- Haftungsbeschränkungen beim Verbrauchsgüterkauf **17**, 113
- Haftungsbeschränkung, summenmäßige **13**, 193
- Haftungsbeschränkung bei Cloud Computing **22**, 111, 116 ff.
- Haftungsbeschränkung im Mietrecht **13**, 188 ff.
- Haftungsbeschränkung bei Hardware **15**, 38 f.
- Haftungsbeschränkung im Outsourcing **19**, 135

Haftung der Geschäftsleitung 33, 64 ff.; **39**, 257, 276 ff.
- Haftung der Geschäftsleitung in der „Sandwich"-Position **33**, 70, 93 f.
- Haftung im Konzern **33**, 71 ff.
- Haftung von GmbH-Geschäftsführern **33**, 66 ff.
- Organisationsverschulden **33**, 69, 95 f.; **39**, 245
- Ressortverantwortung des IT-Vorstands **33**, 64 f.
- Schadenspositionen/Schadensrisiko **33**, 81 f.
- Steuer- und handelsrechtliche Buchhaltungs-/ Buchführungspflichten, Archivierung, Datenschutzpflichten **33**, 97 ff.

Half-Life 2-Entscheidung des BGH 5, 187; **12**, 203, 220; **29**, 41
Haltbarkeitsgarantie 15, 24; **17**, 32
Halzband-Entscheidung des BGH 5, 312; **25**, 202; **42**, 55, 58, 185
Hamburger Brauch (Vertragsstrafenhöhe in Unterlassungserklärung) 5, 383
Handbuch 16, 66; **18**, 153
Handel
- Handel mit körperlich in den Verkehr gebrachter Software **24**, 180

Sachregister

magere Zahlen = Randnummern

- Handel mit unkörperlich in den Verkehr gebrachter Software 24, 179, 181 f.
- Handelsmakler 24, 6
- Handelsregister 30, 38
- Handelsvertreter 24, 4 ff., 25 ff., 34, 119 ff., 126, 156; 20, 12
- Handelsvertreter im Nebenberuf 24, 80
- Handelsvertreterrecht (HGB) 24, 28
- Handgefäßstrukturerkennung 30, 171
- Händlerbindung 24, 210
- Händlerpflichten, softwarespezifisch 24, 38 f.
- Handlungsort 8, 32 ff., 77; 43, 5
- Handlungsstörer 42, 28
- Handover (Telekommunikationstechnik) 4, 6, 31
- Handshake-SMS 31, 186
- s. auch SMS
- Handshake-Verfahren 31, 186
- Handy
- s. auch Mobiltelefon
- Handy-Klingelton 31, 113, 173
- Handy-Ortung 34, Anhang
- Happy Digits-Entscheidung des BGH 34, 391 ff.
- Hardware 46, 22
  - Abgrenzung Hardware – Software 15, 1 f.
  - Hardware-Ankoppelung 39, 322, 392 ff.
  - Hardware-Beschaffung 15, 6, 11, 22, 54, 59, 85,, 99; 17, 1 ff.
  - Hardware-Betrieb 15, 118
  - Hardware-Bindung 39, 324, 368, 373, 392 ff.
  - Hardware-Dimensionierung 15, 14, 19
  - Hardware-Distributor 15, 99
  - Hardware-Infrastruktur 18, 107
  - Hardware-Kauf s. dort
  - Hardware-Leasing s. dort
  - Hardware-Lieferung 10, 49
  - Hardware-Markt 15, 3 f., 48, 55
  - Hardware-Miete s. dort
  - Hardware-Überlassung 15, 32, 42; 17, 39
  - Hardware-Übernahme beim Outsourcing 19, 184
  - Hardware-Vertrag s. dort
  - Hardware-Vertrieb s. dort
  - Hardware-Wartung s. dort
  - individuell gefertigte Hardware 24, 213
- Hardware-Kauf 15, 9 ff., 17, 85
  - Leistungsbeschreibung 15, 23 ff.
  - Leistungsstörungen 15, 44 ff.
  - Mangelbegriff 15, 23 ff., 26
  - Mitwirkung des Kunden 15, 43
  - vertragliche Besonderheiten 15, 23
  - Vertragstypologie 15, 9 ff.
  - vorvertragliche Beratungspflichten 15, 14 ff.
  - Zusätzliche Leistungen 15, 13, 42
- Hardware-Miete 15, 54 ff.
  - Begriff 15, 54 ff.
  - Insolvenz 15, 59
  - Leistungsbeschreibung 15, 60 ff.
  - Mängelhaftung 15, 80
  - vertragstypologische Einordnung 15, 57 f.
- Hardware-Leasing 15, 85 ff.
- Hardware-Vertrag 15, 1 ff.
  - Begriff der Hardware 15, 1 ff.

- Hardware-Kauf 15, 9 ff., s. a. dort
- Hardware-Miete 15, 54 ff., s. a. dort
- Hardware-Leasing 15, 85 ff., s. a. dort
- Hardware-Vertrieb s. dort
- Hardware-Vertrieb 24, 1 ff.
  - Ausgestaltung 24, 13 ff.
  - Besonderheiten 24, 208 ff.
  - Hardwarebezogene Besonderheiten 24, 221 ff.
  - Verträge zwischen Hardwareherstellern und Vertriebspartnern 24, 25 ff.
  - Verträge zwischen Hardwareherstellern/Vertriebspartnern und Endkunden 24, 118 ff.
- Hardware-Wartung 14, 1, 4, 8, 17; 15, 102 ff.; 17, 40; 20, 17; 24, 24, 31; 33, 14; 38, 113
  - Abgrenzung zur Mängelhaftung 15, 119 ff.
  - Begriff und Grundlagen 15, 102 ff.
  - Dokumentation 1, 111 ff.
  - Gewährleistung der IT-Compliance 15, 132
  - Leistungsbeschreibung 15, 124 ff.
  - Leistungsmängel 15, 115 ff.
  - Mitwirkungspflichten des Kunden 15, 128, 131
  - präventive Hardware-Wartung 15, 105, 115, 120
  - Software als Teil der Wartungsleistung 15, 111
  - Vergütung 15, 140 ff.
  - Wartungsvertrag mit einem Dritten 15, 83
  - Vertragsgestaltung 15, 103 ff.
  - Vertragsbeendigung 15, 138
  - Vertragslaufzeit 15, 136 ff.
  - vertragliche Besonderheiten 15, 123 ff.
  - Vertragstypologie 15, 113 ff.
  - vorbeugende Hardware-Wartung 15, 105, 115, 120; s. a. präventive Wartung
  - Wartungspauschale 15, 140
  - Wartungsumfang 15, 124
- Harmonisierung des Datenschutzrechts innerhalb der EU s. Datenschutzrechts-Harmonisierung innerhalb der EU
- Harmonisierungsamt für den Binnenmarkt (HABM) 7, 84; 8, 136, 143
- Hartplatzhelden-Entscheidung des BGH 11, 117 ff.
- Hash-Funktion 30, 79
- Haskell (Programmiersprache) 1, 69
- Hauptprozessor (Central Processing Unit) s. CPU
- Hauptsacheverfahren 5, 452 ff.; 45, 1 ff.
  - Begründetheit der Klage s. dort
  - Zulässigkeit der Klage s. dort
- Hauptverteiler 4, 12, 16
- Haushaltsumfrage-Entscheidung des OLG Frankfurt/Main 34, 376 ff.
- Hausstichregelung 31, 82
- Hehlerei bei Online-Auktionen 25, 205
- Helpdesk s. Hotline, User-Helpdesk
- Hemmungswirkung (selbstständiges Beweisverfahren) 44, 62
- Herausgabe des Quellcodes 11, 49, 130 ff.; 12, 173 ff.; 38, 135 ff.
  - Herausgabe des Quellcode bei der Erstellung von Individualsoftware 38, 159

2553

Sachregister

Fette Zahlen = Paragrafen

- Herausgabe des Quellcodes bei Software-Miete 38, 160
- Herausgabe des Quellcodes bei Pflegeverträgen 38, 161
- Herausgabe des Quellcodes beim Kauf von Standardsoftware 38, 157
- Herausgabebedingungen 38, 154 f.
- Herausgabefälle 38, 66
- Herausgabeumfang 38, 156
- Offenlegung von Schnittstellen 38, 158

Herausgabe des Verletzergewinns 5, 343
Herausgabe von Daten 13, 231
Herausgabeanspruch 13, 140, 232; 24, 91 f.
Herausgabeansprüche, vertriebsrechtliche 24, 91 f.
Herausgabepflicht, vertriebsrechtliche 24, 91
Herkunftsangaben, geographische 7, 103
Herkunftsfunktion (Markenrecht) 25, 63
Herkunftslandprinzip 8, 19; 23, 62 f.
Herstellerangaben 11, 19
Herstellergarantie 15, 32 f., 41
Herstellung
- Herstellung von Standardsoftware 11, 21
- Herstellung von Individualsoftware 11, 21

Herstellungs- und Lieferpflichten 24, 21
HFC-Netz (Hybrid Fiber Coax-Netz) 4, 14
High Speed Circuit Switched Data (HSCSD) 4, 21
High Speed Downlink Packet Access (HSDPA) 4, 24; 21, 14;
High Speed Uplink Packet Access (HSUPA) 4, 24
Hilfe zur Hilfe 1, 130
Hilfemenü 1, 127
Hilfesysteme 1, 125 ff.
- Anwendergruppen 1, 132
- Benutzerführung 1, 135 ff.
- Inhalt 1, 131 ff.
- Organisation 1, 127 ff.
- Online Hilfesysteme 1, 125 f.
- Zugangsmöglichkeiten, 1, 129 f.

Hilfe-Seite 26, 68
Hilfe-Topic 1, 127, 133
Hinsendekosten 26, 228 ff.
Hinterlegung
- s. auch Escrow
- Hinterlegung der Software (Standardklauseln) 16, 142
- Hinterlegung des Quellcode s. Escrow
- Hinterlegungsvereinbarung beim Outsourcing 19, 33 f.

Hinweispflicht 11, 234; 15, 14
Hochrisiko 33, 161
Höchstpreisbindung 39, 379
höhere Gewalt 12, 182
Holzhandlung-Entscheidung des BGH 5, 145; 11, 78; 18, 60
Homepage s. Website
homomorphe Kryptographie
Honorar
- Honorarabtretung 34, Anhang
- Pauschalhonorar 30, 44

Hörbuch 5, 200
horizontale Abrede 39, 128, 173, 329

Hosting 19, 209; 20, 23
- Hosting-Anbieter
- Hosting-Vertrag 13, 37; 32, 12

Host-Provider 21, 37 ff.; 28, 79; 36, 32; 42, 72; 43, 322
Hot Backup 19, 210
Hot-/Cold-Standby-Lösungen 20, 38
Hotel Maritime-Entscheidung des BGH 8, 81
Hotline 14, 25, 37, 68, 85; 16, 34; 15, 106, 114, 115; 19, 46; 26, 242; 41, 347 ff.
- s. auch Helpdesk

Hotspots 21, 16, 30 ff.; 31, 15, 168
HSCSD s. High Speed Circuit Switched Data
HSDPA s. High Speed Downlink Packet Access
HSUPA s. High Speed Uplink Packet Access
HTML s. Hypertext Markup Language
HTML-Quelltext 25, 11
HTTP s. Hypertext Transfer Protocol
hufeland.de-Entscheidung des BGH 7, 142 f.
Hundertwasserhaus II-Entscheidung 5, 282
Hybridbrief s. unter E-Postbrief
hybride Verschlüsselungsverfahren 30, 58 ff.
Hyperlink 5, 199; 42, 193; 26, 42, 93; 43, 270, 275, 325,
Hypertext Markup Language (HTML) 1, 71; 3, 117; 7, 1, 73
Hypertext Preprocessor (PHP) 1, 5
Hypertext Transfer Protocol (HTTP) 3, 109 ff.; 7, 1
Hypertextsystem 1, 127

IBAN 27, 10
ICC s. International Chamber of Commerce
ICANN s. Internet Corporation for Assigned Names and Numbers
ICloud 32, 2
IDA s. The Interactive Disassembler
Identifikation von Internet-Usern 34, Anhang
Identifikation von IP-Adressen 34, Anhang
Identifizierungsfunktion (Namensschutz) 7, 92, 115
Identitätsbestätigungsdienst 30, 334
Identitätsfunktion 30, 115 f.
Identitätsklau
IEEE s. Institute of Electrical and Electronics Engineers
IMAC (Install, Move, Add, Change) 19, 206 f.
Immanenztheorie 39, 309
Immaterialgüterrechte 39, 79, 305 ff.
Impfstoff-Entscheidung des LG Düsseldorf
Implementierung 1, 183
Implementierung von Standardsoftware 18, 6
Importbeschränkung 20, 57
Impressum 30, 32; 28, 22; 36, 218
Impuls-Entscheidung des BGH 7, 73; 25, 41
IMS Health-Entscheidung des EuGH 39, 176, 311, 321, 324, 390
IMSI-Catcher 34, Anhang; 43, 362 ff.
In-App-Purchase 28, 5, 19, 36 ff.
in dubio pro reo-Grundsatz 42, 199
Inanspruchnahme von Providern und Haftung 43, 294 ff.

magere Zahlen = Randnummern

- Auskunftsverpflichtung 43, 312 ff.
- Datenspeicherung 43, 299
- Haftung für Inhalte 43, 318 ff.
- Privilegierung nach TMG 43, 318 ff.

Inanspruchnahmerecht
 (Arbeitnehmererfindungsrecht) 37, 258
Inbound-Teil eines IT-Outsourcing-Projektes 19, 45 f.
- s. auch Outbound-Teil eines IT-Outsourcing-Projektes

in-camera-Prozess s. Geheimhaltungsprozess
Index
- Indexklausel 13, 93
- Indexmiete 15, 66

Individualität (Urheberrecht) 5, 83
Individualvereinbarungen 16, 36; 17, 73
individualvertragliche Beschränkung im Mietrecht 13, 183
individuelle Werke als Ergebnis geistiger Schöpfung (§ 69 a UrhG) 10, 83
Industrial XP 11, 142
Industrie 4.0 33, 367 ff.
Infobank-Entscheidung des OLG Köln 5, 155
Informant/Informationsquelle 34, 124 ff.
Information Commissioner (ICO) 35, 16
Information Rights Management-Systeme (IRM) 33, 163
Informationsdienst 21, 8, 64
Informationsfreiheit 34, Anhang
Informationsfreiheitsgesetz (IFG) 34, 592 ff.
- Allgemeines 34, 592 f.
- Aufbau 34, 596 f.
- Informationszugangsmöglichkeiten vor Inkrafttreten des IFG 34, 594 f.

Informationsmanagementsystem (IMS) 1, 87
Information-Mapping 1, 111
Information-Provider 21, 56 ff.
Informationspflichten 12, 217 ff.; 15, 97; 17, 43; 24, 230; 25, 166; 26, 64 ff.; 116 f., 255, 269; 27, 104 ff.; 30, 32, 36 ff.; 31, 136; 33, 94, 151 ff.; 36, 35
Informationsplattform s. unter Plattform
Informationssicherheitsprüfungsbeauftragter 34, 215
Informationssicherheitsprüfprogramm 43, 117
Informationstechnologie s. IT (Informationstechnologie)
Informationstechnologierecht (Begriff) 10, 1 ff.
Informations- und Kommunikationsdienstegesetz (IuKDG) 36, 2
Informed Consent s. unter Einwilligung, datenschutzrechtliche
InfoSoc-Richtlinie 5, 87, 250; 42, 235
Infrastructure as a Service (IaaS) 22, 6, 28, 172
Infrastructure Providing 19, 206
Infrastruktur
- aktive Infrastruktur 32, 7
- Infrastrukturgewährleistungspflicht, verfassungsrechtliche 31, 81, 83
- Infrastruktur-Verträge 32, 6 ff.
- passive Infrastruktur 32, 6
- virtuelle Infrastruktur 32, 8

In-Game-Advertising 29, 44 ff.
Ingebrauchnahme 11, 150
Ingebrauchnahme, vertragsgemäße 15, 60
Inhaltsdaten 43, 300
Inhaltsirrtum 24, 8
Inhaltskontrolle 13, 4, 86, 103, 120, 203 ff.; 16, 22 ff.; 17, 57, 90 ff.; 19, 125
- s. auch Allgemeine Geschäftsbedingungen, Standardklauseln
- Grundregeln bei der Verwendung von Standardklauseln 16, 1 ff.
- Individualvereinbarungen s. dort
- Klauselverbote gemäß §§ 308 und 309 BGB 16, 27 f.; 22, 130
- kontrollfreie Klauseln 16, 34 f.; 22, 102; 31, 156
- Maßstab für die Klauselkontrolle 16, 24 ff.
- Unwirksamkeit durch Zusammentreffen zweier an sich wirksamer Klauseln 16, 32 f.
- Verbraucherverträge 17, 90 ff.
- Verbot der geltungserhaltenden Reduktion s. dort

Inhouse-Geschäft s. unter Vergaberecht
Inkasso
- Inkasso von Verbindungsentgelten 31, 110; 164 ff.
- Inkassokette 31, 165
- Inkassoverbot 31, 70

Inkassoprogramm-Entscheidung des BGH 5, 36; 18, 63
Inländergleichbehandlung 8, 8 ff., 13, 38
Innenrevision s. unter Beschäftigtendatenschutz
Inputmanipulation 43, 179
Insiderverzeichnis 33, 223
Insolvenz 19, 34; 29, 28; 33, 170; 38, 1 ff.
- Erfüllung und Wahlrecht 38, 26 ff.
- Insolvenz des Vermieters 13, 137
- Insolvenzanfechtung 38, 27
- Insolvenzfestigkeit s. dort
- Insolvenzgründe 38, 3 ff.
- Insolvenzverfahren 38, 3, 19 ff.
- Kündigungsrecht bei Insolvenz 13, 145
- Lizenzen in der Insolvenz s. unter Lizenzen
- Sanierungsmaßnahmen 38, 19 ff.
- Vorsorge für den Insolvenzfall 38, 13 ff.

Insolvenzfestigkeit
- Insolvenzfestigkeit der Hardware-Miete 15, 59
- Insolvenzfestigkeit des Quellcode-Herausgabeanspruchs s. dort
- Insolvenzfestigkeit von Lizenzvereinbarungen 19, 34; 38, 55
- Insolvenzfestigkeit von Software-Miete 13, 84

Insolvenzfestigkeit des Quellcode-Herausgabeanspruchs 38, 135 ff.
- Gestaltung gemäß BGH-Rechtsprechung 38, 138 ff.
- Gestaltungshinweise 38, 141 ff.
- Wahlrecht des Insolvenzverwalters 38, 135 f., 148 f.

Insourcing 19, 7, 152
Inspektion 1, 275; 15, 103 f., 114
Installation 12, 192, 197; 13, 64; 18, 109

Sachregister

Fette Zahlen = Paragrafen

- Installation neuer Softwareversionen **14**, 70 ff.
- Installation von Geräten **15**, 115
- Installationsanleitung **1**, 112 f., 124; **11**, 89; **10**, 83 ff.; **18**, 44 f., 291
- Installationsbeschreibung **18**, 278
- Installationsdokumentation **46**, 26
- Installationspflicht **14**, 146 ff., **15**, 43
- Installationstest **1**, 240 ff.; **18**, 218

Instandhaltung **15**, 102, 105, 115
- Instandhaltungspflicht **13**, 67 f.; **15**, 83

Instandsetzung **15**, 102, 105, 115
- Instandsetzungspflicht **13**, 67; **15**, 83

Instant Messaging s. *Messenger-Dienste*

Instate-Geschäft s. *unter Vergaberecht*

Institut für Sachverständigenwesen (IfS) **46**, 97, 101

Institute of Electronical and Electronics Engineers (IEEE) **18**, 81; **4**, 30

Integrated Services Digital Network (ISDN) **4**, 13; **21**, 14
- ISDN-Endgerät **21**, 17
- ISDN-Karte-Entscheidung des OLG Hamburg s. *dort*
- ISDN-Verbindung **31**, 119

Integrationstest **1**, 145, 187 f., 198 f., 208 ff.; **18**, 218

Integrierte Entwicklungsumgebung (engl. Integrated Development Environment, IDE) **1**, 80 ff.

Intel-Entscheidung der Europäischen Kommission **39**, 176

Interactive Disassembler (IDA) s. *The Interactive Disassembler*

Interaktionstest **18**, 218

Interconnection **4**, 26 f.; s. a. *Zusammenschaltung*
- Interconnection-Anschlüsse (ICA) **4**, 27

Interflora-Entscheidung des EuGH **25**, 67

International Chamber of Commerce (ICC) **19**, 268

International Data Encryption Algorithm (IDEA) **30**, 50

International Telecommunication Union (ITU) **31**, 53

Internationale Domains **8**, 98 ff.
- Anmeldung **8**, 99 f.
- außergerichtliche Rechtsdurchsetzung **8**, 102 ff. s. *auch Uniform Domainname Dispute Resolution Policy*
- Rechtsdurchsetzung **8**, 102 ff.
- Rechtsdurchsetzung vor ordentlichen Gerichten **8**, 128
- Registrierungsvoraussetzungen **8**, 100

Internationale Handelskammer s. *International Chamber of Commerce*

internationaler Vertrieb **24**, 70 ff.

Internationales Privatrecht (IPR) **8**, 18 ff., 86 f.; **9**, 55 ff.; **10**, 7; **22**, 40 ff.; **23**, 1 ff.; **28**, 9; **45**, 220, 243
- allgemeine Grundsätze **8**, 18 ff., 86 f.; **9**, 60; **23**, 1 ff.
- Lokalisierung von Verträgen, „Policies" und Webseiten im Verhältnis Deutschland-Schweiz **23**, 93 ff., 150 ff.

- Möglichkeiten und Grenzen der Rechtswahl **23**, 73 ff.
- Rechtsquellen **8**, 86 f.; **23**, 1 ff.
- Spaltungstheorie s. *dort*
- Sprache **9**, 61
- Vertragsstatut/anwendbares Recht **8**, 39 f.; **23**, 7 ff.
- Vertragsstatut und Elektronischer Geschäftsverkehr **23**, 58 ff.

Internationales Zivilprozessrecht (IZPR) **8**, 41; **22**, 40 ff.; **45**, 218 ff.
- Beweisverfahren, selbstständiges **45**, 286 f.
- Europäischer Vollstreckungstitel **45**, 260 ff.
- Europäisches Übereinkommen über die gerichtliche Zuständigkeit und die Vollstreckung gerichtlicher Entscheidungen in Zivil- und Handelssachen (EuGVVO) **8**, 41, 76; **17**, 150; **23**, 4; **45**, 242 ff.
- Luganer Übereinkommen über die gerichtliche Zuständigkeit und die Vollstreckung gerichtlicher Entscheidungen in Zivil- und Handelssachen (Luganer Übereinkommen) **45**, 238 ff.
- Mahnverfahren und Europäisches Mahnverfahren **45**, 264 ff.
- Streitverkündung **45**, 288
- Zuständigkeitsregelungen **45**, 226 ff.

Internationales Zivilverfahrensrecht s. *Internationales Zivilprozessrecht*

internes Kontrollsystem (IKS) **33**, 29 ff., 273, 325; **34**, 212

Internet Corporation for Assigned Names and Numbers (ICANN) **7**, 42; **8**, 45, 98; **21**, 51

Internet
- Bedrohungen **3**, 209 ff.
- Internet Access-Vertrag s. *Internetzugangsvertrag*
- Internet der Dinge **33**, 367 ff.
- Internet Service Provider (ISP) **7**, 4, 11; **21**, 1 ff., 34
- Internetauftritt **39**, 250
- Internetauktion **17**, 15 ff. s. a. *Internetversteigerung*
- Internetdiensteanbieter s. *Internet Service Provider*
- Internetkriminalität **43**, 20
- Internetnutzungs-Klauseln in Arbeitsverträgen **37**, 28 f.
- Internetplattform **39**, 171, 399 ff., 411, 414, 418 ff.; **42**, 151
- Internetspezifische Ermittlungen **43**, 401 ff.
- Internet-Backbones **21**, 15
- Internet-by-Call **21**, 16, 30; **31**, 98
- Internet-Foren **43**, 326
- Internet-Marketing **25**, 33 ff.
- Internet-Peering **32**, 13
- Internet-Sperren **43**, 295
- Internet-System-Vertrag **7**, 15; **10**, 66; **11**, 1; **14**, 101; **20**, 16, 23; **21**, 47;
- Internet-Tarifierung **21**, 16, 18
- Internet-Telefonie **4**, 32; **9**, 43; s. *auch VoIP*
- Internet-Verträge **10**, 66 f.

2556

magere Zahlen = Randnummern

Sachregister

- Internet-Vertrieb s. *Online-Vertrieb*
- Internetzugangvertrag 32, 11
- Protokolle 3, 50 ff.
- Sichere Anbindung von lokalen Netzen an das Internet 3, 249 ff.

Internet Protocol (IP) 3, 50 ff.; **4**, 32; **32**, 15
- IP-Adresse 3, 52 ff., 63, 84 f.; 5, 344; 8, 89; 28, 47; 31, 68; 34, 124 ff., Anhang; 36, 59 ff., 98 ff., 107 ff.; 43, 347, 370
- IP-Adresse, dynamische 3, 58 f.
- IP-Adresse, statische 3, 60
- IP-Geolokalisierung 36, 180
- Personenbeziehbarkeit von IP-Adressen s. *dort*

IP-rechtliche Fragestellungen beim Offshoring 19, 269

Internet Assigned Numbers Authority (IANA) 8, 100

Internet-Reservierungssystem-Entscheidung des BGH 26, 286

Internet-System-Vertrag-Entscheidung des BGH 10, 44; **14**, 101; **20**, 17 ff.; **25**, 25, 29

Internetversteigerung 17, 14 ff.

Internetversteigerung I-Entscheidung des BGH 5, 306; **9**, 43; **42**, 48, 119, 213

Internetversteigerung II-Entscheidung des BGH 9, 43; **42**, 147 f.

Internetversteigerung III-Entscheidung des BGH 42, 48, 74

Interoperabilität 1, 51, 223; **24**, 15; **13**, 115; 13, 114 ff., 214; **19**, 100; **38**, 78

Interpreter 1, 4, 18, 36, 81

Inter-Registrar Transfer Policy (IRTP) 21, 51

Interventionswirkung 45, 105

IntraSelect-Vertrag von T-Systems 32, 19 ff.

Inventur 20, 64

Investitionen
- Investitionsersatzanspruch 24, 114 ff.
- Investitionsschutz 24, 114 ff.
- Investitionszyklus

invitatio ad offerendum 5, 155; **26**, 3; 25, 185, 187

iOS-Betriebssystem (Apple) 28, 8

IP s. *Internet Protocol*

iPhone 34, Anhang

iPod (Schutzmaßnahmen) 39, 327
- s. auch *FairPlay-Technologie, iTunes (Schutzmaßnahmen), Mod-Chip-Fälle, Roboterhund (Schutzmaßnahmen), Spielekonsolen (Schutzmaßnahmen)*

IP-TV 4, 17

IR-Marke 8, 139

Iriserkennung 30, 129, 171

Irreführungsgefahr 7, 155

IRTP s. *Inter-Registrar-Transfer Policy*

ISDN s. *Integrated Services Digital Network*

ISDN-Karte-Entscheidung des OLG Hamburg

ISO-Normen 33, 302 ff., 306 f.

ISO/OSI-Referenzmodell 3, 79 ff.

Ist-Situationsbestimmung 46, 66

Ist-/Soll-Analyse 18, 91

Italienisches Torpedo (Patentrecht) 5, 417

iterative Entwicklungsmodelle 1, 192 ff.

- s. auch *agiles Programmieren*

ITU s. *International Telecommunication Union*

iTunes 34, Anhang

iTunes (Schutzmaßnahmen) 39, 327
- s. auch *FairPlay-Technologie, iPod (Schutzmaßnahmen), Mod-Chip-Fälle, Roboterhund (Schutzmaßnahmen), Spielekonsolen (Schutzmaßnahmen)*

IT (Informationstechnologie)
- IT-Grundschutzkatalog 33, 304 f.
- IT-Infrastruktur 15, 15, 19, 59
- IT Infrastructure Library (ITIL) 33, 163, 315 f.
- IT-Leistungen 10, 46 ff.
- IT-Outsourcing s. *Outsourcing*
- IT-Projekte s. *dort*
- IT-Recht (Begriff) 10, 1
- IT-Service GmbH, interne 19, 39, 49
- IT-Sicherheit s. *dort*
- Vertragsgegenstände 10, 8 ff.
- Vertragstypologie 10, 8 ff.

IT-Projekte 18, 1 ff.; **21**, 73 f.; **44**, 146
- s. auch *Projekte*
- Änderung des Vertragstyps im Projektverlauf 11, 30 f.
- Arten 18, 5
- Begriff, Definition 18, 1
- Einführung 18, 1 ff.
- Change Requests und Change Management 18, 186 ff.
- Dokumentation 18, 277 ff.
- IT-Projektvertrag 10, 63; **11**, 1 ff.; **18**, 3
- Leistungen des Auftraggebers (Mitwirkung und Beistellungen) 18, 164 ff.
- Leistungsbeschreibung, Pflichtenheft und Anforderungsmanagement 18, 49 ff.
- Mediation 44, 133 ff.
- Merkmale 18, 2
- Projektabbruch aus wichtigem Grund 11, 27
- Projektbeendigung 18, 307 ff.
- Projektleiter 11, 54
- Projektverantwortung, Projektleitung und Projektmanagement sowie Projektorganisation 18, 141 ff.
- Risikoverteilung 11, 28, 53
- Testverfahren und Abnahmeprüfungen 18, 213 ff.
- Themenkomplexe eines IT-Projekt-Vertrages und typische Vertragsgegenstände 18, 101 ff.
- typische Projektsünden 18, 13 ff.
- Vergütung 11, 32
- Vorgehensmodelle und Projektphasen 18, 123 ff.

IT-Sicherheit 33, 1 ff., 171 ff.
- Beispiele ausländischer und internationaler Anforderungen 33, 257 ff.
- BSI-Gesetz s. *dort*
- IT-Sicherheit als Konsequenz der Vermeidung strafrechtliche Haftung 33, 224 ff.
- IT-Sicherheitsgesetz (IT-SiG) 33, 235 ff.; **34**, 13
- kritische Infrastrukturen 33, 234, 235 ff.
- Nationaler Plan zum Schutz der Informationsinfrastrukturen (NPSI) 33, 234

2557

Sachregister

Fette Zahlen = Paragrafen

- öffentlich-rechtliche Regelungen 33, 230 f.
- Orientierungshilfen der Datenschutzbehörden 33, 241 ff.
- Überblick 33, 8 ff.
- Umsetzungsplan Bund 33, 234
- Umsetzungsplan KRITIS 33, 234, 235
- Vertragliche Verpflichtungen zur Etabierung von IT-Sicherheit 33, 254 ff.

IT-Sicherheitsgesetz (IT-SiG) 33, 40, 235 ff., 34, 13
- Änderung des BSI-Gesetzes 33, 236
- Änderungen im TKG 33, 236
- Änderung im TMG 33, 239
- Entwicklung und Kontext 33, 235

ius cogens 23, 79

Jahresabschlussprüfungen 34, 212
Jailbreak 28, 8; 37, 293
Java 1, 4 f., 18, 53, 71; 18, 83
- Java-Applet 13, 125
- Java-Tags 36, 94
Jedermann-Doktrin 39, 300, 304
Jette Joop-Entscheidung des BGH 39, 34
JIT-Compiler 1, 4, 18, 49
Jitter 32, 44
JobCard 34, Anhang
- s. auch digitale Signatur
John the Ripper-Hackersoftware 43, 115
Joint Venture 19, 7; 20, 1
Joint Verification 19, 7
Jour fixe 14, 86
Jubiläumsverkauf-Entscheidung des BGH 5, 368
Jugendgefährdende Medien 33, 227
Jugendgefährdende Medien bei eBay-Entscheidung 5, 311, 317; 42, 35, 49, 58, 155, 159, 185
Jugendmedienschutzstaatsvertrag (JMStV) 29, 49; 36, 156
Jugendpornographie 43, 64
Jugendschutz 29, 47, 48 ff.; 34, 59
Jugendschutzgesetz (JuSchG) 43, 41
Juris.de-Entscheidung des LG München I
Juristische Person 5, 281, 353; 17, 12
Just in time 12, 11
Justizkommunikation 30, 205 ff., 240 ff.,
JUVE-Ranking 39, 429

Kabelnetz 4, 11, 14
Kabelverzweiger 4, 12
Kabelweitersendung-Entscheidung des BGH 5, 195
Kalkulationsirrtum 26, 10
Kamerakauf im Internet-Entscheidung des BGH 26, 294
Kardinalpflichten 16, 92 ff., 101 ff.; 17, 115; 22, 117 ff.; 33, 26, 38
Karenzentschädigung 37, 14
Karteien (Krankenkartei/Patientenkartei/Beratungskartei) 34, Anhang
Kartellbehörde 39, 1, 8, 13, 19, 31, 33, 113, 118 f., 185 ff., 224 ff., 245 ff., 282 ff.
Kartellrecht 7, 21; 11, 114; 14, 48, 59; 15, 117; 19, 39; 23, 81, 109 ff.; 24, 74; 31, 12; 39, 1 ff.
- abgestimmte Verhaltensweisen 39, 51 ff.

- Abgrenzung zu anderen kartellrechtlichen Regelungen 39, 30 ff.
- Anwendbarkeit der Gruppenfreistellungsverordnungen auf Softwareverträge 39, 326 ff.
- Bedeutung für den IT-Bereich 39, 1 ff.
- Befugnisse der Kartellbehörden 39, 187 ff.
- Bußgeldverfahren 39, 220, 237 ff.
- Boykottverbot 39, 101 f.
- deutsches Kartellrecht (Überblick) 39, 41 ff.
- Durchsetzung von kartellrechtlichen Ansprüchen durch Private 39, 265 ff.
- Drittbeschwerde 39, 120 ff.
- Einführung 39, 1 ff.
- Entwicklung der Kartellrechtsgesetzgebung 39, 9 ff.
- essential facilities 22, 20; 39, 321
- Europäisches Kartellrecht (Überblick) 39, 124 ff.
- Expansionsstrategien von Google 39, 447 f.
- Expansionsverlust von Google als kartellrechtliches Problem 39, 440 ff.
- Gerichtsstand kartellrechtlicher Ansprüche durch Private 39, 396 f.
- kartellbehördliche Durchsuchungsmaßnahmen, 39, 259
- kartellrechtliches Behinderungsverbot 7, 21; 39, 92
- kartellrechtliche Betrachtung der DENIC 7, 5; 39, 469
- kartellrechtliche Probleme bei Online-Vertrieb und Online-Handel 39, 399 ff.
- kartellrechtliche Grenzen von Patentlizenzen 39, 319 ff.
- kartellrechtliche Grenzen von Standards 39, 316 ff.
- kartellrechtlicher Anspruch auf Registrierung einer zweistelligen Domain 39, 459 ff.
- Kartellverbot 39, 10, 16, 29, 41 ff., 47, 60, 72, 81, 104, 117, 127 ff., 143 ff., 166, 260, 269, 326, 335, 347, 365, 384, 317
- Kartellverfahren 39, 13 f., 114 ff.; 176, 177 f.; 251 ff., 286
- marktbeherrschende Stellung im IT-Bereich am Beispiel Microsoft 39, 389 ff.
- relevanter Markt 39, 85 ff., 174, 424, 441
- Schweizerisches Kartellrecht 23, 109 ff., 39, 38
- Sektorspezifisches Kartellrecht 39, 30 f.
- Spürbarkeit, Bagatellgrenze, Wirkungsklausel, De-minimis-Bekanntmachung 39, 42, 63 ff., 128, 135 ff., 326 ff.
- Verhältnis zwischen Immaterialgüterrecht und Kartellrecht 39, 305 ff.
- Wettbewerbsbeschränkung 39, 10, 16, 47, 58 ff., 132 ff.
- Wirksamkeit von typischen wettbewerbsbeschränkenden Klauseln in Softwareverträgen (Überblick) 39, 368 ff.

Kauf auf Probe zu Gunsten Dritter 12, 134
Käuferpflichten 12, 217 ff.
Kaufaufforderung an Kinder 29, 46
kaufmännischer Rechtsverkehr 23, 58 ff., 73 ff.
kaufmännisches Bestätigungsschreiben 22, 44, 75

Kaufoption 15, 58
Kaufrecht 11, 94; 12, 42; 19, 37
Kaufvertrag 10, 21; 23, 50; 28, 15
KEK-Entscheidung zu Axel Springer AG/ ProSiebenSat.1 Media AG 39, 113
Kennzeichenrecht 7, 32 ff., 88 ff.; 5, 60; 28, 40 ff., 80; 42, 37
- Kennzeichenrechtsverletzung 25, 43
- Räumlicher Geltungsbereich 7, 98 f.
- Unternehmenskennzeichen s. dort
Kennzeichnung
- Kennzeichnung des Sicherheitsgrads der Ergebnisse eines Sachverständigen-Gutachtens 46, 104
- Kennzeichnungsfunktion 7, 37, 70 f., 89, 111, 115
- Kennzeichnungskraft 7, 37, 70 f., 86
- Kennzeichnungspflicht 24, 230; 28, 26
Kernbereich der anwaltlichen Berufsausübung 30, 2
Kernbeschränkung 39, 76, 139, 169, 310, 406 ff., 411
Kernbestand der inländischen Rechtsordnung 23, 82
Kernnetz 4, 5 ff.
Kerntheorie (Unterlassungserklärung) 5, 379
Kerntheorie (computerimplementierte Erfindung) 37, 236
Key Performance Indicator (KPI) 34, 446
Keylogger 27, 21
Keyselling 29, 41
Keyserver 30, 191
Key-User 11, 112
Keywords 25, 45, 47, 49, 57 f., 68, 69 ff.; 34, Anhang
Kfz-Kennzeichenerfassung 34, Anhang
- s. auch Polizeiliche Kfz-Kennzeichenerfassung-Entscheidung des BVerfG
Kinderpornographie 43, 63
Klage aus gewerblichen Schutzrechten s. unter Klagearten
Klagearten 45, 10 ff.
- Feststellungsklage 5, 399; 8, 120; 45, 21 ff.
- Klage aus gewerblichen Schutzrechten 45, 10
- Leistungsklage 45, 10
- Lieferungsklage 45, 10
- Mängelbeseitigungsklage 45, 11 f.
- Stufenklage 5, 456; 45, 53
- Vorschussklage 45, 14 ff., 26
- Zahlungsklage 45, 10
Klageerzwingungsverfahren 43, 335 ff.
Klarnamenpflicht (Facebook) 28, 88
Klauseln zum anwendbaren Recht 16, 221 f.
Klauseln zur Hinterlegung der Software 16, 142
Klauselverbote gemäß §§ 308 und 309 BGB
s. unter Inhaltskontrolle
Kleine Münze (Urheberrecht) 5, 84
Kleine und Mittelständische Unternehmen (KMU) 37, 228; 39, 73 ff., 78, 137, 267, 317
KMU-Bekanntmachung 23, 111
Know-how 39, 156, 336, 338, 446
- Know-how-Transfer 19, 72
- Know-how-Vereinbarung 39, 160

Know-how-Schutz 11, 109, 114 ff.
- Schutz von Know-how und Geschäftsgeheimnissen bei Escrow 38, 95
Koalitionsfreiheit, negative 39, 106
Koaxialkabel 4, 2
Kollektion Holiday-Entscheidung des BGH 5, 332
Kollokationsräume 4, 15
Kollisionen im Domainrecht 7, 128 f., 134 ff., 142, 143 f.
Kollisionsrecht 8, 22; 23, 97
Kollisionsregel 39, 105
kollusives Zusammenwirken zwischen abmahnendem Anwalt und seinem Mandanten 5, 402
Kombination des Rücktritts vom Pflegevertrag mit dem Rücktritt vom Lizenzvertrag 14, 99
Kommentarfunktion 36, 218
Kommission zur Ermittlung der Konzentration im Medienbereich (KEK) 39, 113
Kommissionär 24, 7
Kommunikation
- leitungsvermittelte Kommunikation 4, 9 s. auch Circuit Switched Data
- paketvermittelte Kommunikation 4, 9 s. auch Packet Switched Data
Kommunikationsnetze 4, 2 ff.
- Funkgestützte Kommunikationsnetze 4, 3 ff.
- Kabelgebundene Kommunikationsnetze 4, 2
Kompatibilitätsprobleme 15, 47
Kompensationsprinzip 39, 273
Kompilierung 1, 34 ff.; 38, 70
Kompilierer s. Compiler
Komponentenintegrationstest 1, 200
Komponententest 1, 145, 187 f., 198 f., 202 ff.
Komponentenspezifikation 1, 188
Konfiguration 12, 197
- Konfigurationsanleitung 1, 112 f.
- Konfigurationsmanagement 1, 378 ff.
Konfliktmanagement beim Outsourcing 19, 160
Konkurrenzangebote 19, 82
Konnektivität 21, 14, 34 f
Konnex zwischen Überlassungs- und Pflegevereinbarung 14, 45, 99
Konsistenzgebot 31, 36
Konsolidierungsverfahren 31, 17, 24
Konsortialvertrag 11, 246 ff.
Konstruktionsstückliste 19, 99
Konsultationsverfahren 31, 17, 24
Konsumentenrecht (Schweiz) 23, 151
Kontonummern-Abgleich 34, Anhang
KonTraG 33, 12, 30, 272
Kontrahierungszwang 15, 116 ff.; 39, 92, 208
Kontrollbesuch-Entscheidung des BGH 5, 428
Kontrolle
- Kontrolle der betrieblichen E-Mail- und Internetnutzung s. dort
- Kontrolle von Lizenzen, Vertriebsverträgen, Einkaufsbedingungen und Kooperationsvereinbarungen 39, 248 f.
- Kontrolle von Werbebroschüren, Internetauftritt, Pressemitteilungen 39, 250

Sachregister

Fette Zahlen = Paragrafen

- kontrollfreie Klauseln s. *unter Inhaltskontrolle*
- Kontrollpunkte **18**, 114 f.
- Kontrollrechte **20**, 63
- Stichprobenkontrolle s. *unter Beschäftigtendatenschutz*

Kontrolle der betrieblichen E-Mail- und Internetnutzung 34, 256 ff.; **37**, 198 ff.;
- Betriebliche Praxis und Grundsatz des Verbots der Privatnutzung **37**, 198 ff.
- Datenschutzkonforme Protokollierung und kaskadenartiges Kontrollschema **37**, 210 ff.
- Maßgaben des TKG und TMG **37**, 201 ff.
- Regelungsmöglichkeiten im Rahmen einer IT-Richtlinie, Mitarbeiter- oder Betriebsvereinbarung **37**, 206 ff.
- Überblick über ausgewählte Rechtsprechung des BAG seit 2005 **37**, 220 ff.

Kontrollflussorientierte Testverfahren 1, 291
Konzeptionsphase 18, 130, 135; **32**, 35
Konzern
- Arbeitsrechtliche Aspekte **37**, 180 ff.
- Zentralisierung und Auslagerung der IT innerhalb eines Konzerns **34**, 445 ff.
- Konzernbegriff **37**, 74
- Konzerndatenschutz s. *unter Beschäftigtendatenschutz*
- Konzerninterne Leiharbeitnehmer **37**, 190 f.
- Konzernprivileg **34**, 64, 271 f.; **35**, 36; **37**, 74, 191; s. auch unter *Beschäftigtendatenschutz*
- Konzern-Lizenz **12**, 113 ff.
- Konzernversetzungsklausel **37**, 183 ff.
- Matrixstrukturen **37**, 192 ff.

Kooperation
- Kooperationsvereinbarung **24**, 17
- Kooperationsvertrag **11**, 183

Kooperationsvereinbarung Spanien-Entscheidung des EuGH 40, 126
kooperative Normung- und Standardisierung 39, 316 f.
kooperatives Gemeinschaftsunternehmen 39, 418
Kopienversanddienst-Entscheidung des BGH 5, 155
Kopierläden-Entscheidung des BGH 42, 37
Kopierschutz 5, 221; **12**, 200; **39**, 324
Kopplung
- Kopplung, missbräuchliche **39**, 392 ff., 435
- Kopplung von Verträgen **24**, 149
- Kopplungsbindungen **39**, 372, 392 ff.
- Kopplungsverbot **36**, 150 ff.

Korrektheitsbeweis 1, 68
Korrekturanspruch 27, 28
Kosten
- Kosten des außergerichtlichen Verfahrens (Urheberrecht) **5**, 400
- Kosten der Hinterlegung von Software (Escrow) **38**, 168 ff.
- Kosten des selbstständigen Beweisverfahrens **44**, 110 ff.
- Kostenanalyse **18**, 97
- Kostenelementeklausel **13**, 93; **15**, 66, 68
- Kostenentscheidung, isolierte (bei selbstständigem Beweisverfahren) **44**, 124 ff.
- Kostenerstattungsanspruch, materiell-rechtlicher (bei selbstständigem Beweisverfahren) **44**, 131 f.
- Kostenrechnung bei IT-Projekten **18**, 99
- Kostenrisiko **39**, 297
- Kostenschätzung **10**, 137 ff.
- Kostentragung (bei selbstständigem Beweisverfahren) **44**, 119 ff.
- Kostenvoranschlag **10**, 137
- Kostenwiderspruch s. *unter Widerspruchsverfahren*

Kostenpflichtige Rufnummern 26, 242
Krankenhausinformationssysteme (KIS) 34, Anhang
Kredit
- Kreditbranche **19**, 214
- Kreditkartenzahlung im Internet **27**, 37 ff.
- Kreditwesengesetz (KWG) **19**, 215 ff.; **33**, 292 f.; **34**, 220
- Kredit-/Kapitalmarktwürdigkeit **38**, 73

Kreuzbodenventilsäcke III-Entscheidung des BGH 5, 342
Kriterien für die Bewertung der Sicherheit von Systemen der Informationstechnik (ITSEC) 46, 60
Kronzeugenregelung 39, 126, 223, 283, 291 f.
kritische Infrastrukturen s. *unter IT-Sicherheit*
Kryptographie 27, 88; **30**, 48 ff, 286; **34**, Anhang
- Kryptographie-Chip

Kryptokampagne der Zeitschrift c't 30, 190
Kumulationseffekt 6, 38
Kunden
- Kundenansprache s. *dort*
- Kundendaten **24**, 95
- Kundendatenschutz s. *dort*
- Kundenkartensystem s. *dort*
- Kundenspezifikation **26**, 175 ff., 210
- Kundenstamm **24**, 95
- Kundenzufriedenheitsanalyse **25**, 169

Kundenansprache
- s. auch *Kundendatenschutz*
- unerwünschte Kundenansprache mittels Briefen, Prospekten und Katalogen **34**, 518 ff.
- unzulässige Formen der Kundenansprache **34**, 506 ff.
- Wettbewerbsmaßnahmen per Telefon, E-Mail, SMS und Fax **34**, 510 ff.

Kundendatenschutz 28, 46; **34**, 419 ff.
- s. auch *Datenschutz*
- Adresshandel und Werbung **34**, 427 ff.
- berufsbezogene Werbung **34**, 428
- Bonitätsprüfung **20**, 51; **31**, 208; **34**, 474 ff.
- Customer Relationship Management (CRM) **14**, 110; **33**, 340; **34**, 430 ff., Anhang
- Datenbankschutz **34**, 97, 450 ff., Anhang
- Datenschutz und Marketing (Zusammenspiel von UWG und BDSG) **34**, 503 ff.
- Doubletten-Prüfung **34**, 450 ff.
- Eigenwerbung **34**, 428
- Gewinnspiele **34**, 531 ff.
- Google Street View s. *unter Google*
- Kaltakquise **34**, 510, 516

magere Zahlen = Randnummern

Sachregister

- Kundenansprache s. *dort*
- Kundenbindung 34, 432, Anhang
- Kundenkartensystem s. *dort*
- Listenprivileg s. *dort*
- Nutzungsdaten s. *dort*
- Opt-In s. *dort*
- Opt-Out s. *dort*
- Persönlichkeitsprofilbildung 28, 64
- Persönlichkeitsprofilbildung zu Marketingzwecken 34, 430
- Regelspeicherfristen bei CRM-Dateien 34, 457 ff.
- Robinsonliste des Deutschen Dialogmarketing Werbeverbands 34, 519
- Scoring s. *dort*
- Spendenwerbung 34, 428
- Verstoß gegen die eigene Datenschutzerklärung 34, 528 f.
- Verwertung von Kundenlisten-Entscheidung des BGH s. *dort*
- Vorratsdatenspeicherung s. *dort*
- Wettbewerbsmaßnahmen per Telefon, E-Mail, SMS und Fax 34, 510 ff.
- wettbewerbsrechtliche Relevanz von Verstößen gegen datenschutzrechtliche Informationspflichten 34, 524 ff.
- Zentralisierung und Auslagerung der IT innerhalb eines Konzerns 34, 445 ff.
- Zusammenführung von Daten 34, 433

Kundenkartensystem 34, 391, Anhang

Kündigung 11, 25 ff.; 16, 179 ␣f.; 18, 320 ff.; 19, 147 ff.; 24, 76 ff.; 81 ff.; 41, 249 f.; 379 f.
- Kündigung, außerordentliche 13, 14, 181, 219 f.; 15, 72, 115; 18, 323; 24, 81 ff.; 34, Anhang; 38, 128, 148;
- Kündigung, ordentliche 13, 221; 15, 138; 18, 320; 24, 76 ff.
- Kündigung des Internet-System-Vertrags 20, 21
- Kündigung des IT-Projektvertrages 18, 320
- Kündigung des Mietvertrags 13, 181, 219 ff.
- Kündigung des Outsourcing-Vertrags 19, 147 ff.
- Kündigung des Pflegevertrags 14, 49 f., 57 ff.
- Kündigung des Providervertrags 21, 23, 26 ff.
- Kündigung des Telekommunikationsdienstvertrages 31, 180
- Kündigungsform 13, 222
- Kündigungsfrist 13, 221; 24, 77 f., 107 ff.
- Kündigungsklauseln im Falle übermäßiger Nutzung von Flatrates 31, 184
- Kündigungsrecht beim Outsourcing 19, 87
- Kündigungsrecht im Falle von Insolvenz 13, 145
- Kündigungsrecht im Mietrecht 13, 13, 181 ff., 195, 219 ff.
- Kündigungsschutz 37, 189
- Kündigungsschranke 24, 116
- Kündigungsverbot, gesetzliches 37, 174
- Sonderkündigungsrecht des Kunden bei Pflegevertrag 14, 151

Kunststoffhohlprofil II-Entscheidung des BGH 5, 59
Kupferdoppeladerr 4, 2, 12, 15, 29
Kurt-Biedenkopf.de-Entscheidung des BGH 7, 130 f
Kurt-Biedenkopf.de-Entscheidung des OLG Dresden
Kurzwahldienste 31, 105, 152 f.

Lagerbestand 20, 63
Label Switched Paths 21, 34
- Multiprotocol- Label Switched Paths (MPLS) 21, 34
Lambda-Kalkül 1, 68
Lamport TeX (Textart)
LAN s. *Local Area Network*
Landeskartellämter 39, 224 ff., 284
Landgut Borsig-Entscheidung des BGH 7, 128
Landrush-Period (Domainrecht) 8, 45
Langzeitvertrag 14, 98
Laras Tochter-Entscheidung des BGH 5, 282
last-minute.eu-Entscheidung des OLG Düsseldorf 8, 72
Lastenheft 2, 28 f., 32; 11, 35, 124; 32, 35
- s. auch *Pflichtenheft*
Lastschriftklausel 31, 156 f.
Lastschriftverfahren 34, Anhang
- Lastschriftverfahren, elektronisches s. *unter E-Payment*
Lasttest 1, 228 ff.; 18, 218
LaTeX (Textart) s. *Lamport TeX (Textart)*
Laufbild 29, 4
Laufzeit 24, 85
- Laufzeit bei Dauerschuldverhältnissen 17, 121
- Laufzeitklausel 13, 218; 31, 181
- Laufzeitumgebung 38, 72
Lauterkeitsrecht 5, 332
- s. auch *Gesetz gegen den unlauteren Wettbewerb (UWG)*
- Datenschutz und Marketing (Zusammenspiel von UWG und BDSG) 34, 503 ff.
- Lauterkeitsrecht (Schweiz) 23, 112 ff.
- Lauterkeitsrecht in Deutschland (UWG) 31, 50, 70, 168; 39, 32 ff.
Law Made in Germany-Initiative 23, 29
Lead Authority 35, 53
Leased Lines 32, 7
Leasing 13, 30 ff.; 15, 85 ff.
- Allgemeines 13, 30 ff.
- Abtretung s. *dort*
- Finanzierungsleasing s. *dort*
- Hardware-Leasing 15, 85 ff.
- leasingtypisches Dreiecksverhältnis 13, 32; 15, 88 ff.
- Operating-Leasing s. *dort*
- Sale-and-lease-back-Leasing s. *dort*
- Übernahmeklausel 15, 99 ff.
- Verbraucherleasinggeschäft s. *unter Verbraucher*
- Vertragstyp 13, 33 ff.
Least Coast Router 4, 27

2561

Sachregister

Fette Zahlen = Paragrafen

Legal Privilege 39, 254, 258
Legal Professional Privilege (LPP) 43, 134
Legalitätspflicht 33, 37
Legalitätsprinzip 43, 329
Leiharbeit
– Leiharbeitnehmer 11, 243 ff.; 37, 190 f., 285
– Leiharbeitnehmer, konzerninterne 37, 190 f.
– Leiharbeitsrecht 37, 39
– Leiharbeitsverhältnis, echtes und unechtes 37, 48 f.
– Leiharbeitsvertrag 37, 102
– verdeckte Leiharbeit 37, 192
Leihvertrag 12, 42; 13, 29
Leistung
– Leistung des Auftraggebers bei IT-Projekten 18, 164 ff.
– Leistungsänderungsklauseln 22, 127
– Leistungsausschluss 22, 106 ff.
– Leistungsbündel 13, 43 ff.
– Leistungsfrist 17, 99
– Leistungskennzahl 15, 135
– Leistungsklage s. unter Klagearten
– Leistungskontrolle beim Outsourcing 19, 70 ff.
– Leistungsort 17, 156; 19, 62; 25, 196
– Leistungsparameter 19, 200
– Leistungspflichten im Endkunden-Internetzugangsvertrag 21, 18 ff.
– Leistungsscheine 14, 16, 107, 109; 19, 44, 195 ff.
– Leistungsstörungen 12, 223 ff.
– Leistungsstörungen bei der Hardware 15, 44
– Leistungstest 1, 232 ff.; 18, 218
– Leistungstypen (Vergaberecht) s. dort
– Leistungsunterbrechung bei Telekommunikationsdienstleistungen 31, 171
– Leistungsvorbehaltsklausel 13, 93, 205 ff.; 15, 66
– Leistungszeiten 11, 219; 14, 127, 135 ff.; 15, 110
Leistungsbeschränkung 13, 199
Leistungsbeschreibung 9, 36, 60, 148 ff.; 11, 35 ff., 152, 214; 13, 199; 15, 23, 60, 124; 18, 51 ff.; 19, 197; 22, 79 ff.; 25, 20 ff.; 29, 23; 30, 209 ff.; 31, 115, 131; 32, 32 ff.
– s. auch Feinkonzept, Feinspezifikation, Lastenheft, Pflichtenheft
– reine Leistungsbeschreibung 13, 59 s. auch Transparenzkontrolle
Leistungsbestimmungsrecht, einseitiges 22, 240
Leistungsschutzrechte 8, 7
Leistungsschutzrecht für Presseverleger 5, 29 ff., 49; 39, 6, 457
Leistungstypen (Vergaberecht) 40, 128 ff.
– gemischte Verträge 40, 134 f.
– Lieferleistungen 40, 129 f.
– sonstige Leistungen/Dienstleistungen VOF 40, 131 ff.
Lenkungsausschuss 18, 162
Lenkungsfunktion 31, 78
Lesbarkeit des Programmcodes 1, 62
Lesser General Public License (LGPL) 9, 19, 21, 53
Letter of Intent (LoI) 10, 154 ff.; 18, 106; 19, 2, 6, 27 ff.; 29, 22
– s. auch Memorandum of Understanding (MoU)

Leverage-Ratio 33, 291
Leveraging s. Marktmachtverlagerung
lex fori-Grundsatz 45, 221
lex loci protectionis s. Schutzlandprinzip
lex specialis derogat legi generali 19, 48, 199
Lexer 1, 41
lexikalische Analyse 1, 41
Liberalisierung und Harmonisierung der Telekommunikationsmärkte 31, 3 ff.
Lichtbildabgleich 34, Anhang
– s. auch Fotoaufnahmen
Liedtextwiedergabe II-Entscheidung des BGH 5, 336
Lieferkette 17, 66
Lieferkosten 26, 293, 392
Liefersperre 39, 101, 237
Lieferung
– Lieferfrist 26, 119
– Liefertermin 26, 118
– Lieferung von Software 12, 181 ff.
– Lieferung von Standardsoftware 10, 50
– Lieferung von bereits etablierter Standardsoftware 18, 4
– Lieferungsklage s. unter Klagearten
Liegenschaften und Domainrecht 7, 128
Lifecycle 1, 178
– s. auch Softwarelebenszyklus
Like-Button 28, 82; 36, 212
Line Sharing 4, 15, 124
Linientechnik 4, 2
Link 5, 14; 7, 54; 42, 23, 167 ff., 193 ff., 235
– Linking 5, 50, 145
Linkage Editor s. Linker
Linken, dynamisches 1, 30
Linken, statisches 1, 30
Linker 1, 21, 27 ff., 81
Linux-Klausel 9, 18
Liquidität 38, 4 f.
– Liquiditätslücke 38, 4
– Liquiditätsplan 38, 4
– Liquiditätsstatus 38, 4
LISP (Programmiersprache) s. List Processing
List Processing (LISP) (Programmiersprache)
Listenprivileg des § 28 Abs. 3 BDSG 34, 413, 427
Lit Fiber 32, 37
Literaturhaus-Entscheidung des BGH 7, 159 ff.
Litigation Hold 35, 90
Live-Interview 42, 197
Lizenzanalogie 5, 59, 334
Lizenzanalogie-Entscheidung des BGH 37, 270
Lizenzaudit s. Softwarelizenzaudit
Lizenzen 10, 157 f.; 9, 19 ff.; 13, 25
– Berkeley Software Distribution Copyright License (BSD) s. dort
– Copyleft-Prinzip s. dort
– Creative Commons License s. dort
– Digital Peer Publishing License (DPPL) s. dort
– Dual Licensing s. dort
– Escrow s. dort
– European Public License s. dort
– General Public License (GPL) s. dort
– Insolvenzfestigkeit s. dort

magere Zahlen = Randnummern

Sachregister

- Lesser General Public License (LGPL) *s. dort*
- Lizenzbedingungen der Hersteller **16**, 16 ff.
- Lizenzen für Computernetze **12**, 98 ff.
- Lizenzen in der Insolvenz **38**, 42 ff.
- Lizenzgebühr **39**, 319 ff.
- Lizenzkette **24**, 164 ff.; **39**, 333
- Lizenzklauseln bei Cloud Computing **22**, 58
- Lizenzmanagement **28**, 67; **41**, 350
- Lizenzmodelle **24**, 192
- Lizenzübertragung **16**, 124
- Lizenzvereinbarungen, kartellrechtliche Grenzen von **39**, 309 ff.
- Lizenzvertrag **13**, 8, 24 ff.; **14**, 57, 60, 99; **23**, 23 ff.; **39**, 319, 321
- Mozilla Public License (MPL) *s. dort*
- offene Lizenz **5**, 22
- Open Content-Lizenz *s. dort*
- Pearl Artistic License (PAL) *s. dort*
- Permissive-Lizenz *s. dort*
- schuldrechtliche Lizenz **9**, 38
- Überschreitung des Lizenzumfangs **12**, 190

Lizenzierung **1**, 9; **12**, 1
- Lizenzierung von Domainnamen *s. unter Domainrecht*

Lizenzvertragsfiktion **5**, 340
Local Area Network (LAN) **3**, 6 f.; **19**, 46, 207; **32**, 12
- Sichere Anbindung **3**, 249 ff.

Location Based Services **34**, Anhang
Lockanrufe **30**, 153
Lock-In-Effekt **39**, 79, 444
Lock-Status (Domainrecht) **8**, 103
Logfiles **36**, 89 ff., 11
- Logfile-Analyse **4**, 138 f.

Logikverifikation-Entscheidung des BGH **5**, 117
Logistik **20**, 66
Lohnprogramm-Entscheidung des BGH **12**, 53, 62, 198, 222
lokale und regionale Funknetze **4**, 28 ff.
Lokalisierung **23**, 93 ff.
- Lokalisierung von Verträgen, „Policies" und Webseiten im Verhältnis Deutschland-Schweiz *s. unter Internationales Privatrecht*

Long Term Evolution (LTE) **4**, 20, 25, 32, 20
Look & Feel **29**, 23
Löscherlaubnis **33**, 344 f.
Löschpflichten **33**, 340 ff.
- Auftragsdatenverarbeitung **33**, 354
- Datenschutzrechtlicher Löschanspruch, Löschgebot, Löschverbot **33**, 343
- Differenzierung nach Art des Datenträgers **33**, 341

Löschkonzepte **33**, 340 ff., 352; **34**, Anhang
Löschverbot **33**, 346
Löschungsanspruch (Domainrecht) **7**, 79,
Loyalitätsklausel **15**, 66
LPP *s. Legal Professional Privilege*
LSP *s. Label Switched Paths*
LTE *s. Long Term Evolution*
Luganer Übereinkommen (LugÜ) **23**, 99; **45**, 238 ff.
Lump Sum **19**, 76

M2 Trade-Entscheidung des BGH **24**, 167; **38**, 51 ff.
MAC-Adresse **3**, 62
Machbarkeit
- Machbarkeitsnachweis **18**, 116
- Machbarkeitsprüfung **18**, 116

Machine-to-Machine (M2M)-Kommunikation **33**, 368, 378
Madrider Markenabkommen (MMA) **8**, 137, 139
Madrid Resolution **35**, 19
Magill-Entscheidung des EuGH **39**, 311, 321, 324, 390
Mahnung **13**, 177
Mahnverfahren **45**, 264 ff.
Mahnverfahren, europäisches *s. Europäisches Mahnverfahren*
Mailbox **21**, 65
Mail-Order-Verfahren **27**, 37, 40
Mail-Relays **21**, 54
Mainboard-Batterien **24**, 227
Mainframe-Lösung **15**, 54
Maintenance-Release **1**, 176
Makefiles **1**, 8
Make-or-Buy-Entscheidung **19**, 7
Makro **1**, 71
Malware **3**, 209; **33**, 1; **43**, 117, 127
MAN *s. Metropolitan Area Network*
Managed Hosting **19**, 209
Management von Netzwerkverbindungen **19**, 207
Mandantendaten **19**, 222
Mandantenfähigkeit **34**, 7
- Mehrmandantenfähigkeit **13**, 39

Mangel **1**, 147
- Funktionsmangel **11**, 45
- Mangelbegriff **10**, 86
- Mangelbegriff im Kaufrecht **11**, 19, 23; **15**, 23 ff.
- Mangelbeseitigungsverlangen, unberechtigtes **12**, 221

Mängel **10**, 68; **14**, 25 ff.; **25**, 29 ff.
- abnahmeprüfungsverhindernde Mängel **18**, 240
- abnahmeverhindernde Mängel **18**, 240
- abnahmebehindernde Mängel **18**, 240
- Beginn der Verjährungsfrist **11**, 153
- Mängelansprüche bei Verbrauchsgüterkauf **17**, 28 f.
- Mängel bei Pflichtenheft *s. unter Pflichtenheft*
- Mängel bei der Softwarepflege *s. dort*
- Mängel bei der Software-Erstellung **11**, 99 ff.
- Mängel bei IT-Verträgen **10**, 68 ff.
- Mängelanzeige **13**, 177; **15**, 82; **23**, 55
- Mängelausschlussfristen **17**, 120
- Mängelbegriff im Mietrecht **13**, 146 ff.
- Mängelbeseitigung im Mietrecht **13**, 157
- Mängelbeseitigungsklage *s. unter Klagearten*
- Mängelgewährleistung und Wartungsleistung, Abgrenzung von **15**, 119
- Mängelhaftung im Softwarevertriebsrecht **24**, 119 ff.
- Mängelhaftung bei Apps **28**, 31 ff.
- Mängelhaftung bei Hardware-Miete **15**, 80
- Mängelhaftung bei Hardware-Verträgen **15**, 80, 90

2563

Sachregister

Fette Zahlen = Paragrafen

- Mängelhaftung bei Software-Überlassung auf Dauer **12**, 223 ff.
- Mängelhaftung und Verantwortlichkeit im Lizenzrecht **9**, 38
- Mängelhaftungsfrist **18**, 308
- Mängelhaftungsregeln in Verbraucherverträgen bei Überlassung von Hardware und Software **17**, 116 ff.
- Mängelhaftungsvorschriften **9**, 38
- Mängelhierarchie **10**, 68 ff.; **12**, 168
- Mängelkategorien s. *dort*
- Mängelklassifizierung **41**, 226
- Mängelrechte der versch. Vertragstypen im Vergleich **10**, 26
- Mängelrechte des Kunden gegenüber dem Händler oder Hersteller **24**, 119 ff.
- Mängelrechte des Mieters **13**, 146
- Mängelumgehung **16**, 62
- nicht abnahmebehindernde Mängel **18**, 240
- Summierung kleiner Fehler **10**, 88

Mängel bei der Softwarepflege 14, 25 ff.
- Mängelbeseitigung **14**, 34, 70, 97, 146, 151
- mängelbezogene Leistungen **14**, 44, 67 f., 89
- Mangelfreiheit **14**, 19

100-Mängel-Prozess 46, 11

Mängelkategorien; 11, 90 f.; **18**, 239
- Funktionsausfall s. *dort*
- Funktionsstörung s. *dort*
- Systemausfall s. *dort*

Manipulation des Zeichensatzes 30, 91

Marcel Burmajer-Entscheidung des EuGH 26, 145

Marions-Kochbuch.de-Entscheidung des BGH 28, 78; **42**, 20

Markenrecht 5, 331; **7**, 1 ff., 36 ff., 84 ff.; **8**, 92; **25**, 53 ff.; **29**, 11 ff.
- abstrakte Markenfähigkeit **7**, 36 f.
- AdWords s. *dort*
- Ähnlichkeit der Zeichen **7**, 67 ff.
- ältere Rechte **7**, 48
- Anmeldung **7**, 105 ff.
- Entstehung des Markenschutzes durch Benutzung **7**, 40, 111 ff.
- Entstehung des Markenschutzes durch Eintragung **7**, 38 f., 104 ff.
- Entstehung des Markenschutzes durch notorische Bekanntheit **7**, 41, 111 ff.
- geografische Herkunftsangaben s. *unter Herkunftsangaben*
- Handeln im geschäftlichen Verkehr **7**, 52
- identische Zeichen **7**, 66
- inländische Benutzungshandlung **8**, 75
- intensive Benutzung **7**, 71 f.
- internationale Bezüge **8**, 136 ff.
- IR-Marke s.*dort*
- kennzeichenmäßige Benutzung **7**, 50 f.
- Metatags s. *dort*
- Markenanmeldung **7**, 85, 87
- Markenrecherche **7**, 106
- Markenrechtsverletzung **7**, 42 ff.
- Nizza Klassifikation **7**, 106; **8**, 140; **29**, 12
- Prioritätsgrundsatz s. *dort*
- rechtsverletzende Benutzung **7**, 65 ff.

- Schutz bekannter Marken **7**, 75
- Schutzhindernisse, absolute **7**, 106
- Schutzhindernisse, relative **7**, 106
- Unternehmenskennzeichen s. *dort*
- Unterscheidungskraft s. *dort*
- Verkehrsdurchsetzung s. *dort*
- Verkehrsgeltung s. *dort*
- Werktitel s. *dort*
- Widerspruch **7**, 108
- Wortmarke Jette Joop **39**, 34

Markets in Financial Instruments Directive, MiFID) 33, 292 f.

Marketing 24, 33 ff.
- Affiliate-Marketing **36**, 218; **42**, 196
- Datenschutz **34**, 503 ff.
- Marketing-Tools **21**, 46
- Marketingdaten **34**, 462
- produktspezifische Besonderheiten **25**, 174
- Social Media Marketing **28**, 90 ff.
- Suchmaschinenmarketing **25**, 46
- Vergütungsmodelle **25**, 34

Markt
- abgeleiteter Markt **39**, 311
- Bagatellmarkt **39**, 18
- Marktabgrenzung **31**, 19; **39**, 81, 107, 328
- Marktanalyse **31**, 16, 18 ff.
- Marktanalyseverfahren **31**, 22
- Marktanteil **31**, 22; **39**, 64 f., 71, 79, 82, 136, 166, 384, 418, 425, 437, 446
- Marktanteilsschwelle **39**, 19, 137 f., 147, 157, 159, 310, 328, 338, 384
- Marktaufteilung **39**, 139, 310
- Marktbeherrschung **39**, 18 f., 71, 81, 89, 105 f., 145, 174, 209, 287
- marktbeherrschende Stellung **15**, 117; **7**, 5; **39**, 5, 79 ff., 95, 97, 113, 174 ff., 209, 305 ff., 319 ff., 389 ff., 425, 433 ff., 440 ff.
- Marktbeobachtungspflicht **24**, 36
- Marktdefinition **31**, 16, 18 ff.
- Marktdefinitionsverfahren **31**, 19
- Marktdominanz **39**, 79, 446
- Marktforschung **25**, 167
- Marktinformationssystem **39**, 54
- Marktmacht, beträchtliche **31**, 22
- Marktmachtverlagerung **39**, 450
- Marktniveau-Überprüfung **19**, 81
- Marktregulierung **31**, 16 f.
- Marktüberwachung **24**, 231
- marktverdrängende Wirkung **39**, 392, 435
- Marktverhaltensregel (§ 4 Nr. 11 UWG) **26**, 64; **34**, 10
- Marktzutritt **31**, 15
- Marktzutrittsschranke **39**, 445
- relevanter Markt **39**, 85 ff., 174, 424, 441
- Suchmaschinenmarkt **39**, 440 ff.
- virtueller Marktplatz **39**, 418 ff.

Maschinen
- maschinenbezogene Lizenzformen s. *unter Standard-Lizenzformen*
- Maschinencode **1**, 12 ff., 34
- Maschinensprache s. *Maschinencode*

Mashups 21, 59

Sachregister

magere Zahlen = Randnummern

Massentest 1, 226 ff.
Master-Lizenz 39, 350, 354
Master-Version 39, 314
Maßstab der Klauselkontrolle 16, 24 ff.
- s. auch Allgemeine Geschäftsbedingungen, Standardklauseln, Inhaltskontrolle

Materialverlust
Matra Hachette-Entscheidung des EuG 39, 72
Matrix-Strukturen in Konzernen 33, 27 f., 70, 83 ff. ; 34, 271 f.; 37, 192 ff.
- fachliche und disziplinarische Weisungsrechte 33, 83 ff.
- Haftung der Geschäftsleitung s. dort
- typische Risikopotentiale 33, 87 ff.

Mautdaten 34, 554 ff.
Maxem.de-Entscheidung des BGH 7, 35, 44, 60, 122
Meantime Between Failure (MTBF) 19, 208
Meantime To Repair (MTTR) 19, 208
Mediation 11, 130; 19, 160 ff.; 44, 133 ff.
- Ablauf 44, 165 ff.
- Abschluss 44, 181
- Anbahnung bzw. Vorbereitung 44, 190 ff.
- Definition 44, 134
- Grundlagen 44, 133 ff.
- Grundsätze 44, 151 ff.
- Mediationseignung 44, 144
- Mediationsklausel 44, 192 ff.
- Mediationsvertrag 44, 168
- Vor- und Nachteile 44, 182 ff.

Mediendienste 36, 21 ff.
Medienstrafrecht 43, 20
Mehraufwand 8, 41 f, 60, 70 ff., 171, 200
Mehrentgelt für die Überlassung des Quellcode 38, 151
Mehrfach-Lizenz 12, 80 ff., 113; 24, 181, 192
Mehrheit von Vertragspartnern auf Lieferantenseite 24, 144 ff.
Mehrsprachigkeit 18, 99; 23, 140 f.
Mehrwährungsfähigkeit
Mehrwertdienste 31, 100, 105 f., 136; 34, Anhang; 36, 218
Mehrwertdiensteanbieter 31, 106
Mehrwertsteuer 12, 187; 16, 212 ff.; 19, 78; 26, 91, 93, 118, 293; 34, Anhang; 36, 218
Meilensteine (Milestones) 11, 152, 193; 12, 185; 18, 114; 19, 171, 177; 38, 115
Meilensteine der Psychologie-Entscheidung des BGH 5, 51
Meinung
- Meinungsforen 42, 63, 151
- Meinungsforschung 25, 167
- Meinungsfreiheit 25, 227; 34, Anhang; 37, 335

Meißner Dekor I-Entscheidung des BGH 5, 314
Meistbegünstigungsklausel 39, 369, 417, 427
Meistbegünstigungsprinzip 8, 11
Meldegeheimnis 22, 205
Meldepflicht 31, 15
Meldewesen 30, 260
Meldung einer Erfindung (Arbeitnehmererfindungsrecht) 37, 230

Memorandum of Understanding (MoU) 18, 106; 19, 2, 7, 27 ff.; 29, 22
- s. auch Letter of Intent (LoI)

Mensch-Maschine-Schnittstelle 18, 84
Merchandising-Produkte 29, 20, 24
Messenger Dienste 36, 190 ff.; 39, 184
- Anwendbarkeit des TKG 36, 191 ff.
- Dienstliche Nutzung 36, 197
- Sicherheitsrisiken 36, 194 ff.

Meßmer Tee-Entscheidung des BGH 5, 340
Messner-Entscheidung des EuGH 26, 228
Messpflichten 20, 37 f.
Messpunkte 22, 103 ff.
Meta Language (ML) (Programmiersprache)
Metatags 4, 73; 25, 41 ff.; 34, Anhang
Metering s. Software-Metering
Metropolitan Area Network (MAN) 3, 11 ff.
Mho.de-Entscheidung des BGH 7, 46, 110
Microsoft-Entscheidung der Europäischen Kommission 39, 176, 372, 389 ff.
Miete 12, 42, 209; 13, 8; 14, 31; 32, 26; 38, 38; 39, 336 f., 366, 375
- s. a. Software-Miete
- Beseitigungsrecht des Mieters 13, 180
- Fälligkeit s. dort
- Gestaltungsmöglichkeiten 13, 80
- Kündigung s. dort
- Mangelbeseitigung 13, 157
- Mängelrechte des Mieters 13, 146 ff.
- Miete neuer Softwareversionen 16, 246 f.
- Miete von Hardware s. unter Hardware-Miete
- Mietkauf 15, 58
- Mietrecht 12, 153 ff.; 16, 31, 127, 129, 240, 242 f.
- Mietvertrag 10, 15, 26 f.; 13, 9 ff., 42; 19, 37; 31, 96, 133; 39, 357
- Mietzahlung 13, 19, 6 ff.
- Mindestvertragslaufzeit 13, 217
- Preisanpassung s. dort
- Rückgabe der Mietsache s. dort
- Sanktionen bei Zahlungsverzug 13, 96 ff.
- Schadensersatz s. dort
- Software-Miete s. dort
- Vertragsdauer 13, 216 ff.
- Zahlungspflicht 13, 76 ff.

Migration 2, 52 ff.; 11, 94, 95 ff.; 18, 18, 116; 118, 228, 309; 33, 11
- s. auch Datenmigration, Datenübernahme
- Abnahme 2, 52 ff.

Mikrocode 1, 63
Milestones s. Meilensteine
Minderjährigenschutz 36, 153 ff.
Minderung 32, 46
- Minderungsquote 15, 82
- Minderungsrecht im Mietrecht 13, 164 ff., 186 15, 82

Mindestabnahme 24, 20, 42, 215
- Mindestabnahmepflichten 24, 42, 215; 40, 141
- Mindestabnahmeziele 24, 51

Mindestanforderungen
- Mindestanforderungen an das Risikomanagement für die Bankenwirtschaft (MaRisk [BA]) 19, 243; 33, 286

2565

Sachregister

Fette Zahlen = Paragrafen

- Mindestanforderungen an das Risikomanagement für die Versicherungswirtschaft (MaRisk [VA]) **19**, 243
- Mindestanforderungen an Gutachten **46**, 101

Mindestbandbreite **32**, 20 ff.
Mindestlaufzeit **15**, 138
Mindestlohn **34**, 13, 268 ff.
Mindestvertragslaufzeit **13**, 216 ff.; **31**, 180
Minimumgarantie **29**, 27
Mining (Bitcoins) **27**, 91
Ministererlaubnis **39**, 113
20 Minuten Köln-Entscheidung des BGH **39**, 33
MIPS (Millionen Instruktionen pro Sekunde) **12**, 107
Miranda (Programmiersprache) **1**, 69
Missbrauch
- Missbrauch durch Verweigerung der Offenlegung von Schnittstelleninformationen **39**, 315, 390 f.
- Missbrauch einer marktbeherrschenden Stellung **39**, 6, 79 ff., 89 ff., 174 ff.
- Aufsicht im Regulierungsrecht (Telekommunikation) **31**, 16, 51
- Haftung bei Missbrauch elektronischer Signaturen **30**, 179
- Missbrauchskontrolle **39**, 36, 79, 370, 450
- Missbrauchsvorbehalt **39**, 313, 324

Missouri Doctrine **24**, 115
Mitbestimmungsrecht **33**, 13, 281; **34**, 253; **37**, 210
Mitstörer **42**, 148, 178
Mitteilungspflicht **11**, 61; **41**, 206, 319
mittelbare Drittwirkung von Grundrechten **34**, 90
mittelbare Falschbeurkundung **43**, 219 f.
mittelbare Störerhaftung **5**, 302, 314; **42**, 27 ff., 111
mittelbare Urheberrechtsverletzung **5**, 236
mittelbarer Störer **5**, 314, 374; **42**, 26, 28 ff.
Mittelstand
- Mittelstandskartell **39**, 28, 73 ff.
mittlere Betriebsdauer zwischen Ausfällen
  s. Mean Time Between Failure
Miturheberschaft **9**, 16
Mitverschulden **15**, 94
Mitwirkung **11**, 4, 43, 51 ff., 143 ff., 152, 177, 220; **12**, 217 ff.; **15**, 43, 131; **16**, 155 ff.; **18**, 164; **32**, 52; **41**, 317 f.
- Mitwirkung als Obliegenheit **18**, 180
- Mitwirkung des Auftraggebers bei IT-Projekten **18**, 41, 164 ff.
- Mitwirkung des Kunden bei der Software-Pflege **14**, 145 ff.
- Mitwirkungsleistungen bei IT-Projekten **18**, 164 ff., 180 ff., 183, 325
- Mitwirkungspflichten **12**, 217 ff.; **15**, 63, 128; **16**, 156 ff.; **18**, 183; **19**, 90 ff.; **25**, 22; **30**, 385 f.
- Mitwirkungspflichten des Mieters bei Mängelbehebung **13**, 162
- Mitwirkungsumfang **16**, 160 ff.
- Sanktionen bei Nichterfüllung/-Nichterbringung **19**, 94; **18**, 325

mitwohnzentrale.de-Entscheidung des BGH **7**, 83, 120, 134, 153, 156; **8**, 92
ML s. Meta Language
MMA s. Madrider Markenabkommen
MMS s. Multimedia Messaging Service
Mnemonik **1**, 14, 51
Möbelklassiker-Entscheidung des BGH **5**, 316; **42**, 39, 212
Mobile Application Management (MAM) **37**, 6
Mobile Apps s. u. Apps
Mobile Commerce **26**, 274 ff.; **34**, Anhang
Mobile Device Management (MDM) **28**, 67; **37**, 296
Mobile-enabled Website **20**, 43
Mobile Virtual Network Operator (MVNO) **31**, 92, 102
Mobilfunk **4**, 5 ff., 20 ff.; **31**, 37, 102
- Mobilfunkbetreiber **31**, 92
- Mobilfunkdienste **4**, 5 ff.
- Mobilfunknetz **4**, 5 ff.
- Mobilfunkverträge **31**, 96
Mobiltelefon **39**, 196, 448
- s. auch Smart-Phone
Modchips **29**, 5
Mod-Chip-Fälle **39**, 324
- s. auch FairPlay-Technologie, iPod (Schutzmaßnahmen), iTunes (Schutzmaßnahmen), Roboterhund (Schutzmaßnahmen), Spielekonsolen (Schutzmaßnahmen)
Modelländerung **15**, 30 f.
Modellwechsel **15**, 30
Modem **21**, 14, 17
Modenschau im Salvatorkeller-Entscheidung des BGH **5**, 383
Moderation **44**, 140
Modernisation Package **39**, 14
Modernisierungspflicht **13**, 68
Modifizieren von Standardsoftware **11**, 164 ff.
modulare Vertragsstruktur **19**, 8, 35 ff.
Modularität **1**, 62
Modulationsverfahren (Telekommunikationstechnik) **4**, 16
Modultest **18**, 218
Möglichkeit der Weiterentwicklung von Software **38**, 156, 166
Möglichkeit der zumutbaren Kenntnisnahme **17**, 76; **26**, 39
Monismus-Prinzip (Urheberrecht) **9**, 15
Monitoring **14**, 83; **15**, 107; **19**, 73; **20**, 37
Monopol
- Monopolkommission **39**, 114
- Monopolstellung des Herstellers in Bezug auf die in der Software enthaltenen Geheimnisse **38**, 82
Montage **15**, 47
- Montageanleitung **15**, 47
Mosaiktheorie **8**, 89
Morpheus-Entscheidung **42**, 208
Motion Picture Association of America (MPAA) **43**, 293
Motivirrtum **26**, 10

magere Zahlen = Randnummern

Sachregister

Mozilla Public License (MPL) 9, 19, 22, 57
Multi Tenant-System 22, 5, 62, 204
Multiplattform-Spiele 29, 29
Multi-Player-Spiel 29, 1
Multimedia Messaging Service (MMS) 4, 22; 31, 186
Multimediarecht (Begriff) 10, 3
Multimediawerk 21, 72; 25, 10
Multiprotocol Label Switching (MPLS) 21, 14, 34; **32**, 15, 21
Multivendor-Management 19, 3
Multi-Pass-Compiler 1, 49
mündliche Vereinbarungen 46, 38, 80
Musterformulare 41, 124 f.
Mustersachverständigenordnung des Deutschen Industrie- und Handelskammertages (DIHK) 46, 98, 100
Musterwiderrufsbelehrung 26, 147
Musterwiderrufsformular 26, 170 f.
Mutterstückliste 18, 99
Mutual Recognition 35, 55
MVNO *s. Mobile Virtual Network Operator*
mySQL-Datenbank 9, 26
M&A-Geschäft 19, 1

Nachahmungsfreiheit 5, 66
Nachahmungsschutz 11, 116 f.
– *s. auch Geheimnisschutz*
Nachbesserung 10, 120 ff.; **12**, 225 f.; **14**, 36; 15, 33; 16, 62 ff., 66 ff., 119 ff.; **17**, 42, 117
– Nachbesserung, fehlgeschlagene 10, 120 ff.
– Nachbesserungsklausel 16, 120
– Nachbesserungsrecht 13, 195; **14**, 36
– Nachbesserungsversuch 10, 112, 120 ff.
Nacherfüllung 10, 68 ff., 107 f., 117 ff.; **11**, 102 ff.; **13**, 34; **14**, 53; **15**, 10, 17, 120; 16, 39 ff., 46 f., 51 ff.; **33**, 81
– Beschränkungen der Nacherfüllungsansprüche 10, 126
– Nacherfüllung bei IT-Verträgen 10, 68 ff.
– Nacherfüllung bei Kauf- und Werkverträgen (Überblick) 10, 107 ff.
– Nacherfüllung im Softwarevertriebsrecht 24, 160 ff.
– Vorrang der Nacherfüllung *s. dort*
– Wahlrecht *s. dort*
Nachfolge
– Nachfolgeprodukt 24, 211
Nachforschungspflicht 5, 323
Nachfrage
– Nachfragebündelung 39, 401, 411
– Nachfrage-Werbung 25, 79
Nachfrist 10, 110; **20**, 59
– Entbehrlichkeit *s. dort*
– Nachfristerfordernis 12, 225
– Nachfristsetzung 10, 122; **18**, 318; **41**, 96
Nachführen 11, 200; **14**, 82
Nachführen von Änderungen des Standards durch die Pflege *s. Einpflegen von Änderungen des Standards durch die Pflege*
Nachlass, digitaler 21, 65
Nachlizenzierung 12, 201

Nachprüfbarkeit eines Sachverständigen-Gutachtens für Fachleute 46, 104 f.
Nachprüfung 39, 187, 192, 196 ff., 259
Nachrichts- und Informationspflicht 24, 52
Nachtest *s. Fehlernachtest*
Nachvollziehbarkeit eines Sachverständigen-Gutachtens für Laien 46, 105
Nachweisverpflichtung 24, 189
Nach-Filter *s. unter Filter*
Named User 12, 88 ff.
Name
– Namensanmaßung 7, 123 ff.; **8**, 92
– Namensfunktion 7, 97, 117
– Namensklau im Internet-Entscheidung 42, 159
– Namensleugnung 7, 123 ff.
– Namensrecht 7, 18, 30, 32 ff. 44 ff., 62, 115 ff., 138, 158; **8**, 68, 93; **28**, 80; **29**, 15; **42**, 32
– Namensrecht und Pseudonyme 7, 126 f.
– Namensschutz 7, 115 ff.
Nameserver 3, 98 f.; **7**, 3
Namensklau im Internet-Entscheidung des BGH 42, 159
National Geographic II-Entscheidung des BGH 39, 87
National Institute of Standards and Technology (NIST) 30, 50
National Regulatory Authority (NRA) 31, 11
National Security Agency (NSA) 30, 50
Nationaler Plan zum Schutz der Informationsstrukturen (NPSI) *s. unter IT-Sicherheit*
Native Compiler 1, 46
Naturalrestitution 5, 326
Natürliche Person 17, 11 f.
Near Field Communication (NFC) 27, 3
Nearshoring 19, 144
Nebenpflicht, selbständige 15, 16
Nebenwirkungsfreiheit 1, 62
Negativauskunft 13, 95
Negativ-Test 1, 267
Netbook 15, 3
Net-Lock 43, 232
NET-Programme (Dekompilierung) 1, 53
Network Information Center (NIC) 8, 99
Netzneutralität 31, 85
Netzwerk
– Netzwerk der Wettbewerbsbehörden *s. European Competition Network*
– Netzwerke der nächsten Generation 4, 33 ff. *s. auch Next Generation Networks*
– Netzwerkeffekt 25, 230; **39**, 443
– Netzwerk-Klausel 39, 327, 368
– Netzwerkleistungen 19, 46
– Netzwerktopologie 3, 16 ff.
neu herzustellende Sache i. S. d. § 651 BGB 10, 31 ff.; **12**, 69 ff.; **13**, 11 ff.; **11**, 15 ff., 98, 100, 167 f.
– *s. auch Werklieferungsvertrag, Sachqualität von Software (§ 651 BGB)*
neue Programmstände 41, 270, 288, 321, 344 ff.
Neu-Entwicklung von Software 18, 4
Neuheit (Patentrecht) 5, 108; **37**, 224
Neuheit der Hardware 15, 48 ff.

2567

Sachregister

Fette Zahlen = Paragrafen

Neuinstallation **12**, 8
Newsletter **13**, 29; **25**, 74; **36**, 144 ff., 218
– Abonnement eines Newsletters **13**, 29
– Einleitung **36**, 144 ff.
Next Generation Access (NGA) **4**, 34
Next Generation Network (NGN) **4**, 33 ff.
NGA *s. Next Generation Access*
NGN *s. Next Generation Network*
NIC.AT **7**, 172 ff.
Nichtangriffsklausel **39**, 369, 377
nicht-funktionale Qualitätsmerkmale **1**, 225 ff.
nicht-inkrementelle Integrationsstrategie (Big Bang) **1**, 211 ff.
Nichtkonformität **1**, 146
Nichtzulassungsbeschwerde **45**, 198 f.
Niederlassung (Datenschutzrecht) **35**, 4 ff.
Niederlassung des Anbieters **23**, 58; **34**, 118
Niederlassungsprinzip **34**, 118
Nintendo-Entscheidung des EuGH **5**, 43, 80 4, 182 f., 244 f., 250; **6**, 46; **29**, 6
Non Disclosure Agreement (NDA) **18**, 105; **19**, 9 ff.; **29**, 21; **34**, 115; **39**, 364
Non-legal Outsourcing **19**, 271 ff.; **30**, 13
Notorische Bekanntheit **7**, 41
Notversorgungsbatterie **24**, 227 f.
Nummer **31**, 68
– Nummernart **31**, 69
– Nummernbereiche **31**, 69
– Nummernkreise, firmenspezifische **18**, 99
– Nummernraum **31**, 69
– Nummernteilbereiche **31**, 69
Nummerierung (Telefonrufnummern) **31**, 68 ff.
– internationaler Ordnungsrahmen der Nummerierung **31**, 71
– Nummerierungsgebühren **31**, 78
– nummerierungsspezifischer Kundenschutz **31**, 151 ff.
– Rufnummernübertragbarkeit **31**, 80
– Zuteilung von Rufnummern **31**, 74 ff.
nutzerbezogene Lizenz *s. unter Standard-Lizenzformen*
Nutzerprofil **29**, 56
Nutzertracking **28**, 64; 81
Nutzkanal **4**, 8
Nutzung
– Nutzung von Grundstücken für Telekommunikationseinrichtungen **31**, 137
– Nutzung von Teilnehmeranschlüssen durch Dritte **31**, 121
– Nutzungsbeschränkungen **5**, 170; **13**, 100 f., 104 ff.; **24** 142
– nutzungsbezogene Lizenzformen *s. unter Standard-Lizenzformen*
– Nutzungsarten **5**, 21 f.
– Nutzungsberechtigung **24**, 186
– Nutzungseinschränkung **12**, 59 f., 103 ff.
– Nutzungsentschädigung **45**, 128; **46**, 29
– Nutzungsherausgabe **17**, 25
– Nutzungsintensität **12**, 104; **13**, 19, 81
– Nutzungslizenz **39**, 362
– Nutzungsumfang **12**, 176 ff., 189; **13**, 81

– übermäßige Nutzung **12**, 189
Nutzungsrechte **5**, 19 ff.; 9, 18, 33 f., 55; **11**, 221 ff.; **12**, 38, 103, 121, 178 ff.; **13**, 32, 100 ff.; **14**, 64, 80; **16**, 111 ff.; **19**, 96; **25**, 15; **29**, 24; **38**, 42 ff., 162 ff.; **41**, 263 ff., 359
– Beendigung **12**, 180
– Einräumung von Nutzungsrechten **5**, 19 ff.; **11**, 221 ff.; **22**, 123 ff.; **25**, 15 ff.; **32**, 53; **41**, 313
– Insolvenzfestigkeit *s. dort*
– Nutzungsrecht, einfaches **5**, 19; 9, 18
– Nutzungsrecht, ausschließliches **5**, 19 ff.
– Nutzungsrechte am Quellcode **38**, 119, 124, 162 ff.
– Nutzungsrechte an aktualisierter Software **14**, 80 f.
– Nutzungsrecht an Dokumentation **12**, 178
– Nutzungsrecht an Software des Auftragnehmers (Outsourcing) **19**, 98
– Nutzungsrechte bei ASP **13**, 124 ff.
– Nutzungsrechte nach Vertragsbeendigung **25**, 16
– Nutzungsrechtsbeendigung **12**, 180
– Nutzungsrechtsbeschränkungen **24**, 180, 200, 202
– Nutzungsrechtsmatrix **41**, 263 ff., 314
– vertragliche Gestaltung der Nutzungsrechtseinräumung **5**, 28
– Übertragung von Nutzungsrechten **19**, 97
Nutzungsdaten **22**, 171; **34**, 444; **36**, 47; **29**, 58 ff.; **43**, 301
Nutzungsprofile **36**, 101 ff., 218
– Widerspruchsrecht **36**, 114

Obfuscator **1**, 54
Obhutspflicht **15**, 69; **33**, 137
Objektcode **1**, 11 ff.; **38**, 70 f.
Objektdateien **1**, 45
Objektdatenbank (object database) **1**, 107 ff.
objektiver Empfängerhorizont **13**, 29
Objektorientiertes Datenbanksystem (OODBS) **1**, 108 ff.
OECD-Grundsätze zur Corporate Governance **33**, 119 ff.
(Original Equipment Manufacturer) **24**, 22, 219
– OEM-Geschäft **15**, 40
– OEM-Hardwareprodukt **24**, 219
– OEM-Klausel **12**, 119, 216; **39**, 314, 346, 388
– OEM-Lizenz **12**, 119 ff., 216
– OEM-Version **24**, 2, 23, 220
– OEM-Vertrag **24**, 23, 219 f.
– OEM-Vertrieb **24**, 18, 22, 217, 220; **39**, 346, 354
– OEM-Entscheidung des BGH **5**, 210, 299; **12**, 119; **24**, 218; **39**, 314, 388
Offenbarung und Verwertung fremder Geheimnisse **43**, 128 ff.
Offenkundigkeit (Geheimnisschutz) **11**, 122
Offenlegung
– Offenlegung der Datenbankstrukturen für eigene Zusatzprogrammierung **18**, 99
– Offenlegung des Quellcodes 9, 11

Sachregister

- Offenlegung von Schnittstelleninformationen 39, 176, 307, 315, 389 f., 397
öffentliche Aufforderung zu Straftaten 43, 31 ff.
Öffentlich-Öffentliche Partnerschaft (ÖÖP) 40, 118 ff.
- *s. auch Öffentlich-Private Partnerschaft (ÖPP), Organisationsprivatisierung*
Öffentlich-Private Partnerschaft (ÖPP) 40, 118 ff.
- *s. auch Öffentlich-Öffentliche Partnerschaft (ÖÖP), Organisationsprivatisierung*
öffentliche Äußerungen des Herstellers 10, 79 ff.; 11, 19; 12, 169; 15, 23; 18, 78
Öffentliche Wiedergabe 13, 134 ff. *s. a. Recht der öffentlichen Wiedergabe*
Öffentliche Zugänglichmachung 5, 266; 13, 134 ff.
öffentlicher Schlüssel *s. Public Key*
Öffentlichkeitsbegriff (Urheberrecht) 5, 157; 13, 136
Office of Government Commerce (OGC) 33, 315
Offizialdelikt 43, 14, 124, 164
Offline-Billing-Verfahren 31, 110 f.
Offshoring 19, 65, 144, 248 ff.
- IP-rechtliche Fragestellungen 19, 269
Oligopol-Marktbeherrschung 39, 83
On-Demand 13, 41
- On-Demand-Dienste 13, 134
- On-Demand-Lizenz 12, 111
One Stop Shop 34, 67
One-Stop-Strategie 24, 159
Online
- Online-Auktion *s. dort*
- Online-Banking 27, 8 ff.
- Online-Bezug von Software 5, 175 ff.
- Online-Billing-Verfahren 31, 110
- Online-Communities 36, 207
- Online-Durchsuchung 34, 2, Anhang; 43, 384 ff.
- Online-Grooming 43, 48
- Online-Handel 17, 37; 39, 399 ff., 411
- Online-Hilfe 1, 125 f., 131, 143; 11, 89; 18, 288, 301; 41, 59
- Online-Hilfesystem 1, 125
- Online-Marketing 25, 33 ff.
- Online-Nutzung (von Software) 13, 42, 131
- Online-Plattform 17, 37
- Online-Presseangebot 28, 73
- Online-Rechnung *s. E-Invoicing*
- Online-Registrierung 24, 137
- Online-Shop *s. dort*
- Online-Spiele *s. dort*
- Online-Systemzugriff 15, 72
- Online-Vertragsschluss 26, 3
- Online-Vertrieb 26, 239; 39, 8, 333, 345, 399 ff., 412 ff.
- Online-Videomarkt 39, 448
- Online-Werbedienste 39, 184
- Online-Werbemarkt *s. Werbemarkt*
- Online-Zugang/Bereitstellung 39, 8, 308
Online-Auktion 25, 183 ff.; 42, 151; 43, 193
- Abgrenzung von Privatverkäufern und Gewerbetreibenden 25, 209 ff.
- Bewertungssysteme 25, 218 ff.

- Haftung der Auktionsplattform 25, 215
- Missbrauchskonstellationen 25, 201 ff.
- Sekundäransprüche 25, 206 ff.
- Vertragsschluss 25, 184 ff.
Online-Archive 34, Anhang
- *s. auch E-Pranger, Schuldnerspiegel*
Online-Banking-Entscheidung des BGH 13, 201, 205; 14, 140
Online-Durchsuchung 34, 2, Anhang; 43, 384 ff.
- *s. auch Bundestrojaner, Trojaner*
Online-Shop 26, 1 ff.
- *s. auch E-Commerce, Webshop*
Online-Spiele *s. unter Gaming*
Onward Transfer 35, 83
OODA (Orient – Observe – Decide – Act)-Entscheidungsmodell 33, 376
Opcode 1, 17
Open Access 9, 65 f.
Open Content 9, 63 ff.
- Open-Content-Lizenz 9, 8, 63 f.
Open Data 34, 8
Open Knowlegde Foundation 9, 63
Open Source 5, 78; 9, 1 ff.
- Open Source Definition (OSD) 9, 9
- Open Source-Lizenz 1, 9; 17, 119
- Open Source-Produkte 30, 193; 40, 98
- Open Source Software *s. dort*
Open Source Software 9, 1 ff.; 5, 78; 12, 127, 146 ff.; 23, 38 ff.; 28, 69; 29, 26; 34, Anhang; 39, 91, 354; 46, 94
- AGB-Kontrolle 9, 36
- Apache Open Source Software 9, 7
- Bearbeitung 9, 11, 17
- Copyleft-Prinzip 9, 12 ff. *s. auch dort*
- Definition 9, 1 ff.
- deliktische Verantwortlichkeit 9, 42
- Embedded Systems *s. dort*
- Haftung 9, 27 ff.
- Integration in Hardware 9, 51 ff.
- Integration in proprietäre Software 9, 51 ff.
- Kombination mit proprietärer Software 9, 44 ff.
- kommerzielle Verwertung 9, 52
- Lizenzen 9, 19
- Lizenzierung 9, 27
- Mängelhaftung und Verantwortlichkeit 9, 38
- Nutzungsbeschränkungen 9, 10
- Open Content-Lizenz *s. dort*
- Open Source Software und Escrow 9, 54
- Open Source Software und Internationales Privatrecht 9, 55 ff.
- Sprache 9, 61
- Störerhaftung 9, 43
- Urheberrecht 9, 15 ff.
- Vertragstypologische Einordnung 9, 35
- Vertriebsmodell 9, 5
- Weitergabe 9, 11
operationelle Risiken 33, 287, 297
Operating-Leasing 13, 31, 33
operativer Test 1, 162
Operator-Anweisung 1, 112
Optimised Exit 38, 17 f.

Sachregister

Fette Zahlen = Paragrafen

Opt-In **16**, 205; **25**, 92 ff.; **31**, 194; **34**, 512, Anhang; **35**, 14; **36**, 10 ff., 28, 54, 118, 128, 159; **39**, 6, 456 f.
- Double-Opt-In **25**, 116 ff.; **34**, 410; **36**, 144, 218
- Soft-Opt-In **25**, 71, 105, 127 ff.

Opt-Out **16**, 204; **30**, 284; **31**, 194; **34**, Anhang; **36**, 10 ff., 28, 54, 101, 104

Orange Book-Entscheidung des BGH **39**, 319

Order-to-Payment **27**, 137

Ordnungsmäßigkeit
- Ordnungsmäßigkeit der Datenverarbeitung **33**, 1 f., 194 ff., 317 ff.; **46**, 48
- Ordnungsmäßigkeit im Bereich der Informationstechnologie **46**, 47

Ordnungswidrigkeit **28**, 26; **33**, 113; **43**, 18

Ordre Public **23**, 13, 45, 82; **44**, 18

Organhaftung **37**, 309 s. auch Haftung der Geschäftsleitung

Organisation
- Organisation des Lieferanten **16**, 165 ff.
- Organisationsermessen **33**, 45
- Organisationsmangel **10**, 98
- Organisationsphase **18**, 128
- Organisationsregeln **16**, 143 ff.

Organisationspflicht **33**, 94

Organisationsprivatisierung **40**, 118 ff.
- s. auch Öffentlich-Öffentliche Partnerschaft, Öffentlich-Private Partnerschaft

Organisationsverschulden **33**, 95 ff.

Orientierungshilfe Cloud Computing des Düsseldorfer Kreises **13**, 214

Original Equipment Manufacturer s. OEM

Original-Eigenschaft **15**, 48 ff.

Orte der Zusammenschaltung (OdZ) **4**, 27

Ortstermin-Vorbereitung **46**, 83

Ortung **34**, 263 ff.
- Handy-Ortung **34**, Anhang
- Ortungssysteme **34**, 263 ff.

OSI-Referenzmodell **3**, 79 ff.

Outbound-Teil eines IT-Outsourcing-Projekts **19**, 45 f., 168, 183
- s. auch Inbound-Teil eines IT-Outsourcing-Projektes

Outsourcing **10**, 133; **12**, 115, 209; **15**, 131; **19**, 1 ff.; **21**, 34, 36; **22**, 5, 62; **30**, 13; **33**, 14, 300; **34**, 537 ff.; **37**, 111; **39**, 152, 333, 353 f., 366
- Ablauf eines IT-Outsourcing-Projekts **19**, 6 ff.
- Besonderheiten des Outsourcing bei Kapitalanlagegesellschaften **19**, 236
- Besonderheiten des Outsourcing in der Kredit- und Finanzbranche **19**, 214 ff.
- Besonderheiten des Outsourcing in der Versicherungsbranche **19**, 241 ff.
- Besonderheiten des Outsourcing von Patienten- und Mandantendaten **19**, 222 ff.
- Betriebsübergang (§ 613 a BGB) bei Outsourcing s. dort
- Business Process-Outsourcing s. dort
- Geschäftsprozess-Outsourcing s. unter Business Process-Outsourcing
- Gewährleistung **19**, 121 ff.
- Haftung **19**, 132
- internationale Bezüge des Outsourcing **19**, 248
- Kündigung **19**, 147
- modulare Vertragsstrukturen als Grundlage des IT-Outsourcing-Projektes **19**, 35
- Offshoring-Projekte **19**, 248
- Outsourcing-Klausel **19**, 190
- Outsourcing-Provider **19**, 3, 214, 231, 241
- Outsourcing-Rahmenvertrag **19**, 44, 53, 55 ff.
- Outsourcing-Varianten **19**, 3 ff.
- Outsourcing-Vertrag **19**, 35 ff., 42 ff., 50 ff.; **32**, 12
- Phasen eines IT-Outsourcing-Projektes **19**, 7
- Regelungen der einzelnen Vertragsteile **19**, 53 ff.
- Solvency II und das neue VAG **19**, 277 ff. s. auch dort
- Vertragslaufzeit **19**, 147
- Vorphase des Vertragsschlusses im Outsourcing-Projekt **19**, 9 ff.
- Webshop-Outsourcing s. dort

Outtasking **19**, 3

Overhead **3**, 68

Ownership-Modell **19**, 260

Oz (Programmiersprache) **1**, 69

Pachtvertrag **13**, 20 ff.; **38**, 38
- Rechtspacht **7**, 167; **12**, 42; **13**, 8

Packet-Loss-Ratio **32**, 44

Packet Switched Data (PSD) **4**, 9

Palettenbörse-Entscheidung des OGH **8**, 83, 92

PAN s. Personal Area Network

Panel (außergerichtliche Streitbeilegung im Domainrecht) **8**, 113 ff.
- Rechtsfolgen der Panelentscheidung **4**, 27; **8**, 118 f.

Page Impressions **25**, 34

Paket-Lizenzen **24**, 181, 192

Paperboy-Entscheidung des BGH **5**, 50

Papier-Registrierkarte **24**, 137

Parallelität der gewerblichen Schutzrechte **5**, 330

Parallelvereinbarung **39**, 138

Parallelverhalten, erlaubtes **39**, 53

Parametrisierung **1**, 56 ff.; **10**, 52; **11**, 164; **12**, 197, 228; **18**, 72, 111; **41**, 57; **46**, 84

Parent-Child-Relationship (PCR) s. Eltern-Kind-Beziehung

Parent-Child-Relationship, virtuelle (VPCR) s. Eltern-Kind-Beziehung, virtuelle

Parental Liability (Doctrine) **39**, 260, 267

Parfumflakon-Entscheidung des BGH

Pariser Verbandsübereinkunft (PVÜ) **8**, 137 f.

Parking Brixen-Entscheidung des EuGH **40**, 106

Parser **1**, 42

partielles Outsourcing **19**, 3

Pascal (Programmiersprache) **1**, 48, 63

Passenger Name Records (PNR) s. Fluggastdaten

Passing-on-Einwand **39**, 267, 274, 293 ff., 303

passiver Verkauf **39**, 169, 399, 401

Passivlegitimation 8, 131
Passport Unique Identifier (PUID) 33, 357, 366
Patch 12, 177; **14**, 20, 68, 71 ff.; **15**, 76; **24**, 160; **33**, 382
Patentlizenzen 39, 319
Patentrecht 5, 103 ff.; **29**, 11 ff.; **37**, 224
- Anmeldung **5**, 133
Patentschutz von Software 5, 105 ff.
- Begriff des Computerprogramms **5**, 106
- Patentschutz von Computerprogrammen nach dem deutschen Patentgesetz (PatG) **5**, 107 ff.
- Patentschutz von Computerprogrammen nach EPÜ **5**, 125
- Patentschutz in der Praxis **5**, 129
- Deutsche Rechtsprechung zur Patentierbarkeit von Computerprogrammen **5**, 115
Patientendaten 19, 222 ff.; **22**, 198
Patriot Act 22, 223
pauschale Genehmigung der Telefonrechnung 31, 161
Pauschalierung des Schadensersatzes 17, 109; **19**, 17; **24**, 49 f.; **37**, 7; **39**, 267
pay as you earn-Grundsatz 13, 1
Payment Card Industry Data Security Standard (PCI DSS) 27, 49 f.
Payback-Entscheidung des BGH 25, 92; **34**, 384; **36**, 152
Paypal s. *unter E-Payment*
Paysafecard 27, 2, 76 ff.
PC
- Absicherung **3**, 266 ff.
pcb-Entscheidung des BGH 25, 48 ff.
PDF s. *Portable Document Format*
Pearl Artistic License (PAL) 9, 19, 25
Peek & Cloppenburg-Entscheidung des BGH 7, 140
Peer-to-Peer
- Peer-to-Peer-Basis **39**, 446
- Peer-to-Peer-Netzwerk **3**, 189; **5**, 203; **42**, 201
- Peer-to-Peer-Systeme **42**, 78
- Peer-to-Peer-Tauschbörse **33**, 225; **43**, 268
Penetrationstest 1, 243
Pepcom-Entscheidung des BGH 39, 120
Performance
- Performance Bonds **19**, 267
- Performance-Test s. *Leistungstest*
Perl (Programmiersprache) 3, 124
Permissive-Lizenz 9, 20, 50
Perpetuierung
- Perpetuierungsfunktion **18**, 284; **30**, 115
- Perpetuierungswirkung **18**, 285
Personal Area Network (PAN) 3, 5
Personal Jurisdiction 22, 224
Personal Unblocking Key (PUK) 31, 131; **43**, 370
Personalausweis, elektronischer s. *elektronischer Personalausweis*
Personalitätsprinzip 43, 4
Personalübertragungsvertrag 19, 192
Personenbeziehbarkeit von IP-Adressen 22, 216; **34**, 124 ff.; **36**, 39, 59 ff., 107 ff.
- Dauer **36**, 73 ff.
- Grundlagen **36**, 60 ff.

- Internet-Access-Provider und Speicherpraxis **36**, 72 ff.
- relativer Personenbezug **36**, 66 ff.
- Telemedien-Diensteanbieter **36**, 80 ff.
- Zusatzwissen **36**, 70
personenbezogene Daten 11, 126; **14**, 110; **18**, 244, 248; **19**, 5; **29**, 59; **33**, 108, 342; **34**, 122 ff.; **36**, 42 ff.; **43**, 165; **46**, 62
- s. *auch Beschäftigtendatenschutz, Datenschutz*
- besondere Arten personenbezogener Daten **14**, 115; **18**, 272; **22**, 182; **29**, 62; **34**, 127 ff., 186 ff., 198, 298; **35**, 10
personenbezogene Lizenzformen s. *unter Standard-Lizenzformen*
Personenstandsdaten 22, 205
Persönliche geistige Schöpfung (§ 2 Abs. 2 UrhG) 5, 9; **11**, 117; **12**, 147
Persönliche Identifikationsnummer (PIN) 27, 76, 83; **30**, 88, 129, 166, 277; **43**, 370 f.
Persönliche Leistungserbringung 27, 85; **30**, 171; **31**, 131; **37**, 65; **43**, 370
Persönlichkeitsprofilbildung 28, 64
Persönlichkeitsrechtsverletzung 42, 162, 164, 174, 180, 195
Pertussin II-Entscheidung des BGH 42, 37
Pervasive Computing 33, 368
Pfadüberdeckungstest 1, 297
Pfandrecht 20, 59
Pflege
- Pflege bei Webshop-Outsourcing **20**, 44
- Pflege von Subunternehmerleistung/Weiterentwicklungen **11**, 237 f.
- Pflegedokumentation **1**, 112
- Pflegeschein **14**, 107
- Pflegevertrag s. *Software-Pflege*
Pflicht des Kunden zum Abschluss eines Pflegevertrages 14, 45 ff., 159
Pflichten im elektronischen Geschäftsverkehr 26, 47 ff.
Pflicht zur Erfindungsanmeldung (Arbeitnehmererfindungsrecht) 37, 258
Pflicht zur Namensführung 7, 116
Pflichtangaben in E-Mails 33, 319
Pflichten der Parteien von Telekommunikationsverträgen 31, 128 ff.
Pflichten des Handelsvertreters/Resellers 24, 52 ff.
Pflichten des Herstellers 24, 52 ff.
Pflichtenheft 2, 26 ff; **11**, 5, 9, 22, 33, 35 ff., 55, 157, 171 ff., 187.; **13**, 150 **18**, 24 ff., **29**, 49 ff., 52 ff., 60 ff., 73 ff., 139; **25**, 20 ff.
- s. *auch Feinkonzept, Feinspezifikation, Lastenheft, Leistungsbeschreibung*
- BGH-Rechtsprechung zum **18**, 60
- fehlendes Pflichtenheft **11**, 5, 9, 39, 72; **18**, 24, 73 ff.
- fehlendes Pflichtenheft bei Vertragsschluss **2**, 37 ff.
- Fehler im Pflichtenheft **11**, 82
- mangelhaftes Pflichtenheft (bzw. Mängel) **11**, 39

Sachregister

Fette Zahlen = Paragrafen

- mögliche Pannen **2**, 34 ff.
- Pflichtenheft bei IT-Projekten **18**, 49 ff.
- Pflichtenhefterstellung **10**, 9, 63, 67
- vergessenes Pflichtenheft **11**, 160

Pflichtenprogramm **11**, 24
Pflichtverletzung **10**, 29
Pflichtverletzung bei Dienstleistungen **41**, 373
Pflichtverletzungen nach UN-Kaufrecht **23**, 53
PGP s. *Pretty Good Privacy*
Pharming **27**, 17 ff.; **34**, Anhang; **43**, 192
Phasenschema nach dem Wasserfallmodell **18**, 132
Phil Collins-Entscheidung des EuGH **8**, 9, 25
Phishing **3**, 223, 237 ff.; **27**, 3, 21; **33**, 1; **34**, Anhang; **43**, 143
- Phishing via SMS s. *SMiShing*

PHP s. *Hypertext Preprocessor*
Pick-Up-Service **15**, 106
Pick-Up-Time **19**, 205
PIN s. *Persönliche Identifikationsnummer*
Ping-Anrufe **31**, 153
Pirate Bay **43**, 293
1-Pixel-Bild **36**, 93
Plain Old Telephone Service (POTS) **4**, 12
Planungsleistungen **11**, 21
Planungsphase **18**, 135
planwidrige Regelungslücke
Platform as a Service (PaaS) **20**, 6; **22**, 6, 28, 49, 61, 172
Plattform **20**, 4 ff., 16
- s. auch Portal
- Informationsplattform **14**, 86
- Internetplattform **39**, 411 f., 422 ff.; **42**, 151 ff.
- Online-Plattform **17**, 37.
- Plattformbetreiber **42**, 113
- Plattformunabhängigkeit **18**, 99
- Plattformverbot **39**, 3, 411
- Plattformvertrag **20**, 4 ff., 8 ff.
- Shop-Plattform **20**, 36
- Vertriebsplattform **24**, 208

Plausibilitätsprüfung der datenschutzrechtlichen Erforderlichkeit **30**, 282
Plugin **20**, 43 s. a. unter Social Media
Plural/Singular bei Domainnamen **7**, 148 ff.
Point of Presence (PoP) **21**, 17
Points of Interconnection (PoIs) **4**, 27
Polizeiliche Kfz-Kennzeichenerfassung-Entscheidung des BVerfG **34**, Anhang
- s. auch Kfz-Kennzeichenerfassung

polizeiliches Führungszeugnis **43**, 8 f.
Pooling **25**, 147
Pop-Up-Werbung **25**, 37 f.
pornographische Schriften **43**, 55 ff.
Portable Document Format (PDF) **30**, 136
Portacabin/Primacabin-Entscheidung des EuGH **25**, 61
Portal **20**, 4, 7
- s. auch Plattform
- Portalvertrag **20**, 4

Portierung **10**, 55; **31**, 80, 147
Positiventscheidung **39**, 206, 233
Positiv-Test **1**, 267

Post-Ident-Verfahren **30**, 157, 370, 381; **36**, 156
Post Privacy **34**, 5
Postpaid-Mobilfunkvertrag **31**, 113, 116
Powerseller **17**, 14 ff.; **25**, 212
Präklusion **40**, 436; **45**, 184
Prävention durch kartellrechtliche Compliance-Schulungen **39**, 245 ff.
Preisänderungsklauseln **22**, 138 ff.
Preisangaben
- Preisangaben nach DL-InfoV **30**, 44
- Preisangabenpflicht **31**, 152
- Preisangabenverordnung (PAngV) **13**, 77; **17**, 138; **26**, 279 ff.

Preisanpassung **13**, 85 ff.; **41**, 62 ff.
- Preisanpassung durch Benchmarking **19**, 79
- Preisanpassungsklausel **13**, 85 ff.; **15**, 65 ff.; **16**, 236 ff.; **17**, 108; **19**, 79
- Preisanpassungsmaßstab **13**, 93 f.

Preisansagepflicht **31**, 152
Preisanzeigepflicht **31**, 152
Preisempfehlung **39**, 169 f., 380
Preiserhöhung **10**, 140
- Preiserhöhungsklausel **10**, 140; **13**, 88

Preisfestsetzung **39**, 132, 139, 153
Preisgleitklausel **13**, 93; **15**, 67
Preishöchstgrenzen **31**, 152, 156
Preisklarheit **26**, 285
Preisklauseln **22**, 95
Preisklauselgesetz (PrKlG) **13**, 93 ff.; **22**, 138
Preisliste **12**, 191
Preisnachlass-Coupon BGH-Entscheidung **39**, 104
Preisnebenvereinbarung **13**, 86
Preissuchmaschinen **26**, 296; **39**, 411; **42**, 176
Preisüberwachungsgesetz (PüG) **39**, 38
- Preisvereinbarung **13**, 86; **39**, 95, 131

Preisvorgaben **24**, 41
Preiswahrheit **26**, 285
Preiswerbung ohne Umsatzsteuer-Entscheidung des BGH **26**, 280
Preis- und Konditionsbindungen **24**, 11
Premium-SMS s. *unter SMS*
Prepaid
- Prepaid-Guthaben **29**, 117, 162 ff., 185
- Prepaid-Guthaben, Verfall von **31**, 162, 185
- Prepaid-Handys und Kundendaten **34**, Anhang
- Prepaid-Karte **31**, 144, 162
- Prepaid-Mobilfunkvertrag **31**, 113

Preselection **31**, 92, 95, 101, 111, 127
Preservation Order **43**, 357
Presseerzeugnis **5**, 32
Pressefotos-Entscheidung des BGH **5**, 339
Pressehaftung-Entscheidung des BGH **42**, 39
Pressehaftung II-Entscheidung des BGH **5**, 369, 456
Pressemitteilung **39**, 250
Pressetext-Entscheidung des EuGH **40**, 159
Presse- und Kommunikationsdelikte **42**, 38
Pretty Good Privacy (PGP) **30**, 63, 193, 317 ff.
- Verschlüsselung **30**, 317 ff.

Pre-Trial Discovery **35**, 89 f.
Price Cap-Verfahren **31**, 42

Primärschlüssel 1, 98
Primary Nameserver 7, 14, 16
Prinzip der Datensparsamkeit 35, 95 s. a. unter Datenschutz
Prinzip der minimalen Schnittstelle 1, 196
Priorisierung der Fehlerbehebung 19, 205
Priorisierung von Daten 32, 20
Prioritätsgrundsatz 7, 39, 42 ff., 102
Privacy by Default 33, 217 ff.; 34, 62, 141; 36, 164 ff.
Privacy by Design 33, 217 ff.; 34, 62, 141; 36, 164 ff
Private Enforcement 39, 265 ff.
private Ermittler 43, 348
- Business Software Alliance s. dort
- Gesellschaft zur Verfolgung von Urheberrechtsverstößen s. dort
- Logistep AG 43, 348
- Promedia 43, 348
Private Key 30, 56 f., 83
Privatgutachten 44, 37 ff.
Privatklageverfahren 43, 340
Privatkopie 5, 267; 6, 53; 29, 5; 43, 268
Privatnutzung von E-Mail und Internet am Arbeitsplatz 33, 319; 37, 198 ff.
Privilegierung des Kronzeugen 39, 267, 304
Privilegierung nach dem TMG 5, 317; 21, 10; 42, 77 ff.; 43, 318 ff.
Processor Binding Corporate Rules (PBCR) 22, 163 f., 219 ff.; 35, 82
- Verfahren koordinierter Anerkennung 22, 219
Proaktive Prüfpflichten 42, 48
Produktbeobachtungspflicht 24, 230
Produkthaftung 9, 41; 24, 219; 33, 380 ff.
Produktinformation I/II/III-Entscheidungen des BGH 7, 20
Produktneutralität 40, 187, 285, 455
Produktsicherheit 33, 380 ff.
Produktsicherheitsgesetz (ProdSG) 24, 229 ff.
Produkttest 39, 429
Produktionssteuerung 18, 245
Produktivbetrieb 11, 86 f.
Produktivsetzung 18, 117
Produktivsystem 11, 94; 12, 160
Produkttest 39, 428 ff.
Profilbildung 34, 430 ff.; 36, 52 ff.
Profiler 1, 39
Profiling 34, 63
Prognose 24, 113
- Prognoseentscheidung 24, 102
Programm
- „Programm in jeder Gestalt" (§ 69 Abs. 1 UrhG) 10, 69
- Programmablauf 13, 130
- Programmänderung 12, 129
- Programmbibliothek s. dort
- Programmbeschreibung 1, 123; 18, 292
- Programmdokumentation 1, 112
- Programmentwicklungsdokumentation 1, 112 f.
- Programmkorrektur 14, 20
- Programmoptimierung 1, 36 ff.
- Programmschlüssel 24, 195
- Programmsperre 13, 223
- Programmverwertung durch ASP-Anbieter 13, 131
Programm für Volumenlizenzen (VPP), von Apple 28, 67
Programmbibliotheken 1, 19 ff.
- API-Bibliothek 1, 20
- Binder 1, 21, 27
- C++-Standardbibliothek 1, 20
- Dynamic Link Library (DLL) 1, 24, 31
- dynamische Bibliothek 1, 22 f.
- Linker 1, 21, 27
- Mischformen 1, 32
- Quelltextbibliothek 1, 20
- shared library 1, 26, 31
- statische Bibliothek 1, 20
- **Programmfehlerbeseitigung-Entscheidung des BGH** 5, 168, 207; 13, 180
Programmierparadigmen 1, 61 ff.
- deklarative Programmierparadigmen 1, 68 ff.
- imperative Programmierparadigmen 1, 63 ff.
Programmiersprachen 1, 5, 69
- funktionale Sprachen 1, 69
- funktional-logische Sprachen 1, 69
- logische Sprachen 1, 69
Programmiertechniken 1, 61 ff.
- Programmierparadigmen s. dort
- Programmierwerkzeuge 1, 70 ff.
- agile Programmierung 1, 355; 11, 140 ff.; 29, 23; 44, 140
Programmierung 1, 1 ff., 188
- funktionale Programmierung 1, 65
- modulare Programmierung 1, 66
- objektorientierte Programmierung 1, 67, 107
- prozedurale Programmierung 1, 65
- strukturierte Programmierung 1, 64
- zustandsorientierte Programmierung 1, 63
Programmierwerkzeuge 1, 70 ff.
- Debugger s. dort
- Editor s. dort
- integrierte Entwicklungsumgebungen s. dort
- Versionsverwaltungssystem s. dort
Programmsperre I/II-Entscheidungen des BGH 12, 46
Programmsperre III-Entscheidung des BGH 33, 381
Progressionstest 1, 265 f.
Projects in Controlled Environments (PRINCE2) 33, 162
Projekt
- s. auch IT-Projekte
- Projektabbruch aus wichtigem Grund 11, 27
- Projektbeendigung s. dort
- Projektbegleitung 11, 72, 81
- Projektbegriff 18, 1 f.
- Projektbericht 18, 152 f., 259
- Projektdokumentation 18, 277 ff.,
- Projektfortschrittskontrolle 18, 101
- Projektgestaltung 18, 101 ff.
- Projektherrschaft 11, 4
- Projektleiter 11, 54

Sachregister

Fette Zahlen = Paragrafen

- Projektleitung 11, 28 f.; **18**, 141 ff., 154, 157, 162
- Projektmanagement **18**, 141 ff., 154 ff.; **41**, 308
- Projektmanager beim Outsourcing **19**, 104 f.
- Projektmerkmale **18**, 2
- Projektorganisation **11**, 186; **18**, 159 ff.; **41**, 208 f.
- Projektphasen **18**, 21, 116, 123
- Projektplan **18**, 151, 178
- Projektschein **11**, 160 ff.
- Projektsteuerung **18**, 101 ff., 141
- Projektstruktur **18**, 21 f., 114 ff.
- Projektstufen **18**, 21
- Projektsünden **18**, 11, 13 ff.
- Projektverantwortung **11**, 4, 28 f., 51 ff., 186; **18**, 116, 141 ff.
- Projektverlauf **11**, 30 ff.

Projektanten 40, 183, 456
Projektbeendigung 18, 307 ff.

- Abnahme **18**, 308 ff.
- Beispiel für eine vertragliche Regelung **18**, 330
- Kündigung **19**, 320 ff.
- Leistungen des Auftragnehmers nach Rücktritt/Kündigung durch den Auftraggeber **18**, 328 f.
- Rücktritt **18**, 311 ff.
- Vollendung **18**, 308 ff.

Projektschein s. unter Projekt
Prolog (Programmiersprache) 1, 69
Prominente Personen 34, Anhang
Proof of Solution-Verfahren s. unter Vergaberecht
proprietäre Software 12, 127; **9**, 44 ff.

- Kombination von Open Source Software und proprietärer Software **9**, 44 ff.

Prorogation s. Gerichtsstandsvereinbarung
ProSiebenSat.1-Entscheidung der KEK
s. KEK-Entscheidung zu Axel Springer AG/ProSiebenSat.1 Media AG
Prototyping 1, 192, 237; **10**, 41
Provider 43, 294 ff.

- Providerauskunft **5**, 344
- Providerhaftung **21**, 42, 45; **43**, 318
- Providerverträge im Internet s. dort

Providerverträge im Internet 10, 66; **20**, 2; **21**, 1 ff.

- Allgemeines **21**, 1 ff.
- regulatorischer und rechtlicher Rahmen **21**, 6 ff.
- Vertragstypen **21**, 14 ff.

Provision 24, 60 ff.

- Bezirksprovision **24**, 63
- Entstehung des Provisionsanspruchs **24**, 61
- Entfallen des Provisionsanspruchs **24**, 65
- Festbetrag **24**, 68
- Folgeprovision **24**, 63
- Höhe der Provision **24**, 67
- provisionsadäquater Ausgleichsanspruch **24**, 113
- Provisionssätze **24**, 67
- Provisionsverluste **24**, 102 f.
- Übergangsprovision **24**, 64
- Verjährung des Provisionsanspruchs **24**, 69

Proxy 3, 222
Prozeduren 1, 65
Prozessökonomie 46, 11
Prozesstaktische Vorgehensweise 46, 18
Prozessuale Einsichts- und Auskunftsrechte 34, Anhang
Prozessvorbereitung 44, 1 ff.
Prüfungspflicht

- nicht-vereinbarte Prüfungspflicht **18**, 29 ff.
- Prüfungspflicht des Auftragnehmers **11**, 38, 40 ff.
- Prüfungspflicht des Auftraggebers **11**, 47
- Prüfungspflicht des Händlers bei Freeware **12**, 144
- Prüfungspflichten und Handlungspflichten **42**, 36 ff., 175
- Prüfungspflichten und Kontrollpflichten des Störers **42**, 36 ff., 42 ff.

Prüf- und Besinnungsfunktion (bzgl. CD-Versiegelung) 26, 195
Pseudonym 7, 126; **8**, 34; **28**, 65, 88; **29**, 61; **30**, 286; **36**, 106, 107 ff., 218
Pseudonymisieren 34, 131, 588
Pseudonymisierung von Daten 18, 246
Public Domain

- Public Domain-Lizenz **9**, 64
- Public Domain-Software **12**, 140 ff.

Public Key 30, 102
Public Private Partnership (PPP)
s. Öffentlich-Private Partnerschaft (ÖPP)
Public Public Partnership (PPP)
s. Öffentlich-Öffentliche Partnerschaft (ÖÖP)
Public Switched Telephone Network (PSTN) 4, 12
Publisher 29, 16
Publishing-Modell 29, 17
Publishing-Vertrag 29, 18
PUK s. Personal Unblocking Key
Push-Verfahren 9, 53
Punitive Damage 39, 273, 297, 299
P-Vermerk-Entscheidung des BGH 5, 426
PVÜ s. Pariser Verbandsübereinkunft

Quadruple-Play-Dienste 4, 24
qualifizierte elektronische Signatur s. unter elektronische Signatur
qualifizierte Mitarbeiter 16, 163
Qualitätsanforderungen bei IT-Projekten 18, 85
Qualitätsmanagement 1, 144
Qualitätssicherung 1, 144; **19**, 263
Quality of Service (QoS) 4, 31, 33; **32**, 21
Quellcode 1, 2 ff.; **9**, 1, 3 f., 9, 11, 12, 51 ff.; **10**, 77; **11**, 130 f.; **12**, 127 ff., 145, 172 ff.; **14**, 73, 88; **18**, 45, 110, 293; **19**, 34, 98; **33**, 82; **39**, 69 ff.; **41**, 244 ff., 290 f.; **45**, 28

- Änderungen am Quellcode **11**, 164, 169
- Anspruch auf den Quellcode **38**, 84 ff.
- Anspruch auf Lieferung des Quellcodes **12**, 172
- Bedeutung für den Anwender **38**, 73 ff.
- Bedeutung für den Hersteller **38**, 82 f.
- Definition **1**, 2

magere Zahlen = Randnummern

Sachregister

- Dokumentation (Quellcodedokumentation) 18, 278, 293
- Erstellung 1, 2 ff.
- Hinterlegung des Quellcode s. *Escrow*
- Lizenzierung 1, 10
- offener Quellcode 9, 1, 3, 9 s. *auch unter Open Source*
- Offenlegung des Quellcode s. *dort*
- Programmbibliothek s. *dort*
- Überlassung 38, 82, 114, 151 f.
- Untersuchung des Quellcodes 45, 28

Quelltext 1, 6 ff., 34
- s. auch *Quellcode*
- Erstellen von Quelltext 1, 6 ff.
- Quelltextbibliothek s. unter *Programmbibliothek*
- Quelltextformatierungsfunktion 1, 81
- Quelltexthinterlegung s. *Hinterlegung*

Querlieferungsverbot 39, 386
Quicksort 1, 63, 69
Quick-Freeze-Order 43, 357

Radio Frequency Identification (RFID) 33, 367 ff.; 34, Anhang; 36, 81
- RFID-Chip 30, 269 f.

Radio Spectrum Committee (RS C) 31, 59
Radio Spectrum Policy Group (RPSG) 31, 59
Rahmenbetriebsvereinbarung zu IT-Systemen 18, 272
Rankingverfahren 39, 428 ff.
Rapid Application Development (RAD) 1, 192
Rapidshare II-Entscheidung des OLG Hamburg 42, 58
Rasterfahndung 34, Anhang
Ratenlieferungsvertrag 17, 132
Rating 33, 289
Rational Unified Process (RUP) 1, 192; 18, 123
Raubkopie 5, 80, 144; 8, 34 f.
Raule.de-Entscheidung des BGH 4, 63
Re-Filing 8, 123 ff.
Reaktionsfrist 13, 161
Reaktionszeit 14, 20, 127, 130 f., 137; 15, 122, 140; 32, 47; 41, 156, 189, 286, 362 ff.
Reaktivierungsgebühr 14, 45, 56
Realisierungsphase 18, 117
Rechenzentrumsbetrieb s. *Application Service Providing (ASP)*
Rechnungserstellung für Telekommunikationsdienstleistungen 31, 141 ff.
Recht am eigenen Bild 25, 15
Recht am eingerichteten und ausgeübten Gewerbetrieb (ReaG) 11, 116; 25, 137; 34, 511; 40, 489
Recht auf informationelle Selbstbestimmung 31, 187; 34, 11, 20, 25, 563
Recht auf Vergessenwerden 34, 9 s. *auch Google Spain-Urteil des EuGH*
Recht der elektronischen Signaturen 30, 48 ff.
- Begriffe und Definitionen 30, 94 ff.
- Beschränkungen der Anwendung elektronischer Signaturen 30, 173 ff.
- eingeschränkte Authentizität 30, 171
- Europäischer Hintergrund 30, 93
- Gesetzliche Formvorschriften 30, 115 ff.
- Haftung für Missbrauch 30, 179 ff.
- Technische Grundlagen 30, 48 ff.
- Vergabe von Attributen 30, 161 ff.
- Vergabe von Zertifikaten 30, 156 ff.

Recht der Telekommunikationsnetze- und dienste 31, 1 ff.
- besonderer Kundenschutz 31, 88 ff., 187 ff.
- Besonderes Datenschutzrecht 31, 187
- Rechtsschutz 31, 86 f.
- Regulierungsbehörden 31, 11
- Sektorspezifische Regulierung der Telekommunikation 31, 1 ff.
- Telekommunikationsregulierung nach TKG 2012 31, 13 ff.
- Vertragsrecht 31, 88 ff.; s. a. unter *Telekommunikationsvertragsrecht*

Recht der öffentlichen Wiedergabe 5, 197 ff.
rechtliche Risiken des fehlenden Pflichtenhefts 18, 73 ff.
rechtlich-vertragliche Anforderungen bei IT-Projekten 18, 88
Rechtsanwalts-Ranglisten-Entscheidung des BGH 5, 316
Rechtsberatung via Internet 30, 9
Rechtsbindungswille 10, 154; 13, 28 f.
Rechtseinräumung 9, 27; 11, 48 ff., 169.; 41, 210 ff.
Rechtschreibprogramm 1, 134
Rechtsfolgen des Schweigens 16, 175 ff.
Rechtsmängel 12, 223 ff.; 16, 72 ff.; 25, 17; 46, 94 ff.
Rechtsmangel im Mietrecht 13, 151 f.
Rechtsmittelbelehrung 30, 231
Rechtspfleger-Maßnahmen (Überprüfung, insb. Datenschutzkontrolle) 34, Anhang
Rechtsschutz digitaler Inhalte 5, 1 ff. s. *auch unter digitale Inhalte*
Rechtsschutz im Telekommunikationsrecht 31, 86 f.
Rechtsschutz von Datenbanken 6, 1 ff.
- s. auch unter *Datenbank*
- Abgrenzung Datenbank – Datenbankinhalt 6, 16 ff.
- Datenbankinhalt 6, 26
- eigenständiger Informationsgehalt 6, 20 ff.
- Entnahme 6, 31 ff.
- Erschöpfung bei Entnahme 6, 47 ff.
- internationale Bezüge 6, 11, 48 f.
- Investitionsschutz für Datenbankhersteller 8, 28
- Kumulationseffekt 6, 38
- Ordnungsprinzip 6, 24
- Schranken des Datenbankschutzes 6, 53
- Schutz des Datenbankherstellers 6, 14, 29 ff.
- Schutz sui generis 6, 13 f.; 8, 27 f.
- Urheberrechtlicher Schutz 6, 7 ff.
- Vertragsrecht 6, 54

Rechtsschutz von Software 5, 1 ff.
- Abschlusserklärung 5, 441 ff.

2575

Sachregister

Fette Zahlen = Paragrafen

- Einführung zu den urheberrechtlichen Bezügen des IT-Rechts 5, 1 ff.
- Ansprüche nach § 97 UrhG (Unterlassung, Beseitigung, Schadensersatz) 5, 324 ff.
- Anspruchsdurchsetzung 5, 272 ff.
- Anspruchsdurchsetzung, außergerichtliche 5, 358 ff.
- Anspruchsvoraussetzungen 5, 63 ff.
- Berufungsverfahren 5, 451
- Einstweilige Verfügung 5, 412 ff., s. a. dort
- Hauptsacheverfahren 5, 452 ff.
- internationale Bezüge des deutschen Urheberrechts 8, 1 ff.
- Rechtsschutz von Software außerhalb des Urheberrechts 5, 56 ff.
- Regeln der Störerhaftung 5, 306 ff.
- Schadensberechnung 5, 335 ff. ; s. a. dort
- Urheberrechtlicher Schutz 5, 5, 36 ff.
- Verfahrensfragen, weitere 5, 460 ff.
- Verhältnis zu anderen Vorschriften 5, 329 ff.
- Widerspruchsverfahren 5, 447 ff.
- Zustimmungsbedürftige Handlungen 5, 141 ff.

Rechtswahl 19, 28; 22, 41 ff.; 24, 70 ff.; 23, 9 f., 25, 29, 73 ff., 104
- ausdrückliche Rechtswahl 22, 40; 23, 74
- stillschweigende Rechtswahl 23, 76
- Verweisungsvertrag 22, 42

Rechtswahlklausel 12, 240; 9, 57 ff.; 22, 72 ff.; 23, 29, 39, 79, 84, 92, 104
Rechtswidrigkeit 43, 89 f., 169
Recognised Internal Control Framework 33, 267 ff.
Record 1, 87
Record-Typ 1, 91
Recovery-Test 1, 239
Recruiter 37, 39
Redundanzfreiheit 1, 62
Referenz-Pseudonyme 18, 254
Refresh 38, 127
Regeln der Technik 33, 12; 46, 44
Regeln zum Personal des Lieferanten 16, 166
Regelungsinhalte eines Providervertrags 21, 36
Regenschirmklausel 10, 106
Regionalisierung 31, 52
Registrierkartenvertrag 24, 137 ff.
Registrierkassen-Entscheidung des BGH 18, 66
Registrierung 24, 137 ff.; 28, 7
- Registrierungspflicht 24, 138 ff.; 28, 88
- Registrierungspflicht als Mangel 24, 141 ff.
- Registrierungsstelle 39, 459

Registry s. Domain Name Registry
Regression 1, 145
- Regressionstest 1, 162, 194, 262 f.; 18, 218

Regulierungsbehörde für Telekommunikation und Post (RegTP) 31, 10 f., 15, 28, 37
Regulierungsbehörden für Telekommunikation 31, 11
Regulierung
- Regulierungsferien 31, 25
- Regulierungsverfügung 31, 16, 27 ff.

Reichweitenanalyse 36, 57

Reifen Progressiv-Entscheidung des BGH 12, 38; 24, 166; 38, 51 ff.
Reifen.eu-Entscheidung des EuGH 4, 57; 8, 72
reine Zugangsgewährung 21, 22
Reisekosten 11, 127 f.
Rekursion 1, 69
Relational Database Managementsystem (RDBMS) 1, 97
Release 14, 20, 21 ff., 150; 11, 200; 24, 160
- Release-Fähigkeit 18, 99
- Release-Festigkeit 11, 200
- Release-Management 38, 68
- Release-Wechsel 14, 75

Remailer 30, 69
Remote
- s. auch Auftragsdatenverarbeitung
- Remote-Service 14, 20, 83 f., 115, 119
- Remote-Server 23, 72
- Remote-Zugriff 14, 116; 41, 292

Reporting 11, 158; 12, 84; 14, 131; 19, 73; 20, 37; 33, 107, 84; 34, 346
Repository 1, 77
Reproduzierbarkeit 41, 82 f.; 46, 69
Request for Proposal (RfP) 19, 9, 18 ff.
Requirements Engineering 2, 3
Reseller 24, 8, 52; 31, 92; s. a. Vertragshändler
- Reseller-Vertrag 31, 91

RESISCAN (Ersetzendes Scannen) 46, 59
Responsive Design 25, 21
Restguthaben-Verfallsklausel s. Verfallsklausel
Restitutionsklage 30, 205 ff.
Retained Organisation 19, 3
Retouren 20, 9, 27, 36, 50, 71
Return on Invest 18, 6
Revenue Share 29, 27
Reverse Engineering 1, 52 ff.; 38, 77
Reverse Domain Name Hijacking 8, 118
Review 1, 172, 181, 269 ff.; 18, 138
- Bedingungen 1, 276
- informelles Review 1, 269 ff.
- Review Board 19, 106
- Reviewarten 1, 278
- technisches Review 1, 269, 272 ff.
- typische Reviews 1, 277 f.

Revidierte Berner Übereinkunft (RBÜ) 8, 6 ff.; 12, 20
Revisionsverfahren 45, 198 ff.
- Ablauf 45, 207
- Begründetheit der Revision 45, 205 f.
- Sprungrevision 45, 207
- Zulässigkeit der Revision 45, 198 ff.

Re-Insourcing 19, 35, 72, 152 ff.
Re-Test s. Fehlernachtest
Re-Transition 19, 7
RFID s. Radio Frequency Identifaction
Richtfunkstrecke 4, 2, 29
Rijndael-Algorithmus 30, 50
Ringtopologie 3, 22 ff.
Risiko
- Risiken bei IT-Projekten 18, 8
- Risiko-Nutzen-Analyse 33, 160
- Risikoklassen 1, 347; 33, 160

Sachregister

- Risikomanagement s. *dort*
- Risikoverteilung bei der Verwendung elektronischer Signaturen 30, 201
- Risikovorsorge 33, 13, 335

Risk-Management 38, 15 ff.

Risikomanagement 33, 16 ff.; 38, 73
- Abgrenzung zur Compliance 33, 22
- Bewertungskriterien bei unternehmenskritischen Anwendungen 33, 156 ff.
- IT-Risikomanagement-Standards 33, 164 ff.
- Risikomanagementsystem 33, 29 ff., 45 ff., 51 ff., 63

Roaming 4, 7; 31, 48 f., 102
- Roaming-Verordnung 31, 48 f.

Robinsonliste des Deutschen Dialogmarketing Werbeverbands s. *unter Kundendatenschutz*

Roboterhund (Schutzmaßnahmen) 39, 324
- s. auch FairPlay-Technologie, iPod (Schutzmaßnahmen), iTunes (Schutzmaßnahmen), Mod-Chip-Fälle, Spielekonsolen (Schutzmaßnahmen)

Robots 3, 220

Rogueware s. *Scareware*

Rolex-Entscheidung des BGH 42, 108, 115

Rom-I-VO 8, 23, 29, 41; 9, 60; 17, 159 f.; 162; 22, 36; 23, 2 f.; 24, 70

Rom-II-VO 5, 416, 418; 9, 60; 8, 18 ff.; 23, 4

Rooting 37, 293

Round Trip-Delay 32, 44

Round-Trip-Engineering 1, 6

Round-Trip-Latency 19, 207

Routenplanung-Entscheidung des BGH 5, 124

RPSG s. *Radio Spectrum Policy Group*

RSA-Verfahren 30, 51

RS C s. *Radio Spectrum Committee*

RSS-Feed 21, 56

Rundfunk 36, 24; 42, 62

Rundfunkstaatsvertrag (RStV) 29, 55; 35, 28; 36, 3, 24 ff.

Rückabwicklung des Lizenzvertrags 24, 153

Rückfall, automatischer (Open Source Software) 9, 33

Rückgabepflicht 12, 214

Rückgaberecht 26, 131, 187 f., 207, 249 f.

Rückgriffsrecht des Unternehmers 17, 61 ff.

Rückidentifizierungsrisiko 18, 251, 256

Rücklieferungsverbot 39, 387

Rücklizenz 24, 16
- Rücklizenzverpflichtung 39, 159, 338, 378

Rücknahmepflichten 24, 92

Rückruf von Rechten nach § 41 UrhG 5, 268 ff.

Rückrufpflicht 24, 230

Rücksendekosten 26, 228 ff.

Rücksendung 26, 116, 131, 171, 187 ff., 213 ff., 228 f.

Rücktritt 10, 129 ff.; 18, 311 ff.
- Rücktritt vom Softwarepflegevertrag 14, 99
- Rücktrittsvorbehalt 17, 100

Rügelose Einlassung 8, 82 f.; 45, 237

Rügepflicht 14, 146

Run-Phase 19, 182

Runtime-Environment s. *Laufzeitumgebung*

Rückforderungsanspruch gemäß § 812 BGB 13, 165

Rückgabe der Mietsache 13, 223 ff.

Rückgabe der Software 13, 13, 223 ff.

Rücküberweisungs-Trojaner 27, 25

Rückwirkungsverbot 43, 3

Rückzahlungsklauseln 37, 21

Rückzahlungsklauseln für überzahltes Arbeitsentgelt 37, 30

Rufbereitschaft 41, 347 ff.

Rufnummer 31, 68
- Rufnummernübertragbarkeit 31, 80, 147

Rügeobliegenheit, kaufmännische (§ 377 HGB) 10, 25, 55, 98, 123; 12, 57, 222; 15, 12, 42, 93, 95

Runtime-Lizenz 12, 123

R-Gespräch 31, 121

Sabotage
- Computersabotage 43, 233 ff.

Sachentscheidung 39, 186, 200, 203 ff., 220, 240

Sachgefahr 13, 36 s. a. *Gegenleistungsgefahr*

Sachgesamtheit 15, 12

Sachmängel 11, 100 ff.12, 168,, 223 ff.; 13, 146 ff.; 16, 39 ff.; 15, 16, 47, 50

Sachqualität von Software (§ 651 BGB) 10, 31 ff.; 11, 15 ff.; 12, 42 ff.; 13, 10 ff.; 45, 35 ff.
- s. *auch neu herzustellende Sache i. S. d. § 651 BGB, Werklieferungsvertrag*

Sachverständige 19, 81; 40, 178 ff.; 45, 57; 46, 97 ff.
- Anforderungen an die Sachverständigentätigkeit 46, 100 ff.
- Auswahl 45, 160; 46, 97 ff.
- Sachverständigengutachten 45, 167
- Tatsachenfragen 45, 157; 46, 74
- Wertungsfragen 45, 158; 46, 74

Sachverständigenbeweis 46, 1 ff.
- Anforderungen an den Sachverständigenbeweis 46, 97 ff.
- Einführung 46, 1 ff.
- Selbständiges Beweisverfahren 46, 109 ff.
- Substantiierung 46, 17 ff.

Sachverständigenordnungen (SVO) der Industrie- und Handelskammern 46, 100

Sachverständigenverzeichnis der Industrie- und Handelskammern 46, 99

Sachvortrag in Softwareprozessen 46, 96

Safe Harbor 13, 215; 22, 164; 35, 59 ff., 83 f.
- Safe Harbor-Bedingungen 13, 215

Sale-and-Lease-Back-Leasing 13, 32

Salvatorische Klausel 14, 35; 17, 77; 41, 122 f.

Sammelklage 39, 126, 297, 324; 432

Sammelwerk 6, 7, 19

Sandboxlösung s. *unter Bring your own Device*

Sanierung 38, 18 ff.

Sanierungsmaßnahmen im Insolvenzverfahren 38, 19 ff.

Sanktionen
- Sanktionen bei SLA-Verstoß 19, 211

2577

Sachregister

Fette Zahlen = Paragrafen

- Sanktionen bei Zahlungsverzug (Miete) **13**, 96
- Sanktionen für den Fall der Nichteinhaltung der definierten Service-Zeiten **14**, 127
- Sanktionen für den Fall einer Verletzung der Mindestabnahmepflichten **24**, 49

SAP
- SAP HANA **34**, 7

Sarbanes-Oxley-Act (SOA) 33, 12, 258 ff.; **34**, 216
- Anwendungsbereich **33**, 259 f.
- Internet Kontrollsystem **33**, 261 ff.
- Konflikte mit europäischem Datenschutzrecht (v.a. Whistleblowing) **33**, 274 ff.
- Recognized Internal Control Framework und Auswirkungen auf IT-Verträge **33**, 267 ff.
- Verhältnis KonTraG zu SOA **33**, 272

Scanner 1, 41
Scareware 3, 242 ff.
Schadsoftware 28, 33
Schaden
- Nebenschäden **5**, 344
- Betriebsausfallschaden s. dort

Schadensbegrenzungsklauseln 16, 91
Schadensberechnung 5, 335 ff.; **39**, 303
Schadensersatz 5, 324 ff.; **25**, 151 ff.; **32**, 55 f.; **39**, 223, 266 ff., 270 ff., 293, 297, 303 f., **42**, 119 ff., 142 ff.
- EU-Kartellschadensersatzrichtlinie **39**, 126, 260, 279 f.;
- pauschalierter Schadensersatz **15**, 134; **32**, 46; s. a. dort
- Schadensersatz des Leiharbeitnehmers bei fehlender Erlaubnis zur Arbeitnehmerüberlassung **37**, 99
- Schadensersatz im Mietrecht **13**, 169 ff., 187
- Schadensersatzansprüche (Regelungen in Standardklauseln) **16**, 89 ff.

Schadensfunktion 14, 20
Schadensminderungsobliegenheit 10, 153
Schadenswiedergutmachung 43, 7
Schaden-Richtlinie 23, 3
Schallplattenvermietung-Entscheidung des BGH 5, 158
Scheinselbständigkeit 11, 245; **37**, 33 ff.
- s. a. Freelancer

Scheinwerkdienstvertrag 37, 70 ff. s. a. unter Arbeitnehmerüberlassung
Scheitern von IT-Projekten 18, 7 ff.
Schenkung 9, 35 f.; **12**, 42, 144, 150; **28**, 15
Schiedsgericht bei der Wirtschaftskammer der Tschechischen Republik und der Agrarkammer der Tschechischen Republik 8, 56
Schiedsgerichtsbarkeit, internationale 44, 3 ff.
Schiedsgerichtsvereinbarung 19, 160, 163
Schiedsgutachten 44, 28 ff.
Schiedsrichter 44, 14
Schiedsstelle beim Deutschen Patent- und Markenamt 37, 275
Schiedsvereinbarung 12, 236; **38**, 122; **44**, 1, 4 ff.

- Bestimmtheitserfordernis **44**, 7
- Formvorschriften **44**, 5

Schiedsverfahren 44, 1 ff., 137
- Durchsetzung eines Schiedsspruchs **44**, 22
- grundsätzliche Erwägungen zur Durchführung **44**, 25 ff.
- Gültigkeit und Aufhebbarkeit von Schiedsgerichtsklauseln und Schiedsgerichtsentscheidungen **44**, 16 ff.
- Inhalt und Verbindlichkeit von Schiedssprüchen **44**, 20
- inhaltliche Vereinbarungen über Schiedsverfahren **44**, 8 ff.
- Schiedsgerichte und einstweiliger Rechtsschutz **44**, 23 f.
- Schiedsverfahren in der Zivilprozessordnung **44**, 1 ff.
- Schiedsverfahren im Domainrecht, internationales **8**, 54 ff.
- Schiedsverfahren oder Schlichtungsverfahren bei IT-Projekten **18**, 10
- Verfahrensort **44**, 12
- Verfahrensrecht **44**, 9 ff.
- Verfahrenssprache **44**, 15

Schlichtung 11, 130; **19**, 162 ff.; **44**, 138
Schlüssel (Verschlüsselungstechnik) 30, 49, 52 ff.
- privater Schlüssel **30**, 61

Schlüsselbänder.de-Entscheidung des OLG Köln 7, 148 ff.
Schlüssigkeit des Klägervortrages 45, 110
Schmähkritik 25, 227
Schnittstelle 32, 36; **39**, 8, 79, 176, 308, 315, 389 ff.
Schnittstelleninformationen 39, 176, 307, 315, 397
Schnittstellentest s. Integrationstest
Schöner Wetten-Entscheidung des BGH 5, 316
Schöpfungshöhe 5, 9, 36, 41, 66, 277; **13**, 129; **25**, 10
Schrankenbestimmungen (Urheberrecht) 5, 15, 51, 141, 204 ff., 257
- Bildungs- und Wissenschaftsschranke **5**, 51
- Privatkopie s. dort

Schriftform 13, 222; **17**, 124; **30**, 74 ff., 115 ff.
- Schriftformerfordernis **5**, 22, 25; **30**, 346 ff.; **41**, 118 ff.
- Schriftformklausel **12**, 242
- Schriftformklausel, doppelte **37**, 18 ff.

Schriftsätze, ordnungsgemäße 45, 5
Schubladenverfügung 5, 393
SCHUFA 31, 208
- SCHUFA-Auskunftsklausel **31**, 208

Schufakredit.de-Entscheidung des OLG Hamburg 7, 51
Schuhmarkt.de-Entscheidung des OLG Hamburg 7, 145
Schuldanerkenntnis 15, 94
Schuldnerspiegel 34, Anhang
- s. auch E-Pranger, Online-Archive

Schuldprinzip 43, 4
Schuldrechtsmodernisierung 10, 1; **11**, 25, 190; **18**, 78; **23**, 32

magere Zahlen = Randnummern

Sachregister

Schuldversprechen, abstraktes
  (Unterlassungserklärung) 5, 389
Schulung 11, 108 ff.; 41, 357
- Schulungspflicht 24, 57
- Schulungsunterlagen 1, 112 f.
- Vergütung 11, 111
Schutz der Berufsgeheimnisträger 43, 398 ff.
Schutz der Software 12, 200 ff.
Schutzbedürftigkeit 24, 103, 105
schutzfähiges Werk i. S. d. Urheberrechts
  s. unter Werk
Schutzfristvergleich 8, 9, 31
Schutzhüllenvertrag 16, 17, 20.; 17, 86 ff.;
  24, 132 ff; 39, 333, 358
Schutzlandprinzip 5, 305; 8, 23, 29 ff., 35, 39, 42,
  88, 132, 145; 19, 269; 22, 50; 23, 33, 43
Schutzmaßnahmen gemäß §§ 95 a ff. UrhG
  39, 322 ff.
Schutzprinzip 43, 4
Schutzrechtsverletzung 41, 98 ff., 281, 372
Schutzschirmverfahren (Insolvenz) 38, 20
Schutzschrift 5, 391, 420
Schwachstelle
- Schwachstellenanalyse 18, 92
Schwarze Klausel 39, 153
Schwarzgeldabrede 37, 40
Schweigen im Rechtsverkehr 16, 175 ff.
Schweigepflichtentbindungserklärung 22, 199
Schwellenwerte (Vergaberecht) s. unter
  Vergaberecht
Scientology-Erklärung s. unter Vergaberecht
Scope (Outsourcing) 19, 3, 7, 108 f., 112 ff., 252 ff.
Scoring 20, 51; 34, 481 ff., Anhang; 36, 180
- s. auch Geodaten
- Auskunft an den Betroffenen 34, 496 ff.
- Datenübermittlung an Auskunfteien
  (§ 28 a BDSG) und zum Scoring (§ 28 b BDSG)
  34, 491 ff.
- Regelungen 34, 483 ff.
- Scorewert 34, 481
Scraping 39, 454
Screener 1, 41
Screening 34, 220 ff., Anhang
Screen Scraping 6, 35, 42
Scrum 11, 142, 144 ff.; 157; 18, 124; 41, 312
Search Engine Marketing (SEM)
  s. Suchmaschinenmarketing
Second Generation Outsourcing 19, 72
Second Level Domain (SLD) 3, 97; 7, 5, 21; 30, 306
Second Life 43, 63
Secondhand-Software s. Gebraucht-Software
Security Breach Notifikation 33, 240
Secure Electronic Transaction s. SET-Verfahren
Sedona Conference 35, 100
Sedona Principles Addressing Electronic
  Document Protection 35, 100
Segnitz.de-Entscheidung des BGH 7, 48 f., 61, 147
sektorspezifisches Kartellrecht 31, 12; 39, 30
Sektoruntersuchung 39, 187, 198 f., 228, 414
sekundäre Beweislast 42, 138

sekundäres Unionsrecht und
  Telekommunikationsrecht 31, 4 ff.
Selbstanzeige 34, Anhang
Selbstbedienungstankstellen-Entscheidung des
  BGH 20, 1
Selbstbeseitigungsrecht im Mietrecht s.
  Selbstvornahmerecht im Mietrecht
Selbstdiagnosesysteme 15, 108
selbstgenerierte Pseudonyme 18, 254
Selbstvornahme 10, 123
- Selbstvornahmerecht im Mietrecht 13, 180,
  194; 15, 55
selektives Outsourcing 19, 3
selektiver Vertrieb 39, 143, 172, 330, 385, 406,
  411, 416 f.
Semantik, statische 1, 43
semantische Analyse 1, 43
Senior Management 19, 161
Sensorik 33, 368
SEPA (Single Euro Payments Area) 27, 10
- SEPA-Lastschriftverfahren 27, 52 ff.
- SEPA-Überweisung 27, 10
Sequel (Folgeversion bei Spielen) 29, 20, 24
Seriennummernverfolgung 18, 99
Server
- Server als Niederlassung 23, 60
- Server-Farm 12, 101; 35, 85
- Server-Housing 21, 37 f.
- Server-Housing-Vertrag 32, 12
Service
- Service Change 19, 120
- Service Level s. dort
- Service Level Agreement (SLA) s. dort
- Service Level Penalties 19, 73
- Service-Provider 20, 16
- Service Vertrag 14, 8
- Service-Zeiten 14, 20, 127, 135 ff.; 41, 156 ff.
- Serviceleistungen, mangelhafte 41, 369 ff.
Service Integration and Management (SIAM)
  19, 3
Service Oriented Architecture 12, 162
Service Level 10, 71; 13, 196; 19, 204; 20, 44;
  32, 42 ff. 41, 286
- s. auch Service Level Agreement (SLA)
- Ausnahmen 14, 139
Service Level Agreement (SLA) 10, 56, 71; 11, 50,
  87; 13, 196 ff.; 14, 74, 126 ff., 139; 15, 110,
  132 ff., 110, 122, 132; 19, 44, 195 ff., 211,
  266; 21, 24, 35 f.; 22, 67, 97 ff.; 33, 299
- s. auch Service Level
- Verhältnis zur Gewährleistung 19, 128
- Verhältnis zur Haftung 191, 141
Session Initiation Protocol (SIP) 4, 32
Session Key 30, 59 ff.
SET-Verfahren 27, 39 f.
sexueller Missbrauch von Kindern über das
  Internet 43, 47 ff.
Shakedown-Test s. Smoke-Test
shared library 1, 26, 31
- s. auch Programmbibliotheken
Shareware 5, 78; 12, 130 ff.
Share-Deal 19, 25, 45, 168; 34, 415

2579

Sachregister

Fette Zahlen = Paragrafen

Sharehoster 5, 317
Sharehosting 42, 211 ff.
shell.de-Entscheidung des BGH 7, 57, 76, 133; 8, 64
Sherman Antitrust Act 39, 39 f.
Shitstorm 28, 97
Shop-Plattform s. unter Plattform
Shopsysteme 21, 46
Short Message Service (SMS) 4, 21; 21, 67; 26, 54; 31, 113, 186, 198
– Premium-SMS 31, 152, 186
– SMiShing 43, 198
– stille SMS 43, 367
Shrinkwrap s. a. Schutzhüllenvertrag
– Shrinkwrap-Vertrag 17, 86 ff.; 24, 132 ff.; 28, 18
– Shrinkwrap-Agreement 17, 89
Sicherheitsanweisung 37, 200
Sicherheitstest 1, 243
Sicherungskopie 12, 176; 13, 108; 19, 100; 29, 5; 37, 204
Sicherheitslücken 27, 20
Sicherungsrecht 20, 59
Signalisierungskanal 4, 8 f.
Signatur
– Signaturanwendungskomponenten 30, 108
– elektronische Signatur s. Elektronische Signaturen
– Signaturerstellungseinheiten 30, 88, 98, 106 f., 272 f.
– Signaturkarte 30, 88, 171
– Signaturprüfschlüssel 30, 86, 102
– Signaturschlüsselinhaber 30, 161
Siloanlage-Entscheidung des BGH 10, 40
Silowände-Entscheidung des BGH 29, 19
Simple Mail Transfer Protocol (SMTP) 30, 68
SIM
– SIM-Box 4, 27
– SIM-Karte 4, 27; 27, 24; 31, 96, 113, 131; 37, 292; 43, 232
– SIM-Lock von Handys 28, 8; 43, 232
Single Euro Payments Area – SEPA 27, 10
Single-Pass-Compiler 1, 48
Single Sign-On-Anmeldung 28, 87; 33, 362
Single Tenant-Architektur 22, 62
Sitzlandprinzip 34, 118; 35, 20;
Six Sigma 19, 263
Skalenvorteil 39, 445
Skalierbarkeit 1, 229
Skill Game (Geschicklichkeitsspiel) 29, 54
Skimming 43, 88, 180
Skrill 27, 2
Skype 39, 183
Smart Cameras 34, Anhang
– s. auch Videoüberwachung
Smart Cars 34, 579
Smart Device 28, 2 ff., 74
Smart Grid 34, Anhang
– s. auch Cloud Computing, Grid Computing, Smart Metering
Smart Metering 34, 573 ff., Anhang
– s. auch Cloud Computing, Grid Computing, Smart Grid

SMART-Methode 15, 135
Smart-Phone 15, 3; 27, 3; 34, 5; 39, 184, 433, 448, 455
SMiShing s. unter Short Message Service
Smoke-Test 1, 267
SMP-Unternehmen (Significant Market Power-Unternehmen) 31, 22, 27, 32
SMS s. Short Message Service
SMTP s. Simple Mail Transfer Protocol
Snippets 5, 34
Social Engineering 27, 14 ff.
Social Media 28, 70 ff.; 34, Anhang; 36, 207 ff.; 37, 328 ff. s. auch unter Soziale Netzwerke
– anwendbares Recht 28, 75
– Begriffsbestimmungen und Funktionen 28, 70 ff.
– Betrieb einer Social Media Präsenz 28, 95
– Chancen und Risiken 37, 330 ff.
– Datenschutz 28, 81 ff.
– negative Äußerungen durch Arbeitnehmer und Ex-Mitarbeiter 37, 335 ff.
– Rechte an Inhalten 28, 96
– Rechtliche Einordnung 28, 71 ff.
– Social Media im Unternehmen 28, 101 f.
– Social Media Marketing 28, 90 ff.
– Social Media Plugin 20, 43; 28, 82 ff.; 29, 56; 36, 58, 212
– Social Media Präsenzen 28, 75 ff.
– Social Media Richtlinien s. dort
– Social Media und Apps/Apps Stores 28, 74
– Strategie 28, 95
– Verantwortlichkeit für Inhalte 28, 77 ff.
Social Media Richtlinien 28, 102; 37, 328 ff.
– Muster 37, 348
– Rechtsgrundlagen und wichtige Inhalte 37, 341 ff.
Social Networks s. soziale Netzwerke
Social Scoring 36, 198
– Anwendbarkeit deutschen Datenschutzrechts 36, 199 ff.
– Einwilligung 36, 202 f.
– Profilbildung 36, 201
Societas Europeae (SE) 40, 108
Society for Worldwide Interbank Financial Telecommunication s. SWIFT
Soft-Opt-In s. unter Opt-In
Sofortüberweisung s. unter E-Payment
Software
– Rechtsschutz von Software s. dort
– Sachqualität von Software 10, 32; 12, 48 ff.; 13, 6, 10 f.; 17, 22 ff.
– Software als bewegliche Sache 17, 22 ff.; 12, 50; 13, 6
– Software als körperliche Sache 12, 49
– Software as a Service (SaaS) 12, 109, 157; 13, 1 f., 18, 37 ff., 63; 18, 6; 22, 6, 28, 49, 61, 171 f.; 28, 4
– Software Configuration Management (SCM) 1, 73
– Software Escrow s. Escrow
– Software-Anforderungsanalyse 1, 181
– Software-Anforderungsdefinition 1, 181, 188

magere Zahlen = Randnummern **Sachregister**

- Software-Anpassung 11, 1, 16, 171 ff.; **12**, 192; **39**, 331, 454
- Softwarebeschaffung **14**, 28 ff.; **17**, 1 ff.; **38**, 114
- Softwarebetreuungsvertrag **14**, 57
- Software-Engineering **1**, 145, 341
- Software-Entwicklungsvertrag **39**, 333, 344
- Software-Erstellung s. dort
- Software-Erstellungsvertrag s. *Software-Erstellung*
- Softwarefehler **1**, 151 ff.
  - Ursachen für Softwarefehler **1**, 151 ff.
- Softwarekauf **12**, 163; **14**, 36 ff.
- Softwareklauseln **37**, 16
- Softwarekopie **39**, 359, 361
- Softwarelebenszyklus **1**, 178
- Softwarelizenz **14**, 29 f.
- Softwarelizenzvertrag **39**, 341, 371
- Softwarelizenzaudit **12**, 207; **16**, 131 ff.
- Software-Masterkopie **39**, 361, 361
- Softwaremerkmale **1**, 256 ff.
- Software-Metering **12**, 111
- Software-Miete s. dort
- Softwaremietvertrag s. unter *Software-Miete*
- Softwarepatent **5**, 102 ff.; **11**, 225; s. a. unter *Patentschutz von Software*
- Softwarepflege s. dort
- Software-Test **1**, 144 ff.
  s. auch *Test von Software*
- Softwareüberlassung **10**, 53, 50 ff.; **11**, 1; **12**, 1 ff.; **13**, 1 ff.; **14**, 26, 30 ff., 151 ff.; **39**, 347, 358, 367, 373 f.
  s. *Überlassung von Software auf Dauer*, *Überlassung von Software auf Zeit*
- Softwareüberlassung auf Dauer s. *Überlassung von Software auf Dauer*
- Softwareüberlassung auf Zeit s. unter *Überlassung von Software auf Zeit*
- Softwareüberlassung auf Zeit gegen Vergütung **13**, 6 ff.
- Softwareüberlassung auf Zeit ohne Vergütung **13**, 28 f.
- Software-Übernahme beim Outsourcing **19**, 186
- Software-Version s. dort
- Software-Verträge (Überblick) **10**, 46 ff.
- Software-Vertrieb s. dort
- Software-Wartung **39**, 333, 354
- Überlassung von Standardsoftware auf Zeit s. dort
- Software-Escrow s. *Escrow*
- Software-Erstellung **1**, 1 ff.; **10**, 53 f; **11**, 1 ff.; **39**, 37, 331, 333, 354
  - Abgrenzung zu anderen Vertragstypen **11**, 1 f.
  - Absicherung s. dort
  - agile Programmierung **11**, 140 ff.
  - Auftragsdatenverarbeitung **11**, 126 f.
  - Einräumung von Nutzungsrechten **11**, 221 ff.
  - Einstellen, Anpassen und Modifizieren von Standardsoftware **11**, 164 ff.
  - Haftung **11**, 106 f.
  - Herausgabe des Quellcodes **11**, 49, 130 ff.

- Kernprobleme **11**, 3 ff.
- Mängel **11**, 100 ff.
- Prüfungspflichten von Auftragnehmer und Auftraggeber s. dort
- Rechtseinräumung **11**, 48 ff.
- Schlussbestimmungen von Software-Erstellungsverträgen **11**, 139
- serienmäßige Erstellung von Standardsoftware **12**, 1
- Software-Erstellungsverträge **11**, 6 ff., 33 ff; **28**, 69; **29**, 20
- Subunternehmervertrag bei der Software-Erstellung **11**, 201 ff.
- Vertragstypologie und Konsequenzen für Vertragsgestaltung und Vertragsdurchführung **11**, 10 ff.

Software-Miete 14, 31 ff.; **24**, 191; **38**, 160
- s. a. allgemein unter *Miete*
- Datenschutz **13**, 210 ff.
- Insolvenz des Vermieters **13**, 137 ff.
- Nutzungsbeschränkungen **13**, 200 ff.
- Nutzungsrechte **13**, 100 ff.
- Pflichten des Vermieters **13**, 57 ff.
- Softwaremietvertrag **13**, 55 ff.
- Vertragsgegenstand **13**, 57 ff.
- Vertragsmuster **13**, 55

Software-Pflege 10, 56 ff.; **11**, 196; **12**, 177, 199; **14**, 1 ff.; **15**, 123; **16**, 223 ff.; **20**, 17; **24**, 146; **33**, 14; **38**, 74, 161; **39**, 333, 352 ff.; **41**, 321
- Abgrenzung der Softwarepflege zu anderen Verträgen **14**, 10 ff.
- Anspruch des Kunden auf Abschluss eines Pflegevertrages **14**, 48 ff.
- Beispiele für Klauseln in Verträgen **14**, 161 ff.
- Beginn **14**, 57 ff.
- Begriff der Pflege **14**, 16 f.
- Datenschutzregelungen **14**, 110 ff.
- Gesamthafte Pflege **14**, 47, 166
- Kündigung **14**, 57 ff.
- Laufzeit **14**, 57 ff.
- Leistungsbereiche **14**, 18 ff., 65 ff.; **41**, 181 ff.
- mängelbezogene Leistungen **10**, 57
- Mängelregime **14**, 51
- Mitwirkung des Kunden **14**, 145 ff.
- Pflegegegenstand **14**, 151
- Pflegevertrag **13**, 70 ff., 185; **14**, 6 f.; **24**, 39; **38**, 116
- Pflegeleistungen **41**, 176 ff.
- Pflegeleistungen und Service Level Agreements **14**, 126 ff.
- Pflicht des Kunden zum Einsatz der neuesten Version und Abnahme neuer Versionen **14**, 150 ff.
- Terminologie **14**, 1 ff.
- typische Probleme **14**, 3
- Überblick **14**, 1 ff.
- Unkündbarkeit des Pflegevertrags **14**, 49 f.
- Unterstützungsleistungen **10**, 59
- Update/Upgrade **10**, 58
- Verhältnis des Pflegevertrages zum Beschaffungsvertrag **14**, 28 ff.
- Verhältnis Software-Miete und Pflege **14**, 35

Sachregister

Fette Zahlen = Paragrafen

- Verhältnis Software-Kauf und Pflege 14, 36 ff.
- Vertragsaufbau, typischer 14, 106 ff.
- Vertragsgegenstand 14, 16 ff.
- Vertragsmuster 14, 158
- Vertragstyp und Einordnung 14, 90 ff.
- Vollpflege s. dort
- Zusammenfassung 14, 158 ff.
- Zusatzleistungen 14, 86

Softwareüberlassung auf Dauer 12, 1 ff.
  s. Überlassung von Software auf Dauer
Softwareüberlassung auf Zeit s. unter Überlassung von Software auf Zeit
Software-Version 14, 22, 156; 46, 25
- neueste Version 14, 150

Software-Vertrieb 24, 1 ff.
- Alleinvertriebsrecht s. dort
- Arten des Software-Vertriebs 24, 1 ff.
- Ausgestaltung 24, 13 ff.
- Ausschluss des Schadensersatzes 24, 51
- Besonderheiten 24, 129 ff.
- Handel mit „gebrauchter" Software 24, 173 ff.
- Softwarevertriebslizenz 39, 345 f.
- Verträge zwischen Softwareherstellern und Vertriebspartnern 24, 25 ff.
- Verträge zwischen Softwareherstellern/Vertriebspartnern und Endkunden 24, 118 ff.
- Vertrieb über Handelsvertreter oder Vertragshändler – Abgrenzungsfragen 24, 4 ff.

Sogwirkung einer Marke 24, 103 f.
SOHO-Produkt (Produkt für das Small Office/Home Office) 15, 4
Soleliefrung-Entscheidung des BGH 39, 85
Soll-Zustandsbestimmung 46, 36 ff.
Solvency II 19, 277 ff.; 33, 12, 294 f.
Sommer unseres Lebens-Entscheidung des BGH 5, 374; 42, 206
Sonderregulierung marktstarker Telekommunikationsdiensteanbieter 31, 32; 32, 31
Sonderverantwortlichkeit 33, 137
Sorgfaltspflichten 5, 316; 12, 206; 15, 130; 27, 32; 30, 179; 33, 29 ff.
Source Code
- s. auch Quellcode
- Source Code Escrow Agreements 1, 10
- Source Code/Control System (SCM) 1, 76
Sourcing-Governance 19, 217
Sozialadäquanzklausel 43, 24, 30, 36, 40
Sozialdatenschutz s. unter Datenschutz
Soziale Medien 28, 72
soziale Netzwerke 28, 72; 34, Anhang; 35, 5; 42, 160 ff.; 36, 207 ff.; s. a. Social Media
- Aufklärung über datenschutzkonformes Verhalten im Netzwerk 36, 213 ff.
- Ermittlungen in sozialen Netzwerken 43, 408
- Unterrichtungspflichten der Anbieter hinsichtlich des Umgangs mit Nutzerdaten 36, 210 ff.
Sozialgeheimnis 22, 197
Sozialversicherung 30, 257
Spaltungstheorie (IPR) 8, 40; 23, 33

Spam 3, 223, 245 ff.; 21, 54, 70; 25, 73, 161; 33, 1, 336 ff.; 34, 403, 409,
- Filter 33, 336 ff.
- Spam-Schutz-Maßnahme 39, 445
Spannungsklausel 13, 93; 15, 66; 19, 80
Speichernetzwerk s. Storage Area Network
Speicherung personenbezogener Daten durch die Polizei 34, Anhang
Sperrklauseln im Falle übermäßiger Nutzung von Flatrates 31, 184
Sperrliste der Bundesnetzagentur 31, 153
Sperrung von Inhalten beim Web-Hosting 21, 42
Sperrwirkung
- Sperrwirkung des GWB 39, 34
- Sperrwirkung des Sachmängelrechts 15, 17
Sperry Univac 1, 97
Spezialisierungsvereinbarung 39, 152, 366 f.
Spezialanfertigung 10, 31
Spezifikation von Softwaresystemen 2, 1 ff.
Spezifizierungslast 13, 104
Spickmich.de-Entscheidung des BGH 36, 206
Spiele s. Gaming
- Spielekonsolen (Schutzmaßnahmen) 29, 5; 39, 324
- Spielfiguren 29, 7
- Spielkonzept 29, 8
- Spielregeln 29, 9, 36
Spiralmodell 18, 123
Spoofing 27, 17 ff.; 33, 363; 43, 216, 229
Sprachoptionen 39, 405
Sprachwerk 9, 15
Sprecherkennung 30, 171
Sprint Backlog 11, 147 f.
S-Projekt I/II-Entscheidungen des BGH 11, 78
Sprunglieferungsverbot 39, 387
Sprungrevision 45, 207
SQL 1, 99
Staatlicher Umgang mit Daten 34, Anhang
Staatsnamen und Domainrecht 7, 129
Stadt Braunschweig-Entscheidung des EuGH 40, 282
Stadt Geldern-Entscheidung des BGH 42, 148
Stadt Halle-Entscheidung des EuGH 40, 105
Städtenamen und Domainrecht 7, 147
Stadtinfo.de-Entscheidung des LG Braunschweig 7, 99
Staff Vetting 34, 220 s. auch Screening
- Dienstleister 34, 241
Staffelmiete 13, 86
Stand der Technik 9, 41; 15, 52; 19, 67; 25, 21; 30, 359; 37, 224; 46, 46
Standard
- Standard bei der IT-Sicherheit 33, 302 ff.
- Standardklauseln s. dort
- Standardlizenzformen s. dort
- Standardorganisation 16, 143 ff.
- Standardsoftware s. dort
- Standardvertragsklauseln 16, 1 ff.
- Standardvertragsklauseln der EU-Kommission für Auftragsdatenverarbeiter 13, 215; 35, 45 ff., 76

magere Zahlen = Randnummern

Sachregister

Standardisierung 34, Anhang
Standardklauseln 16, 1 ff.
– s. auch *Allgemeine Geschäftsbedingungen, Inhaltskontrolle*
– Besonderheiten bei Software-Miete und -Pflege 16, 223 ff.
– Grundregeln bei der Verwendung von Standardklauseln 16, 2 ff.
– wesentliche praxisrelevante Standardklauseln in IT-Verträgen 16, 39 ff.
Standard-Lizenzformen 12, 73 ff.
– maschinenbezogene Lizenzformen 12, 78 ff.
– nutzerbezogene Lizenz 12, 82 ff.
– nutzungsbezogene Lizenzformen 12, 103 ff.
– personenbezogene Lizenzformen 12, 78 ff.
– verwendungszweckbezogene Lizenzformen 12, 112 ff.
Standardsoftware 12, 19 ff.; 41, 57 f., 211, 213 ff.; 46, 23
– Abgrenzung zu Individualsoftware 12, 29 f.
– Begriff 12, 22 ff.
– Überlassung von Standardsoftware s. *dort*
Standby-Lösungen 20, 38
Standortdaten 29, 56 ff., 63; 43, 305
Standortlizenz s. *Konzern-Lizenz*
Statements of Auditing Standards (SAS) 33, 269
Statement of Work s. *Projektschein*
statische Bibliothek s. *unter Programmbibliothek*
Steering Committee 19, 106, 161
Steffi Graf-Urteil des OLG Köln 42, 17 ff.
Steganographie 30, 64 ff.
Sterntopologie 3, 18 ff.
Steuereinrichtung II-Entscheidung des BGH 5, 339 f.
Steuerrecht 25, 213
Steuerung
– Steuerungsausschuss 11, 144; s. auch *Steering Committee*
– Steuerungssoftware 13, 125
Steuerungseinrichtung für Untersuchungsmodalitäten-Entscheidung des BGH 5, 111, 120
Steuervereinfachungsgesetz 27, 140
Steuer und Buchpreisbindung 25, 213
Stichprobenkontrollen s. *unter Beschäftigtendatenschutz*
Stiftung Datenschutz 34, 101 ff.
Stiftung Elektro-Altgeräte Register (EAG)
Stock Fotos 28, 96
Stock Keeping Unit (SKU) 15, 9
Stop-Code 31, 186
Störer
– mittelbarer Störer 5, 314, 374
– unmittelbarer Störer 5, 306
– Zurechenbarkeit des Handelns Dritter 5, 308
Störerhaftung 5, 306 ff.; 7, 20; 9, 43; 12, 206; 21, 52; 36, 167; 42, 26 ff.
– Haftungsprivilegierung nach TMG 5, 317; 42, 77 ff.
– präventive Handlungspflicht 5, 318
– Verletzung von Prüfpflichten 5, 316
Störung 14, 25 ff., 127 f., 132 ff.; 41, 153

– Störungsbehebungszeit 15, 134
– Störungsbeseitigung 41, 321, 339
– Störungsklassifizierung 41, 362 ff.
– Störungstag 14, 20
Strafantrag 43, 14, 83, 140, 286, 335
Strafantragsdelikt 43, 171
– Strafantragsdelikt, absolutes 43, 14
– Strafantragsdelikt, relatives 43, 92, 103, 256
Strafantragsfrist 43, 15, 286
strafbare Verwendung personenbezogener Daten 43, 165 ff.
Strafbarkeit des Versuchs s. *Versuchsstrafbarkeit*
Strafprozessrecht 43, 328 ff.
– Besonderheiten 43, 334 ff.
– Ermittlungsmethoden 43, 350 ff.
Strafrecht, internationales 43, 287 ff.
Strafrecht im Bereich der Informationstechnologien 10, 6; 43, 1 ff.
– Allgemeines 43, 1 ff.
– Inanspruchnahme und Haftung von Providern 43, 294 ff.
– internationale Besonderheiten 43, 287 ff.
– materieller Teil des Computer- und Internetstrafrechts 43, 20 ff.
strafrechtliche Grundsätze 43, 3 f.
Strafrechtsänderungsgesetz zur Bekämpfung der Computerkriminalität (41. StrÄndG) 43, 16
Strafzumessung 39, 245, 276; 43, 7
Strategie für einen digitalen Binnenmarkt in Europa 36, 16
Streaming 3, 202 ff.; 5, 13, 373; 26, 253; 33, 368; 43, 272
Streitverkündung 44, 79 f., 130; 45, 85 ff., 288
– Form 45, 97 ff.
– Grund 45, 102
– Inhalt 45, 101
– Rechtsfolge 45, 105 ff.
– Streitverkündung bei grenzüberschreitenden Rechtsstreitigkeiten 45, 288 ff.
– Zulässigkeit 45, 89 ff.
Stresstest s. *Lasttest*
Streitbeilegung, außergerichtliche
s. *außergerichtliche Streitbeilegung*
Streitbeilegung im Domainrecht, außergerichtliche 8, 54 ff., 102 ff.
– s. auch *unter Alternative Dispute Resolution*
Streitwert 44, 113 ff.
Streitwertberechnung (bei selbstständigem Beweisverfahren) 44, 113 ff.
Strengbeweis 45, 136
Struktogramm 1, 6
strukturorientierter Test s. *Whitebox-Test*
Strukturtest s. *Whitebox-Test*
Stub 1, 203 f.
Stücklisten 18, 99
Stufenklage s. *unter Klagearten*
Stufenmodell des ULD zu Verstößen des Arbeitnehmers gegen erlaubte E-Mail- und Telefonnutzung 37, 218
Stylesheets 21, 72
Subdomain 3, 97; 30, 304
Substantiierung, ordnungsgemäße 45, 109 ff.

Sachregister

Substantiierungslast **31**, 159
Substituierbarkeit, funktionelle **39**, 86
Subunternehmer **22**, 180
– Subunternehmervertrag bei der Software-Erstellung **11**, 201 ff.
– Compliance-Risiken **33**, 168
Suchalgorithmen **39**, 443, 451, 457
Suchanfragen **39**, 443
Suchdienst
– personalisierter Suchdienst **39**, 444
– Suchdiensteanbieter **39**, 444
Suche fehlerhafter Zeichenketten-Entscheidung des BGH **5**, 113, 118
Suchmaschine **5**, 29; **34**, Anhang; **39**, 404, 411, 414, 440 ff.
– s. auch Marketing
– Datenschutz **36**, 187 f.
– Suchmaschinenbetreiber (Haftung) **42**, 165 ff.
– Suchmaschinenmarketing **25**, 46
– Suchmaschinenmarkt **39**, 440 ff.
– Trefferanzeige **5**, 34
–unzulässige Suchmaschinenbeeinflussung **33**, 338
Sukzessionsschutz **24**, 169 f.
Sukzessivlieferungsvertrag **14**, 104; **22**, 140; **24**, 26
Sunrise-Period (Domainrecht) **8**, 45
Supplemental Rules (Domainrecht) **8**, 107
Supplier Risk Management **33**, 170
Support
– Supportleistung **12**, 192
Support Services **15**, 106, 115, 126, 137; **33**, 315
Surcharging **26**, 239
Suspensivtheorie **38**, 49
SWIFT **35**, 101 ff.
Switch (Telekommunikationstechnik) **4**, 9
symmetrische Verschlüsselungsverfahren
Symptom-Rechtsprechung des BGH **45**, 20, 102
Symptomtheorie **44**, 45, 82, 104
Synchronisation der Projektstruktur mit den Themenkomplexen des IT-Projektvertrages **18**, 114
Synchronisierung von Softwareüberlassungsvertrag/Softwarebeschaffungsvertrag und Escrow-Vertrag/Hinterlegungsvertrag **38**, 110 ff.
Syndikusanwalt **39**, 254; **43**, 134
syntaktische Analyse **1**, 42
Syntaxbaum **1**, 40
Synthesephase **1**, 44 ff.
System
– Systemadministrator **37**, 200
– Systemantwortzeiten **18**, 97, 113, 317
– Systembindung **12**, 200 f.
– Systementwurf **1**, 182, 188
– Systemfreigabe **1**, 162
– Systemkauf **15**, 11 f.
– Systemkomponenten **41**, 342, 354 ff.
– Systemlieferung **41**, 259 ff.
– System-Requirements **18**, 49
– Systemservice **41**, 251, 287 ff.
– Systemtest **1**, 162, 187, 198 f., 215 ff.

– Systemumgebung **14**, 20
– System-Vertrag **10**, 60; **11**, 1
Systems Engineering **1**, 180
Systemunterschiede-Entscheidung des BGH **5**, 369, 456
Szenarien-Rechnung **38**, 17 f.

Tabakwerbung **25**, 182
Tablet-PC **15**, 3, 8
Tachograph s. *Fahrtenschreiber*
Take five-Entscheidung des BGH **24**, 167; **38**, 51 ff.
TAN s. *Transaktionsnummer*
Tankstellenhalter-Entscheidung des BGH **24**, 100
Tarifvertrag **37**, 166 f.
Tasks **19**, 3
Tastendrückmodell **31**, 153
Tätigkeitsdelikt **8**, 35
Tatortregel **5**, 415; **8**, 32, 77
Tatsache **11**, 122
Tatsachenbehauptung **25**, 219 ff., 223 ff.
Tauchcomputer-Entscheidung des BGH **5**, 116
Täuschung im Rechtsverkehr bei der Datenverarbeitung **43**, 217 f.
Tchibo/Rolex II-Entscheidung des BGH **5**, 340, 349
TCM-Center-Entscheidung des BGH **5**, 368
TCP s. *Transmission Control Protocol*
TDD-Modus **4**, 23
TDN-Verträge **32**, 19 ff.
Tech-C **7**, 10
technische Anforderungen bei IT-Projekten **18**, 83
technische Feinspezifikation s. unter *Feinspezifikation*
technische Herrschaft über eine Information **42**, 13
Technische Hilfe-Entscheidung des BGH **40**, 113
technische Kontrolleinrichtung **34**, 301
technische und organisatorische Maßnahmen (§ 9 BDSG) **13**, 212; **14**, 123, 125; **18**, 274; **19**, 27; **20**, 39; **33**, 172 ff.; **34**, 28; **37**, 293
Technische Schutzmaßnahmen **29**, 40
Technologielizenz **39**, 159
technische Verbesserungsvorschläge **37**, 237
Technologietransfer-GVO s. unter *Gruppenfreistellungsverordnungen*
Teckal-Entscheidung des EuGH **40**, 104 f., 113
Teilabnahmen **18**, 114, 225; **41**, 229
Teilkündigung **14**, 57
– Teilkündigungsverbote **14**, 59
Teilleistung **11**, 204
Teillieferung **17**, 101; **26**, 130
Teilnehmer
– Teilnehmeranschlusseinheit (TAE) **31**, 91
– Teilnehmeranschlussleitung (TAL) **4**, 12, 17, 19; **31**, 29, 31, 41
– Teilnehmeranschlussleitungs-Vertrag **32**, 14
– Teilnehmernetzbetreiber **31**, 106
– Teilnehmerverzeichnis **31**, 140
Teilzahlung **12**, 184
Teilzahlungsgeschäft **17**, 131
Teledienste **36**, 21 ff.

magere Zahlen = Randnummern

Sachregister

Teledienstedatenschutzgesetz (TDDSG) 36, 2
Teledienstegesetz (TDG) 36, 2
Telefon
- Telefonnetz 4, 11 ff.
- Telefonnutzungs-Klauseln in Arbeitsverträgen 37, 28 f.
- Telefonsex 31, 118
- Telefonteilnehmeranschlussleitung 21, 17
- Telefonwerbung s. dort
Telefonbucheintrag trotz entgegenstehenden Willens 34, Anhang
Telefondaten 37, 29
Telefondatenspeicherung 34, Anhang
Telefonwerbung 34, 514, Anhang
Telekommunikation 4, 1 ff.; 34, Anhang; 36, 24 ff.
- Recht der Telekommunikationsnetze und -dienste s. dort
- Technische Grundlagen 4, 1 ff.
- Telekommunikation am Arbeitsplatz 34, 244 f., 37, 198 ff.
- Telekommunikation und Datenschutz 31, 187 ff.; 32, 30
- Telekommunikation und Kundenschutz 32, 30
- Telekommunikationsanbieter 33, 201 ff.
- Telekommunikationsdienst 37, 201; 42, 62
- Telekommunikationsdienstleistung 21, 68
- Telekommunikations-Datenschutzrichtlinie 31, 8
- Telekommunikations-Datenschutzverordnung 31, 189
- Telekommunikationsgeheimnis 34, 82
- Telekommunikationsgestützte Dienste 42, 62
- Telekommunikations-Kundenschutzverordnung 31, 13
- Telekommunikationsmärkte 31, 1 ff.
- Telekommunikations-Notrufverordnung (TNotrufV) 31, 13
- Telekommunikations-Nummerierungsverordnung (TNV) 31, 13, 78
- Telekommunikations-Nummerierungsgebührenverordnung (TNGebV) 31, 78 f.
- Telekommunikationsrecht 10, 3; 28, 62; 31, 1 ff.
- Telekommunikationsrecht als sektorspezifisches Kartellrecht 31, 12
- Regulierung nach TKG 31, 13 ff.
- Telekommunikations-Überwachungsverordnung (TKÜV) s. dort
- Telekommunikationsverbindung s. dort
- Telekommunikationsvertragsrecht s. dort
- Überwachung der Nutzung von Telekommunikationsdiensten am Arbeitsplatz s. unter Überwachung
Telekommunikations-Überwachungsverordnung (TKÜV) 31, 13
- s. auch unter Datenschutz
Telekommunikationsverbindung 4, 2 ff.
- Bandbreite 4, 10 ff., 16, 18
- logische Verbindung 4, 8 f.
- physikalische Verbindung 31, 8 ff.
- physische Verbindung 4, 2 ff.
Telekommunikationsvertragsrecht 31, 88 ff.

- Beendigung von Telekommunikationsverträgen 31, 180 ff.
- besonderes Datenschutzrecht 31, 187 ff.
- Dauerschuldverhältnisse bei Kurzwahldienste 31, 186
- Pflichten der Parteien von Telekommunikationsverträgen 31, 128 ff.
- Leistungsstörungen und Haftung im Rahmen von Telekommunikationsverträgen 31, 169 ff.
- Pflichten der Parteien von Telekommunikationsverträgen 31, 128 ff.
- Rechtsnatur von Verträgen über Telekommunikationsdienstleistungen 31, 88 ff.
- Zustandekommen 31, 99 ff.
Telemedien 36, 1 ff.; 42, 62
- s. auch Datenschutz der Telemedien
- Begriff 26, 51
- Definition 36, 24 ff.
Telemediengesetz (TMG) 33, 239; 36, 3 ff.
- Auskunftserteilung über Bestandsdaten 36, 36 ff.
- Datenschutzregelungen 36, 35 ff.
- Vergleich mit BDSG 36, 40
- Verhältnis zu BDSG 36, 30 f.
Tele-Service 14, 20, 83 f.; 41, 292
- Teleserviceleistung 14, 20
- Teleservicevereinbarung 14, 20; 41, 292
Telecommunication Network (TELNET) 3, 148 ff.
Tell-a-Friend-Funktion 25, 139, 140 ff.; 36, 218
TELNET s. Telecommunication Network
Templates 21, 46, 60, 71
temporäre Monopolstellung 31, 26
Temporäre Organisationsformen 18, 5
Tenenbaum-Fall 43, 293
Terminal
- dumme Terminals 12, 100
- Terminalbetrieb 12, 100
- Terminallösung s. unter Bring your own Device
Terminverschiebungen bei IT-Projekten 18, 33, 186
Territorialitätsprinzip 5, 95, 266; 8, 75; 23, 33, 43; 28, 48; 35, 20 ff.; 87; 43, 5, 265
Terrorlistenabgleich s. unter Beschäftigtendatenschutz
Test
- Test von Software s. dort
- Testadministrator 1, 343
- Testaktivitäten-Abschluss 1, 176 f.
- Testanalyse 1, 172
- Testaufwandschätzung 1, 351 ff.
- Testauswertung 1, 174 f.
- Testautomatisierer 1, 342
- Testbericht 1, 174 f., 340, 360
- Testberichterstattung 1, 360 f.
- Testdaten 11, 94; 18, 234
- Testdesign 1, 172
- Testdesigner 1, 341
- Testdokumentation 1, 364 ff.
- Testdurchführung 1, 173
- Testendekriterien 1, 350

2585

Sachregister

Fette Zahlen = Paragrafen

- Testentwurf **1**, 172
- Tester **1**, 344 f.
- Testfall **1**, 113, 157, 173; **18**, 234 ff.
- Testfallbeschreibung **18**, 236
- Testfortschrittsüberwachung **1**, 357 ff.
- Testkonzept **1**, 112 f., 365
- Testkriterien **11**, 192
- Testmanager **1**, 340
- Testmetriken **1**, 358 f.
- Testmethoden **1**, 268 ff.
- Testmittel **1**, 173
- Testnachbereitung **1**, 374 ff.
- Testobjekt **1**, 157, 196 f
- Test, operativer **1**, 162
- Testorganisation **1**, 339 ff.
- Testplan **1**, 367
- Testplanung **1**, 168 ff., 346 ff.
- Testprotokoll **1**, 112, 374
- Testrealisierung **1**, 173
- Testregelung **11**, 99
- Testreife **1**, 177
- Testsoftware **13**, 29
- Teststeuerung **1**, 169 ff., 362 f.
- Teststrategie **1**, 353 ff.
- Teststufen **1**, 196 ff.
- Testsuite **1**, 173
- Testsystem **11**, 94, 179; **41**, 365 ff.
- Testszenarien **11**, 95
- Testtool-Beschreibung **1**, 112
- Testtreiber **1**, 203 ff.
- Testüberwachung **1**, 344
- Testumgebungsorganisation **1**, 172
- Testverfahren **18**, 199, 213 ff.
- Testverfahren und Datenschutz **18**, 243 ff.
- Testversion **12**, 124
- Testvorbereitung **1**, 365
- Testzwecke **18**, 258
- Testziele **1**, 247 f.
- Test-First **1**, 267
- Test von Software **1**, 144 ff., 184
- Allgemeine Prinzipien **1**, 155 ff.
- Datenschutzanforderungen **18**, 243 ff.
- Grundlagen des Testens von Software **1**, 144 ff.
- Grundsätze des Testens **1**, 165
- Testarten **1**, 247 ff.
- Testen von nicht-funktionalen Qualitätsmerkmalen **1**, 225 ff.
- Test im Softwarelebenszyklus **1**, 178 ff.
- Testmanagement **1**, 339 ff.
- Testmanager **1**, 340 ff.
- Testmethoden **1**, 268 ff.
- Testmethoden dynamische **1**, 225 ff., 285 f.
- Testprozess **1**, 166 ff.
- Teststufen **1**, 196 ff.
- Testwerkzeuge **1**, 388 ff.
- Zielsetzung **1**, 160 ff.

Tester **1**, 195, 344 ff.
Tetra Pak II-Entscheidung des EuGH **39**, 175
Texteditor *s. Editor*
Textform **12**, 242; **17**, 48; **26**, 121 ff., 129, 132, 149, 153; **37**, 158
The Interactive Disassembler (IDA) **1**, 51

Thin Client *s. u. Bring your own device*
Third Line **14**, 48
Third Party Maintenance
   s. Drittwartungsleistungen
Thomas-Rasset-Fall **43**, 293
Thread **3**, 161 ff.
Threema **36**, 190 ff.
Thumbnails **5**, 49; **42**, 170; *s. a. Vorschaubilder-Entscheidungen des BGH*
Ticketverkaufssystem, EDV-gesteuertes **13**, 234
Tiefladesattelauflieger-Entscheidung des BGH **10**, 43; **29**, 19
Tierpornographie **43**, 62
Tier-1/-2/-3 (Internetprovider-Kategorien) **21**, 15
Time Division Duplex-Modus *s. TDD-Modus*
Time to Repair *s. Beseitigungszeit*
Time to Respond *s. Reaktionszeit*
Tippfehler **26**, 7
Tippfehler-Domain **7**, 146
Tippverhaltenserkennung **30**, 171; **36**, 180
Titelschutzanzeige, öffentliche **29**, 14
TLS-Standard *s. u. Transport Layer Security*
Tochterrechte **24**, 164 f.
Todesanzeigen-Auswertung zu Werbezwecken **34**, Anhang
Toeben-Entscheidung des BGH **43**, 6
Token **1**, 41; **30**, 232, 326
Tolbutamid-Entscheidung des BGH **5**, 337
Top Level Domain (TLD) **3**, 93; **7**, 3, 39, 46, 121, 146; **27**, 15; **30**, 304; **39**, 459
- Top Level Domain, generische (gTDL) **3**, 93, 95
- Top Level Domain, neue generische (nTLD) **8**, 133 ff.
- Top Level Domain, geographische (ccTLD) **3**, 93, 96
Total Cost of Ownership-Analyse (TCO-Analyse) **19**, 255
Toyota-Entscheidung des BGH **24**, 97
Tracking **3**, 143 ff.; **19**, 73; **28**, 64; **36**, 52 ff.
- *s. a. Web-Analytics*
- Asset-Tracking **34**, Anhang
- Link-Tracking **3**, 144 f.
- Webtracking **34**, Anhang
Trademark Clearinghouse **8**, 135
Trademark Law Treaty (TLT) **8**, 142
Train-the-Trainer-Konzept **11**, 112 f.
Trainingsvertrag-Entscheidung des BGH **5**, 385
Transaktionsnummer (TAN) **27**, 15, 21, 22 ff., 85; **30**, 396
Transcompiler **1**, 49
Transformation **18**, 4; **19**, 164 ff.
Transfusionsgesetz **22**, 200
Transit
- mittelbares Transit **4**, 27
- Transit von Daten **35**, 8, 26
- unmittelbares Transit **4**, 27
Transition **18**, 4; **19**, 7 f., 18, 30, 32, 49, 164 ff.
- Transitionsvertrag **19**, 49
- Transition Plan **19**, 170
Transmission Control Protocol (TCP) **3**, 72 ff.; **4**, 32

Transparenz
- Transparenzgebot 10, 71; 13, 205; 15, 23; 15, 23, 141; 16, 101, 103, 207; 17, 40, 53, 60, 76, 93 f.; 22, 175 ff., 232; 31, 132; 34, 139
- Transparenzkontrolle 9, 30; 13, 59, 86
- Transparenzverpflichtung 31, 33
- Transparenz-Verordnung 39, 288

Transport Layer Security 30, 387
Traumkombi-Entscheidung des BGH 26, 301
Treibersoftware 15, 124, 128
Trennung von Verpflichtungs- und Verfügungsgeschäft 23, 44
Trennungskontrolle (bei Datenverarbeitungssystemen) 22, 179; 33, 192
Treuhänder 7, 61
Treuhandverhältnis
- dreiseitiges Treuhandverhältnis (trust) 38, 100
- zweiseitiges Treuhandverhältnis (security) 38, 100

Tri-Licensing 9, 26
TripAdvisor 39, 428, 430, 452
Triple-Data Encryption Standard (Triple-DES) 30, 50
Triple-Play-Anwendungen 4, 14
TRIPS s. *Agreement on Trade-Related Aspects of Intellectual Property Rights*
Trojaner 3, 210 ff.; 27, 20 ff., 25; 33, 1; 34, Anhang; 43, 192, 230, 384
- s. auch *Bundestrojaner, Online-Durchsuchung*
Trolle 28, 97
Trouble-Ticket-System 14, 131, 142
Trust-Center 30, 282
Tschechische Republik-Entscheidung des LG Berlin 8, 92 f.
Tupel 1, 105
Turbo Pascal (Programmiersprache) 1, 83
TV-Kabelnetz 21, 17
Typengemischter Vertrag 10, 14; 13, 45; 14, 92 f.; 15, 115; 19, 122; 7, 9; 21, 3; 22, 32; 29, 37; 31, 96 f.; 41, 173, 199, 297
Typenverschmelzungsvertrag 13, 45; 14, 93

Überdeckungstests 1, 299
Übereinkommen über das auf vertragliche Schuldverhältnisse anzuwendende Recht (EVÜ) 23, 1 f.
Übergabepunkte 22, 103 ff.; 32, 35 f.
Überlassung freigegebener Versionen 14, 78 f.
Überlassung von Software auf Dauer 12, 1 ff.
- dogmatische Einordnung 12, 36 ff.
- Einführung 12, 1 ff.
- Kriterien/Voraussetzungen 12, 68
- Lieferung 12, 181 ff.
- Mängel/Leistungsstörungen 12, 23 ff.
- Nutzungsumfang 12, 176 ff., 189
- Sonderformen 12, 129
- Standard-Lizenzformen s. *dort*
- Überlassung von Standardsoftware 12, 19 ff.
- Vertragsgegenstand 12, 164 ff.
- Vertragsgestaltung 12, 163 ff.
- vertragstypologische Einordnung 12, 41 ff.

Überlassung von Software auf Zeit 13, 1 ff.
- s. a. unter *Software-Miete*
- Allgemeines 13, 1 ff.
- vertragstypologische Einordnung 13, 4 ff.
- wesentliche Regelungspunkte eines Softwaremietvertrags 13, 55 ff.

Überlassungspflicht 12, 57, 60 ff.
Übermäßige Nutzung von Flatrates 31, 184
Übermittlung eines Strafurteils an die Fahrerlaubnisbehörde 34, Anhang
Übermittlung personenbezogener Daten
- Übermittlung personenbezogener Daten an Stellen in anderen Mitgliedstaaten der EU/Vertragsstaaten des EWR 35, 32 ff.
- Übermittlung personenbezogener Daten an Stellen außerhalb der EU/EWR 35, 36 ff.

Übermittlungsirrtum 26, 16
Übernahme der Verantwortung für eine umfassende Anforderungsermittlung durch den Auftragnehmer 17, 27
Übernahme
- Übernahme von Altdaten 10, 73; 11, 95 ff. s. auch *Migration*
- Übernahme von Drittverträgen beim Outsourcing 19, 189
- Übernahme von Kundschaft (Betriebsübergang) 37, 143
- Übernahme von materiellen Betriebsmitteln (Betriebsübergang) 37, 137
- Übernahme von Personal (Betriebsübergang) 37, 139
- Übernahme von Software und Hardware beim Outsourcing s. unter *Hardware, Software*
- Übernahmebestätigung 15, 92 f.
- Übernahmevereinbarung 24, 111
- Übernahmevertrag 19, 49

Überprüfung
- Überprüfungsklauseln 24, 49
- Überprüfungspflicht der Inhalte 42, 20

überraschende Klausel 16, 12; 17, 84 f.
Überschuldung 38, 7 ff.
Übersetzer 1, 34
Übersetzungspflicht 45, 295
Übertragung
- Übertragung von Domainnamen s. unter *Domainrecht*
- Übertragung von Kundendaten 24, 95
- Übertragungsanspruch 7, 76 f.; 8, 64, 121
- Übertragungsmodalitäten 24, 111
- Übertragungsrecht 5, 23

Überwachung
- Überwachung der Frequenznutzung 31, 67
- Überwachung der Nutzung von Telekommunikationsdiensten am Arbeitsplatz 34, 244 ff.
- Überwachung im Beschäftigungsverhältnis 34, Anhang
- Überwachungspflichten 20, 37 f.; 33, 94; 42, 85, 93 f., 148, 159, 207
- Überwachungsverschulden 39, 245, 276

Überwälzung der Instandhaltungs- oder Instandsetzungspflichten 15, 83

Sachregister

Fette Zahlen = Paragrafen

Überweisung s. *unter E-Payment*
Ubiquitäres Computing 33, 368; 34, 95
UDP s. *User Datagram Protocol*
UDRP s. *Uniform Domain Name Dispute Resolution Policy*
UDS/SQL s. *Universal Datenbank System*
Ueber18.de-Entscheidung des BGH 36, 156
UKlaG 34, 99 ff., 106
Umarbeitungsrecht 13, 110 ff.; 22, 52
Umarbeitungsverbot 13, 111
Umfang der Betriebshaftpflichtversicherung 13, 191
Umgehung s. *Workaround*
Umgehung technischer Schutzmaßnahmen 29, 5
Umgehungsmittel 5, 250
Umgehungsprogramm-Entscheidung des BGH 5, 218
Umgehungsverbot 26, 247
Umgekehrte Versteigerung 25, 39 f.
Umlaute bei Domainnamen 7, 148 ff.
UML s. *Unified Modeling Language*
Umsatzsteuer s. *Mehrwertsteuer*
Umstellungsphase 18, 131
UMTS s. *Universal Mobile Telecommunications System*
Unabhängiges Landeszentrum für Datenschutz (ULD) 22, 157
Unabhängigkeit
– persönliche Unabhängigkeit 37, 35
Unbedenklichkeitsbescheinigung 39, 233
unbefugte Datenverarbeitung 33, 349
unbefugte Verwendung von Daten 43, 180
unberechtigtes Mangelbeseitigungsverlangen 12, 221
UNCITRAL-Schiedsgerichtsordnung 44, 1, 9 ff.
Under Construction 7, 113
unerlaubte Veranstaltung eines Glücksspiels
unerwünschter Werbevertrag s. *unverlangte Werbung*
UniBasic-IDOS-Entscheidung des BGH 45, 39
Unified Modeling Language (UML)
– UML-Entwurf 1, 6
– UML-Modellierung 1, 82
Uniform Domain Name Dispute Resolution Policy (UDRP) 8, 56, 102 ff.; 21, 51
– Verfahren 8, 108 ff.
– sachlicher Anwendungsbereich 8, 104 f.
– Rechtsfolgen 8, 118
Uniform Rapid Suspension (URS) 8, 135
Uniform Resource Loader (URL) 7, 1
Uninterruptible Power Supply (UPS) s. *unterbrechungsfreie Stromversorgung*
Unique (Device) Identifier (UID oder UDID) 28, 47; 33, 371; 36, 81
Unit Test s. *Komponententest*
United Nations Convention on Contracts for the International Sale of Goods s. *CISG*
UNIVAC (Universal Automatic Computer) 1, 97
Universal Application 1, 84

Universal Datenbank System (UDS) 1, 97
Universal Mobile Telecommunications System (UMTS) 4, 20, 23 f.; 21, 14
– UMTS-Versteigerung 31, 63
Universaldienste 31, 83
Universaldienste-Richtlinie 31, 73, 83
UNIX-artiges Betriebssystem 1, 26
UN-Kaufrecht s. *CISG*
unkörperliche Überlassung 39, 330, 333, 345, 355 f.
Unkündbarkeit der Pflege für den Zeitraum des Software-Lebenszyklus 14, 3, 48 ff.
Unlocking 43, 232
unmittelbare Rechtseinräumung 9, 27
unmittelbarer Störer 5, 306 f.; 42, 29
unsachliche Einflussnahme 25, 39
unselbstständiger Gebrauch 13, 119
unsichere Drittstaaten 13, 215
Unsicherheit der PC-Umgebung 30, 200
Unterbrechung der Vertriebskette 24, 164 ff.
untergeschobener Vertrag s. *Slamming*
Unterlassenspflicht bei Verwendung des Goodwill des Unternehmers 24, 91
Unterlassungsanspruch 5, 61, 307; 324 ff; 7, 78, 145; 17, 51; 25, 136 ff., 149 f.; 42, 105 ff., 138 ff.
– Unterlassungsanspruch des Personalrats bei mangelhaftem und nicht datenschutzkonformem Verfahrensverzeichnis 34, Anhang
– Unterlassungsanspruch wegen der Zusendung von E-Mail-Werbung 25, 136 ff., 149 f.
– verschuldensunabhängiger Unterlassungsanspruch 39, 268
Unterlassungserklärung 5, 374 ff.
Unterlassungs- und Verpflichtungserklärung 42, 124 ff.
Unterlizenzierung 21, 62
Unternehmen
– Unternehmen auf verschiedenen Stufen 39, 46 ff.
– Unternehmen mit relativer oder überlegener Marktmacht 39, 96 ff.
– Unternehmensbegriff bei Compliance-Vorschriften 33, 111
– Unternehmensbegriff, funktionaler 39, 35, 43 ff., 50, 128
– Unternehmensdatennetze 32, 9
– Unternehmenskennzeichen 7, 88 ff.; 25, 53
– Unternehmensvereinigung 39, 42, 50, 127, 188, 203, 213, 221 239
– Unternehmensversetzungsklausel 37, 182
– Vereinbarungen zwischen Unternehmen 39, 10, 16, 42, 48 f.
Unternehmer
– Unternehmer als AGB-Verwender 16, 4
– Unternehmerbegriff 17, 2 f.; 25, 209
– Unternehmerregress 24, 120
Unterprogramm 1, 21 ff.
– Unterprogrammcode 1, 21
Untersagungsverfahren 39, 227 ff., 238
Unterscheidungskraft 7, 39, 88, 100

magere Zahlen = Randnummern
Sachregister

Unterstützung
- qualitative Unterstützung 11, 201
- quantitative Unterstützung 11, 201
- Unterstützungsleistungen 10, 59
- Unterstützungsleistungen beim Outsourcing 19, 152

Untersuchung 39, 187, 198 f., 254, 288, 290, 414, 453
- Sektor-/Enqueteuntersuchung 39, 187, 198 f., 228, 414
- Untersuchungsgrundsatz 39, 77; 40, 462
- Untersuchungsgrundsatz, beschränkter 8, 62
- Untersuchungspflicht 12, 222; 14, 12, 42, 93
- Untersuchungs- und Rügepflicht nach UN-Kaufrecht (CISG) 23, 54

Untervermietung 15, 73
Unterversorgung an Universaldiensten 31, 84
Unterwerfungserklärung 5, 388
UN-Übereinkommen über die Anerkennung und Vollstreckung ausländischer Schiedssprüche 44, 3,
unverlangte Werbung 33, 337; 34, 100
- s. auch unerwünschter Werbevertrag

Unverletzlichkeit der Wohnung 34, 22, 88, 93, 258
Unwirksamkeit einer Standardklausel durch Zusammentreffer zweier an sich wirksamer Klauseln s. unter Inhaltskontrolle
Unwirksamkeit einer Standardklausel wegen Intransparenz 16, 13 ff.
unzumutbare Belästigungen i. S. d. § 7 UWG
- s. unter Gesetz gegen den unlauteren Wettbewerb

Update 10, 52, 58, 84; 12, 177; 14, 20, 21 ff., 68, 131; 15, 76; 24, 160; 34, 307
- Update-Abonnement 17, 122
- Update-Service 12, 83
- Update-Versionen 12, 122
- Update-Vertrag 39, 352
- Update bei Datenbanken 6, 30

Upgrade 10, 58, 84; 11, 198; 14, 20, 21 ff., 45; 34, 307
- Upgrade-Klausel 12, 95, 190, 216; 39, 327, 368
- Upgrade-Versionen 12, 216

Uplink 4, 16
Upload 5, 14; 8, 32
Urheberpersönlichkeitsrecht 5, 10, 99, 354 ff.; 19, 98; 29, 10
- im Arbeitsverhältnis 10, 99
- Verletzung 5, 354 ff.

Urheberrecht 5, 4 ff.; 9, 15 ff.; 10, 13; 11, 116; 19, 41, 97, 269; 21, 58, 74; 23, 81; 26, 194, 196; 29, 3 ff.; 37, 224; 42, 24, 31, 214
- s. auch Rechtsschutz von Software
- Anspruchsvoraussetzungen für den urheberrechtlichen Schutz von Software 10, 63 ff.
- anwendbares Recht 8, 39
- fremdenrechtliche Behandlung 8, 37 f.
- internationale Bezüge 8, 1 ff.
- internationales Urheberrecht 8, 4 ff.

- Mindestschutzrechte 8, 10, 11, 13
- Schrankenbestimmungen 5, 15, 51, 66, 141, 204 ff., 257; s. auch dort
- Schutzfrist 5, 17, 66
- unionsrechtliche Bezüge 8, 17 ff.
- Urheberpersönlichkeitsrecht s. dort
- Urheberrecht (Schweiz) 23, 124
- Urheberrecht und Cloud Computing 22, 49 ff.
- Urheberrecht an Computer-/Online-Spielen 29, 3 ff.
- Urheberrechte in Arbeits- und Dienstverhältnissen 10, 89 ff.
- Urheberrechtsverletzungen 43, 257
- Urheberrechtsverletzung, grenzüberschreitende 8, 3
- Urheberrechtsvermerk 12, 206
- Urheberrecht an Datenbanken 6, 7 ff.
- Verfügungsgeschäft/Vertragsstatut 8, 39
- Verwertungsrechte 5, 12 ff.

urheberrechtliche Schutzfähigkeit von Websites 25, 9 ff.
Urheberrechtsverletzungen im Internet 8, 32 ff.
Urkunde 45, 139 ff.
- Urkundenbeweis 30, 185 f.
- Urkundenfälschung 43, 213
- Urkundenunterdrückung 43, 221 f.

URL s. Uniform Resource Loader
Ursache-/Wirkungsgraphmethode 1, 321 ff.
Ursprungslandprinzip 8, 36
Usability-Test 1, 235 ff.
Use Case 1, 330
UsedSoft I-Entscheidung des BGH 5, 20, 185; 10, 163; 24, 190 ff.,
UsedSoft II-Entscheidung des BGH 5, 169; 10, 163; 12, 51; 24, 183 ff., 190 ff., 202, 205, 207
UsedSoft-Entscheidung d. EuGH 5, 38, 43, 141, 176, 181 f., 245; 6, 46, 52; 10, 163; 12, 51; 14, 28 f.; 22, 53; 23, 31; 24, 179 ff., 190 ff.; 29, 40
Usenet 3, 156 ff.
User Datagram Protocol (UDP) 3, 64 ff.
User Generated Content 28, 71; 36, 204 ff., 218; 42, 21 f.
User-Helpdesk (UHD) 15, 106, 115; 19, 54, 204
USt-ID 26, 281
U. S.-Swiss Safe Harbor Framework 35, 69
UWG s. Gesetz gegen den unlauteren Wettbewerb

Validierung 1, 191; 18, 216
Vallendar.de-Entscheidung des OLG Koblenz 42, 179
Van Gend & Loos-Entscheidung des EuGH 39, 267
Vanity Nummern-Entscheidung des BGH 7, 145
VDSL s. unter DSL
VDSL2 s. unter DSL
Velocity-Check 36, 180
Vendor-Lock-In-Effekt 39, 79
Venenerkennung 30, 171

Sachregister

Fette Zahlen = Paragrafen

venire contra factum proprium 24, 116; 17, 7
Verantwortliche Stelle 34, 133; 37, 282 ff.
Verantwortlicher i. S. d. § 55 RStV 36, 218
Verantwortlichkeit, individuelle 43, 4
Verantwortlichkeit für Web-Inhalte 21, 61; 28, 77
Verantwortung für Inhalte im Internet 42, 1 ff.
- Ansprüche 42, 103 ff.
- Arten von Inhalten 42, 5
- Ausblick auf die zukünftige Rechtsentwicklung 42, 233 ff.
- Einleitung 42, 1 ff.
- Haftung einzelner Diensteanbieter und privater Personen 42, 151 ff.
- Haftung nach dem TMG 42, 59 ff.
- Prozessuales 42, 122 ff.
- Verantwortung für eigene Inhalte 28, 78; 42, 9 f.
- Verantwortung für fremde Inhalte 28, 79; 42, 26 ff.
- Verantwortung für zu eigen gemachte Inhalte 42, 11 ff.
Verarbeitungsgrundsätze nach der EU-Datenschutzrichtlinie 95/46/EG 35, 10
Verbandsklagerecht 34, 10, 69
Verbesserungsvorschläge, technische 37, 237
Verbindungsdaten 31, 195
Verbindungsnetzbetreiber 31, 106
Verbot der Einzelfallwerbung 30, 26 f.
Verbot der geltungserhaltenden Reduktion 16, 29 ff.
Verbot der Mischverwaltung 22, 204
Verbot des Worts der Kardinalpflichten 16, 101 ff.
Verbot diskriminierender Bestimmungen 30, 46
Verbot mit Erlaubnisvorbehalt 31, 61; 36, 35
Verbot sonstigen wettbewerbsbeschränkenden Verhaltens 39, 101 f.
Verbot unbilliger Behinderungen
s. *Diskriminierungsverbot*
Verbot von Umgehungsgeschäften 37, 119
Verbraucher 22, 46, 48; 23, 32; 24, 122, 198; 31, 150
- Verbraucherbegriff 17, 2 f., 152
- Verbraucherdarlehen 26, 134
- Verbraucherdarlehensvertrag 17, 129, 129, 148
- Verbrauchergerichtsstand 17, 149 ff.; 45, 258
- Verbraucherkreditrecht 17, 133 ff.
- Verbraucherkredit-Richtlinie 17, 125, 138, 147
- Verbraucherrecht s. *dort*
- Verbraucherschutz 10, 5; 23, 18 ff.
- Verbraucherschutz-IPR 17, 162
- Verbrauchervertrag 22, 46; 23, 31, 64 ff.; 87 ff.
- Verbraucherverträge mit Auslandsbezug 17, 159 ff.
Verbraucherrecht 17, 1 ff.
- Anwendungsbereich 17, 1 ff.
- Besonderheiten bei Finanzierungsgeschäften mit Verbrauchern 17, 125 ff.
- Besonderheiten bei Verbraucherverträgen im AGB-Recht mit Klauselbeispielen 17, 71 ff.
- Besonderheiten in Verbraucherverträgen bei Überlassung von Hardware und Software 17, 1 ff.
- Besonderheiten des Verbrauchsgüterkaufs 17, 20 ff.
- prozessuale und internationale Bezüge 17, 149 ff.
- Richtlinien 23, 22
- Verbraucherrechte-Richtlinie (VRRL) 17, 48, 141; 27, 104
Verbrauchsgüterkauf 10, 21, 125, 129; 17, 20 ff.; 24, 126; 26, 136 ff.
Verbrechen 43, 11
Verbreiten (Urheberrecht) 8, 80
Verbreiten von Propagandamitteln verfassungswidriger Organisationen 43, 21 ff.
Verbreiten pornographischer Darstellungen 43, 78
Verbreitung und Besitz pornographischer Schriften 43, 55 ff.
Verbreitungsrecht 5, 150 ff.; 22, 53
- Aufspaltung 5, 162
- Beschränkungen 5, 163 ff.
verbundenes Geschäft 17, 129, 144 ff.
verdeckter Einsatz technischer Mittel 34, Anhang
vereinbarte Beschaffenheit 10, 70; 12, 167; 15, 26; 18, 52, 78
Verfahrensablauf 46, 18
Verfahrenserfindung 37, 239
Verfahrenseröffnung 39, 200
Verfahrensfehler 35, 189 f.
Verfahrensverzeichnis 34, 342
Verfall von Prepaid-Guthaben 31, 162, 185
Verfallsdatum 26, 185
Verfallsklausel 31, 180, 185; 37, 31 f.
Verfügbarkeit
- Verfügbarkeit des Datennetzes 21, 35
- Verfügbarkeitsklasse eines Netzwerks
- Verfügbarkeitskontrolle (bei Datenverarbeitungssystemen) 22, 178; 33, 191
- Verfügbarkeitszusagen 22, 97 ff.
Verfügungsanspruch 5, 423; 45, 61 ff.
Verfügungsgeschäft 8, 39 f.; 23, 33
Verfügungsgeschäft, dingliches 9, 29 ff.; 12, 38 f.
Vergabe öffentlicher Aufträge 30, 255
Vergaberecht 19, 38; 39, 35 ff.; 40, 1 ff.
- Allgemeine Geschäftsbedingungen 40, 4, 321
- Angebotsabgabe 40, 320 ff.
- Angebotsphase (Wettbewerblicher Dialog) 40, 380 ff.
- anwendbare Regelungen 40, 12 ff.
- Aufbau 40, 12 ff.
- Aufforderung zur Angebotsabgabe 40, 314 ff.
- Auftraggeber, öffentlicher 40, 87 ff.
- Auftragsvergabe 40, 48 ff.
- Ausschlussgründe 40, 335 ff.
- Ausschreibungsaufhebung 40, 362 f.
- Ausschreibungspflicht bei der Vergabe von IT-Leistungen 40, 69 ff.
- Auswahlphase (Wettbewerblicher Dialog) 40, 373 f.
- Begriff 40, 1

2590

magere Zahlen = Randnummern

Sachregister

- Beiladung, notwendige 40, 460
- Bereichsausnahmen der Ausschreibungspflicht 40, 86
- Berücksichtigung mittelständischer Interessen 40, 58 ff.
- Beschaffung von Waren, Bau- oder Dienstleistungen i. S. d. § 97 Abs. 1 GWB 40, 94
- Beteiligungskriterium 40, 110
- Bewertungsmatrix 40, 256
- Bietergemeinschaft 40, 339 f.
- Carbotermo-Entscheidung des EuGH s. dort
- Culpa in Contrahendo 40, 489
- Dauerschuldverhältnisse 40, 82
- De-Facto-Vergaben 40, 163, 276 ff., 426, 438
- Dialogphase (Wettbewerblicher Dialog) 40, 375 ff.
- Dienstleistungen 40, 131 ff.
- Direktkauf 40, 85
- Direktvergabe 40, 280
- Diskriminierungsverbot s. Gleichbehandlung
- Dokumentation 40, 56, 63, 168 ff.
- einheitliche Europäische Eigenerklärung (EEE) 40, 249
- Eigenerklärung 40, 242 f.
- Eignungskriterien 40, 222 ff.
- Eignungsprüfung 40, 222 ff.
- elektronische Auktion 40, 387 ff.
- Elektronische Vergabe (E-Vergabe) 10, 6; 40, 29, 384 ff.
- entgeltlicher Vertrag 40, 95 ff.
- EU-Richtlinien 40, 16 ff., 21 ff.
- E-Vergabe s. Elektronische Vergabe
- externe Unterstützung durch Berater, Sachverständige, Projektanten 40, 178 ff.
- Fabricom-Entscheidung des EuGH s. dort
- Fachlose 40, 58 ff.
- Feststellung des Beschaffungsbedarfs 40, 174 f.
- Finanzierung 40, 176 f.
- finanzwirksame Maßnahme 40, 92 f.
- freihändige Vergabe 40, 295 ff.
- gemischte Verträge s. unter Leistungstypen (Vergaberecht)
- Gleichbehandlungsgrundsatz 40, 50
- Informations- und Wartepflicht gem. § 101 a GWB 40, 332 ff., 353 ff.
- Inhouse-Geschäft 40, 102 ff.
- Informationspflicht 40, 353 ff.
- Instate-Geschäft 40, 117, 123
- Kaskaden-Prinzip 40, 13
- Kostenschätzung 40, 194 ff.
- Last Call-Verfahren 40, 326
- Leistungsbeschreibung 40, 203 ff.
- Leistungstypen s. unter Leistungstypen (Vergaberecht)
- Lieferleistungen 40, 129 ff.
- Losaufteilung 40, 63, 67 ff.
- Losvergabe 40, 59, 79
- Marktanalyse 40, 173, 194 ff.
- Mittelstandsklausel des § 97 Abs. 3 GWB 40, 59

- Nachprüfungsverfahren vor der Vergabekammer 40, 413 ff.
- Neutralitätspflicht 40, 190
- nichtoffenes Verfahren/beschränkte Ausschreibung 40, 289 ff.
- Oberschwellenvergabe 40, 13
- offenes Verfahren/öffentliche Ausschreibung 40, 283 ff.
- Öffentlich-Öffentliche Partnerschaft (ÖÖP) s. dort
- Öffentlich-Private Partnerschaft (ÖPP) s. dort
- Open Source-Produkte 40, 98
- Optionsrechte 40, 80, 151
- Organisationsprivatisierung s. dort
- Parking Brixen-Entscheidung des EuGH s. dort
- Präqualifizierungsverfahren 40, 244
- Präklusionswirkung 40, 436
- Preferred Bidder-Verfahren 40, 326 ff.
- Produktneutralität 40, 455
- Projektantenproblematik 40, 183, 456
- Proof of Solution-Verfahren 40, 219
- Prüfung der Angebote 40, 332 ff.
- Rahmenvereinbarungen 40, 136 ff.
- Rechtsschutz 40, 398 ff.
- Rechtsschutz oberhalb der Schwellenwerte 40, 412 ff.
- Rechtsschutz unterhalb der Schwellenwerte 40, 406 ff.
- Richtlinien-Paket 40, 21 ff.
- Sachverständigen-Beteiligung 40, 181 ff.
- Schadensersatz gem. § 126 GWB 40, 488 ff.
- Schätzung des Auftragswerts 40, 76 ff.
- Schwellenwertberechnung 40, 194 ff.
- Schwellenwerte 40, 73 ff.
- Scientology-Erklärung 40, 455
- Sektorenverordnung (SektVO) 40, 37
- Sekundärrechtsschutz 40, 488 f.
- Sofortige Beschwerde zum Oberlandesgericht 40, 480 ff.
- Softwarepaket I-Entscheidung des OLG Celle s. dort
- Sperrwirkung 40, 150
- Stadt Halle-Entscheidung des EuGH s. dort
- Technische Hilfe-Entscheidung des BGH s. dort
- Teckal-Entscheidung des EuGH s. dort
- Teillose 40, 58 ff.
- Teilnahmewettbewerb 40, 299 ff., 302 ff.
- Transparenzgebot 40, 54 ff., 350
- Unternehmensbegriff 40, 99 ff.
- Unterschwellenvergabe 40, 13
- Untersuchungsgrundsatz 40, 462
- Verbot zur Umgehung des Vergaberechts 40, 77, 278
- Verdingungsunterlagen s. Vergabeunterlagen
- Verfahrensart 40, 197
- Verfahrensarten auf EU-Ebene 40, 264 ff.
- Vergabeakte 40, 168 ff.
- Vergabebekanntmachung 40, 55, 272 ff.
- Vergabeentscheidung 40, 57
- Vergabe- und Vertragsordnungen (VOB/A, VOL/A, VOF) 40, 37 ff., 128 ff.

2591

Sachregister

Fette Zahlen = Paragrafen

- Vergaberechtsmodernisierungsgesetzes (VergModG) **40**, 31, 164
- Vergaberechtsreform 2014/2015/2016 **40**, 27 ff., 330 f., 352, 397
- Vergabeunterlagen **40**, 55, 198 ff.
- Vergabeverfahren nach VOL/A **40**, 167 ff.
- Vergabevermerk **40**, 171 ff., 467
- Vergabeverordnung (VgV) **40**, 33 ff.
- Verhandlungen mit den Bietern **40**, 324 ff.
- Verhandlungsverbot **40**, 295, 324
- Verhandlungsverfahren/freihändige Vergabe **40**, 295 ff.
- vertragliche Gestaltung **40**, 263
- Vertragsänderungen **40**, 128 ff., 151 ff.
- Vertragsschluss s. *Zuschlagserteilung*
- Vertragsverlängerungen **40**, 80, 128 ff., 151 ff.
- Vertraulichkeit **40**, 54 ff.
- Vorabgestattung des Zuschlags **40**, 478
- Vorbereitung eines Vergabeverfahrens **40**, 168 ff.
- Wartepflicht **40**, 353 ff.
- Wertung der Angebote **40**, 332 ff.
- Wesentlichkeitskriterium **40**, 109
- Wettbewerblicher Dialog **40**, 365 ff.
- Wettbewerbsgrundsatz **40**, 51 ff.
- wirtschaftliche Bedeutung **40**, 5 f.
- Wirtschaftlichkeitsanalyse (§ 7 Abs. 2 BHO/LHO) **40**, 93
- Wirtschaftlichkeitsprinzip (§ 97 GWB) **40**, 68
- Wirtschaftlichkeitsprinzip (§ 19 EG Abs. 8 VOL/A) **40**, 347 ff.
- Ziel **40**, 1 ff.
- Zusammenarbeit im öffentlichen Bereich **40**, 118 ff.
- Zuschlagserteilung **40**, 10 f., 353 ff.
- Zuschlagskriterien **40**, 250 ff.
- Zuschlagsphase (Wettbewerblicher Dialog) **40**, 380 ff.
- Zuschlagsverbot **40**, 458 f.
- zweistufiger Beschaffungsvorgang **40**, 147
- Zwei-Stufen-Theorie **40**, 408
- Zweiteilung des Vergaberechts **40**, 70
- zwingende Ausschlusskriterien **40**, 335

Vergabestelle für Berechtigungszertifikate (VfB) **30**, 281 f.
Vergehen 43, 11
Vergleichsmarktbetrachtung 31, 43
Vergleichswertmethode 24, 113
Vergütung 10, 132 ff.; **11**, 32, 127 f.; **15**, 140; **19**, 75; **21**, 30; **25**, 34; **41**, 271 ff., 375
- aufwandsbezogene Vergütung **15**, 126, 141; **18**, 120; **19**, 77; **41**, 273
- Doppelvergütung **11**, 196; **14**, 3, 31, 34 ff., 45, 68, 159; **15**, 119
- Einmalvergütung **15**, 9, s. a. *Einmalentgelt*
- Fertigstellungsgrade **11**, 130
- Festpreis **11**, 70, 127, 157
- Intransparenz **14**, 32 ff., 45; **15**, 119
- Kostenschätzung **10**, 137
- Kostenvoranschlag **10**, 137
- Mindestvergütung **20**, 78
- Nichteinigung **11**, 130
- Outsourcing-Dienstleistungs-Vergütung **19**, 75

- Pflegevergütung **11**, 195 ff.; **14**, 63, 66
- Pauschalvergütung **14**, 51, 66; **15**, 126
- Providerleistungen **20**, 18 ff., 47, 65
- Regelungen in den EVB-IT **41**, 61 ff., 271 ff., 375 ff.
- Rückforderung **14**, 41
- Subunternehmervertrag **11**, 229 ff.
- urheberrechtliche Vergütung **5**, 22
- Vergütung bei IT-Projekten **11**, 32; **16**, 191, 275
- Vergütung bei Webshop-Outsourcing **20**, 74 ff.
- Vergütung nach Zeitaufwand **10**, 135 ff.
- Vergütung und Fälligkeit bei IT-Verträgen **10**, 132 ff.
- Vergütung von Mehraufwand **11**, 67 ff.
- Vergütungsart **11**, 32
- Vergütung bei der Hardware-Wartung **15**, 140
- Vergütungsregelungen **11**, 127 f., 187; **14**, 32 ff.; **18**, 140; **22**, 94 ff.
- Vorbehalt **11**, 71 f.
- Vorkalkulation **11**, 72 f.
- Zeitaufwand **11**, 127; **14**, 66
- zusätzliche Leistungen **11**, 68, 127; **13**, 75; **14**, 66; **39**, 132, 175

Verhaltenskodex 26, 72; **30**, 42 f.; **34**, 528 f.
- s. auch *Binding Corporate Rules (BCR), Ethical Code, Whistleblowing*

Verhaltensprofil 28, 64, 83
Verhältnismäßigkeit 34, 27; **35**, 10; **37**, 290; **39**, 192, 254, 416
Verifikation 1, 190; **18**, 216
- Verifikation des Hinterlegungsgutes s. dort
- Verifikationsfunktion **30**, 115 f.
- Verifikationskosten **38**, 168

Verifikation des Hinterlegungsgutes 38, 132 ff.
- Standardverifikation **38**, 133
- Vollverifikation **38**, 133

Verifizierung, inhaltliche und technische 38, 113
Verjährung 11, 100, 153; **15**, 16 f., 55, 98, 119; **16**, 54 ff., 76 ff., 107 ff.; **17**, 30, 59, 118, 120; **22**, 37; **24**, 69, 124, 214; **39**, 267, 270, 203; **41**, 88 ff.
- Verjährung kartellrechtlicher Schadensersatzansprüche **39**, 303
- Verjährungsänderung bei Rechtsmängeln **16**, 16 ff.
- Verjährungsfristen bei Ansprüchen aus Subunternehmerverträgen **11**, 232, 214 ff.
- Verjährungsfristenverkürzung bei Rechtsmängeln **16**, 76 ff.
- Verjährungshemmung **45**, 20
- Verjährungsverkürzung bei Mängelansprüchen **10**, 161; **12**, 223; **16**, 54 ff.; **17**, 118; **19**, 124
- Verjährungsverkürzung bei Schadensersatzansprüchen **16**, 107 ff.

Verkäufergarantie 15, 32 ff., 41
Verkauf von Lizenzurkunden 5, 180
Verkaufsgebiet 39, 404 f., 417
Verkehrsdaten 31, 193, 196 f.; **43**, 301
Verkehrsdurchsetzung (Markenrecht) 7, 39 f., 112

magere Zahlen = Randnummern **Sachregister**

Verkehrsgeltung (Markenrecht) 7, 38, 40, 84, 88 f., 111 ff.
Verkehrspflichten, wettbewerbsrechtliche 42, 49 ff.
Verkehrssicherungspflichten, wettbewerbsrechtliche 42, 49 ff.
Verklammerung von Verträgen 24, 147
Verlagsvertrag 10, 12
Verletzergewinn 5, 343
Verletzung des Post- oder Fernmeldegeheimnisses 43, 141
verlinkte Inhalte 42, 193
Vermietung 39, 44, 414
Vermischung von Gütern 26, 190
Vermittlungsleistung 42, 173
Vermittlungstechnik 4, 2
Vermutung der Echtheit 30, 172, 197
Vernichtungsanspruch 5, 236 ff.
Vernichtungspflicht 12, 14
Veröffentlichung von Hygienemängeln 34, Anhang
Veröffentlichungspflichten 31, 136
Verordnung über das auf außervertragliche Schuldverhältnisse anzuwendende Recht s. *Rom II-VO*
Verordnung über das auf vertragliche Schuldverhältnisse anzuwendende Recht s. *Rom I-VO*
Verordnung über die gerichtliche Zuständigkeit und die Anerkennung und Vollstreckung von Entscheidungen in Zivil- und Handelssachen s. *Brüssel I-VO*
Verpflichtung zur Erläuterung 17, 139
Verpflichtungserklärung 5, 374 ff.
Verpflichtungsgeschäft 23, 24 ff., 31 f.
Verpflichtungszusage 39, 118, 206, 213 ff., 232, 321
Verquickungsverbot 5, 59, 334
Verrat von Geschäfts- und Betriebsgeheimnissen 37, 311; 43, 245 ff.
Verrechnungspflicht (des Vermieters) 13, 79
Versagungsgrund (Erlaubnis für die Arbeitnehmerüberlassung) 37, 85
Versand
– Versand von Kontaktlinsen und Kontaktlinsenpflegemitteln 26, 186
– Versandapotheke 26, 187
– Versandhandelsverbot (für Arzneimittel) 25, 181
– Versandkosten 26, 91 ff., 118, 282 f., 291 ff.
Versandkosten bei Froogle-Entscheidung des BGH 26, 295
Versandkosten bei Froogle II-Entscheidung des BGH 26, 297
Versandkosten-Entscheidung des BGH 26, 291
Versäumnisurteil 45, 109, 171, 198
Verschlüsselung 19, 207, 227 f.; 22, 181, 216; 30, 15; 38, 77; 42, 22
– Ende-zu-Ende-Verschlüsselung 30, 315, 317 ff.
– PGP (Pretty Good Privacy)-Verschlüsselung 30, 317 ff.
– Punkt-zu-Punkt-Verschlüsselung 30, 315
– WLAN s. *Wireless Local Area Network*

Verschleierung 38, 77
Verschleiß 15, 102, 105 f, 137; 30, 15
Verschmutzung 15, 132
Verschulden bei Vertragsschluss s. *culpa in contrahendo*
Verschuldensnachweis 39, 302
Verschwiegenheit 19, 222
– Verschwiegenheitspflicht 30, 337; 37, 9 f.; 44, 158
– Verschwiegenheitsverpflichteter 19, 223
Versendungskauf 17, 36 ff.
Versicherbarkeit von Risiken 16, 95 ff.
Versicherung 20, 70
– Versicherungsaufsichtsgesetz (VAG) 19, 244, 277 ff.
– Versicherungsbranche 19, 241
– Outsourcing 19, 241
Versiegelung 26, 188, 262
Version 14, 20, 21 ff.
Version Control System (VCS) 1, 76
Versionskontrolle 38, 68
Versionsverwaltungssystem 1, 73 ff.
– Hauptaufgaben 1, 79
– Software Configuration Management s. *dort*
– Source Code/Control System (SCM) s. *dort*
– Systemaufbau 1, 77 f.
– Version Control System (VCS) s. *dort*
Versteigerung
– umgekehrte Versteigerung s. *dort*
– Versteigerungsverfahren 31, 62
Verstoß gegen Auflagen 39, 397
Versuchsstrafbarkeit 43, 13
vertikale Abrede 39, 128
vertikale Beschränkung 39, 162, 314, 356, 384
Vertrag
– gestuftes Vertragsverhältnis 45, 93
– typengemischter Vertrag s. *dort*
– Typenverschmelzungsvertrag s. *dort*
– Vertrag sui generis 10, 16; 13, 26; 32, 27
– Vertragsabschluss im Internet 16, 6; 17, 159
– Vertragsabschlussklauseln 31, 113
– Vertragsanbahnung 15, 49
– Vertragsbestätigung 26, 120
– Vertragsdauer (bei Software-Überlassung auf Zeit) 13, 216 ff.; 16, 223 ff.
– Vertragseinheit 14, 60, 63; 17, 144; 20, 28
– Vertragshändler 24, 4, 25 ff., 119, 122
– Vertragshändlerrecht 24, 93
– Vertragshändlervertrag 24, 12, 26 ff.
– Vertragskette 17, 62; 38, 105
– Vertragskoppelung 24, 149
– Vertragskoppelung, fehlende 24, 153 ff.
– Vertragslaufzeit beim Outsourcing-Vertrag 19, 147
– Vertragssprache 22, 42; 23, 28 ff., 71
– Vertragsstrafe 5, 383; 11, 114, 234; 13, 227; 15, 133; 17, 111 f.; 19, 17; 37, 6; 41, 275
– Vertragstypologie von Softwareverträgen 39, 329 ff.
– Vertragsübernahme 24, 111
– Vertragsverlängerung 24, 88 ff.
– Vertragszweck 17, 4 ff.

2593

Sachregister

Fette Zahlen = Paragrafen

– zusammengesetzter Vertrag s. dort.
Verträge über die Lieferung von
  Wasser, Gas, Strom oder Fernwärme 26, 268 ff.
– vorvertragliche Informationspflichten 26, 269
– Wertersatz 26, 273
– Widerrufsrecht und Widerrufsfrist 26, 270
Vertragsgemäßer Gebrauch 13, 58 f., 102 f.
Vertragsgegenstände 10, 8 ff.
Vertragsstatut 23, 7 ff., 18 ff., 23 ff., 58 ff.
Vertragstypologie 10, 8 ff.
– unklare Vertragstypologie 18, 16
vertragliche Grundlagen 10, 1 ff.
Vertragshändler-Entscheidung des BGH 24, 100
Vertrauensdienste 30, 113
Vertrauensdiensteanbieter 30, 113
Vertrauenstatbestand 24, 117
Vertrauensverhältnis 19, 226
Vertraulichkeit 44, 157
Vertraulichkeitsvereinbarung (NDA) 18, 105; 19, 9 ff.; 29, 21
Vertrieb
– s. auch Software-Vertrieb
– internationaler Vertrieb s. dort
– Vertrieb per Download 24, 181
– Vertrieb über Anbieter von Dienstleistungen 24, 24
– Vertrieb über Hersteller von anderer Software 24, 14 ff.
– Vertrieb von Apps 28, 20 ff.
– Vertrieb von Computer-/Online-Spielen 29, 29 ff.
– Vertrieb von Softwarekopien s. Softwarekopie
– Vertriebsbeschränkungen 5, 167
– Vertriebsfranchisevertrag 39, 129
– Vertriebskette 24, 208
– Vertriebskooperationen bei Computer-/Online-Spielen 29, 31 ff.
– Vertriebslizenz 39, 330, 345
– Vertriebsplattform 24, 208
– Vertriebsrecht 24, 9
– Vertriebsrechtseinräumung 24, 12
– Vertriebsvertrag 24, 32 ff.; 39, 166 f.
Vertretung 23, 86; 30, 167
Vervielfältigung 22, 52
– Vervielfältigung und Verbreitung zu Gunsten Behinderter 5, 260
– Vervielfältigungshandlung 5, 14; 13, 125
– Vervielfältigungsrecht 5, 145 f.; 13, 107 ff., 132
– Vervielfältigungsstück 12, 15; 14, 29; 24, 183
Verwandte Schutzrechte 5, 9, 18
– Recht des Datenbankherstellers s. dort
Verwaltung
– Verwaltung von Domainnamen 7, 12, 17
– Verwaltung von Versionsständen und Entwicklungsschritten bei Software-Escrow 38, 96
– Verwaltungsverfahren 30, 350; 39, 122, 227 ff., 239 f.
Verwechslung
– Verwechslungsgefahr 7, 37, 66, 67 ff., 104, 118, 145, 160, 163; 8, 73; 25, 53
Verweisung an den Hersteller 16, 70

Verweisungsvertrag 23, 84 ff.
Verwendung fremder Kennzeichen 25, 43, 48, 53
Verwendung personenbezogener Daten, strafbare
  s. strafbare Verwendung personenbezogener Daten
Verwendung unrichtiger und unvollständiger Daten s. Inputmanipulation
Verwendung von Software-Escrow als Sicherungsinstrument für Patentansprüche 38, 96
Verwendungszweckbezogene Lizenzformen s. unter Standard-Lizenzformen
Verwertung von Kundenlisten-Entscheidung des BGH 34, 439
Verwertungsgesellschaften 5, 345
Verwertungsrechte s. Urheberrecht
Verwertungsverbot 43, 10
Very High Speed Digital Subscriber Line s. VDSL
Verzeichnisbaum 1, 78
Verzeichnisdienst 30, 326, 332 f.
Verzögerungsschaden 10, 153
Verzug 11, 191; 14, 144; 18, 71; 19, 88; 41, 73, 242, 274 ff.
– Verzug bei der Mängelbeseitigung (Miete) 13, 176
– Verzug beim Outsourcing 19, 88
– Verzugsklauseln 16, 191 ff.
– Verzugsschaden 13, 99
– Verzugszins 13, 99
Vetorecht der Europäischen Kommission gegenüber der Bundesnetzagentur 31, 24, 27
Vetting s. Staff Vetting
Video Conferencing 22, 171
Videolizenzvertrag-Entscheidung des BGH 5, 158; 24, 200
Video-Partnerportal-Entscheidung des BGH 20, 16
Videoüberwachung 34, 249 ff., 253, Anhang
– s. auch Smart Cameras
viraler Effekt 9, 46 f., 53
Virenschutz-Programm 27, 33 f.
Virion-Entscheidung des BGH 7, 48
Virtual Private Network (VPN) 19, 207; 21, 14, 34; 32, 8, 10, 19; 33, 187
Virtualisierung 22, 5
– Virtualisierungstechnik 13, 39
– Virtualisierungssoftware 22, 5
virtuelle Einheit 22, 5
virtuelle Maschine 12, 85, 101
virtuelle Spielwährung 29, 38
virtueller Marktplatz 39, 418 ff.
virtuelles Hausrecht 28, 97
VOB/A 40, 41 s. auch unter Vergaberecht
VOF 40, 42 ff. s. auch unter Vergaberecht
Voice over IP (VoIP) 4, 32; 9, 43; 22, 171; 33, 367
VOL/A 40, 45 s. auch unter Vergaberecht
Volksverhetzung 43, 34 f.
Volkszählungsurteil des BVerfG 34, 2, 32 ff.
Vollharmonisierung des Kartellrechts 39, 70
Volljährigkeitserklärung 36, 153 ff.
Vollpflege 14, 87

magere Zahlen = Randnummern **Sachregister**

Vollsperrung eines Netzzugangs 31, 178
Vollständigkeitsregelung 16, 215 ff.
Vollstreckbarerklärung 44, 2
Vollstreckungsrecht 45, 208 ff.
- Herausgabe von Soft-/Hardware 45, 209 f.
- Vollstreckungstitel, europäischer
  s. *Europäischer Vollstreckungstitel*
- Pfändung von Soft-/Hardware 45, 210
- Vollstreckung wegen Geldzahlung bei Erstellung oder Anpassung von Software 45, 211 ff.
- Zug-um-Zug-Verurteilung 45, 209, 211 ff.
Vollpflege 14, 87 f.
Vollwartung 15, 105, 127
Vollwiderspruch s. *unter Widerspruchsverfahren*
Vollzugsordnung der ITU für den Funkdienst (VO-Funk) 31, 57
Vollzugsordnungen der ITU 31, 57
Volumen-Lizenz 5, 178 ff.; 12, 83; 24, 181, 192; 28, 67
- Aufspaltung 5, 178 ff.
Volvo-Entscheidung des EuGH 39, 311, 321, 324, 390
Von-Neumann-Architektur 1, 63
Vorabentscheidungsverfahren nach Art. 267 AEUV 8, 97
Voraussetzungen der Strafbarkeit 43, 3 ff.
Vorauszahlung 10, 139
Vorbereiten des Ausspähens oder Abfangens von Daten 43, 108 ff.
- s. auch *Abfangen von Daten*
Vorbereitungshandlung (Strafrecht) 43, 185 ff., 231
Vorbereitungshandlung (Urheberrecht) 5, 236
vorbestehende Teile 41, 224, 315
Vorfälligkeitsregelung 15, 142
Vorfeldmaßnahmen 39, 245 ff., 259
Vorgehensmodelle bei IT-Projekten 18, 123; 41, 208 f., 311
Vorhaltekosten 19, 95
Vorhalten von Ersatzgegenständen 41, 358
Vorhaltung qualifizierter Mitarbeiter 16, 163
Vorinstallierte Software 39, 360
Vorkalkulation 11, 72 f.
Vorlageanspruch 5, 285 ff.
Vorleistung 11, 45, 96
- Vorleistungspflicht 13, 83 f.
Vornamen und Domainrecht 7, 62 ff., 137
Vorrang der Allgemeingenehmigung (Frequenzzuteilung) 31, 7
Vorrang der Nacherfüllung 10, 107; 15, 17
Vorrang des Gemeinschaftsrechts 39, 11, 26, 74
Vorrang des Kartellrechts 39, 313
Vorrang des Markenrechts vor dem Namensschutz 7, 115 f.
Vorrangwirkung durch abgeleitete Rechte 7, 48
Vorratsarbeitnehmerüberlassungserlaubnis 37, 71
Vorratsdatenspeicherung 3, 193 ff.; 31, 198; 34, 440, 557 ff.; 43, 294, 297, 306 ff.
Vorsatz 33, 149 f.
Vorsorge für den Insolvenzfall 38, 13

Vorschaubilder-Entscheidungen des BGH 5, 33, 49; 13, 135; 42, 170
Vorschussklage s. *unter Klagearten*
Vorsteuerabzug 30, 247 ff.
Vorversion 9, 18, 54
vorvertragliche Informationspflichten 17, 139; 26, 64, 274
Vor-Filter s. *unter Filter*
Vor-Ort-Beratung 20, 23
Vor-Ort-Betreuung 14, 83
Vor-Ort-Service 14, 20, 115; 15, 32; 17, 39
Vor-Ort-Überprüfung 12, 200
vorzeitige Beendigung eines eBay-Angebots 25, 190 ff.
Vossius.de-Entscheidung des BGH 7, 43, 56, 83, 97, 140, 14
VO-Funk s. *Vollzugsordnung der ITU für den Funkdienst*
VPN s. *Virtual Private Network*
VPN-Verträge 32, 1 ff. s. a. *unter WAN- und VPN-Verträge*
- Leistungsmerkmale 32, 16 ff.
- Service Level 32, 47
VW.de-Entscheidung des OLG Frankfurt 7, 5; 39, 460 f.
V-Modell 1, 186 ff.; 11, 8, 141; 18, 123; 41, 208, 312

Wagenfeld-Leuchte-Entscheidung des BGH 8, 88
Wahlrecht
- Wahlrecht des Insolvenzverwalters 38, 28 ff.
- Wahlrecht des Insolvenzverwalters bei Software-Escrow s. *unter Insolvenzfestigkeit der Quellcode-Herausgabe*
- Wahlrecht des Insolvenzverwalters bei Miete (Software/Hardware) 13, 138 f.;15, 59
- Wahlrecht des Resellers 24, 116
- Wahlrecht des Verkäufers bei Nachbesserung 10, 117 f.; 12, 225
- Wahlrecht über die Art der Nacherfüllung 11, 102; 16, 51 ff.
Wahrscheinlichkeitsangaben für Ergebnisse eines Sachverständigen-Gutachtens 46, 104
Wait-Antrag 7, 172 ff.
Walkthrough 1, 269, 271
Wallet (Bitcoins) 27, 93 f.
WAN s. *Wide Area Network*
WAN-Verträge 32, 1 ff.
- s. a. *unter WAN- und VPN-Verträge*
- Leistungsmerkmale 32, 15
- Service Level 32, 44 ff.
WAN- und VPN-Verträge 32, 1 ff.
- Abnahme 32, 41
- Begriffe, Typen der Datennetzverträge und Schwerpunkte der Leistung 32, 6 ff.
- Change Management 32, 54
- Datenschutz 32, 57
- Gewährleistung, Service Levels 32, 42
- Hintergrund und wirtschaftliche Bedeutung 32, 1 ff.
- Leistungsbeschreibung 32, 34 ff.
- Mitwirkung des Kunden 32, 52

2595

Sachregister

Fette Zahlen = Paragrafen

- Regulatorische Vorgaben des TKG **32**, 29 ff.
- Schadensersatz **32**, 55 f.
- Vertragsaufbau und ausgewählte Regelungen **32**, 32 ff.
- Vertragsgegenstand **32**, 34 ff.
- Vertragstypologie **32**, 24 ff.
- Zusammenarbeit **32**, 51

WAP **4**, 22

Warenkorbbestellsystem **26**, 60, 91 f.; 302 f.

Warentermingeschäft I-Entscheidung des BGH **18**, 60, 70

Warentermingeschäft II-Entscheidung des BGH **11**, 78; **18**, 303

Warm Backup **19**, 210

Warndatei **20**, 51; **34**, 466 ff.

Warn-SMS **31**, 186

Warteschleife **31**, 153

Wartung s. *Hardware-Wartung*
- Wartungsfenster **14**, 139 ff.
- Wartungstest **1**, 162
- Wartung bei Webshop-Outsourcing **20**, 44

Wasserfall-Modell **1**, 179 ff.; **11**, 140, 151; **18**, 132 ff.; **41**, 312

Wasserzeichen, digitale s. *digitale Wasserzeichen*

WDRP s. *Whois Data Reminder Policy*

Weak Links **1**, 33

Web 2.0 **3**, 125 ff.

Web-Analytics **3**, 147; **36**, 89 ff.
- s. auch *Tracking*
-Web-Analytics-Dienstleister **36**, 112

Webbrowser **3**, 108, 13, 127; **46**, 23

Web-Bug **3**, 143; **36**, 93

Webcam **34**, Anhang

Web-Datenbank **21**, 48

Web-Designer **21**, 71 ff.

Webdesign-Verträge **10**, 66; **11**, 1; **20**, 10, 17; **21**, 71 ff., 74; **25**, 1 ff.
- Abnahme und Freigabe **25**, 25 f.
- Gewährleistung und Haftung **25**, 29 ff.
- Pflichtenheft und Leistungsbeschreibung **25**, 20 ff.
- typische Leistungskomponenten **25**, 4 ff.
- Vertragsinhalte **25**, 4 ff.
- Zeitplan **25**, 24

Web-Hosting **21**, 37 ff.
- Web-Hosting-Vertrag **20**, 10, 17; **21**, 37 ff.
- Web-Hosting-Anbieter **13**, 208

Webseitenanzeige-Entscheidung des BGH **5**, 123

Web-Servicevertrag **4**, 11, 15

Webshop **39**, 429
- s. auch *E-Commerce, Online-Shop*
- Adressvalidierung und Adressverifikation **36**, 170 ff.
- Betrugsprävention **36**, 179 ff.
- Datenschutz **36**, 170 ff.
- Erstellung **20**, 41
- Konzeptionierung **20**, 41
- Planung **20**, 41
- Webshop-Vertrag **20**, 4
- Webshop-Outsourcing s. *dort*
- Webshop-System **20**, 8, 27, 36, 47

Webshop-Outsourcing **20**, 1 ff.; **34**, 97

- s. auch *Datenschutz der Telemedien*
- Auftraggeber **20**, 31
- Auftragnehmer **20**, 33
- Handelsvertreter **20**, 12
- Rechtsnatur **20**, 14 ff.
- Vertragsgestaltung **20**, 34 ff.
- Webshop-Outsourcing-Vertrag **20**, 25, 34

Website **5**, 14; **39**, 401, 410, 414, 417
- Anforderungen an die Ausgestaltung von Websites s. *unter Datenschutz der Telemedien*
- Anzeigeformat für mobile Endgeräte (responsive Design) **25**, 21
- Datenschutzanforderungen **36**, 41 ff.
- Pflege **25**, 1
- urheberrechtliche Schutzfähigkeit **25**, 9 ff.
- Website, dynamische **3**, 118 ff.

Webtracking **34**, Anhang
- s. auch *Tracking*

Wechselkosten **39**, 444

Wegerecht **31**, 81

Wegfall der Geschäftsgrundlage **15**, 91, **19**, 57

Wegnahmerecht des Mieters **13**, 231

Weisungsbefugnis **37**, 59

Weisungsrechte
- konzerninterne Weisungsrechte **33**, 83 ff.
- Weisungsrechte des Auftraggebers **14**, 95
- Weisungsrecht des Dienstherren **11**, 185

Weißbuch der Europäischen Kommission **39**, 298 ff.

Weiße Klausel **39**, 153

Weiß-auf-Weiß-Schrift **25**, 41 ff.

Weiterbeschäftigungsverlangen **30**, 122

Weiterbildungskosten **37**, 21 ff.

Weiterentwicklung der Software **13**, 73; **24**, 40

Weitergabe von Software **12**, 208; **24**, 184

Weitergabekontrolle (bei Datenverarbeitungssystemen) **22**, 177; **33**, 186

Weitergabeverbot **5**, 28, 170, 172, 174, 189; **10**, 163; **12**, 91, 212 ff.; **13**, 117 ff.; **15**, 75; **16**, 124; **24**, 199 ff.; **29**, 40; **39**, 2, 327, 368

Weiterlizenzierung **39**, 345

Weiternutzung nach Vertragsende (Miete) **13**, 229

Weiterübertragungsverbote **24**, 175, 199 ff.; **29**, 40

Weiterveräußerungsverbot **5**, 20; **39**, 374
- für digitale Güter **5**, 20

Weitervermietung von Telefonanschlüssen **31**, 168

Weitervermietverbot **13**, 118; **39**, 327, 368

Weitervertrieb von Softwarekopien s. *Softwarekopie*

Weitverkehrsnetz s. *Wide Area Network*

Weltrechtsprinzip **43**, 4

Welturheberrechtsabkommen (WUA) **8**, 13 f.; **12**, 20

Weltonline.de-Entscheidung des BGH **7**, 151

Werbeagenturleistungen **20**, 9

Werberecht für freie Berufe, spezifisches **30**, 18 ff.
- Angabe von Tätigkeitsbereichen **30**, 29
- Berufsbezogene Werbung **30**, 25

magere Zahlen = Randnummern

Sachregister

- Drittwerbung 30, 28
- Informationspflichten im Internet 30, 32
- Sachlichkeit 30, 21
- Verbot der Einzelfallwerbung 30, 26
- werbende Bezeichnung als Spezialist 30, 24, 31

Werbung 15, 23 f., 49; 23, 67 ff.; 29, 44 ff.; 34, 506
- anwaltliche Werbung 30, 20
- In-Game-Advertising 29, 44 ff.
- unverlangte Werbung s. dort
- Werbeaussagen s. unter öffentliche Äußerungen des Herstellers
- Werbebanner 4, 53
- Werbebeitrag 24, 100
- Werbebroschüre 39, 250, 264
- Werbemarkt 39, 442
- werbende Angabe von Tätigkeitsbereichen 30, 29
- Werberecht (Schweiz) 23, 112 ff.
- Werberecht für freie Berufe, spezifisches s. dort
- Werbung auf Websites 23, 67
- Werbung für Glücksspiele 42, 192
- Zielgruppenspezifische 28, 85 f.; 29, 56

Werbung in Arztpraxen-Entscheidung des BGH 5, 385

Werk
- Entstellung 5, 356
- Werk, schutzfähiges 5, 8 ff., 68
- s. auch schutzfähiges Werk i. S. d. Urheberrechts
- Werkkategorien 5, 8

Werklieferungsvertrag 10, 23, 31; 11, 10, 15 ff. 167 f.; 12, 69 ff.; 13, 10 ff.; 14, 89; 15, 10; 18, 122, 215; 23, 31 f., 50; 29, 19
- s. auch neu herzustellende Sache i. S. d. § 651 BGB, Sachqualität von Software (§ 651 BGB)

Werktitel (Schutz nach MarkenG) 7, 85, 100 ff., 113, 124, 163; 28, 44; 29, 13

Werkunternehmerpfandrecht 19, 157

Werkvertrag 3, 17 ff.; 10, 22; 11, 3, 10 ff., 30, 94, 157; 14, 61, 89, 95 f., 98 ff., 145; 15, 113; 18, 18, 179; 19, 37, 170; 29, 19; 31, 9; 32, 26 f.; 37, 58 ff.

Werkzeuge 41, 211, 223

Wertemanipulation 1, 69

Wertersatz 17, 25; 26, 220 ff., 263, 273

Wertigkeit fachlicher Aussagen 46, 104

Wertpapierhandel 19, 220

Wertpapierhandelsgesetz 33, 142, 223

Werturteile 25, 219, 222, 227 f.

Wertverlust 26, 223

Wesentlichkeit gem. § 87 b Abs. 1 Satz 1 UrhG 6, 34 ff.

Wettbewerb
- Wettbewerbsbeschränkung 11, 239; 14, 59; 39, 10, 16, 47, 58 ff., 132 ff.
- Wettbewerbsförderungsabsicht 42, 54
- Wettbewerbsklausel 11, 239
- Wettbewerbsregeln 39, 36, 103
- Wettbewerbsverbot 11, 121, 239; 37, 11 ff., 156; 39, 37, 61 f., 172, 248, 268, 384

- Wettbewerbsverstoß 39, 186 ff., 195, 200, 239, 271

Wettbewerbsrecht 5, 332; 7, 145 ff.; 8, 92; 11, 116; 17, 51; 23, 81; 28, 40 ff.; 34, Anhang; 42, 49 ff.
- Handeln im geschäftlichen Verkehr 8, 92
- Verbot unlauterer Behinderung 7, 146

Wetterführungspläne I/II-Entscheidung des BGH 5, 101

wetteronlin.de-Entscheidung des BGH 7, 146

WhatsApp 36, 190 ff.; 39, 8, 184, s. auch Messenger-Dienste

Whistleblowing 23, 107; 33, 12, 274 ff.; 34, 212 ff., 215 ff., 309, Anhang
- s. auch Binding Corporate Rules (BCR), Ethical Code, Verhaltenskodex

White-Listing 25, 147

Whitebox
- Whitebox-Test 1, 222 ff., 252 ff., 285 f., 334 ff.
- Whitebox-Verfahren 1, 289 ff.

Whitespace 1, 41

WHOIS-Abfrage 7, 29

Whois Data Reminder Policy (WDRP) 21, 51

Whois-Verzeichnis 7, 63; 21, 53

Wichtiger Grund i. S. d. § 89 a Abs. 1 HGB 24, 82

Wichtiger Grund i. S. d. § 89 b Abs. 3 Nr. 2 HGB 24, 106, 109

Wide Area Network (WAN) 3, 8 ff.; 19, 46, 207; 41, 292

Wideband-CMDA 4, 23

Widerruf
- Widerrufsbelehrung 23, 212, 233; 26, 147 ff.; 28, 29 ff.
- Widerrufsbestätigung 26, 172
- Widerrufsformular 26, 171 ff.
- Widerrufsfrist 26, 129 ff., 158, 270; 28, 29 ff.
- Widerrufsrecht s. dort
- Rechtsfolgen 26, 213 ff

Widerrufsrecht 5, 22; 17, 141, 146; 26, 128 ff., 259 ff., 270; 28, 27
- Ausübung 26, 171 ff.
- bei Dienstleistungen 26, 139 ff.
- bei Verbrauchsgüterkauf 26, 136 ff.
- Bereichsausnahmen 26, 174 ff.
- Widerrufsrecht bei Verbraucherdarlehens- bzw. -finanzierungsgeschäften 17, 141, 146

Widerrufsvorbehalt 37, 18 ff.

Widerspruch im Verwaltungsverfahren 30, 233

Widerspruchsrecht 25, 132, 135; 36, 111

Widerspruchsverfahren 5, 447 ff.
- Kostenwiderspruch 5, 449
- Vollwiderspruch 5, 448

Wiedereinsetzung in den vorigen Stand 30, 234 ff.; 45, 193, 198

Wiedergabe, öffentliche 13, 134 ff.

Wiedergabe topografischer Informationen-Entscheidung des BGH 5, 122

Wiederherstellungszeit 14, 138; 15, 115; 32, 47; 41, 286

Wiederholungsgefahr 5, 368; 42, 106

Wiederinbetriebnahmetest s. Recovery-Test

Sachregister

Fette Zahlen = Paragrafen

Wiener UN-Kaufrecht s. CISG
Wikis 28, 73
Wikileaks 34, 4
Wikipedia 1, 75; 11, 148
Willenserklärung
– Willenserklärung unter Abwesenden 26, 21
WiMAX s. Worldwide Interoperability for Microwave Access
Windows 39, 176, 324, 372, 389, 392 ff., 434, 436
– Windows Media Player 39, 176, 372, 389, 392 ff., 436
WIPO s. World Intellectual Property Organization
Wireless Local Area Network (WLAN) 3, 38 ff.; 4, 30; 21, 17, 32; 31, 15, 62; 34, Anhang; 42, 31, 207; 43, 101, 106
– Sicherungspflichten und datenschutzkonforme Sicherungsmaßnahmen 36, 167 ff.
– Verschlüsselung 3, 45
– WLAN-Anbieter 42, 216 ff.
– WLAN-Gesetz 42, 219 ff.
– WLAN, sicheres 3, 258 ff.
– WLAN Sharing 4, 30
Wireless Local Loop (WLL) 4, 29
Wireless Personal Area Network (WPAN) 3, 5, 39
Wirkungsklausel 39, 63
Wirkungsland 23, 86
Wirtschaftliche Einheit 37, 134 ff.
Wirtschaftliche Tätigkeit 37, 52
Wirtschaftsvereinigung 39, 33, 100, 103
Wissensgefälle-Rechtsprechung des BGH 22, 37
WLAN s. Wireless Local Area Network
WLAN-Entscheidung des BGH 5, 313, 374, 411, 432, 435
WLL s. Wireless Local Loop
Wohnraumüberwachung, akustische s. akustische Wohnraumüberwachung
Wohnungsdurchsuchung 34, Anhang
Workaround 10, 115; 14, 20, 71 ff.; 24, 160
Workflow 18, 97; 19, 5
World Copyright Treaty (WCT) 5, 41; 8, 7, 13
World Intellectual Property Organization (WIPO) 7, 84 8, 136
World of Warcraft-Entscheidung des OLG Hamburg 5, 189
World Radiocommunications Conference (WRC) 31, 57
World Summit on the Information Society
World Wide Web (WWW) 3, 107 ff.; 7, 1
Worldwide Interoperability for Microwave Access (WiMAX) 4, 31; 31, 64
WPA-Schlüssel 42, 22
WPAN s. Wireless Personal Area Network
WRC s. World Radiocommunications Conference
WWW s. World Wide Web

XML s. Extensible Markup Language
Xtreme Programming 1, 192, 267, 337; 11, 142; 18, 124; 41, 312; 44, 140

Yammer 28, 101
Youtube 39, 448 f.

Zahlungswege bei Online-Geschäften s. E-Payment
Zahlungsaufschub und sonstige Finanzierungshilfen 17, 130
Zahlungsauthentifizierungsinstrumente 27, 30
Zahlungsbedingungen 12, 184 ff.
Zahlungsbefehl, europäischer s. Europäischer Zahlungsbefehl
Zahlungsdienst 27, 71
Zahlungsklage s. unter Klagearten
Zahlungsmittel 26, 90, 238
Zahlungspflichtig Bestellen s. Button-Lösung
Zahlungsunfähigkeit 38, 4 ff.
Zahlungsverzögerung, unverschuldete 13, 97
Zappa.com-Entscheidung (Zappanade) des OLG Düsseldorf 7, 97
Zaunlasur-Entscheidung des BGH 5, 400
Zeichenähnlichkeit 7, 67 ff.
Zeitplan bei Web-Design-Verträgen 25, 24
Zeitstempel 30, 110
Zeitverlust 46, 111
Zero Day Exploits 27, 34
Zerschlagungswerte 38, 10
Zertifikate 27, 19; 30, 100, 156 ff.
– Gültigkeitsdauer 30, 165 ff.
– qualifiziertes Zertifikat 30, 160
– Sperrung 30, 165 ff.
– Vergabe 30, 156 ff.
Zertifizierungsdiensteanbieter 30, 104 ff., 113
Zeugenbeweis 38, 92
Zeugnisverweigerungsrecht 5, 287
Ziehung
– Ziehungsgenehmigung 38, 103
– Ziehungsmodell 38, 103 ff.
– Ziehungsrecht s. Ziehungsgenehmigung
Zinsen 5, 350
Zivilprozessrecht, internationales s. Internationales Zivilprozessrecht
Zivilverfahrensrecht, internationales s. Internationales Zivilprozessrecht
Zone-C 7, 10
Zoning 8, 89
Zugänglichkeit von Gerichtsurteilen 34, 592
Zugänglichmachen pornographischer Darstellungen 43, 68
Zugänglichmachung, öffentliche 5, 13, 45; 8, 32; 13, 134 ff.; 22, 55 f.
Zugangsentgelt 31, 37
Zugangsentgelt nach Zeit oder Datenvolumen ohne Grundgebühr s. Internet-by-Call
Zahlung 16, 230 ff.
Zugangserschwerungsgesetz 43, 295
Zueigenmachen von Web-Inhalten 42, 11 ff.; 43, 326
Zugang
– B2B-Bereich 26, 24
– Zugangsbeschränkung 39, 2, 419
– Zugang (Telekommunikation) 31, 30
– Zugang von Willenserklärungen 26, 20 ff.

magere Zahlen = Randnummern **Sachregister**

- Zugangsdaten **43**, 304
- Zugangsleistungen **31**, 91
- Zugangsnetze der nächsten Generation **4**, 34
- Zugangsprovider s. *Access-Provider*
- Zugangsregulierung **31**, 29
- Zugangsvermittlung **42**, 171
- Zugangs-Richtlinie **30**, 296; **31**, 8 f.

Zugangserschwerungsgesetz (ZugErschwG) **36**, 7

Zugangskontrolldiensteschutzgesetz (ZKDSG) **33**, 221 ff.

Zugangskontrolle (bei Datenverarbeitungssystemen) **22**, 176; **33**, 183, 340

Zugangskontrollsystem-Entscheidung des BGH **18**, 68

Zugangsnetz **4**, 5

zugesicherte Eigenschaft **10**, 71; **13**, 148 ff.

Zugriff auf elektronische Speichermedien, insbesondere E-Mails **43**, 388

Zugriffskontrolle (bei Datenverarbeitungssystemen) **22**, 176; **33**, 184

Zug-um-Zug-Verurteilung **45**, 209, 211 ff.

Zukauf **14**, 47

Zulässigkeit der Klage **45**, 1 ff.
- Geheimhaltungsprozess s. *dort*
- Klagearten s. *dort*
- ordnungsgemäße Schriftsätze/Anträge **45**, 5 ff.
- Streitverkündung s. *dort*
- Zuständigkeit **45**, 1 ff.

Zumutbarkeitsgrenze **15**, 76

Zumutbarkeitskriterium **17**, 103

Zumutbarkeitsregelung, kollisionsrechtliche **22**, 75

Zuordnungsverwirrung **7**, 121; **8**, 92; **25**, 58

Zurechnung
- Zurechnung bei Subunternehmern **11**, 240
- Zurechnung einer Gefahrenquelle **5**, 315; **42**, 52
- Zurechnung für Fehlverhalten von Arbeitnehmern **33**, 114

Zurückbehaltungsrechte **16**, 209 ff.; **19**, 89, 157; **31**, 147
- Zurückbehaltungsrecht des Mieters **13**, 168

Zurückweisung der Berufung im Beschlusswege s. *unter Berufungsverfahren*

Zuruf-Projekt **10**, 28; **11**, 12, 74, 166

Zurverfügungstellen von Infrastruktur beim Outsourcing-Vertrag **19**, 92

Zurverfügungstellen von Datennetzen s. *unter WAN-/VPN-Verträgen*

Zusammenarbeit zwischen den Parteien beim Outsourcing **19**, 103

Zusammenarbeit zwischen den Parteien bei WAN-/VPN-Verträgen **32**, 51

Zusammenführung von Daten **34**, 433

Zusammenführungsverbot **28**, 86; **36**, 104

zusammengesetzter Vertrag **13**, 44

Zusammenschaltung **31**, 30

Zusammenschaltungsleistungen **4**, 26; **31**, 39, 91

Zusammenschaltungsverträge **4**, 26; **31**, 91; **32**, 13

Zusammenschlusskontrolle **19**, 38; **39**, 8, 105 ff.
- s. a. *Fusionskontrolle*

Zusatzauftrag während eines Projekts **10**, 64

Zusatzkosten **26**, 235 ff.

Zusatzleistungen **10**, 65; **26**, 236
- Zusatzleistungen bei der Softwareüberlassung **12**, 192 ff.
- Zusatzleistungen bei Hardware-Wartung **15**, 122
- Zusatzleistungen beim Web-Hosting, typische **21**, 46
- Zusatzleistungen zur Software-Pflege **14**, 86

zusätzliche Leistungen zur Hardware **15**, 13, 42

Zusatzprotokoll zum Übereinkommen über Computerkriminalität betreffend die Kriminalisierung mittels Computersystemen begangener Handlungen rassistischer und fremdenfeindlicher Art **43**, 290

Zuschläge zum Schadensersatz **5**, 344 ff.

Zusicherung **10**, 91 f.
- Zusicherung bei Hardware **15**, 49
- Zusicherung bei IT-Projekten **18**, 98, 137

Zuständigkeit
- Zuständigkeit, sachliche **5**, 414; **8**, 128
- Zuständigkeit, örtliche **5**, 415; **8**, 129; **45**, 1 ff.
- Zuständigkeit deutscher Gerichte, internationale **8**, 41, 75, 130

Zuständigkeitsvereinbarung **23**, 99

Zustandsbestimmung einer Software **46**, 86

zustandsbezogener Test **1**, 327 ff.

Zustandsstörer **42**, 28

Zustellung **45**, 107, 289

Zustimmung
- Zustimmung des Social Media Dienst-Betreibers **28**, 100
- Zustimmung (Urheberrecht) **13**, 131
- Zustimmungsverweigerung des Betriebsrates **30**, 129
- Zustimmungsverweigerungsrecht **37**, 110
- Zustimmungsvorbehalt **15**, 78; **24**, 175

Zuteilung von Rufnummern **31**, 74

Zuteilungsverfahren, zweistufiges **31**, 76

Zutritt zum Telekommunikationsmarkt **31**, 15

Zutrittskontrolle (bei Datenverarbeitungssystemen) **22**, 176; **33**, 182, 340

Zutrittsrechte beim Outsourcing **19**, 91

Zuwiderhandlung **39**, 118, 126, 131, 178, 191, 206, 208, 216, 221, 230, 238, 267

Zwangsgeld **39**, 191, 198, 208, 218

Zwangslizenzeinwand **39**, 319, 321

Zweckübertragungsgrundsatz (Urheberrecht) **5**, 19; **9**, 30; **11**, 59, 221; **13**, 32, 106; **22**, 124; **25**, 16; **28**, 17

Zweigüberdeckungstest **1**, 294

zweiseitiges Modell (Escrow) **38**, 101 f.

Zwei-Klick-Entscheidung des BGH **26**, 43

Zwei-Klick-Lösung **28**, 84

Zweistellige Domain **39**, 459 ff.

Zwei-Stufen-Theorie (Internationales Privatrecht) **23**, 45

2599

Sachregister

Fette Zahlen = Paragrafen

Zwei-Stufen-Theorie (Verwaltungsrecht) 40, 408
Zweite Richtlinie zur Koordinierung der Rechts- und Verwaltungsvorschriften für die Direktversicherung und zur Erleichterung der tatsächlichen Ausübung des freien Dienstleistungsverkehrs s. *Schaden-Richtlinie*

Zweiterwerber 24, 185
Zwischencode 1, 4, 18, 44
Zwischenhändler 24, 208
Zwischenschaltungslösung 24, 172
Zwischenstaatlichkeitsklausel 39, 24, 74, 128 f.